LOTTE CASTLE

2016년,

캐슬에는 어떤 변화가 일어날까요?

세상을 놀라게 할 또 한 번의 변화,

지금 롯데캐슬이 시작합니다

당신의 라이프스타일을 바꿀

새로운 캐슬을 기대하세요

NEXT CASTLE

서울신문
www.seoul.co.kr

독자들이 먼저
선택하는 신문

많은 매체 속에서도 열독률 상위로 꾸준히
독자들의 사랑을 받고 있습니다

연령별로는 다양한 연령대가 즐겨보고 특히
사회 중심 계층인 30~40대가 많이 구독합니다

56.9%

(독자프로파일 조사 : 한국리서치)

The Seoul Shinmun

서울시 중구 세종대로 124 | 안내 02)2000-9000 | 광고신청 : 02)2000-9393 | 기사제보 02)2000-9177 | 팩스 02)2000-9179

"사람과 깊이가 있습니다."

오늘 경남이 살아가는 모습들
그 생생한 현장을 기록합니다.

YONHAP NEWS AGENCY

주요 인사를 총 망라한 국내 최고 인물사전

한국인물사전
YONHAPNEWS

2017

하권

수록인물 (ㅇ~ㅎ)

연합뉴스

일러두기

• 연합뉴스가 발간하는 '한국인물사전'은 국내 정·관계를 비롯해 법조계, 경제계, 학계, 언론계, 문화예술계, 체육계, 종교계 등 전 분야 주요 인사 2만5천여 명의 인물정보를 사진과 함께 수록한 국내 최고의 인물사전입니다.

• 이번 호에는 특히 지난 4·13 총선에서 당선된 제20대 국회의원 전원의 명단을 상권 책머리에 정당별 가나다순으로 정리해 한눈에 살펴볼 수 있도록 편집했습니다.

• 연합뉴스는 수록 인사들과 전화, 이메일, 우편 등의 방법으로 접촉해 정보의 정확도를 한층 높였으며, 관련 문헌과 뉴스, 인터넷 정보 등도 꼼꼼히 참조했습니다.

• 수집한 정보 중에서 자택주소, 전화, 개인 이메일 등은 개인정보보호 차원에서 공개하지 않았습니다.

• 수록된 인물정보에 대해 향후 당사자가 이메일이나 전화 등으로 구체적인 수정 의견을 제시할 경우, 연합뉴스 인물DB 온라인서비스에는 즉시, '한국인물사전'에는 이듬해 판에 반영됩니다.

• 전년도 등재 인물 중에서 기본 자료가 부실하거나 연락이 되지 않은 인사는 편집자의 판단에 따라 이번 호에서 제외했습니다. 향후 본인이 등재 의사를 밝히고 보완자료를 제출하는 경우에는 내부 검토를 거쳐 이듬해 판에 등재될 수 있음을 알려드립니다.

■ **수록 순서** 가나다·생년월일 순

■ **수록 인물정보** 2016년 11월 4일 기준

■ **약 어**

[생] 생년월일	[본] 본관	[출] 출생지
[주] 주소(연락처)	[학] 학력	[경] 경력 (현) 현직
[상] 상훈	[저] 저서	[역] 역서
[작] 작품	[종] 종교	

■ 수록 내용 가운데 정정·추가사항이 있는 분은 연락바랍니다.

■ **연합뉴스 정보사업국 DB부**

전화) 02-398-3609~10

이메일) idb@yna.co.kr

한국인물사전

2017

YONHAPNEWS

ㅇ

약 호	생 생년월일	본 본관	출 출생지
	주 주소(연락처)	학 학력	경 경력 (현) 현직
	상 상훈	저 저서	역 역서
	작 작품	종 종교	

안강민(安剛民) AHN Kang Min

생1941 · 5 · 26 본경남 마산 주서울 서초구 서초대로45길20 세광빌딩302호 안강민법률사무소(02-3477-2030) 학1959년 경기고졸 1963년 서울대 법과대학 법학과졸 1969년 同사법대학원졸 경1967년 사법시험 합격(8회) 1969년 육군 법무관 1972~1982년 대구지검 · 부산지검 · 대전지검 · 서울지검 검사 1982~1986년 대검찰청 공안사무과장 · 중앙수사부 4과장 · 중앙수사부 3과장 1986년 서울지검 북부지청 형사2부장 1987년 서울지검 특수1부장 1988년 同공안1부장 1990년 부산지검 울산지청장 1991년 서울지검 동부지청 차장검사 1992년 서울지검 제1차장검사 1993년 同남부지청장 1993년 대검찰청 감찰부장 1994년 同공안부장 1995년 同중앙수사부장 1997년 서울지검장 1998~1999년 대검찰청 형사부장 1999년 변호사 개업(현) 2000년 현대하이스코 사외이사 2003년 한나라당 제17대 총선 공천심사위원 2005~2007년 두산인프라코어(주) 사외이사 2007년 한나라당 국민검증위원장 2008년 同제18대 총선 공천심사위원장 상홍조근정훈장 종불교

안건일(安健一) AHN Kon Il

생1940 · 12 · 12 본탐진(耽津) 출부산 주부산 영도구 대평남로8 (주)경희 회장실(051-415-6237) 학1958년 부산고졸 1962년 연세대 영어영문학과졸 1964년 同대학졸 1966년 부산수산대 대학원졸 경1968년 유엔 평화봉사단 한국이사 1970년 경희어망(주) 회장 1970년 경희어업 사장 1973년 부산시농구협회 회장 1974년 경운장학회 이사장 1981년 제11대 국회의원(부산 中 · 影島 · 東, 민주한국당) 1982년 민주한국당 농수산국장 1999년 부산중 · 고총동창회 회장 2000년 연세대 영어영문학과총동창회 회장, (주)경희 회장(현) 상문예한국 詩작가상(2005) 저시집 '메아리를 줍는 마음' 종불교

안건희(安健熙) AHN Kun Hee

생1957 · 4 · 13 출서울 주서울 강남구 강남대로308 랜드마크타워20층 이노션월드와이드 임원실(02-2016-2300) 학경기고졸, 서울대 법과대학 법학과졸 경현대자동차(주) 마케팅전략실장, 同수출1실장(이사) 2006년 同수출1실장(상무), 同수출사업부장 겸 수출1실장(전무) 2008년 同서유럽판매법인장(전무), 현대모비스 기획실장(부사장) 2009년 이노션월드와이드 대표이사 사장(현) 2012~2014년 한국광고산업협회 회장 상서울AP클럽 올해의 광고인상(2012), 동탑산업훈장(2013), 중앙언론문화상 광고 · PR부문(2015)

안경덕(安庚德) AN Kyung Duk

생1963 · 10 · 13 본순흥(順興) 출강원 홍천 주서울 중구 삼일대로363 장교빌딩 서울지방고용노동청(02-2231-0009) 학1982년 춘천고졸 1989년 한국외국어대 정치외교학과졸 경행정고시 합격(33회), 노동부 노정과 정책개발담당, 서울지방노동청 보상과장, 同훈련정책과 총괄담당, 駐사우디아라비아 노무관 겸 영사 1999년 대구지방노동청 근로감독과장 2000년 노동부 노사협력관실 서기관 2001년 노사정위원회 서기관 2006년 노동부 노사정책국 노사관계법제팀장 2007년 同노사정책국 노사관계조정팀장(서기관) 2007년 同노사정책국 노사관계조정팀장(부이사관) 2008년 同고용정책실 외국인력정책과장 2009년 同산업안전보건국 안전보건정책과장 2010년 대통령 고용노사비서관실 선임행정관 2011년 고용노동부 대변인 2011년 중부지방고용노동청장 2012년 고용노동부 기획조정실 국제협력관 2013년 국방대 파견(고위공무원) 2014년 고용노동부 산재예방보상정책국장 2016년 서울지방고용노동청장(현) 저'사회학 해설'(1990) 종기독교

안경률(安炅律) AHN Kyung Yul (虎山)

생1948 · 7 · 11 본순흥(順興) 출경남 합천 주서울 영등포구 국회대로70길18 한양빌딩 새누리당(02-3786-3206) 학1966년 부산고졸 1971년 서울대 문리대 철학과졸 1995년 同경영대학원 최고경영자과정 수료 2001년 중앙대 건설대학원 최고경영자과정 수료 2002년 부산대 산업대학원 최고경영자과정 수료 2002년 한양대 경영대학원 최고건설경영자과정 수료 2009년 명예 정치학박사(부경대) 경1974년 예편(해군 중위) 1985년 민주화추진협의회 과학 · 기술특별위원 1986년 통일민주당 창당발기인 · 정책분과위원 · 선전부국장 1988년 국회 정책연구위원 1994년 내무부 장관 특별보좌역 1994년 대한지방행정공제회 이사장 1996년 신한국당 국책자문위원 1997년 한나라당 중앙정치연수원 부원장 1998년 同정책위원회 부위원장 1999년 동부산권문화 · 관광단지추진위원회 위원장 2000년 제16대 국회의원(부산 해운대 · 기장乙, 한나라당) 2001~2002년 한나라당 원내부총무 2004년 제17대 국회의원(부산 해운대 · 기장乙, 한나라당) 2004년 한나라당 국민참여위원장 2005년 同인재영입위원회 부위원장 2005년 同공공부문개혁특별위원회 위원장 2006년 同원내수석부대표 2006~2007년 同제1사무부총장 2007년 同부산시당 위원장 2008~2012년 제18대 국회의원(부산 해운대 · 기장乙, 한나라당 · 새누리당) 2008~2009년 한나라당 사무총장 2008~2012년 국회 해외동포무역경제포럼 회장 2010~2011년 국회 행정안전위원장 2010년 한나라당 비상대책위원회 위원 2010년 同전당대회준비위원장 2011~2012년 국회 기후변화대응녹색성장특별위원회 위원장 2013년 외교부 녹색환경협력대사 2014년 새누리당 국책자문위원회 상근부위원장(현) 2015년 지역경제진흥원 이사장 상국민훈장 무궁화장(2013) 종기독교

안경모(安擎模) AHN Kyung Mo

생1958 · 5 · 12 본순흥(順興) 출강원 양양 주서울 동대문구 경희대로26 경희대학교 관광대학원 컨벤션전시경영학과(02-961-9386) 학1982년 관동대 관광경영학과졸 1987년 경희대 경영대학원 관광경영학과졸 1995년 경영학박사(광운대) 경1988년 한국사보기자협회(초대 · 2대 · 3대) 회장 1989년 신흥대학 관광경영과 교수 1996년 미국 미시시피주립대 객원교수 2001년 경희대 국제관광전략연구소장 2001~2009년 한국컨벤션학회(초대 · 2대 · 3대) 회장 2004~2010년 경희대 관광대학원 교수 2005년 문화관광부 국제회의산업육성위원회 위원 2008년 문화체육관광부 문화비전정책위원 2008년 기획재정부 복권위원회 위원 2009년 한국문화콘텐츠진흥원 대표 2009년 문화재청 문화재위원(사적 · 천연물) 2010년 한국관광공사 부사장 2010~2013년 대통령실 관광진흥비서관 2013년 경희대 관광대학원 컨벤션전시경영학과 교수(현) 상전국관광기념품공모전 장려상(2001 · 2002), 한국컨벤션학술대상(2003), 대한민국 기업커뮤니케이션대상 유공대상(2003), 녹조근정훈장(2012), 제8회 세종문화예술상 문학대상(2014) 저'국제회의 실무기획'(1992) '컨벤션경영론'(2006) '설악산 아리랑—그 생명의 빛'(2014, 모던포엠) 저'월별사내보기획사례집'(1990) '21세기 사보제작 가이드'(1990) '문화관광론'(2000) '페스티발 스페셜이벤트경영'(2002) '이벤트기획전략'(2005) 종기독교

안경봉(安慶峰) AHN Kyeong Bong

생1959 · 9 · 6 출대구 주서울 성북구 정릉로77 국민대학교 법학관608호(02-910-4480) 학1982년 서울대 법학과졸 1984년 同대학원 법학과졸 1993년 법학박사(서울대) 경1987년 영남대 법정대학 법학과 전임대우 1988~1999년 同법대 사법학과 전임강사 · 조교수 · 부교수 1991년 국제거래법학회 대구경북지부장 1994년 독일 본대 조세법연구소 방문교수 1997~1998년 일본 간사이대 객원교수 1999~2001년 국민대 법학과 부교수 2000년 한국비교사법학회 출판이사 2000년 한국상사법학회 이사 2001년 국민대 법학과 교수(현) 2002년 同재무관리처장 2007년 한국세법학회 부회장 2008~2011년 국민대 법과대학장 2012년 교육과학기술부 선정 '국제협력 유공자' 2014~2016년 국민대 법학연구소장 저'판례체계 조세법(共)'(1991) '조세법강의 제3판(共)'(1999) '법학개론(共)'(1999) '조세법강의 신정4판'(2002, 박영사) '2003 e-비지니스백서'(2003, 한국전자거래진흥원) '조세판례백선'(2005, 박영사) '경매공매제도 비교를 통한 체납조세 징수업무의 합리화 방안'(2007, 한국조세연구원)

안경수(安慶洙) Kyungsoo AHN (大海)

생1949 · 8 · 15 본탐진(耽津) 출대구 주인천 연수구 아카데미로119 인천대학교 도시환경공학부(032-761-7616) 학1967년 대구 계성고졸 1972년 영남대 토목공학과졸 1976년 同대학원 토목공학과졸 1987년 공학박사(인하대) 경1982~2010년 인천대 토목공학과 교수 1992년 同기획처장 1993년 同학생처장 1994~2009년 인천아카데미 원장 1994~2004년 인천시 도시계획위

원 1995년 인천대 교무처장 1996년 同기획처장 1997~1999년 대한토목학회 교육제도위원장 1998~2014년 대한민국ROTC중앙회 부회장 1999~2001년 한국수자원학회 편집위원장 1999~2001년 대한토목학회 기획위원장 1999~2003년 건설교통부 광역도시계획위원 1999~2003년 인천의제21 실천협의회 운영위원 2000~2002년 환경부 인천지역환경기술개발센터장 2000~2002년 대한토목학회 이사 2001~2003년 한국수자원학회 논문집편집위원장 2002~2004년 인천대 공과대학장 2002~2006년 (사)한국방재학회 부회장 2003년 (사)한국습지학회 회장(현) 2004~2005년 대한토목학회 통일대비기반시설위원장 2004~2007년 환경부 폐기물처리기술지원단 위원 2005~2007년 인천시 재정계획심의위원회 위원 2005~2007년 소방방재청 재해영향평가위원 2007~2008년 인천대 부총장 2008~2012년 同총장 2009~2010년 환경부 중앙환경보전자문위원회 공동의장 2010~2014년 인천대 도시환경공학부 교수 2010~2012년 한국물학술단체연합회 회장(8대) 2010~2012년 2012세계자연보전총회(WCC)조직위원회 위원 2011~2012년 2012기후변화협약당사국총회(COP18) 유치위원회 위원 2011~2013년 국토해양부 항공정책위원회 위원 2013년 (사)인천아카데미 이사장(현) 2013년 한국자유총연맹 인천지부 자문위원 2013년 인성교육범국민실천연합 인천지회 자문위원 2013년 (사)전국학교폭력·어린이성폭력근절범국민실천운동본부 명예총재 2014년 인천시교육감선거 출마 2014년 인천대 명예교수(현) 2014년 국가습지위원회 제3기 위원 2014년 한국공학한림원 원로회원(현) [상]한국수자원학회 학술상(1997), 교육부장관표창(2000), 대한토목학회 학술상(2001), 대통령표창(2008), 세계자유민주연맹 자유장(2010), 한국을 빛낸 경영대상(2011), 한국언론인협회 대한민국참교육대상(2011·2012), 중앙일보 대한민국글로벌 CEO(2011), 홍조근정훈장(2014) [저]'수리학'(1992) '북한의 도시 및 지역개발'(2009) '습지학'(2016) [종]천주교

안경수(安京洙) AHN, KYUNG-SOO

[생]1952·8·26 [출]서울 [주]경기 안양시 만안구 박달로 351 (주)노루페인트 회장실(031-467-6114) [학]1970년 경기고졸 1974년 서울대 공과대학 화학공학과졸 1977년 미국 스탠퍼드대 대학원 화학공학과졸 1979년 同대학원 재료공학과졸 1981년 재료공학박사(미국 스탠퍼드대) [경]1981~1983년 미국 Varian연구소 전임연구원 1982~1983년 미국 스탠포드대 객원연구원 1983년 대우전자(주) 해외프로젝트담당 부장 1984~1988년 同컴퓨터사업본부장(이사) 1988년 (주)다우기술 공동대표이사 1988년 삼성그룹 회장비서실 기획담당 이사 1989년 同경영관리팀장(상무) 1991년 삼성전자(주) 컴퓨터부문 기획관리담당 상무 1991년 同PC사업본부장(상무) 겸 정보PC사업부장 1993~1995년 삼호물산(주) 대표이사 사장 1995년 효성그룹 종합조정실 부사장 1996년 일본 후지쯔 고문 1996~2003년 한국후지쯔 사장 2001~2003년 대만후지쯔 회장 2001~2003년 일본 후지쯔 글로벌영업부문 아시아태평양영업본부 부본부장 2003년 同글로벌판매추진부문 부본부장 2003~2005년 同Soft Service Business추진본부 부본부장 2003~2007년 한국후지쯔(주) 회장 2005~2006년 일본 후지쯔 경영집행역·글로벌사업그룹장·아시아태평양사업본부장·Solution Business Support그룹장·Product Business Support그룹장 보좌 겸임 2006~2007년 일본 후지쯔 경영집행역(상무) 겸 APAC총대표 2007~2010년 일본 소니 업무집행역원 겸 Executive Vice-President 2007~2010년 同President of B2B Solutions Business Group담당 2010년 同Transformation담당 2007~2010년 소니코리아(주) 회장 2010년 (주)노루페인트 회장(현) 2013년 한국공학한림원 정회원(현) [상]대통령표창(1985), 21세기경영인클럽 신경영인대상 영업부문(1999), 뉴미디어기업대상 외국기업부문(1999), 석탑산업훈장(2003), 21세기경영인클럽 국제협력부문(2006)

안경태(安炅台) AHN Kyung Tae (仁山)

[생]1954·8·3 [본]순흥(順興) [출]부산 [주]서울 강남구 테헤란로422 포스코청암재단(02-562-0398) [학]1971년 경북사대부고졸 1975년 서울대 상대졸 1981년 同대학원 경영학과졸 1991년 경영학박사(홍익대) [경]1991년 한국공항공사 자문위원(현) 2000년 기금정책심의회 위원 2000년 한국정보보호진흥원 비상임감사 2001년 채권금융기관조정위원회 조정위원 2002년 사회복지공동모금회 감사 2003~2007년 삼일회계법인 대표이사 2003년 정보통신부 우정사업운영위원 2004년 이화여대 경영대학 겸임교수 2005년 (재)세종문화회관 감사 2006년 정보통신부 미래전략위원회 위원 2006년 중앙책임운영기관운영위원회 위원 2007~2016년 삼일회계법인 대표이사 회장 2008년 SBS 사외이사(현) 2008년 서강대 비상임이사 2009년 산은사랑나눔재단 비상임감사 2009년 국가교통위원회 위원 2012년 한국학중앙연구원 비상임감사 2013년 삼성언론재단 비상임감사(현) 2013년 삼성미래기술육성재단 감사(현) 2013년 LG복지재단 비상임감사(현) 2013년 POSCO청암재단 감사(현) 2014년 국립대학법인 서울대 비상임감사(현) [상]대통령표창(1987), 대통령감사패(1988), 국민훈장 동백장(2000) [저]'회계감사연습(共)'(1978) [역]'현금은 왕이다(Cash is King)(共)'(1998) 'B2B'(2000) '기업가치공시혁명'(2001)

안경호(安京鎬) AHN Kyung Ho

[생]1960·2·26 [본]순흥(順興) [출]서울 [주]서울 마포구 독막로324 동서식품(주) 미래전략실(02-3271-0114) [학]1986년 국민대 무역학과졸 2009년 서강대 OLP과정(12기) 수료 [경]1986년 동서식품(주) 신제품개발팀 근무 1996년 同음료판매팀장 1998년 同음료마케팅팀장 2000년 同홍보실장 2007년 한국식품공업협회 홍보위원장 2014년 동서식품(주) 홍보실장(상무) 2016년 同미래전략실 상무(현)

안경환(安京煥) AHN Kyong Whan

[생]1948·7·20 [본]광주(廣州) [출]경남 밀양 [주]서울 종로구 창덕궁길29의6 북촌창우극장3층 공익인권법재단 공감(02-3675-7740) [학]부산고졸 1970년 서울대 법대졸 1975년 同대학원졸 1982년 미국 펜실베이니아대 대학원 수료 1985년 법학박사(미국 산타클라라대) [경]1983~1987년 미국에서 변호사 개업 1987~1993년 서울대 법대 전임강사·조교수·부교수 1990년 영국 LSE 방문교수 1992년 서울대 법학도서관장 1993~2006년 同법학과 교수 1995년 同기획실장 1995~2000년 참여연대 운영위원장 1996년 미국 서던일리노이대 방문교수 2001년 한국헌법학회 회장 2002~2004년 서울대 법과대학장 2002~2004년 전국법과대학장협의회 회장 2003~2009년 아시아국가인권위원회포럼 자문위원 2004~2007년 예술의전당 이사 2004~2005년 대검찰청 감찰위원회 위원 2005년 진실·화해를위한과거사정리위원회 위원 2006~2009년 국가인권위원회 위원장 2007~2009년 국제기구조정위원회(ICC) 부의장 2009~2013년 서울대 법학전문대학원 교수 2012년 공익인권법재단 '공감' 이사장(현) 2013년 서울대 법학전문대학원 명예교수(현) 2014년 국제인권법률가협회(ICJ) 위원(현) [상]여성권익디딤돌상(2004), Distuinghed Alumni Achievement Award(2005), 대한민국법률가대상 인권부문(2012), 대통령표창(2013) [저]'법과 문학 사이' '미국법의 이론적 조명' '법은 사랑처럼' '법이란 이름의 전차' '이야기 한마당' '그래도 희망은 버릴 수 없다' '셰익스피어 섹스어필' '법과 영화 사이' '판례교재 헌법Ⅱ' '조영래 평전' '법, 영화를 캐스팅하다' '법, 셰익스피어를 입다'(2012) '황용주: 그와 박정희의 시대'(2013) '윌리엄 더글라스 평전'(2016) [역]'미국법 입문' '미국법 역사' '법은 누구편인가' '판사가 나라를 잡는다' '판사가 나라를 살린다' '반대의 자유' '헌법학 입문' '지혜의 아홉기둥' '동물농장'(2013) '빌리 버드, 베니토 세레노, 필경사 바틀비'(2014) '두 도시 이야기'

안계복(安啓福) Ahn, Gye-Bog

[생]1954·10·19 [본]순흥(順興) [주]경북 경산시 하양읍 하양로13의13 대구가톨릭대학교 자연과학대학 조경학과(053-850-3190) [학]1978년 서울대 조경학과졸 1982년 同대학원 환경조경학과졸 1990년 원예학박사(서울대) [경]1982~1983년 서울대 환경계획연구소 특별연구원 1983년 대구가톨릭대 자연과학대학 조경학과 교수(현) 1995~2001년 경북도·대구시문화재 전문위원 1996년 일본 神戸藝術공대 연구원 1997~2001년 경산시 도시계획위원 1998년 한국정원학회 부회장 2000년 미국 워싱턴대 방문교수 2001년 대구가톨릭대 기획연구실장 2001~2003년 同연구정보처장 2007~2009년 同자연대학장 2014년 한국전통조경학회 회장·고문(현) 2015년 문화재청 문화재위원(현) [상]한국조경학회 우수논문상, 한국전통조경학회 우수논문상 [저]'동인공원 조성기본 계획'(1984) '韓國의 亭樣式 形成에 미친 要因分析에 關한 研究資料集'(1987) '한국전통조경'(1992) '야외박물관기본계획(共)'(1994) '경산향교 실측조사연구보고서'(1995) '동양조경사(共)'(1996) '자유와 고독의 항아리(共)'(1997) '육군 고급정보화 정책과정(共)'(1999) '실용컴퓨터(共)'(1999)

안광기(安廣基) Ahn Kwang Ki (선규)

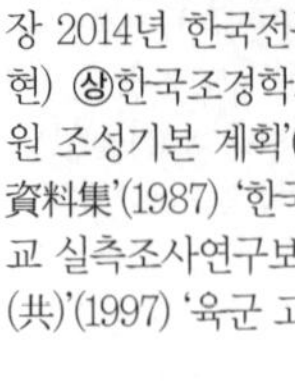

[생]1953·8·20 [본]순흥(順興) [출]경남 양산 [주]경기 용인시 처인구 명지로116 국토교통연구인프라운영원(031-324-1071) [학]1973년 부산 동아고졸 1981년 한양대 법학과졸 1996년 연세대 산업대학원 산업정책과정 수료 1997년 同행정대학원 고위정책과정 수료 2004년 고려대 경영대학원(AMP 57기) 수료 [경]1978년 외무행정직 합격 1979년 외교안보연구원 총무계장 1980년 외무부 기획관리실 예산계장 1982년 同국제법규과 국제회의담당관 1983년 駐네팔대사관 영사 1984년 駐가나대사관 영사 1987년 외무부 기획관리실 국회담당관 1988년 국회 입법보좌관 1988~1996년 국무총리비서실 의전과장·정무과장·민정과장·공보과장 1996년 국무총리실 공보비서관(국장) 1998년 국무총리공보실 공보관 1999~2001년 국무총리 총무비서관 2003년 한국건설교통기술평가원 상임감사 2006년 同총괄본부장 2007년 同부원장 겸 총괄본부장 2011년 건설연구인프라운영원 원장 2016년 국토교통연구인프라운영원 원장(현) [상]외무부장관표창(1980), 홍조근정훈장(1999), 미래창조과학부장관표창(2013)

안광복(安光復)

(생)1956 (출)충북 (주)대전 유성구 과학로80의67 한국조폐공사 감사실(042-870-1002) (학)1975년 신일고졸 1981년 연세대 행정학과졸 1986년 서울대 대학원 행정학과졸 1994년 행정학박사(동국대) (경)1981년 행정고시 합격(25회) 1982년 국가안전기획부 입부, 국가정보원 정책조정과장, 同실장 2003년 대통령직인수위원회 외교통일안보분과위원회 전문위원 2006~2008년 국가정보원 기획조정실장, 한솔제지 사외이사, 대우조선해양건설 사외이사, 21세기전략연구원 이사, 강원랜드 사회공헌위원회 위원, 법무법인 대륙아주 고문, 연세대 공공문제연구소 연구교수 2016년 한국조폐공사 상임감사(현)

안광석(安光錫) AHN Kwang Seog

(생)1962 · 1 · 11 (주)서울 관악구 관악로1 서울대학교 생명과학부(02-880-9233) (학)1985년 서울대 생물교육과졸 1987년 同대학원졸 1994년 이학박사(미국 일리노이대) (경)1994~1996년 미국 The Scripps Research Institute Post-Doc. 1996년 미국 Johnson & Johnson 연구원 1997~2004년 고려대 생명과학대학 조교수 · 부교수 2002~2003년 미국 Oregon Health & Science Univ. 객원교수 2004년 서울대 생명과학부 부교수 · 교수(현) (상)제6회 젊은 과학자상(2002)

안광양(安光洋) Ahn kwang yang (춘전)

(생)1944 · 5 · 18 (본)죽산(竹山) (출)전남 강진 (주)서울 송파구 석촌호수로160 민족통일당(02-3432-0680) (학)1962년 숭의고졸 1966년 포항대학 상학과졸 1991년 고려대 경영대학원 경영학과 수료 2004년 명예 종교철학박사(미국 베다니신학교) (경)1966~1976년 교사 1988~1995년 전남매일신문 발행인 · 회장 1999년 (사)민족통일연합중앙회 총재(현) 2000년 민족통일당 총재(현) 2000년 (사)새청년운동총본부 총재(현) 2000년 한국청소년그린캠프봉사단 총재(현) 2000년 현곡양일동선생기념사업회 이사장(현) 2002년 제16대 대통령선거 출마(통일당) 2003년 (사)아시아자유청년연맹 총재(현) 2015년 민족신문 상임고문(현) 2015년 대한민국을빛낸한국인물대상 심사위원회 위원장(현) (상)외무부장관표창(1976), 문화공보부장관표창(1977) (저)새청년운동사(1979) (종)기독교

안광원(安光圓) An Kwang Won (康峰)

(생)1956 · 3 · 20 (본)순흥(順興) (출)경남 함안 (주)부산 부산진구 서면문화로27 세무법인 한길(051-803-3600) (학)부산상고졸 (경)2001년 부산금정세무서 세원관리1과장 2002년 북부산세무서 조사2과장, 부산지방국세청 조사1국 3과장 2005년 同세원관리국 개인납세2과장 2006년 同총무과장 2008년 동울산세무서장 2009년 부산금정세무서장 2010년 부산지방국세청 조사3국장 2010년 북부산세무서장 2011년 부산지방국세청 징세법무국장 2012년 同세원분석국장 2013년 세무법인 한길 대표세무사(현) (상)홍조근정훈장(2013)

안광일(安光一) AN Kwang Il

(생)1958 · 1 · 11 (본)탐진(耽津) (출)전북 정읍 (주)충남 태안군 태안읍 소곳이길92의234 현대솔라고컨트리클럽(041-670-8888) (학)정읍고졸, 한국방송통신대 법학과졸 (경)한솔제지(주) 총무과 근무, 클럽700 경영지원팀 근무, (주)한솔개발 골프영업팀장, 同골프사업부장(상무), 同스포츠영업본부장(상무) 2011~2015년 한솔오크밸리 대표이사 2015년 현대솔라고컨트리클럽 대표이사(현) (종)기독교

안광찬(安光瓚) Ahn Kwang Chan

(생)1946 · 7 · 20 (본)순흥(順興) (출)충북 괴산 (주)경기 용인시 수지구 죽전로152 단국대학교 국가위기관리연구소(031-8005-2041) (학)1969년 육군사관학교졸(25기), 미국 육군지휘참모대학 수료 1982년 미국 Central Michigan Univ. 대학원졸(행정학석사) 2003년 동국대 법과대학원졸(법학박사) (경)유엔군사령부 군사정전위원회 수석대표, 합동참모본부 전략기획본부 차장, 육군 제2군사령부 정보처장, 육군 65사단장, 한미연합사령부 부참모장 2002년 예편(소장) 2003년 인하대 객원교수 2004~2006년 국방부 정책실장 · 정책홍보본부장 2006~2008년 국가비상기획위원회 위원장 2008년 미국 하버드대 케네디스쿨 선임연구원 2008~2010년 대통령직속 국가안보총괄점검회의 위원 2010년 건국대 산업대학원 석좌교수 2011~2013년 대통령실 국가위기관리실장 2013년 단국대 행정법무대학원 석좌교수(현) 2014년 同국가위기관리연구소 초대 소장(현) (상)보국훈장 삼일장 · 천수장, 미국 정부공로훈장(2회), 황조근정훈장

안광한(安光漢) AHN Kwang Han

(생)1956 · 8 · 27 (출)경남 남해 (주)서울 마포구 성암로267 문화방송 사장실(02-789-2001) (학)1975년 진주고졸 1983년 고려대 신문방송학과졸 2008년 한양대 언론정보대학원졸 (경)1986년 MBC 교양제작국 기획제작부 근무 1988년 同편성국 편성기획부 근무 1992년 同편성국 영화부 근무 1997년 同편성국 영화팀장 1998년 同편성실 영화부장 1999년 同TV편성부장 2000년 同TV편성국 편성기획부장 2003년 同편성국 부국장 2006년 同편성국장 2009년 同편성본부장 직대 겸임 2010년 同편성본부장 2011~2013년 同부사장 2011~2013년 (사)여의도클럽 회장 2013년 문화방송(MBC) 사장 직대 2013~2014년 MBC플러스미디어 대표이사 사장 2013~2014년 MBC스포츠 대표이사 사장 2014년 문화방송(MBC) 대표이사 사장(현) 2014~2016년 한국방송협회 회장 2014년 한국언론진흥재단 비상임이사(현) 2015년 민관합동한류기획단 공동단장(현) (상)고려대 언론인교우회 장한 고대 언론인상(2014)

안광호(安光鎬) Ahn Kwang Ho

(생)1955 · 7 · 26 (출)경남 함안 (주)인천 남구 인하로100 인하대학교 경영대학 경영학과(032-860-7740) (학)1980년 한국외국어대 무역학과졸 1986년 미국 New York Univ. 대학원 경영학과졸 1987년 경영학박사(미국 New York Univ.) (경)1988년 인하대 경영대학 경영학과 교수(현) 2008년 한국마케팅학회 회장 2009~2010년 한국광고학회 회장 2015년 인하대 경영대학장(현) (상)한국의 최고 경영학자상(2013) (저)'광고원론' '유통경로관리' '마케팅원론' '소비자행동' '마케팅 커뮤니케이션' '인터넷마케팅원론' '유통관리원론'

안국신(安國臣) Kookshin Ahn

(생)1947 · 10 · 29 (본)순흥(順興) (출)전북 김제 (주)서울 동작구 흑석로84 중앙대학교(02-820-5487) (학)1965년 전주고졸 1969년 서울대 경제학과졸 1977년 미국 뉴욕주립대 올바니 대학원 경제학과 수료, 미국 미네소타대 대학원 경제학과졸 1982년 경제학박사(미국 미네소타대) (경)1969~1970년 한국은행 근무 1972~1976년 한국외환은행 근무 1983~1991년 중앙대 경제학과 조교수 · 부교수 1991~2011년 同경제학부 교수 1995~1996년 한국금융학회 부회장 1999~2000년 한빛은행 사외이사 2001년 한국계량경제학회 회장 2005~2007년 중앙대 정경대학장 2007년 중앙일보 중앙시평 칼럼니스트 2009~2011년 중앙대 제1캠퍼스 부총장 2010년 한국경제학회 회장 2011~2013년 중앙대 총장 2013년 同명예교수(현) (상)매일경제신문 이코노미스트상(1987), 청조근정훈장(2013) (저)'고급거시경제이론'(1989, 박영사) '개방경제하의 금리정책(共)'(1989, 한국경제연구원) '현대거시경제학-4판'(2005, 박영사) '현대경제학원론-5판(共)'(2007, 박영사) '경제학 길잡이-3판'(2009, 율곡출판사) (역)'쿠츠네츠의 경제성장론'(1987) '노벨상, 그 100년의 역사(共)'(2002) 'Romer 거시경제학(共)'(2010, 한국맥그로힐) (종)천주교

안국찬(安國燦) An, Kook-Chan

(생)1959 · 7 · 2 (본)순흥(順興) (출)강원 원주 (주)서울 종로구 사직로8길39 세양빌딩 김앤장법률사무소(02-3703-1207) (학)1981년 서울대 금속공학과졸 1997년 미국 프랭클린피어스법과대 지적재산권법학과졸(석사) (경)1983~1988년 대우자동차 근무 1988~1989년 리인터내셔널특허법률사무소 근무 1990년 김앤장법률사무소 변리사(현) 1998~2000년 대한변리사회 상임위원 2000년 아시아변리사회 특허위원회 위원 · 위원장(현), 同한국협회 이사 · 부회장 2006년 국제지식재산보호협회 한국협회 사무차장 · 사무총장(현) 2010년 아시아변리사회 이사회(제주) 조직위원장 (종)불교

안군준(安君濬) AHN Koon Joon

(생)1935 · 7 · 16 (출)서울 (주)서울 강남구 테헤란로329 삼흥빌딩1509호 (주)월비스 회장실(02-2051-0801) (학)1954년 경북고졸 1962년 건국대 정치외교학과졸 (경)1965~1973년 공영건업 동남아주재 전무이사 1985~1991년 한국훼라이트(주) 사장 1986~1991년 한국무역협회 이사 1986~1994년 한국전자공업진흥회 이사 1988~1991년 한국荷主협의회 부회장 1988~1991년 한국무역협회 荷主위원장 1991~2006년 한 · 미경제협의회 부회장 1991~2007년 한국무역협회 부회장 1991~1997년 태평양금속 회장 1991~2007년 현대백화점(한무쇼핑) 및 한무개발(인터콘티네탈 호텔) 이사 1991~2007년 태평양장학재단 이사 1994~2005년 코엑스 이사 1996~2014년 (주)월비스 사외이사 1997~2009년 (주)미래와사람 회장 1999~2005년 한국무역정보통신(주) 이사 2000~2007년 국무총리산하 인문사회연구회

이사 2001~2011년 (재)산학협동재단 감사 · 이사 2006~2013년 한국펄벅재단 이사 2009년 (주)윌비스 회장(현) 2014년 同사외이사 겸 감사(현), 안중근의사숭모회 이사(현) [상]국무총리표창, 새마을훈장 노력장

안권섭(安權燮) AN Kwon Sup

[생]1965 · 2 · 6 [출]전북 남원 [주]충북 진천군 덕산면 교연로780 법무연수원(043-531-1600) [학]1983년 전주 완산고졸 1990년 연세대 법학과졸 1993년 同대학원졸 [경]1993년 사법시험 합격(35회) 1996년 사법연수원 수료(25기) 1996년 광주지검 검사 1998년 청주지검 충주지청 검사 1999년 서울지검 의정부지청 검사 2001년 同서부지청 검사 2004년 법무부 특수법령과 검사 2006년 청주지검 검사 2008년 수원지검 검사 2009년 同부부장검사 2011년 同부장검사 2012년 同안양지청 부장검사 2012년 법무부 법조인력과장 2014년 서울중앙지검 형사5부장 2015년 제주지검 부장검사 2016년 법무연수원 교수(부장검사)(현)

안귀옥(安貴玉 · 女) AN Gwi Ok (은전)

[생]1958 · 2 · 23 [본]순흥(順興) [출]서울 [주]인천 남구 소성로171 안귀옥법률사무소(032-861-3300) [학]1987년 인천대 법대 법학과졸 1998년 고려대 일반대학원 법학과졸(석사) 1998년 同의대 의사법학연구소 의사법학과정 수료 2001년 同법과대학원 법학박사과정 수료 2003년 연세대 보건대학원 보건학과졸(석사) 2007년 인하대 교육대학원 교육학과졸(석사) 2013년 인천대 대학원 정치외교학과 박사과정 재학中 [경]1994년 사법시험 합격(36회) 1997년 사법연수원 수료 1997년 변호사 개업(현), 고려대 의사법학연구소 외래교수, 연세대 보건대학원 외래교수, (재)새얼문화재단 운영위원, (사)인천 · 부천 · 김포융합교류연합회 법제분과 위원장, 인천경영포럼 운영위원, (사)한국학원연합회 인천지회 고문변호사, (사)한국행복가족상담소 이사장, 한국여성변호사회 부회장, 인천구치소 교육분과 위원 2006년 인천시 연수구청장선거 출마(열린우리당) 2011년 민주통합당 인천시당 여성위원장 2012년 同인천남구乙지역위원회 위원장 2012년 제19대 국회의원선거 출마(인천 남구乙, 민주통합당) 2012년 민주당 인천남구乙지역위원회 위원장 2013년 同전당대회 부의장 2013년 同조직강화특별위원회 간사 2013년 한국여성정치연맹 인천시연맹장 · 중앙상무위원(현) 2013년 민주당 인천시당 직능위원장 2014년 새정치민주연합 6 · 4지방선거 공직선거후보자추천관리위원회 위원 2016년 제20대 국회의원선거 출마(인천 남구乙, 국민의당) 2016년 국민의당 인천시당 여성위원장(현) 2016년 同인천시 남구乙지역위원회 위원장(현) [상]사법연수원장상(1997), 대한적십자사 봉사상(2013), 법무부장관상(2013) [저]'판례중심 민법학'(1996) '여자가 이혼을 생각할 때'(1999) '행복한 이혼 불행한 이혼'(2004) '표준설명동의서식집' '내 인생에 결코 포기란 없다'(2011) [역]'그후로도 행복하게'(2006) [종]기독교

안규리(安圭里 · 女) AHN Curie

[생]1955 · 3 · 17 [본]순흥(順興) [주]서울 종로구 대학로101 서울대학교병원 신장내과(02-763-6316) [학]1980년 서울대 의대졸 1983년 同대학원졸 1993년 의학박사(서울대) [경]1980~1986년 서울대병원 수련의 · 신장내과 전공의 1986년 미국 신시내티대 메티컬센터 전임의 1988~1992년 미국 The Scripps Research Institute 연구원 1992~2001년 서울대 의대 내과학교실 임상강사 · 조교수 2001년 同의대 내과학교실 부교수 · 교수(현) 2004~2012년 同의학연구원 장기이식연구소장 2005년 라파엘클리닉(인터내셔널) 상임이사 · 대표(현) 2005~2009년 대한이식학회 연구교육 위원장 2006년 서울대병원 신장분과장 2008년 서울중앙지법 조정위원(현) 2008년 서울대병원 장기이식센터장(현) 2009~2011년 대한이식학회 학술위원장 2009년 (사)생명잇기 대외협력이사(현) 2009~2016년 서울대병원 공공의료사업부단장 2010~2012년 국립장기이식관리기관 장기이식운영위원 2010~2012년 한국국제협력단(KOICA) 보건자문위원 2010~2011년 12차 아시아이식학회 학술대회 학술위원장 2010년 세계이식학회 기초과학위원(현) 2010~2014년 서울대 의대 면역학교실 면역학 주임교수 2011년 국립보건연구원 자문위원(1 · 2기)(현) 2011~2013년 대한이식학회 연구교육위원회 위원장 2012년 12차 IXA(세계이종이식학회 학술대회) 학술위원 2012~2014년 장기등이식윤리위원회 위원 2012~2014년 행정안전부 순직보상심사위원 2012년 서울대 의학연구원 장기이식연구소 부소장(현) 2012년 同그린바이오과학기술연구원 Biotransplant연구소장(현) 2013~2014년 World Transplant Congress 2014 학술위원 2013년 국제보건의료학회 이사(현) 2013년 한국이종이식학회 부회장(현) 2013년 아시아이식학회 운영위원(현) 2013~2015년 대한이식학회 학술교육위원회 위원장 2013년 만성콩팥병예방관리자문위원회 위원장 2014년 서울대 의대 중개의학 주임교수(현) 2015년 (주)엠젠플러스 사외이사(현) 2015년 세계이종이식학회 이사(현) 2015년 대한이식학회 이사장(현) [상]한국여성단체협의회 올해의 여성상(2005), 몽골 교육문화부장관 최우수교육훈장(2009), 서울대 사회봉사상(2011), 세계이식학회 소리없는 영웅상(2014), 포스코청암상(2016) [종]가톨릭

안규백(安圭伯) Ahn Gyu Back

[생]1961 · 4 · 29 [본]죽산(竹山) [출]전북 고창 [주]서울 영등포구 의사당대로1 국회 의원회관428호(02-784-4180) [학]1987년 성균관대 철학과졸 1990년 同대학원 무역학 석사과정 수료 [경]1988년 평화민주당 평민신문 기자 겸 신민당보 기자 1991년 민주당 정치연수원 기획부장 1993년 同정책위원회 홍보부장 1995년 새정치국민회의 서무부장 1996년 민주당 제15대 대통령선거 중앙선거대책위원회 조직국장 2001년 새천년민주당 조직국장 2003년 제16대 대통령직인수위원회 전문위원 2003년 새천년민주당 지방자치국장 2004년 同조직국장 2007년 민주당 조직위원장 겸 인재영입위원 2007년 同제17대 대통령중앙선거대책위원회 조직본부장 2008년 통합민주당 조직위원장 2008년 제18대 국회의원(비례대표, 통합민주당 · 민주당 · 민주통합당) 2008~2011년 민주당 지방자치위원장 2008년 국회 국방위원회 위원 2011년 민주당 원내부대표 2012년 제19대 국회의원(서울 동대문구甲, 민주통합당 · 민주당 · 새정치민주연합 · 더불어민주당) 2012~2014년 국회 국방위원회 간사 2012년 국회 예산결산특별위원회 위원 2013년 민주당 10월재 · 보궐선거기획단장 2013년 同10 · 30재보선공직선거후보자추천심사위원회 부위원장 2013~2014년 국회 국가정보원개혁특별위원회 위원 2014년 국회 국방위원회 위원 2014~2015년 새정치민주연합 원내수석부대표 2015년 同전략홍보본부장 2015~2016년 더불어민주당 전략홍보본부장 2016년 제20대 국회의원(서울 동대문구甲, 더불어민주당)(현) 2016년 국회 국토교통위원회 위원(현) 2016년 한국아동인구환경의원연맹(CPE) 회원(현) 2016년 더불어민주당 서울동대문구甲지역위원회 위원장(현) 2016년 同사무총장(현) [상]민주당 국정감사 우수의원(2012 · 2013), 국정감사 NGO모니터단 우수국회의원(2012 · 2013), 경제정의실천시민연합 국정감사 우수의원(2013 · 2014), 제2회 대한민국 실천대상 의정활동 부문(2013), 유권자시민행동국정감사 최우수상(2013), 국회헌정대상(2014), 대한민국우수국회의원 대상(2014), 새정치민주연합 국정감사 우수의원(2014), 2014 대한민국 국회의원 의정대상(2015) [저]'우물을 파려면 10년은 파라'(2011, 출판시대) '삶의 의미는 오늘부터'(2014, 미디어푸름) [종]불교

안규윤(安圭胤) AHN Kyu Youn

[생]1958 · 1 · 8 [주]광주 동구 백서로160 전남대학교 의과대학 해부학교실(062-220-4000) [학]1983년 전남대 의대졸 1985년 同대학원졸 1988년 의학박사(전남대) [경]1983년 전남대 의대 해부학교실 조교 · 전임강사 · 조교수 · 부교수 · 교수(현) 1988~1991년 건국대 의대 공중보건의 1992~1994년 미국 플로리다대 의대 신장내과학교실 객원연구원 2003~2006년 대한의학회 편집위원 2003년 대한해부학회 홍보이사 2005년 대한체질인류학회 상임평의원 2013~2014년 전남대 기획처장 2016년 同의과대학장 겸 의학전문대학원장(현) [상]대한해부학회 한곡학술상 빛날상(2001), 국제여성성기능학회 최우수논문상(2008), 대한남성과학회 국내우수논문상(2008) [저]'해부학'(1999) '국소해부학'(2002) [역]'국소해부학'(2005, 도서출판 고려의학)

안규중(安圭重) AHN Kyu Joong

[생]1954 · 4 · 19 [출]서울 [주]서울 광진구 능동로120의1 건국대학교병원 피부과(02-2030-5181) [학]1978년 서울대 의대졸 1981년 同대학원졸 1984년 의학박사(서울대) 1995년 영국 리즈대 의진균학과졸 [경]1978년 국군 수도병원 수련의 1978~1987년 육군 군의관 1979~1983년 서울대병원 피부과 전공의 1983~1987년 전문의 군의관 1987~1991년 한림대 의대 전임강사 · 조교수 1991년 건국대 의대 피부과학교실 조교수 · 부교수 · 교수(현) 2004~2006년 건국대병원 원장 2006년 同피부과 주임교수(과장) 2013년 대한의진균학회 회장 · 편집위원장(현) 2015년 대한피부과학회 부회장 · 평의원(현) [저]'피부과학(共)'(2001) '의대생을 위한 피부과학(共)'(2006) '조갑진균증-개원의와 전공의를 위한 지침서(共)'(2006) '손발톱 무좀에 대해 궁금하십니까?(共)'(2007) [종]기독교

안규홍(安圭洪) AHN Kyu Hong

[생]1952 · 7 · 21 [출]경북 경산 [주]서울 성북구 화랑로14길5 한국과학기술연구원 녹색도시기술연구소 적정기술사업단(02-958-5832) [학]1971년 경북고졸 1976년 서울대 토목공학과졸 1983년 공학박사(미국 코넬대) [경]1983년 한국과학기술연구원(KIST) 에너지환경연구본부 환경기술연구단 책임연구원 1996년 고려대 객원교수 1998년 미국 하와이대 초빙교수 1999년 민주평통 자문위원 1999년 건설교통부 중앙설계 · 중앙하천 심의위원 1999년 한국과학기술연구원(KIST) 환경 · 공정연구부장 2001년 同연구기획부장 2001년 국가과학기술위원회 전문위원 2003년 고려대 공학대학원 객원교수(현) 2009~2010년 한국과학기술연구원(KIST) 대외부원장 2010년 同물자원순환연구단 책임연구원 2015년 同녹색도시기술연구소 적정기술사업단장(현) [상]과학기술

부 · 한국과학재단 선정 이달의 과학기술자(2005), 3 · 1문화상(2007), 과학기술훈장 진보장(2008), 교육과학기술부 및 한국과학재단 선정 '제10회 한국공학상'(2012) [저]'환경과 삶' [종]기독교

안근묵(安根默) AN Kun Muk

[생]1956·7·7 [본]순흥(順興) [출]서울 [주]서울 강남구 광평로51길6의11 한국지하수지열협회(02-2057-3200) [학]1976년 용산고졸 1977년 연세대 영어영문학과 중퇴 1981년 미국 Hawaii Community College졸 [경]1981년 미국 극동지구공병단(EDFE) 입사 1993~1996년 두안개발 대표 1993년 (주)두안수자원개발 대표이사 1996~2008년 (주)두안 대표이사 사장 2005년 한국지하수·지열협회 회장(현) 2006년 건설교통부 중앙지하수관리위원회 관리위원 2007년 한국지하수·지열협동조합 이사장(현) 2008년 (주)지지케이 대표이사 사장(현) 2008년 (사)아시아경영전략연구원 동북아포럼 정책위원(현) 2009~2011년 국토해양부 중앙지하수관리위원회 위원 2009년 국회 환경포럼 정책자문위원(현) 2009년 국회 신성장산업포럼 정책위원(현) 2010년 농림수산식품부 지열냉난방보급사업을위한중앙심의위원회 위원 2010년 국토해양부 전략환경평가위원회 위원 2010~2012년 同중앙하천관리위원회 위원 2012~2015년 중소기업연구원 재단이사 2012~2014년 서울시 지하수 및 물재이용관리위원회 위원 2012년 한강홍수통제소 기술자문단 자문위원 [상]중소기업청 우수벤처기업인상(2004), 환경공업신문 환경문화상(2005), 국회 환경포럼 아름다운환경인상(2005), 서울사랑시민상 환경기술부문 본상(2006), 산업자원부 신기술실용화 공로상(2006), 국민훈장 동백장(2009)

안근식(安根植) Ahn, Gun Sig

[생]1957 · 7 · 24 [본]순흥(順興) [출]충남 연기 [주]대전 동구 대학로62 대전대학교 경영대학 회계학과(042-280-2277) [학]1980년 숭실대 경영학과졸 1982년 同대학원 경영학과졸 1987년 경영학박사(한남대) [경]1982~1984년 한남대 회계과 시간강사 1983년 배재대 경영학과 시간강사 1983년 창원대 회계학과 시간강사 1984~1997년 대전대 경영학과 시간강사 · 전임강사 · 조교수 · 부교수 1997~1999년 同기획연구처장 1997년 同경영대학 회계학과 교수(현) 1999~2000년 同2부교학처장 2000~2001년 한국산업경제학회 부회장 2001년 한국국제회계학회 부회장 2001년 대전대 법인기획조정실장 2002년 미래인재개발원(주) 지도위원 2007~2009년 대전대 기획협력처장 2009년 同특수(경영행정사회복지 · 교육 · 보건스포츠)대학원장 2011~2013년 同대외협력부총장 2014~2016년 同경영부총장 2014년 同산학부총장 2015년 同교학부총장 [저]'회계측정론'(1995) '회계학원론'(1999) [종]기독교

안기남(安起男) AN GI NAM

[생]1962 · 2 · 4 [출]전북 고창 [주]경기 수원시 장안구 창룡대로223 경기남부지방경찰청 경비과(031-888-2156) [학]1979년 고창북고졸 2001년 한국방송통신대 법과대학졸 2005년 한세대 대학원 경찰학과졸 [경]1988년 경찰 임용(경찰간부 후보 36기) 2002년 경기 화성경찰서 경비교통과장(경정) 2003년 경기 안양경찰서 정보보안과장 2004년 경기 광명경찰서 생활안전과장 2005년 부천남부경찰서 정보보안과장 2007년 경기지방경찰청 경비계장 2010년 전북지방경찰청 경무과장(총경) 2011년 전북 진안경찰서장 2012년 전북지방경찰청 보안과장 2013년 전주완산경찰서장 2014년 경기지방경찰청 기동대장 2015년 경기 수원서부경찰서장 2016년 경기지방경찰청 경비과장 2016년 경기남부지방경찰청 경비과장(현)

안기성(安基成) AHN Ki Sung

[생]1956 · 2 · 11 [주]대구 남구 두류공원로17길33 대구가톨릭대병원 신장내과(053-650-4040) [학]경북대 의대졸, 同대학원졸 [경]대구가톨릭대 의대 내과학교실 조교수 · 부교수 · 교수(현), 대한내과학회 정회원(현), 대한신장학회 정회원(현), 유럽신장학회 정회원(현) 2013~2014년 대구가톨릭대 의과대학장

안기승(安基承)

[생]1967 · 3 · 11 [출]경북 문경 [주]경기 의왕시 오봉로9 의왕소방서(031-596-0114) [학]인천대 법학과졸 [경]1995년 소방공무원 임용 1995년 안양소방서 비산파출소장 1999년 경기도 소방재난본부 소방행정과 근무 2005년 군포소방서 방호예방과장 2007년 경기도 소방재난본부 소방행정담당 2009년 수원소방서 소방행정과장 2012년 경기도 소방재난본부 화재조사분석팀장 2013년 김포소방서장(지방소방정) 2015년 의왕소방서장(현)

안기헌(安岐憲) An Gi Heon

[생]1954 · 6 · 22 [주]서울 종로구 경희궁길46 대한축구협회 전무이사실(02-2002-0707) [학]경신고졸, 인천체육전문대 체육학과졸 [경]1982년 포항제철 축구팀 주무 1995년 수원삼성 블루윙즈 사무국장 2000년 同부단장 2004~2010년 同단장 2011년 한국프로축구연맹 사무총장 2013년 대한축구협회 전무이사(현)

안기환(安起煥) AHN Ki Hwan

[생]1957 · 11 · 21 [본]순흥(順興) [출]서울 [주]서울 강남구 영동대로517 아셈타워22층 법무법인 화우(02-6003-7094) [학]1977년 경동고졸 1983년 한양대 법대졸 [경]1983년 사법시험 합격(25회) 1985년 사법연수원 수료(15기) 1986년 부산지법 판사 1991년 서울지법 의정부지원 판사 1994년 同북부지원 판사 1996년 서울지법 판사 1997년 서울고법 판사 1999년 대법원 재판연구관 2001년 서울지법 의정부지원 부장판사 2004년 서울북부지법 부장판사 2006년 서울중앙지법 부장판사 2008~2009년 수원지법 안산지원장 2009년 법무법인 화우 변호사(현) 2010~2014년 민주화운동관련자명예회복및보상심의위원회 위원 2013년 한국토지주택공사 법률고문(현) 2015년 통신민원조정센터 조정위원회 위원장(현) 2015년 서울 성동구 고충처리위원회 위원장(현)

안길섭(安吉燮) Ahn, Kil seob

[생]1967 · 10 · 6 [본]죽산(竹山) [출]전남 [주]인천 중구 서해대로366 인천항만공사 홍보협력팀(032-890-8170) [학]1986년 전남 강진고졸 1993년 동국대 경영학과졸 2007년 고려대 언론대학원 언론학과졸 [경]1995~1997년 전자신문 C&C부 기자 2000년 디지털타임스 정보통신부 기자 2004년 同디지털사회팀장 2004~2005년 同디지털미디어팀장 2005년 디지털데일리 편집국 통신방송팀장 2007년 재정경제부 홍보관리팀 사무관 2008~2012년 기획재정부 대변인업무팀 사무관 2012년 인천항만공사 홍보팀장 2015년 同홍보협력팀장(현) [상]기획재정부장관표창(2009)

안낙균(安樂均) Ahn Nag Kyoun

[생]1954 · 3 · 24 [출]경기 화성 [주]경기 광명시 기아로168 한국전기철도기술협력회(02-796-9566) [학]1972년 국립철도고졸 1976년 고려대 전기공학과졸 1984년 태국 AIT공과대 대학원 교통공학과졸 [경]1979~1992년 철도청 기사보 · 배전계장 1992년 한국고속철도건설공단 전기시설본부 전력국 전력2부장 1993년 同전기계획부장 1995년 同중부전기공사사무소장 1997년 同중부종합건설공사사무소 전기공사국장 1998~2000년 同사업조정실 사업관리팀장 · 공정관리팀장 · 대외협력팀장 2000년 同기전본부 전력처장 2004년 한국철도시설공단 시스템사업본부장(이사대우) 2005년 同기획조정본부장 겸 중국사업추진단 부단장 2007년 同시설본부장 2008년 同경영지원본부장(이사), 대아티아이(주) 사장, 同부회장 2016년 (사)한국전기철도기술협력회 회장(현)

안달훈(安達勳) Ahn Dalhoon

[생]1980 · 5 · 29 [주]서울 성동구 마장로210 한국기원 홍보팀(02-3407-3870) [학]고려대 경제학과졸 [경]1996년 입단 1998년 3단 승단 2002년 5단 승단 2004년 6단 승단 2004년 농심신라면배 한국대표 2004년 박카스배 천원전 준우승 2006년 7단 승단 2009년 8단 승단 2012년 9단 승단(현)

안대환(安大煥) AHN Dae Hwan

[생]1947 · 9 · 15 [출]부산 [주]경기 성남시 분당구 야탑로26 (사)한국골프회관 4층 한국골프장경영협회(031-781-0085) [학]1965년 가야고졸 1969년 동아대 경영학과 수료 1971년 육군대학졸(정규 27기) 1982년 단국대 경영대학원졸 2000년 한국체육대 사회체육대학원 수료 2001년 연세대 행정대학원 수료 [경]1990~1993년 클럽700컨트리클럽 건설본부장 · 총괄이사 1995~1998년 캐슬파인컨트리클럽 상무이사 1998년 (사)한국골프장경영협회 사무국장 2002년 同전무이사 2010년 同상근부회장(현)

안대회(安大會) Ahn Dae hoe

[생]1961·3·8 [본]순흥(順興) [출]충남 청양 [주]서울 종로구 성균관로25의2 성균관대학교 문과대학 한문학과(02-760-0339) [학]1980년 대전고졸 1985년 연세대 국어국문학과졸 1987년 同대학원 국어국문학과졸 1994년 문학박사(연세대) [경]1990~2002년 연세대·서울대·홍익대·성균관대 시간강사 2000년 성균관대 동아시아학술원 책임연구원 2002년 영남대 사범대학 한문교육과 조교수 2005년 명지대 인문대학 국어국문학과 부교수 2007년 성균관대 문과대학 한문학과 부교수 2011년 同문과대학 한문학과 교수(현) 2015년 同출판부장(현) [상]두계학술상(2015), 제16회 지훈상 국학부문(2016) [저]'18세기 한국한시사 연구'(1999, 소명출판) '한국 漢詩의 분석과 시각'(2000, 연세대 출판부) '조선후기시화사'(2000, 소명출판) '尹春年과 詩話文話'(2001, 소명출판) '조선후기 小品文의 실체(編)'(2003, 태학사) '조선의 프로페셔널'(2007, 휴머니스트) '선비답게 산다는 것'(2007, 푸른역사) '고전산문산책'(2008, 휴머니스트) '부족해도 넉넉하다'(2009, 김영사) '정조의 비밀편지'(2010, 문학동네) '조선을 사로잡은 꾼들'(2010, 한겨레출판) '궁극의 시학'(2013, 문학동네) '담바고 문화사'(2015, 문학동네) '내 생애 첫번째 시'(2016, 보림) '문장의 품격'(2016, 휴머니스트) '조선의 명문장가들'(2016, 휴머니스트) [역]'궁핍한 날의 벗'(2000, 태학사) '산수간에 집을 짓고'(2005, 돌베개) '추재기이'(2010, 한겨레출판) '완역 정북 북학의'(2013, 돌베개) '자저실기(共)'(2014, 휴머니스트) '주영편(共)'(2016, 휴머니스트)

안대희(安大熙) AHN Dai Hee

[생]1955·3·31 [출]경남 함안 [주]서울 용산구 한강대로 211 대우월드마크용산 법무법인 평안(02-6010-6565) [학]1973년 경기고졸, 서울대 법학과 중퇴(3년) 1982년 프랑스 국립사법관학교 수료 [경]1975년 사법시험 최연소 합격(17회) 1977년 사법연수원 수료(7기) 1977년 육군 법무관 1980년 서울지검 검사 1984년 춘천지검 영월지청 검사 1985년 법무부 법무심의관실 검사 1988년 서울지검 검사 1989년 대구지검 영덕지청장 1991년 대검찰청 중앙수사부 과학수사과장 1993년 인천지검 특수부장 1993년 부산지검 특수부장 1994년 대검찰청 중앙수사부 제3과장 1995년 同중앙수사부 제1과장 1996년 서울지검 특수3부장 1997년 同특수2부장 1997년 同특수1부장 1998년 대전지검 천안지청장 1999년 대구지검 제1차장검사 2000년 부산지검 동부지청장 2001년 서울고검 형사부장 2002년 부산고검 차장검사 2003년 대검찰청 중앙수사부장 2004년 부산고검장 2005~2006년 서울고검장 2006년 건국대 행정대학원 겸임교수 2006년 서울대 법대 강사 2006~2012년 대법원 대법관 2012년 새누리당 정치쇄신특별위원회 위원장 2013년 건국대 법학전문대학원 석좌교수 2013년 세종재단 이사 2013년 변호사 개업 2013년 국세청 세무조사감독위원회 초대위원장 2014년 법무법인 평안 대표변호사(현) 2016년 새누리당 최고위원 2016년 同서울마포구甲당원협의회 운영위원장(현) 2016년 제20대 국회의원선거 출마(서울 마포구甲, 새누리당) 2016년 새누리당 제20대 총선 서울권선거대책위원장 [상]홍조근정훈장(2001), 국제검사협회(IAP) 특별공로상(2004), 황조근정훈장(2005), 청조근정훈장(2012), INAK 법률상(2016) [저]'조세형사법'(2005) '조세형사법-개정판'(2015)

안덕근(安德根) Ahn, Dukgeun

[생]1968·4·21 [출]대구 [주]서울 관악구 관악로1 서울대학교 국제대학원 국제학과(02-880-9249) [학]1986년 대구 덕원고졸 1990년 서울대 사회과학대학 국제경제학과졸 1996년 경제학박사(미국 미시간대) 1999년 법학박사(미국 미시간대) [경]1999~2000년 한국개발연구원(KDI) 국제정책대학원 초빙교수 2000년 법무부 뉴라운드법률지원반 자문위원 2000~2004년 한국개발연구원(KDI) 국제정책대학원 조교수 2000~2002년 同국제정책대학원 정보기술센터 소장 2000~2003년 정보통신부 심사평가위원 2001년 산업자원부 무역위원회 심사평가위원·외교통상부 세계무역기구(WTO) 서비스협상대책반 자문위원·산업자원부 무역정책국 심사평가위원 2003년 국제거래법학회 이사 2003~2005년 재정경제부 금융협력전문가포럼 위원·한국개발연구원(KDI) 국제정책대학원 세계무역기구(WTO) 통상전략센터 소장 2004년 국제경제법학회 감사 2004년 외교통상부 자유무역협정(FTA) 민간자문위원 2004~2005년 한국개발연구원(KDI) 국제정책대학원 부교수 2005년 서울대 국제대학원 국제학과 교수(현) 2012년 SK케미칼(주) 사외이사(현) 2013년 제18대 대통령직인수위원회 경제1분과 전문위원 2013년 산업통상자원부 무역위원회 비상임위원(현) 2013년 대통령자문 국민경제자문회의 거시금융분과 자문위원 2013~2014년 우리투자증권(주) 사외이사 겸 감사위원 2015년 산업통상자원부 환태평양경제동반자협정(TPP)전략포럼 의장(현) 2015년 NH투자증권(주) 사외이사(현) [상]산업자원부장관표창(2003), 국무총리표창(2005) [저]'WTO 보조금협정 비교분석'(2001) 'WTO와 동아시아 : 새로운 시각에서(共)'(2004) 'WTO 무역구제체제의 개선 : 동아시아 관점에서(共)'(2006)

안덕수(安德壽) An, Deog-soo

[생]1958·7·25 [출]강원 인제 [주]강원 인제군 인제읍 인제로187번길8 인제군청 부군수실(033-460-2002) [학]1976년 강원 기린고졸 [경]2014년 강원도 안전자치행정국 총무과 총무재정팀 근무 2014년 同기획조정실 디엠제트정책담당관 2015년 同기획조정실 회계과장 2015년 同동계올림픽본부 시설관리과장 2016년 강원 인제군 부군수(현) [상]대통령표창(2002), 옥조근정훈장(2012)

안덕수 AHN Duk Su

[생]1974·3·15 [주]서울 영등포구 여의공원로115 세우빌딩11층 KB국민은행 업무지원부內 청주 KB스타즈(02-2073-5034) [학]일본 오사카하츠시바고졸, 일본 규슈산업대졸 [경]1998~2000년 수원 삼성 썬더스 소속 2000~2007년 한국대학농구연맹 사무국장 2007년 일본 샹송화장품 V-매직 코치 2010~2011년 한국대학농구연맹 사무차장 2011~2016년 일본 샹송화장품 V-매직 코치 2016년 청주 KB스타즈 감독(현)

안덕영(安悳榮) AN Duk Young

[생]1952·5·30 [출]서울 [주]서울 용산구 새창로44길10 (주)파라다이스글로벌 임원실(02-710-5507) [학]1971년 선린상고졸, 부산대 경영대학졸 [경]1977년 진흥기업(주) 근무 1997년 (주)파라다이스 이사대우 2000년 同이사 2002년 同상무 2005년 同관리·재경담당 전무 2007년 (주)파라다이스글로벌 건설부문 재무담당 전무 2009년 同건설부문 부사장 2011년 同대표이사 사장(현)

안덕호(安德鎬) DUK HO AHN

[생]1968·7·28 [본]탐진(耽津) [출]대구 [주]서울 서초구 서초대로74길11 삼성전자빌딩 삼성그룹 법무팀(02-2255-4133) [학]1987년 서울고졸 1992년 서울대 법과대학 사법학과졸 2013년 고려대 법무대학원 공정거래법학과 수료 [경]1991년 사법시험 합격(33회) 1994년 사법연수원 수료(23기) 1994년 軍법무관 1997년 서울지법 판사 1999년 同남부지원 판사 2001년 청주지법 충주지원 판사 2003년 同충주지원 음성군법원 판사 2004년 서울행정법원 판사 2005년 삼성그룹 구조조정본부 법무실 상무 2006년 同법무실 상무 2010년 同준법경영실 전무대우 2011년 同경영지원실 법무팀 전문임원(전무) 2012년 同준법경영실 전무 2014년 同법무팀 전무(현)

안도걸(安道杰) AHN Do-Geol

[생]1965·1·23 [출]전남 화순 [주]세종특별자치시 갈매로 477 기획재정부 복지예산심의관실(044-215-7500) [학]광주 동신고졸 1986년 서울대 경영학과졸 1988년 同행정대학원 정치학과졸 1997년 미국 하버드대 케네디스쿨 행정학과졸 [경]행정고시 합격(33회) 2000~2003년 기획예산처 예산제도과·농림해양예산과·예산총괄과 서기관 2003년 同제도관리과장 2004년 同민간투자제도과장 2005년 국제부흥개발은행(IBRD) 파견 2007년 기획예산처 전략기획팀장 2008년 기획재정부 예산실 복지예산과장(서기관) 2009년 同예산실 복지예산과장(부이사관) 2010년 대통령 과학기술비서관실 파견 2010년 대통령 고용복지수석비서관실 서민정책비서관실 선임행정관 2012년 보건복지부 보건산업정책국장 2013년 대통령 경제수석비서관실 경제금융비서관실 선임행정관 2014년 기획재정부 예산실 행정예산심의관 2015년 同예산실 행정안전예산심의관 2016년 同예산실 복지예산심의관(현) [상]근정포장(2011) [종]가톨릭

안도현(安度眩) AHN Do Hyun

[생]1961·10·1 [출]경북 예천 [주]전북 완주군 삼례읍 삼례로443 우석대학교 문예창작학과(063-290-1417) [학]1979년 대건고졸 1984년 원광대 국어국문학과졸 [경]1981년 대구일보 신춘문예 '낙동강'으로 시인 등단 1984년 동아일보 신춘문예에 '서울로 가는 전봉준'으로 당선 2004년 우석대 문예창작학과 교수(현) 2012년 민주통합당 문재인 대통령후보 선거기획단 기획위원 2012년 同문재인 대통령후보 선대위 산하 '시민캠프' 공동대표 2012년 同18대 대통령선거 공동선거대책위원장 [상]'시와 시학' 젊은시인상(1996), 소월시 문학상(1998), 노작문학상(2002), 모악문학상 금관상(2002), 윤동주문학상(2007), 백석문학상(2009) [작]시집 '서울로 가는 전봉준' '모닥불' '그대에게 가고 싶다' '외롭고 쓸쓸한' '그리운 여우' '바닷가 우체국' '관계' '사진첩' '너에게 가려고 강을 만들었다' 동시집 '나무 잎사귀 뒤쪽 마을'(2007) '냠냠'(2010, 비룡소) 산문집 '외로울 때는 외로워하자' '그 작고 하찮은 것들에 대한 애착' '아

무것도 아닌 것에 대하여' '간절하게 참 철없이'(2007) 우화소설 '연어'(1996) '연어 이야기'(2010, 문학동네) '책의 유혹(共)'(2012, 하늘연못)

안동국(安東國) DONG-KUK AHN
[생]1964 · 2 · 10 [본]광주(廣州) [출]대구 [주]대구 중구 달구벌대로2177 경북대학교 치과대학 구강생리학교실(053-660-6840) [학]대륜고졸 1988년 경북대 치의학과졸 1991년 同대학원 치의학과졸 1994년 치의학박사(경북대) [경]1988~1993년 경북대 치대 조교 1993~1996년 군복무 공중보건의 1996년 경북대 치과대학 구강생리학교실 전임강사 · 조교수 1997년 同주임교수 1998~2000년 미국 UNC치의학센터 교환교수 2002~2003년 Physiology Sch Med. UNC 방문교수 2002~2007년 경북대 치과대학 구강생리학교실 부교수 2007년 同치과대학 구강생리학교실 교수(현) 2010년 대한치과의사협회 치의학용어표준화심의위원회 위원 [저]'생리학'(1995) '인체생리학(共)'(2002) '치의학을 위한 생리학'(2005)

안동규(安東奎) Ahn Dong Gyu
[생]1957 · 11 · 20 [본]순흥(順興) [출]서울 [주]강원 춘천시 한림대학길1 한림대학교 경영대학 재무금융학과(033-248-1853) [학]서울 중앙고졸 1980년 서울대 독어독문학과졸 1983년 미국 듀크대 대학원 경영학과졸 1988년 경영학박사(미국 오하이오주립대) [경]1980년 (주)오리콤 근무 1990년 한림대 경영대학 재무금융학과 교수(현) 1994~1997년 同재무금융학과장 1998~2001년 同경영대학원 원장보 2002년 한국분과아카데미 원장(현) 2002~2003년 한림대 경영학부장 2002~2003년 同재무금융학전공 주임교수 2006~2014년 춘천경제정의실천시민연합 상임공동대표 2007년 한림대 국제교육원장 2007~2011년 同대외협력처장 2010년 전국대학국제처장협의회 회장 2010~2011년 한국대학국제교류협의회 회장 2013~2014년 한림대 경영대학장 2013~2014 · 2016년 同경영대학원장(현) 2015년 춘천경제정의실천시민연합 고문(현) [저]'리스금융론(共)'(1995) '기업부패지수 측정모형개발에 관한 연구'(2000) '현대기업의 재무전략'(2004) '분권과 혁신(共)'(2004) [종]기독교

안동만(安東萬) AHN Dong Mhan
[생]1949 · 6 · 7 [본]순흥(順興) [출]경북 안동 [주]충남 서산시 해미면 한서1로46 한서대학교 항공전자공학과(041-671-6234) [학]1966년 경북고졸 1972년 서울대 항공공학과졸 1975년 미국 노트르담대 대학원 항공공학과졸 1982년 항공공학박사(영국 크랜필드대) [경]1973년 국방과학연구소 연구원 1989년 同KT-1훈련기체계실장 1994년 同항공기체계부장 1996년 同대함유도무기체계부장 2000년 同항공기 · 유도무기개발본부장 2002~2003년 한국과학기술원(KAIST) 겸임교수 2003~2005년 국방부 연구개발관 2004~2005년 한국항공우주학회 회장 2005년 국방과학연구소 소장 2008년 한서대 항공전자시뮬레이션학과 교수 2010~2014년 同항공전자공학과 교수 2013년 국가과학기술심의회 위원 2014년 한서대 항공전자공학과 명예교수 겸 석좌교수(현) [상]보국훈장 천수장(2004), 서울대 자랑스러운 공과대학 동문(2010) [저]'항공우주학개론(共)'(2005)

안동범(安東範) AHN Dong Beom
[생]1964·10·9 [출]서울 [주]서울 서초구 서초중앙로157 서울중앙지방법원(02-530-1114) [학]1983년 환일고졸 1987년 서울대 공법학과졸 1991년 고려대 대학원 법학과 수료 [경]1994년 사법시험 합격(36회) 1997년 사법연수원 수료(26기) 1997년 대전지법 판사 2000년 同서산지원 판사 2003년 서울지법 의정부지원 연천군·동두천시법원 판사 2004년 서울동부지법 판사 2006년 서울중앙지법 판사 2008년 서울고법 판사 2009년 서울남부지법 판사 2012년 제주지법 부장판사 2014년 인천지법 부장판사 2016년 서울중앙지법 부장판사(현)

안동범(安東範) AHN Dong Beom
[생]1966 · 7 · 26 [본]순흥(順興) [출]서울 [주]서울 영등포구 버드나루로12가길51 전자신문 경영지원실(02-2168-9203) [학]1985년 명지고졸 1991년 성균관대 사회학과졸 [경]1991년 (주)웅진미디어 경리부 사원 1996년 (주)북센 경영관리부 차장 2003년 웅진그룹 기획조정실 재무팀 차장 2004년 (주)웅진홀딩스 경영지원실 부장 2007년 전자신문 경영지원실장 2010년 同경영지원실장(이사대우) 2010년 한국신문협회 기조협의회 이사 2011년 전자신문 경영지원실장(이사)(현) 2016년 한국신문협회 기조협의회 부회장(현) [종]불교

안동선(安東善) AHN Dong Sean
[생]1935 · 10 · 5 [본]순흥(順興) [출]경기 부천 [학]1956년 서울 중동고졸 1962년 성균관대 법정대학 경제학과 중퇴 1986년 서울대 경영대학원 최고경영자과정 수료, 명예 정치학박사(카자흐스탄 알마티국립대) [경]1964년 민정당 경기13지구 조직부장 1966년 민중당 · 신한당 중앙상무위원 1967년 신민당 경기지부 선전위원장 1971년 同경기16지구당 위원장 1973년 통일당 당무국장 · 조직국장 1984년 제12대 국회의원(부천 · 김포 · 강화, 신민당 · 민주당 · 평민당) 1985년 신한민주당 인권옹호위원회 부위원장 1987년 민주당 원내부총무 1987년 평민당 원내부총무 · 대변인 1988년 同부천中지구당 위원장 1988년 同당무위원 1991년 신민당 부천中지구당 위원장 1991년 同당무위원 1991년 민주당 당무위원 1992년 제14대 국회의원(부천中, 민주당 · 국민회의) 1992년 민주당 경기도지부장 1992년 국회 상공자원위원장 1996년 제15대 국회의원(부천 원미甲, 국민회의 · 새천년민주당) 1996년 국민회의 지도위원회 부의장 1997~2000년 同부총재 1998년 同지도위원회 의장 2000년 새천년민주당 지도위원 2000~2004년 제16대 국회의원(부천 원미甲, 새천년민주당 · 자민련 · 새천년민주당) 2000~2004년 한 · 카자흐스탄의원친선협회 회장 2001년 새천년민주당 상임고문 2001년 同최고위원 2001년 가톨릭대 행정대학원 겸임교수 2002년 자민련 부총재 2003~2004년 국회 과학기술정보통신위원장 2004년 새천년민주당 부천원미甲지구당 위원장 2006년 국민중심당 경기도당 대표 2008년 제18대 국회의원선거 출마(부천 원미甲, 자유선진당) [종]천주교

안동수(安東洙) AHN Dong Soo
[생]1941 · 3 · 3 [출]충남 서천 [주]서울 중구 세종대로72 대영빌딩304호 안앤김 공증인합동사무소(02-598-4411) [학]1959년 서울 중앙고졸 1963년 서울대 법대졸 1964년 同사법대학원 수료 1967년 경희대 산업경영대학원 수료 1972년 미국 캘리포니아대 버클리교 법과대학원 수료 [경]1962년 고등고시 사법과 합격(15회) 1964~1967년 육군 법무관(대위 예편) 1968년 부산지검 검사 1968~1971년 부산대 · 영남대 강사 1970년 대구지검 검사 1971년 창원지검 검사 1972년 서울지검 남부지원 검사 1974년 인천지검 검사 1975~2001 · 2002년 변호사 개업 1987년 사법시험 시험위원 1990~1997년 민주당 인권위원장 · 당무위원 · 서초乙지구당 위원장 1997~2000년 새정치국민회의 당무위원 · 서울서초乙지구당 위원장 1999년 행정자치부 법률고문 2000년 새천년민주당 서울서초乙지구당 위원장 2001년 법무부 장관 2004년 대한태권도협회 고문 2006년 한국스포츠중재위원회(KSAC) 초대위원장 2008년 국제스포츠중재재판소(CAS) 중재위원(현) 2011년 안앤리 공증인합동사무소 변호사 2012년 안앤김 공증인합동사무소 변호사(현) [종]천주교

안동일(安東壹) AN DONG IL (觀海)
[생]1940 · 9 · 30 [본]순흥(順興) [출]서울 [주]서울 중구 서소문로103 402호 홍익법무법인(02-779-2224) [학]1958년 경기고졸 1963년 서울대 법학과졸 1981년 연세대 경영대학원 수료 1986년 서울대 경영대학원 AMP과정 수료 1990년 同사법발전연구과정 수료 1993년 고려대 언론대학원 최고위언론과정 수료 1994년 同언론대학원 수료 2008년 동국대 불교대학원 최고위과정 수료 [경]1967년 제1회 군법무관시험 합격 1968년 제1군사령부 검찰관 1970년 국방부 법무관 1975년 제1군사령부 심판부장 1978년 변호사 개업 1982년 대한민국재향군인회 감사 1984년 한일변호사협의회 상임이사 1986~2010년 홍익법무법인 변호사 1987~1989년 대한변호사협회 공보이사 겸 대변인 1990년 KBS 라디오칼럼 진행 1991년 MBC 라디오칼럼 진행 1991~1995년 (사)4월회 회장 1992년 대한상사중재원 중재인 1992년 서울시 법률고문 1993년 세계한인상공인총연합회 감사(현) 1993~1998년 공동체의식개혁국민운동협의회 상임공동의장 1994~2007년 강서구 · 마포구 고문변호사 1994년 강북구 고문변호사 1994년 한국재가불자연합회 회장 1995년 경제정의실천불교시민연합 공동회장 1998년 대한불교조계종 고문변호사(현) 1999년 (사)4월회 고문(현) 1999년 (재)3 · 1문화재단 이사(현) 2003년 붓다클럽 총재 · 고문(현) 2008~2011년 동산반야회 · 동산불교대학 이사장 2008년 전국염불만일회 회장(현) 2008년 한국불교교육단체연합회 회장 2010년 홍익법무법인 대표변호사(현) 2011년 동산반야회 · 동산불교대학 명예이사장(현) 2012년 경기불자회 회장 2014년 同명예회장(현) [상]서울지방변호사회 명덕상(2012), 자랑스러운 서울법대인상(2015) [저]'기적과 환상'(1960, 영신문화사) '세계대백과사전(법률편)'(1972, 태극출판사) '쓴 소리 바른 소리'(1993, 법률신문사) '어떤 대화'(1993, 4월회) '새로운 사.일구(1997, 김영사) '새 천년과 4 · 19정신'(1999, 삶과꿈) '나는 김현희의 실체를 보았다'(2004, 동아일보) '10.26은 아직도 살아있다'(2005, 랜덤하우스중앙) '새로운 4 · 19'(2010, 예지) '깨달음의 길을 찾아서'(2011, 마음풍경) '새로운 4.19(개정판)'(2015, 예지) '행복의 길, 정토의 길'(2015, 로터스) [종]불교

안동일(安東一) AN Dong Il

ⓑ1959 · 5 · 23 ⓒ전남 광양시 폭포사랑길20의26 (주)포스코 광양제철소(061-790-2041) ⓗ부산대 생산기계공학과졸, 캐나다 맥길대 대학원 경영학과졸 ⓖPOSCO 근무, (주)포스코건설 플랜트사업본부 설계그룹담당 집행임원(상무) 2013년 (주)포스코 광양설비담당 부소장(전무) 2014년 同기술임원(전무) 2015년 同철강생산본부 광양제철소장(전무) 2015년 同철강생산본부 광양제철소장(부사장)(현)

안동현 DONG-HYUN AHN

ⓑ1964 · 3 · 3 ⓒ서울 영등포구 의사당대로143 금융투자협회빌딩 한국자본시장연구원(02-3771-0601) ⓗ1988년 고려대 경영학과졸 1990년 同대학원 경영학과졸 1996년 경영학박사(미국 뉴욕대) ⓖ1996~2002년 미국 Univ. of North Carolina 조교수 2000~2001년 고려대 조교수 2002년 미국 Univ. of North Carolina 부교수 2003~2016년 서울대 경제학과 교수, 오디코프(주) 사외이사 2014~2016년 포스코 사외이사 2015~2016년 대통령자문 국민경제자문회의 기초경제1분과 자문위원 2015년 금융위원회 금융개혁추진위원회 위원 2015년 同공적자금관리위원회 민간위원(현) 2016년 同금융발전심의회 금융서비스분과 위원(현) 2016년 同금융개혁추진위원회 위원(현) 2016년 한국자본시장연구원 원장(현)

안두환(安斗煥) AHN Du Whan

ⓑ1956 · 5 · 7 ⓑ순흥(順興) ⓒ강원 홍천 ⓒ강원 화천군 상서면 평촌길126의44 상서중학교(033-441-7060) ⓗ춘천고졸, 강원대 체육교육과졸, 同대학원 체육교육과졸 ⓖ안흥고 · 원통중 · 화천 사내중 · 상서중 · 화천중 교사, 강원도교육청 교육연수원 교육연구사, 강원학생교육원 교학과 교육연구사 2008년 춘천교육청 평생교육체육담당 장학사, 평창 대화중 교감 2013년 화천 상서중 교장(현) ⓢ교육감표창, 교육부장관표창, 국무총리표창 ⓩ'중학교 체육의 정의적 영역에 관한연구' ⓩ기독교

안만호(安萬鎬) Ahn, Manho

ⓑ1974 · 1 · 5 ⓑ순흥(順興) ⓒ대전 ⓒ충북 청주시 흥덕구 오송읍 오송생명2로187 식품의약품안전처 대변인실(043-719-1101) ⓗ1992년 대전고졸 1996년 고려대 정치외교학과졸 2001년 同경대학원 비교정치학과 수료 ⓖ2001~2009년 파이낸셜뉴스 기자 2009~2013년 식품의약품안전청 부대변인 2013년 식품의약품안전처 대변인(현) ⓢ대통령표창(2015) ⓩ'IFRS, 회계 국경이 사라진다(共)'(2008, 교보문고)

안맹열(安孟烈) AN Maeng Youl

ⓑ1957 · 11 · 19 ⓑ순흥(順興) ⓒ경북 울진 ⓒ강원 동해시 용정로40의7 북평중학교(033-521-1504) ⓗ후포고졸, 강원대 수학교육학과졸, 관동대 대학원 수학교육과졸 ⓖ태백기계공고 · 강릉농공고 · 주문진고 · 강릉고 · 여량중 교사, 강원도교육청 사임당교육원 교육연구사, 강원도교육청 교무실장, 同교학실장, 同교육연수원 교수2실 연구사, 同교육연수원 운영1실 연구사 2006년 강릉교육청 중등교육담당 생활지도부 장학사 2006~2010년 同인사담당 장학사 2010년 강릉 사천중 교장 2014년 동해 북평중 교장(현)

안명수(安命壽) AHN Myung Soo

ⓑ1945 · 9 · 30 ⓑ순흥(順興) ⓒ서울 ⓒ서울 영등포구 버드나루로18길5 약국신문(02-2636-5727) ⓗ1969년 경희대 신문방송학과졸 1974년 同대학원 신문학과졸 ⓖ1968~1974년 약사공론 취재부 차장 1974~1989년 한국그락소 영업본부장 1989년 정모제약 영업담당 상무 1990~1992년 유유산업(주) 마케팅담당 이사 1993년 약국신문 사장(편집인 겸 주간) 1993년 창업신문 대표이사 사장(편집인 겸 주간) 1997~2000년 종합유선방송위원회 제4심의위원회 심의위원 2000~2003년 방송위원회 상품판매방송심의위원 2005년 식품의약품안전청 화장품심의위원회 산업진흥분과위원회 위원 2008년 약국신문 편집인 겸 부회장(현) 2008년 창업신문 편집인 겸 부회장(현) ⓢ공보처장관표창(1997) ⓩ'돌아온 저널리스트'(1996) '철책선 밝힌 5만촉광(共)'(1997) '1993 당산동 그 겨울의 찻집'(2005) '찬란한 가을 햇살을 꿈꾸며'(2008) '세월의 오솔길에서 만난 사람들'(2010) ⓩ가톨릭

안명옥(安明玉) AHN Myong Ok

ⓑ1945 · 12 · 7 ⓒ경남 마산 ⓗ1964년 서울 성신고졸 1971년 광주 대건신학대 신학과졸 1977년 오스트리아 인스브루크대 대학원 신학과졸 ⓖ1975년 오스트리아 인스브루크 까리시아눔 사제서품 1977~1979년 천주교 마산교구 남해성당 주임신부 1979~1991년 대건신학대 교수 1991~2000년 부산가톨릭대 신학대학 교수 1994~1996년 同신학대학장 겸 대학원장 1999~2000년 同대학원장 2000년 주교 서품 2000년 천주교 마산교구 부교구장(주교) 2002~2016년 同마산교구장 2005년 한국천주교주교회의 상임위원, 同생명윤리위원장 2008년 同사회복지위원장 2012~2016년 同시복시성주교특별위원회 위원장 ⓩ윤리신학의 단편적 이해' '윤리신학의 관심사' ⓔ성서와 교리교육 '현대의 윤리사상'(共) '그리스도교 윤리' '사랑의 기본계명' '정의가 미래를 창조한다' '세계윤리구상' '윤리의 기초' '그리스도인의 생애와 예수추종' '인간이란 무엇인가' '부르심' '항상 여러분과 함께' '생명을 얻고 또 얻어' '인격과 윤리' '교황사전' ⓩ천주교

안명옥(安明玉 · 女) AHN Myoung Ock (雅慕)

ⓑ1954 · 8 · 31 ⓑ인천 ⓒ서울 중구 을지로245 국립중앙의료원(02-2260-7000) ⓗ1979년 연세대 의대졸 1982년 同대학원졸 1985년 미국 Univ. of California 대학원 보건학과 졸 1992년 의학박사(연세대) 1998년 보건학박사(미국 Univ. of California) ⓖ1979년 의사면허증 취득 1979년 제일병원 산부인과 인턴 1980~1983년 연세의료원 산부인과 전공의 1983년 산부인과 전문의자격 취득 1989~2004년 차병원 산부인과 과장 1990년 국립보건원 교수 1990년 연세대 보건대학원 외래교수 1991~2004년 차병원 Well Woman Clinic 소장 1992년 연세대 의대 산부인과 외래조교수 1993년 교육방송(EBS) '육아일기' 고정출연 1993년 세원검진센터 소장 1993~1998년 보건복지부 모자보건심의위원 1995~1998년 두산케이블방송(DSN) '열린 성교실' 진행 1996~2000년 미국 한국인건강교육정보 · 검색센터 의료감독 1997년 미주 서울FM방송 '홈, 스위트 홈' 고정출연 2000년 미국 남부캘리포아니아대 사회복지사업과 연구교수 2000~2004년 포천중문의과대 예방의학과 부교수 · 산부인과 부교수 2000년 원자력여성전문인협회 부회장 2002년 포천중문의과대 대체의학연구소장 2002~2004년 대한가정법률복지상담원 인천지부 이사장 2003년 환경연합 중앙집행위원 2004~2008년 제17대 국회의원(비례대표, 한나라당) 2004~2005년 한나라당 원내부대표 2007~2008년 同제6정책조정위원장 2008~2014년 차의과학대 보건복지대학원 교수 2009~2013년 한국여성인권진흥원 초대이사장 2014년 국립중앙의료원 원장(현) 2015년 한국양성평등교육진흥원 초빙교수(현) 2015년 대한민국저출산대국제건강증진병원네트워크책의료포럼 공동대표(현) 2016년 한국건강증진병원네트워크 회장(현) 2016년 대한병원협회 특별부회장(현) 2016년 국제건강증진병원네트워크거버넌스이사회 이사(현) 2016년 세계걸스카우트 아태지역위원(현) ⓢ세계여성원자력전문인회 세계여성원자력상(2007), 국민훈장 목련장(2011), 한독 여의사 지도자상(2012) ⓩ'첫울음소리'(1986) '라마즈분만법'(1991) '알기쉬운 응급처치법'(1992) '알기쉬운 영양(共)'(1994) '어린이와 함께 보는 알기쉬운 응급처치법'(1995) '폐경기'(1996) '안명옥 박사의 여성종합병원'(1996) '사랑의 태교(共)'(2001) '행복한 임신 280일(共)'(2001) '의사선생님이 하는 열린 성교육'(2002) '루나레나의 비밀편지(共)'(2002) '아름다운 중년(共)'(2003) ⓩ천주교

안명철(安明哲) AHN MYONG CHUL

ⓑ1956 · 1 · 20 ⓑ서울 ⓒ인천 남구 인하로100 인하대학교 문과대학 한국어문학과(032-860-7998) ⓗ1981년 서울대 국어국문학과졸 1983년 同대학원졸 1992년 국어학박사(서울대) ⓖ국어연구소 연구원, 서울대 · 세종대 강사, 대구대 교수, 인하대 문과대학 한국어문학과 교수(현) 2013~2015년 同문과대학장 2015년 국어학회 회장(현) ⓩ'바른 생활과 국어 문법'(2001) 'kajian wacana- dala konteks multikultural dan multidisiplin'(2008) '동아시아 한국학입문'(2008)

안무혁(安武赫) AHN Moo Hyuk (濤雲)

ⓑ1935 · 11 · 10 ⓑ순흥(順興) ⓒ황해 안악 ⓒ서울 서초구 마방로10길15 트윈타워오피스텔B동2007호 한국발전연구원(02-563-6960) ⓗ황해 안악고졸 1958년 육군사관학교졸(14기) 1962년 서울대 대학원 공학과졸 ⓖ1962년 육군사관학교 교수 1971년 육군 공병 대대장 1973년 육군대학 교관 1978년 육군 건설공병단장 1980년 국가보위비상대책위원회 건설분과 위원 1980년 입법회의 경제2전문위원 1981년 육군 공병여단장(준장) 1981년 예편(육군 준장) 1981년 사회정화위원회 위원장 1982년 국세청장 1987~1988년 국가안전기획부장 1990년 한국발전연구원 이사장(현) 1992년 제14대 국회의원(전국구, 민자당 · 신한국당) 1998년 통일고문, 양지회 회장 2010년 황해도중앙도민회 회장 ⓢ인헌무공훈장, 보국훈장 천수장 · 삼일장 ⓩ기독교

ㅇ

안문석(安文錫) AHN Moon Suk

[생]1944·9·20 [본]탐진(耽津) [출]전북 [주]서울 성북구 안암로145 고려대학교 정경대학 행정학과(02-3290-1114) [학]남성고졸 1965년 서울대 경제학과졸 1967년 同행정대학원졸 1974년 미국 하와이대 대학원 전산학과졸 1977년 자원경제학박사(미국 하와이대) [경]1968~1981년 한국과학기술원(KAIST) 연구원·책임연구원·전산시스템개발실장 1974년 미국 Aloha System Project 연구원 1977년 연세대·고려대 강사 1981~2010년 고려대 정경대학 행정학과 교수 1993년 행정쇄신위원 1993년 고려대 행정문제연구소장 1994년 한국행정학회 부회장 1995년 고려대 기획처장 1996년 同정책과학대학원장 1996년 한국정책학회 회장 1999년 대통령직속 규제개혁위원회 위원 2001년 대통령자문 정부혁신추진위원회 전자정부(e-government)특별위원장 2002년 대통령직속 규제개혁위원회 위원장 2003~2006년 고려대 교무부총장 2004년 한국교육학술정보원 이사장 2006년 국무총리자문 방송통신융합추진위원회 위원장 2008~2011년 서울시정개발연구원 이사장 2008년 한국지역정보개발원 초대 이사장(현) 2010년 고려대 행정학과 명예교수(현) 2013년 카자흐스탄 국제IT대학(IITU) 명예교수(현) 2014년 한국정보화진흥원 비상임이사(현) [상]청조근정훈장, 국민훈장 동백장, 프랑스 문화예술공로훈장 [저]'정보체계론' '계량행정론' '환경행정론' '정부와 기업 그리고 시민사회' '무용의 유용성'

안문철(安文喆) An, Mun-Cheol

[생]1962 [주]대전 서구 청사로189 관세청 감사담당관실(042-472-2171) [학]1980년 제물포고졸 1983년 국립세무대학 관세학과졸 [경]1983년 관세청 입청 1996년 재정경제원 세제실 근무 2009년 기획재정부 FTA국내대책본부 근무 2011년 서울세관 자유무역협정1과장 2011년 관세국경관리연수원 교수부장 2012년 관세청 FTA집행기획담당관 2012년 인천본부세관 조사감시국장 2014년 관세청 대변인 2014년 인천본부세관 심사국장 2016년 同휴대품통관국장 2016년 관세청 감사담당관(현) [상]국무총리표창(2009), 근정포장(2012)

안문태(安文泰) AHN Moon Tae

[생]1941·3·15 [본]순흥(順興) [출]서울 [주]서울 강남구 테헤란로123 여삼빌딩12층 법무법인 양헌(070-4349-2408) [학]1959년 경기고졸 1964년 서울대 법대졸 1966년 同사법대학원졸 [경]1966~1979년 대구지법·대전지법·수원지법·서울지법 남부지원·서울민사지법·서울형사지법·서울가정법원 판사 1979년 서울고법 판사 1981년 부산지법 부장판사 1982년 서울지법 남부지원 부장판사 1984년 서울형사지법 부장판사 1987년 부산고법 부장판사 1988년 서울고법 부장판사 1993년 방송위원회 위원 1993년 同감사 1994년 광주지법원장 1994년 수원지법원장 1995년 서울가정법원장 1998년 부산고법원장 1999~2000년 특허법원장 2000년 변호사 개업 2002년 동아건설산업 파산관재인, (주)아가방 사외이사 2011년 법무법인 양헌 고문변호사(현) [종]불교

안미영(安美泳·女) Ahn mee yeoung

[생]1958·1·25 [본]죽산(竹山) [출]광주 [주]광주 북구 면앙로130 광주시립도서관(062-613-7700) [학]1977년 광주여상졸 1983년 광주동신실업전문학교졸 [경]1981년 광주시립도서관 근무 1989~2002년 同사서계장 2003~2009년 광주북구일곡도서관장(사무관) 2009년 광주시립도서관 관리과장 2015년 同관장(서기관)(현) [상]문화체육부장관표창(1994), 행정자치부장관표창(2003), 대통령표창(2006) [종]천주교

안미영(安美英·女) AHN Mi Young

[생]1966·9·8 [출]강원 강릉 [주]경기 수원시 영통구 월드컵로120 수원지방검찰청(031-210-4200) [학]1985년 춘천 유봉여고졸 1989년 서울대 불어불문학과졸 1992년 同법학과졸 1994년 同대학원 법학과 수료 1998년 한국외국어대 외국어연수평가원 위탁교육 수료 [경]1993년 사법시험 합격(35회) 1996년 사법연수원 수료(25기) 1996년 서울지검 의정부지청 검사 1998년 同북부지청 검사 2000년 수원지검 성남지청 검사 2004년 대구지검 김천지청 검사 2006년 법무부 여성정책과장 2008년 서울중앙지검 검사 2008~2010년 헌법재판소 파견 2009년 광주지검 부부장검사 2010년 사법연수원 교수 2012년 서울중앙지검 여성아동범죄조사부장 2013년 대전지검 형사3부장 2014년 법무부 인권정책과장 2015년 서울동부지검 형사2부장 2016년 수원지검 부부장검사(한국형사정책연구원 파견)(현)

안미현(安美現·女) Ahn, Mi Hyun

[생]1966·5·1 [주]서울 중구 세종대로124 서울신문 편집국 금융부(02-2000-9161) [학]1989년 연세대 영어영문학과졸 [경]1999년 대한매일 편집국 뉴스피플팀 기자 2000년 同편집국 경제부 기자 2005년 서울신문 편집국 산업부 기자 2008년 同편집국 산업부 차장급 2009년 同편집국 경제부 차장 2009년 同편집국 문화부장 2012년 同경제부 전문기자 2012년 同경제부장 2013년 同논설위원 2013년 同편집국 경제부 전문기자 2014년 同편집국 경제부장 2016년 同편집국 금융부장(현) 2016년 한국여기자협회 감사(현)

안민석(安敏錫) An, Min Suk

[생]1966·8·13 [본]순흥(順興) [출]경남 의령 [주]서울 영등포구 의사당대로1 국회 의원회관620호(02-784-3877) [학]1982년 수원 수성고졸 1987년 서울대 체육교육과졸 1990년 미국 일리노이주립대 대학원졸 1993년 교육학박사(미국 노던콜로라도대) 1997년 충북대 행정대학원졸 [경]1994~1997년 공군사관학교 조교수 1997년 국민체육진흥공단 체육과학연구원 선임연구원 2000년 중앙대 교수 2000년 오산·화성환경운동연합 운영위원장 2002년 문화관광부 정책자문위원 2002년 대한올림픽위원회 산하 대학스포츠위원회(KUSB) 상임위원 2002년 개혁국민정당 정책위원 2003년 열린우리당 중앙위원 2003년 문화연대 집행위원 2004년 제17대 국회의원(오산시, 열린우리당·대통합민주신당·통합민주당) 2004년 대한태권도협회 이사 2005년 북경올림픽 단일팀구성을위한남북체육회담 대표 2005년 열린우리당 체육발전특별위원회 위원장 2005년 대한올림픽위원회(KOC) 남북체육교류위원장 2005년 6·15공동선언실천남측준비위원회 공동대표 2006년 열린우리당 당의장실 부실장 2008년 제18대 국회의원(오산시, 통합민주당·민주당·민주통합당) 2008년 민주당 쇠고기재협상대책본부장 2008~2011년 同교육특별위원회 위원장 2008~2009년 同원내부대표 2008년 국회 교육과학기술위원회 야당 간사 2009~2015년 (사)한국백혈병소아암협회 회장 2012년 제19대 국회의원(오산시, 민주통합당·민주당·새정치민주연합·더불어민주당) 2012년 국회 기획재정위원회 위원 2012년 국회 예산결산특별위원회 위원 2013~2015년 국회 평창동계올림픽및국제경기대회지원특별위원회 위원 2013년 국회 남북관계발전특별위원회 위원 2013년 국회 교육문화체육관광위원회 위원 2015년 새정치민주연합 교육연수원장 2015년 국회 예산결산특별위원회 야당 간사 2015년 국회 평창동계올림픽및국제경기대회지원특별위원회 위원 2015년 더불어민주당 교육연수원장(현) 2016년 제20대 국회의원(오산시, 더불어민주당)(현) 2016년 국회 교육문화체육관광위원회 위원(현) 2016년 더불어민주당 경기오산시지역위원회 위원장(현) 2016년 국회 교육포럼 공동대표(현) [상]과학과 사회 소통상(2011), 아이세프(ICEF) 어워즈 매경미디어그룹상(2013) [저]'월드컵 그 열정의 사회학'(2002) '물향기 편지'(2008, 레인보우북스) [종]기독교

안민수(安民洙) AHN Min Soo

[생]1940·1·30 [본]광주(廣州) [출]경기 광주 [주]서울 중구 필동로1길30 동국대학교 연극과(02-2260-8753) [학]1964년 한국외국어대 불어과졸 1966년 서울연극학교 연극과졸 1972년 미국 하와이대 대학원 연극과졸 [경]1966년 동랑레퍼터리극단 상임연출가 1972~1981년 서울예술대 연극과 교수 1981~2001년 동국대 연극학과 교수 1993년 한국연극학회 회장 1995년 학교법인 동랑예술원 이사 1997년 동국대 예술대학장 1998년 한국연극교육학회 회장 1999년 한국대학연극학과교수협의회 회장 2000년 동국대 문화예술대학원장 2001년 同연극·영상학부 연극전공 명예교수(현) 2001~2004년 서울예술대학 학장 2007년 동랑예술원 이사장 직대 2007~2015년 동국대 연극과 석좌교수 [상]백상예술대상, 한국연극예술상, 한국연극평론가협회상, 삶의 빛 수상, 근정포장 [저]'연극연출' '연극적 상상 창조적 망상' '배우수련'(2009) [작]'리어왕' '태' '소' '보이체크' '하멸태자' '초혼' '길' '거울이 있는 방' [종]불교

안민수(安敏洙) AHN Min Soo

[생]1956·11·14 [출]경남 김해 [주]서울 중구 을지로29 삼성화재해상보험(주) 임원실(02-758-7459) [학]1976년 경남고졸 1980년 한국외국어대 포르투갈어과졸 [경]1982년 삼성전자(주) 입사 1994년 삼성생명보험 융자지원담당 차장 1997년 同전략기획실 부장 2000년 同뉴욕투자법인장(상무보) 2003년 同투자사업부장(상무) 2004년 同자산포트폴리오운용팀장(상무) 2006년 同자산포트폴리오운용팀장(전무) 2008년 同자산운용본부장(전무) 2010년 삼성 금융사장단협의회 사무국장(부사장) 2013년 삼성화재해상보험(주) 대표이사 사장(현) [상]2014 여성소비자가 뽑은 베스트 금융CEO(2014)

안민식(安敏植) Ahn Min-sik

[생]1963 · 2 · 28 [주]서울 종로구 사직로8길60 외교부 인사운영팀(02-2100-7136) [학]1988년 한국외국어대 서반아어과졸 [경]1991년 외무고시 합격(25회) 1991년 외무부 입부 1997년 駐시카고 영사 2000년 駐코스타리카 1등서기관 2004년 駐노르웨이 참사관 2007년 駐필리핀 참사관 2009년 외교통상부 재외공관담당관 2010년 同문화교류협력과장 2011년 駐로스앤젤레스 영사 2014년 駐인도 공사 2016년 駐파라과이 대사(현) [상]옥조근정훈장(2012)

안민철(安珉哲) AN Min Cheol

[생]1962 · 2 · 27 [주]경기 화성시 동탄면 경기동로548 (주)바른전자 운영기술분문장실(031-8020-6004) [학]부산대 무기재료공학과졸 [경]삼성전자 반도체부문Package개발팀 책임연구원, (주)바른전자 경영지원실장(전무이사) 2010년 同SIP운영부문장(부사장), 同운영기술부문장(부사장)(현) [종]기독교

안민호(安敏浩) AHN Min Ho

[생]1959 · 11 · 26 [주]서울 영등포구 국제금융로6길42 (주)삼천리 지원본부(02-368-3300) [학]1978년 중경고졸 1985년 경희대 경영학과졸 [경]동양정밀공업 근무, (주)삼천리 기획담당 이사대우 2006년 同인천지역본부장(이사) 2009년 (주)삼천리ENG 플랜트사업본부장(상무) 2011년 (주)삼천리 도시가스사업본부 영업담당 상무 2012년 同도시가스사업본부 인천지역본부장(전무) 2013년 同경영지원본부장(전무) 2015년 同지원본부장(전무)(현)

안바울 AN Baul

[생]1994 · 3 · 25 [학]2016년 용인대 유도경기지도학과졸 [경]2009년 제90회 전국체육대회 고등부 개인전 55kg 이하급 금메달 2011년 제82회 YMCA전국유도대회 고등부 개인전 60kg급 금메달 2011년 제92회 전국체육대회 고등부 개인전 60kg이하급 은메달 2012년 제92회 전국체육대회 대학부 개인전 60kg이하급 은메달 2013년 제18회 전국청소년유도선수권대회 60kg급 금메달 2013년 제93회 전국체육대회 대학부 개인전 60kg이하급 금메달 2013년 세계주니어유도선수권대회 60kg급 금메달 2015년 쿠웨이트 아시아유도선수권대회-66kg급 은메달 2015년 제28회 광주 하계유니버시아드대회 66kg 이하급 금메달 · 남자단체전 은메달 2015년 남양주시청 유도단 입단(현) 2016년 뒤셀도르프 그랑프리국제유도대회 남자 66kg 이하급 금메달 2016년 제31회 리우데자네이루 올림픽 남자유도 66kg 이하급 은메달

안범진(安範鎭) AHN Beom Jin

[생]1967 · 4 · 1 [출]경북 예천 [주]인천 남구 소성로163번길49 인천지방검찰청 형사1부(032-860-4308) [학]1986년 동국사대부고졸 1990년 한양대 법대 법학과졸 [경]1994년 사법시험 합격(36회) 1997년 사법연수원 수료(26기) 1998년 軍법무관 2000년 광주지검 검사 2002년 전주지검 정읍지청 검사 2003년 수원지검 성남지청 검사 2006년 서울중앙지검 검사 2008~2010년 외교통상부 파견 2009년 부산지검 부부장검사 2010년 법무부 감찰담당관실 검사 2012년 대구지검 안동지청장 2013년 법무부 인권구조과장 2014년 서울중앙지검 형사8부장 2015년 대구지검 형사3부장 2016년 인천지검 형사1부장(현)

안법영(安法榮) AHN Bup Young

[생]1958 · 12 · 29 [주]서울 성북구 안암로145 고려대학교 법학전문대학원 법학관 신관531호(02-3290-1890) [학]고려대 법학과졸, 同대학원 법학과졸 1992년 법학박사(독일 프랑크푸르트요한볼프강괴테대) [경]한림대 법학과 조교수 1992~2008년 고려대 법학과 조교수 · 부교수 · 교수 2008년 同기획예산처장 2009년 同법학전문대학원 교수(현) 2010년 대한의료법학회 수석부회장 2012~2014년 同회장 2015년 한국의료분쟁조정중재원 비상임이사(현) [저]'독일매매계약법'(2003)

안병갑(安秉甲)

[생]1959 · 8 · 25 [출]전남 목포 [주]전남 무안군 삼향읍 후광대로359번길28 전남지방경찰청 수사2과(061-289-2167) [학]1981년 전남대 경영학과졸, 同행정대학원 행정학과졸 [경]1986년 경위 임용(경찰간부후보 34기) 1991년 경감 승진 1997년 경정 승진 2006년 총경 승진 2007년 전남 영암경찰서장 2009년 전남 담양경찰서장 2010년 전북지방경찰청 보안과장 2011년 광주지방경찰청 정보통신담당관 2011년 광주 서부경찰서장 2012년 광주지방경찰청 수사과장 2013년 전남 고흥경찰서장 2014년 전남지방경찰청 수사과장 2015년 同형사과장 2015년 전남 목포경찰서장 2016년 전남지방경찰청 수사2과장(현)

안병국(安秉國)

[생]1967 · 9 · 1 [주]서울 영등포구 국제금융로56 미래에셋대우 리서치센터(02-768-3355) [학]1990년 국민대 경제학과졸 [경]1990년 대우그룹 공채 1992년 KDB대우증권 근무 2010년 同리서치센터 투자분석부장 2014년 同리서치센터장(이사) 2016년 미래에셋대우 리서치센터장(이사)(현)

안병근(安秉根) AHN BYOUNG GEUN

[생]1956·11·23 [본]순흥(順興) [출]경북 영주 [주]충남 공주시 웅진로27 공주교육대학교 총장실(041-850-1234) [학]1977년 경북 영주고졸 1984년 경북대 일반사회교육과졸 1986년 同대학원 경제학과졸 1992년 경제학박사(경북대) [경]1986~1989년 신원중·거창여중 교사 1990~1992년 경북대 조교 1992년 공주교육대 초등사회과교육과 교수(현) 2001~2003년 同교수협의회 회장 2005~2007년 同기획연구처장 2009~2010년 同교육지원처장 2012년 한국경제교육학회 부회장(현) 2016년 공주교육대 총장(현) [상]국무총리표창(2007), 경제교육 우수논문상(2011) [저]'고등학교 경제(共)'(2014) 외 10권 [종]불교

안병길(安炳吉) An Byung Gil

[생]1962·2·2 [본]순흥(順興) [출]경남 진주 [주]부산 동구 중앙대로365 부산일보 비서실(051-461-4000) [학]1987년 부산대 법학과졸 1997년 同행정대학원졸 2006년 행정학박사(동아대) [경]1987년 부산일보 입사 1999년 同사회부차장 2000년 同제2사회부장 2001년 미국 클리블랜드주립대 객원연구원 2001년 부산일보 국제부장 2002년 同편집국장석 부장 2002년 同사회부장 2004년 同정치부장 2005년 同편집국 부국장 2007년 同해양문화연구소장 2008년 同독자서비스국장 2010년 同편집국장 2010년 同논설위원 2011년 同광고국장 2012년 同기획실장(이사대우) 2013년 同이사대우 2013년 부일IS(주) 대표이사 사장 2015년 부산일보 대표이사 사장(현) 2015년 한국디지털뉴스협회 이사 2016년 同부회장(현) 2016년 한국신문협회 부회장(현) [상]봉생문화상(1997), 일경언론상, 한국기자상, 부일기자상, 자랑스러운 부산대인(2015) [저]'백산의 동지들(共)'(1997) '시민속의 언론 공공저널리즘'(2003) '행동하는 언론 공공저널리즘'

안병덕(安秉德) AHN Byung Duk

[생]1957 · 8 · 21 [출]서울 [주]경기 과천시 코오롱로11 (주)코오롱(02-3677-3090) [학]경동고졸, 연세대 경영학과졸, 同대학원 경영학과졸 [경]코오롱상사(주) 기획조정실 부속실장, (주)코오롱 회장부속실장, 코오롱그룹 경영전략본부 부본부장, (주)코오롱 이사보, 同인재개발센터담당 이사, 同회장 부속실장 2006년 同지원본부장(부사장) 2008년 同전략기획본부장(부사장) 2011년 코오롱건설(주) 대표이사 사장 2011~2014년 코오롱글로벌(주) 대표이사 사장 2012년 마우나오션개발(주) 대표이사 사장 2013년 (주)코오롱 대표이사 사장(현) 2014~2015년 (주)MOD 대표이사 사장 2016년 우리다문화장학재단 이사(현)

안병만(安秉萬) AHN Byong Man

[생]1941·2·8 [출]서울 [주]서울 동대문구 이문로107 한국외국어대학교(02-2173-2103) [학]1960년 경기고졸 1964년 서울대 법대졸 1967년 同대학원졸 1974년 정치학박사(미국 플로리다대) 2004년 명예 인문학박사(미국 델라웨어대) [경]1968~1975년 명지대 행정학과 전임강사·조교수·부교수 1975~1980년 한국외국어대 부교수 1977·1980년 한국정치학회 편집위원 1978년 한국외국어대 학생처장 1980~2006년 同행정학과 교수 1980년 同한국지역문제연구소장 1981년 미국 하버드대 특강초빙교수 1981년 미국 델라웨어대 특임교수 1984년 행정고시 출제위원 1985년 한국정치학회 연구위원장 1988년 한국외국어대 기획

조정처장 1992년 同부총장 겸 대학원장 1992년 한국행정학회 부회장 1994년 同회장 1994~1998·2002~2006년 한국외국어대 총장 1998년 미국 델라웨어대 특임교수 2002년 대통령포럼 운영이사 2004~2006년 사이버외국어대 총장 2005년 한국대학총장협회 회장 2006년 한국외국어대 명예교수(현) 2006년 서울시정개발연구원 이사장 2006년 한미교육재단 이사장 2008년 대통령자문 미래기획위원회 위원장 2008~2010년 교육과학기술부 장관 2009~2010년 국가우주위원회 위원장 2011년 국가교육과학기술자문회의 부의장 [상]콜롬비아 공로훈장 대관장, 헝가리 공훈십자훈장(2005), 청조근정훈장(2006), 루마니아 국가교육분야 최고훈장(2006) [저]'한국정부론' '한국선거론' '현대한국정치론' 'Elections in Korea' 'Rural Development in South Korea' 'Elites and Political Power in South Korea' 'Reforming Public and Corporate Governance' 등 [종]기독교

안병모(安秉模) AHN Byung Mo

[생]1950·5·28 [출]부산 [주]서울 서초구 헌릉로12 기아자동차(주) 임원실(02-3464-1114) [학]부산상고졸, 한국외국어대 서반아어과졸 [경]미원산업(주) 근무, (주)영스타 근무 1977년 현대정공(주) 입사, 同전무이사 1998년 기아자동차(주) 수출부문 전무이사 1998년 기아 아메리카·기아 캐나다 사장 1999년 기아자동차(주) 북미지역본부장(전무) 2001년 현대자동차(주) 미국공장건설 V프로젝트팀 대표 2005년 현대INI스틸 해외영업본부장(부사장) 2005년 기아자동차(주) 해외프로젝트담당 부사장 2008년 同미주지역법인장 겸 최고경영자(CEO) 2014년 同미주지역법인장 겸 부회장 2015년 同고문(현)

안병문(安秉文) AHN Byung Moon

[생]1951·6·11 [본]순흥(順興) [출]전남 고흥 [주]인천 서구 신석로70 성세의료재단 성민병원(032-7261-053) [학]1969년 서울고졸 1976년 서울대 의과대학졸 1982년 의학박사(중앙대) 1996년 연세대 경영대학원 최고경영자과정 수료 1997년 인천대 행정대학원 고위관리자과정 수료 [경]1981~1983년 한림대부속 한강성심병원 정형외과 과장 1990~1994년 인천지검 의료자문위원 1991년 한림대 의대 외래교수(현) 1993~1999년 의료법인 성세의료재단 성민병원장 1998년 서울대의과대학동창회 부회장 1998년 인하대 의대 외래교수(현) 1999년 의료법인 성세의료재단 성민병원 의료원장(현) 2001년 인천지법 민사·가사 조정위원 2004년 대한병원협회 국제위원장(현) 2007~2012년 인천지검 인천범죄피해자지원센터 이사·운영위원 2010년 대통령직속 미래기획위원회 의료기기·헬스케어 특별위원 2010년 미국 세계인명사전 'Marquis Who's Who 2011년판'에 등재 2011년 병원수출포럼 의장 겸 운영위원장 2011년 영국 국제인명센터(IBC) '세계100대 의학자'에 선정 2014년 (재)한국병원경영연구원 이사(현) [상]중외박애상(2008), 인천지검장표창(2009), 보건복지부 지정 전문병원 우수시범기관 표창(2010), 보건복지부장관표창(2010), 대한민국 무궁화대상 의학부문(2010) [저]'항노화의학(共)'(2006, The Textbook of Anti-Aging Medicine) [종]기독교

안병민(安秉珉) AHN Byung Min

[생]1959·7·21 [주]세종특별자치시 시청대로370 한국교통연구원 유라시아·북한인프라연구소(044-211-3020) [학]1983년 단국대 행정학과졸 1985년 同대학원 도시계획학과졸 1998년 법학박사(일본 쓰쿠바대) [경]1983~1987년 국회의원 보좌관 1987~1991년 교통개발연구원 교통계획연구실 연구원 1996년 일본 쓰쿠바대 사회과학연구과 수업조교 1997년 교통개발연구원 철도교통연구실 책임연구원 1998년 아시아태평양경제사회위원회(UN ESCAP) 국가적전문가 1999년 교통개발연구원 책임연구원 2003년 북한경제전문가 100인포럼 회원 2004년 교통개발연구원 대륙철도사업추진단 TF팀장 2005년 한국교통연구원 책임연구원·연구위원(현) 2006년 同북한교통정보센터장 2008년 同동북아북한교통정보센터장 2008년 同동북아북한연구센터장 2009년 同해외근무(안식년) 2010년 同동북아북한연구센터장 2011년 한반도포럼 회원 2012년 한국교통연구원 북한동북아교통연구실장 2014년 同유라시아·북한인프라센터 소장 2016년 同유라시아·북한인프라연구소장(현) [저]'남·북·러 협력사업의 시발점 가스관 프로젝트(共)'(2012, 푸른길)

안병억(安秉億) AN Pyeong Eok

[생]1966·7·2 [본]광주(廣州) [출]충남 당진 [주]경북 경산시 진량읍 대구대로201 대구대학교 사회과학대학 국제관계학과(053-850-6395) [학]1988년 한국외국어대 독일어과졸 2001년 영국 케임브리지대 대학원 국제정치학과졸 2006년 국제정치학박사(영국 케임브리지대) [경]1991~2001년 연합뉴스·YTN 기자 2006년 파이낸셜뉴스 국제부 차장 2007~2008년 아시아경제신문 국제경제부장 2007~2008년 한국외국어대 국제지역학대학원 시간강사 2008~2009년 연세대 지역학협동과정 겸임교수 2009년 문화체육관광부 해외문화홍보원 외신전문위원 2010년 대통령직속 G20정상회의준비위원회 취재지원과장 2011년 문화체육관광부 홍보담당관실 홍보전문관 2012년 대구대 사회과학대학 국제관계학과 교수(현) 2014년 한국유럽학회 부회장(현) [저]'한눈에 보는 유럽연합'(2008, 높이깊이) '글로벌 금융위기와 유럽연합 예산'(2010, 높이깊이) '글로벌 경제질서 재편과 G20 정상회의(共)'(2010, 부글북스) '유럽연합의 통화정책'(2013, 연세-SERI EU 센터) '유럽연합의 이해와 전망(共)'(2014, 높이깊이)

안병엽(安炳燁) AHN Byong Yub

[생]1945·2·17 [본]순흥(順興) [출]경기 화성 [학]1964년 대경상고졸 1972년 고려대 정치외교학과졸 1986년 일본 히토쓰바시대 대학원 경제학과졸 2001년 명예 경영학박사(순천향대) [경]1972년 행정고시 합격(11회) 1980~1990년 경제기획원 투자계획·동향분석·산업1과·정책조정총괄과장 1990년 同감사관 1993년 공정거래위원회 거래국장 1993년 同독점관리국장 1994년 경제기획원 예산제2심의관 1994년 재정경제원 비서실장 1996년 同국민생활국장 1996년 정보통신부 정보화기획실장 1998년 同정보통신정책실장 1998년 同차관 2000~2001년 同장관 2001~2004년 한국정보통신대 총장 2003년 열린우리당 과학기술·정보화특별위원장 2004년 同중앙위원 2004~2006년 제17대 국회의원(경기 화성, 열린우리당) 2004~2005년 열린우리당 제4정책조정위원장 2004년 신산업정책포럼 공동대표 2005년 열린우리당 부동산정책기획단장 2005년 (사)신산업정책포럼 이사 2007년 아주일보 이사회 의장 겸 사외이사 2008년 한국정보통신대(ICU) 석좌교수 2008년 아주경제 이사회 의장 겸 사외이사 2009년 고려신용정보 사외이사 2009~2013년 한국과학기술원 석좌교수 2010~2011년 피닉스자산운용 대표이사 회장 2013~2015년 시공테크 사외이사 2015년 새정치민주연합 국정자문회의 자문위원 2015~2016년 더불어민주당 국정자문회의 자문위원 2015~2016년 안양대 교양대학 석좌교수 [상]홍조근정훈장, 청조근정훈장(1998) [종]기독교

안병용(安炳龍) Ahn Byung Yong

[생]1956·4·22 [출]충북 충주 [주]경기 의정부시 시민로1 의정부시청 시장실(031-828-2114) [학]배명고졸, 중앙대 정경대학 정치외교학과졸, 동국대 행정대학원 행정학과졸 1994년 행정학박사(동국대) [경]신흥대 행정학과 교수, 의정부지검 형사조정위원, 의정부지법 가사 및 민사조정위원, 한국지방공기업학회 부회장, 경기북부광역철도신설연장추진위원회 자문교수, 경기도 민선 제2대 도지사 도정인수위원회 위원장, 의정부시21세기발전위원회 행정분과 위원장, 경기북부발전위원회 위원장, 경기북부발전포럼 공동의장 2010년 경기 의정부시장(민주당·민주통합당·민주당·새정치민주연합) 2010년 (재)의정부예술의전당 이사장(현) 2014년 경기 의정부시장(새정치민주연합·더불어민주당)(현) [상]인물대상 지방자치부문(2010), 2011 IBA(International Business Award) 혁신지도자부문 본상(2011), 자랑스러운 중앙인상(2012), 대한민국CEO리더십대상 섬김경영부문(2013), '2014 한국을 빛낸 사람들' 지방자치발전부문 지방행정혁신공로대상(2014), 제11회 경기도 사회복지대상(2015), 한국전문인대상 행정부문(2015), 제14회 대한민국 일하기 좋은 100대기업 공공외교부문 특별공로상(2015), 국제평화언론대상 행정발전공헌대상(2015), 대한민국경영대상 미래경영부문 대상(2016), 대한민국 신뢰받는 혁신대상 창조경영부문 공공혁신대상(2016), 올해의 공감경영대상 지자체부문 주민공감혁신교육도시대상(2016), 글로벌 자랑스러운 인물대상 지방행정부문(2016) [상]한국을 빛낸 자랑스런 한국인대상 행정공직부문대상(2016) [저]수필집 '아무리 바람이 차더라도'(2013)

안병우(安炳禹) AHN Byoung Woo

[생]1947·4·3 [본]순흥(順興) [출]충북 괴산 [주]충남 논산시 양촌면 이메길232 천고법치문화재단(041-741-5775) [학]1965년 청주고졸(2년) 1970년 서울대 법대 행정학과졸 1981년 국방대학원 국방관리학과정 수료 2005년 서울대 공대 최고산업전략과정 수료 2006년 명예 경제학박사(충북대) [경]1970년 행정고시 합격(8회) 1970년 경제기획원 근무 1978년 同해외경제조사과장 1979~1981년 同소비자행정·원가조사담당관 1981~1983년 同공기업예산·보사예산·문교예산담당관 1983년 同예산정책과장 1985년 同예산총괄과장 1988년 同총무과장 1988년 同예산심의관 1990년 同공보관 1991년 同물가정책국장 1992년 同정책조정국장 1994년 同차관보 1994년 재정경제원 기획관리실장 1995년 한국정책학회 부회장 1996년 재정경제원 제1차관보 1997년 同예산실장 1998년 예산청장 1998~2000년 공기업민영화추진위원회 위원 1998년 기획예산위원회 비상임위원 1999년 중소기업특별위원회 위원장 2000~2001년 국무총리 국무조정실장 2000~2001년 2002월드컵조직위원회 집행위원 2001~2002년 국토연구원 자문위원 2001~2002년 오송국제바이오엑스포조직위원회 위

원 2002~2003년 주간신문 '미래한국' 편집위원 2002~2005년 인하대 경제학부 초빙교수 2003~2005년 삼성물산㈜ 사외이사 2003년 캄보디아정부 경제정책자문관 2005~2009년 충주대 총장 2005년 국가조찬기도회 집행위원 2005년 한국대학교육협의회 이사 2006년 첨단의료복합단지오송유치위원회 위원장 2010년 광운대 한림원 객원교수 2010년 중소기업연구원 자문위원 2010~2013년 (사)한반도발전연구원 이사장 2010년 재정전문가포럼 공동회장 2011~2014년 국립대학법인 서울대 초대이사 2014년 천고법치문화재단 이사(현) ❸국무총리표창, 홍조근정훈장(1993), 청조근정훈장(2003) ❽기독교

안병우(安秉佑) AHN Byung Woo

❶1954 · 8 · 17 ❷광주(廣州) ❸충북 음성 ❹경기 오산시 한신대길137 한신대학교 인문대학 한국사학과(031-379-0444) ❺1976년 서울대 국사학과졸 1983년 同대학원졸 1994년 문학박사(서울대) ❻1983년 서울대 한국문화연구소 조교 1983~1985년 성심여대 국사학과 강사 1984~2011년 한신대 국사학과 교수 1991년 한국역사연구회 회장 1994년 '역사와 현실' 편집위원 1994년 한신대 학생처장 2000년 同교육대학원장 · 박물관장 2004년 고구려연구재단 이사, 아시아평화와역사교육연대 공동운영위원장, 同상임공동대표, 정부혁신지방분권위원회 위원 2005~2007년 한신대 교무처장 2006년 동북아역사재단 이사 2007년 한신대 국사학과장 2007~2012년 同기록정보관장, 국무총리소속 국가기록관리위원회 위원장 2009~2016년 사람사는세상 노무현재단 기록관리위원장 2010~2011년 한국기록학회 회장 2010년 생활정치연구소 이사장(현) 2010~2012년 한국기록전문가협회 회장 2011년 한신대 한국사학과 교수(현) 2011~2013년 同인문대학장 2012~2016년 학교법인 덕성학원 이사 2016년 경기도교육청 역사교육위원회 위원(현) ❼'북한의 한국사 인식(共)'(1990) '14세기 고려의 정치와 사회(共)'(1994) '한국고대중세의 지배체제와 농민'(1997) '한국중세사회의 제문제'(2001) '고려전기의 재정구조'(2002) '한국사교과서의 희망을 찾아서'(2003) '경기지역의 역사와 문화'(2003) '歷史敎科書를 둘러싼 日韓對話(日文)'(2004) '역사와 개혁'(2005) ❾'역주 고려사 식화지(共)'(1996) ❽기독교

안병욱(安秉旭) AHN Byung Ook

❶1948 · 6 · 1 ❷죽산(竹山) ❸전남 화순 ❹경기 부천시 원미구 지봉로43 가톨릭대학교(02-2164-4243) ❺광주제일고졸 1976년 서울대 국사학과졸 1981년 문학박사(서울대) ❻1981년 성심여대 국사학과 교수 1988년 한국역사연구회 회장 1992년 학술단체협의회 상임공동대표, 독립기념관 독립운동사연구소 연구위원, 5 · 18진상규명국민위원회 항쟁정신계승위원장, 과거청산국민위원회 학술연구위원장, 5 · 18기념재단 이사 1995~2013년 가톨릭대 인문학부 국사학과 교수 1999년 민주화운동자료관건립추진위원회 상임운영위원장 2000~2003년 대통령소속 의문사진상규명위원회 위원 2001년 민주화운동기념사업회 이사 2002년 상지대 이사 2004년 국가정보원 과거사건진실규명을통한발전위원회 민간측 간사위원 2005~2009년 문화재위원회 사적분과 위원 2007~2009년 진실화해를위한과거사정리위원회 위원장, 동학농민혁명참여자명예회복심의위원회 심의위원 2012년 민주통합당 4.11총선 비례대표후보자추천심사위원회 위원장 2013년 가톨릭대 명예교수(현) 2015년 더불어민주당 윤리심판원장(현) 2015년 경기도교육청 역사교육특별위원회 준비위원장 2016년 同역사교육위원회 위원(현)

안병욱(安秉旭) AHN Byung Wook

❶1967 · 7 · 9 ❸충남 청양 ❹경기 고양시 일산동구 호수로550 사법연수원(031-920-3110) ❺1986년 휘문고졸 1990년 서울대 경영학과졸 ❻1990년 공인회계사시험 합격(25회) 1994년 사법시험 합격(36회) 1997년 사법연수원 수료(26기) 1997년 대구지법 판사 2000년 同포항지원 판사 2001년 인천지법 부천지원 판사 2004년 서울행정법원 판사 2006년 서울북부지법 판사 2008년 서울고법 판사 2010년 대법원 재판연구관 2012년 대전지법 부장판사 2014년 사법연수원 교수(현)

안병윤(安炳玧)

❶1964 ❸경북 예천 ❹경북 안동시 풍천면 도청대로455 경상북도청 기획조정실(054-880-2100) ❺대건고졸, 연세대 행정학과졸 ❻1995년 행정고시 합격(39회) 2004년 행정자치부 기획예산담당관실 근무 2004년 경북도 지역협력관 파견, 행정안전부 자치운영과 근무 2010년 同재난안전실 재난대책과장 2011년 同지방재정세제국 지방재정세제과장 2012년 同교부세과장 2013년 대통령 행정자치비서관실 행정관(부이사관) 2014년 행정자치부 지방행정실 자치행정과장 2015년 경상북도 기획조정실장(현)

안병익(安秉翼) AN Byung Ik

❶1966 · 2 · 22 ❸강원 횡성 ❹서울 서초구 반포대로158 서울고등검찰청 감찰부(02-530-3170) ❺1985년 원주고졸 1989년 서울대 법과대학졸 ❻1990년 사법시험 합격(32회) 1993년 사법연수원 수료(22기) 1996년 수원지검 검사 1998년 청주지검 제천지청 검사 1999년 서울지검 검사 2001년 법무부 법무과 검사 2003년 대전지검 검사 2005년 同부부장검사 2006년 서울중앙지검 공안부 부부장검사 2007년 울산지검 공안부장 2008년 대전고검 검사 2008년 해외 파견(검사) 2009년 법무부 법무과장 2010년 서울중앙지검 공안2부장검사 2011년 대검찰청 감찰1과장 2013년 수원지검 안산지청 차장검사 2014년 창원지검 진주지청장 2015년 인천지검 제1차장검사 2016년 서울고검 감찰부장(현) 2016년 대검찰청 '스폰서 부장검사(김형준)' 특별감찰팀장(현)

안병재(安秉載) B.J Ahn

❶1954 · 9 · 2 ❷광주(廣州) ❸서울 ❹서울 영등포구 양산로19길8, 2층 교통안전참여본부(02-2607-4979) ❺1973년 동북고졸 1978년 명지대 행정학과졸 1990년 영국 Chartared Insurance Institute College 수료 ❻1975년 대한손해보험협회 입사 1999년 同모집제도부장 2000년 同보험업무부장 2002년 同보험범죄방지센터장 2003년 同감사실장(이사) 2004~2007년 同상무 2004~2007년 금융분쟁조정위원회 위원 2005~2007년 자동차보험진료수가분쟁심의회 위원 2005~2008년 한국안전학회 부회장 2008~2011년 온에어 대표 2008년 교통안전참여본부 공동대표(현) 2013년 한세대 평생교육원 전임강사(현) 2015년 민간조사협회 상임고문(현) ❸국무총리표창(1987), 국가유공자 기장(1988), 금융감독위원장표창(2001) ❼'보험범죄조사개론' ❾'선진국의 보험사기 지표' '보험사기 인지시스템 구축을 위한 프로그램 모델' ❽천주교

안병주(安秉珠 · 女) AHN Byung Ju

❶1961 · 9 · 11 ❸서울 ❹서울 동대문구 경희대로26 경희대학교 무용학부(02-961-0537) ❺1984년 경희대 체육대학 무용학과졸 1988년 미국 볼주립대 대학원졸 1990년 미국 브림감영대 대학원졸 2005년 무용학박사(동덕여대) ❻1992년 서울여대 체육대학 강사 1992년 경희대 부무용학부 강사 · 소교수 · 부교수 · 교수(현) 1993년 김백봉무용단 단장, 안병주춤 · 이음무용단 대표(현) 2003년 서울시문화재위원회 전문위원(현) 2004년 (사)최승희춤연구회 회장(현) 2007년 우리춤협회 이사 · 부이사장(현) 2008~2010년 한국무용예술학회 편집위원장 2008년 경희대 기획위원회 연구역량전문위원 2009년 한국무용사학회 부회장 2011~2013년 한국무용예술학회 회장 2015년 평안남도 무형문화재 제3호 김백봉부채춤 보유자 지정(현) ❸제18차 세계평화 및 아세아 문화예술축전 외무부장관표창(1984), 경희대학장표창(1984), 서울공연예술제 무용부문 연기상(2001), 프라하국제무용제 대상(2006), 프라하국제무용제 연기상(2006) ❼'무용학 개론(共)'(1992) '무용감상을 위한 이해'(1996) ❿'내 안의 DADA' '청명심수' '부채춤' '화관무' '옥적의 곡' ❽불교

안병직(安秉直) AHN Byong Jick (又謹)

❶1936 · 6 · 28 ❷순흥(順興) ❸경남 함안 ❹서울 관악구 관악로1 서울대학교(02-886-8186) ❺1956년 부산공고졸 1962년 서울대 경제학과졸 1964년 同대학원졸 ❻1965~1982년 서울대 경제학과 전임강사 · 조교수 · 부교수 1982~2001년 同경제학과 교수 1986~1987년 일본 東京大 경제학부 교수 1989~1991년 서울대 경제연구소장 1992년 경제사학회 회장 1998~1999년 한국개발원 이사장 2001년 낙성대경제연구소 이사(현) 2001년 서울대 명예교수(현) 2002년 일본 후쿠이(福井)현대 대학원 특임교수 2005년 북한인권국제대회준비위원회 공동대회장 2006~2008년 뉴라이트재단 이사장 2007~2008년 한나라당 여의도연구소 이사장 2008~2012년 (사)시대정신 이사장 2009~2010년 경기문화재단 실학박물관 초대관장 2012년 (사)시대정신 명예이사장 ❼'근대조선공업화의 연구'(1993) '농민들'(共) '한국경제성장사'(共) '대한민국, 역사의 기로에 서다'(2008, 기파랑) '보수가 이끌다－한국 민주주의의 기원과 미래'(2011, 시대정신) ❾'역주목민심서(共)'(1978)

안병철(安秉鐵) Ann Byeongcheol

❶1952 · 3 · 10 ❹서울 중구 삼일대로330 평화방송 비서실(02-2270-2201) ❺1978년 가톨릭대졸, 프랑스 파리가톨릭대 대학원 성서학과졸 1983년 同성서학 박사과정 수료 ❻1981년 사제 서품 1981년 Villeneuve st. Georges본당 학생신부 1983~1985년 천주교 명동 · 혜화동교회 보좌신부 1985년 同의정부4동교회 주임신부 1988년 가톨릭대 교수(현) 1988~1997년 同상주교구

1997~2002년 천주교 세종로교회 주임신부 2002년 同노원교회 주임신부 겸 7지구장 2006~2007년 프랑스 연수 2007~2014년 천주교 서울대교구 사무처장 2013년 평화방송·평화신문 사장(현) [종]천주교

안병현(安秉賢) BYUNG HYUN ANN

[생]1956·10 [주]서울 중구 다동길43 한외빌딩6층 외환펀드서비스 임원실(02-6714-4600) [학]1975년 제물포고졸 1979년 고려대 행정학과졸 2005년 서울대 대학원 경영학과졸 [경]1982년 한국외환은행 입행, 同논현동지점장, 同압구정중앙지점장, 同여신관리총괄반장, 同신용기획부장 2010년 同강동기업영업본부장 2012년 하나금융지주 전무(CRO) 2014년 한국외환은행 리스크관리그룹장(전무) 2015년 외환펀드서비스 대표이사(현)

안병호(安柄鎬) Ahn byeong ho

[생]1947·9·10 [출]전남 함평 [주]전남 함평군 함평읍 중앙길200 함평군청 군수실(061-322-0011) [학]2008년 목포제일정보고졸 2010년 초당대 사회복지학과졸 [경]1994~2006년 함평축산업협동조합 조합장, 농민신문사 이사, 농협중앙회 예산심의위원, 함평 민주회 회장, 함평군 육상연맹회장, 同궁도협회장, 同체육회 감사·운영위원, 국제라이온스B2지구 함평클럽 회장, 同5지역 부총재, 성화대 겸임교수 2006년 전남 함평군수선거 출마(민주당) 2010년 전남 함평군수(민주당·민주통합당·민주당·새정치민주연합) 2010·2013년 민주당 중앙당 대의원 2011년 민주통합당 중앙당 대의원 2014년 전남 함평군수(새정치민주연합·더불어민주당)(현) [상]축협중앙회 최우수경영자상(1996), 함평군민의상(1998), 조합원소득증대부문 농협중앙회표창(2000), 대통령표창(2004·2005), 농업인실익증진 우수경영자상(2005), 정세균 민주당대표표창(2009), 대한민국 친환경대상(2010), 민주당 우수지방자치단체장(2011), 손학규 민주당대표 감사장(2011), 대한민국 무궁화대상(2011), 자치경영대상(2012), 국회도서관장 감사장(2012), 광주전남지방자치 경영대상(2013), 한국국제회계학회 행정투명대상(2013), 기업가정신 미래혁신 경영대상(2013), 대한민국소비자대상 행정부문 대상(2013), 창의혁신경영대상 올해의 CEO대상(2013), 민주당 우수지방자치정책감사장(2014), TV조선 선정 '한국의 영향력 있는 CEO'(2015), 2015 대한민국 경제리더대상 창조경제부문 대상(2015), 농협중앙회 지역농업발전선도인상(2015), 대한민국 소비자대상(2016), 대한민국경제리더대상 투명경영부문대상(2016) [저]'함평토박이 안병호의 희망이야기'(2009) '잠바 입는 군수, 안병호의 진심'(2014)

안병환(安炳煥) AHN Byung Hwan

[생]1958·10·18 [출]경남 진주 [주]충북 괴산군 괴산읍 문무로85 중원대학교 비서실(043-830-8020) [학]1977년 진주 대아고졸 1981년 영남대 교육학과졸 1985년 同대학원 교육학과졸 1990년 교육학박사(영남대) [경]1996~2013년 대진대 교육대학원 교수, 同교양학부 교직과 교수 1999년 同교육연구소장 2000년 한국교육포럼 부회장 2000년 중등교사 신규임용시험 기획 및 출제위원 2000~2003년 대진대 교육대학원장 2003년 한국교육개발원 학교평가위원 2006년 대진대 중앙도서관장 2010~2013년 同제2부총장 2013년 중원대 총장(현) [저]'교육사회학' '교육의 이해' [역]'행동수정' '교육사회심리학'

안병훈(安秉勳) AHN Byung Hoon

[생]1938·11·23 [본]광주(廣州) [출]황해 봉산 [주]서울 종로구 대학로8가길56 동숭빌딩3층 도서출판 기파랑(02-763-8996) [학]1957년 서울고졸 1961년 서울대 법과대학 행정학과졸 [경]1965년 조선일보 기자 1974년 同정치부 차장 1979년 同정치부장 1981년 同사회부장 1984년 同편집부국장 겸 주간조선 주간 1985년 同이사대우 편집국장 1986~1988년 同이사·편집인 겸 편집국장·상무이사 1987년 한국신문편집인협회 운영위원장 1989년 월간조선·주간조선·가정조선 편집인 겸 상무이사 1990~1992년 조선일보·소년조선·중학생조선 편집인 겸 상무이사 1991~1995년 한국신문편집인협회 회장 1992~1998년 조선일보 전무이사 겸 편집인 1995년 한국신문방송편집인협회 고문 1995~2007년 LG상남언론재단 이사장 1997~2005년 한국신문방송편집인협회기금 이사장 1999년 조선일보 편집인 겸 부사장 2002~2003년 同공동대표이사 부사장 2003~2006년 관악언론인회 회장 2005년 방일영문화재단 이사장 2005년 도서출판 기파랑 사장(현) 2006년 학교법인 일송학원(한림대재단) 이사(현) 2010년 (재)서재필기념회 이사장(현) 2011년 이승만연구소 회장 2012년 어문정책정상화추진회 공동대표(현) 2014년 조선일보 사외이사 2014년 한국자유총연맹 고문(현) 2015년 (재)통일과나눔 이사장(현) [상]국민훈장 동백장, 한림대 일송상(2010) [저]'사진과 함께 읽는 대통령 이승만'(2011)

안병훈(安柄勳) AHN Byong Hun

[생]1947·2·20 [출]서울 [주]서울 동대문구 회기로85 한국과학기술원 테크노경영대학원(02-958-3633) [학]1965년 경기고졸 1972년 서울대 기계공학과졸 1973년 미국 스탠퍼드대 대학원 기계공학과졸 1978년 경영과학(EES)박사(미국 스탠퍼드대) [경]1973~1975년 미국 Union Special Corp. 설계 엔지니어 1976~1978년 미국 스탠퍼드대 에너지정책연구소(EMF) 창립연구원 1978~1996년 한국과학기술원 산업경영학부 교수 1978~1989년 동력자원부 정책자문위원 1983년 미국 DFI 컨설턴트 1987년 한국전력공사 자문위원 1991년 경제기획원 지구환경국제협약협상단원 1992년 同지구환경기획단원 1993년 한국과학기술원(KAIST) 기획처장 1995~1996년 同서울분원장 1996~2012년 同테크노경영대학원 교수 1996~1998년 同테크노경영대학원장 1997~2001년 한국가스공사 사외이사 1998~2003년 한국산업은행 사외이사 1998년 국가에너지절약추진위원 1999~2003년 환경부 중앙환경보전위원 2001~2003년 한국경영과학회 회장 2001~2004년 eBay 컨설턴트 2001~2004년 (주)옥션 사외이사 2003~2006년 대우조선해양 사외이사 2004~2010년 한국과학기술원(KAIST) 테크노경영대학원 사회책임경영연구센터 소장 2008~2009년 同서울부총장 2008~2009년 同경영대학장 2012년 同테크노경영대학원 명예교수(현) 2015년 한국사회책임네트워크(KSRN) 고문(현) [상]아스펜연구소 기업사회분야 혁신교수상(ASPEN Institute Pioneer Faculty Award, 2006)

안병훈(安秉勳) Ahn, Byung Hoon

[생]1965·8·30 [본]순흥(順興) [출]충북 진천 [주]세종특별자치시 다솜3로95 공정거래위원회 송무담당관실(044-200-4153) [학]1983년 충주고졸 1991년 서울대 국사학과졸 2009년 미국 워싱턴대 세인트루이스교 법률대학원졸(L.L.M) 2012년 법학박사(J.D.)(미국 워싱턴대 세인트루이스교) [경]1996년 행정고시 합격(40회) 1998년 법제처 근무 2001~2003년 공정거래위원회 조사1과 근무 2004년 同기업집단과 사무관 2007년 同기업집단과 서기관 2007~2008년 同심판총괄담당관·특수거래과 서기관 2008년 同특수거래과장 2009~2012년 국외 훈련(미국 워싱턴대 세인트루이스교) 2012년 국가경쟁력강화위원회 파견 2013년 공정거래위원회 특수거래과장 2014년 同송무담당관(현)

안봉근

[생]1966 [출]경북 경산 [학]진량고졸, 대구대 중어중문학과졸 [경]박근혜 국회의원 비서관 2013년 대통령 제2부속실장 2013년 대통령 제2부속비서관 2015~2016년 대통령 홍보수석비서관실 국정홍보비서관

안삼환(安三煥) AHN Sam-Huan (道東)

[생]1944·9·5 [본]광주(廣州) [출]경북 영천 [주]서울 관악구 관악로1 서울대학교 인문대학 독어독문학과(02-880-6130) [학]1962년 경북고졸 1966년 서울대 문리과대학 독어독문학과졸 1971년 同대학원졸 1975년 문학박사(독일 본대) [경]1976~1990년 연세대 독어독문학과 교수 1991~2010년 서울대 독어독문학과 부교수 1995년 同인문대학부설 독일학연구소장 2000~2001년 한국괴테학회 회장 2003년 한국독어독문학회 회장 2004~2005년 한국비교문학회(KCLA) 회장 2007년 한국토마스만학회 회장 2007~2008년 경제인문사회연구회 인문정책연구위원회 위원장 2010년 서울대 명예교수(현) [상]한국일보 번역부문 한국출판문화상(1995), 한독문학번역연구소 한독문학번역상(1996), 독일학술교류처 야콥 및 빌헬름그림상(2012), 독일 십자공로훈장(2013) [저]'도이치문학 용어사전(共)'(2001, 서울대 출판부) '괴테, 그리고 그의 영원한 여성들(共)'(2005, 서울대 출판부) '전설의 스토리텔러 토마스 만(共)'(2011, 서울대 출판문화원) '괴테, 토마스 만 그리고 이청준'(2014, 세창출판사) [역]'빌헬름 마이스터의 수업시대'(1995) '토니오 크뢰거'(1998) '텔크테에서의 만남'(2005, 민음사) '어느 비평가의 죽음'(2007, 이레) '괴테 문학론'(2010, 민음사)

안상국(安商國) AN Sang Kook

[생]1938·12·20 [출]경남 함안 [주]서울 강동구 양재대로98길20 201호 한국임산탄화물협회 회장실(02-479-3585) [학]1961년 마산대학 법학과 수료 [경]1962년 경남 함안군산림조합 입사 1962~1978년 산림청 서울·안동 영림서·임정국 근무 1978~1986년 同기획관리실·총무과·영림국 근무 1986년 同관리과장 1989년 同기획예산담당관 1995년 同총무과장 1996년 同기획관리관

1997년 同임업정책국장 1998~2000년 임협협동조합중앙회 부회장 1999년 한국임산탄화물협회 회장(현) 2000년 강원목초산업(주) 대표이사(현) [상]녹조근정훈장, 홍조근정훈장

안상국(安相國) AN Sang Kook

[생]1954 · 10 · 25 [출]강원 춘천 [주]강원 평창군 대관령면 솔봉로287 강원도개발공사 경영관리본부(033-339-3950) [학]춘천고졸, 강원대 법학과졸, 건국대 대학원 공법학과졸 [경]한화국토개발(주) 양평한화리조트본부장, 同산정호수한화리조트본부장, 同설악콘도사업본부장, 同고양사업본부장, 同제이드팰리스골프클럽 사업본부장 2008년 한화리조트(주) 중부지역본부장(상무) 2009년 한화호텔&리조트 중부지역본부장(상무) 2010년 한화 골든베이골프앤리조트 본부장 겸 태안리조트 대표이사 2014년 강원도개발공사 개발사업본부장(상임이사) 2015년 同경영관리본부장(상임이사)(현)

안상근(安相根) AHN, Sangkeun

[생]1960 · 1 · 28 [본]순흥(順興) [출]대구 [주]대구 달서구 성서4차첨단로122의11 대한무역투자진흥공사 대구경북KOTRA지원단(053-585-3400) [학]1979년 대구고졸 1983년 영남대 법학과졸 1985년 同대학원 행정학과졸 1994년 영국 글래스고대 대학원 경영학과졸 2013년 공학박사(숭실대) [경]1988년 대한무역투자진흥공사 영국 런던무역관 근무 1995년 同이스라엘 텔아비브무역관 근무 1996년 同아일랜드 더블린무역관장 1999년 同건설지원반장 · 인수관리전담반장 1999년 同회원사업부장 2001년 同미국 뉴욕무역관 부관장 2004년 同IT문화수출센터장 2005년 同IT문화산업팀장 2006년 同미국 샌프란시스코무역관장 2008년 同미국 실리콘밸리무역관장 2008년 同실리콘밸리코리아비즈니스센터장 2009년 同투자유치처장 2010년 同투자지원처장 2011년 同투자유치처장 2012년 同투자기획실장 2012년 同광저우무역관장 2015년 同대경권KOTRA지원단장 2016년 同대구경북KOTRA지원단장(현) [상]외국인투자유치유공 대통령표창(2009) [종]가톨릭

안상돈(安相敦) AHN Sang Don

[생]1940 · 3 · 25 [본]순흥(順興) [출]경남 합천 [주]부산 연제구 법원로18 세종빌딩3층 법무법인 신성(051-949-5002) [학]1958년 경북고졸 1963년 서울대 법대졸 1964년 同사법대학원졸 [경]고등고시 사법과 합격(16회) 1964년 육군 검찰관 1968~1974년 대구지법 · 진주지원 · 부산지법 판사 1974년 부산지법 밀양지원장 1975~1978년 부산지법 · 대구고법 판사 1979년 대법원 재판연구관 1981년 대구지법 · 부산지법 부장판사 1982년 마산지원장 1983년 부산지법 부장판사 1986년 대구고법 부장판사 겸 부산지법 수석부장판사 1987년 부산고법 부장판사 1988년 부산지법 동부지원장 1990년 부산고법 수석부장판사 1993년 부산지법원장 1995년 부산고법원장 1996년 변호사 개업 2001년 법무법인 신성 대표변호사 2007년 同고문변호사(현)

안상돈(安相燉) AN Sang Don

[생]1962 · 2 · 11 [출]경북 김천 [주]대전 서구 둔산중로78번길15 대전지방검찰청 검사장실(042-470-4301) [학]1980년 우신고졸 1987년 고려대 법대졸 [경]1988년 사법시험 합격(30회) 1991년 사법연수원 수료(20기) 1991년 서울지검 검사 1993년 청주지검 제천지청 검사 1994년 대전지검 검사 1996년 부산지검 검사 1998년 법무부 법무심의관실 검사 2000년 서울지검 동부지청 검사 2003년 대구지검 부부장검사 2004년 청주지검 부장검사 2005년 법무부 법무심의관실 상사팀장 2006년 대구지검 안동지청장 2007년 대검찰청 형사2과장 2008년 同형사1과장 2009년 서울중앙지검 형사3부장 2009년 同형사2부장 2010년 대구지검 제2차장검사 2011년 수원지검 제2차장검사 2012년 인천지검 제1차장검사 2013년 수원지검 제1차장검사 2013년 광주고검 차장검사(검사장급) 2015년 대검찰청 형사부장(검사장급) 2015년 대전지검장(현) [상]근정포장(2008)

안상모(安相模) AHN Sang Mo

[생]1953 · 3 · 15 [본]순흥(順興) [출]경북 포항 [주]부산 남구 수영로309 경성대학교 경영학부(051-663-4489) [학]1974년 개성고졸 1981년 한양대 경영학과졸 2007년 건국대 부동산대학원졸 2014년 부동산학박사(강원대) [경]1981년 신용보증기금 입사 1989년 同기술신용보증부 · 신용보증부 과장 1995년 同신용보증부 · 대구서지점 차장 1999년 同보증심사팀 · 구로지점 · 전주지점 팀장 2001년 同전자보증팀장(부장), 同제주지점장 2004년 한국주택금융공사 재무관리부장 2004년 同수원지사장, 同조사부장 2006년 同감사실장 2008년 同주택보증부장 2008~2011년 同상임이사 2012년 경성대 경영학부 부교수 · 산학협력교수(현) [상]공공기관 감사 우수인상(2008) [종]기독교

안상수(安商守) AHN Sang Soo (海仁)

[생]1946 · 2 · 9 [본]순흥(順興) [출]경남 마산 [주]경남 창원시 의창구 중앙대로151 창원시청 시장실(055-225-2001) [학]1964년 마산고졸 1968년 서울대 법학과졸 1994년 고려대 언론대학원 최고위과정 수료 1996년 서울대 경영대학원 수료 [경]1975년 사법시험 합격(17회) 1977년 사법연수원 수료(7기) 1978년 전주지검 검사 1980년 대구지검 검사 1982년 마산지검 검사 1985년 서울지검 검사 1987년 춘천지검 검사 1987년 변호사 개업 1991년 대한변호사협회 인권위원 1993년 同대변인 1993년 환경운동연합 지도위원 1994년 서울지방변호사회 외국인노동자법률상담소장 1995년 대한변호사협회 당직변호사 전국확대위원장 1996년 제15대 국회의원(과천 · 의왕, 신한국당 · 한나라당) 1998년 한나라당 원내부총무 1998년 同대변인 1998년 同총재언론특보 2000년 제16대 국회의원(과천 · 의왕, 한나라당) 2000년 한나라당 인권위원장 2003년 同대표최고위원 특보단장 2004년 제17대 국회의원(과천 · 의왕, 한나라당) 2004년 국회 미래전략특별위원회 위원장 2005~2007년 국회 법제사법위원장 2006년 한 · 인도네시아의원친선협회 회장 2006년 한 · 미의원외교협의회 부회장 2007~2008년 한나라당 원내대표 2007년 同제17대 대통령중앙선거대책위원회 공동위원장 2008년 제18대 국회의원(과천 · 의왕, 한나라당 · 새누리당) 2008년 국민통합포럼 회장 2008년 한 · 인도의원친선협회 회장 2009~2010년 한나라당 원내대표 2009~2010년 국회 운영위원장 2010~2011년 한나라당 대표최고위원 2012년 새누리당 상임고문 2012년 同제18대 대통령중앙선거대책위원회 경남명예선거대책위원장 2013년 경남대 정치외교학과 석좌교수 2014년 경남 창원시장(새누리당)(현) [상]백봉신사상 올해의 신사의원 베스트10(2009) [저]'안검사의 일기'(1995) '이제야 마침표를 찍는다'(1995) '쓴소리 바른소리'(2008) '나는 정권교체를 이룬 행복한 원내대표였다'(2009) '한국의 권력구조 어떻게 할 것인가'(2009) '대한민국의 선진화'(2010) [종]가톨릭

안상수(安相洙) AHN Sang Soo

[생]1946 · 5 · 28 [본]순흥(順興) [출]충남 태안 [주]서울 영등포구 의사당대로1 국회 의원회관643호(02-784-2690) [학]1968년 경기고졸 1975년 서울대 사범대학졸, 同대학원 경영학과졸 1995년 미국 미시간대 세계지도자과정 수료 1996년 고려대 노동대학원 고위과정 수료 1997년 미국 트로이주립대 경영대학원졸 2000년 경영학박사(미국 서던캘리포니아대) 2009년 명예 행정학박사(연세대) [경]1977~1979년 제세산업 창업 1981~1990년 동양증권 이사 · 감사 · 부사장 1990~1994년 동양선물 대표이사 · 동양국제금융선물 미국현지법인 대표이사 1992년 동양그룹 이동통신사업본부장 1994~1996년 (주)데이콤 이사 1995년 동양그룹 기획조정실 사장 1996년 신한국당 인천계양 · 강화甲지구당 위원장 1997년 한나라당 인천계양 · 강화甲지구당 위원장 1997년 同이회창 대통령후보 경제특보 1999년 제15대 국회의원(인천 계양 · 강화甲 보궐선거, 한나라당) 2000년 한나라당 인천계양지구당 위원장 2002~2010년 인천광역시장(한나라당) 2006~2008년 전국시도지사협의회 부회장 2007년 2014인천아시안게임조직위원회 부위원장 2010년 인천시장선거 출마(한나라당) 2010년 한나라당 인천시당 상임고문 2010~2012년 대한아마추어복싱연맹 회장 2012년 새누리당 상임고문 2012년 同제18대 대통령중앙선거대책위원회 공동위원장 2012년 同제18대 대통령중앙선거대책위원회 가계부채특별위원회 위원장 2013년 同국책자문위원회 재정경제분과위원장 2014년 同인천西 · 강화乙당원협의회 운영위원장 2015년 제19대 국회의원(인천 서구 · 강화乙 재 · 보궐선거, 새누리당 · 무소속) 2015년 국회 농림축산식품해양수산위원회 위원 2015년 국회 예산결산특별위원회 위원 2015~2016년 새누리당 인천시당 위원장 2016년 제20대 국회의원(인천 중구 · 동구 · 강화군 · 옹진군, 무소속 · 새누리당)(현) 2016년 국회 농림축산식품해양수산위원회 위원(현) 2016년 접경지역사랑국회의원협의회 회장(현) 2016년 새누리당 인천중구 · 동구 · 강화군 · 옹진군당원협의회 조직위원장(현) 2016년 同전국위원회 부의장(현) [상]국무총리표창(2007), 재외동포신문 선정 '2008 올해의 인물상'(2009), 미국 우드로윌슨상 공공부문(2009), 한국스카우트연맹 무궁화금장(2009), 대한민국 경영인대상 창조경영부문(2009), 한국지방자치단체 경영혁신단체장부문 대상(2009), 제9회 자랑스런 한국인대상 행정혁신부문대상(2009), 한국수자원학회 수자원특별상(2010), 대한무궁화중앙회 대한민국무궁화대상 행정부문(2013) [저]'선물거래의 실무' '뉴욕은 블룸버그를 선택했다'(2001) '국제금융선물거래'(2002) '안상수의 혼이 담긴 인천이야기'(2012) '아! 인천'(2013, 행복에너지) '긍정이 멘토다(共)'(2014, 행복에너지) [종]기독교

안상수(安尙秀) ahn, sang-soo

[생]1952 · 2 · 8 [출]충북 충주 [주]경기 파주시 회동길366 문예림출판사201호 파주타이포그라피학교(070-8998-5613) [학]홍익대졸, 同대학원졸, 이학박사(한양대), 명예박사(영국 킹스턴대) [경]1985~1991년 안그라픽스 설립·대표 1985년 한글꼴 '안상수체' 디자인(멋지음) 개발 1991~2012년 홍익대 미술대학 시각디자인과 교수 1997~2003년 세계그래픽디자인단체협의회(ICOGRA-DA) 부회장, 국제그래픽연맹(AGI) 회원(현), 중국 중앙미술학원 객좌교수(현), 런던 왕립미술원(RCA) 방문교수(현) 2001년 타이포잔치 조직위원장(현) 2012년 서울디자인재단 이사장(현) 2013년 파주타이포그라피학교 날개(교장)(현) [상]프랑스 쇼몽 페스티벌 입상, 독일 구텐베르크상(2007)

안상용(安相龍)

[생]1958 · 1 · 29 [출]경남 의령 [주]경남 거창군 거창읍 중앙로103 거창군청 부군수실(055-940-3010) [학]1988년 한국방송통신대 행정학과졸 1999년 창원대 행정대학원 행정학과졸 2016년 행정학박사(창원대) [경]1975년 공직 입문 2006년 거창군의회 전문위원(사무관) 2008년 경남도 자치행정국 인사과 · 행정안정국 행정과 사무관 2009년 同관광진흥과 관광마케팅담당 사무관 2010년 同통합시출범단 사무관 2011년 同감사담당 사무관 2013년 同행정과 총무담당 사무관 2014년 同여성능력개발센터 소장 2014년 同관광진흥과장 2015년 同행정과장 2015년 同경제지원국 고용정책단장 2015년 경남 거창군 부군수(현) 2015~2016년 同군수 권한대행

안상욱(安商旭) AN Sang Wook

[생]1966 · 6 · 8 [출]인천 [주]인천 남동구 남동대로208 남동공단71블럭16롯트 청보산업(주) 비서실(032-816-3550) [학]1985년 인천고졸 1992년 인하대 기계공학과졸 2002년 同대학원 경영학과졸 [경]1992~1994년 보성산업(주) 기술개발실 근무 1995~1997년 (주)양지원공구 기술과 근무 2001년 청보산업(주) 영업이사 2004년 同대표이사 사장(현)

안상점(安相点) AHN Sang Jeom

[생]1958 · 10 · 27 [주]인천 연수구 하모니로303번길23 (주)얀세백신(032-290-8400) [학]1980년 고려대 농화학과졸 1985년 同대학원 발효 및 효소화학과졸 [경]1985년 (주)녹십자 입사 1999년 同Genetic Engineering Team Leader 2000년 베르나바이오텍코리아(주) Quality Assurance Section 부서장 2002년 同기술본부장(상무) 2007년 同대표이사 사장 2016년 (주)얀센백신 대표이사 사장(현)

안상철(安相哲) AN Sang Cheol

[생]1958 · 10 · 28 [주]서울 중구 다동길46 동국산업(주) 임원실(02-316-7559) [학]부산진고졸, 서울대 영어영문학과졸 [경]1982년 (주)대우인터내셔널 입사, 同베트남 총괄임원, 同화학2본부장(상무) 2013년 동국산업(주) 부사장 2014년 同각자대표이사 사장(현)

안상현(安相賢 · 女) AN Sang Hyun

[생]1963 · 7 · 16 [출]강원 원주 [주]강원 원주시 혁신로40 한국보훈복지의료공단(033-749-3800) [학]1982년 원주여고졸 1986년 이화여대 정치외교학과졸 1997년 서강대 공공정책대학원 국제관계학과졸 [경]1995 · 1998~2000년 강원도의회 의원(국민회의) · 교육사회위원장 1996년 국민회의 제15대 국회의원선거 강원도선거대책위원회 대변인 1997년 同원주乙지구당 위원장 1997년 원주시사회복지협의회 부회장 2003~2004년 제16대 국회의원(전국구 승계, 새천년민주당), 새누리당 중앙당 부대변인 2014년 한국보훈복지의료공단 상임감사(현)

안상형(安相炯) AHN Sang Hyung

[생]1950·12·13 [본]순흥(順興) [출]경남 거창 [주]서울 관악구 관악로1 서울대학교 경영대학(02-880-6952) [학]1969년 부산고졸 1974년 서울대 원자력공학과졸 1976년 同경영대학원졸 1982년 미국 워싱턴대 경영대학원졸 1985년 경영학박사(미국 카네기멜론대) [경]1985~1995년 서울대 경영대학 조교수·부교수 1988년 同전자계산소 정보부장 1990년 미국 UCLA 교환교수 1995년 한국경영과학회 편집위원장 1995년 한국생산관리학회 편집위원장 1996~2016년 서울대 경영대학 생산관리전공 교수 1997년 同경영정보연구소장 1997년 Asia Pacific Decision Science Institute 부회장 1998년 한국경영과학회 부회장 1999년 한국경영학회 상임이사 1999~2002년 서울대 출판부장·한국대학출판부협회 회장 2002년 同공학연구소 운영위원 2002~2003년 Asia Pacific Decision Science Institute 회장 2003년 한국생산관리학회 회장 2003~2006년 LG석유화학 사외이사 2005~2007년 서울대 경영대학장 2005~2006년 교육과학부 경영교육발전위원회 위원 2005~2007년 산업자원부 산업발전심의위원회 위원장 2006~2009년 LG화학 사외이사 2006~2009년 부품소재발전위원회 위원 2008~2010년 서울대 평의원회 의원 2009~2010년 同경영연구소장 2016년 서울대 경영대학 명예교수(현) [저]'경영과 PC활용' '경제수학' '경영과 정보시스템' '통계학개론' '현대경영과학' '경영학연습' '현대품질경영' '경영수학' '21세기 품질경영론' [역]'전략게임' [종]불교

안상환(安相煥) An Sang Hwan

[생]1961 · 10 · 4 [본]순흥(順興) [출]경북 예천 [주]부산 동구 자성로134 한국거래소 경영지원본부(02-3774-9000) [학]1980년 안동고졸 1988년 한국외국어대 법학과졸 1998년 연세대 경영대학원 재무관리과졸 [경]1988년 한국증권거래소 입사 2007~2008년 한국증권선물거래소 비서실장 2008~2009년 同인력개발부장 2009~2010년 한국거래소 시장서비스부장 2012년 同전략기획부장 2013~2015년 同경영지원본부 본부장보 2015년 同유가증권시장본부 본부장보(상무) 2015년 한국IR협의회 자문위원(현) 2015년 한국상장회사협의회 자문위원(현) 2015년 헤럴드경제 자본시장대상 심사위원(현) 2015년 한국거래소 경영지원본부장(상임이사) 겸 부이사장(현) [종]기독교

안상훈(安相薰) AN Sang Hoon

[생]1955 · 12 · 15 [출]강원 원주 [주]강원 춘천시 중앙로1 강원도의회(033-249-5432) [학]성수고졸, 한국방송통신대 행정학과졸, 강원대 행정대학원 행정학 석사과정 수료 [경]강원도 지역경제국 상정과 근무, 同내무국 회계과 근무, 同지방과 근무, 同사회진흥과 근무, 同지역경제국 관광과 근무, 同관광문화국 관광개발과 근무, 同감사관실 근무, 同관광문화국 체육청소년과 근무, 同재난총괄담당, 춘천시 교동동장, 강원도 체육진흥담당, 同환경정책담당, 同국가기관보호담당, 同노인복지담당 2009년 同국제관광정보센터 소장 2010년 同희망일자리추진팀장 2010~2013년 강원 횡성군 부군수 2013년 강원도 문화관광체육국 체육진흥과 체전준비팀장(서기관) 2013~2014년 강원도보건환경연구원 총무과장 2014년 강원도의회 의원(새누리당)(현) 2014년 同운영위원회 위원 2014년 同경제건설위원회 부위원장 2016년 同기획행정위원회 위원(현) [상]내무부장관표창, 농수산부장관표창

안상훈(安相勳) AHN Sang Hun

[생]1966·7·3 [본]순흥(順興) [출]강원 철원 [주]대전 서구 둔산중로78번길15 대전고등검찰청(042-470-3000) [학]1985년 성남고졸 1989년 연세대 법학과졸 1992년 同대학원 법학과졸 [경]1991년 사법시험 합격(33회) 1994년 사법연수원 수료(23기) 1994년 軍법무관 1997년 대구지검 검사 1999년 대전지검 서산지청 검사 2000년 서울지검 검사 2002년 수원지검 안산지청 검사 2004년 울산지검 검사 2006년 同부부장검사 2007년 대구지검 포항지청 부장검사 2008년 창원지검 특수부장 2009년 대구지검 형사4부장 2009년 수원지검 안산지청 형사3부장 2010년 대검찰청 과학수사담당관 2011년 의정부지검 형사3부장 2012년 서울동부지검 형사3부장 2013년 부산지검 동부지청 형사1부장 2014년 서울고검 검사 2015년 청주지검 영동지청장 2016년 대전고검 검사(현)

안상훈(安祥薰) Ahn, Sang-Hoon

[생]1969 · 5 · 15 [본]광주(廣州) [출]서울 [주]서울 관악구 관악로1 서울대학교 사회과학대학 사회복지학과(02-880-6458) [학]1988년 현대고졸 1992년 서울대 사회복지학과졸 1996년 스웨덴 스톡홀름대 국제대학원졸 2000년 사회학박사(스웨덴 웁살라대) [경]1996~1997년 스웨덴 Stockholm Univ. 사회학과 연구원 1998~2000년 스웨덴 Uppsala Univ. 사회학과 전임연구원 2000~2001년 서울대 사회과학연구원 박사 후 연수연구원 2001년 同사회과학대학 사회복지학과 교수(현) 2002~2003년 한국사회복지학회 총무분과위원장 2005년 보건복지부 정책자문위원 2005~2007년 同주요정책과제 평가위원 2006년 대통령자문 사람입국일자리위원회 전문위원 2006~2007년 대통령자문 정책기획위원회 위원 2006~2008년 서울대 사회복지학과장 2009~2011년 同사회복지연구소장 2009~2010년 同사회과학대학 기획부학장 2013년 제18대 대통령직인수위원회 고용복지분

과 인수위원 2013~2015년 대통령자문 국민경제자문회의 민생경제분과 위원장 2013~2015년 사회보장위원회 위원 2013~2015년 국가보훈위원회 위원 2013년 고용노동부 고용정책심의회 위원(현) 2014년 기획재정부 재정정책자문회의 민간위원(현) 2015년 서울대 글로벌사회공헌단장(현) [저]'Pro-Welfare Politics : A Model for Changes in European welfare states'(2000, Uppsala University Press) '한국 근대의 사회복지(共)'(2005, 서울대 출판부) '현대 복지국가의 변화와 대응(共)'(2005, 나남출판) '비교빈곤정책론(共·編)'(2005, 나남출판) '미래 한국의 경제사회 정책의 쟁점과 과제(共)'(2007, 한국노동연구원) '사회복지정책론(共)'(2010, 나남출판) '현대 한국복지국가의 제도적 전환'(2010, 서울대 출판문화원) '미래세대의 지속가능발전조건(共)'(2012, 박영사) '한국사회대논쟁(共)'(2012, 메디치미디어) '사회과학 명저 재발견 4(共)'(2013, 서울대 출판부) '당신은 중산층입니까(共)'(2014, 21세기북스) '사회복지개론 개정4판(共)'(2015, 나남출판) '한국 사회의 이중구조와 생애주기적 불평등(共·編)'(2015, 집문당) '한국 사회의 질(共)'(2015, 한울아카데미) '복지정치의 두 얼굴(共)'(2015, 21세기북스)

안석모(安錫模) An Seok Mo

[주]서울 중구 삼일대로340 국가인권위원회 사무총장실(02-2125-9650) [학]문산종합고졸, 한국방송통신대 영어학과졸, 미국 웨스턴일리노이대 대학원 정치학과졸(석사) [경]1981년 공직 입문(7급공채), 국방부 근무, 국가인권위원회 인권침해조사국 침해조사과장 2003년 同행정지원국 예산행정운영과장 2006년 同침해구제본부 침해구제3팀장 2010년 同기획조정관실 운영지원담당관 2011년 同정책교육국장 2014년 同조사국장 2015년 同기획조정관 2015년 同사무총장(현)

안석호(安奭鎬) ANN SEOK HO

[생]1965·10 [주]경기 성남시 분당구 성남대로343번길 9 SK주식회사 C&C 임원실(02-6400-1530) [학]한양대 산업공학과졸, 미국 뉴욕주립대 대학원 Tech Management 석사 [경]2010년 SK C&C 윤리경영팀장 2012년 同정보보안팀장 2013년 同윤리경영담당(팀장급) 2013~2014년 同인력본부장(상무) 2014년 (재)행복한웹앤미디어 이사장 2015년 SK C&C CPR본부장 2015년 SK주식회사 C&C CPR본부장 2016년 同현장경영실장(현)

안선주(安宣柱·女) AHN Sun Ju

[생]1987·8·31 [출]경기 광주 [학]2006년 경화여고졸 2013년 건국대 스포츠과학부 골프지도학과졸 [경]2005년 한국여자프로골프협회 회원(현) 2005~2009년 하이마트 소속 2005년 제니아-엔조이골프투어 1·2·3차전 우승 2006년 제28회 신세계배 KLPGA 선수권대회 2위 2006년 제6회 레이크사이드 여자오픈 2위 2006년 KLPGA투어 KB국민은행 스타투어 1차대회 우승 2007년 제1회 KLPGA 인터불고 마스터스 3위 2007년 삼성 금융레이디스 챔피언십 3위 2007년 제29회 신세계배 KLPGA선수권대회 3위 2007년 MBC투어 코리아골프 아트빌리지오픈 우승 2007년 힐스테이트 서경여자오픈 3위 2007년 태영배 한국여자오픈골프선수권대회 우승 2007년 KLPGA투어 KB국민은행 스타투어 1차대회 우승 2008년 2007 China Ladies Open 3위 2008년 KB국민은행 Star Tour 1차전 2위 2008년 힐스테이트 서경여자오픈 2위 2008년 제30회 신세계 KLPGA선수권대회 2위 2008년 KLPGA투어 삼성금융레이디스 챔피언십 우승 2008년 KLPGA투어 하이트컵 챔피언십 3위 2008년 KLPGA투어 KB국민은행 스타투어 4차대회 2위 2008년 KLPGA & LET투어 세이트포 레이디스 마스터스 2위 2009년 KLPGA투어 MBC투어 롯데마트여자오픈 공동2위 2009년 KLPGA투어 KB국민은행 스타투어 1차대회 우승 2009년 KLPGA투어 KB국민은행 스타투어 2차대회 우승 2009년 KLPGA투어 LG전자 여자오픈 공동2위 2010년 팬코리아 소속 2010년 JLPGA투어 다이킨오키드레이디스 우승 2010년 JLPGA투어 스탠리레이디스 골프토너먼트 우승 2010년 JLPGA투어 먼싱웨어레이디스 도카이클래식 2위 2010년 JLPGA투어 후지쯔레이디스 우승 2010년 JLPGA투어 투어챔피언십 공동2위 2011년 JLPGA투어 월드레이디스 챔피언십 살롱파스컵 우승 2011년 KLPGA투어 우리투자증권 레이디스 챔피언십 2위 2011년 JLPGA투어 산토리레이디스 우승 2011년 JLPGA투어 NEC 가루이자와72 우승 2011년 JLPGA투어 산쿄 레이디스오픈 우승 2012년 투어스테이지 소속 2012년 JLPGA투어 요코하마 타이어 PRGR 레이디스 2위 2012년 JLPGA투어 월드 레이디스 챔피언십 살롱파스컵 우승 2012년 JLPGA투어 메이지컵 2위 2012년 JLPGA투어 니토리 레이디스 우승 2012년 JLPGA투어 골프5 레이디스 우승 2013년 JLPGA투어 CAT레이디스 우승 2013년 JLPGA투어 니토리 레이디스 우승 2013년 JLPGA투어 히사코 히구치 제과 레이디스 2위 2013년 JLPGA투어 챔피언십 리코컵 3위 2014년 JLPGA투어 야마하 레이디스오픈 우승 2014년 JLPGA투어 주쿄TV 브리지스톤 레이디스오픈 우승 2014년 JLPGA투어 산토리 레이디스오픈 우승 2014년 JLPGA투어 센추리21 레이디스 골프토너먼트 공동2위 2014년 JLPGA투어 스탠리 레이디스 토너먼트 우승 2014년 JLPGA투어 후지쓰 레이디스 우승 2015년 JLPGA투어 니치레이 레이디스 공동3위 2015년 JLPGA투어 센추리21 레이디스 토너먼트 우승 2015년 미국여자프로골프(LPGA)투어 토토 재팬 클래식 우승 2016년 JLPGA투어 후지산케이 레이디스 클래식 2위 2016년 JLPGA투어 센추리21 레이디스 토너먼트 우승 [상]일본여자프로골프(JLPGA)투어 신인왕·다승왕(2010), 일본여자프로골프(JLPGA)투어 최저타수상(2010·2011·2013·2014), 일본여자프로골프(JLPGA)투어 상금왕(2010·2011·2014), 일본여자프로골프(JLPGA)투어 올해의 선수상(2014)

안성국(安成國) Ahn Sung-kook

[생]1963·2·1 [주]서울 종로구 사직로8길60 외교부 인사운영팀(02-2100-7146) [학]1986년 연세대 경제학과졸 1994년 미국 메릴랜드대 대학원 경제학과졸 [경]1990년 외무고시 합격(24회) 1990년 외무부 입부 1997년 駐중국 2등서기관 2001년 駐타이페이대표부 대표보 2005년 외교통상부 기획조사과장 2007년 同지역협력과장 2008년 駐홍콩 영사 2012년 외교통상부 상황실장 겸 정책기획관실 심의관 2014년 駐청두 총영사(현)

안성기(安聖基) AHN Sung Ki

[생]1952·1·1 [출]대구 [주]서울 중구 마른내로47 명보프라자빌딩7층 신영균예술문화재단(02-2272-2131) [학]1969년 동성고졸 1974년 한국외국어대 베트남어과졸 [경]1957년 「황혼열차」로 영화계 데뷔·영화배우(현), ROTC 장교 1978년 「병사와 아가씨」로 영화계 복귀 1993년 유니세프 한국대표부 친선대사(현) 1993년 프랑스 아미엥국제영화제서 안성기영화제 개최 2002년 문화관광부 아동평화대사 2002년 일본 도쿄필름엑스영화제 심사위원장 2005년 아시아나국제단편영화제 집행위원장(현) 2005년 부산국제영화제집행위원회 부위원장(현) 2006년 스크린쿼터비상대책위원회 공동위원장 2007년 투르드코리아 명예대회장 2008년 대종상영화제 홍보대사 2008년 세계사회체육대회 홍보대사 2009년 제11회 서울국제청소년영화제조직위원회 위원 2009년 2022월드컵유치위원회 위원 2010년 굿다운로더 캠페인본부 공동위원장(현) 2010년 한국영화배우협회 이사장 2010년 광주세계광엑스포 홍보대사 2010년 DMZ다큐영화제 조직위원 2010년 신영균예술문화재단 초대 이사장(현) 2011년 아산나눔재단 이사(현) 2011년 한국영상자료원 영화·영상분야 이사(현) 2012년 을지재단 홍보대사 2013년 병무청 홍보대사 2013~2015년 대통령소속 문화융성위원회 위원 2013년 문화체육관광부 우리말수호천사 2014·2016년 아시아나국제단편영화제 집행위원장(현) 2016년 여수 디오션리조트 명예홍보대사(현) 2016년 인터뷰365 대표 겸 발행인(현) [상]제4회 샌프란시스코영화제 소년특별연기상(1959), 제19회 대종상 신인상(1980), 제18회 백상예술대상 남자연기상(1981), 제18회 한국연극영화예술상 남자연기상(1981), 제19회 한국연극영화예술상 남자연기상(1982), 제3회 한국영화평론가협회상 남자연기상(1982), 제19회 백상예술대상 남자연기상(1982), 제21회 대종상 남우주연상(1982), 제22회 대종상 남우주연상(1983), 제4회 한국영화평론가협회상 남자연기상(1983), 제20회 백상예술대상 남자연기상(1984), 제21회 백상예술대상 남자연기상(1984), 제20회 한국연극영화예술상 남자연기상(1984), 제21회 한국연극영화예술상 남자연기상(1985), 제24회 대종상 남우주연상(1985), 제23회 백상예술대상 인기상(1986), 제32회 아시아태평양영화제 남우주연상(1987), 제25회 백상예술대상 남자연기상(1988), 제29회 대종상 남자인기상(1990), 제11회 청룡영화제 남우주연상(1990), 제11회 청룡영화제 인기스타상(1990), 제27회 백상예술대상 남자연기상(1991), 제31회 대종상 남자인기상(1992), 제13회 청룡영화제 인기스타상(1992), 제38회 아시아태평양영화제 최우수남우주연상(1993), 제32회 대종상 남우주연상(1993), 제32회 대종상 남자인기상(1993), 제30회 백상예술대상 남자연기상(1994), 제15회 한국영화평론가협회상 남자연기상(1995), 제33회 대종상 남자인기상(1995), 제16회 한국영화평론가협회상 남자연기상(1996), 제22회 청룡영화제 남우조연상(2001), 문화관광부 보관문화훈장(2005), 제26회 한국영화평론가협회상 남우주연상(2006), 제27회 청룡영화상 남우주연상(2006), 제4회 타워상 대중예술부문(2006), 제43회 대종상 데뷔 50주년 기념상(2006), 제44회 대종상영화제 남우주연상(2007), 제6회 한국예술발전상 영화부문(2007), 제13회 닛케이 아시아상 문화부문(2008), 마크 오브 리스펙트상(2010), 제48회 백상예술대상 영화부문 최우수연기상(2012), 은관문화훈장(2013), 협성사회공헌상 교육문화부문(2014), 한국영화배우협회 공로상(2015) [작]영화 '황혼열차' '바람불어 좋은날' '만다라' '어둠의 자식들' '난장이가 쏘아올린 작은공' '철수와 만수' '꼬방동네 사람들' '고래사냥' '깊고 푸른밤' '달빛 사냥꾼' '남부군' '누가 용의 발톱을 보았는가' '하얀전쟁' '투캅스' '천재선언' '남자는 외로워' '인정사정 볼것 없다' '킬리만자로' '실미도' '라디오 스타' '화려한 휴가' '마이 뉴 파트너' '신기전' '페어러브'(2010) '7광구'(2011) '2012 희망로드 대장정'(2012) '부러진 화살'(2012)

'페이스메이커'(2012) '타워'(2012) '주리'(2012) '현의노래'(2012) '선비'(2012) '신의 한 수'(2014) '트로트'(2014) '필름시대사랑'(2015) '동행'(2015) '사냥'(2016) [종]천주교

안성두(安聖斗) Ahn Seong Doo

[생]1961·4·19 [주]서울 종로구 사직로8길60 외교부 인사운영팀(02-2100-7138) [학]1984년 서울대 외교학과졸 [경]1985년 외무고시 합격(19회) 1985년 외무부 입부 1991년 駐필리핀 2등서기관 1993년 駐로스앤젤레스 영사 1998년 駐사우디아라비아 1등서기관 2000년 駐프랑스 1등서기관 2002년 駐태국 참사관 2003년 외교통상부 북서아프리카과장 2004년 同중동과장 2005년 駐이집트 공사참사관 2009년 외교통상부 상황실장 2010년 同남아시아태평양국 심의관 2011년 駐아프가니스탄 대사 2013년 駐두바이 총영사 2015년 駐방글라데시 대사(현) [상]근정포장(2004)

안성수(安晟秀) An Sung Su

[생]1966·3·31 [출]인천 [주]서울 서초구 반포대로157 대검찰청 과학수사기획관실(02-535-9484) [학]1984년 인하대사대부고졸 1988년 서울대 국제경제학과졸 1992년 同사법학과졸 2002년 미국 뉴욕 Columbia대 법과대학원졸(LL.M) 2008년 형사법학박사(인하대) [경]1992년 사법시험 합격(34회) 1995년 사법연수원 수료(24기) 1995년 인천지검 검사 1997년 대구지검 안동지청 검사 1998년 인천지검 부천지청 검사 2000년 대구지검 검사 2003년 서울지검 검사 2004년 서울중앙지검 검사 2005년 인천지검 검사 2007년 창원지검 부부장검사 2007년 대검찰청 미래기획단 연구관 2008년 대검찰청 연구관 2009년 서울북부지검 부부장검사 2009년 인천지검 외사부장 2010년 대검찰청 디지털수사담당관 2011년 법무연수원 교수 2012년 인천지검 형사4부장 2013년 춘천지검 부장검사 2014년 법무부 형사사법공통시스템운영단장 겸임 2015년 제주지검 차장검사 2016년 대검찰청 과학수사기획관(현) [상]법무부장관표창(2004) [저]'형사소송법-쟁점과 미래'(2009)

안성욱(安成昱) AN Sung Uk

[생]1964·12·4 [출]경남 김해 [주]경기 성남시 중원구 양현로405번길7 신야탑푸르지오시티2동604호 법률사무소 성문(031-698-2700) [학]1983년 성남서고졸 1987년 고려대 법학과졸, 미국 보스턴대 경영대학원 수학 [경]1991년 사법시험 합격(33회) 1994년 사법연수원 수료(23기) 1994년 軍법무관 1997년 부산지검 검사, 대구지검 상주지청 검사 2000년 서울지검 남부지청 검사 2003년 대검찰청 공적자금비리합동단속반 검사·중앙수사부 검찰연구관 2006년 대전지검 부부장검사 2007년 미국 교육연수 2008년 대구지검 경주지청 부장검사 2009년 부산지검 마약·조직범죄수사부장 2009년 서울동부지검 공판송무부장 2010년 변호사 개업, 법률사무소 성문 변호사(현) 2013년 성남시수정중앙노인종합복지관 운영위원회 위원(현) 2014년 성남외국인주민복지센터 법률지원 변호사(현) 2015년 NGO환경보호운동중앙회 고문변호사(현) 2015년 성남산업진흥재단 이사(현) 2015년 성남시 분당구민간어린이집연합회 자문변호사(현) 2015년 성남시체육회 이사(현) 2015년 한국노총 성남지역지부 고문변호사(현) 2015년 대한에어로빅협회 부회장(현) 2015년 성남시어린이집연합회 가정분과 고문변호사(현) 2015년 제10대 성남시사회복지사협회 고문변호사(현) 2015년 제2기 성남여수초 운영위원장(현) 2015년 성남시장애인종합복지관·부속시설 공동운영위원회 위원(현) 2015년 성남시 고문변호사(현) 2015년 새정치민주연합 법률위원회 부위원장 2015년 더불어민주당 법률위원회 부위원장(현) 2016년 제20대 국회의원선거 예비후보(경기 성남중원, 더불어민주당) [종]기독교

안성은(安成殷) AHN Sung Eun

[생]1961·10·9 [본]순흥(順興) [출]서울 [주]서울 종로구 청계천로41 한국도이치은행 비서실(02-724-4500) [학]서울대 산업공학과졸, 미국 로체스터대 경영대학원졸 [경]ING베어링증권 서울지점 투자은행부문 상무, 살러먼스미스바니증권 투자은행담당 대표, 도이치은행 서울지점 투자은행부문 대표 2004~2013년 메릴린치증권 서울지점 대표 겸 투자은행(IB)부문 대표 2013년 도이치은행그룹 한국대표(현)

안성일(安城逸) AN Sung Il

[생]1968·5·21 [출]광주 [주]세종특별자치시 한누리대로402 산업통상자원부 운영지원과(044-203-5062) [학]1987년 광주고졸 1991년 경찰대 행정학과졸 1996년 서울대 행정대학원 수료 1999년 미국 콜로라도대 대학원 통신공학과졸 [경]행정고시 합격(35회) 1999년 정보통신부 정보화기획실 정보보호과 사무관 2001년 同정보보호기획과 서기관 2003년 OECD사무국 정보통신정책과 파견 2005년 정보통신부 정보통신협력본부 통상협상팀장 2007년 同정보통신정책본부 산업기술팀장 2008년 지식경제부 산업기술시장과장 2009년 同입지총괄과장 2011년 同에너지관리과장(부이사관) 2013년 산업통상자원부 무역투자실 총괄기획과장 2013년 同통상정책국 통상정책총괄과장 2015년 대한무역투자진흥공사(KOTRA) 외국인투자지원센터 파견(고위공무원) 2016년 국외훈련(고위공무원)(현)

안성준(安晟濬) AHN Sung Jun

[생]1963·12·17 [주]서울 용산구 한강대로32 (주)LG유플러스 IoT서비스부문(1544-0010) [학]대성고졸, 연세대 정치학과졸, 미국 피츠버그대 대학원 경영학과졸 [경]LG그룹 회장실 근무, 파워콤 사업기획팀장 2005년 同수도권본부장 겸 서울지사장(상무) 2006년 (주)LG파워콤 수도권본부장 겸 서울지사장(상무) 2007년 同TPS사업본부 마케팅담당 상무 2007~2008년 (주)LG데이콤 TPS사업본부장(상무) 2009년 同MY LGTV사업부장(상무) 2010년 LG유플러스 SME사업부장(상무), 同기업고객담당 상무 2013년 同SC본부 컨버지드홈사업부장(전무), 同IoT서비스부문장(전무)(현)

안성준(安省俊)

[생]1971·10·17 [출]서울 [주]경기 수원시 영통구 월드컵로120 수원지방법원(031-210-1114) [학]1990년 대원고졸 1994년 경희대 법학과졸 2000년 同대학원 법학 석사과정 수료 [경]1995년 사법시험 합격(37회) 1998년 사법연수원 수료(27기) 1998년 軍법무관 2001년 청주지법 판사 2003년 同보은군·괴산군·진천군법원 판사 2004년 수원지법 성남지원 판사 2007년 서울중앙지법 판사 2009년 서울동부지법 판사 2013년 부산지법 동부지원 부장판사 2015년 수원지법 부장판사(현)

안성진(安星珍) Ahn Seong Jin

[생]1966 [주]서울 종로구 성균관로25의2 성균관대학교 컴퓨터교육과(02-760-0672) [학]1988년 성균관대 정보공학과졸 1990년 同대학원 정보공학과졸 1998년 정보공학박사(성균관대) [경]성균관대 사범대학 컴퓨터교육과 교수(현) 2010~2014년 한국컴퓨터교육학회 회장 2012~2014년 한국교육학술정보원 비상임이사 2013년 한국과학기술정보연구원 국가과학기술연구망 자문위원 2013년 대검찰청 디지털수사자문위원 2013년 미래창조과학부 융합기술개발사업추진위원회 위원 2013년 산업통상자원부 산업기술분쟁조정위원회 위원 2014년 정보통신산업진흥원 TOPCIT(Test of Practical Competency in ICT) 위원 2014년 미래창조과학부 ICT인재양성전문위원회 위원장(현) 2014년 네이버 소프트웨어교육자문위원회 자문위원(현), 미국 세계인명사전 'Marquis Who's Who in the World'에 등재, 영국 국제인명사전 'IBC : International Biographical Centre'에 등재, 미국 세계인명사전 'ABI : American Biographical Institute'에 등재 2015년 성균관대 입학처장(현) [상]국무총리표창(1997), 행정안전부장관표창(2009), 대통령표창(2011)

안성호(安晟鎬) AHN Seong Ho

[생]1968·4·21 [출]서울 [주]충북 음성군 삼성면 상곡로55의35 (주)에이스침대 비서실(043-877-1881) [학]1991년 고려대 지질학과졸 [경]1991년 동방기획 마케팅부 근무 1992년 (주)에이스침대 입사 1993년 同기획담당 이사 1997년 同기획담당 상무이사 1997년 同총괄부사장 2002년 同대표이사 부사장 2003년 同대표이사 사장(현) 2013~2016년 한국표준협회 비상임이사 [상]대한민국 마케팅부문 대상(2005), 산업포장(2006)

안성회(安聖會) AHN Seung Hoi

[생]1947·8·26 [본]죽산(竹山) [출]충남 천원 [주]서울 서초구 서초대로286 서초프라자6층 법무법인 송백(02-3487-4100) [학]1966년 부산고졸 1970년 서울대 법대졸 [경]1970년 사법시험 합격(12회) 1972년 사법연수원 수료(2기) 1973년 해군 법무관 1975~1983년 서울민사지법·춘천지법 원주지원·서울지법 북부지원 판사 1983년 대구고법 판사 1985년 서울고법 판사 1986년 대법원 재판연구관 1987년 대구지법 경주지원 부장판사 1990년 사법연수원 교수 1992년 서울민사지법 부장판사 1994년 부산고법 부장판사 1996년 부산지법 수석부장판사 1996년 서울고법 부장판사 2000년 서울지법 서부지원장 2003년 울산지법원장 2004~2005년 서울동부지법원장 2005~2007년 변호사 개업 2007년 법무법인 서린 고문변호사 2008년 同대표변호사 2010~2015년 법무법인 정률 변호사 2015년 법무법인 송백 변호사(현) [상]청조근정훈장(2006) [종]천주교

안세경(安世景) AHN Se Kyoung

[생]1957·8·13 [출]전북 정읍 [주]세종특별자치시 다솜로261 국무조정실 4.16세월호참사피해자지원및희생자추모사업지원단(044-200-6300) [학]1976년 전주고졸 1980년 서울대 농업교육학과졸 2002년 고려대 대학원 공공정책학과졸 [경]1980년 기술고시 합격(15회) 1980~1987년 전매청 생산국·김천공장 생산과장 1987년 전북도 농림국 유통지도계장 1995년 同농업정책과장·법무담당관 1999~2000년 전주시 문화영상산업국장·전북도 공보관 2000~2002년 전북도 문화관광국장·농림수산국장·경제통상국장 2002년 대통령 정무수석비서관실 행정관 2003년 행정자치부 국가재난관리시스템기획단 정책팀장 2004년 同지역경제과장 2005년 同재정정책팀장 2006년 전북도 기획혁신전략본부장 2006~2011년 전주시 부시장 2006~2011년 전주시통합체육회 부회장 2011~2013년 대통령자문 국가경쟁력강화위원회 규제개혁1국장 2013년 국무조정실 본부 근무(고위공무원) 2014년 중앙공무원교육원 파견 2015년 4.16세월호참사피해자지원및희생자추모사업지원단 단장(현) [상]농수산부장관표창(1992), 대통령표창(1993), 근정포장(2005) [저]'나, 당신 그리고 우리'(2010, 신아출판사)

안세영(安世英) AHN Se Young

[생]1953·1·9 [출]서울 [주]서울 마포구 백범로35 서강대학교 국제대학원(02-705-8753) [학]서울대 국제경제학과졸 1987년 국제경제학박사(프랑스 팡테옹소르본대) [경]1975년 행정고시 합격(17회) 1987~1991년 상공부 근무 1991~1994년 미국 워싱턴 UNIDO 파견 1994년 통상산업부 과장 1995년 대통령 경제수석비서관실 행정관 1998~2000년 산업자원부 국장 2002년 서강대 국제대학원 교수(현) 2002년 同국제대학원 부원장 2004~2006년 同국제대학원장 2005년 대통령자문 국민경제자문회의 자문위원 2008년 국무총리산하 정부업무평가위원회 민간위원 2010~2011년 대우조선해양(주) 사외이사 2011년 한전KPS(주) 사외이사 2013년 바른사회시민회의 공동대표 2013~2016년 국무총리산하 경제·인문사회연구회 이사장 [저]'다국적기업 경제학'(1993) '산업정책론'(1996) '글로벌 협상전략'(2003·2004) '글로벌 협상전략 : 협상사례중심(개정 3판)'(2006, 박영사) 'Korea-Vietnam Economic Cooperation: Analyses and Prospects(共)'(2007, STATISTICAL PUBLISHING HOUSE) 'NEW 글로벌 협상전략(개정 5판)'(2013, 박영사)

안세진(安世鎭) An, Sejin

[생]1972·8·1 [본]죽산(竹山) [출]서울 [주]세종특별자치시 한누리대로402 산업통상자원부 전자부품과(044-203-4270) [학]경기고졸 1997년 서울대 외교학과졸, 한국개발연구원(KDI) 국제정책대학원 정책학과졸 2009년 미국 로체스터대 대학원 경영학과졸(MBA) [경]1998년 산업자원부 사무관 2005년 同혁신기획팀 서기관 2009년 지식경제부 에너지절약정책과 서기관 2010년 同구미협력과장 2011~2012년 대통령 경제수석비서관실 행정관 2012~2015년 駐오스트리아대사관 상무관 2013~2014년 Wassenaar Arrangement(전략물자수출통제국제기구) 전문가그룹 의장 2015년 산업통상자원부 FTA협상총괄과장 2016년 同산업정책실 전자부품과장(현)

안세현(安世鉉) AN Sye Hyun

[생]1957·3·3 [출]서울 [주]서울 송파구 올림픽로43길88 서울아산병원 유방내분비외과(02-2224-3490) [학]1981년 서울대 의대졸 1986년 同대학원 의학석사 1992년 의학박사(서울대) [경]1981~1986년 서울대병원 인턴·일반외과 레지던트 1986~1989년 軍의관·국방부 의무실장 1990~2001년 울산대 의대 일반외과학교실 전임강사·조교수·부교수 1994년 미국 텍사스대·앰디앤더슨 암센터 방문연구원 2001년 울산대 의대 일반외과학교실 교수 2012년 同주임교수(현) 2009년 서울아산병원 유방암센터 소장(현) 2012년 同유방내분비외과장(현) [저]'유방학'(共) '유방암 환자를 위한 치료안내서'(2010, 영창출판사) [역]'오늘의 진단 및 치료' [종]기독교

안세희(安世熙) AHN Se Hee

[생]1928·4·22 [출]평북 신의주 [주]서울 서초구 반포대로37길59 대한민국학술원(02-3400-5220) [학]안동중졸 1951년 연세대 이공대 물리학과졸 1954년 同대학원 물리학과졸 1959년 물리학박사(미국 노스웨스턴대) 1983년 명예 이학박사(고려대·중국 중앙민족대) 1986년 명예 이학박사(미국 보스턴대) 1990년 명예 법학박사(연세대) [경]1951~1955년 공군사관학교 교관 1955~1962년 연세대 이공대 물리학과 전임강사·부교수 1962~1993년 同교수 1962~1968년 同이학부장 1965년 同자연과학연구소장 1968년 미국 南일리노이대 초빙교수 1971년 연세대 기획실장 1973년 同대학원장 1975~1980년 同부총장 1978~1982년 한국과학기술단체총연합회 회장 1979~1986년 태국 아시아공대(AIT) 이사 1980~1988년 연세대 총장 1980년 연세암센터 이사장 1980년 기독교학교연맹 이사장 1981~1983년 한국원자력학회 회장 1989~1991년 한국물리학회 회장 1991~2008년 한국과학기술단체총연합회 고문 1993년 연세대 명예교수(현) 1994년 대우재단 자문위원 1994년 참빛운영재단 이사장 1994년 한국과학기술한림원 정회원 1997년 대한민국학술원 회원(물리학·현) 1998년 한국과학기술한림원 종신회원(현) [상]은성화랑무공훈장(1953), 국민훈장 동백장(1972), 성곡학술문화상(1992), 국민훈장 무궁화장(1993) [저]'자연과학 개론(共)'(1963) '대학의 현실과 사명'(1988) '물리학의 현대적 이해'(1993) [역]'Kaplan 원자핵물리학(共)'(1961) 'Powell 원자력학(共)'(1963) [종]기독교

안수훈(安秀勳) Soo Hun An

[생]1963·10·19 [본]강진(康津) [출]인천 강화 [주]서울 종로구 율곡로2길25 연합뉴스 편집국 사회부(02-398-3342) [학]1982년 서울 경성고졸 1986년 한국외국어대 행정학과졸 1988년 同대학원 행정학과졸 2005~2006년 미국 위스콘신주립대 연수 [경]세계일보 사회부 기자, 연합통신 사회부 기자 1995~2003년 연합뉴스 정치부 기자, 同바그다드특파원, 同정치부 차장 2008년 同애틀랜타특파원 2011년 同국제뉴스4부장 2013년 同미디어과학부장 2015년 同편집국 전국부장 2015년 同편집국 전국부장(부국장대우) 2016년 同편집국 사회부장(부국장대우)(현) [상]한국기자상(1994) [저]'딕시'(2013, 서해문집)

안숙선(安淑善·女) AHN Sook Sun

[생]1949·9·5 [출]전북 남원 [학]동국대 문화예술인지도자과정 수료 [경]1957년 강순영선생께 가야금산조 사사 1958년 강도근·김소희·박봉술·정광수·정권진·성우향 명창께 사사 1970년 김소희선생 문하 입문 1973년 박귀희선생께 가야금산조 및 병창 사사 1979년 국립창극단 단원 1986년 판소리다섯마당 공연 1988년 유럽 8개국 순회공연 1989년 중요무형문화재 제23호 가야금산조 예능준보유자 지정 1990년 웸위음악연주대회 참가 1993년 국립창극단 지도위원 1995년 안숙선·김대례의 살풀이 공연, 삼성나이세스전속 아티스트매니지먼트 계약, 향사가야금병창연구회 회장 1997년 중요무형문화재 제23호 가야금산조 및 병창 예능보유자 지정(현) 1998년 용인대 국악과 지도교수 1998년 한국예술종합학교 전통예술원 겸임교수 1998~1999년 국립창극단 단장 겸 예술감독 2000~2006년 同예술감독 2000~2014년 한국예술종합학교 전통예술원 음악과 교수 2011·2012·2013·2014년 춘향제전위원회 위원장(현) 2013~2015년 국립국악원 민속악단 예술감독 2013년 (재)국악방송 비상임이사(현) 2015년 서남대 석좌교수(현) 2016년 한국문화예술위원회 복권기금문화나눔사업 홍보대사(현) 2016년 코리아문화수도조직위원회(KCOC) 선정위원(현) [상]남원춘향제 전국명창경연대회 대통령표창(1986), KBS 국악대상(1987), 대한민국 문화예술상 음악부문(1993), 올해의 국제문화인상, 서울시 문화상(1999), 옥관문화훈장(1999), 프랑스 문화훈장, 대한민국 문화훈장, 영국 헤럴드 에인절 크리틱스 어워드, 의암주논개상(2011), 제17회 만해대상(2013), 제20회 방일영국악상(2013), 삼성행복대상 여성창조상(2015) [작]음반 '안숙선 남도민요' '안숙선 구음시나위' '안숙선 知音' '안숙선 가야금병창' '안숙선 춘향가' '안숙선 적벽가' [종]불교

안순철(安順喆) AN, Soon Cheol

[생]1962·8·5 [본]순흥(順興) [출]경기 [주]경기 용인시 수지구 죽전로152 단국대학교 정치외교학과(031-8005-3316) [학]1985년 단국대 정치학과졸 1987년 미국 오클라호마주립대졸(정치학석사) 1995년 미국 미주리대 컬럼비아교졸(정치학박사) [경]1997년 단국대 정치외교학과 교수(현) 2001년 한국사회과학데이터센터 이사 2005년 단국대 대외협력실장 2006~2007년 同서울캠퍼스 기획조정실장 2006~2007년 同서울캠퍼스 비서실장 2011~2013년 同죽전캠퍼스 사회과학대학장 2016년 同일반대학원장(현) [저]'선거체제비교-제도적 효과와 정치적 영향'(1998) '한국의 선거'(2002) '한국의 선거제도'(2002) '미국의 예비선거 : 비교정치학적 접근'(2005) '선거공영제의 확대 : 합리성과 전제조건' [역]'민주화의 이론과 사례 : 이상과 현실의 갈등'(1999)

안승국(安承國) AN, Seung Kook

[생]1955·8·24 [본]순흥(順興) [출]서울 [주]부산 금정구 부산대학로63번길2 부산대학교 유기소재시스템공학과(051-510-2413) [학]1978년 서울대 섬유공학과졸 1988년 미국 노스캐롤라이나주립대 대학원졸(공학석사) 1992년 공학박사(미국 노스캐롤라이나주립대) [경]1980년 코오롱(주) 연구소 주임 1982년 쌍용종합무역상사 근무 1992년 미국 노스캐롤라이나주립대 박사후과정

1993~1995년 국립공업기술원 공업연구관 1995년 부산대 유기소재시스템공학과 조교수·부교수·교수(현) 2007~2014년 부산산학협의회 생활소재산업분과 위원장 2010년 한국섬유공학회 부회장 2011~2013년 부산대 생산기술연구소장 2011년 同수송용섬유BIZ산업RIS사업단장(현) [저]'섬유재료역학(共)'(2001) [종]기독교

안승권(安承權) AHN Seung Kwon

[생]1957·10·20 [본]순흥(順興) [출]광주 [주]서울 영등포구 여의대로128 LG트윈타워 서관21층 LG전자(주) 비서실(02-6912-6000) [학]1980년 서울대 전자공학과졸 1982년 同대학원 전자공학과졸 1992년 전자공학박사(서울대) 2008년 서울대 최고경영자과정 수료 [경]1974~1998년 (주)LG화학 근무 1982~1987년 LG전자(주) 중앙연구소 선임연구원 1987~1994년 同기초연구소 책임연구원 1994년 同HiMedia신사업개발팀 부장 1995년 同MIT Media Lab 객원연구원 1996년 同전사기술전략팀 부장 1998년 同미디어통신연구소장 1999년 코리아카본블랙(주) 상무이사 1999년 LG전자(주) 기술지원담당 상무보 2001년 同DAV사업부장(상무) 2003년 同UMTS단말사업부장(부사장) 2007년 한국공학한림원 정회원(현) 2007년 LG전자(주) 모바일커뮤니케이션즈(MC)사업본부장(부사장) 2007년 同모바일커뮤니케이션즈(MC)사업본부장(사장) 2009년 대한전자공학회 부회장 2010년 LG전자(주) 최고기술책임자(사장)(현) 2011~2012년 대통령직속 국가정보화전략위원회 위원 2015년 국가과학기술자문회의 자문위원(현) 2016년 대한전자공학회 부회장(현) [상]서울대 경영대학원 최우수논문상(2005), 조선일보 차세대리더 전문경영인선정(2006), 금탑산업훈장(2015)

안승남(安昇男) AN Seung Nam

[생]1965·12·29 [본]순흥(順興) [출]서울 [주]경기 수원시 팔달구 효원로1 경기도의회(031-8008-7000) [학]1990년 한국외국어대 경제학과졸 [경]구리·남양주시민모임 의장, 민주평통 자문위원, 구리시선거관리위원회 위원, 구리시 장자초·구리고 운영위원장, 구리시 도림초·교문중 학부모회장, 한국외국어대총동문회 상근사무부총장 2010년 경기도의회 의원(민주당·민주통합당·민주당·새정치민주연합) 2010~2012년 同도시환경위원회 간사 2011년 민주통합당 경기도당 대변인 2012년 경기도의회 도시환경위원장 2012년 同행정자치위원회 위원 2012년 同예산결산특별위원회 위원 2013년 민주당 전략기획위원회 부위원장, 同지속가능발전특별위원회 부위원장 2014년 경기도의회 의원(새정치민주연합·더불어민주당)(현) 2014년 同경제과학기술위원회 위원 2015년 同수도권상생협력특별위원회 위원(현) 2015년 同안전사회건설특별위원회 위원(현) 2015년 同장기미집행도시공원특별위원회 위원(현) 2016년 同교육위원회 위원(현) 2016년 同예산결산특별위원회 위원(현) 2016년 同노동자인권보호특별위원회 위원(현) 2016년 同경제민주화특별위원회 위원(현) 2016년 구리소방서 명예소방서장(현) [상]대한민국 위민의정대상 우수상(2016) [종]기독교

안승락(安承樂) AN Seung Lak

[생]1961·7·10 [본]순흥(順興) [출]경북 영주 [주]대전 유성구 대덕대로481 국립중앙과학관 과학유산보존과(042-601-8031) [학]1978년 안동고졸 1983년 경북대 농생물학과졸 1985년 同대학원 농생물학과졸 1990년 농학박사(경북대) [경]2003년 한국동물분류학회 이사(현) 2005년 국립중앙과학관 자연사연구실장 2006년 同전시기획운영팀장 2007년 同이공학팀장 2008년 同자연사연구실장 2010년 同종합전시연구실장 2012년 同창의교육진흥과장 2014년 同연구진흥과 자연사연구팀장 2015년 同연구진흥과 과학사물팀장, 同과학유산보존과 팀장(현)

안승윤(安承潤) AHN Seung Yun

[생]1962·10·5 [출]경남 창원 [주]서울 중구 을지로 51 SK텔레시스(02-2129-1900) [학]1981년 마산고졸 1985년 서울대 국제경제학과졸 [경]1988년 SK(주) 영업기획부 근무 1991년 대한텔레콤 사업개발팀 근무 1994년 SK텔레콤 경쟁력강화특별대책위원회 근무 1997년 同마케팅기획본부 마케팅전략팀장 2000년 SK신세기통신 마케팅전략팀장 2000년 SK텔레콤(주) 마케팅전략본부 마케팅전략팀장 2000년 同마케팅전략본부장 직대 2002년 同CRM본부장 겸 마케팅연구원장 2002년 同CRM본부장(상무) 2003년 同Portal사업본부장(상무) 2005년 同Contents사업본부장(상무) 2006년 同Biz전략실장(상무) 2007년 同중국사업부문 Biz개발그룹장(상무) 2009년 SK브로드밴드(주) 마케팅부문장(전무) 2011년 SK텔레콤(주) 플랫폼경영실장 2012년 同경영지원실장(CFO·전무) 2013~2015년 SK브로드밴드(주) 대표이사 사장 2015년 SK텔레시스 대표이사 사장(현)

안승준(安承準) AHN Seung Jun (源谷)

[생]1955·10·18 [출]서울 [주]서울 중구 동호로287 앰배서더호텔그룹(02-2270-3270) [학]1974년 경기고졸 1978년 한국외국어대 행정학과졸 1984년 미국 브리지포트대 경영대학원졸 [경]1978~1982년 삼성생명보험 근무 1984년 미국 Calif. Korea Bank 관리과장 1986년 삼성전자(주) 과장 1987년 同해외본부 법인관리팀장 1989년 同컴퓨터부문 인사부장 1992년 同인재개발연구소장 겸 사무혁신팀장 1997년 삼성그룹 비서실 이사보 1999년 삼성전자(주) 이사 2002년 同인사팀 인재개발연구소장(상무) 2006년 同인사팀담당 전무 2007년 한국공학한림원 정회원(현) 2009~2010년 삼성전자(주) 상생협력팀 전무 2011년 한양대 자연과학대학 특임교수(현) 2013년 서울도서관 명예관장(현) 2016년 앰배서더호텔그룹 경영지원실 대표(부회장)(현) [상]산업보안 유공표창, 해동상 공학교육혁신부문(2010)

안승진(安承振)

[생]1971·2·22 [출]경북 구미 [주]광주 동구 준법로7의12 광주고등검찰청(062-231-3114) [학]1989년 대구 영신고졸 1994년 서울대 법과대학 법학과졸 [경]1996년 사법시험 합격(38회) 1999년 사법연수원 수료(28기) 1999년 공익법무관 2002년 수원지검 검사 2004년 대구지검 검사 2006년 서울북부지검 검사 2010년 창원지검 검사 2011년 인천지검 부부장검사 2014년 전주지검 군산지청 부장검사 2015년 광주지검 순천지청 형사2부장 2016년 광주고검 부부장검사(현)

안승철(安勝轍) AN, Seung Cheol

[생]1956·12·9 [본]순흥(順興) [출]대구 [주]경북 경산시 대학로280 영남대학교 경영대학 경영학과(053-810-2727) [학]1976년 계성고졸 1982년 영남대 경제학과졸 1984년 경북대 대학원 경영학과졸 1990년 경영학박사(영남대) [경]1985~1993년 제주대 경영학과 전임강사·조교수·부교수 1994년 영남대 경영학부 부교수·교수(현), 同산경연구소장 2006~2009년 同교양학부장 2007~2009년 同기초교육대학장, 미국 Ball State Univ. 연구교수, 미국 Univ. of Kentucky 연구교수 2011~2012년 (사)영상아카데미학회 회장 2014년 (사)한국경영교육학회 회장, 同상임고문(현) 2015년 영남대 경영대학원장(현) [저]'투자와 보험(共)'(2000, 학지사) '신 투자와 보험(共)'(2002, 신정출판사) '투자론(共)'(2010, 명경사)

안승춘(安承春·女) AN Seung Choon

[생]1946·2·2 [출]경북 안동 [주]서울 영등포구 도신로 228 (사)한국식생활개발연구회(02-833-1623) [학]중앙대 산업대학원 외식산업경영자과정 수료 [경]1979~1994년 한국식생활개발연구회 강사 1982년 한국조리직업전문학교 부원장 1994~1999년 한국식생활개발연구회 부회장 1995년 민주평통 자문위원 1996년 현대·LG문화센터 요리강사 1996년 롯데문화센터 요리강사 1997년 한국여성단체협의회 조직관리위원 1999년 한국식생활개발연구회 회장(현) 1999년 한국조리직업전문학교 회장(현) 1999년 한국여성단체협의회 이사(현) 1999년 한국공연구회 이사(현), 쌀소비확대운동본부 운영위원 2004년 닭고기자조금관리위원회 위원(현) [상]농림수산부장관표창(1984·2000) [저]'닭고기·달걀요리' '레이디 쿠킹' '러브 쿠킹' '여성생활백과' '오늘의 반찬' '찌개와 반찬' '우리집 요리' '쿠킹북' '우먼센스 가족요리' '국·찌개·전골요리' '우리집 별미요리·비디오요리' '쿠키 살롱' '찌개와 전골요리' '빵·과자 만들기' '해피쿠킹' '한식·양식조리기능사 실기교재'

안승호(安承鎬) AN Seung Ho

[생]1947·5·30 [본]순흥(順興) [출]서울 [주]세종특별자치시 전의면 산단길204 한국바이오켐제약(주) 중앙연구소(044-865-5035) [학]1971년 서울대 약대 제약학과졸 1975년 同약학대학원 약화학과졸 1980년 약화학박사(미국 매사추세츠대) [경]1980~1981년 미국 매사추세츠대 약학보건대학원 Post-Doc. 1981~1988년 미국 로즈웰파크암연구소 선임연구원 1984~1988년 경보화학(주) 중앙연구소장·전무이사 1988~1994년 제일제당(주) 종합연구소 합성실장(이사) 1988년 한국유나이티드제약(주) 중앙연구소장(전무이사) 2008년 同중앙연구소장(부사장) 2011년 한국바이오켐제약(주) 중앙연구소장(부사장)(현) [상]대한약학회 약학기술상(2004), 과학기술훈장 웅비장(2008) [종]기독교

안승호(安昺晧)

ⓢ1959·7·1 ㈜경기 수원시 영통구 삼성로129 삼성전자㈜ IP센터(031-200-1114) ⓗ1977년 부산중앙고졸 1981년 서울대 섬유공학과졸 1983년 同대학원 금속공학과졸 1990년 재료공학박사(미국 일리노이대 어배나교) 2000년 법정학박사(미국 산타클라라대) ⓙ1990년 삼성전자㈜ 입사 1997년 同특허그룹 수석연구원 2002년 同지적자산팀장 2007년 同LCD총괄 차세대연구소 지적재산그룹장 2009년 同종합기술원 IP전략팀장 겸임 2010년 同IP센터장(전무대우) 2010년 同IP센터장(부사장대우)(현) 2011년 국가지식재산위원회 민간위원 2011~2016년 한국지식재산협회 회장 2014년 한국특허정보원 비상임이사(현)

안승호(安勝浩) AHN Seung Ho

ⓢ1961·8·15 ㈜서울 동작구 상도로369 숭실대학교 경영학부(02-820-0545) ⓗ환일고졸, 연세대 영어영문학과졸, 미국 미시간주립대 경영대학원졸, 경영학박사(미국 오클라호마대) ⓙ산업연구원 수석연구원, 충북대 국제경영정보시스템학부 교수 2002년 숭실대 경영학부 교수(현), 同경영혁신평가연구소장, 지식경제부 경영평가위원 2007~2015년 공정거래위원회 경영평가위원 2008년 SGS 동북아물류연구소장(현) 2015~2016년 (사)한국유통학회 회장 2015년 숭실대 경영대학원장(현) ⓩ'대형할인점과 지역경제' ⓩ기독교

안승호(安承浩) AN Seung Ho

ⓢ1963·9·20 ⓞ경북 월성 ㈜서울 마포구 마포대로174 서울서부지방법원(02-3271-1114) ⓗ1982년 대일고졸 1986년 서울대 법학과졸 1988년 同대학원 법학과 수료 ⓙ1989년 사법시험 합격(31회) 1992년 사법연수원 수료(21기) 1992년 대구지법 판사 1995년 同안동지원 판사 1996년 인천지법 판사 2000년 서울지법 판사 2002년 同동부지원 판사 2005년 서울동부지법 판사 2005년 서울고법 판사 2007년 대전지법 부장판사 2008년 의정부지법 부장판사 2010년 서울북부지법 민사12부 부장판사 2011년 同형사13부 부장판사 2012년 서울중앙지법 부장판사 2015년 서울서부지법 부장판사(현)

안시권(安時權) AHN Si Kweon

ⓢ1962·5·24 ⓑ순흥(順興) ⓞ제주 제주시 ㈜세종특별자치시 도움6로11 행정중심복합도시건설청 차장실(044-200-3008) ⓗ1981년 제주제일고졸 1986년 연세대 토목공학과졸 1988년 同대학원 토목공학과졸 ⓙ2003년 원주지방국토관리청 하천국장 2004년 익산지방국토관리청 하천국장 2005년 건설교통부 하천관리과장 2005년 同하천관리팀장 2007년 同건설관리팀장 2008년 국토해양부 건설관리팀장 2008년 同수자원개발과장 2009년 同4대강살리기기획단 정책총괄팀장 2009년 同4대강살리기추진본부 정책총괄팀장 2011년 한강홍수통제소장 2011년 국토해양부 4대강살리기추진본부 기획국장 2012년 同수자원정책관 2013년 국토교통부 건설정책국장 2014년 同공공기관지방이전추진단 부단장 2016년 행정중심복합도시건설청 차장(현) ⓢ대통령표창, 홍조근정훈장(2006) ⓩ불교

안시영(安時英) Ahn See-Young (산초)

ⓢ1958·11·5 ⓑ죽산(竹山) ⓞ광주 ㈜전남 구례군 마산면 화엄사로402의25 지리산생태탐방연수원(061-781-7915) ⓗ1977년 광주고졸 1981년 아주대 화학공학과졸 1993년 조선대 대학원 환경공학과졸 ⓙ2000년 내장산국립공원 남부사무소장 2002년 지리산국립공원 북부사무소장 2004년 다도해해상국립공원 서부사무소장 2006년 월출산국립공원사무소장 2007년 국립공원관리공단 기획부장 2009년 同총무부장 2009년 속리산국립공원사무소장 2011년 내장산국립공원사무소장 2012년 국립공원관리공단 운영처장 2013년 무등산국립공원광주지역준비단장 2013년 무등산국립공원사무소장 2015년 지리산생태탐방연수원 원장(현) ⓢ내무부장관표창(1997), 환경부장관표창(2008) ⓩ천주교

안애순(安愛順·女) AHN AE-SOON

ⓢ1960·4·30 ㈜서울 서초구 남부순환로2406 국립현대무용단(02-3472-1420) ⓗ홍익대사대부속여고졸 1983년 이화여대 무용과졸 1985년 同대학원 무용과졸 2000년 이학박사(한양대) ⓙ1985년 안애순무용단 단장 2000~2009년 국민대 겸임교수 2003~2011년 성균관대 초빙교수 2010~2012년 한국공연예술센터 예술감독 2011~2012년 서울대 강사 2013년 국립현대무용단 예술감독(현) ⓢ제12회 서울무용제 대상·연기상·미술상(1990), 제1회 안무자 경연대회 대상(1994), MBC 이달의 예술가상(1997), 제3회 한국뮤지컬 대상 안무가상(1997), 프랑스 바뇰레 국제안무경연대회 그랑프리 수상(1998), 무용월간 '몸' 무용예술상(2000), 한국무용비평가협회의 무용비평가상(2000), 한국현대무용진흥회의 최고안무가상(2003), 한국문예진흥원의 올해의 예술상(2004), 제12회 한국뮤지컬 대상 안무가상(2006), 제1회 더 뮤지컬 어워즈 안무상(2007), 독일 무용전문지 '탄츠(TANZ)' 선정 '올해 가장 큰 기대를 받고 있는 무용예술가 33인'(2014) ⓩ'뿌리'(1983) '뿌리 II'(1986) '뿌리 III'(1987) '정한수'(1989) '업'(1990) '만남'(1990) '주마등'(1992) '씻김'(1992) '뿌리 IV'(1993) '여백'(1994) '해.숨.달'(1995) '명'(1996) '만석의 꿈'(1996) '열한 번째 그림자'(1998) 'On Time'(1999) '비명'(2000) '굿—play'(2001) '아이고'(2002) '원'(2003) 'Just—feedback'(2005) 'Seven+1'(2005) '더 모먼트'(2006) '백색소음'(2007) '볼쌍'(2009) '갈라파고스'(2010) 'Microphone'(2011) 'S는 P다'(2012) 외 다수

안양수

ⓢ1957 ⓞ전북 전주 ㈜서울 용산구 한강대로372 KDB생명타워 KDB생명보험㈜ 사장실(02-6303-6000) ⓗ남성고졸 1980년 전북대 경영학과졸, 영국 Univ. of Reading ISIB졸 ⓙ1980년 한국산업은행 입행, 同투자금융본부 기업구조조정실장, 同투자금융본부 부행장 2013년 KDB생명보험㈜ 수석부사장 2015년 同대표이사 사장(현)

안양옥(安洋玉) AHN Yang Ok

ⓢ1957·4·7 ⓞ전남 보성 ㈜대구 동구 신암로125 한국장학재단(053-238-2614) ⓗ1975년 서울 동성고졸 1979년 서울대 체육교육학과졸 1985년 同대학원 교육학과졸 1995년 교육학박사(서울대) ⓙ1979~1981년 육군 제2훈련소 교관(ROTC) 1981~1985년 서초중·동작중·수도여고 교사 1988~1998년 1979~1981년 육군 제2훈련소 교관(ROTC) 1981~1985년 서초중·동작중·수도여고 교사 1989~2001년 서울교대 체육교육과 전임강사·조교수·부교수 1991년 한국스포츠교육학회 부회장(현) 1995년 미국 North Carolina주립대 초빙교수 1998~1999년 한국교원대 교환교수 2001~2016년 서울교대 체육교육과 교수 2001~2003년 同교수협의회장 2001~2003년 전국교육대학교교수협의회 회장 2003~2005년 서울교대 학생처장 겸 신문방송사 주간 2003~2005년 전국교대학생처장협의회 회장 2005~2007년 서울시교원단체총연합회 부회장 2006~2008년 한국체육학회 부회장 2007~2008년 서울시교원단체총연합회 회장 2008~2010년 교육과학기술부·문화체육관광부 학교체육진흥위원회 위원장 2009년 한국체육정책학회 회장 2010~2011년 6·15공동선언실천 남측위원회 운영위원 2010~2016년 한국교원단체총연합회 회장 2011년 한국교육과정평가원 기관운영자문위원 2011년 한국신문윤리위원회 윤리위원(현) 2012~2014년 한국교육방송공사(EBS) 이사 2012년 인성교육범국민실천연합 상임대표(현) 2012년 유네스코한국위원회 교육분과위원회 위원장(현) 2012~2013년 국무총리직속 교육개혁협의회 위원 2012~2014년 同학교폭력대책위원회 위원 2012~2015년 간행물윤리위원회 위원 2013년 언어문화개선범국민연합 공동대표(현) 2013년 국민생활체육회 부회장(현) 2013년 안전행정부 정책자문위원회 기획위원 2014~2015년 교원양성대학교발전위원회 공동위원장 2014~2015년 2015세계교육포럼준비위원회 위원 2014년 민관군병영문화혁신위원회 자문위원 2014년 대한체육회 평가위원회 위원장(현) 2015~2016년 한국교육방송공사(EBS) 비상임이사 2015년 문화체육관광부 체육단체통합준비위원회 위원장 2016년 한국장학재단 이사장(현) 2016년 국회 미래인재포럼 자문위원(현) ⓢ한국올림픽성화회 연구상(2010), 대한체육회 연구부문 우수상(2010), 대한민국 체육상 연구상(2011), 서울시문화상(2011), 홍조근정훈장(2012) ⓩ'초등학교 게임수업 탐구' 'Web으로 배우는 초등학교 게임수업' '초등체육교과교육론' '초등체육의 현실과 이상' '반성적 체육교육론' '초등체육가르치기'(共) '아동운동과학'(共) '인성을 가르치는 학교'(2015) ⓩ기독교

안연길(安然吉) AHN Yeon Gil

ⓢ1958·7·20 ⓑ순흥(順興) ⓞ서울 ㈜서울 영등포구 의사당대로1 국회사무처 방송국(02-788-3751) ⓗ1977년 영등포고졸 1981년 서강대 신문방송학과졸 ⓙ1981년 EBS PD 1984년 제일기획 AE 1985년 KBS 기획제작실 PD 1991년 SBS 시사교양국 PD 1998년 새정치국민회의 부대변인 1999년 국립영상간행물제작소 기획편성과장 2000년 대통령 공보비서실 국내언론2국장 2002년 민주당 노무현대통령후보 미디어선거특별본부 방송연설준비단장 2002~2003년 대통령 비서실 홍보수석실 국내언론담당 행정관(국장) 2003~2004년 대통령 홍보수석비서관실 보도지원비서관(춘추관장 겸임) 2005년 駐이탈리아 참사관 2016년 국회사무처 방송국장(이사관)(현) ⓢ보건사회부장관표창 ⓩ'더불어사는 지혜, 함께푸는 양극화'(2006, 국정홍보처) ⓩ'SBSTV 한국의 약초'(특집다큐멘터리)제작, 'SBSTV 그것이 알고싶다— 죽음을 부르는 연기, 담배' 제작 ⓩ천주교

안연순(安鍊淳) AHN Yeon Soon
[생]1957·1·17 [출]광주 [주]전남 강진군 성전면 강진산단로 1길1 (재)전라남도환경산업진흥원(061-430-8321) [학]광주제일고졸, 전남대 공정설계학과졸, 미국 오리건주립대 대학원 환경공학과졸 [경]기술고시 합격 1984년 관세청 근무 1988년 관세공무원교육원 근무 1989년 관세중앙분석소 근무 1990년 환경부 대기관리과 근무 1992년 同기술개발과 근무 1993년 同환경기술정책과 근무 1994년 同생활오수과 근무 1997년 국외 훈련(미국 오리건주립대) 1999년 낙동강환경관리청 운영국장 2001년 환경부 화학물질관리과장 2004년 同자연보전국 환경평가과장 2005년 同환경정책실 환경기술과장 2005년 同대기보전국 대기정책과장 2007년 同수도권대기환경청장 2007년 駐중국 참사관(고위공무원) 2010년 환경부 국립생물자원관 기획전시부장 2010년 영산강유역환경청장 2011~2012년 환경부 국립생물자원관장 2012~2016년 한국환경공단 기후대기본부장(상임이사) 2016년 (재)전라남도환경산업진흥원 원장(현)

안영규(安永圭) AHN Young Gyu
[생]1963·4·8 [출]경남 마산 [주]대전 서구 둔산중로78번길 15 대전고등검찰청(042-470-3000) [학]1982년 진주고졸 1986년 서울대 법학과졸 1988년 同대학원졸 1994년 同대학원 법학박사과정 수료 2000년 독일 뮌헨대 연수 [경]1991년 사법시험 합격(33회) 1994년 사법연수원 수료(23기) 1994년 서울지검 남부지청 검사 1996년 부산지검 울산지청 검사 1998년 창원지검 검사 2001년 법무부 특수법령과 검사 2003년 서울지검 검사 2004년 서울중앙지검 검사 2006년 대구지검 부부장검사 2007년 창원지검 진주지청 부장검사 2008년 수원지검 부장검사 2008년 해외파견(부장검사) 2011년 법무연수원 기획과장 2012년 서울서부지검 형사2부장 2013년 서울북부지검 형사1부장 2014년 광주지검 순천지청 차장검사 2015년 부산고검 검사(금융부실책임조사본부 파견) 2016년 대전고검 검사(현) 2016년 법무연수원 연구위원 겸임(현) [저]'개정 북한형법 해설자료' '북한 개성공업지구법 분석' [역]'주석 독일법원 조직법'(共)

안영규(安泳奎)
[생]1966 · 12 · 31 [출]강원 속초 [주]세종특별자치시 정부2청사로13 국민안전처 세종2청사5층 재난예방정책관실(044-205-5100) [학]1985년 서울 영일고졸 1989년 연세대 토목공학과졸 2013년 도시공학박사(연세대) [경]1990년 기술고시 합격(26회) 2003년 인천경제자유구역청 영종개발과장(지방시설서기관) 2004~2007년 국외훈련(미국 미시간대) 2007년 인천경제자유구역청 영종개발과장 2007년 同개발1국 과장 2008년 同도시개발계획과장(지방기술서기관) 2010년 인천시 건설교통국장(지방부이사관) 2012년 同종합건설본부장 2013년 인천 서구 부구청장 2015년 국민안전처 재난관리실 복구총괄과장 2015년 同재난관리실 재난예방정책관(현) [상]우수공무원표창(2011), 국방대총장표창(2012)

안영균(安英均) AHN YEONG-KYUN
[생]1959 · 2 · 6 [주]서울 서대문구 충정로7길12 한국공인회계사회(02-3149-0109) [학]서울대 경영학과졸, 同대학원 경영학과졸, 경영학박사(국민대) [경]1980년 삼일회계법인 입사, Coopers & Lybrand 토론토지사 파견, 삼일회계법인 품질관리실장 1997년 同본부 상무이사 2000~2005년 同CIP1본부장 2005년 同부대표 2007년 정보통신부 통신위원회 위원, 증권선물위원회 회계제도심의위원, 한국회계학회 부회장, 한국공인회계사회 이사 2012~2015년 한국회계기준원 회계기준위원회 비상임위원 2014년 삼일회계법인 대표 2014~2016년 한국공인회계사회 상근연구교육부회장 2015년 국제회계사연맹(IFAC) IFAC국제교육기준위원회(IAESB) 위원(현) 2016년 한국공인회계사회 상근연구부회장(현)

안영근(安永根) Ann Young Keun
[생]1961 · 7 · 26 [주]서울 중구 을지로66 하나은행(1599-1111) [학]1980년 함창고졸 1988년 숭실대 무역학과졸 2015년 연세대 언론홍보대학원 최고위과정 수료 [경]1988년 서울은행 망원동지점 행원 1997년 同홍보실 책임자 2002년 하나은행 임원부속실 책임자 2005년 同임원부속실 관리자 2005년 同하나금융지주설립기획단 관리자 2006년 하나금융지주 홍보팀장 2006년 하나은행 서초南지점장 2012년 同학여울역지점장 2014~2015년 하나금융지주 그룹 공보총괄 상무 2015년 하나캐피탈 비상임이사 2015년 외환은행 홍보부 본부장 2015년 KEB하나은행 대외협력본부장 2016년 同변화추진 · 대외협력 본부장(전무)(현) 2016년 同경영지원그룹장(전무) 겸임(현)

안영길(安英吉) AHN Young Gil
[생]1953 · 10 · 11 [출]인천 [주]인천 남구 경원대로881 인천가정법원 법원장실(032-620-4114) [학]1972년 제물포고졸 1976년 서울대 법대졸 1978년 동국대 행정대학원 수료 [경]1983년 사법시험 합격(25회) 1985년 사법연수원 수료(15기) 1986년 부산지법 울산지원 판사 1989년 부산지법 판사 1992년 인천지법 판사 1996년 서울지법 판사 1997년 서울고법 판사 1999년 서울가정법원 판사 2001년 춘천지법 부장판사 2003년 수원지법 부장판사 2005년 서울중앙지법 부장판사 2008년 서울가정법원 수석부장판사 2011년 수원지법 안산지원장 2014년 수원지법 부장판사 2016년 인천가정법원장(현)

안영률(安泳律) AN Young Yul
[생]1957 · 2 · 19 [출]서울 [주]서울 서초구 서초중앙로24길12 영생빌딩201호 법무법인 KCL(02-594-1500) [학]1975년 경기고졸 1979년 서울대 법대졸 1981년 同대학원 법학과 수료 [경]1979년 사법시험 합격(21회) 1981년 사법연수원 수료(11기) 1981년 軍법무관 1984년 서울지법 남부지원 판사 1986년 서울형사지법 판사 1988년 광주지법 목포지원 판사 1991년 광주고법 판사 1992년 서울고법 판사 1994년 대법원 재판연구관 1996년 창원지법 부장판사 1998년 수원지법 부장판사 1999년 서울지법 남부지원 부장판사 2000년 서울지법 부장판사 2003년 부산고법 부장판사 2005년 서울고법 행정1부 부장판사 2010년 광주지법원장 2011~2012년 서울서부지법원장 2012년 법무법인 KCL 변호사(현) 2013년 한국수출입은행 비상임이사(현)

안영섭(安瑛燮) AHN Young Sop
[생]1945 · 4 · 20 [본]순흥(順興) [출]전남 영암 [주]서울 동작구 흑석로84 중앙대학교 국제대학원(02-820-5623) [학]1963년 광주고졸 1973년 한양대졸 1976년 서울대 대학원 언론학과졸 1980년 同대학원 박사과정 수료 1985년 정치학박사(미국 MIT) 1993년 미국 뉴욕주립대졸(인문학사) 1997년 언론학박사(서울대) [경]1974~1981년 코리아타임스 기자 1983년 미국 하버드대 국제문제연구소 연구원 1985년 미국 MIT 연구교수 1985년 외교안보연구원 교수 1986~1987년 현대사회연구소 연구실장 · 소장서리 1992~1993년 광주대 교수 1995년 명지대 북한학과 교수 1997년 KBS 객원해설위원 1999년 한국정치학회 부회장 2010년 중앙대 국제대학원 객원교수(현) [상]교육과학기술부장관표창(2010) [저]'사회과학방법론 총설' '안박사 TOEIC' '세계정치경제학' '촘스키의 정치사상과 한국언론' '안박사 TOEIC 플러스' '안박사 대학시사영어' '취업과 승진에 꼭 필요한 SEPT Manager'(2006) 'TOELF IBT PEDIA VOCABULARY'(2007, 비스컨) 'How Obama Made It?'(2009, 미국 Xlibris) 'Genesis of Korea-America Friendship'(2011 · 2012) [역]'이것이 하이테크 혁명이다' '첨단정보사무라이 21세기를 노린다' [종]기독교

안영수(安榮洙 · 女) AHN Young Su
[생]1942·12·20 [본]순흥(順興) [출]충북 충주 [주]서울 강동구 양재대로61길17 국제영어대학원대학교 총장실(02-6477-5114) [학]1968년 경희대 영어영문학과졸 1974년 同대학원졸 1977년 벨기에 루뱅가톨릭대 대학원졸 1983년 문학박사(경희대) [경]1977~2008년 경희대 영어학부 교수 1988년 미국 네바다주립대 교환교수 1997년 경희대 국제교육원장 2004~2007년 同문과대학장 2008년 同명예교수(현) 2014년 국제영어대학원대 총장(현) [상]경희대총동문회 공로상(2004), 옥조근정훈장(2008) [저]'영국낭만주의 시 연구'(2004) [종]불교

안영수(安英洙) AN Yeong Soo
[생]1952 · 1 · 7 [출]인천 강화 [주]인천 남동구 정각로29 인천광역시의회(032-440-6040) [학]강화고졸 [경]강화군 도시과장, 同주민생활지원실장(서기관), 강화읍장, 강화군노인회 운영위원 2000년 강화라이온스 354F지구 이사(현), 2012인천세계장애대회 준비자문위원 2010년 인천시의회 의원(무소속 · 새누리당) 2010년 同조례정비특별위원회 위원 2010년 同2014인천AG지원특별위원회 위원 2010년 同문화복지위원회 간사 2010년 同운영위원회 위원 2010년 인천시 노인정책자문위원회 위원 2010년 인천시의회 식품안전대책위원회 위원 2010년 강화문화원 고문(현) 2012년 인천시의회 윤리특별위원회 위원 2012년 同문화복지위원회 위원 2012~2014년 인천시립박물관 운영위원회 위원 2013년 同예산결산특별위원회 위원 2014년 인천시의회 의원(새누리당)(현) 2014년 同산업경제위원회 위원장 2016년 同문화복지위원회 위원(현) 2016년 同예산결산특별위원회 위원(현) [상]대통령표창(2008) [종]기독교

안영수(安榮洙)

(생)1958·5·11 (본)경남 밀양 (주)인천 남동구 예술로152번길9 인천지방경찰청 보안과(032-455-2331) (학)1977년 밀양고졸 1986년 동아대 법학과졸 (경)1987년 경위 임용(경찰간부후보 35기) 2001년 경정 승진 2010년 인천지방경찰청 정보통신담당관(총경) 2011년 인천지방경찰청 청문감사담당관 2011년 인천 남동경찰서장 2011년 인천지방경찰청 홍보담당관 2013년 인천 계양경찰서장 2014년 인천지방경찰청 112종합상황실장 2015년 인천 남부경찰서장 2016년 인천지방경찰청 보안과장(현)

안영수(安永守) Ahn Young Su

(생)1961·1·13 (본)광주(廣州) (출)경남 함양 (주)세종특별자치시 시청대로370 산업연구원 주력산업연구실 방위산업팀(044-287-3037) (학)1980년 대아고졸 1987년 경상대 무역학과졸 1991년 부산대 대학원 무역학과졸 2005년 경영학박사(고려대) (경)1987년 산업연구원 입원 1993년 同첨단기계산업실 책임연구원 1997년 同자본재산업실 부연구위원 2002년 同주력산업실 연구위원 2005년 산업통상자원부 항공기수입심의위원회 위원(현) 2005년 항공경영학회 이사 겸 항공우주산업분과 위원장(현) 2007~2014년 산업통상자원부 항공우주산업정책개발 실무위원회 위원 2007년 同항공산업발전T/F 위원 2010~2011년 대통령실 국방산업2020추진상황점검T/F 위원 2010년 미래기획위원회 국방산업발전T/F 수출산업분과 조장 2010년 교육과학기술부 국가우주개발기본계획수립 정책분과 위원장 2011년 미래창조과학부 한국형발사체개발사업추진위원회 위원(현) 2011년 대한무역투자진흥공사 방산물자GtoG특별위원회 위원(현) 2011~2013년 국방부-한국국방연구원 전력소요분석단 경제성분석총괄팀장 2011~2015년 국방부 국방전력소요검증위원회 위원 2011~2015년 同국방전력소요검증실무위원회 위원 2011년 방위사업청 방위산업발전위원회 위원(현) 2011년 산업연구원 성장동력산업연구센터 방위산업팀장 2013년 同방위산업실장(연구위원) 2014년 同방위산업실장(선임연구위원) 2014~2015년 同주력산업연구실 방위산업팀 선임연구위원 2014년 방위사업청 방산수출발전위원회 위원(현) 2015년 대한무역투자진흥공사 정부간수출계약심의위원회 위원(현) 2015년 기획재정부 국가재정운용계획위원회 국방분과 위원(현) 2015년 국민안전처 해경장기전력확보자문위원회 위원(현) 2016년 국회예산정책처 국방재정정책포럼위원회 위원(현) 2016년 방위사업청 자치평가위원(현) (상)해양수산부장관 감사장(2007) (저)'전략적 제휴를 통한 첨단기술산업의 기술획득 성공결정요인분석과 정책과제'(2006, 산업연구원) '국내 기업의 대형여객기 국제공동개발 참여 타당성에 관한 연구'(2007, 국제통상학회) '한/미간 T-50 항공기 공동개발을 위한 전략적 제휴 분석과 정책과제'(2007, 산업연구원) '우주개발의 경제적 효과에 관한 연구, 항공경영연구'(2007, 항공경영학회) '방위산업의 글로벌 환경변화와 경쟁력 분석'(2011, 산업연구원) '2012 KIET 방위산업 통계 및 경쟁력 백서'(2013, 산업연구원)

안영숙(安英淑·女) Ahn Young Sook

(생)1955·3·24 (출)서울 (주)대전 유성구 대덕대로776 한국천문연구원 이론연구천문센터(042-865-3220) (학)1977년 연세대 천문기상학과졸 1981년 同대학원 천문기상학과졸 2005년 천문학박사(충북대) (경)1977~1985년 국립천문대 천문연구사 1986년 同천문연구관 1986~1991년 천문우주과학연구소 선임연구원 1991년 한국천문연구원 응용천문연구부 선임연구원 2001년 同응용천문연구부 책임연구원, 同천문정보센터 천문정보사업팀장 2005~2011년 同국제천체물리센터 고천문연구그룹장 2011년 同우주과학본부 우주천문연구센터장 2012년 同의창선도과학본부 책임연구원 2014년 同이론연구천문센터 책임연구원(현) (저)'고려시대 일식도'(1999) '조선시대 일식도'(2001) '삼국시대 일식도'(2005) '칠정산외편의 일식과 월식 계산방법고찰'(2007, 한국학술정보) '조선시대 연력표'(2009) '고려시대 연력표'(2009) '삼국시대 연력표'(2009) (종)기독교

안영욱(安永昱) AN Young Wook

(생)1955·3·15 (출)경남 밀양 (주)서울 강남구 테헤란로133 한국타이어빌딩 법무법인 태평양(02-3404-0543) (학)부산고졸 1977년 서울대 법대졸 1986년 미국 조지워싱턴대 로스쿨 수료 (경)1977년 사법시험 합격(19회) 1979년 사법연수원 수료(9기) 1979년 서울지검 남부지청 검사 1981년 춘천지검 강릉지청 검사 직무대리 1981년 전주지검 군산지청 검사 1983년 법무부 검찰국 검찰제2과 검사 1985년 서울지검 검사 1988~1990년 국가안전기획부 고등검찰관 1990년 서울지검 검사 1991년 법무부 검찰국 검사 1991년 대구지검 김천지청장 1992년 부산지검 울산지청 부장검사 1993년 대검찰청 검찰연구관 1993년 同공안

3과장 1994년 同공안2과장 1995년 법무부 검찰3과장 1997년 서울지검 남부지청 형사1부장검사 1998년 대검찰청 공안기획관 1999년 울산지검 차장검사 2000년 부산지검 제2차장검사 2001년 대검찰청 범죄정보기획관 2002년 서울지검 1차장검사 2002년 同의정부지청장 2003년 울산지검장 2004년 법무부 법무실장 2005년 광주지검장 2006년 부산지검장 2007년 서울중앙지검장 2007~2008년 법무연수원장 2008년 법무법인 태평양 고문변호사(현)

안영진(安榮鎭) AHN Young Jin (무올)

(생)1952·9·14 (본)순흥(順興) (출)전북 군산 (주)경기 용인시 수지구 죽전로152 단국대학교 경영학과(031-8005-3414) (학)1978년 연세대 경영학과졸 1981년 미국 미시간주립대 대학원 경영학과졸 1987년 경영학박사(미국 미시간주립대) (경)1977~1978년 한양투자금융 사원 1987년 단국대 경영학과 교수(현) 1987년 성균관대 대학원 강사 1989~1993년 한국생산관리학회 이사 1992~1993년 한국경영학회 이사 1997년 전국경제인연합회 자문위원 1998년 단국대 대학원 경영학과 주임교수 1999년 同경영회계학부장 1999년 미국 볼링그린대 협동교수 1999년 전국경제인연합회 대외협력위원회 자문위원 2001~2003년 산업자원부 주관 MQ위원회 전문위원 2003년 국가품질대상 포상위원 2003년 국가품질상 종합상심사위원 2004년 KT 자문교수 2006년 한국생산관리학회 부회장 2006년 한국경영사학회 부회장 2006년 STX엔진 자문교수 2007년 단국대 서울캠퍼스 야간학부장 2008~2010년 한국구매조달학회 감사 2008~2010년 한국생산관리학회 회장 2010년 한국구매조달학회 회장 2010년 IPPC2010 조직위원장 2010년 한국생산관리학회 명예회장(현) 2011년 한신대 이사(현) 2011년 한국구매조달학회 고문(현) 2012년 사회적책임경영품질원 이사(현) 2013년 한국서비스대상 심사위원(현) 2013년 한국공공관리연구원 이사(현) 2013년 CBS 이사(현) 2014년 한국서비스경영학회 고문(현) 2015년 중소기업연구원 연구위원(현) 2015년 한신대 평의회 위원(현) 2016년 지구촌구호개발연대 감사(현) (상)미국 DSI 우수박사논문(1996), 한국학술원 사회과학우수저서상(2003·2008), 한국품질경영학회 네모우수논문상(2004), 문화체육관광부 사회과학우수저서상(2008) (저)'21세기 기업경쟁력 강화를 위한 TQM: 품질경영'(1999) '6 시그마의 핵심'(2000) '글로벌 경쟁시대의 22가지 경영혁신기법과 사례'(2000) '경영품질론: 6 시그마와 TQM'(2002) '마파시: 경영패러다임의 변화'(2004) '서비스 6 시그마'(2004) '백신'(2006) '생산운영관리'(2006) '변화와 혁신'(2007) 'MB워크북'(2008) '글로벌 기업의 사례로 본 경영학'(2014) (역)'21세기 공장혁명'(1994) '6 시그마 기업혁명'(2000) '빅 아이디어'(2003) '식스 시그마 필드북'(2006) '불황을 뛰어넘는 성공비결 돌파경영'(2009) (종)기독교

안영진(安永鎭) AN Young Jin

(생)1961·3·10 (본)순흥(順興) (출)강원 춘천 (주)서울 마포구 마포대로16길7 영지빌딩4층 한겨레실버서비스(주) 대표이사실(02-313-9988) (학)1979년 춘천고졸 1987년 서울대 정치학과졸 2002년 연세대 행정대학원졸 (경)1987년 한겨레신문 입사(수습 1기) 1999년 同편집국 민권사회1부 기자 2003년 同사회부 기자 2004년 同사회부 차장 2005년 한국과학기자협회 이사 2006년 한겨레신문 경영지원실 비서부장 2008년 同사업국 부국장 2009년 한겨레실버서비스(주) 대표이사(현) (상)올해의 과학기자상(2005)

안영진(安暎鎭) AHN Young Jin

(생)1963·3·9 (출)서울 (주)서울 중구 퇴계로100 스테이트타워남산8층 법무법인 세종(02-316-4063) (학)1981년 대일고졸 1984년 서울대 법대 사법학과졸 2008년 고려대 법무대학원 공정거래 법학과 연구과정 수료 (경)1984년 사법시험 합격(26회) 1987년 사법연수원 수료(16기) 1990년 서울지법 북부지원 판사 1991년 서울형사지법 판사 1994년 청주지법 충주지원 판사 1997년 서울지법 판사 겸 법원행정처 법정심의관 1999년 서울고법 판사 2002년 대전지법 천안지원 부장판사 2004~2006년 서울가정법원 부장판사 2006년 공정거래위원회 법률자문관실 판사 2007년 서울중앙지법 부장판사 2009년 부산고법 부장판사 2010~2014년 서울고법 부장판사 2014~2016년 김앤장법률사무소 변호사 2016년 법무법인 세종 변호사(현) (저)'가압류등기의 말소청구소송'(2002)

안영집(安泳集) Ahn Youngjip

(생)1960·4·1 (본)순흥(順興) (출)광주 (주)서울 종로구 사직로8길60 외교부 인사운영팀(02-2100-7146) (학)1979년 전주고졸 1984년 서울대 외교학과졸 1986년 同대학원 외교학과 수료 1992년 미국 펜실베이니아대 대학원 정치학과졸(International Relations전공) (경)1994~1997년 駐미국대사관 2등서기관 1997~1999년 駐나이지리아대사관 1등서기관 1999~2000년 외교

통상부 북미국 서기관 2000~2002년 대통령 외교안보수석비서관실 행정관 2002년 외교통상부 인사운영팀장 2003년 同정책기획국 정책총괄과장 2005~2007년 코리아에너지개발기구(KEDO) 정책부장 2007~2010년 駐영국대사관 정무참사관·총영사 2010년 외교통상부 북미국 심의관 2012년 同재외동포영사국장 2014년 駐제네바대표부 차석대사 2015년 駐그리스 대사(현) [종]천주교

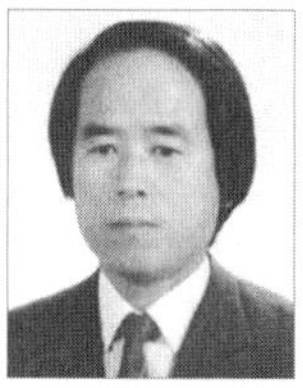

안영호(安英浩) AHN Young Ho

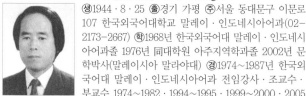

[생]1944·8·25 [출]경기 가평 [주]서울 동대문구 이문로 107 한국외국어대학교 말레이·인도네시아어과(02-2173-2667) [학]1968년 한국외국어대 말레이·인도네시아어과졸 1976년 同대학원 아주지역학과졸 2002년 문학박사(말레이시아 말라야대) [경]1974~1987년 한국외국어대 말레이·인도네시아어과 전임강사·조교수·부교수 1974~1982·1994~1995·1999~2000·2005년 同말레이·인도네시아어과 학과장 1980년 同학보사 주간 1982~1993년 말레이시아 Mara Institute of Technology 파견교수 1987~1990년 말레이시아 Univ. of Malaya 파견교수 1987~2009년 한국외국어대 말레이·인도네시아어과 교수 1990~1993년 同발전후원회 사무국장 1993~1995년 아세아연합신학대 강사 1995~1996년 말레이시아 Univ. of Malaya 연구교수 1997~1999년 고려대 국제지역대학원 강사 1997~1998년 한국외국어대 외대발전캠페인본부장 1999~2000년 同동남연구소장 2000~2002년 同외국어종합연구센터 원장 2000~2002년 同외국어연수평가원장 2006~2008년 同동양어대학장 2009년 同말레이·인도네시아어과 명예교수(현) [상]녹조근정훈장(2009) [저]'세 말레이, 인도네이아 말'(1974) '말레이시아 문화경제학'(2002, 정론비지니스) '세계주요언어'(2003, 한국외국어대) '인도네시아 첫걸음'(2007, 삼지사) '꿩먹고 알먹는 인도네시아어 첫걸음'(2007, 문예림)

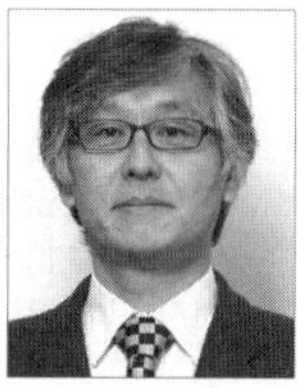

안영훈(安英勳) AHN Young Hoon

[생]1957·7·20 [본]순흥(順興) [출]서울 [주]서울 서초구 반포대로30길12의6 한국지방행정연구원 대외협력단(02-3488-7314) [학]국민대졸, 프랑스 피카르디대 공법학과졸, 同사회정치학과졸, 프랑스 파리제2대 대학원 공법학과졸, 프랑스 파리제4대 대학원 사회학과졸, 공법학박사(프랑스 파리제2대) [경]1990~1997년 CNRS 소속 파리제2대 대학원 행정학연구소(CERSA) 선임연구원 1991~1993년 유럽행정학회 사회정책·행정조직 전문위원 1997년 한국지방행정연구원 자치제도팀장 1999~2003년 국무총리 정책평가위원회 전문위원 2001년 한국지방행정연구원 기획조정팀장, 同자치·정책연구실 자치제도센터 수석연구원 2003~2004년 대통령소속 정부혁신지방분권위원회 연구위원 2004~2008년 대통령소속 지방분권추진위원회 실무위원 2008~2010년 대통령소속 지방분권촉진위원회 실무위원 2008년 한국지방행정연구원 정책기획실 연구위원 2008년 한국지방자치학회 부회장 2009~2012년 한국지방행정연구원 자치행정연구부장 2009년 한국거버넌스학회 부회장 2010년 한국지방정부학회 연구부문 부회장 2010년 태국 외무부장관 초청 지방분권자문위원 2010년 행정안전부 공유수면경계관할지자문위원 2011년 일본 리츠메이칸대 정책대학원 초빙교수 2011년 미국 럿거스대 국가성과연구소 초빙학자 2012~2013년 OECD 거버넌스지역발전국 재난방재연구 한국컨설턴트 2012년 한국지방행정연구원 방재안전센터장 2013~2014년 同안전공동체연구센터장 2013년 대통령소속 지방자치발전위원회 제2실무위원(현) 2014~2015년 한국지방행정연구원 안전통일연구센터 연구위원, KOICA 해외사업지원 평가전문가 및 연수강사 2015년 국민안전처 자문위원(현) 2015년 한국지방행정연구원 안전통일연구센터 소장 2015년 同대외협력단장(현) [저]'유럽 자치경찰제도 연구'(2005) '우리나라 특별사법경찰관리제도 연구'(2006) '선진국 자체감사제도 비교연구(共)'(2009) '지역거버넌스 제도화 방안'(2009) 'Local Government in Korea(共)'(2011) '인도네시아 행정연구(共)'(2012) '선진국 지방자치제도 : 미국, 프랑스'(2012) '지방의회 자치입법권 강화방안'(2013) '국제비교행정(共)'(2015) [역]프랑스 '형사소송법'(2000) 'OECD 재난안전 분야 발간물'(2011) [종]가톨릭

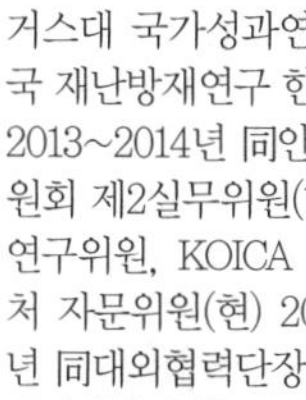

안옥희(安玉姬·女) AN Ok Hee

[생]1961·11·28 [주]경남 진주시 범골로56 주택관리공단 사장실(055-923-3001) [학]1984년 영남대 가정관리학과졸 1987년 일본 奈良여대 대학원 주거학과졸 1990년 학술박사(일본 奈良여대) [경]1990년 영남대 가정관리학과 전임강사·조교수·부교수, 同생활과학대학 가족주거학과 교수(현) 1993~1995년 한국주거학회 감사 2002~2004년 영남대 생활과학연구소장 2003~2005년 同학생복지부처장 2009~2010년 한국주거학회 연구부회장 2010~2013년 영남대 성희롱성폭력상담소장 2010년 同여대생커리어개발센터장 2011~2013년 同자원문제연구소장 2015년 주택관리공단 대표이사 사장(현)

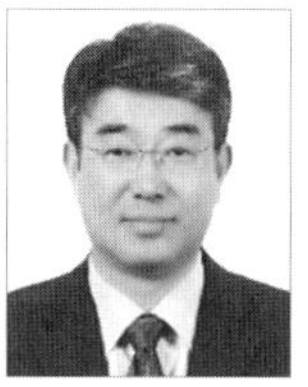

안완기(安完基) AHN WAN GI

[생]1963·3·9 [본]순흥(順興) [출]경기 수원 [주]대구 동구 첨단로120 한국가스공사 부사장실(053-670-0004) [학]1982년 수원 수성고졸 1986년 서울대 법학과졸 1996년 미국 하버드대 로스쿨(LL.M.)졸(법학석사) [경]1986년 행정고시 합격 1987~1999년 산업통상자원부 서기관 2000~2015년 김앤장법률사무소 미국변호사 2014~2016년 산업통상자원부 에너지정책자문위원회 위원 2015~2016년 同전략물자기술자문단 위원 2016년 同에너지산업규제개혁융합분과위원회 위원장 겸 가스분과 위원 2016년 한국가스공사 관리부사장(현)

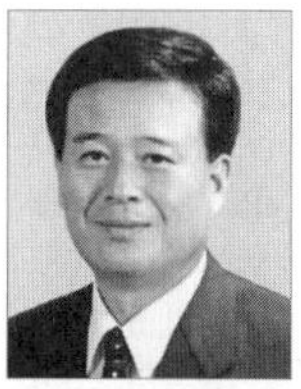

안왕선(安旺善) AHN Wang Seon

[생]1944·4·18 [본]순흥(順興) [출]전남 구례 [주]서울 서초구 서초대로260 순영빌딩6층 법무법인 동서남북(02-535-7000) [학]1964년 광주제일고졸 1968년 서울대 법과대학졸 [경]1975~1977년 대전지검·홍성지청 검사 1977년 서울지검 남부지청 검사 1980년 광주지검 장흥지청 검사 1981년 부산지검 검사 1983년 서울지검 의정부지청 검사 1985년 서울지검 검사 1987년 춘천지검 영월지청장 1989년 광주지검 순천지청 부장검사 1990년 대구지검 형사3부장 1991년 同형사2부장 1992년 인천지검 형사3부장 1993년 同형사2부장 1993년 사법연수원 교수 1995년 서울지검 총무부장 1995년 同조사부장 1996년 전주지검 차장검사 1997년 광주지검 차장검사 1998년 부산지검 제2차장검사 1999~2002년 서울고검 부장검사 2002~2005년 한국전력공사 감사 2005년 변호사 개업 2011년 법무법인 동서남북 대표변호사(현) 2014년 한국남부발전 선임비상임이사 겸 이사회 의장(현) [상]국방부장관표창, 법무부장관표창 [종]천주교

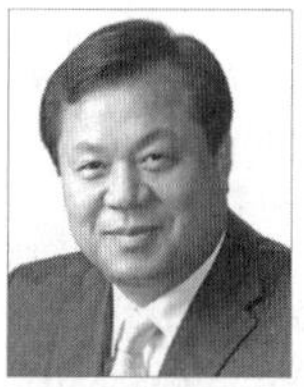

안용규(安容奎) AHN Yong Kyu (松軒)

[생]1957·6·7 [본]순흥(順興) [출]경기 이천 [주]서울 송파구 양재대로1239 한국체육대학교 레저스포츠학과(02-410-6879) [학]1977년 이천고졸 1982년 한국체육대 체육학과졸 1984년 동국대 대학원 체육학과졸 1994년 이학박사(한국체육대) 1998년 홍익대 대학원 미학과 수료 2011년 철학박사(고려대) [경]1984~1990년 대한격투기협회 경기임원 1985년 한국체육학회(KAHPERD) 평생회원 1985~1987년 대한태권도협회 기획분과위원 1985~1988년 인덕공고 교사 1985~1992년 한국대학태권도연맹 사무국장 1988~1993년 대한태권도협회 경기력강화분과 위원 1988~1995년 용인대 태권도학과·체육학과 교수 1988년 세계태권도학회 평생회원·한국태권도학회 상임이사 1989년 아시아태권도연맹(ATU) 국제분과위원회 임원 1990년 제2회 세계대학태권도선수권대회(스페인 센텐더) 국가대표 코치 1995~2007년 한국체육대 사회체육학전공 교수 1996~2001년 대한태권도협회 연구개발위원회 부위원장 1996~2004년 이천시태권도협회 부회장 1998년 한국체육철학회 이사·회장·고문(현) 2000~2004년 한국체육대태권도장연합회 회장 2002~2004년 세계태권도연맹 교육분과 부위원장 2002~2006년 대한태권도협회 연구분과위원장 2002~2006년 한국체육대태권도동문회 회장 2003년 MBC 태권도 스포츠해설자 2004~2006년 대한태권도협회 태권도발전개혁위원회 위원 2004년 대한여행의학회 부회장 2004년 한국인체미학회 부회장 2005년 제17회 세계태권도선수권대회(스페인 마드리드) 국가대표 감독 2005~2007년 한국체육대 사회교육원장 2007년 同기획실장 2007~2011년 同산학협력단장 2007년 同스포츠건강복지학부 레저스포츠전공 교수, 同레저스포츠학과 교수(현) 2011~2012년 同대학원장 2011~2012년 전국·공립대학교대학원장협의회 회장 2016년 이천초 총동문회장(현) [상]서울시체육회 체육유공자 연구상(2003), 대한체육회 체육상 연구상(2005), 한국체육대총장표창(2005), 부총리 겸 교육인적자원부장관표창(2005), 체육훈장 백마장(2007) [저]'체육학의 탐구논리' '체육개론' '투기(태권도, 복싱)' '태권도(역사·정신·철학)' '오늘과 내일을 바라본 체육·스포츠론' '실천 및 현장중심의 스포츠철학' '스포츠철학' '태권도 준비운동' '태권도탐구논리' '코칭철학'(2011) '체육개론'(2011) '여행, 여행인'(2011) [종]불교

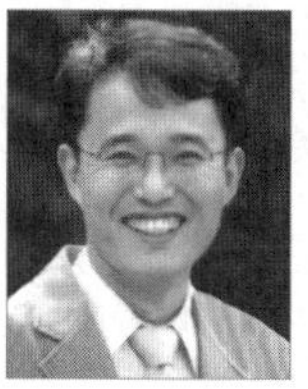

안용덕(安鏞德) AHN Yong Deok

[생]1968·11·8 [출]충북 단양 [주]경기 남양주시 진접읍 장현천로197 산림청 산림교육원 원장실(031-570-7302) [학]1987년 청주고졸 1991년 서울대 지질과학과졸 1999년 同행정대학원졸 2002년 미국 캘리포니아대 데이비스교졸 [경]1993년 행정고시 합격(37회) 2004년 농림부 농업구조정책과 서기관 2005년 국가균형발전위원회 파견 2006년 농림부 농촌사회과장 2007년 同농업협상과장 2008년 농림수산식품부 다자협상과장 2009년

同유통정책팀장 2009년 同식품산업정책실 유통정책과장 2009년 국립식물검역원 방제과장 2010년 영국 TSCO 파견(서기관) 2012년 농림수산식품부 농업정책과장(부이사관) 2013년 농림축산식품부 농업정책국 농업정책과장 2013년 同국립농산물품질관리원 운영지원과장 2014년 同소비정책과장 2015년 同축산정책국 축산정책과장 2016년 산림청 산림교육원장(고위공무원)(현)

안용모(安龍模) AHN Yong Mo

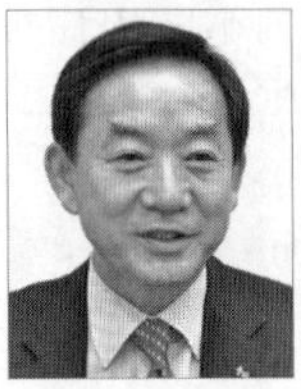

[생]1955·11·2 [본]순흥(順興) [출]경북 봉화 [주]경북 경산시 하양읍 가마실길50 경일대학교 전기·철도공학부(053-600-5520) [학]1977년 국립철도고졸 1984년 경희대 토목공학과졸 1986년 한양대 대학원 도시계획과졸 [경]1974~1979년 철도청 시설국 주임 1980~1993년 서울시지하철공사 계장 1994~2002년 대구시 지하철건설본부 공사과장 2003년 同도시건설국 도시계획과 시설계획담당 2003년 同도시건설국 치수방재과 하천담당 2005년 同정책개발담당관 2008년 同도시철도건설본부 관리계획부장 2009년 同도시철도건설본부 건설부장 2010년 同도시철도건설본부장(서기관) 2011년 국토해양부 철도기술전문위원회 위원 2011~2015년 대구시 도시철도건설본부장(부이사관) 2013~2014년 국토교통부 철도기술전문위원회 위원 2015년 경일대 전기·철도공학부 석좌교수(현) 2015년 한국도시철도연구원 초대 원장(현) [상]건설교통부장관표창, 서울특별시장표창, 대한토목학회 기술상, 녹조근정훈장, 한국기술사회 덕원기술대상(2014) [저]'철도보선설계' '궤도토목' '철도보선시공' [종]천주교

안용민(安容旼) Ahn, Yong Min

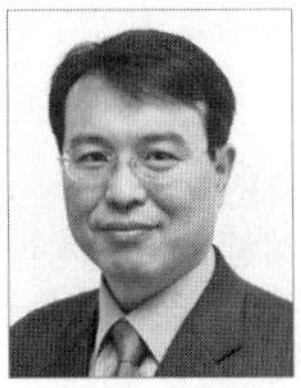

[생]1964·5·14 [본]순흥(順興) [주]서울 종로구 대학로101 서울대학교병원 정신건강의학과(02-2072-0710) [학]1989년 서울대 의대졸 1993년 同대학원 신경정신과학과졸 1999년 의학박사(서울대) [경]1997년 서울대병원 임상강사 1999년 대한정신약물학회 평이사 1999~2002년 을지의과대 조교수 2000년 대한정신약물학회 학술부 간사 2002년 서울대 의대 정신과학교실 교수(현) 2003년 대한조울병학회 평이사 2003년 대한신경정신의학회 학습부 위원 2006~2007년 미국 스탠퍼드대학병원 정신과 교환교수 2007~2009년 대한신경정신의학회 총무이사 2010년 식품의약품안전청 중앙약사심의위원회 전문가 2010년 대한생물정신의학회 교육이사·부이사장(현) 2011년 (사)한국자살예방협회 사무총장 2013~2016년 同회장

안용찬(安容贊) AHN Yong Chan

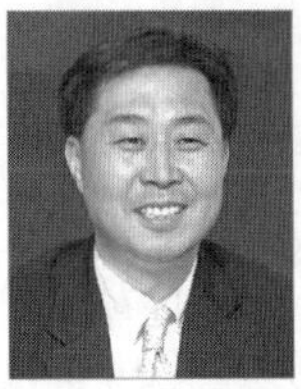

[생]1959·1·4 [출]서울 [주]서울 구로구 가마산로242 애경그룹 부회장실(02-818-1601) [학]배문고졸 1983년 연세대 경영학과졸 1985년 미국 펜실베이니아대 와튼스쿨 경영대학원졸(MBA) [경]1985년 미국 Chesebrough-Pond's 국제부 근무 1987년 애경산업(주) 브랜드부 근무 1987년 애경화학(주) 이사 1987년 광주개발 감사 1990년 애경유화(주) 상무이사 1992년 同전무이사 1993년 애경산업(주) 영업·물류·마케팅담당 전무 1995~2006년 애경(주) 대표이사 사장 1999년 대한화장품공업협회 감사 2004~2006년 한국광고주협회 감사 2004~2006년 서울상공회의소 상임의원 2004~2007년 미국 펜실베이니아대 와튼스쿨 한국동창회장 2005~2006년 한국비누세제협회 초대회장 2006년 애경그룹 생활·항공부문 부회장(현) 2008년 SK건설(주) 사외이사 겸 감사위원 2012년 제주항공 경영총괄 대표이사 부회장 겸임(현) 2014년 미국 펜실베이니아대 한국총동창회장 [상]美8군사령관 육군 공로훈장, 한국산업기술대전 산업자원부장관표창(1999), 전경련 국제경영원 최우수경영인대상, 한국마케팅대상, 한국능률협회 제조업우수상, 한국능률협회 신상품부문 명품상, 포브스경영품질대상, 대한민국마케팅대상 브랜드명품부문 명품상(2005) [종]천주교

안용철(安容哲) AHN Yong Chul

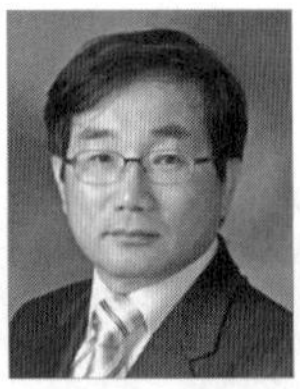

[생]1956·4·2 [출]서울 [주]서울 은평구 증산서길75, 2층 한스타미디어 임원실(070-4667-3801) [학]1975년 신일고졸 1980년 경희대졸 1982년 同대학원졸 2009년 연세대 행정대학원 최고위과정 수료 [경]1983년 서울신문 입사 1988년 중앙일보 입사 1999년 同편집부 차장 2002년 同섹션편집부장(부장대우) 2003년 同종합편집부장 2004년 同편집담당 부국장 겸 종합편집부장 2006년 同편집·사진 에디터 겸 종합편집데스크(부국장대우) 2008년 同新중앙판추진본부 판형연구담당 2008년 (주)아이에스플러스코프 제작총괄 2009년 일간스포츠 신문제작부문 대표이사 2011년 중앙일보 팩트체커룸에디터 2011~2014년 同심의실장(부국장급) 2014년 한스타미디어 공동대표이사(현) 2014년 황순원문학관 소나기마을 촌장(현) [상]경희언론인상(2009)

안용충(安龍忠) AHN Yong Chung

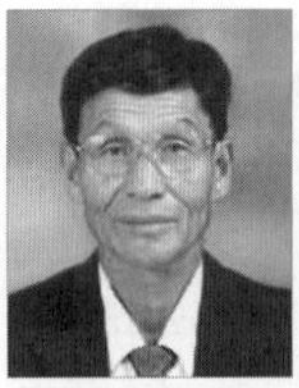

[생]1938·12·2 [본]순흥(順興) [출]경북 예천 [학]1945년 예천초 중퇴 [경]1989년 중요무형문화재 제84-나호 예천통명농요 이수자 지정 1992년 同전수교육 조교 2006년 同예능보유자 지정(현)

안용훈(安鎔勳)

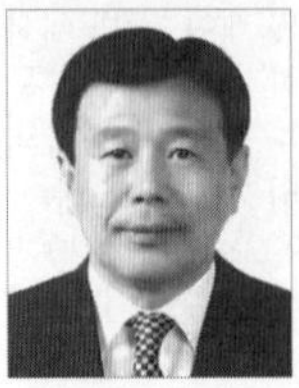

[주]광주 서구 천변우하로79 광주환경공단 이사장실(062-603-5201) [학]광주 대동고졸, 조선대 건축공학과졸, 同산업대학원졸 [경]1978년 공직 입문(건축직 7급 공채) 2004년 광주시 건축주택과 지방기술사무관 2011년 同교통시설과 지방기술사무관 2011년 同도시재생과 지방기술사무관 2012년 광주시 도시재생과장(지방기술서기관) 2013년 同도시계획과장 2015년 同도시재생국장(지방부이사관) 2016년 광주환경공단 이사장(현) [상]시정유공표창(2011), 대통령표창(2013)

안우정(安祐廷) AHN Woo Joung

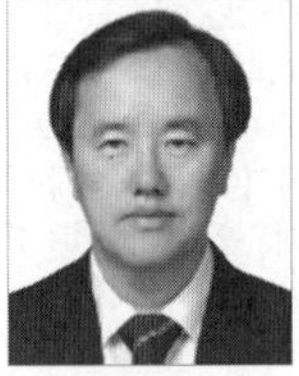

[출]서울 [주]강원 강릉시 가작로 267 MBC 강원영동 임원실(033-650-2114) [학]1977년 양정고졸 1982년 한국외국어대 영어영문학과졸 [경]1990년 MBC TV제작국 근무 1991년 同예능2담당 1992년 同편성국 프로그램개발팀 근무 1993년 同TV제작국 예능1담당 1994년 同예능3팀 근무 1995년 同예능4팀 근무 1999년 同예능국 예능1특임CP 1999년 同예능1CP(차장) 2000년 同전문프로듀서(차장) 2001년 同예능국 프로듀서(부장대우) 2002년 同TV제작2국 전문프로듀서(부장대우) 2003년 同예능국 부장대우 2003년 同예능국 프로듀서1 전문프로듀서(부장) 2005년 同예능국 4CP 부장 2005년 同예능국 부국장 2007년 同느낌표CP 겸임 2008년 同예능국장 2011년 同예능본부장 2011년 同예능본부장 겸 예능1국장 2012년 MBC플러스미디어 대표이사 사장 겸 MBC스포츠 대표이사 사장 2013년 문화방송(MBC) 부사장 2014년 강릉MBC 사장 2014년 삼척MBC 사장 겸임 2014년 한국방송협회 이사(현) 2015년 MBC 강원영동 사장(현) [상]한국외국어대 언론인상(2012)

안원모(安源模) AHN Won Mo

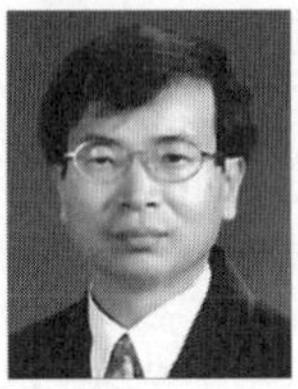

[생]1954·7·22 [출]서울 [주]서울 서초구 서초대로279 국제빌딩3층 법무법인 한덕(02-595-7800) [학]1973년 휘문고졸 1977년 서울대 법학과졸 1979년 同대학원 법학과 수료 1981년 同행정대학원 수료 1989년 미국 펜실베이니아대 법과전문대학원졸(LL.M.) [경]1978년 행정고시 합격(21회) 1979년 사법시험 합격(22회) 1981년 사법연수원 수료(11기) 1981~1984년 해군 법무관 1984~1988년 아세아합동법률사무소 변호사 1989년 미국 뉴욕주 변호사 자격취득 1989~1991년 미국 뉴욕 소재 법률회사 'Winthrop, Stimson, Putnam & Roberts' 변호사(뉴욕 및 워싱턴 근무) 1992년 서울보호관찰소 보호위원 1992~1993년 포항종합제철(주) 상임고문변호사 1993년 회명합동법률사무소 구성원변호사 1996년 경찰수사연구소 강사(어음수표법) 1997년 서울지방변호사회 섭외이사 2000~2008년 법무법인 한길 대표변호사 2000년 포항종합제철(주) 고문변호사 2009년 법무법인 한덕 변호사(현) [종]불교

안원준(安源濬) AHN Won Joon

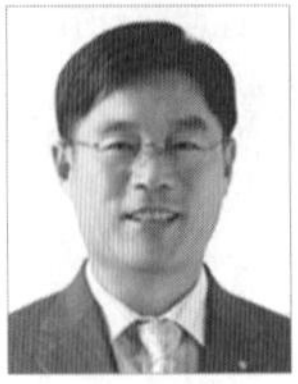

[생]1957·3·5 [출]경남 [주]경기 성남시 분당구 판교로255번길74 (주)파마리서치프로덕트 대표이사실(031-8039-1500) [학]1976년 부산고졸 1980년 서울대 약학과졸 [경]1982년 종근당 입사 2002년 (주)한국BMS 기획조정실 이사 2002년 (주)태평양제약 마케팅본부 상무 2008년 同마케팅본부장(전무) 2010~2014년 同대표이사 2014년 同경영고문 2016년 (주)파마리서치프로덕트 영업·마케팅부문 총괄대표이사(현)

안원철(安元哲) AN Won Chul

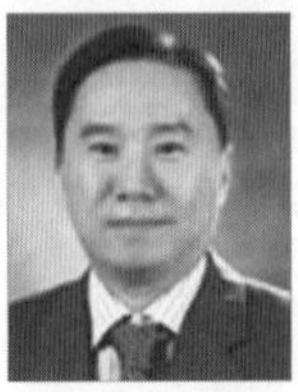

[생]1959·11·25 [출]부산 [주]부산 남구 못골번영로71번길74 부산예술대학교 총장실(051-628-3991) [학]경남고졸, 동아대 공업화학과졸, 同대학원 경영학과졸 [경]1992~1996년 원곡전산학원 원장 1994년 부산예술학교 서무담당관 1995~1998년 同기획실장 1999~2001년 부산예술문화대학 기획관리실장 2002~2005년 부산예술대 부학장 2006년 同총장(현)

안원태(安元泰) AHN Won Tae (周峯)

(생)1934 · 2 · 2 (본)죽산(竹山) (출)전남 보성 (주)서울 성북구 보국문로215 한국국립공원진흥회(02-992-0577) (학)1952년 광주고졸 1956년 서울대 문리대 국어국문학과졸 1984년 국민대 경영대학원졸 1992년 경제학박사(국민대) (경)1956년 보성중 교사 1962년 한국일보 기자 1968~1985년 한국산업개발연구원 연구위원 겸 경영개발실장 · 산업입지실장 · 이사 · 상무이사 · 전무이사 · 부원장 1972~1982년 한국국립공원협회 사무국장 · 이사 1985~2010년 한국경제사회연구원 원장 1987~2001년 국립공원관리공단 비상근이사 1987~1991년 한국국립공원협회 자연공원연구소장 2009~2012년 대통령직속 지역발전위원회 자문위원 2011년 국토환경연구원 원장(현) 2012년 (사)한국국립공원진흥회 회장(현) 2012~2014년 국립공원관리공단 자문위원 (저)'국토미래상(共)'(1980, 삼화출판사) '도시계획자료도집성(共)'(1982, 삼안출판사) '동아시아의 경제발전(共)'(1990, 계수사) '밥먹고 삽시다'(1996, 하서출판) '딱들하슈―의식개혁논총'(1997, 하서출판) '우리에게 역전승은 없을 것인가'(1997, 하서출판) '국립공원관련세미나 주제논문집'(1997, 하서출판) '국립공원기본계획 메뉴얼 구상'(1997, 하서출판) '국립공원관련논집'(1997, 하서출판) '관광진흥을 위한 자연공원의 기능과 역할(共 · 編)'(1999, 문지사) (역)'80년대의 비지니스, 비지니스맨'(1980, 삼안출판사) '관리자혁명'(1981, 삼안출판사) '사원혁명'(1983, 삼안출판사) '자유시간도시'(1990, 주봉문고) '농촌에서 휴가를 보내자'(1995, 하서출판) '정염해협(三たびの海峽)'(1995, 하서출판) (종)천주교

안원형(安源亨) Ahn Won Hyung

(생)1963 · 12 · 10 (출)대구 (주)서울 강남구 영동대로517 아셈타워21층 (주)LS 임원실(02-2189-9780) (학)대구 계성고졸, 경북대 행정학과졸, 고려대 대학원 경영학과졸 (경)LS전선(주) 노경기획팀장(부장), 同CLO(이사), 同사업지원부문장 겸 CLO(이사), 同사업지원부문장 겸 CHO(상무) 2011년 (주)LS 인사 · 지원부문장(상무) 2013년 同인사 · 홍보부문장(상무) 2013년 同인사 · 홍보부문장(CHO · 전무)(현)

안유수(安有洙) AHN Yoo Soo

(생)1930 · 6 · 20 (본)광주(廣州) (출)황해 사리원 (주)충북 음성군 삼성면 상곡로55의35 (주)에이스침대 비서실(043-877-1881) (학)1957년 서울 광성고졸, 동아대 정경학과졸, 고려대 경영대학원 수료 2005년 명예 경영학박사(단국대) (경)1963~2002년 (주)에이스침대 창업 · 대표이사, 서울시가구공업협동조합 이사, 대한가구공업협동조합 이사, 한국가구청년협의회 고문, 수원지점 청소년선도위원, 성남시체육회 이사, 민주평통 자문위원 2002년 (주)에이스침대 회장(현) 2008년 (재)에이스경암 이사장(현) (상)철탑 · 금탑산업훈장, 이탈리아 대통령 명예훈장(2011) (종)불교

안유환(安有煥) AHN Yu Whoan

(생)1962 · 2 · 10 (출)경남 (주)서울 서초구 서초중앙로6길 7 홍빌딩3층 네오피엠 임원실(02-523-7370) (학)서울대 공학과졸 1986년 한국과학기술원 대학원 경영공학과졸 2000년 경영공학박사(한국과학기술원) (경)한국정보통신연구원 SW품질보증 연구원, 시스템공학연구소 품질연구원, (주)핸디소프트 연구개발총괄 부사장 2007년 同글로벌CTO 사장 2008년 네오피엠 대표이사(현)

안윤수(安允洙) AHN Yoon Soo

(생)1960 · 12 · 24 (출)경기 (주)경기 성남시 분당구 대왕판교로395번길8 (주)신성이엔지 임원실(031-788-9029) (학)1979년 단국공고졸, 인하공업전문대 기계공학과졸 (경)1984년 (주)신성이엔지 입사, 同영업팀장(이사), 同전무이사 2012년 同국내사업본부 총괄부사장 2013년 同대표이사 부사장 2014년 同대표이사 사장(현)

안윤옥(安允玉) AHN, Yoon-Ok (宇村)

(생)1948 · 3 · 11 (본)순흥(順興) (출)전북 김제 (주)서울시 종로구 이화장길71 서울대학교 의과대학 국제관 231호 대한암연구재단(02-747-0224) (학)1966년 경기고졸 1972년 서울대 의대졸 1974년 同대학원졸 1977년 의학박사(서울대) (경)1980~1992년 서울대 의대 조교수 · 부교수 1983년 미국 하버드대 보건대학원 초빙연구원 1984~1985년 일본 나고야대 의학부 예방의학교실 초빙연구원 1989~2006년 대한암연구재단 이사 1990~2003년 대한암협회 상임이사 1992년 서울대 의대 예방의학교실 교수 1992~2007년 서울시지역암등록본부 본부장 1998~2002년 한국역학회 회장 2000~2002년 서울대 의대 교무부학장 겸 의학과장 2000~2002년 대한암예방학회 회장 2002년 서울대 의대 원자력영향역학연구소장 2002~2004년 아시아 · 태평양 암예방기구(APOCP) 총재 2002~2008년 대한임상건강증진학회 회장, 同명예회장(현) 2003년 서울대 평의원회 의원 2003~2004년 대한암협회 부회장 2004~2010년 同회장 2004년 대한지역사회영양학회 부회장 2006년 대한암연구재단 이사장(현) 2007~2009년 서울대 평의원회 부의장 2008~2010년 대한예방의학회 회장 2010년 대한암협회 상임고문(현) 2013년 서울대 의대 명예교수(현) 2013~2016년 한국보건의료연구원 겸임연구위원 2014년 한국의료분쟁조정중재원 의료사고감정단장 겸 비상임이사(현) (상)국무총리표창(1980) 홍조근정훈장(2008) (저)'보건통계학이해'(1993) '실용의학통계론'(1996) '의학연구방법론'(1997) '역학의 원리와 응용'(2005) (역)'보건역학입문'(1990)

안응모(安應模) AHN Eung Mo (海山)

(생)1930 · 12 · 24 (본)순흥(順興) (출)황해 벽성 (주)서울 중구 소월로91 (사)안중근의사숭모회(02-3789-1016) (학)1959년 단국대 법정학부졸 2010년 명예 법학박사(단국대) (경)1966년 치안본부 외사3계장 1968년 駐베트남대사관 근무 1972년 마포 · 중부경찰서장 1973년 치안본부 교통과장 · 경비과장 1975년 서울시경찰국 제2부국장 1976~1979년 치안본부 장비과장 · 기획감사과장 1979년 충남도 경찰국장 1980년 해양경찰대장 1981년 치안본부 제2부장 1982년 치안본부장 1983년 대통령 정무제2수석비서관 1984년 충남도지사 1984년 대한체육회 충남지부장 1987년 조달청장 1988년 국가안전기획부 제2차장 1988년 同제1차장 1990~1991년 내무부 장관 1992~2010년 단국대총동창회 회장 1993년 한국자유총연맹 사무총장 1993~2007년 순흥안씨대종회 회장 1996년 同총재 1996~1999년 대한민국재향우회 회장 1998년 남북적십자교류위원회 위원 1998년 제2의건국범국민추진위원회 위원 1998년 황해도민회 회장 1998년 이북도민중앙연합회 회장 2000년 한나라당 국책자문위원회 총괄부위원장 2003년 국선도세계연맹 총재 2008~2012년 한나라당 국책자문위원장 2008년 (사)안중근의사숭모회 이사장(현) 2010년 국가보훈처 안중근의사유해발굴추진단 자문위원(현) 2011~2015년 (사)서울클럽 회장 2015년 국민안전처 예방안전특별위원회 위원장(현) (상)인헌무공훈장, 청조근정훈장 (저)'순경에서 장관까지'

안응수(安應洙) AHN Eung Soo

(생)1953 · 2 · 20 (출)충남 청양 (주)서울 금천구 가산디지털1로52 (주)다함이텍 비서실(02-865-9791) (학)국민대 경영학과졸 (경)1978년 중앙전자산업(주) 부사장 · 사장 1982~2000년 (주)새한정기 대표이사 사장 2000년 (주)다함이텍 대표이사 사장, 同대표이사 회장(현)

안의식(安義植) Ahn Eui-shik

(생)1963 · 1 · 5 (출)서울 (주)서울 서대문구 통일로81 임광빌딩 서울경제신문 편집국 정치부(02-724-2475) (학)1981년 서울 장훈고졸 1986년 고려대 사학과 1991년 同대학원 경제학과졸 2007년 미국 일리노이주립대 경영대학 방문연구과정 수료 (경)1991년 조흥은행 영업부 근무 1992년 서울경제신문 경제부 · 금융부 · 정치부 · 성장기업부 기자 2008년 同경제부장 2011년 同정보산업부장 2011년 同논설위원 2012년 同디지털미디어부장 2014년 同편집국 정치부장 2016년 同편집국 정치부장(부국장대우)(현) (상)한국기자협회 '이달의 기자상'(1996), 서울경제신문 백상기자대상(2008), 전국경제인연합회 · 지속가능발전기업협의회 언론상 우수상(2009)

안인경(女) AHN In Kyung

(생)1959 · 8 · 27 (주)서울 동대문구 이문로107 한국외국어대학교 통번역대학원 한독과(02-2173-3062) (학)1982년 한국외국어대 독일어과졸 1984년 同통역번역대학원졸 1992년 언어학박사(독일 보쿰대) (경)1985년 독일 콘라드아데나우어재단 장학생 1992년 한국외국어대 통번역센터 통번역가 1992~1995년 한국외국어대 · 덕성여대 · 충북대 · 충남대 강사 1997년 駐韓독일문화원 강사 2000년 한국외국어대 통번역대학원 한독과 부교수 · 교수(현) 2008~2009년 同통번역대학원장 (상)한국문학번역상(2003) (저)'도이치문학용어사전(共)'(2001) '텍스트언어학의 이해(共)'(2004) (역)오 정희: 지금은 고요할 때'(1996) '남녁사람 북녁사람'(2002) '코리안스탠더드'(2008) '삼풍백화점'(2008) '달려라 애비'(2008)

안인영(安仁英·女) AHN In Young

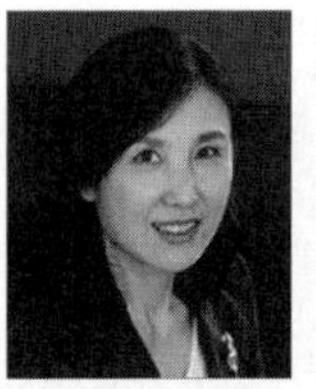

[생]1956·8·7 [주]인천 연수구 송도미래로26 극지해양과학연구부(032-770-8400) [학]1979년 서울대 해양학과졸 1984년 同대학원 해양학과졸 1990년 이학박사(미국 뉴욕주립대) [경]1991년 한국해양연구원 극지연구소 선임연구원 1992~1993년 同극지생태연구실장 1994년 서울대·성균관대 시간강사 1997년 남극조약협의당사국회의(ATCM) 한국대표단 환경자문 1998년 한국해양연구원 극지연구소 극지생물해양연구부 책임연구원 1999·2001~2002년 KISTEP 국가연구개발사업평가위원 2002년 해양개발위원회 위원, 한국해양연구원 극지연구소 선임연구부장 2012년 同극지연구소 선임연구본부장 2012년 同극지연구소 극지생명과학연구부 책임연구원 2014년 한국해양과학기술원 극지연구소 남극세종과학기지대장, 同극지해양과학연구부 책임연구원(현) [상]한국과학기술단체총연합회 우수논문상(1999), 과학기술부 과학기술포장(2001) [저]'남극과 지구환경'(2001)

안일환(安日煥) AHN Il Hwan

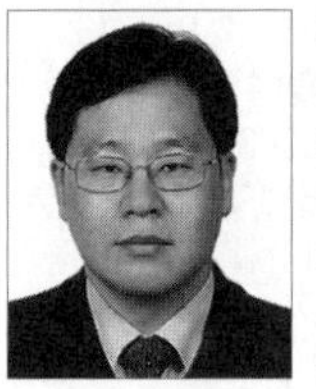

[생]1961·3·7 [출]경남 밀양 [주]세종특별자치시 갈매로 477 기획재정부 사회예산심의관실(044-215-7200) [학]1980년 마산고졸 1985년 서울대 무역학과졸 1987년 同행정대학원졸 1997년 캐나다 오타와대 대학원 경제학과졸 [경]1988년 행정고시 합격(32회) 2000년 기획예산처 교육문화예산과 서기관 2001년 同예산제도과 서기관 2002년 세계박람회유치위원회 파견 2003년 기획예산처 산업재정3과장 2003~2005년 미국 국제부흥개발은행 파견 2005년 기획예산처 민간투자제도팀장 2006년 同혁신인사기획관 2007년 同혁신인사기획관(부이사관) 2008년 기획재정부 예산실 국토해양예산과장 2009년 同예산실 예산제도과장 2010년 同예산실 예산총괄과장 2011년 국방부 계획예산관(고위공무원) 2013년 국립외교원 교육파견(고위공무원) 2014년 기획재정부 대변인 2015년 同예산실 사회예산심의관(현)

안장환(安章煥) (청허)

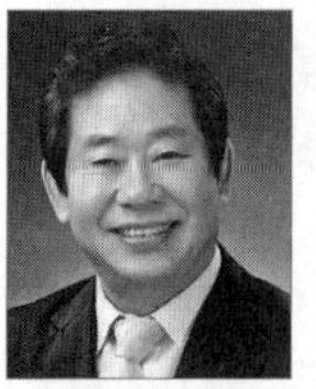

[생]1956·11·21 [본]순흥(順興) [출]경북 청송 [주]경북 구미시 송정대로55 구미시의회(054-480-6412) [학]대구보건대 치기공과졸, 상주산업대 식품영양학과졸 [경]김천대 강사, 同경북도당 상무위원 2006년 경북도의원선거 출마(열린우리당) 2012년 제19대 국회의원선거 출마(경북 구미甲, 민주통합당), 김두관 前경남지사 정책특보 2013년 민주당 구미甲지역위원회 위원장 2014년 새정치민주연합 경북도당 지방자치위원장 2014년 경북 구미시의회 의원(새정치민주연합·더불어민주당)(현) 2014년 同운영위원회 부위원장 2015년 同예산결산특별위원회 위원 2015년 더불어민주당 경북도당 지방자치위원장 2015년 同경북구미시甲지역위원회 위원장(현) 2016년 同경도당 교육연수위원회 위원장(현)

안재권(安在權) AN JAE KWON

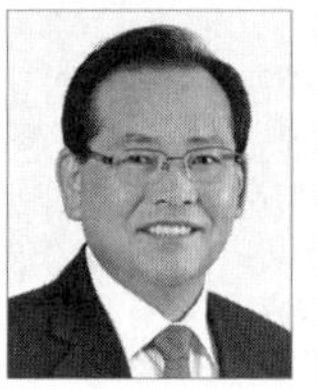

[생]1960·2·15 [출]경남 창녕 [주]부산 연제구 중앙대로1001 부산광역시의회(051-888-8211) [학]창녕공고졸 2004년 부산경상대학 행정학과졸 [경]해동하이-텍펌프 대표(현), (사)부산시청년연합회 자문위원 겸 고문 F, 한나라당 부산시당 운영위원회 위원, 연제이웃사랑회 이사, 더불어살기위원회 위원장, 부산시 연제구생활체육회 이사 2006~2010년 부산시 연제구의회 의원 2006~2008년 同기획총무위원장 2010년 부산시 연제구의원선거 출마(무소속), 새누리당 부산연제구당원협의회 부위원장, 거학초 운영위원장 2014년 부산시의회 의원(새누리당)(현) 2014년 同해양도시소방위원회 위원 2014년 同운영위원회 위원 2014·2016년 同도시안전위원회 위원(현) 2015년 민주평통 부산시연제구협의회장(현)

안재근(安在根) AHN Jae Keun (慧根)

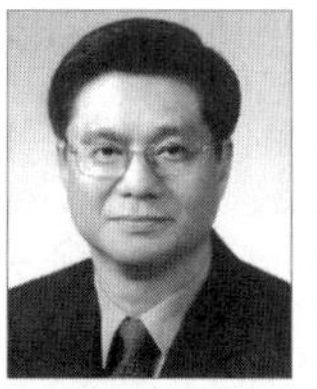

[생]1957·7·20 [본]순흥(順興) [출]서울 [주]경기 수원시 영통구 삼성로129 삼성전자(주)(031-277-1200) [학]1976년 경복고졸 1981년 동국대 경영학과졸, 고려대 노동대학원 최고지도자과정 수료, 서울대 법과대학 최고지도자과정 수료 [경]1983년 삼성 입사 2001년 삼성전자(주) 영업4팀장(상무보) 2002년 同싱가폴법인장 2004~2008년 同반도체총괄 인사팀장(상무) 2004~2009년 同반도체총괄 사회봉사단장 겸임 2005~2009년 同육상단장 겸임 2005~2009년 同공과대학교(SSIT) 부총장 겸임 2008년 同반도체총괄 인사팀장(전무) 2009년 同부품 중국판매법인장(전무) 2010년 同천안·탕정복합단지장(전무) 2012년 삼성디스플레이(주) 천안·아산복합단지장(전무) 2013년 同대외협력팀장(전무) 2013년 삼성전자(주) 수원지원센터장(부사장)(현) 2014년 프로농구 서울삼성썬더스 단장 겸임 2014년 경기도육상경기연맹 회장 2015년 수원상공회의소 부회장(현) 2016년 통합경기도육상연맹 초대회장(현)

안재동(安在東) AHN JAE DONG (무월(舞月))

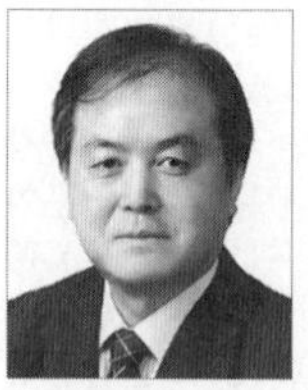

[생]1958·7·13 [본]광주(廣州) [출]경남 함안 [주]서울 구로구 경인로393의7 일이삼전자타운2동5층117호 한국문학방송(02-6735-8945) [학]1977년 부산 금성고졸 1986년 한국방송통신대 행정학과졸 1993년 연세대 행정대학원 언론홍보학과졸(석사) 2008년 서울대 국제대학원 최고경영자과정(GLP) 수료 2013년 고려대 언론대학원 최고위언론과정 수료 [경]MBC 2년·KBS 27년 근속후 명예퇴직, 계간 '시세계'·'시인정신'에 시인 등단, 계간 '현대수필'에 수필가 등단, 계간 'e문학' 창간호 기획특집 평론 발표·문학 평론가(현), 월간 '문학21' 편집위원, 독서신문 편집위원, 인터넷신문 '문화저널21' 주간, 한국가곡작사가협회 이사, 한국문인협회 홍보위원(현), 한국현대시인협회 국제문화위원, 同중앙위원·홍보위원회 부위원장(현), 한국문학방송(DSB) 대표(현), 서울대총동창회 종신이사(현) [상]KBS사장상 3회, 계간 시인정신 신인상(2004), 계간 시세계 신인상(2004), 제1회 무원문학상 본상 시부문(2005), 제9회 문학21 문학상 평론부문(2005), 계간 현대수필 신인상(2010), 막심 고리끼 기념문학상 평론부문(2010) [저]시집 '별이 되고 싶다'(2005) '세상에서 가장 단단한 껍데기'(2006) '내 안의 우주'(2006) '껍데기의 사랑'(2013) '지독한 사랑'(2013) '돈과 권력과 사랑'(2013) 'J를 위한 연가'(2013) 시선집 '내 의식을 흔들고 간 시'(2014) 산문집 '당신은 나의 희망입니다'(2005) 서평집 '내 의식을 흔들고 간 책'(2014) [작]충남 청양군 고운식물원內 시비(詩碑) '내 안의 우주'

안재만(安載晩) AHN Jae Mahn

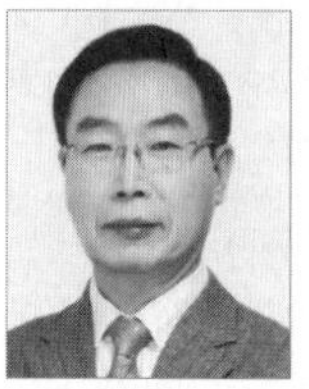

[생]1960·4·18 [본]순흥(順興) [출]충북 보은 [주]경기 성남시 분당구 야탑로96의8 국제약품공업(주) 임원실(031-781-9081) [학]1979년 경희고졸 1985년 숭실대 경영학과졸 [경]1985년 국제약품공업(주) 영업부 근무 1987년 同북부분실 근무 1989년 同계장 1990년 同영업본부 근무 1992년 同영업본부 과장대리 1993년 同영업본부 과장 1994년 同마케팅부 근무 1996년 同영업본부 차장 1999년 同영업관리팀 부장 2001년 同영업기획관리본부장 2003년 同이사대우, 同상무보, 同영업기획담당 상무 2004년 同관리본부장(상무이사) 2013년 同관리본부장(전무이사) 2015년 同공동대표이사 부사장(현) 2015년 성남상공회의소 제15대 의원 [종]기독교

안재용(安宰瑢) AHN Jae Yong

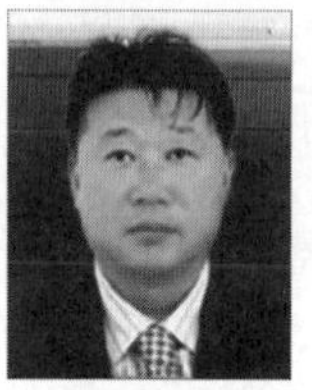

[생]1966·3·25 [출]부산 [주]부산 영도구 봉래나루로254 대선조선 임원실(051-419-5011) [학]1985년 혜광고졸 1992년 연세대 경제학과졸 1994년 미국 테네시대 대학원졸(MBA) [경]1994년 대선조선 근무, 同상무이사, 同전무이사 2012년 同대표이사(현) [상]제14회 부산시 산업평화상(2006), 제4회 조선의날 산업포장(2007), 제10회 조선해양의날 동탑산업훈장(2013) [종]불교

안재웅(安載雄) Ahn Jaewoong

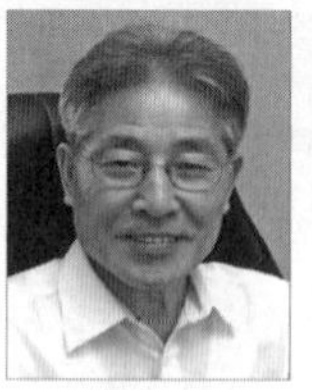

[생]1940·3·14 [출]충북 보은 [주]서울 마포구 동교로25길25 유남빌딩3층 다솜이재단(1644-6269) [학]1963년 숭실대 인문대학 기독교교육학과졸 1978년 장로회신학대학 대학원 수학 1987년 미국 에모리대 신학대학원 수학 1990년 미국 하버드대 신학대학원졸 1993년 명예 인문학박사(미국 매리홉스대) 2008년 명예 신학박사(인도 세람포대) [경]1968~1970년 한국학생기독교운동협의회(KSCC) 간사 1970~1976년 한국기독학생회총연맹(KSCF) 간사(대학부장) 1973~1980년 한국청소년단체협의회 이사 1973~1980년 한국기독교사회선교협의회 이사 1973~1980년 한국기독교교회협의회 인권위원·장학위원·선교대책위원 1976~1980년 서울YMCA 기획위원 1976~1980년 한국기독학생회총연맹 총무 1980~1986년 세계학생기독교연맹(WSCF) 아시아태평양지역 총무 1980~1986년 세계특수선교정책협의회(FIM) 실행위원 1986~1989년 세계학생기독교연맹(WSCF) 아시아태평양지역위원장 1988~1990년 유엔 경제사회이사회 비정부단체 WSCF 신임대표 1990~1995년 아시아자료센터(DAGA) 이사장 1990~1995년 아시아외국인노동자센터(AMC) 설립자 겸 이사 1990~1995년 아시아기독교협의회(CCA) 도시농촌선교국장 1995~1998년 한국기독교사회문제연구원 원장 1996~1998년 (사)세계선린회 이사 1996~1998년 한국기독교교회협의회 선교통일위원·인권센터 서기이사 1996~1998년 한국기독학생회총연맹 실행이사 1996~1999년 아시아시민운동연대회의(ARF) 대표 1997~2000년 미국 샌프란시스코신학대 객원교수 1997년 한국대인지뢰대책협의회(KCBL) 설립자 1999~2000년 아시아기독교협의회 부총무 2001~2005년 同총무 2001~2005년 에큐메니컬관광문제정책협의회

(ECOT) 회장 2004~2005년 유엔 경제사회이사회 비정부단체 CCA 신임대표 2006~2007년 중앙정부사회적일자리창출위원회 위원 2006~2009년 함께일하는재단 상임이사 2006~2010년 호서대 연합신학전문대학원 초빙교수 · 대우교수 2006~2009년 행복나눔재단 공동설립이사 겸 이사 2007~2010년 한국YMCA전국연맹 후원회 이사 2007년 다솜이재단 공동설립 · 이사장(현) 2008~2009년 (사)한국사회적기업협의회 공동설립이사 겸 공동대표 2009~2012년 포스코청암재단 청암상 선정위원 2009년 한국YMCA전국연맹 유지재단 이사 2009년 에큐메니컬소사이어티 대표 2010년 한신대 신학대학원 외래교수 2010년 한국YMCA전국연맹 이사 2012~2014년 同이사장 2013년 일본 니와노평화재단 평화상 선정위원(현) 2013~2014년 (재)씨알 이사장 2014년 사회적기업활성화네트워크 공동대표(현) 2016년 한국YMCA전국연맹 유지재단 이사장(현) [상]미국장로교(PC/USA) 고등교육상(1993) [저]'바른 선교를 위한 제언'(1995, 새누리신문사) 'God in Our Midst'(1995, WSCF Asia-Pacific) 'God Who Matters'(2005, CCA) '에큐메니컬 운동 이해'(2006 · 2012, 대한기독교서회) '21세기 한국교회의 에큐메니컬 운동(共)'(2008, 대한기독교서회) [역]'농민신학'(1976, 한국기독교교회협의회) '제3세계와 인권운동'(1977, 물결사) '신을 기다리며'(1978, 대한기독교서회) '인권운동'(1988, 종로서적) '선교와 선교학(共)'(2005, 한들출판사) [종]기독교

안재혁(安載赫) Ahn Jae Hyuk

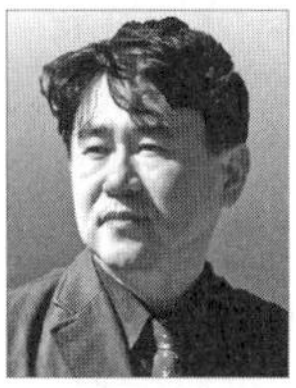

[생]1962 · 4 · 18 [본]죽산(竹山) [출]전북 고창 [주]서울 중구 세종대로110 서울특별시청 도시공간개선단 도시공간개선반(02-2133-7640) [학]1981년 서울고졸 1989년 성균관대 건축과졸 2000년 한양대 환경대학원 도시계획과졸 2003년 서울대 대학원 도시설계학과 수료 2010년 도시계획학박사(서울대) [경]서울시 도시경관팀장 2006년 同뉴타운사업2과장 2009년 同중구 도시관리국장 겸 디자인패션허브추진본부장 2013년 同도시기반시설본부 시설국 건축부장 2014년 同주택정책실 주거재생과장 2014년 同도시계획국 도시관리과장 2016년 同도시공간개선단 도시공간개선반장(현) [종]천주교

안재호(安在浩) AHN Jae Ho (청현)

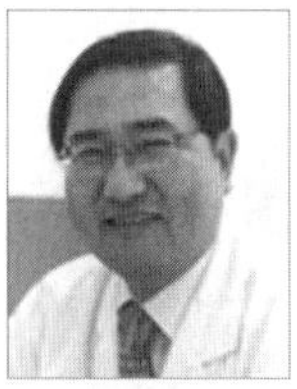

[생]1954 · 8 · 21 [본]순흥(順興) [출]대구 [주]서울 양천구 안양천로1071 목동이대병원 흉부외과(02-2650-5078) [학]1973년 보성고졸 1980년 서울대 의대졸 1983년 同대학원 의학석사 1992년 의학박사(서울대) [경]1980~1985년 서울대병원 인턴 · 흉부외과 전공의 1985년 국군서울지구병원 흉부외과장 1988~1989년 서울대병원 흉부외과 전임의 1989~1991년 인하대 의대 조교수 1991~1996년 충북대 의대 전임강사 · 조교수 · 부교수 1992~1993년 미국 오클라호마대 의대 교환교수 1994~1996년 충북대 의대 부속병원 흉부외과장 1996~1998년 이화여대 의대 부교수 1998년 同의대 흉부외과학교실 교수(현) 2007~2008년 해외연수

안재호(安裁護) Ahn Jae Ho

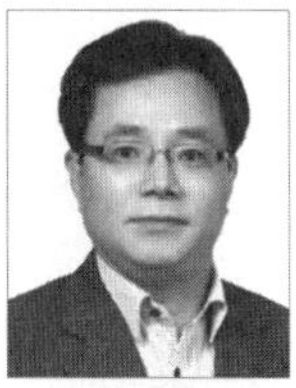

[생]1962 · 12 · 1 [주]충남 천안시 서북구 번영로467 삼성SDI(주) 소형전지사업부(041-560-3114) [학]배정고졸, 부산대 전자공학과졸 [경]삼성SDI(주) 감사팀장(상무), 同에너지솔루션부문 Pack사업부장(전무) 2014년 同소형전지사업부장(부사장)(현)

안재환(安宰換) Jae-Hwan Ahn

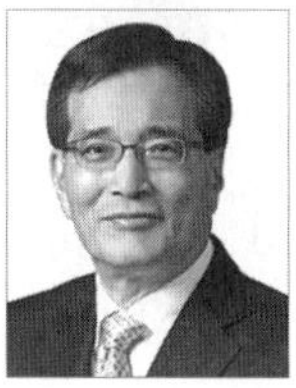

[생]1951 · 3 · 1 [출]충남 [주]경기 수원시 영통구 월드컵로206 아주대학교(031-219-2382) [학]1969년 경기고졸 1973년 서울대 공대 금속공학과졸 1978년 미국 캘리포니아대 버클리교 대학원 재료공학과졸 1986년 재료공학박사(미국 캘리포니아대 버클리교) [경]1985~1986년 미국 로렌스버클리연구소 연구원 1987~1996년 아주대 재료공학과 조교수 · 부교수 1991~1992년 고등기술연구원(IAE) 연구위원 1995 · 1996~2000년 아주대 학생선발본부 부본부장 · 본부장 1996~2015년 同신소재공학과 교수 1999~2002년 同교무처장 2003년 미국 캘리포니아대 버클리교 방문교수 2006~2010년 아주대 대학원장 2007~2008년 국가과학기술위원회 운영위원 2010년 교육과학기술부 제2차이공계인력육성 · 지원기본계획 총괄기획위원 2011~2012년 대통령소속 사회통합위원회 경기지역협의회 의장 2011~2015년 아주대 총장 2013~2014년 미래창조과학부 제2차이공계인력육성 · 지원기본계획 총괄기획위원 2014~2015년 대통령직속 통일준비위원회 통일교육자문단 자문위원 2015년 아주대 명예교수(현)

안정구(安定求) Cyril Jungkoo AN

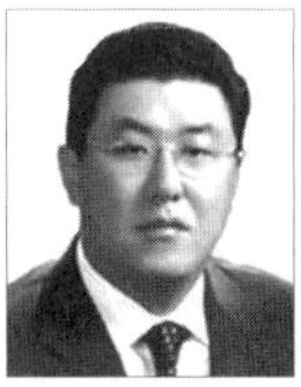

[생]1962 · 7 · 8 [출]서울 [주]경기 성남시 분당구 판교로255번길58 시즈타워5층 (주)유니크 비서실(031-8092-3500) [학]1982년 미국 ST. MARY'S INTERNATIONAL SCHOOL졸 1986년 미국 캘리포니아대 버클리교 정치경제학과졸 [경]일본 교륜기업(주) 대표취재역 1992~1997년 (주)적고 전무이사 1997~2000년 同대표이사 부사장 2000년 (주)유니크 대표이사 부사장 2000년 同대표이사 사장(현) [상]국무총리표창(1998), 산업포장(2003) [종]천주교

안정균(安正均) An jung kyun

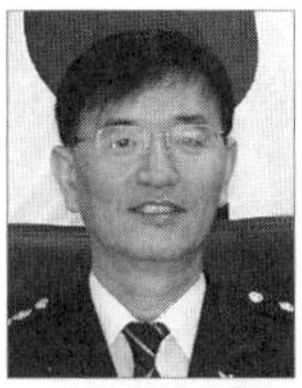

[생]1958 · 12 · 11 [주]인천 남동구 예술로152번길9 인천지방경찰청 경비교통과(032-455-2331) [학]1978년 제물포고졸 1980년 단국대 전기공학과 수료 [경]2009년 충남지방경찰청 정보통신담당관 2010년 同생활안전과장 2010년 충남 연기경찰서장 2011년 인천지방경찰청 경무과장 2012년 인천남부경찰서장 2014년 인천지방경찰청 청문감사담당관 2015년 인천 서부경찰서장 2016년 인천지방경찰청 경비교통과장(현)

안정민(安晸民)

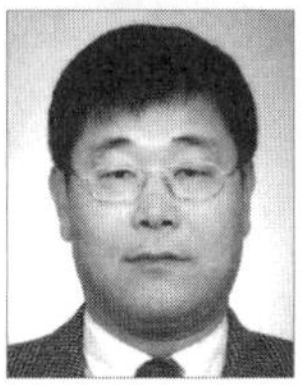

[생]1964 · 12 · 10 [출]경북 경산 [주]경북 영양군 영양읍 영양창수로135 영양경찰서(054-680-0211) [학]대구 대건고졸, 경찰대졸(2기), 영남대 행정대학원 행정학과졸 [경]1986년 경위 승진 1995년 경감 승진 2006년 대구 달서경찰서 경비교통과장(경정) 2008년 대구 북부경찰서 경비교통과장 2011년 대구지방경찰청 작전의경계장 2014년 同경비경호계장 2016년 경북 영양경찰서장(현)

안정선(安貞善 · 女) AHN Jung Sun

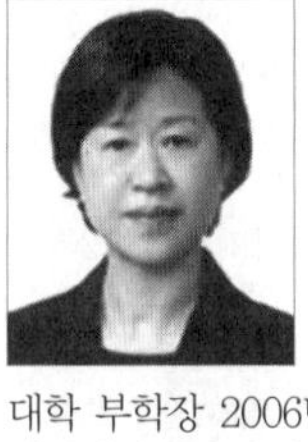

[생]1956 · 7 · 31 [출]충남 청양 [주]충남 공주시 반포면 계룡대로1283 충청남도여성정책개발원(042-825-1823) [학]1979년 부산대 간호학과졸 1981년 서울대 보건대학원졸, 행정학박사(대전대) [경]1981년 제주간호전문대학 전임강사 1982~2001년 공주문화대학 교수 1991년 대전충남여민회 공동대표 1991년 대전YWCA신용협동조합 부이사장 2001년 공주대 간호학과 교수(현) 2001년 同영상보건대학 부학장 2006년 同학생처장 2006년 同성폭력상담실장 2013년 충남도여성정책개발원 원장(현) 2015년 세종특별자치시 시민권익위원회 위원(현)

안정옥(安定玉) Ahn Jeong Ok

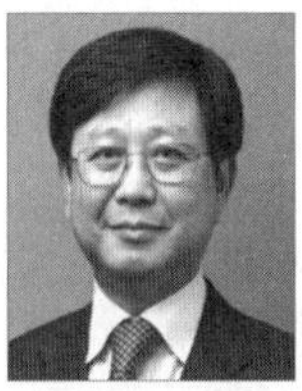

[생]1962 · 6 · 12 [주]경기 성남시 분당구 성남대로343번길 9 SK주식회사 C&C(02-6400-0114) [학]1980년 전주고졸 1985년 연세대 화학공학과졸 1998년 미국 선더버드국제경영대학원 경영학과졸 [경]1988년 SK에너지 입사 2006년 SK E&S 상무 2008년 同경영지원부문 기획본부장(상무) 2012년 SK C&C 성장기획본부장(상무) 2013년 同사업개발실장 겸 EO사업본부장(상무) 2014년 同사업개발부문장(전무) 2014년 同경영지원부문장(전무) 2015년 SK주식회사 C&C 경영지원부문장(전무) 2016년 同전략기획부문장 겸 대외협력부문장(전무)(현)

안정준(安晸浚) Jung June Ahn

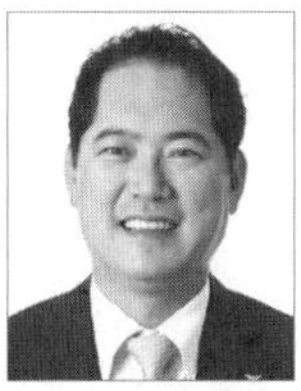

[생]1967 · 12 · 30 [본]순흥(順興) [출]전남 광양 [주]인천 중구 공항로424번길47 인천국제공항공사 홍보실(032-741-2038) [학]1986년 순천고졸 1992년 한국외국어대 신문방송학과졸 [경]2006년 인천국제공항공사 항공마케팅팀장 2010년 同사업개발단장 2014년 同홍보실장(현)

안정호(安正鎬) AHN Jung Ho

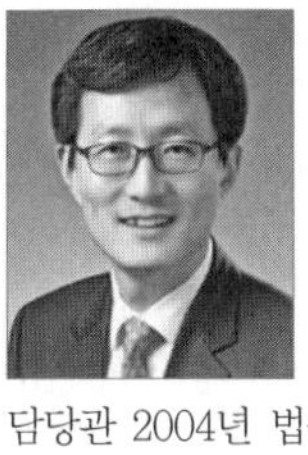

[생]1968 · 3 · 20 [출]충북 청주 [주]서울 종로구 사직로8길39 세양빌딩 김앤장법률사무소(02-3703-1966) [학]1986년 청주고졸 1990년 서울대 법학과졸 [경]1989년 사법시험 합격(31회) 1992년 사법연수원 수료(21기) 1992년 공군 법무관 1995년 서울지법 판사 1998년 同서부지원 판사 1999년 대전지법 서산지원 판사 2001년 대전고법 판사 2003년 서울고법 판사 겸 법원행정처 인사제3담당관 2004년 법원행정처 인사제1담당관 2005년 서울고법 판사 2007년 광주지법 목포지원 부장판사 2008년 대법원 재판연구관 2010년 인천지법 부장판사 2010~2012년 법원행정처 사법등기국장 2011~2012년 서울중앙지법 부장판사 2012년 김앤장법률사무소 변호사(현)

안조영(安祚永) Ahn Joyoung

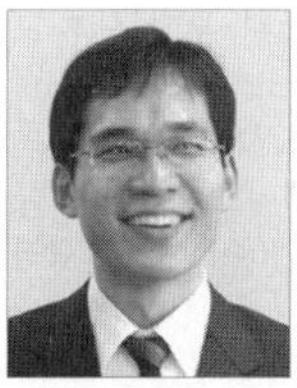

[생]1979 · 9 · 25 [출]충남 예산 [주]서울 성동구 마장로210 한국기원 홍보팀(02-3407-3870) [학]충암고졸 [경]1993년 입단 1995년 2단 승단 1996년 3단 승단 1997년 SK가스배 신예프로10걸전 1위 1998년 4단 승단 1998년 5단 승단 1999년 최고위전 준우승 2000년 6단 승단 2001년 7단 승단 2002년 패왕전 준우승 2002년 명인전 준우승 2004년 8단 승단 2004년 비씨카드배 신인왕전 우승 2004년 한중신인왕전 준우승 2005년 9단 승단(현) 2006년 전자랜드배 왕중왕전 백호부 우승 2006년 기성전 준우승 2007년 원익배 십단전 우승 2008년 전자랜드배 왕중왕전 백호부 준우승 [상]바둑문화상 감투상(2002), 한국바둑리그 역전상(2005) [종]기독교

안종만(安鍾萬) AHN Jong Man

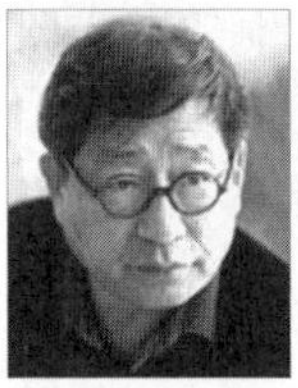

[생]1947 · 12 · 20 [출]전북 김제 [주]서울 종로구 새문안로3길36 도서출판 박영사(02-736-7076) [학]1966년 중앙고졸 1971년 연세대 상경대학졸 1974년 同경영대학원졸 1997년 홍익대 미술대학원 수료 1997년 연세대 대학원 언론홍보최고위과정 수료 [경]1971년 도서출판 박영사 입사 1974~1983년 同부장 · 상무이사 · 부사장 1980년 MRA 한국본부 청소년지도자 1983~2002년 도서출판 박영사 대표이사 사장 1984년 대한출판문화협회 이사 1989년 해운대개발(주) 이사 1989년 안원산업 대표이사 회장 1993년 박영장학문화재단 이사장 1993~2004년 (주)청암미디어 대표이사 1997년 파주출판문화정보산업단지협동조합 이사 2000년 도서출판 박영사 회장(현) 2001년 (주)파펙 대표이사 2008년 갤러리박영 대표(현) [상]재무부장관표창, 부총리 겸 재정경제원장관표창, 국무총리표창, 중앙언론문화상 출판부문, 옥관문화훈장 [종]기독교

안종배(安鍾陪) AHN Jong Bae

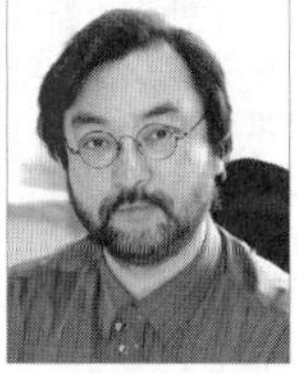

[생]1962 · 12 · 6 [출]부산 [주]경기 군포시 한세로30 한세대학교 미디어영상학부(031-450-5233) [학]부산 배정고졸 1985년 서울대 독어독문학과졸 1992년 연세대 언론홍보대학원졸 1994년 미국 미시간주립대 대학원 광고학과졸 2002년 디지털마케팅박사(경기대) [경]2000년 애드디지털 대표이사 2001년 서울디지털대 교수 2002~2003년 호서대 벤처대학원 교수 2003~2010년 기독교방송 인터넷 사외이사 2003~2012년 대한적십자사 홍보자문위원 · 전국대의원 2003~2007년 국회 정보통신위원회 정책자문위원 2004년 한세대 미디어영상학부 교수(현) 2005년 (사)유비쿼터스미디어콘텐츠연합 대표(현) 2005년 미래방송연구회 부회장 · 고문(현) 2008년 한국방송학회 모바일연구회 회장(현) 2008년 국제미래학회 학술위원장 2008년 클린콘텐츠국민운동본부 대표(현) 2011년 흥사단 투명사회운동본부 윤리연구센터장(현) 2012년 국회 스마트컨버전스연구회 운영위원장(현) 2015년 방송통신위원회 인터넷문화정책자문위원회 위원(현) 2016년 한국교원단체총연합회 고문(현) [상]대한민국 인물 및 단체대상(2013), 제1회 자랑스런 한세인상(2015), 정보문화유공 국무총리표창(2015) [저]'벤처기업마케팅'(2002) '이메일마케팅커뮤니케이션'(2003) '디지털방송 광고마케팅의 이해'(2003) '인터넷광고마케팅 크리에이티브'(2003) '나비효과 디지털마케팅'(2004) 'Success 인터넷광고마케팅'(2004) '나비효과 블루오션 마케팅'(2006) '스마트시대 양방향방송광고 기획제작론'(2012) '건강한 UCC 제작 및 건전한 SNS 사용법'(2012) '방송통신 정책과 기술의 미래'(2012) '스마트시대 콘텐츠마케팅론'(2013) '미래가 보인다 글로벌미래 2030(共)'(2013, 박영사) '스마트폰 마이스터되기'(2014) '전략적 미래예측방법론'(2014) '대한민국 미래보고서'(2015) [종]기독교

안종범(安鍾範) AN Chong Bum

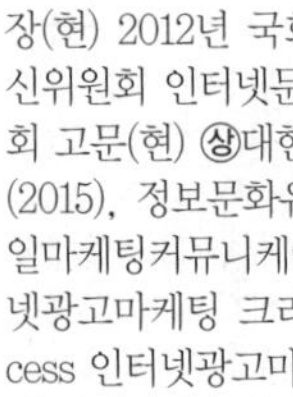

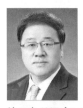

[생]1959 · 7 · 15 [본]순흥(順興) [출]대구 [학]1977년 대구 계성고졸 1981년 성균관대 경제학과졸 1984년 同대학원 경제학과졸 1991년 경제학박사(미국 위스콘신대) [경]1990~1991년 미국 빈곤문제연구소 연구위원 1991~1992년 대우경제연구소 선임연구위원 1992~1995년 한국조세연구원 연구위원 1995~1996년 同연구조정부장 1996~1998년 서울시립대 경제학부 교수 1997년 노사관계개혁위원회 책임전문위원 1998~2001년 감사원 국책사업감시단 자문위원 1998~2012년 성균관대 경제학과 교수 2002년 한나라당 이회창 대통령후보 정책특보(민생 · 복지) 2003년 국세청 세정혁신기획단 위원 2003~2004년 성균관대 경제연구소장 2003년 서울시정개발연구원 서울경제연구센터 자문위원 2004년 기획예산처 기금운용평가단 · 기금존치평가단 복지노동팀장 2004년 사각지대해소대책전문위원회 위원 2004~2005년 미국 캘리포니아대 버클리교 객원교수 2008~2010년 한국재정학회 회장 2010년 국민경제자문회의 민간위원 2010년 국가미래연구원 재정 · 복지분야 발기인 2012년 새누리당 비상대책위원회 정책쇄신분과 자문위원 2012~2014년 제19대 국회의원(비례대표, 새누리당) 2012년 새누리당 제18대 대통령선거대책위원회 국민행복추진위원회 실무추진단장 2013년 제18대 대통령직인수위원회 고용복지분과 인수위원 2013년 국회 예산 · 재정개혁특별위원회 간사 2013년 새누리당 정책위원회 부의장 2014년 대통령 경제수석비서관 2016년 대통령 정책조정수석비서관 [상]조세의 날 부총리표창(1995), 노사관계개혁위원회 위원장표창(1998), 한국재정학회상(1998), 기획예산처장관표창(2004), 제20회 시장경제대상 기고문부문 우수상(2009), 녹조근정훈장(2009) [저]'근로자와 서민을 위한 조세개혁'(2005) '인적자원의 확충과 보호'(2005) [종]불교

안종석(安宗石) AHN Jong Seog

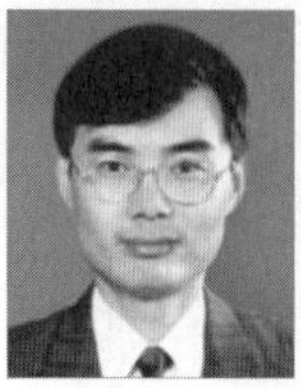

[생]1957 · 2 · 25 [본]순흥(順興) [출]서울 [주]대전 유성구 과학로125 한국생명공학연구원 항암물질연구단(042-860-4114) [학]1975년 용산고졸 1979년 서울대 사범대학 생물교육학과졸 1981년 한국과학기술원(KAIST) 생물공학과졸 1985년 생물공학박사(한국과학기술원) [경]1985년 한국미생물생명공학회 평의원 · 산학협동간사 · 학술진흥위원(현) 1985~2012년 한국미생물학회 평의원 · 편집간사 · 편집위원장 · 편집위원 1985~1993년 한국과학기술원(KAIST) 유전공학센터 선임연구원 1986~1987년 일본 이화학연구소(RIKEN) 방문연구원 1990년 한국생화학분자생물학회 평의원(현) 1993~1999년 생명공학연구소 책임연구원 겸 미생물공학연구실장 1995~2004년 同책임연구원 겸 세포반응조절연구실장 1997~1998년 미국 Duke대 Medical Center 방문연구원 1999년 미국 미생물학회 정회원 1999년 한국생명공학연구원 항암물질연구실 책임연구원 2002~2003년 산업자원부 산업표준심의회 생물공학기술위원회 전문위원 2004년 과학기술연합대학원대 생체분자과학과 교수(현) 2005년 한국생명공학연구원 기능대사물질연구센터장 2006년 同생명연-RIKEN 화학생물공동연구센터장 2008년 同화학생물연구센터장 2009~2010년 (사)출연연(硏)연구발전협의회 회장 2011년 한국과학기술한림원 정회원(현) 2016년 한국생명공학연구원 항암물질연구단장(현) [상]과학기술부 우수연구상(1993) [종]불교

안종석(安鍾奭)

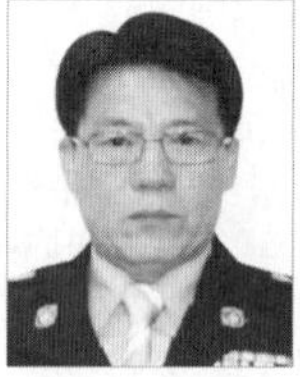

[생]1962 · 1 · 15 [주]세종특별자치시 조치원읍 세종로2439 조치원소방서(044-300-8119) [학]1978년 공주고졸 1988년 한남대 행정학과졸 [경]1984~1988년 대전소방서 · 대천소방서 등 지방소방사 1988년 지방소방교 승진 1989년 충남도 민방위국 소방과 근무 1990년 지방소방장 승진 1992년 충남도 소방본부 방호과 근무 1993년 지방소방위 승진 1993~2000년 대천소방서 · 공주소방서 파출소장 및 충남도 소방안전본부 근무 2000년 지방소방경 승진 2007년 충남 서산소방서 방호예방과장(지방소방령 승진) 2008년 충남 논산소방서 대응구조과장 2010년 충남 서천소방서 소방행정과장 2011년 충남 연기소방서 소방행정과장 2012년 세종특별자치시 소방본부 방호구조과장 2013년 同소방본부 현장대응단장 2015년 同소방본부 소방행정과장(지방소방정 승진) 2016년 조치원소방서장(현) [상]대전소방서장표창(1987), 충남도지사표창(1988), 행정자치부장관표창(1998 · 2004), 국무총리표창(2013)

안종업(安鍾業) AN Jong Eup

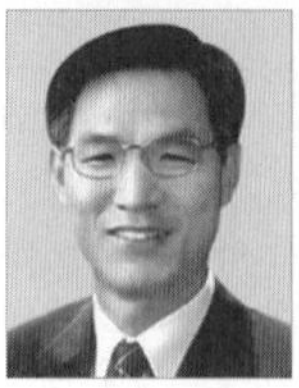

[생]1957 · 11 · 6 [출]부산 [주]서울 중구 세종대로67 삼성증권(주) 임원실(02-2020-8342) [학]동아고졸, 부산대 자원공학과졸 [경]삼성생명 근무 2001년 삼성증권(주) 인사담당 2003년 同Retail지원담당 상무 2005년 同강북지역사업부장(상무) 2006년 同인사지원팀장 2008년 同인사지원팀장(전무) 2009년 同영업전략실장 2009년 同강남지역사업부장 2010년 同리테일사업본부장 2011년 同리테일사업본부장(부사장) 2012년 同리테일본부장(부사장) 2013년 同상품마케팅실장(부사장) 2014년 同CEO보좌역(부사장), 同자문역(현) [종]불교

안종윤(安鍾允) AHN Jong Yun (心軒)

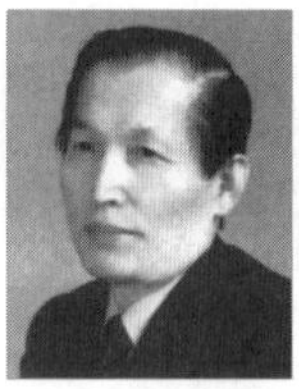

[생]1932 · 4 · 27 [본]순흥(順興) [출]충북 괴산 [주]서울 은평구 진관2로67 은평뉴타운우물골203동208호 (사)한국국제관광개발연구원(02-3216-3082) [학]1951년 청주고졸 1955년 서울대 법대졸 1965년 同행정대학원졸 1986년 관광정책학박사(연세대) 1991년 관광학박사(미국 조지워싱턴대) [경]1968~1981년 경기대 · 세종대 · 경희대 대학원 강사 1976~1981년 한국관광학회 감사 1981~1985년 한양대 관광학과 부교수 1981~1986년 同관광학과장 1982~1986년 (사)한국관광학회 회장 1982~1986년 (재)한국관광장학재단 이사 1982~1985년

교통부 관광정책자문위원 1985~1998년 한양대 관광학과 교수 1986년 국제관광전문가협회(AIEST) 회원(현) 1987년 국제관광전문등재학술지 'Annals of Tourism Research'(SSCI) Coordinating Editor(심사위원선정 및 심의결정 공동편집위원)(현) 1987년 (사)한국관광학회 고문(현) 1989~1992년 교통개발연구원 관광연구실 자문위원 1989~1998년 한양대 관광연구소장 1991~1996년 한국관광공사 이사 1993년 한국정책학회 환경·자원정책분과 학회장 1993~1995년 在京괴산군민회 회장 1994~1997년 미국 관광교육협의회(CHRIE) 분과담당 이사 1998년 한양대 명예교수(현) 1998~2002년 연세대 행정대학원 강사 1998~2014년 (사)한국국제관광개발연구원 원장 1998년 충북 단양군 관광발전자문위원회 위원 1999년 (사)한국정책학회 운영이사 2000~2007년 (사)한국정책포럼 관광정책분과위원장 2001~2003년 (사)한국정책연구원 감사 2001~2003년 충북 괴산군발전위원회 자문위원 2004~2006년 한일관광연구교류회의 한국대표 2008~2009년 (사)한국정책포럼 회장 2014년 (사)한국국제관광개발연구원 이사장(현) [상]서울시장표창(1975), 한양대 백남학술상(1990), 교육부장관표창(1997), 대통령표창(2005) [저]'관광학개론'(1972·1980·1990, 일진문화사) '관광사업진흥법'(1975, 창문각) '관광법규해설'(1980~2002, 창문각) '관광영어회화'(1983~1992, 박영사) '관광일어회화'(1983~1992, 박영사) '관광용어사전'(1985, 법문사) 'Tourism and Economic Development in Asia and Australasia(共)'(1997, 핑터출판사) '관광정책론'(1997·2000, 박영사) '한국관광학'(1998, 백산출판사) '관광입국의 길'(1998, 박산출판사) '환경·자원정책론(共)'(1999, 박영사) 세계백과전자사전 'Scirus Topic(共)'(2009) 외 [역]'관광마케팅의 이론과 실제'(1999·2000) '관광학사전'(2000·2002) '관광비즈니스론'(2003, 기문사) [종]기독교

안종일(安綜一) An Jong Il

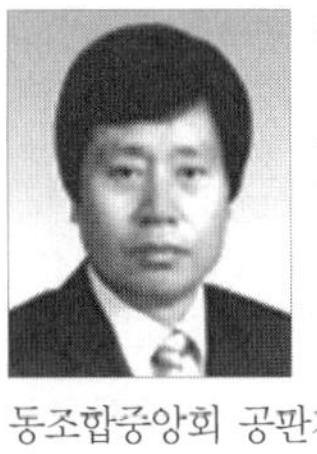

[생]1955·3·16 [주]서울 송파구 오금로58 잠실I-SPACE 빌딩4층 (주)농협홍삼 서울사무소(02-2144-7000) [학]부산상고졸, 동국대 경제학과졸 [경]1973년 농업협동조합중앙회 입사 1989년 同하나로마트분사 과장 1997년 同하나로마트분사 팀장 2001년 (주)농협유통 성남유통센터 부사장 2007년 농업협동조합중앙회 가락공판장장 2007년 (주)농협유통 수원유통센터 사장 2009년 농업협동조합중앙회 공판지원부장 2010년 同하나로마트분사장 2012~2014년 同마트사업본부장(상무) 2014년 (주)농협홍삼 대표이사(현)

안종태(安鍾泰) Ahn Jong Tae

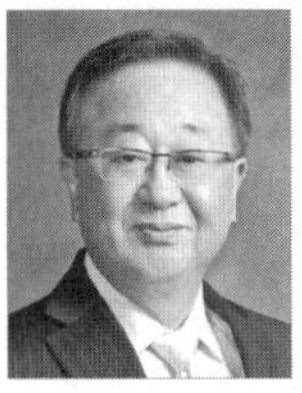

[생]1954·1·17 [출]대구 [주]강원 춘천시 강원대학길1 강원대학교 경영학과(033-250-6144) [학]1976년 성균관대 경영학과졸 1978년 同대학원 경영학과졸 1988년 경영학박사(성균관대) [경]강원지방노동위원회 공익위원 1980년 강원대 경영학과 교수(현) 1985년 영국 런던대 방문교수 1993~1994년 일본 도쿄대 사회과학연구소 연구원 1998~2000년 미국 Univ. of Wisconsin Madison Honorary Fellow 2000~2001년 강원대 경영학과장 2006~2007년 (사)한국기업경영학회 회장 2010년 대한경영학회 회장 2013~2014년 한국인사관리학회 회장 2013~2016년 한국거래소 비상임이사 2015~2016년 동부화재해상보험(주) 사외이사

안종택(安鍾澤) AHN Jong Taek

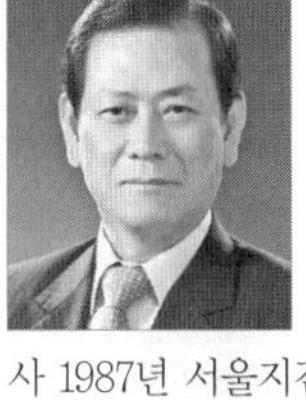

[생]1955·5·25 [출]울산 [주]서울 강남구 강남대로382 메리츠타워18층 법무법인(유한) 에이펙스(02-2018-0964) [학]1973년 경남고졸 1977년 서울대 법학과졸 2004년 성균관대 대학원 법학과졸 2007년 同대학원 법학 박사과정 수료 [경]1978년 사법시험 합격(20회) 1980년 사법연수원 수료(10기) 1980년 육군 법무관 1983년 서울지검 북부지청 검사 1986년 수원지검 여주지청 검사 1987년 서울지검 남부지청 검사 1987년 독일 막스플랑크 국제형사법연구소 객원연구원 1989년 대검찰청 검찰연구관 1991년 서울지검 검사(고등검찰관) 1992년 춘천지검 속초지청장 1993년 부산지검 울산지청 부장검사 1993년 인천지검 공안부장 1994년 법무부 특수법령과장 1996년 대검찰청 중수3과장 1997년 同중수2과장 1997년 서울지검 동부지청 형사3부장 1998년 부산고검 검사 1999년 서울지검 서부지청 형사1부장 2000년 서울고검 검사 2002년 대전고검 검사 2003년 전주지검 군산지청장 2004년 인천지검 부천지청장 2005년 법무연수원 기획부장 2005년 춘천지검장 2006년 법무부 감찰관 2007~2008년 서울북부지검장 2008년 법무법인 렉스 대표변호사 2009년 법무법인(유한) 에이펙스 고문변호사(현) [상]홍조근정훈장(2004) [저]'통일독일의 구동독 체제불법 청산 개관(共)'(1995, 법무부) '교류협력단계 남북한 특수관계의 법적운용(共)'(1995, 법무부) '중국과 대만의 통일 및 교류협력 법제'(共)(1995, 법무부)

안종호(安宗鎬) Ahn jong ho

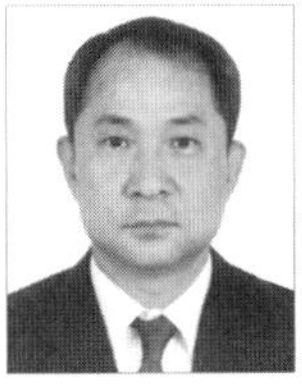

[생]1958·9·19 [출]경북 영주 [주]전북 전주시 완산구 기지로120 한국국토정보공사 부사장실(063-906-5022) [학]경북 영광고졸 1979년 명지실업전문대학 지적과졸 1994년 한국방송통신대 행정과졸 1997년 한양대 행정대학원 행정학과졸 2008년 외교안보연구원 전문과정 수료 [경]2005년 대한지적공사 대전·충남도본부 사업팀장 2008년 同사업처장 2010년 同전북도본부장 2011년 同지적연구원장 2013년 同미래사업본부장 2013년 同사업이사(상임이사) 2015년 同지적사업본부장(상임이사) 2015년 한국국토정보공사 지적사업본부장(상임이사) 2015년 同부사장 겸 기획본부장(현) [상]내무부장관표창(1998), 국무총리표창(2003)

안종화(安鍾和) Ahn Jonghwa

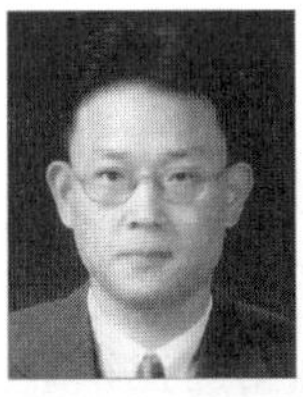

[생]1966·3·9 [출]경남 의령 [주]강원 춘천시 공지로284 춘천지방법원(033-259-9000) [학]1985년 대구 계성고졸 1992년 고려대 법학과졸 1994년 同대학원 법학과 수료 [경]1997년 사법시험 합격(39회) 2000년 사법연수원 수료(29기) 2000년 수원지법 판사 2002년 서울지법 판사 2004년 창원지법 통영지원 판사 2007년 서울중앙지법 판사 2009년 서울가정법원 판사 2012년 서울고법 판사 2014년 서울남부지법 판사 2015년 춘천지법 부장판사(현)

안종환(安鍾煥) AHN Jong Hwan

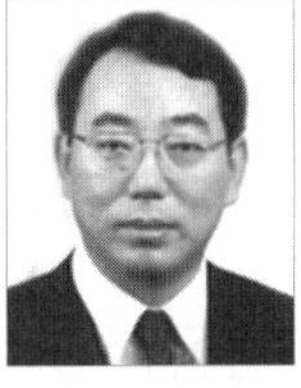

[생]1957·12·7 [출]대구 [주]서울 강남구 개포로619 코리아e플랫폼(주) 사장실(02-3016-8901) [학]경북사대부고졸, 계명대 회계학과졸, 중앙대 대학원 경영학과졸 [경]제일모직 경영지원실 재무파트장 2002년 同재무팀장(상무보) 2002년 삼성문화재단 사무국장 2003~2005년 한국회계연구원 자문위원 2005년 삼성문화재단 사무국장(상무) 2007년 삼성에버랜드 E&A사업부 지원UNIT장 2009년 同상무 2010년 (주)아이마켓코리아 상무 2011~2014년 同영업본부장(전무) 2015년 同고문 2016년 코리아e플랫폼(주) 대표이사 사장(현) [상]산업포장(1998)

안주섭(安周燮) AN Joo Seob

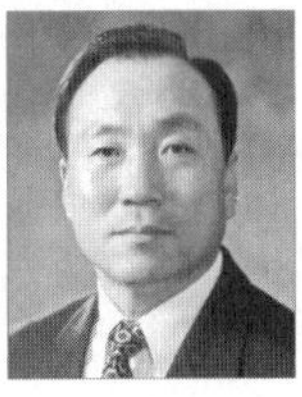

[생]1947·1·10 [본]순흥(順興) [출]전남 곡성 [주]서울 서초구 효령로230 승정빌딩205호 한국미래문제연구원(02-6406-0877) [학]1964년 광주고졸 1968년 육군사관학교졸(24기) 1991년 경희대 산업정보대학원 수료 1994년 원광대 행정대학원 수료 1996년 전주대 대학원 지역정책개발학과졸 2002년 문학박사(명지대) [경]육군 대대장, 사단 군수참모, 군단작전처 작전과장, 군사령부 검열반장 1985년 9사단 29연대장 1989년 육군본부 감찰감실 검열과장 1991년 5사단 부사단장 1991년 군사령부 동원처장 1993년 35사단장 1995년 군사령부 참모장 1997년 육군대학 총장 1998년 예편(중장) 1998~2003년 대통령 경호실장 2003~2004년 국가보훈처장 2005~2009년 한국코치협회 회장 2005~2009년 전주대 초빙교수 2006년 서울디지털대 초빙교수 2007~2009년 국방대 초빙교수 2007년 한국미래문제연구원 설립·원장(현) [상]대통령표창, 보국훈장 삼일장·천수장, 청조근정훈장, 이탈리아 최고명예훈장, 프랑스 국가공로훈장, 청소년대훈장, 광주고 광고인영예대상 [저]'고려-거란 전쟁'(2003) '영토한국사(共)'(2006) '우리땅의 역사(共)'(2007) '한국군사사(編)'(2012, 경인문화사·全16권) [종]기독교

안주식(安疇植)

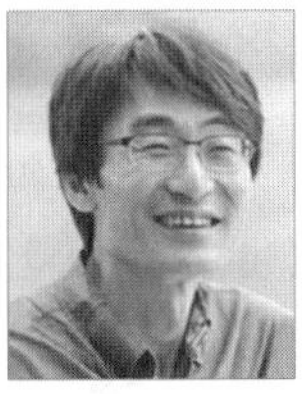

[생]1971·2·4 [주]서울 양천구 목동동로233 한국방송회관15층 한국프로듀서연합회(02-3219-5613) [학]1995년 서울대 철학과졸 [경]1995년 한국방송공사(KBS) 뉴스PD 입사(공채 22기) 2002년 同기획제작국 프로듀서 2007년 同편성기획팀 프로듀서 2007년 同PD협회 편집주간 2008년 同다큐멘터리국 프로듀서 2008년 同'사원행동' 편집주간 2014~2015년 同PD협회 회장 2015년 한국PD연합회 회장(현) 2015년 한국PD교육원 이사장(현) [작]연출 '취재파일 4321' '현장경제' '세계는 지금' 'KBS 일요스페셜' 'KBS스페셜' '추적60분' '다큐 3일'

안준모(安峻模) AN Joon Mo

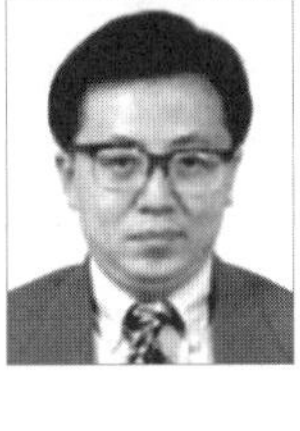

[생]1960·2·17 [출]인천 [주]서울 광진구 능동로120 건국대학교 경영정보학부(02-450-3607) [학]1978년 송도고졸 1983년 연세대 경영학과졸 1989년 미국 텍사스A&M대 대학원졸 1994년 경영학박사(미국 뉴욕주립대) [경]1994~1995년 LG-EDS시스템 정보전략컨설팀 책임컨설턴트, 미국 뉴욕주립대 연구위원 1996년 건국대 경영정보학과 교수, 同경영정보학부 경영정보학전

공 교수(현) 2004~2006년 同정보통신처장 2005년 한국데이터베이스학회 이사 2006년 경영정보학회 이사 2011~2013년 건국대 서울캠퍼스 상허기념도서관장 [상]정보통신부 정보화공로상 [저]'정보시스템 아웃소싱' 'E비즈니스와 아웃소싱 전략'(2002) 'IT아웃소싱 관리'(2002) [역]'글로벌 IT아웃소싱'(2003) [종]기독교

안준수(安俊帥) AHN Joon Soo

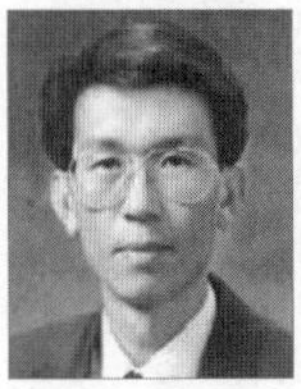

[생]1959·12·3 [주]경기 포천시 호국로1007 대진대학교 공과대학 환경공학과(031-539-1952) [학]1982년 한양대 화학공학과졸 1986년 연세대 대학원졸 1994년 화학공학박사(연세대) [경]연세대 산업기술연구소 연구원, 同화학공학과 강사, 선경건설(주) 연구소 연구원 1993년 대진대 공과대학 환경공학과 교수(현) 2014년 同공과대학장 겸 공학교육혁신센터장(현)

안준식(安準植)

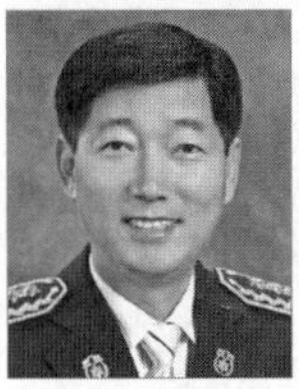

[생]1960·8·18 [출]전남 강진 [주]전북 전주시 완산구 효자로225 전북도 소방본부 방호예방과(063-280-3850) [학]광주제일고부설방송통신고졸, 한국방송통신대 행정학과졸 [경]호서대 소방학과 강사, 경원대 소방안전관리학과 겸임교수, 의정부소방서·과천소방서·수원소방서 근무, 중앙소방학교 지도계장, 중앙소방학교 전임교관, 전북 소방안전본부 예방·장비·대응조사담당, 김제소방서 소방행정과장 2010년 남원소방서장 2012년 군산소방서장 2014년 정읍소방서장 2016년 전북도 소방본부 방호예방과장(현) [상]내무부장관표창(1992), 총무처장관표창(1997), 국무총리표창(1999·2005), 대통령표창(2011)

안준호(安焌皓) AHN Jun Ho

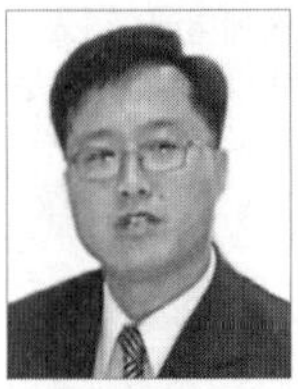

[생]1965·6·11 [출]서울 [주]서울 서초구 남부순환로340길58 서울특별시 인재개발원 원장실(02-3488-2003) [학]1983년 서울고졸 1987년 연세대 정치외교학과졸 [경]2002년 서울시 DMC사업단 DMC사업추진담당관 2002년 同청계천복원추진본부 복원관리반장 2003년 同청계천복원추진본부 복원관리담당관 2004년 同재정분석담당관(서기관) 2005년 同심사평가담당관 2006년 同조직담당관 2006년 同여성정책담당관 2007년 同재무국 재무과장 2008년 同경쟁력강화본부 경쟁력정책담당관 2009년 同행정국 행정과장 2009년 서울시정개발연구원 파견(부이사관) 2009년 국외훈련 파견(부이사관) 2011년 서울 금천구 부구청장 2012년 서울시 시민소통기획관 2013년 同교육협력국장(지방이사관) 2014년 同대변인 2014년 同인재개발원장(현) [상]홍조근정훈장(2014)

안준호(安埈昊) AHN Jun Ho

[생]1969·4 [출]경북 영주 [주]세종특별자치시 도움5로20 국민권익위원회 부패방지국 신고심사심의관실(044-200-7602) [학]1988년 김천고졸 1993년 고려대 법학과졸 1995년 서울대 대학원 정책학과 수료 2008년 한국개발연구원 국제정책대학원 경제정책학졸(석사) 2009년 호주 퀸즈랜드대 대학원 법학과졸(석사) [경]1996년 총무처 행정사무관 시보 1997~2002년 국방부 행정사무관 2002년 부패방지위원회 평가조사담당관실 행정사무관 2003년 同평가조사담당관실 서기관 2005~2007년 국가청렴위원회 제도2담당관 2010년 국민권익위원회 부패방지국 부패영향분석과장 2011년 同부패방지국 심사기획과장 2011년 同제도개선총괄담당관(서기관) 2012년 同제도개선총괄담당관(부이사관) 2013년 同청렴총괄과장 2014년 同고충처리국 고충민원심의관(고위공무원) 2016년 同부패방지국 신고심사심의관(고위공무원)(현)

안중석(安重錫) AHN Jung Seok

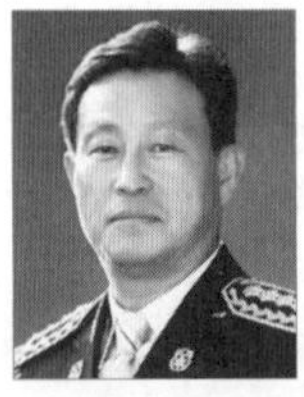

[생]1959·5·20 [본]순흥(順興) [출]강원 춘천 [주]강원 춘천시 후석로446 춘천소방서(033-241-0119) [학]강원 성수고졸, 한국방송통신대 행정학과졸, 강원대 경영행정대학원 일반행정학과졸 [경]순천소방서 민방위국 소방과 근무, 강원도 소방본부 방호과 근무, 同구조구급과 근무, 원주소방서 구조구급담당, 강원도 소방본부 방호구조과 근무, 同소방행정과 정보통신담당 2008년 同방호구조과 방호담당 2010년 영월소방서장 2011년 철원소방서장 2013년 강원도 소방본부 방호구조과장(소방정) 2014년 同소방안전본부 소방행정과장 2016년 강원 춘천소방서장(현) [상]모범공무원표창, 행정자치부장관표창, 강원도지사표창, 체육청소년부장관표창, 녹조근정훈장(2014) [저]'우리나라 재난대응체제 구축방안에 관한 연구'

안중은(安重殷) AHN Joong Eun

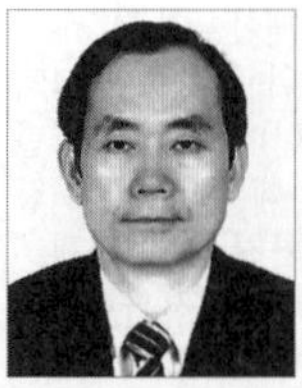

[생]1955·2·2 [본]순흥(順興) [출]대구 [주]경북 안동시 경동로1375 안동대학교 사범대학 영어교육과(054-820-5538) [학]경북대 영어교육과졸, 同대학원졸, 문학박사(경북대) [경]1980~1983년 육군3사관학교·육군종합행정학교 전임강사 1985~1996년 안동대 사범대 영어교육과 전임강사·조교수·부교수 1987년 미국 Univ. of Mississippi 객원교수 1987~1988년 미국 Appalachian State Univ. 및 U.C. Berkeley 객원교수 1991~1992·2000~2001·2005~2006년 안동대 사범대학 영어교육과 학과장 1994~1996년 한국영미어문학회 섭외이사 1995~1996년 안동대 어학연구소장 1996년 同사범대학 영어교육과 교수(현) 1997~1998년 미국 Univ. of Oregon 객원교수 1999년 안동대 어학원장 2003~2004년 同인문과학연구소장 2004년 미국 하버드대·영국 옥스퍼드대·케임브리지대·런던대 방문연구자 2005년 미국T.S.엘리엇학회 정회원(현) 2005년 '미네르바' 등단시인 2005~2007년 한국T.S.엘리엇학회 부회장 겸 편집위원장 2008·2009년 영국 런던대 및 프랑스국립도서관 방문연구자 2009~2011년 한국T.S.엘리엇학회 회장 2009년 미국 세계인명사전 '마르퀴스 후즈 후 2010'에 등재 2010~2012년 안동대 어학원장 2010년 미국 하버드대 방문연구자 2010년 세계대학영어교수협회(IAUPE: The International Association of Univ. Professors of English) 정회원(현) 2010년 영국 케임브리지국제인명센터(IBC) '2010년 2000명 지성인'에 선정 2010년 同'2010년 세계 100인 교육자'에 선정 2011년 미국 인명연구소(ABI) '21세기의 위대한 지성'에 등재 2014~2016년 한국영미어문학회 부회장 겸 편집위원장 2016년 同회장(현) [상]한국영미어문학회 봉운학술상(2001), 영국 케임브리지국제인명센터(IBC) 플라톤 국제교육자상(The International Plato Award for Educational Achievement), 미국 인명연구소(ABI) The 2011 Award of Excellence(2011), 한국T.S.엘리엇학회 공로패(2012), 한국영미어문학회 원암학술상(2014) [저]'On T. S. Eliot's Objective Correlative(編)'(1994) 'On T. S. Eliot's Dissociation of Sensibility(編)'(1997) 'T. S. 엘리엇의 시와 비평'(2000·2004·2008) '현대영미시(編)'(2008) '낭만주의 영시(編)'(2009) 'T. S. 엘리엇과 상징주의'(2012) [역]'문학용어해설집(共)'(1985)

안중헌(安重憲)

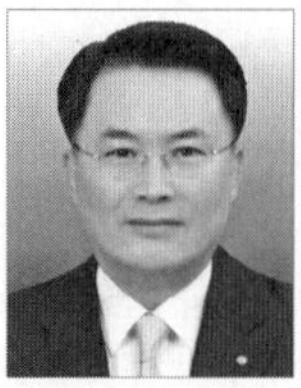

[생]1961·10·27 [출]경북 고령 [주]대구 동구 첨단로39 한국산업단지공단 개발사업본부(070-8895-7032) [학]1988년 계명대 화학과졸 2007년 한성대 중소기업경영대학원 경영학과졸 [경]1991~1997년 구미수출산업공단 근무 1997년 한국산업단지공단 서부지역본부 공장설립대행팀 근무 1998년 同정보화사업실 FEMIS개발담당 2002년 同공장설립지원팀장 2006년 同중부지역본부(구미) 기획평가·창업경영팀장 2008년 同대구지사 설립·운영총괄부장 2009년 同울산지사장 2011년 同기업지원처장·미래경영전략실장 2013년 同산업단지개발실장 2015년 同개발사업본부장(상무이사)(현) [상]한국산업단지공단 이사장표창(1호)(1997), 산업자원부장관표창(1999), 한국산업단지공단 대상(2002)

안중현(安重賢) AHN Jung Hyun

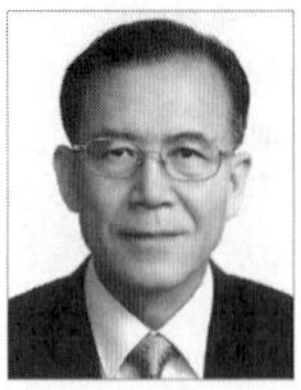

[생]1957·8·20 [출]충북 충주 [주]충남 천안시 동남구 목천읍 삼방로95 독립기념관(041-557-8163) [학]1976년 충주고졸 1980년 육군사관학교졸 2002년 연세대 대학원 수료 2006년 명지대 대학원 박사과정 수료 [경]1987년 국가보훈처 기념사업국 자료관리과 근무 1995년 同기념사업국 기념사업기획과 서기관 1996년 同기념사업국 선양사업과장 1998년 同제대군인정책담당관 1998년 同홍성보훈지청장 1999년 同보훈심사위원회 행정실장 2001년 同서울남부보훈지청장 2003년 同보훈선양국 공훈심사과장 2004년 同보훈선양국 선양정책과장(부이사관) 2005년 세종연구소 파견(국장급) 2006년 국가보훈처 복지의료국 복지기획과장 2007~2009년 부산지방보훈청장 2009년 국방대 교육파견 2009년 국가보훈처 보훈선양국장(고위공무원) 2010년 同안중근의사유해발굴추진단 정부위원 2011년 광주지방보훈청장 2013~2015년 서울지방보훈청장 2015년 독립기념관 사무처장(현)

안중현(安重玹) Ahn Jung Hyun

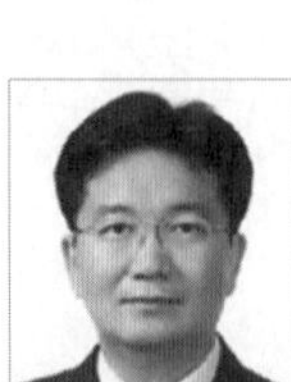

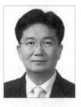

[생]1963·3·10 [주]서울 서초구 서초대로74길11 삼성전자(주) 임원실(02-2255-0114) [학]한국과학기술원졸 [경]삼성전자(주) 경영기획팀 담당임원, 同메모리기획팀장(상무) 2010년 同전략T/F팀장(상무) 2010년 同전략T/F팀장(전무) 2013년 同전략T/F팀장(부사장) 2015년 同미래전략실 전략1팀 부사장, 同미래전략실 전략팀 담당임원(부사장)(현)

안중호(安重昊) AHN Jung Ho

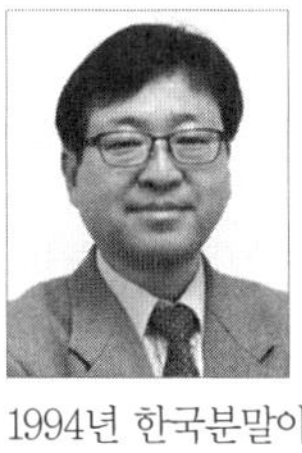

[생]1954·1·31 [출]대전 [주]경북 안동시 경동로1375 안동대학교 공과대학 신소재공학부(054-820-5648) [학]1981년 성균관대 금속공학과졸 1984년 벨기에 Louvain대 대학원 재료공학과졸 1988년 공학박사(벨기에 Louvain대) [경]1982~1989년 벨기에 Louvain대 금속물리연구소 연구원 1989~1995년 한국기계연구원 재료공정연구부 선임연구원 1994년 일본 과기청 STA Fellow 1994년 한국분말야금학회 대구경북지부장 1995년 안동대 공과대학 신소재공학부 조교수·부교수·교수(현) 1999~2000년 호주 Wollong대 전자재료연구소 객원교수 2001~2002년 호주 ARCIREX Fellow 2004~2005년 대한금속재료학회 지역이사 2010년 한국분말야금학회 부회장 2011~2013년 안동대 공과대학장 2013년 한국분말야금학회 회장 [상]대한금속학회 재료조직상(1992), 한국기계연구원 학술부분 금상(1994), 대한금속재료학회 포스터우수논문상(2004) [저]'Metastable and Nanocrystalline Materials'(2003) [종]천주교

안진규(安辰圭) Ahn Jin Gyu

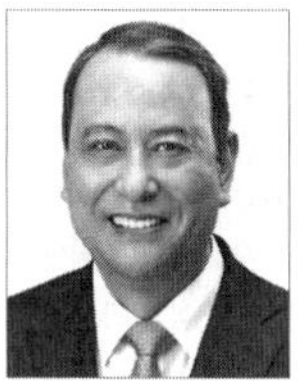

[생]1952·1·23 [출]충남 공주 [주]부산 영도구 태종로233 한진중공업(주) 임원실(051-410-3006) [학]1970년 경복고졸 1974년 서울대 건축공학과졸 [경]한진건설(주) 그룹공사담당, 同해외건축공사담당 부장, 同이사 1999년 한진중공업(주) 이사 2002년 同건축공사담당 상무 2007년 同공사예산실담당 상무, 同예산총괄담당 전무, 同건설부문 예산총괄·원과관리 담당 부사장, 同수빅조선소 사장 2015년 同조선부문 각자대표이사 사장(현) [종]불교

안진석(安振錫) AN Jin Seok

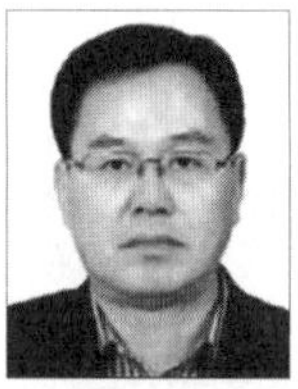

[생]1958·12·18 [출]강원 원주 [주]강원 춘천시 중앙로 1 강원도청 감사관실(033-249-2040) [학]원주고졸, 충북대 행정학과졸, 강원대 행정대학원졸 [경]원주시 새마을과 근무, 강원도 농민교육원 근무, 同의회사무처 근무, 同법무담당관실 근무, 同기획관실 근무, 同관광기획과 근무, 同환경정책과 근무, 同동해출장소 유통지원담당, 同재산관리담당, 同혁신분권과 고객만족담당 2007년 同환경관광문화국 관광개발과담당 2008년 同의회사무처 지방행정사무관 2009년 同사회복지과 지방행정사무관 2013년 2018평창동계올림픽조직위원회 파견(부장요원) 2015년 춘천시의회 사무국장 2015년 강원도 글로벌투자통상국 국제교류과장 2016년 同감사관(현)

안진석(安晋奭) Ahn Jin-Seok

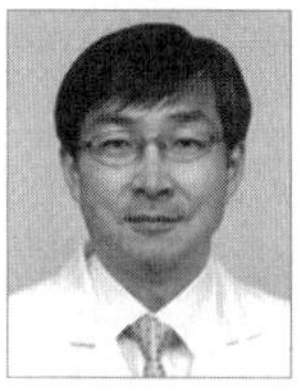

[생]1964·2·15 [주]서울 강남구 일원로81 삼성서울병원 혈액종양내과(02-3410-3453) [학]1988년 서울대 의대졸 1996년 同대학원졸 2003년 의학박사(가톨릭대) [경]1988~1989년 서울대병원 인턴 1992~1996년 同내과 전공의 1996~1997년 同혈액종양내과 전임의 1997~2005년 한림대 의대 내과학교실 전임강사·조교수·부교수 2003년 미국 밴더빌트대 암센터 방문교수 2005년 성균관대 의대 내과학교실 교수(현) 2005년 삼성서울병원 혈액종양내과 전문의(현) 2009년 同삼성암센터 암성통증관리팀장 2013년 同외래부장 2015년 同암병원 유방암센터장(현) 2016년 同암병원 암치유센터장 겸임(현)

안진우(安珍雨) AHN Jin Woo

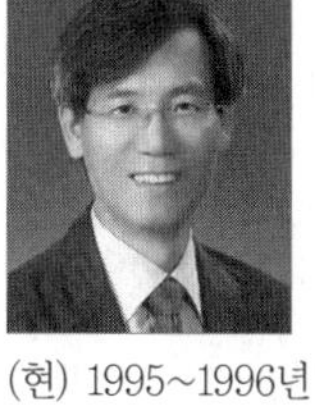

[생]1958·5·26 [출]부산 [주]부산 남구 수영로309 경성대학교 메카트로닉스공학과(051-663-4773) [학]1977년 부산동고졸 1984년 부산대 전기공학과졸 1986년 同대학원졸 1992년 공학박사(부산대) [경]1986~1990년 부산대 공과대학 전기공학과 조교·시간강사 1990~1992년 거제대 전기과 조교수 1992년 경성대 전기공학과 전임강사·조교수·부교수, 同메카트로닉스공학과 교수(현) 1995~1996년 영국 글래스고우대 방문교수 1996년 동전정공(주) 기술고문 1998~1999년 미국 위스콘신대 방문연구원 2001년 전력전자학회 이사 2002년 同경상지부 이사 2005년 경성대 차세대전동기기술연구센터장 2008년 지식경제부 지정 스마트메카트로닉스연구센터장 겸 고령친화이지라이프RIS사업단장, 대한전기학회 이사 겸 학술위원장 2009년 중국 심양공대 객좌교수(현) 2010년 전기기기 및 시스템국제저널(IJEMS) 조직위원장 겸 초대 편집위원장 2013년 산업통상자원부 지정 스마트메카트로닉스연구센터장 겸 고령친화이지라이프RIS사업단장(현) 2015년 대한전기학회 부회장(현) 2016년 미국전기전자학회(IEEE) 저명강사(Distinguished Lecture)로 선정 [상]대한전기학회 논문상(2003), 대한전기학회 학술상(2004), 전력전자학회 학술상(2004), 한국과학기술단체총연합회 우수논문상(2004), 전력전자학회 기술상(2005), 대한전기학회 우수논문상(2007·2008), 경성대 연구업적우수상(2008), 경성대 산학협력우수상(2009), 부산과학기술상(2011), 대한전기학회 논문상(2011), 지식경제부장관표창(2011), 국제전기기기 및 시스템학술대회(ICEMS) 최우수논문상(2012), 제4회 박민호학술상(2013), 국제전기전자공학회(IEEE) IAS공로상(2013), 보건복지부장관표창(2013), 부산시장표창(2013), 국제전기전자공학회(IEEE) IES공로상(2014), 과학기술훈장 웅비장(2016) [저]'스위치드 릴럭턴스 전동기 구동과 응용'(1998) '스위치드 스위치드 릴럭턴스 전동기'(2004) [역]'전기기기'(2001) [종]가톨릭

안진흥(安鎭興) AN Gyn Heung

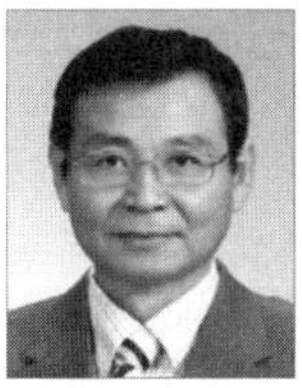

[생]1947·6·5 [출]서울 [주]경기 용인시 기흥구 덕영대로 1732 경희대학교 작물바이오텍센터(031-201-3471) [학]1972년 서울대 식물학과졸 1977년 캐나다 달하우지대 대학원 생물학과졸 1980년 생물학박사(캐나다 요크대) [경]1980년 캐나다 요크대 Post-Doc. Fellow 1981년 캐나다 토론토대 Post-Doc. Fellow 1982년 미국 워싱턴대 Post-Doc. Fellow 1984~1995년 同조교수·부교수·교수 1992~1994년 농촌진흥청 명예연구관 1995년 포항공과대 생명과학과 교수 1996~2000년 농촌진흥청 겸임연구관 1997년 포항공과대 생명과학과 주임교수 1998~2003년 同생물공학연구소장 1999년 同기능유전체연구소장 2002~2004년 농촌진흥청 바이오그린21사업운영위원장 2007년 교육인적자원부 및 한국학술진흥재단 '국가석학(우수학자)' 선정 2010년 경희대 생명과학대학 교수(현) 2010년 同작물바이오텍센터장(현) [상]미국 우주항공국 우수논문상(1995), 신한국인 대통령표창(1996), 한국과학기술단체총연합회 과학기술우수논문상(1998), 한국과학재단 및 과학논문인용색인(SCI) 주관사 미국 톰슨사이언티픽 선정 올해 세계 수준급 연구영역 개척자상(2007), 과학기술훈장 혁신장(2007), 교육인적자원부·한국학술진흥재단 선정 2007 우수학자(2007), 수당상(2008) [저]'식물분자생물학방법'(1999)

안진흥(安眞興)

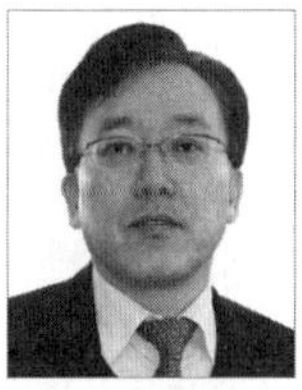

[생]1963 [출]경남 김해 [주]세종특별자치시 노을6로8의14 국세청 전산정보관리관실(044-204-2401) [학]마산고졸, 부산대 경제학과졸 [경]1986년 공무원 임용(7급 공채) 1992년 경제기획원 근무(7급) 2002년 기획재정부 행정사무관 승진 2002년 국세청 근무 2002년 창원세무서 징세과장 2004년 경기 안산세무서 부가가치세과장 2006년 남인천세무서 세원관리1과장 2007년 국세청 재정기획과 근무 2012년 충북 동청주세무서장 2014년 중부지방국세청 운영지원과장 2014년 서울 강서세무서장 2015년 국세청 전산정보관리관 전산기획담당관실 과장(현) [상]대통령표창(1999), 기획재정부장관표창(2010)

안찬영(安燦映)

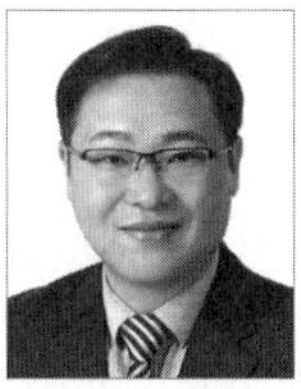

[생]1977·1·5 [출]충남 서산 [주]세종특별자치시 조치원읍 군청로87의16 세종특별자치시의회(044-300-7170) [학]김천대 안경광학과졸 [경]배달안경 대표(현), 한솔동주민자치위원, 김천대안경광학과총동문회 회장, 새정치민주연합 전국정책조정위원회 부위원장 2014년 세종특별자치시의회 의원(새정치민주연합·더불어민주당)(현) 2014·2016년 同교육위원회 위원(현) 2014년 同산업건설위원회 위원 2014년 同예산결산특별위원회 부위원장 2015년 同공공시설물인수점검특별위원회 위원장 2016년 同산업건설위원장(현)

안창남(安昌男) AN Chang Nam

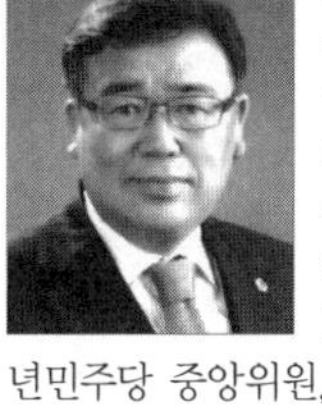

[생]1960·7·14 [주]제주특별자치도 제주시 문연로13 제주특별자치도의회(064-741-1925) [학]1979년 제주제일고졸 1987년 제주대 사회과학대학 경영학과졸 [경]월간 '제주' 발행인, 제주지역정책연구소 상임연구원, 제주시연합청년회 체육진흥위원장, 제주시체육회 부회장, 제주시생활체육협의회 이사, 한국전통택견회 제주도지회 심판이사, 새정치국민회의 제주시 관리책, 새천년민주당 중앙위원, 제주국제관악제조직위원회 감사, 민주평통 자문위원 1998·2002~2006년 제주시의회 의원, 同부의장, 同운영위원장, 同도시관광위원장 2006년 제주도의원선거 출마(열린우리당) 2007년 대통합민주신당 제주도당 사무처장 2007~2009년 제주환경보존실천연합 회장 2010년 제주특별자치도의회 의원(민주당·민주통합당·민주당·새정치민주연합) 2010년 同민주당 원내대표, 삼양동·봉개동·아라동주민자치위원회 자문위원(현), 제주시연합청년회 자문위원, 제주대총동창회 이사 2012년 제주특별자치도의회 운영위원장 2012년 전국시·도의회운영위원장협의회 부회장 2014년 제주특별자치도의회 의원(새정치민주연합·더불어민주당)(현) 2014년 同의회운영위원회 위원 2014년 同문화관광스포츠위원회 위원장 2014년 同윤리특별위원회 위원 2016년 同환경도시위원회 위원(현) 2016년 同예산결산특별위원회 위원(현) [종]불교

안창원(安昌遠) Ahn Chang Won

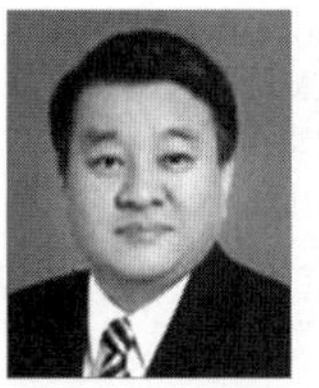

[생]1956·9·7 [출]서울 [주]서울 종로구 종로69 서울YMCA 회장실(02-730-9391) [학]단국대 행정대학원졸, 명예 행정학박사(미국 호놀룰루대) [경]서울YMCA 청소년사업부장, 同기획행정국장 1996~2001년 국제와이즈멘 협력간사 1999~2001년 서울시청소년수련시설협회 이사 2003년 종로보육교사교육원 원장 2004년 서울지방경찰청 자문위원 2004~2008년 호원대·나주대 겸임교수 2005년 한국시민문학학회 이사 2007년 국제청년교류문화협의회 이사 2009년 경찰청 자문위원 2009년 서울YMCA 회장(현)

안창호(安昌浩) AHN Chang Ho

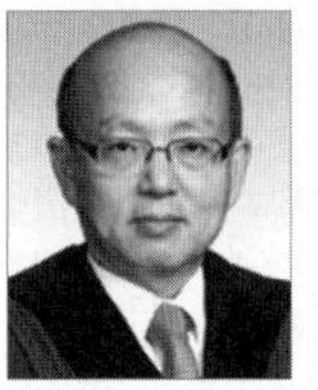

[생]1957·8·5 [본]순흥(順興) [출]대전 [주]서울 종로구 북촌로15 헌법재판소 헌법재판관실(02-708-3456) [학]1975년 대전고졸 1979년 서울대 사회대학졸 1981년 同대학원 법학과 수료 1992년 미국 미시간대 수학 [경]1981년 사법시험 합격(23회) 1984년 사법연수원 수료(14기) 1985년 서울지검 검사 1987년 대전지검 서산지청 검사 1988년 부산지검 동부지청 검사 1990년 서울지검 남부지청 검사 1993년 법무부 인권과 검사 1996년 부산지검 부부장검사 1997년 전주지검 정읍지청장 1997년 헌법재판소 헌법연구관 1999년 법무부 특수법령과장 2001년 대검찰청 기획과장 2002년 서울지검 외사부장 2003년 대검찰청 공안기획관 2005년 서울고검 검사 2005년 법무부 사법제도기획단장 겸임 2006년 서울중앙지검 2차장검사 2007년 광주고검 차장검사 2008년 대검찰청 형사부장 2008년 서울서부지검장 직대 2009년 대전지검장 2009년 광주고검장 2011년 서울고검장 2012년 헌법재판소 재판관(현) [저]'공익법무관제도 개관' '통일국가의 이념체계' [종]기독교

안창환(安昌煥) AHN Chang Hwan

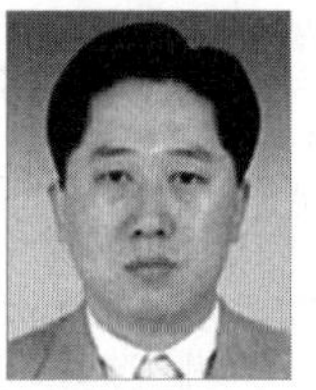

[생]1964·9·23 [출]경남 의령 [주]경남 창원시 성산구 창이대로689번길4의16 법조빌딩6층 법무법인 동남(055-264-6657) [학]1983년 마산고졸 1988년 서울대 법학과졸, 경남대 대학원졸 [경]1988년 사법시험 합격(30회) 1991년 사법연수원 수료(20기) 1991년 軍법무관 1994년 인천지법 판사 1996년 서울지법 남부지원 판사 1996년 창원지법 통영지원 판사 2000년 창원지법 판사 2001년 부산고법 판사 2004년 창원지법 판사 2006년 同진주지원 부장판사 2008~2011년 同부장판사 2011년 동남종합법률사무소 변호사 2014년 법무법인 동남 변호사(현)

안창회(安昌會) AHN Chang Hoe

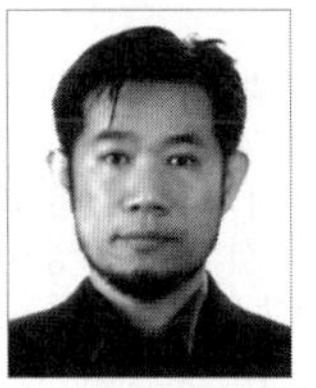

[생]1957·7·13 [본]죽산(竹山) [출]전북 고창 [주]서울 강남구 논현로136길5의3 우광빌딩2층 Catch Creative Solution(02-518-9179) [학]서울예전 응용미술학과졸, 한국방송통신대 경영학과졸 [경]금강기획 PP팀 국장 2005년 Catch Creative Solution 대표(현) [상]한국공익광고 방송부문 장려상, 안기부 포스터공모전, 한국타이어 캐릭터공모전, 제47회 한국민속예술축제엠블렘공모전 [저]'아동교육용 일러스트집 3권'(1982) '초롱아, 녹색여행을 부탁해'(2010) [작]'국민당 심벌캐릭터' '2002월드컵 로고마크' '현대축구단 캐릭터' '아산교육상 심벌' '정읍호남고 C.I' '관광열차 레이디버드 네이밍 및 외장디자인' '명품열차 해랑 네이밍 및 외장디자인' '제24차 세계철학자대회 안내책자' 'KACE C.I' '경일대학교 U.I' '국립어린이청소년도서관 정문 조형물 디자인' '제9차 세계화학자대회 심벌 및 포스터' '제11차 세계수부학회 포스터' '2010·2011 강남패션페스티발 포스터' '2012 거제세계조선해양축제 엠블렘 및 포스터' '국립극장 CI리뉴얼' '아름다운재단 캠페인광고' 'KTV CI' 작업, '아름다운재단 노란봉투 캠페인 재능기부' '2014시민청예술축제 엠블렘 및 포스터 및 오프닝아트퍼포먼스' [종]기독교

안철상(安哲相) AHN Chul Sang

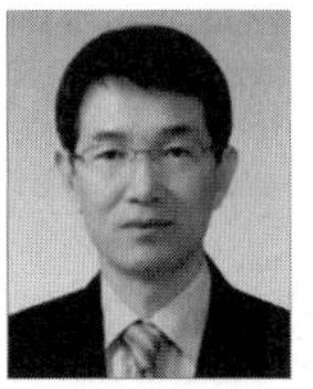

[생]1957·3·5 [출]경남 합천 [주]대전 서구 둔산중로78번길45 대전지방법원 법원장실(042-470-1682) [학]1976년 대구고졸 1980년 건국대 법대졸 1982년 同대학원 법학과졸 1993년 同대학원 법학박사과정 수료 [경]1982년 사법시험 합격(24회) 1985년 사법연수원 수료(15기) 1986년 마산지법 진주지원 판사 1989년 부산지법 판사 1995년 부산고법 판사 1998년 부산지법 판사 1999년 대법원 재판연구관 2001년 부산지법 부장판사 2002년 사법연수원 교수 2005년 서울행정법원 부장판사 2008년 대전고법 부장판사 2009년 대법원 원장비서실장 2011년 서울행정법원 수석부장판사 2013~2016년 서울고법 부장판사 2014~2015년 법원도서관장 2016년 대전지법원장(현) [종]기독교

안철수(安哲秀) Charles AHN

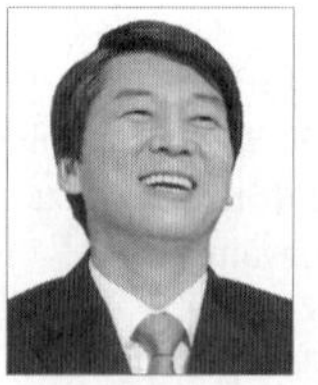

[생]1962·2·26 [출]부산 [주]서울 영등포구 의사당대로 1 국회 의원회관518호(02-784-6070) [학]1980년 부산고졸 1986년 서울대 의학과졸 1988년 同대학원 의학과졸 1991년 의학박사(서울대) 1997년 미국 펜실베이니아대 공과대학원졸 2000년 미국 스탠퍼드대 벤처비지니스과정 수료 2003년 고려대 기업지배구조최고과정 수료 2008년 미국 펜실베이니아대 와튼스쿨 경영대학원졸 [경]1986년 서울대 의과대학 조교 1989~1991년 단국대 의과대학 전임강사·의예과 학과장 1992년 백신툴키트「VTOOLS」개발 1995~2005년 안철수컴연구소 대표이사 사장 1995년 'V3Pro95' 개발 1996년 과학기술처「KT마크」획득 1998년 안티바이러스워프엔진TM 특허획득 1998년 소프트웨어벤처협의회 회장 1998년 아시아안티바이러스연구협회(AVAR) 부회장 1998년 정보보호산업협회 부회장 1998년 제2의건국범국민운동추진위원회 위원 2000~2005년 (주)안철수연구소 대표이사 사장 2000~2005년 벤처기업협회 부회장 2001·2003~2004년 국민은행 사외이사 2001년 대통령자문 정책기획위원회 위원 2002년 미국 세계인명사전「Marquis Who's Who」에 등재 2002년 미국 비즈니스위크誌「아시아의 스타 25인」에 선정 2002년 세계경제포럼(WEF)의「아시아의 미래를 짊어질 차세대 한국인 리더」에 선정 2003년 한국정보보호산업협회 회장 2005년 포스코 사외이사 2005~2012년 (주)안철수연구소 이사회 의장 2008~2011년 한국과학기술원(KAIST) 기술경영전문대학원 석좌교수 2008년 서울장학재단 이사 2008년 (주)안철수연구소 최고교육책임자(CLO) 2008년 대통령직속 미래기획위원회 미래경제·산업분과 위원 2009년 국립과천과학관 홍보대사 2009년 서울장학재단 홍보대사 2010년 방송통신위원회 기술자문위원 2010년 지식경제부 지식경제 R&D전략기획단 비상근단원 2010~2011년 포스코 이사회 의장 2011년 대전시 명예시민(현) 2011~2012년 서울대 융합과학기술대학원 디지털정보융합학과 교수 2011~2012년 同융합과학기술대학원장 2012년 제18대 대통령 후보(무소속·11월 23일 후보직 사퇴) 2013년 제19대 국회의원(서울 노원구丙 보궐선거 당선, 무소속·새정치민주연합·국민의당) 2013년 국회 보건복지위원회 위원 2014년 국민과함께하는새정치추진위원회 청년위원장 2014년 새정치연합 창당준비위원회 중앙운영위원장 2014년 새정치민주연합 창당준비위원회 공동위원장 2014년 同공동대표 최고위원 2014~2015년 同상임고문 2015년 同'국가정보원 도·감청의혹진상조사위원회' 위원장 2016년 국민의당 창당준비위원회 인재영입위원장 2016년 同상임공동대표 2016년 同선거대책위원회 위원장 2016년 同민생살림특별위원회 위원장(현) 2016년 제20대 국회의원(서울 노원구丙, 국민의당)(현) 2016년 국민의당 서울노원구丙 지역위원회 위원장(현) 2016년 국회 교육문화체육관광위원회 위원(현) 2016년 국회 미래일자리특별위원회 위원(현) [상]대통령표창, 국무총리표창, 정보통신부장관표창, 정보문화기술상, IR52 장영실상, 김용관상, 자랑스런 신한국인상, 정진기언론문화상, 다산기술상, 인촌상, 아시아·유럽재단의 2001 차세대지도자상, 한국산업기술진흥협회 기술경영인상(2002), 동탑산업훈장(2002), 대한민국 브랜드이미지어워드 교육부문(2009), 백봉신사상 올해의 신사의원 베스트10(2014), 전국청소년선플SNS기자단 선정 '국회의원 아름다운 말 선플상'(2015), 백봉신사상 올해의 신사의원 베스트10(2015) [저]'바이러스 뉴스 1호' '바이러스 뉴스 2호' '별난 컴퓨터의사 안철수' '바이러스분석과 백신제작' '안철수의 바이러스 예방과 치료' '안철수와 윈도우98' 'CEO안철수, 영혼이 있는 승부' '지금 우리에게 필요한 것은'(2004) '행복바이러스'(2009) '안철수의 생각-우리가 원하는 대한민국의 미래 지도'(2012, 김영사)

안철우(安哲右) Ahn Chul Woo

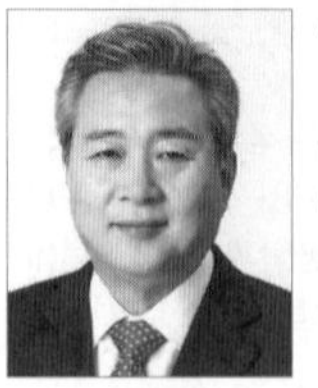

[생]1955·5·29 [출]경남 거창 [주]경남 창원시 의창구 상남로290 경상남도의회(055-211-7378) [학]거창 대성고졸, 숭실대 경제학과졸, 경상대 행정대학원 행정학과졸 [경]조양상선(주) 근무, 거창전문대 강사, 거창볼링프라자 대표, 거창청소년예술단 이사장 2005년 거창문화원 이사(현), 거창군체육회 이사, 거창중앙로타리클럽 회원, 대한적십자사 경남지사 상임위원 2006·2010~2014년 경남 거창군의회 의원(한나라당·새누리당) 2010~2012년 同총무위원장 2014년 경남도의회 의원(새누리당)(현) 2014년 同경제환경위원회 위원 2014년 同도청소관 예산결산특별위원회 부위원장 2014년 同교육청소관 예산결산특별위원회 위원장 2015년 同지방자치제도개선특별위원회 위원장 2016년 同기획행정위원회 위원(현) [상]민주평통 의장(대통령)표창(2011)

안철호(安哲浩) AHN Chul Ho (鶴城)

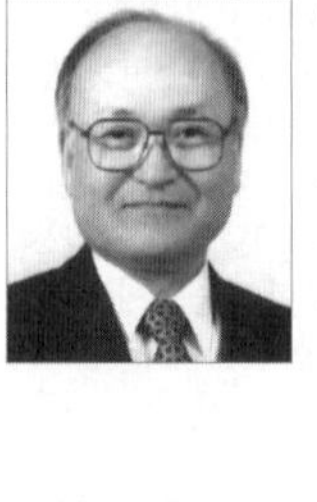

[생]1926·4·15 [본]순흥(順興) [출]함북 성진 [주]경기 수원시 권선구 효원로266번길25 우덕빌딩 (주)범아엔지니어링 회장실(031-220-3700) [학]1943년 만주 용정 은진중졸 1952년 서울대 토목공학과졸 1985년 공학박사(일본 도쿄이과대) [경]1954~1980년 서울대 공대 토목공학과 강사·조교수·부교수 1964년 대한측량협회 부회장 1969~1986년 국제측지학및지구물리학연합(IUGG) 측

지분과위원장 1970~1972년 대한측량협회 회장 1980~1991년 서울대 공대 토목공학과 교수 1982~1988년 한국측지학회 회장 1986년 일본 도쿄이과대 객원교수 1986~1992년 IUGG 한국위원장 1988년 국가기술자격심사위원회 전문위원 1991년 (주)범아엔지니어링 대표이사, 同회장(현) 1991년 서울대 명예교수(현), 함경북도중앙도민회 회장(현) 2016년 이북도민회중앙연합회 회장(현) [상]대한토목학회 학술상 · 공로상, 국민훈장 석류장 [저]'측량학' '일반측량학' [종]기독교

안총기(安總基) AHN Chong-ghee

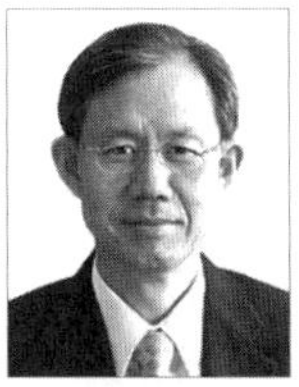

[생]1957 · 1 · 21 [출]서울 [주]서울 종로구 사직로8길60 외교부 인사운영팀(02-2100-7143) [학]1981년 서울대 불어불문학과졸 1989년 미국 조지타운대 대학원졸 [경]1982년 외무고시 합격(16회) 1982년 외무부 입부 1991년 駐미국 2등서기관 1993년 駐볼리비아 1등서기관 1998년 駐제네바 참사관 2002년 외교통상부 행정법무담당관 2002년 同세계무역기구과장 2004년 駐미국 참사관 2007년 외교통상부 지역통상국 심의관 2008년 同지역통상국장 2011년 駐상하이 총영사 2013년 외교부 경제외교조정관 2015년 駐벨기에 유럽연합(EU) 대사(현) 2016년 외교부 제2차관 내정(현) [상]홍조근정훈장(2009)

안춘순(安春淳 · 女) AHN Choon Soon

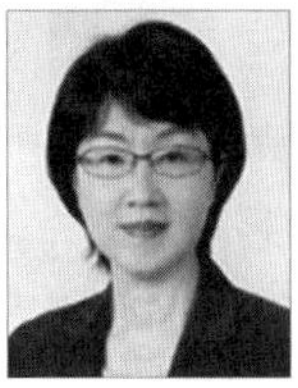

[생]1958 · 3 · 23 [주]인천 연수구 아카데미로119 인천대학교 자연과학대학 패션산업학과(032-835-8265) [학]1981년 이화여대 의류직물학과졸 1990년 미국 오하이오주립대 대학원졸 1991년 이학박사(미국 오하이오주립대) [경]1980년 원미섬유(주) 근무 1981년 극동쉘정유(주) 근무 1992년 상명여대 강사 1993년 인하대 강사 1994년 인천대 의생활학과 전임강사 · 조교수 2000년 同패션산업학과 부교수 · 교수(현) 2008~2009년 同국제교류센터장 2009년 同패션산업학과장 2015년 (사)한국의류학회 회장(현)

안충영(安忠榮) AHN Choong Yong

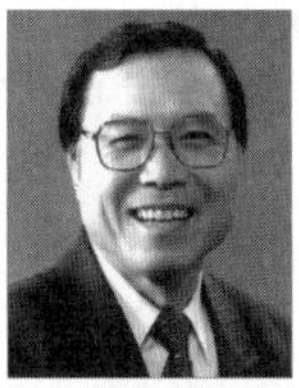

[생]1941 · 1 · 3 [본]순흥(順興) [출]경북 의성 [주]서울 구로구 디지털로32길29 키콕스벤처센터 12층 동반성장위원회(02-368-8400) [학]1959년 경북대사대부고졸 1963년 경북대 경제학과졸 1968년 미국 하와이대 대학원졸 1972년 경제학박사(미국 오하이오주립대) [경]1972년 미국 오하이오주립대 연구교수 1974~2006년 중앙대 정경대 경제학과 교수 1978~1988년 세계은행 컨설턴트 1980년 전국경제인연합회 자문위원 1984~1987년 한국은행 조사부 자문교수 1991년 한국계량경제학회 회장 1991년 중앙대 경제연구소장 1991~1993년 말레이시아 경제기획청 공업화계획연구단장 1993년 미국 하버드대 초청연구교수 1993년 일본 교토대 객원교수 1995년 한국국제경제학회 회장 1995~1998년 대외경제정책연구원 이사장 1997~2000년 중앙대 국제대학원장 1998년 한국경제발전학회 회장 1999~2002년 조흥은행 이사회 의장 2000~2003년 대통령자문 국민경제자문회의 위원 2000년 한국국제통상학회 회장 2001년 한국응용계량경제학회 회장 2002~2005년 대외경제정책연구원 원장 2002~2005년 APEC 경제협력위원회 의장 2002년 21세기한 · 중경제협력공동연구회 한국측 회장 2003년 대통령직속 동북아경제중심추진위원회 남북대외협력분과위원장 2004년 연합인포맥스 자문위원 2004~2006년 대통령자문 정책기획위원회 위원 2006년 중앙대 국제대학원 석좌교수(현) 2006~2014년 대한무역투자진흥공사 외국인투자옴부즈만, 재정경제부 EDCF운용자문위원회 위원장 2008~2010년 대통령자문 국가경쟁력강화위원회 위원 2009~2014년 대구은행 사외이사 2010~2012년 대통령직속 규제개혁위원회 위원장 2014년 강원도 명예 도지사(현) 2014년 동반성장위원회 위원장(현) 2014년 대 · 중소기업협력재단 이사장(현) 2014년 한국전력공사 비상임이사(현) [상]매일경제 이코노미스트상(1984), 일본 총리실산하 종합연구개발기구(NIRA) 오키타정책연구상(2000), 중앙대 학술상(2001), 옥조근정훈장(2006), 한일경제협력공로상(2012), 동탑산업훈장(2014) [저]'現代東アジア經濟論'(2000, 岩波書店) '현대 한국 · 동아시아 경제론(2001, 박영사) '동북아 경제협력 : 통합의 첫걸음(共)'(2003, 박영사) 'East Asia Regionalism'(2005) '빗장을 풀어야 한국이 산다'(2007, 박영사) [역]'기초계량경영학'

안충준(安忠濬) AHN CHOUNG JUN

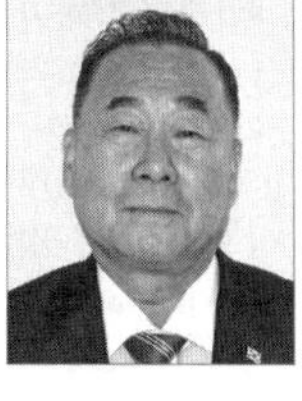

[생]1945 · 1 · 17 [출]함북 회령 [주]서울 종로구 비봉길 64 이북5도위원회(02-2287-2680) [학]1963년 충주사범학교졸 1969년 육군사관학교졸(25기) 1982년 미국 험볼트주립대 대학원 교육행정학과졸 1999년 경기대 통일안보전문대학원 정책학과졸 2002년 국제정치학박사(경기대) [경]1987~1992년 육군 1군사령부 군관리과장 · 육군사관학교 육사관리처장 · 6군단사령부 군단작전참모 1993년 육군 1군사령부 인사처장 1994년 한미연합사령부 작전처장 1995년 육군 보병 제3사단(백골부대) 사단장 1997~1998년 인도 · 파키스탄평화유지군(UNPKO) 사령관 겸 UN 사무총장 대리특사 1998년 한미연합사령부 군수참모부장 2000년 육군 교육사령부 부사령관 2002~2011년 동양대 초빙교수 · 경기대 겸임교수 2010~2013년 국립한국교통대 석좌교수 2014~2016년 칼빈신학대 객원교수 2016년 행정자치부 이북5도위원회 함경북도지사(현) [상]월남 명예1등훈장(1972), 대통령표창(1981 · 1996), 보국훈장 삼일장(1985), 보국훈장 천수장(1996 · 1999), 미국공로훈장(LOM)(1996 · 1999), UN 작전공로훈장(1998), 파키스탄평화훈장(2006) [저]'영원한 소대장' '장군의 인생수첩' [역]The Wisdom of Generals '장군들의 지혜'

안충환(安忠煥) Ahn, Choong-Hwan

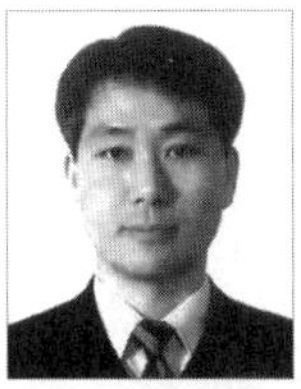

[생]1966 · 3 · 1 [본]광주(廣州) [출]서울 [주]세종특별자치시 도움6로11 국토교통부 건축정책실(044-201-4797) [학]서울대 경제학과졸 2003년 도시지역학박사(영국 버밍햄대) [경]건설교통부 입지계획과 서기관 2004년 국무조정실 경제조정관실 과장 2005년 건설교통부 기업도시지원과장 2005년 同복합도시개발팀장 2006년 同토지관리팀장 2006년 대통령비서실 행정관(부이사관) 2008년 국토해양부 토지정책과장 2009년 미국 주택도시부(HUD) 파견 2011년 공공주택건설추진단 파견(부이사관) 2011년 국토해양부 기업복합도시과장 2012년 대통령직속 녹색성장위원회 녹색생활지속발전국장 2013년 대통령직속 지역발전위원회 성장활력국장 2013~2014년 同지역활력국장 2014~2015년 서울지방국토관리청장 2015년 국립외교원 글로벌리더십과정 파견 2016년 국토교통부 국토도시실 건축정책관(현) [상]근정포장(2005)

안치득(安致得) AHN Chie Teuk

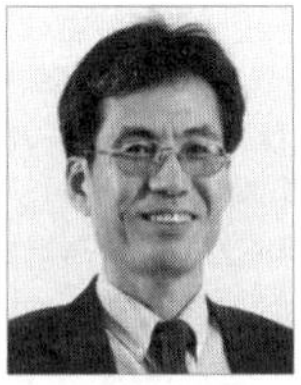

[생]1956 · 8 · 15 [출]충북 청주 [주]대전 유성구 가정로 218 한국전자통신연구원 방송미디어연구소(042-860-6100) [학]1980년 서울대 전자공학과졸 1982년 同대학원졸 1991년 공학박사(미국 플로리다대) [경]1982~2001년 한국전자통신연구원 인력개발부 책임연구원 2003년 同전파방송연구소장, 한국방송공학회 부회장 2004년 한국전자통신연구원 전파방송연구단장 2006년 同통 · 방융합부문 수석연구단장 2008~2011년 同방송통신융합연구부문장 2011~2013년 연세대 미래융합기술연구소 교수 2013년 한국전자통신연구원(ETRI) 통신인터넷연구소장 2014년 한국방송공학회 회장 2014년 한국전자통신연구원 통신인터넷연구소 책임연구원 2015년 同연구위원 겸임 2016년 同방송미디어연구소장(현) [상]산업기술연구회 선정 우수연구원, 한국전자통신연구원 표준화상, 과학기술부 이달의 과학기술자상

안태경(安泰慶) Tae Kyoung Ahn

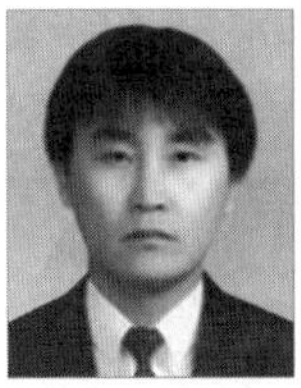

[생]1959 · 12 · 26 [출]서울 [주]세종특별자치시 시청대로 370 대외경제정책연구원 감사실(044-414-1171) [학]1996년 명지대 대학원 문헌정보학과졸 2002년 문헌정보학박사(중앙대) [경]1985~1989년 산업기술정보원 정보자료실 산업연구원 1989년 대외경제정책연구원 부연구위원, 同정보자료팀장 2006년 同지식정보실장 2006년 건국대 문헌정보학과 겸임교수(현) 2008년 아시아경제연구소 해외객원연구원 2010년 대외경제정책연구원 출판팀장 2010~2012년 Journal of East Asian Economic Integration 편집간사 2011년 대외경제정책연구원 감사실장(현)

안태근(安兌根) AHN Tae Geun

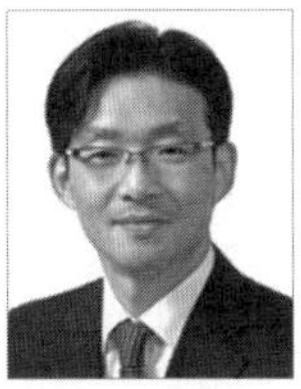

[생]1966 · 11 · 29 [출]경남 함안 [주]경기 과천시 관문로 47 법무부 검찰국(02-2110-3005) [학]1985년 서울 영동고졸 1989년 서울대 법학과졸 1998년 미국 캘리포니아대 버클리교 연수 [경]1987년 사법시험 합격(29회) 1991년 사법연수원 수료(20기) 1991년 軍법무관 1994년 서울지검 검사 1996년 청주지검 제천지청 검사 1997년 수원지검 검사 2000년 법무부 특수법령과 검사 2002년 서울지검 남부지청 검사 2003년 同법무부장검사 2004년 법무부 검찰국 검사 2005년 부산고검 검사 2005년 국가정보원 파견 2006년 인천지검 부장검사 2007년 법무부 공공형사과장 2008년 대검찰청 정책기획과장 2009년 서울중앙지검 금융조세조사2부장 2009년 수원지검 여주지청장 2010년 법무부 정책기획단장 2010년 서울고검 검사 2011년 서울서부지검 차장검사 2012년 부산지검 동부지청장 2013년 제18대 대통령직인수위원회 법질서 · 사회안전분과 전문위원 2013년 법무부 인권국장 2013년 同기획조정실장(검사장급) 2015년 同검찰국장(현)

안태일(安泰一) AHN Tae Il

(생)1959·5·3 (본)순흥(順興) (출)경남 양산 (주)부산 강서구 녹산산단262로26 (주)성광벤드 임원실(051-330-0230) (학)1977년 울산공고졸 1998년 동의대 경영학과졸 2002년 동아대 대학원 회계학과졸 2007년 경영학박사(동아대) (경)(주)성광벤드 CFO(상무이사) 2009년 아당학숙 경남외국어고 이사(현), 동의과학대학 E-경영정보학과 겸임조교수 2011년 동아대 경영학과 겸임교수(현) 2013년 (주)성광벤드 CFO(전무이사)(현) (상)한국회계정보학회 우수논문상(2008) (저)'현대회계학의 이해'(2006) '원가·관리회계'(2007)

안태환(安泰煥) AHN Tae Hwan

(생)1956·7·24 (본)광주(廣州) (출)경기 파주 (주)경기 용인시 기흥구 마북로154번길30 코오롱인더스트리(주) 중앙기술원(031-280-8500) (학)1974년 숭문고졸 1998년 섬유공학박사(성균관대) (경)(주)코오롱 전자재료BC장(상무보) 2009년 同전자재료BC장(상무) 2010년 코오롱인더스트리(주) 중앙기술원 신사업연구소장 2012년 同환경안전기술본부장(전무) 2015년 同중앙기술원장(전무)(현) 2016년 同사내이사(현) (상)IR52 장영실상(2010), 디스플레이부문 산업통상자원부장관표창(2012) (종)천주교

안택수(安澤秀) AHN Taek Soo (眈嚴)

(생)1943·11·13 (출)경북 예천 (학)1962년 경북고졸 1966년 서울대 정치학과졸 (경)1968년 한국일보 기자 1980년 한국기자협회 회장 1982년 한국일보 사회부 차장 1982년 보건사회부 대변인 1988년 국민연금관리공단 재정이사 1990년 토요신문 상무 겸 편집국장 1995년 자민련 홍보분과위원장 1996년 同대구·경북도지부 대변인 1996년 제15대 국회의원(대구北乙, 자민련·한나라당) 1996년 자민련 대변인 1997년 한나라당 대통령후보 언론담당특보 1998~1999년 同대변인 2000년 제16대 국회의원(대구北乙, 한나라당) 2001년 한나라당 국가혁신위원회 문화예술분과 부위원장 2003년 국회 재정경제위원장 2004~2008년 제17대 국회의원(대구北乙, 한나라당) 2005~2006년 한나라당 대구시당 위원장 2008~2013년 신용보증기금 이사장 (상)대통령표창, 동탑산업훈장(2012) (저)'성역을 타파하자' '6·3세대는 말한다' '새천년을 여는 정치' '나의 도전'(2016, 깊은샘) (종)천주교

안택순(安澤淳) AHN Tak Soon

(생)1964·5·10 (출)전남 함평 (주)세종특별자치시 갈매로477 기획재정부 조세총괄정책관실(044-215-4100) (학)1982년 광주 서석고졸 1986년 서울대 경제학과졸 1998년 미국 뉴욕대 대학원 경제학과졸 (경)1999년 재정경제부 세제실 소득세제과 사무관 2001년 同세제실 소득세제과 서기관, 해외 파견 2007년 재정경제부 세제실 소득세제과장 2008년 기획재정부 세제실 재산세제과장 2009년 同세제실 조세정책과장 2009년 同세제실 조세정책과장(부이사관) 2010년 진실화해를위한과거사정리위원회 파견(고위공무원) 2012년 국무총리소속 조세심판원 상임심판관 2013년 국무조정실 조세심판원 상임심판관 2014년 기획재정부 세제실 조세기획관 2015년 同세제실 소득법인세정책관 2016년 同세제실 조세총괄정책관(현) (상)대통령표창(2001)

안택호(安澤鎬) David Taegho Ahn

(생)1960·3·7 (출)경기 시흥 (주)경북 안동시 단원로20 안동문화방송 사장실(054-851-7001) (학)1978년 서울 숭문고졸 1984년 고려대 영어영문학과졸 1992년 미국 미시간주립대 대학원 텔레컴학과(Broadcast & Multichannel Management)졸 2007년 광운대 대학원 신문방송학 박사과정 수료 2009년 서울대 경영대학 글로벌리더십과정(GLA) 수료(5기) (경)1984년 문화방송 입사 1984~1990년 同편성국 TV편성부·영화부·기획실 종합기획부 근무 1992~2000년 同교양제작국 PD 2000~2001년 同기획국 위성방송추진팀 차장 2001~2002년 MBC-ESPN Chief Operating Officer(파견) 2002년 문화방송 편성국 편성기획부 부장대우 2003년 同편성국 편성기획부 부장 2005년 同편성국 편성기획부 위원(부장) 2005년 同글로벌사업본부 콘텐츠기획팀장 2007년 同글로벌사업본부 해외사업팀장 2007~2008년 한국방송콘텐츠수출협의회 부회장 2008년 문화방송 글로벌사업본부 국내사업팀장(부국장) 2009년 同편성국 저작권부장 2010년 同편성국 부국장 2011년 同편성국장 2012년 同편성제작본부 특임국장 2012년 同미래전략실장 2013년 同미래방송연구실 국장 2014년 同심의국장 2016년 안동문화방송 대표이사 사장(현) (상)앰네스티 언론상(1997), YWCA 좋은TV프로그램상(1997), 방송대상 우수작품상(1997), 방송위원회 이달의 좋은 프로그램상(1998), 삼성언론상(1998), 통일언론상(1999) (종)기독교

안평호(安平鎬) AHN Pyeong Ho

(생)1960·4·27 (주)서울 성북구 보문로34다길2 성신여대 일어일문학과(02-920-7634) (학)1984년 한국외국어대 일어학과졸 1990년 同대학원 일본어학과졸 1997년 일본 쓰쿠바대 대학원 언어학 박사과정 수료 2001년 언어학박사(일본 쓰쿠바대) (경)1985~1988년 육군사관학교 교수부 아주어과 강사 1989~1990년 한국외국어대 일본어과 조교 1990~1992년 同시간강사 1990~1992년 인하대 시간강사 2000~2002년 일본 筑波대 문예언어학계 전임강사 2002년 인하대 일어일본학과 시간강사 2002~2008년 성신여대 일어일문학과 시간강사·전임강사·조교수 2005년 同일어일문학과장 2008년 同일어일문학과 부교수·교수(현) 2009년 한국일본학회 재무이사 2011년 성신여대 인문과학대학장 2014년 同일어일문학과장(현) 2015년 同입학처장 2015년 한국일본학회 회장(현) (상)교육연구특별표창(2009) (저)'경제로 배우는 日本語'(2004) '일본어 기초표현(共)'(2005)

안필응(安畢應) AHN Feel Eung

(생)1961·1·17 (출)대전 (주)대전 서구 둔산로100 대전광역시의회(042-270-5098) (학)1979년 대전 대성고졸 (경)마케팅리더신문 발행인, 마케팅리더아카데미 원장 2006년 국민중심당 대덕R&D특구 위원장 2006년 대전시 유성구의원선거 출마(비례대표) 2008~2015년 폴리바이오(주) 대표이사 2010년 대전시의회 의원(자유선진당·선진통일당·새누리당) 2011년 同예산결산특별위원회 위원장 2010년 同운영위원회 위원 2012년 同교육위원회 부위원장 2012년 同대전·충청·세종상생발전특별위원회 위원장 2012년 새누리당 박근혜 대통령후보 대전동구선거대책위원회 부위원장 2013년 同대전시당 부위원장 2014년 대전시의회 의원(새누리당)(현) 2014년 同복지환경위원회 위원장 2014년 同운영위원회 위원 2014년 대전경력중등동창회 회장(현) 2015년 (사)민족대표33인기념사업회 이사(현) 2016년 대전시의회 복지환경위원회 위원(현) 2016년 同예산결산특별위원회 위원(현) 2016년 同대전의료원설립추진특별위원회 위원(현) 2016년 同국립철도박물관유치특별위원회 위원(현)

안 혁(安 赫) AHN Hyuk

(생)1952·12·8 (본)순흥(順興) (출)서울 (주)서울 종로구 대학로101 서울대학교병원 흉부외과(02-2072-3349) (학)1971년 서울고졸 1977년 서울대 의대졸 1988년 의학박사(서울대) (경)1977~1978년 서울대병원 인턴 1978~1982년 同병원 흉부외과 전공의 1982~1985년 육군 군의관 1985~1997년 서울대 의대 흉부외과 전임강사·조교수·부교수 1988년 미국 유타대 연구원 1994년 미국 웨스트버지니아대 교환교수 1996년 대한맥관학회 이사 1996년 서울대병원 심폐기계중환자실장 1997년 서울대 의대 흉부외과학교실 교수(현) 1998년 한국생체재료학회 학술위원 2000년 대한흉부외과학회 기획홍보위원장 2000년 서울대병원 호흡기계중환자진료실장 2001년 대한흉부외과학회 이사 2004~2008년 서울대병원 흉부외과 과장 2004~2008년 서울대 의대 흉부외과학교실 주임교수 2005~2009년 대한흉부외과학회 상임이사 2005년 대한인체조직은행 자문위원 2008~2009년 同자문위원장 2008년 (사)한국인체조직기증본부 이사 2009년 아시아흉부심장혈관외과학회 한국대표 (저)'최신흉부외과학'(共) '중환자 진료학'(共) '심장학'(共) (종)천주교

안현상(安賢相) AHN Hyun Sang

(생)1959·2·17 (출)서울 (주)서울 서초구 강남대로465 교보타워 두산중공업(주)(02-513-6114) (학)휘문고졸, 한양대 기계공학과졸 (경)2003년 두산중공업(주) GMS팀장(부장) 2004~2005년 同담수영업담당 상무 2005년 同두바이지점 상무 2006년 同중동지역장 2007년 同중동담수RO·수처리영업부문 지역장(상무) 2012년 同아시아태평양지역장(전무) 2014년 同자문(현) (종)기독교

안현식(安賢植) AHN HYUNSHIK

(생)1971·4·8 (출)경기 성남시 분당구 대왕판교로645번길16 플레이뮤지엄 NHN엔터테인먼트(1544-6859) (학)1997년 고려대 경영학과졸 2000년 同대학원 재무학과졸 (경)1997~2003년 삼일회계법인 매니저 2003~2010년 NHN Japan 실장 2011~2012년 同교원 상무 2012~2013년 신정회계법인 파트너 2013년 NHN 이사 2013년 NHN엔터테인먼트 총괄이사(현)

안현호(安玹鎬) Ahn, Hyunho

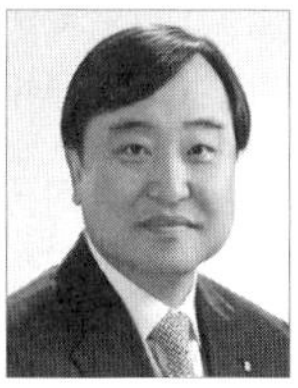

[생]1957 · 11 · 5 [출]경남 함안 [주]경기 용인시 수지구 죽전로152 단국대학교 일반대학원(031-8005-2203) [학]1976년 중앙고졸 1981년 서울대 무역학과졸 [경]1981년 행정고시 합격(25회) 1996년 대한무역투자진흥공사 애틀란타무역관 1999년 산업자원부 전력산업구조개혁단 제도정비팀장 2000년 同산업정책국 산업입지환경과장 2001년 同기초소재산업과장 2002년 同자본재산업총괄과장 2002년 同자본재산업국장 직대 2003년 同산업기술정책과장 2003~2006년 산업기술시험원 운영위원 2004년 산업자원부 산업기술정책과장(부이사관) 2004년 同총무과장 2005년 한국생산기술연구원 파견 2005년 산업자원부 산업기술국장 2006년 同산업기술정책관(일반직고위공무원) 2007년 同산업정책관 2008년 지식경제부 기획조정실장 2009년 同산업경제실장 2010~2011년 同제1차관 2011년 국제과학비즈니스벨트위원회 당연직위원 2011년 단국대 석좌교수 2011년 한국전력공사 사외이사 2011~2015년 한국무역협회 상근부회장 2011~2015년 同FTA무역종합지원센터장 겸임 2012~2015년 노사발전재단 비상임이사 2015년 단국대 일반대학원 석좌교수(현) 2015~2016년 한국전력공사 사외이사 [상]황조근정훈장(2012) [저]'한·중·일 경제 삼국지'(2013, 나남출판)

안형모(安亨模) AHN HYUNG MO

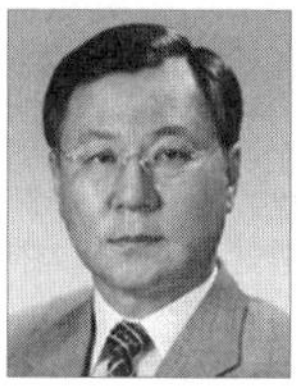

[생]1955 · 7 · 19 [본]순흥(順興) [출]충북 청주 [주]충북 청주시 청원구 율천북로165번길8의2 해성약품(주) 임원실(043-216-2541) [학]홍익고졸 1982년 동국대 통계학과졸 1999년 부경대 경영대학원 수료 2004년 서강대 경영대학원 최고경영자과정 수료 2010년 충북대 경영대학원 최고경영자과정 수료 [경]1982~1990년 (주)한독약품 근무 1991~1993년 대구가톨릭대 의료원 구매2과장 1993~2000년 (주)오령 근무 2000년 해성약품(주) 대표이사 사장(현) [상]식품의약품안전청장표창(2007), 보건복지가족부장관표창(2009), 함께하는 충북인 대상(2012), 모범납세자표창(2015) [종]가톨릭

안형준(安亨濬) Ahn Hyung Joon

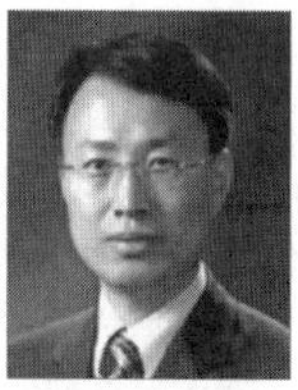

[생]1964 · 5 · 26 [출]전남 장흥 [주]인천 서구 서곶로369번길17 서인천세무서 서장실(032-560-5200) [학]1983년 송원고졸 1985년 세무대학졸(3기) 2014년 가천대 대학원졸 [경]2002년 국세청 감사관실 근무 2005~2007년 대통령비서실 파견 2007년 동수원세무서 법인세과 근무 2009년 의정부세무서 조사과 근무 2011년 중부지방국세청 조사1국 국제거래조사과 근무 2015년 속초세무서장 2015년 서인천세무서장(현) [상]국무총리표창(2003), 대통령표창(2012)

안형준(安瑩駿)

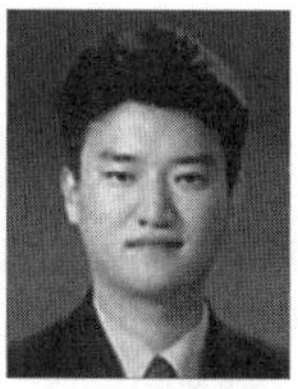

[생]1972 · 11 · 10 [출]서울 [주]경기 평택시 평남로1040 수원지방검찰청 평택지청(031-8053-4200) [학]1991년 경문고졸 1995년 연세대 법학과졸 2000년 同대학원졸 [경]1997년 사법시험 합격(39회) 2000년 사법연수원 수료(29기) 2000년 공군 법무관 2003년 서울지검 서부지청 검사 2004년 서울서부지검 검사 2005년 수원지검 여주지청 검사 2006년 광주지검 검사 2008년 법무부 법무심의관실 검사 2011년 서울중앙지검 검사 2013년 수원지검 부부장검사 2014년 대구지검 부부장검사 2014년 전주지검 부장검사 2016년 수원지검 평택지청 부장검사(현)

안형환(安亨奐) AHN Hyoung Hwan

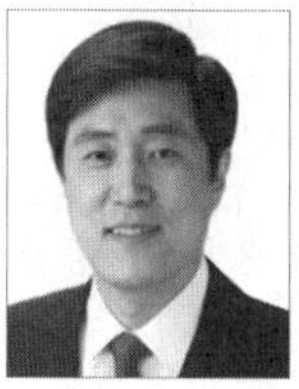

[생]1963 · 6 · 7 [출]전남 무안 [주]서울 송파구 마천로31길22 세금바로쓰기납세자운동(02-412-1052) [학]1982년 목포고졸 1986년 서울대 서양사학과졸 2004년 미국 하버드대 공공행정대학원 행정학과졸 [경]1991년 KBS 보도국 사건팀 기자 1994년 同청주방송총국 기자 1995년 同교육팀 기자 1996년 同법조팀 기자 1998년 同통일외교안보팀 기자 1999년 同국회팀 기자 2000년 同통일외교안보팀 기자 2001년 同보도국 편집기자 2004년 同보도본부 취재3팀 기자 2005년 同사회팀 법조데스크 2006년 同사건데스크 2007~2008년 同보도본부 정치외교팀 외교안보데스크 2008~2012년 제18대 국회의원(서울 금천구, 한나라당·새누리당) 2008~2010년 한나라당 인재영입위원회 부위원장 2008년 同대표특보 2010년 同원내부대표 2010년 시각장애인스포츠연맹 공동대표 2010년 국회 운영위원회 위원 2010~2011년 한나라당 공동대변인 2012년 세금바로쓰기납세자운동 공동대표(현) 2012년 새누리당 제18대 대통령중앙선거대책위원회 대변인 2014~2015년 同보수혁신특별위원회 위원 겸 간사 2016년 同제20대 총선 중앙선거대책위원회 대변인 [상]이달의 기자상(1995), 한국방송기자상 취재부문(1995), 한국방송기자상 기획부문(2000) [저]'우리가 몰랐던 개방의 역사'(2010)

안혜영(安惠英 · 女) AN Hye Yong

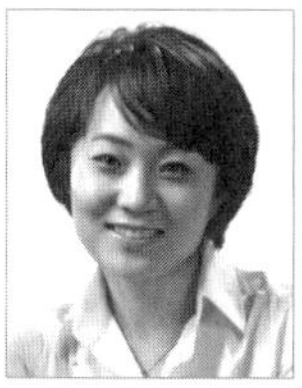

[생]1972 · 2 · 24 [출]경기 수원 [주]경기 수원시 팔달구 효원로1 경기도의회(031-8008-7000) [학]1996년 수원대 대학원 체육학과졸 [경]서울대·아주대·경찰대·강남대 외래교수, 수원대 객원교수, 김진표 국회의원 비서관, 상록수봉사단 부단장, 경기도스페셜올림픽위원회 부위원장, 수원지법 조정위원회 홍보위원 2010년 경기도의회 의원(민주당·민주통합당·민주당·새정치민주연합) 2012년 同문화체육관광위원회 간사 2013년 同문화체육관광위원회 위원장 2014년 경기도의회 의원(새정치민주연합·더불어민주당)(현) 2014년 同운영위원회 위원 2014년 同기획재정위원회 위원 2015년 새정치민주연합 전국청년위원회 부위원장 2015년 同청년지방의원협의회 회장 2015년 더불어민주당 전국청년위원회 부위원장 2015년 경기도의회 안전사회건설특별위원회 위원(현) 2015년 同청년일자리창출특별위원회 위원(현) 2015년 새정치민주연합 여성리더십센터 운영위원 2015년 더불어민주당 여성리더십센터 운영위원(현) 2016년 경기도의회 교육위원회 위원(현) 2016년 同윤리특별위원회 위원(현) [상]유권자시민행동 대한민국유권자대상(2013 · 2015 · 2016)

안호근(安虎根) AHN Ho Keun

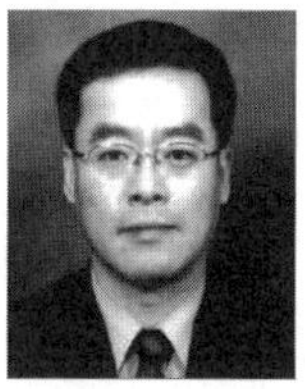

[생]1962 · 8 · 14 [본]순흥(順興) [출]강원 원주 [주]세종특별자치시 다솜2로94 농림축산식품부 농촌정책국(044-201-1501) [학]춘천고졸 1985년 서울대 경제학과졸, 同행정대학원졸, 미국 조지워싱턴대 대학원졸(경제학석사) [경]1985년 행정고시 합격(29회) 1987년 총무처 공채 1989년 농림수산부 행정관리실담당관실 사무관, 同법무담당관실 사무관, 同농정기획과 사무관, 同기획예산담당관실 사무관 1996년 同기획예산담당관실 서기관 2000년 농림부 정보화담당관 2001년 同장관 비서관 2002년 同통상협력과장 2003년 同축산물위생과장 2004년 同축산국 축산정책과장 2007년 대통령 경제정책수석비서관실 행정관 2007년 농림부 농업연수원장(고위공무원) 2008년 국방대 파견 2009년 농림수산식품부 농촌정책국장 2010년 同식량원예정책관 2010년 同대변인 2011년 로마 국제농업개발기금(IFAD) 파견(고위공무원) 2013년 농림축산식품부 농림축산검역본부 인천공항지역본부장 2014년 同대변인 2015년 同농촌정책국장(현) [상]대통령표창(1995), 근정포장(2003)

안호봉(安浩鳳) AHN Ho Bong

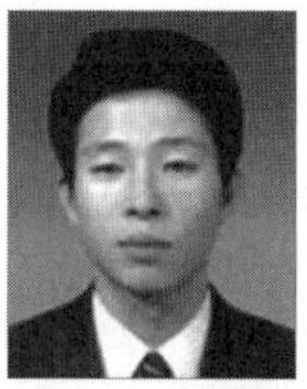

[생]1964 · 10 · 2 [출]대구 [주]서울 양천구 신월로389 남부빌딩205호 안호봉법률사무소(02-2642-1500) [학]1983년 대구 달성고졸 1990년 고려대 법학과졸 [경]1991년 사법시험 합격(33회) 1994년 사법연수원 수료(23기) 1994년 서울지법 북부지원 판사 1996년 서울지법 판사 1998년 대구지법 판사 2000년 수원지법 판사 2002년 서울지법 판사 2004년 서울북부지법 판사 2005년 서울고법 판사 2007년 대법원 연구법관 2008년 사법연수원 교수 2009년 춘천지법 속초지원장 2011년 수원지법 부장판사 2014~2015년 서울중앙지법 부장판사 2015년 변호사 개업(현)

안호상(安浩相) AHN Ho Sang

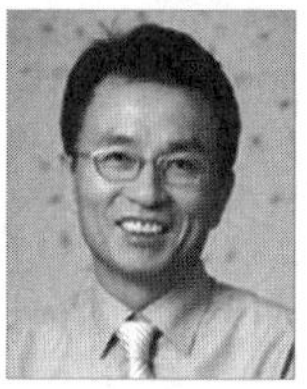

[생]1959 · 6 · 5 [출]충북 보은 [주]서울 중구 장충단로57 국립중앙극장 부속실(02-2280-4001) [학]1977년 청주고졸 1984년 서강대 정치외교학과졸, 미국 UCLA 엔테테인먼트비즈니스과정 수료, 단국대 대중문화예술대학원 공연예술학과 수료 [경]1984년 예술의전당 입사, '맘마미아' '오페라의 유령' 등 대형공연 기획주관, 토월정통연극시리즈 '갈매기' '보이체크' '덕혜옹주' 기획 1994년 바스티유오페라 초청 '살로메' 공연 1995~2000년 예술의전당 공연기획부장 1998년 영국 국립극단 초청 '오델로' 공연 1999~2004년 말러 전곡시리즈 기획(부천필 공동기획) 2001~2004년 예술의전당 공연사업국장 2002년 도이치오퍼 베를린 초청 '피가로의 결혼' 공연 2005~2007년 예술의전당 예술사업국장 2007~2011년 (재)서울문화재단 대표이사 2007~2014년 제7회 더뮤지컬어워즈 공동집행위원장 2009~2011년 대통령직속 도서관정보정책위원회 위원 2010년 유네스코 한국위원회 문화분과 위원 2012년 국립중앙극장장(현) 2012년 국제공연예술협회(ISPA) 이사(현) 2014년 서울중앙지법 시민사법위원회 위원(현) 2015년 아시아문화원 비상임이사(현) [상]아사히예술상·국내평론가협회상(한·일공동연극 강건너저편에), 호암예술상(말러전곡연주시리즈), 동아연극상 기획부문(토월정통연극시리즈), 대한민국문화예술상(2011), 대한민국무용대상 특별상(2012)

안호영(安豪榮) Ahn Ho-young

(생)1956 · 7 · 5 (본)순흥(順興) (출)부산 (주)서울 종로구 사직로8길60 외교부 인사운영팀(02-2100-7143) (학)경기고졸 1978년 서울대 외교학과졸 1983년 미국 조지타운대 대학원졸 (경)1977년 외무고시 합격(11회) 1978년 외무부 입부 1984년 駐인도 2등서기관 1990년 駐미국 1등서기관 1993년 외무부 국제협약과장 1994년 同통상3과장 1996년 경제협력개발기구(OECD) 파견 1997년 駐OECD대표부 참사관 1998년 駐제네바대표부 참사관 2002년 외교통상부 통상법률지원팀장 2003년 同다자통상국장 2004년 재정경제부 경제협력국장 2006년 고려대 외교겸임교수 2008년 외교통상부 통상교섭조정관 2010년 同G20 대사(Ambassador at large for G20) 겸임 2011년 駐벨기에 · 유럽연합(EU) 대사 2012~2013년 외교통상부 제1차관 2013년 駐미국 대사(현) (상)칠레정부훈장(2006), 황조근정훈장(2011), 코리아소사이어티 밴플리트상(2013) (종)가톨릭

안호영(安浩永) AN Ho Young

(생)1965 · 10 · 11 (출)전북 진안 (주)서울 영등포구 의사당대로1 국회 의원회관1024호(02-784-9751) (학)1984년 전라고졸 1988년 연세대 법학과졸 2010년 전북대 대학원 법학 박사과정 수료 (경)1993년 사법시험 합격(35회) 1996년 사법연수원 수료(25기), 법무법인 백제 대표변호사 1999년 전주여성의전화 후원이사회 이사장 2008~2010년 참여자치전북시민연대 공동대표 2011년 전북지방변호사회 부회장, 민주사회를위한변호사모임 전주지부장, 전북겨레하나 감사 2012년 진안YMCA 이사 2012년 전북 진안군 고문변호사 2013년 전북겨레하나 후원이사회 회장 2015년 진안YMCA 주민권익센터 단장 2015년 전북 무주군 고문변호사 2015년 새정치민주연합 정책위원회 부의장 2015년 국민농업전북포럼 공동대표 2015년 더불어민주당 정책위원회 부의장 2016년 同완주군 · 진안군 · 무주군 · 장수군지역위원회 위원장(현) 2016년 제20대 국회의원(전북 완주군 · 진안군 · 무주군 · 장수군, 더불어민주당)(현) 2016년 더불어민주당 원내부대표(현) 2016년 더좋은미래 운영간사(현) 2016년 국회 운영위원회 위원(현) 2016년 국회 국토교통위원회 위원(현) 2016년 더불어민주당 법률위원회 위원장(현)

안홍기(安洪琪)

(생)1970 (본)경북 영천 (주)부산 연제구 연제로12 부산지방국세청 조사1국(051-750-7640) (학)대구 영남고졸, 서울대 정치학과졸 (경)1996년 행정고시 합격(39회) 1997년 울산세무서 총무과장, 동울산세무서 소득세과장, 부천세무서 부과2과장, 서울지방국세청 조사국 사무관, 국세청 부가가치세과 사무관, 同원천세과 사무관 2007년 同원천세과 서기관 2008년 서울지방국세청 조사1국 조사1과 서기관 2009년 국외 교육 2011년 서울지방국세청 국제조사2과 서기관 2011년 경기 이천세무서장 2012년 서울지방국세청 운영지원과장 2014년 국세청 운영지원과장 2015년 同운영지원과장(부이사관) 2016년 부산지방국세청 조사1국장(고위공무원)(현)

안홍렬(安鴻烈) AHN Hong-ryoul (雪松)

(생)1958 · 7 · 15 (본)죽산(竹山) (출)충남 서천 (주)서울 영등포구 국회대로74길12 새누리당 서울시당(02-704-2100) (학)1975년 신일고졸 1979년 서울대 법학과졸 1981년 同대학원 법학과 수료 2008년 한국방송통신대 중어중문학과졸 2010년 同일본학과졸 (경)1981년 사법시험 합격(23회) 1983년 사법연수원 수료(13기) 1983년 육군 법무관 1986년 대전지검 검사 1988년 전주지검 정읍지청 검사 1989년 수원지검 검사 1992년 부산지검 검사 1994년 변호사 개업 1999년 신일법조동문회 회장 2000년 제16대 국회의원선거 출마(보령 · 서천, 한나라당) 2000~2002년 한나라당 보령 · 서천지구당 위원장 2000년 同인권위원회 부위원장 2002년 同서울강북구乙지구당 위원장 2003년 대한법률중앙회 회장 2004년 제17대 국회의원선거 출마(서울 강북구乙, 한나라당) 2007년 한나라당 제17대 대통령선거 박근혜 경선후보 서울선거대책본부장 2008~2012년 서울희망포럼 공동대표 2011년 서울대법과대학동창회 부회장 2012~2013년 새누리당 서울강북구乙당원협의회 위원장 2012년 제19대 국회의원선거 출마(서울 강북구乙, 새누리당) 2013년 한국전력공사 상임감사위원 2016년 새누리당 서울강북구乙당원협의회 운영위원장(현) 2016년 제20대 국회의원선거 출마(서울 강북구乙, 새누리당) (종)기독교

안홍배(安洪培) ANN Hong Bae (중산)

(생)1953 · 2 · 2 (본)순흥(順興) (출)대구 (주)부산 금정구 부산대학로63번길2 부산대학교 사범대학 지구과학교육과(051-510-2705) (학)1972년 경북고졸 1976년 서울대 천문학과졸 1981년 同대학원 천문학과졸 1988년 천문학박사(서울대) (경)1982년 부산대 사범대학 지구과학교육과 교수(현) 1992년 캐나다 도미니언천문대 객원연구원 1995년 부산대 민주화를위한교수협의회 회장 1996년 제7차 국제천문연맹 아시아 · 태평양지역회의 조직위원장 2006년 한국천문학회 회장 2013~2016년 부산대 교육부총장 2013~2016년 同대학원장 2015~2016년 同총장 직무대리 (저)'MT천문학'(2008) '태양계와 우주'(2010)

안홍섭(安泓燮) AHN Hong Seob

(생)1957 · 6 · 9 (출)서울 (주)울산 중구 종가로400 산업안전보건교육원 원장실(052-703-0500) (학)광주제일고졸 1979년 서울대 건축학과졸 1990년 同대학원 건축학과졸 1994년 건축학박사(서울대) (경)1979~1990년 대림산업(주) 기술연구소 건축연구과장 1991년 산업안전보건연구원 책임연구원 1996년 서울시 건설기술심의위원 1997년 군산대 건축공학과 전임강사 1999~2014년 同건축공학과 조교수 · 부교수 · 교수 1999년 전라북도 지방건설심의위원 2008~2010년 군산대 기획처장 2014년 산업안전보건교육원 원장(현) (저)'건설경영공학' '건축시공' '건설기술백서' '건설안전경영가이드 북'

안홍준(安鴻俊) AHN Hong Joon

(생)1951 · 3 · 2 (본)순흥(順興) (출)경남 함안 (학)1968년 마산고졸 1975년 부산대 의대졸 1980년 同대학원졸 1992년 의학박사(경상대) (경)1980년 부산대병원 산부인과 전공의 1983년 예편(육군 소령) 1983~1985년 인제대 의대 교수 1984년 同부산백병원 임상교수협의회 총무 1985년 안홍준산부인과 개원 1986년 중앙자모병원 개원 · 산부인과 원장 1987~1990년 적십자중앙봉사회 부회장 1987년 부산대 · 인제대 의대 산부인과 외래교수 1995년 언론바로세우기 마산 · 창원연대회의 상임대표 1997년 공명선거실천시민운동 경남협의회 상임의장 1998년 마산 · 창원 · 진해참여자치시민연대 상임대표 1999년 경남도민일보 비상임이사 2000년 바른선거시민모임진국연합회 공동대표 2003년 지방분권운동경남본부 상임공동대표 2004년 제17대 국회의원(마산乙, 한나라당) 2004년 국회 정각회 간사장 2005년 한나라당 경남도당 수석부위원장 2005년 同제4정책조정위원장 2006년 국회 정각회 부회장 2007년 한나라당 대외협력위원장 2008년 제18대 국회의원(마산乙, 한나라당 · 새누리당) 2008~2009년 한나라당 제5정책조정위원장 2009~2010년 同제1사무부총장 2010년 국회 보건복지위원회 청원심사소위원장 2010~2011년 한나라당 경남도당 위원장 2011년 同정책위원회 선임부의장 2012~2016년 제19대 국회의원(창원 마산회원, 새누리당) 2012~2014년 새누리당 인재영입위원장 2012~2013년 국회 외교통상통일위원장 2013년 한 · 인도네시아의원친선협회 회장 2013년 한 · 러시아의원외교협의회 부회장 2013년 한 · 인도네시아동반자협의회 회장 2013년 (사)한 · 중아친선협회 명예이사장(현) 2013~2014년 국회 외교통일위원장 2013년 한국장애인단체총연맹 고문(현) 2014년 국회 한 · 아세안포럼 회장 2014년 국회 교육문화체육관광위원회 위원 2015년 새누리당 아동학대근절특별위원회 위원장 2015년 同국가간호간병제도특별위원회 위원장 (상)중앙선거관리위원장표창, 노동부장관 감사패, 제2회 한국매니페스토약속대상 최우수상(국회의원 분야)(2010), 대한민국미래개혁정치발전대상(2010), 한국환경정보연구센터 선정 '국정감사 친환경베스트의원'(2010 · 2011), 국회사무처 선정 '입법우수의원'(2010), 대한민국 헌정우수상(2011), (사)아 · 나 · 기 코리아비앤비 선정 '환경아저씨'(2011), 자랑스러운 국회의원상(2011), 웹접근성품질마크 획득(한국정보화진흥원)(2012), 제18대 국회 공약이행평가 대상(2012), 국회사무처 선정 입법정책우수의원(2012), 자랑스런 대한민국 시민대상(2013), '2013 도전한국인' 정치발전부문 대상(2014), 선플운동본부 '국회의원 아름다운 말 선플상'(2014), 한국입법학회 대한민국 입법대상(2014), 대한민국 의정대상(2015), INAK(Internet Newspaper Association of Korea) 국회의정상(2015), 유권자시민행동 대한민국유권자대상(2015), 대한민국문화관광산업대상 문화관광발전공로상(2015), 한국유권자총연맹 선정 '국정감사 최우수 국회의원'(2015) (종)불교

안회균(安會均) AHN Hoe Kyun

(생)1962 · 1 · 9 (출)부산 (주)서울 강남구 테헤란로103길17 로엔엔터테인먼트 임원실(02-2280-7700) (학)1981년 부산 가야고졸 1985년 연세대 신문방송학과졸 1987년 同대학원 신문방송학과졸 1994년 미국 미시간주립대 대학원 정보통신학과졸 2000년 정보통신학박사(미국 미시간주립대) (경)2000년 미국 미시간주립대 조교수 2001년 SK텔레콤(주) 무선인터넷전략본부 사업추진

팀장 2002년 同인터넷전략본부 Internet Global사업팀장 2003년 同인터넷전략본부 글로벌인터넷기획팀장(상무) 2004년 同글로벌사업본부 글로벌전략팀장 2004년 TU미디어콥 마케팅본부장 2007년 SK텔레콤(주) 데이터사업본부장 2010년 同글로벌서비스전략본부장, 同사업개발부문장 2014년 同SKMS실 고문 2016년 로엔엔터테인먼트 부사장(현)

안회영(安會英) AHN Hwoe Young (東谷)

⊛1946·10·2 ⊕순흥(順興) ⊜서울 ㈜강원 강릉시 강릉대로419번길42 강릉동인병원 이비인후과(033-650-6215) ⊜1965년 경복고졸 1972년 서울대 의대졸 1975년 同대학원졸 1981년 의학박사(서울대) 1993년 고려대 경영대학원 최고경영자과정 수료 1995년 同언론대학원 최고위언론과정 수료 1996년 同교육대학원 최고위교육문화과정 수료 1997년 한국능률협회 컨설턴트스쿨·CS College 수료 ㈅1972~1977년 서울대 의대 인턴·레지던트 1980년 예편(소령) 1980~1991년 경희대 의대 이비인후과학교실 전임강사·조교수·부교수 1983년 일본 久留米大 교환교수 1988년 미국 Mt. Sinai대 방문교수 1988년 대한이비인후과학회 상임이사 1991~2002년 경희대 의대 이비인후과학교실 교수 1992~2002년 국제기관식도과학회 상임이사 1994년 삼성의료원 이비인후과장 1995~2002년 경희의료원 이비인후과장 겸 주임교수 1997년 대한음성언어학회 부회장 2000년 대한기관식도과학회 회장 2001년 대한두경부종양학회 이사 2001년 동아시아음성외과학회 상임이사(현) 2002년 경희대 종합기획실장 2003~2013년 한림대 강동성심병원 이비인후과 교수 2005~2007년 대한의학레이저학회 이사장 2008~2011년 同부회장 2012~2013년 同회장 2013년 강릉동인병원 이비인후과장(현) ⊛옥조근정훈장(2012) ㉧'임상이비인후과학' '임상간호이비인후과학' '최신 이비인후과학(共)' '이비인후과학(共)'(일조각) '두경부외과학(共)'(한국의학사) '스테드만의학사전(共)' '환자에 대한 배려는 우리의 큰 보람입니다' '속 시원하게 풀어보는 이비인후과 질환' 'POWER MANUAL SERIES, Otorhino-laryngology'(군자출판사) ㉥음성검사법 기초편·임상편' '종합스키교본' ⊛가톨릭

안효대(安孝大) AHN Hyo Dae

⊛1955·7·27 ⊜경북 영양 ㈜서울 영등포구 국회대로70길18 한양빌딩 새누리당(02-3786-3000) ⊜1974년 대구 청구고졸 1978년 계명대 경영학과졸 ㈅1980~1994년 현대중공업 경영지원본부 근무 2004~2008년 정몽준 국회의원 사무국장 2008년 제18대 국회의원(울산東, 한나라당·새누리당) 2008년 한나라당 울산시당 위원장 2008년 국회 기획재정위원회 위원 2008년 한나라당 중앙재해대책위원회 위원 2009년 한·스위스의원외교친선협회 부회장 2009년 한나라당 원내부대표 2009년 同일자리만들기나누기지키기특별위원회 위원 2010년 국회 일자리만들기특별위원회 위원 2010년 한나라당 인재영입위원회 위원 2010년 同제5회 지방선거 중앙당 공천심사위원 2010년 국회 행정안전위원회 위원 2010년 한나라당 국민지향공천제도개혁특별위원회 위원 2010년 同재외국민위원회 위원 2010년 同북한인권위원회 위원 2011년 국회 정치개혁특별위원회 위원 2011년 한나라당 직능특별위원회 부위원장 2011~2015년 계명대 경영학과 특임교수 2011년 국회 행정안전위원회 간사 겸 법안심사소위원장 2011년 한나라당 정책위원회 행정안전부문 정책조정위원장 2012~2016년 제19대 국회의원(울산 동구, 새누리당) 2012년 국회 국토해양위원회 위원 2012년 국회 학교폭력대책특별위원회 간사 2012년 새누리당 지역화합특별위원회 위원 2012년 전국시도지사협의회 지방분권특별위원회 위원 2013년 제18대 대통령취임준비위원회 위원 2013년 국회 국토교통위원회 위원 2013년 국회 이동흡헌법재판소장후보자인사청문특별위원회 위원 2013년 한·덴마크친선협회 회장 2013년 한·인도네시아의원친선협회 부회장 2013~2014년 새누리당 재해대책위원회 위원장 2013~2015년 국회 예산결산특별위원회 위원 2014~2015년 국회 지방자치발전특별위원회 위원 2014년 새누리당 세월호사고대책특별위원회 간사 2014~2016년 국회 농림축산식품해양수산위원회 여당 간사 2014~2015년 새누리당 울산시당 위원장 2015년 同정책위원회 부의장 2015년 同정책위원회 농림축산식품해양수산정책조정위원장 2016년 제20대 국회의원선거 출마(울산 동구, 새누리당) 2016년 새누리당 재해대책위원회 위원장(현) ⊛국회사무처 입법정책개발 우수의원(2011), 한국여성유권자연맹 선정 자랑스러운 국회의원상(2011), 계명대 자랑스런 동문상(2012), 경제정의실천시민연합 국정감사 우수의원(2014), 범시민사회단체연합 좋은국회의원상(2014), 계명대총동창회 자랑스런 계명인상(2015), 전국청소년선플SNS기자단 선정 '국회의원 아름다운 말 선플상'(2015), 한국언론사협회 선정 '대한민국 우수 국회의원 대상'(2015), 범시민사회단체연합 선정 '올해의 좋은 국회의원상'(2015), 국정감사NGO모니터단 선정 '국정감사 우수국회의원상'(2015), 법률소비자연맹 선정 국회 종합헌정대상(2016)

안효문(安孝文) AHN Hyo Moon

⊛1954·12·15 ㈜서울 영등포구 국회대로62길14 한국스카우트연맹빌딩305호 (주)에이케이투자자문 대표이사실(02-713-3188) ⊜1989년 연세대 경영대학원 경영학졸 ㈅한국투자신탁 조사부장 1999년 월드에셋투자자문 대표이사 1999~2006년 선에셋투자자문(주) 대표이사 2007~2008년 넥서스투자 대표이사 2008년 (주)에이케이투자자문 대표이사 사장(현) ⊛기독교

안효정(安孝禎)

⊛1974·1·14 ⊜경북 상주 ㈜서울 서초구 반포대로157 대검찰청 공판송무부 공판송무과(02-3480-2360) ⊜1992년 당곡고졸 1997년 서울대 사법학과졸 ㈅1997년 사법시험 합격(39회) 2000년 사법연수원 수료(29기) 2000년 軍법무관 2003년 서울지검 남부지청 검사 2004년 서울남부지검 검사 2005년 부산지검 검사 2007년 대구지검 서부지청 검사 2010년 수원지검 안산지청 검사 2012년 대검찰청 연구관 2014년 서울중앙지검 부부장검사 2016년 대검찰청 공판송무과장(현)

안효준(安孝濬) Ahn, Hyo Joon

⊛1963·2·16 ⊜부산 ㈜부산 부산진구 새싹로1 부산은행 부전동별관4층 BNK투자증권(051-669-8000) ⊜부산대 경영학과졸, 호주국립대 경영대학원 경영학과졸 ㈅1988년 서울증권 애널리스트 1992년 同뉴욕지점장 1994년 同해외운용팀장 1999~2000년 호주 ANZ펀드운용 지역펀드매니저 2002~2006년 대우증권 주식운용팀장 2007~2010년 홍콩 BEA Union Investment Management 아시아지역 포트폴리오운용 담당 2011년 국민연금공단 해외증권실장 2011년 同주식운용실장 2013~2016년 교보AXA자산운용 대표이사 사장 2016년 BNK투자증권 대표이사(현)

안효채(安孝采) AN Hyo Chae

⊛1953·10·28 ⊜서울 ㈜서울 종로구 종로1길42 ERIC손해보험중개(주) 대표이사실(02-779-6380) ⊜1971년 싱동고졸 2000년 연세대 경영대학원 최고금융과정 수료 ㈅1978~2004년 쌍용화재해상보험(주) 입사·법인영업부장·법인영업·일반업무·기획·전산총괄상무 2005년 그린화재해상보험(주) 법인영업본부장(상무) 2006~2007년 同법인영업총괄 전무 2007년 ERIC손해보험중개(주) 대표이사(현)

안휘준(安輝濬) AHN Hwi Joon (三山·恒山)

⊛1940·10·25 ⊕순흥(順興) ⊜충북 진천 ㈜서울 관악구 관악로1 서울대학교 고고미술사학과(02-880-6210) ⊜중동고졸 1967년 서울대 문리대 고고인류학과졸(문학사) 1969년 미국 하버드대 대학원 미술사학과졸(문학석사) 1973년 미국 프린스턴대 대학원 고고미술사학과 수학 1974년 철학박사(미국 하버드대) ㈅1974~1980년 홍익대 미대 조교수·부교수 1978·1981년 同박물관장 1978년 한국정신문화연구원 예술연구실장 1980~1983년 홍익대 미대 교수 1981년 한국대학박물관협회 회장 1982년 독립기념관건립추진위원회 기획위원 1983년 서울대 인문대학 부교수 1984년 문화공보부 동상·영정심의위원회 위원 1985년 同문화재위원 1986년 한국미술사교육연구회 대표 1988~2006년 서울대 고고미술사학과 교수 1990~1991년 한국미술사학회 회장 1991~1995년 서울대 박물관장 1993년 국립중앙박물관 건립자문위원 1994~2012년 삼성미술문화재단 이사 1994년 문화정책개발원 이사 1994~1997년 국사편찬위원회 위원 1999년 문화체육관광부 동상·영정심의위원장(현) 2001년 同박물관·미술관학예사운영위원장 2001~2005년 문화재위원회 부위원장 2001년 同제2분과위원장 2003년 同동산문화재분과 위원장 2005~2009년 同위원장 2005~2007년 同국보지정분과·문화재제도분과 위원장 2006년 서울대 고고미술사학과 명예교수(현) 2006년 명지대 미술사학과 석좌교수 2007~2009년 문화재위원회 국보지정분과 위원 2007~2009년 同동산문화재분과 위원장 2007~2009년 국립중앙박물관 운영자문위원장 2012~2016년 국외소재문화재재단 이사장 ⊛우현상, 동원학술대상, 한국미술저작상, 위암 장지연상, 보관문화훈장, 한국간행물윤리위원회 저작상, 대한민국 문화유산상 학술·연구부문, 자랑스러운 중동인상, 옥조근정훈장(2006), 안견미술문화대상(2008), 세종문화상 학술부문(2011), 연세대 용재학술상(2013), (사)청권사 효령상 문화부문(2013), 대한민국학술원상 인문학부문(2015) ㉧'한국 회화사'(1980, 일지사) '한국회화의 전통'(1988, 문예출판사) '신판 한국미술사(共)'(1993, 서울대 출판부) '옛 궁궐그림'(1997, 대원사) '한국의 현대미술 무엇이 문제인가' '한국 풍속화' '한국회화의 이해'(2000, 시공사) '한국회화사 연구'(2000, 시공사) '한국의 미술

과 문화'(2000, 시공사) '한국미술의 역사(共)'(2003, 시공사) '미술사의 정립과 확산 1 · 2' '고구려 회화'(2007, 효형출판) '한국미술의 美(共)'(2008, 효형출판) '미술사로 본 한국의 현대미술'(2008, 서울대 출판부) '역사와 사상이 담긴 조선시대 인물화(共)'(2009, 도서출판 학고재) '개정신판 안견과 몽유도원도'(2009, 사회평론) '청출어람의 한국미술'(2010, 사회평론) '한국 그림의 전통'(2012, 사회평론) '한국 미술사 연구'(2012, 사회평론) '한국 고분벽화 연구'(2013, 사회평론) '조선시대 산수화 특강'(2015, 사회평론아카데미) 종기독교

안흥국(安興國)

생1964 · 2 · 24 종서울 서초구 방배로285 (주)한샘 제조 · 구매 · 물류사업부(02-6908-3114) 학1990년 경희대 경제학과졸, 한양대 대학원 생산관리학과졸 경1990년 (주)한샘 입사 2004년 同제조본부장(이사대우) 2009년 同제조본부장(이사) 2013년 同제조본부장(상무) 2015년 同제조사업부서장 겸 통합구매사업부서장(전무) 2015년 同제조 · 구매 · 물류사업부서장(부사장)(현)

안희석(安熹鉐) AN Hee Suk

생1944 · 6 · 27 본순흥(順興) 출전남 무안 종광주 북구 하서로85 한국폴리텍 V 대학 학장실(062-519-7000) 학1964년 목포 문태고졸 1968년 조선대 법학과졸 1972년 고려대 경영대학원 수료 1984년 중앙대 사회개발대학원 개발행정학과졸 1992년 서울대 행정대학원 수료 1995년 서강대 경영대학원 수료 1996년 경희대 행정대학원 수료 2000년 경남대 북한대학원 수료 경1982년 중앙대 사회개발대학원 총학생회장 1991년 서울대 행정대학원 총학생회장 1991년 전국ROTC 제6기 총동기회장 1991년 대한육상경기연맹 부회장 1995년 신한국당 중앙정치연수원 부원장 1996년 同무안지구당 위원장 1997년 同이회창 대통령후보 정무특보 1998년 한나라당 무안지구당 위원장 1998년 同정책위원회 · 국방위원회 부위원장 2000년 同무안 · 신안지구당 위원장 2000년 同부대변인 2003년 同무영위원, 同전남무안 · 신안군당원협의회 운영위원장 2012~2015년 새누리당 전남무안 · 신안당원협의회 위원장 2015년 한국폴리텍 V 대학 학장(현)

안희영(安熙永)

생1957 · 4 · 5 종경북 안동시 풍천면 도청대로455 경상북도의회(054-880-5126) 학대구고졸, 상주대 축산학과졸 경안정농장 대표(현), 풍양면 흥천1리 새마을지도자, 풍양농협 감사, 풍양면 농업경영인회 회장, 민주평통 자문위원, 풍양면체육회 회장, 대한양돈협회 예천군지부장, 同중앙회 이사 2010~2014년 경북 예천군의회 의원(한나라당 · 새누리당) 2010~2012년 同부의장 2014년 경북도의회 의원(새누리당)(현) 2014년 同운영위원회 위원 2014년 同농수산위원회 부위원장 2016년 同농수산위원회 위원(현) 2016년 同독도수호특별위원회 위원(현)

안희정(安熙正) AHN Hee Jung

생1964 · 10 · 28 본순흥(順興) 출충남 논산 종충남 홍성군 홍북면 충남대로21 충청남도청 도지사실(041-635-2001) 학1982년 검정고시 합격 1983년 고려대 철학과 입학 1994년 同철학과졸 2003년 남대전고 명예졸업 경1987년 고려대 애국학생회 사건관련 구속 1988년 반미청년회 사건관련 구속 1989년 김덕룡 국회의원 비서관 1990년 민주당 이철 사무총장 비서 1993년 지방자치실무연구소 사무국장 1998년 자치경영연구원 사무국장 1998년 노무현 국회의원 보좌관 2000년 노무현경선캠프 행정지원팀장 2002년 새천년민주당 노무현대통령후보 정무팀장 2002년 노무현 대통령당선자비서실 정무팀장 2003년 새천년민주당 국가경영전략연구소 부소장 2003년 열린우리당 창당발기인 2003년 同충남창당준비위원회 공동위원장 2007년 참여정부평가포럼 상임집행위원장 2008~2010년 민주당 최고위원 2008~2010년 同논산 · 계룡 · 금산지역위원회 위원장 2008~2010년 더좋은민주주의연구소 소장 2010년 同상임고문(현) 2010년 충남도지사(민주당 · 민주통합당 · 민주당 · 새정치민주연합) 2010~2015년 충남발전연구원 이사장 2010년 대한적십자사 대전 · 충남지사 명예회장(현) 2014년 충남도지사(새정치민주연합 · 더불어민주당)(현) 2015년 충남연구원 이사장(현) 2015년 전국시 · 도지사협의회 감사(현) 2016년 더불어민주당 참좋은지방정부위원회 위원장(현) 상2014 매니페스토 약속대상 지방선거부문 선거공약분야 우수상(2014), 서울석세스대상 광역단체장부문(2015), 범시민사회단체연합 좋은 자치단체장상(2015), 올해의 지방자치 CEO 시 · 도지사부문(2015), 위대한 한국인대상(2015) 저'247명의 대통령'(2010) '산다는 것은 끝임없는 시작입니다'(2013)

안희준(安喜俊)

생1976 · 1 · 22 출경북 김천 종경남 창원시 마산합포구 중앙동로21 창원지방검찰청 마산지청(055-259-4200) 학1994년 김천고졸 1999년 고려대 법학과졸 경1998년 사법시험 합격(40회) 2001년 사법연수원 수료(30기) 2001년 해군 법무관 2004년 수원지검 검사 2006년 창원지검 검사 2008년 법무부 구조지원과 검사 2009년 同인권구조과 검사 2010년 서울중앙지검 검사 2014년 광주지검 순천지청 검사 2015년 수원지검 부부장검사 2016년 창원지검 마산지청 부장검사(현)

안희철(安熙哲) Ahn, Hee Chul

생1965 · 12 · 16 본순흥(順興) 출서울 종경기 성남시 분당구 성남대로343번길9 SK주식회사 C&C 임원실(02-6400-1403) 학연세대 경영학과졸, 미국 뉴욕주립대 Tech. Mgmt. 석사 경1989년 SK네트웍스 정보통신실 개발팀 근무 1996년 SK C&C SK정보기술팀 근무 2004년 同OS체계개선TFT장 2009년 同기획본부장(상무) 2011년 同OS혁신추진본부장(상무) 2013년 同경영지원실장(상무) 2015년 同융합비즈부문장(전무) 2015년 SK주식회사 C&C 융합비즈부문장(전무) 2016년 同제조사업부문장(전무)(현) 종천주교

양 건(梁 建) YANG Kun

생1947 · 7 · 25 본남원(南原) 출함북 청진 학1966년 경기고졸 1970년 서울대 법대졸 1976년 미국 Univ. of Texas at Austin School of Law졸(비교법석사) 1979년 법학박사(서울대) 경1972~1975년 육군사관학교 법학과 교관 1976~1985년 숭실대 법학과 조교수 · 부교수 1983년 미국 캘리포니아대 객원연구교수 1985년 한양대 법학과 부교수 1986~2008 · 2009~2011년 同교수 1987년 법과사회이론연구회 회장 1995년 통일원 정책자문위원 1996년 미국 워싱턴대 객원연구교수 1999~2002년 한양대 법과대학장 2000~2001 · 2004~2006년 통일부 정책평가위원 2001 · 2004년 국회 방송자문위원 2004~2008년 대검찰청 감찰위원회 부위원장 2004~2005년 한국공법학회 회장 2005~2007년 헌법재판소 자문위원 2008~2009년 국민권익위원회 위원장(장관급) 2009년 세계옴부즈맨협회(IOI) 아시아지역 부회장 2011~2013년 감사원장 상한국공법학회 학술장려상(1987), 한국법학원 법학논문상(2002) 저'법사회학'(1986) '헌법연구'(1995) '우리는 어디로 가고 있는가'(2007) '헌법강의'(2007 · 2008)

양 건(梁 建) YANG Gun

생1975 · 10 · 6 출광주 종서울 성동구 마장로210 한국기원 홍보팀(02-3407-3870) 학명지대 바둑학과 재학中 경1992년 입단 1993년 2단 승단 1993년 대왕전 · 박카스배 본선 1994년 3단 승단 1994년 연승바둑최강전 · 명인전 본선 1995년 한국이동통신배 · 패왕전 · 최고위전 · 박카스배 천원전 본선 1996년 4단 승단 1996년 유공가스배 · 한국이동통신배 본선 1999년 프로10걸전 9위 2000년 5단 승단 2000년 국수전 · 신인왕전 · 삼성화재배 · LG배 세계기왕전 본선 2001년 6단 승단 2004년 7단 승단 2004년 국수전 본선 2005년 바둑마스터즈 전신 8강 2005년 제1기 한국물가정보배 본선진출 2007년 전자랜드배 왕중왕전(백호부) 준우승 2007년 8단 승단 2010년 KB국민은행 한국바둑리그 넷마블팀 감독 2010년 9단 승단(현) 2016년 한국기원 프로기사회 회장(현) 저'양건의 바투 레벨업'(2009)

양건수(梁建洙) Yang, Gun Soo

생1975 · 7 · 8 출전남 화순 종전북 군산시 법원로70 전주지방검찰청 군산지청(063-472-4200) 학1994년 광주 서강고졸 1999년 서울대 법학과졸 경1998년 사법시험 합격(40회) 2001년 사법연수원 합격(30기) 2001년 공익법무관 2004년 수원지검 안산지청 검사 2006년 대전지검 홍성지청 검사 2008년 청주지검 검사 2010년 서울남부지검 검사 2012년 사법연수원 교수 2015년 서울중앙지검 부부장검사 2016년 전주지검 군산지청 부장검사(현)

양경승(梁慶承) YANG Kyoung Seung
생1958 · 12 · 27 출전남 보성 종경남 창원시 성산구 창이대로681 창원지방법원(055-266-2200) 학1978년 고졸학력검정고시 합격 1990년 성균관대 법학과졸 경1985년 행정고시 합격(29회) 1986년 환경처 사무관 1989년 사법시험 합격(31회) 1992년 사법연수원 수료(21기) 1992년 서울지법 남부지원 판사 1994년 서울민사지법 판사 1996년 제주지법 판사 1998년 同서귀포시법원 판사 2001년

변호사 개업 2006~2016년 사법연수원 교수 2015년 언론중재위원회 상반기 재·보궐선거 선거기사심의위원회 위원 2015년 同제20대 국회의원선거 선거기사심의위원회 위원 2016년 창원지법 부장판사(현) [종]불교

양경식(梁敬植) Kyung-Shik Yang

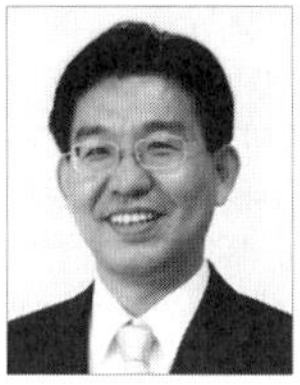

[생]1966 · 6 · 10 [출]전남 영광 [주]서울 영등포구 의사당대로82 하나금융투자 홍보실(02-3771-7111) [학]1984년 광주 서석고졸 1988년 서강대 경제학과졸 1994년 同대학원 경제학과졸 2003년 미국 Fordham Univ. School of Business MBA [경]1989~1992년 한국상업은행 행원 1994~1995년 대신증권 사원 1996~2001년 대신경제연구소 경제조사실 책임연구원 2003~2007년 대신증권 리서치센터 투자전략부장 2007년 하나금융투자 투자전략부장(이사) 2013년 同PB사업부장(이사) 2014년 同영업추진부장(상무) 2016년 同홍보실장(상무)(현)

양경진(梁慶鎭) YANG Kyoung Jin

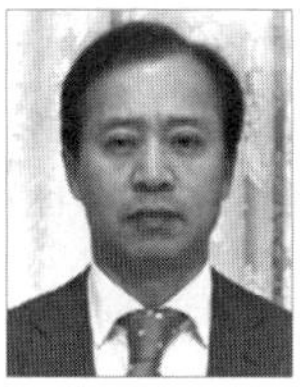

[생]1959 · 2 · 25 [본]제주(濟州) [출]서울 [주]서울 금천구 가산디지털1로196 에이스테크노타워10차901호 (주)디지털데일리 대표이사실(02-6670-4500) [학]한국외국어대 일어과졸 [경]1985년 전자시보 근무 1993년 전자신문 정보통신산업부 차장 1995년 同정보생활부장 1997년 同정보통신산업부장 1997년 同가전산업부장 1999년 同산업전자부장 2000년 디지털타임스 편집국 마켓부장 2000년 同정보통신부장 2001년 同부국장대우 정보통신부장 2002년 同부국장 겸 정보통신부장 2002년 同사업국장 직대 2002년 同편집국 부국장 겸 산업과학부장 2003년 同편집국장 2004년 同전략기획팀 기획위원 2005년 디지털데일리 대표이사 겸 발행인(현) [저]'정보통신과 환경'(1996) '금융IT 혁신과 도전'(2007) [종]기독교

양경홍(梁京弘) YANG Kyung Hong

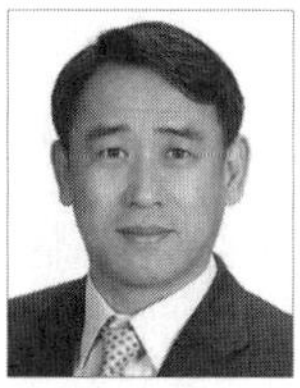

[생]1960 · 12 · 5 [출]제주 [주]제주특별자치도 제주시 노연로80 오라관광(주)(064-710-8106) [학]1978년 대정고졸 1982년 제주대 관광경영학과졸 [경]1985~2004년 오라관광(주) 입사 · 판촉기획과장 · 영업부 차장 · 서울지점장 · 상무이사 2004년 同전무이사, 제주환경연구센터 이사 2008년 오라관광(주) 부사장 2009년 同대표이사 부사장 2010년 同대표이사 사장(현) [상]국무총리표창(2014), 제주경영자총협회 자랑스런 경영인대상(2015) [종]불교

양계화(梁桂和 · 女) Yang Gae-hwa

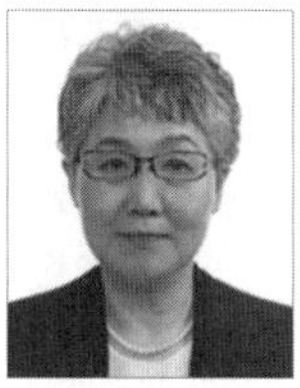

[생]1958 · 1 · 4 [주]서울 종로구 사직로8길60 외교부 인사운영팀(02-2100-7146) [학]1980년 숙명여대 독어독문학과졸 [경]1980년 외무부 입부 1984년 駐일본 행정관 1996년 駐히로시마 영사 1999년 駐프랑크푸르트 영사 2004년 외교통상부 경리계장 2005년 駐네팔 참사관 2009년 외교통상부 전자여권팀장 2011년 駐선양 영사 2013년 駐센다이 부총영사 2015년 駐센다이 총영사(현)

양광모(梁光模) Gwang-Mo Yang

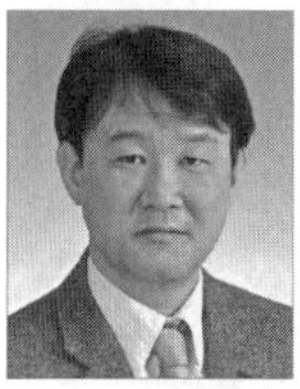

[생]1960 · 12 · 21 [주]부산 기장군 장안읍 좌동길40 동남권원자력의학원(051-720-5114) [학]1979년 부산남고졸, 인제대 의대졸, 同대학원 의학석사, 의학박사(동아대) [경]1989~1992년 서울백병원 방사선종양학과 전공의 1993~1996년 서울아산병원 · 서울백병원 방사선종양학과 전임의 1996~1999년 서울상계백병원 방사선종양학과 전임강사 1999~2000년 원자력병원 방사선영향연구실 초빙연구원 2000~2003년 동아대 의과대학 방사선종양학교실 조교수 2003~2010년 한국원자력의학원 방사선종양학과장 2006~2008년 Memorial Sloan Kettering Cancer Center 교환연구원 2010~2014년 동남권원자력의학원 방사선종양학과장 · 연구센터장 2014년 同원장(현) 2014~2015년 대한방사선종양학회 부울경지회 회장 2016년 대한암학회 이사(현) [상]부산광역시장표창(2016)

양국보(楊國輔) Yang Kook Bo

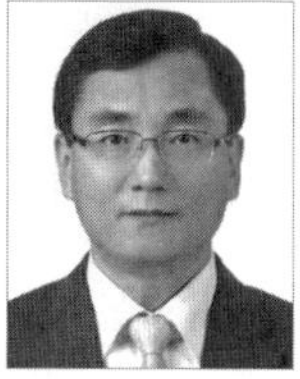

[생]1961 · 7 · 23 [본]청주(淸州) [출]대구 달성 [주]서울 서초구 헌릉로13 대한무역투자진흥공사 인사팀(02-3460-7042) [학]1980년 달성고졸 1987년 서울대 사회교육학과졸 1990년 同행정대학원 행정학과졸 2005년 핀란드 헬싱키경제대 대학원졸(EMBA) [경]2000~2003년 同산토도밍고무역관장 2005년 同LA무역관 부관장 2008년 同비서팀장 2009년 同그린통상지원처장 2010년 同벤쿠버무역관장 2013년 同홍보실장 2015년 同정보통상지원본부 통상지원실장 2015년 同중남미본부장 겸 멕시코시티무역관장(현) [종]천주교

양권모(梁權模) YANG Kweon Mo

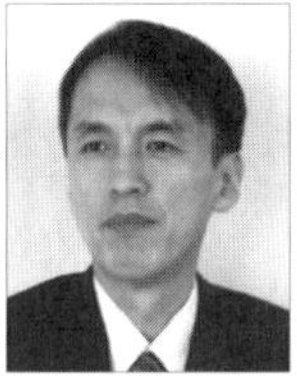

[생]1962 · 3 · 18 [출]전북 남원 [주]서울 중구 정동길3 경향신문 전략기획실(02-3701-1735) [학]1980년 신흥고졸 1989년 서울대 정치학과졸 [경]1990년 경향신문 편집국 기자 1999년 同편집국 국제부 차장대우 2003년 同주말팀장 2004년 同편집국 정치부 차장 2004년 同논설위원 2007년 同편집국 국제부장 2008년 同편집국 정치부장 2008년 관훈클럽 감사 2011년 경향신문 편집국 문화부장 2012년 同정치 · 국제에디터(부국장) 2013년 同논설위원 2015년 同전략기획실장(현) 2016년 한국신문협회 기조협의회 이사(현) [저]'자유의 종을 난타하라(共)'(2007)

양권석(梁權錫) YANG Kwon Seok

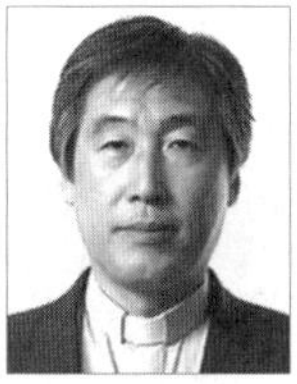

[생]1957 · 8 · 14 [출]경남 [주]서울 구로구 연동로320 성공회대학교 신학과(02-2610-4108) [학]1981년 한국항공대 전자통신학과졸 1986년 한국신학대 대학원졸 1997년 신학박사(영국 버밍햄대) [경]1991년 사제 서품 1997년 성공회대 신학과 부교수 · 교수(현) 2000년 同부총장 2001년 同신학대학원장 2008~2012년 同총장

양규모(梁圭模) YANG Kyu Mo

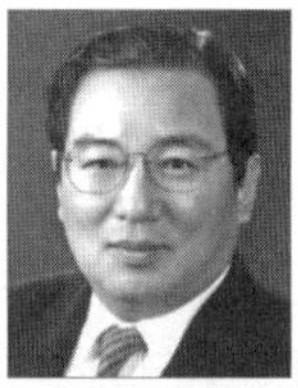

[생]1943 · 4 · 20 [출]부산 [주]서울 마포구 마포대로137 KPX빌딩20층 KPX홀딩스 회장실(02-364-7632) [학]1961년 서울고졸 1965년 서울대 사회학과졸 1967년 미국 컬럼비아대 대학원 경영학과졸 [경]1967년 진양화학공업(주) 상무 1971년 同전무 1973년 同대표이사 사장 1974년 한국포리올(주) 회장 1975년 한국폴리우레탄공업(주) 회장 1978년 진양화인케미칼(주) 회장 1979~1998년 (주)진양 회장 1979년 한국프라스틱 대표이사 사장 1983년 한국화인케미칼(주) 회장 2001년 진양화학(주) 회장 2003~2007년 (주)그린소프트켐 회장 2006~2007년 (주)KPC홀딩스 대표이사 회장 2007년 진양산업(주) 회장 2008년 (주)진양홀딩스 대표이사 회장(현) 2008년 진양폴리우레탄(주) 회장 2008년 KPX그린케미칼 회장 2008년 KPX홀딩스(주) 대표이사 회장(현) 2009년 KPX문화재단 이사장(현) [상]금탑산업훈장(1976) [종]원불교

양규환(梁奎煥) YANG Kyu Hwan

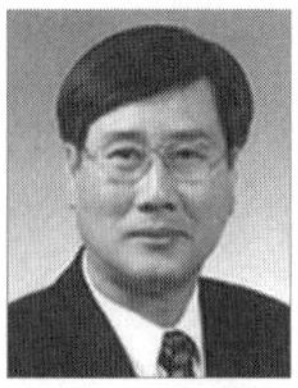

[생]1944 · 1 · 30 [출]전남 강진 [주]대전 유성구 대학로291 한국과학기술원(042-350-2321) [학]1962년 광주제일고졸 1967년 서강대 생물학과졸 1971년 미국 위스콘신대 대학원졸 1974년 미생물학박사(미국 위스콘신대) [경]1974~1979년 미국 위스콘신대 연구원 1979~1999 · 2002년 한국과학기술원(KAIST) 생물과학과 교수 1983년 WHO 독성평가위원회 위원 1984년 미국 버지니아의대 교환교수 1985년 미국 국립암연구소 방문연구원 1989년 미국 버지니아의대 교환교수 1992년 노동부 유해물질심사위원 1999년 식품의약품안전청 국립독성연구소장 2000~2002년 同청장 2001년 한국독성학회 기금위원장 2002~2005년 한국생명공학연구원 원장 2005~2006년 한남대 대덕밸리캠퍼스 부총장 2007~2011년 경원대 바이오나노대학 석좌교수 2007년 同연구부총장 겸 산학협력단장 2008년 한국과학기술원(KAIST) 명예교수(현) 2009년 경원대 연구부총장 2009~2012년 한국과학기술원(KAIST) 비상근이사 2011~2012년 가천대 경원캠퍼스 바이오나노대학 석좌교수 2012년 민주통합당 제18대 대통령중앙선거대책위원회 사람과생명포럼 대표

양균의(梁均懿) YANG Gyun Eui

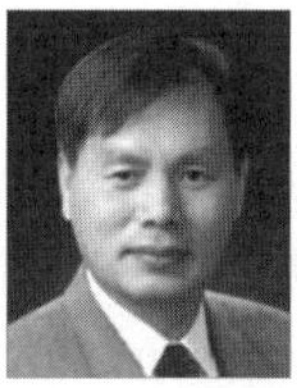

[생]1952 · 3 · 10 [출]전북 전주 [주]전북 전주시 덕진구 백제대로567 전북대학교 공과대학 기계공학과(063-270-2322) [학]전주고졸 1975년 전북대 기계공학과졸 1977년 同대학원 기계공학과졸 1985년 기계공학박사(전북대) [경]1980~1981년 충남대 공과대학 기계설계과 전임강사 1981~1993년 전북대 공과대학 기계공학과 전임강사 · 조교수 · 부교수 1986년 미국 캘리포니아대 버클리교 교환교수 1990년 전북대 공과대학 기계공학과장 1993년 同공과대학 기계공학과 교수(현) 1994년 同공동실험실습관 기전실장 1996년 同국책사업단 CAD/CAM실장 1996년 同부속공장장 2000년 同자동차부품금형기술혁신센터(TIC) 소장 2003년 전주첨단벤처단지 관리단장(현) 2003~2004년 전북도 과학기술자문관 2003년 전주벤처기업육성촉진지구 발전협의회장(현)

2005~2015년 미국 세계인명사전 'Marquis Who's Who in the World'에 등재 2005~2007년 전북도 공공기관이전추진협의회 위원 2005~2009년 한국산업기술평가원 전문평가위원 2006~2008년 한국산업기술재단 전문평가위원 2007~2010년 중앙인사위원회 비상임위원 2008~2014년 방위사업청 국방연구개발사업 평가위원 2008~2009년 전북도 과학기술위원 2009년 한국정밀공학회 감사 2011년 한국방위산업학회 이사 겸 편집위원장(현) 2012~2013년 한국정밀공학회 부회장, 同평의원(현) 2012년 전북대 자동차부품금형기술혁신센터(TIC) 원장 2013년 한국시스템엔지니어링학회 감사(현) 2013 · 2016년 同부회장(현) 2015년 캡틱종합기술원 원장(현) [상]전주시장감사패(2002), 전주시 일자리창출공로 으뜸상(2003), 전북대총장표창(2003), 국가균형발전위원장표창(2004), 한국정밀공학회 학술상(2004), 행정자치부장관표창(2005), 자랑스런 전북인 대상 경제분야(2007), 지식경제부장관표창(2009)

양근복(梁根福) YANG Keun Bok

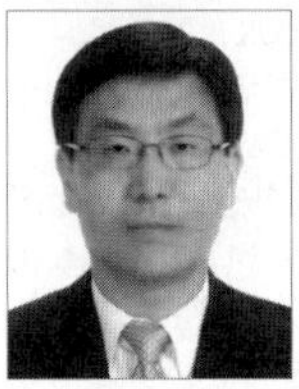

[생]1964 · 9 · 2 [출]광주 [주]서울 강남구 테헤란로26길 10, 8층 법무법인 삼익(02-3454-1790) [학]1983년 광주제일고졸 1987년 서울대 경영학과졸 1990년 성균관대 무역대학원졸 2008년 숭실대 대학원 법학 박사과정 수료 [경]1989년 사법시험 합격(31회) 1992년 사법연수원 수료(21기) 1992년 軍법무관 1995년 부산지검 검사 1997년 광주지검 순천지청 검사 1998년 법무부 법무심의관실 검사 2000년 서울지검 검사 2003년 광주지검 검사 2004년 同부장검사 2005년 대구지검 김천지청 부장검사 2006년 법무부 법무심의관실 검사 2007년 사법연수원 교수 2009년 서울서부지검 형사3부장 2009년 서울중앙지검 공판1부장 2010년 법무연수원 연구위원 2011년 창원지검 마산지청장 2012년 서울고검 검사 2012~2013년 인천시 파견(법률자문검사) 2013~2015년 국세청 감사관 2015년 변호사 개업 2016년 법무법인 삼익 대표변호사(현) 2016년 서울지방국세청 조세법률고문변호사(현)

양근서(梁根瑞) Yang Keun Suh

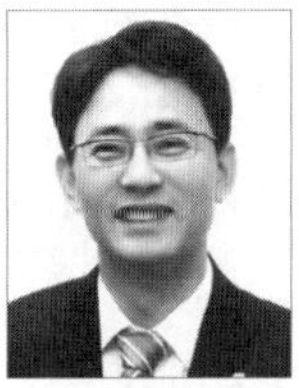

[생]1968 · 1 · 28 [출]전남 [주]경기 수원시 팔달구 효원로 1 경기도의회(031-8008-7000) [학]전남대 공과대학 자원공학과졸, 同대학원 정치학 석사과정 수료 [경]광남일보 기자, 주간 '시민의 소리' 취재팀장, 산업자원부 산하 우수기술연구센터(ATC)협회 상임이사, 대통령직속 국가균형발전위원회 홍보기획팀장, 천정배 국회의원 보좌관, 민선5기 안산시장인수위원회 총괄간사, 안산시 시정공동운영위원회 기획단장 2012년 경기도의회 의원(보궐선거 당선, 민주통합당 · 민주당 · 새정치민주연합) 2012년 同도시환경위원회 위원 · 간사 2013년 同민주당 대변인 2014년 同새정치민주연합 대변인 2014년 경기도의회 의원(새정치민주연합 · 더불어민주당)(현) 2014~2015년 同예산결산특별위원회 소위원장 2014년 同도시환경위원회 위원 2015년 同장기미집행도시공원특별위원회 위원장(현) 2015년 한독정치학회 자문위원(현) 2016년 경기도의회 기획재정위원회 위원(현) 2016년 同노동자인권보호특별위원회 위원(현) 2016년 同제3연정위원장(현) [상]행정자치부장관표창(2015) [종]기독교

양근율(梁根律) Keun-Yul Yang

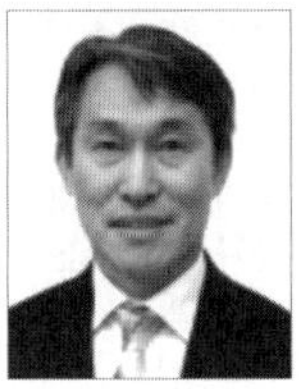

[생]1958 · 10 · 10 [주]경기 의왕시 철도박물관로176 한국철도기술연구원 부원장실(031-460-5191) [학]1982년 서울대 공대 토목공학과졸 1993년 프랑스 국립건설교통대학(ENPC) 교통학석사 1997년 교통학박사(프랑스 ENPC) [경]1981~1985년 현대건설 해외토목사업부 근무 1987~1999년 한국교통연구원 책임연구원 1999~2000년 철도청 경영기획팀장 · 민영화전담팀장 2000~2001년 기획예산처 정부개혁실 교통정책조사관 2001년 한국철도기술연구원 책임연구원 2002~2008년 서울산업대 철도전문대학원 겸임교수 2002~2004년 철도청 정책자문관(파견) 2003~2009년 (사)녹색교통운동 이사 2004~2008년 인천광역시 물류전문위원 2004년 한국철도기술연구원 선임연구부장(부원장) 2005년 同선임사업단장(부원장) 2005년 행정중심복합도시건설추진위원회 자문위원 2006~2008년 대통령자문지속가능발전위원회 국토 · 자연전문위원회 위원 2008~2009년 건설교통부 철도건설심의위원회 위원 2008년 한국철도기술연구원 브라질고속철도사업지원단장 2009년 브라질고속철도한국사업단 부단장(민관컨소시움 파견) 2009~2013년 국토해양부 장관정책자문위원 2011년 한국철도기술연구원 녹색교통물류시스템공학연구소장 2013~2015년 대한교통학회 부회장 2013~2015년 한국물류과학기술학회이사 2014년 국토교통부 국가교통정책조정실무위원회 위원(현) 2015년 한국철도기술연구원 부원장(현) [상]기획예산처장관표창(2001), 건설교통부장관표창(2004), 과학기술포장(2007), 서울특별시장 감사패(2013) [저]'한국철도의 르네상스를 꿈꾸며(共)'(2001, 삼성경제연구소)

양금석(梁金碩) YANG Keum Suk

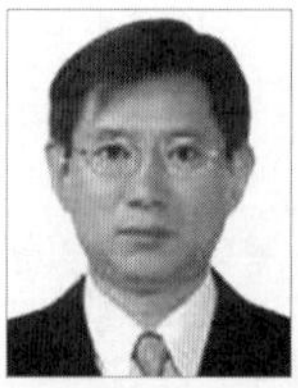

[생]1958 · 10 · 28 [출]충남 천안 [주]경기 수원시 영통구 청명로131 경기도선거관리위원회(031-259-4807) [학]1996년 국민대 정치대학원 중퇴 2007년 서울대 행정대학원 국가정책과정(64기) 수료 [경]2002년 중앙선거관리위원회 정치교육과장 2003년 同홍보과장 2004년 同감사담당관 2005년 미국 스토니브룩대 방문학자 2006년 경북도선거관리위원회 사무국장 2007년 중앙선거관리위원회 공보관 2009년 同선거실 지도정책관 2011년 駐영국대사관 재외선거관(이사관) 2013년 중앙선거관리위원회 인터넷선거보도심의위원회 상임위원 2016년 경기도선거관리위원회 상임위원(현) [상]중앙선거관리위원장표창(1987), 대통령표창(1999)

양기대(梁基大) YANG Ki Dae

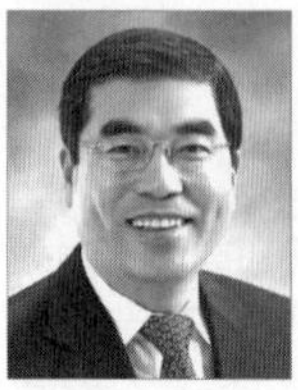

[생]1962 · 10 · 12 [출]전북 군산 [주]경기 광명시 시청로 20 광명시청 시장실(02-2680-6001) [학]1981년 전주고졸 1988년 서울대 사범대학 지리교육과졸 [경]1999년 동아일보 정치부 기자 2001년 미국 버클리대 객원연구원 2002~2004년 동아일보 사회1부 차장 2004년 열린우리당 부대변인 2004년 同선거대책위원회 공동대변인 2004년 제17대 국회의원선거 출마(광명乙, 열린우리당) 2006년 열린우리당 수석부대변인 2006년 중국 시앙판대 객좌교수 2007년 대통합민주신당 정동영 대통령후보 공보특보 2008년 제18대 국회의원선거 출마(광명乙, 통합민주당), 민주당 대표 언론특보, 同경기광명乙지역위원회 위원장 2009년 일자리방송 일자리홍보대사 2009년 광명교육문화정책연구소 소장 2009년 광명발전연구회 자문위원, 민생개혁연대 공동대표, 메디치미디어 공동대표, P&J글로벌 경영고문 2010년 경기 광명시장(민주당 · 민주통합당 · 민주당 · 새정치민주연합) 2014년 경기 광명시장(새정치민주연합 · 더불어민주당)(현) [상]한국기자상(2회), 유권자시민행동 대한민국유권자대상(2014 · 2015 · 2016), 동아일보 한국의최고경영인상 창조경영부문(2015), 서울석세스대상 기초단체장부문(2015), 제1회 공동주택 환경관리 대상(2015), 한국의 영향력있는 CEO선정 창조경영부문상(2016) [저]'도둑공화국'(共) '문민비화 칼국수에서 IMF까지'

양기락(梁基洛) YANG Ki Rak

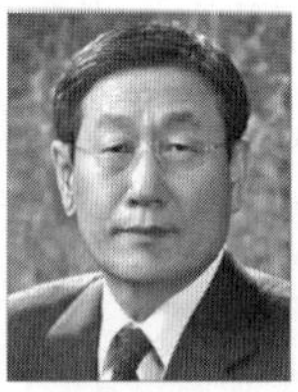

[생]1948 · 1 · 13 [출]충남 논산 [주]서울 서초구 강남대로 577 (주)한국야쿠르트 임원실(02-3449-6301) [학]1967년 강경상고졸 1976년 건국대 경영대학 경영학과졸 [경]1969~1972년 육군 복무 1975년 (주)한국야쿠르트 입사 1991년 同이사 1995년 同상무 2000년 同전무 2005년 同부사장 2007~2013년 同대표이사 사장, 대한상공회의소 상임의원, 전국경제인연합회 이사, 한국유가공협회 부회장, 한국광고주협회 이사, KAM한국능률협회 부회장 2008년 한국식품공업협회 부회장, 한국경영자총협회 이사 2012년 한국식품산업협회 부회장 2013~2015년 (주)한국야쿠르트 부회장 2016년 同고문(현) [상]국민포장(2010), 동탑산업훈장(2015)

양기석(梁基錫) YANG Kenneth S.

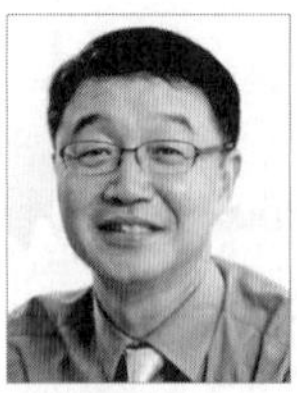

[생]1962 · 11 · 4 [출]서울 [주]서울 중구 을지로76 유안타인베스트먼트 임원실(02-561-0056) [학]1981년 대전고졸 1985년 서울대 경제학과졸 2003년 미국 매사추세츠공대(MIT) 대학원졸(MBA) [경]1987년 동양증권 주식부 펀드매니저 1993년 동양그룹 기획조정실 재무팀 근무 1996년 JS파트너스 IB Service담당 파트너 2004년 그린화재해상보험 최고재무담당자(CFO) 2005년 신한프라이빗에쿼티(주) COO(전무) 2010~2015년 同대표이사 사장 2015년 유안타인베스트먼트 부회장(현) [종]기독교

양기욱(梁基旭) YANG Gi Uk

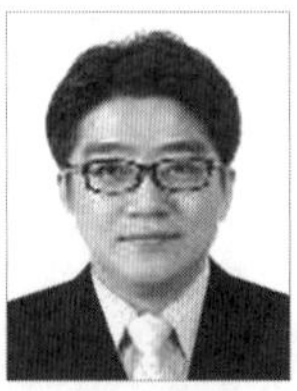

[생]1972 · 2 · 3 [본]남원(南原) [출]서울 [주]세종특별자치시 한누리대로203 산업통상자원부 운영지원과(044-203-5060) [학]1990년 서울 동성고졸 1995년 서울대 사회과학대학 경제학과졸 1997년 同행정대학원 수료 2012년 미국 델라웨어대 에너지환경대학원졸(석사) [경]1995~2005년 관세청 교역협력과 근무 · 정보관리과 근무 · 제주세관 통관과장 1996년 행정고시 합격(재경직 40회) 1998~2002년 공군 복무 2005년 대통령 연설비서관실 근무 2008~2010년 지식경제부 장관실 · 기후변화정책관 서기관 2012년 同동남아협력과장 2013년 산업통상자원부 통상협력국 아주통상과장 2014년 駐제네바대표부 1등서기관(현) [종]천주교

양기인(梁基仁) Yang Ki In

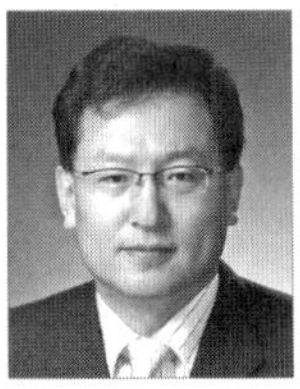

[생]1962·6·26 [주]서울 영등포구 여의대로70 신한금융투자(주) 리서치센터(02-3772-1111) [학]이리고졸 1963년 동국대 통계학과졸, 고려대 대학원 경영학과졸 [경]1988년 SK경제연구소 근무 2006~2009년 대우증권 철강금속·유틸리티담당 애널리스트, 同기업분석부장 2008년 同리서치센터장 2011년 신한금융투자 리서치센터장(현) [종]기독교

양기정(梁基政)

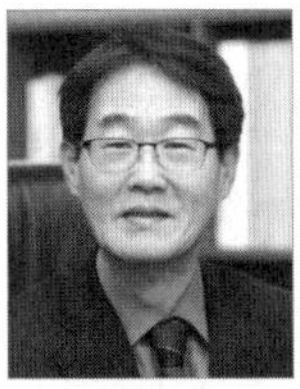

[생]1958·10·24 [출]경남 함양 [주]경남 사천시 용현면 시청로77 사천시청 부시장실(055-831-2100) [학]1977년 진주고졸 1985년 영남대 건축공학과졸 [경]1996년 공직 입문(지방행정사무관) 2008년 경남도 자치행정국 행정과 조직관리담당 2008년 同남해안경제실 미래산업과장 2010년 同청정환경국 유엔사막화방지총회준비단장 2012년 同경제통상국 고용촉진과장 2013년 同농정국장 2014년 同인재개발원장 2014년 同정책기획관(경남발전연구원 파견) 2015년 경남 사천시 부시장(현) [상]경남도지사표창(2004), 건설교통부장관표창(2008), 녹조근정훈장(2012)

양기화(梁基和) YANG Ki Hwa

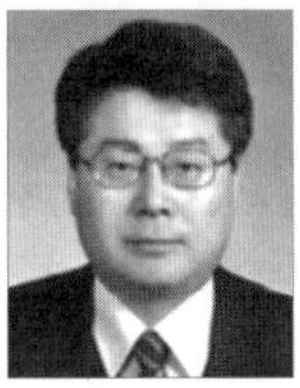

[생]1954·4·12 [출]경기 화성 [주]강원 원주시 혁신로60 건강보험심사평가원(033-739-2070) [학]1972년 군산고졸 1979년 가톨릭대 의대졸 1982년 同대학원 임상병리학과졸 1991년 의학박사(가톨릭대) [경]1979~1984년 가톨릭중앙의료원 임상병리학 및 해부병리학 수련의 1989~1994년 가톨릭대 의대 임상병리학교실 전임강사·조교수 1991년 미국 미네소타대 방문조교수 1994~1998년 지방공사 남원의료원 병리과장 1998~2000년 을지의과대 병리학교실 교수 1999년 대한병리학회 이사 2000년 식품의약품안전청 국립독성연구소 병리부장 2001년 同국립독성연구소 일반독성부장 2002년 한국독성병리학회 간사장 2004년 식품의약품안전청 국립독성연구원 독성연구부장 2005년 대한의사협회 의료정책연구소 연구위원 2005~2006년 同이사 2006~2007년 同의료정책연구소 연구조정실장 2006년 한국독성병리학회 감사 2009년 건강보험심사평가원 진료심사평가위원회 상근평가위원(현) 2008~2010년 전북대 인수공통질환연구소 객원연구원 [저]'치매- 바로 알면 잡는다'(1996) '치매 나도 고칠수 있다'(2003)

양기훈(梁起薰) Yang, Gi-Hun

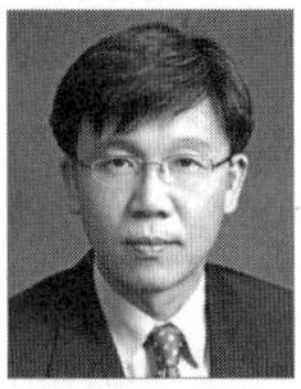

[생]1961·5·3 [주]울산 중구 종가로345 한국산업인력공단 NCS센터(052-714-8007) [학]1976년 충암고졸 1983년 세종대 교육학과졸 1987년 독일 레겐스부르크대 대학원 교육학과졸 1994년 교육학박사(독일 레겐스부르크대) [경]1990~1995년 독일 레겐스부르크대 교육학과 전임교원 1997~2003년 현대경제연구원 인재개발원 실장 2003년 KT&G 인재개발원 교육기획실장 2012~2013년 同인재개발원장 2013~2015년 KGC한국인삼공사 인재개발원장, 한국산업교육학회 부회장(현) 2015년 한국산업인력공단 NCS센터 원장(현) [상]지식경제부장관표창(2009), 한국HRD협회 인사담당 최고책임자(BEST CHO)상(2013)

양길승(梁吉承) YANG Gil Seung

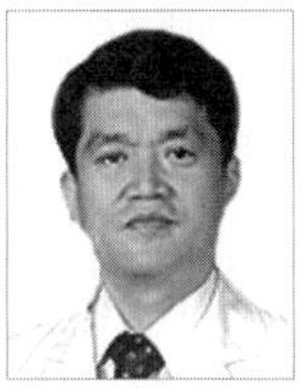

[생]1949·7·20 [출]전남 나주 [주]경기 구리시 응달말로51 원진직업병관리재단 이사장실(031-552-4534) [학]서울대사대부고졸 1969년 서울대 의대 3년 중퇴 1985년 아일랜드 국립골웨이의과대학졸 [경]1986년 의사시험 합격 1987년 인도주의실천의사협의회 창립·기획국장 1988년 同대외협력위원장 1988년 노동과건강연구회 창립·공동대표 1988년 원진레이온 아황산탄소중독피해자 검진 1988~2003년 성수의원 개원·원장 1990년 전국노동조합협의회 자문위원 1991년 강경대군치사사건 진상조사단장 1991년 김귀정양사망사건 진상조사단장 1993년 정의로운사회를위한시민운동협의회 의료분과위원장 1993년 환경운동연합 정책위원회 지도위원 1995년 한양대 의대 외래교수 1996년 참여연대 집행위원장 1999년 원진종합센터 대표 1999년 참여연대 운영위원장 2003년 원진직업병관리재단 부설 녹색병원장 2007년 대통합민주신당 최고위원 2007년 同국민경선위원장, 참여연대 고문(현), (사)일과건강 이사장(현) 2015년 원진직업병관리재단 이사장(현) [상]환경처장관표창, 서울지방변호사회 시민인권상, 도산봉사상(2015)

양길승(梁吉承) YANG Gil Seung

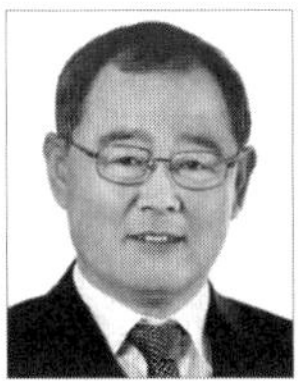

[생]1956·3·3 [주]광주 광산구 어등대로417 호남대학교 경영대학 관광경영학과(062-940-5584) [학]광주 숭신공고졸, 전남대 농업경제학과졸, 同대학원 농업경제학과졸, 경제학박사(전남대) [경]전남대 조교, 전남대·목포대·순천대 강사, 대한해동검도 호남제주협회장, 국회의원 보좌관, 광주YMCA 문화체육전문위원 2002년 새천년민주당 국민경선 노무현후보 광주전남지역 조직보좌역 2002년 同노무현 대통령후보 비서실 의전팀장·부실장 2003년 대통령 제1부속실장 2004~2005년 조선대 초빙교수 2005년 호남대 경영대학 관광경영학과 교수(현) 2007년 교통안전공단 비상임이사 2008년 호남대 관광문화연구소장 2012~2014년 한국해양관광학회 회장 2013~2015년 호남대 평생교육원장 겸 문화예술교육원장, 同관광경영학과장(현)

양내원(梁乃元) YANG Nae Won

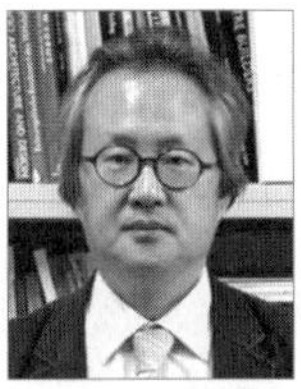

[생]1960·1·6 [주]경기 안산시 상록구 한양대학로55 한양대학교 공학대학 건축학부(031-400-5134) [학]1982년 한양대 건축공학과졸 1984년 同대학원 건축학과졸 1992년 건축학박사(독일 베를린공대) [경]1992년 한양대 공학대학 건축공학과 조교수 1999년 同공학대학 건설교통공학부 부교수 2001년 同공학대학 건축학부 교수(현) 2008년 同안산캠퍼스 기획조정실장, 한국의료복지건축학회 이사 2009년 한양대 안산캠퍼스 입학실장 2011년 同안산캠퍼스 입학관리본부장 2014년 同ERICA캠퍼스 입학처장 2015년 (사)한국의료복지건축학회 회장(현)

양덕문(梁德文) YANG Duk Moon

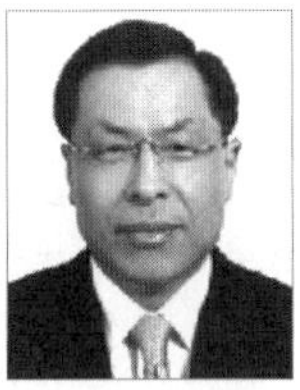

[생]1949·4·6 [출]제주 [주]서울 영등포구 영신로220 KNK디지털타워906호 한국교원연수원 원장실(02-786-6791) [학]1975년 단국대 경영학과졸 1977년 고려대 경영대학원졸 [경]LG증권(주) 본부장·이사 1998~1999년 同자문역 1999~2000년 (주)금강산랜드 대표이사 2000년 에이치스터디(주) 전무이사 2001년 同대표이사 2003년 한국교원연수원 원장(현) [종]천주교

양동관(梁東冠) YANG Dong Kwan

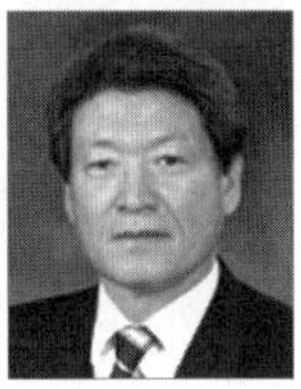

[생]1948·12·24 [본]제주(濟州) [출]전남 보성 [주]서울 서초구 서초중앙로125 로이어즈타워906호 법무법인 서울(02-598-3700) [학]1967년 광주고졸 1971년 서울대 법대졸 [경]1972년 사법시험 합격(14회) 1974년 사법연수원 수료(4기) 1975년 육군 법무관 1977년 서울지법 북부지원 판사 1979년 서울민사지법 판사 1981년 대전지법 공주지원장 1983년 서울지법 남부지원 판사 1985년 서울고법 판사 1989년 대법원 재판연구관 1990년 대전지법 서산지원장 1992년 인천지법 부장판사 1994년 서울지법 서부지원 부장판사 1995년 서울지법 부장판사 1995년 법원행정처 법정국장 겸임 1996년 대구고법 부장판사 1999년 수원지법 수석부장판사 2000년 서울고법 부장판사 2004년 창원지법원장 2005년 의정부지법원장 2005~2006년 서울가정법원장 2006년 변호사 개업 2007년 대법원 법관징계위원회 외부위원 2007년 사립학교교직원연금관리공단 비상임이사 2010년 법무법인 서울 대표변호사 2014년 同변호사(현) [상]황조근정훈장(2001) [종]천주교

양동구(梁東九)

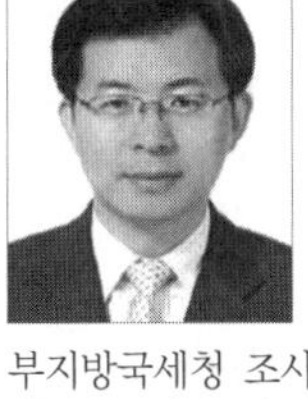

[생]1966·6·23 [출]전남 승주 [주]전남 해남군 해남읍 중앙1로18 해남세무서(061-530-6201) [학]순천고졸 1987년 세무대학졸(5기), 한국방송통신대졸, 경원대 대학원졸 [경]1987년 국세공무원 임용(8급 특채) 1987~1996년 강서세무서·용산세무서·영등포세무서·광화문세무서·서부세무서 근무 1996년 국세청 심사과 근무 1999년 안양세무서 조사과 근무 2002년 중부지방국세청 조사1국·인사계 근무 2007년 성남세무서 납세자보호담당관 2009년 국세공무원교육원 교수 2011년 국세청 전자세원과 근무 2014년 서울지방국세청 법인납세과 서기관 2015년 해남세무서장(현) [상]대통령표창(2006) [종]기독교

양동기(梁東起) Yang Dong Gie

[생]1963·5·23 [주]서울 종로구 새문안로75 (주)대우건설 주택사업본부(02-2288-3114) [학]배재고졸, 서울대졸 [경](주)대우건설 용인기흥코리아골프빌리지현장 근무, 同주택상품개발팀 근무, 同건축민간영업팀 근무, 同건축개발사업팀 근무, 同건축기술팀 근무, 同건축사업담당 상무 2013년 同RM실장(상무) 2014년 同외주구매실장(상무) 2015년 同주택사업본부장(전무)(현)

양동석(梁東錫)

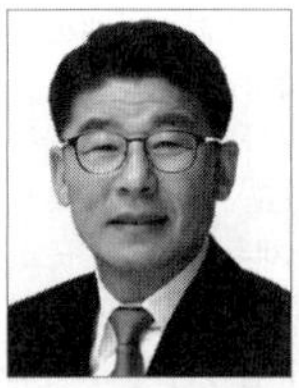

[생]1956·12·20 [주]경기 평택시 세교산단로20 청암산업 대표실(031-652-1100) [학]2007년 고려대 법무대학원 지방자치법학과졸 [경]한나라당 대통령중앙선거대책위원회 청년본부 총괄부본부장, 2007년 (주)청암산업 대표이사(현), 2008년 제18대 국회의원선거 예비후보자(평택乙, 한나라당), 대한장애인야구협회 회장 2013년 대한소프트볼협회 회장 2013년 2014인천아시안게임조직위원회 위원 2013년 경기카네기CEO클럽총동문회 총재 2013년 백세시대나눔운동본부 상임부대표(현) 2014년 새누리당 평택乙당원협의회 위원장

양동열(梁東烈) YANG Dong-Yol

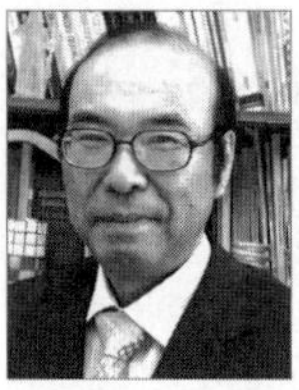

[생]1950·11·30 [본]제주(濟州) [출]전북 김제 [주]대전 유성구 대학로291 한국과학기술원 기계공학과(042-350-3002) [학]1969년 광주제일고졸 1973년 서울대 공과대학 기계공학과졸 1975년 한국과학기술원(KAIST) 기계공학과졸(석사) 1978년 공학박사(한국과학기술원) [경]1978~1988년 한국과학원·한국과학기술원 조교수·부교수 1981~1982년 독일 슈투트가르트 공대 금속성형연구소 객원연구원 1986년 한국중공업(주) 기술자문위원 1988~2016년 한국과학기술원(KAIST) 기계공학과 교수 1988~1989년 프랑스 ENSMP공대 재료성형연구소 방문교수 1993~1994년 한국과학기술원 정밀공학과장 1993년 同정형가공 및 금형센터소장 1994~1997년 금속기술혁신연구센터 소장 1996~2003년 쾌속시작기술연구회 회장 1996년 자동차부품제작기술심포지움 조직위원장 1997~2000년 쾌속시작시스템연구센터 소장 1997년 한국과학기술한림원 종신회원·정회원(현) 1997~2000년 한국소성가공학회 부회장 1997~2007년 영국 기계학회 Journal of Engineering Manufacture 부편집장(아시아태평양지역편집장) 1998~2003년 한국과학기술원 주문적응형쾌속제품개발시스템사업단장 1999~2003년 한국정밀공학회 부회장 2001~2002년 한국소성가공학회 회장 2001년 International Journal Precision Engineering and Manufacturing Editor 2002~2014년 한국과학기술원(KAIST) POSCO 석좌교수 2004~2005년 한국정밀공학회 회장 2010~2011년 한국과학기술원 연구부총장 2015년 同기계공학과 명예교수(현) [상]과학기술처 우수연구원상(1984), 대한기계학회 백암논문상(1986), 한국과학기술단체총연합회 우수논문상(1994), KAIST 연구성취상(1998), 한국정밀공학회 가헌학술상(1998), 영국기계학회 Strickland prize(1999), 한국소성가공학회 상우학술상(2003), 나노메카트로닉스사업단 N/M 기초연구상(2004), 영국기계학회 Thatcher Bros Prize(2004), Engineering Computations Highly Commended Award(2005), 교육과학기술부·한국과학재단 선정 '제10회 한국공학상'(2012), 과학기술훈장 창조장(2015) [저]'Plasticity and Modern Metal Forming Technology'(Elsevier) 'Creative Design Realization'(2001, KAIST ME) 'Proceedings of the Numisheet'(2002, KSTP) 'Advanced Technology of Plasticity'(2008, KSTP) [종]기독교

양동원(梁東園) YANG Dong Won

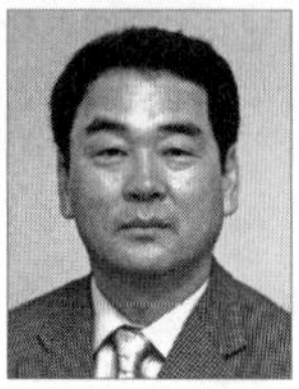

[생]1960·11·10 [출]전남 화순 [주]광주 북구 제봉로324 전남일보 사업본부(062-510-0362) [학]1986년 전남대 경영학과졸 [경]1986년 한국전기통신공사 근무 1988년 전남일보 편집부 기자 1992년 同사회부 기자 1995년 同경제부 차장대우 1996년 同사회부 차장대우 1998년 同정치경제부 차장대우 2000년 同경제부장 직대 2002년 同사회부 차장 2002년 同문화체육부장 2005년 同경제부장 2006년 同편집국장 2009년 同선임기자 겸 사업국장 2011년 同선임기자 겸 고객서비스국장 2013년 同선임기자 겸 사업본부장(상무), 同사업본부장(상무이사)(현) [종]기독교

양동인(梁東仁)

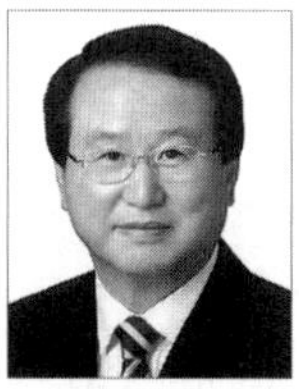

[생]1953·6·3 [출]경남 거창 [주]경남 거창군 거창읍 중앙로103 거창군청 군수실(055-940-3001) [학]부산 동래고졸, 부산대 법정대학 행정학과졸 [경]2002년 거창경찰서장(총경) 2003년 김해경찰서장 2004년 서울지방경찰청 제3기동대장 2005년 서울 서부경찰서장 2006년 함양경찰서장 2007~2008년 경남지방경찰청 정보통신담당관 2008년 제18대 국회의원선거 출마(산청·함양·거창, 친박연대) 2008~2010년 경남 거창군수(재보선 당선, 무소속) 2010·2014년 경남 거창군수선거 출마(무소속) 2016년 경남 거창군수(재선거 당선, 무소속)(현)

양동훈(梁東勳) YANG Dong-Hoon

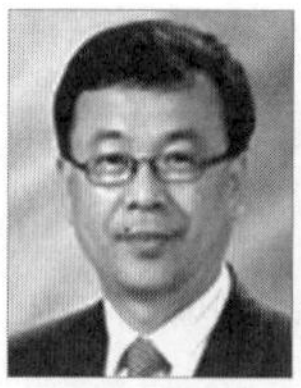

[생]1958·7·15 [출]서울 [주]서울 중구 필동로1길30 동국대학교 경영대학(02-2260-8655) [학]1977년 중앙대사대부고졸 1982년 성균관대 경영학과졸 1990년 미국 아이오와대 대학원 회계학과졸 1996년 경영학박사(성균관대) 1999년 회계학박사(미국 시라큐스대) [경]1982년 한국은행 입행 1991~1992년 하나은행 근무 1992~1994년 성균관대·인천대 강사 1995~1996년 제일금융연구원 연구위원 2000년 미국 시라큐스대 강의교수 2000~2007년 한국정보통신대(現 KAIST) 경영학부 조교수·부교수 2001년 방송통신위원회 회계전문위원(현) 2001~2002년 한국회계연구원 초빙연구위원 2004~2005년 한국회계학회 재무이사 2005~2006년 국무조정실 정보화평가위원 2006년 금융감독원 회계제도실 자문교수 2006~2007년 싱가포르 난양공과대 Senior Fellow 2007년 동국대 경영대학 부교수·교수(현) 2008년 한국회계정보학회 이사 2009년 방송통신위원회 KT·KTF합병자문단 심사위원 2009~2011년 동국대 경영전문대학원장 겸 경영대학장 2012년 한국정보사회학회 감사(현) 2013년 한국회계정보학회 부회장(현) 2014년 한국회계학회 부회장 2014년 한국경영교육학회 부회장(현) 2017년 한국회계학회 차기회장 [저]'고급회계'(2007, 도서출판 원) [역]'재무제표를 이용한 경영분석과 가치평가'(2004, 신영사)

양동훈(梁東勳)

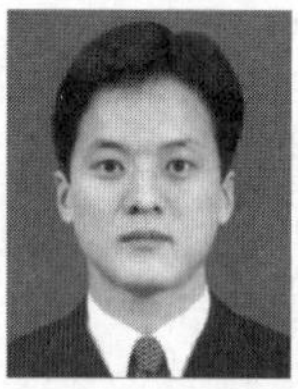

[생]1967·8·13 [출]전남 강진 [주]대전 대덕구 계족로677 대전지방국세청 조사2국(042-615-2902) [학]환일고졸, 고려대졸, 미국로드아일랜드주립대 대학원졸 [경]1997년 행정고시 합격(41회) 2002년 서울지방국세청 납세지원국 징세과 사무관, 서울 용산세무서 세원관리과장, 서울지방국세청 징세과 근무 2008년 국세청 조사국 국제조사1계장 2010년 속초세무서장 2010년 駐상하이총영사관 세무관 2014년 서울지방국세청 국제조사관리과장 2014년 국세청 대변인 2016년 대전지방국세청 조사2국장(현)

양동훈(梁東勳) YANG Dong Hun

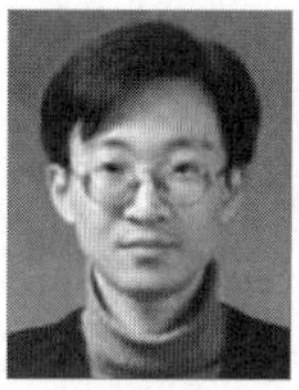

[생]1974·12·4 [출]전남 장성 [주]전북 전주시 덕진구 사평로25 전주지방검찰청(063-259-4200) [학]1992년 광주 금호고졸 1996년 서남대 사법학과졸 [경]1998년 사법시험 합격(40회) 2001년 사법연수원 수료(30기) 2001년 광주지검검사 2003년 수원지검 평택지청 검사 2005년 서울서부지검 검사 2008년 인천지검 검사 2010년 법무부 인권조사과 검사 2012년 광주지검 검사 2015년 서울중앙지검 부부장검사 2016년 전주지검 부장검사(현)

양명모(梁明模) YANG Myung Mo

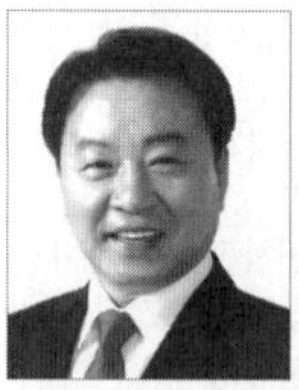

[생]1959·5·19 [본]남원(南原) [출]경남 [주]대구 북구 동북로146 건강백세약국(053-942-5252) [학]1978년 오성고졸 1983년 영남대 약학대학 약학과졸 2006년 성균관대 임상약학대학원 보건사회약학과졸 [경]건강백세약국 대표약사(현), 대구시 북구약사회 회장, 대구시 북구지역의료보험조합 이사, 대구시 북구청소년회관 이사, 민주평통 자문위원, 오성고 총동창회장, 대구시약사회 정책기획실장, 마약퇴치운동본부 대구지부 이사, 대구노블레스봉사회 운영위원, 대구시 도시계획위원, (사)대구보건의료협의회 이사 2006·2010~2011년 대구시의회 의원(한나라당) 2007년 대구시약사회 대외협력단장, 대구시의회 공사·공단및출자·출연기관운영실태조사특위 위원장, 同첨단의료복합단지유치특위 위원장 2010년 同건설환경위원장 2012년 제19대 국회의원선거 출마(대구 북구甲, 무소속), 헬스경향 자문위원, 노블레스봉사회 부회장, (재)메디시티대구협의회 부회장 2013~2016년 대구시약사회 회장 2015년 경북도청후적지대구시청유치와북구혁신을위한포럼(대구시유치포럼) 초대이사장 2016년 새누리당 대구북구乙당원협의회 운영위원장(현) 2016년 제20대 국회의원선거 출마(대구 북구乙, 새누리당) [상]지방자치학회 우수조례대상(2010), 의회를사랑하는사람들 의정활동상(2009) [종]불교

양명승(梁明承) YANG Myung Seung

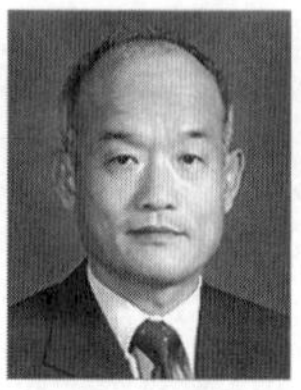

[생]1950·9·12 [본]제주(濟州) [출]서울 [주]경남 양산시 주남로288 영산대학교 에너지환경연구소(055-380-9114) [학]1969년 경기고졸 1973년 서울대 금속공학과졸 1975년 한국과학기술원(KAIST) 재료공학과졸 1984년 재료공학박사(미국 노스웨스턴대) [경]1984년 한국원자력연구원 입소 1986년 同중수로핵연료품질관리실장 겸 품질보증실장 1993년 同핵연료개발부장 1998년 同DUPIC핵연료개발팀장 2001년 同경·중수로연계핵연료주기 기술개발대과제 책임

자 2002년 同핵비확성건식공정산화물핵연료(DUPIC) 기술개발대과제 책임자 2002년 同건식공정핵연료기술개발부장 2007~2010년 同원장(제17대) 2008~2010년 대덕연구개발특구기관장협의회 회장 2009~2016년 한국공학한림원 정회원 2010~2011년 한국방사성폐기물학회 회장 2012~2013년 한국과학기술단체총연합회 이사 2012~2015년 한밭대 신소재공학부 초빙교수 2012~2013년 대한금속재료학회 감사 2012~2014년 한국원자력연구원 정책연구위원 2015년 영산대 에너지환경연구소 석좌교수(현) 2016년 한국핵물질학회 감사(현) 2016년 한국공학한림원 원로회원(현) [상]세계원자력협회(WNA) 공로상(2009), KAIST 2009 올해의 동문상 연구부문(2010), 과학기술훈장 웅비장(2011), 대한금속재료학회 공로상(2014)

양명욱(梁明燠) Yang Myeonguk

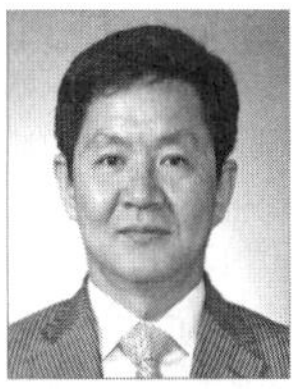

[생]1962 · 9 · 18 [출]경북 칠곡 [주]부산 연제구 중앙대로 999 부산지방경찰청 외사과(051-899-2276) [학]1985년 경찰대졸(1기), 경북대 행정대학원 행정학과졸 [경]1985년 경위 임관 1990년 경감(경찰청 감사관실 근무 · 대구남부경찰서 방범순찰대장) 1998년 경정(대구남부경찰서 정보과 근무 · 대구지방경찰청 생활안전계장) 2008년 부산지방경찰청 보안과장 2009년 총경 승진 2010년 부산 영도경찰서장 2011년 부산지방경찰청 외사과장 2012년 부산 해운대경찰서장 2013년 부산지방경찰청 교통과장 2014년 同112상황실장 2015년 부산동래경찰서장 2016년 부산지방경찰청 외사과장(현)

양명조(梁明朝) YANG Meong Cho

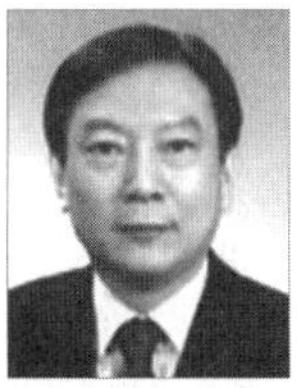

[생]1951 · 4 · 15 [출]서울 [주]서울 서대문구 이화여대길26 이화여자대학교 법과대학(02-3277-2745) [학]1973년 서울대 법학과졸 1975년 同대학원 법학과졸 1982년 미국 캘리포니아대 로스앤젤레스교 대학원졸 1983년 법학박사(미국 툴레인대) [경]1980~1985년 전남대 법대 전임강사 · 조교수 1986년 이화여대 법과대학 부교수 · 교수(현) 1986년 서독 막스플랑크 지적소유권법연구소 객원연구원 1992~1993년 미국 하버드대 로스쿨 연구교수 1999~2000년 미국 워싱턴대 로스쿨 객원교수 1999년 이화여대 법학연구소장 2002~2006년 同법과대학장 2006~2008년 한국경쟁법학회 회장 2006년 공정거래위원회 비상임위원 2007년 한국철도시설공단 비상임이사 2012~2014년 동양증권(주) 사외이사 2014~2016년 공정거래위원회 민간심사자문위원회 위원 [저]'국제독점금지법'(1986) '공정거래법 심결례 100선'(1996) '미국계약법'(1996) '법학입문'(1998) '경제법강의'(2003) '어음수표법'(2003)

양무목(楊茂木) YANG Moo Mock (南亭)

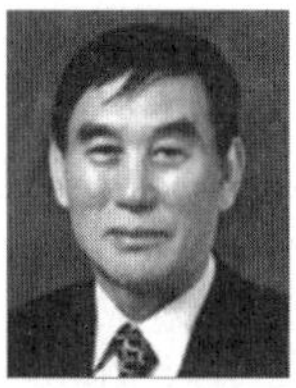

[생]1936 · 12 · 24 [본]청주(淸州) [출]대구 [주]경기 포천시 호국로1007 대진대학교 대진학술원(031-539-1114) [학]1956년 영남고졸 1961년 경북대 법대 정치학과졸 1966년 同대학원 정치학과졸 1981년 서울대 행정대학원 수료 1983년 정치학박사(동국대) [경]1961~1968년 대구정경학회 회장 1969~1971년 국민대 강사 1973~1990년 한일문화인쇄(주) 대표이사 1975~1990년 도서출판 거목 대표이사 1978~1980년 한국경인쇄협회 회장 1979~1993년 한국경영자총연합회 감사 · 이사 1980~1988년 서울시립대 · 경기대 · 인천대 · 동국대 강사 1984~1985년 경기대 전임강사 1987~1994년 국제펜클럽 한국본부 이사 1987년 한국불교문인협회 이사장 · 고문(현) 1987년 한국거목문학회 회장(현) 1990~1993년 서경대 대우조교수 1993~2005년 한국정치문화연구소 소장 1994~1996년 문단정의실천추진범문인협의회 공동대표 1996~2006년 대진대 대순사상학술원 학술위원 1998년 同객원교수(현) 2001~2011년 同통일대학원장 2003~2006년 민주평통 자문위원 2006년 대진대 대진학술원 학술위원 겸 부원장(현) [상]일붕문학상(1988), 전쟁문학상 수필부문, 불교문학대상 [저]'한국정당정치론' [역]'현대민주주의' [작]수필집 '깨어있는 그대 귓전에'(1986) '말로 하지 못한 말'(1988) '그러나 마음은 둘일 수 없어라'(1993) 시집 '강물로 그린 고독'(1987) '둘에서 하나로'(1988) '너와 나'(1989) '이젠 사랑이 두렵지않다'(1990) 소설집 '숲속의 바람'(1988) 평론집 '절망의 사회 희망의 정치'(1996) [종]대순진리회

양무승(梁武承) YANG Moo Seung

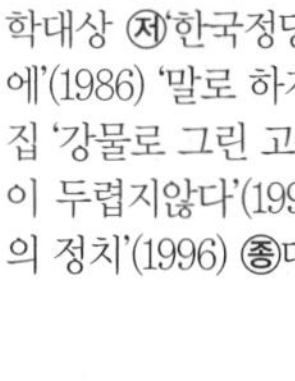

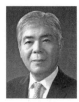

[생]1954 · 4 · 18 [주]서울 중구 무교로20 어린이재단빌딩3층 (주)투어이천(02-2021-2000) [경]1979~1982년 (주)락희항공 근무 1982~1984년 나라항공 근무 1985~1986년 세실항공 근무 1987~1998년 올림픽항공 대표이사 1999년 (주)투어이천 대표이사(현) 2013년 서비스산업총연합회 부회장(현) 2013년 대한상공회의소 관광위원회 위원(현) 2013년 전국경제인연합회 관광위원회 위원(현) 2013년 한국여행업협회 회장(현) [상]은탑산업훈장(2015)

양무진(梁茂進) YANG Moo Jin

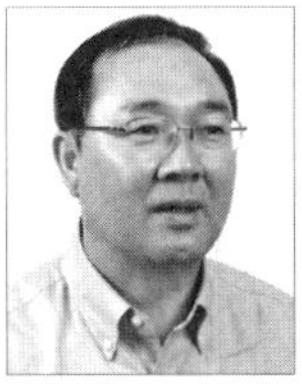

[생]1960 · 8 · 15 [본]남원(南原) [출]경남 양산 [주]서울 종로구 북촌로15길2 북한대학원대학교(02-3700-0752) [학]1979년 경남 보광고졸 1987년 경남대 문리대학 사학과졸 1995년 同행정대학원 북한학과졸 2002년 정치학박사(경남대) [경]1987~1999년 경남대 극동문제연구소 연구조교 · 연구원 · 책임연구원 · 선임연구원 1999~2000년 同극동문제연구소 대우전임강사 2000~2001년 통일부 근무(특채 4급) 2000년 남북정상회담 수행원 2000년 남북장관급회담 남측수석대표 보좌 및 수행 2001~2003년 경남대 극동문제연구소 전임강사 2003~2006년 同북한대학원 전임강사 · 조교수 2004~2012년 同극동문제연구소 대외협력실장 2006~2014년 북한대학원대학교 조교수 · 부교수 2007년 윤이상평화재단 이사(현) 2007년 (사)동북아공동체연구재단 자문위원(현) 2008~2012년 흥사단 정책위원회 정책위원 2012년 민족화해협력범국민협의회(민화협) 정책위원회 정책위원(현) 2012년 흥사단 도산통일연구소 연구위원(현) 2013년 한국국제정치학회 이사(현) 2013년 통일부 정책자문위원(현) 2014년 북한연구학회 이사(현) 2014년 북한대학원대학교 교수(현) 2016년 북한연구학회 부회장(현) [저]'북한 대남협상전략 유형'(2001) '남북한 관계론(共)'(2005) '북한의 체제전환의 전개과정과 발전조건(共)'(2008) '사회주의 체제전환에 대한 비교연구(共)'(2008) 'North Korea's Foreign Policy Under KIM JONG IL: New perspectives, ASHGATE'(2009) '북한의 체제전환과 국제협력(共)'(2009) '북한의 딜레마와 미래(共)'(2011)

양문석(梁文錫) YANG Moon Seok

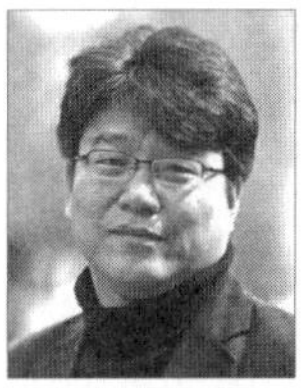

[생]1966 · 9 · 28 [출]경남 통영 [주]서울 서대문구 통일로9안길32 공공미디어연구소(02-722-6614) [학]1986년 진주 대아고졸 1993년 성균관대 유학대학 유학과졸 1996년 同대학원 정치학과졸 2002년 언론학박사(성균관대) [경]1994년 한국언론진흥재단 보조연구원(조교) 1995년 한국방송광고공사 광고연구소 연구보조원 1995~2002년 미디어문화콘텐츠연구소 연구원 1997~1999년 한신대 신문방송학과 외래교수 1997년 성균관대 신문방송학전공 강사 2000~2003년 동국대 신문방송학과 외래강사 2002~2004년 전국언론노동조합 정책위원 2004~2006년 한국교육방송공사(EBS) 정책위원 2006년 언론개혁시민연대 사무처장 2007~2010년 同사무총장 2007~2008년 한국방송학회 기획이사 2008년 방송통신위원회 지역방송발전위원회 위원 2008~2010년 공공미디어연구소 소장 2010~2014년 방송통신위원회 상임위원(차관급) 2014년 공공미디어연구소 이사장(현)

양문식(梁文植) YANG Moon Sik

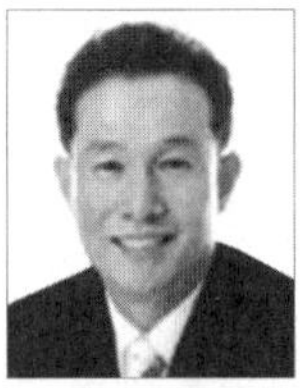

[생]1952 · 5 · 29 [주]전북 전주시 덕진구 백제대로567 전북대학교 자연과학대학 분자생물학과(063-270-3339) [학]1975년 서울대 약학과졸 1980년 同대학원졸 1988년 이학박사(미국 루이지애나주립대) [경]1989년 전북대 생물과학부 교수 2003년 同생물과학부장 2004년 전북지역혁신협의회 핵심산업분과장 2011년 전북대 자연과학대학 분자생물학과 교수(현) 2015년 同대외협력부총장 겸 약학대학유치추진단장(처장급)(현)

양미경(梁美暻 · 女) Mikyeong Yang

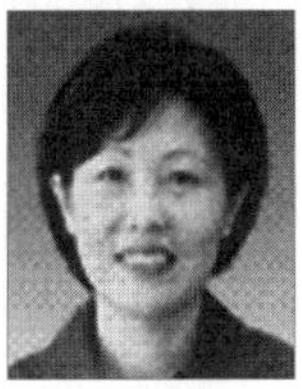

[생]1962 [주]서울 마포구 백범로35 서강대학교 국제인문학부 교육문화전공(02-705-8555) [학]1984년 서울대사범대학 교육학과졸 1986년 同대학원 교육학과졸 1992년 교육학박사(서울대) [경]1986~1997년 한국교육개발원 부연구위원 1993~1994년 미국 하버드대 객원교수 1997~2004년 건국대 인문과학대학 부교수 1998~2000년 한국교육과정학회 감사 1999년 교육부 교육전문직 선발고사 출제위원 2000년 전국초등교원임용시험 출제위원 2004년 서강대 국제인문학부 교육문화전공 교수(현) 2005년 교육인적자원부 전국교육대학원평가위원회 평가위원 2005년 행정고시 2차시험(교육학) 출제 · 채점위원 2008년 제1회 법학적성시험(LEET) 출제위원 2014~2015년 캐나다 브리티쉬컬럼비아대 방문교수 2015년 한국교육개발원 비상임감사(현) [상]건국대 강의평가 우수교수상(2002), 서강대 교육대학원 우수교수상(2004 · 2006 · 2012), 한국교육학회 우수학술논문상(2012)

양범준(梁範埈) Yang beom joon

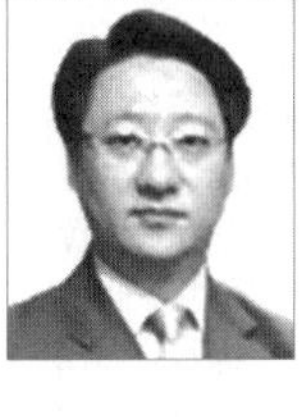

[생]1964 · 9 · 6 [출]서울 [주]서울 강남구 논현로653 A&A빌딩4층 유니버셜뮤직코리아 대표이사실(02-2106-2011) [학]1990년 중앙대 국제비즈니스학과졸 1991년 영국 Univ. of Birmingham 수료 1992년 영국 The London School of Economics 노사관계및인사관리학 대학원졸 [경]1992~1995년 동양그룹 마케팅기획 근무 1996~1997년 맥켄에릭슨 수석AE 1997~1999년 (주)

LEE & DDB 경영기획 1999~2003년 (주)로커스 전략기획실 이사, (주)엠맥 대표이사 2003~2004년 소니뮤직코리아(주) 대표이사 2005~2008년 (주)에어크로스 대표이사 2009년 (주)유니버셜뮤직코리아 대표이사 사장(현)

양병관(梁炳冠) Yang, Byung Kwan

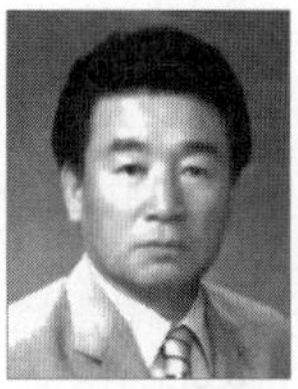

[생]1948·7·9 [본]남원(南原) [출]경북 청송 [주]서울 중구 을지로114의10 세무법인 닥터 을지로지점(02-2271-2361) [학]1977년 영남대 법학과졸 1982년 서울대 행정대학원졸 1992년 국방대학원졸 [경]1978년 행정고시 합격(21회) 1978년 법제처 행정사무관 1982년 해운항만청 근무 1990년 同기획관리실 법무담당관 1992년 同노정과장 1993년 同내항과장 1995년 미국 시애틀항만청 파견 1997년 해양수산부 기획관리실 법무담당관 1998년 同해운정책과장 1999년 同공보관 2000년 국방대학원 파견 2000년 해양수산부 감사관 2002년 인천지방해양수산청장 2003년 한국컨테이너관리공단 감사 2004~2009년 경기평택항만공사 사장 2009년 (주)대제종합건설 상임고문 2016년 同비상임고문(현), 세무법인 닥터 고문(현) [종]불교

양병기(梁炳基) YANG Byung Kie

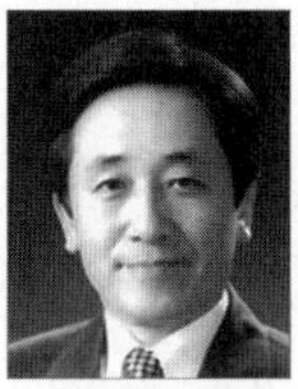

[생]1952·2·5 [본]제주(濟州) [출]전북 남원 [주]충북 청주시 청원구 대성로298 청주대학교 정치안보국제학과(043-229-8252) [학]1974년 연세대 정치외교학과졸 1976년 同대학원 정치학과졸(정치학석사) 1993년 정치학박사(연세대) [경]1983년 예편(공군 중위) 1984년 청주대 정치안보국제학과 교수(현) 1996~1997년 한국정치학회 충청지회 회장 1997~1998년 한국정치학회 이사 1998년 한국국제정치학회 이사·무임소이사 1998~2001년 한국정치·정보학회 부회장 1999년 한국정치학회 상임이사 1999~2003년 한국정치외교사학회 부회장 1999년 행정자치부 외무고등고시(5급 외교사) 출제위원 2000·2002년 21세기정치학회 부회장 2001년 한국동북아학회 부회장 2001년 한국정치학회 총무이사 2001년 민주평통 자문위원 2002년 한국정치학회 부회장 2002년 동아시아국제정치학회 부회장 2003년 민주평통 상임위원(현) 2003년 한국국제정치학회 명예이사(현) 2003년 북한연구학회 부회장 2003년 대한정치학회 부회장 2003년 한국세계지역학회 부회장 2003년 한국국민윤리학회 부회장 2003년 한국NGO학회 이사 2003~2009년 민족화해협력범국민협의회(민화협) 상임정책위원 2003~2004·2006~2008년 통일부 정책자문위원 2005년 한국정치학회 회장 2005년 대통령소속 국방발전자문위원회 자문위원 2005년 한국동북아학회 고문(현) 2006년 한국정치학회 고문(현) 2006년 21세기정치학회 고문 2006년 한국정치·정보학회 고문(현) 2006년 한국지방정치학회 고문(현) 2006년 중앙인사위원회 2006년도제2차외무고시 주관식(5급 외교사) 출제위원 2006~2014년 외교통상부 정책자문위원 2008~2013년 통일부 남북관계발전위원회 민간위원 2008~2015년 충북도 남북교류협력위원회 위원 2008년 연세대 총동문회 운영부회장(현) 2008년 한국평화연구학회 명예고문(현) 2009~2011년 민주평통 정치·남북대화위원장 2010년 세계평화연구원 원장(현) 2010~2016년 세계인명사전 'Marquis Who's Who in the World 2011~2017년판'에 등재 2013년 통일부 정책자문위원(현) 2014~2016년 同통일교육위원 2014년 외교부 정책자문위원(현) 2015년 4월회 자문위원(현) 2015년 충북도 도정정책자문위원(현) 2016년 교육부 대학교원임용 양성평등위원회 위원(현) [상]국민훈장 목련장(2009) [저]'변혁시대의 한국사(共)'(1979, 동평사) '현대한국정치론(共)'(1996, 사회비평사) '한국정치동태론(共)'(1996, 오름) '북한과 통일문제(共)'(1998, 담론사) '남북한의 최고지도자(共)'(2001, 백산서당) 'Korean Peninsula: From Division toward Peaceful Unification (ed.)'(2005, The Korean Political Science Association) '현대 남북한정치론'(2014, 법문사) [종]천주교

양병무(梁炳武) YANG Byong Moo (惠江)

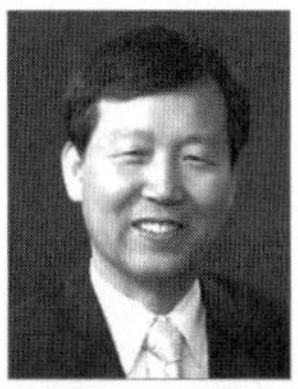

[생]1955·4·20 [출]전남 [주]인천 동구 재능로178 인천재능대학 회계경영과 회계관리전공(032-890-7236) [학]1979년 고려대 경제학과졸 1987년 미국 하와이주립대 대학원 경제학과졸 1989년 경제학박사(미국 하와이주립대) [경]1981~1985년 한국개발연구원(KDI) 주임연구원 1989~1990년 미국 East West Center 연구위원 1990~2002년 한국경영자총협회 노동경제연구원 연구위원·부원장 1995~1997년 한국인사관리학회 상임이사 1996~2002년 OECD BIAC 한국위원회 위원 1997년 서강대 경제대학원 강사 1998년 중앙일보 칼럼니스트 1999~2003년 민주평통 자문위원 1999~2000년 개혁과대안을위한전문·지식인회의 사무총장 2001~2002년 한국인사관리학회 부회장 2001년 「수필과 비평」에 수필가 등단 2001~2006년 한국리더십학회 부회장 2001년 재능교육 자문위원 2002~2010년 한국인간개발연구원 원장 2004~2005년 한국노동경제학회 부회장 2004~2006년 세종대 겸임교수 2005~2007년 대통령자문 사람입국·일자리위원회 위원 2006년 숙명여대 여성인적자원개발대학원 초빙교수 2007~2008년 同겸임교수 2010년 서울사이버대 석좌교수 2010~2014년 JEI재능교육 각자대표이사 2014년 인천재능대 세무회계과 교수(산학협력중점교수), 同회계경영과 회계관리전공 교수(산학협력중점교수)(현) [저]'명예퇴직 뛰어넘기'(1996) '블루라운드와 노동의 미래' '연봉제에 대한 올바른이해' '창조적 지식가론' '디지털시대의 리더십'(2000) '디지털시대의 인적자원관리'(2000) '감자탕 교회 이야기'(2003) '주식회사 장성군'(2005) '행복한 논어읽기'(2009) '일생에 한 권 책을 써라'(2012) '만화로 읽는 하룻밤 논어(共)'(2013) [역]'태도101' [종]기독교

양병선(梁柄先) YANG Byung Sun

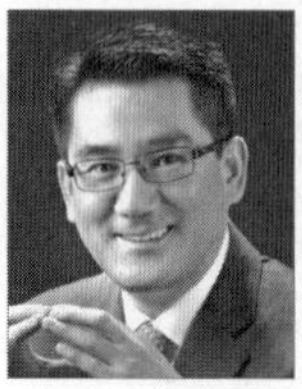

[생]1964·8·20 [출]서울 [주]서울 중구 을지로16 백남빌딩5층 (주)모두투어네트워크 임원실(02-752-9494) [학]세종대 관광경영학과졸, 관광경영학박사(세종대) [경]1989년 국일여행사 입사 2007년 (주)모두투어네트워크 전략기획본부장(상무) 2008~2014년 (주)모두투어인터내셔널 공동대표이사 겸임 2008년 (주)모두투어H&D 공동대표이사(현) 2009년 (주)모두투어네트워크 경영지원본부장(상무) 2010년 同경영전략기획본부장(상무) 2012~2014년 同경영전략기획본부장(전무이사) 2012년 (주)모두관광개발 공동대표이사(현) 2014년 (주)모두투어네트워크 총괄본부장 겸 경영지원본부장(CFO·부사장) 2014년 서울호텔관광전문학교 공동대표(현) 2014년 (주)모두스테이 대표이사(현) 2015년 자유투어 공동대표이사(현) 2016년 (주)모두투어네트워트 신성장사업본부장(부사장)(현) [상]일반여행업협회 우수종사원상(2002), 문화관광부장관표창(2003), 한국IR대상 개인부문(2015) [종]기독교

양병수(楊柄水) Yang Byung Soo

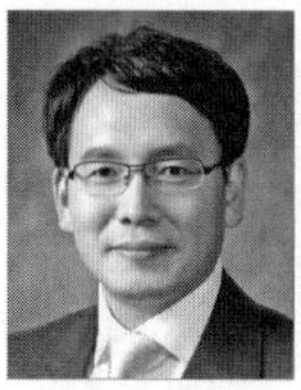

[생]1965·12·26 [출]경북 영천 [주]세종특별자치시 노을6로8의14 국세청 자산과세국(044-204-3400) [학]대륜고졸, 연세대 경영학과졸, 미국 하버드대 행정대학원 행정학과졸 [경]1992년 행정고시 합격(35회), 경주세무서 간세과장·직세과장, 북대구세무서 재산세과장, 서울지방국세청 법인납세과 근무, 국세공무원교육원 교수, 서울지방국세청 납세자보호담당 2007년 보령세무서장, 서울지방국세청 징세과장, 同부가세과장, 중부지방국세청 감사담당관 2013년 同징세법무국장 2014년 서울지방국세청 조사3국장(고위공무원 나급) 2015년 국세청 자산과세국장(현)

양병이(楊秉彛) YANG Byoung E

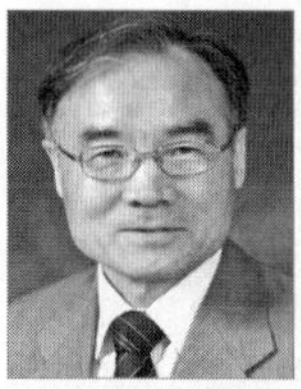

[생]1946·7·10 [출]전북 전주 [주]서울 관악구 관악로1 서울대학교 환경대학원(02-880-5114) [학]1964년 전주고졸 1968년 서울대 농업경제학과졸 1971년 同행정대학원 도시계획학과졸 1976년 미국 캘리포니아대 버클리교 대학원 조경학과졸 1988년 조경학박사(미국 미시간대) [경]1977~1991년 서울대 환경대학원 전임강사·조교수·부교수 1984년 환경청 중앙환경보전자문위원회 환경영향평가위원 1988~1991년 서울대 환경계획연구소장 1991~2011년 同환경대학원 환경조경학과 교수 1993~1995년 한국조경학회 회장 1993년 국제조경가협회(IFLA) 이사 1996~1998년 서울대 환경대학원장 2000~2003년 내셔널트러스트운동 공동운영위원장 2001~2006년 (사)생태촌만들기모임 회장 2001년 한국생태환경건축학회 부회장 2001~2006년 녹색연합부설 녹색사회연구소장 2002년 대한주택공사 친환경건축물인증심의위원회 위원 2003~2008년 (사)한국인공지반녹화협회 회장 2003년 건설교통부 신도시자문위원회 위원 2003년 (사)한국내셔널트러스트 대표 2004~2015년 (사)생명의숲 이사 2005~2006년 한국생태환경건축학회 회장 2007년 서울그린트러스트 이사장(현) 2008년 (사)한국인공지반녹화협회 명예회장(현) 2009~2016년 (사)한국내셔널트러스트 공동대표 2011년 서울대 환경대학원 명예교수(현) [상]한국조경학회상, 황조근정훈장(2007) [저]'한국전통조경' '조경사전' '생태마을길잡이'(共) '녹색도시만들기' '키워드로 만나는 조경'(共) '지속가능한 국토와 환경'(共) [역]'지속가능한 경관론' [종]기독교

양병종(梁炳鍾) YANG Byong Jong

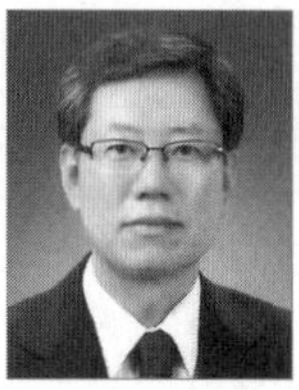

[생]1960·8·29 [출]충남 금산 [주]대전 서구 둔산중로74 인곡타워3층 법무법인 유앤아이(042-476-8855) [학]1978년 공주사대부고졸 1985년 성균관대 법학과졸 [경]1986년 사법시험 합격(28회) 1989년 사법연수원 수료(18기) 1989년 대구지검 검사 1991년 전주지검 군산지청 검사 1992년 수원지검 성남지청 검사 1994년 제주지검 검사 1995년 일본 중앙대 연수 1997~1999년 서울지검 북부지청 검사 1999년 광주지검 검사 2001년 同부부장검사 2001년 대전고

검 검사 2002년 서울지검 부부장검사 2003년 광주지검 형사3부장 2004년 사법연수원 교수 2006년 대검찰청 과학수사1담당관 2007년 대전지검 형사1부장 2008년 정&양합동법률사무소 변호사 2011년 대전지방변호사회 홍보이사 2013~2014년 同제2부회장 2013년 법무법인 유앤아이 대표변호사(현) 2015년 대전지방변호사회 회장(현)

양보승(梁普承) YANG Bo Sung

ⓢ1960 · 9 · 30 ⓞ전남 여천 ⓙ서울 서초구 반포대로 158 서울고등검찰청(02-530-3114) ⓗ1979년 순천고졸 1984년 한양대 법학과졸 1986년 同대학원 법학과졸 ⓔ1985년 사법시험 합격(27회) 1988년 사법연수원 수료(17기) 1993년 광주지검 장흥지청 검사 1994년 서울지검 서부지청 검사 1998년 수원지검 성남지청 검사 2000년 서울지검 북부지청 부부장검사 2001년 광주지검 순천지청 부장검사 2002년 광주고검 검사 2003년 창원지검 형사2부장 2004년 수원지검 성남지청 형사1부장 2006년 대구지검 형사2부장 2007년 대구고검 검사(국가정보원 파견) 2009년 서울고검 검사 2012년 부산고검 검사 2014년 서울고검 검사(현) 2016년 서울중앙지검 중요경제범죄조사단 파견(현)

양복완(楊卜完) YANG Bok Wan

ⓢ1959 · 9 · 16 ⓑ청주(淸州) ⓞ전남 영암 ⓙ경기 의정부시 청사로1 경기도청 북부청사 행정2부지사실(031-8030-2002) ⓗ1977년 광주제일고졸 1981년 전남대 경제학과졸 1983년 同대학원 경제학과졸 ⓔ행정고시 합격(25회) 1982~1987년 교통부 · 내무부 근무 1987년 전남도 서무과 · 총무과 근무 1987~1993년 同경제통계 · 확인평가 · 예산1계장 1993년 同지방공무원교육원 교관 1995년 同관광진흥과장 1995년 영암군 부군수 1997년 대한무역투자진흥공사 파견 1999년 전남도 통상협력심의관 1999년 同도지사비서실장 1999년 광양시 부시장 2001년 전남도지사 비서실장 2002년 나주시 부시장 2004년 광양만권경제자유구역청 행정개발본부장 2005년 전남도 경제통상국장 2006년 세종연구소 파견 2007년 전남도 경제과학국장 2009년 순천시 부시장 2010년 전남도 관광문화국장 2012년 同기획조정실장(고위공무원) 2014~2015년 국토교통부 공공기관지방이전추진단 지원국장 2015년 행정자치부 과천청사관리소장 2015년 경기도 행정2부지사(현) ⓢ국무총리표창, 2014 자랑스런 전남대 경영인상(2015) ⓜ불교

양봉렬(梁峰烈) YANG Bong Ryull

ⓢ1952 · 1 · 1 ⓞ전남 신안 ⓙ광주 북구 용봉로77 전남대학교 광주캠퍼스 정치외교학과(062-530-2620) ⓗ1976년 서울대 정치학과졸 1978년 同행정대학원 수료 1998년 미국 하버드대 캐네디스쿨 행정학과졸 ⓔ1978년 외무고시 합격(12회) 1978년 외무부 입부 1983년 駐캐나다 2등서기관 1985년 駐트리니다드토바고 2등서기관 1989년 駐사우디아라비아 1등서기관 1992년 외무부 여권1과장 1993년 同자원협력과장 1994년 同과학자원과장 1994년 駐호주 참사관 1998년 駐LA 영사 1999년 대통령비서실 파견 2000년 외교통상부 외무인사기획담당관 2001년 駐휴스턴 총영사 2004년 서강대 국제대학원 외교초빙교수 2005~2006년 김대중 前대통령 비서관 2007년 駐말레이시아 대사 2010~2011년 외교통상부 본부대사 2011~2014년 광주과학기술원 대외협력부총장 2014년 전남대 정치외교학과 초빙교수(현) ⓢ홍조근정훈장(2011) ⓩ'중국의 부상과 동남아의 대응(共)'(2011) ⓜ가톨릭

양봉환(梁鳳煥) YANG Bong Whan

ⓢ1957 · 5 · 3 ⓞ전북 정읍 ⓙ대전 유성구 대덕대로 593 중소기업기술정보진흥원 원장실(042-388-0140) ⓗ1977년 정읍고졸 1985년 한양대 행정학과졸 1987년 同대학원 수료 ⓔ1986년 행정고시 합격(30회) 1987년 중앙공무원교육원 사무관 1987년 공업진흥청 근무(사무관) 1989년 同행정법무담당관실 사무관 1991년 同안전관리과 사무관 1994년 同화섬기술과 사무관 1994년 同기술지원과 사무관 1996년 중소기업청 기술개발과 사무관 1996년 同자금지원과 서기관 1998년 대구경북지방중소기업청 조사관리과장 1999년 同지원총괄과장 2000년 중소기업청 행정법무담당관 2000년 미국 직무훈련 2002년 중소기업청 기술개발과장 2004년 同인력지원과장 2005년 同금융지원과 2006년 同정책총괄과장 2007년 한국생산기술연구원 파견(고용휴직) 2008년 부산 · 울산지방중소기업청장(고위공무원) 2010년 중소기업청 소상공인정책국장 2011년 광주 · 전남지방중소기업청장 2012년 중소기업청 기술혁신국장 2013년 同생산기술국장 2013년 중소기업기술정보진흥원 원장(현) 2014년 (재)중소기업연구원 비상임이사(현) ⓢ고운문화상(1998), 홍조근정훈장(2010)

양부남(楊富男) YANG Bu Nam

ⓢ1961 · 3 · 23 ⓞ전남 담양 ⓙ광주 동구 준법로7의12 광주고등검찰청(062-231-3114) ⓗ1980년 담양공고졸 1984년 전남대 법학과졸 ⓔ1987년 예편(육군 중위) 1989년 사법시험 합격(31회) 1993년 사법연수원 수료(22기) 1993년 서울지검 검사 1995년 광주지검 순천지청 검사 1997년 광주지검 검사 1998년 일본 UNAFEI 연수 1999년 서울지검 동부지청 검사 2001년 일본 게이오대 Visiting Scholar 2002년 대검찰청 검찰연구관 2005년 광주지검 부부장검사 2006년 전주지검 부장검사 2007년 광주지검 해남지청장 2008년 同형사3부장 2009년 서울남부지검 형사6부장 2009년 서울중앙지검 특수3부장 2010년 법무연수원 교수 2011년 대전지검 서산지청장 2012년 수원지검 안양지청 차장검사 2013년 대구지검 제2차장검사 2014년 부산지검 동부지청장 2015년 수원지검 제1차장검사 2015년 광주고검 차장검사(검사장급)(현) 2016년 대구고검장 직무대리(현) ⓢ홍조근정훈장(2013), 용봉인영예대상(2016) ⓩ'일본의 자금세탁 방지제도'

양사연(梁仕淵) YANG Sa Yeon

ⓢ1962 · 8 · 13 ⓞ충북 청원 ⓙ서울 강남구 테헤란로 87길36 법무법인 로고스(02-2188-2812) ⓗ1981년 영동고졸 1985년 경희대 법학과졸 1987년 同대학원졸 2004년 고려대 법무대학원(신용거래) 이수 ⓔ1991년 사법시험 합격(33회) 1994년 사법연수원 수료(23기) 1994년 수원지법 판사 1996년 서울지법 판사 1998년 전주지법 남원지원 판사 겸 장수군 · 순창군법원 판사 2001년 서울지법 판사 2003년 同서부지원 판사 2004년 서울서부지법 판사 2005년 서울고법 판사 2007년 서울동부지법 판사 2007년 미국 남가주대 장기연수(USC) 2009년 전주지법 부장판사 2010년 의정부지법 부장판사 2013년 서울동부지법 부장판사 2015년 법무법인 로고스 변호사(현)

양삼승(梁三承) YANG Sam Sung

ⓢ1947 · 4 · 4 ⓑ제주(濟州) ⓞ서울 ⓙ서울 강남구 영동대로517 아셈타워22층 법무법인 화우(02-6003-7111) ⓗ1965년 경기고졸 1970년 서울대 법대졸 1979년 同법학대학원졸 1988년 법학박사(서울대) ⓔ1972년 사법시험 합격(14회) 1974년 사법연수원 수료(4기) 1974~1985년 서울민사지법 · 서울형사지법 · 서울가정법원 판사 1977~1978 · 1982년 독일 괴팅겐대 연수 1985~1989년 서울고법 판사 · 대법원 재판연구관 1989~1990년 울산지법 부장판사 1990~1992년 헌법재판소 연구부장 1992~1996년 서울형사지법 · 서울민사지법 부장판사 1995년 Eisenhower 재단초청 미국법조 시찰 1996~1998년 대전고법 부장판사 1998~1999년 대법원장 비서실장 1999~2003년 법무법인 화백 대표변호사 1999~2003년 KBS 보도자문변호사 1999년 (주)대우 법률고문 1999~2007년 (주)세아홀딩스 · 세아제강 사외이사 1999~2012년 연합철강 사외이사 1999년 삼성문화재단 · 삼성언론재단 · 삼성복지재단 · 호암재단 감사(현) 1999~2012년 영산대 부총장 2000~2006년 언론중재위원회 중재위원 2000~2003년 방송통신위원회 고충처리위원회 위원 2000~2004년 서울시 행정심판위원 2003~2011년 법무법인 화우 대표변호사 2004년 서울시 고문변호사(현) 2004년 일본 와세다대 로스쿨 운영자문위원(현) 2004~2008년 YTN 시청자위원 및 위원장 2005년 국가생명윤리위원회 초대위원장 2006년 방송통신위원회 행정심판위원회 위원(현) 2006년 대한변호사협회 법률구조사업회 위원(현) 2007년 한국원자력의학원 이사(현) 2007~2010년 문화유산국민신탁 감사 2009년 대한변호사협회 제1부회장 2009년 선거기사심의위원회 위원장 2009년 서울대 법학전문대학원 겸임교수(현) 2009~2011년 대법원 사법정책자문위원회 위원 2011년 대한변호사협회 변호사연수원장(현) 2011년 법무법인 화우 고문변호사(현) 2011년 중앙선거관리위원회 자문위원(현) 2011년 헌법재판소 자문위원(현) 2012년 방송통신심의위원회 제18대 대통령선거방송심의위원회 심의위원 2012년 영산대 석좌교수(현) 2013년 대한중재인협회 부회장(현) 2014년 영산법률문화재단 이사장(현) ⓩ'법과 정의를 향한 여정'(2012, 까치) ⓜ기독교

양상국(梁相國) Yang Sangkuk

ⓢ1949 · 2 · 10 ⓞ서울 ⓙ서울 성동구 마장로210 한국기원 홍보팀(02-3407-3870) ⓔ1970년 프로기사 입단 1990년 2014 EBS-TV 바둑해설자 1990~2001년 성균관대 사회교육원 바둑과 겸임교수 1997년 8단 승단 2006년 9단 승단(현) 2011~2014년 (재)한국기원 감사 2014년 同이사(현) ⓩ'끝내기 테크닉'(2000) '사활의 묘'(2000) '바둑의 길, 삶의 길'(2000) '절묘한 맥 시리즈'(2001) '바둑의 길, 삶의 길'(2009, 나남출판사) ⓩ'양상국 비디오 바둑특강'

양상문(楊相汶) YANG Sang Moon

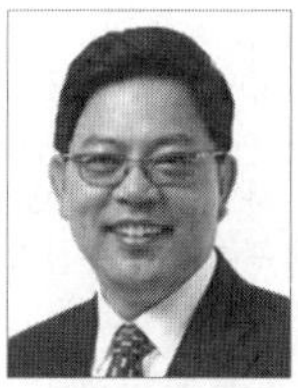

[생]1961 · 3 · 24 [본]중화(中和) [출]부산 [주]서울 송파구 올림픽로25 LG트윈스 프로야구단(02-2005-5811) [학]1979년 부산고졸 1983년 고려대졸, 同교육대학원 체육교육학과졸 [경]1983~1984년 한국화장품 실업야구단 소속 1984년 롯데자이언츠 프로야구단 소속 1990년 태평양돌핀스 프로야구단 1군 매니저 1994~1997년 롯데자이언츠 프로야구단 코치 1998년 중앙대 아마야구단 코치 1998~2001년 롯데자이언츠 프로야구단 코치 2002년 LG트윈스 프로야구단 코치 2004~2005년 롯데자이언츠 프로야구단 감독, MBC 야구해설위원 2007년 LG트윈스 프로야구단 코치 2008년 롯데자이언츠 프로야구단 2군 감독 2008~2009년 제2회 월드베이스볼클래식(WBC) 한국대표팀 투수코치 2009년 롯데자이언츠 프로야구단 1군 투수코치 2011년 MBC스포츠플러스 야구해설위원 2013년 제3회 월드베이스볼(WBC) 국가대표팀 코치 2013년 국민생활체육회 비상임이사 2014년 LG트윈스 프로야구단 감독(현) [상]대통령표창(1978), 국무총리상(1978), 전국대학야구 우수투수상(1979), 대학춘계리그 우수투수상(1981), 대통령배 실업2차리그 최우수신인상 · 우수투수상(1983), 대통령배 실업리그 우수투수상(1984) [종]불교

양상백(楊相伯) Yang, Sang-Baek

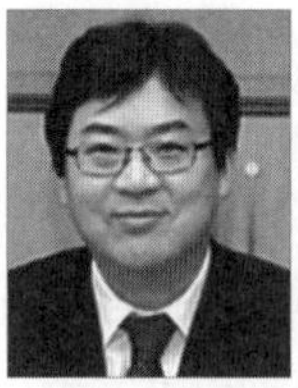

[생]1963 · 12 · 15 [출]경남 진해 [주]부산 사상구 주례로57 부산디지털대학교 총장실(051-320-2000) [학]1986년 부산대 영어영문학과졸 1988년 同대학원 영어영문학과졸 1998년 영문학박사(부산대) [경]1995~1996년 양산전문대 전임강사 1996년 동서대 영어학과 교수, 同기획평가처장 2008~2011년 同교무처장 2014년 부산디지털대 총장(현) [저]'대학교양영어'(1996) '영어의 대조적 초점구문에 관한 연구'(1998)

양상우(楊尙祐) YANG Sang Woo

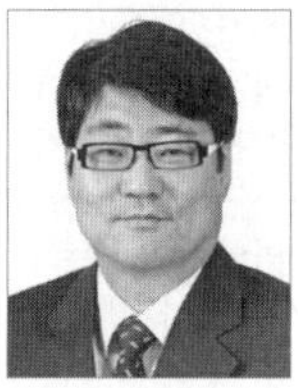

[생]1963 · 4 · 14 [출]강원 [주]서울 마포구 효창목길6 한겨레신문 임원실(02-710-0114) [학]1982년 서울 경성고졸 1988년 연세대 경영학과졸 [경]1985년 민주화운동과 관련 구속, 한겨레신문 사회부 기자 1990년 同경제부 기자 1998년 同한겨레21 사회팀장 1999년 同사회부 기동취재팀장 2001년 同정치부 야당반장 2003년 미국 Univ. of Washington Visiting Scholar 2003년 한겨레신문 사회부 수도권팀장 2004년 同노조위원장 겸 언론노조 부위원장, 同우리사주조합장, 同비상경영위원장 2006년 同편집국 24시팀장 2006년 同편집국 사회정책팀장 2007년 한국언론재단 부설 언론교육원 겸임교수 2008년 한겨레신문 미디어사업국장 2010년 同출판미디어본부장 2011~2014년 同대표이사 사장 2011~2013년 한국신문윤리위원회 이사 2011~2014년 (재)함께일하는재단 이사 2013~2014년 한국디지털뉴스협회 회장 2014년 한겨레신문 비상근고문(현) [상]한국기자협회 이달의 기자상(2003 · 2006), 문화부장관표창(2003), 삼성언론상(2004), 가톨릭매스컴상 신문부문(2006), 민주언론상 특별상(2007), 자랑스러운 연세상경인상(2012)

양상훈(楊相勳) YANG Sang Hoon

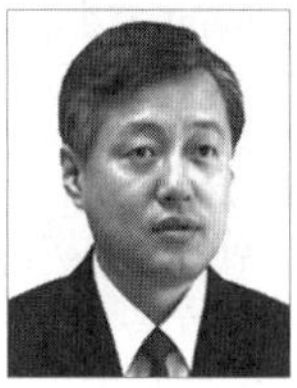

[생]1958 · 9 · 25 [출]경북 영천 [주]서울 중구 세종대로21길30 조선일보 논설위원실(02-724-5114) [학]서울대 산업공학과졸 [경]1999년 조선일보 정치부 차장 2003년 同논설위원 2004년 同정치부장 2006년 同정치부장(부국장대우) 2006년 同논설위원 2007년 관훈클럽 운영위원(서기) 2008년 조선일보 워싱턴지국장 2009년 同논설위원 2010년 同편집국 부국장 2011년 同편집국장 2013년 同논설위원 2013년 同논설위원실장 2014년 同논설주간(현) 2015년 한국신문방송편집인협회 부회장(현) [상]제18회 효령상 언론부문(2015)

양 석(梁 奭) Yang Seok

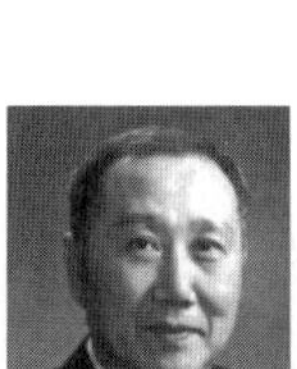

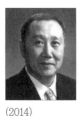

[생]1953 · 5 · 4 [주]서울 중구 남대문로55 롯데호텔 인사과(02-771-1000) [학]광주제일고졸, 한국외국어대 일본어학과졸, 同교육대학원 일본어학과졸 [경](주)호텔롯데부산 이사, 同대전호텔 총지배인, 同울산호텔 총지배인, 同월드호텔 총지배인(이사), 同서울호텔 총지배인(상무) 2012년 롯데루스 대표이사 상무 2014년 同대표이사 전무(현) [상]프랑스 부르고뉴 와인기사 작위(2014)

양석조(梁碩祚)

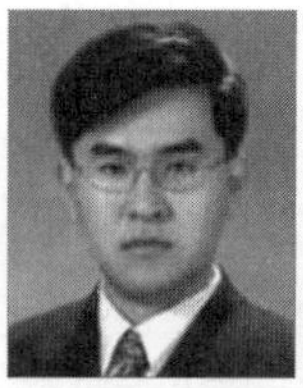

[생]1973 · 3 · 22 [주]서울 서초구 반포대로157 대검찰청 과학수사부 사이버수사과(02-3480-3570) [학]1992년 제주 오현고졸 1997년 한양대졸 [경]1997년 사법시험 합격(39회) 2000년 사법연수원 수료(29기) 2000년 공익법무관 2003년 서울지검 동부지청 검사 2004년 서울동부지검 검사 2005년 광주지검 순천지청 검사 2008년 법무부 정책홍보관리실 검사 2009년 同기획검사실 검사 2010년 서울중앙지검 검사 2012년 금융위원회 파견 2013년 창원지검 부부장검사 2014년 대구지검 서부지청 부장검사 2015년 대검찰청 디지털수사과장 2016년 同사이버수사과장(현)

양선희(梁善喜 · 女) YANG SUN HEE

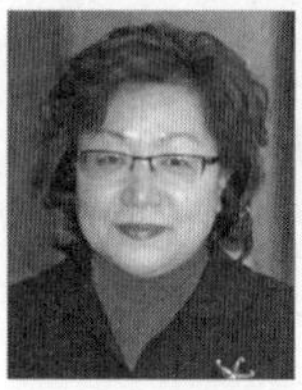

[생]1953 · 10 · 9 [출]경남 진주 [주]서울 광진구 능동로209 세종대학교 무용과(02-3408-3279) [학]1976년 세종대 무용학과졸 1979년 경희대 대학원 무용학과졸 1988년 프랑스 파리4대 대학원 무용학과졸 1988년 프랑스 파리5대 대학원 무용학과 수료 1999년 무용학박사(한양대) [경]1989년 춤다솜무용단 대표(현) 1989년 세종대 예체능대학 무용과 부교수 · 교수(현), 同무용학과장 2003년 문화재청 문화재위원 2005~2008년 문화재위원회 무형문화재분과 위원 2009~2010년 세종대 공연예술대학원장 2013년 (사)우리춤협회 이사장(현) [상]최우수 예술인상(2003), 올해의최우수예술가(무용부문)(2010) [저]'한국무용교육 어떻게 할 것인가'(2005) '몸다스림'(2010) '춤의 시선'(2011) [역]'무용의 역사'(1990) '무용의 역사II'(1992) [작]'혼의 소리' '사랑했으므로 행복하였네라' '갈망' '청산향'(서울공연예술제) '탈의 넋'(서울춤 아카데미) '기원'(2002 한일월드컵 성공기원) '사계'(춤다솜 15주년 기념공연) '흔적 머무르는 곳' '하루' '비우니 향기롭다' '춤의 시선' '춘향' 'KISS춘향'

양성광(楊聖光) YANG Sung Kwang

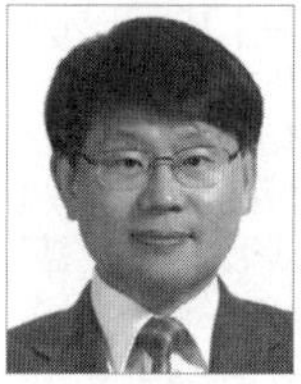

[생]1960·2·19 [출]대전 [주]대전 유성구 대덕대로481 국립중앙과학관(042-601-7802) [학]1978년 충남고졸 1983년 한양대 화학공학과졸 1986년 서울대 대학원 화학공학과졸 1993년 화학공학박사(미국 퍼듀대) [경]기술고시 합격(21회) 1986~1996년 총무처 수습사무관·과학기술부 원자력실 영광주재관실·미국 연수·과학기술부 원자력실 원자력안전과·원자력협력과 사무관 1996~2001년 과학기술부 원자력실 원자력협력과·연구개발정책실 연구개발2담당관·연구개발기획과·과학기술정책실·과학기술문화과 근무 2001년 同기술개발지원과장 2002년 한반도에너지개발기구(KEDO) 파견(서기관) 2006년 과학기술부 원자력협력과장 2007년 同기초연구정책과장 2007년 제17대 대통령직인수위원회 국가경쟁력강화특별위원회 실무위원 2008년 대통령실장실 행정관(부이사관) 2009년 교육과학기술부 인재정책분석관 2009년 同인재기획분석관 2010년 同교육정보정책관(일반직고위공무원) 2011년 同전략기술개발관 2011~2012년 同기초연구정책관 2012년 한국해양과학기술원 이사 2012년 교육과학기술부 연구개발정책실장 2013년 미래창조과학부 미래선도연구실장 2013년 대통령 미래전략수석비서관실 과학기술비서관 2016년 국립중앙과학관장(현) [상]한국과학기자협회 올해의 과학행정인상(2013)

양성빈(梁聖彬) YANG Seong Bean

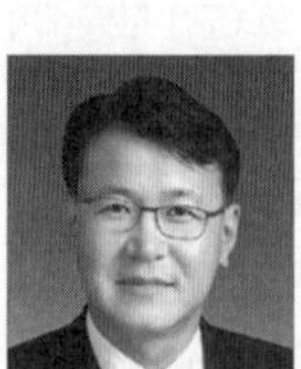

[생]1975 · 6 · 18 [주]전북 전주시 완산구 효자로225 전라북도의회(063-280-4513) [학]전북기계공고졸, 전주공업대학 산업디자인과졸, 원광대 법학과졸, 전북대 행정대학원 지방자치학과졸 [경]국회의원 비서관, 민주평통 장수군협의회 위원, 장수발전포럼 운영위원 2014년 전북도의회 의원(새정치민주연합 · 더불어민주당)(현) 2014년 同운영위원회 위원 2014~2016년 同행정자치위원회 위원장 2015년 새정치민주연합 전북도당 청년위원장 2015년 더불어민주당 전북도당 청년위원장(현) 2016년 전북도의회 문화건설안전위원회 위원(현) 2016년 同윤리특별위원회 부위원장(현) 2016년 同남북교류협력위원회 위원(현) 2016년 더불어민주당 전북도당 대변인(현) [상]대한민국 유권자대상 광역의원부문(2015 · 2016)

양성영(梁成永) YANG SEONG YOUNG

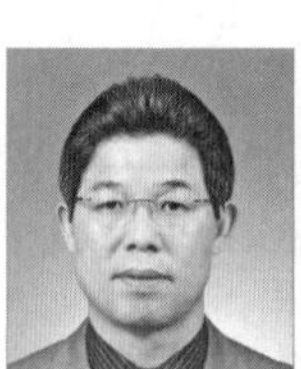

[생]1959 · 4 · 10 [주]경기 과천시 관문로47 공정거래위원회 서울지방공정거래사무소(02-2110-6150) [학]1978년 대아고졸 1986년 경상대 식품가공학과졸 [경]1993~2002년 공정거래위원회 대전사무소 · 정책국 행정주사 2002~2013년 同광주사무소 · 대전사무소 · 기획재정담당관실 행정사무관 2013~2016년 同시장감시국 · 카르텔조사국 서기관 2016년 同서울지방공정거래사무소 건설하도급과장(현)

양성용(梁晟容) YANG Sung Young

생1954·2·2 출서울 주서울 강남구 테헤란로518 법무법인 율촌(02-528-5735) 학1973년 서울고졸 1977년 서울대 농경제학과졸 1989년 미국 아이오와대 대학원 경제학과졸 경1977년 한국은행 입행 1993년 同국제업무과장 1996년 同런던사무소 선임조사역 1999년 금융감독원 은행검사5국·은행검사2국·조사연구국 근무 2002년 同비서실장(1급) 2004년 同신용감독국장 2005년 同은행감독국장 2006년 同기획조정국장 2007~2010년 同중소서민금융업서비스본부장(부원장보) 2010년 법무법인 율촌 고문(현) 2014년 삼성카드 사외이사(현) 종기독교

양성우(梁性佑) YANG Seong Woo

생1943·11·1 본남원(南原) 출전남 함평 학1961년 조선대부고졸 1970년 전남대 국어국문학과졸 1985년 숭실대 대학원 국문학과 수료 경1970년 시작 '발상법'·'증언' 등으로 문단 데뷔·시인(현) 1975년 '겨울공화국 '사건으로 교사직 파면 1977~1979년 '노예수첩' 사건으로 투옥 1985년 자유실천문인협의회 공동대표 1986년 서울민주통일연합회 부의장 1988년 민주쟁취국민운동본부 대변인 1988년 평화민주당(평민당) 당무위원·문화예술문제특별위원회 위원장 1988년 제13대 국회의원(서울 양천甲, 평민당·신민당·민주당) 1991년 신민당 당무위원 1991년 민주당 당무기획실장 1996년 同선거대책위원회 대외협력위원장 2007년 한국작가회의 고문 2009~2013년 한국간행물윤리위원회 위원장 저시집 '겨울공화국'(1977) '북 치는 앉은뱅이'(1980) '청산이 소리쳐 부르거든'(1981) '노예수첩'(1985) '5월제'(1986) '그대의 하늘길'(1987) '세상의 한가운데'(1990) 수필집 '아침을 여는 당신에게'(1993) '사라지는 것은 하늘일 뿐이다'(1997) '첫마음'(2000) '물고기 한 마리'(2003) 종불교

양성일(梁誠日) YANG SEONG IL

생1967·5·17 본남원(南原) 출서울 주세종특별자치시 도움4로13 보건복지부 건강정책국(044-202-3300) 학서울대 사회복지학과졸, 同대학원 행정학과졸, 미국 인디애나주립대 대학원 행정학과졸 경1991년 행정고시 합격(35회) 2004년 보건복지부 연금보험국 연금재정과장 2006년 同보건산업육성사업단 보건산업정책팀장(서기관) 2007년 同혁신인사팀장(부이사관) 2008년 보건복지가족부 인사과장 2009년 同국제협력관 2009년 同첨단의료복합단지법인지행준비단장(고위공무원) 2010년 보건복지부 첨단의료복합단지조성사업단장 2010년 同대변인 2012년 同연금정책관 2013년 同연금정책국장 2015년 同장애인정책국장 2016년 同건강정책국장(현) 상국무총리표창

양성진(梁聖鎭) YANG Seong Jin

생1963·4·3 본제주(濟州) 출전북 군산 주서울 강서구 하늘길210 국제화물청사366 제주항공 임원실(070-7420-1000) 학1981년 군산고졸 1985년 전북대 국어국문학과졸 2015년 연세대 경영전문대학원 재학中 경1995년 해태유통(주) 홍보팀장 1999년 애경산업(주) 홍보팀장(과장·부장) 2006년 同홍보팀 이사 2007년 同홍보실장(상무보) 2007년 제주항공 홍보실장 겸임 2011년 애경 홍보실장(상무) 2015년 同홍보·총무부문장(상무) 2015년 애경산업 홍보·총무부문장(전무)(현) 2015년 제주항공 전무(현)

양성철(梁性喆) YANG Sung Chul (珉龜)

생1939·11·20 본남원(南原) 출전남 곡성 주서울 마포구 양화로100의15 3층 한반도평화포럼(02-707-0615) 학1958년 광주고졸 1964년 서울대 문리과대학 정치학과졸 1967년 미국 하와이대 정치학과졸 1970년 정치학박사(미국 켄터키대) 경1963~1965년 한국일보 기자 1970~1975년 미국 Eastern Kentucky Univ. 조교수 1978~1985년 미국 Univ. of Kentucky 부교수·교수 1979년 在미국 한국인정치학자회 사무총장 1986년 경희대 평화복지대학원 교수(원장 대행) 1994년 한국국제정치학회 회장 1996년 제15대 국회의원(곡성·구례, 새정치국민회의·새천년민주당) 1997년 새정치국민회의 연수원 수석부원장 1998년 同국제협력위원장 2000~2003년 駐미국 대사 2003~2008년 고려대 국제대학원 석좌교수 2006~2012년 김대중평화센터 자문위원장 2010년 한반도평화포럼 고문(현) 2012년 김대중평화센터 고문(현) 상4.19혁명 대통령 건국포장(1963) 저'분단의 정치' '통일 : 우리도 분단을 극복할 수 있다(I, II)' '북한정치론' '독일통일과 분단한국' '박정희와 김일성' '북한정치 연구' '한국정부론' '삶의 정치' 'Polemics and Foibles'(1998) '김대중 외교 : 비전과 유산(共)'(2015) 'Revolution and Change ; A Comparative Study of the April Student Revolution of 1960 and the May Military Coup d'etat of 1961 in Korea'(2015) 종기독교

양성필(梁盛弼) YANG Sungpil

생1967·7·29 출제주 서귀포 주서울 영등포구 문래로20길56 서울지방노동위원회 상임위원실(02-3218-6011) 학1985년 서귀포고졸 1992년 한국외국어대 영어과졸 2007년 영국 Keele대 대학원 인적자원관리(HRM)졸(석사) 2012년 법학박사(아주대) 경1993년 행정고시 합격(37회) 2002~2004년 노동부 기획예산담당관실·안전정책과 서기관 2004년 부산지방노동청 관리과장 2007년 노동부 보험운영지원팀장 2009년 서울지방노동청 서울서부지청장 2011년 고용노동부 고용차별개선과장(부이사관) 2012년 同근로개선정책과장 2012년 同고용정책총괄과장 2013년 부산지방고용노동청 부산고용센터소장 2013년 국제노동기구(ILO) 파견(고용휴직) 2015년 고용노동부 산재예방정책과장 2016년 서울지방노동위원회 상임위원(고위공무원)(현)

양성호(梁成豪) YANG Sung Ho

생1970·10·16 본제주(濟州) 출제주 제주시 주세종특별자치시 다솜로261 국무조정실(044-200-2111) 학1989년 제주 대기고졸 1996년 서울시립대 도시행정학과졸 2006년 미국 미주리대 대학원 행정학과졸 경1994년 행정고시 합격(38회) 2002년 국무조정실 총괄조정관실·기획심의관실 사무관 2003년 同기획수석조정관실 총괄심의관실 사무관 2003년 同기획수석조정관실 일반행정심의관실 서기관 2006년 同의정2과장 2007년 同기후변화대응기획단 과장 2008년 국무총리 의전관실 수행행정관(서기관) 2010년 駐샌프란시스코 영사 2013년 국무조정실 규제제도개선국장 2014년 同안전환경정책국장 2015년 同정부합동부패척결추진단 총괄과장(부이사관) 2016년 同실장 비서관(현)

양세원(梁世元) YANG Sei Won

생1953·9·13 출부산 주서울 종로구 대학로101 서울대학교병원 소아청소년과(02-2072-3570) 학1972년 서울고졸 1978년 서울대 의대졸 1986년 同대학원졸 1989년 의학박사(서울대) 경1981~1985년 서울대병원 인턴·레지던트 1985~1987년 충무병원 소아과장 1987년 서울대 의대 전임강사 1989~1991년 미국 남플로리다의대 소아과 객원교수 1989~1999년 서울대 의대 소아과 조교수·부교수 1997년 대한소아내분비학회 부회장 1999년 서울대 의대 소아과학교실 교수(현) 2004~2007년 대한소아내분비학회 회장 2004~2005년 대한당뇨병학회 무임소위원회 이사 2005년 대한소아과학회 고시이사 2010~2014년 서울대병원 소아청소년과장 2012~2014년 서울대 의대 소아과학교실 주임교수 2014년 LG생명과학 사외이사 2015년 대한소아과학회 이사장(현) 저'소아과학 교과서'(2003) '소아 내분비학'(2004) '인간생명과학 개론'(2005)

양세정(梁世貞·女) YANG Se Jeong

생1961·9·27 본제주(濟州) 출부산 주서울 종로구 홍지문2길20 상명대학교 자연과학대학 소비자주거학과(02-2287-5255) 학1980년 부산 영도여고졸 1984년 고려대 통계학과졸 1985년 同경제학과졸 1988년 미국 일리노이대 대학원 소비자경제학과졸 1991년 경제학박사(미국 일리노이대) 경1991~1994년 국민은행 경제연구소 선임연구원 1994~1996년 고려대·건국대·한양대·이화여대·중앙대 강사 1996~2008년 상명대 소비자주거학과 전임강사·조교수·부교수 2003년 통계청 통계품질심의위원 2006~2008년 (사)소비자교육지원센터 사무총장 2006~2007년 서울YMCA 소비자위원 2008년 상명대 자연과학대학 소비자주거학과 교수(현) 2009년 (사)한국소비자업무협회 회장 2012년 상명대 교양대학장 2012~2013년 한국소비문화학회 공동회장 2013년 상명대 미래창조산학대학장 2014년 한국가정관리학회 회장 2015년 상명대 서울캠퍼스 대외교류본부장(현) 2015년 同신문방송국장 겸 학보사 주간(현) 상한국소비자학회 최우수심사자상(2004), 한국소비자정책교육학회 최우수포스터상(2008), 서울시 환경상(2016) 저'가계재무관리의 이해'(2000, 도서출판 신정) '소비자재무관리의 이해' 'The Economics of Household Consumption' '건전 가계재정관리를 위한 소비자 가이드'(2003) '현명한 소비자되기, 재미있는 소비자경제이야기'(2010, 도서출판 소야) '한국가계의 재무상태'(2012, 한국FB협회) 역'빈곤의 경제학' '가계경제학' '고객관리를 위한 재무상담'

양세훈(梁世勳) YANG Se Hoon

생1954·3·27 본제주(濟州) 출제주 주서울 관악구 관악로1 서울대학교 재료공학부(02-880-7156) 학1973년 동성고졸 1977년 고려대 금속공학과졸 1983년 미국 조지워싱턴대 대학원졸 1987년 공학박사(미국 조지워싱턴대) 경1989~1991년 미국 조지워싱턴대 조교수 1991년 한국생산기술연구원 연구평가실장·기술관리실장 1992년 同수석연구원 겸 부교수 1995년 同재료공정연구팀

장 1996년 同고속전철기술개발사업단 총괄운영실장 1998년 同수송기기기술개발사업단장 1999년 同생활산업기술개발센터 소장 2001년 同플라즈마사업단장 2004년 同한독기술협력센터 소장 2006년 한국공학한림원 정회원(현) 2006년 한국생산기술연구원 생산기반기술본부 나노표면기술팀 센터장, 同국제협력단 독일협력센터장 2010~2015년 同열·표면기술센터 수석연구원, 同연구발전협의회장 2013~2014년 (사)출연(연)연구발전협의회총연합회 부회장 2015년 서울대 재료공학부 객원교수(현) [상]은탑산업훈장(2003), 100대기술 주역 수상(2011) [저]'공학기술로 나라 살리자'(共) [역]'플라즈마 기술'

양송현(梁松鉉)

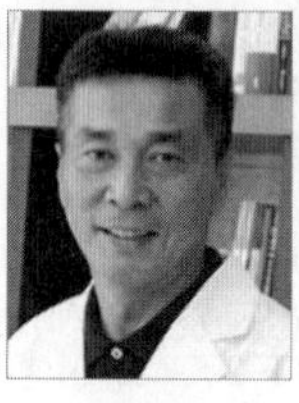

[생]1959·6 [주]경기 용인시 기흥구 이현로30번길107 (주)녹십자지놈(031-260-9600) [학]1992년 이학박사(독일 뮌헨대) [경]2000년 독일 뮌헨대 소아병원 대사질환연구소 박사 후 과정 2001~2003년 同부설 물질대사·유전연구소 선임연구원 2003~2014년 녹십자 대사의학연구소장 2013년 同상무 2015년 同관리부원장(현) 2015년 (주)녹십자지놈 대표이사 겸임(현)

양 수(梁 洙·女) Soo Yang

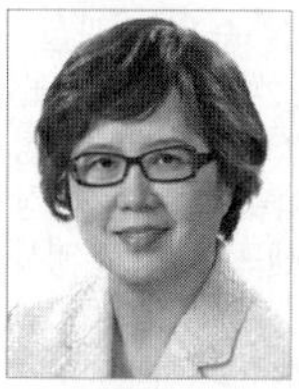

[생]1954·11·12 [주]서울 서초구 반포대로222 가톨릭대학교 성의교정 간호대학(02-2258-1044) [학]1977년 가톨릭대 간호학과졸 1981년 同대학원 간호학과졸 1993년 간호학박사(가톨릭대) [경]1977~1978년 성모병원 간호사 1979~1984년 가톨릭대 간호대학 조교 1984~2004년 同간호대학 전임강사·조교수·부교수 1997~1998년 미국 오리건보건과학대 방문교수 2002~2003년 정신간호학회 회장 2004년 가톨릭대 간호대학 교수(현) 2004~2006년 대한간호협회 정신간호사회 회장 2008~2012년 한국간호과학회 이사·감사 2008년 시흥시 정신건강증진센터장(현) 2010년 한국도박문제관리센터 경기남부센터 운영위원장(현) 2011~2012년 대통령 보건복지비서관실 정책자문위원 2012~2015년 대한간호협회 제1부회장 2013년 가톨릭대 간호대학장(현) 2014년 한국국제보건의료재단 비상임이사(현) 2016년 대한간호협회 감사(현) [상]교육부장관표창(1996), 정신간호학회 공로상(2004·2007), 보건복지가족부장관표창(2008), 한국간호과학회 공로상(2010·2012) [저]'도박중독예방치유 지역사회서비스 운영방안'(2009, 사행산업통합감독위원회) '알코올상담센터 평가지표 개발'(2010, 보건복지부지정 알코올사업 기술지원단) '정신건강간호학 제4판'(2011, 현문사) '시흥시 정신보건센터 사업보고서'(2011, 산학협력단) '도박중독예방치유센터 운영효과성 증진방안 개발'(2011, 사행산업통합감독위원회) '노인낙상 : 예방과 관리'(2012, 도서출판 원) [역]'장애노인과 치매환자를 위한 조호기술'(2009, 박학사) '원리 및 실무 중심의 정신간호학(共)'(2009, 수문사) '정신재활'(2009, 박학사) '핵심 정신건강 간호'(2009, 군자출판사) '건강간호심리학'(2013, 수문사)

양수길(楊秀吉) YOUNG Soogil

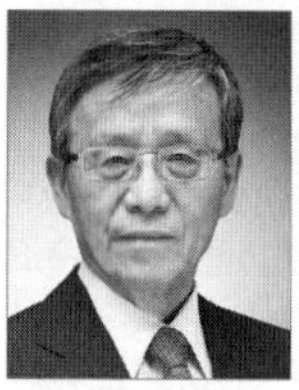

[생]1943·12·7 [본]청주(淸州) [출]서울 [주]서울 동대문구 회기로85 KDI 국제정책대학원 8관306호(02-3299-1081) [학]1963년 경기고졸 1967년 서울대 화학공학과졸 1971년 미국 피츠버그대 대학원 경제학석사 1979년 경제학박사(미국 존스홉킨스대) [경]1967~1970년 육군 복무 1974년 미국 브루킹스연구소 초청연구원 1975년 미국 오하이오주립대 전임강사 1978~1981년 국제경제연구원(KIEI) 수석연구원 1980~1981년 대통령비서실 연구관(파견) 1981~1984년 한국개발연구원(KDI) 수석연구원·연구위원 1982~1986년 한국태평양경제협력위원회 사무국장 겸 태평양경제협력위원회(PECC) 무역포럼 운영위원장 1984~1993년 한국개발연구원(KDI) 선임연구위원 1985~1986년 영국 Trade Policy Research Centre 초빙연구원 1988년 대통령자문 경제구조조정회의 전문위원 1993년 경제부총리 자문관 1993~1997년 교통개발연구원 원장 1994년 민자당 대도시교통종합대책기획단장 1995년 건설교통부 민자유치사업심의위원회 부위원장 1997~1998년 대외경제정책연구원(KIEP) 원장 1998~2000년 駐OECD(경제협력개발기구) 대사 1999~2000년 OECD Development Centre 자문이사회 의장 2001~2003년 세계경제연구원(IGE) 자문위원 2001~2004년 김앤장법률사무소 고문 2001~2005년 태평양경제협력회의(PECC) 금융포럼 의장 2001년 DDA 관민합동포럼 위원 2001~2010년 서울금융포럼 부회장 2001~2006년 한국태평양경제협력위원회(KOPEC) 부회장 2002~2004년 외교통상부 한·멕시코 21세기위원회 공동의장 2003년 대통령직속 동북아경제중심추진위원회 위원 2004~2006년 UBS증권 서울지점 고문 2004년 국가경영전략연구원 국가경영전략포럼 대표 2006~2010년 (사)국가경영전략연구원(NSI) 원장 2006~2008년 서울시 금융도시자문단 위원장 2006~2010년 한국태평양경제협력위원회(KOPEC) 회장 2009년 대통령직속 녹색성장위원회 위원 2009~2012년 녹색투자한국포럼 회장 2010~2012년 대통령직속 녹색성장위원회 위원장 2011~2012년 덴마크정부주관 Global Green Growth Forum 자문위원회 공동위원장 2012~2014년 OECD·세계은행·UNEP·GGGI공동운영 Green Growth Knowledge Platform(GGKP) 자문위원회 의장 2012년 UN SDSN(Sustainable Development Solutions Network) Leadership Council 국제전략이사 겸 한국대표위원(현) 2013년 KDI 국제정책대학원 초빙교수(현) 2013년 한국SDSN(지속가능발전해법네트워크) 대표(현) 2013년 (사)세계감자식량재단 총재(현) 2014년 (주)동부생명 사외이사(현) [상]코리아헤럴드 셰익스피어탄생400주년기념 영문단편소설대회 최우수작품상(1968), 미국 존스홉킨스대 최우수대학원생상(1973), 대통령표창(1982), 국민훈장 동백장(1994), 자랑스러운 경기인상(2012), 대통령감사패(2013), 자랑스러운 경기인상(2014) [저]'수입자유화와 기술혁신정책간의 상관성 및 이론정립에 관한 연구(共)'(1984) '2000년을 향한 국가장기발전구상(共)'(1987) '경제선진화를 위한 기본구상(共)'(1988) '2020년의 한국과 세계(共)'(1991) '21세기 동북아시대 한반도의 교통 : 기본구상과 정책과제(共)'(1995) 'Asia and Europe(共)'(2003) 'KDI정책연구사례-지난 30년의 회고(共)'(2003) '21세기 한-멕시코 전략적 동반자관계의 비전과 협력과제(共)'(2004) '21세기의 도전, 일자리문제 : 전망과 대책(共)'(2005) '한국경제 무엇이 문제인가?(共)'(2006) 'Labour Mobility in the Asia-Pacific Region(共)'(2008) '외국자본과 한국경제-무엇이 문제인가?(共)'(2008) 'Competition among Financial Centers in Asia-Pacific(共)'(2009) '대한민국 글로벌리더십(共)'(2012) '녹색성장 1.0 : 녹색성장 2.0을 위한 평가와 제언(共)'(2013) 'An Action Agenda for Sustainable Development: Report for the UN Secretary-General'(共)

양수인(梁守仁·女) Yang Soo-in

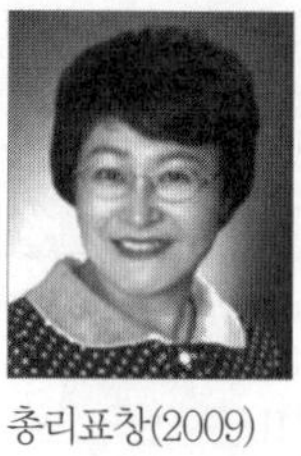

[생]1959·3·9 [출]광주 [주]전남 무안군 삼향읍 남악영산길61 전남도보건환경연구원 원장실(061-240-5100) [학]전남대 자연과학대학 생물학과졸, 同대학원 생물학과졸, 생물학박사(전남대) [경]1989년 전남도보건환경연구원 연구관, 同환경조사과장, 同수질분석과장, 同폐기물분석과장 2007년 同대기보전과장 2012년 同연구지원담당관 2014년 同원장(현) [상]환경부장관표창(1996), 국무총리표창(2009)

양순규(楊舜圭) YANG Soon Gyu

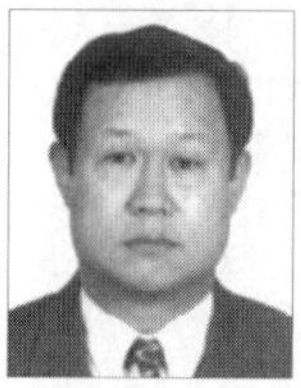

[생]1954·5·19 [출]충북 청주 [주]서울 용산구 한강대로71길4 한진중공업 재무본부(02-450-8114) [학]청주상고졸 1978년 명지대 행정학과졸 1984년 성균관대 대학원 기업경영학과졸 [경]1982년 (주)한진중공업 건설부문 주택사업관리담당, 同주택영업팀장(상무보) 2007년 同주택영업팀장(상무B) 2007년 同총무담당 상무 2008년 (주)한국종합기술 경영지원본부장(상무) 2009년 (주)한진중공업 HHIC-Phil(필리핀 수빅조선소) 관리본부장(상무) 2013년 同재무본부장(전무)(현)

양승국(梁承國) YANG Seung Gook

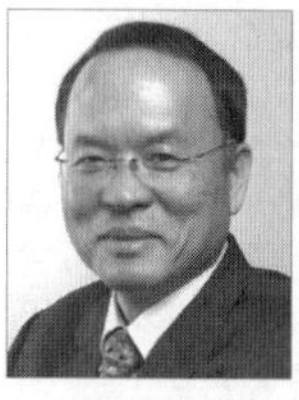

[생]1957·5·9 [본]남원(南原) [출]서울 [주]서울 강남구 테헤란로87길36 도심공항타워14층 법무법인(유) 로고스(02-2188-1018) [학]1976년 경기고졸 1981년 서울대 법대 법학과졸 [경]1981년 사법시험 합격(23회) 1983년 사법연수원 수료 1983년 공군 법무관 1986년 부산지법 판사 1991년 김해시 선거관리위원장 1991년 서울지법 의정부지원 판사 1992년 고양시선거관리위원회 위원장 1994년 서울지법 북부지원 판사 1995년 서울고법 판사 1997년 서울지법 판사 1999년 광주지법 목포지원 부장판사 2000년 수원지법 부장판사 2003~2016년 법무법인(유) 로고스 변호사 2010년 대한상사중재원 중재인(현) 2015년 한국보건사회연구원 비상임감사(현) 2016년 법무법인(유) 로고스 경영대표변호사(현) [종]기독교

양승권(梁承權) YANG Seung Kwon

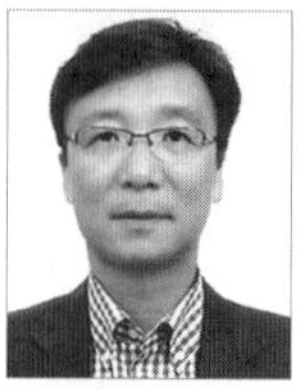

[생]1960·8·24 [출]충남 [주]서울 강남구 강남대로330 우덕빌딩12층 한일건설(주) 비서실(02-527-7000) [학]고려대 경영학과졸 [경]1986년 한일시멘트(주) 재무·회계팀장 2003년 同상무(CFO) 2009~2012년 (주)오늘과내일 대표이사 2012년 한일건설(주) 전무 2013년 同대표이사 부사장(현)

양승권(梁承權) Yang Seung Kwon

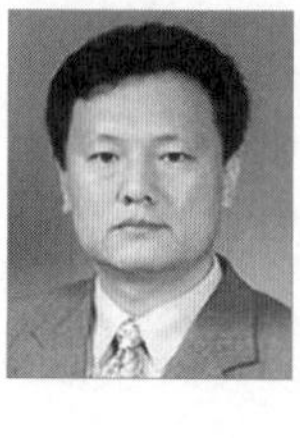

[생]1962·10·28 [주]인천 중구 서해대로339 인천세관 수출입통관국(032-452-3200) [학]광주 대동고졸 1986년 전남대 무역학과졸 [경]1994년 행정고시 합격(37회) 1994~2000년 보건복지부·식품의약품안전청 사무관 2000년 여수세관 사무관 2002년 광주세관 감사담당관 2004년 관세청 공정무역과장 2004년 경제자유구역기획단 파견 2006년 관세청 정보협력국 정보관리과장 2008

년 同수출입물류과장 2008~2011년 駐중국 상하이 주재관 2011년 관세청 천안세관장 2012년 同규제개혁법무담당관 2012년 同통관지원국 통관기획과장 2013년 同통관지원국 통관기획과장(부이사관) 2014년 통일교육원 파견(부이사관) 2015년 관세청 운영지원과장 2016년 同인천세관 수출입통관국장(현)

양승목(梁承穆) YANG Seung Mock

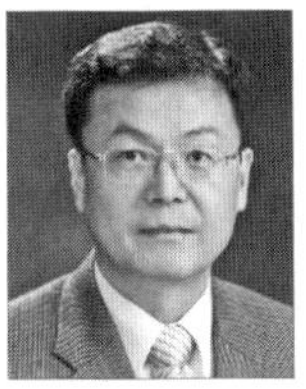

[생]1956·3·19 [출]경남 거창 [주]서울 관악구 관악로 1 서울대학교 언론정보학과(02-880-6468) [학]1979년 서울대 신문학과졸 1982년 同대학원졸 1984년 미국 뉴욕주립대 대학원 언론학과졸 1988년 언론학박사(미국 스탠포드대) [경]1990년 충남대 신문방송학과 교수 1995~2003년 서울대 언론정보학과 조교수·부교수 1997년 제15대 대통령선거 선거방송심의위원회 위원 2001년 한국언론학대회 조직위원장 2002년 미국 오리건대 방문교수 2003년 서울대 언론정보학과 교수(현) 2003~2004년 同사회과학대학 교무부학장 2004~2005년 한국언론학회 제도개선위원장 2005년 서울대 대학신문 주간 2006~2009년 同언론정보연구소장 2007~2009년 공영방송발전을위한시민연대 운영위원 2008년 LG상남언론재단 이사(현) 2009~2011년 오스트레일리아 모나쉬대(Monash Univ.) 명예연구교수 2010~2011년 한국언론학회 회장 2012~2014년 언론진흥기금관리위원회 위원 2012~2014년 서울대 사회과학대학장 2014년 언론중재위원회 서울 제6중재부 중재위원(현) 2016년 同시정권고위원(현) [상]희관언론학번역상 [저]'한국언론의 신뢰도(共)'(2001) '디지털시대의 사회적 소통, 매체 그리고 문화적 실천(共)'(2005) '현대정치커뮤니케이션연구(共)'(2006) '민주화 이후의 한국언론(共)'(2007) '지속가능한 한국발전모델과 성장동력(共)'(2009) '사회과학 명저 재발견3(共)'(2012) [역]'현대 언론사상사'(1993) [종]천주교

양승민(梁承民) YANG Seung Min

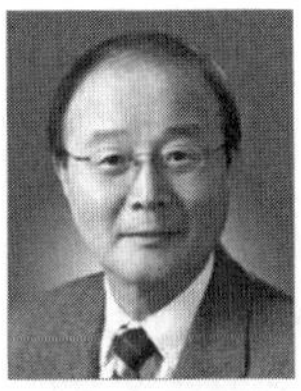

[생]1952·8·12 [주]서울 동작구 상도로369 숭실대학교 IT대학 컴퓨터학부(02-820-0912) [학]1978년 서울대 전자공학과졸 1983년 미국 사우스플로리다대 대학원졸 1986년 전산학박사(미국 사우스플로리다대) [경]1978~1981년 삼성전자(주) 근무 1986~1987년 미국 Univ. of South Florida 조교수 1988~1993년 미국 Univ. of Texas at Arlington 조교수 1992년 숭실대 IT대학 컴퓨터학부 교수(현) 1996~1998년 국회도서관 정보처리국장 2000~2002년 소프트웨어공학연구회 운영위원장 2001년 (주)엠스톤 대표 2006~2008년 숭실대 IT대학장 2015년 同정보과학대학원장(현)

양승석(梁承錫) YANG Seung Suk

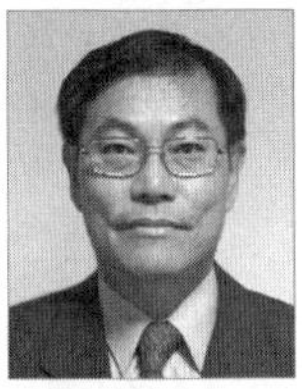

[생]1953·10·25 [출]서울 [주]서울 중구 세종대로9길53 CJ대한통운 임원실(02-700-0005) [학]서울고졸, 서울대 경영학과졸 [경]1977년 현대중공업 입사 1979년 현대건설(주) 근무 1980년 현대종합상사 근무 1999년 현대자동차 구주팀 부장 2000년 同동구지역본부 이사대우 2001년 同폴란드판매법인 이사대우 2002년 同터키생산법인 이사 2004년 同북경현대기아차유한공사 상무 2005년 同인도생산법인장(전무) 2005년 현대INI스틸(주) 사장 2006년 현대제철(주) 사장 2006~2008년 다이모스(주) 사장 2008년 글로비스(주) 사장 2009년 현대자동차 국내 및 마케팅담당 대표이사 사장 2009년 한국무역협회 비상근부회장 2011~2014년 현대자동차 고문 2014년 CJ대한통운 공동대표이사 부회장 2015년 同각자대표이사 부회장(현) [상]무역인대상(2009)

양승용(梁承龍) YANG Seong Ryong

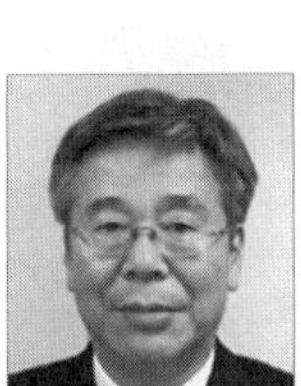

[생]1955·5·5 [본]남원(南原) [출]경기 용인 [주]서울 서대문구 성산로281 (사)창조와혁신(02-335-6993) [학]동국대 국제통상학과졸, 同문화예술대학원 예술경영학과졸 [경]1979년 중앙일보·동양방송 입사 1989년 중앙일보 출판국 부장 1996년 同총무팀 부장 1998년 同경영지원팀 수석부장 1999년 同총무담당 이사보 2000~2009년 (주)중앙일보문화사업 대표이사 2005년 광복60주년기념사업 '민주화와 산업화 60년 : 시련과전진' 전시회(대한민국 국회) 공동운영위원장 2006~2008년 갤러리북(북한미술전시관) 관장 2006년 동의보감발간400주년기념사업추진위원회 추진위원 2007~2008년 더뮤지컬어워즈 사무국장 2009년 중앙일보재무법인 대표이사 2010년 同고문 2010년 (주)컬처 온 사장(CEO) 2010년 동국대 문화예술대학원 강사 2010년 한국문화예술위원회 감사 2010~2012년 (재)명동정동극장 감사 2012년 한국예술경영연구소 이사(현) 2012~2013년 동국대 문화예술대학원 겸임교수 2013년 (사)창조와혁신 문화예술분과 대표(현) 2014~2016년 렛츠런재단 이사 2014년 KIMEP대 한국교류센터 원장(현) 2016년 한국카자흐스탄문화경제교류협회 회장 [상]국무총리표창(2007) [작]어린이뮤지컬 '오즈의 마법사'(2000·2001) 제작지휘 '백년 전 우리는 사진전시회(일제강점기 서민의 생활상)'(2002) [종]기독교

양승우(梁承寓) YANG Seung Woo

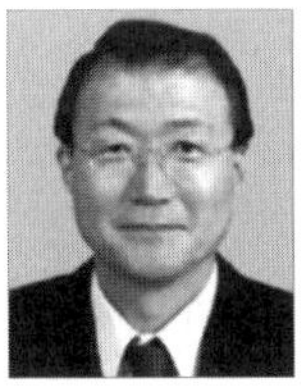

[생]1949·11·14 [출]경기 수원 [주]서울 영등포구 국제금융로10 국제금융센터 OneIFC빌딩9층 딜로이트안진회계법인(02-6676-1011) [학]1968년 경기고졸 1972년 서울대 경영학과졸 1994년 同경영대학원 최고경영자과정 수료 [경]1973~1986년 삼일회계법인 공인회계사 1986~1989년 동서경영사무소 대표 1989년 안진회계법인 대표 1991년 한국공인회계사회 국제담당 이사 1998년 금융감독위원회 회계제도특별위원 1998~2000년 은행경영평가위원회 위원장 1998년 한국공인회계사회 부회장 2000년 세계공인회계사연맹 Board Member 2000~2005년 안진회계법인 대표 2000년 한국아더앤더슨그룹 총괄대표 2001년 금융발전심의회 증권분과위원 2001년 한국공인회계사회 국제부회장 2001년 한미경제협의회 감사(현) 2005년 하나안진회계법인 대표 2005~2009년 딜로이트안진회계법인 대표이사 2007년 산은사랑나눔재단 감사 2009년 딜로이트안진회계법인 회장(현) 2009~2012년 同이사회 의장 [종]기독교

양승우(梁承雨) YANG Seung Woo

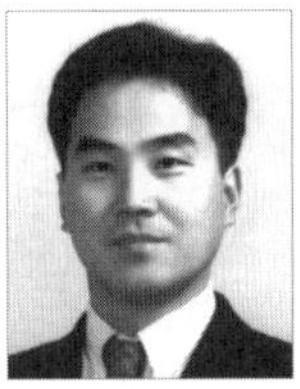

[생]1964·2·14 [본]남원(南原) [출]서울 [주]서울 동대문구 서울시립대로163 서울시립대학교 도시과학대학 도시공학과(02-6490-2796) [학]1982년 대원고졸 1986년 서울대 토목공학과졸 1988년 同대학원졸 1994년 공학박사(서울대) [경]1994년 서울시정개발연구원 도시설계센터 초빙책임연구원 1995년 강남대 전임강사 1996~2007년 서울시립대 도시공학과 조교수·부교수 1998~1999년 독일 밤베르크대 박사 후 연구원 2006년 서울시립대 기획발전처 부처장 2007년 同도시과학대학 도시공학과 교수(현) 2007~2008년 미국 캘리포니아대 데이비스교 교환교수 2009년 서울시립대 도시과학대학 도시공학과장 2011~2015년 한국도시설계학회 이사 2013~2015년 한국도시계획가협회 감사 2016년 한국도시설계학회 상임이사(현) [저]'서울의 건축사'(1999) '서울의 소비공간'(2002) '서울남촌 시간, 장소, 사람-20세기 서울변천사 연구3'(2003)

양승재(梁勝在) YANG Seung Jae

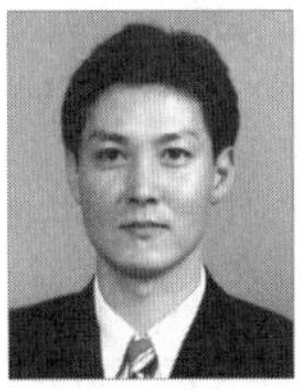

[생]1966·1·3 [출]대구 [주]대구 달서구 성서로281 삼화식품(주) 사장실(053-583-2211) [학]1990년 중앙대 경영학과졸 [경]2000년 삼화식품(주) 대표이사 사장(현) 2001년 대한장류공업협동조합 이사 2001년 한국청년회의소 부회장 2002년 同연수원장 2003~2004년 同제52대 중앙회장 2004년 대구상공회의소 상임의원(현) [상]법무부장관표창(1999), 환경부장관표창(1999)

양승조(梁承晁) YANG Seung Jo

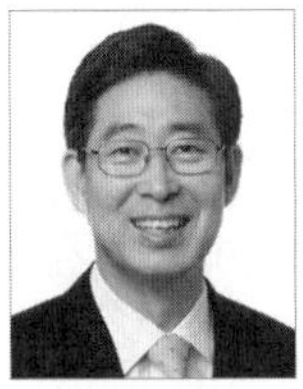

[생]1959·3·21 [본]남원(南原) [출]충남 천안 [주]서울 영등포구 의사당대로1 국회 의원회관730호(02-784-2171) [학]1978년 중동고졸 1988년 성균관대 법학과졸 2004년 단국대 정책경영대학원 특수법무학과졸 [경]1995년 사법시험 합격(37회) 1998년 사법연수원 수료(27기) 1998년 변호사 개업 1999년 천안시민포럼 운영위원장 2001년 천안마라톤클럽 회장 2002년 선문대 법행정학과 겸임교수 2002~2014년 충남육상경기연맹 회장 2003년 천안오룡라이온스클럽 회장 2003년 국민통합21 직능위원장 2004년 제17대 국회의원(천안시甲, 열린우리당·대통합민주신당·통합민주당) 2004~2015년 국민생활체육전국궁도연합회 회장 2006년 열린우리당 의장특보 2007년 同인권위원장 2007년 同충남도당 위원장 2008년 제18대 국회의원(천안시甲, 통합민주당·민주당·민주통합당) 2008~2012년 민주당 충남도당 위원장 2008년 同당무위원 2008~2009년 同원내기획부대표 2009년 (사)생명잇기 고문 2010~2011년 민주당 대표비서실장 2012년 제19대 국회의원(천안시甲, 민주통합당·민주당·새정치민주연합·더불어민주당) 2012·2014년 국회 보건복지위원회 위원 2012년 국회 허베이스피리트호유류피해대책특별위원회 위원 2013년 민주당 최고위원 2013년 同지방선거기획단장 2014년 새정치민주연합 최고위원 2014년 同6·4지방선거관리위원회 위원장 2015년 同사무총장 2015년 同4·29재보궐선거기획단장 2016년 더불어민주당 충남천안시丙지역위원회 위원장(현) 2016년 제20대 국회의원(천안시丙, 더불어민주당)(현) 2016년 더불어민주당 비상대책위원회 위원 2016년 同가습기살균제특별위원회 위원장(현) 2016년 국회 보건복지위원회 위원장(현) [상]국정감사 NGO모니터단 선정 '국정감사 우수국회의원상'(2008·2009·2015), 자랑스러운 국회의원상(2011), 전국소상공인단체연합회 초정대상(2013), 법률소비자연맹 선정 국회 헌정대상(2013), 한국언론사협회 대한민국우수국회의원대상 특별대상(2014), 대한민국을 빛낸위대한 인물대상(2015), 대한민국의정혁신대상(2015), 대한민국 모범국회의원 특별대상(2015), 대한변호사협회 선정 '최우수 국회의원상'(2016), 유권자시민행동 선정 '대한민국 유권자대상'(2016), 한국을 빛낸 자랑스런 한국인대상 청정혁신공로대상(2016)

양승주(梁承周) Yang Seung Joo

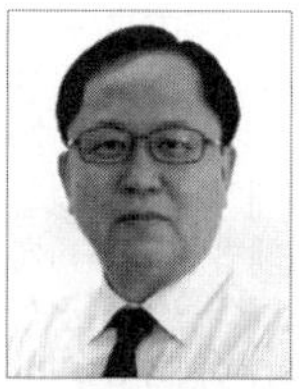

[생]1954·1·7 [본]남원(南原) [출]서울 [주]경북 포항시 남구 대송로62 (주)동국S&C 비서실(054-271-0500) [학]1973년 중동고졸 1980년 한양대 기계공학과졸 1983년 同산업대학원 기계공학과졸 [경]1980~2001년 현대종합상사(주) 부장 2004~2007년 효림산업(주) 영업·생산본부장(상무이사) 2008~2009년 일진글로벌(주) 영업·풍력본부장(상무이사) 2009~2011년 (주)원앤피 대표이사 2011년 (주)동국S&C 대표이사(현) [상]산업포장(2010) [종]불교

양승찬(梁承燦) YANG, Seungchan

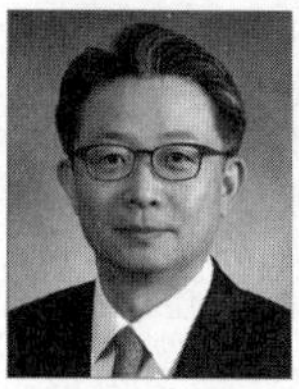

[생]1966·3·6 [본]남원(南原) [출]서울 [주]서울 용산구 청파로47길100 숙명여자대학교 미디어학부(02-710-9383) [학]1988년 서울대 신문학과졸 1990년 미국 펜실베이니아대 대학원 커뮤니케이션학과졸(석사) 1997년 언론학박사(미국 위스콘신대 매디슨교) [경]1997년 한국언론재단 정책연구팀 선임연구위원 1999~2011년 숙명여대 언론정보학부 정보방송학전공 조교수·부교수·교수 2000~2001년 同정보방송학 전공주임 및 학과장 2000~2002년 환경부 홍보자문위원 2000~2001년 한국언론학회 총무이사 2001~2004년 숙명여대 교육방송국장 2004~2005년 미국 아메리칸대 교환교수 2006~2008년 방송위원회 시청자불만처리위원회 위원 2009~2010년 숙명여대 교양교육센터장 2010년 문화체육관광부 여론집중도조사위원회 위원(현) 2010~2012년 숙명여대 입학처장 2011년 同미디어학부 교수(현) 2012년 한국의회발전연구회 감사(현) 2012~2013년 한국언론학회 감사 2012~2014년 문화체육관광부 규제개혁위원회 위원 2013~2014년 한국언론학회 연구기획위원장 2014년 연합뉴스TV 시청자위원회 위원 2014년 한국출판문화산업진흥원 비상임이사(현) 2014년 한국방송학회 산학협력위원장 [상]희관언론상 번역상(2000) [저]'미디어와 투표행동(共)'(2001) '온라인 저널리즘의 공공이슈 보도(共)'(2002) '미디어와 유권자 : 미디어의 영향에 관한 이론적 접근(共)'(2005) '인터넷 소셜미디어와 저널리즘(共)'(2009) '디지털 미디어 시대의 저널리즘: 쟁점과 전망(共)'(2013) [역]'미디어 정치 효과 : 비개인적 영향력'(2000) '정치커뮤니케이션의 이해(共)'(2001) '매스커뮤니케이션이론(共)'(2008) '미디어 효과이론(共)'(2010)

양승태(梁承泰) YANG Sung Tae

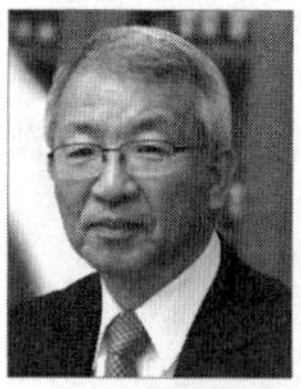

[생]1948·1·26 [출]부산 [주]서울 서초구 서초대로219 대법원 대법원장실(02-3480-1100) [학]1966년 경남고졸 1970년 서울대 법대졸 [경]1970년 사법시험 합격(12회) 1972년 사법연수원 수료(2기) 1973년 軍법무관 1975년 서울민사지법 판사 1979년 서울지법 영등포지원 판사 1980년 대구지법 판사 1982년 서울지법 남부지원 판사 1983년 서울고법 판사 1986년 제주지법 부장판사 1989년 사법연수원 교수 1991년 법원행정처 송무국장 1991년 서울민사지법 부장판사 1993년 언론중재위원 1993년 부산고법 부장판사 1994년 법원행정처 사법정책연구실장 1997년 서울고법 부장판사 1999년 서울지법 파산수석부장판사 2000년 同민사수석부장판사 2001년 同북부지원장 2002년 부산지법원장 2003년 법원행정처 차장 2003년 특허법원장 2005~2011년 대법관 2009~2011년 중앙선거관리위원회 위원장 2010년 대법원 대법관제청자문위원 2011년 대법원장(현) [상]청조근정훈장(2011)

양승택(梁承澤) YANG Seung Taik (가정)

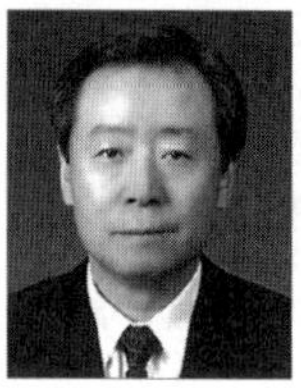

[생]1939·10·24 [본]남원(南原) [출]함남 원산 [주]서울 영등포구 양평로22길21 글로벌경영협회(02-6271-5100) [학]1957년 동아고졸 1961년 서울대 공대 전기공학과졸 1968년 미국 버지니아공대 대학원 전기공학과졸 1976년 공학박사(미국 뉴욕 브루클린공대) [경]1961~1964년 해군장교(중위) 1964~1967년 삼양전기(주)·국제융진공사 근무 1967년 미국 버지니아공대 조교 1968~1979년 미국 Bell Tel. Labs. 연구원 1979~1981년 한국전자통신(주) 기술상무 1981~1986년 한국전자통신연구소 선임연구부장·소장서리·TDX개발단장 1986~1989년 한국통신진흥 사장 1989~1992년 한국통신기술 사장 1991년 한국통신학회 회장 1992~1998년 한국전자통신연구원 원장 1994년 한국공학한림원 회원(현) 1996년 산학연협동연구소 이사장 1997년 한국기술혁신학회 회장 1998년 한국정보통신대학원 총장 2001~2002년 정보통신부장관 2002년 광운대 전자정보대학 석좌교수 2003~2004년 ITU Telecom Asia2004 조직위원장 2003년 한국정보통신대 석좌교수 2003~2007년 동명대(TIT) 총장 2004년 사립산업대총장협의회 회장 2004년 부산시장 IT경제특별고문 2005년 2005APEC정상회의준비기획단 IT전시운영위원장 2005년 SK텔레콤(주) 사외이사, 에스넷시스템(주) 사외이사 2007~2008년 한국교육학술정보원 비상임이사 2010년 대한민국소프트웨어공모대전 명예대회장 2010년 한국과학기술원(KAIST) 석좌교수 2011년 인터넷스페이스타임(IST) 회장(현) 2013~2016년 글로벌경영협회 회장 2014년 한국산업융합학회 회장(현) [상]국민훈장 목련장(1985), 국민훈장 모란장(1995), 대한민국과학기술상 기술상(2000), 대한전자공학회 전자대상, 청조근정훈장(2003) [저]'첨단과학과 인간' '미래지향의 인간교육' '정보화 사회의 길목에 서서' '전화교통공학' '21세기를 주도할 통신산업' 'Intelligent Environment' '일신경영' '기술보국을 후손에게' '미래와 국익, 후손을 위해 무엇을' 회고록 '끝없는 일신(日新)-보람찬 일들이 후회스러움을 감쌌네'(2010)

양승하(梁承河) Yang, Sung Ha

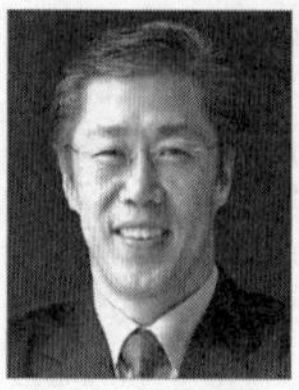

[생]1959·1·15 [본]남원(南原) [출]충북 청주 [주]서울 강남구 테헤란로152 강남파이낸스센터12층 어바이어코리아 사장실(02-6007-4632) [학]1976년 충북고졸 1982년 성균관대 경영학과졸 2006년 同대학원졸(MBA) 2006년 서울대 행정대학원 AIC(정보통신방송과정) 수료 [경]2000~2001년 한국IBM 소프웨어사업본부 본부장 2002~2004년 同대형시스템사업본부 상무 2004~2006년 한국소프트웨어진흥원 Open Source Center 소장 2006~2008년 비즈니스오브젝트코리아 사장 2009년 어바이어코리아 사장(현) [상]국무총리표창(2006), 하이테크어워드 글로벌기업상(2010)

양승학(楊昇鶴) Yang Sung-Hak

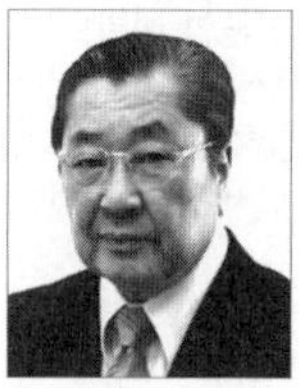

[생]1937·10·16 [본]중화(中和) [출]함남 함흥 [주]서울 광진구 아차산로563 대한제지(주) 비서실(02-2049-7000) [학]미국 마이애미대 플로리다교졸, 스위스 제네바대졸 [경]흥화공작소 부사장, 대한제지 상무이사, 同대표이사, 흥화공업 대표이사, 同회장 1991년 대한제지 대표이사 회장(현) [상]석탑산업훈장(2011) [종]기독교

양승한(梁承漢) YANG Seung Han

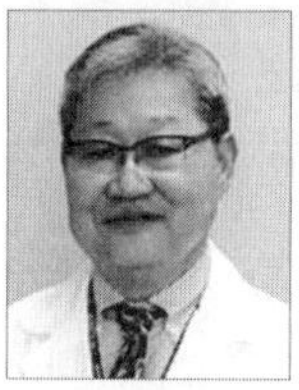

[생]1954·2·20 [주]경기 양평군 양평읍 중앙로260 국립교통재활병원(031-580-5555) [학]1980년 가톨릭대 의대졸, 同대학원 의학석사, 의학박사(가톨릭대) [경]장애인올림픽 의무분류위원, 대한재활의학회 고시위원, 同교육위원, 同학술용어심의위원, 가톨릭대 의대 성모병원 재활의학과 교수·주임교수 겸 재활의학과장, 서울시너지병원 병원장, 강릉기린병원 병원장 2016년 국립교통재활병원 원장(현)

양승함(梁勝咸) YANG Seung Ham

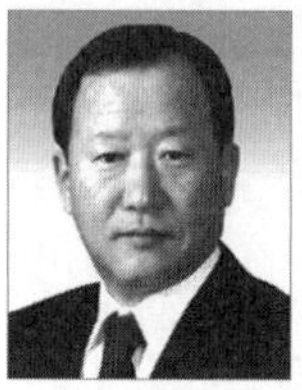

[생]1950·10·28 [본]남원(南原) [출]경남 함양 [주]서울 마포구 동교로15길4(02-325-0372) [학]1969년 중동고졸 1974년 연세대 정치외교학과졸 1980년 同대학원졸 1984년 미국 워싱턴대 잭슨국제학대학원졸 1991년 정치학박사(미국 워싱턴대) [경]1991~1993년 연세대·아주대 강사 1993년 연세대 정치외교학과 교수 1993년 한국세계지역연구협의회 이사 1994~2004년 연세대 동서문제연구원 러시아연구센터 소장 1994~1995년 同정치외교학과장 1995년 한국정치학회 이사 1996년 한국국제정치학회 이사 1996~1997년 한국슬라브학회 이사 1997~2008년 국회의원연구단체 평가위원·위원장 1999~2003년 연세대 신문·방송편집인 2000~2002년 同사회과학연구소장 2003~2007년 同리더십센터 소장 2003~2006년 同국가관리연구원 부원장·원장 2003년 대통령직인수위원회 외교안보통일분야 자문위원 2003·2005년 한국국제정치학회 부회장 2004~2007년 학교법인 동원학원 이사 2004~2006년 통일부 정책자문위원·위원장 2005년 한국정치학회 부회장 2005년 한국국제정치학회 명예이사(현) 2006~2008년 한국보훈학회 부회장 2006~2007년 통일부 정책평가위원 2006~2007년 중동고 운영위원장 2007~2008년 민주평통 자문위원 2007~2010년 중앙선거관리위원회 자문위원 2007년 한국정치학회 회장 2007~2010년 연세대 행정대학원장 2007~2010년 同사회과학대학장 2008년 한국정치학회 고문(현) 2009~2014년 KBS 뉴스 객원해설위원 2011~2013년 대통령직속 사회통합위원회 이념분과위원 2011~2012년 중동중·고총동문회 회장 2011~2013년 (재)중동장학회 이사장 2013년 민주평통 자문위원·상임위원(현) [상]자랑스런 중동인상(2006), 자랑스러운 연세ROTCian(2006), 연세대 산학협력부문 우수업적교수(2007) [저]'지방정부론'(2001) '현대국제정치의 이해(共)'(2004) '노무현정부의 국가관리 성과와 과제(編)'(2005) '한국사회의 주요쟁점과 국가관리(編)'(2005) '노무현 정부의 국가관리 중간평가와 전망(共)'(2006) '한국의 대통령리더십과 국가발전(編)'(2007) 'Korean Studies in the World(共·編)'(2008) '한국 국가관리와 대통령 리더십의 형성과 철학 1·2(編)'(2010) '한국 대통령의 국가 의제 설정과 국가 전략 1·2(編)'(2010) '한국 국가관리와 대통령 리더십의 비전과 모델(編)'(2010) '한국 국가관리와 대통령 리더십 비교와 평가(編)'(2010) '한국대통령 통치사료집 I-IX(共·編)' [역]'현대정치학(共)'(1994) [종]기독교

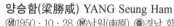

양승현(梁承賢) YANG Seung Hyun

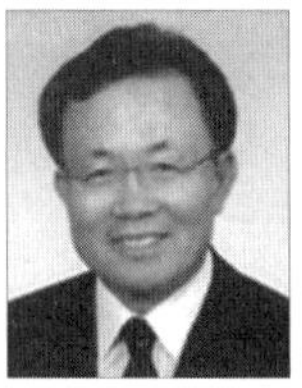

[생]1957·1·10 [출]전북 남원 [주]인천 남동구 남동대로 774번길21 가천대학교 길병원 행정원장실(032-460-3518) [학]1975년 전라고졸 1985년 성균관대 철학과졸 2002년 同언론정보대학원졸 2012년 同사회과학대학원 신문방송학과졸(언론학박사) [경]1985년 서울신문 입사·사회부 기자 1989년 同경제부 기자 1991년 同정치부 기자 1994년 同사회부 기자 1995년 同정치부 기자 1999년 대한매일 정치팀 차장 2000년 同부장급 정치팀장 2002년 同논설위원 2003~2006년 한국신문윤리위원회 위원 2004~2006년 서울신문 경영기획실장 2004~2007년 한국동서발전(주) 비상임이사 2005~2006년 한국신문협회 기조협의회장 2006년 서울신문 대구공장장 2008년 가천의과학대 교수 2008년 同사무처장 2009~2015년 한국토지신탁 사외이사 2012년 가천대 사회과학대학 신문방송학과 교수 2012~2014년 同길병원 행정원장 2014년 同사회과학대학 언론영상광고학과 교수(현) 2015년 BRC 감사(현) 2016년 가천대 사회과학대학장(현)

양승희(梁勝姬·女) Yang Seung-Hee

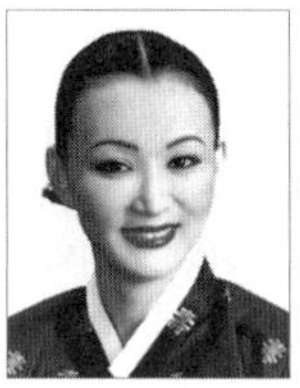

[생]1948·6·26 [출]강원 원주 [학]원주여고졸, 서울대 국악과졸, 同대학원 가야금졸 1993년 예술철학박사(성균관대) [경]죽파 김난초선생의 제자, 가야금산조현창사업추진위원회 위원장 1975~1976년 서울시립국악관현악단 단원 1983년 중요무형문화재 죽파류 가야금산조 조교 1988년 중요무형문화재 제23호 가야금산조부분 보유자 후보 1990년 한국가야금연구소 연주단장 1993년 새한전통예술단 부이사장, 대악회 이사, 한국예술종합학교 국악과 겸임교수, 한국산조학회 이사장(현) 2006년 중요무형문화재 제23호 가야금산조 및 병창 보유자(현) [상]제1회 KBS 국악대상(1982), 중요무형문화재 예술단 공로상(1985) [저]'김창조와 가야금 산조'(1999, 마루) '산조의 창시자 악성 김창조'(2004, 키프로세스) '양승희의 정남희 가야금산조 연구1'(2004, 은하출판사) '양승희의 안기옥 가야금산조 연구1'(2004, 은하출판사) [작]'진달래음악회 공연'(1998, 원주여고 개교기념)

양시경(梁詩景) YANG, Shi-Gyung

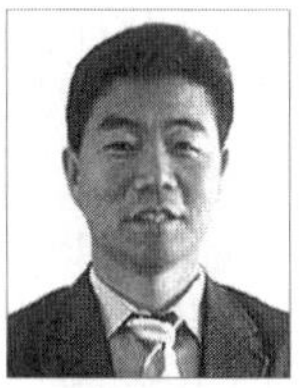

[생]1963·2·22 [본]제주(濟州) [출]제주 남제주 [주]제주특별자치도 서귀포시 안덕면 사계남로216번길24의9 산방산랜드(064-794-1425) [학]1981년 한림공고졸 1990년 제주대 사회학과졸 [경]1982년 사계새마을문고 회장 1988년 탑동불법매립 제주대학교 대책위원장 1990년 탑동문제해결범도민회 사무국장 1995년 든든실업 개업 2001년 (주)산해 개업 2002년 대통령선거 제주국민참여운동본부 사무처장 2003년 네덜란드엿보기전시관 대표 2006~2007년 제주국제자유도시개발센터 감사 2011~2013년 제주경실련 공동대표 2013년 同공익지원센터장(현) 2014년 산방산랜드 대표(현) 2016년 (사)한국종합유원시설협회 부회장(현) [상]경실련 선정 '경제정의실천시민상'(1990), 신지식인상(1999), 아름다운재단 빛과소금상(2010) [종]불교

양시경(梁時庚) YANG Sih Kyung

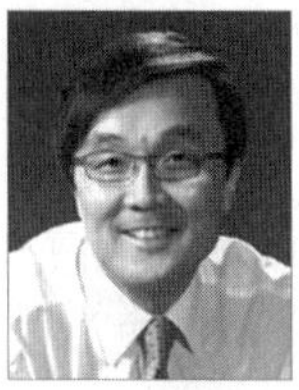

[생]1965·10·13 [출]전북 전주 [주]서울 강남구 테헤란로 133 법무법인 태평양(02-3404-0143) [학]1984년 전라고졸 1988년 서울대 공법학과졸 1999년 미국 뉴욕대 로스쿨 법학과졸 [경]1987년 사법시험 합격(29회) 1990년 사법연수원 수료(19기) 1990년 軍법무관 1993년 법무법인(유) 태평양 변호사(현) 1999~2000년 미국 White & Case 근무 2004년 금융감독원 은행감독국 자문네트워크 위원 2005~2006년 법무부 기업환경개선위원회 실무위원 2005년 한국공항공사 투자및자금업무심의위원회 위원(현) 2013년 한국거래소 코스닥시장위원회 외부위원(현) 2015년 대한변호사협회 국제이사 2015~2016년 법무부 국제법무자문위원회 위원

양시창(梁時彰) Yang Si Chang

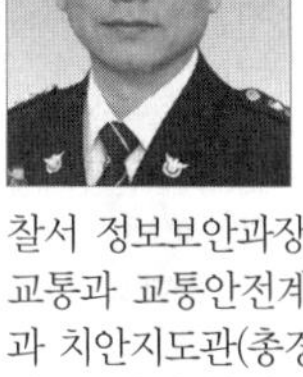

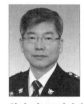

[생]1968·1·27 [본]남원(南原) [출]대구 [주]경북 청도군 청도읍 새마을로1362 청도경찰서(054-370-1210) [학]1986년 대구 청구고졸 1990년 경찰대 행정학과졸(6기) 1992년 서울대 대학원 행정학과졸 [경]1990년 경위 임관 2000년 경감 승진 2000년 대구지방경찰청 기동1중대장·대구 동부경찰서 경비교통과 근무·대구 중부경찰서 경비교통과장 2006년 경정 승진 2006년 대구 중부경찰서 정보보안과장·대구 수성경찰서 정보보안과장·대구지방경찰청 경비교통과 교통안전계장·경비교통과 경무계장 2015년 대구지방경찰청 경무과 치안지도관(총경) 2015년 경북지방경찰청 112종합상황실장 2016년 경북 청도경찰서장(현)

양심묵(楊深默) Yang Shim Muk

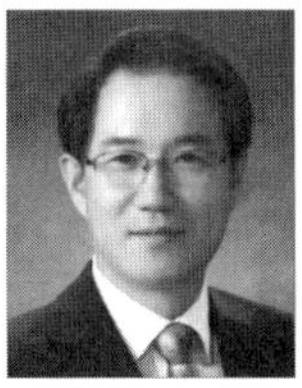

[생]1958·8·10 [출]전북 남원 [주]전북 정읍시 충정로234 정읍시청 부시장실(063-539-5005) [학]전북 용성고졸, 한국방송통신대 행정학과졸, 전북대 대학원 행정학과졸 [경]1978년 공무원 일반행정직 합격 1983년 정주시청 근무 1991년 전북도 전입 2001년 同월드컵추진단 행정지원과장(지방행정사무관) 2008년 同예산과장(지방서기관) 2010년 同행정지원관 2013년 同대외소통국장(지방부이사관) 2014년 교육 파견(고위정책과정) 2014년 전북 정읍시 부시장(현) [상]근정포장(2002), 대통령표창(2013)

양연식(梁然植) YANG Yun Sik

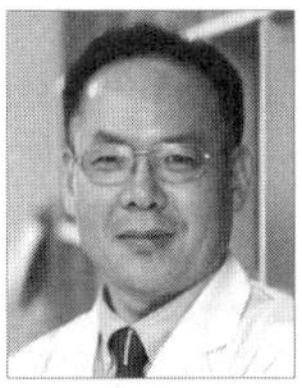

[생]1961·9·16 [출]전북 남원 [주]전북 익산시 익산대로460 원광대학교 의과대학 안과학교실(063-859-1382) [학]1980년 전라고졸 1986년 전남대 의대졸 1989년 同대학원졸 1995년 의학박사(전남대) 2014년 한국외국어대 대학원 경영학과졸 [경]1990~1993년 軍의관 1993~2004년 원광대 의대 전임강사·조교수·부교수 1996~1997년 미국 Johns Hopkins Univ. Wilmer Institue Research Fellow 2000~2006년 원광대병원 안과 과장 2004년 원광대 의대 안과학교실 교수(현) 2009년 원광대병원 기획정보실장 2011~2012년 원광대병원운영 군산의료원장 2014~2016년 대한안과학회 이사 [상]톱콘안과 학술상(1997), 한국망막학회 학술상(2007) [저]'망막' [종]원불교

양영근(梁永根) YANG Young Keun

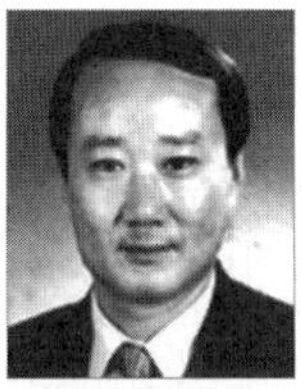

[생]1957·11·20 [본]남원(南原) [출]경남 남해 [주]서울 구로구 디지털로31길19 에이스테크노타워2차603호 한국가스신문 비서실(02-839-4000) [학]1982년 여수수산대학 식품공학과졸 2001년 한국방송통신대 국어국문학과졸 2013년 서울사회복지대학원대 사회복지학과졸 [경]1986년 부산가스판매협동조합 기획이사 1991년 한국가스신문 편집국장 1992년 同대표이사(현) 1996년 한국소비생활연구원 이사(현) 1998~2004년 한국전문신문협회 이사, 同감사 2002~2005년 한국간행물윤리위원회 심의위원 2004~2006년 한국소비자단체협의회 이사 2004~2006년 한국자유시문인협회 부회장 2005~2008년 한국가스공사 열린공기업위원회 위원 2010년 한국디지털단지기업인연합회 수석부회장(현) 2012년 박근혜 대통령후보 국민소통본부 특보 2012년 중국 연변대 경제관리원 객원교수(현) 2013년 K&T창의영재교육연구소 책임연구원(현) 2014년 한국가스학회 부회장(현) [상]산업포장(1999), 동암언론상(2001), 한국자유시문학상(2003), 국무총리표창(2004), 대통령표창(2014)

양영명(梁永明) Young-Myung YANG

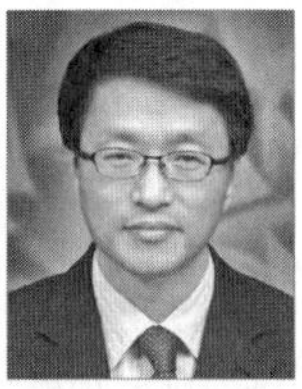

[생]1959·12·18 [본]제주(濟州) [출]경남 창원 [주]대구 동구 첨단로120 한국가스공사 기술본부(053-670-0272) [학]1974년 마산고졸 1977년 부산대 기계설계학과졸 1993년 프랑스 브장송대(University of Besancon) 기계공학과졸 1996년 공학박사(프랑스 브장송대) [경]1981~1985년 동아건설(주) 원자력발전소 설계·건설·시운전부문 근무 1985년 한국가스공사 평택생산기지 시운전 및 운전부문 근무 1988년 同연구개발원 연구원 1992년 同연구개발원 선임연구원 1997년 同가스냉방개발팀장 2000년 同LNG탱크국산화연구실장 2003년 同배관연구센터장 2004~2011년 同LNG기술연구센터장 2008년 同LNG플렌트사업단장 2011~2015년 同연구개발원장 2011~2015년 한국가스학회 부회장 2011년 한국안전학회 부회장(현) 2011~2015년 대한산업공학회 이사 2011~2015년 한국에너지공학회 이사 2012~2014년 LNG벙커링협의체 회장 2013년 산업통상자원부 에너지산업전문위원회 위원(현) 2014년 同가스기술기준위원회 부위원장(현) 2015년 한국가스공사 기술본부장(현) 2015년 대한산업공학회 부회장(현) 2015년 한국연수학회 부회장(현) [저]'냉동공학'(2004, 문우당) [역]'에너지시스템'(2000, 태훈출판사) [종]천주교

양영복(梁永福) YANG Young Bok

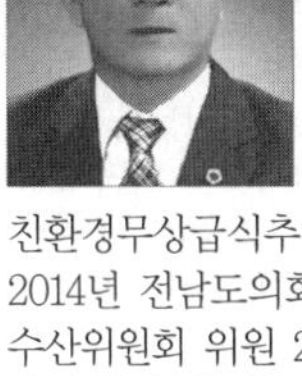

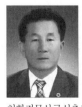

[생]1957·12·20 [출]전남 [주]전남 무안군 삼향읍 오룡길 1 전라남도의회(061-286-8158) [학]2010년 목포과학대 사회복지학과졸 [경]백제고 운영위원 1998·2006~2010년 전남 무안군의회 의원(민주당) 2000년 同부의장 2006~2010년 무안군건강보험공단 자문위원 2010년 전남도의회 의원(민주당·민주통합당·민주당·새정치민주연합) 2012년 同행정환경위원회 위원장 2012년 同친환경무상급식추진특별위원회 위원 2012년 同FTA대책특별위원회 위원 2014년 전남도의회 의원(새정치민주연합·더불어민주당)(현) 2014년 同농수산위원회 위원 2016년 同교육위원회 위원(현) 2016년 同예산결산특별위원회 위원(현) [상]세계자유민주연맹(WLFD) 올해의 자유상(2012)

양영식(梁榮植) YANG Young Shik (島石)

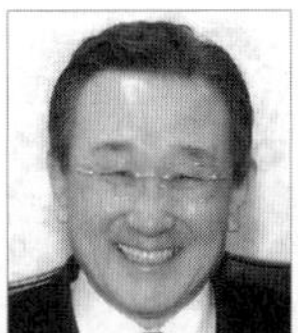

[생]1941 · 6 · 11 [본]제주(濟州) [출]제주 [주]서울 마포구 와우산로56 극동방송국205호 통일선교아카데미(02-337-9003) [학]1959년 오현고졸 1963년 고려대 정치외교학과졸 1971년 同대학원 정치학석사 1988년 정치학박사(건국대) [경]1972~1977년 국토통일원 홍보담당 보좌관 · 정책기획실 보좌관 1977년 통일연수원 부교수 1979~1980년 국토통일원 정책기획실 제4연구관, 제1차 한 · 독통일정책실무협의회 대표, 통일연수원 연수부장 1980년 국토통일원 교육담당관 1983년 同홍보2담당관 1984년 同대변인 겸임 1985년 30주년Bandung회의 한국대표 1986년 통일연수원 교수부장 1986년 국토통일원 교육홍보실장 1988년 통일연수원 교수 1992 · 1994년 남북회담사무국 자문위원 1993년 통일원 통일정책실장 1993년 KOC 비상임위원 1996년 남북회담사무국 상근대표 1997년 (사)기독교북한선교회 이사 겸 학술위원장(현) 1997년 통일교육원장 1998년 민족통일연구원(KINU) 원장 겸 통일문제연구협의회 공동의장 1998년 고려대 안암정치학회장 1999~2001년 통일부 차관 1999년 남북차관급당국회담 수석대표(중국 베이징) 2000년 제1차 남북정상회담 준비기획단장 겸 준비접촉 수석대표 2001년 민주평통 상임위원 2001년 제주국제협의회 회장 2001~2007년 고려대 북한학과 객원교수 2002년 미국 존스홉킨스대 국제대학원 Visiting Scholar 2003년 (사)세계한인무역협회 상임고문 2005~2009년 민주평통 기획특별위원회 위원장 2007년 통일부 남북회담본부 비상임자문위원(현) 2008년 한국기독교총연합회 통일선교대학장, 한국기독교통일포럼 공동대표(현), 아세아연합신학대(ACTS) 선교대학원 북한선교학과 초빙교수 2010년 대한예수교장로회 성문교회 원로장로(현) 2013~2014년 World OKTA(세계한인무역협회) 상임고문 2014년 통일선교아카데미 원장(현) 2015년 총회신학대 신학대학원 초빙교수(현) [상]근정포장(1983), 남북정상회담유공 황조근정훈장(2002), 대통령표창(2005), 4 · 19혁명 국가유공자 건국포장(2010), 월남참전고엽제 국가유공자(2012) [저]'북한의 대남전략론' '북한의 협상전술 : 남북대화 20년사를 중심으로'(1990) '통일정책론 : 이승만정부로부터 김영삼정부까지'(1997) '민족화해와 통일을 위하여(共)'(1997) '평화통일과 북한복음화'(1997) '남과 북, 하나가 되는 길(共)'(2003) 칼럼집 '내 사랑 돌하르방'(2005) '주여! 70년이 찼나이다(共)'(2015) [종]기독교

양영우(梁榮佑)

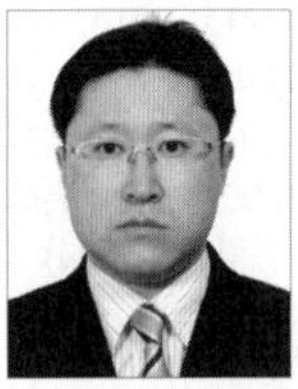

[주]경기 동두천시 상패로89 동두천경찰서(031-869-0321) [학]1992년 경찰대 법학과졸(8기) [경]2005~2008년 행정자치부 자치경찰제실무추진단 · 경찰청 교육과 · 경찰청 혁신기획단 경정 2008년 경찰청 특수장비담당 경정 2010~2015년 同경무과 인사기획담당 경정 · 서울지방경찰청 경무과 경정 · 서울지방경찰청 경무과 치안지도관(경정) 2015~2016년 서울지방경찰청 경무과 지도관 · 경찰대학 운영지원과장(총경) 2016년 경기 동두천경찰서장(현)

양영진(梁永鎭) YANG Young Jin

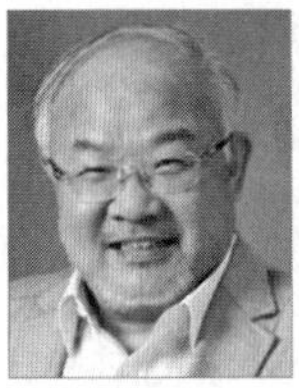

[생]1951 · 11 · 8 [출]서울 [주]서울 중구 필동로1길30 동국대학교 사회학과(02-2260-8720) [학]1974년 서울대 사회학과졸 1982년 미국 시카고대 대학원졸 1986년 사회학박사(미국 시카고대) [경]1986년 동국대 사회학과 교수(현) 1997년 同학술교류부장 1999년 同동대신문사 편집인 겸 주간 2007년 同행정대학원장 2007년 同사회과학대학장 겸임 2010년 한국사회학회 회장 2011년 대통령직속 사회통합위원회 위원 2015년 동국대 학술부총장 2015년 同대학원장 2015년 同교무부총장(현) [저]'막스베버의 사회주의론'(1992) '막스베버 사회학의 쟁점들'(1995)

양영철(梁英喆) YANG Yeong Cheol 구암(龜岩)

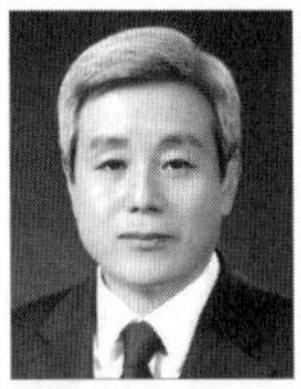

[생]1948 · 10 · 12 [본]남원(南原) [출]전북 군산 [주]강원 춘천시 한림대학길1 한림대학교 미디어커뮤니케이션학부(033-248-1914) [학]1966년 전주고졸 1972년 서울대 독어독문학과졸 2003년 고려대 언론대학원 신문방송학과졸 [경]1974년 문화방송 입사 1974~1980년 同사회부 · 보도제작부 · 제2사회부 기자 1980년 7월 신군부에 의해 강제해직 1981~1984년 삼성중공업 홍보팀장 1984~1987년 현대자동차 홍보팀장 1987년 문화방송 심의실 근무(11월 복직) 1988년 同외신부 기자 1989년 同경제부 차장 1993년 同해외협력뉴스담당 차장 1994년 同라디오뉴스부장 1995년 同중장기기획팀장 1996년 同문화과학부장 1997년 同경제부장 1998년 同보도국 해설위원 1999년 同심의위원 1998년 상공부 통상자문위원 1998~2004년 세계발전심의위원회 위원 2000년 문화방송 해설위원 2003년 同해설위원실 주간 2004~2005년 삼척문화방송 사장 2005~2016년 한림대 언론정보학부 객원교수 2014~2016년 한국방송기자클럽 회장 2016년 한림대 미디어커뮤니케이션학부 객원교수(현) [상]한국방송대상 해설부문 대상(2003), 민주화운동관련자 증서(2007) [저]'방송뉴스'(2007) 'TV뉴스의 이해'(2009) [종]가톨릭

양영철(梁永哲) Young Chul YANG

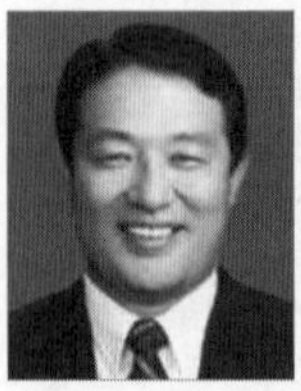

[생]1955 · 6 · 20 [본]제주(濟州) [출]제주 [주]제주특별자치도 제주시 제주대학로102 제주대학교 사회과학대학 행정학과(064-754-2937) [학]1981년 제주대 행정학과졸 1983년 서울대 행정대학원 행정학과졸 1991년 행정학박사(건국대) [경]1983~1986년 제주대 강사 1986~1987년 한국방송통신대 연구원 1987년 제주대 사회과학대학 행정학과 교수(현) 1991년 同행정대학원 교학과장 1994년 同행정학과장 1995년 한국행정학회 감사 1995년 제주도인사위원회 위원 2001년 제주대 학생처장 2004년 한국행정학회 부회장 2004년 서울행정학회 회장 2005~2008년 대통령자문 정부혁신지방분권위원회 위원 겸 지방자치경찰특별위원회 위원장 2011년 한국지방정책연구소 소장 2011년 서귀포시환경의제 의장, 제주시정포럼 의장, 대통령 정책자문위원, 특임장관실 정책자문위원 2012년 매그린치신부기념사업회 공동의장(현) 2013~2014년 한국지방자치학회 회장 2013~2015년 대통령자문 지방자치발전위원회 위원 2015년 김만덕기념사업회 총괄기획위원장(현), 대통령소속 지방자치발전위원회 정책자문위원(현), 제주문화방송 시청자위원회 위원장(현), 맥그린치기념사업회 공동대표(현) [상]근정포장(2008), 한국지방자치학회 학술상(2010), 한국행정학회 저술상(2016) [저]'새 행정학'(1997) '제주도의회사'(1999) '지방행정개혁'(2001) '지역정보화론'(2002) '지역혁신사례'(2006) '주민투표론'(2007) '자치경찰론'(2008) '제주특별자치도의 이해'(2008) '우리나라 지방자치 60년 변천사'(2015) [역]'계량행정학'(1987) [종]천주교

양영태(梁榮太) YANG Young Tae

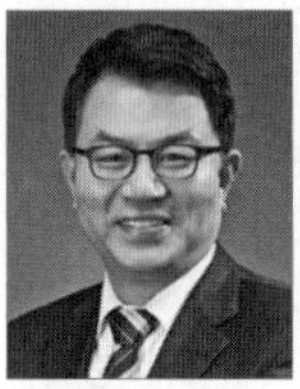

[생]1963 · 6 · 12 [본]남원(南原) [출]부산 [주]서울 서대문구 충정로60 KT&G서대문타워10층 법무법인 지평(02-6200-1736) [학]1982년 용산고졸 1987년 서울대 법학과졸 [경]1992년 사법시험 합격(34회) 1995년 사법연수원 수료(24기) 1995년 법무법인 세종 변호사 1996년 민주사회를위한변호사모임 사무차장 2000년 법무법인 지평 변호사 2008년 법무법인 지평지성 대표변호사, 대한변호사협회 이사(현) 2014년 법무법인 지평 대표변호사(현) [저]'헌법(共)'(1995) [종]천주교

양옥경(梁玉京 · 女) YANG Ok Kyung

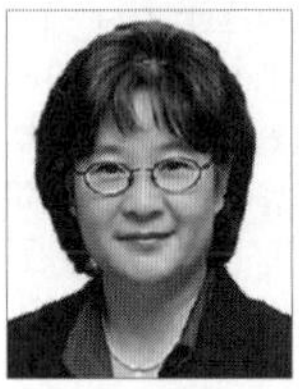

[생]1959 · 4 · 3 [출]서울 [주]서울 서대문구 이화여대길52 이화여자대학교 사회과학대학 사회복지학과(02-3277-2258) [학]1982년 이화여대졸 1985년 미국 위스콘신대 대학원졸 1990년 사회복지학박사(미국 위스콘신대) [경]1990년 이화여대 사회과학대학 사회복지학과 조교수 · 부교수 · 교수(현) 1998~1999년 미국 세인트루이스 워싱턴대 교환교수 2005년 사회복지사 국가시험 출제위원장 2005년 한국가족사회복지학회 회장 2005~2006년 (사)한국사회복지교육협의회 부회장 2005년 이화여대 사회복지대학원장 2006~2009년 同사회복지전문대학원장 2010년 한국사회복지학회 회장 2011~2013년 이화여대 경력개발센터 원장 2012~2014년 同대외협력처장 2014년 한국사회적기업진흥원 비상임이사(현) 2016년 한국사회복지교육협의회 회장(현) [상]대한민국학술원 우수도서 선정, 문화관광부 올해의 도서상 [저]'지역사회와 정신건강' '사회복지실천론' '다문화사회, 한국' '정신보건과 사회복지' '사회봉사의 이해' '사회사업실천과 윤리' '가족치료총론' '노인복지의 이해' '정신장애와 사회사업'

양옥승(梁玉承 · 女) YANG Ok Seung

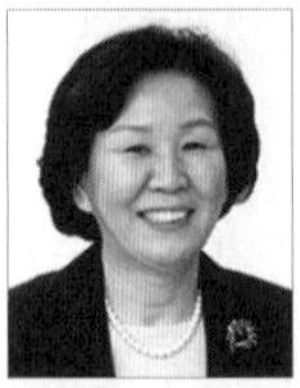

[생]1951 · 11 · 10 [주]서울 도봉구 삼양로144길33 덕성여자대학교 사회과학대학 유아교육과(02-901-8313) [학]1973년 이화여대 유아교육과졸 1978년 同대학원졸 1982년 미국 캘리포니아주립대 대학원졸 1985년 교육학박사(미국 남가주대) [경]1973~1976년 이화여대부속 유치원 교사 1977년 명지실업전문대 유아교육과 전임강사 1980~1982년 미국 헤드스타트 교사 및 평가위원 1985~1989년 지역사회탁아소연합회 자문위원 1985년 덕성여대 사회학대학 유아교육과 조교수 · 부교수 · 교수(현) 1987년 同유아교육연구소장 1991~1993년 한국여성연구회 이사 1991~1998년 한국가족학회 운영위원 · 이사 · 부회장 1993~1995년 삼성복지재단 자문위원 1993~1995년 한국여성학회 이사 1995~2003년 한국유아교육학회 편집위원장 · 회장 1996~1998년 한국여성개발원 자문위원 1996~1998년 한국영유아보육학회 이사 1997~1998년 미국 펜실베이니아대 객원교수 1999~2003년 한국교육학회 이사 2000~2003년 세계유아교육학회(OMEP) 한국지회장 2000~2007

년 한국교원교육학회 부회장 2003년 공동육아와공동체교육 공동대표 2004~2005년 덕성여대 대학원장 2006년 서울차이나타운개발(주) 사외이사 2007년 한국보육교육단체총연합회 회장(현) 2009~2011년 덕성여대 사회과학대학장 2013~2014년 同특수대학원장 [저]'유아교육론'

양왕성(梁王星) YANG Wang Sung

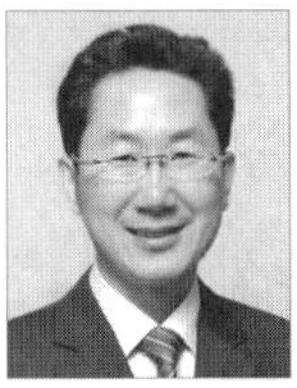

[생]1967·1·14 [주]경기 성남시 분당구 대왕판교로644번길49 (주)한글과컴퓨터 연구개발본부(031-627-7000) [학]성균관대 수학과졸 [경]한글개발(HWP1.52 ~ HWP2004), (주)한글과컴퓨터 개발연구소장 2003년 同이사 2004년 同개발총괄 이사 2007년 同개발본부장(이사) 2008년 同개발그룹장(이사) 2009년 同SW개발총괄 상무 2011년 同SW개발총괄 전무 2012년 同개발본부총괄 전무 2016년 同연구개발본부 부사장(현)

양요안(梁要安) YANG Yo An

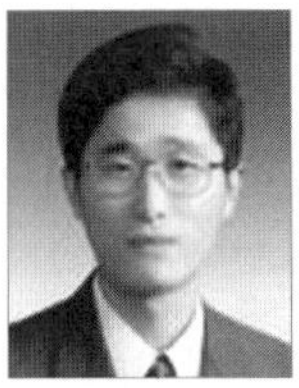

[생]1968·1·7 [본]제주(濟州) [출]제주 북제주 [주]제주특별자치도 제주시 남광북5길3 제주지방검찰청 형사1부(064-729-4123) [학]1986년 제주 오현고졸 1990년 성균관대 법학과졸 [경]1995년 사법시험 합격(37회) 1998년 사법연수원 수료(27기) 1998년 부산지검 검사 2000년 대구지검 안동지청 검사 2001년 서울지검 의정부지청 검사 2003년 서울지검 검사 2004년 서울중앙지검 검사 2006년 법무부 보호기획과 검사 2008년 제주지검 검사 2010년 광주지검 부부장검사 2012년 울산지검 공안부장 2013년 법무부 법질서선진화과장 2015년 서울중앙지검 형사2부장 2016년 제주지검 형사1부장(부장검사)(현) [종]천주교

양용모(梁龍模) YANG Yong Mo (杏山)

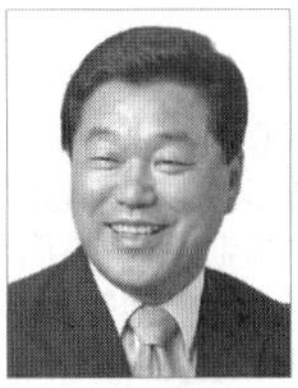

[생]1953·5·20 [본]남원(南原) [출]전북 장수 [주]전북 전주시 완산구 효자로225 전라북도의회(063-280-4473) [학]1971년 전주농고졸 1998년 한국방송통신대 국어국문학과졸 2015년 전북대 행정대학원 지방자치학과졸 [경](사)진주시아파트연합회 상임고문, 송천1동 주민자치위원회 상임고문, 송천2동 주민자치위원회 상임고문, 한국방송통신대 전북지역총학생회장, 同노령장학회 이사, 민주노동당 전북도당 지방자치위원장, 행촌수필문학회 부회장 2005년 전북문인협회 회원(현) 2006~2010년 전북 전주시의회 의원(민주노동당) 2012년 노무현재단 전북본부 시민사회위원(현) 2012년 전북도의회 의원(재보선 당선, 민주통합당·민주당·새정치민주연합) 2012년 同교육위원회 위원 2012년 同예산결산특별위원회 위원 2012년 同지방분권특별위원회 부위원장 2014년 전북도의회 의원(새정치민주연합·더불어민주당)(현) 2014년 同교육위원회 위원장 2016년 同교육위원회 위원(현) 2016년 同예산결산특별위원회 위원(현) [저]수필집 '따뜻한 마음으로 세상을 살고 싶어라'(2002) '집바탱이'(2005) '사랑을 훔쳐간 아몬나신'(2009, 신아) '기쁜 악역'(2010) '예산의 진실'(2013) [종]기독교

양용운(梁龍雲) YANG Yong Woon

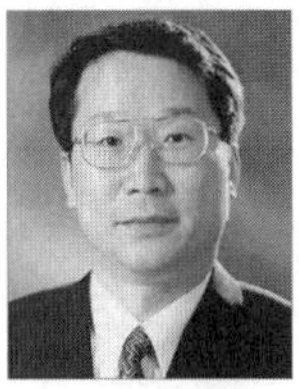

[생]1955·8·6 [출]대구 [주]대구 달서구 달서대로675 계명문화대학교 소방환경안전과(053-589-7805) [학]1975년 경북대사대부고졸, 영남대 공업화학과졸, 同대학원졸, 공학박사(영남대) [경]1981년 대구염색공업공단 폐수처리과장 1988년 계명전문대 부교수 1993년 대구염색공업공단 부설연구소장 1994년 대구지방환경청 환경기술지도위원 1995년 한국염색기술연구소 소장 1998년 계명문화대학 소방환경안전과 교수, 전국환경관리인연합회 대구·경북협의회 환경기술자문위원 1999년 환경부 환경친화기업 심사위원 2000년 대구시환경시설관리공단 이사장 2007년 제17대 대통령직인수위원회 자문위원 2008~2009년 환경관리공단 이사장 2010년 경북도 환경정책보좌관 2013년 계명문화대 소방환경안전과 교수(현) [저]'활성슬러지 포기탱크의 미생물'(1997, 동화기술) '환경공학기사 문제해설'(1998, 신광문화사)

양용은(梁用銀) YANG Yong Eun

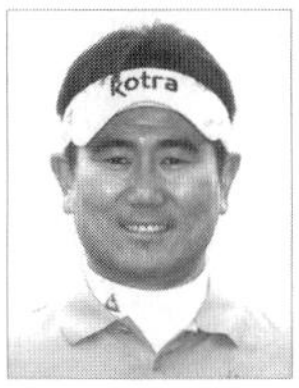

[생]1972·1·15 [출]제주 [주]서울 중구 남대문로84 KB금융그룹 스포츠단(02-2073-7114) [학]제주관광산업고졸 [경]1996년 한국프로골프협회 회원(현) 1999년 신인왕 2000년 충청오픈 준우승 2001년 신한동해오픈 준우승 2002년 SBS프로골프최강전 우승 2003년 유성오픈 3위 2004년 일본프로골프투어(JPGA) 진출 2004년 JPGA투어 선클로렐라클래식 우승 2004년 아사히·료쿠겐 요미우리 아소·이주카대회 우승 2005년 코카콜라도카이클래식 우승 2006년 일본골프투어(JGTO) 요미우리오픈 준우승 2006년 일본골프투어(JGTO) ABC챔피언십 준우승 2006년 게이지디자인 소속 2006년 코오롱·하나은행 한국오픈 우승 2006년 유럽프로골프투어(EPGA) 겸 아시아프로골프투어 HSBC챔피언스대회 우승 2006년 SBS금호아시아나오픈 준우승 2007년 코오롱·하나은행 한국오픈 준우승 2007년 테일러메이드 스폰서계약 2009년 미국 PGA 혼다클래식 우승 2009년 미국 PGA 챔피언십 우승 2009년 한국관광공사 명예홍보대사 2010년 대한무역투자진흥공사(KOTRA) 홍보대사 2010년 유럽투어 겸 원아시아투어 볼보차이나오픈 우승 2010년 코오롱 한국오픈 골프선수권대회 우승 2011년 PGA투어 혼다 클래식 준우승 2011년 KB금융그룹 후원계약(현) 2011년 스크린골프전문기업 알디텍 홍보대사 2011년 PGA투어 US오픈 공동3위 2011년 템플스테이 홍보대사 2011년 세계7대 자연경관 제주 홍보대사 2012년 제55회 코오롱 한국오픈 공동3위 2013년 로열트로피골프대회 아시아팀 단장 [상]한국프로골프 최우수선수상(2004·2006), 한국프로골프(KPGA) 대상(2006), 서울석세스어워즈2009 문화부문상(2009), 체육훈장 맹호장(2009), 한국프로골프 해외특별상(2009), 미국 워싱턴포스트(WP) 선정 '올해 스포츠계 최고의 승리자 10인', 대한골프협회 최우수선수(MVP)(2010), 아시아골프투어 특별공로상(2010)

양용준(梁容準) Yang,Yong-Joon

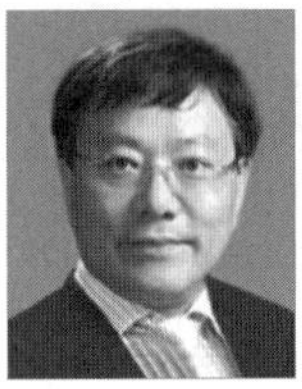

[생]1958·12·4 [출]제주 제주시 [주]충남 천안시 동남구 상명대길31 상명대학교 식물식품공학과(041-550-5290) [학]1980년 고려대 원예학과졸 1982년 서울대 대학원 원예학과졸 1987년 저장유통학박사(독일 본대학) [경]1988년 상명대 식물식품공학과 교수(현), (사)한국수확후관리협회 회장 2012년 상명대 생활과학대학장 겸 경영대학장 2013년 同산업대학장 2013년 同기획처장 2013년 同부총장(현)

양용진(楊龍鎭) YANG Yong Jin

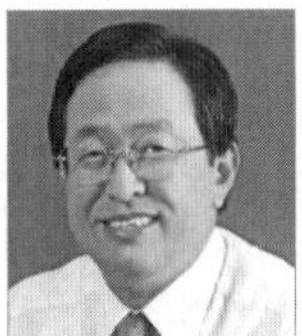

[생]1953·8·1 [출]인천 [주]경기 시흥시 경제로17 시화공단1라107호 (주)코미팜 임원실(031-498-6104) [학]1970년 강화고졸 1976년 국제대 법학과졸 1986년 인하대 대학원 경영학과졸 [경]1971~1980년 국세청·재무부 근무 1981~1988년 중앙악품 대표 1988~2004년 (주)한국미생물연구소 대표이사 2004년 (주)코미팜 대표이사 회장(현) [종]불교

양용호(梁龍鎬) YANG Young Ho

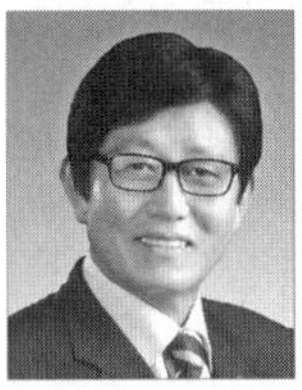

[생]1947·8·6 [주]전북 전주시 완산구 효자로225 전라북도의회(063-280-4280) [학]익산 남성고졸, 원광대 원예학과졸, 군산대 경영행정대학원 최고경영관리자과정 수료 [경](사)한국농업경영인 개정면지회 회장, 용호농장 대표, 옥구군의료보험조합 운영위원회 위원, 군산축산업협동조합 이사, 새정치국민회의 군산甲지구당 부위원장, 새천년민주당 군산시지구당 개정면 지방자치위원장, 同군산시지구당 상무위원 1995·2002·2006~2010년 전북 군산시의회 의원 2002~2004년 同운영위원장 2004~2006년 同부의장 2006~2008년 同의장 2014년 새정치민주연합 군산시지역위원회 운영위원 2014년 전북도의회 의원(새정치민주연합·더불어민주당·국민의당)(현) 2014년 同산업경제위원회 위원, 同산업경제위원회 부위원장(현) 2014~2015년 同예산결산특별위원회 위원 2014~2015년 同윤리특별위원회 위원장 2015년 더불어민주당 군산시지역위원회 운영위원

양우천(梁又天)

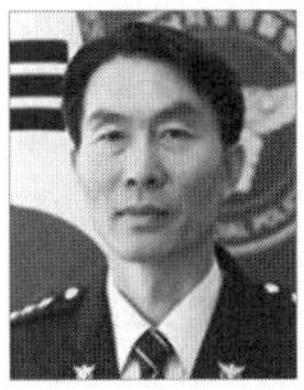

[생]1963·8·26 [출]전남 해남 [주]전남 광양시 광양읍 제철로16의16 광양경찰서 서장실(061-760-0321) [학]광주 동신고졸, 전남대 독문학과졸, 同행정대학원졸 [경]1990년 경위 임용(경찰간부후보 38기) 1998년 경감 승진 2005년 경정 승진 2006년 광주 남부경찰서 수사과장 2007년 광주지방경찰청 수사1계장 2011년 同홍보계장 2015년 광주U대회기획단장 2015년 전남지방경찰청 정보화장비과장(총경) 2016년 전남 광양경찰서장(현)

양우철(楊雨哲) YANG WOO CHEOL

[생]1965·4·4 [본]청주(淸州) [출]경북 경주 [주]대구 북구 연암로40 경북지방경찰청 청문감사담당관실(053-429-2817) [학]1983년 경주고졸 1988년 경찰대 법학과졸(4기) 2015년 연세대 행정대학원 경찰사법행정학과졸 [경]1988년 경위 임관 2007년 경주경찰서 경비교통과장 2009년 서울서부경찰서 정보보안과장 2010년 서울양천경찰서 정보과장 2011년 서울지방경찰청 정보관리부 정보1계장 2015년 행정안전부 장관 치안비서관(파견) 2016년 경북지방경찰청 생활안전과장(총경) 2016년 同청문감사담당관(현) [상]산업자원부장관표창(2007), 행정안전부장관표창(2011), 대통령표창(2013)

양운학(楊雲鶴)

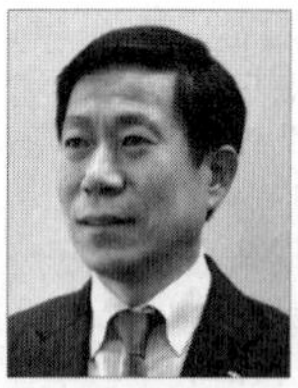

[생]1962·12·20 [출]전북 순창 [주]대전 동구 중앙로215 한국철도공사 대전충남본부(042-259-2222) [학]한국철도대학졸, 한국방송통신대 행정학과졸, 우송대 경영대학원 국제통상학과졸(석사) [경]1984년 영주지방철도청 입사 2001년 철도청 영업본부 여객과 운영팀장(행정사무관) 2003년 同기획본부 인력개발과 교육훈련팀장 2006년 한국철도공사(KORAIL) 기획조정본부 정책협의팀장·미래전략팀장 2010년 同부산역장 2013년 同창조경영추진단장 2014년 同경영혁신실장 2015년 同전북본부장 2016년 同대전충남본부장(현)

양웅섭(梁雄燮) Yang, Ung Seob

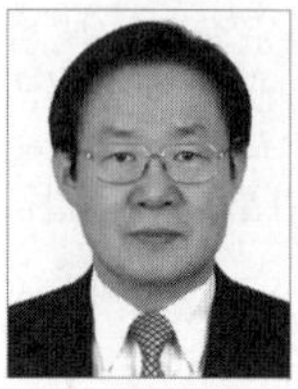

[생]1952·11·4 [본]남원(南原) [출]충남 공주 [주]서울 강남구 논현로553 삼정빌딩109호 한국창조성본부(02-563-3136) [경]1971~1980년 조흥은행 근무 1982~1997년 (주)새한전자 기획조정실 이사 1997~2006년 (주)아이디어파크 대표이사 1998~2004년 한국창조성개발학회 이사 2006년 현재학회 회원(현) 2006년 한국창조성본부 대표이사(현) [저]'제4물결 창조경영'(2006) '창조경영명언 철학경영명언'(2014)

양웅철(梁雄哲) YANG Woong Cheol

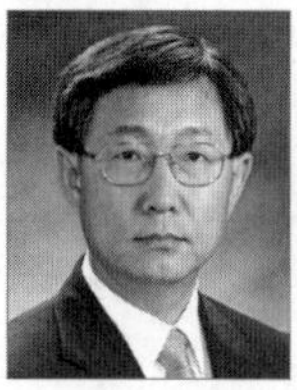

[생]1954·8·16 [주]경기 화성시 현대연구소로150 현대자동차그룹 남양연구소(031-368-3025) [학]광주고졸 1977년 서울대 기계설계학과졸 1983년 미국 텍사스대 대학원 기계설계학과졸 1986년 기계설계학박사(미국 캘리포니아대 데이비스교) [경]1977년 (주)코리아타코마 사원 1980~1982년 한국과학기술연구소 기술상담실 연구원 1987~2004년 포드자동차 연구소 Staff 2004년 현대자동차·기아자동차 연구개발본부 전자개발센터 부사장 2005년 (주)카네스 대표이사 부사장 2005년 (주)본텍 대표이사 부사장 2006년 同대표이사 사장 2006년 현대자동차 전자개발센터장(부사장) 2009년 同연구개발총괄본부장(사장) 2010년 현대·기아자동차그룹 남양기술연구소 사장 2011년 同연구개발총괄 사장 2011년 同남양연구소 연구개발총괄 부회장 2012년 한국산업기술진흥협회 부의장(현) 2012년 현대자동차그룹 남양연구소 연구개발총괄담당 부회장(현) 2013년 국가과학기술자문회의 자문위원(현)

양 원(梁 沅) YANG Weon

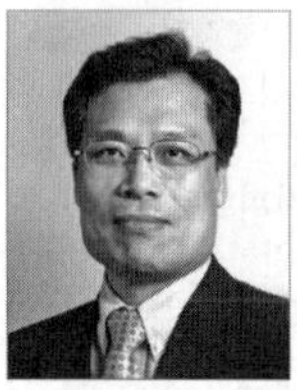

[생]1956·7·18 [본]제주(濟州) [출]광주 [주]전남 무안군 청계면 영산로1666 목포대학교 LINC사업단(061-450-6099) [학]1975년 광주제일고졸 1981년 한국해양대 항해학과졸 1991년 同대학원 항만운송과졸(공학석사) 1993년 스웨덴 세계해사대학교(World Maritime University) port & shipping administration(이학석사) 1999년 공학박사(한국해양대) [경]1981~1986년 승선(1등 항해사) 1987~1999년 부산컨테이너부두운영공사 부장 1999~2002년 현대상선·한국허치슨터미날(주) 부장 1999년 Roster of Experts and Consultants of IMO(현) 2001~2005년 해양수산부 민간투자사업평가단 위원 2003년 목포신항만(주) 상무 2003~2004년 대통령자문 동북아경제중심추진위원회 자문위원 2004~2007년 부산항만공사 부사장 2004~2005년 대통령자문 동북아시대위원회 물류중심분야 전문위원 2004~2007년 부산지방해양수산청 부산항항만정책심의회 심의위원 2004~2007년 부산시 지역혁신위원회·공공기관유치위원회·RIC평가단 위원 2005~2007년 국민경제자문회의 물류·자유구역회의 전문위원 2008~2011년 서남조선산업개발(주) 부사장 2009년 한국학술진흥재단 광역권선도사업대학선정 심사위원 2012년 국립목포대 LINC사업단 교수(현) [상]대통령표창(1999) [저]'항만관리론(共)'(2003) [작]시집 '바다 위에 내리는 비'(1980) '의문과 질문'(2015)

양원돈(楊元敦) YANG Won Don

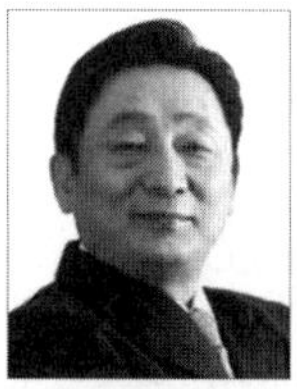

[생]1956·1·4 [출]서울 [주]서울 마포구 백범로192 유진기업(주) 임원실(02-3704-3300) [학]1974년 중동고졸 1976년 성균관대 경영학과졸 1978년 同경영대학원졸 2002년 미국 UCLA Executive Course 수료 [경]1977년 공인회계사 합격(11회) 1978년 행정고시 합격(22회) 1983~1993년 총무처 교무계장·의정부세무서 부가가치세과장 1993년 국세청 조사국 계장 1993년 공주세무서장 1994~1997년 駐영국 참사관(세무협력관) 1997~2000년 서울지방국세청 법인세과장·여의도세무서장 2000년 영등포세무서장 2000~2002년 유진종합개발(주) 임원 2002년 이순산업(주) 대표이사 2005년 고려시멘트(주) 대표이사 사장 2010년 (주)하이마트 재경본부장(부사장) 2012년 유진기업(주) CFO(현) 2013년 (주)유진에너팜 대표이사 겸임(현) 2013년 (주)나눔로또 대표이사 겸임(현) 2016년 세계복권총회(WSL) 아시아·태평양복권협회 임원(현)

양원찬(梁元贊) YANG WON CHAN

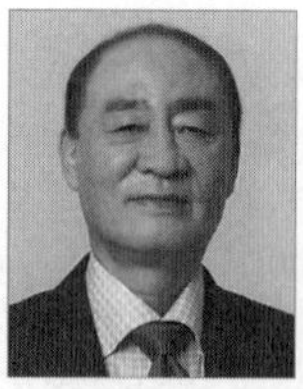

[생]1950·8·6 [출]제주 제주시 [주]서울 성동구 마조로22의2 한양대총동문회(02-2294-8585) [학]1967년 제주제일고졸 1975년 한양대 의과대학졸 1979년 同대학원 의학석사 1983년 의학박사(한양대) [경]1985~1998년 프로야구단 두산 베어스 팀닥터 1986년 한양대 의과대학 외래교수 1987~1988년 제24회 서울올림픽 국가대표팀 주치의 1995~2000년 스포츠조선 편집자문위원 2010년 (사)김만덕기념사업회 공동대표(현) 2011~2012년 제주-세계7대자연경관선정 범국민추진위원회 사무총장 2012년 (재)서울제주도민장학회 명예이사장 2012년 한양대총동문회 회장(현) 2012~2014년 서울제주특별자치도민회 회장 2012~2014년 在外제주특별자치도민회총연합회 회장 [상]문교부장관표창(1973), 노동부장관표창(1989) [저]'인술(仁術) 그리고 인술(人術)'(1987, 도서출판 나남) '사람과의 아름다운 동행'(2013, 신아출판사) [역]'스포츠 상해의 예방처치(共·編)'(1985, 스포츠코리아)

양원홍(梁元洪) YANG Won Hong

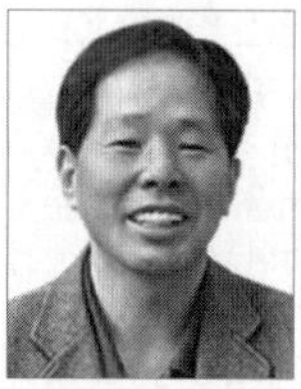

[생]1959·1·1 [본]제주(濟州) [출]제주 [주]제주특별자치도 제주시 신대로13길1 제주영상문화연구원(064-752-4547) [학]1977년 제주제일고졸 1985년 제주대 영어교육과졸 1999년 同대학원 사회학과졸 2015년 同대학원 언론홍보학 박사과정 수료 [경]1984년 제주MBC TV제작부 프로듀서 2000년 同TV제작부 차장 2001년 同TV제작부 부장대우 2004년 同편성제작국 국장직대 겸 TV제작부장(부장대우) 2005년 同편성제작국장 겸 TV제작부장 2005년 同편성제작국장 2008~2010년 同보도제작국장 2010년 同보도제작국 제작전문위원 2010년 제주대 강사(현) 2010년 시인 등단(현) 2010년 제주4.3연구소 이사(현) 2010년 한국작가회의 회원(현) 2010년 제주국제컨벤션센터 전문위원 2012년 (사)제주영상문화연구원 원장(현) 2012년 제주전통문화연구소 전문위원 2013년 제주대 在日제주인센터 특별연구원(현) 2014년 언론중재위원회 제주중재부 중재위원(현) 2015~2016년 同운영위원 2015년 제주테크노파크 기술경영지원단 컨설턴트(현) 2016년 제주특별자치도 인권보장 및 증진위원회 위원(현) [상]제주MBC 평가상(1989·1993·1995·1996), MBC 계열사TV작품경연대회 은상(1992)·동상(1993)·장려상(2004), 제주방송인대상(1999), 한국방송대상 저널리즘 부분 우수작품상(1999)·최우수작품상(2004)·작품상(2008)·작품상(2009), 방송문화진흥회 공익프로그램 은상(2006), 한국방송프로듀서연합회 이달의 PD상(2006), 시문학 신인우수상(2010) [작]시현장(2011·2012·2013·2014) [종]가톨릭

양유석(梁裕錫) Yang Yoo Suk

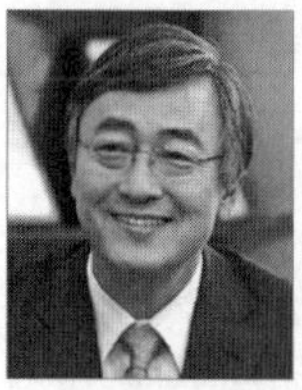

[생]1955·10·19 [출]서울 [주]서울 동작구 흑석로84 중앙대학교 국제대학원 국제학과(02-820-5624) [학]1978년 서울대 법학과졸 1984년 미국 Univ. of Washington 대학원 경영학과졸 1988년 경영학박사(미국 Univ. of Texas at Austin) [경]1988~1991년 미국 Univ. of Wisconsin-Milwaukee 조교수 1991~1995년 정보통신정책연구원(KISDI) 연구위원 1992~1994년 정보통신부 공무원연수원 강사 1993년 차세대전산망사업자문위원회 위원 1994년 초고속정보통신기반자문위원회 간사 1995~2005년 정보통신정책학회 상임이사 1995~1998년 아주대 경영학부 조교수 1997년 한국국제경영학회 부회장 1997~2001년 정보통신부 주파수심의위원회 위원 1998~2011·2013년 중앙대 국제대학원 국제학과 교수(현) 2004년 정보통신정책학회 부회장 2006년 서울국제협력기금 이사 2006년 정보통신부 정보통신정책심의위원 2007~2008년 정보통신정책학회 회장 2008년 대통령 국정기획수석비서관실 방송통신비서관 2009~2011년 대통령 방송정보통신비서관 2011~2013년 한국방송통신전파진흥원 원장 [상]정보통신부장관표창(1998) [종]기독교

양유석(梁裕錫) Yang Youseok

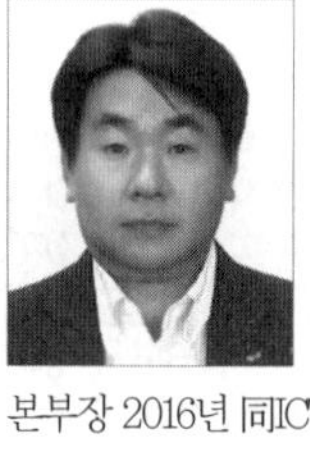

[생]1963·11·28 [본]제주(濟州) [출]서울 [주]경기 성남시 분당구 성남대로343번길9 SK주식회사 C&C ICT인프라사업본부(02-6400-1900) [학]동국대 전산학과졸 [경]2001년 SK C&C 데이터관리팀장 2003년 同Infra기획팀장 2007년 同Value Offering팀장 2011년 同G&G기획팀장 2012년 同사업개발본부장 2014년 同인프라운영본부장(상무) 2015년 同인프라사업본부장 2015년 SK주식회사 C&C 인프라사업본부장 2016년 同ICT인프라사업본부장(현) [종]기독교

양윤석(梁允錫)

⊛1966·2·18 ⊜강원 ㈜서울 양천구 목동서로161 SBS 보도본부 보도국(02-2061-0006) ⊜1984년 속초고졸 1988년 서울대 정치학과졸 ⊗1991년 SBS 입사 1999년 同보도국 정치부 기자 2004년 同동경특파원 2005년 同동경지국장 2007~2008년 同보도국 사회부 데스크 2008~2009년 한국기자협회 부회장 2009년 SBS 보도국 경제부데스크 2010년 同보도국 문화부 차장 2012년 同보도본부 문화부장 2014년 同기획실 정책팀장 2016년 同보도본부 보도국장(현)

양윤선(梁允瑄·女) YANG YOON SUN

⊛1964·12·23 ⊜제주(濟州) ⊜제주 ㈜경기 성남시 분당구 대왕판교로644번길21 메디포스트㈜(02-3465-6764) ⊜1983년 휘경여고졸 1989년 서울대 의대졸 1994년 同대학원 의학석사 1999년 의학박사(서울대) ⊗1989~1994년 서울대병원 임상병리과 전공의 1994~2000년 성균관대 의과대학 임상병리학과 교수 1994~2000년 삼성서울병원 임상병리과 전문의 2000년 메디포스트㈜ 대표이사(현) 2004년 한국조직공학재생의학회 부회장(현) 2005~2008년 국가생명윤리위원회 위원 2006년 고려대 생명과학과 겸임교수(현) 2007년 한국바이오협회 이사(현) 2008~2009년 국가교육과학기술자문위원회 위원 2010~2011년 국가과학기술위원회 민간위원 2010~2012년 교육과학기술부 연구개발사업 종합심의위원 2011년 서강대 기술경영전문대학원 기술경영학전공 겸임교수(현) 2011년 한국바이오의약품협회 이사(현) 2013년 대한조혈모세포이식학회 이사(현) 2013년 바이오이종장기개발사업단 운영위원(현) 2013년 보건복지부 첨단의료복합단지 위원회 위원 2013~2014년 국세청 국세행정개혁위원회 위원 2013~2014년 여성가족부 정책자문위원 2014년 同사이버멘토링 대표멘토(현) 2014년 한국줄기세포학회 이사(현) 2014년 한국과학기술한림원 발전자문위원회 부위원장(현) 2014년 국가과학기술자문회의 자문위원(현) 2014년 경기도 과학기술진흥위원회 위원(현) 2014년 한국거래소 코스닥상장위원회 심의위원(현) 2015년 한국과학기술기획평가원 비상임이사(현) 2016년 코스닥협회 이사(현) ⊛보건산업진흥유공 보건복지부장관표창(2004), 동탑산업훈장(2005), 프론티어경영인상(2006), 벤처기업대상 지식경제부장관표창(2008), 벤처창업대전 국무총리표창(2011), 제9회 대한민국신성장경영대상 지식경제부장관표창(2012), 제1회 대한민국신약대상 식품의약품안전처장표창(2013)

양은상(梁銀祥)

⊛1972·3·28 ⊜서울 ㈜강원 원주시 시청로149 춘천지방법원 원주지원(033-735-4912) ⊜1991년 상문고졸 1996년 서울대 전자공학과졸 1999년 同대학원 법학과 수료 ⊗1998년 사법시험 합격(40회) 2001년 사법연수원 수료(30기) 2001년 軍법무관 2004년 수원지법 판사 2006년 서울중앙지법 판사 2008년 창원지법 통영지원 판사 2012년 수원지법 성남지원 판사 2014년 사법정책연구원 연구위원 2015년 서울중앙지법 판사 2016년 춘천지법 원주지원 부장판사(현)

양의석(梁義錫) Yang, Euy Seok

⊛1962·12·4 ⊜제주(濟州) ⊜강원 평창 ㈜울산 중구 종가로405의11 에너지경제연구원 연구기획본부(052-714-2114) ⊜1988년 서울시립대 경제학과졸 1999년 미국 워싱턴주립대 대학원 경제학과졸 2003년 경제학박사(미국 오클라호마주립대) ⊗1988~1997년 에너지경제연구원 책임연구원 2003~2010년 同연구위원 2003~2005년 同동북아에너지연구센터 연구위원 2005~2008년 대통령자문 동북아시대위원회·경제협력위원회 전문위원 2006~2008년 에너지경제연구원 연구기획혁신부장, 同에너지정보통계센터 동북아에너지연구부 연구위원 2006~2008년 同'에너지경제연구(Korean Energy Economic Review)' 편집위원장 2008~2009년 미국 East-West Center 객원연구원 2010년 에너지경제연구원 선임연구위원(현) 2010~2011년 同연구기획본부장 2011년 同에너지정보통계센터 소장 2012년 同에너지수급연구실장 2012년 同지방이전추진단장 2013~2015년 同연구기획본부장 2015년 同해외정보분석실 실장(현) ⊛대통령표창(2007) ⊗'북한 에너지산업 재건 및 개발을 위한 투자재원 조달 방안 연구(共)'(2004) '동북아 에너지협력 전문가 Network 구축 연구(共)'(2005) '동북아 에너지협력 사업 재원조달 방안 연구(共)'(2005) '북한 에너지산업 Infra 투자효과의 경제부문별 파급경로 분석연구 : 북한 에너지 Infra 설비 투자의 선순위 분석(共)'(2005, 에너지경제연구원) '에너지 및 자원사업 특별 회계제도 개선 연구'(2011) '지표로 본 한국의 에너지 경제 규모 변화(1990~2011년) 연구'(2013)

양의식(揚議植) YANG Eui Sig

⊛1966·2·20 ⊜충남 공주 ㈜서울 강남구 봉은사로105 동양빌딩7층 (사)한국모델협회(02-555-9777) ⊜1985년 대전중앙고졸 2002년 호남대 다중매체영상과졸 2004년 한양대 언론정보대학원 광고학과졸 2009년 경영학박사(호서대) ⊗1984년 (주)도투락 'Icecream CF' 주연으로 모델 데뷔 1988년 (주)조선맥주·크라운맥주 1년 전속모델, 삼성물산 '빌트모아' 5년 전속모델 1996~2005년 (주)인스타즈커뮤니케이션 대표이사 사장 1999~2003년 전남과학대학 모델이벤트과 겸임교수 2004~2011년 대덕대학 모델과 조교수·학과장 2005년 (사)한국모델협회 회장(현) 2006년 SBS 슈퍼모델대회 심사위원 2007년 (재)국제문화산업교류재단 이사 2008·2009·2010·2011년 몽골 슈퍼모델선발대회 심사위원장 2008·2009년 아시아슈퍼모델대회 심사위원(중국 광서TV 주최) 2009년 SBS 아시아태평양 슈퍼모델대회 심사위원 2011년 중국 장춘슈퍼카모델선발대회 심사위원 2011년 서경대 연극영화학부 모델연기전공 주임교수 2013~2016년 (사)한국대중문화예술산업총연합 회장 ⊛한양대총장 공로상(2004), 대한민국 대중문화예술상 문화부장관표창(2010), 자랑스러운 한양 언론인상(2011) ⊗'모델.COM'(2000) '모델전략'(2001) 'Model Crebiz'(2003) 'Top Model Making'(2009) ⊗기아자동차 '프라이드'·현대전자 '기업PR'·쌍용자동차 '무소' 등 총 150편 이상 TV CF 주연, 삼성물산 '빌트모아'·코오롱 '맨스타' 등 패션카다로그 모델로 400회 이상 출연

양익배(梁益培) YANG Ik Bae

⊛1958·8·17 ⊜경북 선산 ㈜경기 안양시 동안구 경수대로721번길44의41 H2L㈜ 사장실(031-445-8990) ⊜1977년 경북 상주고졸 1980년 동남보건대학졸 ⊗1983년 명성콘도미니엄 입사 1985년 화랑상사 설립 1987년 화랑환경약품 대표 1989년 (주)화랑환경 대표이사 1997년 환경공무원교육원 감사 2000년 H2L㈜ 대표이사 사장(현) ⊛환경처장관표창, 대통령표창 ⊛불교

양인모(梁仁模) YANG In Mo

⊛1940·8·19 ⊜남원(南原) ⊜전남 구례 ㈜서울 서초구 서초대로396 강남빌딩1002호 한맥중공업㈜ 임원실(02-3488-5102) ⊜1958년 광주고졸 1965년 한국외국어대 독일어과졸 1973년 서울대 행정대학원졸 1997년 同경영대학원 최고경영자과정 수료 ⊗1966년 중앙일보 기자 1968년 삼성그룹 회장비서실 비서팀장 1973년 삼성물산㈜ 뉴욕지점 차장 1976년 同독일지점장 겸 독일현지법인 대표 1978년 同전자수출부장 1978년 삼성종합건설㈜ 해외영업부장 1982년 同해외사업담당 이사 1986년 同리비아사업본부장 1989년 同해외사업본부장 1993~2011년 한·독상공회의소 이사 1995~1998년 전경련 위촉 메콩강경협관·민위원회 위원 1995년 삼성건설 부사장(해외사업본부장) 1996년 삼성물산㈜ 부사장 1996년 삼성엔지니어링㈜ 대표이사 1997년 국제무역인클럽 감사 1998~2001년 한·미21세기위원회(5차회의) 위원 1998~2005년 한국플랜트엔지니어링협의회 회장 1998년 한국능률협회 이사 1998년 삼성엔지니어링㈜ 대표이사 사장 1999~2001년 서울대 경영대학원(AMP)동문회 부회장 1999~2005년 안양베네스트골프클럽 운영위원 1999~2003년 한국엔지니어링진흥협회 부회장 2001~2003년 해외건설협회 이사 2002년 월드컵축구주경기장(상암동)시공사 대표 2002~2006년 국무총리 산하 공공기술연구회 감사 2002년 (사)한국·대만친선협회(사단법인 서울타이베이클럽) 수석부회장 2003~2008년 삼성엔지니어링㈜ 부회장 2003년 한국외국어대총동문회 회장 2003·2005~2014년 한국외국어대 재단법인 이사 2004~2006년 국정자문위원 2004~2010년 한·독협회 부회장 2007년 駐韓크로아티아 명예총영사(현) 2008~2011년 삼성엔지니어링㈜ 고문 2009년 한맥중공업㈜ 고문 2010년 同상임고문(현) 2010년 한·독협회 이사(현) 2011~2015년 한·독상공회의소 부회장 2013년 주한 명예영사단 감사(현) 2014년 세계자연기금 한국본부(WWF-Korea) 공동이사장(현) ⊛내각수반(김현철)장학금(1965), 세계경영지도자상(1973), 미국 국무성표창(1982), 노동부장관표창(1993), 건설경영대상 및 최고경영자대상(1997), 자랑스러운 외대동문상(1998), 은탑산업훈장(1998), 금탑산업훈장(2000), 한국베스트드레서상(2002), 서울시건축상 금상(2003) ⊛불교

양인석(梁仁錫) YANG In Seok

⊛1956·7·30 ⊜서울 ㈜서울 서초구 서초중앙로29길10 백산빌딩5층 법무법인 나라(02-595-0114) ⊜1975년 경기고졸 1979년 서울대 법학과졸 ⊗1979년 사법시험 합격(21회) 1981년 사법연수원 수료(11기) 1981년 공군 법무관 1984년 수원지법 판사 1986년 서울지법 북부지원 판사 1988년 춘천지법 영월지원 판사 1990년 서울민사지법 판사 1991년 서울고법 판사 1994년 대법원

재판연구관 1996년 부산지법 부장판사 1998년 수원지법 여주지원장 1999년 서울지법 서부지원 부장판사 2000년 서울지법 부장판사 2004년 서울고법 부장판사 2004~2008년 감사원 감사위원 2008년 법무법인 여명 대표변호사 2009년 同공동대표변호사 2012년 법무법인 두우&이우 구성원변호사 2013~2015년 법무법인 두우 구성원변호사 2015년 법무법인 나라 변호사(현) [상]황조근정훈장(2009)

양인승(梁仁承) YANG INSEUNG (海石)

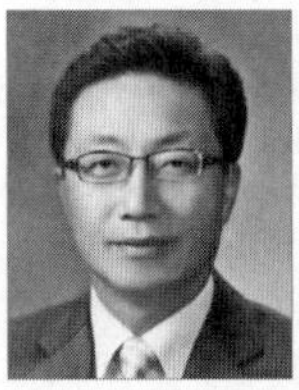

[생]1957·9·23 [본]제주(濟州) [출]광주 [주]서울 동대문구 서울시립대로163 서울시립대학교 행정처(02-6490-6400) [학]부산브니엘고졸, 서울시립대 대학원 도시행정학 석사과정 수료 [경]1982년 지방공무원 7급 공채 1996년 서울시 보건사회국 의약과 팀장 1997년 서울시의회 사무처 의안담당관 1998년 서울시 감사관실 감사담당관 2002년 同행정국 행정과 팀장 2004년 同복지여성국 보건과 팀장 2006년 同여성가족정책관실 가족보육담당관 2007년 同교통국 교통시설반 팀장 2008년 同도시교통본부 버스정책담당관 2009년 同재무국 세무과장 2011년 서울시의회 사무처 공보실장 2013년 同사무처 의정담당관 2015년 국회사무처 국회협력관 2016년 서울시립대 행정처장(현) [상]서울시장표창(1987), 부총리표창(1991), 정부모범공무원상(1996), 대통령표창(2003) [종]기독교

양인집(楊仁集) YANG In Jip (聽雨堂)

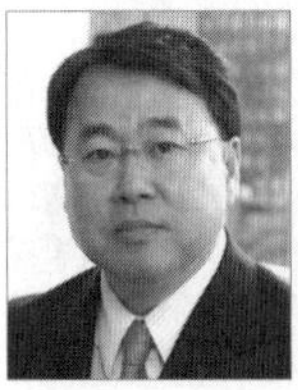

[생]1957·7·16 [본]중화(中和) [출]서울 [주]서울 서초구 서초중앙로14 하이트진로(주) 해외사업본부(02-520-3210) [학]1976년 신일고졸 1980년 한국외국어대 일본어과졸 1991년 미국 Univ. of Southern California 경영대학원졸(MBA) 2011년 일본 와세다대 대학원 상학부 박사과정 수료 [경]1982년 홍콩 BCCI은행(Bank of Credit & Commerce Int'l.) Manager 1987년 同동경지점 부장 1991~1994년 미국 Clover Valley Golf Course사장 1994~1997년 삼성제일병원 기획조정실장(COO) 1999~2003년 미국 워싱턴주정부 한국사무소 대표 2004~2006년 쌍용화재해상보험(주) 대표이사 사장 2007년 하이트진로 일본법인 사장(현) 2012년 하이트진로그룹 해외사업총괄 사장 겸임(현) 2013~2016년 駐일본한국기업연합회 회장 2016년 同명예회장(현) [상]산업포장 [종]천주교

양인찬(梁仁燦)

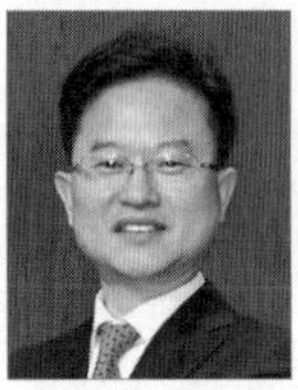

[생]1966·5·10 [출]서울 [주]경기 성남시 분당구 판교역로192번길14 리치투게더센터 에셋플러스자산운용(02-501-7707) [학]1985년 신성고졸 1989년 서울시립대 경영학과졸 [경]1991년 신세기투자신탁 근무 1999년 에셋플러스투자자문 근무 2012년 에셋플러스자산운용 대표이사 사장 2016년 同전략사업부문 대표(현)

양인천(梁仁天) Yang In Chun

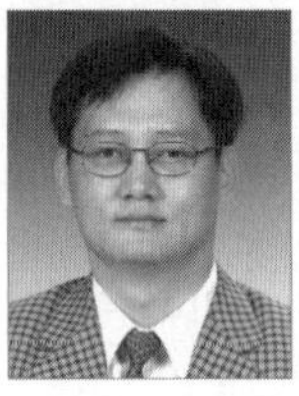

[생]1962·3·6 [본]제주(濟州) [출]광주 [주]서울 서초구 헌릉로13 대한무역투자진흥공사 인천KOTRA지원단(1600-7119) [학]1981년 인천 광성고졸 1988년 인하대 불문학과졸 1992년 연세대 경영대학원 경영학과졸 [경]1988년 대한무역투자진흥공사(KOTRA) 입사 1993년 同모로코 카사블랑카무역관 근무 1996년 同시장개발처 근무 1998년 同투자유치처 근무 1999년 同벨기에 브뤼셀무역관 근무 2002년 '2010년세계박람회' 유치위원회 파견 2003년 대한무역투자진흥공사(KOTRA) 시장개발팀 근무 2004년 同지방사업본부 지역총괄팀 근무 2004년 同이집트 카이로무역관 근무 2006년 同루마니아 부쿠레슈티무역관장 2008~2010년 同부쿠레슈티코리아비즈니스센터장 2010년 광주시 투자자문관 2010년 대한무역투자진흥공사(KOTRA) 알제KBC센터장 2013~2015년 同중소기업글로벌지원센터 중기지원 PM 2015년 同중소기업지원전략팀 지방중기지원 PM 2016년 同인천KOTRA지원단장(현)

양인철(梁仁哲) YANG In Chul

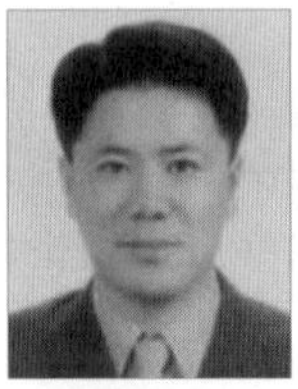

[생]1971·9·12 [출]부산 [주]서울 도봉구 마들로747 서울북부지방검찰청 형사5부(02-3399-4308) [학]1990년 내성고졸 1998년 서울대 독문학과졸 [경]1997년 사법시험 합격(39회) 2000년 사법연수원 수료(29기) 2000년 서울지검 북부지청 검사 2002년 대전지검 논산지청 검사 2003년 전주지검 검사 2005년 수원지검 형사4부 검사 2008년 대검찰청 연구관 2010년 서울중앙지검 검사 2013년 부산지검 부부장검사(駐독일대사관 파견) 2015년 대구지검 서부지청 부장검사 2016년 서울북부지검 형사5부장(현)

양인평(梁仁平) YANG In Pyung (惠峰)

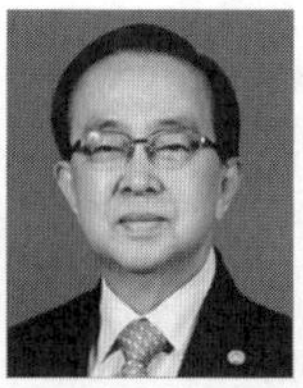

[생]1942·5·21 [본]남원(南原) [출]서울 [주]서울 강남구 테헤란로87길36 도심공항타워14층 법무법인 로고스(02-2188-1001) [학]1960년 서울고졸 1964년 서울대 법과대학 법학과졸 1965년 同사법대학원 수료 [경]1963년 사법고시 합격(2회) 1966년 공군 법무관 1969년 서울민사지법 판사 1973년 서울형사지법 판사 1974년 대전지법 천안지원 판사 1977년 서울지법 성동지원 판사 1978년 서울민사지법 판사 1979년 서울고법 판사 1981년 부산지법 부장판사 1983년 서울지법 의정부지원 부장판사 1985년 서울민사지법 부장판사 1988년 부산고법 부장판사 1991년 서울고법 부장판사 1993년 서울지법 서부지원장 1995년 춘천지법원장 1998~1999년 대전지법원장 1999~2000년 부산고법원장 2000년 법무법인 로고스 대표변호사 2009년 同고문변호사(현) 2011~2016년 한국기독교화해중재원 원장 2016년 同명예원장(현) [상]황조근정훈장 [종]기독교

양일선(梁一仙·女) Il Sun YANG

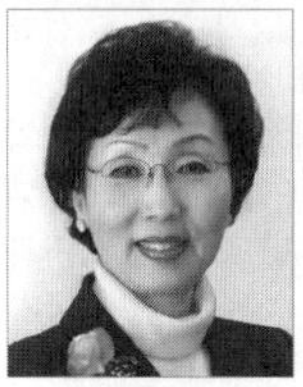

[생]1950·11·2 [본]남원(南原) [출]서울 [주]서울 서대문구 연세로50 연세대학교 식품영양학과(02-2123-4276) [학]1969년 경기여고졸 1973년 연세대 가정대학 식생활과졸 1975년 同대학원 식품영양학과졸 1985년 미국 아이오와주립대 대학원 급식경영학과졸 1989년 급식경영학박사(미국 아이오와주립대) [경]1979~1980년 미국 일리노이주립대 급식담당관 1990~2016년 연세대 식품영양학과 조교수·부교수·교수 1993~1996년 同알렌관장 1996~2000년 同여학생처장 1996~2000년 同생활관장 2000~2002년 同식품영양과학연구소장 2002~2005년 대한영양사협회 회장 2002~2005년 문화관광부 관광정책자문위원 2002~2005년 한국영양사교육협회 회장 2003~2007년 민주평통 자문위원 2003년 청와대 어린이안전점검단 위원 2003~2009년 연세대 사회교육원장 2003~2005년 국가과학기술위원회 기획조정자문위원 2003년 사회복지법인 거제도 애광원 이사(현) 2004~2005년 APac-CHRIE(Asia Pacific-Council on Hotel Restaurant and Institutional Education) 회장 2005년 APac-CHRIE(Asia Pacific-Council on Hotel Restaurant and Institutional Education) 이사(현) 2005년 농촌진흥청 중앙농업산학협동심의회 심의위원(현) 2006~2008년 농업과학기술원 농업연구관 2006년 문화관광부 한국음식관광정책자문위원 2006~2007년 同한국대표음식점100선선정위원회 위원장 2006~2007년 한국식생활문화학회 회장 2006년 대한영양사협회 감사(현) 2006~2007년 (사)한국외식경영학회 부회장 2006~2008년 서울의전통한국음식점 심사위원 2007~2008년 대한가정학회 회장 2008~2010년 연세대 교무처장 2009년 농림수산식품부 중앙농어업·농어촌 및 식품산업정책심의회 위원 2009~2011년 식품의약품안전청 어린이식생활안전관리위원회 위원장 2009~2011년 한식세계화추진단 공동단장 2009~2011년 문화체육관광부 한국방문의해위원회 이사 2010~2012년 연세대 교학부총장 2011년 한국과학기술단체총연합회 부회장(현) 2011~2014년 한식재단 이사장 2011~2013년 2013평창동계스페셜올림픽세계대회 식음위원장 2012~2014년 제2기 한식세계화추진단 위원 2012년 축산물품질평가원 이사(현) 2012~2014년 2014인천아시아경기대회조직위원회 급식전문위원회 위원 2013~2014년 외교부 정책자문위원 2013년 同의전자문위원회 위원(현) 2013~2016년 교육부 교원소청심사위원회 위원 2014~2016년 식품의약품안전처 중앙급식관리지원센터설립위원회 위원장 2014~2015년 한·아세안특별정상회의 민간자문위원 2014~2015년 IFHE World Congress 고문 2014~2016년 동원F&B 사외이사 2014년 월드비전 이사 2015년 同국제이사(현) 2016년 연세대 생활과학대학 식품영양학과 명예교수(현) [상]대한영양사협회 학술상 우수상·대상(1997·2000), 한국식생활문화학회 학술상(2001), 연세대 우수업적교수표창(2002), 국민훈장 모란장(2006), 대한영양사협회 학술상 대상(2007), 대한영양사협회 전국영양사학술대회 우수포스터상(2008), 대한영양사협회 전국영양사학술대회 우수구연발표상(2013) [저]'식품구매'(1993·2010) '단체급식관리'(1997·2011) '유아를 위한 영양교육(共)'(1997) '급식경영학(共)'(2001·2008·2013) '단체급식(共)'(2003·2008·2011) '개정 단체급식'(2008·2011) '개정 급식경영'(2008) '개정식품구매'(2010) '외식사업경영(共)'(2016) [종]기독교

양일승(梁日乘) YANG Il Seung

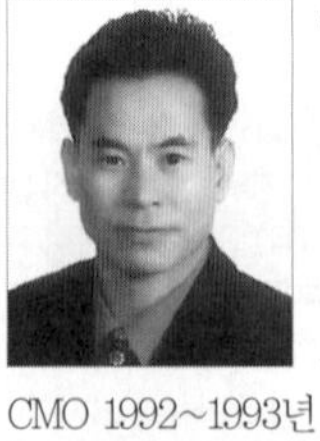

[생]1962·12·8 [본]제주(濟州) [출]광주 [주]강원 원주시 흥업면 연세대길1 BI센터214호 에코파워텍(주) 대표이사실(033-765-6998) [학]1980년 광주 서석고졸 1985년 전남대 지구환경과학과졸 1989년 고려대 경영대학원졸 1989년 同행정대학원 고위정책과정 수료, 연세대 대학원 환경공학박사과정 수료 [경]1985~1987년 전남 창평고 교사 1989~1991년 Fidelity Business Consulting. INC CMO 1992~1993년 남승주택 영업부 과장 1994~1998년 서진산업 대표이사 1999~2000년 (주)사위컴슨 총괄마케팅이사 2000~2002년 Money Bank 마케팅이사 2003~2004년 MK랜드 자문위원 2003~2006년 랜드셋(주) 상무

이사 2006~2007년 누리텔레콤 신사업부 이사 2007년 샘즈바이오(주) 이사 2007년 중소기업청 수출전문가 2008년 벤처산업협회 벤처마케팅포럼 운영위원장 2008년 경기지방중소기업청 수출유망기업선정 자문위원 2009년 승전략마케팅연구소장 2009년 벤처기업협회 벤처비즈플러스자문단장 2010~2011년 도암엔지니어링 상무이사 2012년 에코파워텍(주) 대표이사(현) [저]'매경이코노미 칼럼 : 군인 일부를 중소기업으로 보내자' [종]기독교

양일홍(楊日洪) YANG Ill Hong
[생]1965·10·1 [주]서울 영등포구 여의나루로4길18 키움증권(주) 경영지원본부(02-3787-5144) [학]1983년 부산 금성고졸 1989년 연세대 경영학과졸 [경]1989~1992년 (주)옴니테크 근무 1993년 (주)다우데이타시스템 CFO 2003년 同이사대우 2005년 同이사 2007년 同상무 2007년 (주)다우데이타 상무 2013년 同전무 2014년 키움증권(주) 경영지원본부장(전무)(현)

양장석(梁長錫) Yang Jang Seok
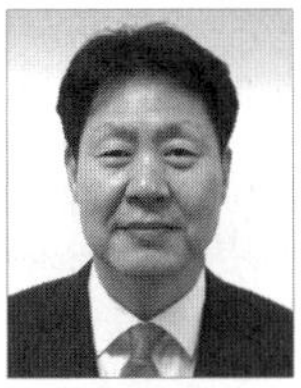
[생]1961·6·10 [주]인천 중구 서해대로366 정석빌딩 신관 인천항만공사 경영본부(032-890-8000) [학]한국방송통신대 행정학과졸 2009년 고려대 정책대학원 도시 및 지방행정학과졸 [경]검단중총동문회 회장, 국회의원 보좌관, 한나라당 보좌관협의회 고문 2010년 인천시의원선거 출마(한나라당), 새누리당 부대변인 2014년 인천항만공사(IPA) 부사장 겸 경영본부장(현)

양장연(梁章淵) YANG Jang Yun (老山)
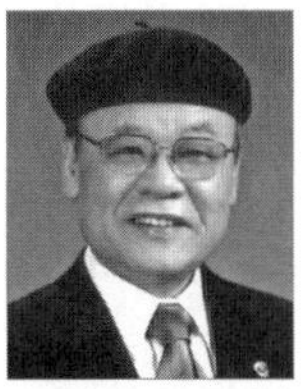
[생]1935·4·9 [출]충북 [주]부산 영도구 남항남로50 보은산업(주) 비서실(051-414-9403) [학]1954년 충북 영동농고졸 1958년 단국대 수료 1971년 부산대 경영대학원 수료 [경]1959년 한국경제신문 기자 1961년 경남신문 부산지사장 1969~1989년 마산MBC 부산지사장 겸임 1976년 보은산업(주) 사장(현) 1990년 민자당 부산시지부 홍보대책위원장 1990년 同부산中지구당 부위원장 1995~1998년 부산시의회 의원 1995~1998년 민주평통 자문위원 1998~2002년 부산아시안게임 조직위원 2003년 국제로타리3660지구 총재 2015년 (사)한국로타리총재단 의장(현) [상]교통부장관표창 [종]천주교

양재건(楊在建) YANG Jae Keon
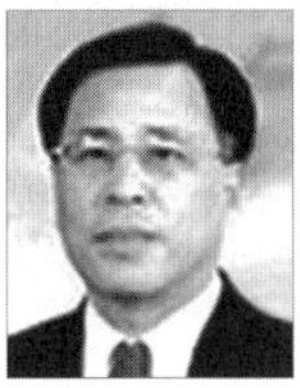
[생]1950·1·9 [본]청주(淸州) [출]서울 [주]서울 강남구 테헤란로87길36 도심공항타워빌딩9층 한미글로벌(주) 임원실(02-3429-6300) [학]1971년 고려대 건축공학과졸 [경]1974년 대한주택공사 근무 1978년 쌍용건설(주) 입사 1979년 同쿠웨이트지사 근무 1983년 同싱가포르지사 근무 1987년 同잠실롯데월드호텔 현장소장 1991년 同여의도쌍용투자증권 현장소장 1998년 同건축사업본부장 2000년 한미파슨스 상무 2004년 同전무 2011년 한미글로벌(주) 전무(현) 2013~2016년 同롯데월드타워 감리단장 [종]기독교

양재식(梁載植) YANG Jae Sik
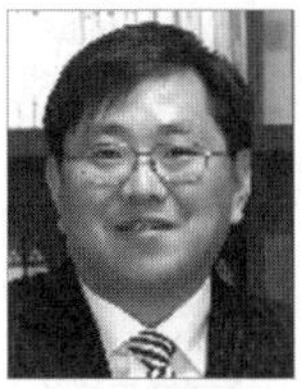
[생]1965·11·27 [본]남원(南原) [출]전북 김제 [주]서울 서초구 서초중앙로203 오릭스빌딩4층 법무법인(유) 강남(02-2602-8300) [학]1984년 전주 해성고졸 1989년 서울대 법과대학 사법학과졸 2010년 고려대 법무대학원 조세법학과 재학中 [경]1989년 사법시험 합격(31회) 1992년 사법연수원 수료(21기) 1992년 광주지검 순천지청 검사 1994년 수원지검 검사 1996년 서울지검 검사 1998년 제주지검 검사 2000년 법무부 송무과 검사 2002년 광주지검 검사 2004년 同부부장검사 2004년 수원지검 성남지청 부장검사 2005년 미국 캘리포니아대 버클리교 로스쿨 Visiting Scholar 2006년 서울중앙지검 부장검사 2007년 사법연수원 교수 2009년 서울동부지검 공판부장 2009년 의정부지검 형사2부장 2010~2011년 서울남부지검 형사1부장 2011년 법무법인 산호 구성원변호사 2013년 법무법인(유) 강남 변호사(현) 2014년 쌍방울 사외이사(현)

양재열(梁在烈) YANG Jae Yeol (靑山)
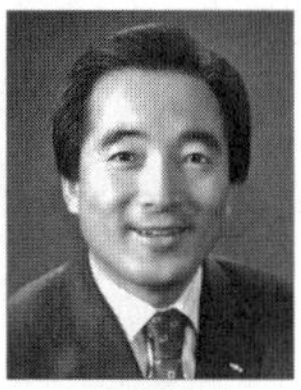
[생]1955·7·12 [본]남원(南原) [출]충북 옥천 [주]서울 강남구 광평로56길8의13 수서타워1216호 (주)가엘에스앤에스(070-7885-3200) [학]1975년 대전 보문고졸 1979년 숭실대 영어영문학과졸 1995년 연세대 행정대학원 행정학과졸 2005년 행정학박사(명지대) 2005년 서울대 경영대학원 최고경영자과정 수료 2007년 서울과학종합대학원 4TCEO과정 수료 [경]1981년 예편(육군 중위 : 특전사 통역장교) 1981년 대통령경호실 경호관 1990년 同선발경호과장 1994년 同경호전담 교관 1995년 同경호계획과장 1996년 同검측부장 1997년 同경호계획부장 1998년 同선발경호부장 2000년 同교리부장 2001년 同경호1처장 2003~2005년 同차장 2007~2008년 한국전기안전공사 사장 2009년 (주)가엘씨큐리티 대표이사 2012년 (주)가엘에스앤에스 대표이사(현) 2014년 (주)에스폴리텍 상근감사(현) [상]국방부장관표창(1984), 대통령표창(1990), 근정포장(1995), 홍조근정훈장(2000), 대통령 경호실장표창(2002), 황조근정훈장(2005) [종]기독교

양재영(梁宰榮) YANG Jay Young
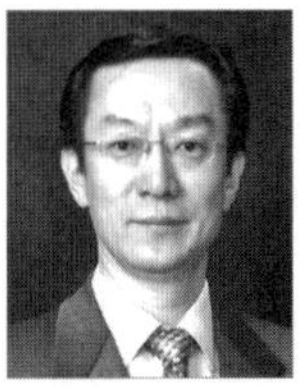
[생]1962·7·15 [출]전남 목포 [주]서울 강남구 테헤란로317 동훈타워 법무법인 대륙아주(02-3016-5346) [학]1981년 서라벌고졸 1985년 서울대 법대졸 2010년 고려대 법무대학원 지적재산권학과 수료 [경]1984년 사법시험 합격(26회) 1987년 사법연수원 수료(16기) 1988년 전주지법 판사 1992년 同군산지원 판사 1993년 인천지법 판사 1996년 서울지법 남부지원 판사 1997년 미국 스탠퍼드대 로스쿨 연수 1999년 서울지법 판사 2000년 서울고법 판사 2002년 서울지법 판사 2003년 대구지법 부장판사 2005년 수원지법 부장판사 2007년 서울중앙지법 부장판사 2010~2011년 서울남부지법 수석부장판사 2011년 변호사 개업 2013년 법무법인 피데스 변호사 2013년 법무법인 대륙아주 변호사(현) 2014년 동그라미재단 이사 2014년 국민권익위원회 비상임위원(현)

양재완(楊載完) YANG Jae Wan
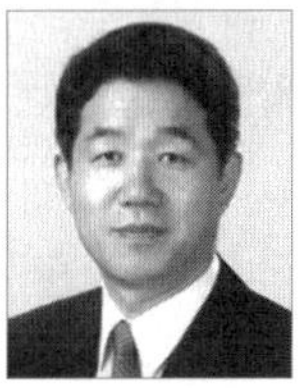
[생]1955·12·9 [본]청주(淸州) [출]경기 김포 [학]2002년 한양대 행정대학원 행정학과졸 [경]2004년 문화관광부 예산담당관실 서기관 2006년 同총무과장 2007년 同행정지원팀장 2008년 세종연구소 파견 2009년 문화체육관광부 체육국 체육진흥과장(서기관) 2010년 同체육국 체육진흥과장(부이사관) 2011년 한국야구위원회(KBO) 미래기획분과 위원 2011년 문화체육관광부 체육국 체육정책과장 2012년 2018평창동계올림픽대회조직위원회 기획협력국장(고위공무원) 2013~2016년 대한체육회 사무총장 2013~2014년 태권도진흥재단 비상임이사 2014~2015년 국제올림픽위원회(IOC) 생활체육위원회 위원 2015년 아시아올림픽평의회(OCA) 스포츠위원회 위원(현) [상]대통령표창, 국무총리표창, 홍조근정훈장(2013)

양재진(梁在振) YANG, Jae-jin
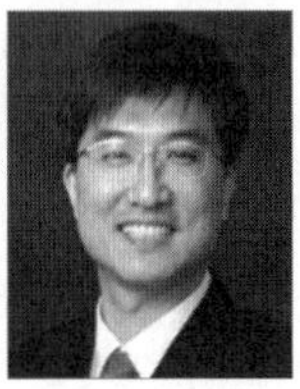
[생]1968·2·25 [본]남원(南原) [출]서울 [주]서울 서대문구 연세로50 연세대학교 행정학과(02-2123-2969) [학]1992년 연세대 행정학과졸 1995년 同대학원 행정학과졸 2000년 정치학박사(미국 뉴저지주립대) [경]1997년 미국 럿거스대 시간강사 2000년 연세대 사회과학연구소 전문연구원 2002년 한국전산원 선임연구원 2003년 연세대 행정학과 조교수·부교수·교수(현) 2005년 한국행정학회 편집위원 2005년 한국정치학회 편집위원 2007년 연세대 행정대학원 부원장 2007년 한국행정학회 총무위원 2007년 대통령자문 정책기획위원회 위원 2008년 한국사회보장학회 정책이사 2009~2010년 미국 UC 샌디에이고 AKS-KPP 방문교수 2009년 한국거버넌스학회 부회장 2010년 한국복지국가연구회 회장 2012년 한국정책학회 연구이사 2013년 同정책융합특별위원회 이사 2013~2015년 연세대 공공문제연구소장 [상]연세대 연구업적 우수교수(2005·2006·2012·2013), 한국정치학회 학술상(2013) [저]'한국 복지국가 성격논쟁(共)'(2002) '사회정책의 제3의 길 : 한국형 사회투자정책의 모색'(2008, 백산서당) '한국의 복지정책 결정과정 : 역사와 자료'(2008, 나남출판) 'Retirement, Work, and Pensions in Ageing Korea'(2010, Routledge) [종]천주교

양재찬(梁在燦) YANG Jae Chan
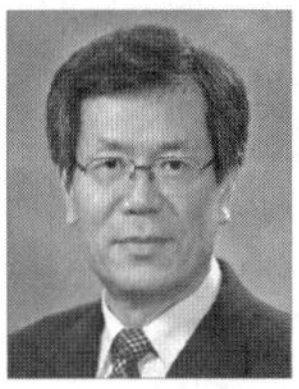
[생]1958·1·6 [본]남원(南原) [출]전북 익산 [주]서울 양천구 목동서로159의1 더스쿠프(02-2285-6101) [학]1975년 익산 남성고졸 1984년 한국외국어대 아랍어과졸 1998년 미국 인디애나대 저널리즘스쿨 수료 2001년 고려대 언론대학원 신문학과졸 2009년 신문방송학박사(한국외국어대) [경]1983~1988년 중앙일보 사회부·문화부 기자 1988년 중앙경제신문 기자 1990년 중앙일보 경제부 기자 1995년 同경제부 차장대우 1996년 同차장 1999년 同산업부장 2001년 同경제부장 2002년 同경제전문기자(부장) 2005년 중앙일보시사미디어(주) 포브스코리아 편집위원 겸 이코노미스트 편집위원(이사) 2009년 한국외대 미디어커뮤니케이션학부 겸임교수(현) 2010년 同이코노미스트 월간중앙 전문기자 2011~2015년 아시아경제신문 논설실장 2012~2016년 순천향대 신문방송학과 초빙교수 2015년 더스쿠프 대기자(현) [상]제10회 외대언론인상(2008) [저]'통계를 알면 2000년이 잡힌다'(1998) '그래도 우리는 일본식으로 간다(共)'(2002) 'What's Wrong, Korea?(共)'(2006) '대한민국 新산업지도(共)'(2006) '신식 농사꾼 15인의 돈 버는 이야기(共)'(2007) '내가 세계 최고, 숫자로 보는 세계 여러 나라'(2011) '코리안 미러클(共)'(2013) [종]천주교

양재택(梁在澤) YANG Jae Taek

ㆍ생1959·5·15 ㆍ본남원(南原) ㆍ출대전 ㆍ주서울시 서초구 서초중앙로69 르네상스빌딩205호 법무법인 루츠알레(02-525-4107) ㆍ학1977년 대전고졸 1981년 서울대 법대졸 2005년 국민대 정치대학원 정치학과졸 2012년 경남대 대학원 정치학박사과정 수료 ㆍ경1982년 사법시험 합격(24회) 1984년 사법연수원 수료(14기) 1988년 서울지검 검사 1991년 춘천지검 강릉지청 검사 1992년 법무부 검찰1과 검사 1994년 서울지검 검사 1995년 미국 스탠퍼드대 Law School 연수 1996년 대전고검 검사 1997년 청주지검 충주지청장 1997년 법무부 공보관 1999년 수원지검 특수부장 2000년 대검찰청 범죄정보2담당관 2002년 서울지검 총무부장 2003년 同형사4부장 2003년 수원지검 형사1부장 2004년 창원지검 진주지청장 2005년 대전지검 차장검사 2006년 서울남부지검 차장검사 2007년 서울고검 검사 2008년 법무법인 산경 대표변호사 2009~2012년 법무법인 신우 대표변호사 2012년 법무법인(유) 에이펙스 구성원변호사 2013년 법무법인 루츠알레 대표변호사(현) ㆍ상홍조근정훈장(2006)

양재호(梁在鎬) YANG Jae Ho

ㆍ생1952·1·7 ㆍ본남원(南原) ㆍ출전북 전주 ㆍ주서울 양천구 신월로365 청솔빌딩2층 법무법인 청솔(02-2695-4901) ㆍ학1970년 전주고졸 1975년 서울대 법대졸 1990년 同대학원졸 2002년 숭실대 법학박사과정 수료 2005년 법학박사(숭실대) ㆍ경1971년 민주화운동 관련 학사 제적 1973년 복학 1983년 사법시험 합격(25회) 1985년 사법연수원 수료(15기) 1986년 대구지검 검사 1988년 광주지검 순천지청 검사 1990년 서울지검 남부지청 검사 1991년 변호사 개업 1995년 서울시 양천구청장(민주당·국민회의) 1999~2000년 새마을운동중앙협의회 사무총장 2000년 새천년민주당 총재특보 2000년 법무법인 청솔 대표변호사(현) 2001년 민주화운동 유공자 인정 2002년 새천년민주당 서울양천乙지구당 제16대 대통령선거대책위원장 2003년 同총재특별보좌역 2003년 同서울양천乙지구당 위원장 2005년 민주당 서울양천乙지역운영위원회 위원장 ㆍ상우수자치단체상, 대통령표창, 한국지방자치경영대상 ㆍ저'한국사회 새롭게 재구축해야 한다'(1995) '구청장, 구청장, 우리구청장(共)'(1996) '양천공원에서 띄우는 희망의 편지'(1997) ㆍ종기독교

양재호(梁宰豪) Yang Jaeho

ㆍ생1963·2·8 ㆍ출울산 ㆍ주서울 성동구 마장로210 한국기원(02-3407-3850) ㆍ학충암고졸 ㆍ경1979년 프로바둑 입단 1981년 2단 승단 1983년 3단 승단 1984년 4단 승단 1986년 5단 승단 1987년 패왕전 준우승 1988년 6단 승단 1988년 신왕전 준우승 1989년 동양증권배 우승 1990년 7단 승단 1992년 8단 승단 1992·1995년 명인전 준우승 1994년 9단 승단(현) 1995년 명인전 준우승 2005년 맥심커피배 입신최강전 준우승 2007년 2007한국바둑리그 신성건설 감독 2009년 KB국민은행 한국바둑리그 킥스 감독 2010년 광저우아시안게임 바둑경기 한국대표팀 감독 2011~2016년 (재)한국기원 사무총장 ㆍ상바둑대상 시니어기사상(2010) ㆍ저'비맥의 세계'

양정모(梁政模) YANG, JUNG-MO

ㆍ생1953·8·20 ㆍ출전남 광양 ㆍ주경기 화성시 장안면 장안공단7길28 (주)노루오토코팅 사장실(031-8059-9500) ㆍ학1972년 경기고졸 1976년 서울대 경영학과졸 ㆍ경(주)대연 대표이사 상무 2001년 대한코일코팅(주) 대표이사 사장 2002~2008년 (주)노루페인트 대표이사 사장 2009~2010년 (주)디피아이홀딩스 신규사업담당 사장 2011~2014년 (주)노루홀딩스 대표이사 사장 2014년 (주)노루오토코팅 대표이사 사장(현)

양정봉(梁正奉) YANG Jung-Bong (三空)

ㆍ생1946·12·21 ㆍ본남원(南原) ㆍ출경북 포항 ㆍ주대구 동구 동부로26길37 비앤비빌딩4층 (사)대구경북언론클럽(053-751-0777) ㆍ학1965년 포항고졸 1971년 경북대 문리대학 생물학과졸 1981년 계명대 대학원 경영학과졸, 同대학원 경영정보학 박사과정 수료 1994년 고려대 노동대학원 최고위과정 수료 ㆍ경1971년 영남일보 기자 1981년 서울신문 기자 1988년 영남일보 정치부장 1994년 同서울취재본부장 1996년 同편집국장 1996년 경주세계문화엑스포 초대 자문위원 1997년 영남일보 기획실장 1997년 同논설위원 겸 편집위원 1999년 영남투데이 대표이사 사장 2002년 대구일보 상무이사 겸 편집국장 2003년 同논설고문 2004~2005년 同전무 겸 편집국장 2006년 시인(현) 2008년 대구신문 전무이사 겸 주필 2008년 同전무이사 겸 편집국장, (사)2·28민주운동기념사업회 부의장 겸 이사 2008년 (사)대구경북언론인클럽 이사·부회장 2010년 2·28민주운동50년사 집필위원장 2011~2014년 대구신문 주필 2014~2015년 경북연합일보 사장 2015년 (사)대구경북언론클럽 회장(현) ㆍ상한국편집기자상(1987), 한국기자상(1988), 흰지팡이봉사상(2004) ㆍ저'그날의 함성'(2010, 대구경북연구원) '인사이더'(2011, 한국언론재단) ㆍ종기독교

양정숙(梁貞淑·女) YANG Jeong Sook

ㆍ생1965·3·12 ㆍ출인천 ㆍ주서울 서초구 법원로3길15 영포빌딩101호 법무법인 서울중앙(02-591-4570) ㆍ학1983년 혜원여고졸 1987년 이화여대 법학과졸 1991년 同대학원 법학과졸 2002년 同대학원 법학 박사과정 수료 ㆍ경1990년 사법시험 합격(32회) 1993년 사법연수원 수료(22기) 1993~2007년 변호사 개업 1999년 대통령직속 여성특별위원회 소송지원 변호위원 2007년 법무법인 서울중앙 변호사(현) 2013년 대한변호사협회 감사 2015년 법제처 법령해석심의위원회 해석위원(현) 2015년 법무부 정책위원회 위원(현), 국무총리소속 행정심판위원회 위원(현), 한국여성변호사회 부회장(현) 2016년 제20대 국회의원 후보(더불어민주당 비례대표 19번) ㆍ상한빛대상 인권부문(2008) ㆍ저'성희롱에 대한 구제방법' '자녀의 姓'

양정열(梁禎烈) YANG Jung Yul

ㆍ생1963·11·22 ㆍ본제주(濟州) ㆍ출서울 ㆍ주서울 영등포구 은행로25 안원빌딩4층 TNS코리아(02-3779-4300) ㆍ학1989년 한국외국어대 경영학과졸 1992년 同대학원 마케팅학과졸 ㆍ경SOFRES그룹 이사 2004년 (주)TNS코리아 부사장 2006년 同대표이사 사장(현) 2015년 한국조사협회 회장(현)

양정원(楊錠沅) YANG jeung won

ㆍ생1961·10·11 ㆍ출대구 ㆍ주서울 서초구 서초대로74길11 삼성자산운용(주) 임원실(02-3774-7716) ㆍ학1985년 연세대 경영학과졸 1987년 同대학원 경영학과졸 ㆍ경1987년 삼성생명보험 근무 1999년 삼성투자신탁운용 운용평가팀장 2002년 同투자풀운영팀장 2003년 同RM팀장 2005년 同주식운용본부장 2010년 삼성자산운용(주) 주식운용본부장(상무) 2011년 同리테일채널2본부장 2013년 同마케팅총괄 전무 2013년 同기금운용총괄 겸 연기금운용본부장(전무) 2014년 同기금운용총괄 겸 마케팅솔루션총괄 전무 2015년 同산재보험기금운용본부장 겸임(전무) 2016년 同마케팅솔루션총괄본부장(전무)(현)

양정일(梁晶一) Yang Jeong Il

ㆍ생1970·5·14 ㆍ출충남 금산 ㆍ주서울 종로구 인사동7길32 SK건설 윤리경영부문장실(02-3700-9340) ㆍ학1987년 대전 대신고졸 1991년 서울대 법대 사법학과졸 1994년 同대학원 법학과졸 ㆍ경1993년 사법시험 합격(35회) 1996년 사법연수원 수료(25기) 1996년 서울지법 북부지원 판사·서울지법 판사 2003년 서울지법 서부지원 판사 2003~2004년 영국 해외연수 2005년 SK건설 법무실장(상무) 2013년 同해외법무실장(상무) 2014년 同해외법무실장(전무) 2015년 同윤리경영부문장(전무)(현) 2015년 SK케미칼 법무실장(전무)(현) 2016년 SK가스 법무실장(전무)(현)

양종수(梁淙琇) YANG Jong Soo

ㆍ생1961·6·12 ㆍ출광주 ㆍ주충북 청주시 흥덕구 오송읍 오송생명2로187 질병관리본부 전략기획단(043-719-7114) ㆍ학연세대 대학원 경제학과졸 ㆍ경2002년 여성부 여성정책실 인력개발담당관실(서기관) 2002년 同차별개선국 차별개선기획담당관 2003년 同협력지원과장 2005년 여성가족부 인권복지과장 2006년 同여성정책본부 협력지원팀장 2007년 同권익증진국 복지지원팀장 2007년 미국 워싱턴 국외훈련(부이사관) 2009년 보건복지가족부 아동청소년활동진흥과장 2010년 보건복지부 사회복지정책실 민생안정과장 2012년 대통령직속 사회통합위원회 파견 2013년 보건복지부 인구정책실 저출산고령사회위원회운영지원단장 2013년 同사회복지정책실 사회서비스정책과장 2014년 同장애인정책국 장애인정책과장 2016년 질병관리본부 전략기획단장(현) ㆍ상우수공무원 대통령표창(2011) ㆍ종기독교

양종훈(梁淙勳) YANG Jong Hoon

(생)1961·1·27 (본)제주 (주)서울 종로구 홍지문2길20 상명대학교 대학원 디지털이미지학과(02-2287-5099) (학)1988년 중앙대 예술대학 사진학과졸 1991년 미국 오하이오대 대학원 포토커뮤니케이션학과졸 2005년 예술학박사(호주 로얄멜버른공대) (경)1991년 중앙일보 시카고지사 기자 1992~2010년 상명대 사진학과 교수 1996년 同홍보부장 1999년 한국사진문화재단 집행위원 겸 간사 1999년 상명대 예술·디자인대학원장 2000년 한국포토저널리즘학회 회장 2000년 상명대 포토저널리즘연구소장 2002~2005년 강원다큐멘터리사진사업운영위원회 위원장 2003년 상명대 홍보실장 2003~2004년 영상물등급위원회 영화수입추천소위원회 위원 2004~2006년 한국사진학회 부회장 2008년 상명대 대외협력처장 2008~2010년 국가인권위원회 홍보대사 2008년 경양갤러리 기획위원 2009~2010년 상명대 홍보처장 2009년 同영상미디어연구소장(현) 2010년 경남 고성군 홍보대사(현) 2010년 상명대 문화예술대학원 사진영상미디어학과 교수 2010년 同평생교육원장 겸 한국언어문화교육원장 2011년 同대외홍보처장 2011년 (사)마음으로보는세상 상임이사(현) 2012~2013년 정부업무평가위원회 평가전문위원 2012년 상명대 대학원 디지털이미지학과 교수(현) 2013년 同홍보실장(현) 2014~2015년 同대한민국광복70주년기념사업단장 2016년 한국사진학회 회장(현) (상)올해의 사진기자상, 사진영상의해조직위원회 감사장(1998), 이명동 사진상(2006), 동아미술제 전시기획당선(2007), 한울안운동 2008년아름다운사람상(2008), International Business Awards 최고의 사진부문 Stevie Award(2008), 대한민국커뮤티케이션대상(2008), 대한민국나눔실천대상 한국인터넷기자협회장상(2013), 한국콘텐츠학회 '2015 뉴욕 국제디자인 초대전' 우수작품상 (저)'Aboriginal'(2002, 사진예술사) 'Godbless East-Timor'(2004) '최고에게 묻는다'(2005, 사진예술사) '희망원정대 킬리만자로에 가다'(2006) 'AIDS in Swaziland'(2006) 'Road to Himalya'(2007, 사진예술사) '시각장애인을 위한 양종훈의 사진학 강의'(2009) '시각장애인을 위한 양종훈의 사진학 강의2'(2011) 사진집 '강산별곡'(2011, 사진예술사) (작)'논산훈련소' '성마오로딸 수도회' 'LG 50년사' 사진집기획 '2007 국민의 선택'(2008, 대통령선거 사진집) '평화통일 사진전'(2010, 6.25 60주년 기념 통일부) 달력·사진집기획 '마음으로 보는 세상. 마음으로 보는 서울'(2010) '마음으로 보는 세상. 마음으로 보는 서울'(2011, 2012, 2013) (종)불교

양종희(梁琮熙) Jong-Hee Yang

(생)1961·6·10 (주)서울 강남구 테헤란로117 KB손해보험 대표이사실(1544-0114) (학)1980년 전주고졸 1987년 서울대 국사학과졸 1997년 서강대 경영대학원 석사과정 수료 (경)1989년 국민은행 경영개선실·여의도영업부 등 근무 1996년 同종합기획부·재무기획부 근무 2005년 同성남지역본부 근무 2007년 同재무보고통제부장 2008년 同서초역지점장 2008년 KB금융지주 이사회 사무국장 2010년 同경영관리부장 2013년 同전략기획부장 2014년 同전략기획부장(상무) 2015년 同경영관리담당 부사장 2016년 KB손해보험 대표이사(현)

양주일

(생)1975·4 (출)경기 여주 (주)경기 성남시 분당구 대왕판교로645번길16 NHN티켓링크(주)(031-8038-2811) (학)1998년 연세대 물리학과졸 2000년 同대학원 컴퓨터과학과졸 2002년 同대학원 컴퓨터과학 박사과정 수료 (경)2002년 NHN(주) 입사 2005년 同게임제작지원그룹장 2012년 同UIT센터장(이사) 2013년 NHN엔터테인먼트(주) 서비스개발랩장(이사) 2014년 NHN티켓링크(주) 대표이사(현) 2015년 (주)벅스 대표이사(현)

양주현(梁周鉉) Yang Joo Hyun (지산)

(생)1949·7·15 (본)남원(南原) (출)서울 (주)서울 종로구 우정국로48 S&S빌딩15층 S&S INC(주)(02-739-1431) (학)1967년 동성고졸 1975년 한국외국어대 무역학과졸 1980년 연세대 경영대학원졸(경영학 석사), 미국 하와이주립대 마케팅관리과정 수료 1989년 전국경제인연합회 국제경영원 최고경영자과정 19기 수료 1990년 서울대 공과대학 최고산업전략과정 4기 수료 2002년 同경제연구소 세계경제최고전략과정 2기 수료 2003년 고려대 컴퓨터과학기술대학원 정보통신과정 13기 수료 2004년 매경-한국외국어대 China CEO과정 3기 수료 2006년 햇불트리니티신학대학원대 Christian CEO과정 2기 수료 2010년 북한대학원대 민족공동체지도자과정 20기 수료 2014년 서울대 국제대학원 GLP과정 29기 수료 (경)서서울청년소 회장 1985년 양씨중앙청년회 회장 1988년 안산상공회의소 의원, 한국반공연맹 서울시지

회 운영위원, 한국기계공업진흥회 경기제2지역협의회 운영위원, 서울장충로타리클럽 회장 2008년 S&S INC(주) 대표이사 회장(현) 2008년 S&S Valve(주) 대표이사 회장(현) 2008년 S&S금속(주) 대표이사 회장(현), 사회복지법인 빛과소금(유당마을) 이사장(현) 2015년 S&S코퍼레이션(주) 대표이사 회장(현) (상)광화문세무서장표창, 서울시장표창, 체육부장관표창, 제24회 무역의날 수출 200만불탑, 제25회 무역의날 수출 500만불탑, 상공부장관표창, 제3회 연세석사경영인상, 중소기업협동조합 중앙회장표창, 국무총리표창, 한국기계산업진흥회 공로패, 중소기업중앙회장표창(명문장수기업인상), 행정안전부장관표창, 제51회 무역의날 수출 1,000만불탑 (종)기독교

양주환(梁周煥) YANG Joo Hwan

(생)1952·3·13 (출)서울 (주)서울 동대문구 장한로40 (주)서흥 임원실(02-2210-8120) (학)1970년 경복고졸 1974년 연세대 전자공학과졸 2011년 명예 약학박사(중앙대) (경)1974~1979년 국방과학연구소 근무 1981년 (주)서흥캅셀 상무이사 1982년 同전무이사 1991~2010년 同대표이사 사장 2009~2016년 (사)한국건강기능식품협회 회장 2010~2014년 (주)서흥캅셀 대표이사 회장 2014년 (주)서흥 대표이사 회장(현) (상)철탑산업훈장(2008), 동탑산업훈장(2015) (종)기독교

양준모(梁峻模) YANG Joon Mo

(생)1963·6·24 (주)강원 원주시 흥업면 매지리234 연세대학교 정경대학 경제학과(033-760-2356) (학)1986년 서울대 경제학과졸 1988년 연세대 대학원 경제학과졸 1994년 경제학박사(미국 캘리포니아대 로스앤젤레스교) (경)1995~1996년 산업연구원 책임연구원 1996~2003년 부산대 상과대학 경제학과 부교수 2003~2005년 연세대 경제학과 부교수 2005년 同원주캠퍼스 정경대학 경제학과 교수(현) 2008년 同정경대학원 부원장, 한국연금학회 이사, 보건복지부 투자정책전문위원 2014년 바른사회시민회의 사무총장 2014년 연세대 경제학과장 2014년 보건복지부 기금운용위원회 위원 2014년 (재)한국형수치예보모델개발사업단 비상임이사(현) 2015년 국회 공무원연금개혁특별위원회 국민대타협기구 위원 2016년 한국연금학회 감사(현) (저)'21세기 과학기술 발전방향'(1997, 과학기술정책관리연구소) '경제위기와 실업구조 변화'(1999, 한국노동연구원) '지역경제 혁신론'(2001, 부산발전연구원) '부산 국제금융도시 육성을 위한 전략수립 연구'(2002, 부산발전연구원)

양준언(梁俊彦) Yang, Joon-Eon

(생)1960·8·15 (본)남원(南原) (출)서울 (주)대전 유성구 대덕대로989번길111 한국원자력연구원 종합안정평가부(042-868-8640) (학)1979년 동북고졸 1984년 한양대 원자력공학과졸 1986년 한국과학기술원(KAIST) 원자력공학 석사 1990년 원자력공학박사(한국과학기술원) (경)1990년 한국원자력연구원 종합안전평가부장(현) 2006~2014년 한국전기협회 원전설계분과 위원 2007~2016년 한국원자력학회지 편집위원 2007~2013년 GIF Risk & Safety Working Group 한국대표 2008~2010년 OECD/NEA CSNI/CNRA 한국대표 2008년 확률론적안전성평가전문가협의회 회장(현) 2010년 위험통제학회 학술이사(현) 2011년 한국원자력학회 후쿠시마위원회 사고분석분과장 2011년 OECD/NEA Program Review Group 한국대표(현) 2015년 한국원자력안전기술원 기술기준위원회 원자로계통분과장(현) 2015년 원자력안전위원회 전문위원(현) 2015년 International Association of PSAM Board 의장(현) (상)과학기술부장관표창(2006), 한국원자력학회 우수논문상(2006), 한국원자력학회 학술상(2010) (저)'국가종합위기관리(共)'(2009, 법문사)

양준영(梁埈永) YANG Joon Young

(생)1942·4·10 (본)남원(南原) (출)전북 전주 (주)서울 서초구 서운로160 팔레스빌딩302호 (사)경영정보연구원 원장실(02-585-8600) (학)1960년 전주고졸 1966년 고려대 경영학과졸 1975년 同대학원졸 1990년 경영학박사(경희대) (경)1966~1975년 고려제지(주) 근무 1975년 영일물산(주) 대표이사 1978년 중소기업진흥공단 지도역 1982~1985년 한국산업경제연구원 책임연구원 1985~1991년 同수석연구원·연구위원 1990년 경희대 경영대학원 초빙교수 1991~1997년 (주)아이리컨설팅 대표이사 사장 1992~1997년 한국산업경제연구원 원장 1998년 (사)경영정보연구원 원장(현) (저)'외환선물 Hedging전략' '지방자치단체의 경영수익사업' '크리스천의 자기경영'(2012) (종)기독교

양준영(梁峻榮) YANG Joon Young

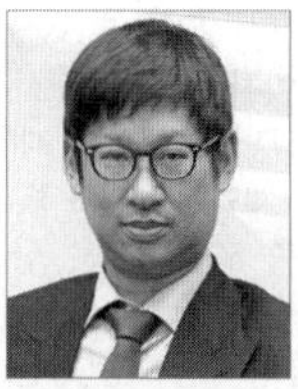

[생]1969 · 2 · 23 [출]서울 [주]서울 마포구 마포대로137 KPX홀딩스(주) 부회장실(02-2014-4158) [학]1987년 대일고졸 1993년 고려대 산업공학과졸 2001년 미국 루이스앤드클라크대 경제대학원졸 [경]삼성물산(주) 근무, (주)진양 이사 2007년 진양화학(주) 이사 2007년 한국폴리우레탄공업(주) 이사 2007년 진양산업(주) 부사장 2008년 진양폴리우레탄(주) 이사 2010년 KPX홀딩스(주) 대표이사 부회장(현) 2011년 (주)진양홀딩스 대표이사 부회장(현) 2015년 KPX케미칼(주) 각자대표이사(현)

양준욱(梁準郁) Yang, Jun Uk

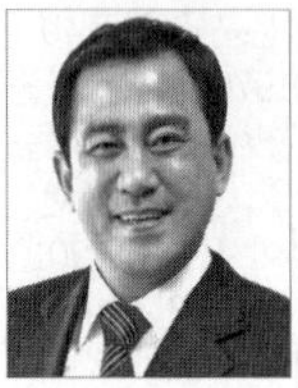

[생]1957 · 6 · 9 [본]제주(濟州) [출]전남 강진 [주]서울 중구 덕수궁길15 서울특별시의회(02-3702-1201) [학]광주 석산고졸, 한려대 경영학과졸 2007년 한양대 지방자치과정 수료, 경희대 공공대학원 정책학과졸 [경](주)수화전기정보통신 부사장, 새정치국민회의 천호1동 지방자치위원장, 새정치연합청년회 서울시운영위원장, 同강동구회장, 새천년민주당 서울강동乙지구당 대외협력실장, 강동호남향우회 부회장, 한국범죄추방국민운동본부 동부지회장, 민주평통 자문위원 1998년 시민환경포럼 회장 1998 · 2002년 서울시 강동구의회 의원 1999년 同결산검사대표위원 2000년 同건설재정위원장 2000년 서울강동경찰서 교통규제심의위원 2001년 서울시 강동구의회 예산결산특별위원회 위원장 2001년 명진보육원 운영위원 2006년 서울시의원선거 출마(민주당) 2008~2010년 서울시의회 의원(재보선 당선, 통합민주당 · 민주당) 2008년 同예산결산특별위원회 · 도시공원위원회 · 환경영향평가위심의위원회 · 한강보존자문위원회 위원 2009년 同예산결산특별위원회 위원 2009년 同경제위기극복지원특별위원회 부위원장 2009~2010년 同상임위소관업무조정특별위원회 부위원장 2009년 同정책연구위원회 위원 2010년 서울시의회 의원(민주당 · 민주통합당 · 민주당 · 새정치민주연합) 2010년 同부의장 2010 · 2012년 同환경수자원위원회 위원 2012년 同운영위원회 위원 2012년 同민주통합당 대표의원 2013년 同여성특별위원회 위원 2013년 同민주당 대표의원 2014년 서울시의회 의원(새정치민주연합 · 더불어민주당)(현) 2014~2015년 同새정치민주연합 대표의원 2014년 同행정자치위원회 위원 2014~2015년 同윤리특별위원회 위원 2015~2016년 同서소문밖역사유적지관광자원화사업지원특별위원회 위원 2016년 同의장(현), 강동호남향우회 회장(현) 2016년 시 · 도의회의장협의회 후반기(2017년) 회장 내정(현) [상]대통령표창 [종]천주교

양중근(梁中根) YANG JOONG KEUN (海廣)

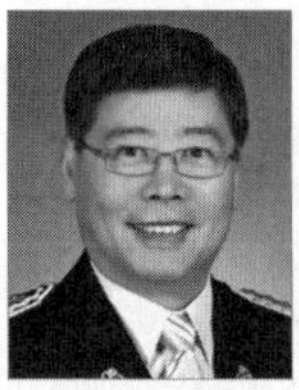

[생]1957 · 6 · 3 [본]제주(濟州) [출]전남 담양 [주]광주 광산구 하남산단1번로13 광산소방서 서장실(062-613-8801) [학]1988년 조선대 법학과졸 2001년 同대학원 법무정책학과졸 2008년 법학박사(조선대) [경]1997년 서영대 소방행정과 겸임교수(현) 2004년 광주시 소방안전본부 구조구급팀장 2006년 광주 동부소방서 현장대응과장 2009년 광주시 소방안전본부 예방 · 방호 · 정보통신팀장 2015년 同소방안전본부 방호예방과장 2016년 광주 광산소방서장(현) [상]국무총리표창, 내무부장관표창, 행정자치부장관표창, 광주광역시장표창 [저]'행정법'(2002~2016, 다인출판사) '소방법령 Ⅰ · Ⅱ · Ⅲ · Ⅳ'(2002~2016, 다인출판사) '소방전술 Ⅰ · Ⅱ'(2002~2016, 다인출판사) '소방행정법(제8판) 개정판'(2004~2016, 다인출판사) '화재방어 및 화재조사'(2010, 다인출판사) [종]유교

양중모(梁仲模) Yang Joong-mo

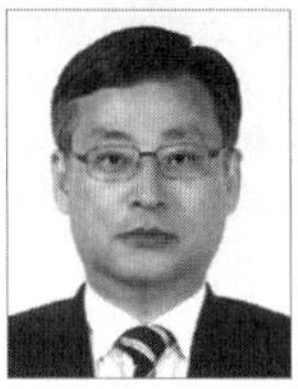

[생]1957 · 12 · 12 [주]서울 종로구 사직로8길60 외교부 인사운영팀(02-2100-7138) [학]1982년 서울대 경제학과졸 1984년 同대학원 외교학과졸 1988년 미국 피츠버그대 대학원 정치학과 수료 [경]1983년 외무고시 합격(17회) 1988년 외무부 입부 1992년 미국 국방언어교육원(DLI) 연수 1994년 駐러시아 2등서기관 1996년 駐태국 1등서기관 2002년 외교통상부 공보담당관 2003년 駐중국 1등서기관 2007년 駐블라디보스톡 부총영사 겸 駐유즈노사할린스크출장소장 2009년 세종연구소 파견 2010년 외교통상부 유럽국 협력관 2011년 同유럽국 심의관 2013년 駐벨라루스 대사 2016년 외교부 본부 근무(현)

양중진(楊重鉁) YANG Joong Jin

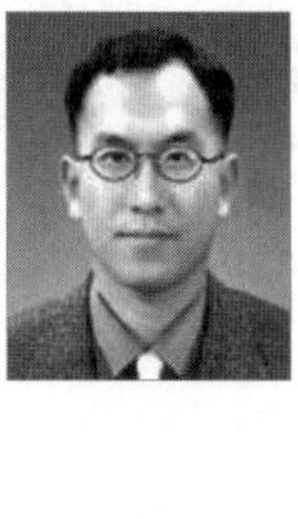

[생]1968 · 6 · 16 [출]전북 남원 [주]경기 과천시 관문로47 법무부 범죄예방정책국 법질서선진화과(02-2110-3467) [학]1985년 전주 전라고졸 1992년 고려대 법학과졸 [경]1997년 사법시험 합격(39회) 2000년 사법연수원 수료(29기) 2000년 부산지검 동부지청 검사 2002년 전주지검 남원지청 검사 2003년 서울지검 고양지청 검사 2004년 의정부지검 고양지청 검사 2005년 광주지검 검사 2008년 서울서부지검 검사 2008년 친일재산환수단 파견 2013년 서울서부지검 부부장검사 2013년 서울중앙지검 부부장검사 2014년 광주지검 공안부장 2015년 대전지검 공주지청장 2016년 법무부 법질서선진화과장(현)

양지문(梁珪紋) YANG Ji Moon

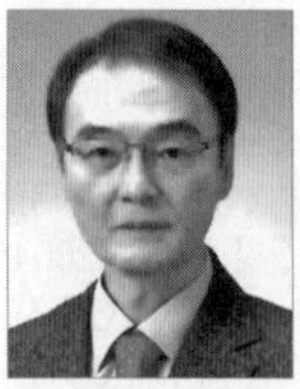

[생]1957 · 7 · 27 [출]전남 무안 [주]전남 무안군 삼향읍 후광대로242 전남개발공사 사장실(061-280-0635) [학]1975년 목포고졸 2002년 초당대 금융정보학과졸, 건국대 행정대학원 지방행정학과졸 [경]1980년 5 · 18민중항쟁으로 구속 1984년 목포사회운동청년연합 의장 1985년 전남민주주의청년연합 의장 1986년 5.18구속자동지회 부회장 1986년 전남사회운동연합 상임집행위원장 1987년 광주 · 전남민주쟁취국민운동 청년학생위원회 공동의장 1989~1996년 권노갑 국회의원 보좌관 1998년 새정치국민회의 정세분석위원회 부위원장 2000년 박병윤 국회의원 보좌관 2003~2005년 생활정치연구소 소장 2015년 전남개발공사 사장(현)

양지청(楊枝靑) YANG Ji Chung

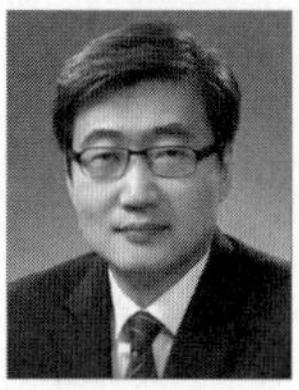

[생]1958 · 11 · 4 [본]청주(淸州) [출]서울 [주]대전 유성구 대학로291 한국과학기술원(042-350-2114) [학]1977년 장충고졸 1981년 서울대 공대 토목공학과졸 1983년 同대학원 도시계획과졸 1985년 同대학원 도시공학 박사과정 수료 1986년 미국 펜실베이니아주립대 대학원 정책학 박사과정 수료 1989년 지역경제 및 재정경제학박사(미국 펜실베이니아대) [경]1984년 서울시 목동개발계획단 전문위원 1986년 미국 펜실베이니아대 와튼스쿨 Real Estate Center 연구원 1987년 同Social Science Data Center 컨설턴트 1989년 국토개발연구원 주택건설경제연구실 책임연구위원 · 수석연구위원 · 연구위원 1994년 경제산업연구회 회장(현) 1995년 재정경제원 민자유치자문위원 1999~2003년 국토연구원 국토계획환경연구실 연구위원 1999년 건설교통부 장관자문관, 감사원 국책사업감사자문위원 2004~2006년 국회예산정책처 사업평가국장 2004년 세계은행 컨설턴트(Economist) 2006년 글로벌경제산업연구원 원장 2006~2010년 서울대 BK교수 2009~2011년 제22차 태평양지역학회(PRSCO) 한국개최조직위원장 2010~2012년 서울대 건설환경종합연구소 연구교수 2011~2013년 태평양지역학회(PRSCO) 회장 2013년 同고문(현) 2013년 서울대 경제학부 경제연구소 연구교수(책임연구원) 2014~2016년 한국공항공사 비상임이사 · 이사회 의장 2015년 경희대 국제대학원 객원교수 2015년 한국과학기술원(KAIST) 연구교수(현), 同미래교통 및 도시개발 최고위과정 주임교수 [상]건설부장관표창(1992) [저]'개방시대의 한국경제(共)'(1997) 'IMF시대 탈출경영(共)'(1998) '미래정보화시대의 국토경영(共)'(1998) '지역경제 및 사회간접자본론'(2002) '지역경제 및 사회간접자본론(개정판)'(2010) [역]'세상을 바꾼 CEO의 조건' [종]기독교

양진관(楊鎭官) Yang, Jin-Kwan

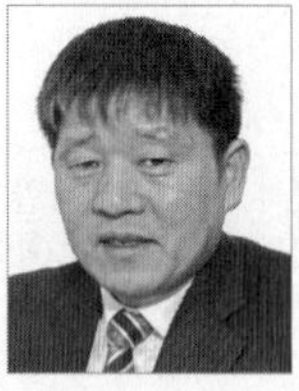

[생]1959 · 8 · 9 [본]밀성(密城) [출]부산 [주]경기 수원시 권선구 서호로149 수도권기상청 청장실(031-291-0170) [학]1978년 부산 브니엘고졸 1982년 부산대 지구과학교육과졸 1986년 서울대 대학원 대기과학과졸 [경]1989~1990년 기상청 예보관실 근무 1990~1995년 同수치예보과 근무 1995~1996년 同제주기상대 예보관 1996~1997년 同지진담당관실 근무 1997~2002년 同예보관실 근무 2002~2004년 국립기상연구소 연구기획관리과 근무 2004년 기상청 관측담당관실 기상서기관 2005년 同디지털예보개발과장 2007년 同예보상황과장 2008~2010년 호주 기상청 파견 2010년 기상청 지진감시과장 2011년 同총괄예보관(부이사관) 2012년 同기상레이더센터장 2013년 同관측기반국 지진관리관(고위공무원) 2015년 同예보국장 2016년 同수도권기상청장(현)

양진모(梁晋模) YANG JIN MO

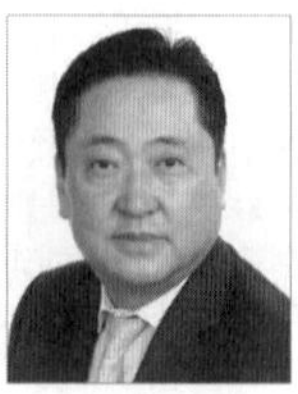

[생]1958 · 9 · 6 [주]서울 서초구 헌릉로12 현대자동차(주) 정책지원팀(02-3464-1114) [학]숭실고졸, 인하대 기계공학과졸 [경]2008년 현대자동차(주) 이사대우, 同정책지원팀장(이사) 2012년 同정책지원팀장(상무) 2013년 同정책지원팀장(전무) 2016년 同정책지원팀장(부사장)(현)

양진방(楊鎭芳) YANG Jin Bang

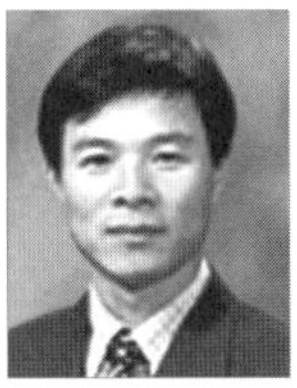

[생]1957 [주]경기 용인시 처인구 용인대학로134 용인대학교 태권도경기지도학과(031-332-6471) [학]영남대 경제학과졸, 서울대 대학원 교육학과졸, 체육학박사(미국 노스캐롤라이나주립대) [경]용인대 무도대학 태권도경기지도학과 교수(현) 2002년 대한용무도협회 국제이사 2003·2008년 대한태권도협회 전무이사 2003년 세계태권도연맹 경기분과위원장, 대한태권도협회 사무총장 2012년 국기원 이사 2015년 세계태권도연맹(WTF) 사무국장(현)

양진석(梁珍錫) YANG Jin Seok

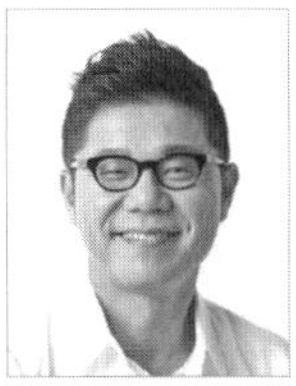

[생]1965·3·16 [출]부산 [주]서울 종로구 삼봉로57 호수빌딩11층 건축기획개발연구원 PAI(02-511-4374) [학]1988년 성균관대 건축공학과졸 1991년 일본 교토대 대학원 건축학과졸 1997년 건축학박사(일본 교토대) 2005년 서울대 경영대학원 최고경영자과정 수료 2006년 서울과학종합대학원 CEO지속경영과정 수료(4기), 도시정보공학박사(안양대) [경]일본 가또아틀리에 건축사무소 근무, 일본 오오쿠라건축사무소 근무, (주)정림건축 근무, 양진석디자인그룹(주) 설립 2000년 MBC TV '일요일 일요일밤에-신동엽의 신장개업·러브하우스' 초대건축가, 룸앤데코 대표이사, (주)와이그룹 디자인 대표이사, 同대표이사, CJ미디어 tvN '부자의 탄생' 초대건축가, 서울시 도시건축공동위원회 심의위원·건축위원회 건축심의위원·초고층건축자문위원·디자인위원·공공미술위원, 동대문디자인플라자 운영준비위원, UIA(국제건축가연맹) 서울유치실무위원, 광교명품신도시 특별계획자문위원, 세운4구역도시환경정비사업 설계자문위원, 안양대 도시정보공학과 겸임교수, 한양대 건축학부 겸임교수 2013년 건축기획개발연구원 PAI 원장(현) [상]서울시장표창(2008) [저]'건축가 양진석의 이야기가 있는 집'(2001) '양진석의 친절한 건축이야기'(2011, 예담) [작]용평리조트 더 포레스트 레지던스, GS청진 오피스내 상업시설, 두산 일산위브더제니스 상업시설, 알펜시아 트룬 에스테이트, 고덕롯데아파트, 고덕삼성+현대아파트, 잠실 포스코 더 샵 스타파크, 평창동 롯데캐슬로잔, 금호리첸시아, 남산 SK리더스뷰, 헤이리 The Step, 카이스트뇌연구소 계획안, 건대포스코스타시티 상업시설, 신도림 디큐브시티 PM, 신사미타워, 엘지Ad, 서울시디자인갤러리, 딸기가 좋아, 서울대LG경영관, 용평 그린피아콘도, 올림푸스홀, 용산전자랜드시네마, 유타몰, 워커힐호텔 명월관, 이스타항공, GFC 휘트니스클럽, GM숍매뉴얼디자인, 청담 파라곤, 청라지구 국제업무단지, KTF 샵매뉴얼 디자인

양진영(楊鎭榮) YANG Jin Young

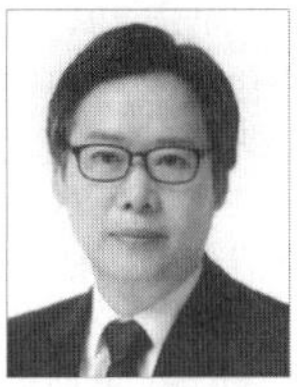

[생]1965·10·6 [본]청주(淸州) [출]경북 경주 [주]경기 안산시 단원구 광덕서로68 삼영빌딩3층 법무법인 온누리(031-475-2500) [학]1983년 청구고졸 1987년 고려대 법학과졸 2003년 한국방송통신대 중어중문학과졸 2007년 고려대 법과대학원졸 2012년 한양대 대학원 컨설팅학박사과정中 [경]1996년 사법시험 합격(38회) 1999년 사법연수원 수료(28기) 1999년 변호사 개업 2001년 법무법인 온누리 대표변호사(현) 2001년 중앙일보 법과경영연구소 상담위원 2002년 한국가정법률상담소 상담위원(현) 2003년 화성시 고문변호사 2003년 국제법률경영대학원대 전임강사 2006년 안산시장직인수위원회 위원 2007년 안산시 고문변호사 2007년 안산시체육회 이사 2007년 예술의전당 인사위원 2009년 경기중앙변호사회 이사 2009년 안산시 인사위원회 위원 2010년 한국노동조합총연맹 경기도지부 고문변호사 2010년 고려대교우회 상임이사 2010년 대한변호사협회 범죄피해자위원회 위원(현) 2010년 경기지방노동위원회 조정위원(현) 2010년 한나라당 경기도당 국민참여배심원단 위원장 2012년 새누리당 박근혜 대통령후보 직능총괄본부 경기도지부장 2013년 同경기도당 부위원장(현) 2013년 同경기도당 고문변호사 겸 윤리위원(현) 2014년 한중문화포럼 이사장(현) [상]여성가족부장관표창(2011), 경기중앙지방변호사회 백로상(2012) [저]'변호사 양진영 안산과 사랑에 빠졌다'(2014, 블루프린트) [종]기독교

양진영(梁晋榮) YANG Jin Young

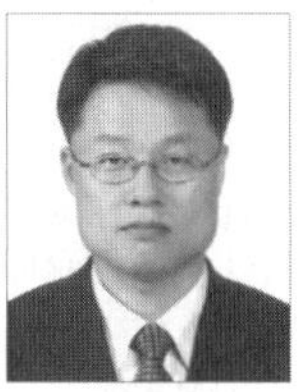

[생]1968·5·18 [본]남원(南原) [출]충남 금산 [주]충북 청주시 흥덕구 오송읍 오송생명2로187 식품의약품안전처 기획조정관실(043-719-1401) [학]1987년 한밭고졸 1991년 연세대 사회학과졸 1995년 同대학원 행정학과졸 2010년 보건학박사(고려대) [경]2005년 식품의약품안전청 기획관리실 법무통상담당관 2005년 同정책홍보관리본부 정책홍보팀장(서기관) 2006년 同혁신기획관 2007년 同정책홍보관리본부 재정기획팀장 2008년 同기획조정관실 기획재정담당관 2009년 同기획조정관실 기획재정담당관(부이사관) 2012년 同위해예방정책국장 2013년 식품의약품안전처 소비자위해예방국장 2014년 중앙공무원교육원 파견 2015년 식품의약품안전처 식품안전정책국장 2016년 同기획조정관(현) [상]국무총리표창(2006)

양진옥(梁眞玉·女)

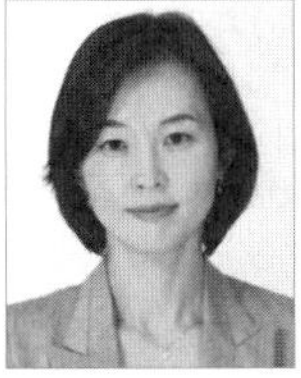

[생]1972 [주]서울 영등포구 버드나루로13 굿네이버스(02-6717-4000) [학]1995년 중앙대 사회복지학과졸 2008년 연세대 행정대학원 사회복지학과졸 [경]1995년 굿네이버스 공채(1기) 2009년 한국NPO공동회의 창립실무위원 2011년 서울복지재단 희망플러스통장활성화연구 외부자문위원 2011~2013년 강태원복지재단 사회복지전문위원 2011~2015년 서울시 희망온돌시민기획위원회 위원 2011~2016년 굿네이버스 사무총장 2011년 아산나눔재단 프론티어아카데미 운영위원(현) 2012년 보건복지부 희망나눔정책 네트워크위원 2012년 국무조정실 기부·나눔활성화정책협의회 전문위원(현) 2012년 문화예술사회공헌네트워크(ARCON) 이사(현) 2013~2014년 유네스코한국위원회 후원개발특별위원회 특별위원 2015년 한국아동복지학회 이사(현) 2015년 법무부 공익신탁자문위원회 위원(현) 2016년 굿네이버스 회장(현) [상]한국여성단체협의회 여성1호상(2016)

양진철(楊鎭喆) YANG Jin Cheol

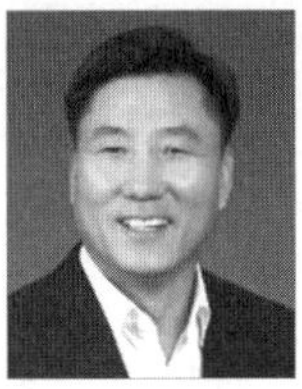

[생]1962·10·26 [출]경기 안성 [주]경기 안산시 단원구 화랑로387 안산시청 부시장실(031-481-2010) [학]1982년 용산고졸 1989년 건국대 행정학과졸 1991년 同대학원 행정학과졸 2003년 미국 오리건대 대학원졸 [경]1990년 행정고시 합격(34회) 1999년 경기도 외자유치과 유치기획담당 2000년 同실업대책반장 2001년 同문화관광국 관광과장 2004년 同경제투자관리실 과학기술기업지원과장 2005년 용인시 기흥구청장 2006년 하남시 부시장 2007년 경기도 정책기획심의관(서기관) 2007년 同정책기획심의관(부이사관) 2007년 세종연구소 파견 2009년 경기도 복지건강국장 2009년 안성시 부시장 2010년 양주시 부시장 2011년 경기도 문화체육관광국장 2012년 同의회 사무처장 2013년 교육 파견 2014년 남양주시 부시장 2015년 국외 연수(지방부이사관) 2016년 안산시 부시장(현)

양창삼(梁創三) YANG Chang Sam

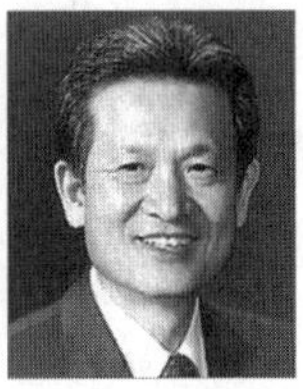

[생]1944·2·16 [본]남원(南原) [출]중국 만주 [주]경기 안산시 상록구 한양대학로55 한양대학교 경영학부(031-400-5613) [학]1962년 대광고졸 1967년 서울대 정치학과졸 1971년 同대학원 경영학과졸 1972년 미국 웨스턴일리노이대 대학원 경영학과졸 1983년 경영학박사(연세대) 1988년 총신대 대학원졸 [경]1969~1971년 LG그룹 기획조정실 근무 1982년 미국 U.S. Information Agency 근무 1983~2009년 한양대 안산캠퍼스 경영학부 교수 1993년 한국사회이론학회 회장 1993~1997년 안산경실련 공동대표 1995~1997년 한양대 경상대학장 1998~2006년 기독신문사 논설위원 1998년 한국인문사회과학회 이사·감사·부회장 1999년 환경정의시민연대 안산지부 이사장 2000년 중국 연변과학기술대학 상경대학장 2000년 同석좌교수·겸임교수 2001~2002년 한양대 산업경영대학원장 2003년 하이패밀리 이사 2003~2006년 21세기안산발전위원회 부위원장 2003년 대한예수교장로회총회 교육국 자문위원 2004년 안산시 문화관광콘텐츠사업추진위원회 위원 2005~2006년 한국인문사회과학회 회장 2006년 평양과기대 설립·학사위원 2009년 한양대 경영학부 명예교수(현) 2010년 대성합동지주 사외이사(현) 2014~2015년 중국 연변과학기술대 챈슬러 2015~2016년 同부총장 [상]한양대 우수저술상·최우수교수상, 교육인적자원부장관표창 [저]'조직행동' '조직혁신과 창조적 경영' '자본주의 문화와 기독교의 사회적책임' '21세기가 원하는 크리스천 리더' '디지털 조직과 디지털 경영' '평신도를 위한 신학이야기' '하나님의 비전에 이끌리는 삶' '사회운동과 우리 사회' '당신안에 있는 영성을 깨워라' '리더십과 기업경영' '기업경영과 인간' '거시조직이론' '조직혁신과 경영혁신' '하늘을 본 자 땅을 다스려라' '인간관계의 이해' '열린 사회를 위한 성찰과 조직담론' '공맹사상에서 문명충돌까지' 'e조직이론' '교회행정학' '구약의 이해' '통합지향의 사회디자인' '하나님과의 동업' '헨리 나우웬의 실천하는 영성' '기업환경의 변화와 경영혁신' '스마트경영을 위한 핫트렌드 83' '요한복음' [역]'심리학사' '현대경영사상사' '비즈니스 커뮤니케이션' [종]기독교

양창수(梁昌洙) YANG Chang Soo

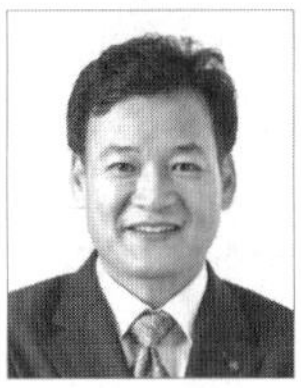

[생]1963·7·24 [출]전북 [주]서울 서초구 방배로180 (주)토니모리 비서실(02-593-3191) [학]남성고졸, 고려대 농업경제학과졸 [경](주)태평양 백화점영업1팀 과장, 同영업지원팀 차장, 同AP영업팀장 2006년 아모레퍼시픽 백화점사업부장(상무) 2008년 (주)에뛰드 대표이사 부사장 2008~2011년 (주)아모레퍼시픽 마케팅부문장(부사장), (주)비디비치 코스매틱 부사장 2015년 (주)토니모리 사장(현)

양창숙(楊昌淑 · 女) Yang, Chang Sook

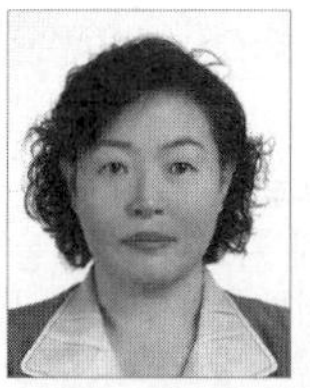

[생]1961 · 12 · 28 [본]청주(淸州) [출]경기 평택 [주]충북 청주시 흥덕구 오송읍 오송생명2로187 식품의약품안전처 농축수산물안전국 농수산물안전과(043-719-1002) [학]1980년 인천여고졸 1984년 인하대 화학과졸 1987년 同대학원 분석화학과졸 [경]1990~1996년 국립인천검역소 식품검사과 근무 1996~1999년 경인지방식품의약품안전청 시험분석실 근무 1999~2001년 식품의약품안전청 식품유통과 근무 2001년 경인지방식품의약품안전청 수입관리과장 2013년 식품의약품안전처 식품안전정책국 건강기능식품기준과장 2015년 同기획조정관실 고객지원담당관 2016년 同농축수산물안전국 농수산물안전과장(현)

양창식(梁昶植) YANG Chang Sik (松坡)

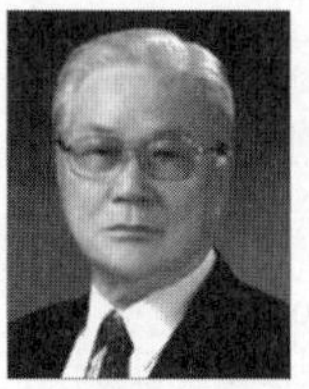

[생]1930 · 3 · 15 [본]남원(南原) [출]전북 남원 [주]서울 영등포구 의사당대로1 대한민국헌정회(02-757-6612) [학]1949년 남원농고졸 1950년 육군사관학교졸(10기) 1953년 미국 보병학교 수료 1960년 육군대학졸 1965년 강원대졸 1973년 국방대학원졸 1974년 서울대 행정대학원 고위정책과정 수료 1976년 동국대 행정대학원졸 1995년 고려대 자연자원대학원 수료 1998년 경남대 북한대학원 고위정책과정 수료 [경]1968년 駐베트남 백마전투단장 1969년 서울대 학군단장 · 전임강사 1971년 육군본부 작전참모부 기획처장 1974년 합동참모본부 대간첩대책본부 차장 1979년 예편(육군 준장) 1979년 이리직업전문학교 교장 1981년 제11대 국회의원(남원 · 임실 · 순창, 민주정의당) 1983년 민주정의당(민정당) 전북지부 위원장 1983년 同중앙집행위원 1985년 제12대 국회의원(남원 · 임실 · 순창, 민정당) 1985년 국회 교통체신위원장 1985년 춘향문화선양회 명예회장(현) 1988년 민정당 남원지구당 위원장 1988년 同전북도지부장 1988년 同중앙집행위원 1988년 同농어촌의료보험대책특별위원장 1989년 한 · 일협력위원회 상임위원 1992년 제14대 국회의원(남원, 민자당 · 신한국당) 1992년 민자당 전북도지부장 1992년 同당무위원 1993년 한 · 일의원연맹 경제과학위원장 1994년 국회 농림수산위원장 1995년 한 · 일의원연맹 부회장 1996년 신한국당 남원지구당 위원장 1997년 대한민국헌정회 이사 1997년 육군사관학교 10기동기회장(현) 1997년 同총동창회 부회장 1998년 21세기군사연구소 고문(현) 2000년 대한민국헌정회 안보특별위원장 2001년 同부회장 겸임 2001년 베트남참전전우회 부회장 2003년 대한민국헌정회 고문(현) 2004년 자유대한수호국민운동 상임대표 2004년 춘향제전위원회 위원장 2006년 대한민국호남사랑 공동대표 2006년 한미연합사해체반대 · 전시작전통제권환수반대 100만서명운동본부 공동회장 2007년 대한민국재향군인회 원로고문(현) 2008년 국가정체성회복국민협의회 중앙위원(현) 2012년 군사문화평론회 고문(현) 2012년 국가안보 · 통일연합회 고문(현) 2012년 남한발전포럼 이사장(현) [상]을지무공훈장, 화랑무공훈장(3회), 충무무공훈장, 미국 동성훈장, 방위포장, 보국훈장 천수장, 대통령표창, 국무총리표창, 장관표창, 남원춘향문화선양 대공로상(2001), 남원시민의 장(2007), 올해의 자랑스러운 육사인상(2009) [저]'미국 신극동전략과 한국' '한국인의 군인상' '戰理란 이런 것이다'(編) '새로운 세상을 위하여'(1996) '6 · 25전쟁 도발자는 누구인가' '준비 없는 내일은 없다'(2002) '베트남과 한국군'(共) [역]'戰鬪戰史(上 · 中 · 下)' '탄넨베루히 섬멸전' '생활지도의 이론과 실제' '배반당한 베트남혁명' '군사를 알게 되면 세계가 보인다' '김정일의 숨겨진 전쟁'(2011) [종]기독교

양창식(梁昌植) YANG Chang Sik

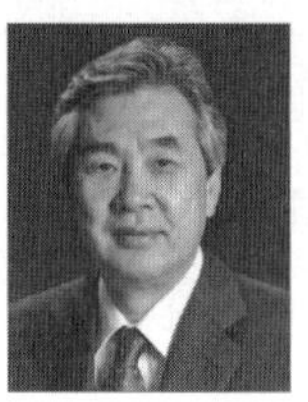

[생]1953 · 1 · 11 [본]제주(濟州) [출]제주 제주시 [학]한림공고졸, 제주대 행정학과졸, 경희대 경영대학원 경영학과졸 1995년 경영학박사(세종대) [경]1978~1998년 대한항공 호텔프로젝트팀장 · 인사부장 · 판촉부장 · 마케팅팀장 · 호텔사업본부 기획차장 1998~2012년 탐라대 관광학부 호텔경영학과 조교수 · 부교수 · 교수 1999년 한국호텔관광학회 부회장 1999년 한국호텔경영학회 이사 · 부회장 1999년 제주일보 논설위원(현) 2000년 한국관광학회 이사 2004년 탐라대 지역개발연구소장, 同교육대학원장 겸 경영행정대학원장 2004년 제주관광학회 회장, 제주도 관광정책자문위원, 대통령자문 국가균형발전위원회 전문위원, 인천시경제자유구역청 관광정책자문위원 2008~2010년 탐라대 총장 2008~2014년 한국청소년연맹 제주도연맹 총장, 서귀포시경제포럼 위원장, 제주도 문화재위원 2010년 제주특별자치도 교육감선거 출마, 제주관광공사 이사 2012년 (사)희망제주 상임대표(현) 2014년 제주특별자치도 교육감선거 출마 2016년 (사)기업정책개발연구원중앙회 제주지원장(현) [저]'호텔정보시스템'(2002) '호텔매니저론'(2003) '지방분권시대의 관광정책과 비전'(2003) '호텔인적자원관리론' '아이의 얼굴에서 제주의 미래를 본다'(2010)

양창영(楊昶榮) YANG Chang Young (曉泉)

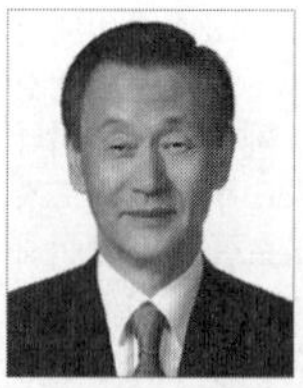

[생]1943 · 3 · 10 [본]중화(中和) [출]경북 예천 [주]서울 영등포구 국회대로70길18 한양빌딩 새누리당(02-3786-3000) [학]1960년 경북사대부고졸 1965년 연세대 정치외교학과졸 1970년 同경영대학원졸 1992년 경영학박사(세종대) [경]1964년 세계도덕재무장운동(MRA) 한국본부 운영위원 · 감사 · 이사 · 부총재, 同이사(현) 1965년 세계청년총회 한국대표 1972~1994년 (재)범홍공사 이사 · 상무 · 전무 · 사장 1974년 한국학술연구원 연구위원 · 이사 1982~2011년 同영문학술지 KOREA OBSERVER 편집자문위원 1986~2000년 (주)세화항공 대표이사 1987~2010년 육영장학회 회장 1988~1999년 국제이주개발공사 대표이사 1993~2014년 (사)세계한인상공인총연합회 사무총장 1993~2008년 호서대 해외개발학과 교수 1995~2014년 민주평통 자문위원 · 상임위원 1995~1998년 민족통일촉진회 중앙위원회 의장 1999년 중국 연변대 객좌교수 2000년 2000해외한민족경제공동체대회 준비위원장 2002년 세계한인상공인총연합회 사무총장 2002년 세계한민족공동재단 상임이사 2003년 (사)한국국외이주법인협회 회장 2004년 북경세계한상대회준비위원회 위원장 2006년 호서대 재외동포연구소장 2006년 외교통상부 규제심사위원회 위원장 2007년 재외국민참정권연대 공동대표 2007년 한나라당 제17대 대통령령중앙선거대책위원회 재외국민참정권위원회 위원장 2009년 국제이주기구(IOM) 이민정책연구원 이사 2009~2011년 서울벤처정보대학원대 부총장 2009년 호서대 평생교육원 운영위원장 2012년 새누리당 제18대 대통령중앙선거대책위원회 재외국민위원회 부위원장 2013~2014년 서울벤처대학원대학교 총장 2013~2015년 새누리당 서울영등포乙당원협의회 위원장 2014~2016년 제19대 국회의원(비례대표 승계, 새누리당) 2014년 국회 환경노동위원회 위원 2014~2015년 국회 남북관계 및 교류협력발전특별위원회 위원 2014년 새누리당 재외국민위원회 수석부위원장 2015년 同정책자문위원회 재외국민부위원장 2015년 국회 예산결산특별위원회 위원 2016년 새누리당 재외국민위원회 위원장(현) [상]국민훈장 동백장(2002), 교육과학기술부장관표창(2008), 중국 길림신문 고마운 한국인상(2013), 범시민사회단체연합 선정 '올해의 좋은 국회의원상'(2014 · 2015)

양창호(梁昌虎) YANG Chang Ho

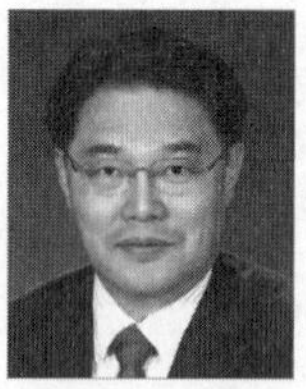

[생]1955 · 10 · 10 [출]충남 아산 [주]부산 영도구 해양로301번길26 한국해양수산개발원(051-797-4301) [학]1975년 대광고졸 1979년 연세대 생화학과졸 1981년 同대학원 경영학과졸 1998년 경영학박사(서강대) [경]1982년 산업연구원 산업정책실 책임연구원 1989년 교통부 감사위원 1994년 한국해양수산개발원 부연구위원 1994년 同동향분석실장 직대 1999년 同항만시스템팀장 2001~2008년 同연구위원 · 선임연구위원 2005~2008년 同정책동향연구실장 2008년 인천대 동북아물류대학원 교수(현) 2010~2015년 미국 세계인명사전 'Marquis Who's Who in the World'에 등재 2013~2015년 한국공항공사 사외이사 · 이사회 의장 2013년 해양수산부 정책자문위원회 위원(현) 2014년 국무총리실 국토정책위원회 민간위원(현) 2015년 국회예산정책처 예산분석자문위원(현) 2016년 한국해양수산개발원(KMI) 원장(현) [상]해양수산부장관표창(1999) [저]'항만시뮬레이션 및 첨단 컨테이너터미널 설계기술개발' '흑자시대의 산업정책방향'(1987) '우리나라 항공산업 중장기 발전방향'(1990) '해운산업 합리화조치의 의의와 평가'(1993) '가덕신항만 민자유치촉진'(1996) '한강하구 및 서해연안 접경지역 물류'(2005) '첨단컨테이너터미널 개발'(2006) '세계 물류 환경변화와 대응방안'(2007) '해운 항만산업의 미래 신조류(共)'(2009) '해운항만물류회계'(2009) '물류와 SCM의 이해'(2016, 박영사) [역]'해운경제학'(2015, 박영사) [종]가톨릭

양창호(梁昌浩) Yang, Chang Ho

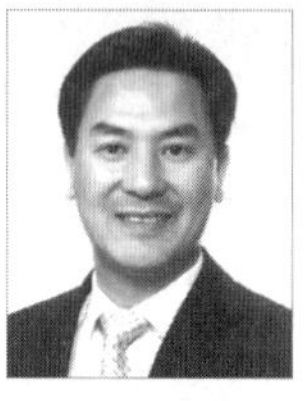

[생]1967 · 1 · 17 [출]경남 산청 [주]세종특별자치시 다솜2로94 농림축산식품부 정책보좌관(044-201-1092) [학]1985년 경남 진주고졸 1990년 연세대 사학과졸 1993년 고려대 대학원 정치외교학과졸 [경]권영자 국회의원 보좌관, 심재철 국회의원 보좌관, 전재희 국회의원 보좌관, 권영세 국회의원 보좌관, 한나라당 보좌관협의회 사무차장 · 감사, 同대통령후보선거대책위원회 장애인위원회 총괄지원팀장, 한국장애인표준사업장연합회 이사 2006~2010년 서울시의회 의원(한나라당) 2006~2007년 同재정경제위원회 부위원장 2006~2007년 同재해대책특별위원회 위원 2006~2007년 同지역균형발전지원특별위원회 위원 2007~2008년 同재정경제위원회 위원 2007~2008년 同예산결산특별위원회 위원 2008~2010년 同교육문화위원회 위원 2008년 同운영위원회 부위원장 2008년 同독도수호활동지원특별위원회 위원 2008~2009년 同정책연구위원회 위원 2009~2010년 同업무조정특별위원회 위원장 2010년 서울 영등포구청장선거 출마(한나라당) 2010~2013년 마콜커뮤니케이션컨설팅 부사장(CPO) 2012년 새누리당 박근혜 대통령

후보 중앙선거대책위원회 법률지원단 부단장 2013~2014년 대통령 민정수석비서관실 행정관 2014년 서울시 영등포구청장선거 출마(새누리당) 2016년 농림축산식품부 정책보좌관(국장급)(현) [상]국회의장표창(2006), 광역지방의회부문 의정행정대상(2007), 서울시출입기자단 올해의 베스트 시의원(2007), 광역지방의원부문 의정행정대상(2009), 대통령비서실장표창(2013) [종]기독교

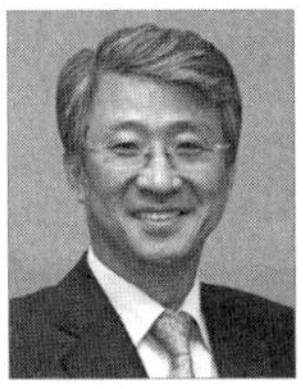

양창훈(楊昌勳) YANG Chang Hoon
[생]1959·2·12 [출]서울 [주]서울 용산구 한강대로23길55 (주)현대아이파크몰 사장실(02-2012-0010) [학]1977년 동북고졸 1982년 중앙대 경제학과졸 [경]1984년 현대그룹 입사 1994년 현대백화점그룹 기획실 사업개발팀장·전략기획부장 1997~2001년 현대백화점 전략기획실장, 同현대유통연구소장 2004~2005년 풀무원 올가홀푸드 대표이사 2005년 (주)현대아이파크몰 영업본부장 2010년 同대표이사 부사장 2015년 同대표이사 사장(현) 2015년 (사)한국철도민자역사협회 회장(현) 2015년 HDC신라면세점(주) 공동대표이사 사장 겸임(현) 2016년 중앙대 경영경제대학동창회 회장(현) [상]중앙언론동문상 특별상(2016)

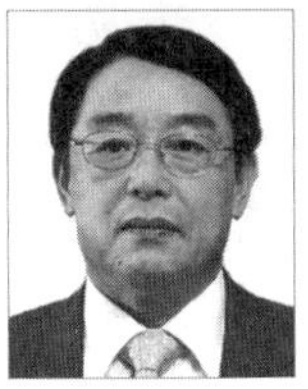

양천식(梁天植) YANG Cheon Sik
[생]1950·10·2 [본]남원(南原) [출]전북 전주 [주]서울 영등포구 63로50 한화생명보험(주) 임원실(02-789-8518) [학]1968년 경기고졸 1973년 서울대 사회복지학과졸 1992년 미국 밴더빌트대 대학원 경제학과졸 [경]1974년 행정고시 합격(16회) 1976년 재무부 외환국·국제금융국 사무관 1987~1998년 재정경제원 법무담당관·국민저축과장·특수금융과장·경제협력과장·기획예산담당관 1998년 대통령비서실 근무 1999년 재정경제부 국제금융심의관 1999년 금융감독위원회 구조개혁기획단 제2심의관 2000년 同조정협력관 겸 구조개혁기획단 제1심의관 2000년 대통령 금융비서관 2002년 증권선물위원회 상임위원 2003년 금융감독위원회 상임위원 2004~2006년 同부위원장(차관급) 2004년 증권선물위원회 위원장 겸임 2006~2008년 한국수출입은행장 2008년 카자흐스탄 BCC(Bank Center Credit) 비상임이사, 김앤장법률사무소 고문 2013년 한화생명보험(주) 상임고문(현) [상]재무부장관표창(1979), 대통령표창(1986), 황조근정훈장(1997)

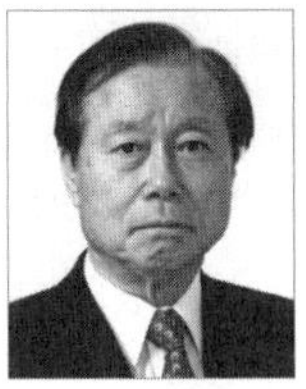

양철우(楊澈愚) YANG Chul Woo
[생]1926·8·25 [본]청주(淸州) [출]충남 논산 [주]서울 마포구 마포대로14길4 (주)교학사(02-717-3555) [학]1944년 강경공립상업학교졸 [경]1944년 경성지법 근무 1946~1950년 문화교육출판사 근무 1952~1984년 교학사 대표 1984년 同대표이사 회장(현) 1988년 (사)한국검정교과서 고등학교검정교과서발행조합 공동대표(현) 1988년 한국2종교과서발행조합 공동대표 1991·2005년 용옥장학문화재단 이사장(현) 2000~2001년 국제라이온스협회 354A지구 총재 2003~2004년 同국제이사 [상]석탑산업훈장, 대통령표창, 옥관문화훈장, 서울지방국세청장표창, 서울시문화상, 국민훈장 동백장 [종]불교

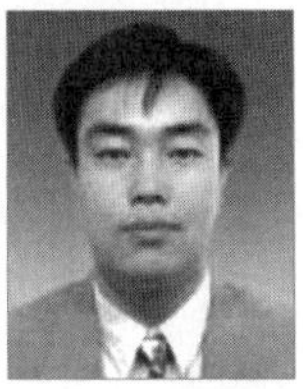

양철한(梁鐵瀚) Yang Chulhan
[생]1968·7·22 [출]전남 담양 [주]경기 수원시 영통구 월드컵로120 수원지방법원(031-210-1316) [학]1986년 광주 전남고졸 1991년 서울대 경영학과졸 1995년 고려대 대학원 법학과 수료 [경]1995년 사법시험 합격(37회) 1998년 사법연수원 수료(27기) 1998년 창원지법 예비판사 2000년 同판사 2002년 수원지법 평택지원 판사 2006년 서울동부지법 판사 2008년 서울중앙지법 판사 2010년 서울고법 판사 2012년 서울동부지법 판사 2013년 대전지법 부장판사 2015년 수원지법 부장판사(현)

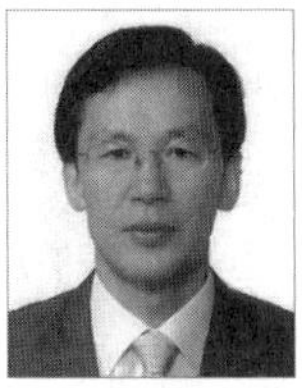

양철훈(楊澈訓) YANG Cheol Hoon
[생]1957·3·15 [출]충남 천안 [주]광주 남구 중앙로87 광주방송 사장실(062-650-3003) [학]1976년 경기고졸 1985년 경희대 영어영문학과졸 [경]1984~1991년 MBC 보도제작2부 근무 1991년 SBS 정치부 차장대우 1998년 同보도본부 차장 2003년 同보도본부 파리지국장(부장급) 2007년 同보도본부 경제부장 2008년 同보도본부 부국장 겸 편집1부장 2010년 同보도본부 특임부장(부국장급) 2010년 同보도본부 편집담당 부국장(부국장급) 2011년 同보도본부 보도국장 2013년 광주방송(KBC) 대표이사 사장(현) 2015년 한국지역민영방송협회 회장 [상]한국참언론인대상(2011), 자랑스러운 경희언론인상(2011)

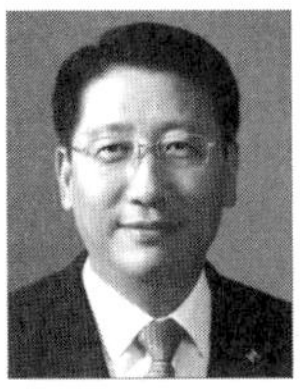

양춘근(梁春根)
[생]1962·9·15 [출]전남 담양 [주]서울 중구 을지로79 IBK기업은행 임원실(1566-2566) [학]1981년 광주고졸 1986년 전남대 상업교육학과졸 [경]1989년 IBK기업은행 입행 2010년 同양평동지점장 2012년 同김포대곶지점장 2014년 同서부지역본부장 2016년 同인천지역본부장 2016년 同충청·호남그룹 부행장(현)

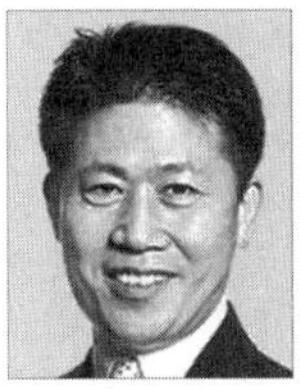

양춘만(梁春萬) YANG Chun Man
[생]1963·2·1 [주]서울 중구 소공로63 신세계그룹 전략실(02-727-1097) [학]고려대 경영학과졸 [경]2008년 (주)신세계인터내셔날 지원담당 상무보 2010년 同지원담당 상무이사 2013년 同지원담당 부사장보 2014년 (주)이마트 경영지원본부장(부사장보) 2015년 신세계그룹 전략실 관리총괄 부사장(현)

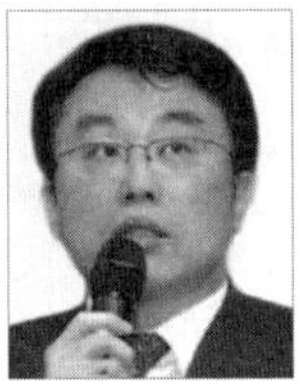

양충모(梁忠模) YANG Choong Mo
[생]1963·2·20 [출]전북 남원 [주]세종특별자치시 갈매로 477 기획재정부 성장전략정책관실(044-215-4501) [학]1982년 전라고졸 1989년 연세대 경제학과졸 1993년 서울대 대학원 행정학과졸 2003년 미국 듀크대 대학원 정책학과졸 [경]행정고시 합격(34회) 1991~1994년 경제기획원 투자기관관리과 근무 1995년 국무조정실 심사평가조정관실 근무 1995~1997년 재정경제원 국고국·예산실 근무 1998년 기획예산처 예산실·개혁실·기금국 근무 2001년 同재정1팀 서기관 2002년 同기금제도과 서기관 2005년 同예산낭비대응팀장 2006년 과학기술부 연구개발예산담당관 2007년 기획예산처 노동여성재정과장 2008년 기획재정부 정책조정국 기술정보과장 2009년 同정책조정국 서비스경제과장 2010년 同재정기획과장 2011년 同재정정책국 재정정책과장 2011년 同재정정책국 재정정책과장(부이사관) 2012년 同협동조합법준비기획단장 2012년 해외 파견 2013년 새만금개발청 기획조정관(부이사관) 2014년 기획재정부 부이사관 2014년 대통령비서실 근무(고위공무원) 2016년 기획재정부 정책조정국 성장전략정책관(현) [상]대통령표창(2002)

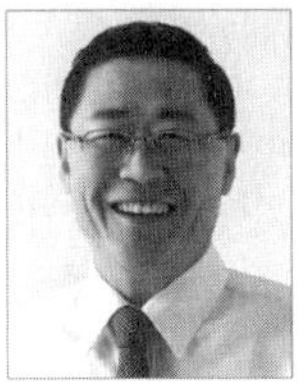

양치석(梁治錫) Yang Chi-seok
[생]1957·6·15 [본]제주(濟州) [출]제주 북제주 [주]제주특별자치도 제주시 도남로117 을담빌딩2층 새누리당 제주도당(064-749-5891) [학]1977년 제주 오현고졸, 한국방송통신대 경영학과 재학 중 [경]1999년 제주시 교통행정과장 2005년 제주특별자치도 행정구조개편추진기획단 총괄담당관 2006년 同수자원본부 북부지역사업소장 2008년 同교통항공정책과장 2010년 同신공항건설준비기획단장 2010년 同환경자원연구원 환경산업경영연구부장 2011년 제주발전연구원 파견(지방서기관) 2014년 제주특별자치도 행정시기능강화추진단장(지방부이사관) 2014~2015년 同농축산식품국장 2014년 제주도개발공사 사장 직대 2016년 새누리당 제주도당 부위원장 2016년 제20대 국회의원선거 출마(제주시甲, 새누리당) 2016년 새누리당 제주시甲당원협의회 운영위원장(현) [상]녹조근정훈장(2014) [종]불교

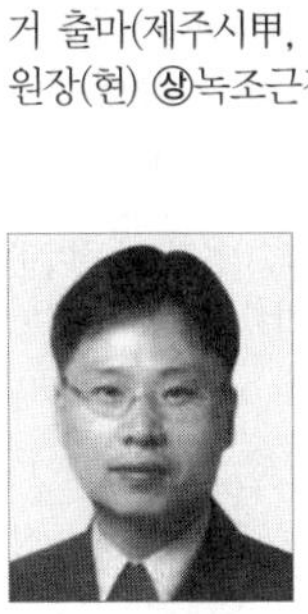

양태경(楊泰卿) Yang Tae-Kyung
[생]1966·3·6 [출]대구 달성 [주]충북 청주시 서원구 산남로62번길51 청주지방법원(043-249-7114) [학]1985년 대구 경원고졸 1990년 서울대 법학과졸 [경]1989년 사법시험 합격(31회) 1992년 사법연수원 수료(21기) 1992년 軍법무관 1995년 서울지법 판사 1997년 同북부지원 판사 1999년 청주지법 충주지원 음성군법원 판사 2000년 대전고법 판사 2001년 서울지법 의정부지원 판사 2003년 서울고법 판사 2004년 대전지법 판사 2007년 청주지법 부장판사 2009년 대전지법 부장판사 2012년 同공주지원장 2012년 同논산지원 부장판사 겸임 2014년 대전지법 부장판사 2016년 청주지법 수석부장판사(현) 2016년 언론중재위원회 위원(현)

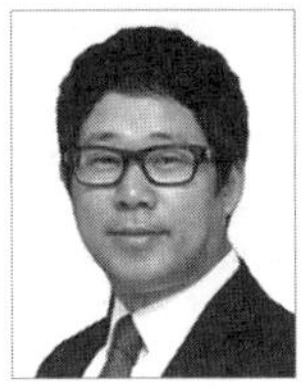

양태회(梁汰會) YANG TAE HOE
[생]1964·7·26 [출]서울 [주]서울 구로구 디지털로33길 48 대륭포스트타워7차20층 (주)비상교육(02-6970-6003) [학]1984년 서울 대성고졸 1992년 고려대 문과대학 불어불문학과졸 [경]1992~1996년 길잡이학원 설립·운영 1997년 교육출판 비유와상징 설립·운영 2002~2009년 (주)비유와상징 대표이사 2009년 (주)비상교육 대표이사(현) 2013년 세계한국학교후원회 회장(

현) 2013년 디지털교과서협회 회장(현) [상]문화관광부장관표창(2006), 대한민국 교육산업경영인대상(2007)

양한광(梁漢光) YANG Han Kwang

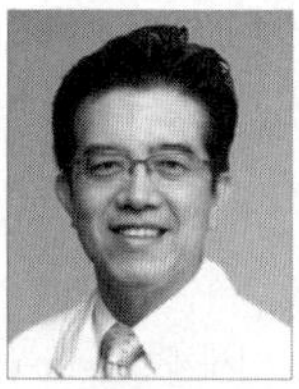

[생]1960·2·18 [주]서울 종로구 대학로101 서울대학교 의과대학 외과학교실(02-2072-2114) [학]1984년 서울대 의대졸 1988년 同대학원 의학석사 1991년 의학박사(서울대) [경]1985년 서울대병원 인턴 1986~1995년 同일반외과 전공의·전임의 1991~1994년 미국 국립암연구소 Visiting Fellow 1995년 서울대 의과대학 외과학교실 조교수·부교수·교수(현) 1995년 일본 게이오대 의대 11th WHO Training Course of Endoscopy/ Surgery for Gastric Cancer at Department of Surgery 1997~1998년 미국 국립암연구소 연수 2005~2009년 대한복강경위장관연구회 회장 2007년 서울대병원 위장관외과분과장 2008년 대한기질종양연구회 부회장 2009년 'The Journal of Gastric Cancer' Editor 2011년 서울대병원 위암센터장(현) 2015년 대한위암학회 이사장(현) 2015년 미국외과학회(ASA : American Surgical Association) 명예회원(현) 2016년 유럽외과학회(EACTS) 명예회원(현) 2016년 대한민국의학한림원 국제협력위원회 위원(현) 2016년 서울대 의과대학 외과학교실 주임교수(현) 2016년 서울대병원 외과 과장(현) [상]두산연강학술상 외과학부문(2016) [저]'위암을 정복합시다'(2010)

양한나(女) YANG Han Na

[생]1976·1·31 [주]세종특별자치시 도움6로11 환경부 규제개혁법무담당관실(044-201-6390) [학]광주과학기술원 환경공학과졸 [경]2002년 환경부 교통공해과 사무관 2004년 同차관실 사무관 2005년 同수질보전국 수질총량제도과 사무관, 해외 유학 2011년 환경부 상하수도정책관실 생활하수과 근무(서기관) 2012년 영산강유역환경청 환경관리국장 2014년 서기관 승진 2015년 국무조정실 녹색성장지원단 파견 2015년 환경부 기획조정실 규제개혁법무담당관(현)

양해석(梁海石) YANG Hae Seog

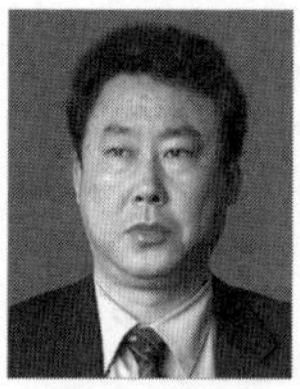

[생]1960·9·26 [본]제주(濟州) [출]제주 [주]제주특별자치도 제주시 조천읍 남조로1717의35 제주특별자치도개발공사(064-780-3300) [학]1985년 경북대 농업경제학과졸 [경]1986년 제주일보 기자 1990년 同편집국 기자 1995년 同사회부 부장대우 1996년 同정경부장 1998년 同편집1부장 1999년 同정경부장 2001년 同편집국 부국장대우 2004~2009년 同편집국장 2009~2012년 同편집인·인쇄인 겸 전무이사 2011년 한국신문방송편집인협회 이사 2013년 민주평통 자문위원 2014년 제주특별자치도개발공사 상임이사(현) [상]한국참언론인대상 지역언론부문(2008)

양해영(梁海榮) Yang, Hae-Young

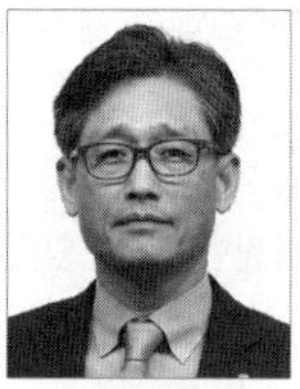

[생]1961·7·2 [출]부산 [주]서울 강남구 강남대로278 한국야구위원회 사무총장실(02-3460-4600) [학]1980년 서울 신일고졸 1988년 성균관대 독어독문학과졸 [경]1988~1996년 한국야구위원회 총무부 근무 1996~1998년 국회의원 김기춘 보좌관 1998~2006년 한국야구위원회 기획과장·홍보부장·총무부장 2007~2008년 KBOP 이사 2008~2009년 한국야구위원회(KBO) 관리지원부 부본부장 2009~2010년 同관리지원팀장 2009년 관악리틀야구단 단장(현) 2009년 대한야구협회 특임이사 2011년 한국야구위원회(KBO) 사무차장 2012년 同사무총장(현) 2015년 서울중앙지법 시민사법위원회 위원(현)

양해영(梁海英·女) YANG Hea Young

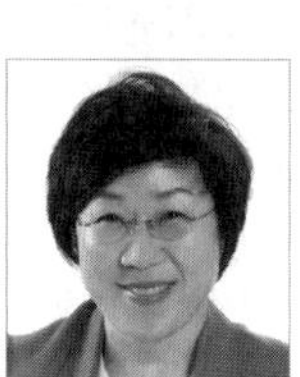

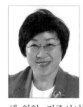

[생]1965·7·8 [출]경남 산청 [주]경남 창원시 의창구 상남로290 경상남도의회(055-211-7418) [학]진주 선명여고졸, 진주전문대 유아교육과졸 2005년 진주산업대 벤처창업대학원 아동복지학과졸 [경]유아나라어린이집 원장, 민주평통 자문위원, 한울타리 이사, 진주국제대 가정복지학부 겸임교수, 진주시 기초생활보장위원, 진주시 여성정책발전위원, 진주시지역사회복지대표협의체 위원, 진주시어린이집연합회 회장 2006~2010년 경남 진주시의회 의원 2008~2010년 同운영위원장 2009년 한나라당 여의도연구소 정책자문위원 2010년 경남 진주시의원선거 출마(무소속) 2012년 경남도의회 의원(보궐선거 당선 새누리당) 2014년 경남도의회 의원(새누리당)(현) 2014년 同문화복지위원회 위원 2014년 同도청예산결산특별위원회 위원장 2016년 同남부내륙철도조기건설을위한특별위원회 위원 2016년 同기획행정위원회 위원(현) [상]대한민국 환경문화대상 지방자치행정부문 대상(2013), 전국시·도의회의장협의회 우수의정 대상(2016)

양향자(梁香子·女) YANG, HYANG JA

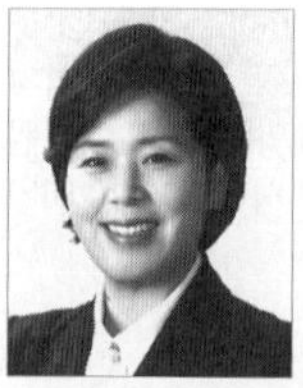

[생]1967·4·4 [본]제주(濟州) [출]전남 화순 [주]서울 영등포구 국회대로68길14, 신동해빌딩5층 더불어민주당(1577-7667) [학]1986년 광주여상졸 1995년 삼성전자기술대 반도체공학과졸 2005년 한국디지털대 인문학과졸 2008년 성균관대 대학원 전기전자컴퓨터공학과졸 [경]1985년 삼성반도체 메모리설계실 연구원보조 1993년 삼성전자(주) 메모리사업부 SRAM설계팀 책임 2007년 同메모리사업부 DRAM설계팀 수석 2011년 同메모리사업부 Flash설계팀 수석 2014~2016년 同메모리사업부 Flash설계팀 연구위원(상무) 2014년 여성가족부 사이버멘토링 IT·전자분야 대표멘토(현) 2016년 더불어민주당 제20대 총선 선거대책위원회 위원 2016년 同광주시서구乙지역위원회 위원장(현) 2016년 제20대 국회의원선거 출마(광주 서구乙, 더불어민주당) 2016년 더불어민주당 최고위원(현)

양현근(梁玄根) Yang, Hyun Keun

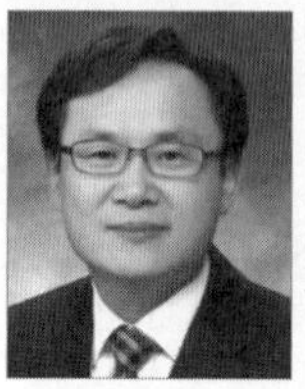

[생]1960·7·25 [본]남원(南原) [주]서울 영등포구 국제금융로8길10 한국증권금융 부사장실(02-3770-8800) [학]1978년 광주 동성고졸 1986년 조선대 경영학과졸 2001년 연세대 대학원 증권금융학과졸 [경]1978~1998년 한국은행 국고부·여신관리국·검사제1국·검사제4국 근무 1999년 금융감독원 검사총괄실 근무 2001년 同은행감독국 팀장 2005년 同은행검사1국 팀장 2007년 同은행감독국 팀장 2008년 同일반은행서비스국 부국장 2009년 同외환업무실장 2010년 同은행서비스총괄국장 2011년 同금융투자감독국장 2012년 同은행감독국장 2013년 同서민금융지원국 선임국장 2014년 同기획조정국장 2015년 同은행·비은행감독담당 부원장보 2016년 한국증권금융 부사장(현) [상]한국은행총재표창(1987·1991), 정부경제정책수립기여 경제기획원장관표창(1991), 은행감독원장표창(1993·1998), 계간<창조문학> 시부문 신인상(1998), 금융감독위원장표창(1999), 금융산업발전공로부문 대한민국 충효대상(2012), 대통령표창(2013) [저]시집 '수채화로 사는 날'(1999) '안부가 그리운 날'(2003) '길은 그리운 쪽으로 눕는다'(2009) '기다림 근처'(2013)

양현미(楊賢美·女) Hyun Mi Yang

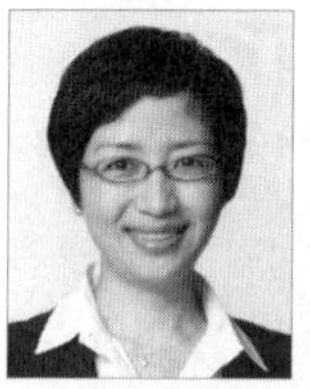

[생]1963·12·4 [학]송곡여고졸, 서울대 수학과졸, 同대학원 수학과졸, 응용수학박사(미국 뉴욕주립대) [경]2001년 미국 아메리칸익스프레스(American Express) Risk Management Manager 2006년 同Marketing Senior Manager 2007년 신한은행 마케팅전략본부장 2009년 (주)KT 개인고객전략본부 전무 2010년 同통합고객전략본부장(전무) 2012년 세계이동통신사업자협회(GSMA) 최고전략책임자(CSO)(현)

양현미(梁現美·女) YANG Hyun Mee

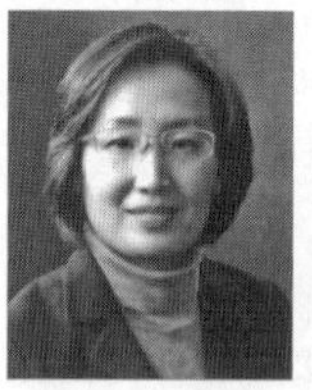

[생]1964·10·3 [본]제주(濟州) [출]서울 [주]서울 중구 덕수궁길15 서울시 서소문청사1동4층 문화체육관광본부(02-2133-2505) [학]1983년 선정여고졸 1988년 서울대 미학과졸 1993년 홍익대 대학원 미학과졸 2002년 미학박사(홍익대) [경]1994년 가나아트 기자 1994~2002년 한국문화정책개발원 수석연구원 2002~2009년 한국문화관광연구원 연구위원·기획조정실장·정책총괄연구실장·문화산업연구실장 2002년 한국예술경영학회 정책이사 2003~2004년 문화관광부 문화비전추진반 연구기획팀장 2005~2008년 한국문화예술진흥원 이사 2006~2008년 예술경영지원센터 이사 2006~2007년 중앙대 법대 법학연구소 객원연구원 2007~2009년 광주아시아문화중심도시조성실시계획심의위원회 심의위원 2008~2009년 행정안전부 행정진단센터 행정제도진단 및 개선자문위원 2008년 통계청 국가통계위원회 사회분과위원 2008년 기획재정부 재정사업평가자문회의 민간위원 2008~2009년 중앙대 대학원 문화연구학과 겸임교수 2009~2014년 상명대 예술대학 문화예술경영학과 교수 2009~2014년 同문화예술대학원 문화경영학과장 2009년 디자인문화재단 디자인문화정책연구소장 2010년 다음문화예술기획 이사 2010~2012년 대통령직속 미래기획위원회 위원 2012년 (사)문화다움 이사 2012년 한국문화관광연구원 이사 2012년 충남도의회 정책특별보좌관 2014년 한국문화예술경영학회 회장 2014년 서울시 문화관광디자인본부 문화체육정책관 2015년 同문화체육관광본부 문화체육기획관(현) [상]문화체육부장관표창(1994), 문화관광부장관표창(2004) [저]'문화예술교육 활성화를 위한 제도적기반 조성방안 연구'(2005) '국립아시아문화전당건립 기본구상 연구'(2005) '공공미술이 도시를 바꾼다(共)'(2006) '문화의 사회적가치'(2007) '국립민속박물관 중장기 발전방안 연구'(2007) '박물관 미술관 학예사 자격제도 규제순응도 조사'(2007) '공공성(共)'(2008) [역]'현대미술의 변명'(1996) [종]천주교

양현석(梁鉉錫) YANG Hyun Suk

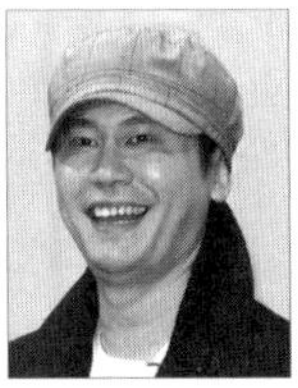

[생]1969·12·2 [출]서울 [주]서울 마포구 희우정로1길 3 YG엔터테인먼트(02-3142-1104) [학]광명공고졸 [경]1989~1992년 그룹 프렌즈 활동 1992년 서태지와 아이들 1집 '난 알아요'로 데뷔 1992~1996년 그룹 '서태지와 아이들' 멤버 1996년 현기획 대표 1997년 MF기획 대표 1998년 YG엔터테인먼트 설립·대표(현) 1998년 양현석 1집 '무시'로 솔로 데뷔, '지누션'·'원타임'·'세븐'·'거미'·'렉시'·'빅마마'·'빅뱅'·'2NE1'·'싸이' 등 다수의 가수 프로듀싱 2014년 비영리재단 무주YG재단 설립·대표(현) [상]대한민국영상음반대상 골든디스크상(1992·1993), TV저널 올해의 스타상 대상(1992), SBS 서울가요대상 올해의 가수상·최고인기가수상(1992), KBS 가요대상 15대 가수상(1992), MBC 10대가수가요제 최고인기가요상·신인가수상(1992), SBS 서울가요대상 작곡상·기획상·올해의 가수상·최고인기가수상(1993), KBS 가요대상 본상(1993), MBC 10대가수가요제 본상(1993), TV저널 올해의 스타상(1993), SBS 가요대상(1993), 대한민국영상음반대상 SKC인기상 골든디스크(1995), MBC 가요대상 최고인기가요(1995), MTV 비디오 뮤직어워드 아시아부문상(1996), SBS 가요대전 올해의 음반 프로듀서상(2003), 대한민국대중문화예술상 대통령표창(2011) [작]발매음반 '난 알아요(서태지와 아이들 1집)'(1992) '하여가(서태지와 아이들 2집)'(1993) '발해를 꿈꾸며(서태지와 아이들 3집)'(1993) '컴백홈(서태지와 아이들 4집)'(1995) 'Goodbye Best Album'(1996) '서태지와 아이들 시대유감(싱글앨범)'(1996) '무시(솔로 1집)'(1998) 등

양현아(梁鉉娥·女) Hyunah YANG

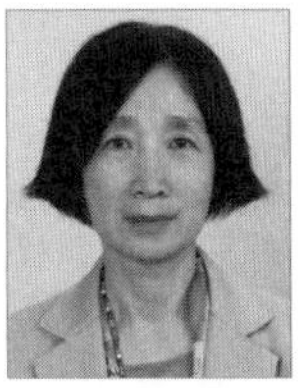

[생]1960·5·19 [주]서울 관악구 관악로1 서울대학교 법과대학(02-880-9033) [학]1984년 서울대 가정관리학과졸 1988년 同사회학과졸 1991년 同대학원 사회학과졸 1998년 사회학박사(미국 뉴스쿨대) [경]1998~2002년 서울대·동국대·한양대·이화여대·숙명여대·연세대·중앙대 강사 2000년 일본군성노예전범 여성국제법정 남북한공동검사단원 2001~2003년 서울대 BK21 법학연구단 박사 후 연구원 2002~2003년 미국 워싱턴대 방문교수 2003년 서울대 법과대학 조교수·부교수·교수(현) 2004년 한국사회사학회 이사 2005년 한국여성학회 대외협력위원장 2005년 한국젠더법학연구회 운영위원장 2009~2011년 한국젠더법학회 회장 2011~2014년 국가인권위원회 비상임위원 2012~2013년 대법원 국민사법참여위원회 위원 2015년 새정치민주연합 선출직공직자평가위원회 위원(현) [저]'성적 소수자의 인권'(2002) '유교적 예와 현대적 해석'(2004) '가지않은 길, 법여성학을 향하여'(2004) '낙태죄에서 재생산권으로'(2005) '한국젠더정치와 여성정책 中 여성주의정책으로서의 한국가족정책의 원리모색'(2006) '군대와 성평등'(2009) '한국가족법 읽기-전통, 식민지성, 젠더의 교차로에서'(2011) 'Law and Society in Korea'(2013) '법사회학, 법과사회의 대화'(2013) '동아시아 역사분재- 갈등의 현장을 찾아 화해의 길을 묻다'(2016) '2015「위안부」합의 이대로는 안된다'(2016)

양현종 YANG Hyeon-jong

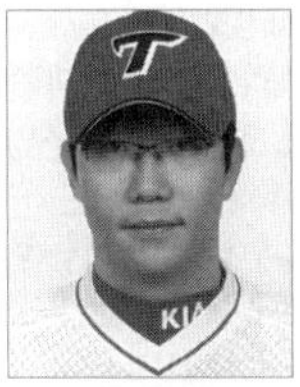

[생]1988·3·1 [주]광주 북구 서림로10 무등종합경기장 KIA타이거즈(070-7686-8000) [학]광주동성고졸 [경]2005년 프로야구 기아 타이거즈 입단(투수)(현) 2010년 광저우아시안게임 국가대표(금메달) 2013년 프로야구 정규리그 성적(다승 2위-16승8패·평균자책점 4.25·탈삼진 3위-165개·퀄리티피칭 1위-17경기) 2014년 인천아시안게임 국가대표(금메달) 2015년 국내프로야구 정규시즌 성적(평균자책점 1위- 2.44·15승 6패 1홀드·삼진 157개) [상]제39회 대통령배고교야구대회 우수투수상(2005), 화랑대기전국고교야구대회 감투상(2006), 봉황대기전국고교야구대회 우수투수상(2006), 한국야구위원회 페어플레이상(2010), 조아제약 프로야구대상 기량발전상(2010), 골든글러브 페어플레이상(2010), 스포츠토토올해의상 올해의성취상(2010), 제1회 최동원상(2014), 조아제약 프로야구대상 최고투수상(2014), 일구상 최고투수상(2014), 밝은안과21병원 3~4월 MVP(2015) 한국야구위원회 평균자책점상(2015), 조아제약 프로야구대상 최고투수상(2015)

양현주(梁鉉周) YANG Hyun Joo

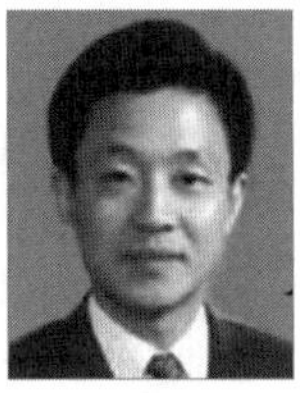

[생]1961·9·14 [본]남원(南原) [출]서울 [주]서울 서초구 서초중앙로157 서울고등법원(02-530-1114) [학]1980년 동국사대부고졸 1985년 서울대 법대 공법학과졸 1987년 同대학원 법학과졸 2003년 同법학 박사과정 수료 [경]1986년 사법시험 합격(28회) 1989년 사법연수원 수료(18기) 1992년 부산지법 판사 1995년 同울산지원 판사 1996년 수원지법 판사 1997년 미국 버지니아대 연수 2000년 서울지법 판사 2000년 헌법재판소 헌법연구관 2001~2004년 서울고법 판사 2001~2002년 헌법재판소 파견 2004년 인천지법 부장판사 2007년 서울남부지법 부장판사 2009~2012년 서울중앙지법 부장판사 2010~2011년 언론중재위원회 서울제5중재부장 2012년 대전고법 부장판사 2013년 인천지법 수석부장판사 2014년 서울고법 부장판사(현)

양형권(梁炯權) YANG Hyung Kwon

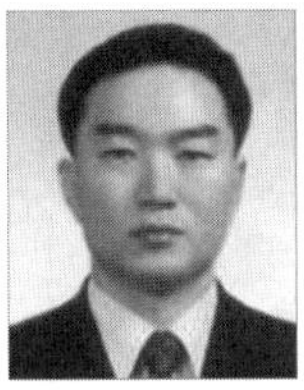

[생]1965·3·6 [출]전남 곡성 [주]경남 창원시 성산구 창이대로681 창원지방법원(055-266-2200) [학]1984년 광주 송원고졸 1991년 서울대 경영학과졸 [경]1992년 사법시험 합격(34회) 1995년 사법연수원 수료(24기) 1996년 변호사 개업 2000년 광주지법 판사 2002년 同순천지원 판사 2005년 광주고법 판사 2008년 광주지법 판사 2010년 同목포지원 부장판사 2012년 광주지법 부장판사 2015년 창원지법 부장판사(현)

양형렬(梁亨烈) Yang, Hyung-Lyeol

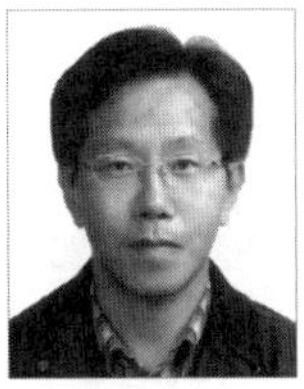

[생]1968·10·20 [본]남원(南原) [출]경남 통영 [주]대전 유성구 과학로169의148 국가핵융합연구소 ITER한국사업단 기술본부(042-879-6000) [학]1987년 마산고졸 1991년 서울대 원자핵공학과졸 1993년 同대학원 원자핵공학과졸 2000년 원자핵공학박사(서울대) [경]1996~2001년 한국기초과학지원연구원 연구원 2001~2005년 同선임연구원 2005~2006년 국가핵융합연구소 핵융합연구센터 KSTAR사업단 장치건설부 시스템통합팀장 2006~2007년 同「KSTAR 주장치 개발·제작」과제 연구책임자 2007~2008년 同KSTAR연구센터 시스템연구부장 2008년 同KSTAR운영사업단 장치기술개발부장 2013년 同핵융합공학센터 토카막공학기술부장 2014년 同선행기술연구센터장 2015년 同선행공학연구부장 2015년 同ITER한국사업단 기술본부 책임연구원(현) [상]대통령표창(2009), 대전시 이달의 과학기술인상(2010)

양형식(梁亨植) YANG Hyung Sik

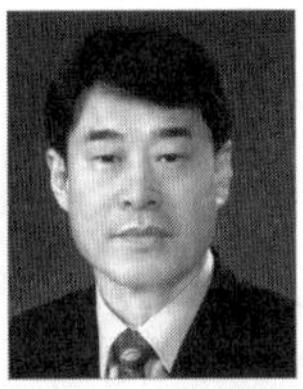

[생]1954·9·16 [출]전북 임실 [주]전북 전주시 완산구 천잠로507 드림솔병원 원장실(063-250-0100) [학]1973년 전주고졸 1979년 전북대 의대졸 1988년 의학박사(전북대) 1994년 미국 필라델피아대·토머스제퍼슨대병원 연수 2004년 미국 하버드대 의대 노인병교육센터 수료 [경]1986~2002년 양형식내과의원 원장 1986년 전주청년회의소 회원·이사 1995년 同특우회원(현) 1995~1997년 국제로타리 3470지구 전일로타리클럽 초대회장 1996년 전주지법 가사 및 민사조정위원 1997년 전주 영생고육성회 회장 1998년 전북대의대 외래교수 1998~2004년 한국BBS운동 전북연맹 부회장 1998~2008년 법무부 범죄예방위원회 의료지원분과 부위원장 1999~2007년 전주경제정의실천시민연합 공동대표·고문 1999~2005년 전주방송 시청자위원 2000년 同시사진단 진행자 2001년 2002전주월드컵 명예홍보대사 2002년 양지내과병원 원장 2002년 전북개원내과의사회 회장 2003년 전주시의사회 회장 2005~2009년 전주사회복지협의회 부회장 2006~2009년 전북도의사회 회장 2008년 전주지검 의료자문회의 부회장 2013년 드림솔병원 원장(현) 2014년 전북대병원 비상임이사(현) [상]국회의장표창(1979), 동호라이온스클럽회장 감사패(1981), 전주청년회의소회장 공로패(1988), 줄포청년회의소회장 감사패(1989), 무궁화교통봉사대장 감사패(1991), 전주세무서장표창(1992), 보건사회부장관표창(1994), 국제로타리3670지구총재 공로패(1996·2001), 전주시노인회장 공로패(1996), 전일로타리클럽회장 공로패(1996), 법원행정처장 감사패(1998), 전주지방검찰청장표창(1999), 한국BBS중앙연맹총재 봉사대상(2004), 자랑스런 선행시민상(2005), 국무총리표창(2005)

양형일(梁亨一) YANG Hyung Il (無境)

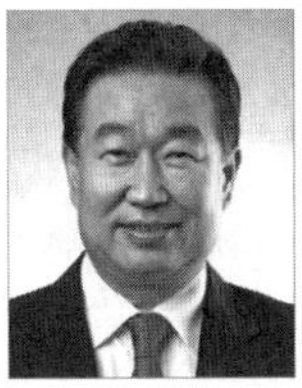

[생]1951·3·2 [본]제주(濟州) [출]광주 [주]광주 동구 필문대로309 조선대학교 행정학과(062-230-6765) [학]1971년 광주상고졸 1976년 조선대 법학과졸 1979년 同대학원 법학과졸 1984년 미국 오하이오대 대학원 행정학석사 및 국제행정학석사 1989년 행정학박사(미국 휴스턴대) [경]1980년 조선대 법학과 전임강사 1988년 미국 휴스턴대 강사 1989~2004·2008~2009년 조선대 행정학과 조교수·부교수·교수 1992년 광주매일신문 객원논설위원 1994년 조선대 기획처장 1995년 민주평통 자문위원 1998년 조선대 부총장 1999~2003년 同총장 1999~2003년 광주·전남테크노파크 공동이사장 2000년 광주은행 사외이사 2001년 광주시 제2의건국범국민추진위원회 위원장 2003~2007년 열린우리당 중앙위원 2003년 同교육특별위원장 2004~2008년 제17대 국회의원(광주東, 열린우리당·중도개혁통합신당·중도통합민주당·대통합민주신당·통합민주당) 2004~2005년 열린우리당 광주시당 위원장 2004년 同문화중심도시추진특별위원회 위원장 2005년 同지방행정체제개편기획단장 2007년 중도개혁통합신당 대변인 2010년 조선대 행정학과

명예교수(현) 2012년 제19대 국회의원선거 출마(광주 동구, 무소속) 2013년 소나무포럼 상임고문(현) 2014년 광주시 교육감선거 출마 [상]대통령표창, 국민훈장 동백장, 청조근정훈장 [저]'영국지방정부론'(1997) [종]기독교

양혜숙(梁惠淑 · 女) YANG Hye Sook

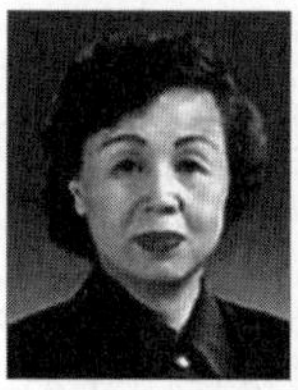

[생]1936 · 6 · 19 [본]남원(南原) [출]서울 [주]서울 종로구 종로22길25 태성빌딩502호 한국공연예술원(02-6015-2223) [학]1959년 서울대 문리대 독어독문과졸 1966년 서독 튀빙겐대 대학원졸 1978년 문학박사(이화여대) [경]1964년 서울사대부고 교사 1968~1981년 이화여대 인문대 독어독문학과 전임강사 · 조교수 · 부교수 1981~2001년 同교수 1983~1985년 세계전문직여성연맹 한국본부 부위원장 1984년 독어독문학회 부회장 1984~1987년 서울극평가클럽 회장 · 국제극평가협의회 한국본부 회장 1990년 브레히트학회 부회장 1990년 카프카학회 부회장 1991~1993년 同회장 1991~1995년 한국공연예술연구회 회장 1992년 예술평론가협의회 부회장 1994~1995년 한국독어독문학회 회장 1995~2009년 한국공연예술원 원장 1996~1999년 국제극예술협회(ITI) 한국본부 부회장 1996~1999년 유네스코 한국본부 문화분과위원 및 감사 1999~2005년 국제극예술협회(ITI) 한국본부 회장 2000년 서울연극협회 자문위원(현) 2002~2014년 아시아퍼시픽극예술협회 회장 2002년 한국연극평론가협회 고문(현) 2004~2013년 과천문화재단 이사 2010년 한국공연예술원 이사장(현) [상]국무총리표창(1997), 한국예술평론가협의회 최우수예술인상(1998), 대통령표창(1998), 황희문화예술상 대상(2000), 국제문화예술상 공로상 [저]'표현주의 연극에 나타난 현대 성' '연극의 이해(共)'(1992) '15인의 거장들-현대 독일어권 극작가 연구(編)'(1998) [역]'구제된 혀'(1982) '연극과 사회'(1984) '낯선자' '세상의 중력' '아침부터 자정까지' '세상살이 귀신놀이' 등 20여편 [작]'뷰시너의 보이체크' 등 17편 [종]천주교

양호산(梁鎬山) YANG Ho San

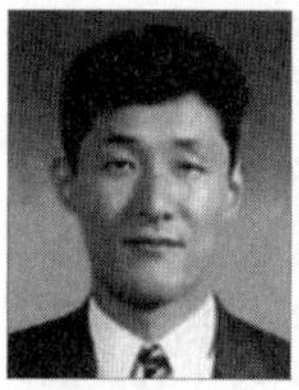

[생]1966 · 12 · 25 [출]전남 강진 [주]서울 서초구 법원로16 정곡빌딩 동관409호 양호산법률사무소(02-6462-1500) [학]1984년 광주 금호고졸 1989년 고려대 법학과졸 [경]1993년 사법시험 합격(35회) 1996년 사법연수원 수료(25기) 1999년 부산지검 검사 2000년 전주지검 정읍지청 검사 2002년 서울지검 검사 2004년 인천지검 검사 2006년 부실채무기업특별조사단 파견 2006년 광주지검 검사 2006~2008년 예금보험공사 금융부실책임조사본부 파견 2008년 광주지검 검사 2009년 대검찰청 연구관 2010년 부산지검 강력부장 2011년 대전지검 논산지청장 2012년 서울중앙지검 공판3부장 2013년 同조사부장 2014년 인천지검 부천지청 부장검사 2015년 법무연수원 교수 2015년 변호사 개업(현)

양호승(梁豪承) YANG Ho Seung

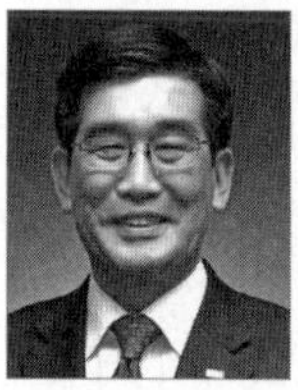

[생]1947 · 12 · 13 [출]전남 강진 [주]서울 영등포구 여의나루로77의1 사회복지법인 월드비전(02-2078-7000) [학]1969년 서울대 농대졸 1971년 미국 미네소타대 대학원 영양학과졸 1976년 식품 · 생물공학박사(미국 메사추세츠공과대) 1982년 미국 일리노이대 대학원 경영학과졸 [경]1976~1978년 미국 IBM Watson 중앙연구소 연구원(Biotechnology R&D) 1989~1997년 SK케미칼 입사 · 기획관리실장(전략기획 · IT · PR · IR · Legal) · SK그룹 회장실 상무 · 생명과학연구소장(신약개발 · 제약R&D · 건강식품) 1997~2007년 미국 Sensient Technologies, Wisconsin 마케팅 및 기술총괄 부사장 2007~2011년 CJ제일제당 부사장(Global 신규사업개발 · Global Marketing · Technology 자문) 2008년 평양과학기술대 학사위원 2012년 사회복지법인 월드비전 회장(현) 2014~2016년 대북협력민간단체협의회 회장

양호승(梁虎承) YANG Ho Seung

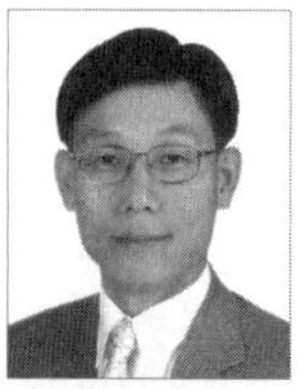

[생]1956 · 1 · 2 [본]제주(濟州) [출]충남 논산 [주]서울 강남구 영동대로517 아셈타워 법무법인 화우(02-6003-7550) [학]1974년 대전고졸 1978년 서울대 경제학과졸 2005년 同대학원 전문분야 법학연구과정 수료 [경]1977년 행정고시 합격(19회) 1978~1979년 행정고시(21회) 연수 및 총무처 근무 1982년 사법시험 합격(24회) 1984년 사법연수원 수료(14기) 1985년 수원지법 판사 1987년 서울민사지법 판사 1988년 대전지법 천안지원 판사 1990년 서울지법 서부지원 판사 1993년 서울민사지법 판사 1995년 서울가정법원 판사 1996년 서울고법 판사 1998년 대법원 재판연구관 1998년 同민사실무연구회 회원(현) 2000년 대전지법 천안지원 부장판사 2001~2004년 사법연수원 교수 2003년 사법시험 1차 및 2차 출제위원 2004년 서울북부지법 부장판사 2006년 금융감독원 감리위원회 위원 2006~2014년 법무법인 화우 변호사 2006~2008년 금융감독원 감리위원회 2009~2011년 한국증권법학회 이사 2009~2013년 전문건설공제조합 법률자문위원 2009~2013년 同상각채권심사위원 2010~2014년 식품의약품안전처 고문변호사 2011~2015년 한국거래소 유가증권시장상장공시위원회 위원 2011년 대한상사중재원 중재인(현) 2011~2013년 서울지방변호사회 이사 2011년 법무부 선진법제포럼 회원(현) 2011년 한국증권법학회 감사 2012년 국민권익위원회 중앙행정심판위원회 위원(현) 2012년 대한변호사협회 변호사연수원 운영위원(현) 2012년 전문건설공제조합 운영위원회 위원(현) 2013~2015년 국세청 조세법률고문 2014년 법무법인 화우 대표변호사(현) 2015년 한국증권법학회 부회장(현) [저]'행정소송실무편람'(共)

양호철(梁浩徹) YANG Ho Chul

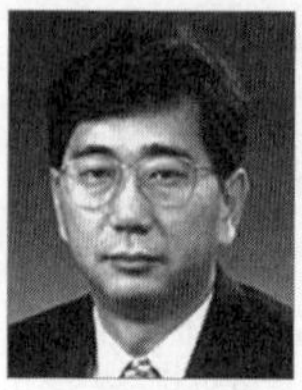

[생]1955 · 6 · 20 [본]남원(南原) [출]서울 [주]서울 종로구 새문안로68 흥국생명빌딩 모건스탠리인터내셔날증권 한국지점(02-399-4822) [학]1973년 서울고졸 1977년 경희대 경영학과졸 1979년 서울대 대학원 경영학과졸 1983년 경영학박사(미국 루이지애나주립대) [경]1983~1985년 미국 위스콘신주립대 조교수 1985년 대신증권(주) 이사 1986년 同상무이사 1989년 동서증권(주) 상무이사 1990년 同전무이사 1992년 同영업총괄본부장(부사장) 1997년 동서경제연구소 부사장 1997~2016년 모건스탠리인터내셔날증권 한국지점 대표 2016년 同회장(현) [종]기독교

양홍석(梁弘錫) YANG Hong Seok

[생]1969 · 9 · 10 [본]남원(南原) [출]경기 군포 [주]세종특별자치시 다솜로261 국무총리 공보기획비서관실(044-200-2696) [학]1987년 안양 신성고졸 1991년 연세대 행정학과졸 2007년 미국 피츠버그대 대학원 행정학과졸 [경]1990년 행정고시 합격(34회) 2001년 국무조정실 심사평가1심의관실 서기관 2002년 同조사심의관실 서기관 2004년 同조사심의관실 과장 2004년 同일반행정심의관실 과장 2007년 同자체평가심의관실 자체평가총괄과장 2008년 국무총리실 평가관리관실 자체평가제도과장 2010년 同평가총괄정책관실 평가총괄과장(부이사관) 2011년 同세종특별자치시지원단 총괄기획관 2013년 국무조정실 세종특별자치시지원단 기획관 2013년 同민관합동규제개선추진단 부단장(고위공무원) 2014년 同사회규제관리관 2016년 국무총리 공보기획비서관(현) [상]대통령표창(2002), 근정포장(2004)

양홍석(梁洪碩) Yang Hong Seok

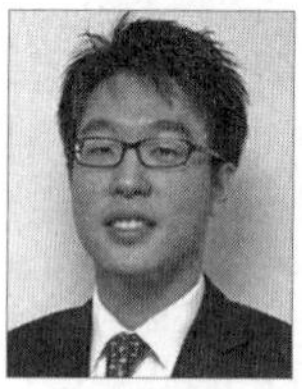

[생]1981 · 4 · 20 [출]서울 [주]서울 영등포구 국제금융로8길16 대신증권(주) 사장실(02-769-2003) [학]2006년 서울대 경영학과졸 [경]2006~2007년 대신증권(주) 선릉역지점 · 명동지점 · 대신경제연구소 근무 2007년 대신투자신탁운용(주) 상무이사 2007년 대신증권(주) 전무이사 2008년 同부사장 2010년 同대표이사 부사장 2012년 同부사장 2014년 同사장(현)

양홍주(梁洪周) Yang Hong Ju

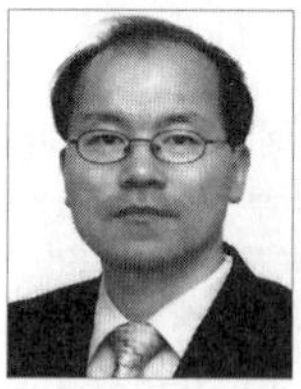

[생]1960 · 6 · 5 [본]제주(濟州) [출]전북 정읍 [주]서울 종로구 세종대로209 행정자치부 지방인사제도과(02-2100-8750) [학]1979년 호남고졸 1984년 경희대 행정학과졸 1986년 同대학원 행정학과졸 1996년 한국개발연구원(KDI) 국제정책대학원 정책학과졸 [경]1990~2002년 총무처(행정자치부) 고시과 · 교육훈련과 · 인사과 근무 2002~2003년 중앙공무원교육원 국제협력담당관실 근무 2004~2006년 한국개발연구원(KDI) 국제정책대학원 · 미국 오레곤대 직무훈련 2006~2008년 중앙인사위원회 근무 2008~2009년 행정안전부 인사정책과 임용계장 2009~2010년 同감사팀장 2010~2012년 2012여수세계박람회조직위원회 조경부장 · 스카이타워단장 2012~2015년 駐도미니카공화국대사관 1등서기관 2015년 행정자치부 지방인사제도과장(현) [상]국무총리표창(1999), 녹조근정훈장(2013)

양화식(梁和植) YANG Hwa Sik

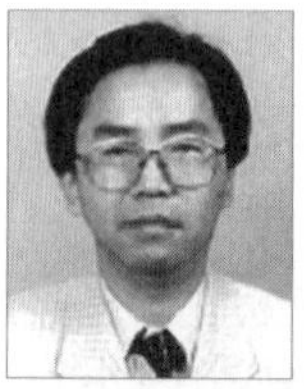

[생]1951 · 7 · 3 [주]경기 화성시 봉담읍 와우안길17 수원대학교 법학과(031-220-2508) [학]1971년 부산고졸 1975년 서울대졸 1977년 성균관대 대학원졸 1985년 법학박사(성균관대) [경]1983~1987년 법무부 법무자문위원회 전문위원 1987~2002년 수원대 법학과 조교수 · 부교수 1989~1991년 同사회과학연구소장 1992년 사법시험 및 군법무관시험 출제위원 1993~1995 · 1998~2000년 수원대 법학과장 1995~1997년 한국법학교수회 이사 1998~1999년 수원대 사회과학부장 2001년 한국교정학회 이사 2002년 한국피해자학회 이사 2002년 수원대 법학과 교수(현) 2006~2010 · 2014~2015년 同법정대학장 [상]법무부장관표창(1987) [저]'행형의 과제와 실험'(1989) [역]'독일민사소송법'(1984) '법과 사회'(1998) '법철학'(2001)

양환정(梁煥政) YANG Hwan Jung

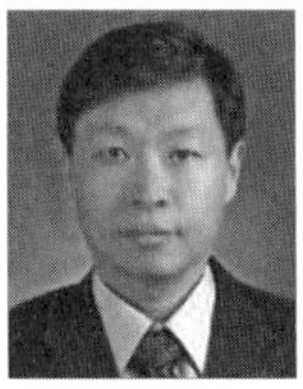

[생]1967·1·28 [출]전북 남원 [주]경기 과천시 관문로47 미래창조과학부 통신정책국(02-2110-1900) [학]1985년 경신고졸 1989년 서울대 사법학과졸 2002년 미국 콜로라도대 볼더교 대학원졸 [경]1998년 정보통신부 우정기획팀 서기관 2002년 울산우체국장 2003년 정보통신부 기획관리실 법무담당관 2005년 同정보통신진흥국 통신이용제도과장 2007년 同통신방송정책총괄팀장(부이사관) 2007년 한국정보사회진흥원 조정관(파견), 同전문위원 2009년 방송통신위원회 전파정책기획과장 2010년 同정책총괄과장 2010년 同국제협력관(고위공무원) 2011년 교육 파견(고위공무원) 2012년 방송통신위원회 전파기획관 2012년 제네바 ITU(국제전기통신연합) 파견(고위공무원) 2016년 미래창조과학부 통신정책국장(현) [상]근정포장(2007)

양효석(梁孝錫) YANG Hyo Seok

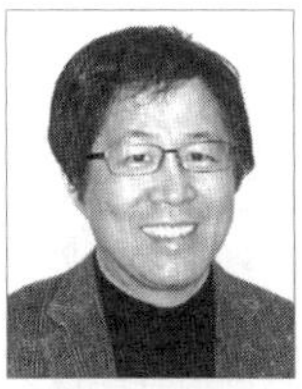

[생]1960·3·5 [본]남원(南原) [출]서울 [주]전남 나주시 빛가람로640 한국문화예술위원회 경영전략본부(061-900-2104) [학]연세대 사학과졸, 경희대 경영대학원 경영학과졸 [경]한국문화예술진흥원 정책실장 2005년 한국문화예술위원회 정책실장 직대 2006년 同예술진흥실장 2008년 同문화협력사업본부장 2009년 同신사업추진단장 2010년 同예술진흥본부장 2010년 同아르코예술인력개발원장(부장급) 2011년 同문화복지부장(본부장급) 2011년 同문화나눔본부장 2015년 同운영총괄본부장 2016년 同경영전략본부장(현)

양효섭(梁曉燮) Yang Hyosup

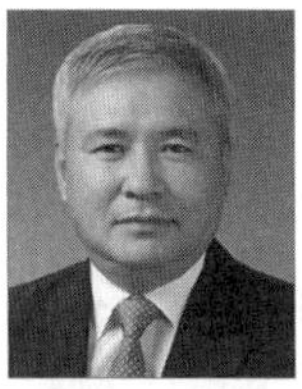

[생]1957·10·13 [본]제주(濟州) [출]전남 영암 [주]광주 북구 북문대로60 광주문화예술회관(062-613-8320) [학]1976년 조선대부속고졸 1986년 전남대 정치외교학과졸 [경]1986~1987년 광남고 교사 1988년 광주시 동구 근무 1995년 同투자유치기획단·환경정책과·총무과 근무 2007년 同세정담당관실 세외수입담당 사무관 2008년 KOTRA 뉴욕무역관 주재관(파견) 2011년 광주시 전략산업과 광산업담당 사무관 2015년 同일자리투자정책국 투자유치과장 2016년 광주문화예술회관장(현) [상]국무총리표창(2004)

양휘부(梁輝夫) YANG Hwee Boo

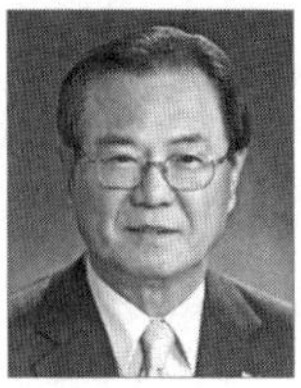

[생]1943·6·28 [본]제주(濟州) [출]부산 [주]경기 성남시 분당구 운중로121 KPGA빌딩10층 한국프로골프협회 비서실(02-414-8855) [학]1962년 경남고졸 1966년 고려대 정치외교학과졸 1983년 미국 미주리주립대 언론대학원졸(언론학석사) 2001년 고려대 언론대학원 최고위과정 이수 [경]1970~1973년 대한일보 기자 1973~1980년 KBS 정치부 기자 1978~1979년 한국기자협회 부회장 1980년 KBS 강제 해직 1986년 KBS 올림픽방송본부 통합통제실장 1987년 同기획보도실 제작담당 부주간 1989년 同외신부장 1991년 同홍콩지국장 1993년 同북경총국장 1994년 同보도국 TV제작주간 1995년 同보도제작국장 1996년 同방송연수원장(국장급) 1997년 同해설위원장 1998~2000년 同창원방송총국장 1999년 창원대 언론학부 객원교수 2000~2002년 한나라당 총재 및 대통령후보 특보 2002~2006년 방송위원회 상임위원(차관급) 2006~2007년 고려대 언론대학원 초빙교수 2007년 한나라당 이명박 대통령후보 TV토론대책위원회 부위원장 2007년 同이명박 대통령후보 방송특보단장 2007년 이명박 대통령당선자 대변인실 자문위원 2008~2011년 한국방송광고공사(KOBACO) 사장 2011~2012년 미국 미주리주립대한국총동문회 회장 2012~2015년 한국케이블TV방송협회 회장 2016년 한국프로골프협회(KPGA) 회장(현) [상]한국방송70주년 기념특별상(1997), 황조근정훈장(2006), 고려대 언론인교우회 장한 고대언론인상(2011), 중앙대 제25회 중앙언론문화상 방송·영상부문(2013) [저]'여러분 안녕하십니까'

양흥준(楊興準) YANG Heung Joon (해암)

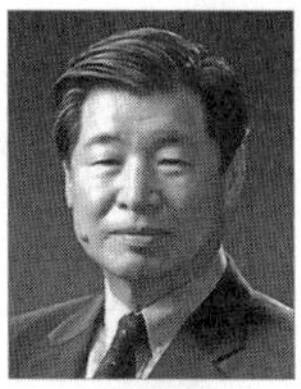

[생]1946·6·1 [본]밀성(密城) [출]경남 창녕 [주]대전 유성구 가정북로26의69 (주)진켐 비서실(042-360-0872) [학]1965년 부산고졸 1969년 서울대 화학공학과졸 1989년 공학박사(미국 워싱턴대) 2002년 서울대 경영대학 AMP과정 수료 [경]1978년 (주)럭키 입사 1991년 同농화학사업부장(이사) 1995년 (주)LG화학 기술전략담당 이사 1996년 同신사업전략담당 상무 1999년 同경영전략실장(전무) 2000년 同생명과학사업본부장(전무) 2000년 同부사장 2001년 (주)LGCI 생명과학사업본부장(부사장) 2002년 (주)LG생명과학 대표이사 사장 2005~2007년 한국정밀화학공업진흥회 회장 2006년 (주)LG생명과학 고문 2010년 (주)GNSI 대표이사 2012년 (주)지오스 대표이사 2013년 (주)진켐 회장(현) [상]대통령표창(2003), 금탑산업훈장(2004), 제15회 경제정의기업상

양희동(梁熙東) Yang Hee Dong

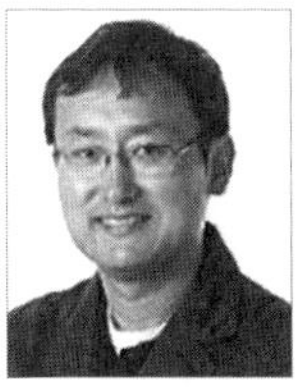

[생]1965·3·26 [출]서울 [주]서울 서대문구 이화여대길52 이화여자대학교 경영대학 경영학부(02-3277-3582) [학]1983년 마포고졸 1988년 서울대 경영학과졸 1991년 同대학원 경영학과졸 2000년 경영학박사(미국 케이스웨스턴리저브대) [경]1988~1990년 대우증권 영업추진부·국제영업부 근무 1991~1993년 삼성SDS 컨설팅 사업부 근무 1998~2000년 미국 매사추세츠대 보스턴교 조교수 2000년 이화여대 경영대학 경영학부 교수(현) 2001~2003년 미국 뉴욕주립대 스토니브룩교 Adjunct Assistant Professor 2005년 독일 파더보른 방문교수 2005년 Stanford Advanced Project Management 겸임교수 2006·2007년 Marquis Who's Who in the World 등재 2008~2010년 이화여대 경영대학 경영연구소장 2009·2013·2014년 한국경영정보학회 부회장 2010년 일본 히토츠바시대 Fukino fellow 2012년 同방문교수 [상]문화체육관광부장관표창(2012) [저]'B2B 와 e마켓플레이스(共)'(2001, 법문사) 'Business Intelligence: SEM(共)'(2005, 어람출판사) '네트워크 경제의 실험과 형성: 한국 인터넷 기업의 변천사(共)'(2006, 서울대 출판부) [역]'지식의 측정과 관리'(2002, 한경사) 'Mobile Businesses in Korea(共)'(2008, Chandos Publishing : Oxford, England) '이동통신기기산업의 혁신경로 창출능력(共)'(2008, 과학기술정책연구원) '내비게이션 지도 사례-(주)엠앤소프트(共)'(2008, 과학기술정책연구원) 'Collaborative Strategy(共)'(2010, APEC) 'Technology Innovation, Intellectual Property Management, and Technology Standards'(2011, APEC) '클라우딩 컴퓨팅(共)'(2011, 한경사)

양희산(梁熙山) YANG Hee San

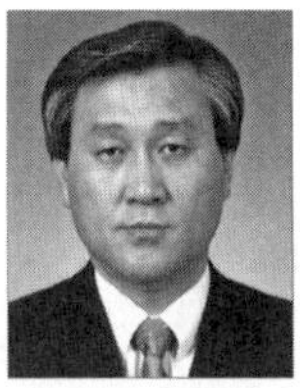

[생]1952·1·18 [출]전북 김제 [주]전북 전주시 완산구 천잠로303 전주대학교 경영대학 금융보험학과(063-220-2545) [학]1974년 서울대 교육학과졸 1986년 同대학원 경영학과졸 1992년 경제학박사(경희대) [경]1976~1978년 대한재보험공사 근무 1978~1991년 보험감독원 근무·과장 1985년 보험연수원 강사 1987~1991년 명지대·단국대·숙명여대 강사 1991년 전주대 경영대학 금융보험학과 교수(현) 1992년 보험감독원 보험분쟁조정위원회 선문위원 1992년 손해사정인·보험중개인시험전형위원회 시험출제위원 1996년 미국 Univ. of North Carolina 교환교수 1997년 전주대 경제정보학부장 1997년 同보험학과장 1998년 보험감독원 손해보험경영평가위원 1998년 전주대 경제정보학부장 1999년 금융감독원 금융분쟁조정위원 1999년 행정자치부 보험자문위원 2000년 전주대 금융보험부동산학부장 2000년 同생애개발지원처장 2002년 同기획조정처장 2003년 同국제경영대학원장 겸 행정대학원장 2005~2007년 同경상대학장, 同일반대학원 금융보험학과장 2007~2013년 서울시 학교안전공제중앙회 초대·2대 이사장 2008~2010년 한국손해사정학회 초대회장 2011~2012년 한국보험학회 회장 2012~2016년 코리안리재보험(주) 사외이사 겸 리스크관리위원 2013~2014년 전주대 부총장 2013년 어린이집안전공제회 이사장(현) [상]보건복지부장관표창(2009) [저]'보험마케팅론' '손해보험론' '보험경영사례연구' [역]'해상보험 손해사정' '보험법률' [종]기독교

양희선(梁喜善) YANG Hee Sun

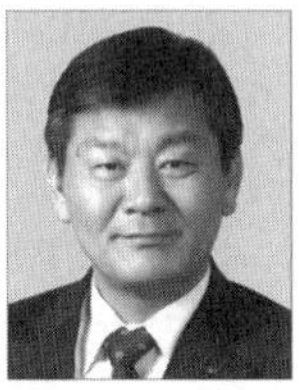

[생]1954·7·12 [출]전남 구례 [주]서울 강남구 언주로726 두산건설(주) 고문실(02-510-3114) [학]1973년 광주제일고졸 1981년 성균관대 경영학과졸 [경]1981년 두산건설 입사 2000년 (주)두산 상무 2001년 두산중공업(주) 재무담당 상무 2004년 대우종합기계 인수단장 2005년 두산인프라코어(주) CFO(전무) 2008년 同CFO(부사장) 2011년 (주)엔세이퍼 대표이사 부사장 2013~2015년 두산건설(주) 각자대표이사 사장(CEO) 2014년 대한건설협회 회원이사 2015년 두산건설(주) 고문(현) [상]중소기업청장표창(2013), 은탑산업훈장(2014)

양희선(梁熙善) YANG Hee Sun

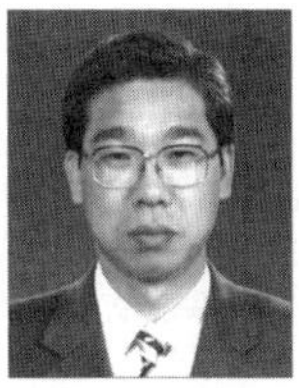

[생]1960·3·10 [본]남원(南原) [출]경북 의성 [주]경기 고양시 일산동구 호수로550 사법연수원 사무국(031-920-3114) [학]안계고졸, 서울산업대 행정학과 수료 [경]2004년 춘천지법 종합민원실장(법원서기관) 2005년 법원행정처 관리과장 2008년 서울동부지법 형사과장 2009년 同총무과장 2011년 대구지법 서부지원 사무국장(법원부이사관) 2012년 수원지법 안산지원 사무국장 2013년 서울행정법원 사무국장 2014년 대구고법 사무국장(법원이사관) 2015년 사법연수원 사무국장(현) [상]법원행정처장표창(1988), 대법원장표창(2001), 근정포장(2009) [종]불교

양희열(梁僖烈) YANG Heui Yul (必立)

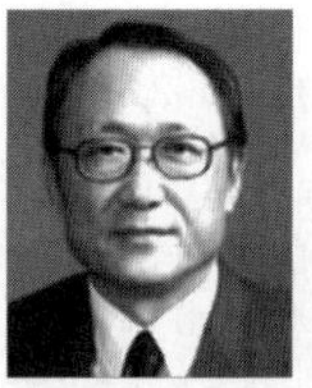

[생]1941·2·9 [본]제주(濟州) [출]전남 무안 [주]울산 남구 문수로311 법무법인 법고을(052-276-3322) [학]1959년 광주 광주고졸 1963년 서울대 법대졸 1969년 同사법대학원졸 [경]1967년 사법시험 합격(8회) 1969년 육군 법무관 1972년 부산지법 판사 1974년 同마산지원 판사 1975년 부산지법 판사 1978년 창원지법 밀양지원장 1979년 대구고법 판사 1980년 서울고법 판사 1981년 대법원 재판연구관 1983년 대전지법 강경지원장 1984년 부산지법 부장판사 1986년 同울산지원장 1988년 변호사 개업 1992~2014년 생명의전화 이사장 1993년 울산YMCA 이사장 2003~2004년 울산지방변호사회 회장 2004년 울산컨트리클럽 이사장 2008년 법무법인 법고을 변호사(현) 2009~2011년 대한변호사협회 감사 [저]'일본온천 색다른 여행을 떠나자' [종]기독교

양희영(梁熙英·女) Amy Yang

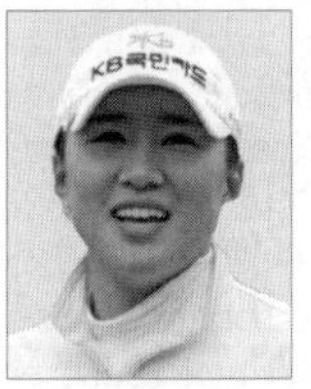

[생]1989·7·28 [주]서울 송파구 송이로136 아우토플라츠빌딩 3층(02-3789-8100) [학]로비나고졸 [경]2005년 뉴질랜드 여자아마추어선수권대회 우승 2005년 퀸즐랜드 아마추어챔피언십 우승 2005년 그레그 노먼 주니어마스터스 우승 2006년 유럽여자프로골프투어(LET) ANZ 레이디스마스터스 우승 2006년 한국여자프로골프협회(KLPGA) 입회 2008년 유럽여자프로골프투어(LET) 독일오픈 우승 2008년 LET 스칸디나비안TPC 우승 2009년 LET 웨일스 레이디스 챔피언십 2위 2010년 미국여자프로골프(LPGA)투어 챔피언십 2위 2011년 KB금융그룹 후원계약 2011년 LPGA투어 월마트 아칸소 챔피언십 2위 2011년 LPGA투어 선라이즈 LPGA 대만 챔피언십 2위 2011년 KLPGA투어 KB금융 스타챔피언십 우승 2013년 LPGA투어 하나·외환 챔피언십 우승 2014년 LPGA투어 JTBC 파운더스컵 공동2위 2015년 LPGA투어 ISPS 한다 호주여자오픈 2위 2015년 LPGA투어 혼다 타일랜드 우승 2015년 LPGA투어 US여자오픈 2위 2015년 PNS더존샤시 후원계약(현) 2016년 LPGA투어 혼다 LPGA 타이랜드 공동3위 2016년 LPGA투어 사임 다비 LPGA 말레이시아 공동3위

어기구(魚基龜) EOH KIYKU

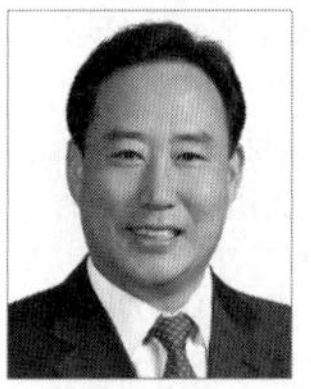

[생]1963·1·10 [주]서울 영등포구 의사당대로1 국회 의원회관632호(02-784-4360) [학]천안북일고졸, 순천향대 독어독문학과졸, 오스트리아 빈대 경제학과졸, 同사회과학대학원 경제학과졸 2002년 경제학박사(오스트리아 빈대) [경]경제사회발전노사정위원회 전문위원, 고려대 경제연구소 연구교수 2008년 한국노동조합총연맹 중앙연구원 연구위원, 민주통합당 당진시지역위원회 위원장 2012년 제19대 국회의원선거 출마(당진시, 민주통합당) 2012년 민주통합당 정책위 부의장 2013년 민주당 당진시지역위원회 위원장 2014~2015년 새정치민주연합 당진시지역위원회 위원장 2015년 同경제정의·노동민주화특별위원회 자문위원 2015년 더불어민주당 충남당진시지역위원회 위원장(현) 2016년 제20대 국회의원(당진시, 더불어민주당)(현) 2016년 국회 산업통상자원위원회 위원(현) 2016년 국회 민생경제특별위원회 위원(현) 2016년 국회 대법관(김재형)임명동의에관한인사청문특별위원회 위원(현) 2016년 국회철강포럼 공동대표(현)

어명소(魚命昭) EO Myeong So

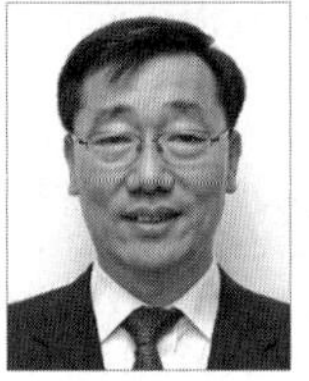

[생]1965·1·20 [본]함종(咸從) [출]강원 고성 [주]세종특별자치시 다솜1로31 새만금개발청 투자전략국(044-415-1004) [학]1983년 속초고졸 1993년 건국대졸 2012년 서울시립대 대학원 도시행정학박사과정 수료 [경]1984년 춘천시 세무과 근무 1993년 행정고시 합격(37회), 건설교통부 국토계산팀 사무관, 同육상교통기획과 사무관, 同수송정책과 근무 2005년 同국토정보기획팀장 2007년 駐쿠웨이트 1등서기관 2009년 국토해양부 물류산업과장 2010년 同대변인실 홍보담당관 2012년 同광역도시도로과장 2013년 국토교통부 행정관리담당관 2013년 同창조행정담당관(부이사관) 2014년 同토지정책과장 2016년 새만금개발청 투자전략국장(현) [상]강원도지사표창(1988), 대통령표창(2002), 건설교통부장관표창(2002)

어석홍(魚碩泓)

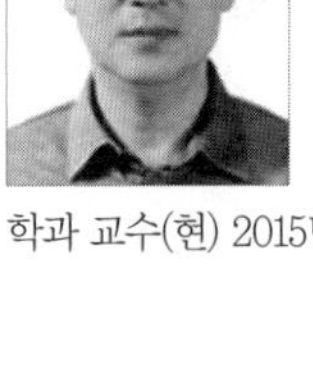

[생]1962·11·20 [주]경남 창원시 의창구 창원대학로20 창원대학교 공과대학 토목공학과(055-279-7591) [학]1981년 부산고졸 1985년 서울대 토목학과졸 1987년 한국과학기술원 토목과졸(석사) [경]1987~1991년 한국과학기술원 토목공학과 교육 및 연구조교 1991~1993년 同응용과학연구소 연구원 1991~1993년 미국 일리노이대 토목공학과 Post-Doc. 1993년 창원대 공과대학 토목공학과 교수(현) 2015년 同교무처장

어수봉(魚秀鳳) UH Soo Bong

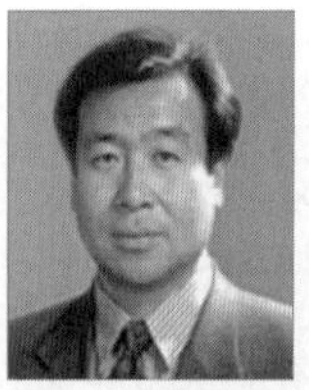

[생]1956·8·16 [출]인천 [주]충남 천안시 병천면 충절로1600 한국기술교육대학교 산업경영학부(041-560-1431) [학]1975년 서울고졸 1981년 서울대 경제학과졸 1989년 경제학박사(미국 밴더빌트대) [경]1981~1983년 한국개발연구원 연구원 1983~1984년 (주)금성투자금융 근무 1989~1995년 한국노동연구원 연구위원 1995~1997년 한국노총 중앙연구원장 1996~1998년 한국노동경제학회 연구이사 1997~1998년 한국노동연구원 연구위원 1998~1999년 한국노동경제학회 상임이사 1999년 한국노동연구원 선임연구위원 1999년 한국기술교육대 산업경영학부 교수(현) 2000년 한국산업인력공단 중앙고용정보원장 2001~2009년 노사정위원회 비정규직근로자대책특별위원 2004년 한국기술교육대 기획처장 2008년 同테크노인력개발전문대학원장(현) 2011~2014년 건설근로자공제회 비상임이사 2012~2014년 한국고용정보원 비상임이사 2013~2014년 한국노동경제학회 회장 [상]미국 밴더빌트대 Dissertation Enhancement Award(1988·1989), 국민포장(1995), 홍조근정훈장(2015) [저]'노동시장변화와 정책과제'(1990, 한국노동연구원) '한국의 여성노동시장'(1991, 한국노동연구원) '한국의 노동이동'(1992, 한국노동연구원) '사회적합의'(1993, 경제사회협의회) '사학의 자율운영 확대방안'(1994, 교육부 중앙교육심의회) '외국인노동자의 노동정책'(1995, 한국노총중앙연구원) '생계비와 임금정책'(1996, 한국노총중앙연구원) '21세기 노동시장정책'(1997, 한국노동연구원) '고실업시대의 실업대책'(1998, 한국노동연구원) '여성 실업문제와 대책'(1999, 새정치국민회의 정책위원회)

어수용(魚秀龍) EO Soo Yong

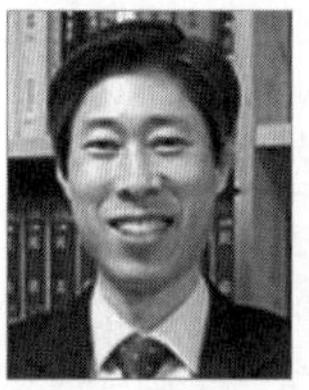

[생]1965·7·17 [출]충북 보은 [주]충북 청주시 서원구 산남로62번길26 마누엘빌딩4층 법무법인 상승(043-283-3323) [학]1982년 한성고졸 1986년 서울대 법과대학 사법학과졸 [경]1985년 사법시험 합격(27회) 1988년 사법연수원 수료(17기) 1988년 육군 법무관 1991년 부산지법 울산지원 판사 1994년 대전지법 판사 1997년 대전고법 판사 2000년 청주지법 영동지원장 2001년 청주지법 판사 2003년 同제천지원장 2005년 청주지법 부장판사 2006년 同수석부장판사 2006~2009년 언론중재위원회 충북중재부 위원 2009~2012년 대전지법 부장판사 2012년 변호사 개업 2013년 법무법인 상승 대표변호사(현) [종]불교

어윤대(魚允大) EUH Yoon Dae

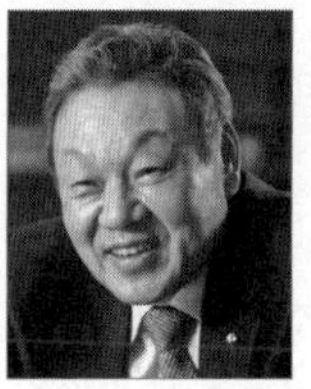

[생]1945·5·22 [본]함종(咸從) [출]경남 진해 [주]서울 영등포구 여의나루로77 (주)JB금융지주(02-2128-2703) [학]1963년 경기고졸 1967년 고려대 경영학과졸 1969년 同대학원 경영학과졸 1973년 필리핀 아시아경영대학원 경영학과졸 1978년 경영학박사(미국 미시간대) 2005년 명예 법학박사(일본 와세다대) 2006년 명예 경제학박사(연세대) 2006년 명예 박사(호주 그리피스대) 2007년 명예 경영학박사(중국 인민대) [경]1979~2010년 고려대 경영학과 부교수·교수 1982~1986년 同무역학과 학과장 1982~1987년 미국 하와이대 초빙교수 1985~1986년 일본 아시아경제연구소 객원연구원 1986~1989년 고려대 경영대 교학부장 1987~2004년 금융발전심의회 국제금융분과위원장 1989~1990년 캐나다 브리티시컬럼비아대 초청교수 1990~1991년 일본 도쿄대 경제학부 객원연구원 1991~1993년 고려대 교무처장 1992~1993년 한국국제경영학회 회장 1992~1995년 한국은행 금융통화운영위원회 위원 1993~2004년 외교통상부 외교정책자문위원 1993~1997년 고려대 기업경영연구소장 1995~1996년 한국금융학회 회장 1996~1999년 한국조세연구원 비상임이사 1996~1997년 한국산업은행 비상근이사 1996~1998년 고려대 경영대학원장 1998~1999년 제일은행 사외이사 1998~2002년 현대상사 사외이사 1999~2000년 한국금융연구원 국제금융센터 초대소장 1999~2003년 CJ홈쇼핑 사외이사 2001~2003년 공적자금관리위원회 매각심사소위원장 2002~2003년 한국경영학회 회장 2003~2006년 고려대 총장 2003~2005년 교육인적자원부 정책자문위원장 2005~2008년 대통령자문 국민경제자문회의 부의장 2006~2008년 정보통신부 미래전략위원회 공동위원장 2006년 런던대 ROYAL HOLLOWAY 명예FELLOWSHIP 2006년 중국 길림대 명예교수(현) 2006년 중국 남경대 명예교수(현) 2006~2007년 산학협력총연합회 공동대표 2006~2008년 한국경영인증원 원장 2007~2008년 국방부 국방안보위원회 위원 2007~2008년 한미FTA 국내대책공동위원장 2008~2010년 한국투자공사 운영위원회 위원장 2008~2010 검찰 자문위원회 위원장 2008~2010년 국가브랜드위원회 위원장 2010년 고려대 경영대학 명예교수(현) 2010~2013년 KB금융지주 대표이사 회장 2011~2013년 KB금융공익재단 이사장 2011년 국제금융협회(IIF) 이사 2014년 (주)JB금융지주 상임고문(현) 2016년 한국프로골프협회(KPGA) 자문위원회 위원(현) [상]신산업경영대상(1999), Asian Institute of Management Triple a Award, 21세기경영인클럽 경영문화대

상(1999), 자랑스런 용마상(2004), 프랑스 국가공로훈장 기사장(2005), 대한민국 글로벌경영인대상(2006), 자랑스러운 경기인상(2010), 청조근정훈장(2010), 올해의 고대 경영인상(2010), 한국참언론인대상 공로상(2011), 한국유럽학회 유럽대상 글로벌CEO부문(2011), 포춘코리아 한국경제를 움직이는 인물(2011), 올해의 21세기 경영인상(2011), 포브스 코리아 최고경영자대상(2011), 한국경영인협회 가장 존경받는 기업인상(2011), 자랑스러운 한국인대상 금융발전부문(2011), 한국전문경영인학회 한국CEO대상 금융부문(2011), 한국기업지배구조원 지배구조대상(2012), 한국마케팅학회 올해의 CEO 대상(2012), 다산금융인상(2012), 미시간대(한국) 자랑스런 동문상(2013), 한국의 영향력있는 CEO 지속가능경영부문(2013), The Asian Banker Summit 아시안뱅커 리더십상(2013), 매경미디어그룹 2013 대한민국 창조경제리더 지속가능부문(2013) [저]'Commercial Banks and Creditworthiness of LDCs'(1979) '자본자유화와 한국경제'(1981) '국제금융과 한국외채(共)'(1985) '증권시장과 자본자유화(共)'(1985) '한국의 국제수지 및 외채문제의 핵심과 대책'(1987) 'The Korean Financial System and Foreign Influence(共)'(1990) '전략경영(共)'(1995) '국제경영'(1996) '국제금융(共)'(1997) [종]불교

어윤태(魚允泰) EO Yoon Tae (玄潭·運兆)

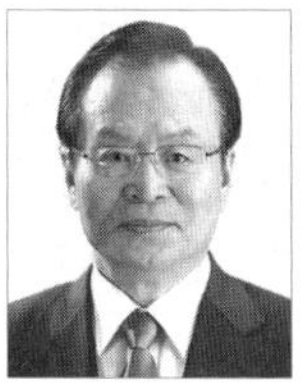

[생]1946·5·16 [본]함종(咸從) [출]경남 거창 [주]부산 영도구 태종로423 영도구청 구청장실(051-419-4001) [학]1965년 부산남고졸 1970년 고려대 기계공학과졸 1990년 同교육대학원 교육학과(상담심리학전공)졸 2001년 산학연 고위정책과정 수료 2002년 명예 경영학박사(순천향대) 2002년 고려대 언론대학원 최고과정 수료 2003년 서울대 경영대학원 AMP과정 수료 [경]1983년 (주)LG전자 초대연수원장 1985년 同인사본부장 1987년 LG그룹 연수팀장·LG인화원 이사 1990년 한국산업교육총연합회 부회장 1993년 (주)LG스포츠 상무 1996년 同전무 1998년 LG유통 곤지암C.C 대표이사 2001년 한국워킹협회 부회장 2001년 대한민국ROTC중앙회 부회장 2002~2004년 (주)LG스포츠 대표이사 사장 2003년 호림라이온스클럽 회장 2004~2005년 (사)마음밭가꾸기 부회장, 대한뇌성마비장애인축구협회 회장 2005년 대한프로골프협회 초대회장 2005년 대한민국ROTC중앙회 수석부회장 2006·2010년 부산시 영도구청장(한나라당·새누리당) 2007년 (사)해양산업협회 감사 2014년 부산시 영도구청장(새누리당)(현) 2014~2016년 부산시구청장·군수협의회 회장 2014~2016년 전국시장·군수·구청장협의회 부회장 [상]국토해양부장관표창(2011), 대한민국축제콘텐츠대상(2013), 세계부부의날위원회·영호남부부모임 영호남 화합상(2015) [저]'Time Management' 'Presentation Skill' '자신감의 법칙' [역]'데밍식경영' '실전판매 QC메뉴얼' '생산성 향상시스템DIPS' '경영자를 위한 DIPS' '타임 마케팅' '에스키모에게 얼음을 팔아라' '코칭심리학' '정신력 강화를 위한 코치학' [종]불교

어준선(魚浚善) AUH June Sun (海宇)

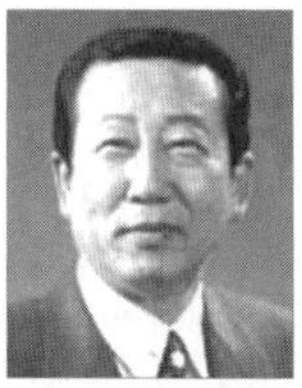

[생]1937·5·5 [본]함종(咸從) [출]충북 보은 [주]서울 영등포구 시흥대로613 안국약품(주) 비서실(02-3289-4200) [학]1956년 대전고졸 1961년 중앙대 경제학과졸 1983년 서울대 대학원 최고경영자과정 제14기 수료 2006년 명예 경제학박사(중앙대) [경]1961년 대한농산 근무 1967~1969년 오양공사 상무 1967년 서울약품 상무 1969~1989년 안국약품(주) 대표이사 사장 1972년 한국JC 연수원장 1979~1985년 대한약품공업협동조합 이사장 1982~1987년 한국반공연맹 서울지부장 1989년 안국약품 대표이사 회장(현) 1996~2000년 제15대 국회의원(보은·옥천·영동, 자민련) 1996년 자민련 중소기업특위 위원장 1996년 국회 재정경제위원회 위원 1998년 노사정위원회 위원 1998년 자민련 충북도지부 위원장 1998~2000년 국회 보건복지위원회 간사 1999년 국회 IMF환란조사특별위원회 간사위원 2007~2009년 한국제약협회 이사장 2009~2010년 同회장 2011년 한국제약협동조합 이사 [상]모범상공인상, 대통령표창(1977), 수출의 탑(1984), 산업포장(1985), 국민훈장 모란장(2001) [저]'한국JC 강령기초' '집념의 과정'(1988) '멋진대화 뛰어난 화술'(1988) 자서전 '집념, 어제와 오늘'

어 진(魚 津) Auh Jin

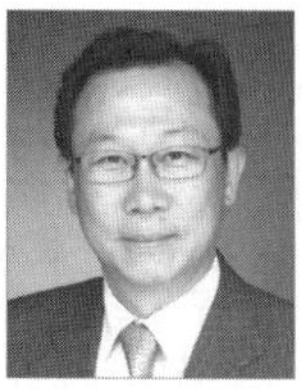

[생]1964·3·30 [본]함종(咸從) [출]서울 [주]서울 영등포구 시흥대로613 안국약품(주) 비서실(02-3289-4224) [학]1982년 경성고졸 1986년 고려대 경제학과졸 1988년 미국 노트르담대 경영대학원졸 [경]1988년 대신증권 입사 1992년 안국약품(주) 기획실 입사 1994년 同이사대우 1996년 同총무담당 상무이사 1998년 同전무이사 1998년 同대표이사 사장 1999년 한국제약협동조합 이사(현) 1999년 한국제약협회 이사(현) 2005~2012년 세계대중약협회(WSMI) 이사 2005~2012년 한국제약협회 윤리위원회 위원 2009~2012년 향남제약공단 사업협동조합 이사장 2016년 안국약품(주) 대표이사 부회장(현) [상]한국능률협회 인재경영대상 최우수기업상(2002), 노동부 선정 상반기 신노사문화우수기업(2003), 한국경영학회 전문경영인대상(2005)

어청수(魚淸秀) EO Cheong Soo

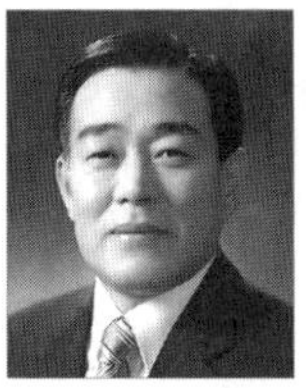

[생]1955·11·25 [출]경남 진주 [주]서울 강남구 봉은사로114길20 새마을금고중앙회 직접판매공제조합(02-566-1202) [학]1973년 진주고졸 1980년 동국대 경찰행정학과졸 1998년 同행정대학원 사회복지학과졸 [경]1980년 경찰간부 후보(28기) 1988년 부산 동래경찰서 경비과장(경정) 1990년 경찰청 고속도로순찰대장 1992년 서울 강남경찰서 정보과장 1995년 경남 합천경찰서장 1996년 경기 양평경찰서장 1997년 김포공항경찰대장(총경) 1998년 경찰대학 학생과장 1999년 서울 은평경찰서장 2000년 경찰청 경비2과장 2001년 同공보관 2002년 국방대학원 파견(경무관) 2002년 부산지방경찰청 차장 2003년 서울지방경찰청 정보관리부장 2004년 대통령 치안비서관(치안감) 2004년 경남지방경찰청장 2005년 부산지방경찰청장 2006년 경기지방경찰청장(치안정감) 2006년 경찰대학장 2007년 서울지방경찰청장 2008~2009년 경찰청장(치안총감) 2009년 한국공항공사 비상임이사 2009년 법무법인 대륙아주 고문 2009년 법치주의수호국민연대 공동상임대표 2011년 국립공원관리공단 이사장 2011~2013년 대통령 경호처장 2015년 직접판매공제조합 이사장(현) [상]근정포장(1985), 녹조근정훈장(2001), 대통령표창(2006), 한국일보 존경받는 대한민국CEO대상 행정기관부문(2008)

어 환(魚 渙) Eoh Whan

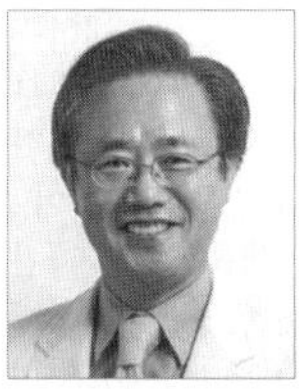

[생]1953·5·19 [출]서울 [주]서울 강남구 일원로81 삼성서울병원 신경외과(02-3410-3948) [학]1972년 서울고졸 1978년 서울대 의대졸 1982년 同대학원졸 1989년 의학박사(서울대) [경]1978~1983년 서울대병원 인턴·레지던트 1983~1984년 국군덕정병원 신경외과장 1984~1986년 국군서지구병원 신경외과장 1986~1988년 한림대 의대 신경외과학교실 전임강사·조교수 1990~1991년 일본 동경대 의학부 뇌신경외과 연구원 1991년 서울대병원 신경외과 전임의 1991~1992년 제주의료원 신경외과장 1993~1994년 한림대 의대 신경외과학교실 부교수 1994년 삼성서울병원 신경외과 전문의(현) 1997년 미국 Barrow Neurological Institute 연수 1997년 성균관대 의대 신경외과학교실 교수(현) 2001~2007년 삼성서울병원 교육수련부장 2003~2007년 同신경외과장 2007~2011년 성균관대 의과대학장 2007년 삼성서울병원 척추센터장 2009~2011년 성균관대 의학대학원장 2016년 同의무부총장(현)

엄광섭(嚴光燮) EOM Kwang Sup

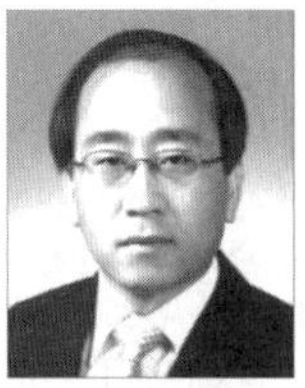

[생]1960·12·27 [본]영월(寧越) [출]강원 영월 [주]서울 종로구 북촌로112 감사원 지방행정감사2국(053-260-4330) [학]충북 제천고졸, 서울대 농경제학과졸, 연세대 경영대학원 공공경제학과졸 [경]감사원 제2국1과 부감사관 2012년 同감찰관실 감찰담당관 2014년 同산업·금융감사국 제4과장 2015년 同산업·금융감사국 제4과장(부이사관) 2016년 同지방행정감사2국 제3과장(현) [종]가톨릭

엄규숙(女)

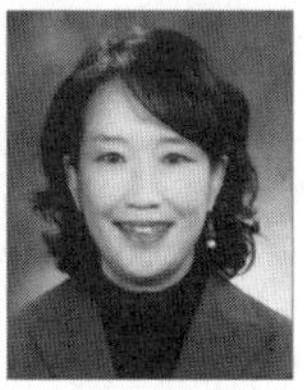

[생]1962 [주]서울 중구 세종대로110 서울특별시청 여성가족정책실(02-2133-5001) [학]연세대 사회학과졸, 同대학원 사회학과졸, 사회학박사(독일 마르부르크필립스대) [경]1999년 노동부 규제심사위원회 위원 1999~2003년 국민연금실무평가위원회 위원 1999년 중앙생활보장위원회 위원 1999~2000년 고용보험전문위원회 위원 2003년 대통령직인수위원회 사회문화여성분과 자문위원, (재)한국연구원 객원연구원, 한국노동조합총연맹 중앙연구원 연구위원, 연세대 강사, 동국대 강사, 서강대 공공정책대학원 강사, 세종대 겸임교수, 인하대 겸임교수, 경희사이버대 사회복지학부 교수 2016년 서울시 여성가족정책실장(현)

엄기두(嚴基斗) EOM Ki Doo

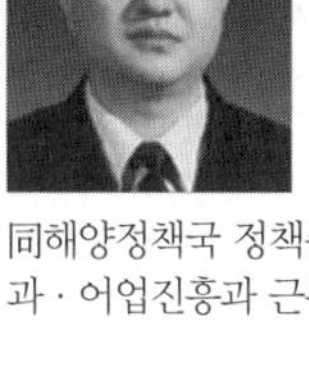

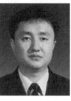

[생]1966·6·4 [출]서울 [주]세종특별자치시 다솜2로94 해양수산부 운영지원과(044-200-5075) [학]1984년 서울장충고졸 1989년 고려대 행정학과졸, 서울대 대학원 수료 [경]1993년 총무처·중앙공무원교육원·서울시 근무 1994년 인천지방해운항만청 총무과·부두과 근무 1996년 해운항만청 기획관리실·기획예산담당관실 근무 1996년 해양수산부 해운선박국 해운정책과 근무 1997년 同해양정책국 정책총괄과·해양총괄과 근무 1998년 同어업진흥국 어업제도과·어업진흥과 근무 1999년 同어업자원국 어업정책과·수산정책국 수산정

책과 근무 2002년 同기획관리실 법무담당관 2002년 2010세계박람회유치지원단 파견 2003년 영국 사우스햄프턴연구소 근무 2005년 해양수산부 해운물류국 항만물류과장 2007년 駐러시아 주재관 2010년 국토해양부 건설수자원정책실 운하지원팀장 2010년 同건설수자원정책실 아라뱃길지원팀장 2012년 同건설수자원정책실 아라뱃길지원팀장(부이사관) 2012년 同해양환경정책과장 2013년 해양수산부 기획조정실 기획재정담당관 2013년 국립수산물품질관리원 원장(일반직고위공무원) 2015년 해양수산부 해양정책실 해양산업정책관 2016년 국가공무원인재개발원 교육훈련(고위공무원)(현)

엄기백(嚴基伯) UHM Ki Baik

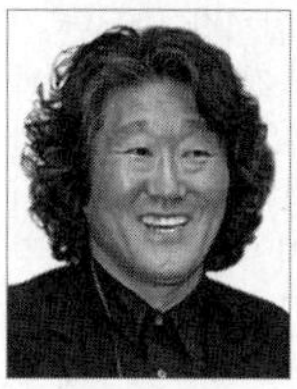

[생]1953·6·16 [출]경북 경주 [주]경북 경주시 알천북로 1 경주예술의전당內 경주시립극단(1588-4925) [학]1971년 경주고졸 1981년 동국대 연극영화학과졸 [경]1997년 KBS 드라마제작국 차장 2002년 同드라마제작국 부주간 2003년 同드라마제작국 제작위원(부장급) 2004년 同심의평가실 심의위원 2005년 同드라마제작국 TV문학관팀 감독 2005년 同시청자센터 수원센터팀장 2009년 同드라마제작국 기획위원 2011년 경주문화재단 사무처장(상임이사) 2013년 경주시립극단 예술감독(현) [상]한국예술평론가협의회 제33회 올해의 최우수예술가상 특별예술가상 연극부문(2013)

엄기성(嚴基成) Ohm Ki-sung

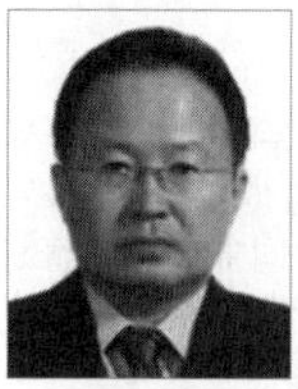

[생]1957·8·12 [주]경남 창원시 의창구 중앙대로300 경상남도청 국제관계대사실(055-211-2812) [학]1980년 성균관대 정치외교학과졸 1989년 영국 서섹스대 대학원졸 [경]1982년 외무고시 합격(16회) 1982년 외무부 입부 1990년 駐인도 2등서기관 1993년 駐헝가리 1등서기관 1998년 駐중국 1등서기관 2002년 외교통상부 동북아2과장 2003년 駐홍콩 부총영사 2007년 세종연구소 파견 2008년 駐이라크 공사 2009년 駐필리핀 공사 2010년 駐우한 총영사 2012년 외교통상부 본부 근무 2013년 중앙공무원교육원 파견(고위공무원) 2014년 외교부 고위공무원 2015년 경남도 국제관계대사(현)

엄기안(嚴基安) Um Ki An

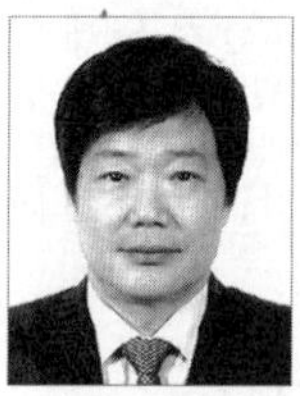

[생]1960·5·13 [주]강원 춘천시 동내면 거두단지2길14 (주)바이오토피아(033-251-8441) [학]검정고시 합격 1984년 서울대 제약학과졸, 성균관대 대학원 약학과졸, 약학박사(성균관대) [경]SK케미칼(주) 생명과학연구실 연구위원, 同신약연구실 연구위원, 同신약연구실장(상무) 2012년 同고문 2012년 휴온스 중앙연구소장(전무이사) 2016년 同중앙연구소장(부사장) 2016년 (주)바이오토피아 대표이사(현) [종]천주교

엄기영(嚴基永) OHM Ki Young

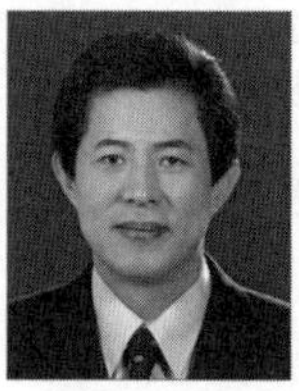

[생]1951·8·5 [본]영월(寧越) [출]강원 평창 [학]1969년 춘천고졸 1974년 서울대 사회학과졸 [경]1974~1984년 문화방송 사회부·보도제작부·경제부·문화부 기자 1985~1988년 同파리특파원 1989~1996년 同TV '뉴스데스크' 앵커 1994년 同TV편집1부장 1997년 同부국장 겸 정치부장 1998년 同보도제작국장 1998년 새교육공동체위원회 위원 1999년 문화방송 보도국장 2000년 同보도본부장(이사) 2002~2008년 同TV '뉴스데스크' 앵커(부사장대우) 2002~2007년 同특임이사 2003년 한국언론인협회 부회장 2008~2010년 문화방송 대표이사 사장 2008년 전국재해구호협회 부회장 2008~2009년 한국방송협회 회장 2008년 한국언론재단 비상임이사 2008~2009년 한국지상파디지털방송추진협회(DTV코리아) 초대회장 2009~2010년 한국방송협회 부회장 2010~2011년 2018평창동계올림픽유치위원회 부위원장 2010년 (주)대교홀딩스 사외이사 2012~2014년 경기문화재단 대표이사 [상]한국방송60년 유공상(1987), 한국방송대상 앵커상(1996), 위암 장지연상(2000), 서울대 언론인대상(2007) [종]기독교

엄기영(嚴琪詠)

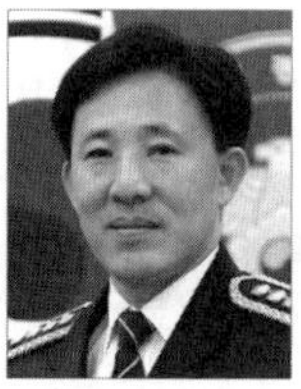

[생]1961·8·1 [출]강원 영월 [주]강원 영월군 영월읍 단종로9 영월경찰서 서장실(033-370-3210) [학]영월고졸, 충북대 농공학과졸, 한세대 경찰법무대학원 경찰행정학과졸 [경]1991년 경위 임관(간부후보 39기) 2006~2007년 경북 상주경찰서 생활안전과장·서울지방경찰청 기동단 1기동대 근무 2007~2010년 구로경찰서 정보보안과장·성북경찰서 정보과장·경무과장 2010~2014년 혜화경찰서 정보보안과장·강원지방경찰청 치안지도관 2014~2015년 강원지방경찰청 경비교통과장·치안지도관 2015년 同경무과장(총경) 2015년 강원 영월경찰서장(현)

엄기학(嚴基鶴)

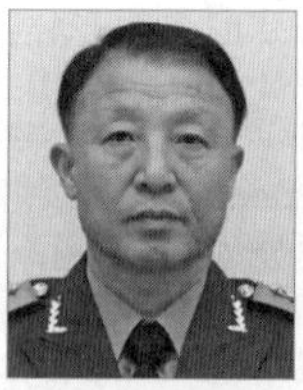

[생]1957 [출]서울 [주]경기 용인시 처인구 역북동505의3 제3야전군사령부(031-973-3742) [학]보성고졸 1981년 육군사관학교졸(37기) [경]2009년 수도기계화보병사단장(소장) 2012년 합동참모본부 작전기획부장 2013년 육군 제1군단장(중장) 2015년 합동참모본부 작전본부장(중장) 2015년 육군 제3야전군사령관(대장)(현)

엄길청(嚴吉靑) Eum kil chung

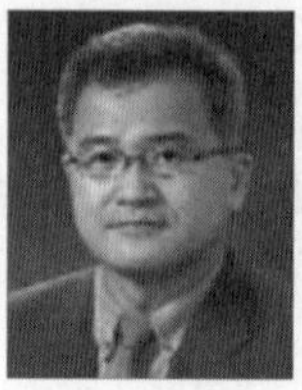

[생]1955·2·5 [본]영월(寧越) [출]부산 [주]서울 서대문구 경기대로9길24 경기대학교 서비스경영전문대학원(02-390-5198) [학]1977년 한양대 신문방송학과졸 1991년 同경영대학원졸 1996년 경영학박사(세종대) [경]1979~1985년 (주)국제상사 근무 1985~1987년 동서경제연구소 선임연구원 1987~1989년 한화경제연구소 연구실장 1989~1993년 한화증권 부장 1993년 아태경제연구소 소장, 경제평론가(현) 1998~2001년 경기대 행정대학원 교수 2000년 씽크풀 공동대표 2002년 경기대 서비스경영전문대학원 교수(현) 2016년 同서비스경영전문대학원장(현) [저]'엄길청의 주식투자전략'(1993) '재미보는 개미투자'(1994) '엄길청의 1000포인트 투자전략'(1994) '성공재테크'(1994) '작은 나무 큰 열매'(1995) '손에 잡히는 경제'(1996) '생각을 바꾸어야 산다'(1998) '주식과 부동산 성공투자의 정석'(2006) '장수인생 자산경영학'(2012) [역]'성공하는 리더는 혼자 뛰지 않는다'(1999) [작]'재미보는 개미투자' '성공 재테크' [종]기독교

엄낙웅(嚴洛雄) EUM Nak Woong

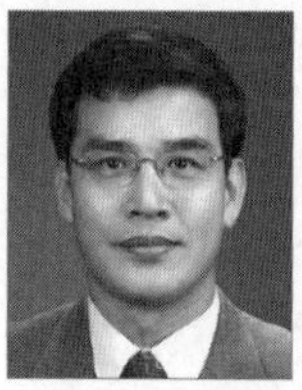

[생]1962·9·6 [본]영월(寧越) [출]경북 고령 [주]대전 유성구 가정로218 한국전자통신연구원 ICT소재부품연구소(042-860-6114) [학]1984년 경북대 전자공학과졸 1987년 한국과학기술원(KAIST) 전기 및 전자공학과졸(석사) 2001년 공학박사(한국과학기술원) [경]한국전자통신연구원 고속통신IC설계팀장 2006년 同SoC연구개발그룹장 2008년 同융합부품·소재연구부문 SoC연구부장 2009년 同시스템반도체연구부장 2010년 同멀티미디어프로세서연구팀장 2012년 同SW-SoC융합연구본부 시스템반도체연구부장 2016년 同ICT소재부품연구소장(현) [상]대한전자공학회 기술상(2006), 국무총리표창(2006), 대통령표창(2007), 국무총리표창(2013), 산업통상자원부 '이달의 산업기술상'(9월 장려상)(2014) [저]'휴대형 영상 시스템 설계'(2005)

엄남석(嚴南錫) EOM Nam Seok

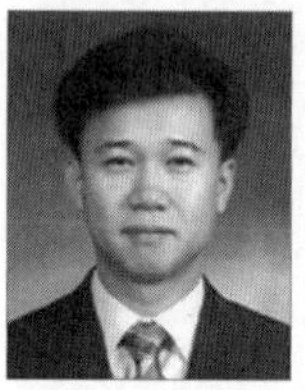

[생]1964·5·22 [출]강원 양구 [주]서울 종로구 율곡로2길 25 연합뉴스TV 보도국(02-398-3400) [학]1982년 상문고졸 1989년 고려대 신문방송학과졸 [경]1989년 연합뉴스 입사(공채 8기) 1991년 同사회부 기자 1994년 同외신2부 기자 1998년 同뉴욕특파원 2002년 同국제경제부 차장 2003년 同산업부 차장 2005년 同국제경제부 차장 2006년 同국제경제부 부장대우 2006년 同국제뉴스3부장 2007년 同문화부장 2009년 同국제뉴스1부장 2011년 同전국부장 2011년 同국제국 국제에디터 2012년 同기사심의실 기사심의위원(부국장대우) 2013년 同기획조정실 저작권팀 기획위원 2013년 同지방국장 2015년 同논설위원실장 2015년 연합뉴스TV 보도국장(현)

엄대열(嚴大熱) OHM Dae Yeol

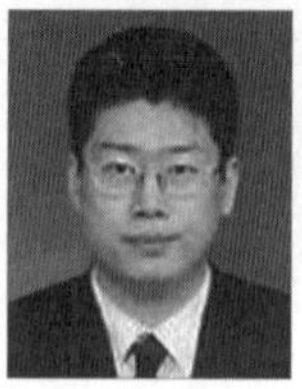

[생]1967·11·8 [출]서울 [주]경기 성남시 분당구 판교로 308 (주)유라테크 비서실(070-7878-1006) [학]1986년 서울 영동고졸 1991년 미국 오하이오주립대 전자공학과졸 1996년 미국 조지워싱턴대 경영대학원졸(MBA) [경]1995년 현대전자 근무, (주)세림테크 경영기획 이사, (주)세원이씨에스 이사, (주)세림테크 재무·기획 부사장, 同경영기획 부사장 2004~2012년 (주)세원이씨에스 대표이사 사장 2004년 (주)세림테크 대표이사 사장 2008년 (주)유라테크 대표이사 사장(현) 2012년 유라코퍼레이션 대표이사 사장(현)

엄대현(嚴大鉉) EUM Dae Hyun

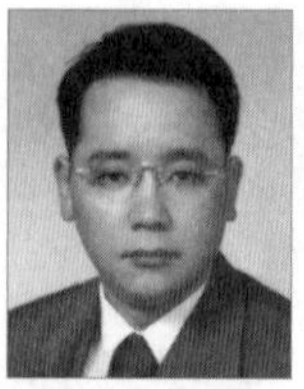

[생]1966·3·15 [본]영월(寧越) [출]경남 밀양 [주]서울 서초구 서초대로74길11 삼성그룹 법무팀(02-2255-3707) [학]1985년 밀양고졸 1989년 한양대 법학과졸 [경]1989년 사법시험 합격(31회) 1992년 사법연수원 수료(21기) 1992년 軍법무관 1995년 대전지검 검사 1997년 대구지검 경주지청 검사 1998년 서울지검 검사 2000년 삼성구조조정본부 법무팀 상무 2006년 同사장단협의회 법무실 상무 2008년 同준법경영실 전무 2014년 同법무팀 부사장대우(현)

엄동섭(嚴東燮) EOM Dong Seob

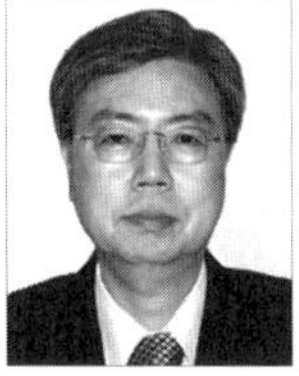

[생]1955 · 9 · 7 [출]경북 대구 [주]서울 마포구 백범로35 서강대학교 법학전문대학원(02-705-8406) [학]1978년 서울대 법대졸 1984년 연세대 대학원 법학과졸 1992년 법학박사(서울대) [경]계명대 교수, 서강대 법과대학 법학부 교수 2008~2010년 同법학부 학장 2008년 同법학전문대학원 교수(현) 2009~2010년 同법학전문대학원장 2015년 한국민사법학회 회장 [상]황조근정훈장(2015) [저]'변호사책임론(共)'(1998)

엄병윤(嚴秉潤) Ohm Byung Yoon

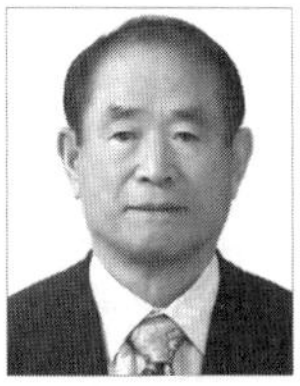

[생]1941 · 2 · 8 [본]영월(寧越) [출]충북 단양 [주]경기 성남시 분당구 판교로308 유라R&D센터 (주)유라코퍼레이션 비서실(070-7878-1004) [학]1959년 경복고졸 1964년 서울대 문리대 외교학과졸 [경]1965년 대한일보 기자 1973년 KBS 기자 1974년 서울경제신문 기자 1981~2000년 세화인쇄사 대표 1987년 (주)세림테크 대표이사 사장 1995~2007년 (주)세원ECS 대표이사 회장 2001년 대한양궁협회 부회장(현) 2002년 유라하네스 대표이사 회장(현) 2004년 (주)세림테크 대표이사 회장 2007년 (주)유라코퍼레이션 대표이사 회장(현) 2008년 (주)유라테크 대표이사 회장(현) 2013년 유라 대표이사 회장(현) [상]체육훈장 거상장(1989), 국무총리표창, 대통령표창, 우수중소기업인상, 금탑산업훈장(2005)

엄상섭(嚴相燮)

[생]1967 · 11 · 2 [출]충북 충주 [주]전남 목포시 정의로29 광주지방법원 목포지원(061-270-6600) [학]1986년 충주고졸 1990년 경희대 경영학과졸 [경]1997년 사법시험 합격(39회) 2000년 사법연수원 수료(29기) 2000년 청주지법 예비판사 2002년 同판사 2003년 수원지법 판사 2006년 서울중앙지법 판사 2010년 수원지법 판사 2013년 대법원 재판연구관 2015년 광주지법·광주가정법원 목포지원 부장판사(현)

엄상필(嚴相弼) EOM Sang Phil

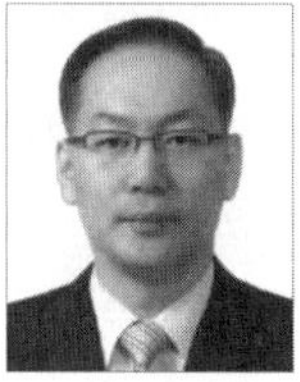

[생]1968 · 12 · 1 [본]영월(寧越) [출]경남 진주 [주]서울 서초구 강남대로193 서울가정법원(02-2055-7114) [학]1987년 진주동명고졸 1992년 서울대 법대 사법학과졸 [경]1991년 사법시험 합격(33회) 1994년 사법연수원 수료(23기) 1994년 軍법무관 1997년 서울지법 판사 2000년 서울가정법원 판사 2001년 춘천지법 강릉지원 판사 2005년 서울고법 판사 2006년 대법원 재판연구관 2008년 서울중앙지법 판사 2009년 창원지법 진주지원 부장판사 2010년 사법연수원 교수 2013년 서울중앙지법 부장판사 2016년 서울가정법원 부장판사(현)

엄선근(嚴宣根) Um sun-keun

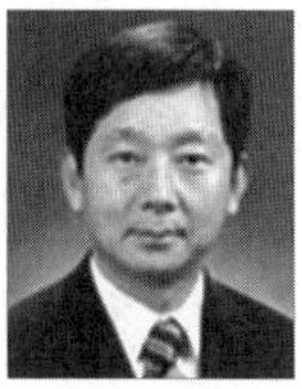

[생]1963 · 4 · 20 [출]경남 창녕 [주]세종특별자치시 다솜로261 국무조정실 조세심판원(044-200-2114) [학]1981년 마산고졸 1985년 서울대 공법학과졸 1989년 同대학원 행정학과졸 [경]1989년 행정고시 합격(32회) 1991년 국세청 근무 1991년 충무세무서·금정세무서·광명세무서 근무 1995년 국세청 근무 1999년 부천세무서 근무 1999년 국세청 국제협력과 근무 2001년 OECD 사무국 파견 2005년 제천세무서장 2006년 국세청 정보개발1담당관 2007년 중부지방국세청 법무과장 2009년 국무총리소속 조세심판원 4조사관 2010년 同행정실장(부이사관) 2011년 同상임심판관(고위공무원) 2013년 국무조정실 조세심판원 상임심판관 2014년 국세청 자산과세국장 2015년 국무총리실 파견 2016년 국무조정실 조세심판원 상임심판관(현) [종]기독교

엄성규(嚴盛奎)

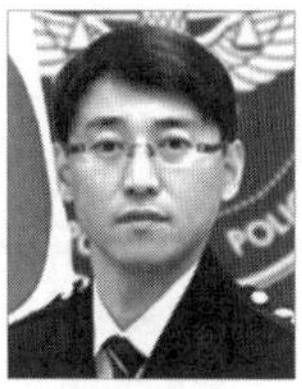

[생]1971 · 3 · 8 [출]제주 [주]서울 종로구 사직로8길31 서울지방경찰청 제3기동단(02-700-2418) [학]1997년 동국대 경찰행정학과졸 2010년 同대학원 경찰행정학과졸 [경]1997년 경위 임용(경찰간부후보 45기) 2006년 경기 구리경찰서 생활안전과장 2009년 서울지방경찰청 교통안전과 교통정보센터장 2011년 同교통안전과 교통순찰대장 2014년 충북지방경찰청 홍보담당관 2015년 同정보과장(총경) 2016년 충북 음성경찰서장 2016년 서울지방경찰청 제3기동단장(현)

엄성준(嚴盛俊) Ohm Song-jun

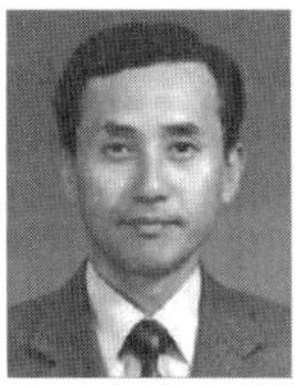

[생]1957 · 8 · 27 [본]영월(寧越) [출]서울 [주]서울 종로구 사직로8길60 외교부 인사운영팀(02-2100-7143) [학]1980년 연세대 경제학과졸 1990년 프랑스 파리제1대 경제학 박사준비학위(DEA) 취득 [경]1980년 외무고시 합격(14회) 1980년 외무부 입부 2007년 駐가봉 대사 2010년 駐OECD대표부 차석대사 2012년 국립외교원 경력교수 2013년 인천시 국제관계자문대사 2014년 駐보스턴 총영사(현) [상]대통령표창(1997 · 2000), 근정포장(2006), 가봉공화국 수교훈장(2010) [종]기독교

엄신형(嚴信亨) UM Shin Hyeong

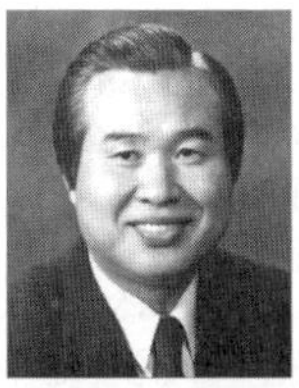

[생]1944 · 12 · 11 [주]서울 강동구 강동대로55길87 중흥교회(02-476-7131) [학]1973년 한세대졸 1979년 안양대졸 1980년 개혁신학연구원졸 1998년 연세대 연합신학대학원졸 2004년 명예 교육학박사(미국 루이지애나벱티스트대) [경]1980년 대한예수교장로회 중흥교회 위임목사·담임목사(현) 1988년 88서울올림픽선교대회 전국대회장 1988년 88서울장애인올림픽선교대회 전국대회장 1988~1990년 대한예수교장로회 총회 총무 1990~1993년 93세계복음화대성회 준비위원장 1993~1995년 95민족통일회년대성회 상임대회장 1995년 대한예수교장로회 총회 부흥사협의회 회장 1995~1996년 同총회 강동노회장 1995~1997년 97민족통일성령화대성회 대회장 1996년 대한예수교장로회 총회 98대성회 대표대회장 1996년 총회신학원 운영이사장 1998년 필리핀 국제대 명예총장 2000년 대한예수교장로회 부총회장 2001~2003년 국제신학대학원대 총장 2002·2003·2005년 한국교회부활절연합예배위원회 상임대회장 2003·2005·2007년 한국기독교총연합회 공동회장 2004~2006년 대한예수교장로회 개혁총연 총회장 2004~2006년 연세대 연합신학대학원 총동문회장 2005년 기독교 기도운동본부 총재(현) 2005년 나라와민족을위한21일비상특별구국금식기도회 준비위원장 2006년 한국기독교총연합회 행사위원장 2006~2007년 한국장로교총연합회 대표회장 2007년 대한예수교장로회 총회 정책위원장 2007년 한국기독교성령100주년대회 상임대회장 2007년 국민비전부흥사협의회 총재 2008·2009년 한국기독교총연합회 대표회장 2008~2010년 한국종교지도자협의회 대표의장 2010년 마량진성역화추진위원회 위원장 2010년 전국기독교총연합회 대표회장(현) 2012년 평화통일국민운동본부 대표회장(현) [상]국민의상 종교분야(2001), 자랑스런 연세인 연신원상 목회자부문(2003), 한국기독교선교대상 목회자부문(2005) [종]기독교

엄영익(嚴泳翊) EOM Young Ik

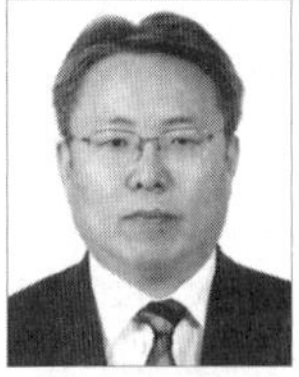

[생]1960 · 11 · 7 [출]강원 [주]경기 수원시 장안구 서부로2066 성균관대학교 소프트웨어대학 컴퓨터공학전공(031-290-7120) [학]1983년 서울대 계산통계학과졸 1985년 同대학원 전산과학과졸 1991년 이학박사(서울대) [경]1985~1986년 연세대·단국대·동덕여대 강사 1986~1993년 단국대 자연과학대학 전자계산학과 전임강사·조교수·부교수 1993년 성균관대 공대 부교수, 同정보통신공학부 컴퓨터공학전공 교수 1996년 한국정보과학회 학회지 편집위원 1996년 ETRI 초빙연구원 1997년 SERI 초빙연구원 2000~2001년 미국 UCI-ICS 방문교수 2000~2003년 (주)우암닷컴 기술고문 2007·2009~2011년 성균관대 정보통신처장 2016년 同소프트웨어대학 컴퓨터공학과 교수(현) 2016년 同소프트웨어대학장(현) [상]국세청장표창(1997), 한국정보과학회 공로상(1998), 성균관대 e+강의 Best Teacher상(2004), 한국정보처리학회 공로상(2005), 교육부장관표창(2005) [저]'컴퓨터운영체제론'(1999) 'Web Security Source Book'(2001) 'C 프로그래밍 언어 : 분석적 접근 방법'(2004) '운영체제'(2005)

엄영진(嚴永振) OM Young Jin

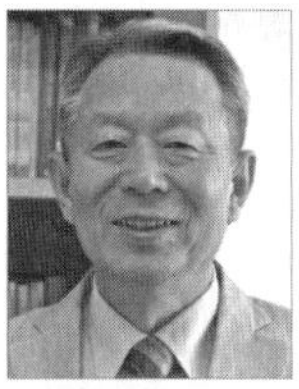

[생]1944 · 7 · 1 [본]영월(寧越) [출]경북 김천 [주]경기 포천시 해룡로120 차의과학대학교 건강과학대학(031-850-8964) [학]1963년 부산고졸 1967년 서울대 사회학과졸 1981년 영국 웨일즈대 대학원 경제학과졸 1989년 보건경제학박사(영국 웨일즈대) [경]1973년 행정고시 합격(14회) 1974년 보건사회부 사무관 1983~1991년 同보험제도과장·행정관리담당관 1991년 同약무정책과장 1992년 同총무과장 1993년 국립의료원 사무국장 1996~1997년 駐제네바대표부 참사관 1997~1999년 보건복지부 연금보험국장 1999년 同공보관 1999년 국민회의 정책위원회 정책연구실장 1999~2001년 보건복지부 사회복지정책실장 2001년 同장관 특별자문관 2001년 세계보건기구(WHO) 집행이사 2002년 포천중문의과대 보건행정정보학부 교수 2004년 同보건행정정보학부장 2007년 신의료기술평가위원회 위원장 2009년 차의과학대 보건행정정보학과 교수 2009년 同보건행정정보학과장 2011년 同보건복지정보학과

교수(현) 2013년 국제의료기술평가학회 서울대회 조직위원장 2013년 한국보건의료연구원 비상임이사(현) 2016년 차의과학대 건강과학대학장(현) [상]보건사회부장관표창(1978), 법무부장관표창(1983), 홍조근정훈장(1998) [저]'국민의료보장론(共)'(1992) '정치 경제 그리고 복지'(2012) '건강과 의료의 경제학'(2014) [역]'영국 사회정책 현대사' '보건과 의료의 사회학(共)'(1991) [종]기독교

엄옥자(嚴玉子·女) UM Ok Ja

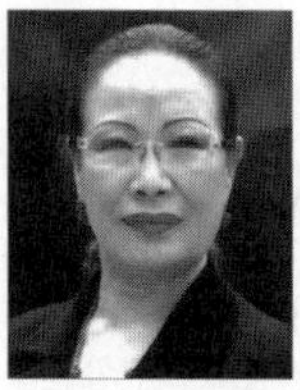

[생]1943·5·17 [본]영월(寧越) [출]경남 통영 [주]부산 금정구 부산대학로63번길2 부산대학교 사범대학 체육교육학과(051-510-2715) [학]1965년 경희대 체육학과졸 1974년 同대학원 한국무용과졸 [경]1968년 중요무형문화재 제21호 승전무(검무) 예능보유자 지정(현) 1971~1973년 한성여대 강사 1974~1977년 부산여대 강사 1977~1991년 부산대 사범대학 전임강사·조교수·부교수 1983년 한국무용연구회 이사 1986년 부산민속예술보존협회 이사(현) 1990~2008년 엄옥자한국민속무용단 단장 1990년 원향춤연구회 회장 1991~2008년 부산대 체육교육학과 교수 1997~2010년 경남도문화재위원회 전문위원·위원 1997년 부산시 문화재위원(현) 2000년 국립진주경상대학 강사(현) 2003년 한국전통예술진흥회 부산시지부 부이사장, (사)민족미학연구소 이사(현), 김백봉춤보존회 회장·상임이사(현) 2007년 원향춤보존회 고문(현) 2010~2013년 부산국립국악원 무용예술감독 2008년 춤으로 만난아세아 고문 겸 자문이사(현) 2008년 부산대 사범대학 체육교육학과 명예교수(현) 2011년 부산시 문화예술위원(현) 2012년 통영입춤보존회 고문(현) 2013년 영남춤학회 고문(현) [상]부산방송 문화대상(2001), 대통령표창(2003), 부산시문화상(2005), 옥조근정훈장(2008) [저]'대학체육 무용편'(1982) '어느 무용가의 미관'(1992) '중요무형문화재 제21호 승전무'(2004) '승전무의 실상'(2008)

엄요섭(嚴曜燮) Um Joseph

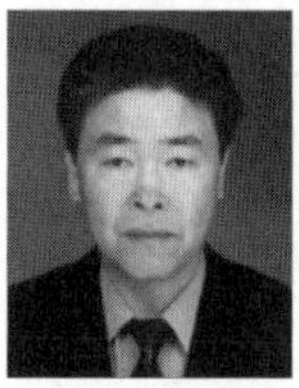

[생]1954·2·9 [본]영월(寧越) [출]전북 임실 [주]경기도 시흥시 군자천로 185번길67 다인빌딩4층 (주)UMS [학]1973년 서울공고졸 [경]1973~1980년 신한공기(주) 기술부 근무 1980~1984년 한일기공 기술과장 1984~1988년 (주)세진 기술과장 1988~1990년 신영공업(주) 생산관리차장 1990~2003년 개인사업(공장자동화) 2003~2014년 인탑스(주) 기술연구소장(이사) 2015년 (주)UMS 설립·대표(현) [종]기독교

엄용수(嚴龍洙) UM Yong Soo

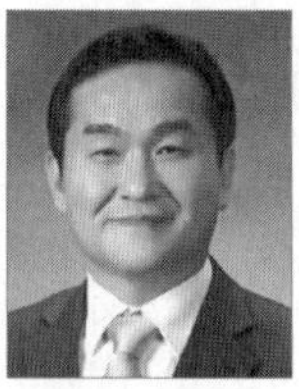

[생]1965·1·20 [출]경남 밀양 [주]서울 영등포구 의사당대로1 국회 의원회관621호(02-784-2316) [학]밀양고졸, 연세대 상경대학 경영학과졸 [경]엄용수공인회계사 대표, 밀양대 겸임교수, 밀양청년회의소(JC) 회장, 밀양고총동창회 감사, 同부회장, 연세대 상대동창회 부회장, 민주평통 밀양시협의회 자문위원, (사)지체장애인협회 밀양시지회 후원회장, 열린우리당 선진경제도약특별위원회 부위원장 2006~2010년 경남 밀양시장(열린우리당·통합민주당·무소속·한나라당) 2006년 경남도양궁협회 회장 2010~2014년 경남 밀양시장(한나라당·새누리당) 2016년 새누리당 밀양시·의령군·함안군·창녕군당원협의회 운영위원장(현) 2016년 제20대 국회의원(경남 밀양시·의령군·함안군·창녕군, 새누리당)(현) 2016년 국회 기획재정위원회 위원(현) 2016년 국회 지방재정·분권특별위원회 위원(현)

엄익상(嚴翼相) EOM Ik Sang

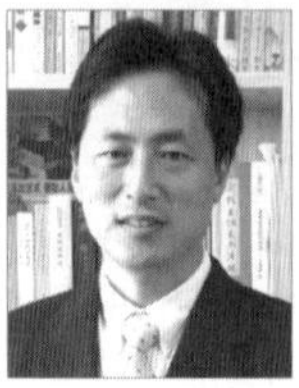

[생]1958·12·16 [출]경남 김해 [주]서울 성동구 왕십리로222 한양대학교 인문대학 중어중문학과(02-2220-0767) [학]1977년 부산 금성고졸 1981년 연세대 중어중문학과졸 1985년 同대학원졸 1991년 어학박사(미국 인디애나대) [경]1981~1983년 육군 수도기계화보병사단 소대장(ROTC 19기·중위 예편) 1991~1993년 미국 오하이오주립대 동아시아어문학과 조교수 1993~2001년 강원대 중어중문학과 조교수·부교수·교수 1994~1996·2000~2002년 국제중국언어학회(IACL) 운영이사 1999년 미국 캘리포니아대 어바인교 언어학과 객원부교수 2001~2003년 숙명여대 중어중문학과 부교수·교수 2003년 한양대 인문대학 중어중문학과 교수(현) 2003년 문화관광부 국어심의회 한자분과위원 2004~2010년 중국어문학연구회 부회장 2004~2009년 한국중국언어학회 부회장 2005~2008년 한국중국어교육학회 부회장 2006~2013년 BK21 중국방언과지역문화연구팀장 2006~2009년 한양대 국제어학원장 겸 한양-오레곤TESOL프로그램 원장 2008년 중국 후난대 겸임교수(현) 2009년 국가경쟁력위원회 한글규범화자문위원회 위원 2010년 한양대 중어중문학과장 2010년 한국중국언어학회 부회장 2010~2013년 한국중국어교육학회 회장 2010년 중국 사천사범대 객좌교수(현) 2011~2014년 한양대 출판부장 2012~2014년 한국한자음연구회 회장 2014~2015년 한국중국언어학회 회장 2014년 학술지 'Language and Linguistics' 편집위원 [상]서울시 공로상(2005), 한양대 강의우수교수상(2006·2007), 서울정책인대상(2006), 한양대 연구최우수교수상(2009) [저]'중국언어학 한국식으로 하기'(2002) '현대중국어 생성음운론'(2002) '표준 중국어 음운론'(2003) '한국과 중국, 오해와 편견을 넘어'(2006) '중국문화읽기'(2007) '한국한자음 중국식으로 보기'(2008) [역]'표준중국어음운론'(2005) '현대중국어 생성음운론'(2007) [종]기독교

엄장섭(嚴璋燮) AUM Jang Sup

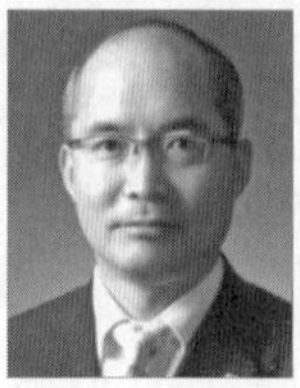

[생]1959·5·3 [출]울산 울주 [주]경기 수원시 영통구 동수원로545 화산빌딩2층203호 법무법인 화산(031-216-7300) [학]1977년 충암고졸 1982년 고려대 법학과졸 1983년 同대학원 법학과졸 [경]1981년 사법시험 합격(23회) 1984년 사법연수원 수료(14기) 1985~1988년 육군 군법무관 1988년 변호사 개업(서울) 1989년 변호사 등록변경(경기중앙) 1998~2015년 LIG손해보험 소송수행지정 변호사 2004년 호텔캐슬 고문변호사(현) 2007년 경기중앙지방변호사회 감사 2007년 소비자문제를연구하는시민의모임 성남지부 운영위원(현) 2007년 한국공인중개사협회 소송수행지정 변호사(현) 2007년 법무법인 화산 변호사(현) 2010년 (주)성지산업 고문변호사(현) 2014년 (주)디케이아이테크놀로지 고문변호사(현) 2015년 KB손해보험 소송수행지정 변호사(현)

엄재창(嚴在昌) Eom Jae Chang

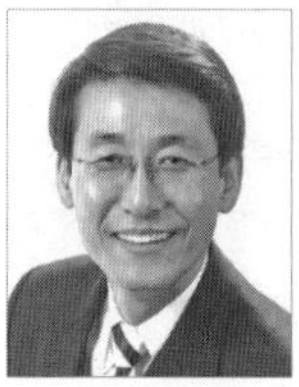

[생]1958·12·10 [본]영월(寧越) [출]충북 단양 [주]충북 청주시 상당구 상당로82 충청북도의회(043-220-5004) [학]연세대 정경대학원 행정학과졸 [경]단양군 지방공무원 근무(18년), 단양야간학교 교사 2006년 제5대 충북 단양군의회 의원(한나라당) 2006년 同의장 2007년 한나라당 제17대 대통령선거 충북도선거대책위원회 정책특보, 同제천·단양군당원협의회 부위원장, 충북도교육청 교육정책청문관, 단양희망포럼 대표 2012년 새누리당 제18대 대통령중앙선거대책위원회 국민소통본부 단양군본부장, 同충북도당 국토교통분과위원장 2014년 충북도의회 의원(새누리당)(현) 2014년 同예산결산특별위원회 위원장 2014년 同행정문화위원회 부위원장 2014년 同운영위원회 위원 2016년 同부의장(현) 2016년 同예산결산특별위원회 위원(현) 2016년 同산업경제위원회 위원(현) 2016년 새누리당 충북도당 운영위원(현) [상]제2회 매니페스토약속대상 우수상(2010), 제1회 지방의회의원 의정활동사례 우수상(2010) [저]'생각을 바꾸면 미래가 달라진다'(2013, 책과나무)

엄정근(嚴正根) EUM Jung Keun

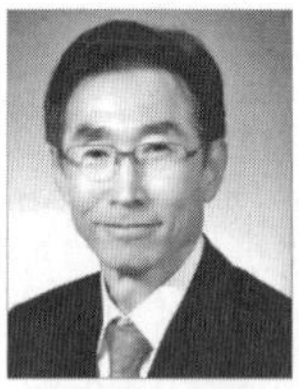

[생]1951·2·11 [출]서울 [주]서울 중구 퇴계로27길28 한영빌딩8층 (주)하이스틸 사장실(02-2273-2138) [학]1970년 용산공고졸 1977년 광운대 전자공학과졸 2004년 서울대 경영대학원 최고경영자과정 수료 [경]1979년 한일철강(주) 강관부 관리과장 1988년 同강관부 차장 1989년 同이사대우 공장장 1991년 同이사 1996년 同상무이사 2001년 同전무이사 2003년 (주)하이스틸 대표이사 사장(현) 2014~2016년 한국철강협회 강관협의회 회장 [상]산업포장(2005), 한국을 빛낸 경영인대상 철강부문(2008), 은탑산업훈장(2013)

엄정행(嚴正行) Eum Jeung-Haeng

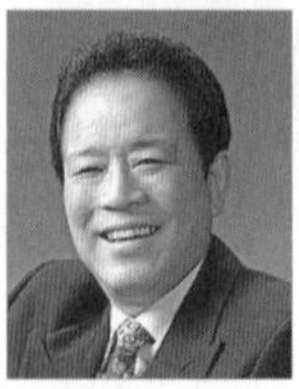

[생]1943·2·12 [본]영월(寧越) [출]경남 양산 [주]경남 양산시 북안북3길5의1 4층 연우엄정행음악연구소(055-387-6666) [학]동래고졸 1965년 경희대 성악과졸 1968년 同대학원 성악과졸 [경]1968년 제1회 독창회(명동예술극장) 시작으로 190여회 독창회 개최 1974년 청주대·경희대 강사·가곡 '목련화' 앨범 제작 1976~2008년 경희대 음악대학 성악과 교수 1985·1995~1998년 同음악대학장 1998년 한국음악협회 이사 1998년 양천문화원 이사 2008년 연우엄정행음악연구소 이사장(현) 2008년 경희대 음악대학 성악과 명예교수(현) 2008년 데뷔40주년 기념독창회(예술의전당 콘서트홀) 2010년 전국체육대회 명예홍보대사 [상]영남예술제 성악부 특상(1959), 문교부장관표창(1981), 문화방송 FM방송 공로상(1987), 예술실연자 대상(1998), 문화방송 특별공로상 가곡부문(1998), 근정포장(2008), 세일한국가곡상(2010), 양산문화시민대상(2012) [저]'목련꽃 진자리 휘파람 새는 잠도 안오고'(1995, 맑음사) '예술가의 삶-목련화의 새긴 영혼'(1998, 혜화당) [작]주요음반 '데뷔30돌 기념앨범-내 마음의 강물' '한국가곡(10집)' '이탈리아가곡(3집)' '성가집(6집)' '기타반주 애창곡(1집)' '애창곡(2집)' '한국가곡-나의 인생 나의 노래'

엄정희(嚴政熙) UHM Jung Hee
[생]1969·10·12 [출]인천 [주]세종특별자치시 도움6로11 국토교통부 건축정책과(044-201-3768) [학]1995년 연세대 건축공학과졸 2002년 미국 캘리포니아대 버클리교 대학원 토목학과졸 [경]1995년 총무처 사무관 1996년 건설교통부 고속철도건설기획단 사무관 1998년 同건축과 사무관 1999년 고충처리위원회 사무관 2000년 미국 버클리대 파견 2002년 건설교통부 주택도시국 도시정책과 사무관 2006년 同도시정책팀 서기관 2006년 同서기관(휴직) 2008년 대통령직속 국가건축정책위원회 과장 2010년 부산지방국토관리청 건설관리실장 2012년 駐터키대사관 1등서기관 2014년 국토교통부 녹색건축과장 2016년 同건축정책과장(현)

엄종식(嚴鍾植) UM Jong Sik
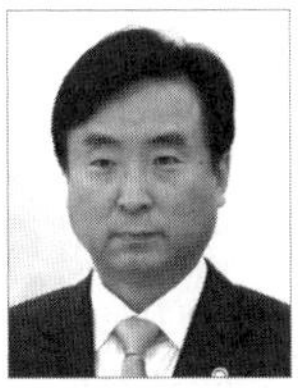
[생]1959·1·14 [출]서울 [주]서울 종로구 삼일대로30길 21 (사)남북사회통합연구원(02-365-9370) [학]1977년 영훈고졸 1981년 연세대 행정학과졸 1983년 서울대 행정대학원 행정학과졸 [경]행정고시 합격(25회) 1986년 국토통일원 근무 1992년 통일원 장관비서관 1994년 同기획관리실 법무담당관 1994년 미국 듀크대 파견(국외훈련) 1996년 통일원 통일정책실 정책기획과장 2000년 통일부 교류협력국 총괄과장 2001년 同교류협력국 총괄과장(부이사관) 2002년 同교류협력심의관 2003~2004년 국방대 파견 2004~2006년 동북아경제중심추진위원회 파견 2006년 통일부 정책홍보본부 정책기획관(이사관) 2007년 제17대 대통령직인수위원회 외교통일안보분과위원회 전문위원 2008~2009년 대통령 외교안보수석비서관실 통일비서관 2009년 통일부 남북회담본부장 2010~2011년 同차관 2010~2011년 북한이탈주민지원재단 이사 2010년 통일정책태스크포스 위원 2012~2015년 연세대 정경대학 글로벌행정학과 객원교수 2014년 강원발전연구원 통일·접경지역부문 자문위원(현) 2016년 (사)남북사회통합연구원 이사장(현) [종]기독교

엄주욱(嚴柱旭) EOM Joo Wook
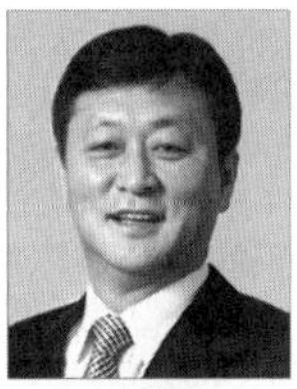
[생]1960·3·17 [주]서울 구로구 가마산로291 KT텔레캅(주) 비서실(02-818-8022) [학]연세대 전자공학과졸, 同대학원졸, 전자공학박사(연세대) [경](주)KT 컨버전스사업단 홈엔사업팀장, 同품질보증단 품질연구실 부장, 同인터넷시설단 초고속설계부장, 同기간망시설단 초고속망설계팀장, 同통신망시설단 인터넷설계팀장 2006년 同서비스기획본부 브로드밴드담당 상무보 2006년 同서비스기획본부 차세대통신담당 상무보 2007년 (주)KT네트웍스 서비스기획본부 경영사업부문장 2009년 (주)KT 네트워크부문 강북네트워크운용단장(상무) 2010년 同기업고객부문 서울북부법인사업단장 2012년 KT파워텔(주) 경영기획부문장 2014년 同대표이사 전무 2015년 同대표이사 사장 2016년 KT텔레캅(주) 대표이사(현)

엄진엽(嚴鎭燁) Um Jinyeop
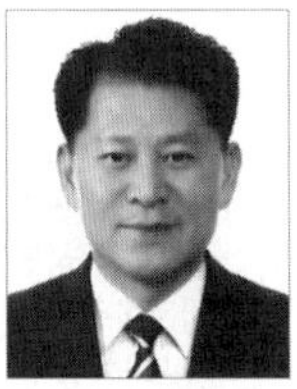
[생]1966·1·18 [본]영월(寧越) [출]경북 군위 [주]경남 창원시 의창구 창이대로532번길50 경남지방중소기업청(055-268-2501) [학]1983년 대구 영진고졸 1990년 경북대 사회과학대학 지리학과졸 [경]1993~1995년 공업진흥청 화섬기술과·총무과 근무(7급 공채) 1996~2003년 중소기업청 경영지원국·총무과 근무 2004~2010년 同중소기업정책국·소상공인지원국·기술혁신국 사무관 2011년 同기획재정담당관실 서기관 2012년 同청장 비서실장 2015년 경남지방중소기업청장(현)

엄찬왕(嚴燦旺) EOM Chan Wang
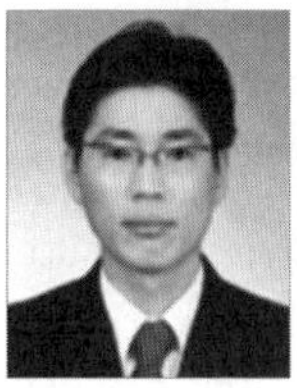
[생]1970·2·27 [출]서울 [주]강원 평창군 대관령면 올림픽로108의27 2018평창동계올림픽조직위원회 마케팅국(033-350-2018) [학]1988년 재현고졸 1992년 연세대 전자공학과졸 [경]기술고시 합격(27회) 2000년 정보통신부 국제협력관실 국제기구담당관실 서기관 2001년 同전파연구소 전파자원연구과 서기관 2004년 부산체신청 정보통신국장 2005년 정보통신부 중앙전파관리소 과장 2006년 국무총리국무조정실 방송통신융합추진위원회지원단 파견(과장급) 2007년 정보통신부 정보통신정책본부 중소기업지원팀장 2008년 지식경제부 에너지기술팀장 2009년 同에너지자원실 전력산업과장 2009년 한전KPS 비상임이사 2011년 지식경제부 전자산업과장 2011년 同협력총괄과장 2012년 同협력총괄과장(부이사관) 2013년 산업통상자원부 산업정책실 기계로봇과장 2014년 2018평창동계올림픽조직위원회 파견 2015년 同마케팅국장(현) [상]대통령표창(1998)

엄창현(嚴昌鉉) UM Chang Hyun
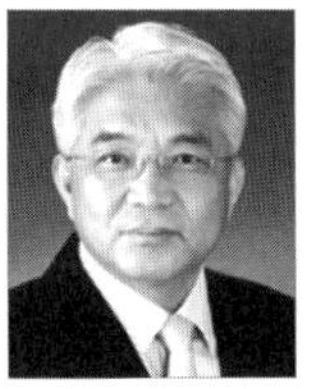
[생]1956·8·16 [출]부산 [주]경남 남해군 남해읍 화전로78번길30 경남도립 남해대학 총장실(055-254-2400) [학]부산 경남고졸 1990년 독일 브레멘대 대학원 사회과학과졸 [경]1991~1995년 동아대·동의대 강사 1998~2004년 한나라당 대표(서청원) 보좌관 2006~2008년 국회 환경노동위원장(홍준표) 보좌관 2007년 한나라당 제17대 대통령중앙선거대책위원회 클린정치위원회 상황실장 2008년 제17대 대통령직인수위원회 상임자문위원 2008년 제17대 대통령취임준비위원회 자문위원 2008년 대한태권도협회 회장 특보 2008년 한국환경자원공사 기획관리이사 2009~2011년 한국환경공단 환경시설본부장(상임이사) 2013년 경남도립남해대학 총장(현) [저]'지식인과 지성인(編)'(1991, 도서출판 이웃) '현실인식과 인간해방(共)'(1993, 도서출판 들불) 역사비평서 '어쨌거나, 그때는.....'(1997, 사회평론) '뜻밖의 세계사'(2006, 페이퍼로드) [역]'신화의 시간'(1991, 도서출판 이웃)

엄태민(嚴泰珉) Taemin EOM
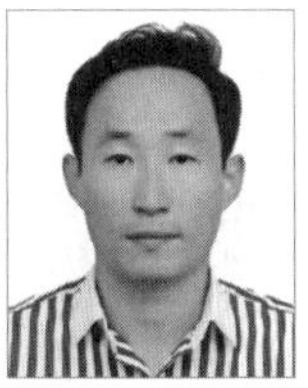
[생]1973·1·24 [본]영월(寧越) [출]경기 이천 [주]대전 서구 청사로189 특허청 운영지원과(042-481-5009) [학]1991년 창현고졸 1995년 숭실대 경제학과졸 2001년 서울대 행정대학원 행정학과졸 2005년 미국 워싱턴대 로스쿨졸 2007년 법학박사(미국 워싱턴대) [경]1996년 행정고시 합격(40회) 1997~1998년 총무처 수습사무관 1998년 특허청 국제협력과·의장1과 사무관 2002년 同기획예산과 사무관 2004~2007년 국외훈련(미국 워싱턴대) 2007년 특허청 산업재산진흥팀 사무관 2008년 同산업재산정책과 서기관 2008년 同상표정책과 서기관 2010년 同정보협력팀장 2013년 同다자협력팀장 2013~2016년 同산업재산보호협력국 다자기구팀장 2016년 同파견(스위스 WIPO 아시아·태평양국 펀드관리자)(현) [상]국무총리표창(2010), 대통령표창(2015) [종]불교

엄태정(嚴泰丁) UM Tai Jung
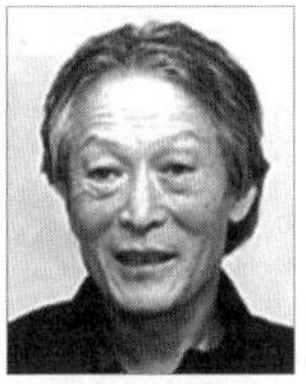
[생]1938·12·18 [출]경북 문경 [주]서울 관악구 관악로1 서울대학교 미술대학 조소과(02-880-7492) [학]1957년 광주 숭일고졸 1964년 서울대 미술대학 조소과졸 1966년 同교육대학원 미술교육과졸 [경]1966~1968년 청주교대 조교수 1971년 국전 추천작가 1972~1997년 개인전 7회 1974년 서울교대 조교수 1976년 국전 초대작가 1976년 상파울루비엔날레 심사위원 1979년 국전 초대작가·심사위원 1981~1992년 서울대 미술대학 조교수·부교수 1981년 중앙미술대상전 초대작가·심사위원 1983년 밀라노 한국현대미술초대전 1984년 대만 한국현대미술70년대동향전 1986년 서울 아시아현대미술전(국립현대미술관) 1988년 국제야외조각초대전(올림픽조각공원) 1991년 독일 베를린예술대 초빙교수 1992~2004년 서울대 미술대학 조소과 교수 1995·1996·2000년 마니프서울국제아트페어(예술의전당) 1999년 서울대 미술대 조형연구소장 2002년 독일 총리실에 조각작품 전시 2004년 서울대 미술대학 조소과 명예교수(현) 2009년 개인전 '쇠, 그 부름과 일展'(성곡미술관) 2013년 대한민국예술원 회원(조각·현) [상]국전 특선(4회), 제16회 국전 국무총리표창(1967), 김세중 조각상(1989), 한국미전 최우수상, 녹조근정훈장, 한·독협회 제7회 이미륵상(2012) [역]'조각의 언어'(1983, 서광출판사) [종]기독교

엄태준(嚴泰俊)
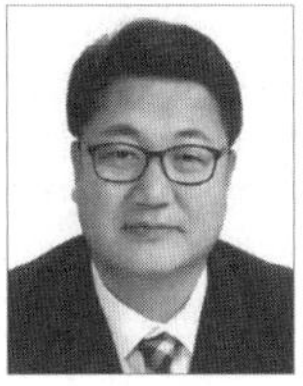
[생]1963·9·1 [출]경기 이천 [주]경기 이천시 구만리로 177 엄태준법률사무소(031-636-4424) [학]1991년 단국대 법학과졸 [경]사법시험 합격(40회), 사법연수원 수료(30기) 2001~2004년 이천시 고문변호사, 이천YMCA 시민사업위원장 2010년 경기 이천시장선거 출마(국민참여당), 통합진보당 이천·여주지역위원회 공동위원장 2012년 제19대 국회의원선거 출마(경기 이천시, 통합진보당) 2014~2015년 새정치민주연합 경기이천시지역위원회 위원장 2015년 同을지로위원회 경기도신문고센터장 2015년 더불어민주당 경기이천시지역위원회 위원장(현) 2016년 제20대 국회의원선거 출마(경기 이천시, 더불어민주당), 엄태준법률사무소 변호사(현)

엄태진(嚴泰鎭) UM Tae Jin
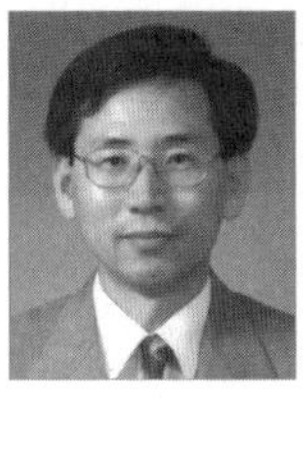
[생]1957·8·5 [본]영월(寧越) [출]경북 김천 [주]서울 강남구 논현로508 GS칼텍스(주) 재무본부(02-2005-6573) [학]1975년 김천고졸 1983년 한양대 경영학과졸 1987년 연세대 경영대학원 회계학과졸 [경]1983년 LG칼텍스정유(주) 입사 1997년 同세무팀장(부장) 2002년 同관리부문장(부장) 2003년 同관리부문장(상무) 2005년 GS칼텍스(주) 경리부문장(상무) 2008년 同경리부문장(전무)

2011년 同재무본부장(전무) 2011년 同재무본부장(부사장)(현) [상]재정경제부 장관표창(1999)

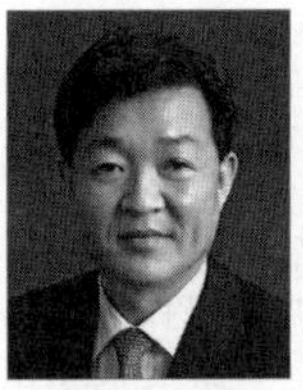

엄평용(嚴枰鎔) Um Pyung Yong

[생]1954·9·14 [주]경기 용인시 처인구 양지면 추계로42 (주)유진테크 비서실(031-323-5700) [학]광운대 응용전자공학과졸 [경]1984년 현대전자 D-RAM개발팀 근무 1988년 테라다인 한국지사 반도체장비개발팀 근무 1994~1999년 캐나다 Brooks Automation 장비컨설팅담당 근무 2000년 (주)유진테크 대표이사 사장(현) [상]올해의 테크노 CEO상(2011), 7월의 자랑스러운 중소기업인(2013)

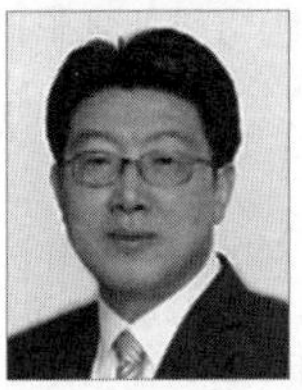

엄한주(嚴漢柱) EOM Han Joo

[생]1957·4·8 [주]경기 수원시 장안구 서부로2066 성균관대학교 스포츠과학과(031-299-6909) [학]1985년 성균관대 체육학과졸 1989년 캐나다 브리티시컬럼비아대 대학원졸 1993년 이학박사(캐나다 브리티시컬럼비아대) [경]1978~1983년 배구 국가대표선수 1985~1989년 캐나다 브리티시컬럼비아대 남자배구팀 코치 1996~1998년 한국체육과학연구원 선임연구원 1998년 아시아배구연맹 경기위원회 간사 1998년 성균관대 스포츠과학부 부교수 2003년 대한배구협회 전무이사 겸 국제이사 2003~2008년 성균관대 체육실장 2006~2007년 同학사처장 겸 식물원장 2006~2007년 同Co-op위원회 위원장 2008년 同스포츠과학대학 스포츠과학과 교수(현) 2011~2012년 同학생처장 겸 종합인력개발원장 2011년 아시아배구연맹(AVC) 이사 겸 경기위원회 간사 2013~2014년 성균관대 스포츠과학대학장 2014년 세계배구연맹(FIVB) 이사(현) 2015년 대한배구협회 국제담당 부회장(현) 2016년 아시아배구연맹(AVC) 이사 겸 경기위원장(현) [상]체육훈장 백마장(1980), 미국체육학회 Research Award(1993), 한국체육과학연구원 최우수논문상(2002) [저]'스포츠 심리학 연구의 관행과 문제점'(1998)

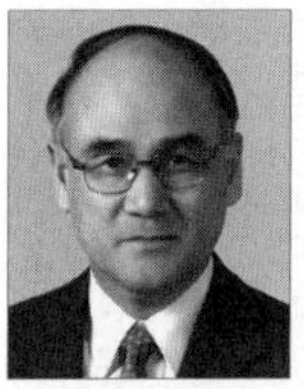

엄항석(嚴恒錫) UM Hang Seok

[생]1949·6·24 [출]경남 밀양 [주]서울 중구 장충단로280 (주)두산(02-3398-0114) [학]경남 밀양고졸 1972년 육군사관학교졸(28기) [경]육군 1군사령부 작전처장, 제21사단장, 학군 교장, 육군본부 정책참모부장, 교육사령부 BCTP단장 2004년 예편(육군 소장) 2005년 두산인프라코어(주) 방산BG 전무 2008년 두산DST 방산BG장(부사장) 2008~2016년 同대표이사 2016년 (주)두산 사업부문 고문(현) [상]보국훈장 천수장, 대통령표창

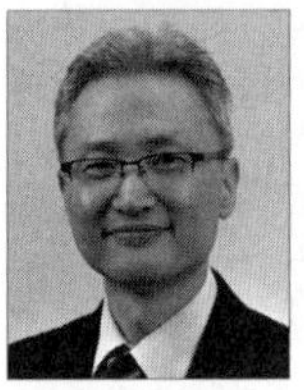

엄현석(嚴炫晳) EOM Hyeon Seok

[생]1965·1·17 [주]경기 고양시 일산동구 일산로323 국립암센터 진료지원센터 조혈모세포이식실(031-920-1160) [학]1989년 가톨릭대 의대졸 1993년 同대학원졸 2001년 의학박사(가톨릭대) [경]1989~1994년 가톨릭대 의대 인턴·전공의 1994~1997년 육군 군의관 1997~1998년 가톨릭대 의대 조혈모세포이식센터 임상강사 1998~2005년 同의대 내과학교실 전임강사·조교수 2002~2004년 미국 하버드대 의대 Research Fellow 2005~2007년 국립암센터 특수암센터 혈액종양클리닉 전문의 2006~2007년 同진료지원센터 QI실장 2006~2007년 同특수암센터 무균실장 2007년 同진료지원센터 조혈모세포이식실장(현) 2007~2009년 同적정진료관리실장 2007년 同특수암센터 전문의(현) 2007~2013년 同혈액암연구과 선임연구원 2012~2013년 同혈액암연구과장 겸 선임연구원 2012년 同내과 과장 2013년 同임상시험센터장(현) 2014년 국제암대학원대 시스템종양생물학과 겸임교수(현) 2016년 국립암센터 혈액암센터장 겸임(현) [상]대한혈액학회 최우수연제상(2014)

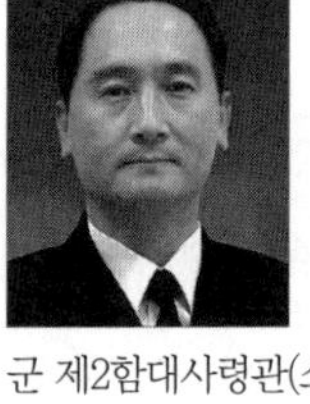

엄현성(嚴賢聖)

[생]1958·6·4 [출]강원 삼척 [주]충남 계룡시 신도안면 계룡대로663 사서함501의200호 해군 참모총장실(042-553-6010) [학]삼척고졸 1981년 해군사관학교졸(35기) 1997년 국방참모대학 수료 [경]1981년 소위 임관 1990년 소령 승진 2003년 전남함장 2004년 합동참모본부 해상작전과장 2006년 해군참모총장 비서실장 2007년 진해기지사령관(준장) 2009년 해군본부 정책실장 2010년 해군 제2함대사령관(소장) 2011년 해군본부 인사참모부장 2013년 국방부 국방운영개혁추진관 2013년 해군 참모차장(중장) 2014년 해군 작전사령관(중장) 2015년 합동참모본부 차장(중장) 2016년 제32대 해군 참모총장(대장)(현) [상]대통령표창(2006), 보국훈장 천수장(2011) [종]불교

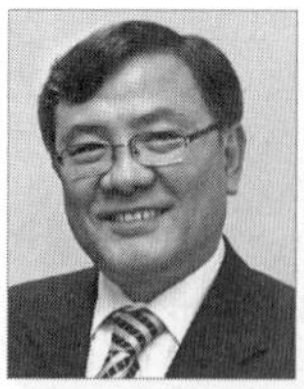

엄현택(嚴賢澤) EOM Hyeon Taek

[생]1956·2·8 [본]영월(寧越) [출]서울 [주]서울 마포구 마포대로130 노사발전재단 사무총장실(02-6021-1008) [학]1974년 서울고졸 1979년 서울대 사회학과졸 1981년 同행정대학원졸 1989년 미국 일리노이대 대학원 노사관계학과졸 2010년 정책학박사(한성대) [경]1980년 행정고시 합격(24회) 1992년 한국노동연구원 파견 1994년 노동부 재해보상과장 1995년 국제노동기구(ILO) 파견 1998년 노동부 근로여성정책과장 1999년 同총무과장 2001년 호주 뉴사우스웨일즈 주정부 파견 2002년 노동부 국제협력관 2004년 同근로기준국장 2005년 同노사정책국장 2006년 서울지방노동청장 2007년 중앙공무원교육원 파견 2008년 노동부 산업안전보건국장 2008년 한나라당 환경노동위원회 수석전문위원 2010년 노동부 고용정책실장 2010년 고용노동부 고용정책실장 2011년 대한산업안전협회 회장 2011~2013년 경제사회발전노사정위원회 상임위원 2012년 한국안전학회 회장 2014년 노사발전재단 사무총장(현) [상]홍조근정훈장

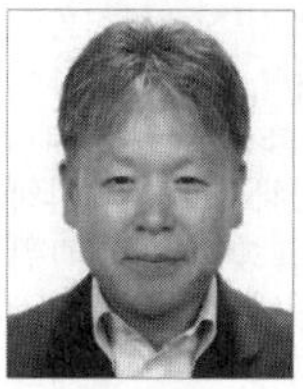

엄홍길(嚴弘吉) UM HONG GIL

[생]1960·9·14 [출]경남 고성 [주]서울 중구 동호로268 파라다이스빌딩3층 엄홍길휴먼재단(02-736-8850) [학]2005년 한양대 대학원 최고엔터인먼트과정 수료 2006년 한국외국어대 중국어과졸 2010년 同교육대학원 체육교육학과졸 2011년 경희대 체육대학원 박사과정 수료 [경]1988년 에베레스트 등정(8848m) 1993년 초오유 등정(8201m) 1993년 시샤팡마 등정(8027m) 1995년 마칼루 등정(8463m) 1995년 브로드피크 등정(8047m) 1995·2001년 로체 등정(8516m) 1996년 다울라기리 등정(8167m) 1996년 마나슬루 등정(8163m) 1997년 히든피크 등정(8068m) 1997년 가셔브룸2 등정(8035m) 1999년 안나푸르나 등정(8091m) 1999년 낭가파르밧 등정(8125m) 2000년 칸첸중가 등정(8586m) 2000년 K2 등정(8611m)으로 국내 최초 8000m이상 14좌 등정 성공(세계 8번째) 2000년 (주)파고다외국어학원 홍보이사 2001년 히말라야 시샤팡마봉 등정(8027m) 2001년 플랜인터내셔날 한국위원회 홍보대사 2002년 한국청소년문화원 홍보대사 2002·2003·2005년 에베레스트 등정(8,850m) 2003년 (사)한국올림픽 참피온클럽 홍보대사 2004년 얄룽캉 등정(8505m)으로 세계 최초 히말라야산맥 8000m급 15좌 등정 성공 2006년 의정부시 홍보대사 2006년 한국외국어대 홍보대사 2006~2011년 상명대 자유전공학부 석좌교수 2007년 기상청 기상홍보대사 2007~2009년 부산시교육청 홍보대사 2007년 히말라야 로체샤르 8000m급 세계최초 16좌 등정 성공 2007~2008년 2008함평세계나비곤충엑스포 홍보대사 2008년 아시아기자협회 홍보대사 2008년 (재)엄홍길휴먼재단 상임이사(현) 2009~2011년 한국토지공사 홍보대사 2009~2012년 춘천월드레저총회·경기대회 홍보대사 2009년 (주)밀레 기술고문(현) 2009년 대한산악연맹 자문위원(현) 2010~2012년 로터스월드 홍보대사 2010년 한국국제협력단 홍보대사 2010~2014년 가톨릭대 서울성모병원 홍보대사 2010년 KOICA(한국국제협력단) 홍보대사(현) 2011~2012년 2011광주디자인비엔날레 명예홍보대사 2011년 경남고성공룡세계엑스포 홍보대사 2012~2014년 여수세계박람회 홍보대사 2012~2013년 고용노동부 산업안전보건홍보대사 2012~2014년 국토해양부 극지홍보대사 2012년 육군사관학교 홍보대사 2012년 소방방재청 안전홍보대사 2012~2013년 세계자연보전총회 홍보대사 2012~2015년 연세사랑병원 홍보대사 2012년 대한적십자사 홍보대사 2013년 해양수산부 극지 홍보대사 2013년 2014인천장애인아시아경기대회 홍보대사 2013년 국민생활체육회 이사 2013~2014년 송정원 홍보대사 2013년 안전행정부 안전문화홍보대사 2013년 소방방재청 국민안전정책자문위원(현) 2013년 (사)스포츠봉사단 고문(현) 2014년 한국자유총연맹 홍보대사 2014년 산림청 정책자문위원 2014년 국립공원관리공단 홍보대사 2014년 (사)대한산악연맹 자문위원(현) 2015년 대한적십자사 네팔지진긴급구호선발대장 2015년 행정자치부 국민추천포상 홍보대사 2015년 2015울주세계산악영화제 홍보대사 2015년 국민안전처 홍보대사 2015년 서울 중부경찰서 올바른 112신고 홍보대사 2016년 문화체육관광부 스포츠안전 홍보대사(현) 2016년 민주평통 평화통일 홍보대사(현) 2016년 헤이그 프로젝트 홍보대사(현) [상]체육훈장 거상장·맹호장·청룡장(1989·1996·2001), 올해의 산악인상(1996), 한국유네스코서울협회선정 올해의인물(2000), 대한민국 산악대상(2001), 해군을빛낸예비역 선정상(2002), 로얄 살루트 장인상(2003), 한국산악회 황금피켈상(2005), 환경재단선정 세상을 밝게 만든 100인(2005), 파라다이스 특별공로상(2007), 아레나-아우디 A어워드 카리스마상(2007), 한국외국어대 CHALLENGE상(2008), 4·19문화상(2010), 휴먼대상 행복나눔상(2010), 지식경영인 대상(2011), 산악상 특별공헌상(2012), 대한산악연맹을 빛낸 50인 선정(2012), 동아일보선정 10년뒤 한국을 빛낼 100인(2012·2013), 자랑스런 대한국민 대상(2013), (사)한국재능기부협회 자랑스런재능기부인(2013), 정관장 칭찬상 휴머니즘 최고봉상(2016), KGC 인삼공사 아름다운 휴머니즘상(2016), 한국콘텐츠진흥원 대한민국 SNS산업대상(사회봉사부문)(2016) [저]'8000미터의 희망과 고독'(2003) '엄홍길의 약속'(2005) '거친 산 오를 땐 독재자가 된다'(2006) '엄홍길의 정상경영학'(2006) '꿈을 향해 거침없이 도전하라'(2008, 마음의숲) '불멸의 도전'(2008) '오직 희망만을 말하라'(2010, 마음의숲) '히말라야에서 꽃핀 우정'(2011) '내 가슴에 묻은 별'(2012) 'BIOGRAPHY 엄홍길'(2015) '산도 인생도 내려가는 것이 더 중요하다'(2015)

엄흥식(嚴興植) UM Heung Sik

⊗1962 · 11 · 5 (본)영월(寧越) (출)서울 (주)강원 강릉시 죽헌길7 강릉원주대학교 치과병원(033-640-3114) (학)1987년 서울대 치의학과졸 1990년 同대학원 치의학과졸 1997년 치의학박사(서울대) (경)1993년 서울고려병원 치과 부과장 1995년 강북삼성병원 치과 부과장 1997년 강릉대 치의학과 교수 1997년 同치과병원 치주과장 1998~2000년 同의학과장 2000~2001년 同보건진료소장 2009년 강릉원주대 치의학과 교수(현) 2013년 同치과병원장(현) 2015년 국립대치과병원장협의회 감사(현) (상)한국과학기술단체총연합회 과학기술우수논문상(2015) (제)'치과임상사진-꼭 알아야하는 사진이론부터 상황에 따른 촬영기법까지'(2001) '치주과학'(2004)

여경동(呂慶東)

⊗1959 · 7 · 7 (본)성산(星山) (출)경북 고령 (주)경북 고령군 대가야읍 대가야로1411 고령경찰서 서장실(054-950-1321) (학)경북 고령고졸, 한국방송통신대 법학과졸 (경)2003년 서울지방경찰청 101경비단 근무 2008년 경북 울진경찰서 생활안전교통과장 2010년 서울 강남경찰서 경무과장 2011년 서울지방경찰청 청문감사담당관실 근무 2016년 경북 고령경찰서장(총경)(현)

여남구(呂南九) YOH NAM-KU

⊗1963·1·5 (출)전북 익산 (주)서울 중구 을지로29 삼성화재해상보험(02-3468-9390) (학)1981년 홍익사대부고졸 1985년 서울대 법대 공법학과졸 1988년 同대학원 법학과졸 (경)1988년 사법시험 합격(30회) 1991년 사법연수원 수료(20기) 1993년 서울가정법원 판사 1995년 전주지법 군산지원 판사 1998년 서울행정법원 판사 2000년 서울지법 판사 2002년 서울고법 판사(헌법재판소 파견) 2003년 삼성 기업구조조정본부 법무실 상무 2008년 同사장단협의회 법무실 전무대우 2008~2014년 삼성화재해상보험 법무실장(전무) 2015년 同고문(현)

여동영(呂東榮) YEO Dong Yeong (民孤)

⊗1943·1·12 (출)경북 성주 (주)대구 수성구 동대구로355 범어빌딩206호 영남법무법인(053-752-0201) (학)1960년 대구 계성고졸 1964년 서울대 법학과졸 (경)1967년 군법무관시험 합격(1회) 1968년 軍법무관 1979년 수도군단 법무부장 1980년 변호사 개업 1986년 학교법인 계명기독대학재단 이사장 직대 1993~1995년 대구지방변호사회 회장 겸 대한변호사협회 부회장 1993년 영남법무법인 변호사(현) 1996년 (사)대구발전연구원 원장 1996년 한일변호사협회 부회장 1998~1999년 국제로타리 3700지구 총재, 대구YMCA재단 이사장(현) (상)보국훈장 삼일장, 국민훈장 석류장(2015) (제)'장군들의 야간외출' (종)기독교

여명숙(余明淑 · 女)

(주)부산 해운대구 센텀서로39 영상산업센터2층 게임물관리위원회(051-720-6801) (학)이화여대 철학과졸, 同대학원 철학과졸, 철학박사(이화여대) (경)KAIST 전산학과 BK21선임연구원, 미국 스탠포드대 언어정보연구소(CSLI) 박사 후 과정(Post Doc.), 서울대 융합기술연구원 연구개발본부 책임연구원, 포항공대 창의IT융합공학과 교수 2015년 게임물관리위원회 위원장(현) 2015년 국립대구과학관 비상임이사(현)

여명재(余明宰) Yea Myeong Jai

⊗1954 · 1 · 30 (출)경남 하동 (주)서울 영등포구 양평로19길19 롯데중앙연구소 임원실(02-2169-3600) (학)1979년 경상대 농화학과졸 1996년 식품공학박사(경상대) (경)1979년 롯데중앙연구소 입사 2011년 同전무이사 2012년 同소장 2015년 同소장(부사장)(현) (상)국무총리표창(2014)

여무남(余武男) YEO Mu Nam (齊山)

⊗1942 · 1 · 6 (본)의령(宜寧) (출)경남 거제 (주)경기 안산시 단원구 해안로292 반월공단9블럭78호 코리아하이텍 비서실(031-491-5901) (학)1960년 거제고졸 1974년 동아대 법학과졸 1990년 연세대 경영대학원 수료 1991년 서강대 경영대학원 수료 (경)1964~1979년 관세청 근무 1979년 (주)코리아하이텍 대표이사 회장(현) 1982년 풍한방직(주) 상무이사 1983년 대왕흥산(주) 부사

장 1993~1999년 한국9인제배구연맹 회장 1993~2002년 대한체육회 이사 1994년 재산장학회 이사장 1996~1999년 대한롤러스케이팅연맹 회장 1998년 아시아롤러스케이팅연합 수석부회장 1999~2010년 대한역도연맹 회장 2002~2005년 대한올림픽위원회 부위원장 2005~2011년 대한체육회 부회장 (상)산업포장(1984), 체육훈장 맹호장(2009), 거제시민상(2011) (종)천주교

여미숙(呂美淑 · 女) YEO Mee Sok

⊗1966 · 2 · 2 (출)대구 (주)서울 서초구 서초중앙로157 서울고등법원 제8민사부(02-530-1221) (학)1984년 대구 성화여고졸 1988년 서울대 법대졸 1991년 同대학원 법학과 수료 2001년 미국 캘리포니아대 버클리교 연수 (경)1989년 사법시험 합격(31회) 1992년 사법연수원 수료(수석졸업 · 21기) 1992년 서울민사지법 판사 1994년 서울가정법원 판사 1996년 청주지법 판사 1999년 서울지법 판사 2001년 同서부지원 판사 2003년 서울고법 판사 2004년 법원도서관 조사심의관 2006년 서울고법 판사 2007년 부산지법 민사8부 부장판사 2008년 사법연수원 교수(부장판사) 2011년 서울중앙지법 민사합의48부 부장판사 2011~2012년 법원행정처 정책총괄심의관 2014년 대전고법 부장판사 2015년 서울고법 부장판사(현)

여민수(呂民壽) YEO, MIN SOO

⊗1969 · 4 · 25 (출)서울 (주)경기 성남시 분당구 판교역로235 에이치스퀘어 N동 7층 카카오(02-6718-0677) (학)1994년 고려대 신문방송학과졸 2009년 미국 매사추세츠공과대(MIT) 경영대학원 MBA (경)1993~1996년 오리콤 근무 1996~1999년 LG애드 근무 2000~2009년 NHN ebiz부문장 · 이사 2009~2014년 이베이코리아 상무 2014~2016년 LG전자 글로벌마케팅부문 상무 2016년 카카오 광고사업부문 부사장(현)

여상규(余尙奎) YEO Sang Kyu

⊗1948 · 6 · 28 (출)경남 하동 (주)서울 영등포구 의사당대로1 국회 의원회관743호(02-784-1845) (학)1968년 경남고졸 1977년 서울대 법학과졸 (경)1978년 사법시험 합격(20회) 1980년 사법연수원 수료(10기) 1980년 서울형사지법 판사 1982년 서울민사지법 판사 1984년 제주지법 판사 1986년 서울지법 남부지원 판사 1989년 서울형사지법 판사 1990년 서울고법 판사 1993년 변호사 개업 1993년 방일영문화재단 이사(현) 1998년 사법연수원 외래교수 1998~2012년 법무법인 한백 변호사 2001년 사법시험 출제위원 2002년 조선일보 독자권익보호위원 2004년 여성부 남녀차별개선위원회 비상임위원 2005년 국가인권위원회 조정위원 2008년 제18대 국회의원(남해 · 하동, 한나라당 · 새누리당) 2009~2010년 한나라당 지방자치위원장 2010~2012년 同법률지원단장 2010년 국회 사법제도개혁특별위원회 위원 2010년 국회 예산결산특별위원회 계수조정소위원 2012년 제19대 국회의원(경남 사천시 · 남해군 · 하동군, 새누리당) 2012년 새누리당 경남도당 위원장 2012~2013년 同정책위 국토해양 · 지식경제 · 농식품담당 부의장 2012년 同국민행복추진위원회 지역발전추진단장 2012년 同지역화합특별위원회 위원 2013~2014년 국회 산업통상자원위원회 간사 2013년 새누리당 대표 비서실장 2014년 국회 산업통상자원위원회 위원 2014년 새누리당 인재영입위원회 부위원장(현) 2015년 국회 정치개혁특별위원회 공직선거법심사소위원회 위원 2015~2016년 새누리당 중앙윤리위원회 위원장 2016년 제20대 국회의원(경남 사천시 · 남해군 · 하동군, 새누리당)(현) 2016년 국회 법제사법위원회 위원(현) 2016년 새누리당 전당대회선거관리위원회 부위원장(현) (상)국무총리표창, 대한변호사협회 선정 '최우수 국회의원상'(2016)

여상덕(呂相德) EDDIE YEO

⊗1955 · 12 · 3 (출)경북 성주 (주)경기 파주시 월롱면 엘지로245 LG디스플레이 임원실(031-933-3000) (학)1975년 대구고졸 1980년 경북대 전자공학과졸 (경)1979년 금성사 TV공장 설계실 입사 1988년 同동경사무소 근무 1994년 LG전자 Monitor설계실장 2000년 LG필립스LCD 개발담당 상무 2005년 同개발센터장(부사장) 2006년 同TV사업부 부사장 2007년 LG디스플레이(주) TV사업본부장(부사장) 2010년 同Mobile · OLED본부장(부사장) 2012년 同최고기술책임자(CTO · 부사장) 2015년 同OLED사업부장(사장)(현) 2016년 한국정보디스플레이학회 수석부회장(현) (상)제27회 정진기언론문화상 과학기술부문대상(2009)

여상락(呂相洛) Yeo Sang Rak (春植)

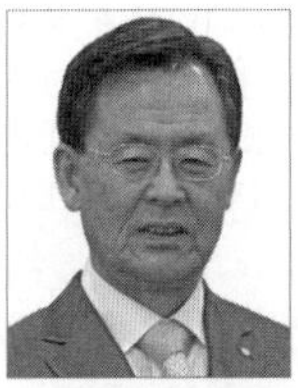

[생]1939·12·10 [본]성산(星山) [출]경북 성주 [주]서울 구로구 공원로54 한국SGI 명예이사장실(02-6300-7001) [학]1958년 대구 능인고졸 1963년 영남대 토목공학과졸 [경]1969~1998년 국가공무원(대구시) 1979~1981년 한국SGI 전국부 남자부장 1998년 同조직국장 1999년 同사무총장 2001~2013년 同이사장 2002년 SGI(국제창가학회) 이사 2002년 (사)평화운동연합 상임이사 2004~2013년 학교법인 창가학원 이사장 2008~2013년 (재)영지장학재단 이사장 2013년 한국SGI 명예이사장(현) [상]제14회 청백(淸白) 봉사상(1990), 국무총리표창(1998), 일본 소카대학 최고영예상(2004)

여상원(呂相元) YEO Sang-Won

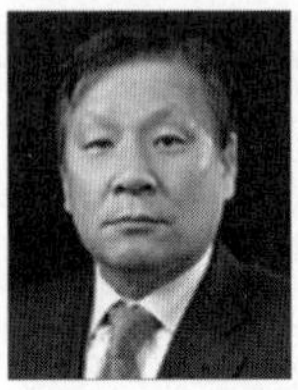

[생]1953·2·3 [출]대구 [주]서울 서초구 반포대로222 강남성모병원 이비인후과(02-590-1349) [학]1971년 양정고졸 1978년 가톨릭대 의대졸 1985년 同대학원졸 1989년 의학박사(가톨릭대) [경]1982년 가톨릭대 의대 이비인후과 전공의 1985년 同의대 이비인후과학교실 전임강사·조교수·부교수·교수(현) 1991~1993년 미국 캘리포니아대 샌디에이고교 교환교수 1999년 가톨릭대 강남성모병원 이비인후과장 2012~2014년 대한이과학회 회장 [종]기독교

여상원(呂相源) YEO Sang Won

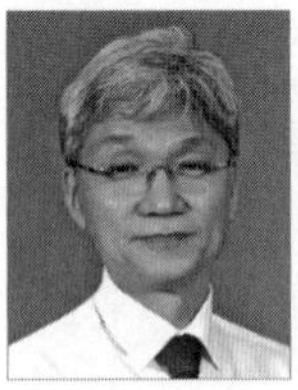

[생]1958·11·22 [본]성산(星山) [출]대구 [주]서울 강남구 테헤란로87길36 도심공항타워14층 법무법인 로고스(02-2188-2819) [학]1977년 경북고졸 1981년 서울대 법대졸 1983년 同대학원 법학과졸 [경]1981년 행정고시 합격(25회) 1983년 경북도 지방행정사무관 1983년 사법시험 합격(25회) 1988년 사법연수원 수료(17기) 1988년 서울지법 의정부지원 판사 1990년 同남부지원 판사 1992년 창원지법 충무지원 판사 1995년 서울지법 판사 1996년 미국 워싱턴대 Visiting Scholar 1998년 서울지법 동부지원 판사 2000년 서울고법 판사 2001년 대법원 재판연구관 2003년 청주지법 영동지원장 2005년 수원지법 부장판사 2007년 서울중앙지법 부장판사 2008년 언론중재위원회 서울제1중재부장 2010년 서울동부지법 부장판사 2011년 법무법인 로고스 변호사(현)

여상조(呂相助) YEO Sang Jo

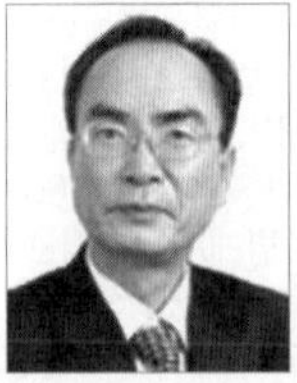

[생]1953·1·20 [출]경북 성주 [주]서울 강남구 테헤란로317 동훈타워13층 법무법인 대륙아주(02-563-2900) [학]1970년 경기고졸 1974년 서울대 법과대학졸 [경]1980년 사법시험 합격(22회) 1982년 사법연수원 수료(12기) 1982년 부산지법 판사 1986년 인천지법 판사 1989년 서울지법 북부지원 판사 1991년 서울민사지법 판사 1993년 서울고법 판사 1995년 헌법재판소 파견 1996년 서울지법 판사 1998년 청주지법 부장판사 1999~2000년 수원지법 여주지원장 2000년 법무법인 대륙아주 공동대표변호사(현) 2000~2004년 (주)대한주택보증 사외이사 2006~2008년 同비상임이사 2012~2014년 방송통신심의위원회 보도·교양방송특별위원회 위원장

여상훈(呂相薰) Yeo Sang Hoon (虛齋)

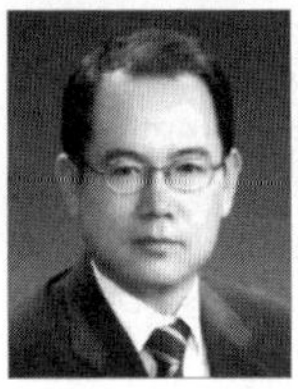

[생]1956·7·25 [본]성산(星山) [출]경북 성주 [주]서울 서초구 강남대로193 서울가정법원 법원장실(02-2055-7114) [학]1975년 경북고졸 1980년 서울대 법과대학 법학과졸 [경]1981년 사법시험 합격(23회) 1983년 사법연수원 수료(13기) 1983년 서울지법 남부지원 판사 1985년 서울형사지법 판사 1987년 춘천지법 원주지원 판사 1990년 서울지법 동부지원 판사 1992년 서울민사지법 판사 1994년 서울고법 판사 1996년 서울지법 판사 1997년 대법원 재판연구관 1998년 변호사 개업 2001년 대구지법 부장판사 2004년 수원지법 부장판사 2006년 의정부지법 수석부장판사 2008년 대전고법 수석부장판사 2009년 서울고법 언론전담재판부 부장판사 2013년 同수석부장판사 2014년 의정부지법원장 2015년 서울가정법원장(현) [저]'주석민법(저당권편)'(共) [종]불교

여소영(呂昭咏·女) YEO SO YOUNG

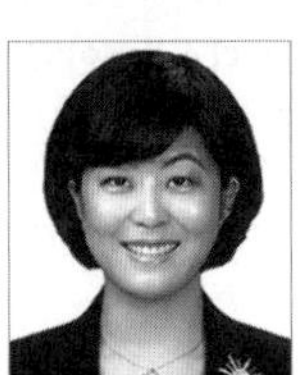

[생]1975·3·29 [주]서울 서초구 남부순환로2572 국립외교원 직무연수과(02-3497-7723) [학]1993년 대구화교고졸 1997년 대만 국립대만대 정치학과졸 2003년 同법학대학원 정치학과졸 2010년 북한대학원대 정치통일학박사과정 재학中 [경]1993년 대전EXPO 의전실 의전담당 1999년 (재)대만중앙방송국(CBS) 아나운서 겸 기자 1999~2004년 외교통상부 동북아시아국 동북아2과 대통령통역 겸 중국전문가(특채) 2004~2008년 駐중국대사관 정무과 2등서기관 2008년 외교통상부 동북아지역협력과 2등서기관 2008~2009년 통일부 장관정책보좌관 2009~2013년 외교통상부 한반도평화교섭본부 북핵외교기획단 북핵협상과 1등서기관 2013~2014년 외교부 한반도평화교섭본부 평화외교기획단 평화체제과 1등서기관 2013~2014년 개성공단 국제경쟁력분과위원 겸임 2014~2015년 외교부 한반도평화교섭본부 평화체제과 1등서기관(동북아시아국 동북아협력팀 업무지원) 2015년 同동북아시아국 동북아1과 동북아협력팀 1등서기관 2015년 국립외교원 직무연수과장(현) [상]외교통상부장관표창(2004), 모범공무원 국무총리표창(2005) [종]기독교

여승동(呂承東) YEO Seung Dong

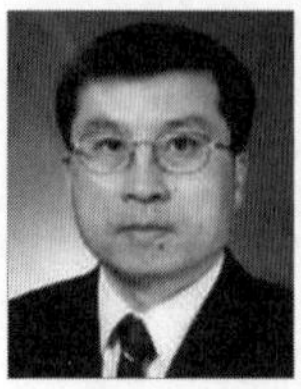

[생]1955·12·10 [출]경북 경주 [주]서울 서초구 헌릉로12 현대·기아자동차그룹 임원실(02-3464-1114) [학]1975년 서울고졸 1979년 서울대 기계설계학과졸 1981년 한국과학기술원(KAIST) 기계공학과졸(석사) [경]2002년 현대자동차(주) 소음진동팀장(이사대우) 2002~2005년 기아자동차(주) 해외정비품질1팀장(이사) 2007년 현대자동차(주) 북미품질정비지원팀 상무, 同울산공장 선행품질실장(상무) 2009년 同파이롯트센터장(전무) 2012~2013년 同파이롯트센터장(부사장) 2013년 현대다이모스 대표이사 사장 2015년 현대·기아자동차그룹 품질총괄 사장(현)

여승배(余承培) Yeo Seung-bae

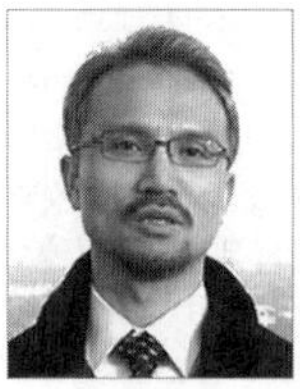

[생]1967·11·4 [출]경기 수원 [주]서울 종로구 사직로8길60 외교부 북미국(02-2100-7380) [학]수원고졸 1990년 서울대 외교학과졸 1998년 미국 버지니아대 대학원 국제정치학과졸 [경]1990년 외무고시 합격(24회) 1990년 외무부 입부 2000년 駐미국 1등서기관 2003년 駐세네갈 1등서기관 2006년 외교부 북핵2과장 2006년 대통령 외교안보정책수석비서관실 파견 2006년 외교부 장관보좌관 2007년 駐중국 참사관 2011년 駐노르웨이 참사관 2011년 駐아프가니스탄 공사참사관(PRT사무소장) 2012년 외교부 한반도평화교섭본부 부단장 2014년 국가안전보장회의(NSC) 사무처 선임행정관 2015년 외교부 기획조정실 조정기획관 2016년 同북미국장(현) [상]근정포장(2012)

여승주(呂昇柱) YEO Seung Joo

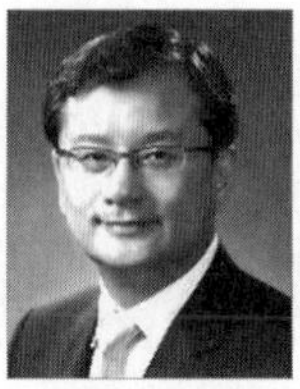

[생]1960·7·12 [출]서울 [주]서울 영등포구 여의대로56 한화투자증권 임원실(02-3772-7000) [학]1979년 경복고졸 1985년 서강대 수학과졸 [경]1985년 한화에너지 입사, 同과장, (주)한화 구조조정본부 부장, 同비서실 부장 2002년 同구조조정본부 상무보 2004년 대한생명보험(주) 재정팀장(상무보) 2006년 同재정팀장 겸 전략지원팀장(상무) 2008년 同재정팀장(상무) 2011년 同재정팀장(전무) 2011~2012년 同전략기획실장 2012년 한화생명보험(주) 전략기획실 전무 2013년 同경영기획실 경영전략팀장(전무) 2015년 同경영기획실 경영전략팀장(부사장) 2016년 한화투자증권 대표이사(현) 2016년 한국거래소 사외이사(현)

여영국(余永國) Yeo, Young Guk

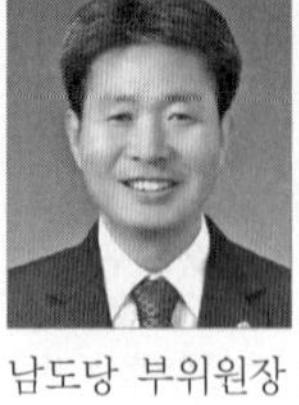

[생]1964·12·26 [본]의령(宜寧) [출]경남 [주]경남 창원시 의창구 상남로290 경상남도의회(055-211-7378) [학]1983년 부산기계공고졸, 창원대 산업비지니스학과 재학 중 [경]전국금속산업노동조합연맹 조직국장, 진보신당 창원시위원회 위원장 2010년 경남도의회 의원(진보신당·노동당) 2012년 同교육청예산결산특별위원장 2012년 노동당 창원시위원회 위원장 2013년 同경남도당 부위원장 2014년 경남도의회 의원(노동당·정의당)(현) 2014년 同운영위원회 위원 2014년 同교육위원회 위원 2014년 同예산결산특별위원회 위원 2016년 同경제환경위원회 위원(현) 2016년 정의당 경남도당 위원장(현)

여영길(余永吉) YEO Young Gil

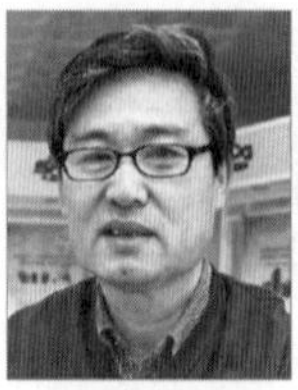

[생]1963·2·21 [주]인천 남동구 청능대로289번길45 남동공단67블럭12로트 (주)에스피지 임원실(032-820-8200) [학]1987년 한양대 기계공학과졸 2007년 同대학원 전기공학과졸 [경]1987~1994년 (주)성신 생산기술부 근무 2002년 (주)에스피지 기술연구소장, 同이사 2011년 同대표이사(현) [상]신기술실용화부문 국무총리표창(2002), 금탑산업훈장(2015) [종]기독교

여영무(呂永茂) YOH Yeung Moo (伽山)

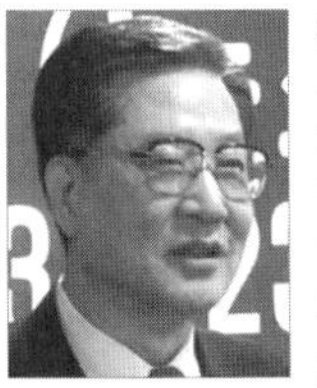

[생]1935·3·8 [본]성산(星山) [출]경북 성주 [주]경기 김포시 풍무로35 당곡마을 현대아파트201동901호 뉴스앤피플 닷컴(031-997-3156) [학]1954년 대구상고졸 1959년 고려대 법과대학졸 1988년 법학박사(고려대) [경]1961년 동아일보 정치부 기자 1973년 同방송국 정경부 차장 1976년 同안보통일연구소 간사 1978년 同조사부장 1980년 同지방부장 1981년 同조사부장 1982~1987년 同논설위원 1988년 同조사연구실 부실장 1989~2000년 대한국제법학회 이사 겸 부회장 1989년 국제법협회(I.L.A) 한국본부 이사 1989년 동아시아연구회 부회장 1989~2003년 KBS 사회교육방송 해설컬럼담당 1991~1993년 동아일보 통일연구소장 1992~1999년 한국외국어대·고려대·성신여대·한양대 강사 1993년 통일정책평가위원 1993년 경희대 객원교수 1994~1996년 연합통신 논설위원 겸 동북아시아정보문화센터 상임고문 1994~2002년 아시아사회과학연구원 상임이사 1999년 남북전략연구소 소장(현) 2003년 인터넷신문 뉴스앤피플 대표 겸 주필(현) 2012년 세종대 석좌교수 [상]대한국제법학회 상남국제법학술상(2001), 서울언론인클럽 23회 언론대상 한길상(2008), 임승준자유언론상(2009) [저]'도전과 응전과 환태평양시대' '테러리즘과 저항권' 사회평론집 '답답한 세상' '통일의 조건과 전망'(1992) '북한 어디로 가나'(1993) '북한대외정책자료집'(編) '중공, 어제와 오늘'(編) '닫힌 생각 열린 생각'(2002) '세계 명장 51인의 지혜와 전략'(2004) '국제테러리즘연구'(2006) '좌파 대통령의 언론과의 전쟁'(2007) '배반당한 민족공조(천안함, 연평도포격 다룸)'(2010) '괴물제국 중국'(2012) '미국의 장군들'(2013) '소띠 엄마의 워낭소리'(2016, 문예출판사) [역]'데탕트의 허실' [종]기독교

여운국(呂運國) YEO Woon Kook

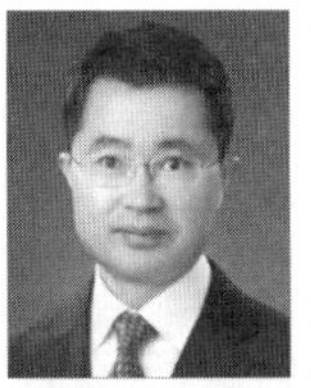

[생]1967·7·11 [본]함양(咸陽) [출]전남 화순 [주]서울 서초구 서초대로74길4 법무법인(유) 동인(02-2046-0644) [학]1986년 용문고졸 1991년 서울대 법학과졸 2008년 同대학원 법학과졸 2010년 同대학원 법학 박사과정 수료 [경]1991년 사법시험 합격(33회) 1994년 사법연수원 수료(23기) 1994년 軍법무관 1997년 대전지법 판사 1999년 同금산군·연기군법원 판사 2000년 同천안지원 판사 2001년 수원지법 판사 2003년 同안산지원 판사 2005년 서울고법 판사 2006년 헌법재판소 파견 2008년 서울중앙지법 판사 2009년 전주지법 부장판사 2010년 사법연수원 교수 2011~2016년 서울고법 판사(지법부장판사) 2016년 법무법인(유) 동인 구성원변호사(현) [상]서울지방변호사협회 선정 '2013년 및 2014년 우수법관'(2014·2015) [저]'군용지소송사례집'(1996, 육군본부) [종]가톨릭

여운기(呂運琦) Lyeo Woon-Ki

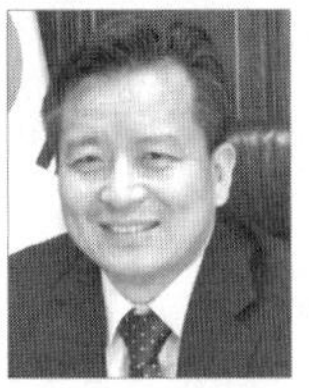

[생]1960·5·20 [주]서울 종로구 사직로8길60 외교부 인사운영팀(02-2100-2114) [학]1989년 한국외국어대 독일어과졸 1994년 아일랜드 더블린국립대 대학원 정치경제학과졸 [경]1990년 외무고시 합격(24회) 1990년 외무부 입부 1994년 2002 FIFA월드컵유치위원회 파견 1996년 駐싱가포르 2등서기관 1999년 駐체코 1등서기관 2004년 외교안보연구원 기획조사과장 2005년 유럽안보협력기구(OSCE) 파견 2007년 駐체코 참사관 2010년 駐카타르 공사참사관 2013년 외교부 아프리카중동국 심의관 2014년 駐가나 대사(현)

여운길(呂運吉) YEO Woon Kil

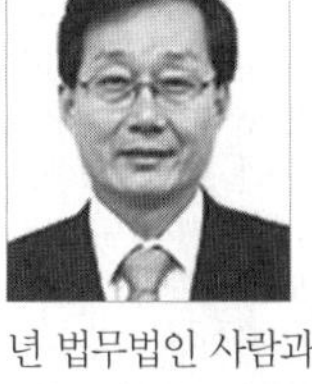

[생]1961·7·31 [출]광주 [주]서울 서초구 서초중앙로53 대림빌딩4층 법무법인 사람과사람(02-2055-0500) [학]1977년 검정고시 합격 1983년 서울대 법학과졸 1986년 同법과대학원 수료 [경]1986년 사법시험 합격(28회) 1989년 사법연수원 수료(18기), 육군 법무관 1991년 변호사 개업, 법무법인 중앙국제법률사무소 구성원변호사, 법무법인 대륙 변호사, 새날법률사무소 대표변호사 2008년 법무법인 사람과사람 대표변호사(현)

여위숙(呂渭淑·女) YEO Wee Sook

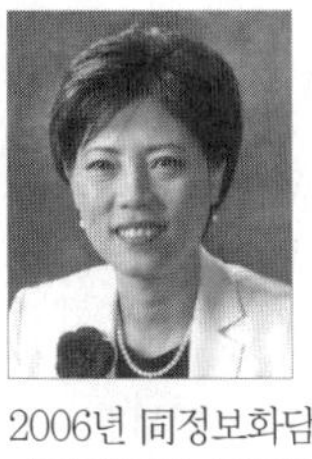

[생]1959·7·5 [출]경북 안동 [주]서울 강남구 테헤란로7길21 국립어린이청소년도서관 관장실(02-3413-4703) [학]1982년 이화여대 교육공학과졸(도서관학 부전공) 2007년 연세대 교육대학원 사서교육과졸 2012년 서울대 행정대학원 국가정책과정과 수료 [경]1982~1992년 총무처 정부기록보존소 사서(주사) 1992~1998년 국립중앙도서관 사서(사무관) 2005년 同정보화담당관 직대 2006년 同정보화담당관실 과장(서기관) 2009년 同주제정보과장 2009년 同디지털총괄기획과장 2010년 同자료관리부장(국장급) 2012년 국립어린이청소년도서관 관장(현) [상]국무총리표창, 총무처장관표창, 한국도서관협회 한국도서관인상

여은주(余殷柱) YEO Un Joo

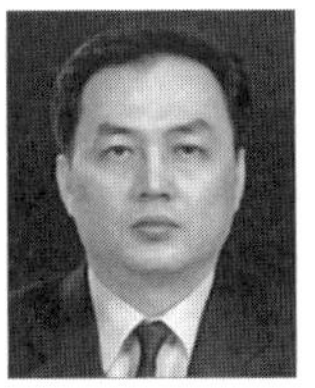

[생]1963·11·4 [본]의령(宜寧) [출]부산 [주]서울 강남구 논현로508 (주)GS 업무지원팀(02-2005-8101) [학]1986년 서울대 신문학과졸 2010년 고려대 언론대학원 최고위언론과정 수료 [경]1987년 LG 기획조정실 입사 2001년 同회장실 홍보팀 부장 2004년 GS홀딩스 부장 2009년 (주)GS 업무지원팀장(상무) 2013년 同업무지원팀장(전무)(현)

여익현(呂翼鉉) YEO Ik Hyun

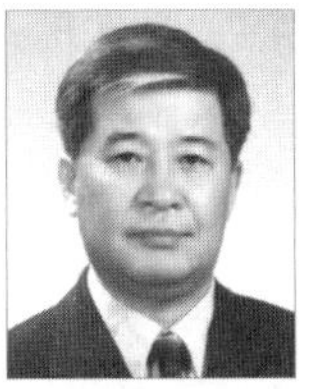

[생]1956·4·1 [본]함양(咸陽) [출]서울 [주]서울 강남구 광평로280 로즈데일빌딩2층 풀무원건강생활(주)(02-2186-8780) [학]1975년 경동고졸 1979년 연세대 식품공학과졸 1991년 同대학원 식품생물공학과졸 1999년 식품생명공학박사(연세대) [경]2005년 한국종균협회 부회장(이사) 2007년 국제생명공학회 이사 2008년 한국콩연구회 부회장 2008년 풀무원홀딩스 식문화연구원 원장(CTO)(현) 2009~2010년 한국식품과학회 부회장(이사) 2009년 한국식품산업협회 비상근이사 2011년 한국위생안전성학회 부회장 2013년 식품연구소장협의회 회장, 건강기능식품협의회 부회장, 식품커뮤니케이션포럼 이사 2014년 풀무원건강생활(주) 대표이사(현) [상]한국식품과학회 기술상(2013) [저]'두부콩 밥상'(2011, 미호) '똑똑한 장바구니(共)'(2013, 미호)

여인갑(余仁甲) YEO In Kab

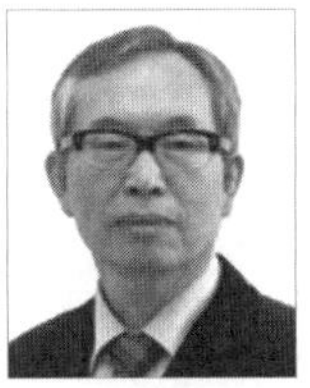

[생]1945·6·10 [본]의령(宜寧) [출]황해 해주 [주]서울 서초구 서초대로50길62의9 한림빌딩602호 (주)시스코프 비서실(02-3486-8700) [학]1964년 경복고졸 1968년 서울대 공대 응용수학과졸 1980년 성균관대 경영대학원졸 1987년 연세대 경영대학원 최고경영자과정 수료 1992년 경영학박사(광운대) [경]1970년 한국IBM 영업기획부장 1981년 공업진흥청 산업표준심의회 위원 1983년 삼성전관 이사 1985년 삼성HP 전무이사 1991년 한국데이타제너럴(주) 사장 1995년 피라미드테크놀로지코리아(주) 대표이사 사장 1997년 (주)지멘스피라미드 대표이사 사장 1998년 한국정보통신기술협회 회장 2000년 (주)시스코프 대표이사 사장(현) 2000~2002년 정보처리전문가협회 회장 [상]석탑산업훈장(1999) [저]'여인갑박사의 숫자이야기'(2001) [종]기독교

여인국(余仁國) YEO In Kook

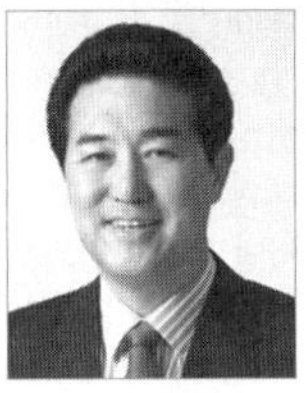

[생]1955·8·6 [출]서울 [주]서울 서초구 서초대로248 한국프랜차이즈산업협회(02-3471-8135) [학]1974년 경복고졸 1979년 한국외국어대 행정학과졸 1993년 서울대 행정대학원 행정학과졸 1995년 미국 미시간대 대학원 도시계획학과졸 2009년 경원대 대학원 도시계획학 박사과정 수료 [경]1980년 행정고시 합격(24회) 1981년 환경청 행정사무관 1985년 예편(해군 중위) 1989년 교통부 행정사무관 1991년 同국제협력과장 1995년 건설교통부 토지관리과장 1996년 同도시철도과장 1997년 同교통투자개발과장 1998년 同수도권계획과장 1999년 경기도 투자진흥관 1999~2000년 同건설도시정책국장 2000년 용인시 부시장 2001년 경기도 지방공무원교육원장 2001년 同환경국장 2002·2006·2010~2014년 경기 과천시장(한나라당·새누리당) 2014년 한국외국어대 사회과학대학 행정학과 초빙교수 2014년 대교문화재단 이사장(현) 2016년 한국프랜차이즈산업협회 상근부회장(현) [상]대통령표창, 한국외국어대 공직인상(2011) [종]기독교

여인성(呂仁聖) YEO In Sung

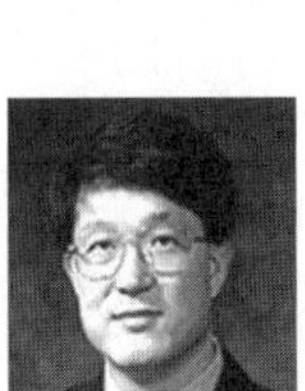

[생]1959·6·21 [주]서울 서대문구 연세로50 연세대학교 스포츠레저학과(02-2123-3196) [학]연세대졸, 同대학원졸, 이학박사(미국 오하이오주립대) [경]연세대 사회체육학과 교수 2008년 同스포츠레저학과 교수(현), 한국체육철학회 부회장, 同학술전문위원, 한국사회체육학회 사회체육분과 위원장, KUSB 이사 2014~2016년 연세대 체육위원회 위원장 2016년 同교육과학대학장(현)

여인홍(呂寅弘) YEO In Hong

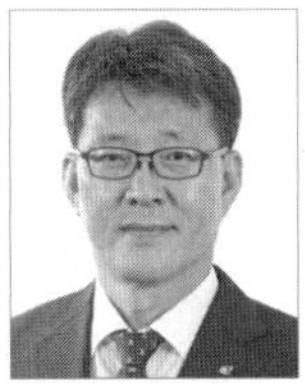

[생]1957·11·16 [출]부산 [주]전남 나주시 문화로227 한국농수산식품유통공사 비서실(061-931-1510) [학]1976년 부산 동래고졸 1982년 서울대 농학과졸 2002년 국방대 대학원 국방관리학과졸 [경]1983년 기술고시 합격(19회) 1997년 농림부 식량정책국 환경농업과 서기관 1998년 同농산정책과 서기관 2000년 국방대 파견 2002년 국립식물검역소 서기관 2003년 농림부 농산물유통국 과수화훼과장 2005년 同농산물유통국 채소특작과장 2007년 同식량정책국 농산경영

과장(부이사관) 2007년 同혁신인사기획관 2008년 농림수산식품부 식량정책팀장 2008년 농촌진흥청 기획조정관 2010년 중앙공무원교육원 파견(고위공무원) 2011년 농림수산식품부 국립식물검역원장 2011년 同유통정책관 2012년 同식품산업정책실장 2013~2016년 농림축산식품부 차관 2014~2015년 국무총리산하 경제·인문사회연구회 비상임이사 2016년 한국농수산식품유통공사(aT) 사장(현) [상]국무총리표창(1997), 근정포장(2004)

여정성(余禎星·女) YEO Jung Sung

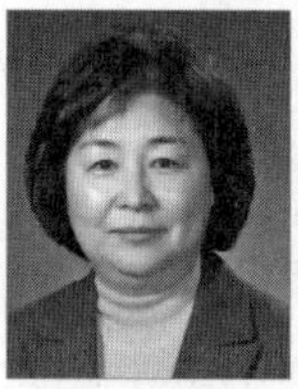

[생]1960·4·1 [출]서울 [주]서울 관악구 관악로1 서울대학교 생활과학대학 소비자학과(02-880-6828) [학]1979년 중경고졸 1983년 서울대 가정관리학과졸 1986년 미국 코넬대 대학원 소비자경제학과졸 1990년 소비자경제학박사(미국 코넬대) [경]1983~1988년 미국 코넬대 연구조교 1988~1990년 서울대 강사 1990~1993년 인하대 가정대학 가정관리학과 조교수 1993년 서울대 생활과학대학 소비자학과 조교수·부교수·교수(현) 1995년 대한가정학회 이사 1995~1996년 한국여성학회 총무위원장 1996~1998년 한국소비자학회 상임이사 1996~2001년 소비자문제를연구하는시민의모임 편집위원 1997~2001년 서울대 생활과학대학 소비자학과장 겸 소비자아동학부장 1998~2000년 한국소비자학회 편집위원회 부위원장 2000~2005년 공정거래위원회 정책평가위원회 민간위원 2001~2002년 미국 연방거래위원회 초빙연구원 2002~2004년 한국소비자학회 공동편집위원장 2003~2005년 정부혁신지방분권위원회 행정개혁전문위원회 위원 2003~2004년 서울대 연구부처장 2004~2006년 同교무부처장 2006~2008년 공정거래위원회 소비자정책자문위원회 위원 2006~2008년 교육인적자원부 정책평가위원회 위원 2007~2010년 공정거래위원회 경쟁정책자문위원회 위원 2008~2010년 한국소비자원 비상임이사 2008~2010년 국민경제자문회의 자문위원 2010~2013년 기획재정부 공공기관운영위원회 민간위원 2010~2011년 한국소비자학회 회장 2011~2014년 대통령직속 개인정보보호위원회 위원 2011~2013년 아시아소비자경제학회 회장 2012~2015년 서울대 생활과학대학장 2014~2015년 한국소비자정책교육학회 회장 2015년 한국저작권위원회 위원(현) [상]미국 소비자학회 최고석사논문상(1987), 미국 소비자학회 최고박사논문상(1991), 근정포장(2004), 한국소비자학회 최우수논문상(2010), 홍조근정훈장(2013) [저]'디지털경제시대의 소비자보호'(2001) '소비자학의 이해(共)'(2001) '소비자와 법의 지배'(2008) '열일곱가지 소비자 이슈'(2008) '한국행정60년'(2008) [역]'소비자와 시장(共)'(1990) '소비자주의(共)'(1996) [종]기독교

여준구(呂駿九) YUH Jun Ku

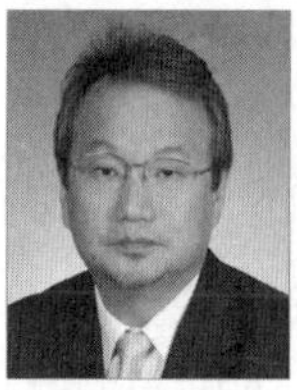

[생]1958 [출]부산 [주]서울 성북구 화랑로14길5 한국과학기술연구원 로봇·미디어연구소(02-958-6410) [학]1981년 서울대 공대 기계설계학과졸 1983년 미국 오리건주립대(Corvallis) 대학원 기계공학과졸 1984년 미국 캘리포니아주립대(버클리) 단기과정 수료 1986년 기계공학박사(미국 오리건주립대) 1989년 미국 캘리포니아주립대(LA) 단기과정 수료 2010년 미국 하버드대 교육대학원 단기과정 수료 [경]1986~2004년 미국 하와이대 기계공학과 교수 1987·1991년 미국 세계인명사전 'Who's Who in the World'·'Who's Who in the West' 23판에 등재 1992년 미국 오리건주립대 기계공학과 초빙부교수 1995년 'Men of Achievement' 16판에 등재 1997~1999년 미국 하와이대 기계공학과 대학원 학과장 1999년 포항공과대 기계공학과 초빙교수 2000년 World Automation Congress 프로그램 의장 2001~2003년 미국 국립과학재단 국제과학공학기구 동아시아·태평양프로그램 매니저 2002~2005년 同정보및지능시스템프로그램 디렉터 2003~2005년 Robot분야국제연구동향조사단 미국정부 NSF단장 2005년 IEEE '2003 International Conference on Intelligent Robots and Systems 프로그램' 의장 2005~2006년 駐일본 미국대사관 국립과학재단(NSF) 동아시아및태평양지역 책임자 2006년 'IEEE 2006 International Conference on Robotics Automation 프로그램' 공동의장 2006~2013년 한국항공대 총장 2007~2011년 'Journal of Intelligent Service Robotics' 편집장 2007년 대한민국항공회 수석부총재 2008~2010년 국가과학기술위원회 운영위원 2009~2011년 국토해양부 국가교통위원회 위원 2010~2012년 방송통신위원회 기술자문위원 2010~2011년 의정부지검 고양지청 검찰시민위원회 위원장 2010~2011년 국립과천과학관 후원회 이사 2011년 교육과학기술부 연구개발사업종합심의위원회 위원 2011년 국토해양부 항공정책위원회 위원 2015년 한국과학기술연구원 로봇·미디어연구소장(현) [상]미국 공학교육회 Outstanding Young Faculty Award(1989), Boeing Aircraft Corp. Boeing Faculty Award(1991), 미국 국립과학재단 미국대통령상(1991), 미국 오리건주립대 공대 Oregon Stater Award(2000), World Automation Congress Lifetime Achievement Award(2004), IEEE Fellow(2005), 미국 오리건주립대 Engineering Hall of Fame(2009), 국제항공연맹연차총회 항공스포츠메달(Air Sport Medal, 2009) [저]'Robotics: State of the Art and Future Challenges(共)'(2008, Imperial College Press·World Scientific Publishing) [종]기독교

여창환(呂昌煥)

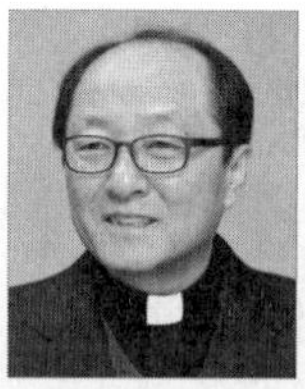

[생]1953·8·13 [출]경북 성주 [주]대구 중구 서성로20 매일신문 사장실(053-255-5001) [학]1973년 대건고졸 1982년 광주가톨릭대 신학과졸 [경]1982년 사제 서품, 대구비산성당 보좌신부, 신녕성당 주임신부, 지좌성당 주임신부, 안강성당 주임신부, 상인성당 주임신부, 평화성당 주임신부, 천주교 대구대교구청 사무처장, 천주교 대구대교구청 제5대리구 주교대리 2013년 매일신문 대표이사 사장(현) 2014년 한국디지털뉴스협회 부회장 2014년 한국신문협회 이사(현) 2016년 한국지방신문협회 회장(현)

여한구(呂翰九) YEO Han Koo

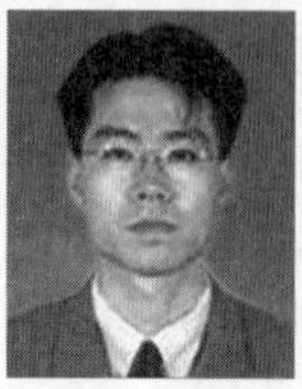

[생]1969·11·14 [본]함양(咸陽) [출]서울 [주]세종특별자치시 한누리대로402 산업통상자원부 자유무역협정정책관실(044-203-5731) [학]1988년 경동고졸 1992년 서울대 경영학과졸 1995년 同행정대학원 행정학과졸 2002년 미국 하버드대 케네디스쿨 MPA 2004년 同비즈니스스쿨 MBA [경]1992년 행정고시 합격(36회) 1993년 산업자원부 중소기업정책과·중소기업국 지도과·산업정책과·투자진흥과 행정사무관 2005년 同투자정책과 서기관, 국민경제자문회의 사무처 대외산업국 서기관 2007년 산업자원부 무역투자정책본부 자유무역협정팀장 2008년 지식경제부 자유무역협정팀장 2009년 同기후변화정책과장 2010년 World Bank·IFC(국제투자공사) 파견(과장급) 2014년 산업통상자원부 통상정책국 다자통상협력과장 2014년 환태평양경제동반자협정(TPP)대책단 파견(부이사관) 2016년 산업통상자원부 자유무역협정정책관(일반직고위공무원)(현) [상]대통령표창(2005) [저]'하버드MBA의 경영수업'(2007, 더난출판사) 'The Kaesong Industrial Complex(A)·(B)'(2010, Harvard Business School)

여형구(呂泂九) YEO Hyung Koo

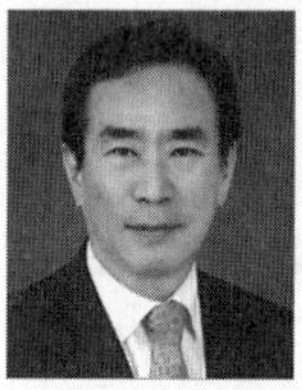

[생]1959·10·28 [본]함양(咸陽) [출]충남 논산 [주]강원 평창군 대관령면 올림픽로108의27 2018평창동계올림픽조직위원회(033-350-2073) [학]대전고졸, 한양대 건축공학과졸, 연세대 대학원 건축과졸, 인하대 경영대학원졸, 미국 MIT졸, 공학박사(한양대), 서울대 최고건설관리자과정(ACPMP) 수료 [경]1980년 기술고등고시 합격(16회) 1981년 부산지방항공청 보수과장 1984년 서울항공관리국 시설계장 1992년 부산지방항공청 시설과장 1994년 건설교통부 신국제공항건설기획단 개발과장 1999년 同신국제공항건설기획단 신공항계획과장 2002년 同공항시설과장 2005년 同재정기획관 2007년 同홍보관리관 2007년 미국 연방정부 주택도시개발부 파견 2009년 국토해양부 종합교통정책관 2011년 同기획조정실장 2011년 同교통정책실장 2011년 同항공정책실장 2013~2015년 국토교통부 제2차관 2015년 2018평창동계올림픽대회조직위원회 사무총장(현) [상]근정포장(1995), 녹조근정훈장(2000)

여홍구(呂鴻九) YUH Hong Koo

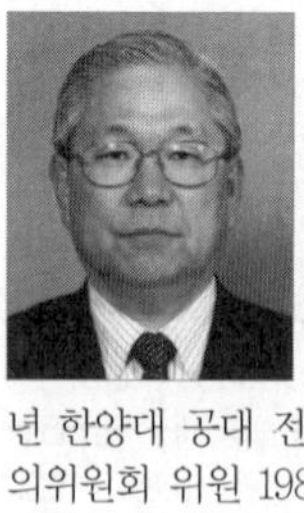

[생]1945·5·8 [출]경기 개성 [주]서울 성동구 왕십리로222 한양대학교 도시공학과(02-2220-0331) [학]1964년 경기고졸 1969년 한양대 건축공학과졸 1971년 미국 캔자스대 건축도시계획대학졸 1973년 同건축도시계획대학원졸 1982년 공학박사(한양대) [경]1971~1973년 W.H.Johnson도시건축사무소 근무 1973~1976년 대한주택공사 주택연구소 단지연구실장 1976~1987년 한양대 공대 전임강사·조교수·부교수 1978~1982년 서울시 재개발심의위원회 위원 1984~1985년 미국 캔자스대 교환교수 1986~1987년 국무총리실 지역균형발전위원회 위원 1987년 한양대 도시공학과 교수·명예교수(현) 1992~1994년 同기획조정처장 1995~1996년 同산업과학연구소장 1996~1997년 同환경대학원장 1996~1998년 대한국토도시계획학회 회장 1996·2000년 미국 미시간주립대 객좌교수 1997~2000년 한양대 사무처장 1998~2000년 同도시대학원장 1999~2000년 同환경대학원장 1999~2000년 한국토지공사 사외이사 2004~2006년 건설교통부 주택정책심의위원 2004~2006년 同국가교통위원회 위촉위원 2004~2006년 해양수산부 설계자문위원 2004년 서울시 건축위원회 부위원장 2004~2006년 한양대 일반대학원장 2007년 同대외협력부총장 2008년 용산공원조성추진위원회 위원장 2009년 서울대공원재조성추진시민위원회 위원장 2009~2010년 한양사이버대 부총장 2010년 한양대 총장특별보좌관 2011년 국토교통부 중앙도시계획위원회 위원장(현) 2013년 (사)한국도시계획가협회 회장(현) 2016년 국토교통부 국토경관헌장추진위원회 위원장(현), 同경관심의위원회 위원장(현), 문화재청 근대문화분과 문화재위원(현) [상]서울시문화상, 백남학술상, 일본도시계획학회 Award for International Exchange, 포브스코리아 창조리더십어워드 대상, 옥조근정훈장, 대한민국 참교육대상(2010) [저]'도시계획편람(共)'(1983) '토지정책론(共)'(1985) '도시계획과 관리(共)'(1987) '지역계

획론(共)'(1991) '학문 어떻게 할것인가?(共)'(1994) '단지계획(共)'(1997) '통일 후 한반도 국토개발구상(共)'(1997) '도시계획론(共)'(2000) '도시와 인간(共)'(2005) '공간구조와 도시개발'(2010) '우리나라 소도읍의 입지시설 분포와 토지이용변화'(2010)

여환섭(呂煥燮) YEO Hwan Seop

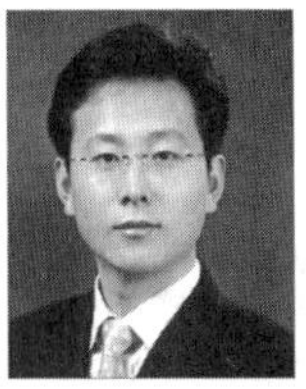

[생]1968·6·8 [출]경북 김천 [주]서울 서초구 반포대로157 대검찰청 검찰연구관실(02-3480-2000) [학]1987년 김천고졸 1991년 연세대 법학과졸 [경]1992년 사법시험 합격(34회) 1995년 사법연수원 수료(24기) 1998년 대한법률구조공단 김천출장소 공익법무관 2000년 대구지검 검사 2000년 同포항지청 검사 2001년 서울지검 검사 2004년 수원지검 검사(대검찰청 중앙수사부 파견) 2006년 대구지검 검사 2007년 同부부장검사(대검찰청 중앙수사부 파견) 2007년 미국 UCLA 로스쿨 연수 2008년 춘천지검 부부장검사 2009년 창원지검 거창지청장 2010년 서울동부지검 형사6부장 2011년 대검찰청 중수2과장 2012년 同중앙수사부 중앙수사1과장 2013년 서울중앙지검 특별수사1부장 2014년 대전지검 형사1부장 2015년 대검찰청 대변인 2016년 同검찰연구관(현)

여훈구(呂勳九) YEO Hun Gu

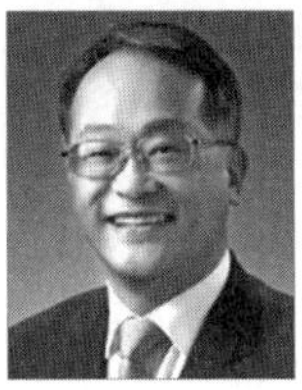

[생]1961·6·2 [출]경기 수원 [주]서울 종로구 사직로8길 39 세양빌딩 김앤장법률사무소(02-3703-4603) [학]1980년 보성고졸 1984년 서울대 법대졸 1986년 同대학원 법학과졸 [경]1985년 사법시험 합격(27회) 1989년 사법연수원 수료(18기) 1989년 수원지법 판사 1991년 서울지법 남부지원 판사 1995년 청주지법 판사 1996년 서울지법 판사 1999년 同서부지원 판사 2001년 서울고법 판사 2002년 사법연수원 교수 2004년 대전지법 부장판사 2006년 수원지법 부장판사 2008년 서울중앙지법 부장판사 2011년 서울동부지법 부장판사 2012년 수원지법 평택지원장 2012년 평택시선거관리위원회 위원장 2013년 김앤장법률사무소 변호사(현)

연강흠(延康欽) YON Kang Heum

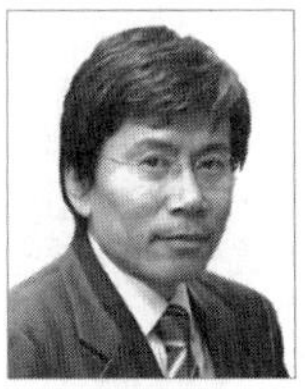

[생]1956·3·3 [본]곡산(谷山) [출]충북 청주 [주]서울 서대문구 연세로50 연세대학교 경영학과(02-2123-2523) [학]1980년 연세대 법학과졸 1984년 미국 뉴욕주립대 버펄로교 경영대학원졸 1990년 경영학박사(미국 펜실베이니아대 와튼스쿨) [경]1990~1991년 일본 쓰쿠바대 객원조교수 1991~1999년 연세대 경제학과 조교수·부교수 1994~1996년 한국재무학회 편집위원·간사 1994년 한국증권학회 편집위원·이사·부회장 1996~1997년 한국재무관리학회 상임이사 1997~1998년 한국재무학회 상임이사 1999년 연세대 경영학과 교수(현), 同국제대학원 교학부장, 同경영연구소 부소장, 同경영대학 부학장 2001년 국민연금연구원 연구심의위원회 위원 2002년 한국재무학회 감사 2003년 한국IR협의회 자문위원(현) 2004년 한국재무관리학회 부회장 2005~2010년 코스닥상장위원회 위원·위원장 2007년 한국파생상품학회 회장 2008~2015년 금융감독원 금융투자업인가외부평가위원회 위원장 2008년 기획재정부 연기금투자풀운영위원회 위원 2009년 同기금운용평가단 단장 2009~2010년 금융투자협회 증권위원회 위원 2010~2015년 한국금융지주 사외이사 2011년 한국재무학회 부회장 2011~2015년 자산관리공사 자산운용위원회 위원 2012~2014년 국민연금공단 기금운용실무평가위원회 위원 2012년 공무원연금공단 자산운용위원회 위원(현) 2012년 국제교류재단 자산운용위원회 위원(현) 2012년 한국상장회사협의회 자문위원(현) 2013년 방송통신위원회 자체평가위원(현) 2013~2015년 미래창조과학부 자체평가위원 2014~2015년 한국재무학회 회장 2014년 기획재정부 복권위원회 기금운용심의회 위원장 2014년 자유와창의교육원 교수(현) 2015년 (재)통일과나눔 '통일나눔펀드' 기금운용위원회 위원(현) 2014년 국민연금기금운용위원회 위원(현) [저]'한국의 프로젝트 매니지먼트'(2004) '한국의 은행 100년사'(2004) '에센셜 기업재무'(2005)

연규석(延圭錫) YEON Kyu Seok

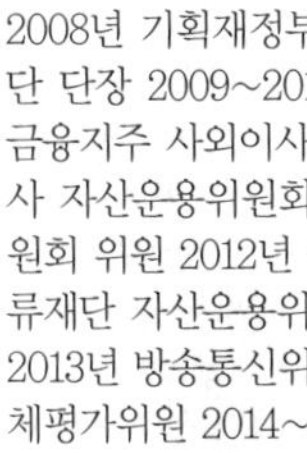

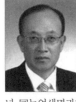

[생]1952·10·8 [본]곡산(谷山) [출]강원 홍천 [주]강원 춘천시 강원대학길1 강원대학교 농업생명과학대학 지역건설공학과(033-250-6465) [학]1971년 춘천농공고졸 1975년 강원대 농공학과졸 1977년 同대학원 농공학과졸(농학석사) 1984년 농학박사(충남대) [경]1976년 농업진흥공사 근무 1978년 강원대 조교수·부교수 1992년 同농업생명과학대학 지역건설공학과 교수(현) 1995~1997년 同농업생명과학대학 부학장 1995~1997년 강원도 건설기술심의위원 2002년 한국농공학회 부회장 2003년 강원대 농업생명과학대학장 2005년 同산학협력단장 2007~2008년 同교무처장 2010년 한국농공학회 회장 2011~2012년 강원대 대학원장 2013년 세계폴리머콘크리트학회(ICPIC) 회장(현) [상]한국농공학회 장려상(1988), 한국농공학회 학술상(1994), 한국콘크리트학회 기술상(2001), 과학기술부장관표창(2003), 한국콘크리트학회 학술상(2005) [저]'농공학개론' '구조역학'

연규성(延圭聖) Yeon Kyu Sung

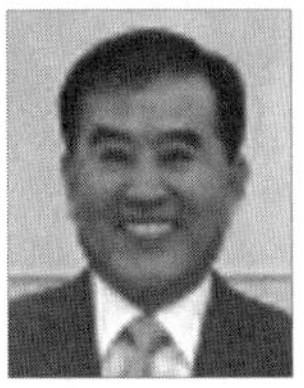

[생]1959·1·10 [주]인천 연수구 인천타워대로323 (주)포스코엔지니어링 임원실(032-588-6110) [학]한성고졸, 인하대 기계공학과졸, 포항공과대 대학원 기술경영학 MBA [경]포항종합제철(주) 광양기계설비부 제강기계정비과장, (주)포스코 광양기계설비부 기계수리과장, 同광양기계설비부 기계설비부장, 同광양제철소 설비기술부장, 同포항제철소 설비담당 부소장(상무) 2013년 (주)포스코건설 에너지사업본부 화공사업실장 겸 발전설계그룹담당 집행임원(전무) 2015년 (주)포스코엔지니어링 부사장(현)

연기영(延基榮) YEUN Kee Young

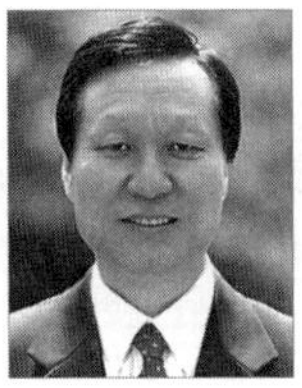

[생]1952·11·20 [본]곡산(谷山) [출]충북 괴산 [주]서울 중구 필동로1길30 동국대학교 법과대학(02-2260-3232) [학]1968년 한영고졸 1975년 동국대 법학과졸 1980년 同대학원졸 1984년 법학박사(서독 괴팅겐대) [경]1984~1994년 동국대 법학과 전임강사·조교수·부교수 1987~1991년 同법과대학 및 대학원 법학과장 1988년 한국교수불자연합회 이사·사무총장 1992~1993년 미국 Univ. of Washington Law School 교환교수 1993~1994년 독일 괴팅겐대 법대 교환교수 1994년 동국대 법과대학 교수(현) 1994~2010년 사법연수원 강사 1994~2003년 한국노동연구원 객원교수 1997~2003년 동국대 법과대학장 2000~2003년 同비교법문화연구소장 2000년 한국청소년정책학회 회장 2000~2013년 한국스포츠엔터테인먼트법학회 회장 2001~2005년 한국교수불자연합회 회장 2003년 독일 콘스탄츠대 법대 초청교수 2003~2004년 일본 와세다대 법과대학원 비교법연구소 객원교수 2004~2005년 일본 주오대 법과대학원 일본비교법연구소 초빙교수 2005년 한국교수불자연합회 명예회장 2005~2014년 아·태교수불자연합회 회장 2005년 아시아스포츠법학회 회장·명예회장 2005년 (사)이웃을돕는사람들 이사(현) 2006~2007년 駐韓네팔 명예총영사 2007년 서울고법 조정위원(현) 2008~2013년 세계스포츠법학회 부회장·회장 2009년 한국교수불자연합회 고문(현) 2010~2012년 경기학원 임시이사 2010~2013년 아시아스포츠법학회 회장 2013년 세계스포츠법학회 부회장(현) 2013년 SEMTA포럼 회장(현) 2013년 한국스포츠엔터테인먼트법학회 명예회장(현) 2016년 한성로타리클럽 회장(현) [저]'법학개론'(1988) '21세기 도전과 전략'(1996) '객관식 민법1'(2000) '공학법제'(2001) '로스쿨 물권법'(2006) '로스쿨 채권법(불법행위편)'(2007) [종]불교

연만희(延萬熙) YUN Man Hee (深泉)

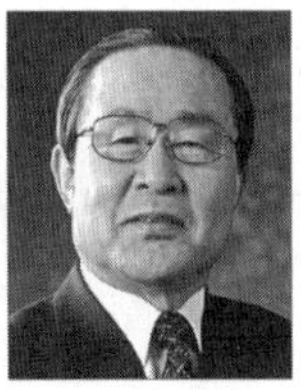

[생]1930·10·15 [본]곡산(谷山) [출]황해 연백 [주]서울 동작구 노량진로74 유한양행 임원실(02-828-0105) [학]1949년 개성 송도고졸 1955년 고려대 경제학과졸 1997년 명예 경영학박사(숭실대) [경]1961년 유한양행 입사 1969년 同상무이사 1976년 同전무이사 1982년 유한스미스클라인 대표이사 1987년 유한양행 부사장·유한킴벌리 이사 겸임 1988~1993년 유한양행 대표이사 사장 1988년 (재)보건장학회 이사장 1988년 유한사이나미드 대표이사 회장 1988년 한국얀센 회장 1993~1996년 한국상장회사협의회 회장 1993년 유한양행 회장 1994년 쉐링푸라우코리아 대표이사 회장 1995~2001년 유한재단 이사장 2002년 유한양행 고문(현), (재)유한재단 이사(현) [상]화랑무공훈장(1953), 생산성대상, 동탑산업훈장(1990), 벨기에 국왕훈장(1991), 한국경영인협회 가장존경받는 기업인상(2012) [종]기독교

연병길(延炳吉) YEON Byeong Kil

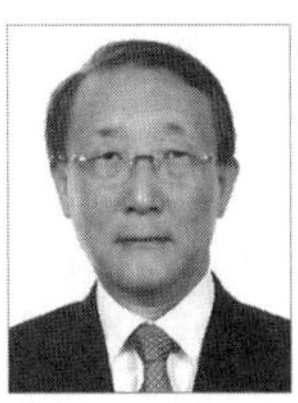

[생]1950·2·27 [출]서울 [주]인천 남동구 남동대로774번길24 가천뇌과학연구원4층 인천광역시 광역치매센터(032-472-2027) [학]1975년 서울대 의대졸 1980년 同대학원 의학석사 1987년 의학박사(서울대) [경]1975~1980년 서울대병원 신경정신과 전공의 1980~1985년 국립서울정신병원 일반정신과장 1985~2013년 한림대 의대 신경정신과학교실 교수 2007~2013년 강동구 치매지원센터장 2013~2015년 가천대 정신건강의학과 교수 2013년 가천대길병원 정신건강의학과 전문의(현) 2014년 인천시 광역치매센터장(현) [상]대한신경정신의학회 최신해학술상, 보건복지부장관표창(2010) [저]'신경정신과학'(共) '노인정신의학'(共) '노인병학'(共) [역]'철저한 정신치료의 원리' [종]가톨릭

연영진(延泳鎭) YEON Yong Jin

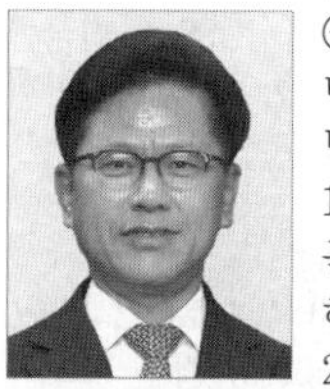

[생]1958·8·5 [출]서울 [학]1977년 마포고졸 1984년 한양대 토목학과졸 1988년 서울대 대학원 토목학과졸 2001년 공학박사(성균관대) [경]1984년 기술고시 합격(20회) 1985~2000년 해운항만청 개발국·해양수산부 항만국 근무 2001년 부산·인천지방해양수산청 근무 2003년 해양수산부 동북아물류중심추진기획단 총괄기획팀장 2005년 同해양정책국 해양개발과장 2006년 同항만국 항만정책과장 2007년 同국립해양조사원장 2007년 인천지방해양수산청 인천항건설사무소장 2008년 국토해양부 인천항건설사무소장 2010년 同부산항건설사무소장 2011년 同해양정책국장 2012년 2012여수세계박람회 지원위원회 지원총괄본부장 겸임 2012년 한국해양과학기술원 이사 2015~2016년 해양수산부 해양정책실장 2015~2016년 同세월호선체인양추진단장 겸임 [상]대통령표창(1996)

연운희(延雲熙) Yon Un Hee

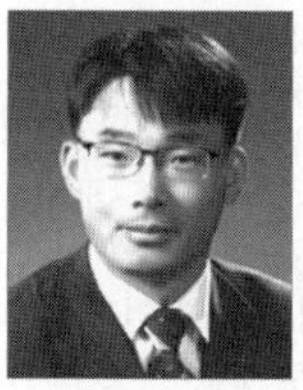

[생]1969·11·19 [본]곡산(谷山) [출]충북 음성 [주]서울 강남구 테헤란로133 법무법인 태평양(02-3404-0548) [학]1987년 청주고졸 1991년 한양대 법대졸 [경]1990년 사법시험 합격(32회) 1993년 사법연수원 수료(22기) 1996년 인천지법 판사 1998년 서울지법 동부지원 판사 2000년 전주지법 판사 2003년 서울지법 판사 2004년 서울중앙지법 판사 2005년 서울고법 판사 2006년 대법원 재판연구관 2009년 청주지법 부장판사 2010년 수원지법 부장판사 2013년 법무법인 태평양 변호사(현)

연 웅(延 雄) YEON Woong

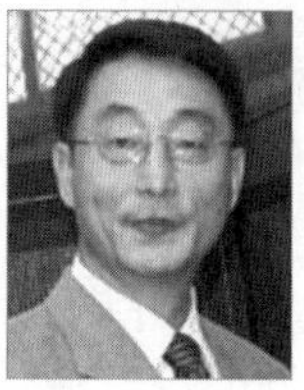

[생]1958·6·10 [주]대전 유성구 문지로132 국립문화재연구소 연구기획과(042-860-9130) [학]단국대 대학원 사학과졸(석사) [경]2003년 문화재청 매장문화재과 학예연구관 2004년 국립창원문화재연구소장 2005년 문화재청 동산문화재과장 2006년 同문화재정책국 무형문화재과장 2009년 국립중원문화재연구소장 2010년 국립나주문화재연구소장 2012년 국립문화재연구소 자연문화재연구실장 2013년 同무형문화재연구실장 2014년 국립무형유산원 조사연구기록과장 2014년 국립문화재연구소 보존과학연구실장 2015년 同연구기획과장(현)

연원석(延元錫) YOUN Won Suk

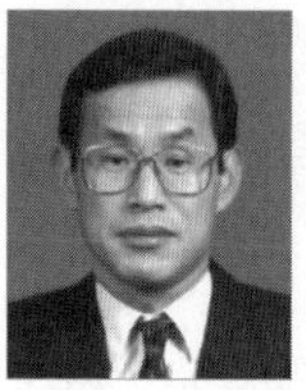

[생]1949·9·15 [출]경북 군위 [주]서울 영등포구 경인로775 에이스하이테크시티2동3층 (주)마크프로 회장실(02-785-3040) [학]1968년 경북고졸 1972년 연세대 상학과졸 1974년 서울대 행정대학원졸 1985년 미국 밴더빌트대졸 [경]1973년 행정고시 합격(13회) 1975~1984년 대통령비서실 근무 1986년 중앙공무원교육원 근무 1987~1991년 특허청 행정관리담당관 1991년 同자료과장 1993년 同항고심판관 1995년 同기획관리관 1997년 同심사1국장 1998년 同관리국장 1999년 특허심판원 심판장 2001년 同원장 2002~2006년 한국기술거래소 사장 2006년 특허법인 엘엔케이 고문변리사 2008년 특허법인 중앙 파트너변리사 2010~2012년 특허법인 L&K 변리사 2011~2012년 한국전기안전공사 이사 2012~2013년 특허법인 WELL-L&K 변리사 2013년 (주)마크프로 회장(현) [상]대통령표창(1985), 녹조근정훈장(1990) [종]기독교

연제호(延濟浩) YEON Je Ho

[생]1964·3·7 [출]충북 괴산 [주]서울 종로구 청계천로1 스포츠동아 편집국(02-2020-1050) [학]1982년 청주고졸 1989년 한양대 경제학과졸 1992년 同대학원 경영학과졸 [경]1991년 한겨레신문사 편집부 기자 1995년 동아일보 뉴스플러스 기자, 동아닷컴 NGO 스포츠팀장 2007년 동아일보 미디어기획팀 차장 2008년 스포츠동아 편집국 편집부장 2008년 同문화부장 2013년 同편집국 레저경제부장(부국장) 2014년 同편집국 스포츠1부장 2015년 同편집국 산업경제부장 2016년 同편집국장(현)

연제훈(延濟勳) YEON Je Hoon

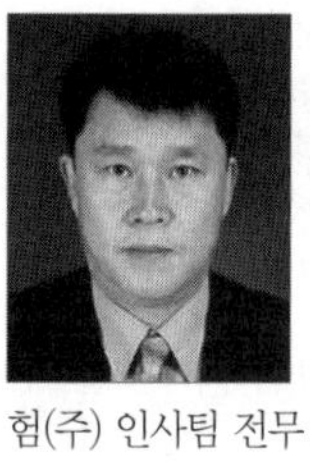

[생]1958·3·14 [출]경기 포천 [주]서울 서초구 서초대로74길11 삼성생명보험(주) 개인영업본부(02-772-6896) [학]숭문고졸, 홍익대 무역학과졸 [경]1983년 삼성그룹 입사, 삼성화재해상보험(주) 수원지점장 2003년 同상무보 2006년 삼성 구조조정본부 인력팀 상무 2006년 同전략기획실 인사지원팀 상무 2008년 삼성전자(주) 경영전략팀 상무 2009년 同경영전략팀 전무 2010년 삼성생명보험(주) 인사팀 전무 2011년 同개인영업본부장(부사장)(현)

연철흠(延澈欽) YON Chul Heum

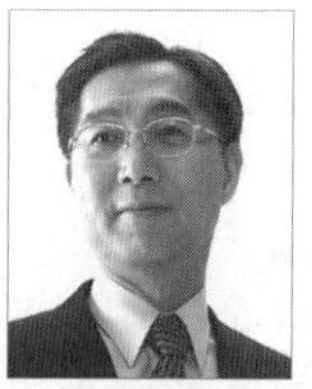

[생]1959·8·19 [본]곡산(谷山) [출]충북 괴산 [주]경기 수원시 장안구 장안로456 (주)에어텍시스템 임원실(031-246-9977) [학]1977년 청주고졸 1981년 서강대 전자공학과졸 1987년 한국과학기술원(KAIST) 대학원 전기 및 전자공학과졸 1993년 공학박사(한국과학기술원) [경]1980~1987년 금성전기(주) 기술연구소 주임연구원 1987~1995년 (주)디지콤 정보통신연구소 책임연구원 1995~1997년 (주)데이콤 종합연구소 책임연구원 1997~1999년 LG정보통신 중앙연구소 책임연구원 2000~2003년 LG전자 UMTS(Universal Mobile Telecommunications System)연구소장(상무) 2004년 同시스템연구실장(상무) 2005년 LG노텔 R&D센터 상무 2008년 同기술전략부문장(CTO) 2008년 LG텔레콤 네트워크기술실장(상무) 2010년 (주)LG유플러스 무선네트워크담당 상무 2011년 同기반기술담당 상무 2012년 同자문역 2012년 (주)에어텍시스템 사장(현) [상]정보통신부장관표창

연철흠(延哲欽) Yeon chol-heum

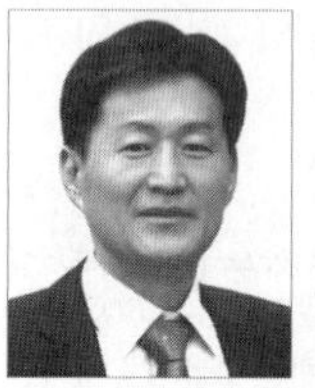

[생]1960·10·9 [주]충북 청주시 상당구 상당로82 충청북도의회(043-220-5082) [학]청주농업고졸, 청주대 지역개발학과졸 [경](사)남북누리나눔 이사, 충북장애인수영연맹 회장, 청주문화원 자문위원, 청주충북환경운동연합 회원, 충북청주경제정의실천시민연합 회원, (사)충북발전연구원 이사, 민주평화통일위원회 자문위원 2002·2006·2010~2014년 충북 청주시의회 의원(새천년민주당·열린우리당·민주당·민주통합당·민주당·새정치민주연합) 2008~2010년 同부의장, 同행정수도유치특별위원장, 同열린우리당 충북도당 상무위원 겸 교육연수위원장 2010~2012년 충북 청주시의회 의장 2010~2012년 충북 시·군의회의장단협의회 회장 2012년 충북 청주시의회 기획행정위원회 위원 2012년 同예산결산특별위원회 위원 2014년 충북도의회 의원(새정치민주연합·더불어민주당)(현) 2014년 同예산결산특별위원회 위원 2014년 同행정문화위원회 위원 2015년 同윤리특별위원회 위원 2016년 同행정문화위원회 부위원장(현) 2016년 同운영위원회 위원(현) 2016년 더불어민주당 충북도당 다문화위원회 위원장(현)

염경택(廉耕澤) Yum, Kyung Taek

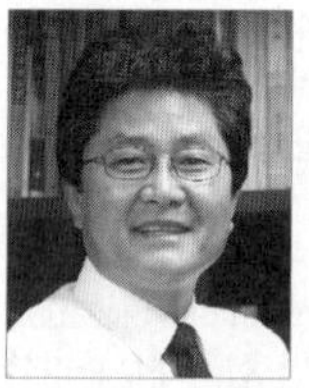

[생]1958·7·17 [본]파주(坡州) [출]대전 대덕 [주]인천 연수구 갯벌로169 인천대학교 미래관310호 스마트워터그리드연구단(032-835-4382) [학]1976년 대전공업전문대학졸 1984년 성균관대 토목공학과졸 1994년 중앙대 대학원 건설공학과졸 2004년 환경공학박사(한국과학기술원) [경]1984~1998년 한국수자원공사 사원·과장 1998~2000년 同댐관리처 댐방재팀장 2001~2004년 한국과학기술원(KAIST) 교육파견 2004년 한국수자원공사 수자원환경처 계획2부장 2006년 同여수권관리단장 2007년 同댐·유역관리처장 2009년 同4대강사업본부장 2010~2012년 同수자원사업본부장(상임이사) 2014년 국토교통부 스마트워터그리드연구단장(현) 2014년 세계대댐회(ICOLD) 부총재 겸 아시아지역 의장(현) [상]동탑산업훈장(2011) [종]가톨릭

염기창(廉基昌) Yum Ki Chang

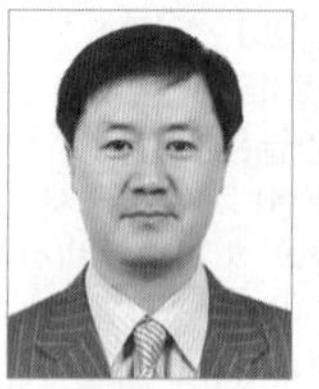

[생]1966·12·28 [본]파주(坡州) [출]서울 [주]서울 광진구 아차산로404 서울동부지방법원(02-2204-2114) [학]1985년 경기고졸 1989년 서울대 법과대학 공법학과졸 [경]1988년 사법시험 합격(30회) 1991년 사법연수원 수료(20기) 1991년 군법무관 1994년 대전지법 판사 1996년 同홍성지원 판사 1998년 수원지법 판사 1999~2000년 미국 예일대 법대 Visiting Scholar 2001년 서울지법 판사 2002년 서울고법 판사 2004년 서울가정법원 판사 2006년 광주지법 목포지원 부장판사 2007년 사법연수원 교수 2009년 인천지법 부장판사 2010년 서울중앙지법 부장판사 2013년 서울서부지법 부장판사 2015년 서울남부지법 부장판사 2016년 서울동부지법 수석부장판사(현) [종]기독교

염돈재(廉燉載) Don Jay YEOM

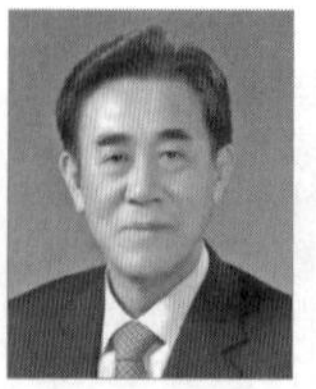

[생]1943·8·27 [본]파주(坡州) [출]강원 강릉 [주]서울 종로구 성균관로25의2 성균관대학교 국가전략대학원(02-760-1028) [학]1961년 강릉상고졸 1968년 연세대 정치외교학과졸 1990년 서울대 행정대학원 국가정책과정 수료 1998년 연세대 행정대학원 행정학과졸 2002년 행정학박사(서울대) [경]1967년 중앙정보부 공채(5기, 수석합격) 1968년 同국제분야기획·미국담당 1976년 駐브라질 2등서기관 1982년 駐샌프란시스코총영사관 영사 1983년 駐시카고총영사관 영사 1986년 국가안전기획부 특별보좌관실 근무 1988년 대통령 북방정책담당 정책비서관 1989년 국가안전기획부 국제1국 부국장 1990년 駐독일 공

사 1993년 정보전략연구소 연구위원 1995년 국제문제조사연구소 초청연구위원 1996년 同부소장 2003~2004년 국가정보원 해외담당 제1차장 2003년 동국대 행정대학원 겸임교수 2005년 경희대 객원교수 2006~2008년 국정원 자문위원 2006년 강릉대 초빙교수 2007년 신성대 초빙교수 2008년 성균관대 국가전략대학원 초빙교수(현) 2008~2014년 同국가전략대학원장 겸임 2010년 한국산업보안연구학회 고문(현) 2011~2012년 통일부 통일정책자문위원 2013~2014년 국가정보원 개혁자문위원 2013년 민주평통 자문위원(현) 2014년 공군사관학교 통일자문위원(현) 2015년 한독통일자문위원회 위원(현) [상]홍조근정훈장, 보국훈장 국선장, 서울대 행정대학원 우수논문상(1998), 서울대 행정대학원 석사과정 수석졸업표창(1998), 연세대 우수강사표창(2007), 문화관광부 선정 우수학술도서(2011) [저]'올바른 통일준비를 위한 독일통일의 과정과 교훈'(2010) [종]천주교

염동식(廉東植) yeom dong sik

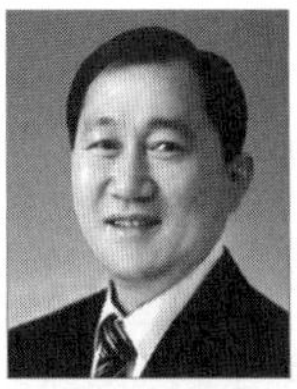

[생]1957·1·20 [출]경기 평택 [주]경기 수원시 팔달구 효원로1 경기도의회(031-8008-7000) [학]안중종합고졸, 한경대 원예학과졸 [경]경기도 식품진흥기금심의위원회 위원, (사)한국농업경영인경기도연합회 회장, 황해경제자유구역청 조합회의 의장, 경기도 농어업특별대책위원회 위원장 2008~2010년 경기도의회 의원(비례대표 승계, 한나라당), 평택시사회복지협의회 자문위원 2012~2014년 경기도의회 의원(보궐선거 당선, 새누리당) 2012년 同여성가족평생교육위원장 2012년 황해경제자유구역조합회의 의장 2014년 경기도의회 의원(새누리당)(현) 2014·2016년 同농정해양위원회 위원(현) 2015년 同평택항발전추진특별위원회 위원(현) 2016년 同부의장(현) [상]경기도지사표창(2000), 농림부장관표창(2002), 대통령표창(2004) [종]기독교

염동신(廉東信) YEOM Dong Shin

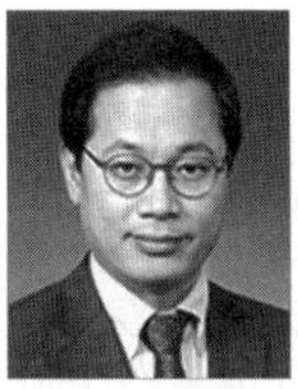

[생]1965·7·22 [출]광주 [주]서울 중구 퇴계로100 스테이트타워남산8층 법무법인 세종(02-316-4669) [학]1984년 광주제일고졸 1988년 서울대 법학과졸 2006년 고려대 법과대학원 수료 [경]1988년 사법시험 합격(30회) 1991년 사법연수원 수료(20기) 1991년 軍법무관 1994년 부산지검 검사 1996년 광주지검 순천지청 검사 1998년 법무부 법무과 검사 2000년 서울지검 검사 2003년 광주지검 부부장검사 2004년 의정부지검 고양지청 부부장검사(헌법재판소 파견) 2006년 법무부 송무과장 2008년 서울중앙지검 총무부장 2009년 同형사5부장 2009년 부산지검 동부지청 차장검사 2010년 법무법인 세종 파트너변호사(현) [상]법무부장관표창, 검찰총장표창 [저]'객관식 민법총론' [역]'주해독일 법원조직법' [종]기독교

염동열(廉東烈) YEOM Dong Yeol

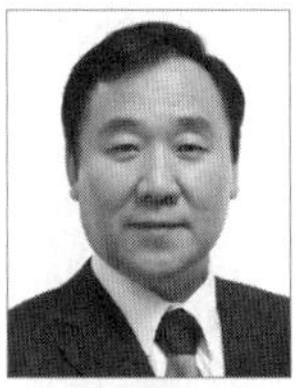

[생]1961·2·28 [본]파주(坡州) [출]강원 평창 [주]서울 영등포구 의사당대로1 국회 의원회관807호(02-784-9820) [학]1979년 강릉 명륜고졸, 관동대 경영학과졸, 同대학원졸 1997년 同경영대학원 최고경영자과정 수료, 행정학박사(국민대) [경]1985년 신흥기획 대표 1995년 신흥개발 대표 1996년 남조건설(주) 대표이사 1997년 한국청년회의소(JC) 강원지구 회장 1998년 민주평통 자문위원 1998년 21세기청년전문가포럼 이사 1999년 한국청년회의소중앙회 회장 1999년 민족화해협력범국민협의회 청년위원장 1999년 국민화합운동연대 공동의장 2000년 새천년민주당 총재특별보좌역 2000~2002년 同영월·평창지구당 위원장 2000년 同부대변인 2001년 同총재특보 2002~2003년 대한석탄공사 상임감사 2010년 7.28재보선 국회의원선거 출마(태백·영월·평창·정선, 한나라당) 2010년 한나라당 태백·영월·평창·정선당원협의회 운영위원장 2010년 同중앙연수원 부원장 2012년 제19대 국회의원(태백·영월·평창·정선, 새누리당) 2012년 국회 문화체육관광방송통신위원회 위원 2013~2015년 국회 평창동계올림픽및국제경기대회지원특별위원회 위원 2013년 국회 미래창조과학방송통신위원회 위원 2013~2015년 대한바이애슬론연맹 회장 2014~2015년 국회 창조경제활성화특별위원회 위원 2014~2015년 새누리당 원내부대표 2014~2015년 국회 운영위원회 위원 2014년 국회 교육문화체육관광위원회 위원 2014년 국회 윤리특별위원회 위원 2014~2015년 새누리당 강원도당 위원장 2015년 국회 평창동계올림픽및국제경기대회지원특별위원회 위원 2016년 새누리당 강원태백시·횡성군·영월군·평창군·정선군당원협의회 운영위원장(현) 2016년 제20대 국회의원(태백시·횡성군·영월군·평창군·정선군, 새누리당)(현) 2016년 국회 교육문화체육관광위원회 간사 겸 청원심사소위원회 위원장(현) 2016년 국회 평창동계올림픽 및 국제경기대회지원특별위원회 간사(현) 2016년 한국아동인구환경의원연맹(CPE) 회원(현) 2016년 유네스코(UNESCO) 한국위원회 위원(현) 2016년 새누리당 수석대변인(현) [상]강원도지사표창, KBS 자랑스런 강원인상(1995), (사)도전한국인운동협회·도전한국인운동본부 선정 국정감사 우수의원(2015) [저]'청년이 강한 나라 조용한 혁명을 꿈꾸는 사람'(2000, 미디어글림) [종]기독교

염명배(廉明培) Yeom, Myung-Bae

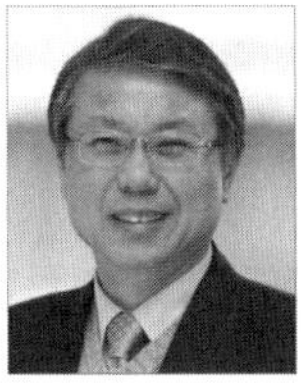

[생]1956·12·2 [본]파주(坡州) [출]서울 [주]대전 유성구 대학로99 충남대학교 경제학과(042-821-5592) [학]1979년 서울대 경제학과졸 1984년 同대학원 경제학 석사 1988년 경제학박사(미국 존스홉킨스대) [경]1989~1991년 통신개발연구원(KISDI) 연구위원 1991년 충남대 경제학과 교수(현) 1997~1998년 캐나다 UBC 경영대학 초빙교수 2000~2002년 충남대 경제학과장 2001~2003년 同북미주연구소장 2001년 대전시 경제협의회 위원(현) 2003년 행정자치부 정부혁신·지방분권추진자문단 자문위원 2003년 한국정보보호진흥원 정보보호산업육성정책자문위원장 2003년 한국지방재정학회 감사 2004~2005년 미국 Georgetown대 법학대학원 초빙교수 2006년 한국캐나다학회(KACS) 회장(제7대) 2006~2012년 외교통상부 자문위원 2006~2007년 국무조정실 정부업무평가실무위원 2007년 혁신클러스터학회 감사 2008~2009년 (사)정보통신정책학회(KATP) 회장(제11대) 2007년 기획예산처 기금평가단 위원 2007~2009년 충남대 국제교류원장 2009년 同경영경제연구소장 2010년 서울대총동창회 종신이사(현) 2010~2011년 대통령소속 국가정보화전략위원회 IT국제협력전문위원회 위원 2010~2012년 한국경제통상학회 부회장 2010~2011년 행정안전부 정책자문위원회 지방세제분과 위원 2010~2011년 국토해양부 동남권신공항입지평가위원회 위원 2010~2011년 한국통신사업자연합회 통신비개념재정립전담반위원회 위원장 2011~2016년 한국Fulbright동문회 부회장 2011년 기획재정부 국고보조금평가단 운영위원 2011~2013년 대전시 서구 주민참여예산위원회 위원장 2012~2013년 기획재정부 공공기관경영평가단 평가위원 2012~2013년 (사)한국재정학회(KAPF) 회장(제28대) 2012~2013년 기획재정부 세제발전심의위원회 위원 2012~2013년 한국지방세연구원 연구자문위원 2012년 전북도 새만금정책포럼 위원(현) 2012~2013년 건전재정포럼 공동대표 2013~2016년 한국은행 대전충남본부 자문교수 2014~2016년 한국조세재정연구원 연구자문위원 2015년 충남대 국가정책대학원장(현) 2015~2016년 대전시 미래신성장동력발굴자문위원 위원장 2015년 중국 강소대(江蘇大) 겸임교수(현) 2015년 대전시 유통분쟁조정위원회 위원(현) 2016년 대전발전연구원 경제활력포럼 대표(현) 2016년 대전시 서구 지방재정계획심의위원회 위원장(현) 2016년 (사)한국재정정책학회 부회장(현) [상]옥조근정훈장(2013), 행정자치부장관 표창(2015) [저]'중국 동부지역 경제특구와 첨단기술개발구-북경시 중관촌, 주강삼각주, 장강삼각주, 동북3성(共)'(2004, 두남) '대만의 과학공업원구와 벤처산업(共)'(2010, 두남) '동아시아 3국의 벤처특구 경쟁력(共)'(2010, 두남) '현대 캐나다의 이해(Understanding Contemporary Canada)(共)'(2010, 충남대 출판부) '나라살림 이야기-우리가 꼭 알아야 할 국가재정(共)'(2014, 골든북미디어) '사회통합의 관점에서 본 한국 과학기술정책의 거버넌스 구축과정과 신패러다임(共)'(2015, 비즈프레스) '연구개발사례의 확산지화- TDX, DRAM, CDMA(共)'(2015, 비즈프레스) '대전 미래 신성장동력 발굴 I (共)'(2015, 대전발전연구원) '대전 미래 신성장동력 발굴 II(共)'(2016, 대전발전연구원) [종]기독교

염명천(廉明天) Yeom, Myong-Chun

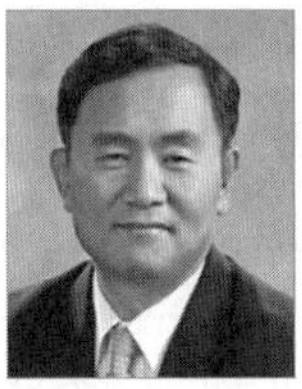

[생]1954·3·21 [본]파주(坡州) [출]전북 정읍 [주]서울 서초구 효령로72길60 한국에너지재단 사무총장실(02-6913-2140) [학]광주제일고졸, 서울시립대 도시행정학과졸 1988년 서울대 행정대학원 행정학과졸 1991년 미국 미시간대 대학원 경제학과졸 2008년 법학박사(서울시립대) [경]행정고시 합격(24회) 1982년 동력자원부 사무관 1994년 국회 경쟁력특위 과장 1996년 駐뉴욕총영사관 상무관 1999년 산업자원부 정보화담당관·석탄산업과장 2001년 同수입과장 2002년 同석유산업과장(부이사관) 2004년 同시장개척과장 2005년 서울산업대 에너지정책학과 초빙교수 2006년 경수로사업기획단 파견(청산관리부장) 2007년 한국생산기술연구원 파견 2007년 산업자원부 기후변화기획관 2008년 지식경제부 전기위원회 사무국장 2009년 同지역특화발전특구기획단장 2010~2013년 전력거래소 이사장 2010~2013년 지식경제부 전기위원회 위원 2013년 한국에너지재단 사무총장(현) [상]국무총리표창(1988), 홍조근정훈장(2005) [저]'에너지시장 산업&정책'(2006)

염무웅(廉武雄) YOM Moo Ung

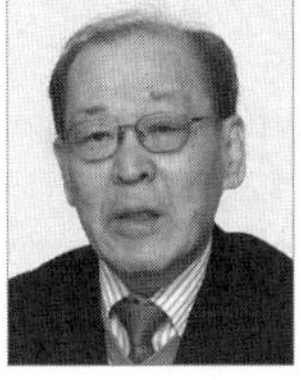

[생]1942·1·27 [출]강원 속초 [주]경북 경산시 대학로280 영남대학교 독어독문학과(053-810-1112) [학]1960년 공주대사대부고졸 1964년 서울대 문리대 독어독문학과졸 1989년 문학박사(서울대) [경]문학평론가(현) 1973년 덕성여대 국어국문학과 전임강사 1976년 창작과비평 주간·발행인 1980~2006년 영남대 독어독문학과 교수 1991년 민주화를위한교수협의회 공동의장 1993~1996년 민족예술인총연합 이사장 1996년 同이사 1998~1999년 민족문학작가회의 부이사장 2004년 同이사장 2007년 영남대 독어독문학과 명예교수(현)

[상]丹齋상, 요산문학상, 제19회 대산문학상 평론부문(2011) [저]'한국문학의 반생' '민중시대의 문학' '혼돈의 시대에 구상하는 문학의논리' 평론집 '모래위의 시간'

염미봉(廉美峰 · 女) YUM MI BONG

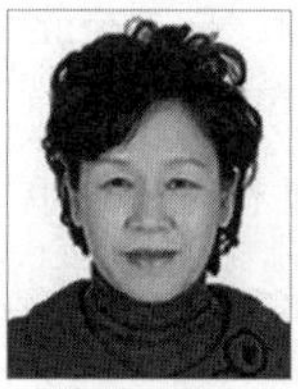

[생]1955 · 3 · 5 [출]전남 보성 [주]서울 은평구 진흥로16길8의4 한국여성의전화(02-3156-5400) [학]1973년 서울 정신여고졸 1977년 이화여대 교육학과졸 2007년 서강대 공공정책대학원 사회복지정책학과졸 [경]1991년 광주여성의전화 상담원 · 교육부장 · 상담부장 · 성폭력상담소장 · 회장 · 성평등 교육원장 · 광주여성쉼터 소장 2005년 광주전남여성단체연합 대표, 송정동성매매업소화재사건 대책위원장 2006년 금강산 '남북여성대표자회의' 여성대표, 6.15공동선언발표기념민족통일대축전행사 운영위원, 5.18민주항쟁 제25 · 26주년기념행사위원회 공동행사위원장 2013~2015년 한국여성의전화 공동대표 · 同이사(현) 2015년 광주여성의전화 이사(현) 2015년 광주NGO시민재단 이사(현)

염병만(廉炳晩) YEOM Byeong Man

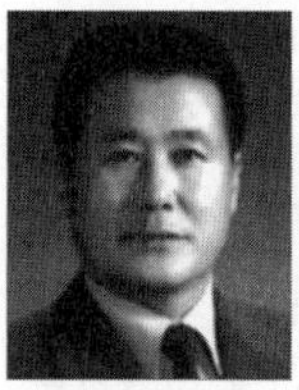

[생]1948 · 1 · 27 [본]파주(坡州) [출]강원 춘천 [주]서울 관악구 남부순환로2028 (주)동방아그로 사장실(02-580-3703) [학]1965년 춘천고졸 1974년 경희대 경영학과졸 [경]1974년 (주)한농 근무 1988년 (주)동방아그로 영업 · 보급담당 이사 1994년 同관리 · 공장담당 상무 1997년 同기획관리본부총괄 전무 1998년 同대표이사 부사장 1999년 同대표이사 사장(현) [상]산업포장

염수정(廉洙政) YEOM Soo Jung

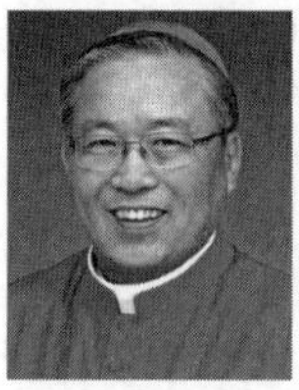

[생]1943 · 12 · 5 [본]파주(坡州) [출]경기 안성 [주]서울 중구 명동길74 천주교 서울대교구청(02-727-2006) [학]1962년 성신고졸 1968년 가톨릭대 신학과졸 1970년 同대학원졸 [경]1970년 사제 서품 1971년 불광동성당 · 당산동성당 보좌신부 1973년 성신고(소신학교) 교사 · 부교장 1977년 이태원성당 주임신부 1979년 해외 연수 1980년 장위동성당 · 영등포동성당 주임신부 1987년 가톨릭대 성신교정 사무처장 1992~1998년 천주교 서울대교구 사무처장 1995년 청담동성당 주임신부 겸임 1996~1997년 세종로성당 주임신부 겸임 1998~2001년 천주교 서울대교구 15지구장 겸 목동성당 주임신부 2002년 주교 서품 2002년 천주교 서울대교구 보좌주교 2002년 (재)서울가톨릭청소년회 이사장 2002년 (재)한마음한몸운동본부 이사장 2002년 서울가톨릭사회복지회 이사장 2002~2013년 평화방송 · 평화신문 이사장 2002~2014년 (재)한국교회사연구소 이사장 2002~2012년 천주교 서울대교구 보좌주교 겸 총대리 2005년 同서울대교구 생명위원장 2006~2014년 서울시니어아카데미 이사장 2010~2012년 (재)바보의나눔 이사장 2010년 옹기장학회 이사장(현) 2012~2014년 서소문역사문화공원 · 순교성지조성위원회 위원장 2012~2014년 대주교 2012년 천주교 서울대교구장 겸 평양교구장 서리(현) 2012년 학교법인 가톨릭학원 이사장(현) 2014년 추기경(현) 2014년 로마교황청 인류복음화성 위원(현) 2014년 同성직자성 위원(현) [종]천주교

염영일(廉榮一) Youngil Youm (竹坡)

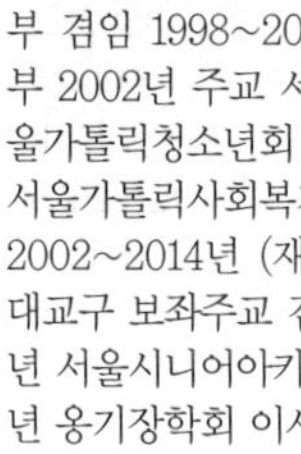

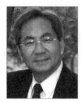

[생]1942 · 1 · 2 [출]서울 [주]울산 울주군 언양읍 유니스트길50 울산과학기술원(UNIST)(052-217-2326) [학]1960년 경기고졸 1968년 미국 유타주립대 기계공학과졸 1970년 미국 위스콘신대 대학원졸 1976년 공학박사(미국 위스콘신대) [경]1968년 미국 위스콘신대 연구조교 1974년 미국 아이오와대 책임연구원 1978~1987년 미국 가톨릭대 기계공학과 조교수 · 부교수 1981년 미국 표준연구소 자문위원 1982년 미국 월터리드육군의료센터 자문위원 1982년 미국 국방부의대 교수 1983년 미국 메릴랜드의대 겸직교수 1987~2007년 포항공과대 기계공학과 교수 1992년 同교무처장 1994~1996년 同부총장 1994년 한국과학기술한림원 정회원 · 종신회원(현) 1999~2003년 포항공대 BK21기계산업공학부 사업단장 2002년 同지능로봇연구센터장 2005년 (재)포항지능로봇연구소장 2007년 포항공과대 명예교수(현) 2009~2012년 로봇융합포럼 의장 2010년 (재)포항지능로봇연구소 연구위원 2010년 울산과학기술대 석좌교수 2013~2014년 한국융용로봇연구원 이사장 2014년 울산과학기술대 명예교수 2015년 울산과학기술원(UNIST) 명예교수(현) [상]미국 위스콘신대 공로상(1997), 경북도 과학기술대상(2005), 과학기술훈장 혁신장(2006), 장관표창(2007), 대통령표창(2010) [저]'컴퓨터를 이용한 기구학' [종]천주교

염영일(廉榮一) YEOM Young Il

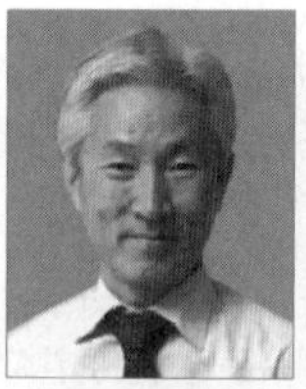

[생]1956 · 11 · 5 [출]경남 마산 [주]대전 유성구 과학로125 한국생명공학연구원 부원장실(042-860-4114) [학]1979년 서울대 약학과졸 1982년 한국과학기술원(KAIST) 생물공학과졸 1991년 이학박사(미국 텍사스대 오스틴교) [경]1982~1986년 한국과학기술원(KAIST) 유전공학센터 연구원 1986~1987년 미국 텍사스대 오스틴교 강의조교 1987~1991년 同연구조교 1991~1992년 同박사 후 연구원 1991~1992년 독일 European Molecular Biological Lab. 박사 후 연구원 1994~1998년 생명공학연구소 선임연구원 1996~2001년 한국BRM학회 운영위원 1998년 한국생명공학연구원 책임연구원(현) 1998년 고려대 · 충북대 공동지도교수 1999년 배재대 겸임교수 2005년 한국생명공학연구원 유전체연구센터장 2006년 同의약유전체연구센터장 2007년 同바이오융합연구부장 2008~2011년 同유전체의학연구센터장 2012년 同바이오의학연구소장 2013년 同오창분원장 2015년 同부원장(현) [상]이달의 과학기술자상(2015)

염용섭(廉庸燮) YUM Yong Seop

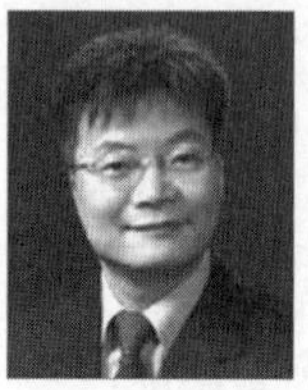

[생]1962 · 10 · 10 [출]전북 익산 [주]서울 중구 세종대로136 서울파이낸스센터3층 (주)SK경영경제연구소 미래연구실(02-6323-2650) [학]1985년 서울대 국제경제학과졸 1987년 프랑스 파리제1대 대학원 수리 및 계량경제학과졸 1994년 경제학박사(프랑스 파리제1대) [경]1990~1993년 프랑스 C.E.P.R.M.A.P. 연구원 1994년 정보통신정책연수원 통신방송정책연구실 연구위원 1997년 통신위원회 전문분과위원장 1998년 정보통신정책연구원 공정경쟁연구실장 2000~2004년 정보통신부 규제심사위원 2001~2004년 同주파수심의위원 2001~2003년 정보통신정책연구원 통신방송정책연구실장 2002~2003년 NGcN포럼 법제도분과위원장 2003년 위치기반서비스(LBS)산업협의회 운영위원 2003년 대통령직인수위원회 자문위원 2003~2004년 정보통신정책연구원 통신방송연구실장 2005년 외교통상부 한미FTA전문가 자문위원 2007년 정보통신정책연구원 통신방송정책연구실 선임연구위원 2007년 同방송통신융합정책연구그룹장 2008년 同동향분석실장 2009년 同방송통신정책연구실장 2009년 (주)SK경영경제연구소 정보통신연구실장(상무) 2013~2015년 同정보통신연구실장(전무) 2014년 국가과학기술자문회의 자문위원(현) 2015년 국가과학기술심의회 ICT · 융합전문위원회 위원(현) 2016년 (주)SK경영경제연구소 미래연구실장(부사장)(현)

염우영(廉隅榮)

[생]1970 · 1 · 5 [주]광주 동구 준법로7의12 광주지방법원(062-239-1114) [학]1988년 강릉고졸 1996년 성균관대 법학과졸 [경]1997년 사법시험 합격(39회) 2000년 사법연수원 수료(29기) 2000년 대구지법 판사 2004년 수원지법 판사 2007년 서울행정법원 판사 2009년 서울가정법원 판사 2011년 서울중앙지법 판사(사법연구) 2012년 서울고법 판사 2014년 수원지법 판사 2015년 광주지법 부장판사(현)

염웅철(廉雄澈) YOUM Ung Chul

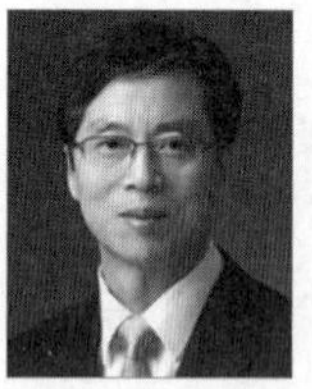

[생]1954 · 5 · 24 [본]파주(坡州) [출]전남 보성 [주]서울 서초구 서초대로74길4 법무법인(유) 동인(02-2046-0642) [학]1973년 광주제일고졸 1978년 서울대 법학과졸, 同공과대학 최고산업전략과정 수료, 고려대 법무대학원 지적재산권법학과 수료, 원광대 행정대학원 최고정책관리자과정 수료 [경]1982년 사법시험 합격(24회) 1985년 사법연수원 수료(15기) 1986년 광주지검 순천지청 검사 1987년 부산지검 검사 1990년 서울지검 동부지청 검사 1992년 법무부 법무과 검사 1995년 서울지검 북부지청 검사 1997년 청주지검 부부장검사 1998년 대전지검 공주지청장 1999년 대검찰청 검찰연구관 2001년 법무부 인권과장 2002년 同법무과장 2003년 서울지검 북부지청 형사3부장 2004년 서울중앙지검 형사1부장 2005년 춘천지검 원주지청장 2006년 서울고검 검사 2007년 전주지검 군산지청장 2008년 서울고검 검사 2010년 대전고검 검사 2012년 서울고검 검사 2013~2014년 대전지검 홍성지청장 2014년 법무법인(유) 동인 변호사(현) [상]홍조근정훈장(2008)

염원섭(廉元燮) YEOM Won Sup

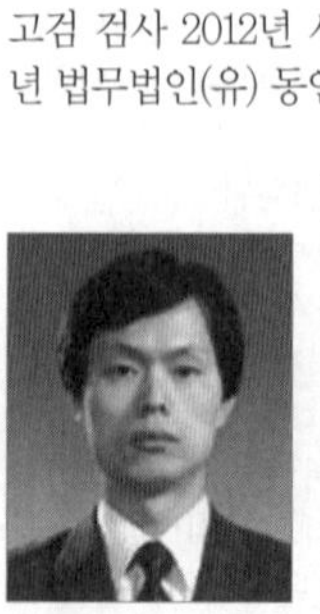

[생]1959 · 10 · 17 [출]경남 함양 [주]서울 광진구 아차산로404 서울동부지방법원(02-2204-2114) [학]1979년 해동고졸 1987년 서울대 법학과졸 1988년 同대학원졸 [경]1988년 사법시험 합격(30회) 1991년 사법연수원 수료(20기) 1991년 부산지법 판사 1994년 同울산지원 판사 1995년 수원지법 판사 1999년 변호사 개업 2001년 서울지법 남부지원 판사 2003년 서울고법 판사 2005년 서울중앙지법 판사 2007년 부산지법 부장판사 2009년 인천지법 부장판사 2011년 서울중앙지법 부장판사 2014년 서울동부지법 부장판사(현)

염재호(廉載鎬) YEOM Jae Ho

생1955 · 1 · 4 출서울 주서울 성북구 안암로145 고려대학교 총장실(02-3290-1003) 학신일고졸 1978년 고려대 행정학과졸 1980년 同대학원 행정학과졸 1989년 정치학박사(미국 스탠퍼드대) 경1983년 미국 스탠퍼드대 경영대학원 Research Assistant 1985년 일본 히토쓰바시대 산업경영연구소 객원연구원 1989년 고려대 행정학과 강사 · 조교수 · 부교수 · 교수(현) 1992년 사회비평 편집위원 1992년 국가과학기술자문회의 전문위원 1994년 일본 쓰쿠바대 신국제System특별프로젝트 외국인교수 1995년 同TARA센터 객원연구원 1997년 호주 그리피스대 객원교수 2001년 행정자치부 지방자치단체평가위원회 위원 2001년 중국 인민대학 객좌교수 2002년 제16대 대통령후보 TV합동토론 사회자 2002년 중앙공무원교육원 겸임교수 2002~2003년 국가과학기술자문회의 전문위원 2002~2004년 고려대 정부학연구소장 2003년 同기획예산처장 2003년 同국제교육원장 2003년 同기획실장 2003년 현대일본학회 부회장 2003년 SBS '염재호 교수의 시사진단' 진행 2004년 SBS 대토론 '이것이 여론이다' 진행 2004년 중앙인사위원회 자문위원 2004년 외교통상부 정책자문위원회 위원 2004년 경희학원 이사 2005년 영국 브라이튼대 객원연구원 2005년 한국과학기술단체총연합회 이사 2005년 교육인적자원부 전문대학원 심사위원장 2006년 한국과학재단 비상임이사 2007년 한국정책학회 회장 2008~2013년 성신여자대학교 법인이사 2008년 지식경제부 우정사업본부 우정사업운영위원 2010년 同지식경제R&D전략기획단 비상근단원 2011년 국가과학기술위원회 비상임위원 2011년 교육과학기술부 기관평가위원장 2012~2015년 한일미래포럼 대표 2012~2014년 고려대 행정대외부총장 2012년 국무총리산하 정부업무평가위원회 민간위원 2013~2014년 국무총리직속 원자력안전위원회 비상임위원 2013~2015년 하나은행 사외이사 2014~2015년 기획재정부 공공기관경영평가단장 2014년 경암학술상 심사위원 2015년 고려대 총장(현) 생고려대총장표창-법대 수석졸업(1979), 홍조근정훈장(2013), 신일고 총동문회 '믿음으로 일하는 자유인상'(2016) 제'딜레마이론-조직과 정책의 새로운 이해'(1994) '정보정책론'(1997) '신제도주의 연구'(1998) 'Development Strategies in East Asia and Latin America'(1999)

염종현(廉宗鉉) YOM Jong Hyun

생1960 · 7 · 7 출경기 주경기 수원시 팔달구 효원로1 경기도의회(031-8008-7000) 학명지대 산업공학과졸 경기아자동차 여월대리점(주) 감사, 민주당 경기도당 무상급식추진특별위원장, 부천노사모 초대 대표, 부천시생활체육협의회 이사, 부천시청소년어린이무용단 단장 2003년 열린우리당 제1기 부천시당원협의회장 2008년 민주당 제17대 대통령선거 경기도선거대책위원회 조직본부장 2011~2012년 경기도교육자치협의회 정책자문위원 2012~2014년 경기도의회 의원(보궐선거 당선, 민주통합당 · 민주당 · 새정치민주연합) 2012년 同문화체육관광위원회 위원 2013년 사람사는세상 노무현재단 기획위원(현) 2013년 경기도의회 예산결산특별위원회 위원 2013년 同공공성강화포럼 회장(현), 민주당 정책위원회 부의장, 명지대총동창회 이사 2014년 경기도의회 의원(새정치민주연합 · 더불어민주당)(현) 2014년 同도시환경위원회 간사 2015년 同남북교류추진특별위원회 위원장 2015년 同수도권상생협력특별위원회 위원(현) 2016년 同문화체육관광위원회 위원장(현) 생전국시 · 도의회의장협의회 우수의정 대상(2016) 종기독교

염진섭(廉振燮) Jin S. Youm (杲坡)

생1954 · 4 · 3 본파주(坡州) 출대구 주서울 용산구 한강대로43길8 벽산메가트리움104동1602호 (재)지혜(智惠)(02-538-9541) 학1972년 경북대사대부고졸 1977년 서울대 영어영문학과졸 경1976년 국제상사 입사 1984~1986년 럭키금성상사 컴퓨터수출과장 1986년 삼보컴퓨터 입사 1988년 同미국현지법인 부사장 1990년 同유럽총괄법인 사장 1995년 소프트뱅크코리아 총괄담당 전무 1997년 야후코리아 대표이사 사장 2001년 同고문 2002년 (주)트래블라이너 대표이사 회장 2002년 디젠트 회장 2004년 (주)엔에스엔티 대표이사 회장 2004년 UNICEF Korea 이사 2004년 디젠트 고문(현) 2004년 (재)지혜(智惠) 이사장(현) 제시집 '나는 잠깐 긴 꿈을 꾸었다' 종불교

염진섭(廉鎭燮) YOM Chin Seup

생1954 · 5 · 26 출서울 주서울 서초구 방배로9길23 백석예술대학교 음악학부(02-520-0898) 학1982년 서울대 음대졸 1986년 미국 하트퍼드대 음악대학원졸 1990년 음악박사(미국 애리조나주립대) 경1975년 국립합창단 단원 1982~1984년 보성중 교사 1989년 장신대 대우교수 1989 · 1990년 同정기연주회 지휘 1991년 인천시립합창단 지휘 1991년 CBS합창단 창단연주회 지휘 1991년 同상임지휘자 1991년 대학연합합창단 지휘 1992 · 1997년 국립합창단 객원지휘 1993년 한국합창연합회 사무국장 1993년 대전예술고 음악과장 1995년 대전시립합창단 객원지휘 1998~2000년 국립합창단 단장 겸 예술감독 1998년 同청소년음악회 · 가을맞이가정음악회 지휘 1999년 同신춘음악회 · 청소년음악회 · 메시아 지휘 2000~2004년 同상임이사 겸 예술감독 2002년 제100회 정기연주회 송년음악회 한 · 중 · 일합동공연 지휘 2002년 대만 소프라노가수 · 일본 알토가수 · 한국 테너베이스가수 출연 지휘 2002년 코리안심포니오케스트라 반주 '헨델의 메시아 공연' 지휘 2003년 KBS홀 신작 '가곡의 밤' 지휘 2006~2008년 서울시합창단 단장 2008년 백석예술대 음악학부 합창지휘전공 교수(현)

염진섭(廉鎭燮) YEOM Jin Sup

생1963 · 11 · 15 본파주(坡州) 출서울 주경기 성남시 분당구 구미로 173번길82 분당서울대병원 정형외과(031-787-7190) 학1982년 마포고졸 1988년 서울대 의대졸 1998년 同대학원 의학석사 2000년 의학박사(서울대) 경1988~1989년 서울대병원 인턴 1989~1993년 同정형외과 레지던트(전문의자격 취득) 1993~1996년 육군 군의관(105야전병원 정형외과장) 1996~1997년 지방공사 강남병원 정형외과 전문의 1997~1998년 서울대병원 정형외과 척추 전임의 1998~1999년 同정형외과 연구전임의 1999~2000년 가천의과대 정형외과학교실 조교수 2000~2003년 을지의과대 정형외과학교실 조교수 2003년 서울대 의과대학 정형외과학교실 교수(현) 2006~2007년 Cervical Spine Institute, Washington Univ. in St. Louis 연수 2012년 분당서울대병원 정형외과장 겸 척추센터장(현), 同관절센터장(현) 2015년 대한민국의학한림원 정회원(현) 2015년 아 · 태경추연구학회 회장(현) 생세계경추연구학회 최우수논문상(2009) 외 총 18회 논문상 제'척추외과학'(1997, 최신의학사) '학생을 위한 정형외과'(1998, 서울대학교 의과대학 정형외과학교실 · 군자출판사) '골절학'(2001, 서울대학교 의과대학 정형외과학교실 · 군자출판사) '척추외과학'(2004, 최신의학사) '골절학'(2008, 군자출판사) '척추외과학'(2011, 최신의학사) '학생을 위한 정형의학'(2013, 군자출판사) '정형외과학'(2013, 최신의학사) '소아정형외과학'(2014, 군자출판사) 'Cervical Degenerative Conditions(Upper Cervical Screw-Fixation Techniques: How to Avoid Complications)'(2015, AO Spine Masters Series Volume 3) 종기독교

염창열(廉昌烈) YEOM Chang Yeol

생1964 · 12 · 13 출충남 부여 주서울 강남구 강남대로42길13 호성빌딩 (재)건설산업교육원 원장실(02-575-7123) 학1990년 충남대 토목공학과졸 2002년 한양대 공학대학원 토목과졸 2004년 同유비쿼터스(U-City)최고위과정 수료 2010년 同대학원 공학박사과정 수료 경1990~1991년 천호중 교사 1991~1994년 대우건축토목기술학원 강사 1994~1996년 (주)광남토건 토목시공공사과장 1997~1999년 (주)한솔건축토목학원 원장 1999~2003년 (주)한솔아카데미 대표이사 2003년 (재)건설산업교육원 원장(현) 생국토해양부장관표창(2008) 제'응용역학'(1994, 한솔아카데미) '토목시공학' '구조역학'(2002, 한솔아카데미) 종천주교

염태영(廉泰英) YEOM Tae Young

생1960 · 7 · 25 출경기 수원 주경기 수원시 팔달구 효원로241 수원시청 시장실(031-228-2002) 학1979년 수성고졸 1984년 서울대 농화학과졸 경1994년 수원환경운동센터 사무국장, 녹색환경연구소 이사 1994년 경제정의실천시민연합 환경개발센터 연구위원 1995년 녹색연합 조직위원장, 수원환경연구센터 소장 1999~2002년 21세기수원만들기협의회 운영위원장 2000~2004년 지방의제21전국협의회 운영위원장 겸 사무처장 2000~2004년 수원시화장실문화협의회 회장 2000~2005년 환경부 사전환경성검토 및 환경영향평가담당 전문위원 2003년 대통령직인수위원회 사회 · 문화 · 여성분과 환경부문 상근자문위원 2003~2005년 경기도 도시계획위원 2004~2005년 대통령자문 정책기획위원회 정책평가위원회 전문위원 2005~2006년 대통령 국정과제담당비서관 2005~2006년 대통령자문 지속가능발전위원회 기획운영실장 겸임 2006년 수원시장선거 출마(열린우리당) 2006~2008년 국립공원관리공단 감사 2007년 대통령자문 정책기획위원회 위원 2010년 민주당 부대변인 2010년 경기 수원시장(민주당 · 민주통합당 · 민주당 · 새정치민주연합) 2010~2013년 전국대도시시장협의회 회장 2010~2012년 경기남부권시장협의회 회장 2010~2012년 유네스코 세계문화유산도시협의회 회장 2010년 자치단체국제환경협의회 집행위원(현) 2013년 국제빗물집수연맹(IRHA) 명예회원(현) 2014년 경기 수원시장(새정치민주연합 · 더불어민주당)(현) 2015년 마을만들기지방정부협의회 상임회장(현) 생대통령표창(2001), 매니페스토약속대상 기초단체장 선거공보분야 최우수상(2014), 대한민국 SNS대상 기초자치단체부문(2015), 국제지속가능관광위원회 관광 · 마이스분야 공로상(2016) 제'우리동네 느티나무'(2010) '자치가 밥이다'(2014)

염학수(廉學洙)

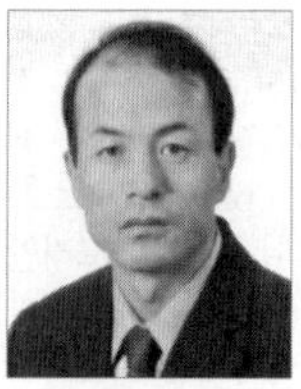

[생]1962·1·5 [출]강원 횡성 [주]경기 성남시 분당구 황새울로 258번길29 분당세무서(031-219-9201) [학]세무대학졸, 한국방송통신대 대학원 경영학과졸 [경]2012년 중부지방국세청 조사3국 조사2과 서기관 2013년 同신고분석2과 법인3계장 2014년 삼척세무서장 2014년 국세공무원교육원 지원과장 2015년 분당세무서장(현)

염한웅(廉罕雄) YEOM HAN WOONG

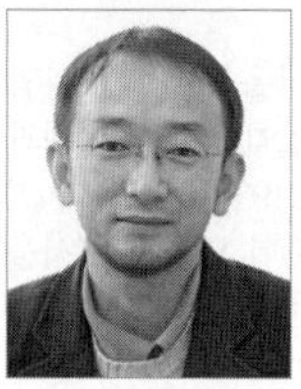

[생]1966·12·5 [주]경북 포항시 남구 청암로77 포항공과대학교 물리학과(054-279-2091) [학]1989년 서울대 물리학과졸 1991년 포항공과대 대학원 물리학과졸 1996년 물리학박사(일본 동북대) [경]1999~2000년 일본 도쿄대 응용화학전공 전임강사 2000~2010년 연세대 자연과학부 물리학과 조교수·부교수·교수 2010년 포항공과대 물리학과 교수(현) 2013년 기초과학연구원 원자제어저차원전자계연구단장 2014년 제2기 국가과학기술자문회의 과학기술기반분과 자문위원 [상]일본방사광과학회 젊은과학자상(2000), 과학기술부 이달의 과학기술자상(2006), 한국물리학회 학술상(2007), 미국물리학회 선정 '최우수 논문심사위원((Outstanding Referee)'(2010), 한국과학상 물리학분야(2015), 제30회 인촌상 과학·기술부문(2016)

염호기(廉浩祺) Ho-Kee Yum

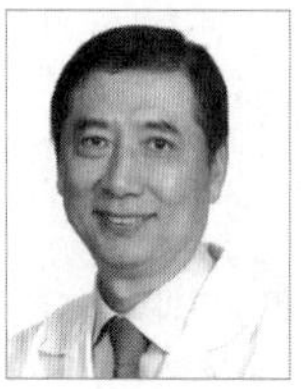

[생]1961·3·15 [본]파주(坡州) [출]경남 거창 [주]서울 중구 마른내로9 인제대학교 서울백병원(02-2270-0532) [학]인제대 의대졸, 同대학원졸 [경]인제대 의대 내과학교실 조교수·부교수 2002년 同의대 내과학교실 교수(현) 2003년 同서울백병원 수련부장 2008년 同대학원 부원장 2009~2011년 同서울백병원 부원장 겸 진료부장 2015년 대한수면학회 회장(현) 2016년 인제대 서울백병원장(현) [상]대한내과학회 우수논문상(1996) [저]'결핵' '천식이란 무엇인가?' '호흡 재활 요법' '호흡기학' '호흡기학 진료 지침' '폐암' '인턴진료지침(共)'(2004) '호흡기학(共)'(2004) '호흡기 영상의학 기초'(2004) '내과 전공의를 위한 진료지침'(共) '기계환기의 기초'(共) '단계별 맥혈 가스 검사 해설'(2013)

염호상(廉浩相) YOUM Ho Sang

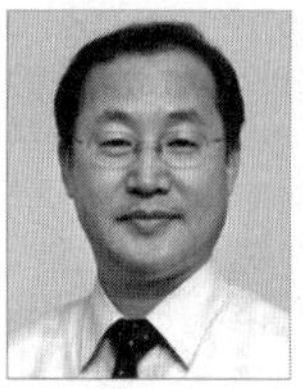

[생]1962·6·3 [본]파주(坡州) [출]강원 삼척 [주]서울 종로구 경희궁길26 세계일보 편집국(02-2000-1234) [학]1981년 삼척고졸 1988년 강원대 건축공학과졸 [경]1999년 세계일보 편집국 사회부 기자 2000년 同경제부 기자 2002년 同경제1부 차장대우 2004년 同산업부 차장 2005년 同경제부 차장 2006년 同경제부장 2007년 同편집국 산업팀장 2008년 同편집국 산업부장 2008년 同편집국 특별기획취재팀장 2010년 同편집국 문화부장 2011년 同편집국 산업부장 2012년 同편집국 사회부장 2014년 同편집국 기획위원 겸 대외협력단장 2015년 同편집국 수석부국장 2015년 同편집국장(현) [상]한국기자협회 이달의 기자상(2회), 10대인권보도상(2009), 국제앰네스티언론상(2009), 언론인권상 특별상(2009) [종]기독교

염호준(廉晧畯)

[생]1973·10·21 [출]서울 [주]광주 동구 준법로7의12 광주지방법원(062-239-1114) [학]1992년 세화고졸 1998년 서울대 지리학과졸 [경]1997년 사법시험 합격(39회) 2000년 사법연수원 수료(29기) 2000년 공익법무관 2003년 익산지법 판사 2006년 인천지법 판사 2010년 서울북부지법 판사 2011년 특허법원 판사 2014년 서울중앙지법 판사 2015년 광주지법 부장판사(현)

염홍섭(廉洪燮) YOUM Hong Sub (城岩)

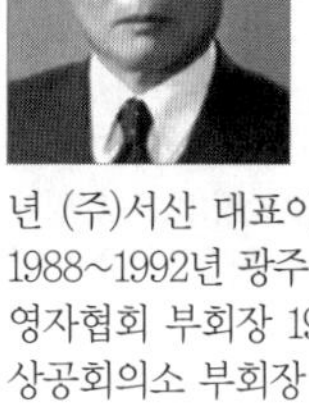

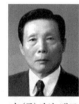

[생]1931·12·16 [본]파주(坡州) [출]전남 나주 [주]광주 광산구 하남산단4번로143 (주)서산 임원실(062-950-5100) [학]1992년 미국 조지워싱턴대 대학원 최고경영자과정 수료 1993년 전남대 행정대학원 수료 1995년 同경영대학원 최고경영자과정 수료 2002년 명예 경영학박사(조선대) [경]1974~1985년 광명공업사 대표 1977~1984년 전남가구공업협동조합 이사장 1983년 (주)서산 대표이사 회장(현) 1987년 하남산업단지관리공단 이사장(현) 1988~1992년 광주·전남레미콘공업협동조합 이사장 1989년 광주·전남경영자협회 부회장 1991년 한국자유총연맹 전남도지회장 1994~1997년 광주상공회의소 부회장 1996년 광주인력은행 원장 1998~2007년 은방울국악진흥회 이사 1998~2002년 녹수장학회 회장 1999~2014년 (사)고향사랑회 이사장 2001년 광주방송 회장 2002년 광주·전남경영자총협회 회장 2003년 대한적십자사 광주·전남지사 회장 2003~2012년 한국산학협동연구원 이사장 2004년 유성학원(세종고교) 이사장 2009년 한국원심력콘크리트공업협동조합 이사(현) 2013년 성한복지문화재단 이사장(현) [상]상공부장관표창(1989), 공업진흥청장표창(1990), 재무부장관표창(1993), 산업포장(1997), 광주시민대상(1997), 동탑산업훈장(2003)

염홍철(廉弘喆) YUM Hong Chul

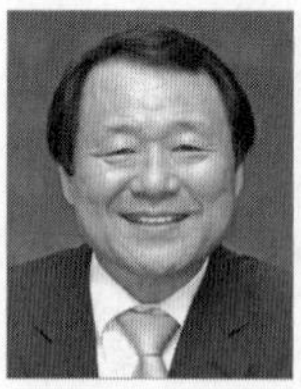

[생]1944·8·6 [본]파주(坡州) [출]충남 논산 [학]1964년 대전공고졸 1972년 경희대 정치외교학과졸 1974년 연세대 행정대학원졸 1981년 정치학박사(중앙대) 1983년 미국 컬럼비아대 대학원 수학 2003년 명예 법학박사(충남대) 2011년 명예 문학박사(배재대) [경]1972~1988년 경남대 극동문제연구소 연구원·연구위원·사무국장·연구실장·부소장·소장 1976~1988년 同법정대 전임강사·조교수·부교수·교수 1981~1983년 미국 컬럼비아대 東亞연구소 객원교수 1988년 민주화합추진위원회 전문위원 1988~1993년 대통령 정무비서관 1989~1990년 남북고위급회담 예비회담 대표 1993~1995년 대전시장 1995년 대전발전연구소 이사장 1996년 신한국당 대전西乙지구당 위원장 1996~1998년 한국공항공단 이사장 1996년 국제공항협회 아태지역 집행위원 1997년 경희대 행정대학원 대우교수 1998년 경남대 북한대학원장 겸 교수 2000년 대전산업대 총장 2000년 국립산업대총장협의회 회장 2001~2002년 한밭대 총장 2002~2006년 대전광역시장(한나라당·열린우리당) 2002년 한밭대 명예총장 2002~2006·2012년 세계과학도시연합(WTA) 회장 2006년 대전시장선거 출마(열린우리당) 2006~2007년 중소기업특별위원회 위원장 2009년 경남대 북한대학원 석좌교수 2008년 통합민주당 18대 총선 대전시선거대책위원장 2009년 시전문지 「시와 정신」에 '죽어야 다시산다'·'새벽시간' 등 시 5편으로 등단 2010년 자유선진당 당무위원 2010~2014년 대전광역시장(자유선진당·선진통일당·새누리당) 2011~2012년 전국광역시장협의회 회장 2014년 배재대 석좌교수 2014년 서울대 공과대학 건설환경공학부 초빙교수 [상]조선일보 신춘문예 논문부 입상(1971), 국민포장(1987), 홍조근정훈장(1992), 황조근정훈장(1994), 올해의 부부상(2011), 한국문학예술상 특별상(2013), 대한민국 창조경제 미래창조부문 CEO대상(2013), 한국의 최고경영인상 미래경영부문(2013) [저]'제3세계와 종속이론' '종속이론'(1981) '종속의 극복' '제3세계의 혁명과 발전'(1987) '북한사회의 구조와 변화(共)'(1987) '종속과 발전의 정치경제학'(1991) '연애에 빠진 시장'(1994) '아이러브 대전'(1995) '다시 읽는 종속이론' '國際化時代の 地方行政'(1995) '공직에는 마침표가 없다(共)'(2001) '지성의 문향(共)'(2002) '함께 흘린 땀은 향기롭다'(2005) '시장님 우리 일촌해요(共)'(2006) '다시, 사랑이다'(2011) '아침편지'(2014, 도서출판 이화) [역]'제국주의와 신제국주의' '권위주의 정권의 해체와 민주화' '라틴아메리카의 민주화' '종속이론과 정통마르크스주의' [종]기독교

영 담(影 潭)

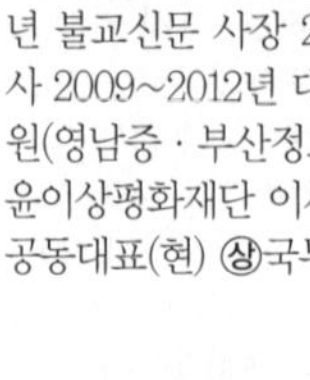

[생]1954·1·30 [본]나주(羅州) [출]충남 서천 [주]경기 부천시 원미구 소사로367 석왕사(032-663-7771) [학]1971년 범어사 불교전문강원 수료 1978년 동국대 불교대학졸 1996년 한국방송통신대 행정학과졸 1999년 동국대 행정대학원졸 [경]1966년 금룡 청암사에서 득도 1968년 부산 범어사에서 사미계 수지 1973년 同비구계 수지 1973년 同보살계 수지 1979년 대한불교조계종 석왕사 총무 1982년 석왕사 주지(현) 1991년 부천신문 발행인 1992·1994·1998년 대한불교조계종 중앙종의회 의원 1993년 중동신문 발행인 1994년 대한불교조계종 재정분과위원장 1997년 불교방송 이사장 1998년 同상임이사 1999~2003년 불교신문 사장 2007~2013년 불교방송 이사장 2008년 한국방송협회 이사 2009~2012년 대한불교조계종 총무원 총무부장 2010년 학교법인 영남학원(영남중·부산정보고) 이사장(현) 2011년 겨레의숲 공동대표(현) 2013년 윤이상평화재단 이사장, 학교법인 동국대 이사, 우리민족서로돕기운동 상임공동대표(현) [상]국무총리표창, 은탑산업훈장 [저]'동승일기'(2000) [종]불교

영 배(英 培) Young Bae (香田)

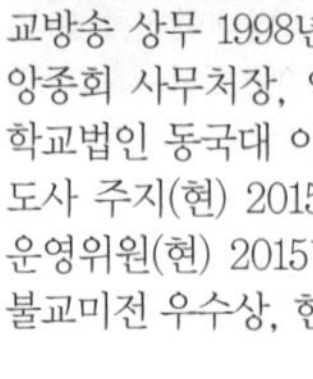

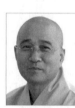

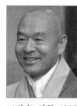

[생]1952·12·25 [본]나주(羅州) [출]부산 [주]경남 양산시 하북면 통도사로108 영축총림 통도사(055-382-7182) [학]통도사 승가대학졸, 동국대 불교대학원 수료 [경]1966년 통도사에서 득도 1971년 사미계 수지, 통도사 재무국장·규정국장·총무국장, 옥천암 주지 1994년 대한불교조계종 개혁회의 의원 1994년 同제11·12·13·14·15·16대 중앙종회 의원(현) 1997년 불교방송 상무 1998년 대한불교조계종 총무원 호법부장 1998년 同제12대 중앙종회 사무처장, 약사사 주지 2004~2015년 홍덕사 회주 2006~2009년 학교법인 동국대 이사장 2014~2015년 불교신문 사장 2015년 영축총림 통도사 주지(현) 2015년 울산불교방송 운영위원장(현) 2015년 부산불교방송 운영위원(현) 2015년 불교방송 운영위원(현) [상]경남서예대전 대상(1993), 불교미전 우수상, 한국미술협회 서예대전 특선 [종]불교

예병훈(芮秉勳)

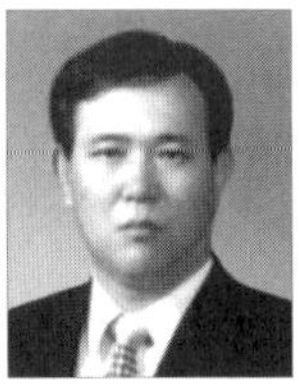

[생]1957 · 8 · 26 [출]경북 청도 [주]경기 수원시 권선구 수인로126 농어촌자원개발원(031-299-7830) [학]1975년 대구농림고졸 2001년 영남대 토목학과졸 2003년 同대학원 토목학과졸 [경]1976년 영덕농지개량조합 입사 1999~2000년 경산농지개량조합 전무 2000년 한국농어촌공사 경산지사 부지부장 2000년 同경산 및 고령지사 기반조성부장 2004년 同경북지역본부 유지관리팀장 2006년 同상주지사장 2008년 同관리실장 2009년 同감사실장 2012년 同화안사업단장 2013년 同경북지역본부장 2015년 同농어촌자원개발원장(현)

예상곤(芮相坤) Yea Sang Gon

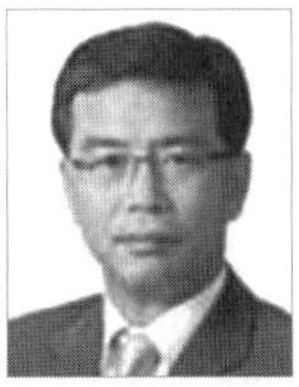

[생]1961 · 4 · 17 [출]부산 [주]서울 중구 남대문로63 한진빌딩신관20층 (주)한진 물류사업본부(02-728-5518) [학]후포고졸, 충남대 영어영문학과졸 [경]1989년 (주)한진 입사 1998년 同영남지역본부 판매팀 근무 2001년 同포항지점 하역운영팀장 2002년 同포항지점 지원팀 근무 2003년 同포항지점 판매팀장 2006년 同특수영업팀장 2006년 同영업기획팀장 2007년 同물류영업부 상무 2013년 同물류영업부 전무 2013년 同부산영남지역본부 전무 2015년 同물류사업본부장(전무)(현)

예상원(芮相元) Yea Sang Won

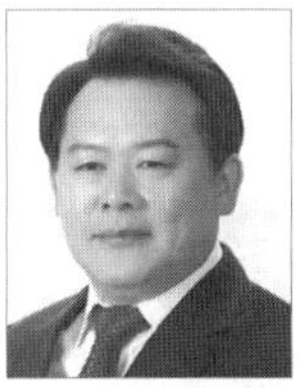

[생]1963 · 9 · 2 [출]경남 밀양 [주]경남 창원시 의창구 상남로290 경상남도의회(055-211-7350) [학]김해고졸, 동의대 중퇴, 밀양대졸, 부산대 행정대학원 행정학과졸 [경]밀양청년회의소 부회장, 청도면체육회 사무국장, (사)한국청년정책연구소 이사, 민주평통 밀양시협의회 간사, 밀양시육상경기연맹 회장 2002~2006년 경남 밀양시의회 의원 2006년 경남도의원선거 출마(무소속), 밀양미래포럼 운영위원장 2011년 同대표(현) 2014년 경남도의회 의원(새누리당 · 무소속)(현) 2014년 同운영위원회 위원 2014~2016년 同도청예산결산특별위원회 위원 2014년 同기획행정위원회 위원 2016년 同농해양수산위원회 위원장(현) [상]경상남도의정회 선정 '자랑스런 도의원'(2015), 전국시 · 도의회의장협의회 우수의정 대상(2016)

예세민(芮世民) YE Se Min

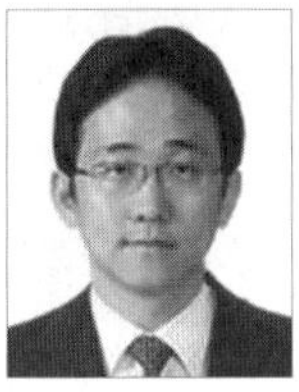

[생]1974 · 3 · 3 [출]경북 청도 [주]대전 서구 둔산중로78번길15 대전지방검찰청(042-470-3000) [학]1992년 오성고졸 1997년 서울대 법대졸 [경]1996년 사법시험 합격(38회) 1999년 사법연수원 수료 1999년 서울지검 검사 2001년 대구지검 포항지청 검사 2003년 부산지검 검사 2006년 대구지검 검사 2008년 대검찰청 연구관 2010년 수원지검 검사 2011년 同부부장검사 2011년 법무부 검찰제도개선TF팀 검사 겸임 2013년 창원지검 밀양지청장 2014년 대전지검 부부장검사(駐제네바대표부 파견)(현)

예영수(芮熯洙) YAE Young Soo (碧松)

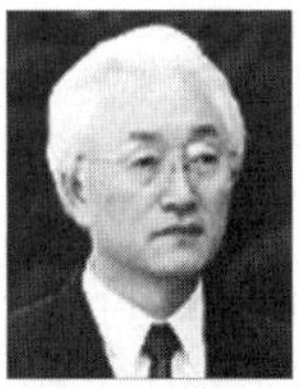

[생]1933 · 10 · 4 [본]의흥(義興) [출]경북 청도 [주]서울 영등포구 국회대로54길35 토산빌딩6층 라이프신학원 총장실(031-600-0234) [학]1952년 계성고졸 1957년 경북대 영문학과졸 1968년 미국 오리건대 대학원 영문학과졸(M.A.) 1972년 문학박사(미국 오리건대) 1974년 철학박사(미국 오리건대) 1980년 경북대 대학원 교육학박사과정 수료 1989년 장로회신학대 신학대학원 목회학과졸(M. Div.) 2004년 신학박사(미국 퍼시픽인터내셔널대) 2009년 명예 교육학박사(미국 페이스신학대) [경]1959년 대구 영신고 교사 1962~1965년 계성중 · 고 교사 1962~1971년 효성여대 강사 · 부교수 1972년 미국 오리건대 강의조교 1974~1977년 계명대 교수 · 영문학과장 · 동서문화연구원장 1977~1980년 경북대 문리대 교수 1978~1980년 미국 휘트워스대 교수 1979~1985년 한국외국어대 교수 · 사범대학장 · 외국어교육연구소장 1982년 셰익스피어학회 상임이사 1985년 同총무이사 1985~1999년 한신대 영문학과 교수 · 대학원장 · 도서관장 1988년 장로회신학대 신학대학원 사마임중창단 단장 1988년 장신대 연합중창단 단장 1988년 장로회(통합)목사합창단 조직 1988~1992년 한신대 대학원장 1988~2004년 한밀선교회 회장 1991~2006년 '카리스월드' 발행인 · 편집인 1993~2010년 목양세계선교회 명예대표회장 1996년 미국 워싱턴대 교환교수 1996~1997년 전국기독교대대학원장협의회 회장 1998~2002년 한국기독교문화진흥원 부원장 1999~2000년 광나루문인회 회장 2001년 목회자신문 편집고문(현) 2002~2004년 한국기독교영성총연합회 대표회장 2002년 同총재(현) 2004~2015년 목사장로신문 편집인 2004년 라이프신학원 총장(현) 2004년 국제크리스천학술원 원장(현) 2004년 국제교회선교연합회 대표회장(현) 2004년 한밀선교회 명예회장(현) 2013년 대한예수교장로회연합회 고문(현) 2014년 대한예수교장로회 합동총회 신학대 총장(현) 2014~2015년 한국기독교총연합회 신학연구위원회 위원장 2015년 대한예수교장로회 신학원 총장 2015년 세계한인기독교총연합회 신학위원장(현) [상]미국 메릴랜드대 극동분교 최우수 교수상(1991), 광나루문인상(2000), 한국영적교회와기도원살리기운동본부표창, 한국기독교총연합회 학술상(2003), 기독교시민운동 시민상(2012), 한국기독교총연합회 제2회 자랑스런 대한민국 기독교 대한 학술인 대상(2013) [저]'Creative Readings in College English'(1980) 'TOEFL Review'(1981) '영미문학개론'(1984) '영미 희곡사상사'(1985) '歐美문학작품의 현대적 이해'(1985) '미국학생운동과 그 교훈'(1987) '한국교회 신학자들이 본 마귀론이해'(1998) '이단 정죄와 역사의 아이러니'(2007) '예수를 결혼시킨 다빈치코드'(2008) '이단 사냥꾼의 속성'(2010) '최삼경목사의 성서적, 신학적 이단성'(2010) '귀신의 기원과 정체'(2013) '세계명작 101스토리와 성경의 만남'(2014) [역]고고학발굴서적 '마사다'(1982, 종로출판사) 소설 '마사다'(1983, 창인사) '성령의 권능이 임할 때'(1995) '꿈 : 성서적, 신학적, 체험적 이해'(1996) '구약성서와 신약성서 : 그 관계와 신, 구약중간기문헌'(1996) '사랑만이 기적을 만든다'(1997) '성령을 소멸하는 자들'(2000) '하나님의 만지심'(2002) [종]기독교

예종석(芮鍾碩) YE Jong Suk

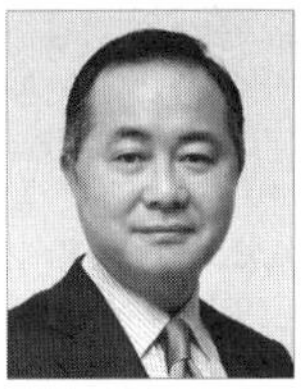

[생]1953 · 12 · 13 [출]부산 [주]서울 성동구 왕십리로222 한양대학교 경영대학 515호(02-2220-1052) [학]중앙고졸 1980년 미국 캘리포니아주립대 경제학과졸 1982년 미국 인디애나대 대학원 경영학과졸, 同대학원 경제학과졸 1986년 경영학박사(미국 인디애나대) [경]1983년 미국 인디애나대 강사 · 교수 1986년 한양대 경영학부 교수(현) 1998년 제일모직 사외이사 1998년 한국소비자학회 회장 2000년 한국마케팅학회 편집위원장 2001~2010년 에스콰이아문화재단 이사 2001~2009년 (주)두산 사외이사 2004~2008년 아름다운재단 기부문화연구소 초대소장 2005~2008년 대한적십자사 사회협력담당 총재특별보좌역 2005년 일본능률협회 글로벌경영위원회(GCSI) 평가위원장 2006년 한국경영학회 부회장 2007년 한국비영리학회 이사(현) 2007~2011년 한양대 경영대학장 2008~2011년 同글로벌경영전문대학원장 2008~2012년 (재)영도육영회 이사장 2008년 미국 인디애나대 한국총동문회장 2008~2012년 아름다운재단 이사 2009~2011년 학교법인 이화예술학원 이사 2010~2014년 이인표재단 감사 2011년 롯데쇼핑 사외이사 2011년 동화약품(주) 사외이사 겸 감사위원(현) 2012년 아름다운재단 이사장(현) 2012년 (재)따뜻한재단 이사(현) 2012년 루트임팩트(재) 이사장(현) 2013년 SBS 자문위원(현) 2013~2015년 우체국시설관리단 비상임이사 2013년 대한스키협회 이사 2013~2014년 한국미래전략학회 초대회장 2013년 나눔국민운동본부 공동대표 2014년 한겨레신문 사외이사 2015년 (주)LF 사외이사 겸 감사위원(현) 2015년 롯데그룹 기업문화개선위원회 위원(현) [상]소비자학회 최우수논문상(2004), 한국고객만족경영학회 우수논문상(2006), 한국소비자학회 학술공헌상(2013) [저]'마케팅 전략기획'(1996) '마케팅혁명' '마케팅' '마케팅 기본법칙'(1998) '밀레니엄을 준비하는 마케팅혁신'(1999) '인터넷쇼핑몰 이용자의 불평행동'(2003) '쿠폰을 활용한 마케팅 활성 방안'(2004) '뉴마케팅'(2005) '예종석교수의 아주 특별한 경영수업'(2006) '노블레스 오블리주'(2006) '희망경영'(2008) '활명수 100년 성장의 비밀'(2009, 리더스북) '밥집'(2011) 칼럼집 '모두가 사는 길로 가자'(2004) [역]'마케팅혁명'(1995)

예지희(芮知希 · 女) Yeh Ji Hee

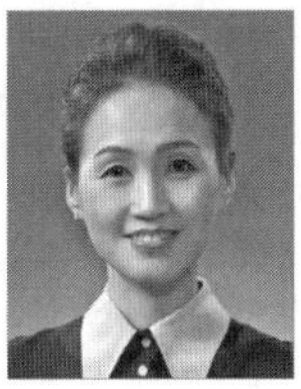

[생]1965 · 3 · 21 [출]서울 [주]서울 서초구 서초중앙로157 서울중앙지방법원(02-530-1114) [학]1984년 여의도고졸 1988년 연세대 법학과졸 1991년 同대학원 법학과졸 [경]1990년 사법시험 합격(32회) 1993년 사법연수원 수료(22기) 1993년 대구지법 판사 1997년 인천지법 부천지원 판사 2000년 서울지법 북부지원 판사 2002년 서울지법 판사 2004년 서울고법 판사 2006년 대법원 재판연구관 2008년 대전지법 부장판사 2009년 의정부지법 부장판사 2012년 서울서부지법 부장판사 2014년 서울중앙지법 부장판사(현)

예창섭

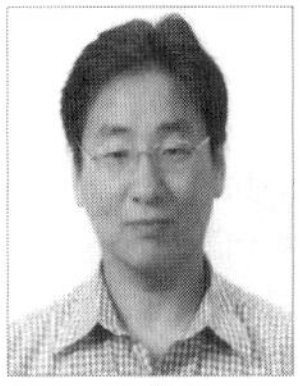

[생]1967 · 10 · 29 [주]세종특별자치시 도움6로11 국토교통부 교통안전복지과(044-201-3862) [학]1990년 서울대 경제학과졸 2007년 KDI 국제정책대학원졸 [경]1999년 공무원 임용 2003년 경기도 예산담당관실 지방행정사무관 2004년 同투자진흥과 지방행정사무관 2007년 KDI 국제정책대학원 교육파견 2007~2010년 경기도 경제정책과 지방행정사무관 2010년 행정안전부 파견(지방서기관) 2010년 경기도 평생교육과장 2012년 同법무담당관 2013년 同문화정책과장 2014년 同기획담당관 2016년 同교육협력국장 2016년 국토교통부 교통안전복지과장(현)

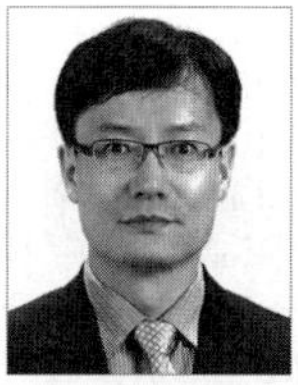

예충열(芮忠烈) YE Choongyeol

[생]1962·12·1 [출]부산 [주]세종특별자치시 시청대로 370 한국교통연구원 감사실(044-211-3028) [학]1981년 부산 대동고졸 1985년 한국항공대 항공경영학과졸 1987년 서울대 대학원 환경계획학과졸 2000년 공학박사(영국 러프버러대) [경]1988년 서울대 환경계획연구소 연구원 1989년 서울시교통관리사업소 전문직 1989년 교통개발연구원 연구원·책임연구원 2003~2005년 대통령자문 동북아경제중심추진위원회 수석전문위원 2003~2005년 대통령자문 국민경제자문회의 수석전문위원 2005년 한국교통연구원 동북아물류경제연구센터 책임연구원·연구위원 2005년 同동북아물류경제연구실장 2006년 同물류연구실장 2008년 同물류·항공교통연구본부장 2008년 同물류기술개발지원센터장 2009년 同기획조정실장 2010년 同기획경영본부장 2010년 세계은행 Senior Transport Specialist 2012년 한국교통연구원 기획경영본부장 2013년 同글로벌협력·북한본부장 2013년 同항공교통본부 선임연구위원(현) 2014년 同특임감사(현) [저]'동북아 경제중심의 비전과 과제'(共) '동북아 허브로 가자'(共) '물류혁명과 글로벌 경제시대' [종]천주교

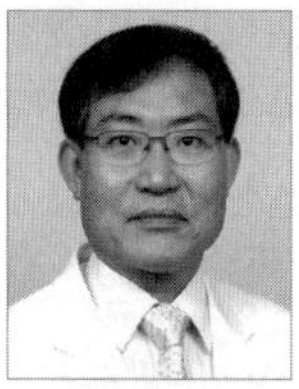

오갑성(吳甲聲) OH Kap Sung

[생]1956·2·28 [본]해주(海州) [출]서울 [주]서울 강남구 일원로81 삼성서울병원 성형외과(02-3410-2235) [학]1974년 경기고졸 1980년 서울대 의과대학 의학과졸 1988년 同대학원 의학과졸 1994년 의학박사(서울대) [경]1983~1988년 서울대병원 인턴·레지던트 1988~1992년 강남병원 성형외과장 1992~1998년 인제대 의대 조교수 1995~1996년 미국 피츠버그의대 성형외과 연구원 1996~2001년 서울백병원 성형외과장 1998~2001년 인제대 의대 성형외과 부교수 2001년 성균관대 의대 성형외과학교실 교수(현), 삼성서울병원 성형외과 전문의(현) 2001~2007년 同성형외과장 2002~2007년 성균관대 의대 성형외과 주임교수 2006년 대한성형외과학회 편집위원회 위원(현) 2007년 대한창상학회 회장 2007~2009년 삼성서울병원 교육수련부장 2009~2015년 同커뮤니케이션실장 2011~2013년 同성형외과장 2013~2014년 대한두개안면성형외과학회 회장

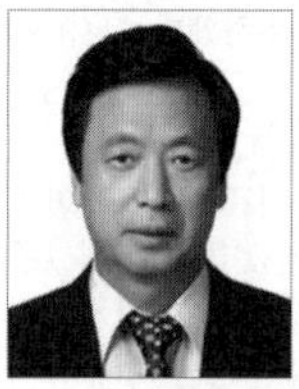

오강현(吳剛鉉) OH Kang Hyun

[생]1949·7·1 [본]해주(海州) [출]강원 양양 [주]서울 서대문구 충정로23 풍산빌딩14층 리인터내셔널법률사무소 고문실(02-2279-3631) [학]1967년 양양고졸 1971년 고려대 법학 학사 1978년 미국 농무성대학원 경제학 수료 1991년 국방대학원졸 2000년 고려대 행정대학원 최고경영자과정 수료 2002년 고려대 행정대학원 경제학석사(국제통상전공) 2009년 명예 경제학박사(한국산업기술대) [경]1970년 행정고시 합격(9회) 1971년 농림수산부 행정사무관 1978~1982년 同농촌경제과장 1982~1985년 상공부 구주통상과장 1985년 駐독일대사관 상무관 1988년 상공부 정보기기과장 1989년 同전자정책과장 1990년 同산업정책과장 1991년 대전EXPO조직위원회 운영본부장 1994년 상공자원부 공보관 1994년 통상산업부 산업정책국장 1996~1997년 대통령비서실 통상산업비서관 1997년 통상산업부 통상무역실장 1998년 산업자원부 무역정책실장 1998년 同차관보(관리관) 1999년 한국SCM(유통총공급망관리)민관합동추진위원회 공동위원장 1999~2000년 특허청장(차관급) 1999년 제34차 세계지적재산권기구(WIPO)총회 정부수석대표 2000~2001년 한국철도차량 대표이사 사장 2000~2009년 고려대·서울산업대·한남대·우송대 겸임교수 2001년 한국철도차량공업협회 회장 2001년 한국철도차량 상임고문 2002년 로템 상임고문 2002년 한국기술거래소 사장 2002~2003년 강원랜드 대표이사 사장 2003~2005년 한국가스공사 사장 2005~2009년 한국산업기술대 초빙교수 2007~2009년 (주)예당에너지 회장 2008~2009년 테라리소스 회장 2009~2011년 대한석유협회 회장 2011년 同고문 2012년 리인터내셔널법률사무소 고문(현) 2012~2014년 한국산업기술시험원 비상임이사 [상]홍조근정훈장(1994), 황조근정훈장(2003) [종]기독교

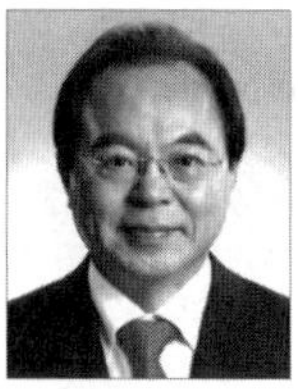

오거돈(吳巨敦) OH Keo Don

[생]1948·10·28 [출]부산 [주]부산 남구 신선로428 동명대학교 총장실(051-629-0130) [학]1967년 경남고졸 1971년 서울대 철학과졸 1973년 同행정대학원 행정학과졸 2003년 행정학박사(동아대) 2006년 부산대 국제전문대학원 국제학과졸 [경]1974년 행정고시 합격(14회) 1974~1979년 부산시 행정사무관 1980~1988년 내무부 근무 1988년 대통령 정책보좌관실 근무 1989~1992년 내무부 국민운동지원과장·지도과장 1992~1996년 부산시 재무국장·구청장·공무원교육원장·교통관광국장·내무국장 1997년 同개발사업추진단장 1998년 同상수도사업본부장 1999년 同기획관리실장 2000년 同정무부시장 2001년 同행정부시장 2003년 한성대 대학원 행정학과 겸임교수 2003년 부산시장 직대 2004년 6·5재보선 부산광역시장선거 출마(열린우리당) 2004년 한국항만운송노동연구원 고문 2004년 부산대 행정대학원 객원교수 2004년 일본 게이오대 방문연구원 2005~2006년 해양수산부 장관 2006년 부산광역시장선거 출마 2006년 중국 북경대외경제무역대 방문연구학자 2008~2012년 한국해양대 총장 2010~2012년 세계해양대학교연합(IAMU) 의장 2012년 (사)대한민국해양연맹 총재 2012~2014년 한국해양대 석좌교수 2014년 부산광역시장선거 출마(무소속) 2014년 부산대 해양연구소 석좌교수 2015년 (사)대한민국해양연맹 총재(현) 2015년 부산시 2030부산엑스포추진위원회 공동위원장(현) 2016년 동명대 총장(현) [상]한국일보 '21세기를 이끌 50인'에 선정(1998), 홍조근정훈장(1999), 청조근정훈장(2006), 부산문화대상 해양부문대상(2011) [저]'나는 희망을 노래한다'(2006, 금샘) [종]기독교

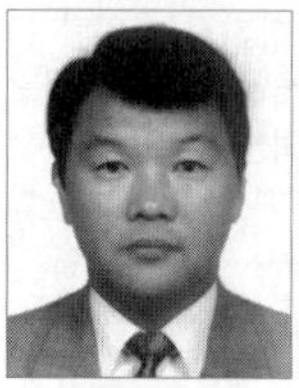

오건수(吳建壽) OH Kun Soo

[생]1953·6·2 [본]해주(海州) [출]서울 [주]인천 연수구 인천타워대로241 (주)포스코건설 에너지사업본부(032-748-2114) [학]1972년 배재고졸, 한양대 기계공학과졸 [경]현대건설(주) 플랜트사업본부 부장, 同기전사업본부 상무보 2006년 同플랜트사업본부 상무 2010년 (주)포스코건설 전무 2015년 同에너지사업본부장(전무)(현) [종]불교

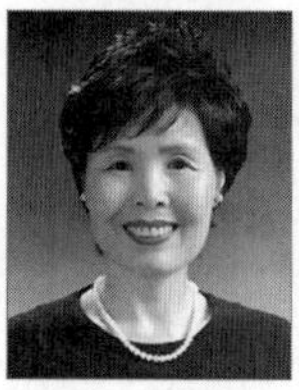

오 경(吳 敬·女) OH Kyung

[생]1949·6·18 [본]보성(寶城) [출]충남 보령 [주]서울 도봉구 삼양로144길33 덕성여자대학교 일어일문학과(02-901-8000) [학]1972년 덕성여대 국어국문학과졸 1974년 이화여대 대학원 국어국문학과졸 1984년 일본 쓰쿠바대 대학원 지역연구과졸 2000년 문학박사(고려대) [경]1972~1986년 덕성여대 국어국문학과 조교 1976~1978년 同교양학부 전임강사 1979~1981년 일본 도쿄대 대학원 비교문학비교문화연구과 연구생 1981~1984년 일본 쓰쿠바대 대학원 지역연구과 연구생 1984~2006년 덕성여대 일어일문학과 전임강사·조교수·부교수 1985~1993년 同일어일문학과장 1987~1989년 同학보사 주간 1994~1995년 일본 쓰쿠바대 객원교수(일한문화교류기금 지원) 1996~1998년 덕성여대 일어일문학과장 1997~1999년 한국일본어문학회 상임이사 1999~2000년 일본 와세다대 방문학자(한국학술진흥재단 해외파견교수) 2001~2002년 한국일어일문학회 이사 2001~2003년 동아시아일본학회 학술지 편집위원 2003~2005년 同편집위원장 2003년 한국일어일문학회 이사 2004년 덕성여대 도서관장 2004년 同인문과학대학 일어일문학전공 주임교수 2005~2006년 同인문과학대학장·인문과학연구소장 2005~2007년 동아시아일본학회 부회장 2006~2014년 덕성여대 인문과학대학 일어일문학과 교수 2007~2009년 동아시아일본학회 회장·학회발전특별위원회 위원장 2009~2014년 同학회발전특별위원회 위원 2009~2011년 덕성여대 대학평의원회 의장 2011~2013년 同일어일문학과장 2014년 同일어일문학과 명예교수(현) 2015년 동아시아일본학회 학회발전위원회 위원장 2016년 同학회발전위원회 위원(현) [상]동아시아일본학회 학술상(2005), 동아시아일본학회 논문상(2010), 옥조근정훈장(2014) [저]'한국인의 언어습관에 따른 일본어회화(共)'(1998, 不二文化社) '315가지 예문으로 배우는 일본어 경어표현(共)'(2002, 제이앤씨) '나쓰메 소세키 작품 「마음」연구(共)'(2003, 제이앤씨) '가족관계로 읽는 소세키(漱石)문학'(2003, 보고사) '게다도 짝이 있다(共)'(2003, 글로세움) '나쓰메 소세키 3부작 연구(共)'(2005, 제이앤씨) '소세키(漱石)문학과 춘원(春園)문학에서의 가족관계'(2014, 제이앤씨) [역]'碧梧桐'(1990, 역사비판발간회) '이불'(1998, 한림대 한림과학원) '전후 일본단편소설선2, 브라질풍의 포루투갈어(共)'(2001, 한림대 한림과학원) [종]기독교

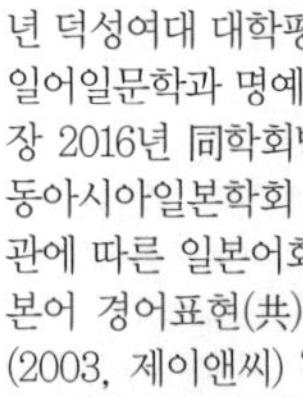

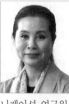

오경나(吳慶那·女) OH, Kyung Na

[생]1951·7·22 [본]보성(寶城) [주]충북 청주시 흥덕구 강내면 월곡길38 충청대학교 총장실(043-230-2114) [학]1970년 경기여고졸 1975년 미국 산호세주립대 실내디자인과졸 1983년 미국 캔자스주립대 대학원 인공지능·데이터베이스과졸(석사) [경]1983~1986년 해군해양센터 연구원 1986~1988년 에어로 스페이스 연구원 1988~1990년 테라데이타 연구원 1990년 컴퓨터 커뮤니케이션 연구원 1995~1996년 트랜스 아메리카 연구원 1996~1998년 충청대 기획실장 1996~1998년 同사무자동화과 부교수 1998~2002년 파라셀 인코어프렐 연구원 1999~2015년 학교법인 충청학원 이사 2015년 충청대 총장(현)

오경묵(吳景默) OH Kyung Mook

(생)1959 · 1 · 11 (본)동복(同福) (출)서울 (주)서울 용산구 청파로47길100 숙명여자대학교 문헌정보학과(02-710-9883) (학)1977년 관악고졸 1986년 연세대 문헌정보학과졸, 영국 버밍험대 아스톤비지니스스쿨 대학도서관경영자과정 수료 1993년 영국 셰필드대 대학원졸 1997년 정보학박사(영국 러프버러대) (경)1986년 연세대 도서관 사서실장 1992년 영국 셰필드대 한국학도서관 책임사서 1997년 학술진흥재단 첨단학술정보센터 팀장 1997년 연세대 문헌정보학과 강사 1997년 한국전산원 교육분야 정보화자문위원회 전문위원 1997년 교육부 대학도서관 전산화위원회 간사 1998~2005년 문화관광부 문화시설평가위원 1998년 숙명여대 문헌정보학과 조교수 · 부교수 · 교수(현) 2000년 한국문헌정보학교수협의회 총무이사 2001년 숙명여대 정보과학부 학부장 겸 전공주임 2001년 정보통신부 국가지식정보자원관리위원회 실무위원 2002~2006년 문화관광부 국가도서관 정책자문위원 2003년 한국정보관리학회 이사 2007년 미국 UCLA 연구교수 2008년 한국도서관정보학회 부회장 2010년 한국정보관리학회 회장 2010년 숙명여대 인문학부장 2012~2016년 同도서관장 (상)한국도서관정보학회 학술상(2006) (역)'Electronic Networks and Information Services'(1997) (저)'정보통신기술의 운영과 소프트시스템방법론'(2014) (종)기독교

오경미(吳經美 · 女) OH Kyung-Mi

(생)1968 · 12 · 16 (출)전북 익산 (주)서울 서초구 서초중앙로157 서울고등법원(02-530-1114) (학)1987년 이리여고졸 1991년 서울대 사법학과졸 (경)1993년 사법시험 합격(35회) 1996년 사법연수원 수료(25기) 1996년 서울지법 판사 1998년 同남부지원 판사 1999년 창원지법 판사 2003년 부산지법 판사 2007년 법원도서관 조사심의관 2009년 사법연수원 교수 2011년 부산지법 부장판사 2012년 서울고법 판사(현)

오경석(吳京錫)

(생)1959 · 9 · 21 (출)경기 의정부 (주)서울 중구 통일로120 NH농협은행 임원실(02-2080-5114) (학)1978년 용산고졸 1987년 성균관대 사회학과졸 2013년 수원대 대학원 경영학과졸(석사) (경)1987년 농협중앙회 입사 · 경기성남모란지점 서기 2004년 同총무부 총무팀장 2008년 同군포용호지점장 2010년 同경기지역본부 경영지원부 부본부장 2012년 농협금융지주 홍보부장 2013년 NH농협은행 서울영업본부장(부행장보) 2015년 농협중앙회 경기지역본부장 2016년 NH농협은행 부행장(현)

오경석(吳京錫) OH Kyung Seok

(생)1960 · 10 · 1 (출)부산 (주)경기 용인시 기흥구 삼성2로95 삼성전자(주) LED사업부(031-8021-3256) (학)1979년 충암고졸 1983년 서울대 물리교육과졸 1985년 同대학원 물리학과졸 (경)2002년 삼성전자(주) 메모리DRAM PA팀 연구위원(상무보) 2004년 同메모리DRAM PA팀장(연구위원 · 상무) 2008~2011년 同디바이스솔루션총괄 메모리사업부 D램PA팀담당 연구위원(전무) 2011년 삼성LED(주) 부사장 2012년 삼성전자(주) LED사업부 부사장 2013년 同LED사업부장(부사장) 2016년 同상근고문(현)

오경수(吳京洙) OH Kyoung Soo

(생)1956 · 8 · 9 (출)제주 (주)서울 송파구 중대로135 IT벤처타워 서관9층(02-2142-0900) (학)1975년 제주제일고졸 1982년 고려대 경영학과졸 2001년 同경영대학 밀레니엄CEO과정 수료 2007년 同대학원 경영학과졸 2010년 서울대 최고경영자과정(AMP) 수료 2011년 한국과학기술원(KAIST) 최고경영자과정(AMP) 수료 (경)1981~1986년 삼성물산(주) 입사 · 경리 · 관리 · 전략기획팀 근무 1986~1993년 삼성그룹 회장 비서실 파견 1994년 삼성물산(주) 정보전략팀장 1995~1998년 삼성그룹 미주본사 정보총괄팀장 1998년 에스원 정보사업총괄팀장 2000~2005년 시큐아이닷컴(주) 설립 · 대표이사 사장 2004년 한국정보보호학회 부회장 2004년 한국정보보호산업협회 명예회장(현) 2005년 롯데정보통신 대표이사 2010~2013년 한국소프트웨어산업협회 회장 2010년 대한민국소프트웨어공모대전 민간위원 2011~2014년 롯데정보통신(주) 대표이사 부사장 2011~2014년 현대정보기술(주) 대표이사 겸임 2011년 한국정보처리학회 수석부회장 2011년 대통령직속 국가정보화전략위원회 위원 2012년 고려대 정보통신대학 자문위원 2012~2013년 한국정보처리학회 회장 2014~2016년 롯데정보통신(주) 고문 (상)소프트웨어의날 대통령표창(2001), 도산벤처상(2004), 동탑산업훈장(2010), 고려대 자랑스러운 MBA교우상(2010) (종)불교

오경식(吳慶植) OH Kyung Sik

(생)1960 · 8 · 1 (본)해주(海州) (출)대구 (주)강원 강릉시 죽헌길7 강릉원주대학교 법학과(033-640-2211) (학)대구능인고졸 1983년 연세대 법학과졸 1985년 同대학원 법학과졸 1992년 법학박사(연세대) (경)1983~1987년 연세대 법학과 조교 1985~1987년 同법률문제연구소 연구원 1987년 서울시립대 · 경기대 법학과 강사 1987~2009년 강릉대 법학과 전임강사 · 조교수 · 부교수 · 교수 1994년 일본 동북대 법학과 객원연구원 1994~2003년 가정법률상담소 강릉지부 부소장 1995~1996년 독일 튀빙겐대 법대 객원교수 1997~1998년 경찰청 치안연구소 전문위원 1997~1999년 강릉대 통일문제연구소장 1997년 민주평통 자문위원 1998~1999년 사이버대학(OCU) 겸임교수 2000년 한국가정법률상담소 강릉지부 소장(현) 2005년 국회 법제사법위원회 자문위원 2005년 사법시험 2차 · 행정고시 2차 출제위원 2006~2008년 강릉대 경영정책대학원장 겸 사회과학대학장 2007~2014년 강릉교도소 교정행정자문위원장 2007년 강원지방노동위원회 심판담당 공익위원(현) 2007~2009년 민주평통 강릉시협의회장 2008~2012년 한국형사법학회 상임이사 2009년 同연구이사 2009년 강릉원주대 법학과 교수(현) 2009년 한국소년정책학회 부회장(현) 2009년 민주평통 자문위원(제8 · 10 · 13~17기)(현) 2009년 법무부 인권강사(현) 2011~2012년 한국비교형사법학회 부회장 2011년 한국피해자학회 부회장 2011~2014년 한국형사소송법학회 상임이사 2011~2013년 강원도 행정심판위원 2011~2014년 춘천지검 강릉지청 검찰시민위원 2011년 법무부 범죄피해자기금심의위원 2012년 한국청년유권자연맹 공동운영위원장(현) 2013년 국회 입법지원위원(현) 2013~2014년 한국비교형사법학회 회장 2013년 강원도 소청심사위원(현) 2013년 민주평통 중앙상임위원(현) 2014년 한국형사소송법학회 부회장(현) 2014년 한국비교형사법학회 고문(현) 2015년 한국피해자학회 회장(현) 2015년 법무부 형사소송법개정특별위원회 위원(현) 2016년 한국안보형사법학회 부회장(현) 2016년 대검찰청 형사정책자문위원회 위원(현) (상)강릉대 우수학술상(1999 · 2003), 인문사회연구회 우수연구과제상(2003), 국민훈장 석류장(2008) (저)'법과 사회생활'(1994, 법경출판사) '형사소송법'(1994, 대명출판사) '신용카드범죄의 실태와 법적 문제점'(1995, 한국형사정책연구원) '미국 형사소송 법개요'(2007, 피데스) '서초동0.917(共)'(2012, 도서출판 책과함께)

오경태(吳京泰) OH Kyung Tae

(생)1959 · 10 · 26 (출)대구 (주)세종특별자치시 다솜2로94 농림축산식품부 차관보실(044-201-1021) (학)1978년 대구 심인고졸 1982년 영남대 행정학과졸 1988년 서울대 행정대학원 수료 1993년 미국 일리노이대 대학원 경제학과졸 (경)1984년 행정고시 합격(27회) 1984년 농산물검사소 경남지소 근무 1998년 경제협력개발기구(OECD) 사무국 근무 2000년 同한국대표부 농무참사관 2003년 농림부 농업협상과장 · 국제협력과장 2005년 同식량정책과장 2008년 농림수산식품부 농촌정책과장(부이사관) 2009년 同농촌정책국장(고위공무원) 2009년 국방대 교육파견 2010년 농림수산식품부 녹색성장정책관 2011년 국립농산물품질관리원장 2011년 농림수산식품부 농업정책국장 2012~2013년 대통령 농수산식품비서관 2013년 농림축산식품부 기획조정실장 2015년 同차관보(현) (상)대통령표창(1994)

오경환(吳慶煥) OH Kyoung Hwan

(생)1966 · 4 · 10 (주)서울 중구 덕수궁길15 서울특별시의회(02-3783-1656) (학)연세대 문과대학 사학과졸, 同행정대학원 사회복지학과졸 (경)연세대총학생회 기획부장, 동남아해운(주) 근무(10년), 민주평통 자문위원, 마포교육복지연구소 소장 2006년 서울시의원선거 출마(열린우리당) 2012년 민주통합당 문재인 대통령후보 시민캠프 동행1팀장 2014년 서울시의회 의원(새정치민주연합 · 더불어민주당)(현) 2014년 同기획경제위원회 위원 2014 · 2016년 同남북교류협력지원특별위원회 위원(현) 2015년 同인권특별위원회 위원 2015년 同조례정비특별위원회 위원 2016년 同서부지역광역철도건설특별위원회 위원(현) 2016년 同교육위원회 위원(현)

오경훈(吳慶勳) OH Kyung Hoon

(생)1964 · 3 · 8 (본)해주(海州) (출)울산 (학)1983년 용문고졸 1989년 서울대 외교학과졸 1991년 조선대 대학원 정치학과졸, 행정학박사(서울시립대) (경)1986년 서울대 총학생회장 1987년 민주화운동청년연합 연구위원 1993년 내일신문 정치부 기자 1995~1997년 최형우 국회의원 보좌관 1997년 이수성 국무총리 보좌역 2000년 한나라당 서울양천乙지구당 위원장 2000년 제16대 국회의원선거 출마(서울 양천乙, 한나라당) 2001년 한나라당 부대변인 2001년 同과학기술정보통신위원회 부위원장 2001년 同지방자치위원회 부위

원장 2003~2004년 제16대 국회의원(서울 양천乙 보궐선거 당선, 한나라당) 2003~2004년 한나라당 원내부총무 2004년 제17대 국회의원선거 출마(서울 양천乙, 한나라당) 2004년 한나라당 제2정책조정위원회 부위원장 2006~2007년 同홍보기획본부 부본부장 2007년 4·25재보선 서울 양천구청장선거 출마(한나라당) 2013~2016년 명지대 국제한국학연구소 연구교수 2013년 포럼 국태민안 공동대표(현) 2014년 서울시 양천구청장선거 출마(새누리당) [종]천주교

오계헌(吳溪憲) OH Kye-Heon

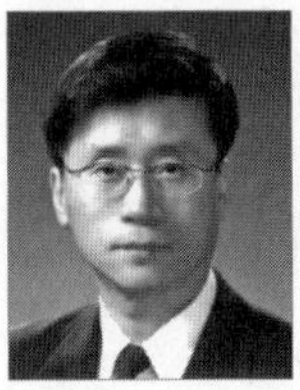

[생]1956·9·4 [본]해주(海州) [출]충남 천안 [주]충남 아산시 신창면 순천향로22 순천향대학교 생명시스템학과(041-530-1353) [학]1980년 고려대 생물학과졸 1986년 同대학원졸 1991년 미생물학박사(미국 오하이오주립대) [경]1984~1986년 제일제당 종합연구소 연구원 1986~1991년 미국 오하이오주립대 조교 1991년 미국 퍼듀대 Post-Doc. 1991년 순천향대 자연과학대학 유전공학과 교수, 同생명공학과 교수 1992년 한국미생물학회 편집·학술·기획위원장 1996~1997년 영국 웨일즈대 방문교수 2000~2003년 순천향대 유전공학과 주임교수 2006~2007년 미국 캘리포니아대 리버사이드교 방문연구교수 2010~2013년 순천향대 생명과학부장 2010~2011년 同생명공학과장 2012년 同생명시스템학과 교수(현) 2012년 한국미생물학회 부회장 2013년 同이사 2016년 순천향대 자연과학대학장 겸 기초과학연구소장(현) [상]순천향대 우수논문상 (2000·2003), 한국과학기술단체총연합회 우수논문상(2003) [저]'환경생태학' '최신환경미생물학' '미생물학실험' [역]'폐수미생물'(1998) '환경미생물실험매뉴얼'(2003) '환경미생물학'(2004) '토양미생물학'(2005) '생명과학개론'(2005) 'BROCK 미생물학(11판)(共)'(2006) '생명공학의 이해(共)'(2007) '환경미생물학의 이해(共)'(2007) '생명과학개론 13판(共)'(2009) 'Brock의 미생물학(共)'(2009) 'Smith 생명공학'(2010) '환경미생물학 2판(共)'(2010) '사진으로 이해하는 병원미생물학'(2010) '미생물실험서(共)'(2010) '최신 환경미생물학(共)'(2010) 'Brock의 미생물학-축약본'(2011) '범죄수사를 위한 필수법생물학'(2011) 'Brock의 핵심미생물학'(2013) '생물테러방어'(2014) '환경미생물학'(2015) 'Bauman의 병원미생물학'(2015) [종]기독교

오관석(吳官錫) OH Kwanseok

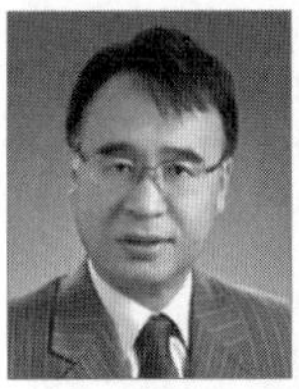

[생]1962·8·19 [본]군위(軍威) [출]부산 [주]서울 강남구 테헤란로522, 5층 법률사무소 엘프스(02-3453-1033) [학]1981년 부산진고졸 1985년 서울대 법학과졸 1996년 미국 컬럼비아대 Law School졸(LL.M.) [경]1983년 사법시험 합격(25회) 1987년 사법연수원 수료(16기) 1987년 육군 법무관 1990년 서울지법 서부지원 판사 1991년 서울형사지법 판사 1994년 대전지법 판사 1997년 수원지법 판사 1998~1999년 서울고법 판사·법원도서관 조사심의관·법원행정처 사법정책연구심의관 1999~2015년 김앤장법률사무소 변호사 2005년 법무부 사법시험위원 2007~2009년 사법연수원 외래교수 2015년 법률사무소 이제(利諸) 변호사 2016년 법률사무소 엘프스 변호사(현) [상]서울대총장표창(1981·1985) [저]'문제식 민법'(共) '문제식 형사소송법' '주석 물권법(下)'(共)

오광석(吳光錫) Kwang Suk OH

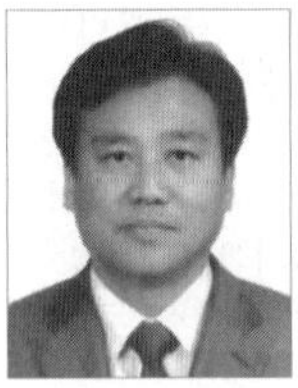

[생]1965·9·14 [본]해주(海州) [출]충북 증평 [주]세종특별자치시 다솜2로94 해양수산부 수산정책실 양식산업과(044-200-5630) [학]1984년 청주 신흥고졸 1991년 충북대 행정학과졸 1994년 서울대 행정대학원 행정학과 수료 2000년 미국 델라웨어대 대학원 해양정책학과졸 2003년 환경정책학박사(미국 델라웨어대) [경]2006년 해양수산부 한미FTA협상팀장 2007년 同교육지원팀장 2008년 농림수산식품부 태안유류오염보상지원팀장 2009년 同유어내수면과장 2009~2010년 同규제개혁법무담당관 2010~2013년 유엔식량농업기구 수산정책기획관 2013년 해양수산부 수산자원정책과장 2014년 同해양정책실 국제협력총괄과장 2016년 同수산정책실 양식산업과장(현) [종]기독교

오광성(吳光聖) OH Kwang Seong

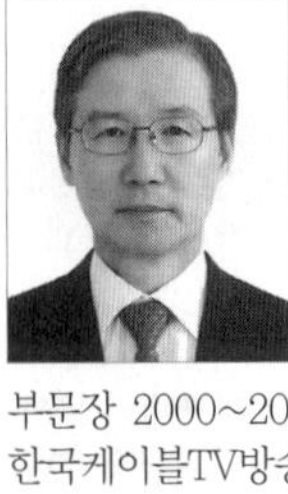

[생]1949·8·28 [출]경북 [주]경기 성남시 수정구 수정로157 한화생명빌딩7층 한국사회적기업진흥원 원장실(031-697-7700) [학]1968년 서울 동성고졸 1978년 연세대 경영학과졸 [경]1980~1984년 (주)대우 라고스지사 근무 1984~1989년 同시애틀지사 근무 1991년 同부장 1994년 同이사부장 1996~1998년 同무역부문 물자자원사업본부장(이사·상무) 1999년 同무역부문 영업3부문장 2000~2005년 씨앤앰커뮤니케이션 대표이사 사장 2003~2004년 한국케이블TV방송국협의회 회장 2005년 (주)씨앤앰커뮤니케이션 대표이사 부회장·고문 2008년 한국방송영상산업진흥원 비상임이사, 한국케이블TV방송SO협의회 회장, 국방홍보원 경영자문위원, 한국디지털케이블연구원 이사장, 뉴라이트전국연합 회원 2008~2015년 민생경제정책연구소 소장 2009~2016년 한국대학검도연맹 회장 2010년 국무총리소속 사행산업통합감독위원회 위원(현) 2015년 한국사회적기업진흥원 원장(현) [상]산업포장(2004) [저]'대우는 왜?-미얀마' [종]천주교

오광수(吳光洙) OH Kwang Su

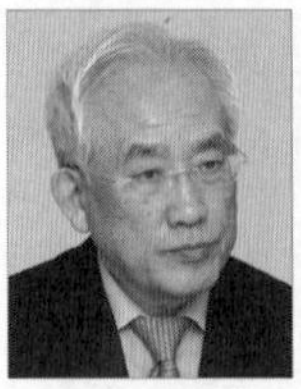

[생]1938·11·20 [본]해주(海州) [출]부산 [주]강원 원주시 지정면 오크밸리2길260 Museum SAN(033-730-9000) [학]1962년 홍익대 미술학과졸 [경]1963년 동아일보 신춘문예 당선 데뷔 1967년 「공간」 편집장 1976년 한국미술대상전 운영위원 1977년 국전·동아미술제·중앙미술대전 심사위원 1978년 동아미술제 운영위원 1979년 국립현대미술관 전문위원 1979년 상파울루비엔날레 커미셔너 1991년 한국미술협회 이사, 한국미술평론가협회 회장 1991~1999년 환기미술관 관장 1993년 문화재 전문위원·광주비엔날레 집행위원 1996년 한국미술평론가협회 상임고문(현) 1997년 베니스비엔날레 커미셔너 1999~2003년 국립현대미술관장 2000년 광주비엔날레 총감독 2004~2006년 중앙대 예술대학원 초빙교수 2008년 한국문화예술위원회 위원 2008년 同위원장 직대 2009~2012년 同위원장, 이중섭미술관 명예관장(현) 2013년 Museum SAN 관장(현) 2013~2014년 부산비엔날레조직위원회 운영위원장 2016년 '한국 근현대사 예술사 구술채록사업' 원로예술인 생애사 구술자 선정 [상]보관문화훈장 [저]'전환기의 미술' '서양근대 회화사' '한국현대미술의 단층' '한국현대화가 10인' '소정변관식' '한국현대미술사' '피카소' '서양화 감상법' '추상미술의 이해' '한국근대미술 사상노트' '한국미술의 현장' '한국의 현대미술' '이중섭' '박수근' '우리미술 100년' 등 [종]기독교

오광수(吳桄洙) OH Kwang Soo

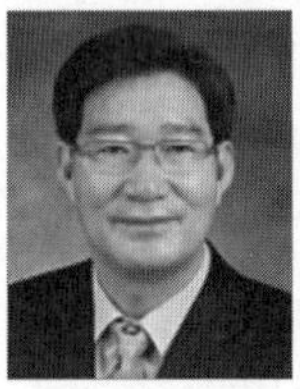

[생]1960·11·1 [출]전북 남원 [주]서울 서초구 서초대로41길19 에이스빌딩205호 오광수법률사무소(02-537-2003) [학]1979년 전주고졸 1987년 성균관대 법학과졸 [경]1986년 사법시험 합격(28회) 1989년 사법연수원 수료(18기) 1989년 부산지검 검사 1991년 대전지검 강경지청 검사 1993년 서울지검 검사 1995년 수원지검 검사 1997년 대전지검 검사 1999년 대검찰청 검찰연구관 2001년 수원지검 성남지청 부부장검사 2001년 광주지검 해남지청장 2002년 서울지검 부부장검사 2003~2004년 미국 뉴욕시 브룩클린검찰청 연수 2004년 인천지검 특수부장 2005년 대검찰청 중수2과장 2005년 同수사2과장 2007년 서울중앙지검 특수2부장 2008년 대전지검 서산지청장 2009년 부산지검 2차장검사 2009년 서울서부지검 차장검사 2010년 수원지검 안산지청장 2011년 법무연수원 연구위원 2012년 대구지검 제1차장검사 2013년 청주지검장 2013년 대구지검장 2015년 법무부 범죄예방정책국장(검사장급) 2016년 변호사 개업(현) [종]불교

오광해(吳廣海) OH, Kwang Hae

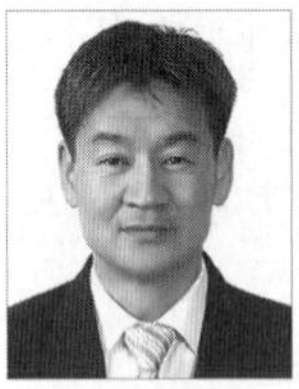

[생]1968·4·10 [본]흥양(興陽) [출]충북 [주]충북 음성군 맹동면 이수로93 국가기술표준원 기술규제조정과(043-870-5550) [학]1985년 수도전기공고졸 1990년 고려대 전기공학과졸 1992년 同대학원 전기공학과졸 1996년 전기공학박사(고려대) [경]1997~2003년 한국철도기술연구원 전기연구본부 선임연구원 2003년 산업자원부 기술표준원 근무 2008년 지식경제부 기술표준원 근무 2012~2013년 同기술표준원 국제표준협력과장 2013~2014년 국제전기기술위원회(IEC) 파견 2015년 산업통상자원부 국가기술표준원 기술규제조정과장(현)

오광혁(吳光赫)

[생]1965·2·9 [본]해주(海州) [출]대전 [주]경기 이천시 설성면 신암로100 중앙전파관리소 위성전파감시센터(031-644-5800) [학]1989년 고려대 국어국문학과졸 1995년 중앙대 대학원 신문방송학과졸 [경]1992년 종합유선방송위원회 근무 2003년 방송위원회 방송정책실 정책3팀장 2004년 同매체정책국 위성방송부장 2005년 同법제부장 2006년 국무조정실 파견 2009년 방송통신위원회 방송통신융합정책실 방송통신진흥정책과 통신융합콘텐츠팀장 2010년 同기획조정실 규제개혁법무담당관 2011년 同방송채널정책과장 2012년 同뉴미디어정책과장 2013년 대통령 미래전략수석비서관실 정보방송통신비서관실 행정관 2013년 미래창조과학부 전파정책기획과장 2016년 同전파정책기획과장(부이사관) 2016년 同중앙전파관리소 위성전파감시센터장(현)

오광현(吳光賢) OH Kwang Hyun

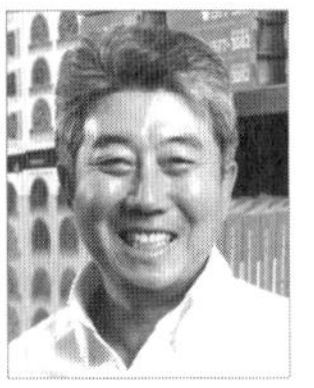

[생]1959·4·1 [출]서울 [주]서울 강남구 언주로315 한국도미노피자(주) 회장실(02-6954-3001) [학]1972년 숭문고졸 1982년 성균관대 사회학과졸 1998년 고려대 경영대학원 최고경영자과정 수료 2009년 성균관대 경영대학원 최고경영자과정(W-AMP) 수료 [경]1984년 한국주택은행 근무 1989년 MEGATRON KOREA(주) 부사장 1993년 도미노피자(주) 대표이사, 한국도미노피자(주) 부회장 2007년 同회장(현) [상]2013 자랑스러운 성균인상(2014)

오광호(吳光浩) OH Kwang Ho

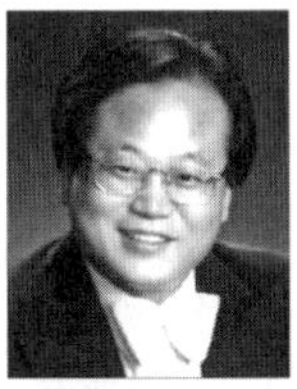

[생]1947·6·29 [출]서울 [주]서울 서초구 남부순환로 2374 한국예술종합학교 음악원 기악과(02-520-8114) [학]1974년 서울대 기악과졸 1977년 독일 국립하노버음대 Solisten Klasse졸 [경]서울윈드앙상블 악장, 국립교향악단 클라리넷 수석, 독일 시립브라운슈바이크음악원 전임교수, 독일 로제티 목관 5중주단 단원, 독일 국립브라운슈바이크교향악단 클라리넷 수석, 한국음악협회 부이사장, 한국클라리넷협회 명예회장 1996~2012년 한국예술종합학교 음악원 기악과 교수 2009~2011년 同음악원장 2012년 同명예교수(현) [상]신인예술상(관악부), 국무총리표창, 대한민국 음악상 본상, 동아일보선정 '프로들이 뽑은 대한민국 최고의 관악연주자', 문화체육관광부장관표창(2012)

오구환(吳龜煥) OH Goo Hwan

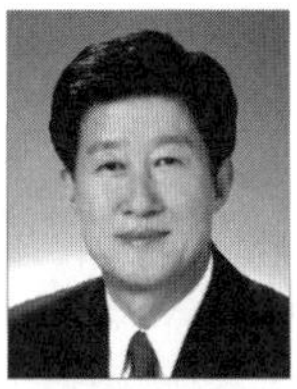

[생]1958·3·13 [주]경기 수원시 팔달구 효원로1 경기도의회(031-8008-7000) [학]한국방송통신대 경영학과졸, 강원대 정보과학·행정대학원 행정학과졸 [경]가평군농협 조합장 2013년 경기도의회 의원(보궐선거 당선, 무소속·새누리당) 2013년 同농림수산위원회 위원 2014년 경기도의회 의원(새누리당)(현) 2014년 同문화체육관광위원회 간사 2015년 同수도권상생협력특별위원회 간사(현) 2016년 同안전행정위원장(현)

오구환(吳球煥) OH Goo Hwan

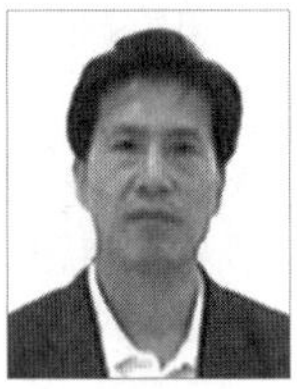

[생]1958·8·25 [출]경남 [주]부산 사하구 낙동대로550번길37 동아대학교 예술체육대학 미술학과(051-200-1790) [학]1979년 동아대졸 1984년 同교육대학원졸 [경]세계칠예초대전(대만), 한국현대공예전(핀란드), 중·한 칠예북경교류전(북경) 1986년 일본 가나자와 국립미술공예대학 연구교수 1986년 동아대 예술대학 공예학과 교수, 예술의전당개관기념 초대전 1996~2008년 중국 청화대 미술학원 연구교수·교환교수·객원교수 2004년 중국 하얼빈사범대 예술학원 초빙교수 2013년 동아대 예술체육대학 미술학과 교수(현) 2013년 同문화예술대학원장 겸 예술대학장 2014년 同예술대학장 2016년 同문화예술대학원장(현) [상]대한민국공예대전 우수상, 부산미술대전 우수상

오권철(吳權哲)

[생]1973·1·14 [주]서울 서초구 서초대로219 대법원(02-3480-1100) [학]1991년 제주대사대부고졸 1996년 서울대 법학과졸 [경]1996년 사법시험 합격(38회) 1999년 사법연수원 수료(28기) 1999년 육군 법무관 2002년 서울지법 판사 2004년 서울남부지법 판사 2006년 제주지법 판사 2010년 수원지법 평택지원 판사 2011년 서울고법 판사 2011~2012년 법원행정처 기획조정심의관 겸임 2014년 창원지법 진주지원 부장판사 2016년 대법원 재판연구관(현)

오규봉(吳圭峯) OH Gyu Bong

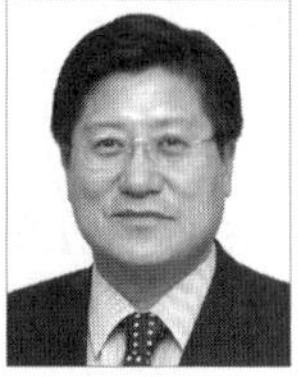

[생]1957·9·23 [본]해주(海州) [출]대구 [주]서울 송파구 올림픽로35길123 미라콤아이앤씨(02-3011-2345) [학]1976년 경북고졸 1980년 경북대 전자공학과졸, 연세대 대학원 CEO IT과정 수료 [경]1982~1992년 삼성전자(주) 정보시스템실 근무 1992~1994년 삼성SDS(주) 전자IS기획팀 근무 1995년 同유럽IT센터장(영국 소재) 2000년 同유럽법인장(영국 소재) 2004년 同솔루션사업부장(상무보) 2007년 同하이테크IS사업부장(상무) 2009년 同하이테크본부 글로벌ERP팀장(상무) 2011년 同하이테크본부장(전무) 2013년 同딜리버리센터장(전무) 2014년 同ST사업부장(부사장) 2015년 오픈타이드코리아 대표이사 2015년 미라콤아이앤씨 대표이사(현) [종]천주교

오규석(吳奎錫) OH Kyu Suk

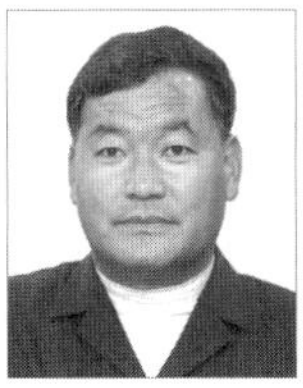

[생]1958·9·23 [출]부산 [주]부산 기장군 기장읍 기장대로560 기장군청 군수실(051-709-4002) [학]1977년 기장종합고졸 1980년 진주교대졸 1983년 대구대 법정대학 행정학과졸, 同대학원 행정학과졸 1994년 동국대 한의과대학 한의학과졸 1996년 同대학원 한의학과졸 1999년 한의학박사(동국대), 경성대 대학원 행정학 박사과정 수료 [경]동국대총학생회 회장, 전국한의예과학생협의회 초대 의장, 경남·울산지역 교사(9년), 동국대총동창회 회장, 기장고총동창회 회장, 기장고축구부후원회 회장 1992년 울산매일신문 편집위원, 기장한의원 원장 1995년 부산 기장군수(신한국당·한나라당·국민신당) 2002년 한나라당 대통령선거 부산시지부 유세단장 2002년 同정책위원회 행정자치위원회 정책자문위원 2010년 부산시 기장군수(무소속) 2014년 부산시 기장군수(무소속)(현) [상]매니페스토 약속대상 선거공보분야 우수상(2014), 제10회 장보고대상 국무총리표창(2016) [종]불교

오규석(吳圭錫) OH Gyu Seok

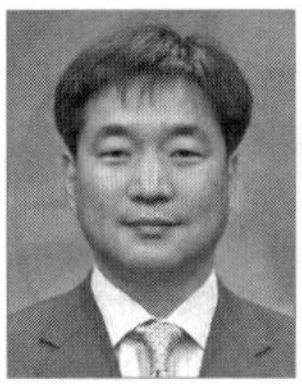

[생]1963·3·15 [출]서울 [주]서울 종로구 종로1길36 대림산업(주) 경영지원본부(02-2011-7114) [학]1982년 경기고졸 1986년 서울대 경제학과졸 1988년 同대학원 경영학과졸 [경]1989~1999년 Monitor Company 한국지사 근무·이사 1999년 LG텔레콤(주) 마케팅전략기획담당 상무 2001년 同마케팅실장 2001년 同전략개발실장 2004년 하나로텔레콤(주) 전략부문장(전무) 2005년 同마케팅부문장(CMO·전무) 2005년 同마케팅본부장(전무) 2006~2011년 (주)씨앤앰커뮤니케이션 대표이사 사장 2012년 대림산업(주) 경영지원본부장(사장)(현) [종]천주교

오규식(吳圭植) OH Kyu Sik

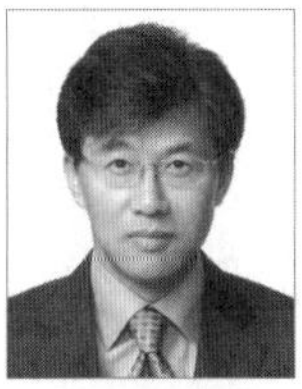

[생]1958·6·23 [출]경북 안동 [주]서울 강남구 언주로870 (주)LF 임원실(02-3441-8071) [학]1976년 안동고졸 1982년 서강대 무역학과졸 2006년 서울대 최고경영자과정 수료 [경]1982년 (주)LG상사 입사 1990년 同뉴욕지사 근무 2001년 同경영기획팀장(상무)·同IT-Ⅱ사업부장(상무) 2005년 (주)LG패션 경영지원실장(상무) 2006년 同최고재무책임자(CFO·부사장) 2012~2014년 同대표이사 사장 2014년 (주)LF 대표이사 사장(현) [상]자랑스러운 서강경영인상(2016)

오규진(吳圭鎭) OH Kyu Jin (圓孟)

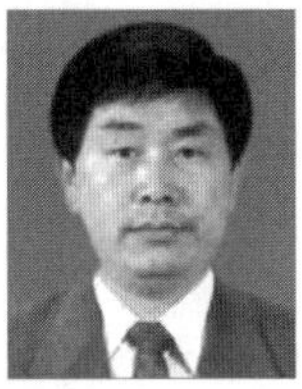

[생]1957·5·24 [본]함양(咸陽) [출]전북 전주 [주]서울 종로구 세종대로178 원자력안전위원회 운영지원과(02-397-7232) [학]전라고졸 1984년 서울산업대 전기공학과졸 1986년 한양대 대학원 전기공학과졸 2004년 영국 맨체스터대 과학기술정책연구과정 수료 [경]1986년 7급 공채 1989년 5급 특채 1989~2002년 과학기술부 국립과학관 전시과·운영과·조성과·원자력협력과·공보관실·기계전자기술과 전자사무관 2002년 同원자력안전과 기술서기관 2002~2004년 영국 맨체스터대 과학기술정책학과 교육연수 2004~2006년 과학기술부 구주기술협력과·정보전자심의관실 기술서기관 2006년 同국립과학관추진기획단 건설과장 2007년 국립중앙과학관 과학교육팀장 2008년 同과학전시경영과장 2009년 同첨단과학연구실장 2010년 국제핵융합실험로(ITER) 한국사업단 전문위원 2011년 교육과학기술부 원자력안전국 원자력통제과장 2012년 대통령직속 원자력안전위원회 방사선방재국 원자력통제과장 2013년 국무총리직속 원자력안전위원회 방사선방재국 원자력통제과장 2013년 同월성원전안전및핵비확산사무소장 겸임 2014년 同월성원전지역사무소장(서기관) 2014년 국제원자력기구(IAEA) 파견(서기관)(현) [상]과학기술부장관표창(1984·1989)

오규진(吳圭珍) OH KYU JIN

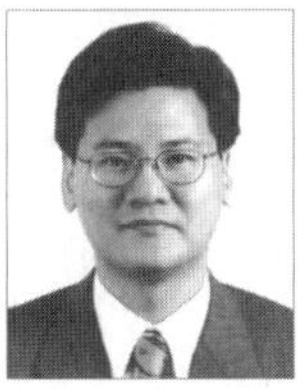

[생]1963·1·28 [본]해주(海州) [출]대구 [주]서울 서초구 반포대로158 서울고등검찰청(02-530-3114) [학]1981년 대일고졸 1985년 서울대 법학대학 사법학과졸 2012년 연세대 대학원졸 [경]1984년 사법시험 합격(26회) 1987년 사법연수원 수료(16기) 1987년 육군 법무관 1990년 인천지검 검사 1992년 청주지검 충주지청 검사 1994년 법무부 법무심의관실 검사 1996년 서울지검 검사 1999년 부산지검 동부지청 부부장검사 2000년 광주지검 목포지청 부장검사 2001년 서울고검 검사 2002년 인천지검 공판송무부장 2003년 同형사4부장 2003년 법무부 법조인력정책과장 2005년 서울중앙지검 형사5부장 2006년 서울고검 검사 2008~2012년 대구고검 검사 2009~2011년 국민권익위원회 파견 2012년 서울고검 검사 2014년 대전고검 검사 2016년 서울고검 검사(현) [상]검찰총장표창(1991), 국민포장(2012) [종]기독교

오규환(吳圭煥) Kyuwhan Oh

⊛1960·1·25 ⊛해주(海州) ⊛전북 익산 ㈜서울 서초구 남부순환로2423 한원빌딩7층 특허법인 가산 (02-501-6771) ⊛1979년 전주고졸 1988년 서울대 공업화학과졸 1990년 同대학원 공업화학과졸 2002년 일본 도쿄대 대학원 법학과졸 2005년 미국 코넬대 법학전문대학원 법학과졸 ⊗변리사시험 합격(30회) 1989~1991년 한화그룹종합연구소 연구원 1993~1995년 문화합동특허법률사무소 변리사 1995~2006년 제일광장특허법률사무소 변리사 2006~2015년 중앙국제법률특허사무소 부소장(변리사·미국변호사) 2007~2008년 한국보건산업진흥원 자문위원 2011년 한국국제지적재산보호협회 부회장(현) 2012년 대한변리사회 상임이사 2014~2016년 同부회장 겸 대변인 2015년 특허법인 가산 대표변리사(현) 2016년 대한변리사회 회장(현)

오 균(吳 均) OH Kyun

⊛1962·2·4 ⊛해주(海州) ⊛서울 ㈜세종특별자치시 다솜로261 국무조정실 국무1차장실(044-200-2040) ⊛1980년 동국대사대부고졸 1985년 한국외국어대 법학과졸 1992년 서울대 행정대학원 행정학과졸 1998년 미국 펜실베이니아대 법과대학원 법학석사 ⊗1985년 행정고시 합격(29회) 1999년 국무조정실 총괄심의관실 과장 2003년 同규제개혁조정관실 과장 2006년 同한일수교회담문서공개등대책기획단 부단장(국장급) 2006년 同외교안보심의관 2007년 캐나다 브리티시컬럼비아대 파견 2008년 국무조정실 심사평가조정관실 자체평가심의관 2008년 국무총리실 정책분석평가실 평가관리관 2009년 국무총리 의전관 2009년 국무총리실 사회통합정책실 사회문화정책관 2010년 同사회통합정책실 사회총괄정책관 2010년 同국정운영1실 기획총괄정책관 2013년 제18대 대통령직인수위원회 국정기획조정분과 전문위원 2013년 대통령 국정기획수석비서관실 국정과제비서관 2015년 대통령 정책조정수석비서관실 국정과제비서관 2015년 국무조정실 국무1차장(차관급)(현) ⊛자랑스러운 외대인상(2016)

오근영(吳根泳) OH Kun Young

⊛1939·7·22 ⊛보성(寶城) ⊛경기 의왕 ⊛1958년 춘천고졸 1965년 서울대 문리대 심리학과졸 1966년 同신문연구소 수료 ⊗1966년 동양통신 입사 1977년 同사회부 차장 1979년 同사회부장 1981년 연합통신 생활과학부장·사회부장 1985년 同지방국 부국장 1986년 同출판국장 직대 1988년 同출판국장 1989년 同편집국장 1991년 同기획실장 1994~1996년 同전무·출판담당 상무이사 1996년 YTN(연합텔레비전뉴스) 전무이사 1997~1998년 한국방송개발원 상임이사 2002년 대한언론인회 편집위원장 2004년 同이사 ⊛'아! 선생님이…'(2011, 제이앤씨커뮤니티)

오금희(吳錦熙·女) OH Keum Hee

⊛1943·6·27 ⊛경북 안동 ㈜경기 안양시 만안구 양화로37번길34 연성대학교 총장실(031-441-1018) ⊛1965년 이화여대 교육학과졸 1986년 중앙대 대학원 유아교육학과졸 1993년 교육학박사(건국대) ⊗1986년 안양공업전문대학 전임강사 1989년 안양전문대학 유아교육과 조교수·부교수·교수 1996~2008년 안양과학대학 유아교육과 교수 2009~2012년 同총장 2012년 연성대 총장(현) ⊛'몬테소리의 유아교육'(1994)

오기두(吳奇斗) OH Gi Du

⊛1962·8·17 ⊛해주(海州) ⊛전북 남원 ㈜서울 광진구 아차산로404 서울동부지방법원(02-2204-2114) ⊛1982년 군산제일고졸 1986년 서울대 정치학과졸 1989년 同법학대학원졸 1997년 법학박사(서울대) ⊗1988년 사법시험 합격(20회) 1991년 사법연수원 수료(10기) 1994년 전주지법 판사 1997년 同정읍지원 판사 1998년 수원지법 판사·안산지원 판사 2002년 미국 예일대 Law School Visiting Scholar 2003년 서울고법 판사 2003년 헌법재판소 파견 2005년 서울고법 형사1부 판사 2006년 전주지법 군산지원 부장판사 2008년 수원지법 부장판사 2010년 서울중앙지법 부장판사 2013년 서울남부지법 부장판사 2015년 서울동부지법 부장판사(현)

오기완(吳基完) OH Ki Wan

⊛1953·5·27 ⊛충남 연기 ㈜충북 청주시 서원구 충대로1 충북대학교 약학과(043-261-2827) ⊛1975년 충북대 약학과졸 1980년 서울대 대학원 보건학과졸 1989년 약학박사(충북대) ⊗1990년 미국 미시시피대 약리학과 연구원 1991~2001년 충북대 약학과 조교수·부교수 1998~2000년 미국 노스캐롤라이나대 의대 교환교수 2000년 충북대 약학과장 2001년 同약품자원개발연구소장 2001년 同약학대학 약학과 교수(현) 2005년 한국응용약물학회 부회장 2008년 同편집위원장 2007~2008년 대한약학회 부회장 2008년 고려인삼학회 부회장 2011~2013년 충북대 약학대학장 2016년 同대외협력연구부총장 겸 대학원장(현) ⊛과학기술우수논문상(1998), 의용약물학회 학술상(2005), 고려인삼학회 학술상(2006), 한국응용약물학회 환당학술상(2015) ⊛'독물학'(1993) '독성학'(2001) '약물학'(2002) '고려인삼의 이해'(2007) ⊛기독교

오기웅(吳起雄)

㈜대전 서구 청사로189 중소기업청 운영지원과(042-481-4350) ⊛1991년 서울 삼성고졸 1996년 연세대 경제학과졸 2011년 미국 콜로라도대 덴버교 대학원 행정학과졸 ⊗1996년 행정고시 합격(39회) 1997년 중소기업청 기획관리실 사무관 2002년 同벤처진흥과 사무관 2005년 同정책총괄과 서기관 2006년 同벤처진흥과장 2007년 同기술경영혁신본부 기술개발팀장 2008년 同기술개발과장(서기관) 2009년 해외 파견 2011년 중소기업청 창업벤처국 지식서비스창업과장 2012년 同창업벤처국 창업진흥과장 2013년 대통령 경제수석비서관실 중소기업비서관실 행정관 2014년 중소기업청 기획조정관실 기획재정담당관 2016년 同운영지원과장(부이사관)(현) ⊛대통령표창(2013)

오기형(吳奇炯) Gi Hyoung OH

⊛1966·11·25 ⊛전남 화순 ㈜서울 영등포구 국회대로68길14 신동해빌딩11층 더불어민주당(1577-7667) ⊛1985년 조선대부고졸 1991년 서울대 공법학과졸 2005년 미국 캘리포니아대 버클리교 Boalt Hall School of Law졸 2006년 중국 북경어언대 연수 ⊗1997년 사법시험 합격(39회) 2000년 사법연수원 수료(29기) 2000~2016년 법무법인(유) 태평양 파트너변호사 2005년 미국 New York주 변호사시험 합격 2008~2016년 법무법인(유) 태평양 상해사무소 수석대표 2010년 KOTRA China Desk 자문위원 2016년 더불어민주당 한반도경제통일특별위원회 위원 2016년 제20대 국회의원선거 출마(서울 도봉구乙, 더불어민주당) 2016년 더불어민주당 서울도봉구乙지역위원회 위원장(현) 2016년 법무법인 공존 구성원변호사(현)

오길봉(吳吉峯) OH Kil Bong

⊛1962·9·26 ⊛경북 상주 ㈜경북 영천시 금호읍 금호로6 동일금속(주) 임원실(054-333-5501) ⊛1981년 대건고졸, 연세대 정치외교학과졸 1989년 미국 오클라호마대 경영대학원 경영학과졸 ⊗동일산업(주) 관리담당 전무이사 2007년 동일금속(주) 대표이사 사장(현) ⊛산업포장(2015)

오낙영(吳絡榮) Oh Nak-young

⊛1960·8·13 ㈜서울 종로구 사직로8길60 외교부 인사운영팀(02-2100-7146) ⊛1987년 한국외국어대 아랍어과졸 1992년 영국 런던대 정치경제대학원졸 ⊗1987년 외무고시 합격(21회) 1987년 외무부 입부 1994년 駐애틀랜타 영사 1997년 駐필리핀 1등서기관 2002년 외교통상부 남동아프리카과장 2003년 駐캄보디아 참사관 2008년 대통령 의전비서관실 파견 2009년 외교통상부 의전심의관 2010년 駐베트남 공사 2014년 駐제다 총영사(현)

오낭자(吳浪子·女) OH Nang Ja (雨蕉)

⊛1943·6·29 ⊛인천 ㈜부산 서구 대신공원로32 동아대학교 예술대학 회화과(051-200-6102) ⊛1961년 인천여고졸 1965년 홍익대 미대 동양화과졸 2006년 同교육대학원졸 ⊗1973~2008년 개인전 18회 1982년 국전 추천작가 1983~1991년 국립현대미술관 초대작가 1988~2008년 동아대 예술대학 회화과 교수 1994~1998년 홍익대 미대 강사 1997년 국제기독교언어문화연구원 대표연구위원 2008년 동아대 예술대학 회화과 명예교수(현) 2013년 한국미술협회 고문(현) ⊛국전 특선(4회), 대통령표창(2008) ⊛'오낭자 화집'(1994) ⊛국가표준영정제작 '김육' '김수로왕' '허왕후' ⊛기독교

오노균(吳盧均) Oh Roh Kyun (석강)

⊛1956 · 10 · 13 ⊜보성(寶城) ⊜충북 청원 ㈜충북 청주시 서원구 충대로1 충북대학교 농업생명환경대학 부설 농촌활성화지원센터(043-249-1868) ⊗1991년 교육학박사(사우스웨스턴대) 1997년 고려대 교육대학원 수료 2001년 同행정대학원 CEO과정 수료 2005년 체육학박사(고려대) ⊕1993~1995년 필리핀 사우스웨스턴대 초빙교수 1998년 충청대 교수(법인처장) 2005년 오박사마을 촌장(현) 2010년 대전시 대덕구청장 후보(국민중심연합), 민주평통 상임위원, 대전시새마을회 회장 2010년 대전스페셜올림픽코리아 회장(현) 2011년 한민대 새마을부총장 2011년 농림수산식품부 자문위원 2012년 자연보호중앙연맹 부총재(현) 2012년 세종시 자연보호협의회장 및 걷기연합회장(현) 2013년 충북대 농업생명환경대학 부설 농촌활성화지원센터 부센터장 겸 지역건설학과 트랙 농촌관광개발전공 협력교수(현) 2013년 동아시아태권도연맹 이사장(현) 2014년 세종YMCA 협력이사 2014년 청주시 농촌관광육성위원회 위원장(현) 2014년 시민인권센터 소장 겸 시민인권재단 이사장(현) 2015년 (사)충북도농촌체험휴양마을협의회 회장(현) 2016년 코리아플러스신문 회장(현), 그린투어리즘코리아 회장(현), 세계태권도연맹 국제심판 2016년 (주)MBG 자문교수(현) 2016년 同KEVA DRONE 대표이사(현) 2016년 오박사농촌인성학교 교장(현) ⊛고려대 총장표창, 고려대 자랑스런 교우상, 대만 국제학술대회 우수상, 충북도지사표창, 행정안전부장관표창, 대통령표창(2011) 등 ㉝'스포츠외교론'(1998) '오노균의 행복만들기'(2011) '오노균의 행복 에너지'(2012) ㉴'서각작품전'(충청서예대전 입선)

오대규(吳大奎) OH Dae Kyu

⊛1952 · 8 · 2 ⊜해주(海州) ⊜전북 전주 ㈜인천 연수구 함박뫼로191 가천대학교 메디컬캠퍼스 의학전문대학원 예방의학과(032-820-4000) ⊗1971년 전주고졸 1977년 전북대 의대졸 1982년 연세대 보건대학원졸 1984년 同대학원 예방의학전문의과정 수료 1992년 미국 캘리포니아대 로스앤젤레스교 보건대학원 수료 2001년 보건학박사(연세대) ⊕1977년 군의관 1984~1994년 보건사회부 입부 · 보건정책과장 · 지역의료과장 · 방역과장 1994년 국립소록도병원 원장 1996년 국립공주결핵병원 원장 1997년 보건복지부 보건국장 1998년 同의정국장 1998년 同보건자원관리국장 1999년 同보건증진국장 2002년 同건강증진국장 2004~2007년 同질병관리본부장 2007년 가천대 의학전문대학원 예방의학과 교수(현) 2014년 (주)종근당 사외이사(현) 2014~2015년 가천대 미래위원회 위원 ⊛보건복지부장관표창(1996), 홍조근정훈장(2001) ⊚기독교

오대식(吳大植) Oh Dae-Sik

⊛1954 · 11 · 28 ⊜경남 산청 ㈜서울 강남구 강남대로382 메리츠금융지주(02-3786-2000) ⊗경기고졸 1977년 서울대 문리대학 고고미술사학과졸 1984년 미국 사우스캐롤라이나대 Institute for Tax Administration(ITA) 수료 2002년 미국 조지타운대 수료 ⊕1977년 행정고시 합격(21회) 1995년 국세청 국제조세2과장 1997년 강남세무서장 2000년 국세청 행정관리담당관 2001년 同총무과장 2001년 중부지방국세청 납세지원국장 2002년 국세청 세정혁신추진기획단장 2003년 서울지방국세청 조사3국장 2004년 同조사1국장 2005년 국세청 정책홍보관리관 2006년 同조사국장 2007~2008년 서울지방국세청장 2008년 법무법인 태평양 조세부문 고문 2010년 유진투자증권 사외이사 2013년 SK텔레콤 사외이사(현) 2014년 (주)메리츠금융지주 사외이사(현)

오대익(吳大益) OH Dae Ik

⊛1946 · 9 · 10 ⊜군위(軍威) ⊜제주 ㈜제주특별자치도 제주시 문연로13 제주특별자치도의회(064-741-1934) ⊗제주대졸, 한국방송통신대 행정학과졸 1995년 경희대 교육대학원 교육행정학과졸 ⊕(사)제주복지포럼 이사장, 가시초등학교 · 효돈초등학교 교감, 남원초등학교 · 토평초등학교 교장, 생활체육배드민턴 서귀포시연우회장(현) 2002~2005년 제주특별자치도교육청 초등교육과장 2006년 서귀포시교육청 교육장 2008년 제주특별자치도교육청 교육발전기획실장 2010년 제주특별자치도의회 교육의원 2010~2012 · 2014년 同교육위원회 위원장, 서귀포시 남원읍어린이합창단 단장, 제주국제화장학재단 이사 2014년 제주특별자치도의회 교육의원(현) 2014년 同의회운영위원회 위원 2014년 同윤리특별위원회 위원 2016년 同교육위원회 위원(현) ⊛대한민국 교육산업대상(2015)

오대현(吳大鉉) Oh, Dae-Hyun

⊛1974 · 1 · 7 ⊜해주(海州) ⊜충남 예산 ㈜경기 과천시 관문로47 미래창조과학부 운영지원과(02-2110-2143) ⊗1991년 영동고졸 1996년 서울대 경제학과졸 2008년 영국 서섹스대 대학원 과학기술정책학과졸(석사) ⊕1997년 행정고시 합격(41회) 1998년 행정자치부 사무관 1999~2006년 과학기술부 사무관 2006~2010년 同기획법무팀 · 과학기술정책과 서기관 2010년 교육과학기술부 대학원지원과장 2011년 同국제과학비즈니스벨트기획단 기획조정과장 2012년 同원천연구과장 2013년 미래창조과학부 미래선도연구실 원천연구과장 2013년 同창조경제기획관실 미래성장전략담당관 2014년 OECD 사무국 파견(현) ⊚기독교

오덕성(吳德成) Deog-Seong Oh

⊛1955 · 6 · 18 ⊜해주(海州) ⊜인천 ㈜대전 유성구 대학로99 충남대학교 총장실(042-821-5008) ⊗1977년 한양대 건축공학과졸 1979년 서울대 환경대학원 도시계획학과졸 1981년 同대학원 건축학과졸 1989년 공학박사(독일 하노버대) ⊕1981~1994년 충남대 건축공학과 전임강사 · 조교수 · 부교수 1986~1988년 독일 하노버대 도시 및 주택계획연구소 연구원 1990~1992년 同공과대학 건축공학과장 1991~1993년 同기획위원회 위원장 1992~1993년 영국 셰필드대 도시 및 지역계획학과 객원교수 1994년 충남대 건축학과 교수(현) 1996~2003년 同지역개발연구소장 1996년 세계과학도시연합 운영위원장 1999~2002년 대한국토 · 도시계획학회 이사 겸 충청지부장 1999년 한국조경학회 상임이사 1999년 한국지역학회 이사 1999년 산업자원부 테크노파크평가위원장 1999~2003년 건설교통부 광역도시계획협의회 부위원장 2002년 철도청 기술심의위원 2003~2004년 충남대 기획정보처장 2004~2016년 세계과학도시연합(WTA) 사무총장 2004~2006년 독일 도르트문트대 대학원 객원교수 2009년 미국 세계인명사전 'Marquis Who's Who in the World' 등재 2009년 영국 IBC '2000 Outstanding Intellecturals of the 21st Century' 등재 2009년 미국 인명정보기관(ABI) 'ABI The Great Mind of the 21st Century' 등재 2010~2012년 한국도시행정학회 부회장 2011년 이란 이스파한 IRIS 국제연구센터 운영이사(현) 2011년 유네스코 과학기술혁신최고자문위원회 위원 2012~2015년 충남대 대외협력부총장 2012~2014년 同대외협력위원회 위원장 2013~2014년 同세종시제2병원설립추진위원회 부위원장 2015년 同국가정책대학원 국가정책연구소장 2016년 同총장(현) ⊛대덕특구 이사장표창 혁신부문(2011), 대한건축학회 최우수논문상(2010), 도시행정학회 학술상 야탑상(2012) ㉝'복합용도건축물계획' '토지이용계획론'(共) '지방화와 도시개발' '도시설계'(2000, 기문당) 'Techno-police in Global Context' 'Technopolis, Springer'(2014) '기후변화대응 탄소중립 도시계획'(2014, 기문당) ㉵'서양 건축 이야기'(2000, 한길아트) '건축십서'(2006, 기문당) ⊚기독교

오덕식(吳德植) OH Duck Sik

⊛1968 · 10 · 12 ⊜경북 안동 ㈜인천 남구 소성로163번길17 인천지방법원(032-860-1113) ⊗1987년 안동고졸 1992년 한양대 법학과졸 ⊕1995년 사법시험 합격(37회) 1998년 사법연수원 수료(27기) 1998년 공익법무관 2001년 부산지법 판사 2004년 인천지법 판사 2006년 서울남부지법 판사 2010년 서울고법 판사 2012년 서울중앙지법 판사 2013년 춘천지법 부장판사 2015년 인천지법 부장판사(현)

오덕호(吳德鎬) OH Duck Ho

⊛1953 · 2 · 12 ⊜부산 ⊗서울대 원자력공학과졸, 장로회신학대 신학대학원졸, 미국 보스턴대 대학원 신약학과졸, 신약학박사(미국 버지니아유니언대) ⊕대한예수교장로회 전남노회 목사안수 1986~2002년 호남신학대 신약학과 교수, 同실천처장, 同교무처장 2000년 同대학원장 2002~2012년 광주서석교회 목사 2005~2009년 한일장신대 교육이사 2012~2016년 同총장 ㉝'하나님이냐 돈이냐?' '산상설교를 읽읍시다' '문학-역사비평이란 무엇인가?' '교회주인은 사람이 아니다' '목사를 갈망한다' '값진 진주를 찾아서' '성서해석학입문' '사도행전을 읽읍시다' '사랑하기 원합니다' '파워성구암송' ⊚기독교

오도성(吳都成) Oh, Do Sung

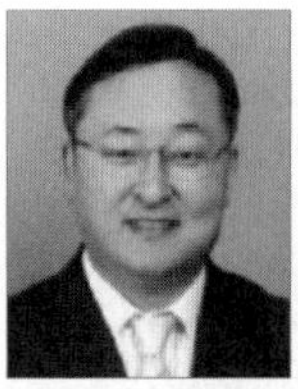

[생]1965·9·5 [주]서울 종로구 청와대로1 대통령 국민소통비서관실(02-770-0011) [학]1984년 부산 혜광고졸 1988년 연세대 상경대학 경제학과졸 1992년 경희대 평화복지대학원 사회복지학과졸 2003년 同일반대학원 정치외교학 박사과정 수료 [경]1992~1995년 보병 제11사단 포병연대 정훈과장 1995~2013년 박종웅·안명옥·유정복 국회의원 정책보좌관 2000~2009년 국회법우회 회장 2007~2008년 제17대 대통령직인수위원회 기획조정분과 정책연구위원 2008~2010년 국회복지경제연구회 회장 2010~2011년 농림수산식품부 장관정책보좌관 2011~2012년 새누리당 중앙위원회 불교분과 수석부위원장 2012년 同중앙선거대책위원회 직능총괄본부 총괄기획팀장 2013~2016년 대통령 국민소통비서관실 선임행정관 2016년 대통령 정무수석비서관실 국민소통비서관(현)

오도창(吳道昌)

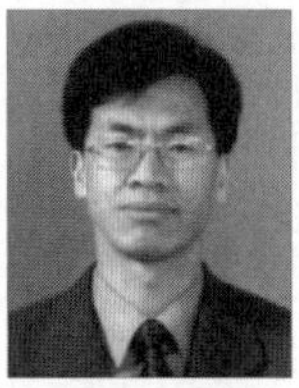

[생]1960·5·2 [출]경북 영양 [주]경북 영양군 영양읍 군청길37 영양군청 부군수실(054-680-6006) [학]1980년 영양고졸 2008년 한국방송통신대 행정학과졸 [경]1980년 경북 영양군 지방행정서기보 2003년 경북도 농수산국 유통특작과 유통지원담당 2004년 同예천군 하리면장, 同유통특작과장, 同사회복지과장 2012년 同문화관광체육국 문화예술과 서기관 2013년 교육 파견 2014년 경북도 창조경제산업실 신성장산업과장 2015년 경북 영양군 부군수(현) [상]국무총리표창, 민원봉사대상

오동근(吳東根) Oh Dong Kun (紘峰)

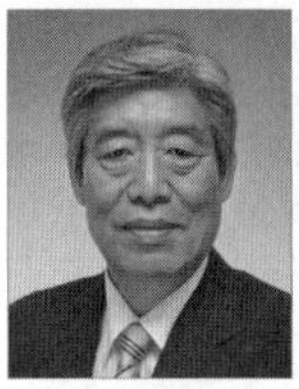

[생]1942·6·8 [본]해주(海州) [출]황해 해주 [주]인천 부평구 경인로707 일진빌딩201호 경기일보 인천본사(032-439-2020) [학]1979년 단국대 경영대학원 수료 [경]1969~1985년 예일악기 대표 1980년 在仁川 단국대 특수대학원동창회 회장 1980년 송도고총동창회 이사·부회장 1988년 월간 '교포' 편집인 1989년 경기일보 근무 1993년 중부일보 근무 1996년 기호일보 편집국 사회부국장 2004~2006년 미디어인천·주간인천 상무이사 2004~2008년 인천시 사회복지공동모금회 운영위원 2007~2010년 (사)인천언론인클럽 이사·사무처장 2010년 인천언론사 주간 2008년 인천시 여성장애인복지증진회장애인주간보호시설 이사 2010년 티브로드(Tbroad) 인천방송 시청자위원 2011년 (사)인천언론인클럽 부회장 2011~2015년 (주)코카스엔텍 회장 2012년 리여석기타오케스트라 고문(현) 2015년 인천 남동구 보육정책위원회 위원(현) 2015년 경기일보 인천본사 사장(현) 2015년 (사)인천언론인클럽 고문, 황해도 해주 명예시장(현) [종]기독교

오동석(吳東錫) OH Dong Seok

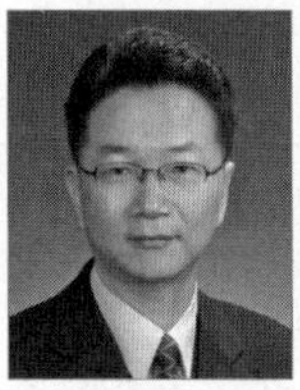

[생]1965·12·11 [주]경기 수원시 영통구 월드컵로206 아주대학교 법학전문대학원(031-219-2766) [학]1988년 서울대 법학과졸 1993년 同대학원 법학과졸 1999년 법학박사(서울대) [경]2000~2004년 동국대 법정대학 전임강사·조교수 2004~2009년 아주대 법학부 조교수·부교수 2008~2009년 국회 헌법연구자문위원회 위원 2009년 아주대 법학전문대학원 부교수·교수(현) 2009~2010년 경기도 학생인권조례제정자문위원회 위원 2011년 경기지방노동위원회 심판담당 공익위원(현) 2011년 경기도 학생인권위원회 위원(현) 2012·2014년 방송통신심의위원회 명예훼손분쟁조정부 위원 2013년 헌법재판소 헌법 및 헌법재판발전연구위원회 위원(현) 2014~2015년 한국이민법학회 연구위원회 위원 2015년 새정치민주연합 선출직공직자평가위원회 위원(현) 2016년 한국이민법학회 대외협력이사(현) [저]'헌법2(共)'(2005) '인권법(共)'(2006) '온 국민이 함께 가는 민주적 사법개혁의 길(共)'(2006) '통치의 기본구조(共)'(2011)

오동선(吳東善) OH Dong Sun (志峰)

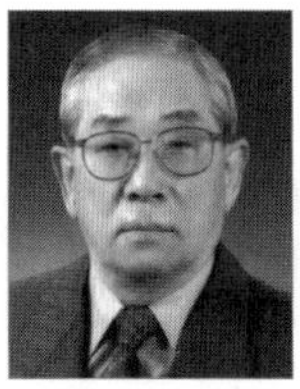

[생]1918·8·29 [본]동복(同福) [출]함남 영흥 [주]서울 강남구 논현로152길10 삼영빌딩8층 삼화콘덴서그룹 명예회장실(02-2056-1711) [학]1937년 조선무선공학원졸 [경]1939년 삼화전기상회 사장 1941년 삼화전기공업 사장 1956년 오한실업(주) 사장 1963년 삼화전기산업(주) 사장 1968년 삼화콘덴서공업(주) 사장 1974년 삼화전기(주) 사장 1976년 삼화전자공업(주) 사장 1976~1999년 삼화콘덴서그룹 회장 1996년 삼화지봉장학재단 이사장(현) 1999년 삼화콘덴서그룹 명예회장(현) [상]대통령표창, 국무총리표창, 상공부장관표창, 동탑·철탑·은탑산업훈장 [종]불교

오동욱

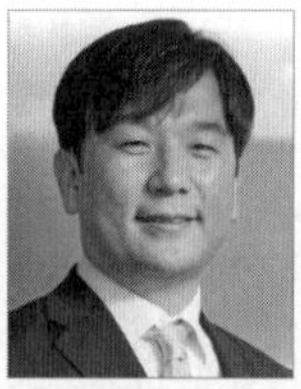

[주]서울 중구 퇴계로110 한국화이자제약 임원실(02-317-2114) [학]1992년 삼육대 약학과졸 1994년 서울대 대학원 약학과졸 [경]1994년 한일약품공업 근무 1999년 한국MSD 근무 2003년 한국아스트라제네카 근무 2006년 한국와이어스 근무 2010년 한국화이자 스페셜티케어사업부 총괄 2014년 同백신사업부문 아시아클러스터 대표(부사장) 2016년 同대표이사 사장 겸 혁신제약사업부문 한국대표(현)

오동운(吳東運) OH Dong Woon

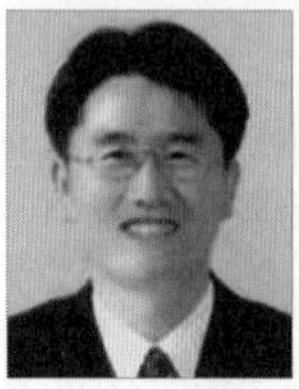

[생]1969·8·15 [출]경남 산청 [주]경기 성남시 수정구 산성대로451 수원지방법원 성남지원(031-737-1410) [학]1988년 낙동고졸 1992년 서울대 독어독문학과졸 1994년 同대학원 법학과졸 [경]1995년 사법시험 합격(37회) 1998년 사법연수원 수료(27기) 1998년 부산지법 예비판사 2002년 울산지법 판사 2003년 인천지법 판사 2006년 서울남부지법 판사 2008년 서울중앙지법 판사 2009년 서울고법 판사 2010년 헌법재판소 파견 2012년 서울서부지법 판사 2013년 울산지법 부장판사 2016년 수원지법 성남지원 부장판사(현)

오동주(吳東柱) OH Dong Joo

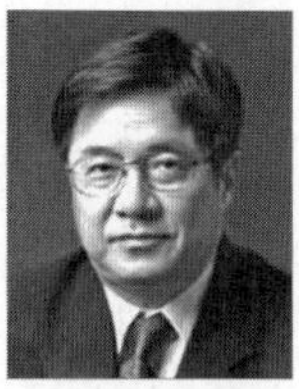

[생]1952·7·19 [출]서울 [주]서울 구로구 구로동로148 고려대학교 구로병원 심혈관센터(02-2626-3017) [학]경복고졸 1976년 고려대 의대졸, 同대학원졸 1989년 의학박사(고려대) [경]1977년 고려대 의대 내과학교실 교수(현) 1989~1991년 미국 Emory대 심장내과 연구원 1996년 대한순환기학회 간행위원장 1998년 同총무이사 2000년 고려대 구로병원 내과 과장 2001년 대한순환기학회 중재시술연구회장 2002년 고려대 의료원 정보전산실장 2004년 同구로병원장 2005년 同심혈관연구소장 2007년 同의무부총장 2007~2009년 同의료원장 겸임 2007년 대한병원협회 부회장 2009년 대한임상노인의학회 이사장 2009년 대한의학회 부회장 2012년 대한임상노인의학회 명예이사장(현) 2012~2014년 대한심장학회 이사장 [상]지석영상(1999) [저]'의사를 위한 영어회화 표현법 500(共)'(2009) [종]기독교

오동헌(吳東憲) OH, DONGHEON

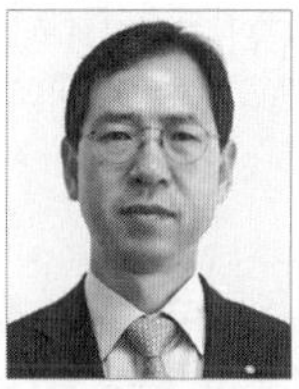

[생]1964·9·24 [본]보성(寶城) [출]강원 [주]서울 마포구 상암산로82 SBS프리즘타워 SBS CNBC(02-6938-1600) [학]1983년 춘천고졸 1987년 서울대 경제학과졸 2001년 미국 듀큐대 APSI연구소 연수, 중앙대 신문방송대학원졸 [경]1991년 SBS 입사 1999년 同보도본부 차장대우 2002년 同보도본부 차장 2005년 同로스앤젤레스특파원 2008년 同비서팀장(부장급) 2010년 同보도본부 경제부장 2012년 同보도본부 특임부장(부국장급) 2013년 同편성전략본부 문화사업팀장(부국장급) 2014년 SBS미디어넷 스포츠경제본부장 2015년 同경제본부장(이사)(현) 2015년 SBS CNBC 대표 겸임(현) [종]가톨릭

오동호(吳東浩) OH Dong Ho

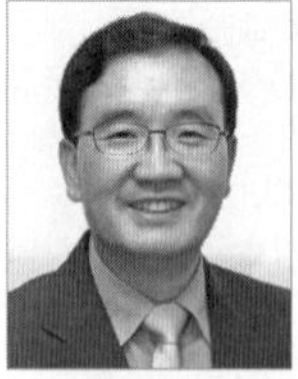

[생]1962·12·24 [본]함양(咸陽) [출]경남 산청 [주]세종특별자치시 도움5로20 소청심사위원회 상임위원실(044-201-8615) [학]진주고졸, 경희대 정치외교학과졸, 서울대 행정대학원졸, 행정학박사(성균관대) [경]1984년 행정고시 합격(28회) 1991년 경남도 의회계장 1992년 同지도계장 1994년 同행정계장 1995년 同농산물유통과장 1997년 同통상진흥과장 1998년 同정책기획관 1998년 이북5도위원회 황해도 사무국장 2001년 행정자치부 행정능률과장 2001년 同장관 비서실장, 駐LA총영사관 주재관 2005년 대통령비서실 정책실장실 선임행정관(고위공무원) 2006년 행정자치부 지방혁신인력개발원 인력개발부장 2009년 행정안전부 지방세제관 2009년 同지역발전정책국장 2010년 울산시 행정부시장 2013년 대통령소속 지방자치발전위원회 지방자치발전기획단장 2015년 인사혁신처 소청심사위원회 상임위원(현) [상]대통령표창(1990), 홍조근정훈장(2011) [종]불교

오두환(吳斗煥) OH Doo Hwan

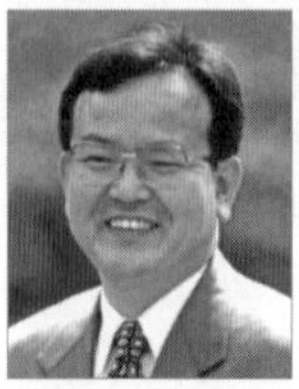

[생]1951·11·4 [출]경남 거창 [주]인천 남구 인하로100 인하대학교 경제학과(032-860-7775) [학]1968년 전주고졸 1972년 서울대 경제학과졸 1974년 同대학원 경제학과졸 1985년 경제학박사(서울대) [경]1976~1981년 계명대 전임강사·조교수 1981년 인하대 경제학과 조교수·부교수·교수(현) 1987년 미국 하버드대 방문교수 1996년 同산업경제연구소장 1999년 한국경제사학

회 부회장 1999년 영국 옥스퍼드대 방문교수 2000년 한국경제사학회 회장 2003~2004년 인하대 경상대학장 [저]'한국근대화폐사'(1991) '공업화의 제유형-한국의 역사적 경험' '한국경제성장사'(2001)

오만덕(吳萬德) OH Man Deok

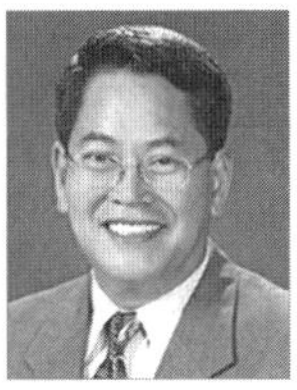

[생]1955 · 3 · 24 [주]경기 안성시 삼죽면 동아예대길47 동아방송예술대학교 광고제작과(031-670-6784) [학]1979년 중앙대 광고홍보학과졸 1984년 同대학원 광고홍보학과졸 1997년 미국 세이크리드 하트대 대학원 마케팅과졸 2002년 마케팅학박사(고려대) [경]1979~1982년 KOEX 담당 1984~1994년 MBC애드컴 부장 1998~2007년 동아방송대학 광고홍보계열 조교수 · 부교수 · 교수 2007년 동아방송예술대 광고홍보계열 교수 · 주임교수 2007년 同미디어경영학부장 2007년 한국지역산업진흥회 회장(현) 2013년 동아방송예술대 광고제작과 교수(현), 同학과장 겸 콘텐츠학부장(현) 2013년 한국전문대학교육협의회 전문위원회장 2014년 동아방송예술대 NCS지원센터 소장 [상]제20회 안성시 문화상(2011) [저]'방송론'(2008, DIMA출판부) [역]'창조하고 승리하는 광고마케팅프리젠테이션'(1999, 이진출판사)

오 명(吳 明) OH Myung

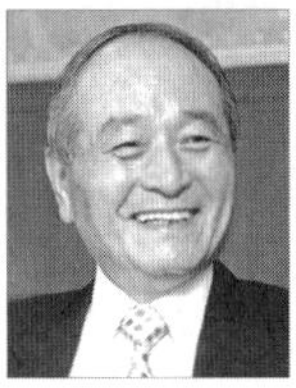

[생]1940 · 3 · 21 [출]서울 [주]인천 남동구 정각로29 인천광역시청(032-440-2114) [학]1958년 경기고졸 1962년 육군사관학교졸(18기) 1966년 서울대 공대 전자공학과졸 1972년 공학박사(미국 뉴욕주립대) 1997년 명예 인문학박사(미국 뉴욕주립대) 1999년 명예 경영학박사(원광대) 2009년 명예박사(파라과이 아순시온국립대) [경]1966~1979년 육군사관학교 교수 1980~1981년 대통령 경제과학비서관 1981~1987년 체신부 차관 1987~1988년 同장관 1989~1993년 대전세계박람회(EXPO) 조직위원장 1993~1994년 교통부장관 1994~1995년 건설교통부 장관 1996~2001년 동아일보사 사장 · 회장 2002~2003년 아주대 총장 2003~2004년 과학기술부 장관 2004~2006년 부총리 겸 과학기술부 장관 2006~2010년 건국대 총장 2010년 웅진그룹 고문 겸 웅진에너지 · 폴리실리콘 회장 2010~2013년 한국과학기술원(KAIST) 이사장 2010~2013년 동부익스프레스 사외이사 2013년 동부그룹 전자 · IT · 반도체 회장 2013~2014년 (주)동부하이텍 각자대표이사 회장 2013~2014년 동부그룹 제조 · 유통부문 회장 2014년 인천시 경제고문(현) 2016년 한국뉴욕주립대(SUNY) 명예총장(현) [상]한국컴퓨터기자클럽 '88년의 인물'(1988), 한국전자공학회 전자대상(1988), 벨지움훈장(1989), 청조근정훈장(1990), 경기고 '자랑스런 경기인'(1993), 대전직할시 '대전명예시민 1호'(1993), BIE공로장(1993), 포르투갈훈장(1993), UNESCO Seoul '올해의 인물'(1993), SUNY Stony Brook '자랑스런 동문상'(1994), 헝가리훈장(1994), 금탑산업훈장(1994), 아태정보산업기구 '정보산업공로자상'(1995), 서울대 공과대학 '자랑스런 공대동문상'(1996), 미국 미시간주립대 Global Korea Award(1996), 한국공학원 기술경영부문 한국공학기술상(1998), 한국통신학회 정보통신대상(2000), 운경재단 제6회 산업기술부문 운경상(2000), 한국여성정보인협회 여성정보화공로상(2001), 고려대 정책대학원 정책인대상(2003), 21세기경영인클럽 '21세기 대상 올해의 21세기 경영인'(2005), 올해의 육사인상(2007), BIE 골드메달(2007), 캄보디아 친선훈장(2009), 파라과이 꼬멘다도르 훈장(2010), 캄보디아 대십자훈장(2011), 자랑스러운 육사인상(2013) [저]'정보화사회 그 천의 얼굴'(1990, 한국경제신문) '엑스포와 미래이야기'(1993, 목양사) '대전 세계 엑스포 그 감동과 환희'(2003, 웅진지식하우스) '30년 후의 코리아를 꿈꿔라'(2009, 웅진지식하우스)

오명도(吳明道) OH Myung Do

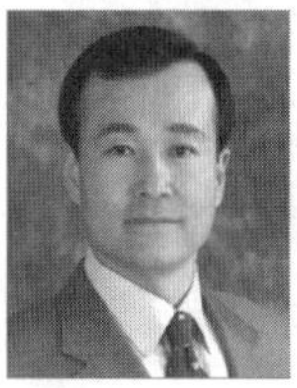

[생]1956 · 5 · 8 [본]해주(海州) [출]서울 [주]서울 동대문구 서울시립대로163 서울시립대학교 공과대학 기계정보공학과(02-6490-2390) [학]1979년 서울대 기계공학과졸 1981년 同대학원 기계공학과졸 1985년 열공학박사(미국 위스콘신대 메디슨교) [경]1996년 서울시립대 공대 기계정보공학과 교수(현) 2005년 同공과대학장 2008~2010년 한국실내환경학회 회장 2009~2010년 서울시립대 기획연구처장 겸 산학협력단장 2014년 국제오염제어기구연합(ICCCS) 회장

오명석(吳明錫) OH Myung Suk

[생]1958 · 2 · 24 [출]대전 [주]충남 당진시 송악읍 북부산업로1480 현대제철(주) 당진제철소(041-680-3192) [학]충남고졸, 충남대 금속공학과졸, 同대학원 금속공학과졸, 공학박사(충남대) [경]현대INI스틸(주) 시설개발담당 이사대우 2006년 현대제철(주) 선강담당 이사 2008년 同사업관리본부장(전무) 2010년 同생산관리실장(전무) 2012년 同생산품질본부장(전무) 2013년 同생산품질본부장(부사장) 2014년 同당진제철소장(부사장)(현)

오명숙(吳明淑 · 女) OH, Myongsook

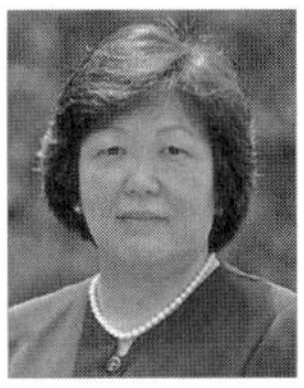

[생]1956 · 2 · 25 [주]서울 마포구 와우산로94 홍익대학교 신소재화공시스템공학부(02-320-1480) [학]1976년 미국 City College of San Francisco졸 1978년 미국 UC Berkeley 대학원졸 1985년 화학공학박사(미국 MIT) [경]1985~1986년 미국 Lawrence Livermore National Laboratory Staff Engineer · Task Leader 1989~1994년 미국 Texaco Inc. Sr. Research Chemical Engineer 1994년 홍익대 신소재화공시스템공학부 교수(현) 2016년 한국여성공학기술인협회 회장(현) [상]산업통상자원부장관표창(2013), 한국공학한림원 해동상 공학교육혁신부문(2014) [역]'처음 배우는 화학공학개론 디자인과 해석'(2001, 인터비젼)

오명철(吳明澈) James. OH

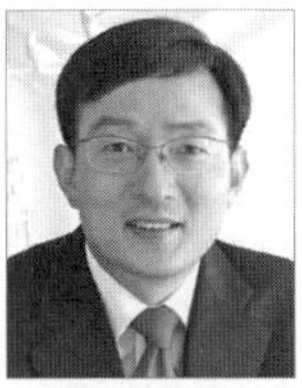

[생]1963 · 3 · 3 [출]광주 [주]서울 강남구 논현로507 성지하이츠3차10층 예스월드그룹(02-2646-0880) [학]1982년 광주제일고졸 1992년 전남대 대학원 수의학과졸 [경]1988년 한겨레신문 입사 1988~1995년 同판매 · 광고 · 관리업무 1996년 同호남지사장 1998년 同판매국 수도권부장 직대 2000년 인터넷한겨레 여행 · 유통사업부장 2003년 한겨레플러스 커머스사업본부장 2005~2009년 同초록마을사업본부장(상무) 2005년 한겨레애드컴 사외이사 2009~2010년 초록마을 전무이사 2011~2012년 총각네야채가게 부사장 2012년 예스월드그룹(미라클에듀 · 하니여행사 · 예스아카데미) 회장(현) [종]천주교

오문교(吳文敎) Oh Mun Kyo

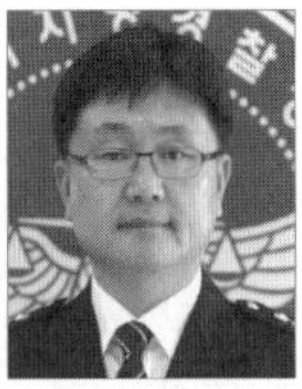

[생]1967 · 11 · 27 [출]광주 [주]경기 수원시 장안구 창룡대로223 경기지방경찰청 교통과(031-888-2251) [학]광주석산고졸 1989년 경찰대 행정학과졸(5기), 아주대 ITS대학원 ITS학과졸 [경]1989년 경위 임관 1997년 경감 승진 2003년 경정 승진 2011년 경기지방경찰청 홍보담당관(총경) 2013년 경기 광주경찰서장 2014년 경기지방경찰청 생활안전과장 2015년 경기 군포경찰서장 2016년 경기지방경찰청 교통과장(현)

오문기(吳文基) OH Moon Ki

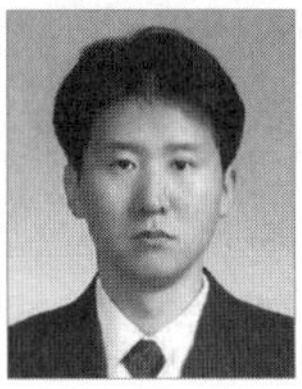

[생]1965 · 4 · 24 [출]대구 [주]대구 수성구 동대구로351 법무빌딩505호 오문기법률사무소(053-753-9898) [학]1984년 대구 경신고졸 1988년 고려대 법학과졸 1992년 同대학원졸 [경]1991년 사법시험 합격(33회) 1994년 사법연수원 수료(23기) 1994년 軍법무관 1997년 대구지검 검사 1998년 부산지법 동부지원 판사 1999년 대구지법 판사 2003년 同경주지원 판사 2005년 대구고법 판사 2007년 대구지법 판사 2009년 창원지법 거창지원장 2011년 대구지법 형사4부 부장판사 2013년 同파산부 부장판사 2014년 변호사 개업(현)

오미영(吳美榮 · 女) OH MEE YOUNG

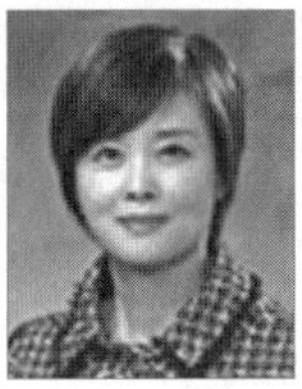

[생]1958 · 3 · 22 [출]서울 [주]경기 성남시 수정구 성남대로1342 가천대학교 언론영상광고학과(031-750-5261) [학]1976년 풍문여고졸 1980년 한국외국어대 중국어과졸 1993년 중앙대 대학원 신문방송학과졸 2002년 언론학박사(중앙대) [경]1979~1982년 KBS 아나운서 1983~1987년 한국일보 LA지사 기자 1987~2000년 프리랜서 방송인 1998~2002년 경원대 신문방송학과 강사 2001~2003년 단국대 방송영상학과 초빙교수 2003년 경원대 사회과학대학 신문방송학과 조교수 2012년 가천대 글로벌캠퍼스 경상대학 신문방송학과 부교수 2012~2013년 한국소통학회 회장 2013년 가천대 언론영상광고학과 부교수 2013~2015년 중앙선거방송토론위원회 위원 2013~2015년 법관징계위원회 위원 2014년 대법원 양형위원회 자문위원(현) 2014년 중앙선거관리위원회 선거연수원 자문위원(현) 2014~2015년 한국언론학회 부회장 2014~2016년 방송통신위원회 시청자권익보호위원회 위원 2015년 언론중재위원회 상반기 재 · 보궐선거 선거기사심의위원회 부위원장 2015년 가천대 언론영상광고학과 교수(현) 2015년 중앙선거관리위원회 선거자문위원회 위원(현) 2015년 TBS교통방송 시청자자문위원회 위원장(현) 2016년 한국산업인력공단 홍보자문위원(현) 2016년 방송통신심의위원회 이달의좋은프로그램 심사위원(현) 2016년 질병관리본부 소통자문위원(현) [저]'토론 vs TV토론'(2003) '전환기의 한국방송(共)'(2005) '커뮤니케이션 핵심이론(共)'(2005) '화법과 방송 언어(共)'(2005) [종]기독교

오미화(吳美花 · 女)

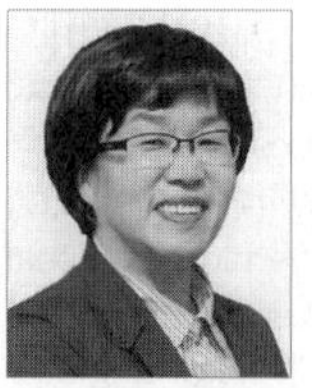

[생]1968 · 6 · 5 [주]전남 무안군 삼향읍 오룡길1 전라남도의회(061-286-8160) [학]덕성여대 불어불문학과졸 [경]광주 · 전남 여성농민회연합 식량주권위원장, 영광군여성농민회 회장, 통합진보당 전남도당 운영위원 2014년 전남도의회 의원(비례대표, 통합진보당 · 무소속)(현) 2014년 同기획사회위원회 위원 2016년 同윤리특별위원회 부위원장(현) 2016년 同여성정책특별위원회 위원(현) 2016년 同농림해양수산위원회 위원(현)

오민석(吳旻錫) OH Min Seok

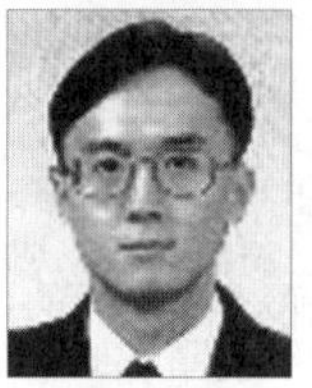

[생]1969 · 7 · 13 [출]서울 [주]경기 수원시 영통구 월드컵로 120 수원지방법원(031-210-1114) [학]1988년 서울고졸 1994년 서울대 법대 사법학과졸 [경]1994년 사법시험 합격(36회) 1997년 사법연수원 수료(26기) 1997년 서울지법 판사 2000년 同서부지원 판사 2001년 대전지법 판사 2004년 서울중앙지법 판사 2008년 서울고법 민사정책심의관 2009년 법원행정처 민사심의관 2010년 서울고법 판사 2012년 창원지법 부장판사 2013년 대법원 재판연구관 2015년 수원지법 부장판사(현)

오배근(吳培根) OH bae keun

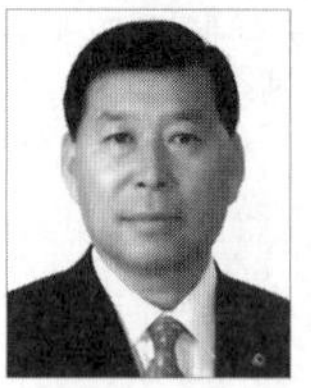

[생]1955 · 2 · 24 [출]충남 홍성 [주]충남 예산군 삽교읍 도청대로600 충청남도의회(041-635-5329) [학]1973년 홍성고졸, 인천체육전문대학 체육학과졸, 한서대 행정학과졸 [경](주)육성 대표이사, 홍성군생활체육협의회 회장, 전국생활체조연합회 부회장, 홍성고총동창회 부회장, 홍주라이온스클럽 회장, 한국계육협회 감사, 홍성사랑장학회 이사, 홍성문화원 이사, 한국치킨외식산업협회 부회장, 한나라당 충남도당 부대변인 2006~2010년 충남도의회 의원(한나라당) 2008년 (주)정오 대표이사 2010년 충남도의원선거 출마(한나라당) 2014년 충남도의회 의원(새누리당 · 더불어민주당)(현) 2014년 同문화복지위원회 위원장 2014년 同내포문화권발전지원특별위원회 위원.2015년 홍성의료원 일일 명예원장 2016년 충남도의회 교육위원회 위원(현) [상]문화체육부장관표창, 홍주대상

오병관

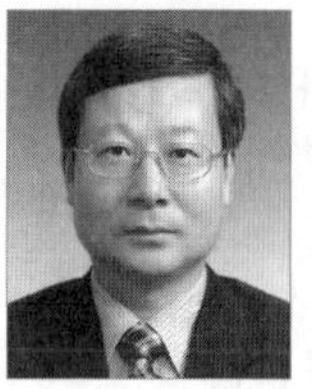

[생]1960 · 3 · 14 [주]서울 중구 새문안로16 NH농협금융지주 임원실(02-2080-5114) [학]1979년 서대전고졸 1986년 충남대 회계학과졸 [경]1986년 농협중앙회 입사 1990년 同연기군지부 과장 1992년 同금융계획과 과장대리 1999년 同정부대전청사지점 차장 2000년 同금융지원부 차장 2006년 同월평동지점장 2007년 同대전신용사업부 부본부장 2008년 同금융기획부 부부장 2010년 同금융구조개편부장 2012년 NH농협금융지주 기획조정부장 2013년 농협중앙회 기획실장 2016년 NH농협금융지주 경영기획본부장(부사장)(현)

오병권(吳炳權) Oh, Pyeong-Kwon

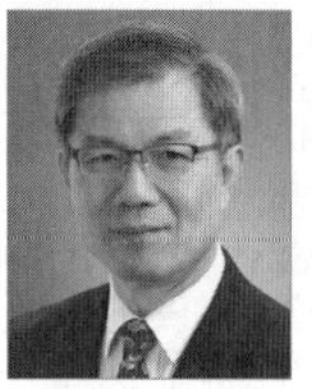

[생]1955 · 8 · 4 [본]고창(高敞) [출]서울 [주]대전 서구 둔산대로135 대전예술의전당 관장실(042-270-8101) [학]1974년 배재고졸 1982년 한양대 작곡과졸 2003년 중앙대 대학원 예술경영학과 수료 [경]1982~1983년 서울 한성중 음악교사 1984~1989년 세종문화회관 공연기획관 1989~2005년 서울시립교향악단 기획실장 2005~2013년 (재)서울시립교향악단 전문위원 2015년 대전예술의전당 관장(현) [종]기독교

오병권(吳秉權)

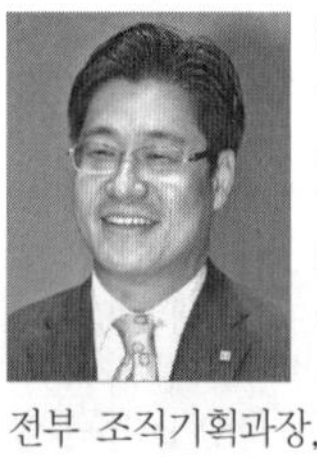

[생]1971 · 10 · 2 [출]경기 부천 [주]경기 수원시 팔달구 효원로1 경기도청 기획조정실(031-8008-2100) [학]부천고졸, 서울대 외교학과졸, 同법과대학 사법학과졸, 同대학원 법학과졸(법학석사), 同대학원 법학 박사과정 수료 [경]1992년 행정고시 최연소 합격(36회) 2003년 행정자치부 인사과 서기관 2006년 同공개행정팀장 2006년 同진단기획팀장 2007년 同조직기획팀장 2008년 행정안전부 조직기획과장, 대통령 정무수석비서관실 행정관, 駐영국대사관 참사관 2014년 경기도 환경국장 2014년 부천시 부시장 2016년 경기도 경제실장 2016년 同기획조정실장(현)

오병남(吳昞南) OH Byung Nam (鼎岩)

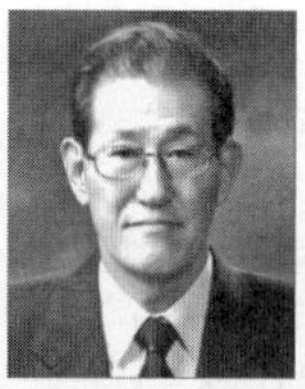

[생]1940 · 10 · 14 [본]해주(海州) [출]서울 [주]서울 관악구 관악로1 서울대학교(02-880-5114) [학]1959년 경기고졸 1963년 서울대 문리대 미학과졸 1965년 同대학원졸 1985년 미국 일리노이대 대학원 철학박사과정 수료 [경]1970~2006년 서울대 미학과 전임강사 · 조교수 · 부교수 · 교수 1990~2003년 한국미학회 회장 1993~2002년 국제미학회 대표 2005년 대한민국학술원 회원(철학 · 현) 2006년 서울대 명예교수(현) [상]열암학술상(2003), 녹조근정훈장(2006), 3.1문화상 학술부문(2015) [저]'인상주의 연구'(1999) '미학강의'(2005) '미학으로 읽는 미술'(2007) '예술과 철학'(2011) '미술론 강의'(2014) [역]'예술작품의 근원'(1979, 경문사) '미학입문'(1980, 서광사) '마르크스주의와 예술'(1981) '현대미학'(1982, 서광사) '화가와 그의 눈'(1983) '현상학과 예술'(1983, 서광사) '예술철학'(1983) '현대미술 : 그 철학적 의미'(1983) '미학과 비평철학'(1990) '미술 : 그 취미의 역사'(1995) '고대 예술과 제의'(1996) '현대 예술철학의 흐름'(1996) '미술 : 그 취미의 순환'(1997, 예전사) '비합리와 비합리적 인간'(2001, 예전사)

오병상(吳炳祥) OH Byoung Sang

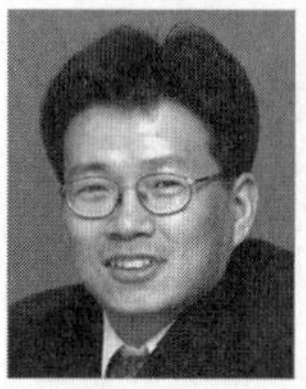

[생]1963 · 1 · 21 [출]경남 거창 [주]서울 마포구 상암산로48의6 JTBC 보도국(02-751-6601) [학]1985년 서울대 사회학과졸 [경]1999년 중앙일보 기획취재팀 기자 2000년 同문화부 기자 2001년 同문화부 차장대우 2002년 同대중문화팀장 2003~2005년 同런던특파원 2005년 同국제뉴스팀장 2006년 同편집국 문화데스크 2007년 同중앙Sunday본부 Chief Editor 2008년 同논설위원 2009년 同편집국장 대리 겸 콘텐트 · 디자인혁신 · 정치국제 에디터 2010년 同수석논설위원 2011년 同수석논설위원(부국장대우) 2012년 관훈클럽 운영위원(서기) 2012년 JTBC 보도국장 2014년 同보도총괄 겸 보도국장(상무보)(현) [상]한국언론인연합회 제9회 한국참언론인대상-방송기획부문(2013)

오병석(吳炳錫) Oh Byungseok

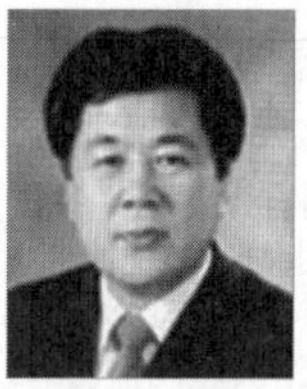

[생]1957 · 5 · 9 [본]해주(海州) [출]충남 홍성 [주]경기 화성시 봉담읍 최루백로72 협성대학교 경영대학 국제통상학과(031-299-0860) [학]1986년 단국대 대학원 무역학과졸 1994년 경영학박사(단국대) [경]청운대 교수, 협성대 경영대학 국제통상학과 교수(현), 한국무역학회 사무차장 · 부회장, 한국관세학회 사무국장 · 부회장, 국제지역학회 부회장, 한국경영컨설팅학회 부회장, 서해경제연구원 이사, 충청경제사회연구원 자문역, 무역교육인증원 감사, 한국FTA협회 자문위원, 관세평가포럼 연구위원, 관세청 관세평가위원, 관세사시험위원회 위원, 관세청 승진시험위원회 위원, 국제통상정보학회 부회장 2002~2004년 협성대 연구처장 · 학생복지처장 2007~2009년 同기획처장 2015년 한국관세학회 회장 2015~2016년 협성대 대외협력처장 2016년 同경영대학장(현) [저]'국제통상실무 이해' 외 7권

오병석(吳炳錫) OH Byeong Seok (종산)

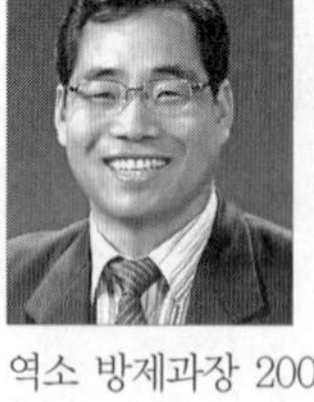

[생]1961 · 2 · 28 [본]해주(海州) [출]전남 강진 [주]경북 김천시 혁신8로119 국립종자원 원장실(054-912-0100) [학]1989년 전남대 농학과졸 1992년 한국방송통신대 법학과 4년 수료 1994년 전남대 대학원 농학과졸 [경]1990년 총무처 공채 1991년 국립농산물검사소 사무관 1992년 同부산지소 신선대출장소 국제협력담당 사무관 2001년 국립종자관리소 아산지소장(서기관) 2003년 국립식물검역소 방제과장 2005년 同위험평가과장 2007년 농림부 식량정책국 품종보호심판위원회 상임위원 2008년 농림수산식품부 친환경농업팀장(기술서기관) 2009년 同농업정책국 기술정책과장 2009년 同농촌정책국 과학기술정책과장 2010년 同수산개발과장(부이사관) 2011년 同정책평가담당관 2012년 同녹색미래전략과장 2013년 국무조정실 농림국토해양정책관실 부이사관(파견) 2014년 농림축산식품부 식품산업정책실 식품산업정책관실 외식산업진흥과장 2015년 국립종자원 원장(현) [상]대통령표창(2002) [종]불교

오병욱(吳秉郁) OH Beung Ouk

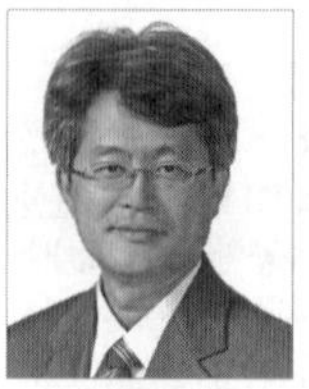

[생]1958 · 1 · 16 [본]동복(同福) [출]광주 [주]서울 중구 필동로1길30 동국대학교 예술대학 미술학부 서양화과(02-2260-3425) [학]1980년 서울대 미대 회화과졸 1982년 同대학원 회화과졸 1988년 미술학박사(프랑스 파리8대) [경]1988년 제1회 송단동연전 1989~1993년 서울대 미대 강사 1989년 한국미술협회 회원 1991년 서양미술사학회 평의원 1992~2000년 원광대 미대 부교수 1994년 '설묵첩' 개인전 1995년 '인간 · 사회 · 재난' 개인전 1995년 원광대 교수작품전 1996년 '겨울여행' 개인전 1996년 서울대 동문회전 1997년 광주비엔날레

특별전 큐레이터 1997년 대한민국미술대전 심사위원 1997년 '북한산-길 봄으로 가는' 개인전 1997년 '서울의 바람' 단체전 · '앙가쥬망' 그룹전 1999년 '봄 · 여름 · 가을 · 겨울' 개인전 2000년 동국대 예술대학 미술학부 서양화과 교수(현) 2000년 '외금강 · 외설악' 개인전 2001년 '빠른풍경' 개인전 2003년 '죽림 · 송림 · 인림' 개인전 2004년 '앙가쥬망-대상매체에 부딪히다' 단체전 2005년 '빠른풍경-4계' 개인전 2005년 제2회 북경비엔날레 단체전 2005년 '앙가쥬망-청계천' 단체전 2006년 '4계-그리움' 개인전 2006년 '앙가쥬망-한강' 단체전 2006~2008년 예술의전당 전시예술감독 [저]'아뽈리네르의 미학적 명상'(1991) '서양미술의 이해'(1994, 일지사) '한국현대미술의 단상'(1996, 일지사) '유럽 40일간의 가족일기'(2002) '광복후의 미술운동' '고딕미술' '미학적 명상' '조선미술전람회 연구' '한국적 미에 대한 오해' '미술의 이론과 실천' [역]'미술이란 무엇인가'(2004, 청년사)

오병주(吳秉周) OH Byung Joo

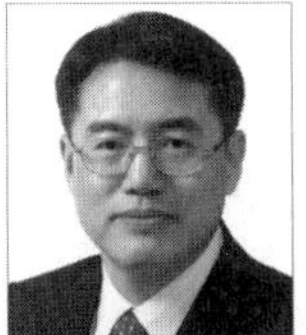

[생]1956·12·26 [본]동복(同福) [출]충남 공주 [주]서울 서초구 법원로16 정곡빌딩 동관307호 OK연합법률사무소(02-535-9800) [학]1974년 신일고졸 1979년 서울대 법학과졸 1986년 同행정대학원졸 1994년 미국 캘리포니아대 버클리교 대학원졸 2001년 법학박사(한양대) [경]1978년 행정고시 합격(22회) 1979년 충남 공주군 부군수실 행정관 1980년 재무부 행정사무관 1981년 사법시험 합격(23회) 1984년 사법연수원 수료(14기) 1985년 수원지검 검사 1987년 대구지검 상주지청 검사 1988년 대구지검 검사 1990년 법무부 법무심의관실 검사 1991년 UN 무역거래법위원회 한국대표 1993년 서울지검 검사 1995년 국제연합(UN) 범죄방지회의 한국정부 대표 1996년 법무연수원 교수 1997년 대전지검 공주지청장 1998년 同특수부장 1999년 서울고검 검사 2000년 미국 스탠포드대 법대 초빙교수 2000년 아시아태평양국제인권회의 한국정부 대표 2000년 법무부 인권과장 2001년 同송무과장 2001년 제57차 UN인권회의 한국정부 대표 2001~2003년 한성대 국제대학원 겸임교수 2002년 법무부 공보관 2002년 서울지검 동부지청 형사5부장 2003년 부산고검 검사 2004년 대전고검 검사 2005년 서울고검 검사 2007년 대구고검 검사 2007년 OK연합법률사무소 대표변호사(현) 2008년 제18대 국회의원선거 출마(공주·연기, 한나라당) 2008년 한나라당 재해대책위원회 부위원장 2010~2012년 국무총리소속 대일항쟁기강제동원피해조사 및 국외강제동원희생자등지원위원회 위원장(차관급) 2012년 새누리당 제18대 대통령선거 정책특보 2013~2014년 同충남도당 윤리위원장 2016년 同경기화성시乙당원협의회 운영위원장(현) 2016년 제20대 국회의원선거 출마(경기 화성시乙, 새누리당) [상]법무부장관표창(1992), 대통령표창(2007), 황조근정훈장(2012) [저]'미국의 과학적 수사장비 및 기법'(1994) '미국의 검찰제도'(1994) '구형실무'(1999) '우리는 지금 어디에 있는가'(2006) '희망찬 미래를 여는 비밀열쇠'(2011) [종]기독교

오병철(吳炳喆) OH Byoung Cheol

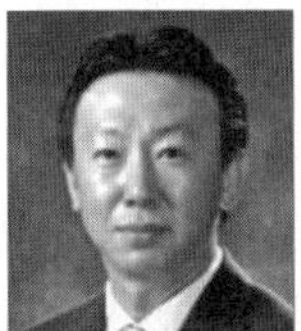

[생]1965·4·10 [본]보성(寶城) [출]서울 [주]서울 서대문구 연세로50 연세대학교 법학전문대학원(02-2123-6004) [학]1988년 연세대 법학과졸 1991년 同대학원 법학과졸 1997년 법학박사(연세대) 2002년 진주산업대 컴퓨터공학과졸 2006년 충북대 대학원 정보통신공학과졸 2013년 정보통신공학박사(충북대) [경]1997년 독일 만하임대 객원연구원 1998년 경상대 법학과 교수 2000년 오스트레일리아국립대(ANU) 객원교수 2001년 한국디지털재산법학회 이사 2001년 한국인터넷법학회 이사 2002년 한국정보법학회 편집위원 2004년 연세대 원주캠퍼스 법학과 교수 2007년 同법과대학 법학과 교수 2009년 同법학전문대학원 교수(현) [상]정보통신부장관표창(2003) [저]'주석 민법[IV]' '사법행정학회(共)'(2000) 'e-business와 경영혁신'(2000, 도서출판 두남) '전자거래법'(2000, 법원사) '디지털정보계약법'(2005, 법문사) '정보법판례 백선(共)'(2006, 박영사) [종]천주교

오병하(吳秉夏) OH Byung Ha

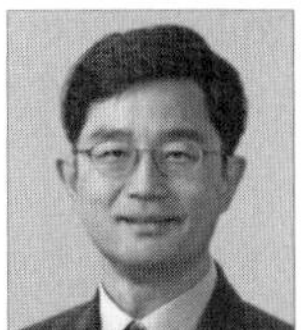

[생]1961·2·25 [출]서울 [주]대전 유성구 대학로291 한국과학기술원 생명과학과(042-350-2648) [학]1983년 서울대 식품공학과졸 1985년 同대학원 단백질공학과졸 1989년 생물물리학박사(미국 위스콘신대 메디슨교) [경]1989년 미국 미국 위스콘신대 메디슨교 연구원 1990년 미국 캘리포니아대 버클리교 연구원 1993년 미국 Smith Kline Beecham Phamaceuticals 선임연구원 1994~2003년 포항공대 생명과학과 조교수·부교수 1997~2008년 포항가속기연구소 겸임연구원 2000년 포항공대 창의적연구진흥사업(생체분자인지연구단) 단장 2003년 同생명과학과 석좌교수 2009년 한국과학기술원 생명과학과 교수(현) [상]과학기술부 이달의 과학기술자상(2001), 경북도 과학기술대상(2002), 포항공대 홍덕젊은석좌교수상(2004), 과학기술부 및 한국과학재단 선정 제11회 한국과학상 생명과학분야(2008), 아산의학상 기초의학부문(2016)

오병희(吳秉熙) Byung-Hee Oh (계원)

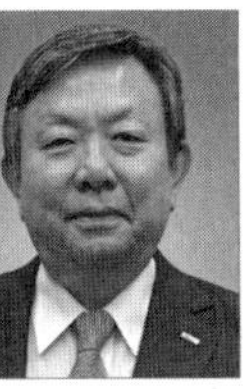

[생]1953·2·10 [본]해주(海州) [출]대구 [주]서울 종로구 대학로101 서울대학교병원 순환기내과(02-2072-2228) [학]1971년 경북고졸 1977년 서울대 의대졸 1980년 同대학원졸 1986년 의학박사(서울대) [경]1987~2001년 서울대 의대 내과학교실 전임강사·조교수·부교수 1995~1996년 미국 캘리포니아주립샌디에이고의대 연구원, 서울대병원 QA(의료질관리)담당 교수 1998~2003년 同기획조정실장 2001년 서울대 의대 내과학교실 교수(현) 2003~2007년 서울대병원 헬스케어시스템 강남센터 원장 2004~2007년 同내과 순환기분과장 2004~2007년 同심혈관센터장 2004~2006년 대한순환기학회 대외협력이사 2005~2009년 (주)유니드 사외이사 2006~2008년 대한순환기학회 연구이사 2007~2010년 서울대병원 진료부원장 2010년 대한민국의학한림원 정회원(현) 2013~2016년 서울대병원 병원장 2013~2016년 국립대학교병원장협의회 회장 2013년 대한병원협회 부회장 2014~2016년 한국국제의료협회(KIMA) 회장 2014~2016년 국립중앙의료원 비상임이사 2014년 대한심장학회 이사장(현) [상]대통령표창(2002), 한국언론인연합회 '자랑스런 한국인대상' 의료발전부문(2014), 국민훈장 목련장(2015) [저]'고혈압(共)'(2002) '진단학' '가정의학'

오보근(吳保根) OH Bo Keun

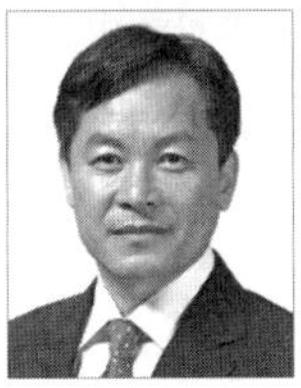

[생]1954·12·12 [본]해주(海州) [출]부산 [주]부산 연제구 중앙대로1001 부산광역시의회(051-888-8070) [학]동성고졸, 동아대졸 1985년 同경영대학원 경영학과졸 [경]2002~2006년 부산시 사상구의회 의원 2010년 부산시의회 의원(한나라당·새누리당) 2010년 同창조도시교통위원회 위원, 同예산결산특별위원회 위원 2011년 동주초 운영위원장, 동주중·주례여중·모동중 운영위원장, 새누리당 부산사상구당원협의회 부위원장, 부산시 도시디자인위원회 위원, 새누리당 부산시당 부위원장 2012년 부산시의회 건축심의위원회 위원 2012년 학장초등학교총동창회 회장 2014년 부산시의회 의원(새누리당·무소속·새누리당)(현) 2014년 同창조도시교통위원회 위원 2014년 同해양교통위원회 위원 2016년 同해양교통위원회 위원장(현) [종]불교

오봉국(吳鳳國) OHH Bong Kug (梧堂)

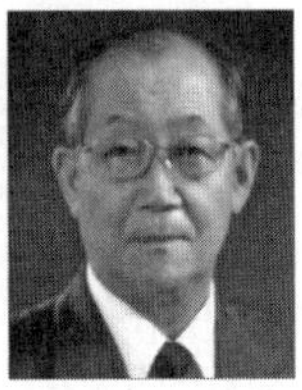

[생]1925·10·28 [본]해주(海州) [출]평남 진남포 [주]서울 관악구 관악로1 서울대학교 농업생명과학대학(02-880-4512) [학]1944년 奉天東光中졸 1952년 서울대 농대 축산학과졸 1956년 同대학원졸 1957년 미국 미네소타대 대학원졸 1968년 농학박사(호주 시드니대) [경]1952~1969년 서울대 농대 조교·전임강사·조교수·부교수 1968~1969년 同농대 축산학과장 1968~1982년 同농대 인사위원 1969~1991년 同농대 축산학과 교수 1969~1974년 同농대 교무과장 1969년 양계협회 회장 1969년 세계가금학회 이사 겸 한국지부 회장 1972년 축산학회 회장 1977~1978년 서울대 농대 축산학과장 1978년 同농업개발연구소장 1978~1980년 농촌진흥청 겸직연구관 1981년 대한민국학술원 회원(축산학·현) 1982년 서울대 농학도서관장 1983년 육종학회 회장 1984년 가금학회 회장 1987년 서울대 농대학장 1988년 농업과학협회 회장 1989~1990년 서울대 농대 교육연구재단 이사장 1990년 한국과학기술단체총연합회 부회장 1991년 세계가금학회 아·태연합회장 1991년 대한양계협회 고문 1991년 서울대 농업생명과학대학 명예교수(현) 1991년 한국국제축산박람회추진위원회 위원장 1995년 한국과학기술원한림원 원로회원 2008~2010년 대한민국학술원 부원장 [상]한국축산학회 학술상(1975), 국민훈장 석류장(1982), 국민훈장 모란장(1991), 대한민국학술원상(1991), 서울대 농생대학동창회 상록대상(2005) [저]'가축유전학'(1984) '축산'(1985) '한국가금발달사'(1985) '현대가금학'(1988) '가축육종연구논문집'(1991) '가축육종학'(1991) '최신양계요론' '가금학' [종]기독교

오봉수(吳棒洙) OH Bong Soo

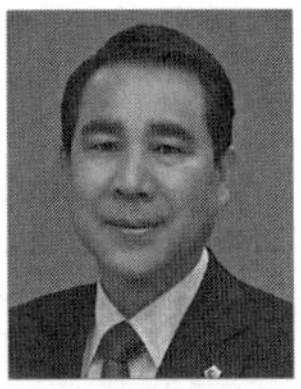

[생]1959·7·22 [본]해주(海州) [출]전북 정읍 [주]서울 중구 덕수궁길15 서울특별시의회(02-3705-1041) [학]1978년 이리농림고 토목과졸, 서울사이버대 사회복지학과졸 2012년 숭실대 대학원 경제학 석사과정 수료 [경]민주개혁지도자회의 서울대표, 바르게살기운동 금천구협의회 부회장, 금천구재향군인회 이사, 민주평통 자문위원, 열린우리당 서울금천구지역위원회 사무국장 2005~2006년 국제로타리3640지구 금천로타리클럽 회장 2006~2010년 서울 금천구의회 의원 2006~2008년 同재무건설위원회 부위원장 2008~2010년 同운영위원장 2010년 서울시의회 의원(민주당·민주통합당·민주당·새정치민주연합) 2010년 同건설위원회 부위원장 2010~2011·2012년 同예산결산특별위원회 위원 2010년 同시의회개혁과발전특별위원회 위원 2010~2011년 同CNG버스안전운행지원특별위

원회 위원 2010~2011년 同인권특별위원회 위원 2011년 同안전관리및재난지원특별위원회 위원 2012년 同운영위원회 부위원장 2012년 同건설위원회 위원 2012년 同인권도시창조를위한서울특별시의회인권특별위원회 위원 2012년 同경전철민간투자사업조속추진지원특별위원회 위원 2013년 同강남·북 교육격차해소특별위원회 부위원장 2013년 同2018평창동계올림픽지원및스포츠활성화를위한특별위원회 위원 2013년 同민간단체지원사업점검특별위원회 위원 2013년 同윤리특별위원회 위원장 2013년 同학교폭력대책특별위원회 위원 2014년 서울시의회 의원(새정치민주연합·더불어민주당)(현) 2014·2016년 同도시안전건설위원회 위원(현) 2014·2016년 同남북교류협력지원특별위원회 위원(현) 2015년 同지역균형발전지원특별위원회 부위원장(현) 2015년 同예산결산특별위원회 위원(현) 2016년 同장기미집행도시공원특별위원회 부위원장(현) 2016년 同도시안전건설위원회 위원(현)

오부명(吳富明) Oh, Pu Moung (해빈)

㉢1970·10·7 ㉠해주(海州) ㉣부산 ㉤경남 거창군 거창읍 중앙로97 거창경찰서 서장실(055-943-9312) ㉣1989년 부산남고졸 1993년 경찰대 법학과졸 2012년 연세대 법무대학원 법학과졸 ㉢2007년 서울 서대문경찰서 생활안전과장 2007년 서울 수서경찰서 경무과장 2008년 서울지방경찰청 3기동단 경찰1기동대장 2009년 경찰청 경비국 경비과 기동경찰지원계 담당 2010년 同경비국 경비과 경비1계장 2014년 인천지방경찰청 아시안게임기획단장 2015년 경남 거창경찰서장(현) ㉢대통령표창(2002), 근정포장((2005), 대통령 경호실장표창(2013)

오빈영(吳斌永) OH Bin Young

㉢1959·6·22 ㉣경북 상주 ㉤경기 안산시 단원구 신원로424 (주)서연전자 임원실(031-490-4410) ㉣1977년 대륜고졸 1985년 고려대 경영학과졸 ㉢1985년 현대건설(주) 근무 1986년 현대증권(주) 근무·同이사보 2005년 同지원본부장(상무보) 2009년 同리테일지원본부장(상무보) 2010년 同고객마케팅본부장(상무) 2010년 同경영지원총괄 상무 2010년 同소매영업총괄 상무 2011~2012년 同Retail부문장(상무) 2012년 하나대투증권 강남지역본부장 2012년 同수원지점 전무 2013년 (주)대동 상근감사 2014~2015년 同경영지원본부장(전무) 2016년 (주)서연전자 부사장(현) ㉧기독교

오삼규(吳三圭)

㉢1957·9·1 ㉤대전 서구 청사로189 통계청 통계서비스정책관실 조사시스템관리과(042-481-2434) ㉣1976년 홍성고졸 1987년 한국방송통신대 행정학과졸 1998년 강원대 대학원 정책학과졸 ㉢1998년 통계청 통계정보국 통계정보과 사무관 1999년 同서기관 2004년 同경제통계국 통계분석과장 2005년 同통계정보국 정보서비스과장 2007년 同조사관리국 조사대행과장 2010년 同공간정보서비스팀장 2011년 호남지방통계청 농어업조사과장 2013년 통계청 조사관리국 경제총조사과장 2015년 同통계서비스정책관실 조사시스템관리과장(현)

오상권(吳相權)

㉢1967·8·5 ㉣경북 김천 ㉤부산 동구 충장대로325 국민안전처 남해해양안전본부 안전총괄부(051-663-2000) ㉣1986년 대구 경원고졸 1992년 부산수산대졸 2007년 서강대 대학원 중국학과졸 ㉢1993년 경위 임관(경찰간부 후보 41기) 1997년 경감 승진 2003년 해양경찰청 인천해양경찰서 501함장(경정) 2007년 同경비구난국 경비계장 2008년 同경비구난국 경비과장(총경) 2009년 同서귀포해양경찰서장 2010년 同정보수사국 형사과장 2011년 同해상안전과장 2012년 同인천해양경찰서장 2013년 同해상안전과장 2014년 국민안전처 해양경비안전본부 해양경비안전교육원 인재개발과장 2015년 同해양경비안전본부 해양경비안전총괄과장 2016년 同부산해양경비안전서장 2016년 同남해해양경비안전본부 안전총괄부장(경무관)(현)

오상근(吳相根) OH Sang Keun

㉢1956·4·27 ㉤부산 서구 대신공원로32 동아대학교 경제학과(051-200-8626) ㉣경복고졸, 성균관대 경제학과졸, 서울대 대학원 경제학과졸, 경제학박사(미국 위스콘신대 메디슨교) ㉢동아대 사회과학대학 경제학과 조교수·부교수·교수(현) 2014~2015년 우리금융지주 사외이사 2014~2015년 우리은행 사외이사 2016년 동아대 사회과학대학장(현) ㉣'거시경제학'

오상덕(吳相德) Oh Sang Duk

㉢1952·11·20 ㉠장흥(長興) ㉣전북 이리 ㉤서울 성동구 왕십리로222 한양대학교 체육학과(02-2220-1322) ㉣1981년 한양대 체육교육학과졸 1983년 同대학원 체육학과졸 1991년 이학박사(한양대) ㉢1991년 영국 셰필드 하계유니버시아드대회 연구위원 1991~2015년 운동생리학회 위원 1991년 스포츠의학연구회 위원(현) 1991~2015년 한국노년학회 위원 1991~2015년 한국생활환경학회 위원 1992년 한양대 체육학과 교수(현) 1992~2000년 同총장 비서실장 1995년 일본 후쿠오카 하계유니버시아드대회 연구위원 1997년 스페인 팔마 하계유니버시아드대회 연구위원 1998~2001년 한국대학축구연맹 부회장 1999년 대한대학스포츠위원회 상임위원 2000년 한국유산소운동과학학회 상임이사(현) 2000년 덴소컵한일축구대회 한국선수단장 2001~2002년 대한임상운동사협회 자격연수원 외래교수 2001년 한국대학생활체육연맹 부회장 2002·2006·2009년 태국 퀸스컵국제축구대회 한국선수단장 2003~2007년 한양대 체육과학연구소장 2004년 축구부활추진위원회 위원장 2004년 일본 텐소컵 한·일축구대회 한국선수단장 2005년 터키 이즈미르 하계유니버시아드대회 한국선수단 총감독 2006·2008·2010~2012년 한양대 체육대학장 2006년 同체육위원회 위원 2006~2007년 대한선수트레이너협회 공동연구위원장 2007~2009년 한국체육학회 이사 2008년 한양대 올림픽체육관장 2008년 2013광주하계유니버시아드대회 유치위원 2009년 중국무한아시아대학축구대회 한국선수단장 2010년 한국풋살연맹 부회장 2011년 한양대 체육위원장(현) ㉢문교부장관표창(1985), Best Teacher Award(2010) ㉣'스트레스와 이완운동'(1994) '스트레스와 운동'(2002) '일상생활 수행을 위한 노인건강 체력검사'(2006) ㉧불교

오상석(吳相錫) OH Sang Seok

㉢1957·5·20 ㉠해주(海州) ㉣서울 ㉤서울 강남구 논현로86길27 동보빌딩2층 메타커뮤니케이션즈(02-566-2143) ㉣1976년 양정고졸 1985년 고려대 경제학과졸 ㉢1988년 한겨레신문 사회부 기자·차장 2003년 실업극복국민재단 사무국장 2005년 국민고충처리위원회 조사과장 2005년 同사회민원조사본부 복지노동팀장 2008~2010년 국민권익위원회 고충처리국 복지노동민원과장 2011년 메타커뮤니케이션즈 부사장(현) ㉣'일본의 신문방송과 언론노동운동'(1998)

오상용(吳相龍) OH Sang Yong

㉢1972·2·10 ㉠나주(羅州) ㉣서울 ㉤서울 서초구 서초중앙로157 서울중앙지방법원(02-530-1114) ㉣1990년 휘문고졸 1995년 서울대 공법학과졸 2006년 미국 뉴욕대 대학원 법학과졸 2013년 서울대 대학원 법학박사과정 수료 ㉢1994년 사법시험 합격(36회) 1997년 사법연수원 수료(26기) 1997년 軍법무관 2000년 수원지법 판사 2002년 서울지법 판사 2004년 춘천지법 강릉지원 판사 2008년 사법연수원 교수 2010년 서울고법 판사 2012년 창원지법 진주지원 부장판사 2013년 수원지법 부장판사 2016년 서울중앙지법 부장판사(현)

오상진(吳相辰) OH Sang-Jin

㉢1969·7·10 ㉠해주(海州) ㉣부산 ㉤경남 창원시 성산구 창이대로681 창원지방법원(055-266-2200) ㉣1988년 부산 가야고졸 1992년 서울대 사법학과졸 1996년 同대학원 법학과 수료 ㉢1998년 사법시험 합격(40회) 2001년 사법연수원 수료(30기) 2001년 서울지법판사 2003년 서울가정법원 판사 2005년 창원지법 판사 2009년 인천지법 판사 2012년 의정부지법 판사 2013년 서울중앙지법 판사 2014년 대법원 재판연구관 2016년 창원지법 부장판사(현)

오상진(吳尙珍) OH Sang Jin

㉢1970·3·19 ㉠함양(咸陽) ㉣경북 안동 ㉤강원 평창군 대관령면 올림픽로108의27 2018평창동계올림픽조직위원회 정보통신국(033-350-2018) ㉣1988년 안동고졸 1993년 한양대 전자공학과졸 2003년 서울대 행정대학원 정책학과 수료 2005년 미국 오리건대 경영대학원졸(MBA) ㉢1993~1994년 중앙공무원교육원 신임관리자과정 수료 1994~1995년 정보통신부 전파연구소 통신기술담당관실 기술기준담당 1998년 예편(공군 중위) 1998~2003년 정보통신부 정보화기획실 초고속망정보과·인터넷정보과 사무관 2005년 同정보통신정책국 소프트웨어산업지원단장 2006년 국가과학기술자문회의 국정과

제1국 연구과장 2007년 정보통신부 중앙전파관리소 기술과장 2008년 방송통신위원회 중앙전파관리소 전파계획과장(기술서기관) 2008년 同이용자네트워크국 개인정보보호과장 2009년 同개인정보보호윤리과장 2010년 同전파정책기획과장 2011년 대통령실 파견 2013년 미래창조과학부 방송통신융합실 방송통신기술과장(부이사관) 2013년 同정보통신방송정책실 정보통신방송기술정책과장 2014년 2018평창동계올림픽대회조직위원회 정보통신국장(현) [상]정보통신부장관표창(1999), 대통령표창(2012) [종]가톨릭

오상택(吳尙澤)

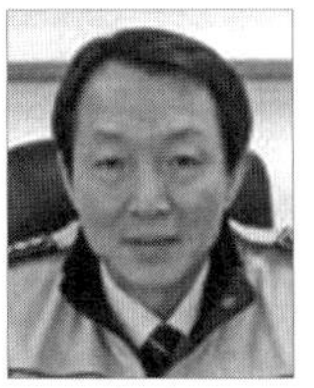

[생]1966 · 7 · 15 [출]전북 [주]전남 곡성군 곡성읍 중앙로 161 곡성경찰서 서장실(061-363-3111) [학]전주 상산고졸, 동국대 경찰행정학과졸 [경]1993년 경위 임용(경찰간부후보 41기) 2006년 경정 승진 2007년 경기 광주경찰서 수사과장 2008년 同정보보안과장 2009년 경기 하남경찰서 생활안전과장 2010년 경기지방경찰청 감찰계장 2015년 전북지방경찰청 112종합상황실장(총경) 2015년 同치안지도관 2016년 전남 곡성경찰서장(현)

오상훈(吳尙勳) OH Sang Hoon

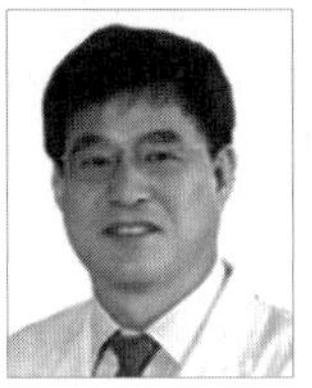

[생]1959 · 12 · 28 [출]부산 [주]부산 부산진구 복지로75 부산백병원 원장실(051-890-6500) [학]1985년 인제대 의대졸 1990년 同의과대학원졸 [경]1993년 인제대 의대 외과학교실 교수(현) 1999년 일본 동경암센터 · 게이오대학병원 · 암연구회병원 위암 연수, 인제대 동래백병원 부병원장 2005년 同동래백병원장 2010~2011년 同해운대백병원 부원장 겸 진료부장 2010~2011년 同해운대백병원 중증외상센터 소장 2012년 同부산백병원 기획실장 2013년 同부산백병원장(현) 2013~2014년 대한병원협회 이사

오상흔(吳相欣) OH Sang Huen

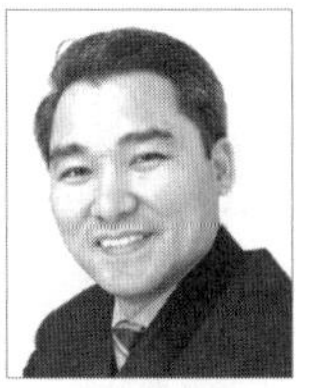

[생]1963 · 10 · 16 [주]서울 서초구 잠원로51 (주)이랜드리테일 임원실(02-323-0456) [학]1986년 단국대 전기공학과졸 [경]1988년 (주)이랜드 근무 1999년 (주)로엠 대표이사 2001년 (주)이랜드 대표이사 겸 푸마코리아 대표이사 2003년 (주)이천일아울렛 대표이사 2004~2006년 (주)뉴코아 대표이사 2006년 이랜드그룹 대형마트 비지니스그룹 사장 2006년 홈에버 대표이사 사장 겸임 2008~2010년 (주)뉴코아 대표이사 2015년 (주)이랜드리테일 하이퍼CU장(부사장)(현)

오생근(吳生根) OH Saeng Keun

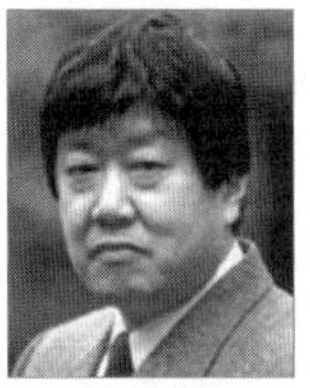

[생]1946·7·20 [본]해주(海州) [출]서울 [주]서울 관악구 관악로1 서울대학교 불어불문학과(02-880-6114) [학]1964년 경복고졸 1970년 서울대 불어불문학과졸 1975년 同대학원 불어불문학과졸 1983년 문학박사(프랑스 파리10대) [경]1970년 동아일보 신춘문예 '이상의 상상세계-동물의 이미지를 중심으로'로 평론가 등단 1975~1976년 이화여대 시간강사 1976~1984년 성심여대 불어불문학과 전임강사·조교수 1984년 서울대 인문대 조교수·부교수 1994~2011년 同불어불문학과 교수 1995년 同대학신문사 주간 2000~2001년 한국불어불문학회 부회장 2001년 한국간행물윤리위원회 서평위원 2008년 한국불어불문학회 회장 2009년 한국문학번역원 비상임이사 2011년 서울대 불어불문학과 명예교수(현) [상]동서문학비평상, 현대문학상(1996), 대산문화재단 대산문학상(2000), 제1회 우호학술상 외국문학부문(2008), 학술원상 인문과학부문(2011) [저]'삶을 위한 비평'(1978) '프랑스 시선-낭만주의부터 초현실주의까지(編)'(1983) '미셸 푸코론-인간과학의 새로운 지평을 위하여(共)'(1990) '현실의 논리와 비평'(1994) '문예사조의 새로운 이해(共·編)'(1996) '성과 사회-담론과 문화(共·編)'(1998) '프루스트와 현대 프랑스 소설(共·編)'(1998) '현대 학문의 성격'(2000) '그리움으로 짓는 문학의 집'(2000) '변혁의 시대와 문학'(2001) '문학의 숲에서 느리게 걷기'(2003) '프랑스어 문학과 현대성의 인식' '초현실주의 시와 문학의 혁명'(2010) '위기와 희망'(2011) '미셸 푸코와 현대성'(2013, 나남) [역]'엘뤼아르의 이곳에 살기 위하여'(1973) '샤토레노·꿈의 대화·숫굽는 처녀(共)'(1982) '푸코의 감시와 처벌'(1994)

오석근(吳錫根) OH Suk Keun

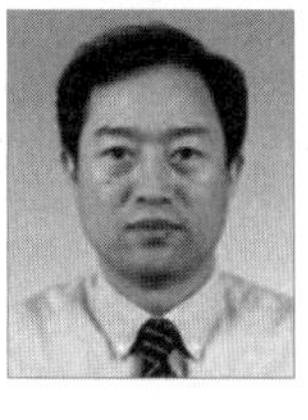

[생]1961 · 8 · 28 [본]해주(海州) [출]경남 거창 [주]부산 금정구 부산대학로63번길2 부산대학교 산학협력단(051-512-0311) [학]1980년 거창고졸 1988년 연세대 사회학과졸 [경]1989년 국회의원 비서관 1993년 한국토지공사 비서실 부장 1994년 건설교통부 장관비서관 1995~1998년 대통령비서실 행정관 1999년 한국통신프리텔 전략기획팀장 · 경영분석실장 2001년 KTF 기획조정실 정책협력담당 상무보 2003년 同정책협력실장(상무보) 2004년 同대외전략실장(상무) 2005년 同대외협력부문장(전무) 2005년 KT 대외전략실장 2006~2009년 同사업지원실장(상무) 2009년 同상무(교육파견) 2010년 KT파워텔 CR부문장(전무) 2011년 同경영기획부문장(전무) 2012~2014년 (주)KT CR지원실장(전무) 2016년 부산대 대외협력부총장(현) 2016년 同산학협력단 교수(현)

오석송(吳碩松) OH Suk Song

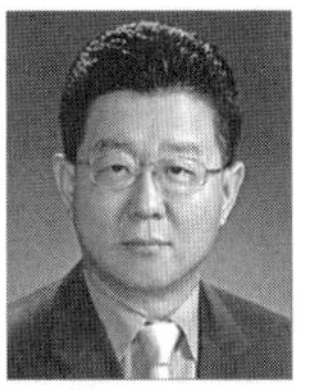

[생]1953 · 6 · 20 [출]충남 서천 [주]충북 청주시 흥덕구 오송읍 오송생명1로270 (주)메타바이오메드(043-218-1981) [학]1980년 단국대 일어일문학과졸 1983년 한국산업기술대 최고경영자과정 수료 2009년 서울대 글로벌최고경영자과정 수료 2010년 同나노IP융합과정 수료 2011년 명예 경영학박사(한국산업기술대) [경]1987~1990년 (주)한국슈어프로덕트 대표이사 1990년 (주)메타바이오메드 대표이사(현) 1999~2002년 한국산학연협회 충북지역 부회장 2000~2004년 대한치과기자재협회 부회장 2004~2006년 (사)중소기업신지식인협회 회장 2005~2011년 (사)오창과학산업단지관리공단 이사장 2006~2014년 청주상공회의소 국제통상분과 위원장 2007년 대전지방국세청 세정자문위원 2007년 KBS 시청자위원회 부위원장 2008~2013년 (사)글로벌최고경영자클럽 회장 2008~2014년 중소기업진흥공단 경영선진화자문위원 2009년 기업호민관(옴부즈만) 2010년 코스닥협회 부회장(현) 2010년 한국무역협회 부회장(현) 2012년 중소기업진흥공단 비상임이사(현) 2012년 지식경제부 자체평가위원회 위원 2012년 한국기술교육대 비상임이사(현) 2013년 同산학협력단 가족회사협의회 초대회장(현) 2014년 오송생명과학단지경영자협의회 초대회장(현) 2014년 오송첨단의료산업진흥재단 비상임이사(현) [상]산업자원부 산업기술개발자 선정(1999), 중소기업청 중소기업분야 신지식인 선정(1999), 충북도 우수중소기업인상(1999), 산학연 공동기술개발상 국무총리표창(1999), 충북과학기술발명왕 대상(2000), 충북중소기업대상 기술대상(2004), 기술혁신대전 산업포장(2006), 모범중소기업인 선정(2006), 한국정밀산업기술대회 중소기업청장표창(2007), 기업경영자 대상(2008), 한국무역협회 올해의 무역인상(2008)

오석준(吳錫俊) OH Suk Joon

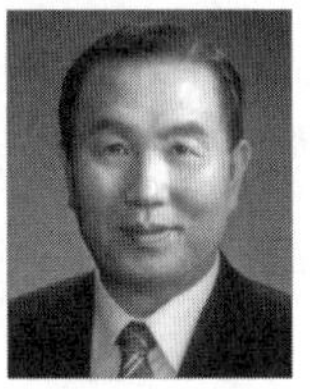

[생]1946 · 8 · 15 [본]장흥(長興) [출]전북 옥구 [주]서울 강남구 도곡로429 베스티안병원 화상재건외과(02-3452-7575) [학]1964년 이리 남성고졸 1970년 연세대 의대졸 1974년 同대학원졸 1981년 의학박사(연세대) [경]1970~1975년 연세의료원 인턴 · 전공의 1976년 군의관 1979년 예편(육군 소령) 1979~1986년 국립의료원 성형외과 전문의 1983~1984년 미국 하버드의대 연수 1986년 한림대 의대 성형외과학교실 부교수 1986~2000년 同강동성심병원 성형외과장 1992~2012년 同의대 성형외과학교실 교수 1995년 同강동성심병원 수련교육부장 1995년 대한미세술학회 이사장 1997년 한림의료원 수련교육부장 1998년 대한미세수술학회 회장 1999년 대한수부외과학회 회장 1999년 대한수부재건외과학회 회장 2000년 한림의료원 한강성심병원장 2002년 대한두경부종양학회 회장 2002년 대한성형외과학회 회장 2002년 同평의회 의장 2003년 대한병원협회 수련교육표준화위원장 2004년 의료기관 평가위원 · 실무위원장 2005년 한림대 의료원 부의료원장 2006~2012년 同성심병원 성형외과 전문의 2012년 同성형외과학교실 명예교수(현) 2012년 베스티안병원 화상재건외과 소장(현) [상]대한성형외과학회 학술상(2회), 국민훈장 모란장, 옥조근정훈장(2011) [저]'성형외과학(共)'(1994) '미세수술기법(共)'(1998) '유방학(共)'(1999) '말초신경의 손상(共)'(1999) '표준 성형외과학(共)'(1999) [역]'수부외과학'

오석준(吳碩峻) OH Suk Joon

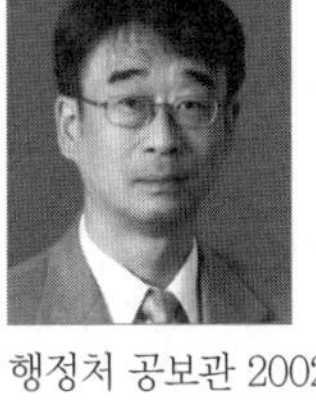

[생]1962 · 10 · 29 [출]경기 파주 [주]서울 서초구 서초중앙로157 서울고등법원 제31민사부(02-530-2264) [학]1980년 광성고졸 1984년 서울대 법학과졸 [경]1987년 사법시험 합격(29회) 1987~1990년 사법연수원 수료(19기) 1990년 서울지법 서부지원 판사 1992년 서울형사지법 판사 1994년 춘천지법 판사 1997년 서울지법 판사 1999년 同서부지원 판사 2000년 서울지법 판사 2001년 법원행정처 공보관 2002년 서울고법 판사 2005년 춘천지법 속초지원장 2007년 사법연수원 형사교수실 교수 2008년 법원행정처 공보관 2010년 서울행정법원 행정1부 부장판사 2013년 서울고법 춘천재판부 부장판사 2014년 수원지법 수석부장판사 2015년 서울고법 부장판사(현)

오석태(吳碩泰) Suktae Oh

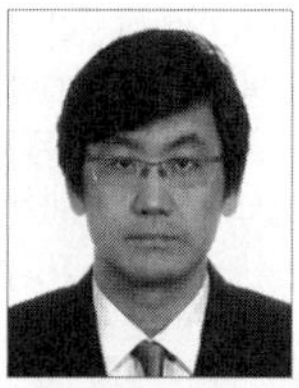

[생]1968 · 3 · 8 [출]서울 [주]서울 종로구 새문안로82 S타워14층 한국SG증권(02-2195-7430) [학]1986년 숭실고졸 1990년 서울대 경제학과졸 1996년 미국 하버드대 대학원 경제학과 수료 [경]1996~1997년 씨티은행 한국지점 자금부 근무 1997~2004년 同한국지점 이코노미스트 2004년 한국씨티은행 경제분석팀장 · 이코노미스트 2009~2012년 한국스탠다드차타드제일은행 수석이코노미스트(상무) 2012년 한국스탠다드차타드은행 수석이코노미스트(상무) 2013년 한국SG증권 Research Head 2013년 同이코노미스트(현)

오석환(吳碩煥)

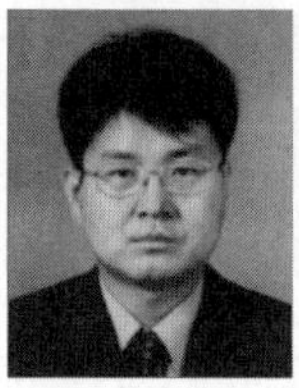

[생]1964 · 6 · 10 [출]경북 상주 [주]대구 수성구 수성로76길11 대구광역시교육청 부교육감실(053-757-8113) [학]1982년 동국대사대부고졸 1990년 건국대 영어영문학과졸 1998년 서울대 행정대학원 행정학과졸 2002년 철학박사(영국 맨체스터대) [경]1992년 행정고시 합격(36회) 1993년 공직 임용 2003년 교육인적자원부 국제교육협력담당관실 교육행정사무관 2005년 同정책홍보관리실 서기관 2005년 同정책상황팀장 2007년 同평가정책팀장 2008년 교육과학기술부 대학연구지원과장 2009년 영국문화원 파견 2010년 교육과학기술부 영어교육강화팀장 2011년 同영어교육정책과장(부이사관) 2011년 同정책기획관실 기획담당관 2012년 同학교폭력근절과장(학교폭력근절추진단장 겸임) 2012년 同학교지원국장(고위공무원) 2012년 同학생지원국장 2013년 충북대 사무국장 2015년 대구시교육청 부교육감(현)

오선교(吳璇敎) OH Seon Kyo

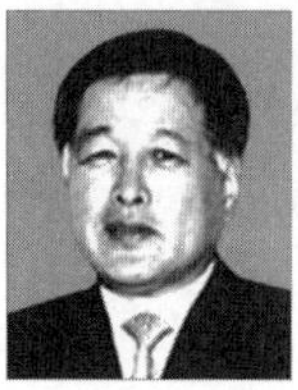

[생]1950 · 1 · 3 [출]충남 보령 [주]충북 청주시 상당구 사직대로361번길91 (주)선엔지니어링종합건축사사무소(043-220-8500) [학]1970년 대전공업고등전문학교 건축과졸(5년제) 1974년 청주대 건축공학과졸 1982년 同대학원 건축공학과졸 1988년 미국 조지워싱턴대 행정경영대학원 수료 2000년 공학박사(청주대) [경]1970~1975년 한국전력공사 건축과 근무 1975~1999년 (주)선종합건축사사무소 설립 · 대표 1984~1989년 청주시 도시계획위원 1985~1993년 청주대 강사 1992~1993년 청주시 교통영향평가심의위원 1993~1995년 충북도건축위원회 위원 1993~1998년 충북검도협회 회장 1994년 (주)선종합건축(감리전문회사) 대표이사 1995~1997년 청주시 건축위원 1996~2001년 충북도건축사회 회장 1997~2008년 청주지법 건축전문조정위원회 부회장 1999년 (주)선엔지니어링종합건축사사무소 회장(현) 1999~2007년 직장새마을운동 충북도협의회장 2000~2004년 충북도 건축위원회 위원 2001년 한국건설신기술협회 이사 2001~2013년 한국CM협회 이사 2003~2005년 대한건축사협회 이사 2003~2010년 새마을운동중앙회 이사 2004년 한국건설감리협회 이사 2006년 건설교통부 중앙건설기술심의위원회 위원 2008~2010년 한국건설감리협회 회장 2009년 청주지법 민사조정위원장 2010~2013년 대한적십자사 충북지사 상임위원 [상]충북도예총 예술상(1999), 충북도건축문화상 대상(1999), 새마을훈장 근면장(2002), 충북도건설인상 설계부문(2002), 충북도건축상 금상(2002), 법무부장관표창(2002), 환경부장관표창(2003), 건설교통부장관표창(2004), 대한건축학회상 기술부문(2006)

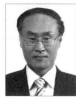

오선영(吳善寧) OH Sun Young

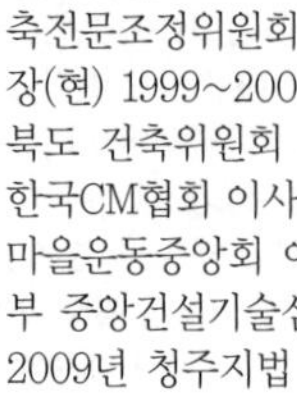

[생]1957 · 9 · 5 [출]대전 [주]서울 영등포구 의사당대로8 심환까뮤빌딩7층 파라텍 임원실(02-3780-8700) [학]1976년 대전고졸 1980년 고려대 기계공학과졸 [경]1981~1983년 동양나이론 근무 1983~1986년 대우전자(주) 근무 1986~1990년 대우캐리어(주) 대리 · 과장 1990~1997년 캐리어(주) 설계부 팀장 1997~2003년 同설계부장 2003~2004년 同품질경영담당 임원 2004~2006년 同공장장 2007년 (주)파라다이스산업 기술연구소장(상무이사) 2009년 同기술연구소장 겸 제조사업본부장(전무이사) 2012~2015년 同대표이사 2015년 (주)파라텍 대표이사(현) [종]기독교

오선희(吳善姬 · 女) OH SEON HEE

[생]1967·11·15 [출]경기 남양주 [주]서울 서초구 서초중앙로157 서울중앙지방법원(02-530-1114) [학]1985년 휘경여고졸 1989년 고려대 법과대학졸 1995년 同대학원졸(석사) [경]1991년 사법시험 합격(33회) 1994년 사법연수원 수료(23기), 대전지법 판사 1996년 同천안지원 판사 1998년 서울지법 의정부지원 판사 2001년 同북부지원 판사 2003년 서울지법 판사 2005년 서울고법 판사 2007년 서울북부지법 판사 2009년 춘천지법 부장판사 2010년 의정부지법 고양지원 민사3부장 2012년 同고양지원 형사1부장 2013년 서울북부지법 부장판사 2015년 서울중앙지법 부장판사(현) 2016년 언론중재위원회 위원(현)

오성규(吳成圭) OH Seong Kyu

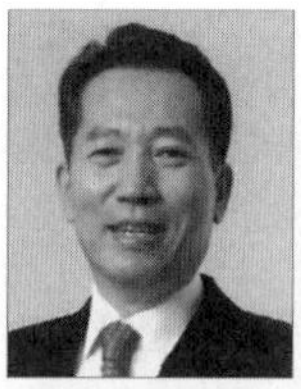

[생]1953 · 7 · 10 [출]인천 [주]인천 남구 인중로5 새누리당 인천시당(032-466-0071) [학]연세대 정경대학원 행정학과졸 [경]민주평통 인천계양구협의회 회장, 계양구생활체육연합회 회장 2010년 인천시 계양구청장선거 출마(한나라당) 2014년 인천시 계양구청장선거 출마(새누리당), 새누리당 여의도연구원 정책자문위원(현) 2016년 同인천계양甲당원협의회 조직위원장(현) 2016년 제20대 국회의원선거 출마(인천 계양구甲, 새누리당)

오성균(吳晟均) OH Sung Kyun

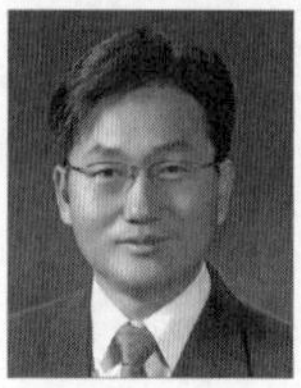

[생]1966 · 10 · 1 [출]충북 청원 [주]충북 청주시 서원구 산남로62번길35 법무법인 충청(043-241-1111) [학]1986년 충북고졸 1992년 고려대 법학과졸 [경]1996년 사법고시 합격(38회) 1999년 사법연수원 수료(28기) 1999년 변호사 개업, 우진합동법률사무소 대표변호사 2001년 한국방송공사 법률고문 2004년 한나라당 충북청원군당원협의회 운영위원장 2004년 제17대 국회의원선거 출마(청원, 한나라당) 2008년 제18대 국회의원선거 출마(청원, 한나라당) 2008~2009년 한나라당 충북도당 위원장 2015~2016년 새누리당 충북청원당원협의회 운영위원장 2015년 법무법인 충청 대표변호사(현) 2016년 새누리당 청주시청원구당원협의회 운영위원장(현) 2016년 제20대 국회의원선거 출마(청주시 청원구, 새누리당) 2016년 초정노인복지재단 이사장(현) [종]불교

오성근(吳成根)

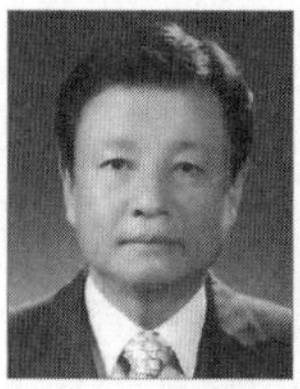

[생]1957 · 1 · 1 [주]서울 서대문구 충정로60 NH농협손해보험 임원실(02-3786-7965) [학]1975년 충북 제천고졸 1987년 건국대 행정학과졸 [경]1975년 농협중앙회 입사 1992년 同공제교육단 과장 1996년 同점포지원팀 차장 2000년 同공제수리팀장 2002년 同공제자산관리팀장 2008년 同남양주시지부 부지부장 2009년 同김포장기지점장 2012년 NH농협생명 경영지원본부장 2014년 同아비바생명통합추진단장 2015년 同경기지역총국장 2016년 NH농협손해보험 전략총괄부문장(현)

오성근(吳成根) OH Sung Geun

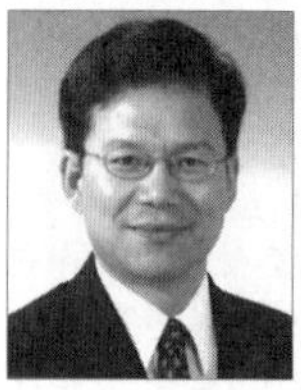

[생]1958·6·9 [출]서울 [주]부산 연제구 중앙대로1001 부산광역시청 2030엑스포추진단(051-888-6441) [학]1977년 경기고졸 1981년 서울대 영어교육과졸 2009년 헬싱키경제대 대학원 경영학과졸 2012년 건국대 대학원 경영학 박사과정 수료 [경]1983년 대한무역투자진흥공사 해외조사부 근무 1986년 同워싱턴무역관 1996년 同암만무역관장 1999년 同시장조사처 미주부장·북미팀장 2001년 同비서팀장 2002년 同브뤼셀무역관장 2005년 同LA무역관장 2007년 同시장전략팀장 2008년 同기획조정실장 2009년 同정보컨설팅본부장 2010년 同해외마케팅본부장 2011~2013년 同부사장 2013~2016년 벡스코(BEXCO) 대표이사 사장 2013~2016년 부산관광컨벤션포럼 이사장 2013~2016년 한국방문위원회 위원 2013~2016년 한국해양레저네트워크 이사 2014~2016년 한국MICE협회 이사 2015년 '2030부산등록엑스포유치' 집행위원장(현) 2016년 동서대 관광학부 객원교수(현) [상]한국마이스협회 감사패(2014)

오성남(吳成男) OH Sung Nam

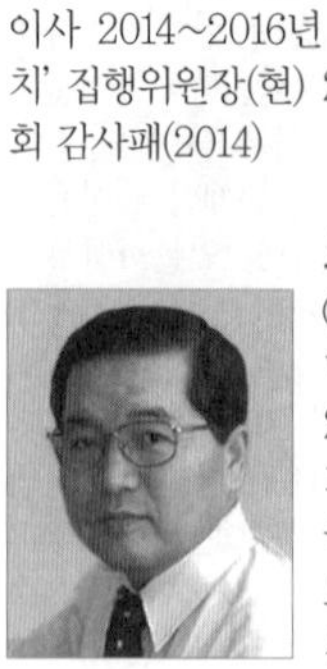

[생]1948 · 3 · 19 [본]해주(海州) [출]경북 김천 [주]서울 서대문구 연세로50 연세대학교 자연과학연구원(02-2123-5680) [학]1966년 김천고졸 1972년 연세대 천문기상학과졸 1975년 同대학원 기상학과졸 1983년 미국 텍사스A&M대 대학원졸 1988년 기상학박사(미국 오클라호마대) [경]1976~1981년 국방과학연구소 물리전자부 선임연구원 1979~1980년 연세대 천문기상학과 강사 1981~1983년 미국 텍사스A&M대 Research Assistant 1985년 미국 Oklahoma Climatological Survey 연구원 1988년 미국 Maryland Univ. 기상학과 연구교수(Research Associate) 1990~1992년 연세대 대기과학과 강사 1990~1997년 한국과학기술연구원 지구환경정보연구부장 1992~1996년 충남대 자연대학 겸임교수 1994~1998년 연세대 천문대기학과 산학연 초빙부교수 1997~1999년 한국전자통신연구원 영상처리연구부 책임연구원 1999~2005년 기상청 국립기상연구소 응용기상연구실장 · 원격탐사연구실장 2000~2005년 同기상연구소 국가지정연구실 연구책임자 2001년 同기상연구소 인공강우연구팀장 2002년 同기상연구소 지구대기감시관측소장 2002~2004년 연세대 · 건국대 · 단국대 강사 2002년 기상청 기상연구소 지구대기감시관측소장 2003년 同기상연

구소 응용기상연구실장 2004년 同기상연구소 원격탐사연구실장 2005년 국립환경과학원 지구환경연구소장 2005년 광주과학기술원 대우교수 겸 겸직교수 2006년 기상청 국립기상연구소 원격탐사연구실장 2007년 同MTRM사업단장 2008~2011년 한국연구재단 전문경력인사 2008~2011년 대구한의대 소방방재환경학과 교수 2008년 연세대 지구환경연구소 연구교수 겸 전임연구원 2009~2013년 성균관대 조경학과 겸임교수 2012~2013년 한국기상학회 수석부회장 2012년 한국과학기술정보연구원(KISTI) RESET PROGRAM 전문연구위원(현) 2012~2016년 경기도 재해사전대책영향성검토위원 2014년 연세대 자연과학연구원 연구교수 겸 전문연구원(현) 2014년 산업인력공단 기술사자격시험 심의위원장(현) 2015년 케이바스(KBAS) 다목적기상항공기운영사업본부장(현) [상]한국과학기술단체총연합회 우수연구논문상(1993), 시스템공학연구소 최우수논문상(1995), 한국방재학회 학술상(2002), 한국기상학회 학술상(2007), 행정자치부장관표창(2010), 한국물학술단체연합회 특별공로상(2013) [저]'컴퓨터그래픽 기상응용' '위성관측과 대기복사량 계산' '신고 농업기상학(共)'(2001) '벼작물의 컴퓨터 모의 모형 개발' '기후와 문화'(2011, 시그마프레스) '대기환경'(2011, 연세대) '물용어집, 물용어사전'(2011, 물학술단체연합회) '대기과학용어집'(2013, 한국기상학회) [역]'기후변화'(2007, 기상청) '위성레이다'(共) [종]천주교

오성목(吳性穆) OH Seong Mok

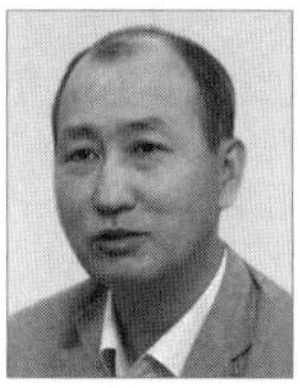

[생]1960·8·20 [출]충북 청주 [주]경기 성남시 분당구 불정로90 (주)KT 네트워크부문장실(031-727-0114) [학]청주고졸 1983년 연세대 전자공학과졸 1985년 同대학원 전자공학과졸 [경]1986년 한국통신 사업지원본부 근무 1990년 同네트워크시스템연구부 근무 1991년 同비서실 근무 1994년 同연구개발원 인력개발부장 1995년 同무선사업추진단 무선시설부장 1996년 同PCS사업실무추진위원회 엔지니어링팀장 1997년 한국통신프리텔(주) 망설계팀장 1998년 同무선망설계팀장 1999년 同네트워크부문 망구축담당 이사대우 2001년 同네트워크부문 운용담당 이사대우 2001년 (주)KTF 네트워크부문 운용담당 상무보 2003년 同네트워크부문 네트워크품질담당 상무보 2003년 同네트워크부문 동부네트워크본부장(상무보) 2004년 同네트워크부문 네트워크전략실장(상무) 2005년 同전략기획부문 사업개발실장(상무) 2005년 同전략기획부문 기술전략실장(상무) 2006년 해외 연수 2007년 (주)KTF 네트워크부문 광주네트워크본부장(상무) 2009년 同네트워크부문 네트워크품질관리실장 2009년 (주)KT 수도권무선네트워크운용단장(상무) 2010년 同무선네트워크본부장(상무) 2012년 同네트워크부문 무선네트워크본부장 2012년 同네트워크부문장(전무) 2014년 同네트워크부문장(부사장)(현)

오성배(吳成培) OH, Seong Bae

[생]1967·1·15 [주]전남 목포시 해양대학로91 목포해양대학교 사무국(061-240-7070) [학]1985년 광주고졸 1992년 서울대 사회교육과졸 2012년 연세대 교육대학원 교육행정학과졸 [경]1996년 행정고시 합격(40회) 1998~2004년 특허청 조사과·국제협력과·출원과·발명진흥과·심사기준과 근무(사무관) 2005~2007년 과학기술부 R&D특구기획단·혁신기획관실·우주기술개발과 근무(사무관) 2008~2010년 교육과학기술부 우주정책과·과학인재육성과·과학기술정책과 근무(서기관) 2011~2012년 국립과천과학관 경영기획과장·교육과학기술부 과기인재양성과장 2013년 경북대 기획조정과장 2013~2015년 교육부 정보보호팀장·학교폭력대책과장·학교정책과장 2016년 목포해양대 사무국장(부이사관)(현)

오성식(吳成植) OH Sung Sik

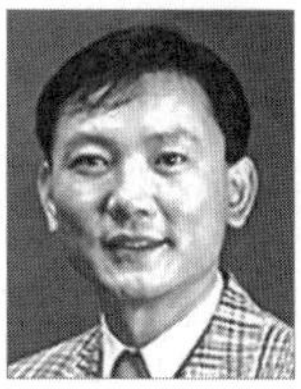

[생]1960·6·19 [본]해주(海州) [출]전북 전주 [주]서울 서초구 사임당로64 교대벤처타워3층 오성식영어연구원(02-584-1230) [학]1979년 대신고졸 1985년 한국외국어대 포르투갈어과졸 1987년 미국 미시간주립대 대학원졸 [경]1979~1985년 국제회의 등에서 100회이상 통역 1982년 駐韓 美8군감찰사령관 통역관 1990년 EBS TV '중학영어' 진행 1990년 KBS FM '오성식의 굿모닝팝스' 진행 1992년 오성식영어연구원 대표이사(현) 1993년 EBS TV '미리가본대학' 진행 1994년 MBC TV '세계로 가는 장학퀴즈' 진행 1995년 두산수퍼네트워크(CATV) '오성식의 팝스잉글리시' 진행 1996년 KBS TV '오성식의 굿모닝잉글리시' 진행 2006년 원음방송 '오성식의 굿모닝쇼'·'오성식의 굿이브닝쇼' 진행 2008년 오성식국제학교 이사장(현) [상]문공부장관표창, 한국방송대상, EBS·KBS우수 프로그램 진행상(1990·1995), 방송대상 청소년부문대상(1996) [저]'오성식 생활영어' '오성식 팝스잉글리시' '오성식 중학영어' '오성식 씽씽영어' '오성식 파노라이브 잉글리시' 등 [종]천주교

오성엽(吳聖燁) OH Sung Yep

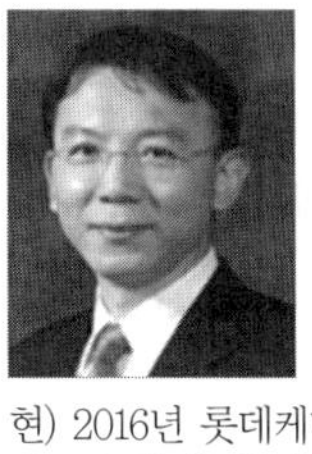

[생]1960·5·27 [출]서울 [주]울산 남구 여천로 271번길19 롯데정밀화학(주) 비서실(052-270-6156) [학]1980년 경동고졸 1985년 중앙대 경영학과졸 [경]호남석유화학(주) 이사대우 2007년 同전략경영팀장(이사) 2010년 同전략경영팀장(상무) 2012년 롯데케미칼(주) 전략경영팀장(상무) 2013년 同기획부문장(전무) 2013년 同모노머사업본부장(전무) 2015년 롯데그룹 기업문화개선위원회 위원(현) 2016년 롯데케미칼(주) 경영지원본부장(전무) 2016년 롯데정밀화학(주) 대표이사(현) [상]대통령표창(2015)

오성종(吳成宗) Oh Sung-Jong

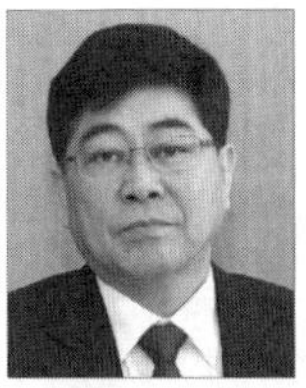

[생]1956·9·5 [출]제주 서귀포 [주]전북 완주군 이서면 콩쥐팥쥐로1500 국립축산과학원(063-238-7000) [학]1978년 제주대 농학과졸 1983년 서울대 대학원 농학석사 1997년 농학박사(서울대) [경]1984년 농촌진흥청 축산시험장 축산연구사 2006년 국립축산과학원 동물유전체과장 2007년 국제축산연구소(ILRI) 상주연구관 2010년 국립축산과학원 축산생명환경부장 2012~2016년 제주대 생명자원과학대학 생명공학부 부교수 2016년 국립축산과학원 원장(현)

오성택(吳成澤) OH Sung Tack

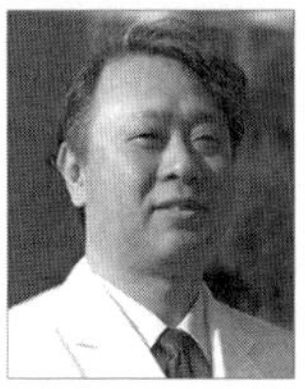

[생]1954·5·4 [출]광주 [주]광주 동구 백서로160 전남대학교병원 산부인과(062-220-6374) [학]1973년 광주제일고졸 1979년 전남대 의대졸 1983년 同대학원졸 1988년 의학박사(전남대) 2009년 컴퓨터공학박사(호남대) [경]1983년 광주적십자병원 산부인과장 1985~1997년 전남대 의대 산부인과 전임강사·조교수·부교수 1990년 미국 노스캐롤라이나대 연구교수 1993년 일본 오사카대(大阪大) 객원교수 1997년 전남대 의대 산부인과 교수(현) 2009년 同의대 산부인과 주임교수 2013년 대한만성골반통학회 회장 [저]'부인과학' '산과학'

오성환(吳星煥) Seonghwan Oh

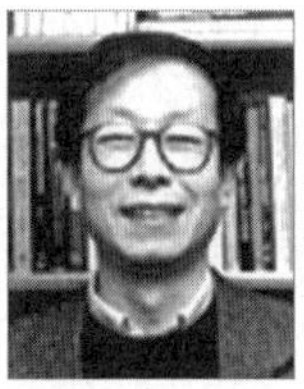

[생]1955·5·27 [출]부산 [주]서울 관악구 관악로1 서울대학교 사회과학대학 경제학부(02-880-6381) [학]1979년 서울대 경제학과졸 1983년 미국 브라운대 대학원졸 1987년 경제학박사(미국 브라운대) [경]1987~1991년 미국 UCLA 조교수 1991년 서울대 사회과학대학 경제학부 조교수·부교수·교수(현) 1994~1998년 한국계량경제학회 편집장 1995~1996년 홍콩 과학기술대학(HKUST) 방문교수 1996~2000년 한국사회과학연구협의회 편집위원 1996~1998년 서울대 대학신문사 부주간 1997년 금융개혁위원회 자문위원 1997~2001년 한국금융학회 편집위원 1997~1999년 한국경제학회 편집위원 1998~2002년 한국계량경제학회 편집위원 1998~1999년 금융감독위원회 금융감독원 설립위원 1998~1999년 한국금융학회 사무총장 1999~2003년 금융감독위원회 규제심사위원 1999~2001년 한국금융학회 이사 2000~2008년 한국금융연구원 편집위원 2000~2002년 재정경제부 금융발전심의회 위원 2002~2004년 서울대 발전기금 상임이사 2004~2006년 同기획실장 2004~2006년 한국경제학회 이사 2004~2006년 재정경제부 금융발전심의회 은행분과 위원장 2005년 대법원 공탁금관리위원회 위원 2006년 일본 오사카대학 특별연구원 2008~2010년 한국계량경제학회 감사 2008~2010년 서울대 경제학부장 2008~2009년 한국금융학회 부회장 2008~2010년 서울대 평의원회 평의원 2009년 전국은행연합회 자문위원 2010년 한국계량경제학회 회장 2010년 한국금융학회 감사 2010~2012년 서울대 사회과학대학장 2011년 한국경제학회 부회장 2011년 국회입법조사처 자문위원 [저]'우리나라의 통화신용정책 : 1953-1989'(1993, 한국금융연구원) '국채경매방식이 경매수입에 미치는 영향'(2004, 한국금융연구원)

오성환(吳誠煥) esmond Oh

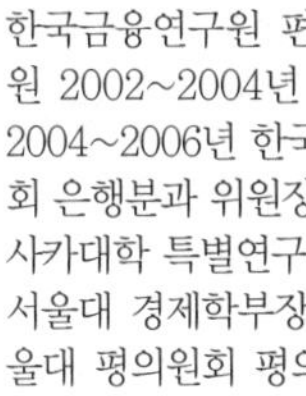

[생]1960·1·9 [주]서울 송파구 중대로105 가락ID타워 1501호 (주)이오컨벡스 대표이사실(02-2152-5000) [학]1978년 경동고졸 1987년 한양대 재료공학과졸 2000년 한림대 국제학대학원 국제회의학과졸 2007년 同대학원 컨벤션학박사과정 수료 [경]기아자동차 구매팀 근무, 삼성전자 냉열기수출팀 근무, (주)두오인터텍 대표이사 1998년 (주)이오컨벡스 대표이사(현), 영산대 겸임교수, 공정거래위원회 국제협력분과 자문위원 2004년 (주)부산이오컨벡스 대표이사, 한국컨벤션학회 이사·부회장(현), 한국전시주최자협회 이사(현), 한국PCO협회 부회장, (사)한국MICE협회 이사 2008년 (주)코리아스피커스뷰로 대표이사 2011년 (사)한국MICE협회 회장(현) 2011년 한국PCO협회 이사 2015년 한국마이스사업협동조합 초대이사장(현) [상]산업자원부표창, 문화관광부표창, 농림부장관표창 [종]불교

오세기 Se-Kee, Oh

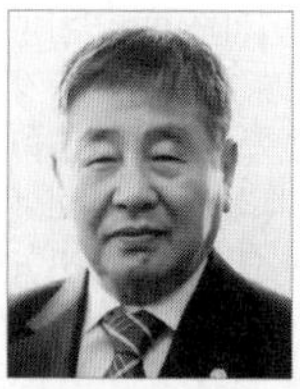

[주]울산 울주군 서생면 해맞이로658의91 한국전력국제원자력대학원대학교 총장실(052-712-7101) [학]1969년 서울대 원자력공학과졸 1983년 캐나다 맥매스터대 대학원 원자력공학과졸 1985년 원자력공학박사(캐나다 맥매스터대) [경]1971년 한국원자력연구소 원자로설계 담당 1992년 고등기술연구원 전력에너지 연구위원 1993~2012년 아주대 에너지학과 교수 2010년 한국전력국제원자력대학원대학교(KINGS) 교학처장 2012년 아주대 에너지시스템학과 명예교수(현) 2015년 한국전력국제원자력대학원대학교(KINGS) 총장(현) [상]국민훈장 목련장(1995), 한국공학한림원 선정 '한국의 100대 기술과 주역'(2010)

오세립(吳世立) OH Sei Lip

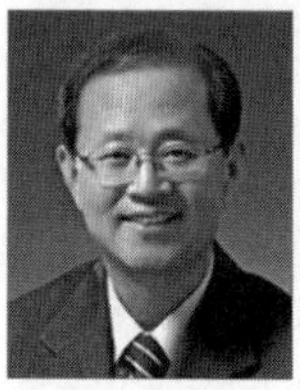

[생]1946·3·11 [출]경기 안성 [주]서울 강남구 테헤란로133 한국타이어빌딩 법무법인 태평양(02-3404-0118) [학]1964년 배재고졸 1969년 고려대 법대 행정학과졸 [경]1971년 사법시험 합격(13회) 1973년 사법연수원 수료(3기) 1973년 광주지법 순천지원 판사 1975년 同장흥지원 판사 1977년 인천지법 판사 1978년 서울형사지법 판사 1980년 서울민사지법 판사 1982년 서울지법 동부지원 판사 1983년 광주고법 판사 1984년 서울고법 판사 1986년 대법원 재판연구관 1987년 창원지법 부장판사 1990년 수원지법 여주지원장 1991년 서울민사지법 부장판사 1994년 대구고법 부장판사 1996년 대구지법 수석부장판사 1997년 서울고법 부장판사 1998년 서울지법 의정부지원장 2000년 서울고법 부장판사 2000년 서울지법 형사수석부장판사 겸임 2004년 서울서부지법원장 2005년 법무법인 태평양 고문변호사(현) 2005년 대법원 공직자윤리위원회 위원 2009년 근로복지공단 자문위원 2011년 서울시청 행정심판위원회 직대(현)

오세봉(吳世鳳) OH Se Bong

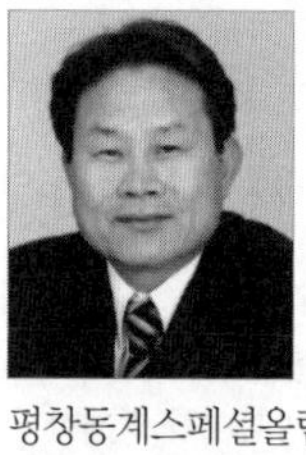

[생]1957·12·24 [본]해주(海州) [출]강원 강릉 [주]강원 춘천시 중앙로1 강원도의회(033-256-8035) [학]연세대 정책과학대학원 최고경영자과정 수료, 관동대 경영정책대학원 최고경영자과정 수료 [경]1995년 강원미래연구소 정책연구원 1996년 국회의원 입법비서관 2006년 강원 강릉시의원선거 출마 2010년 강원도의회 의원(한나라당·새누리당) 2010년 同운영위원회 위원, (재)2013평창동계스페셜올림픽조직위원회 위원 2012년 강원도의회 2018평창동계올림픽지원특별위원회 위원장 2012년 同경제건설위원회 위원 2014년 강원도의회 의원(새누리당)(현) 2014·2016년 同기획행정위원회 위원(현) 2016년 同운영위원장(현) 2016년 전국시·도의회의운영위원장협의회 수석부회장(현) [종]천주교

오세빈(吳世彬) OH Se Bin

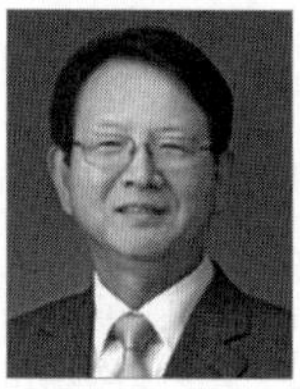

[생]1950·3·17 [본]해주(海州) [출]충남 홍성 [주]서울 서초구 서초대로74길4 법무법인(유) 동인(02-2046-0655) [학]1968년 대전고졸 1972년 서울대 법대졸 1973년 同대학원 수료, 독일 괴팅겐대 연수 [경]1973년 사법시험 합격(15회) 1975년 사법연수원 수료(5기) 1975년 광주지법 판사 1978년 수원지법 판사 1980년 서울지법 남부지원 판사 1982년 서울민사지법 판사 1984년 서울형사지법 판사 1986년 서울고법 판사 1989년 대법원 재판연구관 1990년 부산지법 울산지원 부장판사 1991년 수원지법 여주지원장 1993년 사법연수원 교수 1996년 수원지법 성남지원장 1997년 대전고법 부장판사 1998년 대전지법 수석부장판사 직대 1998년 대전고법 부장판사 1999년 서울고법 부장판사 2000년 대법원 기업법커뮤니티 회장 2005년 대전지법원장 2005년 서울동부지법원장 2006년 대전고법원장 2008~2009년 서울고법원장, 대청법학연구회 초대회장 2008~2009년 중앙선거관리위원회 위원 2009~2014년 법무법인(유) 동인 대표변호사 2011년 현대자동차 사외이사 겸 감사위원(현) 2011년 교육과학기술부 사학분쟁조정위원장 2013년 대법원 국민사법참여위원회 위원(현) 2014년 법무법인(유) 동인 구성원변호사(현) 2015년 서울고법 제3기 시민사법위원회 위원장(현)

오세열(吳世烈) Oh. Sei Yeul

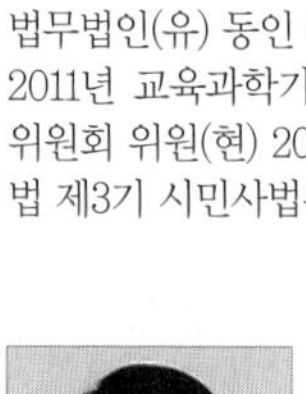

[생]1961·2·8 [주]서울 강남구 일원로81 삼성서울병원 안과(02-3410-2114) [학]1987년 서울대 의과대학졸 1997년 同대학원 의학석사 2002년 의학박사(서울대) [경]1990~1995년 서울대병원 인턴·레지던트 1995년 미국 클리블랜드대 안과클리닉 연수 1997년 성균관대 의과대학 안과학교실 조교수·부교수·교수(현) 1997~2001년 미국 UCLA Jules Stein Eye Institute 방문교수 2013년 삼성서울병원 진료운영실장(현) 2015년 同안과 과장(현) [상]탑콘 안과학술상(2011)

오세영(吳世榮) OH Sae Young (石田)

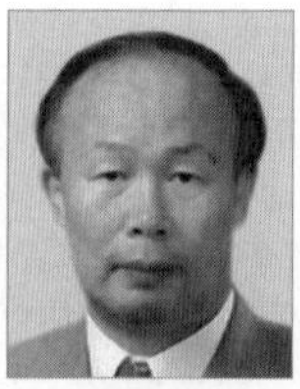

[생]1942·5·2 [본]해주(海州) [출]전남 영광 [주]서울 서초구 반포대로37길59 대한민국예술원(02-3479-7223) [학]1960년 전주 신흥고졸 1965년 서울대 국어국문학과졸 1971년 同대학원졸 1980년 문학박사(서울대) [경]1968년 현대문학을 통해 등단·시인(현) 1974~1981년 충남대 문과대 전임강사·조교수·부교수 1981년 단국대 문리대 부교수 1985~2007년 서울대 인문대 국어국문학과 교수 1999~2002년 한국시학회 회장 2006~2008년 한국시인협회 회장 2007년 서울대 명예교수(현) 2009~2012년 고산문학축전 운영위원회 운영위원장 2011년 대한민국예술원 회원(현) [상]素月시문학상, 鄭芝溶문학상, 녹원문학상, 한국시협회상, 空超문학상, 만해시문학상, 은관문화훈장(2008), 제22회 김달진문학상(2011), 목월문학상(2012) [저]'한국근대문학론과 근대시' '한국현대시 분석적 읽기' '한국낭만주의 시 연구' '상상력과 논리' [역]스페인어, 영어, 독일어, 프랑스어, 일본어 번역 시집 있음 [작]시집 '어리석은 헤겔' '아메리카 시편' '사랑의 저쪽' '무명연시' '벼랑의 꿈' '정멸에 불빛' '시간의 쪽배'(2005) '꽃피는 처녀들의 그늘 아래서'(2005) '바람의 그림자'(2009) '푸른스커트의 지퍼'(2010) '밤 하늘의 바둑판'(2011)

오세영(吳世英) OH Se Young

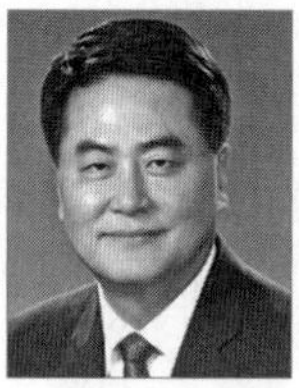

[생]1956·3·20 [출]대전 [주]서울 동작구 보라매로5길 23 삼성보라매옴니타워 KTH 임원실(1588-5668) [학]1976년 영등포고졸 1983년 연세대 성악과졸 1994년 이탈리아 유럽음악원졸, 한양대 언론정보대학원 수료 [경]1983년 KBS 예능국 근무 1992년 同TV1국 근무 1994년 同TV2국 근무 1998년 同예능국 차장 2002년 同예능국 책임프로듀서 2003년 同창원방송총국 편성제작국장 2004년 同창원방송총국 편성제작팀장 2005년 同예능2팀 '사랑의 리퀘스트' 프로듀서 2006년 同시청자사업팀장 2008년 同TV제작본부 예능2팀장 2009년 同TV제작본부 예능제작국장 2009년 同창원방송총국장 2011년 同예능국 국장급 2011년 同글로벌전략센터 한류추진단장 2013년 同글로벌한류센터장 2014년 同TV본부 예능국 국장급 2014년 KTH 대표이사 사장(현) 2014년 한국T커머스협회 회장(현) 2016년 한국인터넷기업협회 부회장(현) [상]우수프로그램평가상(8회), 서울시장표창, 노동부장관표창, 국무총리표창 [작]연출 'KBS교향악단 UN연주'(1995) '영국여왕 방한 축하연주'(1999) '한·일 월드컵 개막식'(2002) '부산 아시안게임 개폐회식'(2002) 'KBS국악관현악단 UN연주'(2002) '하와이이민100주년 열린음악회'(2003) '일본 열린음악회' '가요대상' '빅쇼' '이명박대통령 취임식'(2008) 등 [종]천주교

오세영(吳世永) OH Se Young

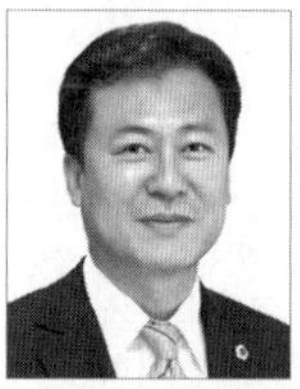

[생]1968·1·25 [본]해주(海州) [출]경기 용인 [주]경기 수원시 팔달구 효원로1 경기도의회(031-8008-7000) [학]태성고졸 1992년 경희대 체육학과졸, 단국대 행정법무대학원 재학 중 [경]우제창 국회의원 사무국장·정책특보, 모현중총동문회 수석부회장, 민주당 중앙당 대의원, 同용인시처인구지역위원회 지방자치위원장 2006년 경기도의원선거 출마(열린우리당) 2010년 경기도의회 의원(민주당·민주통합당·민주당·새정치민주연합), 同경제과학기술위원회 위원 2012년 경기도의회 민주통합당 대변인 2014년 경기도의회 의원(새정치민주연합·더불어민주당)(현) 2014~2016년 同도시환경위원회 위원장 2016년 同여성가족교육협력위원회 위원(현) [종]기독교

오세용(吳世容) OH Se Yong

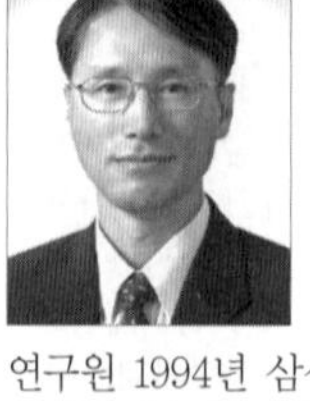

[생]1954·12·15 [본]해주(海州) [출]충북 진천 [주]서울 강남구 테헤란로305 15층 한국공학한림원(02-6009-4000) [학]청주고졸 1977년 서울대 금속공학과졸 1980년 同대학원 금속공학과졸 1987년 금속공학박사(미국 MIT) [경]1986~1988년 미국 MIT Materials Processing Center 연구원 1988년 미국 IBM T.J Watson Research Center 연구원 1990~1993년 同Data System Division 연구원 1994년 삼성전자(주) 메모리본부 PKG개발팀장 1996년 同반도체생기센터 PKG기술팀장 1998년 同반도체총괄 반도체연구소 PKG개발팀장 1999년 同메모리개발사업부 연구위원 2001년 同반도체패키지팀담당 상무 2004년 同반도체총괄 메모리사업부 ITP실장(전무) 2005년 삼성 펠로우(Fellow) 2007년 삼성전자(주) 반도체총괄 메모리사업부 ITP실장(부사장), 同반도체총괄 패키지실장 2009년 서울옵토디바이스 대표이사 2009년 한국마이크로전자 및 패키징학회 회장, 서울대 융합과학기술대학원 초빙교수 2013~2015년 SK하이닉스 제조기술부문장(사장) 2014~2016년 한국공학한림원 회원 2016년 同정회원(재료자원공학분과·현) [상]장영실상(2000) [종]천주교

오세욱(吳世旭) OH Seh Uk

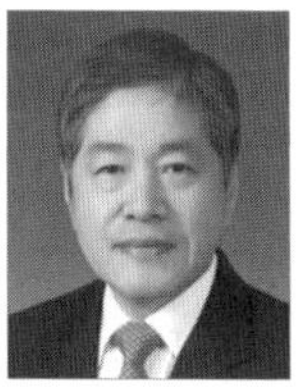

[생]1954·12·11 [출]광주 [주]광주 동구 지산로70 동산빌딩4층 법무법인 이우스(062-233-3326) [학]1973년 광주제일고졸 1977년 고려대 법대졸 [경]1976년 사법시험 합격(18회) 1978년 사법연수원 수료(8기) 1978년 해군 법무관 1981~1987년 광주지법 판사·목포지원 판사 1987년 미국 Santa Clara대 방문연구원 1988년 광주고법 판사 1991년 대법원 재판연구관 1993년 광주지법 장흥지원장 1995년 광주지법 부장판사 1996년 同순천지원장 1998년 광주지법 부장판사 2000~2005년 광주고법 부장판사 2003~2005년 광주지법 수석부장판사 겸임 2005년 광주고법 수석부장판사 2006년 전주지법원장 2008~2009년 광주지법원장 2009년 변호사 개업 2012년 법무법인 이우스 대표변호사(현) [종]기독교

오세위(吳世偉)

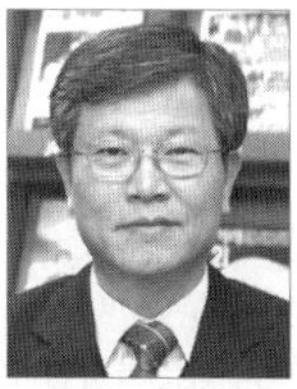

[생]1956·4·20 [출]경기 안성 [주]울산 중구 종가로340 근로복지공단 임원실(052-704-7718) [학]1975년 경복고졸 1982년 건국대 법학과졸 2009년 고려대 대학원 노동법학과졸 [경]2006~2008년 근로복지공단 충주지사장 2009~2012년 同근로복지공단 보험급여국장 2012~2014년 同기획조정본부장 2014년 同근로복지정책연구센터장 2014년 同재활의료이사(상임이사) 2016년 同기획이사(상임이사)(현) [상]노동부장관표창(1991·1995), 자랑스런 공단인상(2010), 국무총리표창(2014)

오세응(吳世應) OH Se Eung (意南)

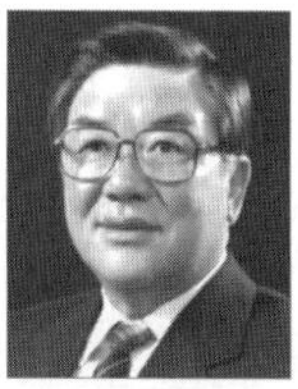

[생]1933·4·18 [본]해주(海州) [출]경기 안성 [학]1952년 경기고졸 1957년 연세대 정치외교학과졸 1958년 미국 햄린(Hamiline)대 정치학과졸 1970년 정치학박사(미국 아메리칸대) [경]1960년 미국의소리 방송국(워싱턴) 아나운서 1966년 한국통신사(워싱턴) 이사장 1967년 민주협의회 초대회장 1971년 제8대 국회의원(전국구, 신민당) 1973년 제9대 국회의원(여주·광주·이천, 신민당) 1973년 신민당 원내부총무·국제국장 1979년 제10대 국회의원(성남·여주·광주·이천, 무소속 당선, 신민당 입당) 1979년 신민당 국제문제특위 위원장 1980년 입법회의 의원 1981년 제11대 국회의원(성남·광주, 민정당) 1982년 IPU 한국대표단장 1982~1983년 정무제1장관 1983년 IPU 집행위원 1985년 제12대 국회의원(성남·광주, 민정당) 1986년 민정당 중앙집행위원 1988년 의회정치연구소 이사장 1992년 제14대 국회의원(성남중원·분당, 민자당·신한국당) 1992년 국회 문화체육공보위원장 1995년 국회 통일외무위원장 1995년 한·미의원외교협의회 회장 1996년 제15대 국회의원(성남분당, 신한국당·한나라당·자민련) 1996~1998년 국회 부의장 1997년 정치발전협의회 이사장 2000년 자민련 성남분당乙지구당 위원장 2012년 (사)지방자치제도개선모임 상임대표(현) [상]청조근정훈장 [저]'영어변람'(共) '영어명언집' '의회에 산다' '솔직한 대화' '서재필의 개혁운동과 오늘의 과제' [종]기독교

오세인(吳世寅) OH Se In

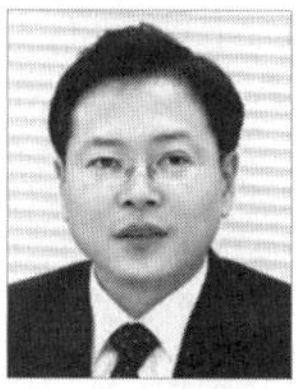

[생]1965·10·20 [출]강원 양양 [주]광주 동구 준법로7의12 광주고등검찰청 검사장실(062-231-3114) [학]1983년 강릉고졸 1987년 서울대 법학과졸 [경]1986년 사법시험 합격(28회) 1989년 사법연수원 수료(18기) 1989년 軍법무관 1992년 수원지검 검사 1994년 부산지검 울산지청 검사 1996년 서울지검 검사 1998년 대구지검 검사 2001년 同부부장검사 2001년 대전지검 공주지청장 2002년 대검찰청 연구관 2004년 同공안2과장 2005년 서울남부지검 형사6부장 2006년 대검찰청 범죄정보1담당관 2007년 서울중앙지검 공안1부장 2008년 대검찰청 대변인 2009년 同공안기획관 2009년 서울중앙지검 제2차장검사 2010년 대검찰청 선임연구관 2010년 부산고검 검사 2011년 서울고검 공판부장 2012년 대구고검 차장검사 2012년 대검찰청 기획조정부장 2013년 법무연수원 연구위원 2013년 대검찰청 반부패부장 2013년 同공안부장(검사장급) 2015년 서울남부지검장 2015년 광주고검장(현)

오세일(吳世一) OH Se Il

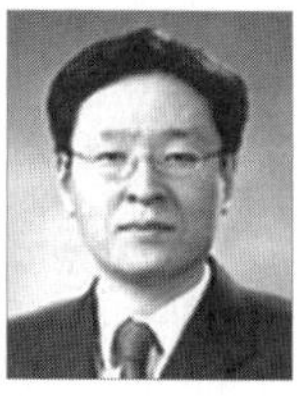

[생]1966·10·2 [주]서울 종로구 대학로101 서울대학교병원 순환기내과(02-2072-2088) [학]1985년 양정고졸 1991년 서울대 의대졸 2001년 同대학원 의학과졸 2003년 의학박사(서울대) [경]1992~1996년 서울대병원 내과 전공의 1999~2001년 同순환기내과 전임의 2001년 同외래진료의 2001년 同임상교수 2002·2007·2012~2013년 서울대 의대 내과학교실 기금조교수·기금부교수·기금교수 2014년 同의대 내과학교실 교수(현)

오세정(吳世正) OH Se Jung

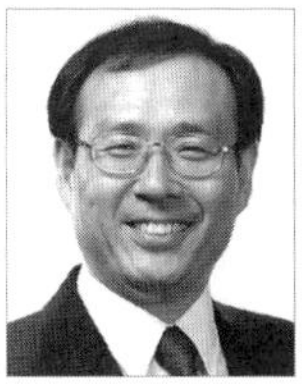

[생]1953·2·17 [본]해주(海州) [출]서울 [주]서울 영등포구 의사당대로1 국회 의원회관711호(02-784-9518) [학]1971년 경기고졸 1975년 서울대 물리학과졸 1982년 물리학박사(미국 스탠퍼드대) [경]1981년 미국 Xerox Palo Alto연구소 연구원 1984~1994년 서울대 물리학과 조교수·부교수 1989년 대통령자문 21세기위원회 위원 1990년 미국 미시간대 방문교수 1994년 일본 동경대 물성연구소 방문교수 1994~2006년 서울대 자연과학대학 물리학부 교수 1995년 同자연과학대학 기획연구실장 1997년 포항공과대 방문교수 1999~2002년 국가과학기술자문회의 자문위원 1999년 과학기술부 복합다체계물성연구센터 소장 2002년 삼성이건희장학재단 이사 2003년 대통령자문 정책기획위원 2003~2004년 한국물리학회 부회장 2004~2006년 국가과학기술자문회의 자문위원 2004년 서울대 자연과학대학장 2004년 전국자연과학대학장협의회 회장 2006~2016년 서울대 자연과학대학 물리천문학부 물리학전공 교수 2007년 제17대 대통령직인수위원회 국가경쟁력강화특별위원회 과학비즈니스TM벨트T/F 자문위원 2007년 한국과학재단 비상임이사 2008~2010년 국무총리산하 정부업무평가위원회 민간위원 2008~2011년 국가교육과학기술자문회의 자문위원 2009년 청암과학 Fellow 심사위원장 2009~2012년 기초기술연구회 이사 2011년 한국연구재단 이사장 2011년 국제과학비즈니스벨트위원회 민간위원 2011~2014년 기초과학연구원 초대 원장 2012년 국방기술품질원 비상임이사 2012~2015년 한국과학기술기획평가원 비상임이사 2016년 바른과학기술사회실현을위한 국민연합 상임대표(현) 2016년 제20대 국회의원(비례대표, 국민의당)(현) 2016년 국민의당 제6정책조정위원장 2016년 同가습기살균제문제대책특별위원회 위원(현) 2016년 국회 미래창조과학방송통신위원회 위원(현) 2016년 국회 윤리특별위원회 간사(현) 2016년 국회 미래일자리특별위원회 간사(현) 2016년 국민의당 국민정책연구원장(현) [상]한국과학기술단체총연합회 과학기술우수논문상(1994), 한국과학상(1998), 제2기 닮고 싶고 되고 싶은 과학자상(2003)

오세조(吳世祚) Oh, Sejo

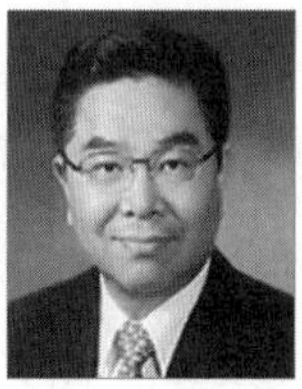

[생]1953·2·19 [본]해주(海州) [출]부산 [주]서울 서대문구 연세로50 연세대학교 경영대학 경영학과(02-2123-2514) [학]1971년 경북고졸 1975년 연세대 경영학과졸 1980년 서울대 대학원 경영학과졸 1987년 경영학박사(미국 신시네티대) [경]1975~1978년 해군 OCS 경리장교 1978~1981년 국제경제연구원 연구원·책임연구원 1981~1982년 한국산업경제기술연구원 연구원·책임연구원 1982~1990년 강원대 경영대학 무역학과 전임강사·조교수 1990년 연세대 경영대학 경영학과 조교수·부교수·교수(현) 1995~1997년 한국담배인삼공사 비상임이사 1997년 연세대 경영대학원 교학부장 1998~2000년 同상경대학 경영학과장 2001년 산업자원부 정책평가위원 2001~2009년 농협유통 비상임이사 2002년 공정거래위원회 경쟁국 자문위원 2002~2003년 한국유통학회 회장 2003~2005년 연세대 경영연구소장 2004~2006년 건설교통부 물류정책위원 2009년 유통물류프랜차이즈 리더스포럼 회장 2010년 한국유통물류정책학회 회장(현) 2012~2014년 롯데손해보험(주) 사외이사 2012년 중소기업중앙회 유통분야상생협력위원회 공동위원장 2012년 소상공인진흥원 비상임이사 2013년 공정거래위원회 유통분야 자문위원 2013~2014년 연세대 미래교육원장 2014~2015년 同국제캠퍼스 부총장 2014~2016년 롯데손해보험(주) 사외이사 겸 감사위원 [상]American Marketing Association 최우수논문상 'Best Paper Award'(1987), 정진기언론문화상(1997), 제1회 중소기업기술인재대전 노동부장관표창(2009), 매경미디어그룹·대한상공회의소 2015 한국유통대상 산업통상자원부장관표창(2015), 중앙일보·이코노미스트 '2015 대한민국 경제리더' 글로벌부문(2015), 매경닷컴 '2015 대한민국 최고의 경영대상' 리더십경영부문(2015) [저]'할인점 경영(上·下)'(1998, 박영사) '유통을 알면 당신도 CEO(共)'(2001, 중앙경제평론사) '미래를 바꾸는 ECR·SCM 경영혁명(共)'(2001, 중앙경제평론사) '한·일 소매유통전쟁(共)'(2002, 중앙경제평론사) '日韓小賣業の新展開(共)'(2003, 千倉書房) '프랜차이즈 경영원론(共)'(2006, 한국프랜차이즈협회) '실전 프랜차이즈 마케팅전략(共)'(2007, 중앙경제평론사) '손에 잡히는 프랜차이즈 경영(共)'(2008, 중앙경제평론사) '물류관리 : 이론과 실제(共)'(2008, 도서출판 두남) '마케팅원론(共)'(2010, 박영사) '마케팅관리(共)'(2011, 박영사) '프랜차이즈 창업경영실무(共)'(2012, 한울) '유통실무 기본 상식(共)'(2013, 중앙경제평론사) '유통 마케팅실무 기본 상식(共)'(2014, 중앙경제평론사) '소비자지향적 유통관리(共)'(2015, 박영사) [역]'소매경영'(2011, 한울출판사) [종]기독교

오세종(吳世鍾) OH Sei Jong

ㆍ(생)1947·10·6 (본)서울 (주)서울 영등포구 양산로53 월드메르디앙비즈센터 한국합창총연합회(02-3661-8535) (학)대광고졸 1974년 서울대 음대 성악과졸 1983년 세종대 음악대학원 수료 (경)1975~1984년 국립합창단 단원 겸 부지휘자 1983년 서울우먼싱어즈 단장 겸 상임지휘자(현) 1985~1992년 서울시립가무단 음악지도단원 1985년 서울크리스천우먼스콰이어 지휘자 1986년 (사)한국합창총연합회 고문(현) 1992년 큰빛남성코랄 지휘자 1993~1996년 국립합창단 단장 1993년 한국예술종합학교 강사 1993년 한국음악협회 이사·회원 2009년 한국합창지휘자협회 상임이사 2010년 세종문화회관 서울시합창단장 겸 상임지휘자 2012~2015년 부산시립합창단 수석지휘자 2012년 한국합창지휘자협회 고문(현) (종)기독교

오세창(吳世昌) OH Sae Chang

(생)1951·5·23 (출)대전 (주)경기 동두천시 방축로23 동두천시청 시장실(031-860-2114) (학)1969년 성남고졸 1974년 한양대 정치외교학과졸 1991년 고려대 정책과학대학원 수료 (경)1983년 민주산악회 동두천시지부장 1983년 국회의원 보좌관 1986년 민정당 의정부·동두천·양주지구당 사무국장 1986년 동두천청년회의소 회장 1986~1990년 한국자유총연맹 동두천시 부지부장 1995년 민주평통 자문위원 1995년 경기도의회 의원 1995년 同민주자유당 대변인 1995년 同신한국당 대변인 2001년 동두천시21세기연구회 회장 2001년 한민족사랑실천운동본부 동두천지회장 2005년 민주평통 동두천시협의회장 2005년 통일부 통일교육위원 2006년 동두천시장선거 출마(열린우리당) 2007~2010년 국제와이즈멘 한국중부지구 동두천클럽 운영이사 2007년 경기 동두천시장(재보선 당선, 무소속) 2010년 경기 동두천시장(무소속·새정치민주연합) 2014년 경기 동두천시장(새정치민주연합·더불어민주당)(현) (상)서울지검장표창(2000), 황해도지사표창(2002), 동두천교육장표창(2003), 대한민국재향군인회장표창(2005), 대한적십자사총재표창(2007), 제2회 대한민국 바른지도자상(2008), 제9회 駐韓미군 좋은이웃상(2011), 경기도사회복지사협회 경기도사회복지대상(2015) (종)기독교

오세헌(吳世憲) OH Seahun

(생)1959·12·23 (본)해주(海州) (출)대전 (주)울산 동구 방어진순환도로1000 현대중공업(052-202-2114) (학)1978년 대전고졸 1982년 서울대 법학과졸 (경)1982년 사법시험 합격(24회) 1984년 사법연수원 수료(14기) 1985년 서울지검 남부지청 검사 1988년 대전지검 천안지청 검사 1989년 부산지검 검사 1992년 법무부 법무실 검사 1994년 서울지검 검사 1994년 대통령비서실 파견 1996년 부산고검 검사 1996년 대통령비서실 파견 1997년 대전지검 서산지청장 1998년 서울지검 부부장검사 2000년 수원지검 공판송무부장 2000년 사법연수원 교수 2002년 서울지검 서부지청 형사5부장 2003~2004년 서울중앙지검 공안1부장 2004~2015년 김앤장법률사무소 변호사 2015년 현대중공업 법무실장(부사장)(현) (상)근정포장(1996)

오세헌(吳世憲) Seheon Oh

(생)1960·3·8 (주)경기 수원시 영통구 반달로87 경기지방중소기업청 창업성장지원과(031-201-6910) (학)1990년 한밭대 기계공학과졸 1994년 同대학원 기계공학과졸 2005년 기계공학박사(충남대) (경)1980~1996년 공업진흥청 연구원 1996년 중소기업청 기계사무관 2007년 同소상공인정책본부 소상공인지원팀장 2008년 同중소서비스기업과장(기술서기관) 2009년 대구경북지방중소기업청 공공판로지원과장 2011년 同창업성장지원과장 2011년 중소기업청 규제영향평가과장(기술서기관) 2013년 同생산기술국 기술협력보호과장 2014년 同대변인 2015년 경기지방중소기업청 창업성장지원과장(부이사관)(현)

오세혁(吳世赫) Oh Se Hyuk

(생)1965·5·14 (주)경북 안동시 풍천면 도청대로455 경상북도의회(054-880-5126) (학)대구한의대 경영학과졸 (경)최경환 국회의원 보좌관, 한나라당 경북도당 부위원장, 통일교육위원회 위원, 새누리당 경산시·청도군 당원협의회 사무국장, 경산청년회의소 회장, 경산시육상경기연맹 회장 2014년 경북도의회 의원(새누리당)(현) 2014년 同농수산위원회 위원 2014~2016년 새누리당 경북도의회 원내대표단 총무 2016년 경북도의회 건설소방위원회 위원(현) (상)전국시·도의회의장협의회 우수의정 대상(2016)

오세훈(吳世勳) OH Se Hoon

(생)1961·1·4 (본)해주(海州) (출)서울 (주)서울 강남구 테헤란로317 동훈타워 법무법인 대륙아주(02-3016-5277) (학)1979년 대일고졸 1983년 고려대 법학과졸 1990년 同대학원 법학과졸 1999년 법학박사(고려대) 2009년 명예 법학박사(몽골 몽골국립대) (경)1984년 사법시험 합격(26회) 1988년 사법연수원 수료(17기) 1991년 변호사 개업 1995~2004년 대한변호사협회 환경문제연구위원회 위원 1996~2000년 환경운동연합 법률위원장 겸 상임집행위원·시민법률상담실장 겸임 1996년 서울시 녹색서울시민위원회 감사 1996년 시사저널 편집자문위원 1997~2000년 숙명여대 법학과 겸임교수 1997~2004년 민주사회를위한 변호사모임 환경위원 1998년 미국 예일대 Law School 객원교수 1999~2000년 숙명여대 법학과(민사소송법) 겸임교수 2000~2004년 환경운동연합 지도위원 2000~2002년 한나라당 부대변인 2000~2004년 제16대 국회의원(서울 강남구乙, 한나라당) 2001~2005년 국립발레단 운영자문위원장 2001년 한나라당 미래를위한청년연대 공동대표 2002~2004년 김장리법률사무소 변호사 2003년 한나라당 원내부총무 2003~2004년 同상임운영위원 2003년 同청년위원장 2004년 국회 정치개혁특별위원회 한나라당 간사 2004년 법무법인 지성 대표변호사 2005년 한국노동조합총연맹 자문변호사 2005년 (사)미래포럼 공동대표 2005년 행복가정재단 홍보대사 2005~2006년 환경운동연합 중앙집행위원회 2006년 포니정장학재단 감사 2006·2010~2011년 서울특별시장 2006~2010년 서울영상위원회 위원장 2010년 서울형그물망복지센터 희망드림단 명예단장 2011년 국제장애인기능올림픽대회조직위원회 공동위원장 2011년 영국 킹스칼리지 공공정책대학원 연구원 2013년 법무법인 대륙아주 고문변호사(현) 2013년 한양대 공공정책대학원 특임교수 2014~2015년 KOICA 아프리카 장기파견 2016년 새누리당 서울종로구당원협의회 운영위원장(현) 2016년 제20대 국회의원선거 출마(서울 종로구, 새누리당) (상)포브스코리아경품질대상 공공혁신부문(2008), UN 공공행정상(UNPSA)(2009), 제45회 전국여성대회 우수지방자치단체장상(2009), 서울석세스어워즈2009 정치부문상(2009), kbc광주방송 목민자치대상 광역자치단체장상(2015), (사)대한민국가족지킴이 대한민국실천대상 국위선양부문(2015) (저)수필집 '가끔은 변호사도 울고 싶다'(1995) '미국 민사재판의 허와 실'(2000) '우리는 실패에서 희망을 본다(共)'(2005) 에세이집 '시프트-생각의 프레임을 전환하라'(2009) '서울은 불가능이 없는 도시다'(2010, 21세기북스) '오후의 서울 산책'(2011, 미디어월) (종)천주교

오 송(吳 松) Oh Song

(생)1962·4·1 (주)서울 종로구 사직로8길60 외교부 인사운영팀(02-2100-7136) (학)1985년 서울대 외교학과졸 (경)1985년 외무고시 합격(19회) 1985년 외무부 입부 1994년 駐시카고 영사 1997년 駐인도 1등서기관 2002년 駐미국 1등서기관 2004년 외교통상부 정책총괄과장 2006년 국무조정실 외교심의관 2007년 駐인도네시아 공사참사관 2010년 동북아역사재단 정책기획실장 2012년 駐캐나다 공사 2015년 駐몽골 대사(현)

오수근(吳守根) OH, SOO GEUN

(생)1956·8·29 (본)해주(海州) (출)강원 춘천 (주)서울 서대문구 이화여대길52 이화여자대학교 법과대학 법학과(02-3277-3556) (학)1979년 서울대 법학과졸 1981년 同대학원 법학과졸 1985년 미국 미시간대 대학원 비교법학과졸 1988년 서울대 대학원 경영학과졸 1994년 법학박사(숭실대) (경)1981~1984년 육군사관학교 법학과 교관 1986년 서울대 강사 1988~2000년 인하대 법학과 교수 1996년 한국항공우주법학회 감사 2000년 이화여대 법과대학 법학과 교수(현) 2000년 기업법학회 상임이사 2005~2015년 대림산업 사외이사 2008~2010년 이화여대 법학연구소장 2009~2010년 유엔 국제상거래법위원회(UNCITRAL) 의장 2010년 이화여대 기획처장 2010~2016년 同감사실장 2010~2014년 유엔 국제상거래법위원회(UNCITRAL) 실무그룹 의장 2014~2016년 이화여대 법학전문대학원장 겸 법과대학장 2015~2016년 법학전문대학원협의회 이사장 2016년 (주)동양 사외이사(현) 2016년 법학전문대학원협의회 법학적성시험(LEET) 출제위원장 겸 연구사업단장(현) (저)국제사법(共) '비교법'(共) '외부감사론'(2007) '도산법개혁 1998~2007(2007) '도산법의이해'(2008) '도산법'(2011) (종)기독교

오수동(吳洙東) O Soo Dong

(생)1949·7·11 (본)해주(海州) (출)충남 당진 (주)서울 중구 통일로92 에이스타워12층 국외소재문화재재단 사무총장실(02-6902-0756) (학)1967년 경복고졸 1969년 서울대 건축공학과 중퇴 (경)1974년 행정고시 합격(16회) 1975~1984년 문화공보부 근무 1984~1986년 대통령비서실 파견 1986~1991년 駐뉴욕총영사관 영사 1991~1994년 공보처 기획관리실·해외공보관 근

무 1994~1997년 駐미국대사관 공보관 1997~1999년 駐뉴욕총영사관 홍보관 2000년 국정홍보처 홍보기획국장 2001년 중앙공무원교육원 파견 2002년 국정홍보처 홍보기획국장 2002~2006년 駐미국대사관 홍보공사 2006~2008년 경주세계문화엑스포조직위원회 사무총장 2014년 국외소재문화재재단 사무총장(현) [상]근정포장(1993), 홍조근정훈장(1999) [종]천주교

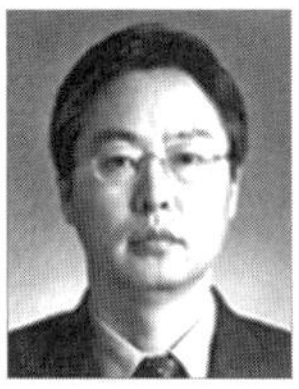

오수상(吳秀相) OH Soo Sang
[생]1956·1·28 [출]서울 [주]서울 강남구 테헤란로114 역삼빌딩11층 삼성화재해상보험 감사실(02-3468-9398) [학]1974년 대동상고졸 1984년 고려대 수학교육과졸 1990년 미국 볼스테이트대 대학원 보험수리학과졸 [경]1984년 보험감독원 입사 2000년 금융감독원 총무국 팀장급, 同총무국 비서팀장, 同런던사무소 파리주재원, 同보험검사2국 검사기획팀장, 同총무국 부국장 겸 인사팀장 2007년 同광주지원장 2008년 同손해보험서비스국장 2009년 同런던사무소장 2012~2015년 생명보험협회 부회장 2016년 삼성화재해상보험 감사(현)

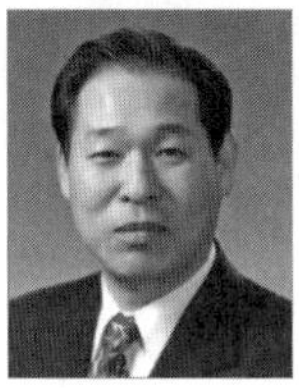

오수열(吳洙烈) OH Soo Yol
[생]1950·2·24 [출]전남 장성 [주]광주 동구 필문대로 309 조선대학교 사회과학대학 정치외교학과(062-230-6734) [학]1969년 조선대부고졸 1973년 조선대 정치외교학과졸 1975년 同대학원 정치외교학과졸 1988년 대만 국립정치대 삼민주의연구소 박사과정 수료 2002년 정치학박사(중국 인민대) [경]1977년 조선대 정치외교학과 전임강사 1982년 학원민주화관련 해직 1988~1997년 조선대 정치외교학과 전임강사·조교수·부교수 1988년 同법인사무국장 서리 1990~1995년 한국민주시민교육협의회 감사 1992년 조선대 통일문제연구소장 1992년 한국국제정치학회 이사 1995년 同상임이사 1996년 조선대 정책대학원장 1996~2000년 한국동북아학회 회장 1997년 조선대 사회과학대학 정치외교학과 교수(현) 1997~2007년 한국군사학회 호남지회장 1998년 호남정치학회 회장 1998년 조선대 지역사회발전연구소장 1999년 민주평통 상임위원 1999년 한국정치학회 북한통일연구위원장 1999년 조선대 기획실장 2001년 한국정치학회 부회장 2001~2004년 광주·전남통합추진위원회 상임대표 2001년 평화라이온스클럽 회장 2002년 (사)21세기남도포럼 상임대표·공동대표(현) 2003년 전국포럼연합 공동대표(현) 2003~2005년 행정자치부 지방자치단체합동평가위원회 위원 2004년 조선대 통일문제연구소장 2004~2013년 광주시 공익사업선정위원회 위원 2005년 한국동북아학회 회장(현) 2008년 조선대 사회과학연구원장 2010~2012년 同사회과학대학장 2012~2015년 同정책대학원장 [상]대통령표창(2001), 한국동북아학회 학술상(2003), 국민훈장 석류장(2004), 조선대총장표창(2005) [저]'이야기 고사성어'(1987) '인간과 윤리'(1991) '동북아정치·경제협력론'(1999) '북한사회의 이해'(2000) '북한사회론'(2000) '미·중시대와 한반도'(2002) '열린사회 페달밟기'(2003) '중국정부개혁론'(2003) '북한 핵문제의 실체적 해부(共)'(2005)

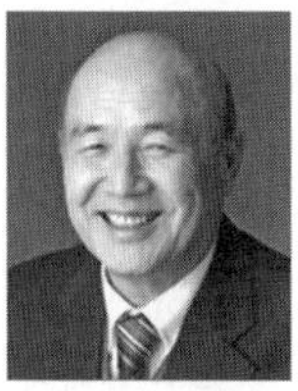

오수웅(吳秀雄) OH Soo Woong
[생]1939·9·15 [주]전북 전주시 덕진구 상리1길14 태전약품판매(주) 임원실(063-210-0700) [학]1963년 성균관대 약대졸 2004년 명예 경영학박사(원광대) [경]1978년 태전약품판매(주) 대표이사 회장(현) 1981년 군산시약사회 회장 1985년 의약품도매협회 전북지부장 1991년 군산상공회의소 부회장 1995년 전북지방경찰청 자문위원, 한국의약품도매협회 자문위원 2015년 한국의약품유통협회 상임자문위원(현) [상]국무총리표창(1987), 내무부장관표창, 재무부장관표창, 국세청장표창, 보건사회부장관표창, 국민포장(2003)

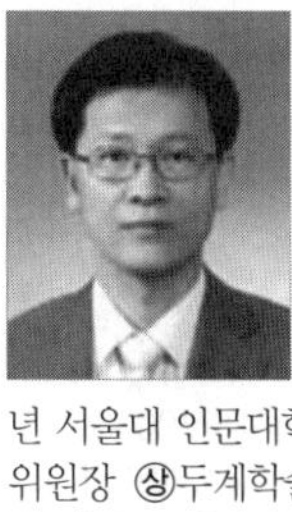

오수창(吳洙彰) OH Soo Chang
[생]1958·8·30 [본]해주(海州) [주]서울 관악구 관악로1 서울대학교 인문대학 국사학과(02-880-6178) [학]1977년 천안고졸 1982년 서울대 국사학과졸 1984년 同대학원졸 1996년 문학박사(서울대) [경]1984~1997년 충남대·한국외국어대·서울대·가톨릭대 강사 1989~1992년 서울대 규장각 조교 1992~1997년 同규장각 학예연구사 1997~2009년 한림대 인문대학 사학과 교수 2009년 서울대 인문대학 국사학과 교수(현) 2011년 역사교육과정개발추진위원회 위원장 [상]두계학술상(2004) [저]'조선정치사 1800-1863(共)'(1990) '조선후기 평안도 사회발전연구'(2002, 일조각) '조선시대 정치, 틀과 사람들'(2011, 한림대학교 출판부) 등 [역]'서수일기-200년 전 암행어사가 밟은 5천리 평안도길'(2015)

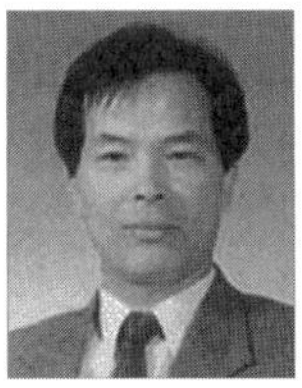

오수형(吳洙亨) Oh, Soo-Hyoung
[생]1952·2·4 [출]서울 [주]서울 관악구 관악로1 서울대학교 중어중문학과(02-880-6075) [학]1976년 서울대 중어중문학과졸 1983년 대만 국립대만정치대 중문연구소 문학과졸 1992년 문학박사(서울대) [경]1983~1995년 한양대 중어중문학과 조교수·부교수 1995년 서울대 중어중문학과 교수(현) 1997~2000년 중국산문학회 회장 2000~2001년 중국사회과학원 문학연구소 방문학자 2002~2004년 한국중국산문학회 회장 2004~2006년 중국어문학회 회장 2009~2011년 한국중국어문학회 회장 [저]'난세를 건너는 법-제갈량 문집'(編) '천하경영-조조의 삶과 문학'(編) '中國詩와 詩人'(共) '삼국연의 역사기행'(共) '당송팔대가의 산문세계'(編) '유종원 시선'(編) '한유산문선'(2010) [역]'중국우언문학사(中國古代寓言史)' '욱리자' '유종원집(1~4)'(共) '중국고전산문'

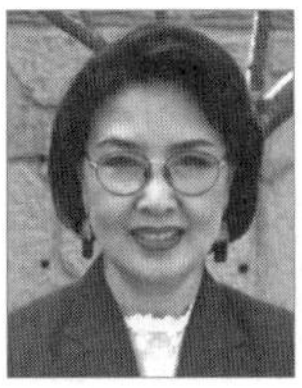

오숙자(吳淑子·女) OH Sook Ja (旼映)
[생]1950·2·28 [출]서울 [주]서울 강서구 공항대로332 한국음악저작권협회(02-2660-0400) [학]1972년 경희대 음대 기악과졸 1973년 同음악대학원 작곡과 수석졸업 1976년 일본 가루이자와 국제하기학교 작곡·현대음악·하프과 수료 1976년 미국 피버디콘셀바토리움 전자음악과 수료 1979년 오스트리아 잘츠부르크 모짤티움대 음악원 지휘과 수료 [경]1973~1978년 중앙대·경희대 강사 1974~2001년 한국음악협회 회원·창악회 회원·아세아작곡가회 회원·한국작곡가회 고문 1974~1986년 창악회 창작곡 발표(전4회) 1975년 아시아작곡가 재입선 1977년 제1회 작곡발표회 1978~1995년 경희대 음대 작곡과 교수 1979~1984년 아시아작곡가회 작곡발표(전3회) 1981~1995년 한국여성작곡가회 작품발표(전7회) 1982년 이탈리아 로마세계여성작곡가제전 입선 1986년 오숙자작곡 오페라 '원술랑' 초연 1989년 세계평화의날기념 오페라 '원술랑' 공연 1990년 태평양작곡제전 입선 1992년 일본도쿄음악제 실내악곡위촉발표 1993년 대전EXPO 1993축전음악회 오숙자오페라 '원술랑' 공연 1994년 한국작곡가회 이사 1995년 오페라 '동방의 가인 황진이' 초연 1995~2001년 한국여성작곡가회 부회장 2002년 100인창작예술진흥회 수석부회장 2002년 우리가곡애창운동본부 본부장 2003년 한국여성작곡가회 심의위원장 2003년 한국찬불가작곡가협회 회장 2006년 (사)한국작곡가협회 부회장 2006년 한국가곡학회 회장(현) 2009년 한국음악저작권협회 이사(현) [상]한국예술발전상(2007), 한국작곡대상(2009) [저]'종합예술 오페라' '시와 음악' '고독과 이성'(1993, 동일문산) [역]번스타인 '음악론' [작]작곡집 '봄이 가려하니' '물방울' 'Violin협주곡' '천상과 지상' '덧뵈기' 창작오페라 '원술랑' '고아' '동방의 가인 황진이' 음반 '오숙자예술가곡 1집' '고독과 이성' '동으로부터' '푸른음악제출품' 등 작곡집·레코드·CD 다수(총 250여곡 작곡 및 발표) [종]가톨릭

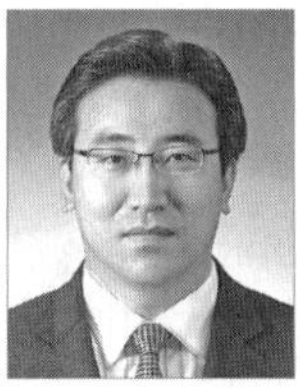

오순문(吳順文) OH Soon Moon
[생]1966·3·24 [본]군위(軍威) [출]제주 서귀포 [주]경기 성남시 분당구 정자일로191 국립국제교육원 기획관리부(02-3668-1311) [학]제주 서귀포고졸, 한국교원대 영어교육과졸, 미국 애리조나주립대 대학원 교육행정학과졸, 고려대 대학원 교육행정학 박사과정 수료 [경]부평여고 영어교사, 경기도교육청 서기관, 교육부 기획예산담당관실·교원정책과·장관비서실·교육정책총괄과 근무, 제주도교육청 학교운영지원과장 2005년 한양대 초빙교수 2006년 대통령자문 교육혁신위원회 운영총괄팀장 2007년 교육인적자원부 국제교육정보화국 지식정보기반과장 2008년 교육과학기술부 교직발전기획과장 2009년 한국교원대 재무과장 2013년 교육부 교육정보통계국 교육정보분석과장 2013년 同공교육진흥과 학부모지원팀장 2014년 同공교육진흥과 학부모지원팀장(부이사관) 2014~2015년 금오공과대 사무국장 2015년 통일교육원 파견 2016년 교육부 국립국제교육원 기획관리부장(부이사관)(현) [상]대통령표창(1999)

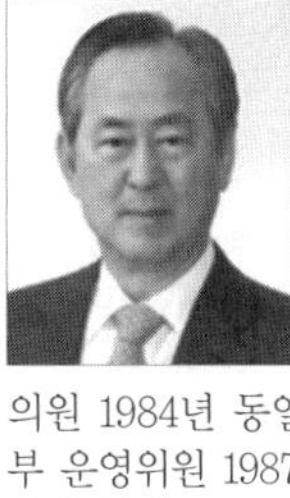

오순택(吳舜澤) OH Soon Tack
[생]1946·2·11 [출]경북 상주 [주]경북 포항시 남구 대송로111 동일산업(주) 비서실(053-756-1201) [학]1965년 경북고졸 1970년 연세대 교육학졸 1991년 서울대 대학원 최고경영자과정 수료 2000년 계명대 대학원 지식경영전문과정 수료 [경]1970년 동일철강공업(주) 서울사무소 실장 1980년 동일철강공업(주)·동일전공(주) 대표이사 1982년 대구상공회의소 제11·12·13대 특정의원 1984년 동일금속(주) 대표이사 1986년 한국방공연맹 대구직할시지부 운영위원 1987년 동일산업(주) 대표이사(현) 1988년 동일문화장학재단 이사장(현) 1989년 대구시조정협회 회장 1991년 대구상공회의소 제14·15대 일반의원 1992년 산학경영기술연구원 명예이사장 1992년 한국청소년연맹 대구연맹 총장 1993년 (재)우경문화장학재단 감사 1997년 대구시체

육회 부회장 2000~2003년 대구은행 사외이사 2000년 대구상공회의소 제17·18·19·20대 일반의원 2001년 한국자유총연맹 대구시지회장·고문 2001년 경북동부지역경영자협의회 이사 2001년 대구경영자총협의회 부회장 2003년 민주평통 자문위원 2006년 (사)대구·경북범죄피해자센터 이사장(현) 2008년 대구발전동우회 회장 2012년 대구상공회의소 제21대 일반의원(부회장) [상]은탑산업훈장, 대통령표창(1983), 새마을훈장 협동장(1983), 국민훈장 동백장(2003), 한국경영자학회 한국경영자대상(2008), 은탑산업훈장(2009) [종]불교

오승록(吳勝彔) OH Seung Rok

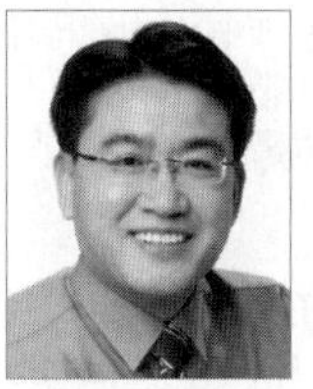

[생]1969·11·30 [출]전남 고흥 [주]서울 중구 덕수궁길15 서울특별시의회(02-3783-1736) [학]1988년 금산종합고졸 1994년 연세대 문헌정보학과졸 2005년 고려대 정책대학원 도시 및 지방행정학 석사과정 수료 [경]복지법인 일촌공동체노원센터 사무국장, 대통령(노무현) 비서실 행정관(3급) 2010년 서울시의회 의원(민주당·민주통합당·민주당·새정치민주연합) 2010년 同민주당 공보부대표 2010·2012년 同환경수자원위원회 위원 2010~2012년 同친환경무상급식지원특별위원회 위원 2011~2012년 同한강르네상스특혜비리규명행정사무조사특별위원회 위원 2012~2013년 同예산결산특별위원회 위원 2012~2014년 同경전철민간투자사업조속추진지원을위한특별위원회 위원 2012~2014년 同운영위원회 위원 2012~2014년 同정책연구위원회 위원 2014년 서울시의회 의원(새정치민주연합·더불어민주당)(현) 2014·2016년 同남북교류협력지원특별위원회 위원(현) 2014·2016년 同보건복지위원회 위원(현) 2015년 同메르스확산방지대책특별위원회 위원 2015년 同예산결산특별위원회 부위원장(현) [상]근정포장(2008)

오승범(吳承範) Seung Bum Oh

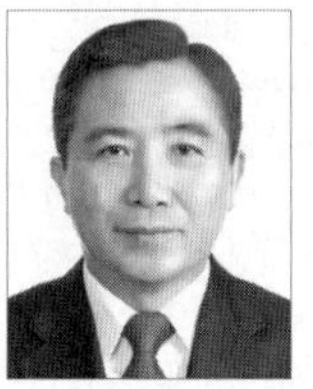

[생]1957·12·1 [본]화순(和順) [주]서울 종로구 종로328 동대문빌딩 (주)디시지(02-708-7400) [학]1973년 양정고졸 1983년 고려대 교육학과졸 [경]1983년 한국IBM 공공기관영업지사 영업대표 1994년 同고객만족추진실 부장 1996년 同통신·미디어산업영업본부 부장 2001년 同통신산업영업본부장 2002년 한국마이크로소프트 통신사업부문 상무이사 2004년 同기업고객사업부문 전무이사 2007년 부산동의대 겸임교수 2008년 아시아나IDT 영업총괄 전무이사 2011년 (사)한국융합소프트웨어학회 협동수석부회장 2011년 (주)윈디에스 대표이사 2014~2016년 (주)제니스앤컴퍼니 부회장 2016년 (주)투비소프트 사장 2016년 (주)디시지 대표이사(현) [종]기독교

오승용(吳承容) Oh Sung-yong

[생]1959·4·5 [주]서울 종로구 사직로8길60 외교부 외교정보관리관실(02-2100-7102) [학]1983년 숭실대 전자공학과졸 [경]1986년 외무부 입부 1987년 駐스위스 외신관 1995년 駐파라과이 3등서기관 2002년 駐시애틀 영사 2008년 駐러시아 1등서기관 2011년 외교통상부 외교통신담당관 2013년 駐일본 참사관 2014년 외교부 외교정보관리관(현)

오승우(吳承雨) OH Seung Woo

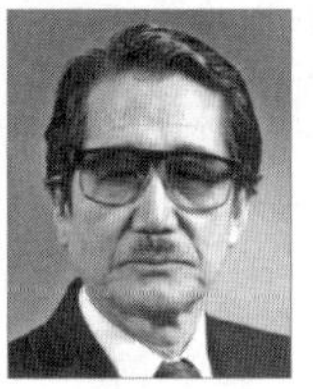

[생]1930·6·19 [본]동복(同福) [출]전남 화순 [주]서울 양천구 목동서로225 대한민국예술인센터812호 (사)한국미술협회(02-744-8053) [학]1957년 조선대 예술대졸 2000년 명예 철학박사(원광대) [경]1957~1960년 국전 특선 1960년 국전 초대작가·심사위원 1966~1974년 경희대·서라벌예대·홍익대·중앙대 강사 1983~1993년 (사)목우회 회장 1986~1997년 미술대전 심사위원·운영위원 1986년 서울시 미술대전 초대작가·운영위원 1988년 한국미술협회 상임고문(현) 1989년 (사)목우회 고문(현) 1993년 대한민국예술원 회원(미술·현) 2000년 미술대전 심사위원장 2001~2003년 대한민국예술원 미술분과회장 [상]서울시 문화상(1990), 예술원상(1995), 성옥문화상(1997), 대한민국문화예술상(1998), 5·16민족상(2006), 은관문화훈장(2011) [저]'구라파 풍경화집'(1976) '아프리카 풍경화문집'(1982) '남미 풍물집'(1993) '오승우 100산화집'(1995) '오승우 東洋의 原形畵集'(2002)

오승윤(吳承潤) OH Seung Yoon

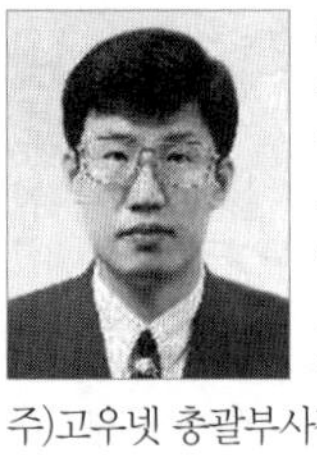

[생]1957·9·23 [출]서울 [주]서울 성동구 아차산로5길10 (주)고우넷(02-460-8710) [학]1980년 성균관대 물리학과졸 1996년 미국 드렉셀대 경영대학원졸 [경]1982년 아남산업(주) 입사 1982~1996년 同경영기획팀 근무 1997년 아남반도체(주) 경영기획팀장 2000년 앰코테크놀로지코리아(주) 경영관리실 상무이사 2007년 同경영관리실장(전무) 2008~2015년 同제조지원실장(전무) 2015년 (주)고우넷 총괄부사장(현) [종]기독교

오승종(吳承鍾) OH Seung Jong

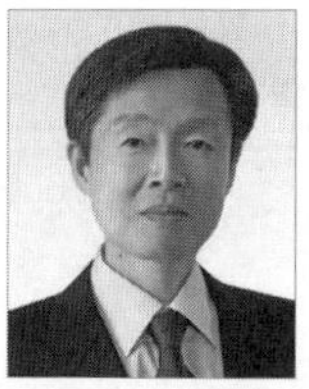

[생]1959·10·21 [출]서울 [주]서울 마포구 와우산로94 홍익대학교 법과대학 법학과(02-320-1819) [학]1977년 배명고졸 1981년 서울대 법과대학 법학과졸 1995년 미국 컬럼비아대 대학원 법학과졸 2005년 법학박사(서강대) [경]1984년 사법시험 합격(26회) 1987년 사법연수원 수료(16기) 1987년 서울형사지법 판사 1989년 서울지법 동부지원 판사 1991년 춘천지법 강릉지원 판사 1993년 서울지법 북부지원 판사 1996년 서울지법 판사 1997~1999년 사법연수원 교수 1999~2006년 성균관대 법과대학 교수 1999년 법무법인 바른 변호사 1999년 통신위원회 전문위원(현) 2002~2015년 특허청 산업재산권분쟁조정위원 2004년 저작권심의조정위원 2006~2014·2016년 홍익대 법과대학 법학과 교수(현) 2009년 법무법인 다래 변호사 2011년 한국저작권위원회 위원 2014~2016년 同위원장 2014~2016년 한국출판문화산업진흥원 비상임이사 [저]'특허법'(1998) '저작권법'(2007) '아! 법이 뭐냐' '저작권침해소송론'(2008)

오승진(吳昇鎭) Oh Seung Jin

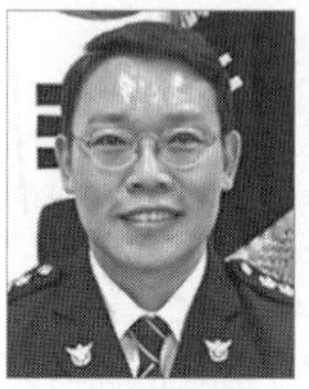

[생]1969·12·21 [출]충북 청주 [주]충북 괴산군 괴산읍 읍내로11길26 괴산경찰서(043-830-1321) [학]1989년 충북 청석고졸 1993년 경찰대 법학과졸(9기) 2013년 연세대 법무대학원 법학과졸 [경]1993년 경위 임관 1999년 경감 승진 2001년 서울 관악경찰서 형사계장 2006년 경정 승진 2008년 경찰수사연수원 연수계장 2009년 경찰청 사이버테러대응센터 기법개발계장 2010년 同강력범죄수사과 강력계장 2015년 충북지방경찰청 형사과장(총경) 2016년 충북 괴산경찰서장(현)

오승택(吳承澤) Seong-Taek, Oh

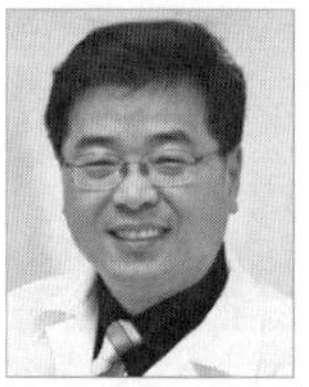

[생]1959·10·27 [출]경기 평택 [주]서울 서초구 반포대로222 서울성모병원 대장항문외과(02-2258-6100) [학]1978년 관악고졸 1984년 가톨릭대 의대졸 1989년 同대학원졸 1995년 의학박사(가톨릭대) [경]1985~1989년 강남성모병원 외과 전문의 1989~1992년 군의관 복무 1992~2005년 가톨릭대 의대 외과학교실 임상강사·전임강사·조교수 1996~1997년 미국 아이오와대 병원 외과 Fellowship 수료(대장항문) 2005년 가톨릭대 의대 외과학교실 교수(현) 2006~2012·2015년 同의대 대장항문학과장(현) 2006~2009년 대한대장항문학회 항암요법연구회장 2006~2009년 同법제위원장 2007~2012년 건강보험심사평가원 진료심사평가위원회 중앙심사위원(암종양분과) 2007~2009년 강남성모병원 수련부장 2008~2009년 자동차보험진료수가분쟁위원회 전문위원 2008~2009년 대한병원협회 수련환경개선소위원회 및 제도개선소위원회 위원 2008년 식품의약품안전청 중앙약사심의위원회 전문위원 2009년 서울성모병원 입원부장 2009년 대한대장항문학회 학술위원장 2009년 서울성모병원 암병원 진료부장 2009년 同외과 과장 2009~2014년 同대장암센터장 2011년 가톨릭중앙의료원 수련교육부장(현) 2011년 가톨릭대 의대 부학장(현) 2011~2013년 대한대장항문학회 이사장 2012~2014년 가톨릭중앙의료원후원회 사무국장 [저]'인턴 수련 교육 및 진료 지침서'(2003, 대한의학회) '대장암의 항암 요법'(2004, 의학문화사)

오승하(吳承夏) Seung-ha OH

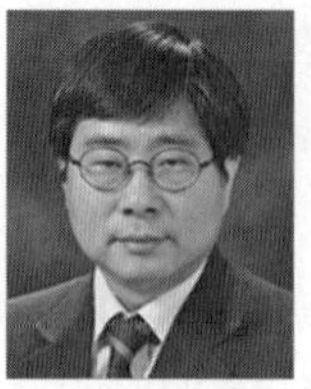

[생]1960·8·15 [주]서울 종로구 대학로101 서울대학교병원 이비인후과(02-2072-2442) [학]1985년 서울대 의대졸 1993년 同대학원졸 1997년 의학박사(서울대) [경]1994년 미국 NIH(국립보건원) NIDCD 연구원 1996~2007년 서울대 의대 이비인후과학교실 조교수·부교수 1999~2001년 미국 미시간대 교환교수 2003~2005년 대한청각학회 총무 2007년 서울대 의대 이비인후과학교실 교수(현) 2013년 서울대병원 의생명연구원 연구실험부장(현) 2014년 서울대 의과대학 이비인후과학교실 주임교수(현) 2014년 서울대병원 이비인후과 과장(현) 2014~2016년 대한이과학회 회장

오승현(吳昇炫) Oh Seung Hyun

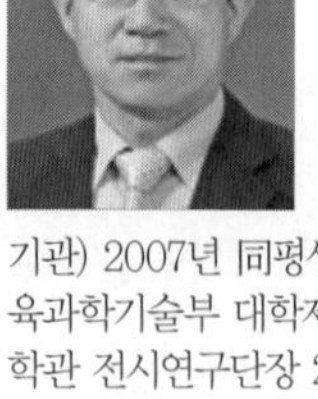

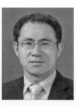

[생]1963·8·27 [출]전북 전주 [주]부산 부산진구 화지로12 부산광역시교육청 부교육감실(051-866-3102) [학]1986년 서울대 사회복지학과졸 1998년 미국 시라큐스대 대학원 행정학과졸 2010년 인적자원개발학박사(중앙대) [경]1986년 행정고시 합격(28회) 2001년 교육인적자원부 인적자원정책국 조정1과장, 同교원양성연수과장 2005년 국무조정실 파견 2006년 교육인적자원부 전문대학정책과장(서기관) 2007년 同평생직업교육지원국 전문대학정책과장(부이사관) 2008년 교육과학기술부 대학제도과장 2008년 同대학연구지원과장 2009년 국립과천과학관 전시연구단장 2010년 외교안보연구원 파견(일반직고위공무원) 2011년 충남대 사무국장 2012년 교육과학기술부 대학선진화관 2013년 울산시교육청 부교육감 2016년 부산시교육청 부교육감(현) [상]홍조근정훈장(2012)

오승환(吳昇桓) Oh Seung Hwan

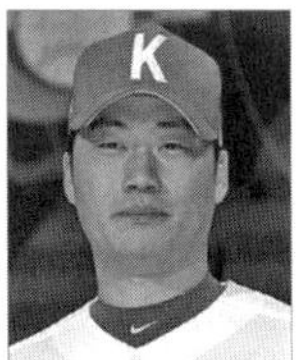

[생]1982·7·15 [출]서울 [학]경기고졸 2005년 단국대졸 [경]2005~2013년 프로야구 삼성 라이온즈 소속(투수) 2005·2006년 프로야구 올스타전 동군대표 2006년 월드베이스볼클래식(WBC) 국가대표 2006년 도하아시안게임 동메달 2008년 제29회 베이징올림픽 금메달 2009년 제2회 월드베이스볼클래식(WBC) 국가대표 2013년 제3회 월드베이스볼클래식(WBC) 국가대표 2013년 4월 국내 프로야구 최초 250세이브 달성 2013~2015년 일본 프로야구 한신 타이거즈 입단(2년간 9억엔 : 계약금 2억엔·연봉 3억엔·옵션 5000만엔) 2014년 일본 프로야구 정규리그 성적(2승 4패 5홀드 39세이브-센트럴리그 세이브 1위·방어율 1.76·탈삼진 81개) 2015년 일본 프로야구 정규리그 성적(2승 3패 41세이브-센트럴리그 세이브 2년연속 1위·방어율 2.73·탈삼진 66개) 2016년 미국 메이저리그(MLB) 세인트루이스 카디널스 입단(2년간 총액 1100만달러)(현) 2016년 시즌 MLB 성적(76경기 출전·6승 3패 19세이브 14홀드·평균자책점 1.92- 팀 내 최다 등판) [상]전국대학야구리그 춘계리그 우수투수상·최우수선수상(2004), 프로야구 정규리그 신인왕(2005), 한국시리즈 MVP(2005·2011), 제일화재 프로야구대상 최고구원투수상(2006·2008), 프로야구 정규리그 세이브 1위(2006·2007·2008·2011), 한국야구위원회 서머리그 최우수투수(2007), 조아제약프로야구대상 최고투수상(2011), 제1회 카스포인트어워즈 투수부문·카스모멘트상(2011), 조아제약 최고구원투수상(2013), 아레나옴므플러스 제8회 A-Awards 컨피던스부문(2013), 조아제약 프로야구대상 특별상(2014), 일구상 특별공로상(2014)

오승훈(吳承勳) OH Seung Hoon

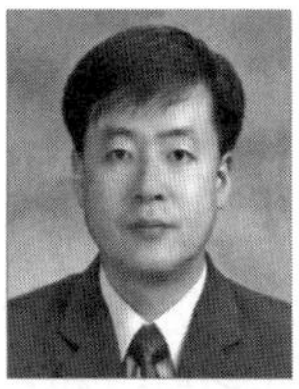

[생]1961·5·3 [출]서울 [주]대전 유성구 엑스포로325 SK이노베이션(주) 임원실(042-609-8921) [학]1980년 영동고졸 1984년 서울대 화학공학과졸 1986년 同대학원 화학공학과졸 1991년 화학공학박사(서울대) [경]1988년 SK(주) 기술원 수석연구원 2004년 석유화학공정용 신촉매 기술개발 및 상용화 성공 2007년 SK기술원 촉매기술실험실장(상무) 2009년 同촉매LAB장(상무) 2011년 SK이노베이션(주) 촉매LAB장(전무) 2013년 同수석연구위원(현) [상]국무총리표창, 이달의 과학기술자상, 대한민국 10대 신기술상, 장영실상

오시덕(吳施德) OH Si Duck

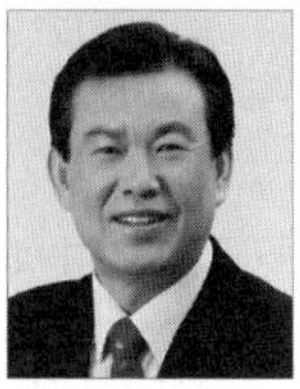

[생]1947·6·9 [본]함평(咸平) [출]충남 공주 [주]충남 공주시 봉황로1 공주시청 시장실(041-840-2001) [학]1965년 공주고졸 1969년 충남대 건축과졸 1994년 서울시립대 대학원 건축학과졸 2003년 공학박사(충남대) [경]1974년 대한주택공사 입사 1980년 건축사 면허·기술사 면허 취득 1995년 대한주택공사 건설본부장 1996년 同기술본부장 1997년 (주)한양 건축·토목부문 사장 1998년 同법정관리인 2000년 민족통일중앙협의회 지도위원 2000~2001년 대한주택공사 사장 2000~2001년 대한근대5종연맹 회장 2002년 공주대 건축공학부 겸임교수 2003년 금강지역도시발전연구소 이사장 2004~2005년 제17대 국회의원(공주·연기, 열린우리당) 2009년 (사)주우회 회장(현) 2014년 충남 공주시장(새누리당)(현) [상]대통령표창(1996), 대한민국 참봉사대상 지역발전봉사대상(2015), 농협중앙회 지역농업발전선도인상(2015) [종]불교

오신환(吳晨煥) Oh Shin Hwan

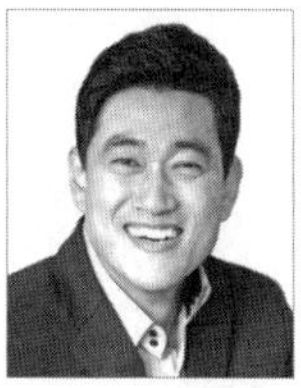

[생]1971·2·7 [본]해주(海州) [출]서울 [주]서울 영등포구 의사당대로1 국회 의원회관738호(02-784-5761) [학]1989년 관악구 당곡초·중·고졸 1998년 한국예술종합학교(한예종)졸, 고려대 정책대학원 아태지역연구학 석사과정 수료 [경]신림주유소 대표, 한나라당 전략기획본부 기획위원, 관악구택견연합회 회장, 당곡고총동창회 부회장, 관악청년회의소 감사, 국제아동청소년연극협회 한국지부 이사 2006~2010년 서울시의회 의원(한나라당) 2006~2007년 同지역균형발전지원특별위원회 위원 2006~2008년 同행정자치위원회 부위원장 2008년 同운영위원회 위원 2008년 同교육문화위원회 위원 2008년 同독도수호활동지원특별위원회 위원 2009년 同상임위소관업무조정특별위원회 위원 2010년 서울시 관악구청장선거 출마(한나라당) 2012년 새누리당 서울관악구乙당원협의회 운영위원장(현) 2012년 제19대 국회의원선거 출마(서울 관악구乙, 새누리당) 2012~2013년 새누리당 중앙청년위원장 2012년 同제18대 대통령중앙선거대책위원회 청년본부 부본부장 2012년 제18대 대통령직인수위원회 청년특별위원회 위원 2014년 새누리당 수석부대변인 2015년 제19대 국회의원(서울 관악구乙 재·보궐선거, 새누리당) 2015년 국회 정무위원회 위원 2015년 국회 예산결산특별위원회 위원 2015년 새누리당 재능나눔위원장 2016년 제20대 국회의원(서울 관악구乙, 새누리당)(현) 2016년 새누리당 원내부대표(현) 2016년 국회 운영위원회 위원(현) 2016년 국회 법제사법위원회 위원(현) 2016년 새누리당 홍보본부장 [종]기독교

오양섭(吳陽燮) Oh, Yang Sup

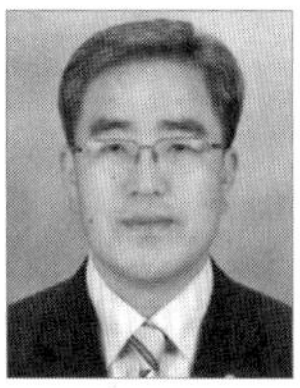

[생]1956·2·20 [본]해주(海州) [출]충남 아산 [주]서울 서초구 바우뫼로6길57 대한결핵협회 사무총장실(02-2633-9461) [학]1976년 천안중앙고졸 2003년 중앙대 대학원 사회복지학과졸 [경]1988~1995년 보건사회부 국립재활원·아동복지과 근무 1995~2004년 보건복지부 공보관실·보건국·기획관리실·참여복지홍보사업단 근무 2004~2007년 同사회복지정책실·농어촌특별대책위원회·보험연금정책본부·정책홍보관리실 사무관 2007~2010년 보건복지가족부 기획조정실 서기관 2011년 국립망향의동산관리소장 2013~2016년 국립망향의동산관리원장 2016년 대한결핵협회 사무총장(현) [상]대통령표창(2001)

오양호(吳養鎬) OH Yang Ho (東谷)

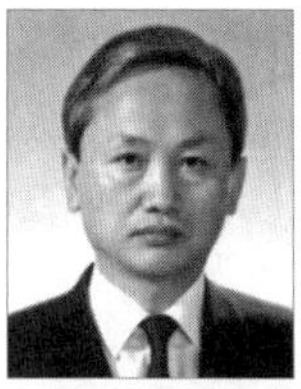

[생]1942·4·12 [본]해주(海州) [출]경북 칠곡 [주]인천 연수구 아카데미로119 인천대학교 인문대학 국어국문학과(032-770-8112) [학]1961년 경북고졸 1965년 경북대 사범대학 국어교육과졸 1981년 영남대 대학원졸(문학박사) [경]1974년 영남대 강사 1979~1982년 효성여대 국어국문학과 전임강사·조교수 1982~1994년 인천대 인문대학 국어국문학과 부교수·교수 1989~1994년 同민족문화연구소장 1995~1996년 同인문대학장 1995~1999년 한국문학평론가협회 부회장 1998~1999년 일본 교토대 객원교수(일한교류기금지원) 1999~2003년 한국말글학회 회장 1999년 정지용기념사업회 회장(현) 2001년 한국현대소설학회 부회장 2005~2007년 인천대 중앙도서관장 2007년 同명예교수(현) 2009~2011년 한국문인협회 평론분과 회장 2011년 중국 길림대 외국어학원 조어계 특빙교수 2011~2012년 중국 중앙민족대 조선언어문학부 객좌교수 [상]인천대 최우수논문상(1997), 운동주문학상(1998), 황조근정훈장(2007), 심연수문학상(강릉시), 조연현 문학상(2007), 경북대 자랑스런동문상 학술부문(2007), 신곡문학상 대상(2008), 아르코문학상 평론부문(2014), 청마문학연구상(2015), 한국연구재단(NRF) 저술지원 선정(2016~2019) [저]연구서 '농민소설론' '한국문학과 간도' '일제감정기 만주조선인문학연구' '만주이민문학연구' '그들의 문학과 생애, 백석' '만주시인집의 문학사자리와 실체' '한국현대소설과 인물형상' '한국현대소설의 서사담론' 평론집 '문학의 논리와 전환사회' '신세대문학과 소설의 현장' '낭만적 영혼의 귀환' 수필집 '백일홍' '만주조선문예선(編)' [역]'鄭芝溶 詩選(共)'(2002, 도쿄 花神社) [종]천주교

오양호(吳亮鎬) OH Yang Ho

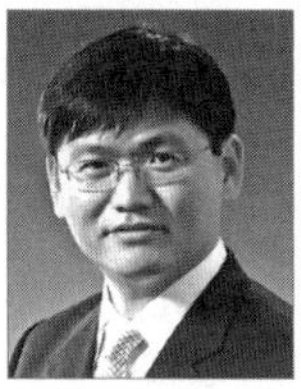

[생]1962·2·21 [출]전북 전주 [주]서울 강남구 테헤란로 133 한국타이어빌딩 법무법인(유) 태평양(02-3404-0128) [학]1980년 전주고졸 1984년 서울대 법학과졸 1994년 미국 하버드대 Law School졸(LL.M.) [경]1983년 사법시험 합격(25회) 1986년 사법연수원 수료(15기) 1986~1988년 군법무관 1989년 법무법인(유) 태평양 변호사(현) 1995년 미국 뉴욕주 변호사시험 합격 1995~1997년 사법연수원 강사 1998~1999년 월드컵조직위원회 마케팅전문위원 2000~2001년 정보통신부 도메인분쟁협의회 위원 2001~2004년 전력거래소 비상임이사 2002년 서울시 디지털미디어시티기획위원회 위원(현) 2003~2007년 정보통신윤리위원회 위원 2003~2006년 교육인적자원부 고문변호사 2004~2007년 서부발전(주) 비상임이사 2004년 방송통신위원회 고문변호사(현) 2004~2014년 미래창조과학부 인터넷주소정책심의위원회 위원 2006~2014년 同정보통신진흥기금 평가자문위원 2006~2008년 방송통신융합추진위원회 전문위원 2006~2014년 미래창조과학부 통신요금심의위원회 위원 2007~2010년 한국수력원자력(주) 비상임이사 2007~2011년 방송통신위원회 방송분쟁위원회 위원 2007~2015년 (재)한국데이터베이스진흥원 사외이사 2009년 (재)조선일보미디어연구소 감사(현) 2010~2013년 대한상사중재원 이사 2013년 우체국공익재단 이사(현) 2014년 한국인터넷진흥원 비상임이사(현)

오연석(吳淵錫) OH Yun Suk

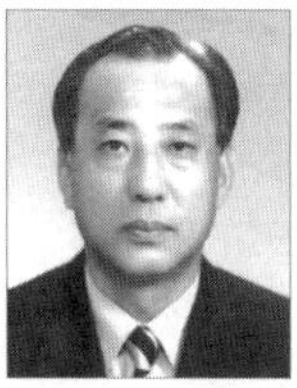

[생]1949·7·7 [본]해주(海州) [출]경북 상주 [주]서울 동대문구 왕산로61 한일빌딩5층 (주)서우TEC(02-940-1402) [학]1968년 상주농잠고졸 1972년 중앙대 토목공학과졸 [경]1974년 우림콘크리트(주) 근무 1976년 현대건설(주) 입사 1997년 同부장 1998년 同이사대우·대북사업금강산개발 초대소장 2000년 同이사 2001년 同국내토목사업본부 상무 2002~2005년 한국철도학회 이사 2003~2005년 한국건설관리학회 이사 2003~2005년 중앙대토목공학과총동창회 회장 2006년 남광토건(주) 토목사업본부장(전무) 2007~2009년 한국콘크리트학회 부회장 2008년 동부건설(주) 사업고문 2012년 (주)서우TEC 상임고문(현) [상]철탑산업훈장(2001), 건설교통부장관표창(2007) [종]기독교

오연정(吳然正) OH Yeon Jeong

❸1963 · 11 · 13 ❹서울 ㈜인천 남구 소성로163번길17 인천지방법원(032-860-1113) ⓗ1981년 경기고졸 1985년 고려대 법학과졸 1988년 同교육대학원졸 ⓖ1987년 사법시험 합격(29회) 1990년 사법연수원 수료(19기) 1993년 대전지법 판사 1995년 同천안지원 판사 1997년 수원지법 판사 1998년 同광명시법원 판사 1999년 수원지법 판사 2000년 서울지법 판사 2002년 서울고법 판사 2004년 서울가정법원 판사 2005년 광주지법 해남지원장 2007년 의정부지법 고양지원 부장판사 2009년 서울남부지법 부장판사 2011년 서울중앙지법 부장판사 2014년 서울남부지법 부장판사 2016년 인천지법 부장판사(현)

오연천(吳然天) OH Yeon Cheon

❸1951 · 2 · 7 ❹충남 공주 ㈜울산 남구 대학로93 울산대학교 총장실(052-277-3101) ⓗ경기고졸 1974년 서울대 문리과대학 정치학과졸 1979년 미국 뉴욕대 대학원 행정학과졸(MPA) 1982년 행정학박사(미국 뉴욕대) ⓖ1975년 행정고시 합격 1982년 한국경제연구원 수석연구원 1983~2015년 서울대 행정대학원 행정학과 교수 1987년 인도네시아 공공사업자문관 1991년 독일 베를린대 초청교수 1997년 한국조세학회 회장 1998~1999년 기획예산위원회 위원 1998~1999년 세계은행 민영화담당 자문관(워싱턴D.C) 1998~2005년 KT&G 이사 2000~2004년 서울대 행정대학원장 2000~2006년 국회 한국의회발전연구회 이사장 2001~2003년 기획예산처 정부투자기관경영평가단장 2002~2007년 한국공기업학회 회장 2003~2007년 정보통신부 정보통신정책심의위원회 위원장 2005~2009년 한국산업기술평가원 이사장 2006~2008년 규제개혁위원회 위원 2006~2008년 한국공공선택학회 회장 2007~2009년 지식경제부 산업발전심의위원회 위원장 2008~2010년 산업은행 사외이사 2008~2010년 과학기술부 (재)바이오신약장기사업단 이사장 2008~2010년 기획재정부 공공기관운영위원회 위원 2009~2010년 청소년금융교육협의회 회장 2009년 한국백혈병어린이재단 이사장(현) 2010~2014년 서울대 총장 2012~2014년 서울대법인 초대이사장 2013~2014년 대법원 사법정책자문위원회 위원장 2014~2015년 미국 스탠퍼드대 쇼렌슈타인(Shorenstein) Chaired Professor 2015년 울산대 총장(현) 2016년 윤민창의투자재단 이사장(현) ⓢ홍조근정훈장(2005), 자랑스런 경기인상(2013), 청조근정훈장(2015), 한국과학기술단체총연합회 감사패(2016) ⓩ'재정과 경제복지(共)'(1989) '한국지방재정론'(1989) '한국조세론'(1992) '재정개혁의 전망과 재산세제의 개선과제'(1996) '한국병 : 고질병을 고쳐야 IMF 벗어난다(共)'(1998) '세계화시대의 국가정책(共)'(2004) '강한시장 건강한 정부'(2009) '대학이 희망이다'(2014) '함께하는 긍정'(2016) ⓜ가톨릭

오연호(吳然鎬) Oh Yeon Ho

❸1960 · 6 · 29 ❹전북 전주 ㈜강원 춘천시 동내면 장안길51 춘천소년원(033-261-9201) ⓗ1987년 군산대 수학과졸 1991년 전북대 대학원 수학과졸 ⓖ2004년 전주소년원 등 보호사무관 2012~2013년 청주청소년비행예방센터장 2013~2015년 서울소년원 행정지원과장(서기관) 2015년 춘천소년원장(현)

오연호(吳連鎬) OH Yeon Ho

❸1964 · 9 · 18 ❹전남 곡성 ㈜서울 마포구 월드컵북로396 누리꿈스퀘어비즈니스타워18층 (주)오마이뉴스(02-733-5505) ⓗ1988년 연세대 국어국문학과졸, 미국 리젠트대 대학원 저널리즘학과졸 2005년 언론학박사(서강대) ⓖ1988~1999년 월간 '말' 기자 · 취재부장 1995~1997년 同워싱턴특파원 2000년 (주)오마이뉴스 CEO 겸 대표기자(현) 2002년 한국인터넷신문협회 부회장 2006~2008년 同회장 ⓢ제5회 연세언론인상(2005) ⓩ'식민지의 아들에게'(1989) '더 이상 우리를 슬프게 하지 말라'(1990) 실록소설 '살아나는 임진강'(1992) '한국이 미국에게 당할 수 밖에 없는 이유'(1998) '노근리 그 후'(1999) '노무현, 마지막 인터뷰'(2009) '진보집권플랜(共)'(2010) '새로운 100년(共)'(2012) '정치의 즐거움(共)'(2013) ⓜ기독교

오영교(吳盈敎) OH Young Kyo

❸1948 · 2 · 13 ❹보성(寶城) ❹충남 보령 ㈜서울 서초구 사임당로19길6 미래와세계(02-481-9900) ⓗ1966년 보문고졸 1973년 고려대 상대 경영학과졸 1985년 同경영대학원졸 ⓖ1972년 행정고시 합격(12회) 1973년 국세청 사무관 1976년 제1무임소장관실 수도권인구정책조정실 서기관 1978년 공업진흥청 품질관리과장 1981~1983년 상공부 기업지도담당관 · 행정관리담

당관 1983년 同수입관리과장 1985년 同수출진흥과장 1988년 同무역정책과장 1990년 駐일본 상무관 1992년 상공부 공보관 1993년 상공자원부 공보관 1994년 同중소기업국장 1994년 통상산업부 중소기업국장 1995년 중앙공무원교육원 파견 1997년 통상산업부 산업정책국장 1997년 중소기업청 차장 1998년 산업자원부 무역정책실장 1999년 同차관 2001~2005년 대한무역투자진흥공사 사장 2004년 대통령 정부혁신특별보좌관 2004년 한양대 · 고려대 겸임교수 2004년 정부혁신지방분권위원회 위원 2004년 혁신관리전문위원회 위원장 2005~2006년 행정자치부 장관 2006년 열린우리당 충남도지사 후보 2006년 대통령 정무특보 2007~2011년 동국대 총장 2011년 KB투자증권 사외이사 2011년 미래와세계 이사장(현) 2012년 한국산업기술미디어문화재단 이사장(현) ⓢ은탑산업훈장(2002), 청조근정훈장(2006) ⓩ'거대기업 일본을 움직이는 일본통산성의 실체'(1994) '변화를 두려워하면 1등은 없다'(2003) '유쾌한 혁신'(2006) '변해야 변한다'(2012) ⓜ불교

오영교(吳永敎) OH Young Kyo

❸1958 · 2 · 18 ❹서울 ㈜강원 원주시 연세대길1 연세대학교 인문예술대학 역사문화학과(033-760-2256) ⓗ1981년 연세대 사학과졸 1983년 同대학원졸 1993년 문학박사(연세대) ⓖ1985~1994년 건국대 · 한양대 강사 1994년 연세대 사학과 교수 1995~1998년 同사학과장 1997년 同학보사 주간 1998~2013년 한국사연구회 이사 1999~2012년 강원문화재단 이사 2001년 역사문제연구소 연구위원 2005년 한국역사문화학회 이사(현) 2005년 연세대 원주학생복지처장 2007 · 2013~2015년 同원주캠퍼스 박물관장 2007년 同인문예술대학 역사문화학과 교수(현) 2008~2013년 원주문화재단 이사 2010~2012년 한국사회사학회 부회장 2011년 조선사연구회 이사(현) 2013년 한국사회사학회 이사(현) 2013년 원주시향토유적보호위원회 부회장(현) 2013년 대한감리회 정동제일교회 장로(현) 2015년 연세대 인문예술대학장(현) ⓩ'원주의 동족마을과 고문서' '조선후기 향촌지배정책연구' ⓜ기독교

오영국(吳永國) OH Yeong-Kook

❸1966 · 9 · 20 ❹함양(咸陽) ❹전북 ㈜대전 유성구 과학로169의148 국가핵융합연구소 KSATR연구센터(042-879-6000) ⓗ1985년 고창고졸 1989년 서울대 원자핵공학과졸 1991년 同대학원 원자핵공학과졸 1999년 공학박사(서울대) ⓖ1993~1999년 한국기초과학지원연구원 대형공동연구부 연구원 1999~2005년 同핵융합사업단 선임연구원 · 책임연구원 2004~2005년 同KSTAR핵융합장치자석시험팀장 2004~2012년 과학기술연합대학원대 핵융합기술전공 교수 2005년 국가핵융합연구소 KSTAR사업단 책임연구원 2005년 同KSTAR운영사업단 공동실험연구부장 2012년 한국원자력학회 양자공학및핵융합기술 연구부회장(현) 2013년 국가핵융합연구소 KSTAR연구센터 부센터장(현) 2013년 同핵융합공학센터장 2013년 한국초전도저온공학회 이사(현) ⓢ국무총리표창(2009) ⓩ'Superconductors, Properties, Technology, and Applications(共)'(2012) ⓜ기독교

오영근(吳英根) OH Young Kun (송헌)

❸1956 · 4 · 25 ❹해주(海州) ❹서울 ㈜서울 성동구 왕십리로222 한양대학교 법과대학 법학과(02-2220-0994) ⓗ1979년 서울대 법학과졸 1982년 同대학원졸 1988년 형법학박사(서울대) ⓖ1987~1992년 강원대 법대 교수 1988~1989년 독일 Bonn대 방문연구교수 1992년 한양대 법과대학 법학과 교수(현) 1996년 소년법연구회 부회장 1997년 독일 Konstanz대 방문연구교수 1999~2003년 한국정보통신윤리위원회 전문위원 2003~2007년 한국피해자학회 회장 2007~2008년 학교법인 세방학원 이사장(관선) 2008년 한국피해자학회 고문(현) 2008년 한국교정학회 부회장 2008년 한국소년정책학회 부회장(현) 2011~2012년 한양대 법학전문대학원장 겸 법과대학장 2011년 서강직업전문학교 명예총장(현) 2012년 한국형사법학회 회장 2012년 대법원 국민참여위원회 위원 2012년 同양형위원회 자문위원 2013~2015년 同양형위원회 위원 2013~2014년 검찰개혁심의위원회 위원 2015년 대법원 국선변호정책심의위원회 위원장(현) 2016년 한국교정학회 회장(현) ⓢ한국범죄방지재단 올해의 학술상(2015) ⓩ'형법총론'(2002) '형법각론'(2002) '로스쿨형법'(2009)

오영근(吳榮根) OH YOUNG KEUN

❸1961 · 4 · 19 ❹해주(海州) ❹충북 청원 ㈜충북 청주시 서원구 사운로59의1 CJB청주방송 편성대외협력본부(043-279-3806) ⓗ1980년 세광고졸 1988년 충북대 불어불문학과졸 ⓖ1988~1990년 충청일보 편집국 편집부 · 사회부 기자 1990~1997년 중부매일신문 편집국 체육부 · 교육부 · 사회부 · 정치부 · 특집부 기자 1997~2011년 CJB청주방송 보도국 기자 · 취재부장 ·

편집부장·시사제작팀장·경영기획국장·편성제작국장 2011년 同보도국장 2014년 同편성대외협력본부장(이사) 2016년 同편성대외협력본부장(상무이사)(현) [상]한국방송기자클럽 BJ보도상(1998), 한국기자클럽 이달의 기자상(2000), 방송위원회 이달의 좋은프로그램상(2003)

오영두(吳永斗)

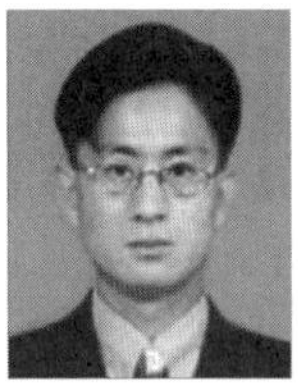

[생]1975·6·7 [출]제주 [주]대구 수성구 동대구로364 대구지방법원(053-757-6600) [학]1994년 제일고졸 1999년 한양대 법학과졸 [경]1998년 사법시험 합격(40회) 2001년 사법연수원 수료(30기) 2001년 軍법무관 2004년 부산지법 동부지원 판사 2008년 부산지법 판사 2011년 창원지법 통영지원 판사 2012년 부산고법 판사 2014년 부산가정법원 판사 2016년 대구지법 부장판사(현)

오영렬(吳榮烈)

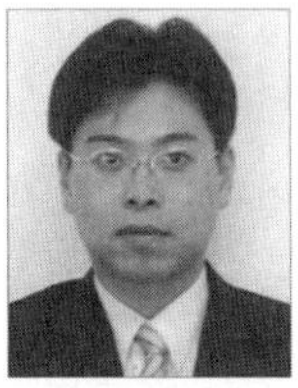

[생]1973 [주]경기 과천시 교육원로118 국가공무원인재개발원 교육총괄과(02-500-8540) [학]서울대 국사학과졸 [경]2001년 행정고시 합격(45회), 중앙인사위원회 정책홍보담당관실 사무관 2008년 행정안전부 인력개발기획과 서기관, 인사혁신처 교육훈련과 근무 2015년 중앙공무원교육원 교육총괄과장 2016년 국가공무원인재개발원 교육총괄과장(현)

오영상(吳永祥) Oh Young Sang

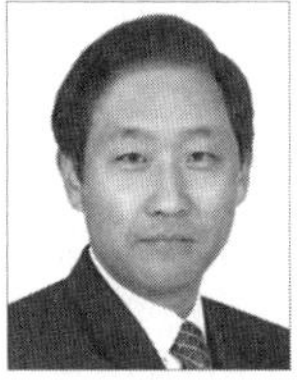

[생]1960·8·13 [출]전남 해남 [주]전남 무안군 삼향읍 후광대로242 전남개발빌딩11층 (재)전남문화관광재단 사무처(061-280-5800) [학]금호고졸 1984년 전남대 도서관학과졸 1999년 광주대 언론대학원졸 [경]1988년 전남일보 사진부 기자 1990년 광주매일 사진부 기자·차장 1998년 同사진부 부장대우 1999년 同사진부장 2002년 굿데이신문 편집국 사진취재부 부장대우(광주 주재) 2005~2009년 국립공원관리공단 홍보담당관 2010년 해남신문 편집국장 2015년 (재)전남문화예술재단 사무처장 2016년 (재)전남문화관광재단 사무처장(현) 2016년 한국광역문화재단연합회 이사(현) [상]대통령표창(1997), 국립공원관리공단 이사장 표창(2007), 환경부장관표창(2008), 광주전남민주언론상 특별상(2012)

오영상(吳英相) OH Young Sang

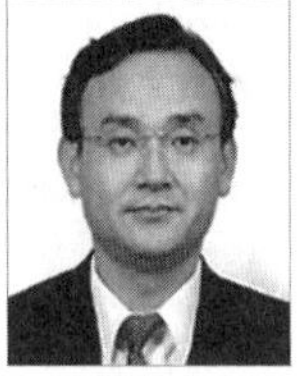

[생]1964·2·23 [출]경남 산청 [주]서울 서초구 고무래로6의6 송원빌딩1층 법무법인 에이스(02-3487-5000) [학]1982년 진주고졸 1986년 서울대 사법학과졸 [경]1986년 사법시험 합격(28회) 1989년 사법연수원 수료(18기) 1989년 軍법무관 1992년 서울지검 검사 1995년 창원지검 검사 1996년 법무부 법무심의관실 검사·서울지검 검사 2001년 대구지검 부부장검사 2002년 부산고검 검사 2002년 대구지검 경주지청 부장검사 2005년 법무법인 한결 변호사 2007년 법무법인 에이스 구성원변호사(현) 2012년 한국프로골프협회(KPGA) 회장 직대

오영선(吳英善) Oh Young Sun

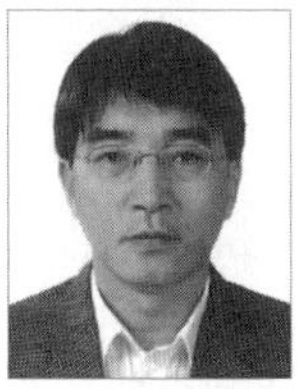

[생]1962·7·2 [출]인천 [주]충남 아산시 탕정면 삼성로181 삼성디스플레이 품질보증실(041-535-1114) [학]1981년 부평고졸 1985년 인하대 전자공학과졸 [경]1984~1996년 삼성전자(주) 반도체연구소 근무 1997~2010년 同System LSI 양산기술팀장(상무) 2011년 삼성모바일디스플레이 OLED YE팀장(상무) 2014년 삼성디스플레이 OLED YE팀장(상무) 2014년 同품질보증실장(전무)(현)

오영수(吳榮洙) OH Young Soo

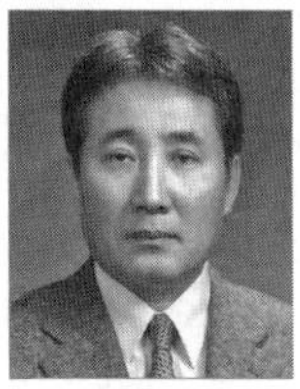

[생]1952·5·30 [출]제주 서귀포 [주]제주특별자치도 제주시 태성로3길4 제주신보(064-740-6114) [학]1998년 한양대 대학원 최고경영자과정 수료 [경]1990년 원남기업(주) 대표이사 사장(현) 1998년 제주특별자치도탁구협회 회장(현) 2005년 제주특별자치도체육회 이사 2007년 (사)한중친선협의회 부회장 2008~2014년 제주상공회의소 부회장 2013년 대한탁구협회 감사 2013년 제주일보 회장 겸 발행인 2015년 제주상공회의소 상공의원 2015년 제주신보 회장 겸 발행인(현)

오영수(吳榮洙) OH Young Soo

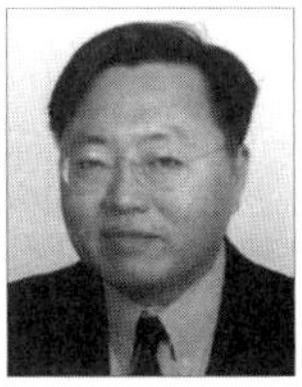

[생]1954·8·28 [출]부산 [주]서울 중구 명동11길20 YWCA빌딩1001호 KIDB자금중개 임원실(02-771-4881) [학]1972년 서울고졸 1977년 연세대 경제학과졸 1982년 미국 일리노이주립대 대학원졸 1988년 경제학박사(미국 노스웨스턴대) [경]LG증권(주) 부장 1995년 同이사대우 1998년 LG투자신탁운용 이사 1999년 경희대 아태국제대학원 겸임교수 2000~2005년 KIDB채권중개 대표이사 사장 2004~2006년 KIDB자금중개 대표이사 사장 2006년 KIDB채권중개 이사회 의장 2010년 KIDB채권중개 대표이사 사장, 경희대 아·태대학원 교수 2013년 연세대 경제대학원 겸임교수 2014년 KIDB자금중개 대표이사 사장(현)

오영수(吳英秀) OH Young Soo

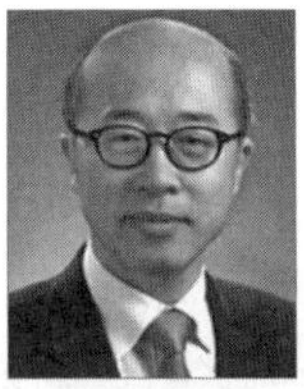

[생]1961 [출]전북 군산 [주]서울 종로구 사직로8길39 세양빌딩 김앤장법률사무소(02-3703-1114) [학]1987년 성균관대 경제학과졸 1989년 同대학원 경제학과졸 1994년 경제학박사(성균관대) [경]성균관대 경제학과 조교 1989~1995년 한국개발연구원(KDI) 연구원·주임연구원 1995~2003년 보험개발원 보험연구소 금융연구팀장·동향분석팀장·연구조정실장 2003~2007년 同보험연구소장 2004년 한국보험학회 이사(현) 2004년 한국사회보장학회 이사(현) 2004~2005년 재정경제부 금융발전심의위원회 위원 2005~2007년 한국금융학회 이사 2007~2008년 보험개발원 보험연구소 선임연구위원 2007~2008년 금융감독위원회 자체규제심사위원회 민간위원 2008~2011년 보험연구원 정책연구실장 2010년 한국연금학회 이사(현) 2010~2011년 금융감독원 자체규제심사위원회 민간위원 2011년 보험연구원 고령화연구실장 2011년 김앤장법률사무소 고문(현) [저]'사회환경변화와 민영보험의 역할(Ⅰ·Ⅱ·Ⅲ)'(1997·1998·1999) '보험회사 종합금융기관화 전략'(1997) '인구의 노령화와 민영보험의 대응'(2003) '건강보험 언더라이팅 선진화 방안'(2003) '은퇴혁명시대의 노후설계'(2004) '종합금융화시대의 보험산업 중장기 발전방안(共)'(2006) '노인장기요양보험 제도도입에 대응한 장기간병보험 운영방안'(2008) '보험분쟁의 재판외적 해결 활성화 방안'(2009) '보험회사 윤리경영 운영실태 및 개선방안'(2010) [역]'미국 금융자본의 지배구조'(1990) '지하경제의 정치경제학'(1991)

오영식(吳泳食) OH Young Sik

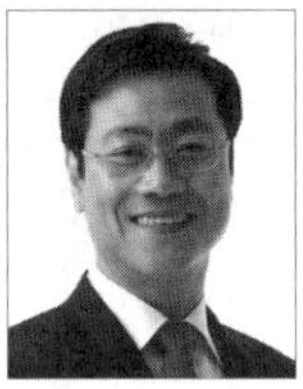

[생]1967·2·28 [본]나주(羅州) [출]서울 [학]1984년 양정고졸 1993년 고려대 법학과졸 2001년 同경영대학원졸 2010년 同대학원 경영학 박사과정 수료 [경]1985년 통일시대민주주의국민회의 청년위원장 1988년 고려대 총학생회장 1988년 전대협 2기 의장 1995년 통일시대국민회의 청년위원장 1999년 한국청년연합회 공동준비위원장 1999년 새천년민주당 창당준비위원 2003년 제16대 국회의원(전국구 승계, 새천년민주당) 2003년 열린우리당 청년위원장 2004~2008년 제17대 국회의원(서울 강북甲, 열린우리당·대통합민주신당·통합민주당) 2005년 열린우리당 공보담당 원내부대표 2007년 同전략기획위원장 2007년 대통합민주신당 정책위 수석부의장 2008년 민주당 정책연구소 청산 및 설립추진위원회 위원장 2012~2016년 제19대 국회의원(서울 강북구甲, 민주통합당·민주당·새정치민주연합·더불어민주당) 2012년 민주통합당 전략홍보본부장 2012년 同대선후보경선준비기획단 기획위원 2012년 국회 지식경제위원회 간사 2013~2014년 국회 산업통상자원위원회 간사 2013년 민주통합당 서울시당 위원장 2013년 민주당 서울시당 위원장 2014~2015년 새정치민주연합 서울시당 공동위원장 2014년 국회 산업통상자원위원회 위원 2015년 새정치민주연합 최고위원 2015년 同언론홍보대책특별위원회 위원장 2015년 더불어민주당 언론홍보대책특별위원회 위원장 2016년 同더불어경제선거대책위원회 중앙유세단장(더드림유세단장) [상]법률소비자연맹 선정 국회 헌정대상(2013) [종]천주교

오영신(吳永信) OH Young Sin

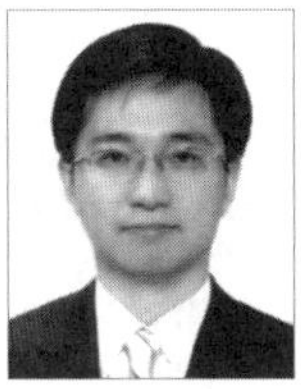

[생]1969·10·18 [출]전남 목포 [주]서울 도봉구 마들로747 서울북부지방검찰청 형사3부(02-3399-4306) [학]1988년 목포 마리아회고졸 1995년 서울대 공법학과졸 [경]1996년 사법시험 합격(38회) 1999년 사법연수원 수료(28기) 1999년 서울지검 북부지청 검사 2001년 대전지검 서산지청 검사 2002년 춘천지검 검사 2004년 서울중앙지검 검사 2006년 법무부 송무과 검사 2008년 대전지검 검사(헌법재판소 파견) 2011년 수원지검 성남지청 부부장검사 2014년 춘천지검 영월지청장 2015년 법무부 국가송무과장 2016년 서울북부지검 형사3부장(현)

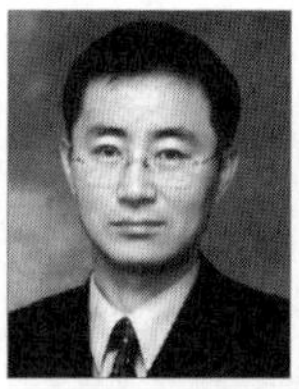

오영우(吳泳雨) OH, Yeong Woo
[생]1965·5·22 [출]대전 [주]세종특별자치시 갈매로388 문화체육관광부 운영지원과(044-203-2132) [학]1984년 서대전고졸 1988년 서울대 지리학과졸 1991년 同행정대학원 정책학과 수료 2004년 미국 오레곤대 예술경영대학원졸 2012년 공학박사(고려대) [경]1990년 행정고시 합격(34회) 1991~2001년 문화관광부 행정사무관 2001년 同장관실 비서관(서기관) 2002~2003년 미국 오레곤대 국외훈련 2004년 문화관광부 문화전략TF팀장 2005년 同체육국 국제체육과장 2007년 同정책홍보관리실 혁신인사기획팀장 2008년 문화체육관광부 문화콘텐츠산업실 저작권정책과장(부이사관) 2009년 同통상협력팀장 직대 2009년 고려대 교육파견 2011년 문화체육관광부 기획행정관리담당관 2012년 同정책기획관(고위공무원) 2013년 국립국악원 기획운영단장 2014년 문화체육관광부 문화콘텐츠산업실 저작권정책관 2015년 국방대 교육파견(현) [상]대통령표창(2006)

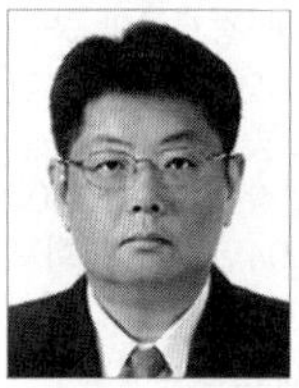

오영주(吳英宙) OH Young Joo
[생]1959·1·16 [출]서울 [주]서울 강남구 논현로152길10 삼영빌딩 삼화콘덴서그룹 비서실(02-546-0999) [학]명지대 경영학과졸, 미국 루즈벨트대 대학원 경영학과졸 [경]1982년 삼화전자공업(주) 이사 1983년 삼화전기(주) 이사 1983년 삼화무역(주) 사장 1987년 삼화콘덴서공업(주) 상무 1993년 삼화전자공업(주) 부회장 1999년 삼화콘덴서그룹 회장(현)

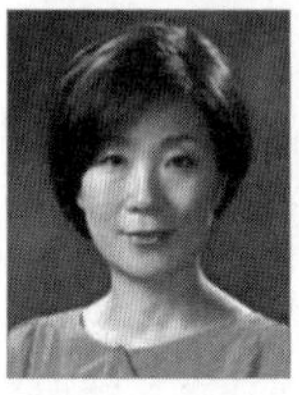

오영주(吳玲姝·女) Oh Yeoung-ju
[생]1964·3·27 [출]경남 [주]서울 종로구 사직로8길60 외교부 인사운영팀(02-2100-7141) [학]1982년 대구여고졸 1989년 이화여대 정치외교학과졸 1995년 미국 캘리포니아대 샌디에이고교 대학원 국제관계학과졸 [경]1988년 외무고시 합격(제22회) 1997년 駐유엔대표부 1등서기관 2000년 駐후쿠오카총영사관 영사 2005~2007년 외교통상부 외교정책실 국제연합과장(서기관) 2007년 駐중국 참사관 2011년 외교통상부 핵안보정상회의준비기획단 기획의전부장 2012년 同개발협력국 심의관 2013년 외교부 개발협력국 심의관 2013년 同개발협력국장 2015년 駐유엔대표부 차석대사(현) [상]홍조근정훈장(2012)

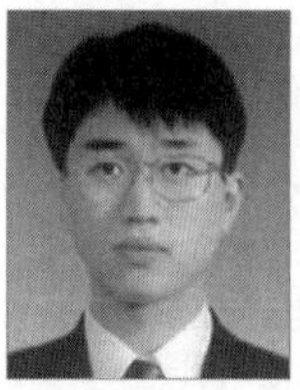

오영준(吳泳俊) OH Young Joon
[생]1969·11·26 [출]대전 [주]대전 서구 둔산중로69 특허법원(042-480-1400) [학]1988년 서울고졸 1992년 서울대 법과대학 사법학과졸 [경]1991년 사법시험 합격(33회) 1994년 사법연수원 수료(23기) 1994년 서울민사지법 판사 1996년 서울지법 북부지원 판사 1998년 전주지법 군산지원 판사 2000년 서울지법 의정부지원 판사 2002년 서울지법 판사 2006년 대법원 재판연구관 2011년 춘천지법 강릉지원장 2012년 대법원 재판연구관 2014년 서울중앙지법 부장판사 2016년 특허법원 부장판사(현)

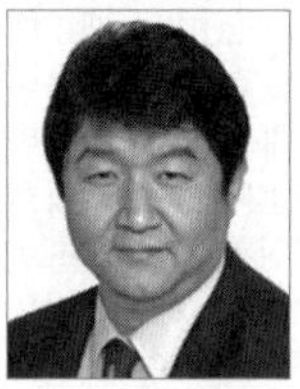

오영진(吳英辰) OH, Young-Jin
[생]1964·2·25 [출]서울 [주]서울 서대문구 통일로81 코리아타임스 논설위원실(02-724-2359) [학]성균관대 화학공학과졸 [경]1988년 코리아타임스 입사 1999년 同경제부 기자 2000년 同경제부 차장대우 2001년 同정치부 차장 2003년 同정치부장 직대(차장) 2004년 同정치사회부장 직대 2005년 同경제부장 2007~2008년 대통령 해외언론비서관 2008년 코리아타임스 편집국 경제부장(부국장대우) 2009년 同편집국 사회부장 2010년 同편집국 경제부장 겸 부국장 2012년 同편집국장 2015년 同논설주간(현) [종]기독교

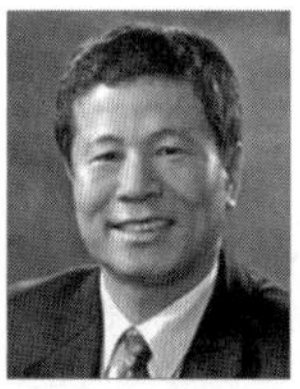

오영태(吳榮泰) OH Young Tae
[생]1955·10·1 [출]부산 [주]경북 김천시 혁신6로17 교통안전공단 이사장실(054-459-7010) [학]부산고졸 1981년 한양대 토목공학과졸 1983년 서울대 대학원 도시계획학과졸 1985년 미국 폴리테크닉대 대학원 교통공학과졸 1989년 교통공학박사(미국 폴리테크닉대) [경]1989~1993년 교통개발연구원 책임연구원·교통안전연구실장 1994년 대한교통학회 이사 1995~2013년 아주대 환경건설교통공학부 교통시스템공학전공 교수 1996~1997년 대한교통학회 상임이사 1996년 치안연구소 연구위원 1996년 수원시 도시계획위원 1997~1999년 대한교통학회 교통류분석분과 위원장 1998년 同상임이사 1998년 서울지방경찰청 교통사고재조사처리위원 1999년 대한교통학회 대외협력분과 위원장 2005년 同부회장 2009~2011년 同회장 2009년 아주대 교통ITS대학원장 2013~2014년 同교통시스템공학과 교수 2014년 교통안전공단 이사장(현) [저]'교통관리체계'(1995) '교통수요관리'(1996) '주차관리기법'(1997) '교통환경 영향평가'(1998) '도로교통 및 신호체계'(1998)

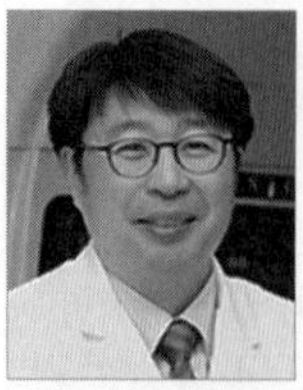

오영택(吳泳澤) OH Young Taek
[생]1963·5·30 [출]서울 [주]경기 수원시 영통구 월드컵로164 아주대학교병원 방사선종양학과(031-219-5884) [학]1982년 서울고졸 1984년 연세대 의대졸 1988년 同대학원졸 1995년 의학박사(연세대) [경]1988년 연세대 의대 인턴·치료방사선과학교실 전공의 1996년 아주대 의과대학 치료방사선과학교실 연구강사·전임강사·조교수·부교수 2003년 同기획조정실장 2005년 同병원 교육수련부장 2008년 同의학부장 겸 교무부학장 2008년 同의과대학 방사선종양학교실 교수(현) 2011년 同의과대학 방사선종양학교실 주임교수(현) 2011년 同병원 방사선종양학과 임상과장(현) 2012년 同병원 제2진료부원장 2014년 同의과대학 교무부학장(현) [상]대한방사선과학회 우수포스터상(1997)

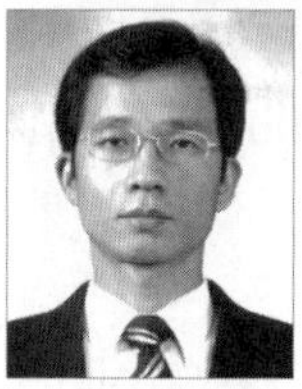

오영표(吳永杓)
[생]1965·9·6 [출]전남 화순 [주]전북 전주시 덕진구 사평로25 전주지방법원(063-259-5400) [학]1985년 광주제일고졸 1993년 서울대 공법학과졸 [경]1996년 사법시험 합격(38회) 1999년 사법연수원 수료(28기) 1999년 광주지법 판사 2002년 同목포지원 판사 2004년 광주지법 판사, 변호사 개업 2009년 대전고법 판사 2012년 대전지법 천안지원·대전가정법원 천안지원 판사 2015년 전주지법 부장판사(현)

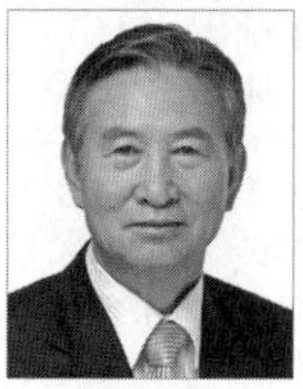

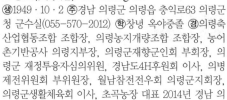

오영호(吳永浩) OH Young Ho
[생]1949·10·2 [주]경남 의령군 의령읍 충익로63 의령군청 군수실(055-570-2012) [학]창녕 옥야종졸 [경]의령축산업협동조합 조합장, 의령농지개량조합 조합장, 농어촌기반공사 의령지부장, 의령군재향군인회 부회장, 의령군 재정투융자심의위원, 경남도4H후원회 이사, 의병제전위원회 부위원장, 월남참전전우회 의령군지회장, 의령군생활체육회 이사, 초곡농장 대표 2014년 경남 의령군수(무소속)(현) [상]경남도 자랑스런 농어민상

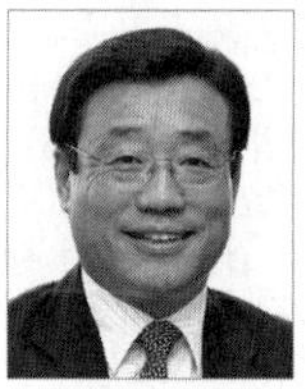

오영호(吳永鎬) OH Young Ho
[생]1952·6·25 [출]서울 [주]서울 강남구 테헤란로305 한국기술센터15층 한국공학한림원(02-6009-4000) [학]1972년 서울고졸 1980년 서울대 공대 화학공학과졸 1994년 미국 버지니아주립대 대학원 경제학과졸 2002년 경제학박사(경희대) [경]1979년 행정고시 합격(23회) 1988년 대통령비서실 행정관 1995년 駐미국 상무관 1997년 통상산업부 총무과장 1998년 대통령비서실장 보좌관 1999년 국무조정실 외교안보심의관 2000년 同외교안보심의관 2001년 同산업심의관 2002년 산업자원부 산업기술국장 2004년 駐미국 상무참사관 2004년 산업자원부 차관보 2005년 同자원정책실장 2006~2007년 대통령 산업정책비서관 2007년 한국공학한림원 정회원 2007~2008년 산업자원부 제1차관 2008~2009년 서강대 서강미래기술연구원(SIAT) 교수 2008~2009년 同서강미래기술연구원(SIAT) 에너지환경연구소장 2009~2011년 한국무역협회 상근부회장 2010년 서울G20비즈니스서밋조직위원회 집행위원장 2011년 한국공학한림원 부회장 2011~2014년 대한무역투자진흥공사(KOTRA) 사장 2012~2014년 한국공학한림원 이사 2015년 同회장(현) [상]대통령표창(1990), 황조근정훈장(2006), 국민훈장 모란장(2011), 쿠바 호세마르티 특별상(2014), 한국언론인연합회 '자랑스런 한국인대상' 무역진흥부문 종합대상(2014) [저]'미국통상정책과 대응전략'(2004) '수출한국, 프레임을 바꿔라'(2012) '미래 중국과 통하라'(2012) '신뢰경제의 귀환'(2013, 메디치미디어)

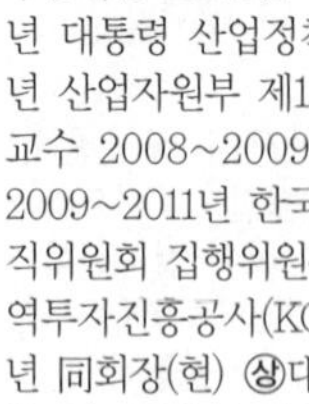

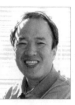

오영호(吳榮湖) OH Young Ho
[생]1962·9·16 [본]해주(海州) [출]서울 [주]서울 종로구 세종대로178 (주)KT 광화문빌딩 west10층 임원실(02-730-3060) [학]1981년 대원고졸 1989년 고려대 영어영문학과졸 2008년 연세대 언론홍보대학원졸(석사) [경]1989년 동부그룹 입사·종합조정실 근무 1996년 한솔PCS(주) 홍보팀장 2001년 (주)KTF 홍보실 언론홍보팀 차장 2003~2009년 同홍보실 언론홍보팀장(부장급) 2009년 (주)KT CR부문홍보실 언론홍보팀 부장 2010년 同CR부문홍보실 경영홍보팀 부장 2010년 同상무보 2011년 同OP기획담당 상무 2014년 同홍보실 부실장(상무) 2014년 同홍보실장 직대 2015년 同홍보실장(상무) 2015년

한국PR협회 부회장(현) 2015년 (주)KT CR부문 CR협력실장(상무)(현) [상]정보통신부장관표창(2001)

오영환(吳榮煥)

[생]1958·11·28 [출]충남 공주 [주]충남 공주시 무령로55 공주소방서 서장실(041-851-0213) [학]1978년 공주사대부고졸 1985년 한남대 화학과졸, 충남대 행정대학원 행정학과졸 [경]1990년 소방간부 후보(6기) 2004~2005년 충남도 소방안전본부 안전관리·소방행정과 근무 2007년 보령소방서장 2009년 공주소방서장 2011년 연기소방서장 2012년 논산소방서장(지방소방정) 2014년 충남도 소방본부 방호구조과장 2015년 同소방본부 화재대책과장 2015년 同소방본부 소방행정과장 2016년 충남 공주소방서장(현) [상]행정자치부장관표창(1999), 국무총리표창(2002), 대통령표창(2008)

오영훈(吳怜勳) OH Young Hun

[생]1968·12·14 [출]제주 [주]서울 영등포구 의사당대로 1 국회 의원회관715호(02-784-5621) [학]1984년 서귀포고졸 1994년 제주대 경영학과졸 2003년 同경영대학원 경영학과졸 [경]1993년 제주대 총학생회장 1995년 새정치국민회의 창당발기인 1997~2000년 제주 4·3도민연대 사무국장 2001~2002년 새천년민주당 제주시지구당 부위원장 2002년 제주대총동창회 이사 2002~2004년 일도2동새마을문고 운영위원 2003~2004년 열린우리당 제주시지구당 정책실장 2004~2005년 同제주특별자치도추진위원회 간사 2004~2005년 강창일 국회의원 보좌관 2006·2010~2011년 제주특별자치도의회 의원(열린우리당·대통합민주신당·통합민주당·민주당), 同민주당 원내대표 2006~2009년 제주미래전략산업연구회 간사 2010~2011년 同대표 2010년 제주특별자치도의회 운영위원장 2010년 전국시·도의회운영위원장협의회 감사 2012~2015년 제주미래비전연구원장 2016년 더불어민주당 제주시乙지역위원회 위원장(현) 2016년 제20대 국회의원(제주시乙, 더불어민주당)(현) 2016년 더불어민주당 원내부대표(현) 2016년 더좋은미래 운영간사(현) 2016년 더불어민주당 오직민생특별위원회 사교육대책TF팀 간사(현) 2016년 국회 교육문화체육관광위원회 위원(현) 2016년 한일의원연맹 간사(현) [상]한국지방자치학회 우수조례상 개인부문(2011)

오영희(吳英熙·女) Oh Young Hee

[생]1960·2·29 [주]대전 동구 산내로1398의41 대전소년원(042-272-4644) [학]1978년 진명여고졸 1983년 이화여대 의류직물학과졸 2009년 연세대 법무대학원 법학과졸 [경]2003년 법무부 보호국 소년과 법령담당 2008년 안양소년원 서무과장 2010년 법무부 범죄예방정책국 소년과 기획담당 2012년 대구보호관찰소 관찰과장 2013년 서울소년분류심사원 교무과장 2015년 청주소년원장 2016년 대전소년원장(현) [상]법무부장관표창(1994·2000), 모범공무원표창(2005)

오완석(吳完石) Oh Wan Seok

[생]1967 [출]대구 [주]대구 북구 연암로40 경북지방경찰청 홍보담당관실(053-429-2213) [학]대구 심인고졸 1991년 경찰대 법학과졸(7기) [경]1991년 경위 임용 1999년 경감 승진 2005년 경정 승진 2010년 경북지방경찰청 여성청소년계장 2011년 同홍보계장(경정) 2014년 총경 승진 2014년 경북지방경찰청 경비교통과장(총경) 2015년 경북 포항북부경찰서장 2016년 경북지방경찰서 홍보담당관(현) [상]행정자치부장관표창(2006), 대통령표창(2011)

오완석(吳完錫) OH Wan Seok

[생]1967·4·3 [본]해주(海州) [출]충남 태안 [주]경기 수원시 팔달구 효원로1 경기도의회(031-8008-7061) [학]1984년 천안북일고졸 1992년 아주대 영어영문학과졸 [경]열린우리당 수원시당 청년위원장, 수원환경운동연합 시민참여위원, 수원자치시민연대 운영위원, 다산인권센터 회원, 김진표 국회의원 교육정책특별보좌관, 바르게살기운동경기도협의회 이사, 민주평통 자문위원, 법무법인 광명 송무실장, 경기복지시민연대 정책위원, 수원시배드민턴연합회 고문, (사)한국공공사회학회 부회장, 경기도장애인인권센터 운영위원 2006년 경기도의원선거 출마(열린우리당) 2010년 경기도의회 의원(민주당·민주통합당·민주당·새정치민주연합) 2010년 同행정자치위원회 위원 2012년 同민주통합당 수석대변인 2012년 同기획재정위원회 위원 2014년 경기도의회 의원(새정치민주연합·더불어민주당)(현) 2014~2016년 同운영위원회 위원장 2014년 同농정해양위원회 위원 2014년 同새정치민주연합 수석부대표 2015년 同더불어민주당 수석부대표(현) 2015년 同평택항발전추진특별위원회 위원(현) 2015년 경기도 경기연정실행위원회 위원(현) 2015년 同재정전략회의 위원(현) 2016년 경기도의회 기획재정위원회 위원(현) [상]지방의원매니페스토 약속대상 최우수상(2012·2015), 한국지방자치학회 우수조례상 개인부문 우수상(2016) [종]기독교

오완수(吳完洙) OH Wan Soo

[생]1939·10·13 [출]경북 의성 [주]부산 사하구 하신번영로69 대한제강(주) 회장실(051-220-3305) [학]1957년 경기고졸 1961년 고려대 경제학과졸 [경]1975~1992년 (주)대한상사 대표이사 1975년 부산시 시정자문위원 1985년 부산경영자협회 이사 1988년 부산상공회의소 부회장 1992년 부산시핸드볼협회 회장 1992년 대한제강(주) 회장(현) [상]국민훈장 석류장, 대통령표창, 국무총리표창, 부산시장 감사장, 제11회 부산수출대상 우수상, 제46회 무역의날 1억불수출의탑, 은탑산업훈장(2015)

오용규(吳勇圭)

[생]1973·4·30 [출]경북 경주 [주]경기 고양시 일산동구 호수로550 사법연수원(031-920-3102) [학]1992년 대구 덕원고졸 1997년 서울대 사법학과졸 [경]1996년 사법시험 합격(38회) 1999년 사법연수원 수료(28기) 1999년 육군법무관 2002년 대구지법 판사 2005년 同경주지원 판사 2006년 수원지법 판사 2010년 사법연수원 교수 2012년 서울고법 판사 2014년 창원지법 부장판사 2016년 사법연수원 교수(현)

오용근(吳龍根) Oh Yong-Geun

[생]1961·1·1 [출]서울 [주]경북 포항시 남구 청암로 77 포항공과대학교 수학과(054-279-2054) [학]1983년 서울대졸 1988년 이학박사(미국 Univ. of California-Berkeley) [경]1988~1989년 미국 MSRI 박사 후 연구원 1989~1991년 미국 New York Univ. Courant Institute 전임강사 1991~1992·2001~2002·2012년 프린스톤 고등연구소(IAS) Member 1991~2013년 미국 Univ. of Wisconsin 수학과 조교수·부교수·교수 1994년 Newton Institute 연구원 1998~2000년 고등과학원 전임교수 1999년 일본 교토대 RIMS 방문교수 2000~2008년 고등과학원 비전임교수 2004~2005년 미국 Stanford Univ. 방문교수 2009~2010년 국가수리과학연구소 초청방문교수 2010~2013년 포항공과대(POSTECH) 수학과 석학교수 2012년 기초과학연구원(IBS) 기하학수리물리연구단장(현) 2012년 미국수학회(American Mathematical Society) 초대 펠로우 선정 2013년 포항공과대(POSTECH) 수학과 교수(현) 2014년 한국과학기술한림원 정회원(이학부·현) [상]미국 Univ. of California-Berkeley Friedman 상(1988), 과학기술부 한림원 젊은과학자상(2000), 미국 Univ. of Wisconsin Vilas Associate 연구상(2002~2004), 미국 Univ. of Wisconsin Chair's Van Vleck Professorship(2007~2011), 경암교육문화재단 경암학술상 자연과학부문(2012)

오용석(吳勇錫) OH Yong Suk

[생]1951·10·25 [출]전남 무안 [주]서울 강남구 테헤란로 133 한국타이어빌딩 법무법인 태평양(02-3404-0121) [학]1976년 고려대 법학과졸 1985년 미국 하버드대 Law School졸(LL.M.) [경]1978년 사법시험 합격(20회) 1980년 사법연수원 수료(10기) 1985~1986년 미국 Whitman & Ransom법률사무소 변호사 1986년 미국 뉴욕주 변호사자격 취득 1987년 법무법인 태평양 변호사·대표변호사(현) 1995~1996년 대법원 행정심판위원 1996년 대한상사중재원 중재위원(현) 1996년 미국 Univ. of Washington Law School Visiting Scholar 1999~2001년 금융감독위원회 정책평가위원 1999~2001년 금융감독원 금융분쟁조정위원 2002~2005년 금융감독위원회 증권선물위원회 비상임위원 2007~2009년 한국자산관리공사 비상임이사 2008년 대한변호사협회 이사 2011~2013년 대한중재인협회 부회장

오용진(吳龍鎭) OH YONG GIN

[생]1965·12·15 [본]보성(寶城) [출]충북 청주 [주]서울 중구 소공로63 (주)신세계 임원실(02-727-1070) [학]1984년 충북 세광고졸 1989년 서강대 경제학과졸 [경]1991년 (주)신세계 백화점 입사 2010년 同백화점부문 관리담당 경영관리팀 수석 2012년 同재무담당 상무보 2014년 同재무담당 상무(현)

오용택(吳龍澤) OH Yong Taek

[생]1958·6·17 [출]충북 옥천 [주]충남 천안시 동남구 병천면 충절로1600 한국기술교육대학교 전기전자통신공학부(041-560-1161) [학]1980년 숭실대 전기공학과졸 1982년 연세대 대학원 전기공학과졸 1987년 전기공학박사(연세대) [경]1979년 한국전력공사 남서울전력관리본부 근무 1984년 同전자계산소 전산원 1988년 同전자계산소 전산과장 1990년 同정보처리처 부장대리 1991~2001년 한국기술교육대 전기공학과 조교수·부교수 2001년 同정보기술공학부 교수 2011년 同전기전자통신공학부 교수(현) 2015년 同IT융합과학경영산업대학원장(현) [종]가톨릭

오우택(吳雨澤) OH Woo Taik

[생]1949·1·18 [본]해주(海州) [출]충북 청원 [주]경기 안산시 단원구 살막길39 (주)한국큐빅 대표이사실(031-491-5325) [학]1968년 청주고졸 1973년 청주대 상학과졸 [경]1997년 삼영무역(주) 이사 1999년 (주)삼명정밀 대표이사 2004년 (주)한국큐빅 전무 2007년 同대표이사(현) 2009년 삼신화학(주) 대표이사(현) [종]기독교

오우택(吳禹澤) OH Uh Taek

[생]1955·6·29 [출]경북 김천 [주]서울 관악구 관악로1 서울대 융합과학기술대학원 분자의학 및 바이오제약학과(02-880-7854) [학]1974년 경북고졸 1978년 서울대 약학과졸 1982년 同대학원 약학과졸 1987년 의학박사(미국 오클라호마대) [경]1987~1988년 미국 텍사스주립대 의대 갈베스톤분교 연구원 1993년 서울대 약학과 조교수·부교수·교수(현) 1994년 미국 시카고대 의대 교환교수 1995년 대한약학회 편집간사 1996년 한국생화학회 재무간사 1997년 통증발현연구단(창의적연구진흥과제) 연구단장 1998~2003년 Neuroscience Letters 편집위원 1998~1999년 한국뇌학회 홍보이사 1999년 과학기술부 뇌연구실무추진위원 2001년 식품의약품안전청 연구초청자문위원 2003년 차세대성장동력바이오분과기획단 기획위원 2004년 한국생화학회 분자생물학회 간사장 2004년 아시아통증학회 간사장 2004년 학술진흥재단 학술연구심사평가위원 2004년 한국과학기술한림원 정회원(현) 2005~2007년 제19차 Seoul FAOBMB Conference 준비위원회 사무총장 2006년 한국뇌과학회 부회장 2006년 서울대 생명공학공동연구원 부원장 2007~2008년 대한약학회 부회장 2007년 Federation of Asian Oceanian Biochemistry & Molecular Biology Treasurer 2008년 서울대 융합과학기술대학원 분자의학 및 바이오제약학과 교수(현), 한국뇌신경과학회 이사장 2011년 바이오·의료기술개발사업 위원장 2011~2013년 한국과학기술한림원 선도과학자지원위원회 위원 2011년 한국WCU협의회 회장 2013년 한국파스퇴르연구소 이사장(현) 2015년 한국뇌신경과학회 회장 2016년 한국과학기술연구원 차기(2017년) 뇌과학연구소장(현) [상]한국과학기술단체총연합회 과학기술우수논문상(1997), 남양알로에 생명약학 학술상(2005), 특허기술상 세종대왕상(2005), 대한민국학술원상 자연과학부문(2006), 교육과학기술부·한국과학재단 선정 3월의 과학기술자상(2009), 한국과학상 생명과학부문(2010), 대한민국 최고과학기술인상(2010), 한국생화학분자생물학회 DI학술상(2013) [저]'The Current Topics in Membranes. Vol 57, The Nociceptive Membrane. Editor : Uhtaek Oh, Elsevier, New York'(2006) [종]기독교

오우택(吳宇澤) AUO Woo Taek

[생]1962·7·11 [출]서울 [주]서울 영등포구 의사당대로88 한국투자캐피탈 비서실(02-3276-4339) [학]1981년 대일고졸 1986년 서강대 경영학과졸 1990년 미국 컬럼비아대 경영대학원졸 [경]영화회계법인 회계사, Bankers Trust Company 부지점장 2000년 굿모닝투자신탁운용 이사 2003~2004년 동원금융지주 상무보 2004년 동원증권(주) 리스크관리본부장(부사장) 2005년 한국투자금융지주(주) 리스크관리본부장(전무) 2007년 한국투자증권(주) RM·-Compliance본부장(전무) 2008~2014년 同RM실·리스크관리본부장(전무) 2014년 한국투자캐피탈 대표이사(현)

오욱환(吳旭煥) OH Wook Hwan

[생]1960·2·10 [출]경기 수원 [주]서울 서초구 서초중앙로69 르네상스빌딩1402호 한원 국제법률사무소(02-3487-3751) [학]1976년 수원 수성고졸 1981년 성균관대 법학과졸 1986년 同대학원 법학과졸 1996년 법학박사(성균관대) [경]1982년 사법시험 합격(24회) 1984년 사법연수원 수료(14기) 1985년 육군 군법무관 1986~1988년 육군사관학교 교수부 강사·전임강사 1988년 변호사 개업 1994년 성균장학회 감사 1995년 서울지검 행정심판위원 1997년 대한상사중재원 중재인(현) 1998년 언론개혁시민연대 법률지원본부 실행위원 1999년 대한변호사협회 공보이사 2000년 대한변협신문 편집인 2000년 기업법학회 이사 2000년 건설교통부 공제분쟁조정위원 2001~2002년 캐나다 브리티쉬컬럼비아대 법과대학 Visiting Scholar·부연구원 2003년 서울지방변호사회 총무이사 2003년 언론중재위원회 서울제1중재부 중재위원 2004년 서울가정법원 가사소년제도개혁위원회 위원 2005~2007년 대한변호사협회 사무총장 겸 총무이사 2005년 영상물등급위원회 감사(3기) 2005년 용인시 고문변호사 2005년 사법시험 3차 시험위원 2006년 성균관대 겸임교수 2007년 일본 도쿄대 대학원 법학정치학연구과 객원연구원 2008년 한국교원단체총연합회 변호인단 위원 2008년 인간교육실현학부모연대 이사 2008년 한국외국어대 강사 2011~2013년 서울지방변호사회 회장 2011년 사법연수원 운영위원 2012년 국민권익위원회 자문위원 2012년 서울중앙지법 조정위원 2013년 한원 국제법률사무소 변호사(현) 2013년 고려대 법과대학 겸임교수(현) 2013년 성균관대 법과대학 겸임교수 2013년 법무부 검사징계위원회 위원 2015년 중앙행정심판위원회 위원 [상]서울지방변호사회장표창(1996), 서울지방변호사회 공로상(2008) [저]'군법개론(共)'(일신사) '핵심법률용어사전(共)'(2005, 청림출판) '주식회사의 감사제도(共)'(상장회사협의회) '한국법개설'(共) [종]불교

오웅진(吳雄鎭) OH Woong Jin (꽃동네)

[생]1945·8·20 [출]충북 청원 [주]충북 청주시 서원구 현도면 상삼길133 학교법인 꽃동네현도학원 이사장실(043-270-0138) [학]1974년 광주가톨릭대졸 1976년 同대학원졸 1992년 명예 문학박사(서강대) 2002년 명예 철학박사(대구대) [경]1976년 사제 서품·청주 수동천주교회 보좌신부 1976년 충북 음성 금왕천주교회 주임신부 1976~2000년 음성꽃동네 설립·회장 1992년 가평꽃동네 설립 1999~2000년 꽃동네현도사회복지대 초대총장 2000~2003년 천주교수도회 예수의꽃동네형제회 사제 2008~2011년 꽃동네현도사회복지대 이사장 2009·2011년 대통령직속 사회통합위원회 위원 2011년 학교법인 꽃동네현도학원 이사장(현) [상]국민훈장 동백장, 막사이사이상, 인촌상, 충북도민상, 유일한상 [종]천주교

오웅탁(吳雄鐸) OH Woong Tak

[생]1948·6·19 [출]전남 화순 [주]서울 성동구 왕십리로222 한양대학교 경제금융학부(02-2220-0040) [학]1966년 조선대부고졸 1972년 한양대 경제학과졸 1974년 同대학원 경제학과졸 1983년 경제학박사(한양대) [경]1976~1990년 한양대 상경대학 무역학과 전임강사·조교수·부교수 1986년 同무역학과장 1990~1995년 同교수 1995~2013년 同경제금융학부 교수 1999년 同경제연구소장 2001년 同기획조정처장 2001~2002년 한국관세학회 회장 2006년 한양대 재무처장 2008·2010~2011년 同총무처장 2011~2012년 同경영부총장 2013년 同경제금융학부 명예교수(현) [상]홍조근정훈장(2013) [저]'무역학개론'(1995) '금융불안정성과 한국경제'(2004)

오원근(吳元根)

[주]제주특별자치도 서귀포시 서호중앙로63 공무원연금공단 연금본부(064-802-2003) [학]원주고졸, 국민대 법학과졸 [경]2005년 공무원연금관리공단 연금지원팀장 2007년 同대전지부장 2008년 同연금기획팀장(1급) 2010년 서울대 교육파견(1급) 2010년 공무원연금공단 연금사업실장 2011년 同감사실장 2014년 同서울지부장(이사대우) 2016년 同연금본부장(이사대우)(현)

오원만(吳源萬) OH Won Mann (後素)

[생]1960·4·9 [본]해주(海州) [출]전남 목포 [주]광주 북구 용봉로33 전남대학교치과병원 치과보존과(062-530-5572) [학]1979년 금호고졸 1985년 전남대 치과대학 치의학과졸 1988년 同대학원 치의학과졸 1995년 치의학박사(전북대) [경]1985~1988년 전남대병원 치과 인턴·레지던트 1988~1991년 육군 군의관 1991년 전남대 치과대학 시간강사 1991~2003년 同치과대학 전임강사·조교수·부교수·교수 1991년 대한치과보존학회 회원(현) 1993년 일본 東北大 치학부 객원교수 1993~2001·2007~2011년 전남대병원 치과진료처 보존과장 1995년 미국 AAE 회원(현) 1997년 국제치과연구학회(IADR) 회원 1997년 미국 미네소타대 research fellow 1997~1998년 미국 UTHSC at San Antonio대 Research Fellow 1999~2001년 전남대 평의원·서기간사 2001~2003년 同치과대학 부학장·치의학과장 2001~2003년 同대학원 주임교수 2002~2006년 대한치과보존학회 국제이사 2003~2005년 전남대 치과대학 치과보존학교실 교수 2003~2005년 同치과대학장 2003~2007

년 同병원 이사 2004~2006년 근관치료학회 국제이사 2005년 전남대 치의학전문대학원 치과보존학교실 교수(현) 2005~2007년 同치의학전문대학원장·대학원 위원 2006~2007년 치의학전문대학원2단계BK21 사업단장 2009~2013년 아름다운가게헌책방 광주북구운영위원장 2010년 광주환경운동연합 감사(현) 2011~2013년 전남대치과병원장 겸 치과진료처장 2011년 대한치과보존학회 부회장(현) 2013~2014년 금호고총동문회 회장 2014~2015년 대한치과근관치료학회 부회장 2015년 대한치과보존학회 차기(2017년 11월) 회장(현) ❸보건복지부장관표창(2013), 광주광역시미술대전 입상(2013·2014), 전남미술대전 입상(2013·2014), 무등미술대전 입상(2013·2014), 한국문인화대전 입상(2014) ❷'근관치료학(共)'(1996) '치과보존학(共)'(1999) '근관치료학 개정(共)'(2001) '치과진료처 임상실습 지침서(共)'(2010) '최신근관치료학(共)'(2011) '4학년 임상실습 지침서'(2011) ❷'치과보존학(共)'(1999) 'Pathways of The Pulp(共)'(1999) '임상가를 위한 외과적 근관치료학(共)'(2002) 'Pathways of The Pulp 8판(共)'(2003) 'Pathways of The Pulp 9판(共)'(2007) 'Pathways of The Pulp 10판(共)'(2011)

오원배(吳元培) OH Won Bae

❸1953·1·23 ❷해주(海州) ❸인천 ❸서울 중구 필동로1길30 동국대학교 미술학부(02-2260-3430) ❷1971년 송도고졸 1978년 동국대 미술학과졸 1983년 同대학원 미술교육학과졸 1985년 프랑스 파리국립미술학교 수료 ❷1986~1997년 동국대 미술학과 전임강사·조교수·부교수 1989~1990·1995~1996년 프랑스 파리국립미술학교 연구교수 1997년 동국대 미술학부 교수(현) 2001~2002년 프랑스 파리국립미술학교 연구교수, 동아미술제·중앙미술대전·불교미술대전·단원미술제·이중섭미술상 심사위원, OCI미술관·소마미술관·이중섭미술상 운영위원(현) 2010~2011년 대학미술협의회 회장 2012년 아시아프 총감독 2012년 장욱진미술문화재단 이사(현) 2014년 송암문화재단 이사(현) 2015년 동국대 문화예술대학원장 겸 예술대학장 2015년 同대학스포츠실장(현) 2015년 同대외부총장 겸임(현) ❸프리국립미술학교 회화1등상(1984), 프랑스예술원 회화3등상(1985), 조선일보 올해의 젊은 작가상(1993), 이중섭미술상(1997) ❷'아르비방'(1994) ❷개인전 '국립현대미술관 앙데빵당展'(1979~1981) '서울미술회관 표상4313展'(1980) '정우화랑 현대미술의상황展'(1980~1981) '국립현대미술관 한국미술대상展'(1980) '국립현대미술관 중앙미술대상展'(1981) '프랑스 파리국립미술학교 몽마르뜨화랑 현대미술의조명展'(1982) '살롱드몬느展'(1983~1984) '보자르85展'(1985) '동덕미술관 개인展'(1986·1989) '국립현대미술관 현대미술展'(1988) '국립현대미술관 개인展'(1989) '갤러리 서미 개인展'(1992) '조선일보 미술관 올해의 젊은 작가전'(1993) '조선일보 미술관 이중섭 미술상 수상기념전'(1998) '인천문화예술회관 개인展'(1999) '예술의 전당 개인展'(2001) '씨떼 데자르 개인展'(2002) '세종문화회관 한국의누드미학 2003展'(2003) '금호 미술관 개인展'(2003·2012) '아트 사이드 개인展'(2007) '코리아 아트 개인展'(2008) '리씨 갤러리 개인展'(2008) 단체전 '까뉴 국제회화제'(1992) '후꾸오카시립미술관 아시아 현대미술제' '서울시립미술관 비무장지대展'(1993) '북경시립미술관 한국현대미술전'(1995) '인천문화예술회관 인천현대미술초대展'(1998) '국립현대미술관 한국미술 2001 회화의 복권'(2001) '국립현대미술관 한국현대미술100년전'(2006) '서울시립미술관 서울시 미술대전'(2008) '인천문화예술회관 황해 미술제'(2008) '이중섭미술상 20년의 발자취-역대 수상작가 20인展'(2008) '국립현대미술관 젊은 모색전'(2010) '소마미술 한국드로잉 30년전'(2010) '광저우미술관 아시아 현대 미술제'(2011) '서울시립미술관 이미지의 수사학'(2011) 등 국내외 단체전 300회 ❸불교

오원석(吳元錫) OH Won Suk (仁水)

❸1934·2·19 ❸부산 ❸서울 강남구 언주로30길27 동일화학공업(주) 비서실(02-575-2227) ❷1955년 숭실고졸 1959년 동국대 화학공학과졸, 고려대 경영대학원 수료, 서울대 환경대학원 수료 ❷1965년 동신유압기계제작소 대표 1973년 동양바이닐공업 대표 1987~2002년 동성화학공업(주) 대표이사 1997년 한국프라스틱공업협동조합 환경분과위원장 1999년 한국플라스틱리싸이클링협회 회장 2003년 동성화학공업(주)·동일화학공업(주) 회장(현)

오원석(吳元錫) OH, won suk

❸1953·2·14 ❷해주(海州) ❸서울 ❸경기 안성시 원곡면 섬바위길23 코리아에프티(주) 회장실(070-7093-1500) ❷1971년 경기고졸 1975년 서울대 기계공학과졸 ❷1974~1980년 현대양행(주) 입사·설계실 대리 1982~1987년 대우조선해양(주) PLANT·산업기술영업부장 1987~1996년 코리아에어텍(주) 부사장 1996년 코리아에프티(주) 대표이사 회장(현), 경기지방경찰청 경찰발전위원장, 대한기계학회 부회장 2012년 안성상공회의소 회장

(현) 2012년 (사)평택안성범죄피해자지원센터 이사장(현) 2013년 대한상공회의소 중견기업위원회 부위원장(현) 2014년 (사)평택안성범죄피해자지원센터 전국연합회 부회장(현) 2016년 한국공학한림원 정회원(기계공학분과·현) ❸산업자원부장관표창(2004), 법무부장관표창(2009), 관세청장표창(2010), 지식경제부장관표창(2010), 경기도지사표창(2012), 동탑산업훈장(2012), 매경미디어그룹 2013 대한민국창조경제리더 글로벌부문(2013), 2014 한국의 영향력 있는 CEO 글로벌경영부문대상(2014), 매일경제 선정 '대한민국 글로벌 리더'(2014·2015), TV조선 선정 '한국의 영향력 있는 CEO'(2015) ❸기독교

오원석(吳源錫) Oh, Won Seok

❸1958·5·10 ❷해주(海州) ❸경북 안동 ❸경북 포항시 북구 중앙로332 포항북부소방서(054-260-2101) ❷1979년 포항전문대학 전기과졸 1995년 한국방송통신대 행정학과졸 2008년 동국대 사회과학대학원 행정학과졸 ❷1987년 소방간부후보생 임용(5기) 1987년 동해소방서 장비계장(소방위) 2000년 울진소방서 방호과장 2002년 김천소방서 방호과장(소방령) 2009년 포항북부소방서 소방행정과장 2011년 경북도소방본부 구조구급담당 2012년 울진소방서장(소방정) 2014년 영덕소방서장 2016년 포항북부소방서장(현) ❸내무부장관표창(1992), 행정자치부장관표창(2000), 대통령표창(2013) ❸천주교

오원심(吳源深)

❸1957·12·23 ❸충북 ❸충북 청주시 상당구 목련로266 청주상당경찰서 서장실(043-280-1211) ❷고려사이버대 부동산경제학과졸 ❷1980년 순경 공채 2003년 충북지방경찰청 경무과 경리계장(경감) 2005년 同경비교통과 교통계장(경정) 2008년 同경비교통과 안전계장 2010년 同경비교통과 경비경호계장 2012년 同경비교통과 교통안전계장 2014년 충북 영동경찰서장(총경) 2015년 충북지방경찰청 정보화장비담당관 2016년 충북 청주상당경찰서장(현)

오원일(吳元一) OH Wonil

❸1955·4·7 ❷해주(海州) ❸강원 동해 ❸강원 춘천시 중앙로1 강원도의회(033-256-8035) ❷1974년 묵호고졸 ❷1988~1996년 동해시수산업협동조합 대의원·감사 1989년 동해시어업인후계자협의회 회장 1990년 묵호청년회의소 회장 1990년 강원도어업후계자협의회 회장 1995·1998·2002·2006·2010년 강원도의회 의원(한나라당·무소속) 2000년 同결산검사대표위원 2002~2004년 同교육사회위원장 2002년 同예산결산특별위원회 위원장 2007년 영동바이원 대표 2010년 강원도의회 교육위원회 위원 2013년 同2018평창동계올림픽지원특별위원회 위원 2014년 강원도의회 의원(무소속)(현) 2014·2016년 同교육위원회 위원(현) 2016년 同강원도산업경제진흥원장인사청문특별위원회 위원장 ❸대통령표창(2000), 해양수산부장관표창, 강원도지사표창, 농림수산부장관표창 ❸기독교

오원종(吳元鐘)

❸1958·5·30 ❸강원 인제 ❸강원 춘천시 중앙로1 강원도청 경제진흥국(033-249-4481) ❷인제종합고졸, 한국방송통신대졸 ❷1982년 지방공무원 임용 2005~2007년 2014평창동계올림픽유치위원회·2014평창동계올림픽유치단 사무관 2007~2012년 2018평창동계올림픽유치위원회 국제스포츠위원회·2018평창동계올림픽조직위원회 사무관 2012년 강원도 자치행정국 총무과 사무관 2012년 同경제진흥국 투자기반조성과장(서기관) 2013년 동해안권경제자유구역청 투자유치1과장 2014년 강원도 문화관광체육국 관광마케팅과장 2016년 同경제진흥국장(현)

오유방(吳有邦) OH You Bang

❸1940·9·18 ❷보성(寶城) ❸충북 청주 ❸서울 종로구 새문안로91 고려빌딩613호 법무법인 광화문(02-739-2550) ❷1959년 청주고졸 1963년 서울대 법대졸 1965년 同사법대학원 수료 1984년 미국 버클리대 수학 ❷1963년 고시행정과·사법과 합격 1965년 육군 법무관 1968년 변호사 개업 1973년 제9대 국회의원(서울 서대문구, 민주공화당) 1973년 대한하키협회 회장 1979년 제10대 국회의원(서울 서대문구, 민주공화당) 1979년 민주공화당 대변인 1982년 미국 버클리대 객원연구원 1984년 국정교과서(주) 이사장 1988년 제13대 국회의원(서울 은평甲, 민주정의당·민자당) 1988년 국회 법률개폐특별위원회 위원장 1988년 민주정의당 윤리위원장 1988년 同중앙집행위원 1990년 민자당 서울은평甲지구당 위원장 1990년 同당무위원 1990년 同당기

위원 1991년 (재)유민장학재단 이사장 1995년 국민회의 서울용산지구당 위원장 1996년 법무법인 광화문 변호사(현) 1997~1998년 아·태평화재단 후원회장 2015년 대한민국헌정회 법률고문(현) [종]천주교

오유인(吳庚寅) OH Yu In

[생]1950·8·20 [출]경북 상주 [주]경북 포항시 대송로101번길34 제일연마공업(주) 비서실(054-285-8401) [학]1972년 한양대 요업공학과졸 [경]1980년 동일철강(주) 근무 1987년 同전무이사 1987년 동일산업(주) 전무이사 1988년 (주)세명기업 전무이사, 동일산업(주) 부사장, 제명금속(주) 부사장, 동일금속(주) 부사장, 동일철강(주) 부사장 1990~1993년 세명기업(주) 부사장 1990년 제일연마공업(주) 대표이사 사장(현) 1993년 (주)세명기업 대표이사 사장(현) 2003년 포항상공회의소 부회장 2004년 한국연마공업협동조합 이사장, (재)동일문화장학재단 이사 2009~2015년 한국무역협회 대구·경북무역상사협의회 회장 2009~2012년 同비상근부회장 2011년 同미래무역위원회 운영위원 [상]석탑산업훈장(2002), 동탑산업훈장(2011)

오윤용(吳允鏞) O Yun Yong

[생]1963 [본]동복(同福) [출]전북 남원 [주]세종특별자치시 정부2청사로13 국민안전처 세종2청사 해양경비안전본부 해양경비과(044-205-2041) [학]1982년 전북 인월고졸 1984년 군산수산전문대졸 2007년 군산대 해양생산학과졸 2012년 인하대 정책대학원 행정학과졸(석사) [경]2001~2002년 군산해양경찰서 경비구난계장 2006년 同경무기획계장 2007~2008년 해양경찰청 경비구난국 상황실장 2010년 同기획조정관실 인사팀장 2011년 同장비기술국 전략사업과장(총경) 2013~2014년 제주해양경찰서장 2014년 국민안전처 제주지방해양경비안전본부 제주해양경비안전서장 2015년 同해양경비안전본부 해양경비과장(현) [상]모범공무원 국무총리표창(1997), 해양수산부장관표창(2004), 대통령표창(2009)

오은선(吳銀善·女) OH Eun Sun

[생]1966·3·5 [출]전북 남원 [주]서울시 중구 세종대로21길49 본관601호(02-764-0980) [학]서울 송곡여고졸 1989년 수원대 전산학과졸 2014년 고려대 대학원 체육학과졸, 同대학원 체육학박사과정 재학中 [경]1993년 히말라야 에베레스트로 첫 해외 원정 1997년 히말라야 가셔브롬Ⅱ(8천35m) 등정 2002년 유럽 최고봉 엘브루즈(5천633m) 등정 2003년 북미 최고봉 매킨리(6천194m) 완등 2004년 히말라야 에베레스트(해발 8천848m) 단독 등정(국내 여성 산악인 최초) 2004년 오세아니아 최고봉인 호주 코지우스코(2천228m) 등정 2004년 남극 최고봉 빈슨매시프 정상(4천897m) 등정(국내 여성 최초 세계 7대륙 최고봉 완등 성공) 2006년 히말라야 시샤팡마(8천46m) 등정 2007년 히말라야 초오유(8천201m) 등정 2007년 히말라야 K2(8천611m) 등정 2008년 히말라야 마칼루(8천463m) 등정 2008년 히말라야 로체(8천516m) 등정 2008년 히말라야 브로드피크(8천47m) 등정 2008년 히말라야 마나슬루(8천163m) 등정 2008년 블랙야크 익스트림팀 이사 2009년 히말라야 칸첸중가(8천586m) 등정 2009년 히말라야 다울라기리(8천167m) 등정 2009년 히말라야 낭가파르밧(8천126m) 등정 2009년 히말라야 가셔브롬Ⅰ(8천68m) 등정 2009년 경기도 홍보대사 2010년 히말라야 안나푸르나(8천91m) 등정(여성 세계 최초 히말라야 8천m 고봉 14좌 완등·남녀 도합 세계 20번째) 2010년 한미파슨스 홍보이사 2011년 열린의사회 홍보대사(현) 2011~2013년 한국여성산악회 회장 [상]여성신문사 제3회 미래의 여성지도자상(2005)

오은택(吳恩澤) OH EUN TAEK

[생]1970·1·24 [본]동복(同福) [출]부산 [주]부산 연제구 중앙대로1001 부산광역시의회(051-888-8177) [학]부산중앙고졸, 경성대 행정학과졸, 부경대 국제대학원 미국학과졸 [경]2006·2010~2014년 부산시 남구의회 의원(한나라당·새누리당), 同운영위원회 위원장, 부산시 남부교육지원청 학교운영위원협의회장, 남구신문 편집위원, (사)한자녀더갖기운동연합 부산 남구지부장, 경성대총동문회 부회장, 새누리당 부산남구乙당원협의회 미래청년포럼 위원장, 백혈병어린이돕기 한울타리후원회장, 밝은미래시민포럼 운영위원, 오륙도신문 아동분과위원장, 부산시 남구의회 예산결산특별위원회 위원장, 同교육지원심의위원회 위원(현), 분포중 운영위원장(현) 2014년 부산시의회 의원(새누리당)(현) 2014년 同교육위원회 부위원장 2014·2016년 同운영위원회 위원(현) 2014년 同예산결산특별위원회 위원 2014~2016년 새누리당 부산시당 홍보위원회 위원장 2016년 부산시의회 교육위원회 위원(현) [상]전국시·도의회의장협의회 우수의정 대상(2016) [종]기독교

오익재(吳益在) OH Ik Jae

[생]1957·3·3 [본]해주(海州) [출]전남 영암 [주]광주 광산구 손재로236 세방산업(주) 임원실(062-951-4271) [학]목포고졸 1984년 조선대 법학과졸 [경]1983년 세방(주) 입사, 同운송영업팀장(차장), 同인사팀장(부장), 同경인지사장(상무보대우), 同인천지사장(상무보대우) 2009년 同벌크영업본부장(상무보대우) 2011년 세방전지(주) 국내사업본부장(상무보대우) 2012년 同국내사업본부장(상무) 2013년 세방(주) 영업본부장 2014년 同중부지역본부장 2015년 同중부지역본부장(상무) 2015년 同중부지역본부장(전무), 同전략기획본부장(전무) 2016년 세방산업(주) 대표이사 전무(현)

오익환(吳益煥) Oh Ikwhan

[생]1958·4·11 [출]서울 [주]서울 서대문구 충정로29 DGB생명 임원실(02-2087-9301) [학]1981년 서울대 불어교육과졸 1987년 미국 펜실베이니아주립대 대학원 MBA [경]1988년 Convenant Life Insurance Company, Philadelphia, Pennsylvania 계리분석사 1990년 Phoenix-Home Life Insurance Company, Piscataway, New Jersey 계리분석사 1992년 CIGNA International, Philadelphia, Pennsylvania 계리컨설턴트 1994년 New York Life Insurance, New York 계리파트 부사장 1995~2001년 Prudential Insurance Company of America, Newark, New Jersey 푸르덴셜인베스트먼트 계리총괄 Senior VP 2001년 교보생명보험(주) 전무이사 2003년 同CFO(최고재무책임자·부사장) 2005년 ING생명보험 총괄부사장 2006년 AEGON Hague Netalands 리스크 부사장 2008년 Prudential Financial Newark NJ Head of Financial Market Risk, Managing Director 2013년 한화생명 CRO 전무 2015년 DGB생명 대표이사 사장(현) [종]기독교

오인서(吳仁瑞) OH In Seo

[생]1966·12·24 [출]서울 [주]서울 광진구 아차산로404 서울동부지방검찰청 차장검사실(02-2204-4000) [학]1985년 동성고졸 1990년 고려대 법학과졸 1993년 同대학원졸 [경]1991년 사법시험 합격(33회) 1994년 사법연수원 수료(23기) 1994년 軍법무관 1997년 전주지검 검사 1999년 대전지검 천안지청 검사 2000년 수원지검 검사 2002년 서울지검 검사 2004년 서울중앙지검 검사 2005년 부산지검 검사 2006년 同부부장검사 2007년 대전지검 서산지청 부장검사 2008년 광주지검 공안부장 2009년 대전지검 논산지청장 2010년 법무부 공안기획과장 2011년 서울중앙지검 형사7부장 2012년 수원지검 형사2부장 2013년 창원지검 통영지청장 2014년 의정부지검 고양지청 차장검사 2015년 법무부 감찰담당관 2016년 서울동부지검 차장검사(현)

오인욱(吳仁郁) OH In Wook

[생]1947·1·17 [출]부산 [주]경기 성남시 수정구 성남대로1342 [학]1974년 홍익대 건축학과졸 1981년 국민대 대학원 건축학과졸 2000년 건축학박사(국민대) [경]1975년 (주)엄이건축연구소 부장 1978년 세종문화회관 건설본부 감리 1981~1990년 (주)테크노 전무이사 1990년 청와대 관저 및 본관 실내설계 및 감리 1991~2012년 경원대 실내건축학과 교수 1992년 한국인테리어디자이너협회 이사 1994년 한국실내디자인학회 부회장 1997~2001년 同회장 2001년 아시아실내디자인학회연맹 초대회장 2002년 한국실내디자인학회 명예회장 2003년 인천국제공항공사 자문위원 2004~2005년 대통령집무환경개선위원회 위원 2007년 경원대 산업환경대학원장 2007~2008년 경기지방공사 설계자문위원 2007~2013년 (사)한국공간디자인단체총연합회 회장 2007~2010년 경원대 환경대학원장 2010년 서울G20정상회의준비기획단 자문위원 2012년 가천대 건축대학 명예교수(현) 2012~2016년 국제디자인교류재단 이사장 2013년 한국공단문화디자인연구원 원장(현) 2013년 (사)한국공단디자인단체총연합회 명예회장(현) 2015년 홍익대 건축도시대학원 초빙교수(현) [상]문공부장관표창(1966·1975), 예총회장상(1967), 한국건축가협회 신인건축상(1969), 서울시장표창(1979), 대통령표창(1991), 한국실내디자인학회상(2002), 한국박물관건축학회 공로상(2002·2005), 근정포장(2015) [저]'실내디자인 개론'(1990·1995) '실내계획론'(1992·1995·2005) '실내디자인 방법론'(2001) '실내디자인학'(2002) '한국근대건축속의 공간디자인'(2012) [작]청와대 본관·관저 실내디자인설계

오인철(吳寅哲) O In Cheol

[생]1967·5·24 [출]충남 천안 [주]충남 예산군 삽교읍 도청대로600 충청남도의회(041-635-5319) [학]수원공고졸, 강남대 부동산학과졸, 부동산학박사(강남대) [경]한국건설연구소 책임연구원, 강남대 부동산학과 겸임교수 2014년 충남도의회 의원(새정치민주연합·더불어민주당)(현) 2014~2015년 同충청권상생발전특별위원회 위원 2014년 同안전건설해양소방위원회 위원 2015년 同예산결산특별위원회 위원 2016년 同교육위원회 위원(현)

오인탁(吳麟鐸) OH In Tahk (우곡)

[생]1941·1·19 [본]울산(蔚山) [출]중국 만주 [주]서울 서대문구 연세로50 연세대학교 교육과학대학(02-2123-2412) [학]1964년 숭실대 기독교교육학과졸 1969년 연세대 대학원 교육학과졸 1976년 철학박사(독일 튀빙겐대학) [경]1977~1981년 장로회신학대 기독교교육학과 교수 1981~2006년 연세대 교육학과 교수 1981년 한국기독교교육학회 회장 1984년 한국정신문화연구원 교육연구실 부교수 1985년 교육개혁심의회 전문위원 1986년 교육철학회 회장 1986~2008년 연동교회 장로 1988~1996년 한독교육학회 회장 1992년 독일 튀빙겐대 객원교수 1999년 영국 옥스포드대 객원교수 2002년 연세대 교육과학대학장 2002년 한국기독자교수협의회 회장 2006년 연세대 교육학과 명예교수(현) 2006년 교육선진화운동본부 공동대표 2013년 미국 세계인명사전 'Marquis Who's Who in the World'에 등재 [상]근정포장(2006), 천원교육상(2009) [저]'기독교 교육' '현대 교육철학' '근대 민족교육의 전개와 갈등' '고대 그리스의 교육사상' '위대한 교육사상가들(Ⅰ·Ⅱ·Ⅲ·Ⅳ·Ⅴ·Ⅵ·Ⅶ)' '파이데이아' '한국 현대교육철학과 교육사학의 전개 1945에서 2000까지' '새로운 학교교육문화운동' '한국기독교교육학문헌목록 1945-2005' '교육학연구의 논리' '기독교교육학 개론' '기독교교육사' '박애주의 교육사상'(2015, 학지사) [종]기독교

오인환(吳隣煥) OH In Whan

[생]1939·1·1 [본]해주(海州) [출]서울 [학]1959년 경기고졸 1965년 한국외국어대 불어과졸 1979년 프랑스 파리2대학 수료 [경]1964년 한국일보 기자 1977년 同외신부 차장 1980년 同사회부 차장 1982년 同사회부장 1985년 同정치부장 1987년 同편집국 부국장 1987년 同편집국 차장 1988년 同편집국장 1990년 同편집국장(이사대우) 1990년 同주필 겸 이사 1992년 민자당 총재 정치특보 1993~1998년 공보처 장관 [상]청조근정훈장(2003) [저]'파리의 지붕밑' '조선왕조에서 배우는 위기관리의 리더십'(2003) '고종시대의 리더십'(2008) [역]'권력의 종말'

오인환(吳仁煥) OH In Hwan

[생]1957·9·14 [본]해주(海州) [출]인천 [주]서울 중구 퇴계로173 남산스퀘어17층 한국과학기술연구원 녹색기술센터(02-3393-3900) [학]1975년 제물포고졸 1979년 서울대 화학공학과졸 1981년 한국과학기술원 화학공학과졸(석사) 1991년 공학박사(미국 퍼듀대) [경]1981~1985년 한국과학기술연구원 연구원 1985~1990년 미국 Purdue Univ. R. A 1991년 미국 Carnegie Mellon Univ. 화학공학과 연구원 1992년 한국과학기술연구원 책임연구원(현) 2004~2006년 同연구조정부장 2012년 同녹색도시기술연구소장 2016년 同녹색기술센터 소장(현) [상]인천시 과학기술상 기술부문금상(2005), 과학기술훈장 혁신장(2015)

오인환(吳仁煥) OH In Hwan

[생]1958·9·15 [본]해주(海州) [출]경북 김천 [주]서울 강남구 테헤란로440 (주)포스코 철강사업본부(02-3457-0063) [학]김천고졸, 경북대 사회학과졸, 연세대 대학원 경제학과졸 [경]1981년 포항종합제철(주) 입사, 同냉연판매팀장, (주)포스코 포항소주기차배건제조 총경리(파견), 同자동차강판판매실장, 同열연판매실장, 2009~2012년 同마케팅부문 자동차강판마케팅실장(상무), POSCO-Mexico 마케팅담당 2012~2013년 (주)포스코P&S 마케팅본부장·원료본부장(전무) 2013년 (주)포스코 마케팅본부장(전무) 2014년 同철강사업전략실장(전무) 2015년 同철강사업본부장(부사장)(현) 2015년 同비상경영쇄신위원회 거래관행분과 위원장 2015년 국제스테인리스포럼(ISSF : International Stainless Steel Forum) 부회장 [상]동탑산업훈장(2014)

오일랑(吳一郎) OH Il Rang (中觀)

[생]1938·4·29 [출]전남 무안 [주]서울 강남구 테헤란로52길6 테헤란오피스빌딩1511호 (주)은진기획 회장실(02-569-5003) [학]1957년 목포고졸 1968년 단국대 법정대졸 1981년 연세대 행정대학원졸 1985년 행정학박사(청주대) 1991년 서울대 경영대학원 최고경영자과정 수료 [경]1961년 육군 소위 임관 1980년 충북지구 보안부대장 1982년 경남지구 보안부대장 1983년 대구지구 보안부대장 1984년 서울지구 보안부대장 1985년 보안사령부 기획조정실장 1986년 예편(준장) 1986년 대통령경호실 안전처장 1989년 한국토지개발공사 감사 1992년 정부투자기관감사협회 회장 1993년 민자당 국책평가위원 1993년 한국경제정책평가연구원 이사장 1993년 (주)은진기획 회장(현) 1994년 초당산업대 객원교수 1997년 갑종전우회 부회장 [상]충무무공훈장, 홍조근정훈장, 보국훈장 천수장·삼일장, 대통령표창 [종]기독교

오일환(吳日煥) OH Il Hwan

[생]1955·1·28 [출]충남 공주 [주]서울 마포구 백범로192 유진기업(주) 임원실(02-3704-3300) [학]1973년 대전고졸 1978년 성균관대 경영학과졸 1980년 서울대 행정대학원 수료 1989년 프랑스 그레노블대 대학원 에너지경제학과 DEA [경]1978년 행정고시 합격(22회) 2003년 산업자원부 전기위원회 사무국장 2004년 중앙공무원교육원 파견 2005년 경수로사업지원기획단 건설기술부장 2006년 산업자원부 원전사업기획단장 2006년 중소기업청 소상공인지원본부장 2007년 경기지방중소기업청장 2008년 한국전력거래소 이사장 2010~2015년 한국철강협회 상근부회장 2015년 유진기업(주) 사외이사(현) [상]근정포장(1999), 산업포장(2013)

오일환(吳一煥) Oh, Il-Whan

[생]1956·2·5 [본]해주(海州) [출]경남 산청 [주]경기 수원시 장안구 광교산로69 보훈교육연구원 원장실(031-244-8193) [학]1975년 대아고졸 1984년 한양대 정치외교학과졸 1988년 프랑스 파리제7대 대학원 정치사회학과졸 1994년 정치사회학박사(프랑스 파리제10대) [경]1994~2009년 한양대 아태지역연구센터 연구위원 겸 연구교수 1994~2009년 同정치외교학과 강사·겸임교수 1995년 한국정치학회 사무국장 1996~1997년 세계정치학회(IPSA) 제17차서울세계대회 조직위원회 사무국 부국장 1997~1998년 교육부 박사후 연구과정 연수 2005~2013년 특수임무수행자보상심의위원회 심의위원 2006~2009년 국가보훈처 정책용역심의위원회 심의위원 2008~2014년 기독교통일학회 부회장 2008년 제17대 대통령직인수위원회 국정과제자문위원회 자문위원 2008년 통일부 정책자문위원회 자문위원 2008~2011년 민주평통 정치남북대화분과 상임위원 2009년 한국보훈복지의료공단 보훈교육연구원장(현) 2012년 해남군 공직자안보교육자문위원 2012년 행정안전부 공직자안보교육자문위원 2012년 한국정치외교사학회 부회장 2013~2014년 한국보훈학회 부회장 2014년 기독교통일학회 회장(현) 2014년 한국북방학회 회장 2014년 (사)1090평화와통일운동 이사(현) 2014년 한국정치학회 부회장 [상]한국보훈학회 공로상(2006), 대한민국 충효대상 사회복지부문(2014) [저]'김정일시대의 북한정치경제(共)'(1999, 을유문화사) '현대북한체제론(共)'(2000, 을유문화사) '현대한국정치의 쟁점'(2000, 을유문화사) '사회과학오디세이'(2001, 을유문화사) '보훈정책의 현황과 전망'(2004, 홍익재) 등 다수 [종]기독교

오일환(吳一煥) OH Il Hoan

[생]1960·11·28 [본]해주(海州) [출]서울 [주]서울 서초구 반포대로222 가톨릭대학교 가톨릭기능성세포치료센터(02-2258-8268) [학]1986년 가톨릭대 의대졸 1997년 분자생물학박사(미국 템플대) 2001년 박사(캐나다 브리티시컬럼비아대) [경]1997~1998년 Terry Fox Lab Post-Doc. 1998~2001년 British Columbia Cancer Center NCIC Fellow 2001~2004년 가톨릭대 의대 세포유전자치료연구소장 2002~2008년 同의대 의생명과학교실 부교수 2004년 同의대 기능성세포치료센터 소장(현) 2004~2006년 식품의약품안전청 정부업무평가위원장 2006년 국제권위학술지 '스템셀즈(Stem Cells)' 편집위원(현) 2009년 차세대줄기세포기반제제평가연구사업단 단장(현) 2009년 가톨릭대 의대 의생명과학교실 교수(현) 2010~2014년 국가생명윤리정책센터 이사 2011~2015년 세계혈액학회지 부편집장 2011년 한국줄기세포학회 부회장 2012년 대한혈액학회지 부편집장(현) 2012~2014년 매일경제신문 객원논설위원 2013년 한국줄기세포학회 회장 겸 재단이사장(현) 2013~2015년 가톨릭대 의대 의대준비부학장 2014년 식품의약품안전처장 특별자문위원(현) 2015년 식품의약품안전처 첨단

바이오의약품특별자문단 자문위원(현) 2015년 대통령소속 국가생명윤리심의위원회 위원(현) 2015년 Journal of Biological Chemistry 편집인(현) 2015년 국가인권위원회 생명인권포럼 부의장(현) [상]미국 템플대 최우수암연구자상(1997), 한국과학기술단체총연합회 우수논문상(2003), 보건복지부장관표창(2010), 가톨릭경성교구회 생명의신비상 본상(2012) [저]'오일환의 줄기세포 이야기'(2002) '줄기세포란 무엇인가'(2003) '줄기세포'(2005) 'Focus on Stem Cell Research'(2005) '줄기세포산업 10대 육성전략'(2005) '줄기세포, 생명공학의 위대한 도전'(2005) '성체줄기세포 및 세포치료제(共)'(2008) [종]가톨릭

오자경(吳慈卿·女) OH Ja Kyung

[생]1960·1·26 [출]서울 [주]서울 성북구 화랑로32길 146의37 한국예술종합학교 음악원 기악과(02-746-9243) [학]1982년 한양대 음악대학 기악과졸 1984년 미국 가톨릭대 대학원졸 1989년 오르간전공박사(미국 미시간대) [경]1989~1990년 한국예술종합학교·한양대·이화여대 강사 1991~2000년 침례신학대 교회음악과 조교수·부교수, 한국오르가니스트협회 교육 및 기획이사 2000~2004년 한국예술종합학교 음악원 기악과 부교수 2002~2005년 한국고음악협회 회장 2004년 한국예술종합학교 음악원 기악과 교수(현) 2004년 한국오르가니스트협회 총무이사 2005년 한국예술종합학교 고음악연구소장 2007년 미국 예일대 방문교수, 서울시립교향악단·대전시립교향악단·서울신포니에타 등과 협연, 대전엑스포기념 오르간페스티벌·북스테후데 오르간전곡연주회 개최, 미국·일본·독일·체코·이탈리아 등 20여 회 해외초청독주회, 30여 회 국내독주회 2008년 일본 무사시노 국제오르간콩쿠르 심사위원 2010년 슈니트거 국제오르간콩쿠르 심사위원 2010년 한국예술종합학교 음악원 부원장 2013~2015년 同음악원 기악과장 2014년 同여성활동연구소장 [상]미국 미시간 국제오르간콩쿠르 2위, Gruenstein 오르간콩쿠르 입상 [저]'Musical Style and Performance of Elevation Toccatas by G. Frescobaldi' '북스테후데 오르간작품 연주방식' '북스테후데의 오르간 음악에 나타난 음악수사학' '수사학과 J.S.바하의 오르간 전주곡' [역]'오르간 연주자로서의 J.S.Bach'(共) '5개 언어 음악용어사전'(2003, 예당) [작]발매앨범 'Ja kyung Oh Plays the Yokota-GOArt Organ' [종]기독교

오자성(吳自誠) OH Ja Sung

[생]1966·1·21 [출]대구 [주]서울 서초구 반포대로158 서울고등검찰청 공판부(02-530-3300) [학]1984년 대구 영신고졸 1989년 성균관대 법학과졸 1992년 同대학원 법학과졸 [경]1991년 사법시험 합격(33회) 1994년 사법연수원 수료(23기) 1994년 軍법무관 1997년 인천지검 검사 1999년 대전지검 서산지청 검사 2000년 대구지검 검사 2002년 서울지검 남부지청 검사 2004년 부산지검 검사 2006년 同부부장검사 2007년 서울고검 검사 2008년 대구지검 김천지청 부장검사 2009년 창원지검 공안부장 2009년 인천지검 공안부장 2010년 수원지검 성남지청 부장검사 2011년 사법연수원 교수 2013년 춘천지검 강릉지청장 2014년 부산지검 동부지청 차장검사 2015년 대구지검 포항지청장 2016년 서울고검 공판부장(현)

오장섭(吳長燮) OH Jang Seop

[생]1947·8·13 [본]해주(海州) [출]충남 예산 [학]1967년 예산농고졸 1973년 한양대 공대졸 1984년 경희대 행정대학원 수료 1996년 명예 경제학박사(러시아 국립사법대) [경]1985년 한국청년회의소 충남지구 회장 1986년 同중앙회 부회장 1987년 민정당 중앙위원 1989년 충남체육회 조정협회장 1989년 천안상공회의소 부회장 1989년 오성장학회 이사장 1990년 민자당 충남지부 부위원장 1991년 민주평통 자문위원 1991년 충남체육회 부회장 1991년 민자당 민주자유청년봉사단 총부단장 1992년 제14대 국회의원(예산, 민자당·신한국당) 1992년 민자당 부대변인 1994년 同원내부총무 1997년 신한국당 부대변인 1997년 제15대 국회의원(예산 보궐선거 당선, 신한국당·한나라당·자민련) 1998년 국회 재해대책특별위원회 위원장 2000~2004년 제16대 국회의원(예산, 자민련·무소속) 2000년 자민련 원내총무 2000년 同사무총장 2001년 건설교통부 장관 2001~2002년 자민련 사무총장 2002년 (사)한국화랑도협회 초대 총재 2004년 同고문(현) 2007~2010년 (주)케이리츠앤파트너스 상임이사 2011년 충청미래정책포럼 상임공동대표 2014~2016년 충청향우회중앙회 총재 [저]'예산의 맥'(1991) '오늘의 사회갈등과 인간성 회복운동'(1991) '민주발전과 회의진행'(1991) [종]기독교

오장수(吳長洙) OH Jang Soo

[생]1954·11·30 [출]경북 영일 [주]서울 영등포구 국제금융로10 (주)LG하우시스(02-6930-1002) [학]경주고졸, 서울대 화학공학과졸, 同대학원 수료, 캐나다 맥길대 대학원졸(MBA), 미국 하버드대 비즈니스스쿨 AMP과정 수료 [경]1982년 (주)LG화학 입사 2001년 同영상소재사업부장(상무) 2003년 同유화사업본부 PVC/가소제사업부장(상무) 2005년 同PVC/가소제사업부장(부사장) 2006~2007년 한국비닐환경협의회 초대회장 2008년 (주)LG화학 석유화학사업본부 ABS/EP사업부장(부사장) 2009~2011년 한국발포스티렌재활용협회 회장 2012년 (주)LG화학 카자흐스탄 J/V 대표 2013년 (주)LG하우시스 대표이사 사장(CEO)(현) 2015년 서울대 화학생물공학부 객원교수(현) 2015년 연세대 화공생명공학과 겸임교수(현) [상]금탑산업훈장(2015)

오장환(吳章煥) Oh Jang Hwan

[생]1959·10·5 [본]해주(海州) [출]경기 안성 [주]세종특별자치시 도움5로20 법제처 운영지원과(044-200-6521) [학]1977년 서울 대신고졸 1986년 국제대(現서경대) 법학과졸 [경]1987년 공무원 임용(7급 공채) 1987~1995년 법무부 교정국·차관비서실 근무 1995~1999년 법제처 처장실·행정심판관리국 근무 1999~2007년 同행정심판관리국·사회문화법제국·기획조정관실 사무관 2007~2011년 同법령해석정보국·행정법제국·기획조정관실 서기관 2011~2014년 同법제지원단·사회문화법제국 법제관 2014년 同운영지원과장(현) [종]불교

오재건 Jae Kun Oh

[생]1952·5·17 [주]서울 강남구 일원로81 삼성서울병원 심장뇌혈관병원(1599-3114) [학]1975년 미국 펜실베이니아대 화학과졸 1979년 의학박사(미국 펜실베이니아대) [경]1985~1988년 미국 메이요클리닉 순환기내과분과 Senior Associate Consultant 1986년 미국 메이요대 의과대학 내과학교실 조교수·부교수·교수(현) 2003년 미국 메이요클리닉 순환기내과분과 심초음파실 Co-Director(현) 2007년 同순환기내과분과 Pericardial Clinic Director(현) 2014년 삼성서울병원 심장뇌혈관병원장(현)

오재록(吳在錄) Oh, jae-rok

[생]1970·2·19 [출]충남 공주 [주]경기 부천시 원미구 길주로1 한국만화영상진흥원(032-310-3090) [학]1994년 성균관대졸 2007년 同국정관리전문대학원 행정학과졸 [경]1994~1997년 CJ미디어 근무 2003년 제16대 대통령직인수위원회 행정관 2003~2007년 대통령비서실 행사의전팀 행정관 2008~2010년 (주)매경헬스 사업본부장 2010년 (재)한국만화영상진흥원 본부장 2013년 同원장(현)

오재복(吳在福) OH JAI BOG

[생]1956·9·4 [본]동복(同福) [출]전남 보성 [주]세종특별자치시 도움4로13 보건복지부 비상안전기획관실(044-202-2390) [학]1975년 순천고졸 1979년 육군사관학교 응용통계학과졸 2001년 단국대 행정대학원 행정학과졸 [경]2011~2012년 육군 보병25사단 부사단장 2012년 보건복지부 비상안전기획관(현) [상]보국훈장 삼일장(2012)

오재석(吳在錫) OH Jae-seok

[생]1959·8·13 [본]해주(海州) [출]서울 [주]서울 서초구 태봉로114 한국교육신문사(02-570-5582) [학]1974~1976년 한성고·1976~1977년 미국령 푸에르토리코 Commonwealth고졸 1977~1979년 Inter-American대 수학 1979~1985년 서울대 외교학과졸 1997년 미국 American대 연수 2014년 경희대 언론정보대학원졸 [경]1984년 연합통신 입사 1985~1989년 同해외부·사회부 기자 1989년 同정치부 기자 1996년 同정치부 차장대우 1998년 연합뉴스 지방2부 차장대우 1999년 同지방부 차장 2000년 同제네바특파원(부장대우) 2004년 同정치부장 2006년 同편집국 정치·민족뉴스·스포츠·문화담당 부국장 2007년 관훈클럽 편집운영위원 2008년 연합뉴스 편집국장 2009년 同논설위원 2010~2012년 同논설위원실장 2011년 핵안보정상회의 홍보부문 자문위원 2012년 연합뉴스 한민족센터 본부장(이사대우) 2013~2015년 同국제·사업담당 상무이사 2014년 국제전기통신연합(ITU) 전권회의(Plenipotentiary Conference) 홍보분야 자문위원 2014년 외교부 정책자문위원(현) 2015년 한국교육방송공사(EBS) 비상임이사 2016년 한국교육신문사 사장(현) [상]한국참언론인대상 국제부문(2007) [종]가톨릭

오재선(吳在善)

[생]1959 · 2 · 10 [출]전남 영암 [주]전남 무안군 삼향읍 오룡길1 전라남도청 대변인실(061-286-2030) [학]경기대 법학과졸 [경]1979년 지방공무원 임용, 전남도 혁신도시건설지원단 이전기획담당, 同스포츠산업과 레저산업담당, 同대변인실 홍보지원담당, 同기획조정실 남해안선벨트지원관 직대 2014년 F1대회조직위원회 기획공보부장 2015년 전남도 F1대회지원담당관 2016년 同대변인(현)

오재순(吳在淳)

[생]1958 · 1 · 19 [출]충남 공주 [주]충북 음성군 맹동면 원중로1390 한국가스안전공사 안전관리이사실(043-750-1114) [학]공주고졸, 충남대 물리학과졸 [경]1988~1992년 서울시교육청 학무국 사회교육체육과 지방행정주사보 1992년 상공부 기업지도담당관실 행정주사보 1992~2003년 산업자원부 산업기술개발과 · 자원정책과 · 석탄산업과 행정주사 2003~2012년 지식경제부 산업기술개발과 · 전략물자관리과 · 기획재정담당관실 행정사무관 2012년 산업통상자원부 기획재정담당관실 서기관 2012~2016년 同울산자유무역지역관리원장 2016년 한국가스안전공사 안전관리이사(현) [상]국무총리표창(2009)

오재윤(吳在銃) OH Jae Yoon

[생]1959 · 10 · 18 [주]대전 서구 청사로189 특허청 특허심판원(042-481-5828) [학]1977년 전주 신흥고졸 1984년 전북대 정밀기계과졸 2001년 同대학원 기계공학과졸 [경]1992년 환경처 수질보전국 오수관리과 사무관 1995년 영산강환경관리청 · 전주지방환경관리청 사무관 1997년 특허청 심사2국 자동차심사담당관2실 사무관 2000년 同심사2국 일반기계심사담당관실 서기관 2004년 同특허심판원 심판관 2005년 특허법원 기술심리관 2007년 특허청 기계금속건설심사본부 공조기계심사팀장 2008년 同기계금속건설심사국 공조기계심사과장 2009년 同기계금속건설심사국 운반기계심사과장 2010년 同전기전자심사국 복합기술심사3팀장 2012년 특허심판원 심판관 2012년 同심판정책과장 2014년 특허청 특허심사기획국 에너지심사과장 2016년 同특허심판원 심판관(부이사관)(현)

오재인(吳在寅) Jay In OH

[생]1956 · 10 · 3 [주]경기 용인시 수지구 죽전로152 단국대학교 경영학부(031-8005-3443) [학]1980년 서울대 경영학과졸 1988년 미국 볼링그린주립대(Bowling Green State Univ.) 대학원 MBA 1992년 경영학박사(미국 Univ. of Houston) [경]미국 텍사스에이앤엠대(프레어리뷰) 교수 1992년 단국대 경영학부 교수(현) 1996년 산업자원부 산업기술정책평가위원 1999년 민주평통 자문위원 1999년 산업기술정보원 외부자문단 위원장, ERP연구회 회장 2002년 정부투자기관 경영평가위원, 대법원 정보화자문위원, 교육부 교육청평가위원, 교육인적자원부 대학정보화자문위원, 대통령자문 전자정부특별위원회 위원, ISR 편집위원장, 한국경영학회 부회장, 한국정책분석평가학회 이사, 정보통신정책학회 이사, 한국벤처학회 이사, 지식경영학회 이사, 한국시스템다이내믹스학회 이사, EIS/DSS연구회 회장, 금융위원회 시장효율화 자문위원, 국가DB포럼 공동의장, 정부혁신관리위원회 위원 겸 혁신관리평가단 위원, 건설교통부 철도운영정보 자문위원, 지식경제부 자체평가위원, 행정자치부 전자주민증자문위원장, 사법 · 외무 · 5급 · 지방고시 위원, 전자상거래관리사 시험위원, 정보시스템 감리인 2011년 한국경영정보학회 회장 2013~2016년 한국빅데이터학회 회장 2013~2015년 한국산업인력공단 비상임이사 2014년 해양환경관리공단 비상임이사(현) 2014~2016년 단국대 상경대학장 [상]근정포장 [저]'정보통신응용'(1999) '정보통신의 전략적활용'(1999) 'e-Business와 경영혁신'(2000) '정보화의 새로운패러다임'(2001) '인터넷 비즈니스(문화관광부 선정 우수학술도서)'(2001) '인터넷과 마케팅'(2003) 'e-비즈니스시스템'(2004) '서비스@유비쿼터스 스페이스'(2004) '모바일비즈니스'(2004) '디지털패러다임사례'(2004) '첨단물류정보망'(2007) '경영정보학개론'(2009) '도시와 유비쿼터스융합'(2010) 'CIO길라잡이(문화관광부 선정 우수학술도서)'(2011) 등 [역]'인터넷비즈니스'

오재일(吳在一) OH Jae Yiel (心溫)

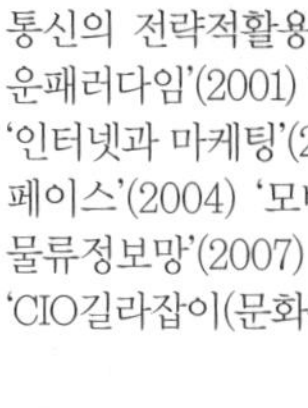

[생]1952 · 6 · 11 [본]해주(海州) [출]전남 함평 [주]광주 북구 용봉로77 전남대학교 행정학과(062-530-2256) [학]1971년 광주제일고졸 1976년 전남대 법학과졸 1979년 同대학원 행정학과졸 2000년 정치학박사(일본 주오대) [경]1981년 전남대 행정학과 조교 · 전임강사 · 조교수 · 부교수 · 교수(현) 1988년 일본 上智大 객원연구원 1994년 전남대 법률 · 행정연구소장 1998년 일본 中央大 인문과학연구소 객원연구원 1998년 무등산보호단체협의회 운동본부장 1998~2001년 광주시민단체협의회 공동대표 1999년 광주 · 전남행정학회 회장 1999년 5.18기념재단 이사 겸 기획위원장 2000~2004년 가톨릭 광주대교구 정의평화위원회 부위원장 2000~2005년 빛고을미래사회연구원 원장 2001년 행정고시 출제위원 2001년 한국행정학회 부회장 2001년 전남대총동창회 부회장 2001~2004년 광주시민연대 공동대표 2002년 광주 · 전남지방자치학회 회장 2002~2004년 광주시민단체협의회 공동대표 2002~2004년 광주시 주민감사청구심의위원장 2003년 한국지방자치학회 부회장 2003년 대통령직인수위원회 정무분과 자문위원 2003~2005년 대통령소속 정부혁신및지방분권위원회 위원 겸 위원장 2004~2006년 대통령자문 정책기획위원회 위원 2004~2006년 대통령소속 지방이양추진위원회 위원 겸 간사위원 2006~2007년 광주 · 전남발전연구원 원장 2006년 한국NGO학회 회장 2006년 한국지방정부학회 부회장 2007~2010년 한국지방자치단체국제화재단 자문위원회 부위원장 2008~2011년 대통령소속 지방분권촉진위원회 위원 2009~2011년 전남대 행정대학원장 2009~2011년 광주지방경찰청 경찰발전위원장 2010년 관현장학재단 이사장 2010~2011년 한국지방자치학회 회장 2010~2012년 한일시민사회포럼 한국측 조직위원장 2010~2014년 민주화운동기념사업회 이사 2011년 소통과교류포럼 회장 2011년 대통령소속 지방행정체제개편추진위원회 위원 2011~2012년 한국지방자치학회 명예회장 2012년 同고문(현) 2013~2015년 5.18기념재단 이사장 2013~2015년 대통령자문 지방자치발전위원회 행정체제개편분과 위원장 2015년 국회예산정책처 예산정책자문위원회 위원(현) 2015년 광복70년기념사업추진위원회 위원 [상]전남대총장표창(1992 · 2002), 5.18기념재단 이사장 감사패(2001), 근정포장(2002), 전국시장 · 군수 · 구청장협의회장표창(2003), 광주광역시장 감사패(2004), 전국도지사협의회 공로패(2005), 행정자치부장관 감사장(2006), 홍조근정훈장(2013) [저]'민선지방자치단체장(共)'(1995) '지방자치와 지역정책(共)'(1996) '행정학(共)'(1999) '한국지방자치론(共)'(2000) '광주지역의 투자환경(共)'(2000) '한국지방자치의 이해(共)'(2008) [역]'미완의 분권개혁'(2005) [종]천주교

오재학(吳在鶴) OH Jae Hak

[생]1957 · 12 · 25 [출]광주 [주]세종특별자치시 시청대로370 한국교통연구원 연구부원장실(044-211-3111) [학]1980년 서울대 공대 산업공학과졸 1982년 同대학원 산업공학과졸 1986년 영국 런던대 대학원 교통계획학과졸 1990년 교통계획학박사(영국 런던대) [경]1982년 한국과학기술원 교통연구부 연구원 1991년 영국 런던 SDG 선임연구원 1992년 교통개발연구원 교통계획연구실 책임연구원 1994년 일본 동경대 토목공학과 교수 1995년 교통개발연구원 정보통계실장 1996년 同도시교통연구실장 1997년 同기획조정실장 1997년 同ITS정보센터 실장 1999년 同교통계획연구부장 2000년 同교통시설운영연구부장 2001년 同ITS연구센터장 2002년 同국가교통DB센터장 2003년 同광역 · 도시교통연구실 연구위원 2005년 한국교통연구원 광역 · 도시교통연구실 연구위원 2007년 同선임연구위원(현) 2008년 同육상교통연구본부장 2008년 同종합물류연구본부장 2010년 同녹색성장실천연구본부장 2010년 KTX 경제권연구센터 소장 2010년 한국교통연구원 글로벌녹색융합연구본부장 2011년 同부원장 2012년 同국가교통미래전략본부장 2012년 철도복합환승센터포럼 대표 2013년 한국교통연구원 종합교통본부장 2014년 同연구부원장(현) [상]대한교통학회 공로패, 경제사회연구회 최우수연구보고서표창, 생생경제 국민아이디어 공모대상 대통령표창(2009) [저]'전환기의 북한경제'(共) 'North Korea in Transition'(共) 'Selected Proceedings of the 9th World Congress on Transport Research'(共) 'Korea on the Move: Korea's Current Transportation Policy and Prospects for the Future, The Korea Transport Institute'(共)

오재협(吳在脅) Oh, Jae hyup

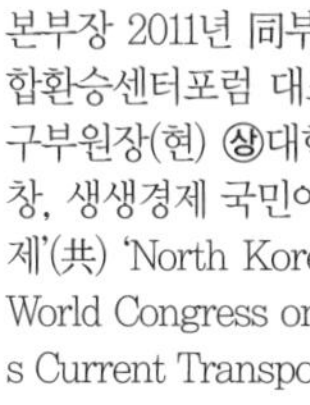

[생]1959 · 10 · 26 [본]해주(海州) [출]대전 [주]대전 유성구 대덕대로481 국립중앙과학관 전시기획과(042-601-7905) [학]1979년 충남고졸 1983년 충남대 기계설계교육공학과졸 1985년 同대학원 기계공학과졸 1992년 기계공학박사(충남대) [경]1988~1991년 충남대 공과대학 조교 1991~1993년 국립중앙과학관 연구사 1993~2005년 同연구관 2005~2008년 同정보화사업팀장 2009~2013년 同연구관 2013년 同전시기획과장(현) [상]대전시교육감표창(2012) [작]국립중앙과학관 체험전시물 및 특별체험전(뉴튼과 위대한 실험 등) [종]천주교

오재호(吳宰昊) Oh Jae Ho

[생]1961·4·15 [출]경남 산청 [주]서울 서초구 헌릉로13 대한무역투자진흥공사 인재경영실(02-3460-7038) [학]1979년 마산고졸 1983년 연세대 경영학과졸 1992년 미국 댈러스대 대학원 경영학과졸 [경]1985년 대한무역투자진흥공사(KOTRA) 입사 1985년 同전시부 근무 1987년 同시장개척부(US PRODUCTS SHOW전담반 파견) 근무 1987년 同기획관리부 근무 1990년 同달라스무역관 근무 1993년 同상품개발부 근무 1996년 同오클랜드무역관 근무 1999년 同투자협력처 근무 1999년 중소기업특별위원회 파견 2000년 대한무역투자진흥공사(KOTRA) 벤처기업팀장 2001년 同하노이무역관장 2004년 (주)한국국제전시장 파견 2004년 대한무역투자진흥공사(KOTRA) 해외진출지원센터장 2005년 同해외투자종합지원센터장 2006년 同양곤무역관장 2008년 同감사실 검사역 2010년 同시카고코리아비즈니스센터장 2013년 同중소기업지원본부 전시컨벤션실장 2015년 同광저우무역관장(현) [상]산업포장(2014)

오재환(吳在煥) Oh Jae Hwan

[생]1959 [주]경기 고양시 일산동구 일산로323 국립암센터 부속병원 원장실(031-920-1140) [학]1983년 서울대 의대졸 1997년 同대학원 의학석사 2001년 의학박사(연세대) [경]1992~1993년 미국 Barns Jewish Hospital 연구원 1994~1996년 서울대 암연구소 선임연구원 1996~1997년 국립의료원 외과 의무사무관 1997~2008년 가천대 의대 외과학교실 교수 2002~2003년 미국 Univ. of Alabama 방문교수 2008년 국립암센터 부속병원 대장암센터 전문의(현) 2008~2014년 同부속병원 대장암센터장 2014년 同연구소 방사선의학연구과 책임연구원 2014년 국제암대학원대 암관리정책학과 겸임교수(현) 2014년 국립암센터 부속병원장(현)

오재환(吳在煥) OH Jae Hwan

[생]1959·4·2 [출]서울 [주]서울 영등포구 국제금융로8길32 동부자산운용(주) 사장실(02-787-3706) [학]1981년 연세대 응용통계학과졸 1986년 同대학원 응용통계학과졸 [경]1996년 쌍용투자증권 국제조사팀장 1997년 템플턴투신운용 Director of Research 겸 포트폴리오매니저 1999년 노무라증권 서울지점 리서치센터장 2000년 세이에셋코리아자산운용 주식운용팀 담당 이사 2004년 同운용총괄 상무(CIO) 2007년 우리CS자산운용 운용총괄 부사장(CIO) 2011년 동부자산운용(주) 자산운용총괄 부사장 2012년 同대표이사 사장(현)

오재환(吳載煥) OH Jae Hwan

[생]1963·3·17 [출]경기 파주 [주]서울 종로구 종로104 (주)YBM 대표이사실(02-2000-0217) [학]홍익대 경영학과졸 [경]토익위원회 전산 및 관리총괄 2000년 (주)와이비엠시사닷컴 이사 2010년 同전무이사 2011년 同각자대표이사 2013~2014년 同대표이사 2014년 (주)YBM 대표이사(현)

오정규(吳定圭) Oh, Jung-kyu

[생]1957·10·10 [본]함양(咸陽) [출]서울 [주]서울 관악구 관악로1 서울대학교 농업생명과학대학 농경제사회학부 [학]1976년 서울고졸 1981년 서울대 경영학과졸 1985년 同행정대학원 행정학과졸 1993년 경제학박사(영국 리버풀대) [경]1981년 행정고시 합격(25회) 1985년 경제기획원 공정거래실 사무관 1991년 同경제기획국 종합기획과 사무관 1992년 同대외경제조정실 사무관 1994년 재정경제원 예산실 사무관 1996년 同장관비서관 1996년 세계은행 파견 1999년 재정경제부 장관비서관 2000년 同금융정책국 보험제도과장 2001년 대통령비서실 행정관 2003년 UNIDO(UN공업개발기구) 파견 2006년 재정경제부 경제자유구역기획단 지원국장 2007년 산업자원부 무역투자진흥관 2008년 지식경제부 무역투자실 무역정책관 2008년 대통령 국정기획수석비서관실 국책과제2비서관 2009~2011년 대통령 정책기획관실 지역발전비서관 2011년 대통령직속 지역발전위원회 기획단장 2011~2013년 농림수산식품부 제2차관 2013년 서울대 농업생명과학대학 농경제사회학부 초빙교수(현) 2015년 김앤장법률사무소 고문 [상]대통령표창, 근정포장 [종]천주교

오정규(吳庭圭) oh jeong gyu

[생]1967·4·22 [본]해주(海州) [출]전북 군산 [주]서울 영등포구 국제금융로6길38 한국화재보험협회 경영지원본부 교육홍보팀(02-3780-0221) [학]1984년 군산중앙고졸 1990년 건국대 전기공학과졸 2004년 서울시립대 대학원 방재공학과졸 [경]2008년 한국화재보험협회 홍보팀 차장 2010년 同홍보팀장 2013년 同인천지부 부지부장 2015년 同경영지원본부 교육홍보팀장(현) [상]행정자치부장관표창(2007) [종]불교

오정근(吳正根) Junggun Oh

[생]1951·11·15 [본]함양(咸陽) [출]경남 진주 [주]서울 광진구 능동로120 건국대학교 정보통신대학원 금융IT학과(02-450-3561) [학]1979년 고려대 경제학과졸 1983년 同대학원 경제학과졸 1984년 영국 맨체스터대 대학원 경제학과졸 1995년 경제학박사(영국 맨체스터대) [경]1979년 한국은행 입행 1981~1983년 同조사제1부 국제수지과·해외조사과 조사역 1984~1989년 同조사제2부 산업분석과·금융통계과·국민소득과 과장 1988~1989년 독일 IFO경제연구소 객원연구원 1989년 한국은행 조사제1부 금융경제연구실 과장 1990~1993년 동남아중앙은행(SEACEN) 선임연구원 1993년 한국은행 조사2부 국민소득담당·투입산출담당 과장 1994년 同인력개발실 연수팀장 1996~2001년 同조사국 금융연구팀·통화연구팀 선임연구역·통화연구팀장 1997~2005년 UN ESCAP(UN 아시아태평양경제사회위원회) 경제자문 1998~2001·2004년 통화금융연구회 간사 2001년 한국은행 인력개발실 수석교수(부국장) 2002년 同국제국 외환연구팀장·국제연구팀장(부국장) 2004년 同금융경제연구원 연구조정팀장·통화연구실장(부국장) 2004~2007년 '경제분석' 편집위원(간사) 2005~2007년 한국은행 금융경제연구원 부원장 2006년 대외경제정책연구원 연구자문위원 2006~2007년 한국경제학회 이사 2006~2007년 한국경제연구학회 부회장 2007~2009년 동남아중앙은행기구(SEACEN) 조사국장(파견) 2007~2008년 한남대 객원교수 2009~2014년 고려대 정경대학 경제학과 교수 2009년 한국국제금융학회 부회장 2011~2012년 同회장 2012~2014년 아시아금융학회(Asia Finance Society) 공동회장 2014년 한국금융ICT융합학회 공동회장(현) 2014년 건국대 정보통신대학원 금융IT학과 특임교수(현) 2014년 한국경제연구원 초빙연구위원(현) 2015년 아시아금융학회(Asia Finance Society) 명예회장(현) 2016년 새누리당 혁신비상대책위원회 위원 [상]재무부장관표창(1987), 자유경제출판문화상(2001) [저]'밥의 경제학 사람의 경제학'(1991) '금융위기와 금융통화정책'(2000) '경제정책의 유효성(共)'(2001) '금융자산관리사(FP) 기본지식(共)'(2002) '구조전환기의 한국 통화금융정책(編)'(2003) 'The Korean Economy : Post-Crisis Policies, Issues and Prospects(共)'(2004) '글로벌 통화전쟁과 동아시아의 선택(共)'(2009) [종]천주교

오정돈(吳廷敦) OH Jung Don

[생]1960·2·26 [출]서울 [주]인천 남구 소성로163번길 49 인천지방검찰청(032-860-4000) [학]1979년 성동고졸 1983년 서울대 법대졸 1986년 同대학원 법학과졸 [경]1988년 사법시험 합격(30회) 1991년 사법연수원 수료(20기) 1991년 서울지검 검사 1993년 부산지검 동부지청 검사 1995년 인천지검 검사 1997년 수원지검 검사 1999년 법무부 법무과 검사 2001년 서울지검 서부지청 검사 2003년 同서부지청 부부장검사 2004년 부산지검 공판부장 2005년 법무부 감찰관실 검사 2006~2007년 전주지검 정읍지청장 2007년 대검찰청 형사1과장 2008년 법무부 법무과장 2009년 同법무심의관 2009년 서울중앙지검 형사1부장 2010년 법무부 감찰담당관 2011년 서울북부지검 차장검사 2012년 대구지검 서부지청장 2013년 광주지검 차장검사 2014년 서울고검 송무부장 2015년 인천지검 부장검사(인천광역시 파견)(현) [상]홍조근정훈장(2015)

오정석(吳正錫) OH JEONG SUK (碧菴)

[생]1943·1·28 [본]해주(海州) [출]부산 [주]부산 금정구 체육공원로20 학교법인 동래학원 이사장실(051-514-1221) [학]1961년 부산 동래고졸 1968년 경상대 축산학과졸 2005년 명예 교육학박사(경성대) [경]1970~1972년 개운중 교사 1973년 상북중·고 교사 1979년 학교법인 동래학원 이사장(현) 1995년 대한적십자사 부산지사 RCY위원장(현) 2003~2005년 민주평통 금정지구 회장 2008~2009년 부산정보대 총장 2009년 민주평통 기장군지구 고문(현) 2010년 (사)한국사립초중고등학교법인협의회 회장 2012년 (사)한국사학법인연합회 회장 [상]한국사립중고법인협의회 공로상 봉황장(1995), 부산교육상 사회교육부문(2002), 국민훈장 목련장(2007) [종]가톨릭

오정석(吳正錫) Oh Jeong Seok

[생]1962·9·13 [본]해주(海州) [출]충남 논산 [주]서울 성동구 성수이로51 한라시그마밸리B1 (유)싸카 비서실(02-460-9600) [학]1981년 공주고졸 1987년 충남대 경제학과졸 2005년 성균관대 국가전략대학원 정치학과졸 [경]1988~1991년 (주)무림페이퍼 기획조정실 근무 1991~1993년 동양철관(주) 경영기획실 근무 1993년 (유)싸카 대표이사(현) 2008년 (재)경수유소년축구클럽 이사 2009년 (주)베스트일레븐 대표이사 발행인(현) 2009년 (사)스포츠산업진흥협회 부회장(현) 2010년 ISL그룹 회장(현) 2010년 대한축구협회(KFA) 이사 2012년 전국유청소년축구연맹 부회장(현) 2012년 同서울시 회장(현) 2012년 공주고장학재단 사무총장(현) 2014년 (사)한국축구국가대표선수협회 기획재정이사(현) [상]2002월드컵축구대회조직위원회 표창(2002), 성실납세자표창(2003), 경기벤처협회표창(2008), 국회의원김동성표창(2008), 서울시 중구청장표창(2009), 제5회 대한민국 스포츠산업대상 장려상(2009), 중소기업청장표창(2010), 경기우수벤처기업표창(2011)

오정섭(吳丁燮) Oh Jung Sub

[생]1958·10·27 [출]충남 공주 [주]충남 보령시 보령북로 160 한국중부발전(주)(070-7511-1114) [학]공주사대부고졸 1982년 충남대 독어독문학과졸 [경]1984년 대전일보 기자 1990년 대전매일 정경부 차장 1991년 同정경부 부장대우 1992년 同문화체육부 부장대우 1994년 同정치부장 겸 경제부장 1996년 同정치부장 1997년 同사회부장 1998년 同정치부장 2001년 同편집국 부국장 2005년 자민련 대전시당 사무처장 2005년 同부대변인 2006~2010년 대전시의회 의원(한나라당) 2006년 同예산결산특별위원장 2008~2010년 同행정자치위원장 2009년 대전문화재단 이사 2014년 한국중부발전(주) 비상임이사(감사위원)(현) [종]가톨릭

오정소(吳正昭) OH Chung So

[생]1944·7·10 [본]해주(海州) [출]경기 옹진 [주]서울 구로구 디지털로34길43 코오롱싸이언스밸리1차4층 한국정보기술연구원(070-7093-9825) [학]1968년 고려대 사학과졸 [경]1987년 駐홍콩 副총영사 1993년 국가안전기획부 인천지부장 1994년 同대공정보국장 1995년 同제1차장 1996~1997년 국가보훈처장 1997~1999년 일본 도쿄대 사회정보연구소 객원연구원 2010년 2018평창동계올림픽유치위원회 부위원장 2011년 한국정보기술연구원 이사장(현) 2014년 한국자유총연맹 고문(현) [상]보국훈장 천수장, 청조근정훈장

오정수(吳正受) OH Jeong Soo

[생]1956·5·23 [출]부산 [주]대전 유성구 대학로99 충남대학교 사회복지학과(042-821-6472) [학]1975년 부산고졸 1983년 서울대 사회과학대학 사회복지학과졸 1987년 同대학원 사회복지학과졸 1993년 문학박사(서울대) [경]1989~1995년 부산여대 사회사업학과 전임강사·조교수 1994년 영국 Univ. of Birmingham Post-Doc. Honorary Research Fellow 1995~2001년 충남대 사회복지학과 조교수·부교수 1999~2001년 민주평통 자문위원 2001년 충남대 사회복지학과 교수(현) 2001년 미국 워싱턴대 교환교수 2002년 한국사회복지학회 편집분과위원장·이사 2002년 한국아동복지학회 연구위원장 2002년 한국사회복지행정학회 부회장 2003년 한국사회복지교육협의회 교육분과위원장 2004~2006년 한국사회복지연구회 회장 2004~2006년 충남대 통일문제연구소장 2004~2007년 한국아동복지학회 회장 2004~2006년 한국사회복지연구회 회장 2005~2009년 한국사회복지학회 이사 2005~2007년 국무총리실 아동정책조정위원회 위원 2007~2010년 대전시 지방보육정책위원회 위원장 2008년 대전 유성구지역사회복지협의체 위원장 2008~2010년 한국철도공사 윤리경영위원 2008~2010년 충남대 사회과학연구소장 2010~2011년 이스라엘 히브리대 방문교수 2015년 대전시자원봉사발전위원회 위원장(현) 2015~2016년 대전시민복지기준추진위원회 위원장 2016년 대전시 유성구지역사회보장협의체 위원장(현) [저]'사회복지학' '아동청소년복지론' '사회주의체제전환과 사회정책' '지역사회복지론' '아동복지론' '사회복지학개론' [종]기독교

오정우(吳政祐) Oh Jung Woo

[생]1962·2·28 [출]대구 [주]서울 마포구 성암로267 문화방송 미디어사업본부(02-789-0011) [학]대구 능인고졸, 영남대 법학과졸 [경]1986년 MBC 총무국 입사 2005년 同감사실장 2006년 同건설기획단 건설1팀장 2006년 同건설기획단 개발기획팀장 2008년 同신사옥기획단 개발기획팀장 2009년 同경영본부 개발기획부장 2010년 同경영지원국 인사부장 2011년 同경영지원국장 2012년 同경영본부장 2013년 同경영지원국장 2014년 同글로벌사업본부장 2014년 同미디어사업본부장(현)

오정훈(吳政勳) Junghoon Kenneth OH

[생]1967·6·2 [주]서울 영등포구 여의대로128 LG디스플레이 임원실(02-3777-2448) [학]1990년 미국 렌셀러폴리테크닉대(Rensselaer Polytechnic Institute) 물리학과졸 1992년 同대학원 물리학과졸 1996년 同경영대학원졸(MBA) 1996년 미국 Albany Law School of Union Univ. JD 취득 [경]1996~1997년 미국특허청(USPTO) 특허심사관 1998~2006년 법무법인 중앙 변호사 2006~2010년 특허법인·법무법인 태평양 변호사 2011년 김앤장법률사무소 변호사 2011년 LG디스플레이 IP담당 상무(현) 2014년 세계상표협회(INTA) 이사(현) 2016년 한국지식재산협회 회장(현)

오정희(吳貞姬·女) OH Jung Hee

[생]1947·11·9 [출]서울 [학]1966년 이화여고졸 1970년 서라벌예술대 문예창작과졸 [경]1968년「중앙일보」 신춘문예에 단편 '완구점 여인' 당선, 소설가(현), 민족문학작가회의 이사, 한국소설가협회 회원 2007년 동인문학상 종신 심사위원(현) 2012년 토지문화재단 이사(현) 2012년 이효석문화재단 이사(현) 2012년 김동리기념사업회 부회장(현) 2012년 황순원기념사업회 부회장(현) 2014년 한국가톨릭문인회 회장(현) 2014년 대한민국예술원 회원(소설·현) 2015년 문화체육관광부 한국문화예술위원회 위원(현) 2015년 한국문학번역원 이사(현) 2015년 중앙대 예술대학 초빙교수(현) [상]이상문학상(1979), 동인문학상(1982), 동서문학상(1996), 오영수문학상(1996), 독일 리베라투르상(2003) [저]'완구집 여인'(1968) '불의 강'(1977) '유년의 뜰'(1981) '동경'(1983) '바람의 넋'(1986) '불망비'(1987) '야회'(1990) '물안개 피는 날'(1991) '꽃다발로 온 손님'(1991) 동화 '목마 타고 날아간 이야기'(2000) '송이야 문을 열면 아침이란다'(2000) '내 마음의 무늬'(2006) '가을 여자'(2009)

오제세(吳濟世) OH Jae Sae

[생]1949·4·5 [본]보성(寶城) [출]충북 청주 [주]서울 영등포구 의사당대로1 국회 의원회관608호(02-784-2181) [학]1968년 경기고졸 1972년 서울대 법대 행정학과졸 1975년 同환경대학원졸 [경]1972년 행정고시 합격(11회) 1972~1980년 충북도청 근무 1980년 내무부 행정과 근무 1982년 대통령비서실 서기관 1986년 내무부 장관비서관 1988년 同지도과장 1989년 同재정과장 1990년 온양시장 1993년 대천시장 1995년 청주시 부시장·시장 직무대행 1998년 지방행정연구원 사무국장 1999년 행정자치부 민방위방재국장 2000년 국민고충처리위원회 상임위원 2001~2004년 인천시 행정부시장 2004년 제17대 국회의원(청주시 흥덕구甲, 열린우리당·대통합민주신당·통합민주당) 2006년 열린우리당 원내부대표 2007년 同정책위 부의장 2008년 제18대 국회의원(청주시 흥덕구甲, 통합민주당·민주당·민주통합당) 2008년 국회 기획재정위원회 위원 2008년 국회 서민금융활성화 및 소상공인지원포럼 공동대표(현) 2010년 민주당 정책위원회 부의장 2010~2012년 同충북도당 위원장 2010년 同대표선거관리위원회 부위원장 2012년 제19대 국회의원(청주시 흥덕구甲, 민주통합당·민주당·새정치민주연합·더불어민주당) 2012~2014년 국회 보건복지위원회 위원장 2012년 민주통합당 제18대 대통령중앙선거대책위원회 충북도당 공동선거대책위원장 2014년 국회 기획재정위원회 위원 2015년 새정치민주연합 재벌개혁특별위원회 위원 2015년 더불어민주당 재벌개혁특별위원회 위원 2016년 同청주시서원구지역위원회 위원장(현) 2016년 제20대 국회의원(청주시 서원구, 더불어민주당)(현) 2016년 더불어민주당 전국대의원대회준비위원회 위원장 2016년 同청년일자리TF 위원(현) 2016년 국회 보건복지위원회 위원(현) 2016년 국회 예산결산특별위원회 위원(현) 2016년 한국아동인구환경의원연맹(CPE) 부회장(현) [상]농업협동조합중앙회장 감사패(2009), 법률전문NGO 법률소비자연맹총본부 선정 국회 헌정대상(2013·2014·2015·2016), 유권자시민행동 2013 국정감사 최우수상임위원장표창(2013), NGO평가 국정감사 우수의원(2015), 새정치민주연합 선정 국정감사 우수의원(2015), 제3회 대한민국 입법대상(2015), 대한민국 최우수 법률상(2016) [종]천주교

오종극(吳鍾極) OH Jong Keuk

[생]1963·4·5 [본]해주(海州) [출]강원 인제 [주]세종특별자치시 도움6로11 환경부 상하수도정책관실(044-201-7100) [학]1982년 강원 원주고졸 1989년 연세대 토목공학과졸 2002년 미국 델라웨어대 대학원 환경공학과졸 [경]1989년 기술고시 합격(24회) 1997년 환경부 폐기물자원국 폐기물정책과 서기관 1998년 同수질정책과 서기관 2000년 미국 파견(국외 훈련) 2002

년 환경부 수질보전국 유역제도과장 2005년 同자연보전국 국토환경보전과장 2005년 同생활하수과장 2006년 同국립생물자원관건립추진기획단장 2006년 대통령비서실 서기관 2007년 환경부 대기보전국 대기정책과장 2008년 同운영지원과장 2009년 同환경정책실 환경보건정책관 2010년 국외훈련 파견(고위공무원) 2011년 환경부 물환경정책국 상하수도정책관 2012년 同금강유역환경청장 2013년 同물환경정책국장 2015년 한강유역환경청장 2015년 환경부 물환경정책국 상하수도정책관(현) [상]대통령표창(1999)

오종근(吳宗根) OH Chong Kun

[생]1961·11·8 [출]전남 곡성 [주]서울 서대문구 이화여대길52 이화여자대학교 법과대학 법학과(02-3277-4482) [학]1978년 서울 대신고졸 1983년 서울대 법대졸 1986년 同대학원 법학과졸 1995년 법학박사(서울대) [경]1985~1988년 서울시립대 법학과 조교 1988~1990년 서울대 법대 조교 1991~1999년 한림대 법학과 전임강사·조교수·부교수 1997~1998년 독일 뮌헨대 법대 변호사법연구소 객원교수 2002년 한림대 법학부 교수 2003년 同입학관리실장 2004년 이화여대 법과대학 법학과 교수(현) 2007~2009년 同법대 교학부장 2010~2012년 법무부 민법개정위원회 위원 2011~2012년 同변호사제도개선위원회 위원 2012년 이화여대 법학연구소장 2012~2014년 同교무처장 2016년 同감사실장(현) [저]'남북한통합 그 접근방법과 영역'(1995) '민법주해 제9권'(1995) '환경오염의 법적구제와 개선책'(1996) '민법주해 제14권'(1997) '변호사책임론'(1998) '변호사징계제도'(Lawyer's Disciplinary Procedure)(2002) '법률가의 윤리와 책임'(2003) '소멸시효 판례연구'(2007, 세창출판사) '변호사책임과 윤리'(2007, 세창출판사)

오종남(吳鍾南) OH Jong Nam (竹山)

[생]1952·3·20 [본]함양(咸陽) [출]전북 고창 [주]세종특별자치시 다솜로261 새만금위원회(044-415-1116) [학]1970년 광주고졸 1975년 서울대 법대졸 1982년 미국 서던메소디스트대 대학원졸 1998년 경제학박사(미국 서던메소디스트대) 2008년 한국방송통신대 영어영문학과졸 [경]1975년 행정고시 합격(17회) 1975~1977년 전북도 수습사무관·광주지방원 호청관리과장 1977~1986년 경제기획원 근무 1986년 한국개발연구원 파견 1987~1988년 서울올림픽조직위원회 방영권과장·방송운영부단장 1988~1994년 경제기획원 동향분석과장·사회개발계획과장·예산관리과장 1994~1997년 재정경제원 법무담당관·국제경제과장 1996~1999년 同대외경제총괄과장 1998년 대통령 정책3비서관 1998년 대통령 건설교통비서관 1998년 대통령 산업통신과학비서관 1999년 국제통화기금(IMF) 대리이사 2001년 대통령 재정경제비서관 2002~2004년 통계청장 2004년 IMF 상임이사 2007년 일본 와세다대 경영학부 겸임교수 2007년 서울대 과학기술혁신최고과정 명예주임교수(현) 2008년 김앤장법률사무소 고문(현) 2009년 유니세프 한국위원회 이사 2011~2012년 (주)NICE홀딩스 사외이사 2013~2015년 유니세프 한국위원회 사무총장 2013~2016년 한국방송통신대 프라임칼리지 석좌교수 2015년 SC제일은행 사외이사 겸 감사위원장(현) 2015년 새만금위원회 민간위원장(현) [상]대통령표창(1977·1989), 황조근정훈장(2001) [저]'한국인 당신의 미래'(청림출판사) '은퇴 후 30년을 준비하라'(삼성경제연구소) [종]기독교

오종윤(吳宗倫) OH Jong Yun

[생]1967·10·6 [본]해주(海州) [출]전북 순창 [주]서울 강남구 영동대로96길8의8 한국재무설계(주) 비서실(02-560-6000) [학]1993년 서강대 경영학과졸 1998년 同대학원 경제학과졸 2010년 가천대 의대 최고경영자과정 수료 2011년 생활과학박사(서울대) [경]1993~2001년 신한은행 PB책임자(VIP담당) 2001~2005년 푸르덴셜생명 Consulting LP 2001년 MDRT 9회·COT 3회·TOT 1회 달성 2006년 한국재무설계(주) 창업 2006년 한국재무설계연구소 대표 2008~2010년 한국재무설계(주) 대표이사 2009년 한국FP학회 이사(현), 건국대 소비자정보학 겸임교수 2010년 한국재무설계(주) 이사 2013년 同전무이사 2014년 同대표이사(현), 한국금융소비자학회 이사(현) 2015년 한국소비자정책교육학회 이사(현) [저]'20년 벌어 50년 먹고 사는 인생설계'(2004) '5년만 실천하면 50년 든든한 자산설계'(2005) '남보다 10년 먼저 당당한 노후설계'(2007) '서른 이후 50년'(2007) [역]'시간관리가 돈관리다'(2004) '꿈을 이루어주는 101가지 특별한 선물'(2005) '세상에서 가장 정직한 투자이야기 200가지'(2006) '인생코칭-내 마음을 깨우는 열정키워드 101'(2006) [종]기독교

오종택(吳宗澤) OH Jong Taek

[생]1964·4·22 [출]전남 장성 [주]광주 서구 칠성로137 (주)대산씨앤디 비서실(062-384-0077) [학]1981년 조선대부속고졸 2001년 조선대 금속공학과졸 2003년 중앙대 신문방송대학원 광고PR학과 수료 2006년 디자인경영학박사(조선대) [경]1994년 (주)대산기업 대표이사(현), 국제라이온스 355-B1지구 총재고문, 무등라이온스클럽 회장 2002~2013년 (주)대산주택개발 대표이사 2003~2006년 무등일보 대표이사 사장, 광주시체육회 이사, 광주시체조협회장, 조선대총동창회 부회장(현) 2004년 완도청해포구촬영장 대표이사(현) 2005년 장성호북상면 수몰문화관 운영위원장(현) 2006~2014년 (주)제이터엔터컴 대표이사 2013년 (주)대산씨앤디 대표이사(현) 2015년 (주)HNG 회장(현) [상]광주시장표창, 국무총리표창, 내무부장관표창, 문화관광부장관표창, 경찰청장표창

오종한(吳鍾翰) OH Jong Han

[생]1965·1·15 [본]나주(羅州) [출]서울 [주]서울 중구 퇴계로100 법무법인 세종(02-316-4286) [학]1983년 명지고졸 1987년 서울대 사법학과졸 1994년 미국 예일대 연수 1995년 미국 워싱턴대 법학전문대학원 수료 1996년 서울대 대학원 법학과졸 [경]1987년 사법시험 합격(28회) 1989년 사법연수원 수료(18기) 1989년 법무법인 세종 변호사(현) 1995년 미국 뉴욕주 변호사시험 합격 1996~1999년 민주사회를위한변호사모임 환경특별위원장 2000~2003년 교보증권(주) 사외이사 2009~2010년 사법연수원 외래교수(민사변호사 실무) [종]기독교

오종훈(吳鐘勳) OH JONG HOON

[생]1964·8·20 [주]경기 이천시 부발읍 경충대로2091 SK하이닉스 DRAM제품본부(031-630-4114) [학]1987년 서울대 전자학과졸 [경]1987~1998년 현대전자 근무 2009~2012년 하이닉스반도체 미국법인 근무 2012년 SK하이닉스 DRAM상품기획실장 2014년 同DRAM제품본부장 2016년 同DRAM제품본부장(전무)(현)

오 주(吳 洲) OH Ju

[생]1938·12·20 [출]전남 화순 [주]광주 북구 일곡동490 선진교통문화범시민운동본부(062-572-8651) [학]1959년 광주공고졸 1963년 전남대 상학과졸 2001년 同행정대학원졸 [경]1964~1969년 나운철강 광주상수도대행업소 전무이사 1970년 전남일보 사업부차장 1973~1978년 남종화랑 대표 1979~1993년 (주)삼영 사장 1993년 광주·전남환경운동연합 사업위원장 1995년 同공동의장 1995·1998~2002년 광주시의회 의원(국민회의·새천년민주당) 1995년 同예산결산특위위원장 1995~1998·2001~2002년 전국시·도 의장협의회 부회장 1996~2000년 국민회의 광주시지부 부지부장 1997~1998·2000~2002년 광주시의회 의장 1999년 5.18기념재단 이사 2000년 광주비엔날레 이사 2002년 광주 북구청장선거 출마(새천년민주당) 2009~2014년 광주시 교통문화연수원장 2009년 선진교통문화범시민운동본부 집행위원장 2016년 同공동회장(현) [상]국민훈장 동백장, 국무총리표창(2010)

오 준(吳 俊) Oh Joon

[생]1955·10·4 [본]해주(海州) [출]서울 [주]서울 종로구 사직로8길60 외교부 인사운영팀(02-2100-7143) [학]1974년 경기고졸 1978년 서울대 불어불문학과졸 1983년 영국 런던대(LSE) 국제정치학 디플로마 1992년 미국 스탠퍼드대 대학원 국제정책학과졸 [경]1978년 외무고시 합격(12회) 1978년 외무부 입부 1985년 駐유엔대표부 2등서기관 1988~1990년 외무부 유엔1과 서기관 1992년 외교안보연구원 외국어교육과장 1993년 외무부 장관보좌관 1995년 同국제연합정책과장 1997년 駐말레이시아 참사관 1999년 외교안보연구원 외교정책실 ASEM 담당심의관 2001년 駐UN대표부 총회의장 보좌관 2002년 駐브라질 공사 2003년 외교통상부 국제기구정책관 2004년 미사일기술통제체제(MTCR)총회 의장 2005년 駐국제연합(UN)대표부 차석대사 2006년 국제유엔군축위원회(UNDC) 의장 2007년 외교통상부 장관특별보좌관 2008년 同다자외교조약실장 2009년 同다자외교조정관 2010년 세계경제포럼 한국위원회 위원 2010년 駐싱가포르 대사 2013년 駐유엔(UN) 대사(현) 2014년 유엔 경제사회이사회(ECOSOC) 부의장 2014년 유엔 장애인권리협약당사국회의 의장(현) 2015년 유엔 경제사회이사회(ECOSOC) 의장(현) 2016년 경제협력개발기구(OECD) 개발원조위원회(DAC) 위원(현) [상]외무부장관표창(1987), 녹조근정훈장(1996), 대통령표창(2000), 황조근정훈장(2006), 영산외교인상(2015), 국제장애인재활협회 글로벌리더상(2016) [저]'생각하는 미카를 위하여'(2015, 오픈하우스) [종]기독교

오준근(吳峻根) OH Jun Gen

[생]1957·5·5 [본]해주(海州) [출]충남 논산 [주]서울 동대문구 경희대로26 경희대학교 법학전문대학원(02-961-9218) [학]1975년 경동고졸 1979년 성균관대 법학과졸 1981년 同대학원 법학과졸 1990년 법학박사(독일 콘스탄츠대) [경]1980~1981년 성균관대 법학과 교육조교 1981~1985년 육군사관학교 교수부 법학과 교관·전임강사 1987~1990년 독일 콘스탄츠대 법과대학 연구원 1991~2002년 한국법제연구원 연구위원 1993~2002년 성균관대 법과대학·경영대학원 겸임교수 1994년 평화통일을위한남북나눔운동 연구위원 1995~1996년 총무처 행정절차법안심의위원회 실무위원 1996년 대통령비서실 국가경쟁력강화기획단 자문위원 1996년 행정자치부 공무원시험위원 1998~2002년 서울시의회 입법·법률고문 2000년 서울행정법원 실무연구회 특별회원 2000년 행정자치부 정책자문위원 2001년 건설교통부 자격시험위원 2002년 서울시 공무원시험위원 2002년 기획예산처 부담금운용심의위원 2002년 방송위원회 행정심판위원·방송심의규정정비위원 2002~2011·2012년 경희대 법학전문대학원 교수(현) 2003년 대통령자문 정부혁신지방분권위원회 행정개혁분야 전문위원 2004년 국회사무처 입법지원위원 2011~2012년 국민권익위원회 부위원장 겸 중앙행정심판위원회 위원장(차관급) 2014년 한국지방자치법학회 회장 2015년 경희대 법무대학원장·법학전문대학원장·법과대학장 겸임(현) [상]한국공법학회 학술장려상(1999), 황조근정훈장(2013) [저]'행정절차법' '한국의 법제와 개혁' '표준입법모델 체계정립방안'(2003, 국회사무처) '정부청사의 효율적 수급, 배정, 관리체계 구축'(2009, 행정안전부) [역]'위험물 분류표지의 국제표준화 연구용역'(2006, 소방방재청) [종]기독교

오준동(吳俊東) OH Joon Dong

[생]1942·5·5 [본]고창(高敞) [출]황해 해주 [학]1961년 청주고졸 1968년 한국외국어대 독어과졸 1980년 일본 와세다대 수료 1998년 한국외국어대 세계경영대학원 최고경영자과정 수료 [경]1968~1980년 합동통신 기자 1981년 연합통신 기자 1981년 同외신2부 차장 1982~1985년 同일본특파원 1985년 同외신2부 차장 1986년 同과학부장 1988년 同사회부장 1991년 同도쿄지사장 1995년 同논설위원 1996년 同정보통신기획단장 1997년 同기획실장 1998년 同이사대우 기획실장 1998년 연합뉴스 이사대우 기획실장 1999~2000년 同이사대우 논설고문 2000~2008년 사회복지법인 효실천운동본부 대표이사 2008년 同고문 2010~2011년 사회복지법인 풍 '성하게' 고문 [종]기독교

오준석(吳俊錫) OH June Seok

[생]1963·6·13 [출]인천 [주]강원 강릉시 원대로26번길32 CBS 강원영동방송본부(033-642-9150) [학]1988년 연세대 철학과졸 [경]2000년 CBS 편성제작국 차장 2003년 同부장(프로듀서)·선교제작실장 2003년 同편성국 제작2부장 2004년 同편성국 편성부장 2009년 同대전방송본부 보도제작국장 2009년 同기획조정실 감사팀장 2012년 同미디어본부 편성국장 2014년 同경영본부장 2015년 同강원영동방송본부장(현)

오준호(吳俊鎬) OH Jun Ho

[생]1954·10·3 [출]서울 [주]대전 유성구 대학로291 한국과학기술원 공과대학 기계공학전공교실(042-350-3223) [학]1977년 연세대 기계공학과졸 1979년 同대학원 기계공학과졸 1985년 공학박사(미국 캘리포니아대 버클리교) [경]1979년 한국원자력연구소 연구원 1985년 한국과학기술원(KAIST) 공대 기계공학전공 조교수·부교수 1996~2010년 同공대 기계공학전공 교수 2002년 同기술이전센터장 2004~2005년 同신기술창업지원단장 2005년 同휴머노이드로봇연구센터 소장(현) 2005년 APEC회의때 보여준 알버트 휴보 로봇 개발(세계 최초로 다섯 손가락을 각각 움직이는 로봇) 2006년 미국 CNN '미래정상회담' 프로그램 패널로 참가 2010년 한국과학기술원(KAIST) 공과대학 기계공학전공 특훈교수(현) 2013~2014년 同대외부총장 2015년 휴머노이드로봇연구센터에서 자체 개발한 '휴머노이드(인간형 로봇) 휴보(Hubo)'로 미국 국방부 산하 방위고등연구계획국(DARPA) 로보틱스 챌린지 종합 우승 [상]과학기술부 및 과학문화재단 선정 '닮고 싶고 되고 싶은 과학기술인 10인' 산업분야(2007), 로봇대상 대통령표창(2009), KAIST 연구대상(2010), INAK(Internet Newspaper Association of Korea) 과학기여상(2015), 호암상 공학상(2016), 과학기술훈장 창조장(2016), 제26회 호암상 공학상(2016)

오중근(吳仲根) Oh Jung keun

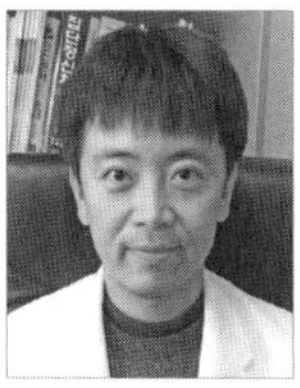

[생]1977·9·19 [본]보성(寶城) [출]전북 전주 [주]충남 공주시 고분티로623의21 국립공주병원 정신재활치료과(041-850-5840) [학]1996년 전주 영생고졸 2002년 전북대 의대 의학과졸 [경]2006~2010년 국립서울병원 레지던트 2013년 국립공주병원 정신재활치료과장(현) 2015년 대전가정법원 가사조정위원(현) 2015년 전북대 원예치료대학원 교수(현) 2015년 공주시정신건강증진센터장(현) 2015년 인권 강사(현) [종]천주교

오중기(吳仲基) OH Joong Gi

[생]1967·7·23 [출]경북 포항 [주]대구 북구 대학로5 더불어민주당 경상북도당(053-955-6633) [학]1986년 경북 대동고졸 1992년 영남대 철학과졸 [경]2003년 민주화관련자 인정·명예회복 2006년 동아일보 근무 2006년 열린우리당 시민사회특별위원회 부위원장 2006년 대구경북한반도포럼 집행위원장 2007년 보건복지부 장관특보 2007년 대통합민주신당 경선위원회 대구시당 사무처장 2007년 同경북도당 지방자치특별위원장 2007년 同포항北선거대책위원장 2007년 同국민통합추진위원회 경북도 위원장 2007년 同경북도당 부위원장 2008년 통합민주당 경북도당 부위원장 2008년 대동고총동문회 부회장 2008년 제18대 국회의원선거 출마(포항北, 통합민주당) 2008년 민주당 포항北지역위원회 위원장 2010년 포항시 민주평통 자문위원 2010년 민주당 중앙당 부대변인 2011년 민주통합당 포항北지역위원회 위원장 2012년 리더십이야기 대표(현) 2012년 제19대 국회의원선거 출마(포항北, 민주통합당) 2012년 민주통합당 경북도당 위원장 2013년 同비상대책위원 2013년 민주당 포항北지역위원회 위원장 2013년 同경북도당 위원장 2014년 새정치민주연합 경북도당 공동위원장 2014년 경북도지사선거 출마(새정치민주연합) 2014년 새정치민주연합 포항북구지역위원회 위원장 2015년 同경북도당 위원장 2015년 同전국시·도당위원장협의회 간사 2015년 더불어민주당 포항북구지역위원회 위원장(현) 2015~2016년 同경북도당 위원장 2016년 제20대 국회의원선거 출마(포항시 북구, 더불어민주당) [저]에세이집 '오중기, 희망으로 소통하다'(2011) [종]기독교

오중희(吳重熙) OH Jung Hee

[생]1955·7·30 [출]서울 [주]서울 강남구 압구정로165 (주)현대백화점 기획조정본부 홍보실(02-3416-5636) [학]경희고졸, 동국대 무역학과졸 [경](주)현대백화점 홍보실 부장 2003년 同홍보팀장(이사대우) 2006년 同홍보실장(이사) 2007년 同기획조정본부 홍보실장(상무) 2011년 同기획조정본부 홍보실장(전무) 2013년 同기획조정본부 홍보실장(부사장)(현) [종]기독교

오지용(吳支鏞)

[생]1967·8·15 [출]충남 공주 [주]충북 단양군 단양읍 중앙1로3 단양경찰서 서장실(043-641-9321) [학]공주사대부고졸 1987년 경찰대 행정학과졸(5기), 한국방송통신대 평생대학원 경찰행정학과졸 [경]1987년 경위 임용, 경기 수원중부경찰서 형사과장, 경기 분당경찰서 형사과장, 경기 시흥경찰서 형사과장 2012년 경기지방경찰청 외사계장 2015년 충북지방경찰청 여성청소년과장 2016년 충북 단양경찰서장(현)

오지철(吳志哲) OH Jee Chul

[생]1949·12·30 [본]함양(咸陽) [출]서울 [주]서울 강남구 테헤란로518 법무법인 율촌(02-528-5890) [학]1967년 서울고졸 1973년 서울대 법학과졸 1977년 同대학원 법학과졸 1995년 법학박사(서울대) [경]1976년 한국화약 및 체이스맨하탄은행 서울지점 근무 1977년 대한체육회 국제과장 1982년 체육부 해외협력담당관 1986년 同장관비서관 1987년 체육청소년부 해외협력과장 1992년 同국제체육국장 1993년 미국 하버드대 법학대학원 연수 1994년 국립현대미술관 사무국장 1995년 문화체육부 국제체육국장 1997년 同문화산업국장 1998년 문화관광부 문화산업국장 1999년 同문화정책국장 2001년 同기획관리실장 2003~2004년 同차관 2004~2006년 법무법인 율촌 상임고문 2005년 대한올림픽위원회(KOC) 부위원장 2005년 경주고도보존회 이사 2005년 한국박물관회 부회장 2006년 2014평창동계올림픽유치위원회 부위원장 2006년 대구세계육상선수권대회 위원 2006~2007년 한국케이블TV방송협회 회장 2006~2007년 대통령 정책특별보좌관 2007년 2014인천아시아경기대회조직위원회 고문 2007~2009년 한국관광공사 사장 2009년 (재)SBS문화재단 이사(현) 2009년 2018평창동계올림픽유치위원회 부위원장 2009년 법무법인 율촌 상임고문 2010~2014년 한화손해보험 사외이사 2010년 2013스페셜올림픽세계동계대회준비위원회 집행위원 2010년 조선일보 방송부문 대표 2011~2015년 (주)조

선방송(TV조선) 대표이사 사장 2012년 2018평창동계올림픽조직위원회 집행위원(현) 2015년 법무법인 율촌 고문(현) 2015년 서초문화재단 이사(현) 2015년 문화체육관광부 지역문화협력위원회 위원장 2015년 한국지역문화지능위원회 공동위원장(현) [상]체육훈장 백마장(1986), 황조근정훈장(1996), 대한민국 글로벌경영인대상 공공서비스부문(2008), 김찬삼 여행상(2011), 체육훈장 맹호장(2012), TV조선 '한국의 영향력 있는 CEO'(2015) [종]천주교

오직렬(吳直烈) OH Jik Youl

[생]1955·10·12 [출]대구 [주]부산 강서구 르노삼성대로 61 르노삼성자동차(주) QSE본부(051-979-7168) [학]1978년 부산대 기계설계학과졸 [경]현대자동차 부장, 삼성자동차 이사 2003년 르노삼성자동차(주) 제조본부 상무 2007년 同제조본부 기술담당 전무 2010~2014년 同제조본부장(부사장) 2014년 同QSE본부장(부사장)(현) [종]천주교

오진모(吳鎭模) OH Jin Mo (松湖)

[생]1939·1·19 [본]해주(海州) [출]경남 진주 [주]서울 강남구 영동대로302 국민제1빌딩2층 한국관광개발연구원 원장실(02-518-6760) [학]1957년 경기고졸 1961년 동국대 법정대졸 1966년 同대학원졸 1988년 법학박사(청주대) [경]1961~1967년 육군 복무(대위) 1968년 경제과학심의회의 상공담당관 1973~1978년 국토건설종합계획 전문위원 1978~1994년 국토개발연구원 책임연구원·수석연구원·연구위원·선임연구위원 1982~1995년 동국대 경영대학원 강사 1983년 대한부동산학회 부회장 1985년 중소주택사업자협회 자문위원장 1986년 부동산중개업협회 상임이사·고문 1987~2005년 대한부동산학회 회장 1990년 한국부동산연합회 고문 1992년 한·일국토계획분야 한국측 대표 1994~1997년 강원개발연구원 원장 1995~1998년 강원도 세계화추진협의회장 1995~1997년 전국시도연구원협의회 부회장·회장 1995~2004년 동국대 경영대학원 부동산학과 겸임교수 1997년 관동대 교수 1998~2000년 청주대 석좌교수 1998~2002년 국토건설계획종합계획심의위원 2000년 대한공인중개사협회 고문 2001~2004년 한남대 객원교수 2002~2005년 한국부동산연합회 회장 2002~2005년 세계부동산연맹 한국대표부 회장 2002~2003년 부동산경제신문 회장 2003년 한국관광개발연구원 원장(현) 2004년 한양대 지방자치대학원 겸임교수 2005~2011년 대한부동산학회 명예회장 2007년 한양대 행정자치대학원 겸임교수 2007~2010년 강북희망포럼 상임대표 2007년 한국부동산연합회 명예회장 2007년 세계부동산연맹 한국대표부 명예회장 2010년 同고문(현) 2010년 4.19혁명공로자회 이사 2012년 대한부동산학회 고문(현) 2013~2016년 4.19혁명공로자회 지도위원 [상]4.19혁명국가공로자 건국포장(2010) [저]'부동산공법' '신부동산공법' '부동산공법실무' '부동산 컨설팅' [종]불교

오진섭(吳珍燮) Oh, Jin-Seob

[생]1959·2·9 [본]해주(海州) [출]충남 서산 [주]경기 성남시 분당구 판교역로241번길20 미래에셋벤처타워7층 (주)빅솔론 임원실(031-218-5500) [학]1977년 서울 한영고졸 1985년 한국외국어대 마인어학과졸 [경]1985년 삼성전기(주) 경영혁신팀 입사 1989년 同영업·감사과장 1995년 同해외영업그룹장 2002년 (주)빅솔론 대표이사 2015년 同이사 2016년 同자문역(현)

오진섭(吳鎭燮) OH Jin Sup

[생]1960·3·3 [출]충북 청주 [주]충북 충주시 으뜸로21 충주시청 부시장실(043-850-5010) [학]1978년 충북고졸 1982년 충북대 행정학과졸 [경]1999년 행정자치부 의정담당관실 사무관 2003년 同의정담당관실 서기관 2007년 同인력개발총괄팀장 2008년 행정안전부 지방행정연수원 인력개발총괄과장 2009년 同노사협력담당관 2009년 국가기록원 대통령기록관 기획수집과장 2010년 교육파견(서기관) 2011년 충북도 경제통상국 미래산업과장 2011년 同경제통상국 미래산업과장(부이사관) 2011년 同정책기획관 2012년 충북 청원군 부군수 2013년 충북도 자치연수원장 2014년 同보건복지국장 2015년 충주시 부시장(현) [상]근정포장(2015)

오진영(吳振營) OH Jin Young

[생]1968·2·21 [본]보성(寶城) [출]충북 청주 [주]대구 달서구 화암로301 대구지방보훈청 청장실(053-230-6003) [학]1986년 대전 대성고졸 1991년 한양대 법학과졸 1995년 同행정대학원 복지행정학과졸 2005년 핀란드 헬싱키대 대학원 사회정책학박사과정 수료 [경]1993년 행정고시 합격(37회) 1994년 행정사무관 시보 1996년 국가보훈처 기획관리실 법무담당관실 송무담당 1999년 대구지방보훈청 보훈과장 2000년 국가보훈처 기획관리관 법무담당관실 법제담당 2003~2005년 국외 장기훈련(핀란드 헬싱키대) 2006년 국가보훈처 보훈보상국 보상기획팀장 2008년 同보상정책과장 2009년 同기획조정관실 기획재정담당관 2009년 同기획조정관실 기획재정담당관(부이사관) 2011년 부산지방보훈청장 2012년 국가보훈처 보상정책국장 2013년 중앙공무원교육원 교육파견(국장급) 2014년 대구지방보훈청장(현)

오진혁(吳眞爀) OH Jinhyek

[생]1981·8·15 [본]해주(海州) [출]충남 논산 [주]인천 동구 샛골로230의21 현대제철 양궁단(032-760-2114) [학]충남체고졸, 한일장신대졸 [경]농수산홈쇼핑 양궁단 소속 1998년 주니어세계양궁선수권대회 개인전 1위 1999년 유럽그랑프리국제양궁대회 단체전 1위 1999년 제40회 세계양궁선수권대회 단체전 2위 1999년 제11회 아시아선수권대회 단체전 1위 2001년 제18회 전국대학실업양궁대회 단체전 1위 2002년 제20회 대통령기전국남여양궁대회 일반부 70m 1위 2003년 제84회 전국체육대회 일반부 단체전 1위 2004년 제38회 전국남여양궁종별선수권대회 일반부 50m 1위 2005년 제23회 대통령기전국남여양궁대회 일반부 30m 1위 2006년 제84회 전국체육대회 일반부 70m 1위 2008년 제42회 전국남여양궁종별선수권대회 일반부 30m 1위·70m 1위 2008년 제25회 전국대학실업양궁대회 일반부 30m 1위·50m 1위 2008년 제19회 한국실업연맹회장기양궁대회 일반부 50m 1위 2009년 FITA양궁월드컵 혼성전 리커브 금메달·단체전 리커브 금메달 2010년 FITA양궁월드컵 개인전 은메달 2010년 제91회 전국체육대회 일반부 30m 금메달·50m 금메달·70m 금메달 2010년 광저우아시안게임 단체전 금메달 2011년 현대제철 양궁단 소속(현) 2011년 제46회 세계양궁선수권대회 리커브 단체전 금메달 2011년 프레올림픽 단체전 동메달 2012년 양궁월드컵 2차대회 단체전 동메달 2012년 제30회 런던올림픽 단체전 동메달·개인전 금메달 2012년 제93회 전국체육대회 개인전 금메달·남자일반부 30m·70m·90m 금메달 2013년 중국 상하이 양궁월드컵 1차대회 개인전·단체전 금메달(2관왕)·혼성경기 동메달 2013년 폴란드 세계양궁연맹(WA) 4차 월드컵 혼성경기·남자 단체전 금메달 2013년 프랑스 파리 세계양궁연맹(WA) 월드컵파이널 리커브 개인전 우승·혼성경기 우승 2013년 세계양궁선수권대회 개인전 은메달·혼성경기 금메달 2014년 세계양궁연맹(WA) 2차월드컵 개인전 은메달·단체전 금메달·혼성전 금메달 2014년 제17회 인천아시안게임 리커브 단체전 동메달·개인전 금메달 2015년 세계양궁연맹(WA) 터키 안탈리아 월드컵2차 리커브 남자단체전 은메달 2015년 세계양궁연맹(WA) 선수위원회 위원(현) 2015년 세계양궁연맹(WA) 세계선수권대회 리커브 남자단체전 금메달 [상]한국양궁협회 신기록상(2009), 전북대상 체육부문(2010), 동아스포츠대상 양궁부문(2010), 대상한국페어플레이상 남녀단체부문(2011), 대한체육회체육상 장려상(2011), 2011 대한양궁협회 일반부 우수선수상(2012), 2013 대한양궁협회 실업부 우수선수상(2013)

오진희(吳眞姬·女) OH Jin Hee

[생]1968·3·15 [출]부산 [주]세종특별자치시 도움4로13 보건복지부 인사과(044-202-6176) [학]동아대 경제학과졸 [경]1997년 행정고시 합격(41회) 2005년 보건복지부 보험연금정책본부 의료급여과 행정사무관 2005년 同보험연금정책본부 연금정책팀 행정사무관 2006년 同보험연금정책본부 연금정책팀 서기관 2007년 同암정책팀장 2008년 보건복지가족부 규제개혁점검단 보건의료팀장 2008년 국외파견(서기관) 2010년 보건복지부 사회복지정책실 국민연금재정과장 2012년 대통령실 파견 2013년 보건복지부 생명윤리정책과장 2014년 同보건의료정책실 약무정책과장 2015년 同기획조정실 국제협력담당관 2016년 駐광저우 주재관(현)

오창근(吳昌根)

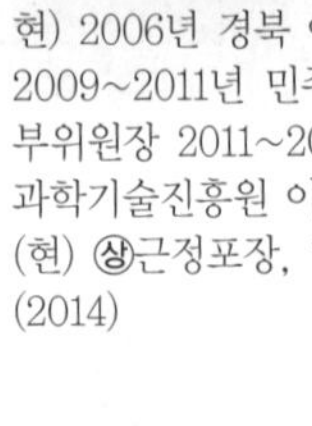

[생]1948·3·10 [출]경북 예천 [주]경북 김천시 혁신8로 77 한국도로공사 임원실(1588-2504) [학]1997년 동국대 행정대학원 공안행정학과졸 2009년 한양대 대학원 행정학박사과정 수료 [경]1995년 국무총리 제4행정조정실 사정담당 1999년 경찰청 정보국 정보분실장 2002년 부패방지위원회 신고심사담당관 2005년 경북 예천경찰서장 2006년 (사)한·중교류협회 전문위원(현) 2006년 경북 예천군수선거 출마(무소속) 2008년 한국도로공사 이사 2009~2011년 민주평통 예천군협의회 회장 2009년 한나라당 경북도당 부위원장 2011~2013년 한국건설교통기술평가원 이사 2013년 국토교통과학기술진흥원 이사 2016년 한국도로공사 이사(현), 새누리당 협력위원(현) [상]근정포장, 대통령표창, 국무총리표창 [저]'우리 모두는 사랑합시다'(2014)

오창선(吳昌善) OH Chang Sun

[생]1948 · 1 · 20 [출]서울 [주]서울 종로구 성균관로17길46 물이솟는샘(02-472-3217) [학]1972년 가톨릭대 신학과졸 1977년 同대학원졸 1977년 서강대 대학원 신문방송학과졸 1981년 오스트리아 인스브루크대 대학원졸 1986년 철학박사(독일 뮌헨대) [경]1973년 사제 서품 1986년 천주교 왕십리성당 주임신부 1988년 가톨릭대 신학과 교수 1991년 同신학대 학생처장 1997년 同신학부총장 겸 신학대학장 2001~2005년 同총장 2006~2011년 서울대교구 둔촌동본당 주임신부 2011년 물이솟는샘 영성담당 사제 2016년 同교육경영실장 겸 영성교육위원(현) [종]천주교

오창수(吳昌秀) OH Chang Su

[생]1956 · 6 · 3 [출]제주 [주]제주특별자치도 서귀포시 신중로37 제주특별자치도청 감사위원회(064-710-6118) [학]1979년 육군사관학교졸 [경]1984년 제주문화방송 근무 1996년 연합TV뉴스 네트워크부 제주팀장 1998년 한국케이블TV제주방송 보도제작부장 2001년 同보도제작국장 2003년 同보도국장 2005년 同보도이사 2006~2012년 同대표이사 사장 2015년 제주특별자치도 감사위원장(현) [상]제주문화방송 특종상(1990), 한국기자협회 이달의 기자상(1996) [종]기독교

오창익(吳昌益) Oh Chang Ik

[생]1959 [주]서울 관악구 관악로1 서울대학교內 314동 현대 · 기아차세대자동차연구관5층 현대엔지비(주) 임원실(02-870-8000) [학]울산대 산업공학과졸, 한국과학기술원(KAIST) 산업경영학과졸 [경]현대 · 기아자동차 연구개발기획팀장(이사대우), 同연구개발기획실장(이사), 同R&D품질강화추진단장(상무), 同연구개발기획조정실장(상무) 2015년 현대엔지비(주) 대표이사(전무)(현)

오채중(吳彩中) OH CHAE JOONG (雲坡)

[생]1959 · 10 · 2 [본]해주(海州) [출]전남 영암 [주]광주 서구 내방로111 광주시청 복지건강국 사회복지과(062-613-3220) [학]1977년 전남고졸 1987년 호남대 법학과졸 2003년 전남대 대학원 행정관리학과졸 [경]2007년 (재)광주정보문화산업진흥원 경영지원실장 2008년 광주시 회계과 복식부기담당 2008년 同노인복지과 저출산고령화대책담당 2009년 同문화산업과 콘텐츠진흥담당 2011년 同감사관실 감사총괄담당 2013년 同사회복지과 복지정책담당 2014년 同교통안전과장 직대 2014년 2015광주하계유니버시아드대회조직위원회 식음료숙박부장 2016년 광주시 도시디자인과장 2016년 同복지건강국 사회복지과장(현) [상]제5회 시 · 구정발전연찬대회 우수상(1995), 국무총리표창(2005), 감사원장표창(2012), 대통령표창(2013)

오천석(吳天錫) OH Cheon Seok

[생]1958 · 1 · 14 [출]전남 무안 [주]인천 남구 소성로163번길17 인천지방법원(032-860-1113) [학]1976년 대광고졸 1980년 서울대 법대졸 [경]1981년 사법시험 합격(23회) 1983년 사법연수원 수료(13기) 1983년 인천지법 판사 1986년 서울지법 남부지원 판사 1987년 서울민사지법 판사 1988년 광주지법 목포지원 판사 1990년 서울지법 서부지원 판사 1993년 서울민사지법 판사 1995년 서울고법 판사 1997년 서울지법 판사 1998년 변호사 개업 2001년 전주지법 부장판사 2004년 수원지법 성남지원 부장판사 2006년 서울남부지법 부장판사 2008년 同민사항소부 부장판사 2009년 서울북부지법 부장판사 2011년 수원지법 성남지원 부장판사 2015년 인천지법 부장판사(현)

오철수(吳哲秀) oh chulsoo

[생]1963 · 2 · 24 [본]해주(海州) [출]경남 진주 [주]서울 서대문구 통일로81 임광빌딩 서울경제신문 편집국 성장기업부(02-724-2582) [학]1982년 대아고졸 1987년 서울대 외교학과졸 2011년 건국대 언론홍보대학원 저널리즘학과졸 [경]1990년 서울경제신문 입사 1992~1998년 한국일보 편집부 근무 1999년 서울경제신문 사회부 차장 2005년 同증권부 차장 2007년 同산업부 차장 2008년 同정보산업부장 2010년 同증권부장 2013년 同사회부장(부국장대우) 2013년 同여론독자부장 겸임 2015년 同편집국 성장기업부장 2015년 同편집국 성장기업부 부국장(현) [종]불교

오철식(吳哲式) Oh Chul Sik

[생]1955 · 5 · 10 [출]전남 구례 [주]서울 구로구 디지털로33길11 에이스테크노8차1204호 (주)솔트웍스 부회장실(02-852-1007) [학]광주고졸, 해군사관학교졸(33기), 연세대 신문방송학과졸, 중앙대 대학원 신문방송학과졸, 경희대 대학원 사회복지학과졸 [경]1998~1999년 해군작전사령부 정훈공보처장 2000~2002년 해군본부 공보과장 · 정훈과장 2002~2004년 해병대사령부 정훈공보실장 2004년 해군본부 정훈공보실장 · 대변인 2006년 同정책홍보실장, 예편(해군 준장), (주)도서출판 넥서스 마케팅본부장(전무) 2007~2011년 이브자리(주) 경영지원본부장(부사장), 세명대 광고홍보학과 겸임교수 2011~2013년 국방홍보원 원장 2013년 (주)솔트웍스 부회장 2015년 同상근자문(현) [상]보국훈장 삼일장, 재향군인회 공로휘장 [종]천주교

오철호(吳哲鎬) OH Chul Ho

[생]1946 · 2 · 25 [본]해주(海州) [출]서울 [학]1964년 중앙고졸 1968년 고려대 사학과졸 [경]1969~1980년 합동통신 외신부 · 해외부 · 정치부 기자 1981~1984년 연합통신 중동특파원 1984년 同외신부 차장대우 1985년 同정치부 차장 1991년 同정치부장 1993년 同논설위원 1994년 同편집국 부국장 1997년 同편집국장 1998년 同총무 · 출판담당 상무이사 1998~2000년 연합뉴스 총무 · 출판담당 상무이사 1999~2000년 한국신문방송편집인협회 부회장 2000~2003년 (주)대우 사외이사 겸 감사위원 2001~2002년 한국증권업협회 공익이사 겸 자율규제위원 2008년 뉴스통신진흥회 이사 2011~2014년 同이사장

오철호(吳徹虎) OH CHEAL HO

[생]1959 [주]서울 동작구 상도로369 숭실대학교 사회과학대학 행정학부(02-820-0517) [학]1983년 성균관대 행정학과졸 1985년 서울대 행정대학원 행정학과졸 1989년 미국 일리노이대 어배나 샴페인교 대학원 정책학과졸 1992년 정책학박사(미국 일리노이대 어배나 샴페인교) [경]1992~1996년 미국 알칸소주립대 행정학과 교수 1993~2002년 미국정책학회 국제자문위원 1996년 숭실대 사회과학대학 행정학과 교수, 同행정학부 교수(현) 1999년 아시아생산성본부(APO) 중소기업현황프로젝트 한국대표 2001~2004년 국무조정실 국가정보화사업및수준평가위원회 위원 2003년 제4차 국가정보화기본계획 행정정보화자문위원 2003~2004년 한국행정연구원 정책평가센터 평가자문위원 2003~2004년 행정자치부 자지청보화조합 정책자문교수 2004~2005년 한국지역정보화학회 회장 2005년 국무총리실 정책품질관리TF 민간위원 2005~2006년 기획예산처 산하단체경영평가단 국민문화생활부문 주요사업평가팀장 2007~2008년 국회 예산정책처 평가단장 2007년 한국정책분석평가학회 회장 2008년 행정고시 출제위원 2008~2009년 대통령소속 지방분권촉진위원회 실무위원 2009년 입법고시 출제위원 2014년 한국정책학회 회장 2014~2016년 한국조폐공사 비상임이사 2016년 행정자치부 정책자문위원회 창조정부조직분과 위원장(현)

오철환(吳徹煥) OH Cheol Hwan (竹齋)

[생]1958 · 11 · 2 [본]해주(海州) [출]경북 선산 [주]대구 중구 공평로88 대구광역시의회(053-803-5012) [학]영남대 경영학과졸 1987년 경북대 대학원 경영학과졸 2013년 고려대 행정대학원 수료 [경]현대제철 · 신영증권 근무 2005~2010년 도서출판 화니콤 대표, 소설가 · 수필가, 대구매일신문에 칼럼 연재, 경일대 겸임교수 2010년 대구시의회 의원(한나라당 · 새누리당) 2010년 同동남권신국제공항유치특별위원회 위원장 2012년 同예산결산특별위원회 위원장 2012년 同영남권통합신공항특별위원회 위원장 2012년 同경제교통위원회 위원 2014년 대구시의회 의원(새누리당)(현) 2014년 同경제교통위원회 위원 2015년 同기획행정위원회 위원 2015~2016년 同예산결산특별위원회 위원장 2016년 同경제환경위원회 위원장(현) [상]근로자문화예술제 입상, 대구문학 신인상, 문학세계 신인상 [저]'그래도 지구는 돈다' '장미에는 가시가 없다' '아무것도 아닌 이야기'(2005) '오늘' '검은 옷을 입은 여자'(2012, 화니콤) '이야기는 살아있다'(2014, 화니콤) '대구는 살아있다'(2015, 화니콤) [작]'탈출' '미몽'

오충석(吳忠錫) Oh, Choong Seok

[생]1962 · 12 · 7 [출]대전 [주]서울 종로구 세종대로209 통일부 운영지원과(02-2100-5666) [학]1980년 대전고졸 1985년 연세대 정치외교학과졸 1987년 경희대 평화복지대학원 국제정치학과졸, 통일학박사(연세대) [경]2003년 통일부 국제협력담당관실 서기관 2003년 同통일교육원 개발지원부 교육지원과장 2004년 同경수로기획단 과장 2006년 同남북회담사무국 회담2팀장 2008년 同통일

교육원 교육지원과장 2008년 同통일교육원 교육총괄과장 2011년 同통일정책실 이산가족과장 2012년 同남북회담본부 회담지원과장 2013년 同남북출입사무소 출입총괄과장 2014년 同남북출입사무소 출입총괄과장(부이사관) 2014년 駐필리핀 참사관(현)

오충일(吳忠一) OH Choong Il

[생]1940·4·16 [출]황해 봉산 [주]서울 영등포구 국회대로68길14 신동해빌딩11층 더불어민주당(1577-7667) [학]1959년 성동고졸 1963년 연세대 신과대졸 1975년 同연합신학대학원졸 [경]1974~2007년 한국기독교교회협의회 실행위원 1982~1985년 한국기독학생회총연맹 이사장 1987년 민주헌법쟁취국민운동본부 상임집행위원장 겸 사무처장 1987년 구속 1987년 한반도평화와민족통일을위한세계대회 집행위원장 1988년 한국반핵방공평화연구소 소장 1989년 전국민족민주운동연합 의장 1989년 기독교사회운동연합 의장 1993~1997년 기독교대 한복음교회 총회장 1994~1996년 한국기독교교회협의회 회장 1996년 사회복지공동모금회 이사 1999년 기독교사회선교협의회 의장 2001년 노동일보 대표이사 사장 2002년 同회장 2004년 한국기독교교회협의회 교육훈련위원장 2004~2006년 同선교위원장 2004년 (사)전국실업극복연대 이사장 2004년 국가정보원 과거사건진실규명을통한발전위원회 위원장 2007~2008년 대통합민주신당 대표최고위원 2007년 同정동영 대통령후보 중앙선거대책위원회 공동선거대책위원장 2008년 민주당 상임고문 2011년 민주통합당 상임고문 2013년 민주당 상임고문 2014년 새정치민주연합 상임고문 2015년 더불어민주당 상임고문(현)

오치남(吳治南) OH Chi Nam

[생]1949·9·19 [본]보성(寶城) [출]서울 [주]서울 강남구 선릉로125길14 삼성빌딩3층 대림AF 회장실(02-3448-6800) [학]1967년 경복고졸 1971년 서울대 공대졸 [경]1971년 대림수산(주) 입사 1975년 同이사 1979~1994년 同대표이사 부사장 1979년 진양어업(주) 대표이사 사장 1986~2003년 대림식품(주) 대표이사 사장 1991년 21세기한국연구재단 이) 1991년 (주)한소 대표이사 사장 1994년 한국원양어업협회 부회장 1995~2004년 대림수산(주) 대표이사 사장 1997~2006년 한국무역협회 이사 1999~2003년 한진중공업 사외이사 1999~2005년 (사)한국선급 이사 2000~2003년 한국원양어업협회 회장 2000~2003년 해양수산부 정책자문위원 2004~2006년 대림수산(주) 상임고문 2004년 정석물류학술재단 이사 2006년 (주)대림AF 회장(현) 2008년 학교법인 정은학원 이사 [상]은탑산업훈장(1999) [종]불교

오치선(吳治善) OH Chi Sun (高山)

[생]1945·3·5 [본]락안(樂安) [출]전북 완주 [주]충남 청양군 운곡면 청신로576 국제문화대학원대학교(041-943-9992) [학]1964년 서라벌고졸 1968년 명지대 행정학과졸 1977년 연세대 대학원 사회교육행정학과졸 1985년 사회교육행정학박사(필리핀 자비에르대) 1989년 미국 조지워싱턴대 대학원 수료 [경]1977~1992년 명지대 전임강사·조교수·부교수·교수 1988~1997년 서울대 강사 1991년 체육청소년부 정책자문위원 1992~1998년 명지대 청소년지도학과장·박사학위과정 주임교수 1992~2007년 同인문대학 청소년지도학과 교수 1996년 전국대학학생생활연구소장협의회 회장 1996~2000년 명지대 사회교육대학원장 1997년 교육부 교육과정심의위원 1998년 전국IMF극복시민연합모임 회장 1999년 한국청소년지도학회 회장 2001년 명지대 청소년문제연구센터 소장 2001년 세계청소년학회(WAYS) 회장 2001년 일본 도호쿠(東北)대 겸임초빙교수 2003~2005년 명지대 교육대학원장 2003~2007년 국제문화대학원대 설립·이사장 2004~2006년 한국청소년학회 회장 2007~2013년 국제문화대학원대 총장 2013년 同명예총장(현) 2013년 국가원로회의 자문위원(현) 2013년 뉴새마을운동세계연맹 공동총재(현) [상]홍조근정훈장(2010) [저]'지역사회개발'(1978) '사회과학과 사회문제론'(1991) 'Lifelong Education'(1991) 'Youth Education and Leadership'(1992) '집단지도론'(1994) 'OK Training Program for Youth'(1995) '청소년 조직행동론'(1996) '청소년 리더십론'(1997) '청소년 커뮤니케이션론'(1998) '청소년 집단역학'(1999) [역]'청소년지도의 히트'(1994) '의지의 작용'(1995) '기쁨의 교육'(1995) [종]기독교

오치성(吳致成) OH Chi Seong (岵潭)

[생]1926·2·7 [본]해주(海州) [출]황해 신천 [학]1945년 신천농업학교졸 1949년 육군사관학교졸(8기) 1963년 단국대 법정대학졸 1970년 명예 법학박사(단국대) 1972년 명예 철학박사(중국 중국문화원) 1976년 명예 정치학박사(미국 北오하이오대) [경]1961년 최고회의 내무위원장·운영위원장 1963년 예편(육군 준장) 1963년 민주공화당(공화당) 당무위원 1963년 제6대 국회의원(전국구, 공화당) 1965년 공화당 원내부총무 1967~1973년 제7·8대 국회의원(포천·가평·연천, 공화당) 1969년 공화당 사무총장 1970년 무임소장관(정무담당) 1970년 공화당 경기도당 위원장 1971년 내무부 장관 1975~1977년 미국 하버드대 객원연구교수 1979년 제10대 국회의원(포천·연천·가평·양평, 공화당) 1979년 공화당 경기도당 위원장 1987년 同부총재 1987년 同당무위원 1988년 同가평·양평지구당 위원장 1989년 민족중흥회 부회장 2003년 대한민국헌정회 부회장 [상]금성화랑무공훈장, 무성충무훈장, 1등 보국훈장, 중화민국 1등 수교훈장 [저]'현실의 재발견' [종]불교

오치정(吳治政) Oh Chi Jung (慧泉·새암)

[생]1959·2·4 [출]전남 화순 [주]서울 송파구 올림픽로 424 올림픽역도경기장內 한국체육산업개발(주) 대표이사실(02-410-1500) [학]1977년 여의도고졸 1993년 서울과학기술대졸 2011년 중앙대 예술대학원 수료 [경]1989~1998년 한국체육과학연구원 기획심사실장·기획조정부 기획예산과장·총무과장 1999~2003년 국민체육진흥공단 기획조정실 기획팀장·투표권준비단 2팀장 2004~2012년 同기념사업실장·문화사업실장·경주사업본부 사업전략실장·투표복권사업단 투표복권사업부장 2012년 同기획조정실장 2015년 한국체육산업개발(주) 대표이사(현) [상]대한체육회장표창(1980·1981·1987), 체육부장관표창(1982), 한국체육과학연구원 이사장표창(1998), 국민체육진흥공단 이사장표창(2000), 2002월드컵축구대회유공 대통령표창(2002), 정보통신에너지지도자과정대상 국회의장표창(2013)

오치형(吳致衡) OH CHI HYEOUNG

[생]1965·6·23 [본]나주(羅州) [출]광주 [주]광주 서구 상무시민로75번길 광주평화방송 총괄국장실(062-231-7701) [학]1983년 광주 송원고졸 1990년 경희대 경영대학 회계학과졸 [경]1990~1992년 LRI 과장 1995~1997년 광주불교방송(BBS) 업무부 근무 1997년 광주평화방송(PBC) 총무팀장(부장) 2015년 同총괄국장(현)

오치훈(吳治勳) Oh Chi Hoon

[생]1974·10·20 [출]부산 [주]서울 중구 퇴계로10 메트로타워8층 대한제강 사장실(02-2040-9713) [학]1998년 연세대 경영학과졸 2012년 미국 하버드대 비즈니스스쿨 General Management Program 수료 [경]2001~2005년 대한제강(주) 이사 2006년 同전무 2007년 同부사장 2013년 同대표이사 사장(현) [상]무역의 날 1억불 수출의 탑(2009), 무역의 날 지식경제부장관표창(2010)

오탁번(吳鐸藩) OH Tak Bon (芝川)

[생]1943·7·3 [본]동복(同福) [출]충북 제천 [주]서울 성북구 안암로145 고려대학교 국어교육과(02-3290-2340) [학]1963년 원주고졸 1968년 고려대 영어영문학과졸 1971년 同대학원 국어국문학과졸 1983년 국어국문학박사(고려대) [경]1966년 동아일보 신춘문예로 등단 1971년 육군사관학교 국어학과 전임강사 1974년 수도여자사범대 국어과 조교수 1978~1983년 고려대 사범대학 국어교육과 조교수·부교수 1983년 미국 하버드대 한국학연구소 객원교수 1983~2008년 고려대 사범대학 국어교육과 교수, 同국어교육과 학과장, 同교육대학원 국어교육과 주임교수 1985년 同신문사 주간 1989년 同총무처장 1993년 同사범대학장 1998년 시 전문 계간 '시안' 창간 2008~2010년 한국시인협회 회장 2008년 고려대 국어교육과 명예교수(현) [상]한국문학작가상(1987), 동서문학상(1994), 정지용문학상(1997), 한국시인협회상(2003), 김삿갓 문학상(2010), 은관문화훈장(2010), 고산문학대상 시부문(2011) [저]평론집 '한국현대시사의 대위적 구조' '현대문학산고' '현대시의 이해' 창작집 '처형의 땅' '저녁연기' '겨울의 꿈은 날줄 모른다' '순은의 아침' 시집 '너무 많은 가운데 하나' '생각나지 않는 꿈' '겨울강' '1미터의 사랑' '벙어리 장갑' '우리 동네'(2010, 시안) 산문집 '오탁번 시화' '티베트의 초승달'(2011) '밥냄새'(2012) '눈내리는마을'(2013) '시집 보내다'(2014) '작가수업 오탁번'(2015)

오태광(吳太廣) OH Tae Kwang

[생]1954·9·17 [본]해주(海州) [출]대구 [주]대전광역시 유성구 과학로125 한국생명공학연구원(042-860-4370) [학]1978년 서울대 식품공학과졸 1982년 同대학원졸 1986년 공학박사(서울대) [경]1982년 한국과학기술원 생물공학부 연구원 1987년 同유전공학연구소 선임연구원 1991년 同유전공학연구소 응용미생물연구실장(책임연구원) 2001년 한국생명공학연구원 환경생물소재연구실장 2002~2012년 교육과학기술부 미생물유전체활용기술개발사업단장

2013~2015년 (사)대전메디칼R/D포럼 이사장 2010년 한국과학기술한림원 정회원(현) 2012~2015년 한국생명공학연구원 원장 2012년 (사)한국미생물학회 부회장 2013년 同회장 2013년 한국미생물학회연합회 회장 2013~2015년 대덕연구개발특구기관장협의회 회장 2014~2016년 한국첨복의료사업 민간운영위원 2014년 오송첨단의료산업진흥재단 비상임이사(현), 한국생명공학연구원 연구정책위원(현) [상]서울대 최우등졸업 및 농과대학 수석졸업(1978), 한국산업미생물학회 학술장려상, Citation Classic Awards(ISI사), 한국생명공학연구원 기관우수상(2000), 과학기술부 이달의 과학자상(2002), 기초이사회 이사장표창(2002), 한국미생물생명공학회 특별공로상(2004), 대한민국 혁신경영 우수기업상(2007, 문화일보), 미래성장동력상(2007,헤럴드경제), 과학기술진흥 유공훈장웅비장(2008), 한국미생물생명공학회 공로상(2008), 한국미생물생명과학회 학술대상(2012), 한국생명공학연구원 공로상(2016) [저]'Screening and Application of New Probiotics for Pig Production' 'Intestinal Flora and Probiotics(共)'(1998) 'Advances in Oils and Fats, Antidxidant, and Oilseed By-products'(1998) '보이지 않는 지구의 주인 미생물(부제 : 세상을 움직이는 신비한 미생물의 세계를 탐험하다)'(2013) '카이스트, 미래를 여는 명강의 2014'(2014, 푸른지식)

오태규(吳泰圭) Oh Tae Kyoo

[생]1951·4·30 [본]해주(海州) [출]전북 부안 [주]경기 의왕시 내손순환로138 한국전기연구원(031-420-6003) [학]1969년 전주고졸 1978년 서울대 공업교육과졸 1984년 미국 아이오와주립대 대학원 전기공학과졸 1986년 전기공학박사(미국 아이오와주립대) [경]1978년 현대건설 해외전기사업부 1987년 한국전기연구소 선임연구원 1989년 同책임연구원 및 전력계통연구실장 1991~1992년 미국 펜실베이니아주립대 Visiting Scholar 1992년 한국전기연구소 전력계통연구부장 1998년 대한전기학회 전력계통연구회 위원장 2000~2003년 同전력기술부문 부회장 2001~2013년 송전망이용규정협의회 위원장 2001년 전력거래소 규칙개정위원회 위원 2001년 전기위원회 전력시장감시위원회 위원·위원장 2002년 한국전기연구원 전기시험연구소장 2005~2013년 전기위원회 전력계통 및 신뢰도전문위원회 위원장 2008년 한국전기연구원 연구위원 2008·2011년 여수산업단지정전사고정부합동조사단 단장 2012년 한국전기연구원 전문연구위원(현) 2013~2016년 산업통상자원부 산하 전기위원회 위원장 [상]통상산업부장관표창(1996), 대통령표창(2001), 산업기술연구회 이사장표창(2007), 과학기술훈장 진보장(2009), KERI 대상(2011) [저]'전력계통계획 수립기준'(2001) '전력계통 광역고장 방지대책 적정성 평가 및 장기전략 수립'(2005) '전력품질 향상을 위한 거래제도 개선'(2007) '송변전설비계획 수립기준'(2008)

오태규(吳泰奎) OH Tai Kyu

[생]1960·4·22 [본]해주(海州) [출]충남 연기 [주]서울 마포구 효창목길6 한겨레신문 논설위원실(02-710-0121) [학]1979년 대전고졸 1984년 서울대 정치학과졸 [경]1986년 한국일보 사회부 기자 1988년 한겨레신문 민권사회부 기자 1989년 同정치부 기자 1997년 일본 게이오대 방문연구원 2000년 한겨레신문 정치부 차장 2001년 同국제부 차장 2002년 同도쿄특파원 2004년 同스포츠부장 2005년 同사회부장 2006년 관훈클럽 감사 2006년 한겨레신문 스포츠선임기자(부장급) 2006년 同편집국 민족국제부문 편집장 2007년 同편집국 수석부국장 2009년 同논설위원 2010년 同디지털미디어사업본부장 2011년 同출판미디어국장 2012년 同논설위원 2013년 관훈클럽 총무 2014년 同신영연구기금 이사 2014년 한겨레신문 논설위원실장(현) 2014년 대통령직속 통일준비위원회 언론자문단 자문위원(현) [종]가톨릭

오태균(吳泰均) OH Tae Kyun

[생]1961·1·3 [주]서울 영등포구 의사당대로88 한국투자금융지주(주) 경영관리실(02-3276-4502) [학]고려대 무역학과졸 同대학원 금융경제학과졸 [경]2006년 한국투자증권(주) 개포지점 상무보 2007년 同중부지역본부장(상무) 2008년 同영업추진본부장(상무), 2009년 한국투자금융지주(주) 경영관리실 상무 2015년 同경영관리실장(전무)(현)

오태석(吳泰錫) OH Tae Sok

[생]1940·10·11 [출]충남 서천 [주]서울 종로구 낙산길22의16 지층 목화 레파토리컴퍼니(02-745-3967) [학]1963년 연세대 철학과졸 [경]1967년 조선일보 신춘문예에 「웨딩드레스」로 희곡작가 등단 1984년 목화 레파토리컴퍼니 창단·대표(현) 1995~2006년 서울예술대학 극작과 교수 2006~2008년 국립극단 예술감독 2006년 서울예술대학 극작과 석좌교수(현) 2010년 同연극과 석좌교수(현) [상]김수근문화상, 백상예술상, 동아연극상, 대상문학상, 연극평론가협회상, 연극협회상, 기독교문화대상 호암상(예술상)(2005), 연세대 연문인상(2011), 보관문화훈장(2014) [작]희곡 '영광' '사중주' '조난' '화장한 남자' '광무제의 밀사' '사육' '환절기' '웨딩드레스' '여왕과 奇勝' '유다여 닭이 울기전에' '枯草熱' '郊行' '롤러스케이트를 타는 오뚜기' '육교상의 유모차' '잉여부부' '이식수술' '버남의 숲' '쇠뚝이 놀이' '초분' '약장사' '물보라' '종' '사추기' '1980년 5월' '산수유' '박타령' '자1122년' '한만선' '사람' '여자 歌' '외로운 도시' '연변 강냉이' '여우볕' '춘풍의 처' '태' '부자유친' '자전거' '아프리카' '필부의 꿈' '비닐하우스' '심청이는 왜 두번 인당수에 몸을 던졌는가' '백구야 껑충 나지마라' '운상각' '아침 한때 눈이나 비' '도라지' '백마강 달밤에' '천년의 수인' '코소보 그리고 유랑' '여우와 사랑을' '잃어버린 강' '지네와 지렁이' '내사랑 DMZ' '앞산아 당겨라 오금아 밀어라' '기생비생 춘향전' '아리랑'(2013)

오태완(吳泰完) Taewan Tei OH

[생]1966 [주]경남 창원시 의창구 중앙대로300 경상남도청 정무조정실(055-211-2114) [학]1992년 경상대 회계학과졸 1997년 同대학원 경영학과졸 2005년 경영학박사(경남대) [경]2000~2004년 국회사무처 보좌관 2006~2008년 경남도립거창대 초빙교수 2013~2014년 경남도 정책단장 2014~2015년 同정무조정실장·정무특별보좌관 2016년 同정무조정실장(현)

오태환(吳太煥)

[생]1962 [출]충북 영동 [주]서울특별시 종로구 종로5길86 서울지방국세청 조사2국 조사2과(02-2114-3814) [학]1981년 수성고졸 1983년 세무대학졸(1기) 2010년 연세대 법무대학원졸 [경]2008년 중부지방국세청 납세지원국 법무과 1계장 2011년 국세청 조사국 조사기획과 조사기획4계장 2013년 同조사국 조사2과 조사1계장 2014년 중부지방국세청 징세송무국 송무과 총괄팀장 2015년 제천세무서장 2016년 서울지방국세청 조사2국 조사2과장(현) [상]기획재정부장관표창(2011)

오태환(吳泰煥)

[생]1975·4·23 [출]충북 청원 [주]대구 달서구 장산남로30 대구지방법원 서부지원(053-570-2114) [학]1994년 청주 세광고졸 1999년 서울대 법학과졸 [경]1998년 사법시험 합격(40회) 2001년 사법연수원 수료(30기) 2001년 軍법무관 2004년 서울서부지법 판사 2006년 서울중앙지법 판사 2008년 청주지법 충주지원 판사 2011년 인천지법 판사 2014년 대법원 재판연구관 2016년 대구지법 서부지원 부장판사(현)

오택림(吳澤林) OH, Taek-Lim

[생]1968·8·26 [본]해주(海州) [주]전북 전주시 완산구 효자로225 전라북도청 3층318호 기획관리실(063-280-2110) [학]1987년 전주 신흥고졸 1996년 고려대 정치학과졸 2004년 호주국립대 대학원 경영학과졸 [경]2006~2007년 전북도 기획담당(지방사무관) 2007~2008년 同인재양성과장(지방서기관) 2008~2010년 同미래산업과장 2010년 행정안전부 법무팀장 2011년 同재정관리팀장 2012년 전북도 기획관리실 기획관 2014년 同새만금환경국장(지방부이사관) 2015년 지방행정연수원 고위정책과정 연수 2016년 전북도 기획관리실 기획관(현) [상]근정포장(2009)

오택열(吳澤烈) TAEK YUL OH

[생]1950·5·14 [본]고창(高敞) [출]경기 안성 [주]경기 용인시 기흥구 덕영대로1732 경희대학교국제캠퍼스 공과대학 기계공학과(031-201-2511) [학]1974년 경희대 기계공학과졸 1976년 同대학원졸 1985년 기계공학박사(고려대) [경]1976년 기아산업 생산기술부 기사 1977년 삼척공전 기계과 전임강사 1978년 대림공전 기계과 전임강사 1979~2006년 경희대 기계산업시스템공학부 기계공학과 조교수·부교수·교수 1985~1987년 同공대 교학과장 1987~1988년 미국 폴리텍대 방문교수 1995~1997년 경희대 교수협의회 부회장 1997~2002년 同학생처장 2003~2007년 同테크노공학대학장 2004~2005년 (사)한국정밀공학회 부회장 2006년 同회장 2006~2007년 경희대 공학교육혁신센터장 2006년 同공과대학 기계공학과 교수 2007년 同교무처장 2009~2014년 同국제캠퍼스 부총장, 同공과대학 기계공학과 명예교수(현) [저]'공업역학'(1982) '도학 및 공업제도'(1983) [종]가톨릭

오하영(吳夏英) OH Ha-Young

[생]1953·8·20 [본]해주(海州) [출]서울 [주]서울 강남구 일원로81 삼성서울병원 신장내과(02-3410-3440) [학]1979년 서울대 의대졸 1983년 同대학원졸 1989년 의학박사(서울대) [경]1979~1983년 서울대병원 인턴·내과 레지던트 1983~1985년 원주의료원 내과장 1985~1986년 근로복지공단 장성병원 내과장 1986~1991년 한림대 의대 전임강사·조교수 1991년 미국 서던캘리포니아대 연구원 1994~2005년 삼성서울병원 신장내과 분과장 1997~2002년 성균관대 의대 내과학교실 부교수 1999~2003년 삼성서울병원 진료지원실장 2002년 성균관대 의대 내과학교실 교수(현) 2003~2005년 삼성서울병원 QA관리실장 2003~2004년 대한신장학회 신장분야의료제도개선위원회 위원장 2005년 삼성서울병원 내과 과장 2005~2009년 성균관대 의대 내과학교실 주임교수 2010~2012년 삼성서울병원 진료부원장

오학태(吳鶴泰) OH HAK TAE

[생]1964·3·26 [본]해주(海州) [출]경북 경주 [주]전남 나주시 빛가람로767 국립전파연구원 전파자원기획과(061-338-4400) [학]1982년 경남고졸 1986년 부산대 물리학과졸 1989년 同대학원 분광학과졸 1993년 분광학박사(부산대) [경]1994~1995년 일본 오사카대 객원연구원 1995~1996년 중소기업청 국립기술품질원 공업연구사 1996~2008년 정보통신부 전파연구소 공업연구관 2008~2012년 방송통신위원회 국립전파연구원 공업연구관 2012~2013년 同국립전파연구원 전파환경안전과장 2013년 미래창조과학부 국립전파연구원 전파환경안전과장 2015년 同국립전파연구원 전파자원기획과장(현)

오한구(吳漢九) OH Han Koo

[생]1934·6·10 [본]해주(海州) [출]경북 봉화 [학]1953년 경북고졸 1957년 육군사관학교졸 1968년 서울대 상과대학졸 1971년 육군대학졸 [경]1969년 대대장 1971년 육군대학 교관 1973년 사단 참모장 1975년 연대장 1977년 예편(육군 대령) 1977년 포항종합제철 관리부장 1980년 同서울사무소장·이사 1981년 제11대 국회의원(영주·영양·영풍·봉화, 민주정의당) 1981년 민주정의당 원내부총무 1982~1991년 대한산악연맹회 회장 1983년 민정당 경북·대구지부 위원장 1985년 제12대 국회의원(영주·영양·영풍·봉화, 민정당) 1985년 국회 경제과학위원장 1987년 민정당 정책위원회 부의장 1988년 제13대 국회의원(영양·봉화, 민정당·민자당) 1990년 민자당 영양·봉화지구당 위원장 1990년 국회 내무위원장 1997년 서희건설(주) 대표이사 회장 1997년 자민련 당무위원 2000년 서희이엔씨(주) 대표이사 회장 2003년 (주)서희건설 대표이사 회장 [상]인헌무공훈장, 보국훈장 삼일장, 체육훈장 맹호장 [종]기독교

오한구(吳漢九) Oh Han-gu

[생]1957·6·12 [본]해주(海州) [출]인천 [주]서울 종로구 사직로8길60 외교부 인사운영팀(02-2100-7136) [학]1981년 서울대 독어교육학과졸 1992년 미국 샌디에이고대 대학원 태평양국제관계학과졸 [경]1988년 외무고시 합격(22회) 1988년 외무부 입부 1992년 駐포르투갈 2등서기관 1995년 駐멕시코 2등서기관 1999년 駐칠레 1등서기관 2001년 駐멕시코 참사관 2003년 외교통상부 남미과장 2005년 駐베네수엘라 참사관 2007년 駐시카고 영사 2008년 駐스페인 공사참사관 2011년 駐앙골라 대사 2014년 駐도미니카공화국 대사(현)

오한진(吳漢鎭) OH Han Jin

[생]1960·12·16 [출]대전 [주]대전 서구 계룡로314 대전일보 논설위원실(042-251-3201) [학]1987년 충남대 화학과졸 [경]1988년 대전일보 기자 1999년 同총무부 차장 2001년 同총무부 부장대우 2002년 同편집국 문화체육부장 2003년 同편집국 경제과학부장 2003년 同편집국 사회부장 2005년 同편집국 레저스포츠부장 2006년 同레저스포츠팀장 2006년 同사회부장 겸 의료환경팀장 2007년 同편집국 정치행정부 대전시팀장 2008년 同편집국 부국장대우 2009년 同편집국 부국장 2010년 同광고국장 2010년 同편집국 충청도팀장(부국장) 2013년 同논설위원 2014년 同편집국장 2016년 同논설위원(국장)(현)

오한진(吳漢鎭) Oh, Han-Jin

[생]1961·12·26 [본]보성(寶城) [출]대전 [주]서울시 영등포구 은행로3(02-785-5101) [학]1985년 충남대 의대졸 1992년 同대학원졸 2001년 의학박사(충남대) [경]1988년 연세대 의료원 가정의학과 전공의 수료 1988~1991년 육군 복무(대위 예편) 1994~1995년 대전선병원 가정의학과장 1995~1997년 을지의과대학 가정의학과 조교수 겸 을지대학병원 가정의학과장 1997~2000년 성균관대 의과대학 가정의학교실 조교수 1998년 대한일차의료학회 총무이사 2000년 중앙일보 사이버종합병원 갱년기클리닉 전문의 2001~2007년 관동대 의과대학 가정의학교실 부교수 2001~2003년 대한임상노인의학회 재무이사 2002년 대한폐경학회 사추기(思秋期) 간행위원 2002년 대한임상영양학회 이사 2003년 대한가정의학회 홍보이사 2003년 대한골대사학회 보험위원 2003년 대한골다공증학회 홍보위원 2003년 대한임상노인의학회 기획이사 2005년 대한가정의학회 학술이사 2007~2014년 관동대 의과대학 가정의학교실 교수 겸 제일병원 가정의학과장, 대한임상영양학회 회장, 대한갱년기학회 회장(현) 2010년 대한비만건강학회 회장(현), 대한탈모학회 회장, 한국여성건강및골다공증재단 등기이사(현) 2014년 대한민국의학한림원 정회원(현) 2014년 비에비스나무병원 노화방지센터장 2014년 녹색재단 상임대표(현) 2014년 한국피해자지원협회(KOVA) 홍보대사(현) 2016년 을지대 을지병원 가정의학과 교수(현) 2016년 대한탈모학회 이사(현) [상]세브란스가정의학동창회 올해의 세가인상(2008), 대한임상건강증진학회 공로상(2010), 보건복지부장관표창(2010), 자랑스런 충대인상(2010), 질병관리본부장표창(2012), 대한가정의학회 공로상(2012), 대한골다공증학회 우수논문상(2012), 대한임상건강증진학회 학술상(2012), 제일병원장표창(2012), 대한가정의학회 저술공로상(2013) [저]'임상노인의학(共)'(2003, 한우리) '노화방지의학(共)'(2006, 의학신문사) '가정의학(共)'(2007, 한국의학) '골다공증 진단 및 치료지침(共)'(2007, 서흥) '꼭 알아야 할 통합의학(共)'(2008, 청운) '팔자건강법'(2008, 티엔디플러스) '한국인의 평생건강관리(共)'(2009, 국진기획) '골밀도측정 가이드(共)'(2009, 청운) '최신 노인의학(共)'(2011, 한국의학) '동안습관'(2013, 중앙북스) '마흔의 다이어트는 달라야 한다'(2014, 중앙북스)

오해석(吳海石) OH Hae Seok

[생]1951·12·31 [출]경북 상주 [주]경기 성남시 수정구 성남대로1342 가천대학교 IT대학 컴퓨터공학과(031-750-5659) [학]1969년 성동고졸 1975년 서울대 공과대학 응용수학과졸 1981년 同대학원 계산통계학과졸 1989년 이학박사(서울대) 1998년 서울대 행정대학원 수료 2001년 미국 스탠퍼드대 경영대학원 Executive과정 수료 [경]1976~1979년 태평양화학 전산실 주임 1979~1981년 삼호 전산실장 1982~2003년 숭실대 정보과학대학 컴퓨터공학부 전임강사·조교수·부교수·교수 1990~1991년 일본 東京大 객원교수 1996년 한국데이타베이스학회 부회장 1997년 숭실대 부총장 1997년 교육인적자원부·외교통상부·정보통신부·행정자치부·국방부·경찰청·국세청·농림부 자문교수 2001~2002년 미국 스탠퍼드대 객원교수 2003~2011년 경원대 IT대학 교수 2003~2004년 한국정보처리학회 회장 2003년 경원대 IT부총장 2004년 국가혁신위원회 자문위원 2004~2010년 인터넷주소정책심의위원회 위원장 2004년 RFID협회 고문 2004년 U-Korea포럼 부회장 2004년 벤처지원포럼 회장 2004년 KBS 객원해설위원 2009~2013년 대통령 IT특별보좌관 2011년 가천대 IT대학 컴퓨터공학과 교수(현) 2014~2015년 同미래위원회 위원 [상]홍조근정훈장(2004), 대통령표창(2006), 자랑스런 성동인상(2009) [저]'인공지능 데이타베이스' '교양전자계산학' '멀티미디어' '데이타베이스 총론' '정보범죄' '교양전산과 인터넷' '한글 ACCESS97' [종]기독교

오헌필(吳憲必) OH Hun Pil

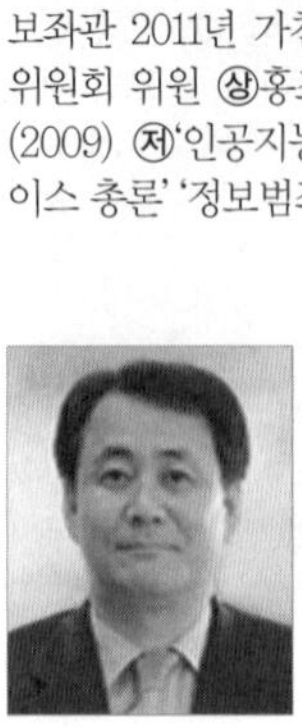

[생]1955·5·19 [주]서울 도봉구 삼양로144길33 덕성여자대학교 인문과학대학 중어중문학과(02-901-8232) [학]중국문학박사(고려대) [경]중국 북경대 방문학자 2003년 덕성여대 인문과학대학 중어중문학과 조교수·부교수·교수(현) 2009~2010년 同학생처장 2015년 同인문과학대학장(현) [역]'현대중국어문법'(1987)

오혁종(吳赫鍾) OH Hyeok Jong

[생]1959·9·1 [본]나주(羅州) [출]전북 전주 [주]서울 서초구 헌릉로13 대한무역투자진흥공사 인재경영실(02-3460-7000) [학]1975년 전주고졸 1981년 성균관대 무역학과졸 1997년 영국 글래스고대 대학원 경영학과졸 [경]1987년 대한무역투자진흥공사(KOTRA) 입사 1987년 同무역전산부 근무 1987년 同정보서비스부 근무 1988년 同전시부 근무 1991년 同홍콩무역관 근무 1994년 同감사실 근무 1997년 同마케팅지원처 근무 1997년 同시장개발

처 근무 1998년 同워싱턴무역관 근무 2002년 同KOTRA40년사발간전담반 근무 2002년 同기획조정실 근무 2002년 同감사실 근무 2002년 同감사실 검사역 2004년 同아테네무역관장 2007년 同외국기업고충처리팀장 2008년 同비서팀장 2008년 同지역조사처장 겸 구미팀장 2009년 同워싱턴무역관장 2012년 同글로벌정보본부 정보기획실장 2013년 同글로벌정보본부 통상지원실장 2015년 同취리히무역관장 2016년 同유럽지역본부장(현) [상]지식경제부장관표창(2000) [저]'EU통합과 한국의 대EU수출' [종]가톨릭

오현경(吳鉉京) Oh Hyunkyung

[생]1936·11·11 [출]서울 [주]서울 서초구 반포대로37길59 대한민국예술원(02-3479-7232) [학]서울고졸, 연세대 국어국문학과졸 [경]1961년 KBS 공채1기로 데뷔, 연극배우 겸 탤런트(현), 연세극예술연구회 동문회장 2001·2012년 화술스튜디오 송백당 운영(현) 2013년 대한민국예술원 회원(연극·현) [상]제3회 동아연극상 남우조연상(1966), 제7회 대한민국연극제 연기상(1983), 백상예술대상 연극부문 연기상(1985), KBS 연기대상 대상(1992), 제4회 한국문화대상 연극부문 대상, 제22회 동아연극상 남자연기상, 한국연극배우상(문화부장관상, 2006), 제2회 대한민국연극대상 남자연기상(2009), 제3회 대한민국연극대상 공로상(2010), 서울시 문화상(2011) 등 [작]TV 출연 'TV 손자병법'(1987) 외 150여편, 연극 '햄릿'(1962) '포기와 베스'(1962) '한강은 흐른다'(1962) '쎄일즈맨의 죽음'(1962) '청기와 집'(1964) '아들을 위하여'(1966) '무익조'(1966) '화니'(1967) '북간도'(1968) '휘가로의 결혼'(1969) '맹진사댁 경사'(1969) '허생전'(1970) '오셀로'(1972) '너도 먹고 물러나라'(1973) '일요일의 불청객'(1974) '밤의로의 긴 여로'(1976) '호모세파르투스'(1983) '드레서'(1984) '아메리카의 이브'(1985) '한여름 밤의 꿈'(2005) '주인공'(2008) '평행이론'(2009) '봄날'(2009) '베니스의 상인'(2009) '너희가 나라를 아느냐'(2010) '봄날'(2011) '일어나 비추어라'(2013) 등 60여편 출연, 영화 '오늘은 왕'(1966) '하숙생'(1966) '일월'(1967) '몽땅 드릴까요'(1968) '해벽'(1973) '땅콩 껍질 속의 연가'(1979) '무영탑'(1979) '행복한 장의사'(2000) '혈의 누'(2005) '연리지'(2006) '평행이론'(2010) '전국노래자랑'(2013) 등 20여편 출연

오현규(吳賢圭) OH Hyun Gyu

[생]1969·6·26 [출]서울 [주]서울 서초구 서초중앙로157 서울고등법원(02-530-1114) [학]1988년 대신고졸 1992년 서울대 법대졸 [경]1993년 사법시험 합격(35회) 1996년 사법연수원 수료(25기) 1999년 서울지법 판사 2003년 춘천지법 홍천군법원 판사 2006년 의정부지법 고양지원 판사 2007년 서울고법 판사 2009년 대법원 재판연구관 2011년 제주지법 부장판사 2012년 同수석부장판사 2013년 서울고법 판사(현)

오현득(吳賢得)

[주]서울 강남구 테헤란로7길32 국기원 원장실(02-567-1058) [학]1979년 중앙대 경영학과졸 1982년 同국제경영대학원졸 1998년 경희대 관광대학원졸 2004년 호텔관광학박사(경희대) [경]국군정보사령부 공작여단장 2006~2010년 경희대 관광대학원 겸임교수 2007~2010년 同국제연구소 수석연구원 2008~2010년 한나라당 중앙위원회 문화관광분과위원회 부위원장 2008~2010년 한국컨벤션학회 이사 2009년 한국자유총연맹 연수원장 2010년 국가발전미래교육협의회 부회장 2010년 국가정체성회복국민협의회 사무총장 2010년 국기원 상임감사 2011년 同연수원장 2012년 同행정부원장 2016년 同원장(현)

오현주(吳賢珠·女) OH Hyun-Joo (宵旦)

[생]1940·8·29 [본]함양(咸陽) [출]서울 [주]서울 성북구 성북로23가길21 102호 (사)한국여성문화예술인총연합 회장실(02-764-4600) [학]1959년 숙명여고졸 1963년 이화여대 가정학과졸 1977년 미국 노던버지니아커뮤니티컬리지 연극연출과 수료 1983년 미국 조지워싱턴대 대학원 표현무용학과졸 1994년 서강대 경영대학원 최고경영자과정 수료 [경]1960년 CBS방송 성우 1983~1985년 미국 조지워싱턴대 교육대학 강사 1985~1987년 미국 메릴랜드 캔톤스빌칼리지 강사 1985~1998년 한미문화예술인회(KAPAS) 회장 1988~1993년 서울예전 영화과 초빙교수 1988년 오현주표현예술연구소장 1989~1994년 중앙대 연극영화과 강사 1989년 민족표현예술연구소 소장(현) 1989년 서울창무극단 대표(현) 1990~1991년 한국예술문화단체총연합회 국제위원장 1992~1995년 (재)서울예술단 예술총감독 1993~1995년 공연윤리위원회 전문심의위원 1993~2008년 서강대 교양학부 강사 1994년 한국문화정책개발원 자문위원 1996년 올림픽100주년문화사절단 단장 1996년 중앙대 방송예술대학원 강사 1996년 청룡영화제영화상 심사위원 1997~2005년 호서대 디지털문화예술학부 조교수 2002년 (사)한국여성문화예술인총연합(KoWACA) 회장(현) 2002년 (사)아태정책연구원 이사(현) 2007~2015년 호서대 디지털문화예술학부 예우교수 2008~2015년 (사)사월회 부회장, 同고문 2010~2015년 북한국제인권영화제 공동조직위원장 [상]뉴욕 헤어스타일컨테스트 1등상(1966), 한국기독교문화대상 연극부문(1996), 기독문화상대상(1996), 한국뮤지컬대상 특별상(1998) [저]'야, 아가야' [작]연극 '햄릿' '포기와 베스' '대머리 여가수' '오셀로' '나는야 호랑나비' '유화의 노래' 뮤지컬 '하회'(1979) '아라아라'(1993) '광개토대왕'(1995·1999) '황제'(1997) [종]기독교

오현주(吳賢珠·女) Hyeon Joo OH

[생]1962·2·13 [본]보성(寶城) [출]충남 아산 [주]충북 청주시 흥덕구 오송읍 오송생명5로303 국도푸르미르빌딩601호 식품의약품안전평가원 체외진단기기과(043-230-0471) [학]1981년 동덕여고졸 1985년 이화여대 생물학과졸 1989년 同대학원 생물학과졸 1997년 이학박사(이화여대) [경]1987~1998년 국립보건원 보건연구사 1992~1993년 네델란드 라이덴대 국제원자력기구 Fellow 1998~2011년 식품의약품안전청 보건연구관 2011~2014년 식품의약품안전평가원 의료기기연구과장·융합기기팀장·심혈관기기과장·체외진단의료기기TF팀장 2014년 同체외진단기기과장(현)

오현창(吳賢昌) OH Hyun Chang

[생]1960·4·2 [본]해주(海州) [출]서울 [주]서울 마포구 성암로267 문화방송 드라마본부 특임국(02-789-0011) [학]1979년 경성고졸 1984년 인하대 산업공학과졸 1992년 서강대 언론대학원 수료 2007년 서울대 글로벌문화콘텐츠리더스과정 이수 2008년 서울대 경영대학원 MBC차세대경영자과정 이수 [경]1984년 MBC 입사 1984년 同TV제작국 근무 2005년 同드라마국 부장 2005년 同글로벌사업본부 부국장 2007~2008년 同글로벌사업본부장 2009년 同드라마국 연속극 CP 2010년 同드라미국 부국장 2012년 同드라마본부 특임국장 2014년 同드라마국 드라마1부장 2014년 同드라마본부 특임국장(현) [상]MBC 노동조합 좋은 프로그램상(1997), YMCA선정 뽑은 좋은 프로그램상(2001), 여성부 남녀평등 우수상(2001), PD연합회 방송인상(2002) [작]주간단막극 '나의 어머니' 연출(1990) '한지붕 세가족' 연출(1994) 달수시리즈 '달수의 재판' '달수의 집짓기' '달수의 차차차' '달수아들 학교 가다' '달수 아들 과외하다' '달수 성매매 특별법에 걸리다' 등 다수 연출(1995) 베스트극장 '마누라 지갑털기' '섹스모자이크에 관한 보고서' '달려라 장부장' '남편은 파출부' 등 다수 연출(1995) '전원일기' 연출(1997) 주말연속극 '사랑과 성공' 연출(1999) 특집극 2부작 '늑대사냥' 연출(2001) 일일연속극 '백조의 호수' 연출(2003) 일일연속극 '밥줘' '살맛납니다' '기획주말연속극' '인연만들기' '보석비빔밥' '민들레 가족' 기획(2009) 일일연속극 '황금물고기' 연출(2010) 일일연속극 '불굴의 며느리' 연출(2011)

오현철(吳賢哲) Oh Hyun Chul

[생]1959·9·26 [주]서울 용산구 후암로107 KB신용정보 임원실(02-2070-1100) [학]1978년 홍익대사대부고졸 1985년 한양대 경영학과졸 1995년 同대학원 국제금융학과졸 [경]1996년 국민은행 여신부·여신기획부 과장 2001년 同가계금융팀 근무 2003년 同감사팀 검사역 2003년 同성남지역본부 근무 2005년 同용인구성지점장 2005년 同개인여신심사팀장 2008년 同서현역지점장 2009년 同기업여신심사부장 2010년 同여신심사본부장 2010년 同경수지역본부장 2013년 同여신본부 부행장 2015년 KB신용정보 대표이사 사장(현) [상]국민은행장표창(1989·1991·1995), 교육부장관표창(2001)

오현철(吳賢哲)

[생]1968·6·7 [출]전남 무안 [주]서울 양천구 신월로390 서울남부지방검찰청 형사4부(02-3219-4315) [학]1986년 광주인성고졸 1996년 경희대 법학과졸 [경]1997년 사법시험 합격(39회) 2000년 사법연수원 수료(29기) 2000년 대전지검 검사 2002년 광주지검 순천지청 검사 2003년 서울지검 남부지청 검사 2004년 서울남부지검 검사 2006년 광주지검 검사 2008년 서울중앙지검 검사 2011년 수원지검 검사 2013년 同부부장검사 2013년 서울중앙지검 부부장검사 2014년 대전지검 홍성지청 부장검사 2015년 울산지검 형사3부장 2016년 서울남부지검 형사4부장(현)

오형근(吳亨根) OH Hyung Kun (法星)

(생)1932·8·3 (본)해주(海州) (출)대구 달성 (주)서울 중구 퇴계로36길29 기남빌딩302호 대승불교연구원(02-2264-7120) (학)1960년 동도고졸 1964년 동국대 불교학과졸 1967년 同대학원졸 1987년 철학박사(동국대) (경)1970~1986년 동국대 불교대학 전임강사·조교수·부교수 1986~1997년 同불교학과 교수 1986년 일본 교토불교대 교환교수 1986년 한국종교학회 상임이사 1989년 동국대 불교대학원장 1990년 불교방송 자문위원 1993년 동국대 불교대학원장 1995년 同대학원 불교학과장 1997년 同불교학과 명예교수(현) 1998년 대승불교연구원 원장(현) 2005년 대승출판사 대표(현) (상)문교부장관표창 (저)'불교의 영혼과 윤회관' '唯識과 心識사상연구' '唯識사상연구' '불교와자연과학' '唯識學입문' '인도불교의 禪 사상' '불교의 물질과 시간론' '唯識思想과 菩薩道' (역)'元曉撰' '二障義 譯註' '원효찬술 대승기신론소 및 대승기신론별기' (종)불교

오형근(吳亨根) OH, HYUNG-KHUN

(생)1959·3·11 (출)부산 (주)부산 해운대구 센텀중앙로79 센텀사이언스파크22층 (주)대한제강 비서실(051-998-8803) (학)1978년 부산 해동고졸 1982년 중앙대 사범대학졸 2001년 부산외국어대 국제경영지역학대학원 최고경영자과정 수료 2003년 동의대 대학원 최고경영자과정 수료 2006년 부산대 국제전문대학원졸 2010년 국제학박사(부산대) (경)1983년 (주)대한제강 입사 1989년 同상무이사 1999~2013년 同대표이사 2002년 법무부 범죄예방위원회 부산지역협의회 부회장(현) 2003년 부산럭비협회 회장(현) 2006년 부산시 경찰발전위원회 부위원장(현) 2006년 (사)부산총경영자협회 부회장(현) 2006·2009년 부산상공회의소 부회장(현) 2013년 부산창조재단 이사(현) 2014년 (주)대한제강 부회장(현) (상)부산경영대상(2005), 대한민국CEO그랑프리 금속광물대표(2008), 납세자의 날 대통령표창(2008), 부산수출대상 우수상(2009), 부산시 우수납세자(2010), 납세자의 날 기획재정부장관표창(2011)

오혜리(女) OH Hye-ri

(생)1988·4·30 (주)강원 춘천시 사우4길28의1 춘천시청 태권도팀(033-250-3541) (학)2007년 강원체고졸 2011년 한국체육대졸 (경)2010년 전국체육대회 태권도여자대학부 73kg급 금메달 2011년 서울시청 태권도팀 소속 2011년 전국체육대회 태권도 여자일반부 73kg급 금메달 2013년 춘천시청 태권도팀 입단(현) 2012년 전국체육대회 태권도 여자일반부 73kg급 금메달 2013년 전국체육대회 태권도 여자일반부 73kg급 은메달 2015년 러시아 세계태권도수권대회 73kg급 금메달 2016년 제31회 리우데자네이루올림픽 태권도 여자-67kg급 금메달 2016년 제97회 전국체육대회 태권도 여자 일반부 73kg 금메달

오혜영(吳惠英·女) OH Hye Young

(생)1956·3·4 (출)부산 (주)대전 중구 보문로246 대림빌딩16층 한국식품안전관리인증원 원장실(042-251-1102) (학)1975년 부산여고졸 1979년 부산대 약학과졸 1983년 성균관대 대학원 약학과졸 1992년 약학박사(성균관대) (경)1979~1980년 부산대 의대 부속병원약국 약무사 1983~1988년 국립보건원 안전성연구부 안전성평가과 근무 1998년 국립독성연구원 유전독성과장 2001년 국립독성연구소 독성부 면역독성과장 2004년 식품의약품안전청 보건연구관 2007년 국립독성연구원 연구기획팀장 2008년 同연구기획과장 2009년 식품의약품안전청 식품안전국 식품기준부장(고위공무원) 2013년 식품의약품안전처 식품기준기획관 2014년 한국식품안전관리인증원 원장(현) (상)보건복지부장관표창

오호선(吳好善) HOSUN OH

(생)1969·2·25 (주)세종특별자치시 노을6로8의14 국세청 역외탈세정보담당관실(044-204-2903) (학)1997년 수성고졸 1992년 서울대 경영학과졸 1997년 同행정대학원 정책학과졸 2003년 미국 하버드대 Law School 수료 2004년 同Kennedy School 석사 (경)2006년 국세청 정책보좌관 2009년 駐미국대사관 참사관 2011년 금정세무서장 2012년 서울지방국세청 국제조사2과장 2014년 국세청 첨단탈세방지담당관 2016년 同국제조세관리관실 역외탈세정보담당관(현)

오호택(吳虎澤) O Hotaek

(생)1962·10·3 (본)해주(海州) (출)경기 평택 (주)경기 안성시 중앙로327 한경대학교 법학부(031-670-5301) (학)1985년 고려대 법학과졸 1988년 同대학원졸 1993년 법학박사(고려대) (경)1989~1993년 고려대 법학연구소 연구원 1990~1995년 인하대 강사 1991~1992년 대법원 판례심사위원회 조사위원 1993~1994년 헌법재판소 연구비서관·연구원 1995년 한경대 법학부 교수(현) 2003년 경기지방노동위원회 공익위원(현) 2005년 한경대 기획처장, 경기도 행정심판위원, 同소청위원 2007~2008년 한경대 인문사회과학대학장 2009년 경기도 선거관리위원(현) 2013년 한경대 대외협력본부장 2013년 同박물관장 2013년 同방송국장 2013년 同신문사 주간 2014~2015년 同인문사회대학장 (상)고용노동부장관표창(2014) (저)'법학입문'(2005) '헌법강의'(2006) '헌법소송법'(2006) '헌법재판 이야기'(2006) '판례로 구성한 헌법'(2007) '헌법과 미래(共)'(2007) '교회법의 이해'(2010) '법원 이야기'(2011) '우리 헌법 이야기'(2012) '개헌 이야기'(2012) (종)기독교

오화석(吳和錫) OH Hwa Suk

(생)1956·12·26 (본)동복(同福) (출)서울 (주)경기 고양시 덕양구 항공대학로76 한국항공대학교 항공우주 및 기계공학부(02-300-0284) (학)1980년 한국항공대 항공기계공학과졸 1988년 미국 텍사스대 대학원졸 1992년 항공우주공학박사(미국 텍사스대) (경)1979~1986년 국방과학연구소 연구원 1987~1992년 미국 텍사스대 연구원 1992~1997년 한국전자통신연구원 위성통신기술연구단 책임연구원 1997년 한국항공대 항공우주 및 기계공학부 조교수·부교수·교수(현)

오휘영(吳輝泳) OH Whee Young (苔岩)

(생)1937·12·27 (출)서울 (주)경기 고양시 일산동구 무궁화로20의38 경기벤처빌딩고양센터521의B호 라펜트(031-932-3122) (학)1957년 보성고졸 1963년 한양대 건축과졸 1967년 미국 일리노이주립대 대학원 조경학과졸 1977년 서울대 행정대학원 수료 1986년 농학박사(일본 오사카府立大) (경)1967년 미국 시카고시 녹지관리청 조경담당관 1972~1980년 대통령비서실 조경·건설·관광·특정지역개발담당 비서관 1973년 한국조경학회 부회장 1980~1982년 국무총리행정조정실 제3·4행정조정관 1981년 한국조경학회 회장 1981년 한국조경연합회 회장 1982~2003년 한양대 도시대학원 교수 1982년 세계조경연합회(IFLA) 이사 및 한국대표 1983~2013년 월간 '환경과 조경' 발행인·대표 1983년 서울시 도시계획위원 1986~1999년 국립공원협회 부회장 1987년 문화재위원회 위원 1988~1991년 한양대 환경대학원장 1989년 IFLA 아·태지역담당 부회장 1991년 서울시 도시계획위원 1994~1996년 한양대 환경과학대학원장 1999년 국립공원협회 회장 2002~2004년 자연공원협회 회장 2003년 한양대 도시대학원 명예교수(현) 2004년 국립공원관리공단 비상근이사 2013년 라펜트 대표이사(현) (상)홍조근정훈장, 대통령표창(2회), 동탑산업훈장 (저)'한국의 가로수'(1987) '한국의 골프장계획 이론과 실무(共)'(1994) '아름다운 주택정원'(1996) '북한산 국립공원 환경해설프로그램'(1999) '해양간척지 친환경적 복원시공(共)'(2001) (역)'미국조경의 여명기'(2001) '지구의 외침'(2002) (종)기독교

오흥석(吳興錫) OH Heung Seok

(생)1960·3·21 (출)경기 시흥 (주)인천 남동구 정각로29 인천광역시청 재산관리담당관실(032-440-2702) (학)1979년 부평고졸 (경)1981년 지방공무원 임용 2000년 인천시 자치행정국 총무과 근무 2003년 同문화관광체육국 문화예술과 근무 2005년 同동부공원사업소 근무 2005~2009년 남동구 논현고잔동장·문화홍보실장 2009년 인천시 아시아경기대회지원본부 경기지원과 재무과 근무 2010년 同자치행정국 총무과 근무 2013년 同문화관광체육국 체육진흥과장(지방서기관) 2014년 同보건복지국 장애인복지과장 2016년 同재산관리담당관(현)

오흥용(吳興鎔) OH Heung Yong

(생)1953·12·13 (출)서울 (주)경기 용인시 수지구 문인로30 (주)현대그린푸드 임원실(031-525-2008) (학)경기고졸, 한국항공대 경영학과졸, 연세대 경영대학원 경영학과졸 (경)2000년 (주)현대백화점 본점 부점장(이사대우) 2002년 同관리담당 이사 2005년 同관리담당 상무 2006년 同영업전략실장(상무) 2008년 현대H&S 영업총괄 전무 2009년 同대표이사 전무 2010년 (주)

현대F&G 대표이사 부사장 2010년 (주)현대그린푸드 대표이사 부사장 2012년 同대표이사 사장 2015년 同공동대표이사 사장(현) [상]대통령표창(2015) [종]천주교

오흥철(吳興哲) Oh Heung Cheol

[생]1957 · 8 · 22 [주]인천 남동구 정각로29 인천광역시의회(032-440-6203) [학]인천고졸, 동양공업전문대학 기계과졸, 인하대 정책대학원 행정학과졸 [경]한국자유총연맹 인천시 남동구지부장, 인천시 남동구주민자치위원협의회 회장, 인천시육상연맹 이사 2006~2010년 인천시의회 의원(한나라당) 2010년 인천시의원선거 출마(한나라당) 2014년 인천시의회 의원(새누리당)(현) 2014년 同운영위원회 위원장 2014년 同산업경제위원회 위원 2015년 전국시 · 도의회운영위원장협의회 부회장 2016년 인천시의회 건설교통위원회 위원(현) 2016년 同예산결산특별위원회 위원(현)

오희목(吳熙穆) OH Hee Mock

[생]1957 · 10 · 17 [본]보성(寶城) [출]충북 청원 [주]대전 유성구 과학로125 한국생명공학연구원 세포공장연구센터(042-860-4321) [학]1974년 경복고졸 1979년 서울대 생물교육과졸 1981년 同대학원 생물교육과졸 1987년 이학박사(충남대) [경]1989~1992년 미국 뉴욕주립대 보건환경대학원 연구원 1993년 한국생명공학연구원 환경미생물실 선임연구원 1996년 同환경생명공학연구실 책임연구원 2002~2005년 同환경생명공학연구실장 2005~2008년 同생물자원센터장 2006년 과학기술연합대학원대 청정화학 · 생물학과 겸임교수 · 전임교수(현) 2008~2013년 한국생명공학연구원 바이오시스템연구본부장 2012~2013년 한국환경생물학회 회장 2012년 한국조류학회 부회장 2013년 한국생명공학연구원 환경바이오연구센터 책임연구원 2014~2015년 (사)한국조류학회 회장 2014년 한국과학기술한림원 정회원(현) 2015년 한국생명공학연구원 바이오에너지연구센터 책임연구원 2016년 한국생명공학연구원 세포공장연구센터 책임연구원(현) [상]한국과학기술단체총연합회 과학기술우수논문상(2002), 기초기술연구회 이사장표창(2010), 녹색기술포럼 교육과학기술부장관표창(2010), 과학기술연합대학원대 우수교원표창(2010), 제2회 국가녹색기술대상 국토해양부장관표창(2010), 올해의 환경기술최우수상(2012)

오희열(吳熙悅) OH Hee Yeol

[출]서울 [주]서울 영등포구 여의대로56 한화투자증권(주) 트레이딩본부(02-3775-0775) [학]경기고졸 1980년 한국외국어대졸 1988년 미국 캘리포니아대 어바인교 경영대학원졸(MBA) [경]1990~1992년 파리바은행 근무 1992~1998년 UBS 근무 1999년 삼성증권(주) 입사 · WM기획팀장 2003년 同Honors사업부장(상무보) 2004년 同상품기획담당 상무 2005년 LG투자증권 상품담당 상무 2005년 우리투자증권(주) 상품담당 상무 2006년 同영업전략담당 상무 2007년 同상품지원본부장(상무) 2008~2009년 同상품지원본부장(전무) 2009년 한화증권(주) 상품개발전문위원(전무) 2011년 同캐피탈마켓총괄 전무 2012년 同IB총괄 부사장 2012년 한화투자증권(주) IB총괄 부사장 2016년 同세일즈&트레이딩(Sales&Trading)장(부사장) 2016년 同트레이딩(Trading)본부장(부사장)(현) [상]매경 금융상품 금상(2007) [종]기독교

오희영(吳熙永) OH Hee Young

[생]1954 · 3 · 25 [본]보성(寶城) [출]충남 조치원 [주]충남 천안시 동남구 상명대길31 상명대학교 융합기술대학 환경조경학과(041-550-5288) [학]청주고졸, 동국대 조경학과졸, 홍익대 환경대학원 조경디자인과졸, 이학박사(상명대) [경]1982~2013년 현대산업개발(주) 환경조경담당 상무 1998~2004년 건설사조경협의회 회장 2001년 (사)한국조경학회 상임이사(현) 2004~2006년 서울시 심의위원 2005~2007년 (사)환경계획조성협회 회장 2006~2009년 한국산업인력공단 직종별전문위원 2007~2009년 상명대 대학원 환경자원학과 겸임교수 2008~2009년 경기도 지방건설기술심의위원 2013년 세종특별자치시 경관 및 도시디자인위원(현) 2013년 한국건설기술인협회 비상근이사(현) 2013년 국가직무능력표준(NCS) 개발심의위원(현) 2014년 상명대 융합기술대학 환경조경학과 교수(현) 2016년 서울시 도시공원위원회 위원(현) [상]환경부장관표창(2007), 국토해양부장관표창(2011), 국무총리표창(2015) [저]'산, 왜자연공원인가! 자연공원의이해'(2015, 서우)

옥경석(玉經錫) OK Kyeong Seok

[생]1958 · 4 · 9 [출]경남 거제 [주]서울 영등포구 여의대로24 한화건설(02-2055-6000) [학]1977년 충암고졸 1984년 건국대 경제학과졸, 홍익대 대학원 세무학과졸 [경]삼성전자(주) 반도체총괄 지원팀장(상무보) 2005년 同반도체총괄 경영지원실 지원팀장(상무) 2010년 同반도체총괄 경영지원실 지원팀장(전무) 同DS부문 지원팀장 2012년 同DS부문 경영지원실장 겸 지원팀장(부사장) 2016년 한화케미칼 폴리실리콘부문 사장 2016년 한화건설 관리부문 사장(현)

옥동석(玉東錫) OAK Dong Seok

[생]1957 · 10 · 5 [주]경기 과천시 교육원로118 국가공무원인재개발원(02-503-8001) [학]부산고졸 1980년 서울대 경제학과졸 1985년 同대학원 경제학과졸 1992년 경제학박사(서울대) [경]1987~2013년 인천대 동북아경제통상대 무역학과 교수 1992~1993년 영국 요크대 객원연구원 1995년 국무총리실 안전관리자문위원회 전문위원 1996년 매일경제신문 매일경제연구소 이사 1998년 기획예산위원회 정부개혁실 재정3팀장 1998~1999년 건설교통부 공공사업효율화추진단 전문위원 1999년 국무조정실 정책평가위원회 전문위원 2006년 인천대 동북아물류대학원장 2009년 同대학발전본부장 2010~2012년 同동북아경제통상대학장 2010년 국가미래연구원 재정 · 복지분야 발기인 2012년 새누리당 국민행복추진위원회 정부개혁추진단장 2013년 제18대 대통령직인수위원회 국정기획조정분과 인수위원 2013년 한국조세연구원 원장 2013~2015년 한국조세재정연구원 원장 2013~2015년 국세청 국세행정개혁위원회 위원 2014~2016년 국무총리소속 지방재정부담심의위원회 위원 2015년 중앙공무원교육원 원장(차관급) 2016년 국가공무원인재개발원 원장(차관급)(현) [상]한국재정공공경제학회상(2002), 전국경제인연합회 '제18회 시장경제대상'(2007), 은탑산업훈장(2015), 정부회계인상(2015) [저]'한국의 공공부문과 통합재정범위'(1997) '교통세 부과의 적정성 분석(共)'(2001) '재정개혁의 목표와 과제'(2003) '국내 IT 클러스터 육성을 위한 정책방향 연구(共)'(2005) '권력구조와 예산제도'(2015, 21세기북스) [역]'안락의자의 경제학자'(1997)

옥미조(玉米造) OHK Mi Jo

[생]1942·8·25 [본]의령(宜寧) [출]일본 사마나께 [주]경남 거제시 연초면 대금산로339의7 거제민속박물관(055-637-3722) [학]1961년 부산사범학교졸, 순리치유학박사 [경]1963년 동시집 '소꼽동무'로 아동문학가 등단, 한국문인협회 회원, 한국아동문학회 회원 1987년 순리원 대표(현) 1987년 순리원문고 발행인(현) 1992~1998년 초등학교 교장 2000년 거제민속박물관 관장(현) 2002년 순리출판사 대표(현) 2010년 순리치유학연구소 소장(현) [상]아동문예작가상, 영남아동문학상, 효당문학상, 경남문학상, 철탑산업훈장(1973), 모범장서가상(1980), 국민훈장 석류장(1983), 한국교육자대상(1983), JC문화대상(1983), 국민훈장 목련장(1998) [저]동시집 '소꼽동무' '동백숲의 아기염소' '동백숲의 파도' '비닐하우스 안의 바람' 동화집 '광제산의 꿈일기' '양어장보다 더 큰 잉어' '운동장을 돌아다니는 바람글자' '말하는 염소' '못난이별' '꿩알잔치' '바리공주' '진뱀이섬' 연구서 '순리인간론' '순리치유원론' '순리건강원론' '건강의 준비' '순리치료와 순리효과' '완전한 건강과 순리' '건강에 이르지 못하는 병' '사유함의 치유, 완전함의 치유' '끝이 창대해지는 비결' '예수와 뽀뽀' '민속자료속의 지혜' '문화산업과 박물관' '예지적문화재와 박물관' '성경동화집 12권 전집' '보정 순리치유원론' '평화순리학개설' '기독문화와 전망' 등 400여 권 [종]기독교

옥성대(玉成大)

[생]1972 · 11 · 7 [출]경남 거제 [주]경북 경주시 화랑로89 대구지방검찰청 경주지청(054-740-4500) [학]1991년 부산 동아고졸 1996년 서울대 국제경제학과졸 [경]1997년 사법시험 합격(39회) 2000년 사법연수원 수료(29기) 2000년 공익법무관 2003년 창원지검 검사 2005년 同밀양지청 검사 2006년 서울중앙지검 검사 2010년 수원지검 검사 2010년 형사사법통합정보체계추진단 파견 2013년 부산지검 부부장검사 2015년 창원지검 마산지청 부장검사 2016년 대구지검 경주지청 부장검사(현)

옥영문(玉英文) Ok Young Mun

[생]1961 · 7 · 2 [주]경남 창원시 의창구 상남로290 경상남도의회(055-211-7338) [학]경상대 입학과졸 [경]거제시 초대 민선시장 비서, 거제시 문화패 '소리울' 대표 2006년 경남 거제시의원선거 출마 2010~2014년 경남 거제시의회 의원 2014년 거제중앙고 운영위원장(현) 2014년 경남도의회 의원(새누리당)(현) 2014년 同교육위원회 위원 2014년 同예산결산특별위원회 위원 2016

년 同남부내륙철도조기건설을위한특별위원회 위원 2016년 同예산결산특별위원회 부위원장 2016년 同교육위원회 부위원장(현) 2016년 同운영위원회 위원(현)

옥준원(玉俊原) OK Joon Won

[생]1955·10·5 [본]의령(宜寧) [출]경남 거제 [주]서울 서초구 고무래로6의6 송원빌딩 법무법인 에이스(02-3487-5000) [학]1972년 고졸학력 검정고시 합격 1981년 연세대 행정학과졸 [경]1983년 사법시험 합격(25회) 1985년 사법연수원 수료(15기) 1986년 부산지검 검사 1988년 마산지검 진주지청 검사 1990년 서울지검 남부지청 검사 1992년 대구지검 검사 1994년 서울지검 검사 1997년 전주지검 부부장검사 1998년 서울고검 검사 1999년 부산지검 동부지청 형사3부장 2000년 同동부지청 형사2부장 2000년 同동부지청 형사1부장 2001년 인천지검 조사부장 2002년 同형사5부장 2002년 서울고검 검사 2003년 수원지검 형사3부장 2004년 서울서부지검 형사2부장 2005년 부산고검 검사 2007~2009년 서울고검 검사 2009년 법무법인 에이스 구성원변호사(현) [저]'수사지휘론'(共) [종]불교

온용현(溫龍鉉) OHN Yong Hyun

[생]1953·8·10 [출]전북 김제 [주]서울 중구 청계천로 100 시그니쳐타워 금호미쓰이화학 임원실(02-6961-3733) [학]전주제일고졸, 전북대 화학과졸 [경]1980년 금호실업 입사 1997~2000년 금호폴리켐(주) 국내영업팀장 2001년 同영업담당 상무 2007~2010년 同영업담당 전무 2010~2011년 금호피앤비화학 대표이사 2012년 금호미쓰이화학 총괄대표(현) [상]철탑산업훈장(2013) [종]원불교

온종석(溫鍾錫) OHN Jong Seok

[생]1958·1·25 [본]경주(慶州) [출]대구 [학]1977년 대구대륜고졸 1985년 영남대 법정대졸 [경]1997년 질레트오랄비코리아 사장 1999년 아디다스코리아 영업마케팅총괄본부장 2001년 TY Korea 사장 2003년 샘표식품 영업마케팅총괄본부장(COO) 2003~2005년 (주)레스코 사외이사 2006~2012년 한국시바비전 대표이사 2013년 (사)미래준비 이사장(현) 2013년 KANTAR 한국대표(현)

옹 산(翁 山) (법광)

[생]1944·7·6 [본]연일(延日) [출]경북 상주 [주]충남 예산군 덕산면 수덕사안길79 수덕사(041-337-6608) [학]1987년 동국대 교육대학원 철학교육과 수료 1987년 국중앙국립박물관 박물관대학 수료 [경]1966년 수덕사에서 圓譚스님을 계사로 사미계 수지 1970년 수덕사에서 惠庵스님을 계사로 비구계 및 보살계 수지 1971년 용주사 교무 1982년 수덕사 총무·재무 1985~1995년 대한불교조계종 운수암 토굴 정진 1987년 (사)國美會 운영위원 1988년 '88올림픽' 축하 서예전시회 1989년 육군본부 화랑호국사 범종각현판 휘호 1993년 한·중서예교류전시회 1994년 한·일서예교류전시회 1994년 수덕사 부주지 1994년 흙빛문학회 회원 1995년 대한불교조계종 재심호계위원, 법주사·도성암·정혜사·망월사·남국선원 등 25 하안거 성만 2001년 대한불교조계종 향천사 주지 2001년 천불선원 원장 2005년 민주평통 자문위원 2006~2015년 충남경승지단 단장 2007~2011년 대한불교조계종 수덕사 주지 2011년 同수덕사 승려 2011~2015년 만공장학회 회장 2013년 만행기념사업회 이사장 2014년 한국자유총연맹 충남지부 고문(현) 2015년 경허·만공선양회 회장(현) [상]신일본서도 특선, 옥관문화훈장(2014) [저]'빈 산에 사람 없어도 꽃은 피더라'(1994) '홀로 허허 웃는 달'(1994) '山中산책'(2000) '잔설이의 기러기 발자국-칠순고희기념'(2013) [종]불교

왕규창(王圭彰) WANG Kyu Chang

[생]1954·11·1 [출]서울 [주]서울 종로구 대학로103 서울대학교 의과대학 신경외과학교실(02-2072-3489) [학]1979년 서울대 의대졸 1982년 同대학원졸 1989년 의학박사(서울대) [경]1979~1984년 서울대병원 수련의 1984~1987년 軍의관 1987년 서울대 의대 신경외과학교실 전임강사·조교수·부교수·교수(현) 2002년 同병원 교육연구부장 2004~2008년 同의과대학장 2010~2011년 대한소아신경외과학회 회장 2012년 세계소아신경외과학회(ISPN) 회장 [저]'임상연구의 중요성과 영역'(1999) '뇌척수액 단락관 의존성'(2001)

왕기석(王基錫) WANG Gi Suk (甕東)

[생]1966·5·14 [본]개성(開城) [출]전북 정읍 [주]전북 정읍시 시기4길23 정읍시립국악단(063-539-6427) [학]2001년 추계예술대 국악과졸 2005년 중앙대 대학원 한국음악학과졸 2009년 고려대 문화예술최고위과정 수료 [경]박봉술·남해성 선생께 사사 1986년 아시안게임 문화예술축전 '용마골장사' 주역 1989년 중요무형문화재 제5호 수궁가 이수자, 서울예술대·경기대 강사, 한국국악협회 창악분과 대의원, 국립중앙극장 전속 국립창극단 단원 1994·1995년 판소리 '수궁가' '적벽가' 완창 2000~2002년 국립중앙극장 전속 국립창극단 지도위원 2000년 ASEM 경축 한중일 합동공연 '춘향전' 2001년 전주세계소리축제 '흥보가' 연출 및 놀부역 2001년 창극 '춘향전-옥중화' 연출 2001년 어린이 창극 '토끼와 자라의 용궁여행' 2002년 아메리카 페스티벌 참가공연 '우루왕' 2002년 이스라엘 페스티벌 참가공연 '우루왕' 2002년 한일월드컵기념 오사카공연 '우루왕' 2002년 전통창극 '다섯바탕뎐' 대본 구성 및 이몽룡역 2002년 어린이창극 '효녀심청' 2003년 국립창극단 107회 정기공연 '청년시대' 2003년 안숙선의 효콘서트 심봉사역 2003년 네덜란드, 터키 유럽투어 '우루왕' 2006년 (사)한국고전문화연구원 이사(현) 2010년 (사)한국판소리보존회 이사(현) 2012년 (사)전주대사습놀이보존회 이사(현) 2013년 정읍시립국악단 단장(현) 2013~2015년 전주문화재단 한옥자원활용상설공연단 단장 2014년 전북도무형문화재 제2호 판소리 '수궁가' 예능보유자(현) [상]국립국악원 전국국악경연대회 대상 문화공보부장관표창(1984), 남원전국명창경연대회 일반부 최우수상(1986), 동아국악콩쿨 성악부문 은상(1989), KBS 서울국악대경연 판소리부문 장원(2000), 전주대사습놀이 명창부 차상(문화관광부장관표창)(2004), 전주대사습놀이 명창부 장원 대통령표창(2005), 서울문화투데이 제3회 문화대상 최우수상(2010)

왕기현(王基賢) WANG Ki Hyun

[생]1954·10·20 [출]전북 남원 [주]서울 강남구 테헤란로8길21 신원빌딩8층 세무법인 다솔(02-538-9077) [학]1973년 국립철도고졸 1983년 경기대 무역학과졸, 한양대 행정대학원졸 [경]2001년 익산세무서장 2002년 전주세무서장 2002년 서울지방국세청 조사1국 조사4과장 2004년 서울 강서세무서장 2005년 국세청 국제조사담당관 2005년 同국제조사과장(서기관) 2006년 同국제조사과장(부이사관) 2007년 중부지방국세청 조사2국장 2007년 서울지방국세청 조사2국장 2008년 중앙공무원교육원 교육파견 2009년 국세청 전산정보관리관 2009~2010년 중부지방국세청장(고위공무원) 2011년 세무회계 이지스 회장 2013년 세무법인 다솔 회장(현) 2014년 조세일보 고문(현)

왕동원(王東院) WANG Dong Won

[생]1959·5·19 [출]인천 [주]서울 서초구 헌릉로13 대한무역투자진흥공사 해외프로젝트사업단(02-3460-7691) [학]1977년 국립철도고졸 1986년 성균관대 무역학과졸 2002년 미국 뉴욕주립대 스토니브룩교 대학원 테크노경영공학과졸 [경]1986년 대한무역투자진흥공사(KOTRA) 입사 1986년 同전시부 근무 1987년 同해외조사부 근무 1989년 同미주부 근무 1991년 同뉴욕무역관 근무 1994년 同기획관리부 근무 1994년 同총무부 근무 1995년 同총무처 근무 1997년 同취리히무역관 근무 2000년 同해외전시팀 근무 2002년 同해외조사팀 근무 2002년 同통상전략팀 근무 2003년 同프놈펜무역관장 2007년 同해외진출지원실 근무 2008년 同해외전시협력팀장 2008년 同신산업팀장 2009년 同의료바이오팀장 2010년 同암스테르담 코리아비즈니스센터(KBC)장 2011년 同암스테르담 코리아비즈니스센터(KBC)장(처장급)·암스테르담무역관장 2013년 同밀라노엑스포전담반장 2014년 同산업자원협력실장 2015년 同해외프로젝트사업단장(현)

왕상은(王相殷) WANG Sang Eun (草溪)

[생]1920·3·31 [본]개성(開城) [출]부산 [주]서울 중구 을지로16 백남빌딩905호 협성해운(주) 임원실(02-752-2445) [학]1937년 부산고졸 1940년 일본 도시샤대(同志社大) 상학과졸 1997년 명예 문화박사(일본 도시샤대) 1998년 명예 경영학박사(한국해양대) [경]1952~1983년 협성해운(주) 사장 1961년 남광아동복지원 이사장 1964년 부산시관광협회 회장 1965년 협성선박 사장 1967년 부산상공회의소 부회장 1969년 범주해운 회장(현) 1969~2014년 在부산 영국 명예영사 1974년 대한상사중재원 중재위원 1977년 부산국제자매도시위원회 위원장 1978년 부산컨테이너부두운영공사 회장 1980년 대한적십자사 중앙상임위원 1981년 제11대 국회의원(부산中·영도·東, 민정당) 1981년 민정당 중앙위원회 의장 1981년 한·서독의원친선협회 회장 1982년 한·미친선회 회장(현) 1983년 협성해운(주) 회장(현) 1985년 제12대 국회의원(

전국구, 민정당) 1991년 민주평통 부의장 1993년 在부산영사단 단장 1995년 부산세계화추진협의회 회장 2002년 부산아시안게임 선수촌장 2003년 대한민국헌정회 부회장 ❸대통령표창, 영국 코맨더훈장, 산업포장, 서독 십자공로대훈장, 노르웨이 기사작위 최고공로훈장, 일본 훈2등서보장, 수교훈장 흥인장, 부산상공회의소 창립 124주년기념 특별공로상(2013) ❀불교

왕상한(王相漢) Sanghan Wang

❸1963 · 7 · 25 ❷개성(開城) ❸서울 ❸서울 마포구 백범로35 서강대학교 법학전문대학원(02-705-8408) ❿1986년 서울대 법학과졸 1990년 연세대 대학원 행정학과졸 1994년 미국 컬럼비아대 School of Law 법학과졸 1996년 법학박사(미국 컬럼비아대) ❸1996년 서강대 법학과 조교수 · 부교수 · 교수(현) 1997~2002년 외교안보연구원 통상법 강사 1997~2003년 사법연수원 통상법 강사 1997년 서강대 국제대학원 겸임교수 1998년 UN 국제상거래법위원회 전자상거래 Working Group Member(한국대표) 1998~1999년 외교통상부 통상전문관 1999~2003년 APEC 전자상거래 Steering Group Member(한국대표) 1999~2000년 한국아메리카학회 섭외이사 2003~2004년 국방부 국제계약자문위원회 위원 2003~2005년 한국국제경제법학회 총무이사 2003년 사법연수원 외래교수 2005년 국제거래법학회 연구이사 2005년 서강대 법학전문대학원 교수(현) 2007년 산업자원부 무역위원회 비상임위원 2008~2013년 지식경제부 무역위원회 비상임위원 2009~2011년 규제개혁위원회 민간위원 2010년 서강대 대외교류처장 2010년 UNICEF 특별대표 2010년 KBS 1TV '생방송 심야토론' 진행 2010~2013년 교육과학기술부 대학설립심사위원장 · 학술진흥정책자문위원장 · 대학구조개혁위원 2011년 중앙노동위원회 공익심판위원 2012~2015년 MBC라디오 '왕상한의 세계는 우리는' 진행자 2014년 국민경제자문위원회 위원(현) 2015년 공정거래위원회 비상임위원(현) 2015년 대통령자문 국민경제자문회의 혁신경제분과 자문위원(현) 2015년 MBC '시사토크 이슈를 말한다' 진행자(현) 2016년 한국국제경제법학회 회장(현) ❸제30회 한국방송대상 진행자부문(2003), 정보통신부장관표창(2005), 제38회 한국방송대상 진행자부문(2011), 황조근정훈장(2013) ❿'세계경제대전(共)'(1992) '강한 자가 살아남는다'(1993) '우리 사회 이렇게 바꾸자(共)'(2000) '전자상거래와 국제규범'(2001) '미국 통상법의 허상과 실체'(2002) '디지털 방송과 법'(2002) 'WTO 뉴라운드와 기술무역장벽'(2003) '딸에게 쓰는 편지'(2010, 은행나무) '결정적인 책들'(2010, 은행나무) '여자도 아내가 필요하다'(2014, 은행나무) ❹'미국 통상법과 대외정책 분석'(1997)

왕세창(王世昌) WANG Se Chang

❸1949 · 10 · 12 ❸경북 상주 ❸부산 부산진구 진남로506 부산여자대학교 총장실(051-850-3000) ❿1975년 고려대 경영학과졸 1980년 미국 페어리디킨슨대 대학원 경영학과졸 1991년 경영학박사(경남대) ❸1979년 부산여대 마케팅홍보과 교수, 同사회실무계열 콜마케팅과 교수, 同사회교육원장, 미국 캘리포니아주립대 객원교수, 마케팅전략연구소 소장, 1994년 한국다도협회 이사 1995~1996년 미국 캘리포니아주립대 롱비치캠퍼스 객원교수, 자민련 부산시지부 위원장, 同부산甲지구당 위원장, 제15대 국회의원 선거 출마(부산 南甲, 자민련) 1997~1999년 한국마케팅관리학회 부회장 1997~2007년 부산여대 사회교육원장 1999~2005년 국제다도연합회 이사 겸 부회장 2000~2002년 부산방송 시청자위원 2003~2013년 부산석탑포럼 대표 2005년 (사)한국유통과학회 고문 2007~2010년 부산여대 부총장 2007~2010년 부산방송 시청자위원장 2010년 아시아기업경영학회 고문 2011~2013년 MBC문화대상 심사위원장 2011년 부산여대 총장(현) 2011~2013년 동남권100년포럼 위원장 2012년 고려대부산교우회 회장 ❸한국다도협회 발전공로상, 순천시민의날 다도대회 공로상, 제5회 다촌 차문화 교육상, L.A.한인축제재단 한국의날 다례시연 감사상, 부산교원단체총연합회장표창, 통일문화연구원 통일문화대상-문화부문, 록봉민속박물관 · 부산진구다문화가족지원센터 감사패(2012) ❿'창업경영(共)' '우리나라 기업의 CRM 도입방향에 관한 연구' '부산시민 의식구조 변화에 관한 연구' '상황적 리더십 이론에 관한 연구' '리더십 이론의 차원적 연구에 관한 고찰' '고령화 소비자 행동분석에 관한 실증적 연구' ❹'당신과 미래는 바꿀 수 있다'

왕수복(王秀福)

❸1962 ❸서울 서초구 헌릉로12 현대자동차(주) 임원실(02-3464-1114) ❿한성고졸, 국립대만대 철학과졸, 청주대 대학원 산업경영학과졸 ❸현대자동차(주) 중국사업팀 근무 2005년 북경현대기차유한공사 이사대우 2007년 同이사, 同상무 2012년 同전무 2012년 현대자동차(주) 중국사업본부장(전무) 2014년 同중국전략사업부장(전무) 2016년 同중국현대차유한공사 총경리(부사장)(현)

왕정옥(王正沃 · 女) WANG Jeong Ok

❸1969 · 5 · 15 ❸부산 ❸서울 서초구 서초중앙로157 서울고등법원 판사실(02-530-2250) ❿1987년 주례여고졸 1992년 서울대 법대졸 ❸1993년 사법시험 합격(35회) 1996년 사법연수원 수료(25기) 1996년 수원지법 판사 1998년 서울지법 판사 2002년 창원지법 판사 2003년 서울행정법원 판사 2007년 서울고법 판사 2009년 대법원 재판연구관 2011년 전주지법 부장판사 2012년 수원지법 부장판사 2013년 서울고법 판사(현)

왕정홍(王淨弘) Wang Jung Hong

❸1958 · 10 · 23 ❸경남 함안 ❸서울 종로구 북촌로112 감사원 감사위원실(02-2011-2040) ❿경남고졸 1884년 연세대 행정학과졸, 서울대 행정대학원 행정학과졸 ❸1986년 행정고시 합격(29회) 1989년 감사원 부감사관 1996년 同감사관 2002년 同부감사관(과장급) 2005년 同평가연구원 기획행정실장(부이사관) 2006년 同재정 · 금융감사국 총괄과장 2008년 同행정지원실장 2009년 同공보관(일반직고위감사공무원) 2010년 同대변인 2010년 同건설 · 환경감사국장 2011년 한국조세연구원 파견(일반직고위감사공무원) 2011년 감사원 재정 · 경제감사국장 2012년 同감사교육원장 2013년 同기획조정실장 2014년 同제1사무차장 2014년 同감사위원(현) ❸홍조근정훈장(2008)

왕태욱(王太郁) Wang Tae Wook

❸1960 · 5 · 23 ❸부산 ❸서울 중구 세종대로9길20 신한은행 임원실(02-756-0506) ❿1979년 브니엘고졸 1987년 동아대 경영학과졸 1995년 한양대 대학원 국제금융학과졸 2009년 고려대 언론대학원 최고위언론과정 수료 2010년 서강대 경제대학원 OLP 수료 2011년 서울대 국제대학원 GLP 수료 2014년 연세대 경영전문대학원 AMP 수료 ❸1987년 조흥은행 입행 1997년 同나고야지점 과장 1999년 同국제부 차장 겸 심사역 2000년 同투자금융부 차장 겸 심사역 2003년 同홍보실 부실장 2004년 同인사부 부부장 2005년 신한은행 개포남지점장 2007년 同홍보부장 2011년 同서부영업본부장 2011년 同브랜드전략본부장 겸 홍보담당 상무 2013년 同동부본부장 2014년 同부행장보 2014년 同희망재단 이사장 2014년 同에스버드 여자농구단장 2014년 전국은행연합회 금융소비자보호 및 은행분쟁예방 자문위원 2014년 한국능률협회컨설팅(KMAC) 전략경영평의회 부의장(현) 2015년 신한은행 소비자브랜드그룹장(부행장)(현) ❸재무부장관표창(1994), 문화체육관광부장관표창(2010)

왕현철(王玹喆) WANG Hyeon Chul

❸1957 · 2 · 14 ❸경남 합천 ❸서울 마포구 매봉산로45 KBS미디어 감사실(02-6939-8100) ❿1975년 영남상고졸 1984년 경북대 불어불문학과졸 ❸1985년 한국방송공사(KBS) 입사, 同기획제작국 차장 2004년 同춘천방송총국 편성제작팀장 2005년 同JAPAN 사장 2009년 同강릉방송국장 2011년 同다큐멘터리국 국장급 2014년 KBS미디어 감사(현)

용석봉(龍錫奉) YONG Suk Bong

❸1965 · 4 · 29 ❸경기 연천 ❸경기 부천시 원미구 길주로111 센타프라자7층 (주)세이브존 임원실(032-320-9019) ❿한양대 경영학과졸 ❸1991~1998년 (주)이랜드 입사 · 점포개발팀장 · (주)2001아울렛 오픈팀장 1998~2005년 (주)세이브존 대표이사 사장 2002~2004년 (주)유레스 대표이사 사장 2004~2005년 (주)세이브존아이앤씨 대표이사 사장 2005년 同이사회 의장 2005년 (주)세이브존 회장(현)

용연상(龍演相) Yong Yun Sang

❸1957 · 5 · 30 ❸서울 서초구 효령로5 서울메트로 고객사업본부(02-6110-5161) ❿2009년 한국방송통신대 경영학과졸 ❸2011년 서울메트로 도곡서비스센터장 2011~2016년 同홍보처장 2016년 同고객사업본부장(현)

용을식(龍乙植) YONG Earl Shik (海雲)

[생]1936·12·25 [출]경기 수원 [주]서울 영등포구 국제금융로6길33 맨하탄빌딩1014호 남덕물산(주) 회장실(02-3774-0960) [학]중앙고졸 1960년 한국외국어대 영어과졸, 연세대 행정대학원 고위정책결정과정 수료 [경]1964년 (주)한국통상상사 설립·회장 1969년 서울청년회의소(JC) 회장 1970년 국제청년회의소(JCI) 세계부회장 1974년 한국청년회의소중앙회장 1975년 남덕물산(주) 설립·대표이사 회장(현) 1979년 영진탱크터미널(주) 설립 1982~1984년 한국무역대리점협회장 1991년 한국무역협회 이사 1992~1999년 하주협의회 위원장 2000년 한국무역협회 부회장, 산학협동재단 감사 [상]국무총리표창, 석탑산업훈장(1984) [종]천주교

용철순(龍哲淳) YONG Chul Soon

[생]1956·4·28 [출]서울 [주]경북 경산시 대학로280 영남대학교 약학대학 약학부(053-810-2812) [학]1980년 서울대 약학과졸 1984년 同대학원 약제학과졸 1991년 약학박사(미국 사우스캐롤라이나대) [경]1991~2002년 영남대 약학과 전임강사·조교수·부교수 1991년 同약품개발연구소 제제학연구부장 1992년 효성여대 강사 1996년 중앙약사심의위원회 위원 1996년 영남대 자원문제연구소 천연물화학연구부장 1997년 同약학대학 부학장·약초원장·실습약국장 2002년 同약학대학 약학부 교수(현) 2003~2004년 同기획부처장 2004~2006년 同임상약학대학원장 2006년 同약품개발연구소장 2008~2010년 同약학대학장 겸 임상약학대학원장 2014년 아시아연합약제학국제학술대회(AFPS) 회장 [상]과학기술우수논문상 보건부문(2010), 윤광열 약학상(2015) [저]'조제학'(1996) '제제학'(1996) '제제공학'(1999)

용홍택(龍洪澤) YONG Hong Taek

[생]1963·8·5 [출]전남 완도 [주]경기 과천시 관문로47 미래창조과학부 미래인재정책국(02-2110-2560) [학]광주 대동고졸 1989년 한양대 전기공학과졸 1993년 同대학원 전기공학과졸 2002년 미국 텍사스오스틴대 전자공학과 수료 [경]1990년 기술고등고시 수석합격(26회) 1994년 과학기술부 사무관 2003년 同서기관 2004년 同과학기술혁신본부 연구개발예산담당관실 서기관 2005년 同정책홍보관리실 혁신기획관 2006년 대통령 국정상황실 행정관 2007년 과학기술부 기초연구국 우주개발정책과장 2007년 제17대 대통령직인수위원회 경제2분과위원회 실무위원 2008년 교육과학기술부 과학기술전략과장 2011년 同기초과학정책과장(부이사관) 2012년 同국제과학비즈니스벨트기획단장(일반직고위공무원) 2013년 미래창조과학부 연구공동체정책관 2015년 국립외교원 교육파견(일반직고위공무원) 2016년 미래창조과학부 미래인재정책국장(현) [상]국가정보원장표창(1999), 대통령표창(2004), 홍조근정훈장(2013) [저]'회로이론' '전자기학' '제어공학' [종]기독교

용환승(龍煥昇) YONG Hwan Seung (백산)

[생]1960·12·12 [본]홍천(洪川) [출]강원 춘천 [주]서울 서대문구 이화여대길52 이화여자대학교 컴퓨터공학과(02-3277-2592) [학]1983년 서울대 공대 컴퓨터공학과졸 1985년 同대학원 컴퓨터공학과졸 1994년 공학박사(서울대) [경]1985~1989년 한국전자통신연구소 연구원 1994~1995년 서울대 컴퓨터신기술공동연구소 특별연구원 1995년 이화여대 컴퓨터공학과 조교수·부교수·교수(현) 1999년 한국정보과학회 논문지편집위원·부회장 1999~2012년 한국멀티미디어학회 회지편집위원 2000년 한국디지털컨텐츠학회 이사 2000~2002년 이화여대 정보통신창업지원센터장 2000~2002년 同교육대학원 컴퓨터교육전공 주임교수 2000~2002년 同정보과학대학원 교학부장 2001~2002년 同정보과학대학원 인터넷기술전공 주임교수 2002~2003년 미국 IBM T.J.왓슨연구소 Visiting Researcher 2002년 이화여대 자연사박물관·자연사연구소 운영위원 2002년 한국멀티미디어학회 기획일반이사(현) 2006년 이화여대 컴퓨터정보통신공학부장 2007년 同정보통신연구소장 2007년 (재)그래픽스연구원 원장 2010~2011년 민주평통 자문위원 2010년 한국정보과학회 부회장 2011년 국가교육과학기술자문회의 전문위원 [저]'데이터 마이닝 개념 및 기법(共)'(2003)

우경갑(禹鏡甲) Woo Gyeong-kab

[생]1960·4·2 [주]경북 김천시 혁신6로17 교통안전공단 자동차검사본부(054-459-7015) [학]1979년 울산공고졸 1983년 충남대 전기교육공학과졸 2003년 고려대 대학원 행정학과졸 [경]2006년 대통령경호실 경호계획관 2008년 대통령경호처 교육기획부장 2009년 同G20정상회의 경호안전기획관 2011년 同핵안보정상회의 경호안전기획관 2011년 同핵안보정상회의 경호안전기획조정실장 2013년 교통안전공단 철도항공본부장 2014년 同자동차안전연구원장(상임이사) 2015년 同검사서비스본부장(상임이사) 2015년 同자동차검사본부장(상임이사)(현) [상]대통령표창(1996), 근정훈장(2004), 홍조근정훈장(2010)

우경녕(禹慶寧) WOO Kyeong Nyeong

[생]1959·11·3 [주]전북 완주군 봉동읍 과학로886 제3공단 LS엠트론 임원실(063-279-5809) [학]대구고졸, 서울대 금속공학과졸 [경]LG전선(주) 전략기획부문 사업개발팀장, 同부품사업부 동박사업팀장 2005년 同회로소재사업담당 이사 2005~2007년 LS전선(주) 회로소재사업담당 이사 2005년 (주)카보닉스 이사 2007년 LS전선(주) 회로소재사업부장(상무) 2008년 LS엠트론(주) 상무 2010년 同중앙연구소 소재기술그룹 상무 2013년 同기술개발부문장(CFO·전무) 2014년 同자동차부품사업부문장(전무) 2015년 同트랙터사업본부장(전무)(현)

우경선(禹炅仙) WOO Kyung Sun

[생]1942·1·15 [출]전남 신안 [주]서울 마포구 월드컵북로136 신안건설산업(주) 회장실(02-320-9800) [학]1961년 전남 안좌고졸 1967년 성균관대 경영학과졸 1978년 건국대 행정대학원 수료 1979년 연세대 경영대학원 수료 1989년 미국 UCLA 비즈니스최고경영자과정 수료 1993년 전경련 국제경영원 최고경영자과정 수료 1994년 중앙대 건설대학원 최고경영자과정 수료 1995년 고려대 언론대학원 최고위언론과정 수료 1996년 서울대 환경대학원 도시환경정책학과 수료 1996년 명예 경영학박사(목포대) 1997년 고려대 컴퓨터과학기술대학원 최고위정보통신과정 수료 1998년 홍익대 미술대학원 현대미술최고위과정 수료 [경]1975년 신안주택개발(주) 설립 1978년 서울시의회 의원 1978년 신안건설산업(주) 대표이사 회장(현) 1978~1985년 건국대 행정대학원 동문회 부회장 겸 장학회장 1983년 화곡여중 육성회장 1983년 강서지역사회학교협의회 부회장 1985년 화곡고 육성회장 1986년 신안주택 설립 1986년 민정당 서울시지부 부위원장 1986~1996년 새마을운동중앙회 강서구지회 회장 1987년 신안관광(주) 설립 1991~1993년 서울시의회 도시정비위원장 1993~2000년 대한주택건설사업협회 수도부회장 1994년 신안기정(주) 설립 1994년 신안정공(주) 설립 1995년 민자당 중앙상무위원회 환경분과위원장 1996~1998년 새마을운동중앙회 서울시지부 회장 1999~2002년 제2의건국추진위원회 위원장 2000~2001년 대한주택건설사업협회중앙회 회장 [상]서울특별시장표창(1981), 내무부장관표창(1981), 새마을훈장 노력장, 대통령표창(1985), 통일원장관표창(1987), 국민포장(1989), 대통령표창(1994), 건설부장관표창(1995), 은탑산업훈장, 대한민국 건설대상(2007) [종]기독교

우경식(禹卿植) WOO Kyung Sik

[생]1956·7·7 [출]서울 [주]강원 춘천시 강원대학길1 강원대학교 자연과학대학 지질학과(033-250-8556) [학]1975년 서울고졸 1979년 서울대 해양학과졸 1982년 미국 텍사스A&M대 대학원 해양학과졸 1986년 지질학박사(미국 일리노이대) [경]1986년 강원대 자연과학대학 지질학과 교수(현) 1991~1992년 미국 루이지애나주립대 객원교수 1995~2015년 국제지리학연맹 카르트스분과 위원 1997년 강원도 문화재위원(현) 2000년 한국동굴환경학회 부회장(현) 2001년 국제동굴연맹 한국대표 2009~2015년 IUCN(세계자연보전연맹) 세계자연유산실사자문위원 2010~2012년 한국제4기학회 회장 2011년 아시아동굴연맹 초대회장(현) 2012년 문화재청 문화재위원(현) 2012~2014년 환경부 국가지질공원위원회 위원 2013년 국제동굴연맹 회장(현) 2013년 IUCN-WCPA(세계보호지역지원회) 국제지질유산전문가위원회 의장(현) 2014년 서·남해안갯벌세계유산추진위원회 위원장(현) [상]대한지질학회 학술상(1993), 환경부장관표창(2001), 강원대총장표창(2003), 국무총리표창(2003), 대한민국 유산상 대통령표창(2007), 과학기술훈장 진보장(2013) [저]'퇴적암석학'(1997, 민음사) '동굴'(2002, 지성사) '동굴-물과 시간이 이룬 신비한 세계'(2002) 'Caves A Wonderful Underground'(2005) '자연환경과 재해'(2006) 'Caves A Mysterious World through Water and Time'(2007) '자연재해와 방재'(2007) '퇴적암의 이해'(2007, 한국학술정보) 'Jeju Island Geopark- A Volcanic Wonder of Nature'(2013)

우경종(禹敬鍾) WOO Kyung Jong

[생]1956·11·11 [출]서울 [주]세종특별자치시 도움5로20 국민권익위원회 중앙행정심판위원회(044-200-7178) [경]국정홍보처 국정홍보국 행정경제홍보과 서기관 2002년 부패방지위원회 홍보협력국 교육홍보과장 2005년 同총무과장(서기관) 2005년 同총무과장(부이사관) 2005~2006년 국가청렴위원회 총무과장 2006년 세종연구소 파견 2006년 국가청렴위원회 제도개선기획팀장 2007년 同보호보상단장 2008년 국민권익위원회 신고심사단장 2009년 同

부패방지국 신고심사심의관(국장급) 2011년 同대변인 2012년 同행정심판국장 2013년 중앙공무원교육원 교육파견 2014년 국민권익위원회 권익개선정책국장 2014년 同중앙행정심판위원회 상임위원(현)

우경하(禹景夏) Woo Kyoung-ha

[생]1961·1·27 [출]경북 안동 [주]서울 종로구 사직로8길 60 외교부 인사팀(02-2100-7136) [학]중앙대사대부고졸 1985년 한국외국어대 영어과졸 1987년 同대학원 정치학과졸 1990년 미국 Middlebury대 연수 [경]1986년 외무고시 합격(20회) 1986년 외무부 입부 1991년 駐미국 2등서기관 1994년 駐세네갈 1등서기관 1999년 駐제네바대표부 1등서기관 2003년 외교통상부 지역협력과장 2005년 駐OECD대표부 참사관 2008년 駐사우디아라비아 공사참사관 2010년 G20정상회의준비위원회 행사운영국장 2011년 외교통상부 지역통상국장 2013년 대통령 의전비서관 2016년 駐호주 대사(현) [상]근정포장(2006), 홍조근정훈장(2011)

우관제(禹寬濟) WOO Kwan Je

[생]1968·6·1 [출]충북 음성 [주]강원 영월군 영월읍 영월향교1길53 춘천지방법원 영월지원(033-371-1114) [학]1987년 충북고졸 1995년 연세대 법학과졸 [경]1997년 사법시험 합격(39회) 2000년 사법연수원 수료(29기) 2000년 서울지법 북부지원 판사 2002년 서울지법 판사 2004년 창원지법 판사 2007년 의정부지법 판사 2010년 서울동부지법 판사 2012~2014년 헌법재판소 파견 2014년 서울고법 판사 2015년 춘천지법 영월지원장(현)

우광방(禹廣芳) WOO Kwang Bang

[생]1934·1·25 [출]일본 교토 [주]경기 성남시 분당구 돌마로42 한국과학기술한림원(031-726-7900) [학]1953년 부산고졸 1957년 연세대 전기공학과졸 1959년 同대학원졸 1962년 미국 오리건주립대졸 1964년 공학박사(미국 오리건주립대) [경]1957~1960년 국방부 과학연구소 연구원 1959~1960년 연세대 전기공학과 전임강사 1965년 미국 오리건주립대 조교수 1965년 미국 미시간대 연구원 1966~1971년 미국 워싱턴대 조교수 1971~1979년 미국 Nat'l Cancer Inst. 책임연구원 1979~1982년 미국 존스홉킨즈대 연구원 1980년 在미국 한국과학기술자협회장 1982~1999년 연세대 공대 전기공학과 교수 1992~1999년 同자동화기술연구소장 1994년 한국자동제어협의회 회장 1994년 제어·자동화·시스템공학회 회장 1994년 한국과학기술한림원 정회원 1995년 同종신회원(현) 1999~2001년 경기대 대학원 대우교수 1999년 연세대 자동화기술연구소 연구위원 2002년 同연구교수 [상]국민훈장 동백장(1985), 대한전기학회 학술상(1991), 대한전기학회 논문상(1994), 제어자동화시스템공학회 공로상(2000) [저]'신호와 시스템' '컴퓨터 시스템'(1997, 상조사) [역]'디지털시스템' '디지털신호처리' '세계경제의 성장동력' 무국제조법의 전망'(2005, 청문각) 'India and IT Revolution : Network of Global Culture'(2007, 연세대 출판부) [종]기독교

우광택(禹光澤) WOO Kwang Taek

[생]1959·1·4 [출]대구 [주]서울 서초구 서초중앙로157 서울중앙지방법원(02-530-1114) [학]환일고졸 1981년 서울대 법대졸 1983년 同대학원 법학과졸 [경]1983년 사법시험 합격(25회) 1987년 사법연수원 수료(16기) 1987년 마산지법 판사 1990년 대구지법 판사 1992년 서울지법 의정부지원 판사 1995년 同북부지원 판사 1999년 서울고법 판사 2000년 서울지법 판사(헌법재판소 파견) 2002년 청주지법 충주지원장 2004년 수원지법 성남지원 부장판사 2006년 서울북부지법 부장판사 2007년 변호사 개업 2013년 서울중앙지법 민사소액전담 판사(현) [종]천주교

우광혁(禹光赫) Woo Kwang Hyuk (해안)

[생]1962·6·29 [본]단양(丹陽) [출]강원 원주 [주]서울 성북구 화랑로32길146의37 한국예술종합학교 무용원 실기과(02-746-9311) [학]1988년 서울대 음악대학 작곡과졸 1993년 프랑스 파리소르본느대 대학원졸 1995년 同대학원 박사과정 수료 [경]1988~1990년 월간 '객석' 음악담당 기자 1995~1997년 한국예술종합학교 총장 비서실장 1996년 앙상블 빛소리친구들 대표 2000년 한국예술종합학교 무용원 실기과 조교수·부교수·교수(현) 2001년 (사)장애인을위한사랑의소리 인터넷방송전문위원 2002년 한국장애인문화협회 예술전문위원 2006년 (사)빛소리친구들 대표, '세계악기여행' 렉쳐콘서트 500여회 공연, 장애인시설방문음악회 500여회 개최 2012년 한국예술종합학교 신문사 주간, 同무용원 부원장 2016년 同신문사 주간(현) [상]월간객석 올해의 기자상(1990) [저]'한국음악 내수시장 형성을 위한 기초연구'(1997) '음악의 언어와 무용의 언어'(1998) '세계 악기의 발생과 변천사'(2003) '무용과 음악이 만날 때'(2004) '무용의 동작과 리듬'(2005) '우광혁의 음악놀이'(2011) '차이코프스키의 발레음악 동화' [작]부산아시안게임 주제곡 'Well Come to Pusan Korea'(2002) 뮤직비디오 'Dance with Me' [종]기독교

우규환(禹圭煥) WOO Kyu Whan

[생]1939·10·20 [본]단양(丹陽) [출]경북 풍기 [주]서울 관악구 관악로1 서울대학교 사범대학 화학교육과(02-880-7606) [학]1964년 서울대 사범대학 화학과졸 1971년 미국 미네소타대 대학원 유기화학과졸 1974년 물리화학박사(미국 디트로이트대) [경]1957~1960년 풍기초 교사 1974~1976년 캐나다 Guelph대 화학과 연구원 1976~1981년 이화여대 화학과 부교수 1980년 同대학원 교학과장 1981~2005년 서울대 사범대학 화학교육과 교수 1987년 미국 Illinois대 화학과 방문교수 1996년 서울대 과학교육연구소장 1998년 同과학영재센터 소장 1999년 미국 Denison대 화학과 연구교수 2005년 서울대 사범대학 화학교육과 명예교수(현) [상]대한화학회 화학교육상, 옥조근정훈장(2005) [저]'우주·물질·인간'(1980) '일반화학'(1986) '중학교 과학Ⅰ·Ⅱ' '고등학교 과학' '고등학교 화학Ⅰ·Ⅱ' [종]기독교

우근민(禹瑾敏) WOO Keun Min

[생]1942·11·4 [본]단양(丹陽) [출]제주 [학]1963년 제주성산수산고졸 1971년 명지대 행정학과졸 1973년 경희대 행정대학원졸 1997년 서울대 경영대학원 최고경영자과정 수료 2014년 명예 행정학박사(제주대) [경]1980년 총무처 인사과장 1982년 同감사관 1986년 同후생국장 1987년 同행정관리국장 1988년 同인사국장 1988년 同기획관리실장 1991년 同소청심사위원장 1991~1993년 제27·28대 제주도지사 1996년 남해화학 사장 1996년 한국비료공업협회 회장 1997~1998년 총무처 차관 1998~2004년 제32·33대 제주도지사(국민회의·새천년민주당·열린우리당), 명지대총동문회 회장 2010~2014년 제36대 제주특별자치도지사(무소속·새누리당) [상]자유중국 3등보국훈장(1971), 홍조근정훈장(1987), 황조근정훈장(1994), 서울석세스어워드 광역단체부문 대상(2011), 한국기록원 대한민국기록문화대상 지방자치단체장 핵심리더십부문(2011), 포춘코리아 2012한국경제를움직이는인물 미래경영분야·자치단체장부문(2012), 유권자시민행동 골목상권살리기 소비자연맹 유권자대상(2013), 한국시민사회연합·한국소비자학회 지속가능경영대상 미래경영부문(2013) [종]불교

우기석(禹基錫) Woo Ki Seok

[생]1952·10·10 [본]단양(丹陽) [출]경남 김해 [주]서울 서초구 서운로1길12 강남빌딩 강남제비스코(주) 임원실(02-3473-2021) [학]1971년 경남고졸 1978년 부산대 화학공학과졸 [경]1977년 건설화학공업(주) 입사 1995년 同이사대우 2000년 同상무보 2001년 同상무 2006년 同전무 2009~2010년 한국공업화학회 접착제·도료잉크분과위원장 2010년 건설화학공업(주) 부사장 2013년 同대표이사 부사장 2015년 同각자대표이사 부사장 2015년 同대표이사 2015년 강남제비스코(주) 대표이사(현) [상]한국공업화학회 대주기술상(2005) [종]천주교

우기석

[생]1966·2·17 [주]서울 송파구 위례성대로14 한미약품빌딩3층 온라인팜(주)(02-410-9713) [학]대구대 생물학과졸 [경]한미약품(주) 마케팅팀장, 同마케팅팀 이사 2011년 온라인팜(주) 이사 2012년 同약국사업본부장 2014년 同상무 2015년 同대표이사(현) [종]기독교

우기정(禹沂楨) WOO Kee Jung

[생]1946·7·17 [출]대구 [주]경북 경산시 진량읍 일연로718의42 대구컨트리클럽 임원실(053-851-1100) [학]동성고졸, 연세대 철학과졸 2002년 同언론홍보대학원 수료 2010년 철학박사(영남대) [경]1977년 대구北라이온스클럽 입회·총무·국제친선위원장·이사·부회장·회장 1993년 한국마그네트알로이 회장(현) 1994년 국제라이온스협회 355-C지구 마약퇴치사업위원장 1995년 同355-C지구 지대위원장 1996년 同355-C지구 부총재 1996

년 송암장학재단 이사장(현) 1996년 중국 대련컨트리클럽 회장(현) 1997년 국제라이온스협회 355-C지구 총재 2003년 대구컨트리클럽 회장(현) 2004~2005년 LCIF국제재단 사무총장 2004년 국제라이온스협회 국제이사 2004~2006년 同한국연합회장 2005년 한국스페셜올림픽위원회 회장·명예회장(현) 2005~2007년 시력우선기금모금캠페인 국제위원회 위원 겸 동양 및 동남아시아 대표 2005년 국제라이온스국제협회 집행위원 2005~2007년 외교통상부 문화홍보 외교사절, 대한골프협회 부회장, 同고문(현) 2007~2013년 한국골프장경영협회 회장 2008~2010년 동성중·고교총동창회 회장 2010년 영남대 특수체육교육과 겸임교수 2013년 한국골프장경영협회 명예회장(현) 2014년 (사)생명문화 초대이사장(현) 2015년 시(詩) 전문지 '시와 시학' 추천으로 시인 등단 [상]국민훈장 무궁화장(2007), 체육훈장 청룡장(2013) [저]에세이집 '행복한 대한민국을 위한 단상'(2009) '범부 김정설의 국민윤리론'(2010, 예문서원) 시 '묵 이야기' '그 봄은 가고' '할머니'

우기종(禹基鍾) Woo, Ki-Jong

[생]1956·3·8 [출]전남 신안 [주]전남 무안군 삼향읍 오룡길1 전라남도청 정무부지사실(061-286-2020) [학]1974년 경기고졸 1979년 서울대 경영학과졸 1999년 미국 보스톤대 대학원 경영학과졸 [경]1980년 행정고시 합격(24회) 2002년 재정경제부 총무과장 2004년 대통령 공직기강비서실 행정관 2005년 재정경제부 경제자유구역기획단 기획국장 2007년 同자유무역협정(FTA) 국내대책본부 전략기획단장 2007~2008년 대통령 국민경제비서관 2008년 기획재정부 유통구조개선TF팀장 2008년 국무총리 건국60주년기념사업추진기획단장(고위공무원) 2009년 대통령직속 녹색성장위원회 녹색성장기획단장 2011~2013년 통계청장 2012년 OECD 통계위원회(CSTAT) 부의장 2012년 UN아시아·태평양경제사회위원회(UNESCAP) 통계위원회 부의장 2014년 전남도 정무부지사(현) 2015년 (사)전남대불산학융합본부 이사장(현)

우남성(禹南星) Woo Nam Sung

[생]1953·1·7 [출]서울 [주]경기 용인시 기흥구 삼성로1 삼성전자(주) 임원실(031-209-8000) [학]1971년 서울고졸 1975년 서울대 전기공학과졸 1977년 한국과학기술원 전자공학과졸(석사) 1983년 컴퓨터공학박사(미국 메릴랜드대) [경]2003년 삼성전자(주) 입사, 同모바일솔루션개발실장(부사장), 同SYSTEM LSI사업부 SOC개발실장 2008년 同시스템LSI사업부장(부사장) 2010년 同반도체사업부 시스템LSI담당 사장 2012년 고려대 정보통신대학 자문위원(현) 2012년 삼성전자(주) DS부문 시스템LSI사업부장(사장) 2014년 同사장 2014년 同DS부문 고문, 同상담역(현) [상]은탑산업훈장(2010), 해동기술상(2010), KAIST 자랑스런 동문상(2014) [종]기독교

우동기(禹東琪) Woo Tong Ki (震革)

[생]1952·5·17 [본]단양(丹陽) [출]경북 의성 [주]대구 수성구 수성로76길11 대구광역시교육청 교육감실(053-757-8105) [학]1972년 대구고졸 1979년 영남대 행정학과졸 1983년 태국 아시아공과대(Asian Institute of Technology) 대학원졸 1990년 학술박사(일본 쓰쿠바대) 2008년 명예 인문학박사(미국 볼주립대) 2012년 대구가톨릭대 신학대학원 신학과졸 [경]1979~1990년 국토개발연구원 책임연구원 1985~1989년 일본 건설성 건축연구소 객원연구원 1991~2005년 영남대 행정학과 교수 1993~1995년 서울시 투자기관경영평가단장 1993년 서울시정개발연구원 도시경영연구부장·사회개발연구부장 1997년 대구YMCA 이사 1998년 민주평통 자문위원 2000년 SUNY at Albany(한국학술진흥재단 지원) 파견교수 2002~2003년 대구·경북지방자치학회 회장 2005~2009년 영남대 총장 2005년 중앙인사위원회 인사정책자문위원 2007~2008년 방송위원회 제18대 국회의원 선거방송심의위원회 위원장 2009년 미국 스탠퍼드대 아시아태평양연구센터 객원교수 2010·2014년 대구광역시 교육감(현) [상]대통령표창(1999), 홍조근정훈장(2005), 범시민사회단체연합 선정 '좋은 교육감'(2015) [저]'민선지방자치단체장(共)'(1995) '지방자치론(共)'(1996) 'アジアの 都市システム(共)'(1997) '행정학의 이해(共)'(1999) '성공협상과 전략(共)'(2003) [종]가톨릭

우동석(禹東奭) WOO Dong Seok

[생]1937·12·18 [주]경기 양주시 어하고개로132번길102 알에스씨(주)(031-865-9391) [학]1960년 중앙대졸 1969년 고려대 대학원 경영학과졸 1986년 미국 덴버대 경영대학원 수료 1988년 고려대 정책과학대학원 수료 1992년 서울대 최고경영자과정 수료 [경]1970년 한국기기(주) 설립·상무이사 1974년 고려기업사 대표 1978년 고려기기공업(주) 대표이사 1984년 중소기업경영자협회 이사 1986년 한강라이온스클럽 회장 1986년 한강장학회 회장 1989년 한국문구공업협동조합 이사 1990년 중소기업경영자협회 부회장 1992년 문구생산자협의회 회장 1996~2015년 한국문구공업협동조합 이사장 2001년 (주)리멤버 대표이사 회장 2010년 알에스씨(주) 대표이사 회장(현) 2015년 한국문구공업협동조합 명예이사장(현) [상]서울시장표창, 대통령표창, 산업자원부장관표창

우동식(禹東植)

[출]충북 [주]세종특별자치시 다솜2로94 해양수산부 감사담당관실(044-200-5033) [학]청주고졸, 연세대졸 [경]행정고시 합격(36회) 1994년 해양수산청 수산정책국 어업정책과 근무 1996년 해양수산부 수산진흥국 수산정책과 근무 1997년 同해양정책국실 정책총괄과 근무 1997년 미국 로드아일랜드대 교육 2001년 해외유학 2004년 해양수산부 해양정책국 해양환경과 서기관 2005년 同해양정책국 해양환경과 서기관 2006년 대통령자문 지속가능발전위원회 물자연팀장 2007년 해양수산부 해양정책국 해양환경과장 2007년 同해양정책본부 해양환경기획관실 해양환경정책팀장 2008년 농림수산식품부 식품산업정책단 소비안전팀장(서기관) 2009년 同식품산업정책실 소비안전정책과장 2010년 대통령실 파견(과장급) 2012년 OECD 파견 2013년 교육 파견 2013년 해양수산부 수산정책과장 2014년 同장관비서관(서기관) 2015년 同장관비서관(부이사관) 2015년 同감사관실 감사담당관(현)

우득정(禹得楨) WOO Deuk Jung

[생]1957·11·15 [출]대구 [주]서울 중구 세종대로124 한국언론진흥재단 경영본부(02-2001-7702) [학]1982년 서울대 영어영문학과졸 [경]대한매일 정치부·경제부·사회부·문화부 기자 1999년 同사회팀 차장 2001년 同사회팀 부장급 2002년 同논설위원 2004년 서울신문 논설위원(부국장급) 2009년 同미디어연구소 심의위원 2009년 同미디어아카데미 수석심의위원(국장급) 2010년 同사장실장 2011~2012년 同수석논설위원 2015년 한국언론진흥재단 경영본부장(경영이사)(현)

우라옥(禹羅玉·女) WOO Ra Ok

[생]1965·1·19 [출]부산 [주]서울 서초구 서초중앙로157 서울중앙지방법원(02-530-1114) [학]1984년 부산여고졸 1989년 이화여대 법학과졸 2002년 미국 예일대 Law School LL.M(석사) [경]1991년 사법시험 합격(33회) 1994년 사법연수원 수료(23기) 1994년 서울지법 판사 1996년 서울지법 서부지원 판사 1997년 법무법인 세종 변호사 2006년 특허법원 판사 2009년 의정부지법 판사 2010년 울산지법 부장판사 2011년 의정부지법 부장판사 2014년 서울중앙지법 부장판사(현)

우명희(禹檢憙·女) WOO MYUNG HEE (효원)

[생]1959·10·18 [본]단양(丹陽) [출]경남 진해 [주]경남 창원시 의창구 중앙대로300 경남도청 여성가족정책관실(055-211-2240) [학]1978년 진해여고졸 2001년 한국방송통신대 일본학과졸 2003년 경남대 행정대학원 사회복지학과졸 [경]2009년 경남도 식품산업담당 사무관 2012년 同여성가족정책관실 보육담당 사무관 2013년 同여성가족정책관실 여성가족담당 사무관 2014년 同여성가족정책관(현)

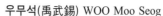

우무석(禹武錫) WOO Moo Seog

[생]1952·11·1 [본]단양(丹陽) [출]경북 예천 [주]서울 마포구 삼개로24 용현빌딩신관3층 나라사랑공제회(02-3275-0606) [학]1970년 성동고졸 1975년 국제대 법학과졸 [경]1971년 서울동부원호지청 근무 1990년 국립보훈원 아동보육소장(행정사무관) 1993년 국가보훈처 기획관리관실 사무관 1996년 同기획관리관실 서기관 1997년 同제대군인정책보좌관 1998년 同처장비서관 1999년 同의정부보훈지청장 2001년 同법무담당관·감사담당관 2004년 同보훈관리국 심사정책과장(부이사관) 2006년 同혁신기획관 2007년 대구지방보훈청장 2008년 국가보훈처 복지증진국장(고위공무원) 2009~2011년 同차장 2010년 同안중근의사유해발굴추진단장 2012년 나라사랑공제회 이사장(현) [상]근정포장(2004), 홍조근정훈장(2012) [종]개신교

우무현(禹戊鉉) WOO Mu Hion

[생]1958·12·15 [주]서울 종로구 종로33 그랑서울 GS건설(주) 임원실(02-2154-4001) [학]1977년 혜광고졸 1984년 부산대 경영학과졸 [경]1984년 럭캐개발 입사 2002년 LG건설(주) 전략기획담당 상무 2005년 GS건설(주) 전략기획담당 상무 2011년 이지빌 대표이사 2013년 GS건설(주) 주택대안사업담당 상무 2014년 同건축부문 대표(전무) 2015년 同건축부문 대표(부사장)(현)

우미경(禹美庚·女) Woo Mi Kyung

[생]1962·10·1 [주]서울 중구 덕수궁길15 서울특별시의회(02-3783-1856) [학]한양대 행정대학원 부동산학과졸, 부동산학박사(광운대) [경]2014년 민주평통 자문위원(현) 2014년 서울시 건축정책위원회 위원 2014년 서울시의회 의원(비례대표, 새누리당)(현) 2014년 同도시계획관리위원회 위원 2014~2015년 同싱크홀발생원인 조사 및 안전대책특별위원회 위원 2015년 同메르스확산방지대책특별위원회 위원 2015년 同서소문밖역사유적지관광자원화사업지원특별위원회 위원(현) 2015년 同조례정비특별위원회 위원 2015년 同남산케이블카운영사업독점운영 및 인·허가특혜의혹규명을위한행정사무조사특별위원회 부위원장 2015년 同지역균형발전지원특별위원회 위원(현) 2015년 同예산결산특별위원회 위원(현) 2015년 同윤리특별위원회 부위원장(현) 2016년 同장기미집행도시공원특별위원회 위원(현) 2016년 同운영위원회 위원(현) 2016년 同도시계획위원회 부위원장(현) 2016년 同새누리당 대변인(현)

우미영(禹美英·女) WOO Mi Young

[생]1967·10·14 [본]단양(丹陽) [출]경북 봉화 [주]서울 종로구 종로1길50 중학오피스빌딩 A동 한국마이크로소프트(1577-9700) [학]1986년 길원여고졸 1992년 서울대 영어영문학과졸 1998년 연세대 산업대학원 산업정보학과졸 2000년 미국 스탠포드대 대학원 벤처비즈니스과정 수료 [경]1991년 나눔기술 마케팅팀장 1998년 아이티플러스 플랫폼사업팀장 2004~2006년 시트릭스시스템스코리아 채널영업이사 2005년 同대표이사 직대 2006년 同대표이사, 퀘스트소프트웨어코리아 대표이사 2013~2015년 델소프트웨어코리아 대표이사 사장 2015년 同싱가포르지사장 2016년 한국마이크로소프트 일반고객사업본부 총괄전무(현) [역]'엔터플라이즈자바빈즈'(1999)

우방우(禹方佑) WOO Bang Woo

[생]1937·3·1 [출]경북 포항 [주]부산 중구 광복로97번길 11 우리은행빌딩4층 금양상선 회장실(051-413-3371) [학]경주 문화고졸 1963년 경희대졸, 同경영대학원졸 [경]선학알미늄 영업부 근무, 소비자백화점 대표이사, 재룡산업 대표이사, 대진종합기업 대표이사, 한일해운 대표이사 1982년 금양상선 대표이사 회장(현) 2001년 부산시체육회 가맹경기단체장연합회장 2008년 同부회장 2009년 대한체육회(KOC) 이사 2011~2013년 (사)대한수상스키·웨이크보드협회 회장 [상]국세청장표창, 동탑산업훈장

우범기(禹范基) Woo Beom Ki

[생]1963·12·19 [본]단양(丹陽) [출]전북 부안 [주]세종특별자치시 갈매로477 기획재정부 운영지원과(044-215-2370) [학]1982년 전주 해성고졸 1989년 서울대 경영학과졸 [경]1991년 행정고시 합격(35회) 2002년 기획예산처 재정기획국 기획총괄과 서기관 2004년 기획예산처 균형발전지원2과장 2004~2006년 미국 캘리포니아대 샌디에고 캘리포니아대 교육훈련 2007년 기획재정부 재정분석과장 2008년 同예산실 노동환경예산과장 2012년 同재정관리국 재정관리총괄과장(부이사관) 2014년 통계청 기획조정관(고위공무원) 2014년 광주시 경제부시장 2016년 기획재정부 본부 근무(고위공무원)(현)

우병규(禹炳奎) WOO Byung Kyu (宙民)

[생]1929·11·20 [본]단양(丹陽) [출]경남 마산 [주]서울 영등포구 의사당대로38 아일랜드파크101동708호 국제미래사회연구소(02-782-0128) [학]1950년 마산상고졸 1955년 서울대 정치학과졸 1967년 미국 하버드대 대학원 국제정치연구과정 수료 1978년 정치학박사(서울대) [경]1957~1961년 국방연구원 연구관 겸 강사 1961년 경희대 법대 부교수 1964~1973년 국회 운영위원회 전문위원 1966년 同국토통일연구특별위원회 전문위원 1973년 同내무위원회 전문위원 1976년 同외무위원회 전문위원 1979년 同헌법개정심의특별위원회 전문위원 1980년 同사무차장 1980년 대통령 정무제1수석비서관 1981~1984년 국회사무처 사무총장 1985년 제12대 국회의원(마산, 민주정의당) 1987년 민주정의당(민정당) 노동특별위원회 위원장 1988년 同민족사관정립위원회 부위원장 1990~1996년 중앙선거관리위원회 위원 1991년 국제미래사회연구소 이사장 겸 대표(현) 2000~2004년 행정협의조정위원회 위원장 [상]보국훈장 천수장, 수교훈장 흥인장, 홍조근정훈장, 청조근정훈장 [저]'정치형태의 기초이론'(1960) '입법과 정론'(1970) '각국 의회의 비교연구'(1982) [역]'핵무기와 외교정책'(1958) [종]기독교

우병동(禹柄東) WOO Byung Dong

[생]1950·2·9 [본]단양(丹陽) [출]경북 예천 [주]서울 중구 세종대로124 프레스센터빌딩12층 지역신문발전위원회(02-2001-7821) [학]1977년 고려대 신문방송학과졸 1987년 미국 오하이오대 대학원 언론학과졸 1991년 언론학박사(미국 미주리대) [경]1977~1983년 동아일보 경제부 기자 1992~2015년 경성대 신문방송학과 교수 2002년 同입학홍보처장 2004년 同기획조정처장 겸 산학협력단장 2010년 지역신문발전위원회 위원 2013~2014년 경성대 멀티미디어대학장 2013~2014년 同멀티미디어대학원장 2013년 지역신문발전위원회 위원장(현) 2013~2014년 경성대 디지털디자인전문대학원장 [저]'언론학원론'(共) '언론문장연습'(共) '뉴미디어저널리즘'(共) [역]'언론윤리의 모색' [종]기독교

우병렬(禹炳烈) Woo Byong Yol

[생]1967·9·6 [본]단양(丹陽) [출]부산 [주]세종특별자치시 갈매로477 기획재정부 재정성과심의관실(044-215-5301) [학]1986년 경남고졸 1990년 서울대 법과대학 공법학과졸 2001년 미국 미시간대 대학원졸(법학석사) [경]1991년 행정고시 합격(35회) 1992년 총무처 수습사무관 1992년 법제처 근무 1993년 同제1국 법제관실 근무 1993~1995년 군입대(휴직) 1995년 법제처 법제조사국 법제연구관실 근무 1996년 同경제법제국 법제관실 근무 1996년 국민고충처리위원회 파견 1997년 법제처 경제법제국 법제관실 근무 1998년 기획예산위원회 성부개혁실 행정개혁단 근무 1999년 기획예산처 정부개혁실 행정1팀 근무 2000~2002년 국외훈련(미국 미시간대) 2002년 기획예산처 감사법무담당관실 근무(서기관) 2003년 同예산실 예산제도과 근무 2004년 정부혁신지방분권위원회 파견 2005~2008년 법무법인 태평양 변호사(민간근무 휴직) 2008년 기획예산처 양극화민생대책본부 사회서비스사업조정팀장 2008년 기획재정부 양극화민생대책본부 사회서비스사업조정팀장 2008년 대통령 인사비서관실 행정관 2009년 대통령 인사비서관실 행정관(부이사관) 2010년 駐OECD대표부 1등서기관 2013년 기획재정부 재정관리국 근무 2014년 同재정관리국 재정관리총괄과장 2015년 同재정관리국 재정성과심의관(고위공무원)(현) [상]대통령표창(1997) [저]'참 여론 바로보기'(共) [역]'높은 성과를 내는 정부만들기'(共)

우병우(禹柄宇) WOO Byung Woo

[생]1967·1·28 [출]경북 봉화 [학]1984년 영주고졸 1988년 서울대 법학과졸 [경]1987년 사법시험 합격(29회) 1990년 사법연수원 수료(19기) 1990년 서울지검 검사 1992년 대구지검 경주지청 검사 1993년 창원지검 밀양지청 검사 1994년 수원지검 검사 1997년 제주지검 검사 1999년 법무부 국제법무과 검사 2001년 서울지검 동부지청 검사 2002년 同동부지청 부부장검사 2002년 춘천지검 영월지청장 2003년 서울지검 부부장검사 2004년 대구지검 특수부장 2005년 법무부 법조인력정책과장 2007년 서울중앙지검 부장검사(부실채무기업특별조사단장 파견) 2008년 同금융조세조사2부장 2009년 대검찰청 중수1과장 2009년 同범죄정보기획관 2010년 同수사기획관 2011년 인천지검 부천지청장 2012년 법무연수원 연구위원 2013~2014년 변호사 개업 2014년 대통령 민정비서관 2015~2016년 대통령 민정수석비서관

우병윤(禹炳閏) WOO Byung Yoon

[생]1958·5·5 [본]단양(丹陽) [출]경북 청송 [주]경북 안동시 풍천면 도청대로455 경상북도청 정무실(054-880-2040) [학]1977년 대구 대륜고졸 1984년 경북대 임학과졸 1999년 同대학원졸 [경]2002년 경북도 공보관 2003년 군위군 부군수 2004년 경북도 혁신분권담당관 2005년 同공공기관이전추진기획단장 2005년 同비서실장 2006년 영주시 부시장 2008년 경북도 공보관 2009년 同환경해양산림국장 직대 2009년 同환경해양산림국장(지방부이사관) 2010년 국방대 교육파견(부이사관) 2011년 경북도 문화관광체육국장 2011~2012년 경주시 부시장 2013년 교육파견 2014년 경북도 안전행정국장 2014년 同정무실장(부지사급)(현)

우상룡(禹相龍) WOO Sang Ryong

[생]1952·6·16 [출]부산 [주]서울 종로구 종로33 GS건설(주) 임원실(02-2154-1500) [학]1971년 경남고졸 1976년 서울대 공업화학과졸 1995년 연세대 경영대학원 경영학과졸 [경]1978년 LG건설 입사, LG정유 부사장 2003년 LG건설(주) 플랜트사업본부장(부사장) 2005년 GS건설(주) 플랜트사업본부장(부사장) 2006~2008년 同플랜트사업본부장 겸 대표이사 사장 2007년 한·이집트경제협력위원회 위원장 2009년 GS건설(주) 플랜트총괄 대표이사 사장 2011년 同해외사업총괄 대표이사 사장 2013년 同사장 2013년 同고문(현) [상]금탑산업훈장(2011) [종]기독교

우상선(禹相善) WOO Sang Sun

[생]1949·11·3 [출]충북 괴산 [주]경기 안양시 동안구 시민대로74 (주)효성기술원(031-428-1302) [학]1967년 청주고졸 1972년 서울대 섬유공학과졸 1988년 섬유고분자공학박사(미국 노스캐롤라이나주립대) [경]1974~1985년 효성그룹 동양나이론 중앙연구소 선임연구원 1988~1991년 미국 3M OH&SP(Occupational Health & Safety Products) Div. Research center Research Scientist(수석연구원) 1991~1997년 삼성그룹 제일모직 화성연구소장(상무) 1997~2001년 삼성종합화학 연구소장 겸 삼성화학소그룹 종합연구소장(전무) 1997~1999년 삼성화학소그룹 전자정보재료개발 및 사업담당 겸임 2001~2003년 삼성종합화학 대산Complex 공장장(전무) 2001~2002년 SPE Korea 회장 2002년 한국화공학회 이사 2002년 한국공학한림원 정회원(현) 2003~2009년 제일모직 케미칼사업부문장(부사장) 2004년 한국섬유공학회 부회장 2005년 한국유변학회 회장 2008년 한국고분자학회 회장 2009~2011년 제일모직 경영고문(부사장) 2011년 (주)효성기술원 원장(사장)(현) 2013년 첨단소재기술협회 회장(현) 2013년 한국탄소학회 부회장(현) 2013년 사회적책임경영품질원 비상근부회장(현) 2013년 전경련 창조경제특별위원회 위원(현) [상]우수기술경영인상, 산업포장(2002), 과학기술훈장 혁신장(2016) [종]기독교

우상현(禹相鉉) Sang-Hyun Woo

[생]1961·6·18 [출]대구 [주]대구 달서구 달구벌대로 1616 더블유(W)병원(053-550-5000) [학]1980년 달성고졸 1986년 영남대 의대졸 1990년 同대학원졸 1997년 의학박사(계명대) [경]1994~2002년 영남대 의대 성형외과학교실 조교수·부교수 1995년 대만 장경기념병원 수부외과 연수 1997년 독일 바트 네우스타드트 수부외과병원 연수 1999~2000년 미국 클라이넛 수부외과 및 미세수술센터 연수·임상교수, 대한수부외과학회 상임이사·학술이사·학회지 편집이사, 대한미세수술학회 학회지 편집위원장, 대한수부외과학회 세부전문의고시위원, 미국 수부외과학회(AAHS) 국제회원, 국제미세수술학회(WSRM) 정회원, 국제성형외과학회(IPRAS) 정회원 2002년 대구 현대병원 수부외과센터 소장 2003년 일본 오키야마대병원 미세재건센터 연수 2005~2006년 대한성형외과학회 대구·경북지회장 2006년 대구 강남병원 수부외과센터 의무원장 2008년 더블유(W)병원 원장(현) 2015년 대한수부외과학회 이사장(현) 2016년 대한미세수술학회 차기(2017년) 회장(현) [상]대한수부재건외과학회 최우수논문상(1999), 대한미세술학회 우수논문상(2002·2004·2005·2007), 한국과학기술단체총연합회(KOFST) 과학기술우수논문상(2005), 대한수부외과학회 우수학술논문상(2005·2006·2008·2013) [저]'미세수술의 기법'(1998) '미세수술적 최신두경부외과 및 수부지외과'(2001) '하지 재건과 수부 종양학'(2003) '임상 미세수술학'(2003) '수부 피판과 손목 질환의 최신 지견'(2004) '수부 손상과 미세수술'(2005) '손외과학'(2005)

우상현(禹尙鉉) WOO Sanghyun

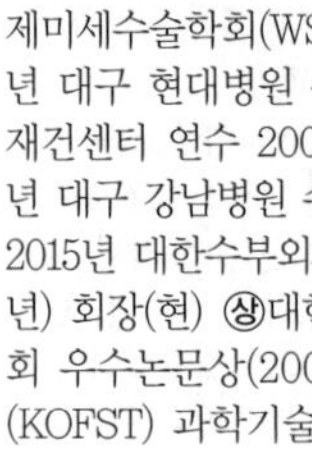

[생]1965·5·4 [본]단양(丹陽) [출]부산 [주]서울 영등포구 의사당대로3 현대캐피탈(주) 임원실(1588-2114) [학]1984년 동래고졸 1988년 서울대 경제학과졸 1990년 同대학원 정책학과졸 1996년 미국 예일대 대학원 국제경제학과졸 1997년 同대학원 환경경영학과졸 2005년 경제학박사(프랑스 파리정치대) [경]행정고시 합격(33회) 1990년 부산시 수습사무관 1991년 경제기획원 기획관리실 사무관 1992년 부총리 겸 경제기획원 장관 비서관 2002년 駐OECD대표부 1등서기관·참사관 2004년 OECD 연기금투자 자문위원 2006년 기획예산처 교육문화재정과장 2007년 공적자금관리위원회 의사총괄과장 2007년 재정경제부 금융정책국 중소서민금융과장 2009년 금융위원회 금융정책국 산업금융과장(부이사관) 2010년 CFC(상품공동기금) 상무이사 겸 駐제네바대표부 재정경제관(공사참사관·고위공무원) 2013년 기획재정부 본부근무(고위공무원) 2014년 금융위원회 사무처 근무(고위공무원) 2014~2015년 중앙공무원교육원 교육파견 2015년 현대캐피탈(주) 기업금융담당 전무(현) [상]근정포장(2001), 근정훈장(2009) [저]'주관식 경제학(共)'(1994) '금융혁명-ABS(共)'(2000)

우상호(禹相虎) WOO Sang Ho

[생]1962·12·12 [출]강원 철원 [주]서울 영등포구 의사당대로1 국회 의원회관413호(02-784-3071) [학]1981년 용문고졸 1989년 연세대 국어국문학과졸, 同국제대학원 최고위과정 수료, 同행정대학원 공공정책학과졸 [경]1987년 연세대 총학생회장 1987년 전대협 부의장 1991년 민주주의민족통일전국연합 부대변인 1994년 도서출판 '두리' 대표 1994년 청년정보문화센터 소장 1997년 (주)비디오그래픽스 전무이사 1998년 국민회의 고건 서울시장후보 선거대책본부 대변인 1999년 방송개혁위원회 대변인 1999년 한국청년연합회 상임운영위원 1999년 同지도위원 1999~2002년 전대협동우회 회장 2000년 새천년민주당 부대변인 2000년 同서울서대문구甲지구당 위원장 2003년 열린우리당 보육특별위원회 위원장 2004~2007년 同중앙위원 2004년 대통령자문 동북아경제중심추진위원회 자문위원 2004~2008년 제17대 국회의원(서울 서대문구甲, 열린우리당·대통합민주신당·통합민주당) 2004년 열린우리당 원내부대표 2004년 同열린정책연구원 교육담당 부원장 2005년 同의장 비서실장 2006~2007년 同대변인 2008년 통합민주당 대변인 2008년 민주당 민주정책연구원 이사 2009~2010년 同대변인 2011년 중국 옌타이대 객좌교수 2012년 민주통합당 전략홍보본부장 2012년 제19대 국회의원(서울 서대문구甲, 민주통합당·민주당·새정치민주연합·더불어민주당) 2012년 민주통합당 최고위원 2012년 국회 외교통상통일위원회 위원 2012년 민주통합당 제18대 대통령중앙선거대책위원회 공보단장 2013년 국회 외교통일위원회 위원 2014년 새정치민주연합 6·4지방선거 공직선거후보자추천관리위원회 위원 2014년 국회 미래창조과학방송통신위원회 야당 간사 2015년 새정치민주연합 한반도평화안전보장특별위원회 부위원장 2015년 더불어민주당 한반도평화안전보장특별위원회 부위원장 2016년 제20대 국회의원(서울 서대문구甲, 더불어민주당)(현) 2016년 더불어민주당 원내대표(현) 2016년 국회 운영위원회 위원(현) 2016년 국회 정보위원회 위원(현) 2016년 국회 국방위원회 위원(현) 2016년 더불어민주당 서울서대문구甲지역위원회 위원장(현)

우석형(禹石亨) WOO Suk Hyung

[생]1955·7·23 [출]서울 [주]서울 성동구 성수이로24길 3 신도리코 회장실(02-460-1244) [학]1974년 서울고졸 1978년 한양대 전기과졸 1991년 경영학박사(한양대) [경]1980년 신도리코 기획실장 1986년 同대표이사 사장 2003년 同대표이사 회장(현) 2009~2014년 (주)하나은행 사외이사 2011년 서울상공회의소 부회장(현) [상]수출산업포장(1986), 신산업경영대상(1988), 대통령표창(1993), 은탑산업훈장(1997), 금탑산업훈장(2004), 윤리경영대상(2007), 다산경영상(2010), 한국능률협회 한국의경영자상(2013)

우성만(禹成萬) WOO Sung Man

[생]1958·9·16 [본]단양(丹陽) [출]경북 의성 [주]대구 수성구 동대구로364 대구고등법원(053-757-6600) [학]1976년 경북고졸 1980년 서울대 법학과졸 1985년 경북대 대학원 법학과졸 2008년 동아대 대학원 박사과정 수료 [경]1980년 사법시험 합격(22회) 1982년 사법연수원 수료(12기) 1982년 육군 법무관 1985년 부산지법 판사 1992년 同동부지원 판사 1993년 부산고법 판사 1996년 부산지법 판사 1998년 울산지법 부장판사 1999년 부산지법 부장판사 2003년 창원지법 진주지원장 2005년 부산고법 부장판사 2009년 부산지법 수석부장판사 2010년 同동부지원장 2012년 창원지법원장 2012년 경상남도선거관리위원회 위원장 2014년 부산고법 부장판사 2014년 사법연수원 사법연구담당판사 2015년 대구고법원장(현)

우성섭(宇成燮) WOO Sung Sub

[생]1961·1·5 [출]부산 [주]서울 송파구 중대로40길13 (주)씨티씨바이오 임원실(070-4033-0204) [학]1983년 동아대 축산학과졸 2007년 서울대 최고경영자과정 수료 [경]1985~1986년 대웅제약(주) 근무 1986~1995년 (주)한풍산업 근무 1995~1996년 (주)세축 근무 1996년 (주)씨티씨바이오 근무 2012년 同대표이사 부사장 2013년 同동물의약품사업부문 공동대표이사 사장(현) [상]송파구청 성실납세우수기업표창(2009), KOITA IR52 장영실상(2009), 무역의 날 오백만불 수출의 탑(2010), 신성장경영대상 대통령표창(2012)

우성일(禹誠一) Seong Ihl Woo

(생)1951·5·19 (본)단양(丹陽) (출)서울 (주)대전 유성구 대학로291 한국과학기술원 생명화학공학과(042-350-3918) (학)1973년 서울대 화학공학과졸 1975년 한국과학원 화학공학과졸 1983년 공학박사(미국 위스콘신대) (경)1975~1978년 한국과학기술연구원 고분자연구실 연구원 1978년 미국 위스콘신대 연구조교 1980년 미국 화학공학회 정회원(현) 1983~1985년 미국 3M Co. 객원연구원 1985년 한국과학기술원 생명화학공학과 교수(현) 1989년 일본 東京공업대 자원연구소 교환교수 1990년 독일 홈볼트대 Max Plank연구소 교환교수 1990년 미국 화학회 회원(현) 1995년 환태평양강유전체응용학회 공동의장 1998년 한국공학한림원 정회원(현) 1998년 한국과학기술한림원 정회원(현) 2001년 한국과학기술원 미세화학공정시스템연구센터 소장 2002~2004년 한국화학공학회 재료부문위원장 2003년 한·일미세생명화학시스템심포지움 의장 2008년 일본 東京대 화학과 객원교수 (상)한국과학기술단체총연합회 우수논문상(1994), 한국화학공학회 학술상(1997), 과학기술훈장 진보장(2001), 2000Outstanding Scientists of the 21th Century(2002), International Scientist of 2002(2003), 화학공학분야 한국공학상(2004), 여산 촉매상(2006) (저)'화학공학 특론(編)'(1987) '화학반응공학 개론'(1990) 'Recent Advances and New Horizons in Zeolite Science and Technology'(1996) '공학으로 나라 살리자(編)'(1997) '정유촉매와 공정기술'(2002) '한국화학공학의 과제'(2004) (종)기독교

우승헌(禹丞憲) Woo, Seung Heon

(생)1952·12·19 (주)서울 강남구 테헤란로326 역삼아이타워12층 (주)동양건설산업 대표이사실(02-3420-8000) (학)1980년 한양대 산업공학과졸 2001년 울산대 대학원 공학과졸 (경)1981년 현대엔지니어링 입사·기획실 근무 1999년 同기획실장(이사) 1999년 현대건설 해외공사지원담당 이사 2001년 현대엔지니어링 경영지원본부장(상무) 2006년 현대건설 태안기업도시담당 상무 2008년 현대도시개발 개발사업본부장 2009년 同사업추진본부장 2010년 (주)더블유코퍼레이션 대표이사 2014년 (주)이지건설 고문 2014년 (주)동양건설산업 인수단장 2015년 同대표이사(현)

우승희(禹承熙) WOO Seung Hee

(생)1973·10·8 (본)단양(丹陽) (출)전남 영암 (주)전남 무안군 삼향읍 오룡길1 전라남도의회(061-286-8200) (학)광주 인성고졸, 조선대 정치외교학과졸, 同대학원 정치외교학과졸 (경)조선대총학생회 조국통일위원장, 김기식 국회의원 보좌관, 유선호 국회의원 비서관, 민주평통 자문위원, 민주당 보좌진협의회 수석부회장, 조선대 대외협력외래교수, 새정치민주연합 전국청년위원회 부위원장 2014년 전남도의회 의원(새정치민주연합·더불어민주당)(현) 2014년 同행정환경위원회 부위원장 2016년 同보건복지환경위원회 부위원장(현) 2016년 同운영위원회 위원(현)

우시언(禹時彦) WOOH Si On

(생)1953·7·16 (출)서울 (주)경기 용인시 기흥구 마북로207 LIG넥스원(1644-2005) (학)1972년 경기고졸 1976년 성균관대 산업심리학과졸 (경)1978~1994년 현대건설(주) 기획실 차장·현대산업개발 영업부장 1994~1999년 현대그룹 종합기획실 경영분석팀·인사팀장(이사) 1999~2002년 현대아산 관리본부장·금강산사업소 총소장·관광사업본부장(상무) 2002년 글로비스 기획실장(상무) 2003년 현대·기아자동차그룹 기획총괄본부 전략기획실장(전무) 2005년 同자문역 2007~2010년 서울시설관리공단 이사장 2012년 새만금군산경제자유구역청장 2014년 LIG 고문 2015년 LIG넥스원 고문(현) (상)철탑산업훈장(2009) (종)기독교

우신구(禹信九) WOO Sin Koo

(생)1950·10·1 (주)경기 고양시 덕양구 동헌로225번길28 (주)우신(031-969-8261) (학)김천고졸, 국민대 경제학과 제적, 행정학박사(경일대) (경)(주)우신 대표이사 회장(현), 한나라당 중앙위원회 부의장, 同나눔봉사위원회 상임부위원장 2008년 제18대 국회의원선거 출마(비례대표, 한나라당) 2010~2013년 고양상공회의소 회장 2012년 한국자유총연맹 경기도지부회장 2015년 민주평통 고양시협의회장, 새누리당 중앙위원회 상임전국위원 2016년 同제20대 국회의원 후보(비례대표 34번)

우영만(禹榮萬) Woo, Young-man

(생)1965·10·8 (본)단양(丹陽) (출)충북 청원 (주)경기 용인시 수지구 포은대로388 한국에너지공단 홍보실(031-260-4380) (학)1985년 서울 영일고졸 1991년 고려대 일어일문학과졸 (경)1994년 에너지관리공단 입사 2014년 同홍보실장 2015년 한국에너지공단 홍보실장(현) (종)천주교

우영웅(禹英熊)

(생)1960·3·5 (주)서울 중구 세종대로9길20 신한은행 임원실(02-756-0506) (학)1979년 학성고졸 1986년 부산대 경영학과졸 2002년 일본 와세다대 국제경영대학원졸 (경)1988년 신한은행 입행 1993년 同종합기획부 대리 1995년 同신경영추진팀 대리 1999년 同전략경영실 대리 2002년 同중소기업지원부 차장 2002년 同상품개발실장 2006년 신한금융지주회사 전략기획팀장 2007년 同카드사업지원팀장 2007년 신한은행 여의도중앙기업금융센터장 2009년 同영업추진부장 2011년 同여의도중앙대기업금융센터장 2014년 同대기업2본부장 2015년 同IB본부장 2015년 同부행장(현) 2015년 신한금융지주회사 CIB총괄 부사장보(현) 2015년 신한금융투자 IB그룹 부사장 겸임(현)

우영철(禹永喆)

(생)1961·5·10 (출)전북 남원 (주)서울 종로구 종로5길86 서울지방국세청 조사4국 조사3과(02-2114-4795) (학)전주 해성고졸, 세무대졸(2기) (경)1987년 공무원 임용(8급 특채) 1987년 서울 남대문세무서 부가세과 근무 1989년 서울 강서세무서 부가세과 근무 1991년 서울 구로세무서 법인세과 근무 1993년 서울 개포세무서 법인세과 근무 1995년 서울 금천세무서 법인세과 근무 1997년 서울지방국세청 조사2국 2과 근무 1999년 同조사4국 3과 근무 2003년 서인천세무서 김포지서 재산세과 근무 2004년 서울지방국세청 조사4국 조사3과 근무 2008년 서울 강서세무서 재산세과장 2008년 서울지방국세청 조사4국 조사1과 조사팀장 2014년 충남 예산세무서장 2015년 서울지방국세청 조사4국 조사3과장(현)

우예종(禹禮鍾) WOO Ye Jong

(생)1959·8·20 (본)단양(丹陽) (출)충남 천안 (주)부산 중구 충장대로9번길46 부산항만공사 사장실(051-999-3000) (학)천안고졸, 단국대 법정대학 지역사회개발학과졸, 영국 카디프대 대학원 비즈니스쿨졸 (경)목포지방해운항만청 총무과장, 해운항만청 항무과 과장급, 同항만유통과 과장급, 同외항과 과장급, 동해지방해운항만청 항무과장, 해양수산부 해양개발과장, 同어업지도과장, 同자원관리과장, 同국제협력담당관, 同기획예산담당관, 同동북아물류중심추진기획단 부단장(고위공무원) 2007년 국방대 파견 2008~2009년 국토해양부 국립해양조사원장 2009년 서울지방항공청장 2010년 국토해양부 해운정책관 2010년 同해양정책국장 2011년 부산지방해양항만청장 2013~2014년 해양수산부 기획조정실장 2015년 부산항만공사 사장(현) (상)홍조근정훈장(2013) (종)불교

우오현(禹五炫) WOO Oh-heun

(생)1953·11·6 (출)서울 (주)서울 영등포구 선유동1로22 진덕빌딩10층 SM그룹 임원실(02-2001-6200) (학)조선대 교육대학원졸 (경)1988년 (주)삼라건설 대표이사 2004년 진덕산업(주) 회장 2005년 벡셀 인수 2006년 경남모직 인수 2007년 남선알미늄 인수 2007년 SM그룹 회장(현) 2008년 TK케미칼 인수 2009년 중견기업협회 부회장(현) 2010년 우방 인수 2013년 대한해운(주) 인수·회장(현) (상)조선대총동창회 '자랑스런 조대인'(2014)

우원길(禹元吉) WOO Won Gil

(생)1952·7·22 (본)단양(丹陽) (출)강원 춘천 (주)서울 양천구 목동서로161 SBS방송센터19층 SBS미디어홀딩스(02-2113-5418) (학)1978년 고려대 신문방송학과졸 (경)1977년 MBC 사회부·특집부 기자 1991년 SBS 사회문화부 차장 1992년 同제2사회부 차장 1993년 同정치부 차장 1995년 同사회부장 1997년 同정치부장 1998년 同편집담당 부국장 겸 편집부장 1998년 同사회CP 2000년 同보도본부 부국장급 사회CP 2000년 同부국장급 정치CP 2001년 同보도총괄CP 2004년 同보도국장 2005년 일본 연수 2006년 SBS 보도본부 논설위원실장 2007년 同이사회 사무처장(이사대우) 2007

년 同기획본부장(이사) 2008~2009년 SBS홀딩스 대표이사 2008년 한국방송영상산업진흥원 비상임이사 2010~2012년 한국방송협회 부회장 2010~2013년 SBS 대표이사 사장 2010~2014년 한국민영방송협회 회장 2012~2013년 한국방송협회 회장 2013년 SBS미디어홀딩스 회장 보좌역(현) [상]한국언론인연합회 한국참언론인대상(2006), 제13회 장한 고대언론인상(2006)

우원식(禹元植) WOO, Won Shik

[생]1957·9·18 [출]서울 [주]서울 영등포구 의사당대로1 국회 의원회관737호(02-784-3601) [학]1976년 경동고졸 1997년 연세대 토목공학과졸 2009년 同공학대학원 환경공학과졸(석사) [경]1981년 전두환 반대시위로 제적·투옥 1988년 평민당 인권위원회 민권부국장 1989년 평화민주통일연구회 총무국장 1992년 민주개혁정치모임 이사 1992년 국회의원 보좌관 1994년 살기좋은노원만들기연구모임 대표 1995년 수도권매립지관리조합회의 실무위원장 1995년 한국사회환경정책연구소 선임연구원 1995~1998년 서울시의회 의원 1999년 제2의건국범국민추진위원회 제2심의관 2000~2003년 환경관리공단 관리이사 2002년 강남·북균형발전을위한주민대책위원회 대표 2003년 제16대 대통령직인수위원회 정무분과 자문위원 2004~2008년 제17대 국회의원(서울 노원구乙, 열린우리당·대통합민주신당·통합민주당) 2005~2007년 열린우리당 서울시당 정책위원장 2005년 同원내기획부대표 2006~2014년 대한장애인보치아연맹 회장 2007년 열린우리당 사무총장 대행 2007년 대통합민주신당 정책위 부의장 2008년 민주당 서울시당 상근부위원장 2008년 同서울노원구乙지역위원회 위원장 2008년 同노동특별위원회 위원장 2009년 건국대 생명환경과학대학 겸임교수 2010년 민주당 대외협력위원장 2010년 同야권연대·연합을위한특별위원회 부위원장 2012년 제19대 국회의원(서울 노원구乙, 민주통합당·민주당·새정치민주연합·더불어민주당) 2012년 탈핵에너지전환국회의원모임 책임연구위원(현) 2012년 민주통합당 원내대변인 2012년 同문재인 대통령후보선거기획단 총무본부장 2013년 同원내수석부대표 2013년 국회 교육문화체육관광위원회 위원 2013년 민주당 최고위원 2013년 同'을' 지키기경제민주화추진위원장 2013년 同'을(乙)'을지키는길(을지로)위원회 위원장 2013년 독립기념관 이사(현) 2014년 새정치민주연합 최고위원 2014년 同'을(乙)'을지키는길(을지로)위원회 위원장 2014년 국회 환경노동위원회 위원 2014~2015년 국회 예산결산특별위원회 위원 2015년 새정치민주연합 혁신위원회 위원 2015년 더불어민주당 '을(乙)'을지키는길(을지로)위원회 위원장(현) 2016년 제20대 국회의원(서울 노원구乙, 더불어민주당)(현) 2016년 더좋은미래 운영간사(현) 2016년 국회 산업통상자원위원회 위원(현) 2016년 국회 가습기살균제사고진상규명과피해구제 및 재발방지대책마련을위한국정조사특별위원회 위원장(현) 2016년 더불어민주당 서울노원구乙지역위원회 위원장(현) 2016년 탈핵에너지전환을위한국회의원모임 공동대표(현) [상]여성민우회 멋있는남편상(1997), 국정감사 NGO 모니터단 국정감사 우수의원(2004~2007·2012~2015) 5대강도보순례단 강을 걷는국회의원상(2013), 남양유업대리점협의회 '을(乙)'을지키는 국회의원상(2013), 희망·사랑나눔재단선정 모범국회의원(2013), (사)도전한국인운동협회·도전한국인운동본부 국정감사 우수의원(2015) [저]'야당통합론' '섬진강 은어의 꿈'(2005) '금강-강과 사람들'(2006) '어머니의 강'(2011) [종]기독교

우원식(禹元植) WOO Won Sik

[생]1968·12·25 [주]경기 성남시 분당구 대왕판교로644번길12 (주)엔씨소프트 부사장실(02-2186-3300) [학]서울대 대학원 제이계측학과졸 [경](주)한글과컴퓨터 이사, 국방과학연구소 근무 1998~2002년 (주)나모인터랙티브 이사 2002년 (주)엔씨소프트 입사, 同전무(CTO) 2014년 同부사장(CTO)(현)

우유철(禹惟哲) WOO Yoo Cheol

[생]1957·7·17 [출]서울 [주]서울 서초구 헌릉로12 현대제철(주) 비서실(02-3464-6001) [학]경기고졸 1980년 서울대 조선공학과졸 1983년 同대학원 조선공학과졸 1990년 기계공학박사(미국 뉴욕주립대) [경]1983년 현대중공업 입사 1994년 현대우주항공 근무 2000년 현대모비스 상무이사 2004년 현대INI스틸(주) 기술개발본부장(전무) 2005년 同부사장 2006년 현대제철(주) 기술연구소장(부사장) 2007년 同구매담당 부사장 2009~2010년 同제철사업총괄 사장 겸 구매본부장 2010년 同당진제철소장 2010~2014년 同대표이사 사장 2014년 한국공학한림원 정회원(현) 2014년 현대제철(주) 대표이사 부회장(현) [상]대한금속재료학회 공로상(2010), 금탑산업훈장(2010)

우윤근(禹潤根) WOO, Yoon Keun

[생]1957·9·24 [본]단양(丹陽) [출]전남 광양 [주]서울 영등포구 의사당대로1 국회 사무총장실(02-784-3561) [학]1977년 광주 살레시오고졸 1984년 전남대 법학과졸 1991년 同대학원졸 1999년 법학박사(전남대) 2006년 러시아 상트페테르부르크대 대학원 정치학과졸 [경]1990년 사법시험 합격(32회) 1993년 사법연수원 수료(22기) 1993년 변호사 개업 1997년 駐韓러시아대사관 법률고문 1998년 駐韓독일대사관 법률고문 1998년 한국도로공사 상임법률고문 1999년 민주평통 자문위원 1999년 서울SQUASH연맹 회장·명예회장 2000년 전남대 법과대학 객원교수 2000년 법무법인 유·러 대표변호사 2001년 한국프로야구위원회(KBO) 법률고문 2002년 조선대 법과대학 겸임교수 2003~2007년 열린우리당 중앙위원 2004년 제17대 국회의원(광양시·구례군, 열린우리당·대통합민주신당·통합민주당) 2004년 열린우리당 원내부대표 2005~2007년 同전남도당 중앙위원 2006년 同의장비서실 수석부실장 2007년 국민생활체육전국태권도연합회 회장 2008년 제18대 국회의원(광양시, 통합민주당·민주당·민주통합당) 2008년 국회 북방전략포럼 대표 2008년 민주당 제1정책조정위원장 2009~2010년 同원내수석부대표 2010년 국회 법제사법위원장 2010년 국회 사할린포럼 공동대표 2012~2016년 제19대 국회의원(광양시·구례군, 민주통합당·민주당·새정치민주연합·더불어민주당) 2012년 민주통합당 전남도당 위원장 2012년 同제18대 대통령중앙선거대책위원회 '민주캠프' 산하 동행1본부장 2013년 국회 산업통상자원위원회 위원 2013년 민주당 전남도당 위원장 2013년 국회 운영위원회 위원 2014년 새정치민주연합 세월호특별법준비위원회 위원장 2014년 同정책위원회 의장 2014년 국회 법제사법위원회 위원 2014년 대통령직속 통일준비위원회 위원 2014~2015년 국회 정보위원회 위원 2014~2015년 새정치민주연합 정치혁신실천위원회 위원 2014~2015년 同원내대표 2016년 더불어민주당 제20대 총선 선거대책위원회 위원 2016년 同비상대책위원회 위원 2016년 同전남광양시·곡성군·구례군지역위원회 위원장 2016년 제20대 국회의원선거 출마(전남 광양시·곡성군·구례군, 더불어민주당) 2016년 국회 사무총장(장관급)(현) [상]대통령표창(2000), 대한민국 헌정상(2011), 법률소비자연맹 국회 헌정대상(2014), 백봉신사상 올해의 신사의원 베스트10(2014), 대한민국 의정대상(2015), 백봉신사상 올해의 신사의원 베스트10(2015) [저]'꼽추와 무기수'(2008, 그라운드제로연구소) '한국정치와 새로운 헌법질서'(2009, 리북) '한국 민주주의 4.0-소통, 신뢰 그리고 사회적 자본'(2011, 심인) '개헌을 말한다'(2013, 함께맞는비) [종]천주교

우의제(禹義濟) WOO Eui Jei

[생]1944·12·5 [본]단양(丹陽) [출]경기 화성 [주]경기 안성시 일죽면 서동대로7280의26 (주)하이셈 임원실(031-8046-1700) [학]1963년 경기상고졸 1967년 서울대 상대 경제학과졸 1980년 홍콩대 Mandarin어과정 수료 1995년 서강대 경영대학원 최고금융인과정 수료 [경]1967년 한국외환은행 입행 1974년 同조선호텔지점 업무부 대리 1977~1981년 同업무부·저축추진부·홍콩지점 과장 1981~1986년 同홍콩지점·종로지점·업무개발부·신용사업부·업무추진부 차장 1986~1998년 同동광동지점장·중곡동지점장·반포지점장·점포개발실장·고객업무부장·서린지점장·한국전력지점장·여의도지점장·영업지원부장·영업총괄부장·강동본부장 1999년 同소매금융본부장 겸 신탁업무담당 상무 2000년 同부행장 겸 은행장 직대 2001년 (주)하이닉스반도체 사외이사 2001년 나이넥스 회장 2002~2007년 (주)하이닉스반도체 대표이사 사장 2002년 同이사회 의장 겸임 2004~2007년 한국반도체산업협회 부회장 2007~2008년 (주)하이닉스반도체 고문 2007년 (주)하이셈 회장(현) [상]금탑산업훈장(2004) [종]불교

우의형(禹義亨) WOO Eui Hyung

[생]1948·3·5 [출]대구 [주]서울 강남구 강남대로382 메리츠타워 법무법인 에이펙스(02-2018-0968) [학]1966년 경북고졸 1970년 서울대 법대졸 [경]1971년 사법시험 합격(13회) 1973년 사법연수원 수료(3기) 1974년 軍법무관 1977년 서울가정법원 판사 1978년 서울형사지법 판사 1979년 서울민사지법 판사 1981년 청주지법 영동지원장 1983년 서울형사지법 판사 1984년 서울고법 판사 겸 법원행정처 조사심의관 1988년 대구지법 부장판사 1991년 사법연수원 교수 1993년 서울형사지법 부장판사 1994년 대전고법 부장판사 1997년 서울고법 부장판사 2002년 서울지법 의정부지원장 2004년 청주지법원장 2004년 인천지법원장 2005년 서울행정법원장 2005년 변호사 개업 2008년 법무법인 렉스 대표변호사 2009~2013년 학교법인 영남학원(영남대·영남이공대) 이사장 2009년 법무법인 에이펙스 고문변호사(현) 2011년 화진 사외이사(현)

우이형(禹利炯) WOO Yi Hyung

[생]1955 · 3 · 1 [출]경기 안성 [주]서울 동대문구 경희대로23 경희대치과병원 보철과(02-958-9340) [학]1972년 중동고졸 1979년 경희대 치의학과졸 1982년 同대학원 치의학과졸 1988년 치의학박사(경희대) [경]1979~1982년 치과병원 인턴 · 레지던트 1982년 軍의관 1985~2001년 경희대 치과대학 보철과 강사 · 조교수 · 부교수 1992~2003년 대한치과보철학회 편집이사 · 공보이사 · 학술이사 1993년 독일 튀빙겐대 교환교수 1996년 경희대 치과병원 보철과장 겸 중앙기공실장 2001년 同치과대학 치과보철학교실 교수(현) 2006년 경희대총동문회 부회장(현) 2007~2013년 경희대치과병원장, 공직치과의사회 대의원회 의장, 대한치과보철학회 대의원회 의장, 대한디지털치의학회 회장 2013년 대한치과병원협회 회장 [상]경희의학상(1991) [저]'최신 치과보철학'(1993) '치과임상의 영상화기법'(1995) '도재라미네이트베니어 제작법'(1996) '이중관을 이용한 가철성 보철' [종]기독교

우인성(禹仁成)

[생]1974 · 4 · 12 [본]단양(丹陽) [출]충북 청주 [주]충북 청주시 서원구 산남로62번길51 청주지방법원(043-249-7114) [학]1993년 충북고졸 1997년 서울대 법학과졸 2003년 同법과대학원졸 [경]1997년 사법시험 합격(39회) 2000년 사법연수원 수료(29기) 2000년 공익법무관 2003년 창원지법 판사 2006년 수원지법 평택지원 판사 2010년 서울남부지법 판사 2012년 대법원 재판연구관 2014년 서울중앙지법 판사 2015년 청주지법 부장판사(현)

우재룡(禹在龍) WOO Jae Ryong

[생]1961 · 8 · 10 [출]부산 [주]서울 영등포구 국제금융로20 율촌빌딩3층324호 서울은퇴자협동조합(070-4713-7511) [학]1987년 연세대 경영학과졸 1989년 同경영대학원졸 1994년 경영학박사(연세대) [경]1989~1996년 대한투자신탁 애널리스트(자금운용) 1997~1999년 투자신탁협회 기획팀장 · 조사팀장 · 선임연구원 1999~2007년 한국펀드평가(주) 대표이사 2000년 한국투자신탁 경영자선임위원 2000년 한국FP협회 제도도입 및 자격증(AFP · CFP) 개발위원 2001년 한국재무관리학회 상임이사 2002년 국제공인재무설계사 CFP 자격증 설립 2002년 정보통신부 우체국예금운영자문위원 2002년 노동부 고용산재보험운영자문위원 2004년 FP Net 대표이사 2007~2008년 한국펀드평가(주) 공동대표이사 2008년 한국펀드연구소 소장 2008~2010년 동양종합금융증권 자산관리컨설팅연구소장(상무) 2010~2012년 삼성생명보험 은퇴연구소장 2013년 서울은퇴자협동조합 이사장(현) 2013년 (사)한국은퇴연구소 소장(현) [상]정보통신부장관표창(2005) [저]'적립식 펀드투자'(2005) '긴 인생, 당당한 노후펀드투자와 동행하라'(2005) '행복한 은퇴설계'(2006, 에프피넷) '100세 시대 은퇴대사전(共)'(2014, 21세기북스)

우재봉(禹再鳳)

[생]1961 · 3 · 10 [출]경북 의성 [주]경북 안동시 풍천면 도청대로455 경상북도 소방본부(054-880-6000) [학]1979년 대구고졸 1986년 경북대 물리학과졸 2012년 강원대 산업과학대학원 소방방재공학과졸 [경]1993년 소방위 임용(간부후보생 7기) 1995년 내무부 소방국 예방과 근무 2000년 충청소방학교 교관단장 2004년 소방방재청 방호과 · 전략개발팀 근무 2006년 대구 달성소방서장(소방정) 2009년 중앙소방학교 행정지원과장 2010년 경북도 소방학교장 2011년 소방방재청 소방정책과 근무 2012년 대구시 소방안전본부장(소방준감) 2013년 대통령 행정자치비서관실 행정관 2015년 국민안전처 중앙119구조본부장(소방감) 2015년 경북도 소방본부장(현) [상]대통령표창(2011)

우정민(禹政珉) WOO Jeong Min

[생]1964 · 2 · 25 [주]경기 성남시 분당구 불정로90 (주)KT 차세대시스템개발단(031-727-0114) [학]서울대 산업공학과졸, 한국과학기술원(KAIST) 경영과학과졸(석사) [경]한국통신 경영전략실 근무, (주)KT ICOM 마케팅부문 IT기획팀장, (주)KTF 정보시스템실 IT서비스기획팀장, 同정보시스템부문 IT인프라실장(상무보) 2005년 同정보서비스부문 IT기획운영실장(상무보) 2006년 同정보서비스부문 IT개발실장(상무보) 2007년 同정보서비스부문 IT개발실장(상무보) 2009년 (주)KT IT기획실 IT전략기획담당 상무보 2015년 同차세대시스템개발단장(상무)(현)

우정원(禹晸元) WU Jeong Weon

[생]1957 · 1 · 6 [본]단양(丹陽) [출]대구 [주]서울 서대문구 이화여대길52 이화여자대학교 자연과학대학 물리학과(02-3277-2369) [학]1979년 서울대 물리학과졸 1981년 한국과학기술원졸(석사) 1989년 물리학박사(미국 펜실베이니아대) [경]1981~1984년 영남대 물리학과 전임강사 · 조교수 1989~1991년 미국 록히드연구소 연구원 1992년 이화여대 자연과학대학 물리학과 교수(현) 1997~1999년 同대학원 교학부장, 同공동기기실장, 한국고분자학회 정회원, 미국물리학회 정회원 2005~2007년 이화여대 자연과학대학장 2007년 한국광학회 이사 2007~2008년 한국물리학회 JKPS편집위원장(부회장) 2008~2012년 同응용물리분과위원장 2008년 미래창조과학부 선도연구센터 양자메타물질연구센터장(현) 2010년 이화여대 이화CNRS 국제공동연구소장(현)) 2014~2015년 한국광학회 회장 [상]한국과학재단 우수연구50선(2004), 이달의 과학기술자상(2005) [저]'일반물리학'(1995) '상대성이론 그후 100년(共)'(2005) [역]'과학과 인간가치'(1994)

우정택(禹晶澤) WOO Jung Taek

[생]1959 · 2 · 2 [주]서울 동대문구 경희대로23 경희대병원 내분비내과(02-958-8128) [학]1983년 경희대 의대졸 1987년 同대학원졸 1993년 의학박사(경희대) [경]1983~1984년 경희의료원 수련의 1984~1987년 同내과 전공의 1991~1995년 同임상강사, 同교류협력실장, 미국 밴더빌트의대 당뇨병연구센터 연구원, 경희대 의학전문대학원 내분비내과 교수(현), 同주임교수(현), 한국지질동맥경화학회 진료지침위원장, 대한비만학회 편집위원회 이사, 대한당뇨병학회 교육이사, 同치료소위원회 위원장, 대한내분비학회 감사 2014년 아세아오세아니아비만학회(AOASO) 부회장(현) 2014년 대한비만학회 이사장 2015년 경희의료원 · 강동경희대병원 경영정책실장(현), 대한당뇨병학회 당뇨병예방연구사업단 단장(현)

우제완(禹濟玩) WOO Je Wan

[생]1958 · 11 · 16 [본]단양(丹陽) [출]충남 당진 [주]서울 종로구 홍지문2길20 상명대학교 자연과학대학 공업화학과(02-2287-5301) [학]1976년 인창고졸 1981년 한양대 화학공학과졸 1984년 한국과학기술원 대학원 화학공정공학과졸 1993년 화학박사(독일 슈투트가르트대) [경]1984~1988년 LG화학기술원 연구원 1990~1993년 독일 슈투트가르트대 화학과 연구실험조교 1993~1998년 한화그룹 종합연구소 의약연구센터 책임연구원 1998~2009년 상명대 공업화학과 전임강사 · 조교수 · 부교수 2001년 한국공업화학회 편집이사 2004년 대한화학회 상임편집위원 2004~2007년 상명대 자연과학대학장 2005~2006년 한국공업화학회 조직이사 2006~2012년 한국청정기술학회 이사 2008년 상명대 교무처장 2009년 同도서관장 2009~2015년 同자연과학대학 공업화학과 교수 2010~2011년 同서울캠퍼스 교무처장 2010~2011년 한국공업화학회 총무이사 2012년 한국청정기술학회 감사 2013~2014년 한국화학관련학회연합회 총무이사 2014년 한국공업화학회 학술이사 2014~2016년 同학술위원장 2014년 한국청정기술학회 이사 2015~2016년 同부회장 2015년 상명대 입학처장 2016년 同기획처장(현) 2016년 상명대 자연과학대 화공신소재학과 교수(현) [저]'일반화학'(1999) '공학도를 위한 유기화학'(1999) '약과인간'(2005) '화학공학양론연습' [종]기독교

우제창(禹濟昌) OOH Che Chang

[생]1963 · 4 · 25 [출]경기 용인 [학]1982년 중동고졸 1986년 서울대 경제학과졸 1989년 영국 런던정경대 대학원 경제학과졸 2000년 경제학박사(영국 옥스포드대) [경]1992~1995년 시티은행 · 몬트리올은행 서울지점 기업금융팀 근무 2000년 일본 동경대 동양문화연구소 객원연구원 2001년 중국 상해사회과학원 연구원 2001년 대만 중앙연구원 연구원 2002~2004년 연세대 국제학대학원 교수 2004년 제17대 국회의원(경기 용인甲, 열린우리당 · 중도통합민주당 · 대통합민주신당 · 통합민주당) 2004년 열린우리당 원내부대표 2004년 同국제협력위원회 부위원장 2005년 同국제무역특위 위원장 2006~2007년 同제3정책조정위원장 2006년 국회 재정경제위원회 예산결산소위원장 2007년 대통합민주신당 제3정책조정위원장 2008년 제18대 국회의원(경기 용인 · 처인, 통합민주당 · 민주당 · 민주통합당) 2008년 민주당 정책위 부의장 2009~2010년 同원내대변인 2009년 한국지구환경의원연맹 부회장 2010년 부품소재선진화포럼 공동대표 2010~2011년 국회 정무위원회 간사 2010~2011년 민주당 정책위 수석부의장 2012년 제19대 국회의원선거 출마(경기 용인甲, 민주통합당) [저]'87년 체제를 넘어 2013년 체제를 말한다'(2011, 리딩라이프북스) [종]기독교

우종균(禹宗均) jong kyun WOO

[생]1963 · 1 · 5 [본]단양(丹陽) [출]서울 [주]서울 중구 정동길21의15 정동빌딩17층 김앤장법률사무소(02-6488-4055) [학]1981년 서울 보성고졸 1985년 서울대 법대 공법학과졸 1987년 한양대 행정대학원 행정학과졸, 미국 워싱턴대 로스쿨졸 2002년 법학박사(미국 워싱턴대) [경]1985년 행정고시 합격(29회) 1996년 특허청 정보자료국 정보기획과장 2002년 同상표의장심사국 심사기준과장 2004년 同기획관리관실 혁신인사담당관(서기관) 2004년 同기획관리관실 혁신인사담당관(부이사관) 2005년 특허심판원 심판장(고위공무원) 2006년 특허청 경영혁신단장, 同기획조정관 2009년 同상표디자인심사국장 2010~2011년 同산업재산정책국장 2011년 김앤장법률사무소 변리사(현) 2015년 대통령소속 국가지식재산위원회 민간위원(3기)(현) [상]대통령표창(2003)

우종범(禹鍾範) WOO Jong Bum

[생]1953·12·13 [출]서울 [주]서울 강남구 남부순환로2748 한국교육방송공사 비서실(02-526-2501) [학]양정고졸 1978년 연세대 교육학과졸 [경]1977년 MBC 라디오국 편성부 입사 1979~1988년 同라디오제작1·2부 근무 1988년 同제작1·2부 차장대우 1991년 同기획특집부 차장 1992년 同라디오제작부 차장 1993년 同제작1·2부 차장·기획특집부 차장 1995년 同FM2팀장 1997년 同제작1팀장 1998년 同제작1부장 1998년 同라디오편성기획부장 2001년 同라디오국 제작위원 2002년 同라디오본부 위원·부국장 2003년 同라디오본부장 2005~2008년 제주MBC 대표이사 사장 2010~2012년 한국교통방송(TBN) 대전본부장 2014년 88관광개발(주) 상임감사 2015년 한국교육방송공사(EBS) 사장(현) 2015년 한국지상파디지털방송추진협회 이사(현) [종]천주교

우종수(禹宗秀) WOO Jong Soo

[생]1955 · 10 · 3 [출]서울 [주]경북 포항시 남구 포스코대로10 포스코교육재단 이사장실(054-279-0020) [학]대광고졸, 서울대 금속공학과졸, 한국과학기술원(KAIST) 재료공학과졸(석사), 금속공학박사(미국 매사추세츠공과대) [경]포항종합제철(주) 표면처리연구그룹 책임연구원, (주)포스코 후판연구그룹장, 同전기강판연구그룹장, 同포항제철소 전기강판부장, 同생산기술부문 연구소 부소장(상무), 同EU사무소장(상무) 2011년 同기술연구원장 겸 포항연구소장(전무) 2013~2014년 同기술연구원장 겸 포항연구소장(부사장) 2014년 한국공학한림원 정회원(현) 2014~2016년 POSCO Family 기술협의회 의장 2014~2016년 포항산업과학연구원(RIST) 원장(사장급) 2015년 대한금속 · 재료학회 회장 2015~2016년 포스코 창조경제추진단장 겸 포항창조경제혁신센터장 2016년 포스코교육재단 이사장(현) [상]과학기술훈장 도약장(2014)

우종수(禹鍾守) WOO Jong Soo

[생]1967 · 9 · 27 [본]단양(丹陽) [출]대구 [주]서울 송파구 위례성대로14 한미약품(주) 임원실(02-410-9200) [학]영남고졸, 영남대 제약학과졸 1990년 약학박사(충남대) [경]영남대 약대 교수 2004년 한미약품(주) 중앙연구소 제제연구팀장(이사대우) 2007년 同상무 2009년 同팔탄공단 공장장(상무) 2010년 同팔탄공단 공장장(전무) 2011년 同팔탄공단 공장장 겸 신제품개발본부장(전무) 2012년 同팔탄공단 공장장 겸 부사장(현) [상]통상산업부 장은기술대상(1997), 과학기술처 '이달의 과학기술자상'(1997), 과학기술처 장영실상(1998), 한국신약개발연구조합 대한민국신약개발상 우수신약개발상(2010)

우종순(禹鍾順) Woo Jong Soon

[주]서울 영등포구 의사당대로1길34 인영빌딩 아시아투데이(02-769-5015) [학]성균관대 정치외교학과졸, 고려대 대학원졸(국제정치학석사) [경]2005년 아시아투데이 편집국장 2009년 同편집총괄부사장 2010년 성균관대총동창회 부회장(현) 2011년 고려대교우회 부회장(현) 2011년 한중경제협회 부회장(현) 2011년 한반도평화통일시민단체협의회 공동대표(현) 2011년 남북경협국민운동본부 공동대표(현) 2011~2016년 아시아투데이 사장 겸 편집인 2012년 글로벌e거버넌스포럼 대표위원(현) 2012년 한반도미래재단 이사(현) 2012년 중국 국제무역촉진위원회 산동성위원회 · 광동성위원회 해외고문(현) 2013년 법률소비자연맹 운영위원회 공동위원장(현) 2014년 국회 국정감사NGO모니터단 공동단장(현) 2016년 중국 공공외교문화교류센터 명예회장(현) 2016년 아시아투데이 대표이사 사장(현) [상]특종상(1991 · 2000 · 2004), 공로상(2001 · 2004), '대한민국 언론자유신장기여' 한국기자협회 공로패(2011), '국가와 사회에 헌신 · 봉사' 고려대 특별공로상(2013), '정도언론으로 대한민국 발전 기여' 성균관대 공로패(2014), 고려대 제11회 자랑스러운 정경인상(2015)

우종안(禹鍾顔) WOO Chong Ahn

[생]1953 · 11 · 13 [본]단양(丹陽) [출]충남 부여 [주]서울 강남구 영동대로517 아셈타워23층 관세법인 화우(02-6182-6501) [학]1972년 공주대사대부고졸 1980년 고려대 법대 행정학과졸 2012년 경제학박사(건국대) [경]1980년 행정고시 합격(23회) 1981년 광주세관 총무과장 1984년 재무부 관세국 산업관세과 · 관세협력과 근무 1996년 세계관세기구(WCO) 평가국 파견 1999년 월드컵축구대회조직위원회 파견 2001년 재정경제부 회계제도과장 2002년 同국고국 재정자금과장 · 세제실 관세제도과장(부이사관) 2005년 국세공무원교육원 교수부장 2005년 인천본부세관장 2006년 중앙공무원교육원 파견 2007년 관세국경관리연수원 원장 2008년 서울본부세관장 2010년 관세국경관리연수원 원장 2011~2013년 한국관세물류협회 이사장 2013년 관세법인 화우 대표 관세사(현) 2013년 법무법인 화우 고문(현) [상]홍조근정훈장, 근정포장

우종억(禹鍾億) WOO Jong Uek (月琴)

[생]1931 · 12 · 7 [본]단양(丹陽) [출]대구 [주]대구 달서구 달구벌대로1095 계명대학교(053-580-6576) [학]1951년 대구상고졸 1966년 계명대 음대졸 1974년 同대학원졸 1978년 일본 센조쿠(洗足)학원 음악대학원 수료, 일본 도호음대 지휘과 수학 [경]1975~1980년 경남대 음악과 조교수 1979~1986년 대구시립교향악단 상임지휘자 1980-2015년 아세아작곡가연맹 한국이사 1982~1989년 계명대 작곡과 부교수 1988년 태평양작곡가센터 회원 1988~1993년 영남작곡가협회 회장 1989~1997년 계명대 작곡과 교수 1990년 同음악대학장 1993년 호주 시드니대 연구교수 1993년 영남작곡가협회 명예회장 1993년 同상임고문 1997년 계명대 명예교수(현) 1998년 한국지휘연구회 고문 1998년 한국작곡가협회 부이사장 1998년 영남작곡가협회 회장 2000년 同상임고문(현) 2002년 동아시아작곡가협회 회장 · 상임고문(현), 한국작곡가협회 자문위원 2014년 대구국제현대음악제 고문(현) 2014년 대구원로음악가회 고문(현) [상]대구시 문화상(1982), 金福문화상(1990), 대한민국 작곡상(1994), 오늘의 음악가상(1996), 영국 IBC 20세기상(1999), 폴란드정부 십자훈장(2000) [저]'음악과 인생 심음보(深音譜)'(2014) [역]'지휘법'(1981) [작]관현악곡 '운률' 교향시곡 '조국' 현악4중주곡 '제1번 및 제2번' 현악합주곡 '律' 바이올린협주곡 제1번 '비천' 관현악을위한음악 '기도' '계명 축전 칸타타' 진혼곡 '잠들지 않는 카우라' 교향곡 제1번 '아리랑' 등 [종]불교

우종완(禹鍾琓) WOO Jong Wan

[생]1965 · 11 · 4 [출]부산 [주]서울 강남구 봉은사로456 (주)티비에이치글로벌 비서실(02-2058-3800) [학]부산대 섬유공학과졸 [경]태광산업 · 태광 · 일흥섬유 · 인디안 근무 2000년 베이직하우스 대표이사 2001년 (주)더베이직하우스 대표이사 사장 2016년 (주)티비에이치글로벌 대표이사 사장(현) [상]지식경제부장관표창(2010)

우종웅(禹鐘雄) WOO Chong Woong

[생]1947 · 2 · 18 [출]함남 신포 [주]서울 중구 을지로16 백남빌딩6층 (주)모두투어네트워크 비서실(02-728-8001) [학]우석대 경제학과졸 [경]1974~1989년 고려여행사 입사 1987년 대한체육회 서울시펜싱협회 이사 1987년 성광라이온스클럽 부회장 1989~2005년 (주)국일여행사 대표이사 사장 2001년 (주)모두투어네트워크 대표이사 회장(현) [상]한국관광인클럽 선정 올해관광인(2002), 문화관광연구학회 문화관광대상(2002), 은탑산업훈장(2005), 대한민국 좋은기업 최고경영자상(2012) [종]불교

우종인(禹鍾仁) Woo Jong Ihn

[생]1961 · 10 · 30 [출]경남 [주]경남 함안군 군북면 장백로122 비에이치아이(주)(055-585-3800) [학]2012년 창원대 경영대학원졸 [경]1983~1995년 풍성정밀(주) 기획실 근무, 덴소풍성전자 기획 · 구매담당 1998년 비에이치아이(주) 대표이사(현) [상]중소기업협동조합 모범중소기업인표창, 대통령표창(2005), 지식경제부장관표창(2010), 무역의 날 철탑산업훈장(2013) [종]불교

우종호(禹鍾淏) WOO Jong Ho (怡堂)

⊛1939·9·6 ⊛단양(丹陽) ⊛충남 청양 ⊛서울 종로구 새문안로92 광화문오피시아빌딩1930호 한일협력위원회(02-3276-3551) ⊛부여고졸, 1964년 서울대 중문과졸 1985년 대만 국립정치대 대학원졸 1993년 정치박사(대만 국립정치대) ⊛1970년 외무부 입부 1972년 駐중국 3등서기관 1977년 駐휴스턴 영사 1980년 駐고베 영사 1982년 외교안보연구원 교학과장 1982년 외무부 여권과장 1985년 駐중국 참사관 1988년 駐에티오피아 참사관 1991년 외교안보연구원 중국연구관 1993년 駐후쿠오카 총영사 1995년 駐오만 대사 1997년 외무부 본부대사 1998년 경기대 통일안보대학원 강사 1998~2007년 호남대 객원교수·겸임교수 2000~2010년 한일협력위원회 사무총장 2000~2010년 계간 '한일협력' 편집인 2000년 한국외교협회 정책위원 2011년 한일협력위원회 이사(현) 2012~2014년 단양우씨고양화수회 회장 2013~2016년 단양우씨대종회 수석부회장 2016년 同회장(현) 2016년 (사)전국한자교육추진총연합회 고문(현) 2016년 이어령 시비 건립추진위원장(현) 2016년 (사)고려역사선양회 부총재(현) ⊛국무총리표창(1981), 대통령표창(1988·1994·1995), 근정포장(1997), 일본정부 욱일중수장(2011), 국민훈장 동백장(2012) ⊛'부여고등학교 60년사(編)'(2011) ⊛유교

우진중(禹鎭中) WOO Jin Jung

⊛1959·5·20 ⊛단양(丹陽) ⊛경기 ⊛서울 용산구 후암로107 게이트웨이타워20층 삼성꿈장학재단(02-727-5400) ⊛1978년 고려고졸 1983년 중앙대 경영학과졸 2000년 연세대 대학원 경제학과졸 2015년 숭실대 대학원졸(교육학박사) ⊛삼성생명보험 구매과장 2006년 삼성인력개발원 기본교육팀장 겸 지원팀장(상무보) 2007년 삼성생명보험 신문화팀장(상무보) 2009년 STS커뮤니케이션 경영지원실장 2009년 삼성꿈장학재단 사무총장(현) ⊛기독교

우진홍(禹鎭洪) WOO Jing Hong

⊛1962·1·4 ⊛경북 청도 ⊛강원 평창군 봉평면 태기로174 (주)보광휘닉스파크 임원실(1588-2828) ⊛1981년 대구 중앙싱고졸, 상지대 호텔컨벤션학과졸, 홍익대 세무대학원 세무전문가과정 수료 ⊛(주)제일합섬 근무, (주)진명물산 근무, (주)보광 훼미리마트 근무, (주)보광휘닉스파크 경영지원실 부장, 同경영지원실장, 同운영총괄실장(이사) 2003년 同대표이사, 중앙일보재무법인(주) 대표 2016년 (주)보광휘닉스파크 총지배인(상무)(현) ⊛기독교

우찬제(禹燦濟) Wu Chan Je

⊛1962·12·16 ⊛충북 충주 ⊛서울 마포구 백범로35 서강대학교 국제인문학부 국어국문학과(02-705-8284) ⊛1985년 서강대 경제학과졸 1987년 同대학원 문학과졸 1993년 문학박사(서강대) ⊛1993~1998년 건양대 국어국문학과 전임강사·조교수 1998~2005년 서강대 국어국문학과 조교수·부교수 2005년 同국제인문학부 국어국문학과 교수(현) 2007~2009년 同학생문화처장 2012~2015년 同출판부장 2013년 同도서관장(현) 2013~2014년 한국사립대학교도서관협의회 회장 2013~2014년 한국도서관협회 이사 2015년 서강대 교무처장(현) ⊛중앙일보 신춘문예-문학평론부문(1987), 소천 이헌구 비평문학상(2000), 김환태 평론문학상(2003), 팔봉비평문학상(2010) ⊛'욕망의 시학'(1993) '상처와 상징'(1994) '타자의 목소리'(1996) 비평집 '고독한 공생'(2003) '텍스트의 수사학'(2005) '20세기 한국문학(共)'(2005) '프로테우스의 탈주'(2010) '불안의 수사학'(2012) ⊛가톨릭

우창록(禹昌錄) WOO Chang Rok

⊛1953·2·14 ⊛경북 경주 ⊛서울 강남구 테헤란로518 섬유센터빌딩12층 법무법인 율촌(02-528-5201) ⊛1970년 경주 문화고졸 1974년 서울대 법과대학 법학과졸 1983년 미국 워싱턴대 법학대학원졸(LL.M.) ⊛1974년 사법시험 합격(16회) 1976년 사법연수원 수료(6기) 1976~1979년 해군 법무관 1979~1992년 김앤장법률사무소 변호사 1984년 미국 캘리포니아대 버클리캠퍼스 법학대학원 객원연구원 1984년 미국 쿠델 브러더스 법률회사 뉴욕사무소 방문변호사 1990~2003년 조세연구원 자문위원 1992~1997년 율촌합동법률사무소 대표변호사 1995~1999년 사법연수원 강사 1995~1999년 서울대 대학원 법학과 강사 1997년 법무법인 율촌 대표변호사(현) 1997년 학교법인 이화학당 이사 1999년 재정경제부 세제발전심의위원회 위원 1999년 (사)기독교역사연구소 이사 1999년 (사)평화통일을 위한 남북나눔운동 이사 2000년 대한상사중재원 중재인 2001~2004

년 서울대 법학편집위원 2004년 현대모비스(주) 사외이사 2005년 학교법인 문화학원 이사 2005년 알리안츠생명보험(주) 사외이사 2006~2009년 (사)한국세법학회 회장 2006년 (사)아시아법연구소 이사장 2006년 (사)기독교윤리실천운동 이사장 2007년 서울대 교수평의회 평의원 2007년 (사)한반도평화연구원 이사 2010년 대한민국교육봉사단 이사장 2011~2013년 대한중재인협회 회장 2012년 (재)굿소사이어티 이사장(현) 2013년 대한중재인협회 명예회장(현) 2014년 한국골프산업연합회 초대회장 ⊛동탑산업훈장(2003), 미국 워싱턴대 자랑스런 동문인상(2007), 서울지방변호사회 백로상(2010), 매일경제 선정 '대한민국 글로벌 리더'(2014), 대통령표창(2015) ⊛'세법체계의 정비와 개선에 관한 연구(共)'(1982, 한국경제연구원) ⊛기독교

우창윤(禹昌允) WOO Chang Youn

⊛1963·4·13 ⊛단양(丹陽) ⊛충남 태안 ⊛서울 중구 덕수궁길15 서울특별시의회(02-3783-1531) ⊛서울대 대학원 건축학 박사과정 수료 ⊛오크힐스 광주요양원 대표, 서울시장애인체육회 부회장, 서울시장애인사이클연맹 회장, 대한장애인체육회 시설분과위원장 2014년 서울시의회 의원(비례대표, 새정치민주연합·더불어민주당)(현) 2014년 同운영위원회 위원 2014년 同보건복지위원회 위원 2014년 서울시 건축심의위원(현) 2014년 국토교통부 도시개발위원회 위원(현) 2014년 서울시 남북교류위원회 위원 2015년 새정치민주연합 서울시당 장애인위원회 위원장 2015년 서울시의회 메르스확산방지대책특별위원회 위원 2015년 同예산결산특별위원회 위원(현) 2015년 同윤리특별위원회 부위원장(현) 2015년 同항공기소음특별위원회 위원(현) 2015년 同하나고등학교특혜의혹진상규명을위한행정사무조사특별위원회 위원(현) 2015년 더불어민주당 서울시당 장애인위원회 위원장(현) 2016년 서울시의회 도시계획관리위원회 위원(현) 2016년 同서울메트로사장후보자인사청문특별위원회 위원 ⊛신인건축가상(1987), 서울특별시장표창(2009), 장애인전국체육대회 은메달2(2009), 전국시·도의회의장협의회 우수의정 대상(2016) ⊛'길 위에서 나를 보다'(2014) ⊛기독교

우천식(禹天植) Cheonsik WOO

⊛1954·10·5 ⊛단양(丹陽) ⊛서울 ⊛전남 무안군 삼향읍 오룡3길2 중소기업종합지원센터(061-288-3813) ⊛1975년 동성고졸 1979년 연세대 화학과졸 1984년 미국 텍사스대 대학원 화학과졸(MS) 1986년 同대학원 경영학과졸(MBA) 1994년 한양대 대학원 경영학 박사과정 수료 ⊛1987년 삼성화재해상보험(주) 화재업무과장 1995년 同해외사업팀장(부장) 1997년 同화재업무팀장·기업영업개발팀장·상품개발팀장 2000~2002년 연세대총동문회 상임이사 2001~2006년 삼성화재해상보험(주) 특종업무팀장 2006년 동부화재해상보험(주) 법인업무팀장(상무) 2014년 전남도 중소기업종합지원센터 본부장(현)

우철문(禹喆文)

⊛1969·2·5 ⊛경북 김천 ⊛서울 서초구 반포대로179 서초경찰서(02-3483-9231) ⊛대구 성광고졸 1991년 경찰대 법학과졸(7기) 2004년 연세대 행정대학원졸 ⊛1991년 경위 임관 2011년 경찰청 청장 보좌관(총경) 2011년 同인사과장 2012년 同생활질서과장 2012년 서울지방경찰청 치안지도관 2013년 경북 상주경찰서장 2014년 서울지방경찰청 112종합상황실장 2015년 경찰청 사이버안전과장 2016년 서울 서초경찰서장(현)

우태훈(禹泰勳) WOO Tae Hoon (京山·詩堂·星君)

⊛1958·9·7 ⊛단양(丹陽) ⊛인천 강화 ⊛1977년 인천기계공고 자동차과 졸 2004년 한국방송통신대 법학과졸 ⊛1982~1984년 안성경찰서 순경 1988년 (주)호텔롯데 롯데호텔월드지점 안전실 입사 1998년 同서울지점 근무 2003년 同롯데호텔월드지점 근무 2005~2015년 同롯데호텔월드 안전실 주임 2007년 '좋은문학'으로 시인 등단 2009년 계간지 '시와 수상문학' 편집위원 2010~2011년 同총무국장 2010년 한국문인협회 회원 2010년 세계시인대회(WCP/WAAC) 출전 2012~2014년 문학신문사 문인회 이사 2014년 세계시인대회(WCP/WAAC) 출전 ⊛안성경찰서장표창(1982·1983), 롯데호텔사장표창(10회), 바르게살기운동 성동구의회 제5회 효자효행장려상(2001), 시와수상문학 대상(2010), 고려문학상 대상(2014), 매월당문학상 대상(2014) ⊛시집 '당신도 행복했으면 좋겠습니다'(2011, 월간문학) '겨울바다'(2012, 월간문학) '내 고향 인천광역시'(2013, 월간문학) '눈길을 밟으며'(2014, 월간문학) 외 공저 다수 ⊛천주교

우태희(禹泰熙) WOO Tae Hee

생1962·9·29 출서울 주세종특별자치시 한누리대로 402 산업통상자원부 제2차관실(044-203-5002) 학1980년 배문고졸 1984년 연세대 행정학과졸 1989년 서울대 행정대학원졸 2000년 미국 캘리포니아대 버클리교 공공정책대학원졸 2011년 경영학박사(경희대) 경1983년 행정고시 합격(27회) 1984년 통상산업부 아주통상과 사무관 1996년 同기획관리실·원자력발전과 서기관 1997년 同산업정책과장 1997년 同원자력발전과장 1998년 산업자원부 IMF대책반장 1998년 同원자력산업과장 2000년 同산업혁신과장 2002년 駐뉴욕총영사관 상무관 2005년 산업자원부 투자진흥과장 2006년 대통령 산업비서관실 선임행정관 2007년 駐미국 공사참사관 2009년 지식경제부 에너지자원실 에너지절약추진단장(고위공무원) 2010년 同주력산업정책관 2011년 同무역투자실 통상협력정책관 2011년 同주력시장협력관 2012년 同산업기술정책관 2013년 산업통상자원부 통상교섭실장 2015년 同통상차관보 2016년 同제2차관(현) 상미국 캘리포니아대 버클리교 최우수논문상(2000), 홍조근정훈장(2010) 저'주관식 국민윤리'(1985) '부드러워져야 더 강하다'(2002) '세계경제를 뒤흔든 월스트리트 사람들'(2005) '오바마시대의 세계를 움직이는 10대 파워'(2008) 종천주교

우학명

생강원 영월 주서울 영등포구 의사당대로1 국회도서관 정보관리국(02-788-4103) 학충북 제천고졸, 경북대 문헌정보학과졸, 연세대 대학원졸, 미국 플로리다주립대 대학원 문헌정보학과졸, 연세대 대학원 문헌정보학 박사과정 수료 경1995년 공직 입문(제13회 입법고시) 2006년 국회도서관 입법전자정보실 전자정보총괄과장(사서서기관) 2007년 同입법정보실 인터넷자료과장 2008년 국방대 교육파견 2009년 국회도서관 입법정보지원과장 2009년 同의회정보실 정치행정자료과장 2010년 同국회기록보존소장(부이사관) 2011년 교육파견(부이사관) 2014년 국회도서관 국회기록보존소 기록정보서비스과장 2014년 同정보관리국장(부이사관) 2015년 同정보관리국장(이사관)(현) 2016년 국회 정보화추진위원회 위원(현)

우한용(禹漢鎔) WOO Han Yong (于空)

생1948·1·30 본단양(丹陽) 출충남 천안 주서울 관악구 관악로1 서울대학교 사범대학 국어교육과(02-880-7658) 학1968년 천안고졸 1975년 서울대 국어교육과졸 1979년 同대학원 국어교육과졸 1991년 문학박사(서울대) 경1975~1982년 중등교 교사 1982~1994년 전북대 사범대학 전임강사·조교수·부교수·교수 1995년 서울대 사범대학 국어교육과 부교수 2000~2013년 同교수 2002년 프랑스 루앙대 연구교수 2004년 서울대 사범대학 국어교육학과장 2005년 국어국문학회 회장 2006~2008년 한국현대소설학회 회장 2009년 同명예회장 2009~2012년 한국학술단체총연합회 회장 2011~2015년 한국작가교수회 회장 2013년 서울대 사범대학 국어교육과 명예교수(현) 2016년 (사)한국소설가협회 부이사장(현) 상월간문학 신인상, 표현문학상, 황조근정훈장(2013) 저'소설 교육론'(1993) '괴도 루팡'(1993) '바다 밑 이만 리'(1996) '현대소설의 이해(共)'(1996) '한국현대소설담론연구'(1996) '무정(共)'(1997) '문학교육과 문화론 국어교육연구총서16'(1997) '한국 대표 고전소설1·2(共)'(1997) '한국 대표 고전소설 세트(전3권)'(1997) '한국 대표 단편소설1·7·8(共)'(1997) '문학교육과정론'(1997) '천변풍경(共)'(1999) '상록수(共)'(1999) '한국 대표 수필上·下(共)'(1999) '한국 대표 신소설上·下(共)'(1999) '한국 대표 신소설 세트(전2권)(共)'(1999) '한국 대표 명시1·2·3(共)'(1999) '한국 대표 중편소설上·下(共)'(1999) '서사교육론(共)'(2001) '한국 근대 작가연구(共)'(2001) '생명의 노래1·2'(2001) '신문의 언어문화와 미디어 교육'(2003) '한국근대소설구조연구' '채만식소설 담론의 시학' '문학교육과 문학론' '문학교육원론' '한국근대문학교육사 연구'(2009) 소설집 '귀무덤' '소설장르의 역동학'(2011) 종불교

우한준(禹漢俊) WOO Han Jun

생1960·4·15 본단양(丹陽) 출경남 창녕 주경기 안산시 상록구 해안로787 한국해양과학기술원 해저환경·자원연구본부(031-400-7653) 학1984년 인하대 해양학과졸 1992년 이학박사(미국 올드도미니언대) 경1987~1992년 미국 올드도미니언대 해양학과 연구조교 1995년 한국해양연구원 해양지질학부 선임연구원 1996~1997년 同해양지질연구그룹장 1997~1998년 同퇴적역학연구실장, 同해양환경연구본부 책임연구원 2004년 한국습지학회 이사 겸 편집위원 2006년 대통령자문 지속가능발전위원회 위원, 한국해양연구원 해양위성관측기술연구연구부 책임연구원, 同해양방위연구센터 책임연구원 2009~2012년 국토해양부 해역이용영향검토위원회 자문위원

2010~2012년 同중앙연안관리심의회 심의위원 2011년 환경부 국가습지심의위원회 위원(현) 2012~2016년 한국습지학회 부회장 2012~2014년 同편집위원 2012년 한국해양과학기술원 해양방위센터 책임연구원 2012~2015년 과학기술연합대학원대 겸임교수 2013년 한국해양과학기술원 관할해양지질연구단 책임연구원 2015년 同해저환경·자원연구본부 책임연구원(현) 상해양수산부장관표창(2005), 국무총리표창(2006) 저'우리나라 갯벌-자연생태의 특성(共)'(2005) '강과 바다가 만나는 곳 하구이야기(共)'(2007) 종불교

우형식(禹亨植) WOO Hyung Sik

생1955·5·26 본단양(丹陽) 출충남 청양 주강원 춘천시 동면 장학길48 한림성심대학교 총장실(033-240-9003) 학대전고졸 1979년 서울대 일반사회교육과졸 1998년 미국 오리건대 대학원졸 경행정고등고시 합격(24회) 1999년 교육부 지방교육자치과장 1999년 同총무과장 2000년 인천시교육청 부교육감 2001년 교육인적자원부 교원정책심의관 2002년 충남도교육청 부교육감(이사관) 2005년 미국 플로리다주립대 파견 2006년 교육인적자원부 지방교육지원국장 2007~2008년 同대학지원국장 2007~2009년 울산과학기술대 이사 2008년 교육과학기술부 제1차관 2009~2013년 금오공과대 총장 2009~2013년 (사)경북산학융합본부 초대 이사장 2013~2015년 우송대 석좌교수 2015년 한림성심대 총장(현) 2016년 WCC(World Class College)21총장협의회 회장(현) 상문교부장관표창(1988), 대통령표창(1991), 홍조근정훈장(2006), 몽골 친선훈장(2009)

우형찬(禹炯贊) WOO Hyoung Chan

생1968·2·25 본단양(丹陽) 주서울 종로 주서울 중구 덕수궁길15 서울특별시의회(02-3783-1611) 학1987년 서울 영일고졸 1994년 한국외국어대 불어과졸 경1994년 극동방송 PD 2000년 경기방송 PD 2014년 새정치민주연합 서울시당 언론대책특별위원장 2014년 서울시의회 의원(새정치민주연합·더불어민주당)(현) 2014·2016년 同교통위원회 위원(현) 2015년 同항공기소음특별위원회 위원장(현) 2016년 同서부지역광역철도건설특별위원회 부위원장(현) 2016년 同서울메트로사장후보자인사청문특별위원회 위원(현) 저'양천에서 미래를 보다'(2014)

우형호(禹炯皓) WOO Hyoung Ho

생1957 출전남 광양 주전남 무안군 삼향읍 후광대로359번길28 전남지방경찰서 보안과(061-289-2191) 학순천고졸, 동국대 경찰행정학과졸, 남부대 경찰행정대학원졸 경1983년 경위 임용(경찰간부후보 31기) 2008년 제주지방경찰청 홍보담당관(총경) 2009년 전남 광양경찰서장 2011년 광주지방경찰청 청문감사담당관 2011년 광주 남부경찰서장 2013년 전남지방경찰청 경무과 치안지도관 2014년 전남 순천경찰서장 2015년 전남지방경찰청 경무과장 2015년 전남 고흥경찰서장 2016년 전남지방경찰청 보안과장(현)

우호태(禹浩泰) WOO Ho Tae

생1959·8·8 출경기 화성 주경기 수원시 장안구 정조로944 새누리당 경기도당(031-248-1011) 학1978년 수원고졸 1983년 서강대 정치외교학과졸 1995년 同대학원 국제정치학과졸, 수원대 대학원 건축공학 박사과정 수료 경1983년 학사장교 임관(3기) 1984년 수도기계화사단 인사과장 1985년 3군수지원사령부 행정과장 1986~1997년 기아자동차(주) 근무 1991년 경기 화성군의회 의원, 同내무위원회 위원장 1995~1997년 경기도의회 의원 1998년 한나라당 경기오산·화성지구당 위원장 1999년 경기 화성군수(한나라당) 2001·2002~2005년 경기 화성시장(한나라당) 2009~2011년 경기공업대학 겸임교수 2011년 '유심'으로 시인 등단 2012년 제19대 국회의원선거 출마(경기 화성乙, 무소속) 2016년 새누리당 경기화성시丙당원협의회 조직위원장(현) 2016년 제20대 국회의원선거 출마(경기 화성시丙, 새누리당) 저'그대가 향기로울 때'(2011) 종불교

우홍균(禹洪均) WU Hong Gyun

생1965·2·8 본단양(丹陽) 출부산 주서울 종로구 대학로101 서울대병원 방사선종양학과(02-2072-3177) 학1983년 경기고졸 1990년 서울대 의대졸 1998년 同대학원 의학석사 2001년 의학박사(서울대) 경1990년 서울대병원 수련의 1991년 군의관 1993년 서울대병원 치료방사선과 전공의 1997년 삼성서울병원 치료방사선과 전임의 1998~2000년 서울대 의대 치료방사선과학교실

전임강사·조교수 2001년 미국 Vanderbilt Univ. Research Fellow 2004년 대한방사선종양학회 정보위원(현) 2004년 대한항암요법연구회 두경부암분과 위원(현) 2004년 대한암학회 보험위원 2004년 대한방사선종양학회 학술위원 2004년 同고시위원(현) 2005년 서울대 의대 방사선종양학교실 부교수·교수(현) 2005년 성인고형암임상연구센터 운영위원(현) 2012·2016년 서울대병원 방사선종양학과 과장(현) 2012년 서울대 의대 방사선종양학교실 주임교수(현) 2016년 서울대병원 대외협력실장(현) [상]일본치료방사선과학회 전시발표 회장상(1997), 미국방사선종양학회 ESTRO Travel Grant(2000), 대한방사선방어학회 우수논문상(2008) [저]'두경부종양학'(2002) '방사능 무섭니?(共)'(2016) [종]천주교

우효섭(禹孝燮) WOO Hyo Seop

[생]1953·6·3 [본]단양(丹陽) [출]경기 평택 [주]광주 북구 첨단과기로123 광주과학기술원 지구·환경공학부(062-715-2443) [학]1972년 경복고졸 1976년 서울대 토목공학과졸 1981년 同대학원 토목공학과졸 1985년 공학박사(미국 콜로라도주립대) 2008년 서울대 경영대학원 최고경영자과정 수료 2013년 同인문학 최고위과정 수료 [경]1986~1988년 미국 신시내티대 토목환경공학과 조교수 1991년 대통령비서실 사회간접자본투자기획단 자문위원 2002~2004·2006~2008년 한국건설기술연구원 부원장 2006~2011년 자연과함께하는하천복원기술개발연구단장 2011~2012년 한국수자원학회 회장 2011~2014년 한국건설기술연구원 원장 2013년 응용생태공학회 회장(현) 2015년 국제수환경공학회 아시아태평양지회 회장(현) 2015년 광주과학기술원 지구·환경공학부 교수(현) [상]환경부장관표창(2001), 대한토목학회 송산상(2004), 국민훈장 동백장(2013) [저]'하천수리학'(2001) '하천복원 가이드라인(共)'(2002) '하천복원사례집(共)'(2006) '생명의 강 살리기-세계의 하천복원 사례(共)'(2012) [역]'유사이송-이론과 실무(共)'(2007) '생태공학-생태학과 건설공학의 가교(共)'(2008) [종]기독교

운 덕(雲 德)

[생]1938·12·7 [본]담양(潭陽) [출]경북 울진 [주]충북 단양군 영춘면 구인사길73 구인사(043-420-7307) [학]1963년 동국대 경제학과졸 [경]1966년 구인사에서 출가 1966년 구인사에서 득도(은사 박상월) 1966년 구인사 승려(현) 1966년 대한불교천태종 총무국장 1972년 同총무부장 1975~1977년 同종의회 제5·6대 의원 1978년 대한불교총연합회 상임이사 1980~2006년 대한불교천태종 제7·8·9·10·11·12·13대 총무원장 1981년 충북태권도협회 회장 1983년 평통 자문위원 1983년 21조 2급 법계 품수 1984년 한국불교종단협의회 부회장 1984년 한·일천태종교류협회 회장 1989년 불교방송 이사 1995년 (재)대한불교천태종 이사 1997~2001년 관문사 주지, 민주평통 상임위원 1999년 同자문위원(현) 1999년 사회복지법인 대표이사 2000년 ROTC중앙회 고문 2001년 분당 대광사 주지 2001~2005년 학교법인 금강불교학원 이사 2002년 대한불교천태종 상벌위원회 부위원장 2003년 同법계고시위원(현) 2004년 同제13대 전형위원 2005~2006년 대전 광수사 주지 2005~2006년 분당 대광사 주지 2005년 1급 법계 품수(대종사) 2008년 (사)남북나눔공동체 부이사장 2008년 금강대 부이사장 2008년 대한불교천태종 상벌위원회 위원 2010년 국가원로회의 부의장(현) 2013년 대한불교천태종 원로원장(현) [상]국민훈장 석류장(1991), 대통령표창(1997·2004), 국민훈장 모란장(2006) [저]'불교의 첫걸음' '마음의 법등' '불교와 인생' '명도록(明道錄)' '불멸의 등명(不滅의 燈明)' [종]불교

운 산(雲 山)

[생]1942·3·20 [출]충남 청양 [주]서울 성북구 정릉로 214 천중사(02-914-3558) [학]1960년 동국대 불교대졸 1964년 同대학원 불교학과졸 [경]1960년 대전 대승원에서 득도(은사 이용봉) 1968년 한국불교청년회 사무총장 1974년 한국불교태고종 총무원 종무부장 1975년 대한불교총연합회 이사 1975년 한국불교태고종 봉원사에서 국성우 종정예하를 계사로 비구계 수지·보살계 수지 1975년 세계불교도우의회 한국연합지부 이사 1975년 한국불교태고종 국성우 종정예하로부터 중덕법계 품수 1976년 同법륜사에서 이용봉 화상을 법사로 건당 1977년 한·일불교교류협의회 이사 1978년 학교법인 보문학원 이사 1978년 한국불교태고종 중앙포교사 1981년 한국불교종단협의회 상임이사 1981년 한·일불교문화교류협의회 상임이사 1982년 한국불교태고종 총무원 총무부장 1985년 (사)한국불교교화원 상임이사 1985년 (사)한국불교반공연합회 이사 1987년 한국불교태고종 천중사 주지(현) 1988년 (사)한국불교태고종중앙회 이사 겸 사무총장 1988~1992년 한국불교태고종 사무총장 1992년 同법인행정원장 겸 태고원 이사장 2001·2005~2009년 同총무원장 2001년 (사)한국불교종단협의회 수석부회장 2002년 (재)한국불교태고원 이사·상임고문 2003년 민주평통 상임위원 2004년 (사)한국종교협의회 회장 2004년 (주)AMS 회장 2005년 학교법인 동방대 이사장 2010년 (재)한국불교태고원 이사장(현) [상]대통령표창(1991) [종]불교

원강수(元康修)

[생]1970·3·7 [주]강원 춘천시 중앙로1 강원도의회(033-256-8035) [학]원주 대성고졸, 강원대 법과대학졸, 同대학원 법학과 수료 [경]YBN영서방송 취재기자, 同뉴스앵커, 同보도팀장, 평창동계올림픽성공 개최위원 2014년 강원도의회 의원(새누리당)(현) 2014·2016년 同운영위원회 위원(현) 2014년 同사회문화위원회 부위원장 2016년 새누리당 강원도당 대변인(현)

원 경(圓 鏡) Won Kyoug

[생]1941·2·8 [본]영해(寧海) [출]충북 청주 [주]경기 평택시 진위면 진위로181의82 만기사(031-664-7336) [학]1997년 동국대 불교대학원 사회복지학과 수료 [경]1950년 화엄사에서 출가 1960년 인천 용화사에서 사미계 수지 1963년 범어사에서 구족계 수지 1974년 여주 흥왕사 주지 1983년 안성 청룡사 주지 1985~2010년 (사)역사문제연구소 이사장 1987년 여주 신륵사 주지 1992년 대한불교조계종 중앙종회 의원 1996~1999년 국립사회복지연수원 수료 1997년 연꽃어린이집 원장 2001년 경기지방경찰청 경승위원 2009년 평택 만기사 주지(현) 2012~2014년 대한불교조계종 사회복지재단 상임이사 2014년 대한불교조계종 원로회의 원로의원(현) [상]인천전국체전 검도부 동메달(1963), 광주전국체전 검도부 금메달(1965), 인물대상 종교부문(2010), 스포츠조선 한국인대상(2011), 한국인인물대상(2012) [저]'반야심경강해설법'(編) '천수경강해설법'(編) '들꽃세상'(1989) 시집 '못다 부른 노래'(2010) [종]불교

원경하(元京河) WON Kyung Ha

[생]1948·10·3 [출]서울 [주]서울 중구 세종대로67 삼성카드 임원실(02-3454-1936) [학]1967년 동성고졸 1975년 명지대 경영학과졸 1996년 고려대 대학원졸 [경]1975년 삼성그룹 입사, 삼성물산(주) 국제금융팀장·재무관리실장(이사)·전략기획실 금융팀장(상무) 2000년 삼성카드 전무이사 2000년 삼성캐피탈 자금지원실장(전무) 2002년 同부사장 2004년 삼성카드(주) 자금기획부문 부사장 2007~2011년 삼성사회공헌위원회 부사장 2011년 삼성카드 상임고문(현) [종]천주교

원경환(元慶煥) WON Kyung Hwan

[생]1954·7·15 [본]원주(原州) [출]서울 [주]서울 마포구 와우산로94 홍익대학교 미술대학 도예유리과(02-320-1219) [학]1973년 보성고졸 1980년 홍익대 미대졸 1982년 同산업미술대학원졸 1986년 일본교토시립예술대 대학원졸 [경]1987년 홍익대 도예연구소 상임연구원 1988년 同도예과 전임강사·조교수·부교수·교수, 同도예유리과 교수(현) 2007년 수원화성문화재단 운영위원 2007년 청주국제공예비엔날레 심사위원 2010~2012년 홍익대 학생처장 2015년까지 개인전 19회(서울·부산·뉴욕·유타·도쿄·교토 등) 개최 [상]서울현대도예공모전 대상(1987)

원경환(元經煥) WON Kyung Hwan

[생]1961·6·12 [출]강원 정선 [주]서울 종로구 세종대로 209 정부서울청사 국무총리실산하 대테러센터 [학]1979년 평창고졸 1981년 한국방송통신대 행정학과졸, 연세대 행정대학원 고위정책과정 수료 [경]1989년 경찰 간부후보(37기) 1993년 예천경찰서 경비과장 1994~1997년 서울지방경찰청 기동단 과장·201전경대장·형사계장·서울 노량진경찰서 조사계장 1997~1999년 부산 동부경찰서 교통과장·부산 영도경찰서 수사과장 1999~2001년 서울 중랑경찰서 경비과장·서울 서초경찰서 청문감사관·경무과장·서울 청량리경찰서 방범과장 2001년 경찰청 감사관실 기획감찰담당 2005년 전북지방경찰청 청문감사관(총경) 2006년 강원 정선경찰서장 2007년 경찰청 장비과장 2008년 同감사담당관 2009년 서울 강동경찰서장 2010년 경찰청 과학수사센터장 2010년 同감찰담당관 2011년 인천지방경찰청 차장(경무관) 2012년 대통령경호실 경찰관리관(경무관) 2014년 경찰청 인천아시안게임기획단장(경무관) 2014년 同교통국장(경무관) 2014년 서울지방경찰청 경무부장(경무관) 2015~2016년 경기지방경찰청 제4부장(경무관) 2016년 국무총리실산하 대테러센터 파견(경무관)(현) [상]근정포장(2003), 대통령표창(2008), 녹조근정훈장(2011)

원경희(元慶喜) WON Kyung Hee

[생]1944 · 6 · 3 [출]서울 [주]서울 서초구 동산로86 (주)혜인 비서실(02-3498-4502) [학]1964년 서울사대부고졸 1966년 연세대 영어영문학과 중퇴 1970년 미국 캘리포니아주립대 풀러턴교졸 [경]1973년 혜인중기(주) 기획부 입사 1974년 同경리부 과장 1979년 同엔진판매부장 1981년 同이사 1986년 (주)혜인 이사 1987년 同전무이사 1991년 同부사장 1995년 同대표이사 사장 2008년 同대표이사 회장(현) [종]기독교

원경희(元景熙) WON Kyong Hee

[생]1955·10·16 [본]원주(原州) [출]경기 여주 [주]경기 여주시 세종로1 여주시청 시장실(031-883-2114) [학]1974년 성동공업고졸 1997년 한국방송통신대 경영학과졸 2000년 성균관대 경영대학원 경영학과졸 [경]1976~1995년 국세청 근무 1996년 세무사사무소 개업 2001~2002년 남서울대·강남대 강사 2002년 조은세무법인 대표세무사 2002~2009년 여주대학 겸임교수 2002년 한가람감리교회 장로 2003~2005년 한국세무사회 전국부회장 2005~2007년 성균관대경영대학원총동문회 회장 2008년 중앙감리교회 장로, 여주포럼 상임대표, 국제와이즈멘 경기동지방 총재 2010년 경기 여주군수선거 출마(미래연합) 2010년 골내근비전연구재단 이사장 2014년 경기 여주시장(새누리당)(현) [상]국세청장 우수공무원표창(1993), 성균관대총장표창(2000), 재정경제부장관표창(2005), 글로벌 자랑스러운 인물대상(2015), 월간중앙 2016 대한민국CEO리더십대상 혁신경영부문(2015), 대한민국을 빛낸 위대하고 자랑스러운 인물대상 지방자치대상 복지부문(2016), 한국여성단체협의회 우수지방자치단체장상(2016) [저]'읽음의 충만'(2005) '작은실천, 큰 행복'(2005) '여주는 경제다'(2006) [종]기독교

원광석(元光錫) Won Kwang Seog

[생]1963 · 10 · 17 [주]제주특별자치도 서귀포시 서호남로19의19 국토교통인재개발원 원장실(064-795-3730) [학]1981년 배재고졸 1988년 서강대 영어영문학과졸 2007년 한국과학기술원(KAIST) 경영전문대학원 경영학과졸(EMBA) [경]1988~1994년 삼성물산 상사부문 해외영업 담당 1994~1996년 同인도네시아 주재원 1996~2008년 삼성인력개발원 글로벌팀 교육부서장 2008~2010년 삼성물산 건설부문 해외영업기획부서장 2011년 同교육 · 채용부서장 2014년 同인사담당 임원 2015년 同건설부문 빌딩사업본부 영업담당 임원 2016년 국토교통부 국토교통인재개발원장(현)

원광식(元光植) WON Kwang Sik (梵山)

[생]1942 · 2 · 21 [본]원주(原州) [출]경기 화성 [주]충북 진천군 덕산면 습지길35 성종사(043-536-2581) [경]1960년 원국진 선생께 사사 1973년 성종사 제2대 대표(현) 1974년 불교문화원 문화위원 1976년 한국범종연구회 발족 1985년 보신각 새종 제작 1993년 한국민속예술연구원 위원장 1994년 천륜사 종 등 한국범종 다수 복제 1997년 전통범종 제작기법 재현 1997년 선림원사지 종 등 범종 다수 복원 1999년 임진각 평화의종 제작 2000년 대한민국 명장 지정 2001년 중요무형문화재 제112호 주철장(鑄鐵匠) 예능보유자 지정(현) 2002년 진천종박물관 건립 및 명예관장(현) 2005년 신지식인 지정 2006년 (사)한국중요무형문화재기능보존협회 부이사장(현) 2006년 한국폴리텍Ⅵ대학 명예교수 2007년 (사)한국범종학회 이사(현) [상]노동부장관표창(2000), 대통령표창(2005), 세계불교평화상(2006) [종]불교

원광엽(元光燁) Won Gwang Yeop

[생]1959 · 11 · 22 [주]전남 나주시 문화로245 사립학교교직원연금공단 경영관리본부(061-338-0012) [학]1978년 선린상고졸 1998년 대림대 공업경영과졸 2014년 한국방송통신대 경영학과졸 [경]2004년 사립학교교직원연금공단 제도연구팀장 2006년 同호남지부장 2010년 同연금기획부장 2011년 同기획조정실장 2013년 同연금사업본부장(상임이사) 2015년 同경영관리본부장(상임이사)(현)

원광영(元光榮) WON Kwang Young

[생]1961 · 7 · 10 [본]원주(原州) [출]경남 거창 [주]서울 용산구 한강대로71길4 (주)한진중공업 법무실(02-450-8065) [학]1979년 부산 대동고졸 1984년 연세대 행정학과졸 [경](주)한진중공업 법무팀장(상무보) 2009~2011년 同기업문화실장(상무보) 2011~2013년 同노무담당 상무보 2014년 同법무실장(상무)(현) [종]기독교

원광호(元光鎬) WON Kwang Ho

[생]1947 · 3 · 13 [본]원주(原州) [출]강원 원주 [주]서울 영등포구 은행로58 삼도빌딩505호(02-393-0010) [학]1966년 대성고졸 1993년 서울대 행정대학원 수료 1994년 명예 문학박사(세종대) [경]1975년 한국바른말연구원 원장(현) 1987년 과학기술처 한글표준전문위원 1991년 국제조선학학술토론회 한국대표 1992년 제14대 국회의원(원주, 통일국민당 · 민자당 · 무소속) 1992년 외솔회 이사 1992년 한 · 인도의원친선협회 부회장 1992년 호박출판사 대표 2015년 대한민국헌정회 이사(현) 2015년 아산정주영기념사업회 회장(현) 2015년 국제한국어교육원 원장(현) [상]외솔상(1998), 대통령표창(2015) [저]'이것이 한글이다' '말이 오르면 나라도 오르고' '한국사회의 부패와 개혁방안에 관한연구' [종]기독교

원국희(元國喜) WON Kuk Hee

[생]1933 · 1 · 18 [출]경기 부천 [주]서울 영등포구 국제금융로8길16 신영증권 비서실(02-2004-9308) [학]인천고졸 1957년 서울대 상학과졸 [경]1957년 대림산업(주) 근무, 서울증권(주) 근무 1971년 신영증권(주) 전무 1974년 同부사장 1980년 同사장 1987년 同회장(현)

원기선(元基善) Kiseon Won

[생]1958 · 1 · 25 [주]경기 파주시 문산읍 문산우체국 사서함1호 남북출입사무소(031-950-5022) [학]1976년 유한공고졸 1978년 건국대 경영학과 중퇴 1986년 서울시립대 행정학과졸 [경]2000년 통일부 기획관리실 기획예산담당관 2002년 同기획관리실 정보화담당관 2004년 同교류협력국 협력기금과장 2007년 同혁신재정본부 남북협력기금팀장 2008년 同비상계획법무담당관 2008년 同통일교육원 교육지원과장 2009년 同남북회담본부 회담지원과장 2010년 同행정관리담당관(부이사관) 2012년 同6.25전쟁납북진상규명위원회 사무국장(고위공무원) 2013년 중앙공무원교육원 교육파견 2014년 통일부 남북출입사무소장 2015년 안동대 사무국장 2016년 통일부 남북교류협력협의사무소장 2016년 同남북출입사무소장(고위공무원)(현)

원기찬(元麒讚) Won Geechan

[생]1959 · 9 · 27 [출]서울 [주]서울 중구 세종대로67 삼성본관27층 삼성카드 사장실(02-2172-8006) [학]1978년 대신고졸 1984년 성균관대 경영학과졸 [경]1984년 삼성전자(주) 인사팀 입사 1990년 同인사담당 과장 1996년 同인사기획그룹 차장 1996년 同북미총괄 인사팀장 2002년 同북미총괄 인사담당 상무보 2005년 同북미총괄 인사담당 상무 2006년 同디지털미디어총괄 인사팀장(상무) 2009년 同디지털미디어&커뮤니케이션부문 인사팀장(상무) 2010년 同인사팀장(전무) 2011년 同경영지원실 인사팀장(부사장) 2012년 同인사팀장(부사장) 2013년 삼성카드 대표이사 사장(현)

원대식(元大植) WON Dae Sik

[생]1957 · 11 · 1 [주]경기 수원시 팔달구 효원로1 경기도의회(031-8008-7000) [학]동두천고졸, 서정대학 사회복지행정과졸 [경]2007년 은현장학재단 이사장(현), 은현청년회 회장, 은현면체육진흥회 이사, 국민생활체육 양주시축구연합회장 2002~2003년 경기 양주군의회 의원, 同부의장 2003 · 2006~2010년 경기 양주시의회 의원, 同부의장 2006 · 2008년 同의장, 경기북부의장협의회 회장, 덕정중총동문회 부회장, 2012~2014년 은현초총동문회 회장 2014년 경기도의회 의원(새누리당)(현) 2014년 同농정해양위원회 위원 2015년 同접경지역발전 및 DMZ세계 생태평화공원 유치특별위원회 위원장 2016년 同농정해양위원회 간사(현)

원대연(元大淵) Won Dae Yun (青汀)

[생]1946 · 8 · 18 [출]경남 의령 [주]서울 성동구 아차산로7나길18 성수에이팩센터901호 한국패션협회 회장실(02-2009-2052) [학]1964년 동아고졸 1969년 고려대 철학과졸 1987년 同경영대학원 최고경영자과정 수료 1998년 서울대 경영대학원 최고경영자과정 수료 2000년 국제산업디자인대 대학원대(IDAS) 뉴밀레니엄과정 2기 수료 2002년 한양대 국제관광대학원 EEP과정 1기 수료 2005년 고려대 언론대학원 수료 [경]1969년 중앙일보 편집국 사회부 기자 1975년 삼성물산(주) 입사 1980년 同프랑크푸르트지사장 1984년 同의류판매사업 이사 1988년 同의류1사업부 상무이사 1991년 同구주지역총괄 상무이사 1993년 同구주지역본부 전무이사 1994년 제일모직 의류사업본부장(전무이사) 1996

년 同의료사업본부장(부사장) 1997년 삼성물산(주) 의류부문 대표이사 부사장 1998년 同의류부문장 1998년 제일모직(주) 대표이사 겸임 1999년 同패션부문 대표이사 부사장 1999년 한국소모방협회 회장 2001년 제일모직(주) 패션부문 사장 2002년 삼성아트디자인학교(SADI) 학장 2004년 한국패션협회 회장(현) 2004년 제일모직 상담역 2009년 서울패션위크조직위원회 위원장 2010년 국제백신연구소(IVI) 명예대사(현) 2012~2014년 영원무역 고문 2012년 한영장학재단 이사(현) 2012~2014년 중소기업중앙회 대중소기업유통분야상생협력위원회 위원장 [상]섬유진흥대상(1997), 한국섬유대상(1998), 올해의 경영인상(1998), 산업포장(1999), 한국능률협회컨설팅 최고경영자상(2000), 고려경영포럼대상(2002), 국제거래신용대상(2002), 철탑산업훈장(2003), 고려대 자랑스러운 문과대학인상(2004), 삼우당 섬유패션대상 교육부문(2006), 제8회 서울대 AMP대상(2009) [저]'가치를 디자인하라'(2006) [종]가톨릭

원대연(元大淵) WON Dae Yeon

[생]1956·5·1 [출]강원 횡성 [주]서울 광진구 강변역로 2 동서울물류센터4층 (재)우체국시설관리지원단 이사장실(02-3706-1100) [학]1974년 춘천고졸 1984년 상지대 무역학과졸 2002년 고려대 대학원 경영학과졸 [경]1997년 정보통신부 감사관실 사무관 2003년 同서기관 승진 2003년 同기획관리실 예산담당관실 서기관, 同전산관리소 경영지원실장, 同지식정보센터 경영지원실장 2005년 대전 대덕우체국장 2007년 정보통신부 우정사업본부 금융사업단 리스크관리팀장 2007년 同예금사업단 예금위험(리스크)관리팀장 2008년 지식경제부 우정사업본부 예금사업단 예금위험관리팀장 2008년 同우정사업본부 보험사업단 보험위험관리팀장 2009년 同우정사업본부 예금사업단 예금사업팀장 2010년 同우정사업본부 감사팀장 2012년 同우정사업본부 보험기획과장 2013년 미래창조과학부 우정사업본부 보험기획과장 2013년 (재)우체국시설관리단 이사장(현) [상]근정포장(2002), 홍조근정훈장(2013)

원대은(元大銀) WON DAE EUN

[생]1955·8·21 [본]원주(原州) [출]제주 제주시 [주]제주특별자치도 제주시 동광로27 삼성산부인과의원(064-721-0555) [학]1973년 제주제일고졸 1979년 중앙대 의대졸 1983년 同대학원졸 1989년 의학박사(중앙대) 2004년 제주대 경영대학원 경영학과졸 [경]1983년 중앙대병원 산부인과 전공의과정 수료 1983년 새한병원 산부인과 과장 1987년 원산부인과의원 개원·원장 1994년 삼성산부인과의원 개원·원장(현) 2000년 대한의사협회 의권쟁취투쟁위원회 중앙위원 2000년 제주도의사회 대의원회의 의장 2003년 同상임부회장 2006년 同회장 2006년 탐라장애인복지회관 후원회장 2009년 광양TOP365요양원 원장(현)

원덕권(元悳權) WON Duk Kwon

[생]1963·7·1 [주]서울 강남구 압구정로440 삼아제약(주) 임원실(02-2056-7200) [학]1987년 서울대 약학과졸, 同약학대학원 생약학과졸, 경영학박사(수원대) [경]대웅제약(주) 중앙연구소 개발팀, 마성상사 근무, 삼성정밀 근무, 안국약품(주) 연구개발임원 2008년 얀센-실락 아태지역사업개발담당 상무 2013년 삼아제약(주) 연구·개발·생산부문총괄 사장(현)

원덕주(元德柱) WON Deog Joo

[생]1960·10·10 [출]서울 [주]서울 영등포구 여의대로24 FKI타워 LG CNS 솔루션사업본부(02-2099-0114) [학]1979년 배문고졸 1986년 인하대 전자계산학과졸 2005년 연세대 대학원 경영정보학과졸 [경]1986년 LG화학 입사 1987년 LG CNS 근무 2002년 同아키텍쳐센터장 2006년 同EQRM·ITSM 담당 2007년 同인프라서비스부문장 2008년 同하이테크사업본부 미디어사업부 상무 2010년 同금융통신사업본부 통신미디어사업부장(상무) 2013년 同통신미디어사업부장(전무) 2014년 同솔루션사업본부장(전무)(현) [종]기독교

원동진(元東塡)

[생]1965·2·2 [주]세종특별자치시 한누리대로402 산업통상자원부 산업정책관실(044-203-4200) [학]충암고졸, 서울대 경제학과졸, 同대학원 행정학과졸, 미국 하버드대 대학원 행정학과졸 [경]1989년 행정고시 합격(33회) 2004년 산업자원부 지역혁신지원담당관 2005년 駐상하이 영사 2008년 지식경제부 무역정책과장 2010년 同부품·소재총괄과장 2011년 국가경쟁력강화위원회 산업경쟁력국장(고위공무원) 2013년 산업통상자원부 대변인 2014년 同무역정책관 2015년 미국 컬럼비아대 국외직무훈련 파견 2016년 산업통상자원부 산업정책관(현)

원동호(元東豪) WON Dong Ho

[생]1949·9·23 [본]원주(原州) [출]서울 [주]경기 수원시 장안구 서부로2066 성균관대학교 컴퓨터공학과(031-290-7107) [학]1976년 성균관대 전자공학과졸 1978년 同대학원 전자공학과졸 1988년 공학박사(성균관대) [경]1978년 한국전자통신연구소 연구원 1982년 성균관대 전기전자컴퓨터공학부 교수, 同정보통신공학부 컴퓨터공학전공 교수 1985년 일본 東京工大 객원연구원 1992년 성균관대 전산소장 1995년 同교학처장 1996년 국가정보화추진위원회 자문위원 1997년 성균관대 정보통신기술연구소장 1999~2001년 同전기전자컴퓨터공학부장 겸 정보통신대학원장 1999년 한국통신정보보호학회 부회장 2000년 성균관대 정보보호인증기술연구센터소장 2001년 한국통신정보보호학회 수석부회장 2002년 同회장 2002년 성균관대 연구처장 2004년 同산학협력단장 2007~2008년 同정보통신대학원장 2013년 同정보통신대학 컴퓨터공학과 교수 2014년 행정자치부 민관포럼정보보호분과위원회 위원장(현) 2015년 성균관대 정보통신대학 컴퓨터공학과 행단석좌교수(현) [상]대한전자공학회 공로상(1999), 한국정보보호학회 공로상(2000), 국가정보원장표창(2000), 정보통신부장관표창(2001), RFID/USN협회 우수논문상(2005), 국가정보원 암호학술논문공모대회 우수상(2006), 성균학술상(2007), 정보보호공동워크숍(JWIS) 공로상(2011), 정보보호유공 홍조근정훈장(2014) [저]'컴퓨터 과학(共)'(2000) '현대 암호학 및 응용(共)'(2002) '현대 암호학'(2003) 'Lecture Notes in Computer Science 3935(共)'(2006) [역]'정보와 부호이론'(1997) '암호기술의 이해'(2013)

원만식(元晩植) WON Man Sik

[주]전북 전주시 완산구 선너머1길50 전주문화방송 사장실(063-220-8005) [학]경희대졸 [경]2002년 MBC TV제작2국 프로듀서1 차장 2003년 同예능국 프로듀서2 차장 2003년 同프로듀서7 부장대우 2005~2009년 同특임3CP(부장대우) 2009년 同예능프로그램개발부장 2009년 同예능국 예능4부장 2010년 同예능국 예능1부장 2011년 同예능본부 예능1부장 2011년 同신사옥건설국장 2012년 同예능본부장 겸 예능1국장 2014~2015년 同예능본부장 2015년 전주문화방송 대표이사 사장(현) [상]경희언론인상(2013)

원명희(元明喜) Won, Myung Hee

[생]1962·9·22 [본]원주(原州) [출]전북 고창 [주]경기 광명시 일직로12번길14 한국토지주택공사 광명시흥사업본부(02-2026-9405) [학]1981년 전주고졸 1985년 전북대 법학과졸 2010년 건국대 부동산대학원 부동산학과졸 [경]1988년 한국토지공사 입사(공채) 2009년 한국토지주택공사 비서실 부장 2010년 同비서실장 2012년 同남북협력처장 2013년 同서울지역본부 주거복지사업처장 2014년 중앙공무원교육원 교육파견(1급) 2015년 한국토지공사 법무실장 2016년 同광명시흥사업본부장(현)

원무호(元武鎬) WON Moo-Ho

[생]1958·1·3 [본]원주(原州) [출]강원 원주 [주]강원 춘천시 강원대학길1 강원대학교 의학전문대학원 신경생물학교실(033-250-8891) [학]1981년 서울대 수의과대학졸 1985년 同대학원졸 1991년 수의학박사(서울대) [경]1987~2000년 한림대 의대 해부학교실 전임강사·조교수·부교수 1993~1994년 일본 나고야대 의학부 실험동물센터 Post-Doc. 1999년 한림대 의대 의예과장 1999~2007년 同의대 해부학교실 주임교수 2000~2010년 同의대 해부신경생물학교실 교수 2000~2010년 同대학원 의학과장 2004년 同뇌인지정보신경과학연구소장 2005~2007년 同학생처장 2007~2010년 同뇌신경손상 및 재생연구소장 2008년 대한민국의학한림원 정회원(현) 2010년 강원대 의학전문대학원 신경생물학교실 교수(현) [상]국무총리표창(2008), 실험동물학회 실험동물과학상(2010), 강원대 우수교원상(2012), 대한해부학회 한길연구상 인용부문 인용상(2013), 강원대 우수연구자상 최다논문부문(2014), 대한해부학회 학회지 우수논문상(2015), 옥조근정훈장(2016) [저]'고려의학'(1999) '조직학'(2000) '인체해부학'(2003) '조직학(共)'(2004) '인체해부학(共)'(2005) [역]'신경해부학-구조와 기능'(1999) '인체의 구조와 기능'(2003)

원미숙(元美淑·女) WON Mi Suk

[생]1959·2·23 [본]원주(原州) [출]강원 홍천 [주]강원 횡성군 횡성읍 문예로157 강원소방서(033-340-9210) [학]상지여고졸, 원주대졸 [경]1978년 소방공무원 임용, 속초소방서 근무, 원주소방서 근무, 홍천소방서 장비담당, 원주소방서 단구파출소장, 同태장파출소장, 同소방행정과 주임, 同장비담당, 同예방담당, 同관리담당, 同행정담당 1996년 최연소 소방위 승진 2002년 소방경 승진

2008년 정선소방서 소방행정과장(소방령) 2009년 원주소방서 소방행정과장 2010년 소방방재청 소방정책국 소방제도과 제도2계장 2014년 同중앙소방학교 교육훈련팀장(소방정) 2014년 국민안전처 중앙소방학교 교육훈련과장(소방정) 2015년 강원도 소방안전본부 종합상황실장 2015년 강원 횡성소방서장(현) [상]강원도지사표창

원미정(元美貞 · 女) WON Mi Jung

[생]1972 · 1 · 1 [본]원주(原州) [출]경기 안산 [주]경기 수원시 팔달구 효원로1 경기도의회(031-8008-7000) [학]1993년 수원여자대학 간호과졸 [경]민주당 경기도당 대변인, 안산YWCA 이사, 同여성인권위원장, 안산의료생협 감사 2007년 안산투명사회협약실천협의회 사무국장 2010~2014년 경기도의회 의원(민주당 · 민주통합당 · 민주당 · 새정치민주연합) 2010년 同보건복지공보위원회 간사 2010년 同친환경무상급식특별위원회 위원 2010년 同윤리특별위원회 위원 2012년 同보건복지공보위원회 위원 2012년 同의원입법지원위원회 부위원장 2012년 同정보화위원회 위원 2012년 同평택항특별위원회 위원 2012년 同예산결산특별위원회 위원 2012년 안산경실련 자문위원 2012년 안산여성근로자센터 자문위원 2012~2014년 경기도 복지발전연구회 회장 2012년 민주당 경기도당 여성의원협의회 수석부대표 2013년 경기도의회 운영위원회 위원 2013년 민주당 경기도당 여성위원회 부위원장 2013년 경기도외국인인권센터 운영위원(현) 2014년 경기도의회 의원(새정치민주연합 · 더불어민주당)(현) 2014~2016년 同보건복지위원회 위원장 2015년 우리함께다문화지역아동센터 운영위원장(현) 2016년 경기도의회 경제과학기술위원회 위원(현) 2016년 同선감학원진상조사및지원대책마련특별위원회 간사(현) [상]경기도장애인복지단체연합회 감사패(2016) [종]기독교

원범연(元範淵) WON BEOM YOUN

[생]1962 · 10 · 16 [출]충남 공주 [주]서울 서초구 서초중앙로203 오릭스빌딩4층 법무법인(유) 강남(02-6010-7021) [학]1981년 공주대사대부고졸 1985년 성균관대 법학과졸 1987년 同대학원 법학과졸 [경]1989년 사법시험 합격(31회) 1992년 사법연수원 수료(21기) 1992년 부산지검 검사 1994년 대전지검 천안지청 검사 1995년 서울지검 남부지청 검사 1997년 광주지검 검사 1999년 서울지검 검사 2002년 형사정책연구원 파견 2004년 창원지검 부장검사 2005년 대구지검 경주지청 부장검사 2006년 법무연수원 교수 2008년 서울남부지검 형사5부장 2009년 인천지검 부천지청 부장검사 2010년 서울고검 검사 2010~2011년 충남도 파견 2011년 서울고검 부장검사 2011~2013년 법무법인 이지스 대표변호사 2012년 무소속 안철수 대통령후보선거대책위원회 법률팀장 2013년 법무법인(유) 강남 변호사(현) 2015년 NS홈쇼핑 윤리위원회 위원(현) [상]대검찰청 전국모범검사상(2001) [저]'한국의 신종기업범죄에 관한 연구' '범법정신장애자의 법적처우에 관한 연구'

원봉희(元鳳喜) WON Bong Hee

[생]1948 · 12 · 6 [출]경남 창원 [주]서울 종로구 새문안로5길55 김앤장법률사무소(02-3703-1244) [학]1967년 부산 동래고졸 1971년 성균관대 상학과졸 1983년 미국 일리노이대 경영대학원졸 1989년 법학박사(JD, 미국 아메리칸대) [경]1969년 공인회계사시험 합격 1970년 행정고시 재정직 합격(9회) 1971년 재무부 사무관 1980년 同기획예산담당관 1983년 同감사담당관 1983년 미국 공인회계사시험 합격 1984년 재무부 손해보험과장 1985년 세계은행(IBRD) 파견 1989년 재무부 법무담당관 1989년 미국 버지니아주 변호사시험 합격 · 등록 1990년 재무부 증권정책과장 1991년 同저축심의관 1991년 세계은행(IBRD) 대리이사 1995년 재정경제원 국제금융증권심의관 1996년 同금융총괄심의관 1997년 同대외경제국장 1999년 김앤장법률사무소 외국변호사(현)

원성준(元聖竣) WON Sung Joon

[생]1953 · 8 · 13 [출]전남 곡성 [주]서울 서초구 서초중앙로217 법무법인 강남(02-3476-3700) [학]1973년 광주제일고졸 1977년 단국대 법학과졸 [경]1983년 사법시험 합격(25회) 1985년 사법연수원 수료(15기) 1986년 인천지검 검사 1988년 전주지검 군산지청 검사 1989년 서울지검 서부지청 검사 1992년 부산지검 검사 1994년 전주지검 검사 1996년 서울지검 검사 1998년 同남부지청 부부장검사 1999년 광주지검 강력부장 2000년 同공안부장 2001년 인천지검 강력부장 2002년 同형사4부장 2002년 同형사3부장 2003년 수원지검 형사2부장 2004년 전주지검 정읍지청장 2005년 광주고검 검사 2007년 서울고검 검사 2009년 대전고검 검사 2009년 서울고검 검사 2012년 대전고검 검사 2014~2016년 서울고검 검사 2016년 법무법인(유한) 강남 변호사(현) [상]법무연수원장표창

원성진(元晟溱) Won Sungjin

[생]1985 · 7 · 15 [주]서울 성동구 마장로210 한국기원 홍보팀(02-3407-3870) [학]2011년 한국외국어대졸 중국어학과졸 [경]권갑용 6단 문하생 1998년 입단 1999년 2단 승단 2000년 3단 승단 2000년 신예프로10걸전 준우승 2001년 신인왕전 준우승 2003년 농심신라면배 한국대표 2003년 천원전 준우승 2004년 6단 승단 2006년 7단 승단 2006년 신인왕전 준우승 2006년 한게임배 마스터즈 서바이벌 우승 2006년 제16기 비씨카드배 신인왕전 준우승 2007년 신인왕전 우승 2007년 8단 승단 2007년 9단 승단(현) 2008년 한중천원전 우승 2008년 제13기 GS칼텍스배 프로기전 준우승 2009년 제37기 하이원리조트배 명인전 준우승 2010년 제38회 하이원리조트배 명인전 준우승 2010년 GS칼텍스배 우승 2011년 삼성화재배 월드바둑마스터즈 우승 2013년 LG배 세계기왕전 준우승 2016년 제17회 맥심커피배 입신최강전 준우승

원세훈(元世勳) WON Sei Hoon

[생]1951 · 1 · 31 [출]경북 영주 [학]1970년 서울고졸 1974년 서울대 법대졸 1998년 한양대 행정대학원졸 2006년 명예 정책학박사(서울산업대) [경]1973년 행정고시 합격 1974년 내무부 행정사무관 1985년 성동구청 도시정비국장 1988년 국무총리행정조정실 지방행정담당관 1989년 서울시 감사담당관 · 주택기획과장 · 기획담당관 1993년 강남구 부구청장 1995년 강남구청장 1995년 서울시 보사환경국장 1998년 同공무원교육원장 1999년 同행정관리국장 1999년 同의회 사무처장 2002년 同상수도사업본부장 2002년 同기획예산실장 2003년 同경영기획실장 2003~2006년 同행정1부시장 2006년 지방자치단체국제환경협의회(ICLEI: International Council for Local Environmental Initiatives) 집행위원 2006년 미국 스탠퍼드대 아시아태평양연구소 초빙연구원 2007년 한나라당 이명박 대통령후보 상근특보 2008~2009년 행정안전부 장관 2008~2009년 대통령소속 지방분권촉진위원회 위원 2009~2013년 국가정보원장 [상]대통령표창, 미국 육군성 공로훈장, 황조근정훈장(2002) [종]불교

원영신(元英信 · 女) WON Young Shin

[생]1956 · 3 · 22 [본]원주(原州) [출]서울 [주]서울 서대문구 연세로50 연세대학교 스포츠과학관317호(02-2123-3198) [학]서울대사대부고졸 1980년 연세대 체육학과졸 1982년 同대학원 체육학과졸 1993년 스포츠사회학박사(연세대) [경]1982~2004년 서울YWCA 보건체육부 위원 1988~1993년 리듬체조 심판 1989년 한국여성체육학회 이사 · 편집위원 1995년 한국스포츠사회학회 이사 · 편집위원 · 부회장 1995년 연세대 교육과학대학 사회체육과 교수(현) 1999~2005년 서울시생활체조연합회 실무부회장 2001 · 2009 · 2011년 유니버시아드대회 대한민국 여자감독 2001~2003년 민주평통 자문위원 2001~2002년 대한체육회 이사 2001년 국민체육진흥공단 정책자문위원 2001년 대학스포츠위원회(KUSB) 상임이사 · 명예총무(현) 2001년 한국올림픽아카데미(KOA) 부위원장 2002~2006년 문화관광부 평가위원 · 정책자문위원 2002년 대한매일 · 서울신문 명예논설위원 2004년 대한체육회 여성체육위원회 부위원장 2004년 스포츠법학회 이사 2005년 국민체육진흥공단 기금심의위원 2007년 한국노년학회 이사(현) 2007년 호주 Univ. of Western Sydney 방문교수 2007년 스포츠법학회 부회장(현) 2007년 연세대 체육연구소장 2010년 (사)글로벌시니어건강증진개발원 회장(현) 2010년 한국여성체육학회 부회장 2013년 연세대 생활체육연수원장(현) 2013년 러시아 카잔 하계유니버시아드대회 대한민국선수단장 2014~2016년 한국여성체육학회 회장 2014년 한국체육산업개발(주) 비상임이사(현) 2014년 문화체육관광부 스포츠3.0위원회 위원 2015년 同혁신위원회 위원(현) 2015년 대한체육회 여성체육위원회 위원장 2016년 한국여성체육학회 명예회장(현) [상]이화여대 · 중앙대 무용콩쿨 입상(1970), 문교부장관표창, 국민건강생활체조 공모전 1등(공동)(1991), 생활체육 서울시장표창, 문화체육부장관표창, 동계유니버시아드 공로패(2001), 교육인적자원부 산학연 연구우수상(2011), 연세대 연구업적우수상(2012) [저]'유아 및 아동을 위한 체육활동의 실제(共)'(1997) '유아를 위한 동작교육의 이론과 실제'(1998) '창조적 움직임 교육의 실제(編)'(1998) '건강한 여성 아름다운 여성'(1999) '직장인을 위한 양생체조'(2002) '즐거운 주말, 가족과 함께'(2002) '스포츠 사회학 플러스(5판)'(2008) '스포츠 사회학 플러스(6판)'(2009) '미디어스포츠 플러스'(2009) '스포츠사회학이론(共)'(2012) '스포츠 사회학 플러스(제2전정판)' '스포츠

사회학 플러스(2판)'(2013) '스포츠 사회학 플러스(3판)'(2014) 蹙'수중에 어로빅체조(共)'(1989) '어린이를 위한 에어로빅댄스'(1990) 蹜기독교

원영준(元榮浚) Weon Youngjun

蹘1968 · 3 · 10 蹍충남 천안 蹎서울 종로구 우정국로68 4층 중소기업청 옴부즈만지원단(02-730-2464) 蹏1986년 배문고졸 1990년 서울대 제어계측공학과졸 1992년 同대학원 제어계측공학과졸 1994년 제어계측공학박사(서울대) 蹓1995년 기술고시 합격(30회) 1995년 산업자원부 산업기술기획과 근무, 정보통신부 Y2K상황실 파견, 산업자원부 디지털전자산업과 근무, 전기위원회 근무, 미국 조지워싱턴대 연수, 산업자원부 구주협력팀 · 산업기술개발팀 근무, 국무총리실 의료산업발전기획단 파견 2008년 지식경제부 로봇팀 과장, 미국 시카고무역관 파견 2013년 중소기업청 중견기업정책국 혁신지원과장 2014년 同중견기업정책국 중견기업정책과장(부이사관) 2016년 同옴부즈만지원단장(현)

원영환(元永煥) WON Young Whan

蹘1936 · 9 · 29 蹍원주(原州) 蹍강원 평창 蹎강원 춘천시 공지로452의1 강원약사회관3층 강원향토문화연구회(033-255-5293) 蹏1958년 서울 광운고졸 1965년 성균관대 문리대학 사학과졸 1967년 同대학원졸 1985년 문학박사(성균관대) 蹓1967~1980년 서울시사편찬위원회 연구원 · 상임위원 1980년 강원대 문과대학 사학과 조교수 · 부교수 · 교수 1983년 同박물관장 1985~2016년 강원도문화재위원회 제1분과 위원장 1988년 강원대 학생생활연구소장 1989년 강원향토문화연구회 회장(현) 1990년 강원대 인문사회대학장 1991~2002년 서울시 시사편찬위원회 부위원장 1992년 강원대 인문대학장 1994년 同평의회 의장 2001년 의암학회 이사장 겸 회장 2002년 강원대 인문사회대학 사학과 명예교수(현) 2002~2005년 서울시 시사편찬위원회 위원장 2002~2005년 국사편찬위원회 사료조사위원전국협의회장 2005~2009년 한국향토사연구전국협의회 회장 2009년 강원도 도사편찬위원회 부위원장(현) 2010년 한국문화원연합회 강원도협의회장 2010~2014년 춘천문화원 원장 2012~2015년 강원도문화원연합회 회장 2014~2015년 (사)강원도문화도민운동협의회 부회장 2014년 同회장 직대 2016년 의암학회 이사장(현) 蹢서울시장공로상(1980), 서울시 문화상(1991), 강원도 문화상(2001) 蹪'서울육백년사 Ⅰ · Ⅱ · Ⅲ(編)'(1977 · 1978 · 1979) '조선시대 한성부 연구'(1991) '의암유인석 항일투쟁사' 등 30여권 蹙'주교지남'(1994) '북한사'(1994) '漢城府北部帳戶籍'(1999) '국역 의암집 1 · 2 · 3 · 4'(2001~2008) 등 10여권 蹜유교

원용걸(元容杰) WON Yong Kul

蹘1963 · 6 · 7 蹍경기 수원 蹎서울 동대문구 전농동90 서울시립대학교 경제학부(02-2210-5608) 蹏1985년 서울대 경제과졸 1988년 同대학원졸 1995년 경제학박사(미국 Indiana대) 蹓1988~1990년 한국은행 근무 1992~1995년 미국 Indiana대 경제학과 강사 1995년 대외경제정책연구원 책임연구원 1998년 인천대 동북아통상학부 교수 2002년 서울시립대 경제학부 교수(현) 2016년 同정경대학장(현) 2016년 同사회과학연구소장 겸임(현)

원용국(元龍國) Wone Yong Kuk (呼石)

蹘1937 · 10 · 13 蹍원주(原州) 蹍평북 신의주 蹎경기 안양시 만안구 삼덕로37번길22 안양대학교 신학과(031-467-0856) 蹏1956년 오산고졸 1961년 대한예수교장로회신학대 신학과졸 1963년 숭실대 철학과졸 1968년 총신대 대학원졸 1987년 신학박사(미국 서던캘리포니아신학대) 1988년 미국 국제대 대학원 신학과졸 蹓1963년 대한예수교장로회 황해교회 목사 안수 1967년 서울신학교 · 한국여자신학교 강사 1972년 총회신학교 강사 1976년 칼빈신학대 강사 1978년 고려신학대 강사 1978년 대한예수교장로회신학대 교수 1980년 총신대 강사 1983~1998년 안양대 신학과 전임강사 · 조교수 · 부교수 1993~2004년 간행물 '성경과 고고학' 발행인 1995년 호석출판사 이사장(현) 1998~2003년 안양대 신학과 교수 2003년 同신학과 명예교수(현) 2007년 성서고고학박물관 설립추진위원회 위원장(현) 蹢부총리 겸 교육부장관표창(2003) 蹪'구약고고학' '성막과 십계명' '신약고고학' '구약사' '모세오경' '구약예언서' '구약성문서' '구약신학' '기독교와 공산주의' '창조와 진화 비교연구'(1998) '창세기, 출애굽기, 레위기, 민수기, 신명기, 여호수아, 사사기, 룻기, 사무엘 상하, 열왕기 상하, 역대기 상하, 에스더, 욥기, 시편, 잠언, 에스라, 느헤미야 주석'(2002, 호석출판사) '성서고고학 사전' '유다서 강해' '성경사본과 고대근동사본 비교연구' 蹙'와인그라' '히브리어교본' 蹜기독교

원용기(元容起) WON YONG GI

蹘1962 · 3 · 1 蹍강원 횡성 蹎세종특별자치시 갈매로388 문화체육관광부 종무실(044-203-2300) 蹏1980년 춘천고졸 1985년 한양대 행정학과졸 1993년 영국 에딘버러대 대학원 사회과학과졸 1996년 영국 헤리오트와트대 대학원 문화정책경영학과 수료 蹓행정고시 합격(27회) 1985년 문화부 문화정책연구관실 행정사무관 1990~1992년 同차관비서실 · 감사관실 행정사무관 1994년 문화체육부 문화산업국 문화산업기획과 행정사무관 1995년 同문화정책국 문화정책과 서기관 1997년 국립현대미술관 전시과장 1998년 영국 스코틀랜드 예술위원회 국외훈련 2002년 국립현대미술관 섭외교육과장 2003년 문화관광부 장관비서관 2005년 同총무과장(부이사관) 2006년 同문화정책국 문화정책과장 2006년 同정책홍보관리실 홍보관리관 2007년 동학농민혁명참여자명예회복심의위원회 사무국장 2008년 국방대학원 파견 2009년 문화체육관광부 관광산업국 관광레저도시기획관 2009년 국립중앙도서관 디지털자료운영부장(고위공무원) 2009년 駐영국 공사참사관 겸 한국문화원장 2012년 문화체육관광부 문화콘텐츠사업실 콘텐츠정책관 2013년 同문화콘텐츠산업실장 2013년 同해외문화홍보원장 2014년 同국민소통실장 2014년 同문화예술정책실장 2016년 同종무실장(현) 蹢근정포장(2007), 홍조근정훈장(2014)

원용협(元容俠) WON Yong Hyub

蹘1957 · 3 · 6 蹍경남 거제 蹎대전 유성구 대학로291 한국과학기술원 전기및전자공학부(042-350-3452) 蹏1978년 울산대 전자공학과졸 1981년 서울대 대학원 전자공학과졸 1990년 전자공학박사(미국 코넬대) 蹓1981~1985년 한국전자통신연구원 선임연구원 1992년 同책임연구원 겸 광교환연구실장 1998년 한국과학기술원 전기및전자공학부 부교수 · 교수(현) 蹢공로상(2007, CLEO/Pacific Rim), 창의IT융합전문가 아이디어공모전 최우수상(2011, 지식경제부) 蹪'광통신 시스템 및 네트워크(共)'(2006, 범한서적) 蹜천주교

원우영(元禹寧) Won Wooyoung

蹘1982 · 2 · 3 蹎서울 서초구 효령로5 서울메트로 총무팀(02-6110-5353) 蹏2000년 홍익대사대부고졸 2004년 한국체육대 체육학과졸 蹓서울메트로 소속(현) 2006년 세계펜싱선수권대회 사브르 개인전 동메달 2006년 도하아시안게임 사브르 단체전 은메달 2010년 세계펜싱선수권대회 사브르 개인전 금메달 2010년 뉴욕월드컵대회 사브르 개인전 동메달 2010년 광저우아시안게임 사브르 단체전 은메달 2011년 아시아펜싱선수권대회 사브르 개인전 금메달 2011년 아시아펜싱선수권대회 남자 사브르 단체전 금메달 2012년 국제월드컵A급선수권대회 사브르 단체전 우승 2012년 제30회 런던올림픽 사브르 단체전 금메달 2014년 스페인마드리드월드컵A급선수권대회 사브르 단체전 우승 2014년 이탈리아파도바월드컵A급선수권대회 사브르 단체전 동메달 2014년 러시아모스크바국제월드컵A급선수권대회 사브르 단체전 동메달 2014년 아시아선수권대회 사브르 단체전 금메달 · 종합우승 2014년 세계펜싱선수권대회 에페 단체전 은메달 2014년 제17회 인천아시안게임 사브르 단체전 금메달 蹢코카콜라체육대상 우수단체상(2013), 체육훈장 청룡장(2016)

원욱희(元郁喜) WON Uk Hee

蹘1949 · 4 · 25 蹍경기 여주 蹎경기 수원시 팔달구 효원로1 경기도의회(031-8008-7000) 蹏덕수상고졸, 상지대학 재학 중 蹓가남면 면장, 북내면 면장 2007~2008년 여주군 주민생활지원과장(서기관) 2010년 경기도의회 의원(한나라당 · 새누리당) 2010년 同문화관광위원회 간사 2010년 민주평통 여주군 자문위원(현) 2010년 여주군기독교협의회 운영위원(현) 2010년 여주군장애인복지위원회 운영위원(현) 2010년 여주향교 장의(현) 2011년 경기도의회 예산결산특별위원회 위원 2011년 同문화관광체육위원회 간사 2012년 同보건복지공보위원회 위원 2012년 同윤리특별위원회 간사 2014년 경기도의회 의원(새누리당)(현) 2014~2016년 同농정해양위원회 위원장 2016년 同경제과학기술위원회 위원(현) 蹢녹조근정훈장(2008)

원유석(元裕錫) WON Yu Seok

蹘1961 · 3 · 3 蹍서울 蹎서울 종로구 사직로8길39 세양빌딩 김앤장법률사무소(02-3703-1869) 蹏1980년 서울 우신고졸 1984년 서울대 법대졸 蹓1983년 사법시험 합격(25회) 1985년 사법연수원 수료(15기) 1986년 軍법무관 1989년 서울형사지법 판사 1991년 서울민사지법 판사 1993년 대전지법 홍성지원 판사 1995년 同서산지원 판사 1996년 수원지법 여주지원 판사 1997년 서울고법 판사 1997년 법원행정처 인사관리심의관 겸임 2000년 대구지법 부장판

사 2002년 사법연수원 교수 2005년 수원지법 안산지원장 2007년 특허법원 부장판사 2009년 同수석부장판사 2009~2011년 서울고법 부장판사 2011년 김앤장법률사무소 변호사(현) [저]'부동산 매도인의 매매계약해제를 위한 이행제공의 정도'(1994, 박영사) '채권자의 신청에 의한 파산절차 개시에 관한 비교법적 연구'(1999, 법원행정처) '채권자 대위 소송에 있어서 피보전권리의 존부에 대한 판단기준'(2000, 박영사) '등록상표의 불사용취소와 부정사용 취소의 실무적 재검토'(2009, 법원도서관)

원유철(元裕哲) WON Yoo Chul

[생]1962·9·26 [본]원주(原州) [출]경기 평택 [주]서울 영등포구 의사당대로1 국회 의원회관648호(02-784-4441) [학]1981년 수성고졸 1986년 고려대 철학과졸 1988년 同정치외교학과졸 1993년 同정책과학대학원 고위정책결정과정 수료 [경]1987년 통일민주당 중앙청년위 송탄시지부장 1988~1991년 (주)LG화학 근무 1991년 경기도의회 의원(최연소·만28세) 1991년 경기도의정동우회 총무 1992년 지방의회발전특별위원회 간사 1992년 태광중·고총동문회 부회장 1994년 평택항권광역개발추진협의회 간사 1995년 21세기황해포럼 대표 1996년 제15대 국회의원 1996~1997년 신한국당 부대변인 1996년 한국JC 중앙정책자문위원 2000년 제16대 국회의원 2001~2004년 한·헝가리의원친선협회 이사 2001~2004년 한·스리랑카의원친선협회 부회장 2001~2004년 아시아·태평양의회포럼(APPF) 이사 2001년 국회 정치개혁특별위원회 간사 2001년 국회 행정자치위원회 간사 2002~2004년 국회 지방자치포럼21 회장 2003~2004년 한나라당 제1정책조정위원장 2003~2004년 반부패국회의원포럼 감사 2003년 국회 인사청문특별위원회 간사 2003년 국회 보훈특별위원회 위원 2005~2006년 미국 스탠퍼드대 후버연구소 객원연구원 2006~2007년 경기도 정무부지사 2008년 제18대 국회의원(평택시甲, 한나라당·새누리당) 2008~2010년 한나라당 경기도당위원장 2008~2010년 국회 독도영토수호대책특별위원회 위원장 2008년 한·불가리아의원친선협회 회장 2010년 국회 국방위원회 위원장 2012년 제19대 국회의원(평택시甲, 새누리당) 2012년 국회 외교통일통상위원회 위원 2012~2014년 새누리당 재외국민위원장 2012년 한·호주의원친선협회 회장 2012년 국회 기우회장 2013년 국회 쌍용자동차여야협의체 위원 2013년 국회 국무총리후보자(정홍원)인사청문특별위원회 위원장 2013년 새누리당 북핵안보전략특별위원회 위원장 2013년 국회 외교통일위원회 위원 2013년 통일을여는국회의원모임 대표 2014~2015년 국회 지방자치발전특별위원회 위원장 2014년 새누리당 평택시甲당원협의회 운영위원장(현) 2014년 同비상대책위원 2014년 同7.30재보궐선거공천관리위원회 위원 2014년 한국기원 이사(현) 2014~2015년 새누리당 무상급식·무상보육TF 위원장 2015년 同정책위원회 의장 2015~2016년 同원내대표 2015년 국회 운영위원회 위원장 2015년 국회 정보위원회 위원 2016년 새누리당 제20대 총선 중앙선거대책위원회 공동위원장 겸 경기권선거대책위원장 2016년 同대표최고위원 권한대행 2016년 제20대 국회의원(평택시甲, 새누리당)(현) 2016년 국회 정보위원회 위원(현) 2016년 국회 외교통일위원회 위원(현) 2016년 한국아동인구환경의원연맹(CPE) 회장(현) [상]대한민국 국회의원 의정대상(2013), 범시민사회단체연합 선정 '올해의 좋은 국회의원'(2014·2015), 한국언론인연대·한국언론인협동조합 선정 '2015 대한민국 창조혁신대상'(2015), 고려대정경대학교우회 선정 '자랑스러운 정경인'(2015) [저]'다윗은 함께 산을 넘는다'(2010) '대한민국 국군 응원단장'(2011) '나는 오늘도 도전을 꿈꾼다'(2013) [종]천주교

원윤상(元潤常) WON Youn Sang

[생]1957·10·16 [본]원주(原州) [출]서울 [주]서울 서초구 서초대로74길4 삼성중공업(주) 임원실(02-3458-7000) [학]경기고졸, 서울대 조선공학과졸, 同대학원졸, 항공공학박사(미국 버지니아공과대) [경]1993년 삼성그룹 입사, 삼성중공업(주) 해양연구팀장·특수선기술영업팀장 2003년 同해양기술팀장(상무보) 2006년 同해양기본설계팀장(상무이사) 2009년 同해양설계담당 상무 2010년 同해양설계담당 전무 2011년 同설계1담당 전무 2013년 同부사장(현) [종]천주교

원윤희(元允喜) WON Yun Hi

[생]1957·9·6 [출]전북 고창 [주]서울 동대문구 서울시립대로163 서울시립대학교 총장실(02-6490-6001) [학]1980년 서울대 경제학과졸 1985년 同행정대학원 행정학과졸 1991년 경제학박사(미국 오하이오주립대) [경]1992년 서울시립대 세무학과·세무전문대학원 교수(현) 2000~2005년 행정자치부 정책평가자문위원회 위원 2001~2003년 국세청 소득표준(기준경비율)심의회 위원 2003년 재정경제부 부동산보유세개편추진위원회 위원 2003년 감사원 재정·금융감사자문위원회 자문위원 2003~2005년 대통령자문 정부혁신지방분권위원회 재정세제전문위원회 전문위원 2003~2005년 서울시립대 기획발전처장 2007~2009년 국회 입법자문위원 2007~2008년 서울시립대 세무대학원장 겸 지방세연구소장 2007년 공무원연금관리공단 비상임이사 2008년 한국재정학회 회장 2008~2011년 기획재정부 세제발전심의위원회 위원 2008~2012년 한국조세연구원 원장 2010년 국민경제자문회의 민간위원 2011~2013년 지방행정체제개편추진위원회 민간위원 2011~2014년 조세심판원 비상임심판관 2012년 행정안전부 공기업정책위원회 위원 2012년 기획재정부 정책성과평가위원회 위원 2012년 同재정관리협의회 민간위원 2012~2014년 서울시립대 정경대학장 2012~2014년 사회과학연구소 소장 2012~2015년 기획재정부 재정관리협의회 민간위원 2013년 안전행정부 공기업정책위원회 위원 2013~2014년 국세청 지하경제양성화자문위원회 위원장 2014년 국무총리소속 지방재정부담심의위원회 위원(현) 2014년 한국대학교육협의회 감사(현) 2015년 서울시립대 총장(현) 2015년 국세청 국세행정개혁위원회 위원장(현) [상]한국재정학회상(1987), 서울시립대 연구우수교수상(2001·2004), 홍조근정훈장(2010), 서울시립대 강의최우수교수상(2011) [저]'지방재정론'(1993) '한국조세제도의 선진화'(1995) '주요국의 지방재정'(1996) '재정학'(1997) '현대재정학(共)'(2012) [종]천주교

원익선(元益善) WON Ik Sun

[생]1967·2·10 [출]강원 철원 [주]서울 서초구 서초중앙로 157 서울고등법원(02-530-1114) [학]1985년 철원고졸 1993년 성균관대 법학과졸 [경]1994년 사법시험 합격(36회) 1997년 사법연수원 수료(26기) 1997년 창원지법 판사 2000년 同진주지원 판사 2001년 수원지법 여주지원 판사 2004년 서울북부지법 판사 2006년 서울행정법원 판사 2008년 서울고법 판사 2009년 서울중앙지법 판사 2010년 사법연수원 교수 2012년 청주지법 제천지원장 2014년 서울고법 판사(현)

원인철(元仁哲)

[생]1961 [학]1984년 공군사관학교졸(32기) [경]공군 작전사령부 항공우주작전본부장 2012년 공군 제19전투비행단장 2013년 공군 작전사령부 부사령관, 합동참모본부 연습훈련부장 2015년 공군 참모차장(중장) 2016년 공군 작전사령관(중장)(현)

원재광(元再光) WON Jaegwang

[생]1972·12·26 [본]원주(原州) [출]서울 [주]충북 진천군 광혜원면 구암길64의18 국가기상위성센터 위성기획과(070-7850-5701) [학]1991년 충암고졸 1995년 서울대 대기과학과졸 1998년 同대학원 대기과학과졸 2003년 대기과학박사(서울대) [경]2005년 기상청 입청 2012년 同관측정책과 서기관 2013년 同국가기상위성센터 위성기획과장(현)

원정숙(元貞淑·女)

[생]1974·7·9 [출]경북 구미 [주]대전 서구 둔산중로78번길45 대전지방법원(042-470-1114) [학]1993년 구미여고졸 1999년 경북대졸, 同대학원졸 [경]1998년 사법시험 합격(40회) 2001년 사법연수원 수료(30기) 2001년 대구지법 예비판사 2004년 인천지법 부천지원 판사 2006년 서울가정법원 판사 2008년 서울중앙지법 판사 2010년 서울동부지법 판사 2014년 서울중앙지법 판사 2016년 대전지법 부장판사(현)

원정연

[생]1967 [주]경기 성남시 분당구 성남대로343번길9 SK주식회사 C&C 임원실(02-6400-0114) [학]고려대 농생물학과졸, 同국제대학원 중국학과졸, 미국 뉴욕주립대 대학원 Tech. Mgmt. 석사 [경]1994년 SK네트웍스 근무 1996년 SK C&C SK정보기술팀 근무 1997년 同물류·서비스사업1팀 근무 2006년 同중국사업추진팀·전략기획팀 근무 2012년 同사업기획팀장 2013년 同경영기획팀장 2015년 同IT서비스기획본부장(상무) 2015년 SK주식회사 C&C IT서비스기획본부장(상무) 2016년 同CV혁신본부장(상무)(현)

원정일(元正一) WON Chung Il

[생]1945·1·10 [본]원주(原州) [출]서울 [주]서울 강남구 테헤란로311 아남타워1205호 원정일법률사무소(02-567-9866) [학]1963년 경기고졸 1967년 서울대 법대졸 1969년 同사법대학원졸 1980년 미국 미시간법대 대학원졸 [경]1967년 사법시험 합격 1969년 육군 법무관 1972~1982년 대전지검·서울지검·부산지검·법무부 검사 1982년 대검철청 형사2과장 1983년 同중

앙수사부 제3과장 1985년 법무부 검찰2과장 1986년 同검찰1과장 1987년 서울지검 형사5부장 1988년 同형사3부장 1989년 同형사1부장 1990년 마산지검 차장검사 1991년 수원지검 차장검사 1992년 부산지검 동부지청장 1993년 대구고검 차장검사 1993년 법무부 보호국장 1993년 청주지검장 1994년 법무부 교정국장 1995년 인천지검장 1997년 대검찰청 강력부장 1997~1998년 법무부 차관 1998~1999년 광주고검장 1999년 변호사 개업(현) 2009~2011년 뉴스통신진흥회 감사 2009년 영화진흥위원회 감사 2015년 한국ABC협회 인증위원장(현) [상]홍조근정훈장, 황조근정훈장 [저]'주석형법'(共)

원정호(元正鎬) WON Jung Ho

[생]1960·1·13 [본]원주(原州) [출]서울 [주]서울 구로구 새말로97 서부금융센타40층 삼성카드고객서비스(주) 임원실(02-2172-8403) [학]1978년 중동고졸 1984년 한국외국어대 화란어과졸 [경]1984년 삼성물산(주) 입사, 同싱가포르지사 근무 2002년 삼성카드(주) 자금팀장·자금기획팀장 2004년 同자금담당 상무보, 同경영지원담당 상무보, 同자금담당 상무보 2007년 同자금담당 상무 2010년 同자금담당 전무 2011년 同법인영업 전무 2012년 同마케팅본부장 2013년 同신용관리실장 2014년 삼성카드고객서비스(주) 대표이사(현) [종]천주교

원정희(元井喜) WON Jeong Hee

[생]1954·2·10 [본]원주(原州) [출]경남 거제 [주]부산 금정구 중앙대로1777 금정구청 구청장실(051-519-4004) [학]1971년 거제종고졸 2004년 동의대졸 2006년 同대학원 회계학과졸 [경]세일기업(주) 대표이사 1988~2004년 한나라당 부산금정지구당 사무국장 1992년 부산시 금정구청년연합회 운영위원장 1997년 금정JC특우회 감사 2001년 (사)한마음등불회 상임위원(현) 2001년 부산시체육지도자협의회 자문위원 2002~2006년 부산시의회 의원(한나라당) 2002·2009년 민주평통 금정구 부회장 2005년 (사)실천경영학회 감사 2007~2010년 부산시의정회 사무총장 2009년 부산가톨릭대 경영학부 겸임교수 2010년 부산시 금정구청장(한나라당·새누리당) 2014년 부산시 금정구청장(새누리당)(현) 2014~2016년 부산시구청장·군수협의회 감사 [상]지방자치발전부문 지방자치행정발전 공로대상(2012), 대한경영학회 경영자대상 공공기관부문(2014), 일·가정균형경진대회 최우수상(2014)

원종규(元鍾圭) WON Jong Kyu

[생]1959·8·9 [본]원주(原州) [출]서울 [주]서울 용산구 한강대로32 (주)LG유플러스 전략조정실(1544-0010) [학]배문고졸, 고려대 경영학과졸, 미국 매사추세츠공과대 경영전문대학원졸(MBA) [경]한국생산성본부 근무, LG경제연구원 근무, LG건설 부장, GS건설 근무 1999년 LG텔레콤 SME OPU장 2001년 同법인사업부장(상무) 2004년 同강남사업부장(상무) 2008년 同영업2부문장(상무) 2010년 통합LG텔레콤 PM사업본부 영업1부문장(전무) 2010년 (주)LG유플러스 영업1부문장(전무) 2012년 同유통정책부문장(전무) 2013년 同모바일사업부장(전무) 2013년 同전략조정실장(CSO·전무) 2015년 同전략조정실장(CSO·부사장)(현)

원종규(元鍾珪) Jong Gyu WON

[생]1959·9·2 [출]서울 [주]서울 종로구 종로5길68 11층 코리안리재보험(주) 비서실(02-3702-6001) [학]1978년 여의도고졸 1983년 명지대 무역학과졸 2012년 연세대 경영대학원졸 [경]1986년 코리안리재보험(주) 해상부 사원 1989년 同해상보험부 대리 1996년 同해상보험부 항공과장 1998년 同기획조정실 담당역 1998년 同뉴욕주재 사무소장 2001년 同총무부 인사교육과 차장 2002년 同기획관리실 기획전략과 차장 2004년 同기획관리실 기획과 차장 2005년 同경리부장 2007년 同이사대우 2009년 同상무대우 2010년 同상무 2011년 同전무 2013년 同대표이사 사장(현)

원종승(元鍾承) WON Jong Seong

[생]1952·4·4 [출]경기 여주 [주]서울 중구 남대문로63 한진빌딩706호 정석기업(주)(02-726-6311) [학]경복고졸 1974년 성균관대 경영학과졸 [경]세정회계법인 공인회계사 1985년 대한항공 입사, 정석기업(주) 총괄전무, GS홈쇼핑 비상근 이사, 대한항공 그룹경영조정실장(전무) 2010년 정석기업(주) 대표이사 부사장(현)

원종윤(元鐘胤) WON Jong Yoon

[생]1959·1·3 [출]서울 [주]서울 송파구 위례성대로22길 28 인성정보(주) 임원실(02-3400-7010) [학]1977년 여의도고졸 1981년 서울대 원자핵공학과졸 [경]1981~1984년 육군학사장교(1기) 1984~1987년 현대전자산업(주) 정보기기연구소 연구원 1987년 삼일경제연구소 연구원 1987~1991년 가인시스템(주) 소프트웨어사업부장 1991년 인성정보(주) 대표이사 사장(현) 1998~2005년 인성디지탈(주) 설립·대표이사 사장, 同비상근이사 2001년 아이넷뱅크(주) 설립·대표이사 사장 2004년 하이케어사업 시작 [상]코스닥증권시장 최우수공시법인상, 중소기업청 이달의벤처기업인상(1999), 국무총리표창(1999), 인천공항세관장표창(2005), 재정경제부장관표창, e-Business대상 산업자원부장관표창(2006), 신성장경영대상 산업자원부 우수상(2007), 동탑산업훈장(2014)

원종호(元鐘昊) Jong-ho Won

[생]1958 [주]서울 금천구 가산디지털1로222 한국후지필름(주) 임원실(02-3281-7700) [학]성균관대 기계공학과졸 [경]2008년 롯데닷컴 이사대우 2010년 同이사 2013년 同경영전략본부장(상무) 2014년 同사내이사 2015년 한국후지필름(주) 대표이사(현)

원중희(元重喜) WON Joong Hee

[생]1958·12·10 [출]서울 [주]서울 영등포구 여의나루로 57 BNK투자증권 감사실(02-3215-1500) [학]1976년 중앙사대부고졸 1984년 동국대 농업경제학과졸 1997년 미국 조지아주립대 대학원 경영학과졸 [경]1998년 재정경제부 금융정책국 증권제도과 사무관 2001년 同증권제도과 사무관 2002년 同감사담당관실 사무관 2003년 同감사담당관실 서기관 2006년 同혁신인사기획관실 법무팀장 2006년 同공적자금관리위원회 사무국 회수관리과장 2008년 금융위원회 감사담당관 2009년 同행정인사과장 2011년 국방대 교육파견(서기관) 2012년 금융위원회 규제개혁법무담당관 2012~2015년 금융결제원 감사 2015년 BNK투자증권 감사(현)

원진숙(元眞淑·女) WON Jin Sook

[생]1964·7·15 [본]원주(原州) [출]서울 [주]서울 서초구 서초중앙로96 서울교육대학교 국어교육과(02-3475-2427) [학]1983년 숙명여고졸 1987년 고려대 국어교육과졸 1989년 同대학원 국어학과졸 1994년 문학박사(고려대) [경]1989~1997년 이화여대·고려대·광운대 강사 1995년 고려대 민족문화연구소 선임연구원 1997년 서울교육대 국어교육과 교수(현), 미국 조지타운대 연구교수, 서울대 연구교수 2007년 서울교육대 대학생활문화원장, 同다문화교육연구원장, 同초등국어교육연구소장, 초등국정국어교과서 집필위원 2011년 개정국어과교육과정 개발위원 2013년 한국작문학회 회장 2013~2014년 서울교육대 국어교육과장 2015년 한국작문학회 고문(현) 2015년 서울교육대 다문화교육연구원장(현) [상]자랑스러운 숙명인상(2016) [저]'논술교육론' '삶과 화법-행복한 삶을 위한 화법연구' '초등국어와 교육론' '교사화법교육' '글로벌시대의 다문화교육' '화법 교육론' '국어교육의 이해' '다문화가정 학생을 위한 표준 한국어 1·2'(2012, 국립국어원) '한국어 교육과정'(2012, 교육과학기술부) '중학교 국어 1. 북한 이탈학생을 위한 보충 교재'(2012, 한국교육개발원 탈북청소년지원센터) '국어 1-2학년군 국어 3-가·나'(2013) '국어 1-2학년군 국어활동 3-가·나'(2013) '초등 국어과 교육의 원리'(2013, 박이정) '초등 국어과 교수 학습의 이해와 적용'(2013, 박이정) '공공화법'(2013, 태학사) '초등학생을 위한 표준 한국어1·2'(2013, 도서출판 하우) '국어교과서 다문화 제재 수록 양상'(2014, 미래앤) '다문화교육 용어사전'(2014, 교육과학사) '돋움 국어 중1 인정 교과서'(2014, 한국교육개발원) '초등학생을 위한 표준 한국어 익힘책 1·2'(2014, 도서출판 하우) '어휘교육론'(2014, 사회평론 아카데미) [역]'생태학적 문식성 평가' '글쓰기의 문제해결전략' [종]가톨릭

원창묵(元昌默) WON Chang Mug

[생]1960·12·10 [출]강원 원주 [주]강원 원주시 시청로1 원주시청 시장실(033-737-2001) [학]1978년 원주고졸 1987년 중앙대 건축학과졸 2001년 同건설대학원 도시공학과졸 [경]육군 병장 만기전역(특전사) 1995·1998~2002년 강원 원주시의회 의원 1998년 (주)건축사사무소 예원 대표이사 1999년 21세기정책연구소 소장 1999년 세명대 건축공학과 겸임교수 2002년 원주시장선거 출마(새천년민주당), 국가균형발전위원회 자문위원, 원주사랑연구소 소장 2008~2010년 민주당 원주시지역위원회 위원장 2010년 강원 원주

시장(민주당 · 민주통합당 · 민주당 · 새정치민주연합) 2010년 전국혁신도시협의회 회장 2010년 (재)원주문화재단 이사장(현) 2011~2014년 대한민국건강도시협의회 의장 2011~2014년 WHO서태평양지역건강도시연맹 운영위원회 의장 2014년 강원 원주시장(새정치민주연합 · 더불어민주당)(현) 2014년 전국청년시장 · 군수 · 구청장회 부회장(현) [상]대통령표창(2015), 세계 부부의날 위원회 특별공로상(2016), 농협중앙회 지역농업발전 선도인상(2016)

원창환(元昌煥) WON Chang Whan

[생]1950 · 1 · 24 [본]원주(原州) [출]강원 정선 [주]대전 유성구 대학로99 충남대학교 공과대학 신소재공학과(042-821-6631) [학]1972년 한양대 자원공학과졸 1976년 연세대 대학원 금속공학과졸 1982년 금속공학박사(고려대) [경]1976년 한국에너지연구소 연구원 1983~2015년 충남대 공대 나노소재공학과 조교수 · 부교수 · 교수 1987년 미국 Utah대학 교환교수 1989년 동력자원연구소 위촉연구원 1989년 국방과학연구소 위촉연구원 1989년 동진화학(주) 기술고문 1990년 일본 동북대 금속재료연구소 방문연구원 1991년 프랑스 국립과학연구소 방문연구원 1993년 러시아 Russian Academy of Science 방문연구원 2003년 충남대 급속응고신소재연구소장 2003년 International Association on SHS 집행위원 2004년 미국 ABI(American Biographical Institute) 선정 '2004올해의 인물' 2005년 영국 IBC 세계인명사전 등재 2005년 러시아 ISMAN(Institute of Structural Macrokinetic and Materials Science)연구소 발행 세계세라믹학회 인명사전에 등재 2010년 아시아 · 태평양 인명사전 등재 2011년 (주)엘림신소재 대표이사(현) 2015년 충남대 신소재공학과 명예교수(현) [상]러시아과학원 공로상(2007), 옥조근정훈장(2015) [저]'공업재료학'(1998) [종]기독교

원철희(元喆喜) WON Churll Hee (米石)

[생]1938 · 6 · 29 [본]원주(原州) [출]서울 [주]서울 용산구 청파로122 농협용산별관5층 (사)농식품신유통연구원 이사장실(02-2077-2817) [학]1957년 배재고졸 1962년 서울대 법학과졸 1985년 중앙대 사회개발대학원졸 1988년 고려대 정책과학대학원 수료 1998년 명예 경영학박사(조선대) 2002년 명예 경제학박사(순천향대) [경]1978년 농업협동조합중앙회 비서실장 1980년 경제과학심의회의 연구위원 1983년 농업협동조합중앙회 새마을지도부장 1983년 4H후원회 사무총장 1987년 농민신문 상임감사 1988년 농업협동조합중앙회 충남지회장 1990년 同유통담당 이사 1990~1993년 대통령 경제비서관 1994~1999년 농업협동조합중앙회 회장 · 농민신문 사장 · 전국은행연합회 부회장 1995년 농수축임업협동조합중앙회협의회 회장 1997년 한국협동조합협의회 대표 1997년 국제협동조합연맹(ICA) 이사 1998~2005년 국제농업협동조합기구(ICAO) 회장 2000~2003년 제16대 국회의원(아산, 자민련) 2000년 자민련 제1정책조정위원장 2000년 국회 농림수산특별위원회 위원장 2001년 同정책위원회 의장 2001~2003년 배재학당총동창회 회장 2001년 자민련 정책자문위원장 2003년 (사)농식품신유통연구원 이사장(현) 2008년 법무법인 화평 상임고문(현) 2009년 (사)식생활교육국민네트워크 공동대표 2014년 한국농어촌공사 고문 [상]새마을훈장 노력장(1984), 동탑산업훈장(1992), 고객만족경영혁신 전국대회최고경영자상(1996), 금탑산업훈장(1997), 자랑스런배재인상(1998) [저]'돌보다 많은 쌀'(1997) '불씨선생'(2000) [역]'싱가포르의 성공'(1986) '자기혁신의 길'(1996) [종]기독교

원충희(元忠喜) WON Choong Hi

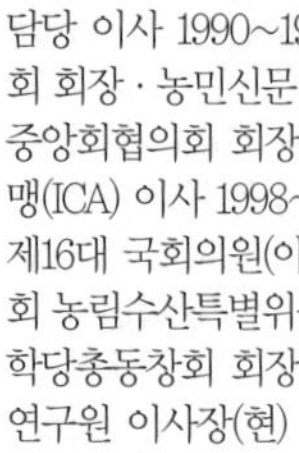

[생]1940 · 8 · 13 [출]서울 [주]서울 중구 소파로131 서울신문 STV(02-726-7476) [학]1959년 보성고졸 1963년 고려대 국어국문학과졸 1991년 동국대 정보산업대학원 신문방송학 석사과정 수료 [경]1963년 육군 보병소위 임관(ROTC1기) 1965년 국제보도 기자 1968년 同駐월남 특파원 1970년 同사회부 차장 1972년 同편집부 차장(부장대우) 1974년 문화방송 · 경향신문 편찬실 편집위원 1976년 문화방송 수석편집위원 1976년 경향신문 수석편집위원 1980년 한국경제신문 사업국장 직대 1981년 同판매국장 1983년 同출판국장 겸 '서강 Havard Business' 편집위원장 1985년 同논설위원 1985년 소비자보호원 국민경제법령심의위원회 심의위원 1987년 문화체육부 아시안게임백서편찬위원회 수석편찬위원 1990년 한국경제신문 논설위원(이사대우) 1992년 대한민국ROTC 제1기 동기회장 1993~1996년 한일생명보험 상임감사 1997~2002년 (주)유닉스라바 대표이사 1997~2002년 경기대 교양교직학부 겸임교수 1998년 (사)GR협회 이사 1999년 한 · 불교류협회 수석부회장 2001년 한 · 불경제포럼 한국대표 2001년 (사)21세기ROTC포럼 회장(현) 2002년 (주)유닉스라바 대표이사 회장 2002년 국민통합21 고문 2004년 (사)자원순환산업진흥협회 회장(현) 2006년 자원순환단체연대회의 의장(현) 2009년 서울신문 STV 회장(현) 2013년 자원순환정책포럼 대표(현) 2013년 한국전쟁기념재단 정전60주년기념사업추진위원회 위원, 대한민국ROTC중앙회 명예회장(현) [상]자랑스러운 ROTCian상(2001), 조선일보 환경기술대상(2003), 국무총리표창(2004) [저]'북괴도발 30년사' '인지반도의 공산화연구'

원치용(元致庸) WON Chi Yong

[생]1953 · 1 · 27 [주]서울 송파구 백제고분로501 (사)한국사회복지정책연구원(02-3432-0347) [학]1971년 봉화고졸 1976년 대구대 경제학과졸 1983년 성균관대 대학원 경제학과졸 1997년 대구대 대학원 경제학과졸 [경]1978년 아산사회복지재단 입사 2002~2011년 同복지사업실장 2011년 한국사회복지정책연구원 이사장(현)

원태재(元泰載) WON Tae Jae

[생]1952 · 3 · 29 [본]원주(原州) [출]서울 [주]서울 성동구 왕십리로115 대한민국재향군인회(02-418-7629) [학]1970년 광동 산림고졸 1976년 육군사관학교졸(32기), 연세대 대학원 사학과졸, 단국대 대학원 사학과졸(문학박사), 영국 Sussex대 연수, 국방대학원 안보과정 수료 [경]1989년 국방부 대변인실 공보장교 1992~1993년 수도방위사령부 정전과장 1995~1996년 육군참모총장 공보부관 1997~1999년 육군본부 공보과장 2001년 3군사령부 정훈공보참모 2002년 국방부 공보기획과장 2004~2005년 합동참모본부 공보실장 2006년 국방부 군사편찬연구소 전쟁사부장 2008~2010년 국방부 대변인 2015년 대한민국재향군인회 홍보실장 겸 대변인(현) [상]국방부장관표창, 대통령표창 [저]'나라를 빛낸 위인들'(1984) '영국 육군 개혁사'(1994) [역]'나폴레옹 전쟁 금언'(1998) [종]기독교

원 택(圓 澤)

[생]1944 · 10 · 2 [출]대구 [주]서울 종로구 삼봉로81 두산위브파빌리온1232호 백련불교문화재단(02-2198-5100) [학]1963년 경북고졸 1967년 연세대 정법대 정치외교학과졸 [경]1972년 득도(은사 성철) 1972년 해인사에서 사미계 수지(계사 지관) 1972년 해인사 수선안거 이래 12하안거 성만 1974년 범어사에서 비구계 수지(계사 석암) 1987년 (재)백련불교문화재단 이사장(현) 1990년 불교출판협의회 회장 1992년 대한불교조계종 제10대 중앙종회 의원 1999~2002년 同총무원 총무부장 1999년 도서출판 장경각 대표(현) 2003~2010년 녹색연합 공동대표 2004년 대한불교조계종 중앙종회 차석부의장, 백련암 감원(현) 2005~2015년 부산 고심정사 주지 2010년 대한불교조계종 화쟁위원회 부위원장 2016년 부산 고심정사 회주(현) [저]'성철스님 시봉이야기 1 · 2' '만화 성철 큰 스님 1 · 2'(2006) [종]불교

원 행(遠 行) (慈光)

[생]1942 · 4 · 4 [본]전주(全州) [출]강원 평창 [주]강원 평창군 진부면 오대산로374의8 월정사(033-339-6800) [학]1961년 서울 선린상고졸 1974년 월정사 승가대졸 1985년 고려대 생명환경대학원 수료 1995년 강원대 산업대학원 수료 [경]1970년 오대산 월정사에서 萬化스님을 은사로 呑虛스님을 법사로 수계득도 1974~1983년 월정사 재무국장 1983년 가야산 해인사 팔만대장경 장주 1985년 한 · 중 · 일불교교류협의회 상임이사(현) 1986~1994년 계룡산 자광사 주지 1988년 대전세계박람회 불교관장 1989년 대전불교사암연합회 회장 1994년 대한불교조계종 제4교구본사 월정사 총무국장 1994~1996년 同제11대 중앙종회 의원 1995~2000년 동해 두타산 삼화사 주지 1996년 대한불교조계종 중앙초심호계의원 2000~2008년 원주 치악산 구룡사 주지 2001년 원주경찰서 경승실상 2002년 강원지방경찰청 경승단장 2003년 오대산 월정사 부주지(현) 2005년 법무부 중앙교정위원 수석부회장(현) 2008년 원주교도소 교정위원(현) 2009년 10.27 불교법난 피해자 대표(현) 2009년 민주평통 자문위원(제14기~17기)(현) 2010년 춘천지검 영월지청 민 · 형사조정위원(현) 2010년 강원도종교평화협의회 사무총장 · 위원(현) 2010년 동해지방해양경비안전본부 경승단장(현) 2010년 강원생명민회 불교대표(현) 2012년 오대산 월정사 탑돌이보존회 회장(현) 2012년 원주한지문화재 이사(현) 2012년 대통령소속 사회통합위원회 위원 2012년 강원도 선행도민 심사위원(현) 2012년 강원도푸드(주) 이사(현) 2013년 평창문화예술재단 이사(현) 2013년 건국대 불자회 상임고문(현) 2014년 월정사복지재단 이사(현) 2015년 강원 평창경찰서 경승실장(현) [저]'월정사 멍청이'(2010) '월정사 탑돌이'(2014) '10.27 불교법난'(2015) '눈썹 돌리는 소리'(2015) '만화(萬化)스님 시봉이야기'(2016) '탄허(呑虛)스님 시봉이야기'(2017) [종]불교

원 행(圓 行) (碧山)

[생]1953 · 12 · 22 [본]전주(全州) [출]전북 김제 [주]경기 김포시 승가로123 중앙승가대학교 총장실(031-980-7710) [학]1970년 전북 만경고졸 1983년 해인사 승가대학졸 1987년 중앙승가대졸 1989년 동국대 교육대학원 철학과 수료 1993년 同불교대학원 불교사학과 수료 2009년 한양대 행정자치대학원졸(행정학석사) 2013년 同대학원졸(행정학박사) [경]1973년 법주사에서 월주스님을 은사로 사미계 수

계 1980년 금산사에서 천일기도 성만 1984년 서울 영추사 주지 1985년 범어사에서 자운스님을 계사로 비구계 수계 1986년 금산사 총무국장 1989년 대한불교조계종 무주 안국사 주지 1989년 전북불교회관 원감 1994년 대한불교조계종 제11대 중앙종회 의원 1994년 금산사 기획국장 1995년 평화통일불교추진협의회 전북본부회장(현) 1997년 학교법인 승가학원 감사·총무원장 특보 1998년 대한불교조계종 제12대 중앙종회 의원 1999년 호계원 사무처장 1999년 복지법인 승가원 이사 1999년 대한불교조계종 중앙종회 사무처장 1999년 同종립학교관리위원 2000년 중앙승가대 제11대 총동문회장 2000년 대한불교조계종 제13대 중앙종회 의원 2000년 경기도 NGO 국제평화인권센터 대표(현) 2000년 학교법인 승가학원 감사 2001년 사회복지법인 나눔의집 상임이사 겸 원장(현) 2001년 금산사 부주지 2002년 중앙승가대 제12대 총동문회장 2002년 학교법인 승가학원 이사 2003년 무주불교대 학장(현) 2003년 우리민족서로돕기 지도위원(현) 2004년 지구촌공생회 이사(현) 2004년 인드라망 생명살림불사 공동추진위원장 2005년 대한불교조계종 제17교구 본사 금산사 주지 2005년 전북사암승가회 회장 2005년 전북도 경승지단장 2005년 화엄불교대학 학장 2005년 복지법인 희강원 이사장 2007년 전국불자교정인협의회 부총재(현) 2009년 대한불교조계종 제17교구 본사 금산사 주지 2011년 대한불교조계종 전국교구본사주지협의회 회장 2011년 대통령소속 사회통합위원회 위원 2013년 전북전통사찰보존위원회 위원장(현) 2013년 안국사·금당사 회주(현) 2014년 중앙승가대 총장(현) 2014년 복지법인 승가원 이사장(현) 2014년 개운사 주지(현) 2014년 불교방송BBS 이사(현) 2014년 새로운한국을위한국민운동 공동대표(현) 2014년 대한불교조계종 제16대 중앙종회 의원(현) 2016년 同중앙종회 의장(현) [상]대한불교조계종 총무원장표창, 중앙승가대총장 공로상·감사패, 무주군 군민의장 문화장, 나눔의 집 만해평화대상, 경기도지사표창 [종]불교

원현린(元顯麟) Hyeon-Rin Won (鶴雲)

[생]1956·8·24 [본]원주(原州) [출]충남 공주 [주]인천 남구 인중로5 기호일보(032-761-0003) [학]1976년 인천고졸 1982년 단국대 법학과졸 [경]1984~1988년 경인일보 사회부 기자 1988~1997년 인천일보 정치부장·경제부장·사회부장 2000~2004년 경기일보 인천취재본부장·인천분실장 2004~2006년 인천일보 편집국장·논설실장 2006~2012년 인천신문 초대 발행인·주필 2012년 기호일보 편집국장 2014년 同논설실장(현) [상]인천시문화상 언론부문(2008)

원혜영(元惠榮) WON Hye-young

[생]1951·9·27 [본]원주(原州) [출]경기 부천 [주]서울 영등포구 의사당대로1 국회 의원회관816호(02-784-3106) [학]1970년 서울 경복고졸 1996년 서울대 사범대학 역사교육과졸 [경]1971년 서울대 교양과정부 학생회장 1971~1980년 반독재 민주화 운동으로 2회 복역·3회 제적 1981~1986년 풀무원식품(주) 창업·경영 1987년 역사비평 발행인 1992년 제14대 국회의원(부천시 중구乙, 민주당) 1992년 국회 환경노동위원회 간사 1995년 민주당 원내총무 1998~2003년 민선 2·3대 부천시장(새정치국민회의·새천년민주당), 전국대도시시장협의회 회장, 부천국제판타스틱영화제(PIFAN) 조직위원장 2001년 한양대·가톨릭대 겸임교수 2003년 대통령직속 정부혁신지방분권위원회 위원 2004년 제17대 국회의원(부천시 오정구, 열린우리당·대통합민주신당·통합민주당) 2005~2007년 열린우리당 정책위 의장·사무총장·최고위원 2006~2007년 한국아동인구환경의원연맹 회장, 아시아·태평양환경개발의원회의 회장 2007년 국회 예산결산특별위원장 2007년 한국스페셜올림픽위원회 이사 2008년 제18대 국회의원(부천시 오정구, 통합민주당·민주당·민주통합당) 2008~2009년 민주당 원내대표 2011년 同전월세대책위원회 위원장 2011년 同참좋은지방정부위원회 위원장 2011~2012년 민주통합당 대표최고위원 2012년 제19대 국회의원(부천시 오정구, 민주통합당·민주당·새정치민주연합·더불어민주당) 2012년 민주통합당 중앙위원회 의장 2013년 국회 외교통일위원회 위원 2014~2015년 국회 남북관계 및 교류협력발전특별위원회 위원장 2014~2015년 새정치민주연합 정치혁신실천위원장 2014~2015년 同비상대책위원회 위원 2015년 同공천혁신추진단장 2015년 同재벌개혁특별위원회 위원 2015년 더불어민주당 공천혁신추진단장 2015년 同재벌개혁특별위원회 위원 2016년 제20대 국회의원(부천시 오정구, 더불어민주당)(현) 2016년 국회 외교통일위원회 위원(현) 2016년 국회 윤리특별위원회 위원(현) 2016년 국회 정치발전특별위원회 위원(현) 2016년 한국아동인구환경의원연맹(CPE) 회원(현) 2016년 더불어민주당 경기부천시오정구지역위원회 위원장(현) [상]녹색정치인상(1995), 여성운동과 함께 하는 만나고 싶은 남자 99인에 선정(1999), 백봉신사상 '올해의 신사의원'(2008·2013), 한국반부패정책학회 대한민국 반부패 청렴대상(2011), 범시민사회단체연합 선정 '올해의 좋은 국회의원상'(2014·2015), 지식재산대상(2015), 대한민국 혁신경영대상 정치혁신부문(2015), 대한민국의정대상(2016) [저]'의원님들 요즘 장사 잘돼요?'(共) '발상을 바꾸면 시민이 즐겁다' '아름다운 도시를 만드는 55가지 지혜' 자전에세이집 '아버지, 참 좋았다'(2010, 비타베아타) '민주정부 3.0 : 2013 국정개혁전략'(2012) [역]'대통령 만들기'(2002, 백산서당) [종]기독교

원호식(元浩植) WON Hoshik

[생]1962·2·21 [본]원주(原州) [출]경기 양주 [주]경기 안산시 상록구 한양대학로55 한양대학교 과학기술대학(031-400-5497) [학]1980년 의정부고졸 1984년 한양대 화학과졸 1986년 同대학원졸 1991년 이학박사(미국 메릴랜드대) [경]1987~1991년 미국 메릴랜드대 연구원 1991~1993년 미국 Emory Univ., Research Associate 1993년 대한화학회 평생회원(현) 1993년 한국자기공명학회 회원(현) 1993년 한양대 과학기술대학 응용화학과 조교수·부교수·교수(현) 1997년 대한환경공학회 회원(현) 2008년 한양대 학연산클러스터실장 2009년 同안산캠퍼스 기획홍보실장 2009년 同ERICA캠퍼스 산학기획처 부처장 2011년 同ERICA캠퍼스 기획홍보처 부처장 2011년 환경부 국책연구센터 안산녹색환경지원센터장(현) 2014년 한양대 ERICA캠퍼스 기획홍보처장(현) [역]'공학도를 위한 화학' '분석화학의 입문'

원호신(元鎬信)

[생]1972·9·1 [출]강원 원주 [주]대구 수성구 동대구로 364 대구지방법원(053-757-6600) [학]1991년 서울 세화고졸 1997년 서울대 법학과졸 [경]1996년 사법시험 합격(38회) 1999년 사법연수원 수료(28기) 1999년 육군 법무관 2002년 서울지법 의정부지원 판사 2004년 서울중앙지법 판사 2006년 대구지법 판사 2010년 서울고법 판사 2010년 법원행정처 정보화심의관 겸임 2013년 대구고법 판사 2014년 울산지법 부장판사(외교부 파견) 2016년 대구지법 부장판사(현)

원희룡(元喜龍) WON Hee Ryong

[생]1964·2·14 [본]원주(原州) [출]제주 서귀포 [주]제주특별자치도 제주시 문연로6 제주특별자치도청 도지사실(064-710-2003) [학]1982년 제주제일고졸 1989년 서울대 법과대학 공법학과졸(수석입학) 2003년 한양대 언론정보대학원졸 [경]1992년 사법시험 수석합격(34회) 1995년 사법연수원 수료(24기) 1995년 서울지검 검사 1997년 수원지검 여주지청 검사 1998년 부산지검 검사 1998년 변호사 개업 2000년 양천사랑법률센터 소장 2000년 한나라당 부대변인 2000년 제16대 국회의원(서울 양천구甲, 한나라당) 2000~2001년 한나라당 원내부총무 2002년 국회 한중포럼 간사 2002년 미래를위한청년연대 공동대표 2002년 한나라당 중앙선거대책위원회 기획실 부실장 2003년 同기획위원장 2004년 同상임운영위원 2004년 제17대 국회의원(서울 양천구甲, 한나라당) 2004~2006년 한나라당 최고위원 2004년 세계경제포럼(WEF) '영 글로벌 리더(The Forum of Young Global Leaders)'에 선정 2007년 한나라당 제17대 대통령 경선 후보 2008년 한·뉴질랜드의원친선협회 회장 2008년 제18대 국회의원(서울 양천구甲, 한나라당·새누리당) 2009년 한나라당 당쇄신특별위원회 위원장 2010년 국회 외교통상통일위원장, 코리아비전포럼 상임대표, 저탄소녹색성장국민포럼 공동대표 2010년 한나라당 사무총장 2011년 同최고위원 2014년 제주특별자치도지사(새누리당)(현) 2014년 제주장애인체육회 회장(현) 2014년 세계지방정부연합 아시아태평양지부(UCLG ASPAC) 회장 2014년 새누리당 보수혁신특별위원회 자문위원(현) [상]제7회 인물대상 의정대상(2009), 유권자시민행동 대한민국유권자대상(2015·2016), 대한민국지방자치발전대상 지역발전부문 최고대상(2015), 범시민사회단체연합 좋은자치단체장상(2015), 한국언론인연합회 자랑스런한국인대상 최고대상 행정혁신부문(2015) [저]'주관식 헌법'(1998) '우리들의 세기'(2000) '나는 서브쓰리를 꿈꾼다'(2005) '블로거 원희룡'(2010, 삼조출판사) '사랑의 정치'(2010, 미지애드컴) '무엇이 미친정치를 지배하는가'(2014, 이와우) [종]기독교

원희목(元喜睦) WON Hee Mok

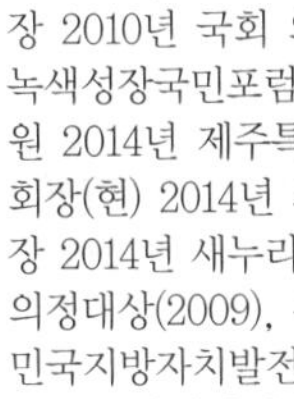

[생]1954·6·10 [본]원주(原州) [출]경기 여주 [주]서울 서초구 효령로194 대한약사회(02-581-1201) [학]1973년 용산고졸 1977년 서울대 약학과졸 2000년 강원대 대학원 약학과졸 2003년 약학박사(강원대) [경]1979년 동아제약(주) 개발부 근무 1981~1983년 원약국 경영 1983~1985년 중원약국 경영 1985~1989년 강남구약사회 약국위원장 1987~1988년 同총무위원장 1989~1991년 同부회장 1991~1994년 同회장 1995~1998년 서울시약사회 부회장 1998년 대한약사회 총무위원장 2001년 同부회장 2004~2008년 同회장 2004년 대한약학정보화재단 이사장 2005년 대통령소속 의료산업선진화위원회 위원 2007~2008년 한국보건의료인국가시험원 이사장 2008~2012년 제18대 국회의원(비례대표, 한나라당·새누리당) 2008년 한나라당 대외협력위원회 부위원장 2008~2016년 대한약사회 자문위원 2009~2010년 한나라당 원

내부대표 2010~2011년 同대표 비서실장 2012년 이화여대 헬스커뮤니케이션연구원장 겸 겸임교수 2013년 백세시대나눔운동본부 상임대표(현) 2013년 한국보건복지정보개발원 원장 2015년 사회보장정보원 원장 2016년 대한약사회 대의원총회 의장(현) [상]공동선 의정활동상(2011), 국민훈장 모란장(2015) [저]'새로운 시작을 위하여'(2004) 자서전 '나는 매일 새로 태어난다'(2011) [종]천주교

월 서(月 敍)

[생]1936·4·12 [본]김해(金海) [출]경남 함양 [주]서울 성북구 정릉로202 봉국사(02-919-0211) [학]1960년 법주사 강원 대교과졸 1972년 동국대 행정대학원졸 [경]1952년 부산 범어사에서 득도 1956년 동산스님을 은사로 비구계 수지 1956년 화엄사에서 금오스님을 계사로 사미계 수지 1958~1963년 남원 대복사 주지 1959년 범어사에서 동산스님을 계사로 구족계 수지 1968~1971년 법주사 재무국장 1971년 불국사 재무국장 1971년 경주 분황사 주지 1974년 대한불교조계종 제4·5·6·8·10·12대 중앙종회 의원 1975년 조계사 주지 1977~1978년 대한불교조계종 총무원 재무부장 1977년 세계불교도우의회 한국지회 운영위원 1981년 불국사 주지 1984년 대한불교조계종 중앙종회 의장 1991년 제주 천왕사 주지 1995년 대한불교조계종 초심 호계원장 1996년 한국불교종단협의회 부회장 1999년 대한불교조계종 재심 호계원장 1999년 봉국사 주지(현) 2007년 대한불교조계종 원로회의 원로의원(현) 2008년 대종사 법계 수지 [저]'성불의 길' '원경록' '깨달음이 있는 산사'(2011, 아침단청) [종]불교

월 주(月 珠)

[생]1935·4·16 [출]전북 정읍 [주]서울 광진구 영화사로107 영화사(02-444-4321) [학]1955년 전북 정읍농림고졸 1958년 화엄사 불교전문강원 대교과졸 1969년 동국대 행정대학원 수료 1996년 명예 철학박사(원광대) 1998년 중동고 명예졸업 [경]1954년 법주사에서 鄭金烏스님을 계사로 사미계 수지 1956년 화엄사에서 鄭金烏스님을 계사로 비구계 수지 1958~1974년 학교법인 동국학원 이사 1959·1966~1974년 대한불교조계종 중앙총회 의원 1961~1971년 同금산사 주지 1961년 同전북총무원장 1965~1967년 학교법인 대승학원(금산중·상고) 이사장 1970~1973년 대한불교조계종 총무원 교무부장 1970~1974년 불교종립학원연합회 부회장 1971~1973년 국방부 군종후원협의회 부회장 1971~1980년 대한불교조계종 개운사 주지 1972~1973년 한국종교협의회 총무 1972년 한·일종교자회의 한국대표단 단장 겸 의장 1973·1974년 대한불교조계종 총무원 총무부장 1973년 同중앙상임기획의원 1973년 同중앙포교사·해외포교사 1974·1988~1994년 同중앙총회 의원 1978~1980년 同중앙총회 의장 1980·1994~1998년 同총무원장 1980~1981년 한국대학생불교연합회 지도위원장 1982~1986년 전북불교회관건립추진위원회 위원장 1986~1994년 대한불교조계종 금산사 주지 1987년 전북도 도정정책자문위원 1988~1990년 지역감정해소국민운동협의회 공동의장 1988년 10·27법난진상규명추진위원회 대표 1989~1994년 화엄불교대학 교양대학장 1989년 경제정의실천시민연합 공동대표 1990~1995년 자비의전화 총재 1990~1995년 불교인권위원회 공동대표 1990년 공명선거실천시민운동협의회 상임공동대표 1991~1995년 경제정의실천불교시민연합 회장 1991년 민주평통 중앙상임위원 1992~1996년 공해추방운동불교인모임 회장 1992년 조국평화통일추진불교인협의회 회장 1993년 정의로운사회를위한시민운동협의회 상임공동대표 1994년 한국시민단체협의회 공동대표 1994~1997년 바른언론을위한시민연합 공동대표 1994년 대한불교조계종 개혁회의 의원 1994~1999년 한국불교종단협의회 회장 1994년 대한불교청년회 총재 1994년 대한불교조계종 금산사 조실(현) 1995~1999년 승가학원(중앙승가대) 이사장 1995년 통일광복민족회의 공동대표의장 1995년 북한수재민돕기범종단운동협의회 고문 1996년 국민통합추진회의 고문 1996년 우리민족서로돕기운동 상임대표 1997~1999년 한국종교지도자협의회 공동대표의장 1998년 통일부 통일고문 1998년 실업극복국민운동본부 공동대표 1998년 제2의건국범국민추진위원회 고문 1998년 대한불교조계종 영화사 조실(현) 1998년 복지법인 나눔의집 이사장(현) 2000년 민족정기선양협의회 공동대표의장 2000년 독도찾기운동본부 고문 2002년 경제정의실천시민연합 통일협회 이사장 2004년 지구촌공생회 이사장(현) 2005년 한국사학법인연합회 사학윤리위원 2006년 (재)실업극복국민재단 이사장 2006년 한반도선진화재단 고문 2006년 (사)함께일하는재단 이사장(현) 2009년 국가원로자문회의 자문위원 2010년 대한불교조계종 실상사 조실 2014년 새로운한국을위한국민운동 수석상임대표(현) [상]국민훈장 모란장(2000), 민세상 사회통합부문(2010), 만해대상 평화부문(2012), 미얀마 정부 '사따마 조디까다자(聖者)' 작위(2013) [저]'우리 서울 이렇게 바꾸자(共)'(1995) '인도성지순례기(전2권)'(2006) [종]불교

위귀복(魏貴復) WI Gui Bok

[생]1953·8·18 [출]전북 전주 [주]서울 서초구 반포대로28길54 대영빌딩4층 (주)인터솔루션테크놀로지(02-555-3460) [학]1971년 광주고졸 1978년 서울대 천문기상학과졸 1980년 성균관대 대학원 수료 2011년 단국대 정보미디어대학원졸 [경]1978년 동방생명보험 전산담당 1989년 삼성생명보험 시스템기획과장 1993~1998년 삼성SDS·삼성생명보험 전산실장 1998년 삼성SDS e-데이터센터장 2000년 同e-서비스 Division장 2004년 同IE센터장(상무), 同Service Delivery본부장(상무) 2009년 同경영고문 2010년 (주)인터솔루션테크놀로지 사장(현) [상]하이테크정보 하이테크어워드대상 IT서비스 부문(2012) [종]천주교

위규진(魏奎鎭) WEE Kyu Jin

[생]1956·2·25 [출]서울 [학]1974년 서울 경동고졸 1981년 연세대 전기공학과졸 1983년 同대학원 전기공학과졸 1988년 공학박사(연세대) [경]2001~2007년 정보통신부 전파연구소 기준연구과장 2001년 3GGP 운영위원회 부의장 2002~2006년 아·태전기통신협의체(APT) 관리위원회 부의장 2003년 국제전기통신연합(ITU) 세계전자통신회의(WRC) 제7위원회 부의장 2003년 정보통신부 전파연구소 전파자원연구과장 2008~2009년 방송통신위원회 전파연구소 전파자원연구과장(공업연구관) 2008~2012년 아태전기통신연합체(APT) 관리위원회 의장 2009년 방송통신위원회 전파연구소 기준연구과장 2011~2012년 同전파연구소 전파환경안전과장 2012~2016년 한국정보통신기술협회 표준화본부장, 同박사(현) 2014년 국제전기통신연합(ITU) 전권회의(Plenipotentiary Conference) 의장분야 자문위원 2015년 同전파통신총회 부의장(현) 2015년 세계전파통신회의(WRC) APG-19(2019, 스위스 제네바/아태지역 WRC 준비회의체) 총회 의장(현) [상]대통령표창(2001)

위득량(魏得良)

[생]1961 [출]충남 [주]충남 당진시 무수동7길144 당진경찰서 서장실(041-360-4233) [학]1985년 경찰대 행정학과졸(1기) [경]1985년 경위 임관 2007년 충남지방경찰청 경비교통과장(총경) 2008년 충남 예산경찰서장 2009년 서울지방경찰청 제3기동단장 2010년 경기 의정부경찰서장 2011년 경기지방경찰청 제1부 경비과장 2013년 서울지방경찰청 제4기동단장 2014년 서울 마포경찰서장 2015년 대전지방경찰청 보안과장 2016년 충남 당진경찰서장(현)

위성곤(魏聖坤) WI Seong Gon

[생]1968·1·20 [출]제주 서귀포 [주]서울 영등포구 의사당대로1 국회 의원회관717호(02-784-6450) [학]제주서귀포고졸, 제주대 원예학과졸, 同행정대학원 정치외교학과 수료 [경]1991년 제주대 총학생회장, 서귀포신문 기획실 차장, 서귀포배구연합회 회장 2005년 동홍동연합청년회 회장 2006·2010년 제주특별자치도의회 의원(열린우리당·대통합민주신당·통합민주당·민주당·민주통합당·민주당·새정치민주연합) 2006년 민주평통 자문위원 2010~2012년 제주특별자치도의회 행정자치위원장 2010년 同제주지속가능발전포럼 대표의원 2012년 同복지안전위원회 위원 2012년 同FTA대응특별위원회 위원 2014~2015년 제주특별자치도의회 의원(새정치민주연합) 2014~2015년 同운영위원회 위원 2014년 同농수축지식산업위원회 위원 2014~2015년 同윤리특별위원회 위원 2014~2015년 同새정치민주연합 원내대표 2015년 同농수축경제위원회 위원 2016년 더불어민주당 제주서귀포시지역위원회 위원장(현) 2016년 제20대 국회의원(서귀포시, 더불어민주당)(현) 2016년 더불어민주당 청년일자리TF 위원(현) 2016년 국회 예산결산특별위원회 위원(현) 2016년 국회 농림축산식품해양수산위원회 위원(현) 2016년 국회 지방재정·분권특별위원회 위원(현) 2016년 더불어민주당 정책위원회 부의장(현) [상]제2회 매니페스토약속대상 광역지방의원부문(2010), 전국지방의회의정대상 개인부문 최고의원상(2013), 대한민국의정대상 최고의원상(2015), 제주도농업인단체협의회 감사패(2015) [종]가톨릭

위성국(魏聖國)

[생]1972·11·25 [출]전남 장흥 [주]부산 연제구 법원로15(051-606-4323) [학]1991년 장흥고졸 1995년 조선대 법학과졸 [경]1996년 사법시험 합격(38회) 1999년 사법연수원 수료(28기) 1999년 부산지검 검사 2001년 대구지검 경주지청 검사 2003년 창원지검 검사 2005년 서울남부지검 검사 2008년 군의문사규명위원회 파견 2011년 서울중앙지검 부부장검사 2012년 광주지검 순천지청 부장검사 2013년 수원지검 부장검사(해외 파견) 2016년 부산지검 부장검사(현)

위성동(魏聖東) WEE Seong-Dong

(생)1959·2·28 (본)장흥(長興) (출)광주 (주)서울 영등포구 양산로53 월드메르디앙비즈센터405호 (주)한국도로기술(02-780-9950) (학)1977년 광주제일고졸 1983년 전남대졸 1985년 한국과학기술원(KAIST) 토목공학과졸 1993년 토목공학박사(미국 오하이오주립대) (경)1985~1991년 한국도로공사 도로연구소 포장연구원 1993년 한국건설기술연구원 도로연구실 선임연구원 1993년 한국과학기술원(KAIST) 토목공학과 대우교수 1994~1995년 (주)대본엔지니어링 지반부장 1995~1998년 쌍용건설(주) 토목기술부 및 연구소 차장·팀장 1998년 (주)한국도로기술 대표이사(현) 2000~2001년 청운대 토목환경공학과 겸임교수 2000~2001년 KTB자산운용(주) 사외이사 2001~2002년 세종대 토목환경공학과 겸임교수 2001년 한국도로공사 고속도로설계자문위원 2001년 서울지방국토관리청 설계자문위원(턴키심의위원) 2003년 국무총리실산하 서울외곽순환고속도로노선 재검토위원 2003년 종로구 토목과·재난안전과 건설기술자문위원(현) 2004~2008년 건설부 도로정책심의위원 2004년 불교환경연대 전문위원(현) 2005년 민주평통 자문위원 2005년 경기대 토목공학과 겸임교수 2005년 在京광주·전남향우회 부회장(현) 2005년 (사)한국골프지도자및피팅협회 상임이사(현) 2006년 대한궁도협회 이사 2008~2011년 미국 오하이오주립대 대학원 방문연구원 2010~2012년 서울시 건설기술심의위원 2011년 종로구 건축심의위원(현) 2011~2014년 사우디아라비아 국립담맘대 토목공학과 조교수 2011년 서울시 노원구 건설기술자문위원(현) 2012년 원주지방국토관리청 설계자문위원 2012년 수도권교통본부 설계자문위원 2013년 한국건설교통기술평가원(KICTEP) R&D평가위원(현) 2013년 同기술인증 심사위원(현) 2016년 국토교통부 중앙건설기술심의위원(현) 2016년 제20대 국회의원선거 출마(서울 동대문乙, 국민의당) (저)'도로 및 공항 포장유지관리총론' '정보화시공' '도로 및 공항 포장조사개론' '도로 및 공항 포장보수공학' '도로 및 공항 포장공학원론' '도로 및 공항 포장유지관리공학' (종)기독교

위성락(魏聖洛) Wi Sung-lac

(생)1954·9·14 (출)전북 전주 (주)서울 관악구 관악로1 서울대학교 사회과학대학 정치외교학부(02-880 6346) (학)남성고졸 1977년 서울대 외교학과졸 1979년 同대학원 외교학과졸 1996년 국제정치학박사(러시아 국립과학아카데미 국제정치경제연구소) (경)1979년 외무고시 합격(13회) 1979년 외무부 입부 1981년 駐자메이카 2등서기관 1986~1989년 미국 연수 1991년 駐제네바 1등서기관 1993년 駐러시아 1등서기관 1996년 외무부 동구과장 1997년 대통령비서실 파견 1999년 駐미국 참사관 2002년 외교통상부 장관보좌관 2003년 同북미국장 2004년 국가안전보장회의(NSC) 정책조정실 정책조정관 2004년 駐미국 정무공사 2007년 중앙대 겸임교수 2008년 외교통상부 장관특별보좌관 2009년 同한반도평화교섭본부장 2009년 북핵6자회담 한국측 수석대표 겸임 2011~2015년 駐러시아 대사 2015년 서울대 정치외교학부 외교학전공 객원교수(현) (상)대통령표창(1990), 외무부장관표창(1995), 황조근정훈장(2015) (저)'새로쓰는 러시아 리포트'(1998)

위성백(魏聖伯) WI Seong Bak

(생)1960·6·10 (본)장흥(長興) (출)전남 여수 (주)세종특별자치시 갈매로477 기획재정부 국고국(044-215-5100) (학)순천고졸 1984년 서울대 독어독문학과졸 1986년 同대학원 경제학과졸 1999년 경제학박사(미국 뉴욕주립대) (경)행정고시 합격(32회), 대통령비서실 행정관 2004년 기획예산처 재정기획실 산업재정1과장 2005년 同건설교통재정과장 2007년 同제도혁신팀장(부이사관) 2008년 기획재정부 공공정책국 정책총괄과장 2010년 同기획조정실 기획재정담당관 2011년 미국 IDB 파견(부이사관), 기획재정부 기획조정실 정책기획관 2015년 국방대 교육파견(국장급) 2015년 기획재정부 기획조정실 정책기획관 2016년 同국고국장(현) (상)근정포장(2007)

위성우(魏誠佑) Wi Sung Woo

(생)1971·6·15 (출)부산 (주)서울 성북구 돌곶이로34길12 춘천 우리은행 한새(02-915-0094) (학)부산중앙고졸 1994년 단국대졸 (경)1998~2001년 안양 SBS 스타즈 소속 2001~2003년 대구 동양 오리온스 소속 2003~2004년 울산 모비스 피버스 소속 2005~2012년 신한은행 에스버드 코치 2008·2009·2010·2011·2012년 여자프로농구 통합 우승(5연속) 2008년 베이징올림픽 여자국가대표팀 코치 2012년 춘천 우리은행 한새 감독(현) 2013·2014·2015·2016년 '2012~2013·2013~2014·2014~2015·2015~2016년 시즌 여자프로농구' 정규리그 및 챔피언결정전 통합 우승(4연패) 2013·2015년 FIBA아시아선수권대회 여자국가대표팀 감독 2014년 인천아시안게임 여자국가대표팀 감독 2016년 한국여자농구 국가대표팀 감독 (상)여자프로농구 정규리그 지도자상(2013·2014·2015·2016)

위성운(魏聖雲) UI Sung Un

(생)1960·7·28 (출)전남 강진 (주)서울 서초구 반포대로158 서울고등검찰청(02-530-3114) (학)1979년 서울 휘문고졸 1984년 서울시립대졸 (경)1986년 사법시험 합격(28회) 1989년 사법연수원 수료(18기) 1992년 軍법무관 1992년 부산지검 검사 1994년 광주지검 해남지청 검사 1995년 서울지검 검사 1997년 대구지검 검사 1999년 서울지검 의정부지청 검사 2001년 同의정부지청 부부장검사 2001년 서울지검 부부장검사 2003년 대검찰청 정책연구과정 검사 2003년 부산지검 동부지청 형사2부장 2004년 대구지검 형사3부장 2005년 의정부지검 고양지청 부장검사 2006년 의정부지검 형사2부장 2007~2008년 同형사1부장 2008년 변호사 개업 2011년 대전고검 검사 2013년 서울고검 검사(현) 2015년 서울중앙지검 중요경제범죄조사단 파견(현)

위성호(魏聖昊) WI Sung Ho

(생)1958·6·12 (출)서울 (주)서울 중구 소공로70 신한카드(주) 사장실(02-6950-1004) (학)1977년 서울고졸 1985년 고려대 경제학과졸 (경)1985년 신한은행 입행 1992년 同역삼동지점 대리 1995년 同종합기획부 대리 1996년 同인사부 차장 1999년 同반포터미널지점장 2000년 同과천지점장 2002년 同강남PB센터장 2004년 同PB사업부장 2004년 신한금융지주 통합기획팀장 2006년 同HR팀장 2007년 同경영관리담당 상무 2008년 同부사장 2011년 신한은행 WM부문그룹 부행장 2013년 신한카드(주) 리스크관리부문장(부사장) 2013년 同대표이사 사장(현) 2013년 금융위원회 금융발전심의회 금융소비자·서민금융분과 위원 (상)제23회 다산금융상 여신금융부문 금상(2014), 대한민국 금융대상 여신금융대상(2014)

위승호(魏昇鎬) Wee Seung Ho

(생)1960·7·11 (본)장흥(長興) (출)전남 장흥 (주)경기 고양시 덕양구 제2자유로33 국방대학교 총장실(02-300-2114) (학)육군사관학교졸(38기), 단국대 대학원 안보행정학과졸 2013년 서울대 안보최고경영자과정 수료 (경)2001~2003년 합동참모본부 전략기획본부 군사전략과 전략기획담당 2003~2004년 同대북군사업무담당관 2005~2006년 육군 제72사단 202연대장 2006~2008년 합동참모본부 전략기획본부 군사전략과장 2008~2011년 同전략기획본부 전략기획차장 2011~2013년 육군 제36보병사단장 2013~2014년 합동참모본부 신연합방위추진단장 2014년 제42대 국방대 총장(중장)(현) (종)기독교

위재민(魏在民) WIE Jae Min

(생)1958·5·25 (본)장흥(長興) (출)경기 연천 (주)경북 경주시 양북면 불국로1655 한국수력원자력(주) 감사실(054-704-2031) (학)1981년 연세대 법학과졸 1983년 同대학원 법학과졸 (경)1983년 사법시험 합격(25회) 1987년 사법연수원 수료(16기) 1987년 서울지검 남부지청 검사 1989년 광주지검 해남지청 검사 1991년 수원지검 검사 1993년 서울지검 의정부지청 검사 1994년 일본 주오대 객원연구원 1996년 법무부 특수법령과 검사 1998년 인천지검 검사 1999년 同부부장검사 1999년 駐일본 법무협력관 2002년 인천지검 부천지청 부장검사 2003년 사법연수원 교수 2005년 전주지검 정읍지청장 2006년 광주지검 형사1부장 2007년 법무연수원 교수 2009년 서울고검 검사 2010~2014년 법무법인 동인 구성원변호사 2011~2015년 서울본부세관 범칙조사심의위원회 위원 2013~2015년 대한변호사협회 이사 2013년 한국형사소송법학회 총무이사 2014년 한국수력원자력(주) 상임감사위원(현) (저)'형사절차법'(2010, 한국표준협회미디어) (종)천주교

위재천(魏在千) WEE Jae Cheon

(생)1963·9·17 (출)전남 장흥 (주)충남 서산시 공림4로23 대전지방검찰청 서산지청(041-660-4200) (학)1981년 광주 대동고졸 1985년 전남대 법학과졸 1993년 同대학원 법학과 수료 (경)1989년 사법시험 합격(31회) 1992년 사법연수원 수료(21기) 1992년 서울지검 의정부지청 검사 1994년 광주지검 목포지청 검사 1996년 광주지검 검사 1998년 서울지검 동부지청 검사 2000년 수원지검 검사 2002년 전주지검 검사 2004년 同부부장검사 2005년 대구지검 포항지청

부장검사 2006년 대구지검 영덕지청장 2007년 의정부지검 형사5부장 2008년 대구지검 부장검사(금융위원회 파견) 2009년 서울동부지검 형사4부장 2009년 서울중앙지검 첨단범죄수사제2부장 2010년 법무연수원 연구위원 2011년 창원지검 진주지청장 2012년 서울고검 검사 2013년 수원지검 형사2부장 2014년 청주지검 충주지청장 2015년 수원지검 부장검사(경기도 파견) 2016년 대전지검 서산지청장(현)

위창수(魏昌秀) Charlie Wi

[생]1972·1·3 [출]서울 [주]서울 서초구 서초대로74길4 삼성생명서초타워8층 테일러메이드Korea(02-2186-0800) [학]미국 버클리대졸 [경]위컴퍼니 소속, 테일러메이드 스폰서계약 1997년 프로 입문 1997년 한국프로골프협회 회원(현) 1997년 말레이시아 마일드세븐쿠알라룸푸르오픈 우승 2001년 볼보차이나오픈 우승 2001년 SK텔레콤오픈 우승 2001년 신한동해오픈 우승 2002년 SK텔레콤오픈 우승 2004년 同준우승 2004년 포카리스웨트오픈 우승 2004년 오키나와오픈 공동준우승 2004년 제47회 한국프로골프선수권대회 3위 2005년 GS칼텍스마스터즈 우승 2006년 월드컵골프대회 한국대표 2006년 메이뱅크말레이시아오픈 우승 2007년 PGA투어 US뱅크챔피언십 공동2위 2008년 테일러메이드 스폰서 계약(현) 2008년 PGA투어 발레로텍사스오픈 2위 2009년 PGA투어 취리히클래식 공동2위 2011년 PGA투어 크라운 플라자 인비테이셔널 2위 2012년 PGA투어 AT&T 페블비치 내셔널 프로암 2위 2012년 한국프로골프투어(KGT) 신한동해오픈 공동3위

위철환(魏哲煥) WE Chul Hwan

[생]1958·2·17 [출]전남 장흥 [주]경기 수원시 영통구 월드컵로123 동수원종합법무법인(031-213-2569) [학]1977년 중동고졸 1979년 서울교대졸 1984년 성균관대 법학과졸 [경]1986년 사법시험 합격(28회) 1989년 사법연수원 수료 1997년 동수원종합법무법인 변호사(현) 2009~2010년 수원지방변호사회 회장 2009~2013년 대한변호사협회 부회장 2010~2013년 경기중앙지방변호사회 회장 2010년 수원지법 조정위원(현) 2011~2015년 언론중재위원회 감사 2011년 인구보건복지협회 운영위원(현) 2012~2015년 수원FC 이사장 2013~2015년 대한변호사협회 회장 2014년 대법관후보추천위원회 위원 [상]2013 자랑스러운 성균인상(2014), 2013 자랑스러운 중동인상(2014), (사)법조언론인클럽 공로상(2015), 국민훈장 무궁화장(2016)

위행복(魏幸福) Wee Hang Buk

[생]1955·10·17 [주]경기 안산시 상록구 한양대학로55 한양대학교 국제문화대학 중국학과(031-400-5322) [학]1979년 서울대 중문학과졸 1981년 同대학원 중문학과졸 1993년 중문학박사(서울대) [경]1987~1995년 전북대 인문대학 중어중문학과 전임강사·조교수·부교수 1991~1992년 대만국립중흥대 초빙교수 1995년 한양대 국제문화대학 중국학과 부교수·교수(현) 2003~2004년 미국 U.C. Berkeley 중국학센터 방문학자 2007~2009년 한국중국어문학회 회장 2015년 한국인문학총연합회 대표회장(현)

위현석(韋賢碩) WEE Hyun Suk

[생]1966·7·7 [출]서울 [주]서울 서초구 서초중앙로24길27 지파이브센트럴430호 법무법인 위(WE)(02-536-5600) [학]1985년 용문고졸 1991년 서울대 법대졸 [경]1990년 사법시험 합격(32회) 1993년 사법연수원 수료(22기) 1993년 해군 법무관 1996년 서울지법 동부지원 판사 1998년 서울지법 판사 2000년 청주지법 판사 2003년 대전지법 천안지원 판사 2004년 서울고법 판사 2006년 대법원 재판연구관 2009년 대전지법 부장판사 2010년 수원지법 부장판사 2012년 서울중앙지법 부장판사 2015~2016년 서울남부지법 부장판사 2016년 법무법인 위(WE) 대표변호사(현)

유갑상(劉甲相) YOO Gab Sang

[생]1958·1·9 [본]강릉(江陵) [출]경북 포항 [주]인천 연수구 갯벌로55 아이에스테크놀로지(주) 대표이사실(032-850-2600) [학]1981년 광운대 전자재료공학과졸 1983년 연세대 대학원 전기공학과졸 [경]1984년 금성계전 연구소 근무 1985년 금성사 연구소 선임연구원 1991년 LG화학 세라믹연구소 선임연구원 1993년 아이에스테크놀로지(주) 설립·대표이사(현) [상]과학기술부장관표창(2004), 국무총리표창(2011)

유강문(劉康文) You Kang Moon

[생]1965·12·21 [주]서울 마포구 효창목길6 한겨레신문 디지털미디어사업국(02-710-0114) [학]1984년 전주 해성고졸 1988년 서울대 정치학과졸 [경]1990~2000년 한겨레신문 정치부·국제부 등 기자 2000~2001년 (주)한겨레IT 근무 2006년 한겨레신문 베이징특파원 2009년 同디지털미디어사업본부 스페셜콘텐츠부문장 2010년 同디지털미디어사업본부 부본부장 2011년 同편집국 경제·국제에디터 2012년 同편집국 온라인부문장 2013년 同편집국장 2014년 同디지털미디어국장 2015년 同디지털미디어사업국장(현) 2015년 허핑턴포스트코리아 이사(현)

유강민(俞剛民) YU Kang Min

[생]1950·3·20 [출]부산 [주]서울 서대문구 연세로50 연세대학교(02-2123-2668) [학]1968년 서울대사대부고졸 1973년 연세대 지질학과졸 1975년 同대학원 지질학과졸 1982년 이학박사(일본 교토대) [경]1982년 미국 하버드대 Post-doctoral Fellow 1983년 연세대 이과대학 지구시스템과학과 교수 1995년 미국 Oregon대 Courtesy Professor, 대한지질학회 부회장 2006~2007년 연세대 이과대학장 2012~2014년 同교학부총장 2015년 同명예교수(현) [상]연세대 우수업적교수상(1998) [저]'지구조와 관련된 퇴적암석학'(1994) '퇴적암석학'(1997) '지구의 생성과 진화-사이버상의 질문·답변 모음'(2002) '퇴적암의 이해'(2007) [종]기독교

유경문(俞景文) YOO Kyung Moon

[생]1952·4·5 [출]부산 [주]서울 성북구 서경로124 서경대학교 사회과학대학 금융경제학과(02-940-7115) [학]1974년 연세대 경제학과졸 1982년 미국 시라큐스대 대학원 경제학과졸, 경제학박사(연세대) [경]서경대 사회과학대학 금융경제학과 조교수·부교수·교수(현) 2005~2006년 대통령자문 조세개혁특별위원회 위원 2006~2010년 기획재정부 세제발전심의위원 2008~2009년 한국납세자연합회 회장 2009년 국세청 국세행정위원회 위원 2010년 한국지방재정학회 회장 2012년 한국납세자연합회 명예회장(현) [상]대통령표창(2008) [저]'경제학대사전(共)'(2003) '조세론(共)'(2003) '분권화시대의 조세체계 개편방안'(2007) '세제개혁(共)'(2008)

유경선(柳京善) YU Kyung Sun

[생]1955·8·3 [출]전남 영암 [주]서울 마포구 백범로192 에스오일빌딩7층 유진그룹 회장실(02-3704-5333) [학]1974년 서울 중동고졸 1984년 연세대 중어중문학과졸 1997년 고려대 언론대학원 최고경영자과정 수료 1999년 서울대 경영대학원 최고경영자과정 수료 2000년 국제산업디자인대학원 뉴밀레니엄과정 수료 2010년 한국과학기술원(KAIST) EEWS최고전략과정 수료(2기) [경]1997~2014년 사회복지법인 복사골어린이집 이사장 1997년 유진기업 대표이사 회장 1999년 (주)팬택 사외이사 1999년 드림씨티방송 회장 2000~2009년 대한트라이애슬론경기연맹 회장 2001년 유진종합개발(주) 대표이사 회장 2003~2004년 세종문화회관후원회 재정위원장 2003~2015년 아시아트라이애슬론연맹 회장 2004년 유진그룹 회장(현) 2005년 대한올림픽위원회(KOC) 상임위원 2005~2009년 同부위원장 2005년 연세대 농구부 후원회장 2005년 2014평창동계올림픽유치위원회 위원 2007년 2014인천아시아경기대회조직위원회 이사 2007년 아시아올림픽평의회(OCA) 집행위원(현) 2008~2012년 국제트라이애슬론경기연맹 부회장 2009~2014년 대한체육회 문화환경교육분과 위원장 2011~2012년 하이마트 대표이사 2011~2012년 대한트라이애슬론연맹 회장 2012~2014년 국민생활체육회 부회장 2012~2014년 同재정위원장 겸임 2013~2014년 대한체육회 비상임이사 [상]조세의날 표창(1997·2000·2003), 체육훈장 맹호장(2012), 제15회 연문인상(2015) [종]불교

유경수(柳庚秀) Kyungsoo YU

[생]1967·9·16 [본]진주(晉州) [출]서울 [주]서울 종로구 율곡로2길25 연합뉴스 콘텐츠편집부(02-398-3310) [학]1986년 풍생고졸 1992년 한국외국어대졸 2009년 건국대 부동산대학원 건설개발학과졸 [경]1993년 연합뉴스 입사 1994~1996년 YTN 파견 2004년 연합뉴스 국제경제부 차장대우 2005년 同산업부 차장 2007년 해외 연수(미국 로드아일랜드주립대) 2008년 연합뉴스 IT미디어부 차장 2011년 연합뉴스TV 창사준비위원 2011년 연합뉴스 경제부 부장대우 2015년 同콘텐츠편집부장(현) 2015년 정부·언론외래어심의공동위원회 위원(현) [상]이달의 기자상(2001), 대한토목학회 올해의 언론인상(2006)

유경숙(俞鏡淑·女) YOO Kyung Sook

생1965·2·5 본경기 주서울 강남구 학동로11길56 백송빌딩5층 GH Korea 임원실(02-322-0103) 학1983년 의정부여고졸 1988년 덕성여대 화학과졸 1990년 同자연과학대학원 생화학과졸 2006년 서강대 경영대학원 마케팅과졸 2009년 서울대 의료경영고위과정 수료 경1990~1991년 서울대 약학대학원 천연물연구소 연구원 1991~1993년 CMP코리아 마케팅부 대리 1993~1997년 Plus Comm 마케팅부 과장 1997~2008년 MMK Communications 사업본부장(상무) 2008~2009년 (주)파맥스오길비헬스월드 커뮤니케이션사업부 상무 2011년 GH Korea Health부문 대표(현) 종기독교

유경종(劉京鐘)

생1960·6·19 출대구 주서울 서대문구 연세로50의1 세브란스심장혈관병원(02-2228-8485) 학1985년 연세대 의과대학졸 1995년 同대학원 의학석사 2006년 의학박사(인하대) 경1985~1990년 세브란스병원 인턴·레지던트 1995년 연세대 의과대학 흉부외과학교실 전임강사·조교수·부교수·교수(현) 1998~2000년 캐나다 Toronto General Hospital 연수 2009년 세브란스심장혈관병원 심장혈관외과장 2012년 同원장(현) 상흉부외과학회 학술상(1998), 흉부외과학회 릴리하이학술상(2005), 세브란스병원 우수임상교수(2007·2008)

유경준(俞京濬) Yoo, Gyeongjoon

생1961·6·17 본기계(杞溪) 출서울 주대전 서구청사로189 통계청 청장실(042-481-2103) 학1980년 해동고졸 1985년 서울대 경제학과졸 1987년 고려대 대학원 경제학과졸 1995년 경제학박사(미국 코넬대) 경1988~1998년 한국노동연구원 부연구위원 1998~2014년 한국개발연구원 연구위원·선임연구위원 2006~2007년 미국 코넬대 초빙교수 2008~2012년 한국노동경제학회 노동경제논집 편집위원장 2010년 고용노동부 장관 자문관 2011~2013년 한국개발연구원 재정·사회정책연구부장 2011~2014년 중앙노동위원회 공익위원 2013~2015년 국민경제자문회의 위원 2013~2015년 한국개발연구원 수석이코노미스트 겸 재정·복지정책연구부장 2014~2015년 同국제정책대학원 교수 2015년 고용노동부 최저임금심의위원회 공익위원 2015년 한국기술교육대 교수 2015년 통계청장(현) 2016년 유엔통계위원회 부의장(현) 상배무기 학술상(2008) 저'성장과 고용의 선순환 구축을 위한 패러다임 전환(I): 고용창출을 위한 주요 정책과제'(2011, 한국개발연구원) '성장과 고용의 선순환 구축을 위한 패러다임 전환(II): 고용창출을 위한 사회안전망 구축'(2012, 한국개발연구원) '고용안전망 사각지대 현황과 정책방향: 제도적 사각지대를 중심으로'(2013, 한국개발연구원) '최저임금의 쟁점 논의와 정책방향'(2013, 한국개발연구원) 역'노사공존의 길(共)'(1999, 한국노동연구원)

유경촌 Yu Gyoung Chon

생1962·9·4 출서울 주서울 중구 명동길74 서울대교구청(02-727-2114) 학1981년 성신고졸 1985년 가톨릭대졸 1992년 독일 뷔르츠부르크 대학원 신학과졸 1998년 신학박사(독일 상트게오르겐대) 경1992년 사제수품 1999년 천주교 서울대교구 목5동본당 보좌신부 1999~2008년 가톨릭대 교수 2008~2013년 천주교 서울대교구 통합사목연구소장 2013년 同서울대교구 명일동본당 주임신부 2013년 同서울대교구청 보좌주교(현), 同同서울지역·사회사목담당 교구장 대리(현) 저'내가 발을 씻어준다는 것은'(2004, 바오로딸) '21세기 신앙인에게'(2014, 가톨릭출판사)

유경하(柳京夏·女) RYU KYUNG HA

생1960 출서울 양천구 안양천로1071 이대목동병원 병원장실(02-2650-5114) 학1984년 이화여대 의대졸 1988년 同대학원 의학석사 1991년 의학박사(이화여대) 경1985~1988년 이화여대 의대부속병원 소아과 전공의 1994~1995년 同의대부속병원 소아과 전임의사 1995~1996년 서울대 어린이병원 소아과 혈액종양 전임의 1996년 이화여대 의대 소아과학교실 조교수·부교수·교수(현) 1997~1999년 한국의학교육학회 총무이사 1998~1998년 미국 캘리포니아대 로스앤젤레스캠퍼스(UCLA) Umbilical Cord Blood Bank Visiting Doctor 2000~2011년 대한소아혈액종양학회 간행이사 2001년 한국백혈병소아암협회 이사(현) 2001~2003년 이화여대 의대 임상교무부장 2004~2005년 이대목동병원 진료협력센터장 2005~2009년 한국호스피스완화의료학회 간행이사 2005~2009년 이대목동병원 교육연구

부장 2007~2010년 대한의학회 고시전문위원 2007~2009년 대한혈액학회 재무이사 2009~2011년 同학술이사 2010~2011년 이화의료원 기획조정실장 2011~2013년 대한소아혈액종양학회 학술이사 2013년 대한조혈모세포이식학회 학술이사 2014년 국제소아종양학회(SIOP) 2014 학술위원장 2015~2016년 대한조혈모세포이식학회 부회장 2015년 이화여대 목동병원 병원장(현)

유경현(柳璟賢) YU Kyong Hyon

생1939·8·7 본문화(文化) 출전남 순천 학1958년 경기고졸 1963년 서울대 법대졸 경1964년 동아일보 입사 1978년 同정치부 수석차장 1979년 제10대 국회의원(순천·구례·승주, 민주공화당) 1979년 민주공화당 부대변인 1981년 제11대 국회의원(순천·구례·승주, 민주정의당) 1981년 민주정의당(민정당) 원내부총무 1983년 국회 경과위원장 1985년 민정당 정책위 부의장 1985년 제12대 국회의원(순천·구례·승주, 민정당) 1987년 민정당 전당대회 부의장 1988년 同대변인 1988년 同구례·승주지구당 위원장 1988년 同국책조정위원 1990년 민자당 승주·구례지구당 위원장 1992년 同전남도지부장 1993~1994년 민주평화통일자문회의 사무총장 1998년 한나라당 총재 운영특별보좌역 2013~2015년 대한민국헌정회 정책연구위원회 의장 상청조근정훈장(1994)

유경희(柳瓊熙) RYU Keung Hee

생1942·3·15 출전남 순천 주서울 중구 남대문로63 한진빌딩본관18층 법무법인 광장(02-772-4410) 학1960년 전남 순천고졸 1964년 서울대 법대졸 1966년 同사법대학원졸 경1964년 사법시험 합격(2회) 1966~1969년 공군 법무관 1969~1979년 서울민사지법·서울형사지법·서울가정법원 판사 1979~1981년 변호사 개업 1981년 광주고법 판사·대법원 재판연구관 1982년 전주지법 부장판사 1983년 서울가정법원 부장판사 1985년 변호사 개업 1991년 (재)일우재단 이사(현) 1993년 대한상사중재원 중재인(현) 2001년 법무법인 광장 공동대표변호사 2007년 同고문변호사(현)

유경희(柳京姬·女) Yoo, Kyeong Hee

생1965·10·12 주경기 이천시 경충대로2946번길19 유한콘크리트산업(주) 대표이사실(031-633-3100) 학서울대 법대 사법학과졸 경유한콘크리트산업(주) 대표이사(현), 한국여성경제인협회 경기지회 부회장 2012년 새누리당 서울시당 여성위원장 2012~2015년 同서울도봉甲당원협의회 위원장 2012년 제19대 국회의원선거 출마(서울 도봉甲, 새누리당) 2014년 새누리당 수석부대변인

유공조(劉共祚) YOO Kong Jo

생1936·4·12 출전북 주서울 종로구 율곡로110 (사)밝은사회국제클럽 한국본부(02-741-2274) 학1957년 광주고졸 1961년 경희대 사학과졸 1963년 同대학원졸 1985년 일본 교토대 수학 1988년 문학박사(중앙대) 경1960년 4.19혁명당시 경희대 총학생위원장 1963년 경희여고 교사·주임교사 1973년 경희여자초급대 강사 1974년 경희대 문리대학 강사 1978년 경희대 교무과장·차장 1979년 서울시종합대학교교무과장협의회 회장 1979·1996년 (사)4.19회 지도위원 1979~2001년 경희대 사학과 조교수·부교수·교수 1982년 同교무처장 1983년 同럭비풋볼 부장 1985년 在京순창군향우회 부회장·고문(현) 1989년 경희대 기획관리실장 1989년 서울·경인사립대기획실장협의회 초대회장 1989년 양재(瀁材)장학회 발기인·이사 1990년 송계이원설총장학갑기념논집 간행위원장 1990년 범4.19혁명기념사업회 발기인·자문위원 1990년 한국대학생중국연수단 단장 1991년 한국대학교수동유럽공산권연수단 단원 1992년 일본 도쿄대 객원교수 1992년 미국 오하이오주립대 객원연구 1993년 경희대 사학과장 1993년 경희사학회 회장 1994년 경희대 입학관리처장 1995년 同사학과동문회 회장 1995년 석계황용훈교수정년기념논문집 발간위원장 1997년 경희호텔경영전문대학 학장 1998년 경희대 호텔관광대학장 1998년 同관광학부장 1998년 同사진으로보는경희50년 편찬위원 1999년 同관광산업정보연구원장 1999년 문화관광부 '2001한국방문의 해' 추진위원·관광진흥분과 위원장 1999년 '2001전주세계소리축제' 초대조직위원 1999~2002년 경희대 관광대학원장 2000년 4.19혁명 제40주년기념사업회 지도위원 2001년 한국중동학회 회장, 同명예회장 2001년 경희대 명예교수(현) 2001년 同관광대학원 고양캠퍼스 초대 원장 2002년 同밝은사회연구소장 2002년 (재)한국전시컨벤션연구소 소장 2002년 고양시문화상 심사위원 2003~2005년 서울국제외식산업박람회(코엑스, 1~3회) 대회장 2003~2005년 국제영어교육박람회(코엑스, 1~3회) 대회장 2005년 (사)在京전북도민회 지도위원(현) 2006년 (사)밝은사회국제클럽 한국본부 사

무총장 2008년 전북도무형문화재 제32호 순창농요금과들소리보존회 고문 2009년 (사)옥천향토문화사회연구소·부이사장·편집위원장·상임고문(현) 2010~2013년 민주평통 자문위원 2010~2012년 한국학생운동자협의회 회장 2012년 同명예회장(현) 2012년 (사)밝은사회국제클럽 한국본부 부총재(현) [상]홍조근정훈장(2001), 문화관광부장관 FIFA월드컵기장(2002), 자랑스러운 광고인상(2003), 금과면민의 날 공로패(2008), (재)밝은사회국제본부 창립30주년 공로패·메달(2009), (사)밝은사회국제클럽 한국본부 에메랄드상패·메달(2012), 한국학생운동자협의회 창립50주년 공로패(2015) [저]'새세계사(共)'(1975) '경희30년(共)'(1981) '세계문화사 신론'(1983) '서양문화사(共)'(1991) '중동분쟁사'(1994) '팔레스타인문제 그 기원과 전개'(2003) '진봉 유공조 교수 정년기념 논총 : 역사학과 중동학(共)'(2003) '경희50년(共)'(2003) '현대인의 삶과 밝은사회운동(共)'(2005) '밝은사회운동 30년사(共)'(2007) '사진으로 보는 밝은사회운동 30년사(共)'(2009) '밝은사회클럽의 결성과 운영(共)'(2009) [역]'팔레스타인 그 역사와 현재'(2002)

유관희(柳寬熙) YOO Kwan Hee

[생]1952·6·6 [본]전주(全州) [출]서울 [주]서울 성북구 안암로145 고려대학교 경영대학 경영관 교수연구실 C517호(02-3290-1935) [학]1970년 경복고졸 1976년 서울대 경영학과졸 1984년 미국 인디애나대 대학원 경영학과졸 1985년 경영학박사(미국 인디애나대) [경]1975년 일신제강(주) 관리부 근무 1976년 한일합섬(주) 수출부 근무 1986~1989년 미국 Univ. of South Carolina 조교수 1989~1995년 한양대 경상대학 부교수 1996년 고려대 경영대학 경영학과 교수(현) 1997~1998년 회계학연구회 회장 2001년 금융감독위원회 증권선물위원회 비상임위원 2004년 대우증권 사외이사 2006년 코리안리재보험 사외이사 2006년 서울증권 사외이사 2007~2008년 한국중소기업학회 회장 2007년 중소기업진흥공단 운영위원 2007~2013년 중소기업중앙회 정책자문위원 2007년 제조하도급분쟁조정협의회 위원 2008년 국가경쟁력강화위원회 민간위원 2008년 유진투자증권 사외이사 2010년 에스원(주) 사외이사 2011년 고려대 도서관장 2012~2014년 우리은행 사외이사 2012~2013년 한국경영학회 회장 [저]'회계정보시스템'(1990) '회계원리' '원가관리회계' '관리회계' '회계학 리스타트'(2010, 비즈니스맵) '회계학 리스타트2'(2012, 비즈니스맵) [종]기독교

유광사(柳光司) YOO, Kwang-Sa

[생]1942·11·22 [본]진주(晋州) [출]경남 남해 [주]서울 강서구 강서로194 유광사여성병원 병원장실(02-2608-1011) [학]1963년 경남 남해종합고졸 1969년 고려대 의대졸 1979년 의학박사(고려대) 1996년 고려대 국제대학원 고위과정수료 1997년 서울대 보건대학 고위과정수료 2001년 연세대 보건대학원 고위과정수료 [경]1978년 유광사산부인과병원 원장 1986년 고려대 의대 외래교수 1988~1992년 서울시 강서구의사회 회장 1991~1995년 서울시의회 의원 1991년 민주평통 강서구지회 고문(현) 1994년 고려대교우회 상임이사(현) 1995~1998년 신한국당·한나라당 서울강서甲지구당 위원장 1997년 한국BBS 중앙연맹 고문 2006년 유광사여성병원 원장(현), 고려대교우회 강서지부 고문(현), 서울남부지방법원 조정위원, 재경남해군향우회 회장, 고려대의대교우회 회장, 대한산부인과학회 부이사장(현), 대한산부인과개원의협의회 부회장(현) 2009~2012년 대한병원협회 홍보·섭외이사, 서울시병원협회 부회장, 강서구장학회 이사장 2012년 대한병원협회 윤리위원장 2015년 학교법인 고려중앙학원 이사(현) 2016년 강서구장학회 이사(현) [상]서울시장표창(3회), 재무부장관표창(1989), 보건복지부장관표창(1991·2011), 국민훈장 목련장(1994), 국민훈장 동백장(2001), 부총리 겸 재정경제부장관표창, 국세청장표창(2회), 한강세무서장표창, 대한의사협회 공로패(2008), 고려대자랑스러운 호의상(2011), 대웅병원경영혁신 대상(2013), 크림슨어워드표창(2013), 대한민국을빛낸21세기한국인물 의료부문대상(2014), 메디칼코리아대상 산부인과전문병원부문(2014) [저]'여성백과(임신과 출산)' '여자만 보고 사는 남자이야기'(1998) [종]기독교

유광상(柳光相) YOO Kwang Sang

[생]1954·6·16 [본]문화(文化) [출]서울 [주]서울 중구 덕수궁길15 서울특별시의회(02-3705-1163) [학]2000년 한양대 지방자치대학원 지방의회전공(석사) [경]참사랑실천연구회 고문, 국제라이온스협회 354-D지구 지도위원, (사)프로보노코리아 운영위원, 아세아사랑나눔 부회장 2010년 서울시의회 의원(민주당·민주통합당·민주당·새정치민주연합) 2010년 同도시관리위원회 위원 2010~2011년 同예산결산특별위원회 위원 2011~2012년 同정책연구위원회 위원 2012년 同도시안전위원회 위원장 2012년 同새희망포럼 회장 2014년 새정치민주연합 정책위원회 부의장 2014년 서울시의회 의원(새정치민주연합·더불어민주당)(현) 2014·2016년 同도시안전건설위원회 위원(현) 2015년 同항공기소음특별위원회 위원(현) 2015년 同예산결산특별위원회 위원(현) 2015년 새정치민주연합 서울시당 윤리심판원 위원 2015년 더불어민주당 정책위원회 부의장(현) 2015년 同서울시당 윤리심판원 위원(현) [상]전국시·도의회의장협의회 우수의정 대상(2016)

유광석(柳光錫) RYU Kwang Sok

[생]1951·1·8 [출]경북 안동 [학]1969년 경북고졸 1973년 서울대 문리과대학 외교학과졸 1982년 미국 조지타운대 외교대학원졸 [경]1973년 외무부 입부 1976~1979년 駐미국 3등서기관 1982~1984년 대통령비서실 근무 1984~1987년 駐인도 1등서기관·참사관 1987년 외무부 미주국 안보과장 1990~1992년 일본 慶應大 방문연구원 1992~1995년 駐일본 참사관 1995년 외무부 공보관 1995년 同제3정책심의관 1997년 同아시아태평양국장 1998~2000년 駐애틀랜타 총영사 2000~2003년 駐일본 공사 2003~2006년 駐싱가포르 대사 2006~2007년 바른역사기획단 부단장·동북아역사재단 사무총장 2007년 외교통상부 본부대사 2009~2012년 한국전력공사 해외사업자문역 2010~2014년 민주화운동관련자명예회복및보상심의위원회 위원 2012~2015년 백석대 초빙교수 2014년 세종대 초빙교수 [상]근정포장, 대통령표창, 홍조근정훈장

유광수(劉光洙) Kwang Soo Yoo

[생]1957·1·15 [본]강릉(江陵) [출]강원 홍천 [주]서울 동대문구 서울시립대로163 서울시립대학교 공과대학 신소재공학과(02-6490-2406) [학]1975년 춘천 성수고졸 1981년 한양대 무기재료공학과졸 1983년 서울대 대학원졸 1991년 공학박사(미국 애리조나주립대) [경]1983년 현대전자산업(주) 근무 1984년 한국과학기술원 무기재료연구실 연구원 1991년 한국과학기술연구원 세라믹스연구부 선임연구원 1995년 서울시립대 공과대학 신소재공학과 교수(현) 1997년 同재료공학과장 1998년 한국세라믹학회 편집이사 1998년 한국전기화학회 학술이사 1999년 미국 휴스턴대 교환교수 2001~2003년 서울시립대 교무부처장 2001~2003년 同시청각교육원장 2004~2007년 한국센서학회 편집위원장 2005~2007년 서울시립대 산업기술연구소장 2006년 한국세라믹학회 감사 2007~2009년 서울시립대 공과대학장 겸 산업대학원장 2007년 한국세라믹학회 이사 2008~2010년 한국센서학회 부회장 2009~2011년 서울시립대 교무처장 2011년 한국센서학회 감사 2012년 同수석부회장 2012~2013년 한국전기화학회 부회장 2013년 한국센서학회 회장 2014년 同명예회장(현) 2014년 한국세라믹학회 편집위원장 2015년 서울시립대 대학원장(현) [상]과학기술우수논문상(2002·2010), 한국세라믹학회 학술진보상(2003), 한국센서학회 학술상(2009), 한국센서학회 공로상(2014) [저]'Monitoring, Control and Effects of Air Pollution'(共) '하이테크 세라믹 용어사전'(共) '세라믹 용어사전'(共) '세라믹실험'(共) [역]'세라믹스물성학'(共) '전자세라믹스소재물성학'

유광열(劉光烈) Kwang-Yeol YOO

[생]1964·2·2 [본]강릉(江陵) [출]전북 군산 [주]서울 중구 세종대로124 금융위원회 금융정보분석원(FIU)(02-2156-9400) [학]1982년 군산고졸 1986년 서울대 경제학과졸 1988년 同행정대학원 행정학과졸 1997년 경제학박사(미국 텍사스 오스틴대) [경]1985년 행정고시 합격(29회) 1998년 재정경제부 경제분석과 사무관 1999년 同경제분석과 서기관 2000~2004년 OECD 이코노미스트 2004년 재정경제부 산업경제과장 2006년 同정책조정총괄과장 2007년 同혁신인사기획관 2008년 駐중국 공사참사관(재경관) 2011년 기획재정부 국제금융정책관(고위공무원) 2012년 同국제금융정책국 국제금융심의관 2013년 同국제금융협력국장 2013년 녹색기후기금 대리이사 2014년 금융위원회 파견(고위공무원) 2014년 새누리당 수석전문위원 2016년 금융위원회 금융정보분석원(FIU) 원장(현) [상]홍조근정훈장(2013) [저]'한국의 구조적 재정수지 분석'(2003, 조세연구원) '한국금융회사의 최근 중국진출동향과 향후 과제'(2010, 금융연구원)

유광찬(柳光燦) Yoo Kwang Chan (옥정)

[생]1956·3·5 [본]전주(全州) [출]전북 완주 [주]전북 전주시 완산구 서학로50 전주교육대학교 초등교육과(063-281-7189) [학]1978년 전주교대 초등교육과졸 1982년 전주대 영어영문학과졸 1982~1986년 한국방송통신대 교육학과졸 1984년 세종대 대학원 교육학과졸 1990년 교육학박사(세종대) [경]1995년 전주교대 초등교육과 전임강사·조교수·부교수·교수(현) 1995~1999년 同학생생활연구소 상담부장 1999년 한국교육과정학회 이사(현) 2001~2002년 전북도교육청 도지정연구학교 자문위원 2001~2014년 한국초등교육학회 이

사 2001~2004년 전주교대 교육대학원 교육방법전공 주임교수 2001~2003년 同신문방송사 주간 2002~2004년 同교육학과장 2004년 (사)북방문제연구소 전북소장 2004~2013년 교육부 교육과정심의위원 2004년 전주교대동창회 부회장 2004~2006년 전주교대 교무처장 2004~2008년 교육과학기술부 초등학교교육과정 심의위원 2006년 전주시지역혁신협의회 인재양성분과위원 2007년 전북교원단체총연합회 정책연구위원장 2007년 전주인적자원개발포럼 위원 2007년 전북도교육청공모제교장 평가위원 2007~2008년 교육과학기술부 초등학교특별활동교사용지도서 개발책임자 2007년 전북도교육청 의정비심의위원회 위원 2008~2014년 전주교원총연합회 부회장 2008년 책읽기운동 전북본부 상임이사 2008~2014년 전주시교총 부회장 2008년 한국노인회 전북지회 자문위원(현) 2009~2010년 同특별재량활동심의위원회 위원장 2009년 한국교총 전국현장교육연구대회 심사위원 2010~2012년 전주자원봉사연합회 자문교수 2010년 전북도교육청 교원능력개발 평가관리위원 2010~2011년 교육과학기술부 교원능력개발평가 컨설팅위원 2010년 전북완주교육청 초빙교장공모 심사위원장 2011~2014년 전주시자원봉사연합회 자문위원 2011~2015년 전주교육대 총장 2011년 양지노인복지회관 후원회장(현) 2011~2013년 전주문화재단 이사장 2011년 전북일보·새전북신문 칼럼위원 2012~2014년 전주문화방송 TV시청자위원 2012년 성균관유도회 전북본부 운영위원(현) 2013년 전북일보·미스전북 심사위원장 2013~2014년 전라일보 칼럼위원 2013년 법무부 교정위원(현) 2013년 同소년보호위원(현) 2013년 (사)Art Work 고문(현) 2013~2015년 익산원광고총동창회 회장 2014년 전북도대학총장협의회 회장 2015년 전북중앙신문 칼럼위원(현) 2016년 한국법무공단 자문위원(현) 2016년 전주예총 자문위원(현) 2016년 교육부 중고등학교군창의적체험활동심의위원회 위원장(현) [상]교육과학기술부장관표창(2010), 뉴스메이커 교육부문 대상(2015) [저]'교육방법론'(1991) '교육학개론(共)'(1992) '교육방법신강'(1993) '교육과정 및 평가'(1994) '교수–학습과 교과'(1995) '교육과정의 이해'(1999) '특별활동 및 재량활동'(2001) '행복한 삶의 반야'(2002) '교육실습의 길라잡이'(2002) '자기이해와 행복'(2003) '특별활동의 이해'(2004) '통합교과교육'(2005) '특별활동과 재량활동의 탐구'(2006) '자기이해와 행복'(2008) '개정판 통합교과교육'(2009) '초등학교 특별활동 교사용지도서'(2009) '개정판 교육과정의 이해'(2009) '창의적 체험활동의 탐구'(2012)

유구현(柳龜鉉) RYU Gu Hyun

[생]1953·1·14 [본]문화(文化) [출]충북 충주 [주]부산 남구 문현금융로40 부산국제금융센터 한국남부발전 상임감사위원실(070-7713-8002) [학]1972년 대광고졸 1976년 성균관대 행정학과졸 1979년 서울대 행정대학원 행정학과 수료 1988년 일본 사이타마대 정책대학원졸 [경]1976년 국회고시 합격(1회) 1976~1978년 국회사무처 입법조사국 사무관 1977년 행정고시 합격(21회) 1978~1981년 충북도 송무계장·양곡관리계장 1981~1983년 산림청 대부계장 1983~1993년 감사원 부감사관 1993~1996년 대통령 민정비서실 행정관 1996~2002년 감사원 제1국 4과장·제2국 3과장·제6국 6과장 2002~2006년 同심사심의관·민원심의관·심의실장 2006년 同행정안보감사국장 2009년 同자치행정감사국장 2009~2011년 한국자산관리공사 감사 2011년 한국감사협회 부회장 2011~2015년 법무법인 영진 고문 2011년 한나라당 충주시장 보궐선거 선거대책위원장 2013년 한국사학진흥재단 비상근감사 2013년 극동대 경찰행정학과 초빙교수 2016년 한국남부발전 상임감사위원(현) [상]대통령표창(1989) [종]기독교

유구현(柳丘鉉) YU KU-HYUN

[생]1957·11·13 [본]문화(文化) [출]경북 칠곡 [주]서울 종로구 종로1길50 더케이트윈타워A동8층 (주)우리카드 사장실(02-3701-9114) [학]1976년 대구고졸 1980년 계명대 경영학과졸 [경]2007년 우리은행 기관영업팀 부장 2007년 同본점 기업영업본부 지점장 2009년 同수송동지점장 겸임 2011년 同대구경북영업본부장 2012년 同마케팅지원단 상무 2013~2014년 同부동산금융사업본부장(부행장) 2015년 (주)우리카드 대표이사 사장(현) [상]중소기업청장표창(2012), 대한민국 베스트뱅커대상 베스트 여신금융인(2016)

유 권(劉 權) YOO Kwon

[생]1957·7·25 [주]서울 양천구 안양천로1071 이대목동병원 내과(02-2650-5012) [학]1982년 서울대 의대졸 1991년 同대학원졸 1994년 의학박사(서울대) [경]인제대 의대 내과학교실 교수 2000년 이화여대 의대 내과학교실 교수(현), 同의과대학부속 목동병원 소화기내과 분과장(현) 2005년 同목동병원 의무부장 2007년 이화의료원 기획조정실장 2010년 양천메디컬센터 새병원기획단장 2011년 서울시립서남병원 초대원장 2013~2015년 이화여대 목동병원장

유권종(劉權鍾) YOO Kwon Jong (華潭)

[생]1959·1·18 [본]강릉(江陵) [출]충북 괴산 [주]서울 동작구 흑석로84 중앙대학교 철학과(02-820-5135) [학]1983년 고려대 철학과졸 1985년 同대학원 철학과졸 1991년 동양철학박사(고려대) [경]1995년 중앙대 철학과 조교수·부교수·교수(현) 2001~2003년 同문과대학장 2003년 한국유교학회 총무이사 2007~2009·2011~2013년 중앙대 중앙철학연구소장 2011~2013년 同인문대학장 2011년 동양철학회 부회장 2012~2015년 한국마음학회 회장 2012~2014년 Bio Cosmology Association 회장 2012년 Asian Center for Bio Cosmology and Mind Studies 공동의장(현) 2015년 한국공자학회 회장(현) [상]중앙대 학술상(2005) [저]'조선시대, 삶과 생각(共)'(2000) '자료와 해설 : 한국의 철학사상(共)'(2001) '조선 유학의 개념들(共)'(2002) '우리 삶의 근원을 찾아서(共)'(2003) '한국철학의 탐구(共)'(2003) '동양철학과 현대사회(共)'(2003) '여헌 장현광의 학문세계: 우주와 인간(共)'(2004) '퇴계학맥의 지역적 전개(共)'(2004) '한국유학사상대계3 : 철학사상편(下)(共)'(2005) '명재 윤증의 학문연원과 가학(共)'(2006) '여헌 장현광의 학문세계3 : 태극론의 전개(共)'(2008) '한국인, 삶에서 꽃을 피우다(共)'(2009) '예학과 심학'(2009) '유교적 마음모델과 예교육(共)'(2009) '옛사람들의 마음공부'(2010) '인문치료와 철학(共)'(2010) '한강 정구(共)'(2011) '여헌 장현광의 학문세계4 : 여헌학의 전망과 계승(共)'(2012) 'Ecology and Korea Confucianism(共)'(2013) [역]'논어(共)'(2002) '윤리적 노하우(共)'(2009) [종]불교

유규창(劉奎昌) Yu, Gyu Chang

[생]1960 [주]서울 성동구 왕십리로222 한양대학교 경영학부(02-2220-2591) [학]1985년 중앙대 정치학과졸 1991년 미국 톨레도대 대학원 경영학과졸 1996년 인사관리학박사(미국 위스콘신대 메디슨교) [경]1990~1991년 미국 톨레도대 연구조교 1992~1996년 미국 위스콘신대 메디슨교 경영대학 Project Assistant 1996~1999년 한국노동연구원 연구위원 1999~2000년 가톨릭대 의료경영대학원 조교수 2000~2006년 숙명여대 경영학부 조교수·부교수 2006년 한양대 경영학부 부교수·교수(현) 2014~2016년 한국윤리경영학회 회장 2015년 한양대 학생처장(현) [상]한국인사관리학회 최우수논문상(2004)

유 균(柳 鈞) YU Gyun

[생]1946·2·25 [출]전북 전주 [주]충북 음성군 감곡면 대학길76의32 극동대학교 언론홍보학과(043-880-3864) [학]1964년 전주고졸 1974년 고려대 신문방송학과졸 2000년 성균관대 언론정보대학원졸 [경]1973년 중앙일보 기자 1985년 KBS 기획조정실 사장보좌담당 1988년 同외신부 차장 1992년 同도쿄특파원 1995년 同경제부장 1996년 同정치부장 1998년 同보도본부 해설위원 1998~2000년 同보도본부 해설주간 1999년 한국관광공사 사외이사 2000년 KBS 보도국장 2002년 同정책기획센터장 2003년 同보도본부 보도위원 2003년 경원대 신문방송학과 객원교수 2005~2007년 한국방송영상산업진흥원 원장 2007년 한류정책자문위원회 위원 2010년 한독미디어대학원대 교수 2012년 극동대 사회계열 언론홍보학과 초빙교수 2014년 방송통신심의위원회 방송분과 연예·오락방송특별위원장(현) 2014년 극동대 사회계열 언론홍보학과 석좌교수(현) 2015년 박권상언론기념사업회 상임이사(현)

유균혜(劉畇惠·女) YU Kyun Hye

[생]1971·6·20 [출]부산 [주]서울 용산구 이태원로22 국방부 보건복지관실(02-748-6600) [학]부산 경혜여고졸, 서울대 소비자아동학과졸 [경]1995년 행정고시 합격(39회) 1999년 국방부 예산운영과 행정사무관 2003년 同연구개발기획과 행정사무관 2005년 同기획조정관실 기획총괄과 서기관 2007년 同혁신기획본부 혁신기획팀장 2008년 同대변인실 정책홍보과장 2010년 同보건복지관실 보건정책과장 2012년 同계획예산관실 재정계획담당관(부이사관) 2013년 同군수관리실 군수기획관리과장 2015년 同군수관리실 군수기획관리과장(고위공무원) 2015년 중앙공무원교육원 교육파견(고위공무원) 2016년 국방부 인사복지실 보건복지관(현)

유근기(柳根起) YOO Geun Gi

[생]1962·10·15 [본]선산(善山) [출]전남 곡성 [주]전남 곡성군 곡성읍 군청로50 곡성군청 군수실(061-363-2011) [학]1981년 곡성종합고졸 2002년 전남과학대학 지리정보토목과졸 [경](주)한국마루니찌 대표이사 1987년 평민당 곡성연락소 선전부장 1995년 새정치국민회의 전남곡성지구당 선전부장, 새시대새정치연합청년회 곡성군지구회장 2002~2006년 전남도의회 의원(새천년민주당·민주당), 광주·전남혁신위원회 위원, 민주당 전남도당 상무위원 2006년 전남

도의원선거 출마(민주당) 2010년 민주당 전남도당 지방선거대책위원회 대변인 2010~2014년 전남도의회 의원(비례대표, 민주당·민주통합당·민주당·새정치민주연합) 2010년 同행정자치위원회 위원 2012~2014년 同예산결산특별위원장 2012~2014년 同건설소방위원회 위원 2012~2014년 同FTA대책특별위원회 위원 2014년 새정치민주연합 정책조정위원회 부위원장 2014년 전남 곡성군수(새정치민주연합·더불어민주당)(현) 谢공감경영 2015 대한민국 CEO대상(2015), 대한민국 창조경제대상 창조경영부문대상(2016), 소충·사선문화상 모범공직자부문 본상(2016) 窗불교

유근배(柳根培) YOO Keun Bae

谢1953·12·25 窗강원 宙서울 관악구 관악로1 서울대학교 사회과학대학 지리학과(02-880-6451) 谢1977년 서울대 지리학과졸 1981년 同대학원 지리학과졸 1986년 이학박사(미국 조지아대) 谢1988년 서울대 지리학과 조교수·부교수·교수(현) 1993~1995년 同지리학과장 1996~1998년 同국토문제연구소장 1996년 세계지리학연합 해안분과 정회원 2000~2002년 同국토문제연구소장 2002년 同사회과학대학 학생부학장 2002~2004년 同기획실장 2002~2004년 한국GIS학회 회장 2002~2004년 同기획실장 2011년 창조강원포럼 회장(현) 2014~2016년 서울대 기획부총장 谢제4회 대한지리학회 학술상(2010) 沖'국가지리정보시스템의 네트워크 설계' '지리정보론'(1991) '지리정보시스템 활용기법'(1993) '지식정보사회의 지리학탐색'(2003) '위성영상을 이용한 북한지역의 해안습지 연구 : 평안남도를 사례로'(2003, 서울대 출판부) '한국 서해안의 해안사구 : 지형학적 관점을 중심으로'(2007, 서울대 출판부) '현대사회과학명저의 재발견 1'(2009, 서울대 출판문화원) 沙'해안보호'(2007, 도서출판 한울) '해안위험관리'(2008, 한울)

유근석(柳根奭) YU Geun-seog

谢1963·2·15 窗충남 서산 宙서울 중구 청파로463 한국경제신문 편집국(02-360-4143) 谢공주대사대부고졸 1989년 고려대 신문방송학과졸 谢1999년 내외경제신문 편집국 정경부 기자 2001년 同산업부 기자 2003년 同경제부 차장대우 2005년 헤럴드경제 산업1부 차장대우 2006년 同산업2부장 2007년 同국제부장 직대 2007년 同산업1부장 2007년 同산업부장 2008년 (주)헤럴드미디어 M&B사업본부 신매체기획위원 2010년 한국경제신문 산업부장 2013년 同편집국 증권부장 2014년 同편집국 부국장 2016년 同편집국장(현)

유근수(柳根秀) YOO Keun Soo

谢1942·8·10 窗서울 宙경기 안양시 만안구 덕천로34번길13 인창전자(주) 대표이사실(031-468-8181) 谢체신대 통신공학과졸 1969년 인하대 대학원 전자공학과졸 谢1969년 삼성전자(주) 생산관리실장 1974년 인창전자공업사 설립 1985년 인창전자(주) 대표이사(현) 谢철탑산업훈장, 성실납세자표창, 무역의날 대통령표창(2013)

유근영(柳槿永) YOO Keun Young

谢1954·6·18 窗문화(文化) 窗서울 宙경기 성남시 분당구 새마을로177번길31 국군수도병원(1688-9151) 谢1972년 서울고졸 1978년 서울대 의대졸 1981년 同대학원 보건학과졸 1985년 의학박사(서울대) 2008년 서울대 경영대학 최고경영자과정 수료 谢1986~2016년 서울대 의대 예방의학교실 전임강사·조교수·부교수·교수 1989~1990년 미국 예일대 의대 객원연구원 1990~1991년 일본 愛知암센터 초빙과학자 1998~2000년 서울대 의대 기획실장 2000~2006년 同의대 예방의학교실 주임교수 2002~2015년 대한예방의학회·대한암학회 이사 2003~2007년 한국유방암학회 이사 2004년 한국유전체역학연구회 회장(현) 2005~2008년 아시아코호트콘소시움(ACC) 공동의장 2006년 대한민국의학한림원 정회원(현) 2006~2008년 국립암센터 원장·이사장 2006~2016년 아시아·태평양암예방기구(APOCP) 초대 사무총장 2007년 한국과학기술한림원 정회원(현) 2007~2010년 한국유방암학회 부회장 2008년 국제암퇴치연맹(UICC) 회원(현) 2008년 세계암정복선언그룹 회원(현) 2008년 질병관리본부 코호트자문위원회 위원(현) 2008년 국제연수프로그램 심사위원(현) 2009~2011년 질병관리본부 한국인유전체역학조사사업 자문위원 2011~2013년 질병관리본부 국립보건원 유전체센터 자료자원활용심의위원장 2012년 同NIH코호트포럼 공동대표(현) 2012년 한국건강증진기금재단 분과위원장(현) 2014~2015년 대한예방의학회 회장 2015년 대한예방의학회 이사(현) 2015년 同70주년준비특별위원회 위원장(현) 2016년 아시아·태평양암예방기구(APOCP) 회장(현) 2016년 국군의무사령부 국군수도병원장(현) 谢육군 제3군사령관 공로표창(1984), 한국과학기술단체총연합회 과학기술우수논문상(1993), 홍조근정훈장(2014), 아시아

태평양암예방기구 특별공로상(2016) 沖'종양의 예방-서울대학교 의과대학 편'(1992) '의학-보건학을 위한 범주형 자료분석론'(1996) '의학·보건학 통계분석'(2002) '역학의 원리와 응용'(2005) '누구나 알고 싶은 암 예방과 조기검진'(2007) '암의 조기발견을 위한 Mass Screening'(2008) '암 올바로 알고 제대로 예방하기'(2011) '의학 통계의 이해'(2013) '사진으로 보는 암 예방'(2014) 窗천주교

유금록(柳金祿) YOO Keum Rok

谢1954·4·1 窗전북 고창 宙전북 군산시 대학로558 군산대학교 행정학과(063-469-4466) 谢1973년 전주고졸 1978년 성균관대 경제학과졸 1980년 서울대 행정대학원졸(행정학석사) 1991년 행정학박사(서울대) 谢1986~2014년 군산대 사회과학대학 행정학과 전임강사·조교수·부교수·교수 1992~1994년 미국 Yale대 객원교수 1994년 미국 Harvard대 객원교수 1997~1999년 군산시 인사위원 2000년 한국정책분석평가학회 부회장 2002년 전북행정학회 부회장 2003년 한국정책분석평가학회 회장 2003~2005년 군산대 기획연구처장 2004년 전국기획처장협의회 부회장 2006~2010년 국무총리실 자체평가위원회 위원장 2007~2009년 한국공공선택학회 회장 2007년 한국정부학회 상임이사 2008~2009년 한국행정학회 재무행정연구회 회장 2008~2009년 지방분권촉진위원회 실무위원 2010~2015년 미국 세계인명사전 'Marquis Who's Who in the World'에 6년 연속 등재 2011년 미국인명연구원(ABI) '21세기의 위대한 지성'에 등재 2011년 同종신석학교수(현) 2011년 영국 케임브리지 국제인명센터(IBC) '21세기 탁월한 지식인 2000인'에 등재 2011년 同아시아담당 부회장(DDG)(현) 2011년 IBA국제인명협회 종신석학교수(현) 2012년 한국정책학회 회장 2013~2015년 국회 입법지원위원 2013년 전북도 지방분권추진위원회 위원장(현) 2014년 군산대 사회과학대학 행정경제학부 교수(현) 谢서울대 행정대학원장표창(1980), 육군 교육사령관표창(1981), 군산대 황룡학술상(2001), 감사원장표창(2008), 미국 인명연구원(ABI) 국제대사훈장(2011), 뉴스메이커 월간지 행정학부문 대상(2011·2014·2015) 沖공공부문의 효율성 측정과 평가' '공공정책의 결정요인 분석'(共) '전환기의 정책과 재정관리'(共) '새행정학'(共) '현대재무행정이론'(共) '현대지방재정의 주요이론'(共) '정책연구의 관점과 방법'(共)

유기덕(柳基德) Yu Ki Duog

谢1952·8·9 窗경기 화성 宙서울 강서구 화곡로238 BMC한방병원(02-2606-7582) 谢1971년 중동고졸 1978년 경희대 한의대학 한의학과졸 1988년 同대학원 한의학과졸 2003년 한의학박사(경희대) 谢1982년 유한의원 개원·원장 1988년 강서구한의사회 회장 1990년 서울 양천구한의사회 회장 1990년 대한한의사협회 이사 1994년 민족의학신문 사장 1994년 대한약침학회 회장 1996년 대한한의사협회 수석부회장 2002년 (사)대한한방해외의료봉사단 이사 2002년 (사)대한사회복지개발원 이사(현) 2002년 소비자문화교육원 이사(현) 2003년 (사)21세기환경네트워크 지도위원(현) 2004~2008년 (사)어린이의약품지원본부 이사장 2007년 국제경락면역요법학회 고문(현) 2007년 서울양천구생활체육협의회 이사(현), 허준기념사업회 이사장(현) 2007~2008년 대한한의사협회 회장 2008년 同명예회장(현) 2009~2010년 경희대 한의대 총동문회 회장 2011년 BMC한방병원 원장 겸 이사장(현)

유기선(柳起善) YOO Ki Sun (和亭)

谢1947·6·19 窗고흥(高興) 窗전북 정읍 宙서울 강서구 허준로202의17 한국음악실연자연합회(02-745-8286) 谢1967년 태인고졸 1971년 전주대 법률학과졸 2000년 연세대 교육대학원 교육문화과정 수료 谢1971년 문화공보부 근무 1998년 문화관광부 종무실 종무2과장 1999년 同예술진흥국 공연예술과장 1999년 同예술국 공연예술과장 2001년 同문화산업국 영상진흥과장 2003년 同종무실 종무2과장 2004년 한국방송광고공사 건설본부 국장 2005년 同건설본부 전문위원 2005~2008년 예술의전당 감사 2008년 한국음악실연자연합회 상근이사 겸 사무총장 2012년 同전무이사(현) 2012년 유럽자기박물관 이사(현) 2013~2015년 서울국제문화교류회 이사 2016년 한국저작권보호원설립추진단 위원(현) 谢대통령표창(1990), 근정포장(2002), 홍조근정훈장(2004) 窗기독교

유기주(柳沂柱) RYU Ki Ju

谢1951·6·13 窗진주(晉州) 窗서울 宙서울 서초구 강남대로351 청남빌딩16층 아주글로벌 비서실(02-3475-9868) 谢1969년 보성고졸 1976년 연세대 지질학과졸 1981년 네덜란드 I.T.C대학원 지질학과졸 谢대한광업진흥공사 근무, KODECO에너지 인도네시아주재 탐사과장, LG상사 유전개발부장, 同신사업개발담당 상무, 同자원무역, 한국가스공사 해외자원개발담당 상임고문 2008년 아주그룹 해외사업본부 부사장 2010년 아주글로벌 대표이사(현) 窗천주교

유기준(柳基俊) Yu Kijoon

⊛1954·11·22 ⊜서울 ㈜부산 기장군 철마면 여락송정로363 S&T모티브 사장실(051-509-2002) ⓗ1973년 경동고졸 1978년 서울대 공과대학 금속공학과졸 1982년 同대학원 금속공학과졸 1985년 재료공학박사(미국 매사추세츠공과대) ⓖ1985년 미국 MIT 연구원 1986년 대우자동차(주) 입사 2002년 GM대우자동차 기술연구소 부사장 2005~2007년 GM글로벌 및 북미 엔지니어링 수석임원 2008년 GM대우자동차 생산총괄 수석부사장 2009~2010년 同기술연구소 사장 2009~2010년 한국자동차공업협회 부회장 2010년 한국자동차공학회 회장 2011~2012년 한양대 미래자동차공학과 특임교수 2012~2015년 대림자동차공업(주) 대표이사 사장 2014~2015년 한국이륜차산업협회 회장 2016년 S&T모티브(주) 대표이사 사장(현)

유기준(柳基俊) YOO Ki Jun

⊛1959·1·3 ⊕문화(文化) ⊜서울 ㈜강원 원주시 상지대길83 상지대학교 경상대학 관광학부(033-730-0326) ⓗ1985년 경희대 임학과졸 1993년 미국 아이다호대 대학원 야외휴양학과졸 1996년 야외휴양학박사(미국 메인대) ⓖ1997~1998년 세종대·경희대·국민대 시간강사 1997~1998년 서울시립대 Post-Doc. 1999~2000년 탐라대 시간강사 2000년 상지대 경상대학 관광학부 전임강사·조교수·부교수·교수(현) 2007년 (사)한국환경생태학회 부회장 2008~2011년 국립공원관리공단 비상임이사 2008~2011년 한국등산지원센터 이사 2013~2014년 한국환경생태학회 회장 2013~2014년 CBB 균비위원회 위원 2014년 평창동계올림픽지원협의회 위원(현) ⓢ한국환경생태학회 학술상(2004), 한국환경생태학회 저술상(2005) ⓩ'지속가능한 관광'(共) '숲길 정비 매뉴얼'

유기준(俞奇濬) YOO KI JUNE

⊛1959·8·10 ⊕기계(杞溪) ⊜부산 ㈜서울 영등포구 의사당대로1 국회 의원회관550호(02-784-3874) ⓗ동아고졸 1982년 서울대 법대졸 1989년 미국 뉴욕대 법과대학원졸(LL.M.) 2015년 명예 경영학박사(영산대) ⓖ1983년 사법시험 합격(25회) 1985년 사법연수원 수료(15기) 1986년 軍법무관 1988년 변호사 개업 1989년 미국 뉴욕주 변호사시험 합격 1993년 대한상사중재원 중재인 1994년 법무법인 국제종합법률사무소 설립 1996~1998년 부산지방해운항만청 행정심판위원 1999년 부산대 해양대 겸임교수 2000년 법무법인 삼양(해상전문) 설립 2003년 駐韓몽골 명예영사 2004년 제17대 국회의원(부산 서구, 한나라당) 2004~2005년 한나라당 원내부대표 2006년 同대변인 2007년 同홍보기획본부 부본부장 2008년 제18대 국회의원(부산 서구, 무소속) 2008년 한나라당 법률지원단장 2009년 同부산西당원협의회 위원장 2009년 同부산시당 위원장 2010년 국회 외교통상통일위원회 간사 2011년 한나라당 직능특별위원회 지역특별위원장(부산) 2012~2014년 새누리당 최고위원 2012년 제19대 국회의원(부산 서구, 새누리당) 2012년 새누리당 제18대 대통령중앙선거대책위원회 부위원장 2012년 국회 국방위원회 위원 2013년 국회 사법제도개혁특별위원회 위원 2013년 국회 국가정보원개혁특별위원회 위원 2014년 새누리당 공명선거추진위원회 위원장 2014~2015년 국회 외교통일위원회 위원장 2015년 국회 외교통일위원회 위원 2015년 해양수산부 장관 2016년 새누리당 부산서구·동구당원협의회 위원장(현) 2016년 제20대 국회의원(부산 서구·동구, 새누리당)(현) 2016년 국회 산업통상자원위원회 위원(현) ⓢ선플운동본부 '국회의원 아름다운 말 선플상'(2014) ⓩ'해상보험 판례연구'(2002) '해상판례연구'(2009) ⓒ불교

유기철(柳基鐵) YU Ki Chul (仁山)

⊛1954·10·29 ⊕전주(全州) ⊜전북 정읍 ㈜서울 영등포구 국제금융로20 율촌빌딩6층 방송문화진흥회(02-780-2491) ⓗ1974년 서울 신일고졸 1978년 연세대 정치외교학과졸 ⓖ1984년 MBC 사회부 기자 1987년 同외신부 기자 1989년 同정치부 기자 1991년 同제2사회부 기자 1994년 同보도제작2부 기자 1995년 同ND편집팀 차장대우 1998년 同동경특파원 1999년 同국제부 차장 2000년 同문화부장 2001년 同국제부장 2001년 同사회부장 2002년 同뉴스편집1부장 2003년 同해설위원 2003년 同정책기획실 DMB추진팀장 2005년 同보도국 부국장 2006년 同논설위원 2007년 同보도제작국장 2008~2010년 대전MBC 대표이사 사장 2011~2014년 MBC NET 대표이사 2015년 방송문화진흥회 이사(현) ⓒ천주교

유기풍(柳基豊) Ki Pung Yoo

⊛1952·3·30 ⊜경기 양주 ㈜서울 마포구 백범로35 서강대학교 화공생명공학과(02-705-8476) ⓗ1977년 고려대 화학공학과졸 1980년 同대학원 화학공학과졸 1984년 공학박사(미국 코네티컷대) ⓖ1977~1979년 한국원자력연구소 연구원 1984년 서강대 화공생명공학과 조교수·부교수·교수(현) 1990~1991년 독일 올렌브르그대 초빙교수 1995~1997년 서강대 학생처장 1999~2000년 同기획처장 2007~2009년 同공과대학장 2008년 한국화학공학회 부회장 2009년 서강대 대외부총장 2009~2012년 同산학부총장 2013~2016년 同총장 2014년 대통령직속 통일준비위원회 통일교육자문단 자문위원 2015년 한국공학교육인증원 원장(현) 2016년 서울총장포럼 회장(현) ⓢ2014 한국의 영향력 있는 CEO 인재경영부문대상(2014), 제5회 대한민국참교육대상 창조융합교육부문 최고대상(2014)

유기현(柳基泫)

⊛1956·7 ⊜부산 ㈜부산 남구 문현금융로33 기술보증기금 임원실(051-606-7531) ⓗ1985년 경성대 행정학과졸 2015년 부경대 국제대학원졸 ⓖ1989년 민주정의당 직능부 간사, 민주자유당 부산시당 조직차장, 신한국당 부산시당 조직부장, 한나라당 부산시당 조직부장 2005~2015년 민주평통 자문위원 2006년 同부산시당 사무처장 2009년 同경남도당 사무처장 직대 2010년 同부산시당 사무처장 2011년 同상근전략기획위원 2011년 개성공업지구지원재단 사무국장 2016년 기술보증기금 상임이사(현)

유기홍(柳基洪) YOO Ki Hong

⊛1958·6·11 ⊜서울 ㈜서울 영등포구 국회대로68길14 더불어민주당(1577-7677) ⓗ1977년 서울 양정고졸 1991년 서울대 국사학과졸 2006년 경남대 북한대학원 정치학과졸, 북한대학원대 통일학 박사과정 수료 ⓖ1981년 광주학살진상규명 교내시위 주도·구속 1983년 민주화운동청년연합 사무국장·정책실장 1986년 광주학살책임자처벌시위 주도·2년간 수배 1987년 6월 항쟁 당시 '민중신문' 발간·편집장 1988년 수배중 검거·국가보안법 위반으로 구속 1991~1992년 민주운동청년연합 의장 1992년 한국민주청년단체협의회 결성 주도·정책위원장·부의장 1994년 자주평화통일민족회의 대외협력위원장 1994~1998년 한국민주청년단체협의회 의장 1997년 6월항쟁10주년사업청년추진위원회 위원장 1998년 북한동포돕기청년운동본부 본부장 1998~2000년 민족화해협력범국민협의회 초대 사무총장 2000~2002년 대통령 정책기획수석비서관실 시민사회담당 행정관 2002년 광주민주화운동 유공자 지정 2002년 개혁국민정당 실무기획단 조직담당 기획위원·실행위원·대선 상황실장 2002년 同집행위원 2002년 同서울관악구甲지구당 위원장 2003년 민족화해협력범국민협의회 조직위원장 2003년 열린우리당 시민사회위원장 2004~2008년 제17대 국회의원(서울 관악구甲, 열린우리당·대통합민주신당·통합민주당) 2004년 열린우리당 제1정책조정위원회 부위원장 2005년 同정책위원회 부의장 2005년 同서울시당 중앙위원 2006년 同홍보위원장 2006년 同교육연수위원장 2007년 同정책위원회 부의장 2008~2015년 (사)미래교육희망 이사장 2008~2010년 민주당 교육연수위원장 2012~2016년 제19대 국회의원(서울 관악구甲, 민주통합당·민주당·새정치민주연합·더불어민주당) 2012~2013년 민주통합당 원내부대표 2012년 同반값등록금특별위원회 간사 2012년 국회 교육과학기술위원회 야당 간사 2013~2014년 국회 교육문화체육관광위원회 야당 간사 2013년 민주당 정책위원회 제5정책조정위원장 2013년 국회 예산결산특별위원회 위원 2013~2015년 국회 동북아역사왜곡대책특별위원회 위원 2014~2015년 새정치민주연합 수석대변인 2014년 국회 교육문화체육관광위원회 위원 2015년 더불어민주당 교육특별위원회 위원장 2016년 제20대 국회의원선거 출마(서울 관악甲, 더불어민주당) 2016년 더불어민주당 서울관악구甲지역위원회 위원장(현) ⓢNGO모니터단 선정 국정감사 우수의원(2004·2006·2007·2012·2013), 국회의원연구단체 우수단체선정(2004·2005·2007), 경향신문 선정 의정활동 우수의원(2005), 교육전문신문·교수신문 선정 가장 높은 점수를 매기고 싶은 국회의원(2006), 국회사무처 선정 입법 및 정책개발 우수의원(2006), 경향신문 우수국회의원 베스트21(2008), 법률소비자연맹 선정 국회 헌정대상(2013), 전국지역신문협회 선정 의정대상(2013), 한국과학기술단체총연합회 의정활동 우수대상(2013), 경제정의실천시민연합 국정감사 우수의원(2013·2014), 유권자시민행동 선정 국정감사 최우수의원(2013), 오마이뉴스 선정 국감스타(2013), 내일신문 선정 '국감 이사람'(2013), 새정치민주연합 국정감사 우수의원상(2014), 연합뉴스 선정 국감인물(2014), 서울신문 선정 국감스타(2014), 한국갤럽 국감 활약의원(2014), 대한민국을 빛낸 21세기 한국인상(2014), 대한민국 헌정대상(2015), 대한민국 유권자대상(2015), 음악저작권협회 공로상(2015), 인성교육대상(2015) ⓩ'민족이여 통일이여'(1987) '어느 3대의 화해'(2003) '교육에서 희망찾기'(2006) '희망, 우리의 힘'(2008) '교육에서 희망찾기 시즌2'(2011) '승정원일기를 깨우자'(2013) ⓒ기독교

유길상(柳吉相) YU Kil Sang

❸1953 · 6 · 15 ㈜충북 음성군 맹동면 태정로6 한국고용정보원(043-870-8081) ❸1979년 고려대 경제학과졸 1987년 미국 하와이주립대 대학원 경제학과졸 1988년 경제학박사(미국 하와이주립대) ❸1979년 행정고시 합격(23회) 1980~1989년 경제기획원 사무관 1989~1995년 한국노동연구원 연구위원 1990~2001년 성균관대 · 경희대 · 동국대 · 서울대 · 중앙대 · 연세대 · 고려대 강사 1991년 한국노동연구원 연구조정실장 1992년 고용보험연구기획단 위원 겸 총괄간사 1993~1994년 한국노사관계학회 상임이사 1995~1998년 한국노동연구원 고용보험연구센터 소장 1995~2006년 同선임연구위원 1999~2001년 同노동시장평가센터 소장 1999~2003년 同고용보험연구센터 소장 2000년 한국노동경제학회 부회장 2001년 연세대 행정대학원 겸임교수 2002~2005년 한국노동연구원 부원장 2004년 감사원 정책자문위원회 자문위원 2004년 노동부 정책자문위원회 위원 2005년 한국사회보장학회 회장 2006년 노동부 정책자문위원장 2006~2013년 한국기술교육대 테크노인력개발전문대학원 인력개발과 교수 2008년 同학생정보원장 2011년 同테크노인력개발전문대학원장 2013년 제18대 대통령직인수위원회 고용 · 복지분과 전문위원 2013년 대통령자문 국민경제자문회의 민생경제분과 민간위원 2013년 한국고용정보원 원장(현) ❸국민포장(1995), 동탑산업훈장(2015), 동아일보 한국의최고경영인상 상생경영부문(2015) ❸고용보험해설(共)(1996) '고실업시대의 실업대책(共)'(1998) '주요국의 고용보험제도(共)'(1999) '저숙련 외국인력 노동시장분석(共)'(2003)

유낙준(俞樂濬) You, Nak-Jun

❸1957 · 8 · 12 ❸기계(杞溪) ❸경기 남양주 ㈜경북 구미시 산동면 강동로730 사회과학대학 군사학과(054-479-1178) ❸1979년 해군사관학교졸(33기) 1990년 육군대학졸 1999년 국방대학원 안보과정 수료 2000년 동국대 대학원졸 2004년 국방대 고위정책결정자과정 수료 2009년 박사(위덕대) ❸1992년 해병대 2사단 82대대장 1994년 합참 전력기획본부 대내전략기획담당 1995년 同전력기획본부 전략상황분석담당 1996년 해병대 6여단 작전참모 1999년 해군본부 해병보좌관실 해병과장 2000년 해병대 2사단 8연대장 2002년 해병대사령부 인사처장 2003년 합참 전력기획본부 능력기획과장 2004년 해병대 1사단 부사단장 2006년 해병대 6여단장 2007년 한미연합사령부 작전참모부 연습처장 2008년 해병대 부사령관(소장) 2009년 해병대 1사단장 2010~2011년 해병대 사령관(중장) 2012~2016년 SK텔레시스 판교연구소 고문 2012년 경운대 사회과학대학 군사학과 교수(현) ❸합참의장표창(2회), 대통령표창(2003), 미국 근무공로훈장(2008), 보국훈장 천수장(2009), 보국훈장 국선장(2011) ❸천주교

유남규(劉南奎) YOO Nam Kyu

❸1968 · 6 · 4 ❸부산 ㈜경기 용인시 기흥구 보정로5 삼성생명탁구단 ❸1987년 부산 광성고졸, 경성대 국어국문학과졸 2006년 체육학박사(경희대) ❸1986년 아시아경기대회 단체전 · 개인단식 금메달 · 복식 동메달 1987년 뉴델리 세계선수권대회 복식 동메달 1988년 서울올림픽대회 개인단식 금메달 · 복식 동메달 1989년 세계선수권탁구대회 혼합복식 금메달 1990년 북경아시아경기대회 단체전 금메달 · 혼합복식 은메달 · 단식 동메달 · 복식 동메달 1992년 바르셀로나올림픽대회 개인복식 동메달 1993년 예테보리 세계선수권대회 복식 동메달 · 혼합복식 은메달 1994년 히로시마 아시아경기대회 단식 은메달 1995년 월드서키트대회 개인전 금메달 1995년 세계선수권대회 단체전 동메달 1996년 애틀란타올림픽대회 복식 동메달 1997년 맨체스터 세계선수권대회 단체전 동메달 1998년 방콕아시아경기대회 단체전 은메달 2000~2003년 제주삼다수팀 플레잉코치 2002년 아시아경기대회 국가대표팀 코치 2003~2007년 농심삼다수팀 코치 · 감독 2005년 서울대 강사 2008년 베이징올림픽대회 국가대표탁구팀 코치 2008년 대한탁구협회 경기위원회 기술이사 2009년 남자탁구 국가대표팀 감독 2009년 농심삼다수탁구단 감독 2010년 문화체육인 환경지킴이단 2010년 (사)올림픽메달리스트 회장(현) 2011년 남자탁구 국가대표팀 감독 2014년 에스오일 탁구단 감독 2016년 삼성생명탁구단 여자팀 감독(현) ❸대통령표창(1986), 체육훈장 거상장, 체육훈장 청룡장(1988), 글로벌 자랑스런 한국인대상(2015) ❸기독교

유남근(劉南根) YOU Nam Keun

❸1969 · 3 · 20 ❸경남 의령 ㈜서울 서초구 서초중앙로157 서울중앙지방법원(02-530-1114) ❸1987년 부산 동천고졸 1992년 고려대 법학과졸 ❸1991년 사법시험 합격(33회) 1994년 사법연수원 수료(23기) 1994년 軍법무관 1997년 부산지법 판사 2000년 同동부지원 판사 2002년 同판사 2004년 부산고법 판사 2007년 부산지법 판사 2009년 창원지법 부장판사 2011년 수원지법 부장판사 2014년 서울중앙지법 부장판사(현)

유남석(劉南碩) YOO Nam Seok

❸1957 · 5 · 1 ❸강릉(江陵) ❸전남 목포 ㈜광주 동구준법로7의12 광주고등법원 법원장실(062-239-1153) ❸1976년 경기고졸 1980년 서울대 법학과졸 1982년 同대학원 법학과 수료 ❸1981년 사법시험 합격(23회) 1983년 사법연수원 수료(13기) 1983년 軍검찰관 1986년 서울민사지법 판사 1989년 서울지법 동부지원 판사 1990년 제주지법 판사 1991년 서울고법 판사 1992년 장기해외연수(독일 Bonn대) 1993년 헌법재판소 헌법연구관 1994년 서울고법 상사전담부 판사 1996년 대법원 재판연구관 2000년 수원지법 성남지원 부장판사 2002년 서울지법 부장판사 2002년 법원행정처 사법정책연구실 사법정책연구심의관 겸임 2003년 서울행정법원 부장판사 2005년 대전고법 부장판사 2006년 대법원 선임재판연구관 2008년 서울고법 부장판사 2008년 헌법재판소 수석부장연구관(파견) 2010년 서울고법 부장판사 2012년 서울북부지법원장 2014년 서울고법 부장판사 2016년 광주고등법원장(현)

유남영(柳南榮) YOU Nam Young

❸1960 · 5 · 1 ㈜서울 종로구 종로5길58 석탄회관빌딩 10층 법무법인 케이씨엘(02-725-4774) ❸1977년 전주고졸 1982년 서울대 법대졸 1997년 미국 워싱턴대 시애틀교 대학원 법학과졸(LL.M.) 1999년 법학박사(미국 워싱턴대) ❸1982년 사법시험 합격(24회) 1984년 사법연수원 수료(14기) 1985~1987년 해군 법무관 1988년 변호사 개업 1997년 미국 New York Bar Exam 합격 1999년 법무법인 케이씨엘 변호사(현) 2003~2005년 대한변호사협회 재무이사 2003년 국무총리산하 교육정보화위원회 위원 2004~2005년 경찰청 과거사진상규명위원회 위원 2005~2007년 대한상사중재원 중재인 2006년 민주사회를위한변호사모임 부회장 2007년 학교법인 덕성학원 임시이사 2007~2010년 국가인권위원회 상임위원(차관급) 2014년 한국양성평등교육진흥원 초빙교수(노동)(현)

유남진(劉南辰) YOO Nam Jin

❸1958 · 8 · 3 ㈜서울 서초구 반포대로222 가톨릭대학교 의과대학 병리학교실(02-2258-7309) ❸1983년 가톨릭대 의대졸 1986년 同대학원졸 1992년 의학박사(가톨릭대) ❸1983년 가톨릭대 의대 병리학교실 조교 1987~1990년 軍의관 1990~2002년 가톨릭대 의대 병리학교실 전임강사 · 조교수 · 부교수 2002년 同의대 병리학교실 교수(현) 2007년 同의학교육지원센터 소장 2007~2013년 同START의학시뮬레이션센터 소장 2013년 同의생명산업연구원 인체유래물중앙은행장 2013년 同의생명산업연구원 가톨릭연구조직검체은행장 ❸영국병리학회 최우수연제상(1999), 대한병리학회 학술대상(2000)

유대균(劉大均) YOO Dae Gyoun

❸1960 · 11 · 17 ❸강릉(江陵) ❸강원 정선 ㈜강원 원주시 동부순환로247 반곡초등학교 교장실(033-730-9110) ❸정선고졸, 춘천교대 교육학과졸, 고려대 대학원 교육방법학과졸 ❸강릉 경포대초 · 강릉초 · 송산초 · 정덕초 · 정선초 · 홍콩한국국제학교 교사, 정선교육청 초등교육장학사, 강원도교육과학연구원 교육연구부 교육연구사, 교육인적자원부 초중등교육정책과 교육연구사 2013년 교육부 교육정책실 동북아역사대책팀장 2015년 同학교정책실 역사교육지원팀장 2015년 同방과후학교지원과장 2015년 원주 반곡초 교장(현) ❸과학기술처장관표창 ❸'역동적평가에 따른 근접발달 영역 연구' ❸기독교

유대선(俞大善) YOO Dae Sun

❸1963 ❸충남 아산 ㈜전남 나주시 빛가람로767 국립전파연구원(061-338-4567) ❸1981년 천안고졸 1985년 연세대 정치외교학과졸 1988년 서울대 대학원 행정학과졸 2004년 행정학박사(서울대) ❸1991년 행정고시 합격(34회) 1992년 서울양천우체국 업무과장 · 체신부 전파관리국 방송과 사무관 1996년 국가과학기술자문회의 파견 1997년 정보통신부 전파방송관리국 방송과 사무관 2002년 정읍우체국장 · 국가재난관리시스템기획단 파견 · 천안우체국장 2005년 전파연구소 전파자원연구과장 2006년 정보통신부 통신안전과장 · 인터넷정책팀장 2007년 정부혁신지방분권위원회 파견 2009년 전파연구소 이천분소장 2010년 방송통신위원회 방송진흥기획관실 디지털방송정책과장(서기관) 2011년 同국제협력관실 국제기구담당관 2012년 외교부 2013세계사이버스페이스준비기획단 부단장 2014년 미래창조과학부 성과평가정책과장 2014년 同성과평가혁신총괄과장 2016년 국립전파연구원 원장(현)

유대운(劉大運) YOU Dae Woon

[생]1950·1·10 [출]충남 서산 [주]서울 마포구 신수로 56 사람사는세상 노무현재단(1688-0523) [학]1991년 연세대 행정대학원 지방의회발전과정 수료 1992년 국민대 행정대학원 수료 1993년 서울대 경영대학원 최고경영자과정 수료 [경]1985~1990년 강북서민주택추진위원회 위원장 1989~1992년 번동철거보상대책위원회 위원장 1990~1993년 민주당 민생노동국장·인권국장 1990~2004년 同서울강북乙지구당 수석부위원장 1991년 서울 강북구의회 초대의원·예산결산특별위원장 1992년 민주당 제15대 대통령중앙선거대책위원회 서울성북·강북·도봉·노원구선거대책위원장 1995·1998·2002~2004년 서울시의회 의원(국민회의·새천년민주당) 1996~1998년 서울시립대 운영위원(이사) 1997년 서울시의회 문화교육위원장 1999·2002~2004년 同부의장 1999~2004년 서울시체육회 부회장 2003년 남서울대 객원교수 2003년 민주평통 서울시 강북구협의회장 2004~2007년 산업자원부 한국승강기안전관리원 원장 2009년 노무현재단 기획위원(현) 2010년 민주당 지방자치특별위원회 부위원장 2011년 박원순희망캠프 조직본부 부위원장 2011년 민주통합당 정책위원회 부의장 2012~2016년 제19대 국회의원(서울 강북乙, 민주통합당·민주당·새정치민주연합·더불어민주당) 2012년 민주통합당 당무위원 2012년 국회 행정안전위원회 위원 2012년 서울대총동창회 이사 2013년 국회 공직자윤리위원회 위원 2013년 국회 안전행정위원회 위원 겸 법안심사소위원회 위원 2013년 국회 예산·재정개혁특별위원회 위원 2013·2014년 국회 예산결산특별위원회 위원 2013년 민주당 정책위원회 부의장 2014~2015년 국회 운영위원회 위원 겸 청원심사소위원회 소위원장 2014년 국회 안전행정위원회 위원 2014~2015년 새정치민주연합 정책위원회 부의장 2014~2015년 同원내부대표 2014년 同정부조직개편특별위원회 간사 2015년 同4·29재보궐선거기획단 위원 2015년 同서울강북乙지역위원회 위원장 2015년 同한반도평화안전보장특별위원회 위원 2015년 더불어민주당 서울강북乙지역위원회 위원장 2015년 同한반도평화안전보장특별위원회 위원 [상]한국능률협회컨설팅 '2006 한국경영대상' 혁신경영부문 최우수상, 한국산업경영시스템학회·한국표준협회컨설팅 공동 '2006경영혁신 베스트프랙티스' 고객만족부문 대상 및 CEO상(2006), 산업자원부 품질경쟁력우수기업상(2006·2007), 국회 모범국회의원상, 국정감사NGO모니터단 국정감사우수의원상, (사)전국지역신문협회 의정대상, 법률소비자연맹 국회헌정대상 우수의원상(2014) [저]자전 에세이 '희망을 향한 무한도전'(2010, 작은이야기) '유대운의 강북정치'(2013)

유대종(劉大鍾) Yoo Dae-jong

[생]1963·8·11 [주]서울 종로구 사직로8길60 외교부 인사운영팀(02-2100-7136) [학]1986년 서울대 불어불문학과졸 [경]1988년 외무고시 합격(22회) 1988년 외무부 입부 1995년 同차관 비서관 1996년 駐제네바 1등서기관 1999년 駐세네갈 1등서기관 2003년 외교통상부 인사운영계장 2004년 駐유엔 1등서기관 2007년 외교통상부 유엔과장 2009년 한-아세안센터 개발기획총무부장 파견 2010년 駐오스트리아 공사참사관 2011년 駐유엔 공사참사관 2014년 외교부 국제기구국장 2016년 同본부 근무(국장급)(현)

유덕열(柳德烈) YOO Deok Yeol

[생]1954·7·9 [본]문화(文化) [출]전남 나주 [주]서울 동대문구 천호대로145 동대문구청 구청장실(02-2127-4303) [학]서울 송곡고졸 1988년 동아대 정치외교학과졸 1990년 성균관대 행정대학원 수료 2002년 경희대 대학원 법학과졸 [경]1985년 민주화추진협의회 선전부장 1985년 부마항쟁동지회 회장 1988년 국회의원 보좌관 1988년 평민당 국제조직부국장 1988년 대정교역 기획실장 1992년 민주당 상무감사실 부실장 1993년 同조직국장 1993년 同통일국장 1995년 서울시의회 의원 1997년 同운영위원장 1998~2002년 서울시 동대문구청장(국민회의·새천년민주당) 2002년 서울시 동대문구청장선거 출마(새천년민주당) 2003년 동대문정책포럼 대표 2004년 제17대 국회의원선거 출마(서울 동대문구乙, 새천년민주당) 2005년 민주당 서울동대문乙지구당 위원장 2005년 同조직위원장 2006년 同서울성북乙선거지원단장 2006년 同연수원장 2007년 同사무부총장, 同중앙위원 2010년 同부대변인 2010년 서울시 동대문구청장(민주당·민주통합당·민주당·새정치민주연합) 2014년 서울시 동대문구청장(새정치민주연합·더불어민주당)(현) 2015~2016년 서울시구청장협의회 회장 [상]의정행정대상 기초단체장부문(2010), 한국문화관광진흥브랜드대상 혁신문화예술정책대상(2011), 여성가족부장관표창(2011), 전국기초단체장매니페스토 우수사례경진대회 우수상(2011·2012), 한국문화관광브랜드 혁신진흥정책분야 대상(2011), 대한민국 지방자치경영대전 환경관리부문최우수상 환경부장관표창(2011), 그린스타트전국대회우수상 환경부장관표창(2011), 대통령직속 녹색성장위원회 제3회 생생도시 우수상(2011), 보건복지부장관표창(2012), 자랑스런 대한국민대상 행정부문(2013), 법률소비자연맹 공약대상(2014), 지구촌희망펜상 자치부문대상(2016), (사)세로토닌문화 세로토닌교육상(2016) [저]'동대문에는 없다'(2002, 장문산) '나의 꿈 나의 도전'(2010, 청류) '더 멀리 가려면 함께 가라'(2014, 정우) [종]기독교

유덕형(柳德馨) YOO Duk Hyung

[생]1938·1·6 [출]서울 [주]경기 안산시 단원구 예술대학로171 서울예술대학교 총장실(031-412-7103) [학]1962년 연세대 문과대학 영어영문학과졸 1967년 미국 트리니티대 대학원 연극과졸 1968년 미국 예일대 연극대학원 박사과정 수료 [경]연극연출가(현) 1969년 드라마센터 상임연출가 1970~1974년 서울연극학교장 1970년 동랑레퍼터리극단 대표 1974년 서울예전 교장 1977년 연극협회 상임이사 1978~1994년 서울예술전문대학 학장 1979년 국제극예술협회(ITI) 한국본부 부위원장 1985년 서울올림픽조직위원회 문화식전국장 1987년 同폐회식제작단장 1994~1999년 서울예술전문대학 이사장 1994~2001년 서울예술대 이사장 2007년 同학장 2007년 同총장(현) [상]동아연극상 연출상, 필리핀 마닐라시장 문화표창, 한국연극영화대상, 연극대상·연출상, 제5회 대한민국참교육대상 예술교육부문 대상(2014), 연세대 문과대학 동창회 연문인상(2014), 아시아문화위원회 존 D. 록펠러3세상(2016) [작]'갈색머리카락' '알라망' '생일파티' '초분' '봄이 오면 산에 들에'

유도재(劉度在) YU Do Jae (白公)

[생]1933·2·7 [본]거창(居昌) [출]경남 사천 [주]경기 부천시 소사구 경인로590 학교법인 유한학원 부속실(02-2610-0604) [학]1953년 마산고졸 1958년 일본 오사카(大阪)시립대 경제학부졸 1978년 서울대 경영대학원 수료 1994년 명예 체육학박사(러시아 국립체육대) 1996년 연세대 언론홍보대학원 수료 [경]1961년 (주)유한양행 입사 1973년 同전무이사 1983년 (주)유한에스피 대표이사 사장 1987년 동광제약(주) 대표이사 사장 1988년 통일민주당 상무위원 1989년 신한약품 대표이사 1990년 민자당 중앙상무위원 1992년 同대통령선거대책본부 금융단 부단장 1993년 국민체육진흥공단 부이사장 1993년 同이사장 1995~1997년 대통령 총무수석비서관 1996년 대한체육회 고문 1997년 경남대 극동문제연구소 선임연구원 1997년 재외동포재단 상임고문 2014년 학교법인 유한학원(유한공고·유한대) 이사장(현) [상]체육훈장 맹호장, 황조근정훈장 [종]천주교

유도훈(劉都勳) Yoo Do Hun

[생]1967·4·28 [주]인천 부평구 체육관로60 인천 전자랜드 엘리펀츠(032-511-4051) [학]용산고졸, 연세대졸 [경]1997~2000년 현대 걸리버스 소속 2000~2005년 전주 KCC 이지스 코치 2005~2007년 창원 LG 세이커스 코치 2007~2008년 안양 KT&G 감독 2009~2010년 인천 전자랜드 블랙슬래머 코치 2010년 인천 전자랜드 엘리펀츠 감독(현)

유동균(庾東均) YOO Dong Gyun

[생]1962·10·20 [주]서울 중구 덕수궁길15 서울특별시의회(02-3705-1056) [학]한국방송통신대 행정학과졸 [경]1995년 서울시 마포구의회 의원(2대), 민주당 서울마포구乙지구당 사무국장 2002년 민주통합당 서울마포구乙지역위원회 사무국장, 드림법무사사무소 사무장 2010~2014년 서울시 마포구의회 의원(민주당·민주통합당·민주당·새정치민주연합) 2010~2012년 同행정건설위원장 2012년 同운영위원회·복지도시위원회 위원, 민주평통 자문위원 2014년 새정치민주연합 서울마포구乙지역위원회 사무국장 2014년 서울시의회 의원(새정치민주연합·더불어민주당)(현) 2014년 同운영위원회 위원 2014·2016년 同도시계획관리위원회 위원(현) 2015년 同남산케이블카운영사업독점운영 및 인·허가특혜의혹규명을위한행정사무조사특별위원회 위원 2015년 더불어민주당 서울마포구乙지역위원회 사무국장(현) 2016년 서울시의회 서울메트로사장후보자인사청문특별위원회 부위원장 2016년 同서부지역광역철도건설특별위원회 위원장(현) [상]국제평화언론대상 자치의정부문 대상(2013)

유동근(柳東根) YOO Dong Keun

[생]1956·6·18 [출]강원 고성 [주]서울 성동구 아차산로67의16 웰메이드예당(02-3443-1960) [학]동도고졸 1976년 서울예술대학 연극과졸 [경]탤런트(현) 1980년 TBC 공채 탤런트(23기) 1997년 대경전문대학 연극영화과 연기학당 겸임교수 1998년 (주)HJ글로브 대표 2007년 선플달기국민운동본부 공동대표(현) 2014~2016년 웰메이드예당 사외이사 2015년 국민대통

합 홍보대사 2015년 웰메이드예당 소속(현) 2016년 (사)한국방송연기자협회 이사장 2016년 국민대통합위원회 홍보대사(현) [상]KBS 연기대상 연기상(1990), 백상예술대상 남자연기상(1996·1997), 국무총리표창(1998), 제25회 한국방송대상 남자탤런트상(1998), 백상예술대상 TV부문 인기상(1999), KBS 연기대상 대상(2002), 청룡영화상 남우조연상(2002), 백상예술대상 방송부문 최우수남자연기상(2002), 코리아드라마페스티벌 연기대상(2007), MBC 연기대상 황금연기상(2008), 대한민국대중문화예술상 국무총리표창(2011), KBS 연기대상 대상(2014) [작]TV드라마 'KBS 삼국기'(1992) 'SBS 댁의 남편은 어떠십니까'(1993) 'SBS 이 남자가 사는 법'(1994) 'KBS 장녹수'(1995) 'KBS 용의 눈물'(1996) 'MBC 애인'(1996) 'KBS 조광조'(1996) 'KBS 야망의 전설'(1998) 'MBC 남의 속도 모르고'(1999) 'SBS 루키'(2000) 'KBS 명성황후'(2002) 'KBS 아내'(2003) 'MBC 영웅시대'(2004) 'SBS 연개소문'(2006) 'MBC 에덴의 동쪽'(2008) 'MBC 민들레가족'(2010) 'SBS 아테나 : 전쟁의여신'(2010) 'JTBC 무자식 상팔자'(2013) 'MBC 구가의 서'(2013) 'KBS 정도전'(2014) 'KBS2 가족끼리 왜이래'(2015) 출연영화 '인간시장'(1983) '형'(1984) '밀크 초콜릿'(1991) '가문의 영광'(2002) '첫사랑 사수 궐기 대회'(2003) '어깨동무'(2004) '결정적 한방'(2011) '가문의 영광5-가문의 귀환'(2012) CF출연 '골드' '트라스트' 등

유동성(柳東成) YOO Dong Sung

[생]1956·6·26 [출]전북 완주 [주]전북 전주시 완산구 전라감영로75 전라일보 사장실(063-232-3132) [학]전주고졸 1980년 전북대 경제학과졸 [경]1979년 한국일보 입사 1988~1994년 전라일보 편집국 기자·경제부장 1994년 전북제일신문 입사 2000년 同편집부국장 겸 논설위원 2001년 同편집국장 2003년 전라일보 편집국장 2005년 同수석논설위원 2007년 한국신문방송편집인협회 이사 2007년 전라일보 편집국장 2008년 同수석논설위원 겸 기획실장 2015년 同대표이사 사장(현)

유동수(柳東秀) YOU Dong Soo

[생]1961·9·18 [출]전북 부안 [주]서울 영등포구 의사당대로1 국회 의원회관831호(02-784-3543) [학]1980년 전라고졸 1987년 연세대 경영학과졸 [경]세동회계법인 공인회계사, 유동수세무회계사무소 대표 2000~2009년 경인여대 감사 2006년 (주)로트론 사외이사 2011~2014년 인천도시공사 상임감사 2014년 인덕회계법인 인천지점 대표회계사 2014~2015년 누구나집자기관리부동산투자회사 대표이사 2014~2016년 (주)하우징텐 대표이사 2016년 더불어민주당 인천시계양구甲지역위원회 위원장(현) 2016년 제20대 국회의원(인천시 계양구甲, 더불어민주당)(현) 2016년 더불어민주당 회계담당 원내부대표(현) 2016년 국회 산업통상자원위원회 위원(현) 2016년 국회 예산결산특별위원회 위원(현)

유동훈(劉東勳) Dong Hun Yu

[생]1959·9·8 [출]경남 통영 [주]세종특별자치시 갈매로 388 문화체육관광부 국민소통실(044-203-2901) [학]중경고졸 1984년 동아대 경영학과졸 2003년 미국 일리노이대 대학원 광고학과졸 [경]1987년 행정고시 합격(31회) 2000년 국정홍보처 해외홍보원 외신과장 2001년 국외훈련 파견 2003년 국정홍보처 홍보기획국 사회문화홍보과장 2004년 同홍보기획국 홍보기획과장 2005년 同홍보기획단 혁신기획관(부이사관) 2007년 駐브라질 공사참사관(고위공무원) 2011년 한국예술종합학교 사무국장 2012년 문화체육관광부 국민소통실 홍보정책관 2013년 同대변인 2014년 同국민소통실장(현) 2015~2016년 연합뉴스 수용자권익위원회 위원 2016년 문화체육관광부 제2차관 내정(현) [상]홍조근정훈장(2012) [종]기독교

유두석(俞斗錫) Yoo Duseok

[생]1950·2·27 [출]전남 화순 [주]전남 장성군 장성읍 영천로200 장성군청 군수실(061-393-1989) [학]광주고졸, 전남대 정치외교학과졸, 영국 버밍햄대 대학원 지역계획학과졸, 도시계획학박사(경원대) [경]건설교통부 물류시설과장 1999년 同지가제도과장 2000년 국립지리원 지도과장 2002년 건설교통부 주택관리과장 2003년 同공공주택과장 2004년 同항공정책과장(부이사관) 2005~2006년 同중앙토지수용위원회 사무국장(이사관) 2006~2007년 전남 장성군수(무소속), 옥산·오창민자고속도로 사장 2014년 전남 장성군수(무소속)(현) [상]근정포장(1986), 녹조근정훈장(1992), 건설교통부장관표창, 동아일보 한국의최고경영인상 리더십경영부문(2015), 올해의 CEO 대상 혁신경영부문(2015), 도전한국인대상(2016) [저]'아름다운 귀향, 장성의 미래가 보인다'

유 룡(劉 龍) RYOO Ryong

[생]1955·9·1 [출]경기 화성 [주]대전 유성구 대학로 291 한국과학기술원 화학과(042-350-8131) [학]1977년 서울대 공업화학과졸 1979년 한국과학기술원 화학과졸(석사) 1986년 이학박사(미국 스탠퍼드대) [경]1979~1982년 한국에너지연구소 연구원 1985~1986년 미국 로렌스버클리연구소 Post-Doc. 1986~1996년 한국과학기술원(KAIST) 화학과 조교수·부교수 1990년 프랑스 E.N.S.C.M. 방문연구교수 1992년 미국 Stanford Univ. 방문연구교수 1993년 프랑스 파리제6대 방문연구교수 1994년 호주 NSW대 방문연구교수 1996~2008년 한국과학기술원(KAIST) 화학과 교수 2001~2012년 同기능성나노물질연구단장 2001~2007년 국제제올라이트학회 Council Member 2002~2006년 국제메조구조물질학회 Council Member 2006년 대한화학회 학술부회장 2007년 '국가과학자'로 선정 2008년 한국과학기술원(KAIST) 화학과 특훈교수(Distinguished Professor)(현) 2011년 유네스코·국제순수응용화학연합(IUPAC) 선정 '세계화학자 100인' 2012년 한국과학기술원(KAIST) 기초과학연구원(IBS) 연구단장(현) [상]일본전자현미경학회 최우수논문상(2001), 올해의 KAIST 교수상(2001), 한국과학재단·서울경제신문 이달의 과학기술자상(2001), American Chemical Society Research of Future Award(2001), 대한화학회 학술상(2002), KAIST 학술대상(2002), 대한민국 최고 과학기술인상(2005), 닮고싶고 되고싶은 과학기술인 선정(2006), 한국과학재단 및 과학논문인용색인(SCI) 주관사 미국 톰슨사이언티픽 선정 '올해 세계 수준급 연구영역 개척자상'(2007), '올해의 국가과학자' 선정(2007), 한국과학기술정보연구원 지식창조대상 화학분야(2009), 호암상 과학상(2010), 국제제올라이트학회 브렉상(Breck Award)(2010), 에쓰오일과학문화재단 선정 올해의 선도과학자 펠로십(2014)

유명수(劉明秀)

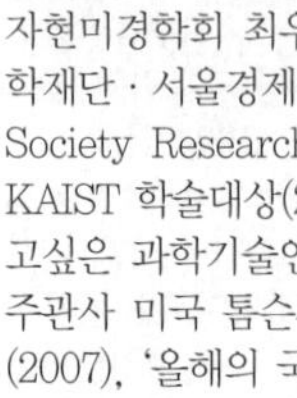

[생]1967·6·5 [주]세종특별자치시 도움6로11 환경부 기획조정실 창조행정담당관실(044-201-6354) [학]1992년 국민대 행정학과졸 1997년 서울대 대학원 행정학과졸 [경]1995년 총무처 5급 공채 1996년 환경부 중앙환경분쟁조정위원회 사무국 사무관 2000년 同기획관리실 기획예산담당관실 사무관 2006년 同자원순환국 자원순환정책과 서기관 2007년 同금강유역환경청 유역관리국장 2009년 국무총리실 새만금추진기획단 환경정책과장(파견) 2010년 환경부 자원순환국 자원재활용과장 2010년 同기획조정실 조직성과담당관 2012년 同감사관실 환경감시팀장 2013년 해외 파견(과장급) 2016년 환경부 한강유역환경청 환경관리국장 2016년 同기획조정실 창조행정담당관(현)

유명순(柳明淳·女) Yoo, Myung-Soon

[생]1964·11·11 [주]서울 중구 청계천로24 한국씨티은행 임원실(02-3455-2020) [학]1987년 이화여대 영어교육학과졸 1991년 서강대 경영대학원졸(MBA) 2009년 서울대 최고경영자과정 수료 [경]1987년 씨티은행 기업심사부 애널리스트 1993년 同국내대기업부 Risk Manager 1993년 同기업심사부장 1998년 同다국적기업부 심사역 2004년 한국씨티은행 다국적기업부장 2005년 글로벌뱅킹그룹 NY 2005년 한국씨티은행 다국적기업부 본부장 2008년 同기업금융상품본부장 2009~2014년 同기업금융상품본부 부행장 2014년 제이피모건체이스뱅크 서울지점 공동지점장 2015년 한국씨티은행 기업금융그룹장(수석부행장)(현)

유명우(柳明佑) Yu Myung Woo

[생]1964·1·10 [출]서울 [주]경기도 화성시 메타폴리스로53 스타프라자306호 한국권투연맹(02-6925-0472) [학]인천체육고졸 [경]1977년 권투 입문 1982년 프로권투선수 데뷔 1985년 세계권투협회(WBA) 주니어플라이급 챔피언 1985~1991년 WBA 17차 방어전 성공(국내 최다 방어기록 수립) 1991년 WBA 18차방어전 실패 1992년 WBA 주니어플라이급 챔피언 타이틀 탈환 1993년 WBA 주니어플라이급 타이틀 반납·명예은퇴(프로통산 39전 38승(14KO)1패 기록) 2009~2010·2012년 한국권투위원회 사무총장 2013~2014년 YMW 버팔로프로모션 대표 2013년 국제복싱 명예의전당(IBHOF) 헌액 2014년 한국권투연맹(KBF) 실무부회장(현) [상]한국권투위원회(KBC) 선정 최우수 복서(1990), 세계권투협회(WBA) 선정 올해의 복서(1991), 한국권투인의날 대상(1992), WBA선정 92년도뉴챔피언상(1993), 체육훈장 맹호장

유명철(兪明哲) YOO Myung Chul (인산)

[생]1943 · 10 · 4 [본]기계(杞溪) [출]부산 [주]경기 성남시 수정구 수정로76 순천의료재단 성남정병원(031-750-6000) [학]1961년 부산고졸 1967년 서울대 의대졸 1970년 同대학원졸 1973년 의학박사(서울대) [경]1973년 경희대 의대 정형외과학교실 전임강사 · 조교수 · 부교수 · 교수 1976년 미국 샌디에이고대병원 연수 1978년 미국 매사추세츠종합병원 연수 1980년 미국 마운트시나이의대 부속병원 Fellow 1981년 독일 함부르크대병원 연수 1982~1997년 경희대 의대 정형외과장 1990년 대한미세수술학회 회장 1993년 한국인공관절 및 관절염연구재단 소장(현) 1993년 국제정형외과 및 외상학회(SICOT) 세계대회 사무총장 · SICOT 한국지회장(현) 1995~1996년 대한정형외과스포츠의학회 회장 1995~1997년 경희대 의대부속병원장 1995~1999년 국방부 의료자문관 1997~1998년 대한고관절학회 회장 1997~1998년 대한골절학회 회장 1997년 미국정형외과학회(AOA) 정회원(현) 1998년 중국 연변의학원 객좌교수(현) 2000년 중국 북경 PLA Postgraduate Medical School 객좌교수(현) 2000년 한국혈우재단 이사장 2000년 국제고관절학회 정회원(International Hip Society)(현) 2001년 대한의학레이저학회 회장 2002년 경희대 의무부총장 겸 경희의료원장 2003년 중국 천진의대부속 천진제일중앙병원 객좌교수(현) 2003년 KBS 의료자문위원 2003년 아시아태평양인공관절학회(APAS) 회장 2003년 대한류마티스학회 회장 2004년 중국 대련우의병원 객좌교수(현) 2004~2008년 경희대 동서신의학병원장 2005년 대한의학레이저학회 명예회장 2005~2006년 대한정형외과학회 회장 2005년 중국 사천대 화서병원 객좌교수(현) 2005년 인천경제자유구역 바이오메디컬허브 자문위원 2006년 한국혈우재단 고문 겸 이사(현) 2006년 경희대 동서신의학병원 정형외과 및 관절류마티스센터 교수 2007~2008년 同관절류마티스센터장 2009년 同의학전문대학원 석좌교수 2010년 강동경희대병원 정형외과 및 관절류마티스센터 교수 2011~2013년 경희대 의무부총장 2011~2012년 同의료원장 2012~2015년 아시아인공관절학회(ASIA) 초대회장 2012년 (재)한국인체조직기증원 이사장(현) 2014년 성남정병원 명예원장(현) 2015년 미국 세계인명사전 'Marquis Who's Who in the World 2016년판'에 등재 [상]경희대 총장표창(1976), 대한정형외과학회 학술본상(1980~1994 · 2008), 유한학술저작상(1982), 고황의학상(1985), 경희대병원 공로상(1986), 과학기술우수논문상(1995), 대한정형외과학회 학술장려상(1998), 대한고관절학회 학술장려상(1998 · 2001 · 2002), 서울시의사회 의학상(봉사부문)(1999), 대한정형외과학회 포스터전시상(1999), APLAR(아시아태평양지역 국제류마티스학회) Merit Award(2000), 제13회 서울시민대상(2001), 보령의료봉사상(2002), 대한골절학회 학술최우수상(2004), 국제로타리 초아의봉사상(2004), 만례재단 학술장려상(2006), 서울시복지재단표창(2006), 청조대상(2007), 경희대 제1회 목련대상(2009), 아시아태평양인공관절학회 평생공로상(2010), 제12회 함춘대상(2011), 제2회 행복나눔人 보건복지부장관표창(2012), 2013 올해를 빛낸 창조경영 인물대상 의료부문(2013), 2015 대한민국미래경영대상 공공의료부문(2015) [저]'정형외과학'(1982) 'The Hip'(1984) 'Textbook of Orthopaedics'(2001) 'Transplantation of Toes in Place of Fingers'(2006) 'Hip Surgery'(2008) '발가락이 손가락에 붙었네'(2009) '휴먼닥터'(2009) 'Venous Thrombosis and Embolism in Orthopedic Surgery'(2010) [종]기독교

유명철(柳明澈)

[생]1957 · 4 · 5 [출]강원 횡성 [주]전남 나주시 그린로20 한국농어촌공사 기획전략본부(061-338-5031) [학]1974년 횡성고졸 1986년 한국방송통신대 행정학과졸 2004년 서울대 경영대학 공기업고급경영자과정 수료 [경]1976~1980년 국립농산물검사소 근무 1981~1999년 농림수산식품부 근무(서기관 명예퇴직) 2000~2003년 농업기반공사 감사실 감사총괄부장(2급) 2003~2004년 한국농어촌공사 사업개발처 사업개발부장 2005년 同인력개발처 인력개발팀장 2007년 同충북지역본부 충주 · 제천 · 단양지사장 2008~2011년 同기금관리처장(1급) 2012년 同강원지역본부장 2013년 同비서실장 2015년 同인재개발원장 2015년 同기획전략 · 농지관리본부장(상임이사) 2016년 同기획전략본부장(상임이사)(현)

유명환(柳明桓) YU Myung Hwan

[생]1946 · 4 · 8 [출]서울 [주]서울 광진구 능동로209 학교법인 대양학원 이사장실(02-3703-8298) [학]1965년 서울고졸 1970년 서울대 행정학과졸 1974년 네덜란드 사회과학원 수료 [경]1973년 외무고시 합격(7회) 1973년 외무부 입부 1976년 駐일본 3등서기관 1979년 대통령비서실 파견 1981년 駐싱가포르 1등서기관 1983년 駐바베이도스 참사관 1985년 대통령비서실 파견 1986년 외무부 미주국 북미과장 1988년 同장관 보좌관 1988년 駐미국 참사관 1991년 외무부 미주국 심의관 1992년 同공보관 1994년 駐유엔대표부 공사 1995년 대통령 외교비서관 1996년 외무부 미주국장 1996년 同북미국장 1998년 駐미국 공사 2001년 외교통상부 장관특별보좌관 2001년 同對테러 및 아프간문제 담당대사 2002년 駐이스라엘 대사 2004년 駐필리핀 대사 2005년 외교통상부 제2차관 2005~2006년 同제1차관 2007년 駐일본 대사 2008~2010년 외교통상부 장관 2010~2011년 미국 스탠퍼드대 아시아태평양연구센터(APARC) 방문교수 2011년 김앤장법률사무소 고문(현) 2011~2013년 세종대 석좌교수 2013년 학교법인 대양학원 이사장(현) 2014년 한국자유총연맹 고문(현) 2016년 일본군위안부피해자지원을위한재단설립준비위원회 위원(현) [상]홍조근정훈장(1996), 필리핀 대십자훈장(2005), 자랑스러운 ROTCian상(2009), 일본 욱일대수장(旭日大綬章)(2015)

유명희(柳明姬 · 女) YU Myeong Hee

[생]1954 · 9 · 5 [출]서울 [주]서울 성북구 화랑로14길5 한국과학기술연구원 의공학연구소 테라그노시스연구단(02-958-6911) [학]1976년 서울대 자연과학대학 미생물학과졸 1981년 미생물학박사(미국 캘리포니아대 버클리교) 2008년 한국과학기술원(KAIST) 테크노경영대학원 Executive과정 MBA 수료 2014년 미국 Northwestern Univ. School of Law Executive (LL.M.) [경]1981~1985년 미국 MIT Post-Doc. 1985~2000년 생명공학연구소 선임연구원 · 책임연구원 1991~1992년 미국 MIT Whitehead Institute 방문연구원 1997~2002년 과학기술부 창의사업단백질긴장상태연구단장 2000~2010년 한국과학기술연구원(KIST) 책임연구원 2000~2002년 同생체과학연구부 단백질긴장상태연구단장 2002~2008년 과학기술부 프로테오믹스이용기술개발사업단장 2002년 한국과학기술한림원 정회원(현) 2008년 교육과학기술부 프로테오믹스이용기술개발사업단장 2008~2010년 대통령직속 국가과학기술위원회 위원, 한국과학기술연구원 21세기프론티어사업단장 2010년 한국여성과학기술단체총연합회 부회장 2010~2013년 대통령실 미래전략기획관 2013년 한국과학기술연구원 의공학연구소 테라그노시스연구단 책임연구원(현) 2016년 한국공학한림원 정회원(기술경영정책분과 · 현) [상]생명공학원상, 목암생명과학상 본상, 과학기술훈장 웅비장, 로레알-유네스코 세계여성과학자상(1998), 서울시 문화상, '닮고싶고 되고싶은 과학기술인' 선정(2003), '유네스코 60년에 기여한 60명의 여성들'에 선정(2006)

유명희(兪明希 · 女) Yu Myeong Hui

[생]1967 · 6 · 5 [출]울산 [주]세종특별자치시 한누리대로 402 산업통상자원부 자유무역협정교섭관실(044-203-5780) [학]서울대 영어영문학과졸 [경]1992년 행정고시 합격(35회) 2003년 외교통상부 다자통상협력과 사무관 2004년 同통상정책기획과 사무관 2005년 同통상교섭본부 자유무역협정정책과장 2007년 同통상교섭본부 자유무역협정서비스투자과장 2008년 駐중국 1등서기관 2010년 아시아태평양경제협력체(APEC) 대표부 파견(참사관) 2014년 대통령 홍보수석비서관실 외신대변인 2015년 산업통상자원부 통상교섭실 자유무역협정교섭관 겸 동아시아자유무역협정추진기획단장(고위공무원)(현)

유무영(劉武永) Yoo, Moo-Young

[생]1960 · 7 · 20 [출]서울 [주]충북 청주시 흥덕구 오송읍 오송생명2로187 식품의약품안전처(043-719-1212) [학]서울대 약학과졸, 同대학원 약학과졸, 미국 유타대 약물유전체전달연구소 방문연구과정(Visiting Scholar) [경]1990년 보건사회부 약정국 약무과 근무 2009년 식품의약품안전청 의약품안전정책과장(서기관) 2010년 同대변인 2012년 대통령 보건복지비서관실 행정관(부이사관) 2013년 불량식품근절추진단(T/F) 부단장 2013년 식품의약품안전처 의약품안전국장 2015년 同기획조정관 2015년 서울지방식품의약품안전청장 2016년 식품의약품안전처 차장(현) [상]홍조근정훈장(2015)

유민봉(庾敏鳳) YOO Min Bong

[생]1958 · 1 · 9 [출]대전 [주]서울 영등포구 의사당대로 1 국회 의원회관1015호(02-784-2060) [학]1976년 대전고졸 1980년 성균관대 행정학과졸 1986년 미국 텍사스주립대 대학원 행정학과졸 1990년 행정학박사(미국 오하이오주립대) [경]1979년 행정고시 합격(23회) 2000~2013 · 2015~2016년 성균관대 사회과학대학 행정학과 교수 겸 국정관리대학원 교수 2005~2006년 '바른사회를 위한 시민회의' 바른행정본부장 2006~2008년 성균관대 기획조정처장 2008~2010년 同국정관리대학원장 겸 행정대학원장 2009년 同사회과학부장 2013년 제18대 대통령직인수위원회 국정기획조정분과 간사 겸 인수위 총괄간사 2013~2015년 대통령 국정기획수석비서관 2013~2015년 청와대불자회 회장 2016년 제20대 국회의원(비례대표, 새누리당)(현) 2016년 국회 안전행정위원회 위원(현) 2016년 국회 지방재정 · 분권특별위원회 위원(현) [저]'한국행정학' '인사행정론' [종]불교

유민영(柳敏榮) YOO Min Yong (心洋)

[생]1937 · 4 · 5 [본]고흥(高興) [출]경기 용인 [주]경기 안산시 단원구 예술대학로171 서울예술대학교 연극과(031-412-7100) [학]1957년 서울 한성고졸 1961년 서울대 사범대학 국어교육과졸 1966년 同대학원졸 1973년 오스트리아 빈대 대학원 연극과졸 1987년 문학박사(국민대) 1996년 러시아 국제학술원 원사학위 수여 [경]1970년 한양대 부교수 1980~2002년 단국대 천안캠퍼스 국문학과 교수 1985년 서울올림픽조직위원회 문예전문위원 1986년 연극학회 회장 1986~1991년 단국대 예술대학장 1988년 공연예술평론가협회 회장 1989~1993년 국립극장 레퍼토리 자문위원장 1993년 방송위원회 위원 1993년 국립극장 레퍼토리운영위원 · 자문위원장 1994년 공연윤리위원 1994~2002년 단국대 경영대학원 예술경영학과 주임교수 1995~1998년 예술의전당 이사장 1997~2004년 정동극장 이사장 2001년 단국대 대중문화예술대학원장 2002~2006년 同석좌교수 2006년 同명예교수(현) 2010년 서울예술대 공연창작학과 석좌교수(현) 2016년 '한국 근현대사 예술사 구술채록사업' 원로예술인 생애사 구술자 선정 [상]보관문화훈장, 일석학술상, 서울문화예술평론상, 유치진 연극상, 홍조근정훈장, 노정김재철학술상(2004), 대한민국예술원상(연극 · 영화 · 무용부문, 2006) [저]'한국현대희곡사' '한국연극산고' '한국극장사' '한국연극의 미학' '전통극과 현대극' '윤심진평전' '개화기 연극사회사' '한국희곡론'(共) '우리시대 연극운동사' '한국연극의 위상' '한국근대연극사' '한국근대극장 변천사' '이해랑 평전' '20세기 후반의 연극문화' '작지만 큰 정동극장 이야기' '격동사회의 문화비평' '삶과 문화의 뜰' '한국인물연극사1 · 2'(2006) '비운의 선구자 윤심덕과 김우진'(2008) '한국연극사의 성찰과 지향'(2009) '한국근대연극사 신론'(2011) 평전 '동랑 유치진'(2015) [종]천주교

유배근(劉培根) YOO Bae Keun

[생]1959 · 10 · 14 [출]서울 [주]서울 강남구 학동로343 (주)휴비스 비서실(02-2189-4500) [학]1978년 경희고졸 1984년 경희대 경영학과졸 [경]1983년 (주)선경합섬 경리부 입사 1987년 同울산공장 관리부 관리과 1988년 同경리부 · 자금부 과장 1997년 同SUPEX추진팀 차장, 기획팀 · 전략팀장 2000년 同통합추진본부팀장 · 전략기획실장 2002년 (주)휴비스 전략기획실장(상무) 2008년 同재무전략실장 전무 2011년 同대표이사(현)

유범식(俞範植) Yoo, Beom-Sik

[생]1973 · 3 · 20 [본]기계(杞溪) [출]서울 [주]세종특별자치시 도움6로11 환경부 지구환경담당관실(044-201-6581) [학]1995년 미국 캘리포니아주립대 어바인교 경제학과졸 2001년 서울대 행정대학원 정책학과 수료 [경]1996~2006년 환경부 해양환경과 · 폐기물관리과 · 해외협력담당관실 · 교통공해과 · 교통환경기획과 사무관 2006년 기획예산처 과학환경재정과 사무관 2007년 환경부 대기정책과 서기관 2008년 국무총리실 기후변화대책기획단 협상팀장 2009년 대통령직속 녹색성장기획단 국제협력팀 과장 2010년 환경부 기획조정실 정보화담당관 2011~2012년 국외훈련 2012년 환경부 배출권거래제준비기획단 팀장 2015년 세계물포럼 조직위원회 프로그램과장 2015년 국립환경과학원 연구전략기획과장 2016년 환경부 국제협력관실 지구환경담당관(현)

유법민(柳法敏) Ryu Peob Min

[생]1969 [주]세종특별자치시 한누리대로402 산업통상자원부 에너지신산업정책과(044-203-5360) [학]미국 예일대 경영대학원 경영학과졸 [경]정보통신부 전파방송관리국 사무관, 同전파방송정책국 방송위성과 사무관 2004년 서기관 승진, 정보통신부 전파연구소 품질인증과장 2007년 同우정사업본부 예금사업단 예금자금운용팀장 2008년 지식경제부 우정사업본부 예금사업단 예금자금운용팀장 2010년 同소프트웨어진흥과장 2011년 同투자유치과장 2012년 同에너지자원실 기후변화에너지자원개발정책관실 자원개발전략과장 2013년 산업통상자원부 에너지자원실 자원개발전략과장 2014년 同산업기반실 산업기술시장과장 2014년 同산업기반실 산업기술개발과장 2016년 同산업기반실 조선해양플랜트과장(부이사관) 2016년 同에너지신산업정책과장(현) [상]대통령표창(2004)

유병국(柳秉國) RYOU Byong Kuk

[생]1968 · 4 · 1 [본]고흥(高興) [출]충남 천안 [주]충남 예산군 삽교읍 도청대로600 충청남도의회(041-635-5223) [학]청주대 법학과졸, 同대학원 법학과졸 [경]민주당 양승조 국회의원 입법보좌관 2004년 민주평통 자문위원 2010년 충남도의회 의원(민주당 · 민주통합당 · 민주당 · 새정치민주연합) 2012년 同민주통합당 대표 2012년 同운영위원장 2014년 충남도의회 의원(새정치민주연합 · 더불어민주당)(현) 2014년 同운영위원회 위원 2014년 同행정자치위원회 위원 2014년 同예산결산특별위원회 위원 2016년 同농업경제환경위원회 위원(현) [상]세종 · 충남지역신문협회 풀뿌리자치대상 충청인상(2015), 전국지방의회 친환경 최우수의원상(2015)

유병권(俞炳權) YOU Byeong Kwon

[생]1960 · 11 · 10 [본]기계(杞溪) [출]전남 광양 [주]서울 영등포구 국회대로70길18 한양빌딩 새누리당 수석전문위원실(02-788-2380) [학]1983년 전남대 경영대학졸 1992년 서울대 행정대학원졸 1996년 미국 미시간주립대 대학원 도시 및 지역계획학과졸, 행정학박사(서울시립대) [경]1989년 행정고시 합격(33회) 2000년 건설교통부 도시정책과 서기관 2001년 미국 주택도시개발성 파견 2003년 건설교통부 신행정수도건설추진단 기획과장 2004년 同주거복지과장 2005년 同지역정책과장 2007년 同장관비서관 2007년 同도시정책팀장(부이사관) 2008년 국가경쟁력강화위원회 파견(부이사관) 2010년 국가건축정책위원회 국가건축정책기획단 부단장(고위공무원) 2011년 국토해양부 도시정책관 2012년 부산지방국토관리청장 2013~2014년 국토교통부 토지정책관 2014년 새누리당 수석전문위원(현) [상]대통령표창(1999) [저]'주택저당증권(MBS)의 이해'(2004) [역]'도시토지이용계획론'(2000) [종]기독교

유병규(俞炳圭) YU Byoung Gyu

[생]1960 · 1 · 13 [본]기계(杞溪) [출]서울 [주]세종특별자치시 시청대로370 산업연구원 원장실(044-287-3000) [학]마포고졸, 성균관대 경제학과졸, 경제학박사(성균관대) [경]성균관대 강사, 한국산업경제연구원 연구원, 과학기술부 정책평가위원, 국민경제자문회의 전문위원, 서울시 업무평가위원, 노동부 정책자문위원 2006년 현대경제연구원 경제본부장(상무) 2007년 同산업전략본부장(상무) 2008년 同경제연구본부장(상무), 한국경제학회 경제교육분과 위원, 한국생산성학회 부회장, 한국지역경제학회 상임이사, 한국공학한림원 회원(현), 민주평통 상임위원 2010~2013년 현대경제연구원 경제연구본부장(전무), 미국 존스홉킨스대 SAIS 초빙연구원, 국세청 자문위원 2013~2016년 국민경제자문회의 지원단장 2015년 보건복지부 저출산고령사회위원회 지속발전분과장 2016년 산업연구원 원장(현) 2016년 산업통상자원부 기업활력제고를위한특별법(기활법)관련 사업재편계획심의위원회 민간위원(현) [상]현대그룹 최우수경영인상(2005 · 2007), 국가과학기술위원장표창(2012), 대통령비서실장 표창(2013) [저]'한국경제의 발전과정과 미래' '지식혁명과 기업' '제조업의 디지털 경영전략' '허브 한반도' '사이언스 마인드 사이언스 코리아' '치미아 이코노믹스' 'BRICs' '대한민국 경제 지도' '통계에 담긴 진짜 재미있는 경제' [역]'나이키는 왜 짝퉁을 낳았을까' '세계화 이후의 부의 지배' '격동의 시대' '미래를 말한다' [종]기독교

유병기(柳炳起) RYU Byung Ki

[생]1959 · 5 · 25 [출]경북 영천 [주]서울 강남구 테헤란로108길7 동국제약(주) 임원실(02-2191-9915) [학]대일고졸 1983년 서울대 약학과졸 1985년 同대학원 제약학과졸 [경]국제약품공업 근무, 동국제약(주) 상무이사, 同전무보 2013년 同전무이사 2016년 同부사장(현)

유병길(俞炳吉) YOO Byung Gil

[생]1942 · 6 · 29 [본]기계(杞溪) [출]서울 [주]서울 중구 퇴계로97 고려대연각센터1201호 동광제약(주) 비서실(02-776-7641) [학]1961년 대광고졸 1965년 고려대 법학과졸 1978년 성균관대 경영대학원 수료 [경]1973년 동아생명보험(주) 입사 1983년 同영업국장 1989년 동양생명보험(주) 상무 1993년 同전무 1994년 同부사장 1996년 同고문 1996~1998년 고려생명보험(주) 사장 2002년 동광제약(주) 대표이사(현)

유병덕(俞炳德)

[생]1958 · 8 · 30 [출]충남 서산 [주]충남 공주시 봉황로1 공주시청 부시장실(041-840-2011) [학]양구종합고졸, 한국방송통신대 행정학과졸, 충남대 행정대학원 행정학과졸 [경]1990~1991년 충남도 기획관리실 기획담당관실 근무 1991~2000년 同기획관리실 예산담당관실 예산총괄담당 2000~2003년 보령시 청소면장 · 욕장경영소장 2003~2004년 충남도 경제통상국 경제정책과 노사협력담당 2004~2009년 同기획관리실 예산담당관실 예산총괄담당 · 재정계획담당 · 공기업담당 2010년 안교안보연구원 파견(지방서기관) 2011년 충남도의회 사무처 수석전문위원 2011년 충남도 경제통상실 국제통상과장 2013년 同문화예술과장 2015년 同복지보건국장 2015년 同복지보건국장(부이사관) 2016년 공주시 부시장(현) [상]공무원교육원 성적우수상(1991), 행정자치부장관표창(2006), 대통령표창(2007), 녹조근정훈장(2014)

유병두(柳炳斗)

[생]1963 · 10 · 26 [출]충남 [주]부산 연제구 법원로15 부산지방검찰청 형사2부(051-606-4309) [학]1982년 대일고졸 1986년 연세대 법학과졸 [경]1994년 사법시험 합격(36회) 1997년 사법연수원 수료(26기) 1998년 대구지검 검사 2000년 同안동지청 검사 2001년 서울지검 의정부지청 검사 2003년 서울지검 검사 2004년 서울중앙지검 검사 2006년 광주지검 검사 2008년 서울동부지검 검사 2009년 同부부장검사 2011년 청주지검 부장검사 2012년 전주지검 부장검사 2013년 서울동부지검 공판부장 2014년 의정부지검 형사4부장 2015년 수원지검 안산지청 부장검사 2016년 부산지검 형사2부장(현)

유병득(俞炳得) YU Byung Duk

[생]1951 · 7 · 28 [출]경북 고령 [주]서울 서대문구 충정로 23 (주)풍산홀딩스 감사실(02-2273-2150) [학]1970년 경북대사대부고졸 1975년 한국외국어대 상학과졸 1996년 서강대 경영대학원졸 [경]1979년 삼성생명보험 증권사업부 · 융자사업부 근무 1989년 同해외투자과장 1992년 同채권팀장 1993년 同주식팀장 1998년 同런던법인장(이사보) 1999년 삼성생명투자신탁운용 운용실담당 이사보 2000년 삼성투자신탁운용 운용실담당 이사 2001년 SK투자신탁운용 대표이사 2002~2003년 한국투자신탁운용 대표이사 사장 2004년 조흥투자신탁운용 사장 2006~2007년 SH자산운용(주) 대표이사 사장 2012년 (주)풍산홀딩스 상근감사(현) [종]불교

유병렬(柳丙烈) Yoo Byungryul

[생]1957 · 10 · 15 [출]충남 보령 [주]서울 송파구 양재대로 1239 한국체육대학교 생활체육대학 스포츠청소년지도학과(02-410-6845) [학]1981년 한국체육대 체육학과졸 1983년 경희대 대학원 체육학과졸 1997년 체육학박사(한양대) [경]1979년 미국 톨리도대 교환교수 1987년 한국체육대 사회체육학부 스포츠청소년지도전공 교수 1993~1994년 한양대 대학원 원우회 회장 1994~1996년 대한사이클연맹 기획이사 · 국제이사 1994~1996년 한국체육대 학생생활연구소장 1995년 자전거사랑전국연합회 이사 1996년 서울사이클연맹 전무이사 1998년 한국스포츠TV 경륜해설위원 1998년 한국체육대 체육학과장 1999~2000년 (사)한국여가레크리에이션협회 전무이사 2001~2013년 同부회장 2001년 한국체육대 청소년지도학과장 2001~2007년 (사)국민생활체육협의회 이사 2001~2009년 한국레크리에이션교육학회 부회장 2004년 한국체육대 학생처장 2005년 한국여가학회 회장 2007년 한국체육대 교육대학원장 2007년 同사회체육대학원장 2010~2014년 한국체육정책학회 회장 2011년 한국체육대 생활체육대학 스포츠청소년지도학과 교수(현) [상]교육부장관표창(1994) [저]'레크리에이션지도서'(1998) '야외활동의 이론과 실제'(2001)

유병삼(俞炳三) YOO Byung Sam

[생]1952 · 2 · 1 [본]기계(杞溪) [출]충북 충주 [주]서울 서대문구 연세로50 연세대학교 상경대학 경제학부(02-2123-2488) [학]1979년 연세대 응용통계학과졸 1987년 경제학박사(미국 캘리포니아대 샌디에이고교) [경]1979~1982년 한국은행 행원 1987~1993년 미국 펜실베니아주립대 조교수 1990~1992년 연세대 상경대학 경제학과 특임조교수 · 초빙조교수 1994년 同상경대학 경제학과 부교수 · 교수, 同경제학부 교수(현), 한국은행 자문위원, 한국계량경제학회 회장, 한국금융학회 이사 · 편집위원장, 한국경제학회 'The Korean Economic Review' 편집위원장, 연세대 경제연구소장, 同상경대학장 겸 경제대학원장, 우리은행 사외이사 2009년 기획재정부 국가통계위원회 위원 2014년 한국주택금융공사 비상임이사(현) [상]자랑스러운 연세상경인상(2000), 우수업적교수상(2007 · 2008), 다산경제학상(2009)

유병서(俞炳瑞) Byung Seo Yoo

[생]1969 · 8 · 6 [출]서울 [주]서울 종로구 청와대로1 대통령비서실(02-770-0011) [학]1988년 서울 반포고졸 1995년 서울대 경제학과졸 2002년 미국 퍼듀대 대학원 경영학과졸 [경]2005년 기획예산처 재정운용협력과장 2006년 재정경제부 경제협력국 개발협력과장 2007년 기획예산처 일반행정재정과장 2009년 OECD 근무 2012년 대통령 경제금융비서관실 행정관 2013년 기획재정부 교육예산과장(부이사관) 2014년 同국토교통예산과장 2015년 同복지예산과장 2016년 대통령비서실 근무(현)

유병수(俞炳洙) YU Byung Soo

[생]1955 · 6 · 23 [출]전북 익산 [주]전북 익산시 익산대로 460 원광대학교 바이오나노화학부(063-850-6223) [학]1972년 남성고졸 1981년 고려대 화학공학과졸 1985년 미국 웨스턴켄터키대 대학원 화학과졸 1989년 이학박사(미국 아이오와대) [경]1991년 대전산업대 공업화학과 전임교수 1993~2003년 원광대 화학기술 · 생명과학부 부교수 1995년 同의약지원연구센터 연구부장 1997년 同화학과장 1998년 同화학기술 · 생명과학부장 1998년 (주)벤트리 고문 2003년 원광대 생명나노화학부 교수, 同자연과학대학 바이오나노화학부 교수(현) 2005~2006년 同생명나노화학부장 2006년 미국 Duke대 교환교수 2010년 원광대 자연과학대학장, 同과학영재교육원장 [저]'무기화학실험'(1998) '일반화학시험'(1998) [역]'대한화학의 기초(6판)'(1997) '화학의 세계(제2판)'(1998) '일반화학'(2002 · 2005)

유병언(俞炳彦) YOO Byung Un

[생]1953 · 2 · 7 [출]충남 서천 [주]서울 광진구 능동로25길 7 양신빌딩3층 (주)비츠로테크 비서실(02-2024-3605) [학]1972년 리라고졸 1977년 부산대 전기공학과졸, 서울대 대학원 MBA 수료 2000년 한양대 경영대학원 최고경영자과정 수료 [경]쌍용전기공업 근무 1979~1984년 효성중공업 기술개발 · 설계업무과장 대리 1984~2000년 (주)광명전기 상무이사 · 대표이사 상무 2003년 대한전기학회 평의원(현) 2004년 同사업이사 2005년 한국전기산업진흥회 이사(현) 2005년 (주)비츠로시스 전력IT사업총괄 사장 2006년 (주)비츠로테크 공동대표이사(현) 2007년 한국서부개폐기사업협동조합 이사장 2010년 한국전력기기사업조합 이사장(현) [종]기독교

유병욱(俞炳旭)

[생]1948 · 4 · 2 [출]대구 [주]경기 수원시 장안구 수성로 245번길69 경기도의료원(031-250-8826) [학]1966년 경북고졸 1972년 경북대 의대졸 1976년 同대학원졸 1985년 의학박사(고려대) [경]1972년 경북대병원 인턴 1973년 同일반외과 레지던트, 고려대 의대 외래교수, 서울시병원협회 정책이사 1977년 국군서울지구병원 외과 과장 1980년 서울시립강남병원 외과전문의 1982년 지방공사 강남병원 건강관리과장 1984년 同외과 과장 1989년 同교육연구부장 1994년 同진료이사 2003년 同병원장 직대 2004년 서울시립동부병원 원장 2006~2011년 서울특별시 서울의료원장, 성균관대 의대 외래교수, 대한병원협회 이사, 대한외과학회 평생회원(현), 대한임상종양학회 평생회원(현), 경기도의료원 수원병원 외과 과장 2015년 경기도의료원장 겸 수원병원장(현) 2015년 경기도 메르스대응민관합동의료위원회 위원 [상]서울시장표창(1984), 적십자포장 박애장(2006), 대통령표창(2010)

유병직

[생]1955 · 11 [주]서울 용산구 두텁바위로54의99 방위사업청 사업관리본부(02-2079-5000) [학]대광고졸, 연세대 기계공학과졸, 충남대 대학원 경영학과졸, 경영학박사(중부대) [경]국방과학연구소 4본부 현무체계부 근무, 同3본부 현무체계부 근무, 同종합시험본부장, 同국방과학기술아카데미원장 2016년 방위사업청 사업관리본부장(현)

유병진(俞炳辰) YOU, Byong Jin

[생]1952 · 1 · 16 [출]서울 [주]서울 서대문구 명지대길50의3 명지대학교 총장실(02-300-1403) [학]1970년 중앙고졸 1974년 명지대 무역학과졸 1977년 同대학원 경영학과졸 1981년 미국 롱아일랜드대 경영대학원졸(MBA) 2000년 경제학박사(일본 교토대) [경]1993~2002년 한국대학축구연맹 회장 1999년 제20회 스페인 팔마하계유니버시아드대회 한국선수단장 2001~2005년 관동대 총장 2002~2003년 국제특수체육학술대회 조직위원장 2002~2004년 대한올림픽위원회(KOC) 상임위원 2003년 국제대학스포츠연맹(FISU) 국제조정위원회(CIC) 위원(현) 2008년 명지대 총장(현) 2010년 2015광주하계유니버시아드대회조직위원회 집행위원회 부위원장(현) 2010~2014년 경기도그린캠퍼스협의회 회장 2010년 대한대학스포츠위원회(KUSB) 위원장(현) 2010년 한국대학스포츠총장협의회(KUSF) 부회장(현) 2010년 2018평창동계올림픽대회조직위원회 위원(현) 2012년 한국대학가상교육연합 회장(현) 2014년 대통령직속 통일준비위원회 통일교육자문단 자문위원(현) 2015년 광주하계유니버시아드대회 한국선수단장 2015년 국제대학스포츠연맹(FISU) 집행위원(현) 2016년 한국대학교육협의회 부회장(현) 2016년 한국사립대학총장협의회 회장(현) [상]문교부장관표창(1990), 강릉예술인상 공로상(2002), 자랑스런 관동문화인상(2003), 체육훈장 맹호장(2004), 환경부장관 공로상(2011)

유병철(俞炳哲) YOO Byung Chul

[생]1951·4·18 [출]경북 [주]서울 강남구 테헤란로152 강남파이낸스센터10층 삼정KPMG 임원실(02-2112-2880) [학]성동고졸, 성균관대 경영학과졸 [경]금융감독원 공시감독국장, 同자산운용감독국장, 서울증권(주) 감사, 유진투자증권 감사 2011년 삼정KPMG 부회장(현)

유병철(俞炳撤) YOO Byung Chul

[생]1953·6·27 [출]서울 [주]서울 광진구 능동로120의1 건국대학교병원 소화기내과(02-2049-6190) [학]1977년 서울대 의대졸 1980년 同대학원 의학석사 1986년 의학박사(서울대) [경]1977~1982년 서울대부속병원 인턴·레지던트 1982년 군의관 1985~1995년 중앙대 의대 내과학교실 조교수·부교수 1995~2002년 同의대 내과학교실 교수 1996년 대한간학회 감사 1998년 同총무 2000~2001년 대한소화기학회 총무 2002~2015년 성균관대 의대 내과학교실 교수 2002~2004년 삼성서울병원 소화기연구소장 2003~2004년 同건강의학센터장 2004~2007년 同암센터장 2007~2011년 同소화기센터장 2007년 同소화기연구소장 2010~2011년 대한간학회 이사장 2015년 건국대 의과대학 내과학교실 교수(현) 2015~2016년 同의학전문대학원장 겸 의과대학장 2015년 건국대병원 소화기병센터장(현) [상]한국과학기술단체총연합회 과학기술우수논문상(2000), 대한간학회 간산학술상(2002), 대한간학회 우수논문상(2003), 삼성생명과학연구소 우수논문상(2004) [종]기독교

유병철(俞炳哲) YOU Byung Chul

[생]1960·12·12 [출]경남 [주]서울 종로구 북촌로67의7 대한뉴스(02-573-7777) [학]1978년 부평고졸 1982년 경희대 신문방송학과졸 2015년 同언론정보대학원졸(석사) [경]1984년 연합통신 입사(공채 4기) 1985~1997년 同편집국 외신1부·사회부 기자 1997~1998년 미국 아메리칸대 연수 1999년 연합뉴스 편집국 사회부 차장 2001년 同편집국 사회부 부장대우 2003년 同편집국 지방부 부장대우 2004년 同편집국 지방부장 2005년 同편집국 지방자치부장 2006년 관훈클럽 편집운영위원 2006~2008년 연합뉴스 편집국 사회·지방·사진담당 부국장 2006년 同콘텐츠강화위원회 위원 겸임 2008~2009년 同뉴미디어국장 2008년 同비상경영위원회 위원 겸임 2009~2010년 同정보사업국장 2009년 同방송사업기획단 위원 겸임 2011년 同기획조정실장 2011년 同미디어그룹 경영전략위원회 위원장 겸임 2011년 연합뉴스TV(뉴스Y) 보도국장 2012년 同편성책임자 직무대행 겸임 2012년 同보도본부장(상무이사) 2013~2015년 同전무이사 2013~2015년 한국IPTV방송협회 이사 2015년 대한뉴스 대표이사 사장(현) 2015년 (사)한반도물류연합포럼 상임부회장(현) 2016년 연합뉴스사우회 부회장(현) [상]경희언론인상(2013), 미래창조과학부장관표창(2014) [종]기독교

유병철(俞炳喆) Yoo Byung Chul

[생]1964·12·31 [주]경기 과천시 관문로47 법무부 교정정책단(02-2110-3000) [학]부천고졸, 동국대 법학과졸, 연세대 행정대학원 공안행정학과졸, 형사사법학박사(영국 리즈대) [경]1994년 행정고시 합격(37회) 2009년 공주교도소장 2010년 여주교도소장 2011년 광주교도소장 2012년 수원구치소장 2014년 인천구치소장 2015년 서울남부구치소장(고위공무원) 2016년 법무부 교정정책단장(고위공무원)(현)

유병철(俞炳掇) YOO Byong Chul

[생]1971·8·3 [본]기계(杞溪) [출]서울 [주]경기 고양시 일산동구 일산로323 국립암센터 연구소 대장암연구과(031-920-2342) [학]1996년 성균관대 유전공학과졸 1998년 同대학원졸 2001년 이학박사(오스트리아 빈대) [경]2002년 미국 예일대 의과대학 박사후연구원 2002년 국립암센터 연구소 대장암연구과 주임연구원 2004~2005년 同연구소 대장암연구과장 직대 2006~2013년 同연구소 대장암연구과 선임연구원 2011년 성균관대 생명공학대학 유전공학과 겸임교수 2013년 국립암센터 연구소 대장암연구과 책임연구원(현) 2013년 EPMA Journal, Editorial Board(현) 2014~2015년 한국단백체학회 국제위원장 2015년 고려인삼학회지(Journal of Ginseng Research), Associate Editor(현) 2016년 한국단백체학회 편집위원장(현) [상]Fellowship from International Society for Amino Acid Research(1998), 생명과학 최고연구자과정 우등상(2003), SCI I.F상 우수상(2005), 국립암센터설립10주년유공표창(2010), 국무총리표창(2014), 대한암학회 머크 학술상(2016) [저]'삶과 죽음의 인문학'(2012, 석탑)

유병태(俞炳泰) YOO Byoung Tae

[생]1948·4·2 [본]기계(杞溪) [출]대전 [주]서울 성동구 왕십리로222 한양대학교 경영대학 경영학부(02-2220-2587) [학]1975년 미국 일리노이공과대학 산업공학과졸 1978년 미국 일리노이대 어배나교 대학원 경영학과졸 1982년 경영학박사(미국 일리노이대 어배나교) [경]1978~1981년 미국 일리노이주립대 경영학과 시간강사 1981~1982년 同경영학과 조교수 1982~1985년 미국 Ball State Univ. 경영학과 조교수 1985~2013년 한양대 경영대학 경영학부 교수 1989~1995년 정부투자기관 평가위원 1991년 미국 Delware Univ. 초빙교수 1995년 국무총리실 자문위원 1996년 미국 Drexel Univ. 연구교수 1998년 고객만족대상 심사위원 2000년 한국생산관리학회 회장 2000~2002년 한양대 정보통신원장 2002~2005년 同경영대학장 겸 경영대학원장 2003~2006년 국방부 자문위원 2010~2011년 한양대 일반대학원장 2010~2013년 한양사이버대 부총장 2013년 한양대 경영대학 경영학부 명예교수(현) 2013년 중소기업기술정보진흥원 비상임이사(현) [상]교육과학기술부장관표창(2012), 근정포장(2013) [저]'생산운영관리' [종]천주교

유병택(柳秉宅) YOO Byung Taek

[생]1944·1·27 [출]충남 공주 [주]서울 금천구 가산디지털1로168 (재)한국품질재단 이사장실(02-2025-9000) [학]1962년 공주고졸 1970년 고려대 상학과졸 1977년 내셔널아메리칸대 경영대학원졸 [경]1969년 동양맥주(주) 입사 1985년 두산기계(주) 이사 1989년 두산식품(주) 상무이사 1991년 두산그룹 기획실 상무이사 1991년 同전무이사 1993년 同기획실장 1995년 동양맥주(주) 부사장 1995년 同사장 1995~2012년 중앙노동위원회 사용자위원 1997년 OB맥주(주) 관리담당 사장 1998년 (주)두산 사장 겸 식품BG장 1998년 同관리본부장 겸임 1999년 (주)두산CPK 사장 2003~2007년 (주)두산 대표이사 부회장 2004년 프로야구 두산베어스 구단주 대행 2005~2007년 두산그룹 비상경영위원회 위원장 2005년 한국상장회사협의회 부회장 2006년 한국경영자총협회 부회장 2006년 한국능률협회 부회장 2006년 서울상공회의소 상임의원 2006년 한·대만경제협력위원회 위원장 2007~2010년 고려대경영대학교우회 부회장 2008년 (재)한국품질재단 이사장(현) 2008년 하나금융지주 사외이사 2008~2015년 한양대 경영대학 특임교수 2008년 하나고 감사(현) 2012년 하나금융지주 이사회 의장 [상]조세의 날 대통령표창(1985)

유병택(柳秉澤)

[생]1960·7·5 [출]충남 서산 [주]제주특별자치도 제주시 애월읍 장소로515 제주소년원(064-797-9100) [학]1982년 보문고졸 1987년 충남대 심리학과졸 1996년 고려대 교육대학원 상담심리학과졸 [경]2007년 청주청소년비행예방센터장 2010년 안양소년원 서무과장 2012년 서울소년원 분류보호과장 2012년 서울남부청소년비행예방센터장 2014년 부산소년원 교무과장 2016년 제주소년원장(현)

유병하(俞炳夏) Yoo Byung Ha

[생]1960·1·7 [출]강원 영월 [주]경북 경주시 일정로186 국립경주박물관(054-740-7500) [학]영월고졸 1988년 서울대 고고미술사학과졸 1997년 同대학원 고고미술사학과졸 [경]국립전주박물관 학예연구관, 同건립추진기획단 근무, 국립중앙박물관 학예연구관 2004년 국립경주박물관 학예연구실장 2007년 국립춘천박물관장 2008~2009년 국립중앙박물관 교육문화교류단 전시팀장 2009년 국립공주박물관장 2011년 국립중앙박물관 학예연구실 연구기획부장 2013~2016년 국립전주박물관장 2016년 국립경주박물관장(현) [상]국립중앙박물관회 학술상(2007)

유병한(庾炳漢) Yu Byong Han (道眞)

[생]1957·5·6 [본]무송(茂松) [출]전북 고창 [주]경기 성남시 수정구 성남대로1342 법학과(031-750-5243) [학]1977년 동국대사대부고졸 1981년 서울대 법학과졸 1983년 경희대 대학원 법률학과수료 2003년 미국 인디애나주립대 법과대학원(LL.M.)졸 [경]1992~1996년 대통령비서실 정책조사·교육문화·정책기획행정관 1996년 국립국악원 국악진흥과장 1997년 문화체육부 영상음반과장 1997년 同장관비서관 1999년 문화관광부 영화진흥과장 1999년 同문화상품과장 2001년 해외 연수 2003년 문화관광부 국어정책과장 2004년 同생활체육과장 2004년 同스포츠여가산업과장 2006년 대통령비서실 선임행

정관 2007년 국립중앙박물관 기획운영단장 2008년 문화체육관광부 대변인 2009~2011년 同문화콘텐츠산업실장 2011~2014년 한국저작권위원회 위원장 2015년 가천대 법학과 초빙교수(현) [상]대통령표창(2004), 근정포장(2008) [종]천주교

유병헌(俞炳憲) yoo byoung hun

[생]1962·1·29 [본]기계(杞溪) [출]서울 [주]서울 동대문구 약령시로2 안암빌딩3층 (주)다주종합건축사사무소(02-928-2240) [학]1980년 서울북공고졸 2002년 서울산업대 건축공학과졸 2004년 서울시립대 도시과학대학원 건축공학과 석사과정 수료 [경]1985~1999년 (주)대건종합건축사사무소·(주)중원종합건축사사무소 근무 2000년 (주)다주종합건축사사무소 대표이사(현) 2001년 대한건축학회 정회원(현) 2002년 대한건축사협회 정회원(현) 2004년 대한건축가협회 정회원(현) [상]창동어린이집 현상공모 당선, 한국도로공사 장흥영업소 당선, 서울 중구 보훈회관 당선, 철원와수문화센터 우수상 등

유병호(劉丙虎) Yoo Byongho

[생]1950·6·29 [출]인천 [주]서울 성동구 마장로210 한국기원 홍보팀(02-3407-3850) [경]1965년 입단 1967년 2단 승단 1971년 3단 승단 1972년 4단 승단 1975년 5단 승단 1978년 6단 승단 1990년 7단 승단 1997년 8단 승단 2006년 9단 승단(현)

유병호 Ou Byong Ho

[생]1964·6·15 [주]제주특별자치도 제주시 서사로154 한라일보(064-750-2110) [학]1984년 한림공고졸 2007년 중앙대 건설대학원 도시공학과졸 2008년 광운대 경영대학원 골프장경영개발과정 수료 2010년 연세대 경영대학원 프랜차이즈과정 수료 2012년 중국 칭화대 정책CEO과정 수료 [경]제주도 건설과·도시과 근무 2002년 제주도 건설기술심의위원회 위원 2006년 사무관 승진 2006년 (주)JPM 대표이시 회장(현) 2010년 제주도 건설심의위원회 위원 2010년 同계약심의위원회 위원 2011년 同하천관리심의위원회 위원 2011년 同도시계획심의위원회 위원 2011년 제주도장애인체육회 이사 2013년 한라일보 대표이사 회장(현) [상]중앙대 건설대학원 최우수논문상(1988), 행정자치부장관표창(4회), 대통령표창(2002)

유병호(柳炳浩) RYOU, BYEONG HO

[생]1967·8·23 [본]진주(晉州) [출]경남 합천 [주]서울 종로구 북촌로112 감사원 행정지원실(02-2011-2114) [학]1985년 진주 대아고졸 1989년 서울대 정치학과졸 1991년 同행정대학원 정책학과졸 2003년 미국 인디애나대 법학대학원 법학과졸 [경]1995~1997년 정보통신부 사무관 1997~2004년 감사원 부감사관 2005~2009년 同수석감사관 2010년 同기동감찰과장(서기관) 2011년 同교육감사단 제1과장(부이사관) 2012년 同재정·경제감사국 제1과장 2013년 제18대 대통령직인수위원회 정무분과 실무위원 2013년 대통령 민정비서관실 행정관 2014년 감사원 IT감사단장(고위감사공무원) 2016년 同고위감사공무원(직무 파견)(현)

유병홍(俞炳弘) Yoo Byeong-Hong

[생]1963·4·25 [주]경남 진주시 강남로215 경상남도문화예술회관(055-254-4401) [학]1982년 진주고졸 1984년 성균관대 사회학과 2년 수료 [경]2008~2015년 (사)코리아드라마페스티벌 조직위원회 사무국장 2015년 (주)트리콤미디어 진주지점 근무 2016년 경남도문화예술회관 관장(현)

유병화(柳炳華) LYOU Byung Hwa

[생]1945·12·11 [본]진주(晉州) [출]경기 고양 [주]경기 고양시 덕양구 내유길230 국제법률경영대학원대학교 총장실(031-960-1002) [학]1966년 가톨릭대 신학부 이수 1973년 고려대 법학과졸 1976년 프랑스 국제행정대학원졸 1979년 법학박사(프랑스 파리제2대) [경]1973년 한국은행 외환관리부 입행 1973년 외무고시 합격(수석) 1973~1975년 외무부 국제경제국 사무관 1974년 동부아프리카 경제사절단 대표 1977~1979년 駐세네갈 2등서기관 1979~1980년 駐프랑스 2등서기관 1980~1981년 고려대 조교수 1981~1984년 同부교수 1983년 대한상사중재원 중재인 1983~1984년 대한국제법학회 연구이사 1984~1985년 미국 메릴랜드대 객원교수 1984~1988년 대한적십자사 인도법자문위원회 위원 1984~2001년 고려대 법학과 교수 1986~1987년 대한국제법학회 총무이사 1986~2000년 통일부 정책자문위원 1988~2001년 재단법인 국제법률경영연구원 이사장 1989~1991년 국방부 정책자문위원 1990~1992년 북양어업대책위원회 위원 1991~1993년 교육부 대학교육심의회 위원 1992년 고려대 법학연구소장 1994년 사법통일국제연구소(ROME소재 UNIDROIT) 집행이사(현) 1995년 외교통상부 정책자문위원회 위원장 1998~2000년 고려대 법과대학장 1998~2001년 학교법인 국제법률경영대학원 이사장 1999년 UNIDROIT 집행이사회 부의장 1999년 대한중재인협회 이사 2000~2001년 대한국제법학회 회장 2000~2005년 상설국제중재법원(Permanent Court of Arbitration) 중재관 2001년 국제법률경영대학원대 총장(현) [저]'법학개론'(1982) '국제법총론'(1983) '법철학'(1984) '해양법(共)'(1986) 'Peace & Unification in Korea & Int'l Law'(1986) '국제법(Ⅰ·Ⅱ)'(1987·1988) '법학입문'(1990) '동북아지역과 해양법'(1991) '국제환경법'(1997) [종]천주교

유봉석(劉鳳石)

[주]경기 성남시 분당구 불정로6 네이버(주) 임원실(1588-3830) [학]연세대 경제학과졸, 同대학원졸, 영국 엑세터대 대학원 MBA [경]매일경제신문 유통·IT·산업·증권·정치분야 기자, 네이버(주) 뉴스팀장, 同미디어센터장(전무)(현) [상]국민포장(2016) [저]'자영업으로 돈버는 이야기(共)'(1999, 매일경제) '주식투자 IQ 확 높이기(共)'(2003, 매일경제) '금융IQ를 높이자(共)'(2004, 을파소) '위밍업 경제학(共)'(2009, 위즈덤하우스)

유봉환(劉奉煥) Bonghwan Yoo

[생]1955·10·6 [본]강릉(江陵) [출]광주 [주]서울 강남구 남부순환로2913 동하빌딩3층 대주회계법인(02-2052-9142) [학]광주상고졸, 한양대 경영학과졸, 同대학원 경영학과졸, 서울과학종합대학원 박사과정 중퇴 [경]성도회계법인 전무, 오픈타이드코리아 대표이사, KPMG FAS Ltd. Managing Director, Protiviti Korea. Senior Director, 서울시설관리공단 사외이사, 새빛회계법인 대표, 대주회계법인 부대표(현) [종]기독교

유삼남(柳三男) YU Sam Nam

[생]1941·9·10 [본]문화(文化) [출]경남 남해 [주]서울 영등포구 여의대방로43나길20 (사)대한민국해양연맹(02-848-4121) [학]1960년 북부산고졸 1964년 해군사관학교졸(18기) 1981년 영국 해군대학 수료 1988년 서울대 경영대학원 최고경영자과정 수료 1991년 경남대 경영대학원 경영학과졸 2000년 서울대 해양정책과정 수료 [경]1964~1993년 해군 소위 임관·해군본부 비서실장·제2전투전단장 1987년 준장 진급 1993~1997년 해군본부 정보참모부장(소장)·제3함대사령관·해군사관학교장 1997년 해군 작전사령관 1997~1999년 해군 참모총장(대장) 1999년 경기대 통일안보대학원 겸임교수 2000년 새천년민주당 연수원장 2000~2001년 제16대 국회의원(전국구, 새천년민주당) 2001~2002년 해양수산부 장관 2002년 해양문화재단 이사장 2003~2012년 대한민국해양연맹 총재 2008~2011년 동아대 초빙교수 2012년 대한민국해양연맹 명예총재(현) 2012년 한국해양대 교수 2013년 同석좌교수 2015년 同명예석좌교수(현) [상]보국훈장 삼일장·천수장·국선장·통일장, 대통령표창, 미국정부 공로훈장

유삼술(兪三述)

[생]1974·8·24 [출]경북 고령 [주]세종특별자치시 도움6로11 국토교통부 홍보담당관실(044-201-3062) [학]1993년 대구고졸 2002년 성균관대 법학과졸 [경]2004년 사법연수원 입소(35기) 2006년 서울지방변호사회 변호사 2006년 건설교통부(국토해양부) 주건환경팀·도시재생과 사무관 2011년 국토해양부 해운정책관실 연안해운과 사무관 2012년 同교통정책실 사무관 2012년 同철도산업구조개혁기획단 철도산업팀 서기관대우 2012년 서울고검 항고심사위원(현) 2013년 국토교통부 철도산업구조개혁기획단 철도산업팀 서기관대우 2015년 同대변인실 홍보기획팀장 2016년 同홍보담당관(현) [상]국토교통부장관표창(2013), 대통령표창(2014) [저]'재개발 재건축 입문'(2011, 하우징헤럴드)

유상규(柳尙奎) Rhew Sang Kyoo

[생]1960 · 11 · 11 [주]부산 남구 문현금융로40 부산국제금융센터 한국주택금융공사 임원실(051-663-8006) [학]1979년 서라벌고졸, 서울대 동양사학과졸 2004년 한국개발연구원(KDI) 국제정책대학원 경영학과졸 [경]1989년 한국일보 · 서울경제신문 경제부 · 정치부 기자 1996년 한겨레신문 경제부 기자 2001년 머니투데이 증권부장 2002년 한국금융연구원 연구위원 2004년 한국주택금융공사 홍보실장 2005년 同혁신기획실장, 同인사부장 2008년 同주택연금부장 2010년 同서울남부지사장 2012년 同감사실장 2013년 同수도권본부장 2015년 同상임이사(현)

유상덕(劉相德) Sang-Duck Yoo

[생]1959 · 5 · 22 [출]서울 [주]서울 강남구 압구정로75길6 송은아트스페이스 송은문화재단(02-3448-0100) [학]1979년 서울고졸 1985년 고려대 경영학과졸 [경]1986년 미성상사(주) LA지사장 1988년 삼천리기술투자(주) 심사역 1989년 삼척탄좌개발(주) 상무이사 1989년 (재)송은문화재단 설립 · 이사 1991년 삼척탄좌개발(주) 전무이사 1991년 同부회장 1993년 (주)삼탄 회장(현) 1999년 (재)송은문화재단 이사장(현) [상]몽블랑 문화예술후원자상(2016)

유상범(劉相凡) YOO Sang Bum

[생]1966 · 6 · 4 [출]강원 영월 [주]경남 창원시 성산구 창이대로669 창원지방검찰청 검사장실(055-266-3300) [학]1983년 경기고졸 1988년 서울대 법과대학졸 [경]1989년 사법시험 합격(31회) 1992년 사법연수원 수료(21기) 1992년 서울지검 서부지청 검사 1994년 춘천지검 강릉지청 검사 1996년 부산지검 검사 1998년 서울지검 검사 2000년 미국 University of Virginia Visiting Scholar 2001년 울산지검 검사 2002년 외교통상부 파견 2004년 울산지검 부부장검사 2005년 대검찰청 검찰연구관 2006년 대전지검 논산지청장 2007년 同특수부장 2008년 대검찰청 범죄정보2담당관 2009년 同범죄정보1담당관 2009년 서울중앙지검 금융조세조사3부장 2010년 대구지검 형사1부장 2011년 수원지검 평택지청장 2012년 제주지검 차장검사 2013년 대구지검 서부지청장 2014년 서울중앙지검 제3차장검사 2015년 대검찰청 공판송무부장(검사장급) 2015년 대법원 양형위원회 검사위원 2015년 창원지검장(현)

유상봉(庾尙鳳) YOO Sang Bong

[생]1960 · 4 · 1 [출]충북 청주 [주]인천 남구 인하로100 인하대학교 IT공과대학 컴퓨터공학부(032-860-7386) [학]1982년 서울대 제어계측공학과졸 1986년 미국 애리조나대 대학원졸 1992년 공학박사(미국 퍼듀대) [경]1989년 미국 A&T Bell연구소 1990~1992년 삼성전자 근무 1992년 인하대 공대 조교수, 同제어계측공학과 부교수 2002~2014년 同컴퓨터공학부 교수 2014년 同IT공과대학 컴퓨터정보공학과 교수(현) 2015년 同정보통신처장(현) [저]'제품모델 정보교환을 위한 국제 표준(ISO 10303) STEP' [역]'자료구조와 알고리즘'(2003, 범한서적) 'C++로 구현하는 자료구조와 알고리즘'(2004, 범한서적)

유상수(劉相秀) Yoo Sang Soo

[생]1958 · 5 · 30 [본]강릉(江陵) [출]충남 홍성 [주]서울 용산구 한강대로140 행정공제회 비서실(02-3781-0909) [학]1977년 대전고졸 1981년 충남대 법학과졸 1997년 서울대 대학원 행정학과졸 [경]행정고시 합격(25회) 1986~1989년 충남도 도지사실 · 통계담당관실 · 지역경제과 지방행정사무관 1990~1994년 同개발담당관실 · 기획담당관실 지방행정사무관 1994년 同지방공무원교육원 교학과장 1995년 同법무담당관 1995년 同지역발전담당관 1996년 同제2정책심의관 1997년 同기획관 1998년 행정자치부 지방행정연수원 교육2과장(서기관) 1999년 同국가전문행정연수원 교육총괄과장 2001년 대통령비서실 행정관(의전) 2004년 행정자치부 경영지원과장 2005년 同장관비서실장 2006년 제주특별자치도추진기획단 파견(국장급) 2006년 대전시 기획관리실장(고위공무원) 2007년 행정자치부 거창사건등처리지원단장 2008년 행정안전부 거창사건등처리지원단장 2010년 행정중심복합도시건설청 지역정책관 2010년 행정안전부 정부청사관리소장 2011년 同감사관 2012~2014년 세종특별자치시 행정부시장 2014~2015년 새누리당 안전행정위원회 수석전문위원 2015년 행정공제회 이사장(11대)(현) [상]대통령표창(1996), 홍조근정훈장(2005) [종]기독교

유상수(柳尙洙) YOO SANG SOO

[생]1966 · 2 · 1 [본]문화(文化) [주]서울 용산구 한강대로92 삼일회계법인(02-709-0549) [학]1984년 중동고졸 1992년 성균관대 경영학과졸 1996년 同대학원 세무학과졸 2012년 경영학박사(호서대) [경]2003년 삼일회계법인 파트너 2004년 同상무보 2007년 同상무 2007년 한국과학기술원 대우교수 2007년 중소기업기술혁신협회 감사 2008년 동북아역사재단 감사 2008년 한국신재생에너지협회 전문위원 2009~2015년 삼일회계법인 전무 2009년 M&A지원센터장 2010년 코스닥협회 자문위원 2012년 청년미래네트워크 감사 2013년 중소기업중앙회 창조경제확산위원회 위원 2015년 삼일회계법인 부대표(현) [상]제4회 산업협력대회 산업부장관표창(2001), 전경련 국채산업협력재단 [저]'PEARL-투자자의 미래를 바꾸는 1%'(2006) 'SUCCESS PASSWORD-성공의 수수께끼를 풀기 위한 비밀번호'(2010) '골프로 통하는 비즈니스(共)'(2014, 북마크)

유상옥(兪相玉) YU Sang Ok (松坡)

[생]1933 · 12 · 3 [본]무안(務安) [출]충남 청양 [주]서울 강남구 언주로827 스페이스C (주)코리아나화장품 회장실(02-547-9740) [학]1955년 덕수상고졸 1959년 고려대 상학과졸 1966년 同대학원 경영학과졸 1981년 경영학박사(미국 유니언대) 1992년 고려대 국제대학원 최고경영자과정 수료 1998년 서울대 대학원 AMP최고경영자과정 수료(39기) 2006년 한국과학종합대학원 최고경영자과정 수료(4T) 2007년 고려대 대학원 문화예술최고위과정 수료 [경]1959~1977년 동아제약(주) 입사 · 상무 1967~1969년 고려대 경영대학 강사 1973~1979년 동명산업 감사 1977~1987년 라미화장품(주) 대표이사 사장 1978년 대한화장품공업협회 이사 · 부회장 1979~1987년 라미상사 사장 1981년 (사)한국박물관회 종신회원(현) 1982년 한국박물관연구회 회장 1986~2008년 인간개발연구원 감사 1987~1988년 동아유리공업(주) 대표이사 사장 1988년 (주)사랑스화장품 창업 1989~1999년 (주)코리아나화장품 대표이사 사장 1989~1993년 덕수상업고등학교 총동창회장 1991년 대한화장품공업협회 부회장 1992~2001년 천안기업인협의회 회장 1995~2004년 대한화장품공업협회 회장 1995~1999년 민주평통 상임위원 1995~2008년 이종기업 동우회장 1996~2002년 천안상공회의소 의원 1999~2007년 (주)코리아나화장품 대표이사 회장 2000~2003년 한국능률협회 마케팅위원회 위원장 2000~2010년 덕수장학재단 이사장 2001년 청양장학재단 이사(현) 2002~2005년 한국박물관회 회장(9대) 2002~2005년 고려대 경영대학 겸임교수 2003~2006년 이화여대 경영대학 겸임교수 2003~2005년 식품의약품안전청 화장품심의위원회 심의위원 2003~2005년 한국CEO포럼 공동대표 2007~2009년 국립중앙박물관 운영자문위원 2008년 (주)코리아나화장품 회장(현) 2008~2010년 한국사립미술관협회 명예회장 2009년 (사)국제펜클럽 한국본부 자문위원(현) 2009년 한국수필가협회 부이사장(현) 2012년 고려대교우회 원례강좌회 회장 2013년 국립중앙박물관 운영자문위원회 위원(5기)(현) [상]무역협회장표창(1995), 천안상공회의소 경영대상(1995), 한국경영학회 올해의 기업가상(1996), 내무부장관표창(1996), 국민훈장 모란장(1998), 한국공간수필가상(1998), 충남우수기업인상(1998), 한국인사관리학회 경영자대상(1998), 고려경영포럼대상(1999), 한국능률협회컨설팅 최고경영자상(1999), 조선일보 · 중앙일보 50인의경영자 선정(1999), 매일경제 100인의경영자 선정(1999), 서초구청장표창(2000), 충청문학상(2000), 새마을운동본부 서울직장인상경영대상(2000), 장업신문 장업인대상(2001), 조선일보 한국을 움직이는100대 CEO 선정(2002), 한국전문경영인학회 한국을빛내는CEO14인 선정(2002), 수필문학상(2003), 한국능률협회 한국의경영자상(2003), 일붕문학상(2005), 아시아유럽학회 글로벌CEO대상(2005), 월간조선 대한민국경제리더 대상(2007), 청양군민대상(2007), 월간조사 대한민국경제리더대상(2007), 청양중고동창회 자랑스런동문인상(2008), 옥관문화훈장(2009), (사)한국육필문예보존회 제1회씨알의소리 문학상(2012), 고려대교우회 특별공로상(2014), INAK(Internet Newspaper Association of Korea) 사회공헌상(2015) [저]'우리들의 10년'(1986) '나는 60에도 화장을 한다'(1993) '33에 나서 55에 서다'(1997) '화장하는 CEO'(2002) '문화를 경영한다'(2005) '나의 소중한 것들'(2008) '성취의 기쁨을 누려라'(2012) [종]유교

유상재(兪相在) YU Sang Jae

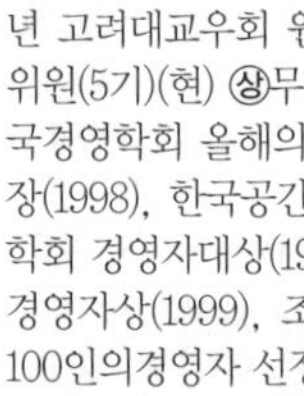

[생]1963 · 11 · 13 [출]부산 [주]대전 서구 둔산중로78번길 45 대전고등법원(042-470-1114) [학]1982년 혜광고졸 1989년 연세대 법학과졸 [경]1989년 사법시험 합격(31회) 1992년 사법연수원 수료(21기) 1992년 수원지법 판사 1994년 서울민사지법 판사 1996년 광주지법 판사 1999년 서울지법 서부지원 판사 2000년 서울지법 판사 2003년 서울고법 판사 겸 법원도서관 조사심의관 2005년 서울고법 판사 2007년 춘천지법 강릉지원 부장판사 2008년 수원지법 부장판사 2011년 서울중앙지법 형사합의26부 부장판사 2014년 수원지법 평택지원장 2015년 대전고법 부장판사(현)

유상정(柳相楨) RYU Sang Jung

[생]1955 · 3 · 12 [본]진주(晋州) [출]경기 안성 [주]경기 부천시 경인로590 유한대학 경영과(02-2610-0683) [학]1975년 오산고졸 1982년 한양대 섬유공학과졸 2016년 경영학박사(호서대) [경]1982년 중소기업은행 입행 2002년 同당산역지점장 2004년 同대림동지점장 2005년 同천안지점장 2007년 IBK기업은행 기업분석부장 2008년 同여신기획부장 2010년 同리스크관리본부장(부행장) 2010년 同기업고객본부장(부행장) 2011년 同IB본부장(부행장) 2012~2014년 IBK연금보험 대표이사 사장 2014~2015년 동우전기 고문 2016년 유한대 경영과 경영정보전공 교수(현) [상]재정경제부장관표창(1999), 대통령표창(2009) [종]천주교

유상철(劉尙哲) YOU, SANG CHUL

[생]1960 · 4 · 8 [출]서울 [주]서울 중구 서소문로100 중앙일보 논설위원실(02-751-5114) [학]서울대 영어영문학과졸, 서강대 공공정책대학원 중국학과졸, 국제학박사(한양대) [경]1994년 중앙일보 홍콩특파원 1998년 同베이징특파원 2005년 同국제부 아시아팀장 2006년 同영어신문본부 뉴스룸 문화부장 2007년 同중앙Sunday본부 국제에디터 2007년 同중국연구소장(부장) 2012년 同편집국 중국전문기자 2013년 同편집제작부문 전문기자(부국장) 2016년 同논설위원(현) [상]한국기자대상(2000), 최병우국제보도상(2000) [저]'바람난 노처녀 중국'(2003) '한류 DNA의 비밀(共)'(2005) '공자는 귀신을 말하지 않았다(共)'(2010) '2010~2011 차이나 트렌드(共)'(2010) '중국의 반격(共)'(2016) [역]'열가지 외교 이야기'(2004) '주은래 평전'(2007) '시진핑, 부패와의 전쟁'(2016)

유상철(柳想鐵) YOO Sang Chul

[생]1971 · 10 · 18 [출]서울 [주]울산 남구 대학로93 울산대학교 체육지원국(052-277-3101) [학]서울 경신고졸, 건국대졸 2006년 同대학원 체육학과졸 [경]1993년 세계청소년 축구대표 1994년 일본 히로시마아시안게임 축구대표 1996년 미국 애틀랜타올림픽 축구대표 1998년 K리그 득점왕(14골) 1998년 프랑스월드컵 국가대표, 일본 J리그 가시와레이솔 소속 2000년 일본 J리그 우수선수 2001년 컨페드레이션스컵 국제축구대회 국가대표 2002년 한 · 일월드컵축구대회 국가대표(1골 · 올스타 선정) 2002년 울산 현대호랑이축구단 소속 2003~2005년 일본 J리그 요코하마매리너스 소속 2004년 그리스 아테네올림픽 대표 2005~2006년 울산 현대호랑이축구단 소속 2006년 KBS 독일 월드컵 해설위원 2006년 유상철축구교실 감독(현) 2009년 춘천기계공고 축구부 축구감독 2011~2012년 대전시티즌 감독 2014년 울산대 축구부 감독(현) 2014~2015년 새누리당 재능나눔위원회 위원 [상]체육훈장 맹호장(2002), 자황컵 체육대상 남자최우수상(2002), 험멜코리아-스포츠투데이 선정 올해의 공격수 부문 선수상(2002), 제18회 올해의 프로축구 대상 프로스펙스 특별상(2004) [종]기독교

유상호(柳相浩) RYU Sang Ho

[생]1960 · 2 · 27 [본]풍산(豊山) [출]경북 안동 [주]서울 영등포구 의사당대로88 한국투자증권(주) 비서실(02-3276-5509) [학]1978년 고려대사대부고졸 1985년 연세대 경영학과졸 1988년 미국 오하이오주립대(OSU) 경영대학원졸(MBA) [경]1985년 한일은행 입행 1988~1992년 대우증권 입사 · 국제부 근무 1992~1999년 同런던현지법인 부사장 1999~2002년 메리츠증권 상무 2002년 동원증권 홀세일본부 부사장 2004년 同홀세일본부 · IB본부장(부사장) 2005년 한국투자증권(주) 영업총괄 부사장 2006년 同기획총괄 부사장 2007년 同대표이사 부사장 2007년 同대표이사 사장(현) 2009년 한국금융투자협회(KOFIA) 자율규제위원 2011년 한국거래소 비상임이사 2012~2015년 한국투자공사 운영위원회 위원 2014~2016년 한국금융투자협회 비상근부회장 2015년 금융위원회 금융개혁회의 위원 [상]제23회 다산금융상 대상(2014), 제2회 뉴스핌캐피탈마켓대상 금융위원장표창(2014), 자랑스러운 연세상경인상 산업 · 경영부문(2015)

유상희(庾相喜) YOO Sang Hee

[생]1957 · 11 · 20 [본]무송(茂松) [출]대구 [주]전남 나주시 빛가람로625 전력거래소 이사장실(061-330-8110) [학]1981년 연세대 경제학과졸 1984년 同대학원 경제학과졸 1990년 경제학박사(미국 노던일리노이대) [경]1990~1998년 산업연구원 환경소재산업연구실장 1995년 자원경제학회 이사 1998년 동의대 경제학과 강사 · 조교수 · 부교수 · 교수(현) 1998년 한국전력공사 전력수요예측위원회 위원장 1999년 한국유럽학회 부회장 2000년 동북아경제학회 이사 2000~2004년 동의대 중소기업발전연구소장 · 벤처기업보육센터 소장 2001년 산업자원부 전력정책심의회 위원 2006~2008년 동의대 학생복지처장 2009년 同산학협력단협력위원회 위원 2009년 한국환경경영학회 상임이사 2013~2014년 한국환경경제학회 회장 2014년 전력거래소 이사장(현) 2015년 산업통상자원부 전기위원회 비상임위원(현) [저]'국제환경규제의 영향과 대책'(1993) '기후변화협약의 국내산업에 대한 영향과 대책'(1994) 'WTO 평가와 신통상 이슈'(1996) '국제환경규제와 산업경쟁력'(1997) '유망환경산업 분석 및 육성방안'(1997) '폐기물예치금제도의 문제점 및 개선방안'(1998) '환경친화적 산업발전'(1998) '환경경제학- 이론과 실제'(2000) '기후변화협약 제대로 알기'(2003)

유석동(柳奭東)

[생]1969 · 3 · 3 [출]충남 서산 [주]경기 고양시 일산동구 장백로209 의정부지방법원 고양지원(031-920-6114) [학]1988년 서령고졸 1992년 서울대 국제경제학과졸 1995년 同법과대학원 수료 [경]1996년 사법시험 합격(38회) 1999년 사법연수원 수료(28기) 1999년 공익법무관 2002년 대구지법 판사 2005년 同안동지원 판사 2006년 인천지법 판사 2009년 서울남부지법 판사 2011년 서울고법 판사 2013년 서울중앙지법 판사 2014년 제주지법 부장판사 2016년 의정부지법 고양지원 부장판사(현)

유석렬(柳錫烈) YU Suk Ryul

[생]1937 · 10 · 1 [본]진주(晋州) [출]충남 천안 [주]서울 용산구 한남대로41의6 모퉁이돌선교회(02-790-7107) [학]1958년 천안공고졸 1962년 서울대 사범대 일반사회과졸 1966년 고려대 대학원 정치외교학과졸 1970년 미국 미주리주립대 대학원 정치학과졸 1974년 정치학박사(미국 미주리주립대) [경]1962~1967년 경복중 · 고교 교사 1973년 미국 남다코다주립대 조교수 1975년 미국 북아이오와대 조교수 1976년 통일원 평화통일연구소 부소장 1977~1985년 외교안보연구원 조교수 · 부교수 1985~2002년 同교수 1985년 同아주연구부장 1988년 同연구실장 1990년 同안보통일연구부장 1993년 모퉁이돌선교회 이사장(현) 1993년 한국지역연구협의회 회장 1994~1996년 한국사회교육학회 회장 1995~2000년 한국동아세아연구회 회장 2002~2010년 한미우호협회 편집위원 2003~2011년 외교안보연구원 명예교수 2011~2014년 한국외교협회 정책위원장 2011년 한미우호협회 부회장 겸 사무총장(현) 2011년 국립외교원 명예교수(현) 2014년 한국외교협회 편집위원(현) [상]대통령표창(1982 · 2002) [저]'남북한관계론' '북한정책론' '공산권개방과 북한의 고민' '남북한통일론' '북한의 체제위기와 한반도통일' '북한의 정세 및 대남전략변화와 우리의 대응' '삶, 신앙, 일의 보람' '혁명에서 생존으로 : 북한의 전략변화' '한반도 내시경' '북핵시대의 남북관계' '벼랑에서 북한, 생존의 길' '북한의 선택, 공멸인가 공존인가?' '북한에도 생명의 빛을' '북한 체제변화와 민초의 역할' '이것이 북한 종말 징후인가?' '김정일 정권 와해와 북한선교' [종]기독교

유석재(俞席在) Yoo, Suk Jae

[생]1961 · 5 · 29 [출]강원 춘천 [주]전북 군산시 동장산로37 국가핵융합연구소 플라즈마기술연구센터(063-440-4009) [학]1980년 춘천고졸 1987년 서울대 원자핵공학과졸 1989년 同대학원 원자핵공학과졸 1997년 물리학박사(독일 카를스루에공과대학) [경]1993~1996년 독일 Karlsruhe Institute of Technology 연구원 1997~1999년 한국기초과학지원연구원 박사 후 연구원 1999년 국가핵융합연구소 융복합플라즈마연구센터장 2004년 과학기술연합대학원대 겸임교수(현) 2007~2008년 서울대 시간강사 2012년 국가핵융합연구소 플라즈마기술연구센터장(현) 2013년 군산대 플라즈마전문대학원 겸임교수(현) 2014년 국가핵융합연구소 선임단장 겸임(현)

유석쟁(柳錫箏) Yoo Suk Jeng

[생]1954 · 2 · 26 [본]진주(晋州) [출]전남 영암 [주]서울 종로구 청계천로11 청계빌딩12층 생명보험사회공헌재단 임원실(02-2261-2291) [학]1973년 동대문상고졸 1975년 서울교대졸 1979년 건국대 행정학과졸 [경]1982년 교보생명보험 입사 2000년 同호남지역본부장 2002년 同강북지역본부장, 同경인지역본부장 2005년 교보보험심사(주) 심사사업본부장(상무) 2005~2009년 同대표이사 2010년 한양대 문화예술CEO과정 주임교수 2014년 생명보험사회공헌재단 전무(상임이사)(현) [종]천주교

유석천(劉錫天) Yoo, Seuck-Cheun

[생]1956 · 1 · 17 [본]거창(居昌) [출]경남 [주]서울 중구 필동로1길30 동국대학교 경영대학(02-2260-3711) [학]1973년 부산고졸 1977년 서울대 공과대학 공업교육학과(전기전공)졸 1984년 미국 UCLA 대학원 경영학과졸(MBA) 1989년 경영학박사(미국 UCLA) [경]1977년 대우중공업 전기 · 전자기사 1981년 육군 중위 예편(통신) 1984년 미국 UCLA 경영대학원 Computer Center Consultant 1990년 한국통신 경영기획실 선임연구원 1992년 홍익대 경영정보학과 조교수 1995년 동국대 경영대학 교수(현) 2001~2002년 미국 퍼듀대 Visiting Scholar 2004년 동국대 연구처장 2005년 同기획처장 2006~2008년 미국 동국로얄대 총장 2008~2009년 미국 UCLA 경영대학원 Visiting Scholar 2011~2013년 동국대 경영전문대학원장 겸 경영대학장 2013~2015년 학교법인 동국대 전산원장 [상]한국과학기술단체총연합회 우수논문상(1993), 한국생산관리학회 우수논문상(2006) [저]'경영과 정보시스템'(共) '물류관리의 종합적 이해'(共) [역]'빅 아이디어' '서비스 수익체인' '서비스경영'(2014) '생산운영관리'(2014) 등 다수 [종]불교

유석하(柳錫夏) Yoo Seog-Ha

[생]1956 · 6 · 6 [본]풍산(豊山) [출]경북 상주 [주]서울 강남구 테헤란로414 L&S타워 IBK캐피탈 대표이사실(02-531-9300) [학]1976년 경신고졸 1980년 건국대 정치외교학과졸 1995년 미국 아이오와대 대학원 경영학과졸(MBA) [경]1980년 IBK기업은행 입행 2003년 同비서실장 2004년 同뉴욕지점장 2007년 同IR부장 2008년 同남부지역본부장 2010년 同경영전략본부장(부행장) 2011년 同글로벌 · 자금시장본부장(부행장) 2013년 IBK캐피탈 대표이사(현) [상]뉴스핌 캐피탈마켓대상 'The Best Performer' 은행부문(2013)

유석호(柳錫昊) RYU Seuc Ho

[생]1964 · 3 · 6 [출]서울 [주]충남 공주시 공주대학로56 공주대학교 게임디자인학과(041-850-0600) [학]1991년 상지대 생활미술학과졸 1994년 국민대 대학원 시각디자인과졸 1997년 미국 뉴욕공과대 대학원 커뮤니케이션아트과졸 [경]1998년 공주대 게임디자인학과 교수(현) 2006년 同게임디자인학과장 2010년 同대외협력본부 부본부장 2015년 同예술대학장(현)

유선구(兪善球) YOO Sun Koo

[생]1948 · 1 · 15 [출]충남 청양 [주]서울 강남구 논현로28길29 토펙엔지니어링 대표이사실(070-7609-4000) [학]1965년 서울대사대부고졸 1970년 한양대 건축공학과졸 2009년 서강대 최고경영자과정 수료 [경]1972년 남광토건(주) 근무 1985~2001년 극동건설(주) 이사 · 상무이사 · 전무이사 2001년 동문건설 부사장 2002년 진흥기업 대표이사, 평림종합건설(주) 대표이사 사장 2007년 (사)한국건설안전기술사회 부회장 2010년 토펙엔지니어링 대표이사(현)

유선규(柳宣圭) YOO Sun Giu

[생]1949 · 3 · 22 [출]충북 괴산 [주]충북 청주시 흥덕구 강내면 월곡길38 충청대학교(043-230-2114) [학]1967년 청주상고졸 1994년 서울산업대 재료공학과졸 1996년 연세대 교육대학원 교육행정학과졸 [경]1968~1995년 서울시교육청 · 교육부 근무 1995년 교육부 공보담당관 · 전문대학행정과장 1997년 同교육원양성담당관 · 교과서정책과장 1999년 同장관 비서관 2000년 충북도교육청 부교육감 2003년 교육인적자원부 공보관 2004년 경기도교육청 부교육감 2006~2007년 교육인적자원부 교원소청심사위원장 2007~2011년 부산외국어대 총장 2011~2015년 충청대 총장 2013년 한국전문대학교육협의회 전문대학윤리위원회 위원 2015년 학교법인 충청학원 이사장(현) [상]근정포장

유선봉(兪先鳳) Yu Seon Bong

[생]1956 · 5 · 15 [본]기계(杞溪) [출]충북 청주 [주]서울 노원구 광운로20 광운대학교 법과대학 한울관615호(02-940-5401) [학]1975년 청주고졸 1979년 중앙대 법학과졸 1991년 호주 뉴사우스웨일스대 로스쿨졸(석사) 1994년 미국 위스콘신대 로스쿨졸(석사) 1996년 법학박사(미국 위스콘신대), 미국 하버드대 로스쿨 협상학과정 수료 [경]1992년 호주사법연수원(Leo Cussen Institute) 수료 1992년 호주 변호사(법정변호사 · 사무변호사)(현) 1992년 호주 Chua Tang & Associates 로펌 근무 1998년 광운대 법과대학 교수(현) 2001년 사법시험 · 행정고시 · 외무고시 출제위원(현) 2001년 전국경제인연합회 국제협력위원회 자문위원 2003년 세계국제법협회 한국본부 이사(현) 2004년 대한상사중재원 중재인(현) 2005년 국제경제법학회 이사(현) 2006~2007년 미국 UC 버클리 로스쿨 방문교수 2008년 광운대 법과대학장 2011 · 2012 · 2014~2015년 同건설법무대학원장 2012 · 2014~2015년 同법과대학장 2012년 서울중앙지법 조정위원(현) 2013년 서울시 동물복지위원회 위원(현) 2013년 대한법학교수회 부회장(현) 2013년 한국협상학회 이사(현) [저]'국제경제법(共)'(2006, 박영사) '법학입문(共)'(2011, 박영사)

유선영(柳善榮 · 女) YOO Sun Young

[생]1956 · 8 · 15 [주]서울 구로구 연동로320 성공회대학교 동아시아연구소(02-2610-4114) [학]1975년 대전여고졸 1979년 이화여대 신문방송학과졸 1987년 고려대 대학원졸 1993년 신문방송학박사(고려대) [경]1991년 고려대 강사, 강원대 강사 1995년 한국언론재단 객원연구위원 1998년 서강대 강사 2000년 한국언론재단 연구위원 2009년 성공회대 사회문화연구원 교수 2015년 한국언론정보학회 회장 2016년 성공회대 동아시아연구소 HK교수(현) [저]'한국 대중문화의 근대적 구성과정에 대한 연구' '새로운 신문기사 쓰기' '한국언론의 정치선거보도' '한국시사만화' '남북한 문화차이와 언론'

유선호(柳宣浩) LEW Seon Ho

[생]1953 · 9 · 27 [본]진주(晉州) [출]전남 영암 [주]서울 서초구 강남대로343 신덕빌딩 법무법인 원(02-3019-2152) [학]1972년 목포고졸 1976년 서울대 법학과졸 1979년 同대학원 법학과졸 [경]1981년 사법시험 합격(23회) 1983년 사법연수원 수료(13기) 1986년 변호사 개업 1989~1997년 소비자문제를연구하는시민의모임 자문위원 1992년 민주사회를위한변호사모임 홍보간사 1993년 서울지방변호사회 인권위원 1994~1997년 한국소비자보호원 소비자소송지원 변호인 1994년 대한변호사협회 인권위원 1994~1997년 통일시대민주주의국민회의 인권위원장 1995년 국민회의 군포지구당 위원장 1996년 제15대 국회의원(군포, 국민회의 · 새천년민주당) 1996년 국민회의 총재특보 1996 · 1998년 同원내부총무 1999년 同인권위원장 2000년 새천년민주당 군포지구당 위원장 2000년 同인권특별위원장 2001년 同총재특보 2001년 경기도 정무부지사 2001년 대통령 정무수석비서관 2002년 새천년민주당 시민사회특위 위원장 2003년 열린우리당 중앙위원 겸 법률구조지원단장 2004년 제17대 국회의원(장흥 · 영암, 열린우리당 · 중도통합민주당 · 대통합민주신당 · 통합민주당) 2005년 열린우리당 정책위원회 부의장 겸 법안심사부위원장 2005년 同전남도당 위원장 2006년 대한축구협회 법률고문 2007년 대통합민주신당 정동영 대통령후보 문화관광특보단장 2008년 제18대 국회의원(장흥 · 강진 · 영암, 통합민주당 · 민주당 · 민주통합당) 2008~2010년 국회 법제사법위원장 2012년 법무법인 원 변호사(현) 2012년 민주통합당 선거관리위원회 부위원장 2015년 전남희망연대 대표(현) 2016년 제20대 국회의원선거 출마(전남 목포시, 무소속) [상]서울지방변호사회 인권상 [저]'소통의 시대 통합의 리더, 유선호의 도전과 희망이야기'(2010) [종]천주교

유성근(柳性根) RYU Sung Keun

[생]1948 · 8 · 20 [출]서울 [주]서울 구로구 디지털로27길33 삼화인쇄(주) 회장실(02-850-0700) [학]경기고졸 1972년 연세대 영어영문학과졸 1979년 미국 보스턴대 경영대학원졸 [경]삼화인쇄(주) 이사 · 상무이사, 삼화프라콘(주) 대표이사 사장, 삼화출판사 사장 1986년 삼화인쇄(주) 대표이사 사장 · 대표이사 회장(현) [상]대통령표창

유성근(兪成根) You Sung-Keun

[생]1950 · 2 · 15 [출]서울 [주]경기 용인시 수지구 죽전로152 단국대학교 행정법무대학원(031-8005-2232) [학]1968년 경기고졸 1973년 서울대 법학과졸 1993년 철학박사(서강대) [경]1976~1984년 한국산업은행 근무 1988~1996년 서울대 · 서강대 · 명지대 강사 1991~1992년 미국 하버드대 대학원 철학과 Visiting Fellow 1993~1994년 영국 옥스퍼드대 Post-Doc. 1998년 한나라당 대외협력위원회 부위원장 2000~2002년 제16대 국회의원(하남, 한나라당) 2000~2001년 한나라당 원내부총무 2003년 영국 옥스퍼드대 엑시터컬리지 객원연구원, 명지대 객원교수, 단국대 행정법무대학원 석좌교수(현) [상]국감모니터단선정 국감우수의원(2000 · 2001), 경실련선정 의정활동최우수의원(2001), 한국의류학회 공로상(2016) [저]'나의 스승 나의 어머니'(1999) '철학이 있어야 대한민국이 산다'(2007) [종]기독교

유성수(柳聖秀) YOU Sung Soo

[생]1948·3·3 [본]전주(全州) [출]강원 삼척 [주]인천 남구 소성로185번길28 명인빌딩702호 법무법인 서창(032-864-8649) [학]1966년 경기고졸 1970년 서울대 기계공학과졸 1982년 미국 미시간대 로스쿨졸(MCL) [경]1975년 사법시험 합격(17회) 1977년 사법연수원 수료(7기) 1977년 서울지검 검사 1980년 전주지검 검사 1980년 대검찰청 검찰연구관 1983년 대전지검 홍성지청 검사 1987년 서울지검 검사 1989년 대구지검 상주지청장 1991년 대검찰청 전산관리담당관 1993년 인천지검 조사부장 1993년 부산지검 강력부장 1994년 대검찰청 강력과장 1995년 서울지검 총무부장 1996년 同외사부장 1997년 대전지검 홍성지청장 1998년 서울고검 검사 1999년 전주지검 차장검사 1999년 인천지검 차장검사 2000년 同제1차장검사 2000년 서울고검 검사 2003년 대검찰청 감찰부장 2004년 대전지검장 2005~2006년 의정부지검장 2006년 법무법인 로우25 대표변호사 2008년 법무법인 한덕 변호사 2013년 법무법인 서창 변호사(현) [상]황조근정훈장(2005) [종]기독교

유성식(俞盛植) Yoo, Sung Sik

[생]1963·7·22 [본]기계(杞溪) [출]서울 [주]서울 마포구 독막로231 우원빌딩 (사)시대정신(02-711-4851) [학]상문고졸, 서울대 동양사학과졸 2013년 연세대 언론홍보대학원 재학中 [경]1989~2001년 한국일보 편집국 사회부·경제부·정치부 기자 1999~2000년 일본 게이오대 매스커뮤니케이션연구소 방문연구원 2002년 한국일보 편집국 정치부 차장대우 2005년 同편집국 정치부 차장 2006~2008년 同편집국 정치부장 2008년 대통령 정무수석비서관실 선임행정관 2010년 대통령 시민사회비서관 2010~2012년 국무총리 공보실장 2012년 (사)시대정신 이사(현) 2012~2013년 동국대 정치행정학부 객원교수 2012년 새누리당 제18대 대통령중앙선거대책위원회 100%대한민국대통합위원회 위원 2013년 제18대 대통령직인수위원회 국민대통합위원 [상]백상기자대상(1992) [종]기독교

유성엽(柳成葉) YOU Sung Yop (也井)

[생]1960·1·25 [본]문화(文化) [출]전북 정읍 [주]서울 영등포구 의사당대로1 국회 의원회관843호(02-784-3255) [학]1978년 전주고졸 1984년 서울대 외교학과졸 [경]1983년 행정고시 합격(27회) 1986~1990년 전북도 송무계장·세외수입계장 1990~1996년 내무부 송무담당·자치제도담당·조직기획담당 1996~2002년 전북도 기획관·문화관광국장·공무원교육원장·환경보건국장·경제통상국장·도지사 비서실장 2002년 정읍시장(새천년민주당) 2004~2006년 정읍시장(열린우리당) 2008년 제18대 국회의원(정읍시, 무소속) 2008년 국회 농림수산식품위원회 위원 2008년 국회 미래전략및과학기술특별위원회 위원 2009년 국회 예산결산특별위원회 위원 2010년 유네스코 한국위원회 위원 2010년 국회 교육과학기술위원회 위원 2011년 국회 윤리특별위원회 위원 2011년 국회 연금제도개선특별위원회 위원 2012년 제19대 국회의원(정읍시, 무소속·민주통합당·민주당·새정치민주연합·국민의당) 2012년 국회 윤리특별위원회 위원 2012년 국회 교육과학기술위원회 위원 2012년 국회 헌법재판소 재판관인사청문특별위원회 야당 간사 2013년 국회 미래창조과학방송통신위원회 위원 2013년 민주당 전국직능위원회 수석부의장 2013년 국회 예산결산특별위원회 위원 2014~2015년 국회 농림축산식품해양수산위원회 야당 간사 2014년 새정치민주연합 정책위원회 수석부의장 2014~2015년 同정읍시지역위원회 위원장 2015년 同전북도당 위원장 2015년 同전국시·도당위원장협의회 부회장 2015년 국회 농림축산식품해양수산위원회 위원 2015년 국회 예산결산특별위원회 위원 2015년 새정치민주연합 재벌개혁특별위원회 위원 2015년 同세월호대책특별위원회 위원장 2016년 국민의당 당헌기초위원회 위원장 2016년 同민생살림특별위원회 경제재도약추진위원장(현) 2016년 同원내수석부대표 2016년 제20대 국회의원(정읍시·고창군, 국민의당)(현) 2016년 국회 교육문화체육관광위원회 위원장(현) 2016년 국민의당 정읍시·고창군지역위원회 위원장(현) [상]국무총리표창(1992), 녹조근정훈장(2000), 유권자시민행동 2013 국정감사 최우수상(2013), 대한민국소비자대상 소비자입법부문 대상(2013), 한국을 빛낸 자랑스런 한국인 100인 대상(2013), 한국을 빛낸 자랑스런 한국인대상(2014·2015), 한국문학예술포럼 한국문학예술상(2015), 국정감사NGO모니터단 선정 국정감사 우수국회의원(2015), 대한민국 행복나눔봉사대상 의정발전대상(2015), 대한민국을 빛낸 21세기 한국인상 정치부문(2015) [저]'전봉준장군이 100년만에 깨어난다면'(2002) '전북사랑'(2005) '정읍의 길, 대한민국의 길, 나의 길'(2011) '지방이 나라다'(2014) '전북의 길'(2014)

유성옥(劉性玉) YOO SEONG-OK

[생]1957·8·1 [본]거창(居昌) [출]경남 고성 [주]경남 창원시 의창구 용지로248 경남발전연구원(055-266-2076) [학]1976년 진주고졸 1981년 고려대 영어영문학과졸 1987년 同대학원 정치학과졸 1996년 국제정치학박사(고려대) [경]1985년 고려대 아세아문제연구소 연구원 1986~2012년 국가정보원 근무(대북전략·대북협상·북핵문제분야·대북심리전 부서장·지부장 등) 1997년 고려대 대학원 정치외교학과 강사 1998~1999년 국가안전보장회의(NSC) 사무처 정세평가과장 2001~2002년 미국 조지워싱턴대 시거센터 객원연구원 2012년 국가안보전략연구소 소장 2012~2014년 국방부 합동참모본부 자문위원 2013년 한국정치학회 부회장 2014년 대통령직속 통일준비위원회 위원 2014~2016년 국가안보전략연구원 원장 2016년 경남발전연구원 원장(현) [상]근정포장(2002), 보국훈장 천수장(2010) [종]불교

유성용(俞成鎔) Yoo Seong Yong

[생]1966·7·29 [출]전북 정읍 [주]세종특별자치시 도움6로11 국토교통부 수자원정책국(044-201-3589) [학]1988년 서울대 정치외교학과졸 1994년 同행정대학원 행정학과졸 1996년 영국 버밍햄대 대학원 지역경제학과졸 [경]1988년 행정고시 합격(32회) 1988년 수산청 사무관 1992년 국무총리행정조정실 사무관 1994년 건설부 주택정책과 사무관 1995년 건설교통부 토지정책과·주택정책과 사무관 2001년 同도시정책과 서기관 2004년 同국민임대주택건설지원단 택지개발과장 2005년 同공공주택과장 2005년 同공공주택팀장 2006년 駐베트남 주재관 2010년 국토해양부 도시정책과장 2011년 同도시정책과장(부이사관) 2011년 同주택정책과장 2012년 국무총리실 새만금사업추진기획단 파견(고위공무원) 2013년 국방대 파견(고위공무원) 2014년 익산지방국토관리청장 2015년 국토교통부 정책기획관 2016년 同수자원정책국장(현) [저]'베트남 건설, 부동산시장'(2010)

유성우(柳星羽) Sung-Woo Lyoo

[생]1971·1·26 [본]문화(文化) [출]대구 [주]서울 서초구 헌릉로7 산업통상자원부 환태평양경제동반자협정대책단(02-3497-1790) [학]1989년 서울 대진고졸 1997년 연세대 경영학과졸 2010년 미국 캘리포니아대 샌디에이고교 대학원 국제관계학과졸(MPIA) [경]1997년 행정고시 합격(41회) 1999년 산업자원부 무역정책실 미주협력과 사무관 2000년 同자본재산업국 산업기계과 사무관 2001년 同무역투자실 수출과 사무관 2003년 同자원정책실 가스산업과 사무관 2005년 同기획관리실 기획예산담당관실 서기관 2006년 정부혁신지방분권위원회 행정개혁팀장(파견) 2007년 산업자원부 산업정책본부 상생협력팀 서기관 2008년 지식경제부 무역투자정책본부 남북경협정책과 서기관 2010년 同에너지자원실 신재생에너지진흥팀장 2011년 同자유무역협정팀장 2013년 산업통상자원부 동아시아자유무역협정추진기획단 팀장 2013년 駐태국 상무관 2016년 산업통상자원부 환태평양경제동반자협정대책단 과장(현) [종]기독교

유성재(俞城在) Yu Seong Jae

[생]1937·8·18 [본]기계(杞溪) [출]서울 [주]서울 동작구 흑석로84 중앙대학교 경영경제대학 경영학부(02-820-5114) [학]1956년 서울고졸 1960년 서울대 법과대학 행정학과졸 1962년 同상과대학 무역학과졸 1964년 미국 서던일리노이대 대학원졸 1971년 경영학박사(미국 미네소타대) [경]1971~1974년 미국 일리노이대 조교수 1975년 한국과학기술연구원 경제분석실장 1979~1982년 삼성전자(주) 전무이사 겸 해외본부장 1983~1985년 UN 말레이시아산업개발기획단 단장 1983~2002년 중앙대 회계학과·경영학부 교수 1983~1996년 UNDP·UNIDO·UNESCO 전문가 1986년 과학기술처 정책자문위원 1986년 한국경영연구원 이사회 이사 1987년 중앙대 경영연구소장 1987년 同경영대학장 1990년 정부투자기관 경영평가단장 1990년 중앙대 국제경영대학원장 1992년 한국통신 경영자문위원장 1995년 한국회계학회 회장 1995~1996년 한국기술경영경제학회 회장 1999년 국무총리산하 경제사회연구회 기획경영평가위원장 2002년 중앙대 경영경제대학 경영학부 명예교수(현) 2002~2015년 한국과학기술원 테크노경영대학원 초빙교수 2003년 국무총리산하 공공기술연구회 기획경영평가위원장 [상]국민포장 [저]'세계경제의 블럭화와 한국경제의 진로' [종]기독교

유성희(劉省熹 · 女) Yoo Sung Hee

[생]1968 · 6 · 16 [주]서울 중구 명동11길20 한국YWCA연합회(02-774-9702) [학]1991년 이화여대 신문방송학과졸 2000년 서울대 대학원 사회학과졸 2003년 同대학원 사회학 박사과정 수료 [경]1987~1991년 이화여대 YWCA 회원 · 연구부장 1989년 서울YWCA대학생협의회 회장 1990년 대한YWCA연합회 대학Y전국협의회장 1990년 세계YWCA 청년지도자훈련 참가 1991년 YWCA 세계대회 한국대표 1991~1997년 대한YWCA연합회 청소년부 · 국제부 · 홍보출판부 · 프로그램 및 사회문제부 · 대학부 간사 1993년 세계초교파학생청년대회 Working Group Member(브라질 리우) 1995~1999년 세계YWCA 실행위원 1997년 대한YWCA연합회 청소년위원회 · 인력개발위원회 부장 2000년 同프로그램주무부장 2004~2006 · 2010년 同사무총장 2010년 한국YWCA연합회 사무총장(현) 2011년 사회적기업인증심사소위원회 위원(현) 2012~2015년 서울시 성평등위원회 위원 2013년 기획재정부 협동조합정책심의위원회 위원(현) 2013~2015년 대법원 양형위원회 양형위원 2013년 사회적기업육성전문위원회 위원(현) [상]한국청소년단체협의회장표창

유세경(劉世卿 · 女) YU Sae Kyung

[생]1959 · 12 · 17 [본]강릉(江陵) [출]서울 [주]서울 서대문구 이화여대길52 이화여자대학교 언론홍보영상학부(02-3277-3448) [학]1982년 이화여대 신문방송학과졸 1986년 미국 텍사스오스틴대 대학원졸 1993년 신문학박사(미국 텍사스오스틴대) [경]1991~1996년 서울방송 연구위원 1995~2015년 이화여대 언론홍보영상학부 조교수 · 부교수 · 교수 1997년 한국홍보학회 총무이사 1999~2001년 영상물등급위원회 심의위원 2000년 이화여대 홍보실장 2002년 조선일보 독자권익보호위원회 위원 2008년 신문발전위원회 위원 2010~2012년 이화여대 커뮤니케이션 · 미디어연구소장 2011~2012년 한국여성커뮤니케이션학회 회장 2012~2014년 한국방송공사(KBS) 시청자위원회 위원 2014년 언론중재위원회 서울3중재부 중재위원(현) 2015년 이화여대 기숙사 관장(현) 2015년 同커뮤니케이션 · 미디어학부 교수(현) 2016년 언론중재위원회 시정권고위원(현) 2016년 문화체육관광부 여론집중도조사위원회 위원장(현) [저]'매스미디어와 현대정치' '인간과 커뮤니케이션' '여성과 매스미디어' '대중매체와 성의 정치학'

유세영(劉世永) Yoo Se Yeoung

[생]1959 · 1 · 21 [본]거창(居昌) [출]부산 [주]경남 창원시 의창구 중앙대로209번길16 창원세무서(055-239-0201) [학]부산진고졸, 동아대 무역학과졸 [경]2004년 충주세무서 법인세과장 2004년 국세청 부가가치세과 사무관 2007년 금천세무서 부가가치세과장 2009년 서울지방국세청 징세과 사무관 2010년 同숨긴재산무한추적과장(서기관) 2012년 제천세무서장 2013년 국무총리실 조세심판원 심판조사관 2014년 천안세무서장 2015년 서인천세무서장 2015년 창원세무서장(현) [상]대통령표창(2009), 기획재정부장관표창(2011) [종]기독교

유세준(劉世俊) RYU Sei Joon

[생]1943 · 5 · 25 [본]강릉(江陵) [출]평남 안주 [주]경기 화성시 봉담읍 와우안길17 수원대학교 언론정보학과(031-220-2510) [학]1962년 성동고졸 1966년 고려대 행정학과졸 [경]1978년 문화공보부 해외공보관 지역2과장 1980년 同방송과장 1982년 同문화재1과장 1983년 同해외공보관 기획과장 1985년 同매체국장 1989년 공보처 홍보조사국장 1991년 同홍보국장 1993년 同기획관리실장 1995~1997년 同차관 1997년 데이콤 새틀라이트멀티미디어시스템(DSM) 사장 2001년 KSNET(주) 회장 2001년 씨앤앰커뮤니케이션 부회장 · 회장 2003년 한국케이블TV방송국협의회 회장 2003년 한국뉴미디어방송협회 회장 2004년 이동멀티미디어방송산업협회(DMBA) 초대회장 2006년 미디어미래연구소 고문 2008~2009년 한국케이블TV방송협회 회장 2009년 수원대 언론정보학과 석좌교수(현) 2009년 고운문화재단 이사 2015년 수원대 총장실 자문위원(현) [상]홍조근정훈장(1991), 황조근정훈장(1997) [종]불교

유세희(柳世熙) YOO Se Hee

[생]1940 · 5 · 8 [본]전주(全州) [출]서울 [주]서울 성동구 왕십리로222 한양대학교 정치외교학과(02-2220-0114) [학]1958년 경기고졸 1962년 서울대 문리대 정치학과졸 1965년 同대학원졸 1974년 정치학박사(미국 컬럼비아대) 1994년 명예 정치학박사(러시아과학원) [경]1965년 국제연합한국협회 조사부장 1974~1979년 한양대 법정대학 조교수 · 부교수 1976년 同중국문제연구소장 1978년 同법정대학장 1979~2005년 同정치외교학과 교수 1980~1996년 同중소연구소장 1988년 공산권연구협의회 회장 1988년 미국 컬럼비아대 초빙교수 1990년 한국전략문제연구소 이사(현) 1992년 중국 흑룡강대 경제학원 동북아연구소 명예이사 겸 객좌교수 1992년 민주평통 자문위원 1993년 문화방송 객원해설위원 1994년 중국 사천성사회과학원 객좌연구원 1995년 한국정치학회 회장 1996년 한양대 사회과학대학장 1996년 同아 · 태지역학대학원장 1998~2000년 외교통상부 정책자문위원장 2002~2004년 한양대 부총장 2002~2008년 바른사회를위한시민회의 공동대표 2002년 한나라당 이회창대통령후보 정책자문단 공동대표 2005년 북한인권국제대회준비위원회 공동대회장 2005년 한양대 정치외교학과 명예교수(현) 2005년 북한민주화네트워크 이사장(현) 2009년 대통령자문 통일고문회의 고문 2011년 북한인권국제영화제 '2011 서울' 공동조직위원장 2014년 조선대 이사(현) [상]건국포장, 수교훈장 창의장, 옥조근정훈장 [저]'현대사회과학방법론'(共) '현대정치과정론'(共) '오늘의 중국대륙'(編) '전환기의 북한'(共) '변화속의 중국농촌'(編) '북한사회의 이해'(共) '평화통일을 위한 남북대결'(共) '한국공산권 연구백서'(編) '미국의 엘리트 한 · 미관계'(共) '한국현대문화사대계'(共) 등 다수

유소연(柳簫然 · 女) RYU So Yeon

[생]1990 · 6 · 29 [출]서울 [주]서울 중구 을지로35 하나금융그룹 홍보팀(02-2002-1741) [학]2009년 대원외고졸, 연세대 체육교육과졸 [경]2006년 도하아시안게임 골프 여자 개인전 · 단체전 금메달(2관왕) 2007년 제12회 코카콜라 체육대상 신인상 2007년 제1회 여자 아마추어 선수권대회 우승 2009년 유럽여자프로골프투어 ANZ레이디스마스터스 공동 2위 2009년 두산매치플레이챔피언십 우승 2009년 우리투자증권 레이디스챔피언십 우승 2009년 하이원리조트컵 SBS채리티여자오픈 우승 2009년 오리엔트 차이나 레이디스오픈 우승 2011년 한화골프단 소속 2011년 롯데칸타타 여자오픈 우승 2011년 미국여자프로골프(LPGA)투어 US여자오픈 우승 2011년 대만여자프로골프(TLPGA)투어 스윙잉 스커츠대회 공동 2위 2012년 유럽여자프로골프투어(LET) RACV 호주여자마스터스 공동 2위 2012년 LPGA투어 호주여자오픈 공동2위 2012년 LPGA투어 제이미파 톨리도 클래식 우승 2012년 한화금융 클래식 우승 2012년 LPGA투어 CME그룹 타이틀홀더스 2위 2012년 2013시즌 개막전 스윙잉 스커츠 월드 레이디스 마스터스 공동3위 2013년 하나금융그룹 소속(현) 2013년 LPGA투어 월마트 NW 아칸소 챔피언십 2위 2013년 LPGA투어 US여자오픈 3위 2013년 한화금융 클래식 2위 2013년 LPGA투어 로레나 오초아 인비테이셔널 3위 2013년 KLPGA투어 스윙잉스커츠 월드레이디스 마스터스 2위 2014년 유럽여자프로골프투어(LET) 월드레이디스 챔피언십 3위 2014년 LPGA투어 마라톤 클래식 2위 2014년 LPGA투어 캐나다 퍼시픽 여자오픈 우승 2014년 LPGA투어 포틀랜드 클래식 공동3위 2014년 LPGA투어 사임다임 LPGA 말레이시아 공동3위 2015년 유럽여자프로골프투어(LET) 월드 레이디스 챔피언십 우승 2015년 LPGA투어 킹스밀 챔피언십 2위 2015년 LPGA투어 킹스밀 챔피언십 2위 2015년 LPGA투어 리코 브리티시여자오픈 공동3위 2015년 LPGA투어 캐나다퍼시픽 여자오픈 공동3위 2015년 한국여자프로골프(KLPGA)투어 하이원리조트여자오픈 우승 2015년 LPGA투어 푸본 타이완챔피언십 공동2위 2016년 LPGA투어 에비앙 챔피언십 공동2위 [상]한국여자프로골프(KLPGA) 인기상(2009), 미국여자프로골프(LPGA) 투어 2012시즌 신인왕(2012), KLPGA투어 국내특별상(2015)

유송화(俞松和 · 女) YOO Song Hwa

[생]1968 · 4 · 6 [출]전남 [주]서울 영등포구 국회대로68길 14 더불어민주당(02-788-2278) [학]1985년 광주 송원여고졸, 이화여대 경제학과졸 [경]1988년 이화여대 총학생회장 1988년 전국여학생대표자협의회 의장 1993년 한국여성민우회 지방자치위원 1995 · 1998~2003년 서울시 노원구의회 의원 1996년 노원복지포럼 운영위원 2001년 서울시 노원구의회 행정복지위원장 2002년 새천년민주당 서울노원乙지구당 정책실장 2002년 김민석 서울시장후보 특보 2003년 제16대 대통령직인수위원회 국민참여센터 전문위원 2003~2005년 대통령 시민사회수석비서관실 행정관 2007~2008년 민주평화통일자문회의 사무처 사업추진단 총괄조정관 2012년 민주통합당 문재인 대통령후보 수행2팀장 2015년 새정치민주연합 부대변인 2015년 더불어민주당 부대변인(현)

유수열(劉秀烈) YOO Soo Yol

[생]1939 · 4 · 10 [본]강릉(江陵) [출]충남 공주 [주]서울 영등포구 63로32 라이프콤비201호 미디어파크(02-761-2387) [학]1959년 대전고졸 1964년 서울대 사범대 불어교육과졸 1986년 서강대 대학원 신문방송학과졸 [경]1966년 수원여고 교사 1969년 문화방송 입사 · PD 1983년 同TV제작국 2부장 1990년 同문화사업국장 1991년 同LA지사장 1995년 同TV제작국장 1996~1998년 춘천문화방송 사장 1998년 MBC프로덕션 사장 1999~2002년 여의도클럽 회장 1999~2001년 문화방송 제작본부장 2004년 영상물등급위원회 위원, 중앙대 신문방송학과 겸임교수 2004년 할렐루야그린골프단후원회 회장(현) 2004년 로고스필름 대표이사 · PD 2007년 국회유머아카데미 학장(현) 2011년 생명을

사랑하는모임 회장 2011년 미디어파크 PD(현) [저]'PD를 위한 텔레비전 연출강의'(2007, 커뮤니케이션북스) [작]MBN 시트콤 '갈수록 기세등등' MBC 시트콤 '웃으면 복이와요' '코미디대행진' '비둘기가족' '유쾌한청백전' [종]기독교

유수일(劉修一) YU Soo-il

[생]1945·3·23 [출]충남 논산 [주]서울 용산구 이태원로 22 천주교 군종교구청(02-749-1925) [학]1964년 대전고졸 1969년 서울대 사범대학 교육학과졸 1979년 서울 대신학교졸 1990년 미국 뉴욕 성 보나벤투라대 영성신학석사(MA) [경]1973년 작은형제회(프란치스코 수도회) 입회 1980년 사제 서품 1980년 천주교 수원교구 세류동 본당 보좌신부 1980~1982년 同마산교구 칠암동 본당 주임신부 1982~1985년 작은형제회(프란치스코 수도회) 한국관구 준관구장·명도원(외국인을 위한 어학원) 원장 1985~1988년 수도자신학원 원장 1991~1997년 작은형제회(프란치스코 수도회) 한국관구장 1993~1995년 한국남자수도회 사도생활단 장상협의회 회장 1997~2003년 작은형제회(프란치스코 수도회) 총평의원(로마) 1999~2001년 同동아시아협의회 회장 2003~2005년 전주 재속 프란치스코회 영적보조자 2006~2009년 정동 성 프란치스코 수도원(사목공동체) 원장, 재속 프란치스코회 국가형제회 영적보조자 2009~2010년 서울 청원소 부원장 2010년 주교 서품 2010년 제3대 천주교 군종교구장(현) 2010년 천주교주교회의 보건사목 담당(현) 2010년 同선교사목주교위원회 위원(현)

유수형(柳守馨) YOO Su Hyung

[생]1960·10·7 [출]경남 하동 [주]서울 서초구 사평대로140 아이택스넷(02-592-3077) [학]1986년 중앙대 경제학과졸 [경]1987년 경방 근무 1993년 KG케미칼 근무 1999~2001년 동서울대 산업경영학과 겸임교수 2000년 더존디지털웨어 입사 2001년 더존CHINA 대표이사 2005~2008년 (주)더존디지털웨어 대표이사 2008년 아이택스넷 대표이사(현) [상]국무총리표창(2006), 코스닥대상 최우수마케팅기업상(2008), 기획재정부장관표창(2010) [저]'전산회계실무'(2000)

유순규(女) Yoon Soon Kyu

[생]1955·2·22 [주]경기 성남시 수정구 산성대로553 을지대학교 응급구조학과(031-740-7236) [학]1977년 연세대 간호학과졸 1979년 서울대 대학원 보건학과졸 2003년 인제대 대학원 보건학박사과정 수료 [경]대전보건전문대학 조교수, 서울보건대학 응급구조과 조교수·부교수 2007년 을지대 응급구조학과 부교수·교수(현) 2007~2011·2014~2016년 同교학처장 2008~2014년 대한응급구조사협회 회장 2008년 한국보건의료인국가시험원 정책이사 2009~2013년 소방방재청 중앙응급의료위원회 자문위원 2012~2013년 을지대 취업지원처장 2013~2014년 한국보건의료인국가시험원 비상임이사 2016년 을지대 보건과학대학장(현) [상]행정자치부장관표창(2001·2003), 보건복지부장관표창(2005), 성남시문화상(2005) [저]'일반응급처치학'(2001) '특수상황에서의 전문응급처치학'(2006)

유승경(劉承慤) YOO Seung Kyung

[생]1959·12·15 [본]강릉(江陵) [출]경북 영풍 [주]서울 종로구 세종대로209 행정자치부 정부청사관리소(02-2100-4501) [학]1976년 대구고졸 1980년 경북대 행정학과졸 1984년 서울대 행정대학원졸 1996년 경북대 대학원 행정학 박사과정 수료 2004년 한국개발연구원(KDI) 국제정책대학원졸 2005년 미국 미시간주립대 대학원 도시계획과졸 [경]1988년 행정고시 합격(32회) 1990~2000년 대구시청 근무 1995~1996년 일본 나고야시 파견 2000년 대구시 청소년과장 2002년 同교통정책과장 2006년 대구시테크노폴리스추진단 단장 2006년 소방방재청 청장비서실장 2008년 同기획조정관실 창의혁신담당관(부이사관) 2008년 同행정관리담당관 2009년 행정안전부 재난안전실 비상대비기획관실 비상대비정책과장 2011년 중앙공무원교육원 교육파견 2012년 행정안전부 지방행정연수원 기획지원부장(고위공무원) 2013년 안전행정부 지방행정연수원 기획부장 2013년 同지방행정연수원 교수부장 2014년 대구시 기획조정실장 2015년 행정자치부 정부청사관리소장(고위공무원)(현) [상]대통령표창(2008) [종]기독교

유승덕(柳承德) Yu, Seung Duk

[생]1962·3·19 [본]진주(晉州) [출]인천 [주]서울 영등포구 국제금융로8길16 대신증권(주) 고객자산본부(02-769-3761) [학]1981년 서울 인창고졸 1985년 연세대 상경대학 경제학과졸 1987년 同대학원 경제학과졸 [경]1988~1993년 대신증권 국제금융부 대리 1993~1998년 삼성증권 국제금융팀 과장 2001~2005년 LG투자신탁운용 AIS팀장 2004~2006년 CFA한국협회 총무부회장 2005~2006년 우리자산운용 리스크관리팀장 2006~2007년 우리크레디트스위스자산운용 AI본부장 2006~2010년 CFA한국협회 CFA교육센터 전문교수요원·부회장 겸 Advocacy 위원장 2007년 대신증권 CM본부 부본부장(상무) 2007~2009년 同파생금융본부장(상무) 2007~2010년 KRX 파생상품발전위원회·지수실무위원회 위원 2009~2011년 대신증권(주) 파생금융본부장(전무) 2011~2013년 同자산운용본부장 겸 CM사업단장(전무) 2013년 同고객자산본부장(전무)(현) [상]부총리 겸 재정경제부장관표창(2002) [종]천주교

유승렬(劉承烈) YU Seung Ryol

[생]1950·4·12 [출]서울 [주]서울 서초구 바우뫼로33길7 의12 202호 벤처솔루션스(주) 사장실(02-567-9932) [학]1968년 경기고졸 1972년 서울대 경영학과졸 [경]1975~1992년 SK(주)(舊 유공) 기획부·업무부·원유제품부 근무 1992~1993년 同종합기획담당 이사 1994~1997년 SK그룹 경영기획실 임원 1994~1997년 대한텔레콤(주) 대표이사 겸임 1998년 SK그룹 구조조정본부장 2000년 신세기통신 부사장 겸임 2000~2002년 SK(주) 대표이사 사장 2002년 벤처솔루션스(주) 대표이사 사장(현) 2011~2012년 예스이십사 상근감사

유승룡(兪承龍) YOU Seung Ryong

[생]1964·1·21 [출]서울 [주]서울 강남구 영동대로517 법무법인 화우(02-6003-7563) [학]1982년 양정고졸 1989년 서울대 공법학과졸 [경]1990년 사법시험 합격(32회) 1993년 사법연수원 수료(22기) 1993년 서울지법 남부지원 판사 1995년 서울지법 판사 1997년 대전지법 천안지원 판사 1998년 同아산시법원 판사 2000년 서울지법 판사 2003년 서울가정법원 판사 2004년 법원행정처 사법제도연구법관 2005년 同사법정책심의관 2006년 同사법정책실 판사 2006년 서울고법 판사(사법제도개혁추진위원회 파견) 2008년 광주지법 부장판사 2009년 사법연수원 교수 2012~2014년 서울남부지법 부장판사 2014년 법무법인 화우 파트너변호사(현)

유승만(柳承晩)

[생]1965·4·5 [출]충북 청원 [주]대전 유성구 한우물로번길 6 대전지방교정청(042-543-7100) [학]청주대 공법학과졸, 일본 사이타마대 정책대학원 정책학과졸 [경]1991년 행정고시 합격(35회) 1993년 광주지방교정청 의료분류과장 2004년 인천구치소 총무과장(서기관) 2006년 청송교도소 부소장 2006년 부산구치소 부소장 2007년 법무연수원 교정연수과장 2008년 충주구치소장 2009년 안동교도소장 2010년 전주교도소장(부이사관) 2010년 성동구치소장(고위공무원) 2011년 국방대학원 파견 2012년 안양교도소장 2013년 수원구치소장 2014년 대구교도소장 2015년 대구지방교정청장 2016년 대전지방교정청장(현)

유승민(劉承旼) YOO Seong Min

[생]1958·1·7 [출]대구 [주]서울 영등포구 의사당대로1 국회 의원회관916호(02-784-1840) [학]1976년 경북고졸 1982년 서울대 경제학과졸 1983년 미국 위스콘신대 메디슨교 대학원 경제학과졸 1987년 경제학박사(미국 위스콘신대 메디슨교) [경]1982년 한국개발연구원(KDI) 연구원 1987~2000년 同선임연구위원 1993년 행정쇄신위원회 위원 1996년 미국 샌디에이고주립대 초빙교수 1997년 세계화추진위원회 전문위원 1998년 공정거래위원회 자문관 1998년 대통령자문 정책기획위원 2000~2003년 한나라당 여의도연구소장 2004~2005년 제17대 국회의원(비례대표, 한나라당) 2004년 한나라당 제3정책조정위원장 2005년 同대표 비서실장 2005년 제17대 국회의원(대구시 동구乙 보궐선거 당선, 한나라당) 2008년 제18대 국회의원(대구시 동구乙, 한나라당·새누리당) 2010년 한나라당 대구시당 위원장 2011년 同최고위원 2012년 제19대 국회의원(대구시 동구乙, 새누리당·무소속) 2012~2014년 국회 국방위원회 위원장 2012년 새누리당 제18대 대통령중앙선거대책위원회 부위원장 2014년 同사회적경제특별위원회 위원장 2014년 국회 국방위원회 위원 2015년 국회 정보위원회 위원 2015년 새누리당 원내대표 2015년 국회 운영위원회 위원장 2016년 제20대 국회의원(대구시 동구乙, 무소속·새누리당)(현) 2016년 국회 기획재정위원회 위원(현) 2016년 새누리당 대구시동구乙당원협의회 운영위원장(현) [상]한국개발연구원장 공로상(1982), Distinguished Teaching Assistant Award(1986), Dissertation Travel Fellowship(1987), 국무총리표창(1991), 경제기획원장관표창(1991), 백봉신사상 올해의 신사의원 베스트10(2009), 경제정의실천시민연합 국정감사 우수의원(2014), 선플운동본부 '국회의원 아름다운 말 선플상'(2014), 백봉신사상 올해의 신사의원 베스트10(2014), 제1회 머니투데이 대한민국 최우수 법률상(2015), 백봉신사상 대상(2015) [저]'재벌, 과연 위기의 주범인가' '나누면서 커간다' '공공부문의 지배 구조개혁' '포항제철 특별경영진단' '기업경영의 투명성제고와 기업지배구조의 선진화'

유승민(劉承旼) YOO Seung Min

[생]1965·11·8 [본]강릉(江陵) [출]경북 칠곡 [주]대전 중구 계룡로771번길77 을지대학교 의과대학 미생물학교실(042-259-1661) [학]1990년 경희대 의대졸 1993년 同대학원졸 1996년 의학박사(경희대) [경]1990~1991년 경희대의료원 인턴 근무 1991~1994년 경희대 의대 미생물학교실 조교 1994~1996년 同미생물학교실 전임강사(대우) 1996~1998년 서울지구병원 연구실 미생물학과장 1998~1999년 同연구실장 1999~2004년 을지의과대 미생물학교실 조교수 2000년 대한미생물학회 평의원(현) 2001~2013년 한국의학교육학회 평의원 2003~2005년 미국 Univ. of Texas Health Science Center at San Antonio 초빙연구원 2004~2007년 을지의과대 미생물학교실 부교수 2005년 대한바이러스학회 평의원(현) 2007년 을지대 의과대학 미생물학교실 부교수 2007·2008년 同대학원장 2009년 同의과대학 미생물학교실 교수(현) 2009~2011년 同의과대학장 2011년 同대학원장 겸 EMBRI소장 2013~2016년 同의과대학장 2013년 을지의생명과학연구소장(현) 2016년 을지대 대학원장(현)

유승민(柳承敏) RYU Seung Min

[생]1982·8·5 [출]서울 [학]2001년 포천 동남종고졸 2007년 경기대 체육학과졸, 同대학원 사회체육학과졸(석사) [경]1990년 탁구 입문 1997년 최연소(15세) 국가대표 2001~2014년 삼성생명탁구단 소속, 同코치(현) 2002년 부산아시안게임 복식 금메달 2003년 중국오픈 준우승 2004년 이집트오픈 우승 2004년 US오픈 우승 2004년 제28회 아테네올림픽 단식 금메달 2004년 삼성생명비추미배 MBC왕중왕전 단식 우승 2005년 종별탁구선수권대회 단식 우승 2005년 SBS탁구챔피언전 단식 우승 2005년 프랑스 레발노아마스터즈초청대회 단식 우승 2005년 도요타컵탁구대회 단식 우승 2006년 대만오픈 복식 우승 2007년 세계탁구선수권 단식 동메달 2007년 스페인 바르셀로나탁구월드컵 단식 준우승 2008년 국제탁구연맹(ITTF)오픈 우승 2008년 제29회 베이징올림픽 남자단체전 동메달 2011년 월드팀컵 남자부 준우승 2011년 카타르피스앤스포츠탁구컵 남자복식 우승 2011년 MBC탁구최강전 남자부 챔피언결정전 우승 2011년 종합탁구선수권대회 남자복식 우승 2012년 국제탁구연맹(ITTF) 브라질오픈 남자복식 우승 2012년 제30회 런던올림픽 남자단체전 은메달 2012~2013년 독일 분데스리가 옥센하우젠의 임대계약 2014년 인천아시안게임 남자탁구대표팀 코치 2016년 국제올림픽위원회(IOC) 선수위원(현) 2016년 대한체육회 이사(현) [상]자황컵 체육대상 최우수선수상(2004) [종]기독교

유승배(劉承培) YOO Seung Bae

[생]1957·2·5 [출]충북 [주]서울 강서구 공항대로607 서울도시가스(주) 사장실(02-3660-8004) [학]단국대 경제학과졸 [경]서울도시가스(주) 강북지사장(이사), 同시스템안전부 상무, 同경영기획부서장(전무) 2013년 同공동대표이사 사장(현) [상]은탑산업훈장(2016) [종]기독교

유승삼(劉承三) YU Seung Sam

[생]1942·10·29 [출]서울 [주]서울 마포구 성미산로48 (사)사회적기업지원네트워크(02-337-6763) [학]1961년 경기고졸 1965년 서울대 철학과졸 1972년 同신문대학원졸 [경]1965년 신아일보 문화부·사회부 기자 1968년 중앙일보 주간부·경제부 기자 1989년 서울신문 기자·논설위원·문화부장·사회부장·부국장·논설위원 1990년 중앙일보 논설위원 1997년 중앙M&B 대표이사 2001년 중앙일보 논설고문 2002년 同시민사회연구소장 2002~2003년 대한매일 대표이사 사장 2002년 아시아신문재단(PFA) 한국위원회 이사 2002년 국제언론인협회(IPI) 한국위원회 이사 2003년 세종대 겸임교수 2004~2006년 한국과학기술원 인문사회과학부 초빙교수 2006~2008년 한국신문윤리위원회 독자불만처리위원 2007~2014년 (사)사회적기업지원네트워크 이사장 2008~2014년 중앙선거관리위원회 위원 2009~2013년 서울문화사 대표이사 부회장 2014년 (사)사회적기업지원네트워크 명예이사장(현) [상]서울언론상 신문칼럼상 [저]칼럼집 '다름을 위하여 같음을 향하여'

유승엽(柳承燁) Yu Seung Yeob

[생]1965·5·13 [출]인천 [주]충남 천안시 서북구 성환읍 대학로91 남서울대학 광고홍보학과(041-580-2232) [학]1983년 동인천고졸 1987년 중앙대 심리학과졸 1991년 同대학원 심리학과졸 1996년 심리학박사(중앙대) [경]1989년 중앙문화연구원 조교 1992년 강남대·경남대 강사 1993년 중앙대 강사 1996년 성결대·경희대 강사 1997년 남서울대 광고홍보학과 부교수·교수(현) 1999년 (주)천안교차로·토요시사 논설위원·여론조사 자문교수 1999년 인터솔루션 광고효과 자문교수 2011년 한국소비자광고심리학회 회장·감사 2014년 한국광고학회 편집장 2015년 한국소비자학회 부회장(현) 2015년 한국심리학회 부회장 2016년 한국광고학회 봄철학술대회 준비위원장(현) [저]'한국인의 상호작용에서 나타나는 의례성의 심리과정과 그 기능' '심리학의 이해' '언어와 언어생활' '심리학 입문'

유승엽(柳承燁) Ryou, Seung Yeob

[생]1967·12·24 [본]진주(晋州) [출]경기 안산 [주]서울 강동구 상일로6길26 글로벌엔지니어링센터 A타워16층 삼성엔지니어링 법무팀(02-2053-6320) [학]1986년 서울고졸 1993년 고려대 법학과졸 2010년 미국 캘리포니아대 버클리교 Law School 연수 [경]1993년 사법시험 합격(35회) 1996년 사법연수원 수료(25기) 1996년 서울지검 검사 1998년 광주지검 순천지청 검사 2000년 부산지검 검사 2002년 광주지검 목포지청 검사 2004년 서울중앙지검 검사 2004년 삼성그룹 구조조정본부 법무실 상무 2006년 삼성SDI 법무실 상무대우 2009년 同법무팀 전문임원(상무) 2011년 同컴플라이언스팀장(상무) 2012년 삼성엔지니어링 법무팀장(상무) 2013년 同법무팀장(전무)(현) [종]천주교

유승우(柳勝優) YOO Seung Woo (水巖)

[생]1948·11·25 [출]경기 이천 [주]경기 용인시 기흥구 강남로40 강남대학교 행정학과(031-280-3114) [학]1967년 이천농고졸 1976년 고려대 사학과졸 2001년 미국 미시간주립대 자치과정 수료 2002년 명지대 대학원 도자기학과졸, 행정학박사(상지대) [경]1977년 행정고시 합격(21회) 1980년 경제기획원 경제협력국 근무 1981년 재무부 국제금융국 근무 1984~1991년 상공부 중소기업국·산업정책국 근무 1991년 대전엑스포조직위원회 운영부장 1991년 대통령비서실 과장 1994·1995~1996년 경기 이천군수(민자당) 1996~1998년 경기 이천시장(신한국당·한나라당) 1998·2002~2006년 경기 이천시장(국민회의·새천년민주당) 2012~2016년 제19대 국회의원(이천, 새누리당·무소속) 2013년 국회 안전행정위원회 위원 2013년 국회 예산결산특별위원회 위원 2014년 국회 농림축산식품해양수산위원회 위원, 강남대 행정학과 석좌교수(현) [상]보건사회부장관표창, 내무부장관표창, 국무총리표창, 법률소비자연맹 선정 국회 헌정대상(2013) [저]시집 '흐르는 물처럼' 연설문집 '사랑과 신뢰' 기행문 '대륙일기' '해동일기' 수필집 '큰바위 얼굴' '배우며 생각하며' '여기에 길이 있었네'(2012)

유승운(俞勝云) Yu Sung Woon

[생]1972·9·20 [주]경기 성남시 분당구 판교역로192번길12 판교미래에셋센터6층 케이큐브벤처스(02-6243-0301) [학]서강대 경영학과졸 [경]1998~1999년 LG텔레콤 마케팅실 근무 1999~2002년 CJ창업투자 선임심사역 2002~2009년 소프트뱅크벤처스 수석심사역 2009~2015년 Solmine Communications, LLC 상무 2015년 케이큐브벤처스 상무·대표이사(현)

유승익(柳承益) YOO Seung Ik

[생]1956·3·30 [주]경기 수원시 영통구 월드컵로206 아주대학교 정치외교학과(031-219-2789) [학]1980년 연세대 정치외교학과졸 1987년 미국 사우스캐롤라이나대 대학원 국제정치학졸 1990년 국제정치학박사(미국 사우스캐롤라이나대) [경]아주대 사회과학대 정치외교학과 조교수 1996년 同사회과학부 정치외교학과 부교수·교수(현) 2001년 한국정치학회 상임이사 2004년 아주대 대외관계지원실장 2008년 同국제학부장 2015년 同사회과학대학장(현) [저]'한국외교정책론 : 이론과 실제(한국외교정책의 분석틀)'(1993) '세계외교정책론(외교정책 결정과정과 구조)'(1995) '환경과 사회'(2007)

유승정(劉承政) YOO Seung Jeong

[생]1955·8·8 [출]경북 영주 [주]서울 강남구 테헤란로92길7 법무법인 바른(02-3479-2495) [학]1973년 대구 경북고졸 1977년 서울대 법대졸 [경]1979년 사법시험 합격(21회) 1981년 사법연수원 수료(11기) 1981년 서울형사지법 판사 1983년 서울민사지법 판사 1985년 마산지법 판사 1987년 서울형사지법 판사 1989년 서울민사지법 판사 1991년 서울고법 판사 1993년 대법원 재판연구관 1996년 부산지법 부장판사 1998년 사법연수원 교수 2001년 서울지법 부장판사 2003년 대구고법 부장판사 2006년 서울고법 부장판사 2008년 同행정3부장 2010년 창원지법원장 2011~2012년 서울남부지법원장 2012년 법무법인 바른 변호사(현) [저]'강제집행법'

유승주(劉承周) You Seung Ju

[생]1973·5·9 [본]강릉(江陵) [출]대구 [주]세종특별자치시 절재로180 인사혁신처 인사혁신국 고위공무원과(044-201-8320) [학]1992년 경남고졸 1997년 서울대 사범대학 독어교육과졸 1999년 同행정대학원 수료 2010년 미국 콜로라도대 행정대학원졸 [경]1999년 행정고시 합격(43회) 2000년 행정자치부 중앙공무원교육원 신임관리자과정 교육 2004~2006년 중앙인사위원회 능력발전과·정책담당관실 근무 2006~2008년 同정책총괄과 근무 2010~2011년 행정안전부 조직실 제도총괄과 근무 2011년 안전행정부 중앙공무원교육원 교육총괄과장 2013년 대통령비서실 공직기강비서관실 행정관 2014년 인사혁신처 공직다양성정책과장 2015년 同대변인 2016년 同인사혁신국 고위공무원과장(현)

유승필(柳承弼) Yu Seung Pil (省魯)

[생]1946·9·23 [본]진주(晋州) [출]서울 [주]서울 중구 동호로197 유유제약(02-2253-6300) [학]서울고졸, 미국 하이델베르크대학 경제학과졸, 미국 컬럼비아대 대학원 재정학과졸, 국제경영이론학박사(미국 컬럼비아대) [경]1979~1982년 미국 페이스대 대학원 조교수 1993~2006년 세계대중약협회 아시아태평양지역 부회장 1994~2005년 세종대재단 이사 1997~2001년 한국컬럼비아대 총동창회 회장 1997년 駐韓아이티공화국 명예영사 2001~2003년 한국제약협회 이사장 2001년 유유제약 대표이사 회장(현) 2013년 駐韓명예영사단 단장(현) [상]국민훈장 모란장(2003), 동암 약의상(2004), 대통령표창(2008) [저]'한국대기업의 재무구조와 수익성' '미국·일본의 상업은행 비교' [종]기독교

유승흠(柳承欽) YU Seung Hum

[생]1945·5·2 [본]진주(晋州) [출]서울 [주]서울 중구 남대문로10길9 한국의료지원재단(02-2090-2887) [학]1963년 경기고졸 1970년 연세대 의대졸 1976년 의학박사(연세대) 1981년 보건학박사(미국 존스홉킨스대) [경]1974~1988년 연세대 의대 전임강사·조교수·부교수 1986~2000년 유한학원 이사장 1988~2010년 연세대 의대 예방의학교실 교수 1988년 미국 존스홉킨스대 보건대학원 방문교수 1990년 연세대 보건대학원 병원행정학과 주임교수 1991년 세브란스병원 부원장 1995년 아시아·오세아니아의사회연맹(CMAAO) 부회장 1995년 한국병원경영회 부회장 1996년 대한예방의학회 이사장 1998년 연세대 보건정책관리연구소장 1999년 한국병원경영학회 회장 1999년 한국의학원 원장 2001~2011년 同이사장 2002~2006년 연세대 보건대학원장 2007~2009년 대한민국의학한림원 회장 2011년 한국의료지원재단 이사장(현) [상]동아의료 문화상(1990·1995), 세브란스 의학상, 홍조근정훈장(2000), 한미자랑스런의사상(2011) [저]'의료정책과 관리'(1990) '병원행정강의'(1990) '의료보험총론'(1991) '의료총론'(1994) '보건기획과 관리'(1995) '병원경영의 이론과 실제 1·2·3·4(共)'(1998) '보건행정학 강의' [역]'병원관리' '의료경제학' [작]자서전 '내 삶의 편린들'(2010, 한국의학원) [종]기독교

유승희(兪承希·女) YOU Seung Hee

[생]1960·4·26 [본]기계(杞溪) [출]서울 [주]서울 영등포구 의사당대로1 국회 의원회관414호(02-784-4091) [학]1978년 서울 예일여고졸 1982년 이화여대 문리대학 기독교학과졸 1985년 同문리대학원 기독교학과졸 1994년 숭실대 노사관계대학원 수료 2000년 한양대 지방자치대학원졸 2007년 행정학박사(한양대) [경]1980년 이화여대 기독학생회장 1989년 경제정의실천시민연합 발기인·중앙위원 1995~1998년 경기 광명시의회 의원 1996년 녹색소비자연대 이사(현) 1998년 새정치국민회의 여성국장 2000년 미국 러트거스뉴저지주립대 정치학과 Visiting Scholar 2001년 새천년민주당 여성국장 2002년 제16대 대통령직인수위원회 사회문화여성분과위원회 전문위원 2004년 열린우리당 조직총괄실장 2004~2008년 제17대 국회의원(비례대표, 열린우리당·대통합민주신당·통합민주당) 2004년 열린우리당 제1정책조정위원회 부위원장 2006년 同의장특보 2007년 同원내부대표 2012년 제19대 국회의원(서울 성북구甲, 민주통합당·민주당·새정치민주연합·더불어민주당) 2012년 민주통합당 전국여성위원장 2013년 同정책위원회 제5정책조정위원장 2013~2014년 국회 미래창조과학방송통신위원회 간사 2013년 국회 방송공정성특별위원회 간사 2013년 민주당 전국여성위원장 2013년 同정책위원회 제5정책조정위원장 2014년 국회 여성가족위원회 위원장 2014년 국회 미래창조과학방송통신위원회 위원 2015년 새정치민주연합 최고위원 2015년 同표현의자유특별위원회 위원장 2015년 더불어민주당 서울성북구甲지역위원회 위원장(현) 2015~2016년 同최고위원 2015년 同표현의자유특별위원회 위원장(현) 2016년 제20대 국회의원(서울 성북구甲, 더불어민주당)(현) 2016년 더불어민주당 청년일자리TF 위원(현) 2016년 국회 미래창조과학방송통신위원회 위원(현) 2016년 국회 정치발전특별위원회 간사(현) [상]국정감사NGO모니터단 국정감사우수의원상(2012), 민주통합당 국정감사우수의원상(2012), (사)도전한국인운동협회·도전한국인운동본부 국정감사 우수의원(2015) [저]'여성지방의원의 삶과 도전(共)'(1998) '광명에 고향을 심자-유승희의 생활정치이야기'(1998) '딸에게 들려주는 리더십 이야기'(2007, 해피스토리) [종]기독교

유시민(柳時敏) RHYU Si Min

[생]1959·7·28 [본]풍산(豊山) [출]경북 경주 [학]1978년 대구 심인고졸 1991년 서울대 경제학과졸 1997년 독일 마인츠요하네스구텐베르크대 대학원 경제학과졸 [경]1980년 5.17계엄포고령 및 집시법 위반혐의로 구속 1984년 서울대 프락치사건 관련 투옥 1988년 「창작과 비평」으로 문단 데뷔(현) 1988~1991년 이해찬 국회의원 보좌관 1999년 한국학술진흥재단 전문위원 겸 기획실장, 성공회대 교양학부 겸임교수 2001~2002년 MBC 100분토론 진행 2002년 개혁국민정당 대변인 2002년 同대표집행위원 2003년 同집행위원 2003년 同고양덕양甲지구당 위원장 2003~2004년 제16대 국회의원(고양 덕양甲 보선, 개혁국민정당·열린우리당) 2003년 열린우리당 전자정당위원장 2004년 同경기도지부장 2004~2008년 제17대 국회의원(고양 덕양甲, 열린우리당·대통합민주신당·무소속) 2004년 열린우리당 제4정책조정위원장 2004~2005년 同경기도당 위원장 2005년 同상임중앙위원 2006~2007년 보건복지부 장관 2007년 대통합민주신당 정동영 대통령후보 중앙선거대책위원회 상임고문 2009년 사람사는세상 노무현재단출판위원회 위원장 2010년 경기도지사 후보(국민참여당) 2010년 국민참여당 씽크탱크 참여정책연구원장 2011년 同대표 2011~2012년 통합진보당 공동대표 2012년 진보정의당 제18대 대통령중앙선거대책위원회 공동위원장 2016년 TV방송 'JTBC 썰전' 출연(현) [저]'아침으로 가는 길' '거꾸로 읽는 세계사' '광주항쟁' '부자의 경제학 빈민의 경제학' '내 머리로 생각하는 역사 이야기' '97대선 게임의 법칙' '유시민과 함께 읽는 유럽문화 이야기' '광주민중항쟁(共)' '청춘의 독서'(2009) 중편소설 '달' '운명이다'(2010) '국가란 무엇인가'(2011) '어떻게 살 것인가'(2013, 아포리아) '그가 그립다(共)'(2014, 생각의길) '나의 한국현대사'(2014, 돌베개) '기억의 방법(共)' (2014, 도모북스) '생각해 봤어?(共)'(2015, 웅진지식하우스) '유시민의 글쓰기 특강'(2015, 생각의길) '유시민의 논술 특강'(2015, 생각의길) '표현의 기술' (2016, 생각의길) '유시민의 공감필법'(2016, 창비) '공부의 시대 세트 (전5권)' (2016, 창비) [역]'유시민과 함께 읽는 신대륙 문화이야기'

유시영(柳時英) RYU Shi Young

[생]1948·7·26 [출]경북 문경 [주]서울 강남구 삼성로560 화성빌딩4층 유성기업(주) 회장실(02-564-2351) [학]1966년 서울 성동고졸 1970년 고려대 경제학과졸 1972년 同대학원 경제학과졸 [경]1972년 강원대 경영학과 강사 1988~2012년 유성기업(주) 대표이사 사장 1991년 동성금속(주) 대표이사 사장(현) 1993~2014년 유성PM공업(주) 대표이사 사장 1994년 경기경영자협회 부회장 2012년 유성기업(주) 대표이사 회장(현) [상]5천만불 수출의탑(2006), 재정경제부장관표창(2007), 제44회 무역의날 산업자원부장관표창(2007) [종]불교

유시춘(柳時春·女) RHYU See Choon

[생]1950·5·12 [본]풍산(豊山) [출]경북 경주 [주]서울 중구 서소문로11길19 배재정동빌딩 B동1층 (사)6월민주항쟁계승사업회(02-3709-7691) [학]대구여고졸 1972년 고려대 국어국문학과졸 [경]1973년 '세대'에 중편 '건조시대'로 등단·소설가(현) 1973~1985년 서울 장훈고 교사 1986년 민주화실천가족운동협의회(민가협) 창립총무 1987년 민주쟁취국민운동본부 상임집행위원 1995년 (사)민족문학작가회의 상임이사 1999년 국민정치연구회 정책연구실장 2001~2004년 국가인권위원회 상임위원 2006년 민주평통 상임위원 2007~2012년 (사)한국문화정책연구소 이사장 2007년 (사)6월민주항쟁계승사업회 이사장(현) 2009년 노무현재단 상임운영위원(현) 2012년 민주통합당 최고위원 [상]신인문학상(1973) [저]소설집 '살아있는 바람'(1987, 실천문학사) '우산 셋이 나란히'(1990, 푸른나무) '찬란한 이별'(1991, 이론과 실천) '안개너머 청진항'(1995, 창비사) '6월 민주항쟁'(2003, 민주화운동기념사업회) '우리 강물이 되어'(2005, 경향신문사)

유신열(柳信烈) SIN-YUL, RYU

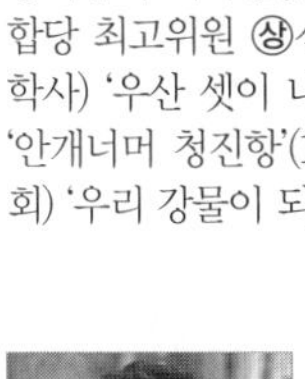

[생]1963·7·31 [출]경기 용인 [주]서울 서초구 신반포로176 신세계백화점(1588-1234) [학]1982년 고려대사대부고졸 1986년 서강대 정치외교학과졸 [경]1989년 (주)신세계 입사 1996년 同경영지원실 사무국 과장 1998년 同경영지획실 관리팀 과장 2002년 同기획관리팀장 2009년 (주)광주신세계 관리담당 이사 2010년 (주)신세계 기획담당 상무 2012년 (주)광주신세계 대표이사 2015년 (주)신세계 백화점부문 강남점장(현)

유신옥(劉信沃 · 女) YOU Shin Ok

[생]1969 · 2 · 28 [주]서울 종로구 삼봉로48 라이나생명보험(주) 임원실(02-3781-1000) [학]대원여고졸, 서울대 수학과졸, 미국 시러큐스대 대학원 경영학과졸(MBA) [경]푸르덴셜생명보험 상품개발본부(상무) 2011년 라이나생명보험(주) 상품개발 및 전략기획팀 총괄책임상무 2013년 同상품개발 및 전략기획팀 총괄책임전무(현) [종]천주교

유신재(俞信在) YOO, Sinjae

[생]1955 · 3 · 17 [본]기계(杞溪) [출]대구 [주]제주특별자치도 제주시 구좌읍 일주동로2670 한국해양과학기술원 제주국제해양과학연구지원센터(064-798-6070) [학]1974년 중앙고졸 1978년 서울대 해양학과졸 1982년 同대학원 해양생물학과졸 1987년 이학박사(미국 뉴욕주립대) [경]1987~1988년 미국 Applied Biomathematics Inc. 연구원 1988~2012년 한국해양연구원 해양환경연구본부 책임연구원 1990~2000년 서울대 · 한양대 · 충남대 · 한국외국어대 · 인하대 강사 1994~1997년 대외경제연구원 전문가 1994~2000년 일본 우주항공개발단 ADEOS/OCTS Science Program PI 1996~1999년 IOCCG(International Ocean Color Coordinating Group) Committee Member 1997~1999년 IOC(Coastal GOOS) Panel Member 2002년 한국해양연구원 환경기후연구본부장 2003년 同생물자원연구본부장 2009~2014년 국제해양연구프로젝트 '해양생지화학 및 생태계통합연구(IMBER)' 운영위원 2009~2013년 북태평양해양과학기구(PICES) 과학평의회 의장 2012년 한국해양과학기술원 해양환경연구본부 책임연구원 2013년 한국해양대 해양과학기술전문대학원 해양과학기술융합학과 교수(현) 2015년 한국해양과학기술원 제주국제해양과학연구지원센터 부소장 2015년 同제주국제해양과학연구지원센터 제주특성연구실장(현) [상]한국수산학회 우수논문상(1994), Ocean Research 최우수논문상(1998), 대통령표창(2000), 한국해양연구원 우수논문상(2009), 한국해양학회 특별학술상(2009) [저]'해양생물학'

유쌍철(劉雙澈) (孝垣)

[주]경북 김천시 혁신2로40 한국건설관리공사 건축CM본부(02-3440-8708) [학]1982년 전북대 건축공학졸 2006년 서울과학기술대 대학원 주택생산공학과졸 [경]1983~2015년 한국토지주택공사 근무 2015년 한국건설관리공사 건축CM본부장(상임이사)(현) 2015년 인천도시공사 기술자문위원(현)

유안진(柳岸津 · 女) YOO An Jin

[생]1941 · 10 · 1 [본]전주(全州) [출]경북 안동 [주]서울 관악구 관악로1 서울대학교(02-880-6824) [학]1961년 대전 호수돈여고졸 1965년 서울대 사범대 교육학과졸 1970년 同교육대학원졸 1975년 철학박사(미국 플로리다주립대) [경]1965~1968년 마산 제일여고 · 대전 호수돈여고 교사 1965년 「현대문학」에 '달' '별' '위로' 등으로 시인 등단(故박목월 시인 추천) 1972~1977년 한국교육개발원 책임연구원 1978~1981년 단국대 조교수 1981~1990년 서울대 생활과학대 조교수 · 부교수 1991년 同소비자아동학과 교수 1997~2006년 同아동가족학과 교수 2000년 한국시인협회 기획위원장 2006년 서울대 명예교수(현) 2012년 대한민국예술원 회원(문학 · 현) [상]한국교육개발원공로상(1977), 한국간행물윤리위원회상(1991), 한국펜문학상(1996), 정지용문학상(1998), 월탄문학상(2000), 근정포장(2006), 유심작품상(2009), 이형기문학상(2009), 구상문학상(2010), 소월문학상 특별상, 한국시인협회상, 제21회 공초문학상(2013), 목월문학상(2013), 제27회 김달진문학상 시 부문(2016) [저]'한국전통사회의 유아교육' '한국의 전통육아방식' '한국전통아동심리요법' '아동발달의 이해' '유아교육론' '한국여성 우리는 누구인가'(1991) 시집 '달하'(1970) '절망시편'(1972) '물로 바람으로'(1976) '그리스도, 옛 애인'(1978) '날개옷'(1981) '달빛에 젖은 가락'(1985) '약속의 별 하나'(1986) '눈내리는 날의 일기'(1986) '흐르는 구름의 딸'(1991) '그리움을 위하여'(1991) '부르고 싶은 이름으로'(1994) '기쁜 이별'(1998) '봄비 한 주머니'(2000) '알고'(2010) '둥근세모꼴'(2011) '걸어서 에덴까지'(2012) '숙맥노트'(2016, 서정시학) 수필집 '우리를 영원케 하는것은'(1986) '달무리 목에 걸고'(1987) '영원한 느낌표'(1987) '나그네 달빛'(1989) '월령가 쑥대머리'(1990) 장편소설 '바람 꽃은 시들지 않는다'(1990) '땡삐(전4권)'(1994) 산문집 '옛날 옛날에 오늘 오늘에'(2002) '딸아딸아 연지딸아'(2008, 문학동네) '거짓말로 참말하기'(2008) '알고(考)'(2009) '그리운 말한마디' '다시우는 새' '지란지교를 꿈꾸며' '사랑' '바닥까지 울어야' '상처를 꽃으로'(2013, 문예중앙) 시선집 '미래사 시인선, 빈 가슴을 채울 한마디말' '세한도 가는 길'(2009) '지란지교를 꿈꾸며'(2010, 서정시학) [역]중국어번역시집 '봄비 한주머니' 영어번역시집 '다보탑을 줍다' [종]가톨릭

유양근(俞亮根) You, Yang Keun (心石)

[생]1947 · 12 · 29 [본]기계(杞溪) [출]서울 [주]경기 남양주시 수동면 지둔로 445번길33의51(031-595-0600) [학]1966년 영등포고졸 1972년 서울교육대 교육학과졸 1981년 강남대 문헌정보학과졸 1985년 한양대 교육대학원 사서교육과졸 1993년 단국대 대학원 전산학과졸 1996년 이학박사(단국대) [경]1971~1972년 베트남전 참전 1972~1985년 삼광초 · 청파초 · 영서초 교사 1986~1996년 강남대 문헌정보학과 전임강사 · 조교수 · 부교수 1987~1990년 同학생처장 1990년 同문헌정보학과장 1991~1997년 同전자계산소장 1996년 디지털도서관연구회 회장(현) 1997년 강남대 인문학부 문헌정보학과 교수 1997년 同자체평가연구위원장 1999~2000년 미국 워싱턴주립대 객원교수 2001년 강남대 학생생활상담소장 2001~2016년 同학생복지처장 2001~2007년 경인지역학생처장협의회 회장 2005년 강남대 학생종합인력개발센터장 2005년 同학생처장 2006년 同교학부총장 2007년 同대학전략기획운영단장 2008년 同도서관장 2008~2011년 同대학원장 2010~2011년 한국교육문화포럼 회장 2011~2014년 강남대 교학부총장 2011~2012년 한국교육문화융복합학회 회장 2011~2014년 국제와이즈멘 서울성암클럽 회장 2013~2015년 대통령소속 도서관정보정책위원회 정책소위원장 2013년 한국교육문화융복합학회 고문(현) 2014년 매그너스재활요양병원 이사(현) 2016년 한국미래포럼 법인이사(현) [저]'정보사회와 정보이용'(2000) '디지털 도서관'(2000) '부동산정보의 이론과 실무'(2000) '문헌정보학연구방법론'(2007) '지식정보사회의 이해와 정보활용방법' '최신문헌정보학의 이해'(共) [종]기독교

유양석(柳陽碩) Ryu Yang-Seok

[생]1959 · 2 · 25 [출]서울 [주]경기 안양시 동안구 부림로170번길41의22 (주)서연(031-420-3000) [학]1985년 한양대 의대졸 1997년 同대학원졸 [경]1994~1997년 아산재단 금강병원 정형외과 근무 2006년 한일이화(주) 이사 2006~2009년 同부회장 2009~2011년 同대표이사 부회장 2012년 同대표이사 회장 2012년 (주)서연 대표이사 회장(현) 2014~2016년 한일이화(주) 회장 2016년 (주)서연이화 회장(현) [상]현대기아자동차 선정 올해의 협력사(2010), 현대모비스 선정 우수협력사(2010 · 2011), 슬로바키아 국가품질대상(2010), 국가품질경영대회 품질경영진흥공로상(2011), 3억불 수출의 탑(2011), 현대기아자동차 선정 그랜드품질5스타(2012), 한국표준협회 한국식스시그마대상(2012), '품질경쟁력 우수기업'에 7년연속 선정(2012), 4억불 수출의 탑(2012), 대한민국CEO리더십대상 품질경영부문(2013), 포브스 최고경영자대상(2014), TV조선 경영대상(2014)

유연식(俞連植) Yoo, Yeonsik

[생]1966 · 7 · 7 [본]기계(杞溪) [출]충남 논산 [주]서울 중구 무교로21 더익스체인지서울빌딩8층 서울시청 일자리노동국(02-2133-5440) [학]1985년 구로고졸 1989년 서울대 공법학과졸 1992년 同대학원 정책학과졸 2002년 미국 위스콘신주립대 대학원 법학과졸 [경]행정고시 합격(35회) 2005~2007년 서울시 체육과장 · 문화기반시설조성반장 2008년 同경쟁력강화본부 국제협력담당관 2012년 同여성가족정책실 여성가족정책담당관 2014년 同국제교류사업단장(서기관) 2015년 지방행정연수원 교육파견 2015년 서울시 경제진흥본부 일자리기획단장 2016년 同일자리노동국장(현)

유연철(劉然哲) Yoo Yeon-chul

[생]1961 · 6 · 5 [주]서울 종로구 사직로8길60 외교부 인사운영팀(02-2100-7136) [학]1984년 연세대 정치외교학과졸 1991년 영국 레딩대 대학원 국제관계학과졸 [경]1987년 외무고시 합격(21회) 1987년 외무부 입부 1992년 駐일본 2등서기관 1995년 駐몽골 1등서기관 2000년 駐토론토 영사 2003년 외교통상부 환경협력과장 2004년 同환경과학과장 2005년 駐베트남 참사관 2008년 외교통상부 에너지자원협력과장 2009년 同에너지기후변화과장 2010년 녹색성장위원회 파견 2011년 환경부 국제협력관 2013년 駐제네바 차석대사 2016년 駐쿠웨이트 대사(현) [상]근정포장(2012)

유 영(俞 煐) YOO Young

[생]1948 · 3 · 19 [본]기계(杞溪) [출]전남 여수 [주]서울 강서구 화곡로340 유림빌딩801호 새누리당 서울강서구丙당원협의회(02-2690-1700) [학]1966년 서울고졸 1970년 서울대 문리과대학 외교학과졸 1973년 미국 존스홉킨스대 대학원졸 1974년 영국 케임브리지대 대학원졸 1981년 국제정치경제학박사(미국 펜실베이니아대) [경]1968년 서울대 총학생회장 1975~1979년 미국 펜실베이니아

대 외교연구소 연구원 1981년 국제경제연구소 수석연구원 1982년 산업연구원 연구위원 1987년 同선임연구위원 · 연구조정실장 1988년 민정당 서울강서甲지구당 위원장 1988년 경제사회정책연구원 원장 1992년 국민당 정책4실장 · 서울강서甲지구당 위원장 1993년 통일시대연구소 소장 1995~1998년 서울시 강서구청장(민주당) 1998년 경희대 아 · 태국제대학원 객원교수 1999년 서울NGO세계대회조직위원회 사무총장 2001년 미국 펜실베이니아대 동아시아학과 초빙교수 2002~2006년 서울시 강서구청장(한나라당) 2007년 (사)강서자원봉사단 이사장(현) 2016년 새누리당 서울강서구丙당원협의회 운영위원장(현) 2016년 제20대 국회의원선거 출마(서울 강서구丙, 새누리당) [저]'OECD가입요건과 한국경제' '수입자유화와 산업피해구조제도' '청장님 요즘도 데모하십니까'(1997, 푸른숲) [종]불교

유영경(劉永京) Yoo Young-kyung (마룡)

[생]1942 · 5 · 26 [본]강릉(江陵) [출]전남 광양 [주]서울 서초구 사평대로349 서초빌딩301호 한우세무법인(02-514-2477) [학]1963년 순천농림고졸 1973년 건국대 행정학과졸 1977년 고려대 경영대학원 무역학과 수료 1985년 연세대 경영대학원 최고경영자과정 수료 1987년 동국대 경영대학원 회계학과졸 2003년 세무관리학전공 경영학박사(경원대) [경]1968~1980년 국세청 근무 1980년 세무사 개업 1985~1990년 재무부 조세법령정비위원 1986년 한국정책개발원 감사 1986년 성심종합법무법인 전문위원 1988~2005년 전문건설공제조합 세무고문 1988~2004년 성동 동부세무서 공정과세심의위원 1990년 한우세무법인 대표(현) 1991년 국가경영전략연구원 세무담당 1995년 POSEC(포스코개발) 세무고문 1996년 CBS 객원해설위원 1998년 농업기반공사 세무고문 1999년 한국수출입은행 세무고문 2001~2005년 재정경제부 세제발전심의위원 2001년 민주평통 상임위원 · 자문위원 2003년 통일부 교육위원 · 중앙운영위원 2004년 경원대 회계학과 겸임교수 2005년 통일신문 논설위원 2012년 가천대 회계학과 겸임교수 [상]재무부장관표창(1986), 국세청 모범세무대리인 선정(1986 · 1987 · 1988), 대통령표창(1988), 산업포장(1998) [저]'중소기업금융조세지원제도 해설'(共) [종]천주교

유영근(劉榮根) YOU Young Geun

[생]1969·7·25 [출]광주 [주]경기 성남시 수정구 산성대로451 수원지방법원 성남지원(031-737-1558) [학]1988년 광주 금호고졸 1993년 서울대 사회학과졸 [경]1995년 사법시험 합격(37회) 1998년 사법연수원 수료(27기) 1998년 軍법무관 2001년 대전지법 판사 2003년 同서산지원 판사 2004년 의정부지법 고양지원 판사 2008년 서울중앙지법 판사 2009년 서울고법 판사 2011년 대법원 재판연구관 2013~2015년 광주지법 순천지원 부장판사 2013~2015년 광주가정법원 순천지원 부장판사 겸임 2015년 수원지법 성남지원 부장판사(현)

유영대(劉永大) YOO Young Dai

[생]1956·6·9 [본]강릉(江陵) [출]전북 남원 [주]세종특별자치시 세종로2511 고려대학교 국어국문학과(044-860-1215) [학]1979년 고려대 국어국문학과졸 1981년 同대학원 국어국문학과졸 1989년 문학박사(고려대) [경]1982~1985년 고려대 인문대학 강사 1983~1985년 건국대 인문대학 강사 1985~1995년 우석대 전임강사·부교수 1995년 고려대 세종캠퍼스 국어국문학과 부교수 1997~1998년 판소리학회 감사 1999년 문화재보호재단 자문위원 1999년 국립극장 자문위원 1999~2001년 문화재전문위원 2000년 고려대 세종캠퍼스 국어국문학과 교수(현) 2001~2002년 미국 펜실베이니아대 방문교수 2002년 충남도 문화재위원(현) 2003년 서울시 문화재위원 2006~2011년 국립창극단 예술감독 2010년 판소리학회 회장 2012년 同고문(현) 2012년 세종특별자치시 문화재위원(현) [상]춘향문화대상 학술상(1998) [저]'원본 고소설 선집'(1987) '심청전 연구'(1989·1999) '북한의 고전문학'(1990) '고전소설의 이해'(1991) '고소설의 유통과 완판본의 서지와 유통'(1994) '한국민속사논총 : 판소리의 역사'(1996) '판소리 동편제 연구'(1998) '조선후기 우화소설선'(1998) '호남의 언어와 문학'(1998) '판소리의 세계'(2000) '설화와 역사'(2000) '한국구비문학의 이해'(2000) '한국연극의 쟁점과 새로운 탐구'(2001) '국창 임방울의 생애와 예술'(2004) '국창 임방울 수궁가 적벽가 채보집'(2004) '종횡무진 우리음악'(2004) '이은관'(2004) '한국민속학인물사'(2004) '전북의 민속'(2005) '연희, 신명과 축원의 한마당(共)'(2006) [역]'민담형태론'(1987)

유영돈(劉永敦)

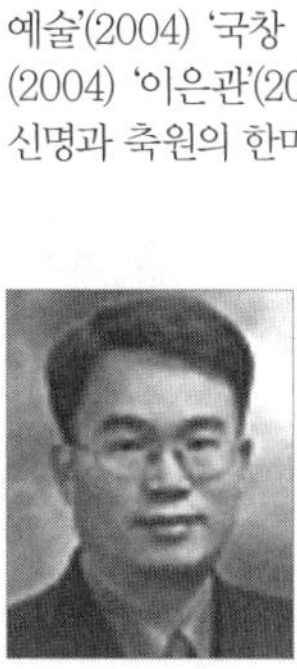

[생]1963 · 5 · 19 [출]충남 공주 [주]대전 중구 계룡로832 중도일보 기획조정실(042-220-1114) [학]1982년 동산고졸 1989년 충남대 사회학과졸 [경]1989년 중도일보 입사 1989년 同교열부 기자 1993년 同편집부 기자 1996년 同경제부 기자 1999년 同편집부 기자 2000년 同편집부 차장대우 2001년 同정치행정부 차장대우 2004년 同정치행정부 차장 2006년 同경제부장 2008년 同편집국 부국장 2009년 同경영지원본부 사업팀장(부국장) 2012년 同편집국장 2013년 同편집국장(이사) 2014년 同세종본부장 2016년 同기획조정실장(상무)(현)

유영렬(柳永烈) YOO YOUNG NYOL

[생]1941 · 2 · 19 [본]전주(全州) [출]전북 완주 [학]전주고졸 1966년 숭실대 사학과졸 1973년 고려대 대학원졸 1985년 문학박사(고려대) [경]1967년 순천 매산고 교사 1968~1970년 대한예수교장로회 전국청년연합회 수석부회장 1970~1982년 국사편찬위원회 편사연구관 1982~2006년 숭실대 사학과 교수 1991~2002년 국사편찬위원회 한국사편찬위원회 편찬위원 1991년 숭실대 인문과학연구소장 1993~1998년 同한국기독교박물관장 1995~1997년 同100년사편찬위원장 1998~1999년 일본 메이지가쿠인대 객원연구교수 1999년 6 · 3동지회 부회장(현) 1999년 숭실대 교무처장 2002~2004년 同인문대학장 2002~2004년 한국민족운동사연구회 회장 2003~2005년 숭실대 대학원장 2006년 同사학과 명예교수(현) 2006~2008년 국사편찬위원회 위원장 2006~2008년 한국사학회 회장 2007~2009년 문화재위원회 국보지정분과 위원 2009~2011년 문화재위원회 근대문화재분과 위원장 2014년 중국 북경대 초빙교수 2016년 규암김약연기념사업회 회장 2016년 중국 남경대 초빙교수 [상]국사편찬위원회 공적표창(1980 · 1981), 황조근정훈장(2006) [저]'고등학교 국사下(共)'(1990 · 1996) '대한제국기의 민족운동'(1997) '고등학교 한국근현대사(共)'(2003) '한국사 연구방법의 새로운 모색(共)'(2003) '19세기말 서양선교사와 한국사회(共)'(2004) '삼국역사분쟁'(2005) '민족 · 민주화운동과 숭실대학'(2006) '한일관계의 새로운 이해'(2006) '한국근대사의 탐구'(2006) '애국계몽운동 1-정치 사회운동'(2007) '개화기의 윤치호연구'(수정판, 2011) [종]기독교

유영록(劉永錄) Yoo Young Rok

[생]1962·9·22 [본]강릉(江陵) [출]경기 김포 [주]경기 김포시 사우중로1 김포시청(031-980-2114) [학]1981년 부평고졸 1988년 서강대 철학과졸 2002년 同공공정책대학원 행정학과졸 2009년 서울시립대 대학원 도시행정학 박사과정 수료 [경]1991년 김포를사랑하는사람들의모임 회장 1998·2002~2004년 경기도의회 의원(한나라당·새천년민주당·열린우리당) 2000년 국가경영전략연구원(NSI) 차세대 정치지도자 선정 2002~2004년 경기도의회 기획위원장 2002년 새천년민주당 김포지구당 제16대 대통령선거대책위원장 2002~2004년 경기개발연구원 이사 2003년 열린우리당 창당발기인, 同김포시지역위원회 위원장 2004년 제17대 국회의원선거 출마(김포, 열린우리당) 2005~2006년 통일부 통일교육원 교육위원 2005년 열린정책포럼 대외협력위원장 2006년 김포시장선거 출마(열린우리당) 2006년 영하우징 대표 2007~2008년 대통령자문 국가균형발전위원회 자문위원 2010년 경기 김포시장(민주당·민주통합당·민주당·새정치민주연합) 2014년 경기 김포시장(새정치민주연합·더불어민주당)(현) [상]한국정책대상 기초자치단체장부문 대상(2015), 글로벌 자랑스러운 한국인 대상(2015) [종]천주교

유영민(兪英民) YOO Young Min

[생]1951·8·27 [출]부산 [주]부산 동구 중앙대로263 더불어민주당(051-802-6677) [학]1970년 부산 동래고졸 1978년 부산대 수학과졸 1999년 서울대 EC최고경영자과정 수료 [경]1979년 LG전자 전산실 입사 1996~2003년 同정보화담당 상무 1996~2006년 한국전자거래협회 운영위원 1996년 LG전자 정보화담당(CIO) 2001년 同업무혁신팀장(CIO·상무) 2004년 LG CNS 사업지원본부 부사장 2004~2006년 한국ITA/EA포럼 의장 2004~2007년 인제대 시스템경영공학 겸임교수 2005~2006년 LG CNS 금융·ITO사업본부 부사장 2006~2008년 한국디지털콘텐츠미래포럼 부의장 2006~2008년 한국소프트웨어진흥원 원장 2006~2008년 한국정보과학회 부회장 2006~2008년 한국데이터베이스진흥센터 이사장 2006~2008년 국가과학기술자문위원회 자문위원 2007~2008년 정보통신국제협력진흥원 이사 2007~2008년 소프트웨어공제조합 이사 2007~2008년 민주평통 자문위원 2007~2008년 지식정보자원관리위원회 위원 2008~2013년 동의대 상경대학 초빙교수 2009년 LG히다찌 고문 2009년 한전KDN 사외이사, CIO라운드테이블 회장(현), 매경지식정보화센터 이사(현), 한일EC추진협의회 B2B분과 위원장(현) 2010년 (주)포스코ICT 사업총괄사장 겸 IT서비스본부장(COO) 2011년 포스코경영연구소 사장 2011년 同고문, 전국경제인연합회 자유와창의교육원 교수(현) 2016년 더불어민주당 총선정책공약단 불평등해소본부 공동본부장 2016년 同부산해운대甲지역위원회 위원장(현) 2016년 제20대 국회의원선거 출마(부산 해운대구甲, 더불어민주당) 2016년 더불어민주당 온·오프네트워크정당추진위원회 위원장(현) 2016년 同부산시당 오륙도연구소장(현) [상]한국경제신문 기업정보화 종합대상(1997), 한국경제신문 기업정보화 활용부문 대상(1998), 정보화업무혁신 대상·개인공로상(1999), 올해의 CIO(2000), 한국 e-Business대상 기업부문 대통령표창(2002·2003), SW산업발전유공자 동탑산업훈장(2005), 존경받는 대한민국CEO대상 IT서비스부문(2007)

ㅇ

유영봉(劉永奉)

[주]경기 오산시 성호대로141 오산시청 부시장실(031-8036-7011) [학]도시공학박사(연세대) [경]1978년 7급 공채 2006년 경기도 교통관리과장 2007년 지방혁신인력개발원 고급리더과정 파견 2008년 경기도 도시주택과장 2012년 同팔당수질개선본부장 직대 2013년 同교육파견 2014년 경기도 도시주택실 융복합도시정책관 2015년 同건설국장 2015년 오산시 부시장(현)

유영상

[생]1970 [주]경기 성남시 분당구 성남대로343번길9 SK주식회사 C&C 임원실(02-6400-0114) [학]서울대 산업공학과졸, 同대학원 산업공학과졸, 미국 워싱턴대 대학원졸(MBA) [경]1996년 삼성물산 입사 2000년 SK텔레콤 입사 2009년 同사업개발팀장 2012년 同Project 추진본부장 2014년 同사업개발본부장 2015년 SK C&C 사업개발부문장(상무) 2015년 SK주식회사 C&C 사업개발부문장(상무)(현)

유영선(俞英善·女) YU Young Seon

[생]1952·6·13 [출]충북 청주 [주]충북 청주시 청원구 충청대로103 동양일보 임원실(043-211-0001) [학]1973년 청주교대 국어교육학과졸 1989년 청주대 대학원 국어국문학과졸 [경]1973~1991년 초등학교 교사 1977년 서울신문 신춘문예에 「귤빛날개의 부나비」로 아동문학가 등단 1991년 동양일보 문화부장 1992년 同취재부장 1995년 同편집국 부국장 1997년 소년동양일보 편집국장 겸임 1998년 동양일보 문화기획단 국장 겸 논설위원 2001년 同문화기획단 국장 2000~2003년 충북여성포럼 부대표 2003년 同감사 2003년 동양일보 기획실장 2004년 同논설주간 2008년 同상임이사(현) 2015년 세계전문직여성연맹 한국회장(현) [상]충북예술상(1981), 청주시 문화상(1987), 한국현대아동문학상(1988), 여성발전유공상(1997) [저]'청풍에 귀를 열고' [작]동화집 '종이배를 띄우는 아이' '발달린 금붕어' '바람 우체부' '노랑부리 휘파람새' '알록새와 빛나래로' '꽃잎 편지'

유영숙(劉榮淑·女) Yoo, Young Sook

[생]1955·5·29 [출]강원 원주 [주]서울 성북구 화랑로14길5 한국과학기술연구원 미래융합기술연구본부 분자인식연구센터(02-958-5066) [학]진명여고졸 1977년 이화여대 화학과졸 1979년 同대학원 생화학과졸 1986년 생화학박사(미국 Oregon State Univ.) [경]1979~1980년 이화여대 화학과 연구조교 1982~1986년 미국 오레곤주립대 대학원생조교 1986~1989년 미국 스탠퍼드대 의대 Post-Doc. 1990~1994년 한국과학기술연구원 도핑콘트롤센터 선임연구원 1994~2011년 同책임연구원 1994년 미국 NIH·NHLBI 방문연구원 1995~1997년 고려대 화학과 객원교수 1995~1998년 서강대 생명과학과 객원교수 1996~1998년 연세대 생화학과 객원교수 1997~2003년 한양대 생화학과 객원교수 1998년 고려대 생명공학원 객원교수 2000년 과학기술부 뇌연구촉진심의회 심의위원 2001년 과학기술정책연구소 전문위원 2001년 한국기술벤처재단 전문위원 2002년 한국생화학회 SCI등재 추진위원 2002~2008년 한국과학문화재단 과학기술홍보대사 2003년 한국생화학분자생물학회 SCI 간사 2003~2010년 한림대 산학협력단 겸임교수 2004~2005년 여성생명과학기술포럼 부회장 2005년 독일 Viley-VCH 발간 학술지 'Electrophoresis' Editor 2005~2011년 한국생화학분자생물학회 이사 2006년 한국과학기술연구원 생체과학연구부장 2006~2007년 여성생명과학기술포럼 회장 2007~2009년 한국과학기술연구원 생체과학연구본부장 2007년 한국과학재단 비상임이사 2009~2010년 한국과학기술연구원 연구부원장 2011~2013년 환경부 장관 2013년 한국과학기술연구원 분자인식연구센터 책임연구원(현) 2014년 기후변화센터 공동대표(현) [상]과학기술포장(2006), 제3회 아모레퍼시픽 여성과학상 대상(2008), 제12회 한국로레알-유네스코 여성생명과학상(2013) [저]'노벨상 시상 연설로 보는 과학의 진보 100년사-당신에게 노벨상을 수여합니다'

유영욱(柳瑛昱) YU Young Wook

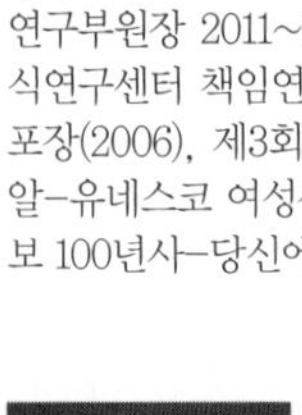

[생]1946·6·2 [출]서울 [주]서울 송파구 가락로139의1 셀로코(주) 비서실(02-3432-1210) [학]1973년 한양대 전자공학과졸 1975년 한국과학기술원 대학원 전기 및 전자공학과졸 [경]1975~1977년 한국과학기술연구소 반도체기술개발센터 연구원 1977~1985년 한국전자기술연구소 LSI설계실 선임연구원·실장 1982~1985년 同미국사무소장 1985~1989년 한국전자통신연구소 자동설계기술개발부 연구위원 1989~1990년 Valid Logic Systems Inc. 한국지사장 1990년 (주)서두로직 설립·대표이사 1992~1995년 (주)서두미디어 대표이사 1997~2003년 서두인칩(주) 설립·대표이사 2002~2003년 코스닥등록법인협의회 부회장, ASIC설계회사협회 회장, ETRI Venture기업협회 회장 2004년 셀로코(주) 대표이사(현)

유영익(柳永益) Lew Young-Ick

[생]1936·4·9 [본]문화(文化) [출]경남 진주 [주]경기 고양시 덕양구 제2자유로33(02-300-2114) [학]1955년 서울고졸 1960년 서울대 정치학과졸 1962년 미국 브렌다이스(Brandeis)대 대학원 수료 1972년 철학박사(미국 하버드(Harvard)대) [경]1967~1968년 서강대 인문과학연구소 간사 1969~1970년 미국 하버드대 조교 1970~1979년 미국 휴스턴대 조교수·부교수 1979~1985년 고려대 사학과 교수 1985~1996년 한림대 사학과 교수 1990년 역사학회 회장 1991~1992년 미국 스탠포드(Stanford)대 객원교수 1992년 한림대 부총장 1993년 同대학원장 1994년 국사편찬위원회 위원 1996~2009년 연세대 국제학대학원 석좌교수 1996~2001년 同현대한국학연구소 창립소장 2009년 한동대 글로벌리더십학부 석좌교수 2012년 同국제개발협력대학원 T.H. Elema 석좌교수 2013~2015년 국사편찬위원회 위원장 2016년 국방대 석좌교수(현) [상]한국일보 출판상, 하성학술상, 성곡학술문화상, 경암학술상(2006) [저]'갑오경장 연구' '동학농민봉기와 갑오경장' '한국 근현대사론' '이승만의 삶과 꿈' '젊은 날의 이승만' 'Brief History of Korea' 'Early Korean Encounters with the United States and Japan'(共) '명성황후 시해사건'(共) '한국인의 대미인식'(共) '청일전쟁의 재조명'(共) 'Korea Old and New : A History'(共) 'Korean Art Tradition'(共) '수정주의와 한국현대사'(共) '이승만 연구'(共) '이승만 대통령 재평가'(編) '우남 이승만 문서 동문편'(主編) '이승만 동문 서한집'(編) 'The Syngman Rhee Presidential Papers: A Catalogue'(編) 'The Syngman Rhee Correspondence in English, 1904-1948' '건국 대통령 이승만'(2013, 일조각) 'The Making of the First Korean President : Syngman Rhee's Quest for Independence, 1875-1948'(2014, Univ. of Hawaii press) 등 [종]기독교

유영인(劉永寅) YOO Yung In

[생]1961·2 [출]경남 [주]서울 중구 청계천로86 한화케미칼(주) 임원실(02-729-2700) [학]1979년 부산해동고졸 1984년 성균관대 응용통계학과졸 [경]1986년 (주)한화 입사 2006년 한화케미칼(주) 회계팀 상무보 2009년 同경영기획실 상무 2016년 同재경담당 전무(현)

유영일(柳英日) LIEW Young Hill

[생]1957·9·3 [출]전북 전주 [주]서울 서초구 서초중앙로157 서울중앙지방법원(02-530-1114) [학]1976년 전주고졸 1980년 서울대 인문대학 영어영문학과졸 1987년 同법과대학원졸 1993년 미국 컬럼비아대 법학대학원졸(LL.M.) 1995년 법학박사(서울대) [경]1980년 외무고시 합격(14회) 1982년 사법시험 합격(24회) 1984년 사법연수원 수료(14기) 1985~1987년 서울지법 의정부지원 판사 1987년 육군사관학교 국제법 강사 1987년 서울가정법원 판사 1988년 서울민사지법 판사 1989년 창원지법 진주지원 판사 1991년 서울지법 북부지원 판사 1993~1995년 서울민사지법 판사 1995~1997년 사법연수원 교수 1997~2000년 서울고법 판사 겸 법원행정처 국제담당관 1997~2002년 헤이그국제사법회의 특별위원회 및 외교회의 정부대표 1999년 한·호주민사사법공조조약 교섭회담 정부대표 1999~2000년 법무부 국제사법 개정위원 2000~2003년 특허법원 판사 2001년 사법시험 출제위원 2003~2004년 서울남부지법 부장판사 2004~2005년 변호사 개업 2004~2011년 대법원 국제규범연구위원회 위원 2004년 대한상사중재원 중재인 2005~2015년 법무법인 율촌 변호사 2005~2007년 문화관광부 제7대 저작권위원회 위원 2006~2007년 한미FTA 지적재산권 집행분과 자문위원 2007~2015년 한국지적재산권법학회 이사 2007년 네덜란드 헤이그국제법아카데미 교수 2008년 무역위원회 지적재산권자문단 위원 2008년 세계지적재산권기구(WIPO) 중재인 겸 도메인네임 패널리스트 2010년 미국 하버드 법대 동아시아법연구 객원연구원(Visiting Scholar) 2010년 미국 하버드대 법대 방문학자 2011~2015년 국가지식재산위원회 민간위원 2011~2015년 대한중재인협회 부회장 2011~2012년 한국국제사법학회 부회장 2012~2015년 세계한인변호사회(IKAL) 회장 2015년 서울중앙지법 민사단독전담 판사(현) [상]World's Leading Patent Law Practitioner(2009, MIP-Euromoney), 서울경제 지적재산권 분야 최고 변호사(2009), World's Leading Patent and Technology Licensing Lawyer(2010, IAM Licensing 250)

유영제(劉永濟) YOO Young Je

[생]1952·4·4 [출]서울 [주]서울 관악구 관악로1 서울대학교 공과대학 화학생물공학부(02-880-7411) [학]1970년 서울고졸 1974년 서울대 화학공학과졸 1986년 공학박사(미국 메릴랜드대) [경]1974~1978년 (주)럭키 프로젝트기획실 사원 1979~1983년 同정밀화학사업부 생산과장 1986~2013·2015년 서울대 공과대학 화학생물공학부 교수(현) 1996~1997년 미국 아이오와대 교환교수 1999년 서울대 교무처 부처장 2001~2002년 同입학처장 2004년 한국생물공학회 회장 2005~2006년 서울대 코리아바이오허브센터 소장 2007~2008년 한국공학교육학회 회장 2009~2013년 (사)국경없는과학기술자회 초대회장 2011년 KOREA바이오경제포럼 회장 2012년 서울대 생명공학공동연구원장 2013~2015년 중앙공무원교육원 원장(차관급) [상]한국과학기술단체총연합회 과학기술우수논문상(1996), 한국생물공학회 학술상(1999), 한국화학공학회 형당교육상(2005), 한국공학한림원 해동상 공학교육혁신부문(2009) [저]'자연과학'(1990) '생물공학'(1995) '21세기 인간과 공학'(1995) '다시 기술이 미래다-인류의 미래를 짊어진 생명공학'(2005) '미래를 들려주는 생물공학이야기-효소의 놀라운 힘'(2006) '위대한 생명이 끄는 세상'(2008) '이공계 연구실 이야기'(2009) [역]'희중각'(1988) '생물화학공학'(1991)

유영준(劉永俊) YOU Young Joon (日月堂, 雪峰)

[생]1945·11·1 [본]강릉(江陵) [출]경기 이천 [주]서울 성동구 아차산로103 영동테크노타워1002호 (주)미래엠케이씨(02-783-9004) [학]이천제일고졸, 서울대 농화학과졸, 고려대 경영대학원졸, 경영학박사(홍익대), 철학박사(원광대), 행정학박사(기후변화전공)(세종대) [경]미원 사료사업영업 이사, 미란다호텔(주) 이사, 미원그룹 연수담당 이사 1994년 (주)미래컨설팅 대표이사, Ecobilan Korea 대표, AMTC/TMI Korea 대표, 한국환경관리인연합회 이사, 한국식품기술사협회 부회장, 한국HACCP연구회 이사, 한국생산관리학회 이사, 한국LCA학회 재무이사, 기술표준원 품질경쟁력평가위원, 산업자원부 품질경영상 심사위원, 환경부 환경친화기업지정 심의위원, ISO 9000·ISO 14000 선임심사원, ISO 22000 심사원 2009년 식품의약품안전청 HACCP 교육훈련원장 2013년 식품의약품안전처 HACCP 교육훈련원장 2015년 (주)미래엠케이씨 대표이사(현) [상]서울시장표창, 대통령표창 [저]'품질환경경영혁신'(1997) 'QS-9000 품질시스템'(1999) '6시그마 경영품질혁신'(2000) '신 ISO9000 품질경영시스템'(2002) 'PL법 대응 품질, 환경, 안전보건경영시스템 및 HACCP'(2003) 'HACCP와 ISO22000의 이론과 실무(共)'(2006) 'ISO 9000·14000 추진과정' [작]동아미술대전 한국화 입선

유영태(柳榮泰) YOO Yong Tae

[생]1958·3·21 [출]전북 [주]광주 동구 필문대로309 조선대학교 공과대학 기계시스템공학과(062-230-7016) [학]1981년 조선대 공대 정밀기계공학과졸 1983년 同대학원 기계공학과졸 1990년 공학박사(조선대) 1997년 전남대 대학원 물리학과졸 2006년 물리학박사(전남대) [경]1990년 일본 동경공업대 연구원 1995~2004년 조선대 공대 정밀기계공학과 조교수·부교수 1995년 同정밀기계공학과 학과장 겸 대학원 주임교수 1999년 광주기능경기대회 심사장 1999~2000년 대한기계학회 호남지부 조선대분회장 1999~2001년 조선대 기계공학부장 겸 정밀기계전공 주임 2000~2001년 광주·전남테크노파크 기술자문위원 2001~2002년 광주시과학기술정책자문단 자문위원 2002년 조선대 광특화연구센터 소장 2004년 同공대 메카트로닉스공학과 교수 2006년 同산학협력단 부단장 2006~2007년 광주지역산업발전로드맵(RIRM) 자동차산업분과위원장 2007~2008년 차세대자동차전자부품생산지원센터 운영위원 2007~2009년 한국자동차공학회 광주·호남지부 부지부장 2008년 (재)광주테크노파크 산업정책연구회 전문위원 2008년 광주자동차산업 전장·금형 RTRM분과 위원장 2009년 광주발전전략연구단 연구위원 2009년 광주테크노파크 클린자동차육성기획위원장 2010~2011년 광주시 클린디젤자동차실무추진단장 2011년 정밀기계공학회 생산설계분과 이사(현) 2011년 (사)한국레이저가공학회 사업이사 2012년 조선대 연구처장 겸 산학협력단장 2013년 광주·전남산학협력단장협의회 회장 2013년 광주발전연구원 자문위원(현) 2013년 조선대 기계시스템공학과 교수(현) 2014년 (사)한국기술거래사회 이사 2014년 광주자동차100만대기획사업추진단 단장(현) 2014년 광주그린카진흥원 이사(현) [상]광주시장 감사패(2003·2007·2012), (사)대한기계학회 우수논문상(2005), 광주테크노파크원장 공로패(2010) [저]'유체역학(共)'(1996) '실험유체역학(共)'(2000) '유체역학기초실험(共)'(2001) 'Modern유체역학(共)'(2002) [종]기독교

유영하(柳榮夏) YOO Yeong Ha (笑步)

[생]1962·10·19 [본]풍산(豊山) [출]부산 [주]서울 서초구 남부순환로333길20 산지빌딩3층 법무법인 산지(02-2055-3305) [학]1980년 수원 수성고졸 1984년 연세대 사회과학대학 행정학과졸 [경]1992년 사법시험 합격(34회) 1995년 사법연수원 수료(24기) 1995년 창원지검 검사 1997년 광주지검 순천지청 검사 1998년 청주지검 검사 2000년 인천지검 검사 2002년 서울지검 북부지청 검사 2004년 제17대 국회의원선거 출마(군포) 2004년 변호사 개업 2007년 법무법인 하우림 변호사 2008년 제18대 국회의원선거 출마(군포, 한나라당) 2009년 법무법인 우진 대표변호사 2010년 한나라당 박근혜 최고위원 법률특보 2012년 제19대 국회의원선거 출마(군포, 새누리당) 2013년 법무법인 새빛 파트너변호사 2014~2016년 국가인권위원회 상임위원(차관급) 2016년 법무법인 산지 구성원변호사(현) [상]모범검사상(1998) [종]기독교

유영학(劉永學) Yoo Young Hak

[생]1956·9·19 [출]서울 [주]서울 종로구 율곡로75 현대자동차 정몽구재단(02-746-0011) [학]1975년 경북고졸 1979년 고려대 행정학과졸 1980년 서울대 행정대학원 행정학과 수료 1987년 미국 캘리포니아 버클리대 사회복지대학원 사회복지학과졸 2014년 보건학박사(차의과학대) [경]1979년 행정고시 합격(22회) 1979년 보건사회부 사무관 1992년 한국보건사회연구원 파견 1993년 WHO 서태평양지역사무처 파견관 1995년 보건사회부 질병관리과장 1997년 同보건정책과장 1997년 대통령 보건복지비서실 행정관 1999년 보건복지부 총무과장(부이사관) 1999년 同공보관 2000년 해외 연수 2001년 駐미국 참사관 2004년 보건복지부 인구가정심의관 2005년 同한방정책관(이사관) 2006년 열린우리당 수석전문위원 2007년 보건복지부 정책홍보관리실장 2008년 보건복지가족부 기획조정실장 2008~2010년 보건복지부 차관 2010년 건강보험정책심의위원회 위원장 2012년 현대자동차 정몽구재단 이사장(현) 2012년 한국장애인개발원 비상임이사(현) 2013년 건강보험심사평가원 고문(현) 2015년 한약진흥재단 설립위원회 위원장(현) [상]대통령표창(1992), 홍조근정훈장(2006), 황조근정훈장(2012)

유영현(柳永鉉) YOO Young Hyeon

[생]1970·7·3 [본]문화(文化) [출]전북 익산 [주]경기 여주시 현암로21의12 수원지방법원 여주지원(031-880-7500) [학]1989년 전북 이리고졸 1994년 서울대 사법학과졸 1997년 同대학원 법학과졸 [경]1995년 사법시험 합격(37회) 1998년 사법연수원 수료(27기) 1998년 軍법무관 2001년 춘천지법 판사 2004년 의정부지법 판사 2006년 서울북부지법 판사 2008년 서울중앙지법 판사 2010년 서울고법 판사 2012년 서울동부지법 판사 2013년 광주지법 부장판사 2015년 수원지법 여주지원 부장판사(현)

유영호(劉榮鎬) Yoo young ho

[생]1961·10·13 [본]강릉(江陵) [출]전북 [주]전남 영암군 삼호읍 대불로93 현대삼호중공업(주) 임원실(061-460-2066) [학]전북 신흥고졸, 전북대 기계공학과졸 [경]1987년 현대중공업 입사 2005년 현대삼호중공업(주) 근무 2008년 同부장 2013년 同상무보, 한국엔지니어링협회 회원(현) 2014년 현대삼호중공업(주) 상무(현)

유영환(柳英煥) Yoo, Younghwan

[생]1957·2·12 [출]서울 [주]서울 영등포구 의사당대로88 한국투자증권 비서실(02-3276-4013) [학]1975년 한성고졸 1979년 고려대 무역학과졸 1987년 미국 오리건대 대학원 경제학과졸 [경]1977년 행정고시 합격(21회) 1978년 경제기획원 투자심사국·예산실·공정거래실·경제교육기획국 근무 1991~1996년 同행정관리담당관·국세심판소 과장 1993년 독일 세계경제연구소 초청연구원 1994년 통계청 산업통계과장 1996년 정보통신부 정보화기획실 기획총괄과장 1998년 同정보통신지원국 통신기획과장 1998년 同정보화기획실 정보기반심의관 1999년 同공보관 2000년 同정보기반심의관 2000년 同국제협력관 2001년 중앙공무원교육원 파견 2002년 정보통신부 정보보호심의관 2003년 同정보통신정책국장 2003년 문화관광부 저작권심의조정위원회 위원 2004년 산업자원부 산업정책국장 2005년 동원증권(주) 전략담당 부사장 2005년 한국투자금융지주(주) 부사장 2006년 정보통신부 차관 2007~2008년 同장관 2008년 법무법인 태평양 고문 2010년 한국투자증권 부회장(현) [상]대통령표창(1991), 홍조근정훈장(2003)

유영희(柳永熙) YOU Young Hee

[생]1947·7·17 [주]경기 화성시 팔탄면 서해로1112 유도실업(주) 회장실(031-350-2600) [학]광주가톨릭대 신학과졸 [경]대우전자(주) 근무, 근호전자(주) 근무, 세정산업(주) 이사, 유도실업(주) 대표이사 사장 2004~2010년 同회장 2010년 (주)유도 회장(현), 유도그룹 회장(현) 2014년 중소기업사랑나눔재단 이사(현) [상]기업은행 중소기업인 명예의 전당 헌정(2006), 금탑산업훈장(2011), 한국금형공업협동조합 올해의 금형인상(2015)

유완영(俞琓寧) YOO Wan Ryung

[생]1963·4·26 [본]기계(杞溪) [출]부산 [주]서울 동작구 현충로70 씨티빌딩5층 SGI코퍼레이션(주)(02-553-4140) [학]1987년 동국대졸 1993년 러시아 모스크바대 대학원 수료 2003년 명예 경제학박사(순천향대) [경]1994년 미국 국제경영연구원 설립·이사장(현) 2000년 경남대 극동문제연구소 객원연구위원 2000년 대한상공회의소 경협추진위원회 부위원장 2000년 한국무역협회 남북교역특별위원회 이사(현) 2001~2005년 민주평통 상임위원(10·11기) 2002~2011년 순천향대 건강과학대학원 부원장 겸 대우교수 2002~2005년 중소기업기술혁신협회 회장 2003년 한국무역협회 남북교역투자협의회 부회장(현) 2004년 통일IT포럼 부회장(현) 2005년 대한상사중재원 상사중재인(현) 2007년 순천향대 대학발전정책 자문위원(현) 2007~2008년 통일부 장관 정책자문위원 2007·2012년 대한상사중재원 CEO아카데미 부원장 겸 운영위원 2007년 (사)남북교육기술협력본부 수석부회장 2012년 중국 영하회족자치구 은천시 한국대표 2012년 SGI코퍼레이션(주) 회장(현) 2013년 민주평통 자문위원 2015년 同상임위원(현) 2015년 새누리당 여의도연구원 통일정책자문위원장 2015년 한국정책재단 대외관계처장(현) 2015년 삼일회계법인 남북경제협력최고경자과정 원장(현) 2016년 (사)남북교육기술협력본부 회장(현) [상]중소기업육성 대통령표창(2000), 국무총리공로표창(2000), 벤처기업육성 대통령표창(2003) [저]'대북경제교류의 현황과 전망'(1998) '남북경제협력사업의 실제'(1999) '다시, 이순신 리더십을 생각한다'(2005)

유왕근(俞旺根) YOO Wang Keun

[생]1960·7·31 [출]충남 부여 [주]경북 경산시 한의대로1 대구한의대학교 보건복지대학 보건학부(053-819-1411) [학]1986년 서울대 농학과졸 1989년 同대학원 보건학과졸 1997년 영국 맨체스터대(Univ. of Manchester) 대학원 의료관리학과졸 2003년 보건학박사(서울대) [경]대구한의대 보건복지대학 보건학부 교수(현), 同보건학부장, 同보건대학원 보건학과장, 同보건복지대학장, 同기획연구처장, 同웰빙복지대학장, 同국제문화연구소장, 同산학연센터 소장, 同국제문화연구소장 2007~2014년 보건복지부 한방공공평가단 위원 2008년 대구한의대 보건대학원장 겸 사회개발대학원장 2010년 한국보건경제정책학회 이사 2011년 경북도 건강증진사업지원단 위원(현) 2013년 한국보건의료산업학회 부회장(현) 2014~2016년 대구한의대 보건복지대학장 2015년 同글로벌헬스케어센터장 2015년 전국보건학교육협의회 부회장(현) 2015년 전국보건학교육학회 부회장 2016년 同차기(2017년) 회장(현) 2016년 대구한의대 보건복지대학원장(현) [상]몽골 보건부장관 공로훈장(2014) [저]'보건학 원론'(1994) '1차 보건의료의 개념 및 변화하는 세계의 새로운 도전'(1998) '인류건강 확보를 위한 전세계 전략'(1998) '건강과 생활'(1998) '건강보험 이론과 실무'(2001) '건강보험관리 실무'(2001) '생활과 건강증진'(2001) [역]'인류건강확보를 위한 전세계전략'(1998, 경산대 출판부) '일차보건의료의 개념 및 변화하는 세계의 새로운 도전'(1998, 천일출판사) '보건연구방법론(共)'(2002)

유 용(俞 勇) YU Yong

[생]1961·8·23 [본]기계(杞溪) [출]전남 함평 [주]서울 중구 덕수궁길15 서울특별시의회(02-3705-1112) [학]1979년 중앙대사대부고졸 1998년 한국방송통신대 행정학과졸 2004년 중앙대 행정대학원 복지행정학과졸 [경]서울시 동작구탁구연합회 회장, 중앙대 행정대학원 원우회장, 유일가전프라자 대표, 이계안 국회의원 비서관, 동작자원봉사센터 사무국장 2006년 서울시의원선거 출마(열린우리당) 2014년 서울시의회 의원(새정치민주연합·더불어민주당)(현) 2014년 同교육위원회 위원 2014년 同싱크홀발생원인조사 및 안전대책특별위원회 위원 2015년 同부대변인(현) 2015년 同하나고등학교특혜의혹진상규명을위한행정사무조사특별위원회 위원(현) 2015년 同서소문밖역사유적지관광자원화사업지원특별위원회 위원(현) 2015년 同지역균형발전지원특별위원회 위원(현) 2015년 同예산결산특별위원회 위원(현) 2016년 同환경수자원위원회 위원(현)

유용근(俞龍根) YOU Yong Keun (舜壤)

[생]1929·9·16 [본]기계(杞溪) [출]충남 부여 [주]서울 서대문구 거북골로34 명지대학교 행정동4층 명지학원(02-755-4801) [학]1948년 한영고졸 1956년 국민대 경제학과졸 1958년 경희대 대학원 정치학과졸 2001년 명예 정치학박사(관동대) [경]1956년 학교법인 명지학원 상임이사·설립이사(현) 1956년 제작극회 후원회장(현) 1962년 고려여행사 이사 1968~1979년 (주)코리아애드 이사 1970년 학교법인 대명학원 이사 1975년 국민대동창회 상임이사·부회장·이사(현) 1976년 명지건설 이사·회장 1978년 신라문화장학재단 이사 1980년 민주평통 상임위원·자문위원 1980년 한국안보교육협회 감사 1984년 국제라이온스협회 309-K지구 제9지역 부총재·감사·자문위원, 同354-D지구 자문위원(현) 1985년 송호항공개발(주)(T·W·A) 대표이사 1985년 천주교절두산순교박물관운영협의회 부회장·회장 1986년 (사)한국대학법인협의회 이사·부회장(현) 1987년 사회복지법인 명지원 이사장·명예이사장(현) 1988년 한국가톨릭경제인회 운영위원·수석부회장·자문위원 1990년 한국전문대학법인협의회 이사·수석부회장(현) 1993년 한국사립초·중·고등학교법인협의회 이사(현) 1993년 학교법인 명지학원 새마을금고 이사장 1994년 한국교회사연구소 이사(현) 1998년 명지대 방목기념사업회 위원장(현) 1999년 在京부여군민회 고문(현) 2004년 (사)한미친선회 이사(현) 2007년 (사)전국한자교육추진총연합회 고문(현) 2010년 (재)5·16민족상 이사·부이사장 2015년 同이사장(현) [상]문교부장관표창, 재무부장관표창, 라이온스클럽 국도대장, 중화민국 지선장, 국민훈장 석류장·동백장, 사학육성공로 봉황장·송학장, 국제라이온스협회장 공로상, 멜빈존스상, 천주교 서울대교구장 김수환추기경 공로패, 천주교 서울대교구장 정진석추기경 특별공로상, 5·16민족상 사회·교육부문, 민주평화통일자문회의 대통령표창 [저]'투표결단에 관한 연구' [종]천주교

유용근(劉溶根) YOO Yong Keun (松亭·紫山)

[생]1940·12·29 [본]강릉(江陵) [출]경기 화성 [주]서울 마포구 토정로307 광산회관202호 한국농어촌문제연구소(02-701-6510) [학]1959년 성남고졸 1965년 건국대 경제학과졸 1968년 고려대 경영대학원 수료 1985년 미국 조지워싱턴대 행정경영대학원 수료 1994년 서울대 행정대학원 수료 [경]1961년 한국4H구락부연합회 회장 1971년 신민당 중앙상무위원 정책위원 1978년 同수원·화성지구당 위원장 1979년 제10대 국회의원(수원·화성, 신민당), (사)4·19 고문 1979년 국제시민봉사회 한국본부 수석부총재 1980년 활기도협회 총재 1981년 민주한국당 경기도지부장 1981년 제11대 국회의원(수원·화성, 민한당) 1981년 민한당 원내수석부총무 1982년 배인학원 이사장 1983년 민한당 당무위원 1984년 同기획위원장 1987년 평민당 수원·화성지구당 위원장 1988년 同인천·경기지부장 1988년 同사회복지문제특별위원장 1988년 한국농어촌문제연구소 이사장(현) 1991년 민주당 수원乙지구당 위원장 1995년 헌정회 경기도지회장 1995년 신사회국민운동본부 공동의장 1995년 국제라이온스협회 309-G지역 부총재 1995년 민주당 당무위원 1995년 同수원장안지구당 위원장 1996년 성남중고총동창회 회장 1996년 민주당 경기도지부 위원장 1997년 同노동위원장 1998년 강릉유씨대종회 회장 2000~2009년 한국환경늘푸른숲보존운동연맹 부총재 2001년 백범정신실천겨레연합 상임공동대표 2002년 신사회국민운동본부 상임의장 2002년 창암장학재단 감사 2003~2009년 한국BBS 경기도연맹 회장 2005~2007년 민주평통 부의장 2006년 한국BBS중앙연맹 부총재 2010년 민주평화복지경기도회 회장 2011년 대한노인회 홍보대사(현) 2011년 국제효문화선양운동본부 홍보대사 2011년 전국미아·실종자찾기운동본부 회장 2012년 매홀의료소비자생활협동조합 상임고문(현) 2012년 한국실종가족찾기운동본부 회장(현) 2012년 국제효문화선양운동본부중앙회 이사장 2012년 한국가족찾기신문 대표이사 회장(현) 2013년 경기국학원 명예원장(현) 2015년 한국4H원로회 회장(현) [상]국민훈장 모란장(2014) [저]'민주장정의 길목에서' '흙의 문화사' [종]기독교

유용만(柳鏞萬) YU Yong Man

[생]1954·6·25 [출]충남 서산 [주]대전 유성구 대학로99 충남대학교 농업생명과학대학 응용생물학과(042-821-5763) [학]1973년 서산농림고졸 1982년 충남대 농학과졸 1985년 일본 규슈대 대학원졸 1988년 농학박사(일본 규슈대) [경]1982~1983년 일본 九州大 생물적방제연구시설 연구원 1988년 충남대 농업생명과학대학 강사 1989~1991년 미국 캘리포니아대 리버사이드캠퍼스 박사 후 연구원 1991~1993년 서울대 농업생물신소재연구센터 박사 후 연구원 1993년 강원대 농업생물학과·농화학과 강사 1993~2003년 (주)경농 중앙연구소장 1993~2011년 한국조사분석평가·농림기술센터·한국산업기술평가관리원·농촌진흥청·산림청 평가위원 1999~2001년 순천대 농과대학 응용생물원예학부 겸임교수 2000~2003년 충남대 농업생명과학대학 겸임교수 2004~2011년 농촌진흥청 농약품목관리전문위원회 위원장 2004~2011

년 同농약품목관리심의회 위원 2004년 충남대 농업생명과학대학 응용생물학과 교수(현) 2005~2010년 국립농산물품질관리원 자문위원 2007~2011년 농촌진흥청 친환경농자재관리심의회 위원장 2009~2011년 농림수산식품부 과학기술위원회 위원 2009~2011년 (주)우진B&B 사외이사 2010~2011년 농촌진흥청 농업국립과학원 안전성부농자재평가과 겸임연구관 2010~2011년 농림수산식품부 과학기술위원회 생산기반조성분과 위원장 2012~2013년 미국 캘리포니아대 리버사이드캠퍼스 방문교수 2013~2015년 농촌진흥청 예산자문위원 2014~2016년 충남대 농업생명과학대학장 2014년 한국농약과학회 회장 [상]농림수산식품부장관표창(2009·2011), 교육과학기술부 우수논문상(2010), 대전시장표창(2013) [저]'GAP 인삼매뉴얼(共)'(2006, 충남대 GAP 연구센터) '수출용 안전딸기 만들기(共)'(2010, 충남대 출판문화원) '딸기 병해충 및 생리장애 매뉴얼(共)'(2011, 충남대 출판문화원) '파프리카의 병해충과 방제매뉴얼(共)'(2012, 충남대 출판문화원) [종]기독교

유용석(劉勇碩) Yoo Yong Suk

[생]1958·8·7 [출]경기 포천 [주]경기 성남시 분당구 황새울로359번길7 한국정보공학(주)(031-789-8696) [학]성남고졸 1981년 서울대 공대졸 1984년 同대학원졸 1988년 미국 스탠퍼드대 대학원 경영과학공학과졸 [경]1984년 삼성전자(주) 전산실 근무 1988년 서울시스템 시스템개발실장 1990년 한국정보공학(주) 설립·대표이사 사장·회장(현) 1999년 방화벽 인터가드 K4등급 획득 1999년 라파지웨어 KT마크 획득 2008~2014년 SK브로드밴드 사외이사 [상]한국소프트웨어공모전 대상(1994), IR52 장영실상(1995), 정보통신부 신소프트웨어 대상(1997), 올해의 정보통신중소기업 선정(1999) [종]기독교

유용종(劉瑢鍾) YOO Yong Jong

[생]1952·10·6 [출]충남 당진 [주]서울 중구 남대문로10길9 경기빌딩402호 한국관광호텔업협회(02-703-2845) [학]고려대 신문방송학과졸, 서울대 경영대학원 최고경영자과정 수료 [경]1991년 SK네트웍스 미주본부 상무 2004년 SK C&C 전무 2004년 워커힐(주) 전무이사 2004년 同대표이사 부사장 2006~2011년 同대표이사 사장 2011년 SK(주) 부회장단 사장 2012년 한국관광호텔업협회 회장(현) 2013~2014년 SK그룹 SUPEX(Super Excellent)추구협의회 동반성장위원회 상임위원(사장) 2013~2014년 SK미소금융재단 이사장 [상]한국호텔경영학회 호스피탈리티 경영대상(2006), 동탑산업훈장(2010)

유용주(劉容周) YOU Yong Joo

[생]1962·1·5 [본]강릉(江陵) [출]서울 [주]서울 강남구 테헤란로432 동부금융연구소(02-3484-1086) [학]1986년 연세대 응용통계학과졸 1989년 미국 미시간주립대 대학원 응용통계학 석사 1992년 미국 미시간대 대학원 통계학박사과정 수료 1996년 통계학박사(성균관대) [경]1993년 삼성경제연구소 금융팀 수석연구원 2002년 同경제동향실 수석연구원 2003년 우리금융지주회사 조사분석실장 2005년 우리투자증권 전략기획팀 부장 2006~2007년 동부그룹 금융분야 전략기획팀 상무 2007년 동부생명보험 재무기획팀 상무 2013년 동부그룹 금융연구소 부소장(부사장)(현) [저]'외국인을 알아야 돈이 보인다' 'SERI 전망 2002'(共) '디지털 충격과 한국경제의 선택'(共)

유용태(劉容泰) YOO Yong Tae (海泉)

[생]1938·7·2 [본]강릉(江陵) [출]경기 여주 [주]서울 강남구 밤고개로1길10 현대벤처빌827호 노사공포럼(02-6383-6228) [학]1958년 오산고졸 1962년 중앙대 법학과졸 1986년 同대학원졸 1995년 법학박사(대전대), 중앙대 국제경영대학원 최고경영자과정 수료 [경]1960년 중앙대 총학생회장 1963년 전국청년단체연합회 조직국장 1965년 제1무임소장관 비서관 1970년 아세아청년지도자회의 한국위원회 사무총장 1971년 노동청 공보담당관 1973~1979년 同충주·춘천·대전·서울동부·중부사무소장 1980년 同총무과장·근로기준국장 1981년 (재)한국산업훈련협회 회장 1982년 월간 '노동' 발행인 1983년 4·19회장 1986년 동국대·중앙대 강사 1987년 월간 '전문인' 발행인 1988년 한국산업연수원 원장 1988년 민정당 서울동작乙지구당 위원장 1990년 민자당 서울동작乙지구당 위원장 1992년 공인노무사회 회장 1994년 한국노사연구원 원장 1996년 제15대 국회의원(서울 동작乙, 신한국당·한나라당·국민회의·새천년민주당) 1996년 신한국당 원내부총무 1998년 한나라당 교육평가위원장 1999년 국민회의 원내수석부총무 2000년 새천년민주당 정책위원회 부의장 2000~2004년 제16대 국회의원(서울 동작乙, 새천년민주당) 2000년 국회 환경노동위원장 2001~2002년 노동부 장관 2002년 새천년민주당 사무총장 2003~2004년 同원내대표 2004년 국회 운영위원장 2005~2011년 중앙대총동창회 회장 2005년 노사공포럼 수석공동대표(현) 2013~2015년 대한민국헌정회 부회장 [상]건국포장, 보건사회부장관표창, 문화공보부장관표창, 국민훈장 목련장 [역]'2000년대를 향한 노동지도자' [종]기독교

유우종(劉宇鐘) YOO WOO JONG

[생]1963·7·13 [출]전남 나주 [주]전북 군산시 번영로308번지 군산소방서(063-450-0200) [학]전북대 대학원 사회복지학과졸 [경]1993년 소방간부 임용(간부후보생 7기) 1993~1995년 익산소방서 근무 2001~2004년 군산소방서 방호과장 2007~2010년 전북도 소방안전본부 교육감찰담당·기획예산담당 2010년 고창소방서장 2011년 전북도 소방안전본부 소방행정과장 2014년 전주덕진소방서장 2016년 군산소방서장(현)

유우종

[주]서울 강남구 테헤란로87길36 한국다우케미칼(주) 임원실(02-3490-0700) [학]미국 뉴욕대 스턴경영대학 경제학과졸, 미국 컬럼비아대 법학대학원졸(법학석사), 미국 보스턴대 법학대학원졸(법무박사) [경]1999~2010년 뉴욕 법무법인 Weil·뉴욕 법무법인 Gotshal & Manges LLP·리인터내셔널특허법률사무소·법무법인 율촌 등 변호사, 한국오라클 계약팀 총괄전무 2013년 다우케미칼 아시아·태평양지역 법무팀 변호사 2015년 한국다우케미칼(주) 대표이사 사장(현)

유욱준(俞昱濬) Ook-Joon Yoo

[생]1951·1·16 [출]충남 부여 [주]경기 성남시 분당구 돌마로42 한국과학기술한림원(031-726-7900) [학]1974년 서울대 식물학과졸 1981년 분자생물학박사(미국 시카고대) [경]1979~1981년 미국 시카고대 연구원 1982~2006년 한국과학기술원(KAIST) 생명과학과 교수 1995~2000년 同의과학학제전공 책임교수 1995년 同의과학연구센터 소장 2001~2002년 교육인적자원부 의학전문대학원 추진위원회 추진위원 2001~2003년 보건복지부 보건의료과학단지조성발전위원회 위원장 2001~2003년 한국생명공학연구협의회 회장 2003~2007년 과학기술부 분자및세포기능디스커버리사업단장 2004~2014년 한국과학기술원(KAIST) 의과학대학원장 2006~2016년 同겸임교수 2006~2008년 同학제학부 학부장 2006~2008년 한국생명공학연구협의회 회장 2007년 한국생화학분자생물학회 회장 2007~2010년 교육과학기술부 신약타겟디스커버리사업단장 2016년 한국과학기술한림원 총괄부원장(현) 2016년 한국과학기술원(KAIST) 의과학대학원 명예교수(현) [상]KAIST 학술상·연구개발상·공로상·연구상(1996·1997·1999), 대전시 우수발명인상(1999), KAIST연구대상(2002), 과학기술훈장 혁신장(2015) [저]'최신분자 생물학'(1992) '바이오 메디컬 리서치'(1996) 'BioMedeical Research-Lab(2nd Edition)'(2006) '재미있는 분자생물학 그림여행-Class'(2006) [종]기독교

유운영(柳云永) YOU Un Young

[생]1946·7·7 [본]고흥(高興) [출]전북 정읍 [주]강원 원주시 배울로85 대한석탄공사 상임감사실(033-749-0607) [학]1967년 전주고졸 1974년 한국외국어대 포르투갈어과졸 1976년 同대학원 수료 1979년 포르투갈 국립리스본대 대학원 국제정치과졸 1990년 브라질 상파울로대 대학원 수료 1999년 서울대 행정대학원 국가정책과정 수료 [경]1979~1985년 한국방송공사 근무 1985년 駐브라질 공보관 1990년 공보처 보도과장 1992년 駐멕시코 참사관 1998년 문화관광부 해외홍보원 국장 2000년 자유민주연합 상임부대변인 2001년 同수석부대변인 2002년 同대변인 2004년 同당무위원 2004년 (사)한국정치경제문화아카데미 사무총장 2004년 제17대 국회의원선거 출마(비례대표), 민주당 중앙선거대책위원회 정책위 부위원장 2006년 동대문구청장선거 출마(민주당) 2007년 同상무위원 2007년 한나라당 대통령경선 박근혜후보 특보 2007년 同이명박 대통령후보 중앙선거대책위원회 특보단 자문위원 2016년 대한석탄공사 상임감사(현) [저]'아프리카개론' [종]원불교

유 원(柳 洹) YOO Won

[생]1962·9·19 [출]서울 [주]서울 영등포구 여의대로128 LG트윈타워 LG(주) 홍보담당 전무실(02-3773-2170) [학]경희고졸, 경희대 신문방송학과졸, 同대학원졸 [경]2000년 LG전자 구조조정본부 홍보팀 부장 2006년 同홍보팀 상무 2008년 (주)LG텔레콤 사업지원부문 홍보담당 상무 2010년 (주)LG유플러스 사업지원부문 홍보담당 상무, (주)LG 홍보팀 상무 2012년 同홍보담당 전무(현)

유원규(柳元奎) Won K. RYOU (平觀)

[생]1952·10·9 [본]서령(瑞寧) [출]충남 서산 [주]서울 중구 남대문로63 한진빌딩 본관19층 법무법인 광장(02-772-4350) [학]1971년 경기고졸 1975년 서울대 법학과졸 1988년 미국 캘리포니아대 버클리교 법과대학졸 [경]1977년 사법시험 합격(19회) 1979년 사법연수원 수료(9기) 1979년 서울민사지법 판사 1981년 서울형사지법 판사 1983년 춘천지법 원주지원 판사 1985년 서울지법 동부지원 판사 1989년 서울고법 판사 겸 법원행정처 조사심의관 1991년 대법원 재판연구관 겸임 1993년 대구지법 상주지원장 1996년 사법연수원 교수 1999년 서울지법 부장판사 1999년 언론중재위원회 중재부장 2000년 부산고법 부장판사 2002년 사법연수원 수석교수 2004년 서울고법 부장판사 2005년 법원도서관장 2006~2009년 서울서부지법원장 2007~2009년 사학분쟁조정위원회 위원 2009년 서울가정법원장 2009년 법무법인 광장 대표변호사(현) 2010~2012년 한국방송공사 객원해설위원 2010~2013년 대법원 법관징계위원회 위원 2012년 법무부 감찰위원장 2015년 깨끗한나라(주) 사외이사(현) 2015년 한일시멘트(주) 사외이사(현) [상]황조근정훈장(2009) [종]천주교

유원상(柳源相) Wonsang Yu(Robert Yu)

[생]1974 [출]미국 뉴욕 [주]서울 중구 동호로197 유유헬스케어 사장실(02-2253-6600) [학]1993년 미국 켄트스쿨졸 1998년 미국 코네티컷 트리니티대 경제학과졸 2004년 미국 컬럼비아대 경영대학원 경영학과졸, 성균관대 대학원 제약산업학과 재학 중 [경]1998~1999년 미국 뉴욕 Arthur Anersen 감사컨설턴트 1999~2001년 미국 뉴욕 Merrill Lynch 컨설턴트 2004~2006년 미국 뉴욕 Novartis 근무 2006~2008년 싱가포르 Novartis 동남아시아Training Manager 2008년 유유제약 상무이사 2014년 同부사장 2015년 유유헬스케어 대표이사 사장(현)

유원식(劉元植) YOO Won Sik

[생]1958·11·1 [출]서울 [주]서울 강서구 공항대로59다길 109 (사)한국국제기아대책기구(02-544-9544) [학]1981년 광운대 응용전자공학과졸 1985년 연세대 산업대학원졸 2001년 서울대 최고경영자과정 수료 [경]1981년 삼성전자(주) 컴퓨터사업본부 HP사업부 입사 1984년 삼성휴렛팩커드(주) 근무 1986년 同컴퓨터사업본부 과장·차장·부장 1994년 한국휴렛팩커드(주) 컴퓨터시스템사업본부 대우이사 1996년 同컴퓨터시스템사업본부 이사 1997년 同시스템영업 상무이사 1997년 同컴퓨터 및 주변기기유통사업본부장(상무) 1998년 同CCO사업본부장(전무) 2000년 同부사장 2002~2008년 한국썬마이크로시스템즈(주) 사장 2005~2008년 썬마이크로시스템즈 미국본사 부사장 겸임 2008~2014년 한국오라클 사장 2015년 (사)한국국제기아대책기구 회장(현) [종]기독교

유원일(柳元一) YOU WON IL

[생]1957·6·17 [본]고흥(高興) [출]전남 무안 [주]경기도 구리시 동구릉로136번길90 구리농수산물공사(031-560-5100) [학]검정고시 합격, 조선대 기계공학과졸 [경]1998년 현대텔레콤 대표, 시흥환경운동연합 대표, 환경교육연구지원센터 운영위원장, 同대표, 도시환경연구소 이사장, (사)경기시민사회포럼 운영위원장 2008년 창조한국당 제18대 국회의원 후보(비례대표) 2008~2012년 제18대 국회의원(비례대표 승계, 창조한국당) 2009년 진보개혁입법연대 공동대표 2009년 복지국가소사이어티 정책위원 2010년 투기자본감시센터 공동대표 2010년 창조한국당 정책위원회 의장 2011년 창조한국당 원내대표 2012년 환경운동연합 지도위원 2014년 서울시 감사청구심의위원(현) 2014년 구리농수산물공사 감사(현) [종]기독교

유윤상(劉潤相)

[생]1959·9·14 [주]서울 중구 명동11길20 한국신용정보원 임원실(02-3705-5800) [학]1978년 서울공고졸 1989년 성균관대 법학과졸 [경]1989년 전국은행연합회 입회 2004년 同여신외환팀장 2005년 同비서실장 2007년 同인력관리팀장 2009년 同경영지원부장 2010년 同여신제도부장 2012년 同수신제도부장 2013년 同상무이사 2013~2015년 연합자산관리(주) 사외이사 2016년 한국신용정보원 상무이사(현)

유윤철(俞允喆) YOO Yoon Chul

[생]1947·6·29 [출]경북 고령 [주]서울 강남구 도산대로 329 유신빌딩6층 에이치설퍼(주) 임원실(02-3448-5155) [학]1965년 대구 계성고졸 1972년 동국대 경영학과졸 [경]1972년 동도카펫트(주) 근무 1974년 한림장식상사 대표 1976년 운강기업(주) 상무이사 1981년 세광화학공업(주) 설립·대표이사 1988년 만장산업(주) 설립·대표이사(현) 1989년 건수산업(주) 설립·대표이사(현) 2004·2007·2010~2014년 한국중소기업경영자협회 회장 2014년 에이치설퍼(주) 대표이사(현) [상]철탑산업훈장

유은상(劉殷相) Yoo Eun-Sang

[생]1959·9·30 [본]강릉(江陵) [출]경북 울진 [주]서울 서초구 방배로230의1 융성빌딩 5층 YJA인베스트먼트(주)(02-532-3026) [학]1977년 배문고졸 1985년 서울대 경제학과졸 2001년 영국 런던시티대 CASS Business School졸 [경]1985~1988년 한국외환은행 종합금융실·지점 근무 1988~1995년 현대증권 국제본부 근무(국제금융·기획·M&A담당) 1995~1997년 同뉴욕법인 차장(IB·기획) 1997~2000년 同런던법인장 겸 Korea Asia Fund 이사 2001~2002년 同국제본부 M&A팀장 2002년 큐캐피탈파트너스(주) 전무이사 2008년 同투자총괄 부사장 2009년 同대표이사 사장 2014~2015년 同부회장 2015년 현대비앤지스틸(주) 사외이사 겸 감사위원(현) 2016년 YJA인베스트먼트(주) 대표이사(현) [상]재무부장관표창(1998)

유은실(劉殷實·女) Yu Eunsil

[생]1957·6·4 [주]서울 송파구 올림픽로43길88 서울아산병원 병리과(02-3010-4552) [학]1982년 서울대 의대졸 1985년 同대학원졸 1988년 의학박사(서울대) [경]1982년 서울대병원 인턴·레지던트·전임의 1989~2000년 울산대 의대 병리학교실 전임강사·조교수·부교수 1993년 미국 Wistar Institute Visting Scientist 2000년 울산대 의대 병리학교실 교수(현) 2002~2006년 대한병리학회 간행이사 2008년 서울아산병원 병리과장(현) 2014년 한국유전자검사평가원 이사(현) 2015년 대한병리학회 이사장(현) [저]'의사들, 죽음을 말하다'(2014, 북성재) [역]'달걀껍질 속의 과학'(2003, 몸과마음) '유전자시대의 적들'(2004, 사이언스북스) '천재들의 뇌를 열다'(2006, 허원미디어)

유은혜(俞銀惠·女) Yoo Eun Hae

[생]1962·10·2 [출]서울 [주]서울 영등포구 의사당대로1 국회 의원회관1002호(02-784-4291) [학]1981년 서울 송곡여고졸 1985년 성균관대 동양철학과졸 2007년 이화여대 정책과학대학원 공공정책학과졸 [경]1994년 통일시대민주주의국민회의 여성위원회 기획위원 1999년 국민정치연구회 이사 2001년 민주평통 자문위원 2002년 한반도재단 여성위원회 부위원장 2002년 새천년민주당 제16대 노무현 대통령후보 선거대책위원회 환경위원회 부위원장 2003년 한반도재단 사무국장 2004년 열린우리당 여성팀장 2004~2007년 同부대변인 2007~2008년 대통합민주신당 부대변인 2007년 同제17대 대통령중앙선거대책위원회 부대변인 2008년 통합민주당 부대변인 2008년 제18대 국회의원 후보(비례대표, 통합민주당) 2008년 민주당 부대변인 2009년 同수석부대변인 2010년 同고양일산동구지역위원회 위원장 2010년 同경기도당 여성위원장 2010년 성균관대총동창회 상임이사(현) 2011년 우석대 겸임교수 2011년 민주당 정책위원회 부의장 2011년 민주통합당 고양시일산동구지역위원회 위원장 2011년 同경기도당 여성위원장 2012년 제19대 국회의원(고양시 일산동구, 민주통합당·민주당·새정치민주연합·더불어민주당) 2012년 민주통합당 홍보미디어위원장 2012년 同제18대 대통령중앙선거대책위원회 공보단장 2013·2014년 국회 교육문화체육관광위원회 위원 2013년 민주당 고양시일산동구지역위원회 위원장 2013년 同홍보미디어위원장 2014년 새정치민주연합 경기도당 6.4지방선거공천관리위원회 위원 2014년 同원내대변인 2014년 국회 운영위원회 위원 2014년 국회 국민안전혁신특별위원회 위원 2015년 새정치민주연합 대변인 2015년 국회 평창동계올림픽및국제경기대회지원특별위원회 위원 2015년 더불어민주당 대변인 2016년 同제20대 총선 선거대책위원회 위원 2016년 同고양시丙지역위원회 위원장(현) 2016년 제20대 국회의원(고양시丙, 더불어민주당)(현) 2016년 더불어민주당 전국대의원대회준비위원회 홍보분과위원장 2016년 同청년일자리TF 위원(현) 2016년 더좋은미래 운영간사(현) 2016년 국회 교육문화체육관광위원회 위원(현) [상]국정감사 NGO모니터단 국정감사 우수의원(2014), 한국매니페스토실천본부 국정감사 우수의원(2015), 한국언론사협회 대한민국우수국회의원 대상(2015), 한국환경정보연구센터 제19대 국회 환경베스트의원(2016), 법률소비자연맹 제19대 국회 종합헌정대상(2016), 대한민국교육공헌대상 의정교육부문(2016) [저]'어머니의 이름으로'(2011, 호미) '생각하는 손(共)'(2014, 보리) '유은혜의 낭독'(2016, 이야기공작소)

유을봉(庾乙鳳) YOO Eul Bong

[생]1955 · 6 · 30 [출]경남 밀양 [주]서울 마포구 양화로 45 세아타워24층 세아특수강 임원실(02-6970-0200) [학]경북대 금속공학과졸 [경]1990~1995년 (주)세아특수강 품질보증실 근무 1995년 세아제강 기술연구소 근무 1995년 同포항공장 소경2팀 근무 1998년 同포항공장 생산1팀 근무 2002년 同부산영업소 근무 2003년 (주)세아특수강 영업담당 임원 2011년 同대표이사 전무 2014년 同대표이사 부사장(현)

유의동(俞義東) Yoo Uidong

[생]1971 · 6 · 23 [출]경기 평택 [주]서울 영등포구 의사당대로1 국회 의원회관947호(02-784-7351) [학]평택 한광고졸, 한국외국어대졸 2001년 미국 U.C. San Diego 대학원졸(태평양지역국제관계학 석사) [경]제19대 국회의원(평택시乙 보궐선거, 새누리당), 새누리당 원내대변인, 同원내부대표, 同제20대 총선기획단 위원 2016년 제20대 국회의원(평택시乙, 새누리당)(현) 2016년 국회 정무위원회 새누리당 간사(현) [종]천주교

유의선(柳義善) YOO Eui Sun

[생]1957 · 7 · 30 [본]문화(文化) [출]충남 부여 [주]서울 서대문구 이화여대길52 이화여자대학교 언론홍보영상학부(02-3277-2236) [학]1981년 고려대 신문방송학과졸 1983년 同대학원졸 1987년 미국 미시간주립대 대학원졸 1991년 방송학박사(미국 인디애나대) [경]1987~1993년 미국 인디애나대 · 고려대 · 서강대 · 경희대 강사 1991~1993년 통신개발연구원 책임연구원 1993년 한국방송학회 총무이사 1993년 이화여대 신문방송학과 조교수 · 부교수 1997년 同언론홍보영상학부 부교수 · 교수(현) 1999~2000년 한국언론학회 편집위원 1999년 사이버커뮤니케이션학회 운영위원 2000~2002년 이화여대 기획처 차장 2003년 사이버커뮤니케이션학회 회장 2007년 한국디지털위성방송(스카이라이프) 사외이사 2007년 이화여대 언론홍보영상학부장 2008년 한국정보법학회 고문 2010년 한국언론진흥재단 기금관리위원 2010~2012년 방송통신위원회 미디어다양성위원회 위원 2011~2015년 언론중재위원회 중재위원 2011~2012년 한국언론학보 편집위원장 2012년 이화여대 커뮤니케이션 · 미디어연구소장 2013~2014년 한국방송학회 회장 2015년 방송문화진흥회 이사(현) [상]정보통신부장관표창(1998), 제15회 철우언론법상(2016) [저]'종합유선방송광고의 전략과 대응방안' '케이블TV정책론시안' '위성 방송' '언론법제의 이론과 현실'(共) '커뮤니케이션과 유토피아(共)'(1997) '자유와 언론'(2004, 나남출판사) '정보법판례백선'(2006, 박영사) '방송영상미디어의 이해'(2007, 나남출판사) [종]기독교

유의웅(俞義雄) YU Eui Woong

[생]1942 · 9 · 16 [본]기계(杞溪) [출]서울 [주]서울 영등포구 도영로11길11 도림교회(02-845-8661) [학]1961년 배재고졸 1965년 한국외국어대 서반아어학과졸 1967년 장로회신학대 대학원 신학과졸 1970년 연세대 연합신학대학원졸 1980년 미국 훌러신학원 대학원 목회학박사과정 수료 1993년 명예 신학박사(미국 노스팍신학대) [경]1966~1970년 영은교회 전도사 · 부목사 1969년 대한예수교장로회 목사안수 1970년 공군 군목 1973년 도림교회 부목사 1974~2006년 同담임목사 1986년 대한예수교장로회 영등포노회장 1987년 한독아동복지선교회 회장 1990년 작은자복지선교회 이사장 1993년 대한예수교장로회 총회연금재단 대표이사 1996년 바른목회실천협의회 대표회장 1996년 대한예수교장로회 총회 전도부장 1997년 同부총회장 1997~1999년 한아선교봉사회 회장 1998~1999년 대한예수교장로회 총회장 1998~1999년 한국장로교총연합회 대표회장 1999~2004년 한아선교봉사회 이사장 2003년 배재학당 총동창회장 2007년 도림교회 원로목사(현) 2008년 실로암시각장애인복지회 사무총장 [상]한국교회100주년 사회봉사상 [저]'구원의 첫 걸음' '현대교회와 사회봉사' '경건절제운동 지침서' '한국교회와 사회봉사' 간증집 '손으로 만난 하나님' 수필집 '왼손을 위한 콘체르토' 설교집 '서로 봉사하는 교회' '새 힘을 주시는 하나님' [종]기독교

유의태(劉義泰) Yoo Eui Tae

[생]1958·3·14 [본]강릉(江陵) [출]충북 충주 [주]충남 천안시 동남구 태조산길269 충청·강원119특수구조대(041-620-7100) [학]1977년 충주고졸 1998년 한국방송통신대 행정학과졸 2008년 동국대 불교대학원졸 2013년 교육학박사(동방대학원대) [경]1996년 서울소방학교 화재분야 교관 2000년 동작소방서 구조대장 2002~2008년 청와대 소방대 제대장 2011~2012년 중앙소방학교 화재학 전임교수 2012~2013년 同교육대장 2012~2013년 同구조학 전임교수 2013년 소방방재청 울산119화학구조센터장 2014년 국민안전처 중앙119구조본부 울산119화학구조센터장 2015년 同중앙119구조본부 수도권119특수구조대 신속대응1팀장 2015년 同중앙119구조본부 충청·강원119특수구조대장(현) [종]불교

유익동(俞益東) Yoo Ick Dong

[생]1946 · 1 · 28 [출]경기 안성 [주]대전 유성구 과학로125 한국생명공학연구원(042-860-4330) [학]1971년 동국대 식품공학과졸 1982년 농예화학박사(일본 도쿄대) [경]1982~1984년 일본 국립유전학연구소 연구원 1984년 한국생명공학연구원 실장 · 부장 · 단장 1996~2000년 충남대 · 연세대 · 충북대 · 고려대 겸임교수 1996~2003년 한국과학재단 인력교류위원회 운영위원 1997~2002년 과학기술부 국가중점생명공학실용화사업단장 1998~2003년 한국미생물생명공학회 학술 · 편집장 · 총무간사 · 간사장 · 감사 · 부회장 · 이사 1998~2006년 대전과학기술자문위원 2000년 한국과학기술한림원 종신회원(현) 2002~2007년 국가지정 항산화소재연구실장 2002~2004년 과학기술부 창의적연구진흥사업추진위원회 Bio분과위원장 2003~2004년 同Bio-NRL연합회장 2004~2005년 일본 이화학연구소 객원주임연구원 2005~2007년 한국생명공학연구원 기능성화장품신소재개발센터 책임연구원 2006년 한국응용생명화학회 부회장 2007년 同이사 2007~2013년 한국생명공학연구원 전문연구위원 2008~2009년 한국미생물생명공학회 회장 2013년 한국생명공학연구원 명예연구위원(현) [상]대통령표창(1988), 국민훈장(1989), 국민포장(1989), 과학기술부장관표창(1990 · 1999), 한국생명공학연구원장표창(1997 · 1999), 다산기술상(1998), 한밭경제대상(1998), KRIBB 우수상(1999), 장영실상(1999), 수라학술상(2003), 한국생명공학연구원 기술개발상(2004), 과학기술훈장 웅비장(2004) [종]기독교

유익환(柳益桓) YOO Ik Hwan

[생]1952 · 12 · 17 [출]충남 태안 [주]충남 예산군 삽교읍 도청대로600 충청남도의회(041-635-5010) [학]서산농림고졸, 상지대 행정학과졸 [경]1989~1992년 농업경영인태안군연합회 회장, 태안청년회의소(JC) 회장 1992~2001년 한국양묘협회 충남지부장 1995 · 1998년 충남 태안군의회 의원, 태안군문화원 이사, 태안군생활체육협의회 회장, 국민중심당 태안군운영위원회 부위원장, 同중앙당 정책조정위원 2006 · 2010년 충남도의회 의원(국민중심당 · 자유선진당 · 선진통일당 · 새누리당) 2010년 同행정자치위원회 위원장 2012년 同선진통일당 원내대표 2012년 同문화복지위원회 위원 2012년 同서해안유류사고지원특별위원회 위원 2013~2016년 충남도 충남보훈공원조성추진위원회 위원 2013~2014년 충남기후변화연구센터 자문위원 2014년 충남도의회 의원(새누리당)(현) 2014~2016년 同부의장 2014년 同교육위원회 위원 2016년 同새누리당 원내대표(현) 2016년 同행정자치위원회 위원(현) [상]태안군수표창, 충남도지사표창, 농림부장관표창, 대통령표창, 국제평화언론대상 자치의정공헌부문 금상(2013)

유인상(劉仁相) YOO, In Sang

[생]1956 · 4 · 24 [본]강릉(江陵) [출]경북 금릉 [주]서울 강남구 언주로711 건설회관 한국주택협회(02-6900-9002) [학]1974년 대전고졸 1979년 서울대 농공학과졸 1987년 同환경대학원 도시계획과졸 1994년 미국 위스콘신대 대학원 교통공학과졸 [경]1985년 기술고시 합격(20회), 해운항만청 개발국 사무관 1989년 건설부 토지국 단지조성과 사무관 1997년 同부산도로계획 서기관 2001년 同대도시권광역교통정책실 교통시설국 광역도로과장 2001년 원주지방국토관리청 홍천국도유지건설사무소장 2003년 건설교통부 도로국 도로구조물과장 2003년 同도로국 도로환경과장 2004년 同도로국 도로관리과장 2005년 同도로국 도로건설과장 2005년 同도로건설팀장(기술서기관) 2006년 同기반시설기획팀장(부이사관) 2007년 同도로정책팀장 2008년 국토해양부 도로정책과장 2008년 同항공안전본부 공항시설기획관 2009년 同항공안전본부 공항시설기획관(고위공무원) 2009년 同공항항행정책관 2010년 대전지방국토관리청장 2012년 인천지방해양항만청 인천항건설사무소장 2013년 국토교통부 용산공원조성추진기획단장 2014년 한국주택협회 상근부회장(현) [상]대통령표창, 근정포장

유인의(柳仁義) Yu In Eui

[생]1940 · 10 · 10 [출]대전 [주]서울 강남구 영동대로517 아셈타워22층 법무법인 화우(02-6003-7502) [학]1965년 서울대 법학과졸 1969년 同사법대학원졸 2004년 同국제대학원 제10기 GLP과정 수료 [경]1967년 사법시험 합격(8회) 1969년 軍법무관 1972년 부산지법 판사 1973~1980년 부산지법 진주지원 · 부산지법 · 광주지법 · 서울지법 남부지원 판사 1980년 서울고법 판사

1981년 대법원 재판연구관 1983~1988년 부산지법 · 수원지법 · 서울지법 동부지원 부장판사 1988년 변호사 개업 1991년 서울지법 동부지원 조정위원 1996년 대한상사중재원 중재위원 1998~2003년 법무법인 우방 변호사 1999~2007년 중앙선거관리위원회 행정심판위원 2002~2005년 대한변호사협회 이사 2003년 서울중앙지법 조정위원 2003~2005년 법무법인 화우 대표변호사 2005~2007년 대한변호사협회 대의원 2005년 법무법인 화우 고문변호사(현) 2007년 대한중재인협회 부회장

유인종(劉仁鍾) YOU In Jong

[생]1932 · 2 · 8 [본]강릉(江陵) [출]전북 익산 [주]서울 성북구 안암로145 고려대학교 교육학과(02-3290-1114) [학]1957년 중앙대 문리대 영어영문학과졸 1960년 同대학원 교육학과졸 1967년 철학박사(미국 노스캐롤라이나대) [경]1957년 전주 신흥고 교사 1961~1970년 대전대 교수 1970년 고려대 사범대 교육학과 교수 · 명예교수(현) 1973년 교사교육연구협의회 회장 1973~1980년 문교부 교육정책심의위원 1975~1979년 서울시 교육위원 1980년 세계교사교육연합회 이사 겸 부회장 1982년 고려대 교육문제연구소장 1985년 同사범대학장 1989년 同교육대학원장 1991~1996년 서울시교육위원회 교육위원 1991년 同의장 1991년 전국시 · 도교육위의장협의회 회장 1996~2004년 서울시 교육감 1998년 전국시 · 도교육감협의회 회장 2004년 건국대 교육학과 석좌교수 2006~2009년 同교육대학원 석좌교수 2007년 서울적십자사 상임위원(현) 2007년 굿네이버 이사(현) [상]국민훈장 목련장(1981), 국제교사교육연맹 저명인사상(1993), 국민훈장 동백장(1997), 평등부부상(2000), 무궁화 금장(2001), 걸스카우트 금장(2002), 청소년 대훈장(2003), 우즈베키스탄 정부훈장(2004) [저]'세계교육의 개혁동향'(1973) '외국고등교육의 실제와 개혁동향'(1973) '고등교육의 제문제'(1974) '한국교육의 전통과 개혁'(1992) [종]기독교

유인종(柳寅鍾) Yoo In Jong

[생]1960 · 4 · 8 [주]서울 중구 세종대로67 삼성물산(주) 리조트부문 Q-SHE팀(02-759-0290) [학]1988년 서울과학기술대 안전공학과졸 1996년 아주대 대학원 환경공학과졸 [경]2003년 삼성코닝 수원 · 구미통합녹색경영그룹장(부장) 2009년 삼성에버랜드 리조트사업부 안전기술팀장(상무) 2010~2016년 한국종합유원시설협회 부회장 2015년 삼성물산(주) 리조트부문 Q-SHE팀장(상무)(현) 2016년 한국종합유원시설협회 회장(현) [상]환경부장관표창(1999 · 2005), 노동부장관표창(1999 · 2000), 산업자원부장관표창(2005)

유인준(俞寅濬) Yoo In Jun

[생]1962 · 11 · 7 [출]충남 천안 [주]서울 영등포구 여의대로70 신한금융투자타워9층 칸서스자산운용 PEF사업부문 대표실(02-2077-5050) [학]대전고졸, 연세대 경제학과졸, 同대학원 경제학과졸 [경]1988~1998년 장기신용은행 기업지원부 · 투자개발실 근무 1998년 국민은행 투자금융부 차장 2004년 同투자금융부장 2005년 同비산동기업금융지점장 2005년 同정자동기업금융지점장 2006년 칸서스자산운용 AI(Alternative Investment)본부장 2010년 同대체투자(AI)운용본부장(전무) 2011~2016년 同AI사업부문 대표 2016년 同PEF사업부문 대표(현) [종]기독교

유인촌(柳仁村) YU In Chon

[생]1951 · 3 · 20 [출]서울 [주]서울 강남구 테헤란로87길 36(02-2188-1022) [학]1980년 중앙대 연극영화과졸 1986년 同대학원졸 1994년 고려대 언론대학원 수료 1996년 연세대 언론대학원 수료 [경]1971년 '오델로'로 연극 데뷔 1973년 MBC 탤런트(공채 6기) 1990~1992년 한국방송연예인노동조합 위원장 1995년 극단 '유' 창단 · 대표 1997년 중앙대 연극학과 전임강사 · 조교수 · 부교수 1999~2008년 유시어터 개관 · 대표 2000년 중앙대 멀티미디어센터 소장 겸 극장장 2001년 푸치니 오페라 '라보엠' 연출(예술의전당 오페라극장) 2001~2004년 중앙대 아트센터소장 2002년 산림청 '세계 산의 해' 홍보대사 2002년 서울시장직인수위원회 위원 2004~2006년 (재)서울문화재단 대표이사 2004~2008년 중앙대 미디어공연영상대학 연극영화학부 교수 2007년 대덕연구개발특구 홍보대사 2007년 한나라당 이명박 대통령후보 상근특보 2007년 제17대 대통령직인수위원회 사회교육문화분과위원회 자문위원 2008~2011년 문화체육관광부 장관 2008년 2008대한민국공공디자인엑스포조직위원회 공동조직위원장 2009~2010년 한식세계화추진단 공동단장 2011년 대통령 문화특별보좌관 2012년 예술의전당 이사장 2013년 세계한국학교후원회(Global Korean Supporters) 고문(현) 2014년 OBS경인TV '명불허전' 진행(현) 2015년 同'경기천년기행 아리아리' 진행 2016년 법무법인 로고스 설립 공익사단법인 '희망과 동행' 후원이사(현) [상]MBC신인연기상(1975), MBC최우수연기상(1986), KBS방송연기대상(1987 · 1990), 백상예술대상 남자연기상(1987 · 1991), 서울시장문화상, 동아연극상(1998), 이해랑연극상(2000), 스타선행대상(2003), 자랑스러운 중앙인상(2008) [작]연극 '오셀로'(1971) '햄릿'(1981) '문제적 인간 연산'(1995) '파우스트'(1996) '택시드리벌'(1997) '철인붓다' '바리' 뮤지컬 '뿌리' '에비타' '빠담빠담빠담' 영화 '연산일기' '김의 전쟁' TV드라마 '전원일기' '조선왕조실록' '3김시대' '장희빈' '불새' '최후의 증인' '역사스페셜' '강남가족'

유인태(柳寅泰) YOO Ihn-tae

[생]1948 · 9 · 5 [본]문화(文化) [출]충북 제천 [학]1967년 경기고졸 1974년 서울대 사회학과졸 [경]1969~1971년 삼선개헌 반대등 학생운동주도로 제적 1974년 민청학련사건관련 사형선고(4년5월 복역) 1980년 광주민주화운동관련 수배 1981년 덕명실업 대표이사 1988년 진보정치연합 사무처장 1990년 국민통합추진위원회 운영위원 1991년 민주당 당무위원 1992년 제14대 국회의원(서울 도봉구甲, 민주당) 1992년 민주당 정치연수원장 1996년 한성대 객원교수 1996년 민주당 서울도봉乙지구당 위원장 1997년 국민통합추진회의 교육연수위원장 1997년 국민회의 당무위원 2000년 한나라당 서울도봉乙지구당 위원장 2002년 새천년민주당 서울종로지구당 위원장 2003~2004년 대통령 정무수석비서관 2004~2008년 제17대 국회의원(서울 도봉구乙, 열린우리당 · 대통합민주신당 · 통합민주당) 2005년 열린우리당 서울시당 위원장 2005년 同지역주의해소와선거구재개편을위한정치개혁특별위원회 위원장 2005년 한 · 호주의원친선협회 회장 2005년 청계천전태일기념관건립추진위원회 국회의원단 대표 2006년 열린우리당 비상대책위원회 비상임위원 2006년 同재해대책특별위원회 위원장 2006년 同오픈프라이머리TF팀장 2006~2008년 국회 행정자치위원장 2008년 대통합민주신당 최고위원 2008년 통합민주당 최고위원 2008년 민주당 당무위원 2008년 同서울도봉乙지역위원회 위원장 2008년 同2010인재위원회 위원장 2011년 민주통합당 당무위원 2011년 同서울도봉乙지역위원회 위원장 2012~2016년 제19대 국회의원(서울 도봉구乙, 민주통합당 · 민주당 · 새정치민주연합 · 더불어민주당) 2012년 국회 외교통상통일위원회 위원 2012년 국회 정보위원회 위원 2012년 민주통합당 제18대 대통령중앙선거대책위원회 '민주캠프' 진실과화해위원회 위원장 2013년 국회 외교통일위원회 위원 2013년 국회 국가정보원개혁특별위원회 위원 2014년 새정치민주연합 인재영입위원장 2014년 국회 교육문화체육관광위원회 위원 2015년 국회 정치개혁특별위원회 공직선거법심사소위원회 위원 [상]황조근정훈장(2005), 환경재단 선정 '2005년 세상을 밝게한 100인'(2005) [저]'의원님들 요즘 장사 잘돼요?'(共)

유인태(柳寅太) Yu In Tae

[생]1959 · 4 · 13 [출]서울 [주]서울 중구 을지로16 백남빌딩 5층 (주)모두투어네트워크 임원실(02-752-9494) [학]원광대 무역학과졸 [경]1988년 대한통운 입사 1991년 국일여행사 입사 2000년 (주)크루즈인터내셔널 대표이사 2010년 (주)모두투어네트워크 전무이사 2010년 (주)크루즈인터내셔널 공동대표 겸임 2011년 (주)모두투어네트워크 상품본부장(전무이사) 2014년 (주)자유투어 공동대표이사 2016년 (주)모두투어네트워크 경영지원본부장(부사장)(현) [상]코스타크루즈 아시아 베스트판매상(2008), 코스타크루즈 아시아 우수판매상(2009)

유인학(柳寅鶴) YOO In Hak (三湖)

[생]1939 · 12 · 3 [본]문화(文化) [출]전남 영암 [주]서울 성동구 왕십리로222 한양대학교 법학과(02-2220-0973) [학]1958년 광주고졸 1963년 전남대 법대졸 1966년 同대학원졸 1983년 미국 미주리주립대 정치학 박사과정 수료 1993년 법학박사(동국대) 1994년 미국 하버드대 케네디스쿨 SMG수료 2002년 서울대 경영대 · 정보통신대 최고경영자과정 수료 2002년 고려대 언론대 · 정보통신대 최고경영자과정 수료 2002년 연세대 경영대 최고경영자과정 수료 [경]1968~1985년 한양대 법정대학 전임강사 · 조교수 · 부교수 1972~1973년 광주신보 논설위원 · 기획실장 1985~1988년 한양대 법학과 교수 1987년 평화민주당(평민당) 창당발기인 1988년 제13대 국회의원(영암, 평민당 · 신민당 · 민주당) 1990년 평민당 정책위원회 부의장 1992년 제14대 국회의원(영암, 민주당 · 국민회의) 1992년 민주당 정책위원회 수석부의장 1993년 同전남도지부장 1993년 同당무위원 1995년 국민회의 전남도지부장 1996~1999년 한양대 법대 교수 1997년 대한민국헌정회 정책위원회 경제분과위원장 1997년 한국고인돌협회 회장 1998년 세

계거석문화협회 총재(현) 1999~2002년 한국조폐공사 사장 2002~2005년 한양대 법학과 교수, 同명예교수(현) 2002년 광주국제영화제조직위원회 위원장 2003년 열린우리당 중앙위원 2012년 제19대 국회의원선거 출마(전남 장흥군·강진군·영암군, 무소속) 2012년 세계불교CEO협회 상임대표(현) 2016년 4.19혁명공로자회 회장(현) [상]국무총리표창(2005) [저]'한국재벌의 해부' '제6공화국의 정치경제론' '경제개혁과 재벌' '말하는 돌' '건국의 원훈 낭산 김준연' '한국자동차 공업의 과제' '삼한의 역사와 문화' '새벽을 여는 사람' '돌 문화' [종]천주교

유인홍(柳寅弘) Yoo Inhong

[생]1964·3·6 [본]문화(文化) [출]서울 [주]서울 서초구 헌릉로13 대한무역투자진흥공사 인사팀(02-3460-7039) [학]1983년 서울 성동고졸 1990년 한양대 무역학과졸 2005년 핀란드 헬싱키경제대학 경영대학원 경영학과졸 [경]1990년 대한무역투자진흥공사(KOTRA) 입사 1992년 同시장개척부 근무 1994년 同마닐라무역관 근무 1997년 同감사실 근무 2000년 同런던무역관 근무 2004년 同서비스산업유치팀 근무 2005년 同투자전략팀 근무 2005년 同투자홍보팀장 2006년 同크로아티아 자그레브무역관 2008년 同아카데미 연수운영팀장 2008년 同투자홍보팀장 2010년 同스톡홀름코리아비즈니스센터장 2013년 同투자기획실 투자정보팀장 2013년 同투자총괄팀장 2016년 同투자기획실 투자전략팀장 2016년 同후쿠오카무역관장(현)

유인화(劉仁華·女) RHEW In Wha

[생]1959·3·19 [출]서울 [주]서울 종로구 대학로10길17 한국공연예술센터 센터장실(02-3668-0060) [학]이화여대졸, 이화여대 대학원 언론정보학과졸, 미국 미시간주립대 전문인과정 저널리즘코스 수료 [경]1982년 서울신문 입사·사회부 기자 1991년 경향신문 입사 1999년 同문화부 차장대우 2002년 同문화부 차장 2004년 同여성팀장(차장) 2004년 同매거진X부장 2005년 同출판본부 월간 레이디경향 편집장(부장) 2007년 同편집국 선임기자 2008년 同편집국 문화2부장 2008년 同편집국 문화1부장 2009년 同편집국 문화1부장(부국장) 2010년 同편집국 문화부 선임기자 2010년 성신여대 융합문화예술대학 무용학과 겸임교수, 무용평론가, 국립현대무용단 이사, 한국공연예술센터 이사 2011년 한국춤평론가회 회장 2012~2013년 경향신문 논설위원 2013년 한국공연예술센터 사무국장 2014년 同운영총괄본부장 2014년 同센터장(현) [상]제9회 올해의 이화언론인상(2009), 최은희여기자상(2009) [저]'윤석화가 만난 사람'(2003) '춤과 그들'(2008, 동아시아) '한국춤이 알고 싶다'(2014, 동아시아)

유일상(柳一相) RYU Il Sang

[생]1947·6·14 [본]진주(晉州) [출]경북 예천 [주]서울 광진구 능동로120 건국대학교 문과대학 미디어커뮤니케이션학과(02-6241-7024) [학]1965년 배재고졸 1972년 고려대 불어불문학과졸 1974년 서울대 대학원 신문학과졸 1987년 신문방송학박사(고려대) [경]1972~1974년 대한항공 홍보담당 1974년 한국방송공사 보도국 기자 1975년 한국산업은행 외국부 근무 1983년 한국정신문화연구원 연구원 1985년 광주대 신문방송학과 전임강사 1986~2012년 건국대 신문방송학과 전임강사·조교수·부교수·교수 1989~1991년 한국대학교육협의회 편집위원 1993~2001년 한국언론학회 법제윤리연구회장 1996~2000년 한국방송광고공사 공익자금관리위원 1996~1998년 민주화를위한전국교수협의회 언론특위 위원장 1998년 종합유선방송위원회 보도·교양심의위원 1998년 미국 오리건대 초빙교수 2000~2002년 방송위원회 방송평가위원 2000~2001·2005~2009년 건국대 언론홍보대학원장 2002년 한국언론법학회 부회장 2006~2007년 한국언론법학회 회장 2007년 고려대 법학연구원 연구교수 2010~2013년 중앙선거관리위원회 산하 중앙선거방송토론위원회 위원장 2012년 건국대 문과대학 미디어커뮤니케이션학과 명예교수(현) [상]월남참전훈기장(1969), 건국대 학술연구상(1997), 근정포장(2012) [저]'공정보도의 사회윤리학'(1987) '매스컴과 현대사회'(1989) '세계 선전선동사(共)'(1991) '물결치는 한국언론'(1992) '벌거벗긴 한국언론'(1992) '새로 쓰는 한국언론사(共)'(1993, 재판 1997) '매스미디어와 열린 세상'(1995, 재판 1997) '사람과 방송'(1996) '언론법제론'(1998, 전정판 2007) '선전과 여론설득'(2001) '언론정보윤리론'(2001, 개정판 2013) '매스미디어 입문'(2002, 개정판 2005) '세계의 언론학교육(共)'(2003) '취재보도입문'(2004, 개정판 2010) '여보, 어디로 갈까?(미국서해안 3개주 여행기)(共)'(2006) '미디어저작권과 퍼블리시티권(형상권)'(2010) '보도실무와 인격권(共)'(2011) '미국서부산악 자동차여행(共)'(2011) '양김시대 한국언론'(2012) '한국언론을 재론한다'(2012) '세기초의 한국언론'(2013) [역]공상과학소설 '고독한 승부(Idle Pleasures)'(1985) [종]기독교

유일석(劉一錫)

[생]1962·12·5 [출]부산 [주]부산 연제구 법원로15 부산고등검찰청(051-606-3300) [학]1981년 경남고졸 1985년 서울대 공법학과졸 [경]1992년 사법시험 합격(34회) 1995년 사법연수원 수료(24기) 1995년 대전지검 검사 1997년 부산지검 울산지청 검사 1999년 서울지검 의정부지청 검사 2001년 수원지검 성남지청 검사 2003년 서울지검 남부지청 검사 2004년 서울남부지검 검사 2005년 부산지검 검사 2007년 同부부장검사 2007년 서울서부지검 검사 2009년 제주지검 형사2부장 2009년 同형사1부장 2010년 전주지검 부장검사 2011년 광주지검 순천지청 부장검사 2012년 울산지검 부장검사 2013년 서울남부지검 부부장검사 2013년 서울고검 형사부 파견 2014년 수원지검 성남지청 부장검사 2015년 서울중앙지검 부장검사 2016년 부산고검 검사(현)

유일용(柳一鏞) Yu Il Yong

[생]1954·12·15 [주]인천 남동구 정각로29 인천광역시의회(032-440-6110) [학]2007년 법학박사(단국대) [경]온누리감정평가법인 경인지사 대표, 유일용감정평가사사무소 대표 2009년 인천시 동구축구연합회 회장(현) 2010년 인천시의원선거 출마(한나라당), 송림자율방범 고문(현) 2014년 인천시의회 의원(새누리당)(현) 2014·2016년 同운영위원회 부위원장(현) 2014년 同기획행정위원회 부위원장 2014~2015년 同윤리특별위원회 위원 2015년 同예산결산특별위원회 위원 2015년 통일감정평가법인 임원(현) 2016년 인천시의회 건설교통위원회 위원(현) [상]제12회 의정·행정대상 기초의원부문 의정대상(2015)

유일재(俞日在) Il Je Yu

[생]1955·12·25 [출]대구 [주]충남 아산시 배방읍 호서로79번길20 호서대학교 대학원 나노융합기술학과(041-540-5114) [학]1981년 건국대 농대 농학과졸 1983년 미국 롱아일랜드대 대학원 생물학과졸 1989년 이학박사(미국 뉴욕주립대) [경]1989~1992년 미국 Cold Spring Harbor연구소 연구원 1992년 미국 국제개발기구(US-AID) 연구지도고문 1992~2006년 한국산업안전공단 산업안전보건연구원 수석연구원·화학물질안전보건센터 소장 1995년 일본 나고야대 의대 위생학교실 초빙연구원 1998~2012년 환경부 독성관련전문위원회 위원 1998년 식품의약품안전청 독성관련전문위원회 위원 1999년 세계독성전문가인증총회(IART) 운영위원회 위원 2000년 성균관대 약대 겸임교수 2002년 환경부 유해화학물질대책위원회 위원 2005년 IARC(국제암연구소) 평가위원 2006~2010년 Inhalation Toxicology 편집위원, 중앙대 의대 외래부교수 2006~2009년 한국생활환경시험연구원 안전성평가본부장 2007년 한국독성학회 부회장 2007년 국내 최초로 영국 및 EU 독성학자 등록, 호서대 융합기술연구소 교수 2009~2010년 아시아독성학회 교육위원장 2009~2013년 유럽행정부 위해성평가위원회 자문위원 2009~2011년 한국독성학회 교육인증위원장 2009~2015년 미국 환경청 과학자문위원회 위원 2009년 호서대 안전성평가센터 교수 2011~2015년 同융합기술연구소 교수 2011~2015년 한국독성학회 고문 2012년 호서대 대학원 나노융합기술학과 교수(현) 2013년 식품의약품안전처 독성관련전문위원회 위원 2014~2015년 국제암연구소 발암물질연구회 위원 2014년 WHO NANOSH 편집위원(현) 2015년 同IPCS나노물질면역독성EHC 편집위원(현) 2016년 한국독성학회 자문위원(현) [상]산업안전공단 공로상(1999), 환경부장관표창(1999), 한국산업안전공단 공적표창(2000·2003), 한국독성학회 우수논문상(2002·2005), 식품의약품안전청장 최초수용역연구상(2004), 한국과학기술단체총연합회 과학기술우수논문상(2005), 지식경제부장관표창(2009), 미국독성학회 나노독성분야 최우수논문상(2010), 미래창조과학부장관표창(2013) [저]'산업위생관리개론'(1994) '환경독성학'(1998) '화학물질의 분류조화 세계시스템'(2005) [종]기독교

유일준(柳一準) Yoo Iljoon

[생]1966·9·20 [출]서울 [주]서울 서초구 서초대로254 오퓨런스빌딩 509호 유일준법률사무소(02-6250-3210) [학]1985년 영동고졸 1989년 서울대 법학과졸 [경]1989년 사법시험 합격(31회) 1992년 사법연수원 수료(21기) 1992년 변호사 개업 1993년 서울지검 북부지청 검사 1995년 대전지검 천안지청 검사 1997년 인천지검 검사 1999년 미국 Duke대 연수 2000년 법무부 특수법령과 검사 2002년 서울지검 검사 2003년 대검찰청 중앙수사부 검찰연구관 직대 2004년 수원지검 부부장검사 2005년 헌법재판소 파견 2008년 인천지검 공안부장 2009년 서울고검 검사(법무연수원 교수 파견) 2010년 서울북부지검 형사2부 부장검사 2011년 수원지검 형사1부장 2012년 춘천지검 강릉지청장 2013년 법무부 감찰담당관 2014~2015년 수원지검 평택지청장 2015~2016년 대통령 민정수석비서관실 공직기강비서관 2016년 변호사 개업(현) [상]홍조근정훈장(2014)

유일호(柳一鎬) Ilho Yoo (明虛)

[생]1955·3·30 [본]전주(全州) [출]서울 [주]세종특별자치시 갈매로477 기획재정부 장관실(044-215-2000) [학]1974년 경기고졸 1981년 서울대 경제학과졸 1987년 경제학박사(미국 펜실베이니아대) [경]1985년 미국 펜실베이니아대 강사 1987~1989년 미국 Cleveland State Univ. 초청조교수 1989~1996년 한국개발연구원(KDI) 연구위원 1996~1998년 한국조세연구원 부원장 1998~2001년 同원장 2001~2002년 한국개발연구원 국제정책대학원 초빙교수 2002~2008년 同국제정책대학원 교수, 아시아개발은행(ADB) Inspection Policy Officer, 민주평통 자문위원 2003년 대통령자문 정부혁신지방분권위원회 위원 2006년 대통령자문 조세개혁특별위원회 위원장 2008~2012년 제18대 국회의원(서울 송파乙, 한나라당·새누리당) 2010~2011년 한나라당 대표특보 2010~2012년 同정책조정위원회 부위원장 2011년 同원내부대표 2011년 국회 운영위원회 위원 2012~2016년 제19대 국회의원(서울 송파乙, 새누리당) 2012·2014~2015년 국회 정무위원회 위원 2012~2013년 새누리당 서울시당 위원장 2012~2013년 박근혜 대통령당선인 비서실장 2013~2014년 새누리당 대변인 2013년 국회 예산재정개혁특별위원회 위원 2014년 새누리당 정책위 의장 2015년 국토교통부 장관 2015년 국회 산업통상자원위원회 위원 2015년 국회 미래창조과학방송통신위원회 위원 2016년 경제부총리 겸 기획재정부 장관(현) [상]법률소비자연맹 국회 헌정대상(2013) [저]'공공부분 생산성재고를 위한 예산제도 개선방안'(共) '공공부분의 개혁'(共) '세수추계 모형개발에 관한 연구' '우리나라의 탈세규모추정 : 소득세와 부가가치세' '경제이야기, 정치이야기'(2011) '건강한 복지를 꿈꾼다'(2012)

유장렬(劉長烈) LIU Jang Ryul

[생]1952·1·3 [출]경남 고성 [주]대전 유성구 과학로125 한국생명공학연구원(042-860-4114) [학]1974년 서울대 식물학과졸 1977년 미국 캘리포니아주립대 대학원졸 1981년 농학박사(미국 미시간주립대) [경]1981~1984년 미국 플로리다대 연구원 1985~1990년 한국과학기술연구원(KIST) 유전공학센터 선임연구원 1994년 同생명공학연구소 유전자원센터장 1998년 同생명공학연구소 정보전산사업단장 1999년 同생명공학연구소 식물세포공학연구실장 2000년 한국과학기술한림원 정회원(현) 2001~2006년 과학기술부 국가지정연구실사업 식물이차대사의 Functional Genomics 연구실장 2001~2003년 국가지정연구실사업 생명공학연구자협의회(Bio-NRL) 회장 2002~2005년 과학기술부 국책연구개발과제 유전자원지원활용사업단장 2002~2016년 과학기술 앰배서더 2002~2006년 International Union for Conservation of the Natural Resources(IUCN) National Committee of Korea 사무국장, 한국생명공학연구원 식물세포공학연구실 책임연구원 2003년 同바이오소재연구부장 2004년 Metabolomics저널(Springer 발간) 편집위원(현) 2006년 (사)출연연구소연구발전협의회 회장 2006~2007년 한국식물학회 회장 2006년 Journal of Plant Biotechnology 공동편집위원장 2006년 Plant Biotechnology Reports(Springer 발간) 공동편집위원장 2006~2008년 한국생명공학연구원 선임연구부장 2007~2008년 한국식물생명공학회 회장 2008~2014년 한국식물과학협의회 회장 2008년 한국생명공학연구원 원장 직대 2008년 同식물시스템공학연구센터 책임연구원 2009년 한국생물정보시스템생물학회 회장 2010년 한국생명공학연구원 생명자원관리본부장 2011년 同그린바이오연구센터 책임연구원 2012년 Plant Cell Reports 저널(Springer 발간) 편집위원장(현) 2013년 한국생명공학연구원 바이오인프라총괄부장 2013~2015년 한국과학기술한림원 산학연협력부장 2013~2014년 한국생명공학연구원 식물시스템공학연구센터 책임연구원 2014년 同명예연구원(현) 2014년 (사)미래식량자원포럼 회장(현) 2014년 대구경북과학기술원 미래전략사업유치기획단장 2014~2016년 同뉴바이올로지전공 교수 2016년 同미래전략실장 [상]과학기술처 연구개발상(1990), 한국과학기술단체총연합회 과학기술우수논문상(1994), 한국식물학회 학술상(2002), 한국식물생명공학회 학술상(2002), 국민포장(2004), 과학기술훈장 웅비장(2009) [종]기독교

유장옥(俞長玉) YOO Jang Ok

[생]1955·9·25 [출]경북 포항 [주]경북 경산시 하양읍 하양로13의13 대구가톨릭대학교 글로벌비즈니스대학 아시아학부(053-850-3175) [학]대구농림고졸 1979년 계명대 일어교육과졸 1983년 同대학원졸 1999년 일문학박사(한양대) [경]1983년 부산여대 전임강사 1985년 동명대 부교수 1990년 대구가톨릭대 일어일문학과 교수, 同글로벌비즈니스대학 아시아학부 일어일문전공 교수(현) 1996년 일본 국립국어연구소 외국인연구원 2011~2013년 대구가톨릭대 일어일문학과장 2013~2014년 同문과대학장 2013년 同인문과학연구소장(현) 2014년 同일어일문학과장 2014~2016년 同글로벌비즈니스대학장 [상]경북도 경찰국장표창 [저]'동사의 특성과 수동사역의 대조연구' '한일 양국어의 수동표현에 관한 대조연구'

유장희(柳莊熙) YOO Jang Hee

[생]1941·2·11 [본]전주(全州) [출]전북 전주 [주]서울 용산구 이태원로211 4층 BBB코리아(02-725-9041) [학]1959년 경기고졸 1963년 서울대 경제학과졸 1969년 미국 캘리포니아대 로스앤젤레스교 대학원 경제학과졸 1972년 경제학박사(미국 텍사스A&M대) [경]1972~1976년 미국 Clark Univ. 경제학과 조교수 1976~1988년 미국 버지니아주립대(콤몬웰스) 경제학과 부교수·교수 1976~1988년 Journal of Economic Development 편집인 1982~1988년 매일경제 칼럼니스트 1985년 한미경제학회 회장 1989~1992년 대외경제정책연구원 부원장 1992~1997년 同원장 1993~1994년 국가과학기술자문회의 자문위원 1994~1996년 아·태경제협력체(APEC) 저명인사그룹(EPG) 한국대표 1995년 한국협상학회 회장 1997~2006년 이화여대 국제대학원 교수 1997~2005년 同국제대학원장 1997~2001년 同국제통상협력연구소장 1998~2002년 한국APEC학회 회장 2001년 한국국제경제학회 회장 2003년 한국경제학회 회장 2003년 이화여대 국제학특성화사업단장 2004~2006년 同대외부총장 2005~2006년 同국제화추진위원회 산하 해외석학운영위원장 2005년 同학부대학설립위원장 2006년 同명예교수(현) 2007년 대한민국학술원 회원(경제학·현) 2010~2011년 국민경제자문회의 부의장 2010년 BBB코리아 회장(현) 2012~2014년 동반성장위원회 위원장 [상]부총리 겸 재정경제원장관표창(1994), 국민훈장 동백장(1998), 대한민국 협상대상(2013), 미국 캘리포니아주립대 한국총동창회 '올해의 자랑스런 UCLA인'(2014), 서울대 상과대학총동창회 빛내자상(2015) [저]'뉴욕시의 재정위기' '공공재와 수요함수' 'Macroeconomic Theory' '미국 산업구조의 개편과 한국경제' '경제학의 새조류' 'APEC과 신국제질서' '거시경제학' '동북아 경제협력' '한국의 통화정책과 물가변동' [종]기독교

유재건(柳在乾) YOO Jay Kun (惠泉)

[생]1937·9·19 [본]문화(文化) [출]서울 [주]서울 중구 명동길26(02-776-8681) [학]1956년 경기고졸 1960년 연세대 정치외교학과졸 1965년 同대학원 정치외교학과졸 1971년 미국 브리감영대 대학원 사회학과졸 1974년 미국 워싱턴주립대 사회학박사과정 수료 1977년 법학박사(미국 캘리포니아대) 1992년 서울대 사법발전연구과정 수료 1997년 고려대 정책과학대학원 수료 1999년 경남대 북한대학원 수료 [경]1977~1982년 미국 캘리포니아주 세크리멘토 인권위원 1977~1989년 미국 연방정부 지역사회변호사 1982~1990년 미국 LA에서 법률사무소 경영 1990~1993년 (주)영풍 대표이사 사장 1990년 사회복지법인 선덕원 후원회장(현) 1993~1995년 MBC 시사토론 진행 1993~1995년 경원대 교수·학장 1993~1995년 경실련 지도위원 겸 교통관광위원장 1993~1995년 교육개혁과자치를위한시민모임 상임의장 1995~2000년 새정치국민회의 부총재 1996년 제15대 국회의원(서울 성북甲, 국민회의·새천년민주당) 1996년 한·미의원외교협의회 회장 1997~1999년 국민회의 김대중총재 비서실장 1998~2002년 해외교포문제연구소 이사장 1998~2002년 로버트김구명위원회 공동대표 1998~2002년 2002부산아·태장애인경기대회 조직위원장 2000년 제16대 국회의원(서울 성북甲, 새천년민주당) 2000~2002년 새천년민주당 전국대의원대회 의장 2000년 국회 앰네스티인터내셔널 회장 2002년 同세계도덕재무장(MRA) 회장 2002년 새천년민주당 노무현대통령후보 특별보좌단장 2002~2003년 새시대전략연구소 이사장 2003년 열린우리당 상임중앙위원 2003년 同상임고문 2003~2004년 同국제협력특별위원장 2004~2008년 제17대 국회의원(서울 성북甲, 열린우리당·대통합민주신당·자유선진당·무소속) 2004년 국회 스카우트연맹회장 2004~2006년 국회 국방위원장 2006년 열린우리당 열린정책연구원장 2007년 국제의회연맹(IPU) 집행위원 2008년 자유선진당 전당대회 의장 2008~2014년 리인터내셔날특허법률사무소 상임고문 2009년 한국유스호스텔연맹 총재 2009년 한국유네스코협회연맹 회장(현) 2014년 리인터내셔날특허법률사무소 비상임고문(현) [상]대통령표창, 참여연대 부패방지법지킴이상(1998), 국민훈장 무궁화장(2002), 헝가리공화국 십자중훈장(2006) [저]'Koreans in America'(1974) 'Justice'(1977) 'The Theory and Practice of U.S Immigration Law'(1979) 'U.S Citizenship'(1988) '5분만 만나보세요 가슴이 따뜻해집니다'(1997) '21세기 한국의 외교정책'(1999) '한반도주변 4대강국의 이해'(2001) '아는만큼 보이는 중국'(2002) '함께 부르는 노래(이철수 재판투쟁기)'(2009) '은혜인생'(2011) [종]기독교

유재경(柳在景) Yoo Jae-Kyung

[생]1959·1·17 [주]서울 종로구 사직로8길60 외교부 인사운영팀(02-2100-7136) [학]장충고졸 1985년 고려대 영어영문학과졸 2002년 미국 뉴욕주립대 대학원 정보통신공학과졸 [경]1985년 삼성전기(주) 입사 1995년 同상파울로사무소장(과장) 1999년 同영상고주파 해외영업부장 2004년 同유럽판매법인장(부장) 2005년 同유럽판매법인장(상무보) 2009년 同Power사업팀장(상무) 2010년 同CDS전략마케팅팀장(상무) 2012년 同LCR사업부장(전무) 2014년 同마케팅1팀장(전무) 2014년 同글로벌마케팅실장(전무) 2016년 駐미얀마 대사(현)

유재권(劉載權) YOO Jae Kwon

[생]1961·11·19 [주]서울 영등포구 국제금융로6길42 (주)삼천리ES 비서실(02-368-3368) [학]영등포고졸, 서강대 경영학과졸 [경]동양나이론 자금담당, (주)삼천리 기획담당 과장, 同경영전략실 상무이사, 同전략기획담당 상무 2009년 同집단에너지사업부 총괄 전무 2010년 同자원환경사업본부장(전무) 2010년 同사업개발본부장(전무) 2011년 (주)S-Power 대표이사 사장 2014년 (주)삼천리 전략기획실장(부사장) 2015년 同미래전략본부장(부사장) 2015년 (주)삼천리ES 대표이사 부사장(현)

유재룡(劉載龍)

[주]서울 중구 덕수궁길15 서울특별시청 기후환경본부(02-2133-3500) [학]고려대 행정학과졸, 미국 위스콘신대 메디슨교 대학원 행정학과졸 [경]2005년 서울시 국제협력과장(서기관) 2007년 同교량관리부장 2010년 同산업경제기획관 직대(부이사관) 2012년 교육 파견 2013년 서울 성동구 부구청장 2014년 서울시 기획조정실 국제협력관 2015년 同기획조정실 정책기획관 겸임 2015년 同기후환경본부장(지방이사관)(현)

유재만(柳在晩) Yoo Jae Man

[생]1963·1·19 [본]문화(文化) [출]전북 정읍 [주]서울 중구 남대문로63 한진빌딩 법무법인 광장(02-772-5980) [학]1981년 전주고졸 1985년 서울대 법학과졸 [경]1984년 사법시험 합격(26회) 1987년 사법연수원 수료(16기) 1990년 서울지검 남부지청 검사 1992년 광주지검 순천지청 검사 1994년 법무부 인권과 검사 1996년 서울지검 검사 2000년 춘천지검 원주지청장 2001년 법무부 검찰국 검사 2002년 同검찰4과장 2002년 同검찰3과장 2003년 대검찰청 중수2과장 2004년 同중수1과장 2005~2006년 서울중앙지검 특수1부장 2006년 변호사 개업 2007년 법무법인 조은 변호사 2010년 법무법인 원 대표변호사·고문변호사 2012~2013년 법무법인 산지 대표변호사 2014년 법무법인 광장 변호사(현) [종]기독교

유재명(柳在洺) Yoo, Jae-Myung

[생]1954·6·13 [출]경남 양산 [주]경기 안산시 상록구 해안로787 한국해양과학기술원 생물·생태계연구본부(031-400-6215) [학]1974년 부산 동래고졸 1981년 부산수산대 수산증식학과졸 1985년 同대학원 해양생물학과졸 1991년 이학박사(부산수산대) [경]1980년 한국원자력기술(주) 연구원 1981년 한국과학기술원 해양연구소 연구원 1987년 한국해양연구원 생물연구부 선임연구원 1994년 同해양환경연구본부 책임연구원 1994~1996년 인하대 해양학과 객원교수 1998년 충남대 해양학과 겸임교수 1998~2000년 한국해양연구원 해양생물연구단장 2000년 국정교과서 '수산생물' 교과서 편집위원 2001~2002년 한국해양연구원 해양기후·환경연구본부장 2008년 제18대 국회의원선거 출마(양산, 무소속) 2009년 10.28재보선 국회의원선거 출마(양산, 무소속) 2014년 한국해양과학기술원 제1부원장 2015년 同생물·생태계연구본부 책임연구원(현) [저]'한국의 조어백과'(1988) '제주바다 물고기'(1995) '물고기 백과'(1996) '21세기 웅진학습백과사전' [종]불교

유재봉(庾在鳳) YOU Jae Bong

[생]1960·6·20 [본]무송(茂松) [출]충북 충주 [주]대전 서구 문정로48번길48 계룡건설산업(주) 개발사업본부(042-480-7230) [학]1979년 충주고졸, 중앙대 건축공학과졸 1995년 충남대 대학원 산업경영학과졸 [경]건설산업관리 전문가, 계룡건설산업(주) 경영정보실장 2007년 同주택사업본부 상무 2011년 同개발사업본부장(전무)(현) [상]건설교통부장관표창(2003), 한국산업안전관리공단 이사장표창(2003), 지방자치단체장표창(2005)

유재붕 YOU Jae Boong

[생]1958·9·20 [출]강원 철원 [주]강원 춘천시 중앙로1 강원도의회 사무처(033-249-5030) [학]1976년 철원고졸 [경]강원도 동해출장소 근무, 同국제통상협력실 근무, 同감사실 근무, 同인력개발과 근무, 同총무과 근무, 同기획관실 근무, 同관광정책과 근무, 양구군 총무과 근무, 同산업경제과장, 同경제도시과장, 강원도 보도지원담당 2009년 同의회사무처 기획행정전문위원 2011년 교육파견(서기관) 2013년 강원도 경제정책과장 2014년 同문화관광체육국장 2015년 교육 파견 2016년 강원도 총무행정관 2016년 강원도의회 사무처장(현) [상]녹조근정훈장(2014)

유재석(劉宰碩) YOO Jai Suk

[생]1956·1·23 [출]서울 [주]경기 수원시 영통구 월드컵로206 아주대학교 공과대학 기계공학과(031-219-2350) [학]1978년 서울대 기계공학과졸 1980년 同대학원 기계공학과졸 1984년 공학박사(미국 캘리포니아대) [경]1981~1984년 미국 캘리포니아대 조교 1984년 미국 Lawrence Berkeley Lab Post-Doc. 1985~2012년 아주대 공과대학 기계공학부 조교수·부교수·교수 1989년 미국 Rutgers대 방문교수 2000년 미국 Georgia Institute of Technology 방문교수 2003~2007년 아주대 공과대학장 2011~2013년 同연구처장 2012년 同공과대학 기계공학과 교수(현) 2013~2015년 同대학원장

유재성(劉載晟) YOO Jae Sung

[생]1946·7·12 [출]경북 김천 [주]대구 달서구 성서공단북로194 태창철강(주) 회장실(053-589-1112) [학]대구상고졸, 영남대 경영학과졸 [경]1977년 신라철강(주) 대표이사 회장 1981년 태창철강(주) 회장(현) 1989년 태창정보통신(주) 대표이사 회장 1989~2015년 티씨아이티 회장 2003년 대구상공회의소 상공의원, 同부회장 [상]재무부장관표창, 도시환경문화상, 산업포장, 대구상공회의소 경영대상(2004), 은탑산업훈장(2006), 미국 육군성 감사장(2010) [저]'아름다운 경영을 위한 유재성 회장의 1분 메세지'(2010) [종]천주교

유재성(柳在聖) RYU Jae Sung

[생]1953·12·17 [출]서울 [주]강원 춘천시 소양강로56 춘천바이오벤처프라자4의2호 (주)두산에코비즈넷 비서실(033-258-6400) [학]성균관대졸, 연세대 산업대학원졸, 부산대 대학원졸 [경]1978년 OB맥주(주) 입사 1994년 환경보전협회 전문위원 1995년 그룹품질경영추진협의회 회장 1997년 두산그룹 두산환경센터소장 1997년 환경부 환경기술개발사업 심의위원 1997년 통상산업부 산업환경정책 실무위원 1998년 환경부 기업환경정책협의회 수질분과위원 1998년 과학기술진흥유공자 정부훈·포장 심사위원 1999년 과학기술부 국가연구개발사업 환경기술분야 평가위원 1999년 품질환경경영체제심사원 자격심의위원 1999년 국회 환경포럼 정책자문위원 2000년 (주)두산에코비즈넷 설립·대표이사(현) 2000~2015년 환경보전협회 이사 2000년 대통령자문 지속가능발전위원회 산업환경분과위원 2002년 서울시 녹색시민위원회 위원 2006년 대한상공회의소 환경안전위원회 부위원장 2006~2010년 同지속가능경영원 이사 2008년 창의서울포럼 환경분과 부대표 2011년 춘천바이오산업경영자협의회 회장 2011년 강원의료바이오미니클러스터 초대회장 2012년 중소기업기술혁신협회 강원지회 부회장 [상]강원도의회의장표창(2013)

유재수(柳在洙) YOO Jae Soo

[생]1964·3·11 [출]강원 화천 [주]서울 종로구 세종대로209 금융위원회 사무처(02-2100-2770) [학]춘천고졸, 연세대 경제학과졸, 서울대 행정대학원졸, 경제학박사(미국 미주리주립대) [경]1991년 행정고시 합격(35회) 2002년 재정경제부 국제금융국 금융협력과 서기관, 대통령 제1부속실 행정관(부이사관) 2006년 재정경제부 금융정책국 은행제도과장 2008년 금융위원회 금융정책국 산업금융과장 2009년 同금융서비스국 자본시장과장 2009년 금융정보분석원 기획행정실장 2010년 국제부흥개발은행(IBRD) 파견(부이사관) 2013년 금융위원회 사무처 근무(부이사관) 2013년 국무조정실 정부업무평가실 정책평가관리관(고위공무원) 2014년 同정상화과제관리관 2015년 금융위원회 사무처 기획조정관(현)

유재순(劉載淳) Yoo Jae Soon

[생]1957·11·2 [출]부산 [주]부산 영도구 해양로241 미창석유공업(주) 비서실(051-403-6441) [학]1976년 동래고졸 1984년 동국대 토목공학과졸 [경]미창석유공업(주) 상무이사 1995년 同대표이사 사장(현) [상]대통령표창(1998), 철탑산업훈장(2003) [종]불교

유재영(劉才榮) YU Jae Young

[생]1962·6·9 [본]강릉(江陵) [출]부산 [주]대전 동구 중앙로240 한국철도공사 부사장실(042-615-3156) [학]1981년 부산중앙고졸 1985년 서울대 정치학과졸 [경]1988년 체육부 행정사무관(수습) 1988년 철도청 행정사무관 1992년 부산철도차량정비창 운용계장 1995년 철도청 후생복지담당관실·기획예산담당관실 행정사무관 1997년 서기관 승진 1998년 철도청 청장비서관 1998년 서대전역장 1998년 마산역장 1999년 건설교통부 철도정책반장 1999년 철도청 기술개발과장 2000년 同국제협력과장 2002년 철도산업구조개혁추진단 기획총괄과장 2003년 철도청 경영기획과장(부이사관) 2004년 同물류사업본부장 2005년 한국철도공사 노사협력단장(1급甲) 2005년 同사업개발본부장 직대 2005년 同인사노무실장 2006년 同대구지사장 2007년 同부산지사장 2008년 同기획조정실장 2009년 同서울본부장 2010년 同대전·충남본부장 2012년 同기획조정본부장 2012년 同여객본부장 2013년 同전북본부장 2014년 同광역철도본부장 2016년 同전략기획실장 2016년 同부사장(현)

유재웅(俞載雄) YOO Jae Woong

[생]1958·1·10 [본]기계(杞溪) [출]경기 고양 [주]경기 성남시 수정구 산성대로553 을지대학교 의료홍보디자인학과(031-740-7165) [학]1980년 고려대 신문방송학과졸 2002년 연세대 언론홍보대학원졸 2008년 신문방송학박사(한양대) [경]1979년 행정고시 합격(23회) 1980년 문화공보부 입부 1987~1993년 대통령 정무수석비서관실 행정관 1993~1996년 공보처 홍보과장·기획과장·방송과장·방송행정과장 1996년 同신문과장(부이사관) 1998년 대통령 정무수석비서관실·정책기획수석비서관실 국장 1999년 국정홍보처 국정홍보국장 2001년 同홍보기획국장 2002년 同국정홍보국장(이사관) 2003~2004년 대통령 홍보기획비서관(관리관) 2004~2008년 국정홍보처 해외홍보원장 2008년 을지대 의료홍보디자인학과 교수(현), 국무총리 국민소통자문위원 2013~2015년 을지대 전략홍보처장 2014~2016년 한국정책방송 자문위원장 2015년 한국만화영상진흥원 이사(현) 2015년 미국 세계인명사전 'Marquis Who's Who in the World 2016년판'에 등재 [상]대통령표창, 근정포장, 홍조근정훈장 [저]'국가이미지 : 이론, 전략, 프로그램'(2008) '정부PR'(2010) '한국의 위기사례와 커뮤니케이션대응방법'(2011) [역]'이미지외교'(2008) 'PR이론'(2010)

유재원(柳在元) Yoo Jae Won

[생]1949·9·8 [출]충남 공주 [주]세종특별자치시 장군면 대학길300 한국영상대학교 총장실(044-850-9002) [학]1968년 서울공고졸 1971년 인천공업전문대 토목과졸 1999년 우송대 국제통상학과졸 2001년 한양대 경영대학원 국제경영학과졸 2005년 경제학박사(건국대) [경]1971~1979년 대림산업(주) 입사·계장 1979~1995년 인풍건설(주) 회장 1991~1995년 충남도의회 의원, 同기획·경제위원회 위원장 1994~1995년 (주)강동CATV 설립·회장 1994~2003년 학교법인 인산학원 설립·이사장 2013년 한국영상대 총장(현) [상]행정중심복합도시건설청장표창(2015)

유재원(柳在原) YU JAE WON

[생]1954·10·14 [본]문화(文化) [출]경남 남해 [주]강원 원주시 지정면 기업도시로245 (주)원주기업도시 비서실(033-740-8500) [학]동아고졸, 동아대졸 [경]1988년 롯데건설 입사, 同개발사업부장, 同감사실장, 同기획실장, 同주택사업경영혁신담당 임원, 同판교 알파돔시티개발본부장 2012년 (주)원주기업도시 대표이사(현)

유재원(柳在元) YU Jae Won

[생]1957·6·30 [출]경기 양주 [주]경기 양주시 광적면 부흥로618번길303 양주시시설관리공단(031-828-9701) [학]1975년 의정부공고졸, 국제디지털대 경영학과졸, 국민대 대학원 행정학과졸 [경]1990년 광적면청년회 회장 1994년 양주청년회의소 회장 1995·1998~2002년 경기 양주군의회 의원 2000~2002년 同의장 2002·2006~2010년 경기도의회 의원(한나라당) 2006년 同접경지역특별위원회 위원장 2008~2010년 同교육위원회 위원장 2015년 양주시시설관리공단 이사장(현)

유재원(柳在元) Ryou Jai Won

[생]1958·2·9 [본]문화(文化) [출]서울 [주]서울 광진구 능동로120 건국대학교 경상학부(02-450-3621) [학]경기고졸 1982년 서울대 경제학과졸 1989년 경제학박사(미국 예일대) [경]1993년 건국대 경제학과 교수 1996년 同경상학부 경제학전공 교수(현) 1998~2000년 한국APEC학회 부회장 2001년 미국 예일대 경제성장센터 방문교수 2007~2008년 건국대 상경대학장 2010년 한국경제발전학회 회장 2010~2012년 건국대 기획조정처장 2014~2015년 한국국제금융학회 회장 2015~2016년 건국대 대학원장 2016년 한국국제경제학회 회장(현) 2016년 건국대 교학부총장 겸 기업장기현장실습(IPP)사업단장(현) [상]한국금융학회 우수논문상(2000·2013), 건국대 학술대상 [저]'국제통상론'(1998) '국제경제학원론'(2002) '한국경제의 이해'(2005) '세계화와 개방정책 : 평가와 과제'(2005) [종]기독교

유재은(劉載殷) YOO Jae Eun

[생]1955·8·3 [본]강릉(江陵) [출]충남 [주]서울 강남구 테헤란로419 삼성금융플라자빌딩20층 국제신탁(주) 임원실(02-6202-3000) [학]국민대 행정학과졸, 서울대 행정대학원졸 [경]1982~1998년 교보생명보험(주) 근무 1999~2003년 (주)생보부동산신탁 근무 2003년 코리아에셋인베스트먼트(주) 전무이사 2005년 同대표이사 사장 2007년 국제자산신탁(주) 대표이사 2009년 국제신탁(주) 대표이사 2010년 同회장(현) [저]'리츠시대에 돈버는 부동산'(2001) [종]천주교

유재일(劉載一) Jae Il Yoo

[생]1957·2·17 [본]강릉(江陵) [출]충남 논산 [주]대전 중구 중앙로85 대전발전연구원 원장실(042-530-3500) [학]1976년 대전고졸 1983년 고려대 정치외교학과졸 1990년 同대학원 정치학과졸(석사) 1997년 정치학박사(고려대) [경]1992년 대전대 정치외교학과 교수(현) 1998~2001년 대통령자문 정책기획위원회 위원 2004년 충청정치학회 회장 2006~2007년 한국지방정치학회 회장 2008년 한국정당학회 회장 2008년 한국국제정치학회 부회장 2009년 한국정치학회 부회장 2010~2012년 국회도서관장 2013년 아태정치학회 회장 2014년 대전발전연구원 원장(현) [상]황조근정훈장(2013) [저]'새천년의 한국정치와 행정(共)'(2000, 나남) '2000 4.13총선(共)'(2000, 문형) '한반도와 통일문제(共)'(2000, 대왕사) '현대 정당정치의 이해(共)'(2003, 백산서당) '지방분권형 국가만들기(共)'(2003, 나남) '17대 총선 현장리포트(共)'(2004, 푸른길) '제4회 지방선거 현장리포트(共)'(2006, 푸른길) '18대 총선 참여관찰(編)'(2008, 푸른길) [종]천주교

유재준(柳在俊)

[생]1972·6·11 [출]서울 [주]세종특별자치시 노을6로8의14 국세청 정책보좌관실(044-204-2200) [학]경복고졸, 서강대졸 [경]1999년년 행정고시 합격(43회) 2001년 충주세무서 징세과장 2009년 국세청 조사국 조사기획과 사무관 2011년 同조사국 조사기획과 서기관 2012년 제주세무서장 2013년 중부지방국세청 조사1국 국제거래조사과장 2015년 서울 잠실세무서장 2016년 국세청 정책보좌관(현)

유재중(柳在仲) YOO Jae Jung

[생]1956·3·27 [출]경남 합천 [주]서울 영등포구 의사당대로1 국회 의원회관710호(02-784-6066) [학]동국대 행정학과졸, 부산대 대학원 행정학과졸 2010년 법학박사(부산대) [경]1986년 국회의원 비서관 1986년 부산환경운동연합회 위원 1994년 부산시농구협회 이사 1995년 부산시의회 의원 2000~2006년 부산시 수영구청장, 동의대 정치외교학과 겸임교수 2002년 부산아시안게임조직위원회 위원 2006~2008년 부산시의회 의원(한나라당) 2006~2008년 同보사환경위원회 위원 2007년 한나라당 제17대 대선 부산선대위 홍보부본부장, 同박근혜대표 특별보좌역 2008년 제18대 국회의원(부산시 수영구, 무소속·한나라당), 국회 보건복지위원회 위원, 국회 예산결산특별위원회 위원, 국회 운영위원회 위원 2009년 한나라당 부산시수영구당원협의회 운영위원장 2012년 제19대 국회의원(부산시 수영구, 새누리당) 2012~2014년 국회 보건복지위원회 여당 간사 2013~2015년 새누리당 부산시당 위원장 2014년 同비상대책위원 2014년 국회 교육문화체육관광위원회 위원 2014~2015년 국회 남북관계 및 교류협력발전특별위원회 여당 간사 2015년 새누리당 국가간호간병제도특별위원회 위원(현) 2016년 제20대 국회의원(부산시 수영구, 새누리당)(현) 2016년 국회 안전행정위원회 위원장(현) [상]제1회 매니페스토약속대상 최우수상(2009), NGO모니터단 선정 국정감사 우수의원상(2009), 국정감사 친환경베스트의원상(2010), 한국지역발전대상 균형발전부문대상(2016) [저]'아름다운 만남' '함께 걷는길'(2011)

유재철(劉載哲) YU Jae Cheol

[생]1959·10·5 [출]경기 의정부 [주]서울 종로구 종로33 GS건설(주) 사업개발실(02-2154-3163) [학]의정부공고졸 1984년 인하대 토목공학과졸 2007년 미국 Univ. of Washington Business School과정 수료 2008년 고려대 정책대학원 CRO과정 수료 [경]LG건설(주) 토목3담당 상무 2005년 GS건설(주) 토목영업3담당 상무, 同토목사업본부 토목국내사업부문 토목영업2담당 상무, 同국내영업본부 수주지원담당 상무 2011년 同국내영업실장(전무) 2014년 同인프라해외수행담당 전무 2015년 同사업개발실장(전무)(현) [상]해양수산부장관표창(2005), 행정자치부장관표창(2006), 대통령표창(2008), 산업포장(2011) [종]기독교

유재풍(俞載豊) YOU Jae Pung

[생]1957·3·2 [본]기계(杞溪) [출]충북 청원 [주]충북 청주시 서원구 산남로64 엔젤변호사빌딩7층 법무법인 청주로(043-290-4000) [학]1976년 청주고졸 1980년 청주대 법학과졸 1983년 同대학원졸 1989년 미국 펜실베이니아대 대학원 법학과졸 1995년 법학박사(청주대) [경]1980년 軍법무관 임용시험 합격(4회) 1980년 공군비행단 검찰관 1983년 국방부 검찰관 1986년 공군 고등군사법원 군판사 1992년 공군본부 심판부장 1993년 同법무과장 1994년 국방부 국제법과장 겸 법무과장 1995년 공군본부 법무감 1997~2008년 변호사 개업 1998~2004년 충북도 행정심판위원 1999년 同고문변호사(현) 2000~2015년 청주시 고문변호사 2000~2004년 충북도교육청 행정심판위원 2000~2004년 청주대 법대 겸임교수 2003년 충북도 선거관리위원회 위원(현) 2003년 청주변호사회 사업이사 2007년 충북지방변호사회 부회장 2007년 민주평통 자문위원(현) 2008년 법무법인 청주로 대표변호사(현) 2012~2015년 국민권익위원회 비상임위원 2013~2014년 국제라이온스 356-D(충북)지구 총재 2015년 청주YMCA 이사장(현) 2015년 청주지법 조정위원(현) 2016년 중앙소청심사위원회 비상임위원(현) [상]대통령표창, 국방부장관표창, 법무부장관표창, 국무총리표창 [역]'전쟁법' [종]기독교

유재학(俞載學) YOO Jae Hak

[생]1963·3·20 [주]울산 중구 염포로85 울산 모비스 피버스(052-296-9959) [학]경복고졸, 연세대졸 [경]1986년 기아자동차 농구단 입단(가드) 1993~1997년 연세대 농구단 코치 1997년 부산동아시아게임 남자국가대표팀 코치 1997~1998년 대우증권 농구단 코치 1998~1999년 同감독 1999~2003년 인천 신세기빅스 감독 2003~2004년 인천 전자랜드 블랙슬래머 감독 2004년 울산 모비스 피버스 감독(현) 2006년 프로농구 정규리그 5회 우승(2005~2006·2006~2007·2008~2009·2009~2010·2014~2015 시즌) 2007년 인천시컵 한중프로농구올스타전 코치 2007년 프로농구 챔피언결정전 4회 우승(2006~2007·2009~2010·2012~2013·2013~2014 시즌) 2007년 프로농구 통합우승 3회(2006~2007·2009~2010·2014~2015 시즌) 2010년 중국 광저우아시안게임 남자국가대표팀 감독(은메달) 2013년 필리핀 아시아선수권대회 남자국가대표팀 감독(3위) 2014년 스페인 세계농구월드컵 감독 2014년 인천아시안게임 감독 2015년 2월 KBL 정규리그 역대 최초 500승 달성 감독 [상]쌍용기 고교농구대회 최우수상(1980), 프로농구 정규리그 감독상(2007·2009·2015), 스포츠토토 한국농구대상 감독상(2010·2013)

유재현(俞載賢) Yoo Jai-hyon

[생]1952·1·7 [출]경남 진양 [학]1975년 고려대 정치외교학과졸 1987년 대만 정치작전학교졸(석사) [경]1979년 외무고시 합격(13회) 1979년 외무부 입부 1981년 駐대만 2등서기관 1989년 駐홍콩 영사 1995년 외무부 교학과장 1996년 同기획조사과장 1996년 駐베트남 참사관 1999년 駐샌프란시스코 영사 2001년 駐중국 참사관 2005년 중앙공무원교육원 파견 2006년 경희대 외교겸임교수 2006년 駐시안(西安) 총영사 2009~2012년 駐칭다오(靑島) 총영사 2012년 동북아역사재단 비상임이사 2012~2015년 전북대 무역학과 초빙교수 2013~2015년 경기도 국제관계대사 2013~2015년 국립외교원 명예교수 2015년 한중미래연구원 이사(현) [상]대통령표창(2003), 홍조근정훈장(2012)

유재현(俞在炫)

[생]1968·1·1 [출]경남 사천 [주]울산 남구 법대로14번길37 울산지방법원(052-228-8000) [학]1986년 경복고졸 1990년 고려대 행정학과졸 1992년 同대학원 법학과졸 [경]1998년 사법시험 합격(40회) 2001년 사법연수원 수료(30기) 2001년 청주지법 판사 2004년 의정부지법 고양지원 판사 2006년 서울서부지법 판사 2009년 서울중앙지법 판사 2011년 서울서부지법 판사 2013~2015년 헌법재판소 파견 2016년 울산지법 부장판사(현)

유재활(柳在活) YOO JAE-HWAL

[생]1949·10·9 [본]문화(文化) [출]서울 [주]서울 중구 남대문로1길34 범화빌딩205호 범주티엘에스 임원실(02-752-8054) [학]1968년 경기고졸 1973년 한양대 공대 원자력공학과졸 1982년 연세대 경영대학원 경영학과졸 1998년 서울대 공대 최고산업전략과정 수료 2003년 한국과학기술원(KAIST) 최고경영자과정 수료 [경]1976년 Signetics Korea 생산부 근무 1978년 대한전선 인천공장 근무 1986년 대우전자(주) 광주공장 품질관리부장·생산부장 1993년 同프랑스 전자렌지공장 대표(법인장) 1997년 同회전기사업부장(이사) 1999년 同Argentina 생산판매법인장 2001년 대우전자서비스(주) 대표이사 2005~2009년 오리온PDP(주) 사장 2005년 오리온OLED(주) 대표이사 2010년 범주티엘에스 대표이사(현) [상]국무총리표창

유재훈(俞在勳) YOO Jae Hoon (昌庵)

[생]1961·3·10 [출]서울 [학]1979년 경기고졸 1983년 서울대 무역학과졸 1985년 同행정대학원 행정학과졸 1991년 프랑스 파리정치대(Sciences-Po de Paris) 대학원 경제학석사 1991년 프랑스국립행정학교(ENA)졸 2011년 경제학박사(경기대) [경]1983년 총무처 수습행정관(26회) 1984년 국세청 행정사무관 1986년 재무부 경제협력국 경제협력과·외자관리과 행정사무관 1989년 국제통화기금(IMF) 국제수지과정 연수 1989년 해외 유학(프랑스) 1991년 재무부 국고과 행정사무관 1992년 同증권발행과 행정사무관 1994년 재정경제원 증권제도담당관실 행정사무관 1996년 同금융정책실 증권제도담당관실 서기관 1997년 아시아개발은행(ADB) 태평양지역국 Economist 2001년 금융감독위원회 기획행정실 국제협력과장 2002년 同감독정책1국 은행감독과장 2004년 同감독정책2국 증권감독과장(서기관) 2004년 同감독정책2국 증권감독과장(부이사관) 2005년 세계은행(IBRD) 자본시장담당 Sr. Specialist 2007년 국제투자금융공사(IFC)·세계은행(IBRD) Sr. Specialist 2008년 금융위원회 대변인 2009년 기획재정부 국고국장 2011년 한나라당 수석전문위원 2012년 금융위원회 증권선물위원회 상임위원 2013~2016년 한국예탁결제원 사장 2016년 아시아인프라투자은행(AIIB) 회계감사국장(현) [상]한국공인회계사회 공로상(2013), 한국상장회사협의회 공로상(2013), 부정부패사범척결 공로 검찰총장표창(2013), 대통령표창(2014), 서울경제신문 증권대상 공로상(2015) [저]'The Korean Bond Market : The Next Frontiers(共)'(2008, 한국증권협회) '중국자본시장발전보고'(2008, 중국증권관리감독위원회)

유정근(俞正根) Jungkeun Yoo

[생]1963·6·20 [주]서울 용산구 이태원로222 (주)제일기획 솔루션부문(02-3780-2869) [학]1982년 대전 대신고졸 1988년 서강대 신문방송학과졸 [경]1987년 (주)제일기획 제5광고국 입사 2001년 同AP팀장 2004년 同광고3본부 애니콜그룹장 2005년 同광고3본부 애니콜그룹장(상무보), 同광고2본부장(상무), 同The South본부장(상무) 2010~2012년 同The South 대표(전무) 2012년 同캠페인2부문 부사장 2014년 同솔루션부문장(부사장) 2016년 同비즈니스2부문장 겸 솔루션1부문장(부사장)(현) [종]기독교

유정렬(柳正烈) REW Joung Yole (茶谷)

[생]1933·9·30 [본]문화(文化) [출]부산 [주]서울 동대문구 이문로 107 [학]1952년 동래고졸 1956년 미국 워싱턴주립대(Washington State Univ.) 정치학과졸 1959년 미국 조지타운대(Georgetown Unic.) 대학원 정치학과졸 1962년 정치학박사(미국 아메리칸대) [경]1961~1965년 카이로 아메리칸대 정치학과 교수 1965~2007년 한국중동아프리카연구원 원장·이사장 1965~1976년 요르단 명예영사 1965년 한국외국어대 부교수 1965년 국제사정연구소 소장 1967~1998년 한국외국어대 정치외교학과 교수 1970·1974·1991년 유엔총회 한국대표 1971년 한·아랍친선협회 회장 1976년 同이사장 1976년 한국외국어대 중동문제연구소장 1977년 「한국과 아랍」誌 발행인 1979년 한국국제정치학회 회장 1979년 한국중동학회 회장 1980~1986년 한국외국어대 대학원장 1998년 同명예교수(현) 2000~2001년 국제로타리 3650지구 총재 2003~2007년 한국로타리청소년연합 이사장 2007년 同상임고문(현) 2007년 한국중동아프리카연구원 명예원장(현) [상]해외유공교포 표창(1964), 요르단 수교훈장(1972), 국민포장(1981), 국민훈장 석류장(1998) [저]'아랍민족주의·아랍사회주의'(1968) '각국 비교외교 정책(共)'(1968) '중동-정치와 그 현실'(1985) '현대국제정치학(共)'(1992) '한국외교 반세기의 재조명(共)'(1993) '현대중동정치'(1997) [역]'현대아랍정치'(1968) [종]불교

유정복(劉正福) YOO Jeong Bok

생1957 · 6 · 16 본배천(白川) 출인천 주인천 남동구 정각로29 인천광역시청 시장실(032-440-2001) 학1976년 제물포고졸 1980년 연세대 정치외교학졸 1988년 서울대 행정대학원졸 2009년 연세대 대학원 정치학 박사과정 수료 2016년 명예 효학박사(성산효대학원대) 경1979년 행정고시 합격(23회) 1984년 육군 중위 전역 1992년 내무부 지방행정과 근무 1993년 경기도 기획담당관 1994년 김포군수 1995년 인천시 서구청장 1995~1997년 김포군수(무소속 · 신한국당) 1998년 김포시장(한나라당) 1998~2002년 김포시장(국민회의 · 새천년민주당) 2000~2002년 전국시 · 군 · 구청장협의회 사무총장 2001년 한양대 지방자치대학원 겸임교수 2001년 중국 연산대 명예교수 2003년 김포대 경영정보과 교수 2003~2005년 전통문화예술연구소 이사장 2004년 제17대 국회의원(김포, 한나라당) 2005년 한나라당 제1정책조정위원장 2005~2006년 同대표비서실장 2007~2010년 대한민국학사랑교총동문회 회장 2008년 제18대 국회의원(김포, 한나라당 · 새누리당) 2010~2011년 농림수산식품부 장관 2012~2013년 국민생활체육회 회장 2012~2014년 제19대 국회의원(김포, 새누리당) 2012년 새누리당 상임전국위원 2012년 同제18대 대통령중앙선거대책위원회 직능본부 총괄본부장 2012년 국회 국방위원회 위원 2013년 제18대 대통령취임준비위원회 부위원장 2013~2014년 안전행정부 장관 2014년 인천광역시장(새누리당)(현) 2015~2016년 전국시 · 도지사협의회 회장 상근정포장(1993), 청조근정훈장(2012), 한국언론인연합회 자랑스러운 한국인 대상 종합대상 행정혁신부문(2013), 범시민사회단체연합 좋은자치단체장상(2014 · 2015), 조선일보 '한국의 영향력 있는 CEO' 미래경영부문(2015), 한국언론인연대 · 한국언론인협동조합 선정 '2015 대한민국 창조혁신대상'(2015), 재향군인회 향군대휘장(2016) 저'녹색연필'(2001, 도서출판 삶과 꿈) '지방자치성공시대(共)'(2002, 도서출판 백산자료원) '찢겨진 명함을 가슴에 안고'(2008, 도서출판 북젠) '여우와 고슴도치'(2012, 도서출판 북젠) 종천주교

유정상(劉政相) YOO Jung Sang

생1960 · 9 · 6 출강원 철원 주부산 남구 문현금융로40 부산국제금융센터 한국예탁결제원 감사실(051-519-1910) 학1978년 춘천고졸 1982년 서울대 경영대학졸 1985년 同대학원 경영학과졸 경1986~1989년 LG경제연구원 기업분석실 석유화학 · 제약담당 Analyst 1989년 LG투자자문 투자자문실 근무 1991~1994년 同국제업무팀 근무 1994~1998년 독일 Commerz Bank Jupiter Asset Management Asia(홍콩소재) 펀드매니저 1998년 LG투자신탁운용 국제업무팀장 2001년 同리서치팀장 2002~2003년 제일투자신탁운용 자문운용팀장 2003년 우리은행 신탁사업본부 운용팀장(CIO) 2004년 우리투자신탁운용 운용본부장(CIO) 2005년 PCA투신운용(주) 자산운용본부장(상무 · CIO) 2008년 굿모닝신한증권 트레이딩총괄본부장 2011년 피닉스자산운용 대표이사 2016년 한국예탁결제원 상근감사(현) 종기독교

유정석(俞定錫)

생1962 · 5 · 4 출경남 주서울 서초구 반포대로19 현대HCN 비서실(070-8109-1006) 학영남대 경영학과졸, 연세대 언론홍보대학원졸 경현대백화점 지원팀 차장, 관악케이블티브이방송 대표이사, (주)디씨씨 이사 2002년 현대HCN 2014년 同공동대표이사 부사장 2015년 同대표이사(부사장)(현) 상산업포장(2015)

유정선(俞精璇 · 女) You jung sun

생1966 · 4 · 29 출강원 춘천 주강원 춘천시 중앙로1 강원도의회(033-256-8035) 학춘성여고졸, 상지대 생활미술학과졸, 강원대 대학원 신문방송학과졸, 同대학원 신문방송학 박사과정 수료 경(주)성화 이사, 한나라당 강원도지부 여성위원회 부위원장, 바르게살기운동 강원도협의회 이사, 새누리당 국민소통위원회 위원, 同강원도당 여성위원회 부위원장 2004년 강원여성정치지도자과정 수료 2014년 바르게살기운동 강원도협의회 부회장(현) 2014년 강원도의회 의원(비례대표, 새누리당)(현) 2014년 同경제건설위원회 위원 2015년 강원도 행복한강원도위원회 지역경제분과 위원(현) 2016년 강원도의회 운영위원회 위원(현) 2016년 同사회문화위원회 위원(현)

유정선(俞炅善) Yoo Jung-Sun

생1968 본기계(杞溪) 출서울 주인천 서구 환경로42 국립생물자원관 생물자원활용부 전시교육과(032-590-7141) 학1987년 이천고졸 1995년 동국대 응용생물학과졸 1997년 同대학원 동물분류학과졸 2001년 동물분류학박사

(동국대) 경2005~2007년 호주 Western Australian Museum Post-Doc. 2007년 이화여대 에코과학부 연구원 2007년 국립생물자원관 환경연구관 2014년 同생물자원활용부 전시교육과장(현) 상환경부장관표창(2011), 행정안전부장관표창(2012), 국무총리표창(2013) 鑑Sraneae

유정수(劉正秀) JEONG SU YU

생1959 · 1 · 3 출강릉(江陵) 출서울 주대전 유성구 문지로188 LG화학 기술연구원 정보전자소재연구소(042-866-2114) 학동국대사대부고졸, 서울대 공대 화학공학과졸, 화학공학박사(미국 스티븐스공대) 경1990년 LG화학 입사, 同정보전자소재연구소 연구원 2003년 同기술연구원 광응용연구팀 상무(연구위원), 同기술연구원 정보전자소재연구소장(상무) 2012년 同기술연구원 정보전자소재연구소장(전무) 2013년 同전자재료사업부장(전무) 2014년 同광학소재사업부장(전무) 2015년 同기술연구원 정보전자소재연구소장(전무)(현) 종기독교

유정식(柳禎植) YOO Chung Sik

생1958 · 11 · 18 출서울 주강원 원주시 흥업면 연세대길1 연세대학교 정경대학 경제학과(033-760-2311) 학1977년 여의도고졸 1981년 연세대 경제학과졸 1983년 同대학원졸 1989년 미국 Univ. of California at Berkeley 대학원 통계학과졸 1991년 경제학박사(미국 Univ. of California at Berkeley) 경1992~2001년 연세대 정경대학 경제학과 조교수 · 부교수 1996년 양친사회복지회 비상임감사 · 비상임이사(현) 2001년 연세대 정경대학 경제학과 교수(현) 2003~2004년 청계천복원추진위원회 시민경제분과 간사위원 2004~2006년 연세대 원주캠퍼스 학술정보처장 2005~2006년 정부 경제정책평가위원회 간사위원 2010~2012년 연세대 정경대학장 겸 정경대학원장 2012년 한국경제발전학회 회장 2013년 한국경제통상학회 부회장 2014~2015년 연세대 원주캠퍼스 미래위원장 2014년 국제지역학회 부회장 2014~2015년 한국경제학회 경제학문헌목록편집위원장 상매일경제신문사 선정 정진기언론문화상 대상(2009), 연세대우수업적교수상(2009) 저'정치와 경제의 분리에관한 역사적 고찰'(1997) '경제속의 기업, 기업속의 경제'(1998) '미시적경제분석'(2005) '의약분업의 경제적 효과분석과 그 도입방안' '한국형 모델 II : 교육과 학벌의 정치경제학'(2012) '한국형 모델 : 다이나믹 코리아와 냄비근성'(2013) 역'시장제도의 구축(共)'(2002) '행복, 경제학의 혁명(共)'(2015)

유정심(劉貞心 · 女) YOO Jeong Sim

생1956 · 1 · 10 출광주 서구 내방로111 광주광역시의회(062-613-5116) 학조선간호대학졸, 전남대 행정대학원졸 경조선대병원 근무, 건국대병원 근무, 새천년민주당 광주시지부 조직국장, 화순중앙병원 가정간호사업소장, 송원대 외래교수 2006~2010년 광주시 남구의회 의원 2006~2008년 同의장 2007년 대한간호협회 가정간호사회 전남지회장 2014년 광주시의회 의원(새정치민주연합 · 더불어민주당 · 국민의당)(현) 2014년 同교육위원회 위원장 2016년 同산업건설위원회 위원(현) 2016년 同예산결산특별위원회 위원(현) 상한국효도회중앙회 효녀상(2015), 대한간호정우회 의정대상(2015)

유정열(劉丁烈) YOO Jung Yul (가산)

생1947 · 1 · 4 출서울 주서울 관악구 관악로1 서울대학교(02-880-1911) 학1965년 경기고졸 1969년 서울대 기계공학과졸 1973년 미국 미네소타대 대학원졸 1977년 공학박사(미국 미네소타대) 경1978~1988년 서울대 기계공학과 조교수 · 부교수 1982년 공기조화 · 냉동공학회 편집이사 1984년 서울대 기계공학장 1987 · 1995년 대한기계학회 편집이사 1988~2012년 서울대 기계항공공학부 교수 1989년 同정밀기계설계공동연구소 열유체공학연구부장 1990~1992년 同공대 교무담당학장보 1992~1995년 同교무처장 1998년 대한기계학회 유체공학부문 위원장 1999년 서울대 기계항공공학부장 1999년 서울대-한양대 기계분야연구인력양성사업단장 2001~2003년 한국학술진흥재단 사무총장 2002년 미국기계학회(ASME) 종신 명예회원(Fellow)(현) 2004년 대한기계학회 회장 2005~2009년 서울대 정밀기계설계공동연구소장 2006~2009년 한국학술진흥재단 비상임이사 2012년 서울대 명예교수(현) 2013년 한국공학한림원 원로회원(현) 2013년 한국과학기술한림원 학술담당 부원장 2014년 한국생산기술연구원 비상근감사(현) 2015~2016년 한국과학기술한림원 총괄부원장 상대한기계학회 학술상(1990), 서울대 공대 훌륭한교수수상(2003), 녹조근정훈장(2012), 대한민국학술원상(2012) 저'미분방정식연습' 역'유체역학' 종기독교

유정열(劉正悅) Yu Jeoung Yeol

[생]1966·2·6 [본]강릉(江陵) [출]서울 중구 [주]서울 종로구 사직로8길60 외교부 인사운영팀(02-2100-7136) [학]1984년 배재고졸 1988년 서울대 항공공학과졸 1990년 同대학원 항공공학과졸 1994년 공학박사(서울대) 2004년 미국 하버드대 케네디스쿨 정책학과졸(정책학석사) [경]1993~1995년 서울대 컴퓨터센터 근무 1995~2001년 산업자원부 사무관 2001~2002년 同산업기술개발과 서기관 2002~2004년 해외 유학 2004~2005년 산업자원부 다목적헬기사업단 국산화과장 2005~2006년 同로봇산업과장 2006~2009년 OECD 산업구조과 Administrator 2009~2010년 지식경제부 소프트웨어정책과장 2010년 대통령 경제수석비서관실 선임행정관(고위공무원) 2013~2015년 대통령직속 지역발전위원회 정책총괄국장 2015년 駐일본대사관 참사관(현) [상]대통령표창(2011)

유정준(俞柾準) Yu Jeong Joon

[생]1962·12·20 [출]서울 [주]서울 종로구 종로26 SK E&S(주) 사장실(02-2121-3039) [학]1981년 경기고졸 1985년 고려대 경영학과졸 1987년 미국 일리노이주립대 대학원 회계학과졸 [경]1996년 LG건설(주) 이사대우 1998년 SK(주) 종합기획실장(상무보) 2000년 同사업개발지원본부장(상무) 2000년 同경영지원부문장(전무) 2004년 同R&I부문장(전무) 2007년 同R&I부문장 겸 SK인터네셔널 대표이사 부사장 2008년 SK에너지(주) R&C(Resource & Chemicals) 사장 2009년 SK루브리컨츠 대표이사 2010년 同R&M CIC 사장 2011년 SK(주) G&G추진단장(사장) 2013년 SK E&S(주) 대표이사 사장(현) 2014~2016년 (사)민간발전협회 회장 2015년 SK그룹 SUPEX추구협의회 글로벌성장위원회 위원장(현) 2016년 同SUPEX추구협의회 에너지신산업추진단 초대 단장(현) 2016년 한국집단에너지협회 회장(현) 2016년 SK이노베이션 사내이사(현)

유정헌(柳政憲) RYU Jung Hun

[생]1965·1·27 [출]경기 화성 [주]서울 중구 을지로5길26 미래에셋센터원빌딩 이스트타워26층 미래에셋자산운용 PEF부문 대표실(02-3774-2017) [학]1983년 서울 성남고졸 1991년 고려대 경영학과졸 [경]1992~2005년 산업은행 근무 2005년 미래에셋캐피탈 근무 2005년 미래에셋맵스자산운용 PEF부문 상무보·상무 2007년 同PEF투자1본부장(CIO·전무) 2008년 同PEF투자부문 대표(전무) 2010년 同PEF투자부문 대표(부사장) 2011년 미래에셋자산운용 PEF부문 대표(사장)(현)

유정현(柳政鉉) YOU Jung Hyun

[생]1967·10·24 [출]서울 [주]서울 중구 퇴계로190 MBN 보도국(02-2000-3114) [학]경문고졸, 연세대 성악과졸, 同언론정보대학원졸 [경]1993년 TBS 교통방송 기자 1993년 SBS 공채 아나운서(3기) 1993~1998년 同편성국 아나운서 1998년 同미디어사업본부 아나운서 1999년 프리랜서 선언 2000~2007년 출발모닝와이드·생방송TV연예·도전1000곡등 다수프로그램 진행 2003년 프로야구홍보대사 2007년 한나라당 제17대 대통령중앙선거대책위원회 유세지원단 문화예술총괄팀 홍보위원장 2008년 제17대 대통령취임준비위원회 자문위원 2008~2012년 제18대 국회의원(서울 중랑甲, 한나라당·새누리당·무소속) 2008년 한나라당 서울시당 대변인 2009년 同정책위원회 제1정책조정위원회 부위원장 2010년 同대표 특보 2012년 제19대 국회의원선거 출마(서울 중랑甲, 무소속) 2012년 프리랜서 아나운서 2012~2013년 채널A '생방송 오픈 스튜디오' 진행 2013년 同'초고속 비법 쇼 돈 나와라 뚝딱' 진행 2013년 JTBC '적과의 동침' 진행 2013~2014년 TVN '더지니어스 룰브레이커' 출연 2014년 TV조선 '그렇게 아빠가 된다' 출연 2015년 MBN 'MBN 뉴스8' 앵커(현) 2016년 종로학원하늘교육 홍보담당 상무이사(현) [상]올해의 베스트드레서(1998), 대한민국 헌정상 우수상(2011) [작]'출발모닝와이드' '생방송TV연예' '도전1000곡' 등 다수프로그램 [종]기독교

유정현(柳靜鉉) Ryu Jeong-hyun

[생]1968·4·25 [주]서울 종로구 사직로8길60 외교부 남아시아태평양국(02-2100-8441) [학]1991년 서울대 정치학과졸 2000년 미국 터프츠대 대학원 국제정치학과졸 [경]1990년 외무고시 합격(24회) 1991년 외무부 입부 1997년 同차관비서관 2000년 외교통상부 안보정책과·북미1과 근무 2003년 駐제네바 1등서기관 2005년 駐우즈베키스탄 참사관 2007년 외교통상부 아세안협력과장 2009년 국무총리비서실 외교의전과장 2011년 駐미국 참사관 2013년 駐인도네시아 공사참사관 2015년 외교부 남아시아태평양국 심의관 2016년 同남아시아태평양국장(현)

유정훈(柳政勳) Jeong Hun YOU

[생]1964·5·21 [본]문화(文化) [출]서울 [주]서울 강남구 남부순환로379길5 (주)쇼박스(02-3218-5638) [학]1983년 상문고졸 1990년 서강대 경영학과졸 [경]1990~2005년 (주)LG애드 국장 2005~2007년 (주)메가박스 상무 2007~2008년 (주)미디어플렉스 상무 2008~2010년 同대표이사 2009~2010년 라이즈온(주) 대표이사 2010~2015년 (주)미디어플렉스 대표이사 부사장 2015년 (주)쇼박스 대표이사 부사장(현)

유제남(柳濟男) Yoo Je-nam

[생]1961·1·1 [출]강원 [주]서울 종로구 종로14 한국무역보험공사 중소중견기업중부지역본부(02-399-6800) [학]춘천고졸 1986년 연세대 법학과졸 [경]2002년 한국수출보험공사 국외채권팀장 2003년 同경남지사장 2005년 同국외채권팀장 2007년 同법규부장 2009년 同국내보상채권부장 2010년 한국무역보험공사 상파울루지사장 2014년 同중견기업부장 2014년 同글로벌영업본부장 2015년 同중소중견기업중부지역본부장(현) [상]산업자원부장관표창(2000)

유제만(柳濟萬) RYU Jei Man

[생]1956·11·25 [주]서울 강남구 역삼로161 신풍제약(주) 비서실(02-2189-3400) [학]경복고졸, 서울대 제약학과졸, 同대학원 약학과졸, 약학박사(서울대) [경]동화약품공업(주) 중앙연구소 수석연구원(상무보), 同중앙연구소 부소장(상무) 2005년 同중앙연구소장(전무), 제일약품 R&D본부장(부사장) 2011년 신풍제약(주) R&D본부장 2014년 同대표이사 사장(현) [상]다산기술상대상(2001), 한국약제학회 제제기술상, 대한약학회 약학기술상(2001)

유제복(劉濟福) Je Bok, YOO

[생]1953·10·24 [출]제주 [주]서울 영등포구 선유로9 코레일유통(주) 비서실(02-2630-8800) [학]1972년 제주제일고졸 1976년 부산대 기계공학과졸 [경]1978년 기술고등고시 합격(14회) 1979년 전매청 기계기좌 시보(과장) 1982년 同광주제조창 원동과장 1983년 同시설국 기계과장 1986년 同전매교육원 교수부 근무 1987년 한국전매공사 담배제조시험창 포장시험실장 1987년 同조달본부 관재국 기전부장 1994년 한국담배인삼공사 제조본부 제조국 공장관리부장 1995년 同부산지역본부 관리국장 직무대리 1996년 同제조본부 설비국장 1999년 同제조국장 2000년 同청주제조창장 2001년 同부산지역본부장 2001년 同경인지역본부장 2002년 同경기본부장 2004년 (주)KT&G 광주제조창장 2004년 同영주제조창장 2007~2010년 同생산부문 원료본부장(상무) 2016년 코레일유통(주) 대표이사(현) [상]한국담배인삼공사사장표창(1989), 상공자원부장관표창(1994) [종]천주교

유제봉(劉帝奉) Yoo, Je Bong

[생]1962·8·7 [주]서울 중구 을지로55 하나은행 임원실(1599-1111) [학]1981년 부산 대동고졸 1988년 서울대 국제경제학과졸 2006년 중국 칭화대 대학원 석사(MBA) [경]1988년 금성투자금융 입사 1991년 보람은행 국제부 행원 1994년 同홍콩지점 대리 1998년 하나은행 광화문지점 차장 2000년 同IR팀 차장 2004년 同경영전략본부 조사역 2007년 同재무전략본부 기타관리자 2008년 同글로벌사업부장 2012년 同중국법인장 2014년 同글로벌사업그룹 전무 2015년 중민국제융자리스(주) 부동사장 2016년 KEB하나은행 글로벌사업그룹장(부행장)(현) 2016년 하나금융지주 CGSO 겸임(현)

유제식(柳濟植) YOO Jea Sik

[생]1962·1·14 [출]충남 천안 [주]서울 중구 세종대로92 (주)한화갤러리아 임원실(02-410-7114) [학]1980년 천안고졸 1984년 충남대 경영학과졸 [경]1989년 한화그룹 입사, (주)한화갤러리아 상품1팀장 겸 동백점점장 2009년 同상품전략실장(상무보) 2014년 同명품관점장(상무) 2015년 同영업본부장 겸 명품관점장(상무) 2016년 同전무(현)

유제철(柳濟喆) Yoo, Jae Cheol

[생]1964 · 10 · 18 [출]전북 익산 [주]세종특별자치시 도움6로11 환경부 대변인실(044-201-6030) [학]1983년 서울 숭실고졸 1990년 연세대 행정학과졸 1998년 영국 맨체스터대 대학원 환경경제학과졸 [경]1991년 행정고시 합격(35회) 1992년 환경부 입부 1998~2001년 同폐기물시설과 · 산업폐기물과 · 폐기물정책과 사무관 2001~2003년 同폐기물정책과 서기관 2004년 지속가능발전위원회 파견 2005년 환경부 화학물질안전과장 2006년 케냐 UNEP 본부 파견 2009년 녹색성장위원회 녹색생활과장 2010년 환경부 물환경정책국 유역총량과장 2010년 同자연보전국 자연정책과장 2011년 同자연보전국 자연정책과장(부이사관) 2012년 同자연순환국 자원순환정책과장 2013년 同기획조정실 국제협력관(고위공무원) 2014년 국외훈련(고위공무원) 2015년 대구지방환경청장 2016년 환경부 대변인(현) [상]국무총리표창(2006)

유제홍(柳濟弘) Yu Je Hong

[생]1972 · 2 · 6 [주]인천 남동구 정각로29 인천광역시의회(032-440-6051) [학]운봉공고졸, 삼척산업대 토목공학과졸 2002년 인하대 공학대학원 건축공학과졸 [경]스타플렉스 대표(현), 인천 백운초 운영위원장, 한국자유총연맹 인천시 부평지회 수석부회장, 인천동암초등학교총동문회 재무차장, 부평경찰서 집회시위참관단위원, 민주평통 자문위원, 참교육장학사업회 운영위원, 십정의용소방대 대원, 신성새마을금고 자문위원, 인천사람과문화 이사 2010년 인천시의원선거 출마(한나라당), 한국소비자교육원 인천지부장(현) 2012~2014년 새누리당 인천시부평甲당원협의회 청년위원장 2014년 인천시의회 의원(새누리당)(현) 2014 · 2016년 同산업경제위원회 위원(현) 2014년 同예산결산특별위원회 위원 2014년 同윤리특별위원회 위원 2015년 새누리당 인천시당 전통시장활성화위원장(현) 2015년 한국자유총연맹 부평구지회장(현) [상]전국시 · 도의회의장협의회 우수의정 대상(2016)

유종관(柳鍾寬) YOO, Chong Kwan

[생]1942 · 12 · 5 [출]전북 정읍 [주]서울 금천구 가산디지털1로212 코오롱디지털타워302호 한국사회교육개발원(070-4178-8918) [학]1960년 정읍 호남고졸 1974년 중앙신학대학졸 1986년 고려대 교육대학원 수료 1988년 同경영대학원 수료 1997년 신학박사(미국 Technical Institute of Biblical Studies) 2006년 명예 정치학박사(선문대) [경]1968~1995년 국제승공연합 충남도지부장 · 전남도지부장 · 조직국장 · 총무국장 · 사무총장 1993년 한국사회교육개발원 이사장(현) 1996년 세계평화통일가정연합 멕시코 총회장 2000~2010년 (사)남북통일운동국민연합 회장 2000~2010년 국제승공연합 회장 2010년 세계일보 사장 2010년 세계평화통일가정연합 멕시코 총회장(현) 2013년 세계일보 고문(현)

유종관(劉鍾官) Yu Jong Gwan

[생]1960 · 3 · 27 [본]강릉(江陵) [출]경북 안동 [주]대구 동구 아양로49길17 대구보호관찰심사위원회(053-950-1171) [학]1977년 경안고졸 1990년 계명대 사회과학대학 무역학과졸 1996년 강원대 교육대학원 교육학과졸 2005년 同대학원 교육학박사과정 수료 [경]2013년 법무부 포항보호관찰소 관찰과장 2015년 同대구보호관찰소 집행과장 2015년 同대구보호관찰심사위원회 상임위원(현) [상]국무총리표창(2008) [종]기독교

유종광(劉鐘光) YOO Jong Kwang

[생]1960 · 11 · 29 [본]강릉(江陵) [출]광주 [주]전남 무안군 무안읍 무안로380 초당대학교 건축 · 토목공학부(061-450-1824) [학]1984년 전남대 수학교육과졸 1986년 서강대 대학원졸 1993년 이학박사(서강대) [경]1987~1990년 육군사관학교 수학과 전임강사 1990~1994년 서강대 수학과 강사 1992~1994년 중앙대 수학과 강사 1992~1993년 가톨릭대 강사 1994년 초당대 교양교직학부 교수 1999~2000년 同교무처장 2001~2004년 同도서관장 2004~2005년 同기획연구처장 2007년 同건축 · 토목공학부 건축학전공 교수(현) 2011~2013년 同교무처장 2013~2015년 同부총장 [상]교육과학기술부장관표창(2010) [저]'최신대학수학'(1988) '중학교 수학교과서' 등 24권 [종]불교

유종일(柳鍾一) YOU Jong Il

[생]1958 · 7 · 28 [본]고흥(高興) [출]전북 정읍 [주]세종특별자치시 남세종로263 한국개발연구원 국제정책대학원(044-550-1014) [학]1977년 서라벌고졸 1985년 서울대 경제학과졸 1991년 경제학박사(미국 하버드대) [경]1990~1996년 미국 노틀담대 경제학과 조교수 1991~1992년 영국 케임브리지대 조교수 1994~1997년 일본 立命館大 부교수 1998년 한국개발연구원(KDI) 국제정책대학원 부교수 1999년 同교무처장 2000년 同국제정책대학원 교수(현) 2003년 대통령직속 동북아경제중심추진위원회 총괄제도개혁분과 위원장 2011~2012년 민주당 경제민주화특별위원회 위원장 2013년 지식협동조합좋은나라 이사장(현) 2013년 금융위원회 공적자금관리위원회 민간위원(현) 2015년 주빌리은행 은행장(현) [저]'Democracy, Market Economy and Development' 'Capital, the State and Labour' [종]기독교

유종필(柳鍾珌) YOO Jong Pil

[생]1957 · 9 · 1 [본]고흥(高興) [출]전남 함평 [주]서울 관악구 관악로145 관악구청 구청장실(02-879-7351) [학]1985년 서울대 인문대학 철학과졸 2013년 동국대 언론정보대학원졸(석사) [경]1985년 한국일보 기자 1988년 한겨레신문 기자 1988년 언론노련 집행위원 1994년 한국기자협회 편집국장 1994년 나산그룹 기획조정실 이사, 한국정책방송(KTV) 대표 1995~1998년 서울시의회 의원(국민회의), 同예결위원장 1995년 새정치국민회의 수석부대변인 1997년 제15대 대통령직인수위원회 부대변인 1998년 고건 서울시장인수위원회 대변인 1998년 대통령 정무3비서관 1999년 국정홍보처 분석국장 2000년 국립영상간행물제작소장 2001년 새천년민주당 노무현 상임고문 언론특보 2002년 同노무현 대통령후보 공보특보 2003년 同대변인 2003년 同서울관악甲지구당 위원장 2004년 同홍보위원장 2004년 同대변인 2004년 제17대 국회의원선거 출마(서울 관악乙, 새천년민주당) 2005년 민주당 대변인 2005년 同광주시당 위원장 2008년 통합민주당 대변인 2008년 민주당 민주정책연구원 이사 2008~2010년 국회 도서관장(차관급) 2010년 서울시 관악구청장(민주당 · 민주통합당 · 민주당 · 새정치민주연합) 2014년 서울시 관악구청장(새정치민주연합 · 더불어민주당)(현) 2015년 전국평생학습도시협의회 회장(현) [상](사)한국출판인회의 올해의 출판인 특별상(2011), 제4회 다산목민대상(2012), 황조근정훈장(2013), 2014매니페스토약속대상 선거공약부문 최우수상(2014), 서울신문 서울석세스대상 기초단체장대상(2014), 범시민사회단체연합 좋은자치단체장상(2014) [저]시사만평 '단소리 쓴소리' 정치유머집 '굿모닝 DJ' 자전적 에세이 '9남매 막내 젖먹던 힘까지' 자전적 정치평론집 '유종필의 아름다운 선택' '세계 도서관 기행'(2010, 웅진지식하우스) '세계 도서관 기행-개정증보판'(2012, 웅진지식하우스) '좀 다르게 살아도 괜찮아'(2013, 메디치미디어) '잘난 체 하시네'(2014, 비타베아타)

유종하(柳宗夏) Yoo Chong-Ha (圭石)

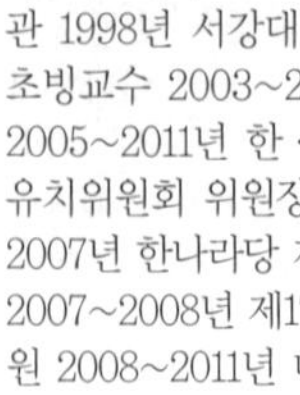

[생]1936 · 7 · 28 [본]풍산(豊山) [출]경북 안동 [주]서울 용산구 두텁바위로75길8 601호(02-396-6986) [학]경북고졸 1959년 서울대 문리대 정치학과졸 1960년 독일 본대 법학과 수료 2011년 명예박사(한서대) [경]1957년 동아통신 기자 1959년 외무고시 합격(10회) 1967년 외무부 법무관 1970년 同동남아과장 1974년 駐미국 참사관 1978년 외무부 미주국장 1980년 駐영국 공사 1983년 駐수단 대사 1985년 외무부 제2차관보 1987년 駐벨기에 · 룩셈부르크 · EC대표부 대사 1989년 駐EC대표부 대사 1989년 외무부 차관 1992년 駐유엔대표부 대사 1994년 대통령 외교안보수석비서관 1996~1998년 외무부 장관 1998년 서강대 국제대학원 초빙교수 1999년 미국 클레몬트 매캐너대 초빙교수 2003~2008년 AHED KOREA 회장 2004년 사이버MBA 회장 2005~2011년 한 · 러친선협회 회장 2005년 2011대구세계육상선수권대회 유치위원회 위원장 2007년 2011대구세계육상선수권대회조직위원회 고문 2007년 한나라당 제17대 대통령중앙선거대책위원회 외교 · 안보총괄위원장 2007~2008년 제17대 대통령직인수위원회 외교통일안보분과위원회 자문위원 2008~2011년 대한적십자사 총재 2009년 명예 제주도민(현) 2010년 세계탈문화예술연맹 대표 2010년 한 · 러대화KRD포럼 조정위원 2011년 제10차 아시아 · 태평양에이즈대회(ICAAP10) 고문 2012~2016년 서강대 국제대학원 초빙교수 2001년 AHED KOREA 회장(현) [상]홍조근정훈장, 청조근정훈장, 녹조근정훈장, 벨기에 수교훈장, 독일 수교훈장 [종]기독교

유종하(柳宗夏) YOO Jong Ha

[생]1954 · 8 · 26 [출]울산 [주]서울 중구 동호로330 CJ제일제당(02-6740-1114) [학]경북고졸, 울산대 화학공학과졸 [경]CJ(주) 영등포공장장 2005년 同부산공장장(상무), 同양산공장 상무 2007년 CJ제일제당(주) 소재제분공장 상무 2010년 同인천1공장장(상무) 2011년 同사료사업부문장(부사장대우) 2012년 同생물자원사업부문장(부사장대우) 2016년 同생산총괄 부사장대우(현) [종]천주교

유종해(劉鐘海) YOO Jong Hae (梅山)

[생]1931·5·1 [본]강릉(江陵) [출]서울 [주]서울 종로구 비봉길64 이북5도위원회(02-2287-2599) [학]1950년 서울고졸 1954년 서울대 법대졸 1965년 미국 미시간대학원 행정학과졸 1968년 정치학박사(미국 미시간대) [경]1969년 미국 미시간대 정치학과 조교수 1971년 연세대 행정학과 부교수 1973~1997년 同행정학과 교수 1977년 同사회과학연구소장 1981년 평통 자문위원 1983년 한국행정학회 회장 1985~1997년 연세대 지역사회개발연구소장 1985년 국무총리실 지자제실시연구위원 1990~1994년 한국교정학회 회장 1994~1996년 연세대 행정대학원장 1995년 중국 북경행정학원 명예교수 1996~2015년 매산공공정책연구소 소장 1998~2000년 원산시 명예시장 1998년 명지대 석좌교수 2000~2002년 민주평통 상임위원 2000년 함경남도 중앙위원회 자문위원 2005년 해병대 전략문제연구소 고문 2010년 이북5도위원회 함경남도 행정자문위원장(현) [상]대통령표창(1996), 민주평통 20년재직 감사패(2004), 히가시구나노미야 문화포상(2009), 국민훈장 동백장(2013) [저]'현대행정학' '현대조직관리' '한국행정사' '행정의 윤리' '행정사의 이해' 외 12편 [역]'신일본창조론' '캐나다의 정치와 행정' [종]감리교

유종현(劉鍾鉉) Yoo, jong hyun

[생]1960·10·13 [본]강릉(江陵) [출]서울 [주]서울 강북구 한천로140길5의6 (주)컴테크컨설팅(02-990-4697) [학]1979년 서라벌고졸 1986년 고려대 기계공학과졸 [경]1985~1988년 삼성엔지니어링 사원 1991~1998년 컴테크 대표 1999년 (주)컴테크컨설팅 대표이사(현) 1999년 건설워커 대표(현) 1999년 메디컬잡 대표(현) 1999년 이앤지 대표(현) [상]천리안 최우수 생활콘텐츠상(1999), 하이텔 최우수 취업/창업 IP(1999), 서울 강북구청 신지식인 선정(1999), 한국일보 2001 히트웹사이트 선정(2001), 농협중앙회장 감사패(2008·2011), 전국여성과학기술인지원센터 공로패(2008) [저]'건축인테리어를 위한 Auto-CAD'(1996, 탐구원) '돈 돈이 보인다'(1998) 'IP/CP대박터뜨리기'(1999)

유종호(柳宗鎬) Jong Ho YU (沖人)

[생]1935·10·25 [본]진주(晉州) [출]충북 충주 [주]서울 서초구 반포대로37길59 대한민국예술원(02-3479-7223) [학]1953년 충주고졸 1957년 서울대 문리과대학 영어영문학과졸 1973년 미국 뉴욕주립대 버펄로교 대학원졸 1991년 문학박사(서강대) [경]1957년 문단 등단 1962년 청주교대 조교수 1966년 공주사대 부교수 1975년 인하대 부교수 1977~1996년 이화여대 인문대학 영어영문학과 교수 1989년 미국 캘리포니아대 객원연구원 1992년 일본 東京大 객원연구원 1996~2001년 연세대 석좌교수 1998년 대한민국예술원 회원(문학·현) 2000~2013년 동인문학회 심사위원 2001~2006년 연세대 특임교수 2003~2014년 대산문화재단 이사 2004~2005년 대한민국예술원 문학분과 회장 2013년 동인문학회 명예심사위원(현) 2013~2014년 대통령소속 인문정신문화특별위원회 위원장 2013~2015년 대한민국예술원 회장 [상]현대문학상, 서울문화예술평론상, 대한민국문학상 본상, 대산문학상(1995), 은관문화훈장(2001), 인촌상 문학부문(2002), 대한민국예술원상 문학부문(2006), 만해대상 학술부문(2007), 제7회 연문인상(2007) [저]'비순수의 선언' '동시대의 시와 진실' '사회역사적 상상력' '문학이란 무엇인가' '문학의 즐거움' '함부로 쓴 화살' '서정적 진실을 찾아서' '다시 읽는 한국시인' '내 마음의 망명지' '나의 해방 전후' '시 읽기의 방법' '내가 본 영화'(2009) '시와 말과 사회사'(2009) '과거라는 이름의 외국'(2011) '한국근대시사'(2011) [역]'파리대왕' '그물을 헤치고' '베를린이여 안녕' '문학과 인간상' '제인에어' '미메시스' [작]'유종호전집 전5권'(1995) '시란 무엇인가'(1995)

유주봉(庾周鳳) YOO Zu Bong

[생]1958·3·10 [본]무송(茂松) [출]충북 옥천 [주]세종특별자치시 도움4로9 국가보훈처 보상정책국(044-202-5401) [학]1977년 청주 청석고졸 1990년 한국방송통신대 경영학과졸 1997년 연세대 대학원 행정학과졸 2004년 행정학박사(서울시립대) 2011년 서울대 행정대학원 국가정책과정 수료 [경]1999년 국무총리국무조정실 규제개혁조정관실 규제개혁2심의관실 서기관 2004년 同복권위원회 사무처 사업관리과장 2005년 국가보훈처 복지사업국 복지지원과장 2005~2013년 중앙대 행정학과·행정대학원 강사 2007년 국가보훈처 제대군인국 제대군인정책과장(부이사관) 2008년 서울시립대 도시과학대학원 강사 2008년 세종연구소 교육파견 2009년 국가보훈처 보훈선양국 기념사업과장 2009년 同복지증진국장(일반직 고위공무원) 2011년 同보훈선양국장 2012년 중앙공무원교육원 파견(일반직고위공무원) 2013년 부산지방보훈청장 2015년 국가보훈처 보상정책국장(현) [상]대통령표창(1994), 홍조근정훈장(2010) [종]천주교

유주헌

[생]1975·12·12 [주]세종특별자치시 도움4로13 보건복지부 아동복지정책과(044-202-3410) [학]1999년 고려대졸 [경]1999년 행정고시 합격(43회) 2005년 보건복지부 사회복지정책본부 장애인정책팀 행정사무관 2006년 同사회복지정책본부 사회서비스개발팀 행정사무관 2008년 국가경쟁력강화위원회 파견 2012년 대통령실 파견 2013년 보건복지부 기초노령연금과장 2014년 미국 아시아정책연구소 교육훈련파견 2016년 보건복지부 아동복지정책과장(현)

유 준(劉 焌) YOO Jun

[생]1967·10·5 [주]대전 서구 청사로189 특허청 특허심사기획국 자동차융합심사과(042-481-5506) [학]1986년 덕진고졸 1991년 한양대 기계공학과졸 [경]1994년 총무처 5급 공채 1995년 특허청 심사2국 원동기계심사담당관실 사무관 2002년 同심사평가담당관실 서기관 2004년 同기계금속심사국 자동차심사담당관실 서기관 2007년 同특허심판원 제4부 심판관 2009년 특허법원 기술심리관 2011년 특허심판원 심판관 2013년 특허청 공조기계심사과장 2013년 同특허심사기획국 자동차융합심사과장(현)

유준상(柳晙相) YOO Joon Sang (堂樹)

[생]1942·10·10 [본]고흥(高興) [출]전남 보성 [주]서울 강남구 테헤란로2길32 해동빌딩4층 21세기경제사회연구원(02-444-5388) [학]1960년 광주고졸 1965년 고려대 경제학과졸 1977년 한국외국어대 연수원 수료 1991년 서울대 행정대학원 수료 1994년 고려대 대학원 경제학과졸 2006년 건국대 대학원 정치학박사과정 수료 [경]1963년 고려대 총학생회장 직대 1974~1986년 해동유조 사장 1980년 발전문제연구회 회장 1981년 제11대 국회의원(보성·고흥, 민주한국당) 1981년 민주한국당(민한당) 훈련원 부원장 1985년 제12대 국회의원(고흥·보성, 민한당·신한민주당) 1985년 민권회 대변인 1985년 신한민주당(신민당) 원내부총무 1987년 통일민주당 원내수석부총무 1988년 평화민주당(평민당) 당무위원 1988년 제13대 국회의원(보성, 평민당·신민당·민주당) 1988년 국회 경제과학위원장 1991년 평민당 정치연수원장 1991년 신민당 정치연수원장 1991년 同정책위원회 의장 1991년 민주당 정책위원회 의장 1992년 제14대 국회의원(보성, 민주당) 1992년 미국 하와이대 동서문화센터 객원연구원 1993년 21세기경제사회연구원 개원·이사장(현) 1993년 IPU(국제의원연맹) 부의장 1993년 민주당 최고위원 1993년 同당무위원 1994년 한·호주의원친선협회 회장 1995년 민주당 부총재 1996년 일본 와세다대 방문교수 1998~2006년 한나라당 서울광진乙지구당 위원장 1999년 同지도위원 1999년 同당무위원 2001년 한국일용근로자복지협회 명예회장 2001년 (사)한국오토캠핑연맹 명예총재 2001년 (사)열린정보장애인협회 상임고문 2004년 제17대 국회의원선거 출마(서울 광진乙, 한나라당) 2006~2012년 한나라당 상임고문 2006년 건국대 초빙교수 2007년 독도수호마라톤대회 대회장(현) 2008년 한·필리핀친선협회 회장 2008년 (사)대한울트라마라톤연맹 명예회장(현) 2009~2011년 남도일보 회장 2009년 고려대 초빙교수·특임교수(현) 2009·2014년 한국자유총연맹 고문(현) 2009년 대한올림픽위원회 위원 2009~2016년 대한롤러경기연맹 회장 2010~2016년 세계롤러연맹 B-FIRS 특별올림픽위원 2010년 아시아롤러경기연합(CARS) 수석부회장(현) 2010년 한국정보기술연구원 원장(현) 2012년 새누리당 상임고문(현) 2013년 세계롤러경기연맹 CIC멤버(현) 2014년 K-BoB Security Forum 이사장(현) 2015~2016년 국민생활체육회 고문 2016년 대한롤러스포츠연맹 초대 회장(현) 2016년 일본 와세다대 아시아태평양연구센터 국제자문위원(현) [상]수출유공포상(1960·1970), 세계대학생 봉사상(1964), 광주고 명예대상(2010), 서울신문 공로상(2011), 국무총리표창(2012), 체육문화대상(2012), 고려대 정경인상, RSA컨퍼런스 교육부분 공로상(2016) [저]'여의도에서 온 편지'(1989) '일촌일품운동'(1991) '한국경제의 과제와 전망'(1992) '한국인 변해야 산다-일본이 싫다면서 일제는 왜써'(1999) '노숙자에서부터 대통령까지'(2002) '나, 너 그리고 우리(上·下)'(2005) '한국의 의원외교-이론과 실천'(2006) '한국의 새로운 비전'(2007) [역]'정치발전론' [종]천주교

유준하(柳俊夏) Yu Joon-ha

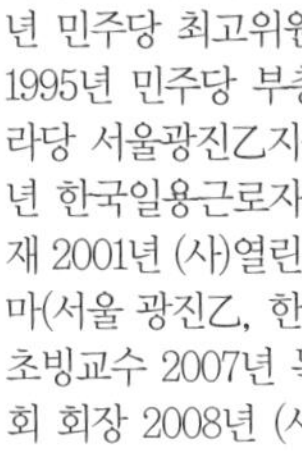

[생]1958·9·9 [주]대구 중구 공평로88 대구광역시청 국제관계대사실(053-803-2060) [학]1982년 서울대 정치학과졸 1994년 미국 버지니아대 대학원 국제관계학과졸 [경]1990년 외무고시 합격(24회) 1990년 외무부 입부 1995년 駐일본 2등서기관 1998년 駐라오스 1등서기관 2002년 국가안전보장회의 파견 2004년 駐영국 1등서기관 2005년 통일부 평화협력기획과장 2006년 同대북정책협력과장 2008년 대통령 외교안보수석비서관실 파견 2009년 駐미국 참사관 2011년 駐사우디아라비아 공사참사관 겸 駐바레인 대사 대리 2012년 駐바레인 공사참사관 겸 대사 대리 2014년 駐바레인 대사 2016년 외교부 본부대사 2016년 대구시 국제관계대사(현)

유준현(柳俊鉉) Yoo, Jun-Hyun

(생)1958 · 7 · 23 (주)서울 강남구 일원로81 삼성서울병원 가정의학과(1599-3114) (학)1983년 서울대 의대졸 1993년 同대학원 의학석사 1997년 의학박사(서울대) (경)1981~1983년 서울대병원 인턴 1983~1986년 同가정의학과 레지던트 1990~1993년 한림대 의과대학 가정의학교실 전임강사 · 조교수 1993~1994년 同의과대학 가정의학교실 주임교수 1994~1997 · 1999~2001 · 2009~2011년 삼성서울병원 가정의학과장 1997~2001년 성균관대 의과대학 가정의학교실 조교수 2001~2003년 미국 캘리포니아대 버클리교 연구교수 2001년 성균관대 의과대학 가정의학교실 부교수 · 교수(현) 2005~2007년 대한노인병학회 부회장 2008~2012년 (재)바이오신약사업단 이사 2013년 대한노인병학회 이사장

유중근(俞重根 · 女) Yoo, Jung Keun

(생)1944 · 7 · 25 (출)서울 (주)서울 중구 소파로145 대한적십자사(02-3705-3705) (학)경기여고졸 1967년 이화여대 영어영문학과졸 1970년 미국 컬럼비아대 대학원 영어교육학과졸 2014년 명예 문학박사(한서대) (경)1984년 경원문화재단 이사장(현) 1992~2004년 김활란장학회 감사 1998년 대한적십자사 여성봉사특별자문위원 1999~2005년 학교법인 이화학당 감사 2006~2007년 대한적십자사 여성봉사특별자문위원장 2009~2011년 경기여고총동창회 회장 2011년 대한적십자사 부총재 2011~2014년 同총재 2013년 대통령소속 국민대통합위원회 위원(현) 2013~2016년 예술의전당 비상임이사 2014년 대한적십자사 명예고문(현) 2015년 同서울지사 박애문화위원회 전문위원(현) (상)한국여성단체협의회 여성1호상(2011), 국민훈장 목련장(2013), 자랑스러운 경기인(2015)

유중화(劉重和) YOO Jung Hwa

(생)1953 · 2 · 21 (출)서울 (주)서울 영등포구 도림천로21길3 (주)BYC 비서실(02-840-3103) (학)1971년 휘문고졸 1975년 고려대 농학과졸 (경)(주)BYC 기획조정담당 이사, 同부속실 이사 2009년 同섬유사업부 이사 2011년 同섬유사업부 상무이사 2016년 同대표이사(현) (종)기독교

유지나(劉智娜 · 女) YU Gi Na

(생)1960 · 5 · 19 (출)서울 (주)서울 중구 필동로1길30 동국대학교 영화영상학과(02-2260-3437) (학)1979년 서울 진명여고졸 1983년 이화여대 불어불문학과졸 1985년 同대학원졸 1991년 문학박사(프랑스 파리제7대) (경)1984년 한국영화아카데미 1기 1990년 세계영화백과사전 편찬위원 1994년 공연윤리심의위원 1995년 영상자료원 자문위원 1996년 동국대 영화영상학과 교수(현) 1996년 한국영화연구소 부소장 1996년 여성문화예술기획 이사 1997년 한국영화학회 기획간사 · 이사 · 감사 2002년 영화진흥위원회 위원 2002~2006년 스크린쿼터문화연대 이사장 2010년 씨넷포럼 편집장(현) 2015년 경찰청 새경찰추진자문위원회 위원 (상)정영일 영화평론상(2000), 프랑스정부 학술공로훈장 기사장(2005) (저)남북한 영화이데올로기와 허구' '여성이 유린된 사회' '여성이 유린된 영화' '보들레르와 랭보로 까락스를 읽는다' '페미니즘 영화 여성(共)'(1994) '유지나 대 이용관, 영화논쟁 100라운드'(1995) '멜로드라마란 무엇인가(共)' '스크린쿼터와 문화주권(共)' '글쓰기 교본' '유지나의 여성영화산책' '한국영화 섹슈얼리티를 만나다(共)'(2004) (역)시나리오란 무엇인가'(1991) '영상기호학'(1996) '영화의 역사' '영화의 역사:이론과실천' '할리우드' '말의 색채 : 마리그리트 뒤라스가 말하는 나의 영화들'(2006) (작)단편영화 '시선' '코메디 뷔를레스크'

유지담(柳志潭) YOO Ji Dam

(생)1941 · 5 · 3 (본)문화(文化) (출)경기 평택 (주)서울 종로구 종로5길58 석탄회관빌딩10층 법무법인 케이씨엘(02-721-4243) (학)1961년 체신고졸 1965년 고려대 법학과졸 1967년 서울대 사법대학원졸 (경)1965년 사법시험 합격(5회) 1967년 軍법무관 1970년 대구지법 판사 1972년 同경주지원 판사 1974년 서울가정법원 판사 1975년 서울형사지법 판사 1977년 서울민사지법 판사 1979년 서울고법 판사 1981년 대법원 재판연구관 · 정읍지원장 1983년 인천지법 부장판사 1985년 서울지법 북부지원 부장판사 1986년 서울형사지법 부장판사 1989년 서울지법 남부지원 부장판사 1990년 부산고법 부장판사 1992년 대전고법 부장판사 1993년 서울고법 부장판사 1996년 서울지법 남부지원장 1998년 울산지법원장 1999~2005년 대법원 대법관 2000~2005년 중앙선거관리위원회 위원장 겸임 2005년 법무법인 케이씨엘(KCL) 대표변호사(현) 2006년 정보통신부 통신위원회 위원장 (상)청조근정훈장 (저)'법의 길, 삶의 길'(2012) (종)기독교

유지범(劉止範) YOO JI BEOM

(생)1959 · 10 · 6 (주)경기 수원시 장안구 서부로2066 성균관대학교 공과대학 신소재공학부(031-290-7396) (학)1982년 서울대 금속공학과졸 1984년 同대학원 금속공학과졸 1989년 전자재료학박사(미국 스탠퍼드대) (경)1985~1989년 미국 스탠퍼드대 연구조교 1989~1994년 한국전자통신연구원(ETRI) 선임연구원 1994년 성균관대 공과대학 신소재공학부 조교수 · 부교수 · 교수(현) 2006~2007년 同공과대학 부학장 2007~2008년 同공학교육혁신센터장 2009년 同성균나노과학기술원 부원장 2011년 同공과대학장 2015년 同자연과학캠퍼스 부총장 · 산학협력단장 · 공동기기원장 · 산학협력선도대학(LINC)육성사업단장 겸임(현)

유지수(柳智穗) Ji Soo Yu

(생)1952 · 12 · 27 (본)진주(晉州) (출)서울 (주)서울 성북구 정릉로77 국민대학교 총장실(02-910-4001) (학)1971년 경복고졸 1975년 서울대 농학과졸 1981년 미국 일리노이주립대 대학원 경영학과졸(석사) 1986년 경영학박사(미국 일리노이대 어배나샘페인교) (경)1978~1979년 한국과학기술연구소 기술경영연구실 연구원 1987년 국민대 기업경영학부 교수(현) 1995~1996년 삼성항공 자문위원 1997~2000년 국민대 재무조정처장 1998~1999년 한국생산관리학회 이사 2000~2002년 국민대 경영대학원장 · 국제통상대학원장 · 강남교육장 겸임 2000~2006년 현대 · 기아자동차 오토포럼 자문위원 2002~2004년 국민대 경상대학장 2004년 한국자동차공업협회 코리아오토포럼 위원(현) 2006~2007년 한국자동차산업학회 회장 2006~2008년 국민대 연구교류처장 2011년 법무법인 율촌 자문교수 2012년 국민대 총장(제10 · 11대)(현) (상)제4회 자동차의 날 대통령표창(2007), 미국 일리노이대 올해의 동문상(2016) (저)'생산, 운영원리'(1992, 무역경영사) '생산, 운영원리 연습'(1993, 무역경영사) (종)천주교

유지수(柳知秀) YU JI SU

(생)1961 · 12 · 24 (주)경북 김천시 혁신로316의20 조달청 조달품질원(070-4056-8001) (학)1980년 배문고졸 1984년 인하대 금속공학과졸 (경)1986년 대한화학기계(現 두산건설) 근무 1988년 삼성엔지니어링 I&I구매팀장(상무) 2013년 제너럴일렉트릭(GE) 인터네셔널 전무 2016년 조달청 조달품질원장(국장급)(현)

유지원(柳志源)

(생)1974 · 4 · 6 (출)강원 원주 (주)대구 수성구 동대구로345 대구지방법원(053-757-6600) (학)1993년 한영외국어고졸 1998년 서울대 사법학과졸 (경)1997년 사법시험 합격(39회) 2000년 사법연수원 수료(29기) 2000년 육군 법무관 2003년 수원지법 판사 2005년 서울중앙지법 판사 2007년 광주지법 목포지원 판사 2010년 수원지법 판사 2010년 우리법연구회 간사 2013년 서울고법 판사 2015년 대구지법 부장판사(현)

유지은(柳枝殷) Yu Ji-eun

(생)1958 · 5 · 28 (출)서울 (주)서울 종로구 사직로8길60 외교부 인사운영팀(02-2100-7136) (학)1981년 연세대 경제학과졸 1991년 同행정대학원 외교안보학과졸 (경)1980년 외무고시 합격(14회) 1980년 외무부 입부 1986년 駐멕시코 2등서기관 1994년 駐파라과이 참사관 1997년 외무부 영사과장 1998년 외교통상부 중미과장 2000년 駐토론토 부총영사 2002년 駐페루 공사참사관 2004년 외교통상부 중남미국 심의관 2006년 駐과테말라 대사 2009년 한국국제협력단 이사(파견) 2010~2013년 제주특별자치도 국제관계자문대사 2013년 국립외교원 교수 2014년 駐칠레 대사(현) (상)과테말라 대십자훈장(2009)

유지창(柳志昌) Yoo Ji Chang

(생)1949 · 8 · 11 (본)문화(文化) (출)전북 전주 (주)서울 영등포구 국제금융로24 유진투자증권 회장실(02-368-6002) (학)1968년 동성고졸 1973년 서울대 사회학과졸 1975년 同행정대학원졸 1987년 미국 하버드대 케네디행정대학원졸 (경)1973년 행정고시 합격(14회) 1975년 재무부 사무관 1984년 同서기관(4급) 승진 1988년 同장관 비서관 1990년 同산업금융과장 · 금융정책과장 1996년 駐제네바대표부 재정경제관(참사관) 1998년 대통령 금융비서관 1999년 재정경제부 금융정책국장 2001년 금융감독위원회 부위원장 2001~2003년 증권선물위원회 위원장 겸임 2003년 한국산업은행 총재 2005~2008년 전국은행연합회 회장 2009년 유진투자증권 회장(현) (상)대통령표창, 홍조근정훈장, 황조근정훈장(2004) (종)불교

유지홍(柳志弘) Yoo Jee-Hong

생1954 주서울 강동구 동남로892 강동경희대병원 호흡기내과(02-440-7051) 학성동고졸 1978년 경희대 의대졸, 同대학원 의학석사, 의학박사(경희대) 경경희대 의과대학 내과학교실 교수(현) 1991~1993년 미국 국립보건원 연구교수 1999년 대한결핵및호흡기학회 천식진료지침제정위원회 위원 2005년 同만성폐쇄성폐질환(COPD)진료지침제정위원장 2005년 보건복지부 만성폐쇄성폐질환임상연구센터 책임연구원 2006년 同천식공동지침개발임상연구센터 책임연구원, 경희대병원 호흡기내과장, 同교육부장, 강동경희대병원 협진진료처장 2013~2015년 경희대 의무부총장 2013년 대한내과학회 회장 2013~2015년 대한결핵및호흡기학회 이사장

유 진(劉 進) Yu Jin

생1950 · 10 · 30 출서울 주대전 유성구 대학로291 한국과학기술원 신소재공학과(042-350-3302) 학1968년 경기고졸 1972년 서울대 금속공학과졸 1979년 공학박사(미국 펜실베이니아대) 경1979~1981년 독일 Max Planck 철강연구소 Guest Scientist 1982~2016년 한국과학기술원 신소재공학과 교수 1984~1985년 미국 하버드대 응용공학부 연구원 겸 강사 1989~1990년 미국 표준연구소(NIST) 방문연구원 1994~1996년 한국과학기술원 서울분원장 1997~1998년 미국 하버드대 케네디스쿨 과학기술정책(STPP)연구위원 2000~2009년 한국과학재단지정 ERC전자패키징재료연구센터 소장 2001~2003년 국가과학기술위원회 위원 2003~2004년 한국과학기술원 부총장 2003~2004년 한국마이크로전자및패키징학회 회장 2006~2008년 국제마이크로패키징학회(IMAPS) 아시아지부(ALC) 회장 2010년 (사)호랑이스코필드기념사업회 회장 2013~2016년 한국과학기술한림원 공학부장 2016년 한국과학기술원 신소재공학과 명예교수(현) 상국제마이크로전자 및 패키징학회(IMAPS) '시드니 스타인(Sidney Stein)상'(2009)

유진규(劉鎭奎)

생1965 · 2 · 26 출부산 주서울 종로구 사직로8길31 서울지방경찰청 홍보담당관실(02-700-2233) 학부산 혜광고졸 1989년 경찰대 행정학과졸(5기) 경1989년 경위 임관 2003년 부산 서부경찰서 생활안전과장 2005년 서울 강서경찰서 정보과장 2007년 서울 서초경찰서 정보보안과장 2008년 서울 서대문경찰서 정보과장 2010년 충남지방경찰청 청문감사담당관(총경) 2011년 강원 횡성경찰서장 2013년 강원지방경찰청 홍보담당관 2014년 서울지방경찰청 국회경비대장 2015년 서울 관악경찰서장 2016년 서울지방경찰청 홍보담당관(현)

유진근(劉珍根) YU Jin Keun

생1958 · 6 · 17 출대전 주세종특별자치시 시청대로370 산업연구원 산업경제연구실(044-287-3104) 학대전고졸, 서울대 경제학과졸, 미국 텍사스대 오스틴교 대학원 경제학과졸, 경제학박사(미국 텍사스대 오스틴교) 경1985~1992년 산업연구원 책임연구원 1998년 미국 텍사스대 재무관리학과 Research Associate 1998~1999년 Consultant(Economic Consulting Services · Goodfriend Consulting · Magee and Magee 등) 1999~2000년 LG경제연구원 산업연구센터 연구위원 2000~2003년 한국건설산업연구원 정책연구부 연구위원 2005년 산업연구원 연구조정실장 2007년 同선임연구위원 2008년 同서비스산업실장 2008~2009년 同연구조정실장 2009년 同산업경제연구실 선임연구위원 2013년 同부원장 2014년 同산업경제연구실 선임연구위원(현)

유진녕(柳振寧) YOO Jin Nyoung

생1957 · 7 · 26 출강원 속초 주대전 유성구 문지로188 (주)LG화학 기술연구원(042-866-2001) 학1979년 서울대 화학공학과졸 1981년 한국과학기술원 화학공학과졸(석사) 1990년 고분자공학박사(미국 Lehigh대) 경1981~1995년 (주)LG화학 기술연구원 고분자연구소 책임연구원 1996년 同기술연구원 고분자연구소 연구위원(상무) 1997년 同기술연구원 CRD연구소장(상무) 2005년 同기술연구원장(부사장) 2014년 同기술연구원장(사장)(현) 2014년 국가과학기술연구회 비상임이사 2015년 연구개발특구진흥재단 비상임이사(현) 2015년 국가과학기술심의회 민간위원(현) 상기술경영인상 최고기술경영자부문(2012), 금탑산업훈장(2012), 인촌상 과학 · 기술부문(2014) 종기독교

유진룡(劉震龍) YOO Jin Ryong

생1956 · 9 · 2 본충주(忠州) 출인천 주서울 성북구 정릉로77 국민대학교 행정대학원(02-910-4246) 학1975년 서울고졸 1979년 서울대 무역학과졸 1987년 同행정대학원 행정학과졸, 행정학박사(한양대) 경예편(해군 중위) 1978년 행정고시 합격(22회) 1979~1989년 문화공보부 행정사무관 1989~1992년 국립중앙박물관 문화교육과장 · 문화부 행정관리담당관 · 국제교류과장 1992년 대통령비서실 파견 1995년 문화체육부 문화정책과장 1996년 同총무과장 1997년 한국예술종합학교 사무국장 1998년 국립국어연구원 어문자료연구부장 직대 1998년 문화관광부 총무실 종무관 1999년 중앙공무원교육원 파견 2000년 문화관광부 공보관 2001년 同문화산업국장 2003년 대통령직인수위원회 파견 2003년 국외 훈련(미국 워싱턴주립대) 2004년 문화관광부 기획관리실장 직대 2005년 同정책홍보관리실장 2006년 同차관 2007년 을지대 여가디자인학과 교수 2008~2012년 (사)여가디자인포럼 회장 2008~2010년 한국문화예술위원회 위원 2008년 을지대 성남캠퍼스 부총장 2008년 同보건과학대학장 2008년 한국방문의해추진위원회 위원 2009년 국제레저항공전조직위원회 위원 2011년 한국여가문화학회 회장 2012년 가톨릭대 한류대학원 초대원장 2013~2014년 문화체육관광부 장관 2015년 국민대 행정대학원 행정학전공 석좌교수(현) 상국무총리표창(1988), 대통령표창(1992), 황조근정훈장(2005) 저'엔터테인먼트 산업의 이해' '예술경제란 무엇인가' 종기독교

유진수(俞鎭守) Jinsoo Yoo

생1960 주서울 용산구 청파로47길100 숙명여자대학교 경상대학 경제학부(02-710-9480) 학1983년 서울대 경제학과졸 1985년 미국 캘리포니아대 버클리교 대학원 경제학과졸 1990년 경제학박사(미국 캘리포니아대 버클리교) 경1990~1995년 대외경제정책연구원 연구위원, 숙명여대 경상대학 경제학부 교수(현) 1998~2006년 외교통상부 통상교섭분야 자문위원 1999~2001 · 2007~2011년 공정거래위원회 경쟁정책분야 자문위원 2002~2003년 미국 캘리포니아대 산타바바라교 방문교수 2007~2010년 한국국제통상학회 이사 2008년 한국공정거래조정원 분쟁조정협의회 위원(현) 2010년 프랑스 파리대 방문교수 2011년 (사)국제경제연구소 소장 2012년 한국산업조직학회 회장 2013년 한국공정거래조정원 비상임이사(현) 2016년 숙명여대 경상대학장(현)

유진영(柳眞永) Ryu Jin Yung

생1960 · 4 · 29 주경기 수원시 영통구 매영로150 삼성전기(주) LCR사업부(031-218-2564) 학휘문고졸, 한양대 무기재료공학과졸 경삼성전기(주) Chip 공정개발그룹장, 同MLCC제조3그룹장 2008년 同LCR사업부 LCR제조팀장(상무) 2013년 同LCR사업부장(전무)(현)

유진의(柳辰宜 · 女) Yoo Jin Eui

생1963 · 4 · 13 주제주특별자치도 제주시 문연로13 제주특별자치도의회(064-741-1965) 학대정여고졸, 경남대 사범대학 가정교육학과졸, 제주국제대 사회복지임상치료대학원졸(석사) 경제주도지체장애인협회 운영위원, 민주평통 제주시협의회 사회복지분과 위원장, 제주특별자치도 여성특별위원회 위원, 한국장애경제인협회 제주지회 부지회장, (사)한국지체장애인협회 제주시지회 부지회장, 노형음악학원 원장, 제주보육사랑봉사회 자문위원(현), 반딧불이동행 장애인나들이봉사단 자문위원(현), (사)국제장애인문화교류 제주시협회 운영위원(현), (사)제주장애인인권포럼 자문위원회 자문위원(현), 장애인직업재활시설 엘린 운영위원(현), 보성초등학교 총동창회 부회장(현), 제주특별자치도 투 · 융자 심사위원회 위원(현), 同사회보장위원회 위원(현), 同장애인복지기금운용심의위원회 위원(현), 한국불교태고종 제주교구신도회 자문위원(현), 백록초등학교 운영위원회 지역위원(현), 바르게살기운동 제주시협의회 자문위원(현), (사)한국장애인단체총연맹 협력위원(현), 새누리당 제주도당 장애인위원회 위원장(현), 3662지구 제주동백로타리클럽 초대회장(현) 2014년 제주특별자치도의회 의원(비례대표, 새누리당)(현) 2014년 同보건복지안전위원회 위원 2015년 同예산결산특별위원회 위원 2016년 同윤리특별위원회 위원(현) 2016년 同보건복지안전위원회 부위원장(현)

유진현(柳陳鉉) RYU Jin Hyun

[생]1971·11·29 [출]서울 [주]서울 서초구 강남대로193 서울행정법원(02-2055-8114) [학]1990년 서초고졸 1994년 서울대 법대 사법학과졸 2002년 同법과대학원 수료 2004년 미국 펜실베이니아대 법과대학졸(LLM) [경]1993년 사법시험 합격(35회) 1996년 사법연수원 수료(25기) 1996년 軍법무관 1999년 서울지법 동부지원 판사 2001년 서울지법 판사 2003년 청주지법 판사 2004년 同충주지원 판사 2006년 인천지법 판사 2008년 서울고법 판사 2009년 대법원 재판연구관 2011년 대전지법 부장판사 2012년 대법원 재판연구관 2016년 서울행정법원 부장판사(현)

유진형(柳珍馨)

[생]1964 [주]경기 수원시 장안구 창룡대로223 경기지방경찰청 제2부장실(031-888-2515) [학]1982년 진주 대아고졸 1986년 경찰대 행정학과졸(2기) 2004년 고려대 법무대학원졸(석사) [경]2007년 충북지방경찰청 생활안전과장 2008년 경기지방경찰청 제2부 수사과장 2009년 경기 화성동부경찰서장 2009년 강원 강릉경찰서장 2011년 서울지방경찰청 국회경비대장 2011년 서울 구로경찰서장 2013년 경찰청 감사관실 감사담당관 2014년 경찰청 감사관실 감찰담당관 2014년 경기 수원남부경찰서장 2015년 경기지방경찰청 제2부장(경무관)(현)

유진홍(俞鎭弘)

[생]1962 [주]경기 부천시 원미구 소사로327 가톨릭대학교 내과(1577-0675) [학]1986년 가톨릭대 의과대학졸 1994년 同대학원 의학석사 1997년 의학박사(가톨릭대) [경]1986~1990년 가톨릭대 강남성모병원 전공의 1990~1993년 해군 군의관 1993~1995년 가톨릭대 성모병원 감염내과 임상강사 1999년 미국 Harvard의과대학 부속 Massachusetts General Hospital(MGH) 감염내과 교환교수, 가톨릭대 의과대학 감염내과학교실 교수(현), 同부천성모병원 감염내과 분과장(현) 2001~2003년 대한감염학회 총무이사 2001~2003년 同보험위원 2001~2003년 同학술위원 2001~2003년 대한화학요법학회 전산정보부장 2001~2003년 대한병원감염관리학회 간행부장 2001~2004년 대한내과학회 학술위원 2007~2008년 가톨릭중앙의료원 EMR진료팀 PM(Project Manager)·CDSS(Clinical Decision Supporting System)팀장·정보화추진위원회 부위원장 2008~2010년 한국보건산업진흥원 단독중개연구 주관연구책임자 2008~2009년 보건복지가족부 질병관리본부 용역사업 주관연구책임자 2009~2010년 질병관리본부 용역사업주관연구책임자 2009년 대한감염학회 부회장 2011~2013년 同감사, 미국 미생물학회(American Society for Microbiology, ASM) 정회원(현) 2013~2015년 대한감염학회 부이사장 2015년 대한의료관련감염관리학회 회장(현) [상]한국과학기술단체총연합회 과학기술우수논문상(1996·2012), 가톨릭대 의과대학원 학술상 임상부문최우수상(1998), 대한감염화학요법학회 우수연제상(2008), 보건복지부장관표창(2010)

유진희(柳珍熙) YOO Jin Hee

[생]1958·10·14 [출]인천 [주]서울 종로구 북촌로112 감사원 감사위원실(02-2011-2010) [학]1974년 제물포고졸 1983년 고려대 법학과졸 1985년 同대학원 법학과졸, 同대학원 법학박사과정 수료 2001년 법학박사(독일 프랑크푸르트요한볼프강괴테대) [경]1986~1988년 고려대 법학연구소 연구원 1991~1993년 同법과대학 및 대학원 시간강사 1993~1995년 한림대 법학과 조교수 1995~2005년 서강대 법학과 조교수·부교수·교수, 미국 Univ. of Wisconsin(Madison) Law School Visiting Scholar 2005~2014년 고려대 법학과 및 법학전문대학원 교수, 한국경쟁법학회 회장, 한국경영법률학회 회장, 공정거래위원회 경쟁정책자문위원, 법무부 상법개정특별분과 위원 2008~2011년 고려대 교무처장 2012~2014년 공정거래위원회 비상임위원 2014년 감사원 감사위원(현) [상]고려대 석탑강의상, 고려대 우수강의상

유찬종(劉贊鍾) Yoo Chanjong

[생]1959·1·19 [출]충남 부여 [주]충남 예산군 삽교읍 도청대로600 충청남도의회(041-635-5214) [학]서울 신진공고졸, 서해대학 경영정보학과졸 [경]충남화원 대표(현), 부여청년회의소 회장, 자유민주연합 부여읍 서부 회장, 부여군개발위원회 감사 2002·2006~2010년 충남 부여군의회 의원 2004년 同사회산업위원장 2006~2008년 同의장 2010년 충남도의원선거 출마(한나라당), 새누리당 충남도당 부위원장 2014년 충남도의회 의원(새누리당)(현) 2014년 同운영위원회 위원 2014년 同문화복지위원회 부위원장 2014~2015년 同예산결산특별위원회 위원 2016년 同안전건설해양소방위원회 위원(현) 2016년 同백제문화유적세계유산확장등재 및 문화관광활성화특별위원회 위원장(현) [종]기독교

유찬종(劉燦鍾) YOO Chan Jong

[생]1959·11·20 [주]서울 중구 덕수궁길15 서울특별시의회(02-3783-1671) [학]연세대 법학과졸 [경]1998~2006년 서울시 종로구의회 의원(3·4대), 同예산결산특별위원회 위원장, 새천년민주당 서울종로지구당 부위원장, 서대문경찰서 교통규제심의위원, 서울종로구체육회 총무, 서울시 건축심의위원, 同방위협의회 간사, 同광고물심의위원, 同교통불편심의위원, 同교육경비심의위원, 민주평통 종로구협의회 총무, 한국옥외광고협회 서울시지부 종로지회장, 새마을문고중앙회 서울종로구지부 회장 2006년 서울 종로구의원선거 출마 2010~2014년 서울 종로구새마을지회 회장 2012년 교남동새마을금고 이사장 2013년 서울희망시민연대 공동대표 2013년 정책네트워크 '내일' 회원 2014년 새정치민주연합 정세균 국회의원 특별보좌관 2014년 서울시의회 의원(새정치민주연합·더불어민주당)(현) 2014·2016년 同도시계획관리위원회 위원(현) 2014년 同한옥지원특별위원회 위원 2015년 同예산결산특별위원회 위원(현) 2016년 同지방분권TF 위원(현) [상]대한민국바른지도자상 지방자치의정부문 대상(2016) [종]천주교

유창근(俞昌根) YOO Chang Keun

[생]1953·1·24 [출]경북 경주 [주]서울 종로구 율곡로194 현대상선(주) 임원실(02-3706-5001) [학]1971년 서울 대광고졸 1976년 고려대 경제학과졸 [경]1978년 현대종합상사 입사 1996년 현대상선(주) 이사대우 1998년 同이사 2000년 同상무 2002년 同구주본부장(상무) 2004년 同구주본부장(전무) 2006~2008년 同컨테이너영업부문장(전무) 2009~2010년 해영선박 대표이사 부사장 2012년 현대상선(주) 사장 2013년 同대표이사 사장 2014년 同부회장 2014~2016년 인천항만공사 사장 2016년 한국해양소년단 인천연맹장(현) 2016년 현대상선(주) 대표이사 사장(현) 2016년 세계선사협의회(WSC) 이사(현) [상]은탑산업훈장(2010), 공감경영 2015 대한민국 CEO대상(2015), 국가지속가능경영대상 국가지속가능발전 기관장부문(2016) [종]기독교

유창기(柳昌起)

[생]1950·1·8 [주]충남 서천군 서천읍 군사길34 대한적십자사 충청남도지사(041-952-5659) [학]충남고졸, 충남대 문리과대학 수학과졸, 동국대 행정대학원 교육행정과졸 [경]광천상고·천안공고·천안중앙고·대천중·청라중·천안봉서중·인주중·삽교중·천안쌍용고 교사, 천안교육지원청 근무, 충남학생교육문화원 근무, 서울신학대 법인이사, 호서대 법인이사, 대한적십자사 대전·세종·충남지사 부회장, 충남도교육청 교육사랑장학재단 이사(현), 충남도의회 의정자문위원(현), 지역문화예술협동조합 이사장(현), 호서대 초빙교수 2014년 충남도 교육감 예비후보 2016년 대한적십자사 충청남도지사 초대 회장(현)

유창동(柳昌東) YOO Chang Dong

[생]1963·11·9 [출]경북 안동 [주]대전 유성구 대학로291 한국과학기술원 전기및전자공학부(042-350-8070) [학]1986년 미국 캘리포니아공과대 전기공학과졸 1988년 미국 코넬대 대학원 전자공학과졸 1996년 전자공학박사(미국 MIT) [경]1997~1999년 한국통신 연구개발본부 근무 1999년 한국과학기술원 전자전산학과 교수, 同전기및전자공학부 교수(현) 2011년 同글로벌협력본부장 2013~2015년 同국제협력처장 [종]기독교

유창수(柳昌秀) RUE Chang Su

[생]1963·5·21 [출]서울 [주]서울 영등포구 국제금융로24 유진투자증권 부회장실(02-368-6671) [학]1985년 고려대졸 1990년 미국 노던일리노이대 경영대학원졸(MBA) 1998년 연세대 경영대학원 고급기업분석가과정 수료 [경]1993~1997년 영양제과(주) 전무 1997~2004년 유진종합개발(주) 사장 2004~2007년 유진그룹 시멘트부문 대표이사 사장 2004~2007년 고려시멘트(주) 부회장 2007~2009년 유진투자증권(舊 서울증권) 대표이사 부회장 2009년 同이사회 의장 겸 부회장 2011년 同대표이사 부회장(현)

유창수(柳昌秀)

ⓖ1974 · 11 · 20 ⓞ서울 ⓙ서울 영등포구 국회대로70길18 한양빌딩 새누리당(02-3786-3000) ⓗ미국 트로이고졸 1995~1996년 일본 와세다대 국제부 수학 1997년 미국 옥시덴탈대 국제관계학과졸 2002년 연세대 경영대학원 경영학과졸 ⓖ1996년 United Nations Association of the USA 근무 2002~2004년 LG전자 근무 2005~2006년 한국 Sun Microsystems 근무 2006년 유환아이텍(주) 대표이사(현) 2007년 한나라당 제17대 대통령중앙선거대책위원회 외교안보특보 2012년 새누리당 제18대 대통령중앙선거대책위원장 비서실장 2012년 同제18대 대통령중앙선거대책위원회 청년본부 중소기업 CEO단장 2014년 한국유권자연맹 제6회 지방선거 국민선거감시단장 2016년 새누리당 최고위원(현) ⓢ국세청 모범납세자상(2015)

유창식(俞昌植) YU CHANG SIK

ⓖ1961 ⓙ서울 송파구 올림픽로43길88 서울아산병원 암병원(02-3010-1300) ⓗ1986년 서울대 의대졸 1995년 同대학원 의학석사 1998년 의학박사(서울대) ⓖ1990~1994년 서울대병원 외과 전공의 1994~1995년 서울아산병원 외과 전임의 1995~2008년 울산대 의과대학 외과학교실 전임강사 · 조교수 · 부교수 1998~1999년 미국 메이오클리닉 연수 2005년 미국 코넬대 연수 2007년 울산대 의과대학 외과학교실 교수(현) 2008년 서울아산병원 대장항문외과 과장 2009년 同병원 대장암센터 소장 2014년 同암병원장(현) ⓢ국민포장(2015)

유창연(劉昶洴) YU Chang Yeon

ⓖ1956 · 11 · 10 ⓑ강릉(江陵) ⓞ강원 횡성 ⓙ강원 춘천시 강원대학길1 강원대학교 농업생명과학대학 생물자원과학부(033-250-6411) ⓗ1982년 강원대 농학과졸 1984년 서울대 대학원졸 1991년 농학박사(미국 일리노이대) ⓖ1991~1992년 미국 일리노이대 연구원 1992~2003년 강원대 자원식물개발학과 전임강사 · 조교수 · 부교수 1994~1997년 同농대 식물응용과학부장 1995~1997년 농촌진흥청 전문위원 1997~2002년 철원특작시험장 연구책임관 1997~2001년 강원도농업기술원 겸임연구관 1999~2003년 강원대 농촌사회교육원 주임교수 겸 교학부장 1999~2000년 同공동실험실장 2001년 同식물응용과학부장 2003년 同농업생명과학대학 식물자원응용공학과 교수, 同농업생명과학대학 생물자원과학부 식물자원응용공학전공 교수(현) 2004년 同한방바이오소재연구센터 소장 2005년 한국약용작물학회 부회장 2006~2008년 강원대 농촌사회교육원장 2009~2010년 한국약용작물학회 회장 2010년 강원도의회 농림수산의정자문단(현) 2012~2014년 강원대 농업생명과학대학장 2012~2014년 同농업생명과학대학 부속농장장 2012~2014년 同녹색생명산업정책대학원장 ⓢ한국약용작물학회 학술상(1999), 과학기술우수논문상(2003), 우수논문발표상(2004), 농림부장관표창(2006), 한국약용작물학회 공로상(2007), 강원대총장표창(2010) ⓩ'자원식물학개론'(1993) '잡초방제학 실험'(1997) '식물유전자원학'(1997) '약용 식물학(共)'(2007) ⓩ천주교

유창조(柳昌朝) Yoo, Changjo

ⓖ1959 · 4 · 1 ⓞ서울 ⓙ서울 중구 필동로1길30 동국대학교 경영대학(02-2260-3718) ⓗ1977년 휘문고졸 1981년 연세대 경영학과졸 1985년 미국 오리건대 대학원졸(MBA) 1991년 경영학박사(미국 애리조나대) ⓖ1983~1985년 오리콤 근무 1992년 누리기획 마케팅전략연구소 책임연구원 1993~1995년 울산대 경영학과 조교수 1995년 동국대 경영대학 경영학부 교수(현) 1997~2001년 同광고학과장 1998~2000년 매일경제 경제경영연구소 연구위원 1999년 한국소비자학회 Doctoral Consortium 준비위원장 2004~2006년 마케팅관리연구 편집위원장 2005~2007년 동국대 경영학과장 2005년 한국소비자학회 춘계학술대회 조직위원장 2005~2007년 한국경영학회 '경영학연구' 편집위원 2006~2008년 한국연구재단 프로그램 매니저 2006~2008년 사회과학협의회 편집위원 2006~2008년 한국소비자학회 '소비자학연구' 편집위원장 2006년 한국마케팅학회 하계학술대회 조직위원장 2007~2008년 한국광고학회 회장 2007년 한국갤럽논문상 심사위원(현) 2007년 Asia Pacific AAA 국제학술대회 Co-chair 2007년 한국마케팅학회 추계학술대회 조직위원장 2008~2015년 한국마케팅관리학회 부회장 2008년 하계경영통합학술대회 조직위원장 2008~2013년 우정사업본부 경영평가평가위원 2008~2014년 헤럴드경제 광고대상 심사위원장 2008~2014년 코리아타임스 광고대상 심사위원장 2008~2014년 한국경제신문 브랜드명품대상 심사위원장 2009~2014년 同마케팅대상 심사위원장 2009년 동국대 경영전문대학원장 겸 경영대학장 2009년 KBO 실행위원회 운영위원(현) 2009~2010년 한국경영대학원장협의회장 2009~2010년 한국마케팅학회 하계학술대회 조직위원장 2009~2014년 한국경제신문 고객감동경영대상 심사위원장 2010~2015년 소비자광고심리학회 부회장 2010년 한국관광공사 우수쇼핑인증평가위원(현) 2010~2012년 서울시 국제컨퍼런스평가위원 2011년 국가브랜드대상 심사위원장 2011~2015년 조선일보 한국의가장사랑받는브랜드대상 심사위원장 2011년 한국연구재단 전문위원(현) 2011년 한국마케팅학회 프론티어대상선정위원회 위원장 2011~2013년 동국대 경영학과장 2011~2012년 한국소비자학회 회장 2011~2012년 지식경제부 산업기술연구회 경영평가위원 2011~2013년 同경영평가위원 2011~2015년 중앙일보 고객사랑브랜드대상 심사위원장 2012~2013년 한국마케팅학회 회장 2012~2014년 조선일보 사회공헌대상 심사위원장 2012~2014년 동아일보 대한민국경영대상 심사위원장 2013~2014년 同대한민국최고경영자대상 심사위원장 2013~2015년 한국경영학회 '경영학연구' 편집위원장 2014년 SK텔레콤 경영전략평가위원(현) 2015년 (주)백광소재 사외이사(현) 2016년 한국경영학회 회장(현) ⓢ동국대 우수교원상(2002), 한국소비자학회 최우수논문심사자상(2003 · 2006), 한국갤럽 우수논문상(2005), 한국소비자학회 최우수논문상(2006), 한국경영학회 최우수논문심사자상(2007), 한경마케팅대상 학술부분특별상(2010), 한국소비자학회 학술발표우수상(2010), 한국연구재단 우수평가자상(2012), 동국대 Best Teaching Award- English(2012), 한국편집기자협회 학술공헌상(2013), 한국소비자학회 학술공헌상(2013), 한경마케팅대상 올해의 학술공헌상(2013), 한국마케팅학회 우수논문상(2014), 조선경제 학술공헌상(2014), 동아일보 학술공헌상(2014) ⓩ'성공한 경영자가 알고 있는 소비자 이야기'(1997, 세경사) '소비자시대, 소비자 이야기'(1997, 세경사) '광고원론(통합적 마케팅 커뮤니케이션 접근)(共)'(1998, 법문사) '마케팅 기본법칙'(1998, 한언출판사) '마케팅 커뮤니케이션 관리(共)'(2001, 학현사) '광고관리(共)'(2004, 법문사) '광고와 사회(共)'(2006, 한국광고학회) '14인 마케팅 고수들의 잘난척하는 이야기(共)'(2007, 책든사자) '코틀러의 마케팅원리(共)'(2007, 피어슨에듀케이션코리아) '마케팅입문(共)'(2008, 피어슨에듀케이션코리아) 'SHOW(共)'(2009, Culture Graphics) '광고관리(共)'(2010, 학현사) '히말라야를 꿈꾸며-블랙야크 브랜드 스토리'(2013, 아이웰콘텐츠)

유창종(柳昌宗) YOO Chang Jong

ⓖ1945 · 7 · 15 ⓑ전주(全州) ⓞ충남 홍성 ⓙ서울 중구 퇴계로100 스테이트타워남산8층 법무법인 세종(02-316-4002) ⓗ1964년 대전고졸 1969년 서울대 법대졸 1984년 미국 미시간대 대학원 비교법학과졸 1985년 서울대 행정대학원 국가정책과정 수료 ⓖ1972년 사법시험 합격(14회) 1974년 사법연수원 수료(4기) 1974년 서울지검 검사 1977~1981년 부산지검 마산지청 · 청주지검 충주지청 · 서울지검 의정부지청 검사 1981년 법무부 보호국 검사 1983년 서울지검 동부지청 검사 1985년 법무부 법무실 검사 1986년 대전지검 서산지청장 1987년 서울올림픽조직위원회 법무실장 1989년 대검찰청 형사1부 마약과장 1991년 아 · 태지역마약법 집행기관장회의 제1부의장 1992년 서울지검 남부지청 특수부장 1993년 서울지검 강력부장 1994년 광주지검 순천지청장 1996년 수원지검 차장검사 1997년 同제1차장검사 1997년 同성남지청장 1998년 서울지검 의정부지청장 1999년 인천부지청장 1999년 청주지검장 2000년 대검찰청 강력부장 2001년 同중앙수사부장 2002년 법무연수원 기획부장 2002년 법무부 법무실장 2002년 서울지검장 2003년 대검찰청 마약부장 2003년 법무법인 세종 변호사 2005년 (사)한국박물관회 회장 2005~2008년 북경올림픽특별위원회 법률고문 2006~2011년 (사)국립중앙박물관회 회장 2006년 법무법인 세종 베이징사무소 수석본부장(수석변호사) 2008년 유금와당박물관 관장(현) 2009~2011년 문화재위원회 건축문화재분과 · 천연기념물분과 위원 2015년 법무법인 세종 변호사(현) 2015년 문화재청 동산문화재분과위원회 문화재위원(현) ⓢ근정포장(1982), 대통령표창(1989), 홍조근정훈장(1991), 황조근정훈장(1994), 국민훈장 모란장(2002), 검찰총장 감사패(2015) ⓩ'와당으로 본 한국문화' '동아시아 와당문화'(2009, 미술문화) ⓩ기독교

유창하(柳漲夏) YOO Chang Ha

ⓖ1954 · 6 · 5 ⓑ풍산(豊山) ⓞ경북 ⓙ서울 강남구 광평로280 로즈데일빌딩 풀무원 전략경영원 원장실(02-2040-4470) ⓗ1973년 서울고졸 1977년 서울대 경영학과졸 1987년 성균관대 대학원 경영학과졸 ⓖ1976년 삼일회계법인 입사 1988~1989년 同이사 1989~1991년 진로그룹 기획조정실 이사 1992년 진로쿠어스맥주(주) 관리담당 이사 1993~1996년 同상무이사 1996~1999년 同전무이사 2000년 카스맥주(주) 부사장 2000~2001년 (주)리더컴 대표이사 사장 2001~2005년 오비맥주(주) 부사장 2006~2008년 (주)풀무원 BHC지원부문 재무담당 부사장(CFO) 2006~2010년 (주)엑소후레쉬물류 대표이사 겸임 2008~2010년 (주)풀무원홀딩스 재무담당 부사장(CFO) 2010년 풀무원건강생활 대표이사 부사장 2014년 풀무원 전략경영원장(현)

유창혁(劉昌赫) Yoo Changhyuk

(생)1966 · 4 · 25 (본)강릉(江陵) (출)서울 (주)서울 성동구 마장로210 한국기원(02-3407-3850) (학)1985년 서울 충암고졸 (경)1984년 프로바둑 입단 1984년 세계아마바둑선수권 준우승 1985년 2단 승단 1986년 3단 승단 1986년 신인왕전 우승 1988년 대왕전 우승 1989년 기성전 준우승 1990년 기성전 우승 1990년 대왕전 준우승 1990년 4단 승단 1991년 기성전 · 천원전 준우승 1991년 5단 승단 1992년 왕위전 우승 · 제왕전 준우승 1993년 후지쯔배 우승 1993년 6단 승단 1994년 기성전 우승 1994년 박카스배 우승 1995년 왕위전 우승 1995년 7단 승단 1996년 9단 승단(현) 1996년 KBS바둑왕전 우승 1996년 SBS배 연승바둑최강전 우승 1998년 프리텔배 우승 1998 · 1999년 배달왕전 우승 1999년 후지쯔배 세계선수권대회 우승 2000년 삼성화재배 세계선수권대회 우승 2001년 춘란배 세계바둑선수권대회 우승 2001 · 2002년 맥심배 우승 2002년 LG배 세계기왕전 우승 2002년 제5회 맥심배 입신최강전 준우승 2002년 제15회 후지쓰배 준우승 2002년 제1회 KTF배 준우승 2003년 KT배 우승 2003년 제37기 패왕전 우승 2005년 1000승 달성 2014년 국가대표 바둑팀 감독(현) 2014년 한국기원 이사(현) 2016년 전자랜드 프라이스킹배 '한국바둑의 전설' 우승 2016년 한국기원 사무총장(현) (상)최우수기사상(1993), 바둑문화상 감투상(1999)

유창훈(劉昌勳)

(생)1973 · 4 · 10 (출)대전 (주)부산 연제구 법원로31 부산지방법원(051-590-1114) (학)1992년 대전고졸 1997년 서울대 공법학과졸 (경)1997년 사법시험 합격(39회) 2000년 사법연수원 수료(29기) 2000년 육군 법무관 2003년 서울지법 의정부지원 판사 2004년 의정부지법 판사 2005년 서울중앙지법 판사 2007년 광주지법 순천지원 판사 2010년 의정부지법 고양지원 판사 2012년 서울고법 판사 2013년 대법원 재판연구관 2015년 부산지법 부장판사(현)

유창희(柳昌凞) YOO Chang Hee

(생)1961 · 2 · 17 (출)전북 완주 (주)전북 전주시 덕진구 가리내로5 (주)전주교차로(063-271-6644) (학)이리고졸 1991년 전주대 무역학과졸 1997년 同대학원 국제경영학과졸 (경)열린우리당 전북도당 대변인, 생활체육구역연합회 전북도회장, (주)전주교차로 대표이사 회장(현) 2006 · 2010~2012년 전북도의회 의원(열린우리당 · 대통합민주신당 · 통합민주당 · 민주당), 민주당 전북도당 대변인 2008년 전북도축구협회 회장 2010~2012년 전북도의회 부의장 (상)국민훈장 목련장(2007) (저)'낮은 목소리 우직한 소걸음..유창희의 뚜벅뚜벅 세상걷기'(2011)

유천균(庾千均) Yoo Cheon Kyun

(생)1956 · 4 · 27 (본)무송(茂松) (출)대전 (주)서울 광진구 자양로76 우체국물류지원단(070-7202-1001) (학)1975년 충남고졸 1982년 한남대 경영학과졸 (경)2003년 우정사업본부 우편사업단 우편마케팅팀장 2005년 同금융사업단 금융리스크팀장 2005년 포항우체국장 2007년 공주우체국장 2009년 대전유성우체국장 2011년 충청지방우정청 우정사업국장 2011년 同청장 직대 2013년 同사업지원국장 2013년 우체국물류지원단 이사장(현) (상)체신부장관표창(1986 · 1989), 대통령표창(1993), 정보통신부장관표창(1996 · 2006), 홍조근정훈장(2014)

유천일(劉天逸) YU Chun Il

(생)1957 · 1 · 4 (본)강릉(江陵) (출)서울 (주)충남 천안시 동남구 수신면 우각골길53 유니슨이테크(041-620-3333) (학)1976년 서울고졸 1982년 서울대 경제학과졸 (경)1981년 (주)쌍용중공업 기획부 입사 1997년 同경영기획실장 2001년 대경기계기술 기획실장(이사) 2002년 (주)STX 전략기획실장(이사) 2003년 STX조선(주) 전략기획실장(부상무) 2004년 (주)STX 전략기획본부 · 경영관리본부 상무 2004년 STX팬오션(주) 경영기획본부장(상무) 2006~2009년 同전략기획본부장(전무) 2009년 (주)STX 전략기획본부장(전무) 2010년 STX엔파코(주) 부사장 2010년 STX메탈(주) 대표이사 부사장 2013년 STX중공업(주) 제조부문 부사장 2013년 STX팬오션 대표이사 사장 2014년 유니슨이테크 대표이사 사장(현)

유 철(俞 哲)

(주)제주특별자치도 서귀포시 신중로27 서귀포경찰서(064-760-5311) (학)1985년 전북 영생고졸 1990년 경찰대 법학과졸(6기) (경)1990년 경위 임용 1998년 전북 무주경찰서 정보과장(경감) 1999년 서울지방경찰청 제2기동대 25중대장 2004년 경기 가평경찰서 생활안전교통과장(경정) 2007년 서울 서대문경찰서 형사과장 2010년 서울 중랑경찰서 형사과장 2013년 서울 송파경찰서 형사과장 2014년 제주지방경찰청 수사과장(총경) 2015년 제주 서귀포경찰서장(현)

유철규(劉哲圭) Yoo, Chul-Gyu

(생)1958 · 10 · 23 (주)서울 종로구 대학로101 서울대병원 내과(02-2072-3760) (학)1977년 경기고졸 1983년 서울대 의대졸 1987년 同대학원 의학석사 1991년 의학박사(서울대) (경)1983년 서울대병원 수련의 1987년 同내과 전공의 1990년 同호흡기내과 전임의 1992년 강남병원 호흡기내과장 1993년 서울대 의대 내과학교실 전임강사 · 조교수 · 부교수 · 교수(현) 1995~1997년 미국 Univ. of North Carolina Research Fellow 1998년 서울대 의대 부학장보 2000년 서울대병원 내과계중환자실장 2001년 同임상의학연구소 중앙실험실장 2003년 同임상의학연구소 연구실험부장 2004년 同진료협력실장 2006년 同내과 중환자진료실장 2006년 同홍보실장 2014년 同내과 진료과장(현) 2014년 서울대 의대 내과학교실 주임교수(현) 2016년 대한내과학회 이사장(현)

유철민(劉哲民) YOO Chul Min

(생)1960 · 8 · 18 (본)강릉(江陵) (출)서울 (주)서울 광진구 아차산로401 영창빌딩301호 유철민법률사무소(02-456-7080) (학)1979년 경신고졸 1983년 고려대 법학과졸 1985년 同대학원졸(법학석사) (경)1985년 사법시험 합격(27회) 1988년 사법연수원 수료(17기) 1988~1989년 이인제변호사 사무실 근무 1988년 변호사 개업(현) 1989~1990년 안상수변호사 사무실 근무 2002년 SBS 로펌콜 자문변호사 2006년 국민의소리 자문변호사(현) 2007년 법무부위촉 법교육강사(현) 2008년 고려대우회 상임이사(현) 2009년 대한변호사협회 시민법률학교강사 2010~2014년 사법정의국민연대 자문변호사 2012년 서울중앙지법 조정위원(현) 2014년 변호사연수원 강사 (상)올해를 빛낸 법조인상(2008, 헤럴드경제) (저)'지배 · 종속회사의 합리적 규율을 위한 고찰' (종)기독교

유철인(庾喆仁) YOO Chul In

(생)1956 · 10 · 25 (출)광주 (주)제주특별자치도 제주시 제주대학로102 제주대학교 철학과(064-754-2784) (학)1975년 경기고졸 1979년 서울대 인류학과졸 1983년 미국 뉴욕주립대 빙햄턴 대학원졸 1993년 인류학박사(미국 일리노이대 어배나교) (경)1979~1981년 한국농촌경제연구원 연구원 1984~1996년 제주대 사회학과 전임강사 · 조교수 · 부교수 1991~1994년 同사회학과장 1993~1996년 제주학회 편집위원장 1995년 (사)제주4.3연구소 이사 1996~1998년 한국문화인류학회 연구위원장 1996~2000년 제주대 사회학과 교수 1997~2001년 同박물관장 2000년 同철학과 교수(현) 2000~2001년 역사문화학회 회장 2004년 미국 미시간대 인류학박물관 방문학자 2007~2010년 제주학회 부회장 2007~2010년 비교문화연구 편집위원장 2008~2010년 한국국제이해교육학회 이사 겸 편집위원장 2009~2010년 한라산생태문화연구소 소장 2010~2011년 일본 도호쿠대 및 야마가타대 객원연구원 2011~2015년 한국문화인류학회 편집위원장 2013~2014년 제주학회 회장 2014~2015년 (사)제주4.3연구소 소장 2015년 한국문화인류학회 회장(현) (상)교육부장관표창(1979) (저)'한국 농촌주민의 삶의 질(共)'(1982) '제주사회론(共)'(1995) '낯선 곳에서 나를 만나다 : 문화인류학 맛보기(共 · 編)'(1998 · 2006) '제주사회론2(共)'(1998) '무덤에서 살아나온 4.3 수형자들(共)'(2002) '처음 만나는 문화인류학(共)'(2003) '인류학과 지방의 역사(共)'(2004) '함께사는 세상만들기(共)'(2004) '지방사연구 입문(共)'(2008) '문화인류학 반세기(共)'(2008) '다문화 사회와 국제이해교육(共)'(2008) '화산섬, 제주세계자연유산, 그 가치를 빛낸 선각자들(共)'(2009) '구술사로 읽는 한국전쟁(共)'(2011) '여성주의 역사쓰기 : 구술사 연구방법(共)'(2012) '스포츠 인류학 : 방법과 사례(共)'(2012) '제주와 오키나와 : 동아시아 지역간 이동과 교류(共)'(2013) (역)'인류학과 문화비평'(2005)

유철주(柳哲柱) LYU Chuhl Joo

(생)1959 · 1 · 25 (본)서령(瑞寧) (출)서울 (주)서울 서대문구 연세로50의1 연세암병원 소아혈액종양과(02-2228-2060) (학)1983년 연세대 의대졸 1987년 同대학원졸 1993년 의학박사(연세대) (경)1983~1987년 연세대 세브란스병원 인턴 · 레지던트 1987~1990년 적십자병원 소아과장 1993~2007년 연세대 의대 소아과학교실 전임강사 · 조교수 · 부교수 1996~1997년 미국 St. Jude Children's Research Hospital 교환교수 2007년 연세대 의과대학 소아과학교실 교수(현) 2008 · 2012 · 2014년 연세대의료원 암센터 소아혈액종양과장 2009년 연세대 의대 교육부학장 2010년 연세대의료원 연세암병원 소아혈액종양과장(현) 2011년 연세대의료원 기획조정실 부실장 2011년 세브란스병원 소아암전문클리닉팀장 2013~2014년 연세대의료원 의학도서관장 2014년 연세대 의과대학 소아과학교실 주임교수(현) 2015년 연세대의료원 연세

암병원 병원학교장 겸 소아청소년암센터장(현) 2016년 대한조혈모세포이식학회 회장(현) (상)교육인적자원부장관표창(2007), 연세대 의대 올해의 교수상(2009), 대한조혈모세포이식학회 학술상(2011)

유철준(俞哲濬) Chuljun Yu

(생)1956 · 7 · 4 (출)서울 (주)경기 성남시 분당구 판교로255번길9의22 판교테크노밸리 (주)우림(02-3488-6962) (학)일본 아오야마가쿠인대(靑山學院大學) 영미문학과졸, 서울대 인문대학 최고지도자인문학과정(AFP) 수료(2기) (경)1980년 문화공보부 해외공보관 입부 1980년 駐일본대사관 공보관보 1985~1991년 공보처 해외공보관 외신전문위원, 86아시안게임 및 88올림픽 조직위원회 파견근무(외신담당관) 1991년 駐일본대사관 1등서기관 1996~1999년 駐태국대사관 참사관 1997년 KAL기추락사건 정부합동조사단 대변인 1998년 태국 방콕아시안게임 정부연락관 1999년 해외홍보원 외신과장 2000년 대통령비서실 공보수석실 해외언론국장 2004년 駐오스트리아대사관 공사 2006년 해외홍보원 외신분석관 2007년 (주)우림 대표이사 사장 2007년 우림건설(주) 해외사업부문 부사장 2008년 同사장 2008년 우림자원개발(주) 대표이사 사장 2010년 유엔환경계획(UNEP) 한국위원회 이사(현) 2012년 (주)우림 부회장(현) (상)올림픽기장 문화장(1988), 공보처장관표창(1996), 외무부장관표창(1997), 대통령표창(2003), 국정홍보처장표창(2004)외 다수 (종)기독교

유철진(俞徹鎭) Yoo, Chul Jin (快然)

(생)1942 · 7 · 3 (본)창원(昌原) (출)서울 (주)서울 강남구 선릉로616 제일빌딩3층 (주)티아이에스정보통신 비서실(02-517-6680) (학)동성고졸 1968년 한양대 공대 기계공학과졸 1990년 미국 앨라배마주립대 공대 산업공학과졸, 경영학박사과정수료(미국 앨라배마대) (경)1968년 현대그룹 입사 1974년 현대양행 이사 1977년 同상무 · 해외사업본부장 1979년 同창원공장장 1980년 한라그룹 전무 · 해외사업본부장 1983년 미국 알라바마주무역협회 고문 1985년 현대중공업 전무 · 중기계사업본부장 1988년 同부사장 · 건설중장비사업본부장 1992년 현대중장비(주) 북미현지법인 사장 1994~1997년 현대성공(수) 사장 2000년 (주)티아이에스정보통신 회장(현) (상)현대그룹 최우수경영자상, 미국 앨라배마주립대 우등상 (저)'궁즉통'(2014, 이서원) (종)가톨릭

유 청(柳 淸) YOU Chung

(생)1966 · 10 · 17 (본)고흥(高興) (출)서울 (주)서울 중구 덕수궁길15 서울특별시의회(02-3783-1971) (학)미국 뉴욕대(NYU) 경제학과졸, 미국 캘리포니아대 로스앤젤레스교(UCLA) 대학원 경영학과졸(MBA) (경)2011년 서울시의회 의원(재보선, 민주당 · 민주통합당 · 민주당 · 새정민주연합) 2011~2012년 同행정자치위원회 위원 2011~2012년 同안전관리및재난지원특별위원회 위원 2012~2014년 同재정경제위원회 위원 2012~2014년 同저탄소녹색성장및중소기업지원특별위원회 위원 2013~2014년 同골목상권 및 전통시장보호를위한특별위원회 위원 2013~2014년 同학교폭력대책특별위원회 위원 2013년 同예산결산특별위원회 위원 2013~2014년 同민간단체지원사업점검특별위원회 위원 2014년 서울시의회 의원(새정치민주연합 · 국민의당)(현) 2014~2016년 同한옥지원특별위원회 위원 2014~2016년 同도시안전건설위원회 위원 2015~2016년 同조례정비특별위원회 위원 2015년 同예산결산특별위원회 위원(현) 2015~2016년 同서울국제금융센터특혜의혹진상규명을위한행정사무조사특별위원회 부위원장 2016년 同보건복지위원회 위원(현) (상)전국시도의회의장협의회 제2회 대한민국 위민의정대상(2014) (종)천주교

유청모(柳靑模) YOO Cheong Mo

(생)1965 · 9 · 7 (본)진주(晉州) (출)충북 옥천 (주)서울 종로구 율곡로2길25 연합뉴스 편집국 영문경제뉴스부(02-398-3114) (학)1983년 청주 세광고졸 1990년 경기대 무역학과졸 (경)1990~1991년 조흥은행 행원 1991~2003년 코리아헤럴드 편집부 · 정치부 · 사회부 · 경제부 기자(부장) 2003~2011년 연합뉴스 영문경제뉴스부 · 영문뉴스부 기자 2011년 同국제국 영문뉴스부장(부장대우) 2013년 同국제국 영문경제뉴스부장 2013년 同국제국 기획위원(부장대우) 2015년 同정보사업국 홍보기획부장 2015년 同정보사업국 홍보사업팀장 2016년 同편집국 영문경제뉴스부장(현) (종)기독교

유춘택(柳春澤) YU Choon Tack

(생)1944 · 9 · 11 (출)전북 전주 (주)전북 전주시 완산구 전라감영로75 전라일보 회장실(063-286-3456) (학)1994년 고려대 경영대학원졸 (경)(주)광진산업개발 회장 1995년 (유)라도건설 회장 1998년 (사)동학농민혁명기념사업회 이사 1999년 전북제일신문 대표이사 1999년 전라일보 대표이사 사장, 同대표이사 회장(현) 2010년 전북도 갈등조정협의회 위원(현)

유태경(劉泰京) YOO Tae Kyung

(생)1960 · 3 · 6 (본)강릉(江陵) (출)서울 (주)경기 용인시 기흥구 원고매로12 (주)루멘스 비서실(031-218-1200) (학)1983년 서울대 전자공학과졸 1985년 한국과학기술원 전자공학과졸(석사) 1989년 전자공학박사(한국과학기술원) (경)1991~1992년 미국 코넬대 박사후과정, LG중앙연구소 선임연구원 · 팀장, Bellcore연구소 방문연구원, LG종합기술원 책임연구원 · 실장, 에피밸리(주) 대표이사 2007년 (주)루멘스 대표이사(현) (상)동탑산업훈장(2011), KAIST 정보과학기술대학 올해의 동문상(2014) (종)천주교

유태숙(劉泰淑) YOO Tae Sook

(생)1952 · 7 · 20 (본)강릉(江陵) (출)경북 김천 (주)서울 강남구 역삼로233 신승빌딩 브라코코리아 임원실(02-2222-3500) (학)1971년 김천고졸 1980년 서울대 약학과졸 (경)1979~1986년 동아제약 입사 · 개발부 과장 1987~1991년 독일약국 경영 1992년 제일약품 마케팅부장 1993~1998년 태준제약 개발 · 마케팅 · 무역담당 전무이사 1998년 게르베코리아 부사장 2001년 일양약품 상무 · 영업마케팅개발부문 전무 2004년 同대표이사 부사장 2005~2008년 同대표이사 사장 2009년 브라코코리아 대표이사(현) (상)상공부장관표창(1993)

유태열(柳台列) YOO Tae Yol

(생)1960 · 4 · 4 (출)진북 (주)대전 서구 갈마로160 KT인재개발원 본관6층 (주)KT cs 임원실(042-604-5225) (학)1978년 남성고졸 1982년 연세대 응용통계학과졸 1984년 한국과학기술원 경영학과졸(석사) 1989년 경영학박사(한국과학기술원) (경)1996년 (주)KT 경제연구소 통신정책연구팀장 1998년 同기업전략팀장, 同경영연구소 상무 2007년 同경영연구소장(상무) 2009~2014년 同경제경영연구소장(전무) 2015년 (주)KT cs 대표이사 사장(현) (상)한국통신 사장표창

유태전(劉泰銓) YOO Tae Chun (仁奉)

(생)1940 · 8 · 12 (본)강릉(江陵) (출)서울 (주)서울 영등포구 당산로31길6 영등포병원 이사장실(02-2632-0013) (학)1958년 전주고졸 1965년 고려대 의대졸, 의학박사(일본 도호대) (경)1970년 예편(해군 대위) 1973년 국립서울병원 신경외과장 겸 부원장 · 원장 직대 1977년 영등포성모병원 원장 1984년 연세대 외래교수 1985년 고려대 의대 외래교수 1985년 대한병원협회 기획이사 · 법제이사 1986년 의료법인 영등포병원 이사장(현) 1988년 서울 영등포경찰서 행정자문위원장 1988년 서울지검 의료자문위원 1992년 의계신문 대표이사 · 회장(현) 1989년 서울고검 배상심의위원회 위원(현) 1995년 민주평통 자문위원 1996년 전국중소병원협회 회장 1996년 대한신경외과학회 회장 1997년 국제제라이온스협회 354-D지구 총재 1998년 대한병원협회 부회장 1998년 한국병원협동조합 이사장 2000년 고려병원 회장 2000년 영등포구세정자문협의회 명예회장 2001년 고려대 의과대학교우회 회장 2001년 서울시병원회 회장 2001년 충 · 효 · 예 실천운동본부 상임고문 및 이사 2004년 대한병원협회 회장(현) 2005년 국제병원연맹 국제이사 2007년 국제병원연맹총회 및 학술대회 명예대회장 2009년 의료법인 인봉의료재단 뉴고려병원 · 영등포병원 회장 (상)보건사회부장관표창(1977), 서울시장표창(1982), 재무부장관표창(1984), 국제협회 오성훈장 최고훈장(1986), 국제라이온스협회 한국사자상(1986 · 1988), 민족통일협의회 민통장(1995), 대통령표창(1997), 국민훈장 동백장(2001), 중외박애상(2002), 영등포구민 평화봉사상(2003), 자랑스런 광주전남인상(2005), 미국 국무성 공로표창(2006), 국민훈장 무궁화장(2007), 병원경영혁신상(2008), 고려대 교우회 사회봉사상(2013), 한미중소병원 봉사상(2013) (저)'이것도 인생이다' '세계를 움직이는 999인의 명언'

유태현(柳泰鉉) YU Tae Hyon

[생]1957 · 11 · 20 [출]경남 거창 [주]서울 성동구 성수일로77 서울숲IT밸리4층 씨엔미디어홀딩스 회장실(02-6965-7755) [학]1980년 동국대 영어영문학과졸 [경]코리아헤럴드 외신부 기자 1989년 同사회부 기자 · 내외경제신문 유통부 기자, 문화일보 산업과학부 기자 1999년 同산업과학부 부장대우 2000년 同경제부장 2002년 同산업부장 2003년 同광고국장 2006년 소비자가만드는신문 대표이사 겸 발행인 2013년 씨엔미디어홀딩스(소비자가만드는신문 · CEO스코어 · 컨슈머리서치) 대표 2014년 同회장(현) [상]서울중소기업인혁신대회 지식경제부장관표창(2011) [종]불교

유택형(劉澤炯) Yoo, Taek-hyong

[생]1962 · 4 · 7 [본]강릉(江陵) [출]경북 예천 [주]서울 종로구 율곡로2길25 연합뉴스 콘텐츠총괄본부(02-398-3114) [학]1981년 대구 청구고졸 1988년 서울대 독어독문학과졸 2014년 서강대 언론대학원졸(디지털미디어석사) 2015년 同경제대학원 Opinion Leaders Program(OLP) 18기 수료 2015년 세계미래포럼 미래경영CEO과정 11기 수료 [경]1989~1998년 연합뉴스 외신부 · 사회부 · 문화부 · 영문뉴스부 기자 1998~2001년 기자협회보 편집위원 2001년 연합뉴스 산업부 차장대우 2003년 同경영기획실 차장 2005년 同멀티미디어본부 영상취재부 차장 2006년 同증권부 차장 2007~2009년 同전국부 부장대우 2007~2008년 농림부 양곡정책심의위원 2008~2009년 농림수산식품부 농어업 · 농어촌특별대책위원회 위원 2009년 연합뉴스 다국어뉴스부장 2010년 同한민족센터 한민족뉴스부장 2011년 同국제뉴스1부장 2011년 同국제국 국제뉴스1부 기획위원 2012년 同뉴미디어부장 겸 미디어랩팀장 2012년 同뉴미디어부장 2013년 同뉴미디어본부 뉴미디어편집부장 2013년 同콘텐츠평가실 콘텐츠평가위원 2014년 同콘텐츠평가실 콘텐츠평가위원(부국장대우) 2015년 同콘텐츠총괄본부장(현) 2015~2016년 서울중앙지법 시민사법위원회 위원 2016년 同명예법관 [종]기독교

유팔무(俞八武) YOO Pal Moo

[생]1951 · 11 · 9 [본]무안(務安) [출]서울 [주]강원 춘천시 한림대학길1 한림대학교 사회학과(033-248-1741) [학]1970년 서울대사대부고졸 1974년 서울대 사회학과졸 1981년 同대학원졸 1989년 철학박사(독일 베를린자유대) [경]1974년 중앙일보 기자 1978년 한국교육개발원 연구원보 1989년 서울대 · 국민대 · 동국대 · 서강대 · 한양대 강사 1990년 한림대 사회학과 교수(현) 1991년 경제와 사회 편집주간 1994년 학술단체협의회 운영위원장 1994년 참여연대 정책부위원장 1996년 미국 버클리대 한국학센터 방문교수 1998년 한국산업사회학회 회장 1999년 동향과전망 편집위원장 1999~2011년 춘천시민연대 공동대표 2000년 한림대 교수평의원회 의장 2001년 한국사회민주주의연구회 연구소장, 한국사회민주당 부대표 2003~2011년 강원시민단체연대회의 공동대표 2008~2010년 한림대 사회과학대학장 2010년 사회민주주의정책연구회 회장 2011년 춘천시민연대 고문(현) 2011~2014년 강원시민단체연대회의 고문, 강원지방노동위원회 위원(현) 2013~2014년 투기자본감시센터 공동대표 2013~2016년 한림대 교수평의원회 의장 2014년 협동조합사회민주주의연구이사장 [저]'춘천리포트1 · 2'(1991 · 1998) '시민사회와 시민운동1 · 2(共)'(1995) '한국의 시민사회와 새로운 진보'(2004) '중산층의 몰락과 계급양극화'(2005) '사회학'(共) [역]'현대 정치경제학'(1990) '유럽의 교훈과 제3세계'(1990)

유필계(柳必啓) RYOO Pill Gye

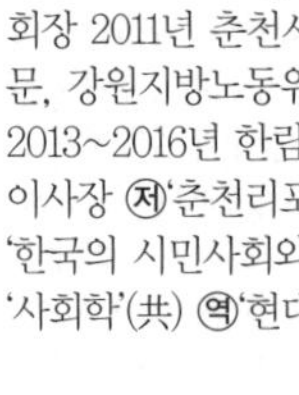

[생]1956 · 1 · 9 [출]경북 안동 [주]서울 용산구 한강대로32 (주)LG유플러스 CR전략실(1544-0010) [학]1975년 서울대사대부고졸 1979년 고려대 정치외교학과졸 1988년 미국 오클라호마주립대 대학원 경영학과졸 2002년 경영학박사(한양대) [경]1979년 행정고시 합격(22회) 1989년 체신부 정보통신과 행정사무관 1992년 안동우체국장(서기관) 1992년 체신부 공보관 1993년 同통신정책실 통신위성과장 1995년 정보통신부 정보통신정책실 정보정책과장 1995년 同정보통신정책실 기술기획과장 1997년 同정보통신정책실 정책총괄과장 1998년 同정보통신정책실 정책총괄과장(부이사관) 1999년 同정보통신지원국 통신기획과장 1999년 同Y2K상황실장 2000년 정보통신정책연구원 파견 2001년 정보통신부 공보관 2003년 同공보관(이사관) 2003년 同전파방송관리국장 2004년 중앙공무원교육원 파견 2005년 서울체신청장 2006년 정보통신부 정보통신정책본부장 2007~2008년 同정책홍보관리본부장 2008년 방송통신위원회 방송통신융합실장 2008년 LG경제연구원 부사장 2010년 통합LG텔레콤 CR전략실장(부사장) 2010년 (주)LG유플러스 CR전략실장(부사장)(현) 2013년 남북방송통신교류추진위원회 위원(현) 2015년 방송통신위원회 인터넷문화정책자문위원회 위원(현) [상]홍조근정훈장, 대통령표창

유필우(柳弼祐) YU Phil U

[생]1945 · 1 · 14 [본]문화(文化) [출]황해 연백 [주]인천 연수구 갯벌로12 미추홀타워1303호 인천사랑운동시민협의회(032-439-0493) [학]1963년 제물포고졸 1967년 연세대 경영학과졸 1977년 서울대 행정대학원 수료 1978년 미국 오하이오대 경영대학원 MBA과정 수학 [경]1974년 행정고시 합격(15회) 1975~1979년 상공부 수출진흥과 행정사무관 1979~1981년 경제과학심의회의 경제조사분석관 1982년 공무원연금관리공단 기획실장(파견) 1985~1988년 인천시 산업국장 · 지역경제국장 · 북구청장 1988~1991년 대통령 민정비서실 행정관(국장) 1992년 미국 워싱턴주립대 행정대학원 객원연구원 1994년 노동부 노동연수원장 1995년 대전지방노동청장 1997년 노동부 근로여성정책국장 1997년 同능력개발심의관 1998년 인천시 정무부시장 2002~2013년 인천시사회복지협의회 회장 2002~2003년 대한석탄공사 사장 2004~2008년 제17대 국회의원(인천 남구甲, 열린우리당 · 중도개혁통합신당 · 중도통합민주당) 2005년 열린우리당 정책위원회 부의장 2007년 同제4정책조정위원장 2007년 중도개혁통합신당 최고위원 2008~2010년 민주당 인천남구甲지역위원회 위원장 2008~2010년 同인천시당 위원장 2008~2010년 同당무위원 2010~2014년 송도국제화복합단지개발(주) 대표이사 회장 2015년 (사)인천사랑운동시민협의회 회장(현) [상]상공부장관표창, 녹조근정훈장, 국무총리표창 [저]'나는 지금도 비가오면 잠을 잘 수 없다'(2002, 형성사) '청와대특명반장 서민집을 지켜라'(2010, 코리아리더스) [종]기독교

유학수(俞學洙) Hack Soo, YU

[생]1960 · 6 · 19 [출]서울 [주]경기 수원시 영통구 센트럴타운로114의4 (주)코리아나화장품 사장실(031-722-7225) [학]1979년 용산고졸 1986년 세종대 영어영문학과졸 1991년 고려대 경영대학원 경영학과졸, 서울대 최고경영자과정 수료 [경]1986~1990년 현대전자산업(주) 근무 1991년 파인인터내셔날 창업 · 대표 1996년 (주)아름다운나라 창업 · 대표이사 사장 1999년 (주)코리아나화장품 기획 · 뉴프로젝트총괄담당 이사 2000년 同기획 · 홍보이사 2002년 同기획담당 상무 2004년 同경영지원담당 상무 2004년 同전무 2005년 同부사장 2008년 同대표이사 사장(현) 2016년 대한화장품협회 부회장(현)

유한식(俞漢植) Yu Han Sik

[생]1949 · 6 · 20 [본]기계(杞溪) [출]충남 연기 [주]전남 나주시 그린로20 한국농어촌공사 감사실(061-338-5002) [학]1968년 대전고졸 1973년 충북대 농대 축산학과졸 2012년 홍익대 대학원졸 [경]1991년 농촌진흥청 기술공보담당관 1993년 충남도농촌기술원 작물지도과장 1995년 同사회지도과장 1997년 연기군 농촌지도소장 1998~2006년 同농업기술센터 소장 2006년 충남도의원선거 출마(국민중심당) 2007년 충남 연기군수선거 출마(재 · 보궐선거, 무소속) 2008~2010년 충남 연기군수(보궐선거 당선, 자유선진당 · 무소속) 2008~2012년 (재)연기군장학회 이사장 2010년 충남 연기군수(자유선진당) 2012~2014년 세종특별자치시장(자유선진당 · 새누리당) 2014년 세종특별자치시장선거 출마(새누리당) 2015년 새누리당 세종시당 위원장 2016년 한국농어촌공사 상임감사(현) [상]국제평화언론대상 창조행정부문 최우수상(2013) [저]'나를 지켜준 선한 눈동자'(2014) [종]천주교

유한열(柳漢烈) YOO Han Yul (南泉)

[생]1938 · 1 · 15 [본]문화(文化) [출]충남 금산 [주]서울 중구 삼일대로363 충청향우회중앙회(02-755-4754) [학]1958년 서울 용문고졸 1960년 연세대 중퇴(2년) 1965년 미국 루스벨트대졸 1992년 명예 정치학박사(미국 루스벨트대) [경]1968년 미국 일리노이주정부 사회복지부 지역국장 1974년 신민당 충남3지구당 위원장 1979년 제10대 국회의원(대덕 · 금산 · 연기, 신민당) 1979년 신민당 사무차장 1980년 입법회의 의원 1981년 민주한국당(민한당) 총무위원장 · 훈련원장 1981년 제11대 국회의원(금산 · 대덕 · 연기, 민한당) 1981년 민한당 당기위원장 1982년 同사무총장 1985년 제12대 국회의원(대덕 · 연기 · 금산, 민한당 · 신민당) 1986년 신보수회 회장 1986년 민중민주당 총재 1987년 신민당 정무위원 1987년 민주이념연구회 개설 · 회장 1988년 제13대 국회의원(금산, 무소속 · 민자당) 1991년 국회 동력자원위원장 1996년 신한국당 논산 · 금산지구당 위원장 1997년 한나라당 논산 · 금산지구당 위원장 1997년 同충남도지부장 2002~2004년 제16대 국회의원(전국구 승계, 한나라당) 2003년 한나라당 운영위원 · 지도위원 · 상임고문 2016년 충청향우회중앙회 총재(현) [저]'내가 기억하는 해방 정국 청년운동'(2015) [종]불교

유한욱(柳漢旭) YOO Han Wook

㈜1954 · 8 · 27 ㈜전주(全州) ㈜경기 수원 ㈜서울 송파구 올림픽로43길88 서울아산병원 소아과(02-2224-3374) ㈜1979년 서울대 의대졸 1982년 同대학원졸 1988년 의학박사(서울대) ㈜1980~1987년 서울대 의대 소아과 인턴 · 레지던트 · 전임의 1989~1992년 미국 Mount Sinai Medical Center 의학유전학과 전임의 1989~1991년 경상대 의대 소아과 전임강사 · 조교수 1994~1999년 울산대 의대 소아과 조교수 · 부교수 1999년 同의대 소아과학교실 교수(현), 미국 의학유전학 전문의, 서울아산병원 소아과장 2009~2013년 同어린이병원장 2011년 同의학유전학센터(현) ㈜대한소아과학회 학술상, 보건복지부장관표창, 미국소아과학회 연구 Fellow상 ㈜'그림으로 보는 소아과학'(2008, 고려의학)

유한준(柳漢準) Yoo Han-jun

㈜1957 · 8 · 8 ㈜전주(全州) ㈜서울 ㈜서울 종로구 사직로8길60 외교부 인사운영팀(02-2100-7136) ㈜1981년 연세대 행정학과졸 1983년 서울대 행정대학원졸 1990년 미국 오하이오주립대 대학원 도시 및 지역계획학과졸 ㈜1982년 행정고시 합격(26회) 1983년 교통부 입부 1993년 同기획예산담당관 1994년 同수송조정2과장 1994년 미국 연방정부교통부(US DOT) 파견 1996년 국회 국제경쟁력강화위원회 파견관 1997년 건설교통부 토지관리과장 1998년 同장관비서관 2000년 同국제항공과장 2002년 同항공정책과장 2004년 同갈등관리기획단장 2004년 同항공정책심의관 2005년 同항공기획관 2006년 중앙공무원교육원 고위정책과정 파견 2007년 건설교통부 재정기획관 2008년 駐몬트리올총영사관 및 駐ICAO대표부 파견(일반직고위공무원) 2011년 국토해양부 종합교통정책관 2011년 同공공기관지방이전추진단 부단장 2012년 同중앙토지수용위원회 상임위원 2013년 국토교통부 중앙토지수용위원회 상임위원 2014년 駐우루과이 대사(현) ㈜근정포장, 대통령표창 ㈜불교

유해수(柳海洙) YOO Hai Soo

㈜1955 · 7 · 9 ㈜고흥(高興) ㈜충남 천안 ㈜경북 울진군 죽변면 해양과학길48 한국해양과학기술원 동해연구소(054-780-5210) ㈜1982년 한양대 자원공학과졸 1984년 同대학원 지구물리학과졸 1996년 공학박사(한양대) 1998~2000년 미국 스탠포드대 메탄하이드레이트과정 연수 ㈜1984~1990년 한국과학기술원 해양연구소 연구원 1990~1998년 한국해양연구원 지구물리연구그룹장 1998~2012년 同해양환경연구본부 책임연구원 2000년 同해저유물 · 자원연구센터장 2003년 同해저환경 · 자원연구본부장 2012년 한국해양과학기술원 해양환경 · 보전연구부장 2014년 同해양기반연구본부 해양환경 · 보전연구부 책임연구원 2015년 同동해연구소장(현) ㈜과학기술처장관표창(1990), 도전한국인상(2016), 동탑산업훈장(2016) 외 기타 다수 연구원상 ㈜'메탄하이드레이트(21세기 거대 신에너지 자원)'(共)(2001) '우리땅 독도'(2006) '울릉도 보물선 돈스코이호'(2007) '해저광물자원(미 이용 희소금속의 탐사와 개발)'(2013) 'UNESCO 수중문화유산 활동 매뉴얼'(2016) 등

유향숙(俞香淑 · 女) YOO Hyang Sook

㈜1950 · 2 · 4 ㈜경기 오산 ㈜대전 유성구 과학로125 한국생명공학연구원 인사과(042-860-4170) ㈜1968년 경기여고졸 1972년 서울대 약학과졸 1974년 同대학원졸 1979년 미국 캘리포니아대 샌타바바라교 대학원 생물학과졸 1985년 분자생물학박사(미국 피츠버그대) ㈜1985년 미국 테네시대 연구원 1987~1990년 한국과학기술연구원 유전공학연구소 생화학실 선임연구원 1990~1995년 同책임연구원 1992년 고려대 생물공학과 겸임교수 1992년 연세대 의대 유전과학연구소 자문위원 1994년 충남대 약대 겸임교수 1995년 대한여성과학기술인회 이사 1997년 한국과학기술연구원 생명공학연구소 분자 · 세포생물학연구부장 1999년 생명공학연구소 제1연구부 세포주기 및 신호전달 RU UNIT장 1999년 同유전체사업단 책임연구원 겸임 1999년 과학기술부 21세기프론티어연구개발사업 '게놈기능분석을 이용한 신유전자기술개발사업단' 단장 2000년 생명공학연구소 인간유전체연구사업단장 2000년 과학기술부 생명윤리자문위원 2000~2003년 대통령자문 교육인적자원정책위원회 위원 2001~2006년 한국생명공학연구원 인간유전체연구사업단장 2001~2004년 국가과학기술자문회의 자문위원 2006년 한국생명공학연구원-대전시 FHCRC공동연구협력센터장 2012년 한국생명공학연구원 명예연구원(현) 2012년 同국제협력자문위원 ㈜과학기술훈장 도약장(2002), 올해의 여성과학기술인상(2014) ㈜'분자생물학 노트' '유전공학 실험서'

유향열(柳向烈)

㈜1958 · 10 · 1 ㈜전남 나주시 전력로55 한국전력공사 임원실(061-345-3114) ㈜1976년 공주사대부고졸 1984년 서울시립대 행정학과졸, 핀란드 헬싱키경제경영대학원졸 ㈜2007년 한국전력공사 전북지사 부지사장 2008년 同아주사업처 사업운영팀장 2009년 同해외사업운영처 사업운영2팀장 2009년 同충남본부 당진지사장 2012년 同해외사업운영처장 2013년 同필리핀 일리한 말라야 현지법인장 2015년 同해외부사장(상임이사)(현)

유 헌(劉憲) YOO Heon

㈜1964 · 10 · 25 ㈜경기 고양시 일산동구 일산로323 국립암센터 교육훈련부(031-920-1951) ㈜1989년 서울대 의대졸 1993년 同대학원졸 2001년 의학박사(서울대) ㈜1989~1994년 서울대병원 인턴 · 레지던트 1994~1997년 군의관 1997~1998년 서울대병원 신경외과 전임의 1998~1999년 원자력병원 신경외과 전임의 1999~2001년 서울백병원 조교수 2001년 국립암센터 연구소 뇌척수암연구과 선임연구원 2001년 同부속병원 특수암센터 뇌척수종양클리닉 의사(현) 2005~2006년 미국 캘리포니아대 샌프란시스코교 연수 2007~2009년 국립암센터 부속병원 진료지원센터 중환자실장 2008년 서울대 의대 초빙교수 2009~2014년 국립암센터 연구소 이행성임상제2연구부 특수암연구과 과장 2009~2016년 同부속병원 특수암센터장 2014년 同이행성임상제2연구부장 2014년 국제암대학원대 시스템종양생물학과 겸임교수(현) 2016년 국립암센터 교육훈련부장(현)

유헌종(劉憲鍾) YOO Heon Jong

㈜1963 · 12 · 6 ㈜대구 ㈜서울 서초구 서초중앙로157 서울고등법원(02-530-1114) ㈜1982년 심인고졸 1986년 서울대 법학과졸 ㈜1992년 사법시험 합격(34회) 1995년 사법연수원 수료(24기) 1995년 서울지법 판사 1997년 同남부지원 판사 1999년 제주지법 판사 2002년 서울행정법원 판사 2004년 서울서부지법 판사 2007년 서울고법 판사 2008년 대법원 재판연구관 2010년 청주지법 충주지원장 2012년 서울고법 판사(현)

유헌창(劉憲昌) YU Heon Chang

㈜1966 · 8 · 6 ㈜강릉(江陵) ㈜대전 ㈜서울 성북구 안암로145 고려대학교 컴퓨터학과(02-3290-2392) ㈜1984년 대전고졸 1989년 고려대 컴퓨터학과졸 1991년 同대학원 컴퓨터학과졸 1994년 이학박사(고려대) ㈜1995~1998년 서경대 컴퓨터공학과 전임강사 · 조교수 1998~2014년 고려대 사범대학 컴퓨터교육과 조교수 · 부교수 · 교수 2000년 한국컴퓨터교육학회 이사 2002~2010년 同부회장 2005~2006년 고려대 사범대학 부학장 2006년 同사범대학 컴퓨터교육과장 겸 대학원 컴퓨터교육과 주임교수 2007년 한국정보과학회 논문지 편집위원(현) 2014년 한국컴퓨터교육학회 부회장(현) 2014년 고려대 정보대학 컴퓨터학과 교수(현) 2015년 한국정보처리학회 부회장(현) ㈜일본 오카와재단 학술연구상(2008) ㈜'컴퓨터와 교육'(1999) '정보화 시대의 컴퓨터 교육'(2001) '뉴 밀레니엄 인터넷'(2001) '컴퓨터 교육론'(2003) '문화정보화 백서'(2007) '정보과학세상'(2008) '프로그래밍 언어론'(2009) ㈜'The Unix Super Text'(1998) '시스템 프로그래밍'(1999) '데이타베이스 시스템'(2000)

유 혁(柳爀) Yoo Hyuck

㈜1960 · 5 · 25 ㈜서울 ㈜서울 성북구 안암로145 고려대학교 우정정보통신관105호(02-3290-3198) ㈜1982년 서울대 공과대학 전자공학과졸 1984년 同대학원 전자공학과졸 1986년 미국 미시간대 앤아버교 대학원 전산학과졸 1990년 전산학박사(미국 미시간대 앤아버교) ㈜1981~1982년 서울대병원 의공학과 연구원 1990~1995년 미국 선마이크로시스템스 연구원 1995년 고려대 정보통신대학 컴퓨터학과 교수(현) 2000~2001년 정보과학회 컴퓨터시스템연구회 운영위원장 2006~2009년 고려대 임베디드소프트웨어사업단장 2009년 대한임베디드공학회 편집위원장(현) 2010~2013년 고려대 융합소프트웨어전문대학원 부원장 2013년 同정보통신대학장 서리 · 컴퓨터정보통신대학원장 서리 · 융합소프트웨어전문대학원장 서리 겸임 2014년 同정보통신대학장(현) 2016년 同컴퓨터정보통신대학원장(현) ㈜한국정보과학회 가헌학술상(1999), 한국정보처리학회 우수논문상(2002), 고려대 석탑강의상(2006 · 2011), Networked Video Workshop 2007 최우수논문상(2007), 대한임베디드공학회 우수논문발표상(2008 · 2011), SW산업발전유공자포상 장관표창(2009), 한국정보과학회 우수논문상(2011 · 2012 · 2013 · 2014), 대한임베디드공학회 우수논문상(2013 · 2014), 한국정보과학회 우수논문발표상(2013 · 2014 · 2015)

유 혁(柳 赫) RYU Hyuk

[생]1968·10·28 [출]서울 [주]경기 고양시 일산동구 장백로213 의정부지방검찰청 고양지청(031-909-4000) [학]1987년 선정고졸 1992년 서울대 전자공학과졸 2003년 미국 Wake Forest Univ. LL.M.과정 수료 [경]1994년 사법시험 합격(36회) 1997년 사법연수원 수료(26기) 1997년 서울지검 검사 1999년 창원지검 통영지청 검사 2001년 울산지검 검사 2004~2005년 법무부 국제법무과 검사 2005년 삼성전자 법무팀 상무보대우 2006년 창원지검 검사 2008년 의정부지검 검사 2009년 서울중앙지검 부부장검사 2010년 부산지검 공판부장 2011년 同강력부장 2012년 의정부지검 형사5부장 2013년 대검찰청 강력부 조직범죄과장 2014년 춘천지검 속초지청장 2015년 의정부지검 형사2부장 2016년 同고양지청 부장검사(현)

유현규(劉賢奎) Hyun-Kyu Yu

[생]1958·7·31 [본]거창(居昌) [출]대구 [주]대전 유성구 가정로218 한국전자통신연구원 SW-SoC융합연구본부(042-860-5670) [학]1977년 대륜고졸 1981년 경북대 전자공학과졸 1983년 同대학원 전자공학과졸 1993년 공학박사(한국과학기술원) [경]1996~2006년 한국전자통신연구원 RF/Analog SoC 설계팀장 1999~2003년 과학기술부 RF CMOS국가지정연구실장 2001년 IEEE Senior Member 2001~2014년 RF집적회로기술연구회 회장 2002~2003년 미국 플로리다대 방문교수 2005년 미국 세계인명사전 마르퀴즈 후즈 후(Marquis Who's Who in the World)·영국 케임브리지 국제인명센터(IBC)·미국 인명연구소(ABI)에 등재 2006~2008년 한국전자통신연구원 IT부품·소재연구본부 초고주파회로그룹장 2008년 同융합부품·소재연구부문 SOC연구부 디지털RFSOC설계팀장 2010~2015년 과학기술연합대학원대 겸임교수 2010년 대한전자공학회 상임이사 겸 표준화위원장 2012년 대한임베디드공학회 부회장(현) 2012~2014년 시스템-반도체포럼 부회장 2012~2014년 임베디드SW기술포럼 의장 2012년 대한전자공학회 협동부회장(현) 2012년 한국전자통신연구원 SW-SoC융합연구소장 2013년 同융합기술연구부문 SW-SoC융합연구본부장 2014년 同SW-SoC융합연구본부 책임연구원(현) [상]대한전자공학회 기술대상(1999), IEEE SoC Design Conf. Best Paper(2002), 대한전자공학회 공로상(2003), 지식경제부장관표창(2009) [저]'CMOS RF IC 설계'(2009, 홍릉과학출판사) 'Advanced Microwave and Milimeter Wave Technologies Semiconductor Devices Circuits and Systems'(2010) [종]기독교

유현석(柳現錫) Yu Hyun-seok

[생]1963·12·13 [출]대전 [주]서울 종로구 사직로8길60 외교부 인사운영팀(02-2100-7136) [학]1982년 서울고졸 1986년 연세대 정치외교학과졸 1988년 미국 콜로라도대 대학원졸 1995년 정치학박사(미국 노스웨스턴대) [경]1995~1998년 경남대 극동문제연구소 객원연구위원 1998~2004년 중앙대 국제관계학과 교수 2003년 한국국제정치학회 연구이사 2003~2005년 국무조정실 정책평가위원 2004년 한국정치학회 섭외이사 2004~2013년 경희대 정치외교학과 교수 2005~2009년 외교통상부 자체평가위원 2006년 한국국제정치학회 총무이사 2008년 민주평통 상임위원 2008~2010년 한국캐나다학회 부회장 2010년 국가미래연구원 외교안보분야 발기인 2010년 한국국제교류재단 공공외교포럼위원 2010~2013년 통일부 정책자문위원 2011년 태국 출라롱콘대 Institute of Strategic and International Studies 초빙연구원 2013~2014년 한국세계지역학회 부회장 2013~2016년 한국국제교류재단(KF) 이사장 2016년 駐말레이시아 대사(현) [저]'국제정치경제와 한반도'(共) '동아시아 : 위기의 정치경제'(共) '2003 국제정세의 이해 : 9.11테러이후 지구촌의 아젠다와 국제관계'

유현종(劉賢鍾) YU HEAON JONG (朝山)

[생]1940·2·25 [본]강릉(江陵) [출]전북 전주 [학]1960년 서라벌예술대학 문예창작학과졸 [경]1961년 '자유문학'에 소설당선으로 소설가 등단 1972년 동아일보 신춘문예에 '오리지널시나리오' 당선 1974년 MBC TV창사기념 일일연속극 극본당선 1978~1985년 한국방송작가협회 상임이사 1980~1985년 한국문인협회 이사 1980년 국제펜클럽 한국본부 이사 1985~1989년 한국문학가협회 부이사장 1989년 국제펜클럽 이사 1991~2002년 전국경제인연합회 자문위원 1998~2002년 서울강남문인협회 회장 1999~2005년 한국문학예술진흥협회 회장 1999년 중앙대 국어국문학과 겸임교수 2000~2003년 동아일보 문학동우회장 2000~2002년 방송위원회 제1심의위원회 위원장 2000~2004년 제2의건국범국민추진위원회 강남구위원장 2001~2006년 매월당문학사상연구회 부이사장 2002~2004년 우석대 예체능대학 연극영화과 겸임교수 2004~2005년 한국소설가협회 부이사장 2012년 서울홀리클럽 공동회장 [상]자유문학 신인문학상(1961), 현대문학상(1969), 한국창작문학상(1976), 한국문학가협회상(1982), 한무숙문학상(2004), 서울 중구 문화예술체육상(2008), 자랑스런 한국인상(문학부문)(2009) [저]'열리지 않는 문'(1962) 창작집 '그토록 오랜 망각'(1966) '장화사'(1971) '태평양(전5권)'(1976) '무인시대와 삼별초(전3권)'(1978) '울음이 타는 강'(1978) '송악산(전3권)'(1978) '여름에도 잎이 없는 나무'(2004) 장편 '불만의 도시'(1968) '들불'(1974) '연개소문(전8권)'(1978) '천년한(전3권)'(1979) '낙양성의 봄(전6권)'(1982) '제국의 별(전3권)'(1982) '천산북로(전3권)'(1982) '임꺽정전(전5권)'(1983) '대조영(전5권)'(1983) '노도'(1984) '묘청(전3권)'(1985) '휴가받은 여자'(1985) '사설정감록(전4권)'(1985) '천추태후(전5권)'(1986) '계백'(1987) '의자왕'(1988) '난세부' '달은 지다(전5권)'(1993) '사랑과 용서의 성자 손양원'(2010) '용의 형제들'(2012) '돌아온 이승만'(2012) 희곡 '불만의 도시' '양반전' 모노드라마 '우리들의 광대' 뮤지컬 '들불' '서울신화' [종]장로교

유현철(柳鉉喆) YOO Hyun Chul

[생]1960·7·15 [출]충남 당진 [주]광주 광산구 용아로112 광주지방경찰청 제2부장실(062-609-2113) [학]1978년 유신고졸 1982년 동국대 경찰행정학과졸 [경]1987년 경찰 간부후보(35기) 1997년 경기지방경찰청 화성경찰서 방범과장 1998년 수원남부경찰서 형사과장 1999년 김포공항경찰대 근무 2000년 경찰청 수사과 근무 2000년 서울 청량리경찰서 정보과장 2001년 서울지방경찰청 수사과·형사과 근무 2003년 同수사국 과학수사계장 2004년 同수사국 강력계장 2005년 同수사국 광역수사대장 2006년 同경무부 경무계장 2007년 충남지방경찰청 정보통신담당관(총경) 2007년 충남 당진경찰서장 2008년 대전지방경찰청 보안과장 2008년 서울지방경찰청 외사과장 2009년 同광역수사대장 2010년 서울 관악경찰서장 2011년 서울지방경찰청 청문감사담당관 2011년 경기 수원남부경찰서장 2012년 서울지방경찰청 교통관리과장 2013년 경찰청 외사기획과장 2014년 同외사기획과장(경무관) 2014년 충남지방경찰청 차장 2014년 경기지방경찰청 제2부장 2015년 광주지방경찰청 제2부장(경무관)(현) [상]대통령표창(2002), 홍조근정훈장(2015)

유형욱(兪炯旭) YU Hyung Uk

[생]1960·5·3 [출]경기 하남 [주]서울 마포구 마포대로38 일신빌딩16층 국민의당(02-715-2000) [학]1979년 남한고졸 2010년 평생교육진흥원 행정학사 2011년 아주대 경영학과졸 [경]오토박스 대표, 민주당 조직부장, 민주연합청년동지회 상임부회장, 민주당 하남·광주지구당 부위원장, 同상무위원회 의장 1995·1998·2000·2002~2006년 경기도의회 의원(한나라당) 1995~1997년 同문교위원회 간사 1995~1997년 同한나라당 수석부총무 2002~2006년 전국시·도의장협의회 부회장 2002~2004년 경기도의회 문교위원장 2003~2004년 경기도영어문화원 이사 2004년 전국시·도의장협의회 정책위원장 2004~2006년 제6대 경기도의회 의장 2004년 한나라당 경기도당 운영위원 2006~2007년 제17대 이명박 대통령후보 정책특보 2006~2008년 경기미래포럼 대표 2009~2012년 한국남부발전(주) 감사 2009~2012년 한국감사협회 부회장 2012~2013년 새누리당 경기도당 부위원장 2013~2015년 대통령소속 지방자치발전위원회 위원 2014년 한국산업단지공단 비상임이사 2016년 제20대 국회의원선거 출마(경기 하남시, 국민의당) 2016년 국민의당 정책위원회 부의장(현) 2016년 同경기하남시지역위원회 위원장(현)

유형주(柳亨周)

[생]1965·12·15 [출]충남 부여 [주]서울 마포구 동교로134, 3층 한국에스티엘(주) 대표이사실(02-2079-2230) [학]서대전고졸, 연세대졸, 한양대 대학원졸 [경]2005년 롯데백화점 본점 여성팀장 2006년 同본점 영업총괄팀장 2007년 同영패션MD팀장 2010~2011년 同포항점장 2011년 한국에스티엘(주) 대표이사(현)

유형준(柳亨俊) YOO Hyung Joon (靑湖)

[생]1953·2·27 [본]문화(文化) [출]서울 [주]서울 영등포구 신길로1 강남성심병원 내분비내과(02-829-5367) [학]1977년 서울대 의대졸 1979년 同대학원졸 1985년 의학박사(서울대) [경]1982~1992년 국립의료원 성인병원연구실장 겸 당뇨병클리닉장 1985~1986년 덴마크 하게돈당뇨병연구소 연구원 1987~1992년 공무원연금관리공단 급여심의위원 1992년 한림대 의대 내분비내과 교수(현) 1992년 노인병재단 노인병의학연구소장 1995~1996년 일본 도쿄대 노년병학교실 연구교수 1996년 한강성심병원 기획실장 1998~1999년 대

한당뇨병학회 혈관세포연구회장 1998~1999년 대한노인병학회 회장 1999년 KBS 의료자문위원 2000년 한강성심병원 내과 과장 2005~2006년 대한비만학회 회장 2006~2008년 대한의료커뮤니케이션학회 초대회장 2006년 서울기독의사회 이사 2008~2010년 (사)한국노인과학학술단체연합회 회장 2008~2010년 (재)노인의학학술재단 이사장 2009년 대한의료커뮤니케이션학회 명예회장 2009년 제20차 세계노인학학술대회 사무총장, 同학술위원장, 同조직위원회 부위원장 2009년 대한노인병학회 노인증후군연구회 회장 2011년 박달동인회 회장 2011년 의료커뮤니케이션과예술포럼 대표(현) 2012년 대한당뇨병학회 회장 2012년 문학의학학회 부회장 2012년 한국기독의사회 이사 2012년 한국의사시인회 초대회장 2012년 돈암감리교회 장로(현) 2013년 국제노년학노인의학회(IAGG) 이사(현) 2015년 문학청춘작가회 회장(현) [상]보건사회부장관표창(1989), 서울시장표창(1997), 대한내과학회 학술연구상(1998), 함춘의학상(1998), 대한비만학회 학술연구상(1998), 대한당뇨병학회 학술상(2002), 지석영의학상(2002), 노인의학교육 공로감사장(2008, Division of Aging, Brigham and Women's Hospital, USA), 옥조근정훈장(2009), 설원학술상(2016) [저]'노인응급학'(2002) '임상비만학의 최신지견'(2002) '비만 치료지침'(2003) '당뇨병 5000년사'(2003) '당뇨병 알면 병이 아니다'(2005) '성공노화―유전자,호르몬,생활습관'(2006) '노인병 약물요법'(2006) '당뇨병 혈관세포 배양기술과 응용'(2007) '당뇨병 무엇이 궁금하세요?'(2007) '임상비만학 제3판'(2008) 시집 '가라앉지 못한 말들'(2005) '닥터 K'(2013) '두근거리는 지금'(2014, 황금알) [역]'외래 당뇨병 진료―환자의 물음에 답한다'(2008) '실전비만학'(2008) '인슐린요법 매뉴얼'(2009) [종]기독교

유형철(柳洞喆) Yoo Hyung-Cheol

[생]1966·11·14 [본]고흥(高興) [주]세종특별자치시 갈매로477 기획재정부(044-215-2252) [학]1984년 한성고졸 1988년 서울대 사회과학대학 경제학과졸 1990년 同대학원 경제학과졸 1994년 同대학원 경제학박사과정 수료 2004년 영국 맨체스터대 대학원 경제학박사과정 수료 [경]1994~1999년 재정경제원 세제실 사무관 1999~2001년 재정경제부 국제금융국 사무관 2004~2006년 同경제협력국 사무관 2006~2007년 同경제협력국 서기관 2007~2011년 駐OECD대표부 1등서기관 2011년 기획재정부 경제정책국 경쟁력전략과장 2012년 同대외경제국 통상정책과장 2013년 同대외경제국 국제경제과장 2014년 同대외경제국 대외경제총괄과장(부이사관) 2016년 同본부 근무(부이사관)(현)

유혜경(俞惠卿·女) YOO Hye Kyung

[생]1958·4·23 [출]서울 [주]인천 연수구 아카데미로 119 인천대학교 자연과학대학 패션산업학과(032-835-8262) [학]1981년 서울대 의류학과졸 1983년 미국 위스콘신대 대학원 의류학과졸 1988년 이학박사(미국 메릴랜드대) [경]1988~1991년 미국 인디아나대 조교수 1991년 인천대 자연과학대학 패션산업학과 조교수·부교수·교수(현) 1998년 미국 캘리포니아대 방문교수 2004~2006년 인천대 국제교류센터 소장 2009~2010년 同한국어학당 원장 2016년 同교무처장(현)

유혜란(柳惠蘭·女) Yoo Hye-ran

[생]1966·1·31 [주]서울 서초구 남부순환로2572 국립외교원 기획부(02-3497-7606) [학]1988년 서울대 외교학과졸 1993년 미국 버지니아대 대학원 외교학과졸 [경]1989년 외무고시 합격(23회) 1989년 외무부 입부 1995년 駐유엔 2등서기관 1998년 駐멕시코 1등서기관 2003년 駐프랑스 1등서기관 2008년 외교통상부 외교역량평가팀장 2009년 同문화외교정책과장 2011년 同개발협력국 업무지원 2011년 駐유네스코 공사참사관 2015년 국립외교원 글로벌리더십과정 파견 2016년 국립외교원 기획부장(현)

유혜자(柳惠子·女) YOO He Ja (芝石)

[생]1940·4·14 [본]문화(文化) [출]충남 논산 [학]1958년 충남여고졸, 세종대졸(2년제) 1964년 동국대 국어국문학과졸 1988년 同대학원졸 [경]1967년 MBC 입사 1972년 월간 '수필문학'에 '청개구리의 변명'으로 수필가 데뷔, 수필가(현) 1977년 경향신문 편집2부 기자 1981년 MBC 홍보실 근무 1985년 同라디오제작1부 차장대우 1987년 同제작1부 차장·제작1부 정보센터담당 부장대우 1990년 同FM방송부장 대우 1992년 同레코드실담당 부장 1995~1998년 同라디오국 FM2부 부장급·라디오국 제작2팀 효과실담당 부장급·부국장급 제작위원 2000년 방송위원회 보도교양 제1심의위원회 위원, 同이달의좋은프로그램 심사위원 2003년 同연예오락 제1심사위원 2004년 同연예오락 심의위원 2007~2009년 한국수필가협회 이사장 2014년 격월간 '그린에세이' 편집인(현) [상]현대수필문학상(1982), 한국문학상(1992), 한국수필문학상(1997), 한국방송대상 라디오PD부문 개인상(1998), 펜클럽문학상(2002), 동국문학상(2007), 조경희수필문학상(2011), 올해의 수필인상(2012), 제5회 흑구문학상(2013) [저]S수필집 '돌아오지 않는 메아리'(1972) '겨울 속의 손님'(1977) '세월의 옆모습'(1982) '어머니의 산울림'(1985) '절반은 그리움, 절반은 바람'(1992) 음악에세이 '음악의 숲에서'(1998) '차 한잔의 음악읽기'(2004) '음악의 정원'(2007) '음악의 알레그레토'(2016, 인간과문학사) 수필필선집 '꿈꾸는 우체통'(1999) '종소리'(2000) '자유의 금빛날개'(2002) '사막의 장미'(2009) 음악에세이'음악의 에스프레시보'(2011) '스마트한 선택'(2013) [종]기독교

유 호(俞 湖)

[생]1968·2·22 [주]세종특별자치시 도움6로11 환경부 해외협력담당관실(044-201-6562) [학]미국 뉴욕대 대학원 생물학과졸 [경]1997년 환경부 자연생태과 사무관 2001년 금강유역환경청 사무관 2004년 환경부 해외협력담당관실 사무관 2007년 同환경정책실 환경보건정책과 사무관 2008년 同환경전략실 화학물질과 사무관 2009년 국립생물자원관 생물자원연구부 고등식물연구과장(서기관) 2010년 환경부 새만금환경T/F팀장 2012년 同물환경정책국 수생태보전과장 2014년 同국제협력관실 지구환경담당관 2015년 同국제협력관실 해외협력담당관(현)

유호선(俞皓善) Yoo, Hoseon

[생]1955·4·5 [본]기계(杞溪) [출]경북 봉화 [주]서울 동작구 상도로369 숭실대학교 기계공학과(02-820-0661) [학]1973년 경북고졸 1977년 서울대 기계공학과졸 1979년 同대학원 기계공학과졸 1986년 공학박사(서울대) [경]1986년 한국과학기술연구원 기계공학부 연구원 1987~1993년 경상대 기계공학과 조교수·부교수 1990년 미국 Purdue대 방문교수 1993년 숭실대 기계공학과 부교수·교수(현) 2000년 미국 Rutgers대 방문교수 2002년 숭실대 생산기술연구소장 2010~2011년 대한설비공학회 회장 2011년 기계설비협의회 회장 2013~2016년 GS건설(주) 사외이사 2015년 (사)한국플랜트학회 회장(현) [상]한국과학기술단체총연합회 과학기술우수논문상, 대한기계학회 학술상 [종]기독교

유호열(柳浩烈) Ho-Yeol Yoo

[생]1955·11·21 [본]문화(文化) [출]서울 [주]서울 중구 장충단로84 민주평화통일자문회의 사무처(02-2250-2300) [학]1974년 경기고졸 1978년 고려대 정치외교학과졸 1981년 同대학원 정치학과졸 1990년 정치학박사(미국 오하이오주립대) [경]1990~1991년 고려대·경희대·이화여대·숙명여대 강사 1991년 민족통일연구원 북한연구실 책임연구원 1994~1999년 同자료조사실·연구조정실·기획조정실·통일정책연구실장 1997년 한국정치학회 연구·총무이사 1999년 고려대 인문사회학부 북한학전공 교수 2001년 同인문대학 북한학과 교수(현) 2002년 한나라당 이회창 대통령후보 통일정책특보 2004년 고려대 북한학과장 2004~2007년 同북한학연구소장 2005년 바른사회시민회의 공동대표(현) 2006~2010년 고려대 행정대학원장 2008년 통일부 정책자문위원(현) 2008~2010년 대통령 외교안보수석비서관실 자문위원 2008년 한국국제정치학회 부회장 2008년 북한연구학회 회장 2008~2012년 바른사회시민회의 운영위원 2009~2013년 민주평통 기획조정분과위원회 위원장 2009~2011년 국회 외교통상통일상임위원회 자문위원 2010년 (사)코리아정책연구원 원장(현) 2010년 통일정책태스크포스(TF) 위원 2010~2014년 6.25납북자진상규명위원회 민간위원 2011년 한반도포럼 회원(현) 2011년 통일부 남북관계발전위원회 위원(현) 2011~2015년 전국대학통일문제연구소협의회 상임대표 2012~2015년 합동참모본부 자문위원 2012~2015년 국가안보전략연구원 객원연구원 2012년 국방부 국방개혁위원(현) 2013년 한국정치학회 회장 2013년 고려대 공공정책연구소장(현) 2013년 통일부 한독통일자문위원회 위원(현) 2013년 (사)아태정책연구원 이사(현) 2013~2015년 민주평통 정치국제안보분과 위원장 2014년 천주교 서울교구 민족화해위원회 상임위원(현) 2014년 전경련 자유와창의 교육원 교수위원회 위원(현) 2014년 대통령직속 통일준비위원회 정치·법제도분과위원회 민간위원(현) 2014년 정부업무평가위원(현) 2014년 한국선진화포럼 정책위원회 위원(현) 2015년 광복70년기념사업추진위원회 민간위원(현) 2015년 천주교 평신도단체협의회 평화위원회 위원(현) 2015년 경제인문사회연구회 징계위원회 위원(현) 2015년 한국국방연구원 비상임이사(현) 2016년 민주평화통일자문회의 수석부의장(현) [상]국민훈장 모란장(2014), 합참의장 감사장(2015) [저]'군정기간의 경제정책' '한국현대정치론Ⅱ' '비교사회주의 분석틀에 입각한 북한체제변화전망' '현대북한체제론(共)'(2000, 을유문화사) '북한의 재외동포정책(共)'(2003, 집문당) '북한 사회주의 건설과 좌절'(2005, 생각의 나무) '북한연구의 성찰'(2005, 한울아카데미) '북한의 급변사태와 우리의 대응(共)'(2007, 한울아카데미) '한반도는 통일독일이 될 수 있을까(共)'(2010, 송정) '북한의 딜레마와 미래(共)'(2011, 법문사) [종]가톨릭

유홍림(柳鴻林) YOO Hong Lim

[생]1956·10·27 [출]서울 [주]충남 천안시 동남구 단대로119 단국대학교 공공관리학과(041-550-3322) [학]1975년 휘문고졸 1979년 한국외국어대 행정학과졸 1981년 고려대 대학원졸 1991년 정치학박사(미국 텍사스오스틴대) [경]1991년 국방연구원 자원관리부 선임연구원 1992~2014년 단국대 행정복지대학 행정학전공 전임강사·조교수·부교수·교수 1995~1996년 대외경제정책연구원 대외경제전문가 1998~2003년 조직학연구회 부회장 2003년 한국조직학회 부회장·회장 2005년 한국행정학회 섭외위원장 2006~2009년 책임운영기관평가단장, 행정안전부·기획재정부 정책자문위원 2006년 한국조직학회 회장 2008~2009년 중앙공무원교육원 겸임교수 2010년 단국대 법정대학장 2013년 同행정복지대학장 2014년 同공공인재대학 공공관리학과 교수(현) 2014~2015년 同공공인재대학장 [상]국방부장관공로수장(1991), 미국 텍사스대 자랑스런 동문상(2009), 홍조근정훈장(2009) [저]'작은 정부를 위한 관료제'(1991) '현대사회와 조직이론'(1993) '신행정학개론'(1995) '새조직 행태론'(1999) '정부조직진단(2002)' '정책과 제도의 문화적 분석'(2002) '조직형태의 이해'(2002) '한국행정 60년'(2008) '정책과정과 통계(共)'(2008) [역]'데이터 스모그'(2000) [종]천주교

유홍림(柳弘林) Ryu, Honglim

[생]1961·12·12 [주]서울 관악구 관악로1 서울대학교 사회과학대학 정치외교학부(02-880-6334) [학]1984년 서울대 정치학과졸 1986년 同대학원 정치학과졸 1994년 정치학박사(미국 럿거스대) [경]1987~1989년 서울대 강사 1994~1995년 서울대·서원대·서울산업대 강사 1995~1999년 서울대 사회과학대학 정치외교학부 정치학전공 조교수·부교수·교수(현) 2000년 New Political Science 편집위원(현) 2000~20001년 서울대 사회과학대학 정치학과장 2001~2002년 미국 하버드대 방문연구원 2002~2004년 서울대 사회과학대학 학생담당 부학장 2004년 한국정치학회보 편집위원 2006년 서울대 사회과학도서관장 2013~2015년 同기록관장 2014~2015년 同대학신문사 주간 [저]'현대 정치사상 연구'(2003, 인간사랑) [역]'미국 민주주의의 문화사(共)'(1999, 한울아카데미) '현대 정치와 사상'(2005, 인간사랑)

유홍삭(柳洪索) YOU Hong Sag

[생]1957·5·21 [본]문화(文化) [출]전북 김제 [주]서울 강남구 도산대로134 JR타워2층 (주)커뮤니케이션신화(02-3270-7900) [학]1981년 성균관대 신문방송학과졸 [경]ROTC 정훈 병과(19기), LG화학 홍보실 근무, 금강기획 광고기획본부 근무, 아시아나항공 홍보실 근무 1993년 (주)커뮤니케이션신화 대표이사(현) [종]불교

유홍선(柳洪善) RYOU Hong Sun

[생]1955·12·28 [출]충북 충주 [주]서울 동작구 흑석로84 중앙대학교 기계공학과(02-820-5280) [학]서울대 항공공학과졸, 同대학원졸, 기계공학박사(영국 임페리얼대) [경]중앙대 공대 기계공학과 교수(현) 2001년 同공과대학 학장보 2016년 同연구부총장 겸 대학원장(현)

유홍섭(柳弘燮) Yoo Hong Sup

[생]1954·10·7 [출]서울 [주]서울 중구 후암로 98 LG서울역빌딩 동부제철(주)(02-3450-8002) [학]서울 배재고졸 1979년 동국대 무역학과졸 [경]동부제강(주) 구매부 원료·물류담당 겸 특수사업부장 2003년 同프로세스 책임자(상무) 2006년 同냉연사업부장(상무) 2008년 同냉연부문 생산판매계획실장(부사장) 2008~2009년 동부제철(주) 냉연부문 생산판매계획실장(부사장) 2009년 同마케팅영업본부장(부사장) 2013년 同냉연사업본부장(부사장) 2014년 同총괄부사장(현) 2016년 동부인천스틸 총괄부사장 겸임(현)

유홍식(劉洪埴) YU Hong Sik

[생]1968·11·1 [출]대전 [주]서울 동작구 흑석로84 중앙대학교 미디어커뮤니케이션학부(02-820-5778) [학]1993년 중앙대 신문방송학과졸 1995년 同대학원졸 1998년 미국 앨라배마주립대 대학원 텔레커뮤니케이션&필름학과졸 2002년 매스커뮤니케이션학박사(미국 앨라배마주립대) [경]1993~1994년 한국언론학회 재무간사 1993~1995년 중앙대 언론연구소 연구조교 1995년 동아방송대 설립추진위원회 보조연구원 1997~1998년 미국 앨라배마주립대 연구조교 2001~2002 同커뮤니케이션연구소 연구원 2003~2009년 서울여대 언론영상학부 영상학전공 전임강사·조교수 2005년 한국스피치커뮤니케이션학회 연구이사 2006~2007년 서울여대 홍보실장 2009년 중앙대 신문방송학부 부교수·교수 2014년 同미디어커뮤니케이션학부 교수(현) [상]한국언론재단 Travel Grant(1992), 중앙대헤롤드상(1993), Broadcast Education Association Second Place Research Paper(2001), Southern States Communication Association Top Three Research Paper(2001), AEJMC Third Place Faculty Paper(2002) [저]'전환기의 한국방송'(2005, 커뮤니케이션북스) '사람, 사회 그리고 미디어'(2006, 이진출판사) '미디어 공공성'(2009, 커뮤니케이션북스)

유홍종(劉洪鍾) YU Hong Jong

[생]1938·9·4 [출]경남 함양 [주]서울 강남구 테헤란로 512 신안빌딩5층 현대비앤지스틸(주) 비서실(02-567-0022) [학]1957년 경남고졸 1964년 서울대 법대 행정학과졸 1993년 고려대 언론대학원 수료 [경]1969년 현대그룹 입사 1981년 현대강관 이사 1982년 현대자동차서비스 상무이사 1987년 同전무이사 1988년 同부사장 1990년 현대남자배구단 부구단주 1994~1998년 현대할부금융 대표이사·사장 1997~2003년 대한양궁협회 회장 1997년 아시아양궁연맹 회장·명예회장(현) 1999년 현대캐피탈 사장 1999년 명지대 체육학부 겸임교수 1999년 국제양궁연맹 부회장 1999년 (주)원더 이사 2001년 삼미특수강 대표이사 사장 2001년 同대표이사 회장 2001년 대한체육회 부회장 2002~2008년 비앤지스틸(주) 대표이사 회장 2002년 부산아시안게임 한국선수단장 2005년 현대자동차그룹 사회봉사단장 2008년 아시아기자협회(AJA) 부이사장(현) 2008~2011년 해비치사회공헌문화재단 고문·부이사장 2008년 현대비앤지스틸(주) 상임고문(현) 2009~2012년 대한양궁협회 고문 2009년 대한체육회 자문위원(현) 2010년 신아시아연구소 이사(현) [상]체육훈장 기린장(1988), 대통령표창(1989), 체육훈장 거상장(1990), 체육훈장 청룡장(1998), 은탑산업훈장, 자랑스러운 서울법대인상(2015) [종]천주교

유홍준(俞弘濬) YOO Hong Joon

[생]1949·1·8 [출]서울 [주]서울 서대문구 거북골로34 명지대학교 인문대학 미술사학과(02-300-0612) [학]1967년 중동고졸 1980년 서울대 미학과졸 1983년 홍익대 대학원 미술사학과졸 1998년 예술철학박사(성균관대) [경]1974년 민청학련 사건으로 구속 1977년 '공간'·'계간미술' 편집부 근무 1978~1983년 중앙일보 '계간미술' 기자 1981년 동아일보 신춘문예 미술평론부문 당선(등단) 1981년 성심여대 강사 1984년 한국민족미술협의회 공동대표 1985년 한국문화유산답사회 대표(현) 1991~2002년 영남대 조형대학 회화과 조교수·부교수 1997년 同박물관장 2000년 문화관광부 2001지역문화의해추진위원회 문화예술기획추진위원 2002~2004·2008~2013년 명지대 인문대학 미술사학과 교수 2002년 同국제한국학연구소장 2002~2004년 同문화예술대학원장 2002년 박수근미술관 명예관장 2003년 문화재청 문화재위원 2004~2008년 문화재청장 2008년 제주추사유물전시관 명예관장 2008년 (재)아름다운가게 이사 2008~2009년 제3회 제주세계델픽대회조직위원회 위원장 2010년 조선일보 DMZ취재팀 역사·문화재부문 자문위원 2010년 고암이응노생가기념관 운영위원장 2011년 고암이응노화백기념관 운영위원장 2012~2015년 동북아역사재단 비상임이사 2013년 명지대 인문대학 미술사학과 교수 2014년 同인문대학 미술사학과 석좌교수(현) 2014년 환경재단 이사(현) 2014년 한국기원 이사(현) 2015년 제주추사관 명예관장(현) 2016년 서울시 '걷는 도시, 서울' 시민위원회 위원장(현) [상]전남도 도민패(1997), 금마문화예술상(1997), 제9회 한국간행물윤리위원회 저작부문 간행물윤리상(1998), 영남대를 빛낸 천마인(2000), 제18회 만해문학상(2003) [저]'80년대 미술의 현장과 작가들'(1987) '19세기 문인들의 서화'(1988) '나의 문화유산답사기 1·2·3'(1993) '정직한 관객'(1996) '다시 현실과 전통의 지평에서'(1996) '조선시대 화론연구'(1998) '나의 북한 문화유산답사기'(1998) 'Smiles of the Baby Buddha'(1999) '화인열전'(2001) '완당평전'(2002) '유홍준의 한국미술사 강의1'(2010, 눌와) '청년들, 지성에게 길을 묻다'(2011) '나의 문화유산답사기 4·5·6'(2011) '국보순례'(2011, 눌와) '나의 문화유산답사기 7'(2012, 창비) '나의 문화유산답사기 일본편 1·2'(2013, 창비) '유홍준의 한국미술사 강의 2·3'(2013, 눌와) '명작순례'(2013, 눌와) '나의 문화유산답사기 일본편 1, 2'(2013, 창비) '나의 문화유산답사기 일본편 3, 4'(2014, 창비) [역]'회화의 역사' '예술개론'(共)

유홍준(劉泓埈) YOO Hong Joon

[생]1958·1·25 [출]서울 [주]서울 종로구 성균관로25의2 성균관대학교 사회과학대학 사회학과(02-760-0411) [학]1976년 서울고졸 1981년 성균관대 사회학과졸 1983년 同대학원졸 1987년 사회학박사(미국 뉴욕주립대 스토니브룩교) [경]1989년 성균관대 사회과학대학 사회학과 교수(현) 1991년 同사회학과장 1999년 한국사회학회 운영위원·이사 1999~2006년 BK21 직업세계교육

연구단 단장 2003년 교육인적자원부 정책자문위원 2005~2011년 성균관대 학부대학 부학장 2011년 同학부대학장(현) 2011년 同학생상담센터장 2014년 대학교양교육협의회 회장 [저]'정보화의 이해'(1998, 나남) '정보화시대의 미디어와 문화'(1998, 세계사) '조직사회학'(1999, 경문사) '직업사회학'(2000, 경문사) '산업사회학'(2000, 경문사) '서울시 계층별 주거지역 분포의 역사적 변천'(2004, 백산서당) '현대사회와 직업'(2005, 그린) '현대 중국 사회와 문화'(2005, 그린) '중국 도시와 농촌'(2005, 그린) '사회과학으로의 초대'(2007, 성균관대 출판부) '사회문제'(2008, 그린) '신경제사회학'(2011, 성균관대 출판부) [역]'현대사회학'(共) '사회조사방법론'(共)(2007)

유홍준(柳洪俊) YOU Hong Jun

[생]1959·11·16 [주]서울 송파구 올림픽로35길125 삼성SDS ICTO사업부(02-6155-3114) [학]명지고졸, 숭실대 전자계산학과졸, 연세대 대학원 전자계산학과졸 [경]삼성SDI 정보처리팀 근무, 삼성SDS(주) 인사팀장(상무), 同인사지원팀장(상무) 2014년 同ICTO사업부 IM사업담당 전무(현) [종]기독교

유화석(柳華錫) RYU Hwa Suk

[생]1953·6·20 [출]경북 안동 [주]서울 마포구 월드컵북로396 한솔인티큐브(주) 대표이사실(02-6005-3000) [학]1971년 경북고졸 1979년 서울대 경영학과졸 1984년 미국 위스콘신주립대 경영대학원졸(MBA) 1990년 경영학박사(미국 위스콘신주립대) [경]1979년 삼성물산(주) 입사 1990년 삼성데이타시스템(주) SI사업추진실장·SIS개발실장·SW개발실장 1994년 同그룹정보개발실장 1995년 同품질담당 이사 1997년 삼성SDS(주) 품질담당 이사 1999년 同상무이사 2001~2007년 한솔텔레컴(주) 대표이사 2001~2007년 소프트웨어산업협회 부회장 2005~2007년 한국소프트웨어개발연구조합 이사 2008~2012년 한솔PNS(주) 대표이사 2008년 한솔인티큐브(주) 대표이사(현) 2008년 (사)한국정보처리학회 부회장(현) 2013년 (주)넥스지 대표이사 사장 겸임 2014~2015년 한솔넥스지(주) 대표이사 사장

유환규(柳桓圭) LEW Hwan Kyu

[생]1938·3·3 [본]진주(晋州) [출]인천 [주]서울 중구 을지로16 백남빌딩908호 마카오정부관광청 한국사무소(02-778-4402) [학]1957년 인천 제물포고졸 1961년 성균관대 교육학과졸 1970년 미국 하와이대 호텔경영과정 수료 [경]1963년 한국관광공사 입사 1976년 同경주호텔학교 부교장 1979년 同관광교육원장 1980년 同프랑크푸르트지사장 1981년 同런던지사장 1984년 同해외진흥부장 1987년 同사업본부장 1987년 88서울올림픽조직위원회 홍보분과 위원 1987~1990년 한국관광공사 진흥본부장 1993년 글로콤코리아 사장(현) 1993년 마카오정부관광청 한국사무소장(현) 1993~2006년 홍콩관광진흥청 한국사무소장 1998~2000년 駐韓외국관광청협회(ANTOR) 회장 [상]대통령표창(1989)

유환식(柳煥植) Hwan Sik Yoo

[생]1957·12·29 [출]경남 사천 [주]서울 양천구 목동서로161 SBS 인사과(02-2061-0006) [학]1975년 충남고졸 1984년 서울대 사학과졸 [경]1983~1991년 LG그룹 근무 1991년 SBS 경리부 근무 2004년 同재무팀장 2005년 同기획팀장 2007년 同이사회 사무처 부국장 2008~2012년 SBS미디어홀딩스 전략본부장 2013년 SBS 기획실장 2013년 남북방송통신교류추진위원회 위원 2013~2014년 한국방송학회 부회장 2013년 SBS미디어넷 대표이사 사장 2015년 SBS인터내셔널 대표이사 사장(현) [상]중앙언론문화상 방송·영상부문(2015)

유환우(劉煥牛)

[생]1971·5·29 [출]경북 김천 [주]경남 창원시 성산구 창이대로681 창원지방법원(055-266-2200) [학]1990년 대구 영남고졸 1998년 경북대 사법학과졸 [경]1998년 사법시험 합격(40회) 2001년 사법연수원 수료(30기) 2001년 부산지법 판사 2002년 부산고법 판사 2003년 부산지법 판사 2005년 인천지법 판사 2008년 서울남부지법 판사 2010년 서울행정법원 판사 2012년 서울서부지법 판사 2013~2015년 헌법재판소 파견 2015년 서울중앙지법 판사 2016년 창원지법 부장판사(현)

유황우(俞皇宇) Yu Hwang-Wu

[생]1966·9·17 [본]기계(杞溪) [출]부산 [주]서울 양천구 목동동로50 목동아파트1225동806호 유황우언어논술(02-6738-2004) [학]1985년 부산 배정고졸 1993년 국민대 교육대학원 국어교육과졸 2007년 고려대 사회교육원 학원교육전문가과정 수료 [경]서울 목동 미래학원 언어논술강사, 서울 강남 혜성학원 언어논술강사, 서울 노량진 청탑학원 대입반 언어논술강사, 同재수종합반 국어논술강사, 천안 청솔학원 대입단과 및 재수종합반 국어논술강사, 분당 청출어람학원 언어논술강사, 부평 정진학원 언어논술강사, 부평 이투스학원 대입단과 및 재수종합반 국어논술강사, 메가스터디학원 언어논술강사, 서울 목동대학학원 대입단과 및 재수단과 국어논술강사 1996년 유황우언어논술 대표(현) 2000년 칼럼니스트(현) 2007년 경기 송탄제일고 논술초빙강사 2010년 미국 세계인명사전 Marquis Who's Who 등재 2011년 영국 캠브리지 IBC 국제인명센터 '21세기의 우수지식인2000인' 등재 2011년 미국 세계인명사전 Marquis Who's Who 2011·2012·2013·2014·2015년판 등재 2011년 영국 캠브리지 IBC 국제인명센터 '2011 세계 100대 전문가'·'올해의 인물(Man of The year 2011)' 선정 2011년 인터넷 백과사전 위키피디아 등재 2011년 영국 캠브리지 IBC 국제인명센터 '2011 세계 100대 교육자' 등재 2012년 영국 캠브리지 IBC 국제인명센터 '2012 세계 100대 교육자' 등재 2012년 미국 세계인명사전 Marquis Who's Who 30주년 특별호 2013년판 등재 2014년 '2015 미국 세계인명사전 Marquis Who's Who'에 등재 2014년 배곧누리한라비발디문화관 강연·초빙강사 [상]서울지방경찰청장 감사장(2005), 스포츠서울 산업별파워코리아 언어영역논술부문 우수강사진(2007), 스포츠서울LIFE 고객감동경영혁신기업 및 TOP브랜드 대상(2007), 더데일리뉴스 언어영역논술교육부문 대상(2008), 더데일리뉴스 신뢰받는 전문인상(2009), 더데일리뉴스 고객감동교육혁신우수기업 및 언어영역논술향상부문 대상(2011), 주간인물(WEEKLY PEOPLE)선정 '대한민국을 빛내는 미래창조 신지식인'(2013), 더데일리뉴스 소비자감성리더십 대상(2013) [저]'유황우의 대입논술 전략 TIP'(2013, 더드림미디어) '유황우 원장의 대입논술 전략'(2013, 더드림미디어) [종]기독교

유황찬(柳煌燦) YOO Hwang Chan

[생]1955·9·19 [주]서울 강남구 강남대로330 우덕빌딩2층 한일산업(주) 사장실(02-3466-9624) [학]동국대 정치외교학과졸, 성균관대 대학원 행정학과 수료 [경]2001년 한일시멘트(주) 부산영업본부장 2003년 同영등포공장장(이사대우) 2004년 同영등포공장장(상무보) 2004년 同레미탈·특수영업총괄상무보 2007년 同상무 2010년 同전무 2012~2015년 同영업본부 총괄부사장 2015년 한일산업(주) 대표이사 사장(현) [종]불교

유회준(柳會峻) Hoi-Jun Yoo

[생]1960·7·30 [주]대전 유성구 대학로291 한국과학기술원 전기및전자공학부(042-350-8928) [학]1983년 서울대 전자공학과졸 1985년 한국과학기술원 전자공학과졸(석사) 1988년 전자공학박사(한국과학기술원) [경]1991~1995년 현대전자(주) 반도체연구소 수석연구원·DRAM 설계실장 1995년 강원대 전자공학과 조교수 1998년 한국과학기술원(KAIST) 전기및전자공학과 부교수·교수, 同전기및전자공학부 교수(현) 2001년 同반도체설계자산연구센터 소장 2002년 미국 전기전자학회(IEEE) ISSCC Program Committee Member(현) 2005년 同A-SSCC Executive Committee Member(현) 2008년 同Fellow(석학회원)(현) 2011년 한국과학기술원 입학처장 2014~2015년 체회로학회 회장 [상]IEEE VLSI Symposium 및 IEEE A-SSCC 최우수 논문상(4회), 이달의 과학기술자상(2010), 옥조근정훈장(2011), 세계반도체학회(ISSCC) 선정 '60년간 반도체회로설계분야 최고기여자 16인'(2013), 제10회 경암학술상 공학부문(2014) [역]'DRAM의 설계'(1997, 홍릉과학출판사) '고성능 DRAM'(1998) '미래의 메모리 : FRAM(共)'(2000, 시그마프레스)

유효종(劉孝鍾)

[생]1957·10·1 [주]부산 북구 낙동대로1570번길33 북구청 부구청장실(051-309-4100) [학]해군사관학교 보통과 중퇴, 한국방송통신대 행정학과졸, 부산대 대학원 행정학과졸 [경]1979년 공무원 임용 1979년 부산 북구 사회산업국 사회과 근무 2009년 부산시 행정자치관실 총무담당관실 고시담당 2010년 同행정자치관실 총무담당관실 능력개발담당 2011년 同도시개발본부 도시계획과 도시정책담당 2012년 同문화체육관광국 영상문화산업과장 2014년 同안전행정국 총무과장 2015년 同기획관리실 기획행정관실 인사담당관 2015년 同시정혁신본부 비전추진단장 2016년 부산시 북구 부구청장(현)

유 훈(兪 焄) YU Hoon

[생]1929·8·5 [본]기계(杞溪) [출]함남 갑산 [주]서울 광진구 아차산로623 유기천교수기념사업출판재단(02-3437-3412) [학]1949년 인천중졸 1954년 서울대 법대졸 1964년 정치학박사(미국 미네소타대) [경]1953년 고시행정과 합격 1959~1966년 서울대 행정대학원 조교수·부교수 1966~1994년 同교수 1966년 同행정대학원장 직대 1969~1998년 행정문제연구소 이사장 1975~1977년 한국행정학회 회장 1976~1982년 서울대 행정대학원장 겸 행정조사연구소장 1984년 한국행정학회 고문 1984년 정부투자기관 경영평가위원 1987년 예산회계제도심의회 위원장 1987년 한국공기업학회 회장 1991년 同고문 1994년 서울대 명예교수 1995년 경기도 행정쇄신위원장 1996~1999년 경기개발연구원 원장 1999~2000년 同상임고문 2007~2013년 인천향우회 회장 2010년 유기천교수기념사업출판재단 이사장(현) 2014년 기계유씨대종회 회장(현) [상]국민훈장 모란장(1987) [저]'행정학원론'(1961) '재무행정론'(1963·2012) '공기업론'(1968·2010) '예산제도론'(1973) '정책학개론(共)'(1976) '정책학(共)'(1982) '정책학원론'(1986) '한국행정의 역사적 분석(共)'(1987) '정부기업관계론'(1989) '재정법'(1991) '지방재정론'(1995) '두드리는 문' '행정권과 경제'(2001) '정책집행론'(2007) '정책변동론'(2009) [종]기독교

유흥수(柳興洙) YOO Heung Soo (南村)

[생]1937·12·3 [본]문화(文化) [출]경남 합천 [주]서울 영등포구 국회대로70길18 새누리당(02-3786-3000) [학]1958년 경기고졸 1962년 서울대 법대졸 1968년 영국 경찰대학 수료 1970년 서울대 행정대학원 수료 1971년 국방대학원졸 [경]1962년 고시행정과 합격 1964년 경남경찰학교 부교장 1966년 치안국 외사2계장 1969년 부산시경 수사과장 1970년 치안국 인사계장 1972년 同치안감사담당관 1973년 同보안·교통과장 1974년 부산시경 국장 1976년 치안본부 제1부장 1979년 同제3부장 1980년 서울시경 국장 1980년 치안본부장 1982년 충남도지사 1984년 대통령 정무제2수석비서관 1985년 제12대 국회의원(부산 남구·해운대구, 민정당) 1986년 교통부 차관 1987년 민정당 총재 비서실장 1987년 프로축구위원회 회장 1988년 민정당 제1사무차장 1988년 同부산남구甲지구당 위원장 1988년 同정책위원회 부의장 1992년 제14대 국회의원(부산 남구乙, 민자당·신한국당) 1992년 한·일의원연맹 상임간사 1993년 민자당 정책위원회 부의장 1996년 신한국당 제1정책조정위원장 1996년 제15대 국회의원(부산 수영구, 신한국당·한나라당) 1996년 APPF 한국측 회장 1997년 한나라당 국책자문위원장 1998년 국회 통일외교통상위원장 2000년 (재)남촌장학회 이사장 2000~2004년 제16대 국회의원(부산 수영구, 한나라당) 2000~2004년 한·일의원연맹 간사장 2001년 한나라당 남북관계대책특별위원회 위원장 2001년 同부산시지부장·지도위원·상임고문 2009년 한일친선협회중앙회 이사장 2010년 국회 의정활동강화자문위원회 위원 2012~2014년 새누리당 상임고문 2014~2016년 駐일본 대사 2016년 새누리당 상임고문(현) [상]녹조근정훈장, 홍조근정훈장, 청조근정훈장, 자유중국훈장, 칠레대십자훈장, 일본훈장 욱일 중수장(2011), 일본 최고급 훈장 욱일대수장(旭日大綬章)(2016) [저]'경찰법론' '경찰관승진시험 문답집' '레이건의 참모들'(編) '내려오는 길을 올라가며' [종]기독교

유흥수(柳興洙) YU Heung Su (谷泉)

[생]1949·12·25 [본]고흥(高興) [출]전남 고흥 [주]서울 강남구 테헤란로518 법무법인 율촌(02-528-5951) [학]1969년 용산고졸 1976년 고려대 경제학과졸 1994년 미국 미시간주립대 국제전문가과정(VIP Program) 수료 2010년 서울대 대학원 최고경영자과정(AMP) 수료 [경]1976년 한국투자공사 입사 1977~1997년 증권감독원 비서실·기업재무국·검사국·국제업무국·조사부 근무 1997년 同국제업무국장 1998년 同분쟁조정국장 1999년 금융감독원 공보실장 2000년 同공시감독국장 2001~2004년 同부원장보 2006년 LIG손해보험(주) 상근감사위원 2008~2012년 LIG투자증권 대표이사 사장 2012년 법무법인 율촌 고문(현) [상]증권감독위원장표창(1977·1990), 재정경제부장관표창(1982·1990·1997), 동탑산업훈장(2003) [저]'해외증권발행의 이론과 실제'(1987) '기업공시제도 해설'(2000) '유가증권의 발행 및 기업공시 안내'(2001) [종]기독교

유흥식(兪興植) YOU Heung Sik

[생]1951·11·17 [본]기계(杞溪) [출]충남 논산 [주]대전 동구 송촌남로11번길86 천주교 대전교구청(042-630-7773) [학]1969년 논산 대건고졸 1972년 가톨릭대 신학과 2년 수료 1979년 이탈리아 라테라노대 교의신학과졸 1981년 同대학원 교의신학과졸 1983년 교의신학박사(이탈리아 라테라노대) [경]1979년 사제 서품(이탈리아 로마) 1983년 천주교 대전교구 대흥동주교좌본당 수석보좌신부 1984년 同대전교구 솔뫼피정의집 관장 1988년 同대전교구 대전가톨릭교육회관 관장 1989년 同대전교구 사목국장 1994년 대전가톨릭대 교수 1998~2003년 同총장 2003년 천주교 대전교구 부교구장 2003년 주교 서품 2003년 아시아주교연합회(FABC) 제8차 정기총회의주교 대표 2004년 (재)천주교대전교구유지재단 이사장(현) 2004~2012년 한국천주교주교회의 사회복지위원장 2005년 성모의마을 이사장(현) 2005년 천주교 대전교구장(현) 2005년 사회복지법인 대전가톨릭사회복지회 이사장(현) 2005년 대전·충남 종교평화회의 의장(현) 2006년 한국국제보건의료재단 이사 2007~2011년 교황청 사회복지평의회 위원 2008~2012년 한국천주교주교회의 국내이주민사목위원장 2009년 한국미바(MIVA)회 총재(현) 2012년 리투아니아주교단 피정지도 2012~2014년 한국천주교주교회의 청소년사목위원장 2014년 천주교 아시아청년대회(프란치스코 교황 참석) 주최 2014년 한국천주교주교회의 상임위원(현) 2014년 同정의평화위원회 위원장(현) 2014년 同사회주교위원회 위원장(현) [종]가톨릭

유희동(兪熺東) Heedong Yoo

[생]1963·7·8 [본]창원(昌原) [출]서울 [주]서울 동작구 여의대방로16길61 기상청 기상서비스진흥국(02-2181-0842) [학]1986년 연세대 천문기상학과졸 1988년 同대학원 천문기상학과졸 2003년 기상학박사(미국 오클라호마대) [경]2006년 기상청 예보국 예보총괄관실 태풍예보담당관 기술서기관 2006년 同예보국 예보총괄관실 태풍예보담당관 2007년 同태풍황사팀장 2007년 同예보상황1팀장 2008년 同예보상황1과장 2009년 同수치모델개발과장 2011년 同예보국 예보정책과장 2012년 同예보국 예보정책과장(부이사관) 2013년 국립외교원 교육파견(부이사관) 2014년 기상청 기후과학국장 2015년 同기상서비스진흥국장(현) [상]대통령표창(2010), 홍조근정훈장(2014) [종]불교

유희문(柳熙汶) Yoo Hee-Moon

[생]1956·3·18 [주]경기 안산시 상록구 한양대학로55 한양대학교 국제문화대학 중국학과(031-400-5327) [학]1981년 연세대졸 1984년 대만 국립정치대 대학원졸(석사) 1989년 중국경제학박사(대만 국립정치대) [경]1988~1990년 중앙일보 기자 1990~1996년 배재대 중국학과 교수 1997년 한양대 국제문화대학 중국학과 교수(현) 1997년 미국 스탠퍼드대 후버연구소 방문교수 2005년 대한상공회의소 중국시장포럼 공동대표 2006년 중국 인민대 경제학과 초빙교수 2008~2009년 한국동북아경제학회 회장 2010년 중국 북경대 경제대학원 초빙교수 [저]'현대중국경제'(2005) [역]'중국사회주의 시장경제론'(1995)

유희상(劉熙相) YOO Hee Sang

[생]1967·3·17 [출]대전 [주]서울 종로구 북촌로112 감사원 산업·금융감사국(02-2011-2210) [학]1985년 대전 대신고졸 1990년 고려대 행정학과졸 2000년 서울대 대학원 정책학과졸 [경]1991년 행정고시 합격(35회) 2000년 감사원 국책사업감사심의관실 제1과 감사관 2007년 同행정·안보감사국 제2과장 2007년 同기획홍보관리실 홍보담당관 2009년 同산업·금융감사국 제4과장 2010년 同금융·기금감사국 제1과장 2011년 同감찰정보단장(고위감사공무원) 2011~2013년 同공보관 2013년 해외파견(고위공무원) 2014년 감사원 특별조사국장 2016년 同산업·금융감사국장(현)

유희성(柳嬉聲) YOO Hee Sung

[생]1959·1·16 [출]광주 [주]서울 종로구 이화장길66 객석빌딩3층 한국뮤지컬협회(02-765-5598) [학]중앙대 사회개발대학원 문화예술학과졸 [경]1986~1987년 광주시립극단 단원 1987~2005년 서울예술단 뮤지컬 연기감독(뮤지컬배우 겸임) 1997년 대구뮤지컬페스티벌 집행위원(현) 2006~2010년 서울시뮤지컬단 단장 2010~2012년 예술의전당 뮤지컬부문 자문위원 2010년 뮤지컬 연출가(현) 2010년 한국뮤지컬협회 이사(현) 2010년 同창작분과위원장(현) 2011년 서울뮤지컬페스티벌 집행위원(현) 2012~2014년 청강문화산업대 뮤지컬스쿨 원장 2015년 서울예술단 이사(현) 2015년 2016세계친환경디자인박람회 공연예술감독(현) [상]제1회 전국학생연극제 최우수연기상(1978), 제4회 한국뮤지컬대상 남우주연상(1998), 제9회 한국뮤지컬대상 연출상(2003) [작]연극 '비석'(1977) '마의태자'(1979) '노비문서'(1980) '멀고 긴 터널'(1984) '다시라기'(1986) 뮤지컬 '한강은 흐른다'(1987) '아리랑 아리랑'(1988) '아리송하네요'(1989) '백두산 신곡'(1990) '그날이 오면' '영혼의 노래'(1991) '갈길은 먼데' '꿈꾸는 철마'(1992) '님을 찾는 하늘소리' '뜬쇠가 되어 돌아오다'(1993) '징계 맹게 너른들' '춘향전'(1994) '꽃전차' '아틀란티스 2045'(1995) '애랑과 배비장'(1996) '겨울나그네' '심청' '김삿갓' '명성황후'(1997·2000) '애니깽'(1998) '바리-잊혀진 자장가' '뜬쇠' '태풍'(1999·2002) 'I LOVE MUSICAL' '팔만대장경' '대박' '에밀레 에밀레' '고려의 아침' '바람의 나라'(2001) '더 리

허설' 연출경력 '심판'(1985) '나비처럼 자유롭게'(1986) '부혼제'(1990) '샘Ⅱ' (2001) '로미오와 줄리엣'(2002) '크리스마스 캐롤'(2003) '소나기'(2008) '피맛골연가'(2011) '겨울연가'(2012) 등

유희숙(柳喜淑·女) YOO Hee Sook

(생)1969·3·13 (본)전북 부안 (주)전북 전주시 완산구 효자로225 전라북도청 경제산업국(063-280-3200) (학)1988년 전북사대부고졸 1992년 서울대 식품영양학과졸 2003년 미국 SYRACUSE대 대학원 행정학과졸 (경)1997년 지방고시 합격(3회) 1998년 전주시 총무와 지방행정사무관 1999년 同완산구 민원봉사과장 2000년 同완산구 사회복지과장 2002~2004년 한국개발연구원(KDI) 국제정책대학원 교육 2004년 전북도 경제통상실 투자통상과 외자유치담당 2004년 국무조정실 심사평가심의관실 파견 2006년 전북도 문화관광국 관광진흥과 관광진흥담당 2009년 同전략산업국 부품소재과장(지방서기관) 2010년 同민생일자리본부 투자유치과장 2012년 세종연구소 국정과제 연수 2013년 전북도 전략산업국 미래산업과장 2014년 同일자리경제정책관 2015년 同새만금추진지원단장 2016년 同경제산업국장(현)

유희열(柳熙烈) YU Hee Yol (완산)

(생)1947·1·12 (본)전주(全州) (출)전북 전주 (주)부산 금정구 부산대학로63번길2 부산대학교 조선해양공학관 11512호(051-510-1073) (학)1965년 전주고졸 1969년 서울대 지리학과졸 1975년 同행정대학원 행정학과졸 1982년 영국 서섹스대 과학기술정책학과졸 1996년 행정학박사(고려대) (경)1969년 행정고시 합격(7회) 1970년 과학기술처 사무관 1980년 국립천문대 서무과장 1982년 과학기술처 정보산업과장 1985년 同기술이전담당관 1989년 同기술정책관 1989년 同정책기획관 1990년 同기술정책관 1991년 同기술개발국장 1992년 同기술협력국장 1993년 미국 켄터키대 연수 1995년 과학기술처 기술인력국장 1995년 同기술협력국장(이사관) 1996년 국립중앙과학관 관장(관리관) 1998년 과학기술부 기획관리실장 2001~2002년 同차관 2002년 새천년민주당 노무현대통령후보 과학기술분야정책특보 2003년 대통령자문 정책기획위원 2003년 정부혁신지방분권위원회 위원 2004년 연구기획평가기관협의회 회장 2004~2006년 한국과학기술기획평가원(KISTEP) 원장 2007~2008년 기초기술연구회 이사장 2007년 한국원자력의학원 설립추진위원장 2009년 부산대 석좌교수(현) 2010~2012년 한국방사선학회 회장 2010~2014년 미래대전기획위원회 고문 2010~2012년 행정개혁시민연합 과학기술위원장 2011년 한국이산화탄소포집및처리연구개발센터 이사장(현) 2011년 ASEAN+3과학영재센터 이사(현) 2012년 행정개혁시민연합 과학기술위원회 공동대표 2012년 한국방사선학회 고문(현) 2013년 한국첨단기술경영원 회장(현) 2014년 행정개혁시민연합 과학기술위원회 고문(현) (상)근정포장(1985), 황조근정훈장(1999) (저)'과학을 알면 문화가 보인다'(2003, 해누리출판사) '과학기술혁신의 그랜드디자인'(2007, 한일애드)

유희영(柳熙永) RYU Hee Young

(생)1940·8·26 (본)전주(全州) (출)충남 서천 (주)서울 서대문구 이화여대길52 이화여자대학교 조형예술학부(02-3277-2494) (학)1958년 대전고졸 1962년 서울대 회화과졸 1980년 중앙대 대학원 회화과졸 (경)개인전 13회, 대한민국미술대전 심사위원·운영위원장, 중앙비엔날레 심사위원, 대전시립미술관 개관기념전, 아시아 국제미술전, 한국추상미술40년전, 한국현대미술 어제와 오늘전 1971~1984년 경희대 미술교육과 교수 1975~1980년 대한민국미술전람회(국전) 초대심사위원 1984~2005년 이화여대 미술학부 교수 1995~1999년 同조형예술대학장 1997년 아시아국제미술전람회 한국위원회 위원장 2000년 대한민국미술대전 운영위원장 2005년 이화여대 조형예술학부 서양화전공 명예교수(현) 2006년 대한민국예술원 회원(서양화·현) 2007~2011년 서울시립미술관 관장 2015년 가톨릭미술공모전 심사위원 (상)근정포장, 국전 대통령표창, 국전 추천작가상, 문화공보부장관표창, 황조근정훈장(2005), 3·1문화상 예술상(2008), 한국미술협회 올해의 미술상(2009) (저)세계미술전집 '클레(Klee)'(1980) '고등미술(共)'(1985)

유희원(柳喜媛·女) YOO Hee Won

(생)1964·10·13 (출)서울 (주)서울 동작구 상도로7 부광약품(주) 임원실(02-828-8114) (학)1983년 창덕여고졸 1987년 이화여대 제약학과졸 1989년 同대학원 약학과졸, 약학박사(이화여대) (경)1995~1997년 미국 NIH Post-Doc. 1999년 부광약품(주) 입사, 同이사대우 2006년 同임상담당 상무 2009년 同임상·개발담당 상무 2013년 同임상시험·신규사업담당 부사장 2015년 同공동대표이사(현)

육근열(陸根烈) YUG Geun Yeol

(생)1956·12·22 (본)옥천(沃川) (출)충남 (주)충남 천안시 서북구 성환읍 연암로313 연암대학교 총장실(041-580-1001) (학)1975년 대전고졸 1980년 성균관대 경제학과졸 1988년 서울대 행정대학원 행정학과졸 2014년 명예 인력개발학박사(한국기술교육대) (경)예편(공군 중위) 1985~1991년 금성통신 입사·인사과장 1992년 LG그룹 회장실 인사지원팀 부장 1997년 同구조조정본부 업무지원부장 2000년 LG경영개발원 인화원 고객협력센터장(상무) 2003년 (주)LG화학 인사담당 상무 2005년 同HR부문장(부사장) 2007~2014년 중앙노동위원회 사용자위원 2008~2013년 행정안전부 고위공무원임용심사위원회 위원 2008년 (주)LG화학 부사장(CHO·인사최고책임자) 2012~2015년 (주)LG 정도경영TFT 부사장 2013~2014년 안전행정부 고위공무원임용심사위원회 위원 2016년 연암대 총장(현) (상)노동부장관표창(1988), 철탑산업훈장(2008), 안전행정부장관표창(2014) (종)기독교

육동인(陸東仁) YOOK Dong In

(생)1962·6·16 (출)강원 춘천 (주)서울 종로구 청와대로1 대통령비서실 춘추관(02-770-0011) (학)1981년 춘천고졸 1986년 서울대 서양사학과졸 2007년 연세대 언론홍보대학원졸(신문전공 석사) 2013년 경기대 대학원 직업학 박사과정 재학中 (경)2000년 한국경제신문 뉴욕특파원(차장대우) 2004년 同논설위원 2005년 同금융부장 2006년 同사회부장 2007년 국회사무처 공보관 2009년 同홍보기획관 2009년 강원대 신문방송학과 겸임교수 2010년 (주)커리어케어 사장 2011년 한국컨설팅산업협회 부회장 2013년 산업통상자원부 창의산업정책 자문위원 2014년 금융위원회 대변인 2015년 대통령 홍보수석비서관실 춘추관장(현) (저)'유대인처럼 성공하라'(2004) '육동인, 소통 정치를 말하다'(2010) '누구나 인재다'(2013) (종)가톨릭

육동일(陸東一) YOOK Dong Il (청우)

(생)1954·6·12 (본)옥천(沃川) (출)충북 옥천 (주)대전 유성구 대학로99 충남대학교 자치행정학과(042-821-5863) (학)1972년 경기고졸 1978년 연세대 행정학과졸 1982년 미국 뉴헤이번대 경영대학원졸 1984년 미국 컬럼비아대 행정대학원졸 1995년 행정학박사(연세대) (경)1996년 대전시 시사편찬위원 1998년 충남도 선거관리위원 1999년 충남대 자치행정학과 교수(현) 1999년 同자치행정학과장 2002년 同사회과학대학장 겸 행정대학원장 2003년 한국행정학회 부회장 2004년 대전시정 자체평가위원장 2004년 신행정수도지속추진범충청권협의회 상임대표 2004년 지방이양추진위원회 실무분과위원장 2005년 자치경찰제시범지역선정위원회 위원장 2006년 행정자치부 선진지방자치포럼 위원장 2006년 지방공기업경영평가위원회 위원 2006년 한국지방자치학회 회장·명예회장(현) 2006~2009년 대전발전연구원 원장 2008·2011년 대통령소속 지방분권촉진위원회 위원 2013~2015년 대통령자문 지방자치발전위원회 위원 2014년 대전충청동창회 회장(현) 2014년 새누리당 지방자치안전위원회 위원(현) 2015년 연세대대전동문회 회장(현) (상)근정포장(2007), 대전개발대상(2011), 홍조근정훈장(2013) (저)'지방자치시대의 도시행정' '21세기 한국행정론' '행정개혁론' '정부간 관계' '민선지방자치단체장' '한국지방자치론' '행정도시가 희망이다'(2005) '지방자치의 길을 찾다'(2009) '국민행복시대 지방분권과 자치행정'(2013) '지방자치와 국가지역발전론'(2015) (종)기독교

육동한(陸東翰) YOOK Dong Han

(생)1959·6·28 (본)옥천(沃川) (출)강원 춘천 (주)강원 춘천시 중앙로5 강원발전연구원 원장실(033-250-1300) (학)1978년 춘천고졸 1982년 한양대 경제학과졸 1990년 미국 위스콘신주립대 대학원 정책학과졸 (경)1980년 행정고시 합격(24회), 경제기획원 경제기획국 사무관 1995년 재정경제원 예산실 교육문화예산담당관실 서기관 1996년 강원도지사 재정경제보좌관, 세계은행(IBRD) 파견 2000년 국무조정실 파견 2001년 재정경제부 기술정보과장 2002년 同정책조정과장 2003년 同기획예산담당관 2004년 대통령 경제정책비서관실 행정관 2005년 재정경제부 정책기획관 2006년 대통령자문 정부혁신지방분권위원회 비서관 2007년 부총리 겸 재정경제부장관 비서실장 2008년 기획재정부 정책조정국장 2008~2009년 同경제정책국장 2009년 국무총리실 국정운영실장 2010년 同국정운영1실장 2010~2013년 同국무차장(차관급) 2013~2015년 서울대 행정대학원 겸임교수 2014년 한국법무보호복지공단 이사(현) 2014년 한양대 정책과학대학 특훈교수(현) 2014년 강원발전연구원 원장(현) 2015년 강원창조경제혁신센터 이사장(현) 2016년 정부업무평가위원회 위원(현) 2016년 G1강원민방 시청자위원회 위원장(현) 2016년 전국시·도연구원협의회 회장(현) (상)장관급표창(1984), 대통령표창(1994), 근정포장(2003), 한양언론인회 한양을 빛낸 자랑스러운 동문상(2012) (종)가톨릭

육명렬(陸明烈) YOOK, Myeong-Ryul

[생]1960·10·26 [출]충북 청주 [주]강원 강릉시 과학단지로130 강원지방기상청 청장실(033-650-0210) [학]1979년 청주고졸 1983년 연세대 기상학과졸 1986년 同대학원 기상학과졸 [경]기상직 6급 특채 2001년 기상청 예보국 예보관1실 사무관 2002년 同예보국 예보관리과 사무관 2003년 同예보국 예보관1실 사무관 2004년 同예보국 선임예보관 2005년 同예보국 예보관(서기관) 2007년 同예보상황팀장 2008년 세종연구소 교육파견(서기관) 2009년 기상청 예보상황1과장 2009년 同예보국 예보총괄과장 2009년 同예보국 예보정책과장(부이사관) 2011년 강원지방기상청장 2012년 기상청 수치모델관리관(고위공무원) 2013년 중앙공무원교육원 교육파견(고위공무원) 2014년 기상청 관측기반국장 2016년 강원지방기상청장(현) [상]홍조근정훈장(2016)

육완방(陸完芳) YOOK Wan Bang

[생]1947·7·8 [본]옥천(沃川) [출]전북 전주 [주]서울 광진구 능동로120 건국대학교(02-450-3114) [학]1966년 전주고졸 1975년 건국대 축산대학 사료학과졸 1977년 同대학원 사료학과졸 1988년 농학박사(독일 호헨하임대) [경]1977~1983년 연세대·상지대 강사 1981년 한국초지학회 감사·상임이사·부회장 1983~1988년 독일 호헨하임대 초지연구소 연구원 1989~2000년 건국대 축산대학 영양자원학과 조교수·부교수·교수 1990년 한국잔디학회 편집위원장·국제위원장 1993~1997년 농촌진흥청 축산시험장 겸임연구관 1994년 한국축산관련연합학회 감사 1998년 한국축산학회 포상위원장·기획위원장 1998년 농협중앙회 수입조사·목초종자심의위원회 심의위원 1998~2000년 국립환경연구원 환경기술평가기준 제정위원 1999~2002년 환경초지농업연구회 회장 2000~2012년 건국대 동물생명과학부 동물생산·환경학과 교수 2000년 同동물생명과학부장 2001년 한국초지학회 회장·고문(현) 2001~2003년 한국마사회 경마발전위원 2001~2008년 환경관리공단 환경기술평가심의위원 2005~2007년 농협 자문위원 2005~2008년 건국대 동물생명과학대학장 2005년 同동물자원연구센터 소장 2006~2008년 同친환경인증센터 소장 2006~2007년 전국농학계대학장협의회 회장 2006~2007년 한국마필산업연구소 소장 2006년 농촌진흥청 바이오그린21사업 심의위원 2007년 축산과학원 가축개량위원회 말분과위원장 2007년 농림부 농업교육심의위원 2007년 다솜둥지복지재단 이사(현) 2007년 농촌진흥청 중앙농업산학협동심의회 위원 2007년 건국대 북한축산연구소장 2008~2010년 한국동물자원과학회 부회장 2009~2012년 농촌진흥청 녹색성장기술위원회 자문위원 2009년 한국마사회 말산업육성자문위원회 자문위원 2010년 한국동물자원과학회 회장·고문 2012년 건국대 동물자원과학과 명예교수(현) [상]과총 과학기술우수논문상(1998), 과학기술 대통령포장(2004), 건국대동문회 자랑스런 축우상(2012) [저]'사료핸드북'(1996) '초지학'(2001) '초지와 조사료'(2003) [종]가톨릭

육완순(陸完順·女) Wansoon Yook (藝恩)

[생]1933·6·16 [본]옥천(沃川) [출]전북 전주 [주]서울 마포구 와우산로30길54 한국무용진흥회(02-325-5702) [학]1952년 전주여고졸 1956년 이화여대 체육학과졸 1961년 同대학원졸 1961~1963년 미국 일리노이대 대학원 및 마사 그라함 컨템포러리무용학교 및 코네티컷대 수학 1972년 미국 캘리포니아대(롱비치) 무용학교 수학 1982년 미국 뉴욕대 대학원 무용과 박사과정 썸머과정 이수 1986년 무용학박사(한양대) [경]1956~1959년 이화여대사대부속중고 교사 1960~1963년 경희대 체대 전임강사 1961~1963년 미국 일리노이대 대학원 Teaching Fellow 1963년 육완순 현대무용단(오케시스) 창단 1964~1991년 서울대·한양대·숙명여대·상명여대 강사 1964~1991년 이화여대 체대 무용과 교수 1967~1968년 同체육대학 학생과장 1969~1975년 同무용과장 1975~2015년 한국컨템포러리무용단 창단·예술감독 1977~1980년 이화여대 체육대학 교육과장 1980년 한국현대무용협회 창립·회장 1980 한국현대무용단 '둘째' 창단 1981~1983년 이화여대 학생처 학생과장 1983년 현대무용 '네사람' 창단 1985~1988년 이화여대 무용과장 1985년 한국현대무용진흥회 창립·이사장(현) 1985년 한국현대무용단 창단 1985년 한국무용협회 부이사장 1985년 평통 자문위원 1990년 국제하계현대무용페스티벌(KDF) 대표(현) 1992년 서울국제안무페스티벌(SCF) 예술위원장(현) 1992년 프랑스 바뇰레 국제안무대회 심사위원(현) 1994년 서울예술단 운영위원 1994년 '슐람미' 선교무용단 창단·대표 1995년 육완순무용원 개원·대표(현) 1998년 경주세계문화엑스포 개회식안무자문위원 1999년 한국문화예술진흥원 이사 2001년 대한올림픽위원회 문화위원회 위원 2002년 국제체육·무용·레크레이션교류학회(ICHPER-SD) 이사 겸 한국지부 대표 2005년 한국현대무용뮤지엄 공동위원장 2008년 (사)한국라인댄스협회 창립·회장(현) 2008년 무용가최승희기념사업회 고문 2010~2013년 국립현대무용단 명예이사장 2010년 명성선교현대무용단 안무가(현) [상]5.16혁명 및 5.16민족상 기념대예술제전 감사장(1966), 미국 테네시주 한인회 감사장(1975), 국제문화협회 서울시문화상(1981), 기독교문화예술원 기독교문화상(1987), 공간사랑 현대무용의 밤 감사패(1989), 대한민국 문화예술상(1989), 88올림픽 개회식 안무표창(1989), 이화여대 30년 근속상(1991), 로스엔젤레스시 감사장(1993), 20세기를 빛낸 한국의 예술인 60명-무용 부문(1999), 동아무용콩쿨 30회 기념 자문·심사위원 감사패(2000), ICHPER·SD 세계무용학자상(2002), 창무예술원 무용예술상(2003), 한국현대무용협회 한국현대무용예술대상(2003), 무용대상(2004), 한국여성체육학회 공로상(2004), 한국무용협회 무용대상(2004), 미국캘리포니아주의회 문화표창(2006), 한국연예협회 대한민국 연예예술상-무용인상(2006), 한국예술발전협의회 한국예술발전상(2007), 한국문화예술위원회 아르코예술정보관 자료기증 감사패(2007) [저]'현대무용'(1979) '현대무용 실기'(1981) '무용즉흥'(1983) '안무'(1984) '서양무용 인물사(編)'(1986) '무용교육과정(共)'(1992) '육완순, 나의 춤 반세기'(2003) 'KOREA MODERN DANCE MUSEUM-한국현대무용, 그 얼굴들(編)'(2005) [역]'프랑소와 델사르트의 예술세계'(1979) '무용연극요법(共)'(1980) '무용인을 위한 해부학(共)'(1981) '마타 그라함'(1984) '무용예술'(1985) '노베르의 편지'(1987) '이사도라와 에세닌(共)'(1988) '에포트'(1989) '다이어트'(1999) [작]Basic Movement(1963), 공포(1963), 논개(1963), 흑인영가(1963), 부활(1965), 초혼(1965), 황무지(1969), 숲(1969), 단군기원(1971), 수퍼스타 예수그리스도(1973), 독백(1975), 촛불아(1976), 살풀이(1979), 전설(1981), 류관순(1982), 학Ⅰ(1984), 비파소리(1985), 한두레(1986), 실크로드Ⅰ(1987), 물마루(1988), 영원한 메아리(1989), 만남(1991), 학Ⅱ(1993), 아리랑(1997), 시를 위한 詩(2000), 어머니의 정원(2000), 학아, 鶴아(2001), 행복의 구름다리(2002), 그대(2002), 주 하나님 지으신 모든 세계(2006), 실크로드Ⅲ(2007) 외 160여 작품 [종]기독교

육재림(陸在林) YUK Jai Rim

[생]1952·3·2 [본]옥천(沃川) [출]전북 군산 [주]경기 안산시 단원구 산단로224 하이게인안테나 고문실(031-490-6600) [학]1970년 광운전자공고졸 1985년 숭실대 전자공학과졸 1987년 연세대 공학대학원졸 2000년 국방대 안전보장대학원 기본과정 수료 2002년 연세대 대학원 전기전자공학박사과정 이수 [경]1970년 국제전신전화국 제1기술과 근무 1972~1993년 체신부 전파연구소 전파계장·감시기술담당관(사무관) 1993년 정보통신부 방송과 기술담당 1995년 同통신위성과 위성기술담당 1997년 同주파수과 위성망담당(서기관) 2000년 국방대 입교 2001년 정보통신부 전파연구소 전파환경연구과장 2005년 同성남우편집중국장 2007년 同안양우편집중국장 2008년 방송통신위원회 OECD IT장관회의준비기획단 근무(서기관) 2008년 同전파연구소 지원과장 2009~2010년 同서울북부전파관리소장(부이사관) 2010년 한국전파진흥협회 전파방송전략실장 2010~2012년 同전문위원 2012년 하이게인안테나 비상임고문(현) [상]홍조근정훈장(2010) [종]기독교

육종인(陸鍾仁) Jongin Yook

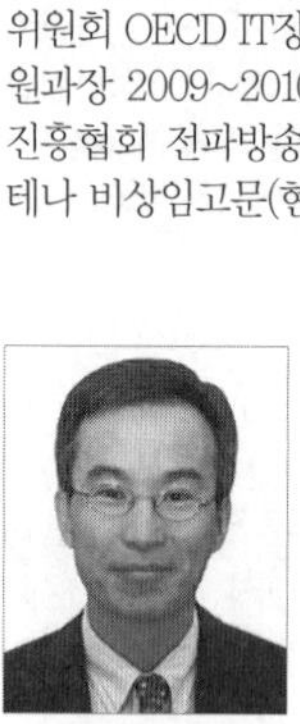

[생]1962·8·28 [출]대전 [주]서울 서대문구 연세로50의1 연세대학교 치과대학 구강병리학교실(02-2228-3032) [학]1987년 연세대 치의학과졸 1992년 同대학원 치의학과졸 1995년 치의학박사(연세대) [경]1987~1990년 충북 괴산군보건소 치과의사 1993~1996년 연세대 치과대학 구강병리학교실 조교 1994년 同의과대학 병리학교실 조교 1996~2003년 同치과대학 구강병리학교실 전임강사·조교수 1997년 대한구강병리학회 학술이사 1999년 同편집이사 2001~2003년 미국 Univ. of Michigan Research Associate 2003~2008년 연세대 치과대학 구강병리학교실 부교수 2006년 '암의 전이에 결정적인 역할을 하는 스네일 단백질이 만들어지는 메커니즘' 을 규명 2008년 연세대 치과대학 구강병리학교실 교수(현) 2011년 同치과대학 구강병리학교실 주임교수(현) 2016년 연세대 치과대학병원 인체구강유래자원은행장(현) [저]'구강악안면병리학(共)'(2005)

육현표(陸鉉杓) YOOK Hyun Pyo

[생]1959·1·13 [출]충남 금산 [주]서울 중구 세종대로7길 25 (주)에스원 임원실(02-742-8259) [학]대전고졸, 충남대 법학과졸, 고려대 대학원 경영학과졸, 경영학박사(성균관대) [경]2000년 삼성 경제연구소 수석연구원 2001년 同구조조정본부 부장 2003년 同구조조정본부 상무보 2006~2008년 同전략기획실 상무 2006~2012년 대한상공회의소 자문위원 2008년 삼성물산 브랜드전략팀 상무 2009년 同브랜드전략팀 전무 2010년 삼성 미래전략실 전무(기획총괄) 2012~2014년 同미래전략실 부사장(기획팀장) 2014~2015년 同경제연구소 전략지원총괄 사장 2015년 (주)에스원 대표이사 사장(현) 2015년 한국산업기술보호협회 회장(현)

윤갑근(尹甲根) Yun Gap Geun

⊛1964 · 6 · 9 ⊜충북 청주 ㈜대구 수성구 동대구로 364 대구고등검찰청(053-740-3300) ⊜1982년 청주고졸 1986년 성균관대 법학과졸 ⊜1987년 사법시험 합격(29회) 1990년 사법연수원 수료(19기) 1990년 軍법무관 1993년 대구지검 경주지청 검사 1994년 부산지검 검사 1996년 서울지검 검사 1998년 대구지검 검사 2001년 청주지검 검사 2002년 同부부장검사 2003년 수원지검 평택지청 부장검사 2004년 同성남지청 부장검사 2005년 대전지검 공주지청장 2006년 법무부 보호기획과장 2008년 서울중앙지검 특수2부장 2009년 청주지검 충주지청장 2009년 수원지검 제2차장검사 2010년 서울중앙지검 제3차장검사 2012년 수원지검 성남지청장 2013년 서울중앙지검 제1차장검사 2013년 대검찰청 강력부장(검사장급) 2014년 同반부패부장(검사장급) 2015년 대구고검장(현) 2016년 '우병우 민정수석비서관 · 이석수 특별감찰관' 의혹 특별수사팀장(현)

윤갑석(尹甲錫) Kapseok Yoon

⊛1964 · 11 · 3 ㈜세종특별자치시 한누리대로402 산업통상자원부 정책기획관실(044-203-5511) ⊜진주 대아고졸, 서울대 경영학과졸, 일본 게이오대 대학원 법학과졸 ⊜1988년 행정고시 합격(32회) 2004년 산업자원부 아주협력과장, 지식경제부 장관실 행사기획실장 2008년 同산업기술정책과장 2009년 부이사관 승진 2010년 지식경제부 방산물자교역지원센터장, 駐이탈리아 공사 · 총영사 2015년 산업통상자원부 무역투자실 무역정책관 2016년 同정책기획관(국장)(현)

윤갑한(尹甲漢) Yoon Gap Han

⊛1958 · 8 · 15 ⊜경북 경주 ㈜울산 북구 염포로700 현대자동차(주) 비서실(052-215-2002) ⊜대구고졸 1985년 계명대 경영학과졸 2007년 미국 코넬대 MBA 교류과정 이수 ⊜1984년 현대그룹 입사 2008년 현대자동차(주) 울산공장 생산운영실장(이사) 2009년 同울산공장 종합생산관리사업부장(상무) 2011년 同울산공장 지원사업부장(전무) 2012년 同대표이사 부사장(울산공장장) 2013년 同대표이사 사장(울산공장장)(현) 2013년 현대자동차그룹 울산 · 아산공장 노무총괄 ⊜기독교

윤강로(尹康老) Rocky Kang Ro YOON (平山)

⊛1956 · 5 · 18 ⊜해평(海平) ⊜인천 ⊜1980년 한국외국어대 영어과졸 1985년 同동시통역대학원 수학 1986년 연세대 경영대학원 국제경영학과 수학 2003년 명예 스포츠과학박사(몽골 국가올림픽아카데미) ⊜1983~2002년 세계올림픽연합회(ANOC)총회 · 아시아올림픽평의회(OCA)총회 · 국제올림픽위원회(IOC) 회의 한국대표 1984~2002년 동 · 하계올림픽대회(로스엔젤레스, 바르셀로나 · 아틀란타 · 시드니 · 알베르빌 · 릴레하머 · 나가노 · 솔트레이크시티 등) 한국선수단장 대행 1985년 체육부장관 · 서울올림픽대회조직위원회 집행위원장 국제비서관 1987년 대한체육회 회장 겸 대한올림픽위원회(KOC) 위원장 비서실장 1989~1992년 대한루지연맹 초대사무총장 1994년 대한체육회 국제부장 1994~2002년 同남북체육교류위원회 간사 1996년 아시아올림픽평의회(OCA) 규정위원 1997년 부산동아시아대회조직위원회 국제협력총괄자문 1998년 대한체육회 기획조정실장 1999년 同국제담당 사무차장 1999년 강원동계아시안게임조직위원회 국제협력자문 1999년 국제올림픽위원회(IOC) 서울총회회의조직위원회 운영총괄 CEO 2000년 同2008 하계올림픽대회 IOC 평가위원 2000년 아시아올림픽평의회(OCA) 집행위원(아시안게임 수석조정관) 2000~2001년 한국체육대 사회체육대학원 겸임교수 2002년 부산아시안게임조직위원회 국제협력총괄자문 2002년 2010평창동계올림픽유치위원회 공동사무총장2003~2013년 대한트라이애슬론연맹 부회장 2003년 국제올림픽위원회 프라하총회 평창유치대표단 공식 프레젠테이션대표 2004~2005년 관동대 겸임교수 2004년 평산스포츠박물관 관장(현) 2004년 국제스포츠외교연구원(ISDI) 원장(현) 2005~2007년 2014평창동계올림픽유치위원회 국제담당 사무총장 2005~2009년 중국 국립인민대 객좌교수 2005~2009년 대한올림픽위원회(KOC) 위원 2007~2009년 체육인재육성재단(NEST) 심의위원 및 SportNest블로그 기획위원 2008~2014년 2014인천아시안게임조직위원회 이념제정위원회 · 경기운영위원회 위원 2008~2009년 문화체육관광부 체육정책자문위원 2008~2009년 서울시립대 겸임교수 2008~2015년 강원도국제스포츠위원회 집행위원 2008~2009년 안산시 돈구장 자문위원 2009~2011년 2018평창동계올림픽유치위원회 국제자문역 · 유치위원 2009~2013년 2015광주하계유니버시아드대회조직위원회 이념제정위원회 자문위원 2009~2013년 한국외국어대 외부위촉입학사정관 2010~2011년 세계평화터널재단 자문위

원 2010년 한국스포츠외교포럼 이사(현) 2011~2015년 2018평창동계올림픽조직위원회 위원 2014년 同위원장 보좌역(현) 2014년 문화체육관광부 국제스포츠외교연량강화TF팀 자문위원(현) 2016년 강릉시 동계올림픽 자문관(현) 2016년 김운용스포츠위원회 집행위원(현) ⊛대통령표창(1990 · 1999), 체육포장(1992), 한국체육기자연맹 공로패(2004), 대한아이스하키협회 공로상(2005), 국가올림픽위원회총연합회(ANOC) 공로훈장(2008), 체육훈장 기린장(2012) ⊛'스포츠영어'(1994) '국제스포츠동향보고서집(1 · 2권)'(2005 · 2006) '총성없는 전쟁'(2006) 'When Sport Meets the World over Five Rings'(2007) '스포츠외교 마스터플랜'(2009) '현장에서 본 스포츠외교론'(2012) ⊛기독교

윤강섭(尹剛燮) YOON Kang Sup

⊛1956 · 10 · 30 ⊜파평(坡平) ⊜서울 ㈜서울 동작구 보라매로5길20 서울특별시보라매병원(02-870-2114) ⊜1981년 서울대 의대졸 1985년 同대학원졸 1992년 의학박사(서울대) ⊜1981년 서울대병원 인턴 1982년 同정형외과 전공의 1986년 육군 군의관 1989년 새한병원 정형외과장 1990년 서울대 의대 · 영등포시립병원 외래강사 1990~1992년 서울대 의대 보라매병원 임상강사 1992~1995년 同임상조교수 1994~1996년 미국 웨인주립대 의대 정형외과 임상강사 · 연구주임의 1995년 서울대 의대 정형외과학교실 조교수 · 부교수 · 교수(현) 2001년 서울시립보라매병원 진료부장 2003~2009 · 2011년 同진료부원장 2012년 同줄기세포치료센터장(현) 2013~2016년 同병원장 2013년 대한병원협회 병원정보관리이사

윤강열(尹綱悅) YOON, GANG-YEOL

⊛1966 · 6 · 3 ⊜함안(咸安) ⊜광주 ㈜서울 서초구 서초중앙로157 서울중앙지방법원(02-530-1114) ⊜1985년 조선대부속고졸 1991년 고려대 법학과졸 ⊜1991년 사법시험 합격(33회) 1994년 사법연수원 수료(23기) 1994년 서울형사지법 판사 1996년 서울지법 판사 1997년 同남부지원 판사 1998년 광주지법 판사 2000년 同나주시법원 판사 2001년 서울지법 판사 2004년 서울동부지법 판사 2005년 법원행정처 인사제3담당관 2005년 同윤리감사1담당관 2006년 同등기호적심의관 2007년 서울고법 판사 2009년 광주지법 목포지원 부장판사 2010년 대법원 재판연구관 2012년 수원지법 부장판사 2014년 서울중앙지법 부장판사(현)

윤강욱(尹康旭) YOON KANG WOOK

⊛1970 · 9 · 25 ⊜인천 ㈜세종특별자치시 도움5로20 법제처 대변인실(044-200-6511) ⊜1989년 인하사대부고졸 1995년 서울대 독어독문학과졸 2002년 한국방송통신대 법학과졸 2005년 연세대 법무대학원 법학과졸 2006년 네덜란드 라이덴 대학원 법학과졸 2014년 법학박사(서울대) ⊜1996년 행정고시 합격(40회) 1997년 문화관광부 사무관 2001년 법제처 법령홍보담당관실 사무관 2002년 同행정심판관리국 사회복지심판담당관실 사무관 2005년 해외교육훈련 2007년 법제처 법제지원단 서기관 2009년 同경제법제국 법제관 2010년 국가경쟁력강화위원회 파견(과장급) 2011년 법제처 법령해석정보국 수요자법령기획과장 2012년 同경제법제국 법제관 2014년 중앙공무원교육원 파견 2014년 법제처 법령해석정보국 경제법령해석과장 2015년 同대변인 2016년 同대변인(부이사관)(현)

윤강현(尹炯鉉) Yun Kang-hyeon

⊛1963 · 8 · 27 ㈜서울 종로구 사직로8길60 외교부 인사운영팀(02-2100-7136) ⊜1986년 서울대 외교학과졸 1992년 미국 조지타운대 대학원 국제정치학과졸 ⊜1987년 외무고시 합격(21회) 1987년 외무부 입부 1995년 駐제네바 2등서기관 1997년 駐우즈베키스탄 1등서기관 2002년 駐인도네시아 1등서기관 2004년 외교통상부 세계무역기구과장 2006년 駐유엔 참사관 2009년 駐미얀마 공사참사관 2013년 외교부 국제경제국장 2014년 駐OECD 한국대표부 차석대사 2016년 駐라오스 대사(현)

윤건영(尹建永) YUN Kun Young

⊛1952 · 3 · 8 ⊜파평(坡平) ⊜경북 고령 ㈜서울 서대문구 연세로50 연세대학교 경제학부(02-2123-2481) ⊜1970년 경북고졸 1974년 서울대 공대졸 1976년 同행정대학원졸 1979년 미국 뉴욕주립대 빙엄턴교 대학원 경제학과졸 1983년 미국 하버드대 대학원 경제학과졸 1984년 경제학박사(미국 하버드대) ⊜1984년 미국 Harvard Univ. Research Associate 1985~2004

년 연세대 경제학과 교수 1991년 미국 Harvard Univ. Visiting Scholar 1992년 한국조세연구원 초청교수 1994년 교육개혁위원회 전문위원 1994년 한국개발연구원 초빙연구위원 1994년 한국조세학회 부회장 1995년 한국담배인삼공사 이사 1995년 세계발전심의위원회 위원 1997년 교육개혁실적평가위원 1997년 내무부 정책자문위원 1998년 국세행정개혁위원 1998년 교육정책심의회의 위원 1999년 국세행정개혁 및 평가위원 1999년 행정자치부 정책자문위원 2001년 경제정의실천시민연합 정책협의회 의장 2002년 한국재정공공경제학회 회장 2004~2008년 제17대 국회의원(비례대표, 한나라당) 2005년 한나라당 여의도연구소장 2006년 同수석정책조정위원장 2006년 同5.31지방선거대책위원회 정책위원장 2006년 국회 한미FTA특별위원회 간사 2007년 한나라당 한미FTA평가단장 2008년 연세대 경제학부 교수(현) [상]우수석사학위논문상(1976), 연세학술상(2002), 청람상

윤건영(尹建榮) Yoon Geon-Young

[생]1960·4·28 [주]충북 청주시 서원구 청남로2065 청주교육대학교 총장실(043-299-0600) [학]1987년 서울대 사범대학 윤리교육과졸 1990년 同대학원 윤리교육과졸 1994년 교육학박사(서울대) [경]1987~1988년 대치중 교사 1988~1993년 서울대 사범대학 윤리교육과 조교 1990~1993년 한국도덕윤리교육학회 간사·사무국장 1990~1994년 서울대·성신여대·서울교대 강사 1994년 청주교대 윤리교육과 부교수 1997~2000년 同학생처장 1998~1999년 同교무처장 겸임 1999년 한국국민윤리학회 연구이사(현) 1999년 교육부 중학교교과서심의위원회 위원(현) 2000년 충북개발연구원 충북학연구소 편집위원(현) 2000년 청주서부경찰서 행정발전위원(현) 2000년 한국동서철학회 감사(현) 2016년 청주교대 총장(현) [저]'民主市民을 위한 倫理·道德(共)'(1992, 형설출판사) '한국인의 민족정신(共)'(1993, 한국국민윤리학회) '세계의 윤리·도덕교육(共)'(1998, 교육과학사) '도덕·윤리 교과교육학 개론(共)'(1998, 교육과학사) '도덕과 교육론(共)'(2001, 교육과학사) [역]'가치와 존재(共)'(1994, 교육과학사) '인격교육과 덕교육(共)'(1995, 배영사)

윤 경(尹 瓊) YOON Kyeong

[생]1960·10·1 [본]남원(南原) [출]대전 [주]서울 강남구 테헤란로92길7 바른빌딩 법무법인 바른(02-3479-2336) [학]1979년 대전고졸 1983년 서울대 법대졸 1985년 同대학원 법학과졸 1996년 미국 듀크대 법학전문대학원졸 [경]1985년 사법시험 합격(27회) 1988년 사법연수원 수료(17기) 1988년 부산지법 판사 1993년 서울지법 의정부지원 판사 1996년 同서부지원 판사 1999년 서울지법 판사 2000년 서울고법 판사 2001년 대법원 재판연구관 2003년 춘천지법 부장판사 2004년 사법연수원 교수 2007~2010년 서울중앙지법 부장판사 2010년 법무법인 바른 변호사(현) [저]'보전처분의 실무' '부동산 경매의 실무'

윤경근(尹慶根) YOON, KYUNG-KEUN

[생]1963·1·14 [본]파평(坡平) [출]서울 [주]서울 종로구 종로3길33 KT 광화문빌딩 East 비서실(031-727-0114) [학]한성고졸, 성균관대 경제학과졸, 연세대 국제대학원 경제학과졸, 미국 드폴대 경영대학원 회계학과졸 [경]한국통신 연구개발단 경영연구본부 경영분석연구실 근무, 同무선통신사업추진단 종합계획국 전략계획부 근무, 同신규무선부문 자회사설립추진전담반 근무, 同PCS사업실무추진위원회 사업준비반 근무, 미국 Motorola사 파견 2001년 KTF 기획조정실 전략기획팀장, 同IMT전략팀장, 同기업전략팀장, 同사업조정팀장, 同경영기획팀장 2004년 同전략기획부문 변화관리실장(상무보) 2005년 同전략기획부문 혁신추진실장(상무보) 2006년 同전략기획부문 비전추진실장(상무보), KT M&S 경영전략실장(상무보) 2015년 (주)KT 비서실 2담당 마스터PM(상무)(현) [역]'정보통신 뉴미디어 세계'(1995)

윤경돈(尹敬敦) Yoon Kyung Don

[생]1961·7·7 [출]부산 [주]부산 사상구 학감대로264 사상경찰서 서장실(051-404-4279) [학]부산 동아고졸 1985년 경찰대 법학과졸(1기), 부산대 대학원 법학과졸 [경]1985년 경위 임관 1997년 경감 승진 2005년 울산 중부경찰서 수사과장 2005년 경정 승진 2006년 부산 영도경찰서 수사과장 2007년 부산 남부경찰서·부산진경찰서·동래경찰서·해운대경찰서 형사과장 2014년 부산지방경찰청 치안지도관 2015년 울산지방경찰청 수사과장(총경) 2016년 부산 사상경찰서장(현)

윤경로(尹慶老) YOON Kyoung Ro

[생]1947·4·20 [본]해평(海平) [출]경기 양주 [주]서울 동대문구 왕산로283 금은빌딩3층 민족문제연구소 친일인명사전편찬위원회(02-969-0226) [학]1967년 경동고졸 1974년 고려대 인문대학 사학과졸 1978년 同대학원 역사교육학과졸 1988년 문학박사(고려대) [경]1981~2005년 한성대 인문대학 역사문화부 교수 1981년 同학보사 주간 1986년 同민족문화연구소장 1986년 역사문제연구소 연구위원 1987년 서울YMCA 운영위원 1989~2000년 경제정의실천시민연합 상임집행위원 1990~1998년 안암역사연구회 회장 1992년 서울YMCA 평화와이즈맨 부회장 1993년 경제정의실천시민연합 조직위원장 1995년 한국기독교역사학회 회장 1996년 경제정의실천시민연합 통일협회 운영위원장 1996년 신사회공동선연합 운영위원 1997년 도산사상연구회 부회장 1997년 경제정의실천시민연합 상임집행위원장 1998년 한성대 교무처장 겸 총장 직대 1999년 미국 워싱턴대 교환교수 2000년 한성대 교수협의회장 2001~2005년 한국기독교역사연구소 소장 2001년 백범학술원 운영위원 2002~2004년 한성대 교무처장 2003년 민족문제연구소 친일인명사전편찬위원회 위원장(현) 2003~2006년 경제정의실천시민연합 통일협회 이사장 2003년 서울YMCA 시민논단위원회 위원장 2004~2010년 국사편찬위원회 운영위원 2005~2009년 한성대 총장 2009년 도산학회 회장(현) 2010~2014년 문화재청 근대문화재위원 2011년 대통령직속 사회통합위원회 위원 2012년 한성대 명예교수(현) 2015년 (사) 한국기독교역사연구소 이사장(현) 2016년 희망새물결 고문(현) [상]교육부장관표창(2005), 청조근정훈장(2012), 제9회 독립기념관 학술상(2013) [저]'105인사건과 신민회 연구' '한국근대사의 기독교사적 이해' '안창호 일대기' '새문안교회 100년사' '한국 근현대사의 성찰과 고백' [역]'105인 사건 공판 참관기' [종]기독교

윤경로(尹景老) YOON Kyung Roh

[생]1953·5·3 [본]해평(海平) [출]경기 오산 [주]서울 강남구 언주로544 삼본빌딩5층 (사)글로벌인재경영원(02-508-0898) [학]1971년 경기고졸 1976년 서울대 법대졸 [경]1980년 한화그룹 경영기획실·뉴욕지사·한양화학 외자과장 1988년 (유)듀폰코리아 구매부장 1991년 (유)듀폰 아시아태평양인재개발담당 상무 2004년 (유)듀폰코리아 아시아태평양인사담당 전무 2005년 한국액션러닝협회 초대회장 2009년 한국퍼실리테이터협회 초대회장 2012~2013년 (유)듀폰코리아 부사장 2013년 (사)글로벌인재경영원 원장(현) 2015년 한양대 특임교수(현) 2016년 한국산업교육학회 공동회장(현)

윤경림(尹京林) YOON Kyoung Lim

[생]1963·6·14 [출]경기 [주]서울 종로구 종로3길33 KT 광화문빌딩 East 미래융합사업추진실(031-727-0114) [학]1986년 서울대 경영학과졸 1988년 한국과학기술원(KAIST) 경영과학과졸(석사) 1997년 경제학박사(한국과학기술원) [경]1988~1997년 (주)데이콤 근무 1997년 하나로통신 근무 1998년 同마케팅실 상품기획1팀장(부장급) 1998년 同마케팅실장(이사대우) 2000년 同상무보 2003년 同마케팅실장(상무) 2004년 同마케팅실장(전무) 2004년 同마케팅부문장(전무) 2004년 하나로텔레콤(주) 마케팅부문장(전무) 2005년 同영업부문장(COO·전무) 2006년 (주)KT 신사업추진실장 2006년 同신사업추진본부장(전문임원) 2008년 同미디어본부장(상무) 2009년 同컨텐츠TFT장 2009~2010년 同서비스개발실장(상무) 2010년 CJ그룹 기획2팀 부사장대우 2011년 CJ(주) 기획팀장 겸 경영연구소장(부사장대우) 2011~2014년 同사업2팀장(부사장대우) 2014년 (주)KT 미래융합전략실장(전무) 2015년 同미래융합사업추진실장(전무) 2015년 同미래융합사업추진실장(부사장)(현) 2016년 한국VR산업협회 회장(현) [종]천주교

윤경립(尹景立) YUN Kyung Lip

[생]1957·6·10 [출]서울 [주]서울 영등포구 국제금융로2길36 유화증권 회장실(02-3770-0219) [학]1976년 서울고졸 1982년 고려대 사학과졸 1992년 서강대 경영대학원 최고경영자과정 수료 1994년 전국경제인연합회 국제경영원 최고경영자과정 수료 1997년 同정보전략최고경영자과정 수료 [경]1984년 유화증권(주) 입사 1986년 同영동지점 과장 1987년 同법인부 과장 1988년 同인수공모부 과장 1988년 同업무부 차장 1988년 同용산지점장 1989년 同이사 1991년 同상무이사 1995년 同전무이사 1997년 同대표이사 부사장 2000년 同대표이사 사장 2010년 同대표이사 회장(현) 2010년 同이사회 의장 [종]기독교

윤경병(尹景炳) YOON Kyung Byung

[생]1956·3·10 [출]서울 [주]서울 마포구 백범로35 서강대학교 화학과(02-715-2569) [학]1979년 서울대 화학과졸 1981년 한국과학기술원(KAIST) 석사 1989년 무기촉매학박사(미국 휴스턴대) [경]1989년 서강대 화학과 교수(현) 2000~2001년 대한화학회 이사 2001년 同기획부회장 2005~2007년 아시아화학회연합회(FACS) 사무총장 2005년 대한화학회 학술부회장 2007~2013년 국제제올라이트학회(IZA) Councilor 2008년 서강대 화학과장 2008년 아시아·오세아니아광화학연합회(APA) Councilor(현) 2009~2011년 서강대 자연과학부학장 2009년 同인공광합성연구센터장(현) 2010년 국제순수및응용화학연맹(IUPAC) 무기화학 국가대표(현) [상]Dow Chemical Co. 우수연구상(1987), 대한화학회 무기화학분과 학술상(1997), 대한민국특허기술대전 금상(2002), 서강 학술상(2002), 자랑스러운서강인상 로욜라상(2006), 대한화학회 이태규학술상(2007), 대한민국특허기술대전 동상(2007), 대한민국학술원상(2008), 대한민국특허기술대전 금상(2008), 한국과학상 화학부문(2010), 서강희년상 교육학문부문(2010), 제1회 서강학술상 STAR부문(2016) [저]'일반화학'(1995)

윤경빈(尹慶彬) YOON Kyong Bin

[생]1919·1·14 [출]평남 중화 [주]서울 영등포구 국회대로70길12 광복회(02-780-9661) [학]1939년 평양공립고등보통학교졸 1943년 일본 메이지대 법학부졸 [경]1944년 대한민국임시정부 광복군 입대 1944년 광복군 간부훈련반졸 1945년 대한민국임시정부 경위대장 1945년 광복군총사령부 부관 1945년 대한민국임시정부 김구선생 수행 1946년 대한민국 민주의원 비서 1963년 (주)흥화공작소 부사장 1971년 백범김구선생기념사업회 이사 1980년 한국독립유공자협회 회장 1999~2002년 광복회 회장 2001년 백범기념관건립위원회 이사장 2002년 광복회 고문(현) 2002년 독립기념관 이사장 [상]건국포장(1980), 건국훈장 애국장(1990)

윤경식(尹景湜) YOON Kyeong Sig (愚堂)

[생]1962·3·20 [본]파평(坡平) [출]충북 청주 [주]충북 청주시 서원구 원흥로86 법무법인 청풍로펌(043-292-8008) [학]1981년 충북 청주고졸 1985년 서울대 법학과졸 [경]1984년 사법시험 합격(26회) 1987년 사법연수원 수료(16기) 1990년 변호사 개업 1996년 신한국당 청주 흥덕지구당 위원장 1998년 법무법인 청풍 대표변호사 2000~2004년 제16대 국회의원(청주 흥덕, 한나라당) 2001년 한나라당 총재특보 2002~2004년 同원내부총무 2008년 제18대 국회의원선거 출마(청주 흥덕구甲, 한나라당) 2008년 한나라당 윤리위원회 부위원장 2008년 同청주흥덕구甲당원협의회 운영위원장 2009년 同충북도당 수석부위원장 2010~2011년 同충북도당 위원장 2010년 법무법인 청풍로펌 변호사(현) 2012년 새누리당 박근혜 대통령후보 충북경선대책본부장 2012년 제19대 국회의원선거 출마(청주 흥덕甲, 새누리당) [종]기독교

윤경신(尹京信) YOON Kyung Shin

[생]1973·7·7 [출]서울 [주]서울 송파구 올림픽로25 잠실야구장내 두산베이스(02-2240-1777) [학]1992년 고려고졸 1996년 경희대졸 [경]1984년 핸드볼 입문 1990년 북경아시안게임 금메달 1992년 바로셀로나올림픽 6위 1994년 히로시마아시안게임 금메달 1996년 독일 굼머스바흐 핸드볼선수 1998년 방콕아시안게임 금메달 2000년 시드니올림픽 9위 2002년 부산아시안게임 금메달 2004년 아테네올림픽 국가대표 2006년 독일 함부르크HSV 핸드볼선수 2006년 도하아시안게임 국가대표 2008~2011년 두산 핸드볼팀 소속 2008년 베이징올림픽 국가대표 2010년 아시아남자핸드볼선수권대회 국가대표 2010년 광저우아시안게임 금메달 2011년 남자핸드볼 국가대표팀 플레잉코치 2011년 SK핸드볼코리아컵 남자부 득점왕 2012년 아시아남자핸드볼선수권대회 1위·MVP 2012년 런던올림픽 국가대표 2013년 두산 핸드볼선수단 감독 2013년 핸드볼코리아 정규리그 우승 및 통합 우승 2015년 남자핸드볼 국가대표팀 감독 2016년 두산건설 핸드볼팀 감독(현) 2016년 SK핸드볼코리아리그 남자부 우승 [상]핸드볼큰잔치 신인왕(1991), 핸드볼큰잔치 득점왕(1993~1995), 히로시마 아시안게임 득점왕(1994), 세계선수권대회 득점왕(1995·1997), 독일 분데스리가 득점왕 7회(1996~2008), 대통령표창, 세계핸드볼연맹선정 올해의 선수상(2002), 아테네올림픽 득점왕(2004), SK핸드볼큰잔치 득점왕·MVP·베스트7(2009), 다이소 핸드볼 슈퍼리그 챔피언전 남자부 최우수선수상(MVP)(2009), 대한핸드볼협회 올해의 최우수선수상(2009), 실업핸드볼연맹 MVP(2009), 실업핸드볼연맹 베스트7 남자부문(2009), SK핸드볼큰잔치 최우수선수상(MVP)·득점상·베스트7(2010), 2012 아시아 남자핸드볼선수권대회 MVP(2012), 2013 SK핸드볼코리아 감독상(2013), 서울시장표창(2014), SK핸드볼코리아리그 감독상(2016) [종]기독교

윤경아(尹景雅·女) YOON Kyung Ah

[생]1969·8·23 [출]서울 [주]서울 서초구 강남대로193 서울행정법원(02-2055-8114) [학]1988년 진명여고졸 1992년 서울대 사법학과졸 1995년 同대학원 법학과졸 [경]1994년 사법시험 합격(36회) 1997년 사법연수원 수료(26기) 1997년 서울지법 동부지원 판사 1999년 서울지법 판사 2001년 춘천지법 판사 2004년 서울행정법원 판사 2007년 서울동부지법 판사 2008년 서울고법 판사 2010년 대법원 재판연구관 2012년 전주지법 부장판사 2013년 사법연수원 교수 2016년 서울행정법원 부장판사(현)

윤경우(尹炅雨) Gyongwoo Yun

[생]1963·6·21 [본]파평(坡平) [출]전북 정읍 [주]서울 성북구 정릉로77 국민대학교 사회과학대학 국제학부(02-910-4460) [학]1990년 국민대 중어중문학과졸 1993년 미국 템플대 대학원 정치학과졸 2002년 정치학박사(미국 템플대) [경]1990년 21세기외국어학원 TOEFL강사 1993~1994년 동아일보 미주지사 기자 1999~2000년 미국 Empire Communications사 판매책임자 2000년 중국 수도경제무역대학 경제학원 경제학과 외국인 교수 2000년 중국 연변대 인문경제학원 경제학과 외국인 교수 2002~2005년 울산대 동아시아연구센터 연구교수 2005년 국민대 사회과학대학 국제학부 중국학전공 교수(현) 2008~2010년 同신문방송사 주간 2014~2015년 同입학처장 2016년 同국제교류처장(현) 2016년 同대외협력부총장(현) [저]'한류포에버 : 세계는 한류스타일'(2012, 한국문화산업교류재단) '중국 시진핑 지도부의 구성 및 특징 연구'(2013, 통일연구원) '중국 권력엘리트와 한중교류 네트워크 분석 및 DB화'(2013, 통일연구원) '사회과학도를 위한 중국학 강의(전면개정판)'(2015, 인간사랑) [종]천주교

윤경은(尹景垠) YOON Kyung Eun

[생]1962·5·16 [출]부산 [주]국제금융로길28 KB금융타워 비서실(1544-6000) [학]1981년 경성고졸 1988년 한국외국어대 영어학과졸 [경]1987년 제랄드 한국지사 입사 1989년 파리바은행 서울지점 근무 1993년 LG선물 부장 2001년 굿모닝신한증권 선물옵션부장 2004년 同법인선물옵션부 상무대우 2006년 同국제영업본부장(상무) 2009년 同국제영업 및 파생상품영업본부장(전무) 2009년 신한금융투자(주) 국제영업본부장 겸 파생상품영업본부장(부사장) 2010년 同트레이딩그룹 부사장 2011~2012년 솔로몬투자증권 대표이사 2012년 현대증권 부사장 2012년 同각자대표이사 사장 2013~2016년 同대표이사 사장 2016년 통합KB증권(2017년 1월 1일출범)공동대표이사 사장 내정(현)

윤경자(尹敬子·女) Gyung Ja Yoon

[생]1959·6·28 [주]부산 부산진구 엄광로176 동의대학교 보육·가정상담학과(051-890-1584) [학]1983년 부산대졸 1986년 미국 캔자스주립대 대학원졸 1992년 가족학박사(미국 캔자스주립대) [경]1989~1990년 미국 캔자스주립대 연구조교 1992년 동의대 자연·생활과학대학 보육·가정상담학과 조교수·부교수·교수(현) 2007년 부산시 진구건강가정지원센터 소장 2013년 동의대 생활과학대학장 2015년 한국가족관계학회 부회장 2016년 同회장(현) [저]'가족학 자료분석방법' '성인발달과 노화' '가정폭력 가해자 교육프로그램' '가족치료'

윤경철(尹景哲) YOUN Kyoung Chul

[생]1950·10·8 [출]황해 재령 [주]부산 동래구 충렬대로397 안락성당(051-526-4210) [학]1976년 일본 조치대(上智大)졸 1978년 광주가톨릭대 대학원졸 2007년 명예철학박사(대구가톨릭대) [경]메리놀병원 원장, 성분도병원 원장, 천주교 부산교구 25주년신앙대회 지도신부, (재)천주교유지재단 이사, 성모학원 이사 1996~2007년 부산중앙성당 신부 2007~2014년 부산가톨릭대 총장 2009년 한국가톨릭계대학총장협의회 감사 2013년 한국대학교육협의회 지방대학발전특별위원회 부위원장 2015년 안락성당 주임신부(현) [종]가톨릭

윤경필(尹敬弼)

[생]1962 [출]전북 부안 [주]강원 홍천군 홍천읍 생명과학관길50 홍천세무서(033-430-1200) [학]전북사대부고졸, 세무대졸(1기) [경]1983년 안양세무서 근무 1999년 국세청 납세자보호과 근무 2009년 사무관 승진 2011년 국세청 개인납세국 사무관 2013년 서울지방국세청 세원분석국 사무관 2014년 서기관 승진 2016년 서울지방국세청 조사3국 2과 서기관 2016년 강원 홍천세무서장(현)

윤경현(尹慶鉉) YOON Kyung Hyun

[생]1956·2·12 [본]해남(海南) [출]서울 [주]서울 동작구 흑석로84 중앙대학교 컴퓨터공학부(02-820-5308) [학]1981년 중앙대 전자계산학과졸 1983년 同대학원 전자계산학과졸 1988년 미국 코네티컷대 대학원 전자계산학과졸 1991년 공학박사(미국 코네티컷대) [경]1991년 중앙대 컴퓨터공학부 조교수·부교수·교수(현) 1997년 同가상학습지원센터 소장 2002년 同정보산업대학원 부원장 2002년 한국멀티미디어학회 학술이사·부회장 2003년 한국정보과학회 컴퓨터그래픽스분과 운영위원장 2005년 한국컴퓨터그래픽스 학회장 2007년 중앙대 대학원 부원장 2009~2010년 同기획처장 2010년 한국정보과학회 이사 2012년 중앙대 자연공학부총장 2014년 한국특허정보원 비상임이사(현) [상]문화관광부장관표창(2006·2007) [저]'수치해석(共)'(2001) [종]가톨릭

윤경혜(尹景惠·女) YOON Kyung Hae

[생]1965·2·6 [출]서울 [주]서울 강남구 도산대로156 제이콘텐트리 임원실(02-3015-0536) [학]1983년 서울 경희여고졸 1987년 이화여대 정치외교학과졸 [경]1988년 중앙일보 출판제작국 음악세계부 기자 1989년 同출판제작국 제2여성부 기자 1994년 同출판본부 라벨르팀 기자 1994년 同출판본부 출판1국 여성중앙 기자 1994년 同출판본부 출판담당 기자 1994년 同출판본부 신매체1팀 기자 1995년 同출판본부 칼라팀 기자 1996년 同출판본부 라벨르팀 기자 1997년 중앙M&B 생활매체본부 라벨르팀 차장 1997년 同생활매체본부 상품정보지T/F팀 차장 1998년 同신매체TF팀 차장 1998년 同여성중앙21 생활팀장 1998년 同종합여성매체사업부 종합여성매체사업팀 생활파트장(차장) 2000년 허스트중앙 코스모폴리탄편집팀장 2003년 同편집부 코스모폴리탄제작팀 부장, 同편집부 코스모폴리탄편집부장 2006년 同편집팀장(이사보) 2008년 同제작팀장(이사대우) 2009년 同대표이사 겸 발행인 2014년 同대표이사 상무 2015년 제이콘텐트리 M&B 대표(현) 2015년 제이콘텐트리 각자대표이사(현) [상]제9회 올해의 이화언론인상(2009)

윤경훈(尹慶煇) YUN Gyeong Hoon

[본]파평(坡平) [주]서울 마포구 서강로77 이랜드그룹 홍보실(02-2012-5202) [학]2004년 연세대 언론홍보대학원졸(광고홍보학석사), 성균관대 대학원 언론학박사과정 수료 [경]1997년 LG텔레콤 홍보팀장 2003~2008년 LG CNS 홍보부문장 2009년 同홍보부문장(상무) 2012년 이랜드그룹 홍보실장(상무)(현) 2014년 2014인천아시안게임조직위원회 홍보자문위원

윤계섭(尹桂燮) YUN Ke Sop

[생]1945·5·20 [본]해평(海平) [출]서울 [주]서울 마포구 연남로5길9 201호 서울이코노미스트클럽(02-324-6748) [학]1964년 서울대사대부고졸 1968년 서울대 상대졸 1970년 同경영대학원졸 1980년 경영학박사(서울대) [경]1973~1986년 서울대 상대 전임강사·조교수·부교수 1981년 미국 뉴욕대 교환교수 1986~2010년 서울대 경영학과 교수 1988년 증권관리위원회 위원 1992년 한국증권학회 회장 1993년 한국재무학회 회장 1994년 한국증권경제연구원 원장 1994년 서울대 교무처장 1995년 한국세무학회 회장 1996년 한국금융학회 회장 1997~1998년 금융개혁위원 1997년 영국 런던LBS 초빙교수 1999~2001년 서울대 경영대학장 1999년 전국경영대학원장협의회 회장 2001년 서울이코노미스트클럽 회장(현) 2010~2013년 인텔렉츄얼디스커버리(주) 이사회 의장 2010~2014년 한국투자공사(KIC) 운영위원장 2010년 서울대 경영학과 명예교수(현) 2010~2014년 신한금융지주 사외이사 2011년 가족친화포럼 고문 [상]홍조근정훈장(2004), 대한민국증권대상 공로상(2004), 금융투자인상 특별상(2011), 감사인 대상 (2013) [저]'회계감사'(1973) '투자론'(1982) '한국증권시장 분석론'(1982) '세무회계'(1983) '세무회계원론'(1984) '한국경제론'(1989) '신경제와 증권시장의 진로'(1994) '사이버 증권거래의 현황과 전망'(2000) [종]기독교

윤 관(尹 錧) YUN Kwan

[생]1935·4·1 [본]해남(海南) [출]전남 해남 [학]1953년 광주고졸 1958년 연세대 법과대학 법학과졸 1999년 명예법학박사(연세대) [경]1958년 고등고시 사법과 합격(10회) 1959년 공군 법무관 1962년 광주지법 판사 1970년 광주고법 판사 1972년 대법원 재판연구관 1973~1975년 광주지법 장흥지원장·순천지원장 1975년 서울민사지법 부장판사 1977년 서울형사지법 부장판사 1979년 광주고법 부장판사 1980년 서울고법 부장판사 1981년 서울지법 북부지원장 1982년 서울고법 수석부장판사 1983년 청주지법원장 1984년 전주지법원장 1986년 대법원 판사 1986~1993년 중앙선거관리위원회 위원장 1988~1993년 대법관 1993~1999년 대법원장 1999~2003년 법무법인 화백 고문변호사 2000~2009년 영산대 명예총장 겸 석좌교수 2003~2009년 법무법인 화우 고문변호사 2004~2014년 영산법률문화재단 이사장 [상]자랑스러운 연세인상(1994), 청조근정훈장(1999), 자랑스러운 해남윤씨상(2000), 국민훈장 무궁화장(2015) [저]'신 형법각론'(1962, 삼성당)

윤관석(尹官石) YOUN Kwan Suk

[생]1960·8·17 [본]파평(坡平) [출]서울 [주]서울 영등포구 의사당대로1 국회 의원회관644호(02-784-4380) [학]1979년 서울 보성고졸 1984년 한양대 신문방송학과졸 [경]1997~1999년 민주개혁을위한인천시민연대 사무처장 1998~2007년 실업극복국민운동 인천본부 사무처장·이사 2004~2006년 열린우리당 인천시당 사무처장 2005~2007년 민주평통 인천남동구위원회 위원 2007년 대통합민주신당 제17대 대통령중앙선거대책위원회 인천경기총괄실장 2008년 통합민주당 제18대 총선 인천시선거대책위원회 대변인 2008년 민주당 인천시남동구乙지역위원회 위원장, 同인천시당 대변인, 同중앙당 부대변인 2010~2011년 인천시 대변인 2012년 제19대 국회의원(인천시 남동구乙, 민주통합당·민주당·새정치민주연합·더불어민주당) 2012년 민주통합당 원내부대표 2012~2013년 同원내대변인 2012년 국회 문화체육관광방송통신위원회 위원 2012년 민주통합당 제18대 대통령중앙선거대책위원회 전국유세단장 2012년 한·쿠웨이트의원친선협회 부회장(현) 2013~2015년 국회 평창동계올림픽및국제경기대회지원특별위원회 야당 간사 2013년 국회 공직자윤리위원회 위원 2013년 국회 미래창조과학방송통신위원회 위원 2013·2014년 국회 교육문화체육관광위원회 위원 2013년 민주당 '을' 지키기경제민주화추진위원회 위원 2013년 同정책위원회 부의장 2013년 同당무위원 2014년 국회 윤리특별위원회 위원 2014년 새정치민주연합 수석사무부총장 2014~2015년 同조직강화특별위원회 간사 2014~2015년 同정책엑스포조직위원회 추진부단장 2015년 同제5정책조정위원회 위원장 2015년 국회 평창동계올림픽및국제경기대회지원특별위원회 야당 간사 2015~2016년 더불어민주당 제5정책조정위원회 위원장 2016년 제20대 국회의원(인천시 남동구乙, 더불어민주당)(현) 2016년 더불어민주당 전국대의원대회준비위원회 당무발전분과위원장 2016년 더좋은미래 운영간사(현) 2016년 더불어민주당 서민주거TF 주거공급소위원장(현) 2016년 국회 국토교통위원회 위원(현) 2016년 더불어민주당 인천남동구乙지역위원회 위원장(현) 2016년 국회 민생경제특별위원회 간사(현) 2016년 더불어민주당 수석대변인(현) [상]민주통합당 선정 국감우수의원(2012), 국회 선정 입법및정책개발우수의원(2012), NGO모니터단 선정 국감우수의원(2012), 대한민국 국회의원 의정대상(2013), 새정치민주연합 선정 국정감사 우수의원(2014) [저]자서전 '99%를 위한 대변자'(2011)

윤관식(尹寬植) YOON Gwansik

[생]1959·6·17 [본]해남(海南) [출]서울 [주]충남 천안시 병천면 충절로1600 한국기술교육대학교 테크노인력개발전문대학원(041-560-1113) [학]1978년 부산 금성고졸 1983년 동아대졸 1985년 경북대 대학원졸 1994년 철학박사(미국 플로리다주립대) [경]1994~2015년 한국기술교육대 교양학부 교수 1997년 同능력개발교육원 교수부장 1998년 천안 기독교윤리실천운동 집행위원 2000~2001년 한국기술교육대 대학원 인력개발학과 주임교수, 同테크노인력개발전문대학원 교수(현) 2015년 同문리HRD학부 교수(현) [저]'교사를 위한 효과적 수업설계'(1995) '직무분석 이론과 실제'(1997) '정보화 시대의 직무분석'(2003) [종]기독교

윤관식

[생]1963·12 [주]경기 성남시 분당구 성남대로343번길9 SK주식회사 C&C 임원실(02-6400-1023) [학]한남대 전산학과졸 [경]2001년 SK C&C Billing팀장 2008년 同텔레콤개발1팀장 2010년 同OS개발1담당 전문위원 2012년 同Applocation운영본부장(상무) 2013년 同솔루션사업담당 상무 2014~2015년 同U.Key사업추진단장 2015년 SK주식회사 C&C U.Key사업추진단장 2016년 同Swing사업본부장(현)

윤광로(尹光老) YOON Kwang Ro

[생]1965·4·10 [본]해평(海平) [출]서울 [주]서울 종로구 인사동7길32 SK건설(주)(02-3700-7114) [학]1984년 서울고졸 1991년 연세대 경제학과졸 2002년 미국 펜실베이니아대 와튼스쿨졸(MBA) [경]1991~1998년 삼성물산 근무 1999~2000년 한솔텔레컴 근무 2001년 The Monitor Group 근무 2002~2003 SK(주) 근무 2003~2008 SK텔레콤(주) 경영경제연구소IHC팀 근무 2008년 SK건설(주) 플랜트전략기획실장(상무) 2011년 同USA 상무

2014년 同화공마케팅본부장(상무) 2014년 同기업문화실장(상무) 2015년 同현장경영부문장(상무) 2016년 同현장경영부문장(전무)(현)

윤광선(尹光善) YOON Kwang Sun (聖泉)

생1945·8·27 본해평(海平) 출강원 김화 주경기 군포시 공단로356의3 한국자동차관리사협회(031-429-4972) 학1965년 서울공고졸 1969년 한양대 전기공학과졸 경1965~1969년 공보처 중앙방송국 조정과 근무 1971년 駐越 사이공방송국 엔지니어 1973년 KBS 중계부 근무 1980년 同대전·부여중계소장 1985년 同방송연수원 차장 1988년 올림픽조직위원회 파견 1989년 KBS 방송망관리국 회선담당 차장 1990년 同방송기기정비실 검사부 차장 1991년 同기술위원 1991년 同광주방송총국 기술국장 1993년 同감사2부장 1996년 同시설1부장 1997년 同방송망관리국 당진송신소장 1998년 同라디오기술국장 2000년 同기술연구소장 2001년 同방송문화연구원 교수(국장급) 2002~2004년 同수원센터 연수원 교수 2012년 한국자동차관리사협회 대표회장(현) 2012년 한민족응원문화운동본부(붉은호랑이) 상임부총재(현) 생한국방송대상 라디오기술부문(2000) 종기독교

윤광수(尹光洙) YOON Kwang Soo

생1958·3·1 출전남 해남 주전남 광양시 광양읍 인덕로1100 광양만권경제자유구역청 투자유치본부(061-760-5020) 학목포고졸, 육군사관학교졸 경1991년 전남도 시설정비계장 1992년 同도시개발계장 1994년 同유통계장 1995년 同토지관리계장 1996년 同여성정책계장 1997년 同도로행정계장 1998년 同의회사무처 전문위원 2000년 同기획관리실 해양EXPO담당관 2001년 同지방공무원교육원 교육지원과장 2003년 同관광문화국 체육청소년과장 2005년 同경제통상실 기업경제과장 2005년 同경제통상국 경제통상과장 2006년 同엑스포지원관 2008년 나주시 부시장 2009년 교육파견 2010년 전남도의회 사무처 입법지원관 2012년 행정안전부 교육파견(부이사관) 2013년 광양만권경제자유구역청 투자유치본부장 2014년 전남도 녹색성장정책실장 2014년 同지방공무원교육원장 2015년 광양만권경제자유구역청 투자유치본부장(현)

윤광신(尹光信)

생1955·3·9 주경기 수원시 팔달구 효원로1 경기도의회(031-8008-7673) 학한국방송통신대 행정학과졸, 국민대 행정대학원졸 경1995~1998년 경기 양평군의회 의원, 양평군바르게살기위원회 위원장, 양평군 한국방송통신대총동문회 회장, 민주평통 자문위원, 경기도새마을회 부지회장, 양평군새마을지도자회 자문위원 2006년 경기도의원선거 출마(무소속) 2009년 양평군문화원 이사 2012년 양평군새마을지회 회장 2014년 경기도의회 의원(새누리당)(현) 2014년 同건설교통위원회 위원 2015년 同안보대책특별위원회 위원장 2015년 同수도권상생협력특별위원회 위원(현) 2016년 同도시환경위원회 위원(현) 2016년 同예산결산특별위원회 위원(현) 상양평군민대상(2013) 종불교

윤광웅(尹光雄) YOON Kwang Ung

생1942·10·13 출부산 주서울 중구 무교로20 어린이재단빌딩4층 (사)대한민국해양연맹(02-844-3889) 학1961년 부산상고졸 1966년 해군사관학교졸(20기) 1971년 미국 해군상륙전학교 수료 1976년 미국 해군참모대학졸 1984년 국방대학원졸 경1985년 충남함장 1986년 작전사령부 81훈련전대장 1987년 해군본부 작전참모부 편제처장 1989년 818연구위원장 보좌관·기획처장 1990년 합동참모본부 전략기획국 차장 1991년 同전력발전부 2차장 1991년 작전사령부 5성분전단장·한국 최초 세계일주순항사령관 1993년 합동참모본부 통합군기획단 부단장·평가부장 1993년 2함대사령관 1995년 국방부 획득개발국장 1996년 해군본부 전투발전단장 1997년 해군 작전사령관 1998년 해군 참모차장(중장) 2001년 (사)대한민국해양연맹 부총재 2001년 현대중공업 고문 2003년 국무총리 비상기획위원회 위원장 2004년 대통령 국방보좌관 2004~2006년 국방부 장관 2015년 (사)대한민국해양연맹 고문(현) 상보국훈장 천수장(1990), 보국훈장 국선장(1997), Legion of Merit 미국정부 공로훈장(2000)

윤광일(尹曠壹) Yoon, Kwang Il

생1968·2·9 출대전 주세종특별자치시 다솜2로94 정부세종청사 농림축산식품부(054-912-0671) 학1986년 상문고졸 1994년 고려대 축산학과졸 1998년 서울대 대학원 농학과졸 2010년 미국 코넬대 대학원 농촌개발학과졸 경1998~2000년 국립식물검역소 근무 2001년 농림부 사무관 2005년 同소비안전과 사무관 2008년 농림수산식품부 소비안전과 사무관 2010년 同농촌정책과 사

무관 2011년 同국제협력총괄과 서기관 2013년 농림축산식품부 식량산업과장 2013년 지역발전위원회 생활권활력과장 2015년 농림축산식품부 농촌복지여성과장 2016년 농림축산검역본부 식물검역기술개발센터장 2016년 국제연합식량농업기구(FAO) 파견(현) 상대통령표창(2006) 전'디테일로 완성하는 똑똑한 정책'(2015, 한올출판사)

윤교원(尹敎源) YOON Kyo Won

생1952·2·20 본파평(坡平) 출경북 의성 주서울 영등포구 국회대로76길22 (주)경동나비엔(02-3489-2200) 학1970년 경기고졸 1977년 서울대 항공공학과졸 1986년 아주대 대학원 기계공학과졸 1990년 미국 조지아주립대 대학원 경영학과졸 경1991년 국제표준화기구(ISO) 파견 1993년 공업진흥청 국제표준과장 1993~1994년 同기전표준과장·전자정보표준과장 1995년 同품질환경인증과장 1996년 중소기업청 국제표준계량과장 1997년 대구·경북지방중소기업청장 1998년 중소기업청 벤처기업국장 1999년 산업자원부 기술표준원 자본재기술표준부장 2001년 同기술표준원 전자기술표준부장 2003~2005년 同기술표준원장 2005~2008년 한국산업기술평가원장 2007~2008년 연구관리혁신협의회 초대회장 2009~2012년 대한방직협회 상근부회장 2012년 한국전기산업연구원 원장 2015년 (주)경동나비엔 사외이사(현) 상대통령표창(1984) 종기독교

윤교중(尹喬重) YOON Kyo Joong

생1944·10·9 본파평(坡平) 출서울 주서울 강남구 영동대로96길26 하나은행 삼성동별관7층 하나금융공익재단(02-3466-4752) 학1963년 보성고졸 1972년 서울대 행정학과졸, 한국과학기술원(KAIST) 최고경영자과정(AIM) 수료(12기), 서강대 최고경영자과정(STEP) 수료(9기), 서울대 최고경영자과정(AMP) 수료(41기) 경1973년 한국투자금융(주) 입사 1984년 同영업부장 1988년 同촉탁이사 1989년 同이사 1991년 하나은행 이사 1994년 同상무이사 1997년 同전무이사 1999년 同부행장 2001~2005년 同수석부행장 2004년 한국금융교육연구회 부회장 2005년 (주)하나금융지주 대표이사 사장 2008년 同기업금융부문 부회장 2009년 학교법인 하나학원 학교설립추진단 이사 2010~2011년 하나금융지주 고문 2012년 하나금융공익재단 이사장(현) 종천주교

윤구현(尹九鉉) YUNE Ku Hyun

생1962·3·9 본파평(坡平) 출서울 주서울 중구 퇴계로190 매일경제신문(02-2000-2990) 학1981년 보성고졸 1985년 서울대 해양학과졸 1987년 同대학원 해양학과졸 2001년 이학박사(서울대) 경1990~2002년 매일경제신문 편집국 경제부·사회부 기자 2002년 同증권부 차장 2005년 同산업부 차장 2007년 同문화부장 직대 2010년 同편집국 사회부장 2012년 同유통경제부장 2014년 同럭스맨·골프포위민 편집장(현) 상자랑스런 해양수산인상(2007) 전'언어가 돌아오지 않는 이유' '증권투자 알고합시다' '불확실성시대 책에게 길을 묻다'

윤국진(尹國鎭) YOUN Kook Jin (백암)

생1945·3·17 출충북 괴산 주인천 남구 매소홀로418번길14의57 남인천고등학교 교장실(032-864-2421) 학인하대 경영대학원 기업경영과 수료, 건국대 교육대학원 수료, 중앙대 사회개발대학원 수료, 연세대 행정대학원 수료 경1984년 남인천고 설립·교장(현) 1988년 인천종합사회복지관 설립·이사장(현) 상법무부장관표창, 국무총리표창, 보건사회부장관표창, 인천시 사회봉사대상, 인천시 교육봉사대상, 교육과학기술부장관표창(2008)

윤규선(尹奎善) Yoon, Kyu Seon

생1960·2·15 주서울 중구 을지로55 하나은행 임원실(1599-1111) 학1977년 경기고졸 1987년 고려대 경제학과졸 경1988년 금성투자금융 입사 1991년 보람은행 단기금융2부 행원 1994년 同인사부 대리 1995년 同전략기획팀 대리 1998년 하나은행 신천동지점장 직대 2000년 同PB지원팀 조사역 2002년 同인력지원부 차장 2002년 同東압구정지점장 2006년 同수원지점장 2010년 同Small Business사업부장 2011년 同Small Business본부장 2012년 同중소기업본부장 2014년 同리테일영업추진본부장 겸 리테일영업추진2본부장(전무) 2014년 同영업기획본부장(전무) 2015년 同채널1영업그룹총괄 전무 2015년 同마케팅그룹장(전무) 2015년 KEB하나은행 서울西영업그룹장(전무) 2016년 同기업고객지원그룹장(부행장)(현)

윤규식(尹奎植) Yoon Kyu-Sik

[생]1953·11·25 [본]파평(坡平) [출]경북 영천 [주]서울 중구 장충단로72 한국자유총연맹 사무총장실(02-2238-7924) [학]1983년 경기대 행정학과졸 1987년 고려대 대학원 윤리학과졸 2006년 정치학박사(경남대) [경]1986~1999년 국방정신교육원 북한학·국가안보·통일담당 전임강사 1999~2013년 육군종합행정학교 북한학·국가안보·통일담당 교수 2009~2012년 경기대 및 경북대 북한·통일·국제관계담당 외래교수 2013~2015년 합동군사대학교 북한·통일·국가안보담당 교수 2015년 한국자유총연맹 사무총장(현) [상]보국훈장 광복장(2011) [저]'집중해부 북한·북한군'(2012, 국방부) [종]천주교

윤근영(尹瑾寧) Keun Young Yun

[생]1966·12·2 [출]충북 음성 [주]서울 종로구 율곡로2길 25 연합뉴스 편집국 전국부(02-398-3114) [학]1984년 청주 청석고졸 1991년 연세대 정치외교학과졸 2011년 미국 미주리대 글로벌리더십과정 수료 [경]1992년 연합통신 경제2부 기자 1994년 同사회부 기자 1996년 同문화생활부 기자 1998년 연합뉴스 경제부 기자 2003년 同노조위원장 2004년 同증권부 차장대우 2005년 同경제부 차장대우 2011년 同증권부장 2013년 同경제부장 2015년 同편집국 국제기획뉴스부장 2015년 同편집국 국제경제부장 2015년 同편집국 국제경제부장(부국장대우) 2016년 同편집국 전국부장(부국장대우)(현) [상]한국기자협회 이달의 기자상(2011)

윤근환(尹勤煥) YUN Kun Hwan (度硲)

[생]1929·1·28 [본]해남(海南) [출]전남 함평 [주]서울 관악구 관악로1 940동415호 서울대학교총동창회(02-702-2233) [학]1950년 함평농고졸 1954년 서울대 농대졸 1968년 농학박사(서울대) [경]1962년 농촌진흥청 연구조정과장 1969년 同농업경영연구소장 1970년 농림부 농업경영연구소장 1970년 대통령 경제비서관 1974~1979년 농림수산부 농산·식산차관보 1979년 농촌진흥청 농업기술연구소장 1980년 同청장 1982~1988년 농업협동중앙회 회장 겸 농민신문 사장 1985년 지방자치제실시연구위회 위원 1985년 전국은행연합회 부회장 1986년 범민족올림픽추진중앙협의회 부의장 1987년 아·태지역식량유통기관협의회(AFMA) 의장 1988년 농림수산부 장관 1989년 한국주택은행 이사장 1992년 통일 고문 1993~1998년 농어촌진흥공사 이사장 1998~2003년 농우회 회장 2000년 서울대총동창회 부회장 2014년 同재정관리위원(현) [상]홍조근정훈장, 청조근정훈장 [종]기독교

윤금상(尹金相) YOON Kum Sang

[생]1953·12·10 [출]경기 [주]인천 남구 인하로100 인하대학교 경영대학 경영학과(032-860-7753) [학]1979년 인하대 경영학과졸 1981년 서울대 대학원 회계학과졸 1990년 경영학박사(세종대) [경]1981~1982년 인하대·아주대 강사 1983~1994년 인하대 경영대학 경영학과 전임강사·조교수·부교수 1994년 同경영학부 교수(현) 2007~2011년 同학생지원처장 겸 학생생활연구소장 2007~2011년 同종합인력개발센터장 2010~2014년 (주)알파칩스 비상근감사 2015년 인하대 경영대학원장(현) [저]'부가가치 회계론'(1992) '최신 기업회계기준'(1997, 도서출판 두남) '기업체질개선 핸드북'(2000, 도서출판 두남) '사회관련회계의 연구'(2001, 도서출판 두남) '재무회계의 이해'(2002, 두남) '재무회계의 연구'(2003, 두남) '전략적 관리회계의 연구'(2003, 두남) '기업환경회계의 연구'(2004, 두남) '기업가치 창조를 위한 ABC BSC EVA의 통합'(2006, 두남)

윤금진(尹錦鎭·女) Keum-jin Yoon

[생]1957·11·1 [주]서울 서초구 남부순환로2558 외교센터10층 한국국제교류재단 교류협력이사실(02-2046-8508) [학]이화여대 영어교육학과졸, 同대학원 영어학과졸, 단국대 문화예술대학원 문화관리학과졸, 문화인류학박사(한양대) [경]한국국제문화협회 근무, 한국국제교류재단 출판부장, 同국제협력1부장 2008년 同문화센터소장 2010년 同문화예술교류부장, 同워싱턴사무소장 2014년 同교류협력이사(현)

윤금초(尹今初) YOUN Kum Cho (鴻山)

[생]1941·8·7 [본]해남(海南) [출]전남 해남 [주]서울 강남구 역삼로64길15 금초시마재501호 민족시사관학교(02-556-7153) [학]1966년 서라벌예술대학 문예창작과졸 [경]1978년 조선일보 편집국 기자 1996~1998년 同출판국 주간부 차장, 「시조시학」 편집인(현), 오늘의시조학회 회장, 경기대 대우교수·겸임교수 2005년 민족시사관학교 대표(현) 2012년 '정형시학' 발행인(현) [상]공보부 신인예술상(1966), 동아일보 신춘문예 당선(1968), 정운시조문학상(1986), 민족시가대상(1991), 중앙일보 중앙시조대상(1993), 문학사상사 가람시조문학상(1999), 이호우시조문학상(2001), 고산문학대상(2002), 현대불교문학상(2006), 한국시조대상(2013), 유심작품상(2014) [저]'어초문답'(1977) '갈볼 여름 없이'(1980) '네 사람의 얼굴'(1983) '가장 작은것으로부터의 사랑'(1992) '해남나들이'(1993) '다섯빛깔의 언어풍경'(1995) '시조 짓는 마을'(1998) '갈잎 흔드는 여섯 악장 칸타타'(1999) '땅끝'(2001) '이어도 사나, 이어도 사나'(2003) '현대시조 쓰기'(2003) '주몽의 하늘'(2004) '무슨 말 꿍쳐두었니?'(2011) '네 사람의 노래'(2012) [작]'꽃의 변증법' '할미새야, 할미새야' '안부' '내재율' '청맹과니 노래' '뜬금없는 소리' '해우소' '천일염' '떨켜' '개오동 그림자' '능소야, 능소' '큰기러기 필법' 등 [종]기독교

윤 기(尹 基) YOON Ki

[생]1942·1·1 [출]서울 [학]1960년 경복고졸 1965년 서울대 문리과대학 정치학과졸 [경]1966년 합동통신 정치부 기자 1979년 同일본특파원 1981년 연합통신 일본특파원 1982년 同경제부 차장 1983년 同지방2부장 1986년 同경제1부장 1988년 同경제담당 부국장 1989년 同내신담당 부국장 1991년 同편집국장 1994~1997년 同편집제작담당 상무이사 1995~2000년 민주평통 자문위원 1996~1997년 한국신문방송편집인협회 이사 2000~2005년 언론중재위원회 서울제3중재부 위원

윤기관(尹基官) YOON Ki Kwan

[생]1952·8·10 [출]충남 서천 [주]대전 유성구 대학로99 충남대학교 경상대학 무역학과(042-821-5554) [학]1975년 성균관대 무역학과졸 1980년 同대학원졸 1990년 무역학박사(영남대) [경]1981~1984년 경남대 무역학과 전임강사·조교수 1984년 충남대 경상대학 무역학과 교수(현) 1992년 한국환경경제학회 이사 1995년 한국국제통상학회 이사 1995~2004년 대전충남국제통상연구회 회장 2000~2005년 한국무역학회 부회장·이사 2000~2005년 한국국제통상학회 부회장 2002~2004년 한국동북아경제학회 이사·편집위원 2004~2005년 한국무역통상학회 부회장 2004~2007년 한국무역전시학회 회장 2005~2006년 한국정책학회 부회장 2006년 한국국제통상학회 회장 2007~2008년 한국동북아경제학회 회장 2008년 충남대 무역학과장 2009~2010년 아시아유럽미래학회 부회장 2009년 제6회 아시아학세계총회추진단 해외학회유치위원장 [상]통일원장관표창(1994), 충남대 최우수연구상(2002) [저]'무역학원론'(1994) '국제통상론'(1996) '남북한 무역경제'(2001) '현대무역의 이해'(2003) '국제통상의 이해'(2004) '현대북한의 이해'(2004)

윤기병(尹起炳) YOUN Ki Byoung

[생]1952·3·5 [출]대전 [주]인천 연수구 아카데미로119 인천대학교 생명과학기술대학 생명공학부(032-835-8275) [학]1978년 연세대 금속공학과졸 1980년 同대학원 공학과졸 1987년 공학박사(프랑스 파리제11대) [경]1981~1993년 한국자원연구소 재료공정연구실 선임연구원 1984년 CNRS(불) 연구소물리재료연구실 연구원 1988년 연세대 강사 1991년 T.J. WATSON(IBM)연구소 교환연구원 1993년 인천대 공대 신소재공학과 조교수·부교수·교수, 同생명과학기술대학 생명공학부 나노바이오전공 교수(현) 2004~2006년 同공과대학장 겸 산업대학원장 2012년 同부총장

윤기봉(尹基奉) YOON Kee Bong

[생]1958·3·15 [본]파평(坡平) [출]서울 [주]서울 동작구 흑석로84 중앙대학교 공과대학 기계공학부(02-820-5328) [학]1977년 인창고졸 1981년 서울대 공대 기계공학과졸 1983년 한국과학기술원 기계공학과졸(석사) 1990년 기계공학박사(미국 Georgia Institute of Technology) [경]1983~1986년 한국표준연구소 재료표준실 연구원 1986~1990년 미국 Georgia Institute of Technology GRA, Teaching Fellow 1990~1995년 한국표준과학연구

원 신소재특성평가센터 선임연구원 1995년 산업자원부 가스안전공사 가스안전기술심의위원 1995~2001년 중앙대 공대 기계공학부 조교수·부교수 2001년 同교수(현) 2001~2005년 미국 Georgia Institute of Technology 재료공학부 연구원 2003년 미국 아칸소대 기계공학과 겸직교수 2005년 중앙대 공과대학 학장보 2006년 현대자동차 수소연료전지자동차 수소안전자문위원 2006년 대통령자문 정책기획위원회 위원 2007년 에너지기술혁신과제첨단에너지안전시스템기획단 단장 2007년 LPG안전포럼 위원장 2008년 중앙대 차세대에너지안전연구소장, 同에너지안전연구소장, 한국제품안전학회 부회장 2009년 중앙대 연구지원처장 2009~2012년 同산학협력단장 2010년 전국대학교산학협력단 단장·전국대학교연구처장협의회 회장 2011년 중앙대 에너지인력양성사업단장(현) 2013~2015년 산업통상자원부 에너지안전전문위원회 위원장 2014년 同가스기술기준위원회 위원 2015년 미래창조과학부 과학기술규제개선 옴부즈맨 [상]산업포장(1997), 유담학술상(1999), 늘푸른에너지공학상(2008), 기술이전사업화경진대회 우수상(2010) [저]'파손분석사례집' '공정 플랜트의 위험성 및 신뢰성 관리' [종]기독교

윤기수(尹其洙) YOON Ki Soo

[생]1956·9·3 [주]서울 마포구 양화로45 (주)세아베스틸 임원실(02-6970-2021) [학]광주고졸, 홍익대 금속공학과졸 [경]세아특수강 영업이사 2008년 (주)세아베스틸 영업본부장(전무이사) 2011년 同부사장 2014년 同각자대표이사 부사장(현) 2015년 세아창원특수강(주) 영업부문장 겸임(현)

윤기식(尹基植) YOON Kee Sik

[생]1960·10·27 [주]대전 서구 둔산로100 대전광역시의회(042-270-5071) [학]1978년 대전상고졸 1986년 대전대 경영학과졸 1996년 同경영행정대학원 경영학과졸 [경]1986~1998년 충청은행 과장 2001~2002년 민족통일 대전동구협의회 사무국장 2003년 자녀안심하고학교보내기 대전시 동구협의회 운영위원 2004년 한국노인사랑운동본부 홍보이사 2004년 세계일보 조사위원 2005년 민주평통 자문위원 2005년 민주개혁지도자회의 대전대표 2006년 열린우리당 대전시 동구협의회 운영위원, 同대전동구지역경제살리기특별위원회 위원장, 대전사랑컨설팅 대표, 대전대총동문회 부회장 2006·2010~2014년 대전시 동구의회 의원(민주당·민주통합당·민주당·새정치민주연합) 2006~2008년 同사회건설위원회 위원장 2010~2012년 同부의장 2014년 대전시의회 의원(새정치민주연합·더불어민주당)(현) 2014년 同행정자치위원회 위원장 2015년 새정치민주연합 문화예술특별위원회 부위원장 2015년 더불어민주당 문화예술특별위원회 부위원장(현) 2016년 대전시의회 산업건설위원회 위원(현) 2016년 同대전의료원설립추진특별위원회 부위원장(현) 2016년 同국립철도박물관유치특별위원회 위원(현) [상]전국시·도의회의장협의회 우수의정 대상(2016)

윤기열(尹起烈) YOON Ki Yeoul

[생]1954·9·20 [출]울산 [주]서울 중구 장충단로180 신세계건설(주) 임원실(02-3406-6628) [학]1974년 동래고졸 1981년 한국외국어대 포르투갈어과졸 2009년 서울대 공과대학 건설산업최고전략과정(ACPMP) 수료 [경]1981년 한신공영(주) 입사 1996년 同비서실 이사 1999년 벽산건설(주) 개발사업담당 상무 2005년 同개발사업본부 전무 2007년 同영업본부 전무 2010년 同구조조정본부 전무 2011년 同구조조정본부 부사장 2011년 신세계건설(주) 영업총괄 부사장보 2012년 同대표이사 2013년 同건설부문 대표이사(현) 2016년 대한건설협회 회원이사(현)

윤기완(尹基完) Yoon, Gi Wan

[생]1959·4·5 [본]파평(坡平) [출]경북 포항 [주]대전 유성구 대학로291 한국과학기술원 공과대학 전기및전자공학부(042-350-7411) [학]1983년 서울대 금속공학과졸 1985년 한국과학기술원(KAIST) 재료공학 석사 1994년 전자재료공학박사(미국 Univ. of Texas at Austin) [경]1985년 금성사 중앙연구소 주임연구원 1990년 미국 Univ. of Texas at Austin, Research Assistant 1994년 미국 INTEL Co. 책임연구원 1997년 한국정보통신대 공학부 조교수 2001년 同공학부 부교수 2001년 한국해양정보통신학회 상임이사 2007년 한국정보통신대 공학부 교수 2009년 한국과학기술원 공과대학 전기 및 전자공학과 교수(현) [종]불교

윤기원(尹琪源) Ki Won Yoon

[생]1960·12·6 [출]경기 안성 [주]서울 강남구 강남대로 308 랜드마크타워 법무법인(유)원(02-3019-5457) [학]1979년 중앙고졸 1984년 서울대 법학과졸 1987년 同대학원 법학과수료 [경]1984년 사법시험 합격(26회) 1987년 사법연수원 수료(16기) 1990년 변호사 개업 1996년 법무법인 자하연 구성변호사 2000년 건설부 자동차보험진료수가분쟁심의위원회 위원 2000~2002년 민주사회를위한변호사모임 사무총장 2001년 의문사진상규명위원회 자문위원 2001~2008년 법무법인 자하연 대표변호사 2003년 방송위원회 심의위원 2003년 국가인권위원회 행정심판위원회 위원 2004년 민주사회를위한변호사모임 부회장 2006~2009년 국가인권위원회 비상임위원 2009년 법무법인 원 공동대표변호사(현)

윤기한(尹基漢) YOUN Kee Han (松溪)

[생]1933·11·21 [본]파평(坡平) [출]대전 [주]대전 서구 도솔로215의2 세종TV 사장실(042-224-5005) [학]1953년 대전고졸 1955년 성균관대 정치외교학과 중퇴 1959년 충남대 문리과대학 영어영문학과졸 1965년 同대학원 영문학과졸 1975년 미국 아이다호주립대 대학원 영문학과졸 1981년 문학박사(단국대) [경]1960년 대전상고 교사 1968~1981년 충남대 영어영문학과 전임강사·조교수·부교수 1977년 국제라이온스협회 309E지구 大一라이온스클럽 회장 1979~1983년 同319A지구 국제친선위원장·홍보실장 1980~1984년 충남대 미국학연구소장 1981~1999년 同영어영문학과 교수 1981~1999년 대전東甲선거관리위원회 부위원장 1981~2016년 세계인명사전 'Maquis Who's Who in the World'에 등재 1984년 미국 웨스턴미시간대 교환교수 1985년 대전시민대학장 1986년 사법시험 출제위원 1986년 대전일보 대일비호대상 심사위원 1986~1987년 충남대 교육대학원장 1987~1989년 同학생처장 1987~1990년 한국영어영문학회 부회장·충남지회장 1988년 막사이사이상 수상후보자 추천위원 1990년 한국원자력안전기술원 시험출제위원 1990년 대전지법 민사·가사조정위원 1991~1993년 충남대 교수협의회 부회장 1993년 한국헨리제임스학회 부회장 1994~1998년 同회장 1994년 同명예회장(현) 1994년 대전시 지방전문직공무원 채용시험위원장 1994~1995년 충남대 기획연구실장 1995~1998년 同대학원장 1995~1999년 충남도 공직자윤리위원장 1995년 대전시 문화상심사위원 1998~1999년 대전교원단체연합회 대학교수회장 1999년 충남대 명예교수(현) 1999~2012년 도서출판 문원미디어 상임고문 2002년 월간 '純粹文學' 시부문 등단 2006년 중앙매일 논설위원 2007~2008년 IK한국방송 자문위원장 2008년 세종TV 사장(현) 2012년 호서문학 고문(현) 2012년 일간 '충청시대' 고문(현) 2012년 대전시교통장애인재활협회 상임고문(현) [상]국제라이온스협회장표창(1982), 중앙선거관리위원장표창(1987), 문교부장관표창(1989), 교육부장관표창(1994), 한국교총회장표창(1994), 대전시문화상(1997), 국민훈장 목련장(1999) [저]'소설예술론'(1979) '현대 영미단편소설'(1980) '헨리 제임스연구'(1981) '동행인의 어느날(共)'(1985) '새벽은 하루에 두번 오지 않는다'(1988) '영문학의 이해'(1993) '그 작은 행복하나'(1994) '헨리 제임스 단편집(共)'(1995) '소설의 기법'(1996) '저절로 나절로'(1999) '영국소설사(共)'(2000) '미국소설사(共)'(2001) '학문과 생활의 공간'(2002) '헨리 제임스 단편소설연구'(2002) '19세기 미국소설강의(共)'(2003) '추억은 못난이 얼굴'(2004) '차마 못 잊어'(2005) '아름다운 이름을 남겨라'(2009)

윤기현(尹冀鉉) YOON Ki Hyun

[생]1939·5·29 [본]파평(坡平) [출]전남 보성 [주]서울 서대문구 연세로50 연세대학교 공과대학 신소재공학과(02-2123-2845) [학]1957년 순천고졸 1962년 연세대 화학과졸 1968년 同대학원졸 1975년 공학박사(미국 미주리대) [경]1970년 미국 미주리대 재료연구소 연구원 1976년 국방과학연구소 선임연구원 1978~2004년 연세대 세라믹공학과 조교수·부교수·교수 1981~1982년 미국 캘리포니아버클리대 연구교수 1987년 교육부 신소재평가위원 1988년 일본 조치대 객원교수 1991년 미국 알곤연구소 객원교수 1991년 한국과학재단 연구심의위원 1995년 한국과학기술한림원 종신회원(현) 1996년 뉴질랜드 오클랜드대 명예교수 1997년 아시아환태평양재료한림원 정회원(현) 1997~2001년 연세대 첨단재료연구소장 1999년 세계세라믹한림원 정회원(현) 2002년 한국세라믹학회 수석부회장 2003~2004년 同회장 2003년 한국화학관련학회연합회 부회장 2004년 同회장 2004년 연세대 공과대학 신소재공학과 명예교수(현) 2005~2006년 스웨덴 왕립공과대 객좌교수 2007년 노르웨이공과대(NTNU) 객원교수 2007년 미국 세라믹학회 Fellow(현) 2008~2009년 독일 Dresden Univ. of Technology(C4) 객원교수 2016년 한국시니어과학기술인협회 감사(현) [상]연세대 학술상(1979), 연세대 우수업적교수상, 한국요업학회 학술상(1980), 과학기술훈장 도약장(2001), 3·1문화상(2004), 한국과학기술한림원상(2007), 과학기술훈장 창조장(2008) [저]'Chemical Processing of Ceramics' 외 7건 [종]천주교

윤기화(尹基和) YOON Ki Hwa

[생]1960 · 12 · 27 [출]경북 칠곡 [주]경남 창원시 마산합포구 허당로84 CBS 경남방송본부(055-224-5600) [학]1979년 순심고졸 1986년 계명대 통계학과졸 [경]1998년 CBS 대구방송본부 보도제작국 차장 2000년 同대구방송본부 보도제작국장 직대 2001년 同영동방송본부 보도제작국장 2003년 同영동방송본부장 직대 겸 보도제작국장 2003년 同영동방송본부장 겸 보도제작국장 2005년 同대구방송본부장 2009년 同경남방송본부장 2011년 CJ헬로비전 경남방송본부장 2011년 CBS 선교본부 선교협력2국장 2012년 同선교본부 선교기획국장 2012년 同선교본부장 2013년 同선교TV본부 선교협력국장 2014년 同부산방송본부장 2014년 同선교TV본부장 2015년 同기획조정실장 2016년 同경남방송본부장(현) [종]기독교

윤길림(尹吉林) Gil-Lim YOON

[생]1961 · 9 · 14 [출]충남 부여 [주]경기 안산시 상록구 해안로787 한국해양과학기술원 연안개발에너지연구부(031-400-6348) [학]1984년 성균관대 토목공학과졸 1987년 同대학원 지반공학과졸(공학석사) 1995년 공학박사(미국 텍사스 휴스턴대) [경]1989~1991년 한국건설기술연구원 연구원 1992~1995년 미국 Univ. of Houston 연구원 1993~1996년 同토목공학과 연구조교 1996~1998년 현대건설(주) 연구소 선임과장 1997~2001년 성균관대 · 명지대 · 단국대 · 인하대 · 홍익대 대학원 강사 1998년 한국지반공학회 지반조사기술위원회 위원장 1998~2012년 한국해양연구원 책임연구원 2000년 해양수산부 설계자문기술위원 2001년 환경관리공단 설계자문기술위원 2003년 미국 'Marquis Who's Who in Science & Engineering 2003년판'에 등재, 미국 토목학회 정회원(현), 국제지반공학회 TC-32 기술위원(현) 2012년 한국해양과학기술원 연안개발에너지연구부 책임연구원(현) 2014년 국토교통부 준설매립이송기술개발연구단장(현) [상]과학기술부 우수논문상(2004), 한국지반공학회 우수논문상(2007), 한국해양연구원 발전상(2007), 한국지반공학회 저술상(2010), 한국지반환경공학회 기술상(2015) [저]'콘관입시험의 활용 및 지반설계'(2004) '콘관입시험과 지반설계'(2008) '준설토 활용공학'(2011, 씨아이알) [역]'유로코드 7 해설서(共)'(2013, 씨아이알) [종]기독교

윤길용(尹吉龍) Yoon, Kilyong

[생]1957·3·3 [본]파평(坡平) [출]경북 의성 [주]울산 중구 서원3길65 울산문화방송 사장실(052-290-1112) [학]1977년 대광고졸 1985년 고려대 영어영문학과졸 2001년 미국 미시간주립대 국제전문가과정(VIPP) 수료 2005년 연세대 언론홍보대학원 저널리즘졸 [경]1984년 MBC 입사(공채프로듀서 18기), 同시사교양국장, 同크리에이티브센터장 2012년 同편성국장 2012년 교육 파견 2013년 울산MBC 대표이사 사장(현) 2014년 MBC NET 감사 [상]MBC 작품상(PD수첩-지방자치, 독일의 룸멜시장)(1995), 올해의PD상(1995), YWCA대상(PD수첩-총성없는 전쟁, 고엽제)(1996), 엠네스티인권상(1996), 언론상(PD수첩-IMF, 홈리스에서 앵벌이까지)(1997), YWCA으뜸상(PD수첩-함평여고생 사건, 추악한 범죄)(1997), 이달의 좋은 프로그램상(1997·1998·1999·2003), 삼성언론인상(1998), 이달의PD상(PD수첩-이단파문, 만민교회 이재록 목사)(1999), KBC SD언론상(MBC스페셜-세상을 바꾸는 실험, 대안기업가들)(2008) [저]'소쩍새 마을의 진실'(1996, 웅진출판사) '거꾸로 된 세상에도 카메라는 돌아간다(共)'(1998, 개마고원) 'PD수첩 진실의 목격자들(共)'(2010, 북폴리오)

윤길자(尹吉子 · 女)

[생]1957 · 10 · 27 [주]울산 중구 종가로340 근로복지공단 임원실(052-704-7728) [학]1976년 무학여고졸 1994년 한국방송통신대 법학과졸 [경]2006년 근로복지공단 강릉지사장 2009년 同복지사업국장 2012년 同산재심사실장 2014년 同산재보험급여이사(상임이사)(현) [상]노동부장관표창(1985 · 1990 · 2005), 국무총리표창(1997)

윤길준(尹吉埈) YOON Kil Joon

[생]1957 · 4 · 22 [본]파평(坡平) [출]서울 [주]서울 중구 후암로98 동화약품(주) 부회장실(02-2021-9316) [학]숭문고졸, 고려대 경영학과졸 1988년 同경영대학원 수료 [경]1985년 동화약품공업(주) 입사 1991년 同이사 1992~1994년 同경영관리담당 상무이사 1995~1996년 同전무이사 1996년 同부사장 2003년 同대표이사 사장 2008년 同부회장 2009년 동화약품(주) 부회장(현) [상]보건복지부장관표창, 국민포장, 대통령표창 [종]기독교

윤길준(尹吉俊) YOON Kil Joon

[생]1972 · 11 · 14 [주]세종특별자치시 도움5로20 법제처 경제법제국(044-200-6650) [학]전북사대부고졸, 전주대 행정학과졸 [경]법제처 경제법제국 서기관 2007년 同수요자중심법령정보추진단 경제법령정보팀장 2008년 同사회문화법제국 법제관 2009년 국외 훈련 2011년 법제처 사회문화법제국 법제관 2013년 KOTRA 외국인투자지원센터 파견(과장급) 2014년 법제처 법제지원단 법제관 2015년 同경제법제국 법제관(현)

윤남근(尹南根) YOON Nam Geun

[생]1956 · 5 · 21 [본]파평(坡平) [출]충북 제천 [주]서울 성북구 안암로145 고려대학교 법학전문대학원(02-3290-1907) [학]1975년 경동고졸 1984년 서울대 법학과졸 1988년 同대학원 법학과 수료 [경]1984년 사법시험 합격(26회) 1987년 사법연수원 수료(16기) 1987년 대전지법 판사 1990년 同강경지원 판사 1992년 수원지법 판사 1995년 서울지법 동부지원 판사 1998년 서울지법 판사 1999년 서울고법 판사 2001년 서울지법 판사 2002년 창원지법 진주지원 부장판사 2004년 인천지법 부천지원 부장판사 2006~2007년 서울동부지법 부장판사 2007년 고려대 법학전문대학원 교수(현) 2008년 법률신문 논설위원(현) 2008년 대한상사중재원 중재인(현) 2008년 대한중재인협회 이사(현) 2008년 공정거래위원회 가맹점사업거래분쟁조정협의회 위원 2008년 한국도산법학회 부회장(현) 2011년 국가인권위원회 비상임위원(현) 2011년 同북한인권특별위원회 위원장 2011~2015년 공정거래위원회 하도급분쟁조정협의회 위원 겸 위원장 2011년 SK네트웍스(주) 사외이사 2012년 한국민사집행법학회 감사 2012년 현대증권(주) 사외이사 2013~2015년 한국공정거래조정원 비상임이사 [저]'주석형법(총칙)(共)'(2013)

윤남순(尹南淳) YOON Nam Soon

[생]1958 · 5 · 21 [본]파평(坡平) [출]전남 목포 [주]서울 강남구 삼성로610 그랜드코리아레저(GKL) 경영본부(02-6421-6000) [학]1977년 검정고시 합격 1991년 한국방송통신대 행정학과졸 [경]1982년 7급 공채 1992년 문화관광부 행정사무관 2002년 同기획관리실 기획예산담당관실 서기관 2003년 同기획관리실 예산담당관실 서기관 2004년 국립민속박물관 섭외교육과장 2006년 문화관광부 정책홍보관리실 성과전략팀장 2006년 同정책홍보관리실 성과관리팀장 2007년 세종연구소 파견 2007년 문화관광부 정책홍보관리실 재정운용팀장 2008년 문화체육관광부 기획조정실 기획재정담당관 2008년 同종무실 종무1담당관 2009년 同정책기획관실 재정담당관 2010년 同기획조정실 재정담당관 2011~2015년 국립현대미술관 기획운영단장(고위공무원) 2011 · 2014~2015년 同관장 직대 2015년 대한민국예술원 사무국장 2015~2016년 국무총리소속 10 · 27법난피해자명예회복심의위원회 파견(고위공무원) 2016년 그랜드코리아레저(GKL) 경영본부장(현) [상]모범공무원상(1990), 대통령표창(2001)

윤남식(尹南植) YOON Nam Sik

[생]1958 · 8 · 13 [주]대구 서구 달서천로92 다이텍연구원 원장실(053-350-3752) [학]1975년 영남고졸 1979년 경북대 공업화학과졸 1982년 同대학원 유기공업화학과졸 1988년 공학박사(경북대) [경]1982~1984년 제일모직 기술연구소 연구원 1985~1990년 경북대 공업화학과 · 염색공학과 조교 1990~2015년 同섬유시스템공학과 교수 1992~1994년 일본 오사카주립대 기능물질과학과 연구원 2010~2011년 경북대 공과대학 교수회 의장 2012~2014년 同산업기술연구소장 2014~2016년 한국염색가공학회 회장 2015년 다이텍연구원 원장(현) [상]한국염색가공학회 학술상(2001)

윤내현(尹乃鉉) YOON Nae Hyun (한뫼)

[생]1940 · 6 · 15 [본]해남(海南) [출]전남 해남 [주]경기 용인시 수지구 죽전로152 단국대학교 문과대학 사학과(031-8005-3030) [학]1957년 전남 목포공고졸 1966년 단국대 문리대 사학과졸 1975년 同대학원졸 1978년 문학박사(단국대) 1979~1981년 미국 하버드대 대학원 수학 1988년 명예 철학박사(미국 골든스테이트대) 1991년 교육학박사(미국 퍼시픽웨스턴대) [경]1970~1978년 청소년선도협회 부회장 1975~1978년 강원대 · 경찰대 강사 1978~1987년 단국대 문리대 조교수 · 부교수 1982~1987년 同역사학과 · 사학과 학과장 1983년 미국 하버드대 객원교수 1986년 문교부 국사교육심의위원 1987~2005년 단국대 사학과 교수 1988~1993년 지역감정해소국민운동협의회 공동부의장 1989~1997년 단국대 중앙박물관장 1993~1995년 문화재위원회 위원 1997년 단국대 교수협의회장 1998년 同산업디자인대학원장 겸 문과대학장 1999~2002년 同서울캠퍼스 부총장 2001년 단군학회 회장 2002~2004

년 단국대 테솔대학원장 2002~2005년 同대학원장 2002년 남북역사학자 공동학술토론회 남측단장, 해남윤씨 귤정공파종친회 회장(현) 2005년 단국대 문과대학 사학과 명예교수(현) 2005~2009년 同동양학연구소장 2008년 同문과대학 사학과 석좌교수 [상]오늘의 책상(1984), 일석학술상(1986), 금호학술상(1995), 국무총리표창(1998) [저]'상왕조사의 연구'(1978) '중국의 원시시대'(1982) '상주사'(1984) '한국고대사신론'(1986) '중국사'(1991) '한국의 역사(共)'(1991) '한국사의 이해(共)'(1992) '고조선 연구'(1994) '고조선 우리의 미래가 보인다'(1995) '한국열국사연구'(1999) [역]'중국정사조선전'(1988) '상문명'(1989)

윤달선(尹達善) YOON Dall Sun

[생]1944·2·5 [본]무송(茂松) [출]경기 여주 [주]서울 성동구 왕십리로222 한양대학교(02-2220-0965) [학]1968년 한양대 수학과졸 1970년 同대학원졸 1980년 이학박사(단국대) [경]1968~1970년 서울 한양공고 교사 1986~2008년 한양대 수학과 교수 1991년 同기초과학연구소장 1993년 同대학원 부원장 1995~1997년 대한수학회 사업이사 1995년 한양대 교무처장 1997년 同자연과학대학장 1999~2001년 同학술정보관장 2006~2008년 同서울캠퍼스 부총장·사회봉사단장 2006년 同한양인재개발원장 2008~2009년 인덕대학 학장 2009~2012년 同총장 2010~2015년 한양대총동문회 장학재단 이사장 2012년 한양대 석좌교수(현) [상]경기도 여주군 학술상(1998), 황조근정훈장(2012) [저]'이공계 대학수학'(1982) '미적분학과 해석기하학'(1995) '현대 기하학 입문' [종]기독교

윤대규(尹大奎) YOON Dae Kyu

[생]1952·11·29 [출]경남 마산 [주]서울 종로구 북촌로15길2 경남대학교 부총장실(02-3700-0720) [학]1976년 서울대 법학과졸 1980년 경남대 대학원졸 1984년 미국 워싱턴대 대학원졸 1987년 법학박사(미국 워싱턴대) [경]1980~1994년 경남대 법학과 전임강사·조교수·부교수 1989년 同극동문제연구소 연구위원 1994년 同법학과 교수(현) 1994~1999년 同극동문제연구소 기획실장 1999~2005년 同극동문제연구소 부소장 2001년 미국 Harvard Law School 교환교수 2005~2009년 경남대 극동문제연구소장 2009년 同서울부총장(현) 2009년 同북한대학원장 2014년 同극동문제연구소장(현) [저]'법사회학' [역]'시민법 전통'

윤대근(尹大根) YOON Dae Geun

[생]1947·6·29 [본]파평(坡平) [출]경북 구미 [주]서울 강남구 테헤란로432 동부금융센터 (주)동부 회장실(02-3484-1080) [학]1966년 경기고졸 1972년 서울대 공대 토목공학과졸 1975년 미국 캘리포니아대 버클리교 대학원 토목과졸 1977년 미국 로체스터대 대학원졸 [경]1977년 삼척산업(주) 미주지사장 1979년 同이사 1983년 同상무이사 1985년 동부산업(주) 상무이사 1988년 동부제강(주) 상무이사 1989년 同전무이사 1991년 同부사장 1993~2002년 同사장 1996년 동부텔레콤 사장 2002년 동부전자(주) 사장 2002년 동부아남반도체 대표이사 사장 2003년 同대표이사 부회장 2004년 동부그룹 전자부문 부회장 2007~2009년 동부하이텍 대표이사 부회장 2010년 동부건설 부회장 2012년 동부CNI 회장 2015년 (주)동부 회장(현) [상]한국철강협회 철강대상(1996), 산업포장(2000)

윤대섭(尹大燮) YUN Dae Sub

[생]1930·4·13 [본]파평(坡平) [출]경기 개성 [주]서울 중구 남대문로5길33 성보화학(주) 임원실(02-753-2721) [학]1949년 개성공립중학교졸 1955년 서울대 농대졸 [경]1957년 성보실업(주) 전무 1962년 성보화학(주) 이사 1979년 성보실업(주) 부회장 1979년 성보학원 이사 1980년 성보화학(주) 부회장 1981년 성보문화재단 이사 2007년 성보화학 대표이사, 同회장(현) [상]서울대총동창회 관악대상 협력부문(2015), 제9회 서울대 발전공로상(2016)

윤대성(尹大星) YOUN Dai Sung

[생]1939·2·27 [본]파평(坡平) [출]함북 회령 [주]경기 안산시 단원구 예술대학로171 서울예술대학교 공연창작학과(031-412-7300) [학]1957년 보성고졸 1961년 연세대 법학과졸 1964년 드라마센터연극아카데미 수료 [경]1964~1970년 한일은행 입행·대리 1967년 동아일보 신춘문예에 희곡 당선 1971~1979년 서울연극학교 강사 1973~1980년 MBC 전속작가 1980년 서울예술전문대학 전임강사·조교수·부교수 1998년 서울예술대 부교수 2000년 同극작과 교수, 同공연창작학과 교수(현) 2004년 한국종합예술대학 연극원 객원교수 2011년 대한민국예술원 회원(연극·현) [상]동아연극상 특별상, 한국연극영화 예술상 2회, 서울신문 문화대상, 현대문학상, 대한민국연극제 희곡상, 대통령표창, 대한민국 방송대상, 국민포장, 한국연극예술상, 동랑 유치진 연극상 [저]'윤대성 희곡집' '남사당의 하늘' '극작의 실제' '당신, 안녕' '윤대성 희곡전집'(2004) [작]희곡 '노비문서' '출세기' '신화 1900' '방황하는 별들' '사의 찬미' '이혼의 조건' '제국의 광대들' '세 여인' '꿈꿔서 미안해' '한 번만 더 사랑할 수 있다면' '아름다운 꿈 깨어나서' '동행' [종]가톨릭

윤대영(尹大榮) YOON Dai Young

[생]1952·3·10 [출]서울 [주]서울 강남구 역삼로33길3 대화기기(주)(02-555-7667) [학]1970년 서울고졸 1978년 한국외국어대 화란어과졸 1990년 연세대 경영대학원졸 2008년 보건학박사(인제대) [경]1977년 대한항공 근무 1979년 대화실업 대표 1983년 대화기기(주) 대표이사 사장 1999년 삼성GE의료기기(주) 초음파사업부장(부사장) 2000~2007년 GE Medical Systems Healthcare Korea 대표이사 2007년 대화기기(주) 회장(현) 2007년 한국수입업협회 부회장 2009~2011년 한국의료기기산업협회 회장 [상]7000만불 수출의탑(2001), Fortune Korea 선정 한국경제를 움직이는 인물(2011), 국민포장(2012) [종]천주교

윤대원(尹大元) YOON Dai Won

[생]1945·6·23 [출]평남 용강 [주]서울 영등포구 버드나루로55 학교법인 일송학원 이사장실(1577-1801) [학]용산고졸 1969년 가톨릭대 의대졸 1977년 의학박사(가톨릭대) [경]1975년 중앙대 전임강사 1975년 한강성심병원 외과 과장 1981년 강남성심병원 외과 과장·부원장 1984년 한림대 부교수·교수 1987년 同한강성심병원장 1988년 同의무부총장·의료원장 1989년 학교법인 일송학원(한림대재단) 이사장(현) [종]천주교

윤대인(尹大仁) YOON Dai In

[생]1950·3·23 [출]서울 [주]서울 영등포구 버드나루로69 삼천당제약(주) 비서실(02-595-0392) [학]1968년 경기고졸 1974년 서울대 고고인류학과졸 1978년 同대학원 수료 1986년 미국 롱아일랜드대 경영대학원졸(MBA) [경]1983년 (주)소화그룹 회장(현) 1983~1987년 한림대의료원 한강강동성심병원 행정부원장 1987년 삼천당제약(주) 대표이사 사장 1987년 성심의료산업 대표이사 회장(현) 1987년 한강성심병원 행정부원장 1994년 삼천당제약(주) 대표이사 회장(현) 1994년 학교법인 일송재단 운영본부장 1998년 한림대의료원 강동성심병원 이사장(현) [종]천주교

윤대진(尹大鎭) YOON Dae Jin

[생]1964·11·13 [출]충남 청양 [주]부산 연제구 법원로15 부산지방검찰청(051-606-4303) [학]1983년 서울 재현고졸 1989년 서울대 법학과졸 [경]1993년 사법시험 합격(35회) 1996년 사법연수원 수료(25기) 1996년 서울지검 검사 1998년 수원지검 여주지청 검사 1999년 부산지검 동부지청 검사 2001년 수원지검 검사 2003~2004년 대통령 사정비서관실 특별감찰반장 2004년 전주지검 검사 2005년 대검찰청 국가수사개혁단 검찰연구관 2006년 同연구관 2008년 서울서부지검 검사 2009년 同부부장검사 2009년 대전지검 홍성지청 부장검사 2010년 서울동부지검 부부장검사 2011년 대검찰청 첨단범죄수사과장 2012년 同중앙수사부 중앙수사2과장 2013년 서울중앙지검 특별수사2부장 2014년 광주지검 형사2부장 2015년 대전지검 서산지청장 2016년 부산지검 제2차장검사(현)

윤대현(尹大鉉) YOON Dai Hyun

[생]1955·4·3 [출]대구 [주]서울 서대문구 거북골로34 명지대학교 산학연구단(031-330-6885) [학]1974년 대구계성고졸 1979년 경희대 화학과졸 1990년 이학박사(경희대) [경]1989년 일본 東京大 연구원 1990~1996년 경희대 화학과 강사 1992년 총무처 정부기록보존소 공업연구관 1998년 행정자치부 정부기록보존소 보존과장 2004년 국가기록원 보존관리과장 2006년 同기록정보화팀장 2007년 同기록관리부장 2010년 한국정보화진흥원 국가정보화조정관 2014~2015년 한국지역정보개발원 정보보호본부장 2015년 명지대 디지털아카이빙연구소 연구교수(현) [상]대통령표창(1998), 홍조근정훈장(2009) [저]'기록물 보존학'(2011)

윤대희(尹大熙) YOON Dae Hee

[생]1949·10·24 [출]인천 [주]경기 성남시 수정구 성남대로1342 가천대학교 글로벌경제학과(031-750-8910) [학]1968년 제물포고졸 1973년 서울대 경영학과졸 1982년 미국 캔자스대 대학원 경제학과졸 1982년 서울대 행정대학원졸 [경]행정고시 합격(17회) 1995년 재정경제원 교육문화예산담당관 1995년 同재정계획과장 1997년 同총무과장 1998년 駐제네바대표부 참사관 2001년 재정경제부 공보관 2002년 同국민생활국장 2003년 새천년민주당 수석전문위원 2003년 열린우리당 수석전문위원 2004년 재정경제부 기획관리실장 2005년 同정책홍보관리실장 2005년 대통령 경제정책비서관 2006년 대통령 경제정책수석비서관 2007~2008년 국무조정실장 2008년 한국증권선물거래소 사외이사 2008~2012년 경원대 경제학과 석좌교수 2009년 한국거래소 사외이사 2012년 가천대 경제학과 석좌교수 2014년 (주)LG 사외이사(현) 2014년 가천대 글로벌경제학과 석좌교수(현) [상]녹조근정훈장(1995), 홍조근정훈장(2009), 인천중·제물포고총동창회 올해의 제고인상(2013)

윤대희(尹大熙) YOUN Dae Hee

[생]1951·5·25 [본]파평(坡平) [출]서울 [주]서울 서대문구 연세로50 연세대학교 공과대학 전기전자공학과(02-2123-2870) [학]1970년 서울고졸 1977년 연세대 전자공학과졸 1979년 미국 캔자스주립대 대학원 전기과졸 1982년 공학박사(미국 캔자스주립대) [경]1982년 미국 아이오와대 조교수 1985~1995년 연세대 전자공학과 조교수·부교수 1995~2016년 同공과대학 전기전자공학과 교수 1998년 同정보통신처장 1999년 同공학대학원 전기·전자·전파공학전공 교수 2001~2005년 同공과대학장 2003~2004년 同신호처리연구센터장 2005~2007년 국가과학기술위원회 민간위원 2006~2008년 연세대 교학부총장 2007년 同총장 직대 2008년 한국통신학회 회장 2016년 연세대 공과대학 전기전자공학과 명예교수(현) [상]한국음향학회 학술상(1987·1995), 대한전자공학회 공로상(1990), 한국통신학회 학술상(1995), 대한전자공학회 해동논문상(1996), 한국음향학회 우수논문상(1998), 모토로라학술상(2001) [종]기독교

윤덕균(尹德均) Yun, Deok Kyun (導山)

[생]1948·8·20 [출]전북 익산 [주]서울 성동구 왕십리로 222 한양대학교 공과대학 산업공학과(02-2220-0470) [학]1966년 전주고졸 1970년 서울대 공대 화학공학과졸 1975년 한국과학기술원 산업공학과졸 1981년 산업공학박사(한국과학기술원) [경]1970~1979년 한국종합화학(주) 입사·기술계획과장 1978~1982년 한국과학기술원 조교 1982~1991년 한양대 공대 산업공학과 조교수·부교수 1986년 미국 캘리포니아 버클리대 교환교수 1991~2013년 한양대 산업공학과 교수 1994년 한국품질관리학회 이사 1994년 한국로지스틱학회 부회장 1998년 한국생산성본부 자문위원 2000년 중국 천진이공대 객좌교수 2000~2015년 한국경영공학회 회장 2000년 한국TOC(Theory Of Constraints)협회 회장(현) 2006~2008년 한양대 공학대학원장 2011~2015년 원광학원 개방이사 2013년 한양대 산업공학과 명예교수(현) [상]대통령표창(2002), 한백학술상(2003), 중앙공무원교육원 베스트강사상(2010), 옥조근정훈장(2013) [저]'생산관리용 소프트웨어집'(1987) '품질관리 시스템'(1989) 'ZD운동의 도입과 전개'(1990) '최고경영자를 위한 생산성혁신전략'(1991) '경영혁신 365일'(1994) '초우량기업의 성공이야기'(1996) '윤덕균 교수의 TPM 교실'(1997) '생산관리'(2001) '초우량기업의 경영혁신 200년'(2005, 민영사) '자녀의 진로지도는 20년을 내다보고 하라(共)'(2007, 민영사) '품질경영 ABC'(2008, 민영사) [종]원불교

윤덕룡(尹德龍) Yoon, Deok Ryong

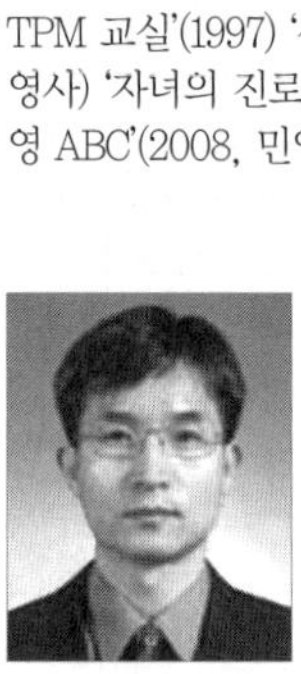

[생]1959·8·28 [출]경북 의성 [주]세종특별자치시 시청대로370 대외경제정책연구원 국제거시금융실 국제거시팀(044-414-1068) [학]1988년 독일 킬(Kiel)대 경제학과졸 1993년 同대학원 경제학과졸 1995년 경제학박사(독일 킬대) [경]1988~1990년 독일 킬대 이론경제연구소 연구조교 1993~1995년 同부설 세계경제연구소 연구원 1996년 연세대 통일연구원 연구교수, 同객원교수 2000~2001년 한국경제연구원 연구위원 2001~2011년 대외경제정책연구원(KIEP) 국제거시금융실 연구위원·선임연구위원 2003년 同국제거시금융실장 2003년 한국태평양경제협력위원회(KOPEC) 사무국장 2003~2008년 북한경제전문가100인포럼 회원 2008~2010년 국민경제자문회의 자문위원 2009년 북한정책포럼 운영위원(현)2009~2013년 한국투자공사(KIC) 운영위원 2011년 대외경제정책연구원 국제경제실 선임연구위원 2014년 同국제거시금융본부 국제거시팀 선임연구위원(현) [저]'독일의 화폐통합이 주는 시사점'

윤덕민(尹德敏) Yun Dukmin

[생]1959·12·8 [출]서울 [주]서울 서초구 남부순환로2572 국립외교원 원장실(02-3497-7603) [학]1979년 서라벌고졸 1983년 한국외국어대 정치외교학과졸 1985년 미국 위스콘신대 메디슨교 대학원 정치학과졸 1990년 정치학박사(일본 게이오대) [경]1991~1992년 남북고위급회담 특별자문위원 1991~2013년 외교안보연구원 국제정치학과 조교수·부교수·교수 2008~2012년 국가안전보장회의(NSC) 정책자문위원 2008~2013년 외교안보연구원 안보통일연구부장 2008년 대통령직속 미래기획위원회 미래외교·안보분과 위원 2011년 한반도포럼 회원 2013년 국립외교원 원장(현) 2013년 국가안보자문단 외교분야 자문위원(현) [저]'대북핵협상의 전망' '냉전 이후의 미·일관계'

윤덕병(尹德炳) YOON Duck Byoung (宇德)

[생]1927·2·9 [본]파평(坡平) [출]충남 논산 [주]서울 서초구 강남대로577 (주)한국야쿠르트 회장실 [학]1944년 일본 城東工高졸 1964년 건국대 정치외교학과졸 1972년 고려대 경영대학원 수료 1993년 명예 경영학박사(한국외국어대) 1998년 명예 이학박사(명지대) 2001년 명예 철학박사(충남대) [경]1951년 육군 소위임관 1963년 예편(중령) 1966년 한국전력공사 경남지점장 1968년 同이사 1970년 공화당 충남제4지구당 위원장 1974년 (주)한국야쿠르트 회장(현), 논산장학회 이사장 [상]청룡봉사상 仁賞(1984), 국민훈장 모란장(1988), 동탑산업훈장, 고려경영포럼대상(1998), 보건대상(2002) [종]기독교

윤덕여(尹德汝) YOON Deok Yeo

[생]1961·3·25 [주]서울 종로구 경희궁길46 대한축구협회(02-2002-0707) [학]경신고졸, 성균관대졸 [경]1984년 한일은행 축구단 소속 1986년 울산현대호랑이 소속 1992년 포항스틸러스 소속 1993년 포항제철중 축구감독 1996년 포항스틸러스 수석코치 2000~2002년 대한축구협회 기술위원 2001~2003년 U-17 청소년대표팀 감독 2003년 U-18 청소년대표팀 감독 2004년 울산현대호랑이 코치 2005년 경남FC 수석코치 2010년 대전시티즌 수석코치 2011년 전남드래곤즈 기술분석관·수석코치 2012년 여자축구 국가대표팀 감독(현) 2014년 인천아시안게임 여자축구국가대표팀 감독 2015년 캐나다월드컵 여자축구국가대표팀 감독 [상]윈저 어워드 한국축구대상 베스트 코치상(2007)

윤덕용(尹德龍) YOON Duk Yong

[생]1940·1·3 [출]평남 평양 [주]대전 유성구 대학로291 한국과학기술원(042-350-2114) [학]1954년 경기고졸 1962년 미국 매사추세츠공과대학(MIT) 물리학과졸 1964년 미국 하버드대 대학원 응용물리학과졸 1967년 공학박사(미국 하버드대) [경]1964~1970년 미국 일리노이대 연구원 1970~1971년 미국 웨인주립대 재료공학과 조교수 1972~1978년 한국과학기술원(KAIST) 부교수 1977~1978년 독일 Max-Planck 금속연구소 초빙연구원 1978~2002년 한국과학기술원(KAIST) 재료공학과 교수 1981~1982년 한국과학재단 사무총장 1984년 미국 표준연구소(NBS) 초빙연구원 1988·1993년 미국 General Electric Corporate연구소 초빙연구원 1991~1995년 재료계면공학연구센터 소장 1995~1998년 한국과학기술원(KAIST) 원장 1995년 한국과학기술한림원 공학부 종신회원(현) 2002년 한국과학기술원(KAIST) 신소재공학과 석좌교수·명예교수(현) 2003년 포항공대 법인이사 2005년 대한민국학술원 회원(금속재료공학·현) 2005~2008년 한국표준과학연구원 전략기술부 초빙연구원 2008년 포항공대 대학자문위원장 2010년 천안함 민군합동조사단장 2011~2015년 학교법인 포항공대 부이사장 [상]연구개발상(1990), 호암상(1995), 국민훈장 동백장(1998), 대한민국 최고과학기술인상(2004), 옥조근정훈장(2005) [저]'Principles of Powder Metallurgy(분말야금학)(共)'(1981)

윤덕홍(尹德弘) YOON Deok Hong

[생]1947·4·19 [본]파평(坡平) [출]대구 [학]1965년 경북고졸 1969년 서울대 사범대학 사회교육과졸 1974년 同교육대학원 사회교육과졸 1986년 일본 도쿄대 대학원졸 1992년 사회학박사(일본 도쿄대) [경]1969~1977년 이화여고 교사 1979~1989년 영남전문대 전임강사·조교수·부교수 1989~2003년 대구대 사범대학 일반사회교육과 조교수·부교수·교수 1994년 同기획처장 1994년 대구사회연구소 연구위원 1995년 한국사회과교육학회 부회장 1997년 전국민주화교수협의회 공동의장 1998년 한국사회과교육학회 회장 1998년 대학수학능력출제위원회 부위원장 2000~2003년 대구대 총장 2000년 한국대학교육협의회 대구·경북지회장 2003년 부총리 겸 교육인적자원부 장관 2004년 제17대 국회의원선거 출마(대구 수성구乙, 열린우리당) 2004년 한

국정신문화연구원 원장 2005~2007년 한국학중앙연구원 원장 2007~2012년 대구대 사범대학 일반사회교육과 교수 2008~2010년 민주당 최고위원 2008~2013년 더좋은민주주의연구소 공동이사장 2012년 우리경제연합회 이사장 2014년 새정치민주연합 경북도당 공직선거후보자추천관리위원회 위원장 2015년 同국정자문회의 자문위원 2015년 同대구시당 윤리심판위원장 [상]청조근정훈장(2012) [저]'현대를 움직이는 사상들'(1989) '현대속의 한국사회'(1993) '사회문화' '현대사회의 종합적 이해'(1998) '한국사회의 변동'(1999) [역]'현대 일본사회의 이해'(1994)

윤도근(尹道根) YOON Do Keun

[생]1935 · 2 · 17 [본]파평(坡平) [출]충북 청원 [주]서울 마포구 와우산로94 홍익대학교 건축학과(02-320-1106) [학]1953년 청주고졸 1958년 홍익대 건축학과졸 1965년 同대학원 건축계획과졸 1977년 프랑스 에꼴데보자르 마르세이유 건축예술대학 건축학과 수료 1980년 건축학박사(홍익대) [경]1955~1956년 김중업건축연구소 근무 1958~1959년 구조사건축기술연구소 근무 1960~1961년 한국은행 영선과 설계실 근무 1961~2000년 홍익대 건축학과 교수 1967~1968년 프랑스 국립건축과학기술연구소 현대건축기술분야 연구원 1976~1981년 서울시 건축심의위원 1981~1994년 한국정신문화연구원 한국민족문화대백과사전 편집위원 1981~1997년 중앙건설 기술심의위원 1982년 대한민국건축대전 초대작가 1983~1988년 서울올림픽대회조직위원회 디자인 및 환경장식 전문위원 1985~2000년 정보통신부 조달사무소 건축자문위원 1988~1992년 홍익대 환경대학원장 1989년 청와대신축공사 건축자문위원 1989~1994년 조달청 감리고문 1989~1993년 헌법재판소청사 건축심의위원 1989~1998년 서울시도시개발공사 건설심의위원 1989~1993년 대전세계박람회조직위원회 건축전문위원 1990~1992년 한국건축가협회 회장 1990~2000년 (사)한국예술문화단체총연합회 부회장 1990~1997년 대한민국도시환경문화상 심사위원 1991~1994년 한국전기통신공사 건축기술자문위원장 1992~1996년 (사)한국실내디자인학회 회장 1992~1996년 한국공항공단 공항건설자문위원 1992년 국가안전기획부 건설자문위원 1992년 수도권신국제공항 여객터미널 국제현상설계심사위원 1993~2000년 국립중앙박물관 건설위원(제3기 위원장) 1993~2001년 대한교원공제회 신규건설공사 추진자문위원 1994~1997년 대한주택공사 사옥건설자문위원 1994~2015년 (재)한솔문화재단 이사 1996~2000년 한국수자원공사 설계자문위원 1996년 (사)한국실내디자인학회 명예회장(현) 1996~1998년 홍익대 대학원장 1996~2002년 철도청 철도건설설계 자문위원 1998년 대한상사중재원 중재인 1998~1999년 문화관광부 건축문화의해조직위원회 부위원장 2000년 아시아유럽정상회의 국제회의장 건설전문위원 2000년 홍익대 건축학과 명예교수(현) 2002~2006년 3 · 1문화상 예술부문 심사위원 2003년 (사)한국건축가협회 명예회장(현) 2003~2005년 인천국제공항 2단계건설 건축설계자문위원 2007년 (사)한국공간디자인학회 명예회장(현) [상]대한건축학회상 작품부문(1988), 동탑산업훈장(1994), 한국예술문화단체총연합회 예술문화대상(1994), 한국실내디자인학회 공로상(1996) [저]'건축계획각론(共)'(1974) '건축설계제도(共)'(1979) '건축계획(共)'(1988) '건축학 개론(共)'(1994) '건축 제도, 설계입문(共)'(2000) '건축설계 · 계획'(2008) [역]'실내디자인(共)'(1976) '실내디자인과 장식'(1980) '건축디자인 방법론'(1981) '건축환경 디자인원리의 전개'(1986) '실내건축 디자인'(1994) [작]'유네스코 한국회관 현상설계 1등당선'(1958) '한국은행 외국부설계'(1960) '홍익대 신관설계'(1965) '홍익대 부속초등학교 설계'(1966) '홍익여중설계'(1967) '프랑스대사관 관사 설계'(1972) '서울녹음스튜디오설계'(1973) '홍익대 문과대학설계'(1980) '홍익대 와우관 설계'(1983) '홍익대 문화체육관 설계'(1983)

윤도근(尹道根)

[생]1968 · 1 · 29 [출]전북 전주 [주]충남 천안시 동남구 신부7길17 대전지방법원 천안지원(041-620-3000) [학]1987년 전북 신흥고졸 1991년 연세대 경제학과졸 [경]1998년 사법시험 합격(40회) 2001년 사법연수원 수료(30기) 2001년 부산지법 예비판사 2002년 부산고법 예비판사 2003년 부산지법 판사 2005년 인천지법 판사 2008년 서울중앙지법 판사 2011년 서울서부지법 판사 2013년 서울동부지법 판사 2014년 서울고법 판사 2016년 대전지법 · 대전가정법원 천안지원 부장판사(현)

윤도준(尹道埈) YOON Doh Joon

[생]1952 · 2 · 21 [출]서울 [주]서울 중구 후암로98 동화약품(주) 회장실(02-2021-9315) [학]1972년 서울고졸 1978년 경희대 의대졸 1982년 同대학원졸 1988년 의학박사(경희대) [경]1979~1983년 경희대 의대 신경정신과 레지던트 1983~1985년 한국정신병리 · 진단분류학회 간행부장 1989~2005년 경희대 의대 정신과학교실 조교수 · 부교수 · 교수 1991~1992년 스위스 산도스제약회사 연구소 Postdoctoral Research Fellow 1994년 대한신경정신의학회 학술부장 1994~1996년 대한생물정신의학회 총무이사 1997~2000년 대한정신약물학회 학술이사 1997년 국제신경정신약물학회(CINP) Fellow 1998~2000년 대한정신분열병학회 총무이사 2002년 대한정신약물학회 이사장 2003~2005년 경희대 의대 정신과학교실 주임교수 2003~2005년 同의대 부속병원 정신과장 2005년 동화약품공업(주) 대표이사 부회장 2008년 동화약품(주) 대표이사 회장(현) 2008년 (재)가송재단(可松財團) 이사장(현) [상](사)대한인터넷신문협회 INAK 보건상(2016)

윤도현(尹道鉉) YOON Do Hyun

[생]1943 · 6 · 12 [출]전남 강진 [주]전남 무안군 삼향읍 오룡길1 전라남도의회(061-286-8200) [학]광주공고졸, 조선대 약학대학 약학과졸 [경]강진도자기공예조합 조합장, 전남 강진군의회 의원, 전남생명과학고 운영위원장, 민주평통 강진군협의회장, 청자 명인(대한명인 05-20호) 1979년 도강요 대표(현) 2006년 전남도의원선거 출마(열린우리당) 2010년 전남도의회 의원(민주당 · 민주통합당 · 민주당 · 새정치민주연합) 2010년 同경제관광문화위원회 위원 2012년 同농수산위원회 위원 2013년 同예산결산특별위원회 위원장 2014년 전남도의회 의원(새정치민주연합 · 더불어민주당)(현) 2014년 同기획사회위원회 위원 2016년 同경제관광문화위원회 위원(현) 2016년 同예산결산특별위원회 위원(현) [종]기독교

윤도흠(尹道欽) YOON Do Heum

[생]1956 · 2 · 13 [주]서울 서대문구 연세로50의1 연세대학교 의료원(02-2228-0006) [학]1980년 연세대 의대졸 1984년 同대학원졸 1991년 의학박사(연세대) [경]1980~1985년 연세대 의대 수련의 · 신경외과 전공의 1985년 국군서울지구병원 군의관 1988년 연세대 의대 연구강사 1990~2004년 同의대 신경외과학교실 전임강사 · 조교수 · 부교수 1993~1995년 미국 뉴욕 의대 연구원 2004년 연세대 의대 신경외과학교실 교수(현) 2007년 同세브란스병원 신경외과 과장, 대한척추신경외과학회 상임이사 2011~2012년 同회장 2012년 연세대 세브란스병원 제1진료부원장 2014~2016년 同세브란스병원장 2015년 한국의료분쟁조정중재원 비상임이사(현) 2016년 대한병원협회 학술위원장(현) 2016년 연세대 의무부총장 겸 의료원장(현) 2016년 연세대의료원 국민고혈압사업단장 겸 의료원건설단장(현)

윤동기(尹東基) Yoon Dong Ki

[생]1959 · 5 · 3 [출]충남 예산 [주]서울 중구 새문안로16 NH농협은행 임원실(02-2080-3027) [학]덕수상고졸, 동국대 회계학과졸, 서강대 대학원 경제학과졸 [경]1979년 농협중앙회 입사 1989년 同예산군지부 과장 1998년 同정부대전청사지점 차장 2000년 同아산현대지점장 2001년 同중앙본부 외환추진팀장 2006년 同중앙본부 외화자금관리팀장 2007년 同중앙본부 자금기획팀장 2009년 同강남중앙지점장 2010년 同양재대기업RM센터장 2013년 NH농협은행 충남본부장 2015년 同부행장(현)

윤동승(尹東勝) YWUN DONG SEUNG (東主)

[생]1956 · 5 · 27 [본]파평(坡平) [출]서울 [주]서울 강남구 선릉로100길54 삼성빌딩 와이즈와이어즈(주) 회장실(02-6430-5010) [학]한양대졸 2003년 미국 셰퍼드대 기독교신문방송학과졸 2005년 同대학원 기독교경영학과졸 [경]전자신문 · 뉴미디어 데스크(창립멤버), 일간공업신문 부국장, 전파신문 대표이사 발행인 겸 편집국장, 일간정보(IT Daily) 대표이사 발행인 겸 편집국장, 텔슨정보통신 상임고문, 월간 모바일타임즈 주필, 중국과학원 자동화연구소 고문, 중국 허베이성 창저우市 국가경제고문 2004년 한국정보통신이용자포럼(ITUF) 수석부회장 2005년 중국 허베이성 경제수석(경제특보) 2005~2007년 (주)인프라넷 부회장 2006~2010년 한국전자통신연구원(ETRI) 초빙연구원 2007년 중국 다롄시 IT발전위원회 부주임 2007년 한나라당 박근혜대통령경선후보 IT특보 2008~2010년 (주)파워콤 회장 2008년 (사)한국방송통신이용자보호원 수석부회장 2011년 와이즈와이어즈(주) 상임고문 2012년 (사)한국방송통신이용자보호원 회장 2012년 와이즈와이어즈(주) 회장(현) 2012년 The Radio news 편집인 · 주필(현) 2012년 중국 톈진(天津)시 바오디(Baodi)개발구 경제수석고문(현) 2012년 오피니언리더그룹 상임부회장(현) 2013년 미래창조과학부 ICT정책고객 대표위원(현) 2013년 (사)한국ICT이용자보호원 회장(현) 2014년 국회뉴스 발행인(현) [상]대통령표창(1999) [저]'100인100색'(1999) [종]기독교

윤동영(尹東榮) Yun Dong Young

[생]1959 · 5 · 13 [출]경북 문경 [주]서울 종로구 율곡로2길 25 연합뉴스 편집국 국제경제부(02-398-3114) [학]1983년 서울대 정치학과졸 1985년 同대학원 정치학과졸 [경]1986년 연합뉴스 입사 1999년 同외신부 · 사회부 · 정치부 차장대우 2001년 同정치부 차장 2003년 同워싱턴특파원(부장대우급) 2006년 同워싱턴특파원(부장급) 2007년 同국제뉴스1부 근무(부장급) 2007년 同민족뉴스부장 2009년 同북한부장(부국장대우) 2009년 同국제뉴스1부 기획위원(부국장대우) 2011년 同편집국 사회에디터 2012년 同편집국 정치에디터 겸임 2012년 同국제국 국제에디터(부국장) 2013년 同국제국장 2015년 同편집국 국제기획뉴스부 대기자 2015년 同편집국 국제경제부 대기자(현)

윤동욱(尹泂旭)

[생]1970 · 9 · 23 [출]전북 순창 [주]서울 종로구 세종대로209 행정자치부 기획조정실 정책평가담당관실(02-2100-3302) [학]순창고졸, 한국외국어대 행정학과졸 [경]1996년 지방고시 합격(2회) 2006년 전북도 투자유치과장(서기관) 2006년 同의회사무처 교육복지위원회 전문위원 2007년 同관광진흥과장 2007년 同관광산업과장 2008년 同관광개발과장 2008년 새만금 · 군산경제자유구역청 투자기획부장 2009년 행정안전부 공무원노사협력관실 서기관 2009년 同기업협력지원관실 서기관 2012년 同지방분권지원단 파견 2012년 한국개발연구원 교육 파견 2016년 행정자치부 지방행정연수원 교육2과장 2016년 同기획조정실 정책평가담당관(현)

윤동윤(尹東潤) YOON Dong Yoon

[생]1938 · 6 · 18 [본]파평(坡平) [출]부산 [주]서울 마포구 월드컵북로396 한국정보방송통신대연합(02-2132-2101) [학]1957년 부산고졸 1961년 서울대 법대 법학과졸 2003년 명예 경영학박사(한국정보통신대학원대) [경]1980년 체신공무원교육원 대전분원장 1981년 체신부 환금관리사무소장 1983년 同통신정책국장 1987년 同우정국장 1988년 同기획관리실장 1990년 同차관 1993~1994년 同장관 1995년 민자당 국책자문위원 1995년 행정쇄신위원 1995~1998년 한국정보문화센터 이사장 1996년 정보화추진협의회 의장 1998년 (사)한국복지정보통신협의회 이사장(현) 2003년 뉴미디어대상 시상위원회 위원장 2003년 한국IT리더스포럼 회장(현) 2003년 (사)정우회 회장(현) 2016년 한국정보방송통신대연합(ICT대연합) 회장(현) [상]홍조근정훈장(1986), 청조근정훈장(1995), 정보통신대상(1996), 모바일혁신공로상(2014)

윤동준(尹東俊) YOON Dong Jun

[생]1958 · 10 · 16 [출]충남 [주]서울 강남구 테헤란로440 (주)포스코에너지 임원실(02-3457-2082) [학]군산고졸, 숭실대 산업공학과졸, 미국 조지워싱턴대 대학원 경영학과졸(MBA) [경]1983년 (주)포스코 입사, 同인사실 능력개발팀장, 同HR기획팀장, 同인사실장, 同조직인사실장 2007년 同경영지원부문 경영혁신실장(상무대우) 2009년 同경영지원부문 글로벌HR실장(상무) 2009년 同인재개발원장 겸임 2009~2011년 전남대 경영전문대학원 자문위원 2010년 (주)포스코건설 경영기획본부장(전무) 2012년 同경영기획본부장(부사장) 2013년 (주)포스코 경영전략2실장(전무) 2014년 同경영인프라본부장(부사장) 2015년 同대표이사 부사장(경영인프라본부장 겸임) 2015년 同비상경영쇄신위원회 인사혁신분과 위원장 2015년 (주)포스코에너지 대표이사 사장(현) 2015년 (사)한국신 · 재생에너지협회 회장(현) 2016년 (사)민간발전협회 회장(현) [종]천주교

윤동진(尹東鎭) YOON Dong Jin

[생]1968 · 12 · 12 [출]충북 증평 [주]세종특별자치시 다솜2로94 농림축산식품부 운영지원과(044-201-1261) [학]1987년 충북고졸 1991년 서울대 경영학과졸 2001년 네덜란드 바헤닝언대 대학원 식품산업학과졸 [경]1992년 행정고시 합격(35회) 1992년 농림부 기획예산과 · 무역진흥과 · 축산정책과 행정사무관 2003년 同기획예산담당관실 행정사무관 2003년 同기획예산담당관실 서기관 2004년 국무조정실 규제개혁기획단 파견 2005년 농림부 국제농업국 통상협력과장 2007년 駐OECD대표부 주재관 2011년 농림수산식품부 지역개발과장 2012년 同기획조정실 기획재정담당관(부이사관) 2013년 농림축산식품부 기획조정실 기획재정담당관 2013년 同유통정책과장 2014년 同식품산업정책관(고위공무원) 2014년 駐제네바 유엔사무처 및 국제기구대표부 공사참사관(현)

윤동철(尹東喆) YOON DONG CHEOL

[생]1957 [주]경기 안양시 만안구 성결대학로53 성결대학교 총장실(031-467-8005) [학]1987년 성결대 신학과졸 1990년 미국 나사렛대 신학대학원 목회학과졸 1992년 미국 드류대 신학대학원 신학과졸 1994년 철학박사(미국 드류대) [경]목사 안수(예수교대한성결교회 무악교회 서울지방회), 창신교회 협동목사, 한국복음주의조직신학회의 초대 공동회장, 세계웨슬리언교회지도자협의회 지도위원, 성결대 신학부 교수(현), 同기획처장 2006년 同영암신학사상연구소장 2010년 同산학협력단장 2011년 同신학전문대학원장 2013년 同성결신학연구소장 2016년 同총장(현) [저]'새로운 무신론자들과의 대화'(도서출판 새 물결플러스)

윤동한(尹東漢) Dong-Han Yoon

[생]1947 · 12 · 30 [출]대구 [주]서울 서초구 사임당로18 한국콜마(주)(02-3485-0313) [학]1965년 대구 계성고졸 1970년 영남대 경영학과졸 1974년 서울대 경영대학원 경영학과졸 2008년 경영학박사(수원대) [경]1974년 대웅제약(주) 부사장 1990~2003년 한국콜마(주) 대표이사 사장 2004년 同대표이사 회장(현) 2009~2010년 한국상품학회 회장 2013년 (사)한국금융연구센터 이사장(현) 2013년 WC300기업협의회 회장(현) 2014년 신용보증기금 비상임이사 2014년 협성대 석좌교수 2014년 자유와창의교육원 교수(현) 2016년 대한화장품협회 부회장(현) [상]자랑스러운 중소기업인상(2004), 과학기술훈장 혁신장(2005), 공정거래위원장표창(2006), 전국경제인연합회 국제경영원(IMI) 기술혁신부문 경영대상(2008), 올해의 CEO대상 인재경영부문 대상(2011), 올해의 CEO대상 기업혁신경영부문 대상(2012), 서울대 ASP인상 CEO부문(2014), 국민훈장 동백장(2014), 다산경영상 창업경영인부문(2014), HDI인간경영대상 상생경영부문(2015), 자랑스러운 영남대인상(2016) [종]기독교

윤동호(尹東浩) YOUN Dong Ho (淵岩)

[생]1930 · 4 · 2 [본]파평(坡平) [출]강원 강릉 [주]서울 종로구 대학로103 서울대학교 의과대학(02-740-8114) [학]1946년 보성고졸 1954년 서울대 의대졸 1962년 同대학원졸 1968년 의학박사(서울대) [경]1957~1962년 육군 군의관 1962~1978년 서울대 의대 안과학교실 전임강사 · 조교수 · 부교수 1978~1995년 同교수 1978~1988년 同안과학교실 주임교수 겸 안과 과장 1980년 대한안과학회 이사장 1984~1994년 녹내장연구회 회장 1989년 아 · 태안과학회 학술대회장 1990~1994년 서울시립보라매병원 원장 1995년 서울대 의대 명예교수(현) 1995~2002년 을지병원 원장 2003~2005년 을지중앙의료원 원장 2006년 을지재단 이사장 2006~2011년 을지병원 명예원장 [상]국민훈장 석류장(1995) [저]'안과학(共)'(1986) '녹내장(編)'(1996)

윤두현(尹斗鉉) Yoon Doo Hyun

[생]1961 · 5 · 12 [본]파평(坡平) [출]경북 경산 [학]대구 심인고졸, 경북대 인문대학 영어영문학과졸, 건국대 행정대학원졸 [경]서울신문 기자 1995년 YTN 입사 2000년 同정치부 차장대우 2002년 同정치부 차장 2004년 同국제부장 2005년 同보도국 제작팀장 2005년 同미디어국 해외사업팀장 2007년 同홍보심의팀장 2008년 同국제부장 2008년 同정치부장 2010년 同보도국 부국장 2013년 同보도국장 2013년 디지털YTN(주) 대표이사 사장 2014년 YTN플러스(주) 대표이사 사장 2014~2015년 대통령 홍보수석비서관 2015년 한국케이블TV방송협회 회장 [상]자랑스러운 경북대 언론인상(2011) [종]불교

윤두환(尹斗煥) YOON Doo Hwan

[생]1955 · 3 · 5 [본]파평(坡平) [출]울산 [주]울산 남구 중앙로128번길31 새누리당 울산시당(052-275-7363) [학]1975년 경주 신라고졸 2000년 울산과학대학졸 2003년 영산대 경영학과졸 2005년 중앙대 행정대학원 도시환경행정학과졸 2008년 벤처경영학박사(숭실대) [경]1991~1997년 울산시 북구의회 의원 · 부의장 · 의장 1997~1998년 울산시의회 의원 1998~2000년 울산시 북구의회 의장 1999~2002년 울산北축구연합회 회장 2000~2004년 제16대 국회의원(울산北, 한나라당) 2000년 국회 운영위원회 위원 2000~2002년 국회 행정자치위원회 위원 2001~2002년 한나라당 원내부총무 2003~2004년 同당대표 특별보좌역 2003~2004년 국회 예산결산특별위원회 위원 2005년 제17대 국회의원(울산北 재선거 당선, 한나라당) 2006~2007년 한나라당 전국위원회 부의장 2007~2009년 同울산시당 위원장 2008~2009년 同서민주거환경개선대책분과 위원장 2008~2009년 제18대 국회의원(울산北, 한나라당) 2016년 새누리당 울산북구당원협의회 운영위원장(현) 2016년 제20대 국회의원선거 출마(울산 북구, 새누리당) [종]불교

윤만호(尹萬鎬) Man Ho Yoon

(생)1955 · 1 · 23 (출)서울 (주)서울 영등포구 여의공원로 111 태영빌딩 EY한영(02-3787-6600) (학)1973년 경복고졸 1978년 연세대 경제학과졸 1996년 미국 미시간주 립대 국제전문가과정 수료 2010년 연세대 경영전문대 학원 최고경영자과정 수료 (경)1978년 산업은행 조사부 입행 1988년 同싱가포르현지법인 Portfolio Manager 1992년 同조사부 산업금융팀장 1998년 同국제금융실 해외점포팀장 1999년 同국제금융실 IR팀장 2000년 同뉴욕지점 부지점장 2003년 同금융공학실장 2006~2007년 同트레이딩센터장 2006년 (사)코스다(KOSDA) 파생상품협의회 회장 2007년 산업은행 경영전략부장 2008년 금융연수원 겸임교수 2008년 산업은행 경영전략본부 부행장 2009년 同민영화추진사무국장(부행장) 2009년 KDB금융지주 부사장(COO) 2010년 대통령직속 미래기획위원회 자문위원 2012~2013년 KDB금융지주 사장(COO) 2012년 글로벌금융학회 부회장 2012~2013년 KDB대우증권 비상무이사 2013년 EY한영 부회장(현) (상)재무부장관표창(1992), 금융감독위원회위원장상(2002), 국무총리표창(2005), 자랑스러운 연세상경인상(2012) (종)기독교

윤면식(尹勉植) Yoon, Myun-Shik

(생)1959 · 12 · 9 (주)서울 중구 남대문로39 한국은행 부총 재보실(02-759-4024) (학)1977년 검정고시 합격 1983년 고려대 경영학과졸 1996년 미국 콜로라도대 대학원 경영학과졸 (경)1983년 한국은행 입행 1991년 同국제금융부 조사역 1996년 同자금부 조사역 1999년 同금융시장국 조사역 2001년 同정책기획국 선임조사역 2003년 同정책기획국 정책협력팀장 2005년 駐OECD대표부 파견 2008년 한국은행 정책기획국 최종대부자기능연구반장 2009년 同정책기획국 부국장 2011년 同경영기획부장 2013년 同프랑크푸르트사무소장 2014년 同통화정책국장 2015년 同부총재보(현)

윤명규(尹明奎) YUN MYEONG GYU

(생)1961 · 7 · 11 (주)서울 성동구 성수동2가281의4 푸조 비즈타워 (주)위드미에프에스 임원실(02-6916-1500) (학)1983년 중동고졸 1989년 한양대 경영학과졸 (경)1989년 신세계그룹 입사 1999년 同이마트부문 창동점장 2001년 同이마트부문 서부산점장(부장) 2002년 同이마트부문 수산팀장 2007년 同이마트부문 청과팀장(수석부장) 2007년 同경영지원실 기업윤리실천사무국 팀장 2008년 同경영지원실 기업윤리실천사무국 팀장(상무보) 2010년 同이마트부문 인사담당 상무 2012년 (주)이마트 경영지원본부 인사담당 상무 2013년 同경영총괄부문 경영지원본부 물류담당 상무 2014년 (주)위드미에프에스 대표이사(현)

윤명길(尹明吉) YOON Myung Kil (해암)

(생)1944 · 8 · 12 (출)부산 (주)부산 서구 원양로171 (주)동남 회장실(051-250-7020) (학)1962년 부산고졸 1969년 부산수산대 어업학과졸 1991년 同대학원 어업학과졸 (경)1972년 (주)남양사 근무 1974년 동원수산(주) 근무 1977년 (주)동남 대표이사 사장 1990~2002년 동남어업(주) 대표이사 1994년 한국원양어업협회 부회장 1995년 부산시한일문화교류협회 부회장 2000년 한국무역협회 이사 2002년 참손푸드(주) 대표이사 2007년 (주)동남 회장(현) (상)철탑산업훈장(1993), 대통령표창, 2000만불 수출탑(2001), 금탑산업훈장(2005)

윤명로(尹明老) YOUN Myeung Ro

(생)1936 · 10 · 14 (본)해평(海平) (출)전북 정읍 (주)서울 관악구 관악로1 서울대학교 미술대학(02-880-5114) (학)1956년 전주사범학교졸 1960년 서울대 미대 회화과졸 1970년 미국 뉴욕 프래트그래픽센터 판화 전공 (경)1963년 프랑스 파리비엔날레 출품 1969년 이탈리아 판화트리엔날레 출품 1970년 미국 뉴욕 프랫그래픽센터 판화전공 연수 1971년 프랑스 카뉴회화제 출품 1972~1984년 서울대 미대 서양화과 전임강사 · 조교수 · 부교수 1972~1982년 현대판화가협회 회장 1972년 이탈리아 베니스국제판화전 1974년 국전 초대작가 1978년 한국미술협회 이사 1984~2002년 서울대 미대 서양화과 교수 1986년 한국미술협회 부이사장 1987년 한국예술문화단체총연합회 이사 1987년 서울대 미술대학장 1991년 同조형연구소장 1996~1997년 同미술대학장 2002년 同미술대학 명예교수(현) 2004년 대한민국예술원 회원(미술 · 현) 2010년 국립중국미술관 개인전 2013년 국립현대미술관 과천관 회고전 2014년 일본 판화협회 세계명예회원(현) (상)서울국제판화비엔날레 대상(1990), 종로문화상(1997), 옥조근정훈장(2002),

일본 가와기라린메이평론가상(2002), 대한민국문화예술상(2006), 보관문화훈장(2009), 가톨릭미술상 특별상(2016) (저)'한국현대판화'(1991) '모더니스트들의 도전과 환상'(1996) (작)유화 '문신63'(덴마크 현대미술관소장) '駐한국 프랑스대사관 벽화' '롤러시리즈' '얼레짓시리즈' '익명의 땅' '겸재예찬' (종)천주교

윤명성(尹明星) Yun, Myeong-Seong

(생)1965 (출)전남 나주 (주)서울 서대문구 통일로87 경찰청 홍보담당관실(02-3150-2514) (학)문태고졸, 경찰대 법학과졸(4기), 연세대 행정대학원 법학과졸, 범죄학박사(동국대) (경)1988년 경위 임용 2005년 경찰청 대변인실 근무 2010년 전남지방경찰청 청문감사담당관 2011년 전남 화순경찰서장 2013년 서울지방경찰청 202경비단장 2015년 서울 종로경찰서장 2016년 경찰청 대변인실 홍보담당관(현)

윤명숙(女) Yoon, Myeong-Sook

(생)1964 · 4 · 2 (출)전북 전주시 덕진구 백제대로567 전북대학교 사회복지학과(063-270-2965) (학)이화여대 인문과학대학 사회사업학과졸, 同대학원 사회복지학과졸, 사회복지학박사(이화여대) (경)1998년 전북대 사회복지학과 전임강사 · 조교수 · 부교수 · 교수(현), 나우리정신건강센터 부소장, 한국정신보건사회사업학회 대외협력위원장, 同임상수련팀장 2005년 한국알코올과학회 부회장 2007~2009년 한국정신보건사회복지학회 부회장 2010~2011년 同수석부회장 · 회장 2010년 한국정신사회재활협회 부이사장 2011년 보건복지부 중앙정신보건심의위원회 위원(현) 2015년 전북대 대외협력본부장(현) 2016년 한국대학국제교류협의회(KAFSA) 회장(현) 2016년 전국대학교 국제처장협의회(KADIA) 회장(현) (상)자살예방의날 학술부문 생명사랑대상(2011), 보건복지부장관표창(2011)

윤명하(尹明夏) YOON Myung Ha

(생)1959 · 9 · 13 (출)광주 동구 제봉로42 전남대학교병원 마취통증의학과(062-220-6893) (학)1985년 전남대 의대졸 1991년 同대학원 의학석사 1995년 의학박사(전남대) (경)1995년 일본 군마대 객원교수 1997~1998년 미국 샌디에이고대 객원교수 2005년 전남대 의과대학 마취통증의학교실 교수(현) 2006~2010년 전남대병원 마취통증의학과장 2009~2011년 대한내신경마취학회 회장 2010~2012년 전남대 의과대학 부학장 2013~2014년 전남대병원 의생명연구원장 2013~2014년 대한마취통증의학회 회장 2015년 전남대병원 진료처장(현) (상)대한마취과학회 학술상(2002 · 2003), 동승학술논문상(2005), 대한통증학회 SCI최다논문상(2011)

윤명현(尹明鉉) YOON Myung Hyun

(생)1957 · 7 · 29 (출)충남 서천군 마서면 금강로1210 국립생태원 기획경영본부(041-950-5312) (학)검정고시 합격 (경)2001년 환경부 대기관리과 서기관 2002년 同수질보전국 생활오수과 서기관 2003년 同공보관실 서기관 2004년 대통령자문 지속가능발전위원회 파견 2005년 금강유역환경청 환경관리국장 2007년 환경부 환경정책실 민간환경협력과장 2009년 한강유역환경청 환경관리국장 2010년 환경부 대변인실 정책홍보팀장 2011년 同기후대기정책관실 대기관리과장 2012년 同감사담당관(서기관) 2013년 同감사담당관(부이사관) 2013년 국립생태원 기획경영본부장(현)

윤명화(尹明和) YOON Myung Hwa

(생)1957 · 10 · 27 (본)파평(坡平) (출)강원 태백 (주)경기 성남시 분당구 분당수서로501 한국잡월드 경영관리본부(031-696-8310) (학)의정부고졸, 경기대 경영학과졸 (경)경제기획원 조사통계국 · 총무과 근무, 대전EXPO 파견, 경제기획원 심사평가국 근무, 재정경제부 예산실 근무, 同예산청 예산총괄과 근무, 同기획예산처 예산실 근무, 강릉지방노동사무소 근로감독과장, 경인지방노동청 근로여성과장, 노동부 자격지원과 사무관, 同천안지청 천안종합고용지원센터 총괄담당, 同정보화기획팀 사무관 2009년 同정보화기획팀 서기관 2010년 고용노동부 정보화기획팀 서기관 2012년 同근로개선지도1과 서기관 2013년 同중부지방고용노동청 고양고용센터 소장 2014~2015년 同전주고용노동지청 전주고용센터 소장 2015년 한국잡월드 대외협력실장 2016년 同경영관리본부장(현) (상)대통령표창

윤명화(尹明花·女) YOON Myung Hwa

ⓢ1960·2·28 ⓑ파평(坡平) ⓞ서울 ⓩ서울 종로구 송원길48 서울시교육청 학생인권옹호관실(02-399-9078) ⓗ1987년 프랑스 파리제7대 대학원 현대문학과 졸 1988년 프랑스 파리제8대 대학원 문학사회분석학박사과정 수료 1994년 상명대 대학원 불문학박사과정 수료 ⓒ상명대 강사, '라꾸아프르 데 파리' 발행인 겸 편집인, 열린우리당 문화예술특별위원회 부위원장, 同재래시장대책특별위원회 위원, 방과후학교 공동대표, 駐韓벨기에 어시스턴트 2004~2010년 중랑재미지역아동센터 시설장 2006년 서울시의원선거 출마(열린우리당) 2010~2014년 서울시의회 의원(민주당·민주통합당·민주당·새정치민주연합) 2010년 同교육위원회 위원 2010년 同예산결산특별위원회 위원 2010~2012년 同친환경무상급식지원특별위원회 위원 2011년 同인권특별위원회 위원 2011년 同윤리특별위원회 부위원장 2012~2014년 同인권특별위원회 부위원장 2012~2014년 同교육위원회 부위원장 2012~2014년 同도시외교특별위원회 부위원장 2012년 민주통합당 전국여성지방의원협의회 상임대표 2012년 민주당 전국여성지방의원협의회 상임대표 2013년 同전국여성위원회 운영위원 2015년 서울시교육청 학생인권옹호관(현) ⓡ로댕의 연인 까미유 끌로델' '지혜를 가르치는 독설' '클라라 H의 아들' '붕어는 왜 거미줄에 안 걸려?'

윤명희(尹明熙·女) YOON, MYUNG HEE

ⓢ1956·8·26 ⓞ부산 ⓗ경희사이버대 외식농수산경영학과졸 ⓒ2004년 한국RPC연구회 이사 2006년 한국벤처농업대학 회장(제3기) 2009년 한국농식품법인연합회 부회장 2009년 한국여성발명협회 부회장 2009년 한국라이스텍 대표이사 2012~2016년 제19대 국회의원(비례대표, 새누리당) 2012년 국회 농림축산식품해양수산위원회 위원 2012년 국회 지방재정특별위원회 위원 2012년 새누리당 제18대 대통령중앙선거대책위원회 직능총괄본부 식품산업본부장 2012년 同농어업경쟁력강화혁신특별위원회 위원 2013년 국회 허베이스피리트호유류피해대책특별위원회 위원 2013년 국회 여성가족위원회 위원 2013년 새누리당 창조경제일자리창출특별위원회 위원 2014년 同세월호사고대책특별위원회 위원 2014년 국회 통상관계대책특별위원회 위원 2014년 국회 경제혁신특별위원회 규제개혁분과 위원 2015년 국회 군인권개선및병영문화혁신특별위원회 위원 ⓢ중소기업청장표창(2004), 한국여성기술특허대전 산업자원부장관표창(2005), 신지식농업인장(2007), 세계지적재산권기구표창(2008), 대한민국세계여성발명대회 금상(2008), 산업포장(2010), 대산농촌문화상 농업경영부문(2011), 국민성공시대 대한민국신창조인대상(2012), 한국환경정보연구센터 선정 국정감사 친환경베스트의원(2012), 한국농업경영인중앙연합회 선정 국정감사 우수의원(2012·2014), 국정감사NGO모니터단 선정 국정감사 우수의원(2012·2013·2014), 국회입법 및 정책개발 우수국회의원상(2012·2013·2014), 대한민국일치를위한정치포럼 선정 국회를 빛낸 바른언어상(2013), 법률소비자연맹 선정 국회헌정대상(2013·2014), 새누리당 국정감사 우수의원(2013·2014·2015), 대한민국일치를위한정치포럼 선정 국회를 빛낸 바른언어상·상임위모범상(2014), 대한민국 우수국회의원대상(2014·2015) ⓡ천주교

윤문균(尹聞均) YOON Moon Kyoon

ⓢ1955·8·6 ⓞ경북 청송 ⓩ전남 영암군 삼호읍 대불로93 현대삼호중공업(주) 임원실(061-460-2000) ⓗ1974년 용산고졸 1978년 인하대 조선학과졸 1998년 울산대 대학원 산업공학과졸 ⓒ1980년 현대중공업(주) 입사, 同조선1야드내업담당 이사대우 2005년 同조선1야드내업담당 이사 2006년 同조선사업본부 상무이사 2009년 同조선사업본부 총괄중역(전무) 2012년 同안전환경실장(부사장) 2014년 同조선사업 대표(부사장) 2015년 현대삼호중공업 대표이사 사장(현)

윤문길(尹文吉) YOON Moon Gil

ⓢ1960·1·21 ⓞ충남 예산 ⓩ경기 고양시 덕양구 항공대학로76 한국항공대학교 경영학과(02-300-0097) ⓗ1977년 공주대사대부고졸 1981년 한국항공대 항공관리학과졸 1982년 서울대 환경대학원 수료 1984년 한국과학기술원 대학원 경영과학과졸 1992년 경영학박사(한국과학기술원) ⓒ1984~1992년 한국전기통신공사 연구개발본부 연구원 1992년 한국항공대 경영학과 전임강사·조교수·부교수·교수(현) 1992년 한국과학기술원 위촉연구원 1996년 미국 IBM T.J.Watson연구소 객원연구원 1996년 미국 오하이오주립대 객원교수 2005년 호주 연방 CSIRO 객원연구원 2006년 한국항공대 경영연구소장 2012년 한국항공전략연구원 원장(현) 2014년 한국항공경영학회 회장·고문(현) ⓢ최우수논문상(2002) ⓡ'개념으로 풀어본 인터넷 기술세계'

'인터넷 정보기술'(2001) '항공관광 e-비즈니스'(2004) '글로벌 항공운송서비스 경영'(2011)

윤문상(尹文相)

ⓢ1954·3·13 ⓞ서울 ⓩ중구 세종대로17 한국주택금융공사 임원실(1688-8114) ⓗ한양대 정치외교학과졸, 서울대 경영대학원 수료 ⓒ국회 정책연구위원, 국민연금공단 기획조정실장·기금관리실장·본부장, 일산대교(주) 대표이사, (주)세코아시아 회장 2014~2016년 한국주택금융공사 비상임이사 겸 리스크관리위원장, 대한전선(주) 비상임이사 겸 감사위원장, 한국열차단필름제조유통협회 회장, 한국주택금융공사 비상임이사(현)

윤문식(尹文植) YOON Moon Shik

ⓢ1943·1·18 ⓞ충남 서산 ⓩ서울 종로구 창경궁로35길37 3층 극단 미추(현) ⓗ1962년 서산농림고졸 1974년 중앙대 연극영화학과졸 ⓒ연극배우(현) 1968년 극단 '가교' 단원 1975년 극단 '민예' 단원 1981년 국립극단 단원 1981년 MBC 마당놀이 '놀부전' '이춘풍전' '배비장전' '방자전' 등 출연 1985년 극단 '미추' 단원(현) 2011년 금산세계인삼엑스포 홍보대사 ⓢ서울연극제 연기상(1996) ⓦ연극 '둥둥 낙랑둥'(1996) '봄이 오면 산에 들에'(1996) '눈물젖은 두만강'(1998) '말괄량이 길들이기' '번지없는 주막' '봄날은 간다' '용병'(2000) '구사일생'(2003) 뮤지컬 '철부지들'(1995) '울고넘는 박달재'(1997) '봄날은 간다'(2014) 영화 '나의 사랑 나의 신부'(1990) '결혼이야기'(1992) '투캅스'(1993) '테러리스트'(1995) '엑스트라'(1998) '두사부일체'(2001) '공공의 적'(2001) '쇼쇼쇼'(2002) '권순분 여사 납치사건'(2007) '가문의 영광5-가문의 귀환'(2012) MBC마당놀이 '애랑전' '봉이김선달' '눈물젖은 두만강' '변강쇠전' '심청전' 악극 '번지없는 주막'(1999) '비내리는 고모령'(2000) '무너진 사랑탑아'(2001) '단장의 미아리고개'(2002) 드라마 'MBC 다모'(2003) 'SBS 토지'(2004) 'KBS 포도밭 그 사나이'(2006) 'KBS 추노'(2010) 'SBS 대물'(2010) 'KBS 국회의원 정치성 실종사건'(2012) 'SBS 그래도 당신'(2012)

윤문칠(尹文七) YUN Moon Chil

ⓢ1948·11·1 ⓑ파평(坡平) ⓞ전남 여수 ⓩ전남 무안군 삼향읍 오룡길1 전라남도의회(061-286-8200) ⓗ조선대 수학교육학과졸, 여수대 교육대학원졸 ⓒ2004년 여수 화양고 교장 2006년 여수고 교장 2009년 여수 충덕중 교장, 여수고총동문회 회장, 파평윤씨종친회 회장, 여수시 인사자문위원 2010~2014년 전남도의회 교육위원회 교육위원 2012~2014년 同여수·순천10.19사건특별위원회 위원장, 전남도교육청 재정계획심의위원회 위원(현), 同공직자윤리위원회 위원 2014년 전남도의회 의원(새정치민주연합·더불어민주당·국민의당)(현) 2014년 同행정환경위원회 위원 2016년 同여수세계박람회장 사후활용특별위원회 위원(현) 2016년 同전라남도동부권산업단지안전·환경지원특별위원회 위원(현) 2016년 同농림해양수산위원회 위원(현) 2016년 同예산결산특별위원회 위원(현) ⓢ전남도교육감표창(1987), 교육인적자원부장관표창(1991), 국무총리표창(1999) ⓡ기독교

윤미용(尹美容) YOON Mi Yong

ⓢ1946·9·24 ⓞ서울 ⓩ서울 서초구 반포대로37길59 대한민국예술원(02-3479-7223) ⓗ1965년 국립국악원 부설 국악사양성소졸 1969년 서울대 음대 국악과졸 1973년 同대학원졸 ⓒ1972년 국립국악원 장악과 근무 1973년 중앙대·추계예술학교·서울대 강사, 국립국악중 교장 1992년 무형문화재 가야금 산조·병창 전수조교 1996년 한국민족음악가연합 창립회원·이사 1997년 국제무용페스티벌(도쿄 나가노상프라자대홀) 공연 1999년 국립국악고 교장 1999~2003년 국립국악원 원장 2000~2003·2007~2010년 국악방송 이사장 2003년 문화재위원회 위원 2014년 대한민국예술원 회원(국악·현) ⓢ대통령표창(1996), 홍조근정훈장(2003), (사)한국음악협회 한국음악상(2009), 옥관문화훈장(2010)

윤민중(尹民重) YOON MIN JOONG (인암)

ⓢ1948·9·8 ⓑ파평(坡平) ⓞ서울 ⓩ대전 유성구 대학로77 충남대학교 화학과(042-841-5080) ⓗ1967년 서울고졸 1971년 서울대 화학교육과졸(이학사) 1974년 서강대 대학원 화학과졸(이학석사) 1981년 이학박사(미국 텍사스공과대) ⓒ1981년 미국 컬럼비아대 박사 후 연구원 1981~1982년 미국 하버드대 연구원 1982~1991년 충남대 자연대학 화학과 조교수·부교수 1987~1988년 캐나다 퀘백주립대 생물리연구소 초빙교수 1989~1990

년 대한화학회 기획간사 1990~1991년 충남대 화학과 학과장 1991~2014년 同화학과 교수 1997~1998년 同기초과학연구소장 1999~2000년 (사)대한화학회 대전·충남지부장 2002~2010년 아시아·오세아니아광화학연합회 부회장 2004~2006년 충남대 소재화학연구소장 2005년 한국광과학회 회장 2009~2012년 특허청 특허기술상 심사위원 2009년 (사)대한화학회 회장 2009년 기초과학학회협의체 회장 2010년 (사)한국화학관련연합회 회장 2010년 (사)교육과학강국대전충청연합 상임대표(현) 2011~2012년 아시아·오세아니아광화학연합회 회장 2014년 충남대 화학과 명예교수(현) 2014년 JNT INC/ KD Chem 연구개발고문(현) [상]문교부장관표창(1970), 캐나다 국제과학자교류상(1987), 충남대 우수교수상(2001), 대한화학회 입재물리화학상(2003), 한국광과학회 학술상(2003), 아시아·오세아니아광화학연합회(APA) 특별공로상(2008), 대만 과학재단 강좌상(2008), 옥조근정훈장(2014), 장영실 국제과학문화상 본상 [저]'Recent Advances in Photosciences'(1983) '일반화학'(1993, 광림사) '대학화학'(2001, 자유아카데미) 'Photochemically Induced Tautomerism of Salicylic Acid and Its Related Derivatives'(2003, CRC Press) [역]'Atkins Physical Chemistry(4th Ed)'(1992) 'Chemistry(Steven S. Zumdahl, Susan A. Zumdahl)(7th Edition)'(2008) [종]기독교

윤민호 Yoon, Min Ho

[생]1975·9·14 [주]서울 종로구 세종대로209 통일부 통일정책실 평화정책과(1577-1365) [학]용문고졸, 서울대 언어학과졸 [경]통일부 남북경협총괄팀 사무관, 同교류협력국 교류협력기획과 사무관, 同통일정책실 정책총괄과 사무관 2011년 同교류협력국 남북경협과장 2013년 同남북회담본부 회담3과장 2014년 국외 훈련 2016년 통일부 통일정책실 평화정책과장(현)

윤방부(尹邦夫) YOUN Bang Bu (松廷)

[생]1943·1·30 [본]파평(坡平) [출]충남 예산 [주]대전 유성구 북유성대로93 영훈의료재단 비서실(042-589-2316) [학]1961년 서울고졸 1967년 연세대 의과대학졸 1969년 同대학원 보건행정학과졸 1972년 의학박사(연세대) 1978년 미국 미네소타대 가정의학전문의과정 수료 1997년 고려대 언론대학원 최고위언론과정 수료 [경]1973~1983년 연세대 의과대학 전임강사·조교수·부교수 1975~1978년 미국 미네소타대 가정의학 전공의 1978·1985년 대한민국에 가정의학 도입·법제화 1980~1991년 대한가정의학회 창설·이사장, 同명예이사장(현) 1983~2007년 연세대 의과대학 가정의학교실 교수 1984~1995년 同세브란스병원 가정의학과장 1985년 문교부 학술진흥위원 1985~1989년 총무처 정책자문위원 1986~1991년 세계가정의학회 부회장 1987년 UN 지정의사(현) 1991~2003년 한국소비자보호원 위해정보평가위원회 위원 1992년 대한가정의학교육자협의회 회장 1994~1997년 KBS시청자위원회 위원 1994~2000년 한국정보통신진흥협회 정보윤리실무위원 1995~1998년 미국 미네소타대동문회 부회장 1997년 대한보완대체의학회 회장(현) 2000~2006년 서울 시흥초총동문회 회장 2001년 (사)한국워킹협회 회장(현) 2003~2008년 (사)대한의사협회 국민의학지식향상위원장 2003년 (사)한·러협회 부회장 2003년 롯데제과헬스원 모델 2004년 (사)한국건강주택협회 회장(현) 2004년 대한민국의학한림원 정회원(현) 2005년 (사)한·미좋은사람모임 수석부회장 2005년 (사)한·미친선좋은사람모임협회 수석부회장 2006년 대한보디빌딩협회 홍보대사 2006년 대한미용의학회 회장(현) 2008년 연세대 의과대학 명예교수(현) 2008~2012년 가천의과대 대외협력부총장 겸 석좌교수 2008년 필립메디칼센터병원 원장 2008년 대한휘트니스협회 회장 2009~2010년 한국의료관광진흥협회 회장 2009년 가천의과대 길병원 뇌건강센터·국제진료센터 소장 2009~2013년 학교법인 정수학원 강릉영동대학 재단이사 2009년 부산 해운대구 명예홍보대사 2009년 한국장학재단 명예홍보대사(현) 2010년 부동산TV '윤방부교수의 건강한 인생, 성공한인생' 진행 2010년 국가미래연구원 보건·의료·안전분야 발기인, 대한미용레이저의학회 이사장 2012년 가천대 메디컬캠퍼스 대외협력부총장 겸 석좌교수 2013년 영훈의료재단 회장 겸 선병원 국제의료센터 원장(현) 2014년 근화제약 사외이사(현) 2014년 경복대 명예총장(현) [상]학술상(1971), 서울시의사회 모범의사상(1973), 의학평론가상(1981), 공로패(1997), 우수논문상(2000), 한국맞춤양복기술협회 올해의베스트드레서(2000), 대한의학신문사 표창, 스포츠한국 뉴스웨이 올해의아름다운얼굴(2006), 장한한국인상(2006), 헤럴드경제 혁신기업경영인대상(2006), 홍조근정훈장(2008), 5.16 민족상(2008), 미국 LA라디오코리아 창립 25주년 기념 감사패(2014) [저]'가정의학'(1981, 의학출판사) '가정의학원론'(1985, 의학출판사) '오래삽시다'(1990, 동서문학사) '임상가정의학'(1991, 수문사) '아빠건강 우리집 건강'(1992, 동학사) '윤방부교수의 긴급건강진단'(1994, 웅진출판사) 'CEO 들이여, 건강을 먼저 경영하라'(2005, 팜파스) '건강한 인생 성공한 인생'(2008, 예지) [종]기독교

윤방섭 YOON Bang Seob

[생]1956·10·30 [본]해평(海平) [출]경기 여주 [주]강원 원주시 흥업면 연세대길1 연세대학교 정경대학 경영학부(033-760-2316) [학]경기고졸 1983년 연세대 경영학과졸 1986년 同대학원 경영학과졸 1991년 경영학박사(미국 조지아공과대) [경]연세대 원주캠퍼스 정경대학 경영학부 교수(현), 同원주캠퍼스 관리과학대학원 교학부장, 同원주캠퍼스 경영정보학부장, 同원주캠퍼스 입학정책부처장 2008년 同원주캠퍼스 기획처장 2008~2012년 同원주캠퍼스 교무처장 2014~2016년 同원주캠퍼스 정경대학장 겸 정경·창업대학원장 2016년 同원주캠퍼스 부총장(현) 2016년 同원주캠퍼스 국제개발(ODA)센터장(현) [저]'기독경영로드맵11(共)'(2004) [역]'비젼시대의 조직패러다임(共)'(1995) '권력없는 리더십은 가능한가?'(1999) [종]기독교

윤백렬(尹百烈) YOON Baeck Yul

[생]1958·8·15 [본]파평(坡平) [출]대전 [주]대전 대덕구 한밭대로1027 (주)우성사료 기획감사실(042-670-1724) [학]1997년 대전대 경영학과졸 2000년 同경영행정대학원졸 2011년 경영학박사(대전대) [경]1993년 우성사료 감사실 차장 1994년 대전방송 관리부 차장 1996년 同관리부장 1996년 同관리국장 직대 1998년 同총무국장 직대 2002년 同총무국장 2003년 同편성제작국장 2004년 同편성제작국 이사대우 2005년 同편성제작국 이사 2006년 同보도국장(이사) 2009년 同경영사업본부장 겸 보도제작본부장 2011년 同총괄이사 2014년 (주)우성사료 기획감사실장(이사)(현)

윤범모(尹凡牟) YOUN Bum Mo

[생]1951·7·5 [주]경기 성남시 수정구 성남대로1342 가천대학교 예술대학 회화·조소전공(031-750-5861) [학]1977년 동국대졸 1979년 同대학원졸, 미국 뉴욕대 대학원졸 [경]계간미술 기자, 호암갤러리 큐레이터, 한국근대미술사학회 회장 1996년 경원대 미술·디자인대학 회화과 부교수·교수 2001년 한국미술품감정가협회 초대회장 2005~2009년 동악미술사학회 회장 2007~2009년 문화재위원회 근대문화재분과 위원 2011~2015년 (사)한국큐레이터협회 회장 2012년 가천대 미술·디자인대학 회화과 교수 2014년 同예술대학 회화·조소전공 교수, 同명예교수(현) 2016년 (사)한국큐레이터협회 명예회장(현) 2016년 경주세계문화엑스포 예술총감독(현) [상]동아일보 신춘문예 미술평론 입상 [저]'미술과 함께 사회와 함께' '미술관과 대통령' '한국근대미술의 형성' '근대유화 감상법' '멀고 먼 해우소'(2012, 시학) 장편서사시집 '토함산 석굴암'(2015)

윤병각(尹炳角) YOON Byung Kak

[생]1954·7·10 [출]경남 거제 [주]서울 양천구 신월로386 서울남부지방법원 조정센터(02-2192-1114) [학]1972년 경복고졸 1976년 서울대 법대졸 [경]1977년 사법시험 합격 1979년 사법연수원 수료 1980년 육군법무관 1982년 수원지법 판사 1985년 서울지법 동부지원 판사 1986년 마산지법 충무지원 판사 1988년 부산고법 판사 1990년 서울고법 판사 1992년 대법원 재판연구관 1993년 창원지법 진주지원 부장판사 1995년 同진주지원장 1996년 수원지법 부장판사 1997년 서울지법 남부지원 부장판사 1998~1999년 서울지법 부장판사 1999년 변호사 개업, 법무법인 천지인 변호사 2006년 경희대 법대 법학부 전임교수 2007년 同부교수 2013년 서울남부지법 조정센터 상임조정위원 2015년 同상임조정위원장(현)

윤병남(尹炳男) YOON Byung Nam

[생]1956·3·17 [주]서울 마포구 백범로35 서강대학교 국제인문학부(02-705-8332) [학]1982년 서강대 사학과졸 1993년 미국 프린스턴대 대학원졸 1995년 동양사학박사(미국 프린스턴대) [경]1995년 서강대 사학과 조교수·부교수·교수, 同국제인문학부 사학전공 교수(현) 2002년 同대외협력실장 2012년 역사학회 회장 2014년 서강대 국제인문학부 학장 2015년 同교학부총장(현) 2016년 同총장 직대(현) [저]'구리와 사무라이 : 아키타번을 통해 본 일본의 근세'(2007, 소나무) '일본학 개론(共)'(2011, 지식과교양)

윤병만(尹炳晩) YOON, Byungman

[생]1958·2·27 [주]경기 용인시 처인구 명지로116 명지대학교 토목환경공학과(031-330-6414) [학]1976년 서울고졸 1981년 서울대 토목공학과졸 1983년 同대학원 토목공학과졸 1991년 공학박사(미국 아이오와대) [경]1993년 명지대 토목환경공학과 교수(현) 2004~2005년 한국방재학회 논문집편집위원장 2005~2007년 한국수자원학회 논문집 편집위원장 2007년 한국방재학회 이사(현) 2008년 한국

물학술단체연합회 이사 2008년 대한토목학회 학회지 편집위원장 2009~2010년 同기획위원장 2009년 대한토목학회 이사 2010년 국제생태수리학회(ISE) LOC 학술위원장, 중앙하천위원회 위원(현), 한국수자원공사(K-water) 하천관리기술정책자문위원(현) 2015년 한국수자원학회 회장(현) 2016년 한국공학한림원 정회원(건설환경공학분과 · 현) [상]한국수자원학회 학술상(2003), 행정자치부장관표창(2005), 대한토목학회 학술상(2011), 대통령표창(2011), 한국수자원학회 공로상(2014) [저]'수리학' '토목공학개론'(2004) '수리학의 역사'

윤병석(尹炳石) Byung-Suk Yoon

[생]1966·2·28 [출]서울 [주]경기 성남시 분당구 판교로332 SK가스(주) 임원실(02-6200-8080) [학]1988년 서울대 화학공학과졸 1990년 同대학원 화학공학과졸 1996년 미국 미시간대 대학원 경영학과졸(MBA) [경]1991~1994년 유공 근무 1996년 보스턴컨설팅그룹(BCG) 서울사무소 근무 2006~2012년 同서울사무소 파트너 2012년 SK가스(주) 경영지원부문장(전무) 2014~2015년 同가스사업부문장 겸 경영지원부문장(전무) 2014~2015년 당진에코파워(주) 대표이사 겸임 2016년 SK가스(주) 가스사업부문장(부사장)(현)

윤병선(尹炳先)

[생]1958 · 6 · 24 [출]전남 나주 [주]전남 보성군 보성읍 송재로165 보성군청(061-850-5011) [학]광주농고 졸, 조선대 무역학과졸, 전남대 대학원 행정학과졸, 同대학원 임학 박사과정 수료 [경]1977년 전남도 공채 임용 1981년 同농정국 농산과 근무 1983년 同농림국 영림과 근무 1985년 同사방사업소 근무 1986년 同치산사업소 근무 1987년 同농림국 영림과 근무 1990년 同상무지원사업소 근무 1993년 同임업시험장 근무 1993년 同산림환경연구소 근무 1996년 同도정발전기획단 근무 1998년 同자치행정국 총무과 근무 1998년 同감사관실 근무 2001년 同농정국 산림과 근무 2004년 同자치행정국 총무과 근무 2005년 同농정국 산림소득과 근무 2007년 同농정국 산림소득과 산림조성담당 2008년 同농림식품국 산림소득과 산림육성담당 2012년 同산림자원연구소 산림자원연구소장 2014년 同농림식품국 산림산업과장 2015년 同농림축산식품국 산림산업과장 2016년 전남 보성군 부군수(현)

윤병세(尹炳世) YUN Byung Se

[생]1953·8·3 [주]서울 종로구 사직로8길60 외교부 장관실(02-2100-7001) [학]경기고졸 1976년 서울대 법학과졸 1978년 同법과대학원 수료 1983년 미국 존스홉킨스대 국제관계대학원졸 [경]1976년 외무고시 합격(10회) 1977년 외무부 입부 1984년 駐시드니 영사 1987년 외교안보연구원 연구관 1990년 駐유엔 참사관 1993년 외교안보연구원 연구관(장관보좌관) 1994년 외무부 북미1과장 1995년 駐싱가포르 공사참사관 1998년 외교통상부 아태국 제2심의관 1999년 同북미국 심의관 2000년 駐제네바 공사 2002년 駐미국 공사참사관 2004년 駐미국 공사 2004년 국가안전보장회의(NSC) 사무처 정책조정실장 2006년 외교통상부 차관보 2006~2008년 대통령 통일외교안보정책수석비서관 2010년 국가미래연구원 외교안보분야 발기인 2012년 새누리당 국민행복추진위원회 외교통일추진단장 2013년 제18대 대통령직인수위원회 외교·국방·통일분과 인수위원 2013년 외교부 장관(현) 2016년 국제원자력기구(IAEA) 장관급 핵안보국제회의 의장(현) [상]근정포장(1992), 황조근정훈장(2005)

윤병수(尹炳守) YOON Byung Su

[생]1956 · 10 · 30 [출]서울 [주]경기 수원시 영통구 광교산로154의42 경기대학교 생명과학과(031-249-9645) [학]1980년 성균관대 생물학과졸 1985년 同대학원졸 1991년 미생물유전학박사(독일 뷔르츠부르크대) [경]독일 웨즈브로그대 박사 후 과정 1992년 경기대 생물학과 교수, 同학생지원처장 2000년 (주)진클론 대표이사 2009년 경기대 자연과학대학 생명과학과 교수(현) 2016년 同자연과학대학장(현) [상]대한검도회 공로상(2004), 경기대 우수학술상(2005) [저]'분자생물학 연구방법론 1 · 2 · 3권' '분자생물학 연구방법론'(1998) '일반생물학'(1999) '2002 최신양봉경영'(2002)

윤병우(尹炳宇) YOON Byung Woo

[생]1955 · 9 · 20 [출]서울 [주]서울 종로구 대학로101 서울대학교병원 신경과(02-2072-2875) [학]1980년 서울대 의대졸 1983년 同대학원졸 1989년 의학박사(서울대) [경]1980~1984년 서울대 병원 인턴 · 내과 레지던트 1987~1990년 同병원 신경과 레지던트 · 전임의 1989~1992년 대한신경과학회 이사회 간사 1990~1995년 서울대 병원 신경과 임상교수 1991년 International Society of Cerebral Blood Flow and Metabolism, Active Member 1991년 American Academy of Neurology, Clinical Associate Member 1992~1994년 캐나다 웨스턴온타리오대 연수 1994~1996년 대한신경과학회 수련고시위원 1994~1996년 아시아 · 대양주신경과학회 심포지움 Coordinator 1995~1998년 대한신경과학회 수련이사 1995~2000년 서울대 의대 신경과 기금조교수 · 조교수 1996년 American Heart Association, Stroke Council Member 1997년 국방부 군의무자문관 1998년 대한신경과학회 학술위원 1998년 同간행위원 1998~2005년 대한뇌졸중학회 총무이사 2000년 서울대 의대 신경과학교실 부교수, 서울대병원 교육연구부장 2005년 대한신경과학회 고시이사 2005~2010년 대한뇌졸중학회 진료지침위원장 2005년 서울대 의과대학 신경과학교실 교수(현), 서울대병원 신경과장 2006년 同신경계검사실장 2008년 대한신경과학회 보험위원회 자문위원, 2010세계뇌졸중학술대회 사무총장, 아시아뇌졸중자문회의 의장 2006~2010년 뇌졸중국제학술지 'Stroke' 편집위원 2010년 同한국어판 편집위원장(현), 서울대 의료경영고위과정(AHP) 운영위원장 2006~2015년 同뇌졸중임상연구센터장 2010년 대한뇌졸중학회 진료지침위원장 2010년 同회장 2012년 서울대병원 심장뇌혈관병원건립본부장 2014~2016년 대한신경과학회 이사장 2014년 대한뇌졸중학회 교과서개정위원장 2016년 同연구활성화위원장(현) 2016년 대통령 주치의(현) [저]'증상별 임상검사'(1991) '신경과학론'(1997) '노인의학'(1997) '고지혈증의 진단과 치료'(2000) [종]기독교

윤병은(尹炳恩) YOUN Byoung Eun

[생]1952 · 8 · 30 [본]파평(坡平) [출]서울 [주]서울 서초구 강남대로351 아주산업(주) 사장실(02-3475-9555) [학]1971년 휘문고졸 1976년 서울대 경영학과졸 [경]1979년 (주)대우 입사 1989년 同기계본부 차장 1993년 同유고슬라비아지사 부장 1996년 同무역부문 경영기획부 이사부장 1997년 同무역부문 화학사업본부 이사부장 1999년 同무역부문 화학사업본부 이사 2000년 同무역부문 비철화학본부 이사 2001년 (주)대우인터내셔널 화학본부 상무 2002년 同경영기획담당 상무 2004년 同경영기획담당 전무 2006년 同경영기획총괄 부사장 2009~2011년 同아메리카법인 대표 2011년 아주산업(주) 사장(현) 2012년 한국표준협회 비상임이사(현) [상]산업포장, 벤처기업대상 특별공로상 [종]기독교

윤병일(尹炳日) Yoon, Byeong Il

[생]1964 · 4 · 13 [출]경남 하동 [주]경남 창원시 의창구 창원대학로20 창원대학교 사무국(055-213-2010) [학]2005년 연세대 대학원 행정학과졸(석사) [경]2009년 경남도 법무담당관 2010~2011년 보건복지부 첨단의료복합단지조성사업단 조성지원과장 2012년 행정안전부 고위공무원정책과장 2014년 안전행정부 성과급여기획과장 2014년 인사혁신처 운영지원과장 2015년 창원대 사무국장(고위공무원)(현) [상]우수공무원 국무총리표창(2008) [종]기독교

윤병준(尹柄俊) Yoon Byeong Joon

[생]1968 · 1 · 15 [본]파평(坡平) [출]대구 달성 [주]서울 강남구 테헤란로441 송암빌딩3 잡코리아(02-3466-5369) [학]1987년 능인고졸 1992년 고려대 식품공학과졸 [경]1992~1996년 GS리테일 팀장 2000~2006년 이베이옥션 실장 2007~2014년 NAVER 이사 2014~2015년 CJ오쇼핑 부사장 2015년 잡코리아 대표이사(현)

윤병철(尹炳喆) Yoon Byung Chul

[생]1960 · 2 · 1 [출]전남 함평 [주]서울 영등포구 63로50 한화생명보험(주) 부사장실(02-789-8072) [학]1979년 장훈고졸 1987년 경희대 영문학과졸 [경]1987년 한화생명보험 입사 2006년 同중부 · 광주 · 강북지역본부장 2013년 同고객지원실장 2014년 同퇴직연금사업본부장 2014년 同FP영업본부장 2015년 同영업부문장(전무) 2016년 同부사장(현)

윤병철(尹柄喆) B.C.(Byung Chol) YOON

[생]1962 · 11 · 9 [본]파평(坡平) [출]대구 [주]서울 종로구 사직로8길39 김앤장법률사무소(02-3703-1064) [학]1981년 대구 능인고졸 1985년 서울대 법학과졸 1993년 同대학원 법학과졸(석사) 1995년 미국 하버드대 법과대학원졸(LL.M.) [경]1984년 사법시험 합격(26회) 1987년 사법연수원 수료(16기) 1987~1990년 육군법무관 1990년 서울지법 남부지원 판사 1991년 서울형사지법 판사

1992년 김앤장법률사무소 변호사(현) 1995년 미국 Davis Polk & Wardwell 법률사무소 뉴욕·홍콩사무소 근무 1996~2000년 국세청 고문변호사 1999~2001년 同개인납세분과위원회 법령해석자문단위원 2003년 대한상사중재원 중재인(현) 2004년 서울대 법과대학원 초빙교수 2005~2007년 국세청 과세품질혁신위원회 소득·재산제세분과위원 2006~2011년 (사)국제중재실무회 부회장 2009~2013년 싱가포르국제중재원(SIAC) 이사 2009년 세계은행산하 국제투자분쟁해결센터(ICSID) 중재인(현) 2011년 홍콩국제중재센터(HKIAC) 중재인(현) 2011년 법무부 국제법무자문위원(현) 2012년 (사)국제중재실무회 수석부회장 2013년 국제상업회의소(ICC)산하 국제중재법원 상임위원(현) 2014~2016년 (사)국제중재실무회 회장 2014~2016년 서울국제중재센터 사무총장 [상]재정경제부장관표창(1999), 지식경제부장관표창(2010) [저]'현물출자와 부당행위계산 부인'(1998) '국조조정목적의 지주회사 설립과 관련된 조세문제'(1999) [종]가톨릭

윤병철(尹柄喆) YUN Byeon Cheol

[생]1965·2·24 [본]파평(坡平) [출]부산 [주]서울 강남구 영동대로517 아셈타워22층 법무법인 화우(02-6182-8303) [학]1984년 부산 대동고졸 1988년 서울대 법대 사법학과졸 [경]1988년 사법시험 합격(30회) 1991년 사법연수원 수료(20기) 1991년 부산지법 판사 1994년 同울산지원 판사 1995년 서울지법 의정부지원 판사 1998년 대전지법 판사 1999년 서울지법 동부지원 판사 2000년 서울지법 판사 2002년 서울고법 판사 2004년 대법원 재판연구관 2006년 창원지법 부장판사 2007년 사법연수원 교수 2009~2010년 수원지법 부장판사 2010년 법무법인 화우 파트너변호사(현) 2010년 국토해양부 중앙토지수용위원회 위원 2011년 고려대 법학전문대학원 겸임교수(현) 2013년 대한체육회 법제상벌위원회 위원(현) 2015년 관세청 정부업무평가자체평가위원회 위원(현)

윤병태(尹炳泰) Yoon, Byungtae

[생]1960·8·25 [출]전남 [주]세종특별자치시 갈매로477 기획재정부 재정정보공개 및 국고보조금통합관리시스템구축추진단(044-215-3604) [학]1988년 성균관대 경제학과졸 2006년 경제학박사(미국 미주리대) [경]2001년 기획예산처 교육문화예산과 서기관 2002년 同농림해양예산과 서기관 2003년 同예산총괄과 계장 2007년 同경영지원2팀장 2008년 기획재정부 공공정책국 민영화과장 2009년 同예산실 민간투자제도과장 2010년 同예산실 예산기준과장 2011년 同사회예산심의관실 교육과학예산과장 2011년 대통령실 파견(부이사관) 2012년 기획재정부 재정관리국 재정제도과장 2013년 대통령비서실 파견 2014년 대통령 교육문화수석비서관실 선임행정관(고위공무원) 2015년 기획재정부 재정정보공개 및 국고보조금통합관리시스템구축추진단장(현)

윤병호(尹炳昊) Byong-Ho,Youn

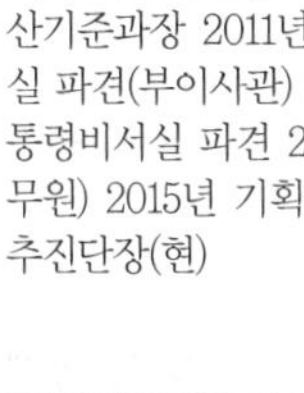

[생]1952·2·2 [본]칠원(漆原) [출]대전 [주]서울 성동구 천호대로386 대원제약(02-2204-7000) [학]1974년 성균관대 약학과졸 1986년 약학박사(성균관대), MetaB-PMC MBA과정 수료, 한국과학기술원 AIM최고경영자과정 수료 [경]1976년 (주)한독약품 입사 2003년 同생산본부장(전무) 2007~2013년 同생산본부장(부사장), 음성상공회의소 부회장 2007~2009년 대한약학회 부회장 2011~2013년 한국제약공학회 회장 2013~2014년 JW생명과학 고문 2015년 유유제약 고문 2016년 대원제약 고문(현) [상]산업자원부장관표창(2003), 충북도지사표창(2004), 환경부장관표창(2006), 식품의약품안전청장표창(2007), 보건복지부장관표창(2011) [저]'의약품 제조와 Validation, Validation의 이론과 실제' [종]기독교

윤보옥(尹寶玉) YUN Bo Ock

[생]1945·9·9 [본]파평(坡平) [출]대구 [주]인천 남구 인하로100 인하대학교 법학전문대학원(032-860-8971) [학]1964년 경북고졸 1970년 서울대 법학과졸 1974년 同대학원 법학과졸 1976년 同대학원 언론정보학과졸 1979년 同대학원 법학박사과정 수료 1985년 법학박사(서울대) [경]1979~1990년 인하대 법정대 전임강사·조교수·부교수 1982년 同학생부처장 1985년 미국 하버드대 객원교수 1990~2008년 인하대 법대 교수 1990년 同사회과학연구소장 1991~2000년 (사)대한상사중재원 중재인 1992~2000년 사법시험위원·軍법무관임용시험위원·행정고시위원·입법고시위원 1996년 한국상사법학회 수석부회장 1997년 인하대 법정대학장 1998~2001년 同법과대학장 1998년 同사회과학대학장 1998년 인천시 공직자윤리위원회 위원장 1999년 인하대 법학연구소장 1999~2000년 전국법대학장협의회 부회장 2000년 인천지방노동위원회 심판담당 공익위원 2000~2004년 탈북난민보호운동본부 집행위원 2001년 한국비교사법학회 수석부회장 2003년 영국 옥스포드대 객원교수 2003년 독일 하이델베르그대 객원교수 2003년 독일 프라이부르크대 객원교수 2004년 (사)한국비교사법학회 회장 2007년 민주평통 자문위원 2007년 프랑스 파리 I 대학(팡테옹 솔본느) 객원교수 2008년 (사)한국상사법학회 회장 2009년 제54회 대한민국 학술원상 사회과학부문 심사위원 2009~2010년 인하대 법학전문대학원 교수 2011년 同법학전문대학원 명예교수(현) [상]근정포장(2011) [저]'미국 독점금지법(Ⅰ)'(2004) '미국 독점금지법(Ⅱ)'(2007) '영국경쟁법'(2008) [종]천주교

윤보현(尹普鉉) YUN Bo Hyeon

[생]1964·6·3 [출]충북 충주 [주]경기 성남시 분당구 대왕판교로660 (주)KG이니시스(1588-4954) [학]성균관대 정보공학과졸 [경]POSCO 근무, LG투자증권 근무 2003년 이데일리 전산담당 이사 2003년 同정보공학연구소장 2005년 同e-biz본부장(이사) 2007년 同e-biz본부장(상무) 2010년 同솔루션사업본부장 2011년 (주)KG모빌리언스 대표이사 부사장 2013~2016년 同대표이사 사장 2016년 (주)KG이니시스 대표이사(현)

윤보훈(尹輔焄)

[생]1961·6·26 [주]경남 창원시 성산구 충혼로224번길 18 한국수자원공사 경남부산지역본부(055-268-7123) [학]마산고졸, 부산대 경영학과졸, 한남대 대학원 행정정책학과졸 [경]1985년 한국수자원공사(K-water) 입사 2001년 同계약팀장 2004년 同인사팀장 2007년 同경영관리실장 2009년 同총무관리처장 2010년 同기획조정실장 2013년 同경인아라뱃길본부장 2015년 同경남부산지역본부장(현)

윤봉근(尹奉根) YOON Bong Geun (강촌)

[생]1957·9·15 [본]파평(坡平) [출]전남 광산 [주]광주 북구 금남로104 밀알중앙회 총재실(062-526-0314) [학]1982년 조선대졸, 同대학원졸 2001년 행정학박사(조선대) [경]동아여중·송정중 교사, 광수전자공고 교사, 무등교육신문 교육시론 컬럼리스트, 민주평통 자문위원, 광주·전남시민사회단체연대회의 상임운영위원, 조선대 행정복지학부 겸임교수, 광산시민연대 공동대표 2001년 민주화운동관련 국가유공자 인정 2002년 한반도평화·개혁포럼 공동대표 2002·2006~2009년 광주시교육위원회 교육위원 2004~2006년 同의장 2004년 무등산보호단체협의회 이사 2004년 (사)한국유치원총연합회 광주지회 고문 2004년 한국백악행정학회 회장 2004년 광주여대 초등특수교육과 객원교수 2005년 광남일보 광남시론 칼럼리스트 2005년 불교방송 칼럼리스트 2005년 TBN 라디오방송 칼럼리스트 2005~2010년 광주생명의숲 공동대표 2008~2010년 민주당 광주시당 위원장 특보단장 2008~2010년 남부대 경찰행정학과 초빙교수 2010년 광주시의회 의원(민주당·민주통합당·민주당) 2010년 同의장 2010년 새날학교 자문위원장 2010~2011년 전국 시·도의회의장협의회 부회장 2010년 지역균형발전지방의회협의회 광역부회장 2010년 호남권광역의회의장단협의회 회장 2011년 전국시·도의회의장협의회 회장 2013년 밀알중앙회 총재(현) 2013년 (사)윤봉길의사기념사업회 이사 2014년 광주시 교육감선거 출마 [상]한국효도회 효자상(2005), 미국 뉴욕뿌리교육재단 공로패(2006), 광주불교방송 공로패(2006), 한국유치원총연합회 광주지회 감사패(2007), 한국지역신문협회 광역의회 개인부문 의정대상(2012), 2013 매니페스토약속대상 광역의원부문 대상(2014) [종]천주교

윤봉수(尹鳳秀) YOON Bong Soo

[생]1934·10·13 [출]황해 곡산 [주]서울 금천구 디지털로154 남성플라자 (주)남성 회장실(02-864-3317) [학]1952년 동성고졸 1958년 서울대 법학과졸 2003년 명예 경영학박사(세종대) [경]1965년 (주)남성 대표이사 회장(현) 1970년 (주)남성전자 대표이사 회장 1976년 (주)NS에너지 대표이사 회장 1981~2005년 민주평통 자문위원 1983년 한국전자정보통신산업진흥회 부회장(현) 1991년 SBS 자문위원 1994~2001년 대한상사중재원 이사 2000~2009년 한국무역협회 부회장 2003~2012년 한국중견기업연합회 회장 2003~2007년 공정거래위원회 자문위원 2012년 한국중견기업연합회 명예회장(현) [상]1억불 수출의탑(1968), 상공부장관 수출유공상(1968·1970·1971), 대통령표창(1972·1979), 석탑산업훈장(1976), 동탑산업훈장(1981), 과학기술처장관표창(1985), 은탑산업훈장(1987), 국민훈장 동백장(2009)

윤봉택(尹奉澤) Yoon Bong-taek (一江 · 雙溪)

[생]1956 · 12 · 1 [본]파평(坡平) [출]제주 서귀포 [주]제주특별자치도 서귀포시 김정문화로36 서귀포예술문화단체총연합회(064-739-3287) [학]1974년 해인사원 승가대학 대교과졸 2004년 한국방송통신대 국어국문학과졸 2007년 전남대 대학원 문화재학과졸 2008년 同대학원 문화재학 박사과정 수료 [경]1991년 한라일보 신춘한라문예에 詩 '제주바람' 당선 1991년 월간 문예사조 4월호에 詩 '바람부는섬' 당선 1992~2014년 서귀포시 문화재전임연구원 1993년 한민족방언시학회 창립회원(현) 1994년 (사)한국문인협회 회원 1997년 (사)제주학연구소 창립회원(현) 2005년 한국서지학회 회원 2007~2010년 문화재청 일반동산문화재 감정위원 2008~2010년 (사)한국예술문화단체총연합회 서귀포시지회 회장 2008~2011년 제주도 문화재전문위원 2009년 한국JC특우회 제주지구 중문JC특우회장 2010~2014년 한국문인협회 서귀포시지부 회장 2015년 (사)한국예술문화단체총연합회 서귀포지회 회장(현) 2016년 同제주특별자치도회 부회장(현) 2016년 (사)서귀포불교문화원 부설 서귀포불교대학장 겸 서귀포불교대학원장(현) [상]내무부장관표창(1989), 월간 문예사조 신인상(1991), 제9회 대한민국문화유산상 대통령표창(2012) [저]시집 '농부에게도 그리움이 있다'(1996, 공감사) '이름 없는 풀 꽃이 어디 있으랴'(2000, 빛남) '서귀포시 지명유래집'(1999, 정아기획) '무병장수의별 서귀포 노인성'(2016, 한국예술문화단체총연합회 서귀포지회) [역]'파인애플 재배기술'(1986, 중문농협) [작]'바람부는날'(1991, 음악동아) '따봉은 아닌 것이다'(1991, 신동아) [종]불교

윤부근(尹富根) YOON Boo Keun

[생]1953 · 2 · 6 [출]경북 울릉 [주]경기 수원시 영통구 삼성로129 삼성전자(주) 임원실(02-2255-0114) [학]1973년 대륜고졸 1979년 한양대 통신공학과졸 [경]1978년 삼성전자(주) 입사 1991년 同프랑크푸르트주재원 1999년 同경영혁신팀 SCM그룹담당 이사보 2000년 同디지털미디어총괄 디지털영상사업부 제조팀장(이사보) 2002년 同영상디스플레이사업부 글로벌운영팀장(상무) 2003년 同영상디스플레이사업부 개발팀장 2005년 同영상디스플레이사업부 개발팀장(전무) 2007년 同영상디스플레이사업부장(부사장) 2009~2011년 同영상디스플레이사업부장(사장) 2009~2012년 대중소기업협력재단 이사 2010~2012년 스마트TV포럼 의장 2011~2012년 콘텐츠산업진흥위원회 민간위원 2011년 삼성전자(주) 사장(CE담당 · 생활가전사업부장 · 디자인경영센터장) 2012년 同소비자가전(CE)부문장(사장) 2012년 同소비자가전(CE)부문 생활가전사업부장 · 디자인경영센터장 겸임 2012~2015년 同생활가전사업부장 겸임 2013년 同각자대표이사 사장(소비자가전(CE)부문장)(현) 2014년 독일 베를린 국제가전전시회(IFA) 개막 기조연설자 선정 2014년 한국공학한림원 정회원(현) 2016년 삼성전자(주) DMC연구소 · Global CS센터 · 글로벌마케팅센터 관장 · 디자인경영센터장 겸임(현) [상]과학기술훈장 웅비장(2007), 미국 비지니스위크지 선정 '글로벌혁신리더 23인'(2009), 한양언론인회 한양을 빛낸 자랑스러운 동문상(2012), 금탑산업훈장(2012), 한국공학한림원 대상(2014) [종]가톨릭

윤사순(尹絲淳) YOUN Sa Soon (天原)

[생]1936 · 12 · 19 [출]충남 천안 [주]강원 강릉시 죽헌길 124 (사)율곡연구원(033-642-4982) [학]1957년 천안농고졸 1961년 고려대 철학과졸 1964년 同대학원 철학과졸 1975년 철학박사(고려대) [경]1964~1978년 고려대 문과대학 철학과 전임강사 · 조교수 · 부교수 1978~2002년 同교수 1980년 동양철학회 부회장 1985년 공자학회 부회장 1986년 고려대 출판부장 1987년 同총무처장 1987년 유교학회 부회장 1989년 일본 와세다대 연구교수 1990년 공자학회 회장 1991년 (사)율곡연구원 이사 1992년 동양철학회 회장 1994년 한국철학회 회장 1994년 중국 曲阜사범대학 객원교수 1994년 국제유학연합회(北京소재) 부회장 1995년 고려대 교수협의회 회장 1999년 同한국사상연구소장 1999년 同민족문화연구원장 2000년 중국 사회과학원 명예교수(현) 2002년 고려대 명예교수(현) 2012년 대한민국학술원 회원(동양철학 · 현) 2016년 (사)율곡연구원 이사장(현) [상]국제퇴계학술상, 고려대 학술상(1997), 제23회 수당상 인문사회부문(2014) [저]'한국유학論究'(1980) '퇴계철학의 연구'(1980) '한국 유학사상론'(1986) '정약용'(1990) '동양사상과 한국사상'(1992) '조선시대 성리학의 연구'(1993) '인성물성론(編)'(1994) '新실학사상론'(1996) '실학의 철학'(1996) '한국의 성리학과 실학'(1998) '조선유학의 자연철학(編)'(1998) '조선, 도덕의 성찰'(2010, 돌베개) [역]'퇴계선집' '經筵日記' [종]유교

윤상기(尹相基) YOUN Sang Ki (成岩)

[생]1954 · 11 · 17 [본]파평(坡平) [출]경남 하동 [주]경남 하동군 하동읍 군청로23 하동군청 군수실(055-880-2001) [학]진주농림고등전문학교졸, 부산대 환경대학원 최고경영자과정 수료, 인제대 최고경영자과정 수료 [경]1975~1981년 남해군청 근무 1981~1985년 김해시청 근무 1985년 경남도 근무 1994년 同통상진흥과 예산담당관실 근무 1998년 同농수산국 농업정책과 근무 1999년 同건설도시국 치수재난관리과 근무 1999년 김해시 공보감사담당관 2003년 同총무과장 2005년 同복지환경국장 2006년 同경제환경국장 2008년 同의회 사무국장(서기관) 2009년 경남도 교통정책과장 2009년 同공보관 2010년 경남 합천군 부군수 2010년 경남 하동군 부군수 2012년 경남도 문화관광체육국장 2013년 진주시 부시장 2014년 경남 하동군수(무소속 · 새누리당)(현) [상]경남도지사표창(1982), 내무부장관표창(1984 · 1991), 국무총리표창(1997 · 2001), 대통령표창(2004), 근정포장(2010), 농협중앙회 지역농업발전선도인상(2015), 한국의 미래를 빛낼 CEO 창조경영부문(2016) [저]'김해의 어제와 오늘' '김해우표모음집' '시보모음집(Ⅰ · Ⅱ)' '내일을 기다리지 않는다'(2013) [종]불교

윤상도(尹相道) YOON Sang Do

[생]1969 · 6 · 22 [출]전북 익산 [주]서울 서초구 서초중앙로157 서울중앙지방법원(02-530-1114) [학]1987년 익산 남성고졸 1991년 연세대 법학과졸 1993년 同대학원졸 [경]1992년 사법시험 합격(34회) 1995년 사법연수원 수료(24기) 1995년 軍법무관 1998년 수원지법 판사 2000년 서울지법 판사 2002년 광주지법 판사 2003년 일본 게이오대 파견 2004년 광주고법 판사 2006년 서울중앙지법 판사(통일부 파견) 2007년 법원행정처 정책연구심의관 2008년 同사법정책심의관 2009년 서울동부지법 민사1단독 판사 2010년 광주지법 부장판사 2012년 인천지법 부천지원 부장판사 2015년 서울중앙지법 부장판사(현)

윤상돈(尹相敦) Yoon Sang-don

[생]1959 · 4 · 18 [본]파평(坡平) [출]서울 [주]서울 종로구 사직로8길60 외교부 인사운영팀(02-2100-7857) [학]1982년 한국항공대 항공통신공학과졸 [경]1986년 외무부 입부 1987년 駐인도 외신관 1993년 駐사우디아라비아 3등서기관 1998년 駐뉴욕 영사 2002년 駐프랑스 2등서기관 2008년 駐싱가포르 1등서기관 2010년 외교통상부 정보화담당관 2011년 駐유엔대표부 참사관 2012년 외교통상부 외교정보관리관 2013년 외교부 외교정보관리관 2014년 駐하갓냐(괌)출장소 소장(현)

윤상돈(尹相敦)

[생]1962 · 7 · 25 [주]서울 중구 세종대로9길20 신한은행 임원실(02-756-0506) [학]1981년 광신상고졸 [경]1981년 조흥은행 입행 1983년 同중곡동지점 은행원 1992년 同신탁부 계장 1993년 同남동공단 대리 1994년 同신탁운용실 과장 2000년 同인천국제공항지점 부지점장 2003년 同수송동지점 부지점장 2003년 同경영지원실 부실장 2005년 同간석동지점장 2006년 同수탁업무부장 2006년 신한은행 수탁업무부장 2009년 同인천논현지점장 2011년 同인천광역시청지점장 2014년 同인천본부장 2015년 同부행장보(현)

윤상수

[생]1960 [출]경북 예천 [주]인천 남동구 인주대로585 중부지방국세청 조사2국(031-888-4483) [학]국립철도고졸, 국제대졸, 고려대 정책대학원 경제학과졸 [경]1978년 국세공무원 임용(7급 공채) 2011년 경산세무서장 2012년 서울지방국세청 국제조사1과장 2013년 국세청 납세자보호담당관 2014년 同심사1담당관 2016년 부산지방국세청 징세송무국장(고위공무원) 2016년 중부지방국세청 조사2국장(현)

윤상수(尹相秀) Yoon Sang-soo

[생]1963 · 7 · 18 [주]서울 종로구 사직로8길60 외교부 인사운영팀(02-2100-7139) [학]1986년 서울대 공법학과졸 1996년 미국 조지타운대 대학원 법학과졸 [경]1988년 행정고시 합격(32회) 1989년 국무총리행정조정실 사무관 1998년 외교통상부 입부 2001년 駐제네바 1등서기관 2003년 외교통상부 경제협력과장 2004년 同국제에너지물류과장 2005년 駐그리스 참사관 2009년 외교통상부 통상기획홍보과장 2009년 同통상법무과장 2011년 駐말레이시아 공사 겸 총영사 2013년 국립외교원 기획부장 2016년 駐시드니 총영사(현)

윤상우(尹相又) Yoon Sang Woo

(생)1961 · 3 · 16 (주)서울 송파구 올림픽로35길125 West Campus28층 삼성SDS 상생협력실(02-6155-1400) (학)1977년 능인고졸 1980년 연세대 경영학과졸 1984년 서울대 대학원 경영학과졸 (경)1989~1993년 삼성물산 기획팀 · 조사팀 대리 1993~1995년 삼성중공업 업무팀 차장 1999~2011년 삼성그룹 미래전략실 기획팀 상무 2011~2012년 삼성SDS 지식경영팀장 2012~2014년 同커뮤니케이션팀장 2013년 한국경영과학회 부회장(현) 2014년 삼성SDS 상생협력실장(전무)(현)

윤상인(尹相仁) YOON Sang In

(생)1955 · 9 · 3 (본)전북 군산 (주)서울 관악구 관악로1 서울대학교 인문대학 아시아언어문명학부(02-880-6423) (학)1982년 서강대 국어국문학과졸 1987년 일본 도쿄대 대학원 비교문학과졸 1991년 문학박사(일본 도쿄대) (경)1992~2008년 한양대 일어일문학과 교수 1994~2007년 한국비교문학회 편집위원 2005~2007년 한국일어일문학회 편집위원 2008년 한양대 국제문화대학 일본언어문화학과 교수 2012년 서울대 인문대학 아시아언어문명학부 교수(현) (상)산토리 학예상 (저)'세기말과 나쓰메소세키'(1994) '일본문학의 흐름 Ⅱ(共)'(2000) '일본 문학의 이해'(2001) '교양이 경쟁력이다'(2003) '위대한 아시아(共)'(2003) '교양의 즐거움'(2005) '일본 문화의 힘(共)'(2006, 동아시아) '일본의 발명과 근대(共)'(2006, 이산) '일본문학 번역 60년 현황과 분석'(2008, 소명출판) '문학과 근대와 일본'(2009, 문학과지성사) '일본을 강하게 만든 문화코드 16(共)'(2010, 나무와숲) (역)'그 후'(2003, 민음사) '의학과 문학'(2004, 문학과지성사) '문학, 어떻게 읽을까'(2008, 민음사) '재일동포 1세 기억의 저편'(2009)

윤상직(尹相直) YOON Sang-Jick

(생)1956 · 5 · 25 (본)경북 경산 (주)서울 영등포구 의사당대로1 국회 의원회관505호(02-784-8940) (학)1974년 부산고졸 1981년 서울대 무역학과졸 1984년 同행정대학원 정책학과졸 1996년 고려대 대학원 법학과졸 1998년 미국 위스콘신대 대학원 법학과졸 2007년 법학박사(미국 위스콘신대) (경)1981년 행정고시 합격(25회) 1995년 통상산업부 중소기업정책과 서기관 1998년 경기도 파견(과장급) 2000년 산업자원부 수출과장 2002년 同디지털전자산업과장 2003년 同투자정책과장 2004년 同산업정책과장(부이사관) 2005년 대통령비서실 산업정책비서관실 선임행정관 2006년 산업자원부 전기위원회 사무국장 2006년 미국 위스콘신대 동아시아법제연구소 파견(고위공무원) 2007년 대통령자문 동북아시대위원회 국장(파견) 2008년 지식경제부 자원개발정책관 2009년 同산업경제정책관 2009년 同무역위원회 상임위원 2010년 同기획조정실장 2010년 대통령 지식경제비서관 2011~2013년 지식경제부 제1차관 2013~2016년 산업통상자원부 장관 2015년 미국 위스콘신대 한국총동문회장(현) 2016년 새누리당 부산시기장군당원협의회 운영위원장(현) 2016년 제20대 국회의원(부산시 기장군, 새누리당)(현) 2016년 국회 법제사법위원회 위원(현) 2016년 국회 예산결산특별위원회 위원(현) 2016년 국회 민생경제특별위원회 위원(현) (상)대통령표창(1992), 녹조근정훈장(2001), 한국SW전문기업협회 감사패(2013), 전문직여성한국연맹(BPW KOREA) 'BPW 골드 어워드' 특별상(2014), 대한민국무궁화꽃 스타대상 정치부문(2015)

윤상철(尹相哲) YUN Sang Chul (雪隱)

(생)1936 · 11 · 18 (본)파평(坡平) (주)전남 순천 (주)서울 종로구 종로1 교보생명보험(주) 임원실(02-721-2099) (학)1955년 순천고졸 1961년 서울대 문리대학 철학과졸 1975년 일본 게이오대 대학원졸 1978년 미국 컬럼비아대 신문대학원 수료 (경)1961년 경향신문 입사 1971년 同駐일본특파원 1974년 同정치부장 1977년 同편집국 부국장 1980년 同조사국장 1981~1988년 同이사 겸 주필 1981년 서울언론재단 이사 1981~1988년 현대사회연구소 이사 · 감사 1983년 성곡언론재단 이사 1984~1987년 방송위원회 위원 1986~1988년 경향신문 상무이사 · 편집인 1987년 국무총리 인권보호특별위원 1988년 민정당 순천지구당 위원장 1989년 한국이동통신(주) 고문 1990년 한국발전연구원 원장 1992년 한국외국어대 신문방송학과 강사 1993년 한국관광공사 감사 1995~1997년 공연윤리위원회 위원장 1997년 (주)부영 고문 1997년 호남대 객원교수 1998~2005년 대산문화재단 상임이사 2005~2016년 교보생명보험(주) 상임고문 2006~2016년 대산문화재단 고문 2013~2015년 생명다양성재단 이사 2014년 대한언론인회 자문역 2016년 교보생명보험(주) 비상임고문(현) (상)국민훈장 목련장(1983) (저)'민주화의 지평' (역)'언론파워' (종)천주교

윤상현(尹相現) Yoon Sang Hyun

(생)1962 · 12 · 1 (본)칠원(漆原) (출)충남 청양 (주)서울 영등포구 의사당대로1 국회 의원회관 529호(02-784-4481) (학)1981년 영등포고졸 1985년 서울대 경제학과졸 1987년 미국 조지타운대 대학원 외교학과졸 1994년 국제정치학박사(미국 조지워싱턴대) (경)1994년 미국 의회 조사국 객원연구원 1994년 미국 조지워싱턴대 객원연구원 1995년 미국 하버드대 한국학연구소 객원연구원 1996년 미국 존스홉킨스대 국제관계대학원 초빙조교수 1998~2000년 서울대 국제대학원 초빙교수 2001년 아시아태평양문제연구소 소장 2001년 한양대 국제대학원 겸임교수 2002년 한나라당 이회창 대통령후보 정책특보 2003년 인하대 연구교수 2003년 한나라당 인천시남구乙지구당 위원장 2004년 제17대 국회의원선거 출마(인천시 남구乙, 한나라당) 2004년 인천시축구연합회 회장(현) 2004년 한나라당 제2정책조정위원회 부위원장 2005년 同인천시당 정책위원장 2008년 제18대 국회의원(인천시 남구乙, 한나라당 · 새누리당) 2008~2009년 한나라당 원내부대표 2008~2009년 同공동대변인 2010년 同전당대회준비위원회 위원 2011년 同국제위원장 2011~2012년 同인천시당 위원장 2012년 제19대 국회의원(인천시 남구乙, 새누리당 · 무소속) 2012년 새누리당 인재영입위원회 부위원장 2012년 同제18대 대통령중앙선거대책위원회 직능본부 총괄부본부장 2013년 국회 외교통일위원회 위원 2013~2014년 새누리당 원내수석부대표 2013~2014년 국회 운영위원회 여당 간사 2014년 새누리당 인천시당 공직후보자추천관리위원회 위원장 2014년 同사무총장 2014년 同7.30재보궐선거공천관리위원회 위원장 2015년 대통령 정무특별보좌관 2016년 제20대 국회의원(인천시 남구乙, 무소속 · 새누리당)(현) 2016년 국회 외교통일위원회 위원(현) 2016년 새누리당 인천시남구乙당원협의회 조직위원장(현) 2016년 국제삼보연맹 고문(현) (상)유권자시민행동 2013 국정감사 최우수상(2013), 범시민사회단체연합 선정 '올해의 좋은 국회의원상'(2014 · 2015), 글로벌기부문화공헌대상 정당인 봉사부문(2015), 대한변호사협회 선정 '최우수 국회의원상'(2016) (저)'Across the DMZ : South Korea's Nordpolitik toward Beijing' '정치 너머의 세상'(2013, 다할미디어) (종)기독교

윤상현

(생)1974 (주)서울 서초구 사임당로18 한국콜마홀딩스 비서실(02-515-0150) (학)1999년 서울대졸 2000년 영국 LSE(London School of Economics) 경제학석사 2002년 미국 스탠퍼드 대학원 경영공학과졸 (경)베인앤컴퍼니 이사 2009년 한국콜마 기획관리부문 상무 2011년 同부사장 2015년 한국콜마홀딩스 대표이사 부사장 2016년 同대표이사 사장(현)

윤상호(尹相皓)

(생)1971 · 3 · 12 (출)경남 밀양 (주)인천 남구 소성로163번길49 인천지방검찰청 공안부(032-860-4306) (학)1990년 경기고졸 1995년 서울대 사법학과졸 1998년 同대학원졸 (경)1997년 사법시험 합격(39회) 2000년 사법연수원 수료(29기) 2000년 공익법무관 2003년 청주지검 검사 2005년 수원지검 안산지청 검사 2007년 서울중앙지검 검사 2010년 대검찰청 연구관 2012년 대구지검 검사 2013년 同부부장검사 2014년 서울남부지검 부부장검사 2014년 울산지검 공안부장 2016년 인천지검 공안부장(현)

윤상화(尹相華) YOON Sang Hwa

(생)1956 · 5 · 19 (출)서울 (주)서울 강남구 선릉로514 에스넷시스템(주) 임원실(02-3469-2939) (학)1975년 대광고졸 1982년 한양대 전자공학과졸 (경)1981년 삼성전자(주) 입사 1982년 同N/W영업담당 1999년 同N/W부장 2000년 에스넷시스템(주) 상무이사 2002년 同대표이사 전무 2003년 同대표이사 부사장 2008년 同영업총괄 사장 2011년 同사업총괄 사장 2014년 同대표이사 사장(현)

윤생진(尹生進) YOON Saing Jin (大淸)

(생)1951 · 10 · 3 (본)파평(坡平) (출)전남 신안 (주)서울 강남구 테헤란로8길25 청원빌딩2층224호 선진D&C 임원실(070-8662-4704) (학)목포제일정보고졸, 조선대 경제학과졸, 서울대 MBA과정 수료 2012년 한양대 대학원 경영학과졸 (경)1978년 금호타이어 입사 1980년 同생산반장(최단, 최연소 반장) 1989년 국제제안대회 한국대표 1994년 금호타이어 차장 1995년 윤생진 공적기념비 건립(금호타이어 곡성공장) 1995년 국제품질대회 한국대표 1996년 윤생진 공적기념식수(금호타이어 곡성공장) 1999~2007년 금호아시아나그룹 전략경영본부 상무이사 2001년 신지식인운동본부 공동대표 2002년 성결대 북한문제연구위원 2003년 국가품질상 심사위원 2003년 조선대 경영대학원 겸임교수 2003년 EBS-TV 다큐멘터리 '길을 만든 사람들에 출연 2005년 KBS라디오 다큐멘터리 출연 2006년 한백연구소 북한문제연구위원 2007년 신지식인운동

본부 고문 2007년 금호아시아나그룹 전략경영본부 전무 2007년 한국디자인진흥원 사외이사 2008~2010년 대한상공회의소 환경에너지위원회 부위원장 2008년 금호아시아나그룹 인재개발원장(전무) 2008년 미국 알칸사스주 명예대사(현) 2009년 경찰대학 겸임교수(현) 2010년 한국녹색성장산업총연합회 회장(현) 2010년 뉴오팩트코리아 대표이사 사장(현) 2010년 선진D&C 대표이사 사장(현) 2011~2014년 법제처 국민법제관 2012년 UN한국평화봉사단 수석부총재(현) 2014년 윤생진에너지연구소 대표(현) [상]석탑산업훈장(1984), 제1회 전국 제안왕(1988), 대통령표창(1990·1993·1994·2000), 은탑산업훈장(2008) [저]'인생을 바꾼 남자' '아이디어 왕' '세계 최고를 향하여' '개선 제안 만들기' '미치게 살아라'(2003) [종]가톨릭

윤석균(尹奭均) YOON Suk Kyoon

[생]1957·7·8 [본]파평(坡平) [출]서울 [주]대구 동구 동내로88 커뮤니케이션센터 대구경북첨단의료산업진흥재단 신약개발지원센터(053-790-5200) [학]용산고졸 1980년 서강대 화학과졸 1982년 한국과학기술원 대학원 화학과졸 1990년 화학박사(미국 로체스터대) [경]1984~1985년 한국과학기술연구소(KIST) 응용화학부 연구원 1990년 미국 Univ. of Rochester Post-doc. 1990~1992년 미국 Harvard Univ. Post-doc. 1992년 동아제약 중앙연구소 합성연구실 책임연구원 1993년 同중앙연구소 수석연구원, LG생명과학 공정개발그룹 부장, 同Generic그룹장 2006년 同Branded Generic그룹장(상무), 同SD개발담당 상무, 同웰빙사업부 상무 2013년 대구경북첨단의료산업진흥재단 신약개발지원센터장(현) [종]기독교

윤석근(尹碩根) YOON Seok Keun

[생]1956·1·12 [본]파평(坡平) [출]서울 [주]서울 용산구 원효로84길9 일성신약(주) 비서실(02-3271-8888) [학]1974년 동성고졸 1984년 미국 뉴욕대 경영학과졸 [경]1984년 일성신약(주) 입사, 同자재부장, 同관리이사, 同상무이사 2000년 同전무이사 2001년 同대표이사 사장 2009년 한국제약협회 부회장 2010년 同회장 직대 2012년 同이사장 2012~2015년 한국에이즈퇴치연맹 후원회장 2015년 일성신약(주) 대표이사 부회장(현)

윤석금(尹錫金) YOON Seok Keum (文峰)

[생]1945·12·20 [본]파평(坡平) [출]충남 공주 [주]서울 종로구 창경궁로120 종로플레이스14층 웅진그룹 비서실(02-2076-4500) [학]1964년 강경상고졸 1969년 건국대 경제학과졸 1989년 서울대 경영대학원 최고경영자과정 수료 1997년 고려대 언론대학원 최고관리자과정 수료 2003년 명예 경영학박사(공주대) 2006년 명예 경영학박사(서울과학종합대) [경]1971~1980년 한국브리태니커 사업국 상무 1980~1994년 (주)헤임인터내셔널 사장 1980~2000년 웅진출판(주) 회장 1987년 웅진식품(주) 회장 1988~1999년 (주)코리아나화장품 회장 1989년 웅진코웨이(주) 회장 1989년 웅진그룹 회장(현) 1996년 (주)렉스필드컨트리클럽 회장 2002~2004년 고려대 경영학과 겸임교수 2005년 공주대 겸임교수 2007~2008·2012년 웅진홀딩스 공동대표이사 2010년 대종상영화제 조직위원 [상]문공부장관표창(1988), 대통령표창(1989), 서울시문화상(1994), 충남도문화상(1996), 지역사회봉사상(1997), 보관문화훈장(1997), 경제정의기업상(1998·2001), 한국출판문화상(1999), 한국전문경영인학회 CEO대상(2003), 한국의 경영자상(2004), 자랑스런 충청인상(2005), 전문직여성클럽(BPW) 골드어워드상(2007), 언스트앤영(Ernst&Young) 최우수기업가상 소비재부문(2008), 서울대발전공로상(2008), 자랑스러운 고대 국제인상(2008), 제4회 지속가능경영대상 올해의 기업인부문 대통령표창(2009), 중앙공무원교육원 베스트강사상(2010), 대한상공회의소 평화기업인상(2011), 기후변화그랜드 리더스상 기업부문(2011) [저]'나의 사업이야기'(2000) 'CEO가 본 CEO 히딩크'(2002) '긍정이 결작을 만든다'(2009)

윤석기(尹錫基) YOON Seug Ki

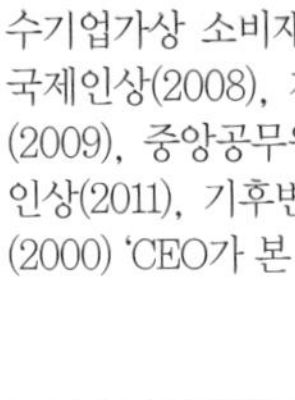

[생]1945·5·1 [출]경기 가평 [주]서울 서대문구 충정로23 풍산빌딩 리인터내셔날특허법률사무소(02-2189-3644) [학]1963년 서울 경신고졸 1970년 단국대 상학과졸 2002년 경제학박사(단국대) [경]1975~1980년 관세청 총무과 근무 1980~1992년 同공보관실·김포세관 여구과장·지도과·관세공무원교육원 교학과 근무 1992~1996년 목포세관장·관세청 감시과장·김포세관 세무국장·인천세관 감시국장 1996~2001년 관세청 조사2과장·조사과장 2001년 서울세관 조사국장 2002년 인천공항세관 휴대품통관국장 2002년 한국조세연구원 파견 2003~2004년 광주본부세관장 2005년 리인터내셔널 법률사무소 고문(현), 단국대 경영대학원 교수, 관세청 관세품목분류위원회 위원 2012년 단국대총동창회 회장(현) [저]'명품속 가짜이야기'

윤석대(尹錫大) YUN Seog Dae

[생]1967·3·1 [본]파평(坡平) [출]충남 공주 [주]서울 성동구 아차산로11길27 윈스타워602호 (주)티베이(02-707-1266) [학]1985년 대전 동산고졸 1989년 충남대 사회학과졸 1992년 한남대 지역개발대학원 도시계획학과졸 2014년 공학박사(숭실대) [경]1988년 충남대 총학생회장 1988년 전국대학생대표자협의회 부의장·대전지역대학생대표자협의회 의장 1996년 통합민주당 대전서구甲지구당 위원장 1996년 국민통합추진위원회 정책위 부의장 1998년 (재)여의도연구소 기획위원 2002년 한나라당 이회창대통령후보 보좌역 2003년 同최병렬대표 특별보좌역 2003년 학교법인 돈운학원(대전예술고) 이사장 2004년 대전·충남미래연대 대표 2005년 한나라당 새정치수요모임 사무처장 2005년 同청년위원회 수석부위원장 2006년 同오세훈 서울시장선거대책본부 상황실장 2006년 서울시장 직무인수위원회 인수위원 2007년 한나라당 이명박대통령후보 대선준비팀 조직분과위원·대통령선거대책본부 전략지역팀장 2008년 대통령 정무수석비서관실 행정관 2010~2012년 (주)코스콤 전무 2013년 (주)티베이 대표이사(현), (재)여의도연구원 정책자문위원(현), (사)IT정책경영학회 상임이사(현), (사)한국인터넷윤리학회 이사(현) 2014년 경남대 극동문제연구소 초빙연구위원(현), 동산고 총동문회 부회장(현), 충남대 총동문회 부회장(현) 2016년 한남대 경영대학원 객원교수(현)

윤석민(尹錫敏) YOON Seok Min

[생]1963·1·13 [본]파평(坡平) [출]충남 논산 [주]서울 관악구 관악로1 서울대학교 언론정보학과(02-880-6470) [학]1981년 경동고졸 1985년 서울대 신문학과졸 1987년 同대학원 신문학과졸 1994년 매스미디어학박사(미국 미시간주립대) [경]1988~1989년 통신개발연구원 연구원 1994년 한국방송개발원 선임연구원 1996~2001년 경원대 신문방송학과 교수 2001년 서울대 언론정보학과 교수(현) 2003년 同언론정보학과장 2008~2010년 同사회과학도서관장 2008년 同BK21사업단장 2010년 여론집중도조사위원회 부위원장 2011~2014년 서울대 언론정보학과장 2013~2016년 문화체육관광부 여론집중도조사위원회 부위원장 2014년 국무총리소속 정보통신전략위원회 민간위원(현) 2014년 방송통신심의위원회 비상임위원 2014년 대통령직속 통일준비위원회 사회문화분과위원회 전문위원(현) 2015~2016년 사이버커뮤니케이션학회 회장 2016년 방송통신위원회 미디어다양성위원회 위원장(현) 2016년 조선일보 윤리위원회 윤리위원(현) [상]미국 방송학회 논문상, 한국언론학회 신진우수학자논문상, 한국언론학회 저술상 [저]'초고속정보통신망의 수용성과 정책방향'(共) '커뮤니케이션 혁명과 정보사회'(共) '다채널TV론' '공영방송'(共) '커뮤니케이션의 이해'(2007, 커뮤니케이션북스) [역]'컨버전스'(共) '미국 다채널TV 산업의 경쟁구조'

윤석민(尹碩敏) YOON, Suk-Mynn

[생]1964·10·9 [출]서울 [주]서울 영등포구 여의공원로111 (주)태영건설(02-2090-2061) [학]1983년 휘문고졸 1987년 서울대 공대 화학공학과졸 1989년 同대학원 화학공학과졸 1992년 미국 하버드대 경영대학원 경영학 석사(MBA) [경]1996년 SBS 기획실장 1997년 同기획조정실장(이사대우)·경영심의실장(이사대우) 1998년 同기획편성본부 부본부장(이사대우) 1999~2004년 (주)태영 상무이사 겸 회장특별보좌역·부사장 2000~2007년 (주)SBSi 대표이사 2004년 SBS 경영위원(상무급) 2004~2008년 (주)태영건설 사장 2004~2008년 태영인더스트리 사장 2007~2008년 (주)SBSi 이사회 의장 2008년 (주)태영건설 대표이사 부회장(현) 2008년 태영인더스트리 대표이사 부회장(현) 2008년 국립중앙박물관회 이사(현) 2009년 SBS미디어홀딩스 대표이사 부회장(현) 2011년 국립현대미술관후원회 부회장(현) 2011~2013년 서울대 미술관 운영위원회 위원 2012~2015년 세계박물관회(WFFM) 부회장 2013년 대한스키협회 회장 2016년 SBS 이사회 의장(현) 2016년 SBS·SBS콘텐츠허브 이사회 의장(현) [종]천주교

윤석민(尹錫敏) YOON Seog Min

[생]1966·9·15 [주]서울 강남구 테헤란로427 하우자산운용 대표이사실(02-2050-4700) [학]브니엘고졸 1988년 서강대 경영학과졸 [경]한국투자증권 채권운용팀 운용역, 메리츠증권 채권운용팀 차장, 한화증권 Wrap운용팀 차장, 흥국투자신탁운용(주) 상무, 同최고운용책임자 겸 대체투자본부장, 同대표이사 2012년 현대스위스자산운용 대표이사 2013년 SBI자산운용 대표이사 2014년 하우자산운용 대표이사(현)

윤석민(尹錫珉) Yoon Seok Min

[생]1986·7·24 [주]광주 북구 서림로10 광주-KIA챔피언스필드內 사무국(070-7686-8000) [학]야탑고졸 [경]2005~2013년 프로야구 기아 타이거즈 소속(투수) 2006년 도하아시안게임 동메달 2008년 제29회 베이징올림픽 금메달 2008년 프로야구 정규리그 방어율 1위(2.33) 2009년 제2회 월드베이스볼클래식(WBC) 준우승 2010년 광저우아시안게임 금메달 2012년 (사)생명나눔실천본부 홍보대사 2013년 제3회 월드베이스볼클래식(WBC) 국가대표 2014~2015년 미국 메이저리그(MLB) 볼티모어 오리올스 소속(3년간 575만 달러·인센티브 포함 1300만 달러) 2015년 프로야구 기아 타이거즈 입단(계약조건 4년간 90억원 : 계약금 40억원·연봉 12억5000만원)(현) 2015년 국내프로야구 정규시즌 성적(2승 6패 30세이브·방어율 2.96·삼진 68개) [상]황금사자기 감투상(2004), 한국야구위원회(KBO) 선정 '페어플레이상'(2008), 스포츠토토 '올해의 투수상'(2008), 프로야구 정규시즌 MVP(2011), 일구상 최고투수상(2011), 골든글러브 투수부문(2011), 제1회 카스포인트어워즈 한경기최다카스포인트부문·투수부문(2011), 동아스포츠대상 남자프로야구 올해의선수상(2011)

윤석범(尹錫氾) YOON Seok Beom

[생]1947·9·5 [본]파평(坡平) [출]경남 함양 [주]서울 중구 소공로88 한진빌딩신관17층 세무법인 광장리앤고(02-6386-6500) [학]1979년 경기대 경영학과졸 2005년 한국사이버대 법학부졸 [경]1968~1983년 동부산·용산·남부·소공세무서 근무 1983~1989년 국세청 법인세과 근무 1989~1992년 충주세무서 과장 1992~1993년 국세공무원 교육원 법인세담당 교수 1993~1998년 국세청 법인세과 법규담당 계장 1998~2000년 경인지방·중부지방국세청 법인납세과 근무 2000년 경주세무서장 2001년 금정세무서장 2002~2003년 서울지방국세청 법인납세과장 2004~2005년 서초세무서장 2005년 서울지방국세청 개인납세2과장 2005년 열린세무법인 대표세무사 2007년 세무법인 SJ 대표세무사 2009~2015년 세무법인 가교 대표이사 2012년 (주)유한양행 비상근감사(현) 2015년 세무법인 광장리앤고 대표세무사(현) [상]대통령표창(1986), 녹조근정훈장(1997), 홍조근정훈장(2005)

윤석빈(尹碩彬) YOON Seok Bin

[생]1971·12·9 [본]해남(海南) [출]서울 [주]서울 용산구 한강대로72길3 (주)크라운제과 비서실(02-709-7553) [학]1990년 제물포고졸 1997년 미국 프랫인스티튜트 산업디자인과졸 2000년 미국 크랜브룩미술대 3D디자인학과졸 2008년 디자인학박사(홍익대 IDAS) [경]2000년 (주)크라운베이커리 디자인실장 2005년 同디자인경영부문 상무 2007년 (주)크라운제과 이사 2010년 同상무 2010년 同대표이사(현)

윤석순(尹碩淳) YOON Seok Soon

[생]1937·9·15 [본]칠원(漆原) [출]충남 청양 [주]서울 마포구 마포대로12 한신빌딩1214호 한국극지연구진흥회 회장실(02-702-2206) [학]1957년 부산고졸 1961년 부산대 법대 법학과졸 1998년 명예 법학박사(부산대) [경]1961~1981년 국가안전기획부 근무·총무국장 1981~1985년 민주정의당(민정당) 사무차장·중앙집행위원 1981년 제11대 국회의원(전국구, 민정당) 1981년 한·일의원연맹 부간사장 1981~2009년 해외동포모국방문후원회 이사 1983년 윤봉길기념사업회 부회장 1984년 한·일협력위원회 상임위원 1984년 한국경로복지회 이사장(현) 1985~1989년 한국해양소년단연맹 총재 1985년 한국남극관측탐험대 단장(한국최초남극탐험성공·세종기지건립) 1985년 부산사회체육센터 회장 1986~1988년 국무총리 비서실장 1991~1997년 駐부산 뉴질랜드영사관 명예영사 1993년 한·러극동협회 부회장 2005년 한국극지연구진흥회 회장(현) [상]건국포장(1963), 보국훈장 천수장(1981), 국민훈장 모란장(1986), 황조근정훈장(1988), 코모로공화국 앙루앙십자성훈장 [종]불교

윤석암(尹錫岩) YOUN Seog Am

[생]1963·4·12 [본]파평(坡平) [출]광주 [주]서울 중구 퇴계로24 SK브로드밴드 미디어사업부문장실(02-6266-2210) [학]1980년 살레시오고졸 1989년 고려대 신문방송학과졸 2001년 同대학원 신문방송학과졸 2002년 호주 찰스다윈대 대학원 경영학과졸 [경]1988~1993년 금강기획 근무 1993~1998년 현대방송 근무 1998~2001년 데이콤미디어 경영전략실 근무 2002~2003년 SK텔레콤 근무 2006년 CJ미디어 경영전략실장(상무) 2006년 同방송본부장(상무) 2010년 CJ제일제당 경영연구소 상무 2011년 CSTV 편성실장 2011년 TV조선 편성실장 2012년 同편성제작본부장 2013년 同편성제작본부장(상무) 2015년 同편성본부장(상무) 2015년 SK브로드밴드 미디어사업부문장(전무)(현)

윤석열(尹錫悅) YOON Seok Youl

[생]1960·12·18 [본]파평(坡平) [출]서울 [주]대전 서구 둔산중로78번길15 대전고등검찰청(042-470-3000) [학]1979년 충암고졸 1983년 서울대 법과대학졸 1988년 同대학원 법학과졸 [경]1991년 사법시험 합격(33회) 1994년 사법연수원 수료(23기) 1994년 대구지검 검사 1996년 춘천지검 강릉지청 검사 1997년 수원지검 성남지청 검사 1999년 서울지검 검사 2001년 부산지검 검사 2002년 법무법인 태평양 변호사 2003년 광주지검 검사 2005년 의정부지검 고양지청 검사 2006년 同부부장검사 2007년 대검찰청 검찰연구관 2008년 대전지검 논산지청장 2009년 대구지검 특별수사부장 2009년 대검찰청 범죄정보2담당관 2010년 同중앙수사2과장 2011년 同중앙수사1과장 2012년 서울중앙지검 특수1부장 2013년 수원지검 여주지청장 2014년 대구고검 검사 2016년 대전고검 검사(현) [종]불교

윤석용(尹碩鎔) YOON Seok Yong (檀宇)

[생]1951·11·16 [본]파평(坡平) [출]대구 [주]서울 강동구 구천면로205 천호한의원(02-474-9999) [학]1971년 대구 계성고졸 1981년 경희대 한의학과졸 1991년 중앙대 사회개발대학원졸 1991년 연세대 행정대학원 고위정책과정 수료 1995년 고려대 언론대학원 최고언론인과정 수료 1996년 서울대 행정대학원 국가정책과정 수료 1998년 고려대 컴퓨터과학대학원 최고위정보통신과정 수료 1999년 서울대 경영대학원 최고경영자과정 수료 2000년 한국과학기술원(KAIST) 경영대학원 E-비지니스임원과정 수료 2003년 강원대 AMP과정 수료 [경]1981년 천호한의원 개원·원장(현) 1981년 곡교어린이집·신비람어린이집·디딤돌교육원 이사장(현) 1987~1993년 강동구한의사회 회장 1989년 강동구의료보험조합 이사·감사 1992년 대한사회복지개발원 이사장(현) 1993년 한국장애인복지진흥회 이사 1994년 서울시한의사회 회장 1994년 성내종합사회복지관 이사장(현) 1995년 민주평통 자문위원 1995~1997년 대한한의사회 부회장 1996년 대한한의사협회 부회장 1998년 자연보호중앙회 부회장 1999년 천호동뉴타운추진위원회 공동위원장 2002년 경희대 한의대 외래교수 2004년 제17대 총선출마(서울 강동구乙, 한나라당) 2004년 한나라당 서울강동구乙운영위원회 위원장 2006년 同장애인위원장 2007~2010년 서울시장애인체육회 부회장 2008년 제18대 국회의원(서울 강동구乙, 한나라당·새누리당) 2008~2010년 한나라당 중앙장애인위원장 2009~2013년 대한장애인체육회 회장 2009~2013년 대한장애인올림픽위원회 위원장, 2018평창동계올림픽유치위원회 위원 [상]자랑스러운 서울시민상(1993), 자랑스러운 신한국인상(1994), 국민훈장 목련장(1997), 산업자원부장관표창(2006), 국세청장표창 [저]'사계절의 울음'(1985) '복지시대'(1993) '한방목욕요법'(1995) '그래도 지금 곧 다시!'(1999) '요통의 한방임상적 연구' '사상의학의 현대임상적 응용' '내가 할래요'(2000) '개인 맞춤형 복지시대'(2001) [종]기독교

윤석우(尹錫雨) YOON Suk Woo

[생]1951·1·25 [출]충남 공주 [주]충남 예산군 삽교읍 도청대로600 충청남도의회(041-635-5218) [학]2008년 원광디지털대 요가명상학과졸, 충남대 행정대학원 수료 [경](주)세운안전시스템 대표, 대한웅변협회 부회장, 공동체의식개혁운동협의회 충남도 공동의장, 국민당 공주지구당 위원장 1995·1998~2002년 충남도의회 의원, 同내무위원장, 열린우리당 충남도당 호남고속철도공주역사추진위원장 2006년 충남도의원선거 출마(열린우리당) 2008년 6.4재보선 충남도의원선거 출마(무소속) 2010년 충남도의회 의원(자유선진당·선진통일당·새누리당) 2010년 同세종시정상추진지원특별위원회 위원장, 충남·세종시상생발전위원회 위원장 2010년 충남도의회 문화복지위원회 위원 2014년 충남도의회 의원(새누리당)(현) 2014년 同문화복지위원회 위원 2014~2015년 同예산결산특별위원회 위원 2014~2015년 同충청권상생발전특별위원회 위원장 2016년 同의장(현) 2016년 전국시·도의회의장협의회 회장(현) [상]세계자유민주연맹 국제자유장(2012)

윤석윤(尹錫允) YOON Seok Yoon

[생]1955·4·24 [출]서울 [주]인천 연수구 아카데미로119 인천대학교 산학협력단(032-835-4315) [학]서울 경복고졸 1982년 연세대 토목공학과졸 [경]기술고시 합격(17회) 1987년 인천시 급수과·정비과장 1990년 同공영개발사업단 기술담당관 1992년 同지하철본부 공사부장 1995년 同도시계획국장 1996년 同종합개발사업기획단장 1998년 同도시계획국장 2001년 同남동구 부구청장 2002년 同건설교통국장 2004년 인천경제자유구역청 부청장 직대 2006년 同차

장 2006년 인천시의회 사무처장 2007년 인천시 기획관리실장(고위공무원) 2008년 행정안전부 재난안전실 재난안전관리관 2009년 중앙공무원교육원 기획부장 2010년 행정안전부 정부청사관리소장 2010~2012년 인천시 행정부시장 2012년 인천대 산학협력단 교수(현)

윤석은(尹錫銀) YOON Seog Eun

[생]1957 · 8 · 20 [본]파평(坡平) [출]대전 [주]대구 북구 동암로64 동북지방통계청 청장실(053-609-6501) [학]보문고졸, 국제대 법학과졸, 강원대 정보과학대학원 행정정보학과졸 [경]9급 공채 합격, 경제기획원 통계국 기준과 근무, 同산업과 근무, 통계청 기획국 조정과 근무, 同강원통계사무소장, 同청장실 비서관 2007년 同서비스업통계과장 2010년 同경제통계기획과장 2011년 同통계대행과장 2012년 同통계대행과장(부이사관) 2013년 통계교육원 교육기획과장 2014년 동북지방통계청장(현) [상]경제기획원장관표창, 국무총리표창

윤석정(尹錫禎) Yoon, Suk-Jung

[생]1938 · 11 · 20 [본]파평(坡平) [출]전북 진안 [주]전북 전주시 덕진구 기린대로418 전북일보 부속실(063-250-5510) [학]1957년 전주고졸 1965년 건국대 법학과졸 1985년 영국 웨일즈대 대학원 해운경영학과 수료 1989년 연세대 대학원 행정학과졸 [경]1993~1996년 포항지방해운항만청장 1997~1998년 목포지방해양수산청장 2000년 (주)국제해운 대표이사(현) 2003년 진안초등학교 총동창회 회장(현) 2007년 중국 연변대학 겸직교수(현) 2012년 재전 진안군향우회 회장(현) 2014년 (사)신석정기념사업회 이사장(현) 2015년 (사)전북애향운동본부 부총재(현) 2015년 (사)바다살리기국민운동본부 부총재(현) 2015년 전북일보 대표이사 사장(현) [상]대통령표창(1988), 근정포장(1998), 국무총리표창(2010), 전북여성단체협의회 '훌륭한 남성상'(2015)

윤석종(尹錫鍾) YOON Suk Jong

[생]1950 · 2 · 4 [출]서울 [주]전북 김제시 백산면 백석로368(063-544-0123) [학]1968년 중동고졸 1973년 서울대 법학과졸 [경]1981년 한국토지공사 입사 1998년 同기획조정실장 2000년 同재무관리처장 2000년 同관리처장 2001년 同연구개발처장 2004년 同인천지역본부장 2005년 同단지사업이사 2006~2007년 同부사장 2007~2009년 알파돔시티자산관리(주) 대표이사 사장 2009년 (주)한양 상임고문 2011년 지앤아이(주) 대표이사(현)

윤석주(尹席主)

[생]1970·10·14 [출]전북 익산 [주]경기 고양시 일산동구 장백로213 의정부지방검찰청 고양지청(031-909-4000) [학]1988년 익산 남성고졸 1994년 고려대 법학과졸 [경]1997년 사법시험 합격(39회) 2000년 사법연수원 수료(29기) 2000년 수원지검 성남지청 검사 2002년 전주지검 군산지청 검사 2003년 광주지검 검사 2005년 서울북부지검 검사 2008년 청주지검 검사 2010년 창원지검 검사 2012년 수원지검 안양지청 검사 2013년 同안양지청 부부장검사 2013년 의정부지검 고양지청 부부장검사 2014년 제주지검 부부장검사 2015년 대구지검 포항지청 부장검사 2016년 의정부지검 고양지청 부부장검사(현)

윤석준(尹錫俊) Suk-Joon Yoon

[생]1967·1·30 [출]인천 [주]강원 원주시 혁신로60 건강보험심사평가원 임원실(033-739-2403) [학]1985년 서울고졸 1991년 서울대 의대졸 1997년 同대학원 의학석사 2000년 의학박사(서울대) [경]2002년 고려대 의과대학 예방의학교실 교수(현) 2005~2006년 미국 텍사스주립대 보건대학원 객원연구원 2006~2011년 서울의료원 정책연구실장 2009~2010년 대통령 사회정책수석비서관실 정책자문위원 2013~2015년 건강보험정책심의위원회 위원 2013~2015년 건강보험심사평가원 심사평가연구소장 2014년 同기획상임이사(현) 2014~2015년 한국의료질향상학회 이사 [상]대한예방의학회 우수논문심사자상(2007·2013), 제41회 보건의날 대통령표창(2013) [저]'복지논쟁시대의 보건정책- 대한민국 보건의료정책의 이해와 대안'(2011, 범문에듀케이션)

윤석준(尹碩晙) YOON Suk Jun

[생]1968 · 8 · 10 [출]대구 [주]대구 중구 공평로88 대구광역시의회(053-803-5071) [학]영진고졸, 대구대 사법학과졸, 경북대 정책정보대학원 정치리더십 석사과정 재학 중 [경](주)유성타올공업사 부사장(현), 한나라당 대구시당 청년위원장, 同대구시당 디지털정당위원장 2010~2014년 대구시의회 의원(비례대표, 한나라당 · 새누리당) 2010년 同교육위원회 위원 2012년 同교육위원회 위원장 2014년 대구시의회 의원(새누리당 · 무소속 · 새누리당)(현) 2014년 同교육위원회 위원장 2016년 同교육위원회 위원(현) 2016년 同예산결산특별위원회 위원(현) 2016년 同윤리특별위원회 위원(현) 2016년 同대구국제공항통합이전추진특별위원회 위원(현)

윤석진(尹錫珍) YOON Seok Jin

[생]1959 · 7 · 3 [본]파평(坡平) [출]전북 익산 [주]세종특별자치시 시청대로370 국가과학기술연구회 융합연구본부(044-287-7200) [학]1978년 전주고졸 1983년 연세대 전기공학과졸 1985년 同대학원 전기재료과졸 1992년 전기재료공학박사(연세대) [경]1988년 한국과학기술연구원(KIST) 책임연구원(현) 1995~1996년 미국 Pennsylvania State Univ. Post-Doc. 1999~2002년 한국센서학회 평의원 · 사업이사 2003년 한국과학기술연구원(KIST) 박막재료연구센터장 2010년 同재료 · 소자본부장 2011년 同미래융합기술연구본부장 2012년 同연구기획조정본부장 2014년 同미래융합기술연구본부장 2014년 국가과학기술연구회 융합연구본부장(현) 2015년 한국전기전자재료학회 차차기(2017년 1월) 회장(현) [상]산업자원부장관표창(2001), 이달의 과학기술자상(2003), 양송논문상(2004), 국무총리표창(2004), 송곡과학기술상(2009), 국가연구개발우수 과학기술포장(2013) [역]'마이크로메카트로닉스'(2011) 'Applications of ATILA FEM Software to Smart Materials'(2013) [종]가톨릭

윤석진(尹錫袗) YOON Suk Jin

[생]1971 · 3 · 30 [본]파평(坡平) [출]서울 [주]서울 서대문구 연세로50 연세대학교 천문우주학과(02-2123-5689) [학]연세대 천문우주학과졸, 同대학원 천문우주학과졸 2002년 천문우주학박사(연세대) [경]1996~2002년 연세대 자연과학연구소 연구원 1998~2002년 同자외선우주망원경연구단 연구원 2000~2003년 同시간강사 2002년 同자외선우주망원경연구단 박사후 연구원 2002~2005년 영국 Oxford Univ. 박사후 연구원 2005년 연세대 천문우주학과 조교수 2009년 同천문우주학과 부교수 2014년 同천문우주학과 교수(현) [상]한국과학재단 The KOSEF Fellowship(2002 · 2003), 영국 옥스퍼드대 Glasstone Fellowship(2003 · 2004 · 2005), 연세학술상(2014)

윤석철(尹錫喆) YOON Suck Chul

[생]1940·5·9 [본]파평(坡平) [출]충남 공주 [주]서울 관악구 관악로1 서울대학교 경영학과(02-880-5114) [학]1958년 대전고졸 1963년 서울대 물리학과졸(전체수석) 1969년 미국 펜실베니아대 대학원 전기공학과졸 1971년 경영학박사(미국 펜실베니아대) [경]1974~2005년 서울대 경영학과 전임강사·조교수·부교수·교수 1977년 독일 훔볼트재단 연구교수 1995년 서울대 경영정보연구소장 1997년 (주)농심 사외이사(현) 2004년 한마음남북장학재단 이사장 2005년 서울대 경영학과 명예교수(현) 2005년 한양대 경영학과 석좌교수 2014년 한마음평화연구재단 이사장(현) [상]서울대총장표창(1963), 서울대 경영대 강의상(2002), 언론문화상(2003), 근정포장(2005), 수당상(2006) [저]'계량적 세계관과 사고체계'(1991) '프린시피아 매네지멘타'(1991) '과학과 기술의 경영학'(1994) '경영학의 진리체계'(2001) '계량경영학' '경영학적 사고의 틀' '기술축적관리론' '경영 경제 인생강좌 45편' '삶의 정도'(2011) [종]기독교

윤석춘(尹錫春) YOON Seok Chun

[생]1959 · 3 · 5 [출]경기 연천 [주]서울 서초구 남부순환로2620 (주)SPC삼립 임원실(02-2276-5069) [학]1977년 인창고졸 1981년 고려대 농업경제학과졸 [경]1999년 제일냉동식품 마케팅팀장(상무) 2000년 모닝웰 마케팅팀장(상무) 2005년 同대표이사 상무, CJ(주) 신선사업부문BU장(상무) 겸임 2005년 모닝웰 대표이사 2006년 삼호F&G 대표이사 사장 2007년 CJ제일제당 신선식품BU부사장 2010~2011년 同식품영업총괄 부사장 2011년 同고문 2012년 (주)삼립식품 총괄부사장 2013년 同대표이사 부사장 2014~2016년 同대표이사 사장 2016년 同각자대표이사 2016년 (주)SPC삼립 각자대표이사(현) [상]은탑산업훈장(2015)

윤석헌(尹碩憲) YOON Suk Heun

[생]1948 · 10 · 30 [본]무송(茂松) [출]서울 [학]1966년 경기고졸 1971년 서울대 경영학과졸 1979년 미국 Santa Clara Univ.졸 (MBA) 1984년 경영학박사(미국 Northwestern Univ.) [경]1971~1977년 한국은행 근무 1971~1974년 해군사관학교 경영학 교관 1984~1991년 캐나다 McGill Univ. 조교수 1992년 한국금융연구원 연구위원 1994년 同선임연구위원 1997년 서울

대 증권금융연구소 특별연구위원 1998~2010년 한림대 재무금융학과 교수 2000년 금융감독조직혁신작업반 반장 2001~2006년 한림대 경영대학원장 2001~2005년 한미은행 사외이사 2002년 한국재무학회 회장 2003~2009년 강원도개발공사 비상임이사 2004~2007년 한국은행 강원본부 자문교수 2004~2009년 춘천바이오산업진흥원 비상임이사 2004~2006년 한림대 경영대학장 2005~2008년 한국씨티은행 사외이사 2005~2006년 한국금융학회 회장 2006~2007년 한국금융연구원 자문위원 2006~2010년 HK저축은행 사외이사 2007~2009년 한국수출입은행 자문교수 2008~2011년 한국거래소(KRX) 선임사외이사 2010~2016년 숭실대 금융학부 교수 2010년 한국금융연구원 자문위원(현) 2010~2011년 국민경제자문회의 의원 2010~2011년 금융위원회 금융발전심의위원회 위원장 2011~2013년 KB국민카드 사외이사 2013년 ING생명 사외이사(현) [상]국방부장관표창(1974), 캐나다은행가협회 Best Paper Award(1991), Iddo-Sarnat Best Paper Award(1994), 한국재무학회 최우수논문상(2000·2002), 한국재무학회 우수논문상(2008), 한국금융학회 우수논문상(2011) [저]'금융기관론 제3판(共)'(2016) '비정상경제회담(共)'(2016)

윤석홍(尹錫弘) YOON Suk Hong

[생]1947·1·15 [출]충남 논산 [주]경기 용인시 수지구 죽전로152 단국대학교 커뮤니케이션학부(031-8005-3342) [학]1968년 홍익고졸 1974년 고려대 철학과졸 1984년 미국 미주리대 언론대학원 언론학과졸 1987년 언론학박사(미국 미주리대) [경]1974년 합동통신 기자 1979년 동아방송 기자 1980~1982년 조선일보 외신부 기자 1987~1993년 이화여대·한국외국어대 강사 1989년 조선일보 독자부 차장 1991년 同독자부장 1995년 同스포츠레저부장 1995~2012년 단국대 언론영상학부 언론홍보학전공 교수 1996년 미국 미주리대 언론대학원 방문교수 1999년 단국대 홍보위원장 2000년 종근당 고촌재단 이사(현) 2002년 단국대 대외협력실장 2005~2007년 同퇴계기념중앙도서관장 2009년 미디어발전국민위원회 위원 2009~2015년 한국ABC협회 인증위원장 2010년 (재)서재필기념회 이사(현) 2011~2014년 뉴스통신진흥회 이사 2012~2014년 한국방송광고진흥공사 비상임이사 2012년 단국대 커뮤니케이션학부 명예교수(현) 2015년 (재)통일과나눔 상임이사(현) [상]한국언론학회 신문부문 공로상 [저]'Off the Record'(1996) '언론상과 우수기사'(1997) '여론조사(共)'(1999) '신문방송, 취재와 보도'(2000) [종]천주교

윤석홍(尹錫弘) Yun Seok Hong

[생]1961·11·25 [출]충남 서산 [주]서울 용산구 후암로4길10 (주)헤럴드 경영지원실(02-727-0114) [학]1988년 서울시립대 영어영문학과졸 [경]2000년 코리아헤럴드 전략마케팅부장 2000년 同경영지원부장 2004~2013년 헤럴드미디어 경영지원국 총무인사팀장 2013년 (주)헤럴드 경영지원실장(현) [상]'신문협회상'(2005)

윤석화(尹石花·女) YOON Suk Hwa

[생]1956·1·16 [출]서울 [주]서울 종로구 이화장길66 (주)돌꽃컴퍼니(02-745-8498) [학]1980~1981년 미국 뉴욕대 수학 1982~1983년 미국 뉴욕시립대 드라마·공연학 수학 1993년 미국 하버드대 드라마연구원 연극분석이론 수학 [경]1975년 연극 '꿀맛'으로 데뷔 1995년 (주)돌꽃컴퍼니 대표(현) 1999년 한국연극배우협회 부회장 1999~2013년 객석 발행인·대표이사 2002년 다일복지재단 홍보대사 2004년 한국기업메세나협의회 홍보대사, 한국연극인복지재단 부이사장(현) 2010년 김수환추기경연구소 홍보대사 2014년 안중근 의사 연극 '나는 너다' 제작 및 연출 2015년 모노드라마 '먼 그대' 각색·연출·출연 [상]여성동아대상(1984), 백상예술대상 여자연기상(1984·1989·1991·1996), 백상예술대상 인기상(1987), 동아연극상 여자연기상(1990), 서울연극제 여자연기상(1991), 연출가협회 올해의 배우상(1992), 배우협회 제1회 올해의 배우상(1997), 이해랑 연극상(1998), 문화관광부장관표창(2004), 대통령표창(2005), 대한민국문화예술상-연극·무용부문(2009), 영국 로런스올리비에상(2013) [저]'무엇이 이토록 나를'(1986) '작은 평화'(2004) '윤석화가 만난 사람'(2004) [역]'선인장꽃'(1980) '신의 아그네스'(1983) '애니'(1986) '하나를 위한 이중주'(1989) '송 앤 댄스'(1987) '토요일밤의 열기'(2003) [작]'꿀맛'(1975) '신데렐라'(1976) '웨스트 사이드 스토리'(1977) '카프카의 변신'(1978) '탱고'(1978) '우리집 식구는 아무도 못말려'(1978) '마피아'(1979) '선인장꽃'(1980) '신의 아그네스'(1983·2008) '화니'(1985) '애니'(1986) '송 앤 댄스'(1986) '춘향전'(1988) '하나를 위한 이중주'(1989) '출세기'(1989) '프쉬케, 그대의 거울'(1990) '그대 아직도 꿈꾸고 있는가'(1991) '딸에게 보내는 편지'(1992) '아가씨와 건달들'(1994) '덕혜옹주'(1995) '명성황후'(1995) '나, 김수임'(1997) '마스터 클래스'(1998) '세자매'(2000) '넌센스'(2001) '꽃밭에서'(2002) 'Wit'(2005) '정순왕후(영영이별 영이별)'(2005) '어메이징 그레이스'(2006) '시간이 흐를수록'(2009) '나는 너다'(2010) '먼 그대'(2015) [종]기독교

윤석후(尹錫厚) YOON Suk Hoo

[생]1953·8·3 [본]파평(坡平) [출]서울 [주]전북 완주군 삼례읍 삼례로443 우석대학교 식품생명공학과(063-290-1114) [학]1972년 경기고졸 1977년 서울대 농과대학졸 1980년 한국과학기술원 생명과학과졸(석사) 1983년 생명과학박사(한국과학기술원) [경]1983~1988년 한국과학기술연구원 식품생물공학부 선임연구원 1984~1985년 미국 오하이오주립대 식품공학과 선임연구원 1988~2003년 한국식품개발연구원 선임연구원·책임연구원 2003년 同선임본부장 겸 식품기능연구본부장 2003~2011년 한국식품연구원 책임연구원 2004~2005년 同선임본부장 겸 식품기능연구본부장 2008년 同미래전략기술연구본부 바이오제론연구단장 2008년 영국 국제인명센터(IBC) '세계 100대 과학자' 선정 2009년 국제생물촉매생물공학회 부회장 2011년 '마르퀴즈 후즈 후 인 아시아' 2012년판에 선정 2011~2014년 한국식품연구원 원장 2012년 미국 인명정보기관(ABI) '2011 우수과학상(Scientific Award of Excellence for 2011)'에 선정 2012년 한국식품과학회 회장 2012년 미국유지화학회(AOCS) 생물공학위원회 위원장 2013년 同아시아지역위원회 위원장(현) 2013~2015년 제6회 국제식품기능학술대회 조직위원장 2014년 우석대 식품생명공학과 초빙교수(현) 2015년 (주)삼양사 사외이사(현) [상]과학기술훈장 혁신장(2012) [종]기독교

윤석훈(尹錫薰) YOON Seok Hoon

[생]1959·2·5 [주]경기 화성시 봉담읍 와우안길17 수원대학교 경상대학 경영학부 응용통계학(031-220-2125) [학]1983년 서강대 수학과졸 1985년 한국과학기술원졸 1992년 미국 노스캐롤라이나대 대학원졸 1994년 통계학박사(미국 노스캐롤라이나대) [경]1985~1995년 한국통신 연구개발원 통신망연구소 선임연구원 1989~1994년 미국 노스캐롤라이나대 통계학과 조교 1995년 연세대 응용통계학과 시간강사 1995년 수원대 통계정보학과 교수 2014년 同자연과학대학장, 同경상대학 경영학부 응용통계학 교수(현)

윤선길(尹善吉) YOON Sun Gil

[생]1952·1·24 [출]강원 원주 [주]경기 오산시 한신대길 137 한신대학교 사회과학대학 미디어영상광고홍보학부(031-379-0583) [학]1970년 원주고졸 1980년 고려대 심리학과졸 1984년 同대학원 심리학과졸 1989년 미국 텍사스대 대학원 광고학과졸 1993년 광고학박사(미국 조지아대) [경]1980~1984년 한국연합광고 국제부 근무 1984~1986년 한주통산(주) 광고판촉과장 1994~1996년 서울다시광고대행사 마케팅국장 1996~2012년 한신대 경상대학 미디어영상광고학부 교수 1997년 한국광고홍보학회 편집이사·편집위원장 2005~2007년 한신대 경상대학장 2005~2007년 한국광고홍보학회 회장 2012년 한신대 사회과학대학 미디어영상광고홍보학부 교수(현) [저]'Message Framing and the Interrelationships among Ad-based Feelings, Affect, and Cognition'(1992) '광고를 움직이는 소비자심리(共)'(1998, 경문사) '인터넷과 광고(共)'(2001) '웹페이지의 배경색이 소비자의 상표지각에 미치는 영향'(2002, 한국광고학보) '옥외광고의 색상과 명도차가 기억 및 상점지각에 미치는 효과에 관한 실험연구'(2004, 한국광보홍보학보) '한국의 광고2'(2008, 나남) [역]'DAGMAR 광고이론(共)'(1998, 커뮤니케이션북스) '광고를 움직이는 소비자 심리(共)'(1998, 경문사) '프로파간다 시대의 설득전략(共)'(2005) '누군가 나를 설득하고 있다(共)'(2007, 커뮤니케이션북스) '스티그마 : 장애의 세계와 사회적응(共)'(2009) [종]기독교

윤선노(尹善老) YOON Sun Ro

[생]1958·12·21 [주]서울 용산구 한강대로92 LS네트웍스 임원실(02-799-7114) [학]선린상고졸, 세종대 회계학과졸, 고려대 대학원 경영학과졸 [경]1982년 LG칼텍스가스 입사, (주)E1 기획팀 부장 2008년 同재경본부장(CFO·이사) 2010년 同재경본부장(CFO·상무) 2013년 同재경본부장(CFO·전무) 2016년 同재경본부장(CFO·부사장), (주)E1컨테이너터미널 대표이사 2016년 LS네트웍스 각자대표이사(현)

윤선애(尹善愛·女) YOON Sun Ae

[생]1960·7·8 [출]부산 [주]경기 의정부시 천보로271 가톨릭대학교 의정부성모병원(031-820-3025) [학]1986년 가톨릭대 의대졸 1992년 同대학원졸 1995년 의학박사(가톨릭대) [경]1993년 가톨릭대 의대 내과학교실 조교수·부교수·교수(현) 1999~2000년 미국 Stanford 의대 Post-Doc., 同의정부성모병원 신장내과장, 同신장투석센터 소장 2009~2011년 同의정부성모병원 내과 과장

윤선종(尹宣鍾) Yoon Sunjong

[생]1961·7·24 [출]서울 [주]서울 강남구 논현로531 윤성빌딩 피죤 임원실(02-3451-2005) [학]1980년 장충고졸 1987년 한양대 경영학과졸 [경]1987~2011년 오비맥주(주) 입사·세일즈마케팅 상무 2011~2014년 (주)디오 세일즈마케팅 상무 2015년 피죤 전무 2015년 同부사장(현)

윤선호(尹善鎬) YOUN SEON HO

[생]1960·8·15 [주]경기 화성시 남양읍 현대연구소로150 현대기아기술연구소 기아디자인센터(031-8036-3033) [학]1983년 홍익대 공업디자인학과졸 1985년 영국 왕립예술대학(RCA) 자동차디자인과졸 2004년 핀란드 헬싱키경제대(HSE) 경영대학원 디자인경영과졸 2005년 홍익대 산업미술대학원 제품디자인과졸 [경]1982년 현대자동차 입사 2003년 同이사 2004년 기아자동차(주) 디자인연구소장(전무) 2011년 同기아디자인센터장(부사장)(현) [상]석탑산업훈장(2005), 은탑산업훈장(2014)

윤선희(尹宣熙) YUN Sun Hee (선봉)

[생]1957·7·29 [본]예천(醴泉) [출]경북 예천 [주]서울 성동구 왕십리로222 한양대학교 법학전문대학원(02-2290-0999) [학]일본 도시샤(同志社)대졸 1990년 일본 고베(神戶)대 대학원졸 1993년 법학박사(일본 고베대) [경]1993~1994년 일본 동경외국어대학 아시아아프리카 언어문화연구소 연구원 1994~1999년 상지대 법학과 조교수 1995~1998년 국제산업재산권법학회 사무총장 겸 이사 1995~1997년 상지대 법학과장 1999~2000년 일본 동경대학 법학부 객원연구원 1999~2008년 한양대 법과대학 조교수·부교수·교수 2001~2005년 한국소프트웨어저작권협회 S/W정품사용모범기업인증위원회 위원장 2004~2008년 특허청 변리사자격심의위원회 위원 2004년 인터넷주소분쟁조정위원회 위원(현) 2005년 同지적재산·정보법센터장 2005년 (사)문화콘텐츠와 법연구회 회장(현) 2005년 (사)한국디지털지적재산법학회 부회장 2006~2007년 일본 동경대 대학원 법학정치연구과 BLC 객원교수 2007년 (사)한국저작권법학회 부회장 2008년 경기특허협력협의회 회장 2008년 한양대 법학전문대학원 교수(현) 2009~2014년 한국산업재산권법학회 회장 2009~2010년 일본 특허청 특허제도연구회 위원 2009년 지식경제부 산업기술보호전문위원회 위원장 2009년 대한상사중재원 대외무역분쟁조정위원(현) 2010~2012년 (사)한국중재학회 회장 2010년 대한상사중재원 중재인(현) 2011~2012년 한국산업보안연구학회 회장 2011년 국무총리 산업기술보호정보통신분야전문위원회 위원장(현) 2011년 대한상사중재원 국제중재인(현) 2011년 국무총리 산업기술보호위원회 민간위원(현) 2012년 (사)韓國比較私法學會 부회장(현) 2013년 국회 입법지원위원(현) 2013년 산업통상자원부 산업기술보호전문위원회 위원장(현) 2014년 일본 고베대在韓동문회 회장(현) 2014년 한국지식재산학회 회장(현) 2014년 국무조정실 지적재산권보호정책협의회 민간위원(차관급) 2014년 자유무역협정(FTA) 국내대책위원회 민간위원(현) [상]대통령표창(1997), 지식경제부장관표창(2010), 홍조근정훈장(2014) [저]'무체재산권법' '영업비밀개설' '공업소유권법' '지적재산권법' '특허법' '상표법' '국제계약법 이론과 실무' '로스쿨 특허법'(2010) '부정경쟁방지법'(2012) '영업비밀보호법'(2012) '특허의 이해'(2012) 등 [역]'특허법' '주해 특허법' '저작권법'

윤성광(尹聖光) YOON Sung Kwang

[생]1944·1·23 [출]대구 [주]대구 달서구 성서공단로186 동진화섬공업사 임원실(053-583-1033) [학]1962년 대구 계성고졸 1966년 영남대 섬유공학과졸 [경]1979년 동진화섬공업사 대표(현) 1994~2002년 신합섬가공사협의회 회장 1995~2008년 한국섬유개발연구원 이사 1998~2002년 21세기달서경제인의모임 회장 2001년 대구섬유지식산업연구회 부회장 2002~2003년 (사)산학경영기술연구원 이사 2002년 대구성서산업단지 섬유경영자협의회 회장 2002~2006년 대구경북견직물공업협동조합 이사 2002년 대구성서산업단지관리공단 이사장 2002년 대구상공회의소 상공의원 2002년 대구경영자총협회 부회장 2005~2008년 한국섬유개발연구원 이사장 2009년 대한직물공업협동조합연합회 회장(현) 2010년 FITI시험연구원 이사장 [상]한국섬유진흥대상, 산업자원부장관표창, 노동청장표창, 대구시장표창 [종]불교

윤성국(尹成國) YOON Sung Kook

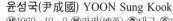

[생]1962·12·2 [본]파평(坡平) [출]대구 [주]대전 중구 대종로550번길5 금강일보 사장실(042-346-8000) [학]1980년 경원고졸 1987년 계명대 영어영문학과졸 2000년 한남대 언론홍보대학원 언론홍보학과졸 [경]1987년 새마을신문 기자 1988년 중도일보 정경부 기자·문화체육부장·사회부장 2001년 대전매일신문 문화체육부장·사회부장·편집부국장·마케팅국장·영상사업본부장·청와대출입기자 2010년 금강일보 편집국장 2011년 同총괄국장(이사) 2013년 同충남취재본부장(상무이사) 2014년 同총괄국장(상무이사) 2015년 同편집국장(상무이사) 2016년 同대표이사 사장(현) [종]천주교

윤성규(尹聖圭) Yun Seong Gyu

[생]1947·9·6 [본]파평(坡平) [출]경북 경산 [주]경북 안동시 풍천면 도청대로455 경상북도의회(054-880-5390) [학]대구농림고졸 1969년 영남대병설전문대학 행정학과졸, 대구대 행정학과졸 [경]한국청년회의소 경북지구 이사, 同청도특우회 회장, 학교법인 이후학원 감사, 경산시장애인학부모회 자문위원, 대구지법 경산등기소 근무 1998·2002·2006~2010년 경북 경산시의회 의원, 민주평통 경산시협의회장 2002~2004년 경북 경산시의회 부의장 2006~2008년 同의장 2010년 경북도의회 의원(한나라당·새누리당) 2011~2012년 同예산결산특별위원회 위원 2012년 同결산검사 간사 2012년 同건설소방위원회 위원 2012년 同윤리특별위원회 위원장 2013~2014년 초우회 회장 2014년 경북도의회 의원(새누리당)(현) 2014년 同건설소방위원회 위원장 2016년 同기획경제위원회 위원(현) [상]대한전문건설협회 중앙회장 감사패(2015)

윤성규(尹成奎) YOON Seong Kyu

[생]1956·5·8 [출]충북 충주 [학]1974년 충주공업전문학교졸 1979년 한양대 기계공학과졸 1990년 독일 클라우스탈공과대학원 디플롬과정 수학 2007년 한양대 대학원 환경공학과졸 2013년 환경공학박사(한양대) [경]1975년 건설부시행 국가공무원공채시험 합격(7급) 1975~1978년 건설부 근무 1977년 기술고시 합격(13회) 1978~1987년 문화공보부 사무관 1987~1992년 환경청·환경처 근무 1992년 환경처 폐수관리과장 1993년 서울지방환경청 관리과장 1994년 한강환경관리청 관리국장 1995년 환경부 소음진동과장 1995년 同기술정책과장 1995~1997년 독일 연방환경부 파견 1997년 환경부 유해물질과장 1998년 同폐기물자원국 폐기물정책과장(부이사관) 1999년 同수질보전국 수질정책과장 2001년 同수질보전국장 2002년 同환경정책국장(부이사관·이사관) 2004년 산업자원부 자원정책실 자원정책심의관 2005년 국립환경과학원장(차관보급) 2008~2009년 기상청 차장(차관보급) 2009~2013년 한양대 환경공학연구소 연구교수 2012년 새누리당 국민행복추진위원회 지속가능국가추진단장 2013년 제18대 대통령직인수위원회 법질서·사회안전분과 전문위원 2013~2016년 환경부 장관 [상]대통령표창(1991), 홍조근정훈장(2003), 자랑스러운 한양인상(2014)

윤성균(尹聖均) YUN Seong Kyun

[생]1956·8·29 [본]파평(坡平) [출]경북 선산 [주]경기 안산시 상록구 해안로705 (재)경기테크노파크 원장실(031-500-3063) [학]1975년 용산고졸 1980년 고려대 경제학과졸 1982년 서울대 대학원 행정학과졸 [경]행정고시 합격(24회) 2003년 행정자치부 지방재정경제국 교부세과장 2004년 구리시 부시장 2006년 경기도 보건복지국장 2007년 同문화관광국장 2007년 부천시 부시장 2008년 SCI(전미자매도시연합) 이사 2009년 국방대 교육파견 2010년 용인시 부시장 2011년 안산시 부시장 2011~2014년 수원시 제1부시장 2014년 경기테크노파크 원장(현)

윤성근(尹誠根) YOON Sung Keun

[생]1959·7·15 [출]충북 청원 [주]서울 양천구 신월로386 서울남부지방법원 법원장실(02-2192-1114) [학]1978년 충암고졸 1982년 서울대 법학과졸 1986년 同대학원 헌법학과졸 1993년 미국 미시간대 대학원 법학과졸 [경]1982년 사법시험 합격(24회) 1984년 사법연수원 수료(14기) 1985년 공군 법무관 1985년 상지대 법학과 강사 1988~1998년 변호사 개업 1993년 미국 뉴욕주 변호사

시험합격 1994년 중국 北京大 방문학자 1998년 인천지법 판사 1999년 서울 고법 판사 2000년 대구지법 부장판사 2002년 인천지법 부천지원 부장판사 2004년 서울중앙지법 부장판사 2007년 서울남부지법 부장판사 2008년 同 수석부장판사 2009년 부산고법 부장판사 2010년 서울고법 부장판사 2015 년 서울남부지법원장(현)

윤성덕(尹星德) YOON Sung Duk

생1958·3·20 출부산 주부산 강서구 녹산산업대로 117의12 (주)태광 비서실(051-831-6550) 학1976년 경 남고졸 1980년 한양대 기계공학과졸 1982년 연세대 경 영대학원 경영학과졸 경2000년 태광밴드공업 상무이 사, 同부사장 2001년 (주)태광 부사장 2003년 同대표이 사 사장(현)

윤성덕(尹聖德) YUN Seong Deok

생1966·10·15 본파평(坡平) 출서울 주서울 종로 구 사직로8길60 외교부 인사운영팀(02-2100-7136) 학1989년 서울대 영문학과졸 1994년 영국 옥스퍼드 대 외교관과정 수료 1995년 영국 런던대 국제관계학 과 수료 경2005년 외교통상부 지역통상국 구주통상 과장 2006년 同자유무역협정국 자유무역협정정책과 장 2007년 同FTA추진단 FTA교섭총괄과장 2008년 同 FTA정책국 FTA협상총괄과장 2009년 駐제네바대표부 참사관, 同공사참 사관 2011년 駐광저우 부총영사 2015년 駐벨기에EU대사관 공사(현) 상 국무총리표창(1993)

윤성묵(尹成默) YOON Seong Mook

생1965·8·1 출충남 부여 주충북 청주시 서원구 산 남로62번길51 청주지방법원(043-249-7114) 학1983 년 서대전고졸 1987년 서울대 법대 공법학과졸 1989 년 단국대 대학원 법학과 수료 경1995년 사법시험 합 격(37회) 1998년 사법연수원 수료(27기) 1998년 청주지 법 판사 2002년 대전지법 천안지원 판사 2006년 청주 지법 판사 2008년 대전고법 판사 2011년 청주지법 판사 2013~2015년 대전지법 천안지원 부장판사 2013~2015년 대전가정법원 천 안지원 부장판사 겸임 2015년 청주지법 부장판사(현)

윤성민(尹誠敏) YOON Sung Min (碧海)

생1926·10·15 본파평(坡平) 출전남 무안 학1944 년 목포 문태고졸 1950년 육군사관학교졸(9기) 1981 년 서울대 행정대학원 수료 1982년 同경영대학원 수 료 경1963년 국방대학원 교수 1967년 군사령부 인 사참모 1968년 駐월남 한국군참모장 1969년 사단장 1972년 육군본부 인사참모부 차장 1975년 同인사참 모부장 1977년 군단장 1979년 육군 참모차장 1979년 군사령관 1981년 합참의장 1982년 예편(대장) 1982~1986년 국방부 장 관 1987년 한국석유개발공사 이사장 1987년 방직협회 회장 1990년 대한 교육보험 고문 1991~1993년 현대정공 상임고문 2007~2011년 학교법인 강남학원(강남대) 이사장 상을지무공훈장, 보국훈장 통일장, 외국훈장 종기독교

윤성범(尹盛凡) YOON Sung Bum

생1966·12·20 주서울 영등포구 국제금융로56 미래에셋대우(02-768-3355) 학영동고졸, 서강대 수학과졸 경동원증권 근무, 에이폴스 근무, 미 래에셋증권(주) IT개발본부장 2015년 同모바일BIZ본부장 2015년 同모바일 BIZ본부장(상무보) 2016년 同스마트Biz부문 대표 직무대행 2016년 미래에 셋대우 스마트Biz부문대표(상무)(현)

윤성보(尹省普)

생1961·8·15 출강원 삼척 주강원 정선군 정선읍 봉 양3길21 정선군청 부군수실(033-563-2205) 학강원 대 대학원 일반행정학과졸 경1986년 공직 입문(삼척시 청) 1988~2007년 강원도청 근무 2007년 同자치행정국 체육청소년과 청소년담당 사무관 2008년 同지방혁신인 력개발원 파견 2009년 同산업경제국 지식산업과 생명 산업담당 사무관 2010년 同자치행정국 총무과 교육고시 담당 사무관 2012년 同농정국 농식품유통과 농식품유통담당 사무관 2013년 同건설방재국 지역도시과 지역계획담당 사무관 2015년 강원FC 사무국 파 견 2016년 강원 정선군 부군수(서기관)(현)

윤성식(尹聖植) Sung Sig Yoon (瑞牛)

생1953·2·12 본해남(海南) 출전남 해남 주서울 성북 구 안암로145 고려대학교 정경대학 행정학과(02-3290-2278) 학광주제일고졸 1979년 고려대 행정학과졸 1981 년 미국 오하이오주립대 경제학과졸 1983년 미국 일리 노이대 어배나교 대학원 회계학과졸 1987년 경영학박사 (미국 캘리포니아대 버클리교) 경1986년 미국 공인회계 사자격 취득 1987년 미국 Univ. of Texas-Austin 조교 수 1988년 한양대 회계학과 조교수 1992~1998년 고려대 행정학과 조교수· 부교수 1998년 同정경대학 행정학과 교수(현) 2001년 대통령자문 정책기획위 원 2002년 제16대 대통령인수위원회 정무분과위원 2003년 대통령자문 정 부혁신지방분권위원회 위원 2004~2006년 同위원장 2016년 국회 공직자윤 리위원회 위원장(현) 전재무행정(1992) 공기업론(1994) 재무행정원론(1995) 정부회계(1998) 공공재무관리(2002) 정부개혁의 비전과 전략(2002) 예산 론(2003) 재무행정론(2003) 불교자본주의(2011) 종불교

윤성식(尹性植) YOON SUNG-SIK

생1954·7·13 본파평(坡平) 출충남 서천 주강원 원 주시 흥업면 연세대길1 연세대학교 과학기술대학 생명 과학기술학부(033-760-2251) 학1978년 연세대 식품 공학과졸 1984년 同대학원 식품공학과졸 1989년 식품 생물공학박사(연세대) 경1981~1985년 한국야쿠르트연 구소 연구원 1982~1988년 연세대 산업기술연구소 연구 원 1990~2010년 한국낙농학회 이사 1990~2010년 한 국유가공기술과학회 감사 1992~2000년 연세대 문리대학 응용과학부 조교 수·부교수 1994~1996년 한국축산식품학회 재무간사 1995~1997년 한국 HACCP연구회 이사 1998~2000년 미국 North Carolina State Univ. 초빙 교수 1998~2006년 한국유질유방염연구회 이사 1998~2000년 미국 North Carolina State Univ. 전임연구원 2000~2002년 식품의약품안전청 자문 위원 2000~2002년 연세대 문리대학 생물자원공학과 교수 2002~2007 년 同생리활성소재연구소(바이오신소재연구소) 소장 2002~2006년 한국 유산균학회 부회장 2007년 노르웨이 생명과학대학(UMB) 초빙교수 2007 년 한국유가공기술과학회 부회장 2007~2009년 국립수의과학검역원 자문 교수 2007년 연세대 과학기술대학 생명과학기술학부 교수(현) 2008~2009 년 (사)한국유가공기술과학회 회장 2008~2015년 한국유산균학회 회장 2008년 (사)낙농진흥회 이사(현) 2009년 아시아유산균학회 집행위원 2011 년 (사)한국축산식품학회 회장 2011년 농림수산식품부 축산물위생심의위 원 2011~2013년 한국과학기술단체총연합회 농림수산분과 운영위원 2013 년 아시아유산균학회연합 부회장(현) 2013~2016년 식품의약품안전처 축 산물위생심의위원 2013~2015년 同연구기획조정위원 2015년 국무총리 소속 식품안전정책위원회 자문(현) 2016년 식품의약품안전처 식품위생 심의위원(현) 2016년 건강기능식품표시광고심의위원회 위원장(현) 2016 년 IDF한국위원회 밀크사이언스포럼 위원장(현) 상한국축산식품학회 감 사장(2007·2008), 한국야쿠르트과학상(2008), 농림수산식품부장관표창 (2009), 한국축산식품학회 학술대회 최우수포스터상, 한국과학기술단체총 연합회 우수논문상, 한국낙농대상(2013) 전영양화학(1997) '축산용어사전' (1998) '유식품가공학(2002) '응용미생물학'(2007) '발효공학'(2009) '우유한 잔의 과학'(2010) '최신유가공학'(2011) 등 17권 역바이오식품의 경이'(1994)

윤성식(尹誠植) Yoon Sung Sik

생1968·6·3 출서울 주서울 서초구 서초중앙로157 서울중앙지방법원(02-530-1114) 학1987년 석관고졸 1992년 서울대 법학과졸 경1992년 사법시험 합격(34회) 1995년 사법연수원 수료(24기) 1995년 軍법무관 1998년 서울지법 동부지원 판사 2000년 서울지법 판사 2002년 창원지법 진주지원 판사 2003년 同진주지원 남해군법 원 판사 2005년 수원지법 성남지원 판사 2006년 사법연 수원 교수 2008년 서울고법 판사 2010년 전주지법 부장판사 2011년 사법연 수원 교수 2012년 인천지법 부장판사 2012년 법원행정처 공보관 겸임 2014 년 서울서부지법 부장판사 2016년 서울중앙지법 부장판사(현)

윤성원(尹成遠) YOON Sung Won

생1963·9·15 출서울 주서울 서초구 서초중앙로 157 서울고등법원(02-530-1114) 학1982년 동성고졸 1986년 고려대 법학과졸 경1985년 사법시험 합격(27 회) 1988년 사법연수원 수료(17기) 1988년 공군 법무관 1988년 공군본부 보통군사법원 군판사 1991년 서울지 법 북부지원 판사 1993년 서울형사지법 판사 1995년 대 구지법 김천지원 판사 1996년 同구미시법원 판사 1998 년 서울지법 판사 1999년 법원행정처 법정심의관 2000년 서울고법 판사 겸 법원행정처 법정심의관 2002년 서울고법 판사 2003년 제주지법 부장판사 2004년 대법원 재판연구관 2006년 서울동부지법 부장판사 2007년 법원행

정처 민사정책심의관(총괄) 2008년 同사법등기국장(부장판사) 2008년 서울중앙지법 부장판사 2010년 광주고법 부장판사 2011년 광주지법 수석부장판사 2012년 서울고법 부장판사(현) 2014~2016년 법원행정처 사법지원실장 2015년 대법원 사실심충실화사법제도개선위원회 위원 2015년 同국선변호정책심의위원회 위원

윤성원(尹成元) YUN Seong Won

[생]1966·1·8 [본]파평(坡平) [출]부산 [주]세종특별자치시 도움6로11 국토교통부 국토정책관실(044-201-3644) [학]1984년 부산 동천고졸 1989년 서울대 국제경제학과졸 1993년 同행정대학원졸 1997년 영국 뉴캐슬대 주택도시대학원졸 [경]1990년 행정고시(재경직) 합격(34회) 1993년 건설부 주택개발과 사무관 1994~2000년 건설부 주택관리과·건설교통부 건설부 주택개발과·주택관리과·택지개발과·건설경제과·교통운영과 사무관 2001년 건설교통부 주택도시국 주택정책과 서기관 2003~2005년 대통령정책실 파견(빈부격차·차별시정기획단 주거복지팀장) 2005년 駐리비아 참사관(건설교통관) 2009년 국토해양부 국토정책국 국토정책과장 2010년 同국토정책국 국토정책과장(부이사관) 2010년 同기획담당관 2012년 同기획조정실 국제협력단장 2013년 대통령 국토교통비서관실 선임행정관 2014년 국토교통부 도시정책관 2015년 同국토정책관(현) [상]국무총리표창(1998), 근정포장(2002), 외교부장관표창(2007)

윤성이(尹聖理) YUN Seong Yi

[생]1963·11·11 [주]서울 동대문구 경희대로26 경희대학교 정치외교학과(02-961-9351) [학]1986년 연세대 정치외교학과졸 1988년 同대학원 정치학과졸 1997년 정치학박사(미국 Ohio State Univ.) [경]1997~1999년 한국전산원 전문위촉연구원 1998~1999년 연세대·숭실대·숙명여대 강사 2000~2005년 경상대 조교수·부교수 2005년 경희대 정치외교학과 교수(현) 2016년 同정경대학장(현) [상]Graduate School Research Award(1996, 미국 오하이오주립대) [저]'디지털혁명과 자본주의의 전망' '정보사회와 국제평화' '한국의 디지털 정당' '국제적 통일역량 강화방안' '남북협력과 북한인권'

윤성일(尹聖日) YOON Seong Il

[생]1945·2·2 [출]충북 충주 [주]충북 청주시 상당구 교서로2 퍼스트경영기술연구원 이사장실(043-254-2100) [학]1964년 청주고졸 1972년 한양대 상대 경제학과졸 1997년 고려대 경영대학원 경영정보최고경영자과정 수료 [경]1994년 청주시 도시계획위원회 부위원장 1995년 청주상공회의소 사무국장 1997년 청주시 지방재정계획심의위원회 위원(현) 1998~2013년 사회복지법인 보람동산 이사 1999~2007년 중소기업지원센터·충북신용보증재단 이사 2000년 '청풍명월21' 추진협의회 감사 2000년 충북지역장애인고용대책위원회 부위원장 2002~2007년 청주상공회의소 전자상거래지원센터장 2003년 전국상공회의소 사무국장임원협의회 부회장 2004년 충북지식재산센터 센터장 2004년 충북지역혁신협의회 위원 2007년 (사)퍼스트경영기술연구원 원장 겸 이사장 2009년 '청풍명월21' 추진협의회 부회장 2011~2015년 (사)퍼스트경영기술연구원 이사장 2012년 '청풍명월21' 추진협의회 운영위원(현) 2015년 (사)퍼스트경영기술연구원 명예이사장(현) [상]노동부장관표창, 상공부장관표창 [종]기독교

윤성천(尹星天) YOON Sungchun

[생]1968·8·29 [본]파평(坡平) [주]세종특별자치시 갈매로388 문화체육관광부 문화기반정책관실 인문정신문화과(044-203-2617) [학]1986년 안양고졸 1992년 고려대 경영학과졸 2005년 미국 듀크대 국제개발정책과정(PIDP) 수료 2016년 서울대 행정대학원 행정학과졸 [경]2007~2008년 문화체육관광부 방송영상광고과장 2008~2011년 세계지식재산기구(WIPO) Senior Program Officer 2011년 문화체육관광부 저작권산업과장 2013년 同녹색관광과장 2013년 同관광개발기획과장 2014년 同재정담당관 2016년 同문화기반정책관실 인문정신문화과장(현)

윤성탁(尹晟鐸) YUN Sung Tak

[생]1956·8·30 [주]충남 천안시 동남구 단대로119 단국대학교 생명자원과학대학 식량생명공학과(041-550-3623) [학]1983년 단국대 농학과졸 1985년 고려대 대학원 농학과졸 1992년 농학박사(고려대) [경]1985~1990년 농촌진흥청 열대농업관실 농업연구사 1990~2001년 단국대 전임강사·조교수·부교수 1992년 아프리카 국제열대농업연구소 열대생태학 연구원 1997년 미국 Georgia주립대 방문교수 2001년 케이웨더(주) 자문위원 2001년 단국대 생명자원과학대학 식량생명공학과 교수(현) 2002년 미국 Georgia주립대 방문연구원 2005년 단국대 학사재 관장 2005년 중앙농업산학협동심의회 전문위원(현) 2008년 충남도 특화작목산학연협력단 기술전문위원(현) 2014년 단국대 생명자원과학대학장(현) [저]'농업기상학(共)'(2001, 향문사) '생활기상이야기'(2001, 단국대 출판부) '농업환경(共)'(2001, 한국환경농학회) '인간과 환경이야기'(2003, 단국대 출판부) '한국의 기후'(2004, 미디어채널) '환경생태학'(2004, 아카데미서적) '농업환경학'(2008, 도서출판 씨아이알) [역]'환경과학'(2000, 광림사)

윤성태(尹成泰) YOUN Sung Tae

[생]1942·12·15 [본]파평(坡平) [출]경북 김천 [주]서울 중구 동호로28길12 파라다이스복지재단 비서실(02-2277-3290) [학]1961년 김천고졸 1965년 서울대 법대졸 1996년 연세대 대학원졸 1999년 보건학박사(연세대) [경]1966년 행정고시 합격(4회) 1968~1976년 법제처·보건사회부 근무 1976~1979년 대통령비서실 서기관·부이사관 1979년 노동청 훈련지도관 1980~1981년 보건사회부 사회보험국장 1980년 국가보위비상대책위원회 보사분과위원·입법회의 전문위원 1981년 대통령 정무제2비서관 1986년 보건사회부 기획관리실장 1989~1992년 同차관 1992~1993년 국무총리 행정조정실장 1993~2000년 의료보험연합회 회장 1994년 국제사회보장협회(ISSA) 집행위원 2000년 가천의과대 대학원장 2001~2010년 대한적십자사 서울특별시지사 상임위원 2002~2006년 (주)파라다이스 사외이사 2008년 가천의과대 석좌교수 2008~2013년 (주)파라다이스 부회장 2008~2010년 학교법인 계원학원 이사장 2009년 (재)파라다이스복지재단 이사장(현) [상]대통령표창, 보국훈장 천수장, 황조근정훈장(1994) [저]'성인병 건강검진율의 결정 요인'(2000) [종]기독교

윤성태(尹聖泰) YOON Sung Tae (韶川)

[생]1964·7·13 [출]충남 아산 [주]경기 성남시 분당구 판교로253 판교이노밸리C동901호 휴온스글로벌(070-7492-5000) [학]1983년 인창고졸 1987년 한양대 산업공학과졸 1997년 아주대 산업대학원 산업체경영자관리과정 수료 2003년 숭실대 최고경영자과정 수료 2004년 한양대 최고경영자과정 수료 2004년 한국생산성본부 CEO경영아카데미 수료 2013년 한양대 공학대학원 프로젝트관리학과졸 [경]1989~1992년 한국IBM 근무 1992년 (주)휴온스 입사·기획담당 이사 1997~2009년 同대표이사 사장 2007년 한국마약퇴치운동본부 이사(현) 2008~2012년 한국중견기업연합회 이사 2009~2016년 (주)휴온스 대표이사 부회장 2010년 벤처기업협회 이사(현) 2012년 한국제약협회 부이사장(현) 2012년 同천연물의약품위원회 위원장(현) 2015년 한국제약협회 중견기업상생협의회장(현) 2016년 휴온스글로벌 대표이사 부회장(현) 2016년 (주)바이오토피아 이사(현) [상]제7회 중소기업기술혁신대전 기술혁신유공자 국무총리표창(2006), 중소기업중앙회 자랑스런 중소기업인상(2006), 국가생산성대상 리더십부문 국무총리표창(2006), 사회적책임경영활동부문 중소기업청장표창(2006), 한국의약품수출입협회 수출유공자상(2007), 기획재정부장관표창(2008), 1천만불 수출의탑(2011), 공정거래위원장표창(2013), 제9회 EY 최우수기업가상 제약부문(2015), 한양언론인회 '한양을 빛낸 자랑스러운 동문상'(2015) [종]불교

윤성택(尹聖澤) YUN Seong Taek

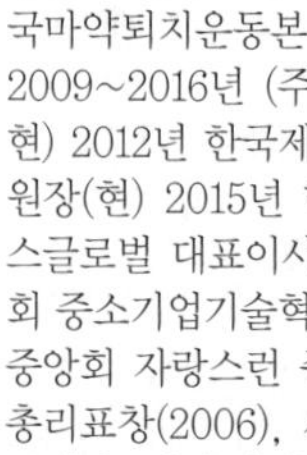

[생]1962·3·13 [출]충북 충주 [주]서울 성북구 안암로145 고려대학교 이과대학 지구환경과학과(02-3290-3176) [학]1981년 대전고졸 1985년 고려대 지질학과졸 1987년 同대학원졸 1991년 이학박사(고려대) [경]1992~1996년 세명대 자원공학과 전임강사·조교수 1996년 同지구환경과학과 조교수·부교수 1997년 환경부 먹는물자문회의 자문위원, 고려대 지구환경과학과 교수(현) 2000년 同지구환경과학과장 2008년 同이과대학 부학장 2008년 환경부 중앙환경보존회 자문위원 2008년 캐나다 Univ. of Calgary Adjunct Professor 2012년 대한온천학회 부회장 2013년 고려대 과학도서관장 2013~2015년 同연구처장 2013년 4대강사업조사평가위원회 민간위원 2013년 환경부 중앙환경정책위원회 위원(현) 2014년 국가과학기술연구회 기획평가위원(현) 2014년 이산화탄소지중저장환경관리연구단 단장(현) 2016년 고려대 이과대학장(현) [상]대한자원환경지질학회 제11회 학술논문상(1998), 제10회 과학기술우수논문상(2000), 대한지질학회 학술상(2006), 행정안전부장관표창(2008), 대통령표창(2013) [저]'푸른행성-지구환경과학개론(共)'(1997, 시그마프레스) 'Joint Pilot Studies Between korea and Mongolia on Assessment of Environmental Management System in Gold Mining Industry of Mongolia Ⅱ'(2005)

'한국의 학술연구-지질과학'(2006) '지구의 이해'(2009) [역]'푸른행성-지구환경과학개론' '환경지구과학'

윤성현(尹盛鉉) Yoon Sunghyun

[생]1975·6·30 [출]강원 속초 [주]서울 성동구 마장로 210 한국기원 홍보팀(02-3407-3800) [학]1995년 충암고졸 [경]1989년 입단 1990년 2단 승단 1991년 3단 승단 1993년 4단 승단 1993년 패왕전 준우승 1994년 5단 승단 1997년 6단 승단 2000년 7단 승단 2001년 박카스배 천원전 준우승 2002년 8단 승단 2004년 9단 승단(현) 2010년 아시안게임 바둑국가대표팀 코치

윤성호(尹晟豪)

[생]1970·2·23 [출]서울 [주]경기 광주시 문화로127 경기광주세무서(031-880-9201) [학]경기고졸, 서울대 경제학과졸, 同대학원 법학과졸 [경]2002년 사법시험 합격(44회) 2005년 사법연수원 수료(34기) 2006년 재정경제부 금융정보분석원(5급 특채) 사무관 2009년 삼척세무서 운영지원과장 2011년 국세청 심사1담당관실 심사2계장 2014년 서기관 승진 2015년 서울지방국세청 송무2과 법인1팀장 2015년 거창세무서장 2016년 경기광주세무서장(현)

윤성효(尹成孝) YUN Sung-Hyo

[생]1958·4·3 [본]파평(坡平) [주]부산 금정구 부산대학로63번길2 부산대학교 사범대학 지구과학교육과(051-510-2723) [학]부산대 지구과학과졸, 同대학원 지구과학과졸, 지질학박사(부산대) [경]부산대 사범대학 지구과학교육과 교수(현) 1994년 同사범대학 지구과학교육과장 1996~2007년 同환경문제연구소 연구원 2001~2003년 한라산연구소 자문교수 2001~2006년 제주민속자연사박물관 자문위원 2001~2006년 한국암석학회 총무이사 2002~2003년 부산대 신문사 주간교수 2003~2004년 제주화산연구소 사무국장 2003~2007년 한국지구과학회 상임위원 2004~2008년 제주화산연구소 이사 겸 운영위원장 2005~2007년 부산대 과학교육연구소장 2006년 한국지구과학회 영문편집위원 2009~2010년 제주세계지질공원추진위원회 학술교육분과 위원장 2011~2013년 부산대 사범대학장 2011년 기상청 정책자문위원(지진·화산)(현) 2014년 국민안전처 매뉴얼위원회 위원(현) 2015~2016년 한국암석학회 회장 2016년 한국화산방재학회 회장(현) [상]한국암석학회 도암학술상(2004), 한국지구과학회 올해의 학술상(2014), 대한지질학회 학술상(2016) [종]기독교

윤세리(尹世利) YUN Sai Ree

[생]1953·11·20 [본]파평(坡平) [출]경북 안동 [주]서울 강남구 테헤란로518 법무법인 율촌(02-528-5202) [학]1972년 경북고졸 1976년 서울대 법학과졸 1980년 同대학원 법학과졸 1982년 미국 하버드대 법과대학원졸 1986년 법학박사(미국 헤이스팅스대) [경]1978년 사법시험 합격(20회) 1980년 사법연수원 수료(10기) 1980~1982년 부산지검 검사 1983~1984년 한미합동법률사무소 변호사 1986년 법무법인 B&M 변호사 1989~1997년 우방종합법무법인 변호사, 조달청 법률고문 1997년 법무법인 율촌 대표변호사(현), 세제발전심의회 전문위원, 공정거래위원회 경쟁정책자문위원, 방송위원회 법률자문위원, 한국증권거래소 분쟁조정위원, 대한상공회의소 자문위원, 행정자치부 정책자문위원, 자산운용협회 자율규제위원 2009년 공정거래위원회 카르텔분과위원회 경쟁정책자문위원 2011년 대한상사중재원 중재인 2012~2015년 SK하이닉스 사외이사 2012~2015년 두산인프라코어 사외이사 [상]국무총리표창(1996), 부총리표창(1996), 아시안리걸비즈니스(ALB) 선정 '올해 최고의 경영 대표변호사'(2015) [종]기독교

윤세영(尹世榮) YOON Se Young (瑞巖)

[생]1933·5·22 [본]해평(海平) [출]강원 철원 [주]서울 양천구 목동서로161 SBS 임원실(02-2113-3000) [학]1955년 서울고졸 1961년 서울대 법과대학졸 2000년 명예 언론학박사(숙명여대) 2002년 명예 법학박사(강원대) [경]1963년 이동녕 의원 비서관 1972년 미륭건설 상무이사 1973~1988년 (주)태영 창업·대표이사 사장 1988년 태영그룹 회장(현) 1989년 瑞巖학술장학재단 이사장(현) 1990~1994년 SBS 창업·대표이사 사장 1993년 SBS문화재단 이사장(현) 1994~2005년 SBS 대표이사 회장 1994년 서울대총동창회 부회장 1994년 한국방송협회 부회장 1996년 한국민영TV방송협의회 회장 1996년 한국농구연맹(KBL) 총재(제1·2대) 1996년 국제언론인협회(IPI) 한국위원회 부위원장 1998년 서울고총동창회 회장(제11대) 1999년 在京강원도민회 회장 2000년 재경다음재단 이사장(현) 2000년 대한골프협회 수석부회장 2001년 금강장학회 이사장 2002년 아시아신문재단(PFA) 한국위원회 이사 2002년 국제언론인협회(IPI) 한국위원회 이사 2002년 한국농구연맹(KBL) 명예총재(현) 2002년 평창동계올림픽유치 범도민후원회 회장 2004~2012년 대한골프협회 회장(제14·15대) 2005~2011년 SBS 회장 2005~2011년 同이사회 의장 2010년 한·러교류협회 명예이사장(현) 2011년 SBS미디어그룹 회장(현) 2011년 2018평창동계올림픽대회 조직위원회 고문(현) 2016년 SBS미디어홀딩스 이사회 의장(현) [상]산업포장(1987), 동탑산업훈장(1990), 제1회 자랑스런 서울고인상(1992), 국민훈장 무궁화장(2001), 자랑스런 서울법대인상(2001), 일맥문화대상 사회체육상(2005), 제5회 자랑스런 한국인대상(2005), 서울대총동창회 제10회 관악대상 참여부문(2008), 한국프로골프대상 특별공로상(2008), 서울대 발전공로상(2009), 올해(2009년)의 자랑스런 강원인상(2010), 체육훈장 청룡장(2012)

윤세욱(尹世郁) YUN Seh Wook

[생]1963·4·19 [본]무송(茂松) [출]서울 [주]전북 전주시 덕진구 백제대로566 전북은행빌딩(063-250-7965) [학]1981년 미국 뉴욕 유엔국제고졸 1985년 미국 조지타운대졸 1986년 프랑스 파리제11대 법대대학원 법학과졸 1995년 프랑스 인시드(Insead)대 MBA졸 2011년 국제경영학박사(중앙대) [경]1987~1994년 대우증권 지점영업·국제부·리서치센터 근무 1995년 WI CARR 애널리스트 1996년 쌍용증권 애널리스트 1999년 대우증권 투자전략팀장 2000년 KGI증권 리서치센터장 2004년 메리츠증권 리서치센터장 2007년 同리서치센터장(상무) 2010년 메리츠종합금융증권(주) 리서치센터장(상무) 2010년 세헌상사 전무 2011년 숭실대 경영학과 조교수 2015년 JB금융지주 상무(현) [종]기독교

윤세웅(尹世雄) Simon YOON

[생]1959·4·19 [본]파평(坡平) [출]서울 [주]서울 종로구 종로38 서울글로벌센터1303호 세계자연기금 한국본부(070-7463-4240) [학]1984년 한국외국어대졸 1987년 서강대 경영대학원졸 1989년 스위스 로잔대 대학원 MBA 1997년 미국 하버드 비즈니스스쿨(AMP) 수료 [경]1984년 LG애드 근무 1990년 Saatchi & Saatchi 근무(런던·프랑크푸르트) 1995년 (주)다이아몬드베이츠 사치앤사치 한국대표 1999년 야후코리아 COO 겸 EVP(상무)·CEO 직대 2002년 오버추어코리아 대표이사 2005년 디자인하우스 사장 2005~2008년 同최고운영책임자(COO: Chief Operating Officer) 2008~2014년 (주)오피엠에스 대표이사 2013~2014년 한국문화재보호재단 비상임이사 2014년 한국문화재재단 비상임이사(현) 2015년 세계자연기금 한국본부(WWF-Korea) 대표이사(현) [종]기독교

윤세의(尹世儀) Sei Eui YOON

[생]1954·1·3 [출]경기 안성 [주]경기 수원시 영통구 광교산로154의42 경기대학교 공과대학 토목공학과(031-249-9707) [학]1975년 연세대 토목공학과졸 1979년 同대학원 토목공학과졸 1986년 공학박사(연세대) [경]1981년 경기대 공과대학 토목공학과 전임강사·조교수·부교수·교수(현) 1995~1996년 同교학처장 1996~1997년 同학생처장 1999~2000년 同이공대학장 2005~2006년 同산업기술연구소장 2007~2009년 한국수자원학회 부회장 2007~2009년 한국방재학회 부회장 2009년 경기대 건설·산업대학원장 2013년 同건축대학원장 2013~2015년 同대학원장 [상]건설교통부장관표창(2000), 과학기술우수논문상(2008), 국무총리표창(2010) [저]'수질모형과 관리(共)'(1993) '물용어사전'(2010) '물 용어집'(2010)

윤소하(尹昭夏) YOUN SOHA

[생]1961·9·10 [출]전남 해남 [주]서울 영등포구 의사당대로1 국회 의원회관517호(02-784-3080) [학]1989년 목포대 경영학과졸 [경]목포시민연대 대표, 목포신안민중연대 상임대표, 광주전남진보연대 공동대표, 6·15공동위원회 목포지부 공동대표 2008년 제18대 국회의원선거 출마(목포시, 민주노동당), 목포학교무상급식운동본부 상임본부장 2012년 제19대 국회의원선거 출마(목포시, 통합진보당) 2012년 정의당 전남도당 위원장 2016년 同제20대 총선 호남선거대책위원회 위원장 2016년 제20대 국회의원(비례대표, 정의당)(현) 2016년 국회 보건복지위원회 위원(현) 2016년 국회 정치발전특별위원회 위원(현)

윤송이(尹송이 · 女) YOON Song Yee

[생]1975·12·26 [출]서울 [주]경기 성남시 분당구 대왕판교로644번길12 (주)엔씨소프트 임원실(02-6201-8100) [학]1993년 서울과학고졸 1996년 한국과학기술원 대학원졸(수석졸업) 2000년 이학박사(미국 MIT) [경]2000년 맥킨지인코퍼레이티드 컨설턴트 2001~2002년 연세대 언론홍보대학원 겸임교수 2002년 와이더덴닷컴 이사 2004년 SK텔레콤(주) 비즈니스전략본부 CITF장(상무) 2004~2007년 엔씨소프트 사외이사 2004년 세계경제포럼(WEF) 선정 '아시아 차세대 지도자' 2004년 사이언스코리아운동본부 공동대표 2004년 국가과학기술자문회의 자문위원 2004년 미국 월스트리트저널(WSJ) '주목할 만한 세계 50대 여성기업인'에 선정 2004~2005년 여성공학인협회 이사 2005~2006년 이화여대 경영대학 겸임교수 2005~2007년 SK텔레콤(주) CI사업본부장(상무) 2008~2011년 (주)엔씨소프트 최고전략책임자(CSO) 겸 부사장 2010~2012년 한국전쟁기념재단 이사 2011~2015년 (주)엔씨소프트 부사장(CSO 겸 CCO) 2012년 엔씨소프트문화재단 이사장(현) 2015년 (주)엔씨소프트 글로벌최고전략책임자(Global CSO) 겸 엔씨웨스트홀딩스 CEO(현) [상]인공지능로봇축구대회 우승, 미국컴퓨터공학협회(ACM) 최우수학생논문상, 2004년을 빛낸 KAIST동문상, 세계경제포럼(WEF) 차세대세계지도자 선정(2006), 세계경제포럼 젊은글로벌지도자 선정(2006), 중국 보아오포럼 21세기젊은지도자 선정(2007), 휴먼테크놀로지어워드 대상(2016) [저]'여성엔지니어들은 아름답다(共)' [역]'리더십을 재설계하라'(2011, 럭스미디어) [종]천주교

윤수영(尹秀榮) YOON Soo Young

[생]1955·5·25 [출]경북 청송 [주]서울 강남구 테헤란로518 섬유센터16층 한국섬유산업연합회 임원실(02-528-4030) [학]1975년 경기고졸 1979년 서울대 미생물학과졸 1984년 同행정대학원 수료 1995년 미국 밴더빌트대 대학원 경제학과졸 [경]1980년 행정고시 합격(24회) 1981년 총무처 수습행정관 1984년 경제기획원 조정총괄과 행정사무관 1986년 상공부 가전제품과 행정사무관 1992년 대통령비서실 파견 1996년 통상산업부 전자부품과장 1997년 同무역정책과장 1997년 駐말레이시아 상무관 2002년 산업자원부 구아협력과장 2002년 同가스산업과장 2003년 同섬유패션산업과장 2005년 同방사성폐기물종합상황지원반장 2005년 한국산업기술대 초빙교수(파견) 2007년 재정경제부 지역특화발전특구기획단장 2007년 제17대 대통령직인수위원회 경제2분과 전문위원 2008년 지식경제부 성장동력실 신산업정책관(고위공무원) 2009년 同무역위원회 상임위원 2009년 (주)한국무역정보통신(KTNET) 대표이사 사장 2012~2013년 한국전자문서산업협회 회장 2013년 한국섬유산업연합회 상근부회장(현) [저]'세속 경제학'(2008)

윤수영(尹秀榮) YOON Soo Young

[생]1961·12·7 [출]충북 충주 [주]서울 영등포구 여의나루로4길18 키움파이낸스스퀘어 키움증권(02-3787-5000) [학]서울대 경제학과졸 1986년 同대학원 경제학과졸 [경]1987~1998년 쌍용투자증권 근무 1998~1999년 프라임투자자문 근무 1999~2000년 CL투자자문 근무 2006년 키움닷컴증권(주) 경영기획실장, 同영업지원본부·자산운용본부 총괄전무 2007년 키움증권 전략기획본부장(전무) 2010~2014년 키움자산운용 대표이사 2014년 우리자산운용 대표이사 2014년 키움투자자산운용 대표이사 전무 2015년 同대표이사 2015년 키움증권 리테일총괄본부장 겸 전략기획본부장(부사장)(현)

윤수인(尹洙仁) YUN Soo In (鶴井)

[생]1937·11·6 [본]파평(坡平) [출]경북 경주 [주]부산 금정구 부산대학로63번길2 부산대학교 물리학과(051-510-1769) [학]1953년 부산중졸 1956년 부산공고졸 1960년 부산대 수물학과졸 1962년 同대학원졸(물리학석사) 1970년 미국 카네기멜론대 대학원졸(물리학석사) 1972년 물리학박사(미국 오클라호마주립대) [경]1966~1979년 부산대 문리대학 전임강사·조교수·부교수 1973년 미국 오클라호마주립대 객원조교수 1976년 同객원연구원 1979~1995년 부산대 자연과학대학 물리학과 교수 1985년 미국 위스콘신대 객원Fellow 1987~1989년 부산대 교무처장 1992~1995년 한국기초과학지원연구원 부산분소장 1993년 한국물리학회 부회장 1994~2000년 한국과학재단 이사 1995~1999년 부산대 총장 1998~2000년 부산방송 시청자위원장 1999~2003년 부산대 자연과학대학 물리학과 교수 2001년 미국 앨라배마대 객원학자 2002~2005년 한국과학기술단체총연합회 이사 2003년 부산대 자연과학대학 물리학과 명예교수(현) 2004년 부산과학기술연합회 고문(현) 2004년 효원학술문화재단 이사(현) 2008년 경암교육문화재단 이사(현) [상]한국물리학회 논문상, 눌원문화상, 청조근정훈장, 한국물리학회 물리교육상(2006) [저]'대학물리학' '21세기 대학 어디로 갈것인가' [역]'고체물리학' [종]기독교

윤수한(尹秀漢) YUN Soo Han

[생]1959·1·24 [주]경기 수원시 영통구 월드컵로164 아주대학교병원 신경외과(031-219-5664) [학]1983년 연세대 의대졸 1986년 同대학원졸 1997년 의학박사(연세대) [경]1993년 미국 오클라호마대 신경외과 연구원 1994년 아주대 의대 신경외과학교실 교수(현) 1999년 대한소아신경외과학회 상임이사 2005년 아주대 의료원 신경외과장 2007년 同의대 신경외과학교실 주임교수 2013~2014년 대한소아신경외과학회 회장

윤수현(尹琇鉉 · 女) Yoon Soo-hyun (瑞胤)

[생]1954·11·16 [본]무송(茂松) [출]경기 여주 [주]서울 영등포구 국회대로76길22(02-2070-3327) [학]1973년 서울 중경고졸 1977년 덕성여대 약학대학 제약학과졸 2000년 同대학원 약품화학과졸 2003년 약학박사(덕성여대) 2006년 서울대 보건대학원 보건의료정책전문가과정(HPM) 수료(18기) 2007년 서울시립대 경영대학원 최고경영자과정(AMP) 수료(27기) 2007년 연세대 언론홍보대학원 최고위과정 수료(26기) 2007년 고려대 정책대학원 최고위과정 수료(45기) 2007년 이화여대 사회복지대학원 최고위과정 수료(4기) 2007년 국민대 정치대학원(여성정치전공) 수료(23기) [경]1978년 대한중석 부속병원 약국장 1992~2001년 서울송파구약사회 여약사회장 2000년 한국마약퇴치운동본부 이사 2003~2015년 대한약학회 이사 2003~2006년 서울시약사회 여약사위원장 2003년 중앙대 의약식품대학원 겸임교수(현) 2004년 현대한약사회 약사공론 운영위원 2004년 건강기능성식품평가센터 평가위원 2005년 한국성인병연구소 위원장 2005년 서울시사회복지공동모금회 운영위원 2006년 한나라당 중앙위원회 총간사 2006년 오세훈 서울시장 특보 2008년 한나라당 중앙위원회 여성분과위원장 2009~2010년 건강보험심사평가원 상근평가위원 2010년 교육과학기술부 약학대학 정책자문위원 2010년 제15기 민주평통 여성위원장 2013년 새누리당 여의도연구원 정책자문위원(현) 2013년 바른역사국민연합 공동대표(현) 2013~2015년 대한약사회 정책기획본부장 2014년 서울대부설 한국보건정보정책연구원 부원장(현) 2014~2016년 식품의약품안전처 마약퇴치운동본부 이사 2014~2015 새누리당 서울강남甲당원협의회 부위원장 2014년 同중앙여성위원회 상임전국위원 2014~2015년 同대외협력위원회 부위원장 2014년 여성가족부 정책자문위원 2015년 스카이데일리 고문(현) 2015년 대한적십자 전문위원(현) 2015년 세계한인재단 여성지도자연합회 회장(현) 2015년 건강의약뷰티(HMTB)포럼 공동대표(현) 2015년 대한대체의약협회 명예회장(현) 2015년 (사)세계한신문화협회 고문(현) 2016년 새누리당 정책위원회 위원 [상]대한약사회장표창(1996), 서울시약사회장표창(1999), 서울시장(고건) 감사장(2001), 제33차 전국여약사대회 여약사 대상(2009), 제18회 약의날기념식 보건복지부장관표창(2009), 글로벌 자랑스러운 인물대상 의료보건복지부문 대상(2015) [저]'Medical Nutrition'(2008, 자연영양소 질병관리) [역]윤수현 秀鉉 [종]기독교

윤수현(尹守鉉) Soo Hyun Yoon

[생]1966·10·16 [출]충남 예산 [주]세종특별자치시 다솜3로95 공정거래위원회 심판총괄담당관실(044-200-4121) [학]충남 예산고졸, 서울대 경제학과졸 [경]1992년 행정고시 합격(36회) 2010년 공정거래위원회 협력심판담당관 2011년 同하도급총괄과장 2011년 同카르텔조사국 국제카르텔과장 2012년 同기획재정담당관 2014년 同기획조정관실 기획재정담당관(부이사관) 2015년 同심판관리관실 심판총괄담당관(현)

윤수훈(尹秀勳) YOON Soo Hoon

[생]1950·6·30 [출]부산 [주]서울 용산구 한강대로62길61 신우빌딩1층 진인해운(주) 비서실(02-794-8811) [학]1968년 동아고졸 1972년 동아대 공업경영학과졸 [경]1977년 흥아해운(주) 입사 1987년 同한·일업무부 차장 1989년 同도쿄사무소 주재원 1993년 同한·일영업부장 1995년 同한·일·중담당 이사 1999년 同강북영업소 영업담당 겸임 2002년 同전무 2003년 진인해운(주) 대표이사 사장(현) 2011년 한중카페리협회 회장(현)

윤숙자(尹淑子 · 女) YOON Sook Ja

[생]1948·6·6 [본]해평(海平) [출]경기 개성 [주]서울 종로구 돈화문로71 (주)한국전통음식연구소(02-741-5476) [학]1985년 한국방송통신대 가정학과졸 1987년 숙명여대 대학원 식품영양학과졸 1995년 식품영양학박사(단국대) [경]1980~1987년 한국식생활개발연구회 연구원 1988년 서울올림픽 급식전문위원 1988~1990년 춘천전문대학 전통조리과 조교수 1991~2002년 배화여자대학 전통조리학과 교수 1997년 무주·전주동계유니버시아드대회 급식

전문위원, 전국조리학과교수협의회 회장 1998년 (사)한국전통음식연구소 소장(현) 1999년 ASEM(아시아 유럽 정상회의) 식음료공급자문위원회 위원 2002년 떡박물관 관장(현) 2003년 대한항공 기내식 한식부문 자문위원 2004년 농림부 전통식품분과위원 2004년 同전통식품명인 심사위원장 2004년 한국문화재보호재단 이사 2005년 APEC 정상회담 한국궁중음식 특별展 담당 2007년 한국농식품 홍보대사 2007년 미국 뉴욕 UN본부 한국음식축제 담당 2007년 남북정상회담 만찬 자문위원 2008년 프랑스 파리 Korea Food Festival in UNESCO 담당 2015년 2018평창동계올림픽 식음료전문위원(현) 2015년 대통령소속 문화융성위원회 위원(현) 2016년 한식재단 이사장(현) ㈜서울시장표창(2002), 대통령표창(2002), 한국국제아대책기구 감사장(2002), 교육인적자원부장관표창(2004), 우수지도자상(2005), 특허청 여성발명가상(2006), 문화관광부장관표창(2006), 철탑산업훈장(2007), 중국 국제발명대회 금상(2008), 독일INEA 국제발명대회 특별상(2008), 프랑스 Gourmand World Cookbook Awards(2010), 농림부장관표창(2013), 서울시문화상 문화사업부문(2013), 국무총리표창(2014), 대한민국한류대상(2014), KOREA CEO 대상(2015) ㉔'한국전통음식 우리맛'(1990) '한국음식(共)'(1992) '한국전통음식(共)'(1993) '食生活學(共)'(1993) '전통 건강 음료(共)'(1996) '한국의 저장 발효음식'(1997) '우리의 부엌살림(共)'(1997) '한국의 떡, 한과, 음청류'(1998) '한국의 시절음식'(2000) '한국의 혼례음식'(2001) 'Korean Traditional Desserts(英)'(2001) '韓國의 傳統飮食(日)'(2001) '한국음식대관(共)'(2001) '떡이 있는 풍경'(2002) '쪽빛마을 한과'(2002) '전통부엌과 우리살림'(2002) '규합총서'(2003) '굿모닝 김치'(2003) '증보산림경제'(2005) '아름다운 혼례음식'(2006) '수운잡방'(2006) '아름다운 우리 술'(2007) '아름다운 한국음식100선 8개국어'(2007) '아름다운 한국음식300선 8개국어'(2008) '몸에 약이되는 약선음식'(2009) '건강밥상 300선'(2010) '조선요리제법'(2011) '개성댁들의 개성음식이야기'(2012) '소울푸드'(2014) 외 다수 ㉜기독교

윤순구(尹淳九)

㉢1962 ㉧경남 ㉤서울 용산구 이태원로22 국방부 국제정책관실(02-748-6301) ㉞풍생고졸, 서울대 불어불문학과졸 ㉣1988년 외무고시 합격(22회), 대통령외교안보수석비서관실 파견, 외교통상부 북핵심의관 2010~2013년 駐미국 공사 겸 총영사 2013년 안전행정부 국제행정협력관 겸 UN공공행정포럼기획단장 2014년 행정자치부 기획조정실 국제행정협력관 2015년 국방부 국방정책실 국제정책관(현)

윤순근(尹淳根) YUN Soon Geun

㉢1967·3·1 ㉧강원 동해 ㉤강원 평창군 대관령면 올림픽로108의27 2018평창동계올림픽조직위원회 수송교통국(033-350-3903) ㉞북평고졸, 강원대 영어영문학과졸, 미국 미시간주립대 대학원 사회과학과졸, 한국개발연구원(KDI) 국제정책대학원졸 ㉣지방고시 합격, 동해시 기획감사실, 강원도 정책개발담당, 同지식산업2담당, 한국개발연구원 파견, 강원도 국제협력실 미주담당, 同국제기획담당 2006년 同동계올림픽유치단 국제행사과장 직대 2011년 同환경관광문화국 관광진흥과장 2011년 同자치행정국 총무과장 2012년 同화천군 부군수 2013년 교육입교 2014년 강원발전연구원 평생교육진흥원설립추진단장 2014년 同평생교육진흥원 사무국장 2015년 강원도의회 사무처 이사관 2015년 2018평창동계올림픽대회조직위원회 수송교통국장(현) ㉢강원도지사표창

윤순봉(尹淳奉) YOON Soon Bong

㉢1956·2·10 ㉧파평(坡平) ㉧부산 ㉤서울 서초구 서초대로74길4 삼성경제연구소 임원실(02-341-0320) ㉞1974년 부산고졸 1980년 연세대 경영학과졸 1996년 홍익대 대학원 경영전략학과졸 2002년 경영학박사(홍익대) ㉣1979년 삼성그룹 입사 1986~1991년 同회장비서실 운영위원 1988~1991년 同경영혁신 담당 1991~1995년 삼성경제연구소 경영혁신연구실장·신경영연구실장 1995~1996년 同경영전략연구실장 1996~2007년 同연구조정실장 1999~2003년 성균관대 겸임교수 2000~2003년 국회 디지털연구회 자문위원 2005~2006년 국가이미지위원회 위원 2005~2006년 한국관광공사 자문위원 2006~2007년 성균관대 경영전략전공 특임교수 2007~2008년 삼성그룹 전략기획실 홍보팀장(부사장) 2008~2009년 同브랜드전략팀장(부사장) 2009~2011년 삼성석유화학㈜ 대표이사 사장 2011~2015년 삼성서울병원 지원총괄 사장 겸 의료사업일류화추진단장 2015~2016년 삼성생명공익재단 초대 대표이사 2016년 삼성경제연구소 사장(현) ㉢은탑산업훈장(2010), 자랑스런 연세상경인상 산업·경영부문(2013) ㉔'한국의 벤치마킹(共)'(1994, 사계절출판사) '대기업병 : 그 실체와 치유방안'(1994, 삼성경제연구소) '열린시대 열린경영(共)'(1995, 삼성경제연구소) '과연 열린 시대인가 : 열린 시대를 위한 학제 간 대화(共)'(1998, 경희대 교육문제연구소·삼성경제연구소) '지식국가로 가는 길'(1999, 삼성경제연구소) '지식경영과 한국의 미래(共)'(1999, 삼성경제연구소) '크루그먼 신드롬의 신화 : 동아시아 성장한계론의 한계'(2000, 삼성경제연구소) '알기쉬운 디지털 경제(共)'(2001, 매일경제신문사) '한국 경제의 인프라와 산업별 경쟁력(共)'(2005, 안민정책포럼·나남) '대한민국 정책지식 생태계(共)'(2007, 삼성경제연구소)

윤순상(尹淳相)

㉢1976 ㉧서울 ㉤경기 수원시 장안구 경수대로1110의17 중부지방국세청 조사1국 국제거래조사과(031-888-4803) ㉞경문고졸, 연세대 경제학과졸 ㉣2003년 행정고시 합격(47회) 2005년 김해세무서 납세자보호담당관 2006년 안산세무서 징세과장 2006년 국세공무원교육원 지원과 사무관 2007년 금융정보분석원 파견 2009년 국세청 납세자보호담당관실 사무관 2010년 중부지방국세청 납세지원국 사무관 2010년 해외 파견(영국) 2012년 국세청 조사국 조사기획과 사무관 2014년 同조사국 조사기획과 서기관 2015년 중부산세무서장 2016년 중부지방국세청 조사1국 국제거래조사과장(현)

윤순영(尹順永·女) Yoon Sun Young

㉢1952·6·11 ㉧파평(坡平) ㉧경북 상주 ㉤대구 중구 국채보상로139길1 중구청 구청장실(053-661-2001) ㉞1969년 상주여고졸 1997년 경일대 경영학과졸 1999년 중앙대 예술대학원 예술행정학과졸 2005년 대구가톨릭대 대학원 예술학 박사과정 수료 ㉣1988~1990년 전문직여성새대구클럽 회장 1991~2006년 분도문화예술기획 대표 1997~2000년 대구시 여성정책위원 1998~2002년 대경대·대구과학대·경일대 강사 2002~2006년 대구시 시정평가위원 2002~2005년 민족시인 이상화 고택보존운동본부 상임공동대표 2002년 이회창 대통령후보 정책특보 2003~2006년 대구시 문화예술진흥위원 2003~2006년 同정보화추진위원 2003~2006년 한국여성경제인협회 대구·경북지회 전문위원장 2003~2007년 (사)영남여성정보문화센터 이사장 2004~2006년 대구시 문화산업발전위원 2004~2006년 대구 아름다운가게 운영위원장 2006년 한나라당 제6정책조정위원회 문화관광위원회 부위원장 2006·2010년 대구시 중구청장(한나라당·새누리당) 2008년 (재)대구중구도심재생문화재단 이사장(현) 2014년 대구시 중구청장(새누리당)(현) 2016년 전국시장군수·구청장협의회 부회장(현) ㉢대한민국 신뢰경영 CEO대상 기초자치단체 공공행정분야(2007), 한국여성단체협의회 창립50주년 특별상(2009), 한빛문화인상 지역문화증진상(2009), 매니페스토 공약이행분야 우수상(2011), 다산목민대상 행정안전부장관표창(2011), 대한민국재향군인회 공로휘장(2012), 한국관광의별 선정(2012), 매니페스토 공약이행분야 최우수상(2012), 도전한국인운동본부 제1회 자랑스러운 지방자치단체장 창의부문 대상(2013), 올해의 지방자치 CEO 구청장부문(2015), 대한민국 글로벌리더대상(2016), 지방자치행정대상(2016), TV조선 리더십부문 창조경영대상(2016) ㉔수필집 '내 어머니(共)'(2001) '골목 별이 되다'(2014) ㉜천주교

윤순창 YOON Soon Chang

㉢1949·4·27 ㉤서울 관악구 관악로1 서울대학교 자연과학대학 지구환경과학부(02-880-6717) ㉞1971년 서울대 물리학과졸 1973년 同대학원 물리학과졸 1983년 대기과학박사(미국 오리건주립대) ㉣한국환경기술개발원 연구부장, 서울대 대기과학과 교수(2014년 정년퇴임), 同대기환경연구소장, 환경부 중앙환경보전 자문위원 1994~1996년 한국기상학회 총무이사 1996~1998년 同감사 2012~2013년 同회장 2014년 서울대 자연과학대학 지구환경과학부 명예교수(현) 2016년 한국과학기술한림원 대외협력담당 부원장(현) ㉢제20회 한·일국제환경상(2014)

윤순철(尹淳哲) YUN Sun Chul

㉢1966·6·12 ㉧해남(海南) ㉧전남 해남 ㉤서울 종로구 동숭3길26의9 경제정의실천시민연합(02-741-8566) ㉞1985년 목포 홍일고졸 1991년 한신대 기독교교육학과졸 2003년 한국개발연구원(KDI) 국제정책대학원 공공정책학과졸 ㉣1994년 경제정의실천시민연합 통일협회 간사 1996~2001년 同조직국 부국장·지방자치국장 2000년 지방자치단체개혁박람회 사무국장 2003년 경제정의실천시민연합 지방자치국장·지역협력국장 2004년 同국제연대 사무국장, 同통일협회 사무국장, 同정책실장 2006년 同시민감시국장(아파트값거품빼기운동본부·국책사업감시단), 同도시개혁센터 사무국장, 同상임집행위원(현), 同조직위원회 위원, 同기획실장 2013년 同사무처장(현)

윤순한(尹淳漢) YOON Soon Han

[생]1953 · 12 · 6 [본]파평(坡平) [출]경남 [주]서울 강남구 영동대로517 아셈타워22층 법무법인 화우(02-6003-7554) [학]1972년 경북고졸 1976년 서울대 법학과졸, 同대학원졸 1995년 미국 뉴욕대 법과대학원졸 1998년 국민대 대학원 법학박사과정 수료 [경]1982년 (주)유공 입사, 同사장실 인사 및 총무담당 과장 1990년 SK그룹 경영기획실 부장 1995년 미국 뉴욕주 변호사 자격 취득 1996~1998년 국민대 법대 강사 1996~1998년 경희대 국제법무대학원 강사 1998~2005년 同국제법무대학원 겸임교수 1998~2005년 SK텔레콤(주) 전략기획실 법무실장(상무) · 구조조정추진본부 법무실장(상무) · 법무실장(상무) 2005년 同고문 2006년 법무법인 화우 Senior Foreign Attorney(현) [저]'경영법률편람'(1984, 유공) '법학의 이해(共)'(1998, 길안사) '국제법무학개론(共)'(2000, 동림사) '실무 주주총회 · 이사회(共)'(2002, 길안사)

윤순호(尹淳護) YUN Soon-Ho

[생]1969 · 8 · 11 [본]해남(海南) [출]전남 강진 [주]대전 서구 청사로189 문화재청 기획조정관실(042-481-4780) [학]1988년 숭일고졸 1995년 전남대 행정학과졸 [경]2009~2010년 문화재청 규제법무감사팀장 2010~2011년 同고도보존팀장 2011년 同발굴제도과장 2013년 同대변인 2014년 同문화재보존국 유형문화재과장 2015년 同문화재보존국 유형문화재과장(부이사관) 2016년 同기획조정관실 기획재정담당관(현)

윤순희(尹順姬 · 女) YOON Soon-Hee

[생]1971 · 7 · 18 [본]파평(坡平) [출]충남 공주 [주]세종특별자치시 다솜로261 국무조정실 성과관리정책관실(044-200-2516) [학]1994년 성균관대 행정학과졸 2003년 연세대 경영대학원 경영정보학과졸 [경]1994년 행정고시 합격(38회) 2002년 국무조정실 심사평가1심의관실 서기관 2003년 同심사평가2심의관실 서기관 2004년 同환경심의관실 과장 2007년 대통령비서실 행정관 2008년 국무총리실 정책분석평가실 평가정책관실 성과관리과장 2010년 국외 훈련 2012년 국무총리실 경제규제심사1과장 2013년 국무조정실 규제조정실 경제규제심사1과장 2014년 同규제총괄정책과장(부이사관) 2015년 同사회조정실 사회복지정책관실 사회정책총괄과장(부이사관) 2015년 同성과관리정책관(고위공무원)(현) [상]근정포장(2016)

윤승근(尹承根) YOON Seung Keun

[생]1955 · 3 · 7 [본]파평(坡平) [출]강원 고성 [주]강원 고성군 간성읍 고성중앙길9 고성군청 군수실(033-680-3207) [학]1975년 고성고졸, 경동대 사회복지경영학과졸 [경]대한교육보험 거진지부장, 아모레퍼시픽 설악점 대표, 고성JC 회장, 강원JC 부회장 1995~1998년 강원도의회 의원 2008년 6.4재보선 강원 고성군수선거 출마(무소속), 한나라당 강원도당 부위원장 2010년 강원 고성군수선거 출마(한나라당), 새누리당 강원도당 부위원장 2014년 강원 고성군수(새누리당)(현) [저]'동해바다에 희망을 띄우고'(2014, 다움북스)

윤승기(尹承基) Yun Seung-gi

[생]1967 · 8 · 14 [본]파평(坡平) [출]강원 춘천 [주]강원 춘천시 중앙로1 강원도청 글로벌투자통상국 기업지원과(033-249-3420) [학]1986년 강원고졸 1993년 강원대 행정학과졸 [경]2006년 강원도 보건복지여성국 사회복지과 근무 2008년 同산업경제국 경제정책과 근무 2009년 2018평창동계올림픽유치위원회 파견 2011년 강원도 기획관실 근무 2013년 同복지정책과 근무 2016년 同동계올림픽본부 시설관리과장 2016년 同글로벌투자통상국 기업지원과장 직대(현)

윤승기(尹勝基) Yoon, Seung Gi

[생]1969 · 10 · 1 [본]파평(坡平) [주]서울 종로구 북촌로112 감사원 공공기관감사국 제1과(02-2011-3534) [학]1986년 광주 석산고졸 1994년 전남대 행정학과졸 2000년 서울대 대학원 법학과 수료 [경]1996년 사법시험 합격(38회) 1999년 사법연수원 수료(28기) 1999~2009년 감사원 부감사관 · 감사관 2007~2008년 대통령비서실 행정관 2010년 감사원 심의실 법무담당관 2011년 同심의실 법무담당관(부이사관) 2011년 同교육감사단 2과장 2012년 同교육감사단 1과장 2013년 同특별조사국 총괄과장 2014년 同감사교육원 교수 2014년 미국 워싱턴대 파견(부이사관) 2016년 감사원 공공기관감사국 제1과장(현) [상]근정포장(2011)

윤승언(尹勝彦) Yoon seung un

[생]1959 [본]파평(坡平) [출]제주 제주시 [주]제주특별자치도 제주시 문연로30 제주특별자치도청 생활환경관리과(064-710-6080) [학]1978년 제주 오현고졸 1980년 제주산업정보대학졸 [경]2009년 제주시 한경면장 2010년 제주도의회 사무처 총무담당관실 경리담당 지방행정사무관 2012년 제주도 문화관광스포츠국 관광정책과 관광산업담당 지방행정사무관 2013년 同총무과 계약담당 지방행정사무관 2015년 同농축산식품국 친환경농정과 농업정책담당 지방행정사무관 2016년 同환경보전국 생활환경관리과장(지방서기관)(현)

윤승용(尹勝容) Yoon, Seungyong

[생]1957 · 9 · 4 [본]파평(坡平) [출]전북 익산 [주]서울 용산구 한남대로136 서울특별시 중부기술교육원(02-361-5841) [학]1977년 전주고졸 1985년 서울대 국어국문학과졸, 동국대 언론정보대학원 신문방송학과졸, 同대학원 신문방송학 박사과정 재학 중 [경]1985년 한국일보 입사 1992년 同호남취재본부 기자 1993년 同사회부 기자 1994년 同노조위원장 · 전국언론노조연맹 수석부위원장, 미디어오늘 창간이사 1997년 미국 메릴랜드대 도시공학연구소 연수 1998년 한국일보 정치부 기자 1999년 同워싱턴특파원(차장) 1999년 同정치부 차장 2002년 同사회1부 차장 2003년 同사회1부장 2004년 同정치부장 2005년 국방홍보원장 2006~2007년 대통령 홍보수석비서관 2007년 대통령 대변인 겸임 2009년 노무현재단 운영위원(현) 2013~2015년 아시아경제신문 논설고문 2013~2015년 전북대 기초교양교육원 초빙교수 2014년 동학농민혁명기념재단 운영위원 2015년 서울시 중부기술교육원장(현) 2015년 하림홀딩스 사외이사(현) 2015년 명지전문대학 산학협력단 객원교수(현) 2015년 (사)작은도서관만드는사람들 홍보이사(현) [상]백상기자대상(1987), 서울언론인상(1988), 한국기자협회 한국기자상(1988), 자랑스런 전언인상(2005), 황조근정훈장(2008) [저]'신세대 그들은 누구인가'(1988) '비자금이란 무엇인가'(1993) '실록 청와대'(1995) '언론이 바로서야 나라가 바로선다'(2008) '다시 원칙과 상식위에 선 대한민국을 꿈꾸며(2011, 푸른나무) [종]기독교

윤승용(尹昇鏞) YOON Sung Yong

[생]1968 · 11 · 7 [본]파평(坡平) [출]서울 [주]서울 영등포구 여의나루로4길18 키움파이낸스스퀘어빌딩16층 키움인베스트먼트(02-3430-4981) [학]1989년 경복고졸 1993년 연세대 경영학과졸 [경]KTBventures Inc. 대표이사, (주)KTB투자증권 글로벌IB/PE본부장(상무) 2011년 同글로벌IB/PE본부장(전무) 2011년 同중국사업본부장(전무) 2012~2014년 KTB프라이빗에쿼티(주) 글로벌부문장(전무) 2014년 키움인베스트먼트 전무(현)

윤승욱(尹勝郁) Yoon, Seung Wook

[생]1959 · 5 · 5 [출]충북 [주]서울 중구 세종대로9길20 신한은행 경영지원그룹장실(02-2151-2288) [학]1978년 청주고졸 1982년 청주대 경영학과졸 [경]1985년 신한은행 입행 1988년 同융자부 대리 1995년 同총무부 차장 2000년 同정자동지점장 2002년 同봉은사로지점장 2004년 同압구중앙지점장 2006년 同점포기획실장 2007년 同총무부장 2010년 同경기서부영업본부장 2011년 同충북영업본부장 2012년 同강남금융2본부장 2013년 同경영지원그룹장(부행장보) 2015년 同경영지원그룹장(부행장)(현)

윤승은(尹昇恩 · 女) YUN Seung Eun

[주]대전 서구 둔산중로78번길45 대전고등법원(042-470-1114) [경]1991년 사법시험 합격(33회) 1994년 사법연수원 수료(23기) 1994년 대전지법 판사 1997년 同천안지원 판사 1998년 수원지법 판사 2001년 서울서부지법 판사 2004년 서울중앙지법 판사 2005년 서울고법 판사 2005년 법원행정처 사법정책심의관 2006년 同사법정책실 판사 2007년 서울고법 판사 2008년 서울남부지법 판사 2009년 제주지법 부장판사 2010년 사법연수원 교수 2012년 수원지법 안양지원 부장판사 2014년 서울중앙지법 부장판사 2016년 대전고법 부장판사(현) [종]기독교

윤승중

[생]1957·12·15 [출]광주 [주]전남 무안군 삼향읍 오룡길1 전남도청 자치행정국(061-286-3300) [학]한국방송통신대 행정학과졸 [경]공무원 7급 공채 2009년 전남도 해양항만과장 2010년 지방서기관 승진(고급리더과정 교육) 2011년 전남도 F1대회조직위원회 파견 2012년 同행정과장 2012년 전남 장흥군 부군수 2015년 同의회사무처 의정지원관 2015년 同공무원교육원장 2016년 同자치행정국장(현)

윤승진(尹承鎭) YUN Seung Jin

[생]1953·11·9 [출]서울 [주]서울 중구 소파로2길10 숭의여자대학교 총장실(02-3708-9012) [학]1972년 경기고졸 1979년 서울대 경영학과졸 1981년 미국 인디애나대 경영대학원졸(MBA) 1986년 경영학박사(미국 펜실베이니아주립대) [경]1986년 미국 세인트조세프대 경영학과 조교수 1989년 매일경제신문 논설위원 1993년 매일경제TV 방송본부장 1996년 국제방송교류재단 방송센터국장 2000년 매일경제TV 해설위원(국장급) 2001년 同보도국 증권부장 2002년 同보도국 CP장 2003년 同보도국장 2004년 同보도국장(이사대우) 2006년 同보도담당 이사 2008년 同보도담당 상무이사 2008년 同전무이사 2010년 同대표이사 2012년 MBN 대표이사 부사장 2012년 同고문 2013~2014년 OBS 경인TV 대표이사 사장 2015년 숭의여대 총장(현)

윤승천(尹承天) YOON Seung Cheon

[생]1958·6·25 [출]경북 예천 [주]서울 서대문구 가좌로 113 건강신문(02-305-6077) [학]1977년 안동 경일고졸 1983년 충북대 국문학과졸 1991년 경희대 행정대학원 의료행정학과 수료 [경]1984~1989년 주간 '보건신문' 기자·차장 1990~1991년 주간 '건강신문' 취재부장·편집국장 1991년 同발행인 겸 편집인(현) 1995년 메디커뮤니케이션 대표(현) 1995~1996년 KBS 문화사업단 객원기자 1998년 월간 '건강가이드' 발행인 겸 편집인(현) 1998년 계간 '한국의 첨단의술' 발행인 겸 편집인(현) 1999년 예천군민신문 발행인 겸 편집인(현), (주)케이엠 회장(현) [상]중앙일보 문예중앙 신인상(1984) [저]'한국자연의학개론' 시집 '김과장과 이대리' '탱자나무울타리' '안 읽히는 시를 위하여' 등

윤승철(尹承哲) YUN Seung Chul

[생]1958·5·11 [주]경기 용인시 수지구 죽전로152 단국대학교 상경대 경영학부(031-8005-3415) [학]1981년 단국대 경영학과졸 1985년 미국 일리노이주립대 대학원 경영학과졸 1987년 미국 Illinois Institute of Technology 대학원 계량경영학과졸 1990년 경영과학박사(미국 Illinois Institute of Technology) [경]1992년 단국대 상경대 경영학부 교수(현) 2005~2009년 同대학원 교학처장 2009~2010년 同교무처장 2016년 同상경대학장(현) [상]한백학술상(2001) [저]'재고관리- 방법과 응용'(1997)

윤승한(尹勝漢) YOON Seung Han

[생]1957·9·13 [출]전남 순천 [주]서울 서대문구 충정로7길 12 한국공인회계사회 임원실(02-3149-0100) [학]광주제일고졸, 서울대 경영학과졸 1996년 미국 조지워싱턴대 경영행정대학원 회계학과졸, 중앙대 대학원 회계학 박사과정 수료 [경]1982~1985년 육군 경리장교 1985년 금융감독원 입사 1998년 同공시조사실장·공시심사실장 2001~2002년 세계은행(IBRD) 파견 2004년 금융감독원 회계감독1국장 2005년 同공시감독국장 2006년 同총괄조정국장 2007년 同기획조정국장 2008년 同동경사무소장 2010년 同연구위원 2010년 KDB대우증권 상근감사 2013~2014년 同경영자문역 2013년 중앙대 경영전문대학원 겸임교수(현) 2014년 한국캐피탈 사외이사(현) 2014년 한국공인회계사회 회계감사품질관리감리위원회 상근위원장 2016년 금융위원회 옴부즈만(현) 2016년 한국공인회계사회 상근행정부회장(현) [저]'자산유동화의 이론과 실무'(1998, 삼일세무정보) '증권거래법 강의'(2000, 삼일세무정보) '미국증권법 강의'(2004, 삼일인포마인) '일본의 메가뱅크'(2010, 삼일인포마인) '자본시장법 강의'(2011)

윤시석(尹時錫) Yoon Si-Seok

[생]1961·6·25 [본]파평(坡平) [출]전남 장성 [주]전남 무안군 삼향읍 오룡길1 전라남도의회(061-286-8010) [학]1980년 광주 숭일고졸 1982년 경상전문대학 무역과졸 2009년 서남대 사회복지학과졸 2013년 전남대 행정대학원 지방자치행정학 석사과정 수료 [경]장성청년회의소 회장, 민주평통 자문위원, 장성군생활체육협의회 부회장, 장성군태권도협회 회장, 장성군장애인협회 후원회장, 중앙초 운영위원장, 광남일보 제2사회부 기자, 민주당 장성연락소 언론특별위원장 2002~2004년 전남 장성군의회 의원 2002년 同부의장 2006·2010년 전남도의회 의원(민주당·대통합민주신당·열린우리당·통합민주당·민주당·민주통합당·민주당·새정치민주연합) 2006년 同예산결산특별위원회 위원, 同2012여수세계박람회유치특별위원회 위원 2010~2011년 민주당 전남도당 조직위원장 2010년 전남도의회 건설소방위원장 2010~2011년 同예산결산특별위원장 2011년 민주통합당 전남도당 조직위원장 2012년 전남도의회 운영위원장 2012년 전국시·도의회운영위원장협의회 사무총장 2014년 전남도의회 의원(새정치민주연합·더불어민주당)(현) 2014~2016년 同부의장 2014년 同경제관광문화위원회 위원 2016년 同교육위원회 위원(현) [상]DBS 광주동아방송 대상 우수의정대상(2015) [종]천주교

윤시철(尹侍喆) YOON Si Cheol

[생]1965·9·12 [본]파평(坡平) [출]울산 울주 [주]울산 남구 중앙로201 울산광역시의회(052-229-5035) [학]2009년 울산대 행정학과졸 [경]한나라당 중앙위원회 해양수산분과 부위원장, 이림종합건설(주) 대표이사, 한나라당 울산시당 디지털위원장, 한국자유총연맹 울산시 울주군지회장 2010년 울산시의회 의원(한나라당·새누리당) 2010~2012년 同산업건설위원회 위원 2010~2012년 울산시 건축심의위원회 위원 2010~2014년 새누리당 울산시당 대변인 2012년 울산시의회 운영위원장 2014년 울산시의회 의원(새누리당)(현) 2014년 同산업건설위원회 위원 2016년 同의장(현) 2016년 전국시·도의회의장협의회 부회장(현) [상]대통령표창(2009) [종]불교

윤신근(尹信根) YOUN Sin Keun

[생]1954·5·9 [본]파평(坡平) [출]전북 남원 [주]서울 중구 퇴계로226 윤신근애견종합병원(02-2274-8558) [학]1976년 전북대 수의학과졸 2000년 동물학박사(필리핀 그레고리오아라네타대학) [경]1988년 윤신근애견종합병원 원장(현) 1991년 일간스포츠 칼럼니스트 1992년 한국동물보호연구회 회장(현) 1994년 서울대 외래교수 1996년 오수개 연구위원장 1996년 國犬세계화추진위원회 위원장 1997년 삼육대 겸임교수 1998년 필리핀 그레고리오아라네타대 수의대학 객원교수 1998년 국제조류보호연맹 한국본부장 1999년 한국애완동물신문 발행인 2000년 서울대 초빙교수·외래교수, 전북대 외래교수·초빙교수, 한국축산과학원 윤리위원장 2012년 한국열린동물의사회 회장(현) [상]내무부장관표창, 국무총리표창(1978) [저]'애견백과' '세계애견대백과' '애견 기르기' '애견도감' '우리가족 하나 더하기' '개를 무서워하는 수의사' '진돗개' '즐거운 기르기' '애견 알고싶어요' '애완동물 기르기' '풍산개' '오수개' 등 [종]기독교

윤신일(尹信一) YOON Shin Il

[생]1956·10·6 [출]서울 [주]경기 용인시 기흥구 강남로 40 강남대학교 총장실(031-280-3515) [학]1983년 고려대 통계학과졸 1986년 미국 사우스캐롤라이나대 대학원 경영과학과졸 1994년 경영정보학박사(미국 미시시피주립대) 2004년 명예 정치학박사(카자흐스탄 크즐로오르다대) [경]1990~1993년 미국 미시시피주립대 상경대 강사 1990년 미국의사결정학회 회원(현) 1991년 미국경영정보학회 회원(현) 1993·1999·2001년 한국경영정보학회 이사 1993~1994년 미국 켄터키주립대 경영대학 조교수 1995~2013년 강남대 경영학부 부교수 1996~1999년 同기획부실장 겸 대외협력처장 1996년 同종합평가실장 1996~1999년 同국제협력처장 1997년 同대학정책조정위원회 부위원장 1997~1998년 (주)한국T/R산업 기업경영자문위원 1997~1998 (주)ATI정보통신 기술자문위원 1997년 강남대 국제교류위원장 1999년 同총장(현) 2002~2016년 미국 사우스캐롤라이나대 한국총동창회장 2004~2007년 고려대교우회 상임이사 2005~2009년 공생복지재단 이사 2005~2007년 경찰청 시민감사위원 2007년 고려대교우회 부회장(현) 2010~2014년 경기고등법원유치범추진대책위원회 추진위원2012~2014년 경기도그린캠퍼스협의회 부회장 2012년 한국대학사회봉사협의회 이사(현) 2013년 강남대 경영학부 교수(현) 2014~2016년 경기도그린캠퍼스협의회 회장 [종]기독교

윤 심(尹 深·女) YOON Shim

[생]1963·11·19 [출]서울 [주]서울 송파구 올림픽로35길125 삼성SDS CSP연구소(02-6155-3114) [학]1982년 수도여고졸 1985년 중앙대 전산학과졸 1992년 프랑스 파리6대 대학원 전산학과졸 1996년 전산학박사(프랑스 파리6대) [경]1996년 삼성SDS(주) 입사 1996년 同삼성인터넷TF 연구원 1997년 同정보검색 및 지식관리프로젝트담당 연구원 1998년 국내최초 지식관리시스템(KWave) 개발 1998년 삼성SDS(주) Project Manager 2002

년 同Innovation팀장 2003년 同웹서비스추진사업단장 2005년 同인큐베이션센터장(상무보) 2008년 同인큐베이션센터장(상무), 同EMS사업부 상무 2012년 同전략마케팅실장(전무) 2013년 同CSP연구소장(전무)(현) [종]기독교

윤양중(尹亮重) YOON Yang Joong (松齋)
[생]1931·12·1 [출]충남 논산 [학]1948년 공주고졸 1952년 공주사범대 국문학과졸 1971년 미국 인디애나대 신문대학원 수료 1999년 고려대 언론대학원 최고위과정 수료 [경]1957년 예편(해병대 대위) 1957년 경향신문 기자 1961년 동아일보 기자 1969~1974년 同지방부장·정치부장·편집부국장 1974년 同동경지사장 겸 특파원 1978년 同논설위원 1980년 동아방송 보도국장 1980년 한국방송공사 방송연구소장 1981년 방송위원회 사무국장 1984년 재단법인 현대사회연구소 소장 1986년 예술의전당 이사장 1989년 금호개발 사장 1991년 (주)금호 사장 1991년 대한타이어공업협회 회장 1994년 일민문화재단 이사 1994~1995년 금호그룹 고문 1996~1998년 대한언론인회 부회장 1996~2012년 동아일보 비상임감사 1998·2005~2015년 일민문화재단 이사장 1998~2002년 한국간행물윤리위원회 위원장 [상]국민훈장 동백장(1988), 5억불 수출탑(1993)

윤여광(尹汝光) Yeo-kwang Yoon
[생]1967·2·9 [출]충남 논산 [주]서울 양천구 목동동로 233의1 현대드림타워20층 스포츠조선 콘텐츠유통본부(02-3219-8102) [학]1991년 충남대 국어국문학과졸 1999년 경희대 언론정보대학원 정치학과졸 2003년 언론학박사(경희대) [경]1994년 스포츠조선 입사 2001년 同편집국 기자 2001~2005년 경희대 커뮤니케이션연구소 객원연구원 2003~2004년 한국체육대 시간강사 2005년 서일대 시간강사, 경희대 언론정보학부 강사 2007년 스포츠조선 U미디어국 뉴스팀장 2007년 同편집부장 직대 2009년 同편집팀장 2010년 同미디어연구소장 2011년 同편집국 에디팅센터장 2013년 同콘텐츠유통본부장(현) [상]올해의 편집기자상(2001) [저]'현대사회와 언론(共)'(2006) '미디어와 스포츠영웅'(2006) '신문, 세상을 편집하라(共)'(2006) '스타미디어총서: 장동건(共)'(2014) '스타미디어총서: 김혜수(共)'(2014) '스마트미디어시대 뉴스편집의 스토리텔링'(2014) [종]기독교

윤여권(尹汝權) YOON Yeo Kwon
[생]1958·7·25 [출]충남 연기 [주]서울 중구 세종대로 124 서울신문 임원실(02-2000-9003) [학]서울 여의도고졸, 서울대 경제학과졸, 미국 플렛처대 대학원 국제관계학졸 [경]1981년 행정고시 합격(25회) 1997년 재정경제원 과장급(독일 경제연구소 파견) 1999년 국무조정실 파견 2000년 同심사평가1심의관실 과장 2000년 금융감독위원회 국제협력담당관 2001년 同국제협력과장 2001년 同은행감독과장 2002년 재정경제부 외환제도과장 2002년 同외화자금과장 2004년 同국제금융과장 2005년 同DDA대책반장 겸 대외경제위원회 총괄팀장 2005년 대통령비서실 파견(부이사관), 駐뉴욕총영사관 주재관 2010년 기획재정부 대변인 2010년 대통령직속 미래기획위원회 단장 2012~2014년 아시아개발은행(ADB) 이사 2012년 同예산심의위원회(BRC) 위원장 겸임 2015년 서울신문 부사장(현)

윤여규(尹汝奎) Youn Yeo Kyu
[생]1949·10·18 [출]충남 [주]서울 강남구 남부순환로 2649 강남베드로병원 윤여규갑상선클리닉(1544-7522) [학]1968년 경복고졸 1975년 서울대 의대졸 1984년 同대학원 의학석사 1986년 의학박사(서울대) [경]1978~1983년 서울대 의과대학 일반외과 전공의 1983~1987년 경희대 의과대학 일반외과 전임강사 1989~1991년 미국 Harvard Medical School Boston, MA, U.S.A. 연구교수 1989~1995년 서울대 의과대학 일반외과학교실 조교수 1992~1996년 서울대병원 응급처치부장 1994~1996년 同외과중환자실장 1995~2015년 서울대 의과대학 일반외과학교실 부교수·교수 1995~2000년 서울대병원 응급의학과장 2002~2006년 同외과 과장 2002~2006년 서울대 의과대학 외과학교실 주임교수 2003~2005년 대한외상학회 회장 2003~2007년 대한화상학회 회장 2003~2005년 대한내분비외과학회 회장 2004~2007년 아시아태평양화상학회 회장 2005~2007년 대한응급의학회 회장 2006~2008년 대한외과학회 이사장 2007~2009년 대한재난응급의료협회 회장 2010~2011년 대한갑상선학회 부회장 2010~2012년 대한임상종양학회 회장 2010~2011년 대한외과학회 회장 2011년 건강보험심사평가위원회 비상근심사위원(현) 2011~2014년 국립중앙의료원장 2012년 대한병원협회 경영위원장 2013~2016년 충북대병원 비상임이사 2015년 강남베드로병원 윤여규갑상선클리닉 대표원장(현) [상]제10회 한독학술경영대상(2013) [저]'최신외과학(共)'(1995, 일성각) 'Surgical Critical Care(共)'(1996, W.B. saunders company) '치과의를 위한 외과학(共)'(2000, 군자출판사) '외상학(共)'(2001, 군자출판사) '생명유지술(共)'(2001, SNUbook) '최신응급의학(共)'(2001, 메드랑) '임상영양학(共)'(2007) 'Family Doctor Series : 갑상선암(共)'(2007, 아카데미아) '갑상선암의 이해 2008(共)'(2008, SNUH) '갑상선암을 넘어서 2011(共)'(2010, 의학문화사)

윤여두(尹汝斗) YUN Yeo Doo (魯山)
[생]1947·8·15 [본]파평(坡平) [출]충남 논산 [주]서울 강남구 언주로133길7 대용빌딩2층 동양물산기업(주) 부회장실(02-3014-2703) [학]1967년 전주고졸 1971년 서울대 농공학과졸 2000년 대전산업대학 대학원 기계과졸 2004년 공학박사(경북대) [경]1973년 예편(육군 중위·ROTC 9기 공병) 1973년 농업기계화연구소 연구원 1974년 국립농업자재검사소 검사관 1977년 국제종합기계(주) 기술개발부장 1986년 同기술연구소장 1993년 한국농업기계학회 이사 1993~2002년 중앙공업(주) 대표이사 1998~2004년 한국농기계공업협동조합 이사장 2002년 농수산홈쇼핑 감사 2002년 우리민족서로돕기운동 상임대표(현) 2003년 농림부 남북농업협력위원회 정책위원 2004년 동양물산기업(주) 부회장(현) 2005년 (사)통일농수산사업단 공동대표(현) 2007년 한국농기계사업조합 이사장 2007년 (주)GMT 회장(현) [상]농림수산부장관표창(1975), 산업포장(1987), 국무총리표창(1996), 매일경제 선정 '대한민국 글로벌 리더'(2015) [저]'농용트랙터 설계' [종]가톨릭

윤여송(尹汝松) YEO-SONG, YOON
[생]1961·2·18 [본]파평(坡平) [출]충남 청양 [주]세종특별자치시 정부2청사로13(044-205-6130) [학]1987년 서울과학기술대 산업안전공학과졸 1992년 한양대 대학원 환경공학과졸 2010년 공학박사(서울과학기술대) [경]1987~2012년 삼성전기(주) 안전환경팀장 2010~2015년 을지대 보건환경안전학과 외래교수 2012~2014년 삼성전기(주) 중앙연구소 안전환경그룹장 2015년 한국기술교육대 대학원 안전환경공학과 교수(휴직) 2015년 국민안전처 특수재난실 특수재난기획담당관(현) [상]노동부장관표창(2001), 산업포장(2003), 행정안전부장관표창(2010), 고용노동부·매일경제 안전경영대상 공적상(2010) [저]'산업안전실무론'(2014, 경성문화사) '가스안전관리론'(2014, 동화기술) '연구안전환경실무론'(2015, 도서출판 화수목) [종]기독교

윤여승(尹汝升) YOON Yeo Seong
[생]1953·3·1 [출]경북 [주]강원 원주시 일산로20 원주세브란스기독병원 원장실(033-741-1001) [학]1977년 연세대 의대졸, 同대학원졸 [경]1980년 연세대 원주기독병원 전공의 1985~1997년 同원주기독병원 정형외과 전임강사·조교수·부교수 1990~1991년 미국 Univ. of Rochester Sport Medicine 연구조교수 1997년 연세대 원주의과대학 정형외과학교실 교수(현) 2013년 同원주연세의료원장(현) 2013년 同원주세브란스기독병원장 겸임(현) 2013년 대한병원협회 총무이사(현)

윤여을(尹汝乙) YOON Yeo Eul
[생]1956·5·1 [출]충남 [주]서울 중구 수표로34 씨티센터타워 쌍용양회공업(주) 사장실(02-2270-5000) [학]1983년 일본 소피아대(Sophia Univ.) 재무학과졸 1989년 미국 하버드대 경영대학원졸(MBA) [경]1983~1984년 일본 도쿄 후지쯔(FUJITSU LTD.) 근무 1984~1987년 JARDINEFLEMING(SECURITIES) LTD. TOKYO Analyst 1989~2001년 Sony Music Entertainment Korea 대표이사 2002년 Sony Computer Entertainment Korea Inc. President 겸임 2005~2010년 소니코리아(주) 대표이사 사장 2010년 한앤컴퍼니 회장(현) 2016년 쌍용양회공업(주) 공동대표이사 회장(현)

윤여준(尹汝雋) YOON Yeo Joon
[생]1939·10·17 [본]파평(坡平) [출]충남 논산 [주]경기 수원시 장안구 경수대로1150 경기도평생교육진흥원(031-547-2603) [학]1956년 경기고 중퇴 1964년 단국대졸 [경]1966년 동아일보 기자 1969년 경향신문 기자 1977년 駐일본 공보관 1979년 駐싱가포르 공보관 1983년 국회의장 공보비서관 1984년 대통령 공보비서관 1987년 대통령 의전비서관 1988년 대통령 정무

비서관 1990년 정무제1장관실 보좌관 1992년 국가안전기획부 제3특보 1994~1997년 대통령 공보수석비서관 1997~1998년 환경부 장관 1998년 한나라당 총재정무특보 1998 · 2003년 同여의도연구소장 2000년 同총선기획단장 · 선거대책위원회 종합조정실장 2000~2004년 제16대 국회의원(전국구, 한나라당) 2002년 한나라당 기획위원장 2004년 同선거대책본부 부본부장 2008~2014년 한국지방발전연구원 이사장 2012년 민주통합당 제18대 대통령중앙선거대책위원회 국민통합위원장 2013~2014년 정치소비자협동조합 '울림' 이사장 2014년 국민과함께하는새정치추진위원회 공동위원장 2014년 同의장 겸임 2014년 새정치연합 창당준비위원회 공동위원장 2016년 국민의당 창당준비위원회 공동위원장 2016년 경기도평생교육진흥원 평생 · 시민교육온라인프로그램 '지무크(G-MOOC)' 추진단 단장(현) [상]홍조근정훈장(1988), 보국훈장 국선장(1992) [저]'대통령의 자격'(2011) [종]천주교

윤여철(尹汝喆) Yoon Yeo Chul

[생]1952 · 6 · 23 [출]서울 [주]서울 서초구 헌릉로12 현대자동차그룹 부회장실(02-3464-1022) [학]1971년 서울고졸 1979년 연세대 경영학과졸 [경]1979년 현대자동차(주) 입사 1996년 同판매교육팀 부장 2001년 同경기남부지역사업실 이사대우 2003년 同영업운영팀 이사 2004년 同운영지원실 상무 2004년 同경영지원본부장(전무) 2005년 同경영지원본부장(부사장) 2005년 同울산공장장 · 노무총괄담당 · 울산아산공장담당 사장 2006~2008년 同대표이사 사장 2008년 同노무총괄담당 · 울산아산공장담당 부회장 2009~2012년 (사)한국자동차공업협회 회장 2012년 현대자동차(주) 고문 2013년 현대자동차그룹 노무총괄 부회장(현) 2013년 同울산공장장 · 아산공장장(현) 2014년 同국내생산담당 겸임(현) [상]국민훈장 모란장(2010) [종]기독교

윤여철(尹汝哲) Yoon Yeo-cheol

[생]1963 · 2 · 21 [주]서울 종로구 청와대로1 대통령 의전비서관실(02-770-0011) [학]1985년 서울대 영어영문학과졸 1990년 미국 터프츠대 플렛처스쿨 정치학석사 [경]1984년 외무고시 합격(18회) 1985년 외무부 입부 1991년 駐미국 2등서기관 1994년 駐코트디부아르 1등서기관 2001년 駐유엔 1등서기관 2002년 외교통상부 의전2담당관 2003년 同북미2과장 2004년 駐유엔 참사관 2007년 유엔(UN) 사무총장 특별보좌관 2012년 유엔(UN) 사무국 의전장 2014년 외교부 의전장 2016년 대통령 의전비서관(현)

윤여탁(尹汝卓) Yoon, Yeotak

[생]1955 · 3 · 11 [출]충남 논산 [주]서울 관악구 관악로1 서울대학교 사범대학 국어교육과(02-880-7659) [학]1974년 전주고졸 1980년 서울대 국어국문학과졸 1984년 同대학원 국어국문학과졸 1990년 국어교육학박사(서울대) [경]1987~1992년 서울시립대 · 서울대 · 아주대 강사 1990~1996년 군산대 전임강사 · 조교수 1992년 만해학회 이사 1995년 한국도서학회 이사 1996년 서울대 사범대학 국어교육과 교수(현) 1997~2015년 同국어교육연구소장 1997년 한국국어교육연구회 감사 1998~2015년 한국문학교육학회 이사 · 고문 1999년 한국시학회 이사 2013~2015년 한국문학교육학회 연구윤리위원회 위원 2015년 국어국문학회 대표이사(현) 2016년 한국문학교육학회 고문(현) 2016년 서울대 국어교육연구소 운영위원(현)

윤여표(尹汝杓) Yeo-Pyo YUN

[생]1956 · 1 · 24 [본]파평(坡平) [출]충남 논산 [주]충북 청주시 서원구 충대로1 충북대학교 총장실(043-261-2001) [학]1974년 대전고졸 1980년 서울대 제약학과졸 1982년 同대학원 약학과졸 1986년 약학박사(서울대) [경]1984~1986년 서울대 약대 조교 1986~2008 · 2010~2014년 충북대 약학대학 조교수 · 부교수 · 교수 1988~1990년 미국 국립보건원 Visiting Fellow 1996~2000년 보건복지부 중앙약사심의위원회 심의위원 1997~1998년 (사)대한약학회 편집간사 1997~1998년 한국실험동물학회 평의원 1998년 International Society on Thrombosis and Haemostasis(ISTH) Regular Member(현) 2000년 한국환경독성학회 이사 2000~2002년 충북대 약학대학장 2001~2002년 (사)대한약학회 부회장 2001년 한국지혈혈전학회 이사(현) 2001~2002년 (사)한국독성학회 기획간사 2003~2004년 (사)한국식품위생안전성학회 학술위원장 2003~2004년 국립과학수사연구소 자문위원 2004~2005년 충북대 약품자원개발연구소장 2004~2005년 한국학술진흥재단 학술연구심사평가위원 2005~2006년 식품의약품안전청 자문위원 2007~2008년 (사)한국식품위생안전성학회 부회장 2008~2010년 식품의약품안전청장 2011~2014년 오송첨단의료산업진흥재단 이사장 2013년 건강보험심사평가원 고문 2014년 충북대 총장(현) 2015년 거점국립대학교총장협의회 회장(현) 2016년 교육부 정책자문위원회 부위원장(현) [상]한국과학기술단체총연합회 과학기술우수논문상(2002), 황조근정훈장(2012), 대한약학회 특별공로상(2016) [종]기독교

윤여항(尹汝杭) YOON Yeoh Hang

[생]1955 · 4 · 18 [본]파평(坡平) [출]서울 [주]서울 마포구 와우산로94 홍익대학교 미술대학 목조형가구학과(02-320-1939) [학]1979년 홍익대 미대졸 1984년 同산업미술대학원졸 1988년 미국 Art Center College of Design 졸 1992년 미국 UCLA 대학원졸 [경]미국 Oswaks Industrial Design 디자인실장, I.D Focus 디자이너, 한국디자인학회 이사, 서울시 서울디자인위원회 위원, 일본 아사히카와 국제가구디자인공모전 심사위원, 홍익대 미술대학 목조형가구학과 교수(현), (사)한국가구학회 회장(현) [저]'프리핸드 드로잉과 스케칭'(1996) [종]기독교

윤연수(尹演洙) YOON Yeon Soo

[생]1959 · 12 · 19 [본]파평(坡平) [출]충남 당진 [주]대전 대덕구 한남로70 한남대학교 사범대학 수학교육과(042-629-8538) [학]1980년 한남대 수학과졸 1982년 고려대 대학원 수학과졸 1986년 이학박사(고려대) [경]1982~1985년 고려대 · 한남대 · 강원대 시간강사 1985년 한남대 이과대학 수학과 전임강사 · 조교수 · 부교수 · 교수, 同사범대학 수학교육과 교수(현) 1990~1991년 미국 퍼듀대 방문교수 1997~1998년 미국 클리블랜드주립대 방문교수 2010~2014년 한남대 교육연수원장 2010~2011년 同교직과장 2011~2012년 충청수학회 부회장 2012~2013년 한남대 교육대학원장 2012~2014년 한국수학교육학회 학술지B부 편집장 2015년 미국 세계인명사전 'Marquis Who's Who in the World 2016년판'에 등재 2016년 한남대 교육대학원장(현) 2016년 同교육연수원장 겸임(현) [저]'미분적분학과 해석기하학'(1996, 청문각) '생활속의 수학이야기'(2007, 정현사) [종]기독교

윤연옥(尹蓮玉 · 女) Yoon Yeon Ok

[생]1960 · 3 · 3 [출]대구 [주]대전 서구 청사로189 통계청 사회통계국 사회통계기획과(042-481-2233) [학]1979년 신명여고졸 1983년 경북대 통계학과졸 1986년 미국 볼링그린주립대 대학원 통계학과졸 1992년 통계학박사(미국 플로리다대) [경]1996년 통계청 국제통계과 근무 1998년 同조사관리과 근무 2004년 同통계기획국 조사관리과 서기관 2005년 同통계정보국 행정정보과장 2007년 同조사관리국 표본관리과장 2008년 駐OECD대표부 파견(서기관) 2010년 통계청 동향분석실장 2014년 同인구동향과장 2015년 同사회통계국 사회통계기획과장(부이사관)(현)

윤영각(尹榮恪) Young-Gak Yun (靑谷)

[생]1953 · 12 · 4 [본]파평(坡平) [출]경북 청송 [주]서울 강남구 테헤란로427 현대스위스타워15층 파빌리온인베스트먼트(02-6970-3726) [학]1973년 경기고졸 1977년 미국 펜실베이니아대 경제학과졸 1980년 미국 시카고대 대학원 경영학과졸 1988년 법률학박사(미국 듀크대) [경]1980~1982년 미국 휴렛팩커드 근무 1983년 미국 공인회계사자격 취득 1983~1985년 미국 Arthur Young 회계법인 근무 1988~1989년 미국 Arnold&Porter 법률사무소 근무 1988년 미국 변호사자격 취득 1989년 미국 Sidney&Austin 법률사무소 변호사 1991~2001년 삼정컨설팅그룹 대표이사 1998~2009년 St. Vincent and Grenadines 명예영사 2001~2011년 삼정KPMG그룹 대표 2002~2004년 미국 듀크대 한국총동창회 회장 2004~2007년 미국 시카고대 경영대학원 한국총동창회 부회장 2004~2007년 미국 펜실베이니아대한국총동창회 부회장 2005년 세계교화갱보협회 이사 2005~2006년 외교통상부 자체평가위원 2005~2009년 안보경영연구원 이사 2005년 이화여대 경영대학원 CEO 겸임교수 2006년 희망제작소 이사 2007년 (사)Green Ranger 고문 2007~2009년 유엔 글로벌콤팩트한국협회 이사 2008년 제17대 대통령직인수위원회 국가경쟁력특위 자문위원 2008년 금융위원회 금융중심지 추진위원 2009년 생명의숲 이사 2009년 (재)아름지기 이사(2009년 미국 펜실베이니아대한국동창회 회장 2009~2012년 駐韓우크라이나 명예영사 2009년 매일경제신문 '한국의 경영대가 30인' 선정 2010년 SIFE KOREA 이사회 의장 2011년 삼정KPMG그룹 회장 겸 이사회 의장 2012년 파인스트리트그룹 회장 2013년 법무법인 바른 고문(현) 2014~2015년 KTB프라이빗

에퀴티 회장 2015년 (주)파빌리온인베스트먼트 회장(현) [상]동탑산업훈장(2001), 감사대상(2006), 한국의 Best CEO상(2009), 은탑산업훈장(2010) [저]'관세평가 실무편람'(1992) 'WTO체제하의 반덤핑법 분석'(1995) 'Crossing the Yellow Sea'(1998, US-China Business) '살아남는 자가 강하다'(2010) [종]기독교

윤영관(尹永寬) YOON Young-kwan

[생]1951·1·12 [본]남원(南原) [출]전북 남원 [주]서울 관악구 관악로1 서울대학교 사회과학대학 정치외교학부(02-880-6311) [학]1970년 전주고졸 1975년 서울대 외교학과졸 1977년 同대학원 외교학과졸 1983년 미국 존스홉킨스대 국제관계대학원(SAIS)졸(석사) 1987년 국제정치학박사(미국 존스홉킨스대) [경]1977년 해군사관학교 교관 1987~1990년 미국 캘리포니아대 조교수 1990~1999년 서울대 사회과학대학 외교학과 조교수·부교수 1996년 미국 존스홉킨스대 객원교수 1997년 미국 우드로윌슨센터 객원연구원 1999~2003년 서울대 사회과학대학 외교학과 교수 2001년 미래전략연구원 원장 2002년 제16대 대통령직인수위원회 통일외교안보분과위원회 간사 2003~2004년 외교통상부 장관 2004~2010년 서울대 사회과학대학 외교학과 교수 2005년 미국 스탠퍼드대 교환교수 2007년 한반도평화연구원 초대원장 2008년 서울대 국제문제연구소장 2010~2016년 同사회과학대학 정치외교학부 교수 2011~2012년 ASEAN+3 동아시아비전그룹II 공동의장 2013년 독일 자유베를린대학 객원교수 2013년 독일 SWP 객원연구원 2014년 '정책 네트워크 내일' 이사장 2015년 (재)통일과나눔 이사(현) 2016년 서울대 사회과학대학 정치외교학부 명예교수(현) [상]한국국제정치학회 저술상(1997), 대한민국학술원 우수도서 선정(2002), 서울대 교육상(2015) [저]'전환기의 국제정치경제와 한국' '국제기구와 한국외교'(共) '동아시아-위기의 정치경제'(1999) '21세기 한국정치경제모델'(1999) '정보화의 도전과 한국'(2003) '세계화와 한국의 개혁 과제'(2003) '북한의 체제전망과 남북경협'(2003) '국제정치와 한국'(2003) '정부개혁의 5가지 방향'(2003) '한국외교 2020(共)'(2013) '한반도 통일(共)'(2014) '외교의 시대'(2015) [종]기독교

윤영균(尹英均) YOON Young Kyoon

[생]1957·9·22 [본]파평(坡平) [출]경북 청송 [주]대전 서구 둔산북로121 한국산림복지진흥원 원장실(042-719-4000) [학]1976년 성남고졸 1981년 고려대 임학과졸 1983년 同대학원졸 2005년 농학박사(고려대) [경]1981년 기술고시 합격(17회) 1997년 駐인도네시아 임무관 2000년 산림청 산림자원과장(부이사관) 2003년 국립수목원장 2004년 산림청 산림자원국장(이사관) 2005년 중앙공무원교육원 파견 2006년 산림청 산림정책국장 2006년 同자원정책본부장 2008년 同산림자원국장 2011년 북부지방산림청장 2013~2014년 국립산림과학원장 2015년 국민대 임산생명공학과 특임교수(현) 2016년 (사)한국산림정책연구회 회장(현) 2016년 한국산림복지진흥원 초대원장(현) [상]홍조근정훈장(2010), 근정포장(2001) [종]가톨릭

윤영달(尹泳達) YOON Young Dal

[생]1945·4·29 [출]서울 [주]서울 용산구 한강대로72길 3 해태제과 비서실(02-709-7452) [학]1964년 서울고졸 1968년 연세대 물리학과졸 1971년 고려대 대학원 경영학과졸 2000년 국제산업디자인대학원대 뉴밀레니엄디자인혁신정책과정 수료 [경]1969~1988년 (주)크라운제과 입사·이사 1995~2012년 同대표이사 회장 2005~2012년 해태제과 대표이사 회장 2006년 연세대 대학원 경영학과 겸임교수 2012년 서울고동창회 회장 2013년 (주)크라운제과 회장(현) 2013년 해태제과 회장(현) [상]석탑산업훈장(2004), 한국경영사학회 CEO대상(2004), 코리아디자인어워드 올해의 디자인경영인상(2006), 몽블랑 문화예술 후원자상(2011), 한국마케팅학회 올해의 CEO대상(2014) [저]'크로스마케팅 경영전략'(2005) 'AQ 예술 지능'(2013) [종]불교

윤영로(尹泳老) Yoon, Young-Ro

[생]1957·7·5 [출]서울 [주]강원 원주시 흥업면 연세대길1 연세대학교 원주캠퍼스 보건과학대학 의공학부(033-760-2403) [학]1981년 연세대 전자공학과졸 1985년 미국 캘리포니아대 로스앤젤레스교 대학원 전자공학과졸 1991년 전기공학박사(미국 퍼듀대) [경]1981년 한국전자통신연구소 연구원 1985~1986년 Dynatrol National Corporation U.S.A. 엔지니어 1994년 연세대 보건과학대학 의공학부 교수(현) 2001년 同정보교육원장 2003~2004년 同의료공학교육센터 소장 2005~2006년 국무총리실 의료산업선진화위원회 의료기기산업전문위원 2006년 연세대 원주캠퍼스 학술정보처장 2007~2008년 同재택건강관리시스템연구센터 소장 2007년 (재)원주의료기기테크노밸리 국제자문위원 2007년 대한무역투자진흥공사(KOTRA) 해외R&D센터 투자유치자문단 자문위원 2008~2009년 연세대 원주캠퍼스 총무처장 2008년 同원주캠퍼스 덕소농장장 2009년 同원주캠퍼스 재택건강관리시스템연구센터 소장 2011~2012년 원주의료기기테크노밸리 원장 2011년 식품의약품안전청 의료기기정보지원센터설립위원회 위원 2011년 보건복지부 의료기기위원회 위원 2011년 同보건의료기술정책심의위원회 기반주축 전문위원 2012년 식품의약품안전청 의료기기정보기술지원센터 이사 2013년 식품의약품안전처 의료기기위원회 위원(현) 2013년 同의료기기정보기술지원센터 이사 2015년 강원지역사업 옴부즈맨(현) 2015년 강원지역사업평가단 이사(현) [상]국무총리표창(2013) [저]'전자기학'(1996) '디지털 생체신호처리'(1997) '의용공학개론'(1999) '디지털 신호처리'(2000)

윤영민(尹英民) YOON Young Min

[생]1956·3·22 [주]경기 안산시 상록구 한양대학로55 한양대학교 언론정보학부 정보사회학과(031-400-5405) [학]1983년 서강대 정치외교학과졸 1988년 미국 사우스캐롤라이나대 대학원 사회학과졸 1994년 사회학박사(미국 Univ. of California at Berkeley) [경]1997년 한양대 언론정보학부 정보사회학과 교수(현) 1999~2000년 국회 사이버파티 운영위원 대표 2000년 (주)이트렌드 사외이사 2000년 대통령자문 정부혁신추진위원회 실무위원 2001년 대화문화아카데미 정보화프로그램 운영위원장 2001년 통일부 정책자문위원 2001년 유네스코 한국위원회 집행위원 겸 홍보분과 부위원장 2003년 한국정보사회학회 부회장 2005년 전자선거포럼 대표 2013년 한양대 언론정보대학장 [상]국가정보원장표창(2001), 홍조근정훈장(2002) [저]'전자정보공간론' '사이버공간의 사회'

윤영상(尹泳相) YOON Young Sang

[생]1947·8·2 [출]전남 강진 [주]서울 광진구 아차산로 190 (주)다산 회장실(02-460-0400) [학]1966년 광주제일고졸 1970년 경희대 상학과졸 1973년 고려대 경영대학원졸 [경]1976년 항신전지(주) 경리·기획과장 1977년 풍한철강공업(주) 대표이사 1978년 신우특수금속공업 대표이사 1980년 (주)다산 회장(현) 1990년 중국 청도다산인 조수식유한공사 사장 1995년 한국인간개발연구원 부회장 2005년 전남 강진군 명예홍보대사, 다산연구소 이사, 개성공단기업협회 이사, 중국 청도시한인회 고문 [상]무역의 날 수출 1천만불탑 수상, 대통령표창 [종]기독교

윤영석(尹永錫) YOON Young Suk

[생]1938·9·9 [출]경기 양평 [주]서울 강남구 테헤란로 322 한신인터밸리24빌딩 서관804호 해암경영컨설팅(02-2183-1141) [학]1958년 경기고졸 1964년 서울대 상대 경제학과졸 1989년 미국 샌프란시스코주립대 대학원 경영학과졸 1993년 명예 경제학박사(러시아 세계경제국제관계연구소) [경]1964년 한성실업(주) 근무 1968년 대우실업(주) 입사 1973년 同이사 1977년 同전무이사 1980~1985년 대우중공업 사장 1982년 산업기술진흥협회 부회장 1983년 공작기계공업협회 회장 1985년 대우조선 사장 1985년 한·핀란드경제협력위원장 1987년 한·인도친선협회 부회장 1988년 미국 스탠퍼드대 연수 1990년 (주)대우 사장 1990~1995년 한·체코경제협력위원장 겸 한·몽골경제협력위원장 1991~2015년 駐韓우간다 명예영사 1991~1995년 한·이란경제협력위원장 1993년 대우중공업·대우조선 부회장 1993~1997년 공작기계공업협회 회장 1995년 대우중공업 회장 1995년 대우그룹 총괄회장 1995~2003년 대한요트협회 회장 1996년 국제산업디자인대 초대이사장 1996년 한국기계연구원 이사장 1998년 대우그룹 미국지역본사 사장 1998~2001년 한국중공업 사장 1998~2006년 한국기계산업진흥회 회장 2001년 두산중공업(주) 사장 2002년 同부회장 2003~2009년 한국플랜트산업협회 회장 2003~2006년 기계공제조합 이사장 2008년 진성TEC 회장 2009~2010년 국제로타리3650지구 총재 2012년 해암경영컨설팅 대표(현) 2014~2015년 한국로타리장학문화재단 이사장 2014년 국제로타리재단 이사(현) [상]대통령표창(1973), 석탑산업훈장(1983), 동탑산업훈장(1986), 금탑산업훈장(1991), 이탈리아 기사장훈장(1991), 서울공대 발전공로상(1995), 한국중재학회 국제거래신용대상(1996), 한국무역협회 무역인대상(1996), 한국품질대상(2000)

윤영석(尹永碩) Yoon, Young-Seok

[생]1964·10·7 [본]파평(坡平) [출]경남 양산 [주]서울 영등포구 의사당대로1 국회 의원회관438호(02-784-4861) [학]성균관대 정치외교학과졸 2004년 미국 듀크대 대학원졸(국제발전정책학석사) [경]1993년 행정고시 합격(37회), 서울시 마케팅담당관(지방부이사관), 미국 하버드대 객원연구원 2009년 아시아도시연맹 이사장(현) 2012년 제19대 국회의원(경남 양산시, 새누리당) 2012년 새누리당 인재영입위원회 위원 2012년 국회 지식경제위원회 위원 2012년 국회 남북관계발전특별위원회 위원 2013년 국회 산업통상자원위원회 위원 2014년 새누리당 사회적경제특별위원회 위원 2014년 국회 통상관계대책특별위원회 위원 2014~2015년 새누리당 원내대변인 2014~2015년 同원내부대표 2014년 국회 운영위원회 위원 2014년 국회 안전행정위원회 위원 2014~2015년 국회 예산결산특별위원회 위원 2015년 새누리당 아동학대근절특별위원회 위원 2015년 (사)독도사랑운동본부 고문(현) 2015년 새누리당 노동시장선진화특별위원회 위원 2015년 同정책위원회 민생119본부 부본부장 2015년 同나눔경제특별위원회 위원 2016년 제20대 국회의원(경남 양산시甲, 새누리당)(현) 2016년 국회 외교통일위원회 간사(현) 2016년 국회 미래일자리특별위원회 위원 2016년 한국아동인구환경의원연맹(CPE) 회원(현) 2016년 새누리당 대표최고위원 비서실장(현) [상]전국청소년선플SNS기자단 선정 '국회의원 아름다운 말 선플상'(2015)

윤영석(尹永錫) YUN Young Suk

[생]1965·12·7 [출]전남 함평 [주]세종특별자치시 국세청로8의14 국세청 법인납세국 법인세과(044-204-3301) [학]영일고졸, 서강대 경제학과졸 [경]1997년 행정고시 합격(41회), 북전주세무서 총무과장 1999년 군산세무서 부가가치세과장 1999년 同세원관리과장 2000년 서울 삼성세무서 납세지원과장 2001년 국세청 행정관리담당관실 근무 2002년 서울 동작세무서 조사1과장, 서울지방국세청 국제조사3과 근무 2007년 국세청 혁신기획관실 서기관 2010년 춘천세무서장 2010년 서울지방국세청 조사3국 조사1과장 2011년 부천세무서장 2012년 서울지방국세청 운영지원과장 2013년 영등포세무서장 2014년 국세청 차세대국세행정시스템추진단 차세대기획과장 2015년 同전산정보관리관실 전산기획담당관 2015년 同법인납세국 법인세과장(현) [상]근정포장(2016)

윤영선(尹永善) YOON Young Sun

[생]1956·6·5 [출]충남 보령 [주]서울 강남구 테헤란로 152 삼정KPMG그룹 비서실(02-2112-0001) [학]1975년 서울고졸 1980년 성균관대 경제학과졸 1997년 미국 위스콘신대 대학원졸 2011년 경영학박사(경원대) [경]1979년 행정고시 합격(23회) 1994년 재정경제원 관세제도과 서기관 2001년 재정경제부 소비세제과장(부이사관) 2002년 대통령비서실 행정관 2004년 재정경제부 국세심판원 상임심판관 2005년 同조세개혁실무기획단 부단장 2006년 同부동산실무기획단 국장(부단장) 2007년 同조세정책국 조세기획심의관 2008년 기획재정부 조세정책관 2008년 同세제실장 2010~2011년 관세청장 2012년 삼정KPMG그룹 부회장(현) 2015년 삼성자산운용(주) 사외이사(현) 2015년 CJ대한통운(주) 사외이사 겸 감사위원(현) [상]자랑스러운 성균관인상(2012)

윤영설(尹永卨) YOON Young Sul

[생]1961·12·5 [본]남원(南原) [출]서울 [주]서울 서대문구 연세로50의1 세브란스병원 신경외과(02-2228-1481) [학]연세대 의대졸, 同대학원졸, 의학박사(연세대) [경]연세대 의과대학 신경외과학교실 교수(현) 1987년 88서울올림픽대회조직위원회 축구 의무담당관 1994~2013년 대한축구협회 의무분과 위원장 1998년 프랑스월드컵대회 주치의 1998~2007년 국제축구연맹(FIFA) 의무분과위원 1999년 아시아축구연맹(AFC) 의무분과위원회 부위원장(현) 2002년 한·일월드컵축구대회 의무전문위원장 2012년 연세대의료원 국제협력처장 2014·2016년 同국제처장(현) 2015년 2019 아랍에미리트(UAE) 아시아축구연맹(AFC) 아시안컵조직위원회 의무위원 위원(현) [상]대통령표창(2002) [역]'Kempe's operative Neurosurgery'(2006) [종]기독교

윤영섭(尹榮燮) YUN Young Sup

[생]1947·3·8 [출]서울 [주]서울 성북구 안암로145 고려대학교 경영대학(02-3290-1114) [학]1965년 경기고졸 1970년 서울대 상대 경제학과졸 1977년 미국 미시간대 경영대학원졸(MBA) 1983년 재무학박사(미국 오하이오주립대) [경]1983년 미국 워싱턴주립대 조교수, 미국 하와이대 및 브리티시컬럼비아대 초빙교수 1985~1989년 고려대 경영대학 조교수·부교수 1989~2012년 同경영대학 교수 1997~2001년 同대외협력처장 1998~2001년 금융감독위원회 증권선물위원회 비상임위원 1999~2000년 한국증권학회 회장 2002년 고려대 동북아경제경영연구소장 2003~2005년 同국제대학원장 2011~2012년 同대외부총장 2012년 同명예교수(현) [상]국무총리표창(2012) [저]'ALM-자산부채 종합관리'(1993) '한국주식시장에서의 주가변동과 이례현상'(1994) [종]기독교

윤영식(尹榮植) YUN Young Sik

[생]1955·9·26 [출]서울 [주]서울 서초구 남부순환로 2423 한원빌딩4층 한국식품산업협회(02-585-5046) [학]대광고졸 1978년 중앙대 약학과졸 [경]1981년 보건사회부 약정국 약품수급담당관실 근무 1992년 국립춘천정신병원 의료부 약제과장 1994년 보건복지부 약정국 신약개발과 약무사무관 1997년 同약무진흥과 서기관 1998년 식품의약품안전청 의약품안전국 의약품안전과 서기관 1999년 同경인지방청 의약품감시과장 2002년 同의약품안전국 의료기기과장 2002년 同의약품안전국 마약관리과장 2003년 同의약품안전국 의약품안전과장 2003년 同의약품안전국장 직대 2005년 同기획관리실 고객지원담당관 2006년 同의약품관리팀장 2006년 同의약품관리팀장(부이사관) 2007년 대구지방식품의약품안전청장 2008년 식품의약품안전청 의약품안전국장 2009년 경인지방식품의약품안전청장 2011~2013년 부산지방식품의약품안전청장 2013년 한국식품산업협회 상근부회장(현)

윤영오(尹泳五) YOON Young O (民齊)

[생]1944·8·7 [본]파평(坡平) [출]전북 전주 [주]서울 성북구 정릉로77 국민대학교 사회과학대학 정치외교학과(02-910-4455) [학]1962년 경기고졸 1966년 연세대 행정학과졸, 미국 조지워싱턴대 대학원 정치학과졸 1985년 정치학박사(미국 조지워싱턴대) [경]1985~1993년 국민대 사회과학부 정치외교학전공 조교수·부교수 1990~1992년 월간 '자유공론' 편집위원 1993~2009년 국민대 사회과학대학 정치외교학과 교수 1993년 국회 제도개선위원 1994년 한국의회정치연구회 회장 1994년 미국 아이오와대 객원교수 1996년 신한국당 여의도연구소장 1999~2003년 국민대 정치대학원장 2001년 한국아메리카학회 회장 2003~2004년 외교안보연구원 객원교수 2005~2006년 한국국제정치학회 회장 2006 브룩스톤오피스텔빌딩 회장(현) 2007년 글로벌코리아포럼 공동대표 2009년 국민대 정치외교학과 명예교수(현) 2011~2013년 (사)사월회 회장 2013년 한국국제정치학회(KAIS) 회관 및 기금관리운영위원회 위원장(현) 2013년 국가원로회의 원로위원(현) [저]'국가와 정치'(1986) '현대한국정치론'(1986) 'Korean Legislative Behavior'(1991) '역사바로세우기'(1996) '행정부와 입법부 관계에 대한 고찰' '한국정치의 선진화' [종]기독교

윤영욱(尹永旭) YOON Young Wook

[생]1956·3·27 [본]해남(海南) [출]전남 목포 [주]전남 여수시 문수로135 여수문화방송 사장실(061-650-3390) [학]1974년 목포고졸 1984년 성균관대 사회학과졸 2009년 연세대 언론홍보대학원졸 [경]2000년 MBC 정치부 차장 2003년 同라디오인터넷뉴스부장 2003년 同문화과학부장 2004년 同뉴스편집2부장 2005년 同보도국 통일외교부장 2006년 同논설위원 2009년 同보도본부 선거방송기획단장 2011년 同보도본부 논설위원 2013년 여수MBC 대표이사 사장(현) [종]가톨릭

윤영은

[생]1971 [주]서울 종로구 세종대로209 금융위원회 창조기획재정담당관(02-2100-2787) [학]순천고, 서울대 국제경제학과졸, 미국 일리노이대 대학원 경제학과졸, 경제학박사(미국 일리노이대) [경]행정고시 합격(39회), 재정경제부 행정법무담당관실 근무, 同보험제도과 근무, 금융위원회 FIU기획협력팀장, 同국제협력팀장, 同금융소비자과장, 同중소금융과장 2016년 同창조기획재정담당관(부이사관)(현)

윤영인(尹永寅) YOON YEONG IHN

[생]1962·2 [출]인천 [주]충남 서산시 대산읍 독곶2로 103 한화토탈 임원실(041-660-6004) [학]부평고졸, 서울대 화학공학과졸 [경]삼성토탈 원료생산부장, 同경영혁신팀장 2006년 同원료생산사업부장(상무보), 同원료생산사업부장(상무) 2011년 同대산공장장(전무) 2013~2015년 同부사장 2015년 한화토탈(주) 부사장(현)

윤영일(尹泳一) YOON Young Il (학천·동담·유당)

[생]1957·11·4 [본]해남(海南) [출]전남 해남 [주]서울 영등포구 의사당대로1 국회 의원회관335호(02-784-1571) [학]1976년 마포고졸 1980년 성균관대 정치외교학과졸 1983년 서울대 대학원 행정학과졸 1991년 미국 시라큐스대 대학원 행정학과졸 2000년 행정학박사(성균관대) [경]1979년 행정고시 합격(23회) 1994년 감사원 제2국 제6과 감사관 1995년 同제5국 제3과 감사관 1995~1997년 UN사무국 내부감사실(OIOS) 파견 1998년 한국조세연구원 파견 1999~2012년 고려대 정책대학원 강사 1999~2007년 성균관대 행정대학원 강사 1999년 감사원 기획담당관 2001년 同제4국 제1과장 2002년 同제7국 제4과장(부이사관) 2003년 同산업·환경감사국 총괄과장 2004년 同자치행정감사국 제1과장 2004년 同건설물류감사국 총괄과장 2005년 同기획홍보관리실 대외협력심의관 2007년 同비서실장(국장) 2007년 중앙공무원교육원 파견(고위감사공무원) 2009년 감사원 사회·문화감사국장 2010년 同재정·경제감사국장 2010년 同감사교육원장 2011~2014년 IBK기업은행 감사 2012년 사회복지공동모금회 서울지회 부회장 2012년 귀농귀촌조직위원회 부위원장 2012~2014년 (사)감사협회 이사, 한국외국어대 초빙교수 2016년 국민의당 정책위원회 부의장 2016년 제20대 국회의원(전남 해남군·완도군·진도군, 국민의당)(현) 2016년 국민의당 제4정책조정위원장(현) 2016년 同전남해남군·완도군·진도군지역위원회 위원장(현) 2016년 국회 국토교통위원회 간사 겸 교통법안심사소위원회 위원장(현) 2016년 국회 예산결산특별위원회 위원(현) [상]대통령표창(1992), 근정포장(2011) [저]'공공감사제도론'(2013)

윤영준(尹榮晙) YOON Yung Joon

[생]1962·6·11 [본]파평(坡平) [출]부산 [주]경남 통영시 용남면 동달안길67 창원지방검찰청 통영지청 지청장실(055-640-4304) [학]1981년 해동고졸 1985년 고려대 법학과졸 [경]1992년 사법시험 합격(34회) 1995년 사법연수원 수료(24기) 1995년 춘천지검 검사 1997년 대전지검 강경지청 검사 1998년 서울지검 검사 2000년 인천지검 검사 2002년 울산지검 검사 2004년 서울동부지검 검사 2007년 수원지검 안산지청 부부장검사 2009년 전주지검 2부장검사 2009년 창원지검 공안부장 2010년 대구지검 공안부장 2011년 인천지검 공안부장 2012년 수원지검 형사4부장 2013년 전주지검 부장검사 2014년 창원지검 마산지청장 2015년 수원지검 안산지청 차장검사 2016년 창원지검 통영지청장(현)

윤영중(尹怜重) YOON Young Joong

[생]1959·3·9 [출]서울 [주]서울 서대문구 연세로50 연세대학교 공과대학 전기전자공학부(02-2123-2876) [학]1981년 연세대 전자공학과졸 1986년 同대학원 전자공학과졸 1991년 전자공학박사(미국 조지아공과대) [경]1992년 한국전자통신연구소 선임연구원 1993년 연세대 전파공학과 조교수·부교수 2002년 同공과대학 전기전자공학부 교수(현) 2010년 한국전자파학회 수석부회장 2011년 同회장 2012~2015년 한국방송통신전파진흥원 비상임이사 [상]대통령표창(2006), 행정자치부장관표창(2009), 정보통신부장관표창(2009) [저]'안테나 이론과 설계'(2000) '공학회로 실험'(2000) '초고주파공학'(2000) '안테나공학'(2003, 대영사)

윤영진(尹楹軫)

[생]1966·2·16 [주]부산 영도구 태종로46 영도경찰서 서장실(051-400-9321) [학]해운대고졸, 경찰대 행정학과졸 [경]2005년 부산 영도경찰서 생활안전과 근무 2007년 부산지방경찰청 경무과 기획예산계장 2010년 同경무과 경무계장 2011년 同제2부 생활안전과 생활안전계장 2014년 총경 승진 2015년 울산지방경찰청 제1부 경무과장 2016년 부산 영도경찰서장(현)

윤영찬(尹永燦)

[생]1964·8·5 [주]경기 성남시 분당구 불정로6 네이버(주) 임원실(1588-3830) [학]1983년 영등포고졸 1990년 서울대 지리학과졸 2003년 서강대 공공정책대학원 국제관계학과졸 [경]1990년 동아일보 사회부 기자 2002~2003년 同노조위원장 2005년 同정치부 차장 2005~2006년 미국 존스홉킨스대 객원연구원 2006~2007년 동아일보 문화부 차장 2008년 NHN 미디어서비스실장 2011~2013년 同대외협력담당 이사 2013년 네이버 대외협력담당 이사 2015년 同부사장(현) [상]국회 미래창조과학방송통신위원장표창(2015)

윤영창(尹永昌) YOON Young Chang

[생]1948·10·26 [출]경기 포천 [주]경기 수원시 팔달구 효원로1 경기도의회(031-8008-7000) [학]1967년 포천일고졸 [경]포천시 경제농정국장(지방부이사관), 포천중·포천일고 총동문회장, (재)포천중·포천일고 총동문장학회 이사장, 새마을운동 포천시지회 이사, 지방행정동우회 포천시 부회장, 한나라당 포천시·연천군당원협의회 부위원장 2008년 (주)성일플라텍 사장 2010년 경기도의회 의원(한나라당·새누리당) 2010년 同행정자치위원회 위원, 同의원공무국외여행 심사위원 2014년 경기도의회 의원(새누리당)(현) 2014~2016년 同건설교통위원회 위원 2014~2016년 경기북부도의원협의회 회장 2016년 경기도의회 안전행정위원회 위원장 2016년 同농정해양위원회 위원(현) [상]홍조근정훈장(2008), 대한민국 미래경영대상(2013)

윤영철(尹永哲) YUN Young Chul (衡山)

[생]1937·11·25 [본]남원(南原) [출]전북 순창 [주]서울 강남구 테헤란로87길36 도심공항타워14층 법무법인 로고스(02-2188-1040) [학]1956년 광주고졸 1961년 서울대 법대졸 [경]1960년 고등고시 사법과·행정과 합격(11회) 1963년 예편(공군 법무장교) 1963년 서울민사지법 판사 1974년 서울형사지법 부장판사 1977년 서울민사지법 부장판사 1978년 법원행정처 법정국장 1981년 서울고법 부장판사 1984년 서울지법 북부지원장 1986년 수원지법원장 1988~1994년 대법관 1994~2000년 변호사 개업 1996년 여성정책심의위원회 위원 1999년 한국신문윤리위원회 위원장 2000~2006년 헌법재판소장 2006년 법무법인 로고스 상임고문변호사(현) 2007년 헌법재판소 자문위원장 2009~2011년 SBS 사외이사 [상]청조근정훈장(1994), 자랑스러운 서울법대인상(2007) [종]가톨릭

윤영철(尹榮喆) YOON Young Chul

[생]1957·1·19 [본]파평(坡平) [출]서울 [주]서울 서대문구 연세로50 연세대학교 사회과학대학 언론홍보영상학부(02-2123-2979) [학]대광고졸 1982년 연세대 신문방송학과졸 1984년 미국 뉴욕주립대 대학원 사회학과졸 1989년 언론학박사(미국 미네소타대) [경]1983년 미국 뉴욕주립대 조교 1986년 미국 미네소타대 연구원 1989년 연세대 강사 1990년 강원대 신문방송학과 교수 1996년 연세대 신문방송학과 교수, 同사회과학대학 언론홍보영상학부 교수(현) 1999~2001년 同신문방송학과장 2007년 관훈클럽 편집위원 2008년 연세대 언론홍보대학원장 2009~2012년 同커뮤니케이션대학원장 2010~2012년 同언론홍보대학원장 2011~2012년 한국언론학회 회장 2012년 삼성화재해상보험 사외이사(현) 2012~2016년 同감사위원 겸임 2013~2016년 문화체육관광부 여론집중도조사위원회 위원장 [상]한국언론학회 신진학자논문상(1992), 한국언론학회 희관 저술상(2000), 한국언론학회 우수논문상(2007), 연세대 우수강의상(2007·2008) [저]'한국사회변동과 언론'(共) '한국민주주의와 언론' '민주화이후 한국언론'(共) '한국사회의 소통위기'(共) [역]'지배권력과 제도언론'

윤영탁(尹榮卓) YUN Young Tak

[생]1933·6·4 [본]파평(坡平) [출]경북 경산 [주]서울 영등포구 국회대로70길18 한양빌딩 새누리당(02-3786-3206) [학]1954년 대륜고졸 1960년 서울대 문리대 사회학과졸, 연세대 경영대학원 최고경영자과정 수료, 서울대 행정대학원 최고경영자과정 수료 1992년 영남대 경영대학원 최고경영자과정 수료 2000년 한양대 행정대학원졸 [경]1965년 국회사무처 입법사무관 1969년 同운영위원회 행정실장 1973년 同총무과장 1974년 건설부 총무과장 1975년 同경주개발건설국장 1976년 同국토이용관리국장 1977~1979년 충북·서울지방국토관리청장 1980년 (주)대우 해외담당 전무이사 1983년 민주화추진협의회 건설위원장 1985년 제12대 국회의원(전국구, 신한민주당·통일민주당) 1985년 신한민주당 총재 경제담당특보 1987년 통일민주당 재정위원장 1988년 同대구수성지구당 위원장 1988년 同정책위원회 부의장 1990년 민자당 정책평가위원 1992년 제14대 국회의원(대구 수성乙, 국민당·무소속·민자당·신한국당) 1992년 국민당 정책위원회 의장 1992년 국회 행정위원장 1994년 국회 섬유산업발전연구회장 1996~1998년 국회 사무총장 1998년 대구·경북경제연구원 원장 1999년 영남대 객원교수 2000~2004년 제16대 국회의원(대구 수성乙, 한나라당) 2001년 한나라당 중소기업특별위원회 위원장 2001년 同국가혁신위원회 민생복지분과위원장 2002~2004년 국회 교육위원장 2003년 한나라당 지도위원 2005년 同상임고문 2012년 새누리당 상임고문(현) [상]국회의장표창, 청조근정훈장(2003) [저]'英美의회제도 연구' '21세기 한국경제 나아갈 길'(1998) '경제개혁과 우리 경제의 패러다임'(2001) [종]천주교

윤영호(尹泳浩) YOON YOUNG HO

⊛1957・7・27 ⊜전북 김제 ㈜경남 거제시 장평3로80 삼성중공업(주) 임원실(055-630-2034) ⓗ신흥고졸 1982년 전북대 기계공학과졸 ⓖ1982년 삼성그룹 입사, 삼성중공업(주) 기본설계팀 부장, 同기술영업팀 파트장 2003년 同선행도장팀장(상무보) 2006년 同선행팀장(상무) 2009년 同선행팀장(전무) 2010년 同고객지원팀장(전무) 2011년 同생산2담당 전무 2013년 同외업담당 전무 2013년 同조선소장(전무) 2013~2014년 同부사장 2015년 同고문 2015년 同자문역(현)

윤영호(尹永鎬) YUN Young Ho

⊛1964・7・1 ⊜전남 ㈜서울 종로구 대학로101 서울대학교암병원 완화의료센터(02-740-8417) ⓗ1990년 서울대 의대졸 2000년 同대학원졸 2002년 의학박사(서울대) ⓖ1990~1993년 서울대병원 가정의학과 전공의 1993~1996년 공군 軍의관 1996~1998년 서울대병원 가정의학과 전임의 1998~2000년 한국전력공사 부속 한일병원 가정의학과장 2000년 국립암센터 진료지원센터 사회사업호스피스실장 2001년 同암역학관리연구부 삶의질향상연구과장 2005년 同국가암관리연구단 삶의질향상연구과장 2006년 同암관리정책연구부장 2007년 同국가암관리사업단 암관리사업부장 2007년 同기획조정실장 2009~2011년 同암역학관리연구부 책임연구원 겸 암관리연구과장 2011년 서울대 의과대학 의학과 및 암병원 암통합케어센터 교수(현) 2011~2013년 同의과대학 암연구소 홍보부장 2012년 同의과대학 의료정책부실장 2012~2013년 서울대병원 강남헬스케어센터 연구소장 2013년 서울대 의과대학 건강사회정책실장 2014년 同의과대학 의학과장 2014년 同연구부학장 2015년 보건복지부 건강보험정책심의위원회 위원 2016년 서울대병원 공공보건의료사업단 부단장 2016년 同공공보건의료사업단장(현) ⓢ대한가정의학회 우수논문상(1999), 대한가정의학과 MSD학술상(2004), 한국임상암학회 보령학술상 최우수상(2011), 제11회 화이자의학상 임상의학상(2013), 홍조근정훈장(2016)

윤영환(尹泳煥) YOON Young Hwan (大熊)

⊛1934・3・30 ⊜파평(坡平) ⊜경남 합천 ㈜서울 강남구 봉은사로640 (주)대웅 임원실(02-550-8003) ⓗ1953년 용산고졸 1957년 성균관대 약대 약학과졸 1975년 고려대 경영대학원 수료 1979년 서울대 최고경영자과정 수료 1992년 명예 경영학박사(성균관대) ⓖ1966~1985년 (주)대웅제약 대표이사 사장 1981년 대한약사회 부회장 1983년 한국RP쉐러(주) 사장 1985~2014년 (주)대웅제약 회장 1993~1995년 한국제약협회 부회장 2014년 (주)대웅 명예회장(현) ⓢ약의상(1981), 금탑산업훈장(1982), 철탑산업훈장(1987), 경실련 경제정의기업상(1994), 국민훈장 동백장(1999), 대한민국 가장존경받는 기업인상(2015)

윤영훈(尹泳薰) YOON Young Hun

⊛1966・11・8 ⊜전남 해남 ㈜대전 서구 둔산중로78번길26 민석타워401호 대원법률사무소(042-485-2345) ⓗ1984년 경신고졸 1989년 중앙대 법학과졸 ⓖ1994년 사법시험 합격(36회) 1997년 사법연수원 수료(26기) 1997년 광주지법 판사 1999년 同장흥지원 판사 겸 강진군법원 판사 2001년 同화순군법원 판사 2003년 대전지법 판사 2006년 대전고법 판사 2007년 대전지법 천안지원 판사 2008년 대전고법 판사 2010년 청주지법 판사 2012~2014년 대전지법 홍성지원장 2014년 대원법률사무소 대표변호사(현)

윤오섭(尹旿燮) YOON Oh Sub

⊛1946・9・27 ⊜남원(南原) ⊜충남 공주 ㈜대전 서구 대덕대로176번길51 대전상공회의소7층 대전충남환경보전협회(042-486-8056) ⓗ1967년 공주대사대부고졸 1976년 동국대 화학과졸 1978년 건국대 대학원 분석화학과졸 1988년 공학박사(동아대) ⓖ1979~1980년 국립과학수사연구소 실험실장 1980~1990년 대전보건대학 환경관리과 부교수 1990~2012년 한밭대 환경공학과 교수 1993년 대전엑스포조직위원회 교육위원 1995~1996년 일본 교토대 초청연구교수 1996~1998년 대전의제21추진협의회 회장 1996~2000년 국회 환경포럼 자문위원 1999년 환경부 홍보・환경교육담당 강사(현) 1999~2004년 전문인참여포럼 대전・충청지회 상임대표 2000~2005년 대전도시개발공사 비상임이사 2002년 환경부 폐기물기술지원단 위원 2006~2008년 한국폐기물학회 회장 2008년 同고문(현) 2008년 환경부 '폐자원 에너지화 및 non-CO₂ 온실가스 사업단' 운영위원장 2009년 한국환경자원공사 비상임이사 2009~2012년 대전시의회 의정자문위원 2009~2010년 한밭대 산업대학원장 2010~2016년 대전녹색소비자연대 상임대표 2010~2014년 에너지시민연대 공동대표 2011년 대전소비자단체협의회 상임대표 2012년 한밭대 건설환경공학과 명예교수(현) 2012년 대전충남환경보존협회 회장(현) 2012년 한국환경한림원 정회원 2014~2015년 대전시 환경녹지분야 명예시장 ⓢUNEP 한국위원회 총재표창(2000), 환경부장관표창(2000), 한국폐기물학회 학술상(2001), 대전시환경상(2003), 국무총리표창(2005), 녹조근정훈장(2012) ⓩ'환경학'(1994) '폐기물처리공학'(2001) '유해폐기물처리'(2001) '인간과 환경'(2001) '폐기물처리기술' '대기오염과 미기상학' '수오염물분석' '실제환경교육' '환경보건학'(2007) '폐기물처리 자원화공학'(2008) '유해폐기물 유해물독성 및 특성'(2009) '녹색환경교육'(2010) '푸르름을 향한 날갯짓'(2012) '기후변화와 녹색환경'(2014) ⓒ기독교

윤옥섭(尹玉燮) YOON Ok Seop

⊛1954・7・5 ⊜인천 ㈜서울 강남구 광평로281 수서빌딩11층 갤럭시아일렉트로닉스(02-6005-1673) ⓗ동인천고졸, 연세대 교육학과졸 ⓖ(주)효성 무역PG 화학PU 화학원료팀 부장・이사 2005년 同무역PG 화학PU장(상무) 2010년 同무역PG 화학PU장(전무) 2014년 갤럭시아일렉트로닉스 대표이사 사장(현)

윤완철(尹完澈) Yoon, Wan Chul

⊛1955・1・15 ⊜파평(坡平) ⊜서울 ㈜대전 유성구 대학로291 한국과학기술원 지식서비스공학과(042-350-3119) ⓗ1973년 중앙고졸 1977년 서울대 산업공학과졸 1979년 한국과학기술원 대학원졸 1987년 공학박사(미국 조지아공과대) ⓖ1979~1982년 현대건설 근무 1987년 미국 NASA Ames연구소 연구원 1988년 한국과학기술원 산업공학과 교수, 同지식서비스공학과 교수(현) 1997년 대한산업공학회 인지공학연구회 위원장 2002년 대한인간공학회 UI연구회 위원장・부회장 2003년 한국과학기술평가원 I&C사업단 전문평가위원 2005~2008년 한국과학기술원 학생처장 2008~2011년 국제학술단체 IFAC TC4.5 위원장 2008년 대한인간공학회 학술담당 부회장 2008~2013년 한국과학기술원 지식서비스공학과장 2011~2013년 서비스사이언스학회 회장 ⓒ기독교

윤왕래(尹旺來) YOON Wang Lai

⊛1959・11・19 ㈜대전 유성구 가정로152 한국에너지기술연구원 부원장실(042-860-3661) ⓗ1980년 연세대 화학공학과졸 1983년 한국과학기술원졸(KAIST) 석사 1992년 화학공학박사(한국과학기술원) ⓖ1983년 한국에너지기술연구원 에너지전환연구부 선임연구원, 同책임연구원, 同청정에너지연구부 전환공정연구센터장 2005년 同수소・연료전지연구부장 2006년 同신에너지연구부장 2008년 同전략기술연구본부장 2011년 同신재생에너지연구본부장, 同수소연료전지연구단 책임연구원 2014년 同선임연구본부장 2014년 同부원장(현) ⓢ과학기술훈장 웅비장(2016)

윤왕로(尹旺老) YOUN Wang Ro

⊛1958・2・9 ⊜충북 괴산 ㈜서울 강서구 하늘길78 한국공항공사 부사장실(02-2660-2202) ⓗ1977년 증평공고졸 1987년 경희대 토목공학과졸 ⓖ2003년 대전지방국토관리청 건설관리실장 2004년 건설교통부 항공안전본부 공항시설국 신공항개발과장 2005년 同도시철도팀장 2006년 同도로관리팀장 2008년 국토해양부 항공철도국 간선철도과장 2009년 同교통정책실 간선철도과장 2009년 同건설수자원정책실 기술기준과장 2010년 同감사관실 감사담당관 2011년 행정중심복합도시건설청 기반시설국장(고위공무원) 2013~2015년 대전지방국토관리청장 2015년 한국공항공사 부사장(현) 2015~2016년 同사장 직무대행 2016년 항공안전기술원 비상임이사(현) ⓢ대통령표창(2001), 근정포장(2005)

윤용갑(尹用甲) YUN Yong Gab

⊛1954・6・2 ⊜전북 ㈜전북 익산시 익산대로460 원광대학교 한의과대학 방제학교실(063-850-6834) ⓗ1980년 원광대 한의학과졸 1985년 同대학원 한의학과졸 1988년 한의학박사(원광대) ⓖ1983~1988년 원광보화당한의원 원장 1987~1991년 동국대 한의대학 전임강사・조교수 1991년 우석대 한의대학 강사 1991~1997년 갑자한의원 원장 1995~2001년 대한한의학회 방제분과학회 부회장 1997년 원광대 한의대학 방제학교실 부교수 2001년 同한의과대학 방제학교실 교수(현) 2001년 同의약자원연구센터 사무국장 2002년 대한한의학방제학회 회장 2007년 원광대 야간강좌교학처장 2007년 同기획

위원회 위원 2007~2009년 同학생지도위원회 위원 2007~2009년 오미자산학연협력단사업 기술전문위원 2015년 원광대 한의과대학장 겸 한의학전문대학원장(현) [저]'동의방제와 처방해설'(1998, 의성당) '한의학 총강'(2001, 의성당) 'EBM한방'(2004, 정담) '방제에 활용된 상용 200종 약물의 배오'(2005, 의성당) '신 동의방제 2223도해 임상활용'(2006, 정담) [역]'方劑心得十講'(2002, 의성당) [종]기독교

윤용구(尹容九) YOON Young Ku (曉泉)

[생]1929·8·15 [본]함안(咸安) [출]충북 청주 [주]경기 성남시 분당구 들마로 42 한국과학기술한림원 [학]1948년 청주고졸 1953년 서울대 문리과대졸 1957년 이학박사(미국 브라운대) 1963년 미국 카네기공대 대학원 수학 [경]1957~1958년 미국 브루클린공대 박사 후 연구원 1958~1963년 미국 US스틸 중앙연구소 선임연구원 1963~1967년 미국 아르곤국립연구소 책임연구원 1967년 한국과학기술연구원(KIST) 책임연구원·제1연구부장·금속재료연구실장 1971~1978년 한국원자력연구소 소장 1973~1978년 과학기술처 원자력위원회 위원 1977~1978년 한국원자력기술 대표이사 1978~1981년 한국과학기술연구원(KIST) 선임연구위원 1981~1985년 한국과학기술원(KAIST) 책임연구원 1983년 미국 UC버클리대 초빙연구원 1985~1994년 한국과학기술원(KAIST) 원자력공학과 교수 1986~1995년 한국원자력안전기술원 원자력안전자문위원 1989~1991년 한국원자력학회 회장 1991년 신형원자로연구센터 소장 1994~2000년 한국원자력안전기술원 이사 1996~2000년 동원대 학장 1998년 한국과학기술한림원 종신회원(현) 2015년 (사)대덕원자력포럼 고문(현) [상]국민훈장 동백장 [저]'핵재료공학' [종]기독교

윤용남(尹用男) YUN Yong Nam (晴野)

[생]1958·7·10 [본]파평(坡平) [출]충남 예산 [주]서울 성북구 보문로34다길2 성신여자대학교 윤리교육과(02-920-7239) [학]1978년 대전고졸 1982년 동국대 철학과졸 1984년 한국정신문화연구원 대학원 철학종교학과졸 1990년 성균관대 대학원 동양철학박사과정 수료 1993년 철학박사(성균관대) [경]1987~1989년 한국정신문화연구원 철학종교연구실 연구조교 1988~1991년 민족문화추진회 국역위원(비상임) 1989~1990년 인천교육대 강사 1989~1993년 성균관대 강사 1990~1998년 한국주역학회 연구이사·편집이사 1990~1999년 성신여대 강사·전임강사·조교수 1992~1994년 한양대 강사 1992~1994년 동양철학연구회 편집간사 1995~1998년 한중철학회 감사·연구이사 1995~1999년 성신여대 윤리교육과 학과장 1996~1998년 동양철학연구회 섭외이사 1997~2005년 한국국민윤리학회 연구이사·감사·상임이사·편집위원 1998~1999년 성균관대 유학대학원 강사 1998~2002년 한국주역학회 감사·편집이사 1998~2002년 동양철학연구회 이사·감사 1999~2004년 성신여대 윤리교육과 부교수 2000~2002년 한국동양철학회 전산이사 2001~2003년 한국유교학회 편집이사 2002년 동양철학연구회 편집이사 2004년 성신여대 윤리교육과 교수(현) 2007~2011년 同교육문제연구소장 2009~2011년 同중앙도서관장 2011년 同동양사상연구소장 2011~2013년 同사범대학장 [역]'인조실록8집'(1989, 民族文化推進會) '인조실록12집'(1990, 民族文化推進會) '효종실록7집'(1991, 民族文化推進會)

윤용로(尹庸老) Yun Yong Ro

[생]1955·10·6 [출]충남 예산 [주]서울 중구 퇴계로 100 스테이트타워 남산8층 법무법인 세종(02-316-4065) [학]1974년 중앙고졸 1978년 한국외국어대 영어과졸 1982년 서울대 행정대학원 수료 1987년 미국 미네소타대 대학원 행정학과졸 [경]1977년 행정고시 합격(21회) 1978~1993년 재무부 국세심판소·국고국·경제협력국·이재국 근무 1993~1996년 한국금융연구원 연구위원 1996~1997년 재정경제원 소비세제과장·관세협력과장 1997년 同장관 비서관 1999년 재정경제부 외화자금과장 2000년 同은행제도과장 2001년 미국 컬럼비아대 동북아연구소 연수 2002년 금융감독위원회 공보관 2003년 同감독정책2국장 2006~2007년 증권선물위원회 상임위원 2007년 금융감독위원회 부위원장 겸 증권선물위원회 위원장 2007~2010년 중소기업은행장 2011년 한국금융연구원 초빙연구위원 2011년 하나금융지주 글로벌전략총괄 부회장 2012~2014년 한국외환은행장 2012~2014년 하나금융지주 기업금융부문 부회장 2013~2016년 국립박물관문화재단 비상임이사 2015년 삼성생명보험(주) 사외이사 겸 감사위원(현) 2015년 (주)LF 사외이사 겸 감사위원(현) 2015년 법무법인 세종 고문(현) [상]홍조근정훈장, 근정포장, 자랑스런 외대인상(2008), 외대경영인상(2010), 산업포장(2013) [저]'금융개혁' '자산유동화(Structured Finance)' '리더의 자리'(2015, 티핑포인트)

윤용문(尹瑢文) YOUN Yong Mun

[생]1954·5·27 [본]파평(坡平) [출]대구 [주]대구 달서구 달서대로210 대구환경공단 이사장실(053-605-8003) [학]경북대사대부고졸, 경북대 전자공학과졸, 영남대 대학원 환경공학과졸 [경]1998년 환경부 환경정책실 환경경제과 서기관 1999년 한강유역환경관리청 개청준비단 서기관 1999년 同유역계획과장 2002년 낙동강유역환경청 유역관리국장 2003년 신행정수도건설추진지원단 파견 2005년 환경부 대기보전국 생활공해과장 2007년 同대기보전국 교통환경관리과장 2008년 同자연보전국 환경평가과장 2009년 同감사관실 감사담당관(부이사관) 2009년 同대변인(국장급) 2010~2012년 한국환경공단 기후대기본부장 2013~2014년 한국자동차환경협회 회장 2014년 대구환경공단 이사장(현) [상]근정포장(1992), 홍조근정훈장(2009)

윤용석(尹庸碩) Yong Suk YOON

[생]1954·10·12 [출]부산 [주]서울 중구 남대문로63 한진빌딩본관18층 법무법인 광장(02-772-4360) [학]1974년 경기고졸 1978년 서울대 법학과졸 1990년 미국 워싱턴주립대 대학원졸 [경]1978년 사법시험 합격(20회) 1980년 사법연수원 수료(10기) 1980년 軍법무관 1983~2010년 법무법인 광장 변호사 1990년 미국 샌프란시스코 그라함&제임스 법률사무소 1992년 대한상사중재원 중재인(현) 1998~2007년 서울고법 조정위원 2009~2010년 금융감독원 제재심의위원회 위원 2009~2011년 서울지방변호사회 정책자문특별위원 2010년 대통령 과학기술비서관실 정책자문위원 2011년 기독법률가회 이사장 2011년 법무법인 광장 대표변호사 2011년 대통령직속 원자력안전위원회 위원 2013~2014년 금융감독원 국민검사청구심의위원회 심의위원 2015년 법무법인 광장 변호사(현)

윤용선(尹用善) Yoon, Yong-sun (禮堂)

[생]1957·6·11 [본]파평(坡平) [출]충남 예산 [주]세종특별자치시 정부2청사로13 국민안전처 세종2청사4층 재난대응정책관실(044-205-5200) [학]1978년 예산농업고등전문학교졸 1984년 단국대 토목공학과졸 2000년 연세대 대학원 토목공학과졸 2014년 공학박사(강원대) [경]1988~1990년 당진군 근무 1991~1992년 충남도 공영개발사업단 근무 1992~2003년 내무부·행정자치부 근무 2004~2009년 소방방재청 근무 2010년 同재난상황실장 2011~2012년 同기후변화대응과장 2011년 한국방재협회 감사 2012년 한국농공학회 이사(현) 2013년 소방방재청 재해경감과장 2014년 同복구지원과장 2014~2015년 한국방재협회 이사 2014년 국민안전처 재난관리실 재난대응정책관 전담직대 2015년 同재난관리실 재난대응정책관(고위공무원)(현) 2015년 한국방재학회 감사(현) 2015년 한국방재안전학회 부회장(현) [상]대통령표창(1999), 근정포장(2002), 녹조근정훈장(2008)

윤용식(尹龍植) YOON Yong Sik

[생]1956·10·5 [본]파평(坡平) [출]경북 예천 [주]인천 연수구 아카데미로119 인천대학교 상근감사실(032-835-8114) [학]1976년 서울 성동고졸 1984년 동국대 국사교육과졸 1989년 미국 위스콘신대 대학원 교육행정학과졸 1991년 교육행정학박사(미국 위스콘신대) [경]1983년 행정고시 합격(27회) 1984년 경북도의회 교육위원회 계장 1991~1995년 교육부 감사관실·법무관실·전문대학무과 사무관 1995년 교육인적자원부 교원정책과 서기관 1996년 UNESCO 직업기술교육과 파견(서기관) 2000년 국제교육진흥원 유학연수과장 2001년 교육인적자원부 인적자원정책위원회 정책과장(군산대 파견) 2002년 同인적자원정책국 정책총괄과장 2003년 同평생직업교육국 평생학습정책과장 2004년 한경대 총무과장 2005년 同사무국장 2005년 동국대 교육대학원 겸임교수 2005년 교육인적자원부 바른역사정립기획단 파견 2006년 대구시교육청 부교육감 2008년 중앙공무원교육원 파견 2009년 한국교원대 사무국장 2010년 경북대 사무국장 2011년 경상대 사무국장 2012년 충남대 사무국장 2014년 교육부 중앙교육연수원장 2015년 대한민국학술원 사무국장 2016년 인천대 상근감사(현) [상]대통령표창(1994) [종]기독교

윤용암(尹用岩) YOON Yong Am

[생]1956·1·5 [출]서울 [주]서울 중구 세종대로67 삼성증권 임원실(02-2020-8012) [학]서울고졸, 연세대 경영학과졸, 미국 MIT 경영대학원졸 [경]1999년 삼성물산(주) 뉴욕지사 경영지원팀장(상무보) 2001년 삼성전자(주) 북미총괄 전략기획팀장(상무) 2005년 삼성생명(주) 기획관리실 전무 2007년 삼성화재해상보험(주) 자산운용실장(전무) 2009년 同경영지원실장(부사장), 삼

성화재블루팡스배구단장 2010년 삼성화재해상보험(주) 기업영업·해외사업총괄 부사장 2011~2012년 同기업영업총괄 부사장 2012년 삼성생명보험 자산운용본부장(부사장) 2012~2014년 삼성자산운용(주) 대표이사 사장 2015년 삼성증권 대표이사 사장(현) [상]제23회 다산금융상 자산운용부문 금상(2014)

윤용중(尹庸重)

[생]1964·6·5 [주]서울 영등포구 의사당대로1 국회예산정책처 예산분석심의관실(02-788-3768) [학]경제학박사(국민대) [경]국회예산정책처 사회예산분석과 예산분석관, 同경제정책분석과장 2009년 同경제분석실 경제정책분석팀장 2013년 同예산분석심의관(현)

윤용진(尹龍鎭) YOON Yong Jin

[생]1957·1·24 [주]대전 유성구 가정로152 한국에너지기술연구원 정책연구실(042-860-3215) [학]1982년 충남대 건축공학과졸 1985년 한양대 대학원졸 1990년 공학박사(한양대) [경]영국 건축연구소 연수, 한국에너지기술연구소 건물에너지연구부 선임연구원 2001년 한국에너지기술연구원 에너지절약연구부 책임연구원 2007년 同혁신평가팀장 2008년 同경영분석과장 2010년 同기획부장 2011년 同선임연구본부장 2014년 同기술정책연구실 책임연구원 2015년 同정책연구실 책임연구원(현) [종]천주교

윤용철(尹鏞喆) YOON Yong Chul

[생]1964·6·7 [출]대구 [주]서울 영등포구 여의나루로57 신송센터빌딩12층 코리아에셋투자증권 임원실(02-550-6200) [학]1987년 서울대 경영학과졸 [경]1987~1993년 대우리서치센터 은행분석가 1993~1996년 대우증권 국제영업부 근무 1996~2000년 스위스연방은행(UBS) 수석은행분석가 2000~2002년 골드만삭스(Goldman Sachs) 수석은행분석가 2002~2007년 리먼브러더스(Lehman Brothers)인터내셔널증권 서울지점 리서치센터장(전무) 2010~2014년 IBK투자증권 중소기업IB본부장(상무) 2014년 코리아에셋투자증권 글로벌사업전략담당 전무(현)

윤용철(尹用哲) YOON Yong Cheol

[생]1965·5·20 [출]강원 속초 [주]서울 중구 을지로65 SK텔레콤 PR실(02-6100-6700) [학]성수고졸, 서울대 독어독문학과졸 [경]2000년 MBC 보도국 정치부 기자 2003년 同보도국 사회부 차장대우 2005년 同보도제작국 특임1CP 2007년 워싱턴특파원(차장) 2011~2012년 同보도국 뉴미디어뉴스부장 2012년 SK텔레콤 CR부문 융합정책TF장 2013년 同홍보실장(전무) 2014년 同PR실장(전무)(현) [상]이달의 기자상(1994)

윤용혁(尹龍爀) YUN Yong Hyuk

[생]1952·2·5 [출]전남 [주]충남 공주시 공주대학로56 공주대학교 사범대학 역사교육과(041-850-8225) [학]1974년 공주대 사범대학 역사교육과졸 1977년 고려대 대학원 사학과졸 1988년 同대학원 문학 박사과정 수료 [경]1978~1980년 공주대 사범대학 강사·조교 1980년 同사범대학 역사교육과 교수(현) 1990~1995년 同박물관장 1992년 충남도 문화재위원(현) 1995년 문화관광부 문화재전문위원 1996~1997년 일본 쓰쿠바대 객원교수 1999~2001년 충남발전연구원 역사문화센터장 1999년 고려사학회 이사 1999년 웅진사학회 부회장 2001~2004년 공주대 백제문화연구소장·백제문화연구원장 2004~2006년 同대학원장 2006~2007년 국립해양유물전시관 연구교수, 충청문화재연구원 이사 2007년 한국중세사학회 회장 2008년 공주대 역사교육과장 2009~2012년 국사편찬위원회 위원 2012~2013년 공주대 도서관장 2012~2013년 同출판부장 2013년 웅진사학회 회장(현) 2013년 강화고려역사문화재단 이사(현) 2013년 문화재청 고도육성중앙심의위원회 위원(현) 2013~2016년 공주대 문화유산대학원장 2014년 同공주학연구원장 2015년 세종시 문화재위원(현) [상]법무부 공로표창(2004), 충남도문화상 학술부문(2008) [저]'고려대몽항쟁사 연구'(1991) '고려후기의 사회와 대외관계(共)'(1994) '민족정기론(共)'(1995) '고려 삼별초의 대몽항쟁'(2000) '공주, 역사문화론집'(2005) '고려몽골전쟁사'(2007) '가루베 지온의 백제연구'(2010) '충남, 내포의 역사와 바다'(2016, 서경문화사)

윤용희(尹龍熙) YOON Yong Hee (三秀)

[생]1941·3·1 [본]파평(坡平) [출]대구 달성 [주]대구 북구 대학로80 경북대학교 사회과학대학 정치외교학과(053-950-5206) [학]1965년 대건고졸 1969년 경북대 정치학과졸 1971년 고려대 대학원졸 1973년 연세대 행정대학원졸 1985년 서울대 환경대학원 환경계획학과 수료 1985년 정치학박사(고려대) 2003년 영어행정학박사(미국 고헨대) [경]1976년 국방대학원 연구관 1979~1991년 경북대 정치외교학과 전임강사·조교수·부교수 1991~2006년 同교수 1993년 대구·경북정치학회 회장 1994~1996년 경북대 사회과학대학장 1994년 평화문제연구소 소장 1995년 국제정치학회 영남지회장 1995년 전국국립대학장협의회 회장 1996~2006년 경북대 지방자치연구소장 1996년 한국동북아학회 부회장 1996년 대한정치학회 부회장 1998년 한국국제정치학회 부회장 1998~1999년 대구·경북지방자치학회 회장 1999년 한국정치정보학회 부회장 2000년 대구방송 객원해설위원 2000년 경북대총동창회 부회장(현) 2001년 한국동북아학회 고문(현) 2003~2016년 대한정치학회 고문 2003년 한국민족통일학회 부회장 2003년 한국선거학회 부회장 2004년 대한지방자치학회 고문(현) 2004년 제17대 국회의원선거 출마(대구 달성, 열린우리당) 2004년 열린우리당 자문위원장 2005년 同대구시당 부위원장 2006~2008년 학교법인 유신학원(대구예술대) 이사장 2006년 경북대 명예교수(현) 2008년 대구시 평화대사협의회 회장(현) 2010년 경북대사회과학대학동창회 회장(현) 2010년 연세대총동창회 상임이사(현) 2010년 서울대총동창회 종신이사(현) 2011년 시민단체 '핵심과통합' 대구시 공동회장(현) 2015년 새정치민주연합 경북도당 윤리심판위원회 위원장 2016년 대구경북명예교수회 회장(현) 2016년 대한정치학회 이사(현) [상]근정포장(2006) [저]'정치학' '미국의 환경오염방지정책' '한국정치의 체계분석' '정당과 정치발전' '한국정치학' '각국의회정치론' '한국의 자본주의와 민주주의' '지방자치론' '한국현대정치론' '지방의회론' '현대 미국대통령 선거론' '한국 선거사' 'G7의 정치와 선거제도론'(2012, 책과 세계)

윤우석(尹友錫) YOON Woo Suk

[생]1943·9·7 [출]서울 [주]경기 평택시 세교산단로3 진성티이씨(주) 비서실(031-706-3838) [학]1962년 경기고졸 1967년 서울대 자원공학과졸 1988년 同경영대학원 최고경영자과정 수료 [경]1970~1976년 한국상업은행 근무 1977~1982년 신생산업사 대표 1979년 신생플랜트산업(주) 대표 1982~2014년 진성티이씨(주) 대표이사 사장, 한국건설기계공업협회 상임이사 2004년 진성티이씨(주) 대표이사 회장(현) [상]과학기술부 선정 '올해의 테크노CEO상'(2006), 서울대 공대동문상(2008), 서울대 공대 선정 '올해의 발전공로상'(2013)

윤우섭(尹宇燮) YUN Woo Seob

[생]1955·2·15 [본]파평(坡平) [출]충북 충주 [주]경기 용인시 기흥구 덕영대로1732 경희대학교 외국어대학 러시아어학과(031-201-2253) [학]1980년 한국외국어대 노어과졸 1989년 독일 마르부르크대 대학원졸 1993년 문학박사(독일 마르부르크대) [경]1993년 한국외국어대 러시아어과 강사 1994년 경희대 외국어대학 러시아어학과 교수(현) 2004~2007년 同교양학부장 2006~2007년 한국슬라브학회 회장 2007~2013년 경희대 외국어대학장 2010~2014년 同공자학원장 2012년 한국교양기초교육원 e-저널 '두루내' 편집위원장(현) 2015년 한국교양교육학회 회장(현) [역]'상처받은 사람들'(2000) '러시아 여성의 눈'(2005) '교환'(2005) '중급 러시아어 뛰어넘기'(2005) '안나 카레니나'(2009)

윤우열(尹禹烈) YOON Uh Yel

[생]1949·2·5 [출]충남 [주]경기 성남시 분당구 야탑로94 한일개발(주) 비서실(031-704-1700) [학]1972년 충남대 건축공학과졸 [경](주)유니온백시멘트 공장건설본부 근무, 한일건설(주) 건축사업본부장(상무) 2000년 同전무이사 2005년 同부사장 2007년 한일개발(주) 대표이사 사장 2012~2015년 同회장 2015년 同고문(현)

윤우정(尹羽正) YOON Woo Jung

[생]1943·4·13 [본]칠원(漆原) [출]경남 통영 [주]경기 수원시 영통구 동수원로545 화산빌딩2층201호 법무법인 화산(031-212-2222) [학]1961년 경남 통영고졸 1967년 서울대 법학과졸 1970년 同대학원졸 1972년 연세대 경영대학원 수료 [경]1968년 사법시험 합격 1970년 육군 군법무관 1973년 서울지검 동부지청 검사 1977년 서울지검 특별수사부 검사 1980년 부산지검 검사 1980년 춘천

지법 판사 1981년 서울고법 판사 1983년 대법원 재판연구관 1985년 부산지법 부장판사 1987년 수원지법 부장판사 1988년 변호사 개업 1993년 보람은행장 추천위원 1993년 (사)한국장애인장학회 통영지회 설립 1993년 통영환경문제연구소 소장 1993년 법무법인 하나법률 대표변호사 1994년 그린스카우트 창단발기인·본부연합이사 1994년 맑은물되찾기운동연합회 부회장 1996년 그린스카우트 통영시·고성군지부장 2003년 칠월윤씨대종회 회장 2007년 법무법인 화산 대표변호사(현)

윤우진(尹又進) YUN Woo Jin

(생)1953·2·22 (출)전북 남원 (주)경기 수원시 영통구 중부대로316 진빌딩403호 법무법인 광교(031-214-6700) (학)1971년 전주고졸 1975년 서울대 법대졸 1977년 同대학원 법학과졸 (경)1979년 사법시험 합격(21회) 1981년 사법연수원 수료(11기) 1981년 軍법무관 1984년 전주지법 판사 1986년 同군산지원 판사 1989년 전주지법 판사 1990년 인천지법 판사 1991년 서울고법 판사 1993년 서울형사지법 판사 1995년 광주지법 부장판사 1998년 인천지법 부장판사 1999년 서울지법 북부지원 부장판사 2000년 서울지법 부장판사 2004년 서울북부지법 수석부장판사 2006~2008년 수원지법 부장판사 2006년 언론중재위원회 중재위원 2008년 변호사 개업 2011년 법무법인 광교 대표변호사(현) 2012~2015년 한국승강기안전기술원 비상임이사 (종)원불교

윤욱진(尹昱鎭) YOON Wook Jin

(생)1958·2·4 (본)해평(海平) (출)서울 (주)서울 중구 삼일대로363 (주)한화 화약부문 임원실(02-729-1567) (학)1976년 경기고졸 1980년 서울대 경제학과졸 (경)1983~1994년 대우그룹 입사·기획조정실 근무 1994~1996년 (주)대우 무역부분 기계사업본부 근무 1996~2003년 헝가리베어링법인 대표이사 2003년 신동아화재해상보험(주) 자산운용담당 상무보 2004년 同신채널영업본부장(상무) 2005~2006년 한화투자신탁운용 대표이사 2007~2011년 한화그룹 경영기획실 팀장 2013~2014년 (주)한화건설 솔라사업실장(전무) 2015년 (주)한화 화약부문 전무(현)

윤웅걸(尹雄傑) YOON Woong Keol

(생)1966·8·15 (본)해남(海南) (출)전남 해남 (주)서울 서초구 반포대로157 대검찰청 기획조정부(02-3480-2000) (학)1985년 영등포고졸 1990년 고려대 법대졸 (경)1989년 사법시험 합격(31회) 1992년 사법연수원 수료(21기) 1992년 軍법무관 1995년 창원지검 검사 1997년 수원지검 평택지청 검사 1998년 법무부 검찰2과 검사 2000년 서울지검 검사 2000년 미국 컬럼비아대 로스쿨 Visiting Scholar 2002년 국가정보원 파견 2004년 부산지검 부부장검사 2005년 同동부지청 형사3부장 2006년 창원지검 밀양지청장 2007년 서울중앙지검 부부장검사 2008년 수원지검 공안부장 2009년 서울중앙지검 공안2부장 2009년 법무연수원 교수 2010년 서울고검 검사 겸 법무연수원 대외교류협력단장 2010년 서울고검 검사 2011년 수원지검 안양지청 차장검사 2012년 同성남지청 차장검사 2013년 서울서부지검 차장검사 2014년 서울중앙지검 제2차장검사 2015년 법무연수원 기획부장(검사장급) 2015년 대검찰청 기획조정부장(검사장급)(현) (종)기독교

윤웅기(尹雄基)

(생)19'71·11·18 (출)서울 (주)전북 군산시 법원로68 전주지방법원 군산지원(063-450-5000) (학)1990년 인헌고졸 1994년 연세대 법학과졸 1998년 同대학원 법학과졸 (경)1997년 사법시험 합격(39회) 2000년 사법연수원 수료(29기) 2000년 변호사 개업 2003년 부산지법 판사 2006년 수원지법 판사 2010년 서울중앙지법 판사 2012~2014년 헌법재판소 파견 2014년 수원지법 판사 2016년 전주지법 군산지원 부장판사(현)

윤웅섭(尹雄燮) YUN Woong Sup

(생)1967·7·7 (본)해평(海平) (출)서울 (주)서울 서초구 바우뫼로27길2 일동제약(주) 임원실(02-526-3390) (학)1986년 영동고졸 1990년 연세대 응용통계학과졸 1993년 미국 조지아주립대 대학원 회계학과졸 (경)1993~1995년 코리아타임즈 조지아지국 경제부 기자 1995~2000년 미국 KPMG 회계감사부 회계감사 2000년 플릿캐피탈(Fleet Capital) Loan Analyst 2004년 LOF Distribution Co. 전무 2005년 일동제약(주) PI팀장(상무) 2007년 同기획조정담당 상무이사 2010년 同기획조정담당 전무이사 2011년 同부사장 2013년 同공동대표이사 부사장 2014년 同대표이사 사장(현) (종)기독교

윤웅원(尹雄源) Woong-Won Yoon

(생)1960·2·9 (출)서울 종로구 새문안로3길30 대우빌딩 KB국민카드 임원실(02-6936-2000) (학)1978년 선린상고졸 1988년 한양대 경영학과졸 1990년 同대학원 경영학과졸 1999년 경영학박사(한양대) (경)2009년 KB금융지주 전략기획부장 2011년 국민은행 서소문지점장 2012년 同재무관리본부장 2013~2014년 KB금융지주 전략책임자(CSO) 겸 최고재무책임자(CFO·부사장) 2013~2014년 KB국민은행 기타비상무이사 2013~2014년 KB국민카드 기타비상무이사 2014년 KB금융지주 일시 대표이사 2016년 KB국민카드 대표이사 사장(현)

윤원배(尹源培) YOON Won Bae

(생)1946·5·18 (출)전남 강진 (주)서울 용산구 청파로47길100 숙명여자대학교 경제학부(02-710-9504) (학)1965년 광주제일고졸 1969년 서울대 상대 경제학과졸 1983년 경제학박사(미국 노스웨스턴대) (경)1969~1980년 한국은행 조사역 1989~1993년 숙명여대 경제학과 조교수·부교수 1992년 경제정의실천시민연합 정책연구위원장 1993~1998·2000~2011년 숙명여대 경제학과 교수 1994년 同경제연구소장 1995~1997년 同경제정의연구소장 1995년 경제정의실천시민연합 상임집행위원회 부위원장 1998~1999년 금융감독위원회 부위원장 겸 증권선물위원장 2000~2002년 숙명여대 경상대학장 2001년 한국주택은행 사외이사 2003년 대통령자문 정책기획위원 2004~2005년 한국금융학회 회장 2011년 숙명여대 경제학부 명예교수(현) (상)황조근정훈장(2003) (저)新거시경제학' '뜨거운 머리 차가운 심장' '현대경제학' '금융실명제' '금융자유화와 위험관리' '우리 경제의 내일을 위하여' (종)가톨릭

윤원상(尹源祥)

(생)1974·2·7 (출)전남 강진 (주)경북 포항시 북구 법원로181 대구지방검찰청 포항지청(054-250-4200) (학)1992년 광주 송원고졸 1997년 서울대 사법학과졸 (경)1997년 사법시험 합격(39회) 2000년 사법연수원 수료(29기) 2000년 공익법무관 2003년 청주지검 검사 2005년 부산지검 검사 2008년 서울북부지검 검사 2011년 서울중앙지검 검사 2013년 대구지검 부부장검사 2014년 대전지검 공판부장 2015년 춘천지검 강릉지청 부장검사 2016년 대구지검 포항지청 부장검사(현)

윤원석(尹元錫) YUN WONSOK

(생)1960·2·23 (주)서울 서초구 헌릉로13 대한무역투자진흥공사 정보통상지원본부(02-3460-7500) (학)관악고졸 1985년 성균관대 영어영문학과졸 1989년 서울대 대학원 경영학과졸 (경)1998년 대한무역투자진흥공사(KOTRA) 나이로비무역관장 2002년 同기획조정실 예산부장 2003년 同밴쿠버무역관장 2007년 同부산무역관장 2008년 同기획조정실 기획팀장 2009년 同비서팀장 2010년 同로스앤젤레스무역관장 2012년 同고객미래전략실장 2013년 同기획조정실장 2014년 同정보통상지원본부장(상임이사)(현) 2015년 同정상외교경제활용지원센터장 겸임(현) 2015년 중소기업기술혁신협회 자문위원(현) (상)석탑산업훈장(2015)

윤원식(尹元植) Wonsik Yoon

(생)1959·1·1 (출)경기 수원 (주)서울 강남구 테헤란로92길7 법무법인(유) 바른(02-3479-7824) (학)1977년 인천 제물포고졸 1981년 서울대 경제학과졸 1999년 미국 University of Washington School of Law졸(LL.M.) (경)1980년 외무고시 합격(14회) 1980~1983년 외무부 사무관(통상1과·경제협력과) 1986년 사법시험 합격(28회) 1989년 사법연수원 수료(18기) 1989년 변호사 개업 2000년 미국 California주 변호사시험 합격 2000년 미국 시애틀소재 로펌 Carney·Badley·Smith & Spellman 2000~2003년 법무법인 김신유 파트너 변호사 2003년 법무법인(유) 바른 파트너변호사(현) 2004년 대한상사중재원 중재인(현) 2009년 대한중재인협회 이사(현) 2011년 대한상사중재원 국제중재인(현) 2012년 한국중재학회 이사(현) 2012년 국제교류기금 리스크관리위원회 위원(현) 2013년 국민연금대체투자위원회 위원(현) 2015년 사립학교교직원연금공단 투자심의위원(현) (저)Commercial Litigation(2011, Thomson Reuters) (종)기독교

윤원영(尹元榮) YUN Won Yung

(생)1938·12·17 (출)서울 (주)서울 서초구 바우뫼로27길2 일동제약(주) 회장실(02-526-3302) (학)1957년 성동고졸 1961년 중앙대 약대졸 1969년 서울대 경영대학원 수료 (경)1964년 일동제약(주) 생산담당 상무이사 1976년 同대표이사 1976~1999년 맥슨전자 대표이사 사장 1976년 대한약사회 이사 1976년 대한약품공업협회 이사 1983년 한국경영자총협회 감사 1984년 일동제약(주) 대

표이사 부회장 1994년 同대표이사 사장 1996~1999년 한국상장회사협의회 감사 1996년 일동제약(주) 대표이사 부회장 1998년 同대표이사 사장 1999년 同회장(현) 2002년 (재)송파재단 이사장(현) [상]상공부장관표창(1978), 산업포장(1981), 재무부장관표창(1983), 철탑산업훈장(1983), 수출유공 5천만불탑(1983), 고려대 기업경영연구소 우수기업체상(1988), 대신경제연구소 최우수상장기업상(1988), 금탑산업훈장(1992) [종]기독교

윤원중(尹源重) YOON Won Joong (鹿平)
[생]1945·12·15 [본]파평(坡平) [출]전남 함평 [주]서울 영등포구 국회대로800 진미파라곤730호 참좋은정책연구원(02-784-3939) [학]1964년 광주제일고졸 1968년 연세대 정치외교학과졸 1973년 同행정대학원졸 1994년 고려대 언론대학원 최고위과정 수료 [경]1976년 공화당 훈련국장 1981년 민정당 정책국 부국장 1982년 同기획국 부국장 1985년 同국책연구소 행정실장 1988년 同사회노동국장 1988년 국회 정책연구실장 1991년 민자당 기획조정국장 1992년 同정치교육원 부원장 1993년 대통령 정무비서관 1995년 민자당 대표비서실장 1996~2000년 제15대 국회의원(전국구, 신한국당·한나라당) 1996년 신한국당 서울송파丙지구당 위원장· 한나라당 대표비서실장 1999년 한국이벤트협회 회장 2003년 호남대 정치경제학부 초빙교수 2007년 제17대 대통령직인수위원회 정무분과위원회 자문위원 2008년 한일의원연맹 자문위원 2009년 대통령소속 군의문사진상규명위원회 위원장 2010년 국회의장 비서실장(차관급) 2011~2012년 국회 사무총장(장관급) 2013년 참좋은정책연구원 이사장(현) 2015년 대한민국헌정회 이사(현) [상]청조근정훈장(2013) [종]기독교

윤원중(尹元重) Yoon, Won Jung
[생]1961·4·11 [출]서울 [주]경기 성남시 수정구 성남대로1342 가천대학교 화공생명공학과(031-750-5359) [학]1985년 고려대 화학공학과졸, 미국 Maryland주립대 대학원졸 1992년 공학박사(미국 Maryland주립대) [경]1992~1995년 삼성종합화학연구소 선임연구원 1995~2012년 경원대 화공생명공학과 전임강사·조교수·부교수·교수 2007~2008년 同연구처장 2007~2008년 同산학협력단장 2009년 同바이오나노대학장 2011년 同기획처장 2012년 가천대 화공생명공학과 교수(현) 2012년 同환경디자인대학원장 겸 공과대학장 2012년 同가천하와이교육원 부총장 겸 교육원장 2014년 同기획처장(현)

윤원호(尹元昊·女) YOON, WON-HO
[생]1943·7·4 [출]부산 [주]부산 중구 보수대로82 사랑의도시락보내기운동본부 이사장실(051-514-8494) [학]1964년 진주여고졸 1966년 진주교육대졸 1996년 서울대 행정대학원 국가정책과정 수료 [경]1966~1971년 고교 교사 1979년 부산안전종합상사 대표 1983~1986년 부산문화회 감사·회장 1992~2000년 (사)한국여성유권자연맹 부산지부 회장 1995~1999년 부산시여성단체협의회 회장 1999~2000년 (주)부산여성신문 창간 발행인 1999년 민주평통 상임위원 1999년 부산시여성단체협의회 고문(현) 2000년 사랑의도시락보내기운동본부 이사장(현) 2000년 부산여성신문 회장, 대통령직속 여성특별위원회 위원(차관급) 2000년 새천년민주당 당무위원 2000년 새정치여성연대 공동대표 2001년 여성부 정책자문위원 2002년 월드컵문화시민중앙위원회 사무총장(차관급) 2002년 새천년민주당 부산시지부장 2002년 同부산中·東지구당 대통령선거대책위원장 2003년 포럼낙동강 대표 2003년 열린우리당 직능특위 위원장 2004년 同중앙위원 2004~2008년 제17대 국회의원(비례대표, 열린우리당·대통합민주신당·통합민주당) 2005년 열린우리당 원내부대표 2005년 同부산시당 위원장 2005년 同전국여성위원회 부위원장 2006년 同전국여성위원장 2006년 同비상대책위원회 비상임위원 2007년 同최고위원 2007년 대통합민주신당 전국여성위원장 2008년 국무총리실 산하 10.27 법난(法難) 명예회복실무위원장 2010~2012년 대한민국헌정회 여성위원장 2013년 대한민국의정여성포럼 공동대표 2014년 학교법인 하늘학원 이사장(현) 2015년 한국여성의정 상임대표(현) 2015년 대한민국헌정회 이사(현) [상]대한민국 체육훈장, 국민포장, 대통령표창, 부산여성상(2014) [종]불교

윤위식(尹渭植) YUN Wi Sik (문암)
[생]1947·3·15 [본]파평(坡平) [출]경남 고성 [주]경남 진주시 대신로207번길5,3층 지역문제연구소(055-762-7577) [학]1965년 진주농림고 축산과졸 1969년 동국대 연극영화과 중퇴 [경]1967년 동국대 비상학생위 부의장 1981년 민한당 경남제3지구당(진주·진양·사천·삼천포) 선전부장 1985년 신한민주당 대통령직선제개헌추진위원회 위원 1985년 지역문제연구소 소장(현) 1987년 통일민주당 경남도당 선전부국장 겸 진양군지부장 1987년 同김영삼대통령후보 찬조연설원 1990년 3당합당반대 꼬마민주당 창당발기인 및 중앙위원 1992년 경남도의원 출마(무소속) 1997년 한나라당 선거대책위원회 경남서부지부장 1999년 가야일보 기자·기획실장 2004년 (사)환경실천연합회 경남도본부장 2005년 진주뉴스 논설위원 2010~2013년 (사)아·태환경NGO 한국본부 부총재·경남도협의회장 2010년 (사)환경실천연합회 이사(현) 2010년 同중앙회 부회장·경남도본부장(현) 2013년 한국문학정신 고문(수필) 겸 同진주총회장(현), 한국문인협회 수필분과회원(현) [상]경남도지사표창, 낙동강유역환경청장표창, 국회 환경노동위원회 표창(2011), 환경부장관표창(2012), 한국문학정신 신인문학상(2013) [저]기행문 '윤위식의 발길 닿는 대로(68회 연재중)'(경남일보) 기행수필집 '윤위식의 발길 닿는 대로'(2013, 도서출판 들뫼) [종]불교

윤위영(尹渭榮)
[생]1960·11·5 [출]경북 상주 [주]경북 영덕군 영덕읍 군청길116 영덕군청 부군수실(054-730-6006) [학]1978년 대구 성광고졸 1996년 경북산업대 행정학과졸 2013년 경북대 과학기술대학원 사회복지학과졸 [경]1982년 경북 상주군 공채(9급) 1996~2006년 同축산기술연구소·예산담당관실·체육청소년과·예산담당관실·기획관실·보건위생과 지방행정주사 2006~2014년 경북도 경제과학진흥본부·민생경제교통과·투자유치단·자치행정과 지방행정사무관 2014~2016년 경북 상주시 안전행정국장(지방서기관)·경북도 새마을봉사과장(지방서기관) 2016년 경북 영덕군 부군수(현)

윤윤수(尹潤洙) YOON Yoon Soo
[생]1945·9·9 [본]칠원(漆原) [출]경기 화성 [주]서울 서초구 남부순환로2345 휠라코리아(주) 회장실(02-3470-9510) [학]1964년 서울고졸 1965년 서울대 치의예과 중퇴 1974년 한국외국어대 정치외교학과졸 [경]1973년 해운공사 입사 1975~1981년 J.C.PENNY 근무 1981~1984년 (주)화승 입사·수출이사 1984년 대운무역 사장 1985~2011년 (주)케어라인 대표이사 회장 1991~2003년 휠라코리아(주) 사장 1999~2001년 한국·이탈리아비즈니스협회 초대회장 2003~2005년 SBI(Sports Brand International) 아시아 사장 2003년 휠라코리아(주) 대표이사 회장(현) 2004~2008년 신한금융지주회사 사외이사 2007년 GLBH홀딩스 대표이사 회장 2009~2011년 한국무역협회 비상근부회장 2009년 한국CEO연구포럼 경영위원장 2011년 아쿠시네트컴퍼니 회장(현) 2012년 국제테니스명예의전당 공동의장 2014년 한국과학기술한림원(KAST) 명예회원(현) 2015년 (사)한국메세나협회 부회장(현) [상]한국산업포장(1992), 다산경영상(1998), 납세의 날 대통령표창(2000·2007), 서울인상(2000), 제10회 중소기업대상 대통령표창(2000), 서울시 자랑스런 시민상(2001), 자랑스런 수중인상(2004), 자랑스런 외대인상(2004), 이탈리아 국가공로훈장(2008), 언스트앤영 최우수 기업가상-마스터상(2012·2013), 한국패션협회 제6회 코리아패션대상 대통령표창(2013), 한국국제경영학회 글로벌CEO대상(2014) [저]'내가 연봉 18억원을 받는 이유'(1997, 조선일보) '생각의 속도가 빨라야 산다(共)'(2001, 여백) [역]'How to become a great Boss'(2002)

윤은기(尹恩基) YOON Eun Key (海池)
[생]1951·3·18 [본]파평(坡平) [출]충남 당진 [주]서울 서초구 남부순환로2415 하임빌딩3층 (사)한국협업진흥협회(02-585-1320) [학]1970년 충남고졸 1975년 고려대 심리학과졸 1988년 연세대 경영대학원졸 1996년 인하대 대학원 수료 1997년 경영학박사(인하대) [경]1983년 정보전략연구소 소장 1989~1999년 한국생산성학회 부회장 1993년 KBS 라디오 '윤은기의 달리는 샐러리맨' MC 1994년 한국산업교육연합회 부회장 1996~2012년 공군대학 명예교수 1996~1998년 EBS '직업의 세계' MC 1997~2003년 KBS 제1라디오 '생방송 오늘' MC 1999년 인하대 겸임교수 2000~2010년 우정사업본부 고객대표자회의 의장 2002~2010년 고려대교우회 부회장 2003년 IBS컨설팅컴퍼니 회장 2004~2007년 서울과학종합대학원 부총장 2004년 한국기업사례연구학회 회장 2005~2007년 교육인적자원부 정책자문위원 2006년 국가정보원 산업보안자문위원 2006년 (주)삼천리 감사위원 2007~2010년 서울과학종합대학원대 총장 2007년 한국골프칼럼니스트협회 회장 2008~2010년 (주)삼천리 사외이사 2008~2015년 기후변화센터 이사 2009~2010년 국립극장 후원회장 2009~2011년 서울시 적극행정면책심의위원회 위원장 2009~2010년 대통령직속 국가브랜드위원회 글로벌시민분과위원장 2009~2012년 국가산업기술보호위원회 위원 2009~2010년 6.25전쟁60주년기념사업위원회 위원 2009~2011년 연세대 MBA동창회장 2010년 UN국제백신연구소 한국후원회 이사(현) 2010년 (사)지구촌보건복지 이사장(현) 2010~2013년 중앙공무원교육원 원장 2010~2013년 공무원교육원장협의회 회장 2011~2014년 연세대 경영전문대학원 총동창회장 2012년 공군 정책발전위원회 위원장

(현) 2012~2014년 합동군사대 명예교수 2013~2014년 한국방송통신대 운영위원회 부위원장 2013년 서울과학종합대학원대 석좌교수(현) 2013~2016년 한국문화예술위원회 예술나무포럼 회장 2013년 국가원로회의 정책자문위원(현) 2013년 흥사단 투명성운동본부 공동대표(현) 2014년 (사)한국협업진흥협회 회장(현) 2014년 한국콘텐츠진흥원 비상임이사(현) 2015년 한국양성평등교육진흥원 초빙교수(현) 2016년 한국프로골프협회(KPGA) 자문위원회 위원(현) [상]교통방송 우수MC상, 산업교육연합회 베스트강사상, 자랑스러운 연경인상(2008), 홍조근정훈장(2009), 기후변화 그린파트너상(2010), 경제인대상 전문경영인부문(2012), 고려대 문과대교우회 '자랑스런 문과대학인상'(2014), 고려대경제인회 봉사대상(2014), 대한민국교육공헌대상 HRD공헌부문(2016) [저]'時테크' '정보학 특강' '산업스파이의 공격과 방어' '신 경영마인드 365' '1999년 12월 31일에 만납시다' 'IMF시대, 골드칼라 성공전략' '하트 경영' '예술가처럼 벌어서 천사처럼 써라' '핑크칼라 성공시대' '윤은기의 골프마인드 경영마인드' '재미있는 윤리경영 이야기'(2009) '매력이 경쟁력이다'(2009) '대한민국 국격을 생각한다'(2010) [종]천주교

윤은희(尹恩熙·女) Yoon Eun Hee

[생]1962·6·30 [주]충북 청주시 상당구 상당로82 충청북도의회(043-220-5074) [학]청주중앙여고졸, 청주대졸, 충북대 경영대학원 경영학과졸 [경]충북사회복지관 미술교사, 도로교통안전관리공단 안전교육강사, 청주시학교어머니연합회 회장, 청주시교육청 교사정보공개 심의위원, 청주대학교 총동문회 부회장, 새누리당 충북도당 사무처 여성팀장, 민주평통 청주시협의회 자문위원 2014년 충북도의회 의원(비례대표, 새누리당)(현) 2014년 同운영위원회 부위원장 2014년 同행정문화위원회 위원 2014년 同예산결산특별위원회 위원 2015~2016년 同대변인 2016년 同정책복지위원회 위원(현) [상]한국여성유권자충북연맹 '베스트 의정상'(2015)

윤응진(尹應鎭) YUN Eung Jin

[생]1951·4·11 [본]해평(海平) [출]충북 [주]경기 오산시 한신대길137 한신대학교 기독교교육학과(031-379-0393) [학]1976년 한신대 신학과졸 1978년 同대학원졸 1989년 철학박사(독일 베를린자유대) [경]1989년 기독교 목사(현) 1989~1990년 한신대·이화여대 강사 1990~1999년 한신대 기독교교육학과 조교수·부교수 1999년 同기독교교육학과 교수(현) 2000~2004년 한국기독교교육학회 부회장·회장 2001~2003년 한신대 교육대학원장 2001~2003년 同중등연수원장 2005~2009년 同총장 [저]'비판적 기독교 교육론' '기독교 평화교육론' '기독교 교육신학2'(2010) [역]'자본주의 혁명' [종]기독교

윤의권(尹義權) YUN Eui Kwon (雪松)

[본]파평(坡平) [출]충북 청주 [주]서울 강남구 선릉로90길34 우진빌딩4층(02-3461-9000) [학]1977년 청주 세광고졸 1995년 연세대 경영대학원 고위경제과정 수료 1995년 同경영대학원 최고경영자과정 수료 1997년 고려대 언론대학원 최고위언론과정 수료 2000년 서울대 경영대학원 최고경영자과정 수료 2003년 성균관대 경영학부졸 [경]1982~1989년 대한민국재향군인회 산하 향우산업(주) 전산실장 1989년 인창컨설팅 본부장 1992년 서울신용조사(주) 설립·사장 2000년 서울신용평가정보(주) 회장 2000~2005년 충청대 명예교수 2001년 충북도체육진흥후원회 회장 2001년 청주환경운동연합 공동대표·고문 2003년 한나라당 충북도지부 부위원장 2003년 I-Biztech 회장 2003년 미래충북포럼 회장(현) 2004년 제17대 국회의원선거 출마(청주 상당, 한나라당) 2007년 청주기독교방송 '경제칼럼' 진행 2007년 청주공항활성화 대책위원, (주)더굿 회장, 충북도적십자사 대의원, 충북 청원군 지역경제활성화대책운동본부 회장, 한나라당 청주상당구당원협의회 운영위원장 2010년 세광고총동문회 회장(현), 한국테러방지시스템(주) 회장(현) [상]대한민국재향군인회장표창(3회), 연세대 최고경영인상(1999), 자랑스런 고대 언론상(1999), 통일부장관표창(2000), 충북도교육감표창, 국민훈장 동백장(2001), 한국교원단체총연합회 독지상(2001) [저]'채권추심의 이론과 실제'(2002) '경영은 도전이다' [종]

윤의섭(尹矣燮) YOON EUI-SUP

[생]1951·7·12 [본]해평(海平) [출]충남 예산 [주]서울 성북구 서경로124 서경대학교 공공인적자원학부(02-940-7111) [학]1969년 중앙고졸 1983년 건국대 법학과졸 1991년 同교육대학원 교육학과졸 1996년 同대학원 법학과졸 1999년 법학박사(성균관대) [경]1983~1993년 대일고·은주중·정릉여상 교사 1993년 서경대 법학과 교수 1999~2005년 同총무처장 2000~2005년 同사회과학연구소장 2005~2006년 일본 도쿄대 대학원 법학정치학연구과 객원연구원 2008년 서경대 공공인적자원학부 법학전공 교수(현) 2009~2010년 同대학원장 [저]'법과 사회생활(共)'(2000) '법학개론(共)'(2007) '법학의 기초'(2013) '법학입문'(2015)

윤의성(尹義性) YOON Eui Sung

[생]1961·3·23 [본]파평(坡平) [출]서울 [주]서울 성북구 화랑로14길5 한국과학기술연구원 뇌과학연구소 바이오마이크로시스템연구단(02-958-5651) [학]1984년 한양대 정밀기계공학과졸 1986년 同대학원졸 1997년 공학박사(한양대) [경]1988년 한국과학기술연구원 위촉연구원 1990년 同책임연구원 1998년 同시스템연구부 책임연구원 2002년 한국윤활학회 편집위원 2004년 同사업이사 2008년 한국과학기술연구원 나노바이오연구센터장 2011년 同뇌과학연구소 바이오마이크로시스템연구단장 2014년 同뇌과학연구소 바이오마이크로시스템연구단 책임연구원(현)

윤의식(尹義植) EUI SHIK YOON

[생]1971·3·4 [출]경남 밀양 [주]세종특별자치시 도움6로11 국토교통부 운영지원과(044-201-3166) [학]1990년 성보고졸 1994년 서울대 정치학과졸 [경]2002~2004년 건설교통부 법무담당관실·국민임대주택건설기획단 사무관 2005년 국무조정실 농수산건설심의관실 사무관 2006년 건설교통부 국토정책팀·주택정책팀 사무관 2009년 국토해양부 국토정책과·해양영토개발과 서기관 2010년 同공공기관지방이전추진단 지원정책과장 2013년 국토교통부 국토도시실 산업입지정책과장 2016년 국외직무훈련(미국 Ginnie Mae) 파견(현) [상]건설교통부장관표창(2005), 대통령표창(2007)

윤의준(尹義埈) YUN Eui Joon

[생]1960·5·4 [출]서울 [주]서울 관악구 관악로1 서울대학교 공과대학 재료공학부(02-880-7169) [학]1983년 서울대 금속공학과졸 1985년 同대학원졸 1990년 전자재료공학박사(미국 MIT) [경]1990~1992년 미국 AT&T Bell Laboratories, Postdoctoral Member of Technical Staff 1992~2002년 서울대 공대 무기재료공학과 조교수·부교수 1996~1998년 한국진공학회지 부편집장 1998~1999년 미국 Univ. of California 화학공학과 교환교수 2001~2003년 Current Applied Physics Editorial Board Member 2002년 서울대 재료공학부 교수(현) 2002~2004년 同반도체공동연구소 운영부장 2002~2004년 한국재료학회 총무이사 2002~2007년 서울대 공대 신기술창업네트워크센터장 2002~2009년 한국반도체학술대회 물질성장 및 분석분과 위원장 2003년 나노소자특화팹센터 운영위원 2003~2005년 서울대 공대 대외협력실장 2005~2008년 한국진공학회 사업이사 2005년 IEE Micro & Nano Letters Editorial Board Member 2006~2009년 서울대 차세대융합기술원 나노소재소자연구소장 2007년 한국재료학회 총무이사 2008~2010년 Korea Physics Society 편집위원 2008년 호암상 특별추천위원 2009년 서울시 녹색성장위원 2009~2011년 서울대 융합과학기술대학원 부원장 2010년 한국광전자학회 부회장 2010년 LED반도체조명학회 부회장 2011년 한국재료학회 사업이사 2011년 서울대 차세대융합기술연구원장 2014년 한국공학한림원 정회원(현) 2015년 한국재료학회 학술이사(현) [상]한국과학기술단체총연합회 우수논문상(1996), 서울대 재료공학부 우수연구상, 경기도지사표창

윤이근(尹利根) Yoon, Lee-Keun

[생]1961·7·1 [출]충남 공주 [주]대구 달서구 화암로301 대구세관(053-230-5114) [학]보문고졸, 충남대 법학과졸 [경]1987년 7급 공무원시험 합격, 경제기획원 공정거래실 근무, 공정거래위원회 독점관리국 근무, 경제기획원 예산실 근무, 예산청 예산총괄국 근무, 기획예산처 예산실 근무, 관세청 부산세관 통관국·부산세관 심사국·기획관리실·정책홍보관리실 근무, 금융위원회 금융정보분석원 심사분석2과장, 안양세관장 2012년 관세청 대변인(부이사관) 2014년 인천공항세관 수출입통관국장 2015년 서울본부세관 조사국장 2016년 대구세관장(현)

윤익진(尹益鎭) Yun Ik-Jin

[생]1962·4·2 [본]해평(海平) [출]서울 [주]서울 광진구 능동로120의1 건국대학교병원 외과(02-2030-7583) [학]1981년 서라벌고졸 1987년 서울대 의대졸 1993년 同대학원졸 1997년 의학박사(서울대) [경]1991년 서울대 의대 일반외과 전공의 1995년 同전임의 1997년 순천향대 의대 일반외과 전임강사 1999년 同조교수, 서울대 의대 외과학교실 부교수 2004년 건국대 의학전문대학원 외과학교실 교수(현) 2012년 同의학전문대학원 학생부원장

윤익한(尹益漢) YUN Ik Han

[생]1937 · 10 · 12 [출]인천 [주]서울 서초구 동산로8길70 서울타임스(02-555-6188) [학]1956년 인천고졸 1960년 고려대 영문학과졸 [경]1960년 한국일보 입사 1964년 코리아헤럴드 입사 1974년 同정치부장 1978년 同편집국장 1981년 同논설위원 1985년 同주필 겸 이사 1990년 코리아헤럴드 · 내외경제신문 주필 겸 상무이사 1991년 同전무이사 겸 주필 1992~1993년 코리아헤럴드 논설고문 1996~1997년 (주)우주종합건설 사장 2000~2003년 한국간행물윤리위원회 심의위원 2002년 새천년민주당 노무현 대통령후보 정책특보 2002년 21세기국정자문위원회 개혁추진분과위원장 2003년 민주평통 자문위원 2005년 대한언론인회 복지기금관리위원회 위원 2006년 서울타임스 회장(현) 2008년 대한언론인회 상임감사 2010년 同회장상담역(현) 2012년 헤럴드사우회 회장(현) [상]국민훈장 목련장, 대통령표창 [종]천주교

윤인섭(尹寅燮) YOON En Sup

[생]1949 · 6 · 4 [본]파평(坡平) [출]서울 [주]서울 관악구 관악로1 서울대학교 공과대학 화학공정신기술연구소(02-874-1581) [학]1967년 경기고졸 1971년 서울대 화학공학과졸 1975년 미국 MIT 대학원 화학공학과졸 1982년 화학공학박사(미국 MIT) [경]1983년 서울대 응용화학부 조교수 · 부교수, 同공대 화학생물공학부 교수(2014년 정년퇴직) 1990년 한국산업안전공단 전문위원 겸 심의위원 1991년 한국가스안전공사 심의위원 겸 사고조사위원 1994년 국제공정시스템학회 국제과학위원 1995년 국무총리산하 안전자문위원회 자문위원 1995~1997년 삼성 21세기위원회 안전담당자문위원 1997~2001년 LG 안전환경연구원 비상임고문 1999~2000년 한국가스학회 회장 2000~2015년 안전생활실천시민연합 안전정책연구소장 2000~2006년 서울대 화학공정신기술연구소장 2003~2004년 여수석유화학산업단지 특별안전점검 단장 2005~2008년 한국가스안전공사 비상임이사 2006~2009년 한국가스공사 에너지정책 자문위원 2007~2010년 한국산업안전공단 KOSHA CODE 제정위원회 화학안전분야 위원 2008년 한국안전전문기관협의회 회장(현) 2010~2015년 한국방재학회 고문 2011~2014년 세계장치산업안전학회(WCOGI2012) 국제위원 2011년 시스플러스텍 고문(현) 2012~2013년 대우조선해양 고문 2014년 서울대 화학공정신기술연구소 책임연구원(현) 2016년 同화학공정 안전센터장(현) 2016년 안전생활실천시민연합 이사(현) [상]대통령표창(1995), 과학기술처 이달의 과학기술자상(1998), 한국과학재단 공로상(1998), 서울대총장표창(2003), 일본화학공학회 Outstanding Paper Award(2011) [저]'특수재난대책론'(2009, 국립방재교육연구원)

윤인섭(尹仁燮) YOON In Sub

[생]1956 · 1 · 20 [출]강원 원주 [주]서울 영등포구 의사당대로97 한국기업평가(주) 대표이사실(02-368-5507) [학]1975년 대광고졸 1979년 연세대 응용통계학과졸 1990년 同경영대학원 회계학과졸 1994년 프랑스 인시아드(INSEAD)경영대학원 아시아최고경영자과정 수료 [경]1981년 두산그룹 입사 1984년 교보생명보험 근무 1987년 LINA생명보험 한국지점 근무 1989년 공인회계사시험 합격 1990년 네덜란드생명보험 입사 1994년 同경리부장 1994년 同부사장 1995~1999년 同대표이사 사장 1999~2001년 ING생명보험 대표이사 사장 2001년 미국공인회계사시험 합격 2002년 그린화재해상보험 부사장 2002년 同대표이사 부사장 2004년 국민은행 한일생명인수사무국장 2004~2007년 KB생명보험 대표이사 사장 2007년 하나생명보험(주) 대표이사 사장 2008~2010년 하나HSBC생명보험(주) 대표이사 사장 2010년 한국기업평가(주) 대표이사(현) [종]기독교

윤인성(尹仁聖) YOON In Sung

[생]1968 · 5 · 1 [출]대전 [주]서울 종로구 사직로8길39 김앤장법률사무소(02-3703-4706) [학]1987년 대성고졸 1992년 서울대 법대졸 1997년 同대학원 법학과졸 2002년 영국 케임브리지대 장기연수 [경]1991년 사법시험 합격(33회) 1994년 사법연수원 수료(23기) 1994년 해군 법무관 1997년 인천지법 판사 1999년 서울지법 서부지원 판사 2001년 울산지법 판사 2005년 서울고법 판사 2007년 대법원 재판연구관 2009년 대전지법 부장판사 2010년 대법원 재판연구관 2013년 서울행정법원 부장판사 2014년 김앤장법률사무소 변호사(현)

윤인식(尹仁植)

[생]1962 [주]전북 군산시 해망로178 군산도시가스(주) 대표이사실(063-440-7700) [학]군산고졸 1987년 경희대 공과대학졸 2007년 군산대 대학원 경영학과졸 [경]1997년 군산도시가스(주) 안전기획실장 2010년 同이사 2010년 (사)한국도시가스협회 운영위원 2011년 군산시민체육회 이사 2013년 법무부 법사랑위원 군산지구협의회 위원 2013년 군산공업인클럽 부회장 2015년 군산도시가스(주) 대표이사(현) [상]통상산업부장관표창(1997), 제23회 대한민국 가스안전대상 산업포장(2016)

윤인진(尹麟鎭) In-Jin Yoon

[생]1963 · 6 · 30 [출]충남 홍성 [주]서울 성북구 안암로145 고려대학교 사회학과(02-3290-2490) [학]1981년 대전고졸 1985년 고려대 사회학과졸 1988년 미국 시카고대 대학원 사회학과졸 1991년 사회학박사(미국 시카고대) [경]1991~1992년 미국 시카고대 공공정책대학원 박사후과정 연구원 1992~1995년 미국 산타바바라 캘리포니아주립대 조교수 1995년 고려대 사회학과 조교수 · 부교수 · 교수(현) 2003~2008년 同사회학과 학과장 2006~2013년 Brain Korea21 갈등사회교육연구단 사업단장 2009~2010년 재외한인학회 회장 2011~2012년 북한이탈주민학회 회장 2015년 고려대 아세아문제연구소 부소장(현) [상]대한민국학술원 우수학술서적 선정(2004), 재외한인학회 우수저술상(2012) [저]'대전 · 충청지역의 도시화와 지역발전' '북한이탈주민의 이해와 자원봉사' '독립국가연합 고려인의 생활과 의식' '코리안 디아스포라' '한국인의 갈등의식' '북한이주민' '한국인의 이주노동자와 다문화사회에 대한 인식' '재외한인 연구의 동향과 과제' '한국인의 갈등의식의 지형과 변화' '세계의 한인이주사' '동북아시아의 국제이주와 다문화 주의' [역]'자아와 사회'(2001, 학지사) [종]기독교

윤인태(尹寅台) Yoon In Tae

[생]1957 · 11 · 29 [본]파평(坡平) [출]울산 [주]부산 연제구 법원로31 부산고등법원(051-590-1114) [학]1976년 경남고졸 1980년 서울대 법대졸 1982년 同법과대학원 수료 [경]1980년 사법시험 합격(22회) 1982년 사법연수원 수료(12기) 1982년 보통군법회의 검찰관 1985년 부산지법 판사 1988년 同동부지원 판사 1991년 부산지법 판사 1992년 부산고법 판사 1992년 마산지법 거창지원장 1995년 대법원 재판연구관 1997년 창원지법 부장판사 1999년 부산지법 부장판사 2003년 울산지법 부장판사 2004년 부산고법 부장판사 2006년 부산지법 동부지원장 2009년 부산고법 수석부장판사 2011년 창원지법원장 2012년 부산고법 부장판사 2013년 부산지법원장 2015년 부산고법원장(현)

윤일균(尹鎰均) YOON Il Kyun (東沅)

[생]1926 · 6 · 28 [본]파평(坡平) [출]황해 안악 [주]서울 영등포구 63로40 라이프오피스텔926호 항공과학연구소 회장실(02-761-0901) [학]1945년 안악고졸 1947년 서울대 치과대학 입교 1948년 국립경찰전문학교 본과 간부후보생(2기) 1952년 공군대학 수료 1955년 미국 공군정보학교 고급과정 수료 1957년 국방대학원 본과1기 졸 1959년 단국대 법학과졸 1969년 서울대 행정대학원 수료 1969년 동국대 행정대학원졸 1978년 정치학박사(동국대) [경]1949년 공군본부 초대정보국장 대리 1951년 공군 주요 각 부대 지휘관 및 참모 1959년 同정보국장 1962년 중앙정보부 2국장 1963년 同차장보 · 3국장 · 정보학교장 1964년 안보회의 특별보좌관 1965년 예편(준장) 1966~1974년 서울신문 전무이사 1967~1992년 항공협회 부회장 1974년 중앙정보부 차장보 1978~1980년 同차장 · 부장대리 1980~1986년 국제공항관리공단 이사장 1981년 파평윤씨 대종회 고문 1981년 국제항공연맹(FAI) 종신명예회원(현) 1983~1987년 국제민간공항협회(ACI) 세계부총재 1986년 국제공항협의기구(A.A.C.C.) 대표위원 1987~1988년 한무개발 · 한무쇼핑 사장 1988~1992년 同고문 1988년 ACI 종신명예회원(현) 1989년 황해도 중앙도민회 부회장 1989~1996년 (사)양지회 부회장 1992~1997년 대한항공협회 회장 1992년 항공과학연구소 회장(현) 1993~1998년 FAI 부총재 1995~2005년 민주평통 상임위원 겸 동작구협의회 회장 1996~1999년 동화경모공원 이사장 1996년 (사)한국항공우주기술협회 고문(현) 1997년 도덕국가건설연합 공동총재 겸 국가원로회의 원로위원(현) 1999~2002년 대한민국항공회 명예총재 2001년 1천만이산가족재회추진위원회 감사 2002~2008년 이북5도 행정자문위원 2007~2011년 1천만이산가족위원회 정책자문위원 2011년 민주평통 자문위원(현) 2011년 1천만이산가족위원회 고문(현) 2011~2013년 황성회 회장 2013년 황해도 중앙도민회 고문(현) [상]충무무공훈장(1951 · 1953), 미국 동성훈장(1951), 중화민국 영수운휘훈장(1962), 보국훈장(1962), 국무총리표창(1972), 보국훈장 국선장(1976), 중화민국 운휘

훈장 1을좌(1977), 세네갈공화국 사자훈장(1979), FAI공로표창, 자이르 사령훈장(1982), 국민훈장 모란장(1984), 알버트아인슈타인 아카데미평화상(1990), 황해도 영예도민상(1996), 호국 영웅기장(2013) [저]'세계각국의 유도탄'(1975) '세계첩보비전'(1975) '한·미 합동 첩보 비화 6006부대'(2006) [종]불교

윤장석(尹章碩) YOON Jang Suk

[생]1970·5·22 [출]서울 [주]서울 종로구 청와대로1 대통령 민정비서관실(02-770-0011) [학]1989년 대신고졸 1993년 서울대 법대졸 [경]1993년 사법시험 합격(35회) 1996년 사법연수원 수료(25기) 1996년 서울지검 검사 2001년 창원지검 진주지청 검사 2003년 부산지검 검사 2005년 대검찰청 검찰연구관 2007년 서울서부지검 검사 2009년 同부부장검사 2009년 법무부 정책기획단 파견 2009년 창원지검 통영지청 부장검사 2010년 서울중앙지검 부부장검사 2010년 대검찰청 형사정책단 검찰연구관 2011년 법무부 형사법제과장 2012년 서울고검 검사 2012년 법무연수원 교수 2013년 서울중앙지검 형사4부장 2014년 광주지검 순천지청 부장검사 2015~2016년 대구고검 검사(법무부 정책기획단장 파견) 2016년 대통령 민정수석비서관실 민정비서관(현)

윤장섭(尹張燮) YOON Chang Sup (筱愚)

[생]1925·1·7 [본]남원(南原) [출]서울 [주]서울 서초구 반포대로37길59 대한민국학술원(02-594-0324) [학]1941년 경성공고졸 1950년 서울대 공대 건축학과졸 1959년 미국 MIT 대학원 건축공학과졸 1974년 공학박사(서울대) [경]1955년 예편(공군 소령) 1955~1970년 서울대 건축학과 강사·조교수·부교수 1970~1990년 同교수 1980년 대한건축학회 회장 1981~1994년 문화재위원회 위원 1981년 대한민국학술원 회원(건축학·현) 1990년 서울대 건축학과 명예교수(현) 1990년 동우건축 고문(현) 1995년 한국과학기술한림원 원로회원(현) [상]화랑무공훈장(1953), 한국일보 출판문화상(1974), 서울시 문화상(1981), 대한건축학회 공로상(1983), 학술원상(1987), 국민훈장 목련장(1990), 옥관문화훈장(1992) [저]'한국건축사'(1973) '서양건축사'(1975) '주거학'(1982) '한국건축연구'(1982) '건축음향 계획론'(1983) '건축계획연구'(1984) '서양 근대건축사'(1987) '서양 현대건축'(1988) '삶의 길목에서'(1994) '한국의 건축'(1996) '석불사'(1998) '중국의 건축' '주거건축계획(共)'(1999) '일본의 건축' '인도의 건축' '기독교 성지건축 순례' [역]'건축공간과 老子사상' '건축계획의 방법론' '디자이너의 사고방법' [작]'국회의사당' '동성고등학교' '남산맨션아파트' [종]기독교

윤장원(尹章源) YOON Jang Won

[생]1961·1·26 [본]파평(坡平) [출]대구 [주]부산 연제구 법원로42 대한빌딩301호 윤장원변호사사무소(051-949-0001) [학]1980년 대구 달성고졸 1984년 경북대 행정학과졸 1986년 同대학원 법학과 수료 [경]1987년 사법시험 합격(29회) 1990년 사법연수원 수료(19기) 1990년 軍법무관 1993년 부산지검 검사 1995년 대구지검 영덕지청 검사 1996년 서울지검 검사 1998년 부산지법 판사 2000년 부산고법 판사 2003년 부산지법 판사 2005년 창원지법 부장판사 2008~2012년 부산지법 부장판사 2012년 변호사 개업(현)

윤장현(尹壯鉉) YOON Jang Hyun

[생]1949·4·26 [본]파평(坡平) [출]광주 [주]광주 서구 내방로111 광주광역시청 시장실(062-613-2666) [학]광주살레시오고졸, 조선대 의대졸, 同대학원졸, 의학박사(조선대) [경]1983~2005년 중앙안과의원 개원 1987~2000년 천주교 광주대교구 정의평화위원회 부위원장 1990년 히말라야 낭가파르밧원정대 부대장 1992~2000년 광주·전남환경운동연합 공동의장 1992년 에베레스트원정대 단장 1992~2000년 광주시민연대 대표 1993년 YMCA 이사 겸 시민사업위원장 1993~2001년 조선대 임시관선이사 1995년 실크로드탐사대 단장 1996~2000년 (사)빛고을미래사회연구원 이사장 1998년 씨튼은혜학교 이사 1999년 광주비엔날레 이사 2000년 우리민족서로돕기운동 공동대표 2001년 아시아인권위원회 이사 2003~2008년 광주·전남남북교류협의회 상임대표 2003년 기아자동차 광주공장 경영자문위원 2003~2013년 (사)광주국제교류센터 이사장 2004~2008년 아름다운가게 전국대표 2004~2008년 광주과학기술원 이사 2005년 대한산악연맹 부회장 2005년 국가인권위원회 정책자문위원 2005~2014년 아이안과(舊중앙안과) 원장 2005~2006년 광주YMCA 이사장 2006년 (사)광주·전남vision21 이사장 2006년 광주·전남6.15공동준비위원회 상임대표 2006~2008년 한국YMCA전국연맹 수석부이사장 2008~2010년 同이사장 2008년 아시안브릿지 대표 2010년 특임장관 정책자문위원 2010년 아시아월드뮤직페스티벌 이사장 2012~2014년 (사)통일을생각하는사람들의모임 공동대표 2013년 (사)광주국제교류센터 상임고문 2013년 광주미래포럼 상임대표 2013년 국민과함께하는새정치추진위원회 공동위원장 2014년 (사)통일을생각하는사람들의모임 고문(현) 2014년 새정치연합 창당준비위원회 공동위원장 2014년 광주광역시장(새정치민주연합·더불어민주당)(현) 2015년 중국 후난대 명예교수(현) 2015년 광주복지재단 이사장(현) 2016년 빛가람혁신도시공공기관장협의회 공동회장(현) 2016년 전국시·도지사협의회 부회장(현) [상]무등의림 대상(2005), 행정자치부장관 감사장(2006), 보건복지부장관표창(2007), 아시아태평양안과학회(APAO) 공로상(2011), 통일부장관표창(2013), 살레시오중·고 총동문회 자랑스런 살레시안상(2015) [종]천주교

윤재걸(尹在杰) YOON Jae Kul

[생]1947·3·1 [본]해남(海南) [출]광주 [학]1965년 광주제일고졸 1971년 연세대 정치외교학과졸 [경]1973년 중앙일보 공채10기(TBC PD) 1975년 동아방송 기자 1978년 동아일보 기자 1988년 한겨레신문 정치부 차장 1990년 민주일보 정치부장 1995년 토요신문 편집국장 1996년 광남일보 논설주간(이사대우) 1997년 국민신당 수석부대변인 1997년 同이인제 대통령후보 언론특보 1998~1999년 호남신문 주필·이사·편집국장 겸임 2000년 한국정치인물연구소 소장 2000년 (주)일요서울신문 편집인 겸 편집국장 2002년 새천년민주당 이인제 상임고문 언론특보 2003년 (주)일요서울·신문주간현대 편집인 겸 편집국장 2005년 한국정치인물연구소 대표(현), 同3김평전간행위원회 대표집필 2007~2009년 시사신문 사장 겸 편집인 2012년 서울문화투데이 주필(현) [상]한국문인협회 월간문학신인상(1975) [저]'후여후여 목청 갈아'(1979, 평민사) '금지곡을 위하여'(1984, 청사) '우상의 나라'(1984, 청사) '서울공화국'(1984, 나남) '분노의 현장'(1985, 수레) '작전명령-화려한 휴가'(1985, 실천문학) '청와대 밀명'(1985, 한겨레) '정치 너는 죽었다'(1999, 인동) '엽기공화국 자화상-노무현의 정체성을 꿰뚫어야 대권고지를 선점할 수 있다'(2006)

윤재근(尹在根) Yoon Jae Keun

[생]1962·1·11 [출]전남 구례 [주]서울 영등포구 은행로14 KDB산업은행 부행장실(02-787-6013) [학]1980년 경동고졸 1988년 연세대 경영학과졸 1999년 미국 듀크대 대학원 경영학과졸(MBA) [경]1988년 KDB산업은행 입행 2002년 同국제업무부 차장 2004년 同금융공학실 팀장 2006년 同트레이딩센터 팀장 2011년 同개인영업추진실 상품기획단장 2012년 同개인금융부장 2014년 同트레이딩부장 2015년 同리스크관리부문장(부행장)(현)

윤재기(尹在基) YOON Jae Ki (장산)

[생]1944·8·14 [본]함안(咸安) [출]충남 공주 [주]서울 서초구 서초대로251 삼우빌딩4층 윤재기법률사무소(02-536-1151) [학]1963년 경기고졸 1968년 서울대 법대졸 1972년 단국대 대학원 수료 [경]1973년 사법시험 합격(15회) 1975년 사법연수원 수료(5기) 1975년 서울지검 검사 1978년 同인천지청 검사 1980년 서울지검 검사 1981년 변호사 개업(현) 1984년 在京공주향우회 회장 1988년 제13대 국회의원(공주, 신민주공화당·민주자유당) 1988년 공화당 원내부총무 1990년 민자당 공주지구당 위원장 1990년 同원내부총무 1995년 자민련 법률고문 1996년 同총선대책기획단장 1997년 한나라당 법률고문 2004년 17대 국회의원선거 출마(공주·연기, 한나라당) 2010년 법무법인 으뜸 변호사 [상]홍조근정훈장 [저]'형법정해' '사심이 없으면 하늘이 노한다' [종]기독교

윤재길(尹在吉) Yoon, Jae-Gil

[생]1957·12·20 [출]충북 청주 [주]충북 청주시 상당구 상당로155 청주시청 부시장실(043-201-1010) [학]1975년 청주고졸 1981년 청주대 법학과졸 [경]2006년 충북도 바이오총괄과장 2007년 同회계과장 2007년 同경제정책과장 2008년 同경제투자본부 경제정책팀장 2010년 제천시 부시장 2011년 충북도 생활경제과장 2013년 同균형건설국장 2013년 同경제통상국장 2014년 청주시 부시장(현) 2016년 청주시립미술관 운영위원장(현) [상]대통령표창(2006·2009)

윤재명(尹在明) YOON Jae Myung (仁康)

[생]1932·1·15 [본]해남(海南) [출]전남 강진 [학]1952년 목포 문태고졸 1958년 고려대 국어국문학과졸 [경]1960년 현대평론 사장 1961년 고려인삼판매공사 대표 1967년 제7대 국회의원(영암·강진, 민주공화당) 1968년 한국국악협회 이사장 1969년 전국시조연합회 회장 1971년 제8대 국회의원(영암·강진, 민주공화당) 1971년 민주공화당 원내부총무 1976년 (사)한일문화친선협회 회장(현)

1979년 제10대 국회의원(장흥·강진·영암·완도, 무소속) 1980~1986년 프로태권도협회 회장 1980~1989년 한국학원총연합회 회장 1987년 고려대 국어국문학과교우회 회장 1992년 (주)다산개발 회장 1994~2004년 고려대 문과대학교우회 회장 2000~2004년 해남윤씨중앙종친회 회장 2003~2004년 고려대교우회 수석부회장 2010년 국민통합전국시도민연합회 명예총재(현) 2010년 대한민국평생교육원로회 의장(현) 2012년 고려대교우회 고문(현) 2012년 해남윤씨행당공(杏堂公)기념사업회 회장(현) [상]국민훈장 목련장(1987), 한일문화교류센터 왕인문화상(2009), 문화체육관광부장관표창(2015) [저]'한그루 느티나무처럼' [역]'박사왕인과 일본문화' [종]가톨릭

윤재문(尹載文) YOON Jai Moon

[생]1944·12·27 [본]파평(坡平) [출]강원 강릉 [주]서울 구로구 디지털로31길20 에이스테크노타워5차201호 코리아프린테크(주) 비서실(02-2109-5788) [학]강릉제일고졸, 한양대 공대 전자공학과졸, 연세대 공학대학원 전자공학과졸 [경]ROTC 임관(통신) 1971~1994년 한국IBM(주) 근무 1974~1978년 한양대 전자·정보·통신공학과 동문회 회장 1995년 코리아프린테크(주) 대표이사 사장(현) [저]'Switching Regulator 전원 안정화'

윤재민(尹在敏) YOON Jae Min

[생]1957·10·23 [출]강원 철원 [주]서울 성북구 안암로 145 고려대학교 한문학과 서관206호(02-3290-2163) [학]1975년 동인천고졸 1980년 고려대 국어국문학과졸 1985년 同대학원 국문과졸 1991년 문학박사(고려대) [경]1982~1985년 보성고 교사 1986~1994년 고려대 한문학과 강사·조교수·부교수 1994년 同한문학과 교수(현) 2013~2015년 한국한문학회 회장 2014년 전국한문과교수협의회 회장(현) [저]'조선후기 중인층 한문학의 연구' '우리 한문학과 일상문화(共)'(2007, 소명출판) [역]'역주 외암 이간의 철학과 삶 3(共)'(2008)

윤재승(尹在勝) YOON Jae Seung

[생]1962·11·9 [본]파평(坡平) [출]서울 [주]서울 강남구 봉은사로114길12 (주)대웅 회장실(02-550-8216) [학]1981년 서울중앙고졸 1985년 서울대 법학과졸 1996년 한국과학기술원(KAIST) 테크노경영대학원 최고정보경영자과정 수료 2005년 미국 페퍼다인대 ADRC 수료 [경]1984년 사법시험 합격(26회) 1987년 사법연수원 수료(16기) 1989년 서울지검 동부지청 검사 1991년 부산지검 울산지청 검사 1992~1995년 서울지검 검사 1995년 (주)인성정보 대표이사 사장 1995년 (주)대웅제약 감사 1996년 同부사장 1997~2006년 同대표이사 사장 2002~2008년 SK텔레콤 사외이사 2004년 (주)대웅 사장 2006~2009년 (주)대웅제약 대표이사 부회장, (주)인성정보 부회장 2007~2008년 법무법인 서린 변호사 2009년 (주)대웅 대표이사 부회장 2012년 (주)대웅제약 대표이사 회장(현) 2014년 (주)대웅 회장(현) [상]경제정의실천시민연합 경제정의기업상(2002), 세계경제포럼(WEF) 아시아차세대지도자상(2004), 언스트앤영 최우수기업가상 라이징스타부문(2009)

윤재식(尹載植) YOON Jae Sik

[생]1942·4·9 [출]전남 강진 [주]서울 서초구 서초중앙로 215 홍익대강남관빌딩 법무법인 민주(02-591-8400) [학]1960년 광주제일고졸 1964년 서울대 법대졸 1967년 同사법대학원졸 [경]1965년 사법시험 합격(4회) 1967년 육군 법무관 1970~1980년 춘천지법·원주지원·서울지법 동부지원·서울형사지법·서울민사지법 판사 1980년 서울고법 판사 1981년 대법원 재판연구관 1981년 광주지법 부장판사 1983년 사법연수원 교수 1984~1987년 서울민사지법 부장판사 1984년 법원행정처 조사국장 겸임 1987년 광주고법 부장판사 1987년 광주지법 수석부장판사 겸임 1989년 서울고법 부장판사 1993년 서울지법 동부지원장 1994년 광주지법원장 1995년 수원지법원장 1997년 서울지법원장 1998년 서울고법원장 1999~2005년 대법관 2006년 변호사 개업 2008년 법무법인 민주 고문변호사(현) [저]'주석형법Ⅲ·Ⅳ'(共) '형법각칙'

윤재엽(尹在燁) YOON Jae Yeob

[생]1954·8·11 [주]서울 종로구 종로33길31 삼양홀딩스 부사장실(02-740-7111) [학]광주제일고졸, 경희대 경제학과졸, 연세대 대학원 경영학과졸 [경]2007년 (주)삼양사 재경실장(상무) 2008년 삼양데이타시스템·삼양웰푸드 감사 2011년 삼양그룹 재경실장 겸 운영그룹장 2011년 삼양홀딩스 부사장(현) 2012~2014년 (주)경방 사외이사 2013년 JB금융지주 비상임이사(현) 2014년 전북은행 사외이사(현)

윤재옥(尹在玉) Yun Jae Ok

[생]1961·9·10 [본]파평(坡平) [출]경남 합천 [주]서울 영등포구 의사당대로1 국회 의원회관917호(02-784-4871) [학]1980년 대구 오성고졸 1985년 경찰대학 법학과졸(1기) 2004년 연세대 행정대학원 경찰행정학과졸 2009년 동국대 대학원 경찰행정학 박사과정 수료 [경]1998년 경북 고령경찰서장(총경) 2000년 대구지방경찰청 보안과장 2000년 대구 달서경찰서장(총경) 2001년 경찰청 외사관리관실 외사2담당관 2002년 서울 구로경찰서장 2003년 경찰청 경찰혁신기획단 근무 2004년 대통령비서실 파견 2005년 대구지방경찰청 차장(경무관) 2006년 경찰청 기획정보심의관 2006년 중앙경찰학교장(치안감) 2007년 경찰청 생활안전국장 2008년 경북지방경찰청장 2009년 경찰청 정보국장 2010년 경기지방경철청장(치안정감) 2011년 한양대 특임교수 2012년 제19대 국회의원(대구시 달서구乙, 새누리당) 2012년 새누리당 기획위원장 2012~2014년 국회 행정안전위원회 위원 2012년 국회 정보위원회 위원 2012년 새누리당 인재영입위원회 위원 2012년 제18대 대통령선거 새누리당 종합상황실 정세분석단장 2013년 국회 안전행정위원회 위원 2013년 국회 운영위원회 위원 2013~2014년 새누리당 원내부대표 2013년 국회 국가정보원댓글의혹사건등의진상규명을위한국정조사특별위원회 위원 2014년 국회 세월호침몰사고의진상규명을위한국정조사특별위원회 위원 2014년 국회 교육문화체육관광위원회 위원 2014년 새누리당 국민공감위원장 2014년 새누리당 권영진대구시장후보시민선거대책위원회 총괄본부장 2015~2016년 同대구시당 수석부위원장 2015년 국회 예산결산특별위원회 위원 2016년 제20대 국회의원(대구시 달서구乙, 새누리당)(현) 2016년 국회 안전행정위원회 간사(현) 2016년 새누리당 대구시당 위원장(현) 2016년 새누리당 정책위원회 부의장 겸 안전행정정책조정위원회 위원장(현) [상]대통령표창(1985), 한국일보 선정 '2000년대를 빛낼 100인'(1992), 대통령표창(2003), 홍조근정훈장(2006), 법률소비자연맹 선정 국회 헌정대상(2013), 대구예술상 감사장(2015) [저]'첫 번째 펭귄은 어디로 갔을까'(2011, 큰곰) [종]기독교

윤재우(尹在佑)

[생]1968·5·20 [주]경기 수원시 팔달구 효원로1 경기도의회(031-8008-7000) [학]경기 신성고졸, 성균관대 철학과졸 [경]행정안전부 청렴옴부즈만, 경기도 명예감사관, 수원지검 검찰시민모니터위원, 의왕시민모임 창립총회준비위원장 2014년 경기도의회 의원(새정치민주연합·더불어민주당)(현) 2014·2016년 同안전행정위원회 위원(현) 2016년 同운영위원회 위원(현) 2016년 同노동자인권보호특별위원회 위원(현) 2016년 同경제민주화특별위원회 위원(현)

윤재웅(尹載雄) YOON Jae Woong

[생]1969·12·14 [본]파평(坡平) [출]서울 [주]세종특별자치시 도움5로20 법제처 법령입안지원과(044-200-6830) [학]1988년 휘문고졸 1992년 서울대졸 1995년 同대학원 행정학과졸 2002년 미국 미시간대 대학원 행정학과졸 2005년 미국 서던캘리포니아대 대학원 행정학박사과정 수료 [경]1994년 행정고시 합격(38회) 1995년 총무처 행정사무관 시보 1996년 법제처 법제조정실 행정사무관 1998년 同행정심판관리국 행정사무관 2005년 同혁신인사기획관실 서기관 2007년 同경제법제국 서기관 2007년 同행정교육심판팀장 2008년 同대변인 2009년 同사회문화법제국 법제관 2009년 同경제법제국 법제관 2012년 駐싱가포르 주재관 2016년 법제처 법제지원단 법령입안지원과장(현)

윤재윤(尹載允) YUN Jae Yun

[생]1953·5·30 [출]경기 수원 [주]서울 중구 퇴계로100 스테이트타워남산8층 법무법인 세종(02-316-4205) [학]1971년 경기고졸 1975년 서울대 법대졸 1981년 同대학원졸 [경]1979년 사법시험 합격(21회) 1981년 사법연수원 수료(11기) 1981년 수원지법 판사 1983~1987년 서울민사지법·서울가정법원 판사 1987년 마산지법 거창지원장 1989년 미국 워싱턴주립대 객원연구원 1990년 서울지법 남부지원 판사 1991년 서울고법 판사 겸 서울형사지법 판사 1992년 법원행정처 조사심의관 1994년 서울고법 판사 1998년 인천지법 부장판사 1999년 서울지법 남부지원 부장판사 2000년 서울지법 부장판사·언론중재위원 2004년 부산고법 부장판사 2005년 서울고법 부장판사 2010~2012년 춘천지법원장 2010년 강원도선거관리위원회 위원장 2012년 법무법인 세종 대표변호사(현) 2012년 광운대 건설법무대학원 겸임교수(현) 2013년 삼성미래기술육성재단 감사(현) 2015년 한국건설법학회 초대회장 [상]제5회 철우언론법상 우수저서 선정(2006), 미국 워싱턴대 한국총동문회 '올해의 동문상'(2014) [저]'건설분쟁 관계법'(2003·2005·2007·2011) '언론분쟁과 법(共)'(2005) '우리는 사람과 함께 울라'(2010) [종]기독교

윤재인(尹載仁) YOON Jae In

[생]1960·6·25 [본]남원(南原) [출]전북 남원 [주]경기 안양시 동안구 엘에스로141의1 LS타워13층 LS전선(주) 임원실(02-2189-9114) [학]전주고졸, 서울대 서양사학과졸, 미국 워싱턴대 경영전문대학원졸(MBA) [경]LG전선(주) OPGr 산업재팀장 2005년 同OPGr그룹장(이사) 2005년 LS전선(주) OPGr그룹장(이사) 2007년 同전력사업부장(상무) 2009년 同전력사업부 전력영업담당 상무 2011년 同전력사업부 전력영업담당 전무 2012년 同에너지사업본부장(전무) 2013년 同영업본부장(전무) 2015년 同사업총괄 대표이사 부사장(현) [종]기독교

윤재준(尹載埈) YOON JAE JUN

[생]1962·3·2 [출]경기 시흥 [주]경기 수원시 팔달구 효원로299 경인일보 편집국(031-231-5114) [학]충북대 대학원졸(석사) [경]1991년 경인일보 입사 2000년 同정치부 차장 2001년 同정치팀장(차장) 2002년 同정치부장 2004년 同안양권담당 부장 2004년 同중부권취재본부장 2006년 同지역사회부장 2007년 同정치부장 2009년 同편집국 지역사회부 용인주재 부장 2012년 同편집국장 2013년 同경기북부 분실장 2016년 同편집국장(현)

윤재천(尹在天) YUN Jae Chun (雲亭)

[생]1932·4·28 [본]파평(坡平) [출]경기 안성 [주]서울 서초구 서초중앙로69 서초르네상스오피스텔902호 현대수필(02-523-4515) [학]1952년 안성농고졸 1956년 중앙대 국문학과졸 1958년 同대학원졸 [경]1960년 중앙대 강사 1966년 상명여자사범대 조교수 1968년 同국어교육과장 1972년 同도서관장 1975년 同학생처장 1975년 한국수필문학회 회장 1976년 상명여자사범대 학생지도연구소장 1980~1994년 중앙대 국문학과 교수 1982~1988년 중앙문인회 회장 1982년 중앙대 안성캠퍼스 생활관장 1985년 同신문사 주간 1987년 同학생생활연구소장 1989년 同학생처장 1989~1995년 한국문인협회 감사 1992년 현대수필문학회 회장 1992년 '현대수필' 발행인(현) 1992년 서울문인협회 수필분과위원장 1993년 한국수필학회 회장(현) 1994년 한국수필학연구소 소장(현) 1995~2004년 국제펜클럽 이사 1995년 한국문인협회 이사 2009년 국제펜클럽 이사 2010년 한국문예학술저작권협회 이사(현) 2011년 한국문인협회 고문(현) 2013년 국제펜클럽 고문(현) [상]한국수필문학상(1989), 鷺山문학상(1991), 한국문학상(1996), 흑구문학상(2010), 국제펜클럽 펜문학상(2010), 조경희문학상(2011) [저]'국문학사전' '수필작법' '신 문장론' '수필문학론' '신 문장작법' '수필창작의 이론과 실제' '세계 명수필의 이해' '수필문학 산책' '수필작법론' '수필작품론' '수필문학의 이해' '여류수필작가론' '현대수필작가론' '수필 이야기' '나의 수필쓰기' '여류수필 작품론' '운정의 삶과 수필' '어느 로맨티스트의 고백(2권)' '청바지와 나' '지성의 눈' '정겨운 대화들' '소부리의 대화들' '사색하는 마음' '다리가 예쁜 여인' '잊어버리고 싶은 여인' '문을 여는 여인' '요즈음 사람들' '나를 만나는 시간에' '처음과 끝, 그리고 그 사이' '나눠고 나눠어도 하나인 우리를 위하여' '구름카페' 수화집 '바람은 떠남이다'(2005) '또 하나의 신화'(2005) 이론서 '명수필 바로알기'(2006) 수화집 '떠남에서 신화로'(2007) '그림과 시가 있는 수필'(2009) 수화집 '그림 속의 수필'(2010) '윤재천 수필론'(2010) '퓨전수필을 말하다'(2010) '수필아포리즘'(2012) '윤재천 수필세계'(2012) '오늘의 한국 대표수필 100인선'(2013)

윤재춘(尹在春) YOON JAE CHUN

[생]1959·10·15 [주]서울 강남구 봉은사로114길12 (주)대웅 사장실(02-550-8008) [학]계명전문대졸, 서울디지털대 경영대학졸, 한국과학기술원(KAIST) 테크노경영대학원 경영학 석사과정 수료 [경]1985년 (주)대웅제약 입사 2001년 同공장관리부장 2007년 同공장관리센터 상무, 同헬스케어사업본부 상무 2010년 同헬스케어사업본부 전무 2010년 (주)DNC 대표이사 사장(현) 2013년 (주)대웅 이사 2014년 (주)대웅제약 부사장 겸 최고운영책임자(COO) 2015년 (주)대웅 대표이사 사장(현) 2015년 한올바이오파마 공동대표이사(현)

윤재필(尹載弼) YOON Jae Pil

[생]1967·5·11 [출]울산 [주]서울 서초구 반포대로158 서울고등검찰청(02-530-3114) [학]1986년 울산 학성고졸 1990년 부산대 법학과졸 1993년 同행정대학원졸 [경]1993년 사법시험 합격(35회) 1996년 사법연수원 수료(25기) 1999년 광주지검 검사 2000년 창원지검 통영지청 검사 2002년 수원지검 검사 2004년 서울중앙지검 마약조직범죄수사부 검사 2006년 제주지검 특수부 검사 2009년 서울중앙지검 부부장검사 2010년 수원지검 강력부장 2011년 청주지검 제천지청장 2012년 수원지검 안양지청 형사3부장 2013년 서울중앙지검 강력부장 2014년 의정부지검 형사3부장 2015년 서울북부지검 형사1부장 2016년 서울고검 검사(현)

윤재홍(尹在洪) YOON Jae Hong (靑岩)

[생]1946·6·15 [본]해남(海南) [출]광주 [주]경기 고양시 덕양구 호원길 3의2 가나문화콘텐츠그룹 [학]1967년 중동고졸 1974년 성균관대 법률학과졸 1985년 미국 캘리포니아주립대 노스리지교 수학(저널리즘전공) 1987년 중앙대 신문방송대학원졸(문학석사) 1996년 성균관대 신문방송대학원졸(정치학박사) [경]1973년 한국방송공사 입사 1975년 同사회부 기자 1984년 同외신부 차장 1988년 同기획보도실 차장 1989년 同정치부 차장 1993년 同춘천방송총국 보도국장 1994년 同제주방송총국 보도국장 1995년 同전국부장 1997년 同기동취재부장 1998년 同TV뉴스 편집부주간 1998년 同보도본부 해설위원 1998년 同여수방송국장 2001년 同홍보실장 2002~2003년 同제주방송총국장 2003년 제주대 언론홍보학과 겸임교수 2004년 한국방송공사 보도국 보도위원(국장급) 2004~2011년 경기대 예술대학 언론미디어학과 교수 2005년 방송위원회 보도교양심의위원회 위원 2005년 한국정치커뮤니케이션학회 수석부회장 2008년 한국방송비평회 홍보이사 2008년 서대문구선거관리위원회 위원 2010년 한국지역지능재단 자문위원 2010년 한국정치커뮤니케이션학회 고문(현) 2011년 육아방송 고문(현) 2011년 가나문화콘텐츠그룹 부회장(현) 2011년 성균관대 언론정보대학원 초빙교수 2011년 경기대 언론미디어학과 외래교수 2013년 리빙TV 상임고문(현) [상]KBS 방송대상 한국기자상, 방송기자클럽 방송보도상, KBS 보도작품상, 보도특종상 외 5개 [저]'신문방송기사문장(共)'(1995) 'TV뉴스 취재에서 보도까지'(1998) '방송기자로 성공하는 길' '입사시험에서 데스크까지(How to Succeed as a Broadcasting Reporter)'(2002) '아프리카 추장이 되었다(I Became an African Tribal Chief)'(2011) [작]대한민국 서예대전 한자부문 입선(2000), 대한민국 미술전람회 서예부문 입선(2003)

윤재환(尹在換) YOON Jae Hwan

[생]1955·2·10 [주]서울 강서구 화곡로64길23 TJ미디어 비서실(02-3663-4700) [학]아주대 산업대학원졸, 한양대 국제관광대학원졸 [경]1991년 태진음향(주) 설립·대표이사 사장 1997년 태진미디어(주) 대표이사 사장 2005년 TJ미디어(주) 대표이사(현)

윤재흥(尹在興)

[생]1960·3·30 [주]경기 과천시 관문로47 법무부 보안정책단(02-2110-3000) [학]오산고졸, 고려대 사회학과졸, 고려대 정책대학원 공안행정학과졸 [경]1988년 공직임용(제30회 7급 공채) 2008년 성동구치소 총무과장 2009년 서울지방교정청 총무과장 2010년 서울구치소 부소장 2011년 영월교도소장 2012년 충주구치소장 2013년 통일교육원 통일미래지도자과정 수료 2014년 여주교도소장 2015년 법무부 직원훈련과장 2015년 화성직업훈련교도소장 2016년 법무부 보안정책단장(고위공무원)(현)

윤점홍(尹点洪) YOON Jeom Hong

[생]1958·10·10 [본]해남(海南) [출]전남 강진 [주]경기 오산시 남부대로374 이화다이아몬드공업(주) 경영관리본부(031-370-9050) [학]금오공고졸, 동국대 경영학과졸, 연세대 경영전문대학원졸(석사) 2014년 한양대 경영학박사과정 수료 [경]삼성인력개발원 교육담당과장 2000년 삼성자동차(주) 동경주재 구매부장 2005년 삼성SDI(주)구매본부 통합구매팀장(상무) 2009년 이화다이아몬드공업(주) 경영관리본부장(현) [저]'구매 자재관리 총론'(2008) [종]기독교

윤정균(尹程筠) Joung-kyun Youn

[생]1959·12·29 [본]파평(坡平) [출]경북 의성 [주]서울 양천구 목동동로309 중소기업유통센터 감사실(02-6678-9093) [학]1978년 의흥상업고졸 1986년 대구대 행정학과졸 1994년 연세대 행정대학원 도시행정학과졸 2015년 서울대 대학원 최고감사인과정 수료 2015년 KAIST 경영대학 최고경영자과정 수료 [경]1984년 대구대 총학생회장 1986~1992년 이종찬 국회의원 비서관·정무장관 비서·민주정의당 사무총장 비서 1991년 전국대학생일본문화연구회 자문위

원 1992~2002년 나산종합건설(주) 개발사업담당 이사 1997년 나산그룹 중국지사장 2000년 제16대 국회의원선거 출마(군위·의성) 2002~2009년 (주)캐비넷디엠 회장 2002~2008년 저출산고령화시대대책국민운동본부 부회장 2007년 한나라당 제17대 대통령선거 이명박 후보 선진국민연대 위원장 2008년 제17대 대통령취임준비위원회 자문위원 2009~2011년 용산역세권개발(주) 경영관리본부장 2011년 한나라당 서울시장선거 나경원후보 선거대책위원회 조직본부 고문 2014년 포럼동서남북 회장(현) 2014년 중소기업유통센터 감사(현) [종]천주교

윤정로(尹晶老) YOON Jeung Rho

[생]1949·9·16 [출]충북 괴산 [학]청운대 방송영상학과졸, 고려대 언론정보대학원 언론학과졸 2006년 명예 철학박사(선문대) [경]세계평화초종교초국가연합 한국회장, (재)선문학원 부이사장, 피스컵코리아조직위원회 부위원장 2008년 평화통일가정당 부총재 겸 사무총장 2008년 제18대 국회의원선거 출마(비례대표, 평화통일가정당) 2008~2010년 세계일보 사장 2010년 한국신문협회 이사 2010~2013년 선문대 부총장 2012~2014년 천주평화연합(UPF) 한국회장 2012년 강한대한민국범국민운동본부 회장 2016년 (사)한국사회교육진흥원 이사장(현)

윤정로(尹淨老·女) YOON Jeong-Ro

[생]1954 [주]대전 유성구 대학로291 한국과학기술원 인문사회과학부(042-350-4625) [학]1977년 서울대 사회학과졸 1984년 미국 하버드대 대학원 사회학과졸 1989년 사회학박사(미국 하버드대) [경]1991년 한국과학기술원 인문사회과학부 교수(현) 1997~1998년 미국 MIT 방문교수 1997년 대통령후보 TV토론 패널리스트 2000~2004년 국가과학기술자문회의 자문위원 2002~2006년 한국정보사회학회 부회장 2002~2004년 한국기술혁신학회 부회장 2003~2005년 한국과학기술원 인문사회과학부장 2003~2004년 국가균형발전추진위원회 위원 2003~2006년 국무조정실 정책평가위원 2003~2008년 정부업무평가위원회 위원 2004~2005년 한국여성학회 부회장 2004~2009년 KT 사외이사, 同감사위원 2006~2009년 同이사회 의장 2006~2007년 한국사회학회 부회장, 학술진흥재단 누리분과위원장 2007~2010년 대구경북과학기술원 이사 2011년 산학협동재단 이사(현) 2013~2016년 국무총리산하 경제·인문사회연구회 비상임이사 2014년 한국사회학회 회장 2015년 한국과학기술원(KAIST) 인문사회융합과학대학장(현) [상]한국과학기술원 발전상, 한국과학기술원 우수강의상(1995·1997), 한국과학기술원 우수강의대상(1998), 홍조근정훈장(2008) [저]'과학기술과 한국사회' '정보사회의 이해' '생명의 위기 : 21세기 생명윤리의 쟁점' '모성의 담론과 현실' '일본의 도시사회' '생명과학기술의 이해 그리고 인간의 삶' 'ELSI Issues on Current Biotechnology' [역]'유비쿼터스 : 공유와 감시의 두 얼굴'

윤정모(尹正模) YOON Jeong Mo

[생]1956·9·3 [본]파평(坡平) [출]전북 전주 [주]전북 전주시 덕진구 백제대로567 전북대학교 신소재공학부(063-270-2303) [학]1975년 전주고졸 1980년 전북대 금속공학과졸 1982년 同대학원졸 1990년 공학박사(일본 東北大) [경]1984~2008년 전북대 공과대학 금속공학과 전임강사·조교수·부교수·교수 1995~1996년 同국책지원사업단 학연산 연구부장 2005년 同신소재개발연구센터장 2006년 同공과대학장 2006~2008년 同환경대학원장 겸 산업기술대학원장 2008년 同공과대학 신소재공학부 금속시스템공학전공 교수(현) 2009~2010년 同학생처장 [종]기독교

윤정석(尹晶石) YUN Jung Sok

[생]1958·1·12 [출]경북 군위 [주]충북 음성군 맹동면 용두로54 한국소비자원 소비자분쟁조정위원회(043-880-5520) [학]1976년 경북고졸 1981년 성균관대 법학과졸 1990년 미국 코넬대 Law School졸 [경]1980년 사법시험 합격(22회) 1982년 사법연수원 수료(12기) 1983년 육군 법무관 1985년 서울지검 검사 1988년 수원지검 여주지청 검사 1989년 대전지검 검사 1991년 대검찰청 연구관 1993년 서울지검 검사 1993년 서울고검 검사 1994년 오스트리아 비엔나 유엔사무소 파견 1996년 법무부 검찰국 검사 1997년 서울지검 의정부지청 부장검사 1998년 창원지검 형사1부장 1999년 사법연수원 교수 2001년 서울지검 공판1부장 2002년 대구지검 포항지청장 2003년 서울고검 검사 2004년 변호사 개업 2007년 법무법인 세창 파트너변호사 2008년 삼성비자금의혹 특별검사보 2011~2015년 법무법인 유비즈 대표변호사 2012~2014년 한국저작권위원회 비상임감사 2015년 한국소비자원 소비자분쟁조정위원회 위원장(현) [저]'유엔범죄방지 프로그램'

윤정섭(尹政燮) YOON Jeong Seop

[생]1950·9·1 [출]서울 [주]서울 성북구 화랑로32길 한국예술종합학교 연극원 무대미술과(02-746-9440) [학]1977년 서울대 미술대 조소과졸 1984년 홍익대 산업미술대학원졸 [경]1978~1994년 (주)문화방송 무대디자이너 1988년 서울올림픽 한강축전개막제·성화봉송 미술감독 1992~1993년 한국TV디자이너협회 회장 1993~1996년 CF PRODUCTION 映像人 운영 1993년 대전EXPO 개회식 미술감독, 한국무대예술가협회 이사 1994~2016년 한국예술종합학교 연극원 무대미술과 교수 1996년 국립현대미술관 올해의 작가선정 2000년 경주관광EXPO개회식 미술감독 2001년 FIFA WORLD CUP 조추첨 미술감독 2002년 同전야제 미술감독 2008년 스페인 사라고사엑스포 한국관 총감독 2008~2010년 한국예술종합학교 연극원장 2016년 同연극원 무대미술과 명예교수(현) [상]동아연극상 무대미술상(1989·1995), 서울연극제 미술상(1994), 백상예술대상 미술상(1994), 동아연극상 무대미술상(1995), 프라하 쿼드리날PQ 무대디자인 은상(1995), 청룡영화상 미술상(1995), 국립현대미술관 올해의작가 선정(1996), 한국뮤지컬대상 무대미술상(1998), 한국연극협회 올해의베스트5 무대미술상(2000) [저]'TV.무대디자인' '무대용어사전' [작]무대미술 연극 '나 어딨소' '빛과 하나되어' '사의 찬미' '마지막 한 잔을 위하여' '아리랑' '춘향전' '죽음과 소녀' '오장군의 발톱' '북회귀선' '남사당의 하늘' '맥베드' '천명' '마지막 춤은 나와 함께' '하늘여자 땅남자' '구렁이 신랑과 그의 신부' '둥둥낙랑둥' 연극 '난장이가 쏘아 올린 작은 공' '한네' '난 꿈속에서 춤을 추었네' '순교자' '바리' '오셀로' '그블' '킬리만자로의 꿈' '오월의 신부' '한여름밤의 꿈' '히바카리' '파몽기' '우투리' 무대연출 '무거운물' '101번지, 33580일-기억된벽' '옷굿-살' '밀레니엄카운트다운big5' '야회' '11월' '춘향' '얼음강' '박혁거세는 알에서 나왔다' '시계보는 아이' '물질적 남자' '철로역정' '시간극장' 영상 영화 '헤어드레서' 드라마 '전원일기' '암행어사' '몽실언니' '여자는 무엇으로 사는가?' '고개숙인 남자' 쇼 '토요일 토요일은 즐거워' '쇼2000' CF '해태제과 아카시아껌' '롯데제과 티라미스 쵸코렛' '금성TV' '제일모직' '크라운제과' '로가디스' '프로스펙스' '신대우가족' '펩시콜라' '금강르노와르' '영에이지'

윤정섭

[생]1957·1·15 [주]대전 유성구 월드컵대로32 대전시티즌 임원실(042-824-2002) [학]대전상고졸, 대전과학기술대졸, 도시행정학박사(중부대) [경](주)한가족식품 근무, (주)다우주택건설 이사, 다우건설 이사, 대전시 유성구체육회 이사, 대전시생활체육회 이사 2016년 대전시티즌 대표이사(현)

윤정식(尹楨植) YOON Jeong Sig

[생]1956·10·8 [출]서울 [주]경기 부천시 오정구 오정로233 OBS경인TV 임원실(032-670-5128) [학]1975년 충암고졸 1983년 국민대 정치외교학과졸 1991년 미국 휴스턴대(Univ. of Houston) 대학원졸(MBA) [경]1982년 춘천MBC 입사·보도국 기자 1991년 MBC 전입·보도국 기자 1993년 同기획취재부 기자 1994년 同사회2부 기자 1995년 同전국팀 기자 1995년 同정치팀 기자 1998년 同2580부 기자 1998년 同보도제작부 차장 2002년 iMBC 총괄이사 2003년 MBC 보도국 인터넷뉴스센터 에디터(부장급) 2006년 同홍보심의국 홍보부장 2008년 同홍보심의국 부국장 2009년 同편성국 홍보시청자부장 2010~2013년 청주MBC·충주MBC 사장 2013~2014년 (주)KT CR본부장(부사장) 2015년 OBS경인TV(주) 대표이사 사장(현) [상]이달의 기자상(1994·1998) [종]기독교

윤정웅(尹正雄) YOON Jung Woong

[생]1961·2·8 [본]파평(坡平) [출]제주 서귀포 [주]제주특별자치도 서귀포시 안덕면 녹차분재로217 람정제주개발(064-727-8848) [학]1979년 제주 오현고졸 1984년 제주대 원예학과졸 2004년 同행정대학원졸 [경]1984년 제주신문 기자 1990년 제민일보 기자 1995년 同제2사회부 차장대우·편집부 차장대우 1996년 同사회부 차장대우 1997년 同사회부 차장 1998년 同사회부장 직대 2000년 同정치부장 2001년 同지방2부장 2001년 同사회부장 2002년 同기획관리실 부국장대우 2003년 同편집국 부국장대우 2005년 同편집국장 2006년 同편집국 대기자 2006년 同서귀포지사장 2008년 同편집국장 2010~2014년 同논설위원실장 2014년 람정제주개발 상무(현)

윤정일(尹正一) YUN Chung Il (素雲)

[생]1943 · 2 · 22 [본]파평(坡平) [출]충북 괴산 [주]서울 관악구 관악로1 서울대학교(02-880-5114) [학]1961년 청주사범학교졸 1966년 서울대 교육학과졸 1970년 同교육대학원졸 1976년 교육행정학박사(미국 일리노이대) [경]1969~1970년 대한교육연합회 정책연구원 1970~1973년 인천교육대 전임강사 1974~1976년 미국 일리노이대 교육연구소 연구원 1976~1977년 同교수 1976~1977년 인천교육대 조교수 1977~1985년 한국교육개발원 연구위원 · 수석연구위원 1985년 대통령자문 교육개혁심의회 상임전문위원 1985~1994년 서울대 사범대학 교육학과 조교수 · 부교수 1989~1992년 대통령자문 교육정책자문회의 상임전문위원 1994~2008년 서울대 사범대학 교육학과 교수 1994~1998년 同교육연구소장 1994년 한국교육재정경제학회 회장 1999년 학교바로세우기실천연대 위원장 2000년 한국교원단체총연합회 교육정책위원장 2002년 서울대 사범대부설 교육행정연수원장 2004~2006년 同사범대학장 2006년 한국교육학회 회장 2008년 서울대 명예교수(현) 2008~2015년 민족사관고 교장 [상]서울대 20년근속상(2004) [저]'교육행정사' '한국교육심리검사 총람'(共) '교육 50년사' '한국교육사' '지방자치를 알면 21세기가 보인다' '교육의 이해' '교육재정론' '교육학 용어사전' '한국의 교육재정' '학교개혁론' '교육행정재정사'(2000) '교육학연구 개관'(2001) '교육재정경제학 백과사전'(2001) '교육행정학원론'(2002) '신교육의 이해'(2002) '훌륭한 교사가 되는 길'(2002) '학교장 실무편람'(2002) '교육개혁론'(2003) '한국공교육의 진단'(2003) '교육재정학 원론'(2004) '교육리더십'(2004) '학교공부 바로하기'(2004) '우리교육 어디로 가야 하나'(2004) '꿈을 이루려면 포기하지 마라'(2013) [종]가톨릭

윤정혜(尹貞惠 · 女) YOON Jung Hai

[생]1954 · 10 · 27 [주]인천 남구 인하로100 인하대학교 소비자학과(032-860-8112) [학]1974년 서울대졸 1981년 同대학원졸 1992년 문학박사(서울대) [경]1983~2006 · 2009~2014년 인하대 소비자아동학과 조교수 · 부교수 · 교수 1994~1995년 미국 스탠퍼드대 방문학자 2000~2004년 인천녹색소비자연대 공동대표 2002~2004년 인하대 생활과학대학장 2002~2004년 한국소비자학회 회장 2004~2006년 21세기여성포럼 공동대표 2005년 공정거래위원회 정책평가위원 2006년 同소비자본부장 2007~2009년 同소비자정책국장 2010년 금융감독원 금융소비자자문위원 2012년 한국금융소비자학회 회장 2014년 인하대 소비자학과 교수(현) [저]'가정경제학'(共) '가계재정'(共) '소비자학의 이해'(共) '복지국가와 가족정책'(1995) '세계화시대의 사회통합'(1998)

윤정환(尹晶煥)

[생]1973 · 2 · 16 [출]광주 [주]울산 동구 봉수로507 현대스포츠클럽 울산현대축구단(052-202-6141) [학]금호고졸, 동아대졸 [경]1991년 청소년축구 국가대표 1993년 동아시아대회 국가대표 1995년 부천 SK 프로축구단 입단 1998년 미국 애틀랜타올림픽 국가대표 1998년 프랑스월드컵 예선 국가대표 1999~2002년 일본 쎄레소 오사카 프로축구단 소속 2002년 한 · 일월드컵 국가대표 2002년 성남 일화천마 프로축구단 입단 2004년 전북 현대 모터스 축구단 입단 2006~2007년 일본 J2리그 사간도스 소속 2008~2014년 일본 프로축구(J리그) 사간도스 감독 2014년 프로축구 울산 현대축구단 감독(현) [상]체육훈장 맹호장

윤제균

[생]1969 · 5 · 14 [출]부산 [학]1988년 사직고졸 1996년 고려대 경제학과졸 [경]JK필름 소속 영화감독(현) 2009년 LG애드 전략기획팀 근무, 同광고 카피라이터, 심마니 엔터펀트 기획, 남해지방해양경찰청 명예 홍보대사 2010년 제9회 미장센단편영화제 코미디부문 심사위원 2010년 클린콘텐츠 홍보대사 2010년 제2회 대한민국서울문화예술대상 심사위원장 2015년 한국해양대 제1호 명예선장(현) [상]세계 인터넷 광고 공모전 최고상(1997), 태창흥업 주최 시나리오 공모전 대상(1999), 제18회 부일영화상 최우수감독상 · 각본상(2009), 제18회 부일영화상 각본상(2009), 제46회 대종상영화제 기획상(2009), 제12회 디렉터스 컷 어워드 올해의 제작자상(2009), 제7회 맥스무비 최고의 영화상 최고의 감독상(2010), 제1회 서울문화예술대상 영화감독부문 대상(2010), 제46회 백상예술대상 영화부문 대상(2010), 제3회 한국문화산업대상 개인부문 수상(2010), 자랑스런 고대인상(2015), 제52회 대종상영화제 최우수작품상 · 감독상(2015), 아름다운예술인상 대상(2015) [작]영화 각본 · 연출 '두사부일체'(2001), 영화 각본 · 감독 · 기획 · 제작 '색즉시공'(2002), 영화 각본 · 연출 · 제작 '낭만자객'(2003), 영화 연출 · 제작 '1번가의 기적'(2007), 영화 각본 · 연출 · 제작 '해운대'(2009), 영화 각본 · 제작 '하모니'(2010), 영화 각색 · 제작 '퀵'(2011) '댄싱퀸'(2012), 영화 기획 '7광구'(2011), 영화 연출 '템플 스테이'(2012), 영화 제작 · 연출 · 각색 '국제시장'(2014), 영화 제작 · 각색 '히말라야'(2015)

윤제용(尹齊鏞) Yoon, Jeyong

[생]1961 · 10 · 17 [본]파평(坡平) [출]서울 [주]서울 관악구 관악로1 서울대학교 화학생물공학부(02-880-8927) [학]1980년 서라벌고졸 1984년 서울대 공업화학과졸 1986년 同대학원 공업화학과졸 1990년 미국 노스캐롤라이나주립대 대학원졸 1993년 환경공학박사(미국 뉴욕주립대) [경]1985년 서울대 환경안전연구소 연구원 1988년 同환경계획연구소 연구원 1988~1990년 미국 노스캐롤라이나주립대 연구원 1991~1993년 미국 뉴욕주립대 연구원 1993~1999년 아주대 환경공학과 조교수 · 부교수 1995년 환경마크협회 환경마크심의위원 1995~1996년 공업진흥청 ISO환경분석방법 심사위원 1999년 서울대 공대 화학생물공학부 조교수 · 부교수 · 교수(현) 2000~2001년 대통령자문 국가지속가능발전위원회 수자원분과 위원 2005~2008년 수도연구회 회장 2005~2006년 미국 몬타나생물막공학연구소 방문교수 2007~2008년 (사)시민환경연구소 소장 2011~2013년 서울대 공과대학 학생부학장 2013~2016년 국경없는과학기술자회 회장 2015년 국가과학기술심의회 에너지 · 환경전문위원회 위원(현) [상]환경부장관표창, 대통령표창(2004)

윤제철(尹濟哲) YOON Je Chul

[생]1947 · 12 · 28 [본]파평(坡平) [출]경기 [주]인천 부평구 체육관로30 이리옴프라자(032-519-2981) [학]1966년 서울대사대부고졸 1970년 서울대 경영학과졸 2008년 동국대 경영대학원 경영학과졸(석사) [경]1973~1976년 한양투자금융(주) 근무 1976~1986년 한양건설(주) 입사 · 상무이사 1986년 진로그룹 입사 · 상무이사 1995~1997년 (주)영원무역 해외사업본부장 1998~2005년 한국자산관리공사 본부장 2005~2011년 삼정KPMG그룹 부회장 2010~2015년 (주)대우인터내셔널 사외이사 겸 감사위원장 2010~2013년 동국대 회계학과 겸임교수 2011~2012년(사)대불 이사장 2013~2015년 불교방송 감사 2013년 로맥세무회계사무소 대표(현) 2014년 (주)영원무역 사외이사(현) [상]금융감독위원장표창(1999), 재정경제부장관표창(2002) [저]'외환위기는 끝났는가'(2007) [종]불교

윤종건(尹鍾建)

[생]1966 [출]경남 창녕 [주]부산 연제구 거제천로269번길16 동래세무서(051-860-2201) [학]1983년 마산고졸 1991년 경성대졸 [경]1993년 국세공무원 임용(7급 공채) 2000년 세무주사 승진, 중부지방국세청 조사1국 근무, 국세청 조사2과 근무, 同세원정보과 근무, 서울지방국세청 조사4국 근무 2009년 사무관 승진 2011년 남대문세무서 재산법인세과장, 국세청 대변인실 사무관 2014년 同대변인실 서기관 2015년 동래세무서장(현)

윤종구(尹鍾九) YOON Jong Ku

[생]1959 · 2 · 11 [본]파평(坡平) [출]전남 함평 [학]1977년 서울 충암고졸 1982년 서울대 금속공학과졸 1984년 同대학원 금속공학과졸 1993년 금속공학박사(서울대) [경]1985년 대우자동차(주) 근무 1986년 삼성종합기술원 주임연구원 1988년 서울대 공대 조교 1994년 산업자원부 기술표준원 신뢰성기술과 연구관 2001년 同기술표준원 전자거래표준과장 2003년 미국 메릴랜드대 교환연구원 2005년 산업자원부 기술표준원 산업기기표준과장 2006년 同기술표준원 에너지물류표준팀장 2008년 지식경제부 기술표준원 에너지물류표준과장 2008년 同기술표준원 기술규제대응과장 2009년 同기술표준원 국제표준협력과장 2010년 同기술표준원 소재나노표준과장 2011년 同기술표준원 표준기획과장 2012년 同기술표준원 지식산업표준국 신산업표준과장 2013~2016년 산업통상자원부 국가기술표준원 무역기술장벽협상과장 [저]'기계적분쇄에 의한 비정질화연구'

윤종구(尹鍾九) YOON Jong Koo

[생]1963 · 3 · 13 [출]경북 영천 [주]서울 서초구 서초중앙로157 서울고등법원(02-530-1114) [학]1982년 계성고졸 1986년 서울대 법대졸 1988년 대구대 대학원 법학과졸 2003년 독일 베를린자유대 연수 [경]1989년 사법시험 합격(31회) 1992년 사법연수원 수료(21기) 1992년 수원지법 판사 1994년 서울민사지법 판사 1996년 광주지법 영광 · 장성군법원 판사, 서울지법 남부지원 판사 2001년 서울지법 판사 2004년 법원행정처 법정심의관 2005년 서울중앙지법 파산부 판사 2006년 법원행정처 기획조정실 판사 2006년 서울고법 판사 2007년 대구지법 부장판사 2008년 대법원 재판연구관 2010년 수원지법 부장판사 2011년 서울동부지법 형사11부 부장판사 2013년 서울중앙지법 형사31부 · 민사합의31부 부장판사 2014년 부산고법 창원재판부 부장판사 2016년 서울고법 부장판사(현)

윤종규(尹鍾圭) Yoon Jong Kyoo

❷1955 · 10 · 13 ❸전남 나주 ❹서울 영등포구 국제금융로8길26 KB금융지주 비서실(02-2073-7000) ❺1974년 광주상고졸 1982년 성균관대 경영학과졸 1985년 서울대 대학원 경영학과졸 1999년 경영학박사(성균관대) 1999년 미국 하버드대 경영대학원 PWC International Business Program 수료 2004년 한국방송통신대 법률학과졸 ❻1973~1980년 한국외환은행 행원 1980년 공인회계사 합격 1981년 행정고시 합격 1986~1988년 Coopers & Lybrand Tokyo office 교환근무 1986년 미국 공인회계사 등록 1992년 한국공인회계사회 기업회계연구위원 1994년 同장기발전특별위원회 실무위원 1995년 성균관대 강사 · 겸임교수 1998년 동아건설 Workout Project 총괄책임자 1998년 삼일회계법인 전무이사 1999~2002년 同부대표 2001년 예금보험공사 운영위원 2002년 국민은행 재무본부장(부행장) 2004년 同개인금융그룹 대표(부행장) 2005년 성균관대 초빙교수 2005~2010년 김&장법률사무소 상임고문(회계사) 2005년 인천항만공사 항만위원 2006~2008년 KT 사외이사 겸 감사위원 2010~2013년 KB금융지주 최고재무책임자(CFO · 부사장) 2010~2013년 KB국민은행 기타비상무이사 2014년 KB금융지주 대표이사 회장(현) 2014년 KB국민은행장 겸임(현) ❼재정경제부장관표창, 한국상장회사협의회 감사대상 외부감사인상, 성균관대 경영대학 자랑스러운 동문상(2013), 대한민국 금융혁신대상 경영혁신대상(2015), 금융감독원장표창(2015), 이데일리 대한민국금융산업대상 금융위원장상(2016) ❽기독교

윤종근(尹宗根)

❷1950 · 5 · 18 ❸경남 고성 ❹부산 남구 문현금융로40 부산국제금융센터 한국남부발전(주) 비서실(070-7713-8001) ❺1969년 부산상고졸 1984년 동아대 무역학과졸 1988년 부산대 경영대학원졸 ❻1969년 한국전력공사 입사 1977년 同기획본부 예산운영과장 1987년 同부산지사 기획관리실장 1989~1995년 同감사실 조사부장 · 관리부장 1998년 同영업본부 판매SI팀장 1998년 同충주지점장 2002년 同북부산지점장 2003년 同관리본부 노무처장 2006년 同서울지역본부장 2006~2008년 한국수력원자력(주) 경영관리본부장(상임이사) 2014년 한국서부발전 비상임이사 2016년 한국남부발전(주) 대표이사 사장(현) ❼한국전력공사 사장상(1994), 행정자치부장관표창(2005), 산업자원부장관표창(2005)

윤종기(尹宗基) Yoon Jong Key

❷1959 · 4 · 10 ❸전남 고흥 ❹인천 남동구 정각로8 더불어민주당 인천시당(032-437-3200) ❺1978년 광주 인성고졸 1983년 동국대 경찰행정학과졸 2007년 고려대 정책대학원 행정학과졸 ❻1983년 경위 임용 1999년 경찰특공대장 2002년 충남지방경찰청 경비교통과장 2003년 충남 서천경찰서장 2004년 서울지방경찰청 제1기동대장 2006년 서울 혜화경찰서장 2007년 서울지방경찰청 경비2과장 2008년 同교통안전과장 2010년 충북지방경찰청 차장 2011년 서울지방경찰청 경비부장 2013년 同차장(치안감) 2013년 충북지방경찰청장 2014~2015년 인천지방경찰청장(치안정감) 2016년 더불어민주당 인천연수乙지역위원회 위원장(현) 2016년 제20대 국회의원선거 출마(인천 연수구乙, 더불어민주당) 2016년 더불어민주당 중앙당 정책위원회 부의장(현)

윤종남(尹鍾南) YOON Jong Nam

❷1948 · 8 · 12 ❿파평(坡平) ❸충남 천안 ❹서울 서초구 반포대로34길14 정명빌딩301호 법률사무소 청평(02-599-9977) ❺1973년 연세대 법대졸 ❻1974년 사법시험 합격(16회) 1976년 사법연수원 수료(6기) 1976년 부산지검 검사 1979년 대구지검 검사 1981년 서울지검 검사 1983년 수원지검 검사 1985년 해외 연수 1986년 법무연수원 연구관 1988년 춘천지검 속초지청장 1989년 대전지검 부장검사 1990년 광주지검 강력부장 1991년 법무부 조사과장 1993년 부산지검 강력부장 1993년 서울지검 북부지청 형사3부장 1995년 대검 감찰2과장 1996년 서울지검 형사2부장 1996년 同형사1부장 1997년 부산지검 동부지청 차장검사 1998년 서울지검 서부지청 차장검사 1999년 同북부지청장 2000년 부산고검 차장검사 2001년 제주지검 검사장 2002년 대검 공판송무부장 2002년 법무부 보호국장 2003년 수원지검장 2004년 서울남부지검장 2005년 변호사 개업 2008년 법무법인 이우 대표변호사 2009년 법무법인 두우&이우 대표변호사 2010년 同고문변호사 2011년 법률사무소 청평 대표변호사(현) 2013년 하나대투증권 사외이사 2014년 하나금융지주 사외이사(현) 2015년 同이사회 의장(현) ❼홍조근정훈장 ❾'美國의 警察制度' '미국 연방법무부의 조직과 기능' '소년교도소의 運營實態와 改善方案' ❽기독교

윤종도(尹鍾道)

❷1959 · 10 · 24 ❹경북 안동시 풍천면 도청대로455 경상북도의회(054-880-5401) ❺2001년 경북전문대 행정정보관리과졸 ❻청송군4-H연합회 회장, 농업경영인청송군연합회 사무국장, 同부회장, 청송청년회의소 회장, 청송군탁구협회 회장, 청송경찰서 경찰발전위원회, 청송새마을금고 이사, 바르게살기운동청송군협의회 회장, 경북지체장애인협회 청송군지회 후원회장 2010년 경북도의회의원선거 출마(무소속) 2014년 경북도의회 의원(무소속)(현) 2014 · 2016년 同농수산위원회 위원(현) 2014 · 2016년 同윤리특별위원회 부위원장(현) 2015년 同예산결산특별위원회 위원

윤종록(尹宗錄) Yoon Jong-lok

❷1957 · 12 · 17 ❸광주 ❹충북 진천군 덕산면 정통로10 정보통신산업진흥원 원장실(043-931-5001) ❺1975년 광주고졸 1980년 한국항공대 항공통신공학과졸 1992년 연세대 산업대학원 전자공학과졸 1996년 미국 미시간주립대 전자통신과 수료 2003년 서울대 최고경영자과정 수료 ❻1980년 기술고등고시 합격(15회) 1982년 한국통신 입사 2001년 (주)KT e-Biz사업본부장(상무) 2003년 同마케팅기획본부장(전무) 2003년 同기술본부장(전무) 2003년 한국정보통신기술협회(TTA) 표준총회 의장 2004년 (주)KT 신사업기획본부장(전무) 2005년 同성장전략부문장(전무) 2005년 同R&D부문장 겸 인프라연구소장(부사장) 2005년 한국정보통신산업협회 초대회장 2006~2008년 (주)KT 성장사업부문장(부사장) 2008~2009년 한국통신학회 비상근부회장 2008년 한국디지털미디어산업협회 부회장 2009년 미국 벨연구소 특임연구원 2012년 연세대 미래융합기술연구소 연구교수 2013년 제18대 대통령직인수위원회 교육 · 과학분과 전문위원 2013~2015년 미래창조과학부 제2차관 2015년 정보통신산업진흥원 원장(현) 2015년 세계경제포럼 Creative Economy 분과위원(현) ❼산업포장(2003), 대한민국창조경영인상(2007) ❾'후츠파로 일어서라'(2013, 크레듀하우) '호모디지쿠스로 진화하라'(2009, 생각의나무) '이매지노베이션'(2015, 크레듀하우) ❾'창업국가(Start-Up Nation)'(2010, 다할미디어) ❽천주교

윤종률(尹鍾律) YOON Jong Ryool

❷1958 · 1 · 21 ❸경기 화성시 큰재봉길7 한림대학교 동탄성심병원 가정의학과(031-8086-3086) ❺1984년 서울대 의학과졸 1993년 同대학원졸 1997년 의학박사(고려대) ❻1996~1999년 국제노년학회 조직위원회 사무처장 1996년 한국노인과학학술단체연합회 이사 1996~2000년 대한노인병학회 총무이사 · 부회장 2000~2003년 한림대 성심병원(평촌) 과장 겸 부교수 2001~2002년 미국 콜로라도대학병원 연구원 2004년 한림대 의대 가정의학교실 교수(현) 2008년 同한강성심병원 가정의학과 겸 노인건강클리닉 과장 2008년 국가노인건강검진위원회 기술자문위원(현) 2010~2012년 한림대부속 한강성심병원 진료부원장, 同노인건강클리닉 과장 ❼대한가정의학회 학술상(1996), 대한가정의학회 저술상(1997) ❾'잘못 알려진 건강상식 100(共)'(1996) '의사플러스(共)'(1996) '꼭 알아야 할 건강상식 100(共)'(1998) '삶의 질 측정의 이론과 실제(共)'(1999) '근거중심의학의 이론과 실제(共)'(2001) '가정의학(共)'(2003 · 2007) '한국인의 건강증진(共)'(2004)

윤종모(尹鍾模) YOON Jong Mo

❷1949 · 2 · 10 ❿파평(坡平) ❸충남 당진 ❹서울 서대문구 연세로50 연세대학교 코칭아카데미(02-2123-3245) ❺1969년 경남 마산고졸 1975년 연세대 신학과졸 1980년 경남대 대학원 영문학과졸 1983년 영문학박사(한국외국어대) 1992년 캐나다 토론토대 대학원 신학과졸 2005년 캐나다 앨버타대 신학박사과정 수료 ❻1992년 성공회대 목회상담학과 교수 2004년 나무마을 영성치유원 원장, 한국기독교상담심리치료학회 회장, 삼성학원 이사 2005~2011년 대한성공회 부산교구장(주교), 학교법인 성공회대 이사 2007년 연세대 코칭아카데미 상담고위자과정 외래교수(현) 2009~2010년 대한성공회 관구장 ❼신인 번역상 ❾'실천신학' '한국교회를 위한 목회상담학(共)' '여성문제와 목회상담' '부모와 자녀' '적당한 열등감은 필요하다' '나무마을 윤신부의 치유명상' '행복한 아이, 성공하는 아이' '주님, 당신의 손길이 그립습니다' '생명으로 키워라' '그리스도인의 경청 Christian Listening' '치유명상'(2009, 정신세계사) '마음디자인'(2013) ❾'꼬마 율리시즈' '돈키호테 신부님' ❽성공회

윤종민(尹鍾玟) YOON Jong Min

(생)1960·11·28 (주)서울 중구 남대문로81 롯데쇼핑(주) 임원실(02-771-2500) (학)청구고졸, 서울대 철학과졸 (경)2003년 롯데쇼핑(주) 이사대우 2005년 롯데제과(주) 인사제도담당 이사 2008년 롯데쇼핑(주) 상무 2011년 同전무 2014년 同부사장(현)

윤종복(尹鐘福) YOON Jong Bok

(생)1958·1·30 (주)서울 서대문구 연세로50 연세대학교 생명시스템대학 생화학과(02-2123-2704) (학)1980년 연세대 생화학과졸 1982년 同대학원 생화학과졸 1987년 생화학박사(미국 미네소타대) (경)1982~1983년 인삼연초연구소 기초연구부 연구원 1987~1989년 미국 Dept. of Pediatrics, Univ. of Minnesota Post-Doc. Fellow 1989~1993년 Lab. of Biochem. & Mol. Biol. Rockefeller Univ. Post-Doc. Fellow 1993~1995년 Lab. of Biochem. & Mol. Biol. Rockefeller Univ. Research Associate 1995~2008년 연세대 이과대학 생화학과 조교수·부교수·교수 2008년 同생명시스템대학 생화학과 교수(현) 2012~2014년 同생명시스템대학장 2012~2014년 同생명시스템연구원장 (저)'Chromatin remodeling factor : 다양성과 작용기작'(1999)

윤종석(尹鍾碩) YUN Jong-seok

(생)1966·3·5 (본)파평(坡平) (출)경북 영덕 (주)세종특별자치시 갈매로388 문화체육관광부 뉴미디어홍보지원과(044-203-3088) (학)1988년 서울대 독어교육과졸 1990년 同대학원 교육학과졸(석사) 1997년 독일 베를린자유대 대학원 미디어학과 수료 (경)1988년 서울 용산고 교사 1991~1997년 공보처 행정사무관 1998년 문화관광부 행정사무관 1999~2002년 국정홍보처 홍보기획국 기획관리과 서기관 2003~2006년 駐독일 한국대사관 문화홍보관 2007년 국정홍보처 미디어지원단 정책광고팀장 2008년 문화체육관광부 외신과장 2009년 同홍보콘텐츠정책관실 홍보콘텐츠기획과장 2009년 同관광산업국 녹색관광과장 2011년 同홍보지원국 홍보콘텐츠기획과실 정책광고과장 2012년 駐독일대사관 공사참사관 겸 한국문화원장(서기관) 2016년 문화체육관광부 국민소통실 홍보콘텐츠기획관실 뉴미디어홍보지원과장(현) (상)외교통상부장관표창(2005), 근정포장(2011) (역)'위험사회와 새로운 자본주의'(2008, 한울) '국가이미지 전쟁'(2008, 커뮤니케이션북스) '흔들리는 세계의 축-포스트 아메리칸 월드'(2008, 베가북스) '글로벌 트렌드 2025'(2009, 예문) '세상을 만드는 커뮤니케이션'(2009, 한울) 등 10여권

윤종섭(尹鍾燮) YOON Jong Sup

(생)1970·6·26 (출)경남 거제 (주)서울 서초구 서초중앙로157 서울중앙지방법원(02-530-1114) (학)1989년 진주고졸 1993년 경희대 법학과졸 (경)1994년 사법시험 합격(36회) 1997년 사법연수원 수료(26기) 2000년 청주지법 판사 2003년 서울지법 의정부지원 판사 2004년 의정부지법 판사 2006년 서울중앙지법 판사 2008년 서울고법 판사 2010년 서울가정법원 판사 2012년 춘천지법 부장판사 2014년 수원지법 부장판사 2016년 서울중앙지법 부장판사(현)

윤종성

(생)1957·4·4 (주)대전 유성구 온천로51 유성우체국 사서함35호 국방과학연구소(042-821-4703) (학)1975년 수도사범대학부속고졸 1981년 육군사관학교졸(37기) 1999년 동국대 대학원 행정학과졸 2008년 정치학박사(명지대) (경)1997~2000년 대통령경호실 33경호대장(중령) 2004~2006년 육군 중앙수사단장(대령) 2006~2008년 육군 수사단장(준장) 2008~2010년 국방부 조사본부장(소장) 2011~2016년 성신여대 교육교양대학 교양학부 교수 2016년 국방과학연구소 상임감사(현)

윤종수(尹鍾洙) YOON Jong Soo

(생)1958·8·13 (출)충북 제천 (주)인천 연수구 송도과학로85 연세대학교 국제캠퍼스 자유관A205호 유엔지속가능발전센터(032-822-9088) (학)1982년 서울대 영어영문학과졸 1987년 同행정대학원졸 (경)1982년 행정고시 합격(26회) 1996년 환경부 법무담당 서기관 1997년 同장관비서실 1998년 同폐기물자원국 폐기물재활용과장 1998~2001년 駐유엔대표부 참사관 2001년 환경부 국제협력관실 지구환경담당관 2001년 同폐기물자원국 폐기물정책과

장 2002년 同기획관리실 기획예산담당관 2002년 同총무과장 2003년 同공보관 2004년 同폐기물자원국장 2005년 同자원순환국장 2006년 중앙공무원교육원 파견 2007년 환경부 상하수도국장 2008년 同환경전략실 기후대기정책관 2009년 同환경정책실 기후대기정책관 2010년 同환경정책실장 2011~2013년 同차관 2013년 유엔지속가능발전센터 소장(현) (상)국무총리표창, 대통령표창(2006), 홍조근정훈장(2007), 지속가능발전대상(2012) (종)기독교

윤종수(尹鐘洙) YOON Jongsoo

(생)1959·1·23 (본)파평(坡平) (출)강원 평창 (주)경기 평택시 삼남로283 한국복지대학교305호 대한스키패트롤협회(031-610-4823) (학)강릉농공고졸, 중앙대 축산학과졸 (경)쌍용양회(주) 용평리조트 업무부장, 同스포츠영업부장, (주)보광휘닉스파크 시설부장, 同총무팀장 2004년 同스키장운영부문장(이사), 대한스키협회 이사, 同크로스컨트리위원회 위원장 2006년 (주)용평리조트 스포츠영업담당 상무이사 2009년 태백관광개발공사 영업본부장 2009년 대한스키패트롤협회 부회장(현) (상)교통부장관표창(1994), 문화관광부장관표창(1999) (저)'스키장의 수호천사'(2001) (종)천주교

윤종수(尹鍾秀) Yoon Jong Soo

(생)1964·10·17 (출)경기 부천 (주)서울 중구 남대문로63 한진빌딩(02-6386-6601) (학)1983년 홍익사대부고졸 1987년 서울대 법학과졸 1989년 서울시립대 대학원 법학과졸 (경)1990년 사법시험 합격(32회) 1993년 사법연수원 수료 1993년 부산지법 판사 1996년 同동부지원 판사 1997년 수원지법 성남지원 판사 1997년 천리안 AV동호회 회장 2000년 서울지법 판사 2002년 同북부지원 판사 2004년 서울고법 판사 2005년 (사)크리에이티브커먼즈코리아(CCKorea) 설립자 2006년 서울북부지법 판사 2008년 대전지법 논산지원장 2010년 인천지법 형사4부·민사16부 부장판사 2009~2015년 한국저작권위원회 위원 011년 한국정보법학회 부회장(현) 2011년 콘텐츠분쟁조정위원회 위원(현) 2012~2014년 서울북부지법 부장판사 2014년 카카오 정보보호 자문위원(현) 2014년 (사)한국지적재산권변호사협회 부회장(현) 2014년 크리에이티브 커먼즈(Creative Commons) 이사(현) 2014년 (사)한국지적재산권변호사협회 부회장(현) 2014~2016년 법무법인 세종 파트너변호사 2015년 개인정보보호위원회 정책자문위원(현) 2015년 공공데이터전략위원회 위원(현) 2015년 방송통신위원회 고객정책대표자회의 위원(현) 2016년 법무법인 광장 변호사(현)

윤종식 YOON JONG SIK

(생)1961·9·26 (주)경기 용인시 기흥구 삼성로1 삼성전자(주) 시스템LSI사업부 Foundry사업팀(031-209-7114) (학)1984년 한양대졸 1987년 미국 캘리포니아대 로스앤젤레스교(UCLA) 대학원 재료공학과졸 1991년 재료공학박사(미국 UCLA) (경)삼성전자(주) 시스템LSI사업부 TD팀장, 同시스템LSI사업부 TD팀 연구위원(상무) 2011년 同반도체연구소 연구위원(전무) 2014년 同시스템LSI사업부 Foundry사업팀 연구위원(전무) 2015년 同시스템 LSI사업부 Foundry사업팀장(부사장)(현) (상)자랑스런 삼성인상 기술상(2010)

윤종언(尹鍾彦) YOON Jong On

(생)1955·11·13 (출)대구 (주)부산 강서구 과학산단1로60번길32 부산테크노파크 정책기획단(051-974-9110) (학)1980년 서울대 경영학과졸 1983년 同대학원 경영학과졸 2002년 경영학박사(일본 나고야대) (경)한국과학기술연구소 근무 1986년 과학기술정책연구소 연구원 1988년 삼성경제연구소 산업연구실 선임연구원 1992년 同산업2팀장 1994년 同산업연구실장 1998년 同경영전략실장 1999년 同기술산업실장(상무보) 2003년 同기술산업실장(상무이사) 2012년 인제대 교수 2013년 부산테크노파크 정책기획단장(현)

윤종열(尹鍾烈) YOON Chong Yul

(생)1958·9·8 (본)파평(坡平) (출)대구 (주)서울 마포구 와우산로94 홍익대학교 건설도시공학부(02-320-1478) (학)1980년 미국 매사추세츠공과대(MIT) 토목공학과졸 1982년 同대학원 토목공학과졸 1990년 공학박사(미국 캘리포니아대 버클리교) (경)1979년 한국과학기술원 신수도개발연구소 연구원 1980년 대림산업(주) 기획조정실 연구원 1982~1983년 미국 MIT 토목공학과 전임강사 1983~1984년 미국 노스이스턴대 토목공학과 조교수 1989~1990년 미국 벡텔산하 PMB엔지니어링사 선임연구원 1990~1995년 미국 뉴욕 NYU 폴

리테크닉공대 조교수 1991~1992년 미국 랭글리소재 NASA연구소 초빙교수 1995년 홍익대 토목공학과 부교수·교수, 同건설도시공학부 토목공학전공 교수(현) 1997년 미국 MIT 교육위원회 위원(현) 1998~1999년 한국도로공사 자문위원 2005~2014년 한국방재학회 이사 2007~2011년 同국제위원회 위원장 2008년 소방방재청 자문위원(현) 2008~2012년 한국토목학회 이사 2008~2012년 한국철도시설공단 설계자문위원 2008~2013년 경기도 건설기술심의위원 2008~2012년 서울시 건설기술심의위원 2012~2014년 한국도로공사 자문위원 [상]대한토목학회장표창(2002), 홍익대 총장표창(2005), 한국방재학회 학술상(2013) 외 다수 [저]'강구조공학'(2004) 외 다수 [역]'재료역학'(2013)

윤종열(尹鍾烈) YUN Jong Yul

[생]1960·12·13 [출]충남 천안 [주]서울 서대문구 통일로 81 서울경제신문 사회부(02-724-8649) [학]단국대졸 [경]1988년 서울경제신문 사회문화부 기자 2000년 同사회문화부 차장대우 2002년 同사회부장 직대 2003년 同사회문화부장 직대(차장) 2004~2005년 同편집국 부동산부 부장대우 2006년 법률신문 편집국장 2008년 서울경제신문 사회부 수도권취재본부장 2010년 同사회부 지방취재총괄본부장(부장) 2011년 同사회부 지방취재총괄본부장(부국장대우) 2016년 同편집국 사회부장(부국장)(현)

윤종오(尹鍾午)

[생]1961·6·19 [주]서울 서초구 효령로142 서울남부보훈지청 지청장실(02-3019-2305) [학]1980년 대전상업고졸 1992년 한국방송통신대 경영학과졸 [경]1985~1995년 대전지방보훈청 근무 1995~2002년 국가보훈처 감사담당관실 근무 2002~2006년 同혁신인사담당관실 근무 2006~2008년 同복지지원과 근무 2008~2010년 同처장실 근무 2010~2011년 同운영지원과 근무 2011~2012년 同운영지원과 근무(서기관) 2012년 국립이천호국원장 2013년 국가보훈처 제대군인국 제대군인지원과장 2015년 서울남부보훈지청장(현)

윤종오(尹鍾五) YOON Jong O

[생]1963·8·14 [출]경남 합천 [주]서울 영등포구 의사당대로1 국회 의원회관341호(02-784-8630) [학]1982년 부산공고졸 2004년 울산대 지역개발학과졸 2006년 부산대 행정대학원 사회복지학과졸 [경]제7공수특전여단 만기전역 1986년 현대자동차 입사 1995년 현대그룹 노동조합총연합 조직국장 1998년 울산시 북구의회 의원 1999년 염포주민문화센터 소장 2000년 울산시 북구의회 운영위원장 2000년 울산환경운동연합 지도위원 2002~2010년 울산시의회 의원(민주노동당) 2002년 울산시 청소년육성위원회 위원 2010~2014년 울산시 북구청장(통합진보당) 2014년 울산시 북구청장선거 출마(통합진보당) 2016년 제20대 국회의원(울산시 북구, 무소속)(현) 2016년 국회 미래창조과학방송통신위원회 위원(현) 2016년 국회 미래일자리특별위원회 위원(현)

윤종용(尹鍾龍) YUN Jong Yong

[생]1944·1·21 [출]경북 영천 [주]서울 강남구 테헤란로52길21 파라다이스벤처빌딩 한국공학교육인증원(02-6009-4029) [학]1962년 경북사대부고졸 1966년 서울대 공대 전자공학과졸 1988년 미국 매사추세츠공과대(MIT) Sloan School Senior Executive과정 수료, 同경영대학원 최고경영자과정 수료 [경]1966년 삼성그룹 입사 1977년 삼성전자공업(주) 동경지점장 1979년 同기획조정실장 1980년 同TV사업부장(이사) 1981년 同VIDEO사업부장 1984년 同상무이사 1985년 삼성전자(주) 종합연구소장 1988년 同전자부문 부사장 1990년 同가전부문 대표이사 1992년 同가전부문 대표이사 사장 1992년 삼성전기(주) 대표이사 사장 1993년 삼성전관(주) 대표이사 사장 1995·1996년 삼성그룹 일본본사 대표이사 사장 1996년 同전자소그룹장 1996~1999년 삼성전자(주) 총괄사장 1998년 한국공학한림원 이사장 1998년 同최고경영인평의회 의장 1998년 대한전자공학회 회장 1999~2008년 삼성전자(주) 대표이사 부회장 2000년 한국정보산업연합회 회장·명예회장(현) 2000년 미국 Business Week 'The Top Managers of the Year' 선정 2000년 미국 Fortune 'Asia's Business of the Year' 선정 2000년 미국 Business Week '아시아의 스타 경영자 50인' 선정 2001년 월드사이버게임즈조직위원회 공동조직위원장 2002년 한국공학교육인증원 이사장(현) 2004년 미국 Business Week 'The Best Managers of the Year' 17인 선정 2004년 미국 Fortune 'Asia's Most Powerful People in Business' 5위 선정 2004~2012년 한국전자산업진흥회·한국전자정보통신산업진흥회 회장 2004년 서울대 경영대학 초빙교수 2004·2006·2008~2010년 한국공학한림원 회장 2005년 대구경북과학기술원 이사장(현) 2005~2009년 대·중소기업협력재단 이사장 2005년 국가이미지 홍보대사 2005년 미국 투자잡지 배런스 선정 '세계 30대 CEO(최고경영자)' 2005년 과학기술부 미래국가유망기술위원회 대표공동위원장 2005년 대통령직속 국가과학기술위원회 민간위원 2005년 미국 Fortune 선정 '영향력 큰 아시아 기업인 1위' 2006년 고려대 경영대학 겸임교수(현) 2006년 삼성 전략기획위원회 위원 2006년 서울대·한국공학한림원 선정 '한국을 일으킨 엔지니어 60인' 2007년 미국 경제주간지 배런스 선정 '세계 30대 최고 기업지도자' 2008년 삼성전자(주) 상임고문·고문 2008년 국제전기전자기술자협회(IEEE) 명예회원(현) 2009년 새만금 명예자문관(현) 2010년 Harvard Business Review 'The Best-Performing CEOs in the World' 2위 선정 2011~2015년 대통령소속 국가지식재산위원회 위원장(초대·2대) [상]동탑산업훈장(1990), 금탑산업훈장(1992), 한국능률협회 최고경영자상(1992), 미국산업공학회 최고경영자상(1998), 한국능률협회 한국경영자상(1999), 인촌상(2000), 세계적가치공학(VE)전문단체 공로상(2001), 신산업경영대상 올해의 신산업경영인 선정(2002), 정보통신부장관표창, CNBC 아시아비지니스리더상(2002), 과학기술훈장 창조장(2003), 한국경영인협회 가장 존경받는 기업인상(2004), 헝가리 십자공로훈장(2005), 250억불 수출의탑, 한국경제를 빛낸 최고경영자(CEO) 1위 선정, 산업자원부장관표창(2005), 400억불 수출의탑(2005), 자랑스러운 서울대인(2007) [저]'초일류로 가는 생각'(2004) [종]불교

윤종웅(尹鍾雄) YOON Jong Woong

[생]1950·1·13 [본]파평(坡平) [출]충남 공주 [주]서울 성북구 정릉로77 국민대학교(02-910-4022) [학]1969년 충남고졸 1973년 국민대 경제학과졸, 연세대 경영대학원 최고경영자과정(AMP) 수료, 고려대 언론대학원 수료 2005년 명예 경영학박사(공주대) [경]1975년 조선맥주(주) 입사 1979년 同과장 1983년 同경리부 차장 1985년 同경리부장 1988년 동서유리공업(주) 상무이사 1991년 조선맥주(주) 상무이사 1996년 同전무이사 1997년 YTN 감사 1998년 하이트맥주 전무이사 1999~2007년 同대표이사 사장 2003년 한국광고주협회 감사 2007~2011년 진로(주) 대표이사 사장 2011~2013년 하이트진로(주) 경영고문(비상근이사) 2011년 국민대총동문회 회장(현) 2013년 학교법인 국민학원 이사(현) [상]연세 최고경영인상(2000·2005), 제11회 국민인의상(2000), 한국능률협회컨설팅 2005 대한민국마케팅대상 최고경영자상(2005), 제1회 CEO그랑프리 음식료부문(2006), 제1회 한국경제를 빛낸 경영인대상(2007), 자랑스런 충청인대상(2009), 은탑산업훈장(2011)

윤종원(尹琮源) Yoon Jong-won

[생]1960·12·4 [출]경남 밀양 [주]서울 종로구 사직로8길 60 외교부 인사운영팀(02-2100-7146) [학]1979년 인창고졸 1984년 서울대 경제학과졸 1986년 同대학원 행정학과졸 1994년 경제학박사(미국 UCLA) [경]1983년 행정고시 합격(27회) 1984년 총무처 수습행정관 1985년 재무부 관세국 관세협력과·관세정책과 사무관 1987년 同저축심의관실 사무관 1989년 同차관실 사무관 1990년 해외 유학(미국 UCLA) 1994년 재무부 재무정책국 재무정책과 사무관 1994년 재정경제원 금융정책실 금융정책과 사무관 1996년 同금융정책실 금융정책과 서기관 1997년 IMF 근무 2001년 재정경제부 공적자금관리위원회 사무국 설립준비단 근무 2001년 기획예산처 산업재정과장 2002년 同재정정책과장 2002년 재정경제부 경제정책국 산업경제과장 2003년 대통령 경제보좌관실 파견 2004년 대통령 경제보좌관실 파견(부이사관) 2005년 재정경제부 경제정책국 종합정책과장 2006~2008년 IMF 선임자문관 2009년 기획재정부 경제정책국장 2011년 대통령 경제금융비서관 2012~2014년 국제통화기금(IMF) 상임이사 2014년 한국금융연구원 파견(고위공무원) 2015년 駐OECD대표부 대사(현) [상]근정포장(2010)

윤종인(尹鍾寅) YOON Jong In

[생]1964·11·15 [출]충남 홍성 [주]충남 홍성군 홍북면 충남대로21 충청남도청 행정부지사실(041-635-2010) [학]1983년 상문고졸 1988년 서울대 서양사학과졸 1995년 同대학원 행정학과졸 2003년 행정학박사(미국 조지아대) [경]1988년 공무원 임용 1997년 총무처 조직기획과 서기관 2003년 행정자치부 행정관리국 행정제도과장 2004년 同조직진단과장 2004년 同혁신평가과장 2005년 同혁신평가팀장(부이사관) 2006년 同정부혁신본부 부본부장 겸 혁신전략팀장 2007년 아산시 부시장(고위공무원) 2008년 행정안전부 자치제도기획관 2010년 한국지방행정연구원 파견(고위공무원) 2010년 駐미국대사관 파견(고위공무원) 2014년 안전행정부 창조정부기획관 2014년 대통령 정무수석비서관실 행정자치비서관 2016년 충남도 행정부지사(현)

윤종일(尹鍾一) YOON Jong Il

ⓈＳ1952 · 12 · 15 ⓑ경기 수원 ⓒ경기 수원시 영통구 광교로107 경기중소기업종합지원센터 대표이사실(031-259-6006) ⓗ수원농고졸, 한국방송통신대 경영학과졸, 아주대 대학원 경영학과졸 ⓒ1971년 농업협동조합중앙회 입사 1993년 同경기지역본부 농정홍보팀장 1994년 同경기지역본부 저축금융팀장 1996년 同경기지역본부 총무팀장 1999년 同경기지역본부 지도검사부장 2002년 同경기지역본부 지도경제부 부본부장 2004년 同안양 · 과천지사부장 2005년 同양곡부장 2007년 同경기지역본부장 2009년 同농업경제부문 집행간부(상무) 2009년 同교육지원 집행간부(상무) 2011년 농촌사랑지도자연수원 원장 2012~2013년 농업협동조합중앙회 전무이사 2015년 경기중소기업종합지원센터 대표이사(현) 2016년 (사)전국중소기업지원센터협의회 회장(현)

윤종진(尹鍾鎭) Yoon Jong Jin

Ⓢ1967 · 2 · 27 ⓑ파평(坡平) ⓐ경북 포항 ⓒ서울 종로구 청와대로1 대통령 인사혁신비서관실(02-770-0011) ⓗ1986년 포항고졸 1990년 연세대 행정학과졸 2004년 미국 플로리다주립대 대학원 행정학과졸 2009년 연세대 대학원 행정학과 수료 ⓒ1991년 행정고시 합격(34회) 1992년 내무부 사무관 1992~1996년 경기도 지방공무원교육원 · 산업정책과 사무관 1997년 내무부 주민과 파견 1998년 행정자치부 재난관리과 사무관 2000년 同기획예산담당관실 서기관 2002년 同전자민원서류 위 · 변조대책반장 2004년 정부혁신세계포럼준비기획단 기획팀장 2005년 행정자치부 전자정부제도팀장 2006년 同지방혁신전략팀장 2007년 同재정정책팀장 2008년 대통령실 국정기획수석실 행정관 2009년 행정안전부 자치제도과장 2010년 同자치행정과장 2010년 경북도 기획조정실장(고위공무원) 2013년 안전행정부 윤리복무관 2014년 駐미국대사관 공사참사관(고위공무원) 2016년 행정자치부 대변인 2016년 대통령 인사수석비서관실 인사혁신비서관(현) ⓢ녹조근정훈장(2005)

윤종진(尹鍾振)

ⓐ경북 고령 ⓒ대구 남구 대명로249 대구 남부경찰서(053-650-2010) ⓗ능인고졸, 경북대 법학과졸, 同법학대학원졸 ⓒ1993년 경위 임용(경찰간부후보 41기) 1999년 경감 승진 2004년 경정 승진 2008년 대구지방경찰청 경무과 기획예산계장 2010년 同경무과 경무계장 2011년 同청문감사담당관실 감찰계장 2013년 同여성청소년과장 2014년 총경 승진 2014년 경북 영양경찰서장 2015년 대구지방경찰청 경무과장 2016년 대구 남부경찰서장(현)

윤종필(尹鍾畢 · 女) YOON Jong Pil

ⓐ경북 고령 ⓒ서울 영등포구 의사당대로1 국회 의원회관605호(02-784-7141) ⓗ1971년 대구 경북여고졸 1976년 국군간호사관학교졸(17기) 1996년 동국대 행정대학원졸 2005년 서울대 보건대학원 보건의료정책최고관리자과정 수료 ⓒ1976년 간호장교 임관(소위) 1991년 일동병원 간호부장 1993년 육군본부 인사운영감실 간호보직장교 1995년 양주병원 간호부장 1997년 대구병원 간호부장 1999년 국군간호사관학교 교수부장 2001년 국방부 보건과 건강증진담당 2003년 의무사령부 의료관리실장 2005~2007년 국군간호사관학교 교장(준장) 2008~2014년 대한간호협회 이사 2009~2016년 청소년흡연음주예방협회 회장 2009~2015년 대한민국재향군인회 이사 2014~2016년 국군간호사관학교 총동창회장 2016년 제20대 국회의원(비례대표, 새누리당)(현) 2016년 국회 보건복지위원회 위원(현) 2016년 국회 여성가족위원회 간사(현) 2016년 국회 저출산 · 고령화대책특별위원회 위원(현) ⓢ보건복지부장관표창(2002), 대통령표창(2002), 의무사령관표창(2004), 국방부장관표창(2005), 플로렌스 나이팅게일 기장(2007) ⓒ불교

윤종현(尹鍾鉉) Yoon Jong Hyun

Ⓢ1957 · 12 · 17 ⓒ부산 연제구 중앙대로1001 부산광역시의회(051-888-8171) ⓗ김해농공고졸, 경남정보대 환경조경학과졸 2010년 영산대 법정대학 행정학과졸 ⓒ부산시 강서구 총무과 사회진흥계장, 비전강서21정책기획위원장, 포럼부산비전 국민행복위원회 강서본부장 2006~2010년 부산시 강서구의회 의원, 민주평통 자문위원 2010년 부산시 강서구의원선거 출마(한나라당), 녹산장학회 이사장 2014년 부산시의회 의원(새누리당)(현) 2014년 同창조도시교통위원회 위원 2015년 同해양교통위원회 위원(현) 2016년 同윤리특별위원회 위원(현)

윤종호(尹鍾鎬) Yoon Jong Ho

Ⓢ1960 · 6 · 14 ⓑ파평(坡平) ⓐ충남 홍성 ⓒ서울 서초구 반포대로 37길59 대한민국예술원 사무국 관리과(02-3479-7220) ⓗ1980년 홍성고졸 1986년 중앙대 심리학과졸 2005년 동국대 대학원 신문방송학과졸 ⓒ1988~1989년 문화공보부 해외공보관 기획과 근무 1990~1998년 공보처 총무과 근무 1999~2008년 국정홍보처 재정기획관실 · 홍보협력팀 근무 2008~2009년 문화체육관광부 홍보지원국 근무 2010~2011년 국무총리 정책홍보기획관실 정책홍보협력팀장 2012~2013년 충주세계조정선수권대회 문화홍보본부장 2013년 문화체육관광부 아시아문화중심도시추진단 문화도시개발과장 2015년 同국립아시아문화전당 문화창조과장 2016년 대한민국예술원 사무국 관리과장(현) ⓢ대통령표창(2016)

윤종훈(尹鍾勳) YUN Jong Hoon

Ⓢ1948 · 3 · 6 ⓐ경북 예천 ⓒ서울 강남구 테헤란로 92길7 법무법인 바른(02-3479-5791) ⓗ1967년 계성고졸 1986년 성균관대 법학과졸 1988년 연세대 경영대학원졸 2010년 경제학박사(건국대) ⓒ1976년 행정고시 합격(18회) 1991년 예산세무서장 1993년 경주세무서장 1993년 김포세무서장 1994년 강릉세무서장 1996년 도봉세무서장 1998년 국세청 심사2과장 1998년 同국제조사담당관 2001년 중부지방국세청 조사3국장 2003년 서울지방국세청 조사2국장 2004년 부산지방국세청장 2005~2006년 서울지방국세청장 2006~2008년 중소기업은행 감사 2010~2014년 건국대 겸임교수 2010년 동덕여대 강사(현) 2011년 법무법인 바른 상임고문(현) 2011년 한국공항 사외이사(현) 2011~2015년 한솔제지 사외이사 겸 감사위원 ⓢ건국대 이사장표창(2010)

윤종훈(尹鍾薰) YOUN Jong Hoon

Ⓢ1961 · 3 · 27 ⓐ인천 ⓒ서울 마포구 마포대로109 롯데캐슬프레지던트101동1001호 법무법인 로직(02-567-2316) ⓗ1979년 장충고졸 1990년 연세대 경제학과졸 ⓒ1990년 공인회계사 합격 1990~1992년 산동회계법인 근무 1992~1994년 삼일회계법인 근무 1994~2008년 윤종훈세무회계사무소 대표 1996~2001년 참여연대 조세개혁팀장 1998년 재정경제부 세제발전심의위원회 위원 1999~2000년 성공회대 외래교수 1999~2001년 참여연대 감사 2002~2004년 同조세개혁센터 실행위원 2003년 노무현 대통령당선인 대통령직인수위원회 경제분과 자문위원 2004~2005년 민주노동당 조세담당 정책연구원 2004~2005년 진보정치연구소 감사 2004~2007년 한국노동조합총연맹 외부감사위원 2008년 법무법인 로직 공인회계사(현) 2011~2014년 한겨레신문 상근감사 2015년 충청남도 감사위원장(현) ⓙ'억울한 세금 내지 맙시다'(1996, 도서출판 보리) '바람난 여자가 알아야 할 세금'(1996, 여성신문사) '택시운전사에서 회계사까지'(1997, 여성신문사) '알면 이기는 조세소송'(1998, 사회평론) '노동자의 경영지식'(1998, 더난출판사) '작지만 강한 회사를 키우는 10가지 경영법칙'(1999, 더난출판사) '창업자가 꼭 알아야 할 세금상식'(1999, 한국능률협회) '유리지갑 홍대리의 세금이야기'(2000, 한겨레신문사) '삼성3세 이재용(共)'(2001, 오마이뉴스) '강한회사로 키우는 CEO의 경영노트'(2007, 페이퍼로드)

윤주경(尹柱卿 · 女) Yun Ju Keyng

Ⓢ1959 · 5 · 3 ⓑ파평(坡平) ⓐ서울 ⓒ충남 천안시 동남구 목천읍 삼방로95 독립기념관 관장실(041-557-8160) ⓗ창덕여고졸, 이화여대 화학과졸, 同대학원졸 ⓒ매헌윤봉길의사기념사업회 이사, 독립기념관 이사, 대지(옥외광고회사) 이사 2009년 매헌윤봉길월진회 이사(현) 2012년 새누리당 제18대 대통령중앙선거대책위원회 100%대한민국대통합위원회 부위원장 2013년 제18대 대통령직인수위원회 국민대통합위원회 부위원장 2013년 대통령소속 국민대통합위원회 위원(현) 2014년 독립기념관장(현)

윤주석(尹柱煬) Yoon Chusok

Ⓢ1970 · 6 · 18 ⓑ칠원(漆原) ⓐ서울 ⓒ서울 종로구 사직로8길60 외교부 인사운영팀(02-2100-7136) ⓗ1988년 대원외국어고졸 1997년 연세대 정치외교학과졸 2002년 미국 워싱턴주립대 잭슨스쿨 국제관계학과졸(석사) ⓒ1998년 외교부 입부 2005년 駐OECD대표부 1등서기관 2008년 駐레바논 참사관 2010년 외교통상부 통상교섭본부장 보좌관 2012년 駐미국대사관 경제과장 2015년 외교부 양자경제외교국 북미유럽경제외교과장 2016년 駐태국 참사관(현)

윤주영(尹胄榮) YOON Chu Yung (月泉)

[생]1928·7·26 [본]해평(海平) [출]경기 장단 [주]서울 중구 세종대로135 조선일보사內 방일영문화재단 임원실(02-724-5040) [학]1945년 개성중졸 1950년 고려대 정치학과졸 1953년 同대학원 정치학과 수료 [경]1955~1962년 중앙대 교수 1957년 조선일보 논설위원 1963년 민주공화당 대변인 1964년 同사무차장 1965~1966년 무임소 장관 1967년 駐칠레 대사(에콰도르·콜롬비아 겸임) 1970년 대통령 공보수석비서관 1971~1974년 문화공보부 장관 1976년 제9대 국회의원(통일주체국민회의, 유신정우회) 1984년 조선일보 상담역 1985년 同이사 1988년 同고문 1994년 方一榮문화재단 이사장 2005년 同이사(현) [상]칠레 최고수교훈장(1970), 청조근정훈장(1971), 수교훈장 광화장(1974), 한국현대사진문화상, 백오사진문화상, 한국방송공사 감사패(2010) [저]사진집 '내가 만난 사람들' '다시 만난 사람들' '내세를 기다리는 사람들' '동토의 민들레' '탄광촌 사람들' '월남-전후20년' '어머니의 세월' '일하는 부부들' '중국-개혁과 개방의 바람' '안데스의 사람들' '장날' '행복한 아이들' '석정리역의 어머니들' '그 아이들의 평화' [종]유교

윤주헌(尹柱憲) YOON Joo Heon

[생]1957·12·27 [출]대구 [주]서울 서대문구 연세로50의1 연세대학교 의과대학 이비인후과학교실(02-2228-3610) [학]1982년 연세대 의대졸 1988년 同대학원졸 1991년 의학박사(연세대)) [경]1982년 세브란스병원 인턴 1983년 육군 제2공병여단 의무실장 1986~1989년 세브란스병원 이비인후과 전공의 1989년 연세대 의과대학 이비인후과학교실 교수(현) 1994년 일본 가고시마대 방문교수 1995~1997년 미국 NIEHS·NIH 방문교수 2003년 세계이비인후과의학자위원회(Collegium Oto-Rhino-Laryngologicum) 정회원(현) 2004~2012년 연세대 The Airway Mucus Institute 소장 2005년 한국과학기술한림원 정회원(의약학분야)(현) 2007~2012년 한국과학재단 우수연구센터(SRC) 생체방어연구센터 소장 2007년 한국분자·세포생물학회 대의원 2008~2010년 연세대 의대 교무부학장 2009년 대한민국의학한림원 정회원(현) 2009년 보건복지부 총괄분과 전문위원 2009년 Fditorial Board, Am J Respir Cell Mol Biol(현) 2010~2014년 연세대 의과대학장 2011~2013년 대한비과학회 회장 2012~2014년 연세대 의학전문대학원장 2014년 미국 웨일코넬(Weill-Cornell)대 의과대학 방문교수 [상]대한이비인후과학회 석당학술상(1994), 한국과학기술단체총연합회 우수논문상(2000), 연세대 우수업적교수표창(2003), 연세대 의과대학 연구활동우수교수상(2004), 서울시의사회 의학상 대상(2004), 대한이비인후과학회 학술상 금상(2005), 대한비과학회 최우수학술상(2005·2008), 대한의사협회 의과학상 우수상(2008), 제47회 유한의학상 우수상(2014), 보건의료기술진흥 유공 보건복지부장관표창(2014), 연세대 학술상 의학부문(2015) [저]'4천만의 알레르기' '임상비과학' 'Cilia, Mucus and Mucociliary Interaction' '코 임상해부학'(2001, 아카데미아) [종]기독교

윤주화(尹柱華) YOON Ju Hwa

[생]1953·2·26 [출]경기 수원 [주]서울 서초구 서초대로74길4 삼성사회공헌위원회 임원실(02-3458-7891) [학]1971년 수원고졸 1979년 성균관대 통계학과졸 [경]1978년 삼성전자(주) 입사 1988년 同가전부문 전자국내영업관리부장 1989년 同전자가전관리팀장 1993년 同전자정보프로세스혁신 TF담당 1996년 同이사보 1998년 同경영지원실 재경팀 경영지원그룹장(이사) 1999년 同경영지원실 경영지원팀장(이사) 2000년 同경영지원실 경영지원팀장(상무) 2002년 同경영지원실 경영지원팀장(전무) 2004년 同경영지원실 경영지원팀장(부사장) 2009년 同감사팀장(사장) 2010년 同경영지원실장(사장·CFO) 2012년 제일모직 대표이사 사장(패션부문장) 2013~2014년 삼성에버랜드 대표이사 사장 2013~2014년 同패션부문장 겸임 2014년 제일모직(주) 대표이사 사장(패션부문장) 2015년 삼성물산(주) 패션부문 각자대표이사 사장 2015년 삼성사회공헌위원회 사장(현) [상]금탑산업훈장(2010)

윤주환(尹周煥) YUN, Zuwhan

[생]1954·8·17 [본]파평(坡平) [출]경북 [주]세종특별자치시 세종로2511 고려대학교 과학기술대학 환경시스템공학과(044-860-1452) [학]1976년 고려대 토목공학과졸 1979년 同대학원 환경공학과졸 1988년 환경공학박사(미국 폴리테크닉대) [경]1991년 고려대 과학기술대학 환경시스템공학과 교수(현) 2003년 한국물환경학회 부회장 2004년 서울시 건설기술자문위원 2005년 국제물학회(IWA) 한국위원회 총무 2006~2013년 고려대 환경기술정책연구소장 2007년 건설교통부 중앙건설기술심의위원회 위원 2007년 서울시 하수도포럼 위원 2007년 한국물환경학회 회장 2008년 대통령자문 국가지속가능발전위원회 위원 2008년 C40기후리더십그룹 제3차정상회의 조직위원 2009년 환경부 중앙환경보전자문위원(현) 2009년 국제물학회(IWA) 한국대표 겸 한국위원회 위원장 2011년 국무총리실 새만금위원회 위원 2012~2013년 국토해양부 국토정책위원회 위원 2012년 同신발전지역위원회 위원 2012~2016년 한국상하수협회(KAWW) 이사 2013~2014년 국토교통부 국토정책위원회 위원 2014년 한국공학한림원 정회원(현) 2015년 한국물산업협의회 회장(현) [상]환경부장관표창(2005), 한국과학기술단체총연합회 우수논문상(2006), 홍조근정훈장(2010) [역]'폐수처리공학'(2003) '수질분석'(2007)

윤준구(尹俊求) Yoon, Joon-Koo

[생]1959·8 [출]경기 연천 [주]서울 중구 을지로79 IBK기업은행 임원실(02-729-7814) [학]1978년 의정부고졸 1986년 중앙대 경제학과졸 1998년 고려대 대학원 경영학과졸 [경]1986년 IBK기업은행 입행 2003년 同변화추진단 팀장 2006년 同인재개발원장 2007년 同비서실장 2009년 同런던지점장 2010년 同인사부장 2011년 同강북지역본부장 2012년 同강남지역본부장 2014년 同글로벌·자금시장본부 부행장 2015년 同글로벌·자금시장그룹장(부행장)(현)

윤준모(尹駿模) Yoon, Junmo

[생]1955·3·5 [출]광주 [주]경남 창원시 성산구 정동로153 현대위아 임원실(055-280-9114) [학]한양대 재료공학과졸 [경]현대자동차 상용생기실장(이사대우), 기아자동차 미국 조지아공장 생산개발담당(부사장), 현대다이모스·엠시트 대표이사 부사장 2013년 현대위아 대표이사 사장(현) [종]불교

윤준병(尹準炳) YUN Jun Byeong

[생]1961·3·3 [출]전북 정읍 [주]서울 중구 세종대로110 서울특별시청 도시교통본부(02-2133-2200) [학]전주고졸, 서울대 독어독문학과졸 [경]1992년 서울시 송무1계장 1996년 同서기관 승진 1999년 同대중교통과장 2001년 同교통관리실 교통기획과장 2002년 同상수도사업본부 경영관리부장 2003년 同상수도사업본부 경영부장 2005년 同공무원교육원 교육기획과장 2006년 同산업지원과장 2007년 同교통국 교통기획관 직대(부이사관) 2008년 同도시교통본부 교통기획관 2009년 同행정국 부이사관 2010년 同가족보건기획관 2010년 서울 관악구 부구청장(고위공무원) 2012~2013년 서울시 도시교통본부장 2014년 교육 파견(고위공무원) 2015년 서울 은평구 부구청장 2016년 서울시 도시교통본부장(관리관)(현)

윤준상(尹畯相) Yun Junsang

[생]1987·11·20 [출]서울 [주]서울 성동구 마장로210 한국기원 홍보팀(02-3407-3870) [학]충암고졸, 한국외국어대 중국어과졸(2006학번) [경]권갑용 바둑도장 출신 2001년 입단 2003년 2단 승단 2004년 3단 승단 2005년 4단 승단 2006년 오스람코리아배 신예연승최강전 준우승 2007년 국수전 우승 2007년 5단 승단 2007년 6단 승단 2007년 KT배 왕위전 준우승 2007년 SK가스배 우승 2007년 국수전 준우승 2008년 농심신라면배 한국대표 2008년 7단 승단 2010년 8단 승단 2011년 물가정보배 준우승 2011년 천원전 준우승 2011년 9단 승단(현) [상]2015 KB바둑리그 6월 MVP(2015), 2015 KB바둑리그 다승상(2015)

윤준원(尹駿源) YOON June Weon

[생]1960·8·14 [본]파평(坡平) [출]경북 예천 [주]충북 청주시 청원구 오창읍 각리1길97 벤처프라자 충북창조경제혁신센터 센터장실(043-710-5900) [학]1977년 중경고졸 1986년 연세대 행정학과졸 1998년 미국 매사추세츠공과대(MIT) Sloan Fellows Program졸(MBA) [경]2000년 LG텔레콤(주) 채널PU 채널운영담당 상무보 2001년 同사업개발실장 겸 경영지원실장 2004년 同마케팅실장(상무) 2007년 同영업1부문장(전무) 2010년 (주)LG유플러스 마케팅추진실장(전무) 2011~2014년 (주)미디어로그(LG유플러스 자회사) 대표이사 2015년 충북창조경제혁신센터 센터장 겸 재단이사장(현) [상]대통령표창(2015) [종]기독교

윤준하(尹畯河) YOON Jun Ha (無庵)

[생]1947·7·22 [본]파평(坡平) [출]함남 원산 [주]서울 종로구 필운대로23 시민환경연구소(02-735-7000) [학]1966년 용산고졸 1971년 고려대 정치외교학과졸 [경]1969년 전국반독재학생총의 의장 1969년 범고대민주수호 투쟁위원장 1969~1971년 교련반대운동으로 보안사령부 피감 1971~1974년 육군 복무 1975~1980년 아세아자동차 인사과장 1980~1990년 도서출판 인간사 발행인 1988~1997년 (주)한알 사장 1991년 공해추방운동연합 집행위원(재정위원장) 1992~1993년 UN 환경회의 한국위원회 재정위원장 1993~2003년 서울환경운동연합 의장 1993~2003년 환경운동연합 중앙집행위원회 의장 1994년 시민환경연구소 이사 1997~2000년 한국청각장애인복지재단 이사 1998~2002년 (사)국제민주연대 이사 1998년 (주)하코 회장 2002~2013년 환경재단 이사·대표(상임이사) 2003년 전국쓰레기문제해결을위한시민운동협의회 상임대표 2003~2011년 자원순환사회연대 공동대표 2003년 환경운동연합 에코생활협동조합 이사·이사장(현) 2005~2009년 同공동대표·고문 2005년 전국시민단체연대회의 공동대표 2006년 운하백지화국민행동 상임대표 2006년 서울환경연합 고문(현) 2007년 서울그린트러스트 이사(현) 2007~2012년 서울시 녹색서울시민위원회 공동위원장 2009~2015년 6월민주포럼 대표 2013년 (사)시민환경연구소 이사장(현) 2016년 희망새물결 상임대표(현) [상]대통령표창(1995), 산업포장(1997), 국민훈장 동백장(2013) [종]불교

윤준헌(尹俊憲) Yoon, Junheon

[생]1968·5·26 [본]칠원(漆原) [출]서울 [주]대전 유성구 가정북로90 화학물질안전원 사고예방심사과(042-605-7040) [학]1987년 반포고졸 1991년 고려대 농화학과졸 1995년 同대학원 농화학과졸 2004년 농화학박사(고려대) [경]1996~2007년 국립환경과학원 위해성평가연구과 연구사 2008~2011년 同위해성평가연구과 연구관 2012년 同바이오안전연구팀장 2013년 同화학물질안전관리센터장 2014년 화학물질안전원 사고예방심사과장(현)

윤준호(尹浚鎬) Yoon Junho

[생]1965·12·1 [주]경기 여주시 세종로338 여주대학교 총장실(031-880-5271) [학]1984년 서울고졸 1988년 중앙대 기계공학과졸 1990년 同대학원 기계공학과졸 1999년 기계공학박사(중앙대) [경]1995년 여주대 자동차과 교수, 同항공정비과 교수(현), 일본 동경공업대 기계과 객원교수, 중소기업기술정보진흥원 기술개발사업 평가위원(현), 경기도신용보증재단 기술평가위원(현) 2009~2011년 여주대 입학관리처장 2012~2014년 同교학처장 2014~2015년 同교무입학처장 2015~2016년 同교무부총장 2016년 同총장(현) [상]특허학회 우수논문상 [저]'전자제어 자동차실무(엔진편)'(2006, 학진북스) '자동차 정비·검사 산업기사'(2007, 학진북스) 'CFD를 이용한 DI디젤 엔진의 가변 스월 흡입포트 시스템에 관한 연구'(2008, 한국특허학회지) '고탄성 고분해능을 갖는 응착력 측정장치의 개발'(2007, 한국정밀공학회) '거칠기 돌기의 상호작용을 고려한 응착모델에 관한 연구'(2007, 한국특허학회지)

윤중근(尹重根) YOUN JOONG GEUN

[생]1960·2·3 [본]파평(坡平) [출]경북 경주 [주]울산 동구 방어진순환도로1000 현대중공업(주) 임원실(052-202-2090) [학]1978년 양정고졸 1982년 연세대 금속공학과졸 1984년 同대학원 금속공학과졸 1992년 재료공학박사(영국 케임브리지대) [경]1984년 현대중공업 입사 1984~2012년 同산업기술연구소장·재료연구실장 2012~2013년 同기술경영실 총괄중역 2014~2016년 同엔진기계사업본부 중형·발전·연구소부문장 2016년 同로봇사업부문 대표(전무)(현) [상]동탑산업훈장(2013)

윤중기(尹重棋) Yun Jung Ki

[생]1967·10·7 [출]부산 [주]부산 연제구 법원로15 부산고등검찰청(051-606-3300) [학]1986년 부산 동인고졸 1990년 서울대 사법학과졸 [경]1993년 사법시험 합격(35회) 1996년 사법연수원 수료(25기) 1996년 감사원 부감사관 2006년 대구지검 검사 2008년 수원지검 안산지청 검사 2009년 춘천지검 부부장검사 2010년 서울중앙지검 부부장검사 2011년 인천지검 외사부장 2012년 제주지검 형사1부장 2013년 창원지검 거창지청장 2014년 서울북부지검 형사3부장 2015년 수원지검 성남지청 부장검사 2016년 부산고검 검사(현)

윤중섭

[출]전북 장수 [주]전북 장수군 장수읍 신천로8 장수경찰서(063-350-4210) [학]한국외국어대졸 [경]1987년 경찰간부 임용(외국어 특채) 2011년 서울지방경찰청 경무과 총경 2012년 충북 음성경찰서장 2013년 충북지방경찰청 홍보담당관 2014년 충남 아산경찰서장 2015년 전북지방경찰청 홍보담당관 2016년 전북 장수경찰서장(현)

윤증현(尹增鉉) YOON Jeung Hyun

[생]1946·9·19 [본]파평(坡平) [출]경남 마산 [주]서울 영등포구 은행로54 신한빌딩3층 윤경제연구소 [학]1965년 서울고졸 1969년 서울대 법대졸 1986년 미국 위스콘신대 매디슨교 대학원졸 [경]1971년 행정고시 합격(10회) 1971년 국세청·재무부 이재국 근무 1983년 재무부 국제금융과장 1986년 同은행과장 1987년 同금융정책과장 1989년 同금융실명제실시준비단장 1990년 同세제실 심의관 1992년 同증권국장 1994년 同금융국장 1995년 재정경제원 금융총괄심의관 1996년 同세제실장 1997년 同금융정책실장 1998년 세무대학장 1999년 아시아개발은행(ADB) 이사 2004~2007년 금융감독위원회 위원장 겸 금융감독원장 2007~2008년 제17대 대통령직인수위원회 경제1분과위원회 자문위원 2008~2009년 김앤장법률사무소 고문 2008년 국민경제자문회의 자문위원 2009~2011년 기획재정부 장관 2009~2011년 대통령소속 지방분권촉진위원회 위원 2011년 윤경제연구소 소장(현) 2015년 새정치민주연합 국정자문회의 자문위원(현) 2015년 두산인프라코어(주) 사외이사(현) 2015년 한국사회책임네트워크(KSRN) 고문(현) [상]근정포장(1978), 청조근정훈장(2007), 제3회 대산보험대상(2008), 자랑스런 위스콘신 동문상(2014)

윤지관(尹志寬) YOON Ji Kwan

[생]1954·8·10 [출]대구 [주]서울 도봉구 삼양로144길33 덕성여자대학교 영어영문학과(02-901-8194) [학]1973년 경북고졸 1978년 서울대 영어영문학과졸 1989년 同대학원 영문학과졸 1993년 영문학박사(서울대) [경]1985년 덕성여대 영어영문학과 교수(현) 1987년 '문학과사회' '문예중앙' '한국문학' 등에 평론발표하며 평론가 등단 1987년 미국 미시건주립대 영문학과 방문학자 1995년 미국 캘리포니아주립대 어바인교 동아시아학과 초빙교수 1997년 민족작가회의 이사 1998년 미국 캘리포니아주립대 버클리교 동아시아학과 초빙교수 1998년 同한국학센터 연구원 1999~2003년 영미문학연구회 공동대표 2002년 덕성여대 학생처장 2006년 한국문학번역원 원장 2009~2011년 덕성여대 인문과학대학장 2011~2015년 同대학평의원회 의장 2014년 한국대학학회 회장(현) [저]'근대사회의 교양과 비평'(1995) '영어, 내 마음의 식민주의'(2007) '세계문학을 향하여'(2013) [역]'현대문학이론의 조류'(1983) '톨스토이냐 도스토예프스키냐'(1983) '도스토예프스키, 키엘케고르, 니체, 카프카'(1983) '문화비평사-매슈 아놀드부터 레이먼드 윌리엄즈까지'(1984) '20세기 문학비평'(1985) '삶의 비평-매슈 아놀드 비평선'(1985) '오만과 편견'(2003) '교양과 무질서'(2006) '이성과 감성'(2006) [작]평론집 '민족현실과 문학비평'(1990) '리얼리즘의 옹호'(1996) '놋쇠하늘 아래서'(2001)

윤지상(尹智相)

[생]1974·7·9 [주]충남 예산군 삽교읍 도청대로600 충청남도의회(041-635-5222) [학]천안북일고졸, 미국 로욜라대 정치학과졸, 서강대 국제대학원 국제관계학과졸, 성균관대 국정관리대학원 행정학 박사과정 수료 [경]라인갤러리 대표(현), 민주당 아산시지역위원회 사무국장, 同충남도당 직능국장 2010년 충남 아산시의원선거 출마(민주당) 2014년 새정치민주연합 충남도당 문화예술특별위원회 상임부위원장 2014년 충남도의회 의원(새정치민주연합·더불어민주당)(현) 2014년 同행정자치위원회 위원 2015년 同예산결산특별위원회 위원 2015년 더불어민주당 충남도당 문화예술특별위원회 상임부위원장(현) 2016년 충남도의회 운영위원회 위원(현) 2016년 同문화복지위원회 부위원장(현)

윤지현(尹知鉉·女) YOON Ji Hyun

[생]1954·3·5 [출]대구 [주]경북 영천시 신녕면 대학길 105 성덕대학교 총장실(054-330-8866) [학]1973년 신명여고졸 1977년 대구가톨릭대 음대 관현악과졸 1985년 이화여대 교육대학원 음악교육학과졸 2004년 심리치료학박사(대구대) [경]1996년 대구음악치료학회 서울본부 이사 및 대구·경북지부 지부장 1997년 성덕대 기획실장 1998년 同산학협동처장 1999년 同음악연구소장, 同음악계열 부교수, 同부학장 2001년 同학장 2009년 同총장(현) [상]부총리 겸 교육인적자원부장관표창, 한국참언론인대상 공로상(2011)

윤지현(女)

ⓢ1972 ㈜세종특별자치시 한누리대로 499 인사혁신처 대변인실(044-201-8041) ⓗ충남대 사학과졸, 한국외국어대 대학원 광고홍보학과졸 ⓖ1994년 서울신탁은행 홍보실 근무 2011~2013년 고용노동부 장관 정책보좌관 2013년 한국폴리텍대 홍보팀장 2016년 인사혁신처 대변인(현)

윤진근(尹鎭根) YOON Jin Geun

ⓢ1951·1·1 ㈜대전 서구 둔산로100 대전광역시의회(042-270-5058) ⓗ우송공업대학 원예과졸 2009년 한밭대 경영학과졸 ⓖ민주평통 자문위원 1991·1995·1998·2002년 대전시 중구의회 의원 2006년 대전시 중구의회 의원(열린우리당) 2010~2014년 대전시 중구의회 의원(자유선진당·새누리당), 同예산결산특별위원회 위원장, 同주민자치센터점검특별위원회 위원장 2004년 同사회건설위원회 위원장 2004년 同부의장 2006년 同사회도시위원회 위원 2010~2012년 同의장 2014년 대전시의회 의원(새누리당)(현) 2014년 同산업건설위원회 위원 2016년 同교육위원회 위원(현) 2016년 同국립철도박물관유치특별위원회 위원(현) ⓢ지방의회발전연구원 공로패(2011), 의정봉사상(2011)

윤진기(尹晉基) YOON Jin Ki

ⓢ1954·11·25 ㈜경남 창원시 마산합포구 경남대학로7 경남대학교 법학과(055-245-2517) ⓗ1982년 경남대 법학과졸 1985년 중국 국립정치대 법과대학원졸 1988년 법학박사(중국 국립정치대) ⓖ1983~1984년 중국 국립정치대 한국유학생회장 겸 외국인유학생회장 1989년 경남대 법학과 교수(현) 1994년 한중법학회 부회장 1996~1997년 경남대 기획부처장 1997년 대한상사중재원 중재인 2001~2002년 미국 텍사스대 객원교수 2006~2008년 경남대 교수협의회 부회장 2006년 한중법학회 회장 2006년 중국법제연구회 회장 2008년 경남지방노동위원회 차별시정위원(현) 2008년 한국노동법학회 부회장 2008~2013년 한국중재학회 부회장 2008년 경남대 법학연구소장 2010~2012년 同법정대학장 2014년 한국중재학회 회장 2015년 경남대 행정대학원장(현)

윤진섭(尹鎭燮) YOON Jhin Sup

ⓢ1948·5·15 ⓞ경남 함안 ㈜서울 종로구 사직로130 적선빌딩1001호 레이크힐스 골프&리조트 비서실(02-736-8011) ⓗ1966년 경동고졸 1970년 경희대 정치외교학과졸 1988년 연세대 경영대학원 최고위정책과정 수료 1999년 고려대 최고위정보통신과정 수료 ⓖ1978년 속리산관광호텔 대표이사 1980년 부곡관광호텔 대표이사 1989년 ㈜천룡종합개발 대표이사 1996년 ㈜용송종합개발 대표이사 2000년 ㈜레이크힐스골프텔 대표이사 2000년 ㈜레이크힐스(레이크힐스 제주C.C) 대표이사 2001년 ㈜레이크힐스 경남(레이크힐스 경남C.C) 대표이사 2001년 레이크힐스 골프&리조트 대표이사 회장(현) ⓢ불교

윤진수(尹眞秀) YUNE Jin Su

ⓢ1955·2·27 ⓑ파평(坡平) ⓞ광주 ㈜서울 관악구 관악로1 서울대학교 법학전문대학원(02-880-7599) ⓗ1973년 경기고졸 1977년 서울대 법대졸 1985년 同대학원 법학과졸 1993년 법학박사(서울대) ⓖ1976년 사법시험 합격(18회) 1979년 사법연수원 수료(9기) 1982년 서울민사지법 판사 1983년 서울형사지법 판사 1985년 서울가정법원 판사 1986년 전주지법 정주지법 판사 1989년 광주고법 판사 1990년 헌법재판소 헌법연구관 1990년 서울고법 판사 1992년 대법원 재판연구관 1993년 전주지법 부장판사 1995년 수원지법 부장판사 1997~2006년 서울대 법학과 부교수 1999년 법무부 민법개정위원회 위원 2000년 서울대 도서관 법학분관장 2001년 한국가족법학회 총무이사 2002년 한국법경제학회 부회장 2003~2004년 미국 Univ. of Virginia 방문연구원 2004년 서울대 법학연구소 법률상담실장 2004년 법무부 가족법개정특별분과위원회 위원 2004년 한국비교사법학회 수석부회장 2005~2009년 민사실무연구회 부회장 2005~2007년 한국법경제학회 회장 2006년 서울대 법학전문대학원 교수(현) 2006년 한국가족법학회 부회장 2006~2008년 한국비교사법학회 회장 2008~2009년 한국가족법학회 회장 2008년 민사판례연구회 회장(현) 2009년 법무부 민법개정위원회 5분과위원장 2010년 한국민사법학회 수석부회장 2010년 법무부 민법개정위원회 실무분과위원장 2011년 한국민사법학회 회장 2011~2012년 법무부 가족법개정특별위원회 위원장 2010~2015년 대법원 가사소송법개정위원회 위원장 ⓢ법학논문상(2001), 황조근정훈장(2013) ⓩ'주석 채권각칙' '민법주해'(共) '주석 강제집행법'(共) '주석민법'(共) '절차적 정의와 법의 지배'(2003) '民法論攷1- 7'(2007~2015) '2013년 개정민법 해설(共)'(2013) '주해친족법 1, 2(編)'(2015) ⓩ기독교

윤진숙(尹珍淑·女) Yoon Jinsook

ⓢ1955·5·27 ⓞ부산 ⓗ1974년 부산여고졸 1978년 부산여대 지리교육과졸 1981년 경희대 대학원 지리학과졸 1990년 지리학박사(경희대) ⓖ1997년 한국해양수산개발원 근무 2000~2002년 건설교통부 국가지리정보체계추진위원 2001~2003년 국무총리실 물관리대책위원회 평가위원 2002~2004년 해양수산부 중앙연안심의위원 2005년 호주 울런공대 객원교수 2006~2007년 해양수산부 정책자문위원회 위원 2006~2008년 건설교통부 토지이용규제심의위원 2006~2008년 해양수산부 정책평가위원 2007년 과학기술부 국가연구개발사업 평가위원 2007~2008년 同해양분야 전문위원 2007~2008년 해양수산부 자체평가위원 2007~2009년 환경부 환경기술심의위원 2008~2010년 국토해양부 정책평가위원 2008~2012년 同자체평가위원 2008~2010년 同중앙연안심의위원 2008~2010년 한국해양수산개발원 해양정책연구본부장 2010~2012년 同해양아카데미학장 2011년 환경부 환경교육인증프로그램 심의위원 2012년 국토해양부 중앙연안심의위원 2012~2013년 한국해양수산개발원 해양연구본부장 2012년 한국수로학회 부회장 2013~2014년 해양수산부 장관 ⓢ대통령표창(2002·2013)

윤진식(尹鎭植) YOON Jin Shik

ⓢ1946·3·4 ⓑ파평(坡平) ⓞ충북 충주 ㈜충북 충주시 사직로140 (사)한국택견협회(043-854-4055) ⓗ1967년 청주고졸 1971년 고려대 상과대학 경영학과졸 1987년 미국 펜실베이니아주립대 대학원 경제학과졸 2006년 경제학박사(건국대) 2011년 명예 경영학박사(충주대) ⓖ1972년 행정고시 합격(12회) 1973년 재무부 행정사무관 1989년 同금융정책과장 1990년 駐뉴욕총영사관 재무관 1993년 재무부 공보관 1993년 대통령 경제비서관 1994년 재무부 국제금융국장 1997년 세무대학 학장 1998년 재정경제부 기획관리실장 1998년 경제협력개발기구(OECD) 대표부 공사 2001년 관세청장 2002년 재정경제부 차관 2003년 산업자원부 장관 2004~2007년 서울산업대 총장 2007년 한나라당 제17대 대통령중앙선거대책위원회 경제살리기특별위원회 부위원장 2007~2008년 제17대 대통령직인수위원회 국가경쟁력강화특별위원회 공동부위원장 겸 투자유치TF팀장 2008년 학교법인 단국대 이사 2008년 한나라당 제18대 국회의원선거 출마(충주) 2008년 한국투자금융지주 회장 2009~2010년 대통령 경제수석비서관 겸 정책실장 2009~2010년 대통령직속 G20정상회의준비위원회 부위원장 2010년 대통령 정책실장 2010년 한나라당 충북도당 선거대책위원회 상임고문 2010년 제18대 국회의원(충주 재보선, 한나라당·새누리당) 2010년 국회 예산결산특별위원회 위원 2010년 충주대·철도대 통합추진위원회 위원장 2011년 한나라당 직능특별위원회 지역특별위원장 2012년 21세기통일경제연구원 이사장 겸 원장 2012~2014년 제19대 국회의원(충주, 새누리당) 2012~2013년 새누리당 충북도당 위원장 2012년 국회 국토해양위원회 위원 2012년 새누리당 제18대 대통령중앙선거대책위원회 충북도당 선거대책위원장 2013년 국회 국토교통위원회 위원 2013~2014년 국회 기획재정위원회 위원 2014년 충북도지사선거 출마(새누리당) 2015년 (사)한국택견협회 총재(현) 2015년 대한노인회 노인의료나눔재단 이사장(현) ⓢ고려대 경영대학 올해의 교우상(2003), 미국 펜실베이니아주립대 자랑스러운 동문상(2014) ⓩ'윤진식의 손길 발길'(2013)

윤진용(尹振容) YOON Jin Yong

ⓢ1966·3·30 ⓞ충남 부여 ㈜강원 원주시 시청로139 춘천지방검찰청 원주지청(033-769-4200) ⓗ1984년 대전고졸 1989년 고려대 법학과졸 ⓖ1998년 사법시험 합격(40회) 2001년 사법연수원 수료(30기) 2001년 인천지검 부천지청 검사 2003년 청주지검 영동지청 검사 2004년 인천지검 검사 2006년 전주지검 검사 2008년 서울남부지검 검사 2011년 수원지검 안산지청 검사 2014년 同안산지청 검사(공정거래위원회 파견) 2015년 同안산지청 부부장검사(공정거래위원회 파견) 2016년 춘천지검 원주지청 부장검사(현)

윤진원(尹振源) YOON Jin Won

(생)1964 · 8 · 11 (출)서울 (주)서울 종로구 종로26 SK빌딩 SK이노베이션 임원실(02-2121-5114) (학)1983년 성남고졸 1987년 서울대 사법학과졸 1986년 사법시험 합격(28회) 1989년 사법연수원 수료(18기) 1989년 軍법무관 1992년 서울지검 남부지청 검사 1994년 춘천지검 강릉지청 검사 1996년 대구지검 검사 1999년 법무부 검찰1과 검사 2000년 서울지검 검사 2001년 광주지검 부부장검사 2001년 청주지검 충주지청장 2002년 서울지검 부부장검사 2004년 서울서부지검 부부장검사(예금보험공사 파견) 2005년 대검찰청 범죄정보2담당관 2006년 同혁신기획과장 2007~2008년 서울중앙지검 형사6부장 2008년 변호사 개업 2008년 SK C&C 윤리경영실장(부사장) 2009년 SK그룹 회장비서실장(부사장) 2010년 SK(주) 윤리경영부문장 2013년 SK이노베이션 윤리경영총괄 부사장(현) (종)가톨릭

윤진일(尹進一) YUN Jin Il

(생)1953 · 11 · 29 (본)파평(坡平) (출)경남 하동 (주)경기 용인시 기흥구 덕영대로1732 경희대학교 생명과학대학 식물환경신소재공학과(031-201-2608) (학)1972년 경남고졸 1979년 서울대 농학과졸 1981년 同대학원 농학과졸 1985년 농업기상학박사(미국 아이오와주립대) (경)1986~1989년 기상연구소 미기상연구실 기상연구관 1987~1989년 세계기상기구(WMO) 농업기상 전문위원 1989년 경희대 생명과학부 조교수 · 부교수 · 교수 1999년 한국농림기상학회 간사장(현) 2010년 경희대 생명과학대학 식물환경신소재공학과 교수(현) (저)'농업기상학'(1999)

윤진필(尹晋鉍) YOON Jin Pil (湧泉)

(생)1949 · 9 · 9 (본)파평(坡平) (출)경북 영천 (주)경북 경산시 진량읍 공단4로94 동양정밀 비서실(053-854-1707) (학)대구상고졸 1997년 영남이공대학 화학환경공업과졸 2001년 경일대 공업화학과졸 2005년 대구가톨릭대 국제대학원 국제통상 · 비즈니스학과졸 (경)1994년 송하산업 대표 1995년 동양정밀 대표(현) 2002년 중국 Business CEO포럼 회장, 경산시 중소기업경영인연합회장 2003년 경산이업종교류회장 2004년 경북도 열린우리당 후원회 부회장 2005년 국민은행 CEO커뮤니티포럼 회장, 대구경제정의실천시민연합 상임집행위원, 경산상공회의소 부회장 2009년 (주)동양에스티 대표이사 2010년 경산산업관리공단 이사장(현) 2012년 경일대총동창회 회장 (상)경산시장표창, 대구지방국세청장표창, 산업자원부장관표창, 경북도중소기업대상, 수출100만불탑, 석탑산업훈장(2013) (종)불교

윤진한(尹鎭漢) YOON Jin Han

(생)1947 · 7 · 6 (출)경남 김해 (주)부산 금정구 동부곡로27번길88 대동대학교 총장실(051-510-4900) (학)1972년 부산대 의과대학졸 1978년 同대학원 의학과졸 1983년 의학박사(부산대) (경)1972~1973년 부산대병원 인턴 수료 1973~1977년 同비뇨기과 전공의 수료 1980~1981년 부산시립병원 비뇨기과장 1981~1989년 부산대 의과대학 비뇨기과 전임강사 · 조교수 · 부교수 1983~1984년 일본 국립오사카대 연구유학 1986년 미국 UCLA & UCA 연수 1989~1993년 동아대 의과대학 비뇨기과 부교수 1989~1990년 미국 Havard대 의대 MGH 병원연수 1993~2012년 동아대 의과대학 비뇨기과학교실 교수 1997~2001년 同의료원 대학병원장 2003년 同의과대학장 2004년 한남비뇨기과학회 회장 2005~2008년 동아대 대외협력부총장 2007~2008년 석파학원 이사장 2008년 한국전립선연구재단 이사장(현) 2011~2015년 한국인재뱅크 이사장(현) 2012년 정산장학재단 이사장(현) 2014년 대동대 총장(현) (상)옥조근정훈장(2012)

윤진혁(尹晋赫) YUN Jin Hyuk

(생)1953 · 10 · 6 (출)부산 (주)서울 중구 세종대로7길25 (주)에스원(02-2131-8184) (학)1972년 부산고졸 1979년 부산대 물리학과졸 (경)1994년 삼성전자(주) 경영임원 1997년 同이사 2000년 삼성 일본본사 상무 2003년 同일본본사 전무이사 2003년 삼성전자(주) Mobile Display 사업팀 전무이사 2006년 同LCD Mobile Display사업팀장(부사장) 2007년 同모바일LCD사업부장(부사장) 2009년 삼성모바일디스플레이(주) 모바일디스플레이사업부장(부사장) 2010년 일본삼성 대표이사 2011~2014년 (주)에스원 대표이사 사장 2013~2014년 한국산업기술보호협회 회장 2015년 (주)에스원 상담역(현) (상)자랑스런 부산대인(2014)

윤진희(尹眞熙 · 女) YOON JINHEE

(생)1986 · 8 · 4 (출)강원 (학)2005년 원주여고졸 2009년 한국체육대졸 (경)2000년 역도 입문 2004년 전국체육대회 58kg급 금메달 2004년 대한역도연맹 신인선수상 2005년 전국춘계역도경기대회 여자대학부 58kg급 금메달 2006년 도하아시안게임 58kg급 4위 2007년 세계선수권대회 58kg급 금메달 2008년 제29회 베이징올림픽 53kg급 은메달 2008~2012년 원주시청 소속 2009년 세계역도선수권대회 53kg급 인상(93kg) 은메달 · 용상(116kg) 동메달 · 합계 209kg 동메달 2015년 경북개발공사 입단(현) 2016년 제31회 리우데자네이루 올림픽 여자역도 53kg급 인상(88kg) · 용상(111kg) · 합계 199kg 동메달 2016년 제97회 전국체육대회 53kg급 인상(88kg) 금메달 · 용상(108kg) 금메달 · 합계(196kg) 금메달(3관왕)

윤찬중(尹贊重) YOON Chan Jung

(생)1961 · 10 · 13 (본)파평(坡平) (출)서울 (주)경기 용인시 기흥구 강남로40 강남대학교 사회복지전문대학원(031-280-3723) (학)1980년 장훈고졸 1989년 일본 붓쿄대 사회복지학과졸 1991년 同대학원 사회복지학과졸 1994년 사회복지학박사(일본 붓쿄대) (경)1993년 일본 교토부 우호대사 1994~2000년 일본 붓쿄(佛敎)대 사회복지학과 초빙교수 1995~2004년 강남대 사회복지학부 노인복지전공 교수 2001~2002년 (사)한국사회복지학회 총무위원회 위원장 및 이사 2001년 국무총리실 제주4.3사건자문위원회 위원(현) 2003~2005년 전북 · 경기 · 서울 · 부산 · 충남 공무원시험 출제위원 2005년 강남대 사회복지대학장 2006년 同사회복지전문대학원 교수(현) 2006년 한국인간복지개발원 원장(현) 2006년 용인시장직 인수위원 2006년 (사)한국복지진흥원 이사장 겸 원장(현) 2006~2008년 강남대 사회복지전문대학원장 2007~2010년 同사회복지대학장 2007년 오산 남부종합사회복지관 관장 2008~2010년 한국케어매니지먼트학회 부회장 2011~2014년 사회복지공동모금회 배분위원 겸 기획위원 (저)'선진국 사회복지 발달사' '현대사회의 자원봉사론' 外 다수 (종)기독교

윤찬현(尹贊鉉) Youn, Chan-Hyun

(생)1959 · 11 · 2 (출)경북 칠곡 (주)대전 유성구 대학로291 한국과학기술원 전기및전자공학부(042-350-3495) (학)1981년 경북대 전자공학과졸 1985년 同대학원 전자공학과졸 1994년 공학박사(일본 도호쿠대) (경)1981~1983년 육군 통신장교 1986~1997년 한국통신 통신망연구소 연구팀장 1997~2012년 한국정보통신대 공학부 부교수 · 교수 2001년 그리드미들웨어연구센터장 2006~2007년 한국정보통신대 기획처장 2006~2007년 同산학협력단장 2007년 한국과학기술정보연구원 그리드미들웨어연구센터 공동센터장 2010년 (사)한국정보처리학회 부회장(현) 2012년 한국과학기술원 전기및전자공학부 교수(현) 2013년 同기획처장(현)

윤창국(尹昌國) YOON Chang Kook (雪谷)

(생)1943 · 3 · 10 (본)파평(坡平) (출)충남 예산 (주)서울 성북구 안암로145 고려대학교 자연캠퍼스 KBSI 209호 한국기초과학지원연구원(02-920-0702) (학)1961년 동성고졸 1965년 고려대 자연자원대 경제학과졸 1976년 단국대 대학원 경제학과졸 1985년 총회신학교 수료 1987년 총회신학연구원 대학원 신학과 수료 1991년 중앙대 행정대학원 정책학과졸 1993년 서울대 공대 AIP과정 수료 1998년 연세대 행정대학원 수료 1999년 고려대 경영대학원 수료 2000년 同언론대학원 수료 2001년 이학박사(고려대) 2003년 고려대 정책대학원 수료 (경)1967년 에버렛트 기획부 근무 1969년 한국과학기술연구원 근무 1976년 同동경사무소장 1976년 일본 동경 '통일일보'에 '근역'으로 시인등단 1982년 한국과학기술원 해외협력실장 · 감사실장 1986년 한국해양연구소 행정실장 겸 해양조사선건조사업단장 1988년 한국기초과학지원연구원 행정실장 1993년 同사업담당부장 1995년 한국시신기증운동본부 이사장 1997년 한국기초과학지원연구소 서울분소 사업부장 겸 건설본부장 1998년 한국납세자시민연대 공동대표 2001년 한국기초과학지원연구원 서울분소 사업부장 겸 건설본부장 2005년 同감사, 同명예연구원(현), 서울지하철선정시인(현), 월간 '경제풍월' 편집위원(현), 한국발명특허신문 주필(현) 2010년 한국도형심리상담학회 회장(현) (상)한국과학기술연구원 10년 · 20년 근속표창, 기초과학지원연구소 연구공로표창(2회), 한국기초과학지원연구원 10년 근속표창, 자랑스런 고대인상, 과학기술부장관표창(1984 · 1989), 국민포장(1991), 국민훈장 동백장(2000), 월간 한국문인(20회) 시부문 당선 (저)'세계진기록 박물지'(1980) '싱가폴발전록'(1986) 시집 '하늘빛 옷깃 사이로'(1986) '시인, 사랑 그리고 아름다운 삶' (역)'싱가폴발전론' (종)기독교

윤창규(尹昌奎) Chang Kyu Youn (兮亮·思伯)

생1957·9·28 본파평(坡平) 출강원 강릉 주서울 강남구 인주로711 건설회관6층 법무법인(유) 주원(02-6710-0300) 학1976년 대일고졸 1984년 국민대 법정대학 행정학과졸 2001년 고려대 노동대학원 노동정책학과졸 경1977~1980년 전통유학의 거유 중재 김황 선생 한학 사사 1978~1980년 대일고총동창회 회장 1987~1988년 민정당 총재 청년담당보좌관 1988~1991년 同다산중앙청년회 중앙회장 1991~1995년 민자당 중앙상무위원 1991~1992년 한·중문화협회 상임자문위원 1992년 공명선거실현청년단 체연합 공동대표 1994~1995년 IPAC(International Planning & Analysis Center) 부회장 1995년 광복50주년기념순국선열합동위령대회 지도위원 1995~2002년 21세기정치연구소 소장 1999년 한나라당 청년위원회 운영위원 1999~2007년 同중앙위원회 환경분과 수석부위원장·총간사·서울시연합회 부회장 2001~2006년 同정책위원회 환경노동위원 2001~2002년 (주)트리플아이 부회장 2002~2005년 (주)조&윤인베스트먼트 싱가폴 대표이사 2005~2010년 (주)케이칸코퍼레이션 대표이사 회장 2006년 한나라당 서울시장 선거대책위원회 시민참여네트워크 자문위원장 2007년 同제17대 대통령중앙선거대책위원회 정책특별보좌역 2007~2009년 국민대총동문회 부회장 2008~2011년 (사)한자녀더갖기운동연합 중앙이사 2009~2014년 (사)한중일지역경제문화협회 초대회장·고문·이사장 2010~2011년 청산리전투승전기념사업회 설립추진위원회 2011년 한나라당 서울시장선거대책위원회 조직총괄본부 단장 겸 직능총괄본부장 2011~2012년 IBK신용정보(주) 상임고문 2011~2012년 국무총리소속 대일항쟁기강제동원피해조사 및 국외강제동원희생자등지원위원회 자문위원 2011~2012년 고려대 노동대학원총교우회 고문 2012~2014년 새누리당 재정위원 2012년 同정책위원회 행정안전위원(현) 2012년 법무법인(유) 주원 상임고문(현) 2012년 새누리당 제18대 대통령중앙선거대책위원회 인재관리위원장 겸 금융산업본부 부본부장 2013~2014년 강원도 투자유치자문역 2013년 동아시아센터 초대회장(현) 2013~2016년 아주경제 객원논설위원 2014년 (사)강원도민회중앙회 부회장(현) 2015년 (사)대한경영교육학회 부회장 2015~2016년 KNS뉴스통신 논설실장 2016년 (사)동북아평화연대 고문(현) 2016년 서울서부지법 민사조정위원(현) 2016년 아시아뉴스통신 고문(현) 2016년 일제강제동원피해지원재단 자문위원(현) 2016년 2018평창동계올림픽지원단 후원단장(현) 상제9회 뉴스매거진인물대상 국제교류대상(2011) 禪시론 '유라시아시대의 개막과 한국의 역할'(2013, 한국일보) '백락과 천리마, 인재 중용의 중요성'(2013, 한국일보) '윤봉길과 일본의 항복조인식'(2013, 한국일보) 'SBS한수진의 시사전망대 이주의 명칼럼 선정'(2013) '동방의 등불, 그 후 100년'(2013, 한국일보) '여성대통령의 역사적 의미'(2013, 한국일보) '돈스코이호의 기억과 새로운 러시아'(2014, 한국일보) 칼럼 '굴원(屈原)을 생각하며…'(2014, 아주경제) '2014년 우리의 자화상'(2014, 아주경제) '공직자에 선비정신은 남아 있는가'(2014, 아주경제) '漢字의 시대 가고 한글의 시대 오다'(2014, 아주경제) '새터민들에 대한 우리의 자세'(2014, 아주경제) '화쟁(和諍)—다툼을 화해 시키다'(2015, 아주경제) '동호문답(東湖問答)—세상의 물음에 답(答)하다'(2015, 아주경제) '위당 정인보의 조선 민족의얼—국학을 바로 세우자-'(2015, 아주경제) 종유교

윤창근(尹昌根) Yoon Chang Geun

생1961·3·14 본파평(坡平) 출서울 주서울 중구 청계천로30 예금보험공사 감사실(02-758-0067) 학충암고졸, 한국외국어대 정치외교학과졸 경2002년 대우증권(주) 역삼지점장 2003년 同양재지점장 2008년 同세종로지점장, KDB대우증권(주) 퇴직연금본부 상무이사, 경제·경영전문 출판사 '네모북스' 대표이사 2015년 예금보험공사 상임감사(현)

윤창렬(尹昌烈) YOON Chang Yul

생1967·7·11 본파평(坡平) 출강원 원주 주세종특별자치시 다솜로261 국무총리 의전비서관실(044-200-2467) 학1985년 원주 대성고졸 1989년 서울대 외교학과졸 1991년 同행정대학원 수료 2001년 미국 아메리칸대졸 경행정고시 합격(제34회) 2001년 국무총리 정무비서관실 서기관(정책담당) 2002년 국무총리 정무업무담당비서관실 과장 2004년 국무조정실 복권위원회사무처 기금운용과장 2004년 국무총리 의전비서관실 행정관 2005년 국무총리 정무2비서관실 과장 2006년 국무총리 민정2비서관 2007년 미국 United Way 교육훈련 파견(고위공무원) 2008년 국무총리실 駐韓미군기지이전지원단 부단장 2009년 同정무실 정무운영비서관 2009년 국가경쟁력강화위원회 추진단 규제개혁팀장 2010년 국무총리실 일반행정정책관 2012년 同교육문화여성정책관 2013년 국무조정실 정부업무평가실 정책평가관리관 2013년 駐말레이시아 공사 2016년 국무총리 의전비서관(현)

윤창륙(尹昌陸) YOON Chang Lyuk (俗山)

생1955·12·12 본파평(坡平) 출서울 주광주 동구 필문대로303 조선대학교 치과병원(062-220-3895) 학1983년 경희대 치의학과졸 1985년 연세대 대학원 치의학과졸 1995년 치의학박사(연세대) 2001년 광주대 법학과졸 경1983~1986년 연세대 치과대학 전공의 1986년 해군 작전사령부 의무대 치과 과장 1988년 국군 군의학교 연구관 1989년 조선대 치과대학 구강진단내과학교실 교수(현) 1993년 경희대 치대 외래교수 1995년 국립과학수사연구소 자문위원 1995년 대한법의학회 법치이사 1998년 조선대 치대 치의학과장 1999년 同부속치과병원 진료부장 2003~2005년 同학생처장 2010~2012년 대한안면통증구강내과학회 회장 2012~2014년 조선대 교수평의회 의장 2012~2014년 同교수평의회 의장 2013~2014년 同개방이사추천위원회 위원장, 국립과학수사원 자문위원 겸 촉탁부검의사, 경찰청 과학수사 자문위원, 대한법률구조공단 자문의사 2014년 국립과학수사연구원 운영심의회 위원장 겸 고유사업평가단장(현), 스웨덴 국립법의원 연구교수 2015년 대검찰청 법의학자문위원회 위원(현) 상내무부장관표창, 행정자치부장관표창, 경찰청장표창, 조선대 1·8민주대상(2014) 종기독교

윤창번(尹敞繁) YOON Chang Bun

생1954·1·10 본파평(坡平) 출서울 주서울 종로구 사직로8길39(02-3703-1555) 학1973년 경기고졸 1978년 서울대 공대 산업공학과졸 1981년 미국 컬럼비아대 경영대학원졸 1986년 경영학박사(미국 노스웨스턴대) 경1977~1979년 대우실업(주) 근무 1979년 미국 벨포어맥클레인(주) 특별자문역 1986~1987년 미국 휴스턴대 경영대학원 교수 1987~1989년 산업연구원 연구위원 1988~1989년 삼성코닝(주) 경영고문 1989~1997년 통신개발연구원 연구위원·동향분석실장 1990~1993년 同기획조정실장 1993~1994년 체신부 장관 자문관 1995년 통신개발연구원 정보사회정책연구실장 1996년 同기획조정실장 1997년 同부원장 1997~2000년 정보통신정책연구원 선임연구위원 1997~2000년 同부원장 1999~2003년 SBS 사외이사 2000~2003년 정보통신정책연구원 원장 2001~2003년 KT 사외이사·감사위원 2003~2005년 하나로텔레콤(주) 대표이사 사장 2003~2006년 한국정보산업연합회 부회장 2005~2006년 하나로텔레콤(주) 회장 2006~2007년 한국과학기술원(KAIST) 정보미디어경영대학원 교수 2008~2013년 同정보미디어경영대학원 겸임교수 2008년 제17대 대통령직인수위원회 경제2분과 상임자문위원 2008년 대한전선 사외이사 2008년 2012여수세계박람회 IT자문위원장 2008~2011년 국무총리실 경제·인문사회연구회 이사 2008~2013년 김앤장법률사무소 고문 2012년 새누리당 국민행복추진위원회 방송통신추진단장 2013년 제18대 대통령직인수위원회 경제2분과 전문위원 2013년 대통령자문 국민경제자문회의 창조분과 민간위원 2013~2015년 대통령 미래전략수석비서관 2016년 김앤장법률사무소 고문(현) 상정보통신부장관표창(1996), 대통령표창(1997), 국민훈장 동백장(2002), 올해의 정보통신인상(2004), 한국경영대상 최고경영자상(2004) 종천주교

윤창보(尹彰輔) Yoon Chang Bo

생1963·5·5 본파평(坡平) 출서울 주서울 강남구 테헤란로87길22 유니베스트투자자문(주) 임원실(02-3453-9922) 학1986년 광운대 경영학과졸 경한화증권(주) 근무, 한화투자신탁운용(주) 근무, 신한투자신탁운용(주) 근무, LG투자신탁운용(주) 주식운용2팀장 2003년 튜브투자자문 CEO 2005년 KB자산운용 주식운용본부장 2007년 수성투자자문 대표이사 2008년 GS자산운용 운용본부장(전무), 同최고투자책임자(CIO) 2014~2015년 아이앤제이투자자문(주) 운용부문 대표(부사장) 2015년 유니베스트투자자문(주) 대표이사(현) 종기독교

윤창수(尹昌洙)

생1957 출경남 함안 주경남 창원시 의창구 우곡로10 창원서부경찰서 서장실(055-290-0210) 학1976년 마산고졸 1983년 동국대 경찰행정학과졸 1996년 同대학원 공안행정학과졸 경1982년 경위 임관(경찰간부후보 30기) 1988년 대통령경호실 근무 1993년 경찰대학 정보학과 교수 1996년 경찰청 정보국 근무 2000년 경남 마산중부경찰서 수사과장 2002년 경남 창원중부경찰서 정보과장 2007년 경남지방경찰청 홍보담당관(총경) 2008년 경남 김해경찰서장 2010년 경남지방경찰청 정보과장 2011년 울산 남부경찰서장 2013년 경남 합천경찰서장 2014년 경남지방경찰청 여성청소년과장 2015년 경남 창원서부경찰서장(현)

윤창완

[생]1958 [출]제주 서귀포 [주]제주특별자치도 제주시 문연로6 제주도청 농축산식품국(064-710-3020) [학]서귀포고졸, 박사(제주대) [경]1985년 공무원 임용 2011년 제주도 감귤특작과 감귤정책담당 지방농업사무관 2012년 同친환경농정과 친환경농업담당 지방농업사무관 2014년 同FTA대응추진팀장 2014년 同농축산식품국 친환경농정과장(지방기술서기관) 2015년 同농축산식품국 감귤특작과장 2016년 同농축산식품국장 직대(현)

윤창욱(尹敞郁) YUN Chang Wook

[생]1964·5·13 [출]경북 구미 [주]경북 안동시 풍천면 도청대로455 경상북도의회(054-880-5010) [학]김천고졸, 대구대 사회복지학과졸, 경북대 행정대학원 일반행정과졸 [경]구미청년회의소(JC) 회장, 한나라당 구미시지구당 사무국장, 김성조 국회의원 특별보좌관, 구미시체육회 사무국장 2006·2010년 경북도의회 의원(한나라당·새누리당) 2006~2010년 同행정보건복지위원회 위원 2006년 同예산결산특별위원회 위원 2008~2010년 同윤리특별위원회 부위원장 2010~2012년 同운영위원회 위원장 2012년 同새누리당 원내부대표 2012년 同건설소방위원회 위원 2012년 同예산결산특별위원회 위원장, 同운영위원회 위원장, 同남부권신공항특별위원회 위원 2014년 경북도의회 의원(새누리당)(현) 2014년 同문화환경위원회 위원 2014~2016년 同부의장 2016년 同교육위원회 위원(현) [상]전국지역신문협회 광역의원부문 의정대상(2012)

윤창운(尹昌運) YOON Chang Woon

[생]1954·3·6 [주]인천 연수구 송도과학로32 송도IT센터 코오롱글로벌(주) 사장실(032-420-9111) [학]1973년 서라벌고졸 1981년 고려대 경영학과졸 [경](주)코오롱 SPB사업팀장, 同산자사업본부 산자B/C장 겸 산자사업팀장(상무보) 2005년 同상무 2006년 同산자BC장(상무) 2008년 SKC 코오롱 PI 대표이사 2013년 코오롱글로벌(주) 대표이사 사장(현)

윤창현(尹昌鉉) Chang Hyun YOON

[생]1949·4·27 [출]서울 [주]충남 천안시 서북구 직산읍 직산로136 충남테크노파크 원장실(041-589-0600) [학]1967년 보성고졸 1972년 서울대 기계공학과졸 1976년 미국 럿거스대 대학원 기계과졸 1980년 공학박사(미국 럿거스대) [경]1979~1990년 한국기계연구소 기계공학연구부장 1990년 한국생산기술연구원 기계기술센터장 1991~1992년 과학기술처 기계연구조정관 1992년 한국생산기술연구원 소장 1993~1995년 대통령 과학기술비서관 1995~1998년 한국생산기술연구원 부원장 1998년 同연구기획본부장 2003~2004년 同국가청정생산지원센터 소장 2004~2008년 (재)송도테크노파크 원장 2013년 충남테크노파크 원장(현) [상]국민훈장 석류장

윤창현(尹暢賢) YUN Chang Hyun

[생]1960·7·28 [출]충북 청주 [주]서울 동대문구 서울시립대로163 서울시립대학교 경영대학(02-6490-2237) [학]1979년 대전고졸 1984년 서울대 물리학과졸 1986년 同경제학과졸 1987년 同대학원 경제학과졸 1993년 경제학박사(미국 시카고대) [경]1993~1994년 한국금융연구원 연구위원 1994~1995년 고려대 국제대학원 객원교수 1995~2005년 명지대 무역학과 교수 2004년 바른사회를위한시민회의 사무총장 2005년 서울시립대 경영학부 교수(현) 2005~2015년 고용기금및산재기금운영위원회 위원 2006년 (사)시대정신 이사 2008~2010년 바른사회시민회의 사무총장 2008년 한국고등교육재단 비상임이사(현) 2009~2012년 국가경쟁력강화위원회 위원 2009년 교육과학기술부 법학교육위원회 위원 2009년 국민건강보험기금 운용위원회 위원(현) 2009~2011년 국민경제자문회의 민간위원 2010년 바른사회시민회의 상임집행위원 2012·2015년 삼성물산(주) 사외이사 겸 감사위원(현) 2012~2015년 한국금융연구원 원장, 금융산업발전심의회 글로벌금융분과 위원장 2013년 한국사학진흥재단 비상임이사(현) 2014년 대통령직속 규제개혁위원회 위원(현) 2014년 자유와창의교육원 교수(현) 2015년 금융위원회 금융개혁회의 위원 2015년 同공적자금관리위원회 민간위원장(현) [저]'금융선물옵션거래'(2002, 금융연수원) '파생금융상품론'(2004, 경문사) '자본시장통합법시대 사천만의 이슈경제학'(2008, 세경) '자본주의 대토론'(2009, 기파랑) '노무현 시대와 포퓰리즘'(2000, 기파랑) '금융위기 이후 우리나라 금융이 나아갈 방향'(2010, FKI미디어)

윤창호(尹暢皓) Chang Ho Yoon

[생]1967·7·8 [출]경북 예천 [주]서울 종로구 세종대로209 금융위원회 행정인사과(02-2100-2763) [학]1986년 청구고졸 1991년 서울대 외교학과졸 1993년 同행정대학원졸 2003년 미국 일리노이대 대학원 경영학과졸 [경]1991년 행정고시 합격(35회) 1993년 총무처 수습행정관 1994년 재무부 기획예산담당관실 사무관 1998년 재정경제부 경제협력국 지역협력과 사무관 2001년 금융감독위원회 감독정책1국 은행감독과 사무관 2003년 同감독정책2국 비은행감독과 사무관 2004년 同감독정책2국 비은행감독과 서기관 2005년 국무조정실 파견 2006년 同기획행정실 기획과장 2007년 同복합금융감독과장 2008년 금융위원회 기획조정관실 의사운영정보팀장 2008년 미국 파견 2010년 금융위원회 기획재정담당관 2011년 同산업금융과장 2012년 同은행과장 2013년 同행정인사과장 2014년 미래창조과학부 우정사업본부 보험사업단장(고위공무원) 2015년 금융위원회 중소서민금융정책관 2016년 국가공무원인재개발원 교육파견(현)

윤채한(尹采漢) YOON Chae Han

[생]1947·2·28 [출]대전 [주]강원 평창군 대화면 금당계곡로544의20 (주)우리집농장(033-333-3060) [학]1965년 대전상고졸 1971년 경희대 정치외교학과졸 [경]1965년 '문학춘추'에 '인상'으로 시인 등단, 국제펜클럽 한국본부 회원, 한국문인협회 회원, 한국현대시인협회 이사(현) 1988년 우리문학 발행인 겸 편집인, 한국위성방송인협회 감사 1993~1994년 서원대 평생교육원 문예창작과 교수, 우리문학 발행인 겸 편집인(현) 1996년 (주)우리집농장 대표이사(현) 1999년 (주)우리집사람들 대표이사(현), '후광문학상'·'우리문학상' 운영주체(현), 중국 길림성 훈춘시 인민정부 고급경제고문(현) 2010년 평창동계올림픽 유치위원 2013년 중국 훈춘시 우리집 항공식품유한공사 대표이사(현) [저]시집 '탑을 위한 연가' '벽으로 트인 풍경' '에로스시고' '흐르는 물은 얼지않는다' '이 허망한 세월' '어디있냐고 묻거든' '너희가 시를 아느냐' '가슴을 적시는 그리움으로' '오직 나 하나만을 위하여' [작]'어디있냐고 묻거든'(1998) '문학을 찾아서 2천년대 학술총서2'(1991)

윤천호(尹天鎬) YOON Cheon Ho

[생]1954·7·30 [주]경기 용인시 처인구 명지로116 명지대학교 자연과학대학 화학과(031-330-6181) [학]1977년 서울대 화학교육과졸 1979년 한국과학기술원 대학원 화학과졸 1986년 화학박사(미국 텍사스대) [경]1979~1983년 한국화학연구소 연구원 1986~1988년 미국 텍사스대 연구원 1988년 명지대 자연과학대학 화학과 조교수·부교수·교수(현) 1991·2002년 한국진공학회 운영이사 1995~1996년 미국 캘리포니아대 버클리교 방문교수 2013~2015년 명지대 방목기초교육대학장 [저]'일반화학실험'(1991)

윤철수(尹澈守) YUN Choel Soo

[생]1967·10·28 [본]파평(坡平) [출]제주 [주]제주특별자치도 제주시 서문로2 2층 헤드라인제주 대표이사실(064-727-1919) [학]1986년 오현고졸 1993년 제주대 무역학과졸 2005년 同대학원 언론홍보학과졸 [경]1992년 제주대 총학생회장 1993~2002년 제주일보 기자 2001년 제주도기자협회 기획부장 2003~2004년 제주관광신문 편집국장 2004~2005년 인터넷신문 미디어제주 편집국장 2006~2010년 同대표이사 2006년 제주대 강사(현) 2010년 인터넷신문 헤드라인제주 대표이사(현) [저]'제주민주화운동사-타는 목마름으로'(2008) [종]불교

윤철지(尹徹知) YOON Chul Ji

[생]1950·1·28 [출]경남 진주 [주]경남 진주시 진양호로532 (주)서경방송 대표이사실(055-740-3240) [학]진주고졸 1977년 고려대 철학과졸 [경]1979년 진주상호신용금고 상무이사 1992년 창원지검 진주지청 청소년선도위원 1994~2012년 진주상호저축은행 대표이사 1995년 (재)삼광문화연구재단 이사장(현) 1997년 경남도펜싱협회 회장 2010년 서경방송 대표이사 2012년 진주상호저축은행 회장(현) 2012년 법무부 범죄예방 자원봉사위원(현) 2015년 서경방송 회장(현) [상]국세청장표창(2011), 경남도 고용우수기업 선정(2013)

윤철홍(尹喆洪) YOON Chul Hong

[생]1955·6·18 [출]전남 목포 [주]서울 동작구 상도로 369 숭실대학교 법학과(02-820-0479) [학]1979년 숭실대 법학과졸 1983년 同대학원졸 1987년 법학박사(독일 프라이부르크대) [경]1989~1993년 광운대 법학과 조교수·부교수 1993년 숭실대 법학과 부교수·교수(현) 2004~2007년 同법과대학장 2011~2014년 법무부 민법개정위원회 분과위원장(현) 2013년 한국민사법학회 수석부회장 2014년 同회장 2015년 숭실대 일반대학원장(현) 2015년 법무부 자문위원회 위원(현) [저]'Zur Wandlung des Grundeigentums in Deutschland und Korea' '단답 식민법(上·下)' '로마법제사' '객관식 문제해설 민법' '물권법강의' '요해 채권총론' '채권각론'

윤청광(尹靑光) YOON Chung Kwang

[생]1941·6·17 [본]해남(海南) [출]전남 영암 [주]서울 마포구 마포대로127 풍림VIP텔1321호 동국출판사(02-715-6544) [학]1959년 동국대 영문학과 입학 2002년 同명예 졸업(필화사건으로 43년만에 졸업) [경]1965~1973년 문화방송 보도국 작가 1965~1982년 대한불교청년회 기획부장·이사 1969년 MBC TV 개국기념 작품현상공모 당선 1970년 (사)한국방송작가협회 사무국장 1980년 동국출판사 설립·대표(현) 1982년 조계종 전국신도회중앙회 감사 1984~2003년 한국방송작가협회 감사·이사 1987~1993년 불교신문 논설위원 1989~1995년 방송위원회 방송심의위원 1990~1996년 대한출판문화협회 상무이사·부회장·저작권대책위원장 1992년 중앙선거관리위원회 자문위원 1993~1998년 한국방송대상 심사위원 1996년 법보신문 논설위원 1996~2004년 대한출판문화협회 이사 1998~2004년 (재)한국출판연구소 이사장 1999~2008년 한국출판협동조합 이사 2000년 (재)한국출판문화진흥재단 이사(현), (사)맑고향기롭게 본부장 겸 이사 2008년 한국방송작가협회 저작권위원장(현) [상]대통령표창, 문화공보부장관표창, 방송윤리위원회 방송윤리상, 간행물윤리위원회 저작상, 불교방송문화대상, 불교진흥원 대원상·행원상 [저]사회비평집 '으째야 좋을랑고' '불경과 성경 왜 이렇게 같을까' '불교를 알면 평생이 즐겁다' '회색고무신' '고승열전(25권)' '큰스님 큰 가르침' [작]드라마시나리오 '오발탄' '고승열전' '세계속의 한국인' [종]불교

윤청로(尹靑老) Yoon, Cheong Ro

[생]1957·9·2 [출]충남 청양 [주]경북 경주시 양북면 불국로1655 한국수력원자력(주) 품질안전본부(054-704-2033) [학]1976년 홍익대사대부고졸 1981년 홍익대 기계공학과졸 2009년 서울대 행정대학원 정보통신방송정책과정 수료 [경]1981년 한국전력 입사 2005년 한국수력원자력(주) 감사실 부장검사역 2007년 同PI실 발전정비팀장 2010년 同정보시스템실 기술정보팀장 2012년 同한울원자력본부 제3발전소장 2013년 同월성원자력본부장 2015년 同품질안전본부장(상임이사)(현) [상]한국수력원자력사장표창(2004), 산업자원부장관표창(2006) [종]기독교

윤청용(尹靑龍) YOON Chung Yong

[생]1958·11·16 [본]파평(坡平) [출]대구 [주]서울 서초구 반포대로217 통일연구원 감사실(02-2023-8049) [학]건국대 행정대학원 도시계획학과졸 [경]1987년 예편(육군 소령) 1992~1996년 민족통일연구원 경리과장·기획과장 1996년 同기획부장 2004년 통일연구원 예산기획부장 2005년 同연구지원팀장 2005년 同사무국장 2008년 同행정지원국장 2009년 同예산기획팀장 2011년 同검사역 2013년 同행정국장 2015년 同경영지원실장 2016년 同감사실장(현)

윤춘광(尹春光) YOUN Chun Kwang

[생]1952·8·15 [출]제주 제주시 [주]제주특별자치도 제주시 문연로13 제주특별자치도의회(064-741-1810) [경]제주4·3도민연대 공동대표, 제주김대중기념사업회 준비위원장, 同추모위원장(현), 서귀포나라사랑 청년회장 2006년 제주도의원선거 출마(비례대표, 열린우리당), 민주당 제주도당 부위원장, 제주평화통일포럼 위원 2010~2014년 제주특별자치도의회 의원(비례대표, 민주당·민주통합당·민주당·새정치민주연합) 2011년 민주통합당 제주도당 부위원장 2012년 제주특별자치도의회 복지안전위원회 위원 2013년 同예산결산특별위원회 위원 2014년 제주특별자치도의원선거 출마(새정치민주연합) 2016년 제주특별자치도의회 의원(보궐선거 당선, 더불어민주당)(현) 2016년 同부의장(현) 2016년 同교육위원회 위원(현)

윤춘구(尹春九) YOON Choon Koo

[생]1964·3·30 [출]충북 청원 [주]서울 서초구 반포대로 158(02-530-3114) [학]1982년 세광고졸 1986년 서울대 공법학과졸 [경]1994년 사법시험 합격(36회) 1997년 사법연수원 수료(26기) 1997년 대구지검 검사 1999년 同안동지청 검사 2002년 서울지검 동부지청 검사 2004년 울산지검 검사 2006년 서울북부지검 검사 2009년 의정부지검 검사, 정부법무공단 파견 2009년 서울서부지검 부부장검사 2010년 전주지검 군산지청 부장검사 2011년 광주지검 순천지청 부장검사, 전주지검 형사3부장 2012년 대구지검 서부지청 부장검사 2013년 서울남부지검 공판부장 2014년 광주고검 검사 2015년 수원지검 안양지청 형사2부장 2016년 서울동부지검 부부장검사 2016년 서울고검 검사

윤춘모(尹春模) Yun chun mo

[생]1965·4·25 [본]파평(坡平) [출]경기 성남 [주]경기 의정부시 서부로545 경민대학교 사회복지과(031-828-7247) [학]1984년 경기 송림고졸 1988년 숭실대 정치외교학과졸 2006년 연세대 행정대학원 사회복지학과졸 2010년 행정학박사(가천대) [경]2002~2006년 성남시의회 의원 2003년 성남교육지원청 중입배정추첨관리위원 2005년 성남사회복지연구소 소장(현) 2005~2008년 서울보건대학 사회복지과 외래교수 2006년 성남시의원선거 출마 2006~2014년 성남시의정동우회 사무총장 2007~2011년 동서울대 실버복지과 겸임교수 2008~2014년 대한노인회 수정구지회 노인대학장 2009~2010년 성남시 사회복지종합정보센터장 2010년 성남시의원선거 출마(한나라당) 2011년 경민대 사회복지과 교수(현) 2012년 의정부시 다문화가족지원센터장 2014~2015년 경민대 평생교육원장 2014~2016년 새누리당 성남수정구당원협의회 운영위원장 2014~2015년 同경기도당 교육위원장 2014 2016당 실버복지위원회 부위원장) 2014~2016년 同중앙당 재능나눔위원회 부위원장 2015~2016년 同경기도당 수석대변인 2015~2016년 同경기도당 고령화사회대책위원장 2016년 同경기도당 대변인(현) [종]기독교

윤춘섭(尹椿燮) YOON Choon Sup

[생]1950·7·9 [본]해평(海平) [출]충북 [주]대구 달성군 현풍면 테크노중앙대로333 대구경북과학기술원 융복합대학(053-785-1080) [학]1974년 서울대 물리학과졸 1976년 한국과학기술원(KAIST) 물리학석사 1987년 이학박사(영국 스트래스클라이드대) [경]1976~1979년 한국과학기술연구원(KIST) 연구원 1979~1982년 영국 Strathclyde대 Research Assistant 1983~1988년 同Research Fellow 1988~2015년 한국과학기술원(KAIST) 물리학과 조교수·부교수·교수 2004년 LG전자 공동 '1.7W 출력을 내는 청색레이저 세계 첫개발' 2015년 한국과학기술원(KAIST) 물리학과 명예교수(현) 2016년 대구경북과학기술원(DGIST) 융복합대학장(현) [상]대전광역시 이달의 과학기술인상(2004) [종]기독교

윤춘성(尹春成) YOON Chun Sung

[생]1964·2·1 [출]서울 [주]서울 영등포구 여의대로128 LG트윈타워 동관12층 LG상사(주) 임원실(02-3773-5248) [학]1982년 보성고졸 1986년 연세대 지질학과졸 1988년 同대학원 지질학과졸 [경]1989년 (주)LG상사 입사 1995년 同루마니아지사장(과장), 同루마니아지사장(차장) 2001년 同석탄팀 근무 2006년 同석탄팀장(부장) 2008년 同석탄광물사업부장 2009년 同석탄사업부장(상무) 2012년 同석탄사업부장(전무) 2013~2015년 同인도네시아지역총괄 전무 2015년 LG상사 자원부문장(전무)(현) [종]기독교

윤춘식(尹春植) YOON Choon Sik

[생]1958·3·24 [주]서울 강남구 언주로211 강남세브란스병원 영상의학과(02-2019-3515) [학]19836년 연세대 의대졸 1987년 同대학원졸 1998년 의학박사(중앙대) [경]1990~1991년 연세대 강남세브란스병원 진단방사선과 연구강사 1991~1994년 同강남세브란스병원 진단방사선과 전임강사 1994~1995년 캐나다 토론토 의대 The Hospital for Sick Children 연수 1994년 연세대 의대 진단방사선과학교실 조교수·부교수 2006년 同의과대학 영상의학교실 교수(현) 2011~2014년 강남세브란스병원 적정진료관리(QI)실장 2016년 同영상의학과장(현)

윤춘호(尹春鎬) YOON CHOON HO

[생]1965 · 7 · 5 [본]남원(南原) [출]전북 익산 [주]서울 양천구 목동서로161 SBS 보도본부 선거방송팀(02-2061-0006) [학]1984년 전주고졸 1990년 서울대 서양사학과졸 [경]1991년 SBS 입사 · 사회부 기자 1996년 同정치부 기자 1999년 同비서실 근무 2000년 同보도본부 정치부 기자 2005~2006년 일본 게이오대 객원연구원 2006년 SBS 도쿄특파원 2010년 同보도본부 사회부 · 국제부 데스크 2013년 同보도본부 국제부장 2014년 同보도본부 시민사회부장 2015년 同보도본부 특임부장 2016년 同보도본부 선거방송팀장(현)

윤충원(尹忠沅) YOON Chung Weon (義林)

[생]1947 · 10 · 9 [본]파평(坡平) [출]전북 익산 [주]전북 전주시 덕진구 권삼득로379 승한빌딩4층 중소기업무역지원센터(063-252-0218) [학]1966년 이리고졸 1971년 전북대 무역학과졸 1981년 同대학원졸 1988년 경제학박사(전주대) [경]1983~1995년 전북대 상대 무역학과 전임강사 · 조교수 · 부교수 1990년 미국 일리노이대 객원교수 1992년 전북대 무역학과장 1995~2013년 同무역학과 교수 1995~2001년 전주상공회의소 지역경제연구소 연구위원 1996년 한국무역학회 이사 1997년 同부회장 1999년 전북대 산업경제연구소 인터넷무역지원센터장 2000~2002년 同경영대학원장 겸 상과대학장 2000~2001 · 2004년 국제지역학회 부회장 2004년 한국무역통상학회 회장 2005년 同명예회장(현) 2006~2009년 대한무역투자진흥공사 비상임이사 2007년 (사)한국무역학회 회장 · 명예회장 · 고문(현), 한국국제상학회 부회장, 한국무역상무학회 부회장, 전북대 글로벌무역전문가 양성사업단장, 전북도 FTA대책위원회 위원, 새만금 · 군산자유구역청 국제법률자문단 위원 2011~2013년 同투자유치자문단 위원 2013년 전북대 무역학과 명예교수(현) 2013~2016년 중소기업무역투자진흥원 원장 2013년 글로벌무역경영연구원 원장(현) 2015년 글로벌에코비전 이사장(현) 2015년 중국 상해금융대 명예교수(현) 2016년 중소기업무역지원센터 센터장(현) [상]산업포장(2007), 한국무역학회 공로표창(2008), 지식경제부장관표창(2010), 옥조근정훈장(2013) [저]'미국통상정책과 통상법'(2004) '무역계약론'

윤치원(尹致元)

[생]1960 · 1 · 24 [출]경북 성주 [주]경기 의왕시 시청로96 의왕경찰서 서장실(031-8086-0210) [학]경북 순심고졸, 경기대 행정학과졸 [경]1982년 경찰 임용(순경 공채 107기) 1986년 경장 승진 1990년 경사 승진 1993년 경위 승진 1998년 경감 승진 1999년 경기 여주경찰서 정보과장 1999년 경기 시흥경찰서 정보보안과장 2001년 경기지방경찰청 교통사고분석센터장 2002년 경기 김포경찰서 경무과장 2004년 경기 안양경찰서 경비교통과장 2005년 경기 부천남부경찰서 정보보안과장(경정) 2005년 경기 안산경찰서 경비교통과장 2007년 경기 수원남부경찰서 정보보안과장 2008년 경기지방경찰청 교통안전계장 2010년 同인사계장 2013년 同교통과장 2013년 강원지방경찰청 치안지도관 2014년 강원 횡성경찰서장(총경) 2015년 경기지방경찰청 경비과장 2016년 경기 의왕경찰서장(현)

윤칠석(尹七石) YOON Chil Surk

[생]1954 · 8 · 25 [출]경북 군위 [주]경기 성남시 분당구 판교로228번길15, 2동301호(02-2637-0009) [학]1973년 대구 대건고졸 1980년 영남대졸 1982년 同대학원졸 1987년 농학박사(영남대) 1992년 영양생리학박사(미국 아이오와주립대) [경]1982~1988년 한국과학기술원 생물공학부 연구원 1988~2001년 한국식품개발연구원 축산물이용연구부 책임연구원 2000년 同실험벤처기업 (주)라이브맥스 대표 2004~2011년 한국과학정보기술연구원 전문연구위원 2010년 (주)아리메드 건강식품사업부 본부장 2013~2015년 (주)아리바이오 건강식품사업부 본부장 同신약연구소 자문위원(현) [상]농업과학기술상(2000) [역]'식품과 생체방어' '식품중의 생체 기능조절물질 연구법'(송현문화사) [종]기독교

윤태기(尹泰基) YOON Tae Ki

[생]1951 · 6 · 11 [주]서울 강남구 논현로566 강남차병원(02-3468-3461) [학]연세대 의대졸, 同대학원졸 1987년 의학박사(연세대) [경]경희대 의대 교수, 포천중문의대 산부인과 교수, 미국 예일대 의대 산부인과 불임 및 생식의학 Post-Doc. Fellowship, 강남차병원 불임센터 여성의학연구소장 1986년 국내 최초 '나팔관 아기시술' 성공 1999년 '난자 유리화 동결에 의한 임신' 세계 최초 개발 2009년 차의과학대 의학전문대학원 산부인과학교실 교수(현) 2012년 同의학전문대학원장 2012년 '백혈병 환자 냉동 난자'로 임신 출산 성공 2013년 차의과학대 강남차병원장(현) 2013년 대한병원협회 학술이사(현) 2015년 차병원 서울역난임센터 원장(현) [상]세계생식의학회 최우수논문상, 미국 생식의학회 최우수논문상, 한국과학기술단체총연합회 우수논문상(1997), 국무총리표창(2014) [저]'Die Endoskopischen Operationen in der Gynakologie(共)'(2000) 'VITRIFICATION in ASSISTED REPRODUCTION(共)'(2007)

윤태길(尹泰吉) Yun Tae Gil

[생]1968 · 1 · 24 [출]대구 [주]경기 수원시 팔달구 효원로1 경기도의회(031-8008-7000) [학]2004년 경원전문대학 전기제어공학과졸 [경]한나라당 디지털정당위원회 부위원장, 한국청년회의소(JC) 연수원장, 하남시볼링연합회 회장(현), 하남경제발전연구원 지하철유치특별위원회 위원, 하남시 정신보건센터 자문위원, 하남경제발전연구원 지하철유치특별위원회 위원 2010년 경기도의회 의원(한나라당 · 새누리당) 2010년 同교육위원회 간사, 同예산결산특별위원회 위원 2013년 同교권신장특별위원회 위원장 2013년 同교권보호위원회 위원장 2014년 경기도의회 의원(새누리당)(현) 2014년 同운영위원회 간사 2014~2016년 同교육위원회 간사 2014~2016년 同새누리당 수석부대표 2015년 同안전사회건설특별위원회 위원(현) 2015년 同장기미집행도시공원특별위원회 위원(현) 2015년 경기도 경기연정실행위원회 위원(현) 2016년 경기도의회 새누리당 대표의원(현) 2016년 경기도의회 문화체육관광위원회 위원(현) 2016년 同예산결산특별위원회 위원(현) 2016년 同노동자인권보호특별위원회 위원(현) [상]신아일보 의정대상(2012), 경기도 교육위원회 최우수의원상(2016) [종]기독교

윤태석(尹台錫) Yoon Taeseog

[생]1956 · 6 · 26 [출]서울 [주]경북 경산시 진량읍 대구대로201 대구대학교 경상대학 경영학과(053-850-6235) [학]1979년 서울대 경영학과졸 1983년 同대학원 경영학과졸 1993년 경영학박사(서울대) [경]1988년 대구대 경상대학 경영학과 전임강사 · 조교수 · 부교수 · 교수(현) 2007년 同교무처장 2008~2009년 同기획처장 2016년 同일반대학원장(현) [저]'지역기업의 해외투자 및 해외진출전략'(共)

윤태석(尹泰碩) Yoon Tae Seok

[생]1961 · 8 · 21 [출]부산 [주]서울 서대문구 연세로50 연세대학교 법학전문대학원(02-2123-6032) [학]1980년 해동고졸 1984년 연세대 법학과졸 1985년 同대학원 1년 수료 [경]1984년 사법시험 합격(26회) 1987년 사법연수원 수료(16기) 1990~2001년 변호사 개업 2001년 대구지법 판사 2003년 부산고법 판사 2005년 창원지법 부장판사 2007년 부산지법 부장판사 2008년 연세대 법학전문대학원 교수(현) [저]'법문서 작성(共)'(2009, 법문사) [종]가톨릭

윤태식(尹泰植) YOUN Tae Sik

[생]1964 · 3 · 25 [출]서울 [주]경기 의정부시 녹양로34번길 23 의정부지방법원(031-828-0114) [학]1983년 홍대부속고졸 1987년 서울대 사법학과졸 [경]1996년 사법시험 합격(38회) 1999년 사법연수원 수료(28기) 1999년 서울지법 북부지원 판사 2001년 서울지법 판사 2003년 춘천지법 강릉지원 판사 2006년 의정부지법 판사 2010년 서울북부지법 판사 2014년 울산지법 부장판사 2016년 의정부지법 부장판사(현)

윤태식(尹泰植) YOON, TAE SIK

[생]1969 · 1 · 6 [본]파평(坡平) [출]서울 [주]세종특별자치시 갈매로477 기획재정부(044-215-2114) [학]영동고졸, 서울대 경영학과졸 2000년 미국 일리노이대 대학원 경영학과졸 [경]1993~1994년 총무처 수습행정관(5급) 1994년 충무세무서 관세과장 1994~1998년 재정경제부 세제실 근무 1998~2000년 해외유학 2000년 재정경제부 경제정책국 사무관 2002년 同국제금융국 서기관 2005~2008년 OECD 사무국 근무 2008년 기획재정부 국제금융국 국제기구과장 2009~2010년 同대외경제국 통상정책과장 2010년 대통령 경제금융비서관실 행정관 2012년 기획재정부 국제금융정책국 외화자금과장 2012년 同국제금융정책국 국제금융과장 2014년 고용 휴직 2016년 기획재정부 다자개발은행 연차총회준비기획단장(현)

윤태용(尹太鏞) Taeyong Yoon

[생]1959·9·3 [본]파평(坡平) [출]경북 영일 [주]세종특별자치시 갈매로388 문화체육관광부 문화콘텐츠산업실(044-203-2400) [학]1978년 용문고졸 1983년 서울대 경제학과졸 1986년 同행정대학원 행정학과졸 1994년 미국 오리건주립대 대학원 경제학과졸 1997년 경제학박사(미국 오리건주립대) [경]1985년 국세청 사무관 1988~1992년 재정경제부 세제실 조세정책과·국제조세과·소비세제과 근무 1996~2001년 同금융정책실 은행제도과·산업자금과·금융정책과 근무 2001년 아시아개발은행(ADB) 이사실 보좌관 2005년 재정경제부 국제기구과장 2006년 同정책상황팀장 2007년 同정책상황팀장(부이사관) 2007년 대통령비서실 행정관 2008년 미국 라자드자산운용 파견 2009년 기획재정부 자유무역협정국내대책본부 지원대책단장(국장급) 2009년 同대외경제협력관 2011년 同대외경제국장 2014년 문화체육관광부 문화콘텐츠산업실장(현) [상]대통령표창(2001), 근정포장(2006), 홍조근정훈장(2015) [종]기독교

윤태진(尹泰鎭) YOON Tae Jin

[생]1964·2·5 [출]서울 [주]서울 서대문구 연세로50 연세대학교 커뮤니케이션대학원(02-2123-3992) [학]1981년 숭문고졸 1985년 연세대 신문방송학과졸 1989년 미국 매사추세츠주립대 대학원 커뮤니케이션학과졸 1997년 Ph.D. in Mass Communication(미국 Univ. of Minnesota) [경]1997년 한국언론연구원 연구위원 1998년 단국대 언론영상학부 교수 2002년 연세대 커뮤니케이션대학원 교수(현) [저]'한국Television 예능·오락 프로그램의 변천과 발전(共)'(2002) '방송의 언어문화와 미디어교육(共)'(2004) '방송저널리즘과 공정성위기(共)'(2006) '인터넷과 아시아의 문화연구(共)'(2007) '게임과 문화연구(共)'(2008) '게임포비아(共)'(2013) '방송보도를 통해 본 저널리즘의 7가지 문제(共)'(2013) [역]'미디어 연구의 질적 방법론(共)'(2005) '영상문화의 이해(共)'(2006)

윤태호(尹泰昊) YUN, TAEHO

[생]1964·11·15 [본]파평(坡平) [출]충남 공주 [주]전남 목포시 양을로221 KBS 목포방송국(061-270-7202) [학]1988년 서울대 경영학과졸 1990년 同경영대학원 금융학과졸 [경]1991년 한국방송공사(KBS) 입사(공채 18기), 同교양제작국 PD(KBS스페셜·추적60분·시사투나잇·역사스페셜 등 제작) 2007년 미국 UCLA Visiting Scholar 2009년 한국방송공사(KBS) 2TV '추적60분' 진행 2010년 同국제부 워싱턴특파원 2014년 同정책기획본부 정책기획국장 2015년 同목포방송국장(현) [상]내무부장관표창(1994), 방송통신위원회 이달의 좋은 프로그램상(2001·2003·2008), 농림부장관표창(2002), 제35회 한국방송대상 심층보도 TV부문(2008), 장관표창(2009)

윤태화(尹泰和) Tae Hwa Yoon

[생]1959 [출]충북 청주 [주]경기 성남시 수정구 성남대로 1342 가천대학교 경영대학 경영학과(031-750-5516) [학]1978년 청주고졸 1983년 연세대 경영학과졸 1985년 同대학원 경영학과졸 1994년 경영학박사(연세대) [경]1985~1987년 안권회계법인 공인회계사 1998~2012년 경원대 경영회계학과 교수 2001~2002년 미국 노스캐롤라이나대 방문교수 2005년 경원대 입시본부장 2007년 同경상대학장 2007~2013년 기획재정부 공공기관경영평가단 위원 2007년 同국세예규심사위원회 위원 2008년 同세제발전심의위원회 위원(현) 2009~2010년 미국 듀크대 방문교수 2009년 행정안전부 공무원연금운영위원 2010~2012년 한국회계학회 부회장 2012년 가천대 경영대학 경영학과 교수(현) 2012~2014년 同경영대학장 2012년 국세청 자체평가위원회 위원장(현) 2012년 조세심판원 비상임심판관(현) 2013~2014년 국세청 세무조사감독위원회 위원 2013년 가천대 경영대학원장(현) 2013년 한국거래소 코스닥시장기업심사위원회 위원(현) 2013년 경제·인문사회연구회 연구기관평가단 평가위원 2013년 한국세무학회 회장 2016년 한국회계정보학회 회장(현) 2016년 한국고용정보원 비상임감사(현) [상]대통령표창(2009), 홍조근정훈장(2014)

윤태희(尹台熙) Yun Tae-Hee

[생]1958·2·15 [출]충남 홍성 [주]대전 대덕구 대전로 1033번길20 대덕구청 부구청장실(042-608-6010) [학]1977년 홍성고졸 2000년 한국방송통신대 법학과졸 2005년 충남대 행정대학원 자치행정학과졸 [경]2004년 대전시 청소행정과장(서기관) 2005년 同도시환경개선사업단 광역교통정비과장 2006년 同자치행정국 자치행정과장 2007년 同혁신경영담당관 2008년 同공보관 2009년 同환경녹지국장 2010년 同환경녹지국장(부이사관) 2010년 同복지여성국장 2011년 지방행정연수원 고위정책과정 교육파견 2012년 대전시 보건복지여성국장 2013년 同경제산업국장 2014년 同인재개발원장 2015년 同대덕구 부구청장(현) [상]국무총리표창(1990), 대통령표창(2006), 홍조근정훈장(2014)

윤택구(尹鐸求) YUN Taik Koo (東峰)

[생]1932·6·15 [본]해평(海平) [출]서울 [주]서울 종로구 대학로101 대한암예방학회 [학]1951년 경기고졸 1957년 서울대 의대졸 1959년 同대학원 의학석사 1964년 의학박사(서울대) [경]1957~1964년 육군 軍의관(소령 예편) 1963~1969년 수도의대 임상 조교수·부교수 1964년 원자력청 방사선의학연구소 연구관 1968년 서울대 의대 임상 조교수 1969~1971년 미국 국립암연구소 초빙연구원 1971~1973년 원자력청 방사선의학연구소 병리학연구실장 1973~1994년 원자력병원 암병리학연구실장 1973~1979년 암학회지 편집장 1977~1980년 환경성돌연변이발암원학회 회장 1978~1993년 서울대 의대 외래교수 1979~1988년 원자력병원 연구부장 겸임 1980~1989년 同원장 1989년 암협회 부회장 1989년 병리학회 부회장 1989년 면역학회 부회장 1991년 同회장 1993년 대한암학회 부회장 1994~1995년 同회장 1995년 한국과학기술한림원 종신회원(현) 1995~2000년 고려인삼학회 부회장 1995년 대한암협회 회장 1995년 보건복지부 암정복10개년계획위원 1996~2000년 암예방학회 회장 1997~1999년 원자력병원 초빙연구원 1998년 국제암화학예방학회 이사·명예회장 2000~2002년 인삼의암예방효과에관한한국제심포지움 조직위원장 2000년 대한암예방학회 고문·명예회장(현) 2002년 대한암화학예방연구원 원장 [상]의사협회 학술상(1973), 국민훈장 동백장(1976), 3.1문화상(1986), 학술원상(1993), 고려인삼학회 학술상(1998) [저]'홍삼의 항발암성에 관한 실험적 연구'(1980, 한국 Proc Int Ginseng Sym) '인삼복용과 암에 관한 증례-대조군 연구'(1990, 영국 Int J Epi) '인삼복용에 의한 각종암의 예방효과'(1995, 미국 Ca Epi Bio Prev) '새로운 항발암성 실험법'(1995, 그리스 Antica Res) '인삼의 사포닌 함량과 종류 및 연령별 항발암성'(1996, 중국 Acta Pharm Sin)' '강화읍주민에 대한 인삼의 코호트연구'(1998, 영국 Int J Epi) '새로 추가된 SCI논문 아시아에서의 암화학예방연구'(1999, 뉴욕학술원 연보) '홍삼은 전암예방제인가'(2001, 영국 Lancet Oncol) '고려인삼의 전암예방효과에 대한 실험적 및 역학적결과와 유효성분의 확인'(2003, 미국 Mut Res) '홍삼추출물을 위시한 몇가지 천연물의 암예방효과'(2006, 미국 Neoplasia) '홍삼추출물 장기투여에 의한 인체암발생빈도에 미치는 장기비특이성 예방효과'(2010) [종]기독교

윤택림(尹擇林) YOON Taek Rim

[생]1958·12·30 [출]광주 [주]광주 동구 제봉로42 전남대병원 원장실(1899-0000) [학]1984년 전남대 의대졸 1987년 同대학원졸 1992년 의학박사(전남대) [경]1985~1989년 화순전남대병원 전공의 1989년 同정형외과 전문의 1992~1993년 同전임의 1992년 일본 구루메대 전임의 1993~2004년 전남대 의과대학 정형외과학교실 전임강사·조교수·부교수 1996~1997년 미국 존스홉킨스대병원 정형외과 연수 2004년 전남대 의과대학 정형외과학교실 교수(현) 2004년 화순전남대병원 관절센터장 2008~2010년 同진료처장 2011년 국제대학스포츠연맹(FISU) 의무위원회 위원(현) 2014년 광주권의료관광협의회 회장(현) 2014년 한국생체재료학회 회장 2014~2015년 빛고을전남대병원 초대원장 2014년 전남대병원 병원장(현) 2014년 광주전남해바라기아동센터 센터장(현) 2015년 한국생체재료학회 고문 2016년 同명예회장(현) 2016년 전국국립대학교병원장협의회 회장(현) [상]대한고관절학회 학술상(1996), 대한골절학회 학술상(1998), 대한정형외과학회 학술상(2001), 보건복지부장관표창(2006·2011), 광주·전남 사회공헌대축전 대상(2015), 대한민국 세종대왕 나눔봉사 대상(2015), 국회 교육문화체육관광위원장표창(2015), '올해의 광주시민대상' 학술부문 대상(2016), 광주시의사회 무등의림상 학술상(2016) [저]'증례로 보는 골절치료' '생체재료와 조직공학' '줄기세포-간엽줄기 세포와 골조직공학' [역]'환자의 입장에서 본 현명한 암치료'(2004) '알기쉬운 불심의 세계'(2004)

윤평식(尹平植) YOON Pyung Sik

[생]1957·2·2 [출]전남 목포 [주]대전 유성구 대학로99 충남대학교 경영학과(042-821-5540) [학]1975년 보성고졸 1981년 연세대 정치외교학과졸 1988년 캐나다 요크대 경영대학원졸 1993년 경영학박사(미국 텍사스주립대) [경]1994~1995년 미국 텍사스주립대 강사 1995년 현대경제사회연구원 책임연구원 1995년 충남대 경상대학 경영학부 조교수·부교수·교수(현) 1996~1998년 한국재무관리학회 편집위원 1999년 금융투자협회 주관 시험 출제위원 2000년 한국재무관리학회 상임이사 2000년 한국증권학회 상임이사 2005년 정

보통신산업진흥원 리스크관리위원회 위원장 2005년 한국철도공사 투자 및 자금업무심의위원회 자문위원 2005~2006년 충남대 경상대학 경영학과장 2007년 국민체육진흥기금 리스크관리위원회 자문위원 2007~2008년 한국수자원공사 투자 및 자금업무심의위원회 심의위원 2016년 충남대 경상대학장 겸 경영대학원장(현) [저]'선물옵션외환'(1998) '금융기관 시장위험관리'(2000) '고정수입 증권론'(2001) '파생상품의 평가와 헷징전략'(2008) '채권의 가치평가와 투자전략'(2008) '재무관리의 개념원리와 연습'(2008) '선물옵션 투자의 이론과 전략'(2009) '차익거래'(2009) [역]'파생상품의 평가와 헷징전략'(1997) '가치평가론'(1998) 'VAR-시장위험관리'(1998) '파생상품의 평가와 헷징전략'(1999) '신용위험관리'(2001) [종]기독교

윤평중(尹平重) YOON Pyung Joong

[생]1956·3·26 [본]파평(坡平) [출]전남 함평 [주]경기 오산시 한신대길137 한신대학교 철학과(031-379-0432) [학]1974년 광주일고졸 1978년 고려대 철학과졸 1984년 미국 남일리노이대 대학원 철학과졸 1988년 철학박사(미국 남일리노이대) [경]1989년 한신대 철학과 교수(현) 1992~1995·1998~1999·2005~2007년 同인문대 철학과장 1994~1996·1998~2001년 한국철학회 편집위원 1994~2001년 철학연구회 이사·편집위원 1994~1996년 한신대 대학원 교학부장 1995~1996년 사회와철학연구회 총무이사 1996~1997년 미국 캘리포니아대 버클리교 역사학과 연구원 1998~2009년 비평 편집위원 1999~2000년 한신대 철학종교학부장 2000~2001년 미국 미시간주립대 철학과 연구교수 2001~2003년 한신대 인문학연구소장 2004년 미국 뉴저지럿거스대 정치학과 풀브라이트학자 2005~2013년 철학과현실 편집위원 2007~2008년 동아일보 객원논설위원 2008~2009년 한신대 대학원장 2009~2011년 대통령직속 사회통합위원회 위원 2010년 同사회갈등영향평가 소위원장 2012년 조선일보 '윤평중 칼럼' 집필(현) 2014년 KBS 객원해설위원(현) [상]문화관광부 우수학술도서(2002), 대한민국학술원 우수학술도서(2010) [저]'푸코와 하버마스를 넘어서'(1990) '포스트모더니즘의 철학과 포스트 마르크스주의'(1992) '담론이론의 사회철학'(1998) '주체개념의 비판(共)'(1999) '논쟁과 담론'(2001) 'Nietzsche(共)'(2002) '이성만이 우리를 구원한다 : 윤평중 사회평론집'(2004) '극단의 시대에 중심잡기'(2008) '급진자유주의 정치철학'(2009) '시장의 철학'(2016, 나남) [역]'비판이론의 이념'(共) [종]기독교

윤풍영

[생]1974 [주]경기 성남시 분당구 성남대로343번길9 SK주식회사 C&C 임원실(02-6400-0114) [학]연세대 기계공학과졸, 프랑스 인시드대 대학원 경영학과졸 [경]1999년 IBM Korea 근무 2007년 SK텔레콤(주) BMI팀 근무 2009년 同사업개발전략담당 2010년 同New Biz개발팀 근무 2013년 SK C&C 성장사업기획팀장 2015년 同전략기획팀장 2016년 SK주식회사 C&C 기획본부장(상무)(현)

윤필만(尹弼萬) YOON Pil Man

[생]1959·7·29 [출]경기 [주]전북 전주시 덕진구 기린대로787 (주)휴비스 전주공장(063-210-2216) [학]1985년 한양대 기계공학과졸 [경]1984년 (주)선경합섬 입사 1991년 同EISP(ISP Engineering)팀과장 1992년 同SK KERIS 건설본부 기계·토건파트장 2000년 (주)휴비스 수원공장 원사생산팀·동력팀·경영지원팀장 2006년 同전주공장 FY생산1팀장 2007년 同울산공장 경영지원팀장 2008년 同경영지원실 임원 2010년 同인력개발실장(상무) 2013년 同전주공장장(현)

윤학로(尹學老) YOON Hak Ro

[생]1959·12·5 [주]강원 춘천시 강원대학길1 강원대학교 문화예술대학 영상문화학과(033-250-8753) [학]1982년 한국외국어대 불문학과졸 1984년 同대학원졸 1991년 문학박사(한국외국어대) [경]1991년 강원대 불어불문학과 전임강사·조교수·부교수 2002년 同문화예술대학 영상문화학과 교수(현) 2002~2003년 프랑스 파리제1대 문화기획과 파견교수 2006년 강원대 영상문화연구소장 2007년 프랑스학회 편집이사 2008년 강원대 문화콘텐츠인력양성사업단장 2010년 한국프랑스문화학회 부회장 2012~2015년 강원대 대외협력본부장 2014~2015년 同서울본부장 겸임 2015년 同문화예술대학장(현) 2016년 전국 국·공립대문화예술대학장협의회 회장(현) [저]'연극의 이해와 실제'(1997) '번역의 이론과 실제'(2003) [역]'기호학이란 무엇인가'(1987) '연극이란 무엇인가'(1988) '환상'(1991) '철학의 역사'(1993) '레비스트로스의 미학 에세이'(1994) '20세기 문학비평'(1995) '대필작가 가브리엘의 고백'(1996)

윤학배(尹學培) YOON Hag Bae

[생]1961·11·3 [본]파평(坡平) [출]강원 춘천 [주]세종특별자치시 다솜2로94 해양수산부 차관실(044-200-6000) [학]1980년 춘천고졸 1985년 한양대 행정학과졸 1987년 同대학원 행정학과졸 [경]1987년 행정고시 합격(29회), 해양수산부 총무과 인사담당 서기관 1998년 국제노동기구(ILO) 파견 2000년 해양수산부 해양정책국 해양환경과장 2003년 駐영국 해양수산관 2006년 해양수산부 미래해양전략기획단 부단장 2007년 同재정기획관 2007년 인천지방해양수산청장 2008년 국토해양부 여수세계박람회조직위원회 전략기획본부장 2009년 同정책기획관 2011년 외교안보연구원 교육파견(고위공무원) 2013년 국토해양부 교통정책실 종합교통정책관 2013년 제18대 대통령직인수위원회 경제2분과 전문위원 2013년 해양수산부 중앙해양안전심판원장 2014~2015년 대통령 해양수산비서관 2015년 해양수산부 차관(현) [종]가톨릭

윤한홍(尹漢洪) YOON Han Hong

[생]1962·11·1 [출]경남 창원 [주]서울 영등포구 의사당대로1 국회 의원회관823호(02-784-2371) [학]1981년 마산고졸 1985년 서울대 독어독문학과졸 1987년 同대학원 행정학과졸 2014년 행정학박사(서울시립대) [경]1988년 행정고시 합격(32회) 1990년 서울 중구 문화공보실장 1992년 서울시 행정과 주민계장 1994~1999년 同행정과 행정관리계장 2002~2003년 同세무운영과장 2005년 同행정과장 2007년 同기획담당관 2007~2008년 제17대 대통령직인수위원회 기획조정분과위원회 실무위원(파견) 2008~2010년 대통령 인사비서관실 선임행정관(고위공무원) 2010~2011년 대통령실 선임행정관 2011~2012년 대통령 행정자치비서관 2013~2015년 경남도 행정부지사 2016년 새누리당 창원마산회원구당원협의회 운영위원장(현) 2016년 제20대 국회의원(창원시 마산회원구, 새누리당)(현) 2016년 국회 산업통상자원위원회 위원(현) 2016년 국회 지방재정·분권특별위원회 위원(현) 2016년 한국아동인구환경의원연맹(CPE) 회원(현) 2016년 새누리당 누진제당정TF 위원(현) [저]'윤한홍, 꿈을 엮다'(2015)

윤해수(尹海水) YOON Hae Soo

[생]1952·2·14 [주]서울 서초구 남부순환로356길85 서울외국어대학원대학교 총장실(02-2182-6000) [학]1979년 영남대 전기공학과졸 1981년 연세대 대학원 행정학과졸 1985년 미국 인디애나주립대 대학원 정치학과졸 1989년 정치학박사(미국 코네티컷주립대) [경]1990년 미국 콜롬비아대 동아시아연구소 객원교수 1991~2013년 명지대 사회과학대학 정치외교학과 교수 1994년 대통령자문 정책기획위원회 간사위원 1995년 (사)한국외교문제연구원 원장 1998년 미국 조지워싱턴대 객원교수 2004년 서울외국어대학원대 이사장 2013년 同총장(현) [저]'북한곡예외교론'(1999)

윤해욱(尹海旭) Yoon Hae-Wook

[생]1968·9·10 [본]해남(海南) [출]전남 해남 [주]천안 서북구 봉정로238 천안세관 조사심사과(041-640-2320) [학]1987년 광주 송원고졸 1989년 세무대학 관세학과졸 1993년 한국방송통신대 경영학과졸 2003년 서울시립대 경영대학원 국제통상학과졸 [경]1989~2013년 부산본부세관·서울본부세관·인천본부세관·인천공항세관·관세국경관리연수원 근무 2013~2014년 국무조정실 파견(사무관) 2014~2016년 광주본부세관 조사과장 2016년 천안세관 조사심사과장(현)

윤헌주(尹憲柱) YOON, Hean-Joo

[생]1959·3·7 [본]파평(坡平) [출]부산 [주]경기 과천시 중앙로47 미래창조과학부 과학기술정책관실(02-2110-2510) [학]부산대 기계설계과졸, 영국 리즈대 대학원 기계공학과졸 [경]1998년 과학기술부 장관비서관 1998년 同연구개발정책실 연구개발3담당관 1999년 국무총리국무조정실 경제행정조정관실 산업심의관실 서기관 2000년 과학기술부 기초과학인력국 기초과학지원과장 2000년 駐중국대사관 과학관 2004년 과학기술부 과학기술인력과장 2005년 同평가정책과장 2005년 대통령 정보과학기술보좌관실 파견(부이사관) 2007년 국제원자력기구(IAEA) 파견(고위공무원) 2009년 교육과학기술부 과학기술정책기획관 2010년 同기초연구정책관 2011년 駐스웨덴대사관 공사 겸 총영사 2014년 미래창조과학부 과학기술정책국장 2015년 同과학기술전략본부 과학기술정책관(현) [상]홍조근정훈장(2015)

윤혁경(尹赫敬) YOUN Hyeok Kyung

㉑1953·12·4 ⓷파평(坡平) ⓸경남 창녕 ㈜서울 송파구 충민로52 가든파이브웍스4층 에이앤유디자인그룹건축사사무소(02-2047-3100) ⓗ1973년 영남대 병설공업고등전문학교졸 1999년 서울산업대 건축공학과졸 2001년 서울시립대 대학원 건축학과졸 2003년 서울대 환경대학원 지구단위계획최고전문가과정 수료 2005년 한양대 대학원 디벨로퍼CEO과정 수료 ⓰1990~1995년 서울시 동작구·용산구·송파구 건축과장 1995~2002년 同주택국·도시계획국 팀장 1997년 한국건축도시법제학회 총무이사 2002~2010년 한국도시설계학회 이사 2004년 서울시 주택국 주거정비과장 2005년 한국경관학회 상임이사 2006년 (주)대림산업 건축사업본부 상무 2007년 서울시 도시계획국 도시관리과장 2008년 同디자인서울총괄본부 도시경관담당관 2009년 에이앤유디자인그룹건축사사무소 대표이사(현) 2011년 한국경관학회 부회장 2011년 서울시 시민디자인위원회 위원 2012년 한국도시설계학회 부회장 2012년 서울시 공공건축가(현) 2012년 同공공디자인위원 2013년 대한건축사협회 법제이사 2013년 제주특별자치도 경관위원회 위원 2014년 국토교통부 중앙건축위원회위원 2014년 한국건축정책학회 부회장(현) 2015년 대한건축사협회 부회장(현) 2016년 대통령직속 국가건축정책위원회 위원(현) ⓼서울시장표창, 건설교통부장관표창, 행정자치부장관표창, 녹조근정훈장(1993), 홍조근정훈장(2009) ㉝'건축법·조례해설'(1994~2016) '알기쉬운 건축여행'(1997) '도시·건축 엿보기'(2001) '주택법 도시 및 주거환경정비법 해설'(2003~2011) '국토의 계획 및 이용에 관한 법률해석'(2005) '건축+법 바로알기'(2007~2013) ⓩ기독교

윤현덕(尹玄德) YOON Heon Deok

㉑1952·3·23 ⓸부산 ㈜서울 동작구 상도로369 숭실대학교 경영대학 벤처중소기업학과(02-820-0114) ⓗ1980년 브라질 상파울루대 경영학과졸 1983년 미국 샌디에이고대 대학원 경영학과졸 1986년 경영학박사(미국 오하이오주립대) ⓰1976~1980년 브라질 Atlantic S/A 지사장 1980~1982년 Concrestar S/A 부장 1987~1988년 성균관대 무역학과 강사 1988~2000년 숭실대 경영학과 교수 1990년 국제경영학회 이사 1991년 한국중소기업학회 부회장 1999년 한국물류학회 부회장 2000년 숭실대 경영대학 벤처중소기업학부 교수, 同벤처중소기업학과 교수(현) 2001~2002년 同중소기업대학원장 2002~2006년 한국라틴아메리카학회 회장 2005년 숭실대 대외부총장 2006~2007년 한국중소기업학회 회장 2015년 숭실대 중소기업대학원장(현) ㉝'기업경영과 성경적 원리(編)'(1993) 'World Class Logistics(共)'(1995) '현지경영전략(共)'(1998) '韓·브라질 21세기 협력비전과 과제(共)'(1999) 'Korea SMEs Toward New Millenium-Status and Prospects(編)'(2000) '남미공동시장(MERCOSUR)의 경제적 성과 분석과 우리의 대응방안'(2000) 'Technology Exchange from the Perspective of SMEs in Asia(共)'(2001) 'The New Perspectives of Entrepreneurship and SMEs in Korea(共)'(2002) ㉣'물류관리론(共)'(1999) ⓩ기독교

윤현덕(尹炫悳) YUN Hyun Duck

㉑1968·7·20 ⓸서울 ㈜세종특별자치시 도움4로13 보건복지부 사회서비스정책관실(044-202-3200) ⓗ1987년 영등포고졸 1991년 한양대 법학과졸 ⓰1990년 행정고시 합격(34회) 1998년 법제처 경제심판담당관실 서기관 1998년 同경제법제국 서기관 1999년 同법제행정담당관실 서기관·여성특별위원회 차별조정관실 과장 2001년 여성부 조사1과장 2002년 同기획예산담당관 2003년 同차별개선국 조사과장 2005년 同재정기획관 2005년 여성가족부 정책총괄과장 2006년 同정책기획평가팀장 2007년 同행정지원팀장(서기관) 2007년 同행정지원팀장(부이사관) 2008년 보건복지가족부 가족정책과장 2010년 보건복지부 보건의료정책실 한의약정책과장 2011년 同저출산고령사회정책실 노인정책관 2012년 국방대 안보과정 파견 2013년 보건복지부 장애인정책국장 2014년 同질병관리본부 국립인천공항검역소장 2015년 同질병관리본부 생명의과학센터장 2016년 同사회복지정책실 사회서비스정책관(국장급)(현)

윤현석(尹炫晳) Yoon Hyunseok

㉑1974·1·2 ⓸경남 마산 ㈜서울 성동구 마장로210 한국기원 홍보팀(02-3407-3870) ⓰1989년 입단 1991년 2단 승단 1992년 3단 승단 1993년 박카스배 준우승 1996년 4단 승단 1998년 5단 승단 2000년 6단 승단 2002년 7단 승단 2002년 농심辛라면배 한국대표(우승) 2005년 8단 승단 2007년 9단 승단(현) 2011년 SK에너지 바둑팀 감독 2015년 CJ E&M 바둑팀 감독

윤현수(尹賢洙) YOON Hyun Soo

㉑1971·8·23 ⓸서울 ㈜세종특별자치시 다솜2로94 해양수산부 해양정책과(044-200-5712) ⓗ1990년 잠실고졸 1995년 서울대 정치학과졸 ⓰1995년 해양수산부 해양환경과·항만운영정보과 근무 2003년 同해운물류국 항만물류기획과 사무관 2004년 同해운물류국 항만물류과 서기관, 同혁신기획관실 BSC팀장 2005년 국립수산과학원 연구기획실 행정예산과장, 미국 워싱턴주립대 연수 2007년 해양수산부 해양정책본부 해양환경기획관실 해양생태팀장 2008년 국토해양부 해양생태과장 2009년 同국토정책국 도시규제정비팀장 2009년 同국토정책국 도시재생과장 2011년 同규제개혁법무담당관 2012년 교육 파견(서기관) 2015년 해양수산부 해양정책과장 2016년 同해양정책과장(부이사관)(현) ⓼해양수산부장관표창(2002)

윤현주(尹賢周·女) YOON Hyeon Joo

㉑1964·3·30 ⓸부산 ㈜서울 서초구 서초대로286 서초프라자708호 인스법률사무소(02-6010-7969) ⓗ1982년 데레사여고졸 1986년 고려대 법과대졸 1989년 사법시험 합격(31회) 1992년 사법연수원 수료(21기) 1992년 서울민사지법 판사 1994년 서울지법 서부지원 판사 1996년 춘천지법 강릉지원 판사 1997년 同삼척·동해시법원 판사 1999년 서울지법 남부지원 판사 2001년 서울지법 판사 2003년 서울고법 판사 2004년 사법연수원 교수 2006년 서울고법 판사 2007년 제주지법 부장판사 2008~2009년 同수석부장판사 2009~2012년 사법연수원 교수(부장판사) 2012년 법무법인 지평지성 변호사 2014년 법무법인 지평 파트너변호사 2015년 인스법률사무소 변호사(현) ⓩ가톨릭

윤현중(尹鉉仲) Yoon, Hyeon Joong

㉑1959·2·22 ⓷파평(坡平) ⓸경북 경주 ㈜서울 종로구 와룡공원길20 통일부 남북회담본부 회담3과(02-2076-1072) ⓗ문화고졸, 고려대 법학과졸, 同국제대학원 일본지역학과졸 ⓰통일부 경협지원과 근무, 同교류협력국 남북경협과 근무, 同나들섬추진기획단 TF팀장, 同통일교육원 교육운영과장, 국방대 파견 2013년 통일부 북한이탈주민정착지원사무소 교육훈련과장 2014년 同통일정책실 이산가족과장 2015년 同남북회담본부 회담3과장(현) ㉝'가보고 싶은 나라 알수록 재미있는 나라 폴란드'(2013, 역사공간) ⓩ기독교

윤현철(尹賢澈)

㉑1958 ㈜서울 용산구 한강대로92 LS용산타워4층 삼일회계법인(02-709-0610) ⓗ서울대 경영학과졸, 연세대 대학원 경영학과졸 ⓰1985년 삼일회계법인 입사, 同미국 클리브랜드지사 교환 근무 2005년 同전무 2010년 同부대표 2014년 同감사부문 대표(현)

윤형권(尹亨權) YOON Hyung Kweon

㉑1963·3·2 ㈜세종특별자치시 조치원읍 군청로87의16 세종특별자치시의회(044-300-7010) ⓗ체육교육학박사(공주대) ⓰한국일보 기자, 세종포스트 대표이사, 세종참여자치시민연대 창립회원, 세종특별자치시 검도회 고문 2014년 세종특별자치시의회 의원(새정치민주연합·더불어민주당)(현) 2014~2016년 同부의장 2014·2016년 同행정복지위원회 위원(현) 2014·2016년 同교육위원회 위원(현) 2015년 同예산결산특별위원회 위원 ⓼지방의원 매니페스토 약속대상(2015)

윤형근(尹炯根) YOON Hyung Keun

㉑1950·5·10 ⓸전북 남원 ㈜서울 영등포구 의사당대로83 HP빌딩 (주)SC엔지니어링 비서실(02-2167-9146) ⓗ1969년 전주고졸, 한양대 화학공학과졸 ⓰신한기공 근무 1984년 (주)대우엔지니어링 입사 2003년 同전무 2006년 同화공·해양그룹장(부사장) 2008년 同대표이사 사장 2011년 同상임고문 2012년 (주)SC엔지니어링 공동대표이사 사장(현) ⓼과학기술처장관표창, 2009대한민국글로벌경영인대상 종합엔지니어링부문(2009), 은탑산업훈장(2010) ⓩ기독교

윤형두(尹炯斗) YOON Hyung Doo (汎友)

[생]1935·12·17 [본]파평(坡平) [출]일본 고베 [주]경기 파주시 광인사길9의13 도서출판 범우사(031-955-6900) [학]1954년 순천농림고졸 1963년 동국대 법학과졸 1975년 고려대 경영대학원 수료(경영진단사) 1984년 중앙대 신문방송대학원 출판잡지전공 수료 2002년 명예 출판학박사(순천대) [경]1956년 월간 '신세계' 기자 1961년 민주당 당보 '민주정치' 기자 1966~2005년 도서출판 '범우사' 창업·사장 1967~1969년 월간 '신세계' 주간 1970~1972년 월간 '다리' 주간·편집인·발행인 겸임 1971년 월간 '다리' 필화사건으로 투옥 1972년 수필문학에 '콩과 액운'으로 등단 1974년 월간 '다리' 필화사건 대법원에서 무죄판결 1982년 한국도서유통협의회 회장 1983년 한국출판학회 부회장 1984·1992년 대한출판문화협회 선임부회장 1987년 민족문학작가회의 창립회원 1988년 한국출판협동조합 이사장 1989년 한국출판학회 회장 1990~1992년 월간 '역사산책' 발행인 1991년 범우장학회 설립 1992년 '책의해준비위원회' 위원장 1992년 월간 '책과 인생' 발행인 1992년 1993책의해조직위원회 부위원장 1997년 계간 '한국문학평론' 발행인 1998년 대한산악연맹 부회장 1999년 (사)정보환경연구원 이사장 1999년 문화연대 공동대표 1999년 미국 세계인명사전 'Marquis Who's Who in the World'에 등재 1999~2003년 한국출판학회 회장 2002년 미국 Barons Who's Who '21세기초 위대한 아시아 500인'에 선정 2003년 정동로타리클럽 회장 2003~2010년 범우출판문화재단 설립 및 재단이사 2005년 도서출판 '범우사' 회장(현) 2006년 한국출판문화진흥재단 이사장 2007년 미국 세계인명사전 'Marquis Who's Who in America' 및 'Marquis Who's Who in Asia'에 동시 등재 2007~2012 미국 세계인명사전 'Marquis Who's Who in the World'에 6회 연속 등재 2011~2014년 대한출판문화협회 회장 2011년 범우출판문화재단 이사장(현) 2012년 미국 세계인명사전 Marquis Who's Who·미국인명정보기관(ABI)·영국 케임브리지 국제인명센터(IBC) 인명사전 등재 [상]한국출판문화상(1981·1991·1994·1995), 문화공보부장관표창(1982), 법무부장관표창(1982), 대통령표창(1988), 한국출판학회 저술상(1989), 애서가상(1989), 현대수필문학상(1991), 서울시문화상(1992), 동국문학상(1994), 국민훈장 석류장(1995), 한국서점조합연합회 표창(1995), 인쇄문화상(1997), 자랑스런 여수인상(2000), 간행물윤리대상(2000), 백상출판문화상(2001·2002), 보관문화훈장(2001), 자랑스런 중앙인상(2001), 한국시인협회 감사장(2002), 대한산악연맹 부산시연맹 금정대상(2002), 한국출판문화상 백상특별상(2009) [저]'출판물유통론'(1989) 수필집 '사노라면 잊을날이'(1979) '넓고 넓은 바닷가에'(1983) '책의 길 나의 길'(1990) '아버지의 산 어머니의 바다'(1995) '여정일기 잠보 잠보 안녕'(1995) '책이 좋아 책하고 사네'(1997) '눈으로 보는 책의 역사'(編) '한국출판의 허와 실'(2002) '옛 책의 한글판본'(2003) '산사랑 책사랑 나라사랑'(2003) '한 출판인의 중국 나들이'(2004) '한 출판인의 외길50년'(2004) '한 출판인의 일본 나들이'(2005) '지나온 세월 속의 편린들'(2006) '옛 책의 한글판본 2'(2007) '한 출판인의 여정일기'(2010) '한 출판인의 자화상'(2011) [역]'일본출판물유통'(1988) '출판물판매기술'(1994) '눈으로 보는 책의 역사'(1997) '출판사전'(2002)

윤형모(尹亨模) YOON Hyong Mo

[생]1958·3·31 [본]파평(坡平) [출]부산 [주]인천 남동구 인주대로719 윤형모법률사무소(032-816-7600) [학]1977년 부산동고졸 1981년 서울대 법학과졸 [경]1981년 사법시험 합격(23회) 1983년 사법연수원 수료(13기) 1983년 변호사 개업 1984년 대구지검 검사 1986년 춘천지검 강릉지청 검사 1988년 서울지검 의정부지청 검사 1990년 인천지검 검사 1993년 대구지검 검사 1993년 독일연방 법무부 베를린 외청 장기해외연수·베를린 자유대학 동구권연구소 겸임연수 1994년 법무부 특수법령과 검사 1995년 서울고검 검사 겸임 1997년 대전지검 홍성지청 부장검사 1998년 부산지검 동부지청 형사1부장 1999년 인천지검 형사4부장 2000년 同형사3부장 2000년 同형사2부장 2001년 서울지검 서부지청 형사3부장 2002년 서울고검 검사 2003년 인천지검 전문부장검사 2004년 법무법인 정 대표변호사 2009~2010년 同공동대표변호사 2010년 변호사 개업(현) 2010~2012년 한국청소년문화재단 회장 2010~2014년 애국애족포럼 회장 2010년 근혜동아리 상임고문 2010~2012년 한국자유총연맹 연수구지회장, 한국지체장애인협회 고문변호사(현) 2014년 새누리당 법률지원단 부단장 [상]국회 대한민국봉사대상(2011), 대한민국 시민대상(2015) [저]'통일독일의 구동독체제불법 청산개관' '分斷國 外交의 法律問題'(共)

윤형섭(尹亨燮) YOON Hyoung Sup (一民)

[생]1933·10·4 [본]해평(海平) [출]서울 [주]서울 서대문구 연세로50 연세대학교(02-2123-2087) [학]1953년 경복고졸 1957년 연세대 정치외교학과졸 1961년 同대학원 정치학과졸 1971년 미국 존스홉킨스대 대학원 정치학과 수료 1974년 정치학박사(연세대) 2003년 명예 법학박사(중국 문화대학) [경]1957~1963년 육군사관학교 교수 1963~1991년 연세대 강사·전임강사·조교수·부교수·교수 1975~1979년 同학생처장·연세춘추 편집인 1977~1979년 전국학생처장협의회 회장 1979년 미국 하버드대 옌칭연구소 객원연구원 1981년 연세대 사회과학대학장 1982년 학교법인 홍신학원 이사장(현) 1982년 일본 慶應大 객원교수 1982~1988년 연세대 행정대학원장 1984~1988년 전국행정대학원장협의회장 1985년 한국정치학회 회장 1986년 同고문(현) 1986년 교육개혁심의위원 1988년 대한교육연합회 회장·대통령 교육정책자문위원 1989년 한국교원단체총연합회 창설·초대회장, 연세대총동문회 고문(현) 1990~1992년 초대 교육부 장관 1992~1993년 서울신문 사장 1994~1998년 건국대 총장 1996년 연세대 명예교수(현) 1997년 한국대학교육협의회 회장 1999년 명지대 석좌교수(현) 1999~2000년 대통령직속 반부패특별위원회 위원장 2001~2003년 호남대 총장 2003년 同명예교수 2004~2013년 학교법인 연세대 감사·이사 2005~2013년 호암재단 이사 2008~2013년 (재)우정교육문화재단 이사장 2011~2013년 건국대 행정대학원 정책·공공경영학과 석좌교수 2015년 학교법인 단국대 이사(현) [상]육군사관학교장 공로표창(1959·1961), 국민훈장 동백장(1979), 대한교련교육특별공로표창(1983), 연세대 창립기념 학술상(1988), 청조근정훈장(1992), 자랑스런 연정인상(1996), 한국교원단체총연합회 공로상(1997), 국민훈장 모란장(1999), 자랑스런 연세인상(2001), 경복동문대상(2007) 자랑스러운한국교육신문인상 특별대상(2011) [저]'현대각국정치론(共)'(1975) '현대정치과정론(共)'(1978) '한국정치과정론(共)'(1988) '한국정치론'(1988) '정치와 교육'(1988) '한국의 정치문화와 교육 어디로 갈 것인가'(2004) '한국정치 어떻게 볼 것 인가'(2006) '우리시대 지성과의 대화(제1·2·3권)(共)'(2013·2014·2015) 등 [종]기독교

윤형식(尹炯植) YOON Hyoung Sik

[생]1961·5·21 [출]광주 [주]서울 중구 퇴계로190 매일경제신문(02-2000-2114) [학]1986년 전남대 경제학과졸 2014년 한양대 언론정보대학원졸(석사) [경]1987년 매일경제신문 입사 1999년 同금융부 차장대우 2001년 同증권부 차장 2004년 同베이징특파원(부장대우) 2006년 同편집국장석 중국담당 부장대우 2006년 同부동산부장 2008년 同사회부장 2009년 同사회부장(부국장대우) 2010년 매경닷컴 총괄국장(파견) 2010년 同속보국장 직대 2012년 同대표이사 2014년 同총괄국장 2015년 同대표이사 2015년 국제아동안전기구 (사)세이프키즈코리아 이사(현) 2015년 매경BIZ 대표(현) 2015년 포털뉴스제휴평가위원회 위원(현)

윤형원(尹炯元) Yun Hyeung-won

[생]1966·10·17 [본]파평(坡平) [출]경북 예천 [주]전남 목포시 남농로136 국립해양문화재연구소 전시홍보과(061-270-2041) [학]1984년 대구 덕원고졸 1990년 서울대 고고미술사학과졸 1999년 同대학원 고고학과졸 2004년 同대학원 고고학박사과정 수료 2008년 명예 고고학박사(몽골국립고고학연구소) [경]1990~1992년 서울대 박물관 연구원 1992~1998년 국립경주박물관 학예연구실 학예연구사 1998~2002년 국립중앙박물관 고고부 학예연구사 2002~2004년 同고고부 학예연구관 2005~2006년 문화재청 국립경주문화재연구소 학예연구실장 2007~2008년 국립중앙박물관 고고부 학예연구관 2008~2009년 同기획총괄과 학예연구관 2010~2012년 국립대구박물관 학예연구실장 2011년 (사)한국몽골학회 연구이사(현) 2011~2014년 (사)한국중앙아시아학회 기획·학술이사 2012~2015년 국립전주박물관 학예연구실장 2015년 문화재청 국립해양문화재연구소 전시홍보과장(현) 2015년 (사)한국중앙아시아학회 부회장(현) [상]국립중앙박물관장표창(1999), 몽골국립고고학연구소 Mon-Sol Project 공로상(2004), 몽골정부 최고학술상(2010) [저]국내조사보고서 '경주 죽동리 고분군'(1996) '경주유적지도 1:10,000'(1997) '홍해 옥성리 고분군 Ⅰ Ⅱ Ⅲ'(1999) '법천리 Ⅰ Ⅱ Ⅲ'(2000·2001·2008) 도록 '신라인의 무덤'(1997) '통일신라'(2003) '발굴에서 전시까지'(2007) '아시아의 전통복식'(2010) '흙에서 찾은 영원한 삶'(2011) '명량'(2015) 국제조사 보고서·연구서·도록 '몽골 모린톨고이 흉노무덤'(2001) '몽골 호드긴톨고이 흉노무덤'(2002) '몽골 유적조사 5년'(2002) '몽골 흉노무덤 자료집성'(2008) [작]특별전 '신라인의 무덤'(1997) '몽골 유적조사 5년'(2002) '통일신라'(2003) '발굴에서 전시까지'(2007) '아시아의 전통복식'(2010) '완주 상림리 청동검'(2014) '고승호-격랑의 청일해전' '명량'(2015)

윤혜정(尹惠晶·女) YOON Hae-Jung

[생]1964·6·26 [본]파평(坡平) [출]서울 [주]충북 청주시 흥덕구 오송읍 오송생명2로187 식품의약품안전처 식품안전정책국 식품기준과(043-719-2414) [학]1983년 동명여고졸 1987년 미국 마운트유니언대 화학과졸 1989년 미국 텍사스A&M대 화학과졸 1995년 화학박사(이화여대) [경]1996~2010년 식품의약품안전청 보건연구관 2010년 同식품의약품안전평가원 위해영향연구팀장 2011년 同식품의약품안전평가원 위해분석연구과장 2013년 서울지방식품의약품안전청 유해물질분석과장 2013년 식품의약품안전평가원 오염물질과장 2015년 식품의약품안전처 식품안전정책국 식품기준과장(현)

윤호일(尹鎬一) YOON Hoil

[생]1943 · 11 · 22 [출]충남 부여 [주]서울 강남구 영동대로517 아셈워22층 법무법인 화우(02-6003-7501) [학]1961년 대전고졸 1965년 서울대 법학과졸 1967년 同사법대학원졸 1973년 법학박사(미국 Notre Dame대) [경]1965년 사법시험 합격(4회) 1967~1970년 공군 법무관 1970년 서울민사지법 판사 1973~1989년 미국 Baker & Mckenzie 법률회사 시카고사무소 근무 1973년 미국 일리노이주 변호사자격 취득 1977년 미국 연방최고법원 변호사 등록 1979년 미국 Baker & Mckenzie 법률회사 파트너 1981년 미국 워싱턴특별구 변호사 등록 1982년 미국중재협회 상사중재위원 1982~1988년 미국 시카고한인봉사회 이사 1983~1984년 미국 시카고韓人실업인협회장 · 미국 변호사협회 한국관계 小위원장 1984~1988년 미국 U.S.- Korea Society 이사 1985년 미국 세계인명사전 'Marquis Who's Who in American Law'에 등재 1985~1987년 미국 뉴욕컬럼비아대 법대 초청강사 1986년 미국 세계인명사전 'Marquis Who's Who in the World'에 게재 1987~1989년 미국 Baker & Mckenzie법률회사 뉴욕사무소 파트너 1988년 미국 뉴욕주변호사 등록 1989~2003년 법무법인 우방 대표변호사 1990년 서울한강로타리클럽 회원(현) 1991년 대한변호사협회 이사 1991년 대한상사중재원 중재위원(현) 1992~2000년 국제투자분쟁해결본부 조정위원 1996~2007년 한국증권선물거래소 주가지수운영위원회 위원 1996~1998년 공정거래위원회 비상임위원 1999~2001년 同경쟁정책자문위원 2000~2002년 외교통상부 대외경제통상대사 2002~2004년 한국선물학회 부회장 2002~2004년 도하개발아젠다(DDA) 민관합동포럼 민간위원 2002년 국제경쟁네트워크(International Competition Network) 민간전문가(현) 2003년 법무법인 화우 대표변호사(현) 2004년 Global Competition Review지 '세계경쟁법 전문가' 명사록 게재 2005년 아시아지역 법률관련소식지 아시아 리갈 비즈니스(Asia Legal Business)지 선정 '2004년 아시아의 탁월한 변호사 100인' 2005~2009년 한국경쟁포럼 회장 2005~2011년 공정거래위원회 경쟁정책자문위원 2006년 Asia Law Leading Lawyers '선도적인 법률전문가 (leading expert)' 선정 2006년 Global Competition Review 선정 '세계공정거래 전문가' 명사록 게재 2006년 International Financial Law Review 선정 '세계공정거래 전문가' 명사록 게재 2007년 조선일보 선정 '공정거래분야 최고전문가' 2007~2012년 미국변호사협회(American Bar Association) 경쟁법부문(Section of Antitrust, International Cartel Task Force & International Task Force) 임원 2008년 공정거래위원회 법령선진화추진단 자문위원 2010~2014년 아시아경쟁연합(ACA) 초대회장 2011~2013년 공정거래위원회 국제협력정책자문단 자문위원 [상]대통령표창(1984), Euromoney선정 '세계 경쟁법 변호사'(1999 · 2000 · 2006 · 2008 · 2012), 국민훈장 동백장(2006), 서울지방변호사회 명덕상(2010) [종]기독교

윤호일(尹鎬一) YOON Ho Il

[생]1960 · 12 · 12 [본]파평(坡平) [출]인천 [주]인천 연수구 송도미래로26 극지연구소(032-770-8401) [학]1979년 인천 대건고졸 1983년 인하대 해양학과졸 1985년 同대학원 해양학과졸 1995년 이학박사(인하대) [경]1983년 한국동력자원연구소 해양지구물리탐사실 위촉연구원 1984년 한국해양연구소 해양지질실 연구원 1991~2001년 대한민국남극과학연구단 하계대장 1992년 한국해양연구원 극지연구센터 선임연구원 1997년 同극지연구소 책임연구원 2002년 한국해양학회지 편집위원 2002년 대한지질학회지 편집위원 2002년 국제남극과학위원회 지질분과 한국대표 2003~2005년 세종기지 월동대장 2005년 한국해양연구원 극지연구소 극지환경연구부장 2007년 同극지기후연구센터 책임연구원 2012년 한국해양과학기술원 극지기후연구센터 책임연구원 2013년 同극지연구소 극지기후변화연구부장(책임연구원) 2014년 同극지연구소 선임연구본부장 2015년 同극지연구소 부소장 2016년 同극지연구소장(현) [상]부총리 겸 과학기술부장관표창, 대한민국과학기술인협회 우수논문상

윤호주(尹鎬周) YOON Ho Joo

[생]1960 · 9 · 3 [출]전남 광양 [주]서울 성동구 왕십리로222의1 한양대학교 국제병원(02-2290-8491) [학]1985년 한양대 의대졸 1988년 同대학원졸 1994년 의학박사(한양대) [경]2001년 한양대 의대 내과학교실 교수(현) 2009년 한양대의료원 대외협력실장 2011년 한양대병원 호흡기센터 소장 2013년 同기획관리실장 2015년 한양대 국제병원장(현) 2016년 대한천식알레르기학회 차기(2018년 1월) 이사장(현) [상]대한내과학회 학술상(1993), 한양대병원 공로상(2003), 청산우수논문상(2006) [저]'호흡기학 통합강의'(2002) '알레르기질환의 치료와 관리'(2002) '일차진료의를 위한 약처방 가이드'(2004) '2005 한국 기관지천식 치료지침'(2005) '4천만의 알레르기'(2005)

윤호중(尹豪重) YOUN, Hojoong

[생]1962 · 6 · 17 [본]파평(坡平) [출]서울 [주]서울 동대문구 회기로57 국립산림과학원 산림방재연구과(02-961-2681) [학]1981년 영훈고졸 1985년 서울대 임학과졸 1989년 同대학원 산림자원학과졸 1995년 산림자원학박사(서울대) [경]1991~2012년 국립산림과학원 임업연구사 2006~2011년 사막화방지협약 국가주담당자 2011~2015년 사막화방지협약 과학기술연락관 2012~2015년 국립산림과학원 임업연구관 2015년 제6차 세계산불총회 학술위원장 2015년 국립산림과학원 산림방재연구과장(현) [상]농림부장관표창(2003), 행정자치부장관표창(2007), 국무총리표창(2009) [저]'산림재해백서(共)'(2010~2014, 국립산림과학원) '우리나라의 해안방재림 실태 I (共)'(2012, 국립산림과학원) '우리나라의 해안방재림 실태 II (共)'(2013, 국립산림과학원) '제6차 세계산불총회 발표논문 자료집(共)'(2015, 국립산림과학원) [종]가톨릭

윤호중(尹昊重) YUN Ho Jung

[생]1963 · 3 · 27 [본]파평(坡平) [출]경기 가평 [주]서울 영등포구 의사당대로1 국회 의원회관641호(02-784-4961) [학]1981년 춘천고졸 1989년 서울대 철학과졸 [경]1983년 서울대 인문대학보 편집장 1984년 同학원자율화추진위원장 · 학생운동으로 투옥 1987년 사면 복권 1988년 평민당 기획조정실 기획위원 1990년 평화민주통일연구회 정세분석반장 1991년 한광옥 국회의원 비서관 1992년 민주개혁정치모임 정책기획실 부실장 1995년 민주당 경기양평 · 가평지구당 위원장 1995년 국민회의 창당발기인 1996년 同부대변인 1999년 대통령 민정비서관실 국장 2000년 대통령 정책기획비서관실 국장 2000년 새천년민주당 구리시지구당 위원장 2001년 同부대변인 2003년 통일미래연구원 국제협력위원장 2003년 열린우리당 창당준비위원 2003년 同구리시지구당 지도위원장 2003년 코리아거버넌스포럼 이사장 2004~2008년 제17대 국회의원(구리시, 열린우리당 · 대통합민주신당 · 통합민주당) 2006년 열린우리당 기업도시특별위원회 위원장 2007년 同원내대표 비서실장 2007년 同공동대변인 2008년 대통합민주신당 홍보위원장 2008~2009년 민주당 전략기획위원장 2008~2009년 同민주정책연구원 부원장 2009~2010년 同수석사무부총장 2011년 민주통합당 구리시지역위원회 위원장 2012~2013년 同사무총장 2012년 제19대 국회의원(구리시, 민주통합당 · 민주당 · 새정치민주연합 · 더불어민주당) 2012 · 2014~2015년 국회 평창동계올림픽및국제경기대회지원특별위원회 위원 2013년 민주당 구리시지역위원회 위원장 2013년 同전략기획단 위원 2014년 국회 기획재정위원회 야당 간사 2015년 국회 서민주거복지특별위원회 야당 간사 2015년 새정치민주연합 디지털소통본부장 2015년 국회 평창동계올림픽및국제경기대회지원특별위원회 위원 2016년 더불어민주당 총선정책공약단 더불어성장본부 공동본부장 2016년 제20대 국회의원(구리시, 더불어민주당)(현) 2016년 더불어민주당 서민주거TF 주거안정소위원장(현) 2016년 국회 기획재정위원회 위원(현) 2016년 더불어민주당 경기구리시지역위원회 위원장(현) 2016년 同정책위 의장(현) [상]대한민국우수국회의원대상 대상(2013), 유권자시민행동 대한민국유권자대상(2015 · 2016), 한국외식업중앙회 감사패(2015) [저]'한국경제 3.0시대로 가자'(2013, 연인M&B) [종]천주교

윤호진(尹浩鎭) YUN Ho Jin

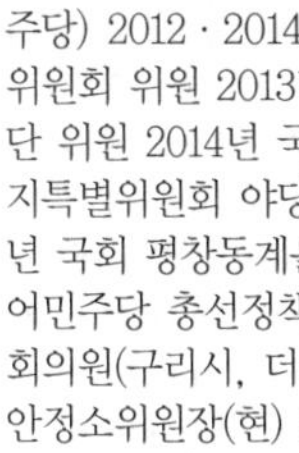

[생]1948 · 6 · 7 [출]충남 당진 [주]서울 강남구 논현로815 Burda Moon빌딩4층(02-2250-5900) [학]1972년 홍익대 정밀기계과졸 1980년 동국대 대학원 연극영화과졸 1987년 미국 뉴욕대 대학원 공연학과졸 [경]1970년 극단 '실험극장' 입단 1976년 연극 '그린 줄리아' 연출 · 데뷔 1977~1983년 연극 '신의 아그네스' 등 연출 1991~2012년 단국대 예술조형대학 공연영화학부 교수, 同대중문화예술대학원장 1991년 뮤지컬전문프로덕션 (주)에이콤인터내셔날 설립 · 대표이사(현) 1991~1995년 한국연출가협회 회장 1995년 뮤지컬 '명성황후' 제작 · 연출(현) 1996년 '명성황후'로 제2회 한국뮤지컬대상 대상 및 연출상 수상 1997년 '명성황후'로 뉴욕 링컨센터 아시아 최초 진출 2001~2003년 예술의전당 공연예술감독 2006 · 2009~2011년 (사)한국뮤지컬협회 이사장 2010년 서울문화예술대상 심사위원 2012년 홍익대 공연예술대학원 교수(현) 2012년 同공연예술대학원장(현) 2013년 제18대 대통령취임준비위원회 총감독 [상]동아연극상 대상(1977 · 1981), 동아연극상 베스트연출상(1978 · 1980), 서울연극제 연출상(1989), 문화인상(1996), 한국뮤지컬대상 대상(1997), 옥관문화훈장(1997), 예총 예술문화상(1998), 허규예술상(2007), 다산대상 문화예술부문(2009), 국민훈장 동백장(2014) [작]'들소' '사의찬미' '신의 아그네스' 뮤지컬 '아가씨와 건달들' '심수일과 이순애' '명성황후' '겨울나그네' 등

윤홍근(尹洪根) YOON Hong Geun (仁谷)

[생]1955·7·17 [출]전남 순천 [주]서울 송파구 중대로64 (주)제너시스 회장실(02-3403-9113) [학]1981년 조선대 수석졸업 1984년 연세대 대학원 외식산업고위자과정 수료 2000년 국제산업디자인대학원대 뉴밀레니엄과정 수료 2001년 조선대 경영대학원졸 2005년 경영학박사(조선대), 서울대 바이오(Bio)최고경영자과정 수료, 同4TCEO과정 수료, 同지배구조개선과정 수료, 同음식평론CEO과정 수료 [경]1984년 예편(육군 중위) 1984~1992년 육군학사장교총동문회 수석부회장 1984~1995년 (주)미원마니커 입사·영업부장 1995년 (주)제너시스(BBQ·닭익는 마을) 설립·회장(현) 1998~2005년 한국프랜차이즈협회 회장 2000년 한국소매업협의회 부회장 2002년 한국유통학회 고문 2002년 서울상공회의소 상공의원 2002년 한중여성교류협회 고문(현) 2002년 한국능률협회 부회장(현) 2003년 한국유통클럽 회장(현) 2003년 서비스CEO포럼 부회장 2004년 한국치킨외식산업협회 회장(현) 2004년 서울시스쿼시연맹 회장(현) 2005년 한국프랜차이즈협회 명예회장(현) 2006~2015년 한미경제협의회 부회장 2006년 보건산업최고경영자회의 공동회장(현) 2008~2011년 한국외식산업협회 공동대표 2010년 한국가맹사업공정거래협회 명예회장(현) 2010년 한국중견기업연합회 부회장(현) 2011년 (사)한국외식산업협회 상임회장(현) 2011년 NGO 아이러브아프리카 초대총재(현) 2011년 (사)한중경제협회 수석부회장(현) 2011년 대한민국100대프랜차이즈CEO포럼 회장(현) 2012~2016년 대한상공회의소 상임의원 2012~2016년 (재)한식재단 비상임이사 2012년 (사)한국말산업중앙회 고문 2013년 同회장(현) 2014년 바르게살기운동중앙협의회 회장(현) [상]동탑산업훈장(2003), 대통령표창(2005), 국제경영프런티어 최고경영자(CEO) 대상(2005), 스페인 국왕 시민훈장(The Civil Merit)(2007), 은탑산업훈장(2009), 한국능률협회 한국의경영자상(2009), 한국표준협회 창조경영인상(2009), 한국취업진로학회 고용창출선도대상(2011), 올해의 글로벌 마케팅대상 최고경영자상(2012), 운동주상 민족상(2012), 5.16민족상(2013), Korea CEO Summit 창조경영대상(2013), 한국의 최고경영인상 미래경영부문(2013), 금탑산업훈장(2015) [저]'BBQ 원칙의 승리'(2006, 중앙M&B)

윤홍근(尹洪根) YOON, HONG KEUN (仁谷)

[생]1957·3·5 [출]전북 전주 [주]서울 노원구 공릉로232 서울과학기술대학교 행정학과(02-970-6339) [학]1975년 전주고졸 1980년 서울대 정치학과졸 1985년 同대학원 정치학과졸 1993년 정치학박사(서울대) 1999년 미국 인디애나대 Workshop in Political Theory & Policy Analysis(Program for Advanced Study in Institutional Analysis and Design) 연수 [경]1986~1989년 서울대·가톨릭대 강사 1989~1995년 서울산업대 행정학과 전임강사·조교수 1996~2012년 同행정학과 부교수·교수 1996~1997년 同산업교육연구소장 1996~1997년 교육부 대학설립준칙제정위원 1997~1999년 미국 인디아나대 School of Public & Environmental Affairs 객원교수 1999년 미국 캘리포니아 폴리테크닉대 교환교수 2004~2005년 서울산업대 사회과학연구소장 2007~2008년 同인문사회대학장 2007~2008년 同IT정책전문대학원장 2012년 서울과학기술대 행정학과 교수(현) 2013~2015년 同교무처장 [저]'유비쿼터스 시대 기업의 로비전략'(2006, 성균관대 출판부) '스칸디나비아 국가의 거버넌스와 개혁(共)'(2006, 한울출판사) '협상게임'(2010, 인간사랑) '공유의 비극을 넘어'(2010, 랜덤하우스) '사회과학 : 형성, 발전, 현대이론'(2011, 박영사) '공공선택'(2012, 인간사랑) '이익집단의 정치학'(2015, 인간사랑) [역]'공유의 비극을 넘어'(2010, 랜덤하우스) [종]기독교

윤홍식(尹洪植) YOON Hong Sik

[생]1959·8·3 [본]파평(坡平) [출]경북 예천 [주]서울 종로구 우정국로68 동덕빌딩6층 대성홀딩스(주) 임원실(02-3700-1710) [학]1978년 안동고졸 1982년 동국대 경상대 경제학과졸 2001년 서강대 경영대학원 최고경영자과정 수료 2003년 에너지경제연구원 최고위과정 수료 2007년 명지대 크리스천최고경영자과정 수료 2009년 서울과학기술대 에너지환경대학원 최고경영자과정수료 2010년 동국대 대학원 경제학과졸 [경]1982~1995년 유원건설(주) 기획·국내외 공사관리·감사·개발·원가관리·공무·법제 등 업무수행 1996~2001년 대성산업(주) 원가관리·M&A업무 담당 2001~2004년 대성그룹 기획팀장 2002년 바이넥스트창업투자 비상근감사(현) 2004년 대구에너지환경(주) 이사(현) 2004년 R&R건설(주) 감사(현) 2004년 대성그룹 이사 2005년 대구도시가스 경영지원본부장 2007년 대성그룹 경영지원실장 2009~2010년 同구조조정실 상무 2010년 대성홀딩스(주) 상무(현) [종]기독교

윤홍창(尹虹敞) Youn Hong Chang

[생]1965·11·5 [주]충북 청주시 상당구 상당로82 충청북도의회(043-220-5145) [학]제천고졸, 충남대졸, 연세대 정경대학원 행정학과졸 [경]충북도 제천시학교운영협의회 회장, 제천시 용두동주민자치위원회 위원장, 삼성의원 관리이사, 민주평통 제천시협의회 자문위원, 새누리당 충북도당 대변인 2014년 충북도 북부권 상생발전위원 2014년 충북도의회 의원(새누리당)(현) 2014년 同교육위원회 위원장 2015년 새누리당 충북도당 부위원장, 同중앙당 민원정책자문위원, 同충북도당 당원자격심사위원 2015년 충북도 보궐선거 공천심사위원장 2016년 충북도의회 예산결산특별위원회 위원장(현) 2016년 同교육위원회 위원(현) [상]전국시·도의회의장협의회 우수의정 대상(2016)

윤화섭(尹和燮) YOON Wha Sub

[생]1955·9·5 [본]파평(坡平) [출]전남 고흥 [주]경기 수원시 팔달구 효원로1 경기도의회(031-8008-7000) [학]광주상고졸, 상지대 행정학과졸, 고려대 정책대학원 행정학과졸(석사), 한양대 대학원 행정학 박사과정 중 [경]새정치국민회의 안산乙지구당 사무국장, 새천년민주당 안산단원지구당 상임부위원장, 열린우리당 경기도당 상무위원, 안산YMCA 사회체육위원장, 안산문화원 이사, (사)경기서부지역혁신연구원 운영위원, 신안산선선부동노선유치위원회 공동위원장, (사)민족통일평화체육문화축전조직위원회 위원 2002년 경기도의원선거 출마(새정치국민회의), 안산발전시민연대 대표, 안산시 단원구 원곡2동 자율방범운영위원 2007·2010년 경기도의회 의원(무소속·통합민주당·민주당·민주통합당·민주당·새정치민주연합) 2011년 同구제역행정사무조사특별위원회 위원장, 同민주당 대표의원 2012~2013년 同의장 2014년 경기도의회 의원(새정치민주연합·더불어민주당)(현) 2014·2016년 同문화체육관광위원회 위원(현) 2016년 同의장 2016년 전국시·도의회의장협의회 부회장 [상]한국전문기자협회 의정부문대상(2012), 도전 대한민국 나눔봉사대상 지방의회부문(2015), 대한민국 위민의정대상 우수상(2016) [종]천주교

윤화중(尹華重) YOON Hwa Joong

[생]1960·1·10 [본]파평(坡平) [출]서울 [주]서울 마포구 마포대로25 신한디엠빌딩 나투라미디어 비서실(02-3788-0304) [학]1978년 경신고졸 1982년 단국대 경영학과졸 1989년 일본 와세다대 대학원 국제경영학과졸 1998년 서울대 최고경영자과정(공정거래법) 수료 [경]1982년 삼성그룹 공채입사(22기) 1996년 한솔제지 전략팀장 1998년 팬아시아 출판영업팀장, 페이퍼코리아(주) 영업담당 상무이사 2008~2012년 同영업구매총괄 전무 2010년 (주)나투라미디어 대표이사(현) [종]기독교

윤효식(尹孝植) YUN Hyo Sik

[생]1967·2·25 [본]파평(坡平) [출]충남 청양 [주]서울 종로구 세종대로209 여성가족부 가족정책관실(02-2100-6320) [학]1985년 장훈고졸 1991년 중앙대 행정학과졸 1995년 서울대 행정대학원 행정학과졸 [경]1994년 행정고시 합격(38회) 2001년 여성부 여성정책실 인력개발담당관실 서기관 2002년 同행정법무담당관실 국제협력담당관 2005년 여성가족부 정책홍보관리실 혁신인사기획관 2006년 同정책홍보관리본부 혁신인사기획팀장 2007년 同보육정책국 보육재정팀장 2008년 여성부 기획조정실 기획재정담당관 2010년 여성가족부 여성인력개발과장(부이사관) 2010년 同경력단절여성지원과장 2011년 同가족정책과장 2012년 同운영지원과장 2013년 同청소년정책관(고위공무원) 2014년 중앙공무원교육원 파견(고위공무원) 2014년 여성가족부 청소년가족정책실 가족정책관(현)

윤효춘(尹孝春)

[생]1958·12·11 [주]경기 고양시 일산서구 킨텍스로217의60 킨텍스 마케팅본부(031-995-8100) [학]1975년 진흥고졸 1979년 부산대 경영학과졸 2001년 미국 뉴욕주립대 대학원 정보통신경영학과졸 [경]2004년 대한무역투자진흥공사(KOTRA) 뭄바이무역관장 2007년 同기획조정실 e-KOTRA팀장 2009년 同IT산업처장 2010년 同다렌무역관장 2013년 同중소기업글로벌지원센터장 2013년 同수출지원실장 2014년 同중국지역본부장 겸 베이징무역관장(상임이사) 2015~2016년 同중소기업지원본부장(상임이사) 2016년 킨텍스(KINTEX) 마케팅본부장(현) [상]산업자원부장관표창(2007), 국가경쟁력강화위원장표창(2012)

윤후덕(尹厚德) Yoon, Hu Duk

[생]1957·1·9 [본]파평(坡平) [출]경기 파주 [주]서울 영등포구 의사당대로1 국회 의원회관943호(02-784-5041) [학]1975년 중동고졸 1983년 연세대 사회학과졸 2002년 同대학원 경제학과졸 2009년 정치학박사(경기대) [경]1993~2001년 김원길 국회의원 보좌관 2001년 보건복지부 장관실 근무 2002년 새천년민주당 대통령선거대책위원회 부대변인 2003년 제16대 대통령직인수위원회 경제1분과위원회 전문위원 2003년 해양수산부 장관 정책보좌관 2003년 행정자치부 장관 정책보좌관 2003년 대통령 정무비서관 2004년 대통령 업무조정비서관 2005년 대통령 기획조정비서관 2005년 대통령 정책조정비서관 2006년 대통령자문 정책기획위원회 국정과제비서관(사무처장 겸임) 2007년 국무총리 비서실장 2008년 제18대 국회의원선거 출마(파주시, 통합민주당) 2008년 민주당 정책위 부의장 2012년 제19대 국회의원(파주시甲, 민주통합당·민주당·새정치민주연합·더불어민주당) 2012년 민주통합당 전략기획위원장 2012년 국회 국토해양위원회 위원 2012년 민주통합당 문재인 대통령후보 비서실 부실장 겸 1수행단장 2013년 同전략홍보위원장 2013년 국회 국토교통위원회 위원 2013년 민주당 전략홍보위원장 2013년 同정책위원회 제3정책조정위원장 2013년 국회 정치개혁특별위원회 위원 2014년 새정치민주연합 원내부대표 2014년 국회 국방위원회 야당 간사 2014~2015년 국회 군인권개선및병영문화혁신특별위원회 위원 2014년 국회 운영위원회 위원 2014~2015년 국회 예산결산특별위원회 위원 2014년 새정치민주연합 국민공감혁신위원장 비서실장 2016년 제20대 국회의원(파주시甲, 더불어민주당)(현) 2016년 더불어민주당 청년일자리TF 위원(현) 2016년 국회 국토교통위원회 위원(현) 2016년 국회 남북관계개선특별위원회 간사(현) 2016년 더불어민주당 경기파주시甲지역위원회 위원장(현) [상]황조근정훈장(2006), 부총리 겸 재정경제부장관표창(2007), 부총리 겸 교육인적자원부장관표창(2007), 통일부장관표창(2007), 해양수산부장관표창(2008) [저]'당신이 있어서 행복합니다'(2008, 청년사) '윤후덕의 따뜻한 동행'(2011, 동녘) [종]기독교

윤후명(尹厚明) YUN Humyong

[생]1946·1·17 [본]파평(坡平) [출]강원 강릉 [학]1965년 용산고졸 1969년 연세대 철학과졸 [경]1967년 경향신문 신춘문예에 詩 '빙하의 새' 당선 1979년 한국일보 신춘문예에 소설 '산역' 당선 1995년 연세대 강사 2000년 문학비단길 고문(현) 2001~2003년 추계예술대 겸임교수 2005~2006년 서울디지털대 초빙교수 2005년 국민대 문예창작대학원 겸임교수(현) 2015년 강릉 문화작은도서관 명예관장(현) [상]녹원문학상, 소설문학작품상, 한국일보문학상, 현대문학상, 이상문학상, 이수문학상, 현대불교문학상(2007), 김동리문학상(2007), 고양행주문학상(2012), 만해님시인상 작품상(2013) [저]시집 '명궁' '홀로 등불을 상처위에 켜다' '먼지 같은 사랑' '쇠물닭의 책'(2012, 서정시학) 소설집 '둔황의 사랑' '부활하는 새' '원숭이는 없다' '여우 사냥' '가장 멀리 있는 나' '모든 별들은 음악소리를 낸다' '새의 말을 듣다' '꽃의 말을 듣다' 장편소설 '별까지 우리가' '약속없는 세대' '무지개를 오르는 발걸음' '협궤열차' '삼국유사 읽는 호텔' 산문집 '곰취처럼 살고싶다' '꽃' '나에게 꽃을 다오 시간이 흘린 눈물을 다오' 장편동화 '너도 밤나무 나도 밤나무' [종]불교

윤후정(尹厚淨·女) YOON Hoo Jung

[생]1932·5·7 [본]파평(坡平) [출]함남 안변 [학]1951년 이화여고졸 1955년 이화여대 법학과졸 1957년 同대학원 법학과졸 1963년 미국 Univ. of Louisville 정치학석사과정 수학 1964년 미국 Univ. of Yale Law School 법학석사과정 수학 1972년 법학박사(미국 Northwestern Univ.) 2005년 명예 문학박사(서강대) [경]1958~1997년 이화여대 교수 1973~1975년 同대학원 동창회장 1973~1975년 가정법률상담소 상담위원 1974~1978년 한국법학원 상무이사 1975~1997년 한국공법학회 이사·상임이사·상임집행이사·감사·명예상임이사·부회장 1976~1977년 여성사회연구회 회장 1976~1987년 대한YWCA 실행위원 1977~1978년 미국 코넬대 법대 객원교수 1978~1979년 미국 하버드대 법대 객원교수 1979~1982년 대한YWCA 헌장개정위원장 1979~1985년 이화여대 법정대학장 1981~1983년 법무부 정책자문위원 1982년 영국 세계YWCA협의회 한국대표 1984~1986년 한국여성학회 초대회장 1985~1989년 이화여대동창회 부회장 1985년 한국가정법률상담소 이사 1986년 IBC The International Register of Profiles에 선정 1987~1999년 한국법학교수회 이사·상임이사·고문 1988~1990년 외무부 정책자문위원 1989~1990년 이화여대 대학원장 1990~1996년 同총장 1990~1996년 (재)성곡학술문화재단 이사 1990~2001년 헌법재판소 자문위원 1991~1993년 대학교육심의회 위원 1991년 윤봉길의사의거60주년기념사업추진위원회 지도위원 1992~1994년 대학교육협의회 이사 1993년 공동체의식개혁국민운동협의회 공동의장 1993~1997년 민주평통 위원 1993~1994년 대법원 사법제도발전위원회 부위원장 1994~1995년 한국사립대학총학장협의회 부회장 1995~2009년 (사)한국대학총장협회 이사 1996~2016년 이화여대 명예총장 1998~1999년 대통령직속 여성특별위원회 초대위원장(장관급) 1998~1999년 제2의건국범국민추진위원회 위원 1999~2003년 한국여성기금추진위원회 수석위원장 1999년 Encyclopedia Britannica 세계연감에 '화제의 인물'로 수록 2000~2011년 학교법인 이화학당 이사장 2000년 IBC '20세기 뛰어난 사람 2000'에 선정 2001~2004년 한국여성재단 이사 2001년 한국여성단체협의회 2002여성정치지도위원회 위원 2002년 미국 세계인명사전 Marquis 'Who's Who in the World 19th Edition'에 선정 2003~2004년 한국가정법률상담소 이사장 2003~2004년 맑은정치여성네트워크 발족공동제안·102인여성후보추천위원 및 기금운동본부 공동위원장 2007~2011년 (사)여해강원용목사기념사업회 이사 2010년 국민원로회의 위원 2014년 윤후정통일포럼 설립 [상]한국가정법률상담소 공로패(1996), 국민훈장 무궁화장(1997), 이화여대 공헌패(1998), 한국여성단체협의회 올해의 여성상(1999), 이화여대 법대 창립50주년 공로패 및 자랑스러운 이화법대인상(2001), ABI 'International Peace Prize of the United Cultural Convention'(2002), ABI 'American Hall of Fame'(2007), 영산법률문화상(2008), 여성부 건국60주년 길을 만들다-최초의 여성들 '최초 여성헌법학자'로 선정(2008), 이화여고 제11대 이화기장상(2012), 목촌법률상(2012), 제15회 자랑스러운 이화인상(2013), 한국여성학회 30주년기념 공로패(2014) [저]'법여성학(共)'(1989, 이화여대출판부) '기본적 인권과 평등'(1997, 박영사) '여성의 인간화를 위하여'(1997, 여성신문사) '이화와 더불어 한국여성을 바꾸어온 오십년'(2001, 이화여대 출판부) '대한민국 최초의 여성헌법학자 윤후정'(2008, 이화여대출판부) [역]'기본적 인권과 재판-미국대법원판례'(1992, 이화여대 출판부) [종]기독교

윤훈열(尹薰烈)

[생]1962·10·2 [출]강원 [주]서울 양천구 목동동로233 방송회관 방송통신심의위원회(02-3219-5114) [학]한국외국어대 아랍어과졸, 중앙대 신문방송대학원졸 [경]1995년 (주)키프로 이사 1997년 밝은세상 기획실장 1997~1998년 중앙대·홍익대 강사 1998~2001년 대통령 정책기획수석비서관실 국장 2002년 새천년민주당 중앙선거대책위원회 기획본부 PI(Political Image)국장 2002년 (사)한국트라이애슬론연맹 부회장 2003년 동서울대 겸임교수 2003년 제16대 대통령직인수위원회 기획팀장 2003년 대통령 행사기획비서관, 아미노로직스 대표이사 2014년 동국대 언론정보대학원 겸임교수 2014년 방송통신심의위원회 위원 2016년 同비상임위원(현)

윤휘중(尹輝重) YOON, Hwi-Joong

[생]1953·11·20 [출]서울 [주]서울 동대문구 경희대로 23 경희의료원 종양혈액내과(02-958-8202) [학]1978년 서울대 의대졸 1982년 同대학원졸 1987년 의학박사(서울대) [경]1978~1983년 서울대병원 인턴·내과 전공의 1989년 경희대 의과대학 종양혈액내과 조교수·부교수·교수(현)

윤흥길(尹興吉) YUN Heung Gil

[생]1942·12·14 [출]전북 정읍 [주]서울 서초구 반포대로 37길59 대한민국예술원(02-3479-7223) [학]1961년 전주사범학교졸 1973년 원광대 국어국문학과졸 [경]소설가(현) 1964~1968년 춘포국교 교사 1968년 한국일보 신춘문예에 소설 당선 1973년 숭신여고 교사 1975~1977년 일조각 근무 1995년 한서대 문예창작학과 교수 1996~1999년 同인문사회·예체능계열 부장 1999년 민족문학작가회의 부이사장 2016년 대한민국예술원 회원(문학분과·현) [상]한국문학작가상(1976), 현대문화상(1983), 한국창작문학상, 요산문학상(1995), 21세기문학상 대상(2000), 대산문학상(2004), 현대불교문학상 시부문(2010) [저]장편소설 '묵시의 바다'(문지사) '순은의 넋'(은애출판사) '에미'(한국방송사업단 출판국) '완장'(현대문학사) '청산아, 네 알거든'(한국일보) '백치의 달'(삼성출판사) '옛날의 금잔디'(지학사) '밟아도 아리랑'(문학과비평) '산에는 눈, 들에는 비'(세계사) '낫'(문학동네) '빛 가운데로 걸어가면'(현대문학사) 중단편 창작집 '황혼의 집'(문지사) '무지개는 언제뜨는가'(창비사) '장마'(민음사) '문학동네 그 옆동네'(전예원) '꿈꾸는 자의 나성'(문지사) '말로만 중산층'(청한출판사) '쌀'(푸른숲) '낙원? 천사?'(민음사) '소라단 가는 길'(창비사) 수필집 및 콩트집 '환상의 날개'(삼연사) '바늘구멍으로 본 세상살이'(대학문화사) '달궁 씨 일가의 꾀죄죄한 나날들'(작가정신) '텁석부리 하나님'(문학동네) '내 영혼의 봄날'(예찬사) 기행문집 '윤흥길의 전주 이야기'(신아출판사) [종]기독교

윤희근(尹熙根) Yoon Hee Keun

[생]1968·9·9 [본]파평(坡平) [출]충북 [주]서울 종로구 사직로8길31 서울지방경찰청 정보1과(02-700-5708) [학]1991년 경찰대졸(7기), 중국 사회과학원 법학석사 [경]1991년 경위 임관 2004년 충북지방경찰청 정보3계장, 서울 수서경찰서 경비과장, 서울지방경찰청 정보2계장·3계장 2011년 충북지방경찰청 정보과장(총경) 2012년 교육 파견(치안정책과정) 2012년 충북 제천경찰서장 2014년 경찰청 경무담당관 2015년 서울 수서경찰서장 2016년 서울지방경찰청 정보관리부 정보1과장(현) [상]녹조근정훈장(2010), 대통령표창(2015) [종]불교

윤희로(尹晞老)

[생]1958·12·8 [주]부산 해운대구 APEC로55 벡스코(BEXCO) 마케팅본부(051-740-7341) [학]건국대 경제학과졸, 핀란드 헬싱키경제경영대학원 경영학과졸 [경]1984년 대한무역투자진흥공사(KOTRA) 입사 2003년 同인사팀장 2005년 同부다페스트무역관장 2008년 同KOTRA아카데미 원장 2009년 同전시컨벤션처장 겸 전시컨벤션총괄팀장 2010년 同동남아대양주지역 총괄 겸 싱가포르 코리아비스니스센터장 2012년 同아시아지역본부장 겸 싱가포르무역관장 2014년 同글로벌일자리실장 2015~2016년 同전시컨벤션실장 2016년 벡스코(BEXCO) 마케팅본부장(상임이사)(현)

윤희수(尹喜洙) YUN Hee Soo

[생]1959·10·10 [주]강원 원주시 혁신로50 대한적십자사 혈액관리본부 혈액기획관리국(033-811-0000) [학]2000년 단국대 대학원 경영학과졸 [경]1982년 대한적십자사 입사 1996년 同서부혈액원 헌혈운영과장 1997년 同서부혈액원 헌혈기획과장 1998년 同기획관리국 인사행정팀장 1999년 同기획관리국 기획예산팀장 2001년 同기획관리국 정책기획과장 2004년 同감사실장 2005년 同기획관리국장 2005년 同기획조정실장 2007년 同사회봉사본부장 2008년 同서울지사 사무처장 2010년 同재난구호봉사본부장, 同경남혈액원장 2015년 同혈액관리본부 서울동부혈액원장 2016년 同혈액관리본부 혈액기획관리국장(현)

윤희식(尹喜植) YOON Hee Shic

[생]1963·8·15 [출]경남 고성 [주]서울 마포구 마포대로174 서울서부지방검찰청 차장검사실(02-3270-4576) [학]1982년 진주고졸 1990년 건국대 법학과졸 [경]1991년 사법시험 합격(33회) 1994년 사법연수원 수료(23기) 1994년 대구지검 검사 1996년 창원지검 통영지청 검사 1998년 창원지검 검사 2000년 제주지검 검사 2002년 서울지검 검사 2004년 서울중앙지검 검사 2005년 수원지검 성남지청 검사 2006년 수원지검 부부장검사 2007년 법무부 감찰관실 검사 2009년 춘천지검 영월지청장 2010년 인천지검 특수부장검사 2011년 서울중앙지검 금융조세조사3부장 2012년 대구지검 형사1부장 2013년 광주지검 부장검사 2013년 금융정보분석원 파견 2014년 법무부 감찰담당관 2015년 대검찰청 검찰연구관 2016년 서울서부지검 차장검사(현) [상]홍조근정훈장(2015)

윤희웅(尹熙雄) YOON Hee Woong

[생]1964·10·28 [출]부산 [주]서울 강남구 테헤란로518 섬유센터12층 법무법인 율촌(02-528-5237) [학]1983년 부산 성도고졸 1987년 서울대 법학과졸 1989년 同법과대학원졸 1996년 미국 베이커앤드맥켄지 전문조세프로그램 수료 1997년 미국 조지워싱턴대 법학대학원졸(LL.M.) 1998년 한국기업금융연수원(주) 주관 고급M&A전문가과정 이수 [경]1989년 사법시험 합격(31회) 1992년 사법연수원 수료(21기) 1992~2001년 우방종합법무법인 변호사 1996~2000년 사법연수원 국제계약 실무강사 1999년 대한상공회의소 자문위원 2001~2005년 공정거래위원회 하도급 전문위원 2001년 법무법인 율촌 변호사(현) 2004~2006년 공정거래위원회 경쟁정책자문위원 2005~2006년 법무부 기업환경개선위원회 위원 2005년 증권선물거래소 분쟁조정심의위원, IFLR(International Financial Law Review) 선정 '2005 한국의 Capital Market 분야 Leading Lawyer' 2008년 ALBmagazine 선정 '2008 Hot 100 attorneys in Asia' 2010~2011년 한국신용평가정보 사외이사 2012~2014년 방송시장경쟁상황 평가위원 2013~2016년 방송통신위원회 방송광고균형발전위원회 위원 2013년 미래창조과학부 고문변호사(현) 2013년 금융감독원 자체규제심사위원회 위원(현)

윤희종(尹熙宗) YOON Hee Jong

[생]1947·10·20 [출]경북 예천 [주]경기 시흥시 공단1대로295 시화공업단지3나607호 (주)위닉스 회장실(031-499-5085) [학]1969년 영남대 상경대졸 [경]1973~1986년 유신기업사 대표 1986~2000년 (주)유원전자 대표 2000년 (주)위닉스 대표이사 사장 2015년 同회장(현) [상]석탑산업훈장(1997), 동탑산업훈장(2015)

윤희찬(尹希燦) YOON Hee Chan

[생]1973·11·1 [출]경남 거제 [주]부산 연제구 법원로31 부산지방법원(051-590-1114) [학]1992년 울산 학성고졸 1998년 서울대졸 [경]1997년 사법시험 합격(39회) 2000년 사법연수원 수료(29기) 2000년 변호사 개업(서울會) 2001년 軍법무관 2004년 서울중앙지검 검사 2006년 춘천지검 원주지청 검사 2008년 울산지검 검사 2009년 대구지법 서부지원 판사 2013년 인천지법 판사 2016년 부산지법 부장판사(현)

은 경(殷 璟·女) EUN Kyong

[생]1970·10·13 [출]서울 [주]서울 영등포구 국제금융로8길10 한국증권금융(주) 홍보실(02-3770-8800) [학]1989년 서울 영파여고졸 1994년 덕성여대 산업미술학과졸 2003년 서강대 언론대학원 홍보학과졸 [경]1994~2001년 (주)한화 입사·광고홍보팀장 2002년 삼성전자 DSC마케팅커뮤니케이션파트장 2006년 기획예산처 홍보기획팀장(서기관) 2008년 기획재정부 커뮤니케이션전략팀장 2009~2011년 KTB투자증권 홍보팀장 2012년 한국자산관리공사 홍보실장 2014년 同대변인 2015년 한국증권금융(주) 홍보실장(현)

은대기(殷大基) Eun Dai gi

[생]1957·8·7 [출]경북 군위 [주]경북 포항시 남구 동해안로5890(054-286-1193) [학]군위고졸, 경일대졸 [경]1980년 소방공무원 임용(공채 5기) 1980년 포항소방서 근무 2002년 경북소방학교 교관 2005년 경주소방서 방호과장 2007년 포항북부소방서 소방행정과장 2007년 경주소방서 소방행정과장 2011년 포항북부소방서 방호구조과장 2013년 포항남부소방서 소방행정과장 2014년 경북도 소방본부 119종합상황실장 2015년 경북 의성소방서장 2016년 경북 포항남부소방서장(현) [상]대통령포장, 국무총리표창, 내무부장관표창(3회), 경북도지사표창(3회)

은문기(殷文基) Munki Eun

[생]1960·3·29 [주]서울 양천구 목동동로233 방송회관14층 한국지상파디지털방송추진협회(02-3219-6358) [학]1978년 대구 성광고졸 1985년 고려대 행정학과졸 [경]1996년 한국방송공사(KBS) 부산방송총국 총무부장 1998년 同개혁기획단 차장 1998년 同비서실 차장 2002년 同편성본부 부주간 2004년 同글로벌센터 글로벌전략담당 주간 2004~2007년 同글로벌센터 글로벌전략팀장 2007년 한류정책자문위원회 위원 2007~2009년 KBS America 사장 2011년 한국방송공사(KBS) 감사실장 2013년 同스마트KBS추진단장 2014년 同창원방송총국장 2015년 同정책기획본부 공영성연구부 위원(국장급) 2015년 한국지상파디지털방송추진협회(DTV KOREA) 사무총장(현)

은백린(殷伯麟) EUN Baik Lin

[생]1959·11·22 [본]행주(幸州) [출]전북 [주]서울 구로구 구로동로148 고려대구로병원 원장실(02-2626-1013) [학]1984년 고려대 의과대학졸 1987년 同대학원졸 1993년 의학박사(고려대) [경]1993~1999년 고려대 의과대학 소아청소년과학교실 조교수·부교수 1995~1997년 미국 미시건대 소아신경학 연수 1999년 고려대 의과대학 소아청소년과학교실 교수(현) 2000년 대한소아과학회 간행위원 2000~2006년 同의료정보 및 홍보위원 2001~2007년 대한소아신경학회 보험위원장 2001~2004년 同학술위원 2002년 대한소아과학회 보험위원 2003년 대한간질학회 학술위원 2006~2015년 대한소아과학회 보험이사 2007년 대한소아신경학회 학술위원장 2007년 영유아건강검진실무반 자문위원(현) 2008년 대한임상보험의학회 이사 2013~2015년 대한뇌전증학회 소아청소년위원장 2013~2015년 대한소아과학회 세부전문의관리이사 2014년 고려대 구로병원 연구부원장 2015년 대한소아과학회 부이사장(현) 2015년 대한뇌전증학회 부회장(현) 2016년 고려대 구로병원장(현) 2016

년 대한병원협회 수련교육위원장(현) (상)대통령표창(2015) (제)제9판 홍창의 소아과학' '소아신경학'

은성수(殷成洙) EUN Sung Soo

(생)1961·5·19 (출)전북 군산 (주)서울 중구 퇴계로100 스테이트타워남산 한국투자공사(KIC) 비서실(02-2179-1001) (학)1979년 군산고졸 1984년 서울대 경제학과졸 1996년 경제학박사(미국 하와이대) (경)1983년 행정고시 합격(27회) 1997년 재정경제원 금융정책과 서기관 2002년 재정경제부 국제금융국 국제기구과장 2003년 同금융협력과장 2005년 대통령비서실 행정관 2006년 세계은행(IBRD) 파견 2009년 기획재정부 본부 근무(국장급) 2010년 同국제금융정책관 2011년 同국제금융국장 2012년 同국제금융정책국장 2013년 제18대 대통령직인수위원회 경제1분과 전문위원 2013년 기획재정부 국제경제관리관 2014년 국제부흥개발은행(IBRD) 상임이사 2016년 한국투자공사(KIC) 사장(현) (상)근정포장(2010), 기획재정부 '정책MVP'(2012)

은수미(殷秀美·女) EUN Soo Mi

(생)1963·12·6 (출)서울 (주)경기 수원시 장안구 정자로146 더불어민주당 경기도당(031-244-6501) (학)미림여고졸 1998년 서울대 사회학과졸 2001년 同대학원 사회학과졸 2005년 사회학박사(서울대) (경)1984~1997년 노동 운동 2002~2004년 서울대 사회학과 사회발전연구소 연구조교 2005년 서울대 사회학과 강사 2005~2012년 한국노동연구원(KLI) 노사관계연구본부 부연구위원 2007년 한국경찰60년사 집필위원 2007년 대통령자문 양극화민생대책위원회 운영위원 2008~2010년 국회 환경노동위원회 노동정책자문위원 2009~2012년 국가인권위원회 인권자료실 자료선정위원 2011~2012년 同사회권전문위원회 위원 2011~2012년 同차별시정전문위원회 위원 2011년 서울시 희망서울정책자문위원회 위원 2011~2012년 한국방송공사 객원해설위원 2012년 청년유니온 자문위원(현) 2012~2016년 제19대 국회의원(비례대표, 민주통합당·민주당·새정치민주연합·더불어민주당) 2012~2013년 민주통합당 윤리위원회 위원 2012년 국회 노동복지포럼 연구책임의원 2012·2014년 국회 환경노동위원회 위원 2012년 민주통합당 정책위원회 부의장 2013년 국회 운영위원회 위원 2013년 민주당 서울시당 윤리위원회 부위원장 2013년 同상향식공천제도개혁위원회 위원 2013년 同정치혁신실행위원회 위원 2013년 同'을' 지키기 경제민주화추진위원회 현장조사분과장 2013년 同노동담당 원내부대표 2014년 국회 윤리특별위원회 위원 2014년 새정치민주연합 공적연금발전TF 위원 2014~2015년 국회 국민안전혁신특별위원회 위원 2015년 새정치민주연합 제4정책조정위원회 위원장 2015년 同경제정의·노동민주화특별위원회 위원 2015년 同재벌개혁특별위원회 위원 2015년 同경기도당 을지로위원회 위원장 2015년 同전국노동위원회 부위원장 2015년 더불어민주당 제4정책조정위원회 위원장 2015년 同경제정의·노동민주화특별위원회 위원 2015년 同재벌개혁특별위원회 위원 2015년 同경기도당 을지로위원회 위원장 2015년 同전국노동위원회 부위원장 2016년 同경기성남시중원구지역위원회 위원장(현) 2016년 제20대 국회의원선거 출마(성남시 중원구, 더불어민주당) (상)경제정의실천시민연합 국정감사 우수의원(2014) (제)한국사회의 연결망 연구'(2004) '그대는 왜 촛불을 끄셨나요(共)'(2009) 'IMF 위기'(2009) '우리시대의 교양 : 리영희 프리즘(共)'(2010) '역동적 복지국가의 논리와 전략(共)'(2010) '좌우파 사전 : 대한민국을 이해하는 두 개의 시선(共)'(2010) '한국 진보정치운동의 역사와 쟁점(共)'(2011) '비정규 노동과 복지 : 노동시장 양극화와 복지전략(共)'(2011) '날아라 노동 : 꼭꼭 숨겨진 나와 당신의 권리'(2012) '대한민국, 복지국가의 길을 묻다(共)'(2012) '산업사회의 이해 : 노동세계의 탐구(共)'(2012) '대선 독해 매뉴얼(共)'(2012) '우리는 한 배를 타고 있다(共)'(2012) '을을 위한 행진곡(共)'(2013) (제)2005년도 노사분규 실태분석 및 평가 : 보건의료'(2005, 노동부) '사회적 대화 전제조건 분석 : 상호관계와 사회적 의제형성을 중심으로'(2006, 한국노동연구원) 2006년도 '사내하청 노사분규 실태분석 및 평가'(2006, 노동부) '여성 비정규직 근로자의 현황과 정책과제'(2007, 여성가족부) '노동권 지표의 구성'(2008, 국가인권위원회) '산별노사관계, 실현 가능한 미래인가?(共)'(2008)

은순현(殷淳鉉) Eun, Sun-hyun

(생)1962·6·15 (본)행주(幸州) (주)대전 서구 청사로189 통계청 통계서비스정책관실(042-481-6900) (학)청구고졸, 영남대졸 (경)2009년 통계교육원 교육기획과장(서기관) 2009년 통계청 사회복지통계과장 2010년 同고용통계과장 2011년 同통계정책과장 2013년 同운영지원과장(부이사관) 2015년 同통계데이터허브국 통계서비스정책관 국장(고위공무원)(현)

은종방(殷鐘邦) EUN Jong Bang

(생)1959·4·8 (출)전북 정읍 (주)광주 북구 용봉로33 전남대학교 응용생물공학부(062-530-2145) (학)1981년 전남대 식품가공학과졸 1985년 同대학원졸 1991년 식품학박사(미국 미시시피주립대) (경)전남대 응용생물공학부 식품공학전공 교수(현), 미국 미주리주립대 방문교수, 미국 조지아주립대 방문교수, 미국 플로리다주립대 방문교수, 미국 농무성 과채류품질연구소 방문연구원, 미국 뉴저지주립대 방문교수 2010년 한국식품영양과학회 감사 2011년 식품저장유통학회 부회장 2014년 한국차학회 회장, 同명예회장(현) 2015년 한국식품저장유통학회 편집위원(현) (상)한국과학기술단체총연합회 과학기술우수논문상(2011), 대통령표창(2015) (제)식품영양실험핸드북 : 식품편'(2000) '식품 속에 생로병사의 해답이 있다'(2007)

은종원(殷鍾元) EUN Jong Won

(생)1952·11·8 (본)행주(幸州) (출)서울 (주)충남 천안시 성환읍 매주리21 남서울대학교 정보통신공학과(041-580-2708) (학)1980년 연세대 천문우주학과졸 1983년 미국 유타주립대 대학원 응용물리학과졸 1987년 물리학박사(미국 유타주립대) (경)1986년 미국 항공우주국(NASA) Marshall Space Flight Center 선임연구원 1989년 한국전자통신연구소 위성통신기술연구단 책임연구원 1992년 미국 Lockheed Martin社 현장연구원 1994년 미국 Matra Marconi社 현장연구원, 한국전자통신연구원(ETRI) 무선방송기술연구소 위성통신시스템연구부 위성시스템연구팀장 2005년 한국과학재단 우주전문위원, 한국전자통신연구원(ETRI) IT기술이전본부(ITEC) 기술전문위원 2007~2009년 월드DMB포럼 부회장 2008년 한국전자통신연구원(ETRI) 기술사업화본부 기술사업화추진실 기술마케팅1팀장 2008~2010년 플러스터학회 감사 2009년 한국전자통신연구원(ETRI) 연구전략부문 글로벌마케팅팀장 2009년 한국항공우주연구원 홍보자문위원(현), 대전우주대회 스페이스플러스타 공동의장 2009년 남서울대 정보통신공학과 교수(현) 2010~2015년 플러스터학회 부회장 2010~2012년 통신위성우주산업연구회 총무부회장 2012~2014년 同회장 2013년 국회뉴스 논설위원(현) 2014년 기상청 정책자문위원(현) 2014년 국립환경과학원 환경답재제개발위원(현) 2016년 전남도 청색기술개발 자문위원(현) 2016년 강원도 영월군 경영자문위원(현) (상)정보통신부장관표창(1999), 대통령표창(2000), 한국전자통신연구원장표창(2008), 베트남TV 사장표창(2010) (제)정보통신기술개론(共)'(1996, 한국전자통신연구원) '우주기술동향 및 발전전망(共)'(2006, 한국과학재단) '기술의 대융합(共)'(2010, 고즈윈) '우리나라 위성통신 및 우주산업 발전사(共)'(2011, 도서출판 영) 'ST-IT 컨버전스 위성통신융합기술'(2014, 도서출판 영) (종)기독교

은종일(殷鍾一) EUN Jong Il

(생)1940·2·25 (본)행주(幸州) (출)경북 군위 (주)서울 중구 장충단로275 두산타워 (주)두산(02-3398-0114) (학)1958년 대구 계성고졸 1964년 연세대 정법대 정치외교학과졸 1989년 한양대 행정대학원 신문방송학과졸 (경)1964년 합동통신 입사 1975년 同정치부 차장 1979년 同정치부장 1981년 연합통신 지방국 부국장 1982~1983년 미국 미주리대 신문대학원 연수 1983년 연합통신 지방국장 1985년 同상무이사 1988~1991년 同전무이사 1991년 두산산업 부사장 1992년 두산RENTAL 사장 1995년 두산그룹 사장 1997~1998년 두산신협 이사장 2005~2009년 두산회 회장 2006~2009년 두산중공업 사외이사 2013년 (주)두산 고문(현) (종)천주교

은준관(殷俊寬) UN Joon Kwan

(생)1933·12·9 (출)황해 옹진 (주)경기 이천시 신둔면 인후리9 실천신학대학원대학교(031-638-8657) (학)1953년 서울농고졸 1957년 감리교신학대졸 1962년 미국 듀크대 대학원졸 1968년 신학박사(미국 Pacific Lutheran Theological Seminary) (경)1964~1968년 미국 시카고 한인감리교회 목사 1968~1973년 감리교신학대 부교수 1973~1975년 同교수 1975~1979년 정동제일감리교회 목사 1979~1999년 연세대 신학과 교수 1980~1985년 同교목실장 1982년 미국 샌프란시스코신학교 객원교수 1988~1992년 연세대 신과대학장 1997~2015년 실천신학대학원대 이사 1999년 TBC성서연구원 원장(현) 2000~2005년 同이사장 2005년 실천신학대학원대 총장 2013년 同예총장(현) (상)기독교서회 저작상(1977), 연세대 우수업적수상(1997) (제)교육신학'(1976) '교회·선교·교육' 수상집 '절망으로부터의 출발' '말씀의증언 I·II·III' '기독교 교육현장론'(1988) '기초교육' '신학적 교회론'(1998) '실천적 교회론'(1999) (종)기독교

은 택(殷 澤) EUN Taek

[생]1962 · 1 · 2 [출]전북 부안 [주]경기 의정부시 녹양로34번길23 의정부지방법원 제2형사부(031-828-0430) [학]1980년 전주고졸 1985년 서울대 공법학과졸 1987년 同대학원 행정학과 수료 [경]1990년 매일경제신문 정치부 기자 1994년 사법시험 합격(36회) 1997년 사법연수원 수료(26기) 1998년 광주지법 판사 겸 장흥지원 판사 1999년 同순천지원 판사 2001년 수원지법 성남지원 판사 2004년 의정부지법 고양지원 판사 2006년 서울동부지법 판사 2008년 서울고법 판사 2010년 서울북부지법 판사 2012년 전주지법 부장판사 2015년 의정부지법 부장판사(현)

은현탁(殷鉉卓) Eun Hyeontak

[생]1964 · 9 · 22 [본]행주(幸州) [출]대구 [주]세종특별자치시 가름로253 호수의아침1713호 대전일보 세종취재본부(044-868-3001) [학]1991년 한양대 신문방송학과졸 [경]1991년 대전일보 입사 1991~2001년 同경제부 · 정치부 · 문화체육부 · 경제과학부 기자 2003년 同사회부 차장직대 2004년 同사회부 차장 2005년 同경제과학부 차장 2006년 同정책금융부 차장 2010년 同편집국 정치사회부장 2011년 同편집부국장 2011년 同기획조정실장 2016년 同세종취재본부장(국장)(현)

은희경(殷熙耕 · 女) EUN Hee Kyung

[생]1959 · 10 · 27 [출]전북 고창 [학]1977년 전주여고졸 1981년 숙명여대 국어국문학과졸 1983년 연세대 대학원 국어국문학과졸 [경]1995년 동아일보 신춘문예에 중편소설 '이중주'로 등단, 한국소설가협회 회원, 소설가(현) 1998년 동아일보에 소설 '마이너리그' 연재 2005~2006년 한국문화예술위원회 문학위원회 위원 2007년 한국신문협회 선정 '올해의 신문 읽기 스타' 2009~2012년 한국문학번역원 비상임이사 2010년 조선일보 독자권익보호위원회 위원 2011 · 2014년 '대단한 단편영화제' 심사위원 [상]문학동네 소설상(1995), 동서문학상(1997), 이상문학상(1998), 한국소설문학상(2000), 한국일보 문학상(2002), 이산문학상(2006), 동인문학상(2007) [저]'타인에게 말걸기'(1996) '새의 선물'(1997) '마지막 춤은 나와 함께'(1998) '그것은 꿈이었을까'(1999) '타인에게 말걸기 2'(1999) '행복한 사람은 시계를 보지 않는다'(1999) '내가 살았던 집'(2000) '마이너리그'(2001) '상속'(2002) '비밀과 거짓말'(2005) '아름다움이 나를 멸시한다'(2007, 창작과비평) '다른 모든 눈송이와 아주 비슷하게 생긴 단 하나의 눈송이'(2009) '아내의 상자'(2009) '소년을 위로해 줘'(2010, 문학동네) 산문집 '생각들의 일요일들'(2011, 달) '태연한 인생'(2012, 창작과비평) '다른 모든 눈송이와 아주 비슷하게 생긴 단 하나의 눈송이'(2014, 문학동네) '중국식 룰렛'(2016, 창작과비평)

은희석(殷熙錫) Eun Hee Suck

[생]1962 · 7 · 1 [주]전남 영암군 삼호읍 대불로93 현대삼호중공업 임원실(061-460-2052) [학]신일고졸, 고려대 영어영문학과졸 [경]2000년 현대삼호중공업(주) 차장 2013년 同상무보 2014년 同계약관리담당 상무(현), 전남바둑협회 부회장, ROTC 전남지역동우회 부회장, 고려대 목포지역동문회장

은희창(殷熙昌) EUN Hee Chang

[생]1962 · 12 · 12 [주]강원 춘천시 강원대학길1 강원대학교 건축공학부(033-250-6223) [학]1985년 중앙대 건축공학과졸 1987년 同대학원 건축공학과졸 1992년 미국 뉴욕주립대 버펄로교 대학원 토목공학과졸 1995년 토목공학박사(미국 서던캘리포니아대) [경]1995년 (주)LG건설 기술연구소 과장 1996년 인천시립전문대 건축공학과 시간강사 · 중앙대 대학원 건축공학과 시간강사 1997년 제주대 건축공학과 전임강사 · 조교수 · 부교수, 강원대 건축공학부 교수(현) 2012년 同공과대학 부학장 2013년 同공학교육혁신센터장 2016년 同공과대학장(현)

은희철(殷熙哲) EUN Hee Cheol

[생]1949 · 8 · 3 [출]서울 [주]경기 고양시 일산동구 일산로323 국립암센터 피부클리닉(031-920-1260) [학]1968년 서울고졸 1974년 서울대 의대졸 1977년 同대학원졸 1979년 의학박사(서울대) [경]1979~1982년 고려대 의과대학 전임강사 1979~1980년 영국 위콤종합병원 연구원 1982~1994년 서울대 의과대학 피부과학교실 전임강사 · 조교수 · 부교수 1994~2014년 同교수 1998년 同병원 피부과장 1999~2001년 대한피부연구학회 이사장(5대) 2000~2004년 Journal Dermatology 편집위원 2001~2003년 대한피부과학회 의약분업대책위원 2001년 同의료전달체계 및 전공의수급대책위원 2001년 同국제관계위원 2001년 同용어편찬위원장 2002년 대한의사협회 의학용어 심의위원 2003년 대한피부과학회 세계피부과학회 유치위원장 2003년 同용어집편찬위원장 2014~2015년 대한피부과학회 회장 2014년 국립암센터 피부클리닉 초빙의(현) [상]대통령표창(2011) [저]'의학교육연수원 : 증상별 임상검사, 탈모증'(1991) '피부과학 용어집 2판'(1993) '대한알레르기학회 : 4천만의 알레르기(共)' '피부면역학'(1999) '천식과 알레르기질환'(2002) '의학교육학 용어집'(2003) '의대생을 위한 피부과학'(2006) [역]'향장품 알레르기와 첩포 시험'(1984) '임상 알레르기학'(1984) '피부과학'(1986) '임상 피부과학'(1987) '알레르기 질환의 진단과 치료'(1987)

이가원(李嘉元) Lee Ga Won

[생]1980 · 4 · 21 [출]서울 [주]인천 서구 백범로934번길 24 인천도시가스(주) 부사장실(032-570-7770) [학]1999년 세화고졸 2007년 고려대 정치외교학과졸 [경]2007~2012년 인천도시가스(주) 이사 2012년 同대표이사 부사장(현)

이각규(李覺珪) LEE Gak Gyu

[생]1957 · 9 · 28 [본]벽진(碧珍) [출]부산 [주]서울 마포구 동교로156의13 동보빌딩501호 한국지역문화이벤트연구소(02-764-8474) [학]1976년 부산 혜광고졸 1984년 부산산업대 응용미술과졸 2006년 배재대 관광경영대학원 이벤트축제경영학과졸 [경]1984년 (주)롯데전자 광고실 디자이너 1985~1990년 (주)대홍기획 프로모션국 이벤트팀장 1991년 세륭기획 엑스포사업부장 1992년 (주)스테이지사이드 박람회연구원 및 프리랜서 1993~1994년 투웨이프로모션 대표 1995~1998년 (주)서울광고기획 SP국 부국장 1995~2008년 문화체육관광부 문화관광축제 자문위원 2002년 경희대 언론정보대학원 겸임교수 2002년 동국대 경영대학원 이벤트매니지먼트과정 전문교수 2003년 배재대 관광이벤트경영학과 겸임교수 2004년 문화관광부 민속축제 심사위원 2005년 同지역축제 조사및개선사업 자문위원 2005 · 2007년 同지역문화컨설팅사업 심사위원 2005년 인천시 아시아육상대회 공식행사 심사위원 2006년 경남도 우수축제선정위원 2006년 아시아 · 태평양 난전시회 운영심사위원 2006~2007년 문화관광부 '문화관광축제 10년사 백서' 집필위원 2008년 아시아클럽역도선수권대회 개폐회식 심사위원 2008년 서울관광대상 심사위원 2008~2009년 (사)한국이벤트프로모션협회 회장 2009년 경기도자비엔날레 개회식및주요행사 심사위원 2009년 2012여수세계박람회 자문위원 2009~2011년 同브랜드마케팅 자문위원 2009년 인천시 컨벤시아 자문위원 2009~2011년 2011대장경천년세계문화축전 자문위원 2010년 2012여수세계박람회 홍보관기념품샵 운영업체선정 심사위원 2010년 同지정업소명칭및상징체계공모 심사위원 2010년 同공식상품화권사업 심사위원 2010년 한국관광공사 공연관광축제대행사선정 심사위원 2011년 2012여수세계박람회 휘장사업대행선정 심사위원 2011년 同공식행사대행선정 심사위원 2011~2012년 2012CIOFF 안성세계민속축전 추진위원 2011~2012년 문화체육관광부 문화관광축제선정 심사위원 2012년 2012여수세계박람회 특별기획공연대행선정 심사위원 2012~2013년 2013 산청세계전통의약엑스포 자문위원 2013년 同세계약선요리대회 심사위원 2013년 산업부 · 미래부 R&D성과전시회용역제안서 평가위원 2014년 한국관광공사 R16 Korea 2014세계비보이대회 심사위원 2014년 인천아시안게임 전국순회홍보프로모션대행선정 심사위원 2016년 2016춘천월드레저대회 행사대행 선정평가위원, 한국지역문화이벤트연구소 소장 겸 이벤트프로젝트 프로듀서(현), (사)한국이벤트프로모션협회 회장(현) [상]금산인삼축제 공로감사패(1996), 이천도자기축제 공로감사패(1999), 한국이벤트대상 저술상(2002), 안동국제탈춤페스티벌 공로감사패(2002), 영암왕인축제 공로감사패(2003), 한국이벤트대상 학술상(2006), 한국이벤트대상 지역축제부문 최우수상(2009), 한국이벤트대상 학술부문 대상(2012) [저]'21세기 지역이벤트전략'(2000, 커뮤니케이션북스) '이벤트성공의 노하우'(2001, 월간이벤트) '이벤트성공의 노하우(개정판)'(2007, 커뮤니케이션북스) '문화관광축제 변화와 성과 1996~2005'(2007, 문화관광부) '지역이벤트'(2008, 커뮤니케이션북스) '한국의 근대박람회'(2010, 커뮤니케이션북스) '세계박람회 기업관의 전략과 실제'(2015, 커뮤니케이션북스) '박람회프로듀스'(2015, 커뮤니케이션북스) [역]'기적을 만드는 이벤트전략'(1994, 김영사) '스페셜 이벤트 Inside & Out'(2002, 월간이벤트) '기업은 이런 축제에 투자한다'(2011, 커뮤니케이션북스) '국제박람회 역사와 일본의 경험'(2011, 커뮤니케이션북스) '국제박람회와 메가이벤트 정책'(2012, 커뮤니케이션북스) [종]천주교

이각범(李珏範) LEE Kark Bum

[생]1948 · 2 · 11 [본]함평(咸平) [출]부산 [주]서울 강남구 영동대로511 트레이드타워2002호 (재)한국미래연구원(02-6000-6390) [학]1966년 경기고졸 1971년 서울대 사회학과졸 1977년 독일 Bielefeld대 대학원 사회학과졸 1983년 사회학박사(독일 Bielefeld Univ.) [경]1981년 독일 Bielefeld대 사회발전연구소 연구원 1983년 서울대 · 연세대 강사 1984년 동국대 사회학과 조교수 1986~1995년 서울대 사회학과 조교수 · 부교수 1989년 미국 캘리포니아대 버클리교 노사관계연구소 연구원 1995~1998년 대통령 정책기획수석비서관 1998년 독일 자유베를린대 객원교수 1998~1999년 일본 게이오대 방문연구교수 1999~2009년 한국정보통신대 경영학부 교수 2000~2008년 (재)IT전략연구원 원장 2000~2006년 한국정보사회학회 회장 2005년 선진화정책운동 공동대표 2006년 선진화국민회의 공동대표 2007~2010년 정보문화포럼 의장 2009년 (재)한국미래연구원 원장(현) 2009~2013년 한국과학기술원 경영과학과 교수 2009~2011년 대통령직속 국가정보화전략위원회 위원장 2010~2012년 대한민국소프트웨어공모대전 대회장 2013년 한국과학기술원 기술경영학부 명예교수(현) [상]황조근정훈장(1998) [저]'한국노사관계의 공정성' '퓨처코드(編)'(2008, 한국경제신문) [종]불교

이각휘(李珏徽) LEE Gak Whi

[생]1952 · 8 · 1 [본]전주(全州) [출]충남 천안 [주]서울 서초구 서초중앙로166 법률센터303호 세종법무사사무소(02-593-6700) [학]1973년 국립철도고졸 1980년 한국방송통신대 법학과졸 [경]서기보 공채시험 합격 1985~1993년 서울민사지법 · 서울형사지법 법원주사 1994년 서울가정법원 가사조사관 1996년 서울중앙지법 법원참여사무관 1999년 법원공무원교육원 교수 2001년 대법원 송무국 형사과장 2004년 서울가정법원 총무과장 2006년 수원지법 안산지원 사무국장 2008~2009년 서울중앙지법 형사국장 2009~2012년 수원지법 집행관사무소장 2012년 세종법무사사무소 대표법무사(현) 2012년 대한법무사회 조정중재센터 민사조정위원(현) 2013년 서울가정법원 가사조정위원(현) 2014년 同성년후견인 2016년 同성년후견감독인(현) [상]근정포장(2000), 홍조근정훈장(2008) [종]기독교

이감규(李淦圭) LEE Kam Gyu

[생]1959 · 1 · 22 [주]서울 금천구 가산디지털1로51 LG전자 가산R&D캠퍼스 CTO부문 L&E연구센터(02-6915-1080) [학]동래고졸, 부산대 기계공학과졸, 同대학원 기계공학과졸 [경]LG전자(주) 에어컨연구소 연구위원, 同천진법인장(상무) 2010년 同AC사업본부 CAC사업부장(전무) 2012년 同시스템에어컨사업부장(전무) 2014년 同AE연구소장(전무) 2015년 同CTO부문 L&E연구센터장(전무) 2015년 同CTO부문 L&E(Living & Energy)연구센터장(부사장)(현)

이 갑(李 甲)

[생]1962 · 9 · 28 [주]서울 중구 통일로10 연세세브란스빌딩9층 (주)대홍기획 임원실(02-3671-6110) [학]1981년 여의도고졸 1988년 고려대 사회학과졸 [경]1987년 (주)롯데쇼핑(롯데백화점) 식품부 근무 1997년 同판촉기획과장 2002년 同마케팅영업전략팀장 2005년 同잡화매입팀장 2007년 同대구점장 2009년 同여성패션부문장 2011년 同마케팅부문장 2013~2015년 同정책본부 운영실 운영2팀장(전무) 2015년 (주)대홍기획 대표이사(현)

이갑노(李甲魯) LEE Kap No

[생]1946 · 12 · 4 [본]전주(全州) [출]충북 청주 [주]서울 성북구 인촌로73 고려대학교 의과대학 진단검사의학과(02-3290-1114) [학]1965년 대전고졸 1971년 서울대 의대졸 1986년 同대학원졸 1990년 의학박사(서울대) [경]1974~1984년 미국 노스이스턴오하이오대 부속 얼트만 · 영스타운병원 임상 및 해부병리학 전문의 수련 1983~1990년 고려대 의대 임상병리과 조교수 · 부교수 1983년 同구로병원 임상병리과장 1990~2004년 同임상병리과 교수 1995년 임상병리학회 전문의고시위원회 위원장 1998년 대한병리학회 이사장 2004~2012년 고려대 의대 진단검사의학과 교수 2005년 대한적십자사 혈액관리본부장 2007년 대한의료정보학회 회장 2012년 고려대 의대 진단검사의학과 명예교수(현) [상]보건복지부장관표창(2004), 대한민국 국민포장(2007), 대한적십자사 광무장(2008) [저]'병리학'(共) '임상병리학'(共) [종]기독교

이갑득(李甲得) LEE Kap Duk

[생]1948 · 8 · 20 [출]경북 성주 [주]경북 경주시 동대로123 동국대학교 자연과학계열 신소재화학과(054-770-2217) [학]동국대 화학과졸, 同대학원졸, 이학박사(동국대) [경]1978~1986년 경북전문대학 식품가공과 조교수 · 부교수 1990~2013년 동국대 경주캠퍼스 과학기술대학 나노소재화학과 조교수 · 부교수 · 교수 1998~1999년 同도서관장 1999~2000년 同기획처장 2001~2003년 同학생처장 2003~2004년 미국 베일러대 객원교수 2013년 화장품뷰티학회 초대회장(현) 2013년 동국대 과학기술대학 나노소재화학과 명예교수 2014년 同자연과학계열 신소재화학과 명예교수(현) [상]황조근정훈장(2013)

이갑수(李甲洙) Kevin Lee

[생]1954·9·20 [출]충남 예산 [주]서울 서대문구 경기대로47 진양빌딩동관2층 (주)INR 대표이사실(02-310-9682) [학]연세대 지질학과졸 [경]IMF총회 사교행사담당관, 서울올림픽위원회 의전국 관광담당관, (주)오리콤 PR팀 국장 1998~2011년 (주)IPR 설립·대표이사 2004년 (사)한국PR기업협회 부회장 2005~2006년 同회장 2008년 同부회장 2009년 同회장 2010년 同감사 2010년 PROI Group 아·태지역 부회장 2011년 (주)INR 공동대표이사 사장 2013년 同대표이사 사장(현) 2016년 아시아·태평양 세이버 어워즈(SABRE Awards) 심사위원(현) [상]한국관광공사사장표창, 재무부장관표창, 체육부장관표창

이갑수(李甲洙) LEE Khap Soo

[생]1957 · 2 · 18 [출]부산 [주]서울 성동구 뚝섬로377 (주)이마트 비서실(02-380-9065) [학]부산고졸, 경희대 섬유공학과졸 [경]1982년 (주)신세계 입사, 同이마트부문 구로점장 2006년 同이마트부문 마케팅담당 상무 2008~2009년 同이마트부문 가전레포츠담당 상무 2009년 同이마트부문 판매본부장 2010년 同이마트부문 고객서비스본부장 2011년 (주)이마트 고객서비스본부장(부사장) 2014년 同대표이사(현) 2014년 한국체인스토어협회 회장(현) 2014년 유통산업연합회 공동회장(현) [상]동탑산업훈장(2015)

이갑수(李甲洙)

[생]1964 [출]경북 청송 [주]대구 달서구 학산로55 달서경찰서 서장실(053-662-6120) [학]1987년 경찰대졸(3기), 연세대 대학원 행정학과졸 [경]1987년 경위 임용 2007년 경북지방경찰청 과학수사계장 2009년 同정보2 · 3계장 2011년 대구지방경찰청 수사과장(총경) 2011년 경북 김천경찰서장 2013년 경북지방경찰청 경무과장 2014년 대구 중부경찰서장 2015년 대구지방경찰청 보안과장 2016년 대구 달서경찰서장(현)

이갑숙(李甲淑 · 女) Lee Kab Sook

[생]1965·5·5 [주]대전 서구 둔산로100 대전광역시청 성평등기획특별보좌관실(042-270-2068) [학]대전대 대학원 사회복지학과졸 1999년 행정학박사(대전대) [경]1993~2008년 충남대·강원대·한남대·배재대·목원대 등 10개 대학 시간 및 외래강사 2000~2006년 대전시 여성정책위원회 선임연구위원 2001~2003년 대전대 행정학부 겸임교수 2003~2005년 여성가족부 양성평등교육진흥원 교수요원 2004년 대전시민사회연구소 이사 2005년 대전여성장애인연대 이사 2005~2007년 조달청 심의위원 2005~2012·2013년 대전여성정치네트워크 정책기획위원장 2007~2012년 강원도여성가족연구원 연구부장 2009~2012년 강원도 성별영향분석평가센터장 2014년 새정치민주연합 권선택 대전시장후보 캠프 정책실장 2014년 대전시 성평등기획특별보좌관(현)

이갑영(李甲泳) LEE Kab Young

[생]1954 · 12 · 25 [출]경기 파주 [주]인천 연수구 아카데미로119 인천대학교 글로벌법정경대학 경제학과(032-835-8536) [학]1984년 인천대 경영학과졸 1986년 숭실대 대학원 경제학과졸 1990년 경제학박사(숭실대) [경]1993년 인천대 글로벌법정경대학 경제학과 교수(현) 2000년 인천지방노동위원회 공익위원 2000~2001년 인천대 노동과학연구소장 2001~2002년 영국 셸포드대 방문교수 2003년 사회비판아카데미 편집위원 2005년 인천대 사회과학대학원 설립추진위원 2005년 同기획처장 2005년 同인천학연구원장 2007년 同대학발전본부장 2008~2010년 同동북아경제통상대학장 2010년 同시민대학장 2011~2013년 同동아시아평화경제연구원장 2011~2012년 同부총장 2013~2015년 인천발전연구원 원장 [저]'로자 룩셈부르크의 재인식을 위하여'(1993) '맑스주의 정치경제학'(2002)

이갑용(李甲龍) LEE Gab Yong

셍1952·1·28 宮벽진(碧珍) 畜대구 ㈜경북 경산시 하양읍 하양로13의13 대구가톨릭대학교 바이오메디대학 생명화학부(053-850-3784) 핵1970년 대륜고졸 1974년 경북대졸 1976년 同대학원졸 1986년 이학박사(영남대) 졍1976년 육군제3사관학교 전임강사 1980년 울산공업전문대 조교수 1984~1995년 대구효성가톨릭대 전임강사·조교수·부교수 1990년 미국 휴스턴대 박사 후 연수 1995~2000년 대구효성가톨릭대 교수 1997년 미국 피츠버그대 방문교수 1997~1999년 대구효성가톨릭대 기초과학연구소장 1999년 同중앙기기실장 2000년 대구가톨릭대 바이오메디대학 생명화학부 교수(현) 2000년 同중앙기기실장 2003~2004년 同연구정보처장 2004년 한국과학기술정보연구원(KISTI) 정보클러스터 자문교수 2011년 대구가톨릭대 발전기금본부장 2011~2013년 同중앙도서관장 2014년 同바이오융합대학장 2015년 同자연과학연구소장(현) 2016년 同바이오메디대학장(현) 졩'물리화학의 원리' '양자화학' 옉'일반화학'(2010) '화학의 기본 개념'(2010) '새시대의 화학' 졩가톨릭

이갑재(李甲宰) Lee Kab Jae

셍1962·2·26 畜경남 하동 ㈜경남 창원시 의창구 상남로290 경상남도의회(055-211-7310) 핵1988년 대구보건대학 보건행정학과졸, 진주경상대 최고농업경영자과정 수료, 진주산업대 작물생명과학과졸 졍1998·2002~2004년 경남 하동군의회 의원, 한국4-H중앙연합회 부회장, (사)한국농업경영인 하동군연합회 부회장, 하동청년회의소(JC) 회장, 하동야생차발전협의회 회장 2005·2006~2010년 경남도의회 의원(한나라당) 2006년 同농수산위원회 부위원장 2008~2010년 同농수산위원회 위원장 2014년 경남도의회 의원(새누리당)(현) 2014~2016년 同기획행정위원회 위원장 2016년 同기획행정위원회 위원(현) 2016년 광양만권경제자유구역조합회의 부의장(현) 졩지구촌희망펜상 의정대상(2016) 졩불교

이갑진(李甲珍) LEE Kap Jin

셍1944·3·16 畜경남 진주 ㈜서울 종로구 경희궁길46 축구회관6층 대한민국축구사랑나눔재단(02-2002-0758) 핵1963년 진주고졸 1967년 해군사관학교졸(21기) 1977년 미국 해병상륙전학교 고군반 수료 1978년 해군대학 수료 1981년 미국 해병대 참모대학 수료 1987년 국방대학원 안보과정졸, 서울대 행정대학원 수료 2005년 경기대 정치전문대학원 외교안보학과 박사과정 수료 졍1967년 해병 소위 임관 1971년 1사단 31대대 본부중대장 1982년 해병대 1사단 대대장 1988년 同연대장 1989년 同작전참모처장 1992년 同참모장 1993년 同제6여단장 1995년 同부사령관 1996년 同제1사단장 1997년 해군본부 해병보좌관 1998~1999년 해병대 사령관(23대) 2000년 군사연구위원회 연구위원 2001년 대한축구협회 부회장 2007년 同상벌위원장 겸임 2009~2013년 同고문, 해병대전략연구소 부소장(상임이사) 2012년 대한민국축구사랑나눔재단 이사장(현) 2014년 해병대전략연구소 소장(상임이사)(현) 졩월남동성무공훈장(1972), 국방부장관표창(1993), 보국훈장 천수장(1994), 대통령표창(1997), 보국훈장 국선장(1998), 대통령표창(1999), 미국 근무공로훈장(2001), 체육훈장 맹호장(2002) 졩기독교

이갑현(李甲鉉) LEE Kap Hyun

셍1943·8·18 宮가평(加平) 畜충남 연기 ㈜서울 강남구 선릉로664 건설빌딩410호 한국준법통제원(02-548-1002) 핵1961년 경동고졸 1968년 서울대 상학과졸 2007년 영국 런던대 대학원 금융경제학과졸 졍1968년 한국외환은행 입행 1977년 同국제부·국제금융부 과장 1980년 同런던지점·국제금융부·국외업무부 차장 1986년 同서초동 간이예금취급소장 1988년 同런던현지법인 사장 1991년 同외화자금부장 1993년 同여의도지점장 1994년 同종합기획부장 1996년 同이사 1998년 同상무이사 1999~2000년 同은행장 2001~2010년 삼성전자 사외이사 2001~2007년 보스턴컨설팅그룹 특별고문 2014년 한국준법통제원 회장 2015년 同고문(현)

이강국(李康國) LEE Kang Kook

셍1945·9·17 宮전주(全州) 畜전북 전주 ㈜서울 종로구 종로1 교보빌딩9층 법무법인(유) 한결(02-3458-9550) 핵1963년 전주고졸 1967년 서울대 법대졸 1969년 同사법대학원졸 1973년 고려대 대학원 수료 1978년 독일 괴팅겐대 대학원 헌법학과 수료 1981년 법학박사(고려대) 2011년 명예 법학박사(러시아 상트페테르부르크대) 졍1967년 사법시험 합격(8회) 1972~1980년 대전지법·서울민사지법 판사 1980년 서울고법 판사 1983년 대법원 재

판연구관 1984년 부산지법 부장판사 1986년 법원행정처 조사국장 1989년 대법원 도서관장 1991년 서울민사지법 부장판사 1992년 부산고법 부장판사 1993년 서울고법 부장판사 1999년 同수석부장판사 2000년 대전지법원장 2000~2006년 대법관 2001~2003년 법원행정처장 2007~2013년 헌법재판소장 2010년 아시아헌법재판소연합 초대회장 2013년 전북대 법학전문대학원 석좌교수 2013~2015년 서울대 법학전문대학원 초빙석좌교수 2014년 바른사회운동연합 자문위원(현) 2015년 법무법인 한결 상임고문변호사(현) 2015년 '통일시대의 헌법과 헌법재판연구소' 소장(현) 졩청조근정훈장(2006), 제21회 자랑스러운 서울법대인 선정(2013), 자랑스러운 전주고인상(2014), 대한민국법률대상 사법부문 대상(2016) 졩'통치행위의 연구'

이강국(李康國) Lee Kang-kuk

셍1959·8·3 畜서울 종로구 사직로8길60 외교부 인사운영팀(02-2100-7136) 핵1986년 성균관대 영어영문학과졸 1995년 중국 북경어언학원 연수 1996년 미국 캘리포니아대 샌디에이고교 연수 졍1991년 외무고시 합격(25회) 1991년 외무부 입부 1997년 駐중국 2등서기관 2000년 駐상하이 영사 2004년 駐베트남 1등서기관 2007년 외교통상부 서남아태평양과장 2009년 駐말레이시아 공사참사관 2012년 駐상하이 부총영사 2015년 駐시안 총영사(현)

이강노(李康魯) LEE Kang Ro

셍1958·1·9 ㈜경기 수원시 장안구 서부로2066 성균관대학교 약학대학(031-290-7710) 핵1975년 보문고졸 1980년 성균관대 약학대학졸 1982년 서울대 대학원 생약학과졸 1989년 천연물화학박사(독일 본대) 졍1983~1985년 대응제약 중앙연구소 주임 1989~1990년 한국과학기술연구원 선임연구원 1991년 성균관대 약학대학 약학과 전임강사·조교수·부교수·교수(현) 1993년 대한약학회 편집위원 1998년 약사심의위원회 생약제제분과 위원 2000~2004년 농촌진흥청 농업산학협동심의회 전문위원 2004~2006년 성균관대 약학대학 약학과장 2007~2009년 한국기초과학지원연구원 운영위원 2008년 동아제약 중앙연구소 자문위원 2010~2011년 성균관대 교수평의회 감사 2014년 한국생약학회 수석부회장 2015년 同회장 졩대한약학회 학술장려상(1998), 한국생약학회 우수논문상(1999), 대한약학회 약학연구상(2006), 한국생약학회 학술상(2009), 성균관대 Premier Researcher(2009·2010·2011·2012·2013), 대한약학회 활명수약학상(2013)

이강덕(李康德) LEE Kang Deok

셍1962·1·14 畜경북 포항 ㈜경북 포항시 남구 시청로1 포항시청 시장실(054-270-0001) 핵1981년 대구 달성고졸 1985년 경찰대 법학과졸(1기) 2002년 포항공대 기술혁신최고경영자과정 수료(16기) 2006년 고려대 정책대학원 공안행정학과졸, 명예 경영학박사(용인대), 명예 법학박사(목포해양대), 서울대 행정대학원 국가정책과정 수료, 중앙대 최고경영자과정 수료, 동국대 대학원 법학박사과정 수료 졍1995년 경찰청 기획관리관실 조직·국회·기획계장 2000년 경찰대 교무과장 2001년 경북 포항남부경찰서장 2002년 경북 구미경찰서장 2003년 경찰청 혁신기획단 업무혁신팀장 2004년 서울지방경찰청 경비2과장 2005년 서울 남대문경찰서장 2006년 경찰청 혁신기획과장 2006년 경북지방경찰청 차장 2007년 제17대 대통령직인수위원회 법무행정분과위원회 전문위원 2008년 대통령 민정수석비서관실 공직기강팀장 2009년 대통령 치안비서관 2010년 부산지방경찰청장 2010년 경기지방경찰청장 2011년 서울지방경찰청장 2012~2013년 해양경찰청장(치안총감), 단국대 초빙교수, 미국 미주리주립대·일리노이주립대 객원연구원 2014년 경북 포항시장(새누리당)(현) 2014년 (재)포항시장학회 이사장(현) 2015~2016년 전국대도시시장협의회 회장 2016년 경북사과주산지시장·군수협의회 회장(현) 졩대통령표창(1999·2003), 홍조근정훈장(2009), 자랑스런 달고인상(2010), 한국을 빛낸 창조경영대상 글로벌경영부문(2016) 졩'포항 & 이강덕'(2014)

이강덕(李康德) LEE, KANG DUK

셍1962·11·24 ㈜서울 영등포구 여의공원로13 KBS 보도본부 통합뉴스룸(02-781-1000) 핵서울대 정치학과졸, 미국 미주리대 탐사보도센터 연수(객원연구원) 졍1990년 한국방송공사(KBS) 보도본부 사회부 기자 1992년 同북한부 기자 1995년 同보도제작국 기자 1997년 同정치부 기자 1999년 同국제부 기자 2000년 同통일부 기자 2002년 同정치부 기자 2005년 同보도제작국 시사보도팀 기자 2006년 해외 연수 2007년 KBS 정치외교팀 기자 2008년 同선거방송단 데스크 2008년 同보도본부 정치외교부 국회반장 2009년 同정책기획센터 대외정책팀장 2010년 同사장직속 대외정책부장 2011년 관훈클럽 편집위원 2011년 KBS 보도본부 정치외교부장 2013년 同해설위원 2013년 同

워싱턴지국장 2014년 同미주지국장 2015년 同디지털뉴스국장 2016년 관훈클럽 총무(현) 2016년 KBS 보도본부 통합뉴스룸 디지털주간 직무대리(현) [저]'북한 핵보유국의 진실'(2013, 해피스토리)

이강동(李康銅)

[생]1960·3·20 [출]경남 밀양 [주]대구 북구 칠성남로112 대구북부소방서(053-350-4080) [학]1988년 경북산업대 화학공업과졸 [경]1985년 소방위 임용(소방간부후보 4기) 1996년 지방소방령 승진 1998년 대구중부소방서 소방과장·방호과장 2002년 대구동부소방서 방호과장 2004년 대구소방안전본부 구조담당 2006년 지방소방정 승진 2006년 대구소방안전본부 소방행정과장 2007년 대구수성소방서장 2009년 대구동부소방서장 2012년 대구소방안전본부 예방안전과장 2013년 대구중부소방서장 2014년 대구소방안전본부 119종합상황실장 2015년 대구북부소방서장(현) [상]국무총리표창(2004), 대통령표창(2009)

이강두(李康斗) LEE Kang Too

[생]1937·1·26 [본]전주(全州) [출]경남 거창 [주]서울 용산구 한강대로15길30 한국화랑도협회(02-798-7957) [학]1955년 마산고졸 1961년 고려대 정치외교학과졸 1973년 서울대 행정대학원졸 1978년 캐나다 윈저대 대학원 경제학과 수료 1984년 국방대학원 수료 1987년 행정학박사(성균관대) 2002년 명예 정치학박사(러시아 국립하바로브스크대) 2002년 고려대 컴퓨터과학기술대학원 최고위정보통신과정 수료 [경]1962~1976년 경제기획원 기술협력국·투자진흥국 근무 1976년 同총무과 인사계장·행정관리담당관 1977년 同경제협력1과장 1981년 同총무과장 1983년 同경제교육기획관 1985년 同통계계획관 1985~1988년 성균관대 행정대학원 강사 1986년 경제기획원 공정거래실 심사관 1988년 同예산실 예산심의관 1989년 同대외경제조정실 제1협력관 1991~1992년 駐소련대사관 공사 1992년 제14대 국회의원(거창, 무소속·민자당·신한국당) 1996년 전국게이트볼연합회 회장 1996년 제15대 국회의원(경남 거창·합천, 신한국당·한나라당) 1996년 신한국당 제2정책조정위원장 1997년 同대표비서실장 1998년 한나라당 총재비서실장 1998년 同정책실장 2000년 同중앙위원회 수석부의장 2000년 同예산결산특별위원회 위원장 2000년 제16대 국회의원(경남 함양·거창, 한나라당) 2000년 국회 디지털경제연구회 회장 2001년 한나라당 국가혁신위원회 민생복지분과 위원장 2001년 同경남도지부장 2001년 同정책위 의장 2002~2003년 국회 정무위원장 2003년 한나라당 정책위 의장 2004년 (사)한국화랑도협회 총재(현) 2004~2008년 제17대 국회의원(경남 산청·함양·거창, 한나라당) 2004~2006년 한나라당 최고위원 2005년 (사)국가발전정책연구원 이사장(현) 2006~2008년 同중앙위 의장 2007년 同제17대 대통령중앙선거대책위원회 부위원장 2008년 국민생활체육협의회 회장 2009~2012년 국민생활체육회 회장 2009~2014년 세계생활체육연맹(TAFISA) 회장 [상]녹조근정훈장(1976), 제21회 대한민국을 빛낸 한국인물대상 정치공로부문 대상(2016) [저]'세계화의 지평을 열면서'(1995) '머뭇거릴 시간없다'(1997) '21세기 농업에 도전한다'(1998) '거꾸로 가는 시장경제와 민주주의'(1999) '알기 쉬운 디지털경제'(2001) '차기정부 국정과제'(2002) '시장경제의 기본질서와 정부의 역할' '시장경제의 기본질서와 정부의 역할'(2005) '선진복지국가로 가는길'(2006) [종]기독교

이강래(李康來) LEE Kang Rae

[생]1953·3·2 [본]전주(全州) [출]전북 남원 [학]1972년 대경상고졸 1982년 명지대 행정학과졸 1984년 서울대 행정대학원졸 1995년 행정학박사(서울대) [경]1984년 한국국제관계연구소 연구원 1992년 민주당 정책연구실장 1992년 同김대중 총재비서실 차장 1994년 아·태평화재단 선임연구원 1995년 국민회의 정책연구실장 1997년 同총재특보 1997년 정부조직개편위원회 실행위원 1998년 국가안전기획부 기획조정실장 1998년 대통령 정무수석비서관 1999년 국민회의 총재특보 2000~2004년 제16대 국회의원(전북 남원·순창, 무소속 당선·새천년민주당·열린우리당) 2000년 새천년민주당 총재특보 2002년 同지방선거기획단장 2002년 同노무현 대통령후보 기획특보 2004년 제17대 국회의원(전북 남원·순창, 열린우리당·대통합민주신당·통합민주당) 2004년 열린우리당 정당개혁위원장 2004년 국회 정치개혁특별위원회 위원장 2004년 국회 바른정치실천연구회 대표 2005~2007년 열린우리당 부동산정책기획단장 2006년 국회 예산결산특별위원회 위원장 2006~2007년 열린우리당 비상대책위원회 비상임위원 2007년 대통합민주신당 제17대 대통령중앙선거대책위원회 상임선거대책본부장 2008년 제18대 국회의원(남원·순창, 통합민주당·민주당·민주통합당) 2008년 민주당 당무위원 2009~2010년 同원내대표 2010~2012년 국회 기획재정위원회 위원 2012년 제19대 국회의원선거 출마(전북 남원·순창, 민주통합당) 2012~2016년 서울대 행정대학원 초빙교수 2014~2016년 명지전문대학 석좌교수 2016년 제20대 국회의원선거 예비후보(서울 서대문乙, 더불어민주당) [저]'수서사건 백서'(1991) '12월 19일, 정권교체의 첫날'(2011) '핵보유국 북한'(2014, 폴리티쿠스) [종]천주교

이강래(李康來) LEE Kang Lae

[생]1957·9·30 [본]전주(全州) [출]전북 전주 [주]광주 북구 용봉로77 전남대학교 사학과(062-530-3248) [학]1976년 전주고졸 1983년 고려대 문학과졸 1985년 同대학원 문학과졸 1994년 문학박사(고려대) [경]1988년 전남대 인문대학 사학과 전임강사·조교수·부교수·교수(현) 1999년 미국 하버드대 Yenching Institute 방문교수, 영국 London대 SOAS 방문교수 2013~2015년 전남대 인문대학장 2013~2015년 同문화전문대학원장 [저]'삼국사기 전거론'(1996) '삼국사기'(1998) '강좌 한국고대사1(共)'(2003) '삼국유사 기이편의 연구(共)'(2005) '한국고대사입문1·3(共)'(2006) '三國史記 形成論'(2007) '백제사 총론(共)'(2007) '민족 문화의 꽃을 피우다(共)'(2007) '지역 교류 문화로 본 역사(共)'(2008) '지역과 교류 그리고 문화(共)'(2009) '역사에서의 지역 정체성과 문화'(2010) '삼국사기 인식론'(2011) [역]'삼국사기 Ⅰ·Ⅱ'(1998, 한길사)

이강록(李康祿) LEE Kang Rog (譚炫)

[생]1947·1·18 [본]전주(全州) [출]황해 옹진 [주]서울 강동구 상일로6길21 (주)한국종합기술 비서실(02-2049-5000) [학]1969년 인하대 공대 토목공학과졸 1995년 중앙대 건설대학원 건설공학과졸 [경]1977년 한진중공업 입사 1996년 한진종합건설 토목본부장 1998년 한진중공업 건설부문 토목본부장 2000년 同건설부문 영업본부장 2001년 (주)한국종합기술 도로공항본부장(부사장) 2005년 同대표이사 사장 2007년 한진중공업 건설부문 대표이사 사장 2008년 (주)한국종합기술 대표이사 사장(현), 한국CM협회 부회장(현), 한국엔지니어링협회 부회장(현), 한국건설기술관리협회 이사(현), 엔지니어링공제조합 이사(현) [상]동탑산업훈장(2007), 서울시토목대상(2007), 은탑산업훈장(2014)

이강만(李康萬) LEE Kang M. (美生)

[생]1963·12·24 [본]전주(全州) [출]전북 장수 [주]서울 중구 청계천로86 한화그룹 경영기획실(02-316-0500) [학]1982년 전주고졸 1989년 고려대 법학과졸 2011년 연세대 대학원 최고경영자과정 수료 2015년 서울대 행정대학원 국가정책과정 수료 2016년 서강대 최고의회자과정 수료 [경]2000년 한화그룹 구조조정본부 차장 2004년 同경영기획실 부장 2008년 한화손해보험 상무보 2009년 同법인마케팅담당 겸 법인2사업부장 2010~2012년 同법인1사업부장(상무보), 在京전주고동창회 회장(59회), 매경·휴넷MBA총동창회 회장 2012년 한화손해보험 법인영업본부장(상무) 2013년 同법인영업부문장(상무) 2015년 한화그룹 경영기획실 경영지원팀장(전무)(현) [저]'미생이야기'(2014) [종]기독교

이강민(李康民) Kangmin Yi

[생]1958·10·29 [본]전주(全州) [출]전북 전주 [주]경기 안산시 상록구 한양대학로55 한양대학교 국제문화대학 일본언어문화학과(031-400-5337) [학]1977년 전주고졸 1982년 한국외국어대졸 1986년 同대학원졸 1989년 일본 교토대 대학원졸 1994년 문학박사(일본 교토대) [경]1995년 한양대 국제문화대학 일본언어문화학부 교수, 同국제문화대학 일본언어문화학과 교수(현) 2001년 일본 쓰쿠바대 초빙연구원 2003년 일본 규슈대 초빙연구원 2003~2004년 캐나다 요크대 객원교수 2009~2011년 한국일본학회 회장 2009~2012년 한국간행물윤리위원회 위원 2009년 한일문화교류회의 사무국장(현) 2009년 한중일문화교류포럼 사무국장(현) 2009~2012년 한국간행물윤리위원회 외국간행물심의위원장 2011~2013년 한국일본학회 편집위원장 2011년 국립중앙도서관 외국자료추천위원(현) 2011년 한양대 일본학국제비교연구소장(현) 2014~2016년 한국연구재단 인문사회본부 전문위원 [저]'한국 일본학의 현황과 과제'(2007) '한일지성과의 대화'(2011) [역]'아시아 신세기'(2007)

이강범(李康範) LEE Kang Bum (靑田)

[생]1957·1·10 [본]전주(全州) [출]경기 광주 [주]서울 영등포구 국회대로68길11 경인일보 서울본부(02-780-0456) [학]1973년 광주종합고졸, 경원대졸 1992년 同경영대학원졸 [경]1986년 (주)국진 전무이사 1992년 경인일보 입사 2001년 同동부권(성남·광주·하남·양평·남양주·구리·이천·여주)취재본부장, 同경영본부장(이사대우) 2011년 한국신문방송편집인협회 이사, 한국신문협회 경영지원협의회 부회장, 同광고협의회 이사, 同출판협의회 이사, 경인M&B 대표이사 2012년 한국신문협회 출판협의회 부회장 2012~2014년 同광고협의회 부회장 2013~2015년 同경영지원협의회 부회장 2013년 경인일보 경영본부장(상무이사) 2014년 同서울본부장(상무이사)(현) 2016년 한국신문협회 경영지원협의회 이사(현) [상]이달의 기자상(2005), 미국 대통령 체육상(2009) [종]불교

이강본(李康本) Lee Kang-Bon

[생]1962·7·30 [본]전주(全州) [출]충남 서천 [주]서울 강남구 테헤란로309 삼성제일빌딩2층 건설근로자공제회 임원실(02-519-2146) [학]1981년 전주해성고졸 1987년 원광대 사범대학 교육학과졸 2011년 전북대 법무대학원졸(기업법학석사) 2013년 아주대 대학원 노동법학박사과정 수료 [경]1986~1987년 원광대 총학생회장 1987~2010년 전북은행 지역공헌부장 2003~2010년 전국금융산업노동조합 전북은행지부 위원장 2007~2009년 한국노동조합총연맹 전북지역본부 사무처장 2009~2010년 전국금융산업노동조합 부위원장 겸 정치위원장 2009~2011년 민주평통 청년분과위원회 상임위원 2009~2011년 국무총리실 새만금위원회 투자자문위원 2010~2013년 경기지방노동위원회 상임위원(별정직고위공무원) 2015년 건설근로자공제회 전무이사(현) [상]자랑스런 전북인대상(2004), 보건복지부장관표창(2008) [종]기독교

이강섭(李康燮) LEE Kang Seop

[생]1964·9·29 [본]수안(遂安) [주]세종특별자치시 도움5로20(044-200-6523) [학]1983년 서울 양정고졸 1987년 연세대 경영학과졸 1990년 서울대 대학원 행정학과졸 2003년 법학박사(미국 시라큐스대) [경]1987년 행정고시 합격(31회) 1997~1999년 법제처 법제관 2004년 同공보관 2004년 미국 변호사자격 취득(뉴욕주·뉴저지주) 2005년 법제처 혁신인사기획관 2007년 同사회문화법제국 법제관 2008년 同사회문화법제국 법제심의관(고위공무원) 2009년 헌법재판소 파견 2011년 법제처 법령해석정보국 법령정보정책관 2012년 同법제지원단장 2012년 同사회문화법제국장 2014~2016년 국회사무처 법제실 파견 2016년 법제처 국외파견(현) [상]대통령표창 [종]기독교

이강성(李康成) LEE Kang Sung

[생]1960·5·22 [출]충북 보은 [주]서울 노원구 화랑로815 삼육대학교 경영학과(02-3399-1559) [학]1983년 부산대 상과대학 경영학과졸 1987년 서울대 대학원 경영학과졸 1995년 경영학박사(서울대) [경]1995~2011년 삼육대 경영학과 교수 1999년 미국 코넬대 노사관계대학 객원교수 2005년 서울지법 노동전문조정위원회 위원 2006년 삼육대 사회교육원장 2006년 同고용문제연구소장 2006년 국방부 국방정책자문위원회 위원(인사복지분야) 2007년 경기도 외국인투자기업노사민간조정위원회 위원 2008년 경제사회발전노사정위원회 노사관계선진화위원회 공익위원 2009년 근로복지공단 비상임이사 2009년 대통령 고용복지수석비서관실(고용노사분야) 정책자문위원 2009년 고용노동부 노동정책자문위원회 위원 2010년 중앙노동위원회 공무원노동관계조정위원회 위원 2011~2013년 대통령 고용노사비서관 2013년 삼육대 경영학과 교수(현) 2013~2015년 同경영학과장 2013년 한국인사조직학회 부회장 2014년 여성가족부 정책자문위원 2014년 한국인사관리학회 부회장(현) 2014년 사회적기업학회 부회장(현) 2016년 삼육대 경영대학원장(현) [저]'주5일 근무제 매뉴얼(共)'(2003) '현상이론과 전략'(2005) '한국의 노사관계(共)'(2005) [종]기독교

이강세(李康世) LEE Kang Se

[생]1962·2·20 [출]광주 [주]광주 남구 월산로116번길17 광주문화방송 경영기획국(062-360-2034) [학]1988년 고려대 영어영문학과졸 1999년 미국 스탠퍼드대 나이트펠로우 프로그램 연수 2008년 전남대 경영대학원졸 [경]1996년 광주전남기자협회 사무국장 1999년 광주MBC 보도국 취재1부 기자 1999~2001년 同뉴스데스크 앵커 2002년 同보도국 보도제작부 차장대우 2004년 同보도국 취재부 차장 2008년 同기획부장·취재부장 2010년 同경영기획국 정책기획팀장 2011년 同경영기획국 기획심의부장 2012년 同경영관리부장 겸 기획심의부장 2012년 同사업국 문화사업부장 2014년 同보도국장 2015년 同경영기획국장(현) [상]올해의 기자상(1994·1995·1997), 한국방송대상 우수작품상(1995)

이강신(李康信) Lee Kang Shin

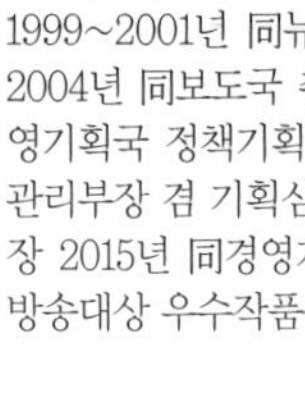

[생]1953·11·25 [출]인천 [주]인천 남동구 은봉로60번길 46 인천상공회의소 회장실(032-810-2890) [학]인천고졸, 한양대졸 [경]1977년 (주)영진공사 입사 1985년 同이사 1994년 인천상공회의소(15~17대) 상공의원 1995년 (주)영진공사 대표이사 사장 2004년 인천상공회의소(18~21대) 부회장 2006년 (주)영진공사 대표이사 부회장 2009년 同대표이사 회장(현) 2009년 범죄예방협의회 인천지역본부 부회장 2015년 인천상공회의소 회장(현) 2015년 대한상공회의소 부회장 [상]인천시민의날 산업분야시민사(2009), 인천지검장표창(2009)

이강업(李康業) LEE Kang Up

[생]1959·2·3 [본]전주(全州) [출]인천 강화 [주]서울 양천구 신정로167 (주)서부티엔디 감사실(02-2689-0035) [학]1977년 경복고졸 1983년 연세대 경영학과졸 2002년 미국 워싱턴대 Executive MBA 수료 2005년 연세대 정보대학원 최고경영자과정 수료 [경]1983년 SK(주) 입사 1991년 同감사부 과장 1993년 同관재기획과장 1996년 同관리회계팀장 1998년 同자금팀장 2000년 同회계팀장 2002년 同전략재무팀장 2005년 同투자회사관리실 재무개선담당 2005년 SK텔레콤 구매관리실장(상무) 2008년 同구매그룹장(상무) 2009년 同경영관리그룹장 2010년 同윤리경영그룹장(상무) 2011년 同FMI연구위원 2012~2013년 同고문 2013년 인크로스(주) 부사장 2014년 SP테크놀러지(주) 부사장 2015년 (주)서부티엔디 상근감사(현) [종]기독교

이강연(李康演) LEE Gang Yon (일덕)

[생]1940·5·8 [본]전주(全州) [출]서울 [주]서울 강남구 테헤란로309 삼성제일빌딩1901호 아·태무역관세사무소(02-2038-4461) [학]1958년 서울고졸 1962년 연세대 경제학과졸 1967년 미국 뉴욕대 경영대학원졸 1968년 미국 뉴욕 Manufacturers Hanover 은행 고급관리자과정 이수 1970년 IMF 국제수지과정 이수 1971년 미국 국무성 AID 주최 국제자본시장과정 이수 [경]1968년 경제과학심의회의 재정금융담당관 1969년 재무부 외환관리과·국제금융과·국고과 사무관 1975~1980년 同외국인투자담당관·금융제도심의담당관·지도과장·보험2과장·출자관리과장·외화자금과장 1980~1984년 관세공무원교육원 교수부장·관세청 관세조사과장 1984년 미국 워싱턴 관세청 파견(부이사관) 1987년 駐美한국대사관 관세관 1990~1995년 관세청 평가협력국장(이사관) 1995년 同심리기획관 1996년 同조사국장 1997~1999년 同차장 2000~2001년 재정경제부 대외금융거래정보시스템구축기획단 자문위원장 2000~2002년 학교법인 적십자학원 감사 2000~2006년 리인터내셔널특허법률사무소 고문 2001~2006년 단국대 산업경영대학원 초빙교수 2002~2005년 학교법인 단국대 이사 2002~2003년 국가안전보장회의 사무처 정책전문위원 2002~2011년 학교법인 적십자학원 이사 2002~2005년 재정경제부 금융정보분석원 자금세탁방지정책자문위원장 2004~2006년 리인터내셔널특허법률사무소 부설 무역투자연구원 이사 2005~2008년 삼정KPMG 상임고문 2006~2007년 단국대 경영대학원 겸임교수 2006~2009년 한국가스공사 사외이사 겸 이사회 의장 2008~2012년 삼정KPMG 부설 세정관세법인 회장 2008~2013년 도이치은행 아태지역자문위원회 위원 2009~2012년 CJ E&M 사외이사 2010~2012년 한국무역보험공사 선임비상임이사 2011~2012년 2018세계가스총회유치위원회 유치위원 2011~2015년 CJ프레시웨이 사외이사 2011년 한국선진화포럼 자문위원(현) 2011년 휠라코리아 경영고문(현) 2012년 아·태무역관세사무소 회장(현) 2013년 한미협회 부회장(현) 2013년 리인터내셔널 법률사무소 고문(현) 2014년 바른사회운동연합 자문위원(현) [상]재무부장관표창(1974), 농수산부장관표창(1974), 문교부장관표창(1982), 홍조근정훈장(1992) [저]'부정자금위장'(1994) '돈세탁' '자금세탁'(1999) [종]기독교

이강열(李康烈) LEE KangYeul (海苑)

[생]1937·5·5 [본]전주(全州) [출]전남 해남 [주]광주 동구 금남로245 전일빌딩4층 한국유네스코 광주·전남협회(062-223-2840) [학]1956년 목포고졸 1960년 조선대 법학과 수료(2년) [경]1976년 완도군·해남군교육청 관리과장 1980년 전남도교육위원회 학무·인사계장 1982년 同관리과장 1985년 전남대 서무과장 1986년 목포대 서무과장 1990년 전남도교육위원회 관리국장 1994년 전남도부교육감 1997년 전남대 사무국장, (재)국제청소년교육재단 이사장(현), 한국유네스코 광주·전남협회 상임고문 2016년 同광주·전남협회장(현) [상]녹조근정훈장(1983), 홍조근정훈장(1998)

이강옥(李康沃) LEE Kang Ok (원봉(圓峰))

[생]1956·1·17 [출]경남 김해 [주]경북 경산시 대학로280 영남대학교 사범대학 국어교육과(053-810-3193) [학]부산고졸 1980년 서울대 국어국문학과졸 1982년 同대학원 국어국문학과졸 1993년 국문학박사(서울대) [경]1986~1989년 경남대 교수 1989년 영남대 사범대학 국어교육과 교수(현) 2006년 同인문과학연구소장, 한국어문학회 회장, 한국구비문학회 회장 2015년 한국고전문학회 회장(현) 2016년 영남대 사범대학장 겸 교육대학원장(현) [상]성산학술상, 천마학술상, 지훈국학상(2015) [저]'조선시대 일화연구'(1998) '경산의 문화유적 기문'(2001) '한국인의 삶과 구비문학'(2002) '삼국유사의 종합적 연구(共)'(2002) '보이는 세상 보이지 않는 세상'(2004) '이야기로 만나는 옛 사람- 야담'(2005) '한국야담연구'(2006) '구운몽'(2006) '적성의전'(2007) '일연과 삼국유사(共)'(2007) '우리 고전 캐릭터의 모든 것 1:고전 캐릭터, 그 수

천만의 얼굴'(共)'(2008) '어우야담'(2008) 수필집 '젖병을 든 아빠 아이와 함께 크는 이야기'(2000) '구운몽의 불교적 해석과 문학치료교육'(2010) '새 세상을 설계한 지식인 박지원'(2010) '구운몽의 불교적 해석과 문학치료교육'(2010, 소명출판) '명저 읽기와 글쓰기(共)'(2011, PEGASUS) '일화의 형성원리와 서술 미학'(2014, 보고사) 옐'말이 없으면 닭을 타고 가지'(1999) 鐘불교

이강용(李康鎔) LEE Kang Yong

쌩1947 · 1 · 19 邑부산 徵서울 서대문구 연세로50 연세대학교 공과대학 기계공학부(02-2123-4426) 鐔1965년 부산남고졸 1969년 연세대 기계공학과졸 1971년 同대학원 기계공학과졸 1978년 공학박사(미국 West Virginia Univ.) 經1980~2012년 연세대 공과대학 기계공학과 조교수 · 부교수 · 교수 1984년 미국 UCLA 객원교수 1989년 문교부 학력고사 출제위원 1989~1991년 연세대 공학대학원 부원장 1991~1992년 총무처 중앙제안심사위원회 전문위원 1993년 장영실상 심사위원 1993년 국산신기술인정제도 심사위원 1994년 과학기술처 국책연구개발사업기획단 총괄반 위원 1994~1995년 고속전철국산화 기획 전문위원 1996~1998년 수도권신공항건설공단 자문위원 1998년 공업기반기술개발사업 기술개발기획평가단 위원 1999~2000년 연세대동문회 이사 2000년 미국 세계인명사전 'Marquis Who's Who in the World'에 등재, 연세대 산학연 기술개발센터장, 영국 국제인명센터(IBC) Outstanding people of the 20th centry, International Biographical Center, England에 수록 2001년 한국과학기술한림원 정회원 · 종신회원(현) 2001~2002년 미국 세계인명사전 'Marquis Who's Who in the France and Industry 32nd edition 2001~2002년판'에 수록 2002년 미국 세계인명사전 'Marquis Who's Who in Science and Engineering'에 수록 2002~2010년 경기도 지방건설기술심의위원 2003~2004년 대한기계학회 회장, 한국기계기술단체총연합회 회장 2003~2006년 한국공학기술단체연합회 부회장 2003년 한국공학한림원 정회원(현) 2003~2006년 환경관리공단 환경기술평가심의위원(현) 2004~2007년 건설교통부 중앙건설기술심의위원회 기술위원 2012년 연세대 명예교수(현) 쌍연세학술상(1987 · 2009), 대한기계학회 학술상(1988), 연세 우수업적 교수상(1996 · 2003 · 2004 · 2005 · 2007 · 2008) 獨선형파괴역학 개론'(1990, 동명사) '탄 · 소성역학 개론'(1993, 문운당) '자동차 기술 핸드북(시험, 평가편)'(1996, 한국 장동차공학회) '재료거동학'(1999, 연세대 출판부) '응력해석 및 재료거동학'(2003, 연세대 출판부) 'Multiple Crack Problems in Elasticity'(2003, WIT press) 鐘기독교

이강우(李康佑) LEE Kang Woo

쌩1960 · 10 · 23 徵서울 서초구 반포대로217 통일연구원 통일준비연구단(02-2023-8000) 鐔1979년 부산중앙고졸 1987년 부산대 조선공학과졸 1992년 서울대 행정대학원 행정학과졸 經2003년 통일부 통일교육원 교육과장(서기관) 2005년 同통일정책실 평화협력기획과장 2005년 同정책홍보실 국제협력담당관 2008년 同정보분석본부 분석총괄팀장 2008년 同통일교육원 지원관리과장 2009년 同남북협력지구지원단 관리총괄과장(부이사관) 2010년 同운영지원과장 2011년 同6.25전쟁납북진상규명위원회 사무국장(일반직고위공무원) 2012년 외교안보연구원 교육파견 2013년 통일부 DMZ세계평화공원추진기획단 태스크포스팀장 2013년 同남북교류협력협의사무소장 2014년 同남북협력지구발전기획단장 2015년 통일연구원 통일준비연구단장(현)

이강욱(李康煜) LEE Kang Wook

쌩1959 · 2 · 6 徵대전 중구 문화로282 충남대학교병원 신장내과(042-280-7160) 鐔1983년 충남대 의대졸 1986년 同대학원 의학석사 1989년 의학박사(충남대) 經1983~1986년 충남대병원 내과 수련의 · 전공의 1987~1988년 서울대병원 전임의 1988년 성애병원 내과과장 1990년 충남대 의과대학 내과학교실 전임강사 · 조교수 · 부교수 · 교수(현) 1995~1997년 미국 하버드대 의과대학 신장내과학교실 초청교수 2006~2008년 충남대 의과대학 부학장 2006~2009년 대한신장학회 대전 · 충청지회장 2006년 충남대병원 인공신장실장 겸 신장내과장(현) 2014~2015년 대한신장학회 회장

이강웅(李康熊) LEE, Kang Woong

쌩1957 · 7 · 7 邑전주(全州) 徵충남 태안 徵경기 고양시 덕양구 항공대학로76 한국항공대학교 비서실(02-300-0003) 鐔1976년 용산고졸 1980년 한국항공대 항공전자공학과졸 1982년 서울대 대학원 전자공학과졸 1989년 전자공학박사(서울대) 經1983년 삼성전자(주) 컴퓨터개발부 연구원 1989~2015년 한국항공대 항공전자 및 정보통신학부 교수 1994년 미국 미

시간주립대 방문교수 2002년 한국항공대 학생처장 2004~2006년 同연구협력처장 2009년 同공과대학장 겸 일반대학원장 2009년 同공학교육혁신센터장 2013~2014년 경기과학기술진흥원 위원 2013년 한국항공대 총장 직대 2014년 同총장(현) 2015년 同항공전자정보공학부 교수(현) 獨'마이크로컴퓨터 인터페이스'(1986) '신호 및 시스템'(2006) 옐'자동제어 시스템'(2005)

이강원(李康源) LEE Kang Won

쌩1960 · 7 · 5 邑진성(眞城) 徵경북 안동 徵대구 달성군 유가면 테크노순환로320 한국생산기술연구원 대경지역본부 융복합기술연구실용화그룹(053-580-0111) 鐔1982년 아주대 기계공학과졸 1984년 同대학원 기계공학과졸 1999년 공학박사(한양대) 經1984년 대우조선공업(주) 기술연구소 입사 · 대리 1989년 한국과학기술연구원 기계공학부산업기계연구실 연구원 1999년 한국생산기술연구원 입사 2004년 同연구혁신센터장 2007년 同생산시스템본부 메카트로닉스팀장 2007년 同생산시스템본부장 2008년 同충청강원권기술지원본부장 2009년 同대경권기술지원본부장 2009~2014년 同대경지역본부장 2013년 同항공전자시스템기술센터장 겸임 2014년 同대경지역본부 융복합기술연구실용화그룹 수석연구원(현) 쌍상공부장관표창(1992), 국무총리표창(2008)

이강원(李康源) Lee Kang Won

쌩1960 · 8 · 18 邑전주(全州) 徵서울 徵경남 창원시 성산구 창이대로681 창원지방법원(055-239-2002) 鐔1979년 우신고졸 1983년 성균관대 법정대학졸 1984년 同대학원 수료 經1983년 사법시험 합격(25회) 1985년 사법연수원 수료(15기) 1986년 軍법무관 1989년 수원지법 성남지원 판사 1991년 서울지법 서부지원 판사 1993년 춘천지법 속초지원 판사 1996년 서울지법 판사 1997년 서울고법 판사 겸 법원행정처 송무심의관 1999년 서울고법 판사 2001년 청주지법 부장판사 2003년 서울가정법원 부장판사 2006년 서울중앙지법 부장판사 2007년 대구고법 부장판사 2009년 서울고법 부장판사 2015년 창원지법원장(현) 2015년 경남도선거관리위원회 위원장(현) 獨'주석형법(共)'(2006) 鐘기독교

이강윤(李康潤) LEE Kang Yun

쌩1963 · 3 · 1 邑전주(全州) 徵전북 전주 徵서울 영등포구 여의나루로71 동화빌딩1607호 폴리뉴스(02-780-4392) 鐔1981년 전주고졸 1985년 연세대 사학과졸 1988년 同대학원 사학과 수료 經1988~1990년 중앙일보 기자 1990~1995년 동아일보 기자 1996~2004년 문화일보 기자 · 부장 2005년 산업자원부 정책홍보담당관, 지식경제부 홍보기획담당관 2008~2009년 MTN 보도국 부국장 2014년 국민TV '이강윤의 오늘' 앵커 2015년 同이사 2016년 폴리뉴스 논설위원 · 정치평론가(현) 獨'이강윤기자의 영화속 세상읽기'(1999, 책이있는마을)

이강일(李康一) LEE Kang Il (一松)

쌩1943 · 1 · 14 邑전주(全州) 徵전북 장수 徵인천 남동구 석촌로21 나사렛한방병원 원장실(032-435-5111) 鐔1962년 국립교통고졸 1972년 경희대 한의학과졸 1995년 아태평화아카데미 수료 1999년 경희대 대학원 의료경영학과졸 1999년 명예 인문학박사(미국 플로리다장로교대학) 經1972년 한의사국가고시 합격 1973년 한의원 개원 1993년 인천시한의사회 회장 1993년 나사렛의료재단 설립 · 이사장(현) 1994년 나사렛한방병원 원장(현) 1995년 새정치국민회의 창당발기인 1997년 인천YMCA 청년합창단장 1997년 새정치국민회의 인천남동甲지구당 위원장 1997년 통일민주협회 상임대표 1998년 경희대 한의대학 외래교수 1999년 인천시양궁협회 회장 2000년 인천 구월성당 효도대학 이사장 2000년 국제라이온스클럽 354-F(인천)지구 총재 2001년 국제와이즈맨 한국협의회 의장 2002년 새천년민주당 노무현 대통령후보 인천남동甲지구당 선거대책위원장 2004년 제17대 국회의원선거 출마(인천 남동甲, 열린우리당) 2004년 윤이상평화재단 부이사장, 가천의과학대 외래교수, 민족화해협력범국민협의회 공동의장, 통일교육협의회 이사, 인천호남향우회 회장 2010~2015년 영세중립통일협의회 공동대표 2010년 6.15선언실천협의회 인천본부 상임대표(현) 쌍와이즈맨클럽 국제연맹 Elmur Crow Award(1991), 라이온스국제연맹 Old Monarc Sevron 수상(1993), 적십자박애장 금장(1997), 보건복지부장관표창(2001), 행정자치부장관표창(2002), 국민포장(2006) 獨'중풍과의 전쟁 이야기'(2004) '중풍잡는 풍박사'(2008) '임상 한양방골관절질환'(2008) 鐘가톨릭

이강진(李康進)

[생]1966·6·7 [출]경남 사천 [주]전북 완주군 이서면 농생명로166 국립농업과학원 농업공학부 수확후관리공학과(063-238-4101) [학]1985년 진주동명고졸 1992년 서울대 농공학과졸 1998년 同대학원 농업기계학과졸 2007년 바이오시스템공학박사(서울대) [경]1992~2002년 농촌진흥청 품질판정기계연구실 연구사 2002~2012년 同비파괴품질판정연구실장(연구관) 2007~2008년 미국 농업연구청(USDA ARS) 방문연구원 2008년 세계광학술대회(SPIE) 준비위원(현) 2012년 농촌진흥청 수확후관리공학과장 2013년 同청장 비서관 2016년 국립농업과학원 농업공학부 수확후관리공학과 농업연구관(현) [상]한국농업기계학회 청산기술상(2001), 신지식공무원 우량상(2002), 대한민국발명특허대전 동상(2006), 농림수산식품부장관표창(2009), 농촌진흥청장표창(2009)

이강천(李康千) Rhee, Kang Cheon (石浦·泰昊)

[생]1949·3·9 [본]전주(全州) [출]충남 계룡 [주]서울 강남구 선릉로90길10 샹제리제센터A동1309호 태안쏠라(02-3473-8150) [학]1967년 대입검정고시 1973년 성균관대 경제학부졸 1976년 同대학원 경제학부졸 1998년 경제학박사(경기대) [경]1975~1983년 현대증권(주) 강남지점장·영업부장·조사부장 1985~1988년 동양증권 동양경제연구소 경제조사실장 1988~1991년 동양투자자문(주) 상무 1991~1995년 동양증권 상무이사 1996~1997년 동양그룹 기획조정실 감사 1997~2000년 경기대 경제학과 겸임교수 1998~2012년 (주)동우파트너스 대표이사 사장 2003년 성균관대 겸임교수(현) 2009년 태안쏠라 대표이사(현) [상]재무부장관표창(1976), 국세청장표창, 서울시장표창, 동작구청장표창, 강남구청장표창 [저]'한국종합무역상사에 관한 연구' '환위험과 기업가치에 관한 연구' [종]가톨릭

이강추(李康樞) LEE Kang Choo

[생]1934·9·27 [본]전주(全州) [출]서울 [주]서울 영등포구 버드나루로14가길24 한국신약개발연구조합 임원실(02-525-3106) [학]1954년 경복고졸 1958년 서울대 약학대학졸 1982년 약학박사(원광대) [경]1958~1967년 육군 약제장교 1970~1977년 국립보건원·보건사회부 근무 1977년 국립소록도병원 약제과장 1979~1986년 보건사회부 결핵예방과장·약품수급담당관·식품위생과장·약무과장·보건교육과장 1986년 국립서울검역소장 1988년 국립보건안전연구원 약리병리부장 1989년 보건사회부 약정국장 1992년 국립인천검역소장 1993년 국립보건안전연구원 원장 1993~1995년 국립보건원 원장 1996~2016년 한국신약개발연구조합 회장 1997년 보건복지부 보건의료기술정책심의위원·중앙약사심의위원 1998년 한미약학과학자협회(KAPSA) 자문위원 2000~2012년 천주교평신도사도직협의회 부회장·자문위원 2000년 중앙대 객원교수 2000년 한국응용약물학회 부회장 2008년 보건복지가족부 보건의료기술정책심의위원 겸 중앙약사심의위원 2008~2014년 보건복지부 보건의료기술정책심의위원 2008년 同중앙약사심의위원(현) 2016년 한국신약개발연구조합 고문(현) [상]근정포장, 약의상, 국민훈장 동백장, 한미약학과학자협회(KAPSA) 감사패(2008) [저]'지식기반 신약개발 전략'(共) [종]천주교

이강평(李康平) LEE Kang Pyung

[생]1944·10·6 [출]서울 [주]서울 은평구 갈현로4길26의2 서울기독교대학교 총장실(02-380-2525) [학]1963년 조선대부속고졸 1970년 한양대 체육학과졸 1972년 미국 Vanderbilt Univ. 대학원 체육학과졸 1978년 철학박사(미국 톨레도대) 1987년 연세대 연합신학대학원졸 1997년 미국 Westminster Theological Seminary 목회학박사과정 수료 [경]1972년 미국 플로리다대 조교수 1977년 미국 여자배구국가대표팀 감독 1978~1999년 한양대 설립자 겸 한양학원 이사장 비서실장 1978~1984년 한양대 체육대학 조교수·부교수 1979년 同체육과학연구소장 1980년 同기획실장 1980~1992년 대한올림픽위원회(KOC) 위원 1984~1999년 한양대 체육학과 교수 1985~1988년 서울올림픽조직위원회 경기1국장·경기차장보·정책연구실장 1987~1990년 서울기독대 이사장 1989년 한양대 체육대학장 1991년 한국체육학회 회장 1992~1998년 한양대 국제협력처장 1993년 KOC 사무총장 1993년 민주평통 상임위원 1994년 대한배구협회 부회장 1997년 KOC 부위원장 1998년 한양대 교육대학원장 1999년 한국대학배구연맹 회장 1999~2010년 서울기독대 총장 2001년 대한올림픽위원회 남북체육교류위원장 2008~2013년 한국기독교총연합회 공동회장 2013년 同명예회장(현) 2013년 서울기독대 총장(현) [상]미국 배구협회 최우수코치상 [저]'운동생리학' '비교체육학' '체육학 연구법' '갈라디아서 강해' '위대한 말씀' 등 [종]기독교

이강행(李康行) LEE Kang Heang

[생]1959·9·25 [본]함평(咸平) [출]광주 [주]서울 영등포구 의사당대로88 한국투자금융지주 임원실(02-3276-4021) [학]1978년 광주 숭일고졸 1986년 서강대 경제학과졸 [경]2000년 동원증권(주) 자산운용부문 이사 2002~2003년 同경영지원본부장(부사장) 2005년 한국투자증권 경영지원본부장(전무), 한국투자파트너스 이사 2007년 한국투자증권 경영기획본부장(전무) 2008년 同경영기획그룹장(전무) 2008~2015년 중앙노동위원회 사용자위원 2009년 한국투자증권(주) 경영기획본부장 겸 자산운용본부장(전무) 2011년 同경영기획본부장(전무) 2012년 同경영기획본부장(부사장) 2015년 同개인고객그룹장(부사장) 2016년 한국투자금융지주 부사장(현) [상]한국경영인협회 제11회 대한민국 가장 존경받는 기업인·가장 신뢰받는 기업(2013) [종]기독교

이강혁(李康赫) LEE Kang Hyuk

[생]1961·7·20 [출]대구 [주]서울 서초구 효령로275 비씨카드(주) 사업지원총괄부문장실(02-3475-8132) [학]달성고졸 1983년 경북대 회계학과졸 1985년 同대학원 경영학과졸 [경]1988년 BC카드(주) 입사 1994년 同종합기획부 과장 1995년 同경영정보팀 과장 1995년 同신용관리부 과장 1996년 同인력개발팀 과장 1997년 同BC플러스팀 과장 1998년 同종합기획부 팀장 1998년 同데이타웨어하우징팀장 2000년 同마케팅정보실장 2003년 同대전지점장 2004년 同마케팅팀장 2005년 同경영혁신팀장 2006년 同경영관리담당 상무 2007년 同경영관리·정보통신(IT)·고객서비스부문 부사장 2008년 同전략기획본부장 2009년 同경영지원부문장 겸 경영관리본부장(부사장) 2010년 同COO(부사장) 2010년 同고객서비스부문장(부사장) 2011년 同마케팅본부장 겸 마케팅기획실장(부사장) 2012년 同전략기획본부장(부사장) 2013년 同경영고문 2015년 同사업지원총괄부문장(전무)(현)

이강현(李康鉉) Lee, Kang Hyun

[생]1954·6·17 [출]대구 [주]경기 고양시 일산동구 일산로323 국립암센터 원장실(031-920-1510) [학]1973년 경북고졸 1980년 서울대 의대졸 1984년 同대학원졸 1989년 의학박사(서울대) 2013년 서울대 경영대학원 최고경영자과정 수료 [경]1980~1984년 서울대병원 인턴·레지던트 1984~1987년 국군원주병원 비뇨기과장 1987~2001년 원자력병원 비뇨기과장 1992~1997년 서울대 의대 비뇨기과 외래교수 1993~1994년 미국 UCLA Medical Center Visiting Scholar 1995년 독일 마인츠대병원 연수의 2001년 국립암센터 연구소 비뇨생식기암연구과장 2002~2009년 서울대 의대 비뇨기과 초빙교수 2003~2006년 국립암센터 부속병원 특수암센터장 2004~2006년 同연구소 특수암연구부장 2006~2008년 同부속병원장 2009년 同연구소 이행성임상제2연구부장 2009년 同부속병원 전립선암센터장 2014년 국제암대학원대 암관리정책학과 교수 2014년 국립암센터 원장(현) 2014년 국립암대학원대 총장 겸임(현) [상]의무사령관표창(1987), 비뇨기종양학회 추계학술대회 학술상(2005), 국립암센터 우수연구자상(2008), 유럽비뇨기학회 전립선암진단과병기별표분야 최우수연구상(2009), 국립암센터원장표창(2010·2012), 대한암학회 학술상(2011) [저]'전립선암'(2000) '종양학'(2003) '전립선암 진료지침'(2004) '암정보'(2004) '방광암 진료지침'(2007) '전립선암 100문 100답'(2011)

이강현(李康玄) LEE Kang Hyun (小舟)

[생]1954·8·27 [본]전주(全州) [출]전북 정읍 [주]충남 금산군 추부면 대학로201 중부대학교 방송영상학과(041-750-6681) [학]1972년 전주공고졸 1981년 전북대 국어국문학과졸 1984년 세종대 대학원 국어국문학과졸 1994년 문학박사(세종대) [경]1994~2002년 중부대 인문사회학부 조교수·부교수, 同인문사회학부장 2002년 同사회과학대학 방송영상학과 교수(현) 2004~2005년 同학생처장 2005~2006년 同교무처장 2006·2014년 同방송영상학과장(현) 2016년 국민의당 세종특별자치시지역위원회 위원장(현) [상]교육부장관표창 [저]'대학국어' '논문작성의 이론과 실제' '문장작법' '현대소설의 자의식' 시집 '비가 새는 하늘도 있구나' [종]기독교

이강현(李康縣) Lee Kang Hyun

[생]1962·2·4 [출]서울 [주]서울 영등포구 여의공원로13 KBS TV본부 드라마국(02-781-1000) [학]1980년 영동고졸 1988년 연세대 불어불문학과졸 1996년 미국 클리블랜드주립대 커뮤니케이션학과 수료 [경]1987년 KBS 프로듀서 입사(공채 15기) 1994~1996년 미국 클리블랜드주립대 연수 1997년 KBS TV제작본부 드라마1팀 프로듀서 2002년 同PD협회 사무국장 2004년

同편성위원회 TV위원 2004년 同PD협회 회장 2005년 한국프로듀서연합회 회장 2008년 KBS TV제작본부 드라마기획팀 프로듀서(차장급) 2009년 同TV제작본부 드라마제작국 EP 2010년 同콘텐츠본부 드라마국 EP 2013년 同콘텐츠본부 드라마국장 직대 2014년 同TV본부 드라마국 제작위원(국장급)(현)

이강현(李康賢) LEE Kang Hyun

쌩1963 · 7 · 15 ㈜강원 원주시 일산로20 원주세브란스기독병원 응급의학과(033-741-1612) 뺵1989년 연세대 의대졸 1996년 同대학원졸 2004년 의학박사(아주대) 뼪1997~2002년 연세대 원주의과대학 응급의학교실 조교수 2003년 同원주의과대학 응급의학교실 부교수 · 교수(현) 2004년 同원주의과대학 응급의학교실 주임교수 2004년 원주기독병원 응급실장 · 응급센터소장 2004~2005년 대한외상학회 총무위원장 2010년 同교육관리위원장, 원주응급의료정보센터 소장, 대한응급의학회 간행위원 2013~2015년 同이사장 2014년 국제응급의학연맹(IFEM) 아시아지역 대표이사(현) 2015년 한국항공응급의료협회 회장(현) 쌍옥조근정훈장(2015) 쐔'응급구조와 응급처리'(2005) '외상학'(2005)

이강호(李康浩) LEE Kang Ho

쌩1954 · 5 · 7 쭕대구 ㈜서울 성동구 왕십리로222 한양대학교 인문과학대학 독어독문학과(02-2220-0764) 뺵1978년 연세대 독어독문학과졸 1983년 同대학원 독어독문학과졸 1991년 문학박사(독일 튀빙겐대) 뼪1990년 한양대 · 연세대 · 이화여대 강사 1991년 한양대 인문과학대학 독어독문학과 조교수 · 부교수 · 교수(현) 1995~1997년 고등학교2종교과서 검정심사위원장 1996~1997년 독일 자유백림대학 객원교수 1998~1999년 현대독어학회 회장 1999~2002년 한국텍스트언어학회 회장 2004년 미국 오리건대 객원교수 2013년 한국훔볼트협회 회장

이강호(李康浩)

쌩1958 · 7 · 2 쭕경남 사천 ㈜경남 함안군 가야읍 선왕길59(055-580-9214) 뺵창원대 행정학과졸, 同대학원 행정학과졸, 행정학박사(창원대) 뼪1984년 소방공무원 임용(지방소방사 공채) 1997년 지방소방위 승진, 창원시 가음정파출소장 · 경남도 소방본부 소방행정과 근무 2002년 지방소방경 승진, 경남 동마산소방서 소방행정계장 · 방호계장 · 구조계장 · 상황실장, 경남 창원소방서 소방행정계장, 경남도 소방본부 소방행정과 근무 2008년 지방소방령 승진, 경남 김해소방서 소방행정과장 · 예방안전과장, 경남도 소방본부 화재조사담당 · 장비담당 · 소방행정담당 2014년 同소방본부 구조구급과장(지방소방정) 2015년 경남 밀양소방서장 2016년 同합안소방서장(현) 쌍대통령표창, 행정자치부장관표창(2회), 경남도지사표창(3회)

이강호(李康豪) LEE Kang Ho

쌩1967 · 4 · 8 쭕전주(全州) 쭕전북 ㈜인천 남동구 정각로29 인천광역시의회(032-440-6017) 뺵전주대 무역학과졸, 인천대 행정대학원 사회복지학과졸 뼪나사렛한방병원 총무과장, 민주당 인천시당 청년위원장 2006~2010년 인천시 남동구의회 의원 2006~2008년 同총무위원장 2010년 인천시의회 의원(민주당 · 민주통합당 · 민주당 · 새정치민주연합) 2010~2012년 同문화복지위원장 2011~2015년 (재)인천시의료관광재단 이사 2011~2015년 (주)인천유나이티드프로축구단 감사 2012~2014년 인천시의회 기획행정위원회 위원 2012~2014년 同예산결산특별위원회 위원 2013년 2014인천아시아경기대회조직위원회 자문위원 2013년 인천노인종합문화회관 운영위원장(현) 2014년 인천시의회 의원(새정치민주연합 · 더불어민주당)(현) 2014년 同운영위원회 위원 2014년 同교육위원회 위원 2016년 同제2부의장(현) 2016년 同문화복지위원회 위원(현) 쭕기독교

이강후(李康厚) LEE Kang Hoo

쌩1953 · 6 · 4 쭕전주(全州) 쭕강원 원주 ㈜강원 원주시 치악로1793 새누리당 원주시乙당원협의회(033-732-0411) 뺵1970년 원주고졸 1976년 강원대 법학과졸 1978년 서울대 행정대학원 행정학과졸 1994년 미국 조지워싱턴대 대학원 행정학과졸 1999년 행정학박사(고려대) 2011년 명예 경영학박사(몽골 후리정보통신기술대) 2014년 명예 경영학박사(서울과학기술대) 뼪1978년 행정고시 합격(22회) 1980년 상공부 사무관 1984년 駐제네바대표부 상무관 1994년 국회사무처 파견 1995년 통상산업부 중소기업국 창업지원과장 1996년 同아주통상1담당관 2002년 미국 UC

버클리 파견 2003년 산업자원부 무역위원회 무역조사실장 2004년 중소기업청 기획관리관 2005~2007년 대통령자문 동북아시대위원회 경제협력팀장 2007년 산업연구원 파견 2007년 제17대 대통령직인수위원회 기후변화협약TF 전문위원 2008~2009년 지식경제부 우정사업정보센터장(일반직고위공무원) 2010~2012년 대한석탄공사 사장 2010년 在京원주고등문화회 회장 2011년 몽골 후리(HU-REE)정보통신기술대 에너지자원공학과 명예교수(현) 2012년 새누리당 원주시乙당원협의회 운영위원장(현) 2012~2016년 제19대 국회의원(원주乙, 새누리당) 2012년 국회 지식경제위원회 위원 2013년 국회 산업통상자원위원회 위원 2014년 국회 통상관계대책특별위원회 위원 2014년 새누리당 경제혁신특별위원회 공기업개혁분과 위원 2015년 同통일위원회 위원장 2015년 同나눔경제특별위원회 위원 2015년 국회 평창동계올림픽및국제경기대회지원특별위원회 위원 2016년 제20대 국회의원선거 출마(강원 원주시乙, 새누리당) 쌍국회의장표창(1983), 대통령표창(2010), 한국경제신문 올해의 CEO대상 가치경영(공공)부문(2011) 쐔'한국의 벤처산업발전론'(2006) '새로운 성장동력 대체에너지'(2007) '이강후의 새로운 도전'(2011) '화석에너지의 종말 신재생에너지의 탄생'(2013)

이강훈(李江薫) RHEE Kang Hoon

쌩1943 · 8 · 23 쭕전주(全州) 쭕서울 ㈜경북 구미시 1공단로6길151의97 (주)한국이포 회장실(054-461-6080) 뺵1961년 서울고졸 1965년 서울대 경제학과졸 뼪1964년 한국일보 입사 1977년 중앙일보 경제부 차장 1978년 동양나이론(주) 기획실 부장 1980년 同이사 1980년 효성바스프(주) 이사 1985년 同상무이사 1989년 同전무이사 1995년 효성물산(주) 부사장 1997년 효성그룹 화학사업부 사장 1998년 효성물산 대표이사 사장 1998년 (주)효성 고문 1998년 (주)한국이포 회장(현) 쌍석탑산업훈장 쭕기독교

이강훈(李康薫) LEE Kang Hoon

쌩1953 · 1 · 20 쭕경기 양평 ㈜서울 강남구 영동대로308 (주)오뚜기 사장실(02-2010-0811) 뺵1971년 신일고졸 1975년 연세대 식품공학과졸 1987년 同산업대학원 식품공학과졸 뼪(주)오뚜기 제조본부장(상무이사), 同영업본부 전무이사, 同부사장 2008년 同대표이사 부사장 2010년 同대표이사 사장(현) 쌍서울AP클럽 올해의 광고인상(2014)

이강훈(李康勳) Lee kang hun

쌩1970 · 8 · 17 ㈜서울 송파구 올림픽로300 애비뉴엘9층 롯데물산 임원실(02-3213-5801) 뺵부산 남일고졸, 고려대졸 뼪1996년 호텔롯데 입사 2011년 롯데쇼핑 정책본부 홍보실 근무 2012년 롯데면세점 홍보 · 마케팅팀장 2014년 同부산점장(상무) 2015년 롯데물산 홍보담당 상무(현)

이강희(李康熙) LEE Kang Hee (法志)

쌩1942 · 5 · 5 쭕전주(全州) 쭕인천 ㈜서울 영등포구 의사당대로1 대한민국헌정회(02-757-6616) 뺵1963년 수원농림고졸 1987년 인하대 경영대학원졸 1990년 서울대 행정대학원 수료 뼪1981년 대통령 선거인 · 평통 자문위원 1981년 인천항운노동조합 위원장 1981년 전국항운노동조합연합회 부위원장 1983년 민주정의당(민정당) 인천중구 · 남구지구당 노동분과위원장 1984년 한국노동조합총연맹 인천시협의회 의장 1984년 인천항운 직업훈련원 이사장 1985년 同노조장학회 이사장 1987년 인항고 설립 · 이사장 1988년 제13대 국회의원(인천南乙, 민정당 · 민자당) 1990년 민자당 인천南乙지구당 위원장 1993년 同노동특별위원회 부위원장 1996년 제15대 국회의원(인천南乙, 신한국당 · 한나라당 · 국민회의 · 새천년민주당) 1996년 신한국당 인천시지부 위원장 1999년 국민회의 수석사무부총장 2000년 새천년민주당 인천南乙지구당 위원장 2000년 同정책위원회 부의장 2002년 하나로국민연합 최고위원 겸 정책위원회 의장, 인천시 원로자문위원회 위원(현) 2015년 대한민국헌정회 이사(현), 민주평통 자문위원 쌍국무총리표창 쐔'항만기능인의 역할' 쭕기독교

이개명(李開明) LEE Kae Myung

쌩1961 · 8 · 19 ㈜제주특별자치도 제주시 제주대학로102 제주대학교 전기공학과(064-754-3673) 뺵1984년 연세대 전기공학과졸 1986년 同대학원졸 1990년 전기공학박사(연세대) 뼪1991년 제주대 전기공학과 조교수 · 부교수 · 교수(현) 1992~1993년 同전기공학과장 1996~1997년 한국과학기술원 방문교수 1996~1997년 한국전기전자재료학회 편집위원 1999~2000년 삼성전기(주) 유급기술자문교수 2001년 제주대 정보통신연구소장 2003~2005

년 同중소기업지원센터 소장 2003~2005년 산학연전국협의회 이사 2003~2005년 제주지역산학연협의회 회장 2005~2006년 미국 UCLA 방문학자 2007~2009년 제주대 정보통신원장 2007~2009년 제주권역대학 e-러닝지원센터 센터장 2007~2009년 국공립대학정보기관협의회 이사 2007~2009년 한국대학정보화협의회 이사 2008~2009년 대한전기학회 제주지부장 2010년 사이버대학 설립심사위원 2010~2014년 과학기술제주지역협의회 부회장 2012년 제주대 전기공학과장 2012~2014년 대한전기학회 법제도위원회 위원 2014년 제주대 스마트그리드와청정에너지융복합산업인력양성사업단장(현) 2015년 同공과대학장 겸 산업대학원장(현)

이개호(李介昊) LEE Gae Ho

[생]1959·6·23 [본]전주(全州) [출]전남 담양 [주]서울 영등포구 의사당대로1 국회 의원회관719호(02-784-2165) [학]1977년 광주 금호고졸 1981년 전남대 경영학과졸 [경]1980년 행정고시 합격(24회) 1981년 총무처·전남도·국세청 수습행정관 1982년 목포세무서 총무과장 1982년 전남도 서무과 사무관 1984년 同전산2계장·여권계장·경제분석계장·기획계장 1991년 同전산담당관·어정과장·농업정책과장·총무과장 1995년 광양시 부시장·전남도 기획관 1997년 내무부 지방자치기획단·대통령직인수위원회 근무 1999년 전남도지사 비서실장 2000년 목포시 부시장·여수시 부시장 2001년 전남도 관광문화국장 2002년 同자치행정국장 2005년 同기획관리실장 2006년 행정자치부 자치경찰제실무추진단장 2007년 同공무원노사협력관 2008년 국방대 안보과정 교육파견 2008년 행정안전부 기업협력지원관 2009~2011년 전남도 행정부지사 2012년 포뮬러원(F1)국제자동차경주대회조직위원회 사무총장 2014년 제19대 국회의원(전남 담양군·함평군·영광군·장성군 보궐선거 당선, 새정치민주연합·더불어민주당) 2014년 국회 미래창조과학방송통신위원회 위원 2014~2015년 새정치민주연합 원내부대표 2014~2015년 국회 창조경제활성화특별위원회 위원 2014~2015년 국회 운영위원회 위원 2015년 새정치민주연합 윤리심판원 부원장 2015년 국회 예산결산특별위원회 위원 2015년 더불어민주당 전남도당 위원장(현) 2016년 제20회 국회의원(전남 담양군·함평군·영광군·장성군, 더불어민주당)(현) 2016년 더불어민주당 비상대책위원회 위원 2016년 국회 예산결산특별위원회 위원(현) 2016년 국회 농림축산식품해양수산위원회 간사(현) 2016년 더불어민주당 전남담양군·함평군·영광군·장성군지역위원회 위원장(현) [상]대통령표창(1988), 홍조근정훈장(2003), 자랑스런 윤봉인(전남대)상(2010), 광주일보 선정 광주전남발전을이끌 뉴파워 58인 선정(2010) [저]'나는 산으로 간다'(2001, 도서출판 산하) '나는 일꾼이다'(2011, 도서출판 전라도닷컴) [종]불교

이 건(李 健) Kun LEE

[생]1954·2·8 [본]용인(龍仁) [출]부산 [주]서울 동대문구 서울시립대로163 서울시립대학교 도시과학대학 도시사회학과(02-6490-2736) [학]1972년 경기고졸 1977년 서울대 수학과졸 1982년 미국 럿거대 대학원 수학과졸 1994년 사회학박사(미국 하버드대) [경]1995~2001년 동국대 조교수·부교수 1999~2000년 同연구처 부처장 2001년 서울시립대 도시과학대학 도시사회학과 교수(현) 2003~2011년 통계청 통계위원 2003년 한국조사연구학회 회장 2010년 한국사회학회 부회장 2011~2015년 서울시립대 총장

이 건(李 健·女) LEE KUN

[생]1968·10·11 [출]서울 [주]서울 강남구 봉은사로406 한국문화재재단 경영이사실(02-3011-2103) [학]상명대 국어교육과졸, 同대학원 국문학과졸, 행정학박사(건국대) [경]한나라당 이회창 대통령후보 정무보좌역, 이계경 국회의원 보좌관, 새누리당 상근부대변인, 국회 부대변인 2014년 同대변인(1급) 2015년 한국문화재재단 경영이사(상임이사)(현)

이건개(李健介) Kun K. LEE (宙源)

[생]1941·10·17 [본]안악(安岳) [출]평남 평양 [주]서울 강남구 언주로711 건설회관6층 법무법인 주원(02-6710-0300) [학]1959년 경기고졸 1963년 서울대 법대졸 1965년 同사법대학원졸 1976년 미국 하버드대 대학원 국제정치학과 수료 1981년 명예 법학박사(중화학술원) [경]1963년 사법시험 합격(수석수료)(1회) 1965년 육군 법무관 1966년 서울지검 검사 1969년 대통령비서실 파견 1971년 대통령 사정담당 비서관 1971년 서울시 경찰국장 1973년 치안본부 제1부국장 1977년 서울지검 검사 1979년 대검찰청 검찰연구관 1980년 서울고검 검사 1980년 건국대 중공문제연구소 부소장 1980년 법무부 인권과장 1981년 대검찰청 중앙수사부 1과장 1982년 서울지검 공안부장 1985년 서울고검 검사 1986년 서울지검 제3차장검사 1987년 법무연수원 기획부장 1988년 대검찰청 형사2부장 1989년 同공안부장 1992년 서울지검 검사장 1993년 대전고검 검사장 1995년 변호사 개업 1995년 나라미래준비모임 대표(현) 1996년 제15대 국회의원(전국구, 자민련) 1996년 자민련 생활법제개혁위원장 2000년 同구리지구당 위원장 2000년 법무법인 가람 대표변호사 2000년 유진합동법률사무소 대표변호사 2001년 김·장·리법률사무소 대표변호사 2001년 주원전문지식서비스그룹 회장(현) 2005년 법무법인 케이씨엘 고문변호사 2007년 국민실향안보당 대표 2009년 법무법인 주원 대표변호사(현) 2014년 국회의장직속 헌법개정자문위원회 위원(현) [상]홍조근정훈장(1972) [저]'대통령중심제' '동굴의 대통령 열린 대통령' '올바른 나라의 틀을 후손에게' '미래를 향한 뿌리운동' '새천년을 대비한 외교·통일정책상의 문제점과 방향' '대통령권한 줄이기 운동을 위한 신사고' '대통령이 구조조정 되어야 나라가 산다' '현 정치권의 분권대통령 논쟁의 방향제시 및 제왕적 대통령 개혁의 방향제시' '포퓰리즘은 죽어야 한다' '역대 정권의 병폐와 새로운 한국의 길'(2012) [종]기독교

이건국(李建國) LEE KUN KOOK

[생]1961·5·16 [출]충북 중원 [주]경기 수원시 영통구 센트럴타운로114의4 (주)코리아나화장품(031-722-7000) [학]1984년 충북대 화학과졸 1986년 同이과대학원 유기 및 생화학과졸 1999년 유기및생화학박사(충북대) [경]1988~1993년 (주)럭키 근무 1993년 (주)코리아나화장품 입사 2006년 同상무보 2009년 同상무이사 2014년 同부사장(현) [상]보건복지부장관표창(1997), 대통령표창(2003), 동암연구개발대상(2004), 지식경제부장관표창(2008), 산업포장(2009), 은탑산업훈장(2016)

이건국(李建國) LEE Geon Kook

[생]1962·10·5 [출]서울 [주]경기 고양시 일산동구 일산로323 국립암센터 대외협력실(031-920-1930) [학]1987년 서울대 의대졸 1990년 同대학원졸 1996년 의학박사(서울대) [경]1987~1991년 서울대병원 인턴·해부병리과 레지던트 1991~1994년 단양·제천서울병원 공중보건의 1994~2001년 충북대 의대 병리학교실 전임강사·조교수 1999~2001년 미국 Medical Colleage of Georgia Ppostdoctoral Fellow 2001~2004년 충북대 의대 병리학교실 부교수 2004년 국립암센터 부속병원 폐암센터 전문의(현) 2004년 同부속병원 병리과 전문의(현) 2007년 同연구소 종양은행장(현) 2007년 同연구소 폐암연구과 책임연구원(현) 2007~2012년 同부속병원 병리과장 2009~2012년 同부속병원 진단검사센터장 2014년 同대외협력실장(현) 2015년 국제암대학원대학교 시스템종양생물학과 겸임교수(현)

이건리(李建莅) LEE Kun Ree

[생]1963·6·11 [출]전남 함평 [주]서울 서초구 서초대로74길4 삼성생명 서초타워 법무법인(유) 동인(02-2046-0602) [학]1981년 전주고졸 1985년 서울대 법학과졸 2001년 연세대 보건대학원 의료화법고위자과정 수료 2005년 同법무대학원 민법학과졸 2007년 법학박사(한양대) 2013년 서울대 법대 최고위과정 수료 [경]1984년 사법시험 합격(26회) 1987년 사법연수원 수료(16기) 1990년 서울지검 북부지청 검사 1992년 광주지검 목포지청 검사 1994년 서울지검 남부지청 검사 1996년 부산지검 검사 1998년 대검찰청 검찰연구관 2000년 창원지검 밀양지청장 2001년 서울지검 부부장검사 2002년 사법연수원 교수 2004년 대검찰청 정보통신과장 2005년 서울중앙지검 형사6부장 2006년 부산지검 동부지청 차장검사 2007년 춘천지검 차장검사 2008년 전주지검 차장검사 2009년 서울고검 송무부장(검사장급) 2009년 광주고검 차장검사 2010년 제주지검장 2011년 창원지검장 2012~2013년 대검찰청 공판송무부장 2012년 同형사부장 직무대행 2014년 법무법인(유) 동인 변호사(현) 2016년 (재)한사랑농촌문화재단 이사장(현)

이건모(李健模) Kun Mo LEE

[생]1952·10·18 [본]평창(平昌) [출]서울 [주]경기 수원시 영통구 월드컵로206 아주대학교 공과대학 환경공학과(031-219-2405) [학]1974년 서울대 생물학과졸 1978년 同대학원 미생물학과졸 1985년 공학박사(미국 유타대) [경]1989년 아주대 공과대학 환경공학과 조교수·부교수·교수(현) 1992년 한국전과정평가학회 부회장 1996년 통상산업부 산업정책자문위원 1997년 품질·환경경영체제심사원 자격인증위원회 위원장 1998~2002년 ISO/TC 207 의장고문단 한국대표 1999~2002년 ISO/TC 207/WG3 Ecodesign Convener 2000~2001년 태평양지역표준화기구(PASC) 총회 의장 2001~2011년 국제전기전자표준화기구(IEC) 환경자문위원회(ACEA) 위원 2005년 아시아태평

양경제협력체(APEC) 표준및적합성평가소위원회 의장 2005년 국제전기전자표준화기구(IEC) TC111 한국대표단장 2005년 IEC/TC 111/WG2(전기전자제품 환경표준) 환경친화제품설계 전문가(현) 2007~2012년 아시아태평양경제협력체(APEC) 무역촉진TFTF 공동의장 2015년 아주대 공학대학원장(현) [상]미국 Water Environment Federation 최우수연구상(1987), 미국 연방정부 환경청(EPA) 연구상(1991), 국제표준시스템 경영상(2004), 대통령표창(2007) [저]'환경 라벨링과 기업에 미치는 영향'(1996) '환경 전과정평가(LCA)의 이론과 지침'(1998) 'Best Practices of ISO 14021(Self-Declared Environmental Claims)'(2003) 'Ecodesign Implementation'(2004, Springer) 'The RoHS manual for SMEs'(2008) 'ECODESIGN-The Comepetitive Advantage'(2010, Springer) 'Handbook of Sustainable Engineering'(2013, Springer)

이건목(李建穆) LEE Geon Mok

[생]1962 · 8 · 28 [출]전북 익산 [주]서울 서초구 동작대로 196 이건목원리한방병원(02-537-1700) [학]1981년 남성고졸 1987년 원광대 한의학과졸 1990년 同한의의학전문대학원 한의학과졸 1993년 한의학박사(대전대) [경]1990년 원광대 한방병원 침구1과장 1993~1999년 同한의학과 전임강사 · 조교수 1993년 同한방병원 교육부장 1997년 同한방병원 진료부장 1999년 同한의학과 부교수 1999년 同군포한방병원 원장 1999년 同뇌신경연구센터 소장 2000년 보건복지부 의료심사위원 2003~2012년 원광대 산본한방병원장 2004~2012년 同한의학과 교수 2005년 同군포한방병원장 2007~2009년 대한침구학회 회장 2009년 세계중의침도학회 부회장(현) 2011년 중화특색의약학회 명예회장(현) 2011년 중화의약과학원 · 남경 신중의학연구원 명예원장(현) 2012년 서울원광한방병원 원장 2014년 이건목원리한방병원 원장(현) [상]보건복지부장관표창 [저]'도해침구학'

이건배(李建培) LEE Geon Bae

[생]1964·7·15 [출]전남 영광 [주]서울 마포구 마포대로174 서울서부지방법원(02-3271-1114) [학]1982년 남성고졸 1986년 고려대 법대졸 [경]1988년 사법시험 합격(30회) 1991년 사법연수원 수료(20기) 1991년 광주지법 판사 1993년 同순천지원 판사 1995년 수원지법 성남지원 판사 1999년 서울지법 남부지원 판사 2001년 서울지법 판사 2002년 서울고법 판사 2004년 서울북부지법 판사 2006년 인천지법 부장판사 2009년 서울동부지법 부장판사 2011년 서울중앙지법 부장판사 2014년 서울서부지법 부장판사 2015년 同수석부장판사(현)

이건상(李建相) LEE Keon Sang

[생]1965 · 9 · 26 [본]경주(慶州) [출]전남 완도 [주]광주 북구 제봉로324 전남일보 기획취재본부(062-527-0015) [학]조선대부속고졸, 한양대 사회학과졸, 전남대 행정대학원졸 [경]전남일보 경제부 부장대우, 광주YMCA 이사 2009년 전남일보 정치지역부장 2010년 同문화체육부장 2012년 同편집국장 2016년 同기획취재본부장(현) [상]한국기자협회 한국기자상(1996 · 2011), 행정안전부장관표창(2010), 제10회 한국참언론인대상 지역발전부문(2014), 한양언론인회 한양언론인상(2014) [저]'세계 문화도시를 가다'(2005) '항일음악전사 정율성'(2007) '톡톡튀는 아이디어 지역살린다'(2009) [종]천주교

이건수(李健洙) LEE Kun So

[생]1942 · 6 · 30 [출]서울 [주]서울 중구 퇴계로18 대우재단빌딩13층 (주)동아일렉콤 회장실(02-757-2050) [학]1964년 경희대 정치외교학과졸 1986년 연세대 산업대학원 수료 1999년 명예 경영학박사(경희대) 2001년 명예 인문학박사(미국 페어레이디킨슨대) [경]1967년 뉴욕 KS무역 HAN&LEE(주) 대표이사 1976년 Delta무역(주) 대표이사 1986년 동아전기(주) 대표이사 1992년 한국통신산업협회 부회장 1996년 (주)동아일렉콤 대표이사 회장 2000년 한국통신학회 협동부회장 2002년 경희대 경영학부 겸임교수 2005년 차이나넷콤 경영고문(현) 2005년 (주)동아일렉콤 회장(현) 2007년 제17대 대통령직인수위원회 자문위원 2013년 한국전쟁기념재단 정전60주년기념사업추진위원회 위원 2014년 학교법인 경희학원 이사(현) [상]대통령표창(1989 · 1993), 국세청장표창(1989), 체신부장관표창(1989), 한국통신사장표창(1990), 동탑산업훈장(1991), 국무총리표창(1992 · 1996), 정보통신부장관표창(1997 · 1999 · 2005), 은탑산업훈장(1999), 베트남정부 공로훈장(2002), 매일경제 선정 '대한민국 글로벌 리더'(2014)

이건수(李建洙) LEE Kun Soo

[생]1953 · 1 · 26 [본]전주(全州) [출]경기 양평 [주]서울 광진구 광나루로56길85 테크노마트 사무동1905호(02-3424-1909) [학]1971년 장충고졸, 건국대 무역학과졸 [경]포항제철(주) 경영지원실 대외협력실장, 同서울사무소장, (주)포스코 포항제철소 행정담당 부소장 2006년 포스코건설 전무이사 2007~2011년 전남드래곤즈 대표이사 사장 2011~2013년 同고문 2013년 KSC 대표이사 회장(현) [상]석탑산업훈장 [종]불교

이건수(李建洙) LEE KEON SOO

[생]1966 · 8 · 23 [본]광주(廣州) [출]경기 여주 [주]경기 성남시 분당구 성남대로343번길9 SK주식회사 C&C 임원실(02-6400-1023) [학]서울대 신문학과졸, 성균관대 대학원 경영학과졸 [경]1992년 선경그룹 홍보실 근무 1996년 SK텔레콤 프로모션팀 근무 2000년 同판매기획팀 근무 2009년 同MD기획팀 근무 2012년 SK C&C Device사업본부장 2014~2015년 同Device사업본부장(상무) 2015년 SK주식회사 C&C Device사업본부장(상무)(현)

이건식(李建植) LEE Gun Sik

[생]1944·8·17 [본]한산(韓山) [출]전북 김제 [주]전북 김제시 중앙로40 김제시청 시장실(063-542-8122) [학]1963년 익산 남성고졸 1968년 육군사관학교졸(24기) 1976년 성균관대 무역대학원졸 1978년 육군대학졸 1979년 서울대 행정대학원 국가정책과정 수료 2011년 행정학박사(전주대) [경]1981년 예편(육군 소령) 1981년 민정당 조직부장 1982년 同서울시지부 부국장 1985년 同중앙정치연수원 훈련국장·교수 1987년 同제13대 대통령선거대책본부 훈련단장 1988년 同민원실장 1990년 민자당 제1정책조정실 부실장 1992년 同김제지구당 위원장 1996년 신한국당 김제지구당 위원장 1997년 한나라당 김제지구당 위원장 1997년 21세기국가경영연구회 이사 1998~2002년 지체장애인김제시지부 후원회장 1998년 금만농어촌발전연구소 이사장 2006·2010·2014년 전북 김제시장(무소속)(현) 2009~2011년 남성총동창회 회장 2014~2016년 전국시장·군수·구청장협의회 부회장 [상]월남참전 무공훈장(1970), 무공포장(1970), 대한민국 윤리경영대상(2008), 2012 한국을 빛낸 사람들 대상(2012), 남성총동창회 '자랑스러운 남성인'(2015), 복지TV 자랑스러운 대한민국 복지대상 배려부문(2015), 대한민국혁신기업인 공유가치창출부문 대상(2016) [저]'금만들녘을 가슴에 안고' '금만들녘에 혼을 심고' '통일정책 방안' [종]기독교

이건영(李健永) LEE Geun Young

[생]1944 · 3 · 8 [본]전주(全州) [출]서울 [주]서울 중구 소공로94 OCI빌딩13층 (주)유니온 비서실(02-757-3801) [학]1962년 경동고졸 1967년 중앙대 경영학과졸 1971년 미국 미시간주립대 대학원 경영학과졸 [경]1974년 (주)유니온 이사 1978년 同상무이사 1984년 同전무이사 1987년 同대표이사 사장 2007년 同대표이사 회장(현) [종]불교

이건영(李建榮) Lee Geon Yeong

[생]1961 · 7 · 12 [주]충남 천안시 동남구 원성1길19 새누리당 충남도당(041-565-1644) [학]천안고졸, 청주대 신문방송학과졸 1989년 서강대 대학원 신문방송학과졸 [경]대통령비서실 행정관, 순천향대 신문방송학과 대우교수, 同산학협력단 산학협력관, 게임엑스포 부사장, 포항산업과학연구원 경영경제연구소 선임연구원, 국정홍보처 정보공개심의위원회 위원, 한나라당 박근혜대표 특보, 아산포럼 대표 2010년 충남 아산시장선거 출마(무소속) 2011년 영상물등급위원회 심의위원 2011년 활로커뮤니케이션즈 고문 2012년 제19대 국회의원선거 출마(아산, 새누리당) 2012~2013년 새누리당 아산시당원협의회 운영위원장 2014~2016년 한국가스기술공사 상임감사 2015~2016년 대전감사협의회 회장 2016년 새누리당 충남아산시乙당원협의회 운영위원장(현) 2016년 제20대 국회의원선거 출마(충남 아산시乙, 새누리당)

이건완(李建完)

[생]1961·9·21 [출]경기 양주 [학]1980년 금오공고졸 1984년 공군사관학교 수석졸업(32기) 1994년 KF-16도입 교관교육과정 수료 2005년 수원대 대학원 경영학과졸 2006년 국방대 안보과정 수료 2009년 同고위정책결정자과정 수료 2011년 연세대 행정대학원 최고위정책과정 수료 2013년 미국 해군대 고위국방경영자과정 수료 [경]2006년 대령 진급 2007년 합동참모본부 공중작전과장 2009년 공

군본부 작전훈련처장 2010년 합동참모본부 작전3처장(준장) 2011년 공군 제11전투비행단장(준장) 2013년 同북부전투사령관(소장) 2014년 同인사참모부장(소장) 2015년 공군사관학교 교장(중장) 2016년 공군 참모차장(중장)(현) [상]국방부장관표창(2002), 대통령표창(2007), 보국훈장 천수장(2012)

이건용(李建鏞) LEE Geon Yong

[생]1947·9·30 [본]덕수(德水) [출]평남 대동 [주]서울 종로구 세종대로175 서울시오페라단 단장실(02-399-1114) [학]1965년 서울예술고졸 1974년 서울대 음대 작곡과졸 1976년 同대학원 작곡과졸 1979년 독일 프랑크푸르트대 음악대학원 작곡과졸 1986년 서울대 대학원 박사과정 수료 2003년 명예 음악박사(단국대) [경]1979~1983년 효성여대 음대 전임강사·조교수 1983~1992년 서울대 음대 전임강사·조교수·부교수 1992~2013년 한국예술종합학교 작곡과 교수 1992~1997년 同교학처장 1998년 同작곡과장 2001년 同음악원장 2002~2006년 同총장 2005~2007년 문화재청 문화재위원 2012년 서울시오페라단 단장(현) 2012~2013년 세종문화회관 서양음악 총괄예술감독 겸임 2013년 한국예술종합학교 작곡과 명예교수(현) [상]서울평론상, KBS 국악대상, 김수근 문화상, 금호문화상(1998), 보관문화훈장(2007), 제59회 서울시 문화상 서양음악분야(2010), 청조근정훈장(2013) [저]'민족음악의 지평' '한국음악의 논리와 윤리' '민족음악론' '우리가 물이 되어' '李建鏞합창곡집' [역]'음악사회학' [작]'태주로부터의 전주곡' '남려로부터의 전주곡' '첼로산조' 'AILM을 위한 미사' '혼자사랑' '바리' '라자로의 노래' [종]기독교

이건우(李建雨) Lee, Gonou

[생]1955·1·3 [출]경북 [주]서울 관악구 관악로599 서울대학교 인문대학 불어불문학과(02-880-6127) [학]1977년 서울대 불어불문학과졸 1979년 同대학원 불문학과졸 1984년 同대학원 불어불문학 박사수료 1992년 문학박사(프랑스 Univ. de Grenoble III) [경]1981~1982년 육군사관학교 전임강사 1982~1987년 중앙대 불어불문학과 전임강사·조교수 1993~2002년 서울대 인문대학 불어불문학과 조교수·부교수 2002년 同교수(현) 2003년 프랑스학회 이사 2016년 한국불어불문학회 회장(현) [저]'Le francais d'aujourd'hui(共)'(1992, 형설출판사) '새로 읽는 고전(共)'(1998, 국민일보) '한국근현대문학의 프랑스문학수용(共)'(2009, 서울대출판문화원) [역]'20세기 음악의 위기(共)'(1982, 홍성사) '문학텍스트의 사회학을 위하여'(1983, 문학과지성) '랭보에게(Poemes choisis de Verlaine)'(1997, 솔)

이건우(李建雨) LEE Kunwoo

[생]1955·12·11 [출]서울 [주]서울 관악구 관악로1 서울대학교 기계항공공학부(02-880-7141) [학]1974년 경기고졸 1978년 서울대 기계공학과졸 1981년 미국 MIT 대학원 기계공학과졸 1984년 공학박사(미국 MIT) [경]1984~1986년 미국 일리노이대 기계공학과 조교수 1986~1995년 서울대 공대 기계설계학과 조교수·부교수 1990~1992년 同공대 최고산업전략과정 부주임 1992~1993년 미국 MIT 기계공학과 객원부교수 1994~1996년 서울대 공대 기계설계학과장 1995년 同공대 기계항공공학부 교수(현) 2003~2004년 미국 스탠퍼드대 기계공학과 객원교수 2004~2014년 자동설계국제학술지 'CAD 저널' 편집장 2005~2007년 서울대 공대 교무부학장 2006~2009년 同차세대융합기술연구원장 2006년 한국과학기술한림원 정회원(현) 2007년 한국공학한림원 정회원(현) 2013년 대한기계학회 회장 2013년 서울대 공과대학장(현) 2013년 미국기계학회(ASME) 석학회원(Fellow)(현) 2015년 한국공학한림원 부회장(현) 2015년 한국공과대학장협의회 회장(현) 2015년 세계공과대학장협의회(GEDC) 집행위원(현) 2015년 서울대 공학전문대학원장(현) [상]한국공학한림원 젊은공학인상(2005), 경암학술상(2006), 일본기계학회 설계공학및시스템부문 공적상(2008), Elsevier Editor Emeritus Award(2014) [저]'컴퓨터그래픽과 CAD' '기계제도' 'Principles of CAD/CAM/ CAE Systems'

이건욱(李健旭) Lee Kuhn-Uk

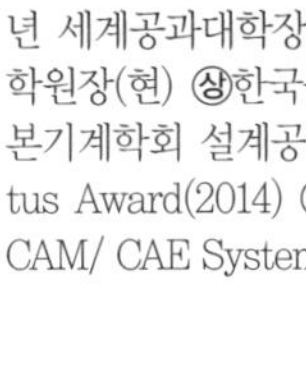

[생]1946·1·29 [출]경북 [주]경기 고양시 덕양구 화수로14번길55 명지병원 암통합치유센터(031-810-5600) [학]1970년 서울대 의대졸 1973년 同대학원졸 1979년 의학박사(서울대) [경]1980~2011년 서울대 의대 외과학교실 교수 2001년 한국간담췌외과학회 회장 2008~2009년 대한간학회 회장 2011년 서울대 명예교수(현) 2011~2013년 건국대병원 자문교수 2013년 명지병원 암통합치유센터장(현) [저]'pancreatoduodenectomy'(1997, Springer) '소화기학'(2000, 삼원문화사) '간담췌외과학'(2000, 의학문화사) '간암'(2007, 아카데미아)

이건웅(李健雄) LEE Keun Woong (玄目)

[생]1944·2·3 [본]경주(慶州) [출]평남 평양 [주]서울 서초구 서초중앙로69 르네상스오피스텔502호 소산모임법률사무소(02-585-2455) [학]1962년 경기고졸 1966년 서울대 법대졸 1968년 同사법대학원 수료 [경]1966년 사법시험 합격(6회) 1968년 육군 법무관 1971년 서울지법 판사 1980년 서울고법 판사 1982년 인천지법 부장판사 1983년 서울형사지법 부장판사 1986년 서울민사지법 부장판사 1988년 대법원장 비서실장 1988년 서울지법 동부지원 부장판사 1990년 서울고법 부장판사 1990년 부산고법 부장판사 1991년 서울고법 부장판사 1991년 서울형사지법 수석부장판사 1991년 서울고법 부장판사 1994년 사법연수원 수석교수 1994년 서울고법 부장판사 1996년 변호사 개업 1997~2002년 경찰위원회 비상임위원 1997~2003년 행정심판위원회 위원 2001~2005년 법무법인 세종 공동대표변호사 2006년 同변호사, 언론중재위원회 중재위원, 한국자산관리공사 경영관리위원 2009~2013년 서울법원조정센터 상임조정위원 2011년 대한상사중재원 중재인 2013년 소산모임 법률사무소 변호사(현) [상]보국훈장

이건웅(李健雄) LEE Ken Woong

[생]1944·11·1 [본]재령(載寧) [출]경남 함안 [주]서울 강남구 영동대로401 한성인베스트먼트 사장실(02-2185-3071) [학]1968년 서울대 언어학과졸 [경]1980~1986년 독일 SCHABE무역 한국지사장 1986~1988년 서울올림픽조직위원회 운영본부 사무차장 1989~1992년 쌍용자동차 이사 1993년 쌍용화재해상보험 상무이사 1996~2001년 쌍용양회 전무이사, 쌍용그룹 그룹비서실장 2001~2004년 한국보이스카우트지원재단 상임이사 2004년 한성자동차(주) 부사장 2005년 한성인베스트먼트 대표이사 사장(현) 2006년 한성자동차(주) 사장 2010~2011년 同공동대표이사 [상]세계잼버리대회유공 대통령표창, 2002한일월드컵대회(유공) 국민체육포장

이건원(李建元) LEE Kun Won

[생]1945·8·26 [출]강원 양양 [주]경기 성남시 분당구 정자일로239 아이파크분당102동5층 현대EP(주) 비서실(031-785-2743) [학]1961년 양양고졸 1965년 한양대 기계공학과졸 [경]1996년 현대자동차(주) 이사 1999년 同상무이사 2001년 현대엔지니어링플라스틱 대표이사 사장 2006년 현대EP(주) 대표이사 사장 2014년 同부회장 2015년 同고문(현) [종]불교

이건종(李健鍾) LEE Keon Jong

[생]1952·12·24 [출]서울 [주]서울 강남구 영동대로517 아셈타워 법무법인 화우(02-6003-7542) [학]1976년 서울대 법학과졸 1996년 홍익대 세무대학원졸 [경]1978년 軍법무관 임용시험 합격(3회) 1980년 국방부 검찰관 1983년 사법시험 합격(25회) 1985년 사법연수원 수료(15기) 1986년 서울지검 남부지청 검사 1988년 춘천지검 강릉지청 검사 1989년 서울지검 검사 1992년 부산지검 검사 1996년 서울지검 서부지청 검사 1997년 同서부지청 부부장검사 1998년 서울고검 검사 1998년 청주지검 영동지청장 1999년 서울지검 부부장검사 2000년 울산지검 공안부장 2001년 인천지검 형사4부장 2002년 同형사4부장 2002년 수원지검 형사4부장 2003년 사법연수원 교수 2005년 서울동부지검 형사1부장 2006년 전주지검 차장검사 2007년 법무연수원 연구위원 2007년 서울고검 검사 2007년 공정거래위원회 파견 2008년 부산지검 동부지청장 2009년 서울고검 검사 2009·2011년 현대중공업(주) 감사실장 겸 법무실장(부사장) 2010년 同서울사무소장(부사장) 2013년 同준법경영담당 사장 2015년 법무법인 화우 변호사(현)

이건주(李健周) LEE Keon Joo

[생]1963·10·14 [출]인천 [주]서울 중구 퇴계로100 스테이트타워남산8층 법무법인 세종(02-316-4211) [학]1982년 인천고졸 1986년 서울대 법과대학졸 1996년 영국 런던대 수료 2006년 서울대 공과대학 최고산업전략과정(AIP) 수료(36기) 2013년 성균관대 경영대학원졸(MBA) [경]1985년 사법시험 합격(27회) 1988년 사법연수원 수료(17기) 1988년 해군 법무관 1991년 변호사 개업 1992년 서울지검 서부지청 검사 1994년 대전지검 천안지청 검사 1995년 인천지검 검사 1997년 법무부 검찰4과 검사 1999년 서울지검 검사 2000년 창원지검 부부장검사 2001년 대전지검 천안지청 부장검사 2002년 부산지검 총무부장 2002년 부산고검 검사 2003년 반부패세계회의준비사무국 기획부장 2003년 대검찰청 환경보건과장 2004년 인천지검 형사4부장 2005년 대검찰청 정보통신과장 2006년 서울중앙지검 첨단범죄수사부장 2007년 대구고

검 검사 2007년 국가정보원 파견 2008년 대검찰청 과학수사기획관 2009년 의정부지검 차장검사 2009년 수원지검 안산지청장 2010년 광주지검 차장검사 2011년 법무연수원 기획부장 2012년 법무부 범죄예방정책국장 2013년 대전지검장 2013~2015년 사법연수원 부원장 2015년 법무법인 세종 파트너변호사(현)(항)홍조근정훈장(2009)(전)'문답식 국제상거래뇌물방지법 해설'(1999, 법무부)'탈바꿈의 동양고전'(2014, 예문)

이건준(李建俊) LEE Keon Jun

(생)1964 · 7 · 23 (주)서울 강남구 테헤란로405 보광빌딩 BGF리테일 경영지원부문장실(1577-3663) (학)춘천고졸, 고려대 경제학과졸 (경)1993년 (주)보광훼미리마트 입사 2005년 同이사 2008년 同기획실장 겸 경영지원본부장(상무) 2009년 同전략기획실장(상무) 2011년 同경영지원본부장(전무) 2012년 BGF리테일 경영지원본부장(전무) 2013년 同경영지원부문장(전무) 2015년 同경영지원부문장(부사장)(현)

이건창(李建昶) LEE Kun Chang

(생)1959 · 4 · 2 (본)함평(咸平) (출)충남 공주 (주)서울 종로구 성균관로25의2 성균관대학교 경영대학(02-760-0505) (학)1977년 한성고졸 1982년 성균관대 경영학과졸 1984년 한국과학기술원(KAIST) 경영과학과졸 1988년 공학박사(한국과학기술원) (경)1988~1990년 보람투자신탁(주) 조사분석부 차장 1990~1995년 경기대 경영정보학과 교수 1995년 성균관대 경영학부 경영학전공 교수 1997년 미국 세계인명사전 'Marquis Who's Who in the World'에 등재 2000년 홍콩과학기술대 방문교수 2008년 한국지식경영학회 회장 2010년 미국 하버드대 케네디스쿨 방문교수 2010년 Online Information Review저널 편집위원, Scientia저널 편집위원, Journal of Universal Computer Science저널 편집위원 2011년 Computers in Human Behavior저널 게스트에디터 2011년 Online Information Review저널 게스트에디터 2011년 Electronic Commerce Research and Applications저널 게스트에디터 2011년 성균관대 경영대학 교수(현) 2011년 同경영대학 부학장 (상)영국 ANBAR 전자정보 최우수논문상, 성균펠로우(2006), 한국지식경영학회 최우수논문상(2008), 한국경영과학회 최우수논문상(2009), 한국경영정보학회 최우수논문상(2010) (종)기독교

이건청(李健淸) Lee Geon Cheong

(생)1942 · 3 · 30 (본)벽진(碧珍) (출)경기 이천 (주)서울 서초구 언남11길13 경일빌딩401호 문화저널21(02-2635-0100) (학)1961년 양정고졸 1966년 한양대 국어국문학과졸 1978년 同대학원 국어국문학과졸(문학석사) 1986년 문학박사(단국대) (경)1967년 한국일보 신춘문예 등단 1980~2007년 한양대 사범대학 국어교육과 전임강사 · 조교수 · 부교수 · 교수 1983년 한국시인협회 사무국장 1997년 한국시인협회 상임위원장 2002~2004년 한양대 사범대학장 2007년 同명예교수(현) 2007년 목월문학포럼 회장(현), 한양대 국어국문학과 총동문회장(현) 2008년 문화저널21 주간(현) 2010~2012년 한국시인협회 회장 (상)녹원문학상(1986), 현대문학상(1990), 한국시인협회상(1996), 한국예술발전상(2005), 올해의 최우수예술가상(2007), 홍조근정훈장(2007), 목월문학상(2010), 현대불교문학상(2010), 고산문학상(2010), 자랑스러운 양정인상(2010) (전)시집 '이건청 시집'(1970, 월간문학사) '목마른 자는 잠들고'(1975, 조광출판사) '망초꽃 하나'(1983, 문학세계사) '청동시대를 위하여'(1989, 탑출판사) '하이에나'(1990, 문학세계사) '코뿔소를 찾아서'(1995, 고려원) '석탄형성에 관한 관찰기록'(2000, 시와시학사) '푸른 말들에 관한 기억'(2005, 세계사) '소금창고에서 날아가는 노고지리'(2007, 서정시학) 시선집 '해지는 날의 짐승에게'(1991, 미래사) '이건청 문학선집(전4권)'(2007, 민족문학사) '움직이는 산'(2009) '반구대 암각화 앞에서'(2010, 동학사) '굴참나무 숲에서'(2012, 서정시학) '무당벌레가 되고 싶은 시인'(2013, 시인생각) 연구서 '문학개론'(1982, 현대문학사) '나의 별에도 봄이 오면'(1982, 문학세계사) '초월의 양식'(1983, 민족문학사) '신념의 길과 수난의 인간상'(1994, 건국대 출판부) '한국 전원시 연구'(1996, 문학세계사) '한국 현대 시인 탐구'(2004, 새미)

이건춘(李建春) LEE Kun Choon

(생)1943 · 5 · 9 (본)전주(全州) (출)충남 공주 (주)서울 강남구 테헤란로133 한국타이어빌딩 법무법인 태평양(02-3404-0191) (학)1962년 공주고졸 1966년 연세대 행정학과졸 1992년 미국 UCLA 경영대학원 최고위과정 수료 (경)1971년 행정고시 합격(10회) 1971~1977년 청량리 · 중부 · 을지로 · 남산세무서 과장 1977년 중부지방국세청 부가세과장 · 총무과장 1980~1982년 논산 · 제

주세무서장 1983년 서울지방국세청 총무과장 1985~1987년 서울개포 · 반포세무서장 1988년 국세청 기획예산과장 1989년 同재산세과장 1990년 同총무과장 1990년 同기술연구소장 1992년 同기획관리관 1993년 同재산세국장 1994년 同직세국장 1995년 경인지방국세청장 1996년 중부지방국세청장 1996년 국세청 국제조세조정관 1997년 서울지방국세청장 1998년 국세청장 1999~2000년 건설교통부 장관 2001년 법무법인 태평양 고문(현) 2004년 (주)GS홀딩스 사외이사 2007년 국세공무원교육원 명예교수 2011년 국세동우회 회장(현) (상)녹조근정훈장, 청조근정훈장 (전)'부가가치세 행정비교-프랑스 · 벨기에, 영국'(1978, 국세청)

이건태(李建泰) Lee Gun-tae

(생)1957 · 11 · 27 (출)강원 횡성 (주)서울 종로구 사직로8길60 외교부 인사운영팀(02-2100-7139) (학)1976년 서울고졸 1980년 서울대 불어불문학과졸 1985년 프랑스 국제행정대학원졸 (경)1980년 외무고시 합격(14회) 1980년 외무부 입부 1986년 駐가봉 2등서기관 1991년 駐제네바 1등서기관 1998년 외교통상부 WTO담당팀장 1998년 駐캐나다 참사관 2002년 駐휴스턴 부총영사 2003년 외교통상부 통상법률지원팀장 2004년 同통상교섭본부장 보좌관 2004년 同지역통상국장 2007년 駐제네바 차석대사 2010~2013년 駐라오스 대사 2013년 서울시 국제관계대사 2014년 駐이스라엘 대사(현)

이건태(李建台) LEE Keon Tae

(생)1966 · 12 · 21 (출)전남 영암 (주)서울 서초구 법원로16 정곡빌딩 동관513호 이건태법률사무소(02-593-0123) (학)1984년 광주제일고졸 1988년 고려대 법학과졸 (경)1987년 사법시험 합격(29회) 1990년 사법연수원 수료(19기) 1990년 軍법무관 1993년 부산지검 동부지청 검사 1995년 광주지검 해남지청 검사 1996년 인천지검 검사 1998년 서울지검 서부지청 검사 2000년 수원지검 검사 2002년 同부부장검사 2002년 창원지검 거창지청장 2004년 서울동부지검 부부장검사 2005년 수원지검 공판송무부장 2006년 서울고검 검사 2007년 법무부 법무과장 2008년 同법무심의관 2009년 서울중앙지검 형사2부장 2009년 제주지검 차장검사 2010년 울산지검 차장검사 2011년 인천지검 제1차장검사 2012년 의정부지검 고양지청장 2013년 서울고검 검사 2013년 변호사 개업(현)

이건형(李健珩) LEE Keon Hyung

(생)1940 · 12 · 3 (본)전주(全州) (출)서울 (주)서울 중구 명동9가길14 (주)메트로호텔 비서실(02-2176-3107) (학)1959년 경기고졸 1963년 연세대 상경대 경제학과졸 1972년 同경영대학원 수료 1974년 경희대 경영행정대학원졸 (경)1961년 메트로호텔 입사 1962년 同전무이사 1963년 대한제철(주) 전무이사 1972년 세종출판사 설립 · 발행인 1972년 대한스키협회 회장 1972년 KOC 위원 1973년 서울지구청년회의소 회장 1974년 (주)메트로호텔 회장(현) 1976년 한국관광협회 부회장 · 서울시관광협회 부회장 1983~1991년 한국관광협회 회장 1996년 한국관광호텔업협회 고문(현) (상)산업포장, 은탑산업훈장

이건형(李建炯) LEE Geon Hyoung

(생)1952 · 8 · 17 (출)인천 (주)전북 군산시 대학로558 군산대학교 자연과학대학 생물학과(063-469-4584) (학)1980년 서울대 미생물학과졸 1982년 同대학원 미생물학과졸 1986년 이학박사(서울대) (경)1983년 군산대 생물학과 전임강사 · 조교수 · 부교수 · 교수(현) 1988 · 1996년 미국 New York Univ. 초청연구원 1998년 국립공원관리공단 자문위원 1999년 군산대 보건진료소장 1999년 同학생처장 2000년 한국생태학회 편집위원 및 재정위원 2003~2005년 군산대 과학기술학부장 2005년 환경관리공단 환경기술평가심의위원 2005년 자연보호중앙협의회 학술위원 2006~2009년 군산대 과학영재교육원장 2006년 자연보호중앙연맹 부총재 2006년 IUCN 한국위원회 이사 2007년 (사)한국자연보호학회 부회장(현) 2012~2013년 한국미생물학회 부회장 2013년 한국환경한림원 정회원(현) 2014년 한국미생물학회 회장 (상)군산시교육연합회 교육공로상(1995), 군산대 20년 근속표창(2004) (전)'해양미생물학' '환경미생물학' '해양미생물학실험' '미생물과학' '환경과학의 이해' '공간물질, 시간정신, 그리고 생명진화' '창의성을 키우는 영재선생님들의 비밀노트(共)'(2008, 중앙생활사) (역)'김볼미생물학' 'Brock 대학미생물학' '생명과학의 원리' 'Nester미생물학'(2008) 'Benson's미생물학실험'(2008) '생명과학개론'(2009, 지코사이언스) '생명과학(지구의 생명)'(2009, 탐구당) '환경학도를 위한 미생물학'(2009, 지코사이언스) '일반미생물학'(2010, 교보문고)

이건호(李鍵浩) LEE Keon Ho (東訥)

[생]1937·8·31 [본]전의(全義) [출]서울 [주]서울 종로구 종로1 교보빌딩9층 법무법인 한결(02-3458-9531) [학]1957년 경기고졸 1961년 서울대 법학과졸 1963년 同대학원졸 [경]1960년 고등고시 사법과 합격 1961년 해군 법무관 1964년 춘천지법 원주지원 판사 1966년 춘천지법 판사 1968년 청주지법 판사 1969년 서울형사지법 판사 1971년 서울민사지법 판사 1972년 서울고법 판사 1973년 변호사 개업 1973~2003년 대한변호사협회 법제위원회 위원 1990년 (재)한국타이어복지재단 감사 1999~2005년 산업연구원 감사 2000~2007년 대한변호사협회 이사 2001~2003년 서울지방변호사회 이사 2001~2003년 同공익활동심사위원장 2002~2004년 대한변호사협회 변호사징계위원회 위원 2003~2005년 同변호사연수원장 2004~2005년 同기획위원장 2004년 同변호사징계위원장 2005~2008년 법무법인 한빛 변호사·고문변호사 2009년 법무법인 원 고문변호사 2010년 (재)한국타이어나눔재단 감사(현) 2014년 법무법인 한결 고문변호사(현) [상]국민훈장 무궁화장(2000), 서울지방변호사회 명덕상(2004), 애산법률문화상(2006) [종]천주교

이건화(李建化)

[생]1964·6·24 [출]전남 영암 [주]전남 영암군 영암읍 남문로19 영암경찰서(061-470-032) [학]광주고졸, 경찰대 행정학과졸(3기), 연세대 언론홍보대학원 석사 [경]전남 목포경찰서 수사과장, 서울 관악경찰서 형사과장, 서울지방경찰청 과학수사계장, 同광역수사대 강폭력범죄수사계장, 서울 강남경찰서 형사과장, 전남지방경찰청 보안과장 2016년 전남 영암경찰서장(현)

이건휘(李建輝) LEE, GEON HWI

[생]1961·4·5 [본]경주(慶州) [출]전남 승주 [주]전북 완주군 이서면 혁신로181 국립식량과학원 작물재배생리과(063-238-5250) [학]1980년 순천고졸 1984년 전남대 농생물학과졸 1987년 同대학원 농생물학과졸 1999년 박사(전남대) [경]1987년 제주도농업기술원 연구사 1991년 농촌진흥청 호남농업시험장 연구사 2005년 同영남농업시험장 농업연구관 2008년 同호남농업시험장 연구관 2012년 同식량팀장 2014년 同국립식량과학원 간척지농업과장 2015년 同국립식량과학원 작물재배생리과장(현) [상]농촌진흥청 최고농업연구대상(2002), 국무총리표창(2009) [저]'콩병해충 및 잡초 도감'(2001, 농촌진흥청) '병해충 및 잡초 생물적 방제'(2001, 농촌진흥청) '세밀화로 그린 곤충도감'(2002, 도토리출판사) '벼, 보리 2모작 재배요령'(2003, 농촌진흥청) '수도작 표준영농교본 저술'(2005, 농촌진흥청) '자운영 이용 친환경 쌀 생산기술'(2007, 농촌진흥청)

이건희(李健熙) LEE, KUN-HEE

[생]1942·1·9 [본]경주(慶州) [출]대구 [주]서울 서초구 서초대로74길11 삼성전자B/D(02-2255-0114) [학]1961년 서울대사범대학부속고졸 1965년 일본 와세다대 경영학 학사 1966년 미국 조지워싱턴대 경영대학원 경영학 석사과정 수료 2000년 서울대 명예 경영학박사 2005년 고려대 명예 철학박사 2010년 일본 와세다대 명예 법학박사 [경]1966년 동양방송 입사 1968년 중앙일보·동양방송 이사 1978년 삼성물산 부회장 1979~1987년 삼성그룹 부회장 1980년 중앙일보 이사 1981년 한·일경제협회 부회장 1982~1997년 대한아마추어레슬링협회 회장 1982년 대한올림픽위원회(KOC) 상임위원 1987년 전국경제인연합회 부회장(현) 1987~1998년 삼성그룹 회장 1993~1996년 대한올림픽위원회(KOC) 부위원장 1996년 국제올림픽위원회(IOC) 위원(현) 1997년 대한레슬링협회 명예회장(현) 1998~2008년 삼성전자(주) 대표이사 회장 1998년 한국장애인복지체육회 회장(현) 1998~2008년 삼성문화재단 이사장 2002년 2010평창동계올림픽유치위원회 특별고문 2009년 대한올림픽위원회(KOC) 이사(현) 2010년 삼성전자(주) 회장(현) 2011~2015년 삼성문화재단 이사장 2012~2015년 삼성생명공익재단 이사장 [상]체육기자연맹 공로상, 체육포장, 체육훈장 맹호장(1984), 체육훈장 청룡장(1986), IOC 올림픽훈장(1991), 한국경영학회 경영자대상(1993), 전문직여성클럽한국연맹 골든어워드상(1993), 한국무역학회 무역인 대상(1994), 국제체계과학회 마거릿 미드상(1997), 국민훈장 무궁화장(2000), 세계안내견협회 공로상(2002), 프랑스 최고훈장 레종 도뇌르 코망되르상(2004), 홍콩 산업기술통상부 디자인경영자상(2004), 미국 코리아소사이어티 밴 플리트상(2006) [저]'이건희 에세이- 생각 좀 하며 세상을 보자'(1997)

이걸우(李杰雨) LEE Gul Woo

[생]1955·12·23 [출]경북 경주 [주]대전 대덕구 한남로70 한남대학교 특임부총장실(042-629-7105) [학]1974년 경주고졸 1978년 부산대 행정학과졸 1982년 서울대 행정대학원 수료 1990년 교육행정학박사(미국 아이오와대) [경]1981년 행정고시 합격(25회) 1983~1990년 대구시교육청 교육지도계장·관재계장·예산계장·법무계장 1991년 경북대 사무국 기획과장 1991~1996년 교육부 재외국민교육과·대학재정과·교육재정과·대학행정과 근무 1996~2001년 駐유네스코대표부·駐프랑스 교육관 2001년 대통령비서실 행정관 2002년 교육인적자원부 학술학사지원과장 2003년 同총무과장 2003년 경북도교육청 부교육감 2005년 대통령자문 교육혁신위원회 사무국장 2006년 부산대 사무국장 2007년 교육인적자원부 대학혁신추진단장 2008년 교육과학기술부 학술연구정책실장 2009년 대구시교육청 부교육감 2012~2015년 한국연구재단 사무총장 2015년 백석대 법행정경찰학부 석좌교수 2016년 한남대 특임부총장(현) [상]대통령표창 [종]불교

이경규(李瓊揆) lee kyung-kyoo

[생]1966·11·21 [출]광주 [주]세종특별자치시 다솜2로94 해양수산부 장관비서실(044-200-5000) [학]조선대부고졸, 연세대졸 [경]행정고시 합격(39회), 인천지방해양수산청 해무과장, 해양수산부 수산정책국 유통담당, 同해운물류국 항만물류과 사무관 2004년 同해운물류국 항만물류과 서기관 2006년 동북아의평화를위한바른역사정립기획단 독도팀장 2007년 해양수산부 해양정책본부 해양법규팀장 2008년 국토해양부 해양정책국 해양영토과장 2009년 해외유학(서기관) 2011년 국무총리실 세종특별자치시지원단 파견(서기관) 2012년 국토해양부 기획조정실 정책기획관실 국제협력담당관 2013년 해양수산부 수산정책실 유통가공과장 2014년 同기획조정실 창조행정담당관 2016년 同장관 비서실장(부이사관)(현)

이경근(李敬根) LEE Kyung Geun

[생]1958·8·21 [본]전주(全州) [출]인천 [주]서울 광진구 능동로209 세종대학교 전자정보공학대학 정보통신공학과(02-3408-3196) [학]1977년 영훈고졸 1981년 서울대 전자공학과졸 1983년 한국과학기술원(KAIST) 졸 1992년 전자공학박사(미국 코넬대) [경]1983~1986년 한국과학기술원(KAIST) 통신연구실 파견연구원 1992~1998년 삼성전자(주) 정보통신본부 수석연구원 1994~1995년 Samsung Network Laboratories Principal Engineer 1998년 세종대 전자정보통신공학부 정보통신공학전공 교수 1999~2000년 同국제정보통신연구소장 1999~2004년 同정보통신대학원 교학부장 2005~2006년 同정보지원처장 2010년 同전자정보공학대학 정보통신공학과 교수(현) 2011~2012년 同전자정보공학대학장 [상]한국통신학회 공로상(1999) [종]기독교

이경근(李景根) LEE Kyung Geun

[생]1960·11·23 [출]충북 충주 [주]서울 용산구 이태원로6 서울지방보훈청(02-3785-0815) [학]1978년 서울대신고졸 1987년 중앙대 사회복지학과졸 2001년 서울대 행정대학원 수료 2004년 미국 미네소타대 대학원 행정학과졸 [경]행정고시 합격(37회) 2002년 국가보훈처 보훈선양국 기념사업과 서기관 2004년 同제대군인국 지원과장 2005년 同제대군인국 제대군인취업과장 2005년 同처장 비서관 2006년 同보훈선양국 선양정책과장 2008년 同창의혁신담당관(부이사관) 2009년 同운영지원과장 2010년 캐나다 국가보훈처 파견(부이사관) 2012년 국가보훈처 보훈선양국장(일반직고위공무원) 2015년 서울지방보훈청장(현) [상]대통령표창(2001), 홍조근정훈장(2013)

이경대(李庚昊)

[생]1958·5·21 [본]양성(陽城) [출]충남 [주]세종특별자치시 조치원읍 군청로87의16 세종특별자치시의회(044-300-7000) [학]천안중앙고졸 2010년 혜천대 세무회계과졸, 공주대 경영행정대학원 석사과정 재학中 [경]전의면 주민자치위원회 위원장, 전의면이장단협의회 회장, 전의초 운영위원장, 한국농업경영인연기군연합회 회장, 충남도궁도협회 총무이사, 충남도 도정평가위원, 국민중심당 충남도당 정책자문위원 2006·2010년 충남 연기군의회 의원(자유선진당·선진통일당) 2006~2008년 同윤리특별위원회 간사 2008~2010년 同산업건설위원장 2010~2012년 同의장 2012년 세종특별자치시의회 의원(

선진통일당·새누리당) 2012년 同산업건설위원회 위원 2012년 同교육위원회 위원 2012년 同새누리당 대표의원, 국정 홍보위원 2014년 세종특별자치시의회 의원(새누리당)(현) 2014년 同새누리당 대표의원 2014·2016년 同교육위원회 위원(현) 2014·2016년 同산업건설위원회 위원(현) 2016년 同제1부의장(현)

이경돈(李炅暾) RHEE KYUNG-DON (仁杰)

[생]1958·5·30 [본]덕수(德水) [출]서울 [주]경기 성남시 중원구 광명로377 신구대학교 공간디자인과(031-740-1324) [학]1977년 한영고졸 1981년 중앙대 건축미술학과졸 1983년 同대학원 건축미술학과졸(석사) 2001년 국민대 대학원 건축학박사과정 수료 [경]1992~2007년 신구대학 공간디자인학부 교수 2003~2005년 아시아민족조형학회 이사 2005~2007년 한국문화공간건축학회 부회장 2006~2008년 한국색채학회 회장 2007~2009년 서울시 디자인서울총괄본부 디자인서울기획관 2007~2008년 同디자인서울총괄본부 부본부장 겸임 2009년 신구대 공간디자인과 교수(현) 2012~2014년 한국공공디자인학회 회장 2016년 한국디자인단체총연합회 회장(현) [상]제27회 국전 건축부문 특선(1978), 제28회 국전 건축부문 입선(1979), 제29회 국전 건축부문 대상(1980), 제30회 국전 건축부문 입선(1981), 육군참모총장표창(1985), 서울특별시장표창(2009) [저]'건축설계제도'(교육인적자원부) '실내건축제도'(도서출판 지음) '실내건축구조'(기문당) '실내건축적산'(도서출판 지음) '디스플레이'(교육인적자원부) '공공디자인행정론'(날마다) '세계도시디자인기행'(2012, 미세움) '공공디자인실무'(2013, 한국산업인력공단) '도시드로잉'(2014, 서울시교육청) '안전디자인'(2015, 서우) '인테리어디자인 시공실무'(2015, 지음) [작]'WIND 96교수작품전'(1996, POSCO갤러리) 'LivingNews21 성남디자인환원전'(2001, 코리아디자인센터) '아시아민족조형학회 회원전'(2005, 한국문화재보호재단) '문화상품특별전 초대작가전'(2006, 부여박물관) 'Professional Show in 2006'(한글라스 파란네모 갤러리) '제18회 대한민국 건축대전 건축사진전'(예술의전당) '국제색채초대전'(2013, 상명대 디자인갤러리) [종]가톨릭

이경동(李卿東) LEE Kyung Dong

[생]1945·8·1 [주]서울 마포구 가양대로117 다모아자동차(주)(02-376-2300) [학]단국대 행정대학원 수료 [경]다모아자동차(주) 대표이사(현), 서울시내버스운송사업조합 부이사장, 한미문화사회발전협회 이사 1997년 양천문화원 부원장 2005년 同원장(현) 2011~2015년 서울시문화원연합회 회장 2015년 한국문화원연합회 회장(현) 2015년 문화체육관광부 지역문화협력위원회 위원(현) [종]불교

이경동(李京東) LEE Gyeong Dong

[생]1954·10·22 [출]전남 완도 [주]전남 무안군 삼향읍 오룡길1 전라남도의회(061-286-8166) [학]완도수산고졸 [경]완도군 고금면장, 同신지면장, 同종합민원봉사과장, 同환경녹지과장, 同주민복지과장 2014년 전남도의회 의원(새정치민주연합·더불어민주당)(현) 2014년 同농수산위원회 위원(현) 2014년 同예산결산특별위원회 위원(현)

이경득(李景得) LEE Kyung Deuk

[생]1961·7·29 [본]청해(靑海) [출]서울 [주]서울 강남구 논현로28길28 고려제약(주) 관리본부(02-529-6100) [학]국민대 경영학과졸 [경]동신에스엔티(주) 근무, 고려제약(주) 관리담당 이사 2009년 同관리본부 상무 2014년 同관리본부 전무(현) [종]기독교

이경렬(李京烈) Lee Kyong-yul

[생]1962·3·1 [출]서울 [주]서울 종로구 사직로8길60 외교부 인사운영팀(02-2100-7136) [학]1980년 우신고졸 1985년 서울대 경제학과졸 1992년 미국 펜실베이니아대 대학원 국제정치학과졸 [경]1985년 외무고시 합격(19회) 1985년 외무부 입부 1994년 駐보스턴 영사 1995년 駐프랑스 1등서기관 1998년 駐이스라엘 1등서기관 2002년 외교통상부 통상교섭본부 국제경제국 경제기구과장 2004년 駐베트남 참사관 2005년 駐미국 참사관 2007년 駐카자흐스탄 공사참사관 겸 駐키르키스스탄 대사 대리 2008년 駐폴란드 공사참사관 겸 총영사 2010년 외교통상부 한미원자력협정T/F팀장 2011~2014년 보건복지부 기획조정실 국제협력관 2014년 駐앙골라 대사 2016년 외교부 국립외교원 글로벌리더십과정 파견(현)

이경룡(李京龍) LEE Kyung Lyong (無心)

[생]1945·10·29 [본]광주(廣州) [출]서울 [주]서울 마포구 백범로35 서강대학교 경영학부(02-705-8080) [학]1964년 경기고졸 1969년 서울대 상대 무역학과졸 1973년 미국 세인트존스대 TCI대학원졸(MBA) 1977년 경영학박사(미국 오하이오주립대) [경]1977~1978년 미국 뉴올리언즈대 경영대 교수 1978~1982년 삼성그룹 고문·임원 1983~2011년 서강대 경영학부 교수 1990~1991년 동부그룹 고문 1992~1993년 한국리스크관리학회 회장 1993년 재무부 금융발전심의위원 1993년 한국금융학회 부회장 1994년 同회장 1995년 서강대 경영연구소장 1996년 보험개발원 고문 1997년 Asia-Pacific Risk and Insurance Association 회장 1999년 서강대 경영대학원장 1999년 同경영대학장 1999년 한국보험학회 부회장 2000~2003년 삼성생명보험 사외이사 2000년 한국경영학회 부회장 2001~2003년 한국보험학회 회장 2001~2003년 금융발전심의회 보험분과 위원장 2002년 신동아화재해상보험 사외이사 2011년 서강대 경영학부 명예교수(현) 2014년 생명보험사회공헌위원회 공동위원장(현) [상]대산보험대상(2010) [저]'기업의 전략적 리스크관리'(1987) '현대사회와 리스크관리'(1989) '보험학원론' '리스크관리와 보험'(2009) '전사적 리스크관리'(2013) [종]기독교

이경림(李耿林·女) LEE Kyung Lim

[생]1958·10·25 [본]전주(全州) [주]서울 서대문구 이화여대길52 이화여자대학교 약학대학(02-3277-3024) [학]1981년 이화여대 약학과졸 1983년 서울대 대학원 약학과졸 1991년 생물학박사(미국 터프츠대) [경]1992~1995년 미국 하버드대 박사후 연구원 1995년 이화여대 약학대학 교수(현) 2004~2005년 여성생명과학기술포럼 총무 2006년 同이사, 同부회장 2006~2007년 미국 하버드대 Molecular and Cellular Biology Department 방문학자 2007년 한국분자세포생물학회 대의원 2007~2008년 대한약학회 대의원 2008년 대한생리학회 이사 2010년 한국여성과학기술단체총연합회 총무 2010년 同학술대회조직위원장 2011~2015년 이화여대 임상보건과학대학원장 겸 약학대학장 2012년 한국여성과학기술단체총연합회 부회장 2013년 여성생명과학기술포럼 회장 2013~2014년 대한약학회 부회장 [역]'인체해부생리학'(2004) '생리학'(2007) '필수 병태생리학'(2008) [종]기독교

이경묵(李京默) LEE Kyung Mook

[생]1964·12·25 [출]충북 보은 [주]서울 관악구 관악로1 서울대학교 경영대학 SK경영관507호(02-880-6926) [학]보은고졸, 1986년 서울대 경영대학 경영학과졸 1988년 同경영대학원 경영학과졸 1995년 경영학박사(미국 Univ. of Pennsylvania, Wharton School) [경]1984~1985년 삼일회계법인 근무 1995년 Reginald H. Jones Center(미국 펜실베이니아대 와튼스쿨) 연구수행 1996년 서울대 경영대학 경영학과 전임강사·조교수·부교수·교수(현), 同경영전문대학원 교수 겸임(현) 2007~2009년 同경영대학 학생부학장 2008년 한국인사조직학회 부회장(현) 2009년 Seoul Journal of Business 편집위원장 2010년 한국경영학회 상임이사 2011~2014년 중앙노동위원회 공익위원 2013년 서울대 경영대학 교무부학장 2013년 同경영전문대학원 부원장 겸임 2014년 同영원무역 석학교수(현) 2015년 롯데그룹 기업문화개선위원회 공동위원장(현) 2016년 한화손해보험(주) 사외이사(현) [상]서울대상대동창회 선정 올해의 교수상(2003), 미국경영학회 발간 Academy of Management Journal 최우수논문상(2003), 리더십학회 백범리더십논문상(2006), 한국경영학회 제1회 SERI 중견경영학자상(2013), 정진기언론문화상 경제·경영도서부문 대상(2014) [저]'삼정피앤에이의 변신 : 육체노동 기업에서 지식노동기업으로'(2009) '삼성웨이'(2013) '한국 조선산업의 성공요인'(2013) [종]천주교

이경미(李京美·女) Lee Kyung-Mi

[생]1961·5·5 [주]전남 무안군 삼향읍 오룡길1 전라남도의회(061-685-3804) [학]동아인재대 사회복지학과졸 [경]민주당 전남도당 보육제도위원장 2010년 전남 여수시의원선거 출마(민주당), 민주당 전남도당 여성정치참여특별위원회 위원장, 同중앙당 대의원, 同여수乙지역위원회 복지특별위원장, 同여수乙지역위원회 부위원장, 소비촉진본부 여수지회 여성회장, 한국환경보호국민연대 여수지회 여성국장, 지구촌환경운동본부 전남지부장(현) 2014년 전남도의회 의원(새정치민주연합·더불어민주당)(현) 2014~2015년 同예산결산특별위원회 위원 2014년 同교육위원회 위원 2014·2016년 同전남도동부권산업단지안전·환경지원특별위원회 부위원장(현) 2015년 同윤리특별위원회 부위원장 2016년 同경제관광문화위원회 부위원장(현) 2016년 同여수세계박람회장사후활용특별위원회 위원(현) 2016년 同여성정책특별위원회 위원(현) 2016년 同운영위원회 위원(현) 2016년 더불어민주당 전남도당 부위원장(현)

이경민(李炅珉·女) Lee Kyung-Min

[생]1964·3·10 [출]서울 [주]서울 강남구 선릉로158길9 이경민포레(02-549-7772) [학]1987년 성신여대 서양화과졸 [경]1988년 메이크업 스튜디오 elle 운영 1994년 이경민 메이크업스튜디오 오픈 1996년 이경민 헤어&메이크업뷰티살롱 오픈 2001년 메이크업전문학원 Artchool 개원 2002년 성신여대 조형예술대학원 스타일리스트·메이크업과 겸임교수(현) 2002년 토탈뷰티살롱 이경민포레 대표원장(현) 2003년 미스유럽선발대회 메이크업 디렉터 2004년 LKM COSMETICS 설립·운영 2012년 (주)비디비치COSMETICS Creative Director [상]패션사진가협회 올해의 베스트 메이크업 아티스트상(1998), LANCOME ROUGE MAGETIC AWARDS(1999), YVES SAINT LAURENT AWARDS(1999), SK-II BEST COMPLEXION AWARDS(2000), FARBE 베스트 메이크업 아티스트상(2001), 스포츠서울 Best of best 메이크업 아티스트상(2002), 동아TV 메이크업 아티스트상(2003), 동아TV 올해의 국내 코스메틱브랜드상(2009) [저]'이경민 뷰티메이크업북'(2000) '나의 달콤한 메이크업'(2010) [작]메이크업 비디오 '러브 페이스'(1999)

이경배(李景培) LEE Kyung Bae

[생]1959·11·14 [출]서울 [주]경기 성남시 분당구 분당로55 CJ올리브네트웍스(031-776-5705) [학]1978년 배재고졸 1983년 동국대 전자계산학과졸 1997년 연세대 공학대학원졸(공학석사) 2010년 경영학박사(단국대) [경]1982년 삼성생명보험 정보시스템실 팀장 1995년 삼성전자(주) 전략기획실 차장 1996년 삼성SDS 정보기술연구소장 2000년 건국대 경영대학 겸임교수 2003년 삼성SDS 삼성정보전략실장·유통서비스사업부장·국방개발단장·품질경영팀장(상무) 2010년 同경영혁신팀장·ICT인프라본부장·K-PJT팀장(전무) 2012년 단국대 공과대학 겸임교수 2016년 CJ올리브네트웍스 대표이사(현) [상]삼성그룹 기술상 회장상(1989), 정보통신부장관표창(2001), 전국경제인연합회 기업변혁우수사례 최우수상(2003), 대통령표창(2003) [저]'ABAP/4 실전 프로그래밍'(共) [역]'SOA 서비스지향 아키텍쳐'(共) '중동 비즈니스 성공전략'(共)

이경범(李慶範) Lee Kyung Bum

[생]1960·3·15 [출]서울 [주]서울 용산구 한강대로92 LS네트웍스(02-799-7114) [학]1978년 명지고졸 1983년 성균관대 행정학과졸, 서울대 전략과정 수료 [경]1990년 LG신용카드(주) 총무부 근무 1998년 同제휴영업팀 근무 2001년 LG카드(주) 상품개발팀 근무 2002~2004년 同제휴영업본부장(상무)·영업개발담당 상무·영남채권본부 상무·중부채권본부 상무·영업지원담당 상무·직할영업본부 상무 2005년 (주)LG패션 상무 2008년 同영업부문장(부사장) 2010년 同신사캐쥬얼부문장(부사장) 2013년 LS네트웍스 신규브랜드본부장(부사장) 2013년 同브랜드사업본부장(부사장) 2016년 同대표이사 부사장(CEO)(현) [종]기독교

이경보(李庚甫) Lee Kyeongbo

[생]1959·10·10 [본]전주(全州) [주]전남 무안군 청계면 무안로199 국립식량과학원 바이오에너지작물연구소(061-450-0101) [학]1978년 목포고졸 1986년 전남대 농화학과졸 1988년 同대학원 농화학과졸 1997년 농학박사(전남대) [경]2008~2010년 농촌진흥청 연구정책국 농업연구관 2011년 국립식량과학원 간척지농업과장 2014년 同기획조정과장 2015년 同바이오에너지작물연구소장(현)

이경상(李京相) LEE KYUNG SANG

[생]1962·2·15 [본]영해(寧海) [출]강원 강릉 [주]서울 중구 세종대로39 대한상공회의소 기업환경조사본부(02-6050-3441) [학]1980년 강릉고졸 1990년 서울대 경제학과졸 [경]2002년 대한상공회의소 경제정책팀장 2003~2010년 同기업정책팀장 2010년 국가경쟁력강화위원회 법제도선진화추진단 인허가간소화TF 위원 2011년 YWCA 소비자분쟁조정위원회 위원 2011~2013년 대한상공회의소 산업정책팀장 2012년 지식경제부 산업경쟁력영향평가TF 위원 2013년 대한상공회의소 경제연구실장 2013년 고용노동부 고용동향포럼 위원 2014년 국무총리실 규제총량제민간합동TF 위원 2014년 여성가족부 가족친화인증위원회 위원(현) 2014년 행정자치부 지방규제개혁 추진실적 평가위원 2014년 국가표준원 기술규제혁신포럼 위원(현) 2015년 대한상공회의소 기업환경조사본부장(상무이사)(현) 2015년 고용노동부 고용보험위원회 및 고용보험심사위원회 위원(현) 2015년 산재보험 및 예방심의위원회 위원(현) 2015년 국민건강보험공단 재정운영위원회 위원(현) 2015년 한국공학한림원 차세대공학교육혁신위원회 위원(현) 2015년 관세청 민관합동규제개혁추진단 위원(현), 보건복지부 국민연금심의위원회 위원(현), 법무부 공익신탁자문위원회 위원(현) [상]재정경제부장관표창(1998), 국민경제자문회의 사무처장표창(2000), 공정거래위원장표창(2009), 산업자원부장관표창(2013), 제13회 공정거래의날 유공 대통령표창(2014)

이경석(李景錫) LEE Kyeong Seok

[생]1954·1·23 [본]원주(原州) [출]전남 장흥 [주]충남 천안시 동남구 순천향6길31 순천향대병원 신경외과(041-570-3652) [학]1972년 광주제일고졸 1978년 한양대 의대졸 1981년 同대학원졸 1987년 의학박사(한양대) [경]1986~1996년 순천향대 의대 신경외과학교실 전임강사·조교수·부교수 1994년 대한신경외과학회 이사 1997년 순천향대 의대 신경외과학교실 교수(현) 2002~2004년 대한신경손상학회 회장 2003년 대한의료감정학회 초대회장, 대한신경외과학회지 편집위원장 2007년 대한민국의학한림원 정회원(현) 2012~2015년 대한의학회 정책이사, 대한의사협회 국민권익특별위원회 자문위원(현) 2015년 同장애평가특별위원회 위원장(현) [상]대한신경외과학회 학술상(1990), 인봉학술상(2002), 국민포장(2016), 대한의학회 공로상(2016) [저]'배상과 보상의 의학적 판단' '두부외상학' '요통의 진단과 치료' '허리통증 뿌리뽑기' '요통의 새로운 치료' '장애평가와 의료감정' '통증의 이해' [종]가톨릭

이경섭(李京燮) LEE Kyung Sub

[생]1948·5·19 [본]전주(全州) [출]서울 [주]서울 강남구 영동대로221 서림상가 2층 강남경희이경섭한의원(02-552-5377) [학]1966년 성동고졸 1975년 경희대 한의학과졸 1977년 同대학원졸 1983년 한의학박사(경희대) [경]1975년 대한한방부인과학회 회장·이사장(현) 1975~1978년 경희의료원 한방병원 인턴·레지던트과정 수료 1978~1984년 경희의료원 한방병원 임상전임강사·임상조교수 1984~1992년 경희대 한의과대학 조교수·부교수 1984년 한의사국가시험 출제위원 1984~1995년 경희의료원 한방병원 부인과장 1991~1992년 미국 하버드대 의대 교환교수 1991년 홍주중·고 재단이사 1991년 International Association for the Study of Pain 정회원 1992~2013년 경희대 한의과대학 교수 1993년 International DITI Study Institute 이사 겸 부회장 1994~2005년 대한체열의학회 서울지부 이사 겸 부회장 1995년 American Academy of Thermology 회원 1995~1998년 경희대 분당한방병원 진료부장·부인과장·병원장 1996~1998년 차병원 여성의학연구소 한의학연구센터 소장 1997년 국제의공학(IEEE) 회원 1998년 식품의약품안전청 의료장비심의위원 1998~2015년 경희대 강남경희한방병원장 1998년 대한한방체열의학회 이사장(현) 2000년 용주중·고 재단이사 2000년 경희대총동문회 이사 겸 부회장(현) 2000~2010년 서울지법 민사조정위원 2001년 UN 경제사회이사회 밝은사회(GCS)국제클럽 한국본부 강남지구 회장 2002년 국방부 의무자문관 2002~2004년 대한한방병원협회 부회장 2004년 한국한의학교육평가원 이사 2004~2010년 대한한방병원협회 회장 2013년 경희대 한의과대학 명예교수(현) 2016년 강남경희이경섭한의원 원장(현) [상]대한민국보건산업대상 한방의료부문(2007), 경희대 한의과대학 우수연구자상(2009), 보건복지가족부장관표창(2009), 근정포장(2013) [저]'圖解臨床婦人科學'(1987) '처녀도 산부인과에 가야 한다'(2000) '잘못 알려진 한방상식 119가지'(2001) '한의부인과학上·下(共)'(2001) '한방주치의가 쓴 건강보감'(2003) '주스+클리닉'(2005) '내 몸에 딱 맞는 대한민국 건강교과서'(2006) '한방여성의학(共)'(2007) '모든 병은 먹는 것으로 막을 수 있다'(2008)

이경섭(李慶燮) Lee Kyung Seob

[생]1958·4·4 [본]경주(慶州) [출]경북 성주 [주]서울 중구 통일로120 NH농협은행 은행장실(02-2080-5114) [학]1978년 대구 달성고졸 1986년 경북대 경제학과졸 1989년 同대학원 경제학과졸 [경]1986년 농협중앙회 입사 2000년 同금융전략팀장 2001년 同인사팀장 2004년 同구미중앙지점장 2006년 同수신부 단장 2008년 同비서실장 2010년 국방대학원 파견 2011년 농협중앙회 중앙연수원장 2012년 NH농협금융지주 경영지원부장 2013년 농협중앙회 서울지역본부장 2014년 NH농협금융지주 경영기획본부장(부사장) 2016년 NH농협은행 은행장(현) 2016년 충북 진천군 보련마을 명예이장(현)

이경섭(李炅燮) LEE Kyung Seop

[생]1960·1·20 [본]진성(眞城) [출]경북 안동 [주]경북 경주시 동대로123 동국대학교 의과대학 비뇨기과학교실(054-770-8266) [학]1979년 명지고졸 1985년 계명대 의대졸 1990년 同대학원졸 1997년 의학박사(영남대) [경]1985~1990년 계명대 동산의료원 전공의 1990~1993년 육군 제2군사령부 25사단 軍의관 1993년 동국대 의대 비뇨기과학교실 전임강사·조교수·부교수·교수(현), 대한비뇨기과학회 이사, 대한전립선학회 교육이사·학술이사, 경상북도의사회 학술이사·부회장, 대한비뇨기종양학회 학술위원·감사·이사(현), 대

한남성과학회 이사, 대한비뇨기과학회 평의원 2003년 동국대 교육연구부장 2003년 同응급진료부장 2007~2009년 同진료부장 2008~2010·2012년 영국인명사전 등재 2009~2012년 同경주병원장 2011~2013년 대한전립선학회 회장 2011~2012년 경주시의사회 부회장 2011년 대한암연구재단 집행위원(현) 2011~2012년 대한의사협회 자문위원 2012년 대한비뇨기초음파학회 이사장·고문(현) 2012년 대한전립선학회 고문(현) 2014~2016년 대한전립선레이저연구회 회장 2015년 동국대 경주병원 국제힐링센터장(현) [상]국방부 군수지원단장표창(1990), 대한전립선학회 우수연제상(2002), 대한비뇨기종양학회 애보트학술상(2003), 경상북도지사표창(2007), 대한전립선학회 최우수논문상(2009), 대한비뇨기과학회 임상부분 최우수논문상(2009·2010), 대한의사협회 공로상(2010), 대구지검 경주지청장표창(2010) [저]'전립선 바로알기'(2009)

이경섭(李暻燮)

[생]1963·1·19 [출]전북 익산 [주]경기 고양시 일산동구 중앙로1275번길14의43 고양세무서(031-900-9201) [학]배재고졸 1983년 세무대학졸(1기), 한국방송통신대 대학원졸 [경]1983년 공무원 임용(8급 특채) 1983년 강남세무서 근무 1999~2002년 국세청 조사국 조사1과 근무 2005년 안산세무서 징세과장(행정사무관) 2006년 서울고법 파견 2008년 국세청 부동산거래관리과 사무관 2009년 안양세무서 재산법인세과장 2010년 중부지방국세청 조사1국 조사1과 사무관 2012년 同조사1국 조사1과 3팀장(서기관) 2013년 同조사2국 조사관리과 서기관 2014년 광주지방국세청 세원분석국장 2014년 전주세무서장 2015년 고양세무서장(현)

이경수(李慶秀) LEE Kyoung Soo

[생]1946·5·30 [출]황해 송화 [주]경기 성남시 분당구 판교로255 판교이노밸리E동401호 코스맥스(주)(031-789-3070) [학]1970년 서울대 약학과졸 1990년 同경영대학원 최고경영자과정 수료 2008년 미국 펜실베이니아대 와튼스쿨 와튼-KMA 최고경영자과정 수료 [경]1973~1976년 동아제약 영업부 근무 1976~1981년 (주)오리콤 기획국 차장 1981~1992년 대웅화학 마케팅담당 전무이사 1992년 코스맥스(주) 대표이사 2010~2015년 同대표이사 회장 2013년 대한화장품협회 부회장(현) 2015년 코스맥스(주) 각자대표이사 회장(현) 2015년 코스맥스BTI(주) 공동대표이사 겸임(현) [상]제15회 한국경영학회 강소기업가상(2013), 기업은행 기업인 명예의전당 헌정(2014), 서울대 AMP대상(2014), 매일경제 선정 '대한민국 글로벌 리더'(2015), 은탑산업훈장(2015), 한국능률협회 한국의 경영자상(2016)

이경수(李京洙) LEE Gyung Su

[생]1956·6·7 [출]대구 [주]대전 유성구 과학로169의148 국가핵융합연구소(042-879-6000) [학]1979년 서울대 물리학과졸 1985년 이학박사(미국 텍사스주립대) [경]1986~1989년 미국 Oak Ridge국립연구소 선임연구원·미국 MIT 플라즈마연구센터 책임연구원(겸임교수) 1989~1991년 한국표준과학연구원 기초과학지원연구소 책임연구원 1992년 한국물리학회 플라즈마물리학분과 위원장 1996~1998년 한국표준과학연구원 기초과학지원연구소 통합시스템연구부장 1996년 국가핵융합연구개발사업 총괄연구책임자 1999년 한국기초과학지원연구소 핵융합연구개발사업단장 2000년 국제원자력기구 국제핵융합연구평의회 의원 2001~2005년 한국기초과학지원연구원 핵융합연구개발사업단장 2005년 同부설 핵융합연구센터 선임부장 2007년 국제원자력기구 국제핵융합연구평의회(IFRC) 의장 2007년 한국기초과학지원연구원 부설 국가핵융합연구소 선임부장 2007~2008년 국가핵융합연구소 ITER한국사업단장 2008~2011년 同소장 2009년 한국가속기 및 플라즈마연구협회 이사 2010년 국제열핵융합실험로(ITER) 경영자문위원회(MAC) 의장 2010년 국가과학기술위원회 운영위원회 민간위원 2010년 국가핵융합위원회 위원 2011~2015년 국가핵융합연구소 연구위원 2013년 국제핵융합실험로(ITER) 이사회 부의장 2014년 강원발전연구원 핵융합부문 자문위원(현) 2015년 국제핵융합실험로 국제기구((ITER Organization) 기술총괄 사무차장(COO)(현) [상]과학기술처장관표창, 新한국인상, 미국 핵융합에너지협의회(FPA) 리더십 어워드(Leadership Award)(2009), 미국 텍사스대 자랑스런 동문상(2009), 과학기술훈장 웅비장(2013) [종]기독교

이경수(李慶洙) LEE Kyung Soo

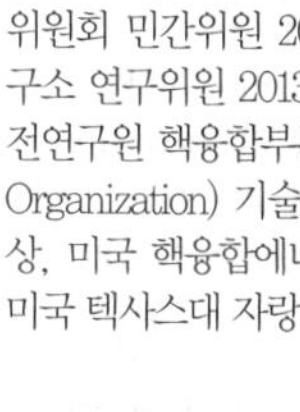

[생]1956·8·8 [본]광주(廣州) [출]서울 [주]서울 강남구 일원로81 삼성서울병원 영상의학과(02-3410-2518) [학]1975년 중앙고졸 1982년 서울대 의대졸 1986년 同대학원졸 1992년 의학박사(중앙대) [경]1982~1986년 서울대병원 인턴·진단방사선과 전공의 1986~1989년 軍의관 1989년 서울중앙병원 전임의 1989~1993년 순천향대 의대 진단방사선과 전임강사·조교수 1993~1994년 캐나다 밴쿠버 General Hospital 임상전임의 1994년 삼성서울병원 영상의학과 전문의(현) 1997년 성균관대 의대 영상의학과 부교수 2002년 同의대 영상의학과 교수(현) 2003년 세계적흉부질환학술지 '플라이슈너 소사이어티' 정회원(현) 2004~2006년 대한흉부영상의학회 회장 2005년 세계적방사선학 학술지 AJR(American Journal of Roentgenology) 부편집장 2006~2007년 아시아흉부영상의학회 초대회장 2007년 삼성서울병원 영상의학연구센터장 2008~2011년 同영상의학과장 2008년 한국과학기술한림원 정회원(현) 2014년 성균관대 의과대학장 겸 의학전문대학원장(현) [상]삼성서울병원 우수연구자표창(1997), 삼성생명공학연구소 우수논문상(1999), 미국 흉부방사선의학회 대상, 성균관대 Fellowship 교수선정(2006), Wunsch(분시)의학상 본상(2006), 아산사회복지재단 아산의학상 임상의학부문(2014) [종]기독교

이경수(李京秀) Lee Kyung-soo

[생]1958·9·5 [본]수안(遂安) [출]경기 [주]서울 종로구 사직로8길60 외교부 인사운영팀(02-2100-7146) [학]1981년 연세대 정치외교학과졸 1985년 영국 케임브리지대 대학원 국제정치학과졸 [경]1981년 외무고시 합격(15회) 1986년 駐시드니 영사 1993년 駐싱가포르 1등서기관 1995년 駐일본 1등서기관 1998년 외교통상부 외국어교육과장 1999년 同동남아과장 2000년 駐헝가리 참사관 2003년 駐오스트리아 겸 빈 국제기구 참사관 2004년 외교통상부 아시아태평양국 심의관 2006년 駐중국 공사참사관·총영사 2007년 외교통상부 남아시아대양주국장·남아시아 태평양국장 2009년 駐캄보디아 대사 2010년 駐일본 정무공사 2013년 외교부 차관보 2015년 駐독일 대사(현) [상]국무총리표창(1986), 홍조근정훈장(2009), 캄보디아 사회공헌훈장(2010)

이경수(李京洙) LEE Kyeong Soo

[생]1959·6·18 [출]전남 완도 [주]서울 강남구 강남대로382 메리츠화재해상보험(주) 비서실(02-3707-2300) [학]광주대 행정학과졸 [경]동양화재해상보험(주) 서울본부 서울조직담당 선임부장 2005년 메리츠화재해상보험(주) 서울본부 서울조직담당 선임부장 2006년 同상무보 2007년 同서울Agency영업본부장(상무) 2008년 同수도권Agency영업본부장(상무) 2008년 同Agency본부장(상무) 2010년 同신채널사업부장(상무) 2011년 同전략영업총괄 전무 2014년 同개인영업총괄 전무 2016년 同개인영업총괄 부사장(현)

이경수(李京洙) LEE Kyeong Soo

[생]1960·2·5 [출]경북 칠곡 [주]서울 강남구 광평로281 수서빌딩15층 갤럭시아커뮤니케이션즈(1566-0123) [학]1986년 경북대 전자공학과졸 1988년 한국과학기술원(KAIST) 전기전자공학과졸 1992년 공학박사(한국과학기술원) [경]1992년 한국통신 통신시스템개발센터 선임연구원 1994년 同무선통신연구소 시스템개발팀장 1997년 한국통신프리텔(주) 기술개발팀장 1998년 同기술개발담당 이사 1999년 同기술연구소장 2001년 同네트워크부문 네트워크계획담당 이사 2001년 (주)KTF 네트워크본부 네트워크계획담당 상무보 2001년 同기술총괄 네트워크계획담당 상무보 2004년 同신사업부문 컨버전스사업실장(상무) 2006년 同비즈니스부문 T사업본부장(전무) 2007년 同고객서비스부문 마케팅제휴실장(전무) 2009년 (주)KT 휴대인터넷사업본부장 2009년 同컨버전스WIBRO사업본부장(전무) 2010년 同유무선네트워크전략본부장 겸 통합단말전략담당(전무), 同유무선네트워크전략본부장(전무) 2013년 (주)KT네트웍스 네트워크엔지니어링부문장(부사장) 2013년 KT ENS 네트워크엔지니어링부문장(부사장) 2014년 갤럭시아커뮤니케이션즈 사외이사(현) [종]불교

이경수(李庚秀) LEE Kyung Soo

[생]1963·7·19 [본]전주(全州) [출]광주 [주]광주 남구 천변좌로338번길16 광주매일신문 경영사업본부(062-650-2007) [학]전남대 신문방송학과졸, 광주대 언론대학원졸(석사), 호남대 대학원 관광학과졸(경영학박사) [경]전자신문 편집부·교열부 기자, 무등일보 정치부·교육체육부·사회부·문화부 기자 2000년 同정경부 차장대우 2001~2003년 同경제부·정치부 차장 2003년 同편집국 정경부 차장 2004년 同사회부 부장대우 2004년 광주매일 정치부장 2008년 광주매일신문 정치부 부국장대우 2009년 同사회부장 2010년 同편집국 부국장 겸 사회부장 2012년 同전남취재본부장 겸임 2013년 同편집국장 2015년 同경영사업본부장(현) [상]환경부장관표창, 광주·전남기자협회 올해의 기자상(2002·2007·2011·2013) [저]'사랑해서 떠난다'(2005) '전라도, 향토 문화자원이 성장동력이다'(2011) '전남의 미래 관광에서 찾다'(2014)

이경숙(李慶淑 · 女) LEE Kyung Sook (靜荷)

[생]1931 · 11 · 16 [본]인천(仁川) [출]서울 [주]서울 서초구 반포대로37길59 대한민국예술원(02-596-6215) [학]1950년 숙명여고졸 1955년 서울대 음대졸 1957년 미국 오버린대 대학원졸 [경]1958년 동남아 6개국 순회 KBS교향악단 독창자 1962~1978년 서울대 음대 전임강사 · 조교수 · 부교수 1962년 국립오페라 창립단원 1964년 동남아 순회 독창회 1972년 방콕 · 싱가포르 · 쿠알라룸푸르 순회 독창회 1976~1980년 보인학원 이사장 1978~1997년 서울대 성악과 교수 1984년 성악예술동인회 회장, 국내외 독창회 · 오페라 주연 등 200여회 공연 1997년 서울대 음대 명예교수(현) 2003년 대한민국예술원 회원(성악 · 현) [상]국민훈장 석류장(1997), 자랑스런 숙명인상(2003), 대한민국 예술원상(2005) [저]'대지의 노래'(1983) '예술가곡서설'(1996) '말러와 그의 가곡'(2002) '예술가곡의 이해'(2003) [역]'미국의 음악'(1959) '예술가곡개론'(1990) [작]음반 '이경숙 애창곡집' '그리움 이경숙 가곡집' [종]천주교

이경숙(李慶淑 · 女) LEE Kyung Sook

[생]1943 · 3 · 6 [본]전주(全州) [출]서울 [주]서울 종로구 북촌로104 아산나눔재단(02-741-8220) [학]1961년 경기여고졸 1965년 숙명여대 정치외교학과졸 1967년 同대학원 정치외교학과졸 1969년 미국 매컬레스터대학 수료 1971년 미국 캔자스대 대학원 정치학과졸 1975년 정치학박사(미국 사우스캐롤라이나대) 1994년 명예 교육학박사(러시아 상트페테르부르크국립대) 1996년 명예 교육학박사(미국 사우스캐롤라이나대) 2002년 명예 인문학박사(미국 Coe College) 2003년 명예 인문학박사(미국 매컬레스터대) 2006년 명예 인문학박사(필리핀 필리핀여자대) 2009년 명예 인문학박사(대만 중국문화대) [경]1976~1989년 숙명여대 정치외교학과 조교수 · 부교수 1980년 입법회의 의원 1981년 제11대 국회의원(전국구, 민주정의당) 1985년 숙명여대 정법대학장 1989~2008년 同정치외교학과 교수 1990년 同기획처장 1993~1997년 민주평통 북한연구회장 1994~2008년 숙명여대 총장 1995년 사립대총학장협의회 부회장 1995년 한국대학총장협회 감사 1997년 방송위원회 위원 1998년 통일고문 1998년 유네스코 석좌교수 1998년 제2의건국범국민추진위원회 공동위원장 2001년 UN 아동특별총회 특별대표 2007~2010년 서울특별시여성가족재단 이사장 2007년 제17대 대통령직인수위원회 위원장 2008년 대한적십자사 중앙위원(현) 2009년 同미래전략특별위원장 2009~2010년 사회복지공동모금회 부회장 2009년 대통령자문 통일고문회의 고문 2009~2013년 한국장학재단 초대 이사장 2009~2012년 유네스코 한국위원회 민간부위원장 2015년 대한적십자사봉사회 남구지구협의회 회장(현) 2015년 (사)대한민국국가조찬기도회 회장(현) 2016년 아산나눔재단 이사장(현) 2016년 한국장학재단 명예이사장(현) [상]국민훈장 모란장, 세계총장협의회(IAUP) 공로상, 대통령표창, 경기여고 英邁상, 자랑스러운 숙명인상, 미국 남동부정치학회 논문우수상, 대한적십자사 유공은장, 루마니아 문화상, 한국의 경영자상, 청조근정훈장(2008) [저]'Communist Chinese Leadership' 'Controlling Violence in the Global System' '한국외교정책'(共) '북한40년'(共) '중국여성연구'(共) '북한여성생활'(共) '남북한 사회문화 비교'(共) '세상을 바꾸는 부드러운 힘'(共) [종]기독교

이경숙(李慶淑 · 女) Kyung Sook LEE

[생]1944 · 1 · 2 [본]경주(慶州) [출]울산 [주]서울 서대문구 연세로50 연세대학교 피아노과(02-2123-3055) [학]서울예고졸, 미국 줄리어드음대 수료 1967년 미국 커티스음대졸 [경]1980~1981년 경희대 음악대학 교수 1981~1993년 연세대 음악대학 교수 1993~1998년 한국예술종합학교 음악원 피아노과 교수 · 음악원장 1994년 독주회(호암아트홀) 1997년 독일 뮌헨 세계 음악콩쿠르 심사위원 1997년 일본 다카히로 소노다 세계피아노 콩쿠르 심사위원 1998~2008년 연세대 음악대학 기악과 교수 2007~2008년 同음악대학장 2007~2010년 예술의전당 이사 2008~2009년 연세대 음악대학 피아노과 교수 2009년 同명예교수(현) 2009년 대한민국예술원 회원(피아노 · 현) 2010년 예술의전당 피아노부문 자문위원 [상]제네바국제콩쿠르 입상(1967), 제1회 올해의 음악가상(1984), 난파음악상(1987), 올해의 예술가상(1988), 김수근 공연예술상(1988), 제26회 대한민국 문화예술상(1994), 옥관문화훈장(1995), 한국음악상(1998), 우경문화예술상(2000), 대한민국 예술원상–음악부문(2007) [종]기독교

이경숙(李景淑 · 女) LEE Kyung Sook

[생]1953·8·15 [본]전주(全州) [출]전남 나주 [주]서울 중구 삼일대로340 국가인권위원회 상임위원실(02-2125-9606) [학]1972년 경기여고졸 1976년 이화여대 신문방송학과졸 1982년 同대학원 한국사학과졸 [경]1983~1985년 여성평우회 총무·사무국장 1987~1991년 한국여성민우회 사무국장·부회장 1994~1999년 同상임대표 1996년 시청자연대회의 공동대표 1998년 한국여성단체연합 정책기획위원장 1998년 방송개혁위원회 실행위원 1998년 보건복지부 복지옴부즈맨 1998~2003년 언론개혁시민연대 공동대표·상임공동대표 1999년 언론중재위원회 위원 2000~2003년 방송위원회 위원 2002년 한국여성단체연합 상임대표 2002년 시민사회단체연대회의 상임공동대표 2002년 여성부 정책자문위원 2003년 대통령자문 정책기획위원 2003년 민주평통 운영위원 2003년 민족화해협력범국민협의회 상임의장 2003년 열린우리당 공동창당준비위원장 2003~2004년 同공동당의장 2004~2008년 제17대 국회의원(비례대표, 열린우리당·대통합민주신당·통합민주당) 2005년 열린우리당 중앙위원 2005년 同정책위 부의장 2006년 국회 문화정책포럼 회장 2007년 대통합민주신당 제6정책조정위원장 2008년 민주당 재무담당 사무부총장 2008년 同서울영등포乙지역위원회 위원장 2014~2015년 한국여성의정 대외홍보실장 2015년 국가인권위원회 상임위원(차관급)(현) [상]이화여대 언론홍보영상학부를 빛낸 동창상(2010) [저]'사무직 여성과 임금' '일제하 민간지 자본의 성격에 관한 연구'

이경숙(女) Kyung-sook Lee

[생]1961 · 12 · 16 [주]부산 해운대구 센텀서로39 영상물등급위원회(051-990-7203) [학]일본 日本大 예술대학 영화학과졸, 同대학원 예술학과졸 [경]2008년 영상물등급위원회 영화등급분류소위원회 위원 2011년 同광고물소위원회 위원, 한국영화학회 국제학술팀 이사, 연세대 미디어아트연구소 연구원(현) 2014년 영상물등급위원회 위원장(현), 비상업영화기구 이사(현), 오프엔프리국제영화제 집행위원(현)

이경순(李慶順 · 女) LEE Kyung Soon

[생]1951·5·17 [본]경주(慶州) [출]대구 [주]서울 노원구 화랑로815 삼육대학교 간호학과(02-3399-1590) [학]1974년 삼육대 영어영문학과졸 1978년 同간호학과졸 1983년 연세대 대학원졸 1988년 이학박사(연세대) [경]1978~1981년 한국삼육중·고 교사 1982~1984년 삼육간호전문대 조교·전임강사 1984~1997년 삼육대 간호학과 전임강사·조교수·부교수 1985~1989년 同간호학과장 1989~1990년 미국 인디애나대 간호대 박사후과정 수료 1991~1999년 삼육대 간호학과장 1997년 同간호학과 교수(현) 2000년 同여학생과장 2000년 同여학생상담실장 2000년 同성희롱성폭력상담소장 2005년 同제3학부장 2006~2007년 同보건소장 2007년 同보건복지대학장 2014~2016년 同부총장 2014년 同일반대학원장(현) 2016년 同건강사업단장(현) [상]교육인적자원부장관표창(2003) [저]'건강과 생활'(1997) '정신간호학'(1999) '대체보완요법'(2004) '케어메니저를 위한 의료일반'(2006) '정신건강간호학(상, 하) 제3판'(2007) [종]기독교

이경식(李經植) LEE Kyung Shik

[생]1933 · 6 · 28 [본]영천(寧川) [출]경북 의성 [주]서울 영등포구 국제금융로6길33 919호 21세기경영인클럽(02-783-2667) [학]1957년 고려대 상대졸 1981년 미국 미네소타대 대학원 수료 1997년 명예 경제학박사(세종대) [경]1957년 한국은행 조사부 입부 1962~1969년 경제기획원 과장 1969년 駐월남 경제협력관 1971년 경제기획원 기획국장 1972년 대통령 비서실장보좌관 1974년 대통령 경제제1수석비서관 1976~1979년 체신부 차관 1979년 대통령 경제수석비서관 1980년 중소기업진흥공단 이사장 1981년 미국 미네소타대 객원교수 1985년 대우통신 사장 1985~2009년 21세기경영인클럽 회장 1987년 대우투자금융 사장 1987년 대우자동차 사장 1989년 금융통화운영위원 1991년 한국가스공사 사장 1993년 부총리 겸 경제기획원 장관 1994년 한국무역협회 고문 1995~1998년 한국은행 총재 1998년 미국 스탠퍼드대 대학원 객원교수 1999~2002년 고려대 경영학과 석좌교수 2009년 21세기경영인클럽 명예회장(현) [상]올해의 교우상, 청조근정훈장, 황조근정훈장 [종]불교

이경식(李京植) LEE Kyung Shik

[생]1935·10·20 [출]평북 정주 [주]서울 관악구 관악로1 서울대학교 영어영문학과(02-880-6078) [학]1955년 용산고졸 1960년 서울대 문리대학 영어영문학과졸 1963년 同대학원 영문학과졸 1964년 영국 리즈대 대학원 영문학과졸 1990년 영문학박사(서강대) [경]1965~1980년 서울대 영어영문학과 전임강사·조교수·부교수 1974년 미국 하버드대 객원교수 1975·1988·1999년 영국 케임브리지대 객원교수 1976년 영국 옥스퍼드대 객원교수 1980~2001년 서울대 영어영문학과 교수 1985~1987년 同교무처장 1990~1992년 한국셰익스피어학회 회장 1992년 同이사 1999~2000년 미국 헌팅턴대학 명예연구원 2001년 서울대 영어영문학과 명예교수(현) 2004년 대한민국학술원 회원(영문학·현) [상]황조근조훈장(2002), 5·16민족상(2003), 학술원상(2003), 제59회 대한민국학술원상 인문학부문(2014) [저]'셰익스피어의 본문비평'(1978) '셰익스피어의 본문연구'(1980) '셰익스피어의 생애와 작품'(1980) '영국희곡 연구–셰익스피어와 그의 동시대 극작가들'

(1981) '셰익스피어 사극'(1982) '영문학 개론(共)'(1985) '엘리자베스시대 비극의 세네카 전통'(1991) '셰익스피어-햄릿, 오셀로, 리어왕, 맥베스'(1996) '아리스토텔레스의 시학과 신고전주의'(1997) '셰익스피어 비평사(上·下)'(2002) '셰익스피어연구'(2004) 옝'The History of Korea'(英文) '한우근의 한국통사' 종기독교

이경식(李景植) LEE Kyong Sik

❸1937 · 1 · 1 ❻용인(龍仁) ❺평북 후창 ㈜경기 성남시 분당구 야탑로59 분당차병원 외과(031-780-5005) ⓗ1955년 경복고졸 1961년 연세대 의대졸 1971년 同대학원졸 1975년 의학박사(연세대) ⓖ1966년 외과전문의 자격 취득 1966~1982년 연세대 외래강사 · 전임강사 · 조교수 · 부교수 1976년 미국 펜실베이니아의대병원 외과 전공의 1977년 미국 뉴욕 스로안캐터링병원 근무 1982~2002년 연세대 의과대학 외과학교실 교수 1982년 同영동병원 외과과장 · 진료부장 1991년 대한대장항문병학회 회장 1992년 연세대 암연구소장 1993~1995년 同암센터 병원장 1994년 대한암학회 부회장 1995~1999년 연세대 세브란스병원장 1996년 대한소화기학회 회장 1998~2000년 대한외과학회 회장 2002년 분당차병원 외과 교수(현) 2002~2006년 同원장 2004년 대한민국의학한림원 정회원(현) 2006년 분당차병원 명예원장(현) ❸이북5도문화상 학술부문, 황조근정훈장, 차광렬의학대상(2006), 경복동문대상(2009) ㉣'유방암의 진단과 치료의 실제'(2002, 의학문화사) 종기독교

이경식(李敬植)

❸1962 · 2 · 28 ❺강원 영월 ㈜경기 수원시 팔달구 팔달문로176 수원구치소(031-217-7101) ⓗ마차고졸, 부산대 법학과졸, 연세대 대학원 법학과졸 ⓖ1996년 교정간부 임용(행정고시 40회) 2004년 법무부 교정기획과 근무 2007년 서기관 승진 2008년 안양교도소 부소장 2010년 해남고도소장 2011년 강릉교도소장 2012년 원주교도소장 2013년 서울남부교도소장 2014년 창원교도소장 2015년 화성직업훈련교도소장 2015년 인천구치소장(고위공무원) 2016년 수원구치소장(고위공무원)(현)

이경식(李炅植) Lee Kyung-Sik

❸1969 · 9 · 11 ❺부산 ㈜세종특별자치시 한누리대로402 산업통상자원부 통상협력총괄과(044-203-5680) ⓗ1988년 서초고졸 1996년 서울대 경제학과졸 1999년 同행정대학원 수료 2001년 미국 예일대 경영대학원 경영학과졸 ⓖ1995년 행정고시 합격(39회) 1996년 산업자원부 중소기업정책관실 · 산업진흥반 · 기획예산담당관실 · 산업환경과 · 자본재산업통상팀 · 국제협력기획단 · 수송기계산업과 · 전자상거래과 · 자유무역협정팀 행정사무관 2006년 同자유무역협정팀 서기관 2007년 同자유무역협정지원팀장 2007년 한 · EU자유무역협정(FTA)협상 한국측 서비스 · 투자공동분과장 2008년 지식경제부 기업환경개선팀장 2009년 국무총리실 파견(서기관) 2010년 지식경제부 산업환경과장 2011년 同정책기획팀장 2012년 駐가나 주재관 2015년 산업통상자원부 자유무역협정무역규범과장 2016년 同통상협력총괄과장(현)

이경애(李敬愛 · 女) Lee Kyung Eua

❸1957 · 1 · 14 ❺대구 ㈜대구 중구 공평로88 대구광역시의회(053-803-5062) ⓗ신명여고졸 1994년 계명대 대학원 여성학과졸, 同대학원 환경과학 박사과정 재학 중 ⓖ㈜현대환경 대표이사, 대구지방국세청 근무, 대구시 북구여성단체협의회 회장, 대연라이온스 초대회장, 대구시 북구자원봉사센터 부이사장, 대구시 북구재향군인회 이사, 한나라당 여성전국위원 2010~2014년 대구시 북구의회 의원(한나라당 · 새누리당) 2012년 同부의장 2012년 새누리당 박근혜 대통령후보 대구특보 2014년 대구시의회 의원(새누리당)(현) 2014년 同교육위원회 위원 2014년 同예산결산특별위원회 위원 2014년 同윤리특별위원회 간사 2016년 同부의장 2016년 同건설교통위원회 위원(현) 2016년 同대구국제공항통합이전추진특별위원회 위원(현) ❸대구시청소년지도자대상 사회부문 의정대상(2016)

이경열(李敬烈) Lee kyung yul

❸1961 · 9 · 2 ❺경북 ㈜부산 남구 문현금융로40 부산국제금융센터 한국자산관리공사 금융구조조정본부(051-794-3111) ⓗ1979년 검정고시 합격 1988년 영남대 법학과졸 2007년 건국대 대학원 부동산학과졸 ⓖ1988년 한국자산관리공사 입사 2012년 同서민금융부장 2013년 同서민금융고객부장 2013년 同종합기획부장 2014년 同국유재산본부장(상임이사) 2016년 同금융구조조정본부장(상임이사)(현)

이경영(李京榮) LEE Kyung Young

❸1953 · 10 · 22 ❻용인(龍仁) ❺인천 ㈜서울 광진구 능동로120의1 건국대학교병원 외과(02-2030-7581) ⓗ1972년 경기고졸 1982년 서울대 의대졸 1986년 同대학원졸 1990년 의학박사(서울대) ⓖ1982~1987년 서울대병원 인턴 · 일반외과 레지던트 1987년 새한병원 일반외과과장 1990년 건국대 의과대학 외과학교실 교수(현) 1992년 미국 하버드의대 Brigham & Women's 병원 Surgical Oncology Fellow 1994년 건국대 민중병원 일반외과장 1996년 同의료원 기획실장 2004~2007년 同의과대학장 2005~2007년 同의학전문대학원장 2006~2007년 同병원장 2006년 同의과학연구소장 2011년 同병원 국제진료센터소장 2012~2014년 同충주병원장

이경영(李慶永) LEE Kyoung Young (日峴)

❸1956 · 2 · 10 ❻덕수(德水) ❺경기 시흥 ㈜경기 부천시 소사구 호현로387번길41 진영정보공업고등학교 교장실(032-349-6004) ⓗ1973년 인천 대헌공고졸 1978년 재능대학졸 1999년 성공회대 사회학과졸 2001년 인하대 교육대학원졸 ⓖ1982~2007년 진영중 설립 · 교장 1982년 진영정보공업고 설립 · 교장(현) 1991년 시흥청년회의소 회장 1995~1998년 바르게살기운동본부 시흥시협의회장(제4 · 5대) 1998~2007년 시흥시교육발전위원회 위원장 1998~2010년 경기도의회 의원(제5 · 6 · 7대) 1999~2003년 민주평통 시흥시협의회장(제5 · 6대) 2000~2007년 일현교육문화센터 이사장 2001년 시흥시문인연합회 회장 2002~2007년 경기도청소년자원봉사센터 시흥시지부장 2006~2008년 경기도의회 문화공보위원장 2008년 진영초 및 유치원 설립 · 이사장(현) 2011년 (재)일현장학재단 설립 · 이사장(현) 2015년 (사)한국문인협회 시흥지부 회장(현) ❸검찰총장표창(1987), 내무부장관표창(1987 · 1992), 교육부장관표창(1989 · 2000), 문화체육부장관표창(1994), 법무부장관표창(1995), 선도대상봉사상(2001), 경기사도대상(2001), 대통령표창(2002), 스포츠투데이 '2004아름다운얼굴20인' 선정(2004), 제1회 아상교육상(2006) ㉣'보람찾는 야학'(1994) '작은 학교에서 큰 꿈을 키운다'(1997) '무너지는 교실 이대로는 안된다'(2000) '시흥의 미래, 꿈과 희망이 보입니다'(2002) '솔향기 은은한 언덕에서'(2004) '아름다운 사연 보고 싶은 얼굴'(2007) '교육자의 길에서 행복을 만나다'(2012)

이경옥(李敬玉 · 女) LEE Kyoung Ok

❸1939 · 12 · 10 ❺인천 ㈜서울 구로구 고척로222 (주)동구바이오제약 비서실(02-2684-5421) ⓗ1959년 인천여고졸 1994년 중앙대 사회개발대학원 수료 1999년 이화여대 경영대학원 최고경영자과정 수료(59기) 2000년 전경련 국제경영원 최고경영자과정 수료(40기) ⓖ1976년 서서울라이온스클럽 회장 1981년 고려와이즈멘클럽 회장 1983년 ㈜동구약품 감사 1993년 同부사장 1994년 대한약품공업협동조합 이사 1997~2002년 ㈜동구약품 대표이사 1998년 향남제약공단사업조합 이사 1998~2003년 중소기업협동조합중앙회 여성특별위원회 부위원장 1999년 기독정경인회 회장(현) 2002년 직장새마을운동서울협의회 이사 겸 여성회장(현) 2002~2005년 ㈜동구제약 대표이사 2004년 솔루나로타리클럽 회장(현) 2006~2013년 ㈜동구제약 회장 2007년 한가문화교류협회 회장(현) 2008년 세계CEO전문인선교회 상임회장(현) 2009년 아시아포커스 이사장(현) 2011년 이화여대 이영회연합회장(현) 2014년 ㈜동구바이오제약 회장(현) ❸보건복지부장관표창(2001), 국무총리표창(2002), 중소기업협동조합중앙회 이달의여성기업인상 종기독교

이경옥(李京玉) LEE Gyeong Og

❸1958 · 10 · 7 ❺전북 장수 ㈜서울 중구 퇴계로187 국제빌딩3층 (사)한국아동청소년안전교육협회(02-2272-1312) ⓗ1978년 전주 해성고졸 1982년 전북대 법학과졸 1991년 일본 규슈대 대학원 법학과졸 1998년 법학박사(전북대) 2001년 연세대 고위정책과정 수료 ⓖ1982년 행정고시 합격(25회) 1983년 서광주세무서 총무과장 1992년 전북도 물가지도계장 1994년 同지방공무원교육원 조사담당관 1996년 내무부 지방행정연수원 교육2과장 1998년 2002월드컵축구대회조직위원회 지원부장 · 보좌관 1999년 행정자치부 지방이양팀장 2001년 同행정관리담당관 2002년 同지역경제과장 2003년 同자치제도과장 2004년 同자치행정과장 2004년 전북도 기획관리실장 2006년 전주시 부시장(고위공무원) 2007~2010년 전북도 행정부지사 2010년 행정안전부 국가기록원장 2011년 同차관보 2013~2014년 안전행정부 제2차관 2014년 (재)전북노사발전연구원 이사장 2015년 전북대 사회과학대학 행정학과 초빙교수(현) 2015년 한국아동청소년안전교육협회 안전교육고문(현) ❸녹조근정훈장(2001)

이경용(李京容) Lee Kyung Yong

[생]1966·10·7 [출]제주 서귀포 [주]제주특별자치도 제주시 문연로13 제주특별자치도의회(064-741-1961) [학]남주고졸, 경희대 법학과졸, 同법학전문대학원 법학전공졸(법학박사) [경]법무사 개업(현), 서귀포시 감사위원회 위원, 민주평통 자문위원(현), 제주지법 서귀포시법원 민사조정위원(현), 자비봉사회 임원(현), 제주특별자치도 연합청년회 자문위원(현), 서귀포JC 자문위원(현) 2010년 제주특별자치도의원선거 출마(한나라당) 2014년 제주특별자치도의회 의원(무소속·새누리당)(현) 2014년 同환경도시위원회 부위원장 2014년 同예산결산특별위원회 위원 2014년 同인사청문특별위원회 위원 2015년 同예산결산특별위원회 위원장 2016년 同농수축경제위원회 위원(현)

이경용(李敬龍) Lee, Kyung Yong

[생]1966·11·10 [출]충북 제천 [주]대전 유성구 대학로417 금강유역환경청(042-865-0701) [학]1984년 제천고졸 1992년 단국대 행정학과졸, 미국 워싱턴대 정책대학원졸, 한양대 법과대학 박사과정 재학中 [경]1992년 행정고시 합격(36회) 2003년 환경부 총무과 서기관 2004년 同기획관리실 혁신인사담당관실 서기관 2004년 同법무담당관 2006년 OECD 사무국 근무(휴직) 2010년 환경부 상하수도정책관실 생활하수과장 2011년 同운영지원과장(서기관) 2012년 同운영지원과장(부이사관) 2013년 同환경정책실 환경정책관(고위공무원) 2013년 해외 파견(고위공무원) 2014년 환경부 감사관 2016년 금강유역환경청장(현)

이경우(李慶雨) LEE Kyung Woo

[생]1945·1·8 [본]경주(慶州) [출]울산 [주]서울 마포구 마포대로12 평화의료재단(02-703-5566) [학]1963년 부산고졸 1968년 서울대 법학과졸 1975년 프랑스 파리국제정치대학원 수료 2006년 미국 펜실베이니아대 와튼스쿨 CEO과정 수료 [경]1968년 외무부 입부 1976년 駐프랑스대사관 3등서기관 1978년 駐세네갈 대사관 2등서기관 1981년 영국 런던국제해사기구(IMO) 파견 1983년 駐시카고총영사관 영사 1985년 駐모리셔스 대사대리 1987년 외무부 특전담당관 1989년 同서구2과장 1990년 駐영국대사관 경제참사관 1993년 대통령 의전비서관 1996년 외무부 아프리카중동국장 1997년 駐요르단 대사 2000년 2010세계박람회유치위원회 사무총장 2002년 駐미얀마 대사 2005년 2014평창동계올림픽유치위원회 사무총장 2006년 同부위원장 2006년 21C한·중교류협회 대외사무총장 2007년 한국골프장경영자협회 자문위원 2007년 외교안보연구원 명예교수 2009~2011년 포항시 명예자문대사 2010년 한국해비타트 운영위원 2011~2014년 인천재능대 석좌교수 2014년 평화의료재단 고문(현) 2015년 한·미얀마연구회 고문(현) [상]대통령표창, 홍조근정훈장(1994), 요르단왕국 1등 독립훈장(2000), 황조근정훈장(2006) [저]수필집 '열정의 행진(共)' [종]기독교

이경우(李慶雨) LEE Kyung Woo

[생]1955·3·14 [본]경주(慶州) [출]경기 평택 [주]서울 종로구 종로1 법무법인 한결(02-3458-9500) [학]1975년 경기고졸 1983년 서울대 법학과졸 1999년 고려대 노동대학원졸 [경]1982년 사법시험 합격(24회) 1985년 사법연수원 수료(14기) 1985년 변호사 개업 1993년 한울합동법률사무소·한울노동문제연구소 개설 1997년 미국 워싱턴주립대 잭슨스쿨 객원교수 1997년 민주사회를위한변호사모임 노동위원장 1997년 중앙노동위원회 공익위원(현) 1997~2005년 서울지방노동위원회 공익위원 2002~2011년 법무법인 한울 대표변호사 2003년 서울지방고용평등위원회 위원장 2004년 대검찰청 감찰위원회 위원 2004년 同공안자문위원회 위원, 서울중앙지법 조정위원(현), 국가인권위원회 조정위원 2008~2013년 산재재심사위원회 공익위원 2010년 고용노동부 고문변호사(현) 2011~2015년 손해보험협회 구상금분쟁조정위원회 위원 2011년 법무법인 한결한울 대표변호사 2012년 법무법인 한결 대표변호사(현) 2012~2015년 법제처 법령해석심의위원회 위원 2012년 고용노동부 근로시간면제심의위원회 위원(현) 2013~2014년 국민대통합위원회 자문위원 2013년 중앙노동위원회 보통징계위원회 위원(현) [저]'알기쉬운 비정규직차별시정제도 해설(共)'(2007) [종]원불교

이경우(李京雨) Yi, Kyung-Woo

[생]1962·2·10 [출]서울 [주]서울 관악구 관악로1 서울대학교 공과대학 재료공학부(02-880-8318) [학]1986년 서울대 금속공학과졸 1989년 同대학원졸 1992년 공학박사(서울대) [경]1990~1992년 서울대 공대 금속공학과 조교 1992~1995년 NEC 기초연구소 연구원 1995~1996년 한국과학기술연구원 연구원 1996년 서울대 공대 재료공학부 조교수 2000~2001년 미국 카네기멜론대 교환교수 2001년 서울대 공대 재료공학부 부교수·교수(현) 2009년 同자유전공학부 교무부학부장 [저]'철강공학'(2005) '공학문제해결입문'(2006)

이경욱(李京旭) LEE Kyung Wook

[생]1960·8·20 [출]서울 [주]경남 창원시 의창구 중앙대로263 오피스프라자602호 연합뉴스 경남취재본부(055-283-3303) [학]1979년 충암고졸 1984년 한국외국어대 서반아어과졸 [경]2000년 연합뉴스 산업부 차장대우 2001년 同경영기획실 차장 2002년 同국제부 차장 2002년 同경제부 부장대우 2003년 同국제뉴스1부 부장대우 2004년 同논설위원 2007년 同편집위원 2008년 同국제뉴스2부 근무(부국장대우) 2008년 同시드니특파원 2011년 同시드니특파원(부국장급) 2012년 연합뉴스TV 심의실장 겸 고충처리인 2012년 연합뉴스 기사심의실 기사심의위원 2013년 同콘텐츠평가실 콘텐츠평가위원 2014년 同콘텐츠평가실 콘텐츠평가위원(국장대우) 2015년 同콘텐츠총괄본부 뉴스콘텐츠부 근무(국장대우) 2015년 同경남취재본부 통영주재기자(국장대우)(현)

이경원(李暻遠) LEE Kyung Won

[생]1957·3·25 [주]제주특별자치도 제주시 제주대학로102 제주대학교 행정학과(064-754-2939) [학]1979년 경희대 행정학과졸 1983년 미국 노스다코다대 대학원 도시 및 지역개발학과졸 1990년 정책학박사(미국 일리노이주립대) [경]경희대·한국외대·명지대 강사 1995년 한국행정학회 총무위원 1995년 제주대 행정학과 조교수·부교수·교수(현) 1998~2003년 한국정책학회 운영이사 2000~2001년 미국 인디아나주립대 객원교수 2001년 한국지방정부학회 운영이사 2004년 행정자치부 행정고등고시2차시험 출제위원 2004~2006년 제주대 사회과학연구소장 2005~2006년 대통령자문 정부혁신지방분권위원회 혁신분권평가전문위원 2008~2009년 한국정책학회 부회장 2010년 한국공공관리학회 편집위원 2016년 제주대 사회과학대학장 겸 행정대학원장(현) [상]한국과학기술단체총연합회 과학기술우수논문상 보건의료분야(2002) [저]'신행정학원론'(2000) '현대사회와 행정'(2001) '개혁정책과 전문가 집단'(2002) '현대사회와 행정'(2004) '한국행정연구'(2009) [역]'왜 계속 써왔는가 왜 침묵해 왔는가'(2007)

이경자(李京子·女) LEE Kyung Ja

[생]1944·10·21 [출]서울 [주]서울 동대문구 경희대로26 경희대학교 언론정보대학원(02-961-0470) [학]1963년 서울사대부고졸 1967년 숙명여대 영어영문학과졸 1970년 同대학원 영어영문학과졸 1972년 미국 펜실베이니아주립대 대학원 신문학과졸 1977년 신문학박사(미국 사우스일리노이대) [경]1977~2008년 경희대 언론정보학부 조교수·부교수·교수 1982년 문화방송 방송자문위원 1988년 미국 동서문화센터 문화 및 커뮤니케이션연구소 객원연구원 1991~1996년 방송위원회 방송심의위원·광고심의위원·광고재심위원 1995년 한국방송학회 회장 1995~1998년 경희대 언론정보대학원장 1996년 맥브라이드라운드테이블 의장 1996~2000년 종합유선방송위원 1998년 한국방송개발원 원장 1999년 유네스코 한국위원 1999~2001년 한국방송진흥원 원장 2001년 국무총리산하 청소년보호위원회 위원 2002년 경희대 언론정보대학원장 2005~2007년 同언론정보대학원장 겸 언론정보학부장 2007년 同부총장 2007년 한국광고자율심의기구 광고심의기준위원회 위원 2008~2009년 방송통신위원회 상임위원 2008~2010년 보편적시청권보장위원회 위원 2008년 경희대 언론정보대학원 명예교수(현) 2009년 방송통신위원회 방송평가위원장 2009~2011년 同부위원장 2011년 방송통신발전기금운용심의회 위원장 [상]황조근정훈장 [저]'과학적 연구태도 및 논문작성(共)'(1982) 'Communication and Culture'(編) [역]'방송보도실무'(共)

이경재(李敬在) LEE Kyeong Jae

[생]1941·12·17 [본]광주(廣州) [출]경기 이천 [주]서울 용산구 회나무로44가길35 H2O품앗이운동본부(02-595-3325) [학]1960년 강화고졸 1964년 서울대 사회학과졸 1994년 고려대 언론대학원 최고위과정 수료 1997년 同컴퓨터대학원 최고위과정 수료 [경]1964년 육군 소위(ROTC 2기) 1967~1980년 동아일보 기자 1983년 한국방송광고공사 기획부장 1984년 동아일보 출판국 편집위원 1988년 同논설위원 1988년 同정치부장 1990년 同논설위원 1991년 미국 조지워싱턴대 객원교수 1992년 민자당 총재 공보특보 1993년 대통령 공보수석비서관 1993~1995년 공보처 차관 1995년 민자당 인천계양·강화乙지구당 위원장 1996년 제15대 국회의원(인천 계양구·강화乙, 신한국당·한나라당) 1998년 한나라당 원내부총무 1998년 同문화관광위원장 2000년

同인천西·강화乙지구당 위원장 2000년 同제3정책조정위원장 2001년 同홍보위원장 2002년 제16대 국회의원(인천 서구·강화乙 보궐선거 당선, 한나라당) 2003년 한나라당 인천시지부장 2003년 H2O품앗이운동본부 이사장(현) 2004년 제17대 국회의원(인천 서구·강화乙, 한나라당·무소속) 2004~2006년 국회 환경노동위원장 2006년 한나라당 10.25재보궐선거 공천심사위원장 2008년 제18대 국회의원(인천 서구·강화乙, 무소속·한나라당·새누리당) 2009년 한나라당 인천西乙당원협의회 위원장 2009~2010년 同인천시당 위원장 2011~2012년 국회 정치개혁특별위원회 위원장 2013~2014년 방송통신위원회 위원장(장관급) [상]황조근정훈장(1995), 서울대 자랑스러운 ROTC 동문상(2009), 한국언론인연합회 자랑스러운 한국인대상 언론창달부문(2013), 자랑스런 고려대 언론인상(2014) [저]'유신 쿠데타' '코리아 게이트' [종]기독교

이경재(李炅在) Lee Kyung-Jae

[생]1949·10·30 [본]성산(星山) [출]경북 고령 [주]서울 서초구 법원로15 정곡빌딩서관415호 법무법인 동북아(02-536-3330) [학]1967년 경북사대부고졸 1972년 서울대 법학과졸 1991년 미국 워싱턴주립대 로스쿨 법학과졸 [경]1972년 사법시험 합격(14회) 1974년 사법연수원 수료(4기) 1975년 춘천지검 검사 1977년 서울지검 남부지청 검사 1980년 부산지검 검사 1983년 대전지검 검사 1986년 대구지검 상주지청장 1987년 서울지검 고등검찰관 1989년 대검찰청 공안3과장 1989년 법무부 검찰4 과장 1991년 법무연수원 연구위원 1993년 서울지검 북부지청 형사1부장 1994년 서울지검 형사1부장 1995년 서울고검 검사 1996년 춘천지검 차장검사 1997년 대구지검 제1차장검사 1999년 변호사 개업(현) 2007~2009년 대법원 양형위원회 위원 2008년 대한변호사협회 통일문제연구위원장 2009~2012년 통일연구원 감사 2012년 법무법인 동북아 대표변호사(현)

이경재(李景宰) LEE Kyung Jae

[생]1959·12·7 [출]서울 [주]서울 용산구 백범로90다길13 (주)오리온 임원실(02-710-6251) [학]1977년 배명고졸 [경]1977년 (주)오리온 입사, 同대구지사장, 同경기지사장, 同제3사업부장, 同영업본부장, 同국내영업담당 상무이사 2007년 同베트남법인장(부사장), 同베트남법인 총괄 사장 2015년 同대표이사 사장(현)

이경재(李庚宰) Lee, Kyong-Jae

[생]1968·1·19 [본]전주(全州) [출]충남 논산 [주]서울 서초구 마방로68 한국과학기술기획평가원 사업조정본부 사업총괄조정실(02-589-2223) [학]1986년 대성고졸 1990년 충남대 재료공학과졸 1992년 同대학원 재료공학과졸 2006년 재료공학박사(고려대) [경]2006년 한국과학기술기획평가원(KISTEP) 연구위원 2007년 출연(연)연구발전협의회 전략연구소 연구위원 2007~2008년 소방방재청 국가연구개발사업 심의위원 2007~2008년 대통령자문 국가과학기술자문회의(PACST) 연구위원 2008년 대통령 교육과학문화수석비서관실 과학비서관실 근무 2010년 한국과학기술기획평가원 녹색기술전략팀장 2010년 同녹색기술전략실장 2010~2012년 同녹색성장전략실장 2014년 同사업조정본부 사업총괄조정실장(현) [상]과학기술처장관표창(1998), 한국과학기술기획평가원장표창(2002), 교육과학기술부장관표창(2010), 녹색성장위원회 위원장표창(2011)

이경조(李暻祚) LEE Kyung Jo

[생]1953·9·27 [본]안성(安城) [출]서울 [주]서울 강남구 테헤란로119 대호레포츠빌딩4층 뱅크웨어글로벌 사장실(02-501-6415) [학]고려대 영어영문학과졸, 숭실대 대학원 정보과학과졸, IT정책경영학박사(숭실대), 전경련 국제경영원(IMI) 최고경영자과정 수료 [경]1978년 한국IBM 입사 1986년 同금융산업영업본부 Advisory SE 1988년 미국 IBM 금융제품기획 프로그램매니저 1991년 한국IBM 금융솔루션개발담당 Senior System Engineer 1995년 同금융산업솔루션담당 컨설턴트 1996년 同금융산업SI사업부 실장 2001년 同금융산업서비스사업본부 이사 2002년 同금융산업서비스사업본부 상무 2004년 同글로벌테크놀로지서비스사업본부 총괄대표 2007년 同글로벌테크놀로지서비스(GTS) 대표(부사장) 2008년 同클라이언트밸류이니셔티브 총괄부사장 2008년 同글로벌비지니스서비스(GBS) 대표 2009~2010년 同클라이언트밸류이니셔티브(CVI) 부사장 2010년 뱅크웨어글로벌 사장(현) [저]'프론트 스테이지 법칙'(2010) [종]천주교

이경주(李炅周) LEE Kyung Joo

[생]1958·3·22 [본]전주(全州) [출]전북 전주 [주]서울 마포구 와우산로94 홍익대학교 경영학부(02-320-1727) [학]서울대 경제학과졸, 미국 펜실베이니아대 대학원졸, 보험학박사(미국 펜실베이니아대) [경]홍익대 경영대학 무역학과 교수 2008년 同경영학부 교수(현), 한국교육개발원 경영경제분야 자문위원, (주)유진데이타 사외이사 2014년 한국금융소비자학회 회장 [저]'신경영 패러다임 10(共)'(1996, 한국언론자료간행회) [역]'기업혁신을 위한 10가지 새로운 아이디어'(1996, 중앙M&B)

이경주(李炅主) LEE Kyung Ju

[생]1958·9·23 [주]서울 구로구 디지털로27길12 (주)웰크론 임원실(02-2107-6600) [학]한양대 섬유공학과졸, 전북대 대학원 섬유공학과졸 [경]1985~1998년 (주)효성 근무 1998년 (주)은성코퍼레이션 입사 2003년 同기술연구소장(이사) 2004년 同기술연구소장(상무이사) 2005~2007년 同생산기술총괄 상무이사 2008년 (주)웰크론 생산기술총괄 전무이사 2013년 同사장(현) [상]대통령표창(2016)

이경주(李慶柱) LEE Kyeong Ju

[생]1960·10·10 [본]경주(慶州) [출]대구 [주]경기 안성시 양성면 동항공단길49 (주)오션브릿지 사장실(031-8052-9030) [학]1978년 신흥고졸 1982년 원광대졸 1984년 고려대 대학원 경영학과졸 1992년 경영학박사(고려대) [경]고려대·국민대 경영학과 강사, 한국기업혁신연구소 대표컨설턴트 1998년 남성(주) 사외이사, ESQ 고문, 해태음료 경영자문, 인지컨트롤스(주) 경영자문위원, 인지디스플레이(주) 대표이사 사장, 제우스 대표이사 사장, 인지디스플레이(주) 부회장, 3Z 대표이사 사장 2012년 오션브릿지 대표이사 사장(현) [상]상생기업 대통령표창(단체), 국무총리표창(2008·2012), 삼성전자 특별공로상(2008) [저]'바보경영'

이경준(李京埈·女) LEE Kyung June

[생]1938·7·3 [본]전주(全州) [출]전북 전주 [주]서울 서초구 마방로10길18의13 국제직업능력개발교류협회 IOA 청년기술인후원회(02-575-0531) [학]1957년 전주여고졸 1963년 이화여대 영어영문학과졸 1975년 중앙대 교육대학원졸 1982년 미국 피츠버그대 대학원 수료 1984년 교육학박사(중앙대) 2002년 명예 철학박사(우즈베키스탄 타슈켄트국립동방대) [경]1965년 서울대 총장비서실 근무 1979~1983년 중앙대 한국교육문제연구소 연구원 1981~1985년 중앙대·이화여대·건국대·동국대 강사 1985~1995년 부산수산대 수산교육학과 교수 1989년 同수산교육학과장 1991~1993년 부산주부학교 교장 1991~2013년 세계평화여성연합 이사·고문 1992년 세계평화교수협의회 이사 1992년 일본 규슈대 비교교육문화연구소 방문연구교수 1993년 자원봉사애원 이사장 1995년 선문대 교수 1995년 同학생생활연구소장 1995~1998년 同평화사상연구원 원장 1995년 同대학발전추진위원회 기획위원장 1995년 同세계평화연구센터 소장 1995년 同사회봉사센터 소장 1996년 同사회과학대학장 1998~2006년 同총장 2006~2012년 同박물관장 2006년 한국대학총장협회 이사 2008년 평화통일가정당 제18대 국회의원 후보(비례대표), 한국자원봉사협의회 공동대표 2013년 IOA청년기술인후원회 이사(현) [상]내무부장관표창(1996), 국민포장 자원봉사분야(2005), 국민훈장 교육분야(2006) [역]'교육평가의 이론과 실제' [종]통일교

이경준(李景俊) LEE Kyung Joon

[생]1945·3·6 [본]평창(平昌) [출]함북 청진 [주]서울 관악구 봉천로594 덕성빌딩202호 브레인트리생명공학연구소(02-889-6313) [학]1971년 서울대 임학과졸 1973년 미국 위스콘신대 대학원 수목생리학과졸 1978년 농학(수목생리학)박사(미국 플로리다대) [경]1970~1971년 산림청 임업시험장 연구조원 1971~1973년 미국 위스콘신대 연구조교 1974~1978년 미국 플로리다대 연구조교 1978~1979년 同Post-Doc. 1979~1985년 산림청 임목육종연구소 전문직연구원 및 연구관 1985~2010년 서울대 임학과 조교수·부교수·교수 1992~1993년 미국 워싱턴대 연구방문교수 1994년 서울시 건설기술심의위원, 서울대 산림과학부 교수 1994~1998년 국립산림과학원 겸임연구관 2003~2005년 문화재청 문화재위원 2006~2008년 서울대 식물병원장 겸 생리연구실장 2006~2009년 국립산림과학원 운영심의회 위원장 2008~2010년 한국임학회 회장 2010년 서울대 산림과학부 명예교

수(현) 2010년 한국포플러협회 부회장(현) 2010년 서울대 식물병원 외래임상의(현) 2013년 브레인트리생명공학연구소 소장(현) 2014년 삼림정책연구회 부회장(현) 2016년 산림녹화기록물UNESCO기록유산등재추진위원회 위원장(현) [상]임목육종본상(1982), 한국임학회 학술상(1994), 서울대농생대교육상(2007), 서울대 농생대 동창회 명예의전당(2008), 가산학술상(2010), 옥조근정훈장(2010), 현신규학술상(2015), 향산학술상 본상(2015) [저]'임목육종학(共)'(1982) '한국산버섯도감(共)'(1992) '수목생리학'(1993) '산림생태학(共)'(1996) '임학개론'(1998) '조경수식재관리기술(共)'(2003) '산에 미래를 심다'(2006) '한국의 천연기념물 노거수편'(2006) '조경수병해충도감(共)'(2009) '민둥산을 금수강산으로'(2010) 'Successful Reforestation in South Korea'(2013) '산림과학개론(共)'(2014) '한국의 산림녹화, 어떻게 성공했나'(2015) '수목의학'(2015) [역]'임목육종학(共)'(1982)

이경춘(李京春) LEE Kyung Choon

[생]1949·6·26 [출]경기 광명 [주]경기 광명시 도덕로38번길3 세중전설 대표이사실(02-2625-5214) [학]2002년 한국산업기술대 전기공사특별교육과정(EEP) 수료 2002년 한양대 경영대학원 Cyber E-Business CEO과정 수료 [경]1982년 세중전설(주) 대표이사 사장(현) 1999~2002년 (주)한국전기신문 이사 2002~2005년 한국전기공사협회 이사 2007년 전기공사공제조합 이사 2008~2012년 (주)한국전기신문 대표이사 사장 [상]산업자원부장관표창(2000), 대통령표창(2004)

이경춘(李炅春) LEE Kyung Chun

[생]1961·1·21 [본]전주(全州) [출]전남 해남 [주]서울 서초구 서초중앙로157 서울고등법원 부장판사실(02-530-1114) [학]1976년 목포고졸 1980년 전남대 법과대학졸 1983년 同대학원 법학과 수료 [경]1983년 사법시험 합격(25회) 1987년 사법연수원 수료(16기) 1987년 서울지법 남부지원 판사 1989년 서울민사지법 판사 1991년 제주지법 판사 1993년 서울지법 동부지원 판사 1995년 서울지법 판사 1997년 同동부지원 판사 1998~1999년 독일 본대학 방문자과정 1999년 서울고법 판사 2000년 대법원 재판연구관 2002년 수원지법 여주지원장 2005년 법원행정처 건설국장 2005년 同사법시설국장 2006년 同기획조정심의관 2007년 서울중앙지법 부장판사 2009년 대전고법 부장판사 2010년 인천지법 수석부장판사 2010년 서울고법 부장판사(현) 2012~2014년 법원행정처 사법지원실장 겸임

이경태(李景台) LEE Kyung Tae

[생]1947·12·26 [출]경남 양산 [학]1966년 경기고졸 1970년 서울대 경제학과졸 1975년 同행정대학원졸 1983년 경제학박사(미국 조지워싱턴대) [경]1973년 행정고시 합격(14회) 1973~1977년 재무부 근무 1983년 산업연구원 근무 1986년 상공부 장관자문관 1990년 공업발전심의회 위원 1991년 산업연구원 선임연구위원 1993년 대통령자문 정책기획위원회 경제분과위원장 1995년 한국산업조직학회 부회장 1995년 산업연구원 부원장 1998년 비상경제대책위원회 자문위원 1998~2001년 대외경제정책연구원 원장 1999년 동아시아비전그룹 공동대표 2001년 아시아태평양경제협력체(APEC) 교육재단 이사장 2001·2005년 同경제위원회 의장 2001~2004년 駐OECD 대표부 대사 2003~2004년 OECD 홍보위원회 의장 2005~2008년 대외경제정책연구원 원장 2005년 대통령자문 국민경제자문회의 자문위원 2008~2012년 한국무역협회 국제무역연구원장 2008~2015년 고려대 국제대학원 석좌교수 2010년 국가미래연구원 산업·무역·경영분야 발기인 [상]국민훈장 동백장 [저]'수입자유화 효과분석' '산업정책의 이론과 현실' 'Korea's Economic Development' '한국산업구조특징' '국가경쟁력평가' [종]불교

이경태(李炅泰) LEE Kyung Tae

[생]1955·10·17 [출]서울 [주]서울 서대문구 연세로50 연세대학교 경영대학(02-2123-2527) [학]1980년 연세대 경영학과졸 1983년 미국 워싱턴대 대학원 경영학과졸 1992년 경영학박사(미국 Univ. of California, Los Angeles) [경]1992~1994년 미국 Pennsylvania State Univ. 조교수 1993년 연세대 경영대학 회계학전공 교수(현) 2003~2004년 同경영대학 부학장 겸 학과장 2004~2005년 同재무처장 2005년 同재단기획실장, 디케이유아이엘(주) 사외이사 2008~2009년 한국관리회계학회 회장, (주)지투알 사외이사 겸 감사위원 2016년 연세대 국제캠퍼스 부총장(현) [저]'원가회계(10판)'(2001, Pearson Education Korea) [종]기독교

이경태(李京泰) LEE Kyung Tae

[생]1957·8·17 [본]경주(慶州) [출]서울 [주]서울 광진구 능동로209 세종대학교 항공우주공학전공(02-3408-3285) [학]1973년 경기고졸 1980년 서울대 항공공학과졸 1982년 한국과학기술원(KAIST) 항공공학과졸(석사) 1990년 항공우주공학박사(미국 스탠퍼드대) [경]1982~1985년 대한항공 항공기술원 주임연구원 1990년 삼성항공 항공우주연구소 과장 1991년 同소형산업용가스터빈엔진개발팀장(부장) 1993년 同위성사업개발 원격측정 명령계개발팀장 1997년 同KTX-2 구조설계팀장 1997년 同항공우주연구소장(이사) 1998년 한국항공우주학회 사업이사·총무 1999년 세종대 기계항공우주공학부 항공우주공학전공 교수(현) 1999년 同세종-록히드마틴 우주항공연구소장 2005년 同산학협력단장 2005~2007년 同연구산학협력처장 2006~2011년 한국항공우주학회 총무이사 2012~2014년 同부회장 2013~2014년 항공안전기술센터 대표 2014~2016년 항공안전기술원 원장 2015년 한국항공우주학회 회장

이경태(李璟泰) LEE Kyung Tae

[생]1960·3·24 [주]서울 동대문구 경희대로26 경희대학교 약학과(02-961-0860) [학]1983년 경희대 약학과졸 1985년 同대학원 약학과졸 1991년 의학박사(벨기에 루뱅대) [경]1984~1985년 경희의료원 약사 1991~1993년 Katholike Univ. Leuven 약학대학 연구원 1995년 경희대 약학과 강사·조교수·부교수·교수(현) 1995년 보건복지부 중앙약사심의위원(현) 1995년 대한약학회 평의원(현) 1995년 한국약제학회 편집위원(현) 1995년 한국생약학회 이사(현) 1999년 한국응용약물학회 평의원(현) 2008년 한국식품영양과학회 편집위원(현), 경희대 일반대학원 나노의약생명과학과 교수(현) 2016년 同약학대학장(현) [상]한국약제학회 학술상(2007), 경희의료원 고황의학상(2008) [저]'강화약쑥' '레닌저 생화학' '약품생화학실습' [역]'약물유전체학'

이경택(李庚澤) LEE Gyeong Taek

[생]1959·1·20 [출]충북 [주]서울 송파구 송파대로558 월드타워7층 보성산업(주) 임원실(02-721-8225) [학]충주고졸 1982년 숭전대 영어영문학과졸 1994년 한양대 대학원 경영학과졸 [경]삼성물산(주) 건설부문 수주전략팀장, 同건설부문 주택영업본부 주택수도권사업부장(상무보) 2005년 同건설부문 주택영업본부 주택수도권사업부장 겸 주택기획관리팀장(상무) 2006년 同건설부문 주택영업본부 주택수도권사업부장(상무) 2007년 同건설부문 전략사업추진본부 개발사업팀장(상무) 2008년 同건설부문 개발사업본부 개발사업부장(상무) 2010년 同건설부문 개발사업본부 개발사업부장(전무) 2011년 同건설부문 개발1본부장 2012년 同건설부문 주택사업부 특수사업본부장(전무) 2012년 同건설부문 주택사업부 전무·개발사업부 본부장(전무) 2014년 보성산업(주) 대표이사 사장(현)

이경하(李炅河) LEE KYUNG HA

[생]1963·8·29 [출]서울 [주]서울 서초구 남부순환로2477 JW홀딩스 비서실(02-840-6600) [학]1982년 서울고졸 1986년 성균관대 약학과졸 1989년 미국 Drake Univ. 경영대학원졸(MBA) [경]1986년 (주)중외제약 입사 1988~1989년 미국 MDS 파견 1989~1991년 일본 쥬가이제약 파견 1991년 (주)중외제약 국제과장 1995년 同마케팅본부 DI팀장(이사대우) 1996년 同마케팅본부장(상무이사) 1997년 同전무이사 1998년 C&C신약연구소 대표이사 사장 겸 중외제약 총괄전무 1999년 (주)중외제약 부사장 2001~2009년 同대표이사 사장 2001년 한국신약개발연구조합 부이사장(현) 2002년 (주)중외 대표이사 사장 2003년 한국만성질환관리협회 이사 2004~2008년 한국제약협회 부이사장 2005년 중외신약 대표이사 사장 2005년 중외메디칼 대표이사 사장 2007년 중외홀딩스 대표이사 사장 2009년 JW홀딩스·JW중외제약·JW생명과학·JW중외메디칼·JW중외신약 부회장 겸임 2015년 JW홀딩스 대표이사 회장(현) 2015년 JW중외제약 대표이사 회장 겸임(현) [상]한국신약개발연구조합 대한민국신약개발상(2002), 경기도 환경그린대상(2003), 산업평화상 기업체부문 대상(2003), IR52 장영실상(2006) [종]불교

이경학(李慶學) Lee, Kyeong-hak

[생]1959·9·28 [본]전주(全州) [출]서울 [주]서울 동대문구 회기로57 국립산림과학원 산림보전부(02-961-2600) [학]서울대 임학과졸, 同대학원졸, 임학박사(서울대) [경]산림청 임업연구원 자원관리연구실 임업연구관, 국립산림과학원 산림경영과장, 산림청 기후변화연구센터장 2010년 국립산림과학원 탄소경영연구과장 2012년 同기후변화연구센터장 2013년 同연구기획과장 2014년 同산림보

전부장(고위공무원)(현) [상]국무총리표창(2003) [저]'임업연구를 위한 기초통계학'(1992) '숲으로의 초대'(2010) [역]'지구온난화와 산림'(2010) [종]가톨릭

이경한(李景韓) Lee Kyung-Han

[생]1960·11·30 [출]광주 [주]서울 강남구 일원로81 삼성서울병원 핵의학과(02-3410-2630) [학]1986년 서울대 의대졸 1989년 同대학원졸 1996년 의학박사(서울대) [경]1986~1990년 서울대병원 인턴·내과 레지던트 1991~1993년 국군수도병원 핵의학과 군의관 1993~1995년 서울대병원 핵의학과 전임의 1995년 삼성서울병원 핵의학과 전문의 1996~1998년 미국 Massachussets General Hospital Cardiovascular Research Center 연구원 1997년 성균관대 의대 핵의학과 교수(현) 2005년 삼성서울병원 핵의학과장(현) 2010년 분자영상학회 부회장 2011~2016년 삼성서울병원 분자세포영상센터장 2016년 분자영상학회 회장(현) [종]기독교

이경한(李京漢) YI Kyoeng Han

[생]1964·9·3 [본]전주(全州) [출]전북 전주 [주]전북 전주시 완산구 서학로50 전주교육대학교 사회교육과(063-281-7134) [학]1986년 전북대 지리교육학과졸 1988년 서울대 대학원 사회교육학과졸 1996년 교육학박사(서울대) [경]1987년 한국교육개발원 임시연구원 1989~1996년 인천 효성중·동인천고 교사 1992~1994년 충북대 지리교육과 시간강사 1996년 전주교육대 사회교육과 전임강사·조교수·부교수·교수(현) 1999년 2000학년도 대학수학능력시험 출제위원 1999년 제7차 교육과정 사회과탐구 교과서개발 심의위원 2002년 미국 텍사스 A&M대 교환교수 2008년 미국 메릴랜드대 연구교수, 전주교육대 학생처장, 전북교육포럼 대표, 참여자치전북시민연대 공동대표(현), 한국지리환경교육학회 부회장(현) [저]'사회과 지리수업과 평가' '초등지리교육론' '희망은 아이들이다' '질적 연구와 교육' '전통마을의 이해' '놀이를 활용한 신나는 교실수업' '일상에서 지리를 만나다'(2008) '아빠 눈으로 본 미국 교육'(2009) '골목길에서 마주치다'(2010) '다문화사회와 다문화교육'(2010) '한국지명유래집-전라/제주편-'(2010) '일상에서 장소를 만나다'(2012, 푸른길) '뉴질랜드 생태기행'(2015) '모두를 위한 국제이해교육(共)'(2015) '교육, 혁신을 꿈꾸다'(2015) [역]'지리교육학강의'(1995) '열린지리수업의 이론과 실제'(1999) '교실수업관찰'(2003) [종]기독교

이경행(李敬行) LEE KYUNG HAENG

[생]1945·8·30 [본]함평(咸平) [출]서울 [주]강원 원주시 상지대길84 상지영서대학교 총장실(033-730-0700) [학]1965년 서울 경복고졸 1972년 한양대 원자력공학과졸 1980년 서울대 대학원 물리교육과졸 1989년 고체물리학박사(동국대) [경]1972~1975년 영복여고 물리교사 1975~1981년 홍익대사범대학부속여고 물리교사 1981~1983년 상지대 과학교육학과 전임강사 1983~1987년 同물리학과 조교수 1987~1993년 同물리학과 부교수 1990~1993년 同환경과학연구소장 1990~1993년 同자연과학대학장 1993~2010년 同물리학과 교수 2015년 상지영서대 총장(현) [저]'자연과학개론' [종]천주교

이경형(李慶衡) LEE Kyung Hyung

[생]1946·8·1 [출]경남 함안 [주]서울 중구 세종대로124 서울신문 비서실(02-2000-9003) [학]1965년 부산고졸 1970년 서울대 문리과대학 사회학과졸, 한양대 언론정보대학원 언론학과졸, 한국과학기술원(KAIST) 최고경영자과정 수료, 홍익대 미술대학원 최고위과정 수료 [경]1973년 서울신문 사회부 기자 1991년 同정치부 차장 1992년 同워싱턴특파원 1995년 同사회부장 1996년 同정치부장 1997년 同편집국 부국장 겸 정치부장 1997~1998년 관훈클럽 운영위원 1998년 서울신문 편집국 부국장 1998년 대한매일 논설위원 1999년 同편집국 수석부국장 1999년 同편집국장 겸 편집인 2000년 同수석논설위원 2001년 同논설위원실장 2002~2004년 외교통상부 정책자문위원 2003년 대한매일 이사 2003~2004년 한국신문방송편집인협회 이사 2004년 서울신문 편집경영 이사 2004년~2006년 LG상남언론재단 이사 2005~2006년 서울신문 비상임고문 2005~2008년 한국신문발전위원회 위원 2005~2008년 기사형광고심의위원회 위원장 2005~2008년 기업은행 사외이사 2006~2008년 한양대 언론정보대학원 겸임교수 2006~2010년 민주평통 중앙상임위원 2007~2015년 내일신문 '이경형칼럼' 칼럼니스트 2009~2011년 DMZ생태띠잇기 파주조직위원장 2009~2011년 푸른파주21실천협의회 상임대표 2010~2011년 육군학생군사학교(ROTC)중앙회 부회장 2010~2011년 (사)헤이리예술마을 이사 겸 문화위원장 2012~2014년 同이사장 2012~2014년 리앤박갤러리 관장, 한국언론재단 온라인NIE 특임강사, DMZ포럼 고문 2013~2015년 민화협발행 격월간지 '민족화해' 편집인 2015년 서울신문 이사 겸 주필(현) [상]자랑스러운 한양언론인상(2015) [종]기독교

이경호(李京浩) LEE Kyeong Ho (慈溟)

[생]1950·1·28 [본]평창(平昌) [출]경기 포천 [주]서울 서초구 효령로161 한국제약협회 회장실(02-581-2105) [학]1968년 동성고졸 1973년 서울대 법대 법학과졸 1982년 미국 몬태나대 대학원 환경학과졸 1993년 보건학박사(서울대) [경]1973년 행정고시 합격(14회) 1974년 보건사회부 입부 1980~1985년 환경청 청장 비서관·환경평가과장·법무담당관·폐기물처리과장 1985~1989년 보건사회부 행정관리담당관·기획예산담당관 1989년 同약무정책과장 1991년 同공보관 1991년 同사회복지연수원장 1992년 駐미국대사관 주재관 1995년 보건복지부 약정국장 1997년 同식품정책국장 1998년 대통령 보건환경비서관 1999년 대통령 보건복지비서관 1999년 보건복지부 사회복지정책실장 1999년 同기획관리실장 2001~2002년 同차관 2002~2003년 연세대·인제대 보건대학원 초빙교수 2003~2006년 한국보건산업진흥원 원장 2005~2007년 대통령소속 의료산업선진화위원회 위원 2007~2010년 인제대 총장 2007년 Korea Health Forum 회장(현) 2010년 한국제약협회 회장(현) 2013~2016년 한국희귀의약품센터 이사장 2015년 약우회 회장(현) [상]황조근정훈장(2000), 동암의약상(2004), 2013 자랑스러운 연세보건인상(2013) [종]불교

이경호(李京鎬) Lee kyoung-ho

[생]1965·6·24 [출]서울 [주]경기 연천군 전곡읍 평화로 892 연천소방서(031-830-0120) [학]서울시립대 대학원 도시행정학과졸(석사) [경]1993년 소방위 임용(소방간부후보생 7기) 1993~2005년 경기 평택소방서·광명소방서·고양소방서·구리소방서·김포소방서·양평소방서 등 근무 2006~2009년 경기도 제2소방재난본부 행정계장·행정과장 2010년 경기 양주소방서장 2012년 중앙소방학교 교육기획과장 2013~2014년 소방방재청 방호조사과 위험물계장 2014년 국민안전처 방호조사과 방호계장 2015년 경기 연천소방서장(현) [상]대통령표창(2006)

이경호(李京鎬) Kyung-ho Lee

[생]1966·4·16 [본]경주(慶州) [출]부산 [주]세종특별자치시 한누리대로402 산업통상자원부 FTA정책기획과(044-203-5746) [학]1985년 경남고졸 1992년 부산대 행정학과졸 2011년 기술경영학박사(영국 맨체스터대) [경]2001년 산업자원부 구아협력과 사무관 2002년 同산업입지환경과 사무관 2003년 同지역산업과 서기관 2004년 同산업정책과 서기관 2005년 同디지털전자산업과 서기관 2008년 지식경제부 자유무역협정지원팀장 2009년 同성과관리고객만족팀장 2010년 同미래생활섬유과장 2011년 駐인도네시아 상무관 2014년 산업통상자원부 무역진흥과장(서기관) 2016년 同무역진흥과장(부이사관) 2016년 同FTA정책기획과장(현)

이경화(李璟和·女) LEE Kyung Hwa

[생]1953·8·13 [출]서울 [주]경기 안양시 만안구 성결대학로53 성결대학교 사범대학 유아교육과(031-467-8140) [학]1971년 서울 진명여고졸 1975년 이화여대 유아교육과졸 1983년 同대학원 유아교육과졸 1998년 문학박사(이화여대) [경]1976~1983년 반포YMCA유치원 교사 1987년 성결대 사범대학 유아교육과 교수(현) 2003년 同유아교육과장 2004년 同사범대학장 2006년 同해와달어린이집교육장, 同부속유치원장 2013년 同유아교육과장 2013~2014년 同사범대학장 2014년 同교육대학원장(현) [저]'유아사회교육'(2002, 창지사) '세계화 시대의 유아교육'(2002, 창지사) '유아언어교육'(2003, 창지사) '유아와 놀이'(2004) '보육과정'(2005, 창지사) '보육학개론'(2005, 정민사) '보육과정'(2006, 도서출판 파란마음) '아동문학'(2006, 공동체) '영유아를 위한 언어교육'(2009, 창지사) '보육학개론'(2010, 양서원) '유아교육기관운영관리'(2010, 공동체) [종]기독교

이경화(李慶和·女) LEE kyung hwa

[생]1957·3·8 [출]부산 [주]서울 동작구 상도로369 숭실대학교 인문대학 평생교육학과(02-820-0319) [학]1981년 숙명여대 독어독문학과졸 1983년 同대학원 교육학과졸 1991년 교육학박사(숙명여대) [경]1986~1988년 서울청소년지도육성회 청소년상담실 상담원 1989년 동국대 강사 1992~1994년 숙명여대 교육대학원 강사 1997년 숭실대 사회과학대학 평생교육학과 교수(현) 1997년 미국 조지워싱턴대 심리학 연구 1997년 교육심리학회 이사 1998년 숭실대 교육대

학원 유아교육과정 주임교수 2000년 국제영재교육학회 이사 2001년 한국영재교육학회 부회장 2001년 한국창의력교육학회 부회장 2003년 한국영재학회 이사 2004년 숭실대 영재교육연구소장(현) 2005년 同교수학습센터장 2006년 同영재교육연구소장 2006년 미국 윌림엄메리대 Center for Gifted Education 교환교수 2006년 숭실대 아동교육원장 2007년 同교직주임교수(현) 2009~2011년 한국창의력교육학회 회장 2012~2013년 한국영재교육학회 회장 2013년 숭실대 교육대학원장(현) 2013년 아동청소년교육센터장(현) [상]서울시 청소년지도육성회 공로상(1990), 한국교육심리학회 공로상(2008) [저]'인간 행동의 심리학적 기초(編)'(1992, 홍학문화사) '부모교육'(1994, 문음사) '현대사회와 교육'(1995, 상조사) '심리학개론'(1996) '가족놀이치료'(1997) '유아, 아동을 위한 정신건강' '교육심리학 용어사전(編)'(1999, 한국교육심리학회) '영재교육의 이론과 방법'(2001) '유아영재교육'(2004) '유아, 아동 발달'(2005) '영재교육'(2005) '유아교육의 이해'(2005) '우리아이 영재로 기르기'(2007, 학지사) '경험연구에 기초한 영재교육'(2007) '특수아동교육의 이해'(2008, 동문사) '유아언어교육'(2010, 공동체) '유아영재교육'(2010, 동문사) '유아동기 정신건강의 이해'(2010, 동문사) [역]'놀이치료 핸드북'(1997) '영재교육의 이론과 방법'(2001) '창의성 계발과 교육'(2001) '유아영재교육의 이해'(2002, 학문사) '영재교육'(2005) '교수-학습의 이론과 실제(5판)'(2006) '창의성 이론과 주제'(2009, 시그마프레스) [종]기독교

이경환(李慶桓) LEE Kyung Hwan (圓堂)

[생]1957·3·21 [본]성주(星州) [출]충남 천안 [주]서울 강남구 영동대로517 아셈타워22층 법무법인 화우(02-6003-7571) [학]1975년 경기고졸 1979년 서울대 법학과졸 1992년 연세대 보건대학원졸 2000년 보건학박사(연세대) [경]1985년 사법시험 합격(27회) 1988년 사법연수원 수료(17기) 1988~2002년 변호사 개업 1997~2012년 천안녹색소비자연대 공동대표 2000년 선문대 법학부 겸임교수 2000~2002년 국방부 의무자문관 2000~2006년 대전종합법무법인 변호사 2000년 한국의료법학회 이사 겸 감사(현) 2002~2006년 연세대 의료법윤리학과 조교수·부교수 2002~2008년 대한변호사협회 환경위원회 위원 2003년 대한영양사협회 고문변호사(현) 2004년 금연운동협회 자문변호사 2004~2006년 대한의사협회 윤리위원 2004년 녹색소비자연대 전국연합회 이사(현) 2005년 한국방재정보학회 감사(현) 2005~2008년 한국간호평가원 이사 2005년 연세의료원 생명윤리위원회 위원·IRB 위원·QI 위원·분쟁조정위원회 위원 2006년 연세대 의대 외래교수 2006년 법무법인 화우 파트너변호사(현) 2006년 가톨릭대 의대 외래교수(현) 2007년 서울대병원 병원윤리위원회 위원(현) 2007년 대한의료법학회 이사 2007~2010년 연세대 법학전문대학원 겸임교수 2007~2010년 同법학전문대학원 및 보건대학원 의료법규 겸임교수 2007~2013년 보건복지부 신의료기술평가위원회 위원 2007년 대한내과학회 윤리위원회 위원 2008~2012년 학교법인 성광학원(치의과대) 감사 2009년 환경부 환경보건위원회 위원(현) 2009년 한국배상의학회 이사 2009년 이화여대 의과대학 외래교수(현) 2010년 한국영양교육평가원 이사 2010년 대한상사중재원 중재인(현) 2010년 서울중앙지법 조정위원(현) 2011년 환경관리공단 석면피해구제심사위원회 위원장(현) 2011년 법제처 법령해석심의위원회 위원 2011년 서울지방변호사회 의료커뮤니티위원장(현) 2012년 녹색소비자연대 전국협의회 공동대표(현) 2013년 환경부 환경보건위원회 위원 [상]보건복지가족부장관표창(2008) [저]'의료법윤리학서설(共)'(2002) '최신의료판례(共)'(2003)

이경회(李璟會) Kyung Hoi LEE (凡山)

[생]1939·3·4 [본]광주(廣州) [출]황해 [주]서울 강남구 언주로527 강남텔레피아빌딩12층 한국환경건축연구원 원장실(02-558-8123) [학]1958년 경동고졸 1962년 연세대 건축공학과졸 1964년 同대학원 건축공학과졸 1971년 영국 런던대 대학원졸 1974년 공학(건축환경학)박사(영국 스트라스클라이드대) [경]1964~1977년 연세대 건축공학과 전임강사·조교수·부교수 1977~2004년 同교수 1980년 미국 미시간대 객원교수 1984~1988년 대한건축학회 건축환경위원장 1985년 과학기술처 에너지절약기술자문위원 1991년 프랑스 파리제6건축대 객원교수 1994년 대한건축학회 부회장 1994~1999년 연세대 건축과학기술연구소장 1995년 한국과학기술한림원 정회원 겸 종신회원(현) 1995년 한국태양에너지학회 회장 1995년 서울시건축상 심사위원 1995~1997년 연세대 공대학장 1996년 전국공대학장협의회 회장 1996~1997년 한국태양에너지학회 회장 1996년 한국공학한림원 종신회원(현) 1996~1998년 한국교육시설학회 회장 1998~2000년 대한건축학회 회장 1998년 대성산업(주) 사외이사 1998년 한국사랑의집짓기운동연합회 서울지회 이사장 2000년 미국건축가협회 명예펠로우(현) 2000년 한국위험통제학회 부회장 2001~2004년 한국생태환경건축학회 초대회장 2004년 同명예회장(현) 2004년 연세대 건축공학과 명예교수(현) 2004년 (사)한국환경건축연구원 이사장 겸 원장(현) 2005~2012년 국회 지속가능발전위원회 자문 및 운영위원장 2009~2012년 건설기술교육원 미래친환경건축교육센터장 겸 석좌교수 2014년 한국사랑의집짓기운동연합회 서울지회 명예이사장(현) [상]대한건축학회 학술상(1992), 한국태양에너지학회 학술상(1998), 황조근정훈장(2004), 한국생태환경건축학회 공로상(2005), 대한민국 토목·건축대상 건축인 최우수상(2005), 대한건축학회 대상(2012) [저]'건축설계제도'(1979) '단열시공가이드북(共)'(1984) '자연형 태양열주택의 설계와 시공'(1984) '디자인 방법론'(1991) '건축개론(共)'(1991) '인간환경을 위한 건축계획방법'(1992) '인텔리전트 빌딩의 건축·정보·설비 시스템(共)'(2002) '친환경건축개론(共)'(2002) [역]'건축디자인방법론(共)'(1982) '개인의 공간(共)'(1983) '건축 환경 과학(共)'(1984) [작]'연세대 중앙도서관 설계'(1977) '인천 중앙도서관 설계'(1982) '연세대 제2공학관·제3공학관 설계'(1991) 등 [종]기독교

이경훈(李京勳) LEE Kyung-Hoon (昭天)

[생]1950·1·1 [본]경주(慶州) [출]경북 청도 [주]부산 사하구 낙동대로398번길12 사하구청 구청장실(051-220-4001) [학]1969년 부산고졸 1973년 성균관대 법률학과졸 1979년 서울대 행정대학원 행정학과 수료 1995년 미국 위스콘신주립대 대학원 행정학과졸 2002년 행정학박사(동아대) [경]1978년 행정고시 합격(22회) 1980~1982년 관세청 근무 1987년 내무부 새마을운동중앙본부·지방행정연수원 근무 1992년 부산시 아시아경기대회지원 총괄기획담당관·자치행정과장·기획관 1999년 同영도구 부구청장 1999년 同환경국장 2002년 同경제진흥국장 2004년 同APEC준비단장 2006년 同부산시민공원추진단장 2006~2007년 同정무부시장 2009~2010년 부산상공회의소 부회장 2010년 부산시 사하구청장(한나라당·새누리당) 2014년 부산시 사하구청장(새누리당)(현) [상]대통령표창(1990), 홍조근정훈장(1997), 매니페스토 약속대상 선거공약부문 우수상(2010), 매니페스토 공약이행분야 최우수상(2011·2013), 매니페스토 공약이행분야 우수상(2012), 산업정책연구원 산업정책대상(2012) [종]불교

이경훈(李京薰) Yi Kyung-Hoon

[생]1964·9·30 [주]대전 서구 청사로189 문화재청 기획조정관실(042-481-4610) [학]1984년 능인고졸 1990년 경북대 고고인류학과졸 2002년 영국 요크대 대학원 고고학과졸 [경]1993년 행정고시 합격(제37회) 2005~2006년 세종대왕유적관리소장 2006~2009년 유네스코 세계유산센터 파견 2010~2013년 문화재청 국제교류과장·국제협력과장 2013년 同유형문화재과장(서기관) 2014년 同유형문화재과장(부이사관) 2014년 同활용정책과장 2015년 同문화재정책국장(일반직고위공무원) 2016년 同기획조정관(현)

이경훈(李庚勳) LEE Kyung Hoon

[생]1965·8·17 [출]충남 홍성 [주]서울 강남구 테헤란로13길12 10층 법무법인(유한) 태평양(02-3404-0185) [학]1983년 남대전고졸 1990년 고려대 법학과졸 2008년 同법무대학원 금융법학과졸 [경]1991년 사법시험 합격(33회) 1994년 사법연수원 수료(23기) 1994년 변호사 개업 1997년 부산지검 동부지청 검사 1998년 청주지검 충주지청 검사 2002년 울산지검 검사 2005년 의정부지검 고양지청 검사 2005년 금융감독위원회 파견 2006년 의정부지검 고양지청 부부장검사 2006~2007년 금융감독위원회 파견 2007년 서울중앙지검 부부장검사 2008년 대구지검 서부지청 부장검사 2009년 대전지검 특수부장 2009년 인천지검 특수부장 2010년 서울동부지검 형사5부장 2011년 법무법인(유한) 태평양 변호사(현) 2012년 금융감독원 금융감독자문위원회 위원(현) 2014년 준법감시협의회 준법감시제도발전자문위원회 위원(현) 2016년 태양씨앤엘 사외이사(현) [저]'증권범죄론'(2012)

이경훈(李璟勳)

[생]1974·9·25 [출]경북 포항 [주]대전 서구 둔산중로78번길45 대전지방법원(042-470-1114) [학]1992년 대구 대륜고졸 1996년 서울대 경영학과졸 [경]1997년 사법시험 합격(39회) 2000년 사법연수원 수료(29기) 2000년 공군 법무관 2003년 서울지법 판사 2004년 서울중앙지법 판사 2005년 서울남부지법 판사 2007년 창원지법 판사 2010년 인천지법 판사 2013년 대법원 재판연구관 2016년 대전지법 부장판사(현)

이경희(李京姬·女) LEE Kyung Hee

[생]1946·2·16 [출]부산 [주]서울 종로구 돈화문로13 서울극장 비서실(02-2277-3015) [학]1964년 부산여고졸, 홍익대 미대 중퇴 [경]1965년 영화 '난의 비가'로 데뷔, 은아필름 창립 1980~1995년 CBS '새롭게 하소서' 진행 1997년 (주)서울극장 대표이사 사장(현) 2003년 한국국제기아대책기구 산하 '행복한 나눔' 이사장(현) [상]부일영화상 신인상, 대종상 여우주연상(2회), 여성영화인모임 '2013 올해의 여성영화인상' 공로상 [작]영화 '며느리' '과부' '갯마을' '소복' '소령 강

재구' '물레방아' '까치소리' '여자의 얼굴' '겨울새' '상노' '저 높은 곳을 향하여' '율곡과 신사임당' 등 드라마 '사모곡' '추풍령' '즐거운 우리집' '은하의 계절' '제2공화국' 등 100여편에 출연

이경희(李慶姫·女) RHEE Kyung Hee

[생]1947·12·6 [본]부평(富平) [출]인천 [주]서울 중구 세종대로110(02-2126-4697) [학]1966년 경기여고졸 1970년 이화여대 가정관리학과졸 1974년 홍익대 미술대학원졸 1977년 미국 아이오와주립대 대학원 응용미술학과졸 1987년 문학박사(이화여대) [경]1981~1985년 이화여대·성신여대 강사 1985~1993년 중앙대 전임강사·조교수·부교수 1988~1989년 미국 매릴랜드대 객원교수 1993년 중앙대 생활과학대학 주거환경학과 교수·명예교수(현) 1994~2001년 서울가정법원 조정위원 1997~1999년 중앙대 생활과학대학장 1997년 한국주거학회 부회장 1998~1999년 대한가정학회 회장 1999~2000년 건설교통부 국토계획심의위원 2007~2008년 한국주거학회 회장 2012~2014년 서울장학재단 이사장 2014~2016년 지혜로운학교 대표 2016년 서울50플러스재단 대표이사(현) [저]'여성교양(共)' '가정학연구의 최신정보(共)' '주거학(共)' '21세기를 준비하자(共)' '시민의 도시(共)' '인간과 생활환경' '주택정보 1·2·3' '새로 쓰는 주거문화' '더불어 사는 주거만들기' '넓게 보는 주거학'(2005, 교문사) '주거복지론'(2007, 교문사) '생활경영: 자기 계발을 위한 워크북'(2010, 시그마프레스) '누가 행복한 소비자인가?'(2011, 교문사) [역]'가족자원관리' '주거와 환경' '여성의 삶과 공간환경'

이경희(李庚熙) Lee, Kyung-Hui

[생]1950·7·9 [출]대구 [주]서울 영등포구 당산로48길10 한국마약퇴치운동본부(02-2677-2245) [학]1969년 경북고졸 1973년 연세대 법학과졸 1975년 영남대 대학원졸 1988년 법학박사(연세대) [경]1984~1995년 한남대 법정대학 전임강사·조교수·부교수 1989년 同학생처 부처장 1990년 同학생처장 1994년 미국 루이빌대 로스쿨 객원교수 1995~2003년 한국법학교수회 상임이사 1995년 한남대 법과대학 법학전공 교수, 同명예교수(현) 1995~1998년 同법과대학장 1995~1999년 同과학기술법연구소장 1999년 同교학처장 2002년 한국비교사법학회 부회장 2005~2007년 중국 연변대 겸직교수 2010년 한국가족법학회 회장 2011~2013년 한남대 과학기술법연구원장 2016년 한국마약퇴치운동본부 이사장(현) [저]'법학개론' '의학발달에 따른 법과 윤리' '현대사회와 법' '주석 상속법' '친족상속법' [종]기독교

이경희(李鏡熙·女) Lee Kyung Hee

[생]1960·7·23 [본]흥양(興陽) [출]경북 상주 [주]충남 공주시 반포초교길253 국립법무병원 치료감호소(041-840-5448) [학]1979년 서귀포고졸 1982년 제주한라대 간호학과졸 2009년 영동대 대학원 사회복지학과졸 [경]1983~1987년 대구정신병원 책임간호사 1987년 국립법무병원 치료감호소 근무, 同간호과장(현) [종]불교

이경희(李景熙)

[생]1962 [출]전북 임실 [주]충북 충주시 충원대로724 충주세무서(043-841-6201) [학]전주 신흥고졸 1983년 세무대학졸(1기) [경]1983년 국세공무원 임용(8급 특채) 2007년 수원세무서 부가가치세과장 2010년 국세공무원교육원 지원과 서무계장 2014년 중부지방국세청 조사2국 조사관리과 제3조사관리팀장(서기관) 2015년 충주세무서장(현)

이경희(李曉熙) Lee, Kyoung Hee

[생]1962·1·24 [본]경주(慶州) [출]경북 울진 [주]전북 군산시 자유로482 군산자유무역지역관리원 비상계획과(063-464-0708) [학]1980년 후포고졸 1982년 육군3사관학교 행정학과졸 1995년 육군대학 수료 2003년 경희대 행정대학원 사회복지학과졸 [경]1983~1984년 육군 제1보병사단 수색대대 소대장·작전장교 1988년 同제3보병사단 중대장 1990년 同사령부 작전장교 1992년 同군수사령부 근무 1995년 同제2보병사단 인사과장·군수과장·군수처계획장교 2000년 同훈련소 제25교육연대 2교육대대장 2002년 同훈련소 제25교육연대 지원참모 2004년 산업자원부 익산자유무역지역관리원 비상계획담당관 2005년 국방부 사이버모니터 위촉 2005년 산업자원부 군산자유무역지역관리원 비상계획과장 2008년 지식경제부 군산자유무역지역관리원 비상계획팀장 2013년 산업통상자원부 군산자유무역지역관리원 비상계획과장(현) [상]대통령표창(1996), 1군사령관표창(1999), 육군 교육사령관표창(2001) [종]불교

이경희(李京熙) LEE Kyoung Hee

[생]1965·4·16 [본]연안(延安) [출]서울 [주]대전 유성구 대학로99 충남대학교 사무국(042-821-5114) [학]1984년 명지고졸 1988년 서울대 경영학과졸 1991년 同대학원 경영학과졸 1999년 경제학박사(영국 버밍엄대) [경]2002년 과학기술부 과학기술협력국 기술협력2과 서기관 2003년 同과학기술협력국 동북아기술협력과장, 駐OECD대표부 주재관 2008년 교육과학기술부 인력수급통계과장 2008년 同학연협력지원과장 2009년 同기획조정실 행정관리담당관 2010년 국방대 파견(부이사관) 2011년 교육과학기술부 교육복지국 학생건강안전과장 2012년 同연구개발정책실 과기인재정책과장 2012년 창원대 사무국장(일반직고위공무원) 2014년 강원도교육청 부교육감 2014년 교육부 교육정보통계국장 2015년 同교육안전정보국장 2016년 충남대 사무국장(현)

이계경(李啓卿·女) LEE Kei Kyung

[생]1950·12·21 [출]서울 [주]서울 서초구 반포대로45 한국문화복지협의회(02-773-5465) [학]1967년 경기여고졸 1974년 이화여대 사회복지학과졸 1983년 同대학원 사회복지학과졸 1995년 고려대 언론대학원 최고위과정 수료 1998년 경남대 북한대학원 최고위과정 수료(2기) 2000년 국제디자인대학원 뉴밀레니엄과정 수료(2기) 2002년 이화여대 국제대학원 탑리더과정 수료(1기) 2003년 한국예술종합학교 CAP과정 수료 2005년 고려대 노동대학원 수료 [경]1974~1983년 청년여성운동연합회 회장 1980년 크리스찬아카데미 여성사회 간사 1983년 여성의전화 창설·총무 1984년 여성사회연구회 회장 1988~2002년 여성신문 발행인 겸 편집인·대표이사 1989년 정무2장관실 여성정책심의실무위원 1991년 방송위원회 방송광고심의위원 1991년 성폭력상담소 상임이사 1992년 성폭력위기센터설립위원회 공동대표 1998년 감사원 부정방지대책위원회 부위원장 2002년 한나라당 대통령중앙선거대책위원회 미디어대책위원회 부위원장 겸 대선기획단 기획위원 2003년 同17대 총선 공천심사위원 2004~2008년 제17대 국회의원(비례대표, 한나라당) 2004~2005년 한나라당 제6정책조정위원장 2006~2007년 同대외협력위원장 2007년 (사)양성평등실현연합 대표 2008년 한국문화복지협의회 회장(현) 2010~2011년 보건복지부산하 중앙생활보장위원회 위원 2014년 제16회 서울국제여성영화제 조직위원장 [상]서울시장표창(1984), 한국여성의전화 공로패, (사)한국성폭력상담소 공로패(1993), 유네스코서울협회 자랑스러운 유네스코인상(1994), (사)한국여성단체연합 올해의 여성상(1997), 한국여성단체연합 올해의 여성운동상(1997), 국무총리표창(1998), 국제소롭티미스트 한국협회 '여성을 돕는 여성상'(2000) [종]불교

이계문(李啓聞) LEE KYE MOON (雲亭)

[생]1960·12·16 [출]경기 가평 [주]세종특별자치시 갈매로 477 기획재정부 정책기획관실(044-215-2252) [학]1979년 조종종합고졸 1984년 동국대 산업학과졸 1994년 서울대 행정대학원졸 2005년 태국 아시아공과대(AIT) 대학원졸(EMBA) [경]행정고시 합격(34회) 1991~1994년 경제기획원 예산실 사무관 1995~1997년 재정경제원 금융정책실 외화자금과·산업자금과 사무관 1998~1999년 재정경제부 국제금융국 외환제도과 사무관 2001년 同기획관리실 기획예산담당관실 서기관 2003년 駐태국대사관 파견 2006년 재정경제부 정책조정국 서비스경제과장 2008년 기획재정부 예산실 문화방송예산과장 2009년 同예산실 국방예산과장 2011년 同기획조정실 규제개혁법무담당관(부이사관) 2011년 同기획조정실 기획재정담당관 2013년 駐미국 공사참사관(고위공무원) 2016년 기획재정부 기획조정실 정책기획관(현) [상]대통령표창(2011)

이계민(李啓民) LEE Gae Min

[생]1946·11·1 [본]함평(咸平) [출]전남 나주 [주]서울 서초구 반포대로3길31 한국산업개발연구원(02-2023-9775) [학]1964년 광주제일고졸 1972년 경희대 경제학과졸 1996년 서강대 경제대학원졸 2007년 경제학박사(경희대) [경]1973~1980년 일간내외경제 기자 1980년 한국경제신문 기자 1989년 同증권부장 1991년 同경제부장 1993년 同국제부장 1994년 同경경담당 부국장 1995년 同정경·문화담당 부국장 1996년 同편집국장 1997~2001년 同논설위원 1998년 정부규제개혁위원회 위원 2001년 모디아소프트 사외이사 2001년 한국경제신문 논설위원실장 2002년 한경닷컴 사장 2004년 한국경제신문 논설주간(이사) 2005년 한국신문방송편집인협회 부회장 2005년 한국경제신문 주필 겸 편집제작본부장(이사) 2007년 同주필(상무이사) 2008년 同주필(전무이사) 겸 편집제작본부장 2008년 同주필(전무이사) 2009~2013년 한국신문방송편집인협회기금 이사 2010년 한국경제신문 논설고문 2010~2013년 한국무역보험공사 비상임이사 2011년 한국산업개발연구원 고문(현) [상]국민훈장 모란장(2002), 경희언론인상(2007), 서강경제인상 사회경제인부문(2011) [저]'시장경제를 읽는 눈'(2011)

이계삼

(生)1970 (本)경기 수원시 팔달구 효원로1 경기도청 건설본부(031-8008-5800) (학)한양대 대학원 토목공학과졸 (경)1994년 기술고등고시 합격(30회) 2006년 경기도 광교개발사업단장 2009년 경기도시공사 광교사업본부장(파견) 2010년 경기도 도시주택실 신도시개발과장 2011년 同도시주택실 도시정책과장 2013년 同융복합정책과장 2013년 同도시기획과장 2014년 경기 의왕시 부시장 2015년 경기도 건설본부장(현)

이계성(李啓聖) LEE Kye Sung

(生)1957 · 2 · 28 (本)함평(咸平) (출)전남 나주 (주)서울 중구 세종대로17 와이즈빌딩 한국일보 논설위원실(02-724-2114) (학)1976년 광주고졸 1981년 서울대 정치학과졸 (경)1984년 한국일보 입사 1999년 同정치부 차장 2003년 同국제부장 2004년 同논설위원 2005년 同통일문제연구소장 겸임 2006년 同정치담당 부국장 2007년 同논설위원 2008~2010년 관훈클럽 신영연구기금 감사 2008년 한국일보 논설위원 겸 한반도평화연구소장 2012년 同수석논설위원 2013년 同편집국장 직대 2014년 同수석논설위원 2014년 同한반도평화연구소장(현) 2014년 대통령직속 통일준비위원회 언론자문단 자문위원(현) 2016년 한국일보 논설위원실장(현) (상)한국기자협회상(1990) (저)'지는 별 뜨는 별'

이계식(李啓植) LEE Ke Sig

(生)1956 · 1 · 26 (本)함평(咸平) (출)서울 (주)경기 성남시 분당구 황새울로258번길31 에스코어(주) 임원실(070-7125-5114) (학)1974년 보성고졸 1982년 서울대 산업공학과졸 1986년 미국 아이오와주립대 대학원 전자계산학과졸 1990년 공학박사(미국 아이오와주립대) (경)1982년 삼성전자(주) 입사 1984~1991년 미국 유학 1991년 삼성전자(주) E-CIM센터 수석연구원대우 1993년 삼성그룹 회장비서실 파견 1994년 삼성데이타시스템연구소 부소장 2002년 삼성SDS(주) 정보기술연구소장(상무) 2003년 同솔루션사업추진실장 겸임 2006년 同컨설팅본부장(전무), IT컨설팅협의회 회장 2009년 삼성SDS(주) 하이테크본부장(전무) 2010년 同하이테크본부장(부사장) 2011년 同공공해외본부장(부사장) 2012년 同Delivery혁신본부장(부사장) 2013~2014년 同Delivery센터장(부사장) 2014년 에스코어(주) 대표이사(현) (상)서울대 공과대 동창회장 최우수졸업상(1982), 삼성그룹 제2창업2주년기념 회장상(1993), 철탑산업훈장(2011), 한국산업경영시스템학회 경영인상(2012)

이계안(李啓安) LEE Kye Ahn

(生)1952 · 3 · 28 (출)경기 평택 (주)서울 금천구 가산디지털1로88 IT프리미어타워 동양피엔에프(주) 임원실(02-2106-8000) (학)1971년 경복고졸 1975년 서울대 경영학과졸 (경)1996~1998년 현대그룹 종합기획실 전무이사 1999~2001년 현대자동차(주) 대표이사 사장 2001~2004년 현대캐피탈 대표이사 회장 2001~2004년 현대카드(주) 대표이사 회장 2002년 서울대총동창회 이사(현) 2002년 경복고총동창회 부회장(현) 2003~2007년 아산사회복지재단 사회복지부문 자문위원 2004~2008년 제17대 국회의원(서울 동작乙, 열린우리당) 2007년 사회복지법인 다일복지재단 대외협력대사(현) 2008년 한겨레신문 경영자문위원회 위원장 2008~2009년 미국 하버드대 케네디스쿨 Ash Institute 초빙연구원, 한국기독교실업인회(CBMC) 동서남북지회 회장(현) 2009년 (사)2.1연구소 이사장(현) 2010년 법무법인 율촌 고문(현) 2011~2013년 (사)한반도비전과통일 정책분야 대표, (사)빗물모아지구사랑 공동대표(현) 2011~2013년 서울대 경영대학 초빙교수 2012~2014년 한반도재단 이사(현) 2012~2013년 민주통합당 서울동작乙지역위원회 위원장 2013~2015년 전국지역아동센터협의회 이사(현) 2013년 국민과함께하는새정치추진위원회 공동위원장 2013~2016년 (주)동양피앤에프 대표이사 회장 2014년 새정치연합 창당준비위원회 공동위원장 2014년 민주당 · 새정치연합 신당추진단 당헌당규분과 공동위원장 2014년 새정치민주연합 최고위원 2014~2015년 同서울시당 공동위원장 2015년 한국사회책임네트워크(KSRN) 고문(현) 2015년 (재)평택지속가능연구소 이사장(현) 2016년 (사)국제장애인지원협회 이사장(현) 2016년 굿피플인터내셔널 이사(현) 2016년 제20대 국회의원선거 출마(경기 평택시乙, 국민의당) 2016년 (주)동양피앤에프 사내이사(현) 2016년 국민의당 평택시乙지역위원회 위원장(현) (상)여성신문 '명예평등부부 100쌍'에 선정(1997), 민주당 파워블로그어워드 우수블로거(2009), 월간중앙 2016 CEO리더십대상 사회책임경영부문(2015) (저)'학교가 알려주지 않는 세상의 진실(共)'(2009) '누가 칼레의 시민이 될 것인가?'(2009) '진보를 꿈꾸는 CEO(共)'(2010) '한반도의 미래에 관한 대담한 생각'(2013, 위너스 북) (종)기독교

이계양(李啓洋) Lee Kye Yang

(生)1958 · 7 · 20 (출)전남 나주 (주)광주 동구 금남로246 광주YMCA(062-232-6131) (학)조선대 사범대학 국어교육과졸, 문학박사(조선대) (경)1983~2003년 광주 대성여고 교사 1985년 광주 무진교회 장로(현) 1990년 '한국시'에 수필가 등단, 시류 동인 2003~2009년 광주교육대 · 조선대 국어국문학과 외래교수, 광주YMCA 광산지회 운영위원장, 同광산지회 청소년위원장, 同광산지회 생명평화위원장, 광주여성인권지원센터 운영이사, 북녘어린이돕기사랑의빵공장 운영이사, 아름다운가게 광주봉선점 운영위원, 광주지검 검찰시민위원, 빛고을노인건강타운 운영위원 2009년 하하문화센터 대표(현) 2011~2014년 광주YMCA 소비자생활협동조합 이사장 2014년 무진 일읍학교 교장(현) 2014년 광주YMCA 부이사장 2015년 광주평생교육진흥원 이사(현) 2016년 광주YMCA 이사장(현)

이계영(李桂英) LEE GYE YOUNG

(生)1954 · 1 · 3 (출)제주 (주)경북 경주시 동대로123 동국대학교 경주캠퍼스 컴퓨터공학부(054-770-2114) (학)1973년 경성고졸 1980년 동국대 전자계산학과졸 1983년 同대학원 전자계산학과졸 1992년 전자공학박사(단국대) (경)1985~2016년 동국대 컴퓨터공학부 교수 1996년 미국 워싱턴 주립대 방문연구교수 1998~2001년 동국대 경주캠퍼스 교무처장 2000년 대한전자공학회 종신회원(현) 2001년 한국정보과학회 종신회원(현) 2003~2005년 동국대 경주캠퍼스 공학대학장 2004~2007년 한국선학회 이사 2005년 한국정보처리학회 종신회원(현) 2005~2006년 同이사 2007~2010년 동국대 경주캠퍼스 전략기획본부장 2008~2009년 同경주캠퍼스 에너지환경대학장, 지식경제부 경주중저준위방폐장유치지역 지원실무위원회 위원, 동국대총동창회 부회장 2011~2013년 경주지역정보화촉진협의회 위원 2012~2013년 울산시 공무원임용시험 출제위원 2012~2016년 동국대 경주캠퍼스 총장 2013년 산업통상자원부 경주중저준위방폐장유치지역 지원위원회 위원(현) 2013년 경주시안전문화운동협의회 공동의장(현) 2014년 경주시 화백포럼 운영위원장(현) 2014~2016년 원자력해체기술종합연구센터 경주유치위원회 공동위원장 2016년 동국대 컴퓨터공학부 명예교수(현) (상)시사매거진 선정 '한국을 이끄는 힘'(2012), 연합뉴스 선정 '대한민국 혁신센터'(2012), 뉴스메이커 선정 '한국을 이끄는 혁신 리더'(2012 · 2014), 스포츠서울 선정 '산업별 Power Korea 혁신센터'(2012) (저)'Quick BASIC 프로그래밍'(1991, 연학사) '화일이론'(1993, 생능출판사) '컴퓨터의 이해'(1994, 이한출판사) '전산학 개론'(1996, 정익사) '운영체제'(1999, 정익사)

이계영(李桂英 · 女) Lee, Kye Young

(生)1959 · 5 · 22 (주)서울 서초구 반포대로37길59 대한민국학술원 사무국(02-3400-5211) (학)1978년 계성여고졸 1982년 이화여대 교육학과졸 1997년 교육학박사(영국 리즈대) (경)1983년 행정고시 합격(27회) 1984~1998년 강원대 사회과학대학 서무과장 · 교육인적자원부 국제교육협력관실 근무 1998~2006년 교육인적자원부 근무 · 국제교육진흥원 기획관리부장 2006~2009년 교육인적자원부 근무 · 명지대 초빙교수 · 한양대 초빙교수 · 한국체육대 총무과장 2009년 교원소청심사위원회 상임위원 2011년 교육과학기술연수원 원장 2012~2013년 국방대 파견 2013년 광주시교육청 부교육감 2015년 통일부 통일교육원 개발협력부장 2016년 대한민국학술원 사무국장(현)

이계영(李桂榮) LEE Kye Young

(生)1961 · 6 · 8 (출)전북 전주 (주)충남 당진시 송악읍 북부산업로1480 현대제철(주) 기술연구소(041-680-0114) (학)전주고졸, 서울대 금속공학과졸, 同대학원 금속공학과졸, 공학박사(호주 퀸슬랜드대) (경)현대제철(주) 제강기술개발담당 이사대우, 同상무 2012년 同전무 2015년 同기술연구소장(부사장)(현)

이계영(李啓榮) LEE Kye Young

(生)1961 · 7 · 15 (本)함평(咸平) (출)서울 (주)서울 광진구 능동로120의1 건국대병원 폐암센터(02-2030-7747) (학)1985년 서울대 의대졸 1993년 同대학원 의학석사 1997년 의학박사(서울대) (경)1985~1989년 서울대병원 인턴 · 내과 전공의 1992년 서울대병원 전임의 1993~2005년 단국대 의대 내과학교실 교수 1997년 미국 스탠퍼드대 의대 Post-Doc. Fellow 2005년 건국대 의대 내과학교실 교수(현) 2005년 건국대병원 호흡기센터장 겸 호흡기분과장 2009~2012년 同호흡기알레르기내과분과장 2009~2012년 同폐암센터

소장 2013~2014년 대한폐암학회 총무이사 2015년 건국대병원 폐암센터장(현) 2015년 대한폐암학회 차기(2017년1월) 이사장(현) **⊛**춘추의학상(2000), 유럽호흡기학회 젊은과학자상(2000), 대한암학회 SB학술상(2000) **㉜**'내과학(1)'(1998, 서울대 의대 내과학교실)

이계영(李啓榮) Lee Kye Young

생1965·9·24 **출**광주 **주**광주 서구 무진대로904 금호고속(주) 임원실(062-360-8006) **학**1984년 동신고졸 1990년 호남대 경제학과졸 2005년 전남대 대학원 경영학과졸 **경**1990년 금호문화재단 입사 1996~2000년 금호미술관 관리과장 2001년 금호문화재단 사무국장 2002년 금호고속(주) 경리2팀 기획파트장 2004년 同터미널사업팀장 2004~2007년 광주시축구협회 총무이사 2005년 금호고속(주) 인사노무2팀장 2006년 同영업2팀장 2007~2013년 베트남 금호삼코버스라인스 설립·통양독(법인장) 2014년 금호고속(주) 직행기술부문 상무보 2015년 同법행관리부문 상무 2016년 同직행영업담당 상무(현)

이계원(李季源) LEE Kye Won

생1958·11·20 **출**광주 동구 필문대로309 조선대학교 경상대학 경영학부(062-230-6815) **학**1981년 조선대 경영학과졸 1984년 同대학원 경영학과졸 1993년 경영학박사(성균관대) **경**1992년 조선대 경상대학 경영학부 교수(현) 1996년 한국경영학회 운영위원 1998년 한국회계학회 편집위원 2014~2016년 조선대 경상대학장 2015~2016년 同경영대학원장 겸임 2015년 국무총리실 산하 조세심판원 비상임심판관(현) **㉜**'세법강의'(1995) '98세법'(1998) '알기 쉬운 세법99·2000' **역**'재무제표를 이용한 경영분석과 가치평가'(2004) '신경영분석'(2005)

이계진(李季振) LEE Ke Jin (觀峰)

생1946·11·23 **출**강원 원주 **주**서울 용산구 두텁바위로54의99 국방홍보원 국방FM(02-2079-3950) **학**1965년 원주고졸 1970년 고려대 국어국문학과졸 **경**1970년 원주 대성고 교사 1973~1992년 KBS 아나운서 1992~1994년 SBS 아나운서 부국장대우 1995~2003년 프리랜서 아나운서 2004년 제17대 국회의원(원주, 한나라당) 2004년 한나라당 인터넷방송국장·국민참여위원장 2005~2006년 同대변인 2008~2010년 제18대 국회의원(원주, 한나라당) 2008~2009년 한나라당 강원도당 위원장 2009~2010년 同홍보기획본부장 2010년 강원도지사선거 출마(한나라당) 2013년 국방FM 정책시사프로그램 '국민과 함께 국군과 함께' 진행(현) **⊛**KBS 방송대상 MC부문 개인상, 국토통일원장관표창, 한국문인협회 선정 가장문학적인상, 서울예술대학 학생 선정 방송의빛상, 국립국어원장감사패(2011) **㉜**'아나운서되기' '뉴스를 말씀드리겠습니다, 딸꾹' '사랑을 주고 갈 수만 있다면' '정말 경찰을 부를까?' '남자도 가끔은 옛사랑이 그립다' '바보 화가 한인현이야기' 장편소설 '솔베이지의 노래' '주말농부 이계진의 산촌일기'(2010) '똥꼬 할아버지와 장미꽃 손자'(2014, 하루헌) **종**불교

이계천(李啓天) LEE Gae Cheon

생1959·3·2 **주**서울 강남구 선릉로652 현대저축은행 대표이사실(1544-6700) **학**한성고졸, 고려대 경영학과졸 **경**신한은행 투자마케팅 팀장, 굿모닝신한증권(주) IB본부장, 同IB1·IB2본부장, 신한금융투자(주) 기업금융본부장 2011년 전북은행 서울영업본부장 2012년 현대저축은행 대표이사 사장(현) **⊛**이데일리 대한민국금융산업대상 저축은행최우수상(2016)

이계철(李啓徹) LEE Kye Cheol

생1940·9·24 **출**경기 평택 **학**1960년 서울대사대부고졸 1965년 고려대 법학과졸 **경**1967년 행정고시 합격(5회) 1967년 체신부 행정사무관 1977년 남원우체국장 1978~1981년 체신부 경영개선담당관·경영분석담당관·계획1과장 1981년 同장관비서관 겸 계획2과장 1982년 同장관비서관 겸 총무과장 1983년 同총무과장·경북체신청장 1988년 체신공무원교육원장 1989년 체신부 전파관리국장 1990년 同체신금융국장 1991년 同기획관리실장 1994~1996년 정보통신부 차관 1996년 한국전기통신공사 사장 2000년 한국통신사업자연합회 회장 2002년 한국정보보호진흥원 이사장 2007년 同선임비상임이사, 한국전파진흥원 이사장 2012~2013년 방송통신위원회 위원장(장관급) **⊛**정보통신부장관표창(1973·1988), 대통령표창(1975), 홍조근정훈장(1992), 황조근정훈장(1997)

이계태(李桂泰) LEE Kye Tae

생1957·7·1 **출**대구 **주**서울 서초구 강남대로577 (주)한국야쿠르트 임원실(02-3449-6607) **학**동아대 경제학과졸, 숭실대 경영대학원 노동법학과졸 **경**1985년 (주)한국야쿠르트 입사, 同인사부문장, 同영업2부문장 2008년 同이사, 同생산부문장(상무이사), 同생산부문장(전무) 2014년 同생산부문장(부사장)(현) **⊛**국무총리표창(1999)

이계형(李啓炯) LEE Gye Hyung

생1954·3·5 **본**경주(慶州) **출**충남 보령 **주**경기 용인시 수지구 죽전로152 단국대학교 범정관323호실(031-8005-3800) **학**1977년 서울대 사회교육학과졸 1993년 미국 위스콘신대 메디슨교 대학원 정책학과졸 **경**1976년 행정고시 합격(19회) 1979년 상공부 기획예산담당관실 사무관 1981년 同공보관실 사무관 1982년 同행정관리담당관실 사무관 1984년 同수출1과 사무관 1987년 同제철과 사무관 1993년 대통령비서실 사회간접자본기획단 과장 1994년 대통령 경제비서관실 과장 1994년 통상산업부 불공정수출입조사과장 1995년 同세계무역기구(WTO) 담당관 1995년 同장관비서관 1996년 同석유정책과장 1997년 중소기업청 기술개발과장 1998년 同정책총괄과장 1998년 同벤처기업국장 1999년 산업자원부 중소기업정책반장 2000년 同감사관 2001년 同무역조사실장 2004년 同무역유통심의관 2004년 同무역투자실장 2005~2008년 한국표준협회 회장 2008~2009년 한국산업기술평가원 원장 2009~2015년 단국대 산학부총장 2013년 전국산학협력선도대학사업단협의회 회장 2014년 한국나노기술원 이사 2014~2016년 한국석유공사 비상임이사 겸 이사회 의장 2015년 단국대 창조다산링크사업단장(현) **⊛**홍조근정훈장(1998) **㉜**'101가지 경제메모'(2002) **종**기독교

이계황(李啓晃) LEE Kye Hwang (夢谷·夢園)

생1938·6·23 **본**함평(咸平) **출**충남 예산 **주**서울 종로구 삼일대로428 낙원빌딩411호 전통문화연구회(02-762-8401) **학**1962년 성균관대 법학과졸 1964년 同대학원 수료 **경**1966~1987년 민족문화추진회 사무국장 겸 이사 1986년 추사金正喜선생기념사업회 상임이사·이사(현) 1996년 한국한자한문교육학회 부회장 1996년 전통문화연구회 회장(현) 1997년 한자교육활성화추진회 부회장(현) 1998년 한국어문회 이사(현), 한국한자한문교육학회 고문(현) **⊛**문화관광부장관표창 **㉜**'교양 목민심서' **종**기독교

이공주(李公珠·女) Lee, Kong Joo

생1955·10·23 **출**서울 **주**서울 서대문구 이화여대길52 이화여자대학교 약학대학 약학과(02-3277-3038) **학**1977년 이화여대 제약학과졸 1979년 한국과학기술원 생화학과졸(석사) 1986년 이학박사(미국 스탠퍼드대) **경**1986~1987년 미국 스탠퍼드대 Medical School Post-Doc. 1989~1994년 한국표준과학연구원 분석화학연구부 선임연구원 1994년 이화여대 약학대학 약학과 교수(현) 2005~2006년 同연구처장 겸 산학협력단장 2005~2007년 대한여성과학기술인회 회장 2005년 제13회 세계여성과학기술인대회(ICW ES13) 조직위원장 2006년 이화여대 세포신호전달계바이오의약연구센터 소장(현) 2010~2014년 同대학원장 2011년 세계여성과학기술인네트워크(INWES) 회장(현) 2016년 한국과학기술한림원 국내학술부장(현) **⊛**올해의 여성과학기술자상(2005), 마크로젠 여성과학자상(2008), 이화여대 연구비 최우수교수수상(2009), 한국로레알-유네스코 여성생명과학상 학술진흥상(2012) **종**기독교

이공현(李恭炫) LEE Kong Hyun (명산)

생1949·10·27 **본**홍주(洪州) **출**전남 구례 **주**서울 서대문구 충정로60 KT&G서대문타워10층 법무법인 지평(02-6200-1770) **학**1967년 광주제일고졸 1971년 서울대 법과대졸 1983년 미국 하버드대 법과대졸 **경**1971년 사법시험 합격(13회) 1973년 사법연수원 수료(3기) 1973~1978년 서울형사지법·서울민사지법 판사 1978년 서울지법 성동지원 판사 1979년 대전지법 금산지원장 1981년 서울민사지법 판사 1983년 대구고법 판사 1984년 서울고법 판사 1987년 대법원 재판연구관 1988년 부산지법 부장판사 1991년 사법연수원 교수 1993년 서울민사지법 부장판사 1994년 부산고법 부장판사 1997년 법원행정처 사법정책연구실장 1999년 대법원장 비서실장 2001년 서울지법 민사수석부장판사 2003년 법원행정처 차장 2003년 사법개혁위원회 부위원장 2005~2011년 헌법재판소 재판관 2010년 국제법률자문기구 '법을 통한 민주주의 유럽위원회'(베니스위원회) 집행위원 2011년 법무법인 지평지성 대표변호사 2013~2015년 대한변호사협회 변호사연수원장 2014년 법무법인 지평 대표변호사(현) **⊛**청조근정훈장(2011) **종**기독교

이공휘(李控徽) Lee Kong Hwi

쌩1970 · 5 · 15 출충남 아산 주충남 예산군 삽교읍 도청대로600 충청남도의회(041-635-5221) 핵천안북일고졸, 광운대 전자통신공학과졸 경삼성전자(주) 정보통신총괄본부 연구원, 박완주 국회의원 비서관, 용암초 운영위원(현) 2014년 충남도의회 의원(새정치민주연합 · 더불어민주당)(현) 2014년 同문화복지위원회 위원 2015년 同예산결산특별위원회 위원 2016년 同행정자치위원회 위원(현) 2016년 同운영위원회 위원(현) 상천안 불당동 주민자치위원회 '지역발전 공로패'(2016)

이 관(李 寬) LEE Kwan (沙村)

쌩1930 · 11 · 10 본경주(慶州) 출인천 주울산 남구 대학로93 울산대학교(052-259-1007) 핵1949년 경기고졸 1953년 서울대 공대 기계공학과졸 1959년 미국 국제원자력학교졸 1965년 공학박사(영국 리버풀대) 1986년 명예 공학박사(영국 러프버러대) 1995년 명예 철학박사(울산대) 경1954년 해군사관학교 교관 1958년 중앙통신사 기계부장 1959년 원자력연구소 원자로공학연구실장 1970~1985년 울산공대 학장 1980년 경남도 교육위원 1984~1986년 대학교육협의회 부회장 1984년 대학골프연맹 부회장 1984년 한국과학기술단체총연합회 부회장 1985년 울산대 총장 1988년 과학기술처 장관 1989년 기초과학연구지원센터 상임고문 · 자문위원 1989년 한국가스공사 이사장 1989~1993년 21세기위원회 위원장 1991년 대학교육심의회 위원 1993년 경원대 총장 1993년 서울시교육청 공직자윤리위원장 1993~2000년 한국원자력안전기술원 이사장 1994~2003년 한국원자력기술협회 회장, 同명예회장(현) 1997년 울산대 명예교수(현) 1997년 포항종합제철 사외이사 2004년 한국과학기술한림원 이사장, 同종신회원(현) 상국민훈장 동백장(1981), 영국 OBE명예훈장(1982), 청조근정훈장(1990), 한국과학기술한림원상(2008) 정'기계계측'(1975)

이관석(李官錫) LEE Kwan Seok

쌩1961 · 3 · 1 본성주(星州) 출부산 주경기 용인시 기흥구 덕영대로1732 경희대학교 공과대학 건축학과(031-201-3249) 핵1984년 한양대 건축학과졸 1994년 프랑스 파리1대 대학원졸 1997년 예술사학박사(파리1대) 경1984~1989년 삼성종합건설 근무 1995~2004년 한남대 건축공학과 전임강사 · 조교수 2004~2006년 도시건축연구원 설계학교장 2004년 경희대 공과대학 건축학과 교수(현) 2012년 미국 워싱턴대 방문학자 상대전 하기중학교 현상설계 최우수상(2004), 청주운동초 · 중학교 현상설계 최우수상(2004) 정'빛을 따라 건축적 산책을 떠나다'(2004, 시공문화사) '한국현대건축편력'(2005, 경희대 출판국) '르 코르뷔지에, 근대건축의 거장'(2005, 살림출판사) '건축: 르코르뷔지에의 정의'(2011, 동녘) '빛과 공간의 건축가 르코르뷔지에'(2014, 기문당) '현대뮤지엄건축'(2014, 열화당) 역'르 꼬르뷔지에, 작품과 프로젝트'(2000, MGH Architecture Books) '건축을 향하여'(2002, 동녘) '프레시지옹'(2004, 동녘) '오늘날의 장식예술'(2007, 동녘) '느림의 건축을 위하여'(2010, 문운당) '작은 집'(2012, 열화당)

이관석(李官石) LEE Kwan Seok

쌩1963 · 12 · 18 출전남 해남 주서울 서초구 헌릉로13 대한무역투자진흥공사(02-3460-7031) 핵1984년 울산남고졸 1991년 한국외국어대 아랍어과졸 2002년 아주대 경영대학원 경영학과졸 경1991년 대한무역투자진흥공사(KOTRA) 입사 1991년 同아중동부 근무 1992년 同기획조사부 근무 1994년 同국제경제처 근무 1996년 同이집트 카이로무역관 근무 1999년 同투자지원처 근무 2000년 同투자홍보팀 근무 2002년 同오만 무스카트무역관장 2006년 同주력산업팀 부장 2007년 同주력산업팀 차장 2007년 부산진해경제자유구역청 유치지원실 투자지원자문관 2008년 대한무역투자진흥공사 리야드무역관장 2008년 同리야드코리아비즈니스센터장 2011년 同자원건설플랜트팀장 2012년 同전략마케팅본부 산업자원협력실 프로젝트총괄팀장 2014년 同체코 프라하무역관장(현)

이관섭(李官燮) Lee Kwan Sup

쌩1961 · 7 · 12 출대구 주경북 경주시 양북면 불국로1655 한국수력원자력(주) 사장실(054-704-2030) 핵1980년 경북고졸 1984년 서울대 경영학과졸 1994년 미국 하버드대 대학원 석사과정 수료 경1984년 행정고시 합격(27회) 1989년 상공부 행정담당관실 사무관 1992년 同총무과 사무관 1994년 상공자원부 장관비서관 1994년 同통상정책과 사무관 1996년 대통령비서실 파견 2000

년 산업자원부 행정법무담당 서기관 2001년 同경쟁기획과장 2002년 同장관비서관 2003년 同방사성폐기물팀장 2004년 同디지털전자산업과장 2005년 同산업기술정책과장(서기관) 2006년 同산업기술정책팀장(부이사관) 2007년 기획예산처 공공혁신본부 경영지원단장 2008년 대통령 대통령실장실 선임행정관 2009년 지식경제부 산업경제정책관(고위공무원) 2010년 同에너지산업정책관 2011년 한나라당 수석전문위원 2012년 지식경제부 에너지자원실장 2013년 산업통상자원부 에너지자원실장 2014년 同산업정책실장 2014~2016년 同제1차관 2016년 한국수력원자력(주) 대표이사 사장(현)

이관수(李寬洙)

쌩1952 주서울 성동구 왕십리로222 한양대학교 공과대학 기계공학부(02-2220-0426) 핵1976년 한양대 공대졸 1978년 同대학원 공학석사 1982년 공학박사(한양대) 경1989~1991년 한국동력자원연구소 위촉연구원 1990~1991년 KIST 위촉연구원 1992 · 1996~1997년 한국자동차부품종합기술연구소 공조연구팀 위촉연구원 1996~1998년 한국기계공업진흥회 산업기술개발금 일반기계분야 실무위원, 한양대 공과대학 기계공학부 교수(현) 1997년 세광산업 기술고문 1997~1998년 LG기계 기술고문 1998~2005년 특허청 심사자문위원 2001~2005년 기술신용보증기금 기술자문위원 2002~2005년 현대기아자동차 기술자문위원 2002~2006년 에너지관리공단 에너지사용계획협의위원 2004~2006년 한국건설교통기술평가원 심의위원 2004~2006년 한국산업기술평가원 기술개발기획평가단 평가위원 2005~2007년 한양대 기계기술연구소장 2006~2008년 同기계공학부장 2006~2013년 同2단계BK21기계분야사업단장 2006년 LS전선 기술자문위원 2008~2010년 한양대 한양공학원 제Ⅳ공과대학장 2009~2010년 LG전자 Supporting Group 자문, 한국공학한림원 정회원(현) 2013~2015년 한양대 공과대학장 겸 공학대학원장 2013년 同특대(特待)교수(현) 2015년 Energy Conversion and Management 편집이사(현) 2016년 한양대 교학부총장(현) 상한국과학기술단체총연합회 과학기술우수논문상(1995), 공기조화냉동공학회 학술상(1996), 대한기계학회 남헌학술상(1997), 한양대 백남학술상(1998), 한양대 교수업적평가 우수상(1998 · 1999), 대한기계학회 학술상(2002), 한양대 Best Teacher상(2003 · 2004), LG전자 DA산학과제 최우수상(2003), LG 산학협동 최우수상(2006), 한양대 백남석학상(2014)

이관순(李寬淳) LEE Gwan Sun

쌩1960 · 1 · 10 출충남 서산 주서울 송파구 위례성대로14 한미약품(주) 비서실(02-410-8705) 핵대전고졸, 서울대 사범대학 화학교육과졸, 한국과학기술원(KAIST) 화학과졸, 이학박사(한국과학기술원) 경1984년 한미약품(주) 입사 1997년 同연구소장(이사) 2001년 同연구소장(상무이사) 2005년 同중앙연구소장(전무이사) 2010년 同R&D본부 사장 2010년 同대표이사 사장(현) 2012년 한국제약협회 부이사장(현) 2012년 同연구개발위원장(현) 상특허청 충무공상(2003), IR52 장영실상(2005), 1억달러 수출의 탑(2015), 2015 KAIST 자랑스런 동문상(2016) 종불교

이관식(李寬植) LEE Kwan Sik

쌩1957 · 5 · 19 출서울 주서울 강남구 언주로211 강남세브란스병원 내과(02-2019-3314) 핵1981년 연세대 의대졸 1984년 同대학원졸 1993년 의학박사(연세대) 경1981~1982년 연세대 영동세브란스병원 인턴 1982~1985년 同내과 전공의 1985~1988년 육군軍의관 1988~2003년 연세대 의대 내과학교실 전임강사 · 조교수 · 부교수 1992년 대한소화기내시경학회 평생회원(현) 1993~1995년 미국 Univ. of California(San Diego) 연수 1998년 대한소화기학회 평생회원(현) 2000년 대한간학회 평생회원(현) 2002~2003년 同보험위원장 2002~2005년 대한내과학회 고시위원 2002~2006년 同간행위원 2003년 연세대 의대 내과학교실 및 소화기내과 교수(현) 2003~2004년 대한간암연구회 총무이사 2005~2007년 대한간학회 학술이사 2007~2008 · 2014~2015년 대한간학회 B형간염진료가이드라인 개정위원장 2010년 강남세브란스병원 간암클리닉 팀장(현) 2012~2013년 대한간암연구학회 회장 2014~2016년 강남세브란스병원 내과 과장 상대한간학회 클라소웰컴 간염학술상(1997), 연세의대 우현학술상(1998), 대한간학회 간염학술상(1999) 전'간경변증(共)'(2000, 대한소화기학회) '근거중심의 소화기병학(共)'(2002) '소화기내시경학(共)'(2003) 'Harison의 내과학(共)'(2003) '알기쉬운 간질환 119'(2005, 가림출판사) '간세포암(共)'(2007, 군자출판사) 역'근거중심의 소화기병학 : 상부소화관암(共)'(2002, 군자출판사) '해리슨의 내과학 교과서 : 윌슨병(共)'(2003, 도서출판 MIP)

이관열(李寬烈) LEE Kwan Youl

(생)1955 · 8 · 12 (주)강원 춘천시 강원대학길1 강원대학교 사회과학대학 신문방송학과(033-250-6883) (학)1982년 연세대 신문방송학과졸 1987년 미국 텍사스오스틴대 대학원 신문방송학과졸 1991년 신문방송학박사(미국 코네티컷주립대) (경)1991년 한국방송개발원 선임연구원 1993년 KBS 연구위원 1996년 강원대 사회과학대학 신문방송학과 조교수 · 부교수 · 교수(현) 1996~1997년 한국방송학회 이사 2001~2002년 한국언론학회 이사 2003~2006 · 2008년 언론중재위원회 중재위원 2014년 강원대 신문방송학과장 2015년 同사회과학대학장(현) 2015년 언론중재위원회 중재위원(현) (저)'신선거모델의 정착을 위한 선거방송의 신패러다임' '방송경영론'

이관영(李寬榮) LEE Kwan Young

(생)1961 · 2 · 8 (출)서울 (주)서울 성북구 안암로145 고려대학교 화공생명공학과(02-3290-3299) (학)1983년 서울대 화학공학과졸 1985년 同대학원 화학공학과졸 1990년 화학박사(일본 도쿄대) (경)1991년 미국 Univ. of Pittsburgh Visiting Scholar 1994~2001년 고려대 화학공학과 조교수 · 부교수 2000년 한국청정기술학회 재무이사 2000~2001년 미국 Pacific Northwest National Lab. Visiting Faculty 2001년 고려대 화공생명공학과 교수(현) 2002년 한국청정기술학회 홍보이사 2003년 한국화학공학회 국제이사 2004년 고려대 대학원 교학부장 2006~2008년 同연구처장 2006~2008년 同산학협력단장 2008~2009년 국가과학기술위원회 국가주도기술위원회 전문위원 2010년 한국연구재단 기초연구본부 화학 · 화공 · 소재단장, 한국화학공학회 조직이사, Catalys Surveys Form Asia Editor(현) 2015년 고려대 KU-KIST융합대학원장(현) 2016년 한국공학한림원 정회원(화학생명공학분과 · 현) 2016년 고려대 기술경영전문대학원장 겸 그린스쿨대학원장(현) (저)'화학공학술어집'(1998) '무기공업화학'(2000) '유기공업화학'(2001) '촉매공정'(2002) '21세기를 지배하는 10대 공학기술'(2002)

이관용(李官勇) LEE Kwan Yong

(생)1967 · 2 · 25 (출)전북 전주 (주)경기 의정부시 녹양로34번길23 의정부지방법원(031-828-0114) (학)1985년 전주 신흥고졸 1991년 서울대 법학과졸 (경)1994년 사법시험 합격(36회) 1997년 사법연수원 수료(26기) 1997년 전주지법 판사 2000년 同군산지원 판사 2000년 변호사 개업 2004년 창원지법 판사 2006년 의정부지법 판사 2008년 서울고법 판사 2010년 서울중앙지법 판사 2013~2015년 청주지법 부장판사 2013~2015년 同영동지원 부장판사 겸임 2015년 의정부지법 부장판사(현)

이관제(李觀濟) LEE Kwan Jeh

(생)1957 · 3 · 30 (주)서울 중구 필동로1길30 동국대학교 통계학과(02-2260-3222) (학)동국대 통계학과졸, 同대학원 통계학과졸, 미국 Rutgers대 대학원 통계학과졸 1992년 통계학박사(미국 Rutgers대) (경)1981~1983년 동국대 통계학과 조교 1988~1990년 Johnson and Johnson 제약회사 Statistical Consultant 1990~1992년 Elan Pharmaceutical Research Co. Statistical Consultant 1993년 동국대 통계학과 교수(현) 1996~2001년 동아제약(주) 고문 1996~1998년 동국대 통계학과 주임교수(학과장) 1998년 한국통계학회 생물통계연구회 총무 2003~2005년 동국대 학생처장 2005년 同대외협력처장 겸 건학100주년기념사업회 본부장 2015년 同대외협력본부장 2015년 同대외협력처장(현) (저)'조직적합성항원을 중심으로 의학 통계 전산 한꺼번에 맛보기'(2009, 이퍼블릭)

이관행(李管行) Lee, Kwan Heng

(생)1953 · 11 · 2 (주)광주 북구 첨단과기로123 광주과학기술원 기계공학부(062-715-2386) (학)1976년 서울대 섬유공학과졸 1982년 同대학원 산업공학과졸 1985년 미국 노스캐롤라이나주립대 대학원 산업공학과졸 1988년 산업공학박사(미국 노스캐롤라이나주립대) (경)1983~1988년 미국 노스캐롤라이나주립대 연구교수 1988~1994년 미국 북일리노이주립대 조교수 1995년 광주과학기술원 기계공학부 교수(현) 2012~2015년 同부총장 2012년 연구개발특구진흥재단 비상임이사(현) 2014~2015년 광주과학기술원 총장 직대 2015년 한국공학한림원 정회원(현)

이관형(李貫珩) LEE Kwan Hyong

(생)1950 · 5 · 16 (출)충남 공주 (주)대전 서구 둔산중로78번길26 법무법인 내일(042-483-5555) (학)1967년 공주고졸 1971년 고려대 법학과졸 (경)1973년 사법시험 합격(15회) 1975년 사법연수원 수료(5기) 1976년 해군 법무관 1978년 대전지법 판사 1984년 同공주지원장 1986년 광주고법 판사 1987년 서울고법 판사 1989년 대법원 재판연구관 1991년 대전지법 홍성지원장 1993년 대전지법 부장판사 1997~1999년 대전고법 부장판사 1999년 변호사 개업 1999년 금강합동법률사무소 개업 대표변호사 1999년 조달청 · 우송대 · 혜천대 · 철도청 고문변호사 2001~2003년 대전지방변호사회 회장 2001년 대전시 소청심사위원회 위원장 2001년 대전일보 · 공주영상정보대 고문변호사 2011년 법무법인 내일 대표변호사(현) 2011~2012년 대전지방변호사회 고문 겸 이사 2014년 충남사회복지공동모금회 회장(현), 대전선거방송토론위원회 위원장(현), TJB 시청자위원(현), 대전일보 법률고문(현), 우송대 법률고문(현), 혜천대학 법률고문(현), 공주영상정보대학 법률고문(현), 대전예총 법률고문(현), 대전교총 법률고문(현), 스카우트 대전연맹장(현)

이관형(李官炯)

(생)1975 · 8 · 18 (출)전남 나주 (주)대구 수성구 동대구로364 대구지방법원(053-757-6600) (학)1994년 광주고졸 1999년 성균관대 법학과졸 (경)1998년 사법시험 합격(40회) 2001년 사법연수원 수료(30기) 2001년 軍법무관 2004년 대구지법 판사 2007년 수원지법 판사 2010년 서울동부지법 판사 2012년 서울중앙지법 판사 2014년 서울서부지법 판사 2016년 대구지법 부장판사(현)

이관호(李寬浩) LEE Kwan Ho

(생)1958 · 3 · 13 (주)대구 남구 현충로170 영남대학교 의과대학 내과학교실 호흡기내과(053-620-3838) (학)1981년 경북대 의대졸 1983년 同대학원졸 1991년 의학박사(경북대) (경)1988년 영남대 의대 내과학교실 호흡기내과 전임강사 · 조교수 · 부교수 · 교수(현) 1993~1994년 미국 베일러의과대 파견교수 1993년 미국 흉부외과의협회 Fellow 2000~2003년 영남대 보건진료소장 2000~2001년 同의예과장 겸 의학과장 2002년 대한폐암연구회 임상연구위원 2003~2005년 영남대 의과대학 부학장 2005년 同의과학연구소장 2010~2013년 同병원장 2013년 대한결핵및호흡기학회 대구 · 경북지회장(현) (상)대한내과학회 우수논문상(2012) (저)'호흡기학'(2004) '일차 진료의를 위한 약처방 가이드'(2004 · 2010) 'COPD 천식의 진료지침'(2005) (역)'천식 치료와 예방을 위한 포켓 가이드'(2007)

이관호(李官浩) Lee Kwan Ho

(생)1962 · 11 · 30 (본)전의(全義) (출)충남 홍성 (주)서울 종로구 삼청로37 국립민속박물관 민속연구과(02-3704-3200) (학)1981년 홍주고졸 1993년 한남대 역사교육학과졸 1993년 한양대 대학원 문화인류학과졸 2009년 한국학박사(연세대) (경)1991~1992년 한양대 민족학연구소 연구조교 1993~2010년 한남대 · 서경대 · 서울예대 · 중앙대 시간강사 1993~2002년 국립민속박물관 학예연구사 2002년 同학예연구관(현) 2009~2011년 同전시운영과장 2011~2016년 同어린이박물관과장 2011년 한양대 · 서울교대 시간강사(현) 2012년 문화체육관광부 학예사자격증 심사위원 2014~2015년 아시아문화원 어린이문화원 콘텐츠위원회 위원 2016년 국립민속박물관 민속연구과장(현) (상)문화관광부장관표창(2000), 국무총리표창(2007) (저)'홍성 수룡동 당제'(2010, 민속원)

이관훈(李官薰) LEE Gwan Hoon

(생)1955 · 10 · 14 (출)경북 성주 (주)서울 중구 소월로2길12 CJ(주) 임원실(02-726-8114) (학)경북고졸, 영남대 정치외교학과졸 (경)1983년 CJ그룹 입사, 同인사팀 근무, 同마케팅기획팀 근무, 同드림라인 영업본부장, CJ홈쇼핑 전략기획실장(상무), 同방송본부 방송사업부장, CJ케이블넷 가야방송 대표, 同양천방송 대표 2003년 同대표이사 부사장 2008~2009년 CJ제일제당 경영지원실장(부사장) 2009년 CJ헬로비전 대표이사 부사장 2010년 CJ미디어 대표이사 겸 MSP사업총괄 2011년 CJ(주) 대표이사 부사장 2012년 CJ대한통운 대표이사 2013년 CJ그룹 경영위원회 위원 2013년 CJ(주) 대표이사 사장 2014년 同고문(현) (종)기독교

이관희(李寬姬 · 女) LEE Kwan Hee (召林)

[생]1929 · 10 · 29 [본]경주(慶州) [출]함남 함주 [주]서울 용산구 백범로90다길13 오리온별관 2층 (재)오리온재단(02-3770-3850) [학]1946년 함흥 영생고졸 [경]1972년 동양시멘트(주) 이사 1985년 한국가정법률상담소 이사 1986년 한국걸스카우트지원재단 이사 1989~2015년 (재)서남재단 이사장 2016년 (재)오리온재단 명예 이사장(현) [종]불교

이광구(李廣求) Lee Kwang goo

[생]1957 · 7 · 19 [출]충남 천안 [주]서울 중구 소공로51 우리은행 임원실(02-2002-3000) [학]1976년 천안고졸 1980년 서강대 경영학과졸 [경]1979년 상업은행 입행 1992년 同로스앤젤레스지점 대리 2002년 한빛은행 전략기획단 부장 2003년 우리은행 홍콩지점장 2004년 同개인마케팅팀 부장 2007년 홍콩우리은행투자은행 법인장 2008년 우리은행 개인영업전략부장 2009년 同광진성동영업본부장 2011년 同경영기획본부 집행부행장 2012년 同개인고객본부장(집행부행장) 2014년 同은행장(현) 2015년 우리다문화장학재단 이사장(현) 2015년 대한적십자사 재정감독(비상임감사)(현) [상]은탑산업훈장(2015), 자랑스러운 서강인상(2016)

이광구(李光九) LEE, KWANG GU

[생]1973 · 4 · 5 [주]경기 안산시 단원구 별망로25번길24 (주)트레이스 비서실(031-499-8960) [학]1991년 경남과학고졸 1995년 한국과학기술원졸 1997년 同대학원졸 2002년 공학박사(한국과학기술원) 2012년 서울대 국제대학원 글로벌최고경영자과정 수료 [경]2000~2001년 i-NERI 신개념에너지국제연구개발단 위촉연구원 2002년 한국과학기술단체총연합회 기술위원회 위원 2002~2003년 한국과학기술원 Post-Doc. 2004년 (주)트레이스 대표이사 사장(현) [상]IR 장영실상-과학기술부총리 포상(2005), 1천만불 수출의탑(2010), IR52 장영실상-과학기술부장관표창(2011), 기술경영우수기업상 지식경제부장관표창(2012), 한국방송통신위원회 뉴미디어대상(2012)

이광국(李光國)

[생]1963 [주]서울 서초구 헌릉로12 현대자동차(주) 임원실(02-3464-1114) [학]연세대 경영학과졸 [경]현대자동차 HMUK법인장(부장 · 이사대우), 同수출지원실장(이사대우), 同브랜드전략팀장(이사), 同해외정책팀장(이사 · 상무이사), 同워싱턴사무소(상무이사 · 전무이사) 2016년 현대자동차그룹 국내영업본부장(부사장)(현) 2016년 전북현대모터스 대표이사(현)

이광남(李光男) LEE Kwang Nam

[생]1950 · 1 · 29 [본]경주(慶州) [출]서울 [주]서울 서대문구 충정로7길12 한국공인회계사회(02-3149-0100) [학]1969년 경기상고졸 1973년 성균관대 경상대학 경제학과졸 1987년 연세대 경영대학원 경영학과졸 2002년 서강대 최고경영자과정 수료 [경]1973년 육군 통합회계장교(ACC) 임관(9기) 1976~1979년 육군사관학교 관리참모부 근무 1976년 삼일회계법인 입사 1985~2003년 한국공인회계사회 윤리조사심의위원회 위원 · 위원장 1987~1988년 정부투자기관 경영평가단원 1988~2010년 삼일회계법인 파트너(부대표 · 상임감사) 1989~1993년 한국공인회계사회 회계감사감리위원 1993년 감사원 부정방지대책위원회 금융부문 연구책임자 1995년 同공공감사기준제정 연구책임자 1996~1998년 상지대 감사 1996~2006년 국방부 군인복지기금 심의위원 1997~2001년 대한교원공제회 운영위원 1999~2003년 서울신용보증재단 감사 1999~2009년 행정개혁시민연합회 감사 2000~2007년 정보통신중소기업경영지원단 기금운용위원 2005~2006년 한국세무학회 부회장 2005~2007년 공인회계사경리장교회(ACC) 회장 2005~2009년 한국공인회계사회 윤리기준위원회 부위원장 2006~2007년 한국회계학회 부회장 2007년 한국회계정보학회 부회장 2009~2010년 한국공인회계사회 심의위원회 부위원장 2010~2014년 유한대학 감사 2010~2014년 한국공인회계사회 상근부회장 2011년 대법원 공탁금관리위원회 위원(현) 2011년 한국상장회사협의회 감사업무자문위원(현) 2011년 국유재산정책심의위원회 민간위원(현) 2011~2014년 국민연금기금운용위원회 위원 2012~2014년 법무부 회계자문위원회 위원 2012~2014년 금융위원회 공인회계사 징계위원 2012~2014년 한국가이드스타 이사 2013년 세금바로쓰기납세자운동본부 정책위원(현) 2014년 일제강제동원피해자지원재단 감사(현) 2014년 한국공인회계사회 윤리위원장(현) [상]국방부장관표창(1973), 부총리 겸 재정경제부장관표창(2004)

이광노(李光魯) LEE Kwang No (無涯)

[생]1928 · 7 · 12 [본]전주(全州) [출]경기 개풍 [주]서울 관악구 관악로1 서울대학교 공과대학 건축학과(02-880-7051) [학]1945년 경복중졸 1951년 서울대 공대 건축학과졸 1955년 同대학원졸 1975년 공학박사(서울대) [경]1956~1972년 서울대 공대 건축학과 전임강사 · 조교수 · 부교수 1972~1993년 同교수 1983년 일본 도쿄대 교환교수 1986년 대한건축학회 회장 1987년 문화재위원 1993년 국립중앙박물관 건립위원장 1993년 서울대 공대 건축학과 명예교수(현) 1994년 한국건설기술연구원 이사장 1994년 대한민국예술원 회원(미술 · 현) 1995년 ASEM건설위원회 자문위원장 1995년 한국과학기술한림원 종신명예이사(현) 1995년 문화재위원회 부위원장 1996~1997년 '97문화유산의 해' 조직위원회 부위원장 1998년 '99건축문화의 해' 조직위원장 2004년 대한민국예술원 미술분과 회장 [상]국전 특선, 서울시 문화상(1988), 대통령표창(1989), 보관문화훈장(1991), 대한민국 예술원상(1996), 자랑스러운 경북인상(2011) [저]'건물구조'(1976) '건축일반 구조학(共)'(1984) '건축계획(共)'(1990) [역]'韓의 건축문화' '건축디자인 방법론' [작]'서울시 都市 기본계획'(1953) '중앙공무원 교육원 설계'(1962) '三星빌딩 신축설계'(1964) '주한 중국대사관 설계'(1967) '국회의사당 본관 · 의원도서관 설계'(1969) '서울대 의대 부속병원 설계'(1969) '영남대 본관 설계'(1976) '서울대 규장각 도서관 설계'(1985) '부산 광안파인힐 빌라 설계'(1990) '서울광안프라자 설계'(1991) '서울대 공대 공학관 증설 마스터플랜 및 기본설계'(1992) '서울시 신청사 기본계획'(1995) '서울대 신공학관 신축설계'(1996) [종]기독교

이광렬(李光烈) LEE Gwang Yeoul

[생]1946 · 12 · 6 [본]성주(星州) [출]충남 부여 [주]서울 마포구 만리재로15 고려합동법률사무소(02-702-5585) [학]1965년 서울대사대부고졸 1970년 서울대 법대졸 [경]1972년 사법시험 합격(14회) 1974년 사법연수원 수료(4기) 1975년 육군 법무관 1977년 대전지법 판사 1978년 同강경지원 판사 1980년 대전지법 판사 1982년 수원지법 판사 1983년 서울지법 남부지원 판사 1985년 서울고법 판사 1988년 대법원 재판연구관 1990년 대전지법 부장판사 1991년 수원지법 부장판사 1993년 서울지법 동부지원 부장판사 1994년 서울형사지법 부장판사 1995년 서울지법 부장판사 1996년 대구고법 부장판사 1999년 서울고법 부장판사 2004년 同수석부장판사 2004년 청주지법원장 2005년 서울서부지법원장 2005년 변호사 개업 2007~2012년 법무법인 프라임 변호사 2012년 고려합동법률사무소 변호사 2015년 (주)로만손 사외이사(현) 2016년 변호사이광렬법률사무소 변호사

이광만(李光萬) LEE Kwang Man

[생]1962 · 4 · 21 [출]부산 [주]서울 서초구 서초중앙로157 서울고등법원 제8형사부(02-530-1485) [학]1981년 동인고졸 1985년 서울대 법학과졸 [경]1984년 사법시험 합격(26회) 1987년 사법연수원 수료(16기) 1990년 서울지법 북부지원 판사 1992년 서울민사지법 판사 1994년 제주지법 판사 1996년 부산지법 동부지원 판사 1997년 부산고법 판사 1998년 법원행정처 인사3과담당관 1999년 同인사1과담당관 2000년 부산고법 판사 2002년 창원지법 부장판사 2003년 대법원 재판연구관 2005년 서울서부지법 부장판사 2007년 서울중앙지법 부장판사 2009년 대전고법 부장판사 2010년 대전지법 수석부장판사 2010년 충남도선거관리위원회 위원장 2010년 서울고법 민사23부 부장판사 2014~2015년 사법정책연구원 수석연구위원 2015년 서울고법 부장판사(현)

이광범(李光範) LEE Kwang Bum

[생]1959 · 1 · 18 [본]함평(咸平) [출]전남 영암 [주]서울 서초구 법원로15 정곡빌딩 서관403호 엘케이비앤파트너스(02-596-7007) [학]1977년 광주제일고졸 1981년 서울대 법학과졸 2000년 同대학원졸 [경]1981년 사법시험 합격(23회) 1983년 사법연수원 수료(13기) 1983년 軍법무관 1986년 서울민사지법 판사 1988년 우리법연구회 설립 1989년 서울지법 북부지원 판사 1990년 광주지법 판사 1992년 서울지법 남부지원 판사 1994년 서울고법 판사 1995년 서울지법 판사 1995년 서울고법 판사 1996년 대법원 재판연구관 1998년 광주지법 부장판사 2000년 사법연수원 교수 2003~2005년 서울중앙지법 부장판사 2003년 법원행정처 건설국장 겸임 2003년 同송무국장 겸임 2005년 광주고법 부장판사 2005년 대법원장 비서실장 2005년 법원행정처 인사실장 2006~2007년 同사법정책실장 2006년 서울고법 부장판사 2010~2011년 서울행정법원 수석부장판사 2011~2012년 변호사 개업 2012년 법무법인 엘케이비앤파트너스 대표변호사(현) 2012년 '이명박 대통령 내곡동 사저부지 매입의혹' 특별검사 2013~2014년 검찰개혁심의위원회 위원 2015년 롯데손해보험(주) 사외이사 겸 감사위원(현) [종]천주교

이광복(李光馥) LEE Kwang Bok (淸南)

[생]1951·4·30 [본]한산(韓山) [출]충남 부여 [주]서울 양천구 목동서로225 대한민국예술인센터1017호 (사)한국문인협회(02-744-8046) [학]1970년 논산 대건고졸 [경]1976년 「현대문학」에 단편 '불길'로 소설가 등단, 노동청 공보담당관실 근무, 독립기념관건립추진위원회 전문위원, 한국소설가협회 사무차장, 同사무국장, 同감사 2001년 同이사, 국제펜클럽 한국본부 문화정책위원장 겸 사무처장, 한국문인협회 편집국장 겸 이사, 同소설분과 회장 2010~2011년 (사)한국소설가협회 부이사장 2010년 국제펜클럽 한국본부 이사(현) 2011년 한국문인협회 부이사장 겸 상임이사(현) 2012년 (사)한국소설가협회 이사 2016년 同부이사장(현) 2016년 한국문학진흥 및 국립한국문학관건립 공동준비위원장(현) [상]대통령표창(1987·1995), 동포문학상(1990), 시와시론문학상 본상(1992), 한국소설문학상(1994), 조연현문학상(1995), 문학저널 창작문학상(2005), 예총예술문화상(2005), 노동부장관표창(2007), 한국펜문학상(2012), 들소리문학상 대상(2014), 부여100년을 빛낸인물 문화예술부문상(2014) [저]장편소설 '풍랑의 도시'(1978) '목신의 마을'(1979) '폭설'(1980) '열망'(1989) '술래잡기'(1990) '겨울무지개'(1993) '송주임'(1995) '이혼시대'(1995) '삼국지'(1997) '구름잡기'(2012) 소설집 '화려한 밀실'(1980) '사육제'(1980) '겨울여행'(1986) 콩트집 '풍선 속의 여자'(1980) '슈퍼맨'(1991) 동화 '에밀레종'(1986) 항해일지 '태평양을 마당처럼'(1998) '한권으로 읽는 삼국지'(1999) '먼길'(2001) '사랑과 운명'(2001) '불멸의 혼'(2004, 계백) '끝나지 않은 항일투쟁'(2004) 소설선집 '동행'(2007) '금강경에서 배우는 성공비결 108가지'(2010) '천수경에서 배우는 성공비결 108가지'(2011) [종]천주교

이광복(李光馥) LEE Kwang Bok

[생]1953·2·22 [주]서울 마포구 독막로324 동서식품(주) 임원실(02-3271-0015) [학]경동고졸, 서울대 식품공학과졸 [경](주)동서유지 대표이사 사장, 동서식품(주) 전무이사, 同부사장 2014년 同대표이사 사장(현) 2014년 한국표준협회 비상근부회장(현)

이광복(李光馥) Lee Gwang Bok

[생]1953·6·18 [본]한산(韓山) [출]충남 논산 [학]1979년 한국외국어대 불어과졸 1999년 연세대 언론홍보대학원 수료 2016년 한국방송통신대 일본학과졸 [경]1978년 동양통신 외신부 기자 1981년 연합통신 외신부 기자 1982년 同사회부 기자 1989년 同정치부 기자 1998년 연합뉴스 정치부장 2000년 同편집국 정치담당 부국장직대 2003년 同논설위원 2005년 同경기지사장 2006년 同전략사업본부장 2008년 同논설위원실 고문 2010~2011년 同논설위원실 주간(이사대우) 2011~2013년 한국감정원 비상임이사 2011년 아시아미래포럼 이사(현) 2014년 대한주택보증(주) 비상임이사 2015~2016년 주택도시보증공사 비상임이사 겸 이사회 의장 [상]외대 언론인상(2011)

이광복(李光馥) Kwang Bok Lee

[생]1958·3·26 [본]한산(韓山) [출]충북 청주 [주]서울 관악구 관악로1 서울대학교 전기정보공학부(02-880-8415) [학]1976년 서울고졸 1982년 캐나다 토론토대 전자공학과졸 1986년 同대학원 전자공학과졸 1990년 전자공학박사(캐나다 맥매스터대) [경]1982~1985년 캐나다 모토롤라 연구원 1990~1996년 미국 모토롤라 이동통신연구소 Senior Staff Engineer 1996년 서울대 전기공학부 교수, 同전기정보공학부 교수(현) 2002~2012년 IEEE Transaction on Wireless Communications Editor 2005년 同ICC Wireless Communication Symposium 공동위원장 2006년 同Communication Society Asia Pacific Board Officer(Vice Director)(현) 2007~2009년 서울대 뉴미디어통신공동연구소장 2011년 국제전기전자기술자협회(IEEE) Fellow(현) 2012년 서울대 전기공학부 학부장 2014년 한국통신학회 부회장 2015년 同감사(현) 2016년 한국공학한림원 정회원(현) 2016년 한국연구재단 기초연구본부장 파견(현) [상]서울대 공과대학 우수강의상(2003·2006), 삼성전자 종합기술원 특별상(2005), 교육과학기술부·한국연구재단 선정 한국공학상(2010)

이광석(李光錫) LEE Kwang Suk (深愛)

[생]1941·5·8 [본]전주(全州) [출]서울 [주]경기 성남시 분당구 야탑로75번길15 바른세상병원 원장실(031-703-5575) [학]1959년 성동고졸 1965년 고려대 의대졸 1968년 同대학원 의학과졸 1972년 의학박사(고려대) [경]1973년 예편(소령) 1973~1982년 한양대 의대 정형외과학교실 전임강사·조교수·부교수 1982년 同의대 정형외과학교실 교수 1989~2006년 고려대 의대 정형외과학교실 교수, 同의대 정형외과장 1995년 대한정형외과학회 이사장 1995년 대한미세술학회 이사장 1996~2002년 고려대 의대 정형외과학교실 주임교수 1998~1999년 同의학연구원장 1998년 대한수부외과학회 회장 2000~2012년 대한의사협회 공제회 심사위원 2006년 고려대 의대 정형외과학교실 명예교수 2006년 바른세상병원 원장(현) [상]대한정형외과 학술상(1987), 유한의학상(1992), 고려대생명과학연구소 학술상(1996), 대한정형외과학회 기초학술상(1996), 고려대학술상(1998) [저]'대한정형외과학'(共) '정형외과 미세술학' '골관절 종양학'(共) '미세수술의 기법'(共) '말초신경의 손상'(共) '최신미세수술 및 수부외과'(共) '미세 수술적 최신 두경외과 및 수무지 외과' [종]기독교

이광석(李光石) LEE Kwang Seok

[생]1952·2·24 [주]서울 종로구 성균관로25의2 성균관대학교 경제학과(02-760-0612) [학]경북대사대부고졸 1974년 영남대 축산경영학과졸 1977년 서울대 대학원졸 1984년 경제학박사(미국 하와이대) [경]1977~1978년 농작개량연구사업소 연구원 1981~1982년 한국농촌경제연구원 책임연구원 1984~1985년 미국 하와이대 열대농업연구소·수자원연구소 Post-Doc. 1985년 성균관대 경제학과 조교수·부교수·교수(현) 1991년 미국 하와이대 Fulbright 교환교수 1994~1997년 한국축산경영학회 편집위원 1995~2000년 한국농업경제학회 이사·편집위원·감사 1996년 한국농업기계학회 이사 1997~1999년 한국자원경제학회 회장·고문 1998~2003년 한국축산경영학회 이사 1998~2000년 한국농업정책학회 이사 2002~2003년 미국 캘리포니아대 방문학자 2005년 성균관대 경제학부장 2007년 한국환경경제학회 부회장, 同회장 2013~2014년 성균관대 경제대학장 [저]'농업과 환경' '환경오염규제 정책방향과 안양권의 환경오염문제' '농업의 다원적 기능 평가방법'(2001, 농촌진흥청) '구 사회주의 체제전환국가의 농업부문 비교분석을 통한 북한 농업체계의 발전모형 연구'(2002, 강원대) '북한 농업의 개혁'(2005, 도서출판 한울)

이광석(李光釋) LEE Kwang Seok

[생]1962·7·27 [주]서울 종로구 인사동7길32 SK건설 홍보실(02-3700-7114) [학]동인고졸, 부산대 경영학과졸 [경]2002년 SK건설 도시정비영업1팀장 2008년 同수택영업2본부장 2008년 同SKMS실천본부장(상무), 同홍보실장(상무) 2016년 同홍보실장(전무)(현)

이광석(李光錫)

[생]1965 [출]경북 포항 [주]대구 북구 연암로40 경북지방경찰청 제2부장실(053-429-2012) [학]포항고졸, 경찰대 법학과졸(4기) [경]1988년 경위 임용 2009년 울산 동부경찰서장 2010년 경찰청 수사구조개혁팀장 2011년 同인사과장 2011년 서울 수서경찰서장 2013년 서울지방경찰청 지하철경찰대장 2014년 同보안2과장 2015년 경찰청 여성청소년과장 2015년 경북지방경찰청 제2부장(경무관)(현)

이광석(李光錫) LEE Kwang Sug

[생]1974·7·1 [출]서울 [주]서울 종로구 북촌로104 계동빌딩 인크루트 비서실(02-2186-9000) [학]대일고졸, 연세대 천문우주학과 중퇴 [경]1996~1998년 나우누리 인터넷스터디포럼 시샵 1998~2000년 잡인터넷 대표이사 사장 2000년 인크루트 대표이사 사장(현) 2007~2008년 그라비티 사외이사 2009~2011년 EO(Entrepreneurs' Organization) Korea 대표회장(Chapter President Elect) [상]모범청년실업가상(2004), 대한민국 e비즈니스대상 대통령표창(2007), 한국참언론인대상 공로상(2010) [저]'네 나이에 CEO가 될 수 있다고 생각하니?'

이광선(李光善) Rhee Kwang Sun (三思)

[생]1944·2·27 [출]경북 영덕 [주]서울 용산구 한강대로 211 대우월드마크102동704호 (사)한국외항선교회(02-324-3747) [학]1963년 경북 경안고졸 1965년 경안성서학원졸 1972년 장로회신학대졸 1974년 연세대 연합신학원졸 1983년 목회학박사(미국 Fuller·ACTS대) [경]1974~1976년 내곡교회 담임목사 1977~2011년 신일교회 담임목사 1995년 장신대 성지연구원 후원이사 겸 운영위원 1995년 이스라엘 장신대 예루살렘연구소협동소장 1999~2003년 대한예수교장로회총회 연금재단 이사 1999년 우크라이나 키에프신학교 이사장 2002~2003년 대한예수교장로회 서울노회장 2004년 콩고민주공화국 루붐바시 자유대학교 이사장(현) 2005년 (사)한국외항선교회 훈련원 이

사장 2006~2007년 대한예수교장로회 총회장 2006년 목사장로신문사 대표회장 2006~2007년 한국기독공보 이사장 2006~2007년 CTS기독교TV 공동대표이사 2007~2012년 (재)한국찬송가공회 이사장 2007년 대한예수교장로회 증경 총회장(현) 2007~2011년 서울여대 이사 2008년 경안대학원대학교 이사장(현) 2009~2016년 (사)한국외항선교회 법인부이사장 겸 공동총재 2009년 GoodTV 공동대표이사 2009년 사학진흥법제정국민운동본부 공동상임대표(현) 2010년 한국기독교총연합회 대표회장 2010년 한국종교지도자협의회(7대종단) 대표의장 2010년 아세아연합신학대 이사장 2012년 한국미래포럼 대표회장 2012년 신일교회 원로목사(현) 2013년 (사)한국외항선교회 상임회장(현) 2016년 한국기독교총연합회 증경 명예대표회장(현)

이광섭(李光燮) LEE, Kwang-Sup

[생]1954 · 9 · 18 [출]충남 천안 [주]대전 유성구 유성대로 1646 한남대학교 대덕밸리캠퍼스 신소재공학과(042-629-8857) [학]1976년 한남대 고분자학과졸 1980년 고려대 대학원졸 1984년 이학박사(독일 프라이부르크대) [경]1980년 고려대 강사 1987년 한국화학연구소 선임연구원 1989년 한국고분자학회 조직간사 1990년 미국 뉴욕주립대 버팔로교 방문연구원 1992년 한남대 신소재공학과 교수(현) 1994년 한국고분자학회 충청지부 이사 1997년 한남대 자연과학연구소장 2004년 同산학협력단장 2008~2009년 同생명나노과학대학장, 한국고분자학회 부회장 2011년 국제광자공학회(SPIE) 석학회원(현) 2012~2014년 한남대 대학원장 2014년 미국 EM아카데미(Electromagnetics Academy) 석학회원(현) [상]LG연암문화재단 기술개발상(1990), 한남대 연구업적우사표창(1997)

이광성(李光性) LEE Kwang Seong

[생]1954 · 9 · 10 [출]서울 [주]서울 중구 장충단로275 두산타워빌딩29층 (주)두산 부사장실(02-3398-0965) [학]1972년 마포고졸 1978년 중앙대 전자계산학과졸 [경]1979년 삼성물산 입사, 삼성전자(주) 정보시스템실 부장, 同경영혁신팀 상무 겸 CIO, 삼성SDS(주) 컨설팅본부장(상무) 2006년 두산인프라코어(주) 정보기술담당 전무(CIO) 2006년 (주)두산 부사장(현) [종]기독교

이광수(李光秀) LEE Kwang Soo

[생]1957 · 10 · 7 [출]인천 [주]서울 서초구 반포대로222 가톨릭대학교 서울성모병원 신경과(02-2258-6075) [학]1976년 제물포고졸 1983년 가톨릭대 의대졸 1991년 연세대 대학원졸 1996년 의학박사(가톨릭대) [경]1992년 가톨릭대 의대 신경과학교실 교수(현) 1999년 同서울성모병원 신경과장 2001년 同신경외과학교실 주임교수 2001~2008년 대한신경과학회 학술이사 2004년 건강심사평가원 비상근위원 2007년 同전문위원 2007~2011년 대한두통학회 회장 2007년 대한파킨슨병학회 부회장 2007년 대한신경집중치료학회 부회장 2009년 보건복지부 질병관리본부 희귀난치병위원 2009~2011년 가톨릭대 서울성모병원 입원부장 2010년 아시아두통학회 대회장 2010년 대한다발성경화증학회 재무이사 2013년 대한신경집중치료학회 회장(현) [저]'해리슨내과학 신경분야' '아담스신경과학' '임상신경국소진단학' '신경학'(共) '진단학'(共) [역]'완화의학'(2005) '파킨슨병의 자기관리'(2006) '파킨슨병 맞춤체조'(2006) 'Homecare를 활용한 치매환자 지원사업 보고서'(2006) '해리슨내과학'(2006) '신경학'(2007) '신경학 검사법'(2008)

이광수(李光洙) LEE Kwang Soo

[생]1964 · 3 · 13 [본]전주(全州) [출]서울 [주]서울 서초구 서초대로248 오퓨런스빌딩1602호 법무법인(유) 로월드(02-6223-1000) [학]1983년 한영고졸 1987년 서울대 법학과졸 1998년 미국 펜실베이니아대 로스쿨졸(LL.M.) [경]1986년 사법시험 합격(28회) 1989년 사법연수원 수료(18기) 1989년 軍법무관 1992년 인천지검 검사 1994년 광주지검 순천지청 검사 1996년 서울지검 동부지청 검사 1999년 부산지검 검사 2001년 同부부장검사 2001년 서울지검 부부장검사 2002년 법무연수원 기획부 교수 2004년 춘천지검 부장검사 2005년 대전지검 형사2부장 2006년 서울고검 검사 · 서울동부지검 형사3부장 직무대리 2007년 수원지검 안산지청 부장검사 2008년 법무연수원 연구위원 2009년 국민권익위원회 파견 2010~2011년 서울고검 검사 2011년 법무법인(유) 로월드 변호사(현) [상]검찰총장표창(1996), 법무부장관표창(2002), 대통령표창(2011)

이광숙(女)

[생]1957 · 8 · 6 [출]경기 남양주 [주]충북 음성군 음성읍 중앙로26 음성경찰서(043-870-7220) [학]충북대 법무대학원졸 [경]1977년 순경 임용(공채) 2008년 충북지방경찰청 생활안전계장 · 여성청소년계장 2014년 충북 옥천경찰서장 2015년 충북지방경찰청 경무과장 2016년 충북 음성경찰서장(현)

이광순(李光淳) LEE Kwang Soon

[생]1955 · 3 · 23 [출]서울 [주]서울 마포구 백범로35 서강대학교 공학부(02-705-8477) [학]1977년 서울대 화학공학과졸 1979년 한국과학기술원 화학공학과졸(석사) 1983년 공학박사(한국과학기술원) [경]1983년 서강대 화학공학과 교수, 同공학부 화공생명공학전공 교수(현) 1988년 한국동력자원연구소 위촉연구원 1995~1996년 미국 어번대 화학공학과 방문교수 1999년 미국 퍼듀대 화학공학과 방문교수 2011년 서강대 화공생명공학과장 2013~2015년 同공학부 학장

이광시(李光時) Lee Kwang Si

[생]1951 · 9 · 15 [본]전주(全州) [출]경남 산청 [주]경남 창원시 의창구 원이대로362 경남신용보증재단(055-212-1274) [학]1970년 경남상고졸 1975년 경남공업전문대 건축학과졸 1988년 부산대 경영대학원 수료 2000년 경남과학기술대 임산공학과졸 2002년 경상대 대학원 지방자치행정학과졸 [경]1980~2008년 (주)영남실업 대표이사 1988년 거제청년회의소 회장 1993~2011년 거제새마을운동 회장 2008~2015년 (주)영해엔지니어링 대표이사 2012~2014년 새마을운동경남도회 회장 2016년 경남신용보증재단 이사장(현) 1982년 장승포시생활체육협의회 회장 [상]새마을훈장(2009), 중소기업청 중소기업경영대상(2013), 중소기업청 품질혁신전진대회 대통령표창(2014) [종]불교

이광식(李光植) LEE Kwang Sik

[생]1947 · 11 · 5 [출]대전 대덕 [주]서울 송파구 새말로117 환인제약 회장실(02-405-3000) [학]1964년 남성고졸 1970년 서울대 약학과졸 1977년 同보건대학원졸 [경]1970~1977년 (주)종근당 과장 1977~1978년 한보약품상사 대표 1978~1982년 환인제약소 대표 1982~1997년 환인제약(주) 대표이사 1998년 同대표이사 회장(현) [종]기독교

이광식(李光植) LEE Kwang Sik

[생]1963 · 1 · 14 [주]대전 유성구 과학로169의148 한국기초과학지원연구원(042-865-3403) [학]1987년 서울대 지질과학과졸 1989년 同대학원 지질과학과졸 1997년 지질과학박사(서울대) [경]1990년 한국기초과학지원연구원 연구원 1997년 同선임연구원 1997~1998년 미국 조지아대 Post-Doc. 2000~2002년 충남대 지질학과 겸임교수 2002년 한국기초과학지원연구원 환경과학연구부 책임연구원 2005년 同동위원소환경연구부 환경추적자팀장 2006년 대한자원환경지질학회 감사 2008~2009년 한국기초과학지원연구원 환경과학연구부장 2012년 同선임부장 2013년 同선임본부장 겸 대덕운영본부장 2015년 同부원장 2016년 同원장(현) [상]과학기술훈장 웅비장(2015)

이광열(李光烈) LEE Kwang Yol

[생]1955 · 10 · 10 [출]경남 [주]서울 영등포구 국제금융로8길32 동부증권(주) 임원실(02-369-3000) [학]1982년 서울대 경영학과졸 [경]1985년 쌍용투자증권 입사, 굿모닝 신한증권 목동지점장, 同경북영업본부 본부장, 同영업본부장(상무), 현대통신(주) 감사(비상근), (주)오스코텍 CFO, 同COO 2009년 동부증권(주) 전략담당 부사장(CFO) 2011년 同경영지원총괄 부사장(CFO)(현)

이광영(李光永) LEE Kwang Young

[생]1970 · 8 · 2 [출]서울 [주]서울 양천구 신월로386 서울남부지방법원(02-2192-1114) [학]1990년 우신고졸 1994년 서울대 법학과졸 [경]1994년 사법시험 합격(36회) 1997년 사법연수원 수료(26기) 2000년 서울지법 판사 2002년 同남부지원 판사 2004년 대전지법 판사 2007년 수원지법 안산지원 판사 2008년 서울고법 판사 2010년 대법원 재판연구관 2012년 부산지법 부장판사 2013년 의정부지법 부장판사 2014년 서울고법 판사 2015년 서울남부지법 부장판사(현)

이광우(李光雨) LEE KWANGWOO

[생]1954·10·12 [본]경주(慶州) [출]충남 천안 [주]경기 군포시 번영로502 (사)한국농식품미래연구원 임원실(031-391-7200) [학]1974년 덕수상고졸 1982년 서경대 법학과졸 [경]1978년 농수산물유통공사 입사 1998년 同기획관리실 경영관리부장 2001년 同수출진흥처 수출기획부장 2004년 同기획관리본부 총무처장 2005년 同일본마케팅팀장 2007년 同aT센터 운영본부장 2007년 同기획실장 2008년 同유통이사 2010년 同부사장 겸 기획이사 2011년 同사장 직대 2012년 (사)한국농식품미래연구원 공동대표(현) 2013년 충북대 농업생명환경대 산림학과 초빙교수, 同겸임교수(현) [상]농림부장관표창(1999), 대통령표창(2006) [종]기독교

이광우(李光雨) LEE Kwang Woo

[생]1954·12·3 [출]서울 [주]서울 강남구 영동대로517 아셈타워 (주)LS 임원실(02-2189-9730) [학]1973년 서울고졸 1977년 연세대 영어영문학과졸 [경]1979년 LG건설 입사 1986년 LG전자 과장 1990년 同부장 1997년 同이사대우 1998년 同이사(시카고지사 근무) 2000년 同하이미디어사업그룹 ZEST담당 상무보, 同TBOBU장 상무, 同DTV팀 상무 2005년 LS산전 경영전략담당 전무 2008년 同경영전략담당 부사장 2008년 (주)LS 대표이사 사장(CEO) 2013년 LSI&D 대표이사 사장(현) 2015년 (주)LS 대표이사 부회장(CEO) 겸임(현)

이광원(李光元) LEE Kwang Won

[생]1949·5·9 [주]서울 동대문구 청계천로432 정우금속공업 임원실(02-3290-9051) [학]중앙대사대부고졸, 고려대 대학원졸 [경]신한금속공업사 대표, 정우금속공업 대표이사 사장, 능원금속공업 대표이사 사장, 정우금속공업 대표이사 회장(현) [상]통상산업부장관표창, 국세청장표창, 이달의 자랑스러운 중소기업인(2014), 금탑산업훈장(2014)

이광원(李光遠) Lee Kwang Won

[생]1958·11·11 [주]경북 김천시 혁신로269 한국전력기술(주) 원자로설계개발단(054-421-8002) [학]경북고졸, 원자력공학박사(한국과학기술원) 2005년 한국외국어대 대학원 글로벌고급경영자과정 수료 [경]1989년 한국원자력연구소 발전로안전해석실 중대사고 및 PSA 선임연구원 1992년 同사고해석실 LBLOCA REM개발 선임연구원 1993년 캐나다원자력공사(AECL) 파견(선임연구원) 1994~1996년 한국원자력연구소 냉각계통설계분야 선임연구원 1997년 한국전력기술(주) 냉각계통설계분야 일차계통소분야 책임연구원(차장) 2000년 同냉각계통설계분야 일차계통소분야 주임연구원(부장) 2001~2007년 同유체계통설계처 안전계통설계분야 주임연구원(부장) 2002~2004년 同중수로NUCIRC코드 최적모델링 및 통합관리DB 개발용역 주임연구원(부장) 2007년 同신고리3·4호기 및 APR+ 기술개발사업 APM 주임연구원(처장) 2011년 同신형로개발사업 PM 수석연구원(상무) 2014년 同원자로사업개발처장(상무) 2016년 同원자로설계개발단장(전무대우)(현)

이광원(李光遠) LEE Kwang Won

[생]1959·3·20 [주]대전 서구 둔산서로95 을지대학교병원 정형외과(042-611-3279) [학]1983년 한양대 의대졸 1993년 충남대 대학원졸 2001년 의학박사(단국대) [경]1989년 대전국군통합병원 정형외과장 1991~1997년 대전을지병원 정형외과장 1995년 미국 Univ. of Pittsburgh Research Fellow 1997년 을지의과대학 정형외과 교수 2003년 을지대병원 교육연구부장 2004년 同진료부장 2005년 同기획실장 2006년 同관절센터 소장 2007년 을지대 의대 정형외과 교수(현), 을지대병원 정형외과장 2008~2009년 대한견주관절학회 회장 2011년 을지대병원 관절센터 소장(현) 2011년 대한골·연부조직이식학회 회장 2014년 대한정형외과학회 진단 및 장해위원회 이사(현) 2016년 대한관절경학회 회장(현)

이광윤(李光潤) LEE Kwang Youn

[생]1954·6·22 [본]양산(梁山) [출]부산 [주]서울 종로구 성균관로25의2 성균관대학교 법과대학(02-760-0352) [학]1977년 성균관대 법대졸 1981년 同대학원 공법학과졸 1988년 법학박사(프랑스 파리제12대) [경]1988~1998년 성균관대 법대 대우조교수·조교수·부교수 1988~2002년 행정판례연구회 이사 1988년 한국공법학회 이사 1995년 프랑스 파리제12대 초빙교수 1996년 미국 워싱턴대 방문연구원 1998년 성균관대 법과대학 교수(현) 1998년 변리사시험위원회 위원 1998년 사법시험위원회 위원 1998년 행정고시위원회 위원 1999~2003년 한국토지공법학회 이사·부회장 2001~2003년 성균관대 법과대학장 2002년 국무총리 행정심판위원 2003년 한국법학교수회 부회장·감사·부회장 2003년 프랑스 파리제1대 초빙교수 2007년 한국환경법학회 회장, (사)미국헌법학회 사외이사 2009년 경기도 행정심판위원회 위원(현) 2009년 한국환경법학회 고문(현) 2010년 유럽헌법학회 회장 2011년 同고문(현) 2011년 同환경포럼 대표(현) 2013년 서울시 행정심판위원회 위원(현) 2016년 한국행정법학회 회장(현) [상]한국공법학회 학술장려상 [저]'행정법강의'(共) '행정법이론' '행정작용법론' '최신행정법론' '최신행정판례연구' '칼 슈미트 연구' '법학개론' '행정법' '일반공법학 강의' 등

이광일

[생]1960·6·8 [주]서울 서초구 잠원로51 (주)이랜드리테일 비서실(02-323-0456) [학]1982년 동국대 토목공학과졸 [경]1985년 이랜드그룹 입사 1985년 同언더우드 본부장 1994년 同태국지사장 2000년 同CHO 2002년 2001아울렛 대표이사 2004년 이랜드그룹 HRC(상무) 2014년 (주)이랜드리테일 대표이사(현)

이광자(李光子·女) Rhee, Kwangja

[생]1943·12·10 [출]서울 [주]서울 노원구 화랑로621 학교법인 서울여자대학교 부속실(02-970-5202) [학]1961년 이화여고졸 1965년 서울여대 사회학과졸 1971년 미국 켄트주립대 대학원 사회학과졸 1988년 문학박사(연세대) [경]1971~2013년 서울여대 사회과학대학 사회사업학과 전임강사·조교수·부교수·교수 1995~1996년 同학생처장 1996~1997년 同대외협력처장 1998~2000년 同사회복지대학원장 2000~2002년 국세청 과세자료관리위원회 위원 2001~2013년 서울여대 제4·5·6대 총장 2001~2009년 한국기독교학교연맹 운영이사, 同산하 대학총장협의회장 2003~2005년 민주평통 자문위원 2004~2007년 한국사학진흥재단 이사 2005년 대법관제청자문위원회 위원 2006~2009년 서울복지재단 이사장 2008년 한국사립대학총장협의회 부회장 2008년 사회복지법인 월드비전 이사(현) 2008~2012년 한국대학교육협의회 이사 2008~2011년 세계도덕재무장 한국본부(MRA/IC) 이사 2009~2012년 한국연구재단 비상임이사 2009년 (사)대한민국국가조찬기도회 이사 2009년 호암상 사회봉사부문 심사위원장 2010년 기후변화센터 이사 2010년 한국인터넷진흥원 KISA포럼 정책자문위원 2010년 사랑의장기기증운동본부 생명나눔 친선대사 2010~2012년 세계자연보전총회조직위원회 조직위원 2011년 COP18 유치위원회 위원 2011~2015년 마중물여성연대 고문 2012년 대법원 양형위원회 자문위원 2012년 대학구조개혁위원회 위원 2013년 학교법인 서울여대 이사(현) 2014년 대통령소속 국민대통합위원회 위원(현) 2014년 방송통신심의위원회 통신특별위원장(현) 2016년 (사)대한민국국가조찬기도회 부회장(현) [상]이화를 빛낸 상(1995), 자랑스러운 이화인상(2006), 소비자시민모임 '올해의 에너지위너상'(2010), 청조근정훈장(2013) [저]'여성, 가족, 사회(共)'(1991) '한국가족의 부부관계(共)'(1992) '여성과 한국사회(共)'(1993) '오늘의 여성학(共)'(1994) '인간관계의 이해(共)'(1999) '21세기의 사회학(共)'(1999) '사회심리학(共)'(2001) '현대사회심리학(共)'(2002) [종]기독교

이광자(李光子·女) Kwang Ja Lee

[생]1948·3·16 [출]서울 [주]서울 서대문구 이화여대길52 이화여자대학교 간호대학(02-3277-2873) [학]1971년 이화여대졸 1976년 同대학원졸 1984년 이학박사(이화여대) [경]1972년 부산메리놀간호전문학교 전임강사 1974년 이화여대 간호학과 임시실습지도원 1976~2013년 同간호과학대학 간호학과 조교수·부교수·교수 1982~1983년 미국 컬럼비아대 교환교수 1984~1992년 이화여대부속 동대문병원 간호부장 1990~1995년 대한간호협회 이사 1991~1993년 한국간호과학회 정신간호학회장 1996~1998년 이화여대 총무처 부처장 1999~2000년 미국 샌프란시스코 UCSF 객원교수 2000년 이화여대 간호과학대 교학부장 2002~2004년 同간호과학대학장 겸 간호과학연구소장 2004년 대한간호협회 이사(교육위원장) 2005년 서울가정법원 가사조정위원 2006년 한국정신사회재활협회 회장 2006~2015년 라이프라인 자살예방센터 소장 2006년 한국자살예방협회 이사·부회장 2008~2010년 한국간호과학회 회장 2011년 대한에너지그램영성학회 회장(현) 2011~2015년 (사)사람사랑 회장 2013~2016년 한국도박문제관리센터 원장 2013년 세계인명사전 'Marquis Who's Who in the World 2014판'에 등재, 이화여대 간호대학 간호학부 명예교수(현) [상]3M International Scholarship 한국대표상(1982), 보건복지부장관표창(2006), 이화여대총장표창(2006), 교육과학기술부장관표창(2009), 한국여성과학기술단체총연합회장 공로장(2010), 국회사무총장 공로장(2013), 홍조근정훈장(2013) [저]'위기조정' '정신간호총론'(2006) '사랑과 공감의 전화카운셀링'(2006) '의사소통과 간호'(2006) '자살의 이해와 예방'(2007) '건강상담심

리'(2008) '전화상담의 이해'(2010) '인간관계와 의사소통의 실제'(2014) '자살 예방의 이론과 실제'(2014) [역]'정신과 인터뷰'(2009) '핵심정신건강간호'(2009) '건강간호심리학'(2013) '우리병원 대화는 건강한가?'(2014) [종]기독교

이광재(李光宰) LEE Kwang Jae

[생]1941·7·20 [본]전주(全州) [출]서울 [주]서울 영등포구 여의대방로67길11 한국잡지학회(02-360-0033) [학]1961년 서울고졸 1965년 경희대 문리대졸 1979년 정치학박사(경희대) 1980년 미국 미주리대 신문대학원 수학 [경]1970~1982년 경희대 정경대 전임강사·조교수·부교수 1974~1979년 同신문방송국장 1982~2006년 同신문방송학과 교수 1982~1988년 同사무처장 1986년 전국대학사무처장협의회 회장 1987년 한국언론학회 이사 1989년 방송제도연구위원회 위원 1989년 경희대 총장보좌역 1990년 同출판국장 1991년 同기획관리실장 1993년 同신문방송대학원장 1993년 同커뮤니케이션연구소장 1994년 한국언론학회 회장 1995~1998년 종합유선방송위원회 예술문화심의위원장 1996~1998년 경희대 사회과학연구원장 1997년 한국잡지윤리위원회 부위원장 1998~2000년 경희대 대학원장 1998년 종합유선방송위원회 심의위원 1998년 관훈클럽 편집위원 1999년 정보통신윤리학회 부회장 2001년 同회장 2004~2006년 경희대 산학협력단장 겸 대외협력부총장 2006년 同명예교수(현) 2009~2011년 언론중재위원회 운영위원회 위원 2009~2011년 同부위원장 2013년 한국잡지학회 회장(현) 2014년 신성대 초빙교수(현) [상]한국잡지언론상(2005), 녹조근정훈장(2006) [저]'경희30년사'(共) '경희40년사'(共) '세계의 신문'(共) '북한의 언론'(共) '언론학원론'(共) '우리신문 100년'(共) [역]'매스컴의 자유와 책임'(共) '유럽매스컴 발달사' '매스컴과 사회'(共) '뉴스의 역사' [종]가톨릭

이광재(李光宰) LEE Kwang Jae

[생]1961·5·9 [주]강원 홍천읍 태학여내길32 원주지방국토관리청 홍천국토관리사무소(033-430-9117) [학]춘천고졸, 상지대 행정학과졸, 강원대 대학원 부동산개발학과졸 [경]건설교통부 수도권계획과 근무, 원주지방국토관리청 총무과 근무, 同보상과 근무, 정선국도유지건설사무소 근무, 건설교통부 도로정책과 근무, 同지가전산과 근무, 홍천국도유지건설사무소 근무, 원주지방국토관리청 보상과장, 同총무과장, 同건설지원과장 2008년 국토해양부 토지정책과 사무관 2009년 同홍천국도관리사무소 관리과장(사무관) 2010년 同원주지방국토관리청 관리국 보상과장 2012년 同주택토지실 주택정책과 서기관 2013년 국토교통부 주택토지실 주택정책과 서기관 2016년 서울지방국토관리청 건설관리실장 2016년 원주지방국토관리청 홍천국토관리사무소장(현) [상]건설부장관표창, 국무총리표창

이광재(李光宰) LEE Kwang Jae

[생]1965·2·28 [본]전주(全州) [출]강원 평창 [주]서울 서대문구 연세로50 연세대학교 동서문제연구원(02-2123-3526) [학]1983년 원주고졸 2001년 연세대 법학과졸 [경]1988년 노무현 국회의원 비서관 1992년 민주당 전문위원 1993년 지방자치실무연구소 기획실장·자치경영연구원 기획실장 1995년 국민회의 조순 서울시장후보 선거대책위원회 기획팀장 2002년 새천년민주당 노무현대통령후보 기획팀장 2002년 노무현대통령당선자 기획팀장 2003년 대통령 국정상황실장 2003년 대통령비서실 국정상황팀장 겸 국정상황실장 2004년 제17대 국회의원(태백·정선·영월·평창, 열린우리당·대통합민주신당·통합민주당) 2004년 열린우리당 원내부대표 2005년 同강원도당 위원장 2006년 同전략기획위원장 2006년 同의장 특보 2008~2010년 제18대 국회의원(태백·정선·영월·평창, 통합민주당·민주당) 2008년 민주당 정책위원회 부의장 2008년 同강원도당 위원장 2008년 同당무위원 2009년 사람사는세상 노무현재단 묘역조성지원위원장 2010~2011년 강원도지사(민주당) 2011년 강원도 원주시 투자유치자문위원 2011년 연세대 동서문제연구원 객원교수(현) 2011~2013년 중국 칭화대(清華大) 공공관리대학원 객좌교수 [저]'대한민국 어디로 가야 하는가'(2014, 휴머니스트출판그룹) [작]'우통수의 꿈'(2004) [종]불교

이광준(李光俊) LEE Kwang June

[생]1952·10·18 [출]전남 진도 [주]서울 중구 남대문로9길24 하나카드(주) 비서실(1800-1111) [학]1971년 용산고졸 1979년 연세대 경영학과졸 [경]1979년 한국은행 입행 1993년 同인사부 과장 2000년 同정책기획국 팀장 2004년 同경제홍보실장 겸 박물관장 2005년 同공보실장 2006년 同경제통계국장 2007년 同금융안정분석국장 2009~2012년 同부총재보, 하나SK카드(주) 상근감사위원 2014년 하나카드(주) 상근감사위원(현)

이광진(李光鎭) RHEE Kwang Jin

[생]1942·8·15 [출]충북 음성 [주]대전 동구 동서대로1672 대전한국병원(042-606-1510) [학]1961년 음성고졸 1968년 서울대 의대졸 1970년 同대학원졸 1974년 의학박사(서울대) [경]1976~2007년 충남대 의대 정형외과학교실 교수 1995년 同의대 병원장 1995년 미국 듀폰연구소 객원교수 1995년 대한소아정형외과학회 회장 1996년 대한견주관절학회 회장 2001~2005년 충남대 총장 2001년 대한골절학회 회장 2002년 아시아견관절학회 회장 2003~2005년 전국국·공립대총장협의회 회장 2005년 아시아견관절연맹학회 회장 2007년 대전한국병원 명예원장(현), 대한정형외과학회 회장 [상]청조근정훈장(2007)

이광진(李光珍) LEE Kwang Jin

[생]1957·11·3 [출]서울 [주]대전 서구 둔산중로78번길15 대전고등검찰청(042-470-3000) [학]1976년 용산고졸 1981년 서울대 법학과졸 [경]1983년 (주)삼성전자 근무 1989년 사법시험 합격(31회) 1992년 사법연수원 수료(21기) 1992년 대구지검 검사 1994년 대전지검 천안지청 검사 1995년 서울지검 검사 1997년 수원지검 성남지청 검사 1999년 전주지검 검사 2002년 광주지검 검사 2004년 同부부장검사 2005년 서울동부지검 부부장검사 2006년 서울고검 검사 2007년 청주지검 부장검사 2008년 전주지검 부장검사 2009년 서울고검 검사 2011년 의정부지검 형사1부장 2012년 광주고검 검사 2014~2016년 서울고검 검사 2014년 서울중앙지검 중요경제범죄조사팀 파견 2015년 同중요경제범죄조사단 파견 2016년 대전고검 검사(현) 2016년 충남도 파견(현)

이광진(李光鎭) LEE Gwang Jin

[생]1962·6·6 [본]전의(全義) [출]충북 [주]충북 청주시 상당구 상당로82 충청북도의회(043-220-5133) [학]세광고졸, 청주대 신문방송학과졸 1995년 건국대 사회과학대학원 기업경영학과졸 [경]금왕청년회의소 회장, 음성군탁구협회 회장, 금왕읍체육회 회장, 민주당 충북도당 혁신도시특별위원회 위원장 2010년 충북도의회 의원(민주당·민주통합당·민주당·새정치민주연합) 2012년 同건설소방위원회 위원장 2014년 충북도의회 의원(새정치민주연합·더불어민주당)(현) 2016년 同운영위원회 부위원장(현) 2016년 同건설소방위원회 부위원장(현) 2016년 同문장대온천개발저지특별위원회 위원(현) 2016년 더불어민주당 충북도당 사회복지위원회 위원장(현)

이광철(李光哲) Lee, Kwang Chul

[생]1957·3·17 [본]전주(全州) [출]서울 [주]서울 마포구 와우산로94 홍익대학교 경영학과(02-320-1731) [학]1975년 신일고졸 1980년 서울대 경영학과졸 1982년 同대학원 경영학과(국제경영학전공)졸 1986년 경영학박사(미국 사우스캐롤라이나대) [경]1980~1982년 한국은행 국제부 근무 1986~1987년 미국 South Carolina주정부 자문위원 1987~1988년 정보통신정책연구원((KISDI) 연구위원 1988년 홍익대 경영학과 교수(현) 1995~1996년 재정경제원 정부투자기관 평가위원 1996~1997년 미국 워싱턴대 교환교수 2000~2003년 (주)서울증권 사외이사 2003년 (사)한국경영연구원 연구위원 및 이사(현) 2006년 (사)정보통신정책학회 회장 2006~2012년 (사)국제무역경영연구원 비상임연구위원 2007년 (사)한국국제경영학회 회장 2007년 (사)정보통신정책학회 고문(현) 2007~2009년 정보통신국제협력진흥원 비상임이사 및 이사회 의장 2007~2009년 홍익대 경영대학원장·세무대학원장 2009~2011년 민주평통 자문위원 2009~2011년 경제인문사회연구회 정보화자문위원장 2009~2011년 한국인터넷진흥원 비상임이사 2010~2011년 (사)한국경영학회 부회장 2011~2014년 KB부동산신탁 사외이사 겸 감사위원장 2012년 문화관광부 콘텐츠미래전략포럼 위원 2013~2015년 (사)텔코경영연구원 비상임연구위원 2014년 한국조각가협회 자문위원(현) 2014년 JB우리캐피탈 사외이사(현) 2016년 문화체육관광부 한류기획단 위원(현) [상]미국 국제경영학회 최우수논문상(1987), 미정부 Fulbright Fellowship(1996), 국무총리표창(2010) [저]'국제경영학(共)'(1998) '글로벌경영:전략적 접근'(2015) [역]'초우량기업의 비즈니스 대실수'(1995)

이광태(李光泰)

[생]1958·1·31 [출]전북 장수 [주]인천 남동구 남동대로691번길12 인천보훈지청(032-430-0104) [학]1977년 남성고졸 1992년 한국방송통신대 행정학과졸 2010년 연세대 행정대학원 공공정책학과졸 [경]1979년 국가보훈처 공무원 임용 2006년 同공훈심사과·나라사랑정책과 등 사무관 2012년 同생활안정과 서기관 2014년 同생활안정과장 2015년 서울지방보훈청 인천보훈지청장(현) [상]국무총리표창(1995)

이광택(李光澤) LEE Kwang Taek (德裕)

(생)1948·11·16 (본)여주(驪州) (출)대전 (주)서울 성북구 정릉로77 국민대학교 법학부(02-910-4040) (학)1967년 경기고졸 1975년 서울대 법대졸 1977년 同대학원 법학과졸 1987년 법학박사(독일 Univ. Bremen) (경)1975~1976년 한국일보(The Korea Times) 기자 1976~1977년 크리스챤 아카데미 간사 1978~1985년 산업연구원 책임연구원 1987~1988년 독일 Bremen대 노동정치연구소 연구위원 1988~1991년 한국노동연구원 연구위원 1989~2009년 한국노사발전연구원 연구위원·부원장 1991~2000년 대한상사중재원(KCAB) 중재인 1993년 산업사회연구소 소장(현) 1994~2014년 국민대 법학부 사회법전공 교수 1996~1997년 참여연대 노동관계위원장 1998~2002년 한겨레노동교육연구소 선임연구원·이사 1998~2008년 최종길교수 고문치사진상규명및명예회복추진위원회 실행위원장 2001년 여성가족부 규제개혁위원장(현) 2001년 YTN 미디어비평위원 ('시청자의눈', '뉴스 엔 오피니언' 진행) 2001년 경실련 노동위원장·조직위원장·윤리위원장·상임집행부위원장·중앙위 부위원장·지도위원·경제정의연구소 이사장(현) 2002~2011년 국가인권위원회 조정위원 2003~2008년 대통령비서실 사회통합기획단 자문위원 2003년 (사)사월회 이사(현) 2003년 함께일하는재단 이사(현) 2003년 국제노동사회법학회(ISLSSL) 부회장·집행위원(현) 2004년 CBS 객원해설위원 2004~2006년 한국노동법학회 회장 2004~2006년 노동부 정책자문위원 2004~2005년 한국노사관계학회 회장 2004~2014년 전국보건의료산업노동조합 노동정책자문위원 2005~2009년 (사)전태일기념사업회 이사장 2006년 (사)노동인권회관 이사(현) 2007년 다솜이재단 이사장·이사(현) 2007~2013년 한국사회법학회 회장 2008~2010년 국회 환경노동위원회 자문위원 2009년 (재)전태일재단 이사(현) 2012년 (사)71동지회 회장·고문(현) 2014년 (사)한국ILO협회 부회장(현) 2014년 국민대 법학부 명예교수(현) (상)국무총리표창(1984·1998) (저)團體協約의 內容과 課題(共)(1989, 韓國勞動研究院) '勞動關係法의 回顧와 展望(共)'(1993, 産業社會研究所) '노동시장론(共)'(1999, 박문각) '여성관련 노동법 및 정책연구'(2000, 한국노총중앙연구원) '노동의 미래와 신질서(共)'(2003, 한국노동연구원) '고용 및 직업생활상의 차별금지법의 필요성 및 제정 방향에 관한 연구'(2003, 한국노총중앙연구원) '전자노동감시의 실태와 개선과제(共)'(2003, 한국노동연구원) '노사의 마주섬과 협력의 노사공동체 윤리(共)'(2006, 노사문제협의회) '성차별사례연구'(2007, 국민대 출판부) '노동법강의'(2007, 국민대 출판부) '전환기의 노동법'(2007, 국민대 출판부) '사회적기업, 새로운세계(共)'(2007, 실업극복국민재단) '서울법대 학생운동사 : 정의의 함성(共)'(2008, 서울법대 학생운동사 편찬위원회) '조선 질경이 이소선'(2008, 전태일기념사업회) '경제사회변동과 공동체패러다임(共)'(2011, 함께일하는재단) '공동결정제도 도입을 위한 연구(共)'(2012, 한국노동조합총연맹) '협동사회와 일자리 창출(共)'(2013, 함께일하는재단) '노동법제정 60년의 평가와 발전과제(共)'(2013, 한국노동조합총연맹) 'The Right to Strike, A Comparative View(共)'(2014, Wolters Kluwer) (역)獨逸의 雇傭促進法(1993, 한국산업인력관리공단) '독일노동조합연맹규약'(1994, 산업사회연구소) '한국의 노동조합 기본권'(1994, 산업사회연구소) '독일산별노조의 특성과 단체교섭제도'(1994, 산업사회연구소) '사회적기업영역, 어디까지인가'(2011, 함께일하는재단) (종)기독교

이광표(李光杓) LEE Kwang Pyo

(생)1930·11·15 (출)서울 (학)1949년 경기고졸 1953년 서울대 상대 경제학과졸 (경)1955~1961년 한국일보 기자 1964~1965년 조선일보 차장 1965~1973년 중앙일보 경제부장·편집국장 대리 1973~1974년 상공부·건설부 대변인 1974년 대통령 비서관 1978년 문화공보부 차관 1980~1982년 同장관 1982년 국정교과서 사장 1984년 同이사장 1984년 한국언론회관 이사장 1986년 연합통신 사장 1986년 IPI 한국위원장 1987년 서울신문 사장 1987년 한국신문협회 회장

이광학(李廣學) LEE Kwang Hak

(생)1949·4·5 (주)경기 용인시 수지구 포은대로388 한국에너지공단(031-260-4114) (학)1977년 울산대 금속공학과 1980년 고려대 대학원 금속공학과졸 1984년 공학박사(고려대) (경)1976~1978년 삼미종합특수강(주) 울산공장 사원 1981~1987년 울산대 금속 및 재료공학과 조교수 1985~1986년 同공과대학장보 1986~1987년 미국 New Mexico Institute of Mining & Technology 교환교수 1987~1988년 울산대 학생부처장 1987년 同금속공학과 부교수 1989~1990년 同대학원장보 1991~1995년 同금속공학과장 1992년 同재료금속공학부 교수 2004~2014년 同첨단소재공학부 교수 2006년 同자동차부품소재 전문인력양성사업단장 2006년 同산학협력위원장 2007~2009년 同대외협력처장 2014년 同첨단소재공학부 명예교수(현) 2016년 한국에너지공단 기후대응이사(현) (상)지식경제부장관표창(2012), 제12회 울산시민대상 학술과학부문(2013), 녹조근정훈장(2014) (저)'화학야금'(1991)

이광현(李光鉉) LEE Kwang Hyun

(생)1955·4·25 (출)서울 (주)서울 성동구 왕십리로222의1 한양대학교병원 원장실(02-2290-8146) (학)1980년 한양대 의대졸 1983년 同대학원 의학석사 1990년 의학박사(한양대) (경)1985년 한양대병원 정형외과 전문의 취득 1988년 서울대병원 정형외과 전임의 1989년 한림대 의대 정형외과학교실 전임강사 1990~2001년 한양대 의대 정형외과학교실 전임강사·조교수·부교수 2001년 同의과대학 정형외과학교실 교수(현) 2009년 한양대병원 부원장 2010~2011년 대한수부외과학회 이사장 2015년 한양대병원 원장(현)

이광현(李光鉉) LEE Kwang Hyun

(생)1957·8·13 (출)부산 (주)부산 부산진구 엄광로176 동의대학교 화학공학과(051-890-1699) (학)1985년 연세대 화학공학과졸 1987년 同대학원졸 1992년 화학공학박사(연세대) (경)1988~1992년 연세대 산업기술연구소 연구원 1992년 동의대 화학공학과 교수(현) 2009~2011년 同공과대학장 2016년 同대학원장(현)

이광현(李光鉉) Lee Kwanghyun

(생)1961·10·1 (본)경주(慶州) (출)대구 (주)서울 서초구 바우뫼로27길2 일동제약(주) 홍보광고팀(02-526-3300) (학)1980년 중앙고졸 1986년 경희대 산업공학과졸 (경)1993년 일동제약(주) 환경사업부 관리·영업담당 1999년 同비서실장 2012년 同헬스케어팀장 2014년 同홍보광고팀장(이사)(현) 2014년 한국광고주협회 홍보위원(현) 2014년 한국제약협회 홍보전문위원(현) 2015년 同홍보위원(현) (종)기독교

이광형(李光炯) LEE Kwang Hyung

(생)1949·5·30 (출)충남 금산군 추부면 서대산로459 (주)이지 부회장실(041-750-7722) (학)1971년 육군사관학교졸 1986년 연세대 행정대학원졸 (경)1979~1980년 대통령비서실 행정관 1980~1988년 한국방송공사 사장비서실장·경영관리실장·자금관리국장 1990년 화진공영 상무이사 1991~1993년 (재)육영재단 기획관리실장, 대한합기도협회 감사 1996년 (주)이지(EG) 대표이사 사장, 同대표이사 부회장 2013년 同부회장(현) (상)보국훈장 광복장, 납세자의 날 대통령표창(2000) (종)기독교

이광형(李光炯) Kwang H. LEE

(생)1954·11·15 (출)전북 정읍 (주)대전 유성구 대학로291 한국과학기술원(KAIST) 바이오및뇌공학과 겸 문술미래전략대학원(042-350-4313) (학)1973년 서울사대부고졸 1978년 서울대 공대 산업공학과졸 1980년 한국과학기술원(KAIST) 석사 1982년 프랑스 응용과학원(INSA) 대학원 전산학과졸 1985년 공학박사(프랑스 INSA) 1988년 공학박사(프랑스 리옹제1대) (경)1980년 아주대 조교 1985년 한국과학기술원(KAIST) 전산학과 조교수·부교수, 同바이오및뇌공학과 교수(현) 1986~1987년 프랑스 응용과학원 방문연구원 1996~1997년 미국 스탠포드대 초빙교수 1999~2012년 미래산업 사외이사 1999년 일본 동경공대 초빙교수 2000년 한국과학기술원(KAIST) 석좌교수(현) 2000~2004년 同정보보호교육연구센터장 2001~2004년 同국제협력처장 2001~2002년 동아일보 객원논설위원 2003년 퍼지지능시스템학회 회장 2004년 파크시스템 사외이사(현) 2004~2006년 한국과학기술원(KAIST) 학제학부장 2004~2006년 同바이오및뇌공학과장 2005~2006년 한국생물정보학회 회장 2006~2010년 한국과학기술원(KAIST) 교무처장 2006~2012년 同과학영재교육연구원장 2009~2013년 同이노베이션학부장 2010~2013년 同과학저널리즘대학원 책임교수 2011년 동아일보 객원논설위원 2013·2016년 국가과학기술위원회 운영위원 겸 정책조정전문위원장 2011~2012년 한국과학기술정책연구회 회장 2012~2013년 대통령소속 지식재산위원회 분쟁조정위원회 위원장 2013~2014년 한국과학기술원(KAIST) 미래전략대학원장 2013년 국회 특허허브추진위원회 공동위원장(현) 2013년 미래창조과학부 창조경제문화운동 민간위원장(현) 2013~2015년 同과학기술심의위원회 전문위원 2013~2015년 서울시교육청 교육발전위원 2014년 同신성장동력특별위원(현) 2014~2016년 미래컴퍼니 사외이사 2014년 조선일보 고정 칼럼니스트 2014년 미래창조과학부 미래준비위원장(현) 2015년 대법원 IP(Intellectual Property) 허브 코트(Hub Court) 추진위원회 위원(현) 2015년 미래창조과학부 기초연구추진위원장(현) 2015년 대통령소속 국가지식재산위원회 민간위원(3기)(현) 2016년 미래학회 초대회장(현) (상)백암학술상 기술부문(1990), 정보문화진흥상(1990), 신지식

인상(1999), KAIST 공적상(2000), 한국과학기술단체총연합회 우수논문상(2001), KAIST 특별공로상(2004), 프랑스훈장 기사장(2004), 동아일보 선정 10년 후 대한민국을 빛낼 100인(2010), KAIST 자랑스런 동문상(2014), 국민훈장 동백장(2016) [저]'퍼지이론 및 응용' '달팽이와 TGV' '포철같은 컴퓨터를 가진다면' '멀티미디어에서 사이버 스페이스까지' '21세기 벤처대국을 향하여' '벤처기업 나도 할 수 있다' '그러나 그의 삶은 따뜻했다' 'Introduction to Systems Programming'(1997, Prentice Hall) 'First Course on Fuzzy Theory'(2005, Springer) '3차원 창의력 개발법'(2012, 비즈맵) '미래를 생각한다, 2013+5'(2012, 비즈맵) 'Three Dimensional Creativity'(2014, Springer) '3차원 예측으로 보는 미래경영'(2015, 생능) '누가 내 머릿속에 창의력을 심어놨지'(2015, 문학동네)

이광형(李光珩) LEE Kwang Hyong

[생]1961 · 11 · 28 [출]충북 청주 [주]충북 청주시 서원구 산남동601 광장빌딩5층 이광형법률사무소(043-294-1400) [학]1980년 청주고졸 1984년 서울대 법대졸 1988년 同대학원 법학과졸 2006년 중국 중국정법대 박사과정 재학中 [경]1985년 사법시험 합격(27회) 1988년 사법연수원 수료(17기) 1988년 공군 법무관 1991년 서울지검 검사 1993년 대전지검 천안지청 검사 1994년 수원지검 검사 1996년 법무부 법무심의관실 검사 1998년 서울지검 검사 · 정보화범죄수사센터 소장 2000년 대전지검 부부장검사 2000년 서울지검 부부장검사 2001년 춘천지검 속초지청장 2001년 서울고검 검사 2002년 부산지검 총무부장 2003년 대검찰청 정보통신과장 2004년 광주지검 형사2부장 2005년 수원지검 형사4부장 2006년 대전고검 검사 2007년 법무연수원 연수 2007~2009년 대전고검 검사 2009년 법무법인 청남 변호사 2009년 변호사 개업(현) 2015년 충북지방변호사회 회장(현)

이광호(李光浩) LEE Kwang Ho

[생]1952·3·4 [출]부산 [주]서울 강남구 일원로81 삼성서울병원 신경과(02-3410-3590) [학]1971년 경기고졸 1977년 서울대 의대졸 1983년 同대학원졸 1987년 의학박사(서울대) [경]1980~1984년 서울대병원 인턴·신경과 전공의 1984~1985년 同신경과 전임의 1985~1994년 순천향대 의대 신경과학교실 전임강사·조교수·부교수·주임교수 1987~1989년 미국 British Columbia대 Clinical Research Fellow 1994년 성균관대 의대 신경과학교실 교수(현) 1994~2003년 삼성서울병원 신경과장 1997~2003년 성균관대 의대 신경과학교실 주임교수 2002~2012년 서울지법 민사조정위원 2002~2004년 대한신경과학회 부이사장 2003~2007년 삼성서울병원 뇌졸중센터장 2005~2008년 대한뇌졸중학회 회장 2007년 삼성서울병원 뇌신경센터장 2008~2009년 대한신경과학회 회장 2010~2014년 대한다발성경화증학회 회장

이광호(李光鎬) LEE Kwang Ho

[생]1955 · 10 · 27 [본]영천(永川) [출]경남 거창 [주]서울 용산구 한강대로92 LS용산타워 삼일회계법인 임원실(02-709-4766) [학]1978년 영남대 행정학과졸 1988년 미국 캘리포니아대 대학원 경제학과졸 2005년 경제학박사(중앙대) [경]1979년 재무부 입부 1988년 同외자정책과 · 경제협력과 사무관 1993년 OECD사무국 근무 1996년 재정경제원 국제조세과장 1998년 재정경제부 국제조세과장 1998년 同재산세제과장 1999년 同법인세제과장 2000년 同조세정책과장 2001년 국세심판원 행정실장 2001년 同상임심판관 직대 2002년 중앙공무원교육원 파견 2003년 관세청 정보협력국장 2004년 한국국제조세교육센터 파견 2005년 국세심판원 상임심판관 2008~2009년 국무총리소속 조세심판원 조세심판관 2009년 삼일회계법인 상임고문(현), 한나라당 정책위원회 정책자문위원, 대한상사중재원 중재인, 서울 관악구 부동산평가위원 [상]홍조근정훈장(2004) [역]'국가의 일'(1995)

이광호(李廣鎬) LEE Kwang Ho

[생]1956 · 4 · 15 [본]영천(永川) [출]경북 [주]충북 충주시 충원대로268 건국대학교 생명공학과 공동연구동405호(043-840-3613) [학]1975년 대구 계성고졸 1983년 건국대 낙농학과졸 1985년 同대학원 낙농학과졸 1990년 의학박사(일본 교토대) [경]1983년 일본 교토대 연구원 1990~1992년 미국 NIH 객원연구원 1992년 건국대 충주캠퍼스 생명과학부 교수 1994~1996년 同분자생물학과장 1999년 대한면역학회 이사(현) 1999~2000년 일본 도호쿠대 가령의학연구소 연구원 2002~2005년 충북VISION NT21연구회 회장 2003년 충북도첨단산업육성위원회 분과위원장 2005~2007년 건국대 충주캠퍼스 산학협력단 지부장 2007~2009년 同충주캠퍼스 의료생명대학장 2007년 충주기업도시 자문위원(현) 2010~2011년 한국분자세포생물학회 대전충청분회 회장 2010~2012년 건국대 염증성질환연구소 소장 2012년 同충주캠퍼스 기획조정처장 2012~2013년 충주시 녹색성장위원회 위원 2013년 건국대 충주캠퍼스 생명공학과 교수(현) 2014년 대한생화학분자생물학회 대전충청분회 회장 2014년 녹색충주21실천협의회 연구위원(현) [상]과학기술우수논문상(2001) [저]'천연물로부터 신약개발 연구법(共)'(1993) 'Function of gp49A in Mast Cell Activation, In: Activating and Inhibitory Immunoglobulin-like Receptors'(2001) [역]'세포분자면역학'(2002) [종]불교

이광호(李光浩) LEE Kwang Ho

[생]1956 · 11 · 25 [출]서울 [주]충남 홍성군 홍성읍 대학길 25 청운대학교 공연기획경영학과(041-630-3163) [학]1975년 휘문고졸 1982년 한양대 섬유공학과졸 1988년 한남대 대학원 경영학과졸 1996년 경영학박사(대전대) [경]1982년 충남방적(주) 대전공장 관리부장 1983년 同이사 1984년 同상무이사 1985~1996년 수덕운수(주) 대표이사 1986~1996년 수덕관광(주) 대표이사 1986년 충남아마추어복싱연맹 회장 1989년 대전시아마추어복싱연맹 회장 1994년 충남방적(주) 전무이사 1994년 대전시조정연맹 회장 1994년 새마을운동 충남도지부 회장 1995년 연호산업개발(주) 부회장 1996~2001년 수덕운수(주) 회장 1996년 수덕관광(주) 회장 1996~2012년 (주)PMC프로덕션 공동대표이사 1997~1999년 청운대 경영학과 겸임교수 1999년 (주)E&T 대표이사 사장 2000년 同이사 2008년 청운대 공연기획경영학과 교수(현) 2011~2012년 同공연기획경영학과장 2012년 PMC네트웍스 회장 [종]불교

이광호(李光鎬) KWANG-HO LEE

[생]1961 · 1 · 18 [본]경주(慶州) [출]대구 [주]서울 서초구 사임당로18 (주)한국콜마 개발본부(02-3485-0386) [학]1979년 대구 영신고졸 1986년 성균관대 약학과졸 2006년 同경영대학원 경영학과졸(iMBA) [경]1987~1993년 (주)대웅제약 중앙연구소 기술협력과 근무 1993~1997년 코오롱제약(주) 개발부 근무 1997~2000년 (주)한화 의약사업부 개발팀장 2001~2002년 현대약품(주) 개발팀장 2002~2008년 한림제약(주) 개발부 이사 2008~2011년 (주)대웅제약 개발본부 상무 2011~2013년 보령제약(주) 개발본부 상무 2013년 (주)유유제약 개발부 전무 2014년 (주)한국콜마 개발본부 전무(현) [종]천주교

이광회(李光會) LEE KWANG HOI

[생]1944 · 10 · 26 [본]전주(全州) [출]서울 [주]경기 광명시 오리로904 영우프라자405호 영우종합공영(주)(02-2060-1901) [학]1963년 경기상고졸 1966년 국민대 상대 중퇴 [경]1969~1972년 한일은행 근무 1974~1977년 삼립식품(주) 경리과장 1977~1983년 (주)신영와코루 재무관리부장 1983년 同판매사업본부장 1989년 同상무이사 1999~2006년 同기획조정실장(전무이사) 2009년 영우종합공영(주) 상임감사(현) 2012년 (주)제이월드 상임감사 겸임(현) [종]불교

이광훈(李光勳) LEE Kwang Hoon

[생]1952 · 11 · 12 [출]서울 [주]서울 서대문구 연세로50의 1 세브란스병원 피부과(02-2228-2084) [학]1978년 연세대 의대졸 1983년 同대학원졸 1987년 의학박사(연세대) [경]1978~1981년 육군 군의관 1981~1985년 연세대 세브란스병원 인턴 · 전공의 1985~1988년 同원주의대 전임강사 1988~1999년 同의대 피부과학교실 조교수 · 부교수 2000년 同의대 피부과학교실 교수(현) 2000년 同의대 임상의학연구센터 연구부장 2001~2003년 대한피부연구학회 이사장 2002~2005년 연세대 의과학연구지원처장 2003~2007년 대한아토피피부염연구회 회장 2003~2005년 대한피부과학회 학술이사 2003년 세브란스병원 피부과 과장 2005~2007년 대통령자문 지속가능발전위원회 어린이건강정책연구팀 위원 2006~2007년 대한의사협회 국민건강위원회 알레르기 · 아토피전문위원회 위원 2007~2011년 연세대 의대 피부과학교실 주임교수 2007~2011년 同피부생물학연구소장 2009~2011년 대한피부과학회 이사장 2013~2014년 대한피부연구학회 회장 2013년 세브란스병원 연구중심병원 감염/면역유닛장(현) 2014년 연세대의료원 면역질환연구소장 2014년 연세대 의대 의생명과학부 겸무교수(현) 2014년 同생명공학대학 겸무교수(현) [상]미국 NIH Fogarty International Research Fellowship, 대한피부과학회 동아학술상 · 우암학술상, 서울시의사회 유한의학상 장려상, 보원학술상 [저]'천식과 알레르기질환(共)'(2002) '아토피피부염의 모든것(共)'(2006) '혈액종양과 피부(共)'(2006) [역]'아토피습진과 다른 습진'(2005) [종]기독교

이광희(李光熙) Kwanghee Lee

[생]1960 · 10 · 20 [주]광주 북구 첨단과기로123 광주과학기술원 신소재공학과(062-970-2325) [학]1983년 서울대 원자핵공학과졸 1985년 한국과학기술원 물리학과졸(석사) 1995년 물리학박사(미국 캘리포니아대 샌타바버라교) [경]1983~1990년 한국원자력연구소 선임연구원 1995~1997년 미국 캘리포니아대 샌타바버라교 Post Doc. 1997~2006년 부산대 부교수 2006년 과학기술부 글로벌연구실 사업단장 2006~2015년 광주과학기술원(GIST) 신소재공학과 교수, 同히거신소재연구센터 부센터장(현) 2015년 광주과학기술원(GIST) 신소재공학과 특훈교수(현) [상]경암학술상 공학부문(2010), 미래연구정보포럼 지식창조대상(2010)

이광희(李光熙) LEE Kwang Hee (안당)

[생]1961·1·5 [본]경주(慶州) [출]경북 상주 [학]1987년 청주대 신문방송학과졸 1989년 同대학원졸 [경]1988년 대전일보 사회부 기자 1990년 대전매일 사회부 기자 1993년 同제2사회부·문화부·문화체육부 차장 1998년 同경제과학부 부장대우 1999년 대전·충남기자협회 회장 2000년 대전매일 경제과학부장 2001년 同총괄국장 2002년 同총괄국장 겸 기획조정실장 2003년 同기획조정실장 2005년 충청투데이 기획조정실장 2005년 同편집국장 2008년 同편집상무 겸 충남본부장 2008년 同상무 겸 북부본부장 2009~2010년 同논설실장(상무) 2010~2016년 금강일보 사장(발행·편집인 겸임) [상]국세청장표창(2000), 대전시문화상 언론부문(2009) [저]'붉은새'(1997) '청동물고기'(1999) '문화재가 보여요'(2001) '소산등'(2005) '충청혼맥'(2007)

이광희(李廣熙) LEE Goang Hee

[생]1963 · 10 · 9 [출]충북 청주 [주]충북 청주시 상당구 상당로82 충청북도의회(043-220-5071) [학]성남고졸, 충북대 농생물학과졸, 同대학원 산림환경관리학과졸 [경]청주지역민주청년연합 의장, 국회의원 정책보좌관, 청주불교방송 문화기획팀장, 한국청년연합회(KYC) 공동대표, 민족화해협력범국민협의회 청년위원장, 분평동 우리신문 발행인, 열린우리당 서민경제회복위원회 전문위원, 서울정책재단 지방자치연구소장, 충북숲해설가협회 사무국장 2010년 충북도의회 의원(민주당 · 민주통합당 · 민주당 · 새정치민주연합) 2012년 同운영위원회 부위원장 2012년 同교육위원회 부위원장 2013년 同예산결산특별위원회 위원 2014년 충북도의회 의원(새정치민주연합 · 더불어민주당)(현) 2014년 同교육위원회 위원 2016년 同정책복지위원회 위원장(현) 2016년 더불어민주당 충북도당 교육연수위원장(현) [상]대한민국 위민의정대상 우수상(2012 · 2016)

이광희 LEE Kwang Hee

[생]1964 · 10 · 17 [주]서울 은평구 진흥로235 한국행정연구원 평가연구부(02-564-2000) [학]1989년 서울대 외교학과졸 1999년 同대학원 정치학과졸 2003년 정치학박사(서울대) [경]2000~2003년 서울대 사회과학연구원 한국정치연구소 연구원 2003년 한국행정연구원 수석연구원, 同국정평가연구센터 소장 2009년 同국정연구본부장 2010년 同수석연구위원 2014년 同국무조정연구부장 2015년 同평가연구부 선임연구위원 2016년 同평가연구부장(현) [상]대통령표창(2016) [저]'한국지방자치와 민주주의-10년의 성과와 과제'(2002) '정책평과와 성과관리(共)'(2006)

이교문(李敎文)

[생]1959 · 5 · 17 [출]경남 합천 [주]경남 창원시 의창구 상남로231 경남지방조달청 청장실(070-4056-6702) [학]1978년 합천고졸 [경]1985년 조달청 입청 2007년 경남지방조달청 물자구매팀장 2008년 조달청 기획조정관실 사무관 2010년 同시설사업국 사무관 2013년 조달품질원 품질총괄과 서기관 2014년 조달청 전자조달국 조달등록팀장 2015년 同구매사업국 쇼핑몰구매과장 2016년 경남지방조달청장(현)

이교선(李敎善) LEE Kyo Sun

[생]1956 · 2 · 22 [출]서울 [주]경기 용인시 기흥구 흥덕1로30 삼영글로벌(주)(031-213-2680) [학]신일고졸, 경희대 건축공학과졸, 고려대 대학원 건축공학과졸, 도시계획학박사(경원대) [경]현대건설(주) 부천범박지역주택조합신축공사 현장소장(부장), 同영동차관아파트재건축공사 현장소장(상무보) 2009년 同건축사업본부 상무 2011년 同주택사업본부 전무 2012년 STX건설 건축사업본부장(전무) 2012년 同국내사업총괄 건축사업본부장(전무) 2013년 同사업총괄 전무 2013년 새롬성원산업(주) 대표이사 겸임 2013년 STX건설 건축사업본부장(전무) 겸 품질안전담당 전무 2013~2014년 同영업본부장(전무) 2015년 가천대 IPP사업단 교수(현) 2016년 삼영글로벌(주) 대표이사(현) [상]노동부장관표창, 부산직할시장표창, 대통령표창(2009) [종]천주교

이교선(李敎善) LEE Kyo Seon

[생]1959 · 3 · 2 [출]인천 강화 [주]경기 고양시 일산서구 고양대로283 한국건설기술연구원 건설정책연구소(031-910-0013) [학]1982년 동국대 건축공학과졸 1987년 同대학원 건축공학과졸 1996년 건축공학박사(동국대) [경]1999년 건설교통부 중앙건설기술심의위원, 과학기술처 건설관리기술연구회 간사 2000년 한국건설기술연구원 기술정책연구그룹장, 同수석연구원 2001년 건설교통부 장관자문관 2002년 한국건설기술연구원 건설관리연구부 수석연구원 2002년 同기획조정실장 2003년 同기획조정부장 2004~2006년 同건설관리연구부장, 同건설관리 · 경제연구실장 2010년 同건설시스템혁신연구본부장 2010년 同선임연구위원 2011년 同건설시스템혁신연구본부 건설관리 · 경제연구실 선임연구위원 2012년 同건설정책연구센터장 2013년 캐나다 토론토대 방문교수 2014년 한국건설기술연구원 건설정책연구소 선임연구위원(현) [상]건설교통부장관표창(2009) 등

이교성(李敎聲) Lee Kyo Sung

[생]1959 · 5 · 1 [출]경북 영주 [주]경남 거제시 장평3로80 삼성중공업(주) 인사팀(055-630-3114) [학]경북고졸, 서울대 조선공학과졸 [경]삼성중공업(주) 기술영업2그룹장 2006년 同기본설계2팀장(상무) 2009년 同기본설계1팀장(상무) 2011년 同고객지원담당 전무 2014년 同총괄PM 나이지리아법인장(전무)(현) [종]기독교

이교훈(李敎薰)

[생]1953 · 4 · 12 [주]서울 송파구 오금로535 한동빌딩3층 (사)친환경축산협회(02-401-6888) [학]평택 한광고졸, 한경대 축산학과졸, 경영학박사(건국대) [경]1980~1986년 대한양돈협회 홍보부장 1988~1990년 한국낙농육우협회 홍보실장 1992년 지앤지엔터프라이즈(월간 피그플러스) 대표(현) 2000년 한경대 강사(현) 2000년 한국농수산대 강사(현) 2000년 서울경기양돈농협 운영평가위원(현) 2000년 부산경남양돈농협 운영평가위원(현) 2000년 한국양돈조합연합회 자문위원(현) 2013년 (사)친환경축산협회 홍보담당 부회장 2016년 同회장(현) [상]농림수산식품부장관표창, 문화체육관광부장관표창(2008)

이구영(李九永)

[생]1964 · 4 [출]서울 [주]서울 중구 청계천로86 한화큐셀 임원실(02-729-1114) [학]1983년 대신고졸 1990년 연세대 정치외교학과졸 [경]2009년 한화케미칼 뉴욕지사 상무보 2013년 同솔라영업담당 상무 2015년 한화큐셀 EA모듈사업부장(상무) 2016년 同전무(현)

이구택(李龜澤) LEE, Ku-Taek

[생]1946 · 3 · 15 [본]연안(延安) [출]경기 김포 [학]1964년 경기고졸 1969년 서울대 금속공학과졸 2007년 명예 과학박사(호주 호주국립대) [경]1969~1986년 포항종합제철(주) 입사 · 열연기술과장 · 휴스턴사무소장 · 수출1부장 · 수출2부장 1986년 同경영정책부장(부소장) 1988년 同이사대우 신사업본부장 1990년 同수출담당 상무이사 1992년 同수출 · 신사업담당 전무이사 1994년 同포항제철소장(전무이사) 1996년 同포항제철소장(부사장) 1998~2002년 (주)포스코 대표이사 사장 1999~2002년 한국과학기술단체총연합회 비상근부회장 2000~2009년 전경련산하 한국 · 브라질경제협력위원회 위원장 2002~2007년 同한국 · 호주경제협력위원회 위원장 2003~2005년 한국상장회사협의회 비상근부회장 2003~2009년 (주)포스코 대표이사 회장 2003~2009년 전경련 비상근부회장 2003~2009년 同산하 경제단체위원회 위원장 2003~2009년 한국철강협회 회장 2004~2009년 국제철강협회(IISI) 집행위원 2005~2009년 한국공학한림원 이사 2005~2007년 한국발명진흥회 회장 2005~2008년 포스코청암재단 이사장 2005~2007년 국제철강협회(IISI) 부회장 2006~2009년 한국경영자총협회 부회장 2006년 서울대 · 한국공학한림원 선정 '한국을 일으킨 엔지니어 60인' 2007~2011년 포항공과대 이사장 2007~2009년 헌법재판소 자문위원 2007~2008년 국제철강협회(IISI) 회장 2008~2013년 하나금융지주 사외이사 2008~2016년 국립오페라단 이사장 2009년 (주)포스코 상임고문 2011~2013년 同비상임고문 [상]금탑산업훈장(1999), 제18회 신산업경영대상(2003), 한국능률협회 한국의경영자

상(2005), 옥관문화훈장(2005), 호주정부 최고훈장(Honorary Companion of the Order of Australia)(2006), 제20회 인촌상 산업기술부문(2006), 제6회 서울대 AMP 대상(2007), 한국경영학회 제20회 경영자대상(2007), 제16회 다산경영상 전문경영인부문(2007), 대통령표창(2007), 매경이코노미 올해의CEO 선정(2007), 전경련 제5회 '존경받는 기업인' 대상(2008), 브라질정부 Rio Branco 훈장(2008), 자랑스런 서울대인상(2008), 포스코 공로패(2009), 국제철강협회 감사패(2009) [종]기독교

이국노(李國老) LEE Kook Noh (蜘蛛·白刀)

[생]1947·11·29 [본]전주(全州) [출]충북 진천 [주]서울 영등포구 양산로88의1 지주빌딩 (주)사이몬 회장실(02-2676-0583) [학]1965년 청주기계공고졸 1973년 한양대 공과대학 재료공학과졸 1978년 연세대 경영대학원졸 1995년 숭실대 중소기업대학원 최고경영자과정 수료 1997년 한양대 환경대학원 수료 2006년 서울대 경영대학원 최고경영자과정 수료 [경]1973년 지주산업 창업 1986년 (주)지주 법인설립·대표이사 1990년 민주평통 서대문구 부회장 1991~2009년 (주)유화수지 창업·대표이사 1993~2002년 한국프라스틱공업협동조합연합회 이사장 1993·2006년 한국플라스틱기술연구사업협동조합 이사장(현) 1993년 신용보증기금 운영위원 1993년 한국플라스틱시험원 원장 1993년 대통령자문 국가경쟁력강화위원회 민간위원 1995년 (사)대한검도회 김포검도협회 회장 1995년 한국플라스틱재활용협회 회장 1996년 (주)사이몬 회장(현) 1998·1999년 중소기업협동조합중앙회 부회장 1998년 중소기업특별위원회 실무위원 1998년 중소기업진흥공단 운영위원 1999년 국제표준화기구(ISO) 운영위원 2002~2005년 (사)한국플라스틱자원순환협회 회장 2003년 (사)한국플라스틱자원순환공제조합 이사장 2006년 한양대환경대학원총동문회 회장(현) 2007~2011년 서울여자간호대 평의회 의장 2009년 서울대AMP총동문회 부회장(현) 2009년 한국화학융합시험연구원 이사(현) 2011년 (재)한국예도문화장학체육재단 이사장(현) 2013년 (사)대한검도회 수석부회장(현) 2013년 同검도8단(교사) 2014년 同8단 심사위원(현) [상]아시아검도선수권 국가대표 3위(1988), 특허청장표창(1990), 대통령표창(1992), 상공부·문화체육부장관표창(1993), 산업포장(1999), 동탑산업훈장(2001) [저]'플라스틱코리아' '배를 째라 그리고 판을 바꾸어라' [역]'플라스틱용어사전' '플라스틱 성형기술' '플라스틱재료기술' [종]천주교

이국세(李國世) LEE Kook Se (學省)

[생]1952·3·27 [본]전주(全州) [출]강원 횡성 [주]경기 화성시 정남면 세자로288 수원과학대학교 공연연기과(031-350-2406) [학]홍천농고졸, 한국교육개발원 전자계산학과졸, 단국대 정보통신대학원 방송영상학과졸, 공학박사(호서대) [경]KBS 원주방송국 근무, 同춘천방송총국 기술국 근무 1992년 同제주방송총국 TV기술부장 1994년 同보도본부 보도기술부 차장 2000년 同TV기술국 총감독 2001년 同보도본부 총감독 2004년 同편성본부 특수영상팀장 2006년 同보도본부 보도기술팀 부장 2011년 同보도기술국 SNG기술감독 2011년 수원과학대 공연연기과 교수(현) 2014년 同공연연기과 학과장 [종]천주교

이국종(李國鍾) John Cook-Jong LEE

[생]1969·4·22 [출]서울 [주]경기 수원시 영통구 월드컵로206 아주대학교병원 외상외과(031-219-7764) [학]1995년 아주대 의대졸 1999년 同대학원졸 2002년 의학박사(아주대) [경]2001년 아주대 의대 외과학교실 연구강사·조교수·부교수·교수(현) 2003년 미국 캘리포니아대 샌디에이고교 외상외과 연수 2007~2008년 영국 로열런던병원 외상센터(The Royal London Hospital Trauma Center) 연수 2010년 아주대병원 외상센터장 겸 외상외과장 2013년 同권역외상센터 소장(현) 2015년 해군 홍보대사 2016년 육군항공 홍보대사(현) [상]국민포장(2011), 유민문화재단 홍진기창조인상 사회부문(2012)

이국헌(李國憲) LEE Kook Hun (元齊)

[생]1936·12·17 [본]광산(光山) [출]전북 순창 [주]경기 고양시 덕양구 화정로47 새롬플라자803호 변호사이국헌가나안법률사무소(031-963-7000) [학]1955년 승일고졸 1961년 고려대 법학과졸 1969년 同대학원 정치외교학과졸 1971년 미국 캘리포니아대 버클리교 대학원 수료 1983년 미국 하버드대 국제정치학과 수료 [경]1961년 공군 법무관 1966~1979년 대구지검·법무부·서울지검 검사 1976년 서울지검 특별수사부 수석검사 1979년 대구지검 부장검사 1980년 대검찰청 특수부 부장검사 1986년 서울시 법률고문변호사 1992년 법무법인 한국종합법률사무소 대표변호사 1996년 제15대 국회의원(고양덕양, 신한국당·한나라당) 1998년 한나라당 이회창 총재 정책특보 2000년 同고양덕양甲지구당 위원장 2006년 변호사이국헌가나안법률사무소 대표변호사(현) [상]홍조근정훈장(1981) [종]기독교

이국현(李國賢) LEE Kook Hyun

[생]1956·6·26 [출]서울 [주]서울 종로구 대학로101 서울대병원 마취통증의학과(02-760-2567) [학]1981년 서울대 의대졸 1987년 同대학원 의학석사 1990년 의학박사(서울대) [경]1981년 서울대병원 인턴 1982~1985년 공군 군의관 1985~1988년 서울대병원 마취과 전문의 1988년 일본 쿠마모토대 의학부 연구원 1989~2001년 서울대 의대 마취과학교실 전임강사·조교수·부교수 1991년 미국 미시간대 교환교수 1997년 독일 뒤셀도르프대 교환교수 2001년 서울대 의대 마취통증의학교실 교수(현) 2012년 同의대 마취통증의학교실 주임교수(현) 2012·2014년 서울대병원 마취통증의학과 진료과장 2014년 대한마취통증의학회 이사장(현) [상]애보트학술상(1995), 국제호흡관리학회 특별회원상(2001) [저]'중환자 진료학'(1996) '신생아보조환기요법'(1998) '임상소아마취'(1999) '동물실험지침'(2000) [역]'마취와 약물상호작용'(1996)

이군자(李君子·女) LEE Koon Ja

[생]1958·1·9 [출]부산 [주]경기 성남시 수정구 산성대로553 을지대학교 안경광학과(031-740-7182) [학]1980년 연세대 생화학과졸 1984년 同대학원졸 1994년 이학박사(연세대) [경]1980~1982년 한국원자력연구소 연구원 1984~1988년 한양대 의과대학 해부학교실 조교·전임강사 1991년 서울보건대학 전임강사·조교수, 同안경광학과 부교수·교수, 同학술정보센터 소장, 대한시과학회지 편집위원장, 서울보건대 안경광학과장 2007년 을지대 안경광학과 교수(현) 2008년 同평생교육원장 2008년 同국제교류팀장 2011·2012년 미국 세계인명사전 'Marquis Who's Who'에 등재 2014년 을지대 입학관리처장 [상]범석학술상 최우수상(2000) 톱콘안광학학술상 대상(2000·2001·2003·2008·2010·2012) [저]'콘택트렌즈'(1995) '콘택즈렌즈실습'(2011) [역]'콘택트렌즈 임상사례'(2007)

이군재(李君宰) Lee Koon Jae

[생]1959·8·1 [본]전주(全州) [출]서울 [주]인천 중구 서해대로339 인천본부세관 심사국(032-452-3114) [학]1985년 세무대학 관세학과졸 [경]2009~2011년 부산본부세관 수출과장 2011~2012년 대전세관 통관지원과장 2012~2014년 광주본부세관 감사담당관 2014년 관세청 운영지원과 경리계장 2015년 同운영지원과 경리계장(서기관) 2016년 인천본부세관 자유무역협정1과장 2016년 同심사국장(현) [상]국무총리표창(2013)

이군현(李君賢) LEE Koon Hyon

[생]1952·3·12 [본]고성(固城) [출]경남 통영 [주]서울 영등포구 의사당대로1 국회 의원회관704호(02-784-6327) [학]1971년 대경상고졸 1977년 중앙대 사범대학 영어교육학과졸 1980년 미국 캔자스주립대 대학원 교육행정학과졸 1983년 교육행정학박사(미국 캔자스주립대) [경]1983년 한국교육개발원 교육정책연구실장 1984~2003년 한국과학기술원(KAIST) 인문사회과학부 교수 1984년 同기획실장·교양과정학부장·학생부처장 1994년 교육부 국책공대 기획평가위원 1994년 한국과학기술원 교양과정학부장 겸 과학영재교육연구소장 2001~2004년 한국교원단체총연합회 회장 2001년 대통령자문 교육인적자원정책위원 2002년 바른사회를위한시민회의 공동대표 2003~2004년 중앙대 교육대학원 교수 2003년 한국신문윤리위원회 위원 2003년 한국간행물윤리위원회 위원 2004년 제17대 국회의원(비례대표, 한나라당) 2004~2005년 한나라당 제5정책조정위원장 2006년 同사학법무효화투쟁본부 산하 학습권수호특별위원장 2006년 同원내부대표 2008년 제18대 국회의원(통영·고성, 한나라당·새누리당) 2008~2010년 한나라당 중앙위원회 의장 2009~2015년 (사)한국청소년발명영재단 총재 2010~2011년 한나라당 원내수석부대표 2010년 국회 운영위원회 간사 2010년 국회 문화체육관광방송통신위원회 위원 2011~2012년 한나라당 경남도당 위원장 2011년 국회 행정안전위원회 위원 2012년 제19대 국회의원(경남통영시·고성군, 새누리당) 2012년 국회 윤리특별위원회 위원장 2012년 새누리당 지역화합특별위원회 부위원장 2013년 국회 교육문화체육관광위원회 위원 2013~2014년 국회 예산결산특별위원회 위원장 2014년 국회 미래창조과학방송통신위원회 위원 2014~2015년 새누리당 사무총장 2014~2015년 同조직강화특별위원회 위원장 2015년 국회 국토교통위원회 위원 2015년 국회 농림축산식품해양수산위원회 위원 2015년 새누리당 교육개혁특별위원회 위원장(현) 2016년 同제20대 총선 중앙선거대책위원회 공동총괄본부장 2016년 제20대 국회의원(경남 통영시·고성군, 새누리당)(현) 2016년 국회 농림축산식품해양수산위원회 위원(현) [상]정보통신부장관표창(2002), 자랑스러운 중앙인상(2008), 한국과학기술원(KAIST) 선구자기념패(2009), 대한민국 국회의원 의정대상(2013) [저]'교육행정학' '영재교육학' '현대문명의 위기와 기술철학' '다함께 행복한 통영·고성 만들기'(2011) [종]기독교

이권수(李權洙) LEE Kweon Soo

[생]1960·9·5 [주]광주 북구 북문대로21 고운건설(주) 비서실(062-526-8858) [학]광주 대동고졸, 조선대 이공대졸 [경]고운건설(주) 대표이사 사장(현), 대한건설협회 광주시 간사, 동부새마을금고 이사 2015년 대한건설협회 광주시회장(현)

이권순(李權純) LEE Kwon Soon

[생]1955·1·18 [본]전주(全州) [출]대전 [주]부산 사하구 낙동대로550번길37 동아대학교 전기공학과(051-200-7739) [학]1977년 충남대 공업교육학과졸 1981년 서울대 대학원 전기공학과졸 1990년 전기·컴퓨터공학박사(미국 오리건주립대) [경]1982~1999년 동아대 전기공학과 전임강사·조교수·부교수(학과장) 1991년 미국 전자전기학회(IEEE) 회원 1992~1998년 대한의용생체공학회 학술위원 1995년 이업종기술연구조합 전기전자분야 연구이사 1995~1996년 일본 전기통신대 기계제어공학과 객원연구원 1996~1997년 미국 Virginia Tech. 전기 및 컴퓨터공학과 방문교수 1999~2001년 동아대 산업대학원 교학과장 1999년 同전기공학과 교수(현) 2001~2004년 同대학원 항만물류시스템학과 운영위원 2001년 한국과학재단 지능형통합항만관리연구센터 국제협력부장 2003~2007년 同생산기술연구소 전기전자공학부장 2003~2008년 과학기술부 국가지정연구실(NRL) 총괄책임자 2003년 학술진흥재단 선도연구자지원사업전공 심사위원 2003~2006년 해양수산부 첨단항만핵심기술개발사업 평가위원 2004~2005년 한국학술진흥재단 학술연구심사평가위원회 공학분야위원 2004~2009년 동아대 사업팀 실무위원장(NURI사업 항만물류) 2004년 한국보건산업진흥원 보건의료기술진흥사업위원 2005년 해양과학기술(MT)로드맵 전문위원 2007년 동아대 대학원 항만물류시스템학과 책임교수(현) 2007~2009년 과학기술부 목적기초연구사업추진위원회 위원 2007년 정보통신부 NEXT사업 수행책임자 2008~2009년 한국항해항만학회 홍보이사 2014년 대한전기학회 부회장 [상]한국과학기술단체총연합회 우수논문상(1995), 제어·자동화·시스템공학회 합동학술발표대회 최우수논문상(2003), 대한전기학회 춘계학술대회 우수논문상(2004), 한국항해항만학회 추계학술대회 학술발표우수상(2005), 대한전기학회 학회상(2009), 국토해양부장관표창(2010), 대한전기학회 전기설비부문 우수논문상(2011)

이권재(李權載) LEE Kwon Jae

[생]1954·7·18 [본]광주(廣州) [출]광주 [주]인천 남구 소성로185번길28 명인빌딩303호 법무법인 명문(032-861-6300) [학]1974년 광주제일고졸 1978년 서울대 법학과졸 1980년 전남대 법학대학원 수료 [경]1983년 사법시험 합격(25회) 1985년 사법연수원 수료(15기) 1986년 부산지검 검사 1988년 광주지검 해남지청 검사 1989년 춘천지검 검사 1991년 대전지검 검사 1993년 서울지검 검사 1996년 수원지검 검사 1997년 광주고검 검사 1998년 광주지검 해남지청장 1999년 서울지검 부부장검사 2000년 광주지검 강력부장 2001년 인천지검 공안부장 2003년 대검찰청 공안1과장 2004년 서울남부지검 형사1부장 2005년 인천지검 형사1부장 2006년 법무법인 명문 변호사 2007년 同대표변호사(현)

이귀남(李貴男) LEE Kwi Nam

[생]1951·4·8 [본]전주(全州) [출]전남 장흥 [주]서울 강남구 도산대로310 916빌딩401호 LKN법학연구소(02-529-0801) [학]1969년 인창고졸 1973년 고려대 법대졸 2011년 명예 법학박사(경북대) 2011년 명예 법학박사(순천향대) [경]1980년 사법시험 합격(22회) 1982년 사법연수원 수료(12기) 1982년 서울지검 동부지청 검사 1985년 광주지검 해남지청 검사 1986년 광주지검 검사 1988년 서울지검 검사 1991년 대검찰청 검찰연구관 1993년 서울지검 서부지청 검사 1993년 광주지검 해남지청장 1994년 同강력부장 1995년 同공안부장 1996년 수원지검 성남지청 부장검사 1997년 대검찰청 범죄정보관리과장 1998년 同중앙수사부 제3과장 1999년 서울지검 특수3부장 2000년 대통령 사정비서관 2001년 서울지검 형사1부장 2002년 대검찰청 범죄정보기획관 2003년 인천지검 제2차장검사 2004년 대구지검 제2차장검사 2005년 同제1차장검사 2005년 법무부 기획관리실장 2005년 同정책위원회 위원 2006년 대검찰청 공안부장 2007년 同중앙수사부장 2008년 대구고검장 2009년 법무부 차관 2009~2011년 同장관 2009년 정부공직자윤리위원회 위원 2010년 대법원 대법관제청자문위원 2010년 사랑의장기기증운동본부 생명나눔 친선대사 2013년 서울시 갈등관리심의위원회 전문위원(현) 2013년 (주)GS 사외이사(현) 2014년 변호사 개업(현) 2015년 기아자동차 사외이사(현) 2016년 대한체육회 미래기획위원회 위원장(현) [상]대통령 근정포장(1989), 황조근정훈장(2004), 자랑스런 인창인상(2009), 사회복지공동모금회 감사패(2010)

이귀로(李貴魯) LEE Kwy Ro

[생]1952·5·20 [출]경기 화성 [주]대전 유성구 대학로291 한국과학기술원 전기및전자공학부(042-350-3433) [학]1976년 서울대 전자공학과졸 1981년 미국 Univ. of Minnesota 대학원 전자공학과졸 1983년 공학박사(미국 Univ. of Minnesota) [경]1983~1986년 (주)금성반도체 기술부장 1986~2005년 한국과학기술원 전기 및 전자공학과 교수 1988년 미국 Univ. of Minnesota 객원연구원 2004년 한국과학기술원(KAIST) 연구처장 2005년 LG전자기술원 원장 2008년 한국과학기술원 전기및전자공학부 교수(현) 2010~2013년 同나노종합Fab센터 소장 2011~2013년 국가나노인프라협의체 회장 2013년 국제전기전자공학회(IEEE) 석학회원(현)

이귀영(李貴永) Lee, Kwee Young

[생]1962·9·23 [출]충남 청양 [주]전남 목포시 남농로136 국립해양문화재연구소(061-270-2000) [학]1981년 공주사대부고졸 1985년 공주사범대 역사교육과졸 1997년 공주대 인문대학원 역사학과졸 2011년 한국사학박사(고려대) [경]1989~1995년 국립중앙박물관 학예연구실 미술부 학예연구사 1995~2005년 同학예연구실 미술부 학예연구관·제주박물관 학예연구실장·학예연구실 미술부 학예연구관 2005~2013년 국립고궁박물관 유물과학과장·국립문화재연구소 미술문화재연구실장·국립고궁박물관 전시홍보과장 2013~2015년 국립고궁박물관장(고위공무원) 2015년 교육 파견 2016년 국립해양문화재연구소 해양유물연구과장 2016년 同소장(일반직고위공무원)(현)

이귀화(李貴和) LEE Kwi Hwa

[생]1951·12·12 [주]대구 중구 공평로88 대구광역시의회(053-803-5073) [학]영산고졸, 성덕대 관광레저스포츠학과졸 [경](주)경진전기 대표이사, 동호태권도체육관 관장, 대구시태권도협회 부회장, 죽전초 운영위원장 2006·2010~2014년 대구시 달서구의회 의원(무소속·새누리당) 2012~2014년 同부의장 2012년 새누리당 제18대 대통령중앙선거대책위원회 대구달서甲선거대책본부장 2013년 영산고총동문회 회장, 대구시태권도협회 부회장, 새누리당 대구달서甲당원협의회 수석부위원장 2014년 대구시의회 의원(새누리당)(현) 2014년 同건설교통위원회 위원 2014년 同윤리특별위원회 위원장 2016년 同예산결산특별위원회 위원(현) 2016년 同대구국제공항통합이전추진특별위원회 위원(현) 2016년 同건설교통위원장(현)

이귀효(李貴孝)

[생]1958·1·16 [주]경남 합천군 합천읍 인덕로2453 합천소방서(055-930-9200) [학]1977년 진주 동명고졸 2003년 경남과학기술대 경영학과졸 2006년 창원대 경영대학원졸 [경]1981년 소방사 임용 1992년 소방위 승진 1995~1996년 경남도 소방본부 구조구급과 소방위 1996년 소방경 승진 1998년 경남도 소방본부 소방행정과 근무 2003~2006년 경남 거창소방서·양산소방서·창원소방서 근무(소방령) 2006년 경남도 소방본부 방호담당 2009년 경남 고성소방서장(소방정) 2011년 경남도 소방본부 소방행정과장 2013년 경남 양산소방서장 2015년 경남 김해동부소방서장 2016년 경남 합천소방서장(현) [상]국무총리표창(2002), 대통령표창(2012)

이규건(李圭建) LEE Gyu Geon

[생]1962·12·23 [본]경주(慶州) [출]경북 구미 [주]경기 양주시 은현면 화합로1049의56 서정대학교 인터넷정보과(031-860-5025) [학]1980년 오상고졸 1986년 영남대 전자공학과졸 1992년 일본 와세다대 대학원 공학과졸 1996년 공학박사(일본 와세다대) 2000년 서울대 법과대학 법학연구과정 수료 2003년 연세대 행정대학원 공공정책학석사과정 수료 [경]1995년 일본 와세다대 정보학과 조수 1996~2002년 감사원 제1국·국책사업감사단 근무 2002~2007년 벤처기업 연구소장 2007년 서정대 인터넷정보과 교수(현)

이규남(李揆南) LEE Kyoo Nam

[생]1958·4·15 [본]전주(全州) [출]서울 [주]서울 서초구 헌릉로13 대한무역투자진흥공사 감사실(02-3497-1084) [학]1984년 중앙대 경제학과졸 1994년 성균관대 무역대학원 국제경제학과졸 [경]1983년 대한무역투자진흥공사 입사 1983년 同전시부 근무 1987년 同해외협력부 근무 1988년 同미국 뉴욕무역관 근무 1992년 同기획관리부 근무 1994년 同호주 시드니무역관 근무 1997년 同중

국실 시장개발부장 1997년 同기획조정실 예산부장 1999년 同중국 광저우무역관장 2002년 同감사실 검사역 2004년 同체코 프라하무역관장 2008년 同외국기업고충처리팀장 2008년 同해외진출지원처장 겸 해외투자전략팀장 2009년 同주력사업처장 겸 시장개발팀장 2010년 同중남미지역본부장 2013년 同전략마케팅본부 IT사업단장 2014년 同감사실장 2016년 同KOTRA아카데미 위원 2016년 同감사실 준법감시인(현)

이규문(李奎文)

[생]1960·2·10 [출]강원 화천 [주]강원 춘천시 동내면 세실로49 강원지방경찰청 경무과(033-254-3292) [학]강원 화천실업고졸, 서울디지털대 법학과졸 [경]1981년 순경 임용 1992년 경위 승진 1999년 경감 승진 2005년 경정 승진 2008년 서울지방경찰청 보안부 근무 2014년 대구지방경찰청 112종합상황실장(총경) 2015년 경찰대학 운영지원과장 2015년 강원 평창경찰서장 2016년 강원지방경찰청 경무과장(현)

이규미(李揆美·女)

[생]1954·8·24 [본]전주(全州) [출]서울 [주]경기 수원시 영통구 월드컵로206 아주대학교 교육대학원(031-219-1792) [학]이화여대 교육심리학과졸, 同대학원 심리학과졸 1999년 심리학박사(이화여대) [경]아주대 교육대학원 심리치료교육전공 주임교수(현), 서울시 청소년육성위원(현) 2012~2016년 국립중앙청소년디딤센터 운영법인이사 2012~2013년 여성가족부 정책자문위원 2012~2014년 同청소년보호위원회 위원 2013~2016년 교육부 대학교원임용양성평등위원회 위원 2013~2015년 同정책자문위원 겸 교육복지안전분과 위원장 2014~2016년 국무총리실 학교폭력대책위원회 위원 2014~2015년 한국심리학회 회장 2015년 同이사(현) [상]서울시장표창(1984), 서울시경찰국장 감사장(1986), 내무부장관 감사장(1989), 문화관광부장관표창(1999), 서울시장 감사패(2001)

이규민(李圭敏) LEE Kyu Min

[생]1949·6·23 [본]경주(慶州) [출]인천 [주]서울 서대문구 연세로50 연세대학교 언론홍보영상학부(02-2123-2970) [학]1968년 제물포고졸 1975년 연세대 화학과졸 2010년 同대학원 언론정보학과졸 [경]1976년 동아방송 정경부 기자 1980~1988년 대우조선 기획실 부장 1988년 동아일보 경제부 기자 1991년 同경제부 차장 1995년 同뉴욕특파원 1998년 同논설위원 1999년 同정보산업팀 부장(부국장대우) 1999년 대한무역투자진흥공사 사외이사 1999년 동아일보 경제부장(부국장) 2000년 同논설위원 2002년 同논설위원실장 2003~2005년 同편집국장 2005년 한국신문방송편집인협회 운영위원장 2005~2008년 동아일보 대기자 2006~2008년 LG상남언론재단 이사 2006~2008년 동아일보부설 화정평화재단 상임이사 겸 평화연구소장 2006년 대우건설 사외이사 2008~2014년 SK경영경제연구소 고문 2009~2015년 LG전자(주) 사외이사 2010년 (사)한국시장경제포럼 회장·운영위원장(현) 2010~2015년 신한은행 사외이사 겸 이사회 의장 2010~2014년 세종대 석좌교수 2014년 경제혁신3개년계획국민점검반 위원(현) 2014년 KDI 연구자문위원(현) 2015년 연세대 언론홍보영상학부 객원교수(현) [상]연세언론인상(2008) [종]기독교

이규봉(李揆奉) Lee Gyu Bong

[생]1955·8·17 [본]전주(全州) [출]대전 [주]충남 천안시 서북구 입장면 양대기로길89 한국생산기술연구원 스마트제조기술그룹(041-589-8054) [학]1974년 대전고졸 1978년 서울대 기계공학과졸 1980년 한국과학기술원 기계공학과졸 1989년 기계공학박사(한국과학기술원) [경]1981~1983년 대우조선공업 대리 1983~1989년 한국과학기술연구원(KIST) 선임연구원 1989년 한국생산기술연구원 청정생산시스템연구소 수석연구원(현), 同생산공정기술본부장 2010~2011년 한국정밀공학회 부회장 2012~2013년 한국생산기술연구원 엔지니어링플랜트기술본부장 2013년 同생산시스템연구실용화그룹 수석연구원 2015년 同스마트제조기술그룹 수석연구원(현) [상]과학기술우수논문상(2013) [종]불교

이규봉(李奎奉) Lee Gyubong

[생]1972·3·20 [본]전주(全州) [출]부산 [주]세종특별자치시 한누리대로402 산업통상자원부 통상국내대책관실 활용촉진과(044-203-4150) [학]1990년 부산고졸 1995년 고려대 정치외교학과졸 2014년 영국 버밍엄대 대학원 사회정책학과졸 [경]행정고시 합격(44회) 2001~2005년 부산시 강서구청·부산시 투자통상과·KOTRA 파견 근무 2005~2006년 여성가족부 근무 2007~2008년 재정경제부 근무 2008~2012년 지식경제부 경제자유구역기획단·투자정책과·국가경쟁력강화위원회 근무 2012년 산업통상자원부 기업협력과 스마트공장팀장 2016년 同통상국내대책관실 활용촉진과장(현) [상]부총리 겸 재정경제부장관표창(2006), 대통령표창(2010)

이규상(李圭尙) lee kyu sang

[생]1960·2·1 [본]전주(全州) [출]경남 김해 [주]경남 창원시 의창구 상남로290 경상남도의회(055-211-7312) [학]김해농업고졸, 부산외국어대 법학과졸, 경희대 행정대학원 사법행정학과졸, 법학박사(경남대) [경]김해시 육상경기연맹 부회장, 김해시볼링협회 전무이사, 국악지도사(대금1급), 중요무형문화재 제45호 대금산조 이수자(현), 경남법학연구소 소장, 경남대·동아대 법학부 강사 2006~2007년 경남도의회 의원(한나라당) 2006년 同기획행정위원회 부위원장 2008년 민주평통 경남지역회의 사무국장, 경남법률연구소 소장 2014년 경남도의회 의원(새누리당)(현) 2014년 同운영위원회 위원 2014년 同기획행정위원회 부위원장 2015년 同지방자치제도개선특별위원회 부위원장 2016년 同예산결산특별위원회 위원 2016년 同기획행정위원회 위원장(현)

이규석(李圭晳) Lee Kyu Suk (敎山)

[생]1946·10·20 [본]경주(慶州) [출]경기 양평 [주]서울 강남구 삼성로104길 대모빌딩4층 한국시민자원봉사회(02-2663-4163) [학]1965년 한영고졸 1973년 서울대 지구과학교육과졸 1977년 同대학원 교육학과졸 1992년 교육학박사(한국교원대) [경]1973년 이화여고 전임강사 1974년 영등포고 교사 1981년 영등포여고 교사 1984년 교육부 장학편수실 교육연구사 1992년 同자연과학편수관실 교육연구관 1994년 서울 월곡중 교감 1998년 서울시과학교육원 탐구전시실장 1999년 서울시교육과학연구원 과학기술교육연구부장 1999년 서울 상경중 교장 2003년 서울시 강서교육청 학무국장 2003년 서울시교육과학연구원장 2004~2012년 중앙대 겸임교수 2005~2007년 한국교육연수회장 2006년 서울시교육청 평생교육국장 2007~2008년 서울고 교장 2009~2011년 교육과학기술부 학교교육지원본부장 2009~2014년 (사)한국과학교육단체총연합회 회장 2010~2014년 에너지기후변화교육학회 회장 2010년 한국자연보호학회 이사(현) 2011년 G20교육연합 공동대표(현) 2011~2014년 한국교원대 교육정책전문대학원 초빙교수 2012년 한국자연탐사협의회 회장(현) 2014년 금천교육포럼 회장(현) 2014~2016년 서울중등교장평생동지회 회장 2014년 한국시민자원봉사회 상임이사(현) 2015~2016년 同중앙부회장 2015년 한국문인협회 서울지회 이사(현) 2015년 한국인성진흥협의회 상임대표(현) 2016년 통일지도자협회 교육위원장(현) 2016년 한국시민자원봉사회 중앙회장(현) 2016년 한국청소년봉사단연맹 총재(현) [상]대통령표창(1991), 녹조근정훈장(2008), 청관대상 사도상(2011) [저]'오직 한마음으로'(2007, 교육논단) 수상집 '인디언 추장의 기우제'(2015) '초중고 교과서'(共) 외 50여 권 [역]'별과 우주'(1987)

이규석(李揆錫) LEE Kyu Suk

[생]1952·3·8 [출]경기 김포 [주]서울 강남구 광평로280 로즈데일빌딩2층 풀무원건강생활(주) 비서실(02-585-2173) [학]1971년 중앙고졸 1976년 한양대 정치외교학과졸 1978년 同대학원졸 1990년 서강대 경영대학원 최고경영자과정 수료 1996년 한국과학기술원 최고정보경영자과정 수료 [경]1982년 흥국생명 근무 1991년 (주)내추럴하우스 대표이사 1996년 (주)풀무원 대표이사 부사장 1997년 풀무원생활(주) 대표이사 사장 1999~2003년 (주)풀무원테크 대표이사 사장 2002년 생식협의회 초대회장 2003~2008년 (주)풀무원 대표이사 2003~2005년 (주)에넨씨 대표이사 2006년 풀무원건강생활(주) 대표이사 사장 2011~2015년 同DTC부문장(사장) 2016년 同고문(현) [상]지식경제부장관표창(2009)

이규선(李圭宣)

[생]1959·2·1 [출]충남 논산 [주]충남 계룡시 두마면 사계로46 계룡소방서(042-540-5213) [학]2004년 한밭대 영어과졸 2007년 공주대 행정대학원 행정학과졸 [경]1987년 충남도 지방소방사 공채 2008년 서천소방서 방호구조과장 2010년 공주소방서 소방행정과장 2011년 행정안전부 세종시출범준비단 소방방재팀장 2012년 소방방재청 중앙소방학교 인재채용팀장 2014년 국민안전처 중앙소방학교 인재채용팀장 2015~2016년 충남 서천소방서장 2016년 충남 계룡소방서장(현)

이규선(李奎善) LEE Kyu Seon

[생]1960·3·16 [출]경남 의창 [주]서울 서초구 헌릉로13 대한무역투자진흥공사 인재경영실(02-3460-7131) [학]1978년 마산고졸 1988년 연세대 영어영문학과졸 [경]1990년 대한무역투자진흥공사(KOTRA) 입사 1990년 同홍보출판부 근무 1992년 同기획조사부 근무 1994년 同파리무역관 근무 1997년 同경남무역관 근무 2000년 同로스엔젤레스무역관 근무 2004년 同홍보팀 근무 2006년 同파리무역관 근무 2008년 同알제무역관장 2008년 同알제코리아비즈니스센터장 2010년 同외국기업고충처리팀장 2013년 同하노이무역관장 2015년 同하노이무역관장(처장급·1급) 2016년 同운영지원실 실장(현) [상]장관표창(2001)

이규섭(李珪燮) LEE Kyu Sup

[생]1954·5·1 [본]재령(載寧) [출]울산 [주]부산 서구 구덕로179 부산대학교병원 산부인과(051-240-7285) [학]1978년 부산대 의대졸 1981년 同대학원졸 1987년 의학박사(부산대) [경]1978~1983년 부산대병원 전공의 1983~1986년 보건사회부 진주의료원 공중보건전문의 1986~1987년 한빛병원 산부인과장 1987~1988년 문화병원 산부인과장 1988~1999년 부산대 의대 산부인과학교실 전임강사·조교수·부교수 1990~1991년 일본 쿠루메대 의학부 산부인과 객원연구원 1992~1993년 미국 예일대 의학부 산부인과 Post-Doc. 1999년 부산대 의학전문대학원 산부인과학교실 교수(현), 同의학도서관장, 同병원 의학연구소장, 대한폐경학회 총무이사, 부산지검 의료자문위원(현), 대한보조생식학회 감사, 대한산부인과학회 보조생식소위원회 위원·논문심사위원·윤리위원·학술위원·이사(현) 2006년 부산대 의대 산부인과학교실 주임교수 2006~2011년 同병원 산부인과장 2006년 대한생식의학회 학술위원장 2007년 영호남산부인과학회 회장 2007년 대한미성년여성의학연구회 회장 2009년 영남불임연구회 회장 2010년 아이낳기좋은세상 부산운동본부 공동의장(현) 2010년 인구보건복지협회 부산지부 회장(현) 2011~2012년 부산대 의학전문대학원장 2011년 부산산부인과학회 회장(현) 2011년 법원 전문심리위원(현) 2016년 아시아·태평양생식의학회 한국대표 겸 학술위원(현) [상]일본 산부인과학회 논문상, 미국 생식의학회 논문상, 북미폐경학회 학술상, 대한산부인과학회 최우수논문상, 대한폐경학회 폐경학술상, 부산의대 운봉의학상, 대한생식의학회 학술상(2008), 제 21회 과학기술우수논문상(2011) [저]'폐경기 건강(共)'(2006, 군자출판사) [종]불교

이규성(李揆成) LEE Kyu Sung

[생]1939·1·11 [본]전주(全州) [출]충남 논산 [주]서울 강남구 삼성로511 (주)코람코자산신탁 부속실(02-787-0001) [학]1958년 대전고졸 1963년 서울대 상대졸 1990년 명예 경제학박사(충남대) [경]1960년 고시행정과 합격 1963년 재무부 사무관 1969년 同법무관 1970~1973년 同수출·관세조정·외화자금과장 1973년 駐제네바대표부 재무관 1975년 재무부 금융제도심의관 1976년 대통령 재경담당비서관 1978년 재무부 국제금융국장 1980년 同재정차관보 1981년 同제1차관보 1982년 전매청장 1983년 국무총리 행정조정실장 1988~1990년 재무부 장관 1989년 IBRD·IMF연차총회 의장 1991~1995년 건양대 경제학과 교수 1991~1997년 금융통화운영위원 1995년 한국과학기술원(KAIST) 초빙교수 1998~1999년 재정경제부 장관 1999~2003년 한국과학기술원 테크노경영대학원 초빙교수 2001~2003·2004년 대통령자문 국민경제자문회의 위원 2003~2014년 (주)코람코자산신탁 회장 2003~2006년 (사)청소년금융교육협의회 회장 2004~2005년 대통령자문 국민경제자문회의 부의장 2006~2012년 하나금융공익재단 이사장 2006년 한국과학기술원 금융전문대학원 겸임교수 2014년 (주)코람코자산신탁 회사발전협의회 회장(현) [상]청조·홍조·황조근정훈장, 대한민국 금융대상 공로상(2014) [저]'한국의 외환위기-발생·극복·그 이후'(2006)

이규성(李圭成) LEE Kyu Sung

[생]1952·3·25 [출]서울 [주]서울 강남구 언주로211 강남세브란스병원 신경외과(02-2019-3390) [학]1970년 서울고졸 1977년 연세대 의대졸 1982년 同대학원졸 1985년 의학박사(연세대) [경]1986년 연세대 의과대학 신경외과학교실 전임강사·조교수·부교수·교수(현) 1987~1989년 미국 캘리포니아대 뇌종양연구소 연구원 1993년 대한뇌종양학회 상임이사 1998년 아시아신경외과학회 부회장 1999년 대한두개저외과학회 회장 2000년 세계신경외과학회 두개저수술 분과위원 2002년 세계신경외과아카데미 회원 2003~2005년 영동세브란스병원 신경외과 과장 2003~2007년 연세대 의과대학 신경외과학교실 주임교수 2004년 대한신경외과학회 상임이사 2005년 세브란스병원 뇌신경센터 뇌종양전문클리닉팀장(현) 2010~2012년 대한신경외과학회 이사장 2011~2015년 아·태 신경외과학회 회장 2012~2016년 강남세브란스병원 암병원 뇌종양클리닉팀장 2014~2015년 아·태 두개저외과학회 회장 2014년 세계신경외과학회(WFNS) 두개저외과수술위원회 위원장(현) 2016년 강남세브란스 암병원 뇌종양센터 소장(현) [종]기독교

이규성(李圭晟) KYU-SUNG LEE

[생]1963·3·14 [주]서울 강남구 일원로81 삼성서울병원 비뇨기과(02-3410-3554) [학]1981년 부평고졸 1987년 서울대 의대졸 1991년 同대학원졸 1998년 의학박사(서울대) [경]1995년 삼성서울병원 비뇨기과 전임의 1997년 성균관대 의대 비뇨기과학교실 조교수·부교수·교수(현) 2008년 대한배뇨장애요실금학회 연구이사(현) 2009년 대한비뇨기과학회지 부편집인(현) 2011~2013년 대한배뇨장애요실금학회 회장 2013년 삼성서울병원 의공학연구센터장(현) 2014년 성균관대 의과대학 부학장(현) 2014년 同삼성융합의과학원 의료기기산업학과 학과장(현) 2015년 同의과대학 비뇨기과학교실 주임교수(현) 2015년 삼성서울병원 비뇨기과 과장(현)

이규성(李圭星) Lee, Gue-Sung

[생]1970·6·15 [본]전주(全州) [출]서울 [주]서울 영등포구 의사당대로1길34 인영빌딩 아시아투데이 편집국 경제부(02-769-5000) [학]1989년 대일고졸 1997년 한양대 신문방송학과졸 1999년 同대학원 신문방송학과졸 [경]2000~2005년 주간서울경제(現이코노믹 리뷰) 기자 2005년 스탁데일리(現이투데이) 재계팀장 2006년 이토마토TV 증권부 팀장 2007~2012년 아시아경제신문 산업부 재계팀장·정치경제부 과천팀장·증권부 거래소팀장·국제부 금융팀장·기업분석팀장 2012년 아시아투데이 산업부 재계팀장 2013년 同산업부장 2014~2015년 同경제부장 2015년 同산업부장 겸임 2015년 同편집국 경제산업부장 2016년 同편집국 경제부장(현) [저]'성공을 물려주는 명문 기업가의 자식농사'(2006, 밀리언하우스) '대한민국 상위 0.1%의 자식교육'(2012, 행복에너지)

이규식(李奎植) LEE Kyu Sik

[생]1948·2·10 [본]영천(永川) [출]경북 경산 [주]강원 원주시 연세대길1 연세대학교 보건과학대학 보건행정학과(033-760-2414) [학]1965년 경북대사대부고졸 1970년 경북대 화학과졸 1976년 연세대 대학원 경제학과졸 1984년 경제학박사(미국 하와이대) [경]1977~1987년 한국보건사회연구원 의료보험연구실장 1987~2013년 연세대 보건행정학과 교수 1992년 한국보건의료관리원 부원장 1995년 한국보건경제학회 회장 1996년 연세대 보건과학대학장 1997년 전국대학보건관리학교육협의회 회장 1997년 국민연금제도개선기획단 위원 1998년 한국보건행정학회 회장, 국민의료정책심위위원회 위원, 의료보장개혁위원회 위원, 의약분업평가단장, 1998~2007년 국민건강증진기금 심의위원 1999~2007년 한국경영자총협회 자문위원 2000년 건강보험심사평가원 중앙평가위원 2002~2004년 연세대 보건과학대학장 겸 보건환경대학원장 2004년 보건복지부 예산자문위원회 위원 2008년 대통령직 인수위원회 사회문화분과 자문위원 2008년 보건복지가족부 국민건강증진정책심의위원회 위원 2008년 (사)건강복지정책연구원 대표 2008~2011년 국회예산정책처 예산분석자문위원 2008년 건강복지정책연구원 원장(현) 2009년 보건복지가족부 의료기관평가 인증추진위원회 위원장 2010년 의료기관평가인증원 이사 2010~2012년 同원장 2010년 국가미래연구원 보건·의료·안전분야 발기인 2013년 연세대 보건행정학과 명예교수(현) 2013년 건강보험심사평가원 고문 2013~2015년 보건복지부 건강보험료부과체계개선기획단 위원장 2015~2016년 국회미래전략자문위원회 위원 [저]'의료서비스의 배분적 정의'(1999) '공중보건학'(2001) '의료보장과 의료체계'(2002) '의료부장과 의료체계'(2003) '의학개론(共)'(2006) '의료보장과 의료체계(개정증보판)'(2008, 계축문화사)

이규식(李奎植) Kyu-Shik Lee

[생]1964·8·22 [주]대전 유성구 문지로132 국립문화재연구소 문화재보존과학센터(042-860-9400) [학]1987년 중앙대 생물학과졸 1989년 同대학원 생물학과졸 2004년 문화재보존과학박사(중앙대) [경]1989~2006년 국립문화재연구소 연구관 2006년 同보존과학연구실장 2010년 同복원기술연구실장 2014년 同문화재보존과학센터장(현) [상]대통령표창(2005)

이규양(李圭陽) LEE Kyu Yang

[생]1951·4·28 [출]경북 안동 [주]전남 나주시 문화로227 한국농수산식품유통공사 감사실(061-931-1400) [학]1970년 서울 대동상고졸 1982년 단국대 행정대학원 수료 2014년 한국방송통신대 미디어영상학과졸 [경]1979년 공화당 홍보국 간사 1985년 민정당 대변인실 부장 1988년 同대변인실 부국장 1989년 민자당 대변인실 부국장(행정실장) 1990년 국회의장 공보비서관

(2급) 1991~1994년 국회의장 공보수석비서관 1994년 주간 '장애복지신문' 상무 1996년 자민련 부대변인 1997~2000년 同안동乙지구당 위원장 1997년 同제15대 대통령선거 기획위원 1997년 김대중 대통령후보 공동(국민·자민)선대위 부대변인 겸 안동시선대위 공동위원장 1999년 민주평통 자문위원 1999년 자민련 정세분석위원회 부위원장 2000년 同수석부대변인 2000~2002년 국회의장 공보수석비서관(차관보급) 2001년 국회 방송자문위원 2002년 하나로국민연합 대변인 2002년 이한동 대통령후보 대변인 2003년 하나로국민연합 정세분석위원장 2004년 同당무위원 2004~2006년 자민련 대변인·당무위원·홍보위원장 2006년 한나라당 홍보위원회 부위원장 2006년 (재)새시대희망재단 사무총장 2007년 한나라당 박근혜 대통령후보 선거대책위원회 중부권특별위원회 부위원장·부본부장 2008년 (사)고구려예술단 이사장 2011년 (사)대한민국건국기념사업회 이사·대변인 2012년 자유수호구국국민연합 공동총재 2012년 새누리당 제18대 대통령중앙선거대책위원회 조직총괄본부 언론소통위원장 2013년 글로벌태권도지원재단 설립준비위원 2014년 법무법인(유) 주원 고문, 하늘소리예술단 이사장 2016년 한국농수산식품유통공사(aT) 상임감사(현) [종]불교

이규양(李圭亮) YI Kyu Yang

[생]1959·9·10 [본]전주(全州) [출]서울 [주]대전 유성구 가정로141 한국화학연구원 의약바이오연구본부 의약화학연구센터(042-860-7143) [학]1982년 서울대 화학과졸 1984년 한국과학기술원 유기화학과졸 1987년 유기화학박사(한국과학기술원) [경]1987~1995년 한국화학연구원 선임연구원 1991년 미국 하버드대 Post-Doc. 1994~2002년 충남대 겸임교수 1995년 한국화학연구원 책임연구원 2004년 同생명의약연구부 심장순환계연구팀장 2004년 '우리나라를 비롯 전세계적으로 사망률 1위의 질환인 허혈성 혈관진환에 탁월한 치료효과를 가진 신약 후보물질을 개발' 2007년 한국화학연구원 신약연구단 대사증후군치료제연구센터 책임연구원 2008~2011년 同신물질연구단 대사증후군치료제연구센터장 2011~2012년 同신물질연구단 대사증후군치료제연구센터 책임연구원 2012년 同신약연구본부 의약화학연구센터 책임연구원 2014년 同대사증후군치료제연구센터 책임연구원 2014년 同의약바이오연구본부 의약화학연구센터 연구위원(현)

이규열(李圭烈) LEE Kyu Yeol

[생]1957·12·28 [본]월성(月城) [출]울산 [주]부산 서구 대신공원로26 동아대학교병원 정형외과(051-240-2867) [학]1976년 부산고졸 1982년 부산대 의대졸 1987년 同대학원 의학석사 1993년 의학박사(부산대) [경]1991년 동아대 의대 정형외과학교실 전임강사·조교수·부교수·교수(현) 1993년 「현대시학」으로 시인 등단 2003~2005년 同의료원 외과진료부장 2003년 同의료원 무수혈센터 소장(현), 同의료원 척추센터 소장(현), 시 전문 계간지 「신생」 편집인(현) 2011년 신생인문학연구소장(현) 2014년 요산문학관 이사장(현) 2015년 대한수혈대체학회 회장(현) 2015~2016년 대한척추외과학회 회장 [상]부산시시인협회상, 동아대 우수교원표창(1999·2001), 대한척추외과학회 임상우수논문상(2000·2003), 조선일보 선정 '부산지역 척추분야 최우수 명의'(2004), 동아일보 선정 '부산지역 척추분야 최우수 명의'(2007), 부산일보 선정 '척추분야 최우수 명의'(2007), 부산시작가상(2013) [저]'왼쪽 늪에 빠지다'(1999) '울지않는 소년'(2013) [종]기독교

이규용(李圭用) LEE Kyoo Yong

[생]1955·12·23 [본]전주(全州) [출]서울 [주]서울 강남구 강남대로542 영풍빌딩 고려아연(주) 임원실(02-519-3416) [학]1974년 경기고졸 1978년 서울대 법대 법학과졸 1985년 同행정대학원 수료 2002년 서울시립대 도시과학대학원 환경공학과졸 2006년 환경공학박사(서울시립대) [경]1978년 행정고시 합격(21회) 1982~1988년 법제처 근무 1988~1990년 대통령 정책보좌관실 행정관 1990년 환경처 폐수관리과장 1991년 同평가제도과장 1991년 同장관비서관 1992년 同교통공해과장 1993년 同비서관 1994년 同수도정책과장 1995년 환경부 폐기물정책과장 1995년 同기획예산담당관 1997년 同공보관 1998년 중앙공무원교육원 파견 1999년 환경부 대기보전국장 2000년 同수질보전국장 2001년 同환경정책국장 2002년 미국 델라웨어대 에너지환경연구소 연수 2003년 환경부 기획관리실장 2005년 同정책홍보관리실장 2006년 同차관 2007~2008년 同장관 2008~2015년 김앤장법률사무소 상임고문 2011년 고려아연(주) 사외이사 겸 감사위원(현) [상]근정포장(1995), 홍조근정훈장(2000), 황조근정훈장(2009) [종]기독교

이규용(李圭容) LEE Kyoo Yong

[생]1956·11·26 [출]충남 [주]인천 중구 서해대로366 정석빌딩 신관 인천항만공사 건설본부(032-890-8140) [학]경기대 토목공학과졸, 연세대 산업대학원졸 [경]2009년 국토해양부 항만개발과 기술서기관 2010년 대전지방국토관리청 건설관리실장 2011년 인천지방해양항만청 항만정비과장 2012~2014년 同항만개발과장 2014년 인천항만공사 건설본부장(상임이사)(현)

이규원(李揆元) RHEE Kyu Won (凭我·溫山)

[생]1949·4·1 [본]전주(全州) [출]충남 홍성 [주]서울 영등포구 여의서로43 한서리버파크813호 한국언론인연합회(02-782-4412) [학]1988년 한국방송통신대 중국어과졸 2003년 을지대 장례지도과졸 [경]1977~1987년 종교신문 취재부장 1987~1988년 월간 '광장' 편집장 1991년 세계일보 문화부 차장 1994년 同문화부장 직대 1995년 同문화부장 1995년 한국자유시인협회 이사 1997년 세계일보 논설위원 1998년 한국종교협의회 기획실장 2003년 전주이씨광평대군파종회 사무국장 2003년 (사)한국언론인연합회 이사, 온세종교신문 발행인, 同편집국장, 세계일보 풍수전문기자 2010년 세계종교신문 주필 2010년 (사)한국언론인연합회 사무총장(현) [상]제27회 한국기자상(1997), 제34회 한국출판문화상, 제6회 부원문화상, 제34회 한국출판문화상 [저]'우리가 정말 알아야 할 우리 전통예인 백사람'(1995) '대한민국 명당'(2009) '조선왕릉실록'(2012)

이규재(李珪載) LEE Kyu Jae

[생]1948·11·22 [출]서울 [주]서울 관악구 관악로1 서울대학교 건설환경종합연구소(02-880-4315) [학]1967년 경기고졸 1971년 서울대 건축공학과졸 1993년 同대학원 건축학과졸 1996년 건축공학박사(서울대) [경]1975년 대림산업(주) 근무 1996년 同기획실장(이사) 1998년 同기획실장(상무보) 1999~2001년 同건설사업부 기획실장(상무·전무) 2001년 삼성물산 도곡동사업추진실장(전무) 2003년 同건설부문 도곡동사업추진실장(부사장) 2003~2012년 同건설부문 프로젝트추진실장(부사장) 2007년 한국공학한림원 정회원·원로회원(현) 2008~2012년 성균관대 초고층·장대교량학과 석좌교수 2009년 삼성물산 기술연구센터장 겸임 2012~2014년 성균관대 글로벌건설엔지니어링학과 석좌교수 2014년 서울대 건설환경종합연구소 산학협력중점교수(연구교수)(현) [상]건설부장관표창, 대한건축학회 기술상

이규정(李圭正) LEE Gyoo Jeong (휜샘)

[생]1937·6·20 [본]인천(仁川) [출]경남 함안 [학]1959년 마산상고졸 1963년 경북대 사범대 국어과졸 1970년 동아대 대학원 국어국문학과졸(석사) [경]1963~1978년 마산고·경남상고·부산남여상고·부산여고·부산상고 교사 1977년 소설가 등단 1979년 동명전문대 조교수 1979~2015년 한국작가회의 회원·고문·평회원 1983~2002년 신라대 조교수·부교수 1983~1987년 同학보사 주간 1986~2005년 부산일보, 국제신문 신춘문예 심사위원 1988~1997년 신라대 교수 1988~1991년 同교무처장 1990~1992년 부산참여자치시민연대 초대공동대표·고문(현) 1991년 신라대 교수평의회 의장 1993~1998년 부산소설작가협회 회장 1993~1998년 부산가톨릭문인협회 회장 1995~1997년 신라대 사범대학장 1999~2001년 천주교 부산교구 평신도사도직협의회 회장 2000년 한국작가회의 자문위원 2000~2005년 (사)부산민주항쟁기념사업회 이사 2001~2003년 천주교 부산교구 꾸르실료 사무국 주간·고문(현) 2002~2005년 신라대 대우교수 2003년~2008년 이규정 창작연구원장 2003~2015년 요산문학상 운영 위원 및 심사위원, 요산기념사업회 이사 2004년 아름다운가게 부산·울산 공동대표 2005~2010년 (사)지역경영연구소 이사장 2006~2010년 (사)민주화운동기념사업회 서울지부 부이사장 2006~2010년 과거사정리위원회 서울지부 자문위원 2006~2010년 (사) 부산민주항쟁기념사업회 이사장 2007~2010년 (사)민주화운동기념사업회 부이사장 2007~2010년 과거사정리위원회 자문위원 2011~2015년 민족의 길 민족광장 공동대표 2013~2014년 아름다운가게 부산·울산 대표 2013년 민족작가회의 평회원(현) [상]부산시교육감표창(1972), 문교부장관표창(1978), 일봉문학상(1986), 부산시 문화상(1988), 요산문학상(2002), 한국가톨릭문학상(2002), 존경받는 인물상(2002), 신라학술상(2002), 홍조근정훈장(2002), PBS부산방송 문화대상 문화예술부문(2003), 가톨릭대상 문화부문(2003), 부산가톨릭문학상(2005), 이주홍문학상(2014) [저]소설집 '부처님의 멀미'(1979) '들러리 만세'(1984) '아겔다마'(1988) '첫째와 꼴찌'(1993) '아버지의 적삼'(1997) '퇴출시대'(2000) '당신 손에 맡긴 영혼'(2002) '멀고도 먼 길'(2006) '치우'(2014) 소설선집 '쏟아지는 빛다발'(1994) 동화집 '눈 오는 날

(共)'(2004) 중편선집 '패자의 고백'(1990) 장편소설 '돌아눕는 자의 행복'(1980) 대하소설 '먼 땅 가까운 하늘(전3권)'(1996) '천둥과 번개'(2015) 이론서 '현대소설의 이론과 기법'(1998) '현대작문의 이론과 기법'(1999) '한국현대문학사'(共) '소설, 이렇게 쓰라(共)'(1999) 산문집 '우리들의 가면무도회'(2009) 신앙칼럼집 '아름다운 누룩'(2009) [작]단편소설 '너에게 들려주고 싶은 말이 있다'(1961) '송가'(1963) '덫'(1969) '汚地理 共和國時節'(1976) 'ㄴ·ㄱ·ㅁ씨의 공사장에서'(1976) '부처님의 멀미'(1976) '토요일 저녁과 일요일 아침'(1976) '그 해 그 여름'(1977) '빛과 그림자'(1978) '해, 저녁에 지다'(1978) '새벽종은 왜 울리나'(1978) '잃어버린 사람들'(1979) 꽁트집 '아버지의 브래지어'(2001) 중편소설 '馬羅島'(1978) '우울한 강변'(1979) '마리아의 아들 지하도에 눕다'(1979) '첫닭 울 무렵'(1980) '응달에 부는 바람'(1980) '쥐가 자라서 고양이가 된 이야기'(1982) '흰바구 규철의 사생아'(1982) '들러리 만세1·2·3'(1983) '어둠의 옷 벗고'(1983) '입'(1984) '껍질과 알맹이'(1985) '규격봉투'(1985) '아무데나 봐 형님'(1985) '아니할 말로'(2000) '어느 653 세대 이야기'(2000) '어지럼과 귀울림'(2000) '어떤 습작 모티브'(2000) 외 다수 [종]천주교

이규정(李圭正) LEE Kyu Jeong (太凡)

[생]1941·12·27 [본]영천(永川) [출]울산 [학]1960년 인창고졸 1965년 고려대 정경대 정치외교학과졸 1982년 서울대 행정대학원 발전정책과정 수료 1997년 경기대 통일안보대학원졸 1997년 고려대 컴퓨터과학대학원 최고위정보통신과정 수료 2002년 한국방송통신대 국어국문학과졸 [경]1962년 반공학생연맹 전국위원장 1965년 월간 「동학사」 발행인·사장 1966년 학사촌건립운동본부 이사장 1974년 한·인도네시아협회 사무국장 1981년 제11대 국회의원(울산·울주, 근로농민당) 1982년 근로농민당 총재 1982년 한국해양소년단 서울연맹 이사 1983년 한국해양탐험대 총재·고문 1992년 울산타임즈 발행인·사장 1996년 제15대 국회의원(울산 남구乙, 민주당·한나라당·국민회의·새천년민주당) 1996년 민주당 원내총무 1996년 同정책위원회 의장 1997년 同사무총장 1997년 한나라당 대통령선거대책본부장 1998년 同제2사무부총장 1998년 국민회의 울산시지부장 1998년 울산지역환경보존협의회 회장(현) 1998~2000년 중국 연변대 객좌교수 1999년 한국문인협회 회원 1999년 국민회의 지방자치위원장 2000년 새천년민주당 총재특보 2000~2002년 同고충처리위원장 2003년 한국소비자금융연합회 고문 2003년 월간 '국민포럼' 창간·대표이사 회장 2004년 월간 '좋은문학' 회장 2004년 한국수중환경협회 고문(현) 2005년 세계평화정경포럼 회장(현) 2006년 민족전통인술세계화운동본부 총재(현) 2007~2010년 생명운동신문 발행인 겸 사장 [상]대통령표창(1963) [저]'역사의 새벽을 뛴다' '증인, 모르쇠를 아시나요' [역]'육우의 다경' [종]천주교

이규정(李圭政) LEE Kyu Jung

[생]1952·12·19 [주]전남 여수시 여수산단로285 여천NCC(주) 임원실(02-6050-2400) [학]용산고졸, 고려대 화학공학과졸 [경]대림산업(주) 근무, 여천NCC(주) 기술기획팀장, 同NCC3팀장, 同제조총괄임원(전무) 2015년 同공동대표이사 부사장(현)

이규진(李圭鎭) Lee, Kyoo Jin

[생]1962·4·7 [본]평창(平昌) [출]서울 [주]서울 서초구 서초대로219 대법원 동관235호 양형위원회(02-3480-1926) [학]1980년 인창고졸 1984년 서울대 법학과졸 1997년 미국 뉴욕대 법학대학원 석사(LL. M.) [경]1986년 사법시험 합격(28회) 1989년 사법연수원 수료(18기) 1989년 서울지법 의정부지원 판사 1991년 서울형사지법 판사 1993년 제주지법 판사 1996년 서울지법 판사 1998년 同서부지원 판사 2000년 서울고법 판사 2004년 대전지법 홍성지원장 2005년 대법원 재판연구관 2008년 서울중앙지법 부장판사 2011년 부산고법 부장판사 2012년 서울고법 부장판사(현) 2015년 대법원 양형위원회 상임위원 겸임(현)

이규철(李揆鐵) KYU-CHUL LEE

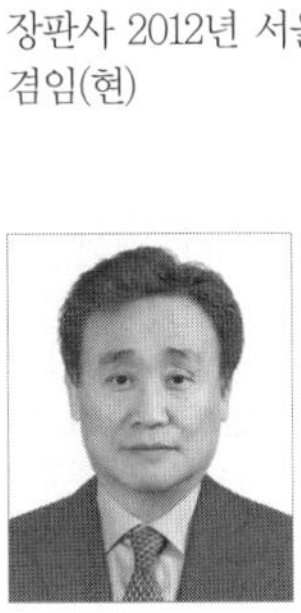

[생]1953·12·19 [주]서울 서초구 사평대로84 이수화학(주) 임원실(02-590-6770) [학]숭문고졸 고려대 화학공학과졸 [경]이수화학(주) 정밀영업팀장, 2004~2012년 엑사켐(주) 대표이사 2013~2016년 이수화학(주) 대표이사 사장 2016년 同사내이사(현)

이규철(李圭哲) Lee Kyu Chul

[생]1964·7·7 [출]대구 [주]서울 강남구 테헤란로317 동훈타워 법무법인 대륙아주(02-3016-5335) [학]1983년 대구 성광고졸 1987년 고려대 법학과졸 [경]1990년 사법시험 합격(32회) 1993년 사법연수원 수료(22기) 1993년 서울지법 서부지원 판사 1995년 서울지법 판사 1997년 대전지법 강경지원 판사 1999년 同부여군법원 판사 2000년 서울지법 판사 2002년 同남부지원 판사 2004년 서울고법 판사 2006년 대법원 재판연구관 2008~2010년 춘천지법 원주지원장 2010년 법무법인 대륙아주 구성원변호사(현) 2014~2016년 서울중앙지법 민사조정위원

이규철(李奎哲) YI Gyu Chul

[생]1967·8·7 [출]서울 [주]서울 관악구 관악로1 서울대학교 물리천문학부(02-880-2651) [학]1986년 명지고졸 1990년 서울대 물리학과졸 1992년 同대학원 물리학과졸 1997년 이학박사(미국 Northwestern대) [경]1997년 미국 Oak Ridge National Laboratory 연구원 1999~2009년 포항공과대 신소재공학과 조교수·부교수, 同반도체나노막대연구단 창의적연구사업단장 2009~2011년 서울대 물리천문학부 부교수 2011년 同물리천문학부 교수(현) [상]제8회 송곡과학기술상(2006), 대통령표창(2006), 올해의 POSTECHIAN 연구부문(2007) [저]'Semiconductor Nanostructures for Optoelectronic Devices'(2012)

이규택(李揆澤) LEE Q Taek

[생]1942·7·20 [본]전주(全州) [출]경기 여주 [학]1960년 성동고졸 1968년 서울대 사범대학 교육학과졸 2003년 명예법학박사(충남대) [경]1969년 중앙일보 입사 1975~1982년 중앙일보·동양방송 문화사업부장 1983년 KBS 사업부장 1986년 민주화추진협의회 대외협력국장 1987년 통일민주당 창당발기인 1988년 同여주지구당 위원장 1988년 同대외협력위원회 부위원장 1990년 민주당 창당발기인 1990년 同대외협력위원회 부위원장 1992년 제14대 국회의원(여주, 민주당) 1992년 민주당 원내부총무 1993년 同경기도지부장 1995년 同대변인 1996년 제15대 국회의원(여주, 민주당·신한국당·한나라당) 1998년 한나라당 원내수석부총무 2000년 제16대 국회의원(여주, 한나라당) 2000~2002년 국회 교육위원장 2002~2003년 한나라당 원내총무 2004~2008년 제17대 국회의원(이천·여주, 한나라당·친박연대) 2004~2006년 한나라당 최고위원 2007년 同제17대 대통령중앙선거대책위원회 부위원장 2008년 친박연대 공동대표 2010년 미래희망연대 공동대표 2010년 미래연합 대표최고위원 2013년 서울종합예술학교 석좌교수 2013~2016년 한국교직원공제회 이사장 2014년 서울대사범대학총동문회 회장(현) [저]'다시 하나의 불씨가 되어' '어미 두꺼비의 사랑과 용기' '꺼지지 않는 불꽃'(2015) [역]'레이건의 현재와 미래'

이규필

[생]1961·5·28 [주]경기 수원시 영통구 삼성로129 삼성전자(주) 메모리사업부 TD실(031-200-1114) [학]박사(미국 플로리다대) [경]삼성전자(주) 메모리사업부 차세대연구팀 수석 2007년 同메모리사업부 DRAMPA팀 연구위원 2009년 同메모리사업부 YE팀 전문위원 2010년 同메모리사업부 제조센터 상무 2011년 同반도체연구소 TD팀 연구위원(상무) 2012년 同메모리사업부 제조센터 전무 2014년 同메모리사업부 DRAM TD팀장(전무) 2016년 同메모리사업부 TD실장(전무)(현)

이규항(李奎恒) LEE Kyu Hang (啓耀)

[생]1935·12·1 [본]양성(陽城) [출]서울 [주]경기 의왕시 오전로15 계요병원 이사장실(031-455-3333) [학]1954년 경기고졸 1960년 서울대 의대졸 1971년 의학박사(고려대) 1982년 미국 코넬대 병원경영자과정 수료 2005년 명예 문학박사(안양대) [경]1960년 의사국가고시 합격 1966년 수도육군병원 신경정신과장 1967년 예편(소령) 1970년 중앙대 의대 부교수 겸 한강성심병원 신경정신과장 1974~1994년 안양신경정신병원설립·원장 1977년 고려산업개발(주) 감사역 1978년 금강개발산업(주) 고문 1980년 서울대 의대 외래교수 1980년 금강병원 설립·원장 1985년 의료법인 계요의료재단 설립·이사장(현) 1987년 대한신경정신의학회 감사 1989년 대한임상성학회 회장 1990년 국제로타리 3750지구 東안양로타리클럽 회장 1991년 대한정신병원협의회 회장 1991년 대한의료사회사업가협회 이사장 1992년 대한신경정신의학회 회장 1992년 미국정신의학회 Corresponding Fellow 1994년 계요병원 의무원장 1996년 국제로타리 제3750지구 총재 1997년 99환태평양정신의학회 국제학술대회 조직위원장 1999~2000년 환태평양정신의학회 회장, 대한의료사회복지사협회 위원장 2009~2011년 국제로타리클럽 이사 [상]법무부장관표창, 대통령표창(2007) [저]'오늘을 사는 지혜'(1986) '정신질환의 기본상식'(1994) '숨쉬는 마음'(2009) [종]기독교

이규현(李奎玹) Kyu-Hyeon Lee

[생]1962·2·5 [출]서울 [주]서울 영등포구 영중로79 안남빌딩4층 케이씨에스 대표이사실(02-6377-5001) [학]1980년 경동고졸 1987년 한양대 영어영문학과졸 [경]1987년 대우퍼시픽 근무 1987~1990년 기성전산시스템 근무 1990~2002년 케이씨에스(舊한국컴퓨터) 근무 2002~2003년 同부장 2004~2010년 同상무이사 2011년 同대표이사(현) 2015년 (주)로지시스 대표이사(현)

이규현(李揆賢)

[생]1963·8·17 [주]서울 종로구 북촌로15 헌법재판소 행정관리국(02-708-3661) [학]한국외국어대 영어과졸 [경]2006년 헌법재판소 국제협력담당관 2008년 同인사관리과장 2011년 同재정기획과장(부이사관) 2013년 同인사관리과장 2015년 同행정관리국장(이사관)(현)

이규형(李奎亨) LEE Gyu Hyong

[생]1948·3·26 [본]전주(全州) [출]인천 [주]전남 여수시 대학로50 전남대학교 수산해양대학 해양기술학부(061-659-3105) [학]1966년 제물포고졸 1970년 부산수산대 어업과졸 1982년 同대학원 해양학과졸 1993년 이학박사(부산수산대) [경]1972년 해군 예편(중위) 1973~1987년 여수수산전문대 어업학과 전임강사·조교수·부교수 1987~1998년 여수수산대 해양학과 부교수·수산과학연구소장·기획연구실장 1994~1998년 국립수산진흥원 겸임연구관 1994년 한국환경과학회 부회장 1994~1999년 영산강환경관리청 환경영향평가위원 1998~2006년 여수대 해양시스템학부 교수 1999년 한국수산학회 이사 1999~2003년 과학기술부 해양수산연구정보센터장 2000년 여수대 교수협의회 의장 2002~2004년 同수산해양대학장·수산해양연구원장 2005년 서·남해안도서환경센터 대표 2005~2008년 한국해양환경공학회 회장 2006년 미래국가유망기술21해양분야계획수립 총괄위원 2006~2013년 전남대 수산해양대학 해양기술학부 교수 2006~2007년 한국해양과학기술협의회 회장 2007~2008년 국회바다포럼운영위원회 위원장 2007년 수산자원회복 광역과학위원 2009년 광양만특별해역관리민관산학협의회 위원장 2009년 여수엑스포시민포럼 공동대표 2010~2012년 국회 바다와경제국회포럼 해양기술부문 자문위원장 2013년 해양수산부 정책자문위원 2013년 전남대 수산해양대학 해양기술학부 명예교수(현) [상]교육부장관표창(2003), 근정포장(2008), 황조근정훈장(2013) [저]'알기쉽게 풀어 쓴 물리해양학'(2005) '해양환경공학'(2008) [종]천주교

이규형(李揆亨) LEE Kyu Hyung

[생]1951·10·24 [본]전주(全州) [출]부산 [주]서울 서초구 서초대로74길4 삼성경제연구소(02-3780-8116) [학]1970년 서울고졸 1974년 서울대 외교학과졸 1976년 同대학원 수료 [경]1974년 외무고시 합격(8회) 1974년 외무부 입부 1976~1979년 해군 장교 1980년 駐유엔대표부 3등서기관 1981년 駐중앙아프리카공화국 2등서기관 1983~1985년 대통령비서실 파견 1985년 駐일본 1등서기관 1989년 외무부 국제연합과장 1991년 同국제연합1과장 1992년 미국 하버드대 국제문제연구소 연수 1993년 駐유엔대표부 참사관 1996년 외교안보연구원 연구관 1997년 외무부 공보관 1998년 외교통상부 국제기구정책관 1999년 駐중국 공사 2002년 외교안보연구원 아시아·태평양연구부 연구부장 2002년 駐방글라데시 대사 2004년 외교통상부 대변인 2005년 同제2차관 2007년 駐러시아 대사 2010년 외교안보연구원 겸임교수 2011~2013년 駐중국 대사 2013년 삼성경제연구소 고문(현) 2013년 외교부 정책자문위원(현) 2013년 한국·러시아대화 조정위원장(현) 2015년 한국·중국1.5트랙대화 민간대표(현) 2016년 국제백신연구소(IVI) 이사(현) [상]대통령표창(1985), 홍조근정훈장(1992), 황조근정훈장(2010), 서울고총동창회 자랑스러운 서울인상(2013), 한국문학예술상 특별부문(2014) [작]시집 '때로는 마음 가득한'(2005) '또 다시 떠나면서'(2009) '인연'(2013)

이규형(李揆亨) LEE Kyoo Hyung

[생]1957·8·14 [출]서울 [주]서울 송파구 올림픽로43길88 서울아산병원 혈액내과(02-3010-3213) [학]1982년 서울대 의대졸 1984년 가톨릭대 대학원졸 1994년 의학박사(가톨릭대) [경]1982년 미국 성빈센트병원 병리전공의 1983년 미국 오하이오 Wright주립대 내과전공의 1986년 미국 텍사스대 앤더슨암센터 종양혈액전임의 1989년 울산대 의대 내과 전임강사 1992년 同의대 종양혈액내과 조교수·부교수 2001년 同의대 혈액내과 교수(현) 2006년 서울아산병원 PI실장 2008년 同암센터 소장 2008~2009년 同세포치료센터 소장 2010~2014년 同내과 과장

이규호(李揆虎) LEE Kew-Ho

[생]1952·5·5 [본]전주(全州) [출]서울 [주]대전 유성구 신성로19 한국화학연구원 원장실(042-860-7801) [학]1975년 서울대 응용화학과졸 1977년 한국과학기술원 응용화학과졸(석사) 1984년 화학 및 재료공학박사(미국 아이오와대) [경]1977~1980년 한국화학연구소 연구원 1980~1984년 미국 아이오와대 연구조교 1984~1987년 미국 Cincinnati대 분리막연구센터 연구원 1987년 한국화학연구원 분리막다기능소재연구센터 책임연구원, 同분리막다기능소재연구센터장 1993년 일본 물질공학기술연구소 초빙연구원 2000년 과학기술부 국가지정연구실 연구책임자 2002~2003년 출연(연)연구발전협의회 회장 2004~2005년 한국화학연구원 응용화학연구부장, 한국막학회 회장, 대한화학회 공업화학분과 회장 2007년 한국화학연구원 연구위원 2008~2010년 同대외협력실장 2008년 한국공업화학회 부회장 2008년 한국고분자학회 부회장 2013~2014년 한국화학연구원 그린화학연구본부 전문위원 2014년 과학기술연합대학원대 교수 2014년 한국화학연구원 원장(현) [상]대통령표창(1999), 이탈리아 최고 공로 친선 훈장(Commander of the order of the Solidarity Star of Italian Republic)(2008), 보건복지부장관표창(2012), 과학기술훈장 도약장(2013), KAIST총동문회 자랑스런 동문(2015) [종]천주교

이규호(李奎浩) LEE Kyu-Ho

[생]1962·9·3 [본]전주(全州) [출]서울 [주]서울 마포구 백범로35 서강대학교 자연과학부(02-705-7963) [학]1985년 서울대 미생물학과졸 1987년 미국 조지아대 대학원 미생물학과졸 1994년 공학박사(미국 남가주대) [경]1994년 미국 서던캘리포니아대 Post-doc. 1994~1995년 미국 스탠포드대 Post-doc. 1995년 한국외국어대 환경·생명공학부 전임강사·조교수·부교수 1996~2011년 同환경학과 교수 1999년 한국미생물학회 회원 2000~2001년 한국외국어대 환경연구소장 2006년 한국미생물생명공학회 총무간사 2009~2010년 同환경미생물학술분과 위원장 2009년 한국미생물학회 기획운영위원장 2010~2012년 한국연구재단 기초연구본부 생명과학단 전문위원 2011~2012년 한국미생물생명공학회 의과학학술분과 위원장 2011년 서강대 자연과학부 생명과학전공 교수(현) 2012년 한국미생물학회 영문지 'JM' 편집위원장 2013년 同실무위원장 2014년 한국미생물생명공학회 기획간사 2015년 同간사장 [상]미국미생물학회 Saber Fellowship(1994), 한국미생물생명공학회 학술장려상(2004), 한국외국어대 2006년도 HUFS강의상(2007), 한국미생물생명공학회 송암학술상(2010), 한국외국어대 2010년도 HUFS강의상(2011), 한국미생물학회 KRIBB학술상-선도과학자(2011) [저]'환경과 삶'(2000) [종]불교

이규홍(李揆弘) LEE Kyu Hong

[생]1944·12·15 [본]전주(全州) [출]충남 논산 [주]서울 중구 남대문로63 한진빌딩본관18층 법무법인 광장(02-772-4400) [학]1963년 대전고졸 1967년 서울대 법학과졸 1969년 同법학대학원졸 [경]1967년 사법시험 합격(8회) 1972년 부산지법 판사 1981년 서울고법 판사 1982년 대법원 재판연구관 1983년 전주지법 부장판사 1985년 사법연수원 교수 1988년 서울민사지법 부장판사 1991년 부산고법 부장판사 1993년 대전지법 수석부장판사 직대 1993년 서울고법 부장판사 1997년 서울지법 민사수석부장판사 1999년 서울고법 부장판사 1999년 제주지법원장 1999년 제주도 선거관리위원장 2000~2006년 대법관 2006~2012년 법무법인 광장 대표변호사 2010~2013년 대한변호사협회 한국법률문화상 운영위원 2012년 법무법인 광장 고문변호사(현) [상]청조근정훈장(2006) [종]천주교

이규홍(李揆弘) LEE Kyu Hong

[생]1957·6·14 [출]서울 [주]서울 종로구 새문안로58 LG광화문빌딩 (주)서브원 비서실(02-6924-5001) [학]1981년 연세대 정치외교학과졸 [경]1984년 (주)LG 기획조정실 입사 2000년 同구조조정본부 상무보 2000~2001년 同구조조정본부 상무 2002~2005년 곤지암레저 대표이사 사장 2005~2014년 LG전자(주) 일본법인장(부사장), 駐일본한국기업연합회 회장 2015년 (주)서브원 대표이사 사장(현)

이규홍(李圭弘) LEE Kyu Hong

[생]1966·5·9 [본]수안(遂安) [출]서울 [주]서울 서초구 서초중앙로157 서울중앙지방법원(02-530-1114) [학]1984년 배재고졸 1989년 연세대 경제학과졸 1991년 同법과대학졸 2009년 법학박사(연세대) [경]1992년 사법시험 합격(34회) 1995년 사법연수원 수료(24기) 1995년 부산지법 판사 1997년 同울산지원 판사 1998년 인천지법 판사 2002년 서울지법 판사 2004년 서울남부지법 판사 2005년 미국 프랭크린피어스로센터(VS) 장기연수 2007년 헌법재판소 파견 2010년 대전지법 부장판사 2011년 사법연수원 교수 2012년 한국저작권위원회 위원 2013년 의정부지법 고양지원 부장판사 2015년 서울중앙지법 부장판사(현) [저]'KOREAN BUSINESS LAW(共)'(2009, CALORINA ACADEMIC PRESS) '헌법판례백선(共)'(2010, 사법발전재단) '특허판례연구(共)'(2012, 박영사) '인터넷 그 길을 묻다(共)'(2012, 중앙북스) [역]'상표판례백선(共)'(2011)

이규홍(李圭洪) Lee Gyu Hong

[생]1967·9·7 [본]전주(全州) [출]전남 광양 [주]인천 중구 서해대로393 인천출입국관리소(032-890-6406) [학]1986년 살레시오고졸 1992년 전남대 독어교육학과졸 2014년 중앙대 행정대학원 정책학과졸 [경]1999년 행정고시 합격(43회) 2001~2002년 여수출입국관리사무소 경비과장·관리과장 2007년 법무부 출입국기획과 인사서기관 2008년 駐러시아대사관 1등서기관 겸 영사 2011년 법무부 체류관리과장 2014년 同외국인정책과장 2015년 同서울남부출입국관리사무소장 2016년 同인천출입국관리사무소장(부이사관)(현) [저]'한미 FTA의 노동시장 파급효과와 노동제도 변화(共)'(2008, 중앙경제) [종]천주교

이규화(李揆和) LEE Kyu Hwa

[생]1962·8·23 [본]전주(全州) [출]충북 옥천 [주]서울 중구 새문안로22 디지털타임스 편집국(02-3701-5691) [학]1990년 서강대 영어영문학과졸 1993년 연세대 국제학대학원 수료 2008년 서강대 경제대학원 경제학과졸 [경]1989년 중앙일보 입사 1990~1997년 同문화부·사회부 기자 1997~1998년 한국메세나인프라 이사 2000년 디지털타임스 편집국 방송콘텐츠팀장 2001년 同디바이스·방송콘텐츠부 차장대우 2002년 同디바이스·방송콘텐츠부장 직대 2003년 同디바이스방송콘텐츠부 차장 2003년 同문화레저부장 직대 2003년 同사업국 뉴미디어사업부장 직대 2003년 同경제팀장 2005년 同광고마케팅국장 직대 2005년 同편집국장 2008년 同논설위원 2010년 同편집국 경제담당 선임기자(현) 2012년 同IT융합산업연구소장

이규효(李圭孝) LEE Kyu Hyo

[생]1933·5·29 [본]여주(驪州) [출]경남 고성 [주]서울 종로구 대학로12길63 이규효법률사무소(02-743-7279) [학]1957년 서울대 행정학과졸 [경]1958년 행정·사법고시 합격 1959년 내무부 사무관 1962~1965년 서울시 상공·운수과장 1965년 용산구청장 1966년 서울시 관광운수국장 1968년 농림부 농정국장 1971년 중앙공무원교육원 연구발전부장 1972년 同차장 1974년 건설부 주택도시국장·기획관리실장 1980년 국가보위비상대책위원회 건설분과위원장 1980년 건설부 차관 1982년 경남도지사 1985년 내무부 차관 1986~1987년 건설부 장관 1988년 변호사 개업(현) 1988년 민정당 창원지구당 위원장 1989~2013년 동아합동법률사무소 변호사 1990년 국립공원협회 회장 1992년 대한주택건설사업협회 상임고문 1992년 한·일협력위원회 상임위원 1995년 정무학술장학재단 이사장 1995년 무학그룹 상임고문 1997~2001년 주택산업연구원 이사장 1997~2000년 대한건설진흥회 회장 [상]홍조근정훈장, 보국훈장 국선장, 타이정부훈장

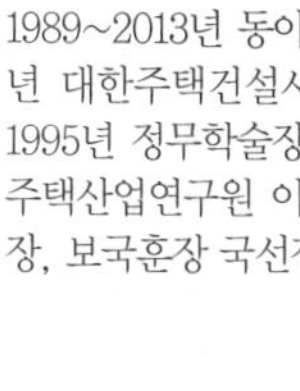

이규희(李揆熙) Lee Gyu Hui

[생]1961·6·27 [출]충남 [주]충남 천안시 동남구 중앙로281의2 더불어민주당 충남도당(041-569-1500) [학]1989년 연세대 법대 법학과졸 [경]제정구 국회의원 비서, 미래정치문화연구회 대표, 한국의미래·제3의힘 대표, 시민개혁포럼 운영위원, 한국청소년재단 이사(현), 정보통신윤리위원회 사무총장, 민주당 충남도당 세종시원안추진 천안시특별위원회 위원장 2010년 천안시장선거 출마(민주당) 2014년 천안시장 예비후보(새정치민주연합) 2016년 더불어민주당 충남천안시甲지역위원회 위원장(현)

이균동(李均東) Lee Kyun-dong

[생]1957·2·26 [주]서울 강남구 영동대로511 트레이드타워12층 한국소재부품투자기관협의회(02-6000-7070) [학]부산고졸 1980년 서울대 신문학과졸 [경]1979년 외무고시 합격(13회) 1982년 외무부 입부 1987년 駐인도 2등서기관 1990년 駐스웨덴 2등서기관 1995년 駐일본 1등서기관 1998년 외교통상부 서남아대양주과장 2000년 同동남아과장 2001년 駐중국 참사관 2004년 외교통상부 동아시아 업무지원담당 2005년 동북아평화를위한바른역사정립기획단 파견 2006년 동북아역사재단 전략기획실장 2007년 駐중국 공사 2010~2013년 駐나고야 총영사 2014~2016년 대구시 국제관계대사 2016년 한국소재부품투자기관협의회 상근부회장(현)

이균용(李均龍) LEE Gyun Ryong

[생]1961·11·7 [출]경남 함안 [주]서울 서초구 서초중앙로157 서울고등법원 제2행정부(02-530-2368) [학]1980년 부산중앙고졸 1984년 서울대 법과대학졸 [경]1984년 사법시험 합격(26회) 1987년 사법연수원 수료(16기) 1990년 서울민사지법 판사 1992년 서울지법 북부지원 판사 1994년 일본 게이오대 연수 1995년 부산지법 울산지원 판사 1996년 부산고법 판사 1997년 인천지법 판사 1998년 서울고법 판사 2000년 대법원 재판연구관 2002년 대전지법 부장판사 2003년 대법원 재판연구관 2005년 서울북부지법 부장판사 2007년 서울중앙지법 부장판사 2009년 광주고법 부장판사 2010년 서울고법 부장판사(현)

이균재(李均在) LEE Gyun Jae

[생]1958·2·20 [주]울산 동구 문현6길42 현대E&T(052-280-2114) [학]부산공고졸, 울산대 경영학과졸, 同대학원 경영학과졸 [경]현대중공업(주) 경영지원본부 근무, 현대삼호중공업(주) 인사노무부문 상무보, 전남지방노동위원회 사용자위원 2010년 현대삼호중공업(주) 인사노무부문 상무 2014~2016년 현대중공업(주) 인사노무담당 전무 2016년 현대E&T 대표이사(현)

이균철(李均徹) LEE Gyun Cheol

[생]1967·4·25 [출]경남 함안 [주]부산 연제구 법원로31 부산지방법원(051-590-1114) [학]1985년 창원고졸 1989년 서울대 법대졸 [경]1994년 사법시험 합격(36회) 1997년 사법연수원 수료(26기) 1997년 창원지법 판사 2000년 同진주지원 판사 2002년 同판사 2003년 同함안군·의령군법원 판사 2007년 부산고법 판사 2010년 대법원 재판연구관 2012년 창원지법 부장판사 2016년 부산지법 부장판사(현)

이극래(李克萊)

[생]1949·9·29 [출]전남 무안 [주]경기 오산시 한신대길137 학교법인 한신학원 이사장실(031-372-3081) [학]1968년 대신고졸 1973년 한국신학대 신학과졸 [경]1984년 전남 임성제일교회 담임목사(현) 2006년 (사)전남장애우권익문제연구소 이사장(현) 2008~2009년 한국기독교장로회 전남노회장 2011~2016년 학교법인 한신학원 이사 2013년 사회복지법인 자혜복지재단 등기이사(현) 2016년 학교법인 한신학원 이사장(현)

이 근(李 瑾) LEE Gun (杏山)

[생]1952·2·15 [출]전북 익산 [주]인천 남동구 남동대로774번길21 가천대학교 길병원(032-460-3901) [학]1970년 용산고졸 1977년 경희대 의대졸 1988년 同대학원졸 1992년 의학박사(경희대) [경]1985~1988년 인천길병원 외과 과장 1988~1992년 철원길병원 병원장 1992~2007년 가천의대길병원 응급의학과 주임과장 1994년 대한응급의학회 이사(고시위원) 1995~1997년 同총무이사 1997~1999년 대한화상학회 보험분과 위원장 겸 상임이사 1998~2002년 대한응급의학회 보험분과 위원장 겸 상임이사 1998~2000년 대한스포츠의학회 이사 1999년 인천서해권역응급의료센터 소장(현) 2000년 ACEP(미국응급의학회) 정회원(현) 2002년 대한응급의학회 정책위원장 겸 상임이사 2003년 同이사장 2004년 보건복지부 중앙응급의료위원 2005~2012년 가천의대 길병원 운영위원회 위원·의료사고대책위원회 위원·해외연수심사위원회 위원 2005~2008년 법무부 범죄예방자원봉사위원 2006~2008년 인천지검 의료자문위원 2006년 인천시의사협회 선거관리위원장(현) 2007년 대한응급의료지도의사협의회 회장(현) 2007년 대한화상학회 회장 2007년 대한의사협회 시도선관위원장(현) 2008년 대한응급의학회 논문심사위원 2008~2009년 가천의대 길병원 진료부원장 2010년 인천테크노파크 이사 2012년 가천대 길병원 운영위원회·의료사고대책위원

회 · 해외연수심사위원회 위원(현) 2012년 同길병원 총괄부원장 2013년 길의료재단 이사(현) 2013년 인천의료관광재단 이사 2013년 가천대 길병원장(현) 2016년 대한병원협회 회장(현) [상]보건복지부장관표창(2005), 보건의날 시장표창(2009), 인천지방검찰청 검사상표창(2010), KBS119구급상(2013), 인천시장표창(2014), 국민훈장 무궁화장(2016) [저]'전문응급구조학'(共) '최신응급의학'(共) '스포츠의학'(共) [역]'응급질환의 진단 및 치료'(共) [작]칼럼 '스포츠와 응급의료의 체계' '응급의료기금 조성에 즈음하여' [종]기독교

이 근(李 根)

[생]1959·9·10 [출]서울 [주]서울 종로구 율곡로283 서울디자인재단(02-3705-0001) [학]1978년 경기고졸 1987년 홍익대 산업디자인학과졸 1990년 同대학원 산업디자인학과졸 1992년 영국 Royal College of Art 자동차디자인석사 [경]1986~2001년 대우자동차 디자인센터 책임연구원 2001~2015년 홍익대 산업디자인학과 교수(휴직 중) 2012~2015년 同국제디자인전문대학원장 2013~2015년 同퍼스널모빌리티연구센터장 2015년 서울디자인재단 대표이사(현)

이 근(李 根) Keun Lee

[생]1960 · 10 · 12 [출]서울 [주]서울 관악구 관악로1 서울대학교 경제학부(02-880-6367) [학]1979년 관악고졸 1983년 서울대 경제학과졸 1984년 同사회과학대학원 경제학과졸 1989년 경제학박사(미국 캘리포니아대 버클리교) [경]1989~1992년 미국 하와이 East-West Center 책임연구원 1992년 영국 애버딘대 경제학과 조교수 1992~1997년 서울대 경제학부 조교수 1997년 미국 세계인명사전 'Marquis Who's Who in the World'에 등재 1997년 서울대 경제학부 부교수 · 교수(현) 2007년 교육인적자원부 및 한국학술진흥재단 '국가석학(우수학자)' 선정 2007~2009년 서울대 경제학부 부학부장 2010년 대통령직속 미래기획위원회 위원 2011년 싱크탱크미래지 원장 2012년 민주통합당 제18대 대통령중앙선거대책위원회 '미래캠프' 산하 남북경제연합위원회 위원 2012년 한국지식재산연구원 비상임이사(현) 2013~2015년 한국경제발전학회 회장 2013~2015년 서울대 국제대학원 부원장 2013~2016년 同경제연구소장 2014~2015년 기술경영경제학회 회장 2015년 동반성장위원회 위원(현) 2015년 경기도 DMZ2 · 0음악과대화조직위원회 위원(현) 2015년 대통령소속 국가지식재산위원회 민간위원(3기)(현) 2016년 국제슘페터학회 회장(현) 2016년 서울대 국제협력본부장(현) [상]매경 이코노미스트상(1998), 한국경제학회 청람학술상(2004), 교육인적자원부 · 한국학술진흥재단 선정 '2007년 우수학자'(2007), 서울대 학술연구상(2008), 정진기언론문화상 경제경영도서부문 대상(2009), 국제슘페터학회 슘페터상(2014), 대한민국학술원상 사회과학부문(2015) [저]'한국인을 위한 경제학' '중국의 기업과 경제' 'Chinese Firms and the State in Transition : Property Rights and Agency Problems in the Reform Era(共)'(1991) '기업간 추격의 경제학'(2008) '글로벌 금융위기 이후 다시 쓴 한국인을 위한 경제학'(2010, 박영사) 'Schumpeterian analysis of economic catch-up : knowledge, path-creation, and the middle income trap(경제추격에 대한 슘페터학파적 분석 : 지식, 경로창출, 중진국함정)'(2013, 영국 케임브리지대 출판부)

이근갑(李槿甲) LEE, KEUN KAB (玄谷)

[생]1960 · 10 · 13 [본]안악(安岳) [출]경남 의령 [주]경기 오산시 동부대로436번길55의18 교촌F&B(주) 부사장실(031-371-3621) [학]1979년 부산 금성고졸 1987년 부산대 경영학과졸 2006년 경희대 테크노경영대학원 최고경영자과정 수료 [경]1987~2000년 한국투자신탁 차장 · 부지점장 · 팀장 2000~2002년 벤처스탭(주) 대표이사 전무 · 사장 2003~2004년 카이로스홀딩스(주) 부사장 2004~2005년 교촌F&B 관리이사 · 영업이사 2006년 동부자산운용(주) 전략기획T/F팀 부장, 同전략마케팅본부장(이사) 2008년 동부증권(주) 기획관리본부장(상무) 2009년 同온라인영업본부장(상무) 2010년 同신채널영업본부장 2010년 同기획관리담당 상무 2011~2012년 同인사홍보담당 상무 2012년 교촌F&B(주) 국내사업부문 대표(부사장)(현) [상]한국투자신탁 신한투인상(1999), 복사골예술제 시민사생대회 최우수상(1999), 서울사회복지대상 공로상(2013) [종]기독교

이근관(李根寬) Lee Keun Gwan

[생]1964 · 5 · 1 [출]경북 풍기 [주]서울 관악구 관악로1 서울대학교 법과대학(02-880-7555) [학]1986년 서울대 법학과졸 1988년 미국 조지타운대 법과대학원졸 1993년 서울대 대학원 국제법학 박사과정 수료 1998년 법학박사(영국 케임브리지대) [경]1989~1991년 해군사관학교 교수부 법학교관 1991~1992년 同교수부 법학과 전임강사 1998~2004년 건국대 법학과 조교수 · 부교수 2001~2003년 세계국제법학회 한국본부 사무총장 2003~2004년 일본 九州大 법학연구원 조교수 2004년 서울대 법과대학 조교수 · 부교수 · 교수(현), 同법학전문대학원 법학과 교수(현) 2005~2006년 同법과대학 학생부학장 2006~2007년 同법과대학 국제부학장 2008년 同기획실 부실장 2009년 대한국제법학회 국제이사 2016년 서울대 기획처장(현) [저]'한국병합의 불법성 연구'(2003, 서울대 출판부) '국제법'(2006, 한국방송통신대 출판부)

이근교(李根膠) LEE Keun Gyo

[생]1958 · 8 · 8 [주]서울 강남구 테헤란로432 동부화재해상보험(주) 임원실(02-3011-3114) [학]충남고졸, 충남대 법학과졸 [경]삼성화재해상보험(주) 부장 2005년 동부화재해상보험(주) 정보혁신팀장(상무) 2010년 同전략혁신팀장(상무) 2013년 同IT지원팀장(상무) 2013년 同차세대업무추진팀장 겸임 2015년 同정보보호팀 정보보호최고책임자(CISO · 상무)(현)

이근규(李根圭) LEE Keun Kyu (林谷 · 民巖)

[생]1959 · 10 · 24 [본]용인(龍仁) [출]충북 제천 [주]충북 제천시 내토로295 제천시청 시장실(043-641-5001) [학]1978년 배재고졸 1983년 고려대 문과대학 국어국문학과졸 1990년 미국 버클리대 정책연구과정 수료 1995년 고려대 정책과학대학원 수료 [경]1981년 고려대 총학생회 회장(23대) 1984년 국회 원내총무실 입법보좌관 1989년 한 · 미의회세미나 한국대표 1990년 SBS 기획단 차장 1993년 한국사회발전연구소 소장 1993년 同장학재단 이사장 1993년 한 · 중문화협회 총무이사 1993년 계간 '열린마당' 발행인 1994년 한국구족화가협회후원회 회장 1994년 순국선열공동추모대제전 준비위원장 1995년 국민회의 창당발기인 1996년 (주)클리포드 상무이사 1997년 고려대교우회 상임이사(현) 1999년 민주평통 자문위원 2000년 한류(韓流)문화기획위원회 상임기획위원 2000년 새천년민주당 제천 · 단양지구당 위원장 2001년 同인원위원회 부위원장 2001년 同국회담당 부대변인 2003년 (사)바르게살기운동중앙협의회 부회장 2004년 인터넷방송 (주)지캐스트 CMO 2004년 (사)한국청소년운동연합 총재(현) 2005년 제천청소년문화의집 대표 2006년 바르게살기운동중앙협의회 사무총장 겸 상임부회장 2007년 대한족구연맹 자문위원(현) 2007년 사랑실은교통봉사대 특별자문위원(현) 2008년 제18대 국회의원선거 출마(제천 · 단양, 무소속) 2010년 민주당 중앙당 다문화가정특별위원회 부위원장 2010년 한반도미래재단 이사(현) 2011년 제천6.25참전국가유공자회 후원회장(현) 2011년 제천 · 단양농아인회후원회 상임고문(현) 2013년 두만강축제한민족국제청소년문화대축전조직위원회 위원장(현) 2014년 충북 제천시장(새정치민주연합 · 더불어민주당)(현) 2015년 전국평생학습도시협의회 수석부회장(현) 2016년 '2017제천국제한방바이오산업엑스포' 집행위원회 위원장(현) [상]고려대 공로상(2010), 농협중앙회 지역농업발전선도인상(2016) [종]기독교

이근면(李根勉) LEE Geun-myeon

[생]1952 · 4 · 15 [본]전주(全州) [출]서울 [주]서울 중구 통일로10 연세세브란스빌딩 한국장학재단(1599-2000) [학]1970년 중동고졸 1974년 성균관대 화학공학과졸 1990년 아주대 경영대학원 경영학과졸 [경]1976년 삼성 입사 1982~1986년 삼성코닝(주) 인사과장 1986~1991년 삼성종합기술원 관리부장 1991~1997년 삼성SDS 인사지원실장 · 교육본부장 1994년 아주대총동창회 회장 1997~1998년 삼성전자(주) GLOBAL마케팅연구소장 1998~2008년 同정보통신총괄 인사팀장 2000~2009년 삼성SDS · 삼성탈레스 등기임원 2001년 아주대 경영대학원 겸임교수 2005년 한국인사조직학회 고문 2007년 성균관대총동문회 부회장 2007년 강원대 초빙교수 2008~2009년 한국노사관계학회 부회장 2008년 한국경영대학인증원 인증위원 2009년 아주대 법학전문대학원 발전위원 2009년 삼성광통신 대표이사 2010년 대한경영학회 고문 2010년 한국인사관리학회 부회장 2011년 미국 세계인명사전 'Marquis Who's Who in the World'에 등재 2011~2014년 삼성광통신 경영고문 2014년 성균관대 초빙교수 2014~2016년 인사혁신처 처장 2016년 한국장학재단 경영고문(현) [상]법무부장관표창(1996) [저]'하룻 밤에 끝내는 면접의 키포인트 55'(2009, 위즈덤하우스) '인턴에서 100% 취업 성공하기'(2014, 인키움)

이근모(李根模) LEE Keun Mo

[생]1955 · 9 · 12 [본]평창(平昌) [출]서울 [주]서울 영등포구 국제금융로10 IFC몰31층 리버사이드컴퍼니(02-6137-9880) [학]1975년 경기고졸 1979년 서울대 조선공학과졸 1989년 미국 워싱턴주립대 대학원 경영학과졸 [경]1989~1998년 베어링증권 조사 및 영업담당 상무이사 1998년 환은살로먼스미스바니증권 조사분석담당 상무이사 1999년 굿모닝증권 상무이사 · 전무이사

2002~2004년 굿모닝신한증권 법인 · 국제 · 조사본부장(부사장) 2005년 미래에셋증권 부회장 2008년 삼정KPMG어드바이저리(주) 대표이사 2012년 리버사이드컴퍼니 한국대표 겸 아시아파트너(현) [상]워싱턴대 자랑스러운 동문인(2010) [종]천주교

이근배(李根培) LEE Keun Bea (沙泉)

[생]1940 · 3 · 1 [본]경주(慶州) [출]충남 당진 [주]서울 서초구 반포대로37길59 대한민국예술원(02-3479-7223) [학]1960년 서라벌예대 문예창작과졸 [경]1961~1964년 서울신문 · 경향신문 · 동아일보 · 한국일보에 신춘문예 당선 · 시인(현) 1968~1976년 동화출판공사 주간 1973~1975년 한국문인협회 시조분과위원장 1975년 한국시인협회 상임위원 1976~1984년 한국문학 발행인 겸 주간 1977년 한국시조시인협회 부회장 1982년 서울예술전문대 강사 1983년 한국문인협회 부이사장 1994~1996년 한국시조시인협회 회장 1997~2009년 지용회 회장 1997년 중앙대 강사 1999년 재능대 초빙교수 2002~2004년 한국시인협회 회장 2003년 만해학교 교장(현) 2005년 신성대학 학사지원부 초빙교수(현) 2006년 현대시조포럼 의장(현) 2007년 계간 '문학의 문학' 주간(현) 2008년 대한민국예술원 회원(詩 · 현) 2012년 한국간행물윤리위원회 위원장 2015년 대한민국예술원 부회장(현) [상]가람시조문학상(1983), 중앙시조대상(1987), 문화공보부 신인예술상, 편운문학상(2000), 현대불교문학상(2002), 유심작품상(2007), 고산문학상 시조부문(2009), 은관문화훈장(2011), 제46회 한국시인협회상 본상(2014), 제4회 이설주문학상(2014) [작]시집 '사랑을 연주하는 꽃나무'(1960) '북위선'(1964) '노래여 노래여'(1981) '동해 바닷속의 돌거북이 하는 말'(1982) '한강'(1985) '시가있는 국토기행'(1997) '사람들이 새가 되고싶은 까닭을 안다'(2004) '종소리는 끝없이 새벽을 깨운다'(2006) '달은 해를 물고'(2007) '사랑 앞에서는 돌도 운다'(2008) '아 토지여 생명이여(共)'(2008) '살다가 보면'(2013) [종]유교

이근병(李根秉) LEE Keun Byung

[생]1960 · 10 · 22 [출]대전 [주]서울 강남구 테헤란로133 법무법인(유) 태평양(02-3404-0124) [학]1979년 우신고졸 1983년 서울대 법학과졸 1991년 미국 뉴욕대 법과대학원졸 [경]1982년 사법시험 합격(24회) 1984년 사법연수원 수료(14기) 1987~2014년 법무법인(유) 태평양 변호사, 1991년 미국 뉴욕주 변호사시험 합격 1992년 미국 National Association of Securities Dealers 근무 1992년 영국 Simmons & Simmons 법률사무소 및 룩셈부르크 Arendt & Medernach 법률사무소 근무 2002~2006년 금융감독원 분쟁조정위원회 위원 2010~2014년 채권금융기관조정위원회 위원 2014년 법무법인(유) 태평양 대표변호사(현)

이근상

[생]1958 · 8 · 11 [출]전남 장성 [주]전북 진안군 진안읍 중앙로67 진안군청 부군수실(063-430-2204) [경]1978년 공직 입문(김제군청) 1992년 전북도청 전입 2004년 同경제통상실 국제정책담당 사무관 2004년 남원시 대강면장 2006년 전북도 환경보건국 수질보전담당 사무관 2006년 同대외협력국 홍보기획담당 사무관 2008년 同건설교통국 산단기획담당 사무관 2010년 同대외소통국 의정협력담당 사무관 2012년 同대외소통국 다문화교류과장 2013년 同전략산업국 녹색에너지산업과장 2014년 同환경녹지국 자연생태과장 2016년 전북 진안군 부군수(현)

이근석(李根碩) LEE Keun Seok

[생]1966 · 8 · 12 [주]경기 고양시 일산동구 일산로323 국립암센터 부속병원 유방암센터(031-920-1220) [학]1991년 서울대 의대졸 1995년 同대학원 의학석사 2011년 의학박사(서울대) [경]1991~1992년 서울대병원 인턴 1992~1996년 同내과 전공의 1996~1999년 육군 군의관 1999~2000년 서울대병원 혈액종양내과 전임의 2000~2001년 인제대 일산백병원 혈액종양내과 전임강사 2001~2004년 한림대 강동성심병원 혈액종양내과 조교수 2005년 국립암센터 부속병원 유방암센터 의사(현) 2006~2009년 同부속병원 대장암센터 전문의 2008~2009년 同부속병원 임상시험센터장 2009년 同부속병원 임상시험센터 전문의(현) 2010~2011년 同부속병원 외래주사치료실장 2011~2012년 미국 MD Anderson Cancer Center 연수 2014년 국립암센터 부속병원 유방암센터장(현)

이근성(李根成) LEE Kuen Seong

[생]1955 · 8 · 11 [본]벽진(碧珍) [출]경남 밀양 [주]세종특별자치시 아름서길27 낙농진흥회(044-330-2000) [학]1974년 오산고졸 1978년 육군사관학교 국제관계학과졸 [경]1984~1995년 농림수산부 행정사무관 1996~2009년 농림부 유통경제통계담당관(서기관) · 무역진흥과장(서기관) · 유통관리과장(서기관) · 감사담당관(부이사관) · 운영지원과장(부이사관) 2010년 국립수의과학검역원 위생검역부장 2011년 농림수산검역검사본부 축산물안전부장 2012년 낙농진흥회 회장(현) [상]대통령표창(1991), 근정포장(2001), 홍조근정훈장(2012) [종]기독교

이근수(李槿洙) LEE KEUNSOO (後山)

[생]1947 · 7 · 15 [본]전주(全州) [출]충남 예산 [주]서울 동대문구 경희대로26 경희대학교 경영대학 회계 · 세무학과(02-961-0483) [학]1965년 대전고졸 1969년 경희대 상학과졸 1982년 미국 일리노이대 대학원 회계학과졸 1987년 경영학박사(성균관대) [경]1982~2012년 경희대 회계학과 조교수 · 부교수 · 교수 1987~1991년 한국공인회계사회 국제연구위원장 1997~2002년 한국회계학회 부회장 · 회장 1999~2001년 경희대 경영대학원장 1999~2003년 산업기술연구원 이사 2000년 재정경제부 세제발전심의위원 2000년 문화관광부 문화산업진흥기금 심의위원 2005년 경희사이버대 부총장, 상장회사협의회 회계감사자문위원, 내부회계관리제도운영위원회 위원(현) 2009년 문화관광부 규제개혁위원회 위원 2010년 한국공인회계사회 감사인증기준위원장 2012년 경희대 경영대학 회계세무학과 명예교수(현) 2012년 (주)KAIT캐피털 감사(현) [상]대통령표창(2004), 옥조근정훈장(2012), 한국회계학회 교육부문 공로상(2013), 한국회계학회 제1회 회계교육혁신상(2013) [저]'현대회계학원론' '현대회계감사'(1999) '무용가에게 보내는 편지'(1999) '풀잎에 띄우는 연서' '푸른화두를 마시다'(2008) '누가 이들을 춤추게 하는가'(2010) '시간 사람 나 그리고 사랑'(2012) '그리움의 차도-후산 이근수의 풀잎연가'(2015) [역]'Love Letters Written to Tea Leaves' [종]기독교

이근수(李根壽) LEE Gun Soo

[생]1966 · 2 · 7 [본]광주(廣州) [출]경기 남양주 [주]경기 수원시 영통구 월드컵로120 수원지방법원(031-210-1114) [학]1984년 동화고졸 1991년 고려대 법대졸 [경]1993년 사법시험 합격(35회) 1996년 사법연수원 수료(25기) 1996년 인천지법 판사 1998년 서울지법 북부지원 판사 2000년 청주지법 영동지원 옥천군법원 판사 2003년 서울행정법원 판사 2005년 서울남부지법 판사 2006년 서울고법 판사 2008년 서울동부지법 판사 2009년 대법원 재판연구관 2011년 대전지법 부장판사 2012년 대구지법 · 대구가정법원 포항지원 부장판사 2015년 수원지법 부장판사(현) [종]기독교

이근수(李槿洙)

[생]1971 · 9 · 14 [출]서울 [주]서울 서초구 반포대로158 서울중앙지방검찰청 첨단범죄수사제2부(02-530-4071) [학]1990년 여의도고졸 1995년 서울대 사법학과졸 [경]1996년 사법시험 합격(38회) 1999년 사법연수원 수료(28기) 1999년 軍법무관 2002년 서울지검 서부지청 검사 2004년 대구지검 포항지청 검사 2006년 부산지검 검사 2009년 대검찰청 연구관 2011년 서울중앙지검 검사 2011년 同부부장검사 2011년 대통령 민정수석비서관실 민정2비서관실 선임행정관 2013년 서울고검 검사 2013년 광주지검 공안부장 2014년 서울서부지검 형사5부장 2015년 대검찰청 범죄정보1담당관 2016년 서울중앙지검 첨단범죄수사제2부장(현)

이근식(李根植) LEE Keun Sik (東泉)

[생]1946 · 2 · 10 [본]함안(咸安) [출]경남 고성 [주]서울 강남구 테헤란로126 대공빌딩 법무법인 민(民)(02-6250-0100) [학]1965년 경남고졸 1969년 서울대 법학과졸 2003년 명예 정치학박사(우즈베키스탄 국립사발칸트사범대) [경]1971년 행정고시 합격(10회) 1971~1979년 경제기획원 경제조사관실 · 경제기획국 · 경제협력국 사무관 1979~1981년 同투자심사1과장 · 물가1과장 1982년 미국 南캘리포니아대 연수 1982년 경제기획원 공정거래실 거래과장 1983년 경남 거제군수 1985년 대통령 민정비서실 서기관 1988년 내무부 지역경제과장 1989년 장승포시장 1990년 국무총리 정무비서관 1992년 국무총리 의전비서관 1993년 대통령 행정비서관 1994년 경남도 부지사 1995년 대통령 행정비서관 1996년 대통령 민정비서관 1996년 대통령 공직기강비서관 1997년 내무부 차관 1998년 공무원연금관리공단 이사장 2000년 새천년민주당 통영 · 고성지구당 위원장 2000년 同제1정책조정위원회 부위원장 2000년 한국감정원 원장 2000년 한국건강관리협회 서울시지부장 2000년 부동산컨설팅협회 회장 2001~2003년 행정자치부 장관 2003년 일본 센슈대 법학부 연

구원 2004~2008년 제17대 국회의원(서울 송파丙, 열린우리당·중도개혁통합신당·중도통합민주·대통합민주신당·통합민주당·한나라당) 2005년 열린우리당 당의장 특보단장 2006~2007년 同제2정책조정위원장 2007년 중도개혁통합신당 사무총장 2007년 중도통합민주당 최고위원 2007년 대통합민주신당 정동영대통령후보 행정특보단장, 법무법인 민(民) 고문(현) 2011~2013년 경남기업 사외이사 2015년 새정치민주연합 국정자문회의 자문위원 2016년 더불어민주당 더불어경제선거대책위원회 공동부위원장 겸 서울시선거대책위원회 공동위원장 ⊛대통령표창(1979), 홍조근정훈장(1989), 청조근정훈장(2002) ⊜기독교

이근식(李根植) LEE Keun Sik

⊛1947·6·26 ⊚서울 ⊛서울 동대문구 서울시립대로163 서울시립대학교 경제학부(02-6490-2051) ⊜1970년 서울대 경제학과졸 1977년 同대학원 경제학과졸 1984년 경제학박사(미국 메릴랜드대) ⊛1977~1979년 국제경제연구원 책임연구원 1980~1984년 한신대 조교수 1985~2010년 서울시립대 경상대학 경제학부 교수 1995~1997년 경제정의실천시민연합 통일협회 운영위원장 2000~2002년 (사)경제정의연구소 이사장 2001~2003년 서울시립대 경상대학장 겸 경영대학원장 2005년 경제정의실천시민연합 중앙위원회 의장 2008~2012년 同공동대표 2010년 서울시립대 정정대학 경제학부 교수 2012년 同경제학부 명예교수(현) ⊛정진기언론문화상 경제경영저작부문 대상(1999), 자유경제출판문화상 대상(2000), 근정포장(2012) ⊗'경제학 연습' '자유주의 사회경제사상' '경제학원론'(共) '땅:투기의 대상인가? 삶의 터전인가?'(共) '자유와 상생'(2005) '아담 스미스의 고전적 자유주의'(2006) '존 스튜아트 밀의 진보적 자유주의'(2006)

이근영(李瑾榮) LEE Keun-Young

⊛1953·3·25 ⊚전북 군산 ⊛전북 군산시 수송북로75층 세무법인 한결멘토(063-466-1362) ⊜익산 남성고졸, 서울대 경영학과졸 ⊛행정고시 합격(24회), 국세공무원교육원 교학과 근무 1996년 국세청 행정관리담당관실 서기관 1998년 나주세무서장 1999년 국세청 재산세3과장 1999년 중부지방국세청 조사1국 4과장 2000년 서울지방국세청 조사1국 3과장 2001년 同조사4국 2과장 2003년 국세청 조사국 조사2과장 2005년 同인납세국 원천세과장 2006년 同심사1과장 2006년 同감사담당관 2007년 광주지방국세청 조사2국장 2008년 중부지방국세청 감사관 2010년 서울 삼성세무서장 2011~2012년 세무법인 오늘 부회장 겸 고문 2012년 세무법인 한결멘토 대표세무사(현) ⊛녹조근정훈장(2009)

이근영(李根榮) LEE Keun Young

⊛1953·7·27 ⊚서울 ⊛서울 영등포구 신길로1 한림대학교 강남성심병원 산부인과(02-829-5013) ⊜1978년 중앙대 의대졸 1981년 同대학원졸 1984년 의학박사(중앙대) ⊛1978~1983년 한림대부속 강남성심병원 인턴·산부인과 레지던트 1983년 한림대 의과대학 산부인과학교실 교수(현) 1988년 미국 Univ. of Maryland Hospital 방문교수 2006~2010년 한림대부속 강남성심병원장, 국제산부인과초음파학회 회원, 산부인과학회 보험위원회 이사 2008년 대한태아의학회 회장 2009년 대한병원협회 보험이사 2009년 대한모성태아의학회 회장 2010~2012년 대한병원협회 보험이사 2011년 한림대의료원 부의료원장 2014년 Journal of Maternal-Fetal & Neonatal Medicine(모체태아신생아학저널) Editorial Board(현) ⊛대한초음파학회 학술상(2000), 보건복지부장관표창(2001) ⊗'산과학'(共) '임신중약물'(共) '임신중독증'(共)

이근영(李根永) LEE Geun Young (빈들)

⊛1956·10·11 ⊛신평(新平) ⊚충남 태안 ⊛경기 포천시 호국로1007 대진대학교 인문과학대학 한국어문학부(031-539-1571) ⊜1973년 성남고졸 1977년 건국대 국어국문학과졸 1982년 同대학원졸 1990년 문학박사(건국대) ⊛1992~2014년 대진대 국어국문학과 교수 1993~1996년 同교무처장 1998~2001년 同인문과학대학장 2009년 同인문학소장 2009~2013년 대한민국ROTC중앙회 부회장 2010년 한글학회 감사 2012~2015년 대진대 총장 2012~2016년 통일교육위원경기협의회 회장 2013~2015년 경기대진테크노파크 이사장 2013~2015년 한국사립대학총장협의회 부회장 2013~2015년 한말연구학회 회장 2014년 한국청소년경기북부연맹 총장(현) 2014~2015년 의정부지검 검찰시민위원회 위원장 2014년 대진대 인문과학대학 한국어문학부 교수(현) ⊛포천군 문화상(1998), 자랑스러운 ROTCian(2012) ⊗'국어변동규칙의 역사적 연구' '땅이름 마홀에 관한 연구'(1990) '생각과 표현'(1997) '국어학 강독선'(1998) '포천의 설화'(1999)

이근영(李根永)

⊛1970·12·22 ⊚강원 삼척 ⊛경기 의정부시 녹양로34번길23 의정부지방법원(031-828-0114) ⊜1989년 강릉고졸 1994년 한양대 법학과졸 ⊛1996년 사법시험 합격(38회) 1999년 사법연수원 수료(28기) 1999년 대한법률구조공단 근무 2006년 의정부지법 판사 2009년 서울북부지법 판사 2010년 서울중앙지법 판사 2011년 서울고법 판사 2013년 서울북부지법 판사 2014년 전주지법 군산지원 부장판사 2016년 의정부지법 부장판사(현)

이근우(李根友) LEE Keun Woo

⊛1955·12·8 ⊚전주(全州) ⊚서울 ⊛서울 서대문구 연세로50의1 연세대학교 치과대학(02-2228-3158) ⊜1979년 연세대 치의학과졸 1982년 同대학원 치의학과졸 1988년 치의학박사(연세대) ⊛1979~1982년 연세대 치과병원 보철과 전공의 수료 1982~1985년 국군통합병원 치과부장 1985~1987년 광주기독병원 치과과장 1987년 연세대 치대 보철과학교실 교수(현) 1990년 미국 네브라스카대 치대 방문교수 1991년 미국 UCLA 치대 방문교수 1996년 연세대 치대 학생부장 1997~1998년 독일 아헨치대 방문교수 2000년 연세대 치과대학병원 교육연구부장 2002~2004년 同치과대학병원 중앙기공실장 2002년 同치과대학병원 임플란트클리닉 진료실장 2004~2008년 同치대 보철과학교실 주임교수, 同치과병원 보철과 임상과장 2004~2008년 대한구강악안면임프란트학회 부회장 2005~2011년 대한치과보철학회 이사 2008~2010년 연세대 치과대학병원 진료부장 2009년 대한치과보철교육연구회 회장(현) 2009년 대한컴퓨터수복재건치의학회 부회장(현) 2011~2013년 대한치과보철학회 감사 2012~2016년 연세대 치의학전문대학원장 2012~2016년 同치과대학장 2012년 한국치과대학장·치의학전문대학원장협의회 회장 2013~2015년 대한디지털치의학회 회장 2013~2015년 의치의학교육입문검사협의회 이사장 ⊗'제2판 최신 고정성 치과보철학'(2007) ⊛'fundamentals of COLOR'(2006)

이근우(李根雨) LEE Keun Woo

⊛1957·1·26 ⊚광주 ⊛광주 동구 준법로25 법무법인 로컴(062-236-2800) ⊜1975년 광주제일고졸 1979년 서울대 법학과졸 1983년 전남대 법과대학원졸 ⊛1981년 사법시험 합격(23회) 1983년 사법연수원 수료(13기) 1986년 해군 법무관(중위) 1986년 광주지법 판사 1989년 同순천지원 판사 1991년 광주지법 판사 1993년 광주고법 판사 1996년 대법원 재판연구관 1998년 광주지법 판사 1999년 同부장판사 1999년 同소년부지원장 겸임 2000년 同장흥지원장 2002년 미국 보스턴대 로스쿨 객원연구원 2002~2003년 광주지법 부장판사 2003년 변호사 개업, 법무법인 로컴 대표변호사(현) 2003년 열린우리당 중앙위원 2003년 광주전남비전21 감사 2012~2013년 웰스브릿지 사외이사 2014~2015년 새정치민주연합 광주시당 공동위원장

이근우(李根雨) LEE Keun Woo (長角·東山)

⊛1960·7·22 ⊚서울 ⊛세종특별자치시 갈매로408 교원소청심사위원회 위원장실(044-203-7413) ⊜1978년 경복고졸 1985년 성균관대 교육학과졸 1988년 同행정대학원졸 2001년 교육행정학박사(미국 텍사스주립대) ⊛1985년 행정고시 합격(29회) 1987년 광주시교육위원회 계장 1991년 군산대 서무과장 1991년 국가과학기술자문회의 파견 1993년 서울대 연구처·기획실 계장 1995~1998년 교육부 교원연수복지과·지방교육재정과·기획예산담당관실 계장 1998년 해외 유학 2001년 교육인적자원부 교원정책과장 2003년 대통령 교육문화비서관실 행정관 2003년 교육인적자원부 기획예산담당관 2004년 同기획법무담당관 2005년 同총무과장 2005년 국제교육진흥원 기획관리부장 2006년 안동대 사무국장 2007년 미국 APEC 사무국 파견 2008년 동북아역사재단 파견 2009년 중앙공무원교육원 고위정책과정 연수 2010년 목포대 사무국장 2012년 순천대 사무국장 2013년 교육부 교육정보통계국장 2013년 새누리당 수석전문위원 2016년 교육부 교원소청심사위원회 위원장(일반직고위공무원)(현) ⊛녹조근정훈장(2003), 월간 문학공간 신인문학상 수필부문(2015) ⊗'원손의 영혼을 깨우다'(2016, 책과나무)

이근웅(李根雄) LEE Keun Woong

⊛1948·7·5 ⊚충남 당진 ⊜1969년 고려대 법대졸 1970년 서울대 사법대학원 수료 ⊛1969년 사법시험 합격(10회) 1971년 공군 법무관 1974~1982년 부산지법 진주지원·서울지법 의정부지원·서울지법 동부지원 판사 1982년 서울고법 판사 1984년 대법원 재판연구관 1985년 춘천지법 부장판사 1987년 인천지법 부장판사 1989년 서울지법 남부지원 부장판사 1991년 서울형사지법 부장판사 1992년 서울지법 의정부지원장 1993년 부산고법 부장판사 1994년 사법연수원 수석교수 1996년 서울고법 부장판사 1999년 서울지법 형사수석부장판사 2000

년 춘천지법원장 2001년 대전지법원장 2002년 서울행정법원장 2003년 대전고법원장 2004~2005년 사법연수원장 2004년 중앙선거관리위원회 위원 2005~2015년 법무법인 세종 파트너변호사 겸 고문 [종]기독교

이근윤(李根潤) LEE Gun Yoon

[생]1955·3·16 [출]경남 고성 [주]서울 서초구 서초대로 250 스타갤러리브릿지13층 법무법인 청신(02-582-6300) [학]1975년 경동고졸 1983년 서울대 법대졸 [경]1982년 사법시험 합격(24회) 1984년 사법연수원 수료(14기) 1985년 서울지법 남부지원 판사 1987년 서울형사지법 판사 1989년 제주지법 판사 1993년 서울가정법원 서부지원 판사 1996년 서울고법 판사 1997년 대법원 재판연구관 겸임 1999년 서울지법 판사 2000년 청주지법 부장판사 2001년 사법연수원 교수 2004년 서울서부지법 부장판사 2006~2007년 서울중앙지법 부장판사 2007년 법무법인 한승 변호사 2007년 중앙노동위원회 심판담당 공익위원(현) 2009년 법무법인 정평 대표변호사 2009년 법무법인 청신 대표변호사(현) 2009~2010년 디초콜릿E&TF 사외이사 2013년 대한장애인체육회 감사(현) 2013년 한국도핑방지위원회 심판(현)

이근재(李根宰) LEE Geun Jae

[생]1959·1·27 [출]전남 광양 [주]경기 과천시 관문로47 미래창조과학부 운영지원과(02-2110-2142) [학]1978년 순천고졸 1988년 단국대 경제학과졸 [경]1979년 과학기술부 근무(국가직 7급 공채) 1991년 同행정사무관 2001년 同공보관실 서기관 2003년 해외 파견 2006년 국립과학관추진기획단 기획과장 2007년 과학기술부 우주기술협력과장 2009년 국립과천과학관 기획과장 2010년 교육과학기술부 거대과학정책과장 2010년 同과학기술정책과장(부이사관) 2010년 同연구개발정책실 기초과학정책과장 2011년 대구경북과학기술원 건설추진단장(일반직고위공무원) 2011년 교육과학기술부 대변인 2012년 同기초연구정책관 2013년 미래창조과학부 연구개발정책관 2014~2015년 同대변인 2015년 同본부 근무(현) [상]모범공무원표창(1987), 국가정보원장표창(2000), 홍조근정훈장(2012)

이근주(李根周) Lee Geun Ju

[생]1961·5·19 [본]성산(星山) [출]경남 진주 [주]부산 동구 구청로1 동구청 부구청장실(051-440-4100) [학]1980년 진주고졸 1985년 부산대 법학과졸 [경]1986년 지방행정주사보 임용 1986년 부산시 동구청 근무 2004년 부산시 지방공무원교육원 근무(지방행정사무관 승진) 2005년 同의회사무처 근무 2008년 同기획관실 근무 2009년 同규제개혁법무담당관실 법제담당 2010년 同교통정책과 교통기획담당 2012년 同과학산업과장(지방서기관) 2013년 同문화예술과장 2014년 (재)부산문화재단 감사 2016년 부산시 동구 부구청장(현)

이근진(李根鎭) Keun Jin lee (德山)

[생]1942·12·24 [본]단양(丹陽) [출]경기 고양 [주]경기 안산시 단원구 범라길143 (주)웰바스 임원실(031-492-3771) [학]1961년 명지고졸 1982년 성균관대 경영학과졸 1992년 연세대 경제대학원 수료 1998년 한국과학기술원 테크노경영대학원 수료 1999년 서울대 보건대학원 수료 [경]1966~1968년 대한항공공사(KAL) 근무 1971~1974년 유한재단 근무 1975~2005년 유한전자(주) 설립·대표이사 1987년 통일민주당 총재 특별보좌역 1990~1998년 경기도 청년지도자협의회 회장 1992~2000년 고양시장학회 회장 2000년 제16대 국회의원(고양 덕양乙·한나라당), 국회 산업자원위원회 위원, 국회 예산결산특별위원회 위원 2001~2003년 한국항공대 경영대학원 경영학과 초빙교수 2001~2007년 (사)6.3동지회 수석부회장 2006년 (주)웰바스 대표이사(현) 2007~2008년 (사)세계해외무역협회 상임자문위원 [저]'민주화시대의 지도자론' '밝은 꿈 환한 미소' [종]기독교

이근탁(李根卓)

[생]1958·7·8 [주]부산 남구 문현금융로40 한국남부발전(주) 임원실(070-7713-8000) [학]동아고졸, 동아대 기계공학과졸, 同산업대학원졸 [경]1978년 한국전력공사 입사 1990~1992년 同부산화력 재가동 시운전 겸 공무과장 1992~1999년 同전원계획처 민전추진반 과장 1999~2001년 同발전회사발족준비팀 과장 2006~2008년 한국남부발전(주) 발전처 발전계획팀장 2008~2009년 同하동화력 제1발전소장 2009~2010년 同미래성장동력실장 2010~2012년 同발전처장 2012~2015년 同하동화력본부장 2015년 同기술안전본부장(상임이사)(현) [상]장관표창 2회, 산업포장(2011)

이근태(李根泰) LEE Keun Tae (毋岩)

[생]1941·4·30 [본]광주(廣州) [출]충남 서천 [주]대전 동구 동대전로171 우송한국어교육원(042-629-6697) [학]1959년 대전사범학교졸 1964년 충남대 농대졸 1982년 건국대 대학원 토목공학과졸 1991년 공학박사(전북대) [경]1964~1966년 국제연합한국개간사업기구(UNKUP) 근무 1967~1970년 농어촌진흥공사 근무 1970~1987년 우송공업대학 토목과 전임강사·조교수·부교수 1978년 충남도 한해대책자문위원 1983~1985·1991~2003년 민주평통 정책자문위원(1, 2기·5~10기) 1987~1995년 우송공업대학 학장 1989~1995년 대전시교육회 교육윤리위원 1995~1999년 우송공업대학 교수 1996~1998년 대전지방국토관리청 설계자문위원 1999~2001년 우송고 교장 1999~2003년 대전시 건설기술심의위원 2002~2009년 우송공업대학 총장 2008년 우송한국어교육원 원장(현) [상]대통령표창(1994), 홍조근정훈장(2008) [저]'구조역학'(2001) '응용역학'(2002) [종]불교

이근표(李根杓) LEE GEUN-PYO

[생]1947·2·6 [본]전주(全州) [출]제주 [주]충북 음성군 감곡면 대학길76의32 극동대학교 경찰행정학과(043-879-3783) [학]1966년 동북고졸 1970년 고려대 행정학과졸 2005년 한세대 경찰법무대학원졸 2007년 서울대 경영대학 최고경영자과정 수료 [경]1973년 경찰대학 입교(제22기 경찰간부후보) 1974년 경위 임관 1982~1991년 대통령비서실 행정관(경감·경정) 1991년 경기 여주경찰서장(총경) 1992년 경찰청 방범기획과장 1993년 同감사과장 1995년 서울 도봉경찰서장 1995년 서울지방경찰청 정보1과장 1998년 충북지방경찰청 차장 1999년 경찰청 감사관 1999년 인천지방경찰청 차장 2000년 서울지방경찰청 보안부장 2001년 경찰청 경무기획국장(치안감) 2002년 경기지방경찰청장 2003~2004년 서울지방경찰청장(치안정감) 2005~2008년 한국공항공사 사장 2005년 한국항공진흥협회 회장 2006년 ACI(국제공항협회) 아시아·태평양지역이사회 이사 2008년 극동대 경찰행정학과 석좌교수(현) 2012~2014년 제주국제자유도시개발센터(JDC) 비상임이사 [상]대통령표창(1993), 홍조근정훈장(2002)

이근환(李根桓) Lee, Keun Hwan

[생]1955·9·21 [본]성산(星山) [출]경북 고령 [주]부산 남구 문현금융로40 부산국제금융센터(BIFC)53층 캠코선박운용(주) 사장실(051-660-5501) [학]1975년 대구고졸 1979년 서강대 화학과졸 1984년 연세대 경영대학원 경영학과졸 [경]1979~1983년 서울신탁은행 행원 1983~1996년 한미은행 행원·과장·차장 1996년 同신반포지점장 1998년 同포이동지점장 1999년 同시화지점장 2002~2004년 同영업부장 2004년 한국씨티은행 기업금융중부지역본부장 2006년 同기업금융서부지역본부장 2008~2010년 同기업영업동부지역본부장 2010년 同경영고문 2010~2011년 현대스위스저축은행 기업금융본부장(부행장) 2014년 캠코선박운용(주) 대표이사 사장(현) [상]재무부장관표창(1991), 대통령표창(2001) [종]천주교

이근희(李根熹) Lee, Geun hee

[생]1964·7·11 [주]부산 연제구 중앙대로1001 부산광역시청 기후환경국(051-888-3600) [학]창원고졸, 부산대 환경공학과졸, 同대학원 환경공학과졸, 도시공학박사(일본 도쿄대) [경]1991년 기술고시 합격(27회) 1995년 부산시 청소관리과 청소시설계장 2005년 同낙동강조성사업단 기술부장 2006년 同화명정수사업소장 2007년 同하천관리과장 2011년 同낙동강사업본부 사업부장 2013년 同낙동강관리본부장 2015년 同기후환경국장(현)

이금기(李金器) KUM-KI, LEE

[생]1933·12·13 [본]전주(全州) [출]서울 [주]서울 광진구 구의강변로77 일동후디스(주) 비서실(02-2049-2115) [학]1955년 보성고졸 1959년 서울대 약대졸 1967년 고려대 경영대학원 수료 1978년 同경영대학원 최고경영자과정 수료 1988년 서울대 경영대학원 최고경영자과정 수료 2005년 명예 경영학박사(경남대) [경]1960년 일동제약(주) 입사(생산·영업담당) 1961년 同생산부장 1963년 同영업부장 1966년 同상무이사 1971년 同전무이사 1974년 맥슨전자(주) 이사 1976년 일동제약(주) 부사장 1984년 대한약품공업협회 이사 1984년 일동제약(주) 대표이사 사장 1986년 한국신약개발연구조합 부이사장 1987년 한국제약협회 부회장 1989년 전국경제인연합회 기업의식재정립소위원회 위원장 1990년 한국광고주협회 부회장 1991년 의약품성실신고회원조합 이사장 1992년 한국생물산업협회 부이사장 1994~2010년 일동제약(주) 대표이사 회장 1994년 한국광고주협회 회장·고문 1995년 한국제약협회 회장·자문위원 1996년 서울대총

동창회 부회장 1996년 일동후디스(주) 대표이사 회장(현) 2004년 서울대약학대학동창회 명예회장(현) 2004년 한·뉴질랜드경제협의회 한국측 위원장(현) 2014년 한국경영인협회 고문(현) 2015년 일동제약 명예회장(현) 2015년 한·베문화교류협회 이사장(현) [상]약업신문 제24회 藥의賞(1985), 국민훈장 동백장(1989), 고려대 경영대학원 선정 經營大賞(2000), 보성교우회 제11회 자랑스러운 보성인상(2003), 한국전문경영인학회 제4회 한국CEO대상(2004), 한국언론인연합회 제4회 자랑스런 한국인대상(2004), 미디어인텔리전스 대한민국 자랑스러운 기업인상(2006), 여성사랑 베스트기업인상(2006), 아름다운 기업인상(2007), 대한민국 지속가능성대상 로하스부문 유공자상(2008), 철탑산업훈장(2009), 한국경영인협회 선정 '가장 존경받는 기업인'(2010), 매일경제 선정 '대한민국 글로벌 리더'(2015), 자랑스러운 서울대 약대인(2016)

이금로(李今魯) LEE Keum Ro

[생]1965·9·10 [본]전의(全義) [출]충북 괴산 [주]인천 남구 소성로163번길 인천지방검찰청(032-860-4301) [학]1983년 청주 신흥고졸 1987년 고려대 법대졸 2003년 한양대 행정대학원 부동산학과졸 [경]1988년 사법시험 합격(30회) 1991년 사법연수원 수료(20기) 1991년 軍검찰관 1994년 서울지검 동부지청 검사 1996년 춘천지검 강릉지청 검사 1998년 수원지검 검사 2000년 대검찰청 검찰연구관 2002년 서울지검 검사 2003년 광주지검 부부장검사 2004년 서울중앙지검 부부장검사 2004년 독일 막스플랑크 국제형법연구소 연수 2005년 대구지검 부부장검사(헌법재판소 파견) 2007년 서울북부지검 형사6부장 2008년 법무부 공공형사과장 2009년 서울중앙지검 형사4부장 2009년 서울고검 검사 2009~2011년 국회 법사위원회 전문위원 2011년 대검찰청 중앙수사부 수사기획관 2012년 서울중앙지검 제2차장검사 2013년 대구지검 제1차장검사 2013년 대전고검 차장검사(검사장급) 2015년 대검찰청 기획조정부장(검사장급) 2015년 인천지검장(현) 2016년 '주식대박 진경준 사건' 특임검사(현) [상]모범검사(1999), 검찰총장표창(2000), 근정포장(2003) [저]'공직선거 및 선거부정방지법 벌칙 해설(共)'(2000) '선거사범수사실무자료집(共)'(2002) [종]기독교

이금룡(李今龍) LEE Keum Ryong

[생]1951·4·13 [본]전주(全州) [출]인천 [주]서울 서초구 서초중앙로188 아크로비스타오피스동401호 (주)코글로닷컴 대표이사실(02-558-5875) [학]1970년 인천 제물포고졸 1976년 성균관대 법학과졸 1996년 동국대 경영대학원 무역학과졸 2005년 경제학박사(광운대) [경]1977년 삼성그룹 공채(17기) 입사 1985년 삼성물산 기획조사과장 1987~1992년 삼성그룹 비서실 차장 1992~1997년 삼성물산 북한·중국부장·유통물류부장 1997~1998년 同유통부문 마케팅이사 1998~1999년 同인터넷사업부장(이사) 1999~2002년 (주)옥션 대표이사 2000년 한국인터넷기업협회 초대회장·고문(현) 2001~2003년 한국외환은행 사외이사 2001~2004년 벤처기업협회 부회장 2001년 이마켓플레이스협의회 회장 2002~2004년 YTN 사외이사 2003~2005년 (주)이니시스 대표이사 사장 2003~2006년 한성대 디지털중소기업대학원 겸임교수 2004~2008년 경향신문 사외이사 2005~2006년 넷피아 국내부문 총괄대표이사 사장 2005~2012년 중소기업협동조합중앙회 벤처기업위원장 2005년 (주)나자인 사외이사 2006년 (주)코글로닷컴 대표이사(현) 2006년 원천기술수출협회 회장 2007~2008년 (주)오픈옥션 회장 2008년 동국대 MBA 겸임교수(현) 2008년 벤처산업협회 마케팅위원회 위원장 2012년 영산대 사이버경찰학과 석좌교수(현) 2012년 서강대 기술경영대학원 겸임교수(현) [상]한국무역협회 중소기업수출마케팅 최우수논문상(1986), 국무총리표창, 전국경제인연합회 국제경영원 벤처경영인대상(2001), 올해의 디지털CEO 3위(2001), 석탑산업훈장(2002), 문화관광부장관표창(2005) [저]'수입실무' 'ubiquotus란 무엇인가?'(2005) '이금룡의 고수는 확신으로 승부한다'(2009) [종]가톨릭

이금순(李琴順·女) Lee, Keum-Soon

[생]1963·1·15 [주]서울 강북구 4.19로123 통일교육원 원장실(02-901-7050) [학]서울대 영어영문학과졸, 미국 마케트대 대학원 정치학과졸, 정치학박사(미국 퍼듀대) [경]숭실대·숙명여대 강사, 통일연구원 선임연구위원, 통일준비위원회 전문위원, 통일부 정책자문위원회 자문위원 2006~2007년 북한이탈주민연구학회 회장 2007~2009년 납북피해자보상 및 지원심의위원회 위원장 2008·2013~2015년 통일연구원 북한인권연구센터 소장 2010년 사회통합위원회 세대분과위원 2014년 대통령직속 통일준비위원회 사회문화분과위원회 전문위원(현) 2015년 통일교육원 원장(현) [저]'The Border-Crossing North Koreans : Current Situations and Future Prospects'(2006) '개혁·개방과정에서 인권의제 : 이론과 실제(共)'(2006) '북한주민의 거주·이동 : 실태 및 변화전망'(2007) '국제사회의 인권개선 전략 : 이론과 실제(共)'(2008) '북한인권 침해구조 및 개선전략(共)'(2009) '북한주민 인권의식 실태연구(共)'(2010) '북한인권백서 2011(共)'(2011) '북한부패와 인권의 상관성(共)'(2012) '유엔 조사위원회(COI) 운영 사례 연구(共)'(2013) '인도적 지원을 통한 북한 취약계층 인권 증진 방안 연구(共)'(2013) '법치지원과 인권증진 : 이론과 실제(共)'(2014)

이금형(李錦炯·女) Lee Kum Hyoung

[생]1958·2·14 [출]충북 청주 [주]충북 청주시 서원구 무심서로377의3 서원대학교 경찰행정학과(043-299-8114) [학]1977년 충북 대성여상졸 1995년 한국방송통신대 법학과졸 2002년 동국대 행정대학원졸 2008년 경찰행정학박사(동국대) [경]1977년 순경공채 임용, 경찰청 과학수사계장 2001년 同방범국 여성대책실장(총경) 2002년 교육 파견 2003년 충북 진천경찰서장 2004년 경찰청 생활안전국 여성청소년과장 2006년 서울 마포경찰서장 2007년 경찰청 여성청소년과장 2009년 충북지방경찰청 차장(경무관) 2010년 경찰청 교통관리관 2010년 同생활안전국장 2010년 서울지방경찰청 생활안전부장 2011년 광주지방경찰청장(치안감) 2012년 경찰청 경무국장 2013년 경찰대학장(치안정감) 2013~2014년 부산지방경찰청장(치안정감) 2014년 청소년폭력예방재단(푸른나무 청예단) 고문(현) 2014년 서원대 경찰행정학과 석좌교수(현) 2015년 한국양성평등교육진흥원 초빙교수(현) 2015년 한국청소년활동진흥원 비상임이사(현) [상]국가인권위원장표창, 대통령표창(2000), 녹조근정훈장(2004), 한국여성단체연합 디딤돌상(2005·2013), 한국여성단체협의회 올해의 여성상(2009), 의암주논개상(2012), '2013년을 빛낸 도전한국인 10인' 치안부문 대상(2014), 대통령표창(2014) [저]'공부하는 엄마의 시간은 거꾸로 간다'(2015, 알에이치코리아)

이긍규(李肯珪) LEE Keung Kyu

[생]1941·1020 [본]한산(韓山) [출]충남 서천 [주]서울 영등포구 의사당대로1 대한민국헌정회(02-757-6612) [학]1961년 군산고졸 1965년 동국대 법학과졸 1993년 서울대 공대 산업전략과정 수료 [경]1967~1980년 신아일보 정치부 차장·논설위원 1976·1981년 한국기자협회 회장 1980년 경향신문 특집기획부 차장·부장 1982년 국제기자연맹(IFJ) 부회장 1982년 한국기자협회 고문(현) 1985년 KBS사업단 상무이사 1988년 민주정의당 부대변인 1988년 제13대 국회의원(서천, 민정당·민자당) 1990년 민자당 정책위원회 부의장 1992년 제14대 국회의원(서천, 민자당·자민련) 1992년 민자당 충남도지부장 1995년 자민련 총재 비서실장 겸 당무위원 1996년 제15대 국회의원(서천, 자유민주연합) 1996~1998년 국회 환경노동위원장 1998년 노사정위원회 위원 1999년 방송개혁위원회 위원 1999년 자민련 원내총무 2000년 同보령·서천지구당 위원장 2001~2003년 방송위원회 상임위원 2001년 남북방송교류추진위원회 위원장 2015년 대한민국헌정회 이사(현) [상]국제존타클럽 미스터 존타상 [저]'하이테크에 의한 방송환경의 변화' [종]천주교

이기갑(李起甲) LEE Ki Kap

[생]1953·9·18 [본]전주(全州) [출]강원 원주 [주]서울 노원구 화랑로815 삼육대학교 영미어문학부(02-3399-1521) [학]원주고졸 1979년 삼육대 영어영문학과졸 1981년 한국외국어대 대학원 영어과졸 1990년 영어학박사(한국외국어대) [경]1981~1983년 삼육대병설전문대학 전임강사 1984~1986년 同조교수 1987~1988년 미국 U.C Berkeley 언어학과 Visiting Scholar 1987년 삼육대 영미어문학부 교수(현) 1990~1993년 同학생지도과장 1994~1998년 同교무과장 2001~2004년 同국제교류부장 2005년 同교무처장 2012~2014년 同인문사회대학장 겸 국제문화교육원장 2014~2016년 同사무처장 2016년 同국제문화교육원장(현) [종]제칠일 안식일 예수재림교

이기곤(李起昆) RHEE Ki Kon (柏菴)

[생]1937·10·6 [본]전주(全州) [출]경기 양평 [주]서울 서초구 효령로135 (사)청권사(02-584-3121) [학]1963년 고려대 정치외교학과졸 1978년 국방대학원 수료 [경]1965년 국회사무처 의사과 근무 1975년 同시설관리담당관 1976년 국회 농수산위원회 법제담당관 1978년 국회 국방위원회 법제담당관 1979년 국회 운영위원회 행정관 1981년 국회사무처 의사국장 1981~2003년 同교우회 이사 1983년 국회 운영위원회 입법심의관 1985년 국회사무처 기록편집국장 1986년 同의사국장 1987년 국회 개헌특별위원회 전문위원 1988년 민주화합추진위원회 국민화합분과 전문위원 1988년 국회 동력자원위원회 전문위원 1993년 국회 상공자원위원회 전문위원 1994~1996년 국회사무처 사무차장 1996~2003년 (사)청권사 부이사장 1997~2000년 경주대 초빙교수 1997~1999년 전국상호신용금고연합회 감사 2004~2013년 고려대교우회 상임이사 2004~2006년 (사)국우회 회장 2006년 (사)한국의정연구회 회장·명예회장·고문(현) 2007~2009년 민주평통 자문위원 2009~2012년 (사)청권사 이사장 2012년 同고문(현) [상]홍조근정훈장(1986), 황조근정훈장(1996) [종]천주교

이기광(李起光) LEE Ki Kwang

[생]1955 · 4 · 21 [본]전주(全州) [출]경북 군위 [주]울산 남구 법대로14번길37 울산지방법원 법원장실(052-228-8116) [학]1975년 대구고졸 1981년 영남대 법학과졸 [경]1983년 사법시험 합격(25회) 1985년 사법연수원 수료 1986년 전주지법 군산지원판사 1987년 대구지법 김천지원 판사 1990년 대구지법 판사 1996년 대구고법 판사 1999년 대구지법 판사 2001년 同부장판사 2008년 대구고법 부장판사 2012~2015년 同수석부장판사 2012~2015년 경북도선거관리위원회 위원장 2015년 대구고법 부장판사 2016년 울산지법원장(현)

이기권(李基權) LEE Ki Kweon

[생]1957 · 9 · 21 [출]전남 함평 [주]세종특별자치시 한누리대로422 고용노동부 장관실(044-202-7001) [학]1977년 광주고졸 1980년 중앙대 행정학과졸 1982년 서울대 행정대학원졸 2005년 행정학박사(중앙대) [경]1981년 행정고시 합격(25회) 1982년 노동부 입부 1986년 울산지방노동사무소 직업안정과장 1988년 駐쿠웨이트대사관 노무관 1991년 노동부 노사협력관실 서기관 1994년 同직업안정국 정책담당 서기관 1995년 同기획관리실 행정관리담당관 1997년 울산지방노동사무소장 1998년 대통령 노사관계비서관실 행정관 2001년 노동부 총무과장 2002년 노사정위원회 운영국장 2003년 해외 훈련 2004년 노동부 공보관 2004년 同노사정책국장 겸임 2005년 同홍보관리관 2005년 광주지방노동청장 2006년 노동부 감사관 2007년 同고용정책본부 고용정책심의관 2008년 同근로기준국장 2009~2010년 서울지방노동위원회 위원장 2010년 대통령 고용노사비서관 2011년 경제사회발전노사정위원회 상임위원 2011~2012년 고용노동부 차관 2012년 한국기술교육대 총장 2014년 고용노동부 장관(현) 2015년 청년희망재단 이사(현) [상]근정포장(1991), 황조근정훈장(2013), 한국의 영향력있는 CEO 인재경영부문대상(2013 · 2014), 중앙대언론동문회 특별상(2015) [종]기독교

이기길(李起吉) LEE Gi Kil

[생]1957 · 1 · 2 [주]광주 동구 필문대로309 조선대학교 사학과(062-230-6509) [학]1980년 연세대 사학과졸 1985년 同대학원 고고학과졸 1994년 고고학박사(연세대) [경]1987년 연세대 학예연구원 1991~2002년 조선대 사학과 전임강사 · 조교수 · 부교수 1996년 한국고대학회 회원 2002년 조선대 사학과 교수(현) 2002~2004년 同박물관장 2007년 한국구석기학회 평의원 겸 편집위원 2008년 한국제4기학회 부회장 2008~2016 · 2016년 조선대 박물관장(현) 2014년 한국제4기학회 회장(현) 2015년 호남고고학회 회장(현) [상]홍조근정훈장(2006) [저]'우리나라 신석기시대의 질그릇과 살림'(1995) '순천 죽내리 유적'(2000) '순천 월평유적'(2002 · 2004) '화순 두산유적'(2002) '영광 마전, 군동, 원당, 수동유적'(2003) '진안 진그늘 선사유적'(2005) '호남구석기도감'(2006) '임실 하가유적'(2008) 등

이기남(李起南) LEE Ki Nam

[생]1948 · 5 · 24 [출]서울 [주]서울 금천구 가산디지털2로169 의21 삼지전자(주) 비서실(02-850-8000) [학]1967년 서울고졸 1971년 서울대 수학과졸 1990년 同경영대학원 최고경영자과정 수료 2000년 同대학원 정보통신정책과정 수료 [경]1975년 서울전자요소공업(주) 기획실장 1976년 코리아정공(주) 상무이사 1980년 삼지실업 대표이사 1981년 삼지전자(주) 대표이사 사장 2000년 同대표이사 회장 2007년 同각자대표이사 회장(현), 프로테크국제무역(주) 이사, (주)에스제이위텍 비상근이사, (주)에스제이일레콤 이사, (주)에스제이위텍 이사 [상]국무총리표창(1996), 모범중소기업인상(1996), 신지식인 선정(1999) [종]기독교

이기동(李基東) LEE Ki Dong (石門)

[생]1943 · 10 · 3 [본]고성(固城) [출]서울 [주]경기 성남시 하오개로323 한국학중앙연구원 비서실(031-709-2245) [학]1965년 서울대 문리대 사학과졸 1970년 同대학원 사학과졸 [경]1967년 예편(육군 소위) 1968~1972년 숭문고 교사 1972~1976년 한국외국어대 강사 1976~1983년 경북대 전임강사 · 조교수 1983~1988년 동국대 사학과 부교수 1986년 문교부 국사교육심의위원 1988~2009년 동국대 사학과 교수 1997~2006년 국사편찬위원회 위원 1998년 한 · 일역사연구촉진 공동위원 1999~2003년 문화재위원회 위원 2002년 문화체육관광부 동상 · 영정 심의위원 2005년 대한민국학술원 회원(한국사 · 현) 2009년 동국대 사학과 석좌교수 · 명예교수(현) 2009~2015년 국사편찬위원회 위원 2016년 한국학중앙연구원 원장(현) [상]보병제1사단장 공로표창(1967), 월봉저작상(1981), 3 · 1문화상 인문사회과학부문(2000), 수당상 인문사회부문

(2009), 옥조근정훈장(2009) [저]'신라골품제사회와 화랑도' '비극의 군인들' '백제사 연구' '신라사회사 연구' '전환기의 한국사학' '백제의 역사'(2006) [역]'광개토왕릉비의 탐구' '일본인의 한국관'

이기동(李炁東) LEE Ki Dong

[생]1956 · 8 · 30 [출]전북 전주 [주]서울 서초구 서초중앙로125 401호 법무법인 한동(02-525-1000) [학]1974년 전주고졸 1979년 전북대 법학과졸 1981년 同대학원 법학과졸 [경]1986년 사법시험 합격(28회) 1989년 사법연수원 수료(18기) 1989년 서울지검 북부지청 검사 1991년 광주지검 순천지청 검사 1993년 수원지검 검사 1995년 전주지검 검사 1997년 서울지검 의정부지청 검사 1999년 서울지검 검사 2001년 전주지검 부부장검사 2001년 광주지검 장흥지청장 2002년 서울지검 부부장검사 2003년 부산지검 동부지청 형사2부장 2003년 同동부지청 형사1부장 2004년 대전지검 형사3부장 2005년 서울고검 검사 2006년 광주지검 형사2부장 2007년 同형사1부장 2008년 서울고검 검사 2010년 춘천지검 강릉지청장 2011~2012년 광주고검 검사 2012년 변호사 개업 2016년 법무법인 한동 대표변호사(현) [상]검찰총장표창(1992), 대통령표창(2000 · 2001)

이기동(李基東) LEE Ki Dong

[생]1959 · 7 · 28 [출]충북 음성 [주]서울 영등포구 선유로70 우리벤처타운 한국윤활유공업협회(02-2068-6043) [학]1978년 충주고졸 1986년 충북대 경영학과졸 1994년 단국대 특수법무대학원 경영학과졸 [경]1985년 충북대총학생회 회장 1986~1997년 성업공사 근무 1992년 충북대총동문회 부회장 1995년 성업공사 노조위원장 2002 · 2006~2010년 충북도의회 의원(한나라당) 2005년 同예산결산특별위원장 2006~2008년 同교육사회위원장, 충북도 공직자윤리위원회 위원 2006~2008년 충북도의회 의장, 同건설문화위원회 위원 2010년 충북 음성군수선거 출마(무소속) 2015년 신용보증기금 비상임이사(현) 2016년 한국윤활유공업협회 상근부회장(현)

이기동(李基東) Lee Gi-Dong

[생]1971 · 2 · 20 [주]서울 영등포구 국제금융로56 미래에셋대우 커뮤니케이션본부(02-768-3355) [학]계명대 경영학과졸 [경]2005년 미래에셋증권 홍보팀장 2007년 同홍보실장 2011년 同홍보실장(이사대우) 2015년 同홍보실장(상무보) 2016년 미래에셋대우 커뮤니케이션본부장(현)

이기명(李淇明) Kimyeong Lee

[생]1959 · 5 · 27 [본]인천(仁川) [출]전남 장흥 [주]서울 동대문구 회기로87 고등과학원 물리학부(02-958-3729) [학]1981년 서울대 물리학과졸 1983년 미국 Columbia Univ. 대학원 물리학과졸 1987년 물리학박사(미국 Columbia Univ.) [경]1986~1988년 미국 페르미 국립가속기연구소(FERMILAB) 박사 후 연구원 1988~1990년 미국 보스턴대 물리학과 박사 후 연구원 1989~1990년 미국 하버드대 물리학과 외부방문연구원(Affiliate) 1990~1998년 미국 컬럼비아대 물리학과 조교수 · 부교수 1992~1993년 유럽 공동가속기연구소(CERN) 연구원 1993~1997년 미국 프린스턴고등연구소(Institute for Advanced Study) 방문연구원 1998~1999년 서울대 자연과학대학 물리학과 부교수 1999년 한국과학기술원(KAIST) 부설 고등과학원 물리학부 교수(현) 2003년 한국과학기술한림원 회원(현) 2006~2008년 한국과학기술원(KAIST) 물리학부장 2006년 교육인적자원부 및 한국학술진흥재단 선정 '대한민국 국가석학(Star Faculty)' 2013년 한국과학기술원(KAIST) 부설 고등과학원 부원장(현) [상]미국 Presidential Young Investigator National Science Foundation(1990), Alfred Sloan Fellow A. Sloan Foundation(1991), 미래창조과학부 및 한국과학기술단체총연합회 대한민국최고과학기술인상(2014)

이기문(李基文) LEE Ki Moon

[생]1930 · 10 · 23 [출]평북 정주 [주]서울 관악구 관악로1 서울대학교 국어국문학과(02-880-9019) [학]1949년 중앙고졸 1953년 서울대 문리과대 국어국문학졸 1957년 同대학원 국어학과졸 1973년 문학박사(서울대) [경]1959년 고려대 조교수 1962~1972년 서울대 문리대 전임강사 · 조교수 · 부교수 1972년 同문리대 교수 1975~1996년 同인문대 국문학과 교수 1981~1985년 同한국문화연구소장 1982년 대한민국학술원 회원(국어학 · 현) 1985년 서울대 도서관장 1985년 국어국문학회 대표이사 1988년 국어연구소 소장 1988년 국어학회 회장 1996년 서울대 국어국문학과 명예교수(현) 1998년 문화관광부 국어심의회 한글분과

위원회 위원 2002년 미국 언어학회 명예회원(현) [상]한국출판문화상(1962), 3·1문화상(1985), 보관문화훈장(1990), 대한민국학술원상(1993), 국민훈장 목련장(1998), 후쿠오카아시아문화상대상(1998), 위암장지연상(1998) [저]'국어사개설' '속담사전' '국어음운사연구' '국어어휘사연구' [종]기독교

이기배(李棋培) YI Kie Bae

[생]1954·6·7 [본]전주(全州) [출]전남 목포 [주]서울 서초구 서초대로254 오퓨런스빌딩1602호 법무법인 로월드(02-592-5700) [학]1971년 경기고졸 1975년 서울대 법학과졸 1988년 미국 워싱턴대 수료 1993년 미국 조지워싱턴대 방문연구원과정 수료 [경]1975년 사법시험 합격(17회) 1977년 사법연수원 수료(7기) 1977년 육군 법무관 1980년 전주지검 검사 1983년 대전지검 서산지청 검사 1985년 서울지검 동부지청 검사 1987년 법무부 검찰2과 검사 1990년 서울지검 검사 1990년 광주지검 순천지청 부장검사 1991년 대전지검 부장검사 1993년 미국 조지워싱턴대 방문연구원 1994년 사법연수원 교수 1996년 서울지검 송무부장 1997년 同특수3부장 1997년 同강력부장 1998년 대구지검 김천지청장 1999년 수원지검 성남지청장 2000년 서울지검 3차장검사 2001년 법무연수원 기획부장 2001년 광주고검 차장검사 2002년 법무연수원 기획부장 2003년 대검찰청 공안부장 2003년 법무부 법무실장 2004년 광주지검장 2005년 수원지검장 2006년 변호사 개업 2008년 법무법인 로월드 대표변호사(현) 2012년 선창산업(주) 사외이사(현) 2013~2015년 하나은행 사외이사 [상]홍조근정훈장(1999), 황조근정훈장(2005) [저]'미국의 범죄인 인도절차'

이기범(李基範) LEE Ki Bum

[생]1954·10·1 [출]충북 영동 [주]서울 강서구 공항대로379 한국해운조합 이사장실(02-6096-2003) [학]1973년 경복고졸 1978년 서울대 법학과졸 [경]1983년 사법시험 합격(25회) 1985년 사법연수원 수료(15기) 1986년 마산지검 검사 1988년 부산지검 울산지청 검사 1989년 서울지검 의정부지청 검사 1991년 춘천지검 검사 1993년 서울지검 검사 1996년 인천지검 검사 1998년 전주지검 부부장검사 1999년 同군산지청 부장검사 2000년 서울고검 검사 2001년 부산지검 조사부장 2002년 同형사3부장 2002년 대전고검 검사 2003년 서울지검 고양지청 부장검사 2004년 청주지검 제천지청장 2005년 서울고검 검사 2007년 광주고검 검사 2009~2011년 서울고검 검사 2011년 변호사 개업 2016년 한국해운조합 이사장(현) [상]검찰총장표창(1987), 대통령표창(2011)

이기범(李起範) LEE Gi Beom

[생]1957·8·19 [출]서울 [주]서울 용산구 청파로47길100 숙명여자대학교 교육학부(02-710-9343) [학]1981년 한국외국어대 영어학과졸 1988년 미국 일리노이대 대학원 교육학과졸 1993년 철학박사(미국 일리노이대) [경]1994년 숙명여대 교육학과 조교수·부교수·교수, 同교육학부 교수(현) 1998년 (사)남북어린이어깨동무 사무총장 1999년 아동권리학회 이사, (사)공동육아와공동체교육 상임이사 2000~2002년 숙명여대 통일문제연구소장 2001~2004년 (사)통일교육협의회 이사 2001~2002년 통일부 통일교육분과 정책자문위원 2002년 미국 오리건대 방문교수 2005년 한국방송공사 자문위원 2006년 교육철학연구회 편집위원 2008~2010년 숙명여대 입학처장 2008년 한국다문화학회 회장 2010년 서울경인지역입학처장협의회 회장 2010년 숙명여대 교무처장 겸 산학협력단장 2012년 同산학협력단장 2016년 북한어린이지원단체 (사)어린이어깨동무 이사장(현)

이기범(李起範) Ki-Bum Lee

[생]1957·11·24 [주]서울 영등포구 국제금융로8길26 KB금융지주 임원실(02-2073-7125) [학]1976년 휘문고졸 1983년 서강대 독어독문학과졸 [경]2004년 KB국민은행 검사기획부장 2007년 同압구정역지점장 2010년 同영동지점장 2011년 同광화문지점장 2011년 同준법감시인 2012년 同경서지역본부장 2013년 同부천지역본부장 2013년 KB금융지주 CRO(전무)(현)

이기복(李箕馥) LEE, KI BOG

[생]1962·2·16 [출]충남 논산 [주]서울 강남구 도산대로1길46 정원엔시스 대표이사실(02-514-7007) [학]1981년 이리고졸 1989년 아주대 전자계산학과졸 [경]1988~1990년 롯데정보 입사·사원 1990~2003년 LG CNS 차장 2003~2004년 새턴정보통신 부장 2004~2005년 엘엔아이플러스 상무 2005년 정원엔시스템 부장 2012년 정원엔시스 대표이사(현)

이기봉(李起奉) Lee Kee Bong

[생]1957·2·20 [본]전주(全州) [출]경남 합천 [주]서울 서초구 서초대로42길51 어반브로스(주) 임원실(02-548-2491) [학]1975년 대구 청구고졸 1981년 영남대 정치외교학과졸 [경]1982~1999년 신한은행 행원·대리·과장·차장 2000년 同서부기업금융센터 지점장 2002년 同여의도기업지점장 2005년 同광교기업영업부장 2007년 同대구경북영업본부장 2008년 同경기서부영업본부장 2009~2012년 연합자산관리(주) 부사장 2012년 어반브로스(주) 부회장(현) [종]불교

이기봉(李起鳳) Lee, Ki-Bong

[생]1963·6·24 [본]전주(全州) [출]전북 전주 [주]세종특별자치시 갈매로408 교육부 기획조정실(044-203-6030) [학]1986년 연세대 교육학과졸 1992년 同대학원 교육행정학과졸 2003년 미국 펜실베이니아주립대 고등교육학과졸(Ph.D.in Higher Education) [경]1988년 교육인적자원부 사무관·서기관 2006년 同지방교육혁신과장 2006년 同대학학무과장(서기관) 2006년 同대학학무과장(부이사관) 2007년 同학술진흥과장 2007년 同대학정책과장 2008년 교육과학기술부 대학자율화추진단장 2008년 同대학제도과장 2008년 충남대 사무국장(일반직고위공무원) 2010년 교육과학기술부 교육선진화정책관 2011년 駐미국대사관 공사참사관(고위공무원) 2014년 교육부 대변인 2014년 同사회정책협력관 2015년 대통령 교육문화수석비서관실 교육비서관 2016년 교육부 기획조정실장(현) [상]홍조근정훈장(2014) [종]천주교

이기봉(李基鳳) Lee, Kibong

[생]1973·1·21 [주]서울 종로구 청와대로1 대통령 민원비서관실(02-770-0011) [학]양정고졸 1997년 서울대 불어불문과졸 2009년 미국 인디애나대 대학원 행정학과졸 [경]2013년 국무조정실 세종시지원단 과장(파견) 2014년 국토교통부 해외건설정책과장 2016년 대통령 민원비서관실 파견(서기관)(현)

이기붕(李起鵬) Lee Ki Boong

[생]1957·10·29 [본]전주(全州) [주]제주특별자치도 제주시 문연로13 제주특별자치도의회(064-741-1977) [학]제주 오현고졸, 탐라대 산업정보학과졸, 제주대 산업대학원 전기전자공학과졸(석사) [경] 오라동주민자치위원회 위원(현), 천우전기 대표(현), 국제라이온스협회 354-G지구 재무총장, 제주제일라이온스클럽 초대회장, 한국청년회의소(JC) 제주지구 부회장, 제주중앙초등학교 운영위원장, 전주이씨 제주시분원 총무이사, 민주평통 자문위원(현) 2002~2006년 제주시의회 의원 2006년 제주도의원선거 출마(무소속) 2014년 제주특별자치도의회 의원(비례대표, 새누리당)(현) 2014년 同인사청문특별위원회 위원 2014~2015년 同예산결산특별위원회 위원 2014년 同보건복지안전위원회 위원 2016년 同문화관광스포츠위원회 위원(현), 제주특별자치도 도시계획위원회 위원(현) [상]전국시·도의회의장협의회 우수의정 대상(2016) [종]불교

이기상(李起祥) LEE Ki Sang

[생]1936·9·29 [출]인천 [주]인천 중구 제물량로80번길1 (주)영진공사 회장실(032-890-1260) [학]1956년 인천고졸 1961년 연세대 상학과졸 1986년 서울대 최고경영자과정 수료 [경]1961년 (주)영진공사 설립·상무이사 1966년 경기일보 이사 1968년 인천청년회의소 회장 1970년 (주)영진탱크터미날 대표이사 회장 1980년 인천시야구협회 회장 1985년 (주)영진공사 대표이사 사장 1988년 인천일보 이사 1991~1995년 인천시의회 의원·초대의장 1996년 인천시체육회 부회장 1998~2006년 (주)영진공사 대표이사 회장 1998~2004년 대한적십자사 인천지사 회장(제8·9대) 1998년 인천항만물류협회 회장 2003~2010년 (사)인천항발전협의회 회장 2005~2006년 인천항만공사 초대 항만위원장 2006년 (주)영진공사 회장(현) [상]대통령포장(1981), 대통령표창(2000), 대한적십자사포장(광무장 금장)(2004), 금탑산업훈장(2006)

이기상(李起相) LEE Ki Sang

[생]1958·8·19 [주]경기 화성시 현대연구소로150 현대자동차(주) 남양연구소 환경기술센터(031-368-1777) [학]인하대 대학원 항공공학과졸 [경]현대자동차(주) 하이브리드개발팀장(이사) 2009년 同하이브리드개발팀장(상무) 2013년 同하이브리드개발팀장(전무) 2013년 同남양연구소 환경기술센터장(전무)(현) [상]은탑산업훈장(2011)

이기석(李琦錫) Lee Ki-Suk

[생]1940 · 11 · 30 [본]용인(龍仁) [출]대전 [주]서울 관악구 남부순환로1812 (사)동해연구회(02-961-9360) [학]1963년 서울대 지리학과졸 1968년 同대학원졸 1973년 미국 미네소타대 대학원졸 1977년 지리학박사(미국 미네소타대) [경]1980~1990년 서울대 사범대 조교수 · 부교수 1990~2006년 同지리교육과 교수, 중국 연변대 겸직교수 1994년 (사)동해연구회 부회장 1999~2000년 한국도시지리학회 회장 2001~2002년 대한지리학회 회장 2005년 (사)동해연구회 회장 2005년 대한민국학술원 회원(인문지리학 · 현) 2006년 서울대 명예교수(현) 2010~2015년 (사)동해연구회 명예회장 2010~2013년 국토해양부 국가지명위원회 초대위원장 2010년 (사)한국영토학회 회장(현) 2013~2016년 국토교통부 국가지명위원회 위원장 2015년 (사)동해연구회 고문(현) [상]근정포장(2004), 부총리 겸 교육인적자원부장관표창(2006), 청관대상 학술상(2010) [저]'한국의 도시와 촌락연구'(1980) '지도로 본 서울'(1994) '이천년 동안 쓰인 명칭, 동해' '두만강 하구 녹둔도 연구'(共)

이기석(李基錫) Lee Ki-seog

[생]1960·2·26 [주]서울 종로구 사직로8길60 외교부 운영지원과(02-2100-7136) [학]1986년 한국외국어대 아랍어과졸 [경]1987년 외무부 입부 1993년 駐아랍에미리트 3등서기관 1999년 駐샌프란시스코 부영사 2002년 駐이집트 2등서기관 2007년 駐보스턴 영사 2009년 駐카타르 참사관 2011년 외교통상부 운영지원담당관 2014년 駐세부 분관장 2016년 駐수단 대사(현) [상]근정포장(2010)

이기석(李基錫) LEE Kisuk

[생]1962 · 7 · 15 [본]전주(全州) [출]서울 [주]서울 용산구 청파로47길100 숙명여자대학교 수학과(02-710-9772) [학]1981년 보성고졸 1985년 서강대 수학과졸 1987년 同대학원 수학과졸 1996년 이학박사(미국 인디아나대) [경]1997년 대역해석학연구센터 연구원 1997년 숙명여대 수학과 조교수 · 부교수 · 교수(현) 2003년 미국 Indiana대 방문교수 2008~2011년 숙명여대 정보통신처장 2011~2012년 同지식정보처장 2009~2010년 한국정보화협의회 이사 2015년 강원경기수학회 사업이사(현) [종]천주교

이기선(李基宣) LEE Ki Seon

[생]1965 · 11 · 6 [출]전남 영암 [주]경기 안산시 단원구 광덕서로73 수원지방검찰청 안산지청(031-481-4200) [학]1984년 부산고졸 1990년 서울대 국제경제학과졸 1996년 同법학대학원졸 2003년 법학박사(서울대) [경]1994년 사법시험 합격(36회) 1997년 사법연수원 수료(26기) 1997년 수원지검 검사 1999년 대구지검 상주지청 검사 2000년 전주지검 검사 2002년 수원지검 성남지청 검사 2004년 서울서부지검 검사 2007년 부산지검 검사 2009년 서울중앙지검 부부장검사 2011년 대전지검 공판부장 2012년 서울고검 검사, 울산지검 형사2부장 2014년 수원지검 성남지청 부장검사 2015년 서울서부지검 형사3부장 2016년 수원지검 안산지청 부장검사(현)

이기선(李起先) LEE Ki Seon

[생]1968·12·30 [출]전북 부안 [주]광주 동구 준법로7의12 광주지방법원(062-239-1114) [학]1987년 전주 상산고졸 1991년 성균관대 법학과졸 [경]1996년 사법시험 합격(38회) 1999년 사법연수원 수료(28기) 1999년 인천지검 검사 2001년 광주지검 목포지청 검사 2003년 부산지검 동부지청 검사 2005년 광주지검 검사 2008년 서울중앙지검 검사 2010년 전주지법 판사 2011년 광주고법 판사 2013년 전주지법 판사 2014년 수원지법 성남지원 판사 2015년 광주지법 부장판사(현)

이기섭(李起燮)

[생]1955 · 4 · 18 [학]1973년 중앙고졸 1977년 성균관대 행정학과졸 1993년 미국 밴더빌트대 대학원 경제학과졸 2011년 경영학박사(성균관대) [경]1977년 행정고시 합격(21회) 1978년 경기 포천군 수습행정관 1979~1984년 경제기획원 투자심사국 · 조사통계국 행정사무관 1984~1991년 상공부 기획관리실 · 전자전기공업국 · 산업정책국 · 무역위원회 행정사무관 1994년 상공자원부 아주통상2과장 1995년 駐독일 상무참사관 1999~2000년 산업자원부 행정관리담당관 · 지역협력과장 · 총무과장 2000년 同전력산업구조개혁팀장 · 중국진출기획단장 2002년 국무총리국무조정실 농수산건설심의관 2003년 산업자원부 공보관 2004년 同생활산업국장 2005년 정보통신부 전파방송정책국장 2006년 산업자원부 지역산업균형발전기획관 2006년 同무역위원회 상임위원 2006~2008년 에너지관리공단 이사장 2009~2012년 자동차부품연구원 원장 2012~2015년 한국산업기술평가관리원 원장 [상]상공부장관표창(1987), 대통령표창(1991), 매경미디어그룹 대한민국 창조경제리더 사회책임부문(2013), 한국의 영향력 있는 CEO 상생경영부문대상(2014) [저]'창조경제와 R&D 전략'(2013, 매일경제) [종]기독교

이기섭(李基燮) LEE Ki Seop

[생]1960 · 9 · 13 [본]전주(全州) [출]충남 공주 [주]서울 마포구 마포대로14길31의10 한겨레출판(주) 임원실(02-6383-1600) [학]1979년 대신고졸 1984년 서울대 서양사학과졸 [경]1989~1993년 도서출판 미래사 편집부장 1999년 한겨레신문 출판부장 2001년 同출판사업부장 2005년 同출판사업단장 직대 2006년 한겨레출판(주) 대표이사(현) [저]'주례사 소프트'(編) [역]'재미있는 세계사'

이기성(李起盛) LEE Ki Sung

[생]1946 · 5 · 26 [본]전주(全州) [출]서울 [주]전북 전주시 덕진구 중동로63 한국출판문화산업진흥원(063-219-2700) [학]1968년 서울대 지리학과졸 1992년 단국대 경영대학원 전자정보관리학과졸 1996년 同대학원 전산학 박사과정 수료 2000년 공학박사(경기대) [경]1970~1994년 도서출판 장왕사 상무이사 1982년 컴퓨터출판연구회 회장 1987년 한국출판대학 강사 1988년 한국전자출판연구회 이사 · 부회장 1988~1992년 신구전문대학 부교수 1988~1996년 동국대 언론정보대학원 강사 1990년 한국전자출판정보학회 부회장 1991년 단국대 강사 1991년 문화부 서체개발위원 1993년 한국전자출판연구회 회장 1994년 계원조형예술대학 전자출판학과 교수 1995년 同출판디자인과 교수 2000~2005년 한국사이버출판대학 학장 2003~2011년 한국전자출판학회 회장 2005~2006년 한국콘텐츠출판학회 회장 2008~2011년 계원디자인예술대학 출판디자인학과 교수 2011년 한국전자출판학회 명예회장(현) 2011~2012년 계원디자인예술대학 명예교수 2011~2016년 eBook Academy 원장 2011~2015년 글로벌사이버대 겸임교수 2012~2015년 동국대 언론정보대학원 겸임교수 2012년 계원예술대 명예교수(현) 2012~2013년 전자출판학회 회장 2016년 한국출판문화산업진흥원 원장(현) [상]체신부장관표창(1989), 국무총리표창(1992), 인쇄문화 특별상(1999), 출판학술상 우수상(2001), 한국출판학회상 저술연구부분(2008), 교육과학기술부장관표창(2011), 대통령표창(2013) [저]'전자출판'(1988) '사진식자개론'(1991) 'PC와 사무자동화' '애플과 IBM의 통신' '애플컴퓨터 베이식' 'IBM컴퓨터 베이식' 'dBASE II부터 dBASE III+까지' 'dBASE IIIPLUS 실무강좌' '릭스의 컴퓨터 여행'(1992) '출판 마케팅' '컴퓨터는 깡통이다1 · 2'(1992) '소설컴퓨터 1 · 2 · 3'(1993) '깡통컴퓨터와 뚱보강사' 'e-book과 한글폰트'(2000) '출판개론'(2000) '전자출판-4'(2002) '한글타이포그래피'(2007) '유비쿼터스와 출판'(2007) '출판디자인 담론'(2008) '타이포그래피와 한글디자인'(2008) '한글디자인해례와 폰트디자인'(2009) '고딕체폰트디자인 해례와 한글자소디자인'(2010) '콘텐츠와 eBook출판'(2010) '출판은 깡통이다'(2015, 춘명) [작]'교과서 본문체' '교과서 네모체' '교과서본문 제목체' '릭스본문체' '릭스제목체' '표지디자인 및 편집' '교과서네모 제목체' '지리부도 디자인 및 편집' '세라믹 한글 폰트 디자인 및 개발'

이기수(李基秀) LEE Ki Su (槇川)

[생]1945 · 12 · 30 [본]전주(全州) [출]경남 하동 [주]서울 서대문구 성산로321 지오영빌딩5층 백세시대나눔운동본부(02-334-9547) [학]1964년 부산 동아고졸 1969년 고려대 법대 법학과졸 1972년 서울대 대학원 법학과졸 1977년 고려대 대학원 박사과정 수료 1983년 법학박사(독일 튀빙겐대) 2010년 명예 법학박사(일본 와세다대) 2010년 명예 교육학박사(연세대) 2010년 명예 법학박사(일본 메이지대) 2010년 명예 법학박사(러시아 상트페테르부르크대) [경]1972년 육군사관학교 교수부 법학과 전임강사 1975~1977년 고려대 · 이화여대 · 강원대 · 덕성여대 강사 1983년 고려대 · 한국외국어대 강사 1984년 고려대 법대 부교수 1987년 同법대 교수 1992년 同학생처장 1992년 한국법학교수회 사무총장 1993년 전국대학학생처장협의회 회장 1994년 고려대 기획처장 1994년 同비교법연구소장 1994년 안암법학회 회장 1995년 한국법학교수회 부회장 1995년 미국 하버드대 교환교수 1996년 고려대 법학연구소장 1996년 한국경영법률학회 회장 1997년 한국지적소유권학회 회장 1997 · 1999년 독일 Marburg대 객원교수 1998년 고려대 법과대학장 1998년 同특수법무대학원장 1998년 同법학연구원장 1999년 국제거래법학회 회장 1999년 고려대 경제 · 지식재산권법연구센터 소장 2000~2006년 (사)한국복사전송권관리센터 이사장 2002년 한국상사법학회 회장 2002년 미국 위스콘신메디슨법학대학원 '저명한 교환교수' 2003년 한독법률학회 회장 2005~2006년 일본 와세다대 로스쿨 교환교수 2006~2008년 한국법학교수회 회장 2006년 한국중재학회 회장 2006~2008년 한국독일학회 회장 2007년 한국저작권법학회 회장(현) 2008~2011년 고려대 총장 2008년 아

데코(ADeKo : 한국독일동문네트워크) 초대회장 2008년 한국법과인권교육학회 명예회장(현) 2009년 한국사립대학총장협의회 회장 2009년 한국대학교육협의회 부회장 2009년 경제사회개발위원회 국제통신기술 및 개발연맹(UNDESA AID) 전략위원(현) 2009년 헌법재판소 자문위원(현) 2010~2011년 한국대학교육협의회 회장 2010년 육군사관학교 자문위원(현) 2010년 한·러대한국조정위원회 위원장 2010년 한국전쟁기념재단 부이사장 2010년 중국 연변과학기술대 명예교수(현) 2011년 한일법학회 회장 2011년 러시아 모스크바국립대 명예교수(현) 2011년 미국 텍사스 휴스턴시 명예시민 겸 친선대사(현) 2011년 미국 조지워싱턴대 로스쿨 객원석좌교수(현) 2011~2015년 건국대통령이승만박사기념사업회 회장 2011~2013년 대법원 양형위원회 위원장 2011년 한미법학회 초대회장(현) 2012년 아시아투데이 상임고문(현) 2013년 백세시대나눔운동본부 상임공동대표(현) 2014년 대법관후보추천위원회 위원장 2015년 대법원 사실심충실화사법제도개선위원회 위원장(현) **솽**한국법률문화상, 대한민국 중재인대상(2009), 독일 대공십자공로훈장(2010), 대한민국 무궁화 대상 교육부문(2010), 러시아 푸시킨메달(2011), 국민훈장 동백장(2011) **전**'상법' '회사법' '어음법·수표법' '보험법·해상법' '상업법규(共)' '지적재산권법(共)' '기업법의 행방(共)' '상법학(上·下)' '경제법' '국제거래법' '기업법' '객관식 경제법' '증권거래법' **역**'독점금지법'

이기수(李琪洙) Lee Kisu

생1967·7·22 **출**충남 부여 **주**서울 중구 정동길3 경향신문 편집국(02-3701-1141) **학**대전 대신고졸, 서울대 인류학과졸 **경**1991년 경향신문 편집부 기자 1999년 同경제1부 기자 2000년 同사회부 기자 2000년 同정치부 기자 2004년 전국언론노조연맹 노조집행위원 겸 경향신문지부 위원장 2005년 신문통신노조협의회 지부위원장 2005년 경향신문 정치부 차장대우 2008년 同사회부 차장 2011년 同편집국 정치부장 2012년 同주말기획팀장 2013년 관훈클럽 감사 2013년 경향신문 편집국 정책사회부장 2015년 同편집국 사회에디터(현) **솽**관훈언론상 권력감시부문(2015)

이기순(李基順·女) LEE Ki Soon

생1962·8·14 **출**경기 가평 **주**서울 종로구 세종대로209 여성가족부 기획조정실(02-2100-6060) **학**1985년 고려대 사학과졸 1998년 캐나다 요크대 대학원 여성학과졸 2003년 이화여대 대학원 여성학 박사과정 수료 **경**1987년 문화공보부 국립중앙박물관 근무 1989년 정무제2장관실 기획조정관실 근무 1991년 同제1조정관실 근무 1998년 여성특별위원회 협력조정관실 근무 1998년 여성부 정책조정관실 근무 2001년 同권익증진국 권익기획과장 2003년 대통령비서실 행정관 2005년 여성가족부 정책홍보관리실 재정기획관 2006년 同재정기획팀장(부이사관) 2007년 同정책홍보관리본부 혁신인사기획팀장 2008년 여성부 운영지원과장 2008년 同아동·여성보호대책추진단장 2008년 同권익증진국장(고위공무원) 2009년 同여성경제위기대책단장 2010년 중앙공무원교육원 교육파견(고위공무원) 2011년 여성가족부 가족정책관 2011년 同여성정책국장 2013년 제18대 대통령직인수위원회 여성문화분과 전문위원 2013년 여성가족부 대변인 2015년 同여성정책국장 2016년 同기획조정실장(현)

이기업(李起業) LEE Ki Up

생1955·8·26 **출**서울 **주**서울 송파구 올림픽로43길88 서울아산병원 내분비내과(02-3010-3243) **학**1980년 서울대 의대졸 1984년 同대학원졸 1986년 의학박사(서울대) **경**1980~1984년 서울대병원 인턴 1981~1984년 同내과 레지던트 1984~1986년 同내분비내과 전임의 1986~1988년 캐나다 캘거리대 연구원 1989~2000년 울산대 의대 내과학교실 전임강사·조교수·부교수 2000년 同의대 내과학교실 교수(현) 2007년 서울아산병원 내분비내과 전임의(현) 2011년 同아산생명과학연구소장 2011년 同의생명연구소장 2014~2015년 대한당뇨병학회 이사장 2014년 한국과학기술한림원 정회원(의약학부·현) **솽**함춘의학상, 제10회 에밀 폰 베링 의학대상(2005)

이기연(李基淵) Lee Kiyoun

생1958·4·5 **본**전주(全州) **출**전남 영광 **주**서울 중구 다동길43 한외빌딩13층 여신금융협회(02-2011-0600) **학**1978년 광주 인성고졸 1986년 연세대 법학과졸 1996년 同대학원 법학과졸 2012년 同대학원 법학박사과정 수료 **경**1986년 한국은행 입행 1999년 금융감독위원회 비서실 근무 2000년 금융감독원 도쿄사무소 근무 2004년 同신용감독국 신용분석팀장 2006년 同신용감독국 신용지도팀장 2007년 同은행검사2국 은행1팀장 2009년 同법무실장 2010년 同소비자서비스국장 2011년 同총무국장 2012~2014년 同은행·중소서민감

독담당 부원장보 2014년 여신금융협회 부회장(현) 2016년 同여신금융교육연수원장 겸임(현)

이기열(李起烈) Ki-Youl, Lee

생1962·3·2 **출**경북 의성 **주**세종특별자치시 노을6로8의14 국세청 심사2담당관실(044-204-2771) **학**관악고졸, 세무대학졸(1기), 경기대졸, 경희대 테크노경영대학원졸 **경**세무공무원 임용(8급 특채), 북대구세무서 근무, 국세청 자료관리관실 근무, 수원세무서 조사2과장 2007년 중부지방국세청 총무과 혁신담당 2010년 同영지원과 인사계장(서기관) 2011년 진주세무서장 2012년 중부지방국세청 조사3국 조사2과장 2013년 대통령비서실 파견 2013년 중부지방국세청 신고분석1과장 2014년 同조사2국 조사2과장 2014년 서울지방국세청 조사2국 조사관리과장 2015년 국세청 소득지원국 소득관리과장 2015년 同납세자보호관실 심사2담당관(현)

이기열(李基列)

생1965·7·11 **주**경기 성남시 분당구 성남대로343번길9 SK주식회사 C&C 임원실(02-6400-0114) **학**한양대 산업공학과졸, 同대학원 산업공학과졸 **경**1991년 쌍용정보통신 근무 1996년 SK텔레콤 근무 2000년 IBM GTS 근무 2007년 SK C&C Value Offering팀장 2010년 同전략OS본부장(상무) 2014년 同전략사업부문장(전무) 2015년 SK주식회사 C&C 전략사업부문장(전무) 2016년 同금융·Cloud사업부문장 겸 Cloud사업본부장(전무) 2016년 同Digital·금융사업부문장 겸 Digital마케팅본부장(현)

이기영(李基榮) LEE Ki Young

생1959·5·4 **출**충북 충주 **주**서울 서대문구 연세로50의1 연세암병원 마취통증의학과(02-2228-2421) **학**1985년 연세대 의대졸 1990년 同대학원졸 2006년 의학박사(충남대) **경**1985~1988년 세브란스병원 인턴·마취과 레지던트 1989~1992년 공군 군의관 1992~2001년 연세대 의대 마취통증의학교실 연구강사·전임강사·조교수 2002년 同의대 마취통증의학교실 부교수·교수(현) 2016년 연세대의료원 연세암병원 마취통증의학과장(현)

이기옥(李基沃) LEE KI OK (亞雲)

생1967·2·10 **본**함평(咸平) **출**전남 무안 **주**서울 서초구 서초대로74길11 삼성전자 DS부문 법무지원팀(02-2255-0114) **학**1985년 전남고졸 1990년 성균관대 법대졸 2008년 同경영대학원졸 **경**1992년 사법시험 합격(34회) 1995년 사법연수원 수료(24기) 1995년 부산지검 검사 1997년 창원지검 통영지청 검사 1998년 서울지검 검사 2001년 수원지검 검사 2002년 삼성 기업구조조정본부 법무팀 상무보 2005년 同기업구조조정본부 법무실 상무 2006년 삼성그룹 사장단협의회 법무실 상무 2008~2009년 미국 Univ. of Washington Law School Visiting Scholar 2010년 삼성전자 경영지원실 법무팀 상무 2011년 同경영지원실 법무팀 전무 2013년 同디바이스솔루션(DS)부문 법무지원팀장(전무) 2016년 同디바이스솔루션(DS)부문 법무지원팀 고문(현)

이기옥(李起玉)

생1969·9·28 **출**충남 예산 **주**서울 강남구 영동대로517 아셈타워 법무법인(유) 화우(02-6003-7586) **학**1987년 천안고졸 1993년 연세대 법학과졸 **경**1996년 사법시험 합격(38회) 1999년 사법연수원 수료(28기) 1999년 서울지검 북부지청 검사 2001년 대전지검 서산지청 검사 2002년 울산지검 검사 2004년 수원지검 검사 2006년 서울중앙지검 검사 2009년 청주지검 검사 2011년 대검찰청 연구관 2012년 수원지검 평택지청 부장검사 2014년 대구지검 형사4부장 2015년 수원지검 안산지청 부장검사 2016년 법무법인(유) 화우 파트너변호사(현)

이기완(李基完) Lee Gi Wan

생1966·8·12 **본**전주(全州) **출**전북 무주 **주**전남 순천시 중앙로166 CBS 전남방송본부(061-901-1000) **학**1982년 전북 신흥고졸 1989년 충남대 사회학과졸 **경**1990년 CBS PD 입사 1997~1998·2012~2015년 한국PD연합회 전북도협회장 1998~1999년 CBS 노조 전북지부장 2003년 同전북방송본부 보도제작국 차장 2007~2015년 同전북방송본부 보도제작국 편성팀장 2014~2015년 同전북방송본부 보도국 특임국장 겸 편성팀장 2015년 전주

신흥고총동문회 사무총장(현) 2015년 CBS 전남방송본부 본부장(현) ⓢ전국시장군수협의회 선정 지방분권과 지방자치발전기여 언론인상(2003), 전북도학교운영위원회협의회 시민교육상(2003), 민주언론운동전북시민연합 선정 '올해의 좋은 방송'(2004), 한국방송프로듀서연합회 전북지부 선정 '올해의 프로듀서상'(2005·2007·2008·2012·2013·2014), CBS 노컷뉴스 특별상(2007), CBS 우수프로그램상(2007), 이달의 PD상(2009), CBS 우수직원상(2015) ⓢ기독교

이기우(李基雨) LEE Gi Woo

ⓢ1948·3·25 ⓑ경주(慶州) ⓞ경남 거제 ㈜인천 동구 재능로178 인천재능대학교 총장실(032-890-7001) ⓗ1967년 부산고졸 1988년 안양대 행정학과졸 1994년 부산대 교육대학원졸 2001년 교육학박사(경성대) 2003년 명예 경영학박사(한국해양대) ⓚ1967~1978년 체신청·거제교육청·성포중·지세포중·경남도교육청 근무 1978~1987년 경남도교육청·진주여고·창원기계공고·문교부 근무(행정사무관) 1987~1989년 한국해양대 서무과장(서기관) 1989~1991년 문교부 편수관리관실 과장 1991~1993년 교육부 행정관리담당관 1993~1994년 同총무과장 1994~1995년 충북대 사무국장(부이사관) 1995~1996년 교육부 공보관 1996~1997년 부산시교육청 부교육감(이사관) 1997~1998년 교육부 지방교육행정국장 1998년 대통령직인수위원회 전문위원 1998~1999년 교육공무원인사위원회 위원 1998년 교육부 교육환경개선국장(이사관) 1999년 同교육자치지원국장(이사관) 1999~2001년 同기획관리실장(관리관) 2001~2003년 교육인적자원부 기획관리실장(관리관) 2003~2004년 同정책자문위원회 기획재정분과위원장 2003~2004년 한국교직원공제회 이사장 2004~2006년 국무총리 비서실장(차관급) 2006년 교육인적자원부 차관 2006년 인천재능대 총장(현) 2010~2014년 한국전문대학교육협의회 회장 2015~2016년 WCC21총장협의회 회장 2015~2016년 (사)한국전문대학법인협의회 회장 2016년 한국전문대학교육협의회 제19대 회장(현) ⓢ근정포장(1977), 대통령표창(1985), 녹조근정훈장(1985), 황조근정훈장(2002), 한국비서협회 공로상(2011), 한국비서협회 베스트리더상(2014), 한국인터넷기자협회 교육부문 사회공헌상(2014), 태촌문화대상 교육부문대상(2015), 월간조선 주최 '한국의 미래를 빛낼 CEO' 참교육 부문대상(2015), 대한민국경제리더대상 인재경영부문 대상(2015), 국회 교육문화체육관광위원회 감사패(2015), TV조선 '한국의 영향력 있는 CEO' 인재경영부문(2016)

이기우(李基雨) Lee, Ki-Woo

ⓢ1951·9·14 ⓞ충북 옥천 ㈜대전 유성구 가정로152 한국에너지기술연구원 원장실(042-860-3000) ⓗ1970년 대전고졸 1975년 부산대 기계공학과졸 1982년 충남대 대학원 기계공학과졸 1987년 기계공학박사(충남대) ⓚ1976~1978년 한국원자력연구소 연구원 1979년 한국항공기술연구소 연구원 1980~2012년 한국에너지기술연구원 실장·부장·센터장 1988~1989년 미국 Univ. of California, Irvine 박사 후 연구원 1995~2006년 충남대 겸임교수 1998~2010년 在美한인과학자협회 에너지분과 한국측 공동의장 2001년 충남도 중소기업기술 자문위원 2004~2006년 대한기계학회 히트파이프연구회장 2005년 미국 Texas Tech Univ. 객원연구원 2005~2007년 과학기술부 연구개발평가 전문위원 2008년 기획재정부 기후변화협약대응기술평가 전문위원 2009년 특허청 특허기술상선정심사위원회 위원 2012년 서울시 자원회수시설 자문위원 2012~2013년 에너지관리공단 에너지합리화사업자금추천 심사위원 2013년 한국에너지기술연구원 전문연구위원 2013년 同원장(현) ⓢ대한설비공학회 우수논문상(2회), 교육과학기술부장관표창(2008), 지식경제부장관표창(2011)

이기우(李基雨) LEE Kee Woo

ⓢ1952·8·12 ⓑ덕산(德山) ⓞ대구 ㈜서울 강남구 테헤란로87길58 컨벤션별관4층 그랜드코리아레저 대표이사실(02-3466-6100) ⓗ1972년 대구 계성고졸 1976년 연세대 행정학과졸 1978년 서울대 행정대학원 행정학과졸(석사) 1986년 미국 시라큐스대 대학원 정치학·행정학과졸(석사) 2014년 정치학박사(경기대) ⓚ1977년 행정고시 합격(19회) 1977년 국방부 근무 1991년 대통령 정무수석실 근무 1992년 공보처 해외공보관 제작과장 1992년 駐토론토 공보관 1996년 해외공보관 외신과장 1997년 공보처 여론과장 1998년 駐샌프란시스코 공보관 1999년 駐뉴욕 공보관 2000년 駐러시아 문화홍보원장 2003년 駐미국 홍보참사관 2005년 중앙공무원교육원 고위정책과정 파견 2006년 駐브라질 참사관 2007년 駐중국 홍보공사 2010년 문화체육관광부 고위공무원 퇴직 2010~2013년 한국카지노협회 부회장 2013년 아주대 국제대학원 초빙교수 2014~2015년 언론중재위원회 위원 2015년 그랜드코리아레저 대표이사(현) ⓢ홍조근정훈장(2010) ⓕ'더 큰 대한민국을 꿈꾸다'(2011) ⓢ불교

이기우(李琦雨) KI WU LEE

ⓢ1956·9·10 ⓑ경주(慶州) ⓞ울산 ㈜인천 남구 인하로100 인하대학교 법학전문대학원(032-860-7865) ⓗ1975년 경기고졸 1980년 동국대 법대 법학과졸 1983년 同대학원 법학과졸 1989년 법학박사(독일 뮌스터대) ⓚ1990년 한국지방행정연구원 주임연구원 1990~2001년 한국지방자치학회 상임이사 1991~2000년 인하대 사회교육과 조교수·부교수 1998년 한국YMCA전국연맹 지방자치위원장 1999년 미국 오리건주립대 대우교수 2000~2007년 인하대 사회교육과 교수 2002~2003년 한국지방자치학회 부회장 2003~2007년 대통령소속 정부혁신지방분권위원회 위원 2004~2007년 조례연구소 소장 2004~2008년 대통령직속 지방이양추진위원회 위원 2005~2009년 법제처 법령해석심의위원회 위원 2007년 인하대 법학부 교수, 同법학전문대학원 교수(현) 2007~2008년 한국공법학회 부회장 2010~2011년 경제정의실천시민연합 정책위원장 2010년 인하대 정석학술정보관장 2010년 한국일보 시사칼럼 필진 2011~2013년 인하대 법학전문대학원장 2011~2012년 대한교육법학회 회장 2014년 경제정의실천시민연합 중앙위원회 부의장(현) 2014년 국가평생교육진흥원 이사(현) 2015년 대통령소속 지방자치발전위원회 위원(현) 2016년 조선일보 '열린토론' 필진(현) ⓢ홍조근정훈장(2013) ⓕ'지방자치 행정법'(1992) '지방자치이론'(1994) '지방분권과 시민참여'(2004) '한국지방자치론' '지방자치법'(2007) '지방행정체제개편론'(2009) '분권적 국가개조론'(2014)

이기웅(李起雄) YI Ki Ung

ⓢ1940·9·30 ⓞ서울 ㈜경기 파주시 회동길145 아시아출판문화정보센터 파주출판도시(031-955-0050) ⓗ1960년 강릉상고졸 1964년 성균관대 철학과졸 1997년 고려대 언론홍보대학원 수료 ⓚ1971년 도서출판 열화당 설립·대표 1979년 대한출판문화협회 이사 1980년 출판협동조합 이사 1981년 대한출판문화협회 상무이사 1984년 서울예술전문대 강사 1984~1994년 한국출판금고 이사 1986년 출판연구소 이사 1987년 출판저널 편집인 1989년 한국출판문화산업단지건설추진위원회 위원장 1990년 대한출판문화협회 부회장 1990~1996년 한국출판협동조합 이사장 1991년 파주출판문화산업단지사업협동조합 이사장 1992년 대한출판문화협회 이사 1996년 한국출판유통(주) 운영위원장 2003~2013년 파주출판도시·출판도시문화재단 이사장 2005년 2005프랑크푸르트도서전 주빈국조직위원회 집행위원장 2008~2010년 외교통상부 문화외교자문위원 2013년 파주출판도시 명예이사장(현) 2014년 무형유산창조협력위원회 위원장 2016년 同위원(현) ⓢ한국출판학회상, 대통령표창, 중앙언론문화상, 대한민국 문화예술상, 한국출판문화상, 한국가톨릭매스컴상, 제20회 인촌상·언론출판부문(2006), 김세중 한국미술저작·출판상(2012), 21세기대상 특별상(2013), 자랑스러운 ROTCian상(2013), 은관문화훈장(2013) ⓕ'출판도시를 향한 책의 여정' 사진집 '세상의 어린이들' ⓥ'풍속의 역사'(共) '안중근 전쟁 끝나지 않았다' ⓢ기독교

이기웅(李基雄) LEE Ki Woong

ⓢ1955·3·16 ㈜전남 순천시 중앙로255 순천대학교 농업경제학과(061-750-3272) ⓗ1981년 전남대 농업경제학과졸 1983년 同대학원졸 1990년 경제학박사(전남대) ⓚ1985년 순천대 생명산업과학대학 농업경제학과 교수(현) 1994~1995년 미국 미조리대 농업경제학과 객원교수 1996~1998년 순천대 영농교육원장 1996~2000년 한국농업경제학회 이사 1999~2000년 순천대 평생교육원장 1999~2001년 同지역개발연구소장 2001~2002년 미국 오레곤대 객원교수 2002~2004년 순천대 학생처장 2015년 전국농업마이스터대학학장협의회 회장(현) ⓕ'21C 통일시대의 농림해양수산정책'(1997) '마늘 수지맞는 기술과 경영'(1998) '양파고소득을 위한 기술과 경영'(1998) '농업경영혁신의 길'(1998) '농업경영학'(2003) '인류의 식량'(2003) '알기쉬운 농업경제의 이해'(2004) '농산업경영 투자분석론'(2006) '친환경 바이오산업개론'(2006) '농산물유통 및 실습'(2007) '세계의 쌀:생산과 수출'(2007)

이기원(李起原) LEE Ki Won

ⓢ1971·7·28 ⓞ서울 ㈜경기 성남시 분당구 성남대로2번길12 네오위즈게임즈 임원실(031-8023-6985) ⓗ1990년 보성고졸 1998년 명지대 무기재료공학과졸, 고려대 대학원 경영학과졸 ⓚ1997년 (주)네오위즈 입사, 同사업기획부장 2006년 (주)네오위즈재팬 사업기획부장 2010~2013년 (주)네오위즈인터넷 대표이사 2013년 네오위즈게임즈 최고운영책임자(COO) 2013년 同대표이사(CEO)(현) ⓢ천주교

이기인(李基仁) LEE Ki In

[생]1961·10·5 [출]충남 서천 [주]서울 서초구 서초대로74길4 삼성생명서초타워15층 삼성스포츠단(02-2255-8982) [학]2003년 서울시립대 경영학과졸 2007년 고려대 경영대학원졸(MBA) [경]1984년 제일모직 입사 2000년 同총무팀장 2007년 同홍보담당 상무보, 同홍보담당 상무 2010년 (주)에이스디지텍 제조지원실장(상무) 2010년 삼성스포츠단 상무(현) [상]제6회 한국IR대상 Best IRO상(2006)

이기일(李基日)

[생]1964·4·29 [출]충남 공주 [주]세종특별자치시 도움4로13 보건복지부 대변인실(044-202-2020) [학]1983년 국립철도고졸 1992년 건국대 행정학과졸 2005년 미국 오레곤대 대학원 행정학과졸 2011년 보건학박사(인제대) [경]1993년 행정고시 합격(37회) 1995년 국립의료원·식품의약품안전본부 사무관 1997년 보건복지부 재활지원과 사무관 1998년 제2의건국범국민추진위원회 파견 1999년 보건복지부 보험정책과 사무관 2000년 同차관 비서관 2003년 미국 오레곤대 파견 2005년 보건복지부 노인요양제도과 서기관 2005년 同정책홍보관리실 성과관리팀장 2006년 同저출산고령사회정책본부 기획총괄팀장 2006년 대통령비서실 행정관 2008년 보건복지가족부 보육정책과장 2009년 同인사과장 2010년 보건복지부 인사과장 2010년 同나눔정책추진단장 2012년 대통령실장실 선임행정관 2013년 미국 랜드연구소 파견 2014년 보건복지부 보육정책관 2016년 同대변인(현)

이기정(李基晶) LEE Ki Jeong

[생]1959·7·30 [출]경남 진해 [주]서울 성동구 왕십리로222 한양대학교 영어영문학과(02-2220-0777) [학]1978년 우신고졸 1983년 한양대 영어영문학과졸 1990년 미국 미네소타대 대학원졸 1992년 언어학박사(미국 미네소타대) [경]1994년 한양대 영어영문학과 교수(현) 2001년 同비서실장 겸 국제협력실장 2003년 同국제어학원장 2004년 同국제협력실장 2004년 한국대학교류협회 회장 2006년 한국음운론학회 회장 2010년 한양대 국제협력처장, 同국제처장(현) [종]기독교

이기종(李起宗) RHEE, KI JONG (海百)

[생]1956·4·8 [본]전주(全州) [출]경기 양주 [주]서울 성북구 정릉로77 국민대학교 교육학과(02-910-4736) [학]1976년 동두천고졸 1981년 고려대 교육학과졸 1984년 同교육대학원졸 1992년 교육학박사(미국 일리노이대) [경]1983년 한국교육개발원 연구원보 1992년 KBS 객원연구원 1995~2001년 국민대 사범대학 교육학과 조교수·부교수·교수 1998~2001년 교육부 대학수학능력시험문제출제단 평가부위원장 2001년 국민대 문과대학 교육학과 교수(현) 2003년 교육인적자원부 수능출제관리개선기획단 분과위원 2009년 한국조사연구학회 회장 2011년 대학기관평가인증위원장 2011년 교원양성기관평가위원장 2011년 학교평가컨설팅위원장 [저]'구조방정식모형'(2000, 교육과학사) '의학교육학용어집'(2003, 한국의학교육학회) '구조방정식모형 : 인과성, 통계분석 및 추론'(2005, 국민대 출판사)

이기주(李奇周) LEE Ki Joo

[생]1959·3·22 [본]합천(陝川) [출]경남 사천 [주]경기 과천시 관문로47 정부과천청사2동 방송통신위원회 상임위원실(02-2110-1230) [학]1978년 경성고졸 1982년 고려대 행정학과졸 1990년 서울대 행정대학원졸 1996년 미국 조지워싱턴대 대학원 통신정책학과졸(석사) 2012년 정책학박사(미국 조지워싱턴대) [경]1981년 행정고시 합격(25회) 1986~1992년 체신부 우정국·전파관리국 사무관 1992년 대전EXPO조직위원회 전기통신부장 1994년 체신공무원교육원 교학과장 1996년 정보통신부 대외협력담당관 1997~1999년 同초고속망구축과장·정보화제도과장·정보화지원과장 1999년 同통신기획과장 2002년 세계은행 파견 2005년 정보통신부 중앙전파관리소장 2005년 同홍보관리관 겸 통신방송융합기획단장 2007년 同전파방송기획단장 2007년 同통신전파방송정책본부장 2008년 방송통신위원회 이용자네트워크국장 2009년 同이용자보호국장(고위공무원) 2009~2010년 同기획조정실장 2010~2012년 김앤장법률사무소 고문 2011~2012년 서강대 언론대학원 겸임교수 2012~2014년 한국인터넷진흥원 원장 2013년 한국PKI(Public Key Infrastructure)포럼 의장 2014년 방송통신위원회 상임위원(차관급)(현) [상]근정포장(1992), 홍조근정훈장(2006)

이기주(李起柱)

[생]1959·5·10 [출]경남 [주]인천 부평구 길주로511 부평경찰서 서장실(032-363-1321) [학]1977년 사천 곤양고졸 2004년 경기대 법학과 중퇴 [경]1982년 순경 임용(공채) 1994년 경위 승진 2006년 경남 진주경찰서 생활안전과장 2006년 경정 승진 2008년 서울 서부경찰서 정보보안과장 2008년 국무총리실 파견 2011년 경찰청 아동계장 2014년 경남 하동경찰서장 2015년 경기지방경찰청 정보과장(총경) 2016년 인천 부평경찰서장(현)

이기준(李基俊) LEE Ki Jun

[생]1938·7·28 [본]고성(固城) [출]충남 아산 [주]서울 강남구 테헤란로305 한국기술센터15층 한국공학한림원(02-6009-4000) [학]1957년 서울대사대부고졸 1961년 서울대 공대 화학공학과졸 1964년 同대학원 화학공학과졸 1966년 미국 미시간대 대학원 화학공학과 수료 1971년 화학공학박사(미국 워싱턴대 시애틀교) 2000년 명예 철학박사(일본 北海道大) [경]1963~1965년 금속연료종합연구소 연구원 1971~1982년 서울대 공대 조교수·부교수 1973~1979년 문교부 교육정책심의회 전문위원 1973년 국무총리실 정책심의회 연구위원 1976년 아태지역공학교육협회 사무총장 1978년 IBRD주관 한국공학교육연구단장 1981년 경제기획원 정책자문위원 1982년 미국 미시간주립대 초빙교수 1982~2003년 서울대 화학공학과 교수 1985~1989년 同중앙교육연구전산원장 1989~1993년 同공과대학장 1992년 전국공대학장협의회 회장 1993~1997년 한국유변학회 회장 1994~1996년 한국공학기술학회 회장 1994년 대통령 교육개혁위원 1996~2004년 한국공학한림원 회장 1997년 국가과학기술자문회의 자문위원 1998~2002년 서울대 총장 1998년 LG화학 사외이사 1999년 민주평통 자문위원 2000~2002년 한국공학교육인증원(ABEEK) 이사장 2001년 한국대학교육협의회 회장 2001~2005년 한국산업기술재단 이사장 2001년 대통령자문 국민경제자문회의 위원 2001년 사이언스북스타트운동 공동대표 2003년 서울대 명예교수 2004년 한국공학한림원 명예회장(현) 2005년 부총리 겸 교육인적자원부 장관 2005년 스웨덴 왕립공학한림원 회원(현) 2005년 호주 공학한림원 회원(현) 2005년 귀뚜라미문화재단 이사장 2008~2011년 한국과학기술단체총연합회 회장 2012년 한국산업기술대 이사장 2015년 한국과학기술단체총연합회 명예회장(현) [상]대통령표창, 국민훈장 목련장, 청조근정훈장, APRU 총장회의 공로상, 서울대총동창회 관악대상 협력부문(2014) [저]'화학공학요론'(共) '반응공학'(共) '이동현상'(共) '공학기술복합시대'(共) [종]기독교

이기준(李基俊)

[생]1962·1·5 [주]서울 서초구 효령로5 서울메트로 안전관리본부(02-6110-5161) [학]1986년 건국대 법학과졸 2008년 서울시립대 경영대학원졸 [경]2010년 서울메트로 경영기획실장 2014년 同인사노무처장 2015년 同통합혁신추진지원단 처장 2016년 同안전관리본부장(현)

이기중(李起中) LEE Kee Joong

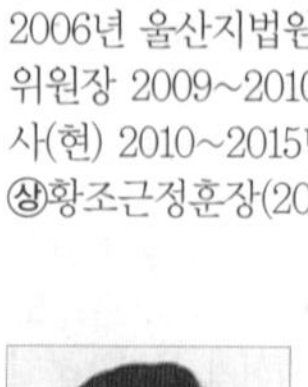

[생]1953·5·19 [본]성산(星山) [출]경남 창원 [주]부산 연제구 법원로28 법조타운빌딩12층 법무법인 정인(051-911-6161) [학]1970년 부산고졸 1974년 서울대 법대졸 [경]1976년 사법시험 합격(18회) 1978년 사법연수원 수료(8기) 1978년 대전지법 판사 1980년 同강경지원 판사 1982년 대전지법 판사 1983년 부산지법 판사 1987년 대구고법 판사 1989년 부산고법 판사 1991년 대법원 재판연구관 1992년 부산지법 울산지원 부장판사 1994년 부산지법 부장판사 1998년 울산지법 부장판사 2000년 부산고법 부장판사 2002년 부산지법 수석부장판사 직대 2004년 同동부지원장 2005년 부산고법 수석부장판사 2006년 울산지법원장 2007년 부산지법원장 2007년 부산시선거관리위원회 위원장 2009~2010년 부산고법원장 2010년 법무법인 정인(正人) 대표변호사(현) 2010~2015년 부산은행 사외이사 2015년 (재)부산문화재단 이사(현) [상]황조근정훈장(2010) [종]천주교

이기중(李基中) LEE Ki Gung

[생]1962·1·15 [본]전주(全州) [출]강원 원주 [주]강원 정선군 정선읍 녹송로27 정선소방서(033-560-6100) [학]대성고졸, 삼척공업전문대학 화학공학과졸 [경]1985년 소방공무원 임용, 원주소방서 근무, 홍천소방서 근무, 강원도 소방본부 근무, 영월소방서 구조구급담당, 同방호담당, 원주소방서 예방담당, 강원도 소방본부 소방행정과 소방교육계담당 2011년 원주소방서 현장

지휘대장(지방소방정) 2012년 강원도 소방안전본부 소방행정과 기획예산계 지방소방령 2015년 정선소방서장(현) [상]행정자치부장관표창, 강원도지사표창, 행정안전부장관표창(2012), KBS 춘천방송총국장표창 개인부문(2013)

이기찬(李基燦) LEE Kee Chan

[생]1937·11·3 [출]서울 [주]서울 성북구 안암로145 고려대학교(02-3290-1114) [학]1956년 경기고졸 1963년 고려대 의과대학 의학과졸 1967년 同의과대학원졸 1975년 의학박사(고려대) [경]1971~1984년 고려대 의대 전임강사·조교수·부교수 1984~2003년 同교수 1988년 고려대 구로병원 진료부장 1989년 同구로병원장 1990년 대한신경외과학회 이사장 1992년 고려대 의과대학장 1992~1994년 한국신경생물학회 부회장 1997~1999년 고려대 의무부총장 겸 의료원장 2003년 同명예교수(현) 2010~2015년 손해보험협회 의료심사위원장 [상]옥조근정훈장, 베트남 보국훈장 [종]천주교

이기창(李基昌) Ki-Chang Lee

[생]1962·8·1 [주]경기 수원시 영통구 센트럴타운로114의6, 201호 연합뉴스 경기취재본부(031-224-2020) [학]1981년 성남서고졸 1985년 성균관대 행정학과졸 [경]1989년 연합통신 편집국 수습기자(9기) 1990~1994년 同경제2부·경제1부·정치부 기자 1994년 YTN 파견 1996년 연합통신 외신2부 기자 1999년 연합뉴스 외신2부 기자 1999년 同국제뉴스2부 기자 1999년 同카이로특파원 2001년 同카이로특파원(차장대우) 2002년 同특신부 차장대우 2003년 同특신부 차장 2005년 同워싱턴특파원(차장) 2006년 同워싱턴특파원(부장대우) 2008년 同논설위원 2008년 同영상취재부장 2009년 同영상뉴스부장 2011년 同사회부장 2011년 同논설위원 2011년 연합뉴스TV 보도국 뉴스진행부장 2012년 연합뉴스 논설위원(부국장대우) 2013년 同기획조정실 저작권팀 기획위원(부국장대우) 2013년 同뉴미디어본부장 2015년 同편집국 국제에디터 2015년 同경기취재본부장(현)

이기창(李基昌) Lee Ki Chang

[생]1963·9·16 [출]전남 장흥 [주]경기 수원시 장안구 창룡대로223 경기지방경찰청(031-888-2111) [학]광주 서석고졸 1986년 경찰대학 법학과졸(2기) [경]제주지방경찰청 생활안전과장, 경찰대학 지도교관, 서울지방경찰청 경비과 경비계장, 同김포국제공항경찰대 보안과장, 同교통순찰대장 2004년 총경 승진 2005년 강원 태백경찰서장 2006년 강원 고성경찰서장 2007년 경찰청 정보국 정보4과장 2008년 경찰대학 파견 2008년 서울 종암경찰서장 2010년 경찰청 정보4과장 2011년 국외교육훈련 파견(경무관) 2013년 강원지방경찰청 차장 2014년 경기지방경찰청 제3부장 2014년 서울지방경찰청 교통지도부장 2015년 경기지방경찰청 제1차장(치안감)(현)

이기천(李起泉) Lee, Kie-cheon

[생]1956·9·16 [학]1980년 한국외국어대 영어과졸 [경]1979년 외무고시 합격(13회) 1979년 외무부 입부 1982년 駐우루과이 2등서기관 1987년 駐멕시코 2등서기관 1992년 駐오스트리아 참사관 1996년 외무부 전산담당관 1997년 同국제연합경제과장 1998년 외교통상부 군축원자력과장 1998년 駐UN 참사관 2002년 국무조정실 파견 2003년 외교통상부 정책기획담당심의관 2004년 駐뉴욕 부총영사 2008년 駐우루과이 대사 2011년 경남도 국제관계자문대사 2012년 국립외교원 경력교수 2013~2016년 駐밴쿠버 총영사 [상]외무부장관표창(1989)

이기철(李起撤) Lee Kee Choul

[생]1947·3·12 [출]충남 천안 [주]충남 예산군 삽교읍 도청대로600 충청남도의회(041-635-5227) [학]1965년 천안공고졸 1992년 한남대 대학원 경영자과정 수료 2005년 선문대 경영학과 중퇴(4년), 同행정대학원 행정학 석사과정 수료 [경]아산기계 대표, 한국종합축산공사 설립, 해병전우회 아산지회장 2006·2010년 충남도의회 의원(한나라당·새누리당) 2010년 同교육위원회 위원 2012년 황해경제자유구역청 조합회의장(현) 2014년 충남도의회 의원(새누리당·무소속)(현) 2014년 同행정자치위원회 위원 2014~2015년 同예산결산특별위원회 위원 2016년 同문화복지위원회 위원(현) [상]한국지역신문협회 의정대상(2010)

이기철(李基哲) LEE Key-cheol

[생]1957·10·15 [출]경북 안동 [주]서울 종로구 사직로8길60 외교부 인사운영팀(02-2100-7136) [학]1976년 중앙고졸 1984년 서울대 법학과졸 1989년 미국 위스콘신대 대학원 행정학과졸 [경]1985년 외무고시 합격(19회) 1985~1991년 외교통상부 북미과·조약과·인사과 사무관 1991년 駐영국 2등서기관 1993년 駐리비아 1등서기관 1996년 외교통상부 인사과 서기관 1997년 同북미1과 서기관 1998년 駐유엔대표부 1등서기관 2001년 駐이스라엘 참사관 2003년 외교통상부 대북정책과장 2004년 駐오스트리아 참사관 2006년 유엔거버넌스센터 파견 2008년 외교통상부 아중동국 심의관 2008년 同재외동포영사국 심의관 2009년 同조약국장 2010년 同국제법률국장 2011~2014년 駐네덜란드 대사 2014년 외교부 장관 특별보좌관 2015년 同재외동포영사대사 2016년 駐로스앤젤레스 총영사(현) [상]외무부장관표창(1993), 최우수활동보고서상(1995), 근정포장(1997), 외교통상부장관표창(2007), 제1회 올해의 외교인상 현직외교관부문(2009), 대한민국 공무원상(2015)

이기춘(李基春·女) RHEE Kee Choon

[생]1942·11·11 [출]황해 금천 [주]서울 관악구 관악로1 서울대학교 생활과학대학 소비자학과(02-880-6821) [학]1965년 서울대 사범대 가정학과졸 1970년 同대학원 가정관리학과졸 1985년 소비자학박사(서울대) [경]1971~1985년 서울대 가정대 전임강사·조교수·부교수 1978~1979년 미국 아이오와주립대 겸 코넬대 객원교수 1985~2008년 서울대 가정대학·생활과학대학 소비자학과 교수 1989~1993년 同가정대학장 1990~1992년 한국소비자학회 회장 1993~1995년 대한가정학회 회장 1995~1996년 한국여성학회 회장 1996~1998년 세계화추진위원 1999~2007년 소비자정책심의위원 1999년 정부투자기관 운영위원 2007~2010년 소비자정책위원회 위원장 2008년 서울대 명예교수(현) [상]대한가정학회 공로상, 국민훈장 동백장, 한국소비자학회 공로상, 한국소비자학회 최우수논문상, 한국소비자정책교육학회 우수논문상, 중앙일보·한국소비자학회 소비자권익증진경영대상 학술공헌상(2011) [저]'가정경제학' '소비자보호론' '소비자교육론' '소비자교육의 이론과 실제' '소비자 재무설계' '소비자 상담' [역]'소비자와 시장' '소비자주의' '가계재정' [종]기독교

이기춘(李起春)

[생]1959·9·7 [출]광주 [주]전남 나주시 시청길22 나주시청 부시장실(061-339-8211) [학]광주 숭일고졸, 전남대 대학원 행정학과졸 [경]1985년 7급 공채 1993년 전남도 기획관리실 기획관실 근무 1998년 전남 보성군의회 전문위원(지방행정사무관) 2005년 중견관리자과정 파견 2006년 전남도 종합민원실 지방행정사무관 2006년 전남도의회 사무처 지방행정사무관 2008년 전남도 건설방재국 방재과 지방행정사무관 2009년 同기획조정실 법무담당관실 지방행정사무관 2010년 同복지여성국 사회복지과 지방행정사무관 2011년 전남도의회 기획사회수석전문위원 2012년 지방행정연수원 교육훈련(지방행정서기관) 2013년 전남도 기획조정실 법무통계담당관 2014년 同보건복지국 노인장애인과장 2015년 전남 나주시 부시장(현)

이기태(李基泰) LEE Ki Tae

[생]1948·10·7 [출]대전 [학]1967년 보문고졸 1971년 인하대 전기공학과졸 2004년 서울대 최고경영자과정(AMP) 수료 [경]1973년 삼성전자(주) 입사 1983년 同음향품질관리실장 1985년 同비디오생산부장 1994년 同무선부문 이사 1996년 同무선사업부장(상무) 2000년 同정보통신총괄 대표이사 부사장 2001년 同정보통신총괄 사장 2001년 한국휴대폰산업협의회 초대회장 2002년 미국 비즈니스위크誌 「아시아의 스타 25인」에 선정 2002년 삼성전자(주) Telecommunication Network 총괄사장 2002~2009년 한국광산업진흥회 회장 2004년 미국 뉴스위크誌 「무선통신분야의 선구자」로 선정 2004~2007년 삼성전자(주) 정보통신총괄 사장 2005~2008년 한국정보통신산업협회(KAIT) 회장 2006년 한국품질경영학회 명예회장 2006년 서울대·한국공학한림원 선정 '한국을 일으킨 엔지니어 60인' 2007년 삼성전자(주) 기술총괄 부회장(CTO) 2008년 同대외협력담당 부회장 2009년 同상담역 2010~2012년 연세대 국제캠퍼스 글로벌융합학부 IT융합전공 교수 2011~2012년 同미래융합기술연구소장 2013년 창조경제포럼 의장(현) 2013년 KJ프리텍 사외이사 2015년 동양네트웍스 기타비상무이사(현) 2016년 KJ프리텍 사내이사(현) [상]동탑산업훈장(1998), 한국품질경영인대상(2001), 한국능률협회 최고경영자상(2001), 정보통신대상(2001), 금탑산업훈장(2003), 대한민국 경영품질대상 최고경영자상, 전기전자기술사협회(IEEE) 최고산업리더상(2005), 제1회 박제가상(2006) [종]기독교

이기태(李基太) LEE Ki Tae

[생]1956·1·14 [주]서울 동대문구 경희대로26 경희대학교 이과대학 생물학과(02-961-0720) [학]1979년 경희대 생물학과졸 1981년 同대학원 식물학과졸 1990년 이학박사(미국 노스텍사스주립대) [경]1992년 경희대 이과대학 생물학과 조교수·부교수·교수(현), 同입학관리처장 1997년 먹는샘물 심의위원 2000년 한국환경독성학회 상임이사 2015년 경희대 이과대학장(현)

이기택(李起宅) LEE Ki Taik

[생]1959·7·9 [본]전주(全州) [출]서울 [주]서울 서초구 서초대로219 대법원(02-3480-1100) [학]1978년 경성고졸 1982년 서울대 법과대학 법학과졸 1993년 미국 하버드대 법대 국제조세과정 수료 [경]1981년 사법시험 합격(23회) 1984년 사법연수원 수료(14기) 1985년 서울민사지법 판사 1987년 서울지법 동부지원 판사 1989년 마산지법 충무지원 판사 1991년 서울지법 서부지원 판사 1993년 서울민사지법 판사 1995년 법원행정처 사법정책연구심의관 1996년 서울고법 판사 1999년 대구지법 김천지원장, 서울가정법원 판사 2001년 대법원 재판연구관 2003년 서울지법 동부지원 부장판사 2004년 서울동부지법 부장판사 2005년 서울중앙지법 부장판사 2006년 특허법원 부장판사 2007년 同수석부장판사 2008년 서울고법 지적재산권 전담부 부장판사 2014~2015년 서울서부지법원장 2015년 대법원 대법관(현)

이기표(李起杓) LEE Gi Pyo

[생]1961·7·28 [출]전남 광양 [주]광주 남구 중앙로87 광주방송 경영본부(062-650-3114) [학]전남대 일어일문학과졸, 조선대 대학원 신문방송학과졸(석사) [경]1988년 광주일보 입사, 일본 게이오대 매스컴연구소 객원연구원 1994년 광주방송 입사 1999년 同보도부 차장 2004년 同서부지사장 2006년 同보도국 부장 2008년 同보도기획부장 2009년 同보도기획부장(부국장대우) 2010년 同광고사업국장 2012년 同경영광고국장 겸 광고사업팀장 2012년 同서울방송본부장 2016년 同경영본부장 겸 신사옥실무추진단장(이사)(현)

이기헌(李基憲) LEE Ki Heon

[생]1947·12·31 [본]전주(全州) [출]평남 평양 [주]경기 의정부시 신흥로261 천주교 의정부교구청(031-850-1400) [학]1966년 경동고졸 1973년 가톨릭대 신학과졸 1975년 同대학원 신학과졸 [경]1975년 사제 서품 1975~1978년 천호동·상봉동·명동성당 보좌신부 1978~1982년 육군 군종장교 1982년 잠원동성당 주임신부 1987년 석관동성당 주임신부 1990년 일본 東京한인성당 주임신부 1995년 천주교 서울대교구 교육국장 1998년 同서울대교구 사무처장 1999년 주교 서품 1999~2010년 천주교 군종교구장 2010년 同의정부교구장(현) [종]천주교

이기헌(李起憲) LEE Ki Heon (潭鹿)

[생]1955·1·14 [본]부평(富平) [출]경기 오산 [주]서울 중구 충무로14의4, 301호 (사)한국청소년문화체육협회(02-761-9400) [학]1974년 용문고졸 1978년 건국대 축산과졸 1983년 동국대 행정대학원 행정학과졸 [경]1978년 ROTC 16기 육군소위 임관 1982년 전역(육군대위) 1988~1996년 국회 입법보좌관·국회정책연구위원 1996년 국회사무처 정책연구위원 1997년 민주평통 자문위원 1997년 자민련 박태준 총재 비서실 국장 2000년 국무총리실 민정국장 2000년 독일해외연수단장 2008년 대한민국ROTC중앙회 부회장 2008년 한나라당 제18대 국회의원 예비후보(경기 오산시) 2012년 (사)한국청소년문화체육협회 회장(현) [상]스포츠조선 '올해 아름다운 한국인 100인' 선정(2008) [저]'한국공적부조에 관한 연구' [종]기독교

이기헌(李基憲) LEE, Gie Hun

[생]1963·1·27 [본]함안(咸安) [출]충남 홍성 [주]충북 청주시 흥덕구 가로수로1257 충북지방조달청(070-4056-8501) [학]1982년 충남 홍성고졸 1989년 한국외국어대 독일어과졸 [경]1990~2008년 재무부·재정경제부 근무 2008년 금융위원회 금융정책국 산업금융과 근무 2008~2010년 국무총리실 정보비서관실 파견 2010년 금융위원회 행정인사과·금융정책국 금융시장분석과 서기관 2012년 조달청 전자조달국 고객지원팀장 2014년 同대변인 2016년 충북지방조달청장(현) [종]기독교

이기형(李基亨) LEE Ki Hyung

[생]1959·12·23 [본]전주(全州) [출]전북 완주 [주]서울 영등포구 국제금융로6길26 보험개발원(02-3775-9014) [학]1992년 한국외국어대 대학원 경영학과졸 2002년 경영학박사(국민대) [경]1987년 한국손해보험료율산정회 입사 1989년 보험개발원 근무 1994년 同보험연구소 선임연구원 1998년 同해상보험팀장 1999년 同특종보험팀장 2000년 보험연수원 강사 2001년 보험개발원 화재해상보험팀장 2002년 한국감정평가연구원 자문위원 2003년 보험개발원 보험연구소 연구위원 2004년 공정거래위원회 자문위원 2004년 보험개발원 보험연구소 연구조정실장 2005년 同보험연구소 산업연구팀장 2005년 금융감독위원회 금융규제전면재정비규제개혁작업단 민관합동TF 외부전문가 2006년 재정경제부 제로베이스금융규제TFT 팀원 2006년 보험개발원 손해보험본부장 2007년 同보험연구소 선임연구원 2008년 同산업연구실장 2011년 同금융정책실장(선임연구위원) 2015년 同선임연구위원(현)

이기형(李基衡) LEE Ki Hyung

[생]1960·2·18 [주]서울 성북구 인촌로73 고려대학교 안암병원 원장실(02-920-5445) [학]1985년 고려대 의대졸 1989년 同대학원 의학석사 1994년 의학박사(고려대) [경]1985~1988년 고려대병원 인턴·소아과 레지던트 1992~1999년 고려대 의대 소아과학교실 강사·조교수 1996년 미국 노스캐롤라이나대 소아내분비과 연수 1999~2007년 대한소아내분비학회 총무이사 1999년 고려대 의대 소아과학교실 부교수·소아청소년과학교실 교수(현), 同안산병원 소아과 전문의, 同안산병원 소아청소년과 전문의 2004년 同안암병원 소아청소년과 전문의(현) 2008년 대한소아내분비학회 간행이사 2015년 同회장(현) 2016년 고려대 안암병원장(현) [상]한국최고의 경영자대상 사회공헌부문(2016) [저]'소아내분비학'(2004) '소아, 청소년 비만관리 지침서'(2006) '임상비만학'(2008)

이기형(李奇衡) LEE Ki Hyung

[생]1960·9·27 [주]경기 안산시 상록구 한양대학로55 한양대학교 기계공학과(031-400-5251) [학]1983년 한양대 공과대학 기계공학과졸 1986년 同대학원 기계공학과졸 1989년 공학박사(일본 神戶大) [경]1986년 일본 고베대 자연과학연구과 연구조교 1989년 일본 가와사키중공업 기술총괄부 연구원 1990년 닛산자동차중앙연구소 연구원 1993년 한국자동차공학회 편집위원 1993~2001년 한양대 기계공학과 조교수·부교수 1996년 한국액체미립화학회 편집이사 1999년 한국액체미립화학회 사업이사 2001년 산업표준심의회 수송기계부회 전문위원 2001년 한양대 기계공학과 교수(현) 2010년 同ERICA캠퍼스 산학협력실장 겸 창업보육센터 소장 2012년 同학술연구처 부처장 겸 산학협력단 부단장 2015년 同산학협력단장 겸 학술연구처장(현) [저]'레이저응용연소계측'(2001) '2006자동차 환경백서'(2006) '2007자동차환경백서(共)'(2007) [역]'자동차공학'(1998)

이기형(李奇衡) LEE Ki Hyung

[생]1963 [주]서울 강남구 삼성로512 삼성동빌딩19층 (주)인터파크홀딩스(02-6004-6800) [학]1982년 경기고졸 1987년 서울대 자연과학대학 물리천문학과졸 [경]1997년 인터파크 대표이사(현) 2007~2009년 G마켓 의사회 의장 2009~2012년 (주)인터파크INT 대표이사 2011~2015년 한국온라인쇼핑협회 회장 2014~2016년 아이마켓코리아 대표이사 2015년 (주)인터파크홀딩스 대표이사 회장(현) 2015년 카오스재단 이사장(현) [상]대통령표창(1999), 한국전자상거래대상 우수상, 국무총리표창, 정보통신부장관표창, 전자상거래골드브랜드 대상, 인터넷 30주년 공로상, 행정자치부장관표창

이기호(李基鎬) LEE Ki Ho

[생]1953·7·11 [본]전주(全州) [출]서울 [주]서울 서초구 명달로6 휠라코리아(주)(02-3470-9504) [학]1984년 세종대 일어일문학과졸, 연세대 경영전문대학원 최고경영자과정 수료 [경]휠라코리아(주) 상무이사 1997년 同휠라사업본부장(상무) 1999년 同상품기획담당 상무이사 1999년 同전무이사 2003년 同부사장 2007년 同사장 2012년 同공동대표이사 사장 2015년 同경영고문(현) [종]천주교

이기호(李基豪) LEE Ki Ho

[생]1956 · 12 · 22 [본]경주(慶州) [출]경북 군위 [주]경기 남양주시 강변북로842 남양주도시공사 사장실(031-560-1000) [학]1975년 대륜고졸 1982년 영남대 상경대학 경영학과졸 2006년 가천대 대학원 지역개발학과졸 2014년 단국대 대학원 도시계획및부동산학과졸(박사) [경]1982년 한국토지공사 입사 2009년 同기획조정실장 2010년 한국토지주택공사 주거복지부문장 2011년 同홍보고객부문장 2011년 同산업경제본부장(상임이사) 2012년 同경영지원본부장(상임이사) 2013년 메가볼시티자산관리(주) 대표이사 2015년 남양주도시공사 사장(현) [상]건설부장관표창(1994), 건설교통부장관표창(2005), 근정포장(2009) [종]천주교

이기화(李基和) LEE Kie Hwa

[생]1941 · 5 · 28 [출]전남 나주 [주]서울 관악구 관악로1 서울대학교 지구환경과학부(02-880-5008) [학]1959년 광주제일고졸 1963년 서울대 물리학과졸 1975년 지구물리학박사(미국 피츠버그대) [경]1975년 캐나다 Victoria 지구물리연구소 연구원 1978년 서울대 사범대학 조교수 1981~1988년 同자연과학대학 조교수 · 부교수 1988~2006년 同지구환경과학부 교수 1994년 대한지하수환경학회 편집위원장 1998년 대한지구물리학회 회장 2006년 서울대 명예교수(현), 법보신문 논설위원(현) 2016년 대한민국학술원 회원(지구물리학 · 현) [상]과학기술부장관표창, 근정포장(2012), 3 · 1문화상 학술상 자연과학부문(2013) [저]'Geology of Korea'(共) '진동 및 내진설계'(共) [종]불교

이기화(李基和) LEE Ki Hwa

[생]1959 · 9 · 3 [출]서울 [주]서울 종로구 종로26 SK루브리컨츠 임원실(02-2121-6114) [학]1979년 환일고졸 1983년 서울대 무역학과졸 [경]2000년 SK(주) E-Project실 무팀장 · 미국 휴스턴사무소 원유제품담당 · 원유트레이딩팀장 2003년 同정책협력팀장(상무) 2005년 同E&M전략본부장(상무) 2007년 同R&I전략담당본부장(상무) 2008년 SK에너지(주) 석탄광물사업부장(상무) 2009년 同TOPTeamCoordination실장 2010년 同경영전략실장 2010년 SK이노베이션 E&P사업부문장 2013년 SK에너지 마케팅본부장 2014년 SK루브리컨츠 대표이사 사장(현) [종]천주교

이기환(李起桓) Lee Ki-Hwan

[생]1955 · 2 · 17 [출]대구 [주]경북 경산시 하양읍 가마실길 50 경일대학교 소방방재학과(053-600-5400) [학]1973년 영남고졸 1991년 한국방송통신대 행정학과졸 1993년 경북대 행정대학원 도시행정학과졸 2003년 지역사회개발학박사(대구대) [경]1979년 소방간부후보생(2기) 1995~2002년 대구시 중부소방서장 · 서부소방서장 · 북부소방서장 · 동부소방서장 2003년 중앙소방학교 교학과장 2004년 부산시 소방본부 방호과장, 국가재난관리시스템기획단 근무, 소방방재청 개청준비단 근무, 同대응기획과장 2005년 부산시 소방본부장 2007년 국방대 장기교육훈련 파견 2008년 소방방재청 소방정책국장 2009년 서울시 소방재난본부장 2009년 소방방재청 차장 2011~2013년 同청장 2013년 경일대 소방방재학과 특임교수 2013년 同소방방재학과 객원교수(현) [상]내무부장관표창, 홍조근정훈장(2004), 황조근정훈장(2013) [저]'핵심소방법'(編) '최신소방법해설'(編) '해설소방법규'(編)

이기환(李基煥)

[생]1957 · 8 · 1 [출]전남 순천 [주]전남 순천시 백강로38 전남도청 동부지역본부(061-286-7100) [학]전남대 행정대학원졸(석사), 목포대 일반대학원졸(박사) [경]1976년 공무원 임용 1976~1987년 전남 순천시 근무 1996~1999년 전남 구례군 민원봉사과장 2007년 전남도 토지관리과장 2011년 同관광정책과장 2013년 전남 담양군 부군수 2015년 전남도 관광문화체육국장 2016년 同동부지역본부장(현)

이기환(李起煥) LEE Ki Hwan

[생]1961 · 8 · 20 [출]서울 [주]서울 중구 정동길3 경향신문 논설위원실(02-3701-1071) [학]중동고졸 1987년 성균관대 기계공학과졸 2008년 한양대 대학원 문화인류학과졸 [경]1998년 경향신문 체육부 차장대우 2001년 同문화부 차장대우 2001년 同문화부 차장 2003년 同문화부장 2005년 同스포츠칸본부 체육부장 2006년 同논설위원 2008년 同편집국 문화1부 선임기자(부장급) 2009년 同편집국 문화1부 선임기자(부국장급) 2009년 同전국부장 2011년 同편집국 문화 · 체육에디터 2012년 同스포츠경향 편집국장 겸임 2013년 同편집국 문화 · 체육담당 선임기자 2014년 同편집국 사회에디터 2015년 同논설위원(현) [저]'끝없는 도전' '우리 큰형 이야기'(1998, 당그래) '아버지의 얼굴'(2002, 한걸음) '한국사미스터리'(2004, 황금부엉이) '코리안루트를 찾아서'(2009, 성안당) '분단의 섬, 민통선'(2009, BM책문) '한국사기행'(2010, 책문)

이기흥(李起興) Lee Kee Heung

[생]1955 · 1 · 3 [출]대전 [주]서울 송파구 올림픽로424 대한체육회(02-2144-8114) [학]1985년 충남대 행정대학원 수료 1998년 고려대 행정대학원 수료 2004년 한국체육대 사회체육대학원 최고경영자과정 수료 2011년 명예체육학박사(용인대) 2014년 명예 철학박사(동국대) [경]1985년 신민당 이민우총재 비서관 1989년 (주)우성산업개발 대표이사 1999년 고려대 교우회 이사 2000년 대한근대5종연맹 부회장 2003년 (재)청소년을위한나눔문화재단 설립 2004년 대한올림픽위원회(KOC) 상임위원 2004~2009년 대한카누연맹 회장 2004년 아테네올림픽 한국선수지원단 홍보 · 의전담당 임원 2005~2009년 대한체육회 부회장 · 전국체육대회위원장 2007년 아시아카누연맹(ACC) 제1부회장 2007년 민주평통 자문위원(13기) 2007년 고려대 경영대학원교우회 부회장(제30 · 31대) 2008년 베이징올림픽한국선수지원단 홍보담당 임원 2008년 대한체육회 조직 · 재정특별위원회 위원 2008년 대한불교조계종중앙신도회 부회장 2009년 세계카누연맹 아시아대륙 대표 2009년 전국소년체전대회장 2009년 대한체육회 전국체전위원장 2009년 전국체전소청심사위원회 위원장 2009년 2014인천아시아게임조직위원회 위원 2010~2016년 대한수영연맹 회장 2010년 광저우아시아경기대회 대한민국선수단장 2012년 런던올림픽 대한민국선수단장 2012년 대한불교조계종중앙신도회 회장(현) 2012~2016년 아시아수영연맹(AASF) 부회장 2012년 2019세계수영선수권대회유치위원회 위원장 2013~2016년 대한체육회 부회장 2013~2014년 2014인천아시아경기대회조직위원회 부위원장 2015~2016년 대한체육회 · 국민생활체육회통합추진위원회 위원장 2016년 국제수영연맹(FINA) 집행위원 2016년 대한체육회 회장(현) [상]대한불교조계종 불자대상(2011) [종]불교

이기흥(李基興) LEE Gee Heung

[생]1963 · 9 · 21 [출]서울 [주]서울 중구 세종대로7길37 ING생명보험 임원실(02-2200-9122) [학]충암고졸 1989년 서울대 수학과졸 2011년 미국 헐트국제경영대학원졸(MBA) [경]1989년 삼성생명 계리부 근무 1994년 同기획부 근무 1998년 同기업혁신&IT기획팀 근무 2003년 同베이징 신사업기획팀 2004년 푸르덴셜생명보험 시스템개발 2005년 同시스템개발 상무 2010~2014년 同운영&고객서비스부문 상무 2014년 ING생명보험 운영본부 총괄부사장(현) [종]가톨릭

이길상(李吉相) Lee, Gilsang (文江)

[생]1958 · 11 · 1 [본]전주(全州) [출]경기 화성 [주]경기 성남시 분당구 하오개로323 한국학중앙연구원 한국학대학원 사회과학부(031-709-9553) [학]1976년 여의도고졸 1980년 연세대 교육학과졸 1982년 한국정신문화연구원 대학원 한국학과졸 1989년 철학박사(미국 일리노이대 어배나교) [경]1982~1985년 한국정신문화연구원 연구원 1990~2005년 同교수 1998년 同기획예산실장 1999년 同교학처장 2001년 同국제협력처장 2002~2004년 대통령자문 정책기획위원회 위원 2003년 한국정신문화연구원 국제한국문화홍보센터 소장 2005년 한국학중앙연구원 한국학대학원 사회과학부 교수(현) 2005년 同기획처장 2006~2010년 아시아 · 태평양한국학국제학술회의 사무총장 2012년 서울시 미래유산위원회 위원(현) 2015년 화성시사편찬위원회 부위원장(현) 2016년 한국교원단체총연합회 고문(현) [저]'한국교육개혁의 종합적 평가'(1995, 한국정신문화연구원) '한국 근현대교육사'(1995, 한국정신문화연구원) '미군정하에서의 진보적 민주주의 교육운동'(1999, 교육과학사) '교육열의 사회문화적 구조'(2000, 한국정신문화연구원) '지역공동체문화발전론'(2003, 원미사) '1980년대 한국사회연구'(2005, 백산서당) '캐나다 사회과 교과서의 한국관련 내용 분석'(2006, 한국학중앙연구원) '미국 사회과 교과서의 한국관련 내용 분석'(2006, 한국학중앙연구원) '20세기 한국교육사- 민족, 외세, 그리고 교육'(2007, 집문당) '세계의 교과서 한국을 말하다'(2009, 푸른숲) [종]기독교

이길상

[생]1958 · 12 · 12 [출]충북 충주 [주]충북 청주시 청원구 2순환로168 충북지방경찰청 홍보담당관실(043-240-2013) [학]충주고졸, 청주대졸 [경]1990년 경위 임관(경찰간부후보 38기) 2004년 충북 제천경찰서 수사과장 2006년 충북 충주경찰서 수사과장 2010년 충북 청주흥덕경찰서 수사과장 2013년 중앙경찰학교 학생과장 2016년 충북지방경찰청 홍보담당관(총경)(현)

이길수(李吉洙) LEE Kil Soo

[생]1946·9·20 [본]전주(全州) [출]서울 [주]강원 춘천시 한림대학길1 한림대학교 자연과학대학 생명과학과(033-248-2090) [학]1972년 연세대 생물학과졸 1975년 同대학원졸 1984년 이학박사(독일 뮌스터대) [경]1973~1975년 연세대 생물학과 연구조교 1975~1978년 同생물학과 시간강사 1985년 한림대 자연과학대학 생물학과 조교수·부교수·교수, 同자연과학대학 생명과학과 교수(2012년 정년퇴직) 1993~1996년 同자연과학연구소장 1993~1994년 同자연과학대학장 2012년 同자연과학대학 생명과학과 명예교수(현) [역]'생명과학'(2008, 논문당) [종]천주교

이길여(李吉女·女) LEE Gil Ya (嘉泉)

[생]1932·5·9 [본]전주(全州) [출]전북 군산 [주]인천 남동구 남동대로774번길21 가천길재단(032-460-3500) [학]1951년 이리여고졸 1957년 서울대 의대졸 1977년 의학박사(일본 니혼대) 1989년 연세대 행정대학원 고위정책과정 수료 2003년 명예 교육학박사(단국대) 2008년 명예 이학박사(한국과학기술원) [경]1957년 적십자병원 인턴 1958~1978년 산부인과의원 개원 1964~1965년 미국 Mary Immaculate Hospital 인턴 1965~1968년 미국 Queen's Hospital Center 레지던트 1978년 의료법인 길의료재단 설립 1981년 숭례원 이사장 1981~2003년 민주평통 여성부의장 1981~2005년 同상임위원 1982년 양평길병원 개원 1982~1984년 한국여자의사회 회장 1983년 국무총리 여성정책심의위원 1985년 대한의약협회 감사 1985년 UN여성대회 정부대표(케냐) 1985~1996년 대한적십자사 중앙조직위원 1987년 중앙길병원 개원 1988년 철원길병원 개원 1991년 서울대 의대 외래교수 1991년 한국성인병예방협회 부회장 1991년 가천문화재단 설립·이사장(현) 1991~1994년 대한의사협회 부회장 1992년 새생명찾아주기운동본부 설립·이사장 1993년 남동길병원·산업의학연구소 개원 1993년 (사)가천미추홀청소년봉사단 설립 1993년 한센국제협력후원회 회장 1994년 동국인천한방병원 개원 1994년 가천학원(가천의대·가천길대·신명여고) 이사장 1995~2005년 서울대의대동창회 회장 1995년 백령길병원 개원 1995년 한국여성개발원 이사 1995년 가천박물관 설립 1998년 가천의대 설립 1998~2000년 경원학원(경원대·경원전문대) 이사장 1999년 경원인천한방병원 개원 1999년 경인일보 회장(현) 2000~2012년 경원대 총장 2002년 가천길재단 회장(현) 2002년 청소년보호위원회 위원 2003~2004년 중앙인사위원회 인사정책자문회의장 2003~2007년 대한의사협회 한국의학100주년기념사업위원회 위원장 2007~2008년 한국과학기술기획평가원 이사장 2008년 의료법인 길의료재단 이사장(현) 2010년 가천미추홀청소년봉사단 총재(현) 2011~2013년 헌법재판소 자문위원 2011~2012년 국립대학법인 서울대 초대이사 2012년 통합 가천대 초대총장(현) 2014~2016년 경인지역대학총장협의회 회장 [상]국민훈장 목련장(1985), 대통령표창(1991·1996·1998), 용신봉사상(1993), 보건복지부장관표창(1993), 전북 애향대상(1995), 문화체육부장관표창(1995), 부총리 겸 재정경제원장관표창(1996), 자랑스런전북인 대상(1997), 전북일보 선정 20세기 전북인물 50인, 서울대총동창회 관악대상(2003), 국민훈장 무궁화장(2003), 대한민국문화예술상(2003), 자랑스런 서울대인상(2003), 서울대총동창회 유공동문상(2006), 가장존경받는경영인상(2006), 함춘대상 사회공헌부문 대상(2007), 자랑스런 한국인대상(2007), 성산효행대상(2009), 과학기술훈장 창조장(2009), 몽골 훙테트 템데그 외국인수여 보건의료 최고훈장(2009), 제12회 효령상 사회봉사부문(2009), 인천사랑 대상(2010), 여성신문 올해의 인물상(2011), 한국과학기자협회 우남과학진흥상(2011), 인촌상 공공봉사부문(2012), 미국 뉴스위크 선정 '2012 Women in the World 150'(2012), 하와이 이민110주년기념식 공로패(2013), 미국 경제전문지 포브스 선정 '아시아의 기부 영웅'(2013), 키르기스스탄 '아뜰리치 즈드리바 아흐라네니야' 보건의료 최고훈장(2015), 대한적십자사 박애장 금장(2015), 한국여자의사회 공로상·특별기여상(2016), 한국YWCA연합회 한국여성지도자상 대상(2016) [저]'어미새의 노래'(2000) '끝없는 태동, 끝없는 도약'(2002) '꿈은 멈추지 않는다'(2002) '바람을 부르는 바람개비'(2006) '간절히 꿈꾸고 뜨겁게 도전해라'(2008) '아름다운 바람개비'(2012)

이길영(李吉永) LEE Gill Young (盤村)

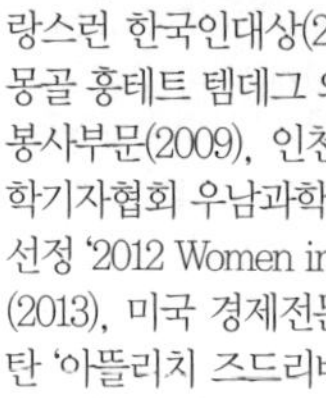

[생]1943·9·14 [본]덕수(德水) [출]충남 당진 [주]전남 담양군 대전면 갈전길22 신우ENG 임원실(061-383-1081) [학]1962년 수도전기공고졸 1993년 서울산업대 전기공학과졸 1997년 광운대 산업정보대학원졸 [경]1967년 철도청 근무 1986년 同철도건설창 서울신호공사 소장 1989년 고속전철건설기획실 파견 1990년 서울지방철도청 망우제어사무소장·대전지방철도청 전기국장 1994년 철도청 신호과장 1997년 同전기국 신호제어과장 1999년 同전기국장 2000년 철도대 전기제어과 초빙교수, 한국철도신호기술협회 회장, 한국철도시설공단 설계자문위원, 同KR네트워크포럼 전기분과위원회 자문위원, 건설교통부 철도기술전문위원회 철도시설2분과위원 2009년 신우ENG(주) 기술고문(현) [상]근정포장(1988), 대통령표창(2000)

이길영(李吉永) Kilryoung Lee

[생]1963·1·20 [본]합천(陜川) [출]충북 충주 [주]서울 동대문구 이문로107 한국외국어대학교 사범대학 영어교육과(02-2173-3048) [학]1986년 한국외국어대 영어교육학과졸 1994년 미국 뉴욕주립대 버펄로교 대학원 영어교육학과졸 1998년 영어교육학박사(미국 뉴욕주립대 버펄로교) [경]2003년 한국외국어대 사범대학 영어교육과 교수(현) 2006년 同사범대학 부학장 2008~2009년 아시아영어교육학회(Asia TEFL) 사무총장 2008~2010년 한국외국어대 외국어교육연구소장 2009~2012년 한국응용언어학회 부회장 2010~2012년 한국영어교육학회 부회장 2011년 한국외국어대 TESOL전문교육원장 2011~2013년 同TESOL대학원 부원장 2013~2014년 한국응용언어학회 회장 2013년 한국외국어대 TESOL대학원장 2015년 同사범대학장(현) [저]'Happy English'(2005, 한국문화사) 'e러닝 KBS 외국어학습 방법론-영어'(2006, KBS)

이길용(李佶鎔) Lee giul yong

[생]1966·11 [본]성산(星山) [출]경남 거창 [주]경기 수원시 장안구 경수대로1110의17 중부지방국세청 운영지원과(031-888-4251) [학]거창대성고졸, 세무대졸(5기) [경]1987년 국세공무원 임용(8급) 1997년 서울지방국세청 조사2국 정보관리과 근무 1999년 국세청 조사2과 근무 2003년 同운영지원과 인사계 근무 2008년 동안양세무서 재산세과장(행정사무관) 2010년 국세청 직원고충담당관 2012년 同운영지원과 서무계장 2013년 同운영지원과 서무계장(서기관) 2014년 경남 김해세무서장 2015년 중부지방국세청 운영지원과장(현)

이길원(李吉遠) LEE Gil-Won (碧泉)

[생]1945·3·9 [본]한산(韓山) [출]충북 청주 [주]서울 영등포구 국회대로76길18 오성빌딩1105호 (사)국제펜클럽한국본부(02-782-1337) [학]1962년 청주고졸 1970년 연세대졸 [경]시문학 '목동 허수아비'를 통해 등단·시인(현), 월간 '주부생활' 편집부장, 국제펜클럽 한국본부 이사, 同한국본부 이사장, 문학의집 서울 이사(현), '문학과창작' 편집고문(현), '미네르바' 편집고문(현) 2010년 국제펜클럽 세계본부 이사(현) 2013년 同망명북한작가펜센터 고문(현) 2013년 同한국본부 명예이사장(현), 망명북한작가PEN센터 고문(현) [상]천상병 시상, 윤동주 문학상, 대한민국문화예술상(2009) [작]시집 '하회탈 자화상' '헤이리 시편' '은행 몇 알에 대한 명상' '계란껍질에 앉아서' '어느 아침 나무가 되어' 시선집 '노을' 英譯시집 'Sunset Glow' 'Poems of Lee Gil-Won' 'Mask' 'La riviere du crepuscule' 'Napfenypalast'

이길융(李吉隆) LEE Gil Yoong (象山)

[생]1939·4·4 [본]경주(慶州) [출]전남 완도 [주]서울 영등포구 국회대로76길18 오성빌딩1105호 국제펜클럽한국본부(02-782-1337) [학]1957년 광주고졸 1962년 성균관대 경제학과졸 1984년 아세아연합신학대 대학원 수료 1991년 연세대 행정대학원졸 1993년 국방대학원 수료 [경]소설가(현) 1980년 경주사적관리소장 1981~1984년 국립현대미술관 건설본부장(과천미술관 건립) 1985~1992년 문화공보부 예술·문화·출판·종무과장 1992년 국립현대미술관 사무국장 1993년 국립중앙극장 사무국장 1995년 문화체육부 예술진흥국장 1997년 국립중앙극장장 1997년 세계연극제 상임위원 1998년 문화관광부 종무실장 1999~2002년 저작권심의조정위원회 위원장 2000년 한국소설가협회 중앙위원, 한국문인협회 남북문학교류위원장 2008년 국제펜클럽 한국본부 대외협력위원장(현) [상]홍조근정훈장, 한국희곡작가협회 희곡상, 예술평론가협회 최우수예술인상, 탐미문학 소설부문상, 한국문인협회 서울문학상 [작]장편소설 '종착역의 표상인'(1990) '숨쉬는 하늘'(1995) '한강 나나니'(1999) '가시 꼬네 사랑이야기'(2000) '하얀방 임마누엘'(2004) '소생'(2009) '외포리연가'(2013) 장편희곡 '해당화 피는 마을'(1957) '어쩌고 할아버지와 높새바람'(1993) '성성돌기'(1994) '어쩌고 할아버지의 해방'(1997) '거북아 돌아라'(1998) '노루목골 솟대'(1999) '목외지대'(2000) '쌍묘의 비밀'(2002) '손돌사공의 표주박'(2006) 중편소설모음집 '사랑의 그림자를 저울에 달다'(1998) 단편소설 '통일수도 만들기'(1993) '첫경험'(1995) '조각에 들린 들꽃'(1997) '꽃배'(1997) '까치 둥지'(1999) '일륜호의 꿈'(2000) '늦게 떠오르는 조각달'(2000) '탱자나무 울타리집'(2002) '무릉원의 안내양'(2002) '질경이처럼'(2004) '청둥오리'(2005) '줄탁선생'(2006) 희곡모음집 '거북선아 돌아라'(2006) 소설 '강도 공화국'(2007) '행복한 눈물 밑에 웃음'(2008) '소생'(2009) 대하소설 '만주부인 상·하'(2015) [종]기독교

이길한(李吉漢) LEE Gil Han

[생]1962 · 9 · 20 [출]경남 진주 [주]서울 용산구 한강대로23길55 HDC신라면세점(주)(02-2008-8965) [학]진주고졸, 서울대 무역학과졸 [경]1984년 삼성물산(주) 입사, 同인사부장, 同대만법인지사장, 同모스크바지점장(상무보), (주)호텔신라 면세유통 MD본부장(상무) 2010년 同면세유통 MD본부장(전무) 2013년 同면세유통 마케팅본부장(전무) 2016년 HDC신라면세점(주) 공동대표이사 사장(현)

이나리(李나리 · 女) Diane Lee

[생]1969·4·12 [출]서울 [주]서울 용산구 이태원로222 (주)제일기획 비욘드제일본부(02-3780-2114) [학]1988년 포항제철고졸 1992년 이화여대졸 [경]2001년 동아일보 주간동아팀·신동아팀 기자 2006년 중앙일보 논설위원·경제부문 차장·위크앤섹션팀장·인터뷰전문기자 2012년 은행권청년창업재단 기업가정신센터장 2015년 (주)제일기획 비욘드제일본부장(상무)(현) [저]'열정과 결핍'(2003) '평전 황병기'(2005) '1인 미디어 기획에서 제작까지(共)'(2009) '쎄시봉 시대(共)'(2011) '손정의 평전-나는 거대한 꿈을 꿨다'(2012) '나는 다르게 살겠다'(2014)

이나영(李娜榮 · 女)

[생]1986 · 3 · 11 [주]경기 수원시 팔달구 효원로1 경기도의회(031-8008-7000) [학]태원고졸, 중앙대 도시 및 지역계획학과졸 [경]성남시 정책기획과 대회협력팀 주무관, 同민선6기 시민행복위원회 대변인, 민주당 이재명 성남시장후보 선거대책본부 정책특별보좌관 2014년 경기도의원선거 출마(새정치민주연합) 2016년 경기도의회 의원(보궐선거 당선, 더불어민주당)(현) 2016년 同여성가족교육협력위원회 위원(현) 2016년 同예산결산특별위원회 위원(현)

이낙연(李洛淵) LEE Nak Yon

[생]1952 · 12 · 20 [본]전주(全州) [출]전남 영광 [주]전남 무안군 삼향읍 오룡길1 전라남도청 도지사실(061-286-2001) [학]1970년 광주제일고졸 1974년 서울대 법과대학 법학과졸 [경]1978년 한국토지신탁 근무 1979년 동아일보 정치부 · 외신부 · 기획특집부 기자 1990년 同東京특파원 1994년 同정치부 · 기획부 · 국제부 차장 1997년 同논설위원 1999년 同국제부장 2000년 제16대 국회의원(함평 · 영광, 새천년민주당) 2000년 새천년민주당 제1정책조정위원장 2001년 同대변인 2002년 同대선기획단 부단장 2002년 同대변인 2002년 노무현대통령당선자 대변인 2003년 새천년민주당 대표비서실장 2003년 同기획조정위원장 2004년 同총선기획단 공동단장 2004년 제17대 국회의원(함평 · 영광, 새천년민주당 · 민주당 · 대통합민주신당 · 통합민주당) 2004년 새천년민주당 원내대표 2005~2006년 민주당 원내대표 2007~2008년 대통합민주신당 대변인 2007년 同정동영 대통령후보 공보특보단장 2008년 제18대 국회의원(함평 · 영광 · 장성, 통합민주당 · 민주당 · 민주통합당) 2008~2010년 국회 농림수산식품위원장 2008~2012년 한 · 일의원연맹 부회장 겸 간사장 2008년 국회 지역균형발전협의체 공동회장 2010년 국회 UN새천년발전목표포럼(UN-MDGs) 공동대표 2010~2011년 민주당 사무총장 2010~2011년 同전남도당 위원장 2012~2014년 제19대 국회의원(담양 · 함평 · 영광 · 장성, 민주통합당 · 민주당 · 새정치민주연합) 2012년 국회 민생포럼 회장 2012년 국회 UN새천년발전목표포럼(UN-MDGs) 공동대표 2012년 민주통합당 제18대 대통령중앙선거대책위원회 공동선거대책위원장 2012년 한 · 일의원연맹 수석부회장 2013년 민주당 전국대의원대회중앙당선거관리위원회 위원장 2014년 전남도지사(새정치민주연합 · 더불어민주당)(현) 2014~2015년 전국시 · 도지사협의회 부회장 2016년 더불어민주당 전남도당 상임고문(현) [상]제7회 인물대상 의정대상(2009), 국회를 빛낸 바른언어상 으뜸언어상(2011), 국회 헌정우수상(2011), 공동선 의정활동상(2011), 자랑스러운 국회의원상(2011), NGO모니터단 국정감사 우수의원(2012), 한국문화예술유권자총연합회 국정감사 최우수국회의원상(2013), 자랑스런대한국민대상 국회의정대상(2013), 국제평화언론대상 의정부문 최우수상(2013) [저]'80년대 정치현장' '세상이야기' '때론 치열하게 때로는 나지막이'(共) '이낙연의 낮은 목소리' '어머니의 추억' '식(食)전쟁-한국의 길'(2009) '농업은 죽지 않는다'(2012) '전남, 땅으로 적시다'(2014) [종]기독교

이낙현(李洛賢) LEE Nak Hyun

[생]1955 · 5 · 2 [본]영천(寧川) [출]경북 영덕 [주]경기 포천시 호국로1007 대진대학교 디자인학부(031-539-2054) [학]검정고시 합격 1982년 홍익대 산업디자인과졸 1994년 同대학원 환경설계학과졸 2005년 조형예술학박사(대구대) [경]1998년 대진대 디자인학부 전임강사 2000년 同조교수 2004년 同부교수 2004~2006년 同디자인학부장 2006년 同문화예술전문대학원장 2008년 同디자인학부 교수(현) [상]서울올림픽환경장식설계단 감사패, 체신부장관 감사패 [저]'디자인재료학(篇)' [역]'인테리어 설계의 실제'

이난영(李蘭榮 · 女) LEE, NAN YOUNG

[생]1970 · 4 · 3 [출]인천 [주]부산 금정구 부산대학로 63번길2 부산대학교 사무국(051-512-0311) [학]1989년 인천여고졸 1993년 서울대 영어교육과졸 2000년 미국 미시간대 대학원 교육정책학과졸 [경]1994년 행정고시 합격(38회) 1995년 교육인적자원부 교육행정사무관 2009년 교육과학기술부 교원단체협력팀장 2010~2011년 同인사과장 2015년 교육부 장관비서실장 2016년 同재외동포교육담당관 2016년 부산대 사무국장(고위공무원)(현)

이남교(李南敎) LEE Nam Kyo

[생]1947 · 11 · 12 [본]진성(眞城) [출]충북 청주 [주]전남 순천시 녹색로1641 청암대학교 부총장실(061-740-7100) [학]1965년 세광고졸 1969년 서울교대 국어국문학과졸 1975년 국제대 일어일문학과졸 1982년 일본 큐슈대 대학원 비교교육학과 수료 1990년 연세대 교육대학원 국어교육학과 수료 1995년 일본 아시아대 대학원 교육학 박사과정 수료 [경]1978년 일본 후쿠오카 한국교육원장 1983년 서울시교육위원회 장학사 1984년 駐오사카총영사관 부영사 1989년 교육부 사회국제교육국 교육연구사 · 일본 고베 한국종합연구원장(장학관) 1995년 서울 재동고 교감 · 교육부 개방대학지원과 학생복지정책관실 교육연구관 1998년 서울 청룡초 교장 1999년 駐후쿠오카 총영사 2003년 교육인적자원부 학생정책실 장학관 · 국제교육진흥원 장학관 2004년 서울시학생교육원 가평교육원장 2005~2007년 서울시 중부교육청 교육장 2008~2010년 경일대 총장 2010~2011년 건양대 석좌교수 2010~2012년 경기여상 교장 2010~2014년 서울교육대총동창회 회장 2010~2015년 한국지역사회교육협의회 부회장 2012~2014년 건양사이버대 부총장 2014년 청암대 부총장(현) [상]서울시교육감표창(1972), 대통령표창(1982), 在日민단중앙본부단장표창(1983), 在日민단중앙본부단장감사패(1994), 在日대한부인회중앙본부회장감사패(1995), 일본 사가현 교육장감사패(2003), 일본 큐슈대총장감사패(2003), 대한민국나눔대상 특별대상(2010) [저]'현해탄의 가교'(1979) '무궁화와 사쿠라'(1981) '한국어 교본'(1982) '불타는 한삼국과 아스카'(1984) '삼국기'(1989) '뉴 한국어'(1992) '잊을 수 없는 산하'(1994) '재미있는 일본말 뿌리'(2002) '그대 그리움이 여울질 때면'(2002) '남교선생의 한화이전'(2002) [역]'처음 배우는 바둑책' [종]기독교

이남균(李南均)

[생]1969 · 4 · 8 [출]경남 진주 [주]경북 안동시 강남로304 대구지법 안동지원(054-850-5090) [학]1987년 명신고졸 1991년 서울대 법학과졸 [경]1997년 사법시험 합격(39회) 2000년 사법연수원 수료(29기) 2000년 부산지법 판사 2004년 同가정지원 판사 2006년 인천지법 판사 2009년 서울중앙지법 판사 2011년 서울동부지법 판사 2012년 대법원 재판연구관 2014년 서울중앙지법 판사 2015년 대구지법 · 대구가정법원 안동지원장(현)

이남기(李南基) LEE Nam Ki

[생]1949 · 12 · 10 [출]전남 영암 [주]서울 마포구 매봉산로75 DDMC빌딩8,9층 KT스카이라이프 임원실(02-2003-3183) [학]1968년 광주 사레지오고졸 1972년 성균관대 신문방송학과졸 1976년 서울대 신문대학원졸 2002년 언론학박사(성균관대) [경]1974년 동양방송 PD 1980~1990년 한국방송공사 PD · TV예능2국 차장 1991년 SBS TV제작2부장 1993년 同제작국 예능총괄 1995년 同예능부국장 1995년 同편성국장 1997년 同예능국장 1998년 同제작본부 부본부장(이사대우) 1999년 同보도본부장(이사) 1999~2001년 동국대 문화예술대학원 겸임교수 1999~2001년 한국방송기자클럽 부회장 2001년 SBS 제작본부장(상무) 2004년 여의도클럽 부회장 2005년 SBS 기획본부장(상무) 2006년 여의도클럽 회장 2006년 성언회(성균관대출신언론인모임) 회장 2007년 SBSi 대표이사 사장 2009년 SBS콘텐츠허브 대표이사 사장 2009~2010년 융합형콘텐츠산업포럼 의장 2010~2011년 SBS 부사장 2011~2013년 법제처 방송통신분야 국민법제관 2012~2013년 SBS미디어홀딩스 대표이사 사장 2012~2013년 SBS 이사회 의장 2013년 대통령 홍보수석비서관 2013년 성균관대 문화융합대학원 석좌교수(현) 2014년 KT스카이라이프 대표이사 사장(현) [상]KBS 연출상, SBS 연출상, 성균관대 언론대상, 은관문화훈장, 여의도클럽 올해의 방송인상(2013) [저]'텔레비전을 만드는 사람들'(2006, 커뮤니케이션북스) [작]연출 '100분쇼' '가요무대' '쟈니윤쇼' '신혼은 아름다워' '길옥윤 이별콘서트' [종]기독교

이남순(李南淳) LEE Nam Soon

생1952·9·16 본전주(全州) 출경기 화성 주서울 영등포구 국제금융로6길26 한국노동조합총연맹(02-6277-0081) 학1971년 선린상고졸 1975년 건국대 행정학과졸 1983년 경희대 경영대학원 수료 1991년 고려대 노동대학원 수료 경1971년 조흥은행 근무 1981년 同노조위원장 1985년 전국금융노동조합연맹 부위원장 1990년 한국노동조합총연맹 복지사업국장 1992년 전국금융노동조합연맹 위원장 1993년 한국노동조합총연맹 부위원장 1997~2000년 同사무총장 2000~2004년 同위원장 2000년 공명선거실천시민운동협의회 공동대표 2000년 민족화해협력범국민협의회 공동의장 2000년 국제자유노련 아·태지역기구 부위원장 2000년 同세계집행위원 2000년 평화은행 명예회장 2000년 'ASEM2000민간포럼' 공동대표 2000년 노사정위원회 위원(근로자대표) 2002~2003년 민주사회당 대표 2004~2005년 한국노동조합총연맹 장학문화재단 이사장 2011년 同지도위원(현) 2012년 민주통합당 제18대 대통령중앙선거대책위원회 노동위원회 고문 상은탑산업훈장

이남식(李南植) LEE Nam Sik

생1955·6·13 본단양(丹陽) 출서울 주경기 의왕시 계원대학로66 계원예술대학교 총장실(031-420-1710) 학1974년 중앙고졸 1978년 서울대 농대 농화학과졸 1981년 한국과학기술원 산업공학과졸 1987년 산업공학박사(한국과학기술원) 2008년 명예박사(미국 블룸필드대) 경1981년 고려대 강사 1988년 미국 Univ. of Michigan 박사후연구원 1990~1994년 한국표준과학연구원 인간공학연구실 책임연구원 1991~1994년 한국과학기술원 산업공학과 겸직교수 1991~1997년 한성대 산업안전공학과 교수, 同학부장 1997~2003년 국제디자인대학원대 교수·부학장·학장 2001·2002년 한국디자인경영대상 심사위원장 2002년 학교법인 신동아학원 이사(현) 2002~2003년 대한인간공학회 회장 2003~2011년 전주대 총장 2004년 전주시지역혁신협의회 공동의장 2004~2007년 한지산업기술발전진흥회 회장 2006~2012년 LIG손해보험 사외이사 2007년 국가균형위원회 종합조정위원장 2007년 전북도지역혁신협의회 의장 2008년 새만금위원회 위원 2011년 국제미래학회 회장(현) 2011~2012년 서울과학종합대학원 총장 2011년 국가브랜드위원회 위원 2012년 지식경제부 산하 기술인문융합창작소장 2012년 계원예술대 총장(현) 2013년 산업통상자원부 산하 기술인문융합창작소장 2013년 한국전문대학교육협의회 전문대학윤리위원회 위원(현) 2015년 백남준문화재단 이사장(현) 2015년 K밸리재단 초대이사장·이사(현) 상홍조근정훈장(2004), KAIST 자랑스런 동문상(2006), 국가균형발전위원회 지역혁신리더 선정(2006), 캄보디아정부 훈장(2010), 한국표준과학연구원 표준동문상(2012) 전산업공학용어사전'(1992) '디자인 강국의 꿈' 'GUI 가이드라인' '제품디자인 핸드북' 종기독교

이남용(李南容) LEE Nam Yong

생1957·7·6 본전주(全州) 출충북 증평 주경기 안양시 동안구 시민대로230 그레이프시드(031-392-0582) 학1976년 대광고졸 1983년 국민대 경제학과졸 경1983년 한국투자금융(주) 입사 1993년 하나은행 영업부 차장 1994년 同문래동지점장 1996년 同광화문지점장 1998년 同영업2부장 1998년 同영업1부장 1998년 同서소문지점장 2000년 同중앙기업금융본부 부장 2001년 同기업개선부장 2003년 同SK네트웍스대책본부장 2005년 同투자은행사업본부장 2006년 同투자은행본부 부행장보 2009년 솔로몬투자증권 부회장 2011년 현대그룹 전략기획2본부장 2012년 현대상선(주) 기획지원부문장(이사) 2013년 현대증권(주) 비상임이사 2014년 현대저축은행 부회장 2015년 同고문(현) 2015년 그레이프시드 대표이사(현) 상국무총리표창 종기독교

이남우(李南雨) RHEE Nam Uh

생1964·1·25 출서울 학1982년 여의도고졸 1986년 서울대 국제경제학과졸 1988년 미국 시카고대 경영대학원졸(MBA) 경1988~1991년 대우증권 국제부·대우경제연구소 애널리스트 1992~1995년 한국JP모간 홍콩·서울 지점 Vice President 1995~1997년 동방페레그린증권 이사 1998~2002년 삼성증권 상무 2002~2005년 리캐피탈투자자문(Rhee Capital Advisors) 대표이사 2004~2005년 한미은행(現 한국씨티은행) 사외이사 2005~2007년 Merrill Lynch 서울지점 공동대표 겸 일본리서치 부대표 2007~2008년 재정경제부 금융발전심의회 위원 2008~2011년 Bank of America Merrill Lynch 아태본부 고객관리총괄 Managing Director 2011년 토러스투자증권(주) 영업총괄대표 2012년 同비상근이사(현) 2012년 만도차이나홀딩스 사외이사(현) 2013년 노무라증권 아시아고객관리 총괄대표(현) 상매경증권인상 금상(2002), Institutional Investors Best Analyst, Asiamoney Award Best Analyst 종천주교

이남우(李南雨) LEE, Namwoo

생1967·1·30 본전주(全州) 출서울 주서울 용산구 이태원로22 국방부 기획관리관실(02-748-6500) 학1985년 명지고졸 1989년 서울대 공법학과졸 2003년 미국 캘리포니아대 샌디에이고캠퍼스(UCSD) 대학원 국제관계학과졸 경1991년 행정고시 합격(35회) 1992년 총무처 사무관 임용 1992~1994년 국방부 법무관리관실 송무과 근무 1997년 同조직인력관실 조직기획과 근무 1999년 同군비통제관실 군비기획과 근무 2001년 해외 연수 2003년 국방부 정책기획관실 대미정책과 서기관 2004년 외교통상부 파견 2005년 방위사업청 개청준비단 조직인력관리팀장 2006년 청와대 안보실 행정관 2007년 국방부 국제정책관실 동북아정책과장 2008~2009년 해외 연수(미국) 2010년 국방부 기획조정관실 조직관리담당관(부이사관) 2012년 同보건복지관(고위공무원) 2014년 중앙공무원교육원 교육파견(고위공무원) 2015년 국방부 주한미군기지이전사업단 기획지원부장 2016년 同기획조정실 기획관리관(현)

이남인(李南麟) LEE Nam In

생1958·12·13 본청주(淸州) 출충남 천안 주서울 관악구 관악로1 서울대학교 인문대학 철학과(02-880-8066) 학1977년 청주고졸 1981년 서울대 철학과졸 1983년 同대학원 철학과졸 1991년 철학박사(독일 부퍼탈대) 경1984~1986년 서울대 철학과 조교 1991~1995년 서울대·서강대·이화여대·한양대 강사 1995~2005년 서울대 철학과 조교수·부교수 2005년 同철학과 교수(현) 2006~2008년 同인문대학 학생부학장 2008년 국제철학원 정회원(현) 2009~2010년 한국현상학회 회장 2010~2013년 서울대 인문학연구원 부원장 상독일 부퍼탈대 최우수박사학위논문상(1992), 철학연구회 논문상(1994), 대한민국학술원상(2005) 전'Edmund Husserls Phanomenologie der Instinkte'(1993, Kluwer Academic Publishers) '현상학과 해석학'(2004, 서울대 출판부) '후설의 현상학과 현대철학'(2006, 풀빛미디어) '원전으로 읽는 서양철학의 이해(編)'(2011, 서울대 출판부) '현상학과 유식론(編)'(2013, 시와진실) '후설과 메를로-퐁티'(2013) '현상학과 질적 연구'(2014, 한길사) 종천주교

이남호(李南昊) LEE Nam Ho

생1956·5·12 출부산 주서울 성북구 안암로145 고려대학교 교육부총장실(02-3290-2345) 학1979년 고려대 국어국문학과졸 1981년 同대학원 현대문학졸 1987년 현대문학박사(고려대) 경1980년 조선일보 신춘문예에 '현대시와 민요의 어휘분석'으로 평론가 등단 1981~1984년 육군사관학교 국어과 전임교수 1986~1995년 계간 문예지 편집위원 1987년 고려대 사범대학 국어교육과 교수(현) 1996년 월간문예지 「현대문학」 편집자문위원(현) 2003~2004년 문화관광학회 회장 2004~2005년 한국문학번역원 이사 2006~2008년 고려대 교육대학원장 겸 사범대학장 2007년 미당문학상 심사위원 2015년 고려대 교육부총장(현) 상대한민국 문학상 평론부문(1991), 현대문학상 평론부문(1992), 소천비평 문학상(1998) 전평론집 '한심한 영혼아'(1986) '오늘의 한국소설'(編)

이남호(李南浩) Lee Namho

생1959·10·30 주전북 전주시 덕진구 백제대로567 전북대학교(063-270-2001) 학1984년 서울대 농과대학 임산공학과졸 1987년 同대학원 임산공학과졸 1990년 농학박사(서울대) 경1992~1997년 국립익산대 교수 1992년 한국목재공학회 이사(현) 1993년 한국가구학회 이사(현) 1994~1995년 일본 Ehime대학 방문교수 1997~2014년 전북대 임산공학과 교수 2000~2005년 국립산림과학원 겸임연구관 2001년 캐나다 브리티시콜롬비아대 방문교수 2007년 일본 큐슈대 방문교수 2007~2008년 국립산림과학원 국내교류교수 2009~2012년 (재)전북테크노파크 운영위원 2009~2012년 전북대 산학협력단장 2011~2012년 (주)전북지역대학연합기술지주회사 이사 2014~2016년 전북도 과학기술위원회 위원 2014년 한국식품연구원 지방이전자문위원회 위원(현) 2014년 전북대학교병원 이사장(현) 2014년 (사)캠틱종합기술원 이사장(현) 2014년 제17대 전북대 총장(현) 2015년 (재)전북창조경제혁신센터 이사장(현) 2015년 제10대 한국대학교육협의회 대학윤리위원회 위원(현) 2015년 농축산용미생물산업육성지원센터구축사업단 이사장(현) 2015년 전북현대모터스축구단 홍보대사(현) 2015년 한국대학교육협의회 대학평가인증위원회 위원(현) 2016년 한국대학교육협의회 대학평가인증위원장(당연직 이사)(현) 2016년 세계태권도선수권대회 조직위원회 고문(현) 2016년 제18대 한국대학교육협의회 임원(현) 2016년 제20회 전주한지문화축제 조직위원장(현) 상한국과학기술단체총연합회 과학기술우수논

문상(1992 · 2003), 한국목재공학회 한국목재공학상 기술상(2001), 한국가구학회 학술상(2001), 전북도 제16회 자랑스러운 전북인대상 학술언론부문(2012), 중소기업청장표창(2013), 2016 한국을 빛낸 창조 경영 대상(인제부문)(2016) [저]'최신 목재건조학(共)'(2005, 서울대 출판부) '든든한 친구 나무, 재미있는 목공(共)'(2006, 성심인쇄) '새로 쓴 목재건조학(共)'(2008, 서울대 출판부)

이남호(李南昊) Nam Ho Lee

[생]1960 · 11 · 4 [출]제주 [주]제주특별자치도 제주시 제주대학로102 제주대학교 자연과학대학 화학 · 코스메틱스학부(064-754-3548) [학]1983년 연세대 화학과졸 1985년 同대학원졸 1991년 화학박사(미국 아이오와주립대) [경]1991~1992년 미국 일리노이대 연구원 1992~1994년 제일제당(주) 종합연구소 선임연구원 1996~1997년 일본 류큐대 방문연구원 1994년 제주대 자연과학대학 화학과 조교수 · 부교수 · 교수, 同자연과학대학 화학 · 코스메틱스학부 교수(현) 2002~2003년 미국 아이오와대 방문연구원 2004년 제주뷰티향장품연구회 회장 2005년 제주대 자연과학대학 부학장 2012~2014년 同산학협력단장 2015년 同자연과학대학장(현) [상]국무총리표창(2013)

이남훈(李南薰) LEE Nam Hoon

[생]1967 · 8 · 19 [출]서울 [주]서울 종로구 청와대로1 대통령비서실(02-770-0011) [학]연세대 심리학과졸 [경]2002년 여성부 여성정책실 정책총괄과 서기관 2003년 同행정법무담당관(과장급) 2004년 同혁신인사담당관 2005년 여성가족부 보육재정과장, 同보육재정팀장 2007년 同여성정책본부 인력개발기획팀장 2008년 여성부 여성정책국 성별영향평가과장 2010년 同업무이관추진단 가족 · 청소년정책개발팀장(서기관) 2010년 여성가족부 홍보담당관 2011년 同법무정보화담당관 2011년 해외연수(서기관) 2013~2015년 여성가족부 기획재정담당관(부이사관) 2015년 대통령비서실 파견(현)

이내수(李來秀) LEE Nai Soo

[생]1939 · 3 · 18 [출]서울 [주]서울 마포구 동교로23길64 성산빌딩4층 (사)향토지적재산본부 이사장실(02-334-8131) [학]1958년 서울고졸 1964년 서울대 농업경제학과졸 1973년 미국 텍사스A&M대 대학원 경제학과졸 2000년 경제학박사(동국대) [경]1964년 농업협동조합중앙회 입사 1975년 아시아 · 태평양지역식량비료기술센터 농업경제전문가 1988년 농업협동조합중앙회 조사부장 1991년 同농촌개발부장 1993년 同양곡부장 1994년 同상임이사 1995년 同부회장보 1998년 同부회장 2000년 농민신문 사장 2003년 (사)향토지적재산본부 이사장(현) [상]석탑산업훈장 [저]'한국농업협동조합론'(共) [역]'기업가 정신과 이노베이션'(共)

이내주(李來柱) LEE Nai Joo

[생]1962 · 3 · 2 [출]대전 [주]대전 서구 둔산중로69 대전가정법원 법원장실(042-480-2014) [학]1981년 대전고졸 1985년 서울대 법대 사법학과졸 [경]1984년 사법시험 합격(26회) 1987년 사법연수원 수료(16기) 1990년 광주지법 판사 1992년 同목포지원 판사 1994년 인천지법 판사 1998년 서울지법 판사 1999년 서울고법 판사 2001년 서울지법 판사 2002년 대구지법 부장판사 2004년 수원지법 부장판사 2005년 의정부지법 부장판사 2007년 서울중앙지법 부장판사 2009년 서울행정법원 수석부장판사 2010년 인천지법 부천지원장 2013년 인천지법 부장판사 2016년 대전가정법원장(현)

이내흔(李來炘) LEE Nae Heun (軫石)

[생]1936 · 4 · 13 [출]충남 논산 [주]서울 영등포구 여의대방로107 현대통신(주) 회장실(02-2240-9101) [학]1955년 대전고졸 1960년 성균관대 법학과졸 1969년 同산업개발대학원 수료 1977년 연세대 대학원 최고경영자과정 수료 1988년 서울대 대학원 최고경영자과정 수료 1997년 성균관대 경영대학원졸 2001년 국제산업디자인대학원대학교(IDAS) 뉴밀레니엄과정 수료 [경]1969~1970년 대통령 총무비서실 근무 1970년 현대건설 입사 1976년 同이사 1983~1993년 대한배구협회 부회장 1987~1991년 현대건설 부사장 1990년 한국지역사회교육중앙협의회 부회장 1991~1998년 현대건설 대표이사 사장 1993~1998년 한국건설업체협의회 회장 1993~1998년 한국원자력산업회의 부회장 1993~1997년 성균관대 총동창회 부회장 1993~1998년 대한역도연맹 회장 1994~1998년 한국도로협회 부회장 1994~1999년 아시아역도연맹 회장 1995년 서울지역사회교육협의회 회장 1995년 대한건설협회 수석부회장 1996~1998년 현대유니콘스 프로야구단 회장 1996년 현대산업개발 대표이사 사장 1997~1998년 현대그룹 영업위원 1998년 현대중공업(주) 이사회 이사 1998년 한국건설사업관리협회 회장 1998년 현대건설(주) 고문 1998년 건연CLUB 회장(현) 1999년 아시아역도연맹 명예회장(현) 1999~2012년 현대통신 대표이사 회장 2002년 서울신문 자문위원(현) 2003~2007년 대한야구협회 회장 2003년 아시아야구연맹 부회장 2003년 민주평통 자문위원 2003년 서울지역사회교육문화협회 회장 2003년 국제산업디자인대학원 총동창회장 2004년 충청향우회중앙회 부총재 2004년 (사)한국여성유권자연맹 자문위원(현) 2005~2009년 대한올림픽위원회(KOC) 부위원장 2005~2009년 아시아야구연맹 회장 2005~2009년 국제야구연맹 大陸부회장 겸 집행위원 2005~2008년 대한체육회 선수촌건립추진위원장 2006년 숙명창학100주년기념 홍보대사 2007년 대한야구협회 명예회장(현) 2012년 현대통신(주) 회장(현) [상]금탑산업훈장(1996), 한국건설인 대상(1997), 연세경영자상(1997), 체육훈장 맹호장(1999), 대한야구협회 감사패(2009), 성균경영인상(2010)

이노공(李魯公 · 女)

[생]1969 · 7 · 14 [출]인천 [주]경기 과천시 관문로47 법무부 인권국 인권정책과(02-2110-3213) [학]1988년 서울 영락고졸 1992년 연세대 법학과졸 1994년 同대학원 법학과졸 [경]1994년 사법시험 합격(36회) 1997년 사법연수원 수료(26기) 1997년 수원지검 성남지청 검사 1999년 서울지검 서부지청 검사 2001년 인천지검 검사 2003년 법무부 법무심의관실 검사 2005년 대전지검 천안지청 검사 2007년 서울남부지검 검사 2009년 사법연수원 교수 2011년 수원지검 공판송무부장 2012년 대검찰청 형사2과장 2013년 서울중앙지검 공판3부장 2014년 청주지검 영동지청장 2015년 서울남부지검 형사3부장 2016년 법무부 인권정책과장(현)

이노근(李老根) LEE No Keun

[생]1954 · 3 · 9 [출]충북 청주 [학]1973년 청주공고졸 1977년 중앙대 경제학과졸 1977년 서울대 행정대학원 1년 중퇴 1999년 경기대 국제관계대학원 수료 2005년 중앙공무원교육원 고위정책과정 수료 2007년 경기내 정치전문대학원 공공정책학과졸, 행정학박사(경기대) [경]1976년 행정고시 합격 1985~1988년 올림픽준비단 문화담당관 · 문화계장 1989년 서울시공무원교육원 교학과장 1990년 대통령비서실 행정서기관 1993년 서울시 강남구 시민국장 1994년 서울시공무원교육원 교학과장 1994년 서울시 문화과장 1997년 同주택기획과장 1998년 산업진흥재단 파견 1999년 서울시 시정개혁단장 1999년 同금천구 부구청장 2002년 同종로구 부구청장 겸 구청장 권한대행 2006~2010년 서울시 노원구청장(한나라당) 2010년 서울시 노원구청장선거 출마(한나라당) 2010~2011년 경복대 행정학과 외래교수, 광운대 겸임교수 2011년 대우건설 사외이사 겸 감사위원 2012~2016년 제19대 국회의원(서울 노원구甲, 새누리당) 2012년 국회 국토해양위원회 위원 2012년 국회 지방재정특별위원회 위원 2013 · 2014년 국회 국토교통위원회 위원 2013년 국회 공공의료정상화를위한국정조사특별위원회 위원 2013년 국회 정치개혁특별위원회 위원 2014년 국회 국민안전혁신특별위원회 위원 2015년 국회 서민주거복지특별위원회 위원 2015년 국회 예산결산특별위원회 위원 2015년 새누리당 중앙재해대책위원장 2016년 제20대 국회의원선거 출마(서울 노원구甲, 새누리당) [상]근정포장(1987), 녹조근정훈장(1996), 홍조근정훈장(2002), 서울시장표창(2006), 서울석세스어워즈 2009 정치부문상(2009), 예술경영리더스포럼 예술경영리더상(2009), 서울시 창의상(2010), 세계자유민주연맹 자유장(2010), 국정감사 NGO모니터단 국정감사 우수의원상(2012), 법률소비자연맹 선정 제19대 국회 1차년도 국회의원 헌정대상(2013), 시민일보 의정 · 행정대상(2015) [저]'경복궁 기행열전'(2005) 칼럼집 '긍정의 힘'(2009) 기행에세이 '운주사로 날아간 새'(2009) [종]기독교

이노종(李魯鍾) RHEE Noh Jong (魯子)

[생]1949 · 9 · 10 [본]전주(全州) [출]충북 증평 [주]서울 강남구 테헤란로238 대봉빌딩 SKT클럽(02-6240-5240) [학]1967년 청주고졸 1974년 중앙대 신문방송학과졸 1976년 서울대 대학원 신문학과졸 2006년 언론학박사(성균관대) 2006년 연세대 경영전문대학원 최고경영자과정 수료 [경]1974년 선경그룹 홍보실 입사 1993년 한국ABC협회 이사 1993년 한국광고주협회 운영위원 1993년 SK그룹 홍보실장(이사), 同상무이사 1995년 한국PR협회 부회장 2000년 SK그룹 홍보실장(전무) 2001년 同구조조정추진본부 홍보실장(전무이사) 2004년 SK아카데미 원장(부사장) 2005년 PR전문인 인증위원장 2006년 성균관대 대학원 겸임교수 2006년 SK텔레콤 경영경제연구소 전문위원(부사장) 2007~2008년 同고문 2007년 한양대 광고홍보학과 겸임교수

2008~2010년 공정거래위원회 자문위원 2008년 (사)브랜드·평판연구소 소장(현) 2009~2012년 한국간행물윤리위원회 위원 2009년 전국경제인연합회 중소기업경영자문위원(현) 2012년 공정거래위원회 자문위원 **(상)**한국PR인 대상(1999), 매경 한국광고인 대상(2001), 국민포장(2002), 한경 한국광고인 대상(2002), 한국 CEO 그랑프리 CCO상(2006), 한국광고주협회 공로상(2008) **(저)**'PR 가이드 북'(1996)

이다우(李多塢)

(생)1968·3·24 **(본)**경북 안동 **(주)**강원 춘천시 공지로284 춘천지방법원(033-259-9000) **(학)**1986년 안동 경안고졸 1992년 서울대 법학과졸 **(경)**1998년 사법시험 합격(40회) 2001년 사법연수원 수료(30기) 2001년 인천지법판사 2005년 울산지법 판사 2009년 서울중앙지법 판사 2011년 서울서부지법 판사 2012년 특허법원 판사 2015년 서울중앙지법 판사 2016년 춘천지법 부장판사(현)

이달곤(李達坤) Dalgon Lee

(생)1953·9·11 **(본)**광주(廣州) **(출)**경남 창원 **(주)**경기 성남시 수정구 성남대로1342 가천대학교 행정학과(031-750-8961) **(학)**1972년 동아고졸 1977년 서울대 공과대학 전자과졸 1981년 同행정대학원 행정학과졸 1983년 미국 이스트캐롤라이나대 대학원 정치학과졸, 미국 하버드대 대학원 케네디스쿨 정책학과졸 1987년 정책학박사(미국 하버드대) **(경)**1991~1998년 서울대 조교수·부교수 1996~1997년 일본 와세다대 방문교수 1998~2010년 서울대 행정대학원 교수 1998~2000년 한국지방행정연구원 원장 1999~2000년 중국 북경행정학원 객좌교수 2000년 한국협상학회 회장 2004~2006년 서울대 행정대학원장 2007년 한국행정학회 회장 2007년 제17대 대통령직인수위원회 법무행정분과위원 2008~2009년 제18대 국회의원(비례대표, 한나라당) 2008~2009년 한나라당 대표특보 2009~2010년 행정안전부 장관 2010년 경남도지사선거 출마(한나라당) 2010년 서울대 행정대학원 초빙교수 2011년 서울시정개발연구원 이사장 2011년 지방행정체제개편추진위원회 민간위원 2011년 경원대 행정학과 석좌교수 2011년 同행정학과 교수 2011·2013년 가천대 행정학과 교수(현) 2012년 지방분권촉진위원회 위원장 2012~2013년 대통령 정무수석비서관 2014년 가천대 미래위원회 위원장(현) 2014년 이명박대통령기념재단 이사(현) 2014년 창원시 2018세계사격선수권대회추진준비위원회 위원장(현) **(상)**홍조근정훈장(2002) **(저)**'노사협상전략' '한국의 과제와 전망' '지방정치와 행정(共)' '50년대의 지방자치(共)' '한국지방정부론' '주5일 근무제로 인한 행정단위별 업무변화' '지방정부의 지도자-도지사' '한국지방자치와 민주주의 : 10년의 성과와 과제' '지방정부론' '한국의 사회발전 전략(共)'(1994) '협상론'(1995·2005) '한국행정의 연구(共)'(1997) '공기업 자율경영을 위한 정부-기업관계 재구조화 방향'(1997) '정보통신 틀을 다시짜자(共)'(1998) '한국행정론(共)'(1998) '지방정부론'(2003) '세계화시대의 국가정책(共)'(2004) '행정의 시차적 접근(共)'(2005) '정책사례연구(共)'(2006) '통일시대의 북한근로자 직업훈련(共)'(2008) **(역)**'닉슨의 치국책 10계명'(2003) **(종)**천주교

이달덕(李達德) LEE Dal Deok

(생)1952·9·12 **(주)**부산 연제구 고분로170 부산경상대학교 호텔·비즈니스영어과(051-850-1146) **(학)**1970년 경북고졸 1974년 서울대 영어교육과졸 1985년 영남대 대학원 영어영문학과졸 1993년 영어영문학박사(영남대) **(경)**1979년 대구 원화여고 교사 1988~2014년 부산경상대 영어과 교수 1999년 同영어과 학과장 2000~2003년 同평생교육원장 2003~2004년 同교무처장 2004~2006년 同산학입시처장 2007~2009년 同산학협력처장 2009~2015년 同총장 2015년 同호텔·비즈니스영어과 교수(현) **(저)**'Int'l Conventions & Tourism Shopping'(2006)

이달순(李達淳) LEE Dal Soon (賢村)

(생)1936·10·24 **(본)**광주(廣州) **(출)**서울 **(주)**서울 마포구 와우산로90 헬로스포츠(02-335-5323) **(학)**1953년 양정고졸 1958년 중앙대 정치학과졸 1960년 同대학원 정치학과졸 1979년 정치학박사(중앙대) **(경)**1968~1971년 대한사이클연맹 전무이사 1977~1979년 주간 '시민' 발행인 겸 편집인 1977년 중앙대총동창회 부회장 1979년 대한사이클연맹 부회장 1979~1985년 한국대학농구연맹 부회장 1979~1981년 중앙출판인쇄 대표 1983~1985년 중앙대 출판부장 1983년 추계최은희여기자상 제정 1984년 추계최은희문화사업회 설립 1985년 대한체육회 이사 1985~1989년 수원대 총장 1985~2002년 同산업경영학과 교수 1986년 대학농구연맹 회장 1987년 동심문화연구소 부소장 1988년 양정중·고총동창회 회장 1989년 이길용체육기자상후원회장 1989~1992년 수원대 행정대학원장 1989~1996년 대학경기총연맹 회장 1989년 김현철(前내각수반)

선생기념사업회장 1990년 경기도여성상심사위원회 위원장 1991년 중앙대 정치외교학과총동창회장 1991년 한음이덕형선생기념사업회장 1991년 정치외교사학회장 1992년 경기도어문교육연구회장 1992년 同자료공개심의위원회 위원장 1993년 同교육위원회 윤리위원 1993년 세계대학생올림픽동계대회 한국대표단장 1993년 KOC 상임위원 1993년 대한대학스포츠위원회 부위원장 1993년 동계유니버시아드대회 한국대표단장 1993~1997년 수원대 산업경영대학원장 1993년 대한올림픽위원회 상임위원 1993년 한국정치외교사학회장 1993년 대한대학스포츠위원회 부위원장 1993년 경기도교육청 공직자윤리위원회 위원 1993년 경기지역사회연구소장 1993년 경기도 홍보위원 1994년 同도서편찬위원회 위원장 1995년 同국민홍보위원회 위원장 1995년 장한나후원회 사무국장(간사) 1995년 국제범죄예방국민운동총본부 총재 1997~1999년 수원대 산업경영대학원장 1997년 미래를여는경기지역교수모임 위원장 1998년 한국방정환재단 사무총장 2000~2004년 수원대 금융공학대학원장 2002년 同명예교수 2005~2010년 수원 계명고 교장 2010년 전문인터넷신문 '헬로! 스포츠(hellosports.net)' 발행인(현) 2011년 화성종합장사시설 건립추진위원회 위원장 **(상)**체육훈장 백마장(1994), 경기남성상(1995), 국무총리표창(1995), 황조근정훈장(2002) **(저)**'한국정치사의 재발견'(1986) '한국정치사Ⅰ·Ⅱ' '한국정치사 논쟁'(2002) '현대사회의 정치사상'(共) 칼럼집 '우리는 영웅을 기다리지 않는다'(1998, 새한일보사) '현대정치사와 김종필'(2012, 박영사) **(역)**'일본을 창건한 가야인' **(종)**기독교

이달우(李達雨) LEE Tal Woo (旭陳)

(생)1930·2·10 **(본)**경주(慶州) **(출)**충북 진천 **(주)**서울 마포구 동교로160의1 KC코트렐(주) 회장실(02-320-6101) **(학)**1948년 청주고졸 1953년 서울대 전기공학과졸 1957년 同대학원 전기공학과졸 **(경)**1952~1961년 조선전업(주) 근무 1962~1963년 미국 Research-Cottrell社 마산화력발전소 전기집진기건설사무소장 1964~1973년 대아산업건설(주) 대표이사 1973~1999년 한국코트렐(주) 대표이사 1989~1999년 한국환경산업협회 회장 1992~1996년 서울대 공대 동창회장 1996~1998년 서울대총동창회 부회장 1996년 국제전기집진학회 이사 1996~2001년 한국전기집진학회 회장 1998년 한국기계산업진흥회 환경설비산업협의회장 2000~2008년 한국코트렐(주) 회장 2002년 서울국제싸이언스클럽 회장 2006년 서울대·한국공학한림원 선정 '한국을 일으킨 엔지니어 60인' 2008년 KC코트렐(주) 회장(현) **(상)**한국기술사회 장려상(1982), 산업포장(1989), 무역의날 500만불 수출의 탑(1992), 제1회 환경대상 과학기술상(1993), 서울대 공대인상(1993), Int'l FellowI(ISESP)(1998), 은탑산업훈장(1999), 서울대 자랑스런 공대 동문상(2001)

이담호(李淡浩) LEE Dam Ho

(생)1962·7·4 **(본)**경산(京山) **(출)**부산 **(주)**서울 강남구 논현로867 3층 비전안과 원장실(02-548-3579) **(학)**1981년 부산남고졸 1987년 서울대 의학과졸 1991년 同대학원 의학과졸 2000년 의학박사(서울대) **(경)**1995년 미국 하버드대 의대 매사추세츠안이센터(MEEI) 연구전임의 1996년 미국 웨인대 크레스기안연구소(KEI) 연구전임의 1997~2000년 성균관대 의대 안과 조교수 2000년 비전안과 원장(라섹/ICL 전문의)(현) **(종)**천주교

이대건(李大鍵)

(생)1971·7·7 **(주)**대전 서구 청사로189 중소기업청 중소기업정책국 동반성장지원과(042-481-8957) **(학)**1995년 연세대 경영학과졸 **(경)**중소기업청 창업벤처정책과 사무관 2006년 同창업벤처정책팀 서기관 2007년 同청장 비서관 2009년 충북지방중소기업청장 2011년 중소기업청 인력지원과장 2013년 同중소기업정책국 동반성장지원과장(현)

이대경(李大敬) LEE Dae Kyeong

(생)1958·11·19 **(본)**아산(牙山) **(출)**서울 **(주)**대전 서구 둔산중로69 특허법원 법원장실(042-480-1400) **(학)**1977년 충암고졸 1981년 서울대 법학과졸 **(경)**1980년 사법시험 합격(22회) 1983년 사법연수원 수료(13기) 1983년 서울민사지법 판사 1985년 서울형사지법 판사 1987년 청주지법 판사 1989년 서울지법 서부지원 판사 1992년 서울민사지법 판사 1994년 서울고법 판사 1996년 대법원 재판연구관 1998년 대구지법 경주지원 부장판사 1999년 同경주지원장 2000년 사법연수원 교수 2003년 서울중앙지법 부장판사 2005년 부산고법 부장판사 2006~2012년 서울고법 부장판사 2007~2010년 중앙토지수용위원회 위원장 2012년 제주지법원장 2012~2013년 제주도선거관리위원회 위원장 2013년 서울동부지법원장 2014년 서울고법 부장판사 2016년 특허법원장(현)

이대공(李大公) LEE Dai Kong

[생]1941·6·6 [출]경북 포항 [주]경북 포항시 남구 포스코대로437 애린복지재단(054-272-2241) [학]1960년 경기고졸 1964년 서울대 법학과졸 [경]1969년 포항종합제철(주) 입사 1978년 同홍보실장 1982년 同연수원장 1983년 同비서실장 1983년 同총무이사 1985년 포항공대 건설본부장(상무이사) 1989~1993년 포항종합제철(주) 부사장 1998~2012년 포스코교육재단 이사장 1998년 애린복지재단 이사장(현) 1999년 포항공대 이사 겸 부이사장 2004~2008년 포항지역발전협의회 회장 2004년 포항극동방송 운영위원장 2005~2013년 포항범죄피해자지원센터 이사장 2009~2011년 포항공대 이사 2009년 포항극동방송 상임고문(현) 2011~2014년 경북사회복지공동모금회 회장 2012~2013년 포스코교육재단 고문 [상]상공부장관표창(1978), 문화공보부장관표창(1979) [종]기독교

이대근(李大根) LEE Dae Keun

[생]1959·3·2 [출]경기 파주 [주]서울 중구 정동길3 경향신문 논설위원실(02-3701-1077) [학]1984년 고려대 정치외교학과졸 2000년 同대학원 정치외교학 박사과정 수료 [경]1991년 경향신문 사회부 기자 1992년 同전국부 기자 1994년 同국제부 기자 1995년 同정치부 기자 1998년 同정치부 차장대우 1999년 同문화부 차장 2002년 同논설위원(차장급) 2003년 同논설위원(부장대우) 2005년 同논설위원(부장) 2005년 同국제부장 2006년 同정치·국제에디터(부국장대우) 2009년 同논설위원 2011년 同편집국장 2013년 同논설위원 2015년 同논설주간(현) [저]'리영희 프리즘(共)'(2010)

이대길(李大吉) LEE Dai Gil

[생]1952·1·19 [본]경주(慶州) [출]충남 논산 [주]대전 유성구 대학로291 한국과학기술원 기계공학과(042-350-3221) [학]1975년 서울대 기계공학과졸 1977년 KAIST 대학원 기계공학과졸(공학석사) 1985년 공학박사(미국 매사추세츠공과대) [경]1978년 부산대 기계설계학과 전임강사·조교수 1986년 KAIST 기계공학과 조교수·부교수·교수(현) 2000~2002년 대한기계학회 편집이사 2004년 한국과학기술한림원 정회원(현) 2006년 KAIST Complex Systems 설계연구소장(현) 2009년 한국복합재료학회 회장 2015년 KAIST EEWS연구센터장(현) [상]한국과학기술원 학술상(1997), 통상산업부장관표창(1997), ICCS최우수논문상(2회), 한국과학기술단체총연합회 우수논문상(2회), 대한기계학회 학술상(2001), 과학기술우수논문상(2002), Best Paper Award of Composite Structures, 산업협력대상(2003), 근정포장, IR52 장영실상(2004), 대한민국 특허왕(2009), 대한민국학술원상 자연과학응용부문(2010), 올해의 KAIST인상(2010), ICCS 공로상(2013), 한국복합재료학회 학술상(2013) [저]'Axiomatic Design and Fabrication of Composite Structures'(2006, Oxford University Press) [역]'로보틱스 입문'(1991) [종]기독교

이대봉(李大鳳) LEE Dae Bong

[생]1941·12·15 [출]경남 합천 [주]서울 용산구 한강대로296 참빛빌딩2층 참빛그룹 회장실(02-790-0021) [학]성균관대 경영학과졸, 同대학원 경영학과 수료, 미국 하버드대 최고경영자과정 수료, 서울대 최고경영자과정 수료, 고려대 컴퓨터과학기술대학원 최고컴퓨터과정 수료 [경]한국항공화물협회 회장, 이대웅음악장학회 이사장, 동아항공화물(주) 대표이사 회장, 동아도시산업(주) 대표이사 회장 2003년 참빛그룹 회장(현) 2006~2010년 동아항공스카이(주) 대표이사 회장 2010년 학교법인 서울예술학원(서울예고·예원학교) 이사장(현) [상]성균관대총장표창, 대통령표창, 철탑산업훈장, 고대ICP경영대상(2006), 대통령산업포장(2007), 서울대 AMP 대상(2008), 베트남 문화체육관광부 보훈훈장(2012), 한국언론인연합회 자랑스러운 한국인 대상 글로벌경영부문(2013)

이대산(李大山) LEE Dae San

[생]1961·1·10 [본]전주(全州) [출]강원 속초 [주]서울 종로구 종로3길33 KT 경영지원부문장실(02-3495-3205) [학]1979년 철도고졸 1987년 한양대 전자공학과졸 1995년 미국 서던캘리포니아대 대학원 전기공학과졸 [경]2001년 (주)KTF 연구개발본부 상무보 2001년 同부산사업본부 네트워크담당 상무보 2003년 同기획조정실 정책개발담당 상무보 2003년 同신사업부문 인터넷사업실장(상무보) 2004년 同윤리경영실장 2006년 (주)KT 기획부문 전략기획실 출자경영담당 전문임원(상무대우) 2007년 KTF 대전네트워크본부장(전무) 2009년 同수도권네트워크본부장 2009년 (주)KT 무선네트워크본부장(상무) 2010년 同강남유선네트워크운용단장(상무) 2012년 同연구위원 2013년 同대구네트워크운용단장 2014년 同비서실 그룹담당 전무 2015년 同경영지원부문장(전무)(현)

이대석(李大錫) Lee Dae Suk

[생]1956·6·28 [출]경북 [주]부산 연제구 중앙대로1001 부산광역시의회(051-888-8241) [학]경호고졸, 영산대 행정학과졸, 부산대 국제전문대학원 석사과정 재학 중 [경]D&D퍼니처 대표, 부산시 진구의회 의원(2대·3대) 2007년 한나라당 제17대 대통령중앙선거대책위원회 특보단 자문위원, 민주평통 자문위원(현), (재)부산진구장학회 이사, 국제라이온스협회 부산등대클럽 회장, 나눔의집무료급식소후원회 이사, 부산시 건축위원회 위원, 同도시균형발전위원회 위원, 새누리당 부산진甲당원협의회 부위원장 2010년 부산시의회 의원(한나라당·새누리당) 2010년 同창조도시교통위원회 위원 2010년 同창조도시교통위원회 간사, 同건축위원회 위원 2014년 부산시의회 의원(새누리당)(현) 2014년 同교육위원회 위원장 2016년 同교육위원회 위원(현)

이대순(李大淳) LEE Dai Soon (凡村)

[생]1933·4·18 [본]성주(星州) [출]전남 고흥 [주]경남 창원시 마산합포구 경남대학로7 학교법인 한마학원 이사장실(055-245-5000) [학]1953년 순천고졸 1957년 서울대 법대 법학과졸 1973년 同행정대학원 행정학과졸 1994년 명예 법학박사(경남대) 1996년 명예 문학박사(미국 요크대) [경]1973년 문교부 체육국장 1974년 同고등교육국장 1978년 同기획관리실장 1979년 전남도 교육감 1981년 민주정의당(민정당) 정책위원회 부의장 1981년 성암청소년육성회 이사장 1981년 제11대 국회의원(보성·고흥, 민정당) 1984년 (재)한일문화교류기금 이사(현) 1985년 민정당 윤리위원장 1985년 제12대 국회의원(고흥·보성, 민정당) 1985년 민정당 사무차장 1986년 체신부 장관 1987년 민정당 원내총무 1987년 국회 운영위원장 1988년 한국전기통신공사 이사장 1988년 민정당 서울강남甲지구당위원장 1991~1998년 (사)문우회 회장 1992년 서울오페라단 이사장 1992년 대전세계박람회조직위원회 교육위원장 1992년 한·일친선협회 부회장 1992년 한일협력위원회 부회장 1994~1998년 호남대 총장 1995~1999년 한국대학총장협회 부회장 1995년 한국사립대학총장협의회 부회장 1999~2000년 경원대 총장 1999~2001년 한국고등교육학회 회장 1999~2000년 한국대학사회봉사협의회 회장 1999~2013년 아시아태권도연맹 회장 1999~2003년 (재)한미교육문화재단 이사장 1999년 복지개혁시민연합 공동대표 2000~2005년 경원대 명예교수 2000~2001년 한국대학총장협회 회장 2001~2003년 일본국립교육정책연구소 객원연구원 2002~2003년 서울대 법대 동창회장 2004년 한국대학총장협회 이사장 2004~2005년 태권도공원조성추진위원회 위원장 2004년 세계태권도연맹 부총재 겸 집행위원 2005~2011년 (재)태권도진흥재단 초대이사장 2010년 학교법인 한마학원 이사장(현) 2011년 한국대학법인협의회 회장(현) 2011~2014년 대학구조개혁위원회 위원 2013년 세계태권도연맹 명예부총재(현) 2013년 아시아태권도연맹 명예회장(현) 2015~2016년 대한체육회 고문 2016년 '2017무주세계태권도선수권대회' 조직위원회 명예위원장(현) [상]국민훈장 모란장, 청조근정훈장, 일본 훈2등욱일중광장(勳2等旭日重光章), 캄보디아 모하사하(국가발전공로) 훈장(2012), 자랑스러운 서울법대인상(2015) [저]'벽오동 심은 뜻은' '鶴志'(共) '벽오동을 가꾸며' [종]기독교

이대연(李大衍) LEE Dae Yeon

[생]1966·5·11 [출]서울 [주]서울 서초구 서초중앙로157 서울중앙지방법원(02-530-1114) [학]1984년 광주 석산고졸 1989년 고려대 독어독문학과졸 [경]1990년 사법시험 합격(32회) 1993년 사법연수원 수료(22기) 1996년 인천지검 검사 1998년 창원지검 진주지청 검사 2000년 수원지검 검사 2002년 부산지검 동부지청 검사 2004년 서울동부지검 검사 2005년 同부부장검사 2006년 수원지검 부부장검사 2007년 대구지검 포항지청 부장검사 2007년 사법연수원 법관임용 연수 2008년 대전지법 판사 2009년 대전고법 판사 2011년 인천지법 판사 2012년 청주지법 부장판사 2013년 인천지법 부장판사 2015년 서울중앙지법 부장판사(현) 2016년 언론중재위원회 위원(현)

이대열(李大悅) LEE Dae Yul

[생]1956·8·20 [출]서울 [주]대구 동구 신암로125 한국장학재단 임원실(053-238-2614) [학]1975년 신일고졸 1980년 한양대 무역학과졸 1992년 미국 오하이오주립대 대학원 교육행정학과졸 2000년 교육학박사(미국 아이오와대) [경]1986년 행정고시 합격(29회) 2001년 대통령자문 인적자원정책위원회 정책과장 2003년 교육인적자원부 교원정책과장 2003년 同정책분석과장 2004년 同평가지원과장 2006년 한양대 교육대학원 초빙교수 2007년 금오공과대 총무과장 2008년 교육과학기술부 교원소청심사위원회 상임위원 2009년 서울시교육청 기획관리실장(고위공무원) 2011년 부산시교육청 부교육감 2012년 경상대 사무국장 2013년 경상대병원 비상임이사 2014년 교육부 고위공무원 2014년 한국장학재단 상임이사(현) [상]녹조근정훈장(2004) [저]'대학재정(共)'(2006)

이대영(李大榮) LEE Dae Young

[생]1948·9·13 [본]전주(全州) [출]경북 [주]서울 중구 순화동1의170 에이스타워4층 법무법인 세종(02-316-4348) [학]1971년 서울대 법대 행정학과졸 2000년 한양대 행정대학원졸 [경]1971년 행정고시 합격(10회) 1971~1982년 관세청 무역통계과 행정사무관·서기관 1980년 同세무2과장(서기관) 1982년 駐홍콩 관세관 1988년 관세청 평가1과장 1989년 同평가협력국장 1990년 駐미국 주재관 1995년 대구세관장 1995년 관세청 협력국장 1997년 김포세관장 1999~2001년 관세청 차장 2001년 새빛회계법인 고문 2002년 충남대 국제통상학과 겸임교수 2003~2006년 남서울대 국제통상학과 겸임교수 2004년 법무법인 세종 관세사 겸 고문(현) [상]녹조근정훈장(1979)

이대영(李大寧) Lee Dae Yeong

[생]1959·6·22 [출]강원 원주 [주]서울 서초구 반포대로27길 29 서초고등학교 교장실(02-584-2841) [학]원주고졸, 공주사범대 생물교육과졸, 한양대 대학원졸(이학박사) [경]1982년 중랑중·성동고·구정고·금옥여고·수도여고 생물교사 2001년 서울시교육청 중등교육과 장학사·장학관 2008년 교육과학기술부 홍보담당관실 근무 2010년 同대변인 2011년 연세대 교육대학원 겸임교수 2011년 서울시교육청 부교육감 2012년 同교육감 권한대행 2013년 한국교육정책연구소 연구교수 2013년 서초고 교장(현) 2013년 한국청소년연맹 이사(현) 2013년 (사)미래희망기구 이사(현) 2013년 책읽어주기운동본부 고문(현) 2015년 서울중앙지법 시민사법위원회 위원(현) 2016년 강원도민회 부회장(현) 2016년 한국청소년진흥협회 이사장(현) 2016년 이화여대 학교폭력예방연구소 운영위원(현) 2016년 서울시자전거연합회 부회장(현) [상]대통령표창(2009)

이대영(李大泳) LEE Dae Young

[생]1960·4·13 [주]서울 마포구 성암로267 문화방송 드라마본부 드라마3국(02-789-0011) [학]1979년 충남고졸 1985년 서울대 영어영문학과졸 [경]1990년 MBC 편성국 TV편성부 MD 1991년 同TV제작국 연속극 담당 1992년 同단막극 담당 1994년 同종합특집극팀 근무 1996년 同드라마2팀 근무 2000년 同드라마국 프로듀서9 프로듀서(차장) 2002년 同TV제작1국 프로듀서9 차장 2003년 同드라마국 프로듀서5 부장대우 2004년 同프로듀서1 부장대우 2005년 同특임4CP(부장대우) 2006년 同2CP(부장급) 2007년 同드라마국 특임1CP 프로듀서(부장급) 2008년 同드라마기획센터장 2008년 同드라마국 연속극CP 2009년 同드라마국 드라마1부장 2011년 同드라마예능본부 드라마1국장 2012년 同드라마본부 드라마2국장 2014년 同드라마본부 드라마1국장 2015년 同드라마본부 드라마3국장(현)

이대영(李垈穎) Lee Dae-Young

[생]1961·9·17 [본]덕수(德水) [출]서울 [주]서울 종로구 이화장길86의8 중앙대학교 공연예술원 연극학과(02-765-0717) [학]1985년 중앙대 문예창작과졸 2000년 同대학원 연극학과졸 2007년 국문학박사(중앙대) [경]1985년 중앙일보 신춘문예 당선(희곡부문) 1990~1999년 동양제철화학 총무홍보과장 2000~2002년 커뮤니타스 대표이사 2002~2003년 영화사 '백두대간' 이사 2003년 극단 '그리고' 대표 2004년 현대문예창작회 희곡분과장 2005년 국제극예술협회 이사 2005년 전국예술대학교수연합 사무국장 2005년 자유주의연대 문화위원장 2005년 한국문화산업진흥위원회 위원 2007년 중앙대 문예창작학과 교수 2008년 문화체육관광부 정책위원 2008~2011년 한국문화예술교육진흥원 원장 2009년 유네스코 한국위원회 문화분과위원 2009~2010년 同세계문화예술교육대회 집행위원장 2008~2016년 중앙대 연극학과 교수 2013년 제18대 대통령직인수위원회 여성·문화분과 전문위원 2014~2015년 방송통신심의위원회 연예오락방송특별위원회 위원 2016년 중앙대 예술대학원 공연영상학과 교수(현) [상]한국인터넷기업협회 게임시나리오부문 베스트아이디어상(2000) [저]소설 'SF소설 리미노이드'(2002) '아톰시대 야만인'(2006, 예니) '이대영희곡집'(2006) [역]'나의 소풍'(2007, 한솔교육) '아기문어'(2007, 한솔교육) [작]방송극본 'KBS 겨울에서 겨울까지'(1987) MBC 베스트셀러극장 '한 소년'(1988) 연극 '미묘한 균형' 연출(1984, 중앙대) 단막극 '바다를 향하는 사람들' 발표·연출(1985, 국립극장 소극장) '정의의 사람들' 연출(1985, 중앙대) '상복이 어울리는 엘렉트라' 연출(1987, 중앙대) '리타' 연출(1992, 학전소극장) 중앙대 개교80주년기념 '세일럼의 마녀들' 연출(1998, 중앙대) '박무근일가' 연출(2003, 동덕여대 극장) '광화문 거리연극 대단원' 연출(2003, 교보문고 광장) '바다를 향하는 사람들' 연출(2003, 유씨어터) '대왕은 죽기를 거부했다' 연출(2004, 국립극장 별오름극장) '환생경제' 연출(2004, 대학로 열린극장·부산시민회관) 뮤지컬 '방황하는 별들' 연출(2005, 어린이회관 무지개극장) [종]기독교

이대영(李大泳) Lee Dae Young

[생]1963·12·12 [본]전주(全州) [출]전남 [주]경기 성남시 수정구 수정로157 한국사회적기업진흥원 창업육성본부(031-697-7701) [학]1981년 전남대 사회학과 입학 1987년 同사회학과 4년 중퇴(민주화운동으로 1회 투옥, 2회 제적) 2008년 同사회학과졸 [경]1988~1990년 도서출판 인동 편집장 1991년 경제정의실천시민연합 근무 1991년 월간 '경제정의' 기자 1991~1992년 同편집장 1993~1994년 시민의신문 창간준비위원회 간사 및 업무부장 1995년 경제정의실천시민연합 정책실 부장 1996년 同국제국장·기획실장·조직국장 1999년 여수경실련 사무처장 2000년 경제정의실천시민연합 조직국장·정책실장 2002년 同사무처장 2006년 同협동사무총장 2008~2010년 同사무총장 2010년 조선일보 독자권익보호위원회 위원, 한국사회적기업진흥원 기획홍보본부장 2014년 同사업운영본부장 2014년 同창업육성본부장(현)

이대용(李大鏞) Lee Dae-yong

[생]1952·2·16 [본]재령(載寧) [출]경북 청도 [주]서울 종로구 종로14 한국무역보험공사 감사실(02-399-6903) [학]1969년 경북고졸 1974년 서울대 경제학과졸 [경]1975년 공인회계사자격 취득 1997~2016년 삼화회계법인 공인회계사 2003~2005년 同대표이사 1998~2001년 수산특장(주)·(주)청구 법정관리인 2002~2012년 환경재단 감사 2006~2008년 한국기술거래소 감사 2013년 제18대 대통령직인수위원회 국민통합위원회 위원 2016년 한국무역보험공사 상임감사(현)

이대용(李岱容) LEE Dae Yong

[생]1957·9·7 [주]광주 동구 필문대로309 조선대학교 경상대학 경영학부(062-230-6829) [학]1983년 전남대 경영학과졸, 미국 아이오와대 대학원졸 1990년 경영학박사(미국 아이오와대) [경]1990년 조선대 경상대학 경영학부 교수(현) 2007년 同정보전산원장 2009~2011년 同기획조정실장 2009년 同교육역량강화지원센터장 2014년 同교수평의회 의장(현)

이대웅(李大雄) RHEE Dae Woong

[생]1957·9·19 [본]전주(全州) [출]서울 [주]서울 종로구 홍지문2길20 상명대학교 게임학과(02-2287-5213) [학]1986년 서울대 전산과학과졸 1988년 同대학원 전산과학과졸 1996년 전산과학박사(서울대) [경]1990~1996년 상명여자대학 전자계산학과 전임강사·조교수 1996~2000년 상명대 소프트웨어학과 부교수 2000~2012년 同디지털미디어학부 교수 2001년 한국게임학회 회장 2002년 상명대 디지털미디어대학원장 2003년 同소프트웨어대학장 2005년 한국정보처리학회 상임이사 2005년 한국컴퓨터게임학회 이사 2006~2007년 상명대 소프트웨어대학장 2006~2007년 同디지털미디어대학원장 2008~2011년 同대학원장 2012년 同게임학과 교수(현) [저]'전산학입문'(1996) '홈페이지만들기'(1998) '이산수학'(2001) '윈도우즈 게임프로그래밍'(2001)

이대원(李大遠) Lee, Dae Won

[생]1954·6·10 [주]경북 경주시 동대로123 동국대학교 경주캠퍼스 총장실(054-770-2011) [학]1972년 홍성고졸 1980년 동국대 농업생물학과졸 1989년 독일 키엘대 대학원 식물학과졸 1993년 이학박사(독일 키엘대) [경]1980~1983년 경기 낙생고 교사 1989~1993년 독일 키엘대 식물학연구소 연구원 1993년 동국대 경주캠퍼스 바이오학부 교수(현) 2006~2008년 同경주캠퍼스 교수회장(제9·10대) 2016년 同경주캠퍼스 총장(현)

이대원(李大遠) LEE Dae Won

[생]1956·2·5 [출]충북 청주 [주]전남 나주시 문화로 245 사립학교교직원연금공단 감사실(061-338-0162) [학]1974년 청주고졸 1979년 연세대 경제학과졸 [경]1983~1995년 삼환산업(주) 대표 1998~2001년 전국재래시장연합회 회장 2001년 청주시 재래시장협의회장, 육거리종합시장연합회 회장, 구름솜침장 대표(현) 2002~2006·2006~2010년 충북도의회 의원(한나라당) 2004년 同교육사회위원장, 同산업경제위원, 청주경실련 자문위원, 민주평통 자문위원 및 집행위원, 충북생활체육협의회 볼링연합회장 2007년 충북문정장학회 이사, 충북사회복지공동모금회 운영위원, (사)청주시새마을회 이사 2008~2010년 충북도의회 의장 2009년 한나라당 충북도당 인사위원회 위원 2011년 同충북도당 수석부위원장 2012년 새누리당 충북도당 수석부위원장 2014년 사립학교교직원연금공단 상임감사(현) [종]기독교

이대택(李大澤) LEE Dae Taek

[생]1964 · 1 · 12 [출]서울 [주]서울 성북구 정릉로77 국민대학교 체육대학 체육학부(02-910-4781) [학]1986년 연세대 체육교육학과졸 1988년 미국 노스캐롤라이나대 대학원졸 1994년 이학박사(미국 플로리다주립대) [경]1994~1996년 미국 연방과학기술자문위원회 장학연구원(Research Associate) 1994~1996년 미국 연방육군 환경의학연구소 객원연구원 1997~2001년 국민체육진흥공단 체육과학연구원 책임연구원 2001~2013년 국민대 체육학부 전임강사 · 조교수 · 부교수 2007~2008년 미국올림픽위원회 올림픽트레이닝센터 방문연구원 2010~2012년 국민대 스포츠산업대학원장 겸 체육대학장 2013년 同체육학부 교수(현) [저]'인간은 환경에 어떻게 적응하는가'(1998) '저랑 우주여행 하실래요'(2001) '인간사냥꾼은 물위를 달리고 싶어했다'(2009) '비만 히스테릭'(2010)

이대현(李大賢) Daihyun Lee

[생]1961 · 4 · 1 [출]서울 [주]서울 영등포구 은행로14 KDB산업은행 수석부행장실(02-787-4000) [학]1980년 연천 전곡고졸 1985년 서강대 경영학과졸 1997년 미국 워싱턴대 경영대학원 경영학과졸(MBA) [경]1985년 KDB산업은행 입행 2002년 同투자금융실 PF팀 부부장 2002년 同헝가리은행 부부장 2006년 同국제금융실 팀장 2008년 同기업금융3실 팀장 2009년 同종합기획부 신사업추진팀장 2011년 同PF2실장 2012년 同홍보실장 2013년 同비서실장 2014년 同기획관리부문장(집행부행장) 2015 同정책기획부문장(부행장 · 상임이사) 2016년 同수석부행장(전무이사)(현)

이대형(李岱衡)

[생]1966 · 6 · 15 [본]고성(固城) [출]대구 [주]서울 도봉구 노해로403 도봉경찰서(02-2289-9321) [학]대구 계성고졸 1989년 경찰대 법학과졸(5기) [경]2005년 서울지방경찰청 경비부 12경호대장 2006년 同보안부 보안1 · 2계장 2012년 경북 봉화경찰서장 2014년 경북지방경찰청 112종합상황실장 2015년 경찰청 보안2과장 2016년 서울 도봉경찰서장(현)

이대호(李大浩) LEE Dae Ho

[생]1982 · 6 · 21 [출]부산 [학]2001년 경남고졸 [경]2000년 캐나다 세계청소년야구대회 국가대표 2001~2011년 프로야구 롯데 자이언츠 소속 2005 · 2006 · 2007 · 2008 · 2009년 프로야구 올스타전 동군대표 2006년 도하아시안게임 동메달 2008년 제29회 베이징올림픽 금메달 2009년 제2회 월드베이스볼클래식(WBC) 국가대표 2009~2011년 부산지검 범죄예방홍보대사 2010년 세계 프로야구 최다 경기 연속 홈런 기록(9경기 연속 홈런 · 세계신기록) 2010년 광저우아시안게임 금메달 2011년 조계종 홍보대사 2011년 현대자동차 홍보대사 2011년 '한국 방문의 해' 명예미소국가대표 2011년 싱가포르항공 · 싱가포르관광청 홍보대사 2011~2013년 일본 프로야구 오릭스 버팔로스 소속 2012년 일본 관광청 스포츠관광 마이스터 2013년 제3회 월드베이스볼클래식(WBC) 국가대표 2013~2016년 일본 프로야구 소프트뱅크 호크스 소속(계약 기간 2+1년 · 계약금 5000만엔 포함 총액 20억5000만엔-약 208억원) 2014년 일본 프로야구 정규리그 성적(타율 0.300 · 홈런 19 · 타점 68 · 득점 60) 2014 · 2015년 일본 프로야구 퍼시픽리그 우승 및 재팬시리즈 우승(통합 2연패) 2015년 일본 프로야구 정규리그 성적(타율 0.282 · 홈런 31 · 타점 98 · 득점 68) 2015년 세계야구소프트볼연맹(WBSC) 주관 '2015 프리미어 12' 국가대표(우승) 2016년 미국 프로야구(MLB) 시애틀 매리너스 입단(계약기간 1년 · 인센티브포함 최대 400만 달러 예상)(현) 2016년 아시아나항공 미주 홍보대사(현) 2016년 시즌 MLB 성적(104경기 출전 · 타율 0.253 · 14 홈런 · 49 타점) [상]올해의 부산야구 MVP(2000), 스포츠조선 올해의 선수 성취상(2004), 프로야구 올스타전 MVP(2005 · 2008), 한국프로야구선수협회 올해의 선수상(2006), 삼성PAVV 프로야구 페어플레이상(2006), 한국프로야구 1루수부문 골든글러브(2006 · 2007), 제11회 일구상 최우수선수상(2006), 제일화재 프로야구대상 최고타자상(2007), 삼성PAVV 프로야구 장타율상(2007), 프로야구올스타전 MVP(2008), 프로야구올스타전 홈런레이스1위(2009), 사랑의 골든글러브상(2009), 프로야구 정규시즌 MVP(2010), CJ마구마구일구대상 최고타자상(2010), 조아제약 프로야구대상 대상(2010), 골든글러브 3루수부문(2010), 동아스포츠대상 야구부문(2010), 스포츠토토 올해의 선수상, 기록상(2010), 프로야구 올스타전 최고인기상(2011), 대한민국 국회대상 올해의 스포츠상(2011), 골든글러브 1루수부문(2011), 일본 프로야구 퍼시픽리그 타자부문 월간 MVP 2회(2012년 5월 · 7월), 제50회 저축의 날기념 국무총리표창(2013), 일본 프로야구 퍼시픽리그 6월 MVP(2014), 조아제약 프로야구대상 특별상(2014), 일본 프로야구 퍼시픽리그 5월 MVP(2015), 일본 프로야구 재팬시리즈 MVP(2015), 2015시즌 일본프로야구 퍼시픽리그 지명타자부문 '베스트 9'(2015), 조아제약 프로야구대상 특별상(2015), 2015년을 빛낸 도전한국인 10인 대상(2016) [작]CF '부산은행'(2007) '한국펩시콜라'(2007) 영화 '나는 갈매기'(2009) '해운대'(2009)

이대훈(李大勳) LEE Dae Hoon

[생]1952 · 11 · 20 [출]서울 [주]서울 용산구 한강대로92 LS용산타워3층 LS네트웍스 비서실(02-799-7114) [학]1971년 경기고졸 1977년 서울대 경영학과졸 1981년 미국 뉴욕대 경영대학원 수료 [경]LG상사 근무, 동국합섬(주) 영업본부 전무, 동국무역(주) 영업본부 부사장 2007년 (주)국제상사 대표이사 사장 2008년 LS네트웍스 대표이사 사장 2008년 (주)케이제이모터라드 비상근이사 2009년 대한사이클연맹 수석부회장(현) 2010년 LS네트웍스 대표이사 부회장 2011년 同부회장(현) 2013년 아시아사이클연맹 집행위원(현) [상]수출유공표창

이대훈(李大薰) Lee, Dai-Hoon

[생]1954 · 10 · 15 [출]서울 [주]경기 수원시 영통구 광교로109 한국나노기술원(031-546-6003) [학]1974년 경기고졸 1978년 서울대 공업교육학과졸 1980년 同대학원 공업교육학과졸 1986년 재료공학박사(미국 텍사스주립대) [경]1980년 동양공업전문대학 강사 1987년 현대전자산업(주) 입사 1995년 同이사 1997년 同상무이사 1998~2002년 同선행기술연구소장, SK하이닉스 선행기술연구소장(상무), (주)TestFos 대표이사, (주)SCD 대표이사, 극동대 반도체장비공학과 조교수 2016년 한국나노기술원 원장(현) [상]통상산업부장관표창

이대훈 Lee Dae Hoon

[생]1992 · 2 · 5 [출]서울 [주]대구 동구 첨단로120 한국가스공사 홍보팀(053-670-0272) [학]2011년 한성고졸 2015년 용인대 태권도학과졸 [경]2005년 태권도 입문 2007년 전국소년체육대회 밴텀급 1위 2008년 전국소년체육대회 핀급 2위 2010년 용인대총장기 전국남녀고교태권도대회 우승 2010년 3.15기념 전국태권도대회 고등부 페더급 1위 2010년 제16회 광저우아시안게임 63kg급 금메달 2011년 경주 세계태권도선수권대회 63kg급 금메달 2011년 런던올림픽 세계선발전 58kg급 3위 2012년 제20회 아시아태권도선수권대회 58kg급 금메달 2012년 제30회 런던올림픽 58kg급 은메달 2013년 세계태권도선수권대회 63kg급 금메달 2014년 세계태권도연맹그랑프리시리즈 68kg이하급 금메달 2014년 제17회 인천아시안게임 63kg급 금메달 2014년 월드그랑프리시리즈 3차대회 남자 68kg급 금메달 2015년 한국가스공사 태권도선수단 입단(현) 2015년 러시아 모스크바 세계태권도연맹(WTF) 월드그랑프리시리즈 1차대회 남자 68kg급 은메달 2015년 터키 삼순 세계태권도연맹(WTF) 월드그랑프리시리즈 2차대회 68kg급 동메달 2015년 멕시코 멕시코시티 세계태권도연맹(WTF) 월드그랑프리시리즈 파이널 68kg급 금메달 2016년 한돈 홍보대사(현) 2016년 제31회 리우데자네이루올림픽 남자태권도 68kg급 동메달 2016년 제97회 전국체육대회 태권도 남자 일반부 68kg급 금메달 [상]대한태권도협회 최우수선수상(2011), 교육과학기술부 대한민국인재상(2011), 세계태권도선수권대회 남자부 MVP(2013), 세계태권도연맹(WTF) '올해의 선수'(2014 · 2015), 제21회 코카콜라체육대상 우수선수상(2016)

이대희(李大熙) Daehee LEE (精而 · 頤齋)

[생]1955 · 8 · 30 [본]경주(慶州) [출]충북 진천 [주]서울 노원구 광운로20 광운대학교 사회과학대학 행정학과 한울관701호(02-940-5335) [학]서울대 농학과졸, 同대학원 행정학과졸, 행정학박사(서울대) [경]1988~1997년 광운대 사회과학대학 행정학과 조교수 · 부교수 1991~1992년 동양고정학호 회장 1994~1995년 행정사연구회 회장, 경제정의실천시민연합 서울도봉 · 노원 · 강북지부 공동대표 1997년 광운대 사회과학대학 행정학과 교수(현) 2001년 서울행정학회 회장 2004년 (사)한국산악문화협회 부회장(현) 2009년 한국행정학회 회장 2009~2010년 광운대 기획처장 2010~2012년 同교무처장 2010~2013년 (사)한국녹색문화재단 이사장 2010년 아시아행정포럼 회장 2012 · 2014~2015년 광운대 상담복지정책대학원장 2013~2014년 (사)한국산림복지문화재단 이사장 2015년 동양고전학회 회장(현) [상]대통령표창(2009) [저]'문화산업론'(2001) '한국의 행정사(共)'(2002) '새 행정학(共)'(2005) '감성정부'(2007)

이대희(李大熙) LEE Dae Hee

[생]1956·3·25 [본]진성(眞城) [출]경북 문경 [주]경남 김해시 인제로197 인제대학교 기계자동차공학부(055-320-3185) [학]1981년 한양대 기계공학과졸 1984년 미국 캘리포니아대 대학원 기계공학과졸 1987년 기계공학박사(미국 캘리포니아대) [경]1980년 대우조선공업 근무 1982~1988년 미국 Univ. of California at Davis 기계공학과 연구조교·강사 1988~1992년 미국 California State Univ. at Sacramento 기계공학과 조교수·부교수 1992년 포항공과대 초빙교수 1992~1994년 미국 Univ. of California at Berkeley 객원교수 겸 Lawrence Berkeley Laboratory 객원연구원 1994년 인제대 기계자동차공학부 교수(현) 1996~2004년 同연구교류처장 겸 산학협력단장 2000~2002년 同공과대학장 2000년 同메카노(MK)21사업단장 2004~2005년 미국 Univ. of California at Davis 초빙교수 2008~2011년 인제대 교무처장 2014년 同대학원장(현) [상]교육인적자원부장관표창, 세계공학인사전 Who's Who in Finance and Industry 등재, 대학발전공로상, 세계인명사전 Who's Who in the World 등재, 경남도 산학협력공로상 [저]'공업수학(Ⅰ·Ⅱ)' '쉽게 배우는 열전달' '대학행정 무엇이 문제인가' '자동차 열유체 계측 및 실습' [종]기독교

이대희(李大熹) Lee Daehi

[생]1970·1·10 [출]부산 [주]세종특별자치시 갈매로477 기획재정부 운영지원과(044-215-2252) [학]1988년 부산 충렬고졸 1992년 서울대 경영학과졸 1995년 同행정대학원 수료 2006년 영국 버밍험대 대학원졸(MBA) 2007년 同대학원 유럽학과졸(석사) [경]1993년 행정고시 합격(37회) 2000년 재정경제부 국민생활국 물가정책과 사무관 2003년 同국민생활국 물가정책과 서기관 2004년 同정책조정국 정책조정총괄과 서기관 2007년 同자유무역협정국내대책본부 전략기획단 조사분석팀장 2008년 기획재정부 경제정책국 사회정책과장 2008년 同경제정책국 경쟁력전략과장 2010년 유엔아태경제사회이사회 파견(과장급) 2013년 기획재정부 물가정책과장 2014년 同미래사회정책국 인력정책과장(서기관) 2015년 同미래경제전략국 미래정책총괄과장(부이사관) 2016년 同본부 근무(부이사관)(현) [상]대통령표창(2003)

이대희(李大熙) Lee Daehee

[생]1971·7·20 [출]서울 [주]서울 강남구 삼성로530 (주)리홈쿠첸 임원실(02-2008-7290) [학]1990년 경기고졸 1995년 미국 클라크대 경영학과졸 [경]2000~2002년 LG전자 근무 2003~2006년 (주)부방 기획실 이사 2006~2007년 (주)부방테크론 부사장 2007년 同리빙사업부 대표이사 2010~2012년 (주)리홈 대표이사 2012년 同이사 2013년 (주)리홈쿠첸 이사 2014년 同각자대표이사 2014년 同총괄대표이사(현) [상]이달의 대한민국 제품안전인상(2016)

이덕근(李德根) LEE DEOK KEUN (靑祐)

[생]1956·1·24 [본]영천(永川) [출]경북 영양 [주]충남 천안시 서북구 입장면 양대기로길89 한국생산기술연구원 중소·중견기업지원본부(041-589-8491) [학]1976년 강원 태백공고졸 1985년 경기대 경영학과졸 1987년 숭실대 중소기업대학원 생산관리공학과졸 2005년 공학박사(숭실대) [경]1976~1979년 한국정밀기기센터 공산품시험검사연구원 1979~1989년 한국기계연구소 품질인증 및 기술지도연구원 1989~2001년 한국생산기술연구원 행정실장·기술이전실장·기술협력실장 2001년 부품소재통합연구단 부품소재전문기업지원센터 소장 2005년 한국부품소재산업진흥원 기술지원본부장 2006년 한국생산기술연구원 중소기업지원본부장 2008년 同신성장기업지원본부장 2008년 同감사실 검사역 2008년 同일본수출기업센터장 2010년 同중소기업지원센터장 2012년 同중소기업성장동력정책단장(본부장급) 2012년 同소재부품성장통극복지원센터장 겸임 2013년 同창조경제사업본부장 2014년 同중소·중견기업지원본부장(현) [상]과학기술처장관표창(1983), 통상산업부장관표창(1997), 중소기업대상(2000), 국무총리표창(2002·2013), 대통령표창(2015) [저]'더끈이의 좋은 이야기'(2006) '왜 다시 소재부품인가?'(2016) [종]기독교

이덕기(李德基) LEE Duk Kee

[생]1961·11·6 [본]합천(陜川) [출]부산 [주]제주특별자치도 서귀포시 서호북로33 국립기상과학원 지구환경시스템연구과 지진화산연구팀(064-780-6732) [학]1980년 부산고졸 1985년 서울대 지질과학과졸 1988년 同대학원 지질과학과졸 1996년 지질과학박사(미국 텍사스주립대 오스틴교) [경]1996~2000년 한국해양연구원 박사 후 연수연구원 2000~2005년 기상청 해양기상지진연구실 연구관 2003년 대한지구물리학회 이사 2005년 기상청 지진감시과장 2007년 同지진감시담당관 2007년 한국지구물리·물리탐사학회 이사 2007년 대한지질학회 전문위원 2008년 기상청 지진감시과장 2009년 同관측기반국 지진정책과장 2015년 국립기상과학원 지구환경시스템연구과 지진화산연구팀장(현)

이덕만(李德萬) LEE Dug Man

[생]1956·8·11 [주]충북 충주시 충원대로268 건국대학교 국제비즈니스대학(043-840-3467) [학]1982년 부산대 경제학과졸 1986년 미국 State Univ. of New York at Binghamton 대학원 경제학과졸 2000년 경제학박사(미국 Utah State Univ.) [경]2001년 성균관대 경제학부 연구교수 2001년 한국자원경제학회 편집위원 2003~2006년 국회예산정책처 사회예산분석팀장 2006년 건국대 글로컬캠퍼스 국제비즈니스대학 경제학전공 교수(현) 2009~2010년 한국사학진흥재단 대학경영컨설팅위원회 위원 2011~2012년 건국대 글로컬캠퍼스 기획조정처장 2014~2015년 同글로컬캠퍼스 부총장 2016년 한국자원경제학회 회장(현) [상]국회예산정책처장표창(2005), 건국대 강의우수 교수(2009)

이덕모(李德模) LEE Duk Mo

[생]1953·3·16 [출]경북 영천 [주]인천 남구 학익소로19 석목법조빌딩601호 법무법인 경인(032-861-7100) [학]1971년 경북고졸 1975년 서울대 민사법학과졸 [경]1981년 사법시험 합격(23회) 1984년 사법연수원 수료(14기) 1985년 서울지검 동부지청 검사 1987년 울산지검 검사 1988년 인천지검 특수부 검사 1990년 변호사 개업 1997년 인천시교육청 고문변호사 1999~2001년 인천지방변호사회 부회장 2000년 법무법인 경인 대표변호사(현) 2003년 인천시지하철공사 고문변호사 2003~2004년 한나라당 행정자치위원회 정책자문위원 2004~2005년 제17대 국회의원(영천, 한나라당) 2005년 중국 천진한인회·한인상회 고문(현) 2005년 중국 천진기적항시법률사무소 특별고문 2009년 인천메트로 고문변호사(현) [역]'중국을 뒤흔든 불멸의 여인들1·2'(2011)

이덕분(李德分·女) LEE Duck Boon

[생]1945·12·12 [출]서울 [주]서울 광진구 능동로209 세종대학교 예체능대학 체육학과(02-3408-3271) [학]1964년 동덕여고졸 1968년 세종대 체육학과졸 1973년 경희대 대학원 체육학과졸 1990년 이학박사(명지대) [경]1970년 기계체조 국가대표 코치 1971~1984년 세종대 체육학과 전임강사·조교수·부교수 1978년 미국 달라스 세계체조선수권대회 국제심판 1980년 세종대 체육학과장 1981년 일본 주니치세계대회 국제심판 1982년 제9회 인도아시안게임 기계체조 국제심판 1983년 헝가리 부다페스트 세계체조선수권대회 국제심판 1984년 제23회 LA올림픽 기계체조 국제심판 1984~2011년 세종대 예체능대학 체육학과 교수 1986년 제10회 아시안게임 기계체조 국제심판 1988년 제24회 서울올림픽 기계체조 국제심판 1989년 세종대 학생처장 1992년 同학생지도연구소장 1996년 미스코리아선발대회 심사위원 1996년 제26회 아틀란타올림픽 한국선수단 여자총감독 2000년 세종대 예체능대학장 2001~2009년 한국여성스포츠회 회장 2004~2005년 세종대 교육대학원장 2005년 대한체육회 부회장 2009년 同자문위원(현) 2011년 세종대 예체능대학 체육학과 명예교수(현) [상]대통령표창(1986·2003), 체육부장관표창(1988), 보건사회부장관표창(1988·1992), 체육청소년부장관표창(1992), 윤곡상 공로상(1997), 국민생활체육협의회 여성상(2001), 서울시문화상 체육부문(2009), 자랑스러운 동덕인상(2010) [저]'여자대학체육' '체조채점규칙' '대학체육' '후우프체조' '체조' '째즈체조' '리듬체조' '꿈을 이루려고' '운동과 건강' '체육철학' '올림픽사상사'

이덕승(李德昇) LEE Duk Seung

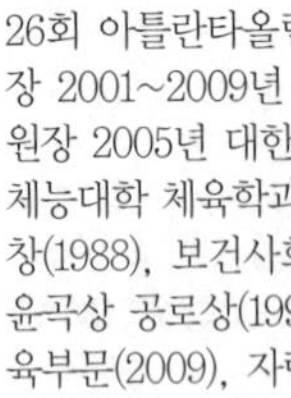

[생]1954·3·4 [출]서울 [주]서울 용산구 효창원로70길 27 녹색소비자연대(02-3273-7117) [학]1980년 연세대 법학과졸 [경]1980~1982년 대한YMCA연맹 간사 1983년 서울YMCA 청년·대학시민의식개발 간사 1988년 同시민중계실장 1993~1995년 同시민사회개발부장 1996~1997·1999~2004년 녹색소비자연대 창립·사무총장 2000년 에너지시민연대 공동대표 겸 운영위원장 2004~2006년 대통령자문 국가에너지자문위원회 위원 2004년 한국녹색구매네트워크(GPN) 공동대표(현) 2004년 녹색소비자연대 공동대표 겸 상임위원장(현) 2005년 대통령자문 농어업·농어촌특별대책위원 2005~2007년 대통령소속 의료산업선진화위원회 위원 2006년 국가에너지위원회 위원 2006~2008년 한국환경회의 공동대표 2008년 국무총리실 식품안전정책위원회 자문위원 2009년 한국간행물윤리위원회 위원 2010년 행정안전부 공정거래위원회 소비자정책자문위원회 위원, 대통령자문 국가에너지위원회 위원 2014~2016년 한국소비자단체협의회 회장 2014~2016년 축산물안전관리인증원 비상임이사 [종]기독교

이덕연(李德淵) LEE DUCK YEON (耸岩)

[생]1955·9·9 [본]전주(全州) [출]전남 화순 [주]서울 서초구 신반포로194 금호고속(주) 비서실(02-530-6002) [학]1974년 광주 살레시오고졸 1985년 조선대 법학과졸 1991년 고려대 대학원 금호MBA과정 수료 2008년 서울대 대학원 과학기술혁신최고전략과정(SPARC) 수료 2015년 연세대 대학원 AMP과정 수료 [경]1984년 (주)금호고속 입사 1996년 同총무2팀장 1999년 同안전2팀장 2002년 同인사노무2팀장 2003년 同패밀리랜드사업팀장 2004년 同영업2팀장 2005년 同영업2팀·안전2팀·기술2팀담당 상무보 2005년 同경영기획·인사노무1팀·경리1팀담당 상무보 2006년 同고속지원담당 상무 2009년 同고객만족팀·영업1팀·안전1팀담당 상무 2010년 同고속영업담당 상무 2011년 同고속총괄 전무 2014년 同고속총괄 부사장 2015년 同대표이사(현) 2015년 제25회 세계도로대회조직위원회 위원 2015년 전남버스운송사업조합 이사장(현) 2015년 전국버스운송사업조합연합회공제조합 전남지부장(현) 2015년 중앙노동위원회 사용자위원(현) 2016년 전라남도교통연수원 이사장(현) [상]대통령표창(1997), 화순군민의 상(2016)

이덕욱(李德旭) LEE Duk Wook

[생]1967·3·5 [출]부산 [주]부산 연제구 법원로34 정림빌딩9층 법무법인 하늘(051-507-7005) [학]1984년 부산진고졸 1989년 서울대 법학과졸 [경]1989년 사법시험 합격(31회) 1992년 사법연수원 수료(21기) 1992년 軍법무관 1996년 변호사 개업, 부산지방변호사협회 인권위원(현), 부산지방노동위원회 공익위원(현) 2008년 제18대 국회의원선거 출마(부산 부산진구乙, 통합민주당) 2008~2012년 법무법인 서면 변호사 2008년 민주당 부산진구乙지역위원회 위원장, 법무법인 하늘 대표변호사(현) 2016년 국민의당 법률위원회 부위원장(현) 2016년 제20대 국회의원선거 출마(부산 부산진구乙, 국민의당) 2016년 국민의당 제1정책조정위원회 부위원장(현) 2016년 同부산진구乙지역위원회 위원장(현)

이덕재

[생]1968·9·20 [주]서울 마포구 상암산로66 CJ E&M Center 미디어콘텐츠부문장실(02-371-8600) [학]1996년 고려대 신문방송학과졸 [경]1995~1999년 현대방송 PD 1999~2001년 NTV 근무 2001년 부동산TV 제작팀장 2002~2003년 현대홈쇼핑 근무 2003~2011년 CJ미디어 영화채널팀·XTM팀·tvN팀·채널GM 근무 2011년 tvN 콘텐츠기획담당 2013년 同본부장 2014년 CJ E&M 방송콘텐츠부문 대표 2016년 同미디어콘텐츠부문장(상무)(현)

이덕주(李德柱) LEE Duck Joo

[생]1954·4·29 [출]서울 [주]대전 유성구 대학로291 한국과학기술원 항공우주공학과(042-350-3716) [학]1977년 서울대 항공공학과졸 1980년 미국 스탠포드대 대학원 항공우주공학과졸 1985년 항공우주공학박사(미국 스탠포드대) [경]1980~1985년 미국 스탠포드대 연구원 1986년 미국 NASA Ames Research Center/NRC Fellow 1988~1998년 한국과학기술원 항공공학과 조교수·부교수 1998년 同항공우주공학과 교수(현) 2003년 한국항공우주학회 총무이사 2003~2004년 산업자원부 국가연구개발사업 평가 및 사전조정위원 2004년 한국과학기술기획평가원 국가기술지도자문위원 2005년 한국음향학회 국제교류위원장 2005~2006년 한국소음진동공학회 이사 2006년 한국음향학회 영문편집위원장 2006년 WESPAC 9 국제학술대회 학술위원장 2007~2008년 미국헬리콥터학회(AHS : Americal Helicopter Society) Journal Associate Editor 2007~2009년 한국소음진동공학회 항공우주위원장 2007~2008년 ICVFM2008 국제학술대회 조직위원장, 한국과학기술원 항공우주공학과장 2015년 미국 헬리콥터학회 부회장(현) [상]과학기술우수논문상(1988), 한국음향학회 학술상(2003), 한국항공우주학회 학술상(2005), 아시아·호주회전익항공기포럼(ARF) 공로상(2015)

이덕청(李德淸) Peter(Tuck Chung) Lee

[생]1965·12·19 [본]전주(全州) [출]전남 장흥 [주]서울 중구 을지로5길26 미래에셋센터원빌딩 이스트타워26층 미래에셋자산운용 임원실(02-3774-8288) [학]1984년 광주 살레시오고졸 1988년 서울대 경제학과졸 1991년 同대학원 경제학과졸 2001년 경제학박사(미국 일리노이주립대) [경]1993~1994년 LG경제연구원 선임연구원 1994~2004년 LG투자증권 리서치센터 팀장 2004년 미래에셋증권 리서치센터 팀장 2005년 미래에셋자산운용 운용전략센터장 2005년 미래에셋생명 자산운용본부장(CIO) 2007년 미래에셋자산운용 글로벌자산배분본부장(상무) 2009년 同홍콩법인 대표(CEO) 2010년 同리서치담당 임원 2011년 同미국법인 전무 2012년 同글로벌자산배분부문 대표 2013년 同글로벌투자부문 대표(부사장)(현) [종]천주교

이덕행(李德行) LEE Duck Hang

[생]1960·9·20 [본]함평(咸平) [출]강원 홍천 [주]서울 종로구 와룡공원길20 통일부 남북회담본부(02-2076-1084) [학]우신고졸, 고려대 행정학과졸, 미국 시러큐스대 대학원 수료 [경]행정고시 합격(32회), 통일원 정보분석실 제3분석관실 서기관, 통일부 총무과 서기관 1999년 駐미국 주재관 2002년 통일부 교류협력국 교류1과장 2004년 同통일정책실 국제협력담당관 2004년 同장관 비서관 2008년 同창의혁신담당관 2008년 同교역지원과장 2009년 同북한이탈주민정착지원사무소 교육기획과장 2011년 同북한이탈주민정착지원사무소 교육기획과장(부이사관) 2012년 同통일정책실 정책기획과장 2013년 同통일정책협력관(고위공무원) 2016년 同남북회담본부 상근회담대표(현) [종]불교

이덕형(李德衡) LEE Dukhyoung

[생]1957·1·25 [본]단양(丹陽) [출]경남 진해 [주]경기 고양시 일산동구 일산로323 국립암센터 국가암관리사업본부(031-920-1513) [학]서울대 대학원졸(의학박사) [경]1992년 미국 펜실베이니아대 보건경제연구소 방문연구원 1997년 보건복지부 방역과장 1998년 同보건자원과장 1999년 同질병관리과장 2000년 同보건증진국 암관리과장 2001년 국립마산결핵병원 원장 2003년 국립인천공항검역소 소장 2004년 보건복지부 질병관리본부 전염병관리부장 2005년 同질병관리본부 전염병대응센터장(일반직고위공무원) 2007년 국방대 파견 2008년 보건복지가족부 질병정책관 2010년 보건복지부 질병정책관 2010~2013년 同질병관리본부 질병예방센터장·질병관리본부 장기이식센터장 겸임 2013년 同질병관리본부장 직무대리 2013년 국립암센터 국가암관리사업본부장(현) 2014년 암정복추진기획단 암관리연구전문위원회 위원장(현) 2015년 국제암연구소 과학위원회 위원(Scientific Council Member)(현) [상]보건사회부장관표창(1990), 근정포장(2001) [종]기독교

이덕환(李悳煥) LEE Duckhwan

[생]1954·6·22 [본]진보(眞寶) [출]서울 [주]서울 마포구 백범로35 서강대학교 화학과(02-705-8445) [학]1977년 서울대 화학과졸 1979년 同대학원 화학과졸 1983년 이학박사(미국 코넬대) [경]1983년 미국 Princeton Univ. 연구원 1985~1994년 서강대 화학과 조교수·부교수 1990년 미국 Cornell Univ. 방문연구원 1994년 서강대 화학과 교수(현) 1995년 일본 분자과학연구소 방문교수 1999년 대한화학회 홍보부회장 2004~2006년 한국과학저술인협회 부회장 2005년 한국과학기술단체총연합회 이사 2005년 '과학과 기술' 편집인 2005~2006년 국제화학올림피아드조직위원회 사무총장 2006년 서강대 대학원 과학커뮤니케이션협동과정 교수(현) 2006~2009년 산업기술이사회 이사 2007~2013년 과학독서아카데미 회장 2007~2008년 한국과학문화재단 비상임이사 2008~2010년 한국과학창의재단 비상임이사 2008~2010년 학교법인 경기학원 이사 2008~2011년 국제화학올림피아드운영위원회 위원장 2009~2011년 유네스코 한국위원회 위원 2011년 대한화학회 수석부회장 2012년 기초과학관련학회연합체 회장 2012년 (사)대한화학회 회장 2013~2015년 同탄소문화원장 2014년 교수신문 논설위원(현) [상]한국과학저술인협회 저술상(2002), 대한민국 과학문화상(2004), 닮고싶고 되고싶은 과학기술인(2006), 과학기술훈장 웅비장(2008), 국회가 정한 국민대표(2009), 과학과사회 소통상(2011) [저]'이덕환의 과학세상' '이덕환의 사이언스 토크토크' '문진 총서 1·2·3·4' '과학과 커뮤니케이션' [역]'같기도 하고 아니같기도 하고' '확실성의 종말' '거의 모든 것의 역사' 외 다수

이덕훈(李德勳) LEE Duk Hoon

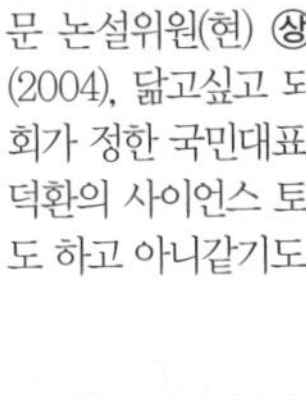

[생]1949·7·10 [출]경기 광주 [주]서울 영등포구 은행로38 한국수출입은행 은행장실(02-3779-6000) [학]1967년 삼선고졸 1973년 서강대 수학과·경제학과졸 1976년 미국 웨인주립대 대학원졸 1981년 경제학박사(미국 퍼듀대) [경]1981년 한국개발연구원(KDI) 부연구위원 1988년 금융산업발전심의위원 1989년 재무부 장관자문관 1991~2000년 한국개발연구원(KDI) 선임연구위원 1998년 同금융연구팀장 1999년 한국조폐공사 사외이사 2000년 대한투자신탁증권 대표이사 사장 2001년 한빛은행장 2001~2004년 우리금융지주(주) 부회장 2002년 대한적십자사 재정감독 2002~2004년 우리은행장 2004~2008년 한국은행 금융통화위원회 위원 2009년 GS건설 사외이사, 서강대 경제대학원 초빙교수 2012~2014년 아시아나항공 사외이사 2014년 한국수출입은행장(현) [상]한국능률협회 E-CEO대상, 체육훈장 맹호장(2003), 다산금융상 대상(2004) [저]'우리나라 금융산업의 발전구도' '창업지원 금융산업의 발전방안' '제2금융권의 발전과 업무영역조정' '지역금융의 활성화와 새마을금고의 발전' [종]천주교

이덕훈(李悳薰) LEE Deok Hoon

[생]1957·8·20 [출]충남 [주]대전 대덕구 한남로70 한남대학교 총장실(042-629-7005) [학]1984년 한남대 경영학과졸 1988년 일본 게이오대(慶應大) 대학원 경영학과졸 1991년 경영학박사(일본 게이오대) [경]1992~2016년 한남대 경영학부 교수 1992년 필리핀국립대 방문교수 1994년 일본 慶應大 객원교수 1994년 한남대 일본연구소장 2000년 미국 Babsom College(Boston) 방문교수 2001년 한남대 경영연구소장 2002년 同학술정보처장 2005년 同기획조정처장 2016년 同총장(현) 2016년 대한경영학회 차차기(2018년1월) 회장(현)

이도건(李都建) Lee Do Gun

[생]1959·1·24 [출]경북 예천 [주]대전 유성구 과학로80의67 한국조폐공사 기술연구원(042-820-1581) [학]1980년 대구공고졸 1990년 영남대 행정학과졸 2007년 한양대 대학원 기계공학과졸 [경]1980년 한국조폐공사 입사 2007년 同생산관리 PL(파트너리더) 2009년 同사업총괄 PL 2011년 同생산관리실장 2013년 同화폐본부 생산조정실장 2013년 同기술처장 2015년 同제지본부장 2016년 同기술연구원장(현)

이도근(李道根) LEE Do Keun

[생]1937·3·11 [출]부산 [주]부산 동래구 우장춘로195의45 (사)부산민속예술보존협회(051-555-0092) [경]1976년 중요무형문화재 제18호 동래야류 입문 1981년 同이수자 선정 1989년 同보유자후보 선정 2002년 중요무형문화재 제18호 동래야류(차양반) 예능보유자 지정(현), 한국무용협회 부산지회 고문

이도선(李道先) LEE Do Sun (天馬)

[생]1932·5·5 [본]합천(陜川) [출]전남 광양 [학]1952년 순천농고졸 1961년 전남대 농대졸 1969년 중앙대 대학원졸(행정학석사) 1984년 연세대 행정대학원 고위정책과정 수료 [경]1968년 민주공화당 중앙훈련원 교수 1971년 제8대 국회의원(전국구, 민주공화당) 1973년 제9대 국회의원(통일주체국민회의, 유신정우회) 1973년 유신정우회 정책위원 겸 원내수석부총무 1979년 제10대 국회의원(여수·광양·여천, 민주공화당) 1980년 교보문고 사장 1982년 대한교육보험 사장 1985년 同부회장 1988년 제13대 국회의원(전국구, 민정당·민자당) 1988년 민정당 중앙정치연수원장 1988년 同중앙집행위원 1988년 한·일의원연맹 부회장 1990년 민자당 중앙정치교육원장 1990년 同전남도지부 위원장 1990년 同광양시·광양군지구당 위원장 1992년 同당무위원 1993년 대한교육보험 부회장 1994년 同회장 1995년 교보생명보험 회장 1998년 재단법인 미래연구소 회장 [저]'인재의 육성과 활용'(1989) '사장학'(1998) [역]'인간관계론'(1994) [종]기독교

이도선(李道先) Yi Dosun

[생]1951·12·20 [주]서울 서초구 서초대로78길42, 905호 선진사회만들기연대(02-585-2448) [학]한국외국어대 영어과졸, 미국 UCLA 경영대학원 연수, KDI 국제정책대학원 경제정책과정 수료, 연세대 언론홍보대학원졸 [경]1979년 합동통신 기자 1981년 연합통신 기자 1993년 同경제1부 차장대우 1994년 同경제1부 차장 1997년 同특신부 차장 1998년 同특신부 부장대우 1999년 연합뉴스 부장대우 워싱턴특파원 2002년 同워싱턴지사장 2002년 同국제뉴스국 기획위원 2002년 同인터넷취재팀 부국장대우 2003년 同부국장대우 경제부장 2004년 同논설위원 2006년 同논설위원실장(부국장급) 2007년 한국신문방송편집인협회 감사 2007년 연합뉴스 논설위원실장(국장대우급) 2008~2009년 同논설위원실 고문 2009년 한국신문방송편집인협회기금 감사 2009~2013년 연합뉴스 동북아센터 상무이사 2010년 선진사회만들기연대 편집위원(현) 2013년 한국외국어대 미디어커뮤니케이션학부 외래교수 2014년 백석대 초빙교수(현)

이도영(李道英)

[생]1968·8·13 [주]세종특별자치시 한누리대로422 고용노동부 고용문화개선정책과(044-202-7496) [학]1995년 부산대 정치학과졸 2009년 영국 요크대 대학원 행정학과졸 [경]2012년 고용노동부 기획조정실 국제협력담당관 2012년 서울지방고용노동청 서울북부고용노동지청장 2013년 중앙노동위원회 사무처 교섭대표결정과장 2015년 고용노동부 고용정책실 고용문화개선정책과장(현)

이도영(李鍍榮) Lee Do Young

[생]1978·6·16 [주]전북 전주시 완산구 효자로225 전라북도의회(063-280-3355) [학]전주 상산고졸 2006년 전주대 토목환경공학과졸, 전북대 행정대학원 재학 중 [경]전주대 총학생회장, 전북도총학생협의회 의장, (사)동서남북포럼 사무국장, 전주시수영협회 부회장, 민주당 전북도당 정책기획부장, 민주당 전북도당 법률민원국장, 同전주시완산구甲지역위원회 상무위원 2010년 전북 전주시의회 의원(민주당·민주통합당·민주당·새정치민주연합) 2012년 同행정위원회 위원 2012년 同운영위원회 위원 2014~2016년 전북 전주시의회 의원(새정치민주연합·더불어민주당·국민의당) 2016년 (사)한국청년회의소 전북지구 회장(현) 2016년 전북도의회 의원(보궐선거 당선, 국민의당)(현) 2016년 同행정자치위원회 위원(현) 2016년 同운영위원회 위원(현) 2016년 同남북교류협력위원회 위원(현) [상]대한노인회 전주시지회 감사패(2015)

이도운(李度運) LEE Do Woon

[생]1964·12·15 [본]경주(慶州) [출]서울 [주]서울 중구 세종대로124 서울신문 편집국(02-2000-9271) [학]1983년 오산고졸 1990년 연세대 정치외교학과졸 2002년 미국 콜로라도주립대 대학원 마케팅커뮤니케이션학과졸 [경]1990년 서울신문 입사 2000년 同회사발전위원회 파견 2001~2002년 미국 유학 2004년 서울신문 국제부 차장 2004~2008년 同워싱턴특파원 2009년 同정치부 차장 2009년 同정책뉴스부 차장 2009년 同편집국 국제부장 2010년 同편집국 정치부장 2011년 同논설위원 2012년 同사업단 외간사업부장 2013년 同편집국 부국장(현) 2013년 관훈클럽 편집위원 2014년 대통령직속 통일준비위원회 언론자문단 자문위원(현) 2014~2016년 서울신문 편집국 정치부장 2016년 관훈클럽 감사(현) [상]관훈클럽 최병우기념 국제보도상(1995), 가톨릭매스컴 신문부문상(2005) [저]'연어가 돌아오지않는 이유'(2001) '예비 언론인을 위한 미디어 글쓰기(共)'(2007) '그린 비즈니스 : 저탄소 녹색성장의 글로벌 현장'(2009) '나는 가수다-책으로 노래하다'(2012)

이도준 Lee Do June

[생]1958·10·23 [본]하빈(河濱) [출]경남 거창 [주]부산 기장군 기장읍 기장대로560 기장군청 부군수실(051-709-4000) [학]1995년 한국방송통신대 행정학과졸 2001년 부산대 행정대학원 행정학과졸 [경]2004~2011년 부산시 근무(사무관) 2012년 서기관 승진 2013년 부산시 평가담당관 2015년 同재난예방과장 2016년 同기장군 부군수(현) [상]국무총리표창(2004), 대통령표창(2013) [종]불교

이도행(李都行)

[생]1960·12·1 [출]전북 정읍 [주]서울 서초구 양재대로246 송암빌딩3층 삼광글라스(주) 사장실(02-489-8040) [학]1978년 서울 중앙고졸 1984년 고려대 화학과졸 [경]1984년 OCI(舊 동양제철화학) 입사 2006년 同상무보 2006년 중국절강DC화공유한공사 총경리 2009년 삼광글라스(주) 상무 2013년 同전무 2014년 同사장(비등기) 2015년 同대표이사 사장(현) 2015년 군장에너지(주) 감사(현)

이도형(李道炯) Lee Do Hyeong

[생]1975·8·15 [본]경주(慶州) [출]충남 서산 [주]서울 마포구 마포대로38 일신빌딩 국민의당 디지털소통위원회(02-715-2000) [학]공주사대부고졸 2003년 성균관대 법학과졸, 인천대 대학원 정치외교학 석사과정 수료 [경]제17·18대·19대 국회의원 보좌관, 남북평화재단 경인본부 운영위원, 인천계양산장학재단 사무총장(현), 민주당 인천시당 대변인, 인천시 6·25참전유공자회 고문, 자연보호중앙연맹 인천지부 자문위원 2010년 인천시의회 의원(민주당·민주통합당·민주당·새정치민주연합) 2010년 同건설교통위원회 간사 2010년 同예산결산특별위원회 간사 2012년 同건설교통위원장 2012년 민주통합당 인천시당 대변인 2013년 인천지검 형사조정위원회 위원 2013년 수도권교통본부 조합회의 의장 2014~2016년 인천시의회 의원(새정치민주연합·더불어민주당) 2014~2016년 同건설교통위원회 위원 2014~2016년 同새정치민주연합 원내대변인 2015년 새정치민주연합 전국청년위원회 부위원장 2015년 同부대변인 2015~2016년 더불어민주당 전국청년위원회 부위원장 2015~2016년 同부대변인 2016년 국민의당 정책위원회 부의장 2016년 同디지털소통위원회 위원장(현) 2016년 同국민정책연구원 객원연구위원(현) [상]국회의장표창(2010), 한국매니페스토 약속대상 지방선거부문 최우수상(2010·2011·2014), 환경부장관표창(2012), 인천YMCA 선정 의정활동 우수의원(2012·2013), 대통령표창(2014), 한국지방자치학회 우수조례상(2015), 제12회 의정·행정대상 기초의원부문 의정대상(2015) [종]천주교

이도훈(李度勳) LEE Do Hoon

[생]1961·5·25 [출]서울 [주]경기 고양시 일산동구 일산로323 국립암센터 부속병원 진단검사의학과(031-920-1734) [학]1980년 배명고졸 1986년 서울대 의대졸 1990년 同대학원 의학과졸 1997년 의학박사(서울대) [경]1986~1987년 서울대병원 인턴 1987~1990년 同임상병리과 레지던트 1990년 청송의료원 공중보건의 1990~1993년 문경병원 공중보건의 1993~1997년 충북대 의대 전임강사·조교수 1993~1997년 대한임상화학회 간행이사 1997~2000년 同이사·부총무 2003년 대진의료재단 분당제생병원 진단검사의학과장 2003년 국립암센터 부속병원 진단검사의학과장(현) 2004~2006년 대한진단검사의학회 특임이사 2005년 同문항개정소위원회 위원장 2005~2006년 국립암센터 부속병원 교육훈련부장 2006~2008년 同부속병원 진료지원센터장 2008년 同홍보실장 2012~2015년 同진단검사센터장 [상]국립암센터 우수연구자 SCI 저작장려상(2006), 국립암센터 우수연구자 SCI IF장려상(2006) [저]'임상병리학'(1994·1996·1998·2001)

이도훈(李度勳) LEE Do-hoon

[생]1962·8·20 [주]서울 종로구 청와대로1 대통령 외교비서관실(02-770-0011) [학]1985년 연세대 경제학과졸 1992년 영국 옥스퍼드대 연수 [경]외무고시 합격(19회) 1985년 외무부 입부 1994년 駐UN 1등서기관 1997년 駐잠비아 1등서기관 1998년 駐튀니지 1등서기관 2001년 국가안전보장회의 전출 2002년 대통령비서실 파견 2003년 외교안보연구원 기획조사과장 2004년 외교통상부 차관보좌관 2004년 同국제연합과장 2005년 駐UN참사관 2008년 駐이란공사 2010년 외교통상부 국제기구협력관 2010년 同장관보좌관 2010년 대통령실 파견 2012년 외교통상부 북핵외교기획단장 2013년 외교부 북핵외교기획단장 2014년 駐세르비아 대사 2016년 대통령 외교안보수석비서관실 외교비서관(현)

이돈구(李敦求) LEE Don Koo (雅泉)

[생]1946·9·3 [본]한산(韓山) [출]충북 청주 [주]경북 경산시 대학로280 영남대학교 박정희새마을대학원(053-810-1318) [학]1965년 청주고졸 1969년 서울대 임학과졸 1971년 同대학원졸 1975년 미국 아이오와주립대 대학원 임학과졸 1978년 임학박사(미국 아이오와주립대) 2007년 명예박사(러시아 모스크바국립산림과학대) [경]1979~1981년 산림청 임목육종연구소 전문직원 1981~2012년 서울대 농업생명과학대학 산림과학부 조교수·부교수·교수 1985년 스웨덴 농과대 임학대 방문교수 1986~1988년 서울대 농업생명과학대 연습림장 1989~1991년 同산림자원학과장 1992~1994년 산림청 임업연구원 겸직연구관 1994~1996년 서울대 농업과학공동기기센터 소장 1994년 한국과학기술한림원 정회원(현) 1996~2000년 세계산림연구기관연합회(IUFRO) 집행위원 1997년 캐나다 브리티시 컬럼비아대 교환교수 1997~1999년 서울대 농업생명과학대 도서관장 1998~2001년 한국임산에너지학회 회장 1998년 동북아산림포럼 공동대표 1999~2001년 서울대 농업생명과학대학장 1999~2004년 국제임업연구센터 상임이사 2000~2002년 한국농업과학협회 회장 2000~2011년 외교통상부 한·아세안환경협력사업단장 2001~2005년 세계산림연구기관연합회 부회장 2002~2004년 한국임학회 부회장 2003년 스웨덴 왕립한림원 정회원(Fellow)(현) 2004~2006년 한국임학회 회장 2004~2011년 (사)생명의숲국민운동 공동대표 2004~2011년 동북아산림포럼 공동대표 겸 이사장 2006~2009년 산림청 기후대별산림생태계기능복원연구사업단장 2006~2010년 세계산림연구기관연합(IUFRO) 회장 2007~2009년 중국 북경임업대 객좌교수 2008~2011년 평화의 숲 공동대표 2009년 미국 오리건주립대 교환교수 2011~2013년 산림청장 2011~2013년 유엔사막화방지협약(UNCCD) 10차 총회 의장 2012년 서울대 명예교수(현) 2013년 영남대 박정희새마을대학원 석좌교수(현) 2015~2016년 한국과학기술한림원 학술담당 부원장 2015년 (사)생명의숲국민운동 이사장(현) [상]한국임학회 본상(1980), 세계산림연구기관연합회 감사장(1998), 소호문화재단 제1회 가산상(2002), 서울대 농업생명과학대학 제14회 상록연구대상(2006), 황조근정훈장(2013), 제3회 기후변화 그랜드리더스어워드(2013), 세계산림연구기관연합회 명예회원어워드(2014), 미국 아이오와주립대 조지 워싱턴 카버상(2015) [저]'임학개론' '조림' '조림학본론' '임학개론' '임목육종학' 'Restoration of Boreal and Temperate Forests'(2004) 'Forests in the Global Balance-Changing Paradigms'(2005) 'Keep Asia Green Volume Ⅰ : Southeast Asia'(2006) 'Keep Asia Green Volume Ⅱ : Northeast Asia'(2007) 'Keep Asia Green Volume Ⅲ : South Asia'(2008) 'Forest Formations of the Philippines'(2008) 'Keep Asia Green Volume Ⅳ : West and Central Asia'(2009) '조림학-숲의 지속가능한 생태관리'(2010) '숲의 생태적 관리'(2012) 'Restoration of Boreal and Temperate Forests'(2016, Second Edition) [역]'조림학원론' [종]기독교

이돈수(李敦壽) LEE Don Soo

[생]1948·12·8 [출]서울 [주]서울 광진구 구의강변로77 일동후디스 비서실(02-2049-2114) [학]1971년 중앙대 약학과졸 [경]1979~2001년 유영제약 입사·전무이사·부사장 2002년 일동후디스 전무이사 2003년 同대표이사 부사장 2006년 同대표이사 사장 2014년 同부회장(현)

이돈희(李敦熙) LEE Don Hee (霞田)

[생]1937·9·28 [본]연안(延安) [출]경남 양산 [주]서울 관악구 관악로1 서울대학교(02-880-5024) [학]1956년 동래고졸 1960년 서울대 사범대 교육학과졸 1964년 同대학원졸 1974년 교육철학박사(미국 웨인주립대) [경]1965~1984년 서울대 사범대 교육학과 전임강사·조교수·부교수 1975년 교육학회 도덕교육연구회 회장 1976년 서울대 사범대 교육행정연수원 부원장 1980년 同교육연구소장 1984~2003년 同사범대 교육학과 교수 1984년 세계대학봉사회 한국위원회장 1985년 서울대 사범대학장 1988년 미국 일리노이주립대 교환교수 1989~1993년 서울대 교육행정연구원장 1990년 교육부 중앙교육심의위원 1992년 同교육이념분과위원회 위원장 1992~1994년 교육철학연구회 회장 1994~1998년 대통령자문 교육개혁위원회 위원 1995~1998년 한국교육개발원 원장 1996~1998·2002~2012년 한국열린교육협의회 이사장 1998~2000년 한국교육학회 회장 1999~2000년 새교육공동체위원회 위원장 2000~2001년 교육부 장관 2001~2004년 세계교육한국협회 회장 2002~2004년 한국사회과학연구협의회 회장 2003년 서울대 명예교수(현) 2003년 (재)영산법률문화재단 이사(현) 2003~2008년 민족사관고 교장 2006년 대한민국학술원 회원(교육철학·현) 2008년 세계교육협회 공동부회장 2008~2009년 국가교육과학기술자문회의 부의장 2008~2011년 한국학중앙연구회 이사 2009년 울산시교육청 정책자문위원 2009~2012년 단국대 석좌교수 2009~2010년 한국교육방송 시청자위원장 2009년 세계화교육문화재단 이사장(현) 2013년 학교법인 숙명학원 이사장(현) [상]대한민국학술원상 인문과학부문(1997), 국민훈장 동백장(1998) [저]'교육철학개론'(1977·1983) '도덕교육원론'(1980·1986) '교육정의론'(1992·1999) '교육적 경험의 이해'(1994) '교육사상사-동양편'(1997) '한국교육사(共)'(1997) '교육학개론(共)'(1998·2003) '세기적 전환과 교육학적 성찰'(2003) '대한민국의 희망은 교육이다'(2007) [역]'존듀이 교육론'(1992) [종]기독교

이돈희(李敦熙) LEE Don Hui

[생]1938·7·14 [출]경북 선산 [주]서울 서초구 서초중앙로24길10, 201호 이돈희법률사무소(02-533-1055) [학]경북 오상고졸 1961년 서울대 법학과졸 1972년 미국 캘리포니아대 대학원 법학과 수료 [경]1965년 전주지법 군산지원 판사 1966년 同판사 1973~1994년 변호사 개업 1988년 대한변호사협회 총무이사 겸 사무총장 1991~1994년 同법률구조회장 1994~2000년 대법원 대법관 2000년 변호사 개업(현) 2010년 대한상사중재원 중재위원(현) [종]기독교

이 동(李 棟) YI Dong

[생]1941·5·27 [본]영천(永川) [출]서울 [학]1959년 경기고졸 1963년 서울대 건축공학과졸 1967년 同대학원졸 1970년 미국 컬럼비아대 대학원 도시계획학과졸 1999년 명예 공학박사(한양대) [경]1963~1966년 해군 시설장교(중위) 1966년 서울대 건축공학과 조교 1970~1975년 미국뉴욕시장실 도시계획담당관 1975~1979년 대통령 정무제2비서실 행정관 1979~1990년 서울시 시정연구관 1980~1990년 同도시계획위원·건축위원 1990~1993년 同종합건설본부장 1992년 KOC 문화위원 1992년 대한건축학회 참여이사 1993~1994년 서울시 지하철건설본부장 1994~1995년 同부시장 1995년 감사원 부정방지대책위원 1996년 同공사감사자문위원장 1996년 ASEM추진위원회 기술위원 1996~2006년 서울시립대 도시공학과 교수 1997~2006년 대한승마협회 부회장 1998~1999년 서울시 시정개혁위원 1999~2003년 서울시립대 총장 2004~2005년 국무총리 용산기지공원화자문위원 2004년 학교법인 고려중앙학원 이사 2008~2016년 학교법인 중앙대 이사 2008년 대한올림픽위원회 고문 2009년 대한체육회 고문 [상]홍조근정훈장(1981), 체육훈장 거상장(1988), 대한건축학회상(1994), 황조근정훈장(1995), 대한토목학회상(1999), 한국국토도시계획학회상(1999), 자랑스런 경기인상(1999), 청조근정훈장(2006)

이동건(李東建) LEE Dong Kurn (良村)

[생]1938·10·29 [본]여주(驪州) [출]경북 경주 [주]서울 강남구 삼성로528 부방빌딩 테크로스 임원실(02-562-1124) [학]1957년 서울고졸 1961년 연세대 정치외교학과졸 2012년 명예박사(미국 샘퍼드대) 2015년 명예박사(단국대) [경]1987~1993년 서울은행 비상근이사 1988년 부산과학기술대 재단이사(현) 1990~1992년 부산염색공단 이사장 1991~2001년 세명대 재단이사 1994~2005년 駐韓이탈리아 명예영사 1995~1996년 국제로타리제3650지구 총재 1995~1999년 연세대 사회과학대동창회 회장 1998년 일민문화재단 감사 2001~2003년 국제로타리 이사 2002~2003년 서울고총동창회 회장 2003~2007년 국제로타리 재단관리위원 2005~2007년 외교통상부 국제친선대사 2008~2009년 국제로타리클럽 회장 2009년 대한적십자사 중앙위원(현) 2010년 테크로스 회장(현) 2010~2015년 리홈쿠첸 회장 2010~2013년 사회복지공동모금회 회장 2012년 한국국제협력단 자문위원(현) 2013~2014년 국제로타리재단 이사장 2015~2016년 (주)부방 회장 2016년 유엔글로벌콤팩트(UNGC) 한국협회 회장(현) 2016년 단국대 이사(현) [상]석탑산업훈장(1992), 국제로타리재단 특별공로상(2004), 자랑스러운 서울인상(2006), 자랑스런 연세인상(2007), 소아마비없는세상을위한봉사상 국제부문(2009), 만해대상 평화부문(2010), 국민훈장 무궁화장(2010)

이동건(李東建) LEE Dong Kun (青民)

[생]1949·7·20 [본]진성(眞城) [출]대구 [주]대구 수성구 상록로53 삼화건업(주) 비서실(053-764-0114) [학]대륜고졸, 영남대 국문과졸 2000년 同대학원 한국학과졸 2010년 한국학박사(영남대) [경]1978년 삼화건업(주) 회장(현) 1999년 한독진공(주) 회장 2002년 (주)우신 회장, 국제퇴계학회 대구경북지부 이사장 2003년 대구상공회의소 상공의원 2008년 영남퇴계학연구원 이사장 2011년 경북도 선비분과위원장 [종]유교

이동건(李東鍵) LEE DONG GUN

[생]1958·1·1 [출]경북 [주]서울 중구 소공로51 우리은행 영업지원그룹장실(02-2002-3000) [학]1976년 경북고졸 1980년 영남대 경영학과졸 2010년 연세대 경제대학원 금융공학과졸 [경]1983년 한일은행 입행 2003년 우리은행 기업금융단 수석부부장 2003년 同포스코기업영업본부 기업영업지점장 2004년 同전략기획팀 조사역(지주사 파견) 2005년 同군포지점장 2007년 同본점기업영업본부 기업영업지점장 2007년 同외환사업단 부장 2009년 同가락중앙지점장 2009년 同강남중앙기업영업본부장 2011년 同채널지원단장(상무) 2011년 同업무지원본부장(부행장) 2012년 同여신지원본부장(부행장) 2014년 同수석부행장 2015년 同영업지원그룹장(현)

이동걸(李東杰) LEE Dong Geol

[생]1948·1·1 [출]대구 [주]서울 영등포구 은행로14 KDB산업은행 회장실(02-787-6001) [학]1966년 경북사대부고졸 1970년 영남대 경제학과졸 [경]1970년 한일은행 입행 1987년 신한은행 입행 1988년 同무역센터지점장 1992년 同홍콩현지법인 사장 1995년 同인재개발부장 1996년 同인사부장 1998년 同인사부장 이사대우 1999년 同상무 2002년 同부행장 2002년 신한캐피탈 대표이사 사장 2006~2009년 굿모닝신한증권(주) 대표이사 사장 2008년 한국증권업협회 비상근부회장 2009년 굿모닝신한증권(주) 부회장 2009년 수필전문지 '에세이플러스'에 수필공모 당선 2009~2010년 신한금융투자(주) 부회장 겸 이사회 의장 2013년 영남대 경제금융학부 특임석좌교수 2016년 KDB산업은행 회장(현) [상]제9회 바다의 날 대통령기관표창(2004), 제15회 다산금융상(2006), 대한민국 자랑스러운 기업인 대상(2006·2007), 올해의 증권선물인상(2007), 대한민국증권대상 경영혁신 최우수상(2008) [종]기독교

이동걸(李東杰) Lee, Dong Gul

[생]1961·10 [출]경북 안동 [주]경남 창원시 의창구 창원대로363번길22의47 경남지방노동위원회 위원장(055-239-8040) [학]1980년 부산전자공고졸 1996년 한국방송통신대졸 2011년 단국대 행정법무대학원 노동법학과졸, 同일반대학원 사회법학박사과정 재학中 [경]1991~1999년 한국통신 노동조합 근무(사무처장) 2000~2002년 KT 노동조합 위원장 2008년 노동부 장관정책보좌관 2009년 고용노동부 장관정책보좌관 2012년 경남지방노동위원회 위원장(현)

이동경(李東璟) LEE DONG KYONG

[생]1968·10·1 [본]경주(慶州) [출]경북 포항 [주]서울 종로구 율곡로2길25 연합뉴스 정보사업국 홍보사업팀(02-398-3107) [학]1987년 포항고졸 1994년 건국대 경제학과졸 [경]1995년 연합뉴스 입사 1995년 同대구경북취재본부 기자 2000년 同국제뉴스부 기자 2001년 同경제부 기자 2004년 同스포츠레저부 기자 2006년 同스포츠레저부 차장대우 2009년 同산업부 차장 2012년 미국 듀크대 연수 2013년 연합뉴스 멕시코시티특파원(부장대우) 2016년 同정보사업국 홍보사업팀장(현)

이동곤(李東坤) Donkon Lee

[생]1959·2·21 [본]재령(載寧) [주]대전 유성구 유성대로1312번길32 한국해양과학기술원 선박해양플랜트연구소(042-866-3410) [학]1981년 부산대 조선공학과졸 1983년 同대학원 조선공학과졸 1995년 공학박사(부산대) [경]1983~2012년 한국해양연구원 해양시스템안전연구소 해양운송연구부 연구원·선임연구원·책임연구원 1999~2000년 영국 Univ. of Strathclyde Visiting Academic 2012년 한국해양과학기술원 선박해양플랜트연구소 해양운송연구부장, 同선박해양플랜트연구소 선임연구부장(현) [상]대한조선학회 논문상(1993), 한국경영과학회·대한산업공학회 우수논문상(1993), 해양연구원 우수연구상 은상 학술부문(1995), 해양연구원 우수연구상 금상 학술부문(1997), 해양연구원 발전상(2002), 해양연구원 우수논문상(2004·2005), 해양연구원 우수연구상(2004), 해양연구원 최우수논문상(2006·2007) [종]불교

이동관(李東官) Dong-Kwan Lee

[생]1957·10·6 [본]전주(全州) [출]서울 [학]1976년 신일고졸 1980년 서울대 정치학과졸 1982년 同대학원 수료 2001년 미국 하버드대 니만 펠로우 [경]1986년 동아일보 입사 1993년 同동경특파원 1997년 同청와대 출입기자 1999년 同정치부 차장대우 2001년 同편집국 차장대우 2001년 同정치부 차장 2003년 同정치부장 2005년 同논설위원 2007년 한나라당 이명박 대통령후보 공보특보 2007년 제17대 대통령직인수위원회 대변인 2008년 대통령 대변인 2009~2010년 대통령 홍보수석비서관 2010~2011년 대통령 언론특별보좌관 2012~2013년 외교통상부 언론문화협력대사 2013년 고려대 일민국제관계연구원 초빙교수 2014~2015년 디지털서울문화예술대 총장 [상]한국기자상(1989), 서울언론상(1995), 믿음으로 일하는 자유인상(2009), 서울대 정치외교학과총동창회 공로상(2010), 황조근정훈장(2012) [저]'주한미군(共)'(1990) 회고록 '도전의 날들, 성공한 대통령 만들기(2007~2013)'(2015, 나남)

이동구(李東久) LEE Dong Koo

[생]1945·8·13 [출]경북 성주 [주]서울 서초구 서초대로73길40 성요셉교육재단(02-537-7307) [학]1963년 경북고졸 1969년 경북대 의대졸 1975년 의학박사(경북대) [경]1976~1985년 경북대 의대 교수 1982~1983년 同부속병원 해부병리과장 1985~1997년 이동구해부병리과의원 원장 1997년 청효정해부병리과의원 원장 1998년 대구의료원장 2001~2007년 대한적십자사 대구지사 회장 2001년 전국지방의료원연합회 회장 2010~2012년 대한병원협회 경영이사 2013~2014·2016년 학교법인 성요셉교육재단(수성대학교) 이사장(현) 2013년 LDK클리닉 원장 [상]행정자치부장관표창(1999), 대통령표창(2001), 감사원표창(2001), 국무총리표창(2004), 국민훈장 동백장(2005) [저]'한국인 위암발생의 원인' [종]천주교

이동구(李東九) LEE Dong Gu

[생]1962·7·10 [본]함안(咸安) [출]경북 포항 [주]서울 중구 세종대로124 서울신문 독자서비스국(02-2000-9321) [학]1980년 포항고졸 1989년 부산대 영어영문학과졸 1995년 연세대 언론홍보대학원졸 [경]1991년 서울신문 편집국 전국부 기자 2004년 同수도권부 기자 2005년 同공공정책부 기자 2006년 同사회부 차장급 2008년 同사회부 차장 2009년 同정책뉴스부 차장 2013년 同편집국 부장급 2013년 同편집국 메트로부장 2013년 同편집국 사회2부장 2015년 同논설위원 2015년 同독자서비스국 부국장(현) 2016년 同지방자치연구소 연구위원(현)

이동국(李東國) LEE Dong Kuck (월촌)

[생]1957·7·26 [출]대구 [주]대구 남구 두류공원로17길33 대구가톨릭대학교병원 신경과(053-650-4261) [학]1976년 경북고졸 1984년 경북대 의대졸 1988년 계명대 대학원졸 1991년 의학박사(계명대) [경]1986년 계명대 동산의료원 신경과 전공의 1992년 同의대 전임강사 1994년 대구가톨릭대 의대 신경과학교실 조교수·부교수·교수(현) 1997년 미국 앨라배마대 연구원 1999년 대한임상신경생리학회 이사·감사, 대한신경과학회 고시위원·수련위원·편집위원·재무이사, 대한임상노인의학회 자문위원, 대한근전도학회 감사, 대한뇌신경과학회 이사 2013~2015년 대구가톨릭대병원 원장 2013~2015년 대한임상신경생리학회 회장 2016년 대한신경과학회 차기(2017년) 회장(현) [저]'신경과학 Ⅰ, Ⅱ'(共)

이동국(李同國) LEE Dong Gook

[생]1979·4·29 [출]경북 포항 [주]전북 전주시 덕진구 기린대로1055 전북 현대 모터스(063-273-1763) [학]1998년 포항제철공고졸 2006년 위덕대 경영학과졸 [경]1989년 축구 입문 1996년 청소년 국가대표 1997년 KBS중·고축구대회 득점왕·MVP 1998~2002년 포항 스틸러스 소속(계약금 1억5천만원·연봉 1800만원) 1998년 프랑스월드컵 국가대표 1998년 제31회 아시아청소년축구선수권대회 국가대표·우승·득점왕(5골) 1998년 방콕아시안게임 국가대표 1999년 연봉 6천만원 2000년 연봉 1억5천만원 2000년 시드니올림픽 국가대표 2000년 제12회 아시아축구대회(레바논) 국가대표 2001년 독일 분데스리가 베르더브레멘 입단 2002년 부산아시아경기대회 축구대표(동메달 획득) 2003~2005년 광주 상무 소속 2005년 포항스틸러스 입단 2007~2008년 잉글랜드 프리미어리그 미들즈브러FC 소속 2007년 아시안컵 국가대표 2008년 성남 일화 천마 입단 2009년 전북 현대 모터스 입단(공격수)(현) 2010년 남아공월드컵 국가대표 2011년 K리그 8·22라운드 MVP 2015년 8월 12일 K리그 최초 통산 400경기 출전(현역필드선수 유일) 2016년 FIFA U-20월드컵코리아2017 홍보대사(현) [상]아시아청소년선수권대회 득점왕(1998), K리그 프로축구 신인왕(1998), 키카특별상(1998), 프로축구 빅스포상 공로상(1999), 아시안컵 득점왕(2000), K리그 올스타전 MVP(2003), FA컵 8강 MVP(2009), 쏘나타 K리그 대상 MVP·공격수부문 베스트11·득점상·판타스틱 플레이어상(2009), FC바르셀로나초청 K리그올스타전 우수선수상(2010), 공격수부문 베스트11(2011), AFC 챔피언스리그 득점왕·MVP(2011), K리그대상 도움상·판타스틱플레이어상(2011), 동아스포츠대상 남자프로축구 올해의선수상(2011), 현대오일뱅크 K리그 베스트11 공격수부문 대상(2012), 현대오일뱅크 K리그 클래식 MVP·판타스틱플레이어·베스트11(2014·2015), 동아스포츠대상 올해의 선수상(2014) [저]'세상 그 어떤 것도 나를 흔들 수 없다'(2013, 나비의 활주로)

이동권(李東權) RHEE Dong Kwon

[생]1953·3·28 [출]충남 청양 [주]경기 수원시 장안구 서부로2066 성균관대학교 약학과(031-290-7707) [학]1972년 중동고졸 1977년 성균관대 약학과졸 1979년 한국과학원 생물공학과졸(석사) 1988년 분자생물학박사(미국 일리노이대) [경]1979~1982년 한국인삼연초연구소 연구원 1982~1988년 미국 일리노이대 조교·연구원 1988~1997년 성균관대 약학과 조교수·부교수 1990년 중앙약사심의위원회 위원(현) 1992년 서울시약사회 학술위원장 1993년 미국 예일대 객원교수 1997년 성균관대 약학과 교수(현) 1998년 미국 세계인명사전 'Marquis Who's Who in the World'에 등재 2002년 호주 애들레이드대 교환교수 2008~2011년 Journal of Ginseng Research(SCIE) 편집위원장 2011년 한국미생물학회 이사 2011년 고려인삼학회 부회장 2013년 한국미생물학회 부회장 2013~2014년 국제인삼심포지움 조직위원장 2015년 고려인삼학회 회장(현) [상]Leading Scientists of the World(2005), 고려인삼학회 공로상(2006), 고려인삼학회 학술상(2007), 녹암학술상(2009), 의산 최우수논문상(2013), 제26회 과학기술 우수논문상(2016) [종]불교

이동권(李東權) LEE Dong Gwon

[생]1961·7·4 [본]전주(全州) [출]전남 영광 [주]전남 무안군 삼향면 오룡길1 전라남도의회(061-351-1424) [학]전북기계공고졸 1990년 조선대 법대 법학과졸 [경]조선대 민주화운동 관련 제적(2년), 조선대총동창회 부회장(현), 김대중 대통령후보 지지연설, 새천년민주당 영광·함평지구당 선거대책위원회 부위원장, (사)전남정신지체인애호협회 영광군지부 이사, 영광·정주라이온스클럽 이사, 민주당 전남도당 부대변인, 同영광지역위원회 부위원장 2006·2010년 전남도의회 의원(민주당·대통합민주신당·통합민주당·민주당·민주통합당·민주당·새정치민주연합) 2006년 同예산결산특별위원회 위원 2006년 同농수산환경위원회 위원 2006년 同2012여수세계박람회유치특별위원회 위원 2009년 同기획행정위원회 간사 2010~2012년 同기획사회위원장 2011년 민주통합당 영광지역위원회 부위원장 2012년 전남도의회 경제관광문화위원회 위원 2013년 同예산결산특별위원회 위원 2014년 전남도의회 의원(새정치민주연합·더불어민주당)(현) 2014년 同건설소방위원회 위원 2016년 同교육위원회 위원(현) 2016년 同예산결산특별위원회 위원(현) [종]불교

이동규(李東珪) LEE Dong Kyoo

[생]1945·4·3 [주]제주특별자치도 서귀포시 서호북로 33 국립기상과학원 수치모델연구부(064-780-6500) [학]서울대 기상학과졸, 미국 위스콘신대 대학원졸, 기상학박사(미국 위스콘신대) [경]서울대 대기과학과 교수 1998~2000년 한국기상학회 회장 2000~2010년 서울대 지구환경과학부 교수 2010년 同지구환경과학부 명예교수(현), APEC 기후센터 이사장 2015년 기상청 국립기상과학원 수치모델연구부장(현) [상]홍조근정훈장(2003)

이동규(李東圭) LEE, Dong-Kyu

[생]1952·11·29 [본]전주(全州) [출]서울 [주]부산 영도구 와치로194 고신대학교 보건복지대학 보건환경학부(051-990-2323) [학]1976년 경희대 생물학과졸 1979년 同대학원 생물학과졸 1989년 곤충학박사(미국 텍사스A&M대) [경]고신대 자연과학대학 보건환경학부 교수, 同보건복지대학 보건환경학부 교수(현), 한국곤충학회 회장, 한국위생곤충연구회 회장, 국제학술지 'Entomological Research' 위생곤충분야 편집위원장, 한국응용곤충학회 상임평의원, 보건복지부 질병관리본부 말라리아퇴치사업단 자문위원, 한국방역협회 전문위원, 고신대 사회교육원장, 同중앙기기센터 소장 2012년 同자연과학대학장 2014년 同보건환경학부장(현) [상]공로상(2000, 고신대), 제1회 최우수연구교수상(2001, 고신대), 우수연구성과30선상(2001, 한국과학재단), 제2회 최우수연구교수상(2002, 고신대), 대통령표창(2014) [저]'바퀴의 정체와 방제'(1996, 아카데니서적) '바퀴 방제법'(1997, 한국방역협회) '환경생물학'(2000, 정문각) '인류 최대의 적 모기'(2002, 해바라기) '살충 살균 구서를 위한 방역소독 지침-위생해충 방제편'(2008, 질병관리본부) [종]기독교

이동규(李東揆) LEE Dong Kyu

[생]1955·8·1 [출]경북 문경 [주]서울 종로구 사직로8길39 세양빌딩 김앤장법률사무소(02-3703-1656) [학]1974년 경기고졸 1978년 서울대 경제학과졸 1994년 국방대학원졸 [경]1977년 행정고시 합격(21회) 1978년 총무처 수습행정사무관 1979년 마산세관 총무과장 1979년 관세청 기획관리관실 근무 1982년 목포세관 서무과장 1983~1992년 경제기획원 예산실·심사평가국 근무 1992년 국방대학원 파견 1994년 공정거래위원회 심판행정과장 1994년 同약관심사과장 1996년 同경쟁촉진과장·유통거래과장·제도개선과장 1997년 경제규제개혁위원회 규제개혁작업단 파견 1998년 대통령직인수위원회 파견 1998년 공정거래위원회 하도급기획과장 2000년 同독점정책과장 2001년 미국 워싱턴대 파견 2002년 공정거래위원회 공보관 2002년 同독점국장 2004년 同정책국장 2005년 同경쟁정책본부장 2006~2008년 同사무처장 2008년 김앤장법률사무소 고문(현) 2008~2012년 중앙대 경영전문대학원 객원교수 2011~2014년 CJ씨푸드(주) 사외이사 2015년 현대자동차(주) 사외이사 겸 감사위원(현) [상]경제기획원장관표창, 홍조근정훈장, 바람직한 공정인상(2006)

이동근(李東根) LEE Dong Keun

[생]1951·4·8 [본]성주(星州) [출]전남 보성 [주]서울 송파구 송파대로445 한솔병원 원장실(02-413-6363) [학]1977년 조선대 의대졸 1979년 同대학원 의학과졸 1983년 의학박사(조선대) [경]조선대 의대 외과 조교수, 한림대 의대 외래교수, 성균관대 의대 외래교수, 캐나다 토론토의대부속병원 대장항문외과 연수, 일본 마쓰시다대 장항문병원 연수, 덴마크 할레브대병원 연수 1990년 이동근외과의원 개원 1998년 한솔병원 원장(현) 2007~2008년 대한대장항문학회 부회장 2008년 항문질환연구회 회장 2011~2012년 대한대장항문학회 회장 2012년 同자문위원(현) [저]'변비의 원인과 치료' '치질, 변비 깨끗이 낫는다' '대장항문병' '항문외과의 실제' '변비탈출' '대장항문 다스리기' [종]기독교

이동근(李東根) LEE Dong Geun

[생]1957·1·15 [출]서울 [주]서울 중구 남대문로4가45 대한상공회의소 부회장실(02-6050-3504) [학]1975년 대광고졸 1979년 연세대 행정학과졸 1981년 서울대 행정대학원졸 1996년 미국 밴더빌트대 대학원 경제학과졸 [경]1979년 행정고시 합격(23회) 1980년 노동부 공공훈련과 사무관, 상공부 공보관실·기획예산담당관실·산업정책과·정보기기과·차관실·산업정책과 사무관 1991년 서기관 승진 1997

년 통상산업부 산업표준과장 1998년 駐LA총영사관 상무관 2000년 산업자원부 자원기술과장 2001년 同기획예산담당관 2002년 同총무과장(부이사관) 2003년 同감사관 2005년 同산업정책국장 2006년 대통령직속 국가균형발전위원회 균형발전총괄국 부단장 겸 총괄국장(일반직고위공무원) 2007년 국방대 교육훈련 2008년 산업자원부 남북산업협력기획관 2008년 지식경제부 에너지자원실 기후변화에너지정책관 2008년 同성장동력실장 2009~2010년 同무역투자실장 2010년 대한상공회의소 상근부회장(현) 2010년 국세청 국세행정위원회 위원 2013~2015년 대통령자문 지방자치발전위원회 위원 2013년 국세청 국세행정개혁위원회 위원(현) 2014년 노사발전재단 비상임이사(현) [상]국민훈장 모란장(2015) [저]'한국경제 톡톡톡(talk talk talk)'(2013)

이동근(李東根) LEE Dong Geun

[생]1958·6·3 [본]전주(全州) [출]서울 [주]광주 동구 필문대로309 조선대학교 신문방송학과(062-230-6612) [학]1977년 경기고졸 1982년 서강대 영어영문학과졸 1988년 미국 인디애나대 블루밍턴대학원 언론학과졸(석사) 1993년 언론학박사(미국 텍사스 오스틴대) [경]1982~1984년 (주)대우 사원 1984~1985년 월간 '비지니스코리아' 기자 1985~1986년 콘트롤데이터코리아(주) 영업대표 1993~1996년 싱가포르 국립난양대 커뮤니케이션학부 교수 1996년 조선대 신문방송학과 교수(현) 1998~2000년 同신문방송학과장 2001~2002년 한국기자협회 '이달의기자상 및 한국기자상' 심사위원 2002~2003년 아일랜드 트리니티컬리지 한국학 강의교수 2003년 조선대 사회과학대학 부학장 2004~2005년 同신문방송학과장 2004~2005년 同사회과학연구소장 2004~2005·2009~2011년 한국언론학보 편집위원 2005~2007년 미국 켄터키주 머레이주립대 조선대 해외캠퍼스 지도교수 2006~2007년 同신문방송학과 겸임교수 2007~2008년 조선대 신문방송사 주간 2008년 同사회과학대학장 2008~2011년 언론중재위원회 광주중재부 중재위원 2009~2011년 방송통신심의위원회 보도교양방송 특별위원 2011~2012년 한국언론학회 감사 2013~2014년 미국 머레이주립대 조선대 해외캠퍼스 지도교수 [상]한국언론학회 희관언론상(2014) [저]'Communication and Culture(共)'(1996) '여론과 커뮤니케이션 이론'(2004·2011) '언론의 행정수도이전보도와 지역성'(2004) [역]'통신위성시대의 국제커뮤니케이션'(2010) '여론'(2013) [종]기독교

이동근(李同根) Lee Dong Geun

[생]1960·4·25 [출]대구 [주]대전 서구 문정로48번길48 특허정보진흥센터(042-719-2401) [학]1979년 영남고졸 1986년 경북대 전자공학과졸 1997년 한국과학기술원 대학원졸(MBA), 서울대 대학원 지식재산최고책임자과정(CIPO) 수료 [경]1986년 삼성전자(주) 종합연구소 입사 2003년 同기술총괄수석 2010년 同IP센터 상무 2015년 특허정보진흥센터 소장(현) [종]가톨릭

이동근(李東根) LEE Dong Keun (沅制)

[생]1966·8·26 [출]부산 [주]대전 서구 둔산중로78번길45 대전고등법원(042-470-1114) [학]1985년 가야고졸 1989년 서울대 법대졸 [경]1990년 사법시험 합격(32회) 1993년 사법연수원 수료(22기) 1993년 軍법무관 1996년 수원지법 판사 1998년 서울지법 판사 2000년 창원지법 통영지원 판사 2003년 부산고법 판사 2004년 법원행정처 사법정책연구심의관 2006년 同사법정책실 판사 2006년 서울고법 판사 2007년 서울중앙지법 판사 2008년 전주지법 부장판사 2009~2012년 인천지법 부장판사 2010년 법원행정처 공보관 2011년 同기획총괄심의관 2012년 서울서부지법 부장판사 2014년 서울중앙지법 부장판사 2016년 대전고법 부장판사(현) [저]'독일에서의 양형에 관한 이론과 실무' '독일의 사법보조제도' '불구속재판의 시행과 관련된 몇가지 문제점' '선박집행'

이동기(李東旡) LEE Dong Ki

[생]1956·5·17 [본]전의(全義) [출]전북 정읍 [주]서울 서초구 법원로4길13 춘광빌딩203호 법무법인(유) 우송(02-598-0123) [학]1974년 동북고졸 1978년 한양대 법대졸 1981년 同대학원 법학과졸 2006년 법학박사(한양대) [경]1978년 사법시험 합격(20회) 1980년 사법연수원 수료(10기) 1980년 육군 법무관 1983년 대구지검 검사 1986년 광주지검 목포지청 검사 1987년 서울지검 남부지청 검사 1989년 일본 慶應大 법학부 방문연구원 1991년 부산지검 고등검찰관 1992년 전주지검 정읍지청장 1993년 同군산지청 부장검사 1993년 同부장검사 1994년 법무연수원 기획과장 1995년 법무부 송무과장 1997년 사법연수원 교수 1999년 서울지검 형사5부장 2000년 전주지검 차장검사 2000년 창원지검 차장검사 2001년 대전고검 검사(국가정보원 파견) 2002년 서울지검 동부지청 차장검사 2003년 서울고검 공판부장 2004년 대검찰청 공판송무부장 2004년 전주지검장 2005년 대검찰청 형사부장 2006년 서울지검장 2007~2008년 수원지검장 2008년 변호사 개업 2008~2012년 환경부 중앙환경분쟁조정위원회 재정위원 2010년 법무법인 두우&이우 대표변호사 2011년 법무법인(유) 우송 대표변호사(현) 2011~2012년 성결대 객원교수 2014년 안양대 겸임교수 2014년 중앙행정심판위원회 심판위원(현) 2015년 안양대 석좌교수(현) [상]법무부장관표창(1992), 홍조근정훈장(2002)

이동기(李東起) LEE Dong Ki

[생]1957·4·23 [주]서울 관악구 관악로1 서울대학교 경영학과(02-880-8251) [학]1980년 서울대 상학과졸 1982년 同대학원졸 1990년 경제학박사(미국 뉴욕대) [경]1987년 미국 뉴욕대 강사 1989~1993년 미국 뉴저지주립대 경영대학 조교수 1993년 서울대 경영학과 교수(현) 2008년 한국국제경영학회 회장 2009년 서울대 경영대학 교무부학장 겸 경영전문대학원 부원장 2010년 국민은행 사외이사 2010년 NH투자증권 사외이사 2014년 (사)한국중견기업학회 회장(현) 2014년 국무총리산하 경제·인문사회연구회 비상임이사(현), 서울대학교 공기업고급경영자과정 주임교수(현)

이동기(李東起) LEE Dong Ki

[생]1958·10·17 [본]전주(全州) [출]서울 [주]서울 강남구 언주로211 강남세브란스병원 소화기내과(02-2019-3214) [학]1984년 연세대 의학과졸 1988년 同대학원 의학과졸 1996년 의학박사(연세대) [경]1985~1986년 연세대 인턴 1986~1989년 同내과수련의 1989~1990년 同소화기내과 전임의 1990~1992년 同원주의대 소화기내과 전임의 1992~2003년 同의대 소화기내과학교실 조교수·부교수 1996~1997년 미국 Univ. of Washington Senior Rsearch Fellow 2001~2003년 대한소화기내시경학회 학술이사 2003년 연세대 의대 소화기내과학교실 교수(현) 2009년 강남세브란스병원 소화기내과장, 同암병원 진료부장 2011~2015년 同암병원장, 대한내과학회 총무이사(현), 미국 소화기내시경학회지 국제편집이사(현) 2016년 강남세브란스병원 내과부장(현) [상]대한소화기내시경학회 월봉상, 대한소화기내시경학회 우수포스터상, 대한소화기학회 우수외국논문상 [저]'췌장염(共)'(2006) '담도학'(2008)

이동기(李東璂)

[생]1962·8·15 [주]대전 서구 둔산중로77 대전지방경찰청 정보화장비과(042-609-2141) [학]대전 대신고졸, 경찰대 행정학과졸(2기) [경]1986년 경찰공무원 임용 2010년 총경 승진 2011년 충남 연기경찰서장 2012년 전북지방경찰청 경비교통과장 2013년 대전 대덕경찰서장 2014년 대전지방경찰청 청문감사담당관 2015년 대전서부경찰서장 2016년 대전지방경찰청 정보화장비과장(현)

이동대(李東大) LEE Dong Dae

[생]1957·1·26 [출]경북 경산 [주]제주특별자치도 제주시 오현길90 제주은행 은행장실(064-720-0200) [학]1974년 선린상고졸 1979년 명지대 무역학과졸 2004년 성균관대 경영대학원 수료 [경]1988년 신한은행 입행 1996년 同창신동지점장 1998년 同창신동기업금융지점장 1999년 同번동기업금융지점장 2000년 同서여의도기업금융지점장 2002년 同삼성중앙대기업금융지점장 2004년 同종합금융지원부장 겸 선임심사역 2006년 同종합금융영업부장 겸 SRM 담당 2007년 同대기업본부 영업본부장 2009년 同IB그룹장(전무) 2011~2014년 同기업부문장(부행장) 2014년 제주은행장(현) [상]한국은행총재표창, 산업자원부장관표창, 대한민국녹색경영대상 국무총리표창(2011) [종]천주교

이동렬(李東烈) RHEE Dong Reol

[생]1972·2·14 [본]경주(慶州) [출]강원 강릉 [주]서울 종로구 사직로8길60 외교부 인사운영팀(02-2100-2114) [학]강릉고졸, 서울대졸, 미국 인디애나주립대 대학원졸 [경]외교통상부 동구과 근무, 미국 연수, 외교통상부 동구과 근무, 同정책총괄과 근무, 駐러시아 2등서기관, 외교통상부 북미1과 1등서기관 2012년 駐미국 1등서기관 2013년 대통령비서실 파견 2013년 외교부 한반도평화교섭본부 대북정책협력과장 2015년 駐일본 참사관(현) [종]불교

이동면(李東勉) Dongmyun Lee

[생]1962·10·15 [출]서울 [주]서울 서초구 태봉로151 (주)KT 융합기술원(02-526-5841) [학]1985년 서울대 전자공학과졸 1987년 한국과학기술원(KAIST) 전기전자공학과졸(석사) 1991년 전기전자공학박사(한국과학기술원) [경]1991~2003년 (주)KT 선임연구원 2003년 同기술전략팀장 2005년 MIT 파견 2006년 (주)KT KT BcN본부장 2008년 同신사업개발TFT장 2009년 同기업고

객부문 FI본부장 겸 IMO본부장 2010년 同기술전략실장(상무) 2012년 同기술전략실장(전무) 2012년 同종합기술원장 직대(전무) 2013년 同종합기술원 Infra연구소장 2014년 同융합기술원장(전무) 2015년 同융합기술원장(부사장)(현)

이동명(李東明) LEE Dong Myung (범송)

[생]1957·3·11 [본]여주(驪州) [출]경북 경주 [주]서울 서초구 서초대로49길18 법무법인 처음(02-3476-6800) [학]1975년 경기고졸 1979년 서울대 법과대학졸 [경]1978년 사법시험 합격(20회) 1981년 사법연수원 수료 1981년 육군 법무관 1984년 서울형사지법 판사 1986년 서울민사지법 판사 1989년 청주지법 충주지원 판사 1991~1996년 서울고법 판사 1991~1993년 법원행정처 법정심의관 겸임 1994년 미국 산타클라라대 교환교수 1996년 대구지법 김천지원장 1998년 사법연수원 교수 2001년 서울지법 부장판사 2003~2008년 서울고법 부장판사 2003~2005년 인천지법 수석부장판사 겸임 2008년 서울중앙지방법원 민사수석부장판사 2009년 법원도서관장 2010~2011년 의정부지법원장 2011년 법무법인 처음 대표변호사(현) [종]불교

이동모(李東模) RHIE Dong-Mo

[생]1948·5·4 [출]서울 [주]서울 강남구 도산대로442 차움(Chaum) 원장실(02-3015-5000) [학]1967년 경기고졸 1973년 서울대 의대졸 1979년 미국 튤레인대 보건대학원졸 1980년 同박사과정 수료 1987년 의학박사(서울대) [경]1973년 공군 군의관 1976년 보건사회부 입부 1980년 국립의료원 세균과 근무 1981년 보건사회부 의정1과장 1984년 세계보건기구(WHO) 가족보건과 파견 의무관 1986년 보건사회부 지역의료과장 1989년 국립서울검역소장 1993년 보건사회부 보건국장 1994년 보건복지부 의정국장 1997년 신한국당 보건복지전문위원 1997~1998년 한나라당 보건복지전문위원 1998년 駐필리핀 세계보건기구 파견, 차의과학대 건강과학대학 교수, 同대학발전부총장 2012년 한국보건산업진흥원 비상임이사 2014~2015년 차의과학대 행정·대외부총장 2015년 차움(Chaum) 원장(현)

이동민(李東旼·女) Dong-Min Lee

[생]1961·6·26 [주]서울 종로구 율곡로2길25 연합뉴스 영문경제뉴스부(02-398-3114) [학]1980년 미국 존마쉘고졸 1984년 미국 버클리대 영어영문학과졸 [경]1987~1990년 코리아헤럴드 교정부·해외부·사회부 기자 1990년 연합통신 해외부 기자 1995년 YTN 파견 1996년 연합통신 해외부 기자 1999년 연합뉴스 영문뉴스부 기자 2000년 同영문뉴스부 차장대우 2002년 同영문뉴스부 차장 2005년 同워싱턴특파원(부장대우) 2008년 同외국어뉴스1부 부장대우 2008년 同외국어뉴스1부장 2009년 同영문뉴스부장 2009년 同영문뉴스부 부장급 2010년 同영문뉴스부장 2011년 同국제국 기획위원(부국장대우) 2013년 同영문경제뉴스부장(부국장대우) 2015년 同편집국 외국어에디터 2015년 同영문경제뉴스부 선임기자(현)

이동민(李東敏) Lee, dong-min

[생]1962·8·10 [주]전북 전주시 완산구 유연로180 전북지방경찰청 보안과(063-280-8291) [학]1981년 전주해성고졸 1989년 동국대 경찰행정학과졸 [경]1989년 경위 임관(경찰간부후보 37기), 전북지방경찰청 경무과 경무계장·청문감사담당관실 감찰계장 2011년 제주지방경찰청 생활안전과장 2012년 제주 서귀포경찰서장(총경) 2013년 전북지방경찰청 정보화장비담당관 2013년 전북 군산경찰서장 2014년 전북지방경찰청 정보과장 2015년 전북 익산경찰서장 2016년 전북지방경찰청 보안과장(현)

이동범(李東範) LEE Dong Bum

[생]1955·3·3 [본]여주(驪州) [출]경북 경주 [주]서울 강남구 테헤란로88길14 신도빌딩4층 법무법인 엘케이파트너스(02-565-9801) [학]1978년 경희대 행정학과졸 2006년 연세대 보건대학원 최고위자과정 제17기 수료 [경]1992년 의료보험연합회 기획부 기획예산과장 2000년 건강보험심사평가원 기획관리실 인사부장 2001년 同기획총무실 기획예산부장 2002년 同정보통신실장 2003년 同기획총무실장 2006~2011년 同개발상임이사 2008~2010년 同원장 직대 2010~2012년 의료기관평가인증원 사무국장 2012년 법무법인 엘케이파트너스 경영고문(현) [상]국민훈장 목련장(2009) [종]불교

이동복(李東馥) LEE Dong Bok

[생]1937·9·26 [본]한산(韓山) [출]서울 [주]서울 서초구 강남대로101길46 투나인빌딩2층 북한민주화포럼 [학]1957년 경기고졸 1963년 서울대 문리대 정치학과 중퇴 1963~1964년 미국 인디애나대 신문학과 연수 1976년 서울대 행정대학원 발전정책과정 수료 1989년 서강대 경영대학원 최고경영자과정 수료 [경]1958년 한국일보 입사 1969년 同정치부 차장 1971년 同외신부 차장 1972년 남북조절위원회 서울측 대변인 1980년 '남북총리간 대화를 위한 실무접촉' 대표 1980~1982년 통일원 남북대화사무국장 1982년 삼성그룹 회장 고문 1982년 평통 자문위원 1982년 삼성항공산업 대표이사 부사장 1985년 삼성유나이티드에어로스페이스(주)·삼성의료기기 사장 1988년 민정당 서울서초乙지구당 위원장 1988년 국회의장 비서실장 1991년 국무총리 특별보좌관 1991년 국가안전기획부 제1특별보좌관 1992년 남북고위급회담 대표 겸 대변인 1994년 민족통일연구원 초청연구위원 1996년 자민련 선거대책위원회 대변인 1996년 제15대 국회의원(전국구, 자민련) 1996~1997년 자민련 총재 비서실장 1997년 同당무위원 2000~2003년 명지대 법정대학 객원교수 2002년 일천만이산가족위원회 상임고문(현) 2004년 북한민주화포럼 대표(현) 2010년 자유민주주의시민연합 공동의장 2010년 신아시아연구소 수석연구위원(현) 2012년 국가인권위원회 정책자문위원(현) [상]보국훈장 천수장(1980), 홍조근정훈장(1982), 황조근정훈장(1992), 북한연구소 자유문화상(2010) [저]'통일의 숲길을 열어가며'(1999) '북한의 세습 후계체제가 남북관계에 미치는 영향' [종]천주교

이동복(李東福) LEE Dong Bok

[생]1949·5·3 [본]광주(廣州) [출]서울 [주]대구 북구 대학로80 경북대학교 예술대학 국악과(053-950-5672) [학]서울대 국악과졸, 同대학원 국악과졸, 대구가톨릭대 대학원 문학과졸, 문학박사(대구가톨릭대) [경]국립국악원 연주원, 공주사범대 전임강사, 경북대 예술대학 국악과 교수 2009~2011년 한국국악학회 이사장 2011~2013년 국립국악원 원장 2014년 경북대 예술대학 국악과 명예교수(현) [상]한국예술평론가협의회 제33회 올해의 최우수 예술가상 공헌예술가상(2013), 녹조근정훈장(2014)

이동빈(李東彬) Lee Dong-bin

[생]1960·2·18 [본]평창(平昌) [출]강원 [주]서울 중구 소공로51 우리은행 임원실(02-2002-3000) [학]1978년 원주고졸 1983년 부산대 경영학과졸 [경]1983년 상업은행 입행 2004년 우리은행 기업여신팀 수석심사역 2005년 同구리역지점장 2007년 同중기업심사부장 2011년 同부산경남동부영업본부장 2011년 同검사실 영업본부장대우 2012년 同서대문영업본부장 2014년 同기업금융단 상무 2014년 同여신지원본부장(부행장)(현) [상]금융감독원장표창(2012) [종]불교

이동석(李東奭) LEE Dong Seok

[생]1959·1·5 [본]성주(星州) [출]경남 [주]경남 김해시 인제로197 인제대학교 의생명공학대학 임상병리학과(055-320-3262) [학]1982년 서울대 미생물학과졸 1984년 한국과학기술원 생물공학과졸(석사) 1987년 생물공학박사(한국과학기술원) [경]1988~1998년 인제대 자연과학대학 미생물학과 조교수·부교수 1995~2004년 同교무처장 1998년 同의생명공학대학 임상병리학과 교수(현) 2000~2008년 경남미래산업재단(경남테크노파크재단) 이사 2000년 대한의생명과학회 상임이사 겸 자문위원(현) 2000~2001년 인제대 평가기획실장 2001~2004년 과학기술부 지정 바이오헬스소재연구센터 소장 2001~2008년 (사)과학사랑 부산·경남·울산모임 사무총장 2005년 경남전략산업기획단 경남바이오산업교류회 자문위원 2006년 한국미생물학회지 편집위원 겸 평의원(현) 2007~2008년 미국 농무성 서부인체영양연구센터(WHNRC) 방문과학자·미국 UC데이비스대 교환교수 2009~2011년 인제대 임상병리학과장 2009년 교육과학기술부 교육과정심의회 과학교과심의위원 2009~2016년 미국 세계인명사전 'Marquis Who's Who in the world'에 연속 등재 2010~2014년 인제대 기획처장 2011년 미국 인명정보기관(ABI) 부총재(현) 2011~2014년 인제대 식당직영사업단장 2016년 同의생명공학대학장(현) [상]교육부장관표창(1997), 제1회 경남과학기술대상(2003), 인제대 우수교수상(2003), 영국 케임브리지 국제인명센터(IBC) 다빈치 다이어몬드상(2011), 영국 케임브리지 국제인명센터(IBC) 세계 100대 건강 연구전문가 선정(2011), 미국 인명정보기관(ABI) 미국 명예의 전당 헌액(2011), 미국 인명정보기관(ABI) '의학·보건 분야 올해의 인물'로 선정(2011), 시사투데이 '올해의 존경 받는 인물' 대상(2011) [저]'병원미생물학'(2003) '병원감염관리학'(2003) '요점 정리로 배우는 필수임상미생물학'(2006) '병원미생물학'(2010) '최신임상진단미생물학'(2013) [역]'알기쉬운 미생물학'(2011) '병원미생물학'(2012) [종]기독교

이동선(李東宣) Lee Dong Seon

(생)1960 · 11 · 14 (본)진성(眞城) (주)경북 안동 (주)서울 영등포구 여의대로128 LG디스플레이(주) IT모바일영업마케팅그룹(02-3777-0930) (학)능인고졸, 영남대 경영학과졸, 서울대학원 국제경영학과졸 (경)1999년 LG필립스LCD 미국법인 근무 2004년 同Application영업담당 2006년 同Application영업담당 상무 2008년 LG디스플레이(주) Monitor영업담당 상무 2008년 同IT마케팅담당 상무 2010년 同IT미주영업센터장(상무) 2012년 同IT모바일영업마케팅그룹장(상무) 2013년 同IT모바일영업마케팅그룹장(전무)(현)

이동섭(李銅燮) LEE Dong Sup

(생)1956 · 11 · 7 (본)성주(星州) (출)전남 고흥 (주)서울 영등포구 의사당대로1 국회 의원회관525호(02-784-2577) (학)용인대 체육학과졸, 명지대 정치외교학과졸, 용인대 대학원 체육학과졸, 고려대 정책대학원 정치학과졸, 법학박사(국민대) (경)경문대 외래교수, 전남과학대 객원교수, 나사렛대 객원교수, 우석대 객원교수, 순복음노원교회 장로(현), 고려대 정책대학원 제18대 총학생회장, 민주평통 자문위원, 신문명정책연구소 상임이사(국가정책위원장), 한국문화정책연구원 이사장, 세계태권도선교협회 상임회장, 서울시태권도협회 부회장(공인 8단), 한 · 미문화교류재단 이사장, 노원구협의회 회장 2000년 제16대 국회의원선거 출마(서울 노원구乙, 민주국민당) 2001년 푸른정치연합 대변인 2002년 새천년민주당 제16대 대통령선거 청년실업특위 부위원장 2003년 고려대 정책대학원 제21기 동문회장 2004년 제17대 국회의원선거 출마(서울 노원구丙, 새천년민주당) 2006년 민주당 서울노원丙지역위원회 위원장 2006년 국가전략연구소 자문교수 2006년 민주당 서울시당 부위원장 2006~2007년 同부대변인 · 유세정책위원장 · 공천심사위원 · 청년위원장 2006년 同중앙위원 2007년 전남도체육회 부회장 2007년 국민대 법학연구소 선임연구위원 2007년 대통합민주신당 제17대 대통령중앙선거대책위원회 정무특보 · 전국청년선거대책위원장 2008년 同제18대 국회의원선거 전국청년선거대책위원장 2008년 同전국청년위원장 2008년 김희철 국회의원 보좌관 2008년 통합과창조포럼 지방자치위원장 2008~2011년 민주당 서울노원구丙지역위원회 위원장 2008년 同정세균대표 정무특보, 대한장애인태권도협회 부회장 2010년 국민대 법과대학 겸임교수, 제35대 서울시장선거 노원구선거대책위원회 위원장 2011년 민주통합당 서울노원구丙지역위원회 위원장 2012년 同당무위원 2012년 同제18대 대통령선거 서울시당 공동선거대책위원장 2013년 민주당 서울노원구丙지역위원회 위원장 2013년 同당무위원 2013년 同사무부총장 2014년 서울시태권도협회 회장 2014~2015년 새정치민주연합 서울노원구丙지역위원회 위원장 2014~2015년 同당무위원 2014~2015년 同사무부총장 2016년 국민의당 대외협력위원회 위원장(현) 2016년 제20대 국회의원(비례대표, 국민의당)(현) 2016년 국민의당 당무담당 원내부대표(현) 2016년 국회 교육문화체육관광위원회 위원(현) 2016년 국회 평창동계올림픽 및 국제경기대회지원특별위원회 간사(현) 2016년 국민의당 당헌당규제 · 개정위원회 제2소위원장(현) (상)86아시안게임기장, 88올림픽기장, 로마 교황청 기장, 내무부장관표창, 서울시장표창, 미국 알바쿠키시 명예시민권 취득, 미국 뉴멕시코주지사 감사장, (사)대한인터넷신문협회 INAK Press Club상(2016) (종)기독교

이동섭

(생)1962 · 3 · 2 (출)충북 충주 (주)충북 청주시 청원구 2순환로168 충북지방경찰청 112종합상황실(043-240-2049) (학)충북고졸, 충북대졸, 同대학원졸 (경)1989년 경위 임관(경찰간부후보 37기) 2002년 충북지방경찰청 강력계장 2008년 同홍보담당관(총경) 2011년 충북 청주상당경찰서장 2012년 대전지방경찰청 정보과장 2013년 충북 청주흥덕경찰서장 2016년 충북지방경찰청 112종합상황실장(현)

이동수(李東洙) LEE Dong Soo

(생)1950 · 5 · 25 (출)대구 (주)경기 성남시 분당구 율동 산13의4 국군수도병원 정신과(031-725-5114) (학)1968년 경북고졸 1977년 서울대 의대졸 1983년 同대학원졸 1999년 의학박사(한림대) (경)1977~1978년 고려병원 인턴 1981~1984년 서울대병원 신경정신과 레지던트 1984년 인천기독병원 정신과장 1985~1988년 미국 마운트시나이병원 객원연구원 1985~1991년 미국 뉴욕의대 정신과 임상강사 1991~1994년 성남병원 정신과장 1994~1999년 삼성서울병원 정신과 전문의 1999~2015년 성균관대 의대 정신과학교실 교수 2001년 삼성서울병원 정신과장 2003~2015년 同사회정신건강연구소장 2015년 국군수도병원 정신과의사(현)

이동수(李東秀) LEE Dong Soo

(생)1952 · 8 · 14 (주)경북 경산시 하양읍 하양로13의13 대구가톨릭대학교 법학과(053-850-3313) (학)1974년 경북대 사회교육학과졸 1976년 同대학원 법학과졸 1986년 법학박사(경북대) (경)1976년 육군3사관학교 교수부 전임강사 1981년 경북대 강사 1982년 상지실업전문대 전임강사 1983년 창원대 법학과 전임강사 1984~1994년 효성여대 법학과 전임강사 · 조교수 · 부교수 1994년 대구가톨릭대 법학과 교수(현) 2007년 한국지방자치법학회 부회장 2010년 대구가톨릭대 CU인재학부장 2010년 同학생처장 2011~2012년 同입학처장 2014년 同법정대학장 2016년 同대외협력단장(현) (저)'생활법률'(2001) '지방자치법주해'(2004) (종)불교

이동수(李東琇) LEE Dong Soo

(생)1962 · 9 · 26 (주)서울 중구 퇴계로110 한국화이자제약 임원실(02-317-2114) (학)1990년 서울대 의대졸, 同보건대학원 보건학과졸 2001년 의학박사(울산대) 2008년 중국 켈로그-홍콩과학기술대학 대학원 경영학과졸(MBA) (경)1996년 을지병원 가정의학과장 1998년 한국화이자제약 학술부장, 同의학부 상무, 同마케팅담당 상무 2003년 同마케팅총괄 전무 2009~2015년 同대표이사 사장 2011년 한국다국적의약산업협회 회장 2012~2015년 駐韓미국상공회의소 부회장 2014~2015년 화이자제약 혁신제약사업부문 한국 · 대만 클러스터 대표 겸임 2015년 同혁신제약사업부문 아시아 클러스터 대표(GIP Asia Cluster Lead)(현) (상)서울시장 유공표창(2011), 대통령표창(2013)

이동수(李東洙)

(생)1971·5·20 (출)강원 원주 (주)경북 영덕군 영덕읍 경동로8335 대구지방검찰청 영덕지청(054-730-4301) (학)1990년 진광고졸 1997년 서울대 경영학과졸 (경)1998년 사법시험 합격(40회) 2001년 사법연수원 수료(30기) 2001년 서울지검 검사 2003년 청주지검 충주지청 검사 2005년 부산지검 동부지청 검사 2007년 수원지검 안산지청 검사 2009년 서울서부지검 검사 2013년 대전지검 검사 2015년 서울중앙지검 부부장검사 2016년 대구지검 영덕지청장(현)

이동순(李東順 · 女)

(생)1958 · 7 · 5 (출)서울 (주)서울 종로구 대학로103 서울대학교 의과대학 진단검사의학교실(02-2072-3986) (학)1982년 서울대 의대졸 1985년 同대학원 의학석사 1994년 의학박사(서울대) (경)1986~1991년 부천세종병원 임상병리과장 1998년 서울대 의과대학 임상병리과 조교수 2001년 同의과대학 진단검사의학교실 부교수 · 교수(현) 2010년 대한민국의학한림원 정회원(현) 2016년 서울대 의과대학 진단검사의학교실 주임교수(현) 2016년 서울대병원 진단검사의학과 과장(현)

이동순(李東珣)

(생)1962 · 6 · 17 (주)충북 청원군 문의면 남계길22의65 (주)퍼시픽패키지 임원실(043-297-8461) (학)동아대 산업공학과졸, 同대학원 산업공학과졸 (경)(주)태평양 대전공장장, (주)아모레퍼시픽 구매팀장, 同매스뷰티사업장 공장장 2008년 同SCM부문 SCP사업부장(상무) 2011년 同SCM부문 뷰티사업장 품질담당 상무 2014년 (주)퍼시픽패키지 대표이사(현)

이동신(李東信) LEE DONG SHIN

(생)1955·2·24 (본)고성(固城) (출)대구 (주)경남 사천시 사남면 공단1로78 한국항공우주산업(주) 국내사업본부(055-851-6560) (학)1975년 대구고졸 1982년 영남대 경제과졸 (경)1982년 대우중공업 입사 2000년 한국항공우주산업(주) 자금팀장(부장급) 2006년 同재무담당 임원 2009년 同관리담당 2010년 同재무관리실장(상무) 2015년 同경영관리본부장(전무) 2016년 同국내사업본부장(전무)(현)

이동신(李東信)

(생)1967 · 1 · 11 (주)대구 북구 칠곡중앙대로136길47 경상북도립교향악단(053-324-7279) (학)청구고졸, 계명대 작곡과(지휘전공)졸, 러시아 상트페테르부르크관현악 지휘전공 (경)1996~2000년 계명대 음대 지휘과 강사 1996~1998년 러시아 루빈그타인가극단 부지휘자 1999년 창신대 겸임교수 1999년 마산시립교향악단 상임지휘자 2014년 경북도립교향악단 상임지휘자(현) (상)러시아 St.Petersburg Conservatory 최우수졸업상(1996)

이동신(李東信) LEE Dong Shin

생1967·3·9 출충북 충주 주경기 수원시 장안구 경수대로1110의17 중부지방국세청 조사1국(031-888-4662) 학울산 학성고졸, 고려대 경제학과졸 경1992년 행정고시 합격(36회) 1994년 서대전세무서 총무과장 1995년 제천세무서 직세과장 1996년 국세청 직세국 소득세과 근무 1998년 양재세무서 부가가치세과장 1999년 국세청 조사국 국제조사과 근무 2005년 서기관 승진 2006년 서울지방국세청 조사1국 조사1과 서기관 2006년 미국 국세청(IRS) 파견 2008년 제주세무서장 2009년 서울지방국세청 국제조사3과장 2009년 국세청 국제조세관리관실 국제세원관리담당관 2010년 同국제조사과장(서기관) 2012년 同국제조사과장(부이사관) 2013년 대전지방국세청 조사1국장 2014년 중부지방국세청 조사2국장(고위공무원) 2015년 同조사1국장(현)

이동언(李東彦) Dong Un Lee

생1961·7·28 주서울 영등포구 국제금융로10 서울국제금융센터 (주)LG하우시스 임원실(02-6930-1002) 학영남대 경영학과졸 경2008년 (주)LG화학 상무, 同경리담당 상무 2013년 (주)LG 정도경영TFT 상무 2015년 (주)LG하우시스 최고재무책임자(CFO·상무)(현)

이동연(李東連)

생1964·2·28 출전남 강진 주서울 광진구 아차산로404 서울동부지방법원(02-2204-2114) 학1982년 전남 장흥고졸 1986년 서울대 법대 사법학과졸 경1994년 사법시험 합격(36회) 1997년 사법연수원 수료(26기) 1997년 대전지법 판사 2000년 同논산지원 판사 2002년 대전지법 판사 2006년 대전고법 판사 2009년 서울남부지법 판사 2012년 대전지법 부장판사 2014년 수원지법 안산지원 부장판사 2016년 서울동부지법 부장판사(현)

이동열(李東烈) LEE Dong Youll

생1960·8·24 주서울 종로구 새문안로58 (주)서브원 MRO사업부(02-6924-5248) 학대구 달성고졸, 고려대 경영학과졸 경1984년 럭키 입사 1996년 LG상사 부장 2003년 LG화학 관리팀 상무 2007년 (주)서브원 경영지원부문장(부사장) 2012년 同MRO사업부장(부사장) 2015년 同MRO사업부장(사장)(현)

이동열(李東烈) LEE Dong Yoel

생1966·7·19 출경기 안양 주서울 서초구 반포대로158 서울중앙지방검찰청 제3차장검사실(02-530-3114) 학1985년 안양 신성고졸 1989년 연세대 법학과졸 1995년 同대학원 법학과(행정법전공)졸(석사) 2001년 호주 멜버른대 Asian Law Center 방문학자과정 수료 경1990년 사법시험 합격(32회) 1993년 사법연수원 수료(22기) 1993년 군법무관 1996년 서울지검 서부지청 검사 1998년 대구지검 포항지청 검사 2000년 광주지검 검사 2002년 서울지검 검사 2005년 대검찰청 검찰연구관 2007년 대전지검 공주지청장 2008년 대검찰청 첨단범죄수사과장 2009년 同범죄정보1담당관 2010년 서울중앙지검 특수1부장 2011년 서울고검 검사(금융부실책임조사본부 파견) 2012년 법무부 대변인 2013년 서울고검 검사 2013년 대검찰청 검찰연구관 2014년 광주지검 순천지청장 2014년 대전고검 검사 2015년 법무연수원 연구위원(용인분원장) 2016년 서울중앙지검 제3차장검사(현)

이동엽(李東燁) Lee Dongyeop

생1959·10·27 주서울 영등포구 여의대로38 금융감독원 비서실(02-3145-5325) 학1978년 서대전고졸 1985년 충남대 경영학과졸 1987년 서울대 대학원 경영학과졸 경1986년 증권감독원 입사 1999년 금융감독원 검사14국 근무 2000년 同증권감독국 팀장 2004년 同공시심사실 팀장 2006년 同기획조정국 팀장 2007년 同공시감독국 부국장 2008년 同기업공시제도실장 2010년 同기업공시국장 2011년 同제재심의실 국장 2013년 同금융투자검사·조사담당 부원장보 2014년 同부원장(현) 2016년 서민금융진흥원 운영위원회 위원(현)

이동우(李東宇) LEE Dong Woo

생1954·11·16 출경북 경주 주경북 경주시 경감로614 경주세계문화엑스포(054-740-3001) 학1981년 고려대 경제학과졸 1995년 영국 버밍엄대 대학원 경제학과졸 경1996년 한국경제신문 경제부 차장대우 2000년 同산업부장 직대 2000년 同산업부장 2001년 同기획부장 2002년 同사회부장 2005년 同편집국 부국장 2008년 同기획조정실 전략기획국장 겸 편집국 편집위원 2008년 대통령 홍보1비서관 2009년 대통령 메시지기획비서관 2010년 대통령실 정책기획관 2011~2013년 同기획관리실장 2013년 경주세계문화엑스포 사무총장(현)

이동우(李東雨) LEE Dong Woo

생1960·9·7 주서울 강남구 삼성로156 롯데하이마트(주) 임원실(02-2050-5009) 경2012~2014년 (주)호텔롯데 롯데월드사업본부 대표이사 2015년 롯데하이마트(주) 대표이사(현) 상제40회 국가품질경영대회 철탑산업훈장(2014), 한국의 경영대상 고객만족경영부문 종합대상(2014)

이동우(李東雨) LEE Dong Woo

생1960·12·8 출경남 남해 주부산 기장군 기장읍 기장해안로216 국립수산과학원 기반연구부(051-720-2200) 학1979년 부산 금성고졸 1984년 부경대 자원생물학과졸 1989년 同대학원 자원생물학과졸 1999년 해양생물학박사(부경대) 경1985~2000년 국립수산과학원 수산연구사 2000~2010년 同수산연구관 2010~2015년 同자원관리과장 2015년 同기반연구부장(현)

이동욱(李東昱) LEE Dong Wook

생1948·10·15 출대구 주서울 강남구 강남대로656 무림그룹 비서실(02-3485-1529) 학1967년 중동고졸 1971년 연세대 경영학과졸 1995년 서울대 최고경영자과정 수료 경1973년 무림제지 입사 1977년 同상부이사 1979년 同전무이사 1980년 同대표이사 1981년 신무림제지 대표이사 1984년 세림제지 대표이사 1989년 同회장 2006년 무림그룹 회장(현) 상산업포장(1981), 은탑산업훈장(1985), 산업평화의탑 금탑(1996) 종불교

이동욱(李東旭) Lee Dong Wook

생1961·5·20 본학성(鶴城) 출울산 주경북 포항시 남구 중흥로93 경북일보 편집국(054-289-2260) 학울산 학성고졸, 동국대 국어국문학과졸 경1991년 경북일보 입사 2001년 '작가정신'에 시 발표·시인 등단 2004년 경북일보 문화부 차장 2006년 同편집부장 2009년 同편집국 부국장 2010년 同편집국장 2013년 同논설실장 2014년 同편집국장(현) 상신문협회상(2007) 저'포항의 역사(共)'(2003) '형산강(共)'(2003)

이동욱(李東昱) LEE Dong Wook

생1964·7·4 본전주(全州) 출서울 주세종특별자치시 도움4로13 보건복지부 보건산업정책국(044-202-2900) 학1983년 여의도고졸 1987년 연세대 경영학과졸 1991년 서울대 대학원 행정학과졸 2006년 프랑스 파리제11대 경제학 박사과정 수료 경1990년 행정고시 합격(34회) 1993~1999년 산업자원부 구주협력과·자동차조선과·아주협력과 사무관 1999년 同장관 비서관 2001년 同전기위원회 경쟁기획과 서기관 2003년 프랑스 파리 OECD사무국 파견 2005년 산업자원부 남북경협총괄지원팀장 2006년 同산업정책본부 투자입지팀장 2007년 同입지총괄팀장 2008년 대통령직속 국가경쟁력강화위원회 파견 2009년 지식경제부 장관비서관 2009년 同성장동력정책과장 2010년 同성장동력정책과장(부이사관) 2012년 KOTRA 외국인투자지원센터 종합행정지원센터장(고위공무원) 2013년 해외 파견 2014년 국가기술표준원 적합성정책국장 2015년 보건복지부 보건산업정책국장(현) 종기독교

이동욱(李東旭) Lee Dong Uk

생1965·8·5 본진성(眞城) 출경북 봉화 주세종특별자치시 도움4로13 보건복지부 인구정책실(044-202-3400) 학대구 능인고졸, 고려대 신문방송학과졸, 서울대 행정대학원졸 경1988년 행정고시 합격(32회) 2000년 보건복지부 총무과 인사담당 서기관 2002년 同장관 비서관 2003년 同보험급여과장(서기관) 2005년 同보험급여과장(부이사관) 2005년 대통령비서

실 선임행정관 2006년 同선임행정관(일반직고위공무원) 2007년 보건복지부 홍보관리관 2008년 보건복지가족부 장애인정책국장 2009년 同대변인 2010년 보건복지부 대변인 2010년 同사회복지정책실 연금정책관 2010년 同보건의료정책실 보건의료정책관 2012년 중앙공무원교육원 파견(고위공무원) 2013년 보건복지부 건강보험정책국장 2015년 同보건의료정책실 보건의료정책관 2015년 同인구정책실장(현) 상근정포장(2001) 종불교

이동욱(李銅郁) LEE Dong Wook

생1966·8·12 출서울 준서울 광진구 아차산로404 서울동부지방법원(02-2204-2114) 학1985년 한영고졸 1990년 서울대 사법학과졸 1992년 同대학원졸 경1994년 사법시험 합격(36회) 1997년 사법연수원 수료(26기) 1997년 부산지법 울산지원 판사, 울산지법 판사 2003년 인천지법 판사 2006년 서울중앙지법 판사 2008년 서울고법 판사 2009년 서울남부지법 판사 2012년 대전지법 천안지원 부장판사 2012년 대전가정법원 천안지원 부장판사 겸임 2014년 의정부지법 부장판사 2016년 서울동부지법 부장판사(현)

이동욱(李東昱) Dong-Wook Lee

생1973·8·24 본재령(載寧) 출인천 준경기 안산시 상록구 항가울로143 한국생산기술연구원 로봇그룹(031-8040-6312) 학1996년 중앙대 제어계측공학과졸 1998년 同대학원 제어계측공학과졸 2000년 공학박사(중앙대) 경2002~2004년 중앙대 정보통신연구원·연구전담교수 2004~2005년 미국 Univ. of Tennessee 방문연구원 2005년 한국생산기술연구원 로봇기술연구본부 선임연구원 2011년 同융복합연구부문 로봇융합연구그룹 수석연구원 2013년 同로봇연구실용화그룹 수석연구원 2015년 同로봇그룹 수석연구원 2015년 同로봇그룹장(현)

이동원(李東遠) LEE Dong Won

생1963·2·7 출충남 논산 준서울 서초구 서초중앙로157 서울고등법원(02-530-1114) 학1982년 경복고졸 1986년 고려대 법대졸 경1985년 사법시험 합격(27회) 1988년 사법연수원 수료(17기) 1988년 軍법무관 1991년 서울형사지법 판사 1993년 서울민사지법 판사 1995년 춘천지법 강릉지원 판사 1996년 同삼척시·동해시법원 판사 1997년 同강릉지원 판사 1998년 서울지법 판사 1998년 일본 와세다대 연수 1999년 서울고법 판사 2001년 대법원 재판연구관 2003년 전주지법 부장판사 2004년 대법원 재판연구관(부장판사) 2006년 서울중앙지법 부장판사 2009년 수원지법 평택지원장 2010년 대전고법 부장판사 2012년 서울고법 부장판사 2015년 수원지법 수석부장판사 2016년 서울고법 부장판사(현) 종기독교

이동원(李東原) LEE Dong Won

생1964·9·17 출전남 광양 준서울 중구 퇴계로190 MBN 보도본부(02-2000-3114) 학1983년 광주 동신고졸 1988년 전남대 정치외교학과졸 1991년 한국외국어대 대학원 정치외교학과졸 경1990년 매일경제신문 입사 2000년 매일경제TV 사회생활부 기자 2002년 同사회생활부장 2003년 同정경부장 2006년 同해설위원 2009년 同신규사업추진사무국장 겸임 2011년 同신규사업추진사무국장 겸 기획실장 직대(부국장대우) 2011년 매일방송(MBN) 산업부장 2012년 同보도국 국차장 겸 산업부장(부국장) 2013년 同보도국장 2014년 同보도본부장(현) 쩐'부동산가이드' '리츠시대 돈버는 부동산'(共)

이동응(李東應) LEE Dong Eung

생1957·2·2 출충북 청주 준서울 마포구 백범로88 경총회관 한국경영자총협회(02-3270-7308) 학1976년 경동고졸 1980년 서울대 영어영문학과졸 1985년 미국 사우스캐롤라이나주립대 대학원 국제정치학과졸 경1981년 외무고시 합격 1994년 한국경영자총협회 국제협력부 차장 1996년 同국제부장·조사부장 2001년 同정책본부장(이사대우) 2003년 同정책본부장(상무) 2006년 同정책본부장(전무) 2007년 同전무(현) 2012~2015년 한국산업인력공단 비상임이사 2012년 고용노동부 최저임금위원회 사용자위원(현) 2015년 근로복지공단 비상임이사(현) 2015년 국민건강보험공단 비상임이사(현) 상은탑산업훈장(2004)

이동익(李東益) LEE Dong Ik

생1956·2·5 본여강(驪江) 출경북 준서울 강서구 송정로9 서울대교구청 공항동성당(02-2665-7015) 학1975년 동성고졸 1979년 가톨릭대 신학부졸 1987년 이탈리아 라테라노대 알폰소대학원졸 1990년 윤리신학박사(이탈리아 라테라노대 알폰소대학원) 경1983~1984년 천주교 서울대교구 청량리천주교회 보좌신부 1991~2006년 가톨릭대 신학대학 신학과 교수 1991년 천주교 출판물검열위원 1992~1994년 가톨릭대 신학대학 전산실장 1995년 천주교 사회교리 교재 편찬위원 1998~2000년 가톨릭대 신학대학 출판부장 1999~2015년 교황청 생명학술원 회원 2001년 한국천주교주교회의 생명윤리위원회 총무(현) 2003~2004년 가톨릭대 신학대학 도서관장 겸 전산실장 2005년 同사목연구소장 2006~2013년 同의과대학 인문사회의학과 교수 2007년 同생명대학원장 2007년 국가인권위원회 정책자문위원(현) 2009~2012년 가톨릭대 가톨릭중앙의료원장 2009~2012년 CMC생명존중기금 공동후원회장 2013~2015년 국민대통합위원회 자문위원 2013년 천주교 서울대교구청 공항동성당 주임신부(현) 2015년 대통령소속 국가생명윤리심의위원회 위원(현) 상문화관광부 우수학술도서 선정(2004) 젠'생명의 관리자 – 의학윤리를 위한 몇 가지 주제들'(1994) '교회와 사회'(1994) '가톨릭사회교리Ⅰ·Ⅱ'(1995) '식탁의 기도'(1997) '인간, 교회의 길'(1998) '생명의 위기'(2001) '멍에는 사라지고'(2001) '실천윤리신학'(2003) '기초윤리신학'(2003) '생명공학과 가톨릭윤리'(2004) '생명, 인간의 도구인가?'(2004) '의학윤리지침서'(2008) '가톨릭 의료기관 임상연구자를 위한 생명윤리'(2009) '자녀출산조절에 대한 천주교 신자 부부들의 지식, 태도 및 실천상태 조사연구'(2010) 등 옉'성 토마스 아퀴나스의 신학대전요약'(1994) '인간생명, 가장 놀라운 신비'(1995) '이혼자에게 출구는 없는가?'(1999) '아픈 이 곁에서'(2003) '아픈이에게 도움을'(2003) '의료윤리'(2005) '토마스 아퀴나스와 가톨릭의 생명이해'(2007) '메타생명윤리와 생명의학 – 원리와 응용의 종합'(2008) '생명과 죽음'(2010) 등 종천주교

이동익(李東益) LEE DONG IK

생1958·6·19 학1981년 고려대 경제학과졸 1987년 미국 조지워싱턴대 대학원 경영정보시스템학과졸 1991년 同대학원 경영학과졸 경1987~1997년 세계은행산하 국제금융공사 Market Analyst 1997~2001년 삼성생명보험 해외투자팀장 2001~2006년 스틱인베스트먼드 투자본부장 2006~2008년 Key Partners 파트너 2008년 한국투자공사(KIC) 대체운용실장 2012~2013년 同투자운용본부장(CIO) 2014년 同고문 2016년 아시아인프라투자은행(AIIB) 민간투자자문관(민간자본과 공동투자업무담당 상근직 국장급)(현)

이동일(李東一) LEE Dong Il

생1953·11·23 본영천(永川) 출전북 전주 준서울 영등포구 선유로45길3 대한약품공업(주) 사장실(02-2678-3911) 학1972년 전주 신흥고졸 1977년 전북대 섬유공학과졸 2003년 고려대 보건대학원 보건학졸 경1999년 제일제당 상무이사 2001~2002년 同제약사업본부장(상무) 2002~2003년 CJ 제약사업본부장(상무) 2003~2004년 同제약신규사업개발담당 상무 2004~2009년 한일약품공업(주) 대표이사 2005년 CJ 부사장 겸임 2009년 대한약품공업(주) 사장(현)

이동재(李東載) LEE Dong Jae

생1948·11·7 출전북 남원 준서울 용산구 청파로56 알파(주) 임원실(02-3788-6101) 학전주상고졸 1996년 중앙대 경영대학원 수료 경1971년 알파문구 개업·대표 1987년 알파유통 대표, 남원장학재단 이사, 2003년 (사)한국문구인연합회 회장 2006년 연필장학재단 회장(현) 2009년 알파(주) 대표이사 회장(현) 2010~2014년 (사)한국문구인연합회 이사장 2015년 한국문구공업협동조합 이사장(현) 상대통령표창(2006), 지식경제부장관표창(2011), 매일경제 선정 '대한민국 글로벌 리더'(2014·2015)

이동재(李東宰) Lee Dong Jae

생1963·11·12 출대구 준세종특별자치시 다솜2로94 해양수산부 운영지원과(044-200-5075) 학1982년 경신고졸 1989년 서울대 경제학과졸 1992년 同행정대학원 행정학과졸 2001년 미국 보스턴대 대학원 경영학과졸 경2002년 재정경제부 국민생활국 물가정책과 서기관, 스위스 유엔무역개발회의(UNCTAD) 파견 2007년 재정경제부 경제협력국 통상조정과장 2008년 기획재정부 대외경제국 통상조정과장 2009년 同재정정책국 성과관리과장 2010년 同예산실 지식경제예산과장 2011년 同국고국 국고과장(부이사관) 2012~2013년

국가경쟁력강화위원회 경쟁력기획관 2013년 해양수산부 기획조정실 정책기획관 2015년 同세월호배상 및 보상지원단장 2016년 국립외교원 교육훈련(고위공무원)(현) [상]대통령표창(2002)

이동주(李東柱) LEE Dong Ju

[생]1955·4·30 [본]성산(星山) [출]경북 영천 [주]경북 구미시 산호대로354의25 LIG넥스원(주) 생산본부(054-469-8222) [학]경북고졸, 경북대 전자공학과졸, 同경영대학원졸 [경]LG이노텍(주) 기술1실장, 同구미연구소장, 넥스원퓨처(주) 구미연구소장 2008년 LIG넥스원(주) 생산본부장(상무) 2013년 同생산본부장(전무)(현) [상]동탑산업훈장(2011) [종]천주교

이동주(李東珠)

[생]1962·7·22 [주]세종특별자치시 갈매로388 문화체육관광부(044-203-3008) [학]연세대 불어불문학과졸 [경]1999년 매일경제신문 산업부 기자 2001년 同산업부 차장대우 2002년 同금융부 차장대우 2003년 同경제부 차장대우 2004년 同편집국 중소기업부장 2006년 同논설위원 2007년 同사회부장 2008년 同정치부장 2008년 同논설위원 2010년 매일경제TV 해설위원 2011~2015년 매일경제신문 논설위원(부국장대우) 2012~2014년 한국전력거래소 비상임이사 2015년 문화체육관광부 국민소통실 홍보정책과 홍보협력관(국장급) 2016년 同국정홍보담당 차관보(현)

이동주(李東胄) LEE DONG JOO

[생]1964·10·16 [본]진성(眞城) [출]경북 문경 [주]서울 강남구 테헤란로309 건설근로자공제회 감사실(02-519-2002) [학]1983년 영남고졸 1990년 영남대 행정학과졸 [경]2007년 한나라당 수석전문위원 2008년 同원내행정국장 2011년 同기획조정국장 2012년 새누리당 기획조정국장 2013년 同경북도당 사무처장 2015년 국무총리 정무운영비서관 2015년 국무총리 정무기획비서관 2016년 건설근로자공제회 감사(현) [종]가톨릭

이동준(李東俊) RHEE Dong Joon

[생]1940·12·15 [출]인천 강화 [주]서울 중구 남대문로63 한진빌딩12층 본관1207호 코리아골프 앤 아트빌리지 비서실(02-753-2251) [학]경동고졸, 건국대 영어영문학과졸, 연세대 경영대학원졸 [경]1986년 코리아골프 앤 아트빌리지(기흥관광개발 및 뉴경기관광) 회장(현), 한·칠레경제협력위원회 위원, 서울상공회의소 수출입업위원회 부위원장, 유성 대표이사 사장 2005~2007년 경동고총동창회장 2008년 연세대 경영전문대학원총동창회 회장 2010년 고언회 회장(현) [상]동탑산업훈장, 철탑산업훈장, 대통령표창, 올해의 자랑스런 경동인(2009), 국제지역학회 글로벌경영대상(2010)

이동준(李東俊) Lee Dong Jun

[생]1959·7·17 [본]전주(全州) [출]대구 [주]대구 중구 공평로10길25 대구광역시교육청 중앙도서관(053-231-2000) [학]1979년 계성고졸 2005년 한국방송통신대 교육학과졸 2009년 한국교원대 교육정책대학원 인적자원정책과졸 [경]2002년 대구시교육청 동부도서관 서무과장 2003년 대구시교육위원회 의사담당 사무관 2004년 대구시교육청 평생교육담당 사무관 2007년 대구시남부교육청 평생교육체육과장 2008년 대구시교육청 보건위생담당 사무관 2009년 同시설기획담당 사무관 2010년 대구 상원고 행정실장 2011년 대구시교육청 학교운영지원과장 2012년 同홍보담당관 2014년 대구시동부교육지원청 행정지원국장 2015년 대구시교육청 교육협력관 2016년 同중앙도서관장(현) [상]교육부장관표창(1994), 국무총리표창(2000), 교육인적자원부장관표창(2004) [종]기독교

이동진(李東震) LEE Dong Jin

[생]1945·1·1 [출]황해 신천 [주]서울 마포구 성미산로60 성진빌딩지하1층 해누리기획출판사(02-335-0414) [학]1964년 성신고졸 1970년 서울대 법대졸 [경]1969년 외무부 입부 1972년 駐일본 2등서기관 1976년 외무부 동북아1과 서기관 1978년 同법무담당관 1978년 同행정관리담당관 1979년 駐이탈리아 참사관 1981년 駐바레인 참사관 1987년 駐네덜란드 참사관 1987년 미국 하버드대 국제문제연구소 연구원 1990년 駐일본 참사관 겸 총영사 1991년 駐벨기에 공사 1995년 대구시 국제관계자문대사 1996년 駐나이지리아 대사 1999년 외교통상부 본부대사 2000년 해누리기획출판사 대표 2003년 월간 '착한 이웃' 발행인 겸 편집인 2014년 해누리기획출판사 고문(현) [저]시집 '韓의 수' '신들린 세월' '개나라의 개나으리들' 소설 '로마에서 띄운 작은 풍선'(1985, 자유문학사) '우리가 사랑하는 죄인'(1989, 삼신각) 희곡집 '독신자 아파트' '누더기 예수'(1991, 동산출판사) 수필집 '천사가 그대를 낙원으로'(1981, 우신사) '세계의 명언1,2'(2007, 해누리) [역]'장미의 이름으로' '숨겨진 성서'

이동진(李東鎭) LEE Dong Jin

[생]1945·10·1 [본]전주(全州) [출]전남 진도 [주]전남 진도군 진도읍 철마길25 진도군청 군수실(061-540-3233) [학]1963년 광주고졸 1972년 서울대 법학과졸 2001년 단국대 대학원 부동산경영학과졸 2006년 행정학박사(단국대) [경]1975년 한국토지공사 입사 1991년 同제주지사장 1991년 同특별기획단장 1993년 同특별사업처장·국외사업처장 1995년 同해외사업실장 1996년 同중국지사장 1998년 同서울지사장 1999년 同단지본부장(상임이사) 2001~2003년 한국토지신탁 사장 2006년 전남 진도군수선거 출마(무소속) 2006~2009년 전남개발공사 사장 2010년 전남 진도군수(민주당·민주통합당·민주당·새정치민주연합) 2014년 전남 진도군수(새정치민주연합·더불어민주당)(현) [상]대한민국CEO리더십대상 정도경영부문(2015), 올해의 공감경영대상 지자체부문 대상(2016)

이동진(李東珍) LEE Dong Jin

[생]1955·4·4 [출]강원 춘천 [주]강원 강릉시 성덕포남로206번길10 강원일보 영동총지사(033-651-4881) [학]강원대 축산학과졸 [경]강원일보 기자 1991년 同편집부 차장 1993년 同제2사회부장 1995년 同사회부장 1999년 同정치부장 겸 경제부장 2000년 同편집국 부국장대우 2001년 同편집국 취재담당 부국장 2003년 同편집국장 2004년 同총무국장 2007년 同총무국장(이사대우) 2008년 同총무국장(이사) 2011년 同총무국장(상무) 2014년 同전략기획본부 상무 2016년 同영동총지사장(상무이사)(현)

이동진(李東秦) LEE Dong Jin

[생]1960·9·8 [본]전주(全州) [출]전북 정읍 [주]서울 도봉구 마들로656 도봉구청 구청장실(02-2091-2000) [학]전주고졸, 고려대 영어영문학과졸 2001년 서울시립대 도시과학대학원 도시행정학 수료 [경]전국민족민주운동연합 사회부장, 통일시대국민회의 부대변인, 통일시대국민정치모임 조직국장, 국회의원 보좌관 1998년 서울시의회 의원(국민회의·민주당), 한반도경제발전전략연구재단 운영이사 2004년 남서울대 겸임교수 2010년 서울시 도봉구청장(민주당·민주통합당·민주당·새정치민주연합) 2012~2013년 동북4구발전협의회 의장 2014년 서울시 도봉구청장(새정치민주연합·더불어민주당)(현) 2014년 서울시구청장협의회 부회장(현) [상]한국국제연합봉사단 세종대왕나눔봉사대상(2015) [저]'참여로 투명하게 복지로 행복하게'(2013, 방패연) [종]천주교

이동찬(李東讚)

[생]1957·11·5 [출]경남 창원 [주]경남 창원시 의창구 중앙대로300 경상남도청 재난안전건설본부(055-211-2114) [학]1976년 마산공업고졸 1992년 한국방송통신대 법학과졸 2006년 경남대 행정대학원 행정학과졸 [경]1976년 창원군 근무(지방행정서기보) 2003~2009년 경남도의회 사무처 경리담당·경남도 공보관실 보도지원담당 2009년 경남도 감사관실 감사담당 2010년 同환경정책과 환경정책담당 지방행정사무관 2012년 창원시 경제국장(지방서기관) 2013년 경남도 정책기획관실 도정연구관 2014년 同공보관 2014년 통영시 부시장 2015년 경남도 문화관광체육국장 2016년 창원시의회 사무국장 2016년 경남도 재난안전건설본부장(현) [상]노동부장관표창(1990), 경상남도지사표창(1996), 국무총리표창(2000), 홍조근정훈장(2015)

이동채(李東埰) LEE, DONG CHAE

[생]1965·6·5 [본]여주(驪州) [출]경북 경주 [주]서울 영등포구 여의공원로13 한국방송공사 보도본부 통합뉴스룸(02-781-1000) [학]1984년 성광고졸 1991년 서울대 인류학과졸 2015년 중앙대 신문방송대학원졸 [경]1991년 한국방송공사(KBS) 보도국 입사, 同편집부·정치부·사회부 기자, 同사건데스크, 同LA특파원 2011년 同보도본부 사회2부장 2012년 同보도본부 국제부장 2013년 同'특파원 현장보고' CP 겸 MC 2014년 외교안보연구원 파견 2015년 KBS 경인방송센터장 2015년 同보도본부 보도국 사회1부장 2016년 同방송문화연구소 방송문화연구부장 2016년 同보도본부 통합뉴스룸 국제주간(현)

이동철(李東哲)

[생]1961 · 10 · 4 [주]서울 영등포구 국제금융로8길26 KB금융지주 임원실(02-2073-7114) [학]1980년 제주제일고졸 1985년 고려대 법학과졸 1999년 미국 툴레인대 로스쿨졸(LLM · 국제법률) [경]1990년 KB국민은행 입행 2002년 미국 Simpson Thacher & Bartlett 근무 2004년 KB국민은행 뉴욕지점장 2006년 同전략기획부장 2007년 同지주회사설립 사무국장 2008년 KB금융지주 전략기획부장 2009년 KB국민은행 태평동지점장 2010년 KB금융지주 경영관리부장 2010년 同전략기획부장 2012년 同전략기획부장(상무) 2015년 KB생명보험 경영기획본부 부사장 2015년 KB금융지주 전략기획부 · 시너지추진부 · 재무기획부 · 보험유닛 · IR부 총괄 전무(현)

이동춘(李東春) Dong Choon Lee

[생]1949 · 8 · 2 [본]재령(載寧) [출]경남 [주]부산 사하구 낙동대로550번길37 동아대학교 공과대학 산업경영공학과(051-200-7686) [학]1976년 동아대 공업경영학과졸 1978년 同대학원 공업경영학과졸 1987년 산업공학박사(동아대) [경]1977~1988년 경일대 전임강사 · 조교수 · 부교수 1981년 East Lansing Community College, Visiting Scholar 1981년 Ferris State College, Visiting Scholar 1981~1982년 Rochester Institute of Technology, Visiting Scholar 1988~1995년 동아대 산업공학과 조교수 · 부교수 1992년 同산업공학과장 1993~1994년 대한인간공학회 감사 1994~1996년 同총무이사 1995~2004년 동아대 공과대학 산업시스템전공 교수 1995년 미국 Wichita State Univ. Visiting Scholar 1996~1998년 동아대 대학원 교학과장 1997~1999년 대한인간공학회 부회장 1999년 동아대 발전기획단 대학원발전팀장 2001~2003년 同생산기술연구소장 2002~2003년 대한인간공학회 이사 2002~2003년 부산교구카톨릭교수회 회장 2003~2004년 동아대 기계산업시스템공학부 학부장 · 산업시스템공학전공 책임교수 · 대학원 산업시스템공학과 책임교수 · 산업대학원 산업시스템공학과 책임교수 겸임 2004~2014년 同공과대학 산업경영공학과 교수 2004~2005년 同공과대학 산업경영공학과장 · 대학원 산업시스템공학과 책임교수 · 산업대학원 산업시스템공학과 책임교수 겸임 2006~2007년 대한인간공학회 회장 2007년 동아대 공과대학장 2009~2010년 同교무연구처장 2010~2011년 同대학원장 2011년 대한인간공학회 고문 · 종신회원(현) 2014년 동아대 공과대학 산업경영공학과 명예교수(현) [상]홍조근정훈장(2014)

이동춘(李東春) Lee Dong Chun

[생]1956·3·15 [출]경북 경주 [주]서울 영등포구 여의나루로76 별관 한국성장금융투자운용 임원실(02-2090-9100) [학]1975년 경북고졸 1979년 서울대 무역학과졸 [경]1979년 한국산업은행 입행 1988년 同조사부 대리 1992년 同자금부 대리 1995년 同프랑스 파리사무소 근무 1999년 同자금거래실 차장 2000년 同종합기획부 종합평가팀장 2002년 同자금부 자금기획팀장 2005년 同대구지점장 2007년 同기업금융2실장 2009년 한국정책금융공사 기업금융부장 2010년 同금융사업본부장(이사) 2013~2014년 同부사장 겸 금융사업본부장 2014년 同사장 직무대행 2016년 한국성장금융투자운용 대표이사 사장(현)

이동탁(李東倬) LEE Dong Tak

[생]1963·4·5 [본]진성(眞城) [출]경북 안동 [주]세종특별자치시 다솜로261 국무조정실 제주특별자치도정책관실(044-200-2254) [학]1981년 안동고졸 1988년 안동대 행정학과졸 2012년 연세대 행정대학원졸 [경]2002년 국무총리실 정무업무담당비서관실 서기관 2003년 同정무비서관실 행정관 2008년 同의전관실 행사행정관 2010년 同의전관실 행사의전행정관(부이사관) 2011년 同사회통합정책실 고용정책과장 2012년 同규제개혁실 사회규제관리관(고위공무원) 2013년 고용휴직(고위공무원) 2014년 국무조정실 제주특별자치도정책관(현)

이동태

[생]1962 [출]경북 안동 [주]세종특별자치시 노을6로8의14 국세청 감사관실(044-204-2651) [학]안동고졸, 세무대학졸(1기) [경]8급 공무원 특별공채 합격, 서울 강동세무서 총무과 근무, 서울지방국세청 조사2국 근무, 부천세무서 운영지원과장, 국세청 심사1과 근무, 서울지방국세청 조사국 특별조사과 근무, 국세청 조사국 조사1과 · 조사2과 · 조사3과 근무, 서울지방국세청 조사4국 근무, 同국제거래조사국 근무 2014년 울산세무서장 2014년 서울지방국세청 조사1국 조사1과장 2015년 국세청 감사관실 청렴세정담당관(현)

이동필(李桐弼) LEE Dong Phil

[생]1955 · 8 · 29 [본]경주(慶州) [출]경북 의성 [학]1974년 대건고졸 1978년 영남대 축산경영학과졸 1981년 서울대 대학원 경제학과졸 1991년 농업경제학박사(미국 미주리대) [경]1980~1997년 한국농촌경제연구원 책임연구원 · 부연구위원 1994년 농정심의위원회 실무위원 1996년 UN ESCAP CGPRT센터 기술자문위원 1997~2000년 한국관광농업학회 총무이사 1997~2003년 한국농촌경제연구원 연구위원 1998~1999년 국무조정실 파견 2000~2004년 농협중앙회 사외이사 2000년 한국농촌경제연구원 지식정보센터장 2001년 (주)농협고려인삼 이사 2002~2003년 한국농촌경제연구원 기획조정실장 2003년 同선임연구위원 2004년 농림수산식품부 규제심사위원장 2005년 미국 미주리대 객원연구원 2006년 농어촌농어업발전특별위원회 제2분과 산업소위원장 2006년 농림수산식품부 규제심사위원장 2008년 대통령직속 지역발전위원회 전문위원 2008년 한국농촌경제연구원 농촌발전연구센터장 2009~2010년 同농업농촌정책연구본부장 2011~2013년 同원장 2013~2016년 농림축산식품부 장관 [상]국민포장, 국민훈장 동백장(2011), 자랑스러운 영남대인상(2016) [저]'80년대 농정의 기본방향(共)'(1980) '2000년대를 향한 농촌정주생활권개발기본구상(共)'(1982) '농공지구개발의 기본방향과 정책과제(共)'(1984) '농촌공업의 규모, 성격 및 성장분석'(1987) '인삼산업의 중장기 발전방향에 관한 연구(共)'(1992) '애그리비지니스 발전을 위한 농업관련정보산업의 육성'(1994) '국내재배 한약재의 수급전망과 유통체계개선방향(共)'(1998) '농산물전자상거래 실태와 활성화방안에 관한 연구(共)'(2000) '농업, 가축 및 농용시설의 개념과 범위에 관한 규정정비방안'(2001) '도농간 소득 및 발전격차의 실태와 원인분석(共)'(2004) '중국의 인삼산업실태에 관한 연구'(2006) [역]'폴란드 농업문제와 전망'(1981, 한국농촌경제연구원)

이동하(李東河) LEE Dong Ha

[생]1942 · 12 · 1 [출]일본 오사카 [학]서라벌예술대학 문예창작과졸, 국문학박사(건국대) [경]1966년 서울신문 신춘문예에 '전쟁과 다람쥐'로 등단, 소설가(현), 중앙대 문예창작학과 교수 2008~2011년 同명예교수 2010~2011년 한국소설가협회 이사장 2012년 同명예이사장 [상]한국소설문학상(1977), 한국창작문학상(1981), 한국평론가협회상(1982), 한국문학작가상(1983), 현대문학상(1986), 오영수문학상(1993), 요산문학상(2007), 무영문학상(2008), 성균관문학상(2013) [저]'전쟁과 다람쥐'(1966) '우울한 귀향'(1967) '도시의 늪'(1979) '장난감 도시'(1982) '저문 골짜기'(1986) '폭력연구'(1987) '밝고 따뜻한 날'(1987) '우렁각시는 알까?'(2007)

이동학(李東學) Lee Dong Hak

[생]1961·10·5 [출]경북 봉화 [주]서울 종로구 새문안로76 금호건설(주) 토목플랜트사업본부(02-6303-0189) [학]서라벌고졸, 한양대 토목학과졸, 한국해양대 대학원 토목학과졸 [경]금호산업(주) 건설사업부 토목영업담당 상무보, 한국터널공학회 이사, 한국암반공학회 이사, 금호건설(주) 토목플랜트사업본부 토목영업담당 상무보 2010년 同토목플랜트사업본부 토목영업담당 상무 2015년 同토목플랜트사업본부장(전무)(현) [상]동탑산업훈장, 건설교통부장관표창 [종]기독교

이동학(李東學) LEE Dong Hak

[생]1965 · 11 · 13 [출]강원 정선 [주]강원 춘천시 중앙로1 강원도청 소방본부 소방행정과(033-255-0119) [학]춘천기계공고졸, 강원대 토지행정학과졸 [경]1995년 공직임용(소방간부 후보), 속초소방서 영랑파출소장, 영월소방서 소방담당, 강원도소방본부 방호구조과 근무, 속초소방서 소방행정담당, 강원도소방본부 방호구조과 근무, 同상황실장 2007년 同방호구조과 화재조사담당 2013년 강원 태백소방서장 2015~2016년 강원 인제소방서장 2016년 강원도소방본부 소방행정과장(현)

이동한(李棟翰) LEE Dong Han

[생]1947 · 5 · 3 [본]인천(仁川) [출]경북 경주 [학]1992년 광주대 경영학과졸 1995년 경북대 행정대학원 행정학과졸 1999년 신학박사(선문대) 2005년 언론학박사(성균관대) [경]1992년 국제평화문제연구소 연구위원 1994년 행정자치부 민방위교육 강사 1995년 남북사회문제연구소 전문위원 1998년 한민족통일교육연구소 소장 1999년 서울시민훈독대 학장 1999년 선문대 겸임교수 2000년 통일부 통일교육전문위원 2001년 세계일보 주필 · 편집인 · 부사장 2006년 성균관대 대학원 겸임교수 2006년 세계일보 및 스포츠월드 대표이사 사장 2007년 한국신문협회 이사 2007년 다솜복지재단 감사, 대경언론인회 회장 2008년 세계평화통일가정연합 부회장 2010~2012년 (사)남북통일운동국민

연합 회장 2011년 한국종교협의회 회장 2011년 세계수도문화연구회 공동대표 2012~2014년 시사지 위클리 발행인 2013~2016년 (사)G20정상회의국민지원단 이사장 2014년 미디어발행인협회 회장(현) 2015년 DM리더십포럼 이사장(현) 2016년 국제라이온스클럽 용산회장(현) [저]'소련의 정세와 전망'(1991) '계층간 갈등문제 해결방안'(1995) '분산과 통합'(1996) '도덕성 회복의 길' '행복하게 사는 길' '지방자치와 언론의 역할'(1999) '남북통일과 언론의 사명' '다매체시대 신문의 진로'(2003) '신문기업의 사회공헌활동'(2004) '남북분단의원인과 통일방안'(2008) [종]세계평화통일가정연합

이동혁(李東革) Lee Donghyeok

[생]1965 · 8 · 4 [본]예안(禮安) [출]경북 안동 [주]세종특별자치시 한누리대로2130 세종특별자치시청 기획조정실(044-300-2100) [학]1983년 경주고졸 1992년 경북대 행정학과졸 2014년 서울시립대 도시과학대학원 수료 [경]1994년 행정고시 합격(38회) 1998년 대구시 국제협력과 사무관 2002년 同기계공업과 사무관 2002년 同과학기술진흥실 사무관 2005년 同문화산업과장(서기관) 2005년 同테크노폴리스추진단장 2006년 同산업입지과장 2008년 同경제정책과장 2008년 미국 미주리대 직무훈련 2010년 대구시 예산담당관 2011년 행정안전부 지역일자리단장 2013년 안전행정부 세입정보관리단장 2014년 同지방세정책과장 2014년 행정자치부 지방세정책과장(서기관) 2015년 同지방세정책과장(부이사관) 2016년 세종특별자치시 기획조정실장(고위공무원)(현)

이동현(李東炫) LEE Dong Hyun

[생]1958 · 10 · 20 [출]서울 [주]경기 안양시 동안구 시민대로267 아크로팰리스 (사)남북함께살기운동(031-381-0236) [학]1989년 정치학박사(건국대) [경]1990년 교육부 국사편찬위원회 연구위원 1994~2001년 중앙일보 통일문화연구소 전문기자 2002~2005년 同통일문화연구소 북한팀 전문위원 2004~2005년 건국대 겸임교수 2005~2006년 (주)오마이뉴스 대북사업담당 부사장 2005년 (사)남북함께살기운동 대표(현), 새벽별교회 담임목사(현) [상]특종상, 특별기획상 [저]'한국신탁통치연구' '이슈로 본 한국현대사' '실록 박정희' '다시 쓰는 한국현대사' 등

이동현(李東炫) LEE Dong Hyun

[생]1960 · 4 · 27 [본]경주(慶州) [출]대구 [주]서울 중구 정동길3 경향신문 임원실(02-3701-1010) [학]1979년 대륜고졸 1984년 경희대 국어국문학과졸 [경]1993년 경향신문 편집부 입사 1999년 同편집국 편집부 기자 2000년 同편집1부 차장 2005년 同편집1부 부장대우 2006년 同종합편집장 2008년 同광고마케팅국장 2008년 同특집기획부장 2009년 同광고국장 2014년 同광고국장(상무보) 2015년 同대표이사 사장(현) 2016년 한국신문협회 이사(현) 2016년 한국신문윤리위원회 윤리위원(현) [상]경희언론인상(2016)

이동형(李東衡) Lee Dong Hyung

[생]1963 · 7 · 14 [출]대구 [주]서울 송파구 송파대로234 중앙전파관리소 소장실(02-3400-2001) [학]대구 성광고졸 1985년 중앙대 정치외교학과졸 1988년 서울대 대학원 행정학과졸 1997년 미국 컬럼비아대 대학원 행정학과졸 [경]1999년 정보통신부 기획총괄과(서기관) 2000년 同우정사업본부 마산합포우체국장 2001년 同우정사업본부 남포항우체국 개국준비요원(과장급) 2001년 同우정사업본부 대전유성우체국장 2002년 同통신위원회 사무국장(서기관) 2004년 同정보통신협력국 국제기구과장 2004년 同기획관리실 예산담당관(서기관) 2005년 同정보통신진흥국 통신경쟁정책과장 2007년 同본부 근무(서기관) 2009년 방송통신위원회 융합정책과장 2009년 同운영지원과장 2009년 同운영지원과장(부이사관) 2011년 교육 파견(고위공무원) 2012년 국립전파연구원 원장 2013년 미래창조과학부 통신정책국장 2013년 同과학기술정책국장 2014년 同중앙전파관리소장(현)

이동호(李同浩) LEE Tong Ho (仁山)

[생]1937·6·9 [본]인천(仁川) [출]충북 영동 [주]서울 영등포구 여의나루로27 사학연금회관9층 RG에너지자원자산운용 회장실(02-6670-1800) [학]1956년 대전고졸 1961년 고려대 법대 행정학과졸 1975년 연세대 경영대학원졸 1981년 영국 케임브리지대 대학원 수료 1987년 서울대 행정대학원 수료 1987년 경영학박사(명지대) 1994년 미국 하버드대 대학원 수료 [경]1962년 재무부 근무 1970~1976년 同법무과장·증권과장·이재1과장·보험과장 1976년 同증권보험국장 1979년 同재정금융심의관 1980년 同재산관리국장 1981년 同국고국장 1983년 민정당 정책조정실 전문위원 1986년 재무부 제1차관보 1987년 행정고시 시험위원 1988년 관세청장 1988년 재무부 차관 1990년 한국산업은행 총재 1990년 충북도지사 1992년 내무부 장관 1992년 한국산업은행 고문 1993년 명지대 정보산업대학원 교수 1994년 금강지역정보센터 이사장 1995~1996년 영동대 교수 1996년 신한국당 보은·옥천·영동지구당 위원장 1996년 同정책평가위원장 1996~1999년 전국은행연합회 회장 1996년 저축추진중앙위원회 회장 1997년 금융개혁위원 1998년 민주평통 상임위원 1998년 제2의건국범국민추진위원회 위원 1999~2009년 한국자유총연맹 부총재 2001~2008년 민주평통 충북도 부의장 2004년 꽃동네현도사회복지대 총장 2010~2015년 한국승강기안전기술원 비상임이사 2011년 RG에너지자원자산운용 회장(현) 2012년 금융소비자뉴스 회장 2014년 한국자유총연맹 고문(현) [상]대통령표창(1972·1981), 홍조근정훈장(1972), 청조근정훈장(1992), 자랑스런 가톨릭실업인 대상(1999), 자랑스런 대능인상(2006), 자랑스런 충북인상(2007), 가락종친회 금장(2010) [저]'국가경제와 지역발전'(1993) '국가경제와 지방자치단체의 역할'(1993) '지역경제발전과 지역금융기관의 역할'(1994) [종]천주교

이동호(李東鎬) LEE, Dong Ho

[생]1948·4·30 [출]대전 [주]서울 관악구 관악로1 서울대학교 기계항공공학부(02-880-1911) [학]1972년 서울대 기계공학과졸 1975년 한국과학기술원 기계공학과졸 1979년 항공공학박사(프랑스 푸와티에대) [경]1979~1983년 한국과학기술원 조교수, 한국항공우주학회 부회장, 대한기계학회 이사 1983~2013년 서울대 기계항공공학부 조교수·부교수·교수 2001년 同기계항공공학부장, 同BK21사업단장 2002년 한국항공우주학회 회장 2006년 건설교통부 항공사고조사위원회 위원장, 해양경찰청 항공·철도사고조사위원회 위원장 2013년 서울대 기계항공공학부 명예교수(현) [상]제38회 과학의날 과학기술훈장 웅비장(2005), 한국항공우주학회 항공우주공로상(2006), 옥조근정훈장(2013) [저]'인공위성개론'(1998, 경문사) '항공기개념설계'(2000, 경문사)

이동호(李東昊) Lee Dong Ho

[생]1953·4·3 [출]부산 [주]서울 송파구 올림픽로43길88 서울아산병원 마취통증의학과(1688-7575) [학]1971년 경남고졸 1979년 서울대 의대졸 1988년 同대학원 의학석사 1992년 의학박사(서울대) 2006년 고려대 경영대학원졸(MBA) [경]1987년 한양대 의대 마취과학교실 교수 1993년 미국 예일대 교환교수 2001년 한국글락소스미스클라인 학술부문 부사장 2004년 (주)삼양사 의약사업본부장·연구소장·부사장 2007·2014년 울산대 의대 마취통증의학교실 교수(현) 2007년 서울아산병원 임상연구센터 소장 2008년 국가임상시험사업단 부단장 2011~2014년 (재)범부처신약개발사업단 단장 2016년 한미약품 사외이사(현)

이동호(李東浩) LEE Dong Ho

[생]1954·11·8 [출]전남 완도 [주]서울 종로구 사직로8길39 세양빌딩 김앤장법률사무소(02-3703-1683) [학]1974년 광주제일고졸 1983년 중앙대 법학과졸 1996년 국방대학원 수료 [경]1983년 사법시험 합격(25회) 1985년 사법연수원 수료(15기) 1986년 대구지검 검사 1988년 광주지검 목포지청 검사 1990년 광주지검 검사 1992년 서울지검 서부지청 검사 1994년 수원지검 성남지청 검사 1997년 광주지검 검사 1997년 同부부장검사 1998년 대통령비서실 파견 2000년 대검찰청 검찰연구관 2001년 서울지검 의정부지청 형사5부장 2002년 대검찰청 범죄정보1담당관 2003년 서울지검 남부지청 형사3부장 2004년 서울중앙지검 형사3부장 2005년 법무부 감찰담당관 2006년 부산지검 2차장검사 2007년 광주지검 순천지청장 2008년 서울고검 검사 2008년 김앤장법률사무소 변호사(현) 2009년 법무부 형사소송법개정특별분과위원회 위원(현) 2009~2015년 同규제심사위원회 위원장 2013~2016년 남해화학(주) 사외이사

이동호(李同昊) Lee Dong Ho

[생]1956 · 4 · 25 [출]전남 [주]서울 강남구 압구정로165 (주)현대백화점 기획조정본부(02-3416-5262) [학]광주제일고졸 1979년 조선대 경영학과졸 [경](주)현대백화점 경영지원실 경영기획팀장 2003년 同이사대우 2004년 同기획조정본부 기획담당 겸 관리본부 재경담당 이사 2005년 同기획담당 상무 2005년 同기획조정본부 상무, (주)디씨씨 이사(비상근) 2006년 (주)호텔현대 대표이사 상무 2007년 (주)현대그린푸드 비상근이사(현) 2008년 (주)호텔현대 대표이사 전무 2008~2009년 (주)현대백화점 기획조정본부 부본부장(전무) 2009년 (주)HCN 비상근이사 2009년 한무쇼핑(주) 비상근이사 2009년 (주)현대백화점 기획조정본부 부본부장(부사장) 2010년 同기획조정본부장(부사장) 2011년 同기획조정본부장(사장)(현) 2012년 (주)한섬 비상근이사(현) 2013년 (주)현대리바트 이사(현) 2014년 한무쇼핑(주) 대표이사(현)

이동호(李東濠) LEE Dong Ho

[생]1957·1·15 [출]서울 [주]서울 노원구 광운로20 광운대학교 전자정보공과대학 컴퓨터소프트웨어학과(02-940-5216) [학]1979년 서울대 전자공학과졸 1981년 同산업공학과졸 1983년 同대학원 전자계산기공학과졸 1986년 공학박사(서울대) [경]광운대 전자공학과 교수, 同전자정보공과대학 컴퓨터소프트웨어학과 교수(현) 2011·2014~2015년 同중앙도서관장 2016년 同교무처장(현)

이동호(李東鎬)

[생]1960·10·20 [주]경북 안동시 풍천면 도청대로455 경상북도의회(054-880-5395) [학]경주공고졸 [경]입실초·외동중 운영위원장, 신한국당 경주시당 청년회장, 경주시 외동자율방재단 대표, 외동 선거관리위원회 위원장, 새누리당 외동협의회 운영위원, 국제라이온스356-E지구 재무부총장(현), 경주시배드민턴연합회 회장 2014년 경북도의회 의원(새누리당)(현) 2014·2016년 同예산결산특별위원회 위원(현) 2014·2016년 同농수산위원회 위원(현) 2014·2016년 同원자력안전특별위원회 위원(현) 2014·2016년 同운영위원회 위원(현) 2014~2016년 새누리당 경북도의회 원내대표단 부대표

이동화(李東和)

[생]1959·3·1 [출]경북 김천 [주]경기 이천시 부악로47 이천세무서 서장실(031-644-0241) [학]김천고졸 [경]2000년 국세심판원 근무 2008년 기획재정부 세제실 근무 2009년 서울 동작세무서 재산세과장 2011년 서울지방국세청 조사2국 조사관리과 근무 2012년 국세청 재산세과 3계장 2013년 同자산과세국 상속증여세과 1계장(서기관) 2014년 경남 진주세무서장 2015년 경기 이천세무서장(현)

이동화(李東和) LEE DONG HWA

[생]1963·7·27 [주]경기 수원시 팔달구 효원로1 경기도의회(031-8008-7000) [학]평택고졸, 한양대 산업경영대학원 제품디자인과졸 [경]여주대 학생과장, 평택시 학교운영위원장협의회 회장, 평택여중 학교운영위원장, (사)한국디자이너협의회 사무총장, 한양대 디자인대학 외래교수, 평택시 신평동체육회 상임이사, 아침을여는사람들 대표, 평택시 비전동 주민자치위원, 평택시 학교운영위원장협의회 회장 2012~2014년 경기도의회 의원(재보선 당선, 새누리당) 2012년 同문화체육관광위원회 위원 2013년 同예산결산특별위원회 위원 2014년 경기도의회 의원(새누리당)(현) 2014~2016년 同경제과학기술위원회 위원장 2015년 同평택항발전추진특별위원회 위원장(현) 2016년 同여성가족교육협력위원회 위원(현)

이동환(李東歡) LEE Dong Hwan (默山)

[생]1939·5·7 [본]여주(驪州) [출]경북 경주 [주]서울 성북구 안암로145 고려대학교 한문학과(02-3290-2160) [학]1960년 경주상고졸 1964년 고려대 국어국문학과졸 1969년 同대학원 국문학과졸 [경]1975년 국민대 전임강사 1977년 성균관대 사범대학 조교수 1980년 고려대 문과대학 부교수 1988~2004년 同한문학과 교수 1991년 문화체육부 국어심의위원회 한자분과위원 1993~1997년 한국한문학회 회장 1995~2010년 퇴계학연구원 학술위원·부원장 1999~2007년 문화재청 문화재위원 2003~2005년 한국실학학회 회장 2003~2010년 한국국학진흥원 연구자문위원 2004년 고려대 한문학과 명예교수(현) 2006~2007년 연세대 용재석좌교수 2006~2007년 민족문화추진회 이사 2010~2014년 한국고전번역원 원장 [상]대통령표창 [저]'대학·중용역해' '한국문학연구입문'(共) '삼국유사교감' '실학시대의 사상과 문학' [역]'삼국유사' '연암집 초역' '동국병감' '징비록' 등

이동환(李東煥) Dong Hwan Lee

[생]1959·9·18 [출]서울 [주]서울 중구 남대문로10길29 (주)신한데이타시스템 사장실(02-756-0056) [학]1978년 고려대사대부고졸 1986년 연세대 경영학과졸 2005년 미국 듀크대 경영전문대학원 경영학과졸 [경]1986년 신한은행 입행 1990년 同국제부 대리 1993년 同뉴욕지점 대리 1997년 同인재개발부 차장 2001년 신한지주회사 입사·IR팀장 2003년 同기획재무부팀장 2005년 同경영지원1팀장 2005년 同IR팀장 2007년 신한은행 여의도종합금융센터장 2009년 同자금시장본부 상무 2011년 신한지주회사 부사장보(전무) 2013~2015년 신한은행 CIB그룹 부행장 2015년 신한금융투자 부사장 겸임 2016년 同고문 2016년 (주)신한데이타시스템 대표이사 사장(현)

이동환(李東桓) LEE, DONG-HWAN

[생]1964·5·26 [주]인천 부평구 부평북로141 (주)SIMPAC 영업본부(032-510-0010) [학]1983년 대구 능인고졸 1991년 영남대 경영학과졸 [경]1991년 (주)SIMPAC 입사 2008년 同국내영업본부장(이사) 2009년 同영업본부장(이사) 2011년 同영업본부장(상무이사) 2015년 同영업본부장(전무이사)(현)

이동환(李東桓)

[생]1964·7·3 [출]대구 [주]서울 성동구 왕십리광장로9 성동경찰서 서장실(02-2286-0321) [학]대구 능인고졸 1988년 경찰대 법학과졸(4기), 고려대 법무대학원 경찰법학과졸 [경]1988년 경위 임용 1998년 경감 승진 2004년 경정 승진 2011년 경남 양산경찰서장(총경) 2013년 경기지방경찰청 제1청 생활안전과장 2014년 부산 기장경찰서장 2015년 경찰청 생활안전과장 2016년 서울 성동경찰서장(현)

이동훈(李東勳) LEE Dong Hoon

[생]1959·7·7 [본]안성(安城) [출]서울 [주]서울 성북구 안암로145 고려대학교 정보보호대학원(02-3290-4892) [학]1978년 숭문고졸 1984년 고려대 전자공학과졸 1987년 미국 오클라호마대 대학원졸 1992년 이학박사(미국 오클라호마대) [경]1992~1993년 단국대 전임강사 1993~1999년 고려대 전산학과 조교수·부교수 1996~1998년 컴퓨터이론연구회 학회지운영위원 1999년 한국정보보호학회 논문지편집위원 2000~2002년 한국전자지불포럼 발전특위 위원 2001~2002년 고려대 정보보호대학원 부교수 2002~2007년 同정보보호대학원 교수 2002년 국가정보보안기술교수자문위원회 위원장 2002년 금융정보보호협의회(금융감독원) 자문위원 2002~2003년 휴대폰지급결제표준화협의회 위원장 2004년 유비쿼터스정보보호연구회 위원장 2005년 중앙선거관리위원회 전자선거자문위원 2005년 전자선거연구회 위원장 2007년 고려대 정보보호대학원 교수(현) 2007년 同정보보호BK21사업단 사업단장 2011년 한국암호포럼 운영위원(현) 2015년 고려대 정보보호대학원장(현) [상]국가보안기술연구소 최우수상(2001), 국가정보원장표창(2002), 한국정보보호학회 우수논문상(2002), 한국정보보호학회 학술대상(2003), 정보보호논문대회 우수논문 은상(2003), WISC04 우수논문상(2004), 삼성 휴먼테크 논문대상 은상(2004), 한국정보보호학회 우수논문상(2004), 한국멀티미디어학술대회 우수논문상(2004), 삼성 휴먼테크 논문대상 장려상(2004) [저]'정보보호전문가'(2001)

이동훈(李東燻) LEE Dong Hoon

[생]1959·8·14 [출]경북 경산 [주]충남 아산시 탕정면 삼성로181 삼성디스플레이(주) OLED사업부(041-535-1114) [학]1985년 고려대 영어영문학과졸 [경]1985년 삼성그룹 입사 1985년 삼성SDI CPT판매팀 부장 2002년 同상무보 2005년 同Digital Display영업본부 CPT판매팀장(상무) 2006~2008년 同브라운관본부 마케팅팀장(상무) 2009년 삼성모바일디스플레이 전략마케팅실장(전무) 2011년 同전략마케팅실장(부사장) 2013년 삼성디스플레이(주) 전략마케팅실장(부사장) 2015년 同OLED사업부장(부사장)(현)

이동훈(李東勳) Lee, Dong Hoon

[생]1959·12·15 [출]서울 [주]서울 영등포구 여의나루로77 JB우리캐피탈 임원실(02-2189-2367) [학]1978년 배문고졸 1982년 서울대 임학과졸 [경]2004년 대우자동차판매(주) 상무 2005~2006년 同직영사업부문장(상무) 2006~2009년 디더블유앤직영판매 대표이사 2009년 우리캐피탈 총괄임원(상무) 2010년 同관리총괄임원(상무) 2011년 同영업총괄임원(상무) 2011~2014년 JB우리캐피탈 자동차금융부문장(전무) 2014년 JB우리캐피탈 대표이사(현) [종]기독교

이동훈(李東勳)

[생]1966·9·18 [출]경기 [주]서울 영등포구 여의공원로101 국민일보 편집국 경제부(02-781-9114) [학]1992년 고려대 영어영문학과졸 [경]1999년 국민일보 편집국 경제부 기자 2004년 同기획취재부 기자 2005년 同탐사보도팀 기자 2005년 同국제부 차장대우 2006년 同국제부 워싱턴특파원(차장대우) 2009년 同편집국 미래전략팀장 겸 국제부 차장대우 2010년 同편집국 경제부 겸 보도전문채널사업추진단 차장 2011년 同편집국 국제부장 2013년 同편집국 경제부장(현) [상]한국기자협회 이달의 기자상(2005)

이동훈(李東勳) Lee Dong Hoon
[생]1968 · 7 · 21 [출]대구 [주]서울 강남구 테헤란로92길 7 법무법인 바른(02-3479-2670) [학]1987년 서울 청량고졸 1992년 고려대 법대졸 [경]1991년 사법시험 합격(33회) 1994년 사법연수원 수료(23기) 1994년 軍법무관 1997년 대전지법 판사 2000년 同홍성지원 판사 2001년 수원지법 판사 2004년 서울중앙지법판사 2006년 서울고법 판사 2007년 대법원 재판연구관 2009년 부산지법 부장판사 2011년 수원지법 부장판사 2014년 법무법인 바른 구성원변호사(현)

이동훈(李東勳) Lee Dong Hoon
[생]1971 · 3 · 31 [본]재령(載寧) [출]서울 [주]서울 종로구 세종대로209 금융위원회 기업구조개선과(02-2100-2924) [학]1990년 구정고졸 1996년 서울대 경제학과졸 1999년 同대학원 경제학과 수료 [경]2001년 중앙공무원교육원 수료 2001~2008년 금융감독위원회 감독정책과 · 은행감독과 · 기획과 사무관 2008~2009년 금융위원회 금융정책과 사무관 2009~2010년 국무총리비서실 수행과장 2010년 금융위원회 금융정책과 서기관 2011년 同비서팀장 2012년 同금융제도팀장 2013년 同금융시장분석과장 2015년 同보험과장 2016년 同기업구조개선과장(현)

이동휘(李東輝) LEE Dong Hee
[생]1956 · 4 · 15 [본]전주(全州) [출]제주 [주]서울 서초구 서초대로74길14 삼성물산(주) 임원실(02-3459-2422) [학]1975년 제주제일고졸 1979년 성균관대 무역학과졸 1998년 고려대 경영대학원졸 2014년 경영학박사(순천향대) [경]1981년 삼성물산 입사 1998년 同경영지원실 재무팀장(이사) 2001년 同경영지원실 재무팀장(상무) 2005년 同전략기획실 재무팀장(전무) 2009~2011년 同경영기획실장 겸 CFO(부사장) 2011~2014년 삼성BP화학(주) 대표이사 사장 2015년 삼성물산(주) 상담역(사장)(현) [상]자랑스러운 성균경영인상(2012), 동탑산업훈장(2014) [종]기독교

이동흡(李東洽) LEE Dong Heub
[생]1951 · 1 · 27 [본]고성(固城) [출]대구 [주]서울 서초구 효령로304 국제전자센터10층 법무법인 우면(02-3465-2200) [학]1968년 경북고졸 1972년 서울대 법대졸 1977년 同대학원 법학과졸 1986년 미국 조지타운대 법대 대학원졸 [경]1973년 사법시험 합격(15회) 1975년 사법연수원 수료(5기) 1976년 육군 법무관 1978년 부산지법 판사 1981년 同마산지원 판사 1983년 同판사 1985년 서울지법 동부지원 판사 1986년 서울고법 판사 1989년 대법원 재판연구관 1991년 대구지법 부장판사 1992년 헌법재판소 헌법연구부장 1993년 사법연수원 교수 1995년 인천지법 부천지원장 1997년 서울지법 부장판사 1998년 대전고법 부장판사 2000년 수원지법 수석부장판사 2000년 서울고법 부장판사 2005년 同수석부장판사 2005년 서울가정법원장 2005년 수원지법원장 2006~2012년 헌법재판소 재판관 2010~2011년 아시아헌법재판소연합준비위원회 위원장 2015년 법무법인 우면 대표변호사(현) [상]청조근정훈장(2012) [저]'세계로 나아가는 한국의 헌법재판 I'(2011) '세계로 나아가는 한국의 헌법재판 II'(2015) [종]불교

이동희(李東熙) LEE Dong Hee
[생]1953 · 9 · 30 [출]대구 [주]대구 중구 공평로88 대구광역시의회(053-803-5112) [학]2005년 영남대 도시공학과졸, 同대학원 도시공학과졸 2009년 同대학원 도시공학 박사과정 수료 [경]1978~1988년 대한지적공사 근무 1988~1990년 한국측량공사 부사장 1988년 대구지법 · 대구고법 측량감정사 1991년 (주)대경GSM 대표이사 · 기술연구소장 2000~2002년 한국GIS전문가협회 대구 · 경북본부장, 同부회장, 대한지적측량협회 부회장, 대구과학대학 겸임교수 2004년 한나라당 대구시당 부위원장 2005 · 2006 · 2010년 대구시의회 의원(한나라당 · 새누리당) 2006년 同교육사회위원회 위원 2008년 同경제자유구역지원특별위원장, 同도로관련실태조사특별위원장 2010~2012년 同부의장 2012년 同행정자치위원회 위원 2014년 대구시의회 의원(새누리당)(현) 2014~2016년 同의장 2014~2015년 전국시 · 도의회의장협의회 회장 2016년 대구시의회 기획행정위원(현) 2016년 同새누리당 원내대표(현) [상]건설교통부장관표창(2002), 국무총리표창(2009), 전국시도의회의장협의회 공로패(2015), 국회의장표창(2015), 대한민국 위민의정대상 우수상(2016) [저]'우리땅 지킴이' '지적 신호등'(共) '북한토지론'(共) '지적세부측량'(共) [종]천주교

이두봉(李枓奉) LEE Du Bong
[생]1964 · 12 · 2 [출]강원 양양 [주]경기 성남시 수정구 산성대로451 수원지방검찰청 성남지청(031-739-4302) [학]1983년 강릉고졸 1991년 서울대 공법학과졸 1999년 同대학원 법학과졸 [경]1993년 사법시험 합격(35회) 1996년 사법연수원 수료(25기) 1996년 창원지검 검사 1998년 대전지검 공주지청 검사 1999년 서울지검 의정부지청 검사 2001년 서울지검 검사 2003년 부산지검 검사 2005년 대검찰청 연구관 2008년 서울북부지검 검사 2009년 서울중앙지검 부부장검사 2009년 대전지검 천안지청 형사2부장 2010년 대구지검 상주지청장 2011년 대검찰청 디엔에이수사담당관 2012년 同중앙수사부 첨단범죄수사과장 2013년 대구지검 부장검사 2013년 대검찰청 특별수사체계개편추진T/F 파견 2013년 同수사지휘과장 2014년 서울중앙지검 형사2부장 2015년 청주지검 부장검사 2016년 수원지검 성남지청 차장검사(현)

이두식(李斗植) LEE Doo Sik
[생]1962 · 12 · 8 [출]충남 당진 [주]서울 중구 퇴계로100 스테이트타워남산 10층 법무법인 세종(02-316-4045) [학]1981년 천안고졸 1988년 단국대 법학과졸 [경]1989년 사법시험 합격(31회) 1992년 사법연수원 수료(21기) 1992년 서울지검 검사 1994년 대전지검 강경지청 검사 1995년 인천지검 부천지청 검사 1997년 부산지검 검사 1999년 법무부 법무심의관실 검사 2001년 서울지검 남부지청 검사 2003년 대전지검 검사 2004년 同부부장검사 2005년 수원지검 여주지청 부장검사 2006년 광주지검 장흥지청장 2007년 법무부 법무심의관실 검사 2008년 同상사법무과장 2009년 서울중앙지검 마약 · 조직범죄수사부장 2009년 법무연수원 교수 2010년 법무부 법질서담당관 2011년 대검찰청 연구관 2011년 同형사정책단장 2012년 同수사기획관 2013년 울산지검 차장검사 2014년 광주지검 차장검사 2015년 서울고검 형사부장 2016년 법무법인 세종 파트너변호사(현)

이두아(李枓娥 · 女) LEE Doo Ah
[생]1971 · 1 · 17 [출]경북 의성 [주]서울 서초구 반포대로138 양진빌딩2층 법무법인 비전인터내셔널(02-581-9500) [학]1989년 대구 경화여고졸 1994년 서울대 법학과졸, 同대학원 법학과졸 [경]1993년 사법시험 합격(35회) 1996년 사법연수원 수료(25기) 1996년 변호사 개업 2001년 법무법인 광장 변호사 2005년 법무법인 성지 변호사 2005년 시민과함께하는변호사들 총괄간사 2005년 북한인권국제대회 집행위원 2005년 변호사 개업 2007~2010년 북한민주화네트워크 이사 2007년 법무법인 서울 변호사 2007년 한나라당 이명박 대통령후보 인권특보 2008년 제18대 국회의원선거 출마(비례대표 23번, 한나라당) 2008~2010년 법무법인 비전인터내셔널 변호사 2009년 제18대 국회의원(비례대표 승계, 한나라당 · 새누리당) 2010~2012년 국회 법제사법위원회 위원 2010~2012년 국회 정보위원회 위원 2010~2012년 국회 사법제도개혁특별위원회 위원 2011년 한나라당 원내대변인 2012년 새누리당 원내부대표 2012년 법무법인 비전인터내셔널 변호사 2013년 법무법인 로월드 변호사, 서울지방변호사회 공익활동위원회 간사, 아름다운재단 유언컨설팅 전문위원, 대한변호사협회 북한인권소위원회 간사, 한국방송공사(KBS) 객원해설위원, 국가청렴위원회 행정심판위원 2015년 법무법인 비전인터내셔널 변호사(현)

이두영(李斗榮) LEE Doo Young
[생]1951 · 5 · 23 [출]경기 이천 [주]충북 청주시 서원구 사운로59의1 청주방송 회장실(043-279-3909) [학]1970년 경남종합고졸 1981년 카자흐스탄 알마아타국립대 수료 1991년 충북대 경영대학원 수료 1996년 명예 경영학박사(카자흐스탄 알마아타국립대) 1997년 고려대 언론대학원 최고위과정 수료 [경]1986년 (주)두진종합공영 회장 1988~1997년 (주)두진 대표이사 1991~1997년 충북도배구협회 회장 1993~1999년 민주평통 자문위원 1994~1998년 한국자유총연맹 충북도지회 회장 1995년 두진문화재단 이사장(현) 1997~1998년 청주기독교문화원 이사장 1997년 (주)청주방송 대표이사 회장(현) 1998년 청주지법 조정위원(현) 2001년 충북안전생활실천시민연합 공동대표 2005~2012년 청주지검 범죄피해자지원센터 이사장 2011년 육군 제2작전사령부 안보자문위원(현) 2012~2014년 청주지법 시민참여사법위원장 [상]국무총리표창(1995), 대통령표창(1998), 법무부장관표창, 보건복지부장관표창, 문화부장관표창 [종]기독교

이두영(李斗永) Lee Doo-young

[생]1962·8·11 [주]서울 종로구 사직로8길60 외교부 인사운영팀(02-2100-7136) [학]1985년 서울대 역사교육학과졸 [경]1992년 외무고시 합격(26회) 1992년 외무부 입부 2000년 駐독일 2등서기관 2002년 駐에티오피아 1등서기관 2007년 駐오스트레일리아 참사관 2009년 외교통상부 공보담당관 2009년 同정책총괄담당관 2012년 駐뉴욕 영사 2015년 駐트리니다드토바고 대사(현)

이두원(李斗遠) LEE Doo Won (令巖)

[생]1964·12·10 [본]한산(韓山) [출]서울 [주]서울 서대문구 연세로50 연세대학교 상경대학 경제학과(02-2123-2489) [학]1983년 한성고졸 1987년 연세대 경영학과졸 1988년 미국 노스웨스턴대 대학원 경제학과졸 1991년 경제학박사(미국 노스웨스턴대) [경]1991·2002~2003년 미국 캘리포니아대 샌디에이고교 객원교수 1994~2006년 연세대 경제학과 조교수·부교수 1997~2005년 한국비교경제학회 편집위원 1998~2000년 동북아경제학회 편집위원 2000~2004년 아·태경제학회 사무국장·운영이사 2003~2005년 연세대 리더십센터 국제부장 2003~2004년 동북아시아대위원회 자문위원 2003~2005년 한국개발연구원 경제전문가모니터위원 2004년 감사원 재정금융감사국 자문위원 2004~2006년 연세대 경제대학원 부원장 2004~2006년 한국경제학회 Korea Economic Review 편집위원회 국제경제분야 간사위원 2004년 전국경제인연합회 차이나포럼 경제산업분과위원 2005년 한국동북아지식인연대 상임집행위원 2006년 연세대 상경대학 경제학부 교수(현) 2006년 중앙일보 중앙시평 고정필진 2006년 한국동북아경제학회 감사·편집위원 2006년 대외경제정책연구원 동북아센터 연구자문위원 2007년 연세대 언더우드국제대학 부학장 2008년 한국주택금융공사 비상임이사 2012·2014년 연세대 대외협력처 부처장 2014년 同미래교육원장(현) 2016년 한국경제발전학회 회장(현) [저]'이행경제의 체제전환-유럽·아시아 그리고 북한'(1997) '한중경제발전 비교'(1999) '동북아 경제에서의 세계화와 지역주의'(2005)

이두익(李斗益) LEE Doo Ik

[생]1948·10·10 [출]서울 [주]인천 옹진군 백령면 백령로233 인천광역시의료원 백령병원 원장실(032-836-1731) [학]경희대 의대졸, 同대학원졸 1982년 의학박사(경희대) [경]1981~2008년 경희대 의대 마취과 교수 1988~1993년 同의대 교학과장 1993~1996년 同의료원 기획관리실장 1998~2008년 同의료원 통증치료실장 2000~2004년 대한통증학회 부회장 2002~2004년 대한체열진단학회 회장 2002~2003년 경희대 의대부속병원 수술부장 2003~2005년 同의대부속병원 마취통증의학과 과장·주임교수 2003~2005년 대한통증연구학회 신경병증통증연구회 회장 2005~2007년 同회장 2005년 同신경병증통증연구회 위원장·자문위원 2008년 인하대병원 의료원장 2008~2014년 인하대 의대 마취통증의학과 교수 2008년 대한병원협회 의무위원장 2009년 인천시병원회 회장 2014년 인하대 의대 마취통증의학과 명예교수(현) 2014년 인천광역시의료원 백령병원 원장(현) [상]홍조근정훈장(2010) [종]천주교

이두정(李斗渟) LEE Doo Jeong

[생]1931·9·27 [출]경남 삼천포 [주]경기 구리시 검배로10 (주)남양상호저축은행 사장실(031-566-3300) [학]덕수상고졸, 고려대 행정학과졸 [경]조흥은행 영업부장 1983~2002년 남양상호신용금고 대표이사 사장 2002년 (주)남양상호저축은행 대표이사 사장(현)

이두헌(李頭櫶) LEE Du Hun

[생]1960·11·2 [출]전남 목포 [주]광주 북구 제봉로322 삼산빌딩 전남매일(062-720-1006) [학]1979년 목포고졸 1983년 전북대졸 1996년 전남대 행정대학원졸 [경]1991년 전남매일 입사 1997년 同사회교육팀 차장 2000년 同부장대우 지역사회팀장 2000~2001년 광주전남기자협회 전남매일 지회장 2003년 전남매일 사회부장 겸 제2사회부장 2004년 同편집국 정치경제부장 2007년 同편집부국장 겸 사회부장 2008년 同편집국장 2015년 同상무이사(현) 2016년 同편집국장 겸임(현) [상]광주·전남기자협회 올해의 기자상(1996)

이두형(李斗炯) LEE Doo Hyoung

[생]1959·7·12 [본]경주(慶州) [출]전남 광양 [주]서울 서초구 법원로3길22 영인빌딩4층 법무법인휴텍(02-592-3399) [학]1977년 순천고졸 1982년 고려대 법학과졸 1993년 미국 위스콘신대 대학원 법학과졸 1993년 법학박사(미국 위스콘신대) [경]1984년 사법시험 합격(26회) 1987년 사법연수원 수료(16기) 1987년 특허청 상표심사관 1988년 영업비밀보호연구회 간사 1995년 미국 뉴욕주 변호사시험 합격 1998년 통상산업부 무역위원회 서기관 1999년 특허청 기업예산담당관, 충남대 법대 겸임교수 2000년 특허법원 판사 2003년 대전고법 판사 2005년 광주지법 부장판사 2007년 수원지법 부장판사 2009년 서울중앙지법 부장판사 2012년 서울동부지법 부장판사 2014~2016년 서울북부지법 부장판사 2016년 법무법인 휴텍 대표변호사(현) [상]근정포장(1997)

이두호(李斗號) LEE Doo Ho

[생]1943·7·5 [본]광평(廣平) [출]대구 [학]1963년 대구 영남고졸, 홍익대 서양화과 2년 수료 [경]1961년 '피리를 불어라' '등불' '길' '태양을 향하여' 등으로 데뷔(중학 3년) 1969년 소년중앙에 '투명인간' 등 연재 1992년 한국만화가협회 부회장 1997년 한국간행물윤리위원회 위원 1998년 한국만화가협회 회장 1998년 서울국제만화애니메이션페스티발(SICAF) 운영위원 1998년 부천만화정보센터 이사 1999~2008년 세종대 예체능대 만화애니메이션학과 교수 2004~2007년 부천만화정보센터 이사장 2008~2010년 세종대 예체능대 만화애니메이션학과 석좌교수 [상]제2회 YMCA 우수만화작가상(1989), 한국만화문화대상(1995), SICAF 코믹어워드 대상(2004), 문화관광부장관표창(2005), 고바우 만화상(2006), 제15회 만화의 날 공로상(2015) [작]'유령타자'(1978) '뛰어라까목이'(1980) '암행어사 허풍대'(1981) '바람소리'(1981) '폭풍의 그라운드'(1982) '머털도사님'(1985) '땅거미'(1987) '덩더꿍'(1987) '뛰어야 벼룩이지'(1988) '머털도사와 또매형'(1988) '객주'(1988) '머털도사'(1989) '머털도사와 108요괴'(1990) '임꺽정'(1991) '장독대'(1991) '째마리'(1996) '이두호의 머털이 한국사'(2007) '이두호의 한국사 수업'(2011)

이두환(李斗煥)

[생]1956·3·28 [본]여강(驪江) [주]경북 경주시 경감로614 경주세계문화엑스포위원회(054-740-3003) [학]경북대 행정대학원 행정학과졸 [경]1995~1997년 *在大邱포항고동창회* 사무국장 1996년 *在大邱포항향우회* 창립추진위원 2000~2007년 同사무국장 2006년 경북도 문화예술과장 2008년 同자치행정과장 2009년 경북 청도군 부군수 2011년 행정안전부 지방행정연수원 고위정책과정 수료 2012~2013년 경북도의회 사무처 총무담당관 2012년 여강이씨대구종친회 부회장(현) 2013년 경북도 동해안발전추진단장 2014년 同문화관광체육국장 2015년 경주세계문화엑스포위원회 사무처장(현) [상]대통령표창(1999·2010), 금오대상 문화유공부문(2007), 대통령표창(2010), 녹조근정훈장(2013)

이두희(李斗熙) Doo-Hee LEE

[생]1957 [출]경북 [주]서울 성북구 안암로145 고려대학교 경영대학 경영학과(02-3290-1931) [학]1982년 고려대 경영학과졸 1983년 미국 위스콘신대(River Falls) 경영학과졸 1985년 미국 위스콘신대(Madison) 대학원 경영학과졸(MBA) 1990년 경영학박사(미국 미시간주립대) [경]1986~1990년 미국 미시간주립대 강사 1990~1999년 고려대 경영대학 경영학과 조교수·부교수 1996~1997년 건설교통부 자문위원 1997~1999년 공정거래위원회 자문위원 1999년 고려대 경영대학 경영학과 교수(현) 2001~2002년 同마케팅연구센터 소장 2001~2002년 한국소비문화학회 회장 2002~2003년 고려대 기업경영연구원장 2003~2006년 同대외협력처장 2005~2006년 한국광고학회 회장 2006년 아시아태평양국제교육협회(APAIE) 창설·회장(1·2·3대), 同명예회장(현) 2006~2008년 고려대 국제교육원장 2008년 세계국제교육기구연맹(NIEA) 상임이사 2009년 아시아태평양리더스(APL) 창설·이사장(현), 한국경영학회 부회장, 한국마케팅학회 부회장, 중국 인민대학 명예교수(현), 중국 길림대학 객좌교수(현), 한·중밀레니엄포럼 공동위원장, 미국광고학회 공동학술대회 공동위원장, 한국광고자율심의기구 감사 2009년 대통령직속 국가브랜드위원회 기획분과위원장, 한러대화(KRD) 차세대분과위원장 2011~2012년 한국마케팅학회 회장 2013~2014년 고려대 경영대학장 2013~2014년 同경영전문대학원장 2014~2015년 (사)한국경영대학·대학원협의회 이사장 [상]한국상품학회 우수논문상, 한국능률협회 인터넷대상, 한국소비문화학회 최우수논문상(2010), 한국경제마케팅대상, 동아일보 한국의 최고경영인상 글로벌인재부문 대상(2013) [저]'한국의 마케팅 사례 : 마케팅 전략과 광고' '한국의 마케팅 사례Ⅱ' '한국의 마케팅 사례Ⅲ' '광고론 : 통합적 광고' '통합적 인터넷 마케팅' 'e-마케팅(중국정부인정 대학교재)' '인

터넷 마케팅' '사례로 짚어보는 인터넷 마케팅' 'Frontier@Internet Marketing' [역]'광고핸드북' '자기노출'

이득로(李得魯) LEE Deug Lo

[생]1957·8·28 [출]전북 정읍 [주]서울 성북구 보문로 130 보험연수원 부원장실(02-920-0801) [학]1977년 익산 남성고졸 1986년 건국대 수학교육과졸 2002년 연세대 경제대학원졸 [경]1997년 손해보험협회 의료연수팀장 2000년 同자동차보상팀장 2003년 同자동차보장사업팀장 2003년 산업자원부 기술표준원 품질우수기업인증 심사위원 2004년 손해보험협회 자동차보험부장 2007년 국토부 자동차보험진료수가 심의위원(현) 2007년 同자동차보험본부장(상무) 2007~2015년 공정거래위원회 CCMS평가심사위원 2007~2015년 사회복지공동모금회 사랑의열매 자문위원 2007~2015년 손해보험협회 자동차보험본부장(상무) 2008년 안전생활실천시민연합 안전정책연구소 자문위원(현) 2008년 국토해양부 재활시설운영 심의위원 2008~2015년 태평양전쟁희생자지원위원회 위원 2008~2015년 금융감독원 금융분쟁조정위원 2008~2015년 국무조정실 교통안전정책자문위원 2012년 한국손해사정학회 감사(현) 2015년 보험연수원 부원장(현) 2015년 리스크학회 이사(현) 2015년 한국보험법학회 이사(현) 2015년 한국보험학회 상임이사(현) [상]한·미연합사령관표창(1980), 재정경제부장관표창(2001), 경찰청장 감사장(2003), 건설교통부장관표창(2004) [저]'자동차보험 손해사정이론'(1994, 삼선출판사) '외상의학(編)'(1998, 손해보험협회) [종]기독교

이득섭(李得燮) LEE Deuk Seob

[생]1955·12·15 [본]재령(載寧) [출]충남 서산 [주]세종특별자치시 조치원읍 군청로93 농림수산식품교육문화정보원 총괄본부(044-861-8888) [학]1977년 예산농업고등전문학교 농학과졸 1985년 한국방송통신대 농학과졸 1989년 건국대 농축개발대학원 농산물이용학과졸(석사) [경]1982~1989년 농림수산부 국립농산물검사소·생사검사소 근무 1990~1994년 同자재과·채소과 근무 1996~2007년 농림부 원예특작과·농산기술과·농산정책과·가공산업과·식품산업과·구조정책과·총무과·재정평가팀 근무 2008년 농림수산식품부 정책평가팀 근무 2009년 국립농산물품질관리원 경남지원장 2010년 同시험연구소장 2010년 농림수산식품부 기획조정관실 행정관리담당관 2012년 同농어촌정책국 지역개발과장 2013년 同운영지원과장 2013년 농림축산식품부 운영지원과장(부이사관) 2013년 同농림축산검역본부 운영지원과장 2014년 농림수산식품교육문화정보원 총괄본부장(상임이사)(현) [상]충남도지사표창(1985), 농림수산부장관표창(1987), 국무총리표창(1997), 대통령표창(2001), 근정포장(2011) [종]불교

이득홍(李得洪) LEE Deuk Hong

[생]1962·7·7 [출]대구 [주]서울 서초구 서초대로250 스타갤러리브릿지1102호 법률사무소 담박(淡泊)(02-548-4301) [학]1981년 관악고졸 1985년 고려대 법학과졸 [경]1984년 사법시험 합격(26회) 1987년 사법연수원 수료(16기) 1987년 서울지검 검사 1989년 부산지검 울산지청 검사 1991년 수원지검 검사 1993년 부산지검 검사 1995년 대전지검 검사 1997년 서울지검 검사 1999년 대구지검 부부장검사 1999년 대구고검 검사 2000년 창원지검 진주지청 부장검사 2001년 대구지검 강력부장 2002년 同특수부장 2003년 대검찰청 감찰2과장 2004년 서울중앙지검 컴퓨터수사부장 2005년 同첨단범죄수사부장 2005년 수원지검 특수부장 2006년 대전지검 서산지청장 2007년 대검찰청 과학수사기획관 2008년 서울북부지검 차장검사 2009년 법무연수원 기획부장(검사장급) 2009년 제주지검장 2010년 서울고검 차장검사 2011년 서울북부지검장 2012년 부산지검장 2013년 대구고검장 2013년 법무연수원장 2015년 부산고검장 2015년 서울고검장 2016년 법률사무소 담박(淡泊) 변호사(현)

이라진(女) Lee Rajin

[생]1990·1·10 [주]인천 중구 신포로27번길80 인천광역시 중구청 [학]부산디자인고졸, 동의대 체육학과졸 [경]인천시 중구청 소속(현) 2005년 제86회 전국체육대회 여자사브르 단체전 1위 2006년 제18회 한국중고연맹회장배 전국남녀중고펜싱선수권대회 여자사브르 단체전 1위 2006년 제87회 전국체육대회 여자사브르 단체전 1위 2007년 제19회 한국중고연맹회장배 전국남녀중고펜싱선수권대회 여자사브르 단체전 1위·여자사브르 개인전 1위 2010년 제15회 김창환배전국남여펜싱선수권대회 여자사브르 개인전 우승 2010년 아시아선수권대회 여자사브르 단체전 은메달 2010년 제48회 전국남여종별펜싱선수권대회 여자사브르 개인전 우승 2010년 제16회 광저우아시안게임 여자사브르 단체전 은메달 2011년 아시아펜싱선수권대회 여자사브르 개인전 은메달 2012년 런던올림픽 국가대표 2013년 제27회 하계유니버시아드 여자사브르 단체전 금메달 2013년 아시아펜싱선수권대회 여자사브르 개인전 은메달 2013년 스포츠어코드 월드컴뱃대회 여자사브르 개인전 은메달 2014년 제17회 인천아시아게임 여자사브르 개인전 금메달·단체전 금메달 2015년 아시아펜싱선수권대회 여자사브르 단체전 금메달 2015년 제55회 대통령배전국남녀펜싱선수권대회 개인전 금메달

이래운(李來橒) LEE Rae Woon

[생]1959·12·25 [출]전북 김제 [주]대전 중구 계룡로771번길77 을지대학교(042-259-1523) [학]고려대 정치외교학과졸 [경]1999년 연합뉴스 사회부 차장대우 2000년 同사회부 차장 2001년 同정치부 차장 2002년 同정치부 부장대우 2003년 同지방부 부장대우 2004년 同뉴욕지사장(부장대우) 2005년 同뉴욕지사장(부장) 2006년 同정치부장 2008년 同편집국 정치분야 에디터(부국장대우) 2009년 관훈클럽 감사 2009년 연합뉴스 편집국 경제분야 에디터 2010년 同편집국 정치분야 에디터 2011년 同편집국장 2012년 연합뉴스TV(뉴스Y) 보도국장 2013~2015년 同보도본부장 겸 상무이사 2015년 을지대 초빙교수(현) 2015년 고려대 일민국제관계연구원 연구위원(현) 2016년 한국항공우주산업(KAI) 경영자문(현) [상]한국참언론인대상 국제부문(2009)

이련주(李鍊周) LEE, Ryun Joo

[생]1966·11·30 [출]서울 [주]서울 종로구 청와대로1 대통령 국정과제비서관실(02-770-0011) [학]1984년 경성고졸 1988년 서울대 외교학과졸 2008년 同행정대학원 정책학과졸 [경]1988년 행정고시 합격(32회) 1990~1993년 경기도청 근무 1993~2000년 국무조정실 경제행정조정관실 근무 2000~2001년 同국회과장 2005년 同정책공보과장·기획총괄과장 2010년 국무조정실 개발협력정책관(국장) 2012년 同일반행정정책관 2013년 국무총리 의전비서관 2014년 국무조정실 경제조정실장 2015~2016년 同국정운영실장 2016년 대통령 국정과제비서관(현) [상]근정포장(2000)

이리형(李利衡) LEE Li Hyung (靑南)

[생]1941·10·21 [본]여주(驪州) [출]경기 부천 [주]서울 성동구 왕십리로222 한양대학교 HIT308호(02-2220-4379) [학]1960년 중동고졸 1964년 한양대 건축학과졸 1970년 일본 도쿄대 대학원 건축학과졸 1974년 공학박사(일본 도쿄대) [경]1975년 미국 U.C.버클리대 연구원 1977년 한양대 건축공학과 부교수 1978년 대한주택공사 자문위원 1980~2006년 한양대 건축공학부 교수 1981~1982년 과학기술처 정책자문위원 1982~1997년 대한건축학회 이사·부회장 1983년 감사원 정책자문위원 1984년 일본 東京大 교환교수 1988년 서울시 건축심의위원·기술심의위원 1990~1998년 한국전산구조공학회 감사·부회장·회장 1990~2002년 한국콘크리트학회 이사·부회장·회장 1994~1998년 한국건설기술연구원 이사 1994~1999년 한양대 대외부총장 1994~2003년 한국과학재단 지정 초대형구조시스템연구센터 소장 1996년 한국공학한림원 창립 정회원·명예회원(현) 1998년 한국공학기술학회 부회장 1998년 대한상사중재원 중재인(현) 1998~2007년 한국과학기술단체총연합회 이사·부회장 2001년 한국공학기술학회 감사 2001년 전국우수연구센터소장협의회 회장 2002년 미국 콘크리트학회(ACI) Fellow(현) 2002년 한국철도학회 부회장 2002년 헝가리공학원 명예회원(현) 2004년 한양대 대학원장 2004~2006년 同부총장 2004~2006년 同사회봉사단장 2004년 한국과학기술한림원 정회원·명예회원(현) 2004~2006년 한국건축연합회(FIKA) 공동대표 2004~2006년 대한건축학회 회장 2004~2006년 한국공학기술단체중앙회 부회장 2005년 전국대학부총장협의회 회장 2005년 문화재청 문화재위원 2006~2010년 한국면진제진협회 회장 2006~2010년 청운대 총장 2007년 한양대 건축공학부 명예교수(현) 2008년 일본건축학회 H.Fellow(현) 2009~2010년 전국산업대학교총장협의회 회장 2009~2010년 한국대학교육협의회 이사 2009~2010년 대전·충남지역총장협의회 회장 2010~2014년 한국건설생활환경시험연구원(KCL) 이사장 2011년 청운대 명예총장(현) 2011~2012년 (주)마이다스아이티 부회장 2012년 LH공사 청라시티타워자문위원회 위원장 2013년 청일엔지니어링(주) 기술고문(현) [상]대한건축학회 학술상(1995), 국민훈장 동백장(1997), 미국 콘크리트학회 학술공로상(1997), 과학기술훈장 혁신장(2006), 대한민국글로벌경영인대상(2007), 올해의 건축문화인상(2007), 자랑스러운 한양공대인상(2008), 토목건축기술대상 건설인부문 대상(2009), 자랑스러운 중동인상(2010), 대한건축학회 대상(2012), 자랑스러운 동경대인상(2016) [저]'구조계획' '구조역학' 'R.C구조' '건설안전구조학' '최신 콘크리트공학' '건축시공' [역]'고층건물의 구조' 'MATRIX구조해석법' '강구조' 등 [작]'63빌딩' '국제방송센터' '국제그룹 본사사옥' '올림픽조형물' '기업은행 본점' '대전월드컵경기장' '영종도 KAL HANGAR 구조설계' [종]천주교

이만근(李萬根) Man-Keun Lee

[생]1959·1·3 [주]경북 영주시 풍기읍 동양대로145 동양대학교 전자전기공학과(054-630-1128) [학]1982년 서울대 수학교육과졸 1985년 同대학원 수학교육과졸 1996년 이학박사(건국대) [경]1982~1987년 서울 양화중 교사 1987~1997년 서울 고척고·반포고 교사 1994년 서울시교육청 출제위원(교원임용고시) 1997~2002년 동양대 전자유도기술학과 조교수 2002년 同전자전기공학과 부교수·교수(현) 1997~1998·2000·2002~2003년 교육과정평가원 출제위원(대학수학능력시험) 1998~2000년 동양대 입시홍보처장 2000년 대한수학회 채점위원(국제수학올림피아드 조직위원회) 2003~2005년 동양대 교무처장 2005~2006년 미국 Georgetown Univ. Visiting Scholar 2006년 대한수학회 출제위원(한국수학올림피아드) 2007년 동양대 도서관장 2014년 同대학원장 2014년 同평생교육원장 겸임 2016년 同교학부총장(현) [상]교육부장관표창(1996), 교육인적자원부장관표창(2002) [저]'대수학과 기하학'(1999) '수학의 스캔들'(1999) '중학교 수학7-나'(2001) '중학교 수학7-나 교사용 지도서'(2001) '중학교 수학7-가 교사용 지도서'(2001) '중학교 수학7-가'(2001) '공학도를 위한 미적분학'(2002) '고등학교 수학 10-나 교사용 지도서'(2002) '중학교 수학8-나 교사용 지도서'(2002) '고등학교 수학 10-가'(2002) '고등학교 수학 10-가 교사용 지도서'(2002) '고등학교 수학 10-나'(2002) '중학교 수학8-나'(2002) '중학교 수학8-가 교사용지도서'(2002) '중학교 수학8-가'(2002) '중학교 수학 9-나 교사용 지도서'(2003) '고등학교 수학2 교사용 지도서'(2003) '중학교 수학9-가'(2003) '중학교 수학9-나'(2003) '중학교 수학9-가 교사용 지도서'(2003) '고등학교 수학1 교사용 지도서'(2003) '고등학교 수학1'(2003) '고등학교 수학2'(2003) '수학과 개연추론'(2003) '미적분학'(2003) '공업수학'(2004) '수학과 개연추론(2권)'(2004) '현대수학 그 설레임으로의 여행'(2004)

이만기(李萬基) LEE MAN KI (如山)

[생]1961·11·22 [본]전주(全州) [출]인천 [주]서울 서초구 잠원로3길40 태남빌딩4층 (주)유웨이중앙교육 교육평가연구소(02-2012-2411) [학]1979년 송도고졸 1986년 인하대졸 1992년 同대학원 국어교육과졸 [경]1986~2002년 인천 문일여고 교사 2002~2005년 메가스터디 강사·평가연구소장 2005년 (주)유웨이중앙교육 교육평가연구소장 겸 평가이사(현) 2007년 경민대 아동독서지도과 외래교수 [상]인천시교육감표창(1990), 교육부장관표창(1996) [저]'한국의 대표설화'(1994, 빛샘출판사) '2017 대학입시 로드맵'(2013, 경향에듀) [종]가톨릭

이만기(李萬基) LEE Man Gi

[생]1963·7·30 [출]경남 의령 [주]경남 김해시 인제로197 인제대학교 문리과대학 스포츠헬스케어학과(055-320-3173) [학]1981년 마산 용마고졸 1986년 경남대 사범대학 체육교육과졸 1988년 同대학원 체육학과졸 2001년 이학박사(중앙대) [경]1984~1991년 씨름선수 1990년 울산대 강사 1991년 인제대 자연과학대학 사회체육학과 전임강사 1991~1995년 同씨름단 감독 1991년 KBS 씨름 해설위원 1995년 인제대 자연과학대학 사회체육학과 교수, 同문리과대학 스포츠헬스케어학과 교수(현) 1996년 한국씨름연맹 이사 1998년 제2의건국범국민추진위원회 위원 2000년 김해시 사회복지관후원회 회장 2003년 인제대 체육부장 2003년 열린우리당 중앙위원 2003년 同체육진흥특별위원장 2004년 제17대 국회의원선거 출마(마산 합포, 열린우리당) 2010~2011년 경남문화재단 대표이사 2010년 김해시생활체육회 회장 2010년 전국체육대회 명예홍보대사 2012년 경남사랑의열매 홍보대사 2013~2014년 인제대 평생교육원장 2013년 대장경세계문화축전조직위원회 명예홍보대사 2016년 제20대 국회의원선거 출마(경남 김해시乙, 새누리당) 2016년 경상남도배드민턴협회 초대 회장(현) 2016년 새누리당 경남도당 혁신위원회 부위원장(현) [상]천하장사 10회, 백두장사 18회, 한라장사 7회(1984~1990), 경남도문화상 체육부문(2009) [저]'씨름'(2002, 대원사)

이만득(李萬得) YI Man Deuk

[생]1956·4·21 [출]서울 [주]서울 영등포구 국제금융로6길42 (주)삼천리 회장실(02-368-3256) [학]동성고졸 1981년 고려대 경영학과졸 1985년 미국 International Univ. 경영대학원졸 2006년 서울과학종합대학원 CEO과정 수료 2008년 명예 경영학박사(서울과학종합대학원) [경]1986년 삼천리열처리(주) 이사 1987년 (주)삼천리 상무이사 1990년 삼천리기술투자(주) 대표이사 1991년 (주)삼천리 부사장 1992년 삼천리그룹 부회장 1993년 (주)삼천리 회장(현) 2008~2016년 한국도시가스협회 회장 2015년 서울상공회의소 부회장(현) [상]석탑산업훈장(1994), 철탑산업훈장(2001), 금탑산업훈장(2009), 자랑스런 한국인대상 에너지산업부문(2009), 매경이코노미 선정 올해의 CEO(2012) [종]기독교

이만방(李萬芳) YI Man Bang (彦杰·地山)

[생]1945·12·1 [출]경남 거창 [주]서울 용산구 청파로47길 100 숙명여자대학교 음악대학 작곡과304호(02-710-9532) [학]1963년 거창고졸 1968년 연세대 음대 작곡과졸 1976년 同대학원 작곡과졸 1984년 서독 프라이부르크국립음대 대학원 작곡과졸 [경]1976~1978년 서울예전·연세대·청주여자사범대 강사 1979~1981년 프라이부르크·취리히·다름슈타트에서 '악'·'기타삼중주'·'Flumen' 初演 1983년 숙명여대 전임강사 1983년 대한민국음악제서 관현악곡 '무당' 初演 1985~1994년 숙명여대 음대 조교수·부교수 1986년 서독국제음악제 입상 1987년 홍콩국제음악제 입상 1991년 스위스 취리히 ISCM국제음악제 입상 1994년 숙명여대 음악대학 작곡과 교수·명예교수(현) 1995년까지 각종 국제음악제 20여회 출연 1997년 '작곡가의 초상' 공연 2000~2002년 숙명여대 음악대학장 2005년 (사)한국작곡가협회 이사장 2009년 同명예이사장(현) [상]공간대상(음악부문), 알프레도카셀라 국제콩쿠르 입상(실내관현악부문), 국제현대음악가협회 콩쿠르 입상, 대한민국작곡상 최우수상, 보관문화훈장(2008), 서울시 문화상 서양음악부문(2013) [역]'악기론(2~7권)' [작]'樂' '회상' '무당' '고백' '관현악을 위한 산조' 'Flute Solo를 위한 흐름' '현악4중주12번' '기타 삼중주' '관현악을 위한 詩選' '아쟁협주곡' '첼로독주를 위한 허튼가락' '클라리넷트독주를 위한 연작시' 'Tamtam Solo를 위한 心' '대편성관현악을 위한 五章'

이만섭(李晩燮) Lee, Man-Seop

[생]1952·12·25 [본]전의(全義) [출]충남 공주 [주]대전 유성구 대학로291 한국과학기술원 전기및전자공학과(042-350-3451) [학]1976년 부산대 전자공학과졸 1978년 同대학원 전자공학과졸 1991년 공학박사(한국과학기술원) [경]1979년 한국전자통신연구소 연구원 1982년 同선임연구원 1989년 同광가입자연구실장 1991년 同영상통신연구실장 겸 책임연구원 1993년 同광대역전송연구부장 1993~1997년 전북대 공대 겸임교수 1998년 한국정보통신대 공학부 교수 1998~2005년 同정보통신산학연공동연구센터 소장 2008년 同기획처장 겸 산학협력단장 2009년 한국과학기술원 전기및전자공학과 교수(현) [상]체신부장관표창(1989), 산업자원부장관표창(2005)

이만섭

[생]1964·2 [출]서울 [주]서울 중구 청계천로86 하나빌딩 한화테크윈(주)(02-729-2900) [학]1982년 경동고졸 1987년 한양대 정밀기계과졸 [경]1986년 한화그룹 입사 2003년 한화테크엠 상해사무소장 2009년 同파워트레인팀장(상무보) 2012년 (주)한화 기계부문 파워트레인사업부장(상무보) 2014년 同기계부문 파워트레인사업부장(상무) 2015년 한화테크윈(주) 시큐리티부문 사업총괄 전무 2016년 同시큐리티부문(CCTV·실물화상기·저장장치·모니터·카메라 모듈 등) 각자대표이사(현)

이만섭(李萬燮) Lee Man Sub

[생]1968·10·30 [본]안성(安城) [주]전남 영암군 삼호읍 대불로93 현대삼호중공업 임원실(061-460-2056) [학]성남고졸, 인하대 선박해양공학과졸 2004년 미국 브리검영대 단기MBA과정 수료 [경]1992년 한라중공업 입사 1993년 대한조선학회 회원(현) 2010년 현대삼호중공업(주) 부장 2014년 同상무(현) [상]제37회 상공의날 지식경제부장관표창(2010), 해양수산부장관표창(2014) [종]기독교

이만수(李萬守) LEE Man Soo

[생]1952·10·14 [본]경주(慶州) [출]부산 [주]서울 영등포구 국제금융로6길38 한국화재보험협회빌딩15층 (주)엠케이차이나컨설팅 임원실(02-780-3036) [학]1970년 용산고졸 1979년 연세대 경영학과졸 1993년 同행정대학원 고위정책과정 수료 1994년 同특허법무대학원 고위자과정 수료 [경]1980년 사법시험 합격(22회) 1982년 사법연수원 수료(12기) 1982년 춘천지검 검사 1985년 광주지검 장흥지청 검사 1986년 인천지검 검사 1988년 전주지검 검사 1989년 전주 보호관찰소장 1990년 서울지검 의정부지청 검사 1990~1995년 변호사 개업 1995~1998년 중국 북경정법대 연수 1998년 법무법인 한중 설립·대표변호사(현) 2004년 중국법연구소 개설 2004년 (주)엠케이차이나컨설팅 설립·대표이사(현) 2004년 중국북경만한상무자순유한공사 동사장(현) [상]검찰총장표창(1987) [저]'중국에서의 기업활동'(2000, 청림출판사) '작은 밑천으로 중국에서 대박가게 차리기'(2006, 매일경제출판사) [종]기독교

이만순(李萬淳) LEE MAN SOON (靑柱)

[생]1952·12·23 [본]안산(安山) [출]대전 [주]서울 동작구 노량진로100 CTS기독교TV CTS인터내셔널 부회장실(02-6333-1085) [학]1970년 대전고졸 1975년 연세대 법학과졸 [경]1978~2004년 현대기아자동차 유럽법인장 2005~2007년 유도로보틱스 대표이사 2008~2009년 SAM KOREA 한국본부장 2009~2012년 국제기아대책기구 부회장 2009~2012년 의료법인 의선의료재단 이사 2012년 CTS기독교TV 부사장 2012년 (사)CTS MISSION 회장(현) 2015~2016년 CTS기독교TV 선교담당 특임부사장 2016년 同CTS인터내셔널 부회장(현) [상]산업자원부장관표창(2003) [작]'BAM(Business As Mission)의 실제적 적용'(CGN TV) [종]기독교

이만식(李萬植) LEE Mansik

[생]1953·12·24 [본]영천(寧川) [출]서울 [주]경기 성남시 수정구 성남대로1342 가천대학교 영미어문학과(031-750-5233) [학]1976년 서울대 영문학과졸 1989년 호주 시드니대 대학원 영문학과졸 2003년 영문학박사(고려대) [경]1972~1982년 태능중 교사 1982~1987년 대한항공 대리 1988~1990년 호주 정부공인통역사 번역사 1991년 경원전문대 비서과 교수 1992년 계간 '작가세계'로 시인 등단 1999~2001년 한국T.S엘리엇학회 재무이사 2002~2006년 19세기영어권문학회 기획이사·부회장 2002~2003년 고려대 영어영문학·영어교육학과 시간강사 2003년 同대학원 영어영문학과 시간강사 2004년 문학과환경학회 연구위원 2004년 고려대 번역연습 시간강사 2006년 계간 '시와세계' 편집위원 2007~2012년 경원대 영어영문학과 교수 2010년 계간 '시산맥' 편집위원(현) 2012년 가천대 글로벌캠퍼스 인문대학 영미어문학과 교수(현) [상]문화관광부 우수학술도서상(1998), 고려대 석탑강의상(2005) [저]'T.S.엘리엇과 자크 데리다'(2003) '비즈니스 잉글리쉬'(2005) '나는 정말 아주 다르다'(2006) '포스트맨은 벨을 두번 울린다'(2007) '해체론의 문학과 정치'(2007) '영문학과 해체비평'(2007) '해체론의 시대'(2008) '신이 되고 싶었던 버스 운전사'(2009) '영문학과 상호텍스트성'(2009) '길 위에서'(2009) '아내의 문학'(2010) 시집 '시론' '하느님의 야구장 입장권' '나는 정말 아주 다르다' '아내의 문학' [역]'해체비평' '위대한 개츠비'(2009)

이만열(李萬烈) YI Mahn Yol

[생]1938·5·8 [본]인천(仁川) [출]경남 함안 [주]서울 용산구 청파로47길100 숙명여자대학교(02-710-9011) [학]1957년 마산고졸 1963년 서울대 문리대 사학과졸 1984년 합동신학교졸 1986년 문학박사(서울대) [경]1963~1970년 인성여고·동구여상·숭의여고 교사 1970~1980년 숙명여대 전임강사·조교수·부교수 1981~1983년 미국 프린스턴신학교 객원교수 1982년 기독교사연구회 회장 1984~2003년 숙명여대 한국사학과 교수 1987년 同도서관장 1990~2000년 한국기독교역사연구소 소장 1992년 미국 프린스턴신학교 객원교수 1993년 (사)국제민간교류협회 회장 1998~2003년 국사편찬위원회 위원 1999년 한국기독학생회총연맹 이사장 1999년 독립기념관 한국독립운동사연구소장 2001~2003년 한국사학사학회 회장 2002~2009년 도산사상연구회(도산학회) 회장 2003~2006년 한국사학회 회장 2003~2006년 국사편찬위원회 위원장 2004년 도산안창호선생기념사업회 회장 2005~2009년 문화재위원회 근대문화재분과 위원장 겸 위원 2005~2010년 한국독립운동사 편찬위원회 위원장 2005~2011년 독립유공자공적심사위원회 위원장 2006년 숙명여대 명예교수(현) 2007~2011년 서울시 공직자윤리위원회 위원장 2007년 (사)여명 이사장 2008~2009년 연세대 석좌교수 2009~2015년 산돌손양원기념사업회 이사장 2010년 함석헌학회 회장, 同명예회장(현) [상]단재학술상(1992), 황조근정훈장(2003), 제14회 용재학술상(2008) [저]'한국근대역사학의 이해'(1981) '한국기독교와 역사의식'(1981) '한국기독교문화운동사'(1987) '단재 신채호의 역사학이해'(1990) '한국기독교와 민족의식'(1991) '대한성서공회사Ⅰ·Ⅱ' '박은식' '북한교회사' '삼국시대사 강좌' '한국기독교의 역사'(共) '한국기독교 수용사 연구' '한 시골뜨기가 눈 떠가는 이야기' '한국기독교 의료사'(2003) [역]'아펜젤러' '언더우드' '백범일지' [종]기독교

이만열(李滿烈) LEE Man Yeol

[생]1964·4·5 [출]경남 [학]1982년 창원고졸 1982년 서울대 경영학과졸 1997년 영국 런던 임페리얼대 대학원졸(MBA) 2009년 서울대 최고경영자과정 수료 [경]2005년 미래에셋증권 마케팅2본부장 2005년 同AI·신탁본부장(상무보) 2006년 同경영전략부문장 겸 전략기획본부장(상무) 2006년 同경영전략부문장(상무), 同장외파생운용본부장(상무) 2009년 同파생상품운용본부장(상무) 2009년 同브라질법인 개설준비위원장 2010년 同브라질법인 대표 2015년 同기업RM2부문 대표(상무·전무)

이만영(李萬永) LEE Man Yeong

[생]1952·5·21 [출]강원 [주]서울 용산구 한강대로71길4 (주)한진중공업 임원실(02-450-8114) [학]강릉고졸, 인하대 건축공학과졸, 서울대 경영대학원 건설최고경영자과정(APMP) 수료, 同경영대학원 최고경영자과정(AMP) 수료 [경](주)한진중공업 인천국제공항화물터미널현장소장(이사), 同건축사업본부장(상무) 2007년 同건축사업본부장(전무), (주)신한종합건축사사무소 대표이사 사장 2014년 (주)한진중공업 건설부문 각자대표이사 사장 2016년 同비상임고문(현) [상]대통령표창, 산업포장

이만우(李萬雨) LEE Man Woo

[생]1950·8·25 [출]경남 창원 [주]서울 성북구 안암로145 고려대학교 경제학과(02-3290-1114) [학]1968년 경남고졸 1973년 고려대 경제학과졸 1978년 미국 위스콘신대 대학원 경제학과졸 1983년 경제학박사(미국 미네소타대) [경]1983~2015년 고려대 경제학과 교수 1987년 재정경제부 세제발전심의위원 1988년 행정고시·입법고시 출제위원 1996년 내무부·행정자치부 지방세제심의위원 겸 자문교수 1999년 부정부패추방시민연합 공동대표 2000년 한국공공경제학회 회장 2000년 부정부패추방시민연합 공동대표 2001년 한국경제신문 '시론' 집필 2001~2004년 재정경제부 세제발전심의위원 2002년 고려대 경제연구소장 2002~2003년 아·태경제학회 회장 2002~2004년 보건복지부 연금발전위원회 재정분석위원장 2004~2006년 고려대 정경대학장 2005~2006년 同정책대학원장 2007년 한국경제연구학회 회장 2008년 세제발전심의위원회 부위원장 2008년 국무총리산하 정부업무평가위원회 민간위원 2008~2010년 국민경제자문회의 자문위원 2009년 국세청 국세행정위원회 위원 2009년 기획재정부 공공기관평가단장 2011년 지방행정체제개편추진위원회 민간위원 2012~2016년 한국경제학회 회장 2012~2016년 제19대 국회의원(비례대표, 새누리당) 2012·2014년 국회 기획재정위원회 위원 2013년 새누리당 일자리창출특별위원회 창조경제생태계조성분과 위원장 2014년 同경제혁신특별위원회 공기업개혁분과 위원 2015년 同정책자문위원회 부위원장 2015년 同국가간호간병제도특별위원회 위원 2015년 고려대 경제학과 명예교수(현) [상]선플운동본부 '국회의원 아름다운 말 선플상'(2014) [저]'후생경제학' '공공경제학' '미시경제학' '경제원론'

이만우(李晚雨) LEE Man Woo

[생]1954·11·22 [본]경주(慶州) [출]강원 동해 [주]서울 성북구 안암로145 고려대학교 경영대학 경영학과(02-3290-1927) [학]1972년 강원 묵호고졸 1977년 고려대 경영학과졸 1984년 미국 시라큐스대 대학원 회계학과졸 1987년 경영학박사(미국 조지아대) [경]1977~1978년 한국투자금융 근무 1980년 삼일회계법인 공인회계사 1981년 한국종합기술금융 책임관리역 1988년 고려대 경영학과 교수(현) 1988년 공인회계사 시험위원 1988년 세무사 시험위원 1990년 미국 하와이대 초빙교수 1990년 재정경제부 세제발전심의위원 1990~1997년 회계제도자문위원 겸 회계기준심의위원 1991년 국세청 국세심사위원 1994년 재정경제부 세제발전심의위원 1997년 사법시험 위원 1997년 한국담배인삼공사 비상임이사 1997~2006년 KT&G 사외이사 1999~2002년 기획예산처 정부투자기관운영위원 1999~2002년 공정거래위원회 경쟁정책자문위원 1999~2001년 현대산업개발 사외이사 2001~2007년 예금보험공사 예금보험위원 2001~2007년 증권선물거래소 유가증권상장위원회 위원 2001년 재정경제부 자체평가위원 2002년 대학교육협의회 대학교육편집위원장 2004년 고려대 체육위원장 2005년 조세개혁특별위원회 위원 2006년 한국세무학회 회장 2006~2008년 근로장려세제(EITC) 정책자문위원장 2006~2008년 국민경제자문회의 자문위원 2006년 건설교통부 항공교통심의위원 2006~2009년 국세청 조사대상선정자문위원회 위원 2006년 KBS 객원해설위원 2007년 국회 입법지원위원 2007~2008년 STX조선 사외이사 2007~2009년 금융감독원 감리위원회 감리위원 2007년 한국회계학회 회장 2008년 현대중공업 사외이사 2009년 국세청 국세행정위원회 위원 2010년 국민경제자문회의 위원 2011년 대통령소속 지방행정체제개편추진위원회 위원 2013년 국세청 국세행정개혁위원회 위원(현) 2014년 신한금융지주 사외이사(현) 2015년 同사회책임경영위원회 초대위원장(현) [상]근정포장(2005) [저]'세법' '회계원리' '회계감사' '고급회계' '회계감사의 사회적 기능' '세금이 없다면' [종]기독교

이만우(李晚雨) Lee, Man Woo

[생]1959·1·20 [출]서울 [주]서울 중구 세종대로39 대한상공회의소빌딩16층 한국바스프 사장비서실(02-3707-3200) [학]1977년 서울 서라벌고졸 1981년 성균관대 화학공학과졸 [경]1985년 LG화학(주) 근무 1986년 덕우상사(주) 근무(ELF ATOCHEM, France) 1989년 한국바스프 영업 및 마케팅부서 근무(BASF, Germany) 2003년 同유화사업부문 엔지니어링플라스틱

사업부장(이사) 2005년 同유화사업부문 엔지니어링플라스틱사업부장 겸 LOM(A-KTA/U) 상무 2005~2010년 BASF Future Business · Venture Capital Representative(Korea) 겸임 2005~2010년 아이컴포넌트(주) 사외이사 2008~2011년 한국바스프 스페셜티사업부문장(사장) 2010~2011년 두본정밀화학(주) 대표이사 사장 겸임 2011~2013년 BASF 아시아태평양 건축토목화학산업총괄 Group Vice President(중국 상해 · 싱가포르 소재) 2011~2013년 同Construction Chemicals(China) Managing Director(CEO) 겸임 2011~2013년 同Construction Chemicals(Sichuan) Managing Director(CEO) 겸임 2013년 한국바스프 화학사업부문장(사장)(현) [상]'상공의 날 유공자' 금탑산업훈장(2011) [종]불교

이만우(李萬雨) LEE Man Woo

[생]1959 · 9 · 5 [출]대구 [주]서울 종로구 종로26 12층 SK(주) SUPEX(Super Excellent)추구협의회 PR팀(02-2121-0010) [학]계성고졸 1982년 서울대 경영학과졸 1985년 한국과학기술원 경영학과졸(석사) [경]1999년 SK(주) 홍보팀장 2005년 同홍보담당 상무 2007년 SK에너지(주) 홍보담당 상무 2009년 同홍보실장 2010년 同상무(연수) 2010년 SK(주) 브랜드관리실장 2013년 한국광고주협회 광고자율심의위원장 2013년 SK(주) SUPEX(Super Excellent)추구협의회 PR팀장(전무) 2014년 同SUPEX(Super Excellent)추구협의회 PR팀장(부사장)(현) 2014~2016년 연합뉴스 수용자권익위원회 위원, 한국PR협회 부회장(현)

이만의(李萬儀) LEE Maan Ee

[생]1946 · 6 · 15 [출]전남 담양 [주]서울 강남구 테헤란로 621 강남벤처랜드4층 W필하모닉오케스트라 단장실(02-3442-4285) [학]1965년 광주제일고졸 1969년 조선대 사범대학 영어교육과졸 1975년 서울대 환경대학원졸 1987년 연세대 행정대학원 행정학과졸 1991년 동국대 대학원 박사과정 수료 1995년 국방대학원 수료 1997년 경희대 국제법무대학원 지도자과정 수료 [경]1972년 행정고시 합격(11회) 1972~1976년 내무부 총무과 · 새마을상황실 행정사무관 1976~1981년 同지방행정연수원 교수부 · 새마을교육 · 새마을기획과 근무 1981년 同민방위본부 편성운영과장 1982년 同지방개발국 새마을기획과장 1985년 同지방재정국 세정과장 1988년 同재정과장 1989년 여천시장 1991년 광주시 기획관리실장 1992년 목포시장 1993년 제주도 부지사 1994년 광주시 부시장 1995년 내무부 민방위재난통제본부 재난관리국장 1997년 同지방세제국장 1998년 행정자치부 자치지원국장 1998년 同인사국장 1998년 제2의건국범국민추진위원회 기획운영실장 2000년 대통령 공직기강비서관 2000년 대통령 행정비서관 2002~2003년 환경부 차관 2003~2006년 환경관리공단 이사장 2006년 단국대 행정대학원 겸임교수 2007년 동신대 행정학과 겸임교수 2007년 2012여수엑스포유치위원회 상임고문 2007년 한나라당 제17대 대통령중앙선거대책위원회 광주선대위원장 2008~2011년 환경부 장관 2012~2014년 2013순천만국제정원박람회조직위원회 공동위원장 2013년 W필하모닉오케스트라 단장(현) 2013년 흥사단 명예단우(현) 2014년 2016세계친환경디자인박람회 명예위원장(현) [상]내무부장관표창, 새마을훈장 근면장, 홍조근정훈장, 황조근정훈장, 자랑스런 조대인상(2004), 한국문학예술상 특별부문(2014) [종]기독교

이만호(李晚浩)

[생]1956 · 12 · 15 [주]경남 창원시 의창구 상남로290 경상남도의회(055-211-7328) [학]함안고졸, 진주산업대 조경학과졸 [경](주)명성개발ENG 대표이사, 가야농협 조합장, 함안군태권도협회 회장, 함안군체육회 이사, 함안군생활체육회 부회장 2014년 경남도의회 의원(새누리당 · 무소속)(현) 2014년 同기획행정위원회 위원 2014년 同예산결산특별위원회 위원 2015년 同경남도교육청학교급식에대한행정사무조사특별위원회 위원 2016년 同운영위원회 위원(현) 2016년 同경제환경위원회 위원(현) [상]전국시 · 도의회의장협의회 우수의정대상(2016)

이만희(李萬熙) LEE Man Hee

[생]1953 · 8 · 10 [출]충남 천안 [주]인천 남동구 석정로543 성산효대학원대학교 총장실(070-4361-7794) [학]1972년 청주고졸 1985년 한국방송통신대 행정학과졸 1988년 연세대 행정대학원 행정학과졸 2001년 행정학박사(광운대) 2006년 충북대 대학원 교육학 박사과정 수료 [경]1974~1981년 충북도교육청 근무 1981~1988년 한국방송통신대 근무 1988~2001년 교육인적자원부 근무 2001 · 2012년 배재대 서재필대학 행정학과 초빙교수 2003~2005년 충북대 연구과장 · 경리과장(서기관) 2005년 교육인적자원부 저출산대책팀장(서기관) 2006년 한국방송통신대 총무과장(서기관) 2007년 교육인적자원부 울산국립대학건설추진단 기획팀장(서기관) 2008년 교육과학기술부 울산국립대학건설추진단 기획과장 2009년 충주대 사무국장(부이사관) 2011~2012년 한국교원대 사무국장(고위공무원) 2014년 서울시 광진구청장 예비후보(새누리당) 2016년 성산효대학원대 총장(현) [상]모범공무원표창(1991), 대통령표창(1999)

이만희(李晩熙) LEE Man Hee

[생]1963 · 12 · 11 [출]경북 영천 [주]서울 영등포구 의사당대로1 국회 의원회관602호(02-784-5902) [학]1982년 대구고졸 1986년 경찰대 법학과졸 2002년 고려대 정책대학원 공공행정학과졸 [경]1986년 치안본부 경무과 근무 1994년 대구 달서경찰서 경비과장 1995년 대구 남부경찰서 형사과장 1997년 경찰청 형사국 근무 2002년 경북지방경찰청 방범과장 2003년 경북 영천경찰서장 2004년 駐뉴욕 주재관, 경찰청 외사수사과장 2007년 서울 성동경찰서장 2008년 서울지방경찰청 형사과장(총경) 2009년 경기지방경찰청 제3부장(경무관) 2010년 대통령 치안비서관(치안감) 2011년 경북지방경찰청장 2012년 경찰청 기획조정관 2013년 경기지방경찰청장(치안정감) 2014년 안전행정부 소청심사위원회 상임위원(고위공무원) 2014~2015년 인사혁신처 소청심사위원회 상임위원 2015~2016년 새누리당 여의도연구원 정책자문위원 2016년 同경북영천시 · 청도군당원협의회 운영위원장(현) 2016년 제20대 국회의원(경북 영천시 · 청도군, 새누리당)(현) 2016년 새누리당 원내부대표(현) 2016년 국회 농림축산식품해양수산위원회 위원(현) 2016년 국회 운영위원회 위원(현) 2016년 국회 가습기살균제사고진상규명과피해구제 및 재발방지대책마련을위한국정조사특별위원회 위원(현) 2016년 국회 미래일자리특별위원회 위원(현)

이만희(李晩熙) LEE Man Hee

[생]1964 · 3 · 26 [본]연안(延安) [출]서울 [주]서울 영등포구 국제금융로56 미래에셋대우(02-768-3355) [학]송원고졸, 고려대졸 [경]상업은행 근무, 하나은행 근무, 미래에셋증권(주) 대치지점장 2006년 同리테일사업부문 AI신탁본부장(이사) 2006년 同AI신탁본부장(상무보) 2008년 同마케팅본부장(상무) 2009년 同퇴직연금서울사업본부장(상무) 2010년 同리테일사업부 대표(전무) 2011년 同경영서비스부문 대표(전무) 2013년 同리테일부문 대표(전무) 2015년 同기업RM1부문 대표(전무) 2016년 미래에셋대우 대형복합점포(IWC)부문 대표(부사장)(현)

이면기(李冕基) LEE Myon Kee

[생]1945 · 5 · 25 [본]벽진(碧珍) [출]충북 충주 [주]경기 성남시 중원구 둔촌대로388 크란츠테크노11층11호 (주)아신기술 임원실(031-777-8191) [학]1964년 청주고졸 1968년 서울대 화학공학과졸 1972년 미국 일리노이대 시카고교 대학원 화학공학과졸 1974년 공학박사(미국 일리노이대 시카고교) [경]1968~1970년 충주비료(주) 근무 1974~1976년 미국 육군건설공학연구소 연구원 1976~1979년 라이프시스템(주) Program Manager 1979~1981년 미국 바텔콜롬비아연구소 Principal Research Scientist 1981~1990년 아모코화학(주) Senior Research Engineer 1990년 (주)선경인더스트리 석유화학연구소장(상무대우) 1991년 同상무이사 1994년 同석유화학연구소장(전무대우), 同고문 1997~2000년 한국엔지니어클럽 화공분과 이사 1997년 (주)아신기술 대표이사 사장(현) 1998년 (주)SK케미칼 비상근고문 2006년 한국공학한림원 정회원(현) [상]다산기술대상(1997), 국무총리표창(1997) [종]기독교

이면우(李冕雨) LEE Myun Woo

[생]1945 · 10 · 20 [출]경기 개성 [주]울산 울주군 언양읍 유니스트길50 울산과학기술원(UNIST)(052-217-2717) [학]경기고졸 1968년 서울대 섬유공학과졸 1970년 미국 미시간대 대학원 인간공학과졸 1979년 공학박사(미국 미시간대) [경]1970~1987년 서울대 공대 산업공학과 전임강사 · 조교수 · 부교수 1976년 미국 미시간대 연구원 1986년 대한산업공학회 부회장 1987~2011년 서울대 공대 산업공학과 교수 1990~1994년 同공학연구소장 1992년 대한산업공학회 회장, (주)하이터치 고문 1997년 문화체육부 문화비전2000위원회 위원 2011~2015년 울산과학기술대 디자인 및 인간공학부 석좌교수 2015년 울산과학기술원(UNIST) 디자인 및 인간공학부 석좌교수(현) [상]세종문화상, 미국 미시간대 최우수 박사 동창상(1988) [저]'W이론을 만들자'(1992, 지식산업사) '생존의 W이론'(2004, 랜덤하우스코리아)

이면우(李勉雨) LEE Myon U

[생]1959 · 10 · 4 [본]경주(慶州) [출]경기 포천 [주]강원 춘천시 공지로126 춘천교육대학교 총장실(033-260-6100) [학]1978년 서울 서라벌고졸 1985년 서울대 지구과학교육과졸 1988년 同대학원 지구과학교육과졸 1997년 교육학박사(서울대) [경]1985~1998년 서울 자양고 · 경동고 · 한성과학고 교사 1985년 한국과학사학회 총무이사 1989년 한국지구과학회 편집위원 1998년 춘천교육대 과학교육과 교수(현) 1998년 한국초등과학교육학회 총무이사 2001년 춘천교육대 과학교육과장 2008년 同과학영재교육센터장 2008년 한국과학사학회 부회장 2009년 同학생처장 겸 생활관장 2011년 한국지구과학회 부회장 2011년 한국일본교육학회 학회장 2011년 에너지기후변화교육학회 편집위원장 2013년 춘천교육대 총장(현) 2015년 강원지역대학총장협의회 회장(현) [상]한국지구과학회 학술상(2001) [저]'중국의 과학과 문명'(2000, 까치) '서운관지'(2003, 소명출판사) [종]불교

이면재(李勉宰) Myeon Jae, Lee

[생]1961 · 5 · 31 [본]전주(全州) [출]강원 춘천 [주]경기 포천시 호국로1007 대진대학교 총장실(031-539-1013) [학]1979년 보성고졸 1984년 서울대 정치학과졸 2011년 경희대 NGO대학원 시민사회학과졸 [경]1994년 사법시험 합격(36회) 1997년 사법연수원 수료(26기) 1997년 변호사 개업, 법무법인 이산 대표변호사 2007~2011년 (재)대진테크노파크 이사 2007년 서울지방변호사회 이사 겸 인권위원장 2007년 (사)서비스사이언스 전국포럼 감사(현) 2007년 대한변호사협회 총무위원 2007~21016년 법무법인 다온 대표변호사 2008년 서울시 인사위원회 인사위원(부위원장) 2009년 서울시시설관리공단 고문변호사 2009년 (사)매헌윤봉길의사기념사업회 이사 2009년 경기도 고문변호사 2009~2010년 미국 캘리포니아대 버클리교 Law School 객원연구원 2012년 SH공사 고문변호사 2013년 동아시아미래재단 사무총장 2016년 방송통신위원회 시청자권익보호위원회 위원(현) 2016년 대진대 총장(현) [저]자전적 에세이 '승부 3.0'

이명관(李明官) LEE Myung Kwan

[생]1960 · 1 · 1 [출]부산 [주]부산 서구 구덕로179 부산대학교병원(051-240-7000) [학]1978년 부산고졸 1982년 부산대 사회사업학과졸 1985년 同대학원 사회복지학과 수료 [경]1982년 부산일보 입사 1982~1993년 同편집국 편집부 · 사회부 · 경제부 기자 1994년 同서울지사 정치부 차장 1998년 同서울지사 정치부장 1999년 同서울지사 경제부장 2000년 同편집국 경제부장 2001년 同편집국 문화부장 2002년 同편집국 부국장 2002년 同논설위원 2008년 同뉴미디어센터장 2010년 同수석논설위원 2011년 同기획실장 2012~2015년 同대표이사 사장 2014년 부산대병원 비상임이사(현) 2014년 한국신문협회 부회장 2014년 한국신문윤리위원회 이사장 2014~2015년 한국디지털뉴스협회 이사 2015~2016년 부산일보 회장

이명관(李明寬) LEE Myung Kwan

[생]1960 · 12 · 5 [출]전북 정읍 [주]경기 이천시 마장면 지산로167의72 LG경영개발원 인화원 대표이사실(031-630-6101) [학]1979년 신흥고졸 1988년 서울대 철학과졸 2004년 미국 오하이오주립대 대학원 인사관리학과졸 [경]1987년 럭키 입사 1995년 LG그룹 회장실 근무 1998년 同구조조정본부 인사지원팀 근무 2005년 (주)LG CNS 인사 · 경영지원부문장(상무) 2008년 (주)LG 인사팀장(상무) 2010년 同인사팀장(전무) 2015년 同인사팀장(부사장) 2015년 LG경영개발원 인화원장(현) 2016년 同대표이사(현)

이명구(李名九) LEE Myung Koo

[생]1952·10·21 [본]전주(全州) [출]경남 사천 [주]서울 강서구 공항대로467 송원그룹 임원실(02-3661-8011) [학]1970년 부경고졸 1975년 건국대 경제학과졸 1989년 서강대 경영전문대학원졸 2007년 서울대 경영대학 최고경영자과정 수료 2009년 同자연과학대학 최고전략과정 수료 [경]1975~1978년 해군장교 복무 1975~1978년 서울신탁은행 근무 1978~1981년 동오실업(주) LA지사 1982년 태경산업(주) 입사·기획실과장 1987~2014년 同이사 1993년 同기획관리실장(상무) 1995년 同전무이사 200년 송원그룹 기획관리실장(부사장) 2002년 同기획관리실장(사장) 2002년 태경유통 대표이사 사장 겸임 2002년 태경물산 대표이사 사장 겸임 2004년 송원그룹 총괄부회장(현) 2014년 태경산업(주) 각자대표이사 부회장 2016년 SBC(주) 대표이사 부회장(현) [종]천주교

이명구(李明求) LEE MYOUNG GOO

[생]1959 · 9 · 20 [출]충남 천원 [주]서울 서초구 헌릉로13 대한무역투자진흥공사 중소기업지원전략팀(02-3460-3370) [학]1985년 경희대 영어교육학과졸 1991년 同대학원 경영학과졸 [경]2001~2005년 대한무역투자진흥공사(KOTRA) 카사블랑카무역관장 2006~2007년 대전중소기업수출지원센터 파견 2007~2008년 駐우즈벡키스탄대사관 파견 2008년 대한무역투자진흥공사(KOTRA) 타슈켄트무역관장 2008년 同타슈켄트코리아비즈니스센터장 2015~2016년 同바쿠무역관장 2016년 同중소기업지원전략팀 China Highway T/F팀장(현)

이명구(李明九) LEE, Myeong-ku

[생]1969·12·7 [출]경남 밀양 [주]대전 서구 청사로189 관세청 통관지원국(042-481-7800) [학]1987년 밀양고졸 1993년 서울대 경영학과졸 1999년 同행정대학원 행정학과졸 2003년 경제학박사(영국 버밍엄대) [경]1993년 행정고시 합격(36회) 1998~2004년 관세청 정보협력국 국제협력과·종합심사과·심사정책과 근무 2004~2007년 同청장 비서관·외환조사과장 2007~2011년 세계관세기구(WCO) 근무 2011년 관세청 기획재정담당관 2012년 부산본부세관 통관국장 2013년 관세청 정보협력국장 2014년 同자유무역협정집행기획관 2016년 同통관지원국장(현) [저]'관세정책과 관세법'(2007, 한국관세무역개발원) [종]기독교

이명규(李明奎) LEE Myung Gyu

[생]1956·1·10 [본]성주(星州) [출]대구 [주]대구 달서구 장산남로21, 701호 이명규법률사무소(053-746-4000) [학]1973년 대구고졸 1980년 영남대 법대 법학과졸 1988년 同대학원 법학과졸 2002년 법학박사(영남대) [경]1988년 사법시험 합격(30회) 1991년 사법연수원 수료(20기) 1991~1995년 변호사 개업 1995~1997년 대구시 북구청장(무소속) 1997·1998·2002~2003년 대구시 북구청장(한나라당) 2004년 제17대 국회의원(대구北甲, 한나라당) 2004~2005년 국회 행정자치위원회 위원 2004~2005년 국회 정치개혁특별위원회 위원 2005~2006년 국회 정무위원회 위원 2005년 국회 운영위원회 위원 2005년 국회 중국의고구려사왜곡특별대책위원회 위원 2005~2006년 한나라당 원내부대표 2006년 同혁신위원회 위원 2006년 국회 산업자원위원회 간사 2006년 국회 대법원장(이용훈)임명동의에관한인사청문특위 위원 2006~2007년 한나라당 여의도연구소 제1부소장 2006년 同대구시당 수석부위원장 2007년 同지방자치위원장 2007년 국회 헌법재판소장(이강국)임명동의에관한인사청문특위 위원 2007년 국회 예산결산특별위원회 위원 2007년 한나라당 대통령선거중앙대책위 한반도대운하특위 지도위원 2007년 同대통령선거 직능정책본부 산업자원위원장 2007년 同대통령선거 대구선대위 조직본부장 2008년 제18대 국회의원(대구北甲, 한나라당·새누리당·무소속) 2008~2012년 국회 지식경제위원회 위원 2008~2012년 국회 국제경기대회지원특별위원회 위원 2008년 한나라당 제1사무부총장 2008~2009년 同전략기획본부장 2008~2012년 대한태권도협회 부회장 2011년 한나라당 직능특별위원회 지역특별위원장(대구) 2011~2012년 同원내수석부대표 2012년 변호사 개업(현)

이명규(李明揆) LEE Myung Kyu

[생]1964 · 3 · 20 [출]경북 문경 [주]서울시 강남구 테헤란로 133 법무법인 태평양(02-3404-0131) [학]1983년 용문고졸 1987년 서울대 법대 사법학과졸 [경]1986년 사법시험 합격(28회) 1989년 사법연수원 수료(18기) 1992년 대구지법 경주지원 판사 1994년 대구지법 판사 1996년 수원지법 판사 1997년 프랑스 파리 제2대학 연수 1998년 서울지법 의정부지원 파주시법원 판사 1999년 同의정부지원 판사 1999년 특허법원 판사 2003년 대법원 재판연구관 2005~2008년 인천지법 부장판사 2008~2013년 법무법인 · 특허법인 다래 변호사 2009~2013년 지식경제부 무역위원회 비상임위원 2013년 법무법인 태평양 변호사(현) 2013~2015년 산업통상자원부 무역위원회 비상임위원 2013년 아세아(주) 사외이사(현) 2013년 대한상사중재원 중재인(현)

이명규(李明奎) LEE, MYOUNG KYU

[생]1965 · 7 · 19 [본]고성(固城) [출]경남 진해 [주]세종특별자치시 노을6로8의14 국세청 학자금상환과(044-204-3871) [학]1983년 부산 브니엘고졸 1989년 서울대 경영학과졸 [경]1990~1998년 한국장기신용은행 신탁부 대리 1998~2007년 KB국민은행 신탁계정 유가증권운용기획 · 채권매매 담당 2007년 同외환 · 기업여신 담당 2008년 同퇴직연금사업부 팀장 2012~2015년 同신도림역지점 부지점장 2016년 국세청 학자금상환과장(현) [상]재정경제부장관표창(2005) [저]'퇴직연금(共)'(2011, 한국금융연수원)

이명규(李明奎) LEE Myung Kyu

[생]1967·8·9 [출]충북 괴산 [주]서울 서초구 서초대로286 서초프라자807호 Y&CO법률사무소(02-598-9200) [학]1986년 면목고졸 1991년 서울대 법학과졸 [경]1991년 사법시험 합격(33회) 1994년 사법연수원 수료(23기) 1994년 軍법무관 1997년 서울지검 북부지청 검사 1999년 전주지검 군산지청 검사 2000년 서울지검 검사 2004년 수원지검 검사 2004년 삼성중공업 법무실장(상무) 2010~2012년 同법무실장(전무대우) 2012년 Y&CO법률사무소 대표변호사(현)

이명균

[생]1963 [주]경기 광명시 디지털로5 광명경찰서(02-2093-0321) [학]1985년 경찰대 행정학과졸(1기) [경]1985년 경위 임관 2010년 총경 승진 2010년 부산지방경찰청 형사과장 2011년 삼척경찰서장 2012년 강원지방경찰청 청문감사담당관 2013년 수원중부경찰서장 2014년 경기지방경찰청 여성청소년과장 2015년 광명경찰서장(현)

이명근(李命根) LEE Myung Keun

[생]1944·11·5 [출]부산 [주]부산 기장군 정관면 농공길2 의9 (주)성우하이텍 비서실(070-7477-5001) [학]1964년 부산 동아고졸 1970년 고려대 법학과졸 [경]1975년 동우물산 대표 1977년 (주)성우금속 설립·대표이사 사장 1989~2000년 오성공업(주) 설립·대표이사 사장 1993년 동아경영문제연구소 특별위원 1995년 (주)성주하이텍 설립·대표이사 1998~2009년 (주)성우금속코일센타 설립·대표이사 1999년 한국자동차공업협동조합 이사 2000년 (주)성우하이텍 대표이사 사장, 同대표이사 회장(현), (주)아산성우하이텍 대표이사 회장(현), (주)성우몰드 대표이사 회장(현), (주)MGL 대표이사 회장(현), EXR코리아(주) 대표이사 회장(현) [상]동탑산업훈장(2002), 은탑산업훈장(2007), 모범납세자 대통령표창(2010), 자랑스러운 고대법대인상(2011)

이명렬(李明烈) Lee Myung-yul

[생]1965·3·3 [주]서울 서초구 남부순환로2572 국립외교원(02-3497-7798) [학]1984년 서울고졸 1988년 서울대 서문학과졸 1992년 미국 캘리포니아대 샌디에이고교 IR/PS(School of International Relations and Pacific Studies) 수료 [경]1988년 외무고시 합격(22회) 1988년 외무부 입부 1990년 同중미과 근무 1994년 同통상3과(유럽통상) 근무 1995년 同중미과 근무 1996년 同북미1과 근무 1997년 駐미국대사관 1등서기관 2000년 駐나이지리아대사관 1등서기관 2002년 대통령 외교안보수석비서관실 행정관 2003년 대통령 외교보좌관실 행정관 2004년 외교통상부 북핵외교기획단 과장 2005년 한반도에너지개발기구(KEDO) 사무국 북한과장 2006년 駐뉴욕총영사관 영사 2010년 국무총리실 외교심의관 2012년 駐오사카총영사관 부총영사 2014년 외교부 재외동포영사국장 2016년 국립외교원 경력교수(현)

이명로(李明魯)

[생]1966·10·9 [주]충북 청주시 서원구 1순환로1047 충북지방노동위원회 위원장실(043-299-1271) [학]1985년 전남고졸 1989년 한양대 행정학과졸 [경]1991년 행정고시 합격(35회) 1999년 노동부 기획관리실 행정관리담당관실 사무관 2001년 同기획관리실 행정관리담당관실 서기관 2005년 同국제협상팀장 2007년 경제사회발전노사정위원회 관리과장, 노동부 정보화기획팀장 2009년 同고용정책실 기업인력개발지원과장 2009년 同고용정책실 자격정책과장 겸 직업능력정책과장 직대 2010년 고용노동부 고용정책실 자격정책과장 2010년 광주지방고용노동청 광주고용지원센터 소장(부이사관) 2012년 고용노동부 인력수급정책국 장애인고용과장 2014년 중부지방고용노동청 인천고용센터 소장 2014년 충북지방노동위원회 위원장(현)

이명묵(李命默) LEE Myoung Mook

[생]1951·1·2 [출]서울 [주]경기 부천시 소사구 호현로489번길28 부천세종병원(032-340-1208) [학]1976년 서울대 의대졸 1979년 同대학원졸 1985년 의학박사(서울대) [경]1976~1981년 서울대병원 인턴·순환기내과 레지던트 1984~1992년 서울대 의대 순환기내과 전임강사·조교수 1992년 同의대 순환기내과 부교수 1994년 同내과중환자실 진료실장 2005년 동국대 의대 순환기내과 교수 2007년 同일산병원장 2007~2009년 同의무부총장 겸 의료원장 2015~2016년 대한고혈압학회 회장 2016년 부천세종병원 원장(현)

이명박(李明博) LEE Myung Bak (淸溪·一松)

[생]1941·12·19 [본]경주(慶州) [출]일본 오사카 [학]1957년 포항중졸 1960년 포항 동지상고 야간부졸 1965년 고려대 경영학과졸 1985년 서울대 경영대학원 수료 1994년 고려대 언론대학원 수료 1995년 同노동대학원 수료 1996년 연세대 언론홍보대학원 수료 1998년 명예 이학박사(한국체육대) 2004년 명예 경영학박사(서강대) 2004년 명예 정치학박사(카자흐스탄 구밀리요프 유라시아국립대) 2005년 명예 경제학박사(몽골국립대) 2005년 명예 경제학박사(목포대) 2009년 명예 경제학박사(우즈베키스탄 세계경제외교대) 2009년 명예 행정학박사(미국 조지워싱턴대) 2011년 명예 인문학박사(프랑스 파리7대학) 2011년 명예 환경학박사(에티오피아 아디스아바바대) [경]1965년 현대건설 입사 1976년 한국포장건설 사장 1977~1988년 현대건설 대표이사 사장 1978~1981년 인천제철 대표이사 사장 1980년 해외건설협회 부회장 1981년 대한알루미늄 사장 1981~1992년 대한수영연맹 회장 1982~1987년 현대엔지니어링 사장 1982~1992년 대한체육회 이사·KOC 상임위원 1982~1992년 대한상공회의소 부회장 겸 서울상공회의소 부회장 1983~1992년 한국능률협회 부회장 1983~1992년 해외건설협회 이사 1984~1992년 아시아수영연맹 회장 1984~1992년 세계수영연맹 집행위원 1985년 한라건설 대표이사 사장 1986~1999년 駐한국 부탄왕국 명예총영사 1987~1992년 현대엔지니어링 대표이사 회장 1988~1992년 현대건설 대표이사 회장 1988~1992년 현대엔진공업 대표이사 회장 1988년 한무쇼핑(주) 대표이사 회장 1989~1991년 현대종합목재 대표이사 회장 1989년 한·소련경제협회 부회장 1990~1992년 현대자원개발 대표이사 회장 1991년 한국사회발전연구소 이사장 1991년 동북아민간경제협회 회장 1992~1994년 6·3동지회 회장 1992년 제14대 국회의원(전국구, 민자당·신한국당) 1992~2007년 미국 아칸소주 명예대사 1993년 한국청년실업인협의회 회장 1993년 세계한인상공인총연맹 운영이사회장 1994년 삼청로타리클럽 회장 1994~2002년 동아시아연구원 이사장 1996년 제15대 국회의원(서울종로, 신한국당·한나라당) 1998년 미국 조지워싱턴대 객원교수 1999~2002년 아태환경NGO 한국본부 총재 2000·2013년 캄보디아 훈센총리 경제고문 2001년 한나라당 국가혁신위원회 미래경쟁력분과 위원장 2002~2006년 제32대 서울특별시장(한나라당) 2002~2006년 전국시도지사협의회 의장 2006년 한양대 행정자치대학원 초빙교수 2007년 8월20일 한나라당 대통령후보 선출 2007년 시사주간지 타임 선정 '2007년 환경의 영웅(TIME Hero of the Environment)' 2007년 12월 제17대 대통령 당선 2008년 2월~2013년 2월 대한민국 제17대 대통령 [상]체육훈장 백마장(1982), 국민훈장 석류장(1984), 금탑산업훈장(1985), 체육훈장 거상장(1986), 대한국토계획학회 현정국토개발상(1987), 아시아수영연맹 공로상(1992), 자랑스런 한국인상(1996), 조선일보 대한민국 50년을 만든 50대 인물(1998), 전경련 20세기 한국을 빛낸 30대 기업인(1999), 영국 파이낸셜타임즈 세계의 인물대상(2005), 몽골정부 우정훈장(2005), 국제로터리 영예의상(2009), 자이드 국제환경상(2011), 자이드 대훈장(2011), 국제물협회(IWA) 명예회원상(2011), 덴마크 최고훈장 '코끼리훈장'(2011), 미국 양심호소재단 세계지도자상(2011), 콜롬비아 보야카 대훈장(2012), 무궁화대훈장(2013) [저]자전에세이 '신화는 없다'(1995) '절망이라지만 나는 희망이 보인다'(2002) '청계천은 미래로 흐른다'(2005) '온몸으로 부딪쳐라'(2007) '이명박의 흔들리지 않는 약속'(2007) '어머니'(2007) 'The Uncharted Path'(2011) 회고록 '대통령의 시간 2008-2013'(2015, 알에이치코리아) [종]기독교

이명범(李明範) Lee Myung Bum

[생]1944·8·10 [본]함평(咸平) [출]충남 예산 [주]서울 영등포구 여의대방로67길21 (주)우리동명(02-782-4311) [학]1965년 합덕마이스터고졸 1994년 한양대 경영대학원 최고경영자과정 수료 1995년 연세대 공학대학원 산업고위자과정 수료 1995년 고려대 경영대학원 최고경영자과정 수료, 동국대 불교대학원 수료(21기) 2011년 공주대 산업과학대학 최고지도자과정 수료(19기) 2012년 同농업과학대학 최고농업경영자과정 수료 [경]1996년 (주)우리동명 대표이사 회장(현) 1999~2000년 국제라이온스협회 354-C지구 총재 2001~2002년 同354-C지구장학회 이사장 2002~2006년 한내장4.3만세운동기념사업회 회장 2003년 함평李氏서울종친회 회장 2003~2006년 (사)한국B.B.S중앙연맹 총재 2008년 在京충남예산향우회 회장, 합덕마이스터고총동문회 회장 2015년 윤봉길청소년단후원회 회장(현) [상]장영실과학문화상 기술부문 대상(2005), 동탑산업훈장, 무궁화 사자대상 [저]'어린시절 생각들' [종]불교

이명선(李明善·女) Myung Sun Lee

[생]1957·6·22 [주]서울 은평구 진흥로225 한국여성정책연구원 원장실(02-3156-7000) [학]1981년 이화여대 건강교육과졸 1983년 연세대 대학원졸 1989년 보건학박사(연세대) [경]1985년 연세대 산업보건연구소 연구원 1987년 이화여대 건강교육과 시간강사 1991~2014년 同건강과학대학 보건관리학과 조교수·부교수·교수 2001~2003년 한국보건교육협의회 사무총장 2001년 SAFE KIDS Korea

정보은행위원장 2002년 同부대표 2004년 이화여대 보건교육과학과장, 전국대학보건관리학교육협의회 이사 2006~2010년 이화여대 대외협력처장 2007~2009년 한국농촌의학지역보건학회 편집위원 2012년 대통령직속 규제개혁위원회 위원 2014년 한국여성정책연구원 원장(현) ❸선진교통문화대상 행정자치부장관표창(2006) ㉖'초등학교 안전교육 지도서'(2003) '아이들이 안전한 나라 행복한 나라'(2004) '어린이 안전교육용 fact-sheet'(2005) '신공중보건학'(2006) '생활과 건강증진'(2007)

이명성(李明成) LEE Myung Sung

❸1955·2·7 ❀서울 ㈜서울 성북구 안암로145 고려대 기술경영전문대학원(02-3290-4878) ❺1978년 서울대 전자공학과졸 1981년 미국 미시간대 대학원 컴퓨터공학과졸 1986년 컴퓨터공학박사(미국 미시간대) ❸1986년 미국 AT&T Bell연구소 연구위원 1992년 한국통신 책임연구원 1996년 세종대 정보통신공학과 교수 1999년 SK텔레콤 정보기술원장(상무) 1999년 同경영혁신TF장 겸임 2002~2004년 同네트워크연구원장·모바일랩TF장·퍼브릭존TF장 겸임 2004년 同전략기술부문장 2006년 SK㈜ 투자회사관리실 전무 2007년 同사업지원실 전무 2008년 SK텔레콤 U-city사업추진단장 겸 그룹장(부사장) 2009~2010년 同최고기술경영자(CTO) 2010년 방송통신위원회 기술자문위원 2011년 SK텔레콤 부사장 2012년 同고문 2013년 한국공학한림원 정회원(현) 2014년 고려대 기술경영전문대학원 초빙교수(현) ❺기독교

이명수(李銘洙) Myungsoo LEE

❸1951·2·8 ❀전주(全州) ❀전북 부안 ❺1968년 전주고졸 1977년 연세대 경영학과졸 1984년 미국 미시간주립대 대학원 농업경제학과졸 ❸1976년 행정고시 합격(19회) 1978~1989년 농림수산부 사무관 1989~1992년 유엔 식량농업기구(FAO) 근무 1992~1997년 농림수산부 과장 1998~2001년 駐제네바대표부 참사관 2001~2004년 농림부 국제농업국장·기획관리실장 2004~2006년 同차관(제46대) 2007~2008년 駐덴마크 대사(제15대) 2009~2016년 우석대 식품생명공학과 초빙교수 ❸근정포장(1985), 홍조근정훈장(1995), 덴마크 대십자훈장(2008), 황조근정훈장(2012)

이명수(李明洙) LEE Myoung Soo

❸1955·2·11 ❀충남 아산 ㈜서울 영등포구 의사당대로1 국회 의원회관422호(02-784-5711) ❺1973년 대전고졸 1977년 성균관대 행정학과졸 1979년 同대학원 행정학과졸 2003년 행정학박사(성균관대) ❸1978년 행정고시 합격(22회) 1979년 아산군청 수습사무관 1985년 충남도지방공무원교육원 교관 1988년 충남도 법무담당관 1990년 同개발담당관 1992년 同기획담당관 1993년 충남 금산군수 1994년 대통령비서실 파견 1995년 내무부 법무담당관 1996년 충남도 백제문화권개발사업소장 1996년 同정책실장 1998년 同정책기획정보실장 1999년 국무조정실 자치행정심의관 1999년 同안전관리대책기획단 부단장 2000년 同안전관리개선기획단 부단장 2001~2004년 충남도 행정부지사 2003년 충남대·순천향대 대우교수 2004년 제17대 국회의원선거 출마(아산시, 자민련) 2005년 건양대 부총장 2006년 충남도지사선거 출마(국민중심당) 2006년 국민중심당 국민중심정책연구원장 2006년 나사렛대 부총장 2008년 제18대 국회의원(아산시, 자유선진당) 2008년 자유선진당 원내수석부대표 2008~2010년 同대변인 2008년 국회 규제개혁특별위원회 간사 2008년 자유선진당 제3정책조정위원장(사회분야담당) 2008년 국회 행정안전위원회 위원 2008년 자유선진당 정책연구원장 2011년 同정책위 의장 2012년 제19대 국회의원(아산시, 선진통일당·새누리당) 2013년 국회 국토교통위원회 위원 2013~2014년 국회 정치쇄신특별위원회 위원 2013년 국회 동북아역사왜곡대책특별위원회 위원 2014년 국회 보건복지위원회 여당 간사 2014~2015년 새누리당 정책위원회 제5정책조정위원장 2014년 국회 국민안전혁신특별위원회 안전관계법령정비소위원회 위원장 2014~2015년 새누리당 충남도당 위원장 2015년 同아동학대근절특별위원회 부위원장 2015년 同정책위원회 부의장 2015년 同메르스비상대책특별위원회 위원장 2015년 국회 메르스대책특별위원회 여당 간사 2015년 새누리당 국가간호간병제도특별위원회 부위원장 2016년 同총선기획단 위원 2016년 (사)효창원7위선열기념사업회 회장(현) 2016년 제20대 국회의원(아산시甲, 새누리당)(현) 2016년 국회 안전행정위원회 위원(현) 2016년 국회 저출산·고령화대책특별위원회 위원(현) 2016년 새누리당 민생특별위원회 위원장(현) ❸근정포장, 홍조근정훈장, 법률소비자연맹 선정 국회헌정대상(2013), 유권자시민행동 국정감사 최우수상(2013), 대한민국 건설문화대상 의정부문 공로대상(2013), 국정감사 우수의원(2014·2015), 머니투데이 더300 주관 '대한민국 최우수 법률상'(2016), 대한변호사협회 선정 '최우수 국회의원상'(2016), 대한민국 유권자대상(2016) ㉖'독도/경주의 숨결(共)'(2012) '코리아 하모니'(2012) '충남도민 40인의 진심토론 : 충청이여 대한의 미래를 논하자'(2013, 오름에디션) ❺천주교

이명수(李明洙) LEE Myung Soo

❸1967·9·25 ❀서울 강남구 영동대로517 아셈타워18층 법무법인(유) 화우(02-6003-7095) ❺1985년 광주 살레시오고졸 1994년 고려대 법과대학졸 2000년 서울대 법과대학 법학연구과정 금융거래법분야 수료 2005년 고려대 법무대학원 금융거래법학 석사과정 수료 ❸1997년 사법시험 합격(39회) 2000년 사법연수원 수료(29기) 2000년 금융감독원 분쟁조정국 근무 2002년 금융위원회 감독정책과 근무 2003년 금융감독원 공시심사실 수석조사역 2006년 同법무실 팀장 2009년 同기업공시국 팀장 2010~2013년 同금융분쟁조정위원회 전문위원 2010년 법무법인(유) 화우 변호사(현) 2011년 금융위원회 법률자문위원(현) 2012~2015년 한국거래소 코스닥시장상장위원회 심의위원 2012년 새마을금고중앙회 예금자보호준비금관리위원회 위원(현) 2012년 신협중앙회 기금관리위원회 위원(현) 2013~2014년 금융감독원 금융분쟁조정위원회 위원 2013년 同파생상품조사실무위원회 위원(현) 2014~2016년 ㈜메리츠금융지주 사외이사 겸 감사위원 2015년 금융위원회 법령해석심의위원회 위원(현) 2015년 同금융개혁자문단 자문위원(현) 2015년 서울시 대부업분쟁조정위원회 위원(현) 2015년 한국거래소 유가증권시장상장공시위원회 위원(현) 2016년 금융위원회 금융발전심의회 정책·글로벌금융분과 위원(현)

이명숙(李明淑·女) LEE Myoung Sook

❸1947·11·12 ❀전주(全州) ❀서울 ㈜인천 남동구 정각로8 인천YWCA(032-424-0524) ❺이화여대 국어국문학과졸, 인천대 행정대학원 사회복지학과졸 ❸인천YWCA 제14대 회장, 同가정폭력상담소장, 同다문화가족지원센터 운영위원장, 同감사, 인천보육시설연합회 부회장 2003년 민주평통 자문위원 2006~2010년 인천시의회 의원(비례대표, 열린우리당·대통합민주신당·민주당) 2006~2010년 同윤리특별위원장, 同운영위원회 위원, 同문교사회위원회 간사, 同예산결산특별위원회 위원, 同기후변화대책특별위원장, 인천시 보육정책위원장, 同노인정책위원장, 同여성발전위원회 부위원장, 인천사랑시민협의회 공동대표, 인천의제21실천협의회 운영위원, 대성신용협동조합 이사, 아동학대예방위원회 인천지부 부회장, 인천교회여성연합회 회장 2010~2013년 인천시립박물관 운영위원, 인천시 도시계획위원회 위원, 부평구문화재단 대표이사, 부평역사박물관 관장 2013년 인천시립박물관 관장, 인천시사회복지협의회 부회장, 인천YWCA 이사(현) 2015년 同요양원&재가복지센터 운영위원장(현) 2016년 인권희망강강술래 이사장(현) ❺기독교

이명숙(李明淑·女) LEE Myung Sook

❸1963·4·30 ❀한산(韓山) ❀경북 예천 ㈜서울 서초구 서초중앙로156 법무법인 나우리(02-587-3200) ❺1982년 대구 신명여고졸 1986년 이화여대 법학과졸 2005년 고려대 법무대학원 의료법학과졸 2008년 이화여대 대학원 가족법박사과정 수료 ❸1987년 사법시험 합격(29회) 1990년 사법연수원 수료(19기) 1990년 변호사 개업 2000년 서울시 아동학대사례판정위원회 위원 2001년 경찰청 여성아동범죄대책 자문위원 2001~2008년 한국여성의전화 이사 2001~2008년 여성부·여성가족부 고문변호사 2003년 다시함께센터 법률지원단장 2003~2009년 한국양성평등교육진흥원 감사 2004~2009년 해바라기아동센터 운영위원 2005~2008년 국가청소년위원회 비상임위원 2005년 여성·학교폭력피해자ONE-STOP지원센터 법률지원단장 2006년 한국아동학대예방협회 부회장 2007년 국가인권위원회 분쟁조정위원 2009년 대한변호사협회 청소년아동사랑위원장 2009년 同가사법전문분야등록심사위원 2009년 同인권이사 겸 인권위원장 2009년 한국성폭력상담소 자문위원 2011년 서울환경운동연합 공동의장 2012년 서울이주여성쉼터 운영위원 2012년 서울시 아동학대사례판정위원 2012년 서울가정법원 가사조정위원 2012년 보건복지부 정책자문위원 2012년 여성가족부 정책자문위원 2012~2016년 법무법인 나우리 대표변호사 2014~2016년 한국여성변호사회 회장 2014~2016년 대한변호사협회 부회장 2014년 서울중앙지법 시민사법위원회 위원(현) 2015년 대통령소속 국가지식재산위원회 민간위원(3기)(현) 2016년 법률사무소 나우리 대표변호사(현) ❸여성부 남녀평등방송상(2004), 서울시 여성상(2009), 여성신문 미래의 여성지도자상(2010), 제7회 의암주논개상(2013) ㉖'딸들아 일어나라 깨어라(共)'(1995)

이명순(李明淳) LEE Myeoung Sun

❸1967·3·2 ❀강원 춘천 ㈜서울 서초구 반포대로158 서울고등검찰청(02-530-3000) ❺1984년 춘천고졸 1989년 서울대 사법학과졸 ❸1990년 사법시험 합격(32회) 1993년 사법연수원 수료(22기) 1993년 軍법무관 1996년 서울지검 검사 1998년 수원지검 평택지청 검사 1999년 법무부 검찰2과 검사 2001년 서울지검 동부지청 검사 2004년 부산지검 검사 2005년 同부부장검사

2005년 대검찰청 파견 2007년 창원지검 거창지청장 2008년 서울중앙지검 부부장검사 2008년 법무부 정책기획단 파견 2009년 서울동부지검 형사6부장 2009년 대검찰청 형사1과장 2010년 서울중앙지검 형사5부장 2011년 대전지검 형사1부장 2012년 수원지검 여주지청장 2013년 청주지검 차장검사 2014년 수원지검 안양지청장 2015년 서울남부지검 제1차장검사 2016년 서울고검 형사부장(현)

이명순(李明純) LEE Myung Soon

[생]1968·7·19 [출]경남 의령 [주]서울 종로구 세종대로 209 금융위원회 구조개선정책관실(02-2100-2901) [학]서울대 대학원 정책학과졸 [경]2003년 금융감독위원회 기획행정실 기획과 서기관 2004년 한국개발연구원(KDI) 교육파견 2006년 금융감독위원회 감독정책1국 감독정책과 서기관 2006년 同기획행정실 의사국제과장 2007년 同기획행정실 기획과장 2007년 同감독정책1국 비은행감독과장 2007년 재정경제부 생활경제과장 2008년 금융위원회 위원장비서관 2009년 駐벨기에 재경관 2012년 금융위원회 금융정보분석원(FIU) 기획행정실장 2014년 同자본시장과장(부이사관) 2015년 자본시장연구원 파견 2015년 금융위원회 구조개선정책관(현)

이명식(李明植) LEE Myung Sik (一砂)

[생]1954·3·6 [본]수안(遂安) [출]서울 [주]서울 종로구 홍지문2길20 상명대학교 경영대학 경영학과(02-2287-5209) [학]1972년 서울고졸 1978년 서울대 섬유공학과졸 1980년 同경영대학원졸 1989년 경영학박사(미국 앨라배마대) [경]1995년 상명대 경영대학 경영학과 교수(현) 1996년 하나은행 자문교수 1998년 한국마케팅학회 상임이사 1998년 한국유통학회 이사 1998년 한국소비자문화학회 상임이사 2000년 정부혁신추진위원회 공기업평가단 금융부문 담당위원 2001년 하멕스인포텍 서비스마케팅 자문교수 2002년 한국신용카드학회 부회장 2002년 신용카드홍보교육위원회 위원 2003년 한국마케팅학회 부회장 2003년 한국FP협회 감사(현) 2008년 상명대 학생처장 2008~2009년 同경영대학장 2009년 한국신용카드학회 회장(현) 2010년 상명대 서울캠퍼스 입학처장 2010년 금융감독원 금융소비자자문위원 2011~2013년 상명대 복지상담대학원장 2011~2014년 기술보증기금 사외이사 2014~2015년 한국소비문화학회 공동회장 2014~2015년 한국서비스마케팅학회 회장 2015년 현대카드 경영자문위원(현) 2015년 삼성카드 소비자위원(현) [저]'서비스 마케팅' '마케팅 리서치' '관광서비스 마케팅' '사이버공동 체발전론' '브랜드자산의 전략적관리' '개인신용평가제도: 이론과 실제' '전략적 브랜드마케팅' '마케팅리서치: 마켓센싱&인싸이트' [종]기독교

이명식(李明植) Myung-shik, Lee

[생]1959·4·4 [주]서울 영등포구 국제금융로70 미원빌딩14층 (주)케이탑자기관리부동산투자 대표이사실(02-783-5858) [학]1977년 대일고졸 1984년 고려대 경제학과졸 2007년 강남대 대학원 부동산학과졸 [경]1983~1998년 한국산업리스 팀장 2005~2008년 아주오토리스 대표이사 2007~2008년 대우캐피탈 부사장 2009~2010년 CNH(주) 감사 2011년 (주)케이탑자기관리부동산투자 대표이사(현)

이명신(李明信)

[생]1969·12·13 [출]경남 김해 [주]서울 서초구 반포대로158 서울중앙지방검찰청 방위사업수사팀(02-530-3114) [학]1988년 김해고졸 1996년 서울대 외교학과졸 [경]1997년 사법시험 합격(39회) 2000년 사법연수원 수료(29기) 2000년 서울지법 판사 2002년 同서부지원 판사 2004년 대전지법 공주지원 판사 2005년 서울중앙지검 검사 2007년 인천지검 부천지청 검사 2009년 법무부 형사기획과 검사 2010년 대구지검 검사 2013년 同부부장검사 2013년 서울서부지검 부부장검사 2014년 수원지검 평택지청 부장검사 2015년 서울중앙지검 부부장검사 2016년 同방위사업수사팀장(부장검사)(현)

이명옥(李明玉·女)

[생]1957·11·24 [출]경남 창원 [주]경남 창원시 성산구 창원대로1086 성산구청 구청장실(055-272-2001) [학]마산여고졸, 창원대 행정대학원졸 [경]1976년 공직 입문(지방행정서기보) 2006년 창원시 웅남동장(지방행정사무관) 2007년 同기획국 평생학습과장 2010년 同경제국 경제통상과장 2011년 同문화체육국 문화예술과장 2011년 同기획정책실 평생학습담당관 2014년 同안전행정국 인사조직과장 2014년 同복지문화여성국 사회복지과장 2015년 同의창구 대민기획관(지방서기관) 2015년 同환경녹지국장(지방서기관) 2016년 同성산구청장(현)

이명우(李明祐) Lee Myoung-woo

[생]1954·1·5 [출]부산 [주]서울 서초구 마방로68 (주)동원산업 임원실(02-589-3333) [학]1972년 부산고졸 1977년 서울대 철학과졸 1994년 미국 펜실베이니아대 와튼스쿨 MBA 2010년 경영학박사(한양대) [경]1977년 삼성전자(주) 입사 1982년 同Jeddah지점장 1988년 同영국법인(London) 총괄 1990년 同컴퓨터구주판매법인(Frankfrut)장 1995년 同국제본부 마케팅팀장 1997년 同미주본사 전략기획팀장(이사보) 1998~2001년 同미주통합법인 가전부문장(이사) 2001~2005년 소니코리아(주) 대표이사 사장 2005년 미국 펜실베니아대 와튼스쿨 Visiting Scholar 2006~2007년 (주)한국코카콜라보틀링 회장 2007~2010년 아이리버(前 레인콤) 대표이사 사장·부회장 2010~2013년 한양대 경영대학 특임교수 2013년 (주)포스코 사외이사(현) 2014년 (주)동원산업 대표이사 사장(현) 2016년 포스코 이사회 의장(현) [상]국제휴머니테리언상(S. David Feir International Humanitarian Award)(1999) [저]'적의칼로 싸워라'(2013, 문학동네) '초일류 삼성의 성공엔진(共)'(2013, 한울)

이명자(李明子·女) LEE Myung Ja (청계)

[생]1937·10·11 [본]경주(慶州) [출]대구 [주]대구 중구 중앙대로67길10 삼정그린코아상가115호 이명자한복방(053-421-2828) [학]대구가톨릭대 디자인대학원 수료, 단국대 사회교육원 전통복식과정 수료 [경](사)한국의상협회 자문위원, 한국무형문화재기능보존협회 회원, 이명자한복방 대표(현) 1987년 대구경북한복협회 창립·초대·제2대 회장·고문(현), (사)한국의상협회 부이사장, 同자문위원(현), 국내외 43회 발표회 및 21회 전시회 개최 1995년 미국 LA 명예시민 2005년 정부 선정 '한복부문 명장', 한국연합한복협회 고문, 한복문화학회 부이사장, 대구시 새마을목련회 회장, 同고문(현) 2012년 2012대한민국명장회 자문위원 [상]대구시 북구청장 감사패(1990·1992), (사)우리옷협회장 공로표창(1994), 미국 LA시 감사장(1995), 경북도지사 공로표창(1999), 미국 LA 한국문화원장 감사장(2000), 제1회 대한민국 전통의상 공모전 장려상(2000, 부산섬유연합회), 제25회 대한민국 전승 공예대전 장려상(2000, 무형문화재 기능보존협회), 한국문화재보호재단 이사장 감사장(2002), 제7회 한복의 날 황금골무상(2003, 문화관광부장관), 국무총리표창, 대구·경북섬유산업협의회 공로표창, 안동대총장 감사패 [종]천주교

이명자(李明子·女) LEE Myung Ja

[생]1942·6·23 [출]서울 [주]서울 종로구 율곡로10길 12(02-762-8330) [학]1961년 동덕여고졸 1985년 명지실업전문대 수료 1992년 미국 퍼시픽웨스턴(Pacific Western)대 사회체육과졸 1997년 동국대 문화예술대학원 수료 2002년 연세대 대학원 고위정책과정 수료 [경]한국예술종합학교 전통원 강사, 1964년 강선영무용학원 조교 1964년 무형문화재 제92호 태평무 전수조교(현) 1969~1970년 국립무용단 단원 1969~1977년 한성여중·고교 무용강사 1974년 이명자무용단 설립·단장(현) 1985~2013년 한국무용협회 이사, 同부이사장 1990년 체육선교신학대학 무용과 강사 2000~2005년 대진대 예술대학 무용예술학부 초빙교수 2013년 한국무용협회 고문(현) [상]예총 문화예술대상 [작]'한서' '객' '빗소리' '실타래' '백의혼' '아름다운 사계절' '떠오르는 빛' [종]천주교

이명재(李明載) LEE Myung Jae

[생]1943·3·5 [출]경북 영주 [주]서울 종로구 청와대로 1 대통령비서실(02-770-0011) [학]1961년 경북고졸 1965년 서울대 법대졸 [경]1970년 사법시험 합격(11회) 1972년 사법연수원 수료(1기) 1972년 軍법무관 1975년 서울지검 남부지청 검사 1977년 전주지검 군산지청 검사 1979년 대검찰청 검찰연구관 1980년 서울지검 검사 1982년 대검찰청 검찰연구관(고등검찰관) 1985년 同감찰2과장 1985~1989년 同중수부 3과장·2과장 1990년 서울지검 특수1부장 1992년 부산지검 울산지청장 1993년 서울지검 동부지청 차장검사 1993년 同서부지청장 1994년 同동부지청장 1995년 사법연수원 부원장 1997년 대검찰청 총무부장 1998년 同중앙수사부장 1999년 부산고검장 2000년 서울고검장 2001년 변호사 개업 2002년 검찰총장 2003~2015년 법무법인 태평양 고문변호사 2004~2014년 녹십자 사외이사 2005년 신한장학재단 사외이사(현) 2009~2012년 두산인프라코어(주) 사외이사 2011년 TV조선 사외이사 2015년 대통령 민정특보(현) [상]황조근정훈장 [종]불교

이명재(李明宰) Lee Myung Jae

[생]1957·10·15 [본]전주(全州) [출]전북 김제 [주]경기 화성시 동탄면 중리691 (주)에스에프에이 임원실(031-379-7330) [학]1976년 숭실고졸 1984년 고려대 기계공학과졸 [경]1983~1986년 현대건설 근무 1986~1988년 LG전자 근무 1988~1991년 삼성전자 근무 1991~1998년 삼성테크윈 근무 1999년 (주)에스에프에이 부사장(현) [종]기독교

이명재(李明宰) LEE Myung Jae

[생]1960·4·11 [본]전주(全州) [출]충남 논산 [주]충북 진천군 덕산면 교연로780 법무연수원 기획부(043-531-1600) [학]1979년 경신고졸 1983년 고려대 법학과졸 [경]1983년 (주)금성사 근무 1986년 사법시험 합격(28회) 1989년 사법연수원 수료(18기) 1989년 서울지검 검사 1991년 부산지검 울산지청 검사 1993년 인천지검 검사 1995년 서울지검 의정부지청 검사 1997년 법무부 법무과 검사 1999년 서울지검 북부지청 검사 2001년 同북부지청 부부장검사 2002년 춘천지검 강릉지청 부장검사 2003년 대검찰청 연구관 2004년 인천지검 공안부장 2005년 서울중앙지검 부부장검사 2006년 법무부 감찰관실 검사 2007년 서울중앙지검 특수3부장 2008년 청주지검 충주지청장 2009년 법무부 감찰담당관 2009년 서울북부지검 차장검사 2010년 의정부지검 고양지청장 2011년 법무부 인권국장 2012년 서울고검 형사부장 2013년 제주지검장 2013년 의정부지검장 2015년 사법연수원 부원장(검사장급) 2015년 법무연수원 기획부장(검사장급) 겸 부원장(현) [상]법무부장관표창(1997) [저]'객관식 민법'(1987) '新국적법해설'(1998)

이명조(李明照) LEE Myong Jo

[생]1962·1·19 [본]경주(慶州) [출]경북 선산 [주]서울 종로구 율곡로2길25 연합뉴스 인사교육부(02-398-3114) [학]검정고시 합격 1989년 고려대 불어불문학과졸 2002~2003년 미국 텍사스대 저널리즘스쿨 연수 [경]1989년 연합뉴스 입사 1989년 同영문뉴스국 특집부 기자 1991년 同사회부 기자 1994년 同정치부 기자 1999년 同문화부 기자 2001년 同여론매체부 차장대우 2002년 同편집국장석 차장 2004년 同사회부 차장 2005년 同편집국 기획취재팀장 2005년 同국제경제부 차장 2006년 同국제경제부 부장대우 2007년 同파리특파원(부장대우) 2009년 同파리특파원(부장급) 2010년 同국제뉴스2부 부장급 2011년 同정치부장 2012년 同정치부장(부국장대우) 2013년 同논설위원 2014년 同콘텐츠평가실 콘텐츠평가위원 2015년 同파리총국장(현)

이명준(李命濬)

[생]1959·7·4 [주]대전 서구 문예로5 한국농어촌공사 기술안전품질원(042-479-8214) [학]1978년 대구농림고졸 1984년 경북대 농공학과졸 [경]1985년 한국농어촌공사 입사 2005년 同의령지사 지역개발팀장 2006년 同달성지사 유지관리팀장 2007년 同구미지사 지역개발팀장 2009년 同고령지사 지역개발팀장 2011년 同청송·영양지사장 2014년 同수자원운영처장 2015년 同구미·김천지사장 2015년 同기술안전품질원장(현) [상]한국농어촌공사 사장 표창, 농림수산식품부장관표창(2회), 국민훈장 목련장(2015)

이명준(李明俊)

[생]1968 [출]광주 [주]제주특별자치도 서귀포시 서호남로11 서귀포해양경비안전서(064-793-2000) [학]광주 동신고졸, 한국해양대졸, 영국 서레이대 대학원 경영학석사 [경]1995년 경위 임용(경찰간부 후보 43회) 2004년 해양경찰청 경무기획국 혁신계장(경정) 2004년 同경무기획국 혁신기획단 성과관리팀장 2008년 국외훈련(영국 서레이대) 2011년 해양경찰학교 교무계장 2011년 해양경찰청 미래전략기획단장(총경) 2012년 同기획조정관실 창의성과담당관 2013년 대통령 사회안전비서관실 행정관 2015년 대통령 재난안전비서관실 행정관 2016년 서귀포해양경비안전서장(현)

이명진(李明振) Yi Robert Myung

[생]1958·8·16 [출]서울 [주]서울 중구 세종대로67 삼성전자(주) IR그룹(02-2022-3730) [학]미국 뉴욕주립대 버펄로교 회계학과졸 [경]삼성전자(주) IR팀 상무보 2007년 同IR팀 상무 2009년 同DS IR팀장(상무) 2010년 同IR팀장(상무) 2011년 同IR팀장(전무) 2014년 同IR그룹장(전무)(현)

이명진(李明振) LEE Myung Jin

[생]1958·10·4 [출]서울 [주]세종특별자치시 시청대로370 세종국책연구단지 과학인프라동 과학기술정책연구원 글로벌정책연구센터(044-287-2107) [학]1981년 성균관대 무역학과졸, 미국 위스콘신대 대학원졸 1991년 경제학박사(미국 위스콘신대) [경]한국·태평양경제협력위원회(KOPEC) 과학기술분과 위원, APEC Ecotech 소위원회 대표단, 과학기술정책연구원 대외정책연구부 선임연구원, 同대외정책연구부장, 同국제협력팀 연구위원 2005년 同기술경제연구부 연구위원 2006년 同국제협력연구단장 2008년 同글로컬협력센터 소장 2010년 同글로컬협력센터 선임연구위원 2011년 同글로컬협력센터 소장, 同글로벌정책본부장 2014년 同글로벌정책연구센터 선임연구위원(현) 2015년 국가과학기술심의회 기초·기반전문위원회 위원(현)

이명천(李明天) LEE Myoung Chun

[생]1957·12·19 [출]광주 [주]서울 동작구 흑석로47 중앙대학교 광고홍보학과(02-820-5507) [학]1976년 광주고졸 1982년 중앙대 광고홍보학과졸 1985년 同대학원 경영학과졸 1991년 신문방송학박사(한양대) [경]1992년 중앙대 광고홍보학과 교수(현) 1996~1998년 同신문방송대학원 교학부장 2000~2002년 同광고홍보연구소장 2001~2003년 한국광고홍보학회 회장 2003~2006년 (주)SBSi 사외이사 2004년 (사)국제청소년지원단 이사장(현), 유엔환경계획(UNEP) 한국위원회 이사(현) 2005~2007년 중앙대 신문방송대학원장 2008~2009년 한국홍보학회 회장 2010년 한마음한몸운동본부 이사(현) 2013년 한국기술교육대 교육이사(현) 2014년 이마에스트리 기획홍보책임자(CCO)(현) [저]'글로벌마케팅 커뮤니케이션'(2002) '광고연구방법론'(2003) '광고학개론'(2005) '문화콘텐츠마케팅'(2006) '한국PR의 역사'(2010) 'PR입문'(2011) [역]'인터넷광고론'(2000) '인터넷광고의 이해'(2003) '혼자서도 할 수 있는 비영리조직PR'(2003) '위기관리 PR 커뮤니케이션'(2005)

이명철(李明哲) Myung Chul Lee

[생]1948·9·22 [출]경남 밀양 [주]경기 성남시 분당구 돌마로42 한국과학기술한림원(031-726-7900) [학]1967년 서울고졸 1969년 서울대 문리과대학 의예과졸 1973년 同의과대학 의학과졸 1976년 同대학원 의학석사 1982년 의학박사(서울대) [경]1974~1978년 서울대병원 내과 레지던트 1978~1981년 국군수도통합병원 내과부장(군의관) 1981~2012년 서울대 의대 핵의학교실 조교수·부교수·교수 1984~1986년 미국 존스홉킨스의대 연구원 1990~1996년 서울대병원 핵의학과장 1990~1996년 서울대 환경안전연구소 운영부장 1993~1996년 대한핵의학회 이사장 1996~1999년 同고시수련위원장 1996~1998년 서울대 의학연구원 부원장 1996~2000년 同의대 연구부학장·교무부학장 1997~1998년 同의대 핵의학교실 주임교수 1997~2003년 한국원자력연구소 이사 1997~2000년 대한의학회 이사(임상의학) 1998~1999년 대한의용생체공학회 회장 1998~2011년 유럽핵의학회지 편집위원 1999~2011년 미국핵의학회지 편집위원 2001~2003년 아시아지역핵의학협력기구 의장 2002~2006년 세계핵의학회 회장 2002~2004년 同학회지 편집위원장·명예 편집위원·수석편집위원 2002~2006년 서울대 대학원 방사선응용생명과학교실 주임교수 2002년 한국과학기술한림원 회원(현) 2003~2010년 한국방사성동위원소협회 부회장 2004년 세르비아 벤그레이드대 초빙교수(현) 2004년 대한민국의학한림원 회원(현) 2006~2007년 대한핵의학회 회장 2006년 원자력국제협력재단 이사(현) 2006년 국제과학복합연구단지(청라지구 BIT Port) 추진단장 2007~2010년 서울대 생명공학공동연구원장 2008~2012년 한국바이오경제포럼 회장 2010~2016년 (사)한국동위원소협회 회장 2010~2012년 (재)서울대학교발전기금 부이사장 2010년 한국과학기술한림원 의약학부장 2010~2012년 방사선선진문화포럼 공동회장 2011~2014년 세계동위원소기구(WCI) 회장 2012~2013년 가천대 길병원장 2013년 同메디컬캠퍼스 부총장 2013~2014년 同메디컬캠퍼스 임상의학핵의학과 교수 2013~2014년 同뇌융합과학관 초대원장 2013~2016년 한국과학기술한림원 회원담당 부원장 2014~2016년 국군의무사령부 국군수도병원장 2015년 한국방사선진흥협회 회장(현) 2015년 국가과학기술자문회의 미래전략분과 의장(현) 2016년 한국과학기술한림원 원장(현) [상]대한핵의학회 Radim상(1996), 제8회 대한의용생체공학상(2001), 3·1문화상(2010), 한국핵의학상(2011), 과학기술훈장 창조장(2012) [저]'핵의학용어집(共)'(1991) '핵의학Ⅰ·Ⅱ'(1992, 1997) '진단방사선과학'(1995) [역]'핵의학Ⅲ'(2008) '핵의학길잡이'(2009) [종]기독교

이명철(李明喆) LEE Myung Chul

[생]1954·3·1 [주]서울 종로구 인사동7길32 SK건설(주) 해외플랜트 Operation2부문(02-3700-8091) [학]양정고졸, 연세대 전기공학과졸 [경]현대건설 근무, 쌍용정유 근무, 삼성종합화학 근무, SK건설(주) 플랜트ENG'G본부장(상무) 2014년 同전략사업추진단장(전무) 2015년 同해외플랜트 Operation2부문 전무(현)

이명철(李銘哲) LEE Myung Chul

[생]1958 · 5 · 29 [주]서울 종로구 대학로101 서울대병원 정형외과(02-760-3212) [학]영동고졸 1983년 서울대 의대졸 1991년 同대학원졸 1994년 의학박사(서울대) [경]1983~1986년 군의관 1991~1993년 충북대 의대 정형외과학교실 전임강사 1993~1994년 서울대 의대 정형외과학교실 임상강사 1994년 同의대 정형외과학교실 전임강사 · 조교수 · 부교수 · 교수(현) 1996~1998년 미국 Univ. of California San Diego 정형외과 연구교수 2004년 미국 Hospital for special surgery 연수 2007~2010년 대한슬관절학회 학술편집위원장 2008년 독일 Heidelberg대 Mannheim병원 연수 2013~2015년 대한정형외과연구학회 회장 2016년 서울대 의과대학 정형외과학교실 주임교수(현) 2016년 서울대병원 정형외과 과장(현) [저]'골절학(共)'(2001, 군자출판사) '스포츠의학(共)'(2001, 의학출판사) '정형외과학(제6판)(共)'(2006, 최신의학사)

이명학(李明學) LEE Myung Hack

[생]1954 · 12 · 21 [본]전주(全州) [출]서울 [주]경기 과천시 별양상가로2 그레이스빌딩12층 (주)천일 사장실(070-7437-9772) [학]1978년 육군사관학교졸 1987년 한양대 산업대학원 토목공학과졸 [경]1984년 건설교통부 토목사무관 1992년 한국공항공사 토목처장 1994년 인천국제공항공사 토목사업본부장 1999년 (주)한석엔지니어링 건축사 사장 2002년 (주)유신코퍼레이션 입사 · 사장 2006~2013년 (주)유신 사장 2013~2014년 同부회장 2014년 同기술자문 2014년 (주)천일 사장(현) [상]산업포장(2003) [종]기독교

이명학(李明學) LEE Myung Hak

[생]1955 · 5 · 30 [본]양성(陽城) [출]서울 [주]서울 종로구 비봉길1 한국고전번역원 원장실(02-394-8802) [학]성균관대 한문교육학과졸, 同대학원졸, 중국 베이징사범대 대학원 중문학박사과정 수료 [경]1989년 성균관대 사범대학 한문교육과 교수(현), EBS 교양한문 강사, 성균관대 신문사 · 방송국 주간교수, 同학생처장, 同입학처장, 대만 국립정치대 한국어과 교환교수 2003년 한국한문교육학회 회장 2006~2010년 성균관대 사범대학장 겸 교육대학원장 2009년 미국 세계인명사전 'Marquis Who's Who in the World' 에 등재 2014년 한국고전번역원 원장(현) [상]제1회 대한민국 스승상(2012), 녹조근정훈장(2012), 한국교육개발원(KEDI) ', 100대 좋은 대학강의상(2012) [저]'중학교 한문1 · 2 · 3' '고등학교 한문Ⅰ · Ⅱ' '비즈니스 한자 실무1 · 2 · 3' '고등학교 한문' 'EBS방송교재' '교양인을 위한 한문의 세계' '상무한검' '생각이 열리는 한자' [역]'고구려 사람들'(2007)

이명헌(李明憲) Myoung-Heon, Lee

[생]1965 · 2 · 28 [본]월성(月城) [출]서울 [주]경기 안양시 만안구 안양로175 농림축산검역본부 동물약품관리과(031-467-4301) [학]1983년 충주고졸 1987년 충남대 수의학과졸 1989년 同대학원 수의학과졸 1998년 수의학박사(충남대) [경]1993~2003년 국립수의과학검역원 가축위생연구사 2003~2012년 농림축산검역본부 수의연구관 2008~2010년 미국 미주리대 초빙연구원 2011년 대한수의사회 학술홍보국제협력위원(현) 2012년 농림축산검역본부 질병진단과장 2014년 同구제역진단과장 2014년 대한수의학회 재무위원장(현) 2014년 한국예방수의학회 학술위원장(현) 2016년 농림축산검역본부 동물약품관리과장(현) [상]농림부장관표창(2000) [종]천주교

이명혁(李明赫) LEE Myung Hyuk

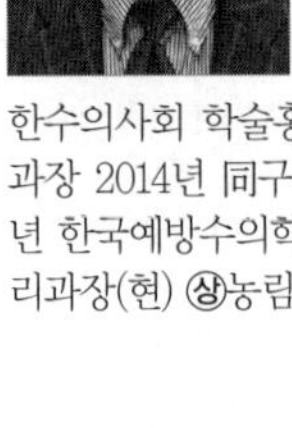

[생]1960 · 1 · 12 [본]청안(淸安) [출]경북 울릉 [주]경기 성남시 분당구 돌마로172 한국토지주택공사(031-738-7114) [학]1979년 대구 오성고졸 1985년 계명대 경제학과졸 2002년 한국개발연구원(KDI) 경제정책과정 수료 2004년 미국 미시간주립대 부동산금융과정 수료 2011년 고려대 행정대학원 공공정책학과졸 2015년 회계학박사(계명대) [경]2001년 대한주택공사 대구경북사업개발부장 2002년 同인력개발처 후생부장 2004년 同기획조정실 사업조정팀장 2006년 同기획조정실 기획 · 예산총괄팀장 2008년 同전략기획단장 2009년 同대구경북지역본부장 2009년 한국토지주택공사 사업조정심의실장 2010년 同재무처장 2012년 同감사실장 2012년 同부산 · 울산지역본부장 2013년 同산업경제본부 토지은행기획처장 2014년 同경남지역본부장 2015년 同전문위원(현) [종]기독교

이명현(李明賢) LEE Myung Hyun (玄愚)

[생]1942 · 6 · 16 [본]단양(丹陽) [출]평북 신의주 [주]서울 중구 동호로240 환경빌딩B1 심경문화재단 이사장실(02-521-1434) [학]1964년 서울대 철학과졸 1968년 同대학원졸 1974년 철학박사(미국 브라운대) [경]1964~1968년 공군사관학교 조교수 1973~1977년 한국외국어대 조교수 1977~1980년 서울대 인문대학 조교수 1980년 同강제 해직 1982~1983년 독일 훔볼트재단 초청 독일 Trier대 연구교수 1984년 서울대 인문대학 철학과 교수 복직 1985~1987년 한국분석철학회 회장 1989~1991년 서울대 인문대학 철학과 학과장 1989~1993년 同평의원 1989~1997년 (재)철학문화연구소 소장 1989~2015년 계간 '철학과 현실' 편집인 1994~1996년 대통령자문교육개혁위원회 상임위원 1996~1997년 서울대 평의원 1997년 미국 하버드대 철학과 Visiting Scholar 1997~1998년 교육부 장관 1998~2000년 민주평통 위원 1999~2001년 서울대 철학사상연구소장 1999~2008년 (사)볼런티어21 이사장 2000~2001년 한국철학회 회장 2002~2003년 미국 뉴욕주립대 스토니브룩교 Visiting Scholar 2002~2004년 세종문화회관 이사 2005~2008년 2008세계철학자대회 조직위원회 의장 2005~2016년 한국사학법인연합회 사학윤리위원회 위원 2006~2007년 선진화국민회의 공동상임위원장 2006~2007년 경인여대 이사장 2006~2007년 교육선진화운동본부 대표 2007년 서울대 인문대학 철학과 명예교수(현) 2009년 성숙사회가꾸기모임 상임대표(현) 2009년 심경문화재단 이사장(현) 2009년 계간 '철학과 현실' 발행인(현) [상]대통령표창(1995), 국민훈장 동백장(1996), 청조근정훈장(2003) [저]'현대사회와 철학(共)'(1981) '이성과 언어'(1982) '비트겐슈타인의 이해'(1984) '한국에서 철학하는 자세들'(1986) '보통사람을 위한 철학'(1986) '열린마음 열린세상'(1989) '비트겐슈타인과 분석철학의 전개(共)'(1991) '길 아닌 것이 길이다'(1996) '신문법서설'(1997) '사회변혁과 철학(共)'(1999) '현대철학특강(共)'(1999) '새천년 한국문화(共)'(1999) 'Selected Papers from the XXII World Congress of Philosophy, special supplement, Journal of Philosophical Research(編)' (2012, Philosophy Documentation Center) [역]'열린사회와 그 적들' '현대철학의 쟁점들' '칼 포퍼(共)' [종]기독교

이명호(李明昊) LEE Myung Ho (금제)

[생]1934 · 8 · 21 [출]부산 [주]부산 사하구 하신번영로27 한국선재(주) 비서실(051-200-4400) [학]1955년 경남상고졸 1961년 부산대 무역학과졸 1983년 同경영대학원 최고경영자과정 수료 [경]1968년 대선양조 전무 1972년 협신철강 대표 1974년 한국선재공업사 대표 1982년 부영철강(주) 대표이사 사장 1990년 한국선재(주) 대표이사 사장 2004년 同대표이사 회장(현) [상]1천만불 수출탑(1984), 재무부장관표창(1985)

이명호(李明豪) LEE Myeong Ho

[생]1957·8·20 [출]서울 [주]충북 진천군 덕산면 정통로18 정보통신정책연구원(043-531-4060) [학]1982년 서울대 경제학과졸 1984년 同대학원 경제학과 수료 1986년 미국 컬럼비아대 대학원졸(경제학석사) 1989년 경제학박사(미국 컬럼비아대) [경]통신개발연구원 선임연구위원, 同통신방송정책연구실장, 아시아개발은행(ADB) 인도네시아통신발전계획 정책자문, 정보통신정책학회 운영이사, 同편집위원장, 통신위원회(KCC) 전문위원장, 정보통신부(MIC) 평가위원, 국무총리실 규제개혁위원회 분과위원, 한국통신 민영화추진실무위원, ICU(現 KAIST) 경영학부 부교수, Telecommunications Review 편집위원, 명지대 정보통신경영대학원 교수, 공정거래위원회 경쟁정책자문위원, 우정사업본부 경영평가위원, 연세대 정보대학원 교수, SBS 경영위원, 기획재정부 공공기관 경영평가단 평가팀장, 한국과학기술원(KAIST) 테크노경영대학원 초빙교수, 정보통신정책연구원(KISDI) 선임연구위원(현), 同통신정책연구실장, 한국스마트그리드사업단 이사(현) 2014~2016년 정보통신정책연구원(KISDI) 부원장 [상]체신부장관표창(1994), 정보통신부장관표창(2007), 방송통신위원장표창(2012) [저]'정보통신산업의 공정경쟁과 규제정책'(1999) '디지털 융합, 새로운 게임의 법칙-융합시대의 방송통신 규제는 어떠해야 하는가'(2007)

이명호(李明鎬)

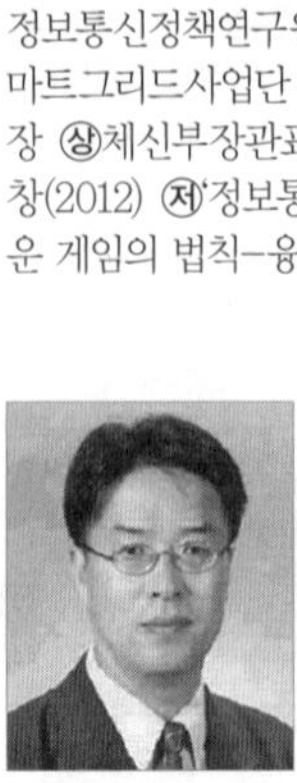

[생]1963 · 12 · 4 [주]서울 종로구 세종대로209 금융위원회 행정인사과(02-2100-2763) [학]1982년 거창 대성고졸 1988년 서울대 사법학과졸 1998년 미국 컬럼비아대 대학원 법학과졸 [경]1990년 총무처 수습행정관(5급) 1993년 상공자원부 중소기업국 진흥과 사무관 1994년 재무부 경제협력국 외자정책과 근무 1996년 재정경제원 대외경제국 대외경제총괄과 근무 1998년 미국 컬럼비아대 교육파견 1999년 재정경제부 금융정책국 증권제도과 근무 2000년 금융감독위원회 조정협력관실 근무 2001년 同감독법규관실 법규총괄담당관실 근무

ㅇ

2005년 同감독정책2국 비은행감독과장 2005년 同조사기획과장 2007년 同자산운용감독과장 2007년 同증권검사과장 2009년 금융위원회 금융서비스국 자본시장과장 2009년 同사무처 행정인사과장(부이사관) 2009년 駐영국대사관 참사관 2012년 금융위원회 자본시장조사심의관 2014년 同구조개선정책관 2015년 해외(인도네시아) 파견(부이사관)(현)

이명활(李銘活)

(생)1964·5·4 (주)서울 중구 명동11길19 한국금융연구원 부원장실(02-3705-6343) (학)서울대 경제학과졸, 미국 텍사스 오스틴대 대학원 경제학과졸, 경제학박사(미국 텍사스 오스틴대) (경)한국은행 정책기획국 조사역, 한국금융연구원 연구위원, 同금융시장팀장 2011년 同거시·국제금융연구실장 2011년 同선임연구위원, 금융위원회 위원장 자문관, 공적자금관리위원회 매각심사소위원회 위원, 한국주택금융공사 비상임이사, 자산운용협회 자문위원, 금융투자협회 판매인력관리위원회 위원, 서울신용평가정보 사외이사, 국회 예산정책처 경제분석자문단 자문위원, 금융감독원 시스템리스크분석 자문위원, 한국은행 외환·국제금융 자문위원, 한국국제금융학회 이사, 신용회복기금 이사, 우리자산운용 사외이사 2015년 한국금융연구원 기업부채연구센터장 2016년 同기획협력실장 2016년 同부원장(현)

이명훈(李明勳)

(생)1964·5·27 (본)경남 (주)경기 부천시 경인로160번길70 부천소사경찰서(032-456-0321) (학)부산 금성고졸 1986년 경찰대졸(2기), 부산대 행정대학원 행정학과졸 (경)1986년 경위 임명 1991년 경감 승진 1998년 경정 승진 2007년 울산지방경찰청 수사과장(총경) 2008년 경북 영덕경찰서장 2009년 부산지방경찰청 경비과장 2010년 駐멕시코 주재관 2012년 서울서부경찰서장 2013년 중앙경찰학교 교무과장 2014년 경찰대 치안정책연구소 총경·교무과장 2015년 서울지방경찰청 교통관리과장 2016년 부천소사경찰서장(현)

이명휴(李明休) LEE Myung Hyu

(생)1944·10·1 (본)전북 익산 (주)서울 영등포구 당산로2길 12의90′7 에이스테크노타워 (주)우림글로벌 회장실(02-2275-0476) (학)1962년 익산 남성고졸 1966년 성균관대 상학과졸 1977년 고려대 경영대학원졸 1995년 서강대 최고경영자과정 수료 1999년 연세대 언론홍보최고위과정 수료 2000년 국제산업디자인대학원대 수료 (경)1974년 (주)뉴남산관광호텔 대표이사 1976년 (주)조양실업 대표이사 1976년 (주)진성공영 대표이사 1989~2001년 우림석유 회장 1994년 한국마사회 자문위원 1996년 북방권교류협회 부총재 1996년 한·미교류협회 이사 1997년 공정거래위원회 하도급자문위원회 부위원장 1999년 한국씨름연맹 부총재 2000년 국민생활체육협의회 부회장 2000년 (주)우림석유 대표 회장 2003년 (주)우림글로벌 대표이사 회장(현) 2004년 중소기업중앙회 정책위원 2006년 덕수중 운영위원장 2013년 나눔과기쁨 고문(현) 2013년 극동방송 운영위원(현) 2014년 세계한인교류기구(KICA) 고문(현) 2014년 새로운한국국민운동본부 공동대표(현) (상)대통령표창(1993) (종)기독교

이명희(李明熙·女) LEE Myung Hee

(생)1943·9·5 (본)경주(慶州) (출)경남 의령 (주)서울 중구 소공로63 신세계그룹 회장실(02-727-1062) (학)1961년 이화여고졸 1965년 이화여대 생활미술학과졸 (경)1979년 (주)신세계백화점 이사 1980년 同상무 1996년 同부사장 1997~1998년 同부회장 1998~2000년 同회장 2001년 (주)신세계 회장 2011년 신세계그룹 회장(현)

이명희(李明姬·女) Lee myung hee

(생)1946·12·23 (출)경북 상주 (주)대구 달서구 공원순환로 201 문화예술회관 제2여련관 한국국악협회 대구시지회(053-256-7957) (학)1964년 문화고졸 (경)1985년 이명희판소리연구소 소장 1987년 故김소희선생에게 사사 1992년 대구시무형문화재8호 판소리예능보유자 지정(현) 1995년 한국국악협회 대구지회 국극분과위원장, 한국전통예술진흥회 대구·경북지부 부지부장 1998년 경주문화엑스포 명인명창전 주관, 홍보가·춘향가 완창발표회, 해외연주 수회 2002년 (사)영남판소리보존회 이사장(현) 2004~2011년 대구예술대 외래강사 2005년 한국국악협회 대구지회장 2006년 한국예술문화단체총연합회 대구지부 부회장 2012년 동국대 경주캠퍼스 외래강사, 영남대 외래강사(현) 2015년 한국국악협회 대구지회 고문(현) (상)문화공보부장관표창, 대통령표창, 전주대사습놀이 명창부 장원, 국악대상 판소리상, 김복문화상, 세계문화예술대상 (종)불교

이명희(李明姬·女) Lee Myung Hee

(생)1949·5·28 (본)안안(延安) (출)서울 (주)서울 중구 덕수궁길15 서울특별시의회(02-3783-1836) (학)이화여대 사학과졸 (경)바른선거시민모임전국연합회·서울시연합회 창립회장, 한국여성유권자연맹 사무총장 2014년 서울시의회 의원(비례대표, 새누리당)(현) 2014·2016년 同행정자치위원회 부위원장(현) 2014~2016년 同운영위원회 위원 2014~2015년 同예산결산특별위원회 위원 2014·2016년 同남북교류협력지원특별위원회 위원(현) 2015년 同하나고등학교특혜의혹진상규명을위한행정사무조사특별위원회 위원(현) 2016년 同역사도시서울위원회 위원(현) (상)국민훈장 석류장(2008)

이명희(李明熙) Lee Myung Hee

(생)1960·3·5 (본)경주(慶州) (출)경북 문경 (주)충남 공주시 공주대학로56 공주대학교 사범대학 역사교육과(041-850-8231) (학)1983년 서울대 사범대학 역사교육학과졸 1992년 同대학원 수료 1994년 일본 쓰쿠바대 대학원 교육학과졸 1998년 교육학박사(일본 쓰쿠바대) (경)1983~1989년 서울 강동중·서운중·오금중 역사교사 1989~1991년 국립국악고 역사교사 1998~2002년 한국교육과정평가원 책임연구원·국가수준교육성취도평가팀장 1999~2004년 한국일본학회 이사 1999년 한국교과교육평가학회 이사 1999년 한국·일본교육학회 부회장 2000년 한국교과교육학회 이사 2000년 한국사회과교육연구학회 부회장·편집위원장 2001~2002년 한국외국어대 교육대학원 겸임교수 2002년 역사교육연구회 이사 2002년 공주대 사범대학 역사교육과 교수(현) 2005년 자유주의교육운동연합 운영위원장 2006년 서울시 교육자문위원 2007년 육군군사연구소 자문위원 2007년 (사)자유교육연합 상임대표 2008년 친일반민족진상규명위원회 위원 2008년 국회 교육과학기술위원회 자문교수 2008년 미래기획위원회 교육자문위원 2009년 교육과학기술부 미래교육공동체포럼 운영위원장 2009년 국무총리실 공교육정상화 및 사교육줄이기 민관협력위원 2010년 대통령직속 사회통합위원회 이념분과위원회 위원 2010~2013년 국립국제교육원 운영위원 2011~2012년 국가교육과학기술자문회의 과학기술분야 위원 2012~2014년 한국사회과교육연구학회 회장 2013년 한국현대사학회 회장(현) (상)서울시교육감표창(1989), 한국교육과정평가원장표창(2001) (저)'중학교국사(共)'(2002) '고등학교국사(共)'(2002) '자율과 책무의 학교개혁 : 평준화 논의를 넘어서(共)'(2002) '교과교육평가의 이론과 실제(共)'(2003) '아이들과 함께 성장하는 부모(共)'(2004) '21세기의 역사인식과 국제이해(共)'(2004) '일한교류수업과 사회교육(共)'(2005) '교원양성은 이제 변한다(共)'(2007) '한미FTA 및 개방화에 따른 제도 개선과제(共)'(2007) '사립학교법의 폐지와 대체입법 방안(共)'(2009) '한일관계사 연구논집21 : 한일 역사교과서 편찬제도 비교연구(編)'(2010) '한국교육을 토론하다'(2010) (종)천주교

이명희(李明熙) LEE Myung Hee

(생)1960·6·17 (본)경주(慶州) (출)강원 홍천 (주)충북 괴산군 청천면 괴산로 평단5길119 풀무원 로하스아카데미(070-7600-2961) (학)1979년 원주 대성고졸 1987년 강원대 경영학과졸 (경)1987년 풀무원 입사(공채3기) 1987~1994년 同인사기획 실무담당·팀장 1995~1998년 同수도권영업지점장 1999~2003년 同고객만족센터장 2004년 (사)기업소비자전문가협회(OCAP) 부회장 2009~2012년 (주)풀무원스프라우트 대표이사 2012~2016년 (주)풀무원 인사기획실장(부사장) 2014년 '아시아문예'에 수필가 등단 2016년 (주)풀무원 로하스아카데미 본부장(부사장)(현) (상)공정거래위원회 위원장표창(2012)

이목희(李穆熙) RHEE Mok Hee

(생)1953·9·10 (출)경북 상주 (학)1971년 김천고졸 1978년 서울대 무역학과졸 (경)1977년 국제경제연구원 연구원 1978년 전국섬유노동조합 기획전문위원 1981~1982년 노동조합관련 구속 1988년 한국노동연구소 소장 1988년 인천지역노동조합협의회 지도위원 1991년 노동조합관련 구속 1994년 통일시대민주주의국민회의 정책위원장 1994년 국민회의 노동특별위원회 부위원장 1998년 노사정위원회 상무위원회 간사 1999년 同사무차장 2000년 同기획위원 2000년 새천년민주당 총재특보 2000년 사회정책연구소 소장 2001년 대우자동차희망센터 이사장 2002년 새천년민주당 노무현 대통령후보 노동특보 2002년 同서울금천지구당 위원장 2003년 대통령 노동개혁테스크포스 자문위원 2004~2008년 제17대 국회의원(서울 금천, 열린우리당·대통합민주신당·통합민주당) 2004~2006년 열린우리당 제5정책조정위원장 2004년 同빈부격차차별시정위원장 2006~2007년 同전략기획위원장 2007년 대통합민주신당 국민경선관리위원회 집행위원장 2008년 민주당 서울금천지역

위원회 위원장 2010년 同대외협력위원장 2012~2016년 제19대 국회의원(서울 금천, 민주통합당·민주당·새정치민주연합·더불어민주당) 2012년 민주통합당 대선후보경선준비기획단 기획위원 2012~2014년 국회 보건복지위원회 야당 간사 2012~2013년 민주통합당 제4정책조정위원장 2012년 同제18대 대통령중앙선거대책위원회 '민주캠프' 산하 기획본부장 2013년 민주당 원내전략단장 2014년 국회 보건복지위원회 위원 2014~2015년 국회 남북관계및교류협력발전특별위원회 위원 2015년 새정치민주연합 정책위원회 의장 2015~2016년 더불어민주당 정책위원회 의장 [저]'한국노동운동의 대중적 기초와 진로' [종]가톨릭

이목희(李穆熙) LEE Mok Hee

[생]1958·9·1 [출]서울 [주]서울 중구 세종대로124 서울신문 임원실(02-2000-9003) [학]1982년 서울대 외교학과졸 [경]1985년 서울신문 기자 1999년 대한매일 편집국 정치팀 차장 2000년 同행정뉴스팀장(차장급) 2001년 同행정팀장(부장급) 2002년 同정치부장 2004년 서울신문 논설위원 2004년 同논설위원(국장급) 2004~2008년 한국신문방송편집인협회 남북교류위원회 위원 2008년 관훈클럽 운영위원(서기) 2008년 서울신문 편집국 부국장 2008년 同논설위원 2009년 관훈클럽 총무 2009년 서울신문 수석논설위원 2009년 同논설위원실장(국장급) 2010년 同편집국장 2011~2013년 관훈클럽 신영연구기금 이사 2011~2013년 한국신문방송편집인협회 감사 2012년 서울신문 편집국장(이사대우) 2012년 同이사 2013·2015년 한국신문방송편집인협회 부회장(현) 2015년 서울신문 상무이사 2015년 同감사(현) [상]참언론인대상(2011) [종]기독교

이무근(李茂根) LEE Mu Keun (愼堂)

[생]1940·10·13 [본]경주(慶州) [출]충북 영동 [주]경기 성남시 분당구 돌마로42 한국과학기술한림원(031-726-7900) [학]1960년 용산고졸 1964년 서울대 농대졸 1969년 同교육대학원졸 1977년 교육학박사(미국 일리노이대) [경]1969~1984년 서울대 농대 전임강사·조교수·부교수 1984~2001년 同농산업교육과 교수 1984년 직업교육학회 회장 1985~1987년 교육개혁심의회 전문위원 1988~1992년 농업교육학회 회장 1995~2009년 한국과학기술한림원 정회원 1997~2000년 한국직업능력개발원 원장 1998~2000년 새교육공동체위원회 위원 2001~2005년 경일대 총장 2001년 교육인적자원부 정책자문위원회 평생교육분과 위원장 2002~2004년 한국고등교육학회 회장 2003~2005년 대학설립심사위원회 위원장 2005~2006년 사립대학통폐합심사위원회 위원장 2006년 서울대 명예교수(현) 2006~2007년 연구컨설팅법인 '일과 교육' 대표 2006년 대학구조개혁지원사업관리위원회 위원장 2007~2011년 동명대 총장 2009년 한국과학기술한림원 종신회원(현) 2016년 同이사장(현) [상]홍조근정훈장(2001), 청조근정훈장(2005), 미국 일리노이대 사범대학동문회 자랑스러운 교육동문상(2013), 미국 일리노이대 자랑스러운 국제동문상(2014) [저]'실업기술교육론'(1982) '전문대학교육론'(1985) '농업교육학(共)'(1997) '2000년도 직업교육과정과 평가(共)'(2000) '직업교육과정과 평가'(2000) '실기교육방법론'(2000·2012) '직업교육학 원론'(2004) '진로와 직업'(2004) '대학생의 진로멘토링'(2012) [역]'생애교육론(共)'(1988) [종]천주교

이무섭(李茂燮) MOO-SEOP, LEE

[생]1963·1·10 [주]서울 종로구 종로5길68 11층 코리안리재보험(주) 임원실(02-3702-6034) [학]1985년 서울대 자원공학과졸 [경]1985년 대한석탄공사 입사 1996년 코리안리재보험(주) 입사 2001년 同화재보험부 과장 2006년 同화재보험부 기술과 차장 2010년 同화재보험부 기술팀장 2011년 同화재보험부장 2015년 同화재보험부·특정보험부총괄 상무대우 2016년 同재무보험1팀·기술보험팀·특종보험팀·정산팀총괄 상무대우(현)

이무열(李武烈) Mooyeul Lee

[생]1958·2·9 [출]경남 창원 [주]경기 수원시 영통구 매영로150 삼성전기 새마을금고 이사장실(031-210-6815) [학]1976년 마산상고졸 [경]1976년 삼성그룹 입사, 삼성전기(주) 경리부장, 同경리그룹장 2003년 同경영지원실 재무지원팀장(상무보) 2006년 同경영지원실 재무지원팀장(상무) 2007년 同경영지원실 재경팀장(상무) 2011년 同CDS사업부 경영지원팀장(전무) 2013년 同경영지원실 상생협력팀장(전무) 2015년 同새마을금고 이사장(현) [상]국세청장표창 [종]불교

이무영(李茂永) LEE Moo Young (友山)

[생]1944·12·5 [본]인천(仁川) [출]전북 전주 [학]1963년 전주상고졸 1971년 동국대 행정학과졸 1979년 일본 경찰대 본과 수료(52기) 1992년 서울대 행정대학원 수료 1992년 국방대학원졸 1997년 동국대 행정대학원졸 1998년 행정학박사(동국대) 2003년 전북대 법무대학원 최고법무지도자과정 수료 2004년 명예 정치학박사(용인대) [경]1984년 경북 달성경찰서장 1988년 서울 강남경찰서장 1991년 경찰대 학생지도부장 1993년 경찰청 형사심의관 1993년 전북지방경찰청장 1994년 서울지방경찰청 형사부장 1994년 경찰청 방범국장 1995년 同보안국장 1996년 전남지방경찰청장 1997년 경찰종합학교장 1998년 경찰대 학장 1999년 서울지방경찰청장 1999~2001년 경찰청장 2002년 전주대 객원교수 2003년 용인대 객원교수 2003년 새천년민주당 중앙위원 2003년 한국유네스코연맹 전북협회 고문 2004년 제17대 국회의원선거 출마(전주 완산, 새천년민주당) 2005년 미국 조지워싱턴대 연구원 2007년 대통합민주신당 제17대 대통령선거대책위원회 고문 2008년 제18대 국회의원(전주 완산甲, 무소속) 2012년 새누리당 제18대 대통령중앙선거대책위원회 전북도당 공동선거대책위원장 [상]근정포장(1989), 홍조근정훈장(1995) [저]'수사전서'(1986·1995·1998) '생각을 바꾸면 미래가 보인다'(2002) [종]가톨릭

이무진(李武鎭) LEE Moo Jin

[생]1934·1·16 [출]충남 서산 [학]1957년 서울대 토목공학과졸 [경]1958~1962년 국무원 사무처 근무 1962년 감찰위원회 근무 1963~1976년 감사원 근무·서기관 1977년 건우개발 사장 1979~1992년 영풍제지 사장 1985~1991년 평택상공회의소 회장 1985년 대한보이스카우트경기연맹 부회장 1992년 영풍제지 회장 2009~2016년 同대표이사 회장 [상]국무총리표창 [종]가톨릭

이무춘(李茂春) LEE Mu Choon

[생]1951·4·1 [주]강원 원주시 연세대길1 연세대학교 보건과학대학 환경공학부(033-760-2443) [학]1973년 독일 베를린공과대 토목공학과졸 1979년 同대학원졸 1985년 환경계획학박사(독일 베를린공과대) [경]1986~1989년 독일 베를린공과대 환경관리연구소 책임연구원 1989~1992년 경상대 조교수 1989~1990년 연세대 교환교수 1990~1992년 경상대 도시공학과 조교수 1992~1995년 상명대 환경녹지학과 조교수 1996~2016년 연세대 보건과학대학 환경공학부 교수, 同보건환경대학원 및 보건과학대학 교학부장, 서울 청계천복원시민위원회 위원장, 건설교통부 환경친화적도로건설포럼 위원장 2016년 연세대 보건과학대학 환경공학부 명예교수(현) [상]환경부장관표창(1998) [저]'신제환경영향평가'(2000) '환경정책론'(1999)

이무하(李茂夏) LEE Moo Ha

[생]1948·8·13 [본]전주(全州) [출]서울 [주]서울 관악구 관악로1 서울대학교(02-880-4800) [학]1967년 서울사대부고졸 1975년 서울대 축산학과졸 1977년 同대학원 축산학과졸 1982년 식품학박사(미국 Univ. of Wisconsin-Madison) [경]1982년 (주)제일농장 연구소장 1983~1985년 국민대·숙명여대·동국대·연세대·이화여대 강사 1984~1988년 한국과학기술원 책임연구원 1988년 한국식품개발연구원 책임연구원 1988~2008·2011~2013년 서울대 식품동물생명공학부 동물자원학과 교수 1994년 미국 아이오와주립대 방문연구원 1995년 농촌진흥청 축산기술연구소 겸임연구원 1995~1997년 서울대 동물자원학과장 1998년 한국학술진흥재단 학술연구지원사업과제선정위원회 농수해양위원장 1998년 전국농학계대학장협의회 간사 1999년 한국학술진흥재단 학술연구심사평가위원회 농학분과 위원장 1999년 서울대 농대 실험목장장 1999~2008년 식생활안전시민운동본부 공동대표 2001년 국립수의과학검역원 자문위원 2002년 서울대 BK21농생명공학사업단 국제협력위원장 2002년 同축산과학연구소장 2003~2005년 同농업생명과학대학장 2003~2005년 전국농학계대학장협의회 회장 2003~2005년 FAO 한국지부 부회장 2003~2005년 농업산학협동심의회 부위원장 2003년 쌀박람회 공동조직위원장 2003~2005년 농림부 축산물위생심의위원회 위원 2004~2005년 축산물등급판정소 이사장 2004~2006년 소사모 우수축산물브랜드인증위원회 위원장 2005년 국담축산학교육연구재단 이사장, 한국축산식품학회 회장 2008~2010년 한국동물자원과학회 회장 2008~2011년 한국과학기술단체총연합회 부회장 2008~2011년 한국식품연구원 원장 2013년 서울대 명예교수(현) 2013년 에티오피아 아다마대 농과대학장 2016년 한국과학기술한림원 회원담당 부원장(현) [상]한국과학기술단체총연합회 과학기술우수논문상(1990·2005), 한국축산학회 미원축산과학상(1996), 한국축산학회 학술상(1998), 국담축산학교육연구재단 교수학술상(1999), 과학기술훈장 도약장(2010) [저]'식육품질의 이해' '식육과

육제품의 과학(共)'(1985) '식육의 이론과 응용(共)'(1988) '피혁과 모피의 과학(共)'(1991) '식품가공 실습(共)'(1991) '근육식품의 과학' '축산물 가공이용학(共)'(1992) '식육생산과 가공의 과학(共)'(1992) '축산학 개론'(1994) '식육생산사슬을 통한 식육품질의 이해'(1995) '식육의 이론과 실제(共)'(1997) '근육식품의 과학(共)'(1999) '축산식품 가공학(共)'(2001) '돈(共)'(2002) '식육안전성 품질보증론(共)'(2002) '축산식품 유통품질학(共)'(2003) ᅟᅟ역생명공학으로의 초대'(2005) ᅟᅟ종천주교

이무형(李武炯) Lee Moo Hyung

ᅟᅟ생1942 · 7 · 4 ᅟᅟ출경북 포항 ᅟᅟ주경북 포항시 북구 청하면 동해대로2315번길14 외중기업(주) 사장실(054-232-7010) ᅟᅟ학1960년 서울공고졸 1964년 한양대 사학과졸 ᅟᅟ경1972~1982년 포항제철 통관과장 1985년 포항관세사무소 대표 1988~2005년 승화기업사 대표 1990~2014년 외중기업(주) 사장 1998년 포항상공회의소 회장 1998년 포항시 도시계획위원 1998~2008년 대구지검 포항지청 범죄예방지도위원회 부회장 1999~2002년 KBS 포항방송국 시청자위원 1999년 경북도 제2의건국범국민추진위원회 상임위원 1999년 대한상공회의소 상임의원 1999년 민주평통 자문위원 2000~2003년 포항상공회의소 회장 2001년 포항시 제2의건국범국민추진위원회 위원장 2002년 KBS 포항방송국 시청자위원장 2002년 포항테크노엔젤클럽 회장 2003~2008년 민주평통 포항시협의회장 2004~2006년 경북23개시군민주평통회장단협의회 회장 2008년 대구지검 포항지청 범죄예방지도위원회 고문 2014년 외중기업(주) 회장(현)

이 묵(李 默) LEE, Mook

ᅟᅟ생1962 · 3 · 15 ᅟᅟ출경북 안동시 풍천면 도청대로455 경상북도청 대변인실(054-880-3010) ᅟᅟ학1981년 모계고졸 1998년 경일대 행정학과졸 ᅟᅟ경1981년 청도군 청도읍 근무 1990년 경북도 도로관리사업소 관리과 근무 1991년 同내무국 문화예술과 근무 1996년 同도민교육원 근무 1997년 同내무국 지방과 근무 1997년 同자치행정과 · 전국체전기획단 · 문화예술산업과 근무 2012년 同대변인실 보도지원담당 2013년 同민생경제교통과장(서기관) 2014년 同비서실장 2015년 同대변인(현)

이문교(李文敎) LEE Mun Kyo

ᅟᅟ생1939 · 10 · 27 ᅟᅟ본전주(全州) ᅟᅟ출제주 남제주 ᅟᅟ주제주특별자치도 제주시 명림로430 제주4.3평화재단(064-723-4302) ᅟᅟ학1957년 제주 오현고졸 1966년 제주대 법학과졸 1994년 同행정대학원 행정학과졸 ᅟᅟ경1967년 제남신문 기자 1971년 제주문화방송 기자 1977년 同보도부장 1983년 同편성국장 직대 1984년 同편성국장 1985년 同보도국장 1993~2014년 한국지방자치학회 제주지회 부회장 · 고문 1993~1997년 제주문화방송 총무국장 · 이사대우 1997년 경영옴브즈맨 이사대우 1998~2001년 제주발전연구원 원장 1999~2001년 한일해협권연구기관협의회 부회장 · 회장 1999~2001년 전국시 · 도지사협의회 자문위원 2000년 제1회 제주평화포럼 집행위원장 2003~2011년 제주관광대 방송사진영상과 초빙교수 2003~2011년 제민일보 논설위원 2006~2012년 제주도관광협회 자문위원장 2010~2014년 제주언론인클럽 회장 2010년 제주도 민선5기 도지사직인수위원장 2010년 제주도 민선5기 도지사직공약실천위원회 위원장 2011~2013년 제주국제자유도시개발센터(JDC) 비상임이사 2011~2014년 제주문화원 자문위원장 2012년 (재)제주여성가족연구원 설립추진위원장 · 이사(현) 2014년 제주4.3평화재단 이사장(현) ᅟᅟ상송하언론상(1982), 국민포장(1984), 제주도문화상(1987), 방송문화진흥대상(1993), 제주대 언론인상(2002), 제주방송인대상 공로상(2006), 서울언론인클럽 '향토 언론인상'(2014) ᅟᅟ저사진 작품집 '회한의제주동자석'(1996) '제주언론사'(1997) '제주언론과 지방자치'(1997) '제주 감귤 문헌목록'(2000)

이문기(李文基) LEE, MUN-KI

ᅟᅟ생1957 · 4 · 1 ᅟᅟ출경남 합천 ᅟᅟ주서울 노원구 노원로75 한국원자력의학원(02-970-2114) ᅟᅟ학1975년 진주고졸 1980년 부산대 공대 전기기계공학과졸 1986년 미국 인디애나대 대학원 전산학과졸 ᅟᅟ경1978년 기술고등고시 합격(14회) 1980~1984년 과학기술처 사무관 1984~1986년 미국 인디애나대 국비유학 1986~1991년 과학기술처 기획총괄담당관실 · 정보산업담당관실 근무 1991년 同원자력검사과장 1991년 同정보산업기술과장 1992년 同원자력협력과장 1993년 駐OECD 자문관 1995년 과학기술처 원자력통제과장 1997년 同원자력협력과장 1997년 同원자력정책과장 1998년 과학기술부 원자력정책과장 2001년 同정책총괄과장 2002~2003년 한국과학기술기획평가원 파견(공업부이사관) 2003년 과학기술부 과학기술협력국장 2004년 중앙공무원교육원 파견(공업부이사관) 2005년 과학기술부 감사관 2005년 同원자력국장 2006년 同에너지환경심의관 2008년 교육과학기술부 거대과학지원관 2009년 고용휴직(고위공무원) 2012~2016년 駐오스트리아공화국대사관 겸 駐빈국제기구대표부 공사참사관 2016년 한국원자력의학원 감사(현) ᅟᅟ상국무총리표창(1991) ᅟᅟ종가톨릭

이문기(李文起) LEE Moon Ki

ᅟᅟ생1966 · 7 · 26 ᅟᅟ출서울 ᅟᅟ주세종특별자치시 도움6로11 국토교통부 주택정책관실(044-201-3315) ᅟᅟ학1985년 대광고졸 1989년 서울대 경제학과졸 1991년 同행정대학원졸 ᅟᅟ경2002년 건설교통부 항공국 항공정책과 서기관 2005년 同국민임대주택건설기획단 택지개발과장 2006년 同주거복지본부 주거복지지원팀장 2007년 同국민임대주택건설기획단 주거복지기획팀장 2008년 국토해양부 주택정책과장(서기관) 2009년 同주택정책과장(부이사관) 2009년 同건설경제과장 2011년 공공주택건설추진단장 파견(부이사관) 2012년 중앙공무원교육원 교육파견(부이사관) 2013년 경기도 도시주택실장(고위공무원) 2014년 국토교통부 항공정책관 2016년 同주택정책관(현)

이문배(李文培) LEE MOONBAE

ᅟᅟ생1971 · 11 · 22 ᅟᅟ출충북 충주 ᅟᅟ주서울 서초구 남부순환로2572 국립외교원 역량평가과(02-3497-7714) ᅟᅟ학1990년 선덕고졸 1996년 고려대 독어독문학과졸 ᅟᅟ경1999년 외무고시 합격(33회) 1999년 외교통상부 입부 2015년 국립외교원 역량평가과장(현)

이문석(李文錫) LEE Moon Suk (藥山)

ᅟᅟ생1938 · 5 · 15 ᅟᅟ본성주(星州) ᅟᅟ출서울 ᅟᅟ학1957년 경복고졸 1961년 육군사관학교졸 1965년 서울대 기계공학과졸 1977년 국방대학원졸 1983년 연세대 행정대학원졸, 고려대 대학원 고위정책과정 수료 ᅟᅟ경1982년 육군 제9공수여단장 1984년 육군 제3군사령부 작전처장 1985년 육군 제20사단장 1987년 육군본부 작전참모부장 1988년 육군 특수전사령관 1989년 육군 참모차장 1990년 육군 제1군사령관 1992년 예편(대장) 1992년 총무처 장관 1994~2014년 동북아전략연구소 이사장 1997~1998년 한국자유총연맹 사무총장, 동부생명보험(주) 감사위원 겸 사외이사 ᅟᅟ상인헌무공훈장(1969), 화랑무공훈장(1981), 보국훈장 국선장(1988), 보국훈장 통일장(1990)

이문석(李文錫) Moon Suk Lee

ᅟᅟ생1954 · 3 · 7 ᅟᅟ본전주(全州) ᅟᅟ출서울 ᅟᅟ주서울 중구 퇴계로166 SK미소금융재단 이사장실(02-2121-5099) ᅟᅟ학1972년 성동고졸 1980년 경희대 섬유공학과졸 2004년 고려대 노동대학원 최고지도자과정 수료 ᅟᅟ경1979년 선경합섬(現 SK케미칼) 입사 1986년 SK케미칼(주) 직물생산부품질관리과장 1999년 同수원공장장(상무) 2002년 (주)SK 구조조정본부 인력사업개발팀 상무 2003년 서울지방노동위원회 심판위원 2003년 SK케미칼(주) 인력실장 겸 수원공장장(상무) 2004년 同기능성소재사업부문장 · Acetate사업본부장 · 환경소재사업본부장 · 인력개발실장(전무) 겸임 2007년 同정밀화학사업부문장 2007년 SK유화 대표이사 2009년 SK케미칼(주) Green Chemicals Biz. 사장 겸 SK Syntec 대표이사 2013년 SK케미칼(주) 대표이사 사장 2014년 SK(주) SUPEX(Super Excellent)추구협의회 동반성장위원회 상임위원 2014년 SK미소금융재단 이사장(현) 2015년 SK(주) SUPEX(Super Excellent)추구협의회 사회공헌위원회 위원장(현) 2015년 同사회성과인센티브추진단 공동단장 겸임(현) 2015년 (사)한국메세나협회 이사(현) ᅟᅟ종불교

이문성(李文盛) LEE Moon Sung

ᅟᅟ생1958 · 8 · 27 ᅟᅟ출부산 ᅟᅟ주경기 부천시 원미구 조마루로170 순천향대학교 부천병원(032-621-5114) ᅟᅟ학1985년 한양대 의대졸, 同대학원졸, 의학박사(한양대) ᅟᅟ경1989년 순천향대 의과대학 소화기내과학교실 교수(현) 2001~2007년 同부천병원 소화기내과장 2007~2009 · 2012~2013년 同부천병원 부원장 2013년 同부천병원장(현) ᅟᅟ상대한소화기내시경학회 학술상(1991), 대한소화기학회 학술상(1992), 월봉학술상(2002) ᅟᅟ저'치료내시경'(1994, 고려의학) '염증성 장질환'(1999, 여문각) '소화기학'(2000, 고려의학) 'CIVA 원색도해의학총서'(2000, 도서출판 정담) '복부초음파진단학-소화기질환을 중심으로'(2000, 여문각) '알기쉬운 궤양성 대장염'(2002, 군자출판사)

이문성(李文聖)

[생]1967·6·22 [출]강원 홍천 [주]전북 전주시 덕진구 사평로25 전주지방검찰청(063-259-4200) [학]1986년 춘천 강원고졸 1993년 고려대 법학과졸 [경]1997년 사법시험 합격(39회) 2000년 사법연수원 수료(29기) 2000년 제주지검 검사 2002년 수원지검 여주지청 검사 2003년 同검사 2005년 서울남부지검 검사 2009년 대검찰청 연구관 2011년 울산지검 검사 2011년 국가정보원 파견 2013년 울산지검 부부장검사 2013년 서울중앙지검 부부장검사 2014년 창원지검 공안부장 2014년 광주고검 검사 2016년 전주지검 부장검사(현)

이문수(李文洙) Lee Moon soo

[생]1951·7·30 [출]서울 [주]전북 전주시 완산구 기지로120 한국국토정보공사 상임감사실(063-906-5024) [학]1970년 서울고졸 1978년 경희대 법률학과졸 [경]2002~2003년 하나로국민연합 창당준비위원회 조직단장 2006~2010년 국가의미래를준비하는사람들 공동대표 2007년 박근혜 국회의원 특별보좌역 2007년 한나라당 제17대 대통령선거 박근혜 경선 후보 선거대책위원회 수도권대책위원회 특별단장 2010~2013년 경기희망포럼 이사 2011~2013년 세종사회통합포럼 사무총장 2012년 새누리당 제18대 대통령중앙선거대책위원회 조직총괄본부 호국단체조직위원장 2016년 한국국토정보공사(LX) 상임감사(현)

이문수(李文秀) LEE Moon Soo

[생]1961·1·11 [출]충남 [주]충남 천안시 동남구 순천향6길31 순천향대 천안병원(041-570-2024) [학]1986년 순천향대 의대졸 1990년 同대학원졸, 의학박사(일본 도호대) [경]1986년 순천향대병원 수련의 1987년 同외과 전공의 1991년 군의관 1994년 순천향대 의대 외과학교실 교수(현), 同천안병원 응급실장, 同천안병원 수련부장, 同천안병원 진료부장, 同천안병원 부원장 2010년 同천안병원장(현) 2010년 충남도의사회 특별분회 회장(현) 2010년 대전지검 천안지청 의료자문위원회 고문(현) 2011~2012년 대한위암연구회 회장 2013년 경찰청 장비자문위원(현) 2013년 순천향대 구미·천안병원 관리원장 2013년 안전문화운동추진천안시협의회 사회안전분과위원(현) 2013년 충청위암연구회 회장(현) 2013년 대한위암학회 상임이사(재무위원장)(현) 2014년 순천향대부속병원 관리원장(현) 2015년 대한외과학회 상임이사(교과서편찬위원장)(현) 2016년 대한외과대사영양학회 부회장(현) [상]한국종양학술상, 순천향대 공로상(2007), 순천향대 자랑스런 순천향인상(2012), 대한위암학회 종양학술상(2015), 국세청장 조세협조자표창(2015), 대한위암학회 최다논문게재상(2016) [저]'사비스톤 외과학'(2003) '위암과 위장관 질환'(2011) '외과학'(2011)

이문열(李文烈) LEE Moon Yul

[생]1948·5·18 [출]경북 영양 [주]경기 이천시 마장면 서이천로634번길25 부악문원(070-4123-0342) [학]1966년 안동고 중퇴(2009년 명예졸업) 1970년 서울대 사범대학 국어교육과 중퇴 [경]1979년 '동아일보' 신춘문예에 '새하곡'으로 소설가 등단 1994~1997년 세종대 국어국문학과 교수 1998년 부악문원 개설(현) 2000~2015년 동인문학상 종신심사위원 2001~2012년 광산문학연구소 개원 2009년 한국외국어대 인문대학 석좌교수(현) 2009년 同입학사정관 2009~2011년 대통령직속 사회통합위원회 위원 2012년 (사)산해문화 이사장(현) 2016년 한국예술인복지재단 이사장(현) [상]오늘의작가상(1979), 동인문학상(1982), 이상문학상(1987), 대한민국문화예술상, 프랑스국가공로훈장, 우경문화예술상(1997), 21세기문학상(1998), 호암 예술상(1999), 대한민국예술원상 문학부문(2009), 제11회 동리문학상(2012), 일송기념사업회 일송상 사회봉사분야(2014), 은관문화훈장(2015) [저]'새하곡'(1979) '사람의 아들'(1979) '황제를 위하여'(1982) '영웅시대' '젊은날의 초상'(1982) '변경' '금시조'(1983) '영웅시대'(1984) '칼레파 타 칼라'(1985) '구로 아리랑'(1987) '추락하는 것은 날개가 있다'(1988) '변경'(1989) '시인'(1991) '시인과 도둑'(1992) '미로의 날들'(1993) '오디세이아 서울'(1993) '인생을 말한다'(1993) '우리들의 일그러진 영웅'(1998) '전야, 혹은 시대의 마지막 밤'(1998) '아가'(2000) '알 수 없는 일들'(2001) '그해 겨울'(2001) '레테의 연가'(2001) '청어와 삐삐'(2002) '그대 다시는 고향에 가지 못하리'(2003) 산문집 '신들메를 고쳐 매며'(2004) '호모 엑세쿠탄스'(2007) '불멸'(2010) '대륙의 한'(2010) '리투아니아 여인'(2011) [역]'수호지(전5권)'(1996) '삼국지(전10권)'(2002) '초한지(전10권)'(2008)

이문용(李文鎔) LEE Moon Yong

[생]1949·1·22 [본]합천(陜川) [출]경남 거창 [주]전북 익산시 망성면 망성로14 (주)하림 비서실(063-860-2114) [학]1968년 제물포고졸 1977년 서울대 농과대학졸 1980년 同대학원 수료 [경]1976년 (주)빙그레 R&D 입사 1980년 同기획관리실 대리 1983년 한화그룹 경영관리실 과장·차장 1986년 (주)빙그레 아이스크림·유음료 마케팅부장 1989년 同김해·광주공장장(이사) 1993년 同회장실 이사 1994년 同물류본부장(상무이사) 1995년 (주)콜럼버스 대표이사 사장 1997년 (주)빙그레 생산구매본부장(상무이사) 1999년 同사업1본부장(전무이사) 2000년 同비상근고문 2001년 (주)하림 총괄부사장·사장 2002년 아주레미콘(주) 사장 2003년 (주)하림 사장 2005년 同대표이사 사장(현), 한국마케팅학회 부회장 2010년 한국육가공협회 회장(현), 한국계육협회 이사(현), 한국능률협회 마켓리더스클럽 부위원장(현) 2013년 축산물위해요소중점관리기준원 비상임이사 2014년 축산물안전관리인증원 비상임이사 [상]대통령표창(2013) [종]기독교

이문용(李文庸) LEE Moon Yong

[생]1952·5·28 [출]서울 [주]경기 평택시 진위면 진위산단로75 (주)원익아이피에스 임원실(031-8047-7000) [학]경복고졸 1975년 서울대 재료공학과졸 1977년 한국과학기술원 재료공학과졸(석사) 1986년 재료공학박사(미국 오하이오대) [경]1981년 미국 오하이오주립대 조교 1986년 삼성전자(주) 입사·연구위원 1992년 同반도체연구소 MEMORY공정개발 연구위원(이사) 1994년 同반도체연구소 MEMORY공정개발 연구위원(상무) 1998년 同반도체연구소 공정개발팀장(상무) 1999년 同반도체연구소 공정개발팀장(전무) 1999년 同반도체연구소 공정개발실장(전무) 2000년 同반도체연구소장(전무) 2001년 同반도체연구소장(부사장) 2002년 同시스템가전사업부장(부사장) 2006년 同기술총괄 부사장 겸 최고특허책임자(CPO) 2007년 제일모직 전자재료부문장 겸 종합연구원장(부사장) 2008~2010년 同전자재료부문장(부사장) 2010년 (주)원익아이피에스 부회장(현) 2010년 아토 대표이사 2010~2014년 (주)원익아이피에스 대표이사 [상]동탑산업훈장(2002)

이문지(李文址) RHEE Moon Ji (雲崗)

[생]1953·1·1 [본]장수(長水) [출]부산 [주]대전 서구 배재로155의40 배재대학교 법학과(042-520-5352) [학]1975년 고려대 법학과졸 1977년 同대학원 법학과졸 1989년 법학박사(고려대) [경]1980~1985년 산업연구원 책임연구원 1983년 고려대·한국외대·서울시립대·충남대·한남대 강사 1985년 배재대 법학과 전임강사·조교수·부교수·교수(현) 1989~1991년 同기획실장 1991~1992년 同사회과학연구소장 1992년 미국 오하이오주립대 교환교수 1994~1995년 배재대 교수협의회장 1999년 대전경제정의실천시민연합 정책협의회 의장 2000~2002년 배재대 사회대학장 2002년 대전경제정의실천시민연합 상임집행위원장 2002년 한국상사법학회 부회장 2002년 과학기술특허포럼 회장 2003년 배재대 법무대학원장 2004년 한국경영법률학회 부회장 2005년 대전동네경제살리기추진협의회 상임대표 2005년 배재대 비교법연구소장 2005년 同시민법률상담소장 2006~2009년 (사)한국법학교수회 부회장 2007~2009년 同고시연구실장 2007~2011년 대전경제정의실천시민연합 공동대표 2007~2008년 안암법학회 회장 2009~2010년 한국경영법률학회 회장 2009~2012년 배재대 배재시민법률상담소장 2010년 한국경영법률학회 명예회장(현) [저]'사례중심 법과 생활' '한국 공정거래법 비판' '법학개론' '전력시장의 경쟁도입과 규제'(2006) '주요국가의 기업규제개혁법제에 관한 비교법적 연구: 에너지산업분야'(2008) [역]'회사법의 경제학적 구조' '계약으로서의 회사' [종]기독교

이문진

[생]1968 [주]경기 성남시 분당구 성남대로343번길9 SK주식회사 C&C 임원실(02-6400-0114) [학]연세대 경영학과졸, 서울대 대학원 경영학과졸, 호주 본드대 대학원 MBA [경]1994년 LG애드 근무 1997년 PwC Australia ABAS Manager 1999년 LG애드 근무 2000년 PwC Consulting Korea 근무 2002년 IBM Korea 근무 2010년 SK C&C 전략OS담당 2012년 同전략사업1팀장 2014년 同전략사업개발본부장 2015년 同전략사업개발본부장(상무) 2015년 SK주식회사 C&C 전략사업개발본부장(상무) 2016년 同금융마케팅본부장(상무) 2016년 同Aibril사업본부장(현)

이문태(李文台) LEE Moon Tae

[생]1948·9·1 [출]서울 [주]강원 평창군 대관령면 올림픽로108의27 2018평창동계올림픽조직위원회(033-350-2018) [학]1967년 동국대사대부고졸 1971년 서울대 음악대학 성악과졸 1975년 同사회사업학과졸 [경]1989년 KBS 예능국 근무 1992년 同예능제작국 차장 1996년 同뉴미디어국 부주간 1998년 同TV2국 부주간 2000년 同예능국 주간 2002~2005년 同예능국장 2005년 한국사회복지사 협회 이사·인권위원회위원장 2006년 대한불교조계종 보현의집 운영위원장 2006년 하이서울페스티벌 총감독 2006년 홍난파의 집 대표 2007년 세계드림페스티벌 총감독 2008~2010년 한국디지털미디어산업협

회 사무총장 2009년 사회복지공동모금회 서울지회 운영위원 2009년 방송통신위원회 남북방송교류추진위원회 위원 2009년 서울시장애인재활협회 회장 2009년 국회방송 자문위원 2010년 한국디지털미디어산업협회 사무총장 2010년 전자신문 고문 2010년 서울 G20정상회의 문화행사 총감독 2011년 문화체육관광부 대중문화예술상 심사위원 겸 시상식 추진위원 2011년 한국콘텐츠진흥원 비상임이사 2012~2015년 전통공연예술진흥재단 이사장 2015년 2018평창동계장애인올림픽 개·폐회식 총감독(현) [상]문화관광부 유공표창(1990), 한국방송대상(1994), 국무총리표창(1994), 대통령표창(1995), 한국방송대상 프로듀서상(1999), 기획취재부분 언론상(2000)

이문한(李文漢) Lee Mun Han

[생]1971·6·7 [출]경기 포천 [주]광주 동구 준법로7의12 광주지방검찰청 공안부(062-231-4306) [학]1990년 휘문고졸 1994년 한양대 법대졸 [경]1995년 사법시험 합격(37회) 1998년 사법연수원 수료(27기) 1998년 서울지검 검사 2000년 춘천지검 원주지청 검사 2001년 대전지검 검사 2003년 수원지검 검사 2008년 서울동부지검 검사 2010년 대검찰청 연구관 2011년 서울서부지검 부부장검사 2011년 부산지검 동부지청 형사3부장 2012년 대구지검 상주지청장 2013년 대검찰청 공안3과장 2014년 同공안2과장 2015년 서울중앙지검 공공형사부장 2016년 광주지검 공안부장(현)

이문형(李玟炯) LEE Moon Hyung

[생]1956·11·19 [출]광주 [주]세종특별자치시 시청대로370 경제정책동 산업연구원(044-287-3212) [학]1975년 광주고졸 1984년 한국외국어대 중국어과졸 1987년 국립대만대 대학원 경제학과졸 1996년 경제학박사(중국 北京大) [경]1988년 산업연구원 해외산업실 해외산업협력팀장, 同국제산업협력실 중국경제담당 연구위원 1997~1998년 외무부 국제경제국 정책자문관 2000년 광운대 중국학과 겸임교수 2000~2002년 산업연구원 연구조정실장 2003~2004년 미국 샌프란시스코주립대 중미연구소 방문학자 2005년 산업자원부 중국경제 모니터링시스템 총괄책임자 2006년 기획예산처 국가비전 및 장기재정전략 작업반 전문위원 2006년 경희사이버대 중국학과 겸임교수 2010년 서울신문 독자권익위원회 위원 2010년 산업연구원 국제산업협력실장 2010년 同국제산업협력실 중국경제담당 선임연구위원 2011년 同국제산업협력센터 소장 2011년 同국제산업협력센터 선임연구위원 2013년 同북경지원장(현)

이문호(李文鎬) LEE Moon Ho

[생]1943·1·14 [본]청주(淸州) [출]충남 홍성 [주]서울 마포구 마포대로144 태영빌딩11층 뉴스통신진흥회(02-734-4813) [학]1961년 경기고졸 1968년 연세대 정치외교학과졸 1981년 일본 게이오대 신문연구소 연수 [경]1967~1981년 동양통신 기자 1981년 연합통신 기자 1981년 同駐일본 특파원 1984년 同외신3부장 1986년 同정치부장 1988년 同외신부 기획위원 1990년 同駐미국 특파원 1993년 同편집국 부국장 1993년 국회 방송자문위원 1994~1997년 연합통신 편집국장 1995년 한국신문방송편집인협회 운영위원장 1997~1998년 연합통신 전무이사 1997~1999년 삼성그룹 언론이사 2000년 한화석유화학 사외이사 2003년 인터넷신문 뉴스앤뉴스 편집위원 2005~2008년 뉴스통신진흥회 이사 2014년 同이사장(현) [저]'뉴스에이전시란 무엇인가'(2001) '뉴스통신 24시'(2012) [종]기독교

이문호(李文浩) Ree, Moonhor

[생]1954·8·17 [출]서울 [주]경북 포항시 남구 청암로77 포항공과대학교 화학과(054-279-2120) [학]1977년 고려대 화학과졸 1979년 한국과학기술원 대학원 화학과졸 1987년 이학박사(미국 Univ. of Massachusetts at Amherst) [경]1978~1982년 선경화학(주) 연구원 1979년 한국과학기술원 화학과 방문연구원 1981~1982년 강원대·광운대 강사 1982년 미국 Univ. of Massachusetts at Amherst Teaching Assistant 1983~1987년 同Research Assistant 1983~1993년 미국 IBM Technology Division Davaced Polymer Sci. & Tech. Group Staff Scientist Advisory Sci. 1987~1988년 同Research Division Polymer Sci. & Tech. Post-doc. Fellow 1993~2000년 포항공과대 화학과 조교수·부교수 1995년 한국방사광이용자협의회 SAXS Working GP 대표 1996년 포항가속기연구소 Manager 2000년 포항공과대 화학과 교수(현) 2004~2011년 同포항가속기연구소 부소장·소장 2010~2013년 同펠로우 [상]이달(4월)의 과학기술자상(2007), 이태규학술상(2013) [저]'Structure and Properties of Polyimide Rods'(2001, Technomic publishing) 'New Photoalignable Polyimides and Their Ability to Control Liquid-Crystal Alignment'(2003, Technomic publishing) 등

이문환

[생]1963·10 [주]서울 종로구 종로3길33 KT 광화문빌딩 East 임원실(031-727-0114) [학]광운대 전산계산학과졸, 한국과학기술원(KAIST) 통신경영학과졸(석사) [경]1995년 (주)KT 기획조정실 근무 2007년 同신사업개발담당 2009년 同기업고객부문 전략담당 2012년 同G&E 전략본부장 2013년 同기업통신사업본부장 2014년 同전략기획실장(전무) 2015년 同경영기획부문장(전무) 2015년 同기업사업부문장(부사장)(현) 2016년 한국클라우드산업협회 회장(현)

이문희(李文熙) Paul Ri Moun Hi

[생]1935·9·14 [본]성산(星山) [출]대구 [주]대구 중구 남산로4길112 천주교 대구대교구청(053-250-3016) [학]1954년 경북고졸 1959년 경북대 법정대학 정치학과졸 1962년 프랑스 리옹신학대 철학과졸 1966년 프랑스 파리가톨릭대 신학부졸 [경]1957년 군복무 1965년 사제 서품 1966년 동촌천주교회 주임신부 1968년 대구가톨릭액션협의회 지도신부 1969년 공군 종군신부 1972년 천주교 대구대교구 보좌주교 1972년 주교 서품 1985년 대주교(현) 1986~2007년 同대구대교구 8대 교구장 1986년 가톨릭교육재단협의회 회장 1987년 천주교주교회의 부의장 1993~1996년 同의장 1994~2000년 한인신학원 총재 1999~2004년 주교회의 교육위원회 위원장 2005~2007년 同성직주교위원회 위원장 2010년 (사)한국여기회 총재(현) [저]'밝은 날이 다가온다고 누가 알려줍니까' '하느님의 사람들' '사랑으로 부르는 평화의 노래'(2001) '형제 여러분' '저녁노을에 햇빛이' [역]'복음과 폭력과 평화' '구원하시는 하느님' '이 어린이와 같이 되지 않으면' '한 묶음인 세계의 장미회관' '사랑으로 부르는 평화의 노래' '신의 영역'(2010) '떼이야르 드 샤르댕의 종교사상'(2012) [종]가톨릭

이문희(李文熙) LEE Mun Hee

[생]1946·6·18 [본]안악(安岳) [출]강원 원주 [주]강원 춘천시 중앙로1 강원도의회(033-256-8035) [학]1964년 원주고졸, 춘천교대졸 1985년 강원대 교육대학원 국민윤리교육학과졸 [경]1967년 홍업초 교사 1970년 관설초 교사 1974년 원주초 교사 1975년 강현중 교사 1978년 고한중 교사 1980년 고한종합고 교사 1981년 원주농업고 교사 1986년 나전중 교사 1991년 용전중 교사 1995년 대화중 교감 1997년 원주중 교감 1999년 영월교육청 장학관 2000년 강원도교육청 교육국 중등교육과 장학관 2001년 同학무국 중등교육과 장학관 2002년 평원중 교장 2004년 원주교육청 교육장(장학관) 2007~2008년 원주고 교장, 한국스카우트 강원연맹 부연맹장(현) 2010~2014년 강원도의회 교육위원회 교육의원 2014년 강원도의회 의원(새누리당)(현) 2014~2016년 同교육위원회 위원장 2016년 同교육위원회 위원(현) [상]교육장표창(1979) [종]천주교

이미경(李美卿·女) LEE Mi Kyung

[생]1950·9·20 [본]여주(驪州) [출]부산 [주]서울 서대문구 이화여대길52 이화여자대학교 정책과학대학원(02-3277-3735) [학]1969년 이화여고졸 1973년 이화여대 영어영문학과졸 1982년 同대학원 정치외교학과졸 [경]1983년 한국기독교사회문제연구원 연구원 1987년 한국여성민우회 부회장 1987년 한국여성단체연합 상임부회장 1990년 한국정신대문제대책협의회 홍보위원장 1993년 한국여성단체연합 공동대표 1994~1996년 제4차 유엔 세계여성회의를 위한한국위원회 공동대표 1996년 제15대 국회의원(전국구, 민주당·한나라당·무소속·새천년민주당) 2000년 새천년민주당 제16대 총선기획단 유세위원장 2000~2003년 제16대 국회의원(전국구, 새천년민주당) 2000년 새천년민주당 제4정책조정위원장 2001년 同제3정책조정위원장 2002년 同선거대책위원회 공동대변인 2003년 열린우리당 조직위원장 2004년 同상임중앙위원 2004년 同외부인사영입위원장 2004년 同새정치운동본부장 2004년 제17대 국회의원(서울 은평甲, 열린우리당·대통합민주신당·통합민주당) 2004~2006년 국회 문화관광위원장 2004년 국민통합실천위원회 위원장 2005년 열린우리당 상임중앙위원 2006~2007년 同비상대책위원회 상임위원 2006~2007년 同부동산대책과서민주거안정을위한특별위원회 위원장 2007년 대통합민주신당 최고위원 2008년 제18대 국회의원(서울 은평甲, 통합민주당·민주당·민주통합당) 2008~2010년 민주당 사무총장 2008년 同당무위원 2010년 同지방선거기획본부 공동본부장 2012~2016년 제19대 국회의원(서울 은평甲, 민주통합당·민주당·새정치민주연합·더불어민주당) 2012년 국회 국토해양위원회 위원 2012~2013년 국회 예산결산특별위원회 위원 2012~2013년 국회 아동·여성대상성폭력대책특별위원회 위원장 2012년 민주당 4대강불법비리진상조사위원회 위원장 2013·2014년 국회 국토교통위원회 위원 2014년 새정치민주연합 4대강불법비리진상조사위원장 2015년 국회 서민주거복지특별위원회 위원장 2015년 더불어민주당 4대강불법비리진상조사위원장 2016년 이화여대 정책과학대학원 초빙교수(현) [상]환경운

동연합 녹색정치인상, 올해의 여성의원상, 국회를 빛낸 바른언어상 모범언어상(2011), 자랑스러운 이화인상(2012), 전국소상공인단체연합회 초정대상(2013), 법률소비자연맹 선정 국회 헌정대상(2013) [저]'한국의 가난한 여성에 관한 연구'(共)

이미경(李美敬 · 女) Miky Lee

[생]1958 · 4 · 8 [출]서울 [주]서울 중구 소월로2길12 CJ그룹(02-726-8114) [학]경기여고졸, 서울대 가정관리학과졸, 미국 하버드대 대학원 동아시아지역연구학과 석사, 중국 푸단대(復但大) 대학원 역사교육학 박사과정 수료 2006년 명예 경영학박사(숙명여대) [경]1998년 제일제당 멀티미디어사업부 이사 2002년 CJ 엔터테인먼트사업부 상무 2005년 CJ엔터테인먼트 · CJ미디어 · CJ아메리카 부회장 2011년 CJ그룹 부회장(현) [상]다보스 세계경제포럼 차세대 리더 100인(1997), 세계여성상 경영부문(2006), 한국경영자상(2007), 포브스 아시아 파워 여성기업인 50인(2012 · 2014)

이미라(女)

[생]1969 · 7 · 18 [주]대전 서구 청사로189 산림청 산림자원국 산림정책과(042-481-4130) [학]2007년 미국 미주리대 대학원졸 [경]1997년 행정고시 합격(41회) 1998년 산림청 사무관 2005년 同국제협력담당관실 서기관 2007년 同도시숲정책팀장 2008년 同기획조정관실 규제개혁법무담당관 2009년 同산림휴양등산과장 2014년 同해외자원개발담당관 2015년 同산림자원국 산림정책과장(부이사관)(현)

이미선(李美善 · 女) Lee, Mi Sun

[생]1966·1·15 [주]서울 동작구 여의대방로16길61 기상청 관측기반국(02-2181-0691) [학]대기과학박사(서울대) [경]1999년 기상청 예보연구실 근무 2005년 同예보국 수치예보과 기상사무관 2006년 同정보화관리관실 정보화담당관실 서기관 2007년 同정보화기획과장 직대 2008년 同예보국 수치자료응용팀장 2009년 同예보국 예보상황3과장 2010년 同총괄예보관 2013년 同총괄예보관(부이사관) 2013년 同예보국 예보정책과장 2014년 국립외교원 교육파견 2015년 기상청 국가기상위성센터장 2016년 同관측기반국장(고위공무원)(현)

이미선(李美善 · 女) LEE Mi Sun

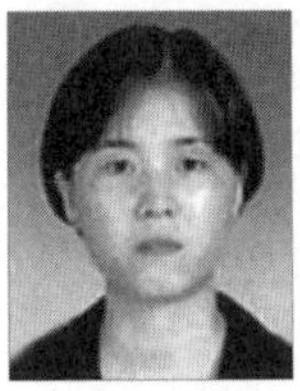

[생]1970 · 1 · 18 [출]강원 화천 [주]경기 수원시 영통구 월드컵로120 수원지방법원(031-210-1114) [학]1988년 학산여고졸 1992년 부산대 법대졸 1995년 同대학원 법학과 수료 [경]1994년 사법시험 합격(36회) 1997년 사법연수원 수료(26기) 1997년 서울지법 판사 1999년 同북부지원 판사 2001년 청주지법 판사 2005년 수원지법 판사 2006년 대전고법 판사 2009년 대전지법 판사 2010년 대법원 재판연구관 2015년 수원지법 부장판사(현)

이미숙(李美淑 · 女)

[생]1962 · 3 · 30 [출]서울 [주]서울 중구 새문안로22 문화일보 편집국 국제부(02-3701-5160) [학]1981년 대전 신일여자정보디자인고졸 1985년 연세대 교육학과졸 1991년 고려대 대학원 정치외교학과졸 [경]1991년 문화일보 국제부 기자 1995년 同문화부 기자 1996년 同정치부 기자 2002년 同국제부 차장대우 2003년 同국제부 차장대우(워싱턴특파원) 2006년 同정치부 차장 2009년 관훈클럽 편집위원 2012년 문화일보 편집국 국제부장(현) 2014~2016년 한국여기자협회 부회장 2014년 대통령직속 통일준비위원회 언론자문단 자문위원(현) [상]이달의 기자상(1997), 최은희여기자상(2007), 최병우기자기념국제보도상(2009) [저]'한국민중교육론'(1985) '북한, 변화는 시작됐다'(1999) '남미가 확 보인다'(2001) '슈퍼 글로벌 리더가 세상을 움직인다'(2009, 김영사) '자선으로 리드하라'(2012, 김영사)

이미연(李渼姸 · 女) LEE Miyon

[생]1968 · 2 · 6 [출]서울 [주]서울 종로구 사직로8길60 외교부 인사운영팀(02-2100-7146) [학]1986년 경기여고졸 1990년 서울대 동양사학과졸 1998년 미국 조지타운대 대학원 국제관계학과졸 [경]1993년 외무고시 합격(27회) 1993년 외무부 입부 1993년 同통상2과 사무관 1996년 미국 연수 1998년 외교통상부 WTO담당팀 사무관 1999년 同세계무역기구과 사무관 2002년 駐제네바 2등서기관 2003년 駐제네바 1등서기관 2004년 WTO 금융서비스위원회 의장 2005년 駐라오스 참사관 2008년 외교통상부 FTA정책기획과장 2009~2011년 同다자통상협력과장, APEC 서비스그룹의장 2011년 同녹색성장위원회 국제협력국장 2011~2014년 대통령 홍보수석비서관실 외신대변인 2014년 駐중국 대사관 참사관 2015년 駐중국 공사참사관(현)

이미영(李美英 · 女) Lee Mi-young

[출]서울 [주]서울 종로구 종로14 한국무역보험공사 글로벌영업본부(02-399-6800) [학]서울여상졸, 홍익대 경영학과졸 [경]2010년 한국수출보험공사 충북지사장 2011년 한국무역보험공사 경기지사장 2012년 同고객지원실장 2013년 同중소기업부장 2014년 同총무부장 2015년 同중소중견기업중부지역본부장 2016년 同글로벌영업본부장(현) [상]국무총리표창(2009), 산업자원부장관표창(2000)

이미옥(李美玉 · 女) Lee Me Ok

[생]1966 · 10 · 5 [주]광주 서구 내방로111 광주광역시의회(062-613-5117) [학]광주중앙여고졸 [경]민주노총 광주전남지역본부 기획국장, 통합진보당 광주시당 사무처장, 同광산甲지역위원회 위원장, 마을항아리협동조합 이사, 일하는여성문화공동체광산여성회 공동대표, 월곡동행복도서관 운영위원장 2014년 광주시의회 의원(비례대표, 통합진보당 · 무소속)(현) 2014년 同산업건설위원회 위원 2014 · 2016년 同예산결산특별위원회 위원(현) 2016년 同행정자치위원회 부위원장(현) 2016년 同운영위원회 위원(현) 2016년 同윤리특별위원회 위원(현) 2016년 同도시재생특별위원회 위원(현)

이미원(李美媛 · 女) LEE Mee Won

[생]1954 · 6 · 24 [출]서울 [주]서울 성북구 화랑로32길146의37 한국예술종합학교 연극원(02-746-9450) [학]1973년 경기여고졸 1977년 서울대 국어국문학과졸 1979년 미국 인디애나대 대학원졸 1983년 문학박사(미국 피츠버그대) [경]1986~1995년 경희대 국어국문학과 조교수 · 부교수 1995~2002년 同국어국문학과 교수 2002년 한국예술종합학교 연극원 교수(현) 2004~2007년 同연극원 연극학과장 2011~2012년 한국연극학회 회장 2012~2014년 한국예술종합학교 한국예술연구소장 2014~2016년 同연극원 연극학과장 [상]여석기평론가상(2001) [저]'한국근대극 연구'(1994, 현대미학사) '포스트모던시대와 한국연극'(1996, 현대미학사) '세계화시대 해체화 연극'(2001, 연극과인간) '한국현대극작가 연구'(2003, 연극과인간) '연극과 인류학'(2005, 연극과인간) '새천년을 여는 연극 : 탈중심 연극의 모색'(2007, 연극과인간)

이미자(李美子 · 女) LEE Mee-Ja

[생]1941 · 10 · 30 [본]전주(全州) [출]서울 [학]1958년 문성여고졸 [경]1959년 작곡가 라화랑씨를 통해 '열아홉순정'으로 데뷔 · 가수(현) 1969년 1000곡기념 리사이틀 1989년 가수생활30년 기념공연(세종문화회관) 1994년 가수생활35년 기념공연(KBS홀) 1999년 노래인생40년 기념공연(세종문화회관) 2002년 MBC 평양특별공연(이미자의 평양 동백아가씨) 2004년 45주년 기념공연(세종문화회관) 2009년 50주년 기념공연(세종문화회관) 2010년 이미자 孝대공연(성남아트센터 오페라하우스) [상]MBC 10대 가수상(1962), 보관문화훈장, MBC 10대가수 가수왕(3회), 민족문학작가회의 문예인 우정상, 문화공보부 무궁화훈장(1967), 화관문화훈장(1995), 보관문화훈장(1999), MBC 방송연예대상 올해의 공로상(2008), 은관문화훈장(2009), MBC 방송연예대상 공로상(2013) [저]'인생 나의 40년'(1999) 에세이 '동백아가씨'(2009, 나무와숲) [작]대표곡 '동백아가씨' '섬마을선생님' '기러기아빠' '아씨' '서울이여 안녕' '흑산도 아가씨' 등 다수 [종]천주교

이미정(李美貞 · 女) LEE Mi Jeong

[생]1963 · 7 · 1 [출]서울 [주]대전 서구 청사로189 특허심판원 심판제7부(042-481-5995) [학]서울대 약학과졸, 약학박사(서울대), 충남대 특허법무대학원 특허법무학과졸 [경]미국 SUNY Buffalo Post-Doc., SK Chemicals 중앙연구소 선임연구원, 특허청 약품화학심사담당관실 심사관, 同특허심판원 심판연구관, 同송무반 약무사무관 2006년 同약품화학심사팀 기술서기관 2007년 同특허심판원 심판6부 심판관 2008년 同인사과 기술서기관 2009년 同복합기술심사1팀장 2010년 특허법원 기술심리관 파견(과장급) 2011년 특허심판원 심판6부 수석심판관 2013년 특허청 특허심사3국 바이오심사과장 2016년 특허심판원 심판제7부 심판관(현) [상]대통령표창(2009) [종]기독교

이미현(李美賢·女) LEE Mee-Hyon

❸1961·1·20 ❷광주(廣州) ❸서울 ㈜서울 서대문구 연세로50 연세대학교 법학전문대학원(02-2123-3004) ❷1979년 상명여고졸 1983년 서울대 법학과졸 1985년 同대학원졸 1995년 미국 하버드대 로스쿨졸(LL.M.) ❸1984년 사법시험 합격(26회) 1987년 사법연수원 수료(16기) 1987~2013년 법무법인 광장 변호사 1995년 미국 뉴욕주 변호사자격 취득 1995년 미국 Rudnick & Wolfe 법률사무소 소속 외국변호사 1996~2012년 사법연수원 강사 2002~2006년 국무총리 행정심판위원회 위원 2003~2005년 국세청 국세심사위원회 위원 2004~2013년 금융발전심의회 위원 2008년 기획재정부 국세예규심사위원회 위원(현) 2008년 同세제발전심의위원회 위원(현) 2009~2011년 대한변호사협회 부회장 2010~2011년 국세청 국세행정위원회 위원 2013년 연세대 법학전문대학원 교수(현) 2014년 同성평등센터소장 2014년 행정자치부 정보공개위원회 민간위원(현) ❸기획재정부장관표창(2012), 안전행정부장관표창(2014)

이미혜(李美惠·女) Yi Mi Hie

❸1960·1·12 ❸광주 ㈜대전 유성구 가정로141 한국화학연구원 그린화학소재연구본부 고기능고분자연구센터(042-860-7291) ❷1983년 서울대 화학교육학과졸 1985년 한국과학기술원졸(석사) 1991년 이학박사(한국과학기술원) ❸1985년 한국화학연구원 화학소재연구부 1팀 선임연구원 2007년 同정보전자폴리머연구센터장 2008년 同화학소재연구단장 2008년 同화학소재연구본부장 2011년 同선임연구본부장 2014년 同그린화학소재연구본부 고기능고분자연구센터 연구위원(현) ❸국민포장(2000), 한국여성공학기술인협회 여성공학인대상(2010)

이미호(李米昊) LEE MI HO

❸1967·10·26 ❸경남 함양 ㈜경남 김해시 금관대로1125 6층 경남매일 비서실(055-323-1000) ❷서상상업고졸, 부산과학기술대졸 2003년 인제대 CEO경영아카데미 수료 2015년 창원대 대학원 건축공학과졸 ❸㈜성호종합건설 대표이사(현) 2012년 경남매일㈜ 대표이사 사장 2016년 同대표이사 부회장(현)

이미희(李美姬·女) YI Mi Hee

❸1969·8·19 ❷전주(全州) ❸서울 ㈜경기 성남시 수정구 복정로76 동서울대학교 뷰티코디네이션과(031-720-2252) ❷2000년 연세대 보건대학원졸 ❸1999~2002년 경인여대 피부미용과 겸임교수 1999~2002년 수원여대 미용예술과 외래교수 1991년 ㈜Pfyn International 코디네이터, ㈜프리콤 코디네이터, ㈜Must Communication 코디네이터 2003년 ㈜Wangsung Angels 코디네이터 2003년 동서울대 뷰티코디네이션과 조교수·부교수·교수(현) ❸'아로마 에센셜오일 백과사전'(2002) 'Hair Care Art'(2002) 'Hair Perm Art'(2002) '네일스타일북'(2003) '메이크업과 코디네이션' ❸기독교

이민걸(李敏杰) LEE Min Kul

❸1961·12·16 ❷학성(鶴城) ❸경북 경주 ㈜서울 서초구 서초대로219 법원행정처 기획조정실(02-3480-1211) ❷1980년 중앙고졸 1985년 서울대 법과대학졸 ❸1985년 사법시험 합격(27회) 1988년 사법연수원 수료(17기) 1988년 軍법무관 1991년 서울형사지법 판사 1993년 서울민사지법 판사 1995년 춘천지법 원주지원 판사 1998년 수원지법 성남지원 판사 1999년 서울지법 판사 1999년 서울고법 판사 겸 법원행정처 법무담당관 2000년 법원행정처 기획담당관 2002년 서울고법 판사 2003년 춘천지법 영월지원장 2004년 대법원 재판연구관 2006년 서울남부지법 부장판사 2007년 법원행정처 기획조정심의관 2009년 同사법등기국장 2010년 대전고법 부장판사 2010년 아시아·태평양대법원장회의 준비위원회 기획단장 2011년 법원행정처 사법정책실장 겸임 2014년 서울고법 부장판사 2015년 법원행정처 기획조정실장(현) ❸기독교

이민구(李敏九) LEE Min Goo

❸1964·10·17 ㈜서울 서대문구 연세로50의1 연세대학교 의과대학 약리학교실(02-2228-1737) ❷1990년 연세대 의대졸 1992년 同대학원졸 1999년 의학박사(연세대) ❸1993~1996년 국립보건원 공중보건의 1996년 연세대 의대 약리학교실 강사 1996~1999년 미국 텍사스 의대(UTSW) Research Fellow 1998년 미국생리학회(APS) 정회원 1999년 연세대 의과대학 약리학교실 교수(현) 2002년 대한의사협회 '우수한국인 의학자 20인'에 선정 2012·2014~2016년 연세대 의과대학 약리학교실 주임교수 ❸대한의학회 분쉬의학상 젊은의학자상, 한국대학총장협회 우수학위지도교수상 생물학분야 장려상(2012), 경암학술상 생명과학부문(2013)

이민규(李珉奎) LEE Min Kyu

❸1961·3·16 ❷전주(全州) ❸서울 ㈜서울 동작구 흑석로84 중앙대학교 미디어커뮤니케이션학부(02-820-5491) ❷1979년 한성고졸 1986년 중앙대 신문방송학과졸 1988년 미국 미주리대 대학원졸 1992년 언론학박사(미국 미주리대) ❸1993~1994년 한국언론연구원 연구위원 1994~2002년 순천향대 신문방송학과 조교수 2000~2001년 同신문방송학과장 2002~2003년 미국 미주리대 언론대학원 초빙교수 2003~2006년 중앙대 신문방송학과 부교수 2005년 同홍보실장 2005년 한겨레신문 사외이사 2006~2007년 한국언론학회 편집이사 2006년 중앙대 사회과학대학 신문방송학부 교수 2007~2009년 同비서실장 2009~2010년 同신문방송대학원장 2009~2011년 同미디어공연영상대학장 2009~2011년 KBS 시청자위원회 위원 2014년 중앙대 사회과학대학 미디어커뮤니케이션학부 교수(현) 2015~2016년 同사회과학대학장 2015년 포털뉴스제휴평가위원회 위원(현) 2016년 한국언론학회 차기(2017년10월) 회장(현) ❸'올드미디어 뉴미디어'(1994) '국제커뮤니케이션'(1997) '메가넷'(1998) '신문의 위기'(2004) '신문기자의 뉴미디어 수용실태' '신문과 컴퓨터' '디지털시대의 미디어'(共) ❸'미디어모포시스' ❸기독교

이민석

❸1963·5 ❸서울 ㈜서울 중구 청계천로86 ㈜한화 임원실(02-729-3111) ❷1982년 광성고졸 1986년 서울대 경영학과졸 1997년 미국 펜실베이니아대 와튼스쿨 경영학과졸(MBA) ❸2005년 한화케미칼 기획팀장·기획실장(상무보) 2009년 同CA영업담당 상무 2013년 同전략전략본부장(상무) 2014년 同경영진단팀장(전무) 2016년 ㈜한화 무역부문 대표이사 부사장(현)

이민섭(李敏燮) LEE Min Sup (강촌)

❸1939·2·28 ❷전주(全州) ❸강원 춘천 ❷1959년 서울대사대부고졸 1965년 서울대 정치학과졸 1984년 중앙대 사회개발대학원 사회복지학과졸 1998년 행정학박사(경희대) ❸1965~1980년 서울신문 정치부 차장·논설위원 1978년 한국기자협회 부회장 1981년 제11대 국회의원(전국구, 민주정의당) 1981년 민주정의당(민정당) 청년국장·조직국장 1982~1984년 한국아마추어무선연맹 이사장 1983년 민정당 중앙정치연수원 부원장 1985년 제12대 국회의원(춘천·춘성·철원·화천, 민정당) 1987년 민정당 원내부총무 1987년 同대변인 1988년 제13대 국회의원(춘성·양구·인제, 민정당·민자당) 1990년 국회 문화공보위원장 1992년 제14대 국회의원(춘성·양구·인제, 민자당·신한국당) 1993~1994년 문화체육부 초대장관 1995년 한우리 독서문화운동본부 회장 1995년 민자당 강원도지부장 1995년 대한민국체육상 심사위원장 1996~1999년 강원우리꽃사랑모임 회장 1996~1998년 동아그룹 고문 1997~2000년 한림대 객원교수 1998년 자민련 춘천乙지구당 위원장 1998년 同부총재 2006년 수원대 석좌교수 2002~2008년 (사)한국골프장경영협회 상임고문 2013~2015년 대한민국헌정회 홍보편찬위원회 의장 ❸한국보이스카우트연맹 무궁화금장(1995), 청조근정훈장(1995) ❸기독교

이민수(李民壽)

❸1948·5·26 ㈜광주 북구 상무대로1270 광주불교방송 사장실(062-520-1114) ❷1969년 조선대부고졸 1973년 조선대 법정대학 정치외교학과졸 2006년 同대학원 경영학과졸 2008년 경영학박사(조선대) ❸㈜동양건설 대표이사 회장(현), 전남도건설협회 대의원, 전남도인라인연맹 회장 2009년 전남경영자총협회 회장(현) 2000~2001년 (사)광주JC특우회 회장 2012년 (사)한국JC특우회 중앙회장 2014년 광주불교방송 사장(현) 2015년 전남도인라인연맹 명예회장(현)

이민수(李珉秀) LEE Min Su

❸1968·12·26 ❸전남 목포 ㈜경기 수원시 영통구 월드컵로120 수원지방법원(031-210-1114) ❷1988년 광주 광일고졸 1992년 건국대 법학과졸 ❸1995년 사법시험 합격(37회) 1996년 사법연수원 수료(27기) 1998년 부산지법 예비판사 2000년 同판사 2002년 수원지법 판사 2006년 서울중앙지법 판사 2008년 수원지법 안산지원 판사 2010년 수원지법 판사 2013년 부산지법 부장판사 2015년 수원지법 부장판사(현)

이민수(李敏洙)
[생]1971·12·1 [출]서울 [주]서울 서초구 강남대로193 서울가정법원(02-2055-7114) [학]1990년 대원고졸 1997년 서울대 사법학과졸 [경]1998년 사법시험 합격(40회) 2001년 사법연수원 수료(30기) 2001년 광주지법 판사 2004년 同목포지원 판사 2006년 인천지법 판사 2009년 광주지법 순천지원 판사 2011년 광주고법 판사 2013년 서울중앙지법 판사 2015년 서울가정법원 판사 2016년 同부장판사(현)

이민우(李旻雨) LEE Min Woo

[생]1951·9·4 [출]서울 [주]서울 동작구 노량진로100 기독교TV 부회장실(02-6333-1000) [학]1968년 중앙고졸 1977년 서울대 경영학과졸 1987년 연세대 대학원 경영학과졸 2000년 캐나다 맥길대 대학원 경영학과졸 2010년 침례신학대 대학원 목회학과졸 [경]1976년 (주) 럭키 입사 1987년 럭키금성 미주분실 부장 1998년 (주)LG EDS CFO(상무) 2002년 LG텔레콤 CFO(부사장) 2003년 (주)파워콤 최고재무책임자(CFO) 2004~2006년 (주)데이콤 경영기획부문장(CFO·부사장), 전국경제인연합회 국제경영원 전임강사, 건국대 최고경영자과정 전임강사 2007년 한국밀알선교단 단장 2010년 목사 안수 2015년 경제공학소 대표(현) 2015년 (사)국제학생회(ISF) 상임이사(현) 2016년 CTS기독교TV 부회장(현) [상]한국CFO 대상(2002) [저]'나는 너를 믿는다' '성공의 기준 성경의 기준' '그냥 사랑하거라' [종]기독교

이민우(李玟雨) Minwoo Lee

[생]1974 [출]경기 안양 [주]세종특별자치시 한누리대로402 산업통상자원부 무역투자실 수출입과(044-203-4040) [학]1993년 서울고졸 2000년 고려대 경제학과졸 2007년 미국 카네기멜론대 대학원 e-비즈니스학과졸 [경]1999년 행정고시 합격(43회) 2000년 산업자원부 석유산업과·공보관실·투자진흥과·산업구조과·반도체전기과 사무관 2009년 지식경제부 에너지자원정책과 사무관 2009년 同에너지자원정책과 서기관·인사팀장 2011~2012년 대통령실 행정관 2012~2015년 駐애틀랜타총영사관 영사 2015년 산업통상자원부 홍보지원팀장 2016년 同무역투자실 수출입과장(현) [상]산업자원부장관표창(2006), 대통령표창(2009)

이민웅(李旻雄) LEE MIN WOONG

[생]1957·8·10 [출]경기 화성 [주]경기 안산시 단원구 별망로79번길55 하이트진로산업(주) 임원실(031-499-6051) [학]1976년 선린상고졸 1993년 광주대 회계학과졸 [경]1981년 조선맥주(주) 입사 1987년 同대리 1988년 同과장 1992년 同차장 2000년 하이트맥주(주) 부장 2005년 同재경팀 이사 2005년 (주)진로 재무담당 이사 2006년 同재무담당 상무보 2007년 同재무담당 상무 2009년 同경리총무관장 상무 2011~2014년 하이트진로산업(주) 상무 2014년 同대표이사(현) [상]한국CFO대상(2008)

이민원(李敏元) LEE Min Won

[생]1957·5·19 [본]양성(陽城) [출]광주 [주]광주 남구 효덕로277 광주대학교 세무경영학과(062-670-2249) [학]광주 동신고졸 1981년 전남대 경제학과졸 1983년 고려대 대학원 경제학과졸 1990년 경제학박사(고려대) [경]1983~1989년 에너지경제연구원 연구원 1988~1989년 경희대 인류사회재건연구원 학술연구원 1989년 광주대 중국통상학과 교수 2002년 지방분권국민운동 공동의장, 한국미래연구원 이사 2006~2008년 광주 경제정의실천시민연합 공동대표 2006년 대통령직속 지방이양추진위원회 위원 2007~2008년 대통령자문 국가균형발전위원회 위원장 2009~2010년 광주연구소 소장 2009년 광주대 글로벌경영학과 교수, 同세무경영학과 교수(현) 2012년 제19대 국회의원선거 출마(광주 남구, 통합진보당) 2013년 지방분권국민운동 의장(현) 2013~2016년 광주시지방분권협의회 대표 2015년 정부혁신도시포럼 대표(현) [저]'고급미시경제학' '현대인플레이션론'

이민원(李敏媛·女) LEE Min Won

[생]1968·1·15 [주]세종특별자치시 도움4로13 보건복지부 보건산업정책국(044-202-2990) [학]구미여고졸, 연세대 사회학과졸, 미국 시라큐스 멕스웰대 대학원졸, 사회학박사(미국 시라큐스 멕스웰대) [경]행정고시 합격(37회) 2005년 보건복지부 혁신인사기획관실 서기관 2005년 국무조정실 파견 2007년 보건복지부 보건의료정책본부 의약품정책팀장 2008년 보건복지가족부 의약품정책과장 2008년 同암정책과장 2008년 同아동청소년가족정책실 다문화가족과장 2009년 同아동청소년가족정책실 보육사업기획과 서기관 2010년 보건복지부 저출산고령사회정책실 보육사업기획과장 2014년 同기획조정실 국제협력담당관 2015년 同보건산업정책국 해외의료진출지원과장 2016년 同보건산업정책국 해외의료사업지원단장 2016년 同보건산업정책국 해외의료사업지원관 직대(현)

이민재(李民載·女) LEE Min Jai

[생]1944·12·25 [출]충남 청양 [주]서울 마포구 성지길25 (주)엠슨 비서실(02-338-4412) [학]1963년 서울여상졸, 수도여자사범대학 중퇴 1992년 전국경제인연합회 최고경영자과정 수료 1997년 연세대 경제대학원 최고경영자과정 수료 2000년 세종대 대학원 세계경영최고위과정 수료 2001년 서강대 언론대학원 PI최고위과정 수료 2003년 이화여대 여성최고지도자과정 수료 2004년 서울대 국제대학원 글로벌최고경영자과정(GLP) 수료 [경]1987~2005년 (주)광림무역상사 설립·대표이사 회장 1996년 통상산업부 정책자문위원 1998년 서울시 여성정책위원 1998년 한국여성경제인협회 부회장 1999년 대한무역투자진흥공사 사외이사 1999년 밝은사회한국본부 부총재 1999년 한국여성경제인협회 서울지회 수석부회장 2001년 서울시 중소기업육성기금운영위원회 위원 2002년 한국여성경제인협회 서울지회장 2002년 중견기업연합회 부회장 2002년 밝은사회전국여성클럽연합회 회장 2002년 서울여상 운영위원장 2003년 서울시 사회복지정책위원 2004년 서울적십자사 상임위원 2004년 수입업협회 부회장 2004년 서울 마포구시설관리공단 비상임이사 2004년 (주)엠슨 대표이사 회장(현) 2006년 서울 마포구상공회 회장 2008년 충청장학문화재단 이사 2009년 한국무역협회 부회장(현) 2009년 마포세무서 세정협의회 위원(현) 2010~2012년 한국수입업협회 연수원장 2011년 민주평통 상임위원(현) 2013~2015년 한국여성경제인협회 회장 2015년 대한적십자사 박애문화위원회 전문위원(현) 2016년 한국여성경제인협회 명예회장(현) [상]율곡대제전 서예부문 입상(1985), 밝은사회국제클럽 국제본부 루비상(2002), 성실납세의무표창(2004), 적십자회원유공장 은장(2005), 장애인실천상(2005), 대한적십자사 포장증(2009), 적십자회원유공장 동백포장증(2010), 우수기업인상(2011)

이민전(李泯銓) Rhee Min Jeon

[생]1960·9·9 [주]서울 중구 청계천로100 (주)아모레퍼시픽 임원실(02-709-5114) [학]1984년 경북대 식품공학과졸 [경]태평양 시판영업기획팀 과장, 同시판지점장, 同CM장(부장) 2003년 (주)빠팡에스쁘아 대표이사 상무 2004년 에뛰드 대표이사 상무 겸임 2008년 (주)아모레퍼시픽 시판부문장(부사장) 2012년 同방판부문장(부사장) 2013년 同Premium사업부문장(부사장) 2015년 同마케팅전략 UNIT부문장(부사장)(현)

이민주(李民柱) LEE Min Joo

[생]1948·10·28 [출]서울 [주]서울 강남구 테헤란로103길 9 제일빌딩5층 (주)에이티넘파트너스 회장실(02-550-4777) [학]1968년 서울고졸 1972년 연세대 응용통계학과졸 [경]1974년 다나무역 입사 1975년 조선무역 대표이사 1975년 (주)에이티넘파트너스 회장(현), 한국무역협회 이사, 한미리스 이사 1988년 한미창업투자 회장 2000~2008년 (주)씨앤앰 회장 2000~2007년 (주)케이에스넷 회장 [종]기독교

이민주(李旼柱) Lee Min Joo

[생]1962·10·14 [본]전주(全州) [출]서울 [주]서울 중구 세종대로124 한국프레스센터16층 한국방송광고진흥공사 광고진흥본부장실(02-731-7216) [학]1981년 한성고졸 1997년 미국 브룩스대 영화학과졸 1999년 중앙대 대학원 영화학과졸 2002년 광운대 대학원 신문방송학과졸 2011년 신문방송학박사(광운대) [경]1987~2003년 MBC 영상미술국 차장대우 2003~2009년 서울예대 방송연예과 부교수 2009~2014년 동덕여대 방송연예과 부교수 2014년 한국방송광고진흥공사 광고진흥본부장(현)

이민준(李民晙) LEE Min Jun

[생]1964·6·2 [출]전남 나주 [주]전남 무안군 삼향읍 오룡길1 전라남도의회(061-334-0002) [학]1983년 나주공고졸 2002년 동신대 경영학과졸 [경]1997년 남도뷔페 대표, 나주시수영연맹 회장 2001년 새천년민주당 청년위원회 부위원장 2002~2006년 전남도의회 의원(새천년민주당·민주당) 2002년 민주당 전남도지부 부대변인 2005년 同대변인 2005년 同청년위원회 수석위원장 2006년

전남도의원선거 출마(무소속) 2007년 대통합민주신당 전남지부 정책위원장 2009년 국민평화민주연대 대변인 2009년 민주평통 자문위원 2010년 전남도의원선거 출마(무소속), 나주시체육회 이사(현), 금성라이온스클럽 회장(현), 나주시재향군인회 이사(현) 2014년 전남도의회 의원(새정치민주연합·더불어민주당)(현) 2014년 同건설소방위원회 부위원장 2014년 同운영위원회 위원 2016년 同윤리특별위원회 위원(현) 2016년 同FTA대책특별위원회 위원(현) 2016년 同여성정책특별위원회 위원(현) 2016년 同농림해양수산위원회 위원(현) [종]기독교

이민철(李珉徹) LEE Min Cheol

[생]1954·3·22 [주]광주 동구 제봉로42 전남대학교병원 병리과(062-220-5688) [학]1979년 전남대 의대졸 1983년 同대학원졸 1986년 의학박사(전남대) [경]1983년 전남대 의과대학 병리학교실 전임강사·조교수·부교수·교수(현) 1991~1993년 미국 오하이오주립대병원 신경병리학과 펠로우 겸 임상교수 1994년 캐나다 브리티쉬컬럼비아대 신경내과학교실 연구교수 1997~1998년 일본 아사히카와대 신경외과학교실 연구교수 1998~2007년 한국과학재단 뇌질환연구센터 책임연구원 2000~2002·2008~2010년 전남대 의과대학 병리학교실 주임교수 겸 전남대병원 병리과장 2004~2009년 전남대 의과대학 의학박물관장 2004~2009년 농림부 가축보건위생분야 자문교수 2006~2008년 전남대 의과대학 부학장 2007~2009년 신경병리연구회 회장 2010~2012년 전남대 의과대학장 겸 의학전문대학원장 2011~2012년 한국의과대학·의학전문대학원장협회 이사 2012~2013년 대한병리학회 감사 2016년 대한병리학회 회장(현) [상]전남대병원 최우수논문상(1994), International Society of Neuropathology 최우수연구상(1995)

이민혁

[생]1972·2·17 [주]경기 수원시 영통구 삼성로129 삼성전자(주) 무선사업부 디자인팀(031-200-1114) [학]경희대 산업디자인학과졸 [경]2005년 삼성전자(주) 무선사업부 디자인팀 책임자 2008년 同무선사업부 디자인그룹 수석디자이너 2010년 同무선사업부 디자인그룹 상무대우 2014년 同무선사업부 디자인팀장(상무대우) 2015년 同무선사업부 디자인팀장(전무)(현) [상]코리아 인더스트리얼 디자인어워드 최우수상(2002), KAID 어워드 최우수상(2003), 모바일기술대상(2003), 레드닷(Reddot) 어워드(2004), 3GSM어워드(2005), 자랑스러운 삼성인상 디자인상(2005)

이민호(李敏浩) LEE Min Ho

[생]1946·11·25 [출]서울 [주]서울 중구 후암로110 서울시티타워빌딩20층 한국의료분쟁조정중재원 감정부(02-6210-0210) [학]1973년 서울대 의대졸 1976년 同대학원 의학석사 1988년 의학박사(서울대) [경]1979~2001년 국군 수도통합병원 소화기내과 과장 1981~1992년 한양대 의대 소화기내과학교실 전임강사·조교수·부교수 1989~1991년 미국 Vanderbilt Univ. 임상약리 Visiting Scientist 1992~2012년 한양대 의대 소화기내과학교실 교수 1992~1996년 중앙약사심의위원회·신약분과위원회·임상평가소분과위원회 위원 1995~2001년 한양대병원 소화기내과장 1999~2001년 한국방송공사 의료자문위원 2007~2009년 한양대구리병원 병원장 2008~2009년 대한소화기학회 부회장 2012년 한양대 의대 소화기내과학교실 명예교수(현) 2012년 한국의료분쟁조정중재원 감정부 상임감정위원(현) [저]'간질환 진단에 있어서 주먹타진의 진단적 의의'(1962)

이민호(李民浩) LEE Min Ho

[생]1962·1·8 [출]경기 용인 [주]서울 서초구 헌릉로13 대한무역투자진흥공사(02-3460-7310) [학]1981년 대전고졸 1985년 서강대 정치외교학과졸 [경]1989년 대한무역투자진흥공사(KOTRA) 입사 1989년 同통상진흥부 근무 1989년 同구아부 근무 1991년 대전세계박람회조직위 파견 1993년 대한무역투자진흥공사(KOTRA) 기획조사부 근무 1994년 同트리폴리무역관 근무 1996년 同LA무역관 근무 1998년 同기획조정실 근무 1999년 同전략경영추진프로젝트팀 근무 2000년 同기획조정실 근무 2000년 同충북무역관 근무 2001년 同밴쿠버무역관 근무 2005년 同감사실 검사역 2008년 同타이베이무역관장 2008년 同타이베이KBC센터장 2011년 同신흥자본유치팀장 2011년 同경영관리팀장 2013년 同경영관리팀장(처장) 2013년 同칭다오무역관장 2014~2016년 同상하이무역관장 2016년 同수출기업화지원실 실장(현)

이민호(李珉浩) Lee Min Ho

[생]1965·2·7 [출]충남 [주]세종특별자치시 도움6로11 환경부 환경정책실(044-201-7210) [학]1983년 천안고졸 1987년 서울대 지질과학과졸 1991년 同대학원 도시계획학과졸 2002년 환경공학박사(미국 델라웨어대) [경]2003년 환경부 상하수도국 수도정책과 서기관 2004년 유엔 아시아태평양경제사회위원회(UN ESCAP) 환경정관회의준비기획단장 2005년 환경부 국제협력관실 해외협력담당관 2006년 同환경정책실 화학물질안전과장 2007년 대통령비서실 사회정책비서관실 행정관 2008년 환경부 기후대기정책관실 기후변화협력과장 2010년 同기후대기정책관실 기후대기정책과장 2011년 同기획조정실 기획재정담당관 2011년 同물환경정책국장(고위공무원) 2011년 대통령실 기후환경비서관실 선임행정관 2013년 교육파견(고위공무원) 2014년 환경부 대변인 2015년 同자연보전국장 2016년 同환경정책실장(현)

이민홍(李敏弘) LEE Min Hong (磊城山人·磊山·而軒)

[생]1941·3·12 [본]월성(月城) [출]경북 포항 [주]서울 종로구 성균관로25의2 성균관대학교(02-760-0336) [학]1958년 북부산고졸 1964년 성균관대 국어국문학과졸 1972년 同대학원 국어국문학과졸 1984년 국문학박사(성균관대) [경]1968~1972년 동지고 교사 1973~1978년 상명여고 교사 1978~1983년 성균관대 국어국문학과 강사 1980~1990년 충북대 국어교육학과 부교수 1981년 미국 워싱턴대 아세아어문학과 객원연구원 1990년 성균관대 한문학과 부교수 1991~2006년 同한문학과 교수 1994~1995년 대만 국립정치대 동방어문학과 교환교수 1995~1996년 성균관대 인문과학연구소장 1997년 同인문대학장 1997~2000년 同어문학부장 1998~2000년 한국시가학회 회장 2004~2006년 성균관대 대학원장 2006년 同명예교수(현) 2006~2012년 한국한자한문능력개발원 이사장 2010~2014년 한국고전번역원 이사장, 한국예술종합학교 겸임교수(현) [상]陶南국문학상(1986), 홍조근정훈장(2006) [저]'사림파 문학의 연구'(1985) '조선중기 詩歌의 이념과 美의식'(1993) '고려가요 연구의 현황과 전망(共)'(1996) '한국사(共)'(1996) '漢詩연구(共)'(1997) '퇴계학 연구 논총(共)'(1997) '한국 민족樂舞와 禮樂사상'(1997) '조선조 詩歌의 존재양식과 미의식(共)'(1999) '시가사와 예술사의 관련 양상(共)'(2000) '조선조 시가의 이념과 미의식'(2000) '증보 사림파문학의 연구'(2000) '퇴계학과 남명학(共)'(2001) '한국 민족예악과 시가문학'(2001) '언어 민족주의와 언어 사대주의의 갈등'(2002) '고전시가 엮어 읽기(共)'(2003) '한문화와 한문학의 정체성'(2003) '신동북아 질서의 諸문제(共)'(2004) '위대한 스승, 공자 사상의 재발견-논어강의'(2005) '옛 노래 속의 낭만연인'(2005) '韓文化의 원류'(2006) '韓文化의 단상'(2007) '韓文化의 韓半島 전개와 발전양상'(2011) '맹자 정치를 말하다'(2013) [역]'조선조 성균관의 校園과 太學生의 생활상'(1999) '소순의 謚法'(2005) '유득공의 21도 懷古詩'(2008) '성호의 海東樂府'(2008) '두우의 通典'(2011) [종]유교

이민화(李珉和) LEE Min Hwa

[생]1953·12·8 [본]연안(延安) [출]대구 [주]서울 구로구 디지털로30길28 마리오타워 (사)벤처기업협회(02-6331-7000) [학]1972년 중앙고졸 1976년 서울대 전자공학과졸 1978년 한국과학기술원(KAIST) 전기·전자공학과졸 1986년 공학박사(한국과학기술원) 1999년 명예 경영학박사(순천향대) [경]1978~1982년 대한전선(주) 입사·과장 1985~1998년 (주)메디슨 대표이사 사장 1995~2000년 벤처기업협회 회장 1998~2001년 (주)메디슨 대표이사 회장 1999년 한국의료용구협동조합 이사장 1999년 사법개혁추진위원회 위원 2000~2009년 한국기술거래소 이사장 2006년 (사)벤처기업협회 명예회장(현) 2008년 (사)유라시안네트워크 이사장(현) 2009~2010년 중소기업호민관(차관급) 2009년 한국과학기술원(KAIST) 이노베이션학부 초빙교수(현) 2011~2016년 한국디지털병원사업수출협동조합 이사장 2013년 (사)창조경제연구회 이사장(현) [상]금탑산업훈장, 철탑산업훈장, 산업포장, 제1회 벤처기업대상, 대통령표창, 중소기업최고경영자상, 한국능률협회 한국경영자상, 한국공학기술상 젊은공학인상, 서울대·한국공학한림원 선정 한국을 일으킨 엔지니어 60인 선정(2006) [저]'한경영'(共) '21세기 벤처대국을 향하여' '초생명기업' '벤처산업 발전사' '생명경영' '스마트 코리아로 가는 길 : 유라시안 네트워크'(2010) '기술의 대융합(共)'(2010) '한국교육 미래비전(共)'(2011) '스마트 자본주의5.0(共)'(2012) '호모 모빌리언스'(2012) '끝나지 않은 도전'(2012) '창조경제'(2013) '벤처에세이'(2014) [역]'TTLIC의 설계와 응용'(1976) '기업가정신'(2012) [작]'한글PRINTER개발·TERMINAL개발' '16Bit Mini-Com개발' '영문Terminal4개발' 'CP/M Micro-Computer 개발' '초음파진단기 개발'

이방무(李芳武) Lee, Bangmoo

㉳1974 · 8 · 29 ㉱울산 ㉴서울 종로구 세종대로209 행정자치부 지역금융지원과(02-2100-4280) ㉵1993년 울산 학성고졸 1998년 서울대 경영학과졸 2010년 미국 펜실베이니아대 대학원 행정학과졸 ㉰1999년 행정고시 합격(43회) 2000년 행정자치부 급여정책과 · 고위공무원단실무추진단 등 사무관 2006년 同고위공무원정책과 서기관 2007~2008년 대통령 혁신비서관실 행정관 2008년 행정안전부 조직진단과 서기관 2011년 同정부통합전산센터 서비스운영과장 2012~2015년 駐인도네시아대사관 파견(서기관) 2015년 행정자치부 지역금융지원과장(현)

이방수(李邦洙) LEE Bang Soo

㉳1958 · 11 · 19 ㉱경남 산청 ㉴서울 영등포구 여의대로128 LG트윈타워 동관11층 LG디스플레이(주) 경영지원그룹장실(02-3777-1020) ㉵1977년 영등포고졸 1984년 한양대 경영학과졸 ㉰LG전자(주) · LG회장실 홍보팀 근무 2000~2003년 LG상남언론재단 사무국장 2004년 LG전자(주) 홍보팀 상무 2004년 LG필립스LCD(주) 업무홍보담당 상무 2008~2010년 LG디스플레이(주) 업무홍보담당 상무 2010년 同경영지원센터장(상무) 2010년 同경영지원센터장(전무) 2012년 同경영지원그룹장(전무) 2015년 同경영지원그룹장(부사장)(현)

이방우(李邦雨) Lee Bang Woo

㉳1952 · 1 · 20 ㉴대구 동구 동대구로550 한국철도공사 대구본부 시설처(053-940-2330) ㉵1970년 용산공고졸 1996년 한국방송통신대 행정학과졸 1999년 인하대 교통대학원졸 ㉰2001년 철도경영연수원 서기관 2002년 한국철도공사 서울철도차량정비창 동력차량국 서기관 2003년 同부산차량사무소장 2006년 同수도권동부지사 일반차량팀장 2007년 同수도권북부지사 일반차량팀장 2008년 同수도권북부지사 광역차량팀장 2009년 同수도권서부본부 차량팀장 2010년 同감사실 일반감사처장, 同토목시설처장 2012년 同기술본부 시설기술단 선로관리처장 2012년 同서울본부 시설처장 2014년 同대전충남본부 시설처장 2014년 同대구본부 시설처장(현)

이방주(李邦柱) LEE Bang Joo

㉳1943 · 10 · 22 ㉲전주(全州) ㉱서울 ㉴서울 강남구 언주로431 삼봉빌딩8층 제이알투자운용(주) 회장실(02-564-7004) ㉵1962년 보성고졸 1966년 고려대 상대 경제학과졸 ㉰1968년 예편(육군 중위) 1969년 현대자동차 입사 1980~1994년 同재정부장 · 재정담당 이사 1994년 同관리본부장 1995년 同전무이사 1997~1998년 同부사장 1998년 同자동차산업연구소장 겸임 1998년 同사장 1999년 현대산업개발(주) 대표이사 사장 1999년 한국주택협회 비상근부회장 2004~2007년 同회장 2006년 현대산업개발(주) 부회장 2006년 대한건설단체총연합회 부회장 2008년 현대산업개발(주) 고문 2008년 제이알투자운용(주) 회장(현) 2009~2012년 (재)명동 · 정동극장 이사장 2010년 한국부동산중개학회 회장 2013년 한국부동산경영학회 회장(현) 2013~2016년 한미글로벌 사외이사 ㉑한국토지공사 감사패(1999) ㉵기독교

이방호(李方鎬) LEE Bang Ho

㉳1945 · 3 · 6 ㉲경주(慶州) ㉱경남 사천 ㉵1963년 부산고졸 1969년 연세대 법학과졸 ㉰1975년 영일수산 대표이사 1977년 삼천포청년회의소 회장 1978년 경남지구청년회의소 연수원장 1980~1990년 삼천포 수산업협동조합장 1982~1988년 범민족올림픽추진 삼천포지부장 1990~1995년 수산업협동조합중앙회 회장 1994년 대통령직속 농어촌발전위원회 위원 1996년 신한국당 사천지구당 위원장 1997~1998년 삼천포중앙라이온스클럽 회장 2000년 제16대 국회의원(경남 사천, 한나라당) 2001~2002년 한나라당 원내부총무 2002년 同한일어업협정재협상대책위원장 2003년 同대표특보 2003년 국회 정치개혁특별위원회 위원 2004~2008년 제17대 국회의원(경남 사천, 한나라당) 2004년 한나라당 농림해양수산정책위원장 2004년 同국가수호비상대책위원회 범국민연대위원장 2005년 同농어촌살리기특별위원회 위원장 2005년 同정책위원회 부의장 2006년 同정책위원회 의장 2006년 국회 독도수호 및 역사왜곡대책특별위원회 위원장 2007년 한나라당 이명박 대통령후보 조직위원장 2007~2008년 同사무총장 2007년 同제17대 대통령중앙선거대책위원회 선거대책본부장 2008년 同제18대 총선 공천심사위원 2008년 同사천시당협의회 운영위원장 2011~2012년 대통령직속 지방분권촉진위원회 위원장 2012년 제19대 국회의원선거 출마(경남 사천 · 남해 · 하동, 무소속) ㉑'어촌에서 태어나'(1992) '어촌에서 살리라'(1995) ㉵기독교

이배섭(李培燮) Lee Bae Seop

㉳1954 · 10 · 18 ㉱인천 ㉴충남 논산시 강경읍 동안로112번길48 한국폴리텍특성화대학 바이오캠퍼스 학장실(041-746-7300) ㉵1971년 인천공고졸 1989년 부산공업대 기계공학과졸 1991년 부산수산대 대학원 기계공학과졸 2000년 기계공학박사(부경대) ㉰1980~1990년 충주 · 울산직업훈련원 교사 1990~2002년 한국산업인력공단 기획팀장 2002~2004년 대전기능대 기획실장 2004년 한국폴리텍III대학 교학처장 2008~2012년 한국폴리텍IV대 아산캠퍼스 학장 2008~2010년 산업기술교육학회 회장 2012년 한국폴리텍특성화대학 바이오캠퍼스 학장(현) ㉑문화체육부장관표창(1995), 대통령표창(1999), 교육인적자원부장관표창(2005)

이배용(李培鎔 · 女) LEE Bae Yong (東昭)

㉳1947 · 1 · 5 ㉲전주(全州) ㉱서울 ㉴서울 서대문구 이화여대길52 이화여자대학교(02-3277-2011) ㉵1969년 이화여대 사학과졸 1971년 同대학원 사학과졸 1984년 문학박사(서강대) ㉰1985년 이화여대 사학과 교수 1991~1993년 同사학과장 1993~1997년 한국여성연구원 원장 1994~1997년 한국여성학회 운영위원 · 부회장 1996~1998년 제2정무장관실 성차별개선위원 1997~2002년 한국사상사학회 부회장 1997~2000년 이화여대 이화사학연구소장 1997~1999년 同사학과장 1997년 민주평통 자문위원 1999년 국가보훈처 공훈심사위원 2000~2006년 이화여대 평생교육원장 2003~2004년 한국사상사학회 회장 2003~2009년 국사편찬위원회 위원 2004~2006년 한국여성사학회 회장 2006~2007년 조선시대사학회 회장 2006년 이화여대 인문과학대학장 2006~2010년 同총장 2008년 이명박 대통령당선인 정책자문위원 2008~2009년 한국사립대학총장협의회 회장 2009~2012년 경기도가족여성연구원 이사장 2009~2010년 한국대학교육협의회 회장 2009~2011년 문화재위원회 사적분과 위원 2009년 교육협력위원회 초대위원장 2009~2011년 헌법재판소 자문위원 2009~2014년 국립암센터 비상임이사 2009~2012년 대한민국역사박물관 건립위원회 위원 2009~2013년 국립중앙박물관 운영자문위원회 위원장 2009~2013년 대통령직속 사회통합위원회 위원 2010~2013년 교육과학강국실천연합 이사장 2010년 사회적기업활성화포럼 공동대표 2010~2012년 국가브랜드위원회 위원장(장관급) 2011년 역사교육과정개발추진위원회 위원장 2011년 문화재청 세계문화유산분과위원회 위원(현) 2012~2013년 건양대 교양학부 석좌교수 2012년 이화여대 명예교수(현) 2012년 새누리당 제18대 대통령중앙선거대책위원회 공동의장 2012~2013년 (사)코피온 총재 2013년 여성들의새물결 초대회장 2013년 同명예회장(현) 2013~2016년 한국학중앙연구원 원장 2013년 민주평통 여성부의장 2013년 한국양성평등교육진흥원 이사장 2013~2014년 대법원 사법정책자문위원 2013년 동북아역사재단 비상임이사(현) 2013년 (사)코피온 명예총재(현) 2013년 1090평화와통일운동 공동대표(현) 2014년 안전행정부 국가공무원시험 정책자문위원장 2014년 통일교육위원중앙협의회 의장(현) 2016년 (재)대한국인 이사(현) ㉑이화여고 자랑스러운 이화인상(2008), 미국 사우스플로리다대 글로벌리더십상(2010), 베스트드레서 백조상 특별상(2010), 한국여성단체협의회 전국여성대회 김활란 여성지도자상(2011), 청조근정훈장(2012), 5.16 민족상 사회교육부문(2013), 21세기경영인클럽 올해의21세기경영인상(2015), 대한민국무궁화대상 장한어머니부문(2015) ㉑'한국 근대 광업침탈사 연구'(1989) '한국사회사상사'(1996) '한국사의 새로운 이해'(1997) '통일을 대비한 남북한 여성의 삶의 비교'(1997) '우리나라 여성들은 어떻게 살았을까(共)'(1999) '역사교육, 무엇을 어떻게 가르칠까'(2001) '개화기 한국과 세계의 상호이해'(2003) '신여성-한국과 일본의 근대 여성상'(2003) '조선전기 가부장제와 여성'(2004) '개화기 서울 사람들'(2004) '한국 역사 속의 여성들'(2005) 'Women in Korean History'(2008) ㉵기독교

이백금(李栢金) Lee Baeg Geum

㉳1956 · 8 · 10 ㉲함평(咸平) ㉱전남 함평 ㉴서울 영등포구 국제금융로6길30 백상빌딩1009호 에이엔에이(주)(02-786-8100) ㉵1975년 학다리고졸 1983년 조선대 기계공학과졸 2012년 한양대 공학대학원 건축환경 및 설비공학과졸(공학석사) ㉰2002년 삼성물산 건설부문 주택설비팀장(부장) 2006년 同건설부문 주택기전팀장(상무) 2006~2007년 (사)한국설비기술협회 사업이사 2008년 삼성물산 건설부문 주택사업본부 주택기전팀장(상무) 2009년 서울시교육청 교육환경심의회 위원 2010년 삼성물산 건설부문 주택CS실장(상무) 2011년 에이엔에이(주) 대표이사(현) 2011년 주친회 회장(현) 2012년 조선대기계공학과 총동문회 회장(현) 2013년 서울시 관악구 건축위원회 위원(현) 2014년 서울시 영등포구 건축위원회 위원(현) 2014년 한반도미래연구원 부원장(현) 2014년 서울시 영등포구 도시계획위원회 위원(현) ㉑수원시장 노인복지효부상(1998), 한국능률협회 전국대회 제안왕(1998), 중앙일보 자원봉사우수상(1998), 삼성물산 자랑스런물산인상(1999), 행정자치부장관표창(2007), 철탑산업훈장(2007), 경기도지사표창(2008) ㉑'다중이용시설 환기설비 설치 방안'(2005)

이백순(李伯純) Lee Baek-soon

[생]1959·6·13 [본]전주(全州) [출]부산 [주]서울 종로구 사직로8길60 외교부 인사운영팀(02-2100-7140) [학]1977년 경북고졸 1982년 서울대 독어독문학과졸 1985년 同대학원 외교학과 수료 1989년 미국 버지니아대 대학원 국제정치학과졸 [경]2002년 외교통상부 기획조사과장 2003년 대통령 외교보좌관실 선임행정관 2004년 외교통상부 안보정책과장 2005년 駐미국대사관 참사관 2008년 외교통상부 종합상황실장 2008년 同북미국 심의관 직대 2010년 同북미국 심의관 2010년 대통령실 파견(고위공무원) 2010년 외교통상부 인사기획관 2012년 同북미국장 2013년 외교부 북미국장 2013년 駐미얀마 대사 2016년 외교부 본부 근무(고위공무원)(현) [상]대통령표창 [저]'신세계 질서와 한국' 시집 '세월에 등 기대어'(2013, 푸른나무)

이백천(李白天) LEE Back Chun

[생]1942·5·31 [본]전주(全州) [출]경북 김천 [주]부산 사하구 다대로368의3 (주)바이넥스 비서실(051-790-4403) [학]영남고졸 1965년 중앙대 약학과졸 1994년 경성대 대학원졸 1997년 식품공학박사(경성대) [경]1976~1984년 유니온제약(주) 대표이사 1980~1991년 중앙대 약대동문회 부회장 1985~2000년 (주)순천당제약 대표이사 사장 1987~1988년 부산 금정라이온스클럽 회장 1993년 중앙대 약대동문회 회장 1997년 부산이업종류연합회 부회장 1998년 대한상사중재원 중재인 2000년 (주)바이넥스 대표이사 사장 2003~2005년 생물바이오기업협회 회장 2006~2008년 부산이업종류연합회 회장 2006년 (주)바이넥스 회장 2008~2011년 同대표이사 회장 2008~2010년 (사)부산바이오기업협회 회장 2009년 부산상공회의소 상임의원(현) 2011~2015년 (주)바이넥스 회장 2015년 同명예회장(현) [상]마약퇴치공로 대통령표창(1999), 대한민국기술대전 동상(2002), 보건복지부장관표창, 국무총리표창(2005), 벤처기업협회 동탑산업훈장(2008), 기술경영인상 대통령표창(2009), 중앙대 약대학장 공로패(2010)

이백철(李白哲) LEE Baik Chul (효일)

[생]1955·9·12 [본]경주(慶州) [출]전남 목포 [주]경기 수원시 영통구 광교산로154의42 경기대학교 교정보호학과(031-249-9340) [학]고려대 중어중문학과졸, 대만 국립정치대 대학원 법학과졸, 미국 미시간주립대 대학원졸, 형사사법학박사(미국 미시간주립대) [경]한국교정교화사업연구소 연구실장 1989년 중국 북경대 법학과 객원연구원 1991년 경기대 교정보호학과 교수(현) 1999~2001년 同대외협력처장 2000년 미국 조지타운대 객원교수 2001년 미국 콜로라도대 객원교수 2004~2005년 경기대 교무처장, 법무연수원 비상임연구위원, 경찰청 치안연구소 지도연구위원, 청소년보호위원회 연구위원, 천주교 사회교정사목위원회 이사·감사(현), 법무부 국제수형자이송심사위원, 同교정행정자문위원장, 同자체평가위원 2007년 아시아교정포럼 회장 2009년 한국보호관찰학회 부회장 2010년 (사)아시아교정포럼 이사장(현) 2012년 미국 미시간주립대 한국총동문회 회장(현) 2013년 고려대중문과교우회 회장 2013년 한국보호관찰학회 회장(현) 2013년 법무부 서울구치소 교정위원(현) 2014년 同서울소년원 소년보호위원(현) 2014년 同수원보호관찰소 특별범죄예방위원(현) 2016년 同교정심리치료중앙자문위원장(현) [상]천주교 서울대교구장 공로패(2010), 미국 미시간주립대 공로패(2015) [저]'교정교육학'(1995) '중간처우제도에 관한 연구'(1995) '미국의 형사사법제도'(1998) '교정학'(2015) [역]'자신을 찾아가는 사람들'(1999) '절망속의 기도'(1999) '미국의 범죄와 형벌'(2004) [종]천주교

이백훈(李佰勳) LEE Paik Hoon

[생]1956·2·21 [출]서울 [주]서울 종로구 율곡로194 현대상선(주) 임원실(02-3706-5114) [학]홍익고졸, 연세대 사회학과졸 [경](주)SK해운 벙커팀 영업담당 본부장, 현대상선(주) 전무 2008년 현대그룹 전략기획본부 전무 2011년 同전략기획1본부장(전무) 2014년 同전략기획본부장(부사장) 2014년 현대상선(주) 경영관리·영업담당 각자대표이사 2015년 同대표이사(현) 2016년 同이사회 의장(현)

이 범(李 範) Brian Lee

[생]1962·4·9 [본]덕은(德恩) [출]충남 논산 [주]서울 중구 을지로29 삼성화재해상보험(주) 일반보험본부(02-2272-5114) [학]1981년 서대전고졸 1985년 고려대 수학과졸 [경]1988년 삼성화재해상보험(주) 입사 2003년 同기업영업총괄 제도보험개발팀장 2010년 同기업마케팅담당 상무, 同기업영업3사업부장(상무) 2013년 同전무 2015~2016년 同기업영업총괄 전무 2016년 同일반보험본부장(전무)(현) [상]국무총리표창(2004), 금융감독위원장표창(2006)

이범관(李範觀) RHEE Beum Kwan

[생]1943·8·4 [본]전주(全州) [출]경기 여주 [주]서울 서초구 서초대로49길12 한승아스트라2차207호 법률사무소 규원(02-3478-9200) [학]1961년 서울대사대부고졸 1966년 연세대 법대졸 [경]1968년 한일은행 근무 1971년 행정고시 합격 1971년 법제처 사무관 1972년 사법시험 합격(14회) 1974년 사법연수원 수료 1974~1985년 서울·수원·대구·춘천·제주지방검찰청 검사 1985년 창원지검 통영지청장 1986년 법무부 대변인 1987년 同관찰과장 1989년 수원지검 공안부장 1990년 부산지검 공안부장 1991년 대검찰청 공안1과장 1992년 서울지검 서부지청 특수부장 1993년 同공안부장 1994년 국회 법제사법위원회 수석전문위원 1995년 서울지검 남부지청 차장검사 1996년 인천지검 차장검사 1997년 서울지검 제1차장검사 1998년 대통령 민정비서관 1999년 대구고검 차장검사 1999년 법무부 기획관리실장 2000년 대검찰청 공안부장 2001년 인천지검 검사장 2002년 서울지검 검사장 2003년 광주고검 검사장 2004년 합동법률사무소 다솔 대표변호사 2007~2008년 한나라당 국책자문위원 2007년 同이명박대통령후보 상임특보 2008년 제18대 국회의원(이천·여주, 한나라당·새누리당) 2010년 국회 환경노동위원회 위원 2012년 법률사무소 규원 대표변호사(현) [상]홍조근정훈장, 황조근정훈장 [종]천주교

이범권(李範權) LEE Bum Kwon

[생]1957·12·7 [출]경기 안성 [주]서울 강동구 양재대로1378 (주)선진 임원실(02-2225-0777) [학]1975년 성동고졸 1982년 서울대 축산학과졸 [경]부국사료 근무, 두산곡산 근무 2002년 (주)선진 대표이사 상무 2002~2008년 同대표이사 부사장 2009년 同대표이사 사장(현) [종]천주교

이범균(李釩均) Lee Buhm Gyun

[생]1964·3·10 [본]한산(韓山) [출]서울 [주]대구 수성구 동대구로364 대구고등법원(053-757-6600) [학]1983년 경성고졸 1987년 서울대 법대 사법학과졸 [경]1989년 사법시험 합격(31회) 1992년 사법연수원 수료(21기) 1992년 軍법무관 1995년 부산지법 판사 1999년 인천지법 판사 2002년 서울행정법원 판사 2004년 서울고법 판사 2005년 대법원 재판연구관 2007년 同연구법관 2007년 창원지법 진주지원 부장판사 2009년 수원지법 여주지원장 2011년 서울남부지법 부장판사 2013년 서울중앙지법 형사21부 부장판사 2015년 대구고법 부장판사(현)

이범래(李泛來) LEE Bum Rae

[생]1959·1·26 [출]경남 고성 [주]경기 성남시 중원구 둔촌대로457번길27 (주)씨엘인터내셔널(031-777-7330) [학]1977년 우신고졸 1982년 서울대 법학과졸 2007년 경희대 경영대학원 경영학과졸 [경]1981년 사법시험 합격(23회) 1984년 사법연수원 수료(14기) 1986년 2사단 검찰관 1987년 육군본부 보통군사법원 군판사 1989년 서울지검 검사 1989년 변호사 개업 1991년 경제정의실천시민연합 중앙위원 1997년 교통문제를연구하는시민의모임 대표 1998년 도덕성회복국민운동본부 자문위원 1999년 교통시민연합 상임운영위원장 2004년 제17대 총선출마(구로甲, 한나라당) 2008년 제18대 국회의원(서울 구로甲, 한나라당) 2008~2009년 한나라당 원내부대표 2008~2012년 대한태권도협회 부회장 2009~2012년 KAIST 공정거래연구센터 상임운영위원 2010~2012년 법무법인 홍윤 대표변호사 2011년 한나라당 직능특별위원회 정책지원단장 2011년 同대표 비서실장 2012년 제19대 국회의원선거 출마(서울 구로甲, 새누리당) 2012년 새누리당 서울구로甲당원협의회 위원장 2012년 법무법인 홍윤 변호사, 선명법무법인 대표변호사 2015년 (주)씨엘인터내셔널 사외이사(현) [종]기독교

이범림(李範林) LEE BEOM RIM

[생]1959·2·24 [출]경기 고양 [주]서울 용산구 이태원로22 합동참모본부(02-748-3000) [학]1982년 해군사관학교졸(36기) 2001년 경남대 대학원 정치학 석사 [경]해군본부 정책실장 2010년 해군 제7기동전단장 2010년 연합해군사령부(CMF) 대해적작전부대(CTF-151) 사령관 2011년 해군 제3함대사령관(소장) 2013년 해군본부 인사참모부장(소장), 국방부 국방정보본부 해외정보부장 2015년 해군 참모차장(중장) 2016년 해군사관학교 교장(중장) 2016년 합동참모본부 차장(중장)(현) [상]국무총리표창(2006), 대통령표창(2009), 보국훈장 천수장(2012)

이범연(李凡淵) Lee Bom-yon

[생]1959·5·12 [주]서울 종로구 사직로8길60 외교부 운영지원과(02-2100-7136) [학]1982년 전남대 영어영문학과졸 1987년 미국 워싱턴대 대학원 국제정치학과졸 [경]1983년 외무고시 합격(17회) 1983년 외무부 입부 1988년 駐덴마크 2등서기관 1995년 駐일본 1등서기관 1997년 駐브루나이 참사관 2000년 외교통상부 의전장실 의전2담당관 2001년 同의전장실 의전1담당관 2002년 駐캐나다 참사관 2006년 대통령비서실 파견 2007년 외교통상부 의전장실 심의관 2008년 駐호주 공사 2011년 국방대 파견 2012년 駐센다이 총영사 2015년 전남도 국제관계대사 2016년 駐요르단 대사(현) [상]근정포장(2000)

이범용(李範鏞) LEE Beom Yong (松山)

[생]1956·7·17 [출]충남 당진 [주]서울 성북구 동소문로251 유명한의원(02-941-9966) [학]1975년 중앙대사대부고졸 1981년 경희대 한의학과졸 1996년 고려대 언론대학원 수료 1998년 한의학박사(경희대) 1999년 서울대 보건대학원 수료 [경]1988년 유명한의원 개원(현) 1988~1994년 서울시한의사회 이사 1990년 대한한의사협회 감사 1992년 성북구한의사회 회장 1993년 약사법개정추진위원회 한의사협회 대표위원 1993년 한의학발전위원회 한의사협회 대표위원 1995~1998년 민족의학신문 사장 겸 발행인 1996년 한의학관련발전협의회 대표위원 1996~2006년 대한한의사협회 부회장 겸 비상대책위원장 1998년 서울시한의사회 회장 1999년 민주평통 자문위원 2000년 경희대 한의대학 외래교수(현) 2002년 새천년민주당 노무현 대통령후보 정책특보 2007·2011년 대한한의사협회 대의원총회 의장 2015년 경희대 한의대학 총동문회 회장(현) [종]가톨릭

이범용(李範庸)

[생]1958·7·1 [출]경북 상주 [주]경북 칠곡군 왜관읍 군청1길80 칠곡군청 부군수실(054-979-6006) [학]1976년 김천고졸 1999년 한국방송통신대 행정학과졸 2002년 경원대 산학연CEO과정 수료 [경]1977년 상주군 내무과 근무 1988년 同기획계장 1993년 상주시 행정계장 1995년 同교통행정과장 1996년 同북문동장·시정개발담당관 1998년 同문화공보담당관 2000년 同회계과장 2002년 同총무과장 2004년 同보건소장 2006년 同의회 사무국장 2008년 同주민생활지원국장 2010년 상주시의회 사무국장 2011년 경북도 자치행정과 서기관 2012년 同투자유치본부 기업노사지원과장 2013년 경북 영덕군 부군수 2015년 교육 파견 2016년 경북 칠곡군 부군수(현) [상]경북도지사표창, 내무부장관표창, 국무총리표창, 대통령표창

이범재(李範宰) LEE Boem Jaee

[생]1946·12·27 [출]서울 [주]경기 용인시 수지구 죽전로152 단국대학교 건축학과(031-8005-3698) [학]1965년 경기고졸 1969년 서울대 건축학과졸 1975년 同대학원 건축공학과졸 [경]1969~1970년 인간환경계획연구소 근무 1973~1982년 공간건축연구소 근무·실장 1975~1989년 단국대 건축공학과 전임강사·조교수·부교수 1983~1992년 간삼건축설계사무소 공동설립·운영 1989~2011년 단국대 건축학과 교수 1992년 이범재 건축연구소장(현) 1992~1998년 HED건축연구소 대표 2003~2005년 단국대 건축대학장 2011년 同건축학과 명예교수(현) [저]'건축계획 각론'(1997) '건축, 실체의 추상'(1998) '건축총론'(1999) [작]'문예진흥원 미술회관' '계몽문화센터' '주안3동 성당' '경동산업 빌딩' 등 [종]가톨릭

이범주(李範柱) LEE Bum Joo

[생]1944·3·7 [출]서울 [주]인천 남구 소성로163번길17 인천지방법원조정센터(032-860-1113) [학]1962년 서울고졸 1966년 서울대 법대졸 1970년 同사법대학원졸 [경]1969년 사법시험 합격(10회) 1971년 해군 법무관 1974년 서울지법 판사 1977년 同남부지원 판사 1978년 춘천지법 원주지원 판사 1980년 서울형사지법 판사 1981년 서울고법 판사 1984년 대법원 재판연구관 1985년 부산지법 부장판사 1987년 수원지법 부장판사 1989년 서울지법 동부지원 부장판사 1991년 서울형사지법 부장판사 겸 법원행정처 조사국장 1992년 대전고법 부장판사 1993년 대전지법 수석부장판사 1993년 서울고법 부장판사 1999년 변호사 개업 2001~2003년 법무법인 세종 변호사 2003~2005년 헌법재판소 사무처장 2006년 법무법인 세종 변호사 2007년 법무법인 서도 대표변호사 2013년 同변호사 2013년 인천지법조정센터 상임조정위원(현) [종]기독교

이범주(李範柱) Lee Beum Ju (雲漂)

[생]1963·4·25 [본]전주(全州) [주]전북 군산시 해망로244의7 군산세관(063-730-8700) [학]1983년 영흥고졸 1985년 국립세무대학졸 1998년 연세대 행정대학원 사법공안행정과졸 [경]2008년 평택세관 조사심사과장 2010년 인천공항세관 감사담당관 2012년 同세관운영과장 2014년 서울본부세관 외환조사과장 2015년 관세국경관리연수원 교수부장 2016년 군산세관장(현) [상]국회의장표창(1997), 대통령표창(2002), 기획재정부장관표창(2012) 등 다수

이범진(李凡珍) Lee, Beom-Jin

[생]1962·10·9 [출]전북 완주 [주]경기 수원시 영통구 월드컵로206 아주대학교 약학대학(031-219-3442) [학]1984년 서울대 제약학과졸 1986년 同약학대학원 물리약학과졸 1992년 약제학박사(미국 오리건주립대) [경]1993~2012년 강원대 약학과 전임강사·조교수·부교수·교수 1998~2000년 보건복지부 중앙약사심의위원 1999~2000년 한국응용약물학회 평의원·편집위원 1999년 영국 런던대 방문교수 1999~2001년 강원대 약학대학 부학장 1999~2002년 한미약학과학자협회 부회장 2000~2004년 (사)한국약제학회 총무위원장·평의원 2001년 (주)팜트리 대표이사 2002~2004년 강원대 종합약학연구소장 2003~2008년 과학기술부 국가지정연구실 연구책임자 2005~2007년 강원대 약학대학장 2005~2007년 (사)한국약제학회 국제협력위원장 2006~2008년 강원대 산학협력단 운영위원 2006~2008년 在美약학과학자협회 회장 2006년 중국 소주대 약학원 겸임교수(현) 2006년 한국발명진흥회 기술자문위원 2006~2008년 보건산업진흥원 품질인증심의위원 2007년 한국과학재단 심사평가위원 2007~2009년 (사)대한약학회 총무위원장·이사 2008~2010년 식품의약품안전청 중앙약사심의위원 2008~2009년 (사)한국약제학회 학술위원장 2009년 (사)한국에프디시법제학회 부회장·이사 2009~2012년 (사)대한약학회 사무총장 2009년 (사)보건사회약료경영학회 이사(현) 2009~2010년 (사)대한약학회 재무위원장·이사 2009~2011년 보건복지가족부 보건의료기술정책심의위원회 전문위원 2009~2010년 지식경제부 산업기술연구회 전문위원 2010~2012년 한국과학기술단체총연합회 과학기술자문단 자문위원 2010~2012년 강원대 종합약학연구소장 2010~2012년 (사)한국약학교육협의회 교과과정위원회 간사 2010년 (사)한국제약협회 기획정책위원회 자문교수 2010년 (사)한국약제학회 정보위원장 2010년 同의약품기술연구사업단장(현) 2011년 (사)보건사회약료경영학회 부회장(현) 2011년 (사)대한약학회 이사(현) 2011년 (재)한국마약퇴치운동본부 부이사장·이사(현) 2011년 (사)한국약제학회 기획위원장 2012년 同부회장 2012년 한국약학교육평가원 대외협력위원장 2012년 (사)대한약학회 선거관리위원장 2012~2013년 대한약사회 약사공론주간 일반의약품활성화연구단 연구위원 2012년 CJ제일제당 제약R&D본부 자문위원 2012년 한국PDA·팜텍 전문위원 2012년 아주대 약학대학 교수(현) 2012·2014년 同약학대학장(현) 2012~2013년 월간 의약정보 편집자문위원 2012~2013년 보건복지부 안전상비의약품지정심의위원회 위원 2013년 식품의약품안전처 기획전문위원회 위원 2013년 한국보건의료인국가시험원 외국대학인정심의위원(현) 2013년 (재)한국마약퇴치운동본부 마약퇴치연구소장(현), 한국약제학회 부회장(현) 2014~2016년 (사)한국약학교육협의회 이사장 2015년 한국에프디시법제학회 회장(현) 2015년 미국 메릴랜드대 겸임교수(현) [상]한국약제학회 논문장려상(1999), 대한약학회 학술장려상(2000), 송파구청장표창(2003), 강원대총장표창(2003·2006), 제8회 송음 이선규 약학상(2005), 대한약학회 최다인용논문상(2006), 한국신약개발연구조합 공로패(2007), 한국과학기술단체총연합회 과학기술우수논문상(2007), 한국보건산업진흥우수상(2007), 보건복지부장관표창(2008·2011), 대한약학회 공로패(2009), 在美약학과학자협회 공로패(2009), 올해의 활명수약학상(2010), 의학신문 의약사 평론가상(2010), 산학협동재단 산학협동상(2011), 한국약제학회 학술대상(2011), 약업신문 동암 약의상(2012), 과학기술훈장 도약장(2016) [저]'제형의 원리와 기술'(2000, 신일상사) 'Pharmaceutical Manufacturing Handbook : Production and Processes(共)'(2008, 미국 Wiley Inc.) 'MT약학(共)'(2011, 청아람주니어)

이범철(李範喆) Lee Bumchul

[생]1962·7·20 [본]성산(星山) [출]부산 [주]부산 북구 효열로256 부산광역시 인재개발원(051-366-7575) [학]1981년 부산상고졸 1988년 부산대 상과대학 경영학과졸 [경]1997~2003년 부산시 남구 문화공보과장·지역경제과장 2003~2005년 재정경제부 경제자유구역기획단 파견 2005~2009년 부산시 경제기획계장·투자기획계장 2009년 同금융중심지기획단장(4급) 2011~2012년 미국 볼링그린주립대 파견 2013년 부산시 해양수산국 해양정책과장 2015년 同기획담당관 2015년 미국 조지아대학 교육훈련 파견(3급) 2016년 부산시 인재개발원장(현) [종]가톨릭

이범호(李凡虎) LEE Beom Ho

[생]1959 · 8 · 23 [출]경남 함양 [주]서울 서초구 효령로60길 16 금강공업(주) 임원실(02-3415-4000) [학]1978년 선린상고졸 2003년 강남대 경영학과졸 [경]2000년 금강공업(주) 경영지원본부장(상무이사) 2000년 同관리본부장 2001년 금강도카 감사 2002년 금강공업(주) 상무 2006년 同전무이사 2006년 금강정보시스템 감사 겸 고려산업 전무 2008년 금강공업(주) 부사장 2011년 同대표이사 부사장 2011년 同대표이사 사장(현)

이범희(李範熙) LEE Beom Hee

[생]1955 · 5 · 29 [본]연안(延安) [출]서울 [주]서울 관악구 관악로1 서울대학교 공과대학 전기공학부(02-880-7311) [학]1978년 서울대 전자공학과졸 1980년 同대학원 전자공학과졸 1985년 공학박사(미국 미시간대) 2010년 감리교신학대 대학원졸 [경]1980년 중앙대 전자공학과 전임강사 1981년 미국 미시간대 연구원 1985년 미국 퍼듀대 전기과 조교수 1987~1995년 서울대 제어계측과 조교수 · 부교수 1990년 미국전기전자학회(IEEE) 로봇및자동화분야 한국지부장(현) 1993년 한국마이크로로봇경연대회 대회장 1995년 서울대 전기컴퓨터공학부 교수, 同공과대학 전기공학부 교수(현) 1995~2001년 서울시 창업보육센터 소장 1999년 서울벤처지원협의회 공동위원장 2001년 세계로봇및자동화국제학술대회 학술위원장 2001년 미국 세계인명사전 Marquis Who's Who in the World에 등재 2001 · 2003년 미국 세계인명사전 'Marquis Who's Who in Finance and Industry'에 등재 2002년 영국 국제인명센터(IBC) '1000 Great Scientists'에 등재 2002년 서울대 자동화시스템공동연구소장 2002년 리더스앙상블오케스트라 후원회장 2003년 미국인명연구소(ABI) '500 Leaders of Science'에 등재 2004년 서울대 Science for Leaders Program 위원장 2004년 미국전기전자학회(IEEE) Fellow 2008~2010년 서울대 정보화본부장 겸 중앙전산원장 2008년 한국로봇학회 수석부회장 2009년 同회장 2010년 목사 안수 2014년 한국특허정보원 이사장(현) [상]대통령표창, 대한전기학회 논문상 · 학술상, 일본 계측제어학회 국제 Fellowship 수상 [저]'21세기 신기술 시나리오'(1993) '전기전자공학개론'(1993) [종]기독교

이별나(李별나 · 女) LEE Byul La

[생]1958 · 11 · 9 [본]경주(慶州) [출]대구 [주]대구 달서구 송현로205 대구공업대학교 총장실(053-560-3900) [학]1981년 영남대 식품영양학과졸 1983년 同대학원졸 1987년 이학박사(영남대) [경]1983년 대구공업대 식품영양학과 교수 1989년 학산유치원 원장 2008년 대구공업대 유아교육과 교수 2013년 同부총장 2013년 同총장(현)

이병건(李炳建) RHEE Byung Geon

[생]1956 · 11 · 13 [출]부산 [주]경기 용인시 기흥구 이현로30번길107 녹십자홀딩스 비서실(031-260-9708) [학]1975년 경남고졸 1979년 서울대 화학공학과졸 1981년 同대학원 화학공학과졸 1985년 화학공학박사(미국 라이스대) [경]1987~1994년 LG 안전성센터장 1994~2002년 (주)삼양사 의약사업본부장 2002~2004년 미국 Expression Genetics CEO 2004~2008년 (주)녹십자 부사장 2009~2013년 同대표이사 사장 2010년 한국산업기술진흥협회 부회장 2013년 한국공학한림원 정회원(현) 2013년 한국바이오협회 이사장(현) 2013년 녹십자홀딩스 대표이사 사장(현) 2015년 (주)제넥신 사외이사 [상]대한약학회 신약기술개발대상(2011)

이병관 LEE Byung Kwan

[생]1955 · 2 · 28 [주]강원 강릉시 범일로579번길24 가톨릭관동대학교 창의융합공과대학 컴퓨터학과(033-649-7573) [학]1979년 부산대 기계설계학과졸 1986년 중앙대 대학원 전자계산학과졸 1990년 공학박사(중앙대) [경]1988~2014년 관동대 공대 컴퓨터학과 교수, 기술고시 위원, 강원도지방공무원 임용고시 출제위원 2013년 관동대 전산정보원장 겸 도서관장 2014년 가톨릭관동대 공과대학 컴퓨터공학과 교수, 同창의융합공과대학 컴퓨터학과 교수(현) 2014년 同컴퓨터학과장 2014년 同중앙도서관장 2015년 同산학연구처장 겸 산학협력단장(현)

이병구(李柄九) Lee, Byung-Koo

[생]1946 · 6 · 2 [출]대구 [주]서울 서초구 남부순환로2415 하임빌딩 (주)네패스(02-3470-2711) [학]계성고졸 1978년 경남대 영어영문학과졸 1997년 서울대 대학원 최고경영자AMP과정 수료 2006년 미국 펜실베이니아대 와튼스쿨 KMA-CEO과정 수료 2010년 서울대 대학원 나노융합IP전략과정 수료 2010년 명예 경영학박사(충북대) [경]1978년 LG반도체(주) 입사 1990년 同생산기술센터장 1991년 크린크리에이티브(주) 대표이사 사장 2004년 (주)네패스 대표이사 회장(현) 2007년 한국정밀화학공업진흥회 회장 2007년 한국보건정책연구원 수석부원장 2008년 이화여대 경영대학 겸임교수(현) 2013년 충북경제포럼 대표(현) 2013년 한국LED보급협회 부회장 2015년 월드클래스300 부회장(현) [상]500만불 수출의탑(1995), 중소기업창업부문 대상(1995), 신산업경영대상(1996), 1천만불 수출의탑(1996), 벤처기업대상(1998), 은탑산업훈장(2006), 윤리경영대상 투명경영부문 대상(2006), 산업자원부장관 전자부품기술대상(2007), 한국인사조기학회 창업기업인상(2008), 대통령표창(2010), 지식경제부 GWP(일하기 좋은 기업) 선정(2011), 고용노동부 국가인적자원개발컨소시엄 사업운영기관으로 선정(2012), 산업통상자원부 지속가능경영 우수기업(2014), 아시아 · 유럽미래학회 글로벌CEO 국제경영부문 대상(2015), 중소기업청 '월드클래스300 및 글로벌전문기업' 선정(2015), 한중경영대상 특별상(2016) [저]'경영은 관계다-그래티튜드 경영'(2016) [종]기독교

이병구(李炳龜) LEE Byoung Goo

[생]1963 · 2 · 3 [출]전남 해남 [주]광주 북구 첨단과기로208번길43 광주지방보훈청(062-975-6601) [학]광주고졸, 한양대 행정학과졸, 영국 워릭대 대학원 사회보건학 석사과정 수료 [경]행정고시 합격(30회), 국가보훈처 기획관리관 2004년 同기획관리실 혁신인사담당관 2005년 同혁신기획관 2007년 同보훈선양국장 2008년 서울지방보훈청장 2010년 국가보훈처 기획조정관 2013년 同보상정책국장 2015년 광주지방보훈청장(현)

이병국(李炳國) Lee, Byung Guk

[생]1956·8·15 [주]경남 창원시 진해구 진해대로1101 2018창원세계사격선수권대회조직위원회(055-225-7212) [학]동국대 전자공학과졸 [경]2003년 문화관광부 기획관리실 예산담당관실 서기관 2005년 한국예술종합학교 기획과장 2006년 문화관광부 예술국 문화예술교육팀장 2008년 문화체육관광부 관광산업국 관광산업과장 2009년 하이원리조트 사외이사 2009년 문화체육관광부 관광산업국 관광진흥과장 2011년 同관광산업국 관광진흥과장(부이사관) 2011년 대통령직속 국가브랜드위원회 문화·시민국장 2012년 국립중앙극장 운영지원부장 2012년 2014인천아시아경기대회조직위원회 문화홍보본부장 2013년 문화체육관광부 종무실 종무관(고위공무원) 2015년 同체육관광정책실 관광레저정책관 2016년 2018창원세계사격선수권대회조직위원회 사무총장(현)

이병국(李炳國) Lee Byung Kook

[생]1957 · 2 · 19 [출]충남 보령 [주]서울 종로구 종로5길13 삼공빌딩8층 이촌세무법인(02-735-5781) [학]충남고졸, 충남대졸, 同대학원졸 [경]1994년 청주세무서 총무과장 1996년 동수원세무서 소득세과장 1998년 국세청 전산기획담당관실 사무관 2000년 同전산기획담당관실 서기관 2002년 서울지방국세청 조사4국 조사4과 서기관 2002년 同법인납세과 서기관 2004년 보령세무서장 직대, 서울지방국세청 조사4국 4과장, 대통령비서실 사정수석비서관실 행정관 2008년 서울지방국세청 조사1국 조사1과장(부이사관) 2009년 同세원관리국장(고위공무원) 2010년 同납세지원국장 2010년 국세공무원교육원장 2010~2012년 서울지방국세청장 2012년 이촌세무법인 회장(현) 2014년 LS산전(주) 사외이사(현) 2015년 현대자동차(주) 사외이사 겸 감사위원(현)

이병국(李秉國) LEE Byoung Gook

[생]1960 · 6 · 9 [본]함평(咸平) [출]서울 [주]세종특별자치시 다솜1로31 새만금개발청 청장실(044-415-1001) [학]1984년 성균관대 정치학과졸 1986년 서울대 대학원졸 [경]1985년 총무처 근무 1986년 내무부 근무 1990년 국무총리행정조정실 사무관 1993년 프랑스 연수 1995년 국무총리행정조정실 서기관 1998년 국무총리국무조정실 일반행정심의관실 서기관 2000년 同기획심의관실 서기관 2001년 同국회과장 2002년 同공보과장 2003년 同총무과장 2004년 同복권위원회사무처 복권총괄과장 2004년 同복권위원회사무처 복권정책과장 2004년 대통령 경제정책비서관실 행정관 2006년 국무총리국무조정실 의정심의관 2007년 국방대 파견(부이사관) 2007년 국무총리국무조정실 기후

변화대응기획단 국장 2007년 同기후변화대응기획단 기획부장 2008년 국무총리실 기후변화대책기획단 기획부장 2008년 同기후변화대책기획단 기후정책기획관 2009년 同일반행정정책관 2009년 同새만금사업추진기획단장 2012년 同규제개혁실장 2013년 국무조정실 정부업무평가실장 2013년 새만금개발청 초대청장(현) [상]근정포장(1992) [종]천주교

이병국(李炳國)

[생]1961·2·14 [주]경북 안동시 퇴계로115 안동시민회관 (사)한국예술문화단체총연합회 경상북도연합회(054-856-4430) [학]안동대 미술학과졸 [경]교사, 한국미술협회 경북도지회장 2006년 경북도 교육위원선거 출마 2010년 (사)한국예술문화단체총연합회 경북도연합회장(현) 2014년 同전국지역예총협의회 부회장(현) [상]제45회 조형예술부문 경북도문화상, 대한민국사회공헌 문화인부문 대상(2010)

이병권(李炳權) LEE Beyong Kwon (松亭)

[생]1948·10·27 [출]광주 [주]서울 강남구 학동로209 (주)마담포라(02-548-5454) [학]1968년 조선대부고졸 1971년 조선대 전기공학과졸 1988년 고려대 경영대학원 최고경영자과정 수료 [경]전남매일신문 기획실 근무 1976년 삼성제약 근무 1978~1985년 (주)효성금속 영업부 근무, (주)마담포라 상무이사, 同전무이사, 同부사장 1997년 同대표이사 회장(현), 한국패션협회 이사, (주)길우어패럴 대표이사 2009년 국제로타리 3640지구 총재 2011~2012년 대한민국 ROTC중앙회 회장 [상]정무장관표창(1996), 대통령표창(1996), 한국브랜드대상 공로상(2007), 한국최고브랜드대상 여성패션부문 대상(2008), 자랑스러운 조선대인상(2013), 국제섬유신문사 패션품질대상(2013) [종]기독교

이병권(李炳權) LEE Byung Gwon

[생]1957·3·5 [출]대구 [주]서울 성북구 화랑로14길5 한국과학기술연구원(02-958-5004) [학]1980년 서울대 화학공학과졸 1982년 同대학원 화학공학과졸 1989년 공학박사(미국 Univ. of Akron) [경]1982~1985년 한국과학기술연구원(KIST) 연구원 1985년 同에너지본부 청정에너지센터 책임연구원 1989~1990년 미국 Univ. of Akron Post-Doc. 1997~1998년 미국 Univ. of Missouri-Columbia 객원연구원 2003년 한국과학기술연구원(KIST) 반응매체연구센터장 2004년 同환경·공정연구부장 2007~2009년 同에너지·환경연구본부장 2010년 同연구기획지원본부장 2012~2014년 同부원장 2013년 한국공학한림원 정회원(현) 2014년 한국과학기술연구원(KIST) 원장(현) 2014년 과학기술출연기관장협의회 회장(현) [상]산업자원부장관표창(2002), 한국수소 및 신재생에너지학회 학술상(2005)

이병권(李炳權) LEE Byeong Gweon

[생]1968·8·15 [출]전남 [주]대전 서구 청사로189 중소기업청 소상공인정책과(042-481-4408) [학]1986년 광주동신고졸 1992년 연세대 경제학과졸 2004년 미국 콜로라도대 대학원 경제학과졸 [경]1996년 총무처 사무관 1997년 법제처 일반행정심판담당관실 사무관 2000년 同법제관실 사무관 2001년 기획예산처 사회재정과 사무관 2005년 同사회재정3과 사무관 2005년 同공공혁신본부 산하기관정책팀 사무관 2005년 중소기업청 기업성장지원국 금융지원과 시기관 2006년 同성장지원본부 금융지원팀 서기관 2006년 同정책홍보관리본부 재정법무팀장 2008년 同해외시장과장 2009년 同공공구매판로과장 2011년 同창업진흥과장 2012년 同벤처투자과장 2013년 同생산기술국 생산혁신정책과장 2014년 同경영판로국 공공구매판로과장(부이사관) 2016년 고용휴직 2016년 중소기업청 소상공인정책국 소상공인정책과장(현)

이병규(李丙圭) LEE Byung Kyu

[생]1953·8·11 [출]경기 시흥 [주]서울 중구 새문안로22 문화일보(02-3701-5000) [학]1972년 서울고졸 1977년 연세대 경영학과졸 [경]1977~1991년 현대건설 입사·현대그룹 명예회장비서실장 1990~1991년 同문화실장 1992년 통일국민당 대표최고위원 비서실장, 同특별보좌역 1994~1995년 문화일보 수석부사장 1995~1999년 아산사회복지사업재단 사무처장 겸 서울아산병원 관리담당 부원장 1998년 (주)현대백화점 대표이사 부사장 1999년 同대표이사 사장 2004~2014년 문화일보 대표이사 사장 2008~2010년 한국신문협회 부회장 2009~2012년 광주과학기술원 이사 2010·2014~2016년 한국신문협회 이사 2010년 사회복지공동모금회 이사(현) 2011~2013년 아산나눔재단 이사 2013년 아산사회복지재단 이사(현) 2014년 문화일보 대표이사 회장 겸 발행인(현) 2016년 한국신문협회 회장(현) [상]국민포장(1998), 한국능률협회 한국인재경영인대상(1999), 한경비즈니스 올해의 경영자상(2001), 동탑산업훈장(2002), 한국능률협회 최고경영자상(2002), 자랑스런 연세상경인상(2008), 연세언론인상(2009), 대한언론인회 대한언론상 논설·논평부문(2012), 서울고총동창회 '자랑스런 서울인상'(2015)

이병균(李炳均) LEE Byung Kyun

[생]1943·11·24 [출]경기 용인 [주]경기 안성시 미양면 안성맞춤대로723 (주)동남 비서실(031-677-7600) [학]1962년 수도전기공고졸 1968년 인하대 전기공학과졸 1996년 연세대 경영대학원졸 [경]1962~1984년 한국전력공사 근무 1984년 (주)동남 창업·대표이사 회장(현) 1989년 한국전기공업협동조합 이사 1995년 한국전기공업진흥회 이사 2000~2003년 안성상공회의소 회장 [상]국무총리표창, 통상산업부장관표창, 금탑산업훈장 [종]기독교

이병균(李炳均) LEE Byung Kyun

[생]1955·11·11 [출]경북 영일 [주]경북 포항시 북구 삼흥로95 TBN경북교통방송 본부장실(054-240-6214) [학]1981년 경북대 천연섬유학과졸 [경]1981년 농업협동조합중앙회 근무 1984년 경향신문 근무 1989년 세계일보 차장대우 1991년 同차장 1994년 연합통신 차장 1997년 YTN 홍보팀 차장 1999년 同광고1부 부장대우 2000년 同마케팅2부장 2004년 同마케팅1부장 2005년 同미디어국 부장 2006년 同마케팅국 마케팅위원 2008년 同총무국장 직대(부국장대우) 2009년 同국장 2010~2011년 同미디어사업국장 2010~2012년 한국케이블TV협회 PP기획위원회 위원 2011~2014년 YTN 신사옥건립추진단장 2014년 한국교통방송(TBN) 경북교통방송 본부장(현) [상]방송통신위원장표창(2011)

이병기(李丙琪) Lee Byung-kee

[생]1947·6·12 [출]서울 [학]1965년 경복고졸 1971년 서울대 외교학과졸 [경]1974년 외무고시 합격(8회) 1978년 駐제네바대표부 3등서기관 1980년 駐케냐대사관 2등서기관 1981년 정무장관 비서관 1982년 체육부장관 비서관 1982년 내무부장관 비서관 1983년 서울올림픽조직위원장 비서실장 1985년 민정당 총재보좌역 1988년 대통령의전비서관 1990년 대통령 의전수석비서관 1993년 외교안보연구원 연구위원 1995년 국가안전기획부장 제2특보 1996~1998년 국가안전기획부 제2차장 1999년 일본 게이오대 객원교수 2001년 한나라당 총재안보특보 2002년 同이회창 대통령후보 정치특보 2004년 同전략기획위원장 2007년 同여의도연구소 고문 2012년 새누리당 여의도연구소 고문 2013년 駐일본 대사 2014~2015년 국가정보원장 2015~2016년 대통령 비서실장(장관급) [상]체육훈장 거상장(1989), 황조근정훈장(1992), 보국훈장 국선장(1997)

이병기(李秉基) LEE Byeong Gi

[생]1951·5·12 [출]충남 보령 [주]서울 관악구 관악로1 서울대학교(02-871-5974) [학]1974년 서울대 전자공학과졸 1978년 경북대 대학원 전자공학과졸 1982년 공학박사(미국 UCLA) [경]1974~1979년 해군사관학교 전자공학과 교관·전임강사·해군대위 예편 1982~1984년 미국 Granger통신회사 연구원 1984~1986년 미국 AT&T 벨연구소 연구원 1986~2016년 서울대 전기공학부 조교수·부교수·교수 1990~1993년 JCCI(통신정보합동학술대회) 조직위원장 1997년 한국공학한림원 정회원(현) 1997~1998년 IEEE(국제전기전자기술자협회) ComSoc Global Communications Newsletter 편집장 1998~2000년 APCC Steering Committee 위원장 1998년 ABEEK(한국공학교육인증위원회) 설립준비위원회 위원장 1999년 同설립실무위원회 위원장 1999~2002년 JCN(Journal of Communications and Networks) 창립·초대 부편집장 1999~2000년 미국 George Washington대 Visiting Professor 2000~2001년 서울대 뉴미디어통신연구소장 2000~2002년 한국공학한림원 프로그램위원장 2001~2002년 서울대 연구처장 2002~2004년 JCN(Journal of Communications and Networks) 편집장 2003~2004년 한국공학교육학회 회장(제6대) 2005년 IEEE International Conference on Communications(ICC2005) TPC Chair 2005~2007년 대통령자문 정책기획위원회 위원 2005~2008년 바른과학기술사회실현을위한국민연합 상임대표 2006~2007년 국가과학기술자문회의 위원 2006~2009년 IEEE 통신학회 부회장 2007년 한국통신학회 회장 2007~2008년 법무부 정책위원회 위원 2008~2010년 방송통신위원회 상임위원 2008~2010년 同지역방송발전위원회 위원 2008년 바른과학기술사회실현을위한국민연합 명예대표(현) 2009~2010년 남북방송교류추진위원회 위원장 2010년 종합편성보도채널사업자선정을위한심사위원회 위원장 2010~2011년 IEEE 통신학회 회장 2012년 삼성전자(주) 사외이사(현) 2013년 IEEE ComSoc Nominations & Elections Committee Chair 2014년 同ComSoc Strategic Planning Committee Chair 2014년 대한민국학술원 회원(통

신 · 현) 2016년 서울대 명예교수(현) [상]국방부장관표창(1974), Myril B. Reed Best Paper Award(1984), AT&T Bell Laboratories Exceptional Contribution Awards(1984 · 1985), IEEE Fellow(1997), 한국과학기술단체총연합회 최우수논문상(1999), 한국통신학회 공로대상(2000), 대한민국학술원상(2001), 자랑스런 전자동문상(2001), 경암학술상(2005), 과학재단 선정 한국의 대표적 기초연구성과 30선(2005), KRnet 인터넷기술상(2010), 한국전파진흥협회 전파방송정책진흥부문 공로패(2010), 정보통신대상(2011), 황조근정훈장(2012), IEEE Donald W. McLellan Meritorious Service Award(2013) [저]'전자공학실험시리즈'(1977 · 1978 · 1979, 탑출판사) '전자공학실험시리즈 개정판'(1988 · 1989 · 1990 · 1991, 희중당) '종합정보통신망 기술개론(共)'(1990, 기다리) 'HDTV용어사전'(1991, 교학사) '그래서 나는 실험실 불을 끌 수 없었다(共)'(1992, 동아일보) '광대역 통신 시스템(共)'(1992, 교학사) '전기 · 전자 공학 개론(共)'(1992, 대영사) 'Broadband Telecommunications Technology(共)'(1993, Artech House(Boston)) 'Scrambling Techniques for Digital Transmission(共)'(1994, Springer-Verlag(London)) '광대역 정보통신기술(英文 · 共)'(1994) '광대역 정보통신 개정증보판(共)'(1994, 교학사) '21세기 인간과 공학(共)'(1995, 고려원미디어) 'Broadband Telecommunications Technology 2nd Edition(共)'(1996, Artech House(Boston)) '신문 명칼럼 컬렉션4(共)'(1997, 문이당) '디지털공학실험-강의, 실험 그리고 설계'(2000, 사이텍미디어) 'Scrambling Techniques for Wireless Communications(共)'(2001, Kluwer Academic Publishers) 'Integrated Broadband Networks IP ATM and Optics(共)'(2002, Artech House(Boston)) '광대역 네트워크(共)'(2003, 교학사) 'Mobile WiMAX & WiFi : Broadband Wireless Access and Local Networks(共)'(2008, Artech House(Boston)) 'Wireless Communications Resource Management(共)'(2008, John Wiley & Sons(Asia)) [역]'선형 및 비선형 회로(共)'(1988, 희중당)

이병기(李炳璣) LEE Byung Ki

[생]1954 · 8 · 31 [출]경북 상주 [주]경기 화성시 봉담읍 최루백로72 협성대학교 도시행정학과(031-299-0837) [학]1977년 영남대 행정학과졸 1988년 중앙대 대학원 지역사회개발학과졸 1995년 지역사회개발학박사(중앙대) [경]1985~1995년 한국농촌경제연구원 책임연구원 1995년 협성대 도시행정학과 교수(현) 2004년 同인문사회과학대학장 2012년 새누리당 국민행복추진위원회 행복한농어촌추진단 추진위원 2013~2016년 한국농어촌공사 비상임이사 [저]'현대 지역이론과 정책'(1997) '지방자치시대의 지역농업계획론'(1998) '한국지역경제론'(1998) [종]기독교

이병기(李丙玘) LEE Byoung Ki

[생]1957 · 11 · 2 [본]전주(全州) [출]서울 [주]경기 용인시 처인구 명지로116 명지대학교 산업경영공학과(031-330-6452) [학]1980년 서울대 전자공학과졸 1982년 同대학원 전자공학과졸 1987년 미국 미시간대 대학원 컴퓨터공학과졸 1992년 공학박사(미국 미시간대) [경]1989~1991년 미국 FORD자동차회사 Engineer 1991년 미국 TRW회사 Engineer 1993년 명지대 산업시스템공학부 조교수 · 부교수 1995~1996년 대한산업공학회 IE매거진 편집위원 1996~2002년 한국생산성본부 생산성대상 심사위원 1996년 신신제약(주) 비상임감사 1997~2006년 학교법인 가농학원 재단이사 1997년 산업기술정책연구소 기술정책총괄교류회 위원 1997~1998년 명지대 산업기술대학원 교학과장 1998~2000년 同특수대학원 교학부장 2000년 미국 Univ. of Washington 교환교수 2001~2004년 명지대 공과대학 학장보 2003년 同산업경영공학과 교수(현) 2003~2004년 산업자원부 국가청정생산지원센터 심의회 심의위원 2004~2005년 한국학술진흥재단 책임전문위원 2005~2006년 대한산업공학회 이사 2007~2008년 同감사 2008년 미국 Illinois Institute of Technology 방문학자 2015년 명지학원 개방이사추천위원회 위원(현) 2015년 同대학평의원회 의장(현) 2015~2016년 금융위원회 종합신용정보집중기관 통합추진위원회 위원 2016년 신신제약(주) 이사(현) [상]미국 FORD자동차회사 'Customer Driven Quality Award'(1991) [저]'3차원 CAD/CAM 응용 및 실습'(2004)

이병길(李秉吉) LEE Byung Gil

[생]1955 · 12 · 29 [출]경기 여주 [주]서울 강남구 테헤란로 133 법무법인 태평양(02-3404-0328) [학]1983년 고려대 정치외교학과졸 1985년 서울대 행정대학원 행정학과졸 1992년 행정학박사(서울대) [경]1985년 입법고시 합격(7회) 1987년 국회사무처 입법조사국 문화공보자료담당 1988년 同섭외국 협력3담당 1990년 同입법조사국 문화공보담당 1992년 同의사국 의사2담당 1995년 同환경노동위원회 입법조사관 1996년 同국제국 국제기구과장 1999년 同문화관광위원회 입법조사관(서기관) 2000년 미국 인디애나대 방문교수 2000년 국회사무처 문화관광위원회 입법조사관(부이사관) 2002년 同운영위원회 입법심의관 2003년 同운영위원회 입법심의관(이사관) 2004년 同행정자치위원회 전문위원 2004년 同국제국장 2006년 同기획조정실장(이사관) 2007년 同기획조정실장(관리관) 2008년 同정보위원회 수석전문위원 2008년 同환경노동위원회 수석전문위원 2011년 同예산결산특별위원회 수석전문위원 2013~2014년 同사무차장 2014년 법무법인 태평양 고문(현) [상]국회의장표창, 홍조근정훈장 [저]정치에세이집 '여강, 그리고 여의도'(2014)

이병남(李秉南) Michael Byungnam LEE

[생]1954 · 9 · 24 [출]서울 [주]서울 서초구 서초대로58길 13 5층 (주)LG 임원실(02-525-3291) [학]1973년 경기고졸 1977년 서강대 경제학과졸 1982년 미국 오하이오주립대 대학원 노동·인적자원학과졸 1988년 노사관계학박사(미국 미네소타대) [경]1977~1979년 대우실업 근무 1988~1991년 미국 캘리포니아주립대 조교수 1989년 미국 미네소타대 경영대학원 초빙교수 1991~1994년 미국 조지아주립대 조교수 1995년 LG경영개발원 인화원 세계화교육·기획·컨설팅담당 이사 1996년 LG그룹 회장실 리더쉽개발팀장(상무이사) 1996~1998년 대통령직속 노사관계개혁위원회 전문위원 1997~1998년 LG경영개발원 인화원 총괄임원 1997~1998년 교육부장관 자문관 1997~1999년 중앙노동위원회 자문위원 1998~1999년 LG경영개발원 인화원 부원장(전무급) 1999~2002년 대통령직속 중앙인사위원회 정책자문회의 자문위원 1999~2002년 미국기업교육협회 회원 2000~2007년 LG그룹 구조조정본부 인사지원팀장(부사장) 2002~2014년 중앙노동위원회 사용자위원 2004~2006년 한국경영학회 부회장 2005~2008년 한국경영교육인증원 감사 2006~2008년 한국고용정보원 이사 2008~2015년 LG경영개발원 인화원장(대표이사 사장) 2011년 한국경영교육인증원 이사(현) 2015년 KB금융지주 사외이사(현) 2016년 (주)LG 고문(현) [저]'경쟁력과 임금체계의 국제비교연구'(1994) '대전환 노사파트너십'(1995) '세계시장을 지배한 노사합심'(1995) '경영은 사람이다 : 지속가능한 시장, 기업과 인간의 공생에 대하여'(2014) [종]기독교

이병남(李秉南) RHEE Byung Nam

[생]1963 · 5 · 14 [출]서울 [주]서울 중구 을지로5길26 센터원빌딩 동관31층 보스턴컨설팅그룹 서울사무소(02-399-2500) [학]1981년 상문고졸 1986년 연세대 경영학과졸 1988년 同대학원 마케팅학과졸 1991년 미국 시간대 대학원 경영학과졸 [경]1988년 현대종합금융 근무 1991년 P&G 한국지사 근무 1992년 보스턴컨설팅그룹(BCG) 부사장 2004년 세계경제포럼(WEF) 선정 '아시아 차세대 지도자' 2005년 보스턴컨설팅그룹(BCG) 서울사무소 공동대표(현)

이병남(李丙男) LEE Byung Nam

[생]1970 · 7 · 25 [본]전주(全州) [출]강원 고성 [주]강원 평창군 대관령면 올림픽로108의27 2018평창동계올림픽조직위원회(033-350-3906) [학]속초고졸, 서울대 정치학과졸 [경]태백시 정책개발팀장, 강원도 투자유치기획단 관광홍보담당, 同뉴밀레니엄기획단 기획단장, 同기획담당, 캐나다 연수, 2014평창동계올림픽유치위원회 평가준비팀장, 同평가준비부장 2007년 강원도 기업유치과장 2008년 해외 파견 2009년 2018평창동계올림픽유치위원회 파견(지방서기관) 2013년 2018평창동계올림픽대회조직위원회 대회조정관(지방서기관) 2016년 同대회조정관(부이사관)(현)

이병대(李炳大) LEE Byung Dae (一善)

[생]1941 · 11 · 10 [출]경북 [주]서울 중구 세종대로124 한국언론회관1405호 대한언론인회(02-732-4797) [학]1965년 서울대 정치학과졸 [경]1965년 동아일보 기자 1980~1991년 KBS 보도본부 사회부 차장 · 라디오제작부장 · 보도본부24시 부장 · 뉴스센터 부주간 · 기획보도실장 · 보도본부 해설위원 · KBS 안동방송국장 · KBS 제주방송총국장 1991년 同방송연구원 1992년 同스포츠국장 1995년 同사회교육국장 1997~1998년 同해설위원 2000년 한양대동문회 회장 2002년 대한언론인회 이사, 한양대 동문회관 예식부 회장 2010년 대한언론인회 부회장 2016년 同회장(현) [상]한국방송대상 [종]불교

이병대(李炳坮) LEE Byeong Dae

[생]1952 · 1 · 23 [출]경북 의성 [주]서울 강남구 논현로81길 13 삼화빌딩2층 세무법인 세연(02-539-7788) [학]1970년 부산고졸 1974년 육군사관학교졸 1983년 고려대 경영대학원 회계학과졸 [경]1980년 특채4기(5급 사무관) 1990년 서기관 승진 1998년 양재세무서장 1999년 용산세무서장 1999년 국세청 징세과장 1999년 同청장 비서관 2001년 同민원제도과장 2001년 同법인납세국 소비세과장 2003년 한국조세연구원 파견 2003년 국세청 전산정보관리관 2004

년 국세심판원 상임심판관 2005년 국세청 법인납세국장 2006년 同감사관 2006년 同법무심사국장 2007~2008년 부산지방국세청장 2008년 세무법인 세연 회장(현) 2011년 현대위아(주) 사외이사 겸 감사위원(현) ⊚가톨릭

이병대(李炳旲) LEE Byung Dae

⊛1973·1·18 ⊜경북 군위 ㈜대전 서구 둔산중로78번 길15 대전지방검찰청 형사3부(042-470-3000) ⓗ1991 년 대구 영남고졸 1997년 서울대 공법학과졸 ⊚1998 년 사법시험 합격(40회) 2001년 사법연수원 수료(30기) 2001년 공익법무관, 춘천지검 원주지청 검사 2006년 대 구지검 검사 2008년 인천지검 검사 2010년 부산지검 검 사 2012년 서울중앙지검 검사 2015년 의정부지검 고양 지청 부부장검사 2016년 대전지검 형사3부장(현)

이병돈(李秉燉)

⊛1955·10·18 ㈜서울 영등포구 의사당대로22 (사) 한국장애인단체총연맹(02-783-0067) ⊚2011년 세종 사이버대 사회복지학과졸 ⊚1998~2002년 백송회 회 장 2005~2013년 서울맹학교 총동문회장 2006~2010 년 (사)한국시각장애인연합회 서울지부 초대지부장 2007~2010년 同중앙회 부회장 2007~2011년 행복포 럼 공동대표 2008~2010년 서울시 교통약자이동편의증 진위원회 위원 2009~2010년 사회복지법인 프리웰 대표이사 2009~2010년 대한장애인체육회 이사 2011~2013년 (사)대한안마사협회중앙회 회장 2014 년 (사)한국시각장애인연합회 회장(현) 2014~2015년 2015서울세계시각장 애인경기대회조직위원회 집행위원장 2014·2016년 (사)한국장애인단체총 연맹 공동대표(현) 2015년 한국장애인고용공단 비상임이사(현) ⊚보건복지 부장관표창(2000), 국무총리표창(2002)

이병래(李丙來) LEE Byung Rhae

⊛1964·5·5 ⊜충남 서산 ㈜서울 중구 세종대로124 금융위원회 증권선물위원회(02-2156-9400) ⓗ1981년 대전고졸 1985년 서울대 무역학과졸 1995년 同행정대학 원졸 1998년 경제학박사(미국 미주리주립대) ⊚1989년 행정고시 합격(32회) 2002년 금융감독위원회 감독정책 1국 시장조사과장 2004년 국외 직무훈련 2006년 금융 감독위원회 감독정책1국 비은행감독과장 2007년 同감 독정책2국 보험감독과장 2008년 금융위원회 금융서비스국 보험과장 2008 년 同혁신행정과장 2009년 同혁신행정과장(부이사관) 2009년 同금융정책 국 금융정책과장 2009년 同국가경쟁력강화위원회 금융선진화팀장 2010년 몽골 파견(고위공무원) 2011년 금융위원회 대변인 2013년 同금융서비스국 장 2014년 국립외교원 교육파견(고위공무원) 2015년 금융위원회 금융정보 분석원(FIU) 원장 2016년 同증권선물위원회 상임위원(현) ⊚홍조근정훈장 (2013)

이병렬(李柄烈) Lee Byeong Ryeol

⊛1952·7·14 ⊜경북 영덕 ㈜서울 강남구 테헤란로 78길12 MSA빌딩12층 신승회계법인 비서실(02-566-8401) ⓗ한성고졸, 광주대 회계학과졸, 성균관대 경영 대학원 세무학과졸 2013년 경영학박사(가천대) ⊚2003 년 국세청 소득세과 서기관 2005년 서울지방국세청 국 제조세2과장 2005년 同국제조사2과장 2006년 국세청 전산기획담당관 2007년 同부동산납세관리국 종합부동 산세과장(서기관) 2008년 同부동산납세관리국 종합부동산세과장(부이사 관) 2009년 同납세지원국 납세자보호과장 2010년 중부지방국세청 조사2국 장(고위공무원) 2011년 광교세무법인 대표 2012년 신승회계법인 부회장(현) 2014년 가천대 경영대학 경영학과(경영학트랙) 겸임교수(현) ⊚홍조근정훈 장(2011)

이병렬(李柄烈)

⊛1956·10·25 ⊜전남 광산 ㈜광주 서구 내방로 111 광주광역시청 시민안전실(062-613-4900) ⓗ광 주고졸, 광주대 행정학과졸, 호남대 대학원 행정학과 졸, 同대학원 박사과정 중 ⊚1985~1996년 광주시 광 산구 문화공보계장·광산구 기획계장·광산구 행정계 장 1996~2000년 同광산구 월곡2동장·광산구 교통과 장 2000년 同광산구 기획감사실장 2002년 同광산구 총 무과장 2005년 同광산구의회 사무국장 2007년 광주시 공동혁신도시건설지 원단장 2010년 同계약심사과장 2011년 同도시디자인국장 2012년 同자치행 정국장 2013년 광주 서구청 부구청장 2014년 광주지방공무원교육원 원장 2015년 광주 남구청 부구청장 2015년 광주시 시민안전실장(이사관) 2016년 同공로연수(이사관)(현)

이병로(李炳魯) LEE Byung Ro

⊛1948·9·10 ⊜대구 달성 ㈜서울 마포구 마포대로 180 마포법조빌딩602호 법무법인 세강(02-713-6500) ⓗ1967년 경북고졸 1971년 고려대 법학과졸 ⊚1984 년 사법시험 합격(26회) 1987년 사법연수원 수료(16기) 1987년 서울민사지법 판사 1989년 서울지법 동부지원 판사 1991년 대구지법 상주지원 판사 1993년 서울지법 남부지원 판사 1995년 서울지법 판사 1997년 同북부지 원 판사 1999년 서울고법 판사 2000년 서울가정법원 판사 2002년 서울지법 의정부지원 부장판사 2004년 의정부지법 부장판사 2005년 서울북부지법 부장판사 2007년 서울중앙지법 부장판사 2010~2011년 서울서부지법 수석 부장판사 2011~2014년 변호사 개업 2014년 법무법인 세강 대표변호사(현)

이병로(李炳魯) Lee Byung ro

⊛1955·8·20 ⊜서울 ㈜서울 강남구 테헤란로37길7 조이타워13층 (주)HLB 임원실(02-3453-1975) ⓗ1974 년 경동고졸 1980년 한양대 금속공학과졸 2000년 서울 대 대학원 최고경영자과정 수료 2010년 한국과학기술원 (KAIST) 최고경영자과정 수료 ⊚1980년 풍산금속 사원 1982년 한국산업은행 입행 2007년 同평택지점장 2009 년 同시화지점장 2009년 同검사부장 2010년 同경기지 역본부장 2011년 同경기강원지역본부장 2012~2014년 서산테크노밸리 감 사 2014년 (주)HLB 부회장(현) ⊚문화체육부장관표창(1995)

이병로(李炳魯) LEE Byung Ro

⊛1956·4·7 ⊜경북 칠곡 ㈜대구 달서구 달구벌대로 1095 계명대학교 인문국제학대학 일본학과(053-580-5107) ⓗ1985년 계명대 일본학과졸 1990년 일본 고베 대 대학원졸 1994년 문학박사(일본 고베대) ⊚1994~1995 년 효성여대 강사 1995년 계명대 인문국제학대학 국제 지역학부 일본학과 교수(현) 2004년 同연구교류처 부 처장 2006~2008년 同입학처장 2010년 同학생처장 2012~2015년 同동산도서관장 2014년 同국제학대학장 2015년 同인문국제학 대학장(현) 2016년 교육부 대학인문역량강화사업(CORE)발전협의회 초대 회 장(현) ㉜논쟁을 통해 본 일본사상(共)'(2001) '일본의 이해(共)'(2002) '새로운 일본의 이해(共)'(2002) '무사도'(2005) '한일관계 2천년(고중세)(共)'(2006)

이병로(李炳魯) Lee Byoung Ro

⊛1957·5·30 ⊜성주(星州) ⊜경북 칠곡 ㈜서울 영 등포구 당산로50길2 서울빌딩5층 (주)탑앤프로 대표이 사실(070-4201-3946) ⓗ1977년 경북고졸 1982년 서 울대 사회복지학과졸 ⊚1982~1990년 문화방송 기획 부·국제협력부 근무 1990년 서울방송 기획부 차장대 우 1992년 同뉴욕지사 책임자 1994년 同TV제작국 미 술부 행정팀장 1995~2000년 대구방송 총무부장·기 획부장·기획관리부장 2000년 同서울지사장 2001~2004년 (주)미디어맥 스 대표이사 2002~2004년 (주)케이시엔티브 대표이사 겸임 2005~2011 년 (주)데오코프 대표이사 2007~2011년 무석주만전자유한공사 동사장 2011~2012년 (주)잡뉴스 이사 2012년 (주)탑앤프로 대표이사(현) ⊚기독교

이병로(李炳魯) LEE Byung Ro

⊛1959·7·18 ⊜서울 ㈜서울 종로구 율곡로2길25 연 합뉴스 논설위원실(02-398-3114) ⓗ1978년 영훈고 졸 1986년 한국외국어대 러시아어과졸 ⊚2000년 연 합뉴스 국제경제부 차장 2002년 同국제경제부 부장대 우 2004년 同국제뉴스부장 2006년 同편집국 국제뉴스 담당 부국장 2006년 同사회부장 2008년 同편집국 사 회분야 에디터(부국장대우) 2009년 同논설위원실 논설 위원 2010년 同대구·경북취재본부장 2011년 同대구·경북취재본부장(부 국장급) 2012년 同논설위원 2013년 同논설위원실장 2013년 同편집총국장 2013~2015년 한국신문방송편집인협회 부회장 2014년 연합뉴스 편집총국 장(국장대우) 2015년 同논설위원(현) ⊚한국외국어대 언론인회 올해 '외대 언론인상'(2014) ㉜'에도 러시아' '독일통일의 명암'(共)

이병룡(李丙龍) LEE Byeong Ryong

⊛1959·4·10 ㈜충북 청주시 서원구 무심서로377 의3 서원대학교 생물교육과(043-261-8404) ⓗ1982 년 서울대 생물학과졸 1984년 한국과학기술원(KAIST) 생물공학과졸(석사) 1990년 이학박사(한국과학기술 원) ⊚1984~1985년 (주)코오롱 기술연구소 연구원 1987~1988년 미국 샌디에이고 Helicon Foundation 교 환연구원 1990~1992년 (주)코오롱 기술연구소 선임연

구원 1992~1993년 미국 National Institutes of Health 방문연구원 1994년 서원대 과학교육과(생물교육) 교수, 同생물교육과 교수(현) 2014년 同사범대학장·교육산업정보통신대학원장·교육연수원장·한국교육자료박물관장 겸임

이병률(李秉律) LEE BYUNG RUL

⊗1962·11·4 ⊕영천(永川) ⊜경북 영덕 ㈜서울 종로구 북촌로112 감사연구원(02-2011-3000) ⓗ1981년 대구고졸 1985년 영남대 경제학과졸 1996년 일본 사이타마대 대학원 정책학과졸 ⓔ2002년 감사원 기획관리실 국제협력담당관 2002년 同기획관리실 법무조정심사관실 심사제1담당관 2003년 同자치행정감사국 총괄과 감사관 2007년 同기획홍보관리실 결산담당관 2007년 同전략감사본부 감사제2팀장 2009년 同감사연구원 연구기획실장 2009년 同감사연구원 연구기획실장(부이사관) 2010년 同재정·경제감사국 제2과장 2010년 同재정·경제감사국 제3과장 2011년 감사교육원 감찰정보단장 직대(고위감사공무원) 2012년 농림수산식품부 감사관 2013년 농림축산식품부 감사관 2014년 감사원 감사청구조사국장 2015년 同대변인 2016년 同감사연구원장(현)

이병만(李炳萬) LEE BYUNG MAN

⊗1950·11·20 ⊕영천(寧川) ⊜대구 ㈜서울 서초구 효령로77길28 동오빌딩2층 ㈜경농 임원실(02-3488-5821) ⓗ1969년 양정고졸 1973년 고려대 생물학과졸 1992년 서울대 최고산업전략과정 수료 2014년 명예 이학박사(고려대) ⓔ1976년 조선비료 이사 1977년 경북농약 이사 1979년 同상무이사 1980년 한미유기화학 대표이사 1983년 ㈜경농 부사장 1985년 동오화학 대표이사 1992년 ㈜경농 대표이사 사장 1993년 신농약개발연구조합 이사장 1993년 ㈜조비 부회장 1995년 ㈜경농 대표이사 부회장 1999년 농약공업협회 회장 2004년 조비경농 장학재단 이사장(현) 2013년 ㈜경농 대표이사 회장(현) ⊛한국농촌지도사중앙연합회 공로감사패(2001), 은탑산업훈장(2010), 고려대경제인회 소유경영인부문 경제인대상(2014)

이병무(李秉茂) LEE Byung Moo (東泉)

⊗1941·10·27 ⊕우봉(牛峰) ⊜경북 문경 ㈜서울 강남구 논현로430 아세아시멘트㈜ 비서실(02-527-6501) ⓗ1959년 경복고졸 1963년 연세대 경영학과졸 1967년 同경영대학원졸 2008년 명예 경영학박사(연세대) ⓔ1967년 캐피탈호텔 대표이사 사장 1967년 수안보온천관광호텔 대표이사 1968년 아세아시멘트공업㈜ 상무이사 1971년 同전무이사 1977년 同부사장 1982년 同대표이사 1983년 전국경제인연합회 상임이사 1985년 아세아제지㈜ 대표이사 1986년 우신벤처투자㈜ 대표이사 1988년 同회장 1989년 아세아제지㈜ 대표이사 회장(현) 1990년 ㈜디지콤 대표이사 회장 1992~2002년 아세아시멘트공업㈜ 회장 1992년 한국양회공업협회 회장 1994년 아세아산업개발 회장 1995년 아진건업 회장 1995년 태산상호신용금고 회장 1996년 한국케이블TV 구로방송 회장 1996년 기륭전자㈜ 회장 1997년 문경학원 이사장(현) 2002년 아세아시멘트㈜ 회장(현) 2002~2008년 연세대동문회 회장 2002~2006년 ㈜아세아페이퍼텍 회장 ⊛재무부장관표창(1983·1986), 동탑산업훈장(1988), 대통령표창(1994), 국민훈장 석류장, 자랑스러운 연세인상(2009) ⊜기독교

이병무(李炳武) LEE, BYOUNG MOO

⊗1957·8·24 ⊕영천(永川) ⊜경북 경주 ㈜서울 강남구 논현로508 GS칼텍스 임원실(02-2005-6060) ⓗ1977년 세종고졸 1984년 고려대 행정학과졸 ⓔ1985년 GS칼텍스 입사 2007년 同홍보광고팀장(부장) 2012년 同홍보부문장(상무), 同전문위원(상무)(현)

이병복(李秉福·女) LEE Byong Boc

⊗1927·3·25 ⊕영천(寧川) ⊜경북 영천 ㈜경기 남양주시 평내로9 무의자문화재단 ⓗ1943년 숙명여고졸 1948년 이화여대 영어영문학과졸 1958년 프랑스 아카데미 쿠브 드 파리졸 1960년 프랑스 소르본느대 수학 1961년 프랑스 아카데미 드 훼 조각 수학 ⓔ1949년 '서울 여인소극장' 창설 1958년 파리 디프름모델리스트 자격 획득 1962년 李秉福의상연구소 소장 1965년 한·프랑스문화협회 사무국장 1965년 남양주 무의자박물관 조성·관리총책(현) 1966년 극단 '자유' 대표 1966년 한불협회 이사 1968~1975년 소극장 '카페 테아트르' 설립·운영 1969년 연극살롱 '카페 테아트르' 대표 1970년 한·프

랑스친선협회 이사 1976~1981년 국제극예술협회(ITI) 한국본부 상임이사 1987~1998년 무대예술가협회 회장 1991년 P.Q.(프라하 콰드레날레)경연대회서 무대의상부문 시상 1995년 P.Q.국제무대미술경연대회 국제심사위원 1996년 OISTAT 상임이사 1999년 대한민국예술원 정회원(연극·현) 2000년 무의자박물관 개관·운영(현) 2011년 무의자문화재단 설립총책 2012년 同이사장(현) ⊛동아연극대상(1966·1971·1973), 서울문화예술상(1970), 한국연극영화상 특별상(1970), 중앙일보 예술상(1983), 중앙일보 백상예술상(1983), 화관문화훈장(1987), 백상예술상 무대미술상(1989), 프라하 콰드레날레상(1991), 사랑의 연극제 미술상(1992), 동아연극상 무대미술상(1992·1993), 동아연극상 작품상(1993), 동랑연극상(1993), 프라하 콰드레날레 테마관 은상(1999), 비추미 여성대상(2001), 동아연극상 특별상(2007), 대한민국예술원상 연극·영화·무용부문(2007), 대한민국토목학회 예술부문상(2007), 이해랑연극상 특별상(2015) ㉖'자유극장 10年誌'(극단 자유극장) '이병복 무대미술 30년'(1998, 한국무대미술가협회) '까페 테아트르'(1998, 한국무대미술가협회) '이병복 3막3장'(2013, 한국무대미술가협회) ㉘'따라지의 향연'(1966·1972·1980·1991·1996·2006) '신의 대리인'(1966) '해녀 물에 오르다'(1967) '한꺼번에 두 주인을'(1967) '피크닉 작전'(1968) '마리우스'(1969) '사자의 훈장'(1970) '어디서 무엇이 되어 만나랴'(1970·1973·1975·1986) '아가씨 길들이기'(1971) '그물안의 여인들'(1971) '슬픈 까페의 노래'(1971) '프로방스는 어디에'(1971) '세빌리아의 이발사'(1972·1976) '사랑과 위선의 흥정'(1972) '도적들의 무도회'(1973) '뜨거운 양철지붕 위의 고양이'(1974) '동리자전'(1974) '흐르지 않는 강의 전설'(1974) '파우스트'(1975) '여인과 수인'(1975) '대머리 여가수'(1976·1977·1978·1990·1991) '주머니 속에서 탱고를'(1976) '밀란돌리나의 여인들'(1976) '승부의 종말'(1976) '상자 속의 사랑 이야기'(1977) '휘가로의 결혼'(1977) '흑인 창녀를 위한 고백'(1978) '그 여자 사람 잡네'(1978·1979) '무엇이 될고하니'(1978·1979·1981·1982·1990) '환도와 리스'(1979) '달맞이꽃'(1982) '라 뮤지카'(1982) '피의 결혼'(1983·1985·1995·2004) '바람부는 날에도 꽃은 피네'(1984) '백양섬의 욕망'(1985) '달걀'(1985) '이름 없는 꽃은 바람에 지고'(1986) '손오공'(1987) '수탉이 안 울면 암탉이라도'(1988) '거꾸로 가는 세상'(1989) '그리고 그들은 죽어갔다'(1989) '도적들의 무도회'(1990) '기도'(1991) '왕자호동'(1991) '화니와 마리우스'(1992) '노을을 날으는 새들'(1992) '햄릿'(1993) '바람 타오르는 불길'(1994) '억척어멈'(1997) '페드라'(1999) '이병복 옷궁「살」'(1999) '화수목 나루'(2000·2001) '이병복「없다」무대미술 전시회'(2006)' '이병복 3막3장'(2013, 아르코미술관) ⊜불교

이병삼(李炳三) LEE Byung Sam

⊗1965·3·3 ⊜경북 구미 ㈜대구 수성구 동대구로364 대구지방법원 부장판사실(053-757-6600) ⓗ1984년 대구 심인고졸 1988년 연세대 법학과졸 ⓔ1993년 사법시험 합격(35회) 1996년 사법연수원 수료(25기) 1996년 대구지법 판사 1999년 同김천지원 판사 2000년 同구미시법원 판사 2001년 대구지법 판사 2003년 변호사 개업 2004년 대구지법 가정지원 판사 2006년 대구지법 판사 2007년 대구고법 판사 2009년 대구지법 판사 2011년 울산지법 부장판사 2012년 사법연수원 연구법관(파견) 2013년 대구지법 부장판사(현)

이병석(李秉錫) LEE Byung Suk

⊗1952·10·28 ⊕영천(永川) ⊜경북 포항 ㈜서울 영등포구 영등포로103 하나비즈타워704호 (재)독도의용수비대기념사업회(02-783-1956) ⓗ1968~1969년 동지상고 수학(2년) 1969년 검정고시 합격 1979년 고려대졸 1982년 同대학원졸 1982년 대만 국립대만대 법학원 수료 1987년 정치학박사(고려대) 2009년 한국방송통신대 법학과졸 ⓔ1982~1990년 고려대 정경대·법대 강사 1982~1989년 ㈜사회발전연구소 연구부장 1985~1986년 미국 인디애나대 객원교수 1989년 대륙연구소 상임이사 1989~1992년 월간 「전망」 발행인 겸 편집인 1990~1992년 계간 「북한연구」 발행인 겸 편집인 1992년 ㈜한국정책과학원 원장 1993~1996년 대통령 교육문화비서관·정무비서관 1995년 (사)한국정책연구원 원장 1996년 신한국당 부대변인 1996년 同포항北지구당 위원장 1997년 한나라당 포항北지구당 위원장 1997~1998년 국립공원관리공단 상임감사 2000년 제16대 국회의원(포항北, 한나라당) 2000년 국회 행정자치위원회 간사 2001년 한나라당 이회창총재 특보 2003년 同원내부총무 2004년 제17대 국회의원(포항北, 한나라당) 2004년 국회 산업자원위원회 간사 2004년 한나라당 원내부대표 2005년 한·중의원외교협의회 간사장 2006~2007년 한나라당 원내수석부대표 2007년 同제17대 대통령중앙선거대책위원회 국민통합특별위원회 총괄간사 2008년 포항동지중고총동문회 회장 2008년 제18대 국회의원(포항北, 한나라당·새누리) 2008~2010년 국회 국토해양위원장 2008년 국회 자원외교와에너지안보포럼 대표위원 2008년 한나라당 우리땅우리역사지키기특별위원회 위원장 2008년 同기독인회 회장 2008~2012년 한·중의원외교협의회 부회장 2008~2012년 한·베트남의원친선협회 회장 2009년 (재)독도의용수비대기념사업회 회장(현) 2009년 KTX경제권포럼 공동대표 2010년 한나라당 비상대책위원회 위원 2010~2012년 同직능특별위

원장 2010년 同국민통합포럼 회장 2010~2012년 한·이스라엘의원친선협회 부회장 2011년 독도평화재단 이사장(현) 2012~2016년 제19대 국회의원(포항北, 새누리당) 2012~2014년 국회 부의장 2012~2014년 한·중의회정기교류체제 회장 2013~2015년 대한야구협회 회장 2013년 국회 외교통일위원회 위원 2013년 국제야구연맹(IBAF) 집행위원(현) 2013년 한국방송통신대 운영위원장(현) 2014년 국회 법제사법위원회 위원 2014년 한·미의원외교협의회 회장 2015년 국회 정치개혁특별위원회 위원장 [상]한국방송통신대 자랑스런 방송대인상(2009) [저]'한국정치의 이해'(1992) '토지개혁과 정치발전'(1995) '제3세계 토지개혁과 정치발전' '혁명적 신념의 기원' '반정치의 정치' '대통령과 권력' '헌법개정은 시대정신의 반영입니다'(2005) '몸을 낮추면 하늘에 닿지 않은 것이 없다'(2007) '어느 날, 엎드려 흐르던 강이 솟았다'(2010) [역]'대통령의 권력-리더십의 정치학 루스벨트에서 레이건까지'(2014, 다빈치) [종]기독교

이병석(李炳碩) LEE Byoung Suk

[생]1953·12·28 [출]인천 [주]서울 관악구 남부순환로 1926 경동제약(주) 비서실(02-576-6121) [학]1973년 제물포고졸 1981년 성균관대 화학과졸 1983년 同대학원 화학과졸 1992년 화학박사(성균관대) [경]1982~1991년 일동제약(주) 중앙연구소 책임연구원 1992~1994년 성균관대 기초과학연구소 전임연구원 1996년 경동제약(주) 중앙연구소장 겸 대표이사 부사장 2010년 同대표이사 사장 2014~2016년 同대표이사 부회장 2016년 同고문(현) [상]보건복지부장관표창(2003), 국민훈장 무궁화장, 석탑산업훈장(2004) [종]천주교

이병석(李炳奭) LEE Byung Seok

[생]1956·2·22 [주]서울 서대문구 연세로50의1 세브란스병원 원장실(02-2228-5000) [학]1981년 연세대 의대졸 1985년 同대학원졸 1990년 의학박사(연세대) [경]1985~1988년 육군 군의관 1988~2003년 연세대 의대 산부인과학교실 강사·조교수·부교수 1994~1996년 미국 Harvard부속 Brigham & Women's Hospital 연구교수 2003년 연세대 의대 산부인과학교실 교수(현) 2003~2007년 同강남세브란스병원 기획관리실 부실장 2006~2008년 同강남세브란스병원 산부인과장 2008~2011년 同의대 산부인과학교실 주임교수 2011~2014년 同강남세브란스병원장 2011~2014년 (사)강남구의료관광협회 회장 2011~2012년 보건복지부 한국의료글로벌 자문관 2011~2013년 대한피임생식보건학회 회장 2012~2014년 대한산부인과내시경·최소침습수술학회 회장 2012년 아시아·태평양피임위원회 국제학술대회(APCOC) 조직위원장 2013~2014년 대한병원협회 병원평가위원장 2013년 Journal of Andrology & Gynaecology Editional Board Member(현) 2013~2014년 박근혜 대통령 양방주치의 2014년 대한자궁내막증학회 부회장 2014~2016년 연세대 의과대학장 겸 의학전문대학원장 2015년 대한폐경학회 회장(현) 2016년 연세대 신촌세브란스병원장(현) [상]대한산부인과학회 포스터학술상(1996), 대한폐경학회 최우수논문상(2001), 대한폐경학회 와이어스학술상(2004), 연세대 의대 우수업적교수상(2008), BIO & MEDICAL KOREA 2014 글로벌헬스케어유공 보건복지부장관표창(2014) [저]'부인과 내시경학(共)'(2003) '생식내분비 불임학(共)'(2005) '골다공증(OSTEOPOROSIS)(共)'(2005) '의과대학 평가인정제도와 의학교육의 질(共)'(2006) '폐경기 건강(共)'(2007) '폐경기 여성의 관리(共)'(2007) '부인과학(제4판)(共)'(2007) '산부인과학(둘째판-지침과 개요)(共)'(2010) '부인과 내분비학(共)'(2012) [종]기독교

이병석(李炳碩) Lee Byong-suk

[생]1968·11·17 [본]성주(星州) [출]경남 산청 [주]부산 수영구 남천동로100 수영구청 부구청장실(051-610-4100) [학]1986년 동인고졸 1994년 부산대졸 2002년 법학박사(미국 툴사대) [경]1994년 행정고시 합격(37회) 2006년 부산시 영상문화산업과장 2010년 同법무담당관 2012년 同문화예술과장 2013년 同기획재정관 2014년 미국 미주리대 교육파견 2015년 부산시 문화관광국장 2016년 同수영구 부구청장(현)

이병선(李秉宣) LEE Byung Seon

[생]1963·2·10 [출]강원 속초 [주]강원 속초시 중앙로183 속초시청 시장실(033-639-2201) [학]1982년 속초고졸 1989년 동국대 사학과졸 1997년 同교육대학원 역사교육학과졸 [경]한국산업은행 근무, 국회 입법비서관, 경동대 비서실장 1998년 한나라당 중앙위원 2000년 유암문화재단 이사 2002·2006~2010년 강원도의회 의원 2004~2006년 同운영위원장, 전국시도운영위원장협의회 사무총장, 속초문화원 이사, 강원도체육회 이사 2006~2008년 강원도의회 기획행정위원장, 同한러국제교류협회장 2010년 강원 속초시장선거 출마(무소속) 2011~2013년 경동대 경찰학과 부교수 2014년 강원 속초시장(무소속)(현) [종]불교

이병선(李炳宣) LEE Byoung-Sun

[생]1963·5·1 [본]평창(平昌) [출]서울 [주]대전 유성구 가정로218 한국전자통신연구원 방송·미디어연구소 우주항공시스템연구실(042-860-6780) [학]1986년 연세대 천문기상학과졸 1988년 同대학원졸 2001년 이학박사(연세대) [경]1989~1995년 한국전자통신연구원 위성통신기술본부 연구원 1989~1994년 정지궤도위성실험실모델위성관제시스템 개발 1992~1994년 무궁화위성기술전수단 파견 1995~1999년 다목적실용위성1호 관제시스템 개발 1995~2002년 한국전자통신연구원 위성통신연구단 선임연구원 2000년 다목적실용위성2호 관제시스템 개발 2000~2006년 다목적실용위성 2호 관제시스템 개발 2003년 한국전자통신연구원 통신위성연구그룹 위성관제기술연구팀 책임연구원 2004~2010년 통신해양기상위성 관제시스템 개발 2006~2010년 다목적실용위성 3호 및 5호 관제시스템 개발 2011년 한국전자통신연구원 위성무선융합연구부 위성시스템연구팀 책임연구원 2013년 同위성무선융합연구부 위성시스템연구실장 2016년 同방송·미디어연구소 우주항공시스템연구실장(현) [상]정보통신부장관표창(2002), 부총리 겸 과학기술부장관표창(2008), 교육과학기술부장관표창(2012) [저]'훤히 보이는 위성 세계'(2010) [종]기독교

이병선(李秉璿) LEE Byeong Seon

[생]1965·3·21 [출]서울 [주]제주특별자치도 제주시 첨단로242 (주)카카오(064-795-1500) [학]서울 용산고졸 1988년 고려대 정치외교학과졸 [경]1988~1991년 일본 아사히신문 스트링어 1991년 문화일보 정치부·국제부 기자 1998년 일본 게이오대 방문연구원 2000년 문화일보 도쿄특파원 2003년 同사회1부 차장대우 2004년 同IT부 동산부 차장대우 2004년 同정치부 기자 2004년 한국기자협회 서울지회장 2005년 문화일보 국제부장 직대 2005년 同문화부장, 同국제부장, (주)시스맘네트웍스 사외이사 2006~2008년 오마이뉴스 인터내셔널일본담당 부국장 2008년 (주)다음커뮤니케이션 기업커뮤니케이션본부장 2014~2015년 다음카카오 경영정책팀 대외협력파트장(이사) 2015년 K밸리재단 비상임이사(현) 2015년 (주)카카오 경영정책팀 대외협력파트장(이사) 2015년 (주)카카오 대외협력담당 부사장(현)

이병수(李柄洙) LEE BYEONG SOO

[생]1959·3·13 [주]경기 성남시 분당구 판교역로145 타워2동 삼성물산 건설부문 Civil사업부(02-2145-2114) [학]청주기계공고졸, 충북대 토목공학과졸 [경]2012년 삼성물산(주) 건설부문 토목PPP팀장 2013년 同건설부문 사우디 리야드 메트로현장담당 상무 2015년 同건설부문 Civil사업부 PM본부장(전무)(현)

이병순(李炳淳) LEE Byung Soon

[생]1949·8·20 [본]전주(全州) [출]경남 거창 [학]1967년 경북고졸 1973년 서울대 독어교육과졸 [경]1977년 KBS 보도국 입사 1987년 同경제부 차장 1991년 同파리특파원·베를린특파원 1995년 同보도제작국 부주간 1996년 同기동취재부장 1997년 同전국부장 1998년 同경제부장 1999년 同보도국 취재1주간 2001년 同창원방송총국장 2002년 同대구방송총국장 2003년 同뉴미디어본부장 2004년 KBS미디어 사장 2005년 KBS비즈니스 사장 2008~2009년 한국방송공사(KBS) 사장 2009년 한국방송협회 회장 2009년 한국지상파디지털방송추진협회(DTV코리아) 회장 [상]한국방송대상 문화공보부장관표창(1984), 한국방송대상 국무총리표창(1985), 1천만불 수출의탑(2004), 2천만불 수출의탑(2005)

이병연(李炳燕) Lee Byeong-yeon

[생]1972·10·14 [주]세종특별자치시 갈매로477 기획재정부 국제금융협력국 거시협력과(044-215-8730) [학]1991년 의정부고졸 1998년 고려대 행정학과졸 [경]1997년 행정고시 합격(41회) 1998년 행정자치부 수습행정관(사무관) 1999년 환경부 환경정책실 환경교육과 근무 2000년 同대기보전국 대기관리과 근무 2001년 기획예산처 예산실 농림해양예산과 근무 2002년 同예산실 예산총괄과 근무 2003년 同예산실 과학환경예산과 근무 2004년 同재정기획실 균형발전지원1과 근무 2005년 同정책홍보관리실 업무성과관리팀 근무 2006년 서기관 승진 2007년 영국 버밍엄대 교육훈련 2009년 기획재정부 예산실 예산총괄심의관실 예산기준과 서기관 2010~2011년 국가경쟁력강화위원회 파견 2012년 駐러시아 1등서기관 2015년 기획재정부 국제금융협력국 국제통화협력과장 2016년 同국제금융협력국 거시협력과장(현)

이병열(李秉烈) Lee Byong Lyol

(생)1953 · 1 · 11 (본)영천(永川) (출)광주 (학)1971년 광주 광주고졸 1979년 전남대 농학과졸 1981년 서울대 대학원 농학과졸 1990년 생태정보학박사(미국 코넬대) (경)1984~1989년 미국 코넬대 대학원 토양작물대기과학과 연구조교 1989~1991년 농촌진흥청 농업기술연구소 농업기상실 객원연구원 1991년 고려대 대학원 농학과 위촉강사 1991년 同농과대학 식량자원학과 위촉강사 1991년 서울대 농과대학 부속 농업개발연구소 특별연구원 1992~1997년 농촌진흥청 농업과학기술원 생태정보실장 1995년 세계기상기구 농업기상위원회 한국대표 1997년 同농업기상위원회 실무단 위원 겸 의장 1997~2001년 同아시아협의회 농업기상실무단위원 겸 컨설턴트 1997년 아태선도망협의회(APAN) NR부위원장 · AG공동의장 · ES간사 겸임 1997~2000년 기상청 산업기상과 연구관 2000~2002년 기상연구소 응용기상연구실 연구관 2000~2004년 아시아농업정보과학회(AFITA) 공동간사장 2002년 기상청 국가농업기상센터장 2002년 Asia Flux 위원(Steering Committee) 2003년 세계기상기구 기본조직위원회 차세대정보망조정위원 겸 전문가 2005년 한국농림기상학회 회장 2005년 세계농업기상협회 부회장 2005년 기상청 국제협력담당관 2006년 세계기상기구 농업기상위원회 관리단 위원 2008년 기상청 기후변화과학대책과장 2008~2012년 서울대 농업생명과학대학 NICEM 겸임교수 2009~2013년 고려대 생명환경대학원 겸임교수 2009년 기상청 수원기상대장 2009~2012년 서울대 국가농림기상센터 본부장 2010년 세계기상기구(WMO) 농업기상위원회 의장(현) (상)IPCC(기후변화정부간협의체) 노벨평화상 수상 기여인증서 수상(2007), 국무총리단체표창(2008 · 2009), 대통령표창(2009) (저)'신고 농업기상학(共)'(2001) '농업생태학(기초)'(2005) (역)'전환의 시대'(2008) (종)천주교

이병옥(李炳玉) Lee Byung Ok (辰岩)

(생)1927 · 4 · 17 (본)전주(全州) (출)전북 부안 (학)1959년 단국대 법률학과졸, 육군사관학교졸(7기) (경)육군본부 예산편성과장 1963년 제6대 국회의원(부안, 공화당) 1967년 제7대 국회의원(부안, 공화당) 1969년 공화당 정책연구실장 1970년 경제담당 무임소 장관 1971년 제8대 국회의원(부안, 공화당) 1971년 공화당 정책위원회 부위원장 1973년 제9대 국회의원(고창 · 부안, 공화당) 1973년 국회 농수산위원장 1979년 전국택시여객자동차운송사업연합회 택시공제조합 이사장 (상)충무무공훈장, 청조근정훈장 (종)기독교

이병옥(李秉玉) Rhee Byung Ohk

(생)1958 · 11 · 1 (출)경기 수원시 영통구 월드컵로206 아주대학교 공과대학 기계공학과(031-219-2347) (학)서울대 기계설계학과졸, 한국과학기술원 대학원졸, 공학박사(미국 렌셀러폴리테크닉대) (경)1983~1986년 한국과학기술연구원(KIST) 기전공학부 연구원 1992~1993년 미국 코넬대 기계과 박사후과정 연구원 1993년 아주대 공대 기계공학부 조교수 · 부교수 · 교수, 同기계공학과 교수(현) 2011~2012년 同산업대학원장 2012년 同공학대학원장 2013년 同기계공학과장

이병완(李炳浣) LEE Byung Wan

(생)1954 · 11 · 11 (출)전남 장성 (주)경기 용인시 수지구 죽전로152 단국대학교 사회과학대학(031-8005-3310) (학)1973년 광주고졸 1980년 고려대 정경대학 신문방송학과졸 2005년 한양대 대학원 언론학과졸 (경)1982~1988년 한국방송공사 근무 1994년 서울경제신문 정경부 차장 1995년 同정경부장 1998년 한국일보 경제부장 1998년 예금보험공사 이사 1999년 대통령 국정홍보조사비서관 2000년 대통령 국내언론2비서관 2001년 새천년민주당 국가경영전략연구소 부소장 2002년 同정책위원회 상임부의장 2002년 제16대 대통령직인수위원회 기획조정분과위원회 간사 2003년 대통령 기획조정비서관 2003년 대통령비서실 정무팀장 겸 대통령 정무기획비서관 2003년 대통령 홍보수석비서관 2005년 대통령 홍보문화특보 2005년 대통령 비서실장 2007~2008년 대통령 정무특보 2007년 참여정부평가포럼 대표 2008년 한양대 언론정보대학원 초빙교수 2009년 국민참여당 창당준비위원장, 同상임고문 2010~2014년 광주시 서구의회 의원(국민참여당 · 통합진보당 · 새정치민주연합) 2010년 同기획총무위원회 위원 2011년 사람사는세상 노무현재단 이사 2012~2014년 同이사장 2014년 광주광역시장선거 출마(무소속), 단국대 사회과학대학 석좌교수(현)

이병용(李秉勇)

(생)1960 · 8 · 16 (주)서울 영등포구 국제금융로2길28 KB생명보험 영업2본부(02-398-6801) (학)1979년 동국대사대부고졸 1986년 건국대 경제학과졸 (경)1986년 KB국민은행 입행 2007년 同분당정자PB센터장 2010년 同PB사업부장 2010년 同개인영업추진부장 2012년 同인천국제공항지점 수석지점장 2013년 同신탁기금본부장 2014년 同WM사업본부장 2015년 KB생명보험 영업2본부 부사장(현)

이병욱(李炳旭) Lee, Byung-Wook

(생)1956 · 8 · 20 (본)학성(鶴城) (출)경북 포항 (주)서울 광진구 능동로209 세종대학교 공공정책대학원(02-3408-4058) (학)1978년 연세대 경영학과졸 1980년 한국과학기술원(KAIST) 대학원 산업공학과졸 1995년 경영학박사(영국 Manchester Business School) (경)1995년 포스코경영연구소 환경경영연구센터장 1996년 환경부 환경친화기업 심사위원 1997년 연세대 경영대학원 외래교수 2000년 대한상공회의소 환경안전위원회 위원 2001년 서울대 환경대학원 초빙교수 2002년 환경부 자체평가위원 2003년 LG환경연구원 원장 2004년 포항공대 겸직교수 2005년 대한상공회의소 지속가능경영원 원장 2005년 한국환경경영학회 회장 2005년 국회 환경정책연구회 자문위원 2007~2008년 세종대 지구환경과학과 초빙교수 2008년 同정책과학대학원 교수 2008~2010년 환경부 차관 2011년 한국환경정책학회 회장 2011~2014년 한국환경정책 · 평가연구원(KEI) 원장 2014년 세종대 공공정책대학원 교수(현) (상)자랑스런 연세상경인상(2008), 황조근정훈장(2012), 캄보디아정부 공로훈장(2014) (저)'환경경영론'(1997) '주가를 높이는 환경경영'(2000) '환경정책(共)'(2003) '지속가능경영 사례집'(2003) '환경경영(共)'(2005) '환경경영의 이해(共)'(2015)

이병욱(李炳旭) Lee Byung Woog

(생)1958 · 1 · 14 (본)평택(平澤) (출)충북 음성 (주)서울 강남구 영동대로421 삼탄빌딩5층 503호(02-562-0533) (학)1988년 고려대 경영대학원 경영학과졸 2002년 미국 보스턴대 대학원 경영학과졸(MBA) 2005년 경영학박사(경희대) (경)1992~1993년 미국 해리티지재단 객원연구원 1997~1998년 전국경제인연합회 금융·재정실장 1998~2000년 同기업구조조정지원센터소장 2003~2008년 同산업본부장(상무) 2004~2008년 지속가능발전기업협의회 사무국장 겸임 2005년 교육인적자원부 교육정책관련자문위원 2005년 환경부 환경규제심사위원 2006~2009년 사회복지법인 사랑의성모공동체 이사장 2008년 교육과학기술부 교육정책관련자문위원 2009~2011년 한국경제연구원 경제교육본부장 2009년 同선임연구위원 2011~2014년 동아시아지속가능발전연구원 대표(CEO) 2011~2015년 외국인유학생정책추진위원회 위원 및 위원장 2011~2012년 국회 디자인코리아포럼 연구위원 2012~2015년 경희대 경영학과 겸임교수 2013년 환경부 중앙환경정책위원회 위원(현) 2014년 (주)케이티스(KT is) 전무이사 2014년 한국헬프에이지 사외이사(현) 2015년 평화방송 발전위원회 위원(현) 2016년 (주)케이티스(KT is) 경영고문(현) (상)산업자원부장관표창(1999), 대통령표창(2006), 교육과학기술부장관표창(2010) (저)'창조적 디자인경영'(2008) '창업비밀과외'(2012) '한류포에버-동남아편'(2012) '사업의 길'(2016) (종)천주교

이병웅(李柄雄) LEE Byung Woong

(생)1941 · 3 · 28 (출)서울 (주)서울 중구 퇴계로20길1의5 한서대학교 국제인도주의연구소(02-757-7885) (학)1958년 대광고졸 1962년 경희대 법학과졸 1973년 고려대 경영대학원졸 1993년 단국대 행정대학원졸 2003년 명예 사회학박사(러시아 이르쿠츠크국립대) (경)1965년 육군정훈학교 교관 1968년 국방부 전략기획국 근무 1969년 국정원 북한사회기획관실 근무 1971년 남북적십자회담사무국 회담운영부 차장 1974년 대한적십자사, 기획관리부 차장 1982년 同총무부장 1985~1998년 남북적십자회담 대표 1986년 대한적십자사 기획관리실장 1992~1998년 남북적십자실무회담 수석대표·대한적십자사 사무총장 1992~2005년 민주평통 상임위원 1992년 한국방송공사 사회방송자문위원 1998년 남북적십자교류위원회 실행위원장 1998년 남북이산가족교류협의회 실행위원장 1998년 민족화해협력범국민협의회 수석집행위원장·공동의장(현) 1999년 남북지역교류중앙협의회 상임의장(현) 1999년 국민화합운동연대 공동대표 2000년 통일부 남북회담자문위원장 2000~2010년 대한적십자사 전국대의원 2000년 서울적십자 부회장 겸 청년소년위원장 2001~2004년 대한적십자사 총재특보 2001년 남북적십자회담 수석대표 2001년 한서대 아동청소년복지학과 교수 2001년 同국제인도주의연구소장(현) 2004~2008년 남북이산가족교류협의회 회장 2009년 대한적십자사 사회위 회장 2010년 同중앙위원(현) (상)화랑무공훈장(1968), 국민포장(1997), 적십자 광무훈장(2000) (저)'적십자개론'(1999) '평화의기를 들고'(2006) '하나되기를 그리며'(2009) (종)기독교

이병윤(李丙允) Lee, Byoung Yoon

[생]1962·10·1 [출]충남 천안 [주]인천 서구 환경로42 환경연구단지 국립생물자원관 식물자원과(032-590-7158) [학]1980년 천안고졸 1987년 고려대 생물학과졸 1989년 同대학원 생물학과졸 1998년 식물학박사(미국 일리노이대 어배나 샴페인교) [경]2000~2002년 서울대 BK21생명과학인력양성사업단 계약조교수 2002~2005년 국립환경과학원 생물다양성연구부 연구관 2003년 UN 생물다양성협약(CBD) 정부 대표단(현) 2005~2007년 환경부 국립생물자원관 건립추진단 연구관 2007~2011년 국립생물자원관 전시교육과·식물자원과 연구관 2011년 同미생물자원과장 2011년 同식물자원과장(현) [상]국무총리표창(2009) [저]'자원식물학(共)'(2013, KNOU press)

이병윤(李秉允) LEE Byungyoon

[생]1964·5·4 [출]서울 [주]서울 중구 명동11길19 한국금융연구원(02-3705-6343) [학]1983년 서울고졸 1987년 고려대 경제학과졸 1990년 同대학원 경제학과졸 2000년 경제학박사(미국 Univ. of Wisconsin-Madison) [경]1990~2001년 한국은행 행원·조사역 2002년 한국금융연구원 연구위원 2004~2005년 대통령 정책특보 겸 대통령자문 정책기획위원장 자문관 2006~2007년 '금융연구' 편집위원 2007년 기금평가위원 2008년 미국 UC버클리 방문학자 2009~2011년 한국금융연구원 금융산업경영연구실장 2010~2011년 금융발전심의위원회 위원 2010~2013년 전북은행 사외이사 2011~2013년 한국금융연구원 연구조정실장 겸 특임연구실장 2012~2013년 同선임연구위원 2012년 한국금융학회 이사 2012년 방송통신발전기금 자산운용성과평가위원(현) 2013~2016년 한국금융연구원 부원장 2016년 同선임연구위원(현), 연기금투자풀 운영위원(현) [상]고려대총장표창(1987), 부총리 겸 재정경제부장관표창(2007), 한국금융연구원장표창(2010), 국가경쟁력강화위원장표창(2012) [저]'금융기관론(共)'(2011·2013, 율곡출판사) [종]기독교

이병인(李秉仁)

[생]1956·6·7 [주]서울 종로구 종로33 GS건설 Global Engineering본부(02-2154-1112) [학]유신고졸, 성균관대 기계공학과졸 [경]GS건설 SP9-10공사담당, 同플랜트공사담당 부장 2006년 同플랜트사업본부 SP9-10공사담당 상무보, 同플랜트사업본부 SP9-10공사담당 상무 2012년 同플랜트통합설계실장(전무) 2013년 同Global Engineering본부장(전무)(현)

이병인(李炳仁) YI Pyong In

[생]1959·3·27 [출]충남 공주 [주]경남 밀양시 삼랑진읍 삼랑진로1268의50 부산대학교 생명자원과학대학 바이오환경에너지학과(055-350-5439) [학]1986년 서울시립대 환경공학과졸 1989년 서울대 환경대학원졸 1996년 공학박사(서울시립대) [경]밀양대 환경공학과 조교수·부교수, 부산대 생명자원과학대학 지역환경시스템공학부 교수, 同생명자원과학대학 바이오환경에너지학과 교수(현) 2007~2009년 환경도시환경학회 이사 2009~2010년 부산대 지역환경시스템공학과장 2015년 同생명자원과학대학장(현) [저]'사찰환경연구' '환경영향평가' '수질 및 수자원관리' '환경과학개론'(2001, 북스힐) '수질오염측정-이론과실제'(2003, 밀양대) '가야산환경백서'(2004, 가야산환경위원회) '다부-내 마음의 차노래'(2007, 차와 사람)

이병일(李炳馹) LEE Byoung Yil (春谷)

[생]1937·3·17 [본]전주(全州) [출]경기 화성 [주]서울 관악구 관악로1 서울대학교 원예학과(02-880-1395) [학]1957년 동산고졸 1963년 서울대 농학과졸 1966년 일본 도쿄대 대학원 농생물학과졸 1969년 농학박사(일본 도쿄대) [경]1970~1982년 서울대 농대 원예학과 전임강사·조교수·부교수 1974년 농촌진흥청 겸직연구관 1982~2002년 서울대 농대 원예학과 교수 1982년 同부속농장장 1985년 농협중앙회 자문위원 1991~1995년 한국생물생산시설환경학회 회장 1993~2000년 한국유기농업협회 부회장 1994~1999년 한국과학기술단체총연합회 이사 1994년 한국과학기술한림원 정회원 1996~1998년 한국원예학회 회장 1998년 한국유기농업협회 회장, 한국원예학회 명예회원(현) 1998~2002년 '2006 IHC' 조직위원장 2000년 대한민국학술원 회원(원예학·현) 2000~2004년 한국원예저장유통연구회 회장 2001년 한국과학기술한림원 종신회원(현) 2002년 서울대 명예교수(현) 2003년 대한민국학술원 자연과학부 제5분과 회장 2004년 한국엄·에리연구소 소장 2006~2013년 (사)한국블루베리협회 회장 2013년 同명예회장(현) [상]禹長春원예상, 원예학회 학술상, 한국원예학회 학술공적상, 옥조근정훈장(2002) [저]'시설원예' '채소원예학' '채소원예학각론' '원예학개론' '시설원예학' [작]발명특허 '종자를 번식수단으로 이용하는 미니리재배법' '미니리체세포배의 대량생산 및 이를 이용한 재배방법' [종]유교

이병일(李炳一) LEE Byung Il

[생]1947·10·1 [출]대구 [주]서울 서초구 강남대로39길 15의10 한라비발디 STUDIO193 (주)조비 비서실(02-3488-5840) [학]1966년 중앙고졸 1970년 건국대 상대졸 1977년 고려대 경영대학원졸 [경]1982년 조선비료공업(주) 대표이사 1982년 상흥공업(주) 회장 1982년 한미유기화학공업(주) 회장 1985년 조선비료공업(주) 회장 1985~2013년 (주)경농 회장 1985년 동오화학 회장 1985년 한국새마을청소년후원회 회장 1998년 (주)조비 대표이사 회장(현) 2013년 (주)경농 명예회장(현) [상]새마을포장, 동탑산업훈장

이병주(李炳周) LEE Byung Ju

[생]1951·10·14 [출]서울 [주]서울 강남구 테헤란로133 한국타이어빌딩 법무법인 태평양(02-3404-7515) [학]1970년 경기고졸 1976년 서울대 경영학과졸 1979년 同행정대학원 행정학과졸 1983년 미국 사우스캐롤라이나대 대학원 국제경영학과졸 1994년 경제학박사(미국 하와이대) [경]1977년 행정고시 합격(20회) 1978년 경제기획원 행정사무관, 同투자심사국·예산실·물가정책국 행정사무관 1990년 同경제교육기획국 교육조사과장 1994년 同심사평가국 심사평가3과장 1994년 同정책조정국 조정4과장 1995년 同경쟁국 하도급과장 1996년 同독점국 기업집단과장 1997년 同정책국 총괄정책과장 1999년 국방대학원 파견 2001년 공정거래위원회 기획관리관 2002년 同경쟁국장 2003년 同정책국장 2003~2004년 ICN(International Competition Network) 운영위원회 부의장 2004년 공정거래위원회 조사국장 2005년 同독점국장 2005년 同서울지방공정거래사무소장 2006~2008년 同상임위원 2007~2008년 경제협력개발기구(OECD) 경쟁위원회 부의장 2008년 법무법인 태평양 고문(현) 2013년 (주)효성 사외이사(현) 2014년 현대모비스(주) 사외이사 겸 감사위원(현) 2015년 (주)효성 감사위원 겸임(현) [상]경제기획원장관표창, 대통령표창(1987), 황조근정훈장(2006) [저]'기업집단에 대한 규제'(1977, 서울대 법학연구소) 'Determinants of Inter industry wage Differentials in Korea'(1995, Seoul Journal of Economics) '사례중심의 공정거래법 해설'(1999, 공정경쟁) '구조조정과 경쟁정책과제'(1999, 한국산업조직학회 세미나) '경제력집중문제와 재벌체제 개선방안'(2000, 국방대학교) '독과점적 시장구조의 개선'(2001, 자유경쟁과 공정거래) '동북아 경제통합과 경쟁정책'(2003, 동아세아의 경제통합과 법세미나) '시장개혁과 공정거래위원회의 역할'(2004, 서울대 법학연구소) '인텔의 로얄티 리베이트 제공행위 심결 주요내용과 의의'(2008, 경쟁저널) [종]불교

이병주(李炳主) Lee Byung Joo

[생]1955·10·23 [출]전북 부안 [주]서울 영등포구 국회대로76길18 오성빌딩1004호 (사)한국도선사협회(02-784-6022) [학]군산대 행정대학원졸 [경]1997년 해양수산부 국제협력관실 원양어업과 근무 1999년 同어업자원국 자원관리과 근무 2001년 同어업교섭지도과 근무 2002년 同수산정책국 수산정책과 근무 2004년 同어촌어항과 근무 2004년 同감사담당관실 서기관 2005년 同해양환경발전팀장 2007년 同해양정책본부 해양환경기획관실 해양생태팀장 2007년 평택지방해양수산청장 2008년 평택지방해양항만청장 2009~2013년 군산지방해양항만청장 2013년 (사)한국도선사협회 전무이사(현) [상]모범공무원표창(1995), 군산시 명예시민증(2013), 홍조근정훈장(2013)

이병진(李秉珍) LEE Byung Jin

[생]1956·1·14 [본]재령(載寧) [출]경북 안동 [주]서울 종로구 효자로39 국무총리소속 사행산업통합감독위원회(02-3704-0500) [학]1975년 경기고졸 1980년 성균관대 법학과졸 1995년 미국 위스콘신주립대 대학원 행정학과졸 [경]1980년 행정고시 합격(24회) 1998년 국무총리국무조정실 기획심의관실 서기관 1999년 同기획심의관실 부이사관 2001년 2002월드컵·아시아대회 정부지원점검단 기획총괄국장 2002년 국무총리국무조정실 일반행정심의관 2003년 대통령직인수위원회 기획조정분과 전문위원 2003년 국외직무훈련 파견 2004년 국무총리국무조정실 규제개혁기획단 기획총괄팀장 2005년 同사회정책심의관 2006년 同사회문화조정관 2007~2008년 同기획차장 2008년 대통령직속 규제개혁위원회 위원 2008~2013년 경상대 초빙교수 2013~2015년 경기대 행정대학원 특임교수 2013~2014년 대통령직속 규제개혁위원회 경제분과 위원장 2013년 국무총리소속 사행산업통합감독위원회 위원장(현) [상]녹조근정훈장(1995), 홍조근정훈장(2003), 황조근정훈장(2009)

이병찬(李炳贊) LEE Byung Chan

[생]1950·10·2 [출]경남 함안 [주]부산 남구 자성로 152 한일오피스텔401호 삼일회계법인 부산지점(051-640-0400) [학]1969년 경남고졸 1974년 부산대 회계학과졸 1996년 同대학원 경영학과졸 [경]1977년 삼일회계법인 입사 1982~2000년 부산상공회의소 세무상담역 1991~1999년 부산시 영도구의회 결산감사위원 1997~1999년 부산지방국세청 과세적부심사위원 1998~2005년 (주)경동도시가스 사외이사 2000년 삼일회계법인 부산영남본부장(부대표) 2011년 同부산영남본부장(대표) 2012년 同부산지점 고문(현) 2015년 (재)부산문화재단 이사(현) [종]불교

이병찬(李秉讚) LEE Byung Chan

[생]1953·5·2 [출]경남 함안 [학]1971년 마산고졸 1974년 부산대 건축공학과졸 2009년 서울대 경영대학 AMP 수료 [경]1978년 대림산업(주) 입사 1980년 同말레이시아사업본부 근무 1988년 同삼도물산현장 근무 1991년 同대경빌딩현장소장 1994년 同구산빌딩현장소장 1995년 同동남월드현장소장 1999년 同영업심사부장 2000~2006년 同건축사업본부 상무 2002~2014년 (사)한국리모델링협회 부회장 2003년 대림산업(주) 리모델링사업부 및 민간사업부담당 임원 2003년 한국FM학회 리노베이션위원장 2005년 대림산업(주) 건축사업본부기술집행담당 임원 2007년 同건축사업본부 전무 2009년 한국FM학회 부회장 2009년 국토해양부 주택하자분쟁조정위원 2011년 대림산업(주) 건축사업본부장(부사장) 2012~2015년 대림I&S 대표이사 사장 2014~2016년 (사)한국리모델링협회 회장 [상]대통령표창(2002), 자랑스러운 부산대인(2015)

이병찬(李炳燦) LEE Byung Chan

[생]1955·1·6 [본]평창(平昌) [출]서울 [주]서울 중구 삼일대로358 신한생명보험(주) 사장실(02-3455-4025) [학]1974년 경복고졸 1982년 고려대 수학과졸 1985년 同경영대학원 회계학과졸 수료 1994년 미국 피츠버그대 마케팅특별과정 수료 2007년 고려대 경영전문대학원 최고경영자과정 수료 [경]1982년 삼성생명보험(주) 계리(計理)·상품담당 1988년 보험계리사 자격취득 1989년 삼성생명보험(주) 계약·보험담당 과장 1993년 同영업기획과장 1995년 同충주영업국장 1997년 同영업기획부장 2000년 同마케팅팀장 2001년 신한생명보험(주) 상무 2005년 同부사장 2013년 同상근고문 2014년 同연수원장 2015년 BNP파리바카디프손해보험 상임감사 2016년 신한생명보험(주) 대표이사 사장(현) [상]보험감독원장표창(1990), 국민포장(2013)

이병천(李炳天) byung chun lee

[생]1956·2·11 [출]전북 완주 [주]전북 전주시 완산구 팔달로161 전북예술회관3층 전라북도문화관광재단 대표이사실(063-230-7400) [학]전주고졸, 전북대 국문과졸 [경]1981년 조선일보 신춘문예 '우리의 숲에 놓인 몇개의 덫에 대한 확인' 통해 시인 등단 1982년 경향신문 신춘문예 '더듬이의 혼' 통해 소설가 등단, 시운동 동인, 남민시 동인, 전북민족문학인협회 회원 1998년 전주MBC 심의홍보부 차장대우 2000년 同편성제작부 차장 2003년 同편성국 R제작부장 2010년 (사)혼불문학 이사장(현) 2016년 전북문화관광재단 대표이사(현) 2016년 한국광역문화재단연합회 이사(현) [작]소설 '애기똥풀' '어머니의 매' '아들 그리고 어머니, 아버지'

이병천(李柄千) Byeong Chun Lee

[생]1965·1·5 [본]전주(全州) [출]충북 청원 [주]서울 관악구 관악로1 서울대학교 수의과대학 수의학과(02-880-1269) [학]1987년 서울대 수의학과졸 1989년 同대학원 임상수의학과졸 1993년 수의학박사(서울대) [경]1993~1994년 미국 미네소타주립대 수의과대 Post-Doc. 1994~1995년 일본 도쿄대 농업생명과학부 수의학과 수탁연수원 1995~2007년 서울대 수의학과 전임강사·조교수·부교수 1996년 세계수정란이식학회(IETS) 회원(현) 2001~2002년 미국 뉴올리언즈대 방문교수 2007년 한국생명공학연구원 Adjunct Researcher 2007년 서울대 수의과대학 수의학과 교수(현) 2011~2013년 同동물병원장 [상]한국과학기술단체총연합회 우수논문상(2004), 국가연구개발우수성과 선정(2010·2014) [저]'수의산과학' [역]'개 질병의 아틀라스'(2000) '소동물 번식 및 신생아 매뉴얼'(2005)

이병철(李炳哲) LEE Byung Chul (한심당·새벽샘·如流)

[생]1949·7·8 [본]성산(星山) [출]경남 고성 [주]경기 군포시 속달로110번길38 (사)전국귀농운동본부 생태귀농학교(031-408-4080) [학]1969년 경남 고성고졸 1974년 부산대 국어국문학과 중퇴 2006년 同명예졸업 [경]1974년 민청학련 사건으로 구속·제적 1976~1980년 한국가톨릭농민회 경남연합회장 1987년 민주쟁취국민운동 조직국장 1989~2003년 한국가톨릭농민회 사무국장 1993~2001년 환경운동연합 감사 1994~2000년 생활협동조합중앙회 부회장 1995년 한살림 감사 1996년 우리농촌살리기운동본부 기획실장 1996~2008년 (사)전국귀농운동본부 이사장 2001~2008년 (사)우리한약재살리기운동본부 공동대표 2001~2005년 녹색연합 공동대표 2003년 녹색대학이사회 상임이사 2003년 우리농업살리기연대 상임공동대표 2004~2011년 생명의숲 감사 2004~2011년 생태산촌만들기모임 공동대표 2004~2008년 생명평화결사 운영위원장 2007년 국가지속가능발전위원회 자문위원 2007년 대통령자문 농어업·농어촌특별대책위원회 위원 2008년 (사)전국귀농운동본부 생태귀농학교 교장(현) 2009년 지리산 생태영성학교 교장(현) 2009년 생명평화결사 평생교사(현) 2014년 한살림 연수원 마음살림위원장 및 전임교수(현) [저]'밥의 위기, 생명의 위기'(1994) '살아남기, 근원으로 돌아가기'(2000) '생태마을 길잡이(共)'(2000) '녹색운동의 길찾기(共)'(2002) '한국민중교육론(共)'(2005) '나는 늙은 농부에 미치지 못하네'(2007) 시집 '당신이 있어'(2007) '흔들리는 것들에 눈 맞추며'(2009) '고요한 중심 환한 미소'(2015) [종]가톨릭

이병철(李秉哲) LEE Byung Chul

[생]1956·12·30 [출]서울 [주]경기 안양시 동안구 관평로170번길22 한림대학교 성심병원 신경과(031-380-3740) [학]1975년 경복고졸 1981년 연세대 의대졸 1986년 同대학원졸 1990년 의학박사(연세대) [경]1989년 연세대 임상강사 1991년 일본 이와테대 방문교수 1992년 일본 국립순환기병센터 뇌순환연구소 연구원 1992년 한림대 의대 신경과학교실 교수(현) 1995년 대한노인병학회 학술이사 1996년 대한신경과학회 학술이사·기획이사·법제이사 1998년 대한뇌졸중학회 학술이사·부회장·이사장 2002~2004년 한림대부속 성심병원 진료부원장 2004년 한림대의료원 인력관리위원장 2006~2011년 한림대부속 성심병원장 2009~2011년 대한노인신경의학회 이사장 2011~2014년 한림대의료원 부의료원장 2014년 대한신경과학회 부이사장 2014~2016년 대한뇌졸중학회 회장 2014년 대한심뇌혈관예방학회 회장(현) 2016년 대한신경과학회 이사장(현) [역]'뇌졸중학(뇌졸중 후 인지, 행동 및 기분장애)(共)'(대한뇌졸중학회) '머크메뉴얼(共)'(2002, 한우리) '임상약리학(共)'(대한의학서적) '신경과학(共)'(대한의학서적)

이병철(李秉哲)

[생]1959·7 [출]부산 [주]서울 영등포구 여의나루로61 하이투자증권 임원실(02-2122-9078) [학]부산중앙고졸, 부산대졸, 同대학원 경제학과졸 [경]하이투자증권 서면지점장, 同퇴직연금본부장(상무) 2015년 同리테일총괄 상무(현)

이병철(李炳哲) LEE Byeong Cheol

[생]1960·11·9 [주]세종특별자치시 도움5로19 우정사업본부 경영기획실(044-200-8100) [학]서울대 원자핵공학과졸 [경]2004년 산업자원부 지역투자입지담당관 2005년 同과장 2008년 지식경제부 전력산업과장(서기관) 2008년 同전력산업과장(부이사관) 2009년 同자원개발총괄과장 2011년 同투자정책관(고위공무원) 2012년 同우정사업본부 예금사업단장 2013년 미래창조과학부 우정사업본부 예금사업단장 2013년 부산지방우정청장 2015년 경북지방우정청장 2015년 미래창조과학부 우정사업본부 경영기획실장(현)

이병철(李炳徹) LEE BYEONG CHEOL

[생]1961·7·3 [출]경북 상주 [주]서울 용산구 한강대로252 우리빌딩2층 전국전세버스운송사업조합연합회(02-792-2916) [학]2010년 영남고졸 2012년 계명대 경영학과 재학中 [경]2002년 경북도전세버스운송사업조합 이사장(현) 2002년 상주시축구협회 부회장 2006년 한나라당 경북도당 부위원장 2007년 同제17대 대통령선거 경북도당선거대책위원회 상주시 부위원장·이명박 대통령 예비후보 상주시 지역보좌역·경북도당 선거대책위원회 운수단체본부장 2007~2009년 경북교통연수원 이사장 2007년 상주시 투자유치위원회 위원

2007년 현대자동차 블루핸즈 수정정비 대표이사(현) 2008년 경상북도교통단체협의회 회장(현) 2009년 한나라당 경북도당 정책자문위원 2010~2012년 미래경북전략위원회 위원 2010년 제5회 전국동시지방선거 한나라당 경상북도당 선거대책위원회 운수단체전세단장 2010~2012년 경북 새경북위원회 위원 2010년 한나라당 제5회 전국동시지방선거 경북도당 공약개발단 위원 2011년 (주)굿모닝푸드 대표이사(현) 2012년 상주시체육회 이사 2012년 새누리당 제18대 박근혜 대통령후보 중앙선거대책위원회 직능총괄본부 경북·상주시 직능총괄대책위원장 2012년 새누리당 상주시당원협의회 부위원장(현) 2013년 전국전세버스운송사업조합연합회 회장(현) 2014년 2015 경북·문경세계군인체육대회 수송전문위원회 위원 2015년 전국교통단체총연합회 회장(현) [상]소방방재청장표창(2004), 경북도지사표창(2005), 상주시장표창(2011), 국토해양부장관표창(2011), 농림수산식품부장관표창(2012), 대통령표창(2012)

이병철(李秉喆) LEE Byoung Chul

[생]1963·5·14 [본]원주(原州) [출]서울 [주]경기 수원시 팔달구 정조로762 삼원빌딩2층 한국투자증권 중부지역본부(031-244-6746) [학]1982년 서울 영동고졸 1989년 한국외국어대 일본어학과졸 1992년 중앙대 국제경영대학원 경영학과졸 [경]2007년 (주)한국투자증권 인사부장(상무보) 2009년 同중부지역본부장(상무보) 2011년 同강북지역본부장(상무보) 2012년 同강북지역본부장(상무) 2013년 同강남지역본부장(상무) 2016년 同중부지역본부장(상무)(현) [상]대통령표창(2009), 금융감독원장표창(2009)

이병철(李秉鐵)

[생]1968·3·26 [주]서울 영등포구 여의대로66 KTB투자증권 임원실(02-2184-2200) [학]태릉고졸, 고려대 경영학과 중퇴 [경]2004년 하나다올신탁 대표이사 사장 2006년 하나다올자산운용 경영협의회 의장 2010년 同대표이사 사장 2010년 하나금융지주 부동산그룹장 2014년 디올인베스트먼트 대표이사 사장 2016년 KTB투자증권 대표이사 부회장(현)

이병택(李秉澤) LEE Byung Teak

[생]1957·10·6 [출]전남 목포 [주]광주 북구 용봉로77 전남대학교 신소재공학부(062-530-1280) [학]1975년 광주고졸 1979년 서울대 금속공학과졸 1981년 한국과학기술원 재료공학과졸(석사) 1988년 공학박사(미국 캘리포니아대 버클리교) [경]1979년 대한금속학회 정회원·편집위원·이사·평의원(현) 1981~1998년 전남대 전임강사·조교수·부교수 1989년 한국전자현미경학회 정회원·평의원·편집위원 1992년 미국AT&T벨연구소 컨설턴트 1994년 한국재료학회 정회원·이사·평의원(현) 1995년 일본 교토대 방문교수 1997년 대학산업기술지원단(UNITEF) 광주·전남지역 단장 1998년 전남대 신소재공학부 교수(현) 1999~2002년 정부출연연구기관공공기술연구회 이사 1999~2001년 광주시 시정정책자문위원 2000~2002년 同과학기술자문관 2001~2003년 전남대 재료공학과장 2003년 국가균형발전위원회 전문위원 2003년 기초기술연구회 이사 2003~2014년 광주·전남지역혁신연구회 이사·운영위원장·부회장 2004~2006년 전남대 공과대학장 2004년 同산업대학원장 2005년 국가과학기술위원회 민간위원 2006년 BK21·NURI 사업관리위원회 위원 2006~2010년 대한금속·재료학회 이사 2007년 한국공학한림원 회원(현) 2008년 대통령직속 국가과학기술위원회 위원 2008년 한국과학기술단체총연합회 이사 2011년 국제과학비즈니스벨트위원회 민간위원 2011년 한국연구재단 이사 2013년 BK21 총괄관리위원회 위원 2013~2014년 전남대 대학원장 2014년 미래창조과학부 공과대학혁신위원회 위원(현) [상]전남대 공학상(2001), 광주시 시민대상(2002), 과학기술훈장 웅비장(2006), 전남대 용봉학술상(2007)

이병하(李丙夏) LEE Byung Ha (太村)

[생]1938·4·12 [출]충남 당진 [주]경기 고양시 일산동구 동국로230 신성콘크리트(주) 임원실(031-967-7171) [학]1957년 당진상고졸 1963년 경희대 경제학과졸 1986년 서울대 경영대학원 최고경영자과정 수료 1990년 서강대 경영대학원 최고경영자과정 수료 1997년 명예 경제학박사(중국 길림공업대) 2003년 명예 교육학박사(경희대) [경]1980년 신성콘크리트(주) 회장(현) 1994년 학교법인 태촌학원(신성대) 설립·이사장 1997~2005년 충남발전협의회 회장 1998년 밝은사회국제클럽 한국본부 부총재 2000~2008년 신성대학 학장 2004년 밝은사회국제클럽 한국본부 총재 2009~2013년 신성대 총장 2009~2012년 한국전문대학법인협의회 회장 2009~2012년 한국사학법인연합회 회장 2013년 신성대 명예총장(현) [상]동탑산업훈장(1996), 경희인의 상(2001), 국민훈장 모란장(2014) [저]고희기념 자서전 '나의 꿈 나의 길'(2006)

이병한(李炳翰) LEE Byeong Han

[생]1964·2·13 [출]경북 경주 [주]서울 중구 퇴계로100 스테이트타워남산 법무법인 세종(02-316-4208) [학]1983년 포항고졸 1989년 서울대 사회학과졸 1998년 同법과대학원 수료 2006년 고려대 법무대학원 공정거래법과 수료 [경]1992년 사법시험 합격(34회) 1995년 서울지법 남부지원 판사 1997년 서울지법 판사 1999년 제주지법 판사 2000년 同서귀포지원 판사 2002년 서울지법 남부지원 판사 2006년 캐나다 브리티시컬럼비아대 법대 객원연구원 2006년 서울고법 판사 2008년 대법원 재판연구관 2010~2012년 춘천지법 원주지원장 2012년 법무법인 세종 변호사(현) 2015년 법제처 법령해석심의위원회 해석위원(현)

이병해(李炳海)

[생]1952 [주]서울 중구 덕수궁길15 서울시의회(02-3783-1976) [학]육군3사관학교졸 [경]국민건강보험공단 근무(1급), (사)대한노인회중앙회 운영총괄본부장 2016년 서울시의회 의원(비례대표 승계, 더불어민주당)(현) 2016년 同기획경제위원회 위원 2016년 同보건복지위원회 위원(현)

이병현(李炳鉉) Lee Byong-hyun

[생]1957·10·29 [출]전남 여수 [주]서울 종로구 사직로8길 60 외교부 인사운영팀(02-2100-7136) [학]1975년 광주제일고졸 1979년 서울대 불어불문학과졸 1984년 프랑스 국제행정대학원졸 [경]1979년 외무고시 합격(13회) 1979년 외무부 아프리카국 외무사무관 1982년 同의전담당관실 근무 1985년 駐포르투갈 2등서기관 1987년 駐르완다 1등서기관 겸 대사대리 1990년 외무부 아프리카2과 외무서기관 1992년 同국제연합1과 외무서기관 1993년 駐UN대표부 참사관 1997년 외무부 국제연합정책과장(부이사관) 1999년 同국제연합과장 1999년 駐말레이시아 참사관 2002년 駐UN대표부 공사 2005년 교육인적자원부 국제교육정보화국장(이사관) 2008년 駐프랑스 공사 2010~2013년 駐노르웨이 대사 2013~2015년 교육부 국립국제교육원장 2015년 駐유네스코대표부 대사(현) [상]대통령표창(1996), 노르웨이대십자장(2013)

이병혜(李丙惠·女) LEE Byoung Hye (여진)

[생]1956·7·24 [출]서울 [주]서울 서대문구 거북골로34 명지대학교 디지털미디어학과(02-300-0713) [학]1975년 수도여고졸 1979년 경희대 정치외교학과졸 1986년 同대학원 신문방송학과졸 2005년 언론학박사(경희대) [경]1978년 KBS 아나운서(5기) 입사 1979~1981년 同9시뉴스 앵커 1987년 同저녁7시뉴스 앵커 1989년 同사회교육방송 1991년 도미(渡美) 1994년 EBS 예술의 광장·TV 원예·음악실 등 진행 1996년 평화방송TV '주교님 제 말씀 좀 들어보세요' 진행 1996년 KBS 1TV '이것이 인생이다' 및 '20C 한국 톱10' 진행·KBS 2TV '사랑의 카네이션 기행' 진행 1999년 YTN '이병혜의 집중조명' 앵커 2000~2005년 경희대 언론정보대학원 겸임교수 2004년 평화방송 TV '모든 이에게 모든것, 정진석 대주교와 함께' 진행 2005년 미래전략연구원 세계화위원회 특임연구위원 2005년 명지대 디지털미디어학과 조교수·부교수·교수(현) 2012~2015년 한국방송공사(KBS) 이사

이병호(李炳浩) LEE Byong Ho

[생]1940·10·16 [학]1963년 육군사관학교졸(19기) 1987년 미국 조지타운대 대학원졸 [경]1977년 駐미국 참사관 1988년 국가안전기획부 국제국장 1990년 駐미국 공사 1993년 국가안전기획부 제2차장 1997년 駐말레이시아 대사 2000년 외교통상부 본부대사 2015년 국가정보원장(현)

이병호(李炳浩) LEE Byung Ho

[생]1941·3·10 [출]전북 완주 [주]전북 전주시 완산구 기린대로100 전주교구청(063-230-1094) [학]1961년 성신고졸 1969년 서울가톨릭대졸 1972년 전북대 대학원 농촌사회학과졸 1982년 신학박사(프랑스 파리가톨릭대) [경]1969년 전주중앙천주교회 보좌신부 1971년 정읍천주교회 주임신부 1975년 대건신학대 전임강사 1977년 프랑스 파리 교포사목 1983~1990년 광주가톨릭대 교수·대학원장 1990년 천주교 전주교구장(현) 1990년 학교법인 해성학원 이사장(현) 1995년 전주가톨릭사회복지회 이사장(현), 한국천주교주교회의 이주사목위원장 2008~2010년 同해외이주민사목담당위원장 2010년 同선교사목주교위원회 위원(현) [저]'신

앙인의 사색 '대희년 길잡이Ⅱ·Ⅳ' '그리스도, 그리스도인, 그리스도교' '생명을 주는 힘이신 성령' 圐'그리스도' '물질의심장' 閻천주교

이병호(李丙鎬) Rhee Byung Ho (瑞峰)

生1952·10·18 圁전주(全州) 團경기 안성 團서울 성동구 왕십리로222 한양대학교 공과대학 컴퓨터공학부(02-2220-0391) 圐1975년 한양대 전자공학과졸 1977년 同대학원 전자공학과졸 1993년 공학박사(일본 지바대) 圕1976년 한국개발연구원 연구원 1980년 한국전자통신연구소 전임연구원 1981~2000년 한양대 전자공학과 전임강사·조교수·부교수 1989년 일본 지바대 객원교수 1991년 일본 도시바연구소 초빙연구원 1995~1996년 한양대 교무부처장 1996~1999 同입학관리실장 1999~2001년 同교무처장 2001년 同공과대학 컴퓨터공학부 교수(현) 2004~2006년 同총무처장 2004년 MIC·FKII·IITA IT인력양성협의회장 2006~2008년 한양대 정보통신대학장 2006~2010년 同컴퓨터기술연구소장 2006~2009년 同입학전형공정관리위원회 위원장 2008년 MKE·IITA·FKII IT인력양성정책협의회 위원(현) 2011년 한양대 교수평의원회 의장 2011~2013년 서울교수협의체연합회 회장 2013~2015년 한양대 대학원장

이병호(李炳浩) YI Byung Ho

生1956·2·23 團경기 포천 團서울 영등포구 의사당대로143 금융투자협회11층 펀드온라인코리아(02-710-2701) 圐1974년 동성고졸 1980년 서울대 자원공학과졸 1984년 同대학원졸 1993년 미국 조지아대 컴퓨터공학과졸 圕1980년 동력자원연구소 연구원 1987년 GTRI 연구원 1995년 쌍용투자증권 이사대우 1998년 同이사 1999년 굿모닝증권 이사 2001년 굿모닝신한증권 이사 2001년 동원증권(주) 이사 2002년 同IT·업무지원본부장(부사장) 2003년 동원금융지주회사 CIO 겸임 2005년 한국투자증권 업무지원본부장(전무) 2007~2013년 同IT본부장(전무) 2009~2012년 同신시스템추진단장 2015년 펀드온라인코리아 대표이사(현)

이병호(李丙晧) LEE Byung Ho

生1956·6·24 團서울 서초구 헌릉로12 현대자동차(주)(02-3464-1114) 圐성남고졸, 동국대 경제학과졸 圕현대자동차(주) 해외판촉팀장 2005년 同해외마케팅실장(이사) 2007년 同해외마케팅실장(상무) 2007년 同연구개발지원사업부장(상무), 기아자동차 해외마케팅사업부 상무 2009년 현대자동차(주) HMA법인장(전무) 2010~2014년 同HMA법인장(부사장) 2014~2015년 현대위아 공작·기계·차량부품사업담당 부사장 2015년 중국 북경현대기아자동차 총경리 2016년 현대자동차그룹 중국영업사업부장(부사장)(현) 賞무역의 날 동탑산업훈장(2013)

이병호(李竝浩) LEE Byoungho

生1964·7·6 團서울 團서울 관악구 관악로1 서울대학교 전기정보공학부(02-880-7245) 圐1987년 서울대 전자공학과졸 1989년 同대학원 전자공학과졸 1993년 전기공학박사(미국 캘리포니아대 버클리교) 圕1994~2005년 서울대 전기컴퓨터공학부 전임강사·조교수·부교수 1999~2004년 과학기술부 지정 국가지정연구실 책임자 2002년 국제光공학회(SPIE) 석좌회원(Fellow)(현) 2005년 서울대 공과대학 전기정보공학부 교수(현) 2005년 미국광학회(OSA) 석좌회원(Fellow)(현) 2006~2008년 同이사(Director-at-Large) 2007~2016년 창의적연구진흥사업연구단 단장 2011년 한국과학기술한림원 정회원(현) 2013년 국제전기전자공학회(IEEE) 석학회원(현) 2014~2015년 한국정보디스플레이학회 부회장 2014년 한국광학회 부회장(현) 2015년 한국공학한림원 일반회원(현) 2016년 환태평양레이저·전자광학술회의 운영위원장(현), 서울대 공과대학 전기정보공학부 학부장(현) 賞제5회 젊은과학자상(2002), 제1회 신양 공학학술상(2005), 이달의 과학기술상(2009), 서울대 학술연구상(2013), 과학기술훈장 진보장(2016)

이병화(李炳華) LEE Byung Wha (대뫼·의촌)

生1940·3·4 圁안성(安城) 圊황해 연백 圐1958년 용산고졸 1964년 동국대 정치외교학과졸 1970년 연세대 대학원졸 1983년 정치학박사(동국대) 2012년 중국 베이징 제2외국어대학 중국어교원연수과정 수료 2012년 同중국어과 휴학 圕1965~1985년 (주)태평양 입사·부산지사장·영업부장·홍보이사·계열회사 대표이사 1985~1994년 부산여대 교양학과 조교수·부교수 1989년 同교수평의원회 초대의장 1991년 미국 켄터키주립대 교환교수 1992년

부산여대 학생처장 1994~2000년 신라대 국제관계학과 교수 1997년 同인문사회과학대학장 1997년 부산정치학회 회장 1997년 21세기정치학회 초대회장 2000년 부산참여자치시민연대 공동대표 2000~2004년 신라대 총장 2000년 한국국제정치학회 부회장 2001~2004년 민주평통 자문위원 2002년 부산게임영상협회 초대회장 2003년 부산문화방송 시청자자문위원장 2003년 내사랑부산운동추진협의회 회장 2003년 아름다운가게 부산·경남 공동대표 2003년 시민사회연구원 고문 2004년 부산시선거관리위원회 위원 2004년 同시민헌장개정위원회 공동회장 2004년 부산경실련 공동대표 2005년 청주대 정치외교학과 객원교수 2006~2008년 부마항쟁기념사업회 이사 2007~2010년 세종사이버대 총장(제3대) 2007~2011년 신라대 개방감사 2008년 학교법인 동랑예술원(서울예술대학) 이사 2010년 (사)아시아포럼 발기인 겸 고문(현) 2011년 중국 북경대 한반도연구중심 방문학자 2012년 (사)서울국제문화교류협의회 상임고문(현) 2014년 애담빌 개설·운영(현) 賞청조근정훈장(2005) 圓'한국경제입법연구' '윤리와 정치'(共) '민주사회론'(共) '정치학 강좌' '정치이론과 한국정치' '삶의 질과 지역불균형'(共) '민주화시대의 정부와 기업'(共) '국제관계와 한국정치'(共) '한국의회정치론'(共) '21세기를 위한 한국의 정치와 행정'(共) '한국민주정치론' '국제관계이론과 실제' '정치학으로의 산책'(共) '지역연구 배낭메고' 수필집 '작은촛대' '자기계발길라잡이 사이버대학 핸드북'(2009, 북촌미디어) 圐'대의정치론' 閻기독교

이병화(李秉華) LEE Byoung Hwa

生1945·4·19 圁재령(載寧) 團경남 김해 團서울 송파구 양재대로932 농수산물도매시장 수산동301호 (재)국제농업개발원 연구소(02-408-9423) 圐1960년 김해농고 퇴학 1964년 건국대 농대 원예학과 3년 수료 1983년 중앙대 사회개발대학원 수료 1991년 동국대 산업정보대학원 수료 1994년 농업경영학박사(러시아 프리모리아카데미) 1999년 경제학박사(러시아 하바로브스크기술대) 圕1972년 대통령 특별보좌관실 농업담당관 1974~1986년 신갈농민학교 교장 1981년 문교부 농업계학생지도위원장 1983~1987년 경찰대 외래교수 1987년 (재)국제농업개발원 연구소장(현) 1988년 월간 '상업농경영'·계간 '기계화농업' 발행인·편집인(현) 1988~1996년 육군행정학교 경제학과 외래교수 1991년 러시아연방 농업경제자문위원 1992년 서울대·경북대·전북대·경상대·제주대 강사 1997년 북방농업연구소 연구위원 1999년 농림부 농업정책심의위원·농업통상정책위원 2001년 중국 여명농민대 객원교수 2003년 북한경제전문가100인포럼 회원 2008년 농림수산식품부 농어업·농어촌특별대책위원회 분과위원, 민주평통 자문위원 賞새마을훈장, 문교부장관표창, 보건사회부장관표창 圓'교육부 1종 교과서(농업발전론)' '한국농업의 진로' '차가버섯의 모든 것'(共) '선진국 농산물 이래서 강하다'(共) '21C를 향한 한국농업의 도전'(共) '한국농업 다시 출발하자' '연해주 농업개발과 환경여건'(共) '이병화의 차가버섯이야기' 閻불교

이병화(李丙和) LEE Byung Hwa

生1954·8·27 團경북 團서울 강남구 언주로146길18 두산건설(주) 사장실(02-510-3114) 圐1981년 영남대 건축과졸, 同대학원졸 圕두산산업개발(주) 부장 2005~2007년 同상무 2007년 두산건설(주) 건축사업본부 상무 2010년 同건축개발사업1담당 2010년 同건축BG 전무 2011년 同건축BG장(부사장) 2015년 同각자대표이사 사장(CEO)(현) 賞은탑산업훈장(2013) 閻천주교

이병화(李炳和) LEE BYUNG HWA

生1956·9·15 團경기 의왕 圐1974년 대동상고졸 1979년 건국대 영어영문학과졸 1982년 연세대 행정대학원졸 圕1973~1978년 국민은행 기획부 근무 1980년 외무고시 합격(14회) 1980년 외무부 입부 1984년 駐네덜란드 2등서기관 1992년 駐러시아 1등서기관 1997년 외교통상부 동구과장 1998년 駐필리핀 참사관 2000년 駐핀란드 참사관 2003년 외교통상부 구주국 심의관 2004년 駐러시아 공사 2009~2012년 駐카자흐스탄 대사 2012년 경기도 국제관계대사 2013~2015년 駐노르웨이 대사 2015년 외교부 본부 근무 賞대만개최 세계주산대회 개인종합우승(1973) 閻기독교

이병화(李秉和) LEE Byong Hwa

生1967·7·29 團충남 團서울 금천구 디지털로173 엘리시아10층 (주)엠지메드 비서실(02-890-8700) 圐1991년 연세대 경영학과졸 圕1991~1997년 한국장기신용은행 근무 1998~2000년 국민은행 근무 2000~2006년 (주)마크로젠 재무담당 이사(CFO) 2006~2010년 同대표이사 사장 2011년 (주)엠지메드 대표이사 사장(현)

이병환(李炳桓) LEE Byoung Hwan

[생]1958 · 12 · 22 [주]경북 안동시 풍천면 도청대로455 경상북도의회 사무처(054-800-5100) [학]1977년 대구 계성고졸 1984년 경북대 농대졸 1992년 연세대 대학원 행정학과졸 [경]1983년 7급 공채 1993~1997년 내무부 근무 1996년 지방행정사무관 승진 1996년 경북도 내무국 총무과 근무 1997년 同기획관리실 근무 2000~2005년 同자치행정국 자치행정과 근무 2005년 지방서기관 승진 2005년 경북도 자치행정국 총무과 지방서기관 2006년 同경제통상실 국제통상과장 2006년 同투자통상본부 통상외교팀장 2008년 영주시 부시장 2009년 경북도의회 총무담당관 2010년 자치행정연수원 교육파견 2011년 경북도 비서실장 2012년 同낙동강살리기사업단장 2013년 국방대 교육파견 2014년 경북도 일자리투자본부장 2014년 同안전행정국장 2015년 同자치행정국장 2015년 同의회 사무처장(현)

이병훈(李炳勳) LEE Byung Hoon (素石)

[생]1953 · 6 · 7 [출]경북 선산 [주]대구 달서구 달구벌대로 1750 명문의료재단 이사장실(053-606-1623) [학]1971년 계성고졸 1977년 영남대 약학과졸 1990년 경산대 한의학과졸 2006년 대구한의대 한의학과졸 2008년 한의학박사(대구한의대) [경]1980년 명문약국 경영 1988년 은평교회 장로 1999년 대구기독병원 원장 1999년 기독한방병원 원장 2000년 명문의료재단 이사장(현), 대한약침학회 정회원, 대한추나학회 정회원, 대구대은교회 시무장로 2011년 대구기독병원 · 기독한방병원 원장 2012년 기독한방병원 원장(현) [종]기독교

이병훈(李炳勳) LEE Byung Hoon

[생]1957·3·18 [출]전남 보성 [주]광주 서구 죽봉대로37 더불어민주당 광주시당(062-385-8400) [학]1975년 광주제일고졸 1980년 고려대 법대졸 2005년 전남대 행정대학원졸 2009년 행정학박사(전남대) [경]1980년 행정고시 합격(24회) 1981~1985년 국가보훈처 근무 1985~1989년 문화체육부 국제체육국 해외협력담당관실 근무 1989~1993년 대통령비서실 서기관 1994년 전남 광양군수 1995년 전남도 도청이전사업본부장 1995년 同지방공무원교육원장 1997년 同문화관광국장 1998년 同문화환경국장 2001년 同자치행정국장 2001~2003년 同의회 사무처장(2급) 2001~2003년 목포대 경영행정대학원 지역발전정책학과 겸임교수, 조선대 정책대학원 겸임교수 2003~2005년 전남도 기획관리실장(2급) 2005~2006년 국방대 파견 2006~2007년 행정중심복합도시건설청 주민지원본부장(2급) 2007년 대통령자문 국가균형발전위원회 평가제도국장(2급) 2007년 문화관광부 아시아문화중심도시추진단장(1급) 2008~2012년 문화체육관광부 아시아문화중심도시추진단장 2010년 (사)한국거버넌스학회 이사, 同문화정책위원회 위원장 2010~2011년 한국지방자치학회 부회장 2011~2013년 한국과학기술원 미래도시연구소 자문위원 2012년 제19대 국회의원선거 출마(광주 동구, 무소속) 2013~2015년 사회적협동조합 아시아도시재생연구원 이사장 2013년 전남대행정대학원총동창회 19대 회장(현) 2015년 (사)한국거버넌스학회 문화정책위원회 위원 2016년 더불어민주당 광주동구·남구乙지역위원회 위원장(현) 2016년 제20대 국회의원선거 출마(광주 동구·남구乙, 더불어민주당) [상]국무총리표창(1986), 문화공보부장관표창(1987), 대통령표창(1990), 근정포장(1991), 홍조근정훈장(2000), 제31회 현대문예 수필부문 신인문학상(2006) [저]'문화 속에 미래가 있다'(2001, 디자인하우스) '아시아로 통하는 문화'(2011, 열화당) '문화가 밥이다'(2016, 전라도닷컴)

이병훈(李秉薰) LEE Byung Hoon

[생]1962 · 6 · 28 [출]서울 [주]서울 성동구 아차산로78 에코넷센터 (주)유니베라(02-460-8979) [학]1981년 경복고졸 1986년 미국 위스콘신대 사회학과졸 1987년 同대학원 사회학과졸 [경]1988~1998년 미국 알로콥(ALO-ECORP) 설립 · 대표이사 1988년 국제알로에기준심의협회(IASC) 이사 1989년 알로에연구재단 부회장 1994년 미국 화장품공업협회 이사 1995~1998년 미국 유니젠 생명과학(Unigen Pharmaceuticals) 설립 · 대표이사 1996~2006년 (주)남양알로에 대표이사 1996년 한국건강보조식품협회 부회장 1998년 세계기능식품연맹 운영위원 1998년 청강학원 이사장 2000년 (주)남양 대표이사 2000년 국제알로에기준심의협회(IASC) 회장 2000년 미국 에코넷홀딩스 설립 · 대표이사(현) 2000년 (주)유니젠 설립 · 이사회 의장(현) 2001년 국제알로에기준심의협회(IASC) 명예의전당 헌정 2002년 (주)휴맥스 사외이사 2002년 세계경제포럼(WEF) 아시아 차세대리더(NAL) 2003년 同차세대리더 2004년 同위원회 의장 2005년 한국인권재단 이사 2006년 (주)유니베라 대표이사 총괄사장(현) 2006년 ECONET 총괄사장(현) 2007년 한국건강기능식품협회 회장 [상]미국 위스콘신대 수석졸업상(1986), 미국 할링젠시 최우수경영인상(1991), 미국 텍사스대 경영인상(1993) [종]기독교

이병희(李秉熙) LEE Byeing Hee

[생]1959 · 1 · 16 [출]경남 밀양 [주]경남 창원시 의창구 상남로290 경상남도의회(055-211-7012) [학]1978년 밀성고졸 1979년 인천체육전문대학 전기과졸, 창원대 행정학과졸, 同행정대학원 행정학과졸 [경]한국화이바그룹 부사장, 한국자유총연맹 밀양시지부 사무국장, 한국청년정책연구소 청년정책실장, 밀양청년회의소 회장, 경남지구청년회의소 사무처장 1999년 한국청년회의소 연구개발위원장 2001년 밀양시태권도협회 회장 2002 · 2006~2010년 경남도의회 의원(한나라당) 2006~2008년 同기획행정위원장, 새누리당 경남도당 부위원장(현) 2014년 경남도의회 의원(새누리당 · 무소속)(현) 2014~2016년 同부의장 2014년 同건설소방위원회 위원 2016년 同예산결산특별위원회 위원 2016년 同교육위원회 위원(현) [상]베트남 국가체육훈장, 대한민국 반부패청렴대상(2016) [종]불교

이보길(李保吉) Bo-Kil LEE (炫碩)

[생]1943 · 1 · 25 [본]합천(陜川) [출]서울 [주]서울 은평구 은평로9길16 독도시사신문(070-8939-1288) [학]보성고졸 1968년 중앙대 신문학과졸 1998년 동국대 언론정보대학원 신문방송학과졸(석사), 경희대 국제법무대학원 최고지도자과정 수료 [경]1967년 동양방송 아나운서 1973~1980년 同편집부 · 정경부 · 사회부 기자 1980년 KBS 경제부 기자 1982년 同경제특집부 차장 1987년 同청주방송총국 편집부장 1988년 同보도국장 직대 1989년 同보도본부 24시담당 부장대우 1989년 同경제부 부장대우 1990~1995년 同홍보부장 1995~2001년 同해설위원 겸 전문기자 1996~1998년 同1라디오 뉴스중계탑 앵커 2000~2003년 同1라디오 경제전망대 앵커, 同환경담당 객원해설위원 2000년 동국대 언론정보대학원 겸임교수, KBS 라디오 동서남북 경제해설자 2001~2003년 국무총리실 물관리민간위원 2002년 KBS 뉴미디어국 전문위원 2002~2005년 환경마크협회 부회장 2002~2004년 국민신용정보 상임고문 2003년 KBS 보도국 모바일뉴스편집위원 2004~2005년 한국바이오산업 상임고문 2005년 (사)아리랑공동체 공동대표 2006년 오메가텐더 부사장 2009년 대한언론인회 편집위원 겸 건강포럼 간사 2010년 소이바코리아 고문 2010년 유민엔터테인먼트 홍보담당 상임고문 2010년 비전21국민희망연대 공동대표 2010년 독도수호국민연합 대외언론위원장(현) 2011년 독도시사신문 논설위원장(현) 2012년 한국언론인재단(NIE) 강사 2014~2016년 대한언론인회 회원사업위원회 위원장 2016년 (사)한국방송신문연합회 회장(현) [상]문화공보부장관표창(1984), 석탑산업훈장(1985), 농촌문화상(1995) [종]기독교

이보미(李보미 · 女) LEE Bo Mee

[생]1988 · 8 · 21 [출]강원 인제 [학]2011년 건국대 자연과학대학 스포츠과학부 골프지도전공(학사) [경]2007년 KLPGA 입회 2007년 하이마트 소속 2009년 KLPGA 넵스 마스터피스 우승 2010년 유럽여자프로골프투어 ANZ 레이디스 마스터스 공동2위 2010년 KLPGA투어 김영주골프 여자오픈 우승 2010년 KLPGA투어 대우증권클래식 우승 2010년 KB국민은행 스타투어 우승 2012~2014년 정관장 골프단 소속 2012년 일본여자프로골프(JLPGA)투어 요코하마 타이어 PRGR 레이디스 우승 2012년 미국여자프로골프(LPGA)투어 미즈노 클래식 2위 2012년 JLPGA투어 이토 엔 레이디스 우승 2012년 JLPGA투어 챔피언십 리코컵 우승 2013년 한마음한몸운동본부 홍보대사 2013년 JLPGA 챔피언십 코니카 미놀타컵 우승 2013년 JLPGA투어 히사코 히구치 모리나가제과 레이디스 우승 2014년 코카콜라재팬 메인스폰서 계약(2년) 2014년 JLPGA투어 호켄 마도구치 레이디스 우승 2014년 한국관광공사 한국관광 명예 홍보대사 2014년 JLPGA투어 센추리21 레이디스 토너먼트 우승 2014년 JLPGA투어 NEC 가루이자와 72 골프토너먼트 우승 2014년 JLPGA투어 니토리 레이디스 2위 2015년 JLPGA투어 AXA 레이디스오픈 2위 2015년 JLPGA투어 야마하 레이디스오픈 2위 2015년 JLPGA투어 KKT 반텔린 레이디스오픈 2위 2015년 JLPGA투어 후지산케이 레이디스 클래식 2위 2015년 JLPGA투어 월드레이디스 챔피언십 살롱파스컵 3위 2015년 JLPGA투어 호켄 마도구치 레이디스 우승 2015년 JLPGA투어 산토리 레이디스 2위 2015년 JLPGA투어 어스 먼다민컵 우승 2015년 JLPGA투어 니토리 레이디스 우승 2015년 JLPGA투어 골프5레이디스 토너먼트 우승 2015년 JLPGA투어 스탠리 레이디스 토너먼트 우승 2015년 JLPGA투어 이토엔 레이디스 마스터스 우승 2015년 JLPGA투어 다이오제지 에리에르 여자오픈 우승 2016년 JLPGA투어 요코하마 타이어 토너먼트 PRGR 레이디스컵 우승 2016년 JLPGA투어 T-포인트 레이디스 토너먼트 공동2위 2016년 JLPGA투어 사이버 에이전트 레이디스대회 3위 2016년 JLPGA투어 산토리 레이디스 오픈 공동2위 2016년 JLPGA투어 호켄 마도구치 레이디스 공동2위 2016년 산토리 레이디스 2위 2016년 JLPGA투어 니치레이 레이디스 3위 2016년 JLPGA투어 어스 몬다민컵 우승 2016년 JLPGA투어 메이지

컵 우승 2016년 JLPGA투어 CAT 레이디스 우승 2016년 JLPGA투어 니토리 레이디스 2위 2016년 JLPGA투어 골프5 레이디스 3위 2016년 JLPGA투어 스탠리 레이디스 2위 [상]한국여자프로골프 대상 드림투어 상금왕(2008), 한국여자프로골프 대상 · 상금왕 · 다승왕 · 최저타수상(2010), 동아스포츠대상 골프부문(2010), 건국대 총장 특별공로상(2011), 일본여자프로골프(JLPGA)투어 대상 · 상금왕 · 최저타수상(2015), KLPGA투어 해외특별상(2015), 도쿄운동기자클럽 골프분과회 선정 최우수선수(2015) [저]'이보미, 그 아름다움과 강함의 비밀'(2015)

이보상(李輔相) LEE Bo Sang

[생]1953·4·2 [본]전주(全州) [출]전북 김제 [주]서울 성동구 성수이로51 서울숲한라시그마밸리1006호 베스트일레븐 비서실(02-6466-8514) [학]1972년 전주공고졸 1980년 경희대 신문방송학과졸 1992년 同언론정보대학원졸 [경]1979년 서울신문 입사 1996년 스포츠서울 월드컵기획취재팀장 1997년 同사회부장 1998년 同체육부장 1999년 同편집국 부국장 2000년 스포츠서울21 판매국장 2000년 同편집국장 겸 인터넷국장 2002년 同편집국 대기자 2002년 同사업국장 2003년 同이사대우 경영기획실장 2005년 同이사 2005~2006년 스포츠서울골프닷컴 대표이사 2006년 베스트일레븐 사장(현) 2010~2013년 한국체육언론인회 이사 2014년 同감사(현) [저]'프로축구2920'(共) [종]기독교

이보숙(李葆淑 · 女) LEE Bo Sook

[생]1957 · 11 · 25 [출]서울 [주]서울 성동구 살곶이길200 한양여자대학교 총장실(02-2290-2188) [학]1980년 서울대 식품영양학과졸 1982년 同대학원 가정학과졸 1997년 이학박사(연세대) [경]1984년 한양여자전문대학 교수 1998년 한양여자대학 식품영양과 교수 1999~2001년 同평생교육원장 2000~2005년 대한지역사회영양학회 편집위원 · 상임이사 2001~2005년 한국외식경영학회 편집위원 · 상임이사 2004~2007년 한국학교보건학회 재무이사 2004~2007년 (사)대한영양사협회 상임이사 2004년 한국식품영양학회지 편집위원장 2004~2009년 한국영양사교육협의회 위원 2004~2006년 한국외식산업학회 상임이사 · 급식경영분과위원장 2005~2013년 한국보건의료인국가시험원 영양사시험위원회 위원 2006~2009년 한국식생활문화학회 편집이사 · 서기이사 2007~2008년 한양여자대학 식품영양연구소장 2008~2010년 同교무처장 2008~2010년 교육과학기술부 정책자문위원 2008~2010년 보건복지부 식품위생심의위원 2008~2013년 (사)대한영양사협회 부회장 겸 정책위원장 2009~2011년 국무총리실 식품안전정책위원회 전문위원 2011년 한양여대 식품영양과 교수(현) 2012~2013년 (재)한국영양교육평가원 영양사교육인증 자문위원장 2013~2015년 성동구어린이급식관리지원센터장 2015년 한양여대 총장(현)

이보연(李普淵) LEE BO YON

[생]1959 · 5 · 19 [본]전주(全州) [출]서울 [주]서울 동대문구 경희대로23 경희대학교병원 산부인과(02-958-8321) [학]1986년 연세대 의대졸, 同대학원 의학석사 1998년 의학박사(연세대) [경]1986~1991년 세브란스병원 수련의 · 전공의 1991~1993년 연세대 의대 강사 1993~1995년 미국 스탠퍼드대병원 산부인과 생식면역학 연구원 1995년 경희대 의과대학 산부인과학교실 조교수 · 부교수 · 교수(현), 경희대병원 산부인과 주임교수 및 주임과장 [종]기독교

이보원(李潽遠) Lee Bo Won

[생]1963·1·25 [출]전북 군산 [주]전북 전주시 덕진구 벚꽃로54 전북도민일보 편집국(063-259-2120) [학]1981년 군산제일고졸 1988년 전북대 경영학과졸 2002년 同행정대학원 언론홍보학과졸, 전주대 일반대학원 부동산학 박사과정 수료 [경]1997년 전북도민일보 사회부 차장 1998년 同정치부 차장 2000년 同사회부장 직대 2002년 同문화교육부 부장대우, 同경제부장 2007년 同부국장대우 경제부장 2008년 同부국장대우 정치부장, 同경제부 부국장 2015년 同편집국장(현)

이보현(李寶鉉) Bo-Hyun Lee

[생]1959 [출]서울 [주]서울 영등포구 국제금융로8길 32 동부증권 감사실(02-369-3200) [학]1976년 경복고졸 1988년 성균관대 경영학과졸 [경]2005년 금융감독위원회 기획행정실 혁신행정과 서기관 2006년 국무조정실 규제개혁기획단 파견 2008년 금융위원회 금융정보분석원 제도운영과장 2009년 금융위원회 감사담당관(부이사관) 2012~2015년 신용보증기금 경영기획부문 상임이사 2016년 동부증권 감사(사내이사)(현)

이보화(李甫和) LEE Bo Hwa

[생]1959 · 12 · 26 [출]서울 [주]경기 용인시 처인구 모현면 외대로81 한국외국어대학교 전자물리학과(031-330-4362) [학]1983년 연세대 물리학과졸 1985년 미국 캘리포니아대 대학원 물리학과졸 1990년 이학박사(미국 캘리포니아대) [경]2001년 한국외국어대 전자물리학과 교수(현) 2014년 同글로벌캠퍼스 부총장(현)

이보환(李保煥) LEE Bo Whan

[생]1969 · 11 · 10 [출]대전 [주]대전 서구 둔산로100 대전광역시의회(042-270-5030) [학]1988년 한밭고졸 1992년 고려대 행정학과졸, 프랑스 파리제10대 대학원 경제학과졸, 경영과학박사(한국과학기술원) [경]1992년 행정고시 합격(36회), 정보통신부 정보통신지원국 사무관 2002년 同정보통신지원국 서기관 2002년 同정보통신정책국 소프트웨어진흥과 서기관 2005년 同정부통합전산센터 제2센터구축팀장, 同정부통합전산센터 기획전략팀장 2008년 행정안전부 정부통합전산센터 기획전략과장 2009년 同지방세제관실 지방세운영과장 2010년 同지방세제관실 지방세정책과장(서기관) 2011년 同지방세제관실 지방세정책과장(부이사관) 2011년 同본부 근무(부이사관) 2015년 대전시의회 사무처장(지방이사관) 2016년 국외훈련파견(현)

이복근(李福根) Lee Bok Keun

[생]1960 · 10 · 19 [주]서울 중구 덕수궁길15 서울특별시의회 의원회관813호(02-3783-1821) [학]부안농고졸, 광운대 경영대학원 도시계획부동산학과졸 [경]중앙건설 대표(현), 새천년민주당 수유3동협의회 회장, 同중앙당 대의원, 수유3동문화복지위원회 위원장, 민주평통 강북구협의회 제1지회장, 강북구지체장애인협회 고문, 서울시체육회 철인3종경기 초대회장, 서울도봉 · 강북소방서 의용소방대 대장(7~9대), 새마을운동 서울강북구지회장(2~3대), 은진스톤하우스주택건설 대표 2002년 서울시 강북구의회 의원 2004년 同건설위원회 간사, 同건설위원장 2006년 서울시 강북구의원선거 출마 2010년 서울시의원선거 출마(한나라당) 2014년 서울시의회 의원(새누리당)(현) 20146년 同보건복지위원회 위원 2014~2015년 同예산결산특별위원회 부위원장 2015년 同메르스확산방지대책특별위원회 부위원장 2015년 同윤리특별위원회 위원(현) 2015년 同지역균형발전지원특별위원회 위원(현) 2015~2016년 同인권특별위원회 위원 2016년 同서부지역광역철도건설특별위원회 위원 2016년 同보건복지위원회 부위원장(현)

이복률(李福律) LEE Bok Luel

[생]1954 · 12 · 15 [주]부산 금정구 부산대학로63번길2 부산대학교 약학대학(051-510-2809) [학]1977년 부산대 제약학과졸 1982년 同대학원 약화학과졸 1989년 단백질 및 핵산생화학박사(일본 大阪大) [경]1981~1984년 부산대 약학대 조교 1986년 미국화학회 회원 1986~1988년 미국 Johns Hopkine 의대 생화학교실 Post-Doc. 1988년 한국생화학회 이사 1993년 경성대 약학대학 약학과 조교수 · 부교수 1993년 일본생화학회 회원 1993~1999년 부산대 약학대학 제약학전공 조교수 · 부교수 1999년 同약학대학 제약학전공 교수(현) 2007~2008년 한국생화학분자생물학회 감사 2008년 同국제협력위원장 2008~2010년 부산대 약학대학장 2015년 (재)범부처신약개발사업단 이사장(현) [상]한국분자생물학회 목암생명과학상(1998), 교육과학기술부장관표창(2010), 미래연구정보포럼 지식창조대상(2010), 일본 비교면역학회 Furuta상(2011), 한독학술대상(2014)

이복실(李馥實 · 女) Bok Sil Lee

[생]1961 · 8 · 20 [출]서울 [주]서울 영등포구 여의대로14 케이티스(02-3215-2114) [학]1979년 창덕여고졸 1984년 서울시립대 도시행정학과졸 1991년 미국 서던캘리포니아대 대학원 교육학과졸 1996년 교육학박사(미국 서던캘리포니아대) [경]1984년 행정고시 합격(28회) 1985년 총무처 수습사무관 1987년 경기도 교육위원회 근무 1992년 한국학술진흥재단 파견 1994년 정무제2장관실 제1조정관실 사무관 1997년 同제3조정관실 고용담당관 1998년 여성특별위원회 총무과장 2000년 同정책조정관실 기획담당관 2000년 미국 워싱턴주정부 파견 2002년 여성부 총무과장 2003년 대통령직인수위원회 파견(사회문화여성행정관) 2003년 여성부 여성정책실 기획관리심의관 2004년 同차별개선국장 2005년 여성가족부 가족정책국장 2005년 同보육정책국장 2008년 중앙공무원교육원 고위정책과정 교육파견 2009년 여성부 권익증진국장 2010년 여성가족부 대변인 2010년 同청소년가족정책실장 2013~2014

년 同차관 2015년 숙명여대 생활과학대학 가족자원경영학과 초빙교수 2015년 (주)케이티스 사외이사 겸 감사위원(현) 2015년 롯데그룹 기업문화개선위원회 위원(현) [상]홍조근정훈장(2013)

이복영(李福永) LEE Bok Young

[생]1947·8·4 [출]서울 [주]서울 서초구 효령로304 국제전자센터빌딩18층 삼광글라스 임원실(02-489-8000) [학]1966년 경복고졸 1970년 서울대 법학과졸 1975년 미국 오하이오주립대 경영학과졸 [경]1975년 아세아시멘트 공업(주) 기획실 입사 1976년 한불화학(주) 감사 1977년 同이사 1991년 동양화학공업(주) 감사 1991년 한불화학(주) 대표이사 사장 1994년 한국카리화학(주) 대표이사 사장 1994~1997년 (주)유니드 대표이사 사장 1997~2001년 동양화학공업(주) 대표이사 사장 1998년 오덱(주) 이사 1998년 한국능률협회 이사 2000~2005년 한국정밀화학공업진흥회 회장 2000년 (주)유니드 이사 2001~2005년 동양제철화학(주) 대표이사 사장 2005년 한국화학산업연합회 부회장 2005~2010년 삼광유리공업(주) 대표이사 회장, 동양제철화학(주) 비상근이사 2006년 (주)이테크건설 공동대표이사 회장(현) 2006년 군장에너지(주) 이사 2010년 삼광유리(주) 대표이사 회장 2013년 삼광글라스 대표이사 회장(현) [상]납세자의날 산업포장(2001) [종]불교

이복웅(李福雄) LEE Buk Wung

[생]1945·5·18 [본]전주(全州) [출]전북 군산 [학]1964년 군산고졸 1987년 호원대 경영학과졸 1994년 청주대 대학원 문학과졸 [경]1980년 「시문학」에 '비오는 날' '흔들리는 아파트'로 시인 등단, 시인(현), 한국문인협회 이사·자문위원(현), 한국시문학회 부회장, 시문학 동인 이사, 전북문인협회 부회장, 한국문인협회 군산지부장, 군산문화원장, 향토사연구소장 2004~2013년 전북문화원연합회 회장, 채만식문학상 운영위원(현), 국제펜클럽 이사(현), 한국현대시인협회 이사·윤리위원·자문위원(현), 한국문인협회 윤리위원회 부위원장, 군산시 시민자치대학 운영위원, 군산시 문화예술진흥기금운용 심의위원, 최호장군추모제전 위원장, 옥구농민항일항쟁기념행사 추진위원장, 군산발전포럼 운영위원·회원(현), 군산시지역혁신협의회 위원, 군산시 지명위원회 위원, 오성문화제전 위원장, 군산시문화재 위원, 전북도문화예술위원회 위원, 전북도민일보 독자위원, KCN 시청자위원, 민주평통 자문위원, 민속의해 전북추진위원 2009~2014년 전주세계소리문화축제 조직위원, 군산근대화문화벨트화사업추진위원회 부위원장 2013년 군산문화원 고문 2013년 (사)군산역사문화연구원 원장(현) 2013년 한국신문학회 지도위원(현) [상]군산시민문화장, 국무총리표창, 문화체육부장관표창, 대한민국 문화예술상(2013) [저]'삐걱거리는 바다'(1986) '군산풍물지'(1990) '임피문화와 역사'(1996) '군산의 지명유래'(2005) 시집 '흔들리는 새들아' [작]'걸어가는 아파트' '여치의 피향' '바다의 시간' '비오는 날' '흔들리는 새야' '나운동새' '고향은' '해망동' '대천 모습' 등 300여편 [종]기독교

이복태(李福泰) LEE Bok Tae

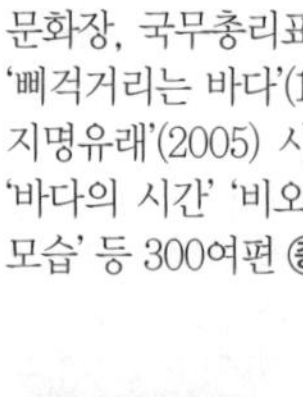

[생]1950·8·23 [본]경주(慶州) [출]경남 밀양 [주]서울 강남구 테헤란로87길36 도심공항타워빌딩14층 법무법인 로고스(02-2188-2818) [학]1970년 경성고졸 1979년 성균관대 법학과졸 1981년 경희대 대학원 법학과 수료 [경]1979년 사법시험 합격(21회) 1981년 사법연수원 수료(11기) 1981년 대구지검 검사 1983년 同영덕지청 검사 1985년 전주지검 군산지청 검사 1986년 일본 慶應大 법학부 방문연구원 1987년 서울지검 남부지청 검사 1989년 부산지검 동부지청 검사 1991년 서울지검 동부지청 검사 1993년 대전고검 검사 1993년 창원지검 거창지청장 1994년 同진주지청 부장검사 1995년 광주지검 형사2부장 1996년 인천지검 강력부장 1998년 부산지검 형사2부장 1998년 서울지검 남부지청 형사2부장 2000년 서울지검 형사5부장 2000년 同형사1부장 2001년 광주지검 순천지청장 2002년 서울고검 검사 2003년 부산지검 제1차장검사 2004년 부산고검 차장검사 2005년 전주지검장 2006년 대검 형사부장 2007년 법무부 감찰관 2008~2009년 서울동부지검장 2009년 법무법인 로고스 고문변호사 2011년 同대표변호사·상임고문변호사(현) 2011년 DK유아이엘 사외이사(현) 2013년 하이자산운용 사외이사 [상]홍조근정훈장(2003)

이복형(李福衡) LEE Bok Hyung

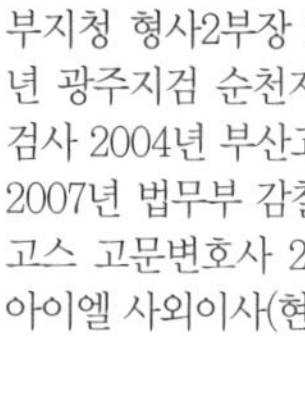

[생]1932·7·6 [본]여주(驪州) [출]서울 [주]경기 고양시 덕양구 대양로285번길33의15 중남미문화원 병설박물관(031-962-9291) [학]1951년 서울고졸 1955년 미국 조지아주립대 수학 1960년 동국대 법대졸 [경]1961년 호주 멜본대학원 Fellow 1962년 대통령 의전비서관 1966년 외무부 의전과장 1967년 駐멕시코대사관 1등서기관 1971년 외무부 중남미과장 1972년 駐스페인 참사관 1974년 駐코스타리카 공사 1979년 駐마이애미 총영사 1981년 駐도미니카 대사 1982년 駐앤티가바부다 대사 겸임 1983년 외무부 구주국장 1985년 駐아르헨티나 대사 1988년 외교안보연구원 연구위원 1989년 駐멕시코 대사 1992년 외교안보연구원 연구위원 1992년 중남미문화원 설립·원장(현) 1994년 同박물관 설립·관장(현) 1994~1996년 '2002월드컵축구대회' 유치위원회 집행위원 1995년 국기원 이사 1997년 중남미문화원 미술관 설립·관장(현) 1996년 '2002월드컵축구대회' 조직위원회 위원 1998년 한국외교협회 이사 1998년 국기원 고문 2000년 세계꽃박람회 자문위원장 2000년 한국국제협력단 자문위원 2010년 '2022월드컵축구대회' 유치위원회 고문 [상]월남 공로훈장(1965), 독일 공로훈장(1967), 볼리비아 공로훈장(1971), 도미니카공화국 대훈장(1983), 수교훈장 숭인장(1984), 이탈리아 훈장(1985), 아르헨티나 십자대훈장(1988), 벨지움왕국훈장(1984), 체육훈장 맹호장(1997), 멕시코 아즈텍대훈장(2000), 대통령표창(2000), 보관문화훈장(2005), (사)한국박물관협회 자랑스러운박물관인상(2015) [저]'Practical Jokes and Humour' [종]기독교

이봉관(李鳳官) LEE Bong Kwan

[생]1945·3·7 [출]평남 평양 [주]서울 서초구 남부순환로 2583 서희타워 (주)서희건설 비서실(02-3416-6500) [학]1966년 경주 문화고졸 1970년 경희대 상경대학 경영학과졸 1992년 서울대 경영대학원 최고경영자과정 수료 1999년 고려대 언론대학원 최고경영자과정 수료 2008년 명예 경영학박사(순천향대) [경]1970~1983년 포항종합제철(주) 입사(공채 2기)·근무 1983~2014년 (주)유성티엔에스 회장 1994년 (주)서희건설 회장(현) 1999년 (재)문화장학회 이사장(현) 2003~2014년 在京경주경제인연합회 회장 2010~2014년 경희대총동문회 회장 2011~2014년 在京경주향우회 회장, 민주평통 자문위원, 소년소녀가장후원회 회장(현), 경희비즈니스클럽 회장, 제29회 대한민국현대미술대전 대회장, 학교법인 대전기독학원 이사, 장신리더십아카데미총동문회 회장, 在京문화중·고총동문회 회장, (재)기독교사회봉사단 공동대표(현), 국가조찬기도회 이사(현), 학교법인 대전기독학원(한남대재단) 이사(현) [상]국무총리표창(2001), 국세청장표창(2003), 동탑산업훈장(2003), 사회공헌기업대상(2006), 건설교통부장관표창(2009), 한국건축문화대상(2009), 서울대 AMP(최고경영자과정) 대상(2016) [저]'CEO의 기도'(2016, 와웸퍼블) [종]기독교

이봉구(李奉煦) LEE Bong Ku

[생]1957·8·2 [출]부산 [주]서울 중구 청파로463 10층 한국경제신문 경영지원실(02-360-4114) [학]1976년 부산사대부고졸 1980년 서울대 신문방송학과졸 [경]1983년 한국경제신문 증권부 기자 1994년 同일본특파원 1997년 同산업부 차장 1998년 同증권부장 1999년 同국제부장직대 2000년 同증권1부장 2001년 同생활경제부장 2002년 同부국장대우 산업부장 2003년 同논설위원 2008년 同수석논설위원 2011년 同기획조정실장(이사대우) 2011년 同감사실장 겸임 2013~2015년 同기획조정실장(이사) 2013~2016년 한국신문협회 기조협의회장 2015년 한국경제신문 기획조정실장(상무이사) 2016년 한국신문협회 기조협의회 고문(현) 2016년 한국경제신문 경영지원실장(상무이사)(현)

이봉규(李奉圭) LEE Bong Kyu

[생]1960·8·10 [본]광주(廣州) [출]전남 보성 [주]서울 송파구 송파대로558 월드타워8층 (주)한양 임원실(02-721-8114) [학]1978년 국립철도고졸 1982년 한양대 건축공학과졸 2004년 중앙대 행정대학원 고위정책과정 수료 2007년 건국대 부동산대학원 최고위과정 수료 2010년 서울대 건설산업최고전략과정 수료 [경]1981년 (주)동부건설 건축사업부 근무 2006년 同상무, (사)건설관리학회 이사, (사)한국생태환경건축학회 이사, 2014년 (주)한양 건축주택사업본부 상무이사 2016년 同건축주택사업본부장(현) [종]가톨릭

이봉규(李鳳奎) Bong Gyou Lee

[생]1961·8·19 [본]전주(全州) [출]서울 종로 [주]서울 서대문구 연세로50 연세대학교 정보대학원(02-2123-6524) [학]1980년 서울 보성고졸 1988년 연세대 상경대학 경제학과졸 1992년 미국 Cornell Univ. 대학원졸(MS) 1994년 공학박사(미국 Cornell Univ.) [경]1997~2005년 한성대 공과대학 정보전산학부 교수 2005년 연세대 정보대학원 교수(현) 2007~2008년 정보통신부 통신위원회 위원 2009년 연세대 방송통신정책연구소장(현) 2013~2014년 기획재정부 공공기관경영평가단 위원 2013~2014년 한국인터넷정보학회 회장 2014년 서울시 정보화전략위원회 위원(현) 2014년 중앙선거관리위원회 선거자문위원회 위원(현) 2014년 국무총리소속 정보통신전략위원회 실무위원(현)

2014년 한국인터넷진흥원 이사(현) 2016년 연세대 정보대학원장(현) 2016년 (사)K-ICT투어포럼 회장(현) 2016년 문화체육관광부 여론집중도조사위원회 부위원장(현) 2016년 방송통신위원회 자체평가위원회 위원장(현) 상국무총리포상(2000), 근정포장(2009), 장관표창(2013), 연세대 우수업적교수상(2014·2015·2016), 대한전자공학회 우수논문상(2014), 대통령표창(2014), 한국인터넷정보학회 우수논문상(2015), 한국인터넷정보학회 공로상(2015), 연세대 공헌교수상(2015), 홍조근정훈장(2016) 전'보안윤리'(2015, 이한출판사) 역'호주 정부 2.0 태스크포스 보고서 : 참여와 소통의 정부 2.0'(2011, 아이앤유)

이봉균(李俸均) LEE Bong Kyun

생1952·9·9 본평창(平昌) 출강원 평창 주강원 평창군 평창읍 노성로25 평창군산림조합(033-333-4122) 학평창고졸 경평창군산림조합·영월군산림조합·정선군산림조합 근무, 평창군산림조합 상무, 평창청년회의소 내무부회장, 손성찬장학회 이사, 민족통일 평창군협의회 간사(현), 바르게살기평창군협의회 회장(현) 2009년 평창군산림조합 조합장(현) 2015년 강원도산림조합장협의회 회장(현) 상임협중앙회장표창 종불교

이봉근(李奉根) LEE, BONG KEUN

생1964·12·22 본전주(全州) 출경기 김포 주경남 사천시 사남면 공단1로78 한국항공우주산업(주) 해외사업본부 수출사업관리실(055-851-1000) 학1983년 부천고졸 1987년 인하대 항공공학과졸 1997년 중국 북경항공항천대 항공공학과졸 경1987년 삼성항공 입사 2006년 한국항공우주산업(주) 비행운영팀장 2009년 同수출마케팅담당 2010년 同아시아·남미담당 2011년 同마케팅1담당 상무 2014년 同수출지원실장 2015년 同해외사업본부 수출사업관리실장(상무)(현) 전'T-50 항공기 개발 경험으로 쓴 실전 비행시험'(2007, 청문각) 'T-50 항공기 개발 경험으로 쓴 비행시험 계측'(2008, 청문각) 종천주교

이봉서(李鳳瑞) LEE Bong Suh

생1936·2·24 본전주(全州) 출서울 주서울 중구 소월로10 단암산업(주) 회장실(02-774-9971) 학1955년 경기고졸 1959년 미국 펜실베이니아대 경제학과졸 1965년 경제학박사(미국 하버드대) 경1963년 미국 연방은행 조사역 1965년 세계은행 EDI 교수 1968년 同조사역 1971년 국무총리 경제담당비서관 1973년 국무총리 행정조정실 제2행정조정관 1978~1983년 동력자원부 기획관리실장·자원정책실장 1983년 대통령 경제비서관 1983년 동력자원부 차관 1988~1990년 同장관 1990~1991년 상공부 장관 1993~1998년 아시아개발은행(ADB) 부총재 1998년 국제화재해상보험 회장 2001년 단암산업(주) 회장(현) 2004년 해남경제과학연구원 설립·이사장(현) 2010년 한국능률협회 회장(현) 2011년 2018세계가스총회 유치위원회 명예위원장 2015년 국총회 회장(현) 상청조근정훈장, 페루 특별공로훈장(1등급), 브루네이왕국 명예훈장(1등급), 홍조근정훈장, 미국 펜실베이니아대 와튼스쿨 학장상(Dean's Medal)(2010) 종기독교

이봉의(李奉儀) Lee Bong-Eui

생1966·1·17 출경기 이천 주서울 관악구 관악로1 서울대학교 법학전문대학원(02-880-2606) 학1989년 서울대 경영학과졸 1991년 同대학원 법학과졸 1994년 법학박사(서울대) 2000년 법학박사(독일 마인츠요하네스구텐베르크대) 경2001~2002년 공정거래위원회 WTO대책반 경성카르텔분과 자문위원 2001~2007년 경북대 법학부 조교수·부교수 2001~2006년 한국경쟁법학회 총무이사 2003년 공정거래위원회 카르텔자문위원회 자문위원 2003년 同경쟁정책평가위원 2006~2007년 同하도급법선진화위원회 T/F 팀장 2006~2008년 同시장경제선진화 T/F위원 2006년 사법연수원 공정거래법 강사(현) 2006년 변호사시험·가맹거래사시험 출제위원(현) 2007년 서울대 법학전문대학원 부교수·교수(현) 2008년 방송통신위원회 법률자문단 위원(현) 2009년 공정거래위원회 법령선진화 T/F위원 2009년 방송통신위원회 KT·KTF합병 심사위원 2009년 방송통신위원회 LGT·LG데이콤·LG파워콤합병 심사위원 2009년 서울대 법학연구소 경쟁법센터장(현) 2010년 한국경쟁법학회 편집위원장 2013년 同부회장 2013년 미래창조과학부 규제심사위원·규제심사위원장(현), 한국경쟁법학회 회장(현) 상대통령표창(2007) 전'통신산업과 경쟁법'(2004) '공정거래와 법치'(2004, 법문사) '정보통신과 공정거래'(2006, 법문사) '정보통신분야의 경쟁법정책'(2007, 법제연구원) '공정거래법과 규제산업'(2007, 법문사) '소비자와 법의 지배'(2008, 서울대 출판부) '공정거래법의 쟁점과 과제'(2010, 법문사) '독점규제법'(2010, 법문사) '경제법연습'(2011, 홍문사) '기업결합규제법'(2012, 법문사)

이봉주(李鳳周) LEE Bong Ju

생1926·2·8 본전주(全州) 출평북 정주 주경북 문경시 가은읍 갈전리605의3 납청유기촌 전수회관(054-571-3564) 경1957년 방자유기공장 운영 1983~2013년 중요무형문화재 제77호 유기장(방짜) 기능보유자 1983년부터 기능보유자작품전 출품 1988~1995년 (사)전통공예기능보존협회 이사장 1993년 특대징 제작 1993년 개인전 개최 1993년 국립박물관 개관전시용 작품기증 1999년 일본 오사카문화원 반상기 기증 2002년 일본 교토전통공예전시 출품 2003년 납청유기촌 전수회관 운영(현) 2013년 중요무형문화재 제77호 유기장(방짜) 명예보유자(현) 상문화공보부장관표창 전'납청양대'(방자유기) '메질 많이 해야 황금으로 빛난다'(2011, 나눔사) 종기독교

이봉주(李奉柱) Lee, Bong Joo

생1961·6·11 출서울 주서울 관악구 관악로1 서울대학교 사회과학대학 16동642호(02-880-5724) 학1985년 서울대 사회과학대학 사회복지학과졸 1987년 미국 노퍽스테이트대 대학원 사회복지학과졸 1992년 사회복지행정학박사(미국 시카고대) 경1992~1994년 미국 시카고대 체핀홀 아동정책센터 연구원 1994~1996년 미국 보스턴대 사회복지대학원 교수 1996~2002년 미국 시카고대 교수 2002년 서울대 사회과학대학 사회복지학과 부교수·교수(현) 2004년 한국사회복지학회 학술기획분과·국제협력분과·영문저널편집분과 위원장 2004~2011년 We Start 운동본부 운영위원 2004~2008년 보건복지부 아동정책실무위원회 위원 2005~2007년 경제·인문사회연구원 기획평가위원 2006~2008년 서울대 사회과학대학 학생부학장 2007~2009년 한국아동복지학회 회장 2007년 한나라당 제17대 대통령선거 이명박 예비후보 사회복지특별보좌역 2008년 사회복지법인 굿네이버스 이사(현) 2008~2012년 서울대 대학신문사 주간 2008~2009년 한국사회복지사협회 자격제도위원장 2009년 한국사회복지사협회 서울국제사회복지대회 홍보출판위원장 2009~2011년 한국청소년상담원 비상임이사 2009~2010년 대통령 사회정책수석비서관실 보건복지분야 및 여성가족분야 정책자문위원 2010~2011년 삼성고른기회장학재단 선정평가위원 2010년 국무총리 정부업무평가위원회 위원 2011~2013년 한국사회복지협의회 국제교류·협력분과 위원장 2011~2016년 한국사회복지행정학회 부회장 2011년 경제·인문사회연구회 이사(현) 2011~2013년 국가보훈처 국가보훈위원회 위원 2012~2014년 서울대 아시아에너지환경지속가능발전연구소 교육연구센터장 2012년 We Start 운동본부 운영위원장, 同이사 2012년 대통령소속 사회통합위원회 계층분과위원 2012~2013년 특임장관 정책자문위원 2016년 한국사회복지학회 수석부회장 겸 차기(2017년) 회장(현) 2016년 한국사회복지행정학회 고문(현) 전'Abuse and Neglect of the Children(共)'(1997, Washington, DC : Urban Institute Press) 'Measuring and Monitoring Children's Well-Being(共)'(2001, Kluwer Academic Publishers) 'Matching and Cleaning Administrative Data(共)'(2002, National Academy Press : Washington, D.C.) '비교빈곤정책론(共)'(2005, 나남) '청소년복지론(共)'(2005, 교육과학사) '아동복지론(共)'(2005, 대왕사) 'The Entry of Children from the Welfare System into Foster Care : Differences by Race(共)'(2005, Child Welfare League of America) '사회복지개론(共)'(2007, 나남) '사회복지 프로그램 기획의 이해와 적용(共)'(2008, 신정) '아동과 가족 : 통합적 접근(共)'(2008, 한울아카데미) '사회복지서서비스와 공급체계 : 쟁점과 대안(共)'(2008, EM 커뮤니티) 'Consequences of Teen Childbearing for Child Abuse, Neglect, and Foster Care(共)'(2008, The Urban Institute Press) 'Residential Care in Korea: Past, Present, and Future(共)'(2009, Residential Care of Children Comparative Perspectives New York : Oxford University Press) '그들이 아닌 우리를 위한 복지 : 21세기 한국 사회의 새로운 복지 패러다임(共)'(2011, 학지사) '사회서비스정책론(共)'(2011, 나눔의 집) '자유기업 경제하에서의 한국사회의 통합(共)'(2010, 서울대 출판문화원) '사회복지행정론(共)'(2012, 나남)

이봉주(李奉柱) Bong Ju Lee

생1961·7·10 본전주(全州) 출강원 춘천 주강원 태백시 계산11길62 (주)그린사이언스(033-554-4979) 학1980년 춘천고졸 1984년 한양대 원자력공학과졸 1991년 플라즈마공학박사(미국 위스콘신대 메디슨교) 경1991년 미국 캘리포니아대 LA교 연구조교수 1994년 同SanDiego교 연구부교수 1996년 미국 프린스턴대 방문교수 1996년 한국기초과학지원연구원 핵심합연구센터 책임연구원 2005년 同응용연구부장, 同핵심합연구센터 응용기술연구실장 2007년 국가핵융합연구소 응용기술연구실장 2007년 同선임연구단 응용기술개발그룹장 2008년 同응용기술개발부장 2010년 同융복합플라즈마연구센터 NAP사업팀장(책임연구원) 2011년 한동대 대학원 첨단그린에너지환경학과 교수(현) 2011년 (주)그린사이언스 대표이사(현) 상대통령표창(2006) 종기독교

이봉주(李鳳柱) LEE Bong Joo

[생]1970·10·10 [출]충남 천안 [주]서울 중구 손기정로101 손기정기념재단(02-364-1936) [학]1990년 광천고졸 1994년 서울시립대 무역학과졸 [경]1986년 육상 입문 1990년 서울시 육상팀 소속 1991년 전국체전 마라톤 우승(2시간14분30초) 1993년 전국체전 마라톤 우승(2시간10분27초) 1993년 호놀룰루마라톤 우승(2시간13분16초) 1994년 코오롱 소속 1994~2009년 마라톤 국가대표 1994년 춘천마라톤 우승(2시간9분59초) 1995년 경주마라톤 우승(2시간10분58초) 1996년 애틀란타올림픽 마라톤 은메달(2시간12분39초) 1996년 후쿠오카마라톤 우승(2시간10분48초) 1998년 로테르담마라톤 2위(2시간7분44초) 1998년 제13회 방콕아시안게임 마라톤 우승(2시간12분32초) 2000년 도쿄마라톤 2위(한국신기록 : 2시간7분20초) 2000~2009년 삼성전자 소속 2000년 후쿠오카마라톤 준우승(2시간9분4초) 2001년 보스턴마라톤 우승(2시간9분43초) 2001년 국민명예협회 '명예로운 한국인' 선정 2002년 제14회 부산아시안게임 마라톤 우승(2시간14분4초) 2004년 서울국제마라톤 5위(2시간8분15초) 2004년 아테네올림픽 14위(2시간15분33초) 2005년 베를린마라톤 11위(2시간12분19초) 2007년 서울국제마라톤 우승(2시간8분4초) 2007년 충남도 문화·관광·체육 홍보대사 2007년 시카고마라톤 7위(2시간17분29초) 2008년 제29회 베이징올림픽 국가대표 2009년 전국체육대회 남자마라톤 우승(2시간15분25초) 2009년 10월 은퇴 2010년 손기정기념재단 감사(현) 2010년 동아마라톤 홍보대사 2011년 홍성군 홍보대사 2012년 양주소방서 안전·청렴 홍보대사 2012년 사랑밭마라톤대회 홍보대사 2012년 2014인천아시안게임조직위원회 마라톤홍보단 홍보대사 2012년 사랑의열매 홍보대사 2013년 대한육상경기연맹 이사(현) 2013년 천안서북경찰서 4대악근절 홍보대사 2014년 포천시 홍보대사 2016년 가정위탁 홍보대사(현) [상]백상체육대상 기록부문 대상, 2001자황컵 체육대상(2회), 제8회 코카콜라체육대상 최우수선수(2002), 체육훈장 청룡장(2009), 서울시립대 공로패(2009), 대한민국 국회대상 올해의 공로상(2009), 소강체육대상 특별선수상(2010) [저]'봉달이의 4141'(2010)

이봉진(李奉振) LEE Bong Jin

[생]1958·7·6 [출]서울 [주]서울 관악구 관악로1 서울대학교 제약학과(02-880-7869) [학]1981년 서울대 약학과졸 1985년 同대학원 제약학과졸 1990년 약학박사(일본 大阪大) [경]1981~1983년 57후송병원 약제과장 1986~1987년 일본 오사카대 단백질연구소 연구원 1990~1991년 일본 단백질공학연구소 선임연구원 1991~2001년 서울대 약대 물리약학과 조교수·부교수 1992~2001년 국립도서관 자문위원 1993년 한국응용약물학회 서무간사 1993~1994년 한국생화학회지 뉴스편집위원 1995~2001년 서울대 약대 제약학과장 1996~1997년 일본 오사카대 단백질연구소 초빙교수 2000년 프로메디텍 대표이사 2001~2003년 서울대 종합약학연구소 의약품개발연구부장 2001년 同약대 제약학과 교수(현) 2003~2005년 同종합약학연구소 기초약학연구부장 2005년 경기바이오센터 자문위원 2006년 한국학술진흥재단 콜로키움 운영단장 2007~2015년 한국기초과학지원연구원 K-MeP사업 기술자문위원 2007년 서울대 약학대학 교무부학장 2008년 한국약제학회 평의원(현) 2008년 BBA(Proteins and Proteomics) Editor(현) 2009~2014년 보건복지부 신약개발 구조정보 통합연구센터장 2009년 서울대 행정대학원 아시아개발센터 자문위원(현) 2009~2011년 同교수협의회 이사 2010년 同지식재산관리본부장 2010~2012년 同연구부처장 겸 산학협력단 부단장 2010년 한국신약개발 연구자협의회 운영위원(현) 2010~2011년 서울대 종합약학연구소 감사 2011년 약학회지 편집위원(현) 2010~2015년 (주)비씨월드제약 자문교수 2010~2012년 교육과학기술부 바이오제약 평가위원회 위원 2010~2012년 한국자기공명학회 감사 2011년 (사)한국 청소년 미래과학교육연구소 이사(현) 2012~2014년 한국자기공명학회 편집위원장 2013년 교육부 바이오제약 평가위원회 위원(현) 2013년 서울대 약학대학장(현) 2013년 同종합약학연구소장(현) 2013년 同약대 교육연구재단 이사장(현) 2013년 同임상약학연수원 원장(현) 2013년 同재산관리위원회 위원(현) 2013년 同출판위원회 위원(현) 2013~2015년 同보건진료소 운영위원 2013년 한국약학교육평가원 판정위원(현) 2014~2016년 (사)한국약학교육협의회 이사 2014~2016년 한국펩타이드단백질학회 회장 2015년 한국과학기술단체총연합회 대의원(현) 2016년 한국펩타이드단백질학회고문(현) 2016년 한국자기공명학회 회장(현) 2016년 대한약학회 부회장 겸 이사 겸 물리약학분과회 회장(현) [저]'물리약학'

이봉창(李奉昶)

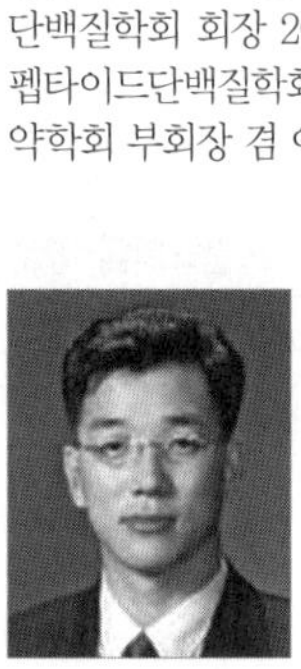

[생]1969·4·18 [출]전북 익산 [주]경기 의정부시 녹양로34번길23 의정부지방검찰청 형사4부(031-820-4432) [학]1987년 원광고졸 1996년 한양대 법학과졸 [경]1996년 사법시험 합격(38회) 1999년 사법연수원 수료(28기) 1999년 창원지검 검사 2001년 전주지검 군산지청 검사 2003년 서울지검 고양지청 검사 2004년 의정부지검 고양지청 검사 2005년 수원지검 검사 2006년 친일재산환수단 파견 2009년 서울동부지검 검사 2011년 同부부장검사 2012년 서울중앙지검 부부장검사 2013년 대전지검 천안지청 부장검사 2014년 광주지검 목포지청 부장검사 2015년 서울동부지검 공판부장 2016년 의정부지검 형사4부장(현) [상]근정포장(2014)

이봉철(李奉澈) LEE BONG CHEOL

[생]1958·5·23 [주]서울 중구 남대문로81 롯데그룹 정책본부 지원실(02-750-7186) [학]1985년 부산대 경영학과졸 [경]1986년 롯데그룹 입사, 대홍기획 재무팀 근무, 롯데그룹 정책본부 재무팀 상무 2012년 롯데손해보험(주) 전무 2012~2014년 同대표이사 전무 2014년 롯데그룹 정책본부 지원실장(전무) 2014~2015년 BS금융지주 비상임이사 2015년 롯데쇼핑 정책본부 지원실장(부사장)(현) 2015년 同지배구조개선TF팀장(현) 2015년 BNK금융지주 비상임이사(현)

이봉형(李鳳炯) LEE Bong Hyung

[생]1956·1·3 [주]대전 동구 대학로62 대전대학교 국제어문화대학 영어영문학과(042-280-2226) [학]1980년 서울대 영어영문학과졸 1984년 同대학원 영어영문학과졸 1992년 문학박사(서울대) [경]1985~1987년 서울대 강사 1987~1999년 대전대 영어영문학과 전임강사·조교수·부교수 1990~1991년 미국 코넬대 방문학생 1997~1998년 미국 매사추세츠주립대 앰허스트교 방문연구원 1999년 대전대 국제어문화대학 영어영문학과 교수(현) 2000년 同2부교학처장 2001~2003년 同교무처장 2007~2009년 同국제어문화대학장 2009~2011년 한국현대언어학회 회장 2015년 대전대 대학원장(현) [상]대전대 10년근속상(1997), 한국연구재단 선정 기초연구 우수연구자(2014) [저]'차용어 음운론'(2013, 한국문화사)

이봉호(李鳳浩) LEE Bong Ho

[생]1954·10·3 [출]서울 [주]서울 노원구 화랑로621 서울여자대학교 경제학과(02-970-5525) [학]1973년 경기고졸 1980년 서울대 경제학과졸 1985년 경제학박사(미국 신시내티대) [경]1980년 한국개발연구원 연구원 1985~1986년 미국 신시내티대 초빙조교수 1986~1991년 통신개발연구원 연구위원 1991년 서울여대 경제학과 교수(현) 1994~1998년 경인지역정보화추진협의회 위원 1995~1997년 서울여대 국제협력부장 2002년 同기획정보처장 2004년 정보통신정책학회 회장 2010~2012년 서울여대 대학원장 2016년 同사회과학대학장 겸 사회과학연구소장(현) [종]기독교

이봉희(李鳳熙) LEE Bong Hee

[생]1960·1·5 [출]부산 [주]인천 연수구 함박뫼로191 가천대학교 의학전문대학원 해부학부(032-899-6582) [학]1982년 서울대 수의과대학 수의학과졸 1985년 同대학원 수의학과졸 1994년 수의학박사(서울대) [경]1983년 대한해부학회 이사 1986~1998년 경상대 의과대학 해부학교실 전임강사·조교수·부교수 1990~1992년 미국 펜실베이니아대 방문교수 1998년 제주대 의과대학 해부학교실 부교수 1999~2007년 同의과대학 해부학교실 교수 2003년 同의과학연구소장 2005년 세계신경줄기세포 '프로테옴 프로젝트(HNSCPP)' 공동책임자(현) 2005년 미국 시스템생물학연구소 자매연구소 설립추진위원회 위원 2006년 식품의약품안전청 OMICS기반 식의약품안전기준기획수립팀 총괄기획부분팀장 2007~2012년 가천의과학대 의학전문대학원 해부학부 교수 2007~2012년 同시스템의학연구소장 2007년 국제인간프로테옴기구(HUPO)와 국제줄기세포학회가 추진중인 '인간줄기세포 프로테옴 프로젝트' 공동책임자(현) 2007~2014년 한국인간프로테옴기구(KHUPO) 사무총장·부회장 2007년 한국기초과학지원연구원 시스템생물학분야 자문위원 2007년 미국 세계인물사전 'Marquis Who's Who 과학분야'에 등재, 가천의과학대 이길여 암·당뇨연구원 유전·단백체센터장 2009~2012년 同줄기세포연구소장 2012년 가천대 의학전문대학원 해부학부 교수(현) 2012년 同시스템의학연구소장(현) 2012년 同줄기세포연구소장 2014년 한국인간프로테옴기구(KHUPO) 회장(현) 2015년 대한민국의학한림원 정회원(현) [상]한국신경과학학회 최우수논문상(1996), 대한한의학회 우수논문상(2004), 한국줄기세포학회 우수논문상(2006), 국제프로테오믹스학회 우수논문상(2006), 국정원 선정 국가기술보호대상 우수과학자 25인(2006), 제주대 우수연구교수상(2007), HUPO세계학술대회 우수논문상(2007), 대한해부학회 한곡학술상(2014) [저]'해부학총론'(2003, 군자출판사) '해부학'(2004, 신흥메드사이언스) '신경해부학'(2004, 신흥메드사이언스) '임상신경해부학그림'(2004, 범문사) '임상신경해부학'(2004, 범문사) '국소해부학'(2005, 고려의학) 'Neurochemisty of Metabolic Diseases'(2006, Research Signpost) '국소해부학 제2판(共)'(2007) '프로테오믹스 실험기법(共)'(2007, 범문사)

이부섭(李富燮) LEE Boo Sup

[생]1937·11·22 [출]서울 [주]서울 마포구 월드컵북로402 (주)동진쎄미켐(02-325-9451) [학]1956년 경기고졸 1960년 서울대 화학공학과졸 1962년 同대학원 화학공학과졸 [경]1962년 대한사진화학연구실 근무 1964년 한국생산성본부 기술부장 1967~2002년 (주)동진쎄미켐 대표이사 사장 1995년 한국공학한림원 회원(현) 2002년 한국공업화학회 회장 2002년 (주)동진쎄미켐 대표이사 회장(현) 2006년 서울대·한국공학한림원 선정 '한국을 일으킨 엔지니어 60인' 2007년 한국반도체산업협회 고문(현) 2009~2014년 한국엔지니어클럽 회장 2011년 한국과학기술단체총연합회 부회장 2014년 同회장(현) [상]상공부장관표창(1978), 대통령상 기술상(1998), 산업포장(1998), 5천만불 수출탑(1998), 한국공학기술상(1999), 이달의 무역인상(1999), 1억불 수출탑(2002), 금탑산업훈장(2006), 아시아화학연맹(FACS) 경제발전공로상(2007), 2억불 수출탑(2010), 제4회 반도체의 날 자랑스러운 반도체인 특별공로상(2011), 대한민국 벤처창업대전 대통령표창(2012), 3억불 수출탑(2012) [종]기독교

이부연(李芙淵·女) LEE Boo Yun

[생]1952·11·9 [주]서울 성동구 행당동17 한양대학교 응용미술교육과(02-2220-1151) [학]1975년 서울대 응용미술과졸 1977년 同대학원 도자공예학과졸 1983년 교육학박사(미국 Univ. of Missouri Columbia) [경]1977~1996년 개인전 7회 1986년 한양대 디자인학과 교수, 同응용미술교육과 교수(현) 1989년 예술의전당 개관기념 초대전 1990~1991년 한국도자공예가회 부회장, 한국미를찾는도자모임회 회장, 서울디자인포럼 감사, 미국 웨인스테이트대 초빙교수 1995년 한국현대디자인대전 1996년 국립도서관개관기념 초대전 1997년 무주 동계유니버시아드 특별전 2000년 도자 Pre-EXPO 초대전, KDC 스위스전, 제4회 목포도자기축제 초대전 2001년 뉴질랜드 40인 초대전 2002~2004년 미술교육학회 이사 2003년 한국학연구소 초대전 2004년 한국문화원 개원5주년기념 초대전 2010~2012·2014년 한국국제미술교육학회(KoSEA) 회장(현), 한양대 응용미술교육과 학과장(현) [상]국제현대도예협찬상, 대한민국산업디자인전 특선3회 [저]'디자인 뉴스'(1997) '21세기 미술교육'(2001) '한국미를 찾는 도자학회'(2002) '월간도예'(2002) '한국미연구'(2005) '전국 초등교사 디자인 직무 연수및 워크숍 교재'(2005) 'Korea Deaign forum'(2007) [역]'도예가를 위한 점토와 유약'(1999)

이부영(李富榮) LEE Bu Young (靑牛)

[생]1942·9·26 [본]전주(全州) [출]서울 [주]서울 종로구 새문안로3길30 세종로대우빌딩704호(02-3210-2700) [학]1961년 용산고졸 1969년 서울대 문리과대학 정치학과졸 [경]1968~1975년 동아일보 기자 1975년 자유언론운동 관련 복역 1979년 통일주체국민회의 대통령선출 반대관련 복역 1984년 민중민주운동협의회 공동대표 1985년 민주통일민중운동연합 상임위원장·사무처장 1986년 5.3인천사건관련 복역 1988년 광주학살진상규명투쟁위원회 공동위원장 1988년 전두환 前 대통령 구속수사요구관련 복역 1989년 전국민족민주운동연합 상임의장 1989년 문익환목사 방북 및 현대중공업파업관련 복역 1991년 민주개혁정치모임 의장 1991년 민주당 부총재 1991년 同최고위원 1992~1995년 제14대 국회의원(서울 강동甲, 민주당) 1995년 민주당 부총재 1995년 同최고위원 1996년 제15대 국회의원(서울 강동甲, 민주당·한나라당) 1999년 한나라당 원내총무 2000~2004년 제16대 국회의원(서울 강동甲, 한나라당·무소속·열린우리당) 2000~2002년 한나라당 부총재 2000년 국회 환경경제연구회 장 2000년 국회 기후변화협약대책특별위원회 위원장 2003년 국민통합신당 추진위원장 2004년 열린우리당 상임중앙위원 2004년 同새정치운동본부장 2004년 장준하선생기념사업회 회장 2004~2005년 열린우리당 의장 2005년 同상임고문 2006년 중도시민운동 화해상생마당 창립·초대 운영위원장 2011년 민주평화복지포럼 상임대표(현) 2011년 (사)몽양여운형선생기념사업회 회장(현), (사)복지국가소사이어티 고문(현) 2011년 민주통합당 상임고문 2012년 同서울강동甲지역위원회 위원장 2012년 제19대 국회의원선거 출마(서울 강동甲, 민주통합당) 2013년 민주당 상임고문 2014~2015년 새정치민주연합 상임고문 2015년2월 정계은퇴선언 2015년 2015동아시아평화국제회의 조직위원장 [상]백봉신사상(2003) [저]'언론과 사회'(共) '尹龍河평전' '희망의 정치로 가는 길' '다시 서는 저 들판에서' [역]'민중의 외침' '히로시마의 증인들' [종]천주교

이부영(李富榮) Lee Pu Young

[생]1946·11·22 [본]연안(延安) [출]경기 용인 [주]서울 서대문구 경기대로82 광신빌딩 6층 전국교직원노동조합(02-2670-9300) [학]1965년 이천농고졸 1974년 단국대 국어국문학과졸 2012년 고려대 교육대학원 행정학과 석사과정 수료 [경]1975년 경기 대부중 교사 1976~1989년 서울 송곡여고 교사 1988년 서울교사협의회 회장 1989년 전국교직원노동조합 수석부위원장 겸 서울지부장 1989년 해직 및 구속 1991년 2차 구속 1993년 전국교직원노동조합 부위원장 1998년 해직교사복직추진위원회 위원장 1998~2003년 서울 북공고 복직·교사 1999~2000년 전국교직원노동조합 합법 초대위원장 2000~2003년 대통령자문 교육인적자원정책위원 2001년 전국교직원노동조합 지도위원(현) 2003~2004년 2차 해직 2005년 경기기계공고 복직·교사 2006~2010년 서울시교육위원회 교육의원 2010년 서울시 교육의원선거 출마 2011년 도봉구 교육발전협의회 부의장(현) 2011년 한국교육복지포럼 상임대표 2012년 서울시 교육·복지민관협의회 정책위원장(현) 2014년 (사)함께배움 이사장(현) [종]불교

이부영(李富泳)

[생]1957·9·28 [주]경기 수원시 권선구 권중로46 경기도시공사 북부본부(031-220-3124) [학]1976년 인덕공고졸 1994년 한국방송통신대 경영학과졸 2002년 同행정학과졸 2007년 경희대 경영대학원 경영학과졸 [경]2009년 경기도 정보화기획단장 2010년 同디자인총괄추진단장 2011년 同과학기술과장 2013년 同경제정책과장 2014~2015년 경기 양평군 부군수 2015년 경기도시공사 경제진흥본부장 2016년 同북부본부장 겸 부사장(현)

이부영(李富榮) LEE Bu Young

[생]1958·10·1 [출]강원 인제 [주]경기 안양시 동안구 시민대로273, 효성인텔리안203호 법무법인 삼우(031-388-9700) [학]1977년 서울대사대부고졸 1982년 한양대 법학과졸 1985년 同행정대학원 수료 [경]1984년 사법시험 합격(26회) 1987년 사법연수원 수료(16기) 1990년 인천지검 검사 1992년 대전지검 서산지청 검사 1993년 서울지검 남부지청 검사 1997년 수원지검 검사 1999년 부산지검 부부장검사 2000년 전주지검 군산지청 부장검사 2001년 서울고검 검사 2001년 서울지검 남부지청 부장검사 2002년 사법연수원 교수 2004년 서울동부지검 형사4부장 2005년 서울중앙지검 공판1부장 2006년 대구지검 경주지청장 2007년 의정부지검 고양지청 차장검사 2008년 서울고검 검사 2009년 수원지검 안양지청장 2009년 변호사 개업 2009~2011년 경기 의왕시 고문변호사 2012년 법무법인 삼우 변호사·대표변호사(현)

이부일(李富一) Lee, Bu-Il (孝京)

[생]1951·1·6 [본]전주(全州) [출]전남 함평 [주]서울 동작구 상도로369 숭실대학교 조만식기념관741호 평생교육학과 한국평생교육HRD연구소(02-820-0041) [학]1968년 학다리고졸 1970년 광주교육대 교육학과졸 1982년 조선대 법정대학 경영학과졸 1985년 同대학원 경영학과졸 2002년 서울대 공과대학 FIP(미래융합최고기술과정) 수료 2009년 평생교육학박사(숭실대) [경]1970~1982년 전남 완도 화흥초교·전남여상 교사 1982년 제11대 조기상 국회의원 비서관(보좌관) 1985~2008년 서울 장훈고 교사 2005~2008년 한국교육개발원 모니터링위원 2009년 숭실대 평생교육학과 한국평생교육HRD연구소 연구교수(현) 2009~2011년 同교육대학원 강사·중앙대 강사 2010년 배움사이버평생교육원 교수(현) 2010년 한국성인교육학회 상임운영이사(현) 2012년 제18대 대통령선거 강지원후보 특별정책보좌역 2012년 (사)한국앙코르지식인회 회장(현) 2013년 한국앙코르지식포럼 회장(현) 2014년 상지회 회장(현) 2015년 실버넷뉴스 평생교육부 기자(현) 2016년 同앵커(현) [상]전국연구대회 푸른기장(1974), 서울대 FIP(미래융합최고기술과정) 최우수논문상(2003), 녹조근정훈장(2008) [저]'함평천지(함평향우지잡지)'(1986, 함평군향우회) '학다리60년사(전남학다리고동문회지)'(1995) '노인들의 평생교육시설프로그램 참여에 관한 연구'(2010, 한국학술정보) [종]불교

이부진(李富眞·女) LEE Boo Jin

[생]1970·10·6 [본]경주(慶州) [출]서울 [주]서울 중구 동호로249 호텔신라(02-2230-3131) [학]대원외국어고졸, 연세대 아동학과졸 [경]1995년 삼성복지재단 기획지원팀 입사 1998년 삼성전자(주) 전략기획팀 과장 2001년 호텔신라 기획부장 2004년 同경영전략담당 상무보 2005년 同경영전략담당 상무 2009년 同경영전략담당 전무 2009년 삼성물산(舊 삼성에버랜드) 경영전략담당 전무 2010년 同상사부문 고문 2010년 호텔신라 대표이사 사장(현) 2014년 중국 시틱그룹(中信·CITIC) 사외이사(현) [상]포춘 '2015 가장 영향력 있는 아시아·태평양지역 여성기업인 25人', 한경비즈니스 '올해의 CEO 유통업부문 1위'(2년 연속), 매경이코노미 '대한민국 100대 CEO'(5년 연속), 포브스 '2016 아시아 파워 여성 기업인 50人'(2년 연속), 포브스 '2016 영향력 있는 여성 100명'(2년 연속)

이부형(李富炯)

[생]1972·4·25 [주]서울 영등포구 국회대로70길18 새누리당 중앙청년위원회(02-3786-3000) [학]동국대 대학원 경영학과졸 [경]1997~2014년 엠피 대표이사 2009년 엠피에코 대표이사 2013~2015년 동국대 인재교육원장 겸 산학협력초빙교수 2013년 민주평통 자문위원 2013년 새누리당 여의도연구원 정책자문위원 2014~2015년 同상임전국위원 2014년 同중앙당 부대변인 2015년 同중앙청년위원장(현) 2015년 괴산세계유기농산업엑스포조직위원회 위원 2016년 새누리당 제20대 국회의원 후보(비례대표 36번)

이비오(李丕悟) LEE Be Oh

[생]1960·10·17 [본]영천(永川) [출]전남 담양 [주]서울 성동구 고산자로270 성동구청 부구청장실(02-2286-5001) [학]1978년 광주고졸 1986년 전남대 경제학과졸 2005년 미국 오리건대 대학원 정책학과졸 [경]1988년 행정고시 합격(제32회) 1989년 총무처 행정사무관 임용 1996년 서울시 기획관리팀장 1997년 同예산팀장 2000년 同환경행정팀장 2002년 同행정관리국 서기관 2003년 국외 훈련 2005년 서울시 교통지도단속반장 2006년 同가족보육담당관 2007년 同여성가족정책관실 여성정책담당관 2009년 同상수도사업본부 경영지원부장 2010년 同균형발전본부 도심활성화기획관실 도심활성화담당관 2010년 同도시안전본부 도시안전과장 2011년 同재무국 재무과장 2013년 同도시기반시설본부 시설국 건설총괄부장 2014년 同도시기반시설본부 시설국 건설총괄부장(부이사관) 2014년 국방대 교육파견(부이사관) 2014년 서울 성동구 부구청장(현) [종]천주교

이사철(李思哲) LEE Sa Churl (吾丁)

[생]1952·9·15 [본]전주(全州) [출]경기 부천 [주]서울 서초구 서초대로265 대신빌딩 5층 법무법인 신세기(02-599-2580) [학]1971년 경복고졸 1981년 서울대 법학과졸 1987년 미국 Southern Methodist Univ. 대학원졸(LL.M) [경]1974년 사법시험 합격(16회) 1976년 사법연수원 수료(6기) 1976년 軍법무관 1979년 수원지검 검사 1982년 제주지검 검사 1983년 서울지검 검사 1988년 인천지검 고등검찰관 1989년 대구지검 의성지청장 1990년 부산지검 동부지청 특수부장 1991년 법무부 검찰4과장 1992년 同검찰2과장 1993년 同검찰3과장 1993년 서울지검 남부지청 특수부장 1994년 변호사 개업(현) 1995년 민자당 부천원미乙지구당 위원장 1996년 제15대 국회의원(부천시 원미구乙, 신한국당·한나라당) 1996년 신한국당 부대변인 1997년 同대변인 1997·1999년 한나라당 대변인 1998년 同정책위원회 정무위원장 1998년 한·중친선협회 상임고문 2000년 한나라당 부천시원미구乙지구당 위원장 2004년 제17대 국회의원선거 출마(부천시 원미구乙, 한나라당) 2006~2008년 한나라당 법률지원단장 2008년 제18대 국회의원(부천시 원미구乙, 한나라당·새누리당) 2009년 한나라당 대표 특보단장 2009~2011년 국회 정무위원회 간사 2011년 한나라당 경기도당 위원장 2011년 同직능특별위원회 지역특별위원장(경기) 2016년 제20대 국회의원선거 출마(부천시 원미구乙, 새누리당), 법무법인 신세기 대표변호사(현) [상]홍조근정훈장 [종]기독교

이삼걸(李參杰) LEE Samkul

[생]1955·9·21 [본]진성(眞城) [출]경북 안동 [주]경북 경산시 한의대로1번지 노인복지학전공(053-819-1414) [학]1974년 덕수상고졸 1981년 건국대 행정학과졸 1997년 미국 시라큐스대 대학원 행정학과졸 [경]1981년 행정고시 합격(24회) 1981~1995년 내무부 국민운동지원과·지도과·세제과 사무관 1995년 同세제과·지방행정연수원 교육2과장 1998년 행정자치부 복지과장·감사담당관 2001년 同재정경제과장 2002년 同재정과장·자치행정과장 2005년 정부혁신지방분권위원회 지방분권팀장(부이사관) 2006년 경북도 기획조정본부장(이사관) 2007년 행정자치부 지방세제관 2008년 행정안전부 지방재정세제국장 2008년 경북도 행정부지사 2011년 행정안전부 차관보 2011~2013년 同제2차관 2013년 안동대 행정학과 강사 2014년 경북 안동시장선거 출마(무소속) 2015년 대통령직속 지역발전위원회 위원 2015년 대구한의대 노인복지학과 교수(현) [상]대통령표창(1992), 녹조근정훈장(2001)

이삼규(李三揆) RHEE, SAM KYU

[생]1957·10·4 [주]서울 영등포구 국제금융로56 미래에셋대우 임원실(02-768-3910) [학]1976년 마산고졸 1983년 경남대 경영학과졸 1997년 미국 맨체스터대 경영대학원졸(MBA) [경]한국산업은행 비서실장 2007년 同인사부장 2011~2013년 同기획관리부문장(부행장) 2013년 KDB대우증권 수석부사장 2016년 미래에셋대우 수석부사장 2016년 同경영자문역(현)

이삼성(李三星) LEE Samsung

[생]1958·7·25 [본]하빈(河濱) [출]전북 장수 [주]강원 춘천시 한림대학길1 한림대학교 정치행정학과(033-248-1786) [학]1981년 고려대 정치외교학과졸 1983년 서울대 대학원 정치학과졸 1988년 정치학박사(미국 예일대) [경]1989~1991년 고려대 평화연구소 연구원 1991~1992년 통일연구원 연구위원 1992~1997년 한림대 정치외교학과 조교수·부교수 1997~2002년 가톨릭대 국제학부 부교수·교수 2002년 일본 리츠메이칸대 국제관계학부 객원교수 2003년 한림대 정치행정학과 교수(현) [상]단재상(1998), 백상출판문화상 저작상(1999), 한림대 학술상(2010) [저]'미국 외교이념과 베트남 전쟁'(1991) '현대 미국 외교와 국제정치'(1993) '미국의 대한정책과 한국 민족주의'(1993) '한반도 핵문제와 미국 외교'(1994) '미래의 역사에서 미국은 희망인가'(1995) '20세기의 문명과 야만'(1998) '세계와 미국: 20세기의 반성과 21세기의 전망'(2001) '동아시아의 전쟁과 평화 1·2'(2009) '제국'(2014)

이삼열(李杉烈) LEE Sam Yull (達山)

[생]1930·7·13 [본]성주(星州) [출]충북 영동 [주]서울 금천구 가산디지털2로61 국도화학(주) 회장실(02-3282-1405) [학]1954~1956년 미국 고등군사반 이수 1962년 단국대 경제학과졸 1964년 서울대 경영대학원졸 [경]1971~1973년 정안상사(주) 대표이사 1973~1976년 정도화성(주) 대표이사 1976~1997년 국도화학공업(주) 대표이사 사장 1997년 同회장 1998년 한국능률협회 이사(현) 1999년 국도화학(주) 회장(현) [상]화랑무공훈장, 은탑산업훈장(1995), 국가유공자(1997)

이삼열(李三悅) Samuel Lee

[생]1959·3·15 [주]서울 강동구 성안로150 강동성심병원 외과(02-2224-2222) [학]1984년 가톨릭대 의대졸 1992년 순천향대 대학원 의학과졸(석사) 1996년 의학박사(전북대) [경]한림대 의과대학 외과학교실 교수(현) 1999년 미국 미시간대 이식센터 연구원 2000년 미국 위스콘신대 장기이식센터 단기연수 2004년 미국 컬럼비아대 장기이식센터 단기연수 2006~2008·2010년 한림대 강동성심병원 진료부원장, 대한이식학회 이사, 대한혈관외과학회 이사, 대한외과학회 평의원 2014~2015년 한림대 강동성심병원장

이삼호(李杉鎬)

[생]1961·6·2 [출]서울 [주]전남 무안군 무안읍 무안로479 무안경찰서 서장실(061-455-0321) [학]1980년 서울 용산공고졸 2012년 한국방송통신대졸 [경]1987년 순경 임용(공채) 1997년 경위 승진 2001년 경감 승진 2007년 인천 서부경찰서 경비교통과장 2007년 경정 승진 2008년 인천 삼산경찰서 부흥지구대장 2009년 인천 서부경찰서 생활안전과장 2011년 인천 남동경찰서 청문감사관 2012년 인천지방경찰청 112종합상황실장 2013년 同생활안전계장 2014년 인천 부평경찰서 경무과장 2015년 인천지방경찰청 112종합상황실장(총경) 2016년 전남 무안경찰서장(현) 2016년 무안군 명예이장(현)

이삼희(李三熙)

[생]1969·1·10 [출]경남 마산 [주]경남 함안군 가야읍 말산로1 함안군청 부군수실(055-580-2012) [학]1987년 부산 배정고졸 1995년 부산대 행정학과졸 2014년 창원대 대학원 행정학과졸 [경]1999년 지방행정사무관(지방고시) 1999~2004년 마산시 가포동장·교통행정과장·문화공보과장·경제통상과장 2004~2010년 경남도 보도지원담당 사무관·기획조정실 정책기획담당 사무관 2010~2013년 외교통상부 영사(일반계약직4호) 2013~2015년 경남도 의회사무처 총무담당관·서부권개발본부 서부청사추진단장(지방서기관) 2015년 경남 함안군 부군수(현) [상]대통령표창(2009)

이상갑(李相甲) Lee Sang Gab

[생]1956·2·27 [출]경남 [주]부산 연제구 중앙대로1001 부산광역시의회(051-888-8040) [학]마산상고졸 2009년 부산디지털대 사회복지학과졸, 동아대 국제전문대학원 국제학과졸 [경]부산대표도서관 건립자문위원회 위원(현), 혁신도시관리위원회 위원(현), (주)부산전문장례식장 대표이사, 부산시 북부소방서 의용소방대 남성대장, 법무부 소년보호지도위원회 위원(현), (사)사상구청년연합회 상임고문(현), 부산시 기업유치위원회 위원(현), 同뿌리산업발전위원회 위원(현), 同시장정비사업심의위원회 위원(현) 2010년 부산시의회 의원(한

나라당 · 새누리당) 2010년 同기획재경위원회 위원 2014년 부산시의회 의원(새누리당 · 무소속 · 새누리당) (현) 2014년 同기획재경위원회 위원장 2015년 同기획행정위원회 위원장(현)

이상갑(李尙甲) LEE Sang Kab

⊗1967 · 11 · 25 ⊜전남 신안 ㈜광주 동구 지산로73 법무법인 공감(062-222-5050) ⓗ1986년 서석고졸 1991년 서울대 정치학과졸 2003년 전남대 대학원 법학과 수료 ⓖ1996년 사법시험 합격(38회) 1999년 사법연수원 수료(28기) 1999년 변호사 개업, 천지합동법률사무소 변호사 1999년 (사)지체장애인협회 고문변호사 1999년 민주사회를위한변호사모임 광주전남지부 사무국장 2000년 광주전남기자협회 고문변호사 2002년 국가인권위원회 조사위원 2003년 광주지방변호사회 공보이사 2006년 전남도 환경분쟁조정위원회 위원 2006년 광주시 광산구청장선거 출마(열린우리당) 2009~2012년 민주사회를위한변호사모임 광주전남지부장 2012년 무소속 안철수 대통령후보선거대책위원회 민원팀장 2015년 법무법인 공감 대표변호사(현) ⊛대한변호사협회 '변호사 공익대상'(2014) ⊚기독교

이상걸(李相傑) LEE Sang Geol

⊗1959 · 10 · 23 ⊜월성(月城) ⊜부산 ㈜대전 유성구 문지로132 국립문화재연구소 행정운영과(042-860-9120) ⓗ1979년 용문고졸 1981년 서일공업전문대 지적학과졸 1996년 한국방송통신대 법학과졸 ⓖ1984년 7급 공채 1985년 문화공보부 체육과학과 훈련과 · 청소년국 청소년지도과 행정주사보 1988년 서울올림픽대회조직위원회 파견 · 문화부 청소년정책조정실 청소년육성과 · 청소년정책실 청소년수련과 행정주사 1996년 문화관광부 문화재관리국 문화재기획관실 · 문화재기획국 문화재기획과 행정사무관 1999년 문화재청 총무과 행정사무관 2001년 同문화유산국 유형문화재과 행정사무관 2002년 同문화유산국 매장문화재과 행정사무관 2003년 同문화유산국 동산문화재과 행정사무관 2005년 同재정기획관실 행정사무관 2005년 同재정기획관실 서기관 2006년 한국전통문화학교 총무과장 직대(서기관) 2008년 문화재청 기획재정담당관(서기관) 2011년 同기획재정담당관(부이사관) 2012년 세종연구소 교육파견 2013년 문화재청 문화재보존국 천연기념물과장 2014~2015년 同문화재정책국 정책총괄과장 2014~2015년 同문화재정책국장 직대 겸임 2015년 국립문화재연구소 행정운영과장(현) ⊛88올림픽유공표창(1989), 상반기모범공무원 국무총리표창(1995), 우수공무원 국무총리표창(2003) ⊚불교

이상걸(李相杰) LEE Sang Gul

⊗1961 · 12 · 2 ⊜서울 ㈜서울 강남구 테헤란로507 미래에셋생명보험 임원실(02-3271-4043) ⓗ고려대졸, 서울대 언어학과졸, 핀란드 헬싱키대 대학원 MBA ⓖ한국외환은행 근무, 하나은행 근무, 미래에셋증권 이사대우 2005년 同마케팅1본부 상무보 2005년 미래에셋생명보험㈜ 방카슈랑스 · SFC영업부문장(상무) 2006년 同SFC영업부문 전무 2008년 同채널영업 대표(전무) 2008년 同법인영업 대표 2011~2015년 同공동대표이사 사장 2016년 同상임고문(현)

이상경(李相卿 · 女) LEE Sang Kyung

⊗1955 · 10 · 3 ⊜경주(慶州) ⊜경기 남양주 ㈜서울 종로구 경희궁길33 내자빌딩6층 ㈜현대리서치연구소 임원실(02-3218-9600) ⓗ1974년 이화여고졸 1979년 연세대 사회학과졸 1983년 이화여대 대학원 철학과졸 2002년 연세대 대학원 사회학과 박사과정 수료 ⓖ1983~1987년 한국여성정책연구원 조사연구실 연구원 1987년 ㈜현대리서치연구소 대표이사(현) 1998년 사회복지공동모금회 중앙회 기획분과 부위원장(현) 1998~2010년 서울시 여론조사심의위원회 위원 1998~2000년 기획예산처 행정개혁위원회 위원 2000~2001년 대통령직속 여성특별위원회 비상임위원 2001~2003년 국무총리실 정책평가심의위원회 위원 2001~2003년 노동부 노동정책심의위원회 위원 2001~2008년 同고용정책전문위원회 위원 2001~2003년 행정자치부 공익사업평가위원회 위원 2002~2004년 한국마케팅여론조사협회 부회장 2004~2007년 기획예산처 산하기관운영위원회 위원 2004~2006년 한국인터넷마케팅협회 회장 2004~2008년 한국마케팅여론조사협회 이사 2005~2008년 보건복지부 보건복지홍보 자문위원 2005~2008년 정보통신부 자체평가심의위원회 위원 2006~2008년 국가보훈처 실무위원회 위원 2006년 한국온라인광고협회 고문(현) 2006~2008년 행정자치부 정책자문위원회 복무윤리분과 위원 2006~2007년 대통령직속 정책기획위원회 위원 2007년 한국조사연구학회 이사(현) 2007~2008년 기획예산처 공공기관운영위원회 위원 2007~2010년 서울시 관광진흥위원회 위원 2007~2013년 同정보화추진위원회 위원 2008년 한국방정환재단 이사장(현) 2010~2015년 한국여학사협회 회장

2010~2011년 덕성여대 사회학과 초빙교수 2010년 고용노동부 개방형직위 면접위원(현) 2011~2013년 대통령직속 지방행정체제개편추진위원회 민간위원 2012~2013년 여성가족부 정책자문위원회 위원 2013년 한국조사협회 이사(현) 2014~2015년 안전행정부 고위공무원단 면접심사위원 2014년 산업통상자원부 통상조약국내대책위원회 위원(현) 2016년 서울시의회 정책연구위원(현) 2016년 양성평등교육진흥원 자문위원(현) 2016년 서울시 성평등위원회 위원(현) ⊛국민훈장 목련장(2003) ⊛'멀티미디어시대의 도표사전' ⊚기독교

이상경(李相炅) LEE Sang Kyung

⊗1956 · 5 · 13 ㈜경남 진주시 진주대로501 경상대학교 총장실(055-751-6014) ⓗ1979년 경상대 사범대학 과학교육과졸 1985년 同대학원 화학과졸 1989년 화학박사(경상대) ⓖ1991~2002년 경상대 자연과학대학 화학과 전임강사 · 조교수 · 부교수 2002년 同교수(현) 2007~2009년 同학생지원처장 2009년 同교무처장, 同기초과학연구소장, 백엽장학재단 이사, 창원지검 진주지청 시민검찰위원회 위원장, 전국기초과학연구소장협의회 부회장, 대한화학회 경남지부장, 대한화학회 이사 2016년 경상대 총장(현) 2016년 경상대병원 이사장(현)

이상경(李相境 · 女) LEE Sang Kyung

⊗1956 · 10 · 3 ㈜서울 도봉구 삼양로144길33 덕성여자대학교 인문과학대학 일어일문학과(02-901-8225) ⓗ1979년 일본 릿쇼대 영어영문학과졸 1981년 同대학원 일어일문학과졸 1992년 일어일문학박사(일본 릿쇼대) ⓖ1982~1984년 부산여대 전임강사 1986~2003년 덕성여대 인문과학대학 일어일문학과 전임강사 · 조교수 · 부교수 1989년 한국일어일문학회 회원 1990년 한국일본학회 회원 1990~1991년 일본 도쿄대 국어국문학연구실 연구원 2003년 덕성여대 인문과학대학 일어일문학과 교수(현) 2013년 同인문과학대학장

이상경(李相庚) LEE Sang Kyeong

⊗1964 · 2 · 22 ⊜경주(慶州) ⊜광주 ㈜서울시 강남구 테헤란로306 선명법무법인(02-559-0900) ⓗ1982년 광주제일고졸 1986년 서울대 경영학과졸 1988년 同대학원졸 1995년 연세대 특허법무대학원 수료 1995년 고려대 의료법학연구과정 수료 1998년 서강대 경제대학원 경제학과졸 2001년 전북대 대학원 경제학박사과정 수료 2004년 서울대 대학원 경영학과 · 법학과졸(석사) ⓖ1990년 행정고시 합격(34회) 1990년 사법시험 합격(32회) 1993년 사법연수원 수료(22기) 1993~1998년 변호사 개업 1993년 민주사회를위한변호사모임 환경특위 위원 · 언론특위 위원 1998년 전주지법 판사 2001년 同정읍지원 판사 2003~2004년 인천지법 판사 2004~2008년 제17대 국회의원(서울 강동乙, 열린우리당 · 대통합민주신당 · 통합민주당) 2007년 열린우리당 홍보기획위원장 2008~2011년 법무법인 선명 대표변호사 2011~2012년 법무법인 중추 변호사 2012년 제19대 국회의원선거 출마(서울 강동乙, 민주통합당), 선명법무법인 변호사(현) ⊚기독교

이상고(李相高) LEE Sang Go

⊗1956 · 2 · 17 ⊜울산 ㈜부산 남구 용소로45 부경대학교 해양수산경영학과(051-629-5955) ⓗ1984년 부산수산대 자원경제학과졸 1986년 同대학원 자원경제학과졸 1991년 경제학박사(미국 로드아일랜드주립대) ⓖ1992~1997년 부산수산대 자원경제학과 전임강사 · 조교수 1995~1999년 수산업사연구소 부소장 1996~2000년 OECD 수산위원회 자문교수 1997년 부경대 수산경영학과 조교수 1997~2000년 同해양문화연구소장 1998~1999년 同수산경영학과 부교수 1998년 외교통상부 통상교섭 민간자문위원 1999년 부경대 해양산업정책학부장 1999~2014년 同수산과학대학 해양산업경영학부 교수 2004년 同해사문제연구소장 2005년 (사)해외어업협력센터 소장 2005년 해양수산부 자문위원 2006년 부경대 박물관장 2008년 同대학원발전연구위원 겸 취업지원센터소장 2008년 OECD 수산위원회 부의장 2014년 유엔식량농업기구(FAO) 수산위원회 부의장(현) 2014년 同한국협회 부회장(현) 2014년 부경대 수산과학대학 해양수산경영학과 교수(현)

이상구(李相九)

⊗1953 · 12 · 26 ⊜대구 ㈜경북 안동시 풍천면 도청대로455 경상북도의회(054-880-5333) ⓗ1971년 김천고졸 1975년 영남대 상경대학 무역학과졸 ⓖ포스코 과장, 포항공과대학 총무과장, (사)제철복지회 전무, 同포항사업본부 영업총괄, 포스렉 상임감사, 경북도스키협회 부회장, 포항남부경찰서 행정발전위원회 위원 2002 · 2006 · 2010~2014년 경북 포

항시의회 의원(한나라당·새누리당) 2006~2008년 同보사산업위원회 위원장 2008~2010년 同부의장 2008~2010년 포항시생활체육회 회장 2010~2012년 경북 포항시의회 의장 2010~2012년 경북시·군의회의장 협의회 회장 2010년 전국시·군·자치구의회의장협의회 회장 2014년 경북도의회 의원(새누리당)(현) 2014·2016년 同예산결산특별위원회 위원(현) 2014년 同문화환경위원회 위원 2014·2016년 同지방분권추진특별위원회 위원(현) 2015년 同조례정비특별위원회 위원(현) 2015년 同문화산업정책연구회 대표 2016년 同행정보건복지위원회 위원(현) [상]포항시생활체육회 감사패(2010), 대한민국혁신인물대상 우수의정활동부문대상(2016)

이상구(李相九) Lee Sangkoo

[생]1962·9·17 [본]경주(慶州) [출]충남 서산 [주]서울 영등포구 여의대로38 금융감독원 임원실(02-3145-5326) [학]1981년 서령고졸 1988년 한국외국어대 경제학과졸 1997년 미국 캔자스대 대학원 경제학과졸 [경]1988~1999년 한국은행 대전지점·조사제1부·인사부·정책기획국 근무 2000년 금융감독원 조사연구국 근무 2000년 同감독조정실 근무 2002년 同감독총괄국 팀장 2002년 同비서실 팀장 2004년 同뉴욕사무소 근무 2007년 同은행검사2국 근무 2008년 同기획조정국 팀장 2010년 同특수은행서비스국 팀장 2011년 同특수은행검사국 부국장 2012년 同상호여신전문검사국장 2013년 同일반은행검사국장 2014년 同총무국장 2015년 同은행·비은행검사담당 부원장보(현)

이상구(李相九) LEE Sang Ku

[생]1965·1·3 [주]울산 남구 여천로217번길19 롯데정밀화학(주) 임원실(052-270-6156) [학]서라벌고졸, 서울대 화학교육학과졸, 한국과학기술원(KAIST) 화학과졸(석사), 화학박사(한국과학기술원) [경]2004년 (주)삼성정밀화학 메셀로스연구팀 부장 2009년 同메셀로스연구담당 상무 2011년 同셀룰로스연구담당 상무 2012년 同그린소재연구담당 상무 2014년 同그린소재사업부장(상무) 2016년 롯데정밀화학(주) 기술총괄 상무(현)

이상국(李相國) LEE Sang Kuk

[생]1956·8·5 [출]경북 상주 [주]경북 경산시 하양읍 하양로13의13 대구가톨릭대학교 신학대학(053-850-3643) [학]1983년 광주가톨릭대 신학과졸 1984년 同대학원 조직신학과졸 1991년 이탈리아 우르바노대 대학원 교회법학과졸 1993년 교회법학박사(이탈리아 우르바노대) [경]1983년 성동천주교회 보좌신부, 남산천주교회 보좌신부 1993년 대구가톨릭대 교수·교구법원 성사보호관 겸임 1995년 대구가톨릭대 신학대학 신학부 신학전공 교수(현) 2015년 同신학부총장(현)

이상국(李相菊) Lee Sang-Kook

[생]1960·8·15 [본]경주(慶州) [주]서울 종로구 율곡로75 별관 현대엔지니어링(주) 재경본부(02-2134-1500) [학]성광고졸, 경북대 회계학과졸 [경]1985년 현대강관 입사, 현대하이스코(주) 재정팀장 2006년 同재경본부장(이사대우) 2008년 同재경본부장(이사) 2010년 同재경본부장(상무) 2012년 同재경본부장 겸 전략기획실장(상무) 2013년 同재경본부장 겸 전략기획실장(전무) 2014년 同대표이사 전무 2015년 同경영관리본부장(전무) 2015년 현대엔지니어링(주) 재경본부장(전무·CFO)(현)

이상권(李商權) LEE Sang Kwon (文谷)

[생]1955·1·27 [출]충남 홍성 [주]전북 완주군 이서면 오공로12 한국전기안전공사 사장실(063-716-2000) [학]1973년 홍성고졸 1982년 건국대 법학과졸 1995년 경원대 대학원 법학과졸 [경]1982년 사법시험 합격(24회) 1999년 청주지검 부장검사 2000~2001년 인천지검 부장검사 2001~2011년 변호사 개업 2002년 한나라당 대통령선거대책위원회 인천시공약개발위원장 2004~2012년 同인천계양乙당원협의회 운영위원장 2006년 同부대변인 2010년 同인천시당 선거대책위원회 대변인 2010년 제18대 국회의원(인천 계양乙 재보선 당선, 한나라당·새누리당) 2010~2012년 국회 지식경제위원회 위원 2011년 한나라당 원내부대표 2012년 제19대 국회의원선거 출마(인천 계양乙, 새누리당) 2012~2013년 새누리당 인천계양乙당원협의회 운영위원장 2012~2013년 同인천시당 위원장 2014년 한국전기안전공사 사장(현) [상]법무부장관표창(1991), 대통령표창(1993), 자랑스런 한국인대상 의정활동부문(2010), 한국전기문화대상 대상(2014) [저]'쥐뿔도 없는 자존심 덩어리'(2011, 야누스)

이상규(李尙圭) RHI Sang Kyu (梧堂)

[생]1933·7·1 [본]전주(全州) [출]전북 남원 [주]서울 강남구 영동대로511 트레이드타워205호 법무법인 세아(02-6000-0040) [학]1951년 전주 농림고졸 1955년 건국대 법학과졸 1961년 미국 남메소디스트대 법과대학원 수료 1992년 명예 법학박사(미국 하딩대) 1999년 명예 법학박사(대구대) [경]1952년 고등고시 행정과 합격(3회) 1953년 고등고시 사법과 합격(4회) 1961년 법제처 법제관 1968~1971년 문교부 고등교육·편수국장 1971년 국립중앙도서관장 1972년 한국라운드테이블연맹 총재 1974년 문교부 기획관리실장 1977~1985년 환경법학회 회장 1977년 문교부 중앙교육연구원장 1979년 同기획관리실장 1980년 同차관 1981년 변호사 개업·법무법인 세아 변호사 1981~2002년 중앙교육진흥연구소 이사장 1982~1996년 고려대 객원교수 1982~1988년 중앙환경분쟁조정위원 1987~1992년 대한변호사협회 외국변호사대책위원장 1989년 서울변호사협회 법제위원장 1991년 대한변호사협회 상임이사·법제위원장 1995년 LAWASIA 한국위원회장 1995~2001년 환태평양법조협회(IPBA) 이사 1997~2001년 대한변호사협회 변호사연수원장 2004~2005년 환태평양변호사협회(IPBA) 회장 2010년 법무법인 세아 고문변호사(현) [상]홍조근정훈장, 서울변호사회 공로상, 대한변호사회 공로상 [저]'미국행정법론' '신행정법론(上·下)' '신선거법해설' '국가보상법' '환경법론' '금강경의 세상' '전해오는 부처의 가르침' '붓다의 발자취' '산다는 것은' '금강경' '괴로움에서 벗어나는 길' [종]불교

이상규(李相揆) LEE Sang Gyu

[생]1953·11·26 [본]전주(全州) [출]경북 영천 [주]대구 북구 대학로80 경북대학교 인문대학 국어국문학과(053-950-5117) [학]1972년 대구고졸 1976년 경북대 국어국문학과졸 1979년 同대학원 국어국문학과졸 1989년 문학박사(경북대) [경]1978년 '현대시학' 시인추천 1979~1982년 한국정신문화연구원 방언조사연구원 1982~1983년 울산대 공대 전임강사·조교수 1983년 경북대 인문대학 국어국문학과 부교수·교수(현) 2001년 교육인적자원부 기초학문육성위원 2002~2003년 일본 도쿄대 객원교수 2006~2009년 국립국어원 원장 2010년 한국어정책학회 회장(현) 2010년 대구시의회 교육위원회 교육의원 2015~2016년 한국어문학회 회장 [상]일석학술상, 대통령표창, 외솔학술상(2011), 봉운학술상(2012), 경북대 학술상(2016) [저]'방언연구방법론'(1988, 형설출판사) '국어방언학'(2004, 학연사) '위반의 주술-시와 방언'(2005, 경북대 출판부) '방언학' '경북방언사전' [역]'방언학개설' '방언학연구방법론' [작]시집 '종이나발' '대답없는 질문' '거대한 집을 나서며' [종]불교

이상규(李相圭) LEE Sang Kyu

[생]1957·3·24 [본]경주(慶州) [출]광주 [주]서울 마포구 상암산로82 SBS프리즘타워16층 SBS콘텐츠허브(02-2001-6601) [학]1976년 서울고졸 1983년 서울대 사범대학 사회교육과졸 [경]1983년 대한전선 비서과장 1991년 SBS 총무부 근무 1996년 同기획부 차장 1997년 同제작관리부 차장 2000년 同제작본부 차장 2003년 同제작본부 부장 2004년 同제작본부 제작운영팀장 2005년 同방송지원본부 관재팀장 2006년 同기획본부 기획팀장 2008년 同기획실 기획팀장(부국장급) 2010년 同제작본부 제작운영팀장 2010년 同드라마센터 드라마운영팀장 2012년 SBS콘텐츠허브 경영기획실장(이사) 2013년 同대표이사 겸 경영기획실장 2016년 同자문(현)

이상규(李相圭) LEE Sang-kyu

[생]1957·9·20 [본]전의(全義) [출]전북 전주 [주]서울 종로구 사직로8길60 외교부 인사운영팀(02-2100-7223) [학]1976년 경기고졸 1980년 서울대 외교학과졸 2001년 미국 조지타운대 대학원 국제관계학과 수료 2002년 미국 존스홉킨스대 국제대학원 국제공공정책학과졸 [경]1980년 외무고시 합격(14회) 1980년 외무부 입부 1985년 駐미국 2등서기관 1991년 駐싱가포르 1등서기관 1994년 외무부 인사계장 1996년 駐제네바대표부 참사관 1999년 외교통상부 경제기구과장 2002년 駐말레이시아 참사관 2004년 외교통상부 APEC심의관 2006년 駐벨기에·유럽연합대표부 공사 2010년 외교통상부 외교안보연구원 교수부장 2011년 駐터키 대사 2014년 외교부 평가담당대사 2015년 駐스위스 대사(현) [상]근정포장(2006) [종]천주교

이상규(李祥圭) LEE Sang Kyoo

[생]1958·2·14 [주]경기 화성시 봉담읍 와우안길17 수원대학교 경상대학 경제·금융학과(031-220-2512) [학]경희대 경제학과졸, 미국 위스콘신대 대학원졸, 경제학박사(미국 위스콘신대) [경]수원대 경제학과 교수, 同경상대학 경제·금융학과 교수(현) 2010·2012년 同경영대학원장(현) 2015년 同금융공학대학원장·입학관리처장·고용서비스대학원장 겸임(현)

이상규(李相奎) LEE SANG GYU

[생]1959 · 8 · 2 [본]월성(月城) [출]서울 [주]서울 강남구 학동로343 POBA강남타워12층 (주)휴비스 인력개발실(02-2189-4567) [학]1978년 인창고졸 1986년 인하대 전산학과졸 [경]1986년 (주)선경합섬 경영정보팀 근무 1990년 선경인더스트리 인사팀 인사기획 · 행정담당 1993년 同인사팀 급여 · 후생 · 노무담당 1994년 同수원공장 인사팀 인사기획 · 행정담당 과장 1998년 SK케미칼 비서실 근무 2002년 (주)휴비스 지원팀장 2008년 同홍보지원팀 임원 2010년 同홍보지원팀 상무 겸 SCM팀 상무 2012년 同경영지원실장(상무) 2014년 同인력개발실장(상무)(현)

이상규(李相奎) LEE Sang Kyu

[생]1963 · 10 · 7 [출]전북 전주 [주]서울 서초구 법원로16 정곡빌딩 동관 208호 이상규법률사무소(02-599-4500) [학]1982년 전주 영생고졸 1987년 서울대 법학과졸 1989년 同대학원졸 [경]1992년 사법시험 합격(34회) 1995년 사법연수원 수료(24기) 1995년 법무법인 삼정 변호사 1997년 서울지검 의정부지청 검사 1999년 춘천지검 속초지청 검사 2000년 서울지검 검사 2003년 수원지검 검사 2005년 대구지검 검사 2007년 同부부장검사 2007년 서울남부지검 부부장검사 2009년 헌법재판소 파견 2010년 의정부지검 공판송무부장 2011년 춘천지검 부장검사 2012년 전주지검 부장검사 2013년 수원지검 안산지청 부장검사 2014년 서울고검 검사 2016년 변호사 개업(현) [종]천주교

이상규(李尚圭) LEE Sang Kyu

[생]1966 · 10 · 19 [출]경북 상주 [주]서울 강남구 삼성로512 삼성동빌딩18층 (주)인터파크(02-3708-5811) [학]1985년 달성고졸 1990년 서울대 국제경제학과졸 [경]1993~1997년 데이콤 근무 1997~1999년 인터파크 사업총괄이사 1999년 同부사장 2000~2001년 인터파크 구스닥 대표이사 겸임 2004년 인터파크 사장(COO) 2005~2008년 同대표이사 사장(CEO) 2007~2008년 인터파크쇼핑 대표이사 사장 겸임 2008~2010년 인터파크INT 대표이사 겸 총괄사장 2009년 한국온라인쇼핑협회 부회장 2010~2011년 (주)인터파크커머스사업전략 · 실행담당 사장 2011~2014년 한겨레신문 사외이사 2011년 (주)인터파크 신규사업부문 대표, 同사장(현) 2011년 (주)아이마켓코리아 사장(현) 2012년 (주)옐로페이 사장(현) 2015년 한국온라인쇼핑협회 회장(현), 벤처기업협회 부회장(현), 느티나무도서관재단후원회 회장(현) [상]자랑스런 달고인상(2010)

이상균(李相均) LEE Sang Kyoon

[생]1948 · 10 · 10 [출]경남 합천 [주]서울 강서구 하늘길260 대한항공 재무본부 임원실(02-2656-7060) [학]덕수상고졸, 단국대 경영학과졸, 인하대 경영대학원졸 [경]1977년 (주)대한항공 입사 2003년 同자금전략실장(상무) 2004년 同부산사업본부 공장관리부담당 상무 2005년 同회계담당 상무 2007년 同재무본부장(전무) 2010년 同재무본부장(부사장) 2014년 同재무부문 대표이사 부사장(현) [상]철탑산업훈장(2011) [종]기독교

이상균(李相均) LEE Sang Gyun

[생]1964 · 12 · 20 [본]합천(陜川) [출]경북 고령 [주]대구 수성구 동대구로364 대구지방법원(053-757-6449) [학]1983년 대구 심인고졸 1988년 서울대 공법학과졸 [경]1993년 사법시험 합격(35회) 1996년 사법연수원 수료(25기) 1996년 대구지법 판사 1999년 同의성지원 판사 겸 청송군 · 군위군법원 판사 2001년 同판사 2008년 특허법원 판사 2011년 창원지법 부장판사 2013~2015년 대구지법 안동지원장 2013~2015년 대구가정법원 안동지원장 겸임 2015년 대구지법 부장판사(현)

이상근(李相根) Lee Sang-Keun

[생]1953 · 11 · 19 [주]경남 통영시 중앙로313 통영상공회의소(055-643-2330) [학]한국방송통신대졸, 경남대 행정대학원졸, 정치학박사(경남대) [경]대가면4H후원회 회장 1995~1998년 경남 고성군의회 의원, 새교육공동체 고성주민모임 대표, 경남대 정치언론학부 · 행정대학원 강사 2006년 경남도 교육위원선거 출마, 통일교육위원 경남협의회 회장, 여의도연구소 정책자문위원 2014년 경남 고성군수선거 출마(무소속) 2015년 통영상공회의소 회장(현) 2015년 경남 고성군수선거 출마(재선거, 무소속)

이상근(李相根) Lee Sang Keun

[생]1960 · 7 · 5 [본]전주(全州) [출]서울 [주]서울 강남구 테헤란로305 한국산업기술진흥원 기술기반본부 국제기술협력단(02-6009-4451) [학]1992년 독일 베를린자유대 경영학과졸 1996년 同대학원 경영학과졸 2000년 경영학박사(독일 베를린자유대) [경]1997~1998년 안양대 경영학과 강사 및 사회과학연구소 전임연구원 2000~2003년 LG CNS 입사 · IT경영교육부장 2001년 서강대 국제대학원 강사 2002년 숭실대 국제대학원 강사 2003~2004년 (주)유로원 대표이사 2004년 (주)Tmax Soft 전략사업본부장 2004년 산업자원부 정보화담당관 2006년 同정보화기획팀장 2008~2010년 지식경제부 정책기획관실 정보화담당관(서기관) 2010년 한국산업기술진흥원 경영기획본부장 2012년 同대외협력실장 2013년 同기술전략본부 중견기업정책팀장 2013년 同기술기반본부 국제기술협력단장 2016년 同기술기반본부 국제기술협력단 전문위원(현) [종]기독교

이상근(李尚根)

[생]1962 · 12 · 26 [출]경북 예천 [주]세종특별자치시 정부2청사로13 국민안전처 세종2청사 비상안전기획관실(044-205-3200) [학]1981년 영주중앙고졸 1985년 육군사관학교 전산학과졸(41기) 2006년 영남대 대학원 경영학과 수료 [경]2006년 육군 3군단 인사처 근무과장(중령) 2007년 1군사령부 작전처 민사장교 2008년 同작전참모처 계엄계획장교 2010년 同지휘통신참모처 체계계획장교 2012년 국방부 국방인사정보화팀 인력관리담당 2014년 전역(대령) 2015년 국민안전처 기획조정실 비상안전기획관(국장급)(현)

이상기(李尚基) RHEE Sang Ki

[생]1951 · 6 · 5 [본]전주(全州) [출]대구 [주]충남 아산시 신창면 순천향로22 순천향대학교 의료과학대학 의약공학과(041-530-1627) [학]1971년 경기고졸 1975년 서울대 미생물학과졸 1977년 한국과학기술원졸(석사) 1980년 생물공학박사(한국과학기술원) [경]1980년 호주 New South Wales대 연구원 1982년 한국과학기술원 유전공학센터 선임연구원 1987년 미국 국립보건연구원(NIH) 초빙연구원 1993년 생명공학연구소 응용미생물연구그룹장(책임연구원) 1996년 同응용미생물연구부장 1996년 同생명공학정보화사업단장 1997년 한국생명공학연구원 선임연구부장 1999년 同미생물공정연구실장 2000년 (주)바이오홀딩스 대표이사 2001~2009년 미국 세계인명사전 'Marquis Who's Who in the World'에 9년 연속 등재 2003년 한국생명공학연구원 대사공학연구실장 2004년 한국산업기술평가원 신성장기술본부장 2005~2008년 한국생명공학연구원 원장 2005년 한국과학기술한림원 종신회원(현) 2007년 영국 케임브리지 국제인명센터(IBC) '21세기를 대표하는 최고의 지성 2000인'에 2007년판 및 2008년판에 등재 2007년 영국 IBC 발간 '올해의 과학자'(The International Scientists of the Year) 선정 2008년 한국생명공학연구원 오믹스융합연구센터 연구위원 2008년 한국미생물학회 회장, 한국미생물학회연합회 회장 2009년 호주 멜번대 초빙교수 2009년 순천향대 의료과학대학 의약공학과 교수(현) 2009~2016년 SCH 의약바이오인재양성센터장 2009~2011년 순천향대 의과학대학장 2011년 세계미생물학회연합 집행위원회 이사(현) 2012~2013년 SCH LINC센터장 2012~2014년 순천향대 의약바이오특성화사업단장 2013년 (사)한국미생물생명공학회 회장 2016년 순천향대 의약공학과 석좌교수(현) [상]한국과학기술단체총연합회 우수논문상(2000 · 2004), 국민훈장 목련장(2003), 칭찬하고 싶은 박물관인상(2008), 과학기술훈장 웅비장(2014), 한국미생물생명공학회 학술대상(2014) [저]'Handbook of Biopolymers(독일)' 외 저서 9편 [종]기독교

이상기(李相起) LEE Sang Ki

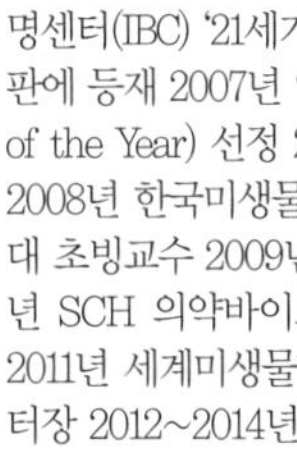

[생]1958·1·4 [본]경주(慶州) [출]서울 [주]서울 종로구 혜화로35 아시아엔(02-712-4111) [학]1977년 영동고졸 1986년 한국외국어대 영어과졸 1987년 서울대 서양사학과졸 2002년 경남대 북한대학원 지도자과정 수료 2002년 KDI 국제정책과정 수료 2003년 생산성본부 CEO과정 수료 2005년 한양대 언론정보대학원 수료 2010년 건국대 농축대학원 생명자원과정 수료, 서울대 인문학최고위과정 수료 [경]1988년 한겨레신문 입사(공채 1기) 1989년 同민권사회부·정치부·편집부·체육부 기자 1994년 同기동취재팀장 1995~2000년 육군종합행정학교 정훈공보학처 초빙교수 1998년 한겨레신문 교육팀장 2000년 同수도권팀장 2000~2008년 서울시인재교육원 외래강사 2001년 한겨레신문 집중기획팀장 2002~2005년 한국기자협회 제38·39대 회장 2002~2005년 한국신문윤리위원회 비상임이사 2002~2005년 한국언론재단 비상임이사 2003~2005년 사회복지공동모금회(사랑의 열매) 홍보분과 부위원장 2004년 아시아기자협회(AJA) 창립회장 2004~2007년 경찰청 과거사진상규명위원회 간사위원 2004~2007년 (사)자살예방협회 이사 2004~2009년 보건복지가족부 혈액관

리위원 2004년 만해상 심사위원(현) 2005~2007년 교육인적자원부 사학분쟁조정위원 2006년 한겨레신문 사람팀장(부장대우) 2006년 서울대동창회보 논설위원(현) 2006년 한국사보협회 자문위원 2006년 IFJ국제기자연맹 특별총회 준비조직위원회 고문 2006~2008년 한겨레신문 지역부문 편집장·스포츠부문 편집장 2006~2008년 EBS 시청자위원 2008년 엄홍길휴먼재단 감사(현) 2008년 평양과학기술대 설립이사 2008년 서울대 인문대학 멘토 2008~2010년 한겨레신문 편집국 사람팀 선임기자 2010~2013년 서울대 관악언론상 심사위원 2011년 아시아엔(The AsiaN) 대표이사 겸 발행인(현) 2011년 (사)아시아기자협회 상임이사(현) 2013년 매거진N 발행인 겸 대표이사(현) 2014~2015년 OECD 한국위원회 정책본부 자문위원 2015년 금융감독원 자문위원(현) [상]보건복지부장관표창(2005), 몽골건국800년 기념훈장(2007) [저]'신한국군리포트(共)'(1997) '요즘 한국기자들'(2005) '그대 떠난 자리에 별이 뜨고'(2007)

이상길(李相吉) Lee Sang Kil

[생]1958·7·11 [본]경주(慶州) [출]경북 청도 [주]경기 안양시 동안구 부림로166 농림수산식품기술기획평가원 원장실(031-420-6704) [학]1976년 경동고졸 1982년 서울대 사회교육학과졸 1998년 미국 일리노이주립대 대학원 경제학과졸 [경]1982년 행정고시 합격(24회) 1982년 총무처 행정사무관 1986년 국세청 행정사무관 1987년 농림부 농업공무원교육원 교수부 사무관 1990년 同양정국 양정조사과 사무관 1994~2000년 同법무담당관·식량관리과장·농촌인력과장·축산정책과장(서기관) 2000~2005년 同축산정책과장·농업정보통계관·국제농업개발기금 부이사관 2005년 국방대 파견(국장급) 2006년 농림부 식량정책국장 2006년 同축산국장 2008년 농림수산식품부 축산정책단장 2009년 산림청 차장 2010년 농림수산식품부 식품산업정책실장 2011~2013년 同제1차관 2013년 농림수산식품기술기획평가원 원장(현) [상]대통령표창(1992), 홍조근정훈장(2006)

이상길(李相吉) Lee Sang Gil

[생]1964·2·10 [출]경북 고령 [주]서울 종로구 세종대로 209 행정자치부(02-2100-3510) [학]1982년 성광고졸 1987년 경북대 행정학과졸 1993년 서울대 행정대학원 행정학과졸 2006년 미국 시라큐스대 대학원 행정학과졸 [경]1992년 행정고시 합격(35회) 1993년 대구시 내무국 총무과(지방행정사무관) 1993년 同지방공무원교육원 교수부 1994년 同국제통상협력실 1996년 同경제국 국제협력과 1996년 同경제국 경제분석과 1998년 同경제산업국 경제정책과 1999년 同내무국·행정관리국 총무과 2001년 同문화체육국 체육진흥과(지방서기관) 2004년 同문화체육국 체육청소년과 2004년 同행정관리국 총무과 2004년 同행정관리국 총무과 2007년 同신기술산업본부 과학기술팀 2008년 同기획관리실 정책기획관 2009년 同기획관리실 정책기획관(지방부이사관) 2009년 同신기술산업국 첨단의료복합단지기획팀 2012년 행정안전부 지방재정세제국 재정관리과장 2013년 안전행정부 지방재정세제실 지방재정정책관실 재정관리과장 2014년 부마민주항쟁보상지원단장(일반직고위공무원) 2014년 과거사관련업무지원단장 2014년 행정자치부 지방행정연수원 기획부장 2015년 대구시 기획관리실장 2016년 同기획조정실 정책기획관 2016년 행정자치부 지방재정세제실 지방재정정책관(현)

이상대(李相大) LEE Sang Dae

[생]1947·7·18 [본]경주(慶州) [출]충남 서천 [주]서울 강남구 도곡동 우성캐릭터빌199 614호 건설산업사회공헌재단(02-543-5001) [학]1966년 경복고졸 1971년 고려대 정치외교학과졸 [경]1973년 제일합섬 근무 1975년 삼성 회장비서실 인력팀 근무 1978년 삼성종합건설 근무 1982년 同감사실장 1984년 同인사부장 1988년 同이사 1993년 同상무이사 1994년 삼성인력개발원 부원장 1996년 同전무이사 1997년 삼성물산(주) 전략기획실장 1998년 同부사장·주택부문장 2000년 同주택부문 대표이사 사장 2002년 同건설부문 대표이사 사장 2002년 한국건설CALS협회 회장 2002년 대한건설협회 부회장 2006~2009년 삼성물산(주) 대표이사 사장 2006년 삼성 전략기획위원회 위원 2009년 삼성물산(주) 대표이사 부회장 겸 건설부문장 2010년 삼성엔지니어링 부회장 2010년 同상담역 2015년 건설산업사회공헌재단 이사장(현) [상]금탑산업훈장

이상대(李相大) LEE SANG DAE

[생]1961·12 [주]서울 중구 세종대로67 삼성증권(주) 비서실(02-2020-8000) [학]1980년 경북고졸 1986년 경북대 대학원 경영학과졸 [경]2008년 삼성증권(주) 상무 2010년 同마케팅실장 2011년 同강남1사업부장 2012년 同상품마케팅실장 2013년 同리테일본부장(전무) 2015년 同CPC전략실장(전무) 2016년 同대표이사 보좌역(현)

이상덕(李尙德) LEE Sang Deok

[생]1957·11·9 [주]충남 천안시 동남구 단대로119 단국대학교 자연과학대학 수학과(041-550-3414) [학]1980년 단국대 수학과졸 1982년 同대학원 수학과졸 1993년 수학박사(경희대) [경]1980~1982년 보성여중·고 교사 1982~1986년 삼척공업전문대학 전임강사·조교수 1986~1998년 단국대 첨단과학부 응용수학전공 전임강사·조교수·부교수 1993~1995년 同응용수학과장 1998년 同자연과학대학 수학과 교수(현) 2001~2003년 同산업정보대학원장 2005~2008년 同천안캠퍼스 평생교육원장 2015년 同자연과학대학장(현) [저]'미적분학'(1990) '대학교양수학'(1999) [역]'집합론'(1996) '기본수학'(1997)

이상덕(李相德) Lee Sang-deok

[생]1960·8·31 [주]서울 종로구 사직로8길60 외교부 인사운영팀(02-2100-7140) [학]1986년 한국외국어대 포르투갈어과졸 1992년 미국 조지아주립대 대학원 정치학과졸 [경]1988년 외무고시 합격(22회) 1988년 외무부 입부 1995년 駐일본 2등서기관 1997년 駐몽골 1등서기관 2002년 駐애틀란타 영사 2004년 駐일본 1등서기관 2005년 외교통상부 서남아대양주과장 2007년 同동남아과장 2008년 대통령실 파견 2009년 駐중국 공사참사관 2011년 駐일본 공사참사관 2012년 외교통상부 동북아시아국 심의관 2014년 외교부 동북아시아국장 2016년 駐싱가포르 대사(현)

이상덕(李相德)

[생]1961·8·7 [출]전북 전주 [주]전북 전주시 완산구 전라감영로75 전라일보 편집국(063-232-3131) [학]1981년 남성고졸 1988년 전주대졸 [경]1991년 전주일보 근무 1994년 전라매일 근무 1997년 전북제일신문 편집국 문화부 차장 2001년 전라일보 편집국 문화체육팀장 2005년 同편집국 문화부장 2008년 同편집국 부국장대우 문화·교육부장, 同편집국 정치부 부국장대우 2012년 同편집국 부국장 2014년 同편집국장(현)

이상덕(李相德)

[생]1965·9·11 [주]대구 북구 대학로5 더불어민주당 경북도당(053-955-6633) [학]영남대 법정대학 법학과졸 [경]제17대 대통령선거 노무현후보 선거대책위원회 불교특별위원회 기획국장, 경주시지역택시연합노동조합 사무국장 2015년 더불어민주당 경북경주시지역위원회 위원장(현) 2016년 제20대 국회의원선거 출마(경북 경주시, 더불어민주당)

이상도(李相燾) LEE Sang Do

[생]1955·8·11 [본]경주(慶州) [출]경북 영일 [주]서울 강남구 테헤란로87길36 도심공항타워14층 법무법인 로고스(02-2188-2803) [학]1974년 대구고졸 1980년 서울대 법학과졸 [경]1980년 사법시험 합격(22회) 1982년 사법연수원 수료(12기) 1982년 軍법무관 1985년 부산지검 검사 1988년 춘천지검 강릉지청 검사 1989년 서울지검 동부지청 검사 1992년 대구지검 고등검찰관 1993년 부산고검 검사 1994년 대구지검 영덕지청장 1995년 대검찰청 검찰연구관 1997년 同환경과장 1998년 서울지검 남부지청 형사5부장 1998년 同남부지청 형사4부장 1999년 同남부지청 형사3부장 2000년 同북부지청 형사2부장 2001년 광주고검 검사 2002년 창원지검 진주지청장 2003년 서울지검 동부지청 차장검사 2004년 서울고검 송무부장 2005년 광주고검 차장검사 2006년 춘천지검장 2007~2008년 법무부 보호국장 2008년 법무법인 로고스 변호사(현)

이상도(李相道) LEE Sang Do

[생]1958·1·24 [주]서울 송파구 올림픽로43길88 서울아산병원 호흡기내과(02-3010-3114) [학]1982년 서울대 의대졸 1989년 同대학원졸 1992년 의학박사(서울대) [경]1988년 서울대병원 내과 전임의 1990~1995년 충북대 의대 조교수 1995년 울산대 의대 내과학교실 교수(현) 1996년 미국 Univ. of Colorado Health Sciences Center Pulmonary Hypertension Center 연구교수 2007년 서울아산병원 진료지원실장 겸 지원부장 2008년 同호흡기내과 과장 2009년 同기획실장 2011년 同진료부원장(현) [저]'임상호흡기학'(1990)

이상돈(李相敦) LEE Sang Don

[생]1951 · 12 · 4 [본]경주(慶州) [출]부산 [주]서울 영등포구 의사당대로1 국회 의원회관918호(02-784-4750) [학]1970년 경기고졸 1974년 서울대 법학과졸 1976년 同대학원졸 1980년 미국 Tulane Univ. School of Law졸(LL.M.) 1981년 미국 Univ. of Miami School of Law졸(M.C.L.) 1983년 법학박사(미국 Tulane Univ.) [경]1983~2013년 중앙대 법학과 조교수 · 부교수 · 교수 1993년 미국 Georgetown Univ. Law Center Fulbright Senior Scholar 1995~2003년 조선일보 비상임논설위원 1996년 미국 Loyola Law School(LA) 방문교수 2001~2003년 중앙대 법과대학장 2007~2009년 同법학연구소장 2011년 한나라당 비상대책위원회 위원 2012년 새누리당 정치쇄신특별위원회 위원 2013년 중앙대 법과대학 명예교수(현) 2016년 국민의당 선거대책위원회 공동위원장 2016년 제20대 국회의원(비례대표, 국민의당)(현) 2016년 국민의당 최고위원 2016년 국회 환경노동위원회 위원(현) [상]근정포장(2013) [저]'미국의 헌법과 연방대법원' '환경정책법' '국제거래법' '환경위기와 리우회의' '지구촌 환경보호와 한국의 환경정책' '환경법'(共) '여성과 법'(共) '세계의 트렌드를 읽는 100권의 책'(2006) '비판적 환경주의자'(2006) '위기에 처한 대한민국'(2007) '공부하는 보수'(2014, 책세상) [역]'에코스캠'(1999) '중상모략(共)'(2007) '반역(共)'(2008) [종]천주교

이상돈(李相敦) Lee Sang Don

[생]1955 · 4 · 4 [출]경북 청도 [주]서울 강남구 남부순환로 2806 군인공제회 이사장실(02-2190-2001) [학]1977년 육군사관학교졸 1981년 고려대 대학원 경영학과졸 2010년 경제학박사(목원대) [경]1977년 육군소위 임관 2006년 제12보병사단장 2008년 육군본부 군수참모부장 2009년 군수사령관 2013년 육군 정책연구위원장 2014년 군인공제회 이사장(현) [상]재구상(1983), 대통령표창(2001), 보국훈장 천수장(2008), 보국훈장 국선장(2012) [저]'군수론'(2012, 청미디어)

이상돈(李相敦) Lee Sang Don

[생]1963 · 9 · 14 [본]경주(慶州) [출]충북 음성 [주]경기 용인시 기흥구 관곡로35 수원교구청 신갈성당(031-281-4700) [학]1982년 서울 성신고졸 1986년 가톨릭대 신학과졸 1992년 수원가톨릭대 대학원 역사신학과졸 2005년 서강대 가톨릭경영자과정 수료(SCAMP 8기) [경]1992년 천주교 고등동성당 보좌신부 1993년 同과천성당 보좌신부 1994년 同대학동성당 보좌신부 1994년 同수원교구 사제평의회 보좌신부 대표위원 1994년 천주교 단대동성당 보좌신부 1995년 同안성성당 주임신부 1996년 안법고 지도신부 겸 종교교사 2000년 천주교 수원교구 사제평의회 안성지구 대표위원 2001년 효명고 교목실장 겸 종교교사 2003년 효명중 교목실장 2004년 천주교 수원교구 사제평생교육위원회 위원 2005년 학교법인 광암학원 법인전담 신부 2006년 천주교 수원교구 사제평의회 위원 2007~2011년 안법고 교장 2007년 천주교 수원교구 평택대리구 사제평의회 학교대표위원 2008년 학교법인 광암학원 이사 2012년 천주교 수원교구청 신갈성당 주임신부(현) [종]천주교

이상돈(李相敦) LEE Sang Don

[생]1966 · 2 · 17 [주]세종특별자치시 시청대로370 한국직업능력개발원 연구조정본부(044-415-5025) [학]1988년 성균관대 경제학과졸 1990년 同대학원 경제학과졸 1996년 경제학박사(성균관대) [경]2001년 한국직업능력개발원 연구위원 2007년 同전략정보팀장 2008년 同패널 · 통계센터 소장 2008년 한국경제연구학회 이사(현) 2009년 한국직업능력개발원 신성장인재연구실장 겸 HRST공동연구센터 소장 2010년 同미래인재연구실장 2010년 同미래인재연구실 HRST공동연구센터 소장 2013년 同교육훈련 · 노동연계연구실 선임연구위원 2014년 同연구조정본부장(선임연구위원)(현)

이상동(李相東) LEE Sang Dong

[생]1959 · 12 · 30 [출]부산 [주]부산 부산진구 동성로144 대한적십자사 부산광역시지사(051-801-4000) [학]1986년 동아대 공대졸 1994년 영남대 행정대학원졸 [경]1986년 대한적십자사 대구 · 경북혈액원 사업과 입사 1991년 同대구 · 경북혈액원 헌혈운영과장 1998년 同대구지사 청소년본부장 2003년 同대구적십자병원 관리부장 2005년 同대구지사 사무국장 2010년 同경남지사 사무처장 2015년 同혈액관리본부 부산혈액원장 2016년 同부산지사 사무처장(현) [상]대한적십자사총재표창(2001)

이상득(李相得) LEE Sang Deuk

[생]1935 · 11 · 29 [출]경북 영일 [학]1954년 포항 동지상고졸 1961년 서울대 상과대학 경제학과졸 1999년 명예 법학박사(미국 캠벨대) [경]1971년 광일화섬 이사 1973년 코오롱상사 이사 1977년 코오롱 부사장 1977년 유니온봉제 사장 1979~1983년 코오롱 사장 1979년 코오롱종합전기 사장 1981년 한국능률협회 부회장 1981년 평통 자문위원 1982년 발명특허협회 부회장 1983~1988년 코오롱상사 사장 1988년 코오롱그룹 고문 1988년 제13대 국회의원(영일 · 울릉, 민정당 · 민자당) 1992년 제14대 국회의원(영일 · 울릉, 민자당 · 신한국당) 1993년 민자당 제2정책조정실장 1994년 同경제담당 정책조정실장 1995년 同제2정책조정위원장 1996년 제15대 국회의원(포항南 · 울릉, 신한국당 · 한나라당) 1996년 신한국당 정책위원회 의장 1997년 국회 재정경제위원장 1997년 한나라당 원내총무 1998년 국회 운영위원장 1998년 한나라당 정책위원회 의장 1999년 同경제특별위원회 위원장 2000년 제16대 국회의원(포항南 · 울릉, 한나라당) 2001년 한나라당 국가혁신위원회 부위원장 2001년 同사무총장 2002년 同최고위원 2004년 同사무총장 2004년 同공동선대본부장 2004년 제17대 국회의원(포항南 · 울릉, 한나라당) 2006~2008년 국회 부의장 2008~2012년 제18대 국회의원(포항南 · 울릉, 한나라당 · 새누리당) 2008~2012년 한 · 일의원연맹 회장 [상]동탑산업훈장(1981), 국민훈장 동백장(1981), 1억불 수출탑 [저]'자원외교특사 이상득의 자원을 경영하라'(2011, 김영사) [종]기독교

이상렬(李尙烈) LEE Sang Lyul (甘泉)

[생]1946·12·18 [본]성산(星山) [출]강원 춘천 [주]충남 홍성군 홍성읍 대학길25 청운대학교 총장실(041-630-3100) [학]1965년 경기고졸 1969년 서울대 공대 금속공학과졸 1970년 미국 미주리주립대 대학원 금속공학과졸 1975년 공학박사(미국 컬럼비아대) 1985년 서울대 AMP 수료 1989년 同AIP 수료 [경]1975~1977년 미국 AMAX社 책임연구원·특수금속연구소 책임연구원 1978년 대농 상무이사 1980년 同전무이사 1982년 同부사장 1987년 코리아나관광 대표이사 겸임 1989년 미도파 사장 1989년 (사)한국백화점협회 회장 1990년 대농 사장 1993년 同부회장 1995년 매트로프로덕트 사장 1997년 (주)미도파 대표이사 부회장 1997년 (사)예술의전당 이사 1998년 (재)세아장학재단 이사 2000년 (재)새사람선교회 이사 2007년 매트로프로덕트 부회장 2010년 청운대 총장(현) 2011년 동일방직(주) 사외이사(현) [상]동탑산업훈장(1993), 미국 미시간주립대 국제화우수지도자상(1995), 제5회 대한민국참교육대상 창의실용부문대상(2014) [역]희곡 '환상과 착각'(1993) 'K2'(1996) '박사'(2006) [종]기독교

이상로(李相魯) LEE Sang Ro

[생]1964 · 12 · 5 [출]충남 태안 [주]충남 예산군 삽교읍 청사로201 충남지방경찰청 제1부장실(041-336-2414) [학]1982년 공주고졸 1989년 동국대 경찰행정학과졸 2003년 同행정대학원 공안행정학 석사 [경]1989년 경위 임관(간부후보 37기) 2007년 충남지방경찰청 청문감사담당관(총경) 2008년 충남 서산경찰서장 2009년 경찰청 정보1과장 2010년 교육 파견 2010년 경기 고양경찰서장 2011년 서울 동작경찰서장 2012년 경찰청 교통안전담당관 2014년 광주지방경찰청 제2부장(경무관) 2015년 충남지방경찰청 제1부장(현)

이상록(李相綠) LEE Sang Rok

[생]1953·12·19 [출]전북 전주 [주]대전 유성구 가정북로156 한국기계연구원 나노융합기계연구본부 나노역학연구실(042-868-7619) [학]1976년 서울대 조선공학과졸 1980년 한국과학기술원 생산공학과졸(석사) 1987년 공학박사(미국 워싱턴주립대) [경]1976년 현대중공업(주) 설계기사 1980년 한국기계연구원 선임연구원 1987년 同책임연구원 1999~2002년 同신교통기술연구부장 2002~2013년 同나노메카트로닉스기술개발사업단장 2013년 同나노융합기계연구본부 나노역학연구실 책임연구원 2014년 同대외협력실장 2015년 同나노융합기계연구본부 나노역학연구실 책임연구원(현) [상]올해의 기계인(2015)

이상룡(李相龍) LEE Sang Ryong (雅泉)

[생]1941 · 2 · 10 [출]경기 포천 [학]1962년 국립국악고졸 1966년 서울대 국악과졸 1983년 연세대 교육대학원 음악학과졸 [경]1969~1972년 국립국악원 국악사 1972~1985년 국악고 교사 1985~2007년 단국대 국악과 조교수 · 부교수 · 교수 1997년 同예술대학장 1997년 중요무형문화재 제1호 종묘제례악 전수교육조교(현) 1998년 한국국악진흥회 이사 2000~2007년 대금연구회 이사장, 국립국악원 한국공연예술문화재단 이사 2007년 단국대 명예교수(현), 종묘제례악보존회 회장 [상]문교부장관표창, 황조근정훈장(2007) [저]

'한국음악사'(1971) '대금정악'(1979) '한국전통음악지도서'(1983) '대금정악'(1984) '한범수류 대금 산조'(1984) 종천주교

이상룡(李相龍) LEE Sang Ryong

생1957·9·25 출대구 주대구 북구 대학로80 경북대학교 공과대학 기계공학부(053-950-5579) 학1976년 경북고졸 1980년 서울대 기계공학과졸 1982년 한국과학기술원 기계공학과졸 1989년 기계공학박사(미국 조지아대) 경대구테크노파크 창업보육사업본부장 1982년 경북대 공대 기계공학부 교수(현) 1999~2003년 同테크노파크단장 2003~2004년 同산학협력단장, (사)한국창업보육센터협회 부회장, 디피씨(주) 사외이사, 경북대 산학협력지원단장 2009년 同산학협력중심대학산업단장 2009년 同공과대학장 2011~2012년 국가과학기술위원회 지방과학기술진흥협의회 위원 2011년 경북대 에너지공학부장 2011년 국가과학기술위원회 전문위원 2013년 국가과학기술심의회 첨단융합분야 전문위원 2013년 대통령직속 지역발전위원회 위원 2013~2016년 한국연구재단 이사

이상률(李相律) LEE Sang Ryoul

생1956·4·1 본경주(慶州) 출경북 포항 주서울 영등포구 의사당대로1길 11 대우메종리브르606호 (주)에스알아이앤씨(02-6335-9151) 학1975년 대륜고졸 1982년 경북대 전자계산기공학과졸 경대우증권 사이버시스템부장 1999년 교보증권 IT부문담당 2002년 同관리부문담당 상무 2004년 同IT본부장 겸 홍보부문 상무 2005년 同인재개발실 및 정보시스템담당 상무 2006년 (주)에스알아이앤씨 대표이사(현) 종천주교

이상률(李相律) LEE Sang Ryul

생1957·5·8 주서울 서대문구 충정로70 롯데네슬레코리아(주) 임원실(080-600-2000) 학경희대 식품공학과졸 경2006년 (주)롯데칠성음료 중국법인장(이사대우) 2007년 同커피사업담당 이사 2011년 (주)롯데햄 마케팅영업부문장(상무) 2013년 롯데푸드 상무 2014년 同영업본부장(전무) 2014년 롯데네슬레코리아(주) 대표이사(현)

이상률(李相律) LEE Sang Ryool

생1960·3·2 출경북 포항 주대전 유성구 과학로169의84 한국항공우주연구원 위성연구본부 정지궤도복합위성사업단(042-860-2114) 학1984년 서울대 공대 항공공학과졸 1986년 同대학원 항공공학과졸 1990년 프랑스 ENSAE/Sup'Aéro 발사체·인공위성 전문석사 1990년 프랑스 폴사바티에(UPS)대 제어·우주응용학석사(DEA) 1993년 제어·우주응용학박사(프랑스 폴사바티에(UPS)대) 경1986~1989년 천문우주과학연구소 우주공학실 연구원 1990~1998년 한국항공우주연구소 선임연구원 1999년 한국항공우주연구원 책임연구원(현) 2002~2005년 同다목적위성체계그룹장 2005~2006년 同아리랑위성3호사업단장 2006년 同위성연구본부 다목적실용위성5호사업단장 2009년 同위성연구본부장 2011년 同항공우주시스템연구소장 2015년 同위성연구본부 정지궤도복합위성사업단장(현) 상한국항공우주연구소장 공로상(1994), 국민포장(2000), 국가정보원장표창(2002), 과학기술훈장 웅비장(2007), 한국공학한림원 선정 '대한민국 100대 기술과 주역'(2010)

이상률(李尙律)

생1966·11 출경남 주서울 서대문구 통일로87 경찰청 정보국 정보1과(02-3150-2281) 학1984년 김해고졸 1988년 경찰대 법학과졸(4기) 2007년 고려대 정책대학원 행정학과졸 경1988년 경위 임용 1997년 서울지방경찰청 101경비단 중대장 2002년 부산영도경찰서 경비교통과장 2002년 경정 승진 2006년 경찰청 정보3과 3계장 2007년 同정보2과 5계장 2010년 경남지방경찰청 정보과장 2011년 총경 승진 2011년 부산북부경찰서장 2013년 서울지방경찰청 정보관리부 정보1과장 2015년 서울 은평경찰서장 2016년 경찰청 정보국 정보1과장(현)

이상만(李商萬) LEE Sang Man (도암)

생1926·2·11 본성주(星州) 출경북 김천 주서울 관악구 관악로1 서울대학교 지질학과(02-880-5114) 학1944년 김천고졸 1950년 서울대 지질학과졸 1957년 미국 미시간대 대학원 지질공학과졸 1962년 이학박사(캐나다 맥길대) 경1960년 캐나다 퀘백자원조사국 연구관 1963~1964년 연세대 이공대학 부교수 1964~1991년 서울대 지질학과 교수 1966년 대한지질학회 부회장 1971~1992년 국제지질과학총연맹 한국위원장 1974~1991년 세계지질도편찬위원회 아시아변성지질도 편찬위원장 1985년 대한지질학회 회장

1985~1987년 서울대 자연과학종합연구소장 1987~1989년 同자연대학장 1988년 대한민국학술원 회원(지질학·현) 1989~1993년 남북교수학술교류추진위원회 부위원장 1991년 서울대 명예교수(현) 1992년 한국암석학회 회장 1992년 지질과학협의회 회장 1992~1993년 국제과학재단 한국위원장 1994년 한국암석학회 명예회장(현) 1998~1999년 대한민국학술원 자연과학부 제2분과회 회장 2014년 (사)한국통일문인협회 고문(현) 상화랑무공훈장(1953), 과학기술상 대통령표창(1974), 운암지질학상(1977), 국민포장(1991), 학술원상(1991), 천상병詩賞(1999) 전'지구과학개론(共)'(1970) '아시아변성지질도'(1990) '곡선에 깃든 생명'(共) '나의 인생'(1991) 영'The Earthis Crust(共)'(1977) 'Geology of Korea(共)'(1988) 저시집 '다시 태어날 봄을 위하여' '풍화작용' '화석' 산문집 '나의 인생' 종기독교

이상만(李相萬) LEE Sang Man (윤곡)

생1949·12·31 본경주(慶州) 출대구 주서울 동작구 흑석로84 중앙대학교 경영경제대학 경제학과(02-812-8120) 학1968년 경기고졸 1974년 연세대 경제학과졸 1980년 미국 클레어몬트대 대학원 경제학과졸 1984년 경제학박사(미국 클레어몬트대) 경1984~2015년 중앙대 경영경제대학 교수 1985년 한국경제연구원 초빙연구원 1988~1990년 미국 클레어몬트대 초빙교수 1994년 루마니아 Xerox최고경영자과정 초빙교수 1994년 동아세아연구회 부회장 1994년 중앙대 민족통일연구소장 1994~1995년 헝가리 부다페스트국제경영대학원 초빙교수 1995년 대한상공회의소 중국자문위원 1995년 중동구포럼 부회장 1995~1996년 베트남 하노이무역대 초빙교수 1995~1996년 베트남 국가계획위원회 경제자문관 1996~1997년 재정경제부 금융산업발전심의위원 1998년 민주평통 상임위원 2000년 한국동아시아연구회 회장 2001년 한국동북아경제학회 회장 2001~2004년 통일부 정책자문위원 2002~2012년 KBS 보도본부 객원해설위원 2004년 북한경제전문가100인포럼 회장 2005~2007년 통일부 정책평가위원 2006년 통일경제협회 회장(현) 2006년 북한연구학회 회장 2006~2008년 미국 앨라배마주립대 석좌교수 2006~2009년 同동아시아연구소장 2007~2015년 중앙대 대학원 북한개발협력학과 교수 2008년 북한정책포럼 회장 2008~2010년 한국관광공사 남북교류자문위원 2010~2011년 통일연구원 고문 2011년 북한정책포럼 회장(현) 2011~2015년 중앙대 민족통일연구소장 2011년 개성공단지원재단 자문위원장 2013년 한국전쟁기념재단 정전60주년기념사업추진위원회 추진위원, 한반도개발협력연구네트워크 대표(현), 한반도개발협력연구소 이사장(현), 개성공단포럼 상임대표(현) 2015년 중앙대 명예교수(현) 상정진기 언론문화상(1995), 근정포장(2015) 전'통일경제론'(1994) '통일경제'(1995) '통일경제와 북한농업'(1995) '통일환경론'(1996) '분단반세기 북한 연구사'(1999) '남북한 경제공동체 형성전략 : 남북한 경제협력 통합방안과 재원조달방안'(2003) 'DMZ'(2004) '현대북한경제론(共)'(2005) '감성경제와 Brand Design Management'(2006) 'WTO체제하의 남북한 경제교류' '북한경제의 구조조정과 재원조달 방안' '북한의 경제성장 결정 요인 분석' '이제는 통일이다: 통일경제실현을 위한 로드맵'(2014) '한반도를 경영하라:통일CEO를 위한 가이드(共)'(2016)

이상만(李相萬) LEE SANG MAN

생1960·11·5 출경북 상주 주울산 중구 종가로340 근로복지공단 의료사업본부(052-704-7500) 학영남대 법학과졸 경1988년 근로복지공단 입사 1995년 同산재심사국 심사장 1997년 고려대 교육파견 1998년 근로복지공단 복지개발국 근무, 同경인지역본부 관리부장 2008년 同경영혁신국 비전전략팀장 2011년 同대전업무상질병판정위원장 2013년 서울대 교육파견 2014년 근로복지공단 복지연금국장 2015년 同의료사업본부장(현)

이상목(李相睦) LEE Sang Mok

생1955·2·28 출충북 청주 주대전 유성구 대학로99 충남대학교 국가정책대학원(042-821-8026) 학1973년 경복고졸 1978년 연세대 토목공학과졸 1986년 한국과학기술원 대학원 토목공학과졸 1996년 영국 맨체스터대 대학원 과학기술정책과정 수료 경1979년 기술고등고시 합격(13회) 1980~1984년 과학기술처 대덕단지관리소 근무 1986~1991년 同연구개발조정관실 근무 1992~1994년 同대덕단지관리소 과장·소장 1994년 국외 훈련(영국 맨체스터대) 1996년 과학기술처 인력개발과장 1998년 과학기술부 기술진흥과장·원자력개발과장 1999년 同연구개발국 전략기술개발과장 2000년 同과학기술정책실 종합조정과장 2003년 同공보관 2005년 중앙공무원교육원 파견 2006년 과학기술부 기초연구국장 2008~2010년 교육과학기술부 과학기술정책실장 2010~2013년 한국과학기술단체총연합회 사무총장 2013~2014년 미래창조과학부 제1차관 2014년 충남대학교 국가정책대학원 특임교수(현) 상과학기술처장관표창(1987), 녹조근정훈장(1997) 종천주교

이상목(李尚穆) Lee, Sangmok

[생]1973 [출]서울 [주]서울 종로구 청와대로1 대통령비서실(02-770-0011) [학]1997년 서울대 경제학과졸 2014년 경제학박사(미국 일리노이대 어배나 샘페인교) [경]1997년 행정고시 합격(41회) 1998~2015년 기획예산처(기획관리실·예산실 등)·국무총리실 세종시기획단·기획재정부(경제정책국·정책조정국·대외경제국) 근무 2015년 기획재정부 대외경제국 국제경제과장 2016년 同예산실 예산기준과장 2016년 대통령비서실 파견(서기관)(현)

이상무(李相茂) LEE Sang Mu

[생]1949·9·12 [본]성산(星山) [출]경북 영천 [학]1967년 경북고졸 1971년 서울대 농대 농학과졸 1975년 同행정대학원 행정학과 수료 1976년 미국 미시간주립대 대학원 농경제학석사 1990년 농경제학박사(미국 미시간주립대) [경]1971년 행정고등고시 합격(10회) 1971~1978년 농림부 행정사무관·농수산부 기획관리실·농업개발국·축산국 근무 1978~1984년 농수산부 농특기획과장·감사담당관·유통통계담당관 1984~1986년 대통령 경제비서실 농수산담당관 1989년 농림수산부 농업금융과장 1990년 同농업공무원교육원 교수부장 1990년 同농업공무원교육원장 직대 1991년 同농업구조정책국장 1993년 일본 교토대 초빙교수 1994년 농림수산부 농업구조정책국장 1995년 同농어촌개발국장 1996~1998년 同기획관리실장(관리관) 1998년 경북대 초빙교수 1998년 중국 연변과학기술대 교수 겸 동북아농업개발원장 1999년 국제연합식량농업기구(UN/FAO) 필리핀주재 대표 2002년 세계농정연구원 설립·이사장 2003년 아·태농정포럼 설립·의장(현) 2004~2013년 중국인민대학 객좌교수 2004년 아프리카·아시아농촌개발기구(AARDO) 극동지역사무소 대표 2004년 국제연합식량농업기구(FAO) 한국협회 회장 2005년 통일농수산포럼·사업단 공동대표(현) 2008~2009년 농어업·농어촌특별대책위원회 위원장 2010년 국가미래연구원 농림수산식품분과 간사 2012년 새누리당 국민행복추진위원회 살기좋은농어촌추진단장 2013~2014년 한국관개배수위원회(KCID) 회장 2013~2016년 한국농어촌공사 사장 2013~2016년 해외농업개발협회 회장 2015년 한국국제협력단 지구촌새마을운동 자문위원 [상]녹조근정훈장(1981) [저]'최신농업경영학개론'(1993, 농림수산정보센터) '새로 쓴 농업경영학의 이해'(1999, 삼경출판사) '이상무의 세계농정기행'(2007, FAO 한국협회) '파워농촌으로 디자인하라'(2007, 도솔출판사) '내 일생 조국의 신들바다를 위하여'(2011, HNCOM) [종]불교

이상무(李相武) Lee Sang Moo

[생]1968·12·8 [출]부산 [주]경기 성남시 분당구 황새울로 360번길42, 분당스퀘어16층 (주)다날쏘시오(031-780-9960) [학]1987년 부산 대동고졸 1992년 서울대 경제학과졸 1995년 同경영대학원 재무·금융학과졸 [경]1996년 행정고시 합격(40회) 1998년 정보통신부 정보화기획실 사무관 2002년 同통신진흥국 사무관 2004년 同총무과 인사담당 서기관 2005년 同우정사업본부 자금운용팀장(예금·보험 통합) 2008~2010년 미국 컬럼비아대 비즈니스스쿨 초빙교수 2010년 방송통신위원회 네트워크정책국 네트워크윤리과장 2010년 스코틀랜드왕립은행(RBS) 서울지점 전무(금융기관영업 총괄) 2011년 同한국대표 및 Markets(Sales & Trading)부문 총괄 2012~2016년 同한국대표 및 회장 2016년 (주)다날쏘시오 대표이사(현)

이상무(李相武)

[생]1973·2·27 [출]경북 포항 [주]경기 수원시 영통구 월드컵로120 수원지방법원(031-210-1114) [학]1991년 포항고졸 1995년 서울대 사법학과졸 [경]1995년 사법시험 합격(37회) 1998년 사법연수원 수료(27기) 1998년 軍법무관 2001년 수원지법 판사 2003년 서울지법 판사 2004년 서울중앙지법 판사 2005년 대구지법 포항지원 판사 2009년 서울중앙지법 판사 2011년 서울고법 판사 2012 서울가정법원 판사 2013년 부산지법 부장판사 2015년 수원지법 부장판사(현)

이상묵(李尚默) LEE Sang Mook

[생]1961·4·20 [본]전주(全州) [출]제주 [주]서울 중구 을지로29 삼성화재해상보험(주) 임원실(02-758-4700) [학]1980년 대성고졸 1986년 연세대 경제학과졸 1998년 경제학박사(미국 캘리포니아대) [경]재무부 사무관, 피앤알컨설팅 대표, 삼성화재해상보험(주) 정책연구실장(상무보), 삼성증권 기획담당 상무보 2007년 삼성생명보험(주) 경영전략팀 상무 2009년 同경영기획그룹 상무 2010년 同해외사업팀·IR팀장(상무) 2010~2011년 同해외사업팀·IR팀장(전무) 2011년 同보험금융연구소 전무 2012년 삼성화재해상보험(주) 기획실장(CFO·전무) 2012년 同기획실장(전무) 2014년 同기획실장(부사장)(현) [종]천주교

이상묵(李相默) Lee Sang Mook

[생]1966·1·6 [출]서울 [주]서울 중구 덕수궁길15 서울특별시의회(02-3783-1911) [학]2006년 정치학박사(미국 텍사스테크대) [경]한국지방행정연구원 책임연구원, (주)성신문화인쇄 전무이사, 한나라당 중앙위원회 총간사 2010년 서울시의회 의원(한나라당·새누리당) 2010년 同교통위원회 부위원장 2010년 同예산결산특별위원회 위원 2010~2011년 同남북교류협력지원특별위원회 위원 2010~2011년 同인권특별위원회 위원 2011년 同윤리특별위원회 위원 2012년 同인권도시창조를위한서울특별시의회인권특별위원회 위원 2012년 同교통위원회 위원 2012년 同경전철민간투자사업조속추진지원을위한특별위원회 부위원장 2012년 同부모교육과행복가정네트워크특별위원회 위원 2014년 서울시의회 의원(새누리당)(현) 2014년 同문화체육관광위원회 위원장 2015년 同지역균형발전지원특별위원회 위원(현) 2015년 同예산결산특별위원회 위원(현) 2016년 同환경수자원위원회 부위원장(현) 2016년 同의회역량강화TF 위원(현)

이상문(李相文) LEE Sang Moon

[생]1947·12·18 [출]전남 나주 [주]서울 영등포구 국회대로76길18 오성빌딩1105호 국제펜클럽 한국본부(02-782-1337) [학]광주사레지오고졸 1974년 동국대 국어국문학과졸 [경]1983년 '월간문학'에 '탄흔'으로 소설가 등단, 한국문인협회 회원, 창작 동인 2003~2009년 한국제지공업연합회 이사장, 계간 'Pen 문학' 주간, '문학과 창작' 주간(현), 동국대 국어국문학과 초빙교수, 同문예창작학과 겸임교수 2009~2013년 국제펜클럽 한국본부 부이사장 2010~2013년 한국제지공업연합회 회장 2012년 한국소설가협회 부이사장 2012년 계간 '미네르바' 상임고문(현) 2012년 계간 '소설문학' 고문(현) 2013년 국제펜클럽 한국본부 이사장(현) 2013년 한국제지공업연합회 상임고문(현) 2016년 한국제지연합회 회장 직대(현) [상]월간문학 신인작품상(1983), 대한민국문학상(1986), 윤동주문학상(1989), 동국문학상(1990), 한국펜문학상(2003), 한국소설문학상(2011), 제5회 노근리평화상 문학부문(2014), 조연현문학상(2015) [저]르뽀집 '베트남별곡' '혁명은 끝나지 않았다' 소설집 '황색인' '숨은그림 찾기' '영웅의 나라' '황색인1·2·3권' '임은 품어야 맛인데' '자유와의 계약1·2권' '여자를 찾다 만난 여자 그리고 남자1·2권' '살아나는 팔' '영웅의 나라' '너를 향해 쏜다' '춤추는 나부1·2' '방랑시인 김삿갓1-10' '누군들 별이되고 싶지 않으랴' '이런 젠장맞을 일이'(2008) 창작집 '살아나는 팔' '영웅의 나라' '은밀한 배반' '누군들 별이 되고 싶지 않으랴' '이런 젠장맞을 일이' 장편소설 '황색인'(전3권) '계단 없는 도시' '자유와의 계약'(전2권) '남자를 찾다 만난 여자, 그리고 남자'(전2권) '늪지대 저쪽' '작은 사랑의 마지막 비상구' '춤추는 나무'(전2권) '오-노!'(전3권) '태극기가 바람에 휘날립니다'(전5권) '방랑시인 김삿갓'(전10권) '인간아 아, 인간아'

이상문(李相汶) LEE Sang Mun

[생]1948·9·6 [출]경북 [주]서울 영등포구 양산로53 한국항만협회 회장실(02-2165-0090) [학]경북고졸, 연세대 토목공학과졸, 同대학원 토목공학과졸 [경]1997~1998년 해양수산부 신항만기획관실 기획담당·항만건설국 항만건설2과장 1998년 同항만건설국 항만개발과장 1999년 군산지방해양수산청장 1999년 해양수산부 기술안전과장 2001년 同부산항건설사무소장 2002년 同인천항건설사무소장 2003~2004년 同항만국장 2014년 한국항만협회 회장(현)

이상민(李尚玟) Sang Min LEE (明昇)

[생]1942·4·18 [본]장수(長水) [출]경남 사천 [학]1963년 동국대 지방행정학과졸 1969년 同행정대학원 지방행정학과 1년 수료 1982년 미국 캘리포니아주립대 수료 [경]1967년 금속문구생산협회 회장 1970년 신민당 총재보좌역 1975년 同경남도당 부위원장 1975년 명승도자기공업 대표 1979년 제10대 국회의원(진주·삼천포·진양·사천, 무소속·신민당) 1982년 태림상사 사장 1985년 제12대 국회의원(진주·진양·삼천포·사천, 민한당·신한민주당) 1985년 민주화추진협의회 상임운영위원 1985년 전국웅변인협회 총재 1986년 신한민주당 정무위원 1986년 同삼천포·사천지구당 위원장 1990년 민주당 정무위원 1995~1999년 대한민국헌정회 사무총장 2004년 제12대 국회의원동우회 회장 2005년 대한민국헌정회 경남지회장 2007~2009년 同운영위원장 [저]'찬란한 문화유산' 시집 '봄을 기다리는 마음' '가자 꽃마을로' [종]불교

이상민(李相珉) LEE Sang Min

[생]1958·1·22 [출]대전 [주]서울 영등포구 의사당대로1 국회 의원회관401호(02-784-0924) [학]1976년 충남고졸 1981년 충남대 법학과졸 1996년 서울대 대학원 지적재산권법과정 수료 1998년 同대학원 조세법과정 수료 [경]1992년 사법시험 합격(34회) 1995년 사법연수원 수료(24기) 1995년 변호사 개업 1995년 충남대 강사 1996년 한국노총 고문변호사 1996년 대전·충남지방중소기업청 고문변호사 1997년 충남도 행정심판위원 1997년 대전YMCA 이사·시민사업개발위원장 2001년 대덕대학 겸임교수 2002년 대전경실련 감사·조직위원장 2003년 대통령 인사보좌관 자문위원 2004년 대덕밸리벤처연합회 고문 2004년 한국기자협회 고문변호사 2004년 제17대 국회의원(대전시 유성구, 열린우리당·대통합민주신당·통합민주당·자유선진당) 2004년 국회 지역균형발전연구모임 공동대표 2006년 열린우리당 대전시당 위원장 2008년 제18대 국회의원(대전시 유성구, 자유선진당·민주통합당) 2008년 미래한국헌법연구회 공동대표 2008년 자유선진당 원내대표 대행 2008년 국회 미래전략 및 과학기술특별위원회 위원장 2008년 자유선진당 대전시유성구당원협의회 위원장 2009~2010년 同정책위 의장 2009년 同정치개혁특별위원회 간사 2010년 국회 UN새천년발전목표포럼(UNMDGs) 공동대표 2012년 민주통합당 원내부대표 2012년 제19대 국회의원(대전시 유성구, 민주통합당·민주당·새정치민주연합·더불어민주당) 2012년 민주통합당 대전시당 위원장 2012년 국회 교육과학기술위원회 위원 2012~2013년 국회 예산결산특별위원회 위원 2012년 국회 헌법재판소재판관인사청문특별위원회 위원장 2012년 국회 교통안전포럼 공동대표 2013년 민주통합당 전당대회준비위원회 부위원장 2013년 국회 미래창조과학방송통신위원회 위원 2013년 민주당 대전시당 위원장 2013년 同과학기술특별위원장 2013년 국회 방송공정성특별위원회 위원장 2013년 국회 헌법개정연구회 공동회장 2014년 민주당·새정치연합 신당추진단 당헌당규분과 공동위원장 2014~2015년 새정치민주연합 대전시당 위원장 2014년 同과학기술특별위원회 위원장 2014년 국회 법제사법위원회 위원장 2014년 새정치민주연합 전국대의원대회준비위원회 부위원장 2015년 더불어민주당 과학기술특별위원회 위원장(현) 2016년 同대전시유성구乙지역위원회 위원장(현) 2016년 제20대 국회의원(대전시 유성구乙, 더불어민주당)(현) 2016년 더불어민주당 청년일자리TF 단장(현) 2016년 국회 미래창조과학방송통신위원회 위원(현) 2016년 국회 예산결산특별위원회 위원(현) 2016년 한국아동인구환경의원연맹(CPE) 회원(현) [상]21세기 최고의 한국인상 정치부문(2009), 한국과학기술단체총연합회 선정 2012 과학기술분야 의정활동 우수의원(2013), 대한민국 참봉사대상 과학발전공로대상(2015), 국정감사NGO모니터단 선정 '국정감사 우수상임위원장'(2015), 한국언론기자협회·서경일보 선정 모범국회의원대상 특별대상(2015), 대한민국법률대상 사법개혁부문 대상(2016), 대한민국지역사회공헌대상(2016), 유권자시민행동 선정 '대한민국 유권자대상'(2016) [종]가톨릭

이상민(李相旻) LEE Sang Min

[생]1962·12·10 [출]충북 청주 [주]세종특별자치시 시청대로370 한국교통연구원 경영부원장실(044-211-3070) [학]1981년 청주고졸 1985년 연세대 공대 건축공학과졸 1987년 同대학원 도시계획학과졸 1998년 교통경제학박사(영국 리즈대) [경]1989년 교통개발연구원 정책경제연구실 근무 1993년 同기획조정실 연구조정과장 1998년 同책임연구원 1999년 연세대 강사 2000년 서울시립대 강사 2001~2004년 인하대 강사 2002년 경기도 교통영향심의위원 2003년 교통개발연구원 국가교통DB센터장(연구위원) 2004년 同광역도시교통연구 연구위원 2004년 同국가교통DB센터장(연구위원) 2005~2010년 한국교통연구원 연구위원 2005년 同국가교통DB센터장 2008년 同기획관리실장 2008년 同기획조정실장 2009~2010년 월드뱅크 선임교통전문위원 2010년 한국교통연구원 기획경영본부장 2010년 同선임연구위원(현) 2012년 同대중교통·교통복지연구실장 2013년 同종합교통본부장 2014년 同지식경영본부장(경영부원장)(현) [저]'한국의 교통정책'

이상민(李相旼) LEE SANG MIN

[생]1963·1·7 [주]부산 연제구 중앙대로1001 부산광역시의회(051-888-8183) [학]배정고졸 1985년 성균관대 약학과졸 [경]이상약국 개업(현), 화명신도시발전위원회 회장, 부산 약사회보 주간, 금곡초 운영위원장 2010~2014년 부산시 북구의회 의원(한나라당·새누리당), 부산시 북강서구약사회 회장(현) 2014년 부산시의회 의원(새누리당)(현) 2014년 同기획재경위원회 위원 2015년 同기획행정위원회 위원 2016년 同운영위원회 위원(현) 2016년 同기획행정위원회 부위원장(현) [상]대한약사회장표창(2015)

이상민(李祥敏) LEE Sang Min

[생]1965·5·15 [출]서울 [주]세종특별자치시 도움5로20 국민권익위원회 부위원장실(044-200-7031) [학]1983년 충암고졸 1987년 서울대 법대 사법학과졸 2011년 고려대 대학원 MBA(석사) [경]1986년 사법시험 합격(28회) 1989년 사법연수원 수료(18기) 1989년 軍법무관 1992년 서울형사지법 판사 1994년 서울민사지법 판사 1996년 광주지법 순천지원 판사 1996년 미국 버클리대 초빙교수 1997년 청주지법 충주지원 판사 1999년 인천지법 부천지원 판사 2000~2004년 서울고법 판사 2000년 법원행정처 법무담당관 2002~2003년 同기획담당관 겸임 2004년 춘천지법 원주지원장 2005년 대법원 재판연구관 2007~2015년 법무법인 율촌 변호사 2010~2012년 해양경찰청 자문변호사 2010~2012년 사법연수원 외래교수 2010년 서울대 법학전문대학원 외래교수 2012~2015년 새누리당 중앙윤리위원회 위원 2012년 同정치쇄신특별위원회 위원 2012년 同12.19재보궐선거 공직후보자추천위원회 위원 2013년 제18대 대통령직인수위원회 정무분과 전문위원 2014~2015년 방송통신심의위원회 보도교양방송특별위원회 위원 2014년 서울국제교육재단 감사 2014년 서울국제장학재단 이사 2015년 국민권익위원회 행정심판담당 부위원장(차관급)(현) 2015년 중앙행정심판위원회 위원장 겸임(현) [종]기독교

이상민(李相敏) LEE Sang Min

[생]1965·7·7 [출]대전 [주]서울 용산구 한강대로32 (주)LG유플러스 임원실(1544-0010) [학]대전고졸, 고려대 전자공학과졸, 同대학원 멀티미디어학과졸 [경]LG정보통신 근무, LG텔레콤 단말데이터사업본부 플랫폼담당 부장 2006년 同단말사업부장(상무), 同단말·데이터기술실 단말사업담당 상무 2009년 同인터넷사업담당 상무 2010년 (주)LG유플러스 컨버전스기술담당 상무 2011년 同4G사업추진단 서비스담당 상무 2012년 同SD기술전략담당 상무 2012년 同SD기술전략담당 전무 2013년 同SC본부 서비스플랫폼사업부장(전무) 2014년 同SD기술개발부문장(전무)(현) [상]서울AP클럽 올해의 홍보인상(2012)

이상민(李相旻) LEE, Sang-Min

[생]1970·2·15 [본]경주(慶州) [출]서울 [주]서울 종로구 세종대로209 통일부 남북협력지구발전기획단(02-3783-7416) [학]1988년 서울고졸 1992년 고려대 행정학과졸 2000년 서울대 행정대학원 행정학과졸 2007년 미국 뉴욕대 행정대학원졸 [경]2003년 국가안전보장회의사무처 서기관 2004년 통일부 공보관실 서기관 2004년 同개성공단사업지원단 운영지원과장 2007년 同정책홍보본부 홍보협력팀장 2008년 同통일교육원 교육운영과장 2008년 同정치사회분석과장 2009년 同통일정책국 정책총괄과장 2010년 同통일정책실 정책총괄과장(부이사관) 2012년 세계보건기구 파견(부이사관) 2014년 통일부 교류협력국 교류협력기획과장 2015년 同남북협력지구발전기획단장(현) [종]기독교

이상민(李相旼) LEE Sang Min

[생]1972·11·11 [출]서울 [주]경기 용인시 기흥구 보정로5 삼성트레이닝센터1층 서울 삼성 썬더스(031-260-7630) [학]홍대부고졸 1995년 연세대졸 [경]1993년 국가대표 농구선수 1996년 애틀랜타올림픽 국가대표 1998년 방콕아시아경기대회 국가대표 1999년 제20회 아시아남자농구선수권대회 국가대표 1999년 대전 현대 걸리버스 입단 2000년 시드니올림픽 국가대표 2001년 전주 KCC 이지스 입단 2002년 부산아시아경기대회 국가대표 2007~2010년 서울 삼성 썬더스 소속(가드) 2012년 同코치 2014년 同감독(현) [상]동국대총장기 최우수선수상·득점상(1990), 농구대잔치 신인상(1992), 농구대잔치 베스트5(1993·1994·1995·1996), 점보대상(1994), 어시스트왕(1994), 농구협회 최우수공로패(1997), 프로농구 베스트5(1998·1999·2002·2004), 프로농구 최우수선수상(1998·1999), 프로농구 어시스트상(1999), 훼르자농구대상 대상(1999), 연세체육회 자랑스러운연세체육인(2003), 프로농구챔피언결정전 최우수선수상(2004), 남자프로농구 올스타(2007·2008), SK텔레콤T프로농구 스포츠토토한국농구대상 인기상·우수선수상(2008), 스포츠토토 한국농구대상 베스트5·인기상(2009), 스포츠토토 한국농구대상 인기상(2010) [종]기독교

이상배(李相培) LEE Sang Bae

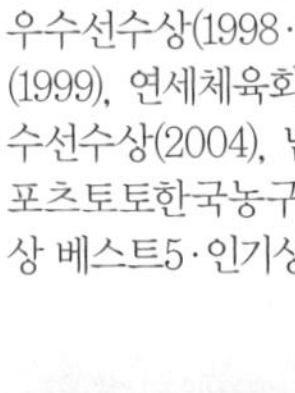

[생]1939·10·10 [본]경주(慶州) [출]경북 상주 [학]1958년 경기고졸 1962년 서울대 법대졸 [경]1961년 고등고시 행정과 합격(13회) 1966~1967년 울진군수 1971~1973년 안동시장 1984~1986년 내무부 차관보 1986~1988년 경북도지사 1988~1989년 환경청장 1989~1990년 내무부 차관 1990~1991년 대통령 행정수석비서관 1991~1992년 총무처 장관 1992~1993년 서울특별시장

1996~2000년 제15대 국회의원(상주, 신한국당·한나라당) 2000~2004년 제16대 국회의원(상주, 한나라당) 2002~2003년 한나라당 정책위원회 의장 2004~2008년 제17대 국회의원(상주, 한나라당) 2005~2006년 국회 농림해양수산위원장 2005년 국회 저출산및고령화사회대책특별위원회 위원장 2007~2008년 국회 정치관계법특별위원회 위원장 2007년 국회 헌법재판소장인사청문특별위원회 위원장 2009~2013년 정부공직자윤리위원회 위원장 [상]홍조근정훈장(1984), 황조근정훈장(1991), 청조근정훈장(1993) [저]'농촌과 도시의 교류-어떻게 할 것인가' '나는 토종세대입니다' [종]불교

이상배(李相培) LEE Sang Bae

[생]1956·8·2 [출]부산 [주]서울 성북구 화랑로14길5 한국과학기술연구원 나노포토닉스연구센터(02-958-5714) [학]1983년 서강대 물리학과졸 1985년 同대학원졸(양자광학전공) 1992년 광섬유광학박사(서강대) [경]1983~2003년 한국물리학회 회원 1985~1992년 한국과학기술연구원 정보전자연구부 연구원 1993~1997년 同정보전자연구부 책임연구원 1996~2003년 IEEE LEOS Member 1996~2003년 OSA Member 1997~2007년 한국과학기술연구원 광기술연구센터 책임연구원 2007년 同지능시스템연구본부 책임연구원 2010~2015년 同포토닉스센서시스템센터 책임연구원 2014년 미국 광학회(OSA) 석학회원(현) 2015년 한국과학기술연구원 미래융합기술연구본부 나노포토닉스연구센터 책임연구원(현) 2016년 한국광학회 회장(현) [상]이탈리아 문화훈장(2009)

이상범(李湘範) LEE Sang Bum

[생]1952·7·7 [본]양성(陽城) [출]부산 [주]서울 동대문구 서울시립대로163 서울시립대학교 경영학부(02-6490-2221) [학]1971년 경남고졸 1975년 서울대 경영학과졸 1977년 한국과학기술원 산업공학과졸(석사) 1985년 경영학박사(미국 컬럼비아대) [경]1979년 숭실대 산업공학과 전임강사 1985년 미국 뉴욕시립대 경영대학원 조교수 1986년 서울시립대 경영학부 조교수·부교수·교수(현) 1987년 한국과학기술원 경영과학과 대우교수 1990년 서울시립대 경영대학원 교학과장 1996년 同경영학부장 1997년 同교무처장 1997년 전국국·공립대교무처장협의회 회장 1998년 한국경영과학회 부회장 1999년 서울시투자기관경영평가단장 2001년 서울시립대 교수협의회장 2003~2011년 同총장 2003~2011년 서울시정개발원 이사 2004~2005년 한국생산관리학회 고문 2006년 전국국·공립대총장협의회 부회장 2011년 국민권익위원회 명예국민권익위원 [저]'생산계획 및 재고관리(共)'(1994) '현대생산운영관리'(1995) '경영의사결정론(共)'(2002) '경영분석을 위한 기초통계(共)'(2002)

이상범(李相範) LEE SANG BUM

[생]1954·7·19 [본]전의(全義) [출]충북 음성 [주]서울 동작구 노량진로100 CTS기독교TV 선교국(02-6333-1050) [학]명지대 행정학과졸 [경]1972년 MBC 보도국 편집부 근무 1981년 同TV편집1부 근무 1984년 同보도국 보도관리부 근무 1991년 同관재국 구매부 근무 1998년 同관재부 부장대우 2000년 同관리운영국 관재부장 2001년 同보도본부 보도운영팀장(부장) 2003년 同보도본부 보도운영팀장(부국장급) 2005년 同재무운영국 부국장 2008년 同재무운영국장 2008~2010년 MBC미술센터 이사 2012년 CTS 기독교TV 자문위원 2012년 同예술단 운영실장 2013년 同마케팅본부 마케팅국장 2014년 同대외협력국장 2015년 同선교국장(현) [종]기독교

이상범(李相範) LEE Sang Bumm

[생]1963·3·25 [주]대구 남구 현충로170 영남대 의대 안과학교실(053-620-4330) [학]1987년 영남대 의대졸 1990년 同대학원졸 2001년 의학박사(경북대) [경]1992~1994년 국군 대구병원 안과 과장 1994년 영남대 의과대학 안과학교실 전임강사·주교수·부교수·교수(현) 1996~1998년 대한안과학회 대구경북지회 총무이사, 한국외안부연구회 이사 2009년 영국 국제인명센터(IBC) '선도의학자'로 등재 2010년 영국 국제인명센터(IBC) '2010 세계100대 의학자'로 선정 2016년 한국외안부학회 회장(현) [상]보건복지부장관표창(2016)

이상벽(李相璧) LEE Sang Byuck

[생]1947·8·28 [본]여주(驪州) [출]황해 옹진 [학]1965년 숭문고졸 1969년 홍익대 상업디자인학과졸 [경]1971년 예편(중위) 1971~1981년 경향신문 기자 1987~1990년 MBC '주부가요열창' MC 1990~1993년 KBS '신혼은 아름다워' MC 1996~2003년 同'아침마당' MC 1996년 同'TV는 사랑을 싣고' MC 1998~2005년 MBC '가요콘서트' MC 1998년 민주평통 상임위원 2004~2005년 MBC '사람향기 폴폴' MC 2007~2008년 CBS '뉴스매거진 오늘' 진행 2007년 사진 개인전 '내안에 나무이야기'(서울갤러리) 개최 2007년 전남일보 주최 광주 김대중컨벤션센터 초대전 참가 2008년 미국 뉴저지 리버사이드 갤러리 초대전 참가 2008년 한국국제아트페어 참가 2009년 '이상벽+이두식展'(김영섭사진화랑) 참가 2009년 KASF초대전 참가 2010~2015년 한국저작권단체연합회 이사장 [상]대한민국 연예대상(1995), 한국방송프로듀서상(1997), 한국방송대상(1998), 대통령표창(2005) [저]'이상벽의 연예수첩'(1981) '뿌리로 선 앵무새'(1991) '오늘은 여기까지입니다'(2001) [작]'내 안에 나무이야기'(2008) [종]불교

이상복(李相福) LEE Sang Bok

[생]1947·2·9 [출]경북 포항 [주]세종특별자치시 연동면 청연로442의42 (주)미건의료기 회장실(042-222-3340) [학]1968년 부산대 물리학과 수료 1987년 충남대 경영대학원 최고경영자과정 수료 2001년 대전산업대 대학원 최고경영자과정 수료 [경]1967년 (주)금성 제5연구소 연구원 1974년 일본 오시기리기술연구소 연구원 1975년 대성물산(주) 근무 1983년 대전열기설비 대표이사 1988년 (주)한열에너지 대표이사 1988년 (주)미건의료기 회장(현), 중국 벽송글로벌유한공사 회장, 민주평통 자문위원, 새정치국민회의 과학기술위원회 부위원장, 매헌장학재단 이사 1998년 벽송종합건설(주) 대표이사 1998년 미건종합건설 회장 1999년 새천년민주당 대전시지부 수석부지부장 2001년 대전시육상경기연맹 회장 2001년 새천년민주당 대전유성지구당 위원장 직대 2001년 특허청 '신지식 특허인' 선정 2002~2005년 (재)한국특허정보원 이사장 [상]국무총리표창, 대한민국 특허기술대전 금상, 금탑산업훈장

이상복(李相福) LEE Sang Bok (玄巖)

[생]1948·12·31 [본]경주(慶州) [출]부산 [주]서울 강남구 테헤란로8길8 동주빌딩10층 범주해운(주) 비서실(02-559-3153) [학]1967년 부산상고졸 1971년 부산대 상학과졸 1986년 연세대 경영대학원 최고경영자과정 수료 2009년 고려대 공학대학원 도시개발최고위과정 수료 [경]1971년 협성해운(주) 입사 1975년 (주)협성쉬핑 입사 1977년 양양운수 감사 1982년 (주)협성쉬핑 감사 1982년 협성항공 감사 1991년 범주해운(주) 관리총괄 부사장 1993년 同공동대표이사 부사장 1994~2001년 범주산업(주) 대표이사 겸임, (주)화인텍 감사 2003년 한국국제해운대리점협회 부회장 겸 운영위원장 2003년 범주해운(주) 대표이사 사장(현) 2004년 한국선주협회 이사(현) 2004년 일본 코베시항만총국 한국대표(현) 2006년 한국국제해운협회 회장 2006년 부산항만공사 항만위원 2012년 서울상공회의소 의원(현) 2013년 대한상공회의소 노사인력위원회 부위원장(현) 2016년 한국해사재단 감사(현) [상]대통령표창(2001), 석탑산업훈장(2013)

이상복(李相福) LEE Sang Bog

[생]1954·6·2 [출]인천 강화 [주]인천 강화군 강화읍 강화대로394 강화군청 군수실(032-930-3201) [학]1973년 서울 성동고졸 1978년 고려대 행정학과졸 2001년 미국 미시간주립대 고위정책관리자과정 수료 2011년 동국대 행정대학원 행정학과졸 [경]1979년 행정고등고시 합격(22회) 1979년 경기도 수습행정관 1982년 국방부 방산국 국제협력과 행정사무관 1984년 의정부시 문화공보실장 1985년 경기도 공무원교육원 교관 1987년 同전산담당관실 전산1계장 1988년 同사회과 복지계장 1990년 同지방과 행정계장 1991~1995년 同영림·민방위·세정·지방과장 1996년 同민방위재난관리국장(서기관) 1996년 화성군 부군수 1998년 행정자치부 민방위재난통제본부 방재계획과장 1998년 同자치지원국 실업대책과장 1999년 同자치지원국 자치행정과장 2000년 부이사관 승진 2001년 한국지방자치단체국제화재단 총괄기획국장 2002년 駐영국 참사관 2004년 국가균형발전위원회 지역개발국장 2005년 행정자치부 자치인력개발원 기획지원부장 2005년 이사관 승진 2006년 국방대 파견(일반직고위공무원) 2007년 행정자치부 안전정책관 2008~2010년 제주특별자치도 행정부지사 2010년 행정안전부 지방행정연수원장 2010~2011년 한국지방재정공제회 이사장 2014년 인천시 강화군수(무소속)(현) [상]근정포장(1989), 홍조근정훈장(2000), 대한민국지방자치발전대상 문화관광부문 특별대상(2015)

이상복(李相馥) Lee Sang Bok

[생]1962·9·25 [출]서울 [주]서울 마포구 백범로35 서강대학교 법학전문대학원(02-705-7848) [학]1981년 서울고졸 1989년 연세대 경제학과졸 2000년 서울대 법과대학 전문법학연구과정 수료 2000년 고려대 대학원 법학과졸 2004년 법학박사(고려대) [경]1996년 사법시험 합격(38회) 1999년 사법연수원 수료(28기) 1999년 변호사 개업 1999~2001년 서울지방변호사회 중소기업고문

변호사단 상담위원 1999~2004년 한국증권거래소 연구위원·상근변호사 2000~2005년 한국증권법학회 총무이사·연구이사 2002~2003년 미국 스탠퍼드대 로스쿨 객원교수 2003~2005년 한국금융법학회 이사 2005년 고려대 대학원 증권거래법 외래교수, (주)세화 비상근이사 2006~2007년 숭실대 법과대학 부교수 2007년 서강대 법학전문대학원 교수(현) 2014년 同법학전문대학원장(현) 2015년 금융위원회 증권선물위원회 비상임위원(현) [저]'개인투자자가 꼭 알아야 할 인터넷 증권사기'(2001) '증권범죄와 집단소송'(2004) '증권집단소송론'(2004) '알기쉬운 증권집단 소송'(2005) '기업범죄와 내부통제'(2005) '모래무지와 두우쟁이'(2005) '방황도 힘이 된다'(2014)

이상봉(李相奉) Lee Sang Bong

[생]1957·7·2 [본]경주(慶州) [출]강원 홍천 [주]서울 영등포구 국제금융로10 Two IFC 9층 LG전자(주) 임원실(02-3777-5040) [학]1976년 동래고졸 1980년 동아대 기계공학과졸 1995년 중앙대 국제경영대학원졸 [경]1982년 LG전자(주) 기계사업부 입사 1994년 同생산기술원 책임연구원 2000년 同생산기술원 연구위원(상무) 2005년 同생산기술원장(상무) 2010년 同MC본부 글로벌오퍼레이션센터장(부사장) 2012년 同생산기술원장(부사장) 2015년 同에너지사업센터장(부사장) 2015년 同B2B부문장 겸 에너지사업센터장(사장)(현) [상]과학기술훈장 웅비장(2015) [종]불교

이상봉(李相鳳) LEE Sang Bong

[생]1962·5·14 [본]경주(慶州) [출]충남 부여 [주]대전 서구 둔산대로155 대전시립미술관 관장실(042-602-3201) [학]보문고졸 1989년 중앙대 예술대학 조소과졸 1993년 同대학원 조소과졸 1998년 독일 베를린국립조형예술대 조형미술마이스터과정졸 [경]1999~2014년 중앙대·목원대·한남대 겸임교수 2005~2007년 대전조각가협회 이사장 2005~2014년 공간조형연구소 대표 2011~2014년 황진문화연구소 대표 2014년 대전시립미술관장(현) [상]동아미술제 특선(1993), 모란미술대상전 특선(2004), 한국철도공사 상징조형물 1등상(2008)

이상봉(李祥奉)

[생]1969·1·15 [주]제주특별자치도 제주시 문연로13 제주특별자치도의회(064-741-1954) [학]제주 오현고졸, 제주대 공과대학 통신공학과졸 [경](사)행복나눔제주공동체 공동대표(현), 제주주민자치연대행정계층구조특별위원회 위원장(현), 국회의원 보좌관, 제주시연합청년회 회장, 더불어민주당 원내대표(현) 2014년 제주특별자치도의회 의원(새정치민주연합·더불어민주당)(현) 2014년 同행정자치위원회 위원 2014년 同FTA대응특별위원회 위원(현) 2014년 同인사청문특별위원회 위원 2015년 同예산결산특별위원회 부위원장 2016년 同의회운영위원회 위원(현) 2016년 同행정자치위원회 부위원장(현) 2016년 同윤리특별위원회 위원(현) 2016년 同제주특별법제도개선및토지정책특별위원회 위원(현) [상]전국시·도의회의장협의회 우수의정 대상(2016)

이상봉(李相奉) Lie Sang Bong

[출]서울 [주]서울 강남구 선릉로99길7 (주)이상봉 대표실(02-553-3314) [학]서울예술대학 방송연예과졸 [경]1985년 (주)이상봉 대표(현) 1985~1993년 중앙디자인 컬렉션 1994년 서울컬렉션 참가 1995년 일본 오사카 세계월드패션쇼 참가 1995년 광주비엔날레 국제미술의상전 참가 1996년 죽산국제예술제 패션 퍼포먼스 1996년 PAN MUSIC FESTIVAL 패션 퍼포먼스 1997년 예술의전당 10주년 패션 퍼포먼스 1999년 중앙디자이너그룹 회장 1999년 한국패션협회 이사 1999년 파리 프레타포르테 살롱 참가 2000년 한일월드컵기념 Super Expo 참가 2002년 파리 프레타포르테 컬렉션 참가 2002년 일본 도쿄 한일월드컵기념 초청패션쇼 2002년 웰컴투코리아시민협의회 홍보위원 2003년 인도 뉴델리 한국인도수교30주년 기념패션쇼 2003년 미국 코트리 전시참가 2005년 스타일큐브잔다리1주년개관기념전시 2005년 베를린 에스모드 심사위원, 연합뉴스 객원기자 2006년 이상봉 한글달빛위를걷다 패션 아트 전시 2006년 프랑스파리 한불수교120주년 기념갈라전시 기획 및 참가 2006년 LG전자 샤인폰 Designer's Edition 런칭기념쇼 2007년 중국 상하이 Preview in Shanghai 오프닝패션쇼 2007년 KT&G 에쎄골든리프 이상봉에디션 출시 및 모스크바 런칭쇼 2007년 Save the Pine Trees 환경재단 홍보쇼 2007년 라비타 이상봉 문화·라이프스타일 관련 전시 2007년 스와로브스키 코리아 Crystallized 전시 2007년 환경재단 홍보대사 2008년 문화체육관광부 주최 패션문화를만나다 패션쇼 개최 2008년 모터스포츠 A1GP 2008년 프랑스 파리 미키마우스탄생80주년 기념전시 2008년 서울디자인올림픽 홍보대사 2008년 청주공예비엔날레 홍보대사 2008년 한글 홍보대사 2008년 서울시 홍보대사 2009년 서울디자인올림피아 홍보대사 2009년 駐英한국문화원 개관1주년기념 '한글=마음' 전시 2009년 일본 도쿄 ROSES 자선전시 2009년 미국뉴욕 Blank Space Gallery 패션 아키텍트 뜨레드 컨스트럭션 전시 2010년 현대자동차 소나타2.4GDI 신차런칭쇼 2010년 에스모드 튀니지 심사위원장 2010년 서울국제자전거디자인공모전 심사위원 2010년 국제패션아트비엔날레 인 서울 심사위원 2010년 에스모드 서울 심사위원 2010년 한국러시아수교20주년기념 모스크바 패션쇼 2010년 강남패션페스티벌 대한민국 대표디자이너 패션쇼 2010년 제26회 코리아베스트드레서2010백조시상식 초청디자이너 패션쇼 2010년 G20 성공기원 스타서포터즈 2010년 이상봉브랜드설립25주년기념 청주전시 2010년 564회 한글날 어린이기자단 청와대 초청 한글작품 전시 2010년 신세계백화점 경기점 초청전시 2011년 한류문화산업포럼 초청 한글디자인명인전 전시 2011년 국립중앙박물관 특별전 바로크·로코코 시대의 궁정문화 의상디자인 전시·특별홍보대사 2011년 VOGUE KOREA 창간15주년기념 Fashion into Arts 전시 참가 2011년 영국 런던 Harrods 백화점 초대 전시 2011년 컨셉코리아 Ⅲ 프레젠테이션 및 전시 2011년 인천공항개항10주년 기념 갈라디너패션쇼 2011년 섬유의날 25주년 기념 패션쇼 2011년 환경재단 후원의 밤 초청패션쇼 2011년 도시환경 광주정상회의 홍보대사 2011년 에스모드 베를린 심사위원 2012년 페루사진전 두 시선 전시 2012년 일본 도쿄 KISS 패션쇼 2012년 런던올림픽 초청패션쇼 2012년 한국패션디자이너연합회(CDFK) 초대 회장(현) 2013년 2013 청주국제공예비엔날레 홍보대사 2013년 문화체육관광부 우리말수호천사 2014년 2014인천아시안게임 개·폐회식 의상부문 연출 [상]중앙디자인콘테스트 입상(1983), 서울패션인상 올해의 디자이너상(1999), 대통령표창(2009), 외신홍보상 디자인부문(2010), 제2회 대한민국 한류대상 한스타일한글분야(2010), 대한민국 패션품질대상(2011), 제18회 삼우당 대한민국섬유국제문화교류공로상(2012), 패션대상 세계화부문(2011) [저]'Fashion is Passion'(2013)

이상빈(李商彬) LEE Sang Bin

[생]1952·1·28 [출]대구 [주]서울 성동구 왕십리로222 한양대학교 경영학부(02-2220-1057) [학]1970년 경기고졸 1975년 서울대 경영학과졸 1978년 同행정대학원 수료 1981년 미국 코넬대 대학원 경제학과졸 1985년 경영학박사(미국 뉴욕대) [경]1976년 입법고등고시 합격(1회) 1976년 국회사무처 의사국 행정사무관 1976년 고등고시 행정과 합격(19회) 1978년 재무부 행정사무관 1985년 한국경제연구원 연구위원 1986년 중앙대 강사 1987~1995년 한국과학기술원 경영과학과 조교수·부교수 1991년 한국재무관리학회 감사 1995년 한양대 경영학부 부교수 1997년 同경영학부장 1998년 同경영학부 교수(현) 1998년 증권회사경영평가위원회 위원장 2000년 하나은행 사외이사 2002~2004년 한국증권학회 회장 2002~2004년 한국선물학회 부회장 2003~2004년 하나경제연구소 고문 2003~2004년 삼성투자신탁운용 자문교수 2003년 증권선물조사위원회 위원 2004~2007년 증권선물위원회 비상임위원 2009년 하나은행 사외이사 2009년 매일경제신문 논설위원 2010~2012년 하이제1호기업인수목적주식회사 사외이사 2012~2014년 하나금융지주 사외이사 2013년 대통령자문 국민경제자문회의 거시금융분과 민간위원 [상]매경이코노미스트상(2005) [저]'Oxford Guide to Financial Modelling'(2004) 'Securities Valuation'(2005) [종]불교

이상산(李相山) LEE, Sangsan

[생]1962·9·11 [출]전북 [주]경기 성남시 분당구 대왕판교로644번길49 다산타워5층 (주)핸디소프트 임원실(070-4483-9000) [학]서울대 대학원 기계공학과졸, 기계공학박사(미국 스탠퍼드대) [경]미국 스탠퍼드대 연구원, 한국과학기술정보연구원(KISTI) 슈퍼컴퓨팅센터장, (주)다산네트웍스 부사장 2012년 한국뉴욕주립대(SUNY Korea) 기술경영학과 겸임교수 2013년 (주)핸디소프트 대표이사(현) [종]기독교

이상석(李相石) LEE Sang Seok

[생]1954·10·5 [본]경주(慶州) [출]충북 청원 [주]서울 서대문구 통일로81 임광빌딩8층 HMG퍼블리싱(02-725-2730) [학]1973년 청주고졸 1980년 경희대 영어영문학과졸 1988년 미국 컬럼비아대 신문대학원 수료 [경]1980년 코리아헤럴드 기자 1988년 한국일보 기자 1994년 同워싱턴특파원 1997년 同국제부장 1998년 주한미국대사관 전문위원 1999년 한국일보 기획취재부장 1999년 同편집위원 2000년 同인터넷부장 2001년 同편집국 부국장 2001년 코리아타임스 편집국장 2004년 관훈클럽 감사 2004년 코리아타임스 이사 겸 편집국장 2004~2006년 同사업본부장(상무이사) 2005년 同부설 국제교육원장 2005년 한국신문방송편집인협회 이사 2006년 코리아타임스 부사장 2007년 한국일보 대외협력실장 2007~2009년 경희언론인회 회장 2008~2011년 한국일보 부사장 2009~2011년 한국방송편집인협회 부회장 2009년 인터넷한국

일보 부사장 겸임 2009년 카투사전우회 회장 2009년 인터넷한국일보 대표이사 2009년 한국신문방송편집인협회기금 이사 2011년 한국일보 대표이사 부사장 2011년 HMG퍼블리싱 대표이사 2011년 한국일보 대표이사 사장 겸 발행인 2013년 同부회장 2015년 HMG퍼블리싱 고문(현) [상]경희언론문화인상(2007), 포춘코리아 선정 '2013 한국경제를 움직이는 인물'(2013)

이상석(李相奭) LEE Sang Suk

[생]1959·2·13 [주]경기 용인시 기흥구 강남로40 강남대학교 경영대학 경영학부(031-280-3742) [학]1982년 한남대 경영학과졸 1984년 고려대 대학원 경영학과졸 1990년 경영학박사(고려대) [경]1986~1989년 고려대 기업경영연구소 연구원 1986~1989년 충남대·강원대·고려대 강사 1990년 강남대 경영대학 경영학부 조교수 1995년 同경영대학 경영학부 부교수·교수(현) 1999년 미국 플로리다주립대 객원교수 2007년 미국 캘리포니아주립대 객원교수 2014년 강남대 경영대학장·경영대학원장 2015년 同일반대학원장(현) [상]강남대 연구공로상(2002·2004) [저]'통계학의 이해'(1998) '경영학의 이해'(1999) '엑셀을 활용한 경영과학의 이해(共)'(2006) '엑셀을 이용한 통계학의 이해(共)'(2006) '기업가정신과 창업(共)'(2006) '창업론'(2011) [종]기독교

이상선(李相善) LEE Sang Sun

[생]1957·1·30 [출]경북 군위 [주]대구 수성구 동대구로 351 법무빌딩301호 법무법인 중원(053-214-7000) [학]1976년 경북고졸 1981년 서울대 법학과졸 1983년 영남대 법학대학원졸 [경]1983년 사법시험 합격(26회) 1987년 사법연수원 수료(16기) 1987년 대구지법 판사 1991년 同경주지원 판사 1993년 대구지법 판사 1996년 同소년부지원장 1996년 대구고법 판사 2000년 대구지법 판사 2002년 同경주지원장 2004~2007년 대구지법 부장판사 2007년 변호사 개업, 법무법인 중원 대표변호사, 同구성원변호사(현)

이상섭(李相燮) LEE Sang Sup (仵堂)

[생]1931·2·24 [출]경남 함안 [주]서울 관악구 관악로1 서울대학교 약학대학 약학과(02-880-7825) [학]1954년 서울대 약학과졸 1956년 同대학원 약학과졸 1966년 약학박사(미국 위스콘신대) [경]1953년 육군본부 의무감실 근무 1954년 서울대 약학대학 조교 1956~1974년 同약학대학 약학과 전임강사·조교수·부교수 1969~1971년 同교무과장 1974~1996년 同약학대학 약학과 교수 1978~1981년 同약학대학장 1981년 대한민국학술원 회원(약학·현) 1981년 한국생화학회 회장 1982년 유전공학학술협의회 부회장 1983년 대한약학회 회장 1983년 아세아·대양주생화학자연합 한국대표 1985~1989년 서울대 종합약학연구소장 1986~1988년 한국환경성돌연변이발암원학회 회장 1990~1993년 한국과학재단 연구개발심의위원장 1992년 국제독성학회 집행위원·이사 1994~2002년 한국과학기술한림원 종신회원 1996년 서울대 약학과 명예교수(현) 1996년 (주)태평양 기술연구원 고문 1998~2001년 한국과학기술한림원 부원장 2002년 同원로회원(현), 아모레퍼시픽 기술연구원 고문(현) [상]대한약학회 학술상(1966), 약업신문 약의상(1972), 한국생화학회 학술상(1977), 대한민국학술원 저작상(1984), 국민훈장 목련장(1996), 한국생화학회 무사학술상(1996), 한국과학기술한림원장표창(2008), 자랑스러운 서울대약대인(2016)

이상수(李相洙) LEE Sang Soo

[생]1946·12·10 [본]경주(慶州) [출]전남 고흥 [주]서울 서초구 서초대로264 현대드림시티빌11층 법무법인 우성(02-599-1928) [학]1965년 여수공고졸 1973년 고려대 법학과졸, 同언론대학원 최고위과정 수료, 중앙대 행정대학원 고위정책과정 수료 [경]1969년 3선개헌반대비상학생총회 회장 1978년 사법시험 합격(20회) 1980년 광주지법 판사 1982년 변호사 개업 1983년 한국노동법률사무소장 1985년 고려대교우회 상임이사 1985년 노동법률상담소장 1986년 대한변호사협회 인권위원·천주교 정의평화위원회 중앙위원 1987년 민주쟁취국민운동본부 민권위원장 1987년 공정선거감시운동전국본부 상임집행위원장 1988년 MBC 노동조합 법률고문 1988~1992년 제13대 국회의원(서울 중랑甲, 평화민주당·신민당·민주당) 1988년 평민당 대변인 1989년 同당무위원 1991년 신민당 당무위원 1991년 민주당 중랑甲지구당 위원장 1995년 우성종합법무법인 변호사 1996년 제15대 국회의원(서울 중랑甲, 국민회의·새천년민주당) 1997년 국민회의 지방자치위원장 1999년 同노동위원장 1999년 同제1정책조정위원장 1999년 시사랑문화인협의회 이사(현) 2000년 새천년민주당 제1정책조정위원장 2000~2004년 제16대 국회의원(서울 중랑甲, 새천년민주당·열린우리당) 2000년 새천년민주당 총재특보단장 2001년 同원내총무 2001년 국회운영위원장 2002년 새천년민주당 중앙선거대책위원회 총무본부장 2002년 同사무총장 2003년 열린우리당 지구당창당 및 개편심의위원장 2004년 한국오페라단 이사장(현) 2005년 열린우리당 고문, 한국오페라단후원회 회장(현) 2006~2008년 노동부 장관 2008년 제18대 국회의원 후보(서울 중랑甲, 무소속) 2008년 민주당 당무위원 2009년 법무법인 우성 대표변호사(현) 2012년 제19대 국회의원선거 출마(서울 중랑구甲, 무소속) 2013년 한민족원로회 운영위원(현) [상]새천년밝은정치인상(2000), 계간문예수필문학상(2007) [저]수필집 '사람값과 사람대접'(1997) '나는 충무경찰서 유치당 초대가수였습니다'(2002) '충무경찰서 초대가수'(2005) [종]천주교

이상수(李商守)

[생]1964 [출]충북 청주 [주]대전 서구 둔산중로77 대전지방경찰청 청사경비대(042-609-2114) [학]1982년 청주세광고졸 1987년 경찰대 행정과졸(3기) [경]1987년 경위 임용(경찰대 3기) 1994년 충북 보은경찰서 과장(경감) 2003년 충북 청주동부경찰서 과장(경정) 2009년 충북지방경찰청 경무과 인사계장 2012년 同치안지도관 2012년 충남지방경찰청 생활안전과장 2013년 충북 옥천경찰서장 2014년 충북지방경찰청 경무과장 2015년 세종경찰서장 2016년 대전지방경찰청 청사경비대장(현)

이상수(李相秀) Sang Su Lee

[생]1969·7·4 [본]경주(慶州) [출]전북 정읍 [주]세종특별자치시 도움5로20 법제처 행정법제국(044-200-6615) [학]1988년 금오공고졸 1997년 원광대 법학과졸 2010년 한양대 대학원 법학과졸 2015년 법학박사(원광대) [경]1998년 행정고시 합격(41회) 1999년 행정자치부 사무관 1999~2005년 법제처 기획예산담당관실·법령해석관리단 사무관 2005년 同법령해석정보국 서기관 2007년 국무총리행정심판위원회 사회문화심판팀장 2008년 법제처 법제정보과장 2009년 대한무역투자진흥공사(KOTRA) 외국인투자지원센터 파견 2011년 캐나다 직무훈련 2012년 법제처 법제총괄담당관·의원입법법제관 2013년 제주특별자치도 법제자문관(파견) 2015년 법제처 행정법제국 교육부전문 법제관(현) [상]법제처장표창(2002·2005), 사회부총리 겸 교육부장관표창(2015) [종]가톨릭

이상순(李商淳) LEE Sang Soon (雪滿)

[생]1933·11·17 [본]전주(全州) [출]서울 [주]서울 강남구 테헤란로28길7 덕천빌딩202호 덕천연구소(02-3452-1976) [학]1956년 서울대 공대 건축과졸 1959년 同대학원 건축과졸 [경]1959년 교통부 건축과 기사 1961년 同건축기사 1968년 철도청 시설국 건축과장 1974년 同설계사무소장 1976년 同건설국장 1977~1982년 삼익건설 부사장 1982~1998년 롯데건설(주) 사장 1990년 서울시탁구협회 회장 1992년 대한건축학회 부회장 1994년 대한건설협회 부회장 1994년 한국지하공간협회 회장 1998년 同명예회장 1998년 롯데건설(주) 고문 1999년 동신대 건축학과 교수 1999년 덕천연구소 회장(현) 2001~2005년 (주)주택문화사 회장·명예회장 2003년 한빛문화재단 고문·이사 [상]건축학회 기술상(1983), 철탑산업훈장(1990), 대통령표창(1991), 건설경영자대상(1993), 금탑산업훈장(1997) [저]'건축片片想'(1993) [작]'잠실롯데월드 프로젝트' '부산 롯데월드' '소공동 롯데호텔' [종]기독교

이상식(李相植)

[생]1959 [출]경북 포항 [주]서울 중구 통일로92 에이스타워 6층 농협하나로유통 임원실(02-2022-6901) [학]경주고졸, 농협대졸 [경]1979년 농협중앙회 입사 1995년 同농협유통준비단 근무, 김포하나로클럽 장장, 농협중앙회 농협종묘개발센터 소장, 同농산물도매분사 단장 2010년 성남유통센터 사장 2011년 농협유통 창동종합유통센터 지사장 2013년 농협중앙회 마트지원부장 2015년 농협하나로유통 전무이사 2016년 同대표이사(현)

이상식(李相植) LEE Sang Sik

[생]1966·4·27 [출]경북 경주 [학]대구 경신고 1989년 경찰대 행정학과졸(5기) 1991년 서울대 대학원 행정학과졸 2013년 경찰행정학박사(동국대) [경]1990년 행정고시 합격(34회) 2005년 총경 승진 2006년 駐영국대사관 주재관 2008년 경찰청 마약지능수사과장 2009년 서울 수서경찰서장 2009년 대통령 민정1비서관실 파견 2010년 경기지방경찰청 제3부장 2011년 안전행정부 치안정책관(경무관) 2012년 경찰청 정보심의관 2013년 同정보국장(치안감) 2014년 대구지방경찰청장(치안감) 2015~2016년 부산지방경찰청장(치안정감) [상]홍조근정훈장(2015)

이상억(李相億) LEE Sang Oak

⊛1944·8·12 (본)경주(慶州) (출)서울 (주)서울 관악구 관악로1 서울대학교 국어국문학과(02-880-6031) (학)1963년 경기고졸 1968년 서울대 국어국문학과졸 1973년 同대학원졸 1975년 미국 일리노이대 대학원 언어학과졸 1978년 언어학박사(미국 일리노이대) (경)1971년 덕성여대 강사 1973년 미국 일리노이대 대학원 언어학과 조교 1975~1977년 미국 하버드대 옌칭연구소 연구원 1979~1982년 고려대 국어국문학과 부교수 1980년 호주국립대 아시아학부 초빙교수 1982~1989년 서울대 조교수·부교수 1985년 독일 뮌헨대·보쿰대 연구교수 1987~1989년 서울대 교무부처장 1989년 同국어국문학과 교수, 同명예교수(현) 1994~1997년 호주 시드니대 아시아학부 초빙교수 2003~2004년 독일 베를린 Technical Univ 및 일본 규슈대 객원교수 2008~2009년 미국 UCLA 한국학 강의, 서울대 미주센터 개설 (상)서울시문화상 인문학부문(2006) (저)'표준 한국어Ⅱ'(1974) '국어의 사동' '피동구문연구'(1978·1999) 'Middle Korean Tonology'(1979) '국어음운론(共)'(1984) '언어학신론(共)'(1988) '현대형태론(共)'(1992) 'Korean through English(共)'(1992) '국어표기 4법 논의'(1994) '한국의 언어(共)'(1997) '외국인을 위한 기초 한국어 사전'(1997) '서울의 한옥'(1998) '계량국어학 연구'(2001) '언어와의 만남'(2006) '서울말 진경 구어(眞景 口語) 연구'(2006) '한국어 체언의 음변화 연구'(2007) 'Contemporary Korean Linguistics'(2010) '디자이너 세종의 독창성-한글의 숨은 코드'(2014) (종)기독교

이상억(李相億) LEE Sang Eok

⊛1965·8·15 (출)충북 음성 (주)서울 강남구 테헤란로126 법무법인 민(02-599-2100) (학)1983년 청주 세광고졸 1990년 고려대 법학과졸 (경)1994년 사법시험 합격(36회) 1997년 사법연수원 수료(26기) 1997년 춘천지검 검사 1998년 대전지검 논산지청 검사 2000년 서울지검 검사 2002년 수원지검 안산지청 검사 2004년 대전지검 천안지청 검사 2005~2009년 서울남부지검 검사(식품의약품안전청 파견) 2009년 의정부지검 고양지청 부부장검사 2010년 창원지검 통영지청 부장검사 2011년 광주지검 강력부장 2012년 서울남부지검 공판부장 2013년 부산지검 형사5부장 2014년 서울서부지검 형사4부장 2015년 서울동부지검 형사4부장 2016년 인천지검 부천지청 부장검사 2016년 법무법인 민 구성원변호사(현)

이상언(李相彦) LEE Sang Eun

⊛1961·11·25 (본)경주(慶州) (출)경북 포항 (주)서울 중구 통일로92 에이스타워빌딩4층 중앙일보플러스 비서실(02-6416-3900) (학)포항고졸 1982년 경희대 신문방송학과졸 (경)1997년 중앙일보 사회부 차장 2002년 同전략기획실 기획팀장(부장대우) 2003년 同시민언론부장 2004년 同사건사회부장 2006년 同편집국 사회부 사회에디터(부국장대우) 2008년 同회장비서실장(이사) 2011년 중앙일보시사미디어 대표이사 2015년 중앙일보플러스 대표이사(현)

이상연(李相淵) (東谷)

⊛1936·2·6 (본)성산(星山) (출)중국 (주)서울 종로구 이화장1길32 이화장 (사)건국대통령이승만박사기념사업회(02-741-0815) (학)1958년 경북대 사범대학 사회과 수료 1961년 미국 특수전학교 수료 1963년 미국 정보학교 수료 1984년 연세대 행정대학원 수료 1990년 서강대 경영대학원 수료 (경)1961~1963년 정훈·정보학교 교관 1980년 국군보안사령부 특별보좌관 1981년 예편(대령) 1981년 민정당 중앙정치연수원장 1981년 정무제1장관실 보좌관 1981년 서울시 부시장 1985년 대구시장 1987년 국가안전기획부 제1차장 1988~1990년 국가보훈처장 1990년 대통령 민정수석비서관 1991년 내무부 장관 1992년 국가안전기획부장 1994년 복지법인 명휘원 이사 1998년 (사)한국교회사연구소 이사(현) 1999~2002년 (사)21C도시정책개발원 이사 2004~2010년 (사)양지회 회장 2002년 시사주간지 '미래한국신문' 발기인 2010년 6.25전쟁60주년기념사업위원회 위원 2012년 (사)건국대통령이승만박사기념사업회 고문(현) (상)화랑무공훈장, 보국훈장 삼일장, 월남 1등명예훈장, 체육훈장 청룡장, 청조근정훈장 (종)천주교

이상연(李相淵) Lee Sang Yeon

⊛1949·7·15 (본)경북 (주)경남 창원시 성산구 공단로424 창원벤처단지內 (주)경한코리아 임원실(055-237-2828) (학)1968년 예천 대창고졸 1986년 경남대 경영대학원 수료 2002년 창원대 행정대학원 수료 2003년 한국방송통신대 경영학과졸 (경)(주)경한코리아 대표이사(현), 대경테크 태국 라이온공장 대표이사, (사)밝은사회창원클럽 회장, 한국방송통신대 학생회장, 창원대 경영대학

원 총학생회장, 경남지방경찰청 행정발전연합회장, 바르게살기경남도협의회 부회장, (사)한국중소기업이업종교류연합회 수석부회장, 同경남도연합회장, 경남안전생활실천시민연합 공동대표·고문(현) 2006~2009년 (사)한국중소기업이업종교류연합회 회장 2008년 경한타일랜드 대표이사(현) 2009년 (사)중소기업이업종중앙회 회장 2010년 同명예회장(현) 2011년 경남미래교육재단 이사(현) 2016년 (재)예천곤충엑스포조직위원회 지원협의회장(현) (상)중소기업진흥공단 모범중소기업인상, 국방부장관표창, 행정자치부장관 감사장, 한국마케팅과학회 마케팅대상

이상연(李相研) LEE Sang Yun

⊛1961·2·11 (출)서울 (주)서울 강남구 학동로401 금하빌딩15층 엔텔스 임원실(02-3218-1200) (학)1979년 경동고졸 1983년 한국항공대 전자공학과졸 1985년 서울대 대학원 전자공학과졸 1997년 공학박사(서울대) (경)1985년 금성전기(주) 근무 1987년 금성반도체 근무 1993년 LG정보통신(주) 근무 1997년 SK텔레콤 중앙연구원 FPLMTS개발3팀장 1998년 同IMT-2000본부 개발1팀장 1998년 同중앙연구원 IMT-2000개발그룹 근무 2000년 同네트워크연구원 Core망개발팀장 2003년 同네트워크연구원 Core망개발팀장(상무) 2005년 同기술전략실장(상무) 2006년 同Service기술연구원장(상무) 2007년 SK아카데미 상무 2008년 SK텔레콤(주) 중국사업부문(SKTC) R&D그룹장 2010년 同미래경영연구원(FMI) 연구위원, 엔텔스 전무(현)

이상열(李相悅) LEE Sang Yul (謂山)

⊛1944·4·1 (본)경주(慶州) (출)전북 고창 (주)서울 종로구 자하문로7길21 공정언론시민연대(02-730-5164) (학)1962년 남성고졸 1966년 연세대 정치외교학과졸 1998년 同언론홍보대학원 최고위과정 수료 (경)1968년 문화방송 보도국 기자 1984년 同홍콩특파원 1987~1990년 同사회부장·외신부장 1990년 同보도국 편집담당 부국장 겸 9시뉴스 앵커 1992년 同보도국장 1993년 同해설위원 1994년 同북경지사장 1996년 同통일문제연구소장 1997년 同보도이사 1998~1999년 同보도본부장 1998~2000년 한국방송기자클럽 부회장 1999~2002년 한국신문방송편집인협회 부회장 1999~2012년 2002월드컵문화시민운동중앙협의회 이사 2000년 LG애드 사외이사 2000년 방송위원회 프로그램심사위원장 2001~2002년 한국부동산TV 사장 2001~2010년 (사)한국언론인연합회 수석부회장 2002~2012년 세종대 사회과학대학 신문방송학과 석좌교수 2003~2008년 GS홈쇼핑 사외이사 겸 감사위원 2007~2010년 GS 강남방송 '이상열의 토크스페셜' 앵커 2009년 공정언론시민연대 공동대표(현) 2010년 문화시민운동중앙협의회 부회장, 同이사(현) 2010~2016년 (사)한국언론인연합회 제4대·제5대 회장 2012년 2002월드컵문화시민운동중앙협의회 부회장(현) 2016년 (사)한국언론인연합회 명예회장(현) (저)'멀티미디어 시대의 방송보도'(2004, 박영사) '유비쿼터스 혁명과 방송보도'(2007, 박영사) (작)'한강은 죽어가고 있는가'(1976, MBC다큐) '버려진 아이들'(1980, MBC다큐) '미국인 그들은 누구인가'(1982, MBC다큐) '카메라 출동'(1989, MBC다큐) 특별인터뷰 '필리핀 NDP 반군지도자 오캄포 특종보도'(1987) 단독인터뷰 '말레이시아 총리 마하티르'(1983) '필리핀 아키노 대통령'(1986) '노태우 대통령'(1992) (종)기독교

이상열(李相烈) LEE Sang Yeol (文岩)

⊛1952·1·22 (본)경주(慶州) (출)전남 신안 (주)전남 목포시 정의로22 세종법조빌딩302호 이상열법률사무소(061-242-3000) (학)1971년 경복고졸 1975년 서울대 문리대학 정치학과졸 1990년 목포대 대학원 법학과졸 (경)1974년 행정고시 합격(15회) 1979년 예편(공군 중위) 1979~1982년 노동부 행정사무관 1982년 사법시험 합격(24회) 1984년 사법연수원 수료(14기) 1985년 변호사 개업 1987~1995년 MBC·KBS 법률상담위원 1988~1994년 목포대 강사 1988~1994년 목포YMCA 이사·시민사업위원장 1994년 목포신문 공동대표 1995년 목포YMCA 이사장 1999년 대불대 겸임교수 1999년 전남서남권발전연구회 공동의장 1999~2002년 목포지방변호사회 회장 2001년 목포극동방송 운영위원장 2002년 태양라이온스클럽 명예회장 2002년 목포사랑회 명예회장 2004~2008년 제17대 국회의원(목포, 새천년민주당·민주당·대통합민주신당·통합민주당·무소속) 2004년 새천년민주당 원내부대표 2005년 민주당 원내수석부대표 2006~2007년 同공동대변인 2005년 同목포지역운영위원회 위원장 2007년 同정책위 의장 2008년 변호사 개업(현) 2010년 국회 의정활동강화자문위원회 위원 2014년 전남 목포시장선거 출마(새정치민주연합) (상)노동부장관표창, 치안본부장표창 (저)'이상열의 법 길라잡이'(2003) '법정에서 못다한 희망 이야기' (종)기독교

이상열(李相烈) LEE Sang Yeol

⊛1957·8·28 ⊜강원 춘천 ㈜경남 진주시 진주대로 501 경상대학교 생명과학부(055-772-1351) ⊗1976년 춘천고졸 1980년 서울대 식품공학과졸 1982년 同대학원 효소화학과졸 1985년 공학박사(한국과학기술원) ⊚1987~1989년 미국 국립보건원(NIH) Post-Doc. 1990~1999년 경상대 우수연구센터 총무부장 1990년 일본 Kyoto Univ. 연구교수 1991~2015년 경상대 생화학과 교수 1991년 미국 국립보건원 방문연구교수 1997년 경상대 의예과장 2000~2003년 프런티어사업단(자생식물) 평가위원 2002~2003년 미국 국립보건원 연구교수 2003년 경상대 환경생명과학국가핵심연구센터 소장 2010년 농촌진흥청 시스템합성농생명공학사업단장(현) 2015년 한국분자·세포생물학회 회장 2015년 경상대 생명과학부 교수(현) ⊛2004년을 빛낸 KAIST 동문상(2004), 한국과학재단 우수연구성과 50선에 연구과제 선정(2005) ⊛천주교

이상열(李尙洌) LEE Sang Yeol

⊛1958·11·5 ⊜전주(全州) ⊜인천 ㈜인천 연수구 첨단대로60번길75 만도브로제 비서실(032-222-6103) ⊗제물포고졸, 인하대 기계공학과졸 ⊚㈜만도 중앙연구소 연구기획팀장 2003년 同익산사업본부 현가연구소장(상무보) 2007년 同익산사업본부장(상무) 2008년 同익산사업본부장(전무) 2010년 한라스택폴㈜ 대표이사 사장 2013년 만도브로제 대표이사 사장(현) ⊛장영실상, 과학기술처장관표창, 산업자원부장관표창 ⊛불교

이상열(李相烈) Lee Sang Yeol

⊛1965·10·20 ⊜충북 단양 ㈜충북 괴산군 괴산읍 문무로85 중원대학교 교양학부(043-830-8828) ⊗1992년 경기대 경제학과졸 1997년 경희대 행정대학원졸 2004년 광운대 대학원 행정학과졸 ⊚중원대 교양학부 교수(현) 2004년 광운대 강사 2005년 중앙경찰학교 외래교수(현) 2009년 연세대 행정대학원 경찰사법전공 외래교수(현) 2010년 한국자치경찰학회 연구이사·출판이사(현) 2010년 해양경찰학교 외래교수 2012년 경찰교육원 외래교수(현) 2012년 한국경찰연구학회 이사(현) 2012년 경찰청 성과평가위원회 위원(현) 2014년 한국경호경비학회 상임이사·이사(현) ⊛서울지방경찰청장 감사장(1991), 경희대총장공로상(1997), 한국자치경찰학회 학술상(2013), 안전행정부장관 감사장(2013) ㉰'경찰행정학'(2006) '경찰학개론'(2013) 수사·2'(2013)

이상엽(李相燁) Lee, Sang Yup

⊛1964·4·12 ⊜서울 ㈜대전 유성구 대학로291 한국과학기술원 생명화학공학과(042-350-3930) ⊗1986년 서울대 화학공학과졸 1987년 미국 노스웨스턴대 대학원 화학공학과졸 1991년 화학공학박사(미국 노스웨스턴대) ⊚1992년 한국과학기술원(KAIST) 생물공정연구센터 선임연구원 1994~2007년 同생명화학공학과 교수 2000년 同대사공학국가지정연구실장 2000년 同생물공정연구센터 소장(현) 2003년 同생물정보연구센터 소장(현) 2004년 호주 Univ. of Queensland 명예교수(현) 2005년 LG화학 석좌교수(현) 2005년 미국 미생물학술원(American Academy of Microbiology) Fellow(현) 2007년 한국과학기술원(KAIST) 특훈교수(현) 2007년 한국과학기술한림원 정회원(현) 2007년 American Association for the Advancement of Science Fellow(현) 2008년 한국과학기술원(KAIST) 생명과학기술대학장 2008년 세계경제포럼 Global Agenda Council Member(현) 2010년 Society for Industrial Microbiology Fellow(현) 2010년 National Academy of Engineering Foreign Associate(현) 2011년 한국공학한림원 화학생명공학분과 정회원(현) 2011년 아시아생물정보학회연합체 회장(현) 2011~2012년 세계경제포럼 미래기술글로벌아젠다위원회(GAC) 의장 2011년 미국화학회 합성생물학지 부편집인(현) 2012년 '어드밴스드 펑셔널 머티리얼즈(Advanced Functional Materials, AFM) '지 편집자문위원(현) 2012~2013년 세계경제포럼 생명공학글로벌아젠다위원회(GAC) 의장 2012년 미국 화학공학회(American Institute of Chemical Engineers) Fellow(석학회원)(현) 2013년 중국과학원 미생물연구소 명예교수(현) 2013년 미국 의생명공학원(American Institute for Medical and Biological Engineering, AIMBE) Fellow(석학회원)(현) 2013~2015년 한국과학기술원(KAIST) 연구원장 2013년 중국 상해교통대 자문교수(현) 2013년 유네스코 세계과학학술원(The World Academy of Sciences) Associate Fellow(현) 2013년 삼성미래기술육성재단 이사(현) 2014년 중국 우한대 명예교수(현) 2014년 중국 북경화공대 명예교수(현) 2014년 국가과학기술자문회의 자문위원(현) 2015년 생명분야국제학술誌 '셀 시스템즈(Cell Systems)' 초대 창간 편집위원(현) 2015년 영국 '네이처 바이오테크놀로지' 선정 '2014년 세계 최고 응용생명 과학자 20인' 2016년 세계경제포럼(WEF) 산하 생명공학위원회 초대 공동의장(현) ⊛KAIST 학술상(1997), 제1회 젊은과학자상(1998), 한국생물공학회 신인학술상(1998), New Century Award,

BARONS WHO'S WHO(1999), The First Elmer Gaden Award(2000), Citation Classic Award(2000), 과학기술부장관표창(2001), 대한민국특허기술상 세종대왕상(2001), 대통령 과학기술포장(2001), British Chevening Scholarship Award(2001), 아시아 차세대리더/아시아 기술혁신 공로자(2002), IBM SUR Award (2002, through the Dept. of Bio Systems), 올해의 KAIST인상(2003), 닮고 싶고 되고 싶은 과학기술인상(2003), KAIST 연구대상(2004), 제9회 한국공학한림원 젊은 공학인상(2005), Excellent Paper Award, Korean Biochip Society(2006), 올해의 과학인상(2006), Merck Award for Metabolic Engineering(2008), The Top 10 Registered Patents Award(2009), 2010 Fellow Award, Society for Industrial Microbiology(2010), 포스코청암상(2011), 미국화학회 마빈존슨상(2012), 미국산업미생물생명공학회 찰스톰상(2012), 제1회 야코부스 반트 호프 강연자상(2013), 한국과학기자협회 올해의 과학자상(2013), 제24회 호암상 공학상(2014), 제50회 발명의날 홍조근정훈장(2015), 제임스 베일리상(2016) ㉰'나는 잘 먹고 잘 사는 세상을 만들고 싶다'(2005) '작지만 위대한 미생물 세상'(2008) 'Systems Biology and Biotechnology of E. coli(대장균의 시스템 생물학 및 생명공학)'(2009, 독일 스프링거사)

이상엽(李相燁) Lee Sang Yeop

⊛1967·9·24 ⊜서울 ⊗1993년 건국대 사범대졸 ⊚제우미디어 근무, 일본 원클릭社 상무이사 2002년 일본 ㈜게임온社 온라인게임사업본부장·상무·전무 2007년 同대표이사 2009~2011년 ㈜네오위즈게임즈 대표이사 사장 2011년 일본 게임온 대표이사(현)

이상영(李相英) Lee, Sang-Young

⊛1944·3·5 ⊜부산 ㈜서울 금천구 빛꽃로278 세진전자㈜ 비서실(02-866-0057) ⊗1963년 부산고졸 1968년 서울대 법학과졸 ⊚1969~1974년 우주전자㈜ 이사 1975년 세진전자㈜ 대표이사 1987~2008년 ㈜에스씨디 대표이사 2011년 ㈜한빛전자 회장 2014년 세진전자㈜ 회장(현) ⊛산업포장(1975), 모범납세자 대통령표창(1988), 신개발전자부품콘테스트 최우수상(1998) ⊛천주교

이상영(李相永) Lee, Sang Young

⊛1956·10·28 ⊜경주(慶州) ⊜대전 ㈜서울 광진구 능동로120 건국대학교 이과대학 물리학과(02-450-3166) ⊗1979년 서울대 물리학과졸 1984년 미국 오하이오주립대 대학원 물리학과졸 1987년 물리학박사(미국 오하이오주립대) ⊚1983~1984년 미국 오하이오주립대 교육조교 1984년 미국물리학회 정회원 1985년 미국 오하이오주립대 연구조교 1987~1992년 한국과학기술연구원 선임연구원 1987~1996년 고온초전도협의회 간사보 1988년 한국물리학회 정회원·평의원(현) 1992~2001년 건국대 조교수·부교수 1998년 한국초전도학회 편집이사(편집위원) 2000년 대한전자공학회 정회원(현) 2001년 건국대 이과대학 물리학과 교수(현) 2002~2003년 미국 NIST 객원연구원 2004년 IEC convener(현) 2010~2011년 서울대 초빙교수 2011~2014년 초전도학회 부회장 2012~2016년 건국대 이과대학장 2014년 초전도(IEC TC90) 전문위원회 위원장(현) 2015년 한국초전도학회 포상위원회 위원장(현) ⊛한국과학기술연구원 우수논문상(1991), KCMAS 위원회 초전도기술상(1998), 건국대 Best teacher award(2001), 국제전기기술위원회(IEC) 1906 award(2009), 건국대학교 20년 근속상(2012), 국무총리표창(2013), 국가기술표준원 특별공로패(2014) ⊛천주교

이상영(李相永)

⊛1957·9·26 ⊜충남 보령 ㈜충남 보령시 성주산로77 보령시청 부시장실(041-930-3205) ⊗대천농공고졸, 한국방송통신대 행정학과졸, 한남대 대학원 사회복지학과졸, 행정학박사(배재대) ⊚2010년 충청남도 문화체육관광국 문화산업과장 2011년 同문화체육관광국 문화예술과장 2013년 同안전자치행정국 자치행정과장 2015년 충남 보령시 부시장(현)

이상영(李相永) LEE SANG YOUNG

⊛1958·8·18 ⊜전주(全州) ⊜충북 단양 ㈜충북 청주시 흥덕구 풍산로6 충청북도관광협회(043-231-5563) ⊗상지전문대학 관광학과졸 2001년 우송대 관광경영학과졸 2009년 청주대 대학원 관광학부 관광경영학과졸 2014년 관광학박사(청주대) ⊚1985년 ㈜속리관광개발 대표이사(현) 1993년 ㈜단양속리관광개발 대표(현) 2006년 충청북도관광협회 회장(현) 2006년 청주국제공항

활성화대책 추진위원 2007년 한나라당 전국위원 2009년 청주대 관광경영학과 겸임교수(현), 바르게살기운동중앙협의회 충북지회 이사(현), 민주평통 청주지부 부위원장(현), 단양군민회장, 제천중고동문회장(현), 도담초총동문회장(현), 전국시도관광협회 연합회장(현) [상]산업포장(2008) [종]불교

이상오(李相五)

[생]1972·11·21 [출]경북 의성 [주]대구 수성구 동대구로 345 대구지방법원(053-757-6600) [학]1990년 대구 대륜고졸 1996년 서울대 사법학과졸 [경]1997년 사법시험 합격(39회) 2000년 사법연수원 수료(29기) 2000년 해군 법무관 2003년 대구지법 판사 2006년 同경주지원 판사 2008년 대구지법 판사 2013년 대법원 재판연구관 2015년 대구지법 부장판사(현)

이상옥(李相玉) LEE Sang Ock (若初)

[생]1934·8·25 [본]광주(廣州) [출]경북 안동 [주]서울 중구 세종대로92 한화손해빌딩 국제연합한국협회(02-774-0456) [학]1953년 안동사범학교졸 1957년 서울대 정치학과졸 1960년 미국 조지타운대 대학원 수학 [경]1954년 합동통신 외신부 기자 1956년 고시행정과 합격(7회) 1957년 외무부 입부 1961년 駐미국 3등서기관 1966년 외무부 공보관 1966년 駐서독 1등서기관 1968년 외무부 총무과장 1971년 駐미국 참사관 1973년 외무부 미주국장 1975년 국무총리 총무비서관 1976년 외무부 기획관리실장 1978년 駐싱가포르 대사 1982년 외교안보연구원 원장 1983년 외무부 제1차관보 1984년 同차관 1986~1990년 駐제네바대표부 대사 1990~1993년 외무부 장관 1993년 한국외교협회 고문 1997~1998년 민족통일연구원 이사장 1997~2003년 국제연합(UN)한국협회 회장 2003년 同고문(현) [상]수교훈장 흥인장(1987), 청조근정훈장(1993), 오스트리아 등 9개국 공로훈장, 제3회 고려대 정책인대상(2005) [저]회고록 '전환기의 한국외교(삶과 꿈)' [종]기독교

이상옥(李相沃) LEE Sangok (友溪)

[생]1936·3·2 [본]경주(慶州) [출]경북 김천 [주]서울 관악구 관악로1 서울대학교 영어영문학과(02-880-5114) [학]1954년 김천고졸 1958년 서울대 영어영문학과졸 1963년 同대학원 영어영문학과졸 1975년 문학박사(미국 뉴욕주립대 스토니브룩) [경]1961년 서울고 교사 1965~1982년 서울대 영어영문학과 전임강사·조교수·부교수 1982~2001년 同교수 1984년 同미국학연구소장 1993년 同인문대학장 1995년 미국 브리검영대 파견교수 1997년 한국비교문학회 회장 1998년 서울대 대학원장 1998년 同교수윤리위원장 1998~2000년 한국현대영미소설학회 회장 1999~2001년 한국영어영문학회 회장 2001년 서울대 영어영문학과 명예교수(현) 2012년 이효석문학재단 이사장, 同이사(현) [상]현대문학평론상(1993), 홍조근정훈장(2001) [저]'영문학개론'(共) '조셉콘라드 연구'(1986) '문학과 자기성찰'(1986) '李孝石-문학과생애'(1992) '李孝石-참여에서 순수로'(1997)' '문학·인문학·대학'(2000) '이효석의 삶과 문학'(2004) '이효석전집(編)'(2016, 서울대 출판문화원) [역]'젊은 예술가의 초상' '걷지 않은 길' '암흑의 핵심' '미겔 스트리이트' '기싱의 고백' '로드 짐' '지중해 오디세이'(2007) '굴뚝청소부 예찬'(2011) [작]산문집 '두견이와 소쩍새'(1997, 시와시학사) '가을 봄 여름 없이'(2010, 신구문화사) '이제는 한걸음 물러서서'(2013, 서울대 출판문화원)

이상옥(李相玉) LEE Sang Ok (義山)

[생]1950 [본]경주(慶州) [출]전북 진안 [학]1974년 중앙대 신문방송학과졸 1978년 연세대 행정대학원 행정학석사 1982년 중화민국 국립정치대 변방정치연구소 정치학석사 1985년 중화민국 중국문화대 삼민주의연구소 정치학박사과정 수료 [경]1972년 재경전북학우회 회장 1987년 민주화추진협의회 상임운영위원 겸 국제분과위원장 1987년 민주연합 청년동지회 수석부회장 1988년 제13대 국회의원(전북 무주·진안·장수, 평민당·민주당, 농림수산·교육·문화체육관광·예산결산위원) 1990년 UNESCO 한국대표, 한국4-H연맹 고문 1993~1996년 민주당 청소년특별위원회 위원장, (사)한국청소년협회 상임고문 1994년 전북프로축구단 구단주(초대), 대한체육회 컬링경기연맹 부회장, (사)새만금코리아 부위원장(현), 중앙대총동문회 부회장(현), 영등포고총동문회 회장, (사)경주이씨중앙화수회 부회장(현), (사)한국장애인복지중앙회 상임고문, (사)한민족네트워크 부위원장(현), 세계NGO연합 평화대사(현), 중국 연변대 국제정치학 겸직교수(현) 2014년 K-POP EXPO 대회장(인천아시안게임), (사)한중문화교류협회 회장(현), (사)한중친선협회 상임고문(현), (사)한중지역경제협회 상임고문(현) 2015년 대한민국헌정회 정책연구위원회(교육문화관광분과) 간사(현) 2015년 안중근장군추모비건립추진위원회 부위원장 2015년 (사)대한팔씨름협회(팔씨름남북대회조직위원회) 상임고문(현) 2015년 (사)세계문화예술엑스포조직위원회 조직위원(현) [종]기독교

이상완(李相浣) LEE Sang Wan

[생]1950·3·22 [출]서울 [주]경기 수원시 영통구 삼성로 129 삼성전자(주) 임원실(031-200-1114) [학]1968년 서울고졸 1974년 한양대 전자공학과졸 1981년 연세대 대학원 경영학과졸 2000년 서울대 경영대학원 최고경영자과정 수료 2012년 명예 경영학박사(한양대) [경]1976년 삼성전자(주) 입사 1989년 同이사보 1992년 同ASIC(마이크로) 마케팅 총괄이사 1993년 同메모리생산기획 총괄이사 2001년 同사장 2003년 한국정보디스플레이학회 회장 2004~2009년 삼성전자(주) LCD 총괄사장 2007~2009년 한국디스플레이산업협회 초대 회장 2009년 삼성전자(주) 종합기술원장(사장) 2010년 삼성사회공헌위원회 사장 2010~2011년 미국 하버드대 방문연구원 2011~2013년 삼성전자(주) 상담역 2012년 한양대 기술경영전문대학원 특훈교수(현) 2012년 한국과학기술기획평가원 이사(현) 2013년 서울대 공과대학 겸임교수(현) 2013년 삼성전자(주) 고문(현) 2015년 한양대 나눔교수(현) [상]철탑산업훈장(1998), 대통령표창, 능률협회컨설팅 TPM대상 최고경영자상(2002), 금탑산업훈장(2004) [종]천주교

이상용(李商容)

[생]1954·7·13 [출]서울 [주]충북 진천군 덕산면 한삼로55 한솔테크닉스(주) 대표이사실(043-530-8888) [학]1976년 한양대 전자공학과졸 [경]1978년 삼성광주전자 입사 2000~2001년 同VCM팀장(이사보) 2001~2002년 同VCM팀장(상무보) 2003~2004년 同VCM팀장·냉기팀장(상무) 2005~2011년 同대표이사(전무) 2011~2012년 삼성전자 Global제조기술팀(생활가전)장·상근고문 2013년 한솔테크닉스(주) 대표이사(현) 2013~2015년 한솔라이팅(주) 대표이사 겸임

이상용(李相龍) LEE Sang Yong

[생]1955·12·14 [출]서울 [주]대전 중구 보문로246 대림빌딩10층 (재)대전복지재단(042-331-8906) [학]1974년 경동고졸 1978년 서울대 사회복지학과졸 1990년 미국 오하이오주립대 대학원 사회복지학과졸 2004년 사회복지학박사(연세대) [경]1979년 행정고시 합격(22회) 1992년 국립사회복지연수원 기획연구과장 1993년 국방대 파견 1996년 보건복지부 장애인복지과장·복지정책과장 1997년 同복지정책과장 1997년 대통령직인수위원회 파견 1998년 보건복지부 보험정책과장(서기관) 1999년 同보험정책과장(부이사관) 2000년 同건강증진과장 2001년 同총무과장 2002년 국립의료원 사무국장 2004년 보건복지부 국민연금심의관 2005년 同연금보험국장 2005년 同보험연금정책본부장(이사관) 2006~2010년 숭실대 사회복지대학원 겸임교수 2007년 보건복지부 사회복지정책본부장 2007년 한국사회복지학회 부회장 2008~2010년 식품의약품안전청 차장 2010~2013년 한국보건복지인력개발원 원장 2010~2013년 중앙공무원교육원 민관교육발전기관장협의회 부회장 2011~2013년 한국보건행정학회 이사 2011~2013년 한국사회복지행정학회 특별이사·이사 2012~2014년 복지TV·장애인신문 자문위원 2012년 2013오송화장품뷰티세계박람회 조직위원 겸 집행위원 2012년 미래에셋박현주재단 이사(현) 2013년 사회연대은행 이사 2014년 (재)대전복지재단 대표이사(현) [상]대통령표창(1991), 근정포장(1999), 홍조근정훈장(2005)

이상용(李相龍) LEE SANG YONG

[생]1956·8·25 [출]부산 [주]서울 영등포구 의사당대로 147 알리안츠생명보험(주) 임원실(02-3787-7000) [학]1974년 부산남고졸 1982년 동아대 정치외교학과졸 [경]1981년 삼성그룹 입사, 삼성생명보험 강동지점장 2002년 同AM사업부장(상무보) 2003년 同영업지원팀장(상무) 2009년 同전략채널본부장(전무) 2010년 同개인영업본부장 2012년 同고객지원실 전무 2013년 엘스금융서비스 대표이사 사장 2013~2015년 (주)라이나금융서비스 대표이사 사장 2015~2016년 알리안츠생명보험(주) 영업부문 대표(CSO) 2016년 同고문(현)

이상용(李相龍) LEE Sang Yong

[생]1958·11·6 [출]경남 고성 [주]울산 중구 구교로41 울산방송 임원실(052-228-6011) [학]1976년 부산공고 기계과졸 1985년 동아대 행정학과졸 [경]1984년 울산MBC 입사·편성국 차장 1997년 울산방송 편성부장 2000년 同보도제작팀장 2002년 同편집제작팀장(부장) 2006년 同보도제작팀 부장급 2009년 同보도제작국장, 同편성국장 2011년 同대표이사(현) [상]한국방송대상, MBC 작품상 라디오부문, MBC 작품상 TV부문

이상용(李相龍) LEE Sang Yong

[생]1967·9·18 [출]광주 [주]서울 서초구 서초대로250 스타갤러리브릿지1002호 이상용법률사무소(02-523-3100) [학]1986년 광주진흥고졸 1990년 서울대 법학과졸 2000년 미국 조지타운대 법과대학원졸 [경]1990년 사법시험 합격(32회) 1993년 사법연수원 수료(22기) 1996년 서울지검 검사 1998년 광주지검 순천지청 검사 2000년 미국 뉴욕주 변호사시험 합격 2000년 법무부 관찰과 검사 2001년 同국제법무과 검사 2004년 서울동부지검 검사 2005년 同부부장검사 2005년 駐제네바대표부 법무협력관 2008년 수원지검 평택지청 부장검사 2009년 법무부 사회보호정책과장 2009년 同국제법무과장 2010년 서울동부지검 형사3부장 2011년 서울고검 검사 2011~2014년 국회사무처 법제사법위원회 전문위원 2014년 서울북부지검 차장검사 2015년 수원지검 안양지청장 2016년 변호사 개업(현) [저]'EU 통상법연구' [종]천주교

이상우(李相禹) RHEE Sang Woo (盤山)

[생]1938·4·16 [본]전주(全州) [출]함남 함흥 [주]서울 영등포구 국회대로76길18 오성빌딩601호 (사)신아시아연구소(02-784-7161) [학]1957년 서울고졸 1961년 서울대 법대 행정학과졸 1966년 同대학원 법학과졸 1969년 미국 하와이대 대학원 정치학과졸 1971년 정치학박사(미국 하와이대) [경]1971년 미국 하와이대 국가차원연구소 부소장 1973년 경희대 부교수 1976년 서강대 정치외교학과 부교수 1979~2003년 同정치외교학과 교수 1981~2007년 계간 「Korea & World Affairs」 편집인 1982~1984년 공산권연구협의회 부회장 1983년 서강대 동아연구소장 1984~1986년 공산권연구협의회 회장 1988년 외무부 정책자문위원장 1988년 서강대 공공정책대학원장 1989년 21세기위원회 위원 1991년 국제정치학회 회장 1993~1994년 21세기위원회 위원장 1993년 서강대 사회과학대학장 1993년 신아세아질서연구회 회장 1995년 한·일문화교류기금 이사장(현) 1997년 통일고문 1998년 국방개혁추진위원 2003~2006년 한림대 총장 2005~2008년 한림국제대학원대 총장 2006년 (사)신아시아연구소 소장(현) 2009년 대통령자문 통일고문회의 고문 2009년 국방선진화추진위원회 위원장 2010년 대통령직속 국가안보총괄점검회의 의장 2014년 국방과학연구소 비상임이사 [상]국민훈장 목련장(1984), 몽골 친선훈장(2005) [저]'Dimensions of Nations'(1973) '한국안보의 제문제와 정책방향'(1976) '한국의 안보환경'(1977·1986) '국제관계이론 : 국가간의 갈등원인과 질서유지'(1979·1987·2006) '한국의 안보환경 : 80년대의 도전'(1980) 'Security and Unification of Korea'(1983) '분단과 통일 그리고 민족주의'(1984) '북한40년'(1988) '북한의 주체사상'(1989) '함께 사는 통일'(1993·1995) '새 국제질서와 통일환경 : 통일정책 분명히 합시다'(1995) '북한정치론'(1996) '21세기의 이해'(1996) '현대정치의 이해'(1997) '국제관계이론 : 국가간의 갈등원인과 질서원리'(1999) '북한정치입문 : 김정일 정권의 특성과 작동원리'(2000) '국제정치학강의'(2005) '우리들의 대한민국'(2006) '우리가 바라는 통일'(2006) '우리가 살아갈 21세기'(2007) '북한정치 : 신정체제의 진화'(2008) [종]유교

이상우(李祥雨) LEE Sang Woo

[생]1938·9·12 [본]경주(慶州) [출]경남 산청 [주]서울 영등포구 국회대로74길20 맨하탄21리빙텔1015호 한국추리작가협회(02-3142-3221) [학]1957년 대구상고졸 1961년 청구대 국어국문학과졸 [경]1959년 영남일보 기자 1959~1966년 대구일보 기자·편집부장 1966년 한국일보 입사 1969~1982년 同편집제1부장·종합편집부장·편집부국장·편집국 차장 1982년 同주간편집국장 1983년 한국추리작가협회 부회장 1984년 한국일보 편집위원·전산편집운영국장 1985년 서울신문 이사대우·스포츠서울 편집국장 1989년 同상무이사 1990년 同사장 직대 1990~2006년 한국추리작가협회 회장 1990~2000년 국제펜클럽 한국본부 이사 1991~1993년 서울신문 전무이사 1995년 한국일보 일간스포츠담당 부사장 1997년 同일간스포츠담당 사장 1998년 국민일보 신매체창간준비위원장(사장대우) 1999~2001년 스포츠투데이 편집인 겸 사장 1999년 국민일보 대표이사 사장 2000년 파이낸셜뉴스 편집인 겸 사장 2000년 아세트넥스트미디어(주) 사장 2001년 경향미디어그룹 대표이사 회장 2002~2004년 굿데이 대표이사 회장 2006~2009년 한국추리작가협회 명예회장 2008년 굿데이신문 회장 2009년 한국추리작가협회 상임고문 2011년 한국증권신문 회장 2012~2015년 법률방송 상임고문 2015년 한국추리작가협회 이사장(현) [상]한국신문상(1983), 한국추리문학대상(1987), 중앙언론문화상(1991) [저]'한국현대신문편집론(共)'(1991) '추리소설 칼럼'(1991) 장편소설 '신 임꺽정'(1961) '호박이 열리는 장미'(1983) '북악에서 부는 바람'(1994) '역사에 없는 나라'(1995) '세종대왕(上·下)'(1997) '화홍문 가는 길'(1998) 장편추리소설 '화분살인사건'(1984) '화조 밤에 죽다'(1986) '악녀 두 번 살다'(1986) '안개도시'(1988) '여자는 눈으로 승부한다'(1988) '안개의 성'(1993) '개와 시인'(1997) 추리안내서 '이상우추리소설탐험'(1992) '권력은 짧고 언론은 영원하다'(2010)

이상우(李相宇) LEE Sang Woo

[생]1946·8·15 [출]서울 [주]경기 성남시 수정구 성남대로 1342 가천대학교 행정부총장실(031-750-5003) [학]1972년 한양대 신문방송학과졸, 서강대 언론대학원졸 [경]1971년 신아일보 사회부 입사 1980년 해직 1981년 교육신보 취재부장 1985년 언론연구원 출판차장 1988년 세계일보 사회부 차장 1991년 同사회부장 직대 1991년 문화일보 사회부 부장대우 1993년 同사회부장 1994년 同사회2부장 1995년 同사회1부장 1996년 同부국장대우 겸 사회1부장 1998년 同논설위원 1999년 同편집국 부국장 2000년 同논설위원 2000년 同편집국 인터넷뉴스담당 부국장 2001년 同논설위원(부국장) 2003년 同논설위원(국장대우) 2004년 同논설위원실장, 가천학원재단 사무처장, 同상임이사 2013년 가천대 행정부총장(현) [상]한국기자협회 취재부분 특종상, 서강대 언론대학원 우수논문상, IYPT 공로상, 한국일보 출판대상, 국민훈장 모란장(2016)

이상우(李祥雨) Sang Woo Lee

[생]1956·4·13 [본]경주(慶州) [출]서울 [주]경기 안산시 단원구 적금로123 고려대학교 안산병원 소화기내과(031-412-5010) [학]1982년 고려대 의대졸 1985년 同대학원졸 1989년 의학박사(고려대) [경]1986~1991년 서울을지병원 제1내과 과장 1991년 고려대 의료원 내과 임상강사 1992~2001년 同의대 내과학교실 조교수·부교수 2001년 同의대 내과학교실 교수(현) 2001~2004년 대한Helicobacter연구학회 학술위원장 2001~2007년 대한내과학회 고시위원 2001~2004년 대한소화기내시경학회 감사 2003~2005년 대한소화기학회 재무이사 2004~2009년 대한내과학회 평의원 2004년 대한소화기학회 평의원(현) 2004~2006년 대한상부위장관·헬리코박터학회 보험이사 2005~2007년 고려대의료원 안산병원 진료부원장 2006~2008년 대한상부위장관·헬리코박터학회 재무이사 2007년 대한소화기내시경학회 평의원(현) 2008년 대한상부위장관·헬리코박터학회 부회장 2010년 同회장 2012년 고려대의료원 안산병원 원장 2015년 대한소화기학회 이사장(현)

이상우(李上雨) LEE Sang Woo

[생]1957·12·25 [본]경주(慶州) [출]부산 [주]서울 중구 명동11길19 은행회관3층 국제금융센터 부원장실(02-3705-6200) [학]1976년 경남고졸 1980년 서울대 경영학과졸 1983년 同대학원 경영학과졸 1993년 미국 인디애나대 대학원 경제학과졸 [경]1980년 한국은행 입행 1997년 同금융시장국 금융시장실 팀장 2003년 同정책기획국 정책분석팀장 2004년 同정책기획국 정책총괄팀장 2006년 同부산본부 기획조사실장 2007년 同정책기획국 부국장 2009년 同조사국장 2012년 同경제연구원 연구위원 2014년 同인재개발원 교수팀장 2014~2015년 同커뮤니케이션국 주임교수 2015년 국제금융센터 부원장(현)

이상우(李相雨) Lee Sang-woo

[생]1966·3·10 [본]경주(慶州) [출]경북 울진 [주]서울 종로구 율곡로2길25 연합뉴스 미래전략실 개발전략팀(02-398-3114) [학]1983년 경북고졸 1987년 경북대 통계학과졸 [경]1987~1990년 금융결제원 전산부 근무 1990년 연합뉴스 전무국 기술2부 입사 2001년 同전산부 차장대우 2004년 同전산부 차장 2007년 同전산부 부장대우 2009년 同정보통신국 전산부장(부장대우) 2011년 同정보통신국 IT운영부장 2011년 同정보통신국 제작개발팀장 2011년 同정보통신국 IT개발부장 2012년 同정보통신국 운영부장 2013년 同정보통신국 시스템운영부장 2013년 同뉴미디어개발부 기획위원 2014년 同뉴미디어개발부 기획위원(부국장대우) 2015년 同미디어기술국 뉴미디어개발부 근무(부국장대우) 2015년 同미디어기술국 ICT기획부 근무(부국장대우) 2016년 同미디어기술국 뉴미디어개발부 부국장대우 2016년 同미래전략실 개발전략팀 근무(부국장대우)(현)

이상우(李尙祐) Lee Sangwoo

[생]1968·3·20 [본]한산(韓山) [출]서울 [주]세종특별자치시 노을6로8의14 국세청 국제세원관리담당관실(044-204-2861) [학]1987년 자양고졸 1996년 서울대 경제학과졸 2004년 同대학원 행정학과졸 [경]1998년 공주세무서 간세과장 2000년 영등포세무서 징세과장 2001년 재정경제부 세제실 소비세제과 근무 2002년 同세제실 조세정책과 근무 2003년 서초세무서 조사2과장 2004년 국세청 법인세과 근무 2008년 대통령 기획관리비서관실 파견 2010년 마산세무서장 2010년 서울지방국세청 신고분석2과장 2013년 캐나다 국세청 파견 2014년 서울지방국세청 조사3국 조사관리과장 2015년 국세청 징세과장 2016년 同국제세원관리담당관(현) [종]불교

이상욱(李相旭) LEE Sang Uk (藕洋)

[생]1946·11·21 [본]경주(慶州) [출]충북 영동 [주]서울 서초구 양재천로21길15 정우빌딩3층 (사)한국자동차자원순환협회(02-579-2428) [학]1965년 대성고졸 1984년 한국외국어대 영어과졸 1992년 연세대 행정대학원 수료, 세종대 언론홍보대학원 신문방송학과졸 [경]1983년 한국방송공사 올림픽방송본부 차장 1985년 同올림픽방송본부 제작부장 1986~1988년 同올림픽방송본부 기획부장·운영부장·협력부장 1988년 同방송개혁발전위원회 기획운영부장 1990년 同라디오제작2국 2라디오부장 1992년 同라디오제작1국장 1993년 同라디오제작2국장 1995년 同라디오1국장 1996년 同라디오본부장 1998년 同사장 특별보좌역 1999년 KBS제작단 사장 1999~2001년 한국방송제작단 사장 2001년 월드이벤트TV 대표이사 2002년 코리아위성방송 회장 2009년 (사)한국자동차자원순환협회 회장(현) [상]산업포장

이상욱(李相旭) Lee, Sang-Uk

[생]1957·10·26 [주]부산 서구 감천로262 고신대학교 의과대학 내과학교실(051-990-6600) [학]조선대 의대졸, 고신대 대학원졸, 의학박사(고신대) [경]1986년 고신대 의대 내과학교실 교수(현), 同복음병원 부원장, 부산국제암엑스포 자문위원 2012~2015년 고신대 복음병원장 2014~2016년 대한기독병원협회 회장 2015년 성산장기려선생기념사업회 상임이사(현) [상]국민건강보험공단 감사패(2013)

이상욱(李相旭)

[생]1958·1·27 [출]경북 포항 [주]경북 경주시 양정로260 경주시청 부시장실(054-779-6005) [학]1974년 포항고졸 1987년 한국방송통신대 행정학과졸 2000년 영남대 대학원 해양자원학과졸 [경]2005년 경북도 수산자원개발연구소장 2008년 同농수산국 수산진흥과장 2011년 영덕군 부군수 2012년 경북도 대변인 2014년 교육 파견(국장급) 2014년 경북도 동해안발전본부장 2016년 경주시 부시장(현) [상]녹조근정훈장(2012)

이상욱(李尙昱) LEE Sang Uk

[생]1968·2·13 [주]서울 종로구 북촌로112 감사원 비서실(02-2011-2114) [학]1986년 대구 청구고졸 1991년 서울대 법대 공법학과졸 2003년 同행정대학원졸 2005년 미국 샌디에이고대 대학원 법학과졸 [경]1996년 행정고시 합격(38회) 1997~2000년 해양수산부 근무 2010년 감사원 기획관리실 결산담당관 2011년 同지방행정감사국 제2과장 2011년 同공공기관감사국 제1과장 2012년 同지방행정감사국 제1과장 2014년 외교부 감사관 2016년 감사원 비서실장(현)

이상욱(李尙昱) LEE Sang Wook

[생]1969·12·12 [출]부산 [주]경기 과천시 관문로47 법무부 법무실 국가송무과(02-2110-3202) [학]1988년 부산 내성고졸 1997년 연세대 법학과졸 [경]1996년 사법시험 합격(38회) 1999년 사법연수원 수료(28기) 1999년 수원지검 검사 2001년 창원지검 거창지청 검사 2002년 울산지검 검사 2004년 서울중앙지검 검사 2006년 인천지검 검사 2008년 법무부 국가송무과 검사 2011년 부산지검 검사 2011년 同부부장검사 2012년 대구지검 경주지청 부장검사 2013년 同서부지청 부부장검사 2014년 창원지검 밀양지청장 2015년 부산지검 동부지청 형사2부장 2016년 법무부 국가송무과장(현)

이상운(李相雲) LEE Sang Woon

[생]1952·3·18 [본]공주(公州) [출]서울 [주]서울 마포구 마포대로119 (주)효성 비서실(02-707-7085) [학]1969년 경기고졸 1976년 서울대 섬유공학과졸 [경]1976년 효성그룹 입사 1988년 효성물산(주) 밀라노지점장 1990년 同부장 1994년 同이사대우 1995년 同이사 1998년 同상무이사 1998년 (주)효성 상무이사 1999년 同비서실장(전무) 2001년 同전략본부장(전무) 2002년 同대표이사 사장 2002년 효성그룹 최고운영책임자(COO)(현) 2007년 (주)효성 대표이사 부회장(현) 2014년 신화인터텍(주) 대표이사(현) 2015년 (주)효성 창조경제지원단장 겸임(현) 2015년 FMK(포르자모터스코리아) 사내이사(현) [상]국무총리표창, 금탑산업훈장(2011), 인촌기념회 인촌상 산업기술부문(2013)

이상웅(李相雄) LEE Sang Woong

[생]1958·12·12 [본]성주(星州) [출]서울 [주]서울 강남구 선릉로433 23층 세방그룹 회장실(02-3469-0317) [학]1977년 경복고졸 1981년 서강대 경영학과졸 1987년 미국 펜실베이니아대 Warton School MBA 1989년 서울대 공과대학 최고산업전략과정 수료 1996년 한국과학기술원 최고정보경영자과정 수료 2000년 서강대 최고경영자과정 수료 2003년 세계경영연구원 IGMP 수료(1기) [경]1981년 세방해운(주) 근무 1991년 세방전지(주) 부사장 1993년 세방기업(주) 부사장 1999년 세방전지(주) 대표이사 사장 2000년 미국 Wharton Asian Executive Board 이사 2005년 세방(주) 대표이사 사장 2008년 세방그룹 부회장 2012년 서강대경영대학총동문회 회장 2013년 세방그룹 회장(현) 2015년 대한럭비협회 회장(현) 2016년 서강대총동문회 회장(제30대)(현) [상]한국물류대상 대통령표창(2002), 한국물류학회 제2회 E-Business 대상(2004), 한국물류학회 제3회 E-Business 대상(2005), 품질경쟁력 우수기업(2005), 전자무역대상(2005), 자랑스러운 서강경영인상(2010)

이상원(李尙遠) LEE Sang Won

[생]1945·1·16 [본]한산(韓山) [출]서울 [주]인천 연수구 갯벌로38 한국단자공업(주) 비서실(032-850-1235) [학]1963년 양정고졸 1970년 연세대 영어영문학과졸 [경]삼강상사 대표, 유성상사 대표, 한국단자공업(주) 상무이사·전무이사, 同영업본부장(부사장) 2012년 同고문(현) [종]기독교

이상원(李相原) LEE SANG WON (日月有情)

[생]1950·10·20 [본]경주(慶州) [출]경북 문경 [주]서울 종로구 율곡로13길21 (주)크라운출판사 회장실(02-745-0311) [학]1968년 한양공고졸 1987년 미국 아메리카스대 경제학과졸 1989년 同대학원 경제학과졸(석사) 1992년 경제학박사(미국 코스트라인대) 1997년 고려대 정책대학원 경제정책학과졸(석사) [경]1978년 (주)크라운출판사 대표이사 회장(현) 1978년 (주)한국컴퓨터 대표이사 회장 1999~2015년 전국경제인연합회 국제경영원 부회장 2000년 한나라당 재정위원회 부위원장 2002년 同이회창 대통령후보 경제특별보좌관·서울시지부 부위원장 2003년 同경북도지부 부위원장 2005년 고려대 경제학과 교수 2010~2012년 고려대경영대학원교우회 회장 [상]민주정의당 총재 공로상(1988), 고려대 발전공로상(1989), 고려대 정책대학원 총학생회장상(1996), 고려대 정책대학원 우수논문상(1996), 고려대 정책대학원 공로상(1998), 서울대 공과대학 산업전략과정 우수상(2000), 전국경제인연합회 우수경영상(2001), 서울 북악라이온스클럽 발전공로상(2001), 행복포럼 우수경영인상(2013), 민주언론인 경영인대상(2014) [저]'WTO시대의 한국경제'(1996) 'IMF시대의 기업전략'(1998) 'IMF와 구조조정'(1999) '기업과 금융회사간의 균형적 발전' '남북통일시 경제비용' '한국경제 21세기 대예측' [종]불교

이상원(李相源) LEE Sang Won

[생]1953·5·7 [출]경북 성주 [주]서울 구로구 경인로662 대성산업가스(주) 임원실(02-721-0805) [학]성주고졸, 영남대 응용화학과졸 [경]대성산업가스(주) 상무 2006년 同BULK영업담당 전무 2014년 同BULK영업담당 부사장(현)

이상원(李相元) LEE Sang Won

[생]1956·5·28 [본]양성(陽城) [출]대구 [주]경기 용인시 처인구 용인대학로134 용인대학교 경영행정대학3층 경찰행정학과(031-8020-2905) [학]1980년 동국대 경찰행정학과졸 1986년 同대학원 경찰행정학과졸 1991년 경찰행정학박사(동국대) [경]1980~1982년 보병제3사단 헌병대(ROTC 18기) 소대장(중위) 1983년 경찰간부 후보(32기) 1984~1988년 대통령 경호실·종합상황실 상황담당관 1988년 경찰종합학교 교관(경감) 1991년 경찰대학 경찰학과 교관(경감) 1992~1996년 관동대 경찰행정학과 조교수 1996~1999년 同부교수 1999~2003년 대구대 부교수 2002년 한국경호경비학회 부회장 2003년 한국경찰학회 부회장 2004년 용인대 경영행정대학 경찰행정학과 교수(현) 2005~2009년 同경영대학원 경찰관리학과장 2005~2009년 同경찰행정학과장 2008~2011년 한국경찰학회 회장 2008~2010년 한국공안행정학회 부회장 2011~2014년 경찰위원회 위원 2011년 대한민간조사연구학회 회장(현) [저]'경찰현장운영론'(1996) '범죄예방론'(2005) '경찰학개론(共)'(2005) '범죄수사론(共)'(2005) [종]기독교

이상원(李相沅) LEE Sang Won

⊛1956·12·16 ⊠경주(慶州) ⊜충북 청원 ㈜서울 성북구 삼선교로16길116 한성대학교 연구관703호 예술대학 애니메이션·제품디자인전공교실(02-760-4151) ⊛1975년 청주상업고졸 1983년 홍익대 미술대학 응용미술학과졸 1985년 同대학원 시각디자인학과졸 1997년 영국 Royal College of Art 수학 1999년 영국 University College for the Creative Arts(舊 KIAD) 대학원 애니메이션과졸 2002년 미술학박사(홍익대) ⊗1983~1985년 한국디자인진흥원 연구원 1989년 한성대 예술대학 애니메이션·제품디자인전공 교수(현) 1994~2003년 ㈜KD-net 애니메이션감독 및 자문위원 2003~2005년 국제애니메이션영화협회(ASIFA Korea) 부회장 2005~2007년 ㈜대원미디어 사외이사 2005~2013년 한성대 예술대학원장·예술대학장·평생교육원장 2006~2008년 ㈔한국애니메이션예술인협회 이사 2007~2009년 ㈔한국애니메이션학회 회장 2009년 서울시 한국100대캐릭터선정위원장 2009~2010년 보은군 속리산도깨비페스티벌 애니메이션제작 총감독 2009~2012년 여수세계박람회조직위원회 문화예술·브랜드·UIT 자문위원 2011년 한성백제박물관 4D입체영상애니메이션·캐릭터개발 자문위원 2011~2014년 문화체육관광부 콘텐츠분쟁조정위원회 위원 2012~2013년 태권도진흥재단 무주태권도원 핵심디지털콘텐츠제작 총감독 2013~2014년 미래창조과학부 디지털콘텐츠정책포럼 위원 2014년 문화체육관광부 문화기술(CT) R&D전략기획추진단 전문위원(애니메이션·캐릭터분과) 2014년 ㈔한국도시문화학회 초대회장(현) ⊗조일팔고대상전 본상(1982), 대한민국산업디자인전 특선(1984·1985·1986), 중앙광고대상전 대상(1987), 우수교원 우수봉사상(2005), 우수교원 봉사사업적평가 최우수봉사업적상(2006), 최우수봉사상(2010), ASKO우수저술상(2010), 서울시장표창(2012) ⊛'디자인분야 논문작성 실제'(2001) '애니메이션 Movement 표현하기'(2009) ⊛'Korea's Four Seasons Story'(1999) 'The Dream of Dalmatian'(2004) 'The Puzzle of Life'(2005) '속리산 도깨비'(2009) 등 애니메이션 다수제작, 영상디자인 및 미술 관련 각종 단체전 100여 차례 이상 출품 ⊜불교

이상원(李相元) Lee Sang Won

⊛1958·3·3 ⊜충북 보은 ⊛1984년 동국대 경찰행정학과졸 2007년 同행정대학원 공안행정학과졸 ⊗1982년 경찰간부후보 임용(30기) 2001년 경남지방경찰청 수사과장 2002년 충북 진천경찰서장(총경) 2003년 인천지방경찰청 수사과장 2004년 경찰청 특수수사과장 2005년 서울 은평경찰서장 2006년 서울지방경찰청 경무과 근무 2006년 경찰청 과학수사센터장 2006년 同총무과장 2008년 同형사과장 2009년 同기획수사심의관(경무관) 2009년 경기지방경찰청 제2부장 2010년 경찰청 수사국장(치안감) 2011년 대전지방경찰청장 2012년 경찰청 보안국장 2013년 同경무인사기획관 2013년 인천지방경찰청장 2014년 경찰청 차장(치안정감) 2015~2016년 서울지방경찰청장(치안정감) ⊗대통령표창(1991), 녹조근정훈장(2003)

이상원(李祥源) Sang Won Lee

⊛1960·12·7 ⊜인천 ㈜서울 관악구 관악로1 서울대학교 법과대학(02-880-2618) ⊛1979년 인천 광성고졸 1984년 서울대 법학과졸 1986년 同대학원 법학과졸 2002년 미국 캘리포니아대 버클리교 로스쿨졸(LL.M) 2004년 법학박사(서울대) ⊗1989년 사법시험 합격(31회) 1992년 사법연수원 수료(21기) 1992년 춘천지법 판사 1996년 수원지법 판사 1996년 同평택지원 판사 1997년 同안성군법원 판사 1999년 수원지법 판사 2000년 서울지법 판사 2002년 서울지법 판사 2003년 서울가정법원 판사 2004년 헌법재판소 파견 2006~2007년 대법원 재판연구관 2008~2013년 서울대 법과대학 부교수 2009년 경찰청 인권위원회 위원 2011~2013년 대법원 양형위원회 위원 2013년 서울대 법과대학 교수(현) 2014년 언론중재위원회 위원(현)

이상원(李相沅) Lee Sangwon

⊛1966·5·9 ㈜세종특별자치시 갈매로477 기획재정부 재산소비세정책관실(044-215-4300) ⊛1984년 서울 영일고졸 1988년 연세대 경제학과졸 1991년 同대학원 경제학과졸 2005년 미국 Univ. of Oregon 대학원 MBA ⊗1990년 행정고시 재경직 합격(34회) 2001년 서기관 승진 2005년 재정경제부 경제자유구역기획단 교육의료팀장 2006년 대통령 경제정책비서관실 행정관 2007년 재정경제부 국채과장 2009년 기획재정부 인력정책과장 2010년 同경제분석과장 2011년 녹색성장위원회 녹색기술산업국장 2012년 일반직고위공무원 승진 2013년 국방대 안보과정 교육훈련 2014년 미래창조과학부 민관합동창조경제추진단 부단장 2015년 통계청 통계정책국장 2016년 기획재정부 세제실 재산소비세정책관(현) ⊗대통령표창(2001), 홍조근정훈장(2013)

이상원(李尙原)

⊛1969·1·3 ㈜세종특별자치시 갈매로477 기획재정부 예산실 고용환경예산과(044-215-7270) ⊛1987년 경문고졸 1991년 서울대 사회과졸 1999년 同대학원 행정학과졸 2008년 경제학박사(미국 미주리대) ⊗1994년 행정고시 합격(38회) 1995년 총무처 수습행정관 2009년 대통령 연설기록비서관실 행정관 2010년 대통령 사회정책수석비서관실 행정관 2011년 기획재정부 재정정책국 성과관리과장 2013년 同국제금융협력국 거시협력과장 2014년 同예산실 지역예산과장 2015년 同예산실 문화예산과장 2016년 同예산실 고용환경예산과장(현)

이상윤(李相潤) LEE Sang Yoon

⊛1942·9·13 ⊠경주(慶州) ⊜경북 경산 ㈜서울 동작구 여의대방로112 ㈜농심 비서실(02-820-7012) ⊛1962년 대구상고졸 1966년 서울대 상학과졸 1995년 서울대 최고경영자과정 수료 ⊗1968~1970년 골든벨상사㈜ 근무 1971년 ㈜농심 입사 1978년 同이사 1980년 同상무 1986년 同전무 1992년 同대표이사 부사장 1994년 同사장 1997년 ㈜농심 부회장 2000년 同대표이사 사장 2004년 ㈜신한금융지주회사 사외이사(감사위원) 2008년 농심홀딩스 대표이사 부회장 2010년 ㈜농심 공동대표이사 부회장 2012년 同부회장 2012년 同고문(현) ⊗동탑산업훈장(1994) ⊜천주교

이상윤(李相潤) Lee Sang Yoon

⊛1964·5·24 ⊜서울 ㈜서울 종로구 사직로8길39 세양빌딩 김앤장법률사무소(02-3703-1751) ⊛1983년 배문고졸 1987년 서울대 사법학과졸 1989년 同대학원졸 1999년 미국 시카고대 법학전문대학원졸(LL.M) ⊗1988년 사법시험 합격(29회) 1990년 사법연수원 수료(20기) 1991년 軍법무관 1994년 수원지법 판사 1996년 서울지법 동부지원 판사 1998년 창원지법 밀양지원 판사 2000년 同밀양지원 창녕군법원 판사 2001년 수원지법 여주지원 판사 2002년 사법연수원 교수 2004년 서울고법 판사 2006년 춘천지법 부장판사 2006년 駐미국대사관 사법협력관 2008~2009년 춘천지법 수석부장판사 2009년 김앤장법률사무소 변호사(현)

이상윤(李尙潤) Sangyun Lee

⊛1970·2·7 ㈜세종특별자치시 갈매로477 기획재정부 국방예산과(044-215-7450) ⊛1988년 청주 신흥고졸 1992년 서울대 사회복지학과졸 1996년 同대학원 행정학과졸 2007년 同대학원 행정학 박사과정 수료 ⊗1996년 행정고시 합격(40회) 1997년 총무처 수습행정관 2003년 기획예산처 예산관리국 제도관리과 근무 2004년 同예산관리국 민간투자제도과 근무 2005년 同공공혁신본부 산하기관정책팀 근무 2007년 同정책홍보관리실 재정감사기획관실 근무 2008년 기획재정부 재정정책국 성과관리과 근무 2009년 同인사과 창의팀장 2009년 미국 국외훈련 2012년 국가경쟁력강화위원회 파견 2014년 기획재정부 공공기관개혁추진1팀장 2014년 同대변인실 홍보담당관 2015년 同예산실 예산관리과장 2016년 同예산실 국방예산과장(현)

이상윤(李相潤) LEE Sang Yoon

⊛1971·2·27 ⊜부산 ㈜서울 광진구 아차산로404 서울동부지방법원(02-2204-2114) ⊛1989년 잠실고졸 1994년 서울대 법대 사법학과졸 ⊗1993년 사법시험 합격(35회) 1996년 사법연수원 수료(25기) 1999년 대구지법 판사 2002년 부산지법 판사 2005년 의정부지법 판사 2007년 서울중앙지법 판사 2008년 서울고법 판사 2010년 서울북부지법 판사 2011년 부산지법 형사13부 부장판사 2012년 의정부지법 부장판사(해외연수) 2013년 수원지법 부장판사 2015년 서울동부지법 부장판사(현)

이상율(李尙栗) LEE Sang Yool

⊛1963·11·4 ⊜부산 ㈜세종특별자치시 갈매로477 기획재정부 관세국제조세정책관실(044-215-4400) ⊛1982년 동아고졸 1989년 서울대 경제학과졸, 미국 서던캘리포니아대 대학원 경제학과졸 ⊗행정고시 합격(34회) 2001년 재정경제부 소득세제과 서기관 2002년 同산업관세과 서기관, 同관세심의관실 관세협력과 서기관 2008년 기획재정부 소득세제과장 2009년 同부가가치세제과장 2010년 同조세분석과장 2011년 同재산소비세정책관실 재산세제과장(부이사관) 2012년 통계청 기획조정관 2015년 국회 기획재정위원회 파견(고위공무원) 2016년 기획재정부 세제실 관세국제조세정책관(현)

이상은(李相垠) LEE Sang Eun

[생]1948·6·24 [본]전주(全州) [출]전북 고창 [주]경기 안산시 상록구 한양대학로55 한양대학교 ERICA캠퍼스 건설환경플랜트공학과(031-400-5140) [학]1966년 경기고졸 1972년 서울대 전기공학과졸 1977년 미국 UC Berkeley 대학원 환경공학과졸 1981년 환경공학박사(미국 UC Berkeley) [경]1972~1973년 (주)미원 근무 1973~1975년 일본 (주)요시노제작소 서울사무소 주임 1982년 미국 Merek Sharp & Dohme Research Lab. Engineering Associate 선임연구원 1984~1988년 한국건설기술연구원 수석연구원·환경연구실장 1988년 同기획조정실장 1991년 同부원장 1995년 同기술관리센터 소장 1998~2001년 한국환경정책평가연구원 원장 2001~2013년 아주대 환경건설교통공학부 교수 2002년 환경마크협회 회장 2003년 정부정책평가위원회 위원 2004~2006년 아주대 산업대학원장 2004년 신행정수도추진위원회 위원 2004년 대한환경공학회 회장 2005년 한국환경정책학회 회장 2006년 푸른경기21실천협의회 대표 2007년 한국환경정책학회 명예회장 2008년 환경관리공단 비상임이사 2008~2011년 진흥기업(주) 사외이사 2008년 경기녹색성정포럼 대표 2011년 한국환경한림원 회장(현) 2013년 전국지속가능발전협의회 회장(현) 2014년 한양대 건설환경플랜트공학과 특임교수(현) 2015년 (주)평화엔지니어링 고문(현) [상]대통령표창(1990), 국민훈장 동백장(2003) [저]'폐수처리 미생물'(共) '생물학적 폐수처리 공정과 설계'(1985) '공학기술로 21세기 앞장서자(共)'(2002) '21세기를 지배하는 10대 공학기술(共)'(2002) [종]기독교

이상은(李相恩·女) LEE Sang Eun

[생]1948·7·8 [출]서울 [주]충북 충주시 충원대로268 건국대학교 의상디자인학과 310호(043-840-3681) [학]1967년 창덕여고졸 1972년 한양대 의류학과졸 1975년 이화여대 대학원 복식학과졸 1995년 의류학박사(한양대) [경]충북도문화재 위원 1982~1989년 건국대 충주캠퍼스 의상디자인학과 전임강사·조교수·부교수 1982~1993년 MBC-TV 의상고증자문위원 1988년 건국대 예술대학장 1989~2013년 同의상디자인학과 교수 1995년 KBS-TV 의상고증 자문위원 1998년 동서문화조형학회 부회장 2000년 충주시박물관 자문위원 2002년 대한민국전승공예대전 심사위원 2002년 전국기능경기대회 한복부문 심사위원 2002년 한국공예대전 심사위원 2002년 한국의상디자인학회 회장 2002년 대한민국 명장 심사위원(한복부문) 2002년 교육부 1종 도서심의위원 2003년 해외관광공사 해외패션쇼 심사위원 2003~2005년 충북일보 논설위원 2004~2006년 건국대 디자인대학원장 2004년 한국동양예술학회 부회장 2005년 제40회 전국기능경기대회 한복부문 심사위원장 2009년 세계전통복식문화연구원 원장(현) 2010년 세계복식문화연맹(WCCF) 회장(현) 2011~2013년 한복문화학회 회장 2011~2013년 동양예술학회 회장 2013년 한국인체미용예술학회 회장 2013년 건국대 패션디자인학과 명예교수(현) 2014년 한국공예디자인문화진흥원 비상임이사(현) 2015년 한국인체미용예술학회 고문(현) [상]충북도 공적표창(2002), 부총리 겸 교육인적자원부장관표창(2003), 근정포장(2013) [저]'조선왕조복식사론'(1992) '현대사회와 패션'(2002) '역사인물초상화대사전'(2003) '한국복식도감'(2004) [종]기독교

이상의(李相宜) Lee Sang-eui

[생]1951 [출]경남 사천 [학]진주고졸 1974년 육군사관학교졸(30기), 고려대 대학원 심리학석사과정 수료 [경]1985년 제7사단 작전참모 1989년 육군본부 작전참모부 일반계획장교 1993년 수도방위사령부 30경비단장 1995년 제3군사령부 작전과장 2000년 육군사관학교 참모장 2002년 보병 제39사단장(소장) 2004년 제1군사령부 참모장 2005년 제8군단장(중장) 2007년 국방부 건군60주년기념사업단장 2008년 제3군사령관(대장) 2009~2010년 합동참모본부 의장 겸 통합방위본부장(대장) 2011년 한국국제대 특수체육교육과 석좌교수 2015~2016년 안양대 석좌교수 [상]보국훈장 삼일장, 보국훈장 천수장 [저]'세레노 리더'(2011, 소금나무) [종]기독교

이상익(李商翊) LEE Sang Ik

[생]1953·8·13 [본]전주(全州) [출]경남 하동 [주]경남 함안군 대산면 옥렬로145 새길동산 신관(055-584-0031) [학]1972년 마산상고졸, 한양대 정치외교학과졸, 한국방송통신대 행정학과졸, 고려대 경영대학원 수료, 경남대 행정대학원 사회복지학과졸, 명예 경영학박사(금오공과대) [경]1974년 민청학련사건관련 1차투옥 1979년 대통령 간선반대 국민총궐기대회관련 2차투옥 1984년 마산YMCA 사무총장 1986년 경남노동자협의회 고문 1986년 경남한살림협동조합 창립발기인·총무이사 1987년 경남민주헌법쟁취국민운동본부 공동대표 1992년 민주당 경남도지부 상임부지부장 1992년 同창원甲지구당 위원장 1997년 국민통합추진회의 경남대표 1999년 창원시지체장애인연합회 후원회장 2000년 대한맹인복지회 상임고문 2000년 새천년민주당 창원甲지구당 위원장 2001년 사회복지법인 '가야' 이사장(현) 2003년 새천년민주당 경남도지부장 2003년 열린우리당 창원甲당발전위원장 2004~2007년 한국도로공사 감사 2005년 한국YMCA연맹 지도력개발위원회 위원 2005년 노인요양원 '새길동산' 설립·원장(현) 2006년 성균관대 사회복지대학원 겸임교수 2006년 시인으로 문단등단 2006년 대통령자문 동북아시대위원회 자문위원 2012년 한국노인복지중앙회 이사(현) 2013년 함안군문인협회 부회장·감사(현) 2013~2016년 경남노인복지협회 회장 [저]'다시 빈들에 서서'(1988) '잃은 자유 얻은 진실'(1992) 시집 '우리가 물이라도 되어 흐른다면'(2006) '더불어 가기'(2013) [역]'나의 눈물이 나의 노래 되어'(1981) '혁명의 노래'(1987) [종]기독교

이상인(李相仁) LEE Sang In

[생]1959·9·21 [출]경기 파주 [주]서울 서초구 서초중앙로125 로이어즈타워1006호 법무법인 오늘(02-532-4800) [학]1978년 경성고졸 1983년 서울대 법학과졸, 同공대 최고산업전략과정(AIP) 23기 수료 [경]1985년 사법시험 합격(27회) 1988년 사법연수원 수료(17기) 1988년 대구지법 판사 1991년 同김천지원 판사 1993년 인천지법 판사 1996년 서울지법 북부지원 판사 2000년 서울지법 판사 2000년 서울고법 판사 2001년 대법원 재판연구관 2003~2005년 인천지법 부장판사 2005년 법무법인 로시스 대표변호사 2006년 변호사 개업 2008년 '이명박BBK주가조작등범죄혐의진상규명' 특검법 특별검사보 2008년 법무법인 오늘 대표변호사(현) 2008년 (사)한국사법교육원 이사(현) 2009~2015년 한국방송공사(KBS) 이사, 한국사법교육원 상임이사, 한국교정학회 부회장, 한국소년정책학회 부회장

이상인(李相仁) LEE Sang In

[생]1960·3·25 [주]서울 종로구 율곡로2길25 연합인포맥스(02-398-4902) [학]서울대 영어영문학과졸 [경]1988~1998년 연합통신 입사·경제부·정치부·특신부 기자 1999년 연합뉴스 정치부 차장대우 2001년 同정치부 차장 2005년 同브뤼셀특파원(부장대우) 2008년 同브뤼셀특파원(부장급) 2008년 同국제뉴스2부 근무(부장급) 2008년 同산업부장 2010년 同논설위원 2011년 同논설위원(부국장대우) 2012년 同편집국 정치에디터(부국장대우) 2013년 同국제국 외국어뉴스 부국장 2014~2015년 同국제국 외국어뉴스 부국장 2015년 (주)연합인포맥스 전무이사(현)

이상일(李相日) RHIE Sang Il (海史)

[생]1933·6·21 [본]경주(慶州) [출]경남 통영 [주]서울 종로구 성균관로25의2 성균관대학교 독어독문학과(02-760-0291) [학]1953년 마산고졸 1957년 서울대 문리과대학 독어독문학과졸 1960년 부산대 대학원 철학과 수료 1963년 서울대 대학원 독어독문학과졸 1969년 스위스 취리히대 수료 1979년 문학박사(성균관대) [경]1965~1975년 성균관대 조교수 1967년 스위스연방정부 장학생 취리히대 민족학박물관 연구원 1969년 국제극예술협회(ITI) 한국본부 상임위원 1975~1998년 성균관대 독어독문학과 교수 1980년 同시청각교육원장 1981년 한국독어독문학회 회장 1981~1983년 성균관대 도서관장 1982년 국제극평가협회(IATC) 한국본부 및 서울극평가그룹 대표 1983년 공연예술평론가협회 회장 1983년 일본국제교류기금 펠로우십 쓰쿠바대 객원교수 1986년 성균관대 인문과학연구소장 1986년 同교학처장 1988년 서울올림픽개폐회식 자문위원 1988년 서울국제연극제 운영위원 1989년 한국브레히트학회창립 회장 1989~1991년 KBS 시청자위원 1991년 통일원 남북교류자문위원장 1991년 한국연극학회 회장 1993년 축제문화협의회 공동의장 1994년 여가문화연구회 회장 1997년 서울세계연극제 운영위원 1998년 성균관대 독어독문학과 명예교수(현) 1998년 다움문화예술기획연구소 소장 1999~2001년 한국교육방송공사(EBS) 시청자위원 2004~2012년 다움문화예술기획연구회 이사장 2007년 문화관광부 공연예술분야 평가위원 2012년 (사)문화다움 이사장(현) 2016년 문화예술멘토원로회의 대표(현) [상]문화예술평론상(1983), 심산학술상(1991) [저]'한국사상의 원천(共)'(1972) '충격과 창조' '한국의 장승'(1976) '전통사회의 민중예술' '한국인의 굿과 놀이'(1980) '민족심상의 예능학'(1984) '축제와 마당극'(1986) '굿-그 황홀한 연극'(1991) '변신이야기' '브레히트 연구' '축제의 정신'(1998) '깨어있는 의식과 문화형성력'(2000) '춤의 세계와 드라마'(2006) '융복합예술과 무용리뷰'(2012) 시집 '서정무가'(2012) [역]'유럽의 민화' '독일의 개구쟁이 틸 오일렌슈피겔'(2012)

이상일(李相一) LEE Sang Il

[생]1938·6·10 [본]전의(全義) [출]경기 파주 [주]서울 강남구 삼성로527 (주)일진글로벌 회장실(02-2192-9101) [학]1957년 경기상고졸 1963년 고려대 상학과졸 1989년 서울대 경영대학원 최고경영자과정 수료 1992년 고려대 국제대학원 최고국제관리과정 수료, 경영학박사(세종대) [경]1963~1973년 한국전력 근무 1973년 일진산업(주) 대표이사 1974~1982년 일진물산(주) 대표이사 1978~2003년 (주)일진오토모티브 회장 1982년 (주)일진블럭스위치 회장 1993~2001년 현대자동차협동회 회장 1997년 한국무역협회 이사 1999~2005년 한국자동차공업협동조합 이사장 2001년 (주)일진글로벌 대표이사 회장(현) 2003년 (주)일진베어링 회장 [상]동탑산업훈장, 국무총리표창, 금탑산업훈장, 5억달러 수출의탑(2015) [종]천주교

이상일(李相逸) Lee, Sang Il

[생]1961·10·31 [본]전주(全州) [출]전남 함평 [주]서울 종로구 새문안로69 민족화해협력범국민협의회(02-761-1213) [학]서울대 무역학과졸, 연세대 경영대학원 경영학과졸, 同대학원 행정학 박사과정수료 [경]1988~2000년 중앙일보 사회부·정치부 기자 2001년 同정치부 차장대우 2002년 同정치부 차장 2006~2009년 同국제부 부장대우·워싱턴특파원 2008~2009년 同중앙선데이 정치에디터 2010년 同편집국 정치데스크(부국장대우) 2011년 同논설위원 2012년 관훈클럽 서기 2012~2016년 제19대 국회의원(비례대표, 새누리당) 2012~2013년 새누리당 공동대변인 2013년 국회 미래창조과학방송통신위원회 위원 2014년 새누리당 사회적경제특별위원회 위원 2014·2015년 국회 교육문화체육관광위원회 위원 2014~2015년 국회 동북아역사왜곡대책특별위원회 위원 2014년 새누리당 경제혁신특별위원회 규제개혁분과 위원 2015~2016년 同원내부대표 2015년 국회 운영위원회 위원 2015년 국회 국토교통위원회 위원 2015년 민족화해협력범국민협의회 정책위원장(현) 2015년 국회 동북아역사왜곡대책특별위원회 위원 2015년 전국장애인합창대회 조직위원장 2016년 새누리당 경기용인시丁당원협의회 운영위원장 2016년 제20대 국회의원선거 출마(경기 용인시丁, 새누리당) 2016년 새누리당 제20대 총선 중앙선거대책위원회 대변인 [상]한국언론사협회 선정 '대한민국 우수국회의원 대상'(2015), 한국언론기자협회 선정 '대한민국 모범국회의원 대상'(2015), 새누리당 국정감사 우수의원상(2015), 한국환경정보연구센터 친환경베스트의원상(2014·2015), 국정감사NGO모니터단 선정 국정감사 우수국회의원(2013·2014·2015), 대한민국 공정사회발전대상 의정부문(2015), 대한민국 최우수법률상(2016) [저]'권력지도 : 미국을 움직이는 워싱턴의 33인'(2010, 예문) '대변인- 길, 말, 글'(2013)

이상일(李相一) Lee sang ill

[생]1964·11 [출]강원 원주 [주]경기 성남시 분당구 성남대로343번길9 SK주식회사 C&C 임원실(02-6400-0114) [학]한양대 산업공학과졸 [경]1995년 SK C&C 근무 1997년 SK텔레콤(주) 정보기술팀 근무 2006년 SK C&C CR팀장 2010년 同Industry Solution운영담당 2012년 同서비스·제조사업2본부장(상무) 2014년 同Industry사업본부장(상무) 2015년 SK주식회사 C&C Industry사업1본부장(상무) 2016년 同제조사업본부장(상무)(현)

이상일(李尙逸) Sangil Lee

[생]1968·8·26 [본]전주(全州) [출]경남 합천 [주]세종특별자치시 도움6로11 국토교통부 교통물류실 물류정책과(044-201-3993) [학]1993년 경북대 행정학과졸 2005년 미국 피츠버그대 대학원졸 [경]2003년 해양수산부 해운물류국 항만물류기획과 서기관 2003년 同해운물류국 항만물류과 서기관, 同수산정책국 어촌어항과 서기관 2007년 同수산정책국 수산경영과장 2008년 국토해양부 인천지방해양항만청 선원해사안전과장 2009년 同물류항만실 항만유통과장 2009년 同물류항만실 항만운영과장 2011년 同항공정책실 항공산업과장 2013년 국토교통부 항공정책실 항공산업과장 2013년 同주택도시실 부동산산업과장 2015년 同교통물류실 물류정책과장(현) [종]기독교

이상재(李相載) Lee, Sang-Jae

[생]1967·2·15 [출]경남 고성 [주]전북 전주시 완산구 농생명로300 농촌진흥청(063-238-1000) [학]1985년 동래고졸 1989년 서울대 농학과졸 1996년 일본 사이타마(埼玉)대 대학원 정책학과졸 [경]기술고시 합격(24회) 1989년 농림부 국립농업자재검사소 농약잔류검사과·국립농업자재검사소 생물검사과·국립농산물검사소·국제농업국 통상협력과 농업사무관 2000년 同국제농업국 통상협력과 농업서기관 2003년 同사회통계국 농어업생산통계과장 2003년 同품종보호심판위원회 상임위원 2004~2007년 UN세계식량농업기구 농업전문관 2008년 통계청 사회통계국 농어업생산통계과장 2008년 同OECD세계포럼준비기획단 과장 2008년 同OECD세계포럼준비기획단 사무국 총괄기획과장 2008년 농촌진흥청 기획조정관실 미래전략팀장 2008년 同기획조정관실 미래전략팀장(부이사관) 2009년 同연구정책국 첨단농업과장 2009년 同연구정책국 연구개발과장 2010년 同연구정책국 생명자원관리과장 2011년 同기술협력국 국제기술협력과장 2012년 식품의약품안전평가원 식품위해평가부장(고위공무원) 2014년 국립축산과학원 축산생명환경부장 2016년 同원장 직무대행 2016년 교육파견(고위공무원)(현) [종]기독교

이상정(李相正) LEE Sang Jung

[생]1946·2·2 [출]경북 포항 [주]경기 과천시 별양상가1로18 과천오피스텔616호 다솜둥지복지재단(02-503-5701) [학]1969년 고려대 건축공학과졸 1978년 同대학원졸 1988년 공학박사(고려대) [경]1980년 경상대 공과대학 건축학과 조교수·부교수·교수 1983년 경남도 문화재위원 1996년 同건축심의위원장 1998년 대한건축학회 부산·경남지회장 2004~2007년 한국농촌건축학회 회장(현) 2011년 경상대 명예교수(현) 2011~2013년 대통령직속 국가건축정책위원회 위원장 2013년 다솜둥지복지재단 이사장(현) 2013년 한국건축정책학회 회장(현) [상]대한건축학회 학술상(2001), 문화체육관광부장관표창(2006), 홍조근정훈장(2011)

이상정(李相珵) LEE Sang Jeong

[생]1950·12·28 [본]경주(慶州) [출]전북 [주]서울 동대문구 경희대로26 경희대학교 법과대학(02-961-0611) [학]1973년 서울대 법학과졸 1985년 同대학원 법학과졸 1995년 법학박사(서울대) [경]1978~1979년 대한전선(주) 근무 1984년 대법원 판례심사위원회 판례조사위원 1985~1986년 한국개발연구원 연구원 1987~1990년 한국소비자보호원 주임연구원 1990~1996년 울산대 법학과 교수 1996~2016년 경희대 법학과 교수 2000년 同법학연구소장 2001년 한국디지털재산법학회 부회장 2001년 한국저작권법학회 부회장 2005년 저작권심의조정위원회 위원 2007년 경희대 법과대학장 2007년 대통령소속 도서관정보정책위원회 위원, 한국저작권법학회 회장 2009~2011년 경희대 국제법무대학원장 2011년 한국저작권위원회 부위원장(현) 2013·2015년 대통령소속 국가지식재산위원회 민간위원(현) 2016년 경희대 법과대학 법학부 명예교수(현) [상]정보통신부공적표창(2000), 대통령공적표창(2001) [저]'지적소유권법(共)'(1987·2005) '지적재산법(共)'(1996·2007) '산업디자인과 지적소유권법'(1996) '저작권법 개설(共)'(1997·2007)

이상정(李相正) LEE Sang Jung

[생]1962·5·26 [출]경북 [주]서울 서대문구 통일로97 경찰청 외사국(02-3150-2276) [학]1980년 대구 대륜고졸 1985년 경찰대 법학과졸(1기) 2016년 고려대 정책대학원졸(석사) [경]1985년 경찰대학 1기(경위 임용) 1992년 경북 경산경찰서 경비과장 1996년 대구북부경찰서 교통과장 1999년 서울 종로경찰서 형사과장 2002년 경찰청 형사과 근무(경정) 2005년 총경 승진 2005년 재정경제부 금융정보분석원 파견 2006년 경북 예천경찰서장 2007년 경찰청 마약수사과장 2008년 同운영지원과 총경(치안정책과정 교육) 2008년 서울 마포경찰서장 2010년 서울지방경찰청 형사과장 2011년 충북지방경찰청 차장(경무관) 2012년 駐중국대사관 주재관 2015년 경남지방경찰청 제1부장 2015년 경찰청 외사국장(치안감)(현) [상]대통령표창(2003)

이상제(李相禔) Lee Sangche

[생]1960·11·30 [주]서울 중구 명동11길19 한국금융연구원 해외금융협력지원센터(02-3705-6315) [학]1979년 영등포고졸 1984년 서울대 경제학과졸 1986년 同대학원 경제학과졸 1998년 경제학박사(미국 컬럼비아대) [경]1994년 미국 컬럼비아대 국제대학원·경영대학원 조교 1996년 The World Bank 국제경제학분과 자문 1999년 한국금융연구원 거시금융팀 연구위원 2002년 同국제금융팀 연구위원 2003년 同국제금융팀장 2004년 同금융시장팀장 2005년 금융감독위원회 위원장 자문관 2007년 한국금융연구원 금융시장연구실 연구위원 2009년 기획재정부 장관 자문관 2010년 한국금융연구원 금융시장제도연구실 선임연구위원 2011~2014년 금융위원회 상임위원 2014년 한국금융연구원 통일금융연구센터장(선임연구위원) 2014년 신용보증기금 비상임이사(현) 2015년 한국금융연구원 금융산업연구실장 겸 연구조정실장 2015년 同기획협력실장 2016년 同해외금융협력지원센터장(현) [저]'채무면제·채무유예 금융 서비스와 정책 과제'(2006, 한국금융연구원) '신용정보업의 현안과 정책과제(共)'(2006, 한국금융연구원) '은행 소유규제 합리화 방안'(2008, 한국금융연구원) '원칙중심감독 도입방안(共)'(2008, 한국금융연구원) 'Economic

Effects of Positive Credit Information Sharing : The Case of Korea(共)'(2008, 한국금융연구원) '키코 파생상품의 이해(共)'(2009, 한국금융연구원) 'Global Financial Crisis : Background, Prospects, and Its Impacts on Korea(共)'(2009, Seoul Journal of Economics) '키코 파생상품 계약의 위험성과 적합성 원칙'(共) '은행법연구 제2권 1호'(2009, 은행법학회)

이상조(李相朝) LEE Sang Jo

[생]1953 · 9 · 6 [본]경주(慶州) [출]서울 [주]서울 서대문구 연세로50 연세대학교 공과대학 기계공학과(02-2123-2818) [학]1977년 연세대 기계공학과졸 1979년 同대학원 기계공학과졸 1985년 공학박사(미국 위스콘신대) [경]1979~1985년 울산대 기계공학과 전임강사 · 조교수 1986~1994년 연세대 공대 기계공학과 조교수 · 부교수 1993년 同기계공학과장 1994년 同기계공학과 교수(현) 1997년 同기계전자공학부장 2000년 同연세공학원장 2004년 한국정밀공학회 수석부회장 2007~2009년 연세대 공과대학장 겸 공학대학원장 2008년 한국정밀공학회 회장 2009년 연세대 공학원장 2010~2012년 同행정대외부총장 [상]가헌학술대상(1999), 효석학술상(2002) [종]기독교

이상주(李相周) LEE Sang Joo (泉浦)

[생]1937·8·19 [본]인천(仁川) [출]경북 영주 [학]1956년 부산사범학교졸 1960년 서울대 사범대학졸 1966년 同대학원 교육심리학과졸 1971년 철학박사(미국 피츠버그대) [경]1960년 공군사관학교 교관 1970년 행동과학연구소 부소장 1971년 한국교육개발원 책임연구원 1971~1980년 서울대 사범대학 조교수·부교수 1978년 한국정신문화연구원 교육연구실장·기획실장 1980년 대통령 교육문화수석비서관 1982~1988년 강원대 총장 1982~1985년 대학태권도연맹 회장 1983~1988년 아시아태권도연맹 회장 1986년 대학교육협의회 부회장 1988~1996년 울산대 총장 1993년 러시아 Tomsk Polytechnic Univ. 명예교수 1996~1998년 한림대 총장 1996년 한국지역사회교육협의회 회장 1996년 유네스코 한국위원회 부위원장 1996년 한국교원단체총연합회 교육정책위원장 1999~2000년 '2001년 한국방문의 해' 추진위원장 2000년 한국사회과학연구협의회 회장 2001년 경희대 평화복지대학원장 2001년 한국정신문화연구원 원장 2001년 대통령 비서실장 2002~2003년 부총리 겸 교육인적자원부 장관 2003~2006년 교육공동체시민연합 상임공동대표 2003~2006년 성신여대 총장 2004년 열린사이버대 이사장 [상]국민훈장 모란장(1984), 청조근정훈장(2004) [저]'교육의 사회학적 기초'(共) '교육혁신 전파에 관한 이론적 기초'(共) '미래를 위한 한국교육' '학교가 무너지면 미래는 없다' [역]'미래를 위한 학습' [종]천주교

이상주(李相周) Lee Sang Ju

[생]1956 · 10 · 19 [주]대전 대덕구 문평서로45 (주)엠케이테크놀로지 대표이사실(042-930-9000) [학]1975년 공주고졸 1982년 충남대 물리학과졸 1988년 同대학원 물리학과졸 1993년 기계공학박사(미국 애크런대) [경]1982년 한국타이어 중앙연구소 입사 2009년 同연구개발부문 상무 2013~2015년 同연구개발부문장(전무) 2016년 (주)엠케이테크놀로지 대표이사(현)

이상주(李尚伷) LEE Sang Ju

[생]1963 · 10 · 1 [본]전주(全州) [출]충북 음성 [주]서울 서초구 서초중앙로157 서울고등법원 부장판사실(02-530-1114) [학]1982년 충북고졸 1986년 서울대 사법학과졸 [경]1984년 사법시험(26회) 합격 1988년 사법연수원 수료(17기) 1988년 공군 법무관 1991년 서울지법 북부지원 판사 1993년 서울민사지법 판사 1995년 대전지법 홍성지원 판사 1997년 대전고법 판사 1998년 미국 워싱턴대 연수 1998년 수원지법 판사 1999년 서울지법 판사 2000년 서울고법 판사 2001년 대법원 재판연구관 2003년 대전지법 부장판사 2003년 영국 케임브리지대 파견 2004년 대법원 재판연구관 2006년 서울중앙지법 부장판사 2009년 수원지법 안산지원장 2010년 광주고법 전주재판부 부장판사 2012년 인천지법 수석부장판사 2013년 서울고법 부장판사(현) [종]불교

이상주(李相周)

[생]1968 · 6 · 28 [출]대전 [주]강원 원주시 시청로149 춘천지방법원 원주지원(033-735-4912) [학]1987년 대전 충남고졸 1991년 서울대 경제학과졸 1996년 同대학원졸 [경]1995년 사법시험 합격(37회) 1998년 사법연수원 수료(27기) 1998년 서울지법 서부지원 판사 2000년 서울지법 판사 2002년 청주지법 판사 2005년 수원지법 성남지원 판사 2008년 서울중앙지법 판사 2010년 서울고법 판사 2011년 대법원 재판연구관 2016년 춘천지법 원주지원장(현)

이상주(李尚柱) LEE Sang Joo

[생]1970 · 9 · 22 [본]성산(星山) [출]서울 [주]서울 서초구 서초대로74길11 38층 삼성전자 법무실 컴플라이언스팀(02-2255-8352) [학]1989년 부산대사대부고졸 1994년 서울대 사법학과졸 2003년 미국 조지타운대 법과대학원 법학과졸 2004년 미국 하버드대 케네디행정대학원 행정학과졸 2010년 법학박사(고려대) [경]1993년 사법시험 합격(35회) 1996년 사법연수원 수료(25기) 1999년 부산지검 검사 2000년 수원지검 여주지청 검사 2002~2003년 수원지검 검사 2003년 미국 뉴욕주 변호사 2004년 삼성화재(주) 법무담당 상무보 2007~2008년 同법무담당 상무 겸 준법감시인 2008년 일본 Linklaters법률사무소 Corporate파트 근무 2008년 일본 동경대 법정대학 아시아태평양연구소 객원연구원 2008년 일본 Clifford Chance법률사무소 근무 2008년 삼성전자(주) 해외법무담당 상무 2012년 同법무실 해외법무팀장(전무) 2016년 同법무실 컴플라이언스팀장 겸 개인정보사무국장(전무)(현) [저]'대한민국에 특허괴물 몰려온다-독점금지법 위반으로 대응하라!'(2010, 도서출판 나남) [종]기독교

이상준(李尚峻) LEE Sang Joon

[생]1956 · 6 · 26 [본]벽진(碧珍) [출]경남 밀양 [주]경북 포항시 남구 청암로77 포항공과대학교 기계공학과(054-279-2169) [학]부산대 화학기계공학과졸, 한국과학기술원졸(석사), 기계공학박사(한국과학기술원) [경]한국기계연구원 선임연구원, 포항공과대 기계공학과 교수(현), 미국 임페리얼대 방문교수, 미국 존스홉킨스대 방문교수 2008년 포항공과대 생체유체연구단장(현) 2014년 미국물리학회(APS) 석학회원(현) [상]대한기계학회 학술상 · 남헌학술상, POSCO 기술상, JOV award(2007), 이달의 과학기술자상(2015)

이상준(李相駿) LY Sang Joon

[생]1958 · 12 · 3 [출]서울 [주]서울 서대문구 충정로50 골든브릿지금융그룹 회장실(02-360-9500) [학]1997년 서울대 공대 자원공학과졸 [경]1987년 전태일노동자료연구소 정보화팀장 1989년 전국보험노동조합연맹 홍보부장 1991년 삼요건설(주) 기획실장 1992년 다처산업(주) 대표이사 1998년 김영선 국회의원 보좌관 2000년 (주)골든브릿지 설립 2001년 (주)골든브릿지기술투자 대표이사 2002년 (주)지비정보기술 대표이사 2002년 (주)지비사무수탁 대표이사 2003년 쌍용캐피탈(주) 대표이사 2004년 골든브릿지자산운용 대표이사 2005~2007년 브릿지증권 대표이사 회장 2005년 골든브릿지 대주주(현) 2007~2008년 골든브릿지투자증권 대표이사, 골든브릿지금융그룹 회장(현)

이상준(李尚峻) LEE Sang Jun

[생]1963 · 11 · 16 [출]서울 [주]경기 안양시 동안구 시민대로254 국토연구원 국토계획 · 지역연구본부(031-380-0175) [학]1986년 연세대 건축공학과졸 1988년 同대학원 도시계획공학과졸 1995년 도시계획공학박사(독일 베를린공과대) [경]1995년 국토개발연구원 도시연구실 초빙연구원 1996년 同도시연구실 책임연구원 1996년 同주택 · 토지연구실 책임연구원 1997년 同동북아연구팀 책임연구원 1999~2010년 同한반도 · 글로벌국토전략센터 연구위원 2005년 일본 총합연구개발기구(NIRA) 객원연구원 2006년 독일 연방건설청(BBR) 객원연구원 2010년 국토연구원 한반도 · 글로벌국토전략센터장 2010년 同한반도 · 글로벌국토전략센터 선임연구위원 2012년 同한반도 · 동북아연구센터장 2016년 同국토계획 · 지역연구본부장(현) [종]기독교

이상직(李相直) LEE Sang Jik

[생]1960 · 1 · 30 [출]대구 [주]서울 남부순환로2497 호서대학교 벤처대학원 정보경영학과(02-2059-2346) [학]성광고졸 1986년 영남대 경제학과졸 1989년 同대학원 경제학과졸 2002년 경제학박사(영남대) [경]1993~1994년 학교법인 중암학원 기획실장 1994~1995년 대경대학 전임강사 · 보험세무과 학과장 1995~2008년 대구산업정보대학 사회복지과 전임강사 1996~2008년 同학과장 · 비서실장 · 입학관리처장 · 학사운영처장 2000~2003년 (사)대구생명의숲가꾸기국민운동 이사 2007~2008년 제17대 대통령직인수위원회 경제1분과 전문위원 2008~2011년 호서대 벤처전문대학원 부교수 2008~2010년 한국조폐공사 경영자문위원 2009~2010년 한국장애인고용공단 비상임이사 2009~2011년 한국부패학회 부회장 2009~2012년 중국 대련대학 한국학연구원 객좌교수 2010년 재외동포재단 자문위원 2010년 사회복지공동모금회 인선위원 2010~2011년 호서대 GLOCAL 경제사회협력센터장 2011년 한국부패학회 부회장(현) 2011~2012년 민주평통 사무처장 2012~2015년 호서대 교양 · 교직학부 교수 2015년 同벤처대학원 정보경영학과 교수(현) 2016년 중국 복단대학

교 객좌교수(현) 2016년 주택관리공단 자문위원(현) 2016년 글로벌경영학회 부회장(현) 2016년 同전북도당 윤리심판위원회 부위원장(현) [상]황조근정훈장(2012) [저]'현대경제학의 이해'(1997) '경제의 기초와 생활'(2013, 유원북스)

이상직(李相稷) LEE Sang Jik

[생]1963·1·30 [출]전북 전주 [주]서울 영등포구 국회대로68길14 더불어민주당(1577-7667) [학]1981년 전주고졸 1989년 동국대 경영학과졸 2005년 고려대 경영대학원 경영학과졸(석사) [경]2001년 (주)케이아이씨 대표이사 사장 2006~2012년 이스타항공그룹 총괄회장 2008년 전주대 경영학부 객원교수 2009년 전북대 초빙교수 2010~2012년 중앙대 행정대학원 객원교수 2010~2013년 굿월드자선은행 대표 2012~2016년 제19대 국회의원(전주 완산乙, 민주통합당·민주당·새정치민주연합·더불어민주당) 2012년 민주통합당 정책위원회 부의장 2012~2013년 同원내부대표 2012~2013년 同직능위원장 2014년 민주당 전국직능위원회 수석부의장 2014년 同사회적경제정책협의회 위원 2014년 새정치민주연합 전국직능대표자회의 총괄본부장 2014년 국회 정무위원회 위원 2014년 국회 동북아역사왜곡대책특별위원회 위원 2014년 새정치민주연합 전주완산乙지역위원회 위원장 2014년 同정책엑스포조직위원회 추진부단장 2015년 국회 예산결산특별위원회 위원 2015년 전북대 초빙교수(현) 2015년 더불어민주당 전국직능대표자회의 총괄본부장 2015년 同전주완산乙지역위원회 위원장 2015년 同정책엑스포조직위원회 추진부단장 2016년 원광대 초빙교수(현) 2016년 더불어민주당 전주乙지역위원회 위원장(현) [상]유권자시민행동 2013 국정감사 최우수상(2013), 한국을빛낸위대한한국인100인대상 의정공직부문 경제민주화 혁신공로대상(2013), 한국을빛낸자랑스런한국인대상(2013·2014·2015), 한국예술단체총연합회 특별공로상(2015), 국정감사 우수국회의원 대상(2015)

이상직(李象稙) LEE Sang Jik

[생]1965·9·6 [본]예안(禮安) [출]경북 안동 [주]서울 강남구 테헤란로133 법무법인(유) 태평양(02-3404-0650) [학]1984년 대구 영진고졸 1988년 고려대 법학과졸 2003~2004년 미국 캘리포니아주립대 산타크루즈교 정보통신과정 수료 [경]1994년 사법시험 합격(36회) 1997년 사법연수원 수료(26기) 1997~1998년 정보통신부 정책실 기술기획과 행정사무관·통신위원회 재정과장, 법무법인 태평양 변호사 1998·1999·2001년 서울체신청 경영평가위원 1999년 대한상사중재원 정보통신분야 중재인(현) 2000년 전자거래분쟁조정위원회 위원 2000년 YMCA시민정보위원회 위원 2006년 법무부 전자어음분쟁조정위원회 위원 2006년 정보통신부 정보통신망침해사고민관합동조사단 전문가 2009년 (주)KT 윤리경영실 법무담당TFT 상무 2010년 同윤리경영실 법무센터장(상무) 2010~2012년 同윤리경영실 법무센터장(전무) 2012년 同그룹윤리경영실 준법지원인 2013년 법무법인(유) 태평양 변호사(현) 2013~2014년 미래창조과학부 규제개선추진위원회 위원 2013년 공무원연금공단 대체투자위원회 위원(현) 2014년 방송통신위원회 청렴옴부즈만(현) 2014년 미래창조과학부 클라우드전문위원회 위원(현) 2014년 방송통신위원회 행정심판위원회 위원(현) 2015년 개인정보보호법학회 부회장(현) 2015년 미래창조과학부 규제심사위원회 위원(현) [상]대통령표창(2016) [저]'통신법개론'(1999)

이상진(李相珍) Lee Sang Jin

[생]1943·6·12 [본]경주(慶州) [출]서울 [학]서울대 사범대 화학과졸, 한양대 교육대학원 화학교육과졸 [경]성동고·경기여고·서울기계공고 교사, 신목중·관악고 교감, 장위중 교장 2000~2005년 대영고 교장, 한성디지털대 교수, 한국국공사립중고등학교교장협의회 회장, 교육공동체시민연합 공동대표, 반핵반김정일국민협의회 국민대표 2005~2009년 (사)한국예절교육협회 이사장 2006~2010년 서울시교육위원회 교육위원, 교육공동체시민연합 공동대표, 올바른교육을위한시민연합 상임대표 2008년 미래교육연구소 이사장(현) 2008년 반국가교육척결국민연합 상임대표(현), 민족·민주비상국민회의 공동의장, 한국여자야구연맹 부회장 2009년 (사)한국예절교육협회 명예회장·고문 2010년 서울시 교육감선거 출마 2014년 새로운한국을위한국민운동 공동대표(현) 2014년 한국여자야구연맹 자문위원(현)

이상진(李相鎭) LEE Sang Jin

[생]1944·9·27 [본]전주(全州) [출]경기 [주]서울 서초구 남부순환로358길34 위너스빌딩4층 (주)메디코파마뉴스 회장실(02-576-6544) [학]1962년 서울 인창고졸 1967년 단국대 화학공학과졸 [경]단국대 총학생회장, 同총동창회 이사, 약영회 간사, 한국제약협회 MR교육 자문위원, 다움헬스 고문 1970년 신약신보 근무 1978년 율산건설 근무 1979년 보건신문 광고국장 1992년 약계신문 대표이사 전무·발행인 2002년 (주)메디코파마뉴스 발행인 겸 대표이사 회장(현) [종]가톨릭

이상진(李相辰) LEE Sang Jin

[생]1955·10·6 [본]경주(慶州) [출]서울 [주]서울 영등포구 국제금융로8길6 신영빌딩7층 신영자산운용(주) 비서실(02-2004-9462) [학]1974년 경북고졸 1978년 서울대 법학과졸 [경]슈뢰더증권 부지점장, 베어링증권 이사, 신영투자신탁운용(주) 이사, 同상무이사, 同전무이사, 同부사장 2009년 신영자산운용(주) 부사장 2010년 同대표이사 사장(현) 2012년 금융투자협회 집합투자위원회 위원(현) [종]가톨릭

이상진(李相鎭) LEE Sang Jin

[생]1958·5·14 [본]경주(慶州) [출]경북 경주 [주]경기 평택시 삼남로283 한국복지대학교 총장실(031-610-4603) [학]경주고졸 1980년 영남대 법학과졸, 미국 오리건대 대학원졸 1999년 교육정책학박사(미국 오리건대) [경]1979년 행정고시 합격(23회), 문교부 교육시설과·법무담당관실·학술진흥과 근무 1993년 순천대 학생과장 1995년 해외유학 파견(미국 오리건대학) 1999년 교육부 평생학습정책과장(서기관) 2000년 同평생학습정책과장(부이사관) 2000년 同교육정책담당관 2001년 교육인적자원부 정책총괄과장 2001년 同지방교육기획과장 2002년 부산시교육청 기획관리국장 2005년 목포대 사무국장 2005년 노동부 직업능력개발심의관 2006년 부산시교육청 부교육감(이사관) 2008년 경희대 교육대학원 객원교수 2009년 교육과학기술부 교육복지지원국장(고위공무원) 2009년 同교육복지국장 2010년 同인재정책실장 2012년 同제1차관 2012~2015년 駐유네스코대표부 대사 2015~2016년 한국방송통신대 프라임칼리지 석좌교수 2016년 한국복지대 총장(현) [상]홍조근정훈장(2009)

이상진(李相振)

[생]1958·8·15 [주]대전 서구 청사로189 병무청 차장실(042-481-2606) [학]1976년 경동고졸 1981년 성균관대 무역학과졸 1987년 서울대 행정대학원 행정학과졸 1990년 미국 조지워싱턴대 대학원 회계학과졸 2004년 경영학박사(충북대) [경]행정고시 합격(24회) 1980년 공직 입문 1995년 병무청 징모국 징집자원과 서기관 1996년 강릉병무지청장 1998년 미국 워싱턴 파견 1999년 병무청 기획담당관 2000년 同기획예산담당관(부이사관) 2001년 同징병검사과장 2002년 충북지방병무청장 2003년 병무청 기획관리관 2005년 同정책홍보관리관 2006년 인천경기지방병무청장 2008년 중앙공무원교육원 교육파견 2008년 대구경북지방병무청장 2010년 전북지방병무청장 2013년 서울지방병무청장 2016년 병무청 차장(현) [상]홍조근정훈장, 근정포장

이상진(李尙珍)

[생]1959·5·7 [주]서울 중구 을지로79 IBK기업은행 여신지원그룹(02-729-6114) [학]1978년 고흥 녹동고졸 1986년 연세대 법과대학 법학과졸 1998년 고려대 대학원 경영학과졸 2006년 법학박사(성균관대) [경]1986년 IBK기업은행 입행 2007년 同일산중앙지점장 2008년 同중소기업지원센터장 2011년 同기업개선부장 2011년 同여신관리부장 2013년 同경서지역본부장 2013년 同IB본부장(부행장) 2014년 同여신지원본부장(부행장) 2015년 同여신지원그룹장(부행장)(현)

이상진(李相鎭) LEE Sang Jin

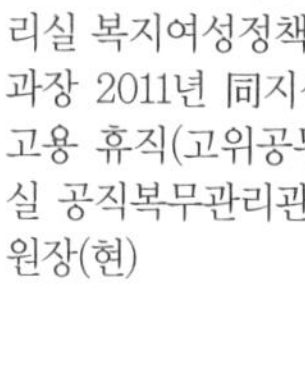

[생]1962·2·28 [출]경기 평택 [주]대전 서구 청사로189 국가기록원 원장실(042-481-6201) [학]1980년 부평고졸 1988년 서울대 공법학과졸 1994년 同행정대학원 행정학석사과정 수료 1999년 일본 도쿄도립대 대학원 정치학과졸 [경]1990년 행정고시 합격(34회) 1991년 행정사무관 시보 임용 1992년 서울 마포구청 과장 1994~2000년 서울시 국제협력담당관실·예산과 계장 2001년 국무조정실 규제개혁조정관실 사무관 2003~2004년 同일반행정심의관실 과장(서기관) 2004~2006년 일본 도쿄대 법정대학원 객원연구원 2005년 국무조정실 심사평가조정관실 성과관리과장 2009년 국무총리실 복지여성정책관실 보건복지정책과장 2010년 同규제개혁실 규제총괄과장 2011년 同지식재산전략기획단 지식재산정책관(고위공무원) 2012년 고용 휴직(고위공무원) 2013년 교육 파견(고위공무원) 2014년 국무조정실 공직복무관리관 2015년 同경제조정실장 2016년 행정자치부 국가기록원장(현)

이상진(李相珍) Lee Sang Jin

[생]1962·6·12 [출]경북 예천 [주]세종특별자치시 한누리대로402 산업통상자원부 대변인실(044-203-4560) [학]1981년 안동고졸 1985년 고려대 경영학과졸 1990년 서울대 행정대학원 행정학과졸 1997년 행정학박사(미국 오하이오주립대) [경]행정고시 합격(32회) 2001년 OECD 과학기술산업국 프로젝트매니저 2003년 정보통신부 정보통신정책국 소프트웨어진흥과장 2004년 同정보통신전략기획관실 동향분석담당관 2005년 同정보통신협력국 협력기획과장 2006년 同통신이용제도팀장 2007년 同미래정보전략본부 기획총괄팀장(부이사관) 2008년 대통령 방송통신비서관실 행정관 2009년 지식경제부 소프트웨어진흥과장 2010년 충청체신청장 2011년 국무총리실 산업정책관(고위공무원) 2013년 국무조정실 경제조정실 산업통상미래정책관 2013년 산업통상자원부 기술표준원 적합성정책국장 2013년 同국가기술표준원 적합성정책국장 2014년 同통상협력국장 2016년 同무역투자실 투자정책관 2016년 同대변인(현) [상]대통령표창(1998), 근정포장(2006), 홍조근정훈장(2015) [저]英文단행본 'United East Asia'(2016)

이상진(李尙璡)

[생]1970·2·2 [출]광주 [주]전남 장흥군 장흥읍 읍성로121의1 광주지방검찰청 장흥지청(061-860-4200) [학]1988년 조선대부고졸 1993년 고려대 법학과졸 [경]1998년 사법시험 합격(40회) 2001년 사법연수원 수료(30기) 2001년 서울지검 북부지청 검사 2003년 광주지검 해남지청 검사 2004년 광주지검 검사 2006년 서울중앙지검 검사 2010년 법무부 형사법제과 검사 2012년 대구지검 검사 2014년 대검찰청 검찰연구관 2016년 광주지검 장흥지청장(현)

이상천(李相天) LEE Sang Chun

[생]1952·7·6 [본]진성(眞城) [출]경북 안동 [주]세종특별자치시 시청대로370 국가과학기술연구회 이사장실(044-287-7100) [학]1970년 계성고졸 1974년 서울대 기계공학과졸 1976년 한국과학기술원(KAIST) 대학원 기계공학과졸(석사) 1983년 기계공학박사(미국 노스웨스턴대) [경]1976~2007년 영남대 기계공학과 교수 1995~2000년 同영남대 국책지원사업단장 1999~2000년 同공과대학장 2001~2003년 국가과학기술위원회 위원 2001~2005년 경북테크노파크 이사장 2001년 전국테크노파크협의회 회장 2001~2005년 영남대 총장 2001년 한국공학한림원 정회원(현) 2002~2005년 한국과학기술원 이사 2003~2005년 대통령자문 정책기획위원 2003~2005년 대통령직속 국가균형발전위원회 자문위원 2005년 한국산업단지공단 창원혁신클러스터추진단장 2006년 한국과학기술평가원(KISTEP) 이사 2008~2011년 한국기계연구원 원장 2008년 울산과학기술대 이사 2014년 국가과학기술연구회 이사장(현) [상]대통령표창(2001), 캄보디아 국가재건훈장 금장(2003), 체육훈장 맹호장(2004), 청조근정훈장(2008) [종]기독교

이상철(李相哲) LEE Sang Chul

[생]1948·2·20 [출]서울 [주]서울 용산구 한강대로32 (주)LG유플러스(02-6920-1010) [학]1967년 경기고졸(63회) 1971년 서울대 공대 전기공학과졸 1973년 미국 버지니아폴리테크닉주립대 대학원졸 1976년 전기공학박사(미국 듀크대) [경]1976~1979년 미국 Western Union Spacecom 선임연구원·NASA 통신위성설계담당 1979~1982년 미국 Computer Sciences Corp. 책임연구원·국방성 지휘통신자동화체제 설계담당 1982~1991년 국방과학연구소 책임연구원 1991년 한국전기통신공사 통신망연구소장 1993년 同사업개발단장 1996년 同무선사업본부장 1996~2000년 한국통신프리텔(주) 대표이사 사장 2001~2002년 한국전기통신공사 사장 2002~2003년 정보통신부 장관 2003~2004년 고려대 석좌교수 2004년 신한금융지주회사 사외이사 2004년 코오롱그룹 상임고문 2004~2016년 (사)한국장애인재활협회 회장 2005~2009년 광운대 총장 2007~2008년 아이에스하이텍 사외이사 2010년 (주)통합LG텔레콤 대표이사 부회장 2010~2015년 (주)LG유플러스 대표이사 부회장, 同상임고문(현) 2010~2012년 한국산업융합협회 회장 2014년 한국기원 이사(현) [상]국방과학상 은상(1987), 국방부장관표창(1991), 산업포장(1994), 한국능률협회 경영혁신대상 최고경영자상(1998), 한국통신학회 통신경영대상(1999), 청조근정훈장(2004), 미국 듀크대 올해의 자랑스런 듀크동문상(2009), 제6회 대한민국인터넷대상 개인공로상(2011), 한국통신학회 정보통신대상(2013), 제22회 다산경영상 전문경영인부문(2013) [저]'PCS Planning in Korea'

이상철(李相喆) LEE Sang Cheol

[생]1957·12·13 [출]강원 강릉 [주]서울 동대문구 천호대로26 대상빌딩 대상(주)(02-2220-9407) [학]강릉고졸, 건국대 법학과졸 [경](주)미원 관재과장, 同총무과장, (주)대상 총무팀장, (주)대상식품 경영지원본부장, (주)대상 경영지원본부장(상무이사) 2011~2015년 대상FNF(주) 대표이사 2015년 식품기업수출협의회 회장 2015년 대상(주) 식품BU장(전무) 2016년 同식품BU 사장(현) [상]석탑산업훈장(2015)

이상철(李相澈) Yi Sang-cheol

[생]1959·7·25 [본]하빈(河濱) [출]경북 경주 [주]대구 수성구 동원로90 대구전파관리소(053-749-2801) [학]1978년 우신고졸 1986년 명지대 행정학과졸 1995년 연세대 경영전문대학원 경영학과졸 1999년 경제학박사(러시아 모스크바국립대) [경]2002~2004년 정보통신부 정보통신공무원교육원 정보통신교육실 사무관 2004~2006년 同정보통신협력국 국제기구과 사무관 2006~2008년 同정보보호기획단 개인정보보호팀 사무관 2008~2013년 방송통신위원회 융합정책과 서기관 2013~2014년 미래창조과학부 비상안전기획관실 팀장 2014년 부산전파관리소 전파업무1과장(소장 직무대리) 2014~2016년 강릉전파관리소장 2016년 대구전파관리소장(현) [상]국무총리표창(1993·2002), 대통령실표창(2011) [저]'WTO와 러시아 연방가입'(2003) [역]'러시아연방 정보통신기반'(2000, KISDI) [종]천주교

이상철(李相喆)

[생]1960·4·16 [주]경남 창원시 의창구 상남로290 경상남도의회(055-211-7342) [학]창녕공고졸, 창원기능대학 금속재료학과졸 [경]전국금속노동조합연맹 경남본부 의장, 경남지방노동위원회 근로자위원 2014년 경남도의회 의원(비례대표, 새누리당)(현) 2014·2016년 同교육위원회 위원(현) 2014년 한국노동조합총연맹 경남본부 사무처장

이상철(李相喆) Lee, Sang-Chul

[생]1960·6·20 [출]충남 [주]경기 수원시 영통구 삼성로129 삼성전자(주) 무선사업부 전략마케팅실(031-8062-3500) [학]인하대 산업공학과졸 [경]삼성전자(주) SEBN법인장(상무보) 2007년 삼성생명보험(주) 상무대우 2010년 同전무이사 2010년 삼성전자(주) SEI법인장(전무) 2012년 同SEI법인장(부사장) 2012년 同중남미총괄 부사장 2014년 同독립국가연합(CIS)총괄 부사장 2015년 同무선사업부 전략마케팅실장(부사장)(현)

이상철(李相哲) Lee, Sang-Cheol

[생]1961·2·21 [본]전의(全義) [출]강원 원주 [주]세종특별자치시 도움6로11 행정중심복합도시건설청 국무조정실(044-200-3000) [학]1980년 우신고졸 1985년 연세대 토목공학과졸 1989년 한국개발연구원(KDI) 국제정책대학원 공공정책학과졸 2009년 미국 럿거스대 대학원 도시계획학과졸 [경]1989~1990년 한국산업안전공단 근무 1990~1995년 한국전력공사 원자력건설처 근무 1996~1997년 행정자치부 근무 1997~2006년 건설교통부 도로관리과·기술정책과·철도정책팀 토목사무관 2006년 同철도정책팀 기술서기관 2008년 국외훈련(미국 럿거스대) 2009년 원주지방국토관리청 도로시설국장 2010년 공공기관지방이전추진단 파견(서기관) 2011년 국토해양부 간선철도과장 2012년 同교통정책실 철도건설과장 2013년 국토교통부 동서남해안및내륙권발전기획단 기획총괄과장 2014~2016년 同하천계획과장 2016년 행정중심복합도시건설청 국무조종실 세종시지원단 파견(부이사관)(현)

이상철(李相哲) LEE Sang Chul

[생]1962·11·21 [출]충북 충주 [주]경기 고양시 일산동구 정발산로24, T4의403호 변호사이상철법률사무소(031-932-9024) [학]1981년 충주고졸 1988년 동국대 법학과졸 [경]1988년 사법시험 합격(30회) 1991년 사법연수원 수료(20기) 1991년 변호사 개업 1991년 대한법률구조공단 변호사 1994년 창원지검 전주지청 검사 1996년 춘천지검 검사 1998년 서울지검 동부지청 검사 2002년 부산지검 검사 2003년 同부부장검사 2004년 대전지검 홍성지청 부장검사 2005년 수원지검 안산지청 부장검사 2006년 법무연수원 교수 2007년 광주지검 형사2부장 2008년 의정부지검 고양지청 형사1부장 2009년 광주지검 부장검사 2009년 법무법인 천지 변호사 2011~2015년 同대표변호사, 변호사이상철법률사무소 변호사(현)

이상철(李相哲) SANG CHUL LEE

[생]1962 · 12 · 13 [출]경북 김천 [주]서울 강남구 테헤란로133 한국타이어빌딩10층 법무법인(유) 태평양(02-3404-0181) [학]1981년 대구 능인고졸 1985년 고려대 법학과졸 1987년 同대학원졸 [경]1991년 사법시험 합격(33회) 1994년 사법연수원 수료(23기) 1994년 서울지검 검사 1996년 창원지검 거창지청 검사 1997년 부산지검 검사 1999년 대구지검 검사 2002년 법무부 송무과 검사 2004년 서울동부지검 검사 2006년 同부부장검사 2007년 청주지검 부장검사 2008년 대구지검 공판부장 2009년 대검찰청 공판송무과장 2010~2011년 법무부 국가송무과장 2011년 법무법인(유) 태평양 변호사(현)

이상춘(李相春) LEE SANG CHUN

[생]1965 · 12 · 26 [출]경북 경주 [주]서울 강남구 테헤란로440 (주)포스코 임원실(02-3457-3745) [학]경주고졸, 건국대 경영학과졸 [경]1990년 (주)포스코 입사 · 총무과 근무, 포스코신문 창간멤버 2007~2009년 (주)포스코 홍보실 홍보1팀장 2009~2011년 同홍보실 홍보1팀장(부장) 2011~2014년 同홍보실 홍보그룹장 2015년 同경영지원본부 홍보실 상무보(현) 2015년 同PR실장 직대

이상탁(李相卓)

[생]1965·11·22 [출]경북 의성 [주]대구 수성구 무학로227 대구지방경찰청 수사과(053-804-7051) [학]대구 달성고졸 1988년 경찰대 행정학과졸(4기), 경북대 행정대학원 행정학과졸 [경]1988년 경위 임용 2007년 대구지방경찰청 정보과 정보3계장 2010년 同청문감사담당관실 감찰계장 2011년 경북지방경찰청 경무과장 2011년 同경비교통과장 2012년 대구동부경찰서장(총경) 2014년 대구지방경찰청 정보과장 2015년 대구 수성경찰서장 2016년 대구지방경찰청 수사과장(현)

이상태(李相泰) LEE Sang Tae

[생]1951·2·5 [출]대구 [주]서울 광진구 능동로120 건국대학교(02-450-3114) [학]1973년 서울대 법학과졸 1976년 경북대 대학원 법학과졸 1991년 법학박사(서울대) [경]1980~1983년 국토개발연구원 주임연구원 1987~1988년 미국 웨스턴미시간대 교환교수, 독일 막스플랑크외국법 및 국제사법연구소 연구교수 1989~1991년 숙명여대 법정대 법학과 부교수 1991~2008년 건국대 법대 민법전공 교수, 사법시험·軍법무관시험·외무고시·입법고시·변리사시험 시험위원, 건국대 법과대학장, 同법대 일우헌 관장, 同기획조정처장, 同법학연구소장, 서울동부지법 조정위원, 한국민사법학회 수석부회장 2009~2016년 건국대 법학전문대학원 교수 2009년 한국민사법학회 회장, 同고문(현) 2009년 법무부 민법개정위원회 부위원장 2016년 건국대 명예교수(현) [저]'요해 물권법'(1996) '법의 이해(共)'(2000) '주석민법 물권(1)(共)'(2001) '법의 이해-실체법 I(共)'(2006) '물권·채권준별론을 취한 판덱텐체계의 현대적 의의'(2006) '물권법'(2007) '중국 물권법'(2007) '담보물권특수연구'(2007)

이상태(李湘悳) Lee Sang Tae (如村)

[생]1961 · 4 · 25 [본]전주(全州) [출]전남 진도 [주]서울 종로구 인사동길20의5 효신빌딩2층 (사)한국문인화협회(02-722-9345) [학]1978년 광주제일고졸 1983년 조선대 미술교육학과졸 1988년 同미술대학원 동양화과졸 [경]대한민국미술대전 문인화부문 초대작가(현) 1987~1996년 한국일보 문화센터 강사 1999~2002년 성균관대 예술학부 강사 2001년 고려대 사회교육원 문인화담당(현) 2001~2003년 한국문인화연구회 회장 2002년 제1회 개인전(서울갤러리) 2004년 제2회 개인전(한가람미술관) 2005년 대한민국미술대전 심사위원장 2006년 제3회 개인전(상갤러리) 2010년 제4회 개인전(이형아트센터) 2010~2012년 (사)한국문인화협회 부이사장 2012~2014년 고려대 의과대학 외래교수 2012년 (사)한국문인화협회 자문위원(현) 2015년 대한민국미술대전 운영위원장(현) [상]대한민국미술대전 대상(1985) [작]'아시아나항공 동남아 취항 모든광고 수묵일러스트 제작' '조흥은행 수묵일러스트 제작' [종]불교

이상팔(李相八) LEE Sang Pal

[생]1958 · 4 · 25 [출]경북 문경 [주]서울 성동구 광나루로320의2 YD빌딩6층 환경보전협회(02-3407-1500) [학]1976년 문경종합고졸 1984년 경북대 농화학과졸 1987년 同대학원졸 [경]1986년 기술고시 합격(22회) 1996년 환경부 상하수도국 수도정책과 환경서기관 1998년 同자연정책과 서기관 2000년 한강유역환경관리청 유역관리국장 2000년 수질개선기획단 파견(과장급) 2002년 환경부 폐기물자원국 화학물질과장 2003년 국립환경연구원 총무과장 2003년 駐케냐대사관 파견 2006년 환경부 자연보전국 자연자원과장 2007년 同자연정책과장 2009년 대구지방환경청장(고위공무원) 2010년 중앙공무원교육원 교육파견 2011년 낙동강유역환경청장 2012년 한강유역환경청장 2012~2013년 국립생물자원관장 2013년 환경보전협회 사무총장(현)

이상풍(李相豊) LEE Sang Pung

[생]1935 · 2 · 21 [본]전의(全義) [출]충남 공주 [주]서울 관악구 신림로59길23 (사)농업사회발전연구원(02-884-3781) [학]1956년 예산농고졸 1960년 서울대 잠사학과졸 1975년 농학박사(동아대) [경]1961~1968년 농촌진흥청 잠업시험장 기사 · 연구사 1962~1963년 일본 농림성 잠사시험장 유전육종연구 1968년 농촌진흥청 잠업시험장 잠업연구관 1968~1971 · 1974~1975년 서울대 농대 강사 1970~1984년 농촌진흥청 육잠과장 1980~1983년 건국대 농대 강사 1984~1987년 UNDP/FAO유전육종전문가 1984~1886년 스리랑카 중앙잠업연구장 누에육종지도 1987년 농촌진흥청 잠업시험장 연구실장 1987년 육종학회 부회장 1988년 잠사학회 부회장 1990년 同회장 1990년 국제농업개발학회 부회장 1990년 농촌진흥청 잠업시험장 육잠과장 1993년 同잠업시험장 연구실장 1994년 同잠업시험장장 1995년 우즈베키스탄 수출잠종 특성지도 1995~1997년 同석좌연구관 1996년 이집트 잠업연구소 양잠 및 육종지도 1996~1997년 필리핀 잠업시험장 잠종생산지도 1997~1999년 네팔 잠업연구소 잠품종 및 잠업저반지도 1997년 (사)농업사회발전연구원 연구위원 · 감사 · 연구위원(현) 1999년 우즈베키스탄 수출잠종 성상지도 2000년 방글라데시 잠종생산지도 2007년 전의 · 예안이씨화수회 부회장 겸 대사성공파종회 부회장 · 고문(현) [상]농촌진흥청표창(3회), 농림수산부장관표창(6회), 대통령표창(1983), 근정포장(1996), 산업포장(2012) [저]'근대양잠의 새기술'(1968) '누에품종 육종연구 35년'(1996) '북한의 농업기술(共)'(1998) '중국의 농업(共)'(2006) '전의이씨 공주문중지(編)'(2006) '증보 전의이씨 공주문중지(編)'(2015) [역]'잠종총론' [종]천주교

이상하(李相河) Lee Sang Ha

[생]1959·10·26 [출]전북 [주]서울 중구 장충단로275 두산타워15층 네오플럭스 비서실(02-3398-3723) [학]신흥고졸 1984년 전북대 경제학과졸 2013년 중앙대 경영대학원졸(경영학석사) [경]1983년 오비맥주 입사 1992년 두산그룹 기획실 근무 2000년 (주)두산 전략기획본부 상무 2007년 두산인프라코어(주) 기획조정실 CFP(전무) 2009년 (주)두산 부사장 2011년 네오플럭스 대표이사 사장(현)

이상학(李相鶴) LEE Sang Hag

[생]1957 · 9 · 3 [출]강원 홍천 [주]서울 성북구 인촌로73 고려대학교 안암병원 이비인후과(02-920-5486) [학]1976년 춘천고졸 1982년 고려대 의학과졸 1985년 同대학원졸 1991년 의학박사(고려대) [경]1989~1995년 고려대 의과대학 이비인후과 전임강사 · 조교수 1994년 일본 니카타대 연수 1995년 고려대 의과대학 이비인후과학교실 부교수 · 교수(현) 2000~2004년 대한비과학회 총무이사 · 교육이사 · 학술이사 2009년 고려대 안암병원 의무기획처장, 同안암병원 부원장 [상]대한이비인후과학회 석상학술상, 대한비과학회 우수논문상 [저]'알레르기학'(2005, 일조각) '비과학'(2005, 일조각) '이비인후-두경부외과학'(2009, 일조각)

이상학(李相學) LEE Sang Hak

[생]1966 · 1 · 9 [본]경주(慶州) [출]서울 [주]경기 과천시 관문로47 미래창조과학부 운영지원과(02-2110-2142) [학]1984년 서울 영일고졸 1991년 서울대 외교학과졸 1994년 同대학원 행정학과졸, 영국 맨체스터대 대학원 박사과정 수료 [경]2002년 정보통신부 국제협력관실 국제기구담당관실 서기관 2003년 부산우체국장 2004~2006년 국제전기통신연합(ITU) 파견 2006년 정보통신부 정보문화팀장 2007년 同정보통신협력본부 국제기구팀장 2007년 OECD 통신인프라-서비스정책분과위원회(CISP) 부의장 2008년 방송통신위원회 위원장 비서관(서기관) 2009년 同방송정책국 방송정책기획과장 2011년 同통신정책기획과장 2012년 同2014국제전기통신연합(ITU)전권회의준비기획단 부단장(부이사관) 2013년 미래창조과학부 2014국제전기통신연합(ITU)전권회의준비기획단 부단장(부이사관) 2013년 同국제전기통신연합(ITU)전권회의 아시아태평양(APT)지역사전준비회의 부의장 겸 정책위원회 의장 2014년 同2014국제전기통신연합(ITU)전권회의 준비기획단 부단장(고위공무원) 2014~2015년 민관합동창조경제추진단 부단장 2015년 미래창조과학부 미래인재정책관 2015년 同미래인재정책국장 2016년 국가공무원인재개발원 교육훈련(고위공무원)(현) [상]홍조근정훈장(2015) [종]천주교

이상한(李相翰) LEE Sang Hann

[생]1952 · 4 · 28 [본]경주(慶州) [출]부산 [주]서울 성북구 삼선교로16길116 한성대학교 총장실(02-760-4202) [학]1970년 서울고졸 1978년 서강대 수학과졸 1986년 미국 뉴욕주립대 올바니교 대학원 경제학과졸 1989년 경제학박사(미국 뉴욕주립대 올바니교) [경]1978년 한국개발연구원 연구원 1989~2016년 한성대 사회과학대 경제학과 교수 1992년 한국주택학회 이사 · 편집위원장 1992~1996년 경희대 · 건국대 · 한국외국어대 · 숙명여대 강사 1993년 전국경제인연합회 자문위원 1995년 지방고등고시 출제위원 1995년 한국주택학회 부회장 1998~1999년 한성대 사무처장 1999~2001년 한국주택학회 회장 2001년 주거복지연대 이사 2002년 한국주택학회 명예회장 2002~2003년 뉴질랜드 Univ. of Otago 초빙교수 · 초빙연구위원 2004년 한성대 교수협의회장 2005년 건설교통부 임대주택정책검토위원회 위원 2005~2007년 한성대 교무처장 2005년 한국주택학회 고문(현) 2007년 행정자치부 임대주택 인센티브효과성검증위원회 위원 2007~2009년 한성대 대학원장 2007년 국민주택기금운용위원회 위원 2008년 미국 뉴욕주립대 올바니교 한국총동문회장 2008년 국토해양부 장관 정책자문위원 2010년 (사)주거복지연대 이사장 2016년 한성대 총장(현) [상]한국주택협회 공로상(2007), 미국 뉴욕주립대 명예메달(2016) [저]'주택생산 관련 산업의 발전방안에 관한 연구' '환경보전과 산업발전 : 염색가공산업' '환경법의 경제학적 분석'

이상해(李相海) LEE Sang Hae

[생]1948 · 1 · 11 [출]경북 [주]경기 수원시 장안구 서부로2066 성균관대학교 공과대학 건축학과(031-290-5114) [학]1970년 서울대 건축학과졸 1981년 미국 코넬대 대학원 건축공학과졸 1986년 건축공학박사(미국 코넬대) [경]1986~2013년 성균관대 공과대학 건축학과 교수 1995년 중국 청화대 방문학자 1996~1998년 대한건축학회 학회지편집위원장 1997~1999년 한국건축역사학회 부회장 1999~2003년 문화재위원회 전문위원 2001년 同건축문화재분과 위원 2002~2004년 한국건축역사학회 회장 2003년 성균관대 건축 · 조경 및 토목공학부장 2003년 국제기념물유적협의회(ICOMOS) 한국위원회 부위원장 2003년 한국건축가협회 명예이사(현) 2005년 문화재위원회 사적분과 위원 2007년 국제기념물유적협의회(ICOMOS) 한국위원장 2008년 외교통상부 문화외교자문위원 2009년 한국의 서원 세계유산등재추진위원(현) 2009~2013년 문화재위원회 세계유산분과 · 사적분과위원회 위원 2011~2013년 同세계유산분과 위원장 2012년 백제역사유적지구 유네스코세계유산등재추진준비위원회 위원 2013년 성균관대 공과대학 건축학과 명예교수(현) 2013년 문화재청 '미래를 위한 국가유산자문위원회' 위원(현) 2013년 한양도성세계유산등재 자문위원(현) 2015년 문화재청 문화재위원회 위원장 겸 세계유산분과위원장(현) 2016년 국민대 석좌교수(현) [상]대한건축학회 남파상(1998), 한국간행물윤리위원회 저작상(1999), 대통령표창(1999), 장관표창(2007), 소우 저작상(2008) [저]'한국건축사'(1996) 'Anywise/건축의 도전(共)'(1997) '한국의 세계문화유산(共)'(1997) '서울건축사(共)'(1999) '서울 도시와 건축'(2000) '도산서원'(2001) '우리건축100년'(2001) '한국의 풍수문화'(2002) '서원'(2002) '서울의 문화재'(2003) '미술사와 나'(2003) '경기도건축문화유산'(2003) '궁궐 · 유교건축'(2004) '미술로 본 동아시아의 문화교류'(2006) '한국의 미, 최고의 예술품을 찾아서'(2007) '산 · 수 · 풍의 조화를 꿈꾸는 풍수'(2007) [역]'중국 고전건축의 원리와 이해'(共)

이상헌(李相憲) LEE Sang Heon

[생]1954 · 7 · 10 [출]울산 [주]울산 남구 봉월로41 해조빌딩 6층 더불어민주당 울산시당(052-257-8574) [학]1973년 울산고졸 1996년 한국방송통신대졸 1998년 동국대 지역개발대학원 행정학과졸 2011년 호텔관광경영학박사(동국대) [경]1973~1980년 명성재건중 교사 1994~2000년 울산흥사단 회장 2002년 새천년민주당 노무현 대통령후보 조직특보 2002년 同노무현 대통령후보 울산시선거대책본부장 2003년 민주당 울산시지부장 2004년 전국야학연합회 자문위원 2004~2007년 한국가스기술공사(주) 감사, 민주당 울산시북구지구당 위원장 2014년 새정치민주연합 울산시북구지역위원회 위원장 2015년 同울산시당 위원장 2015~2016년 더불어민주당 울산시당 위원장 2015년 同울산북구지역위원회 위원장(현) 2016년 同제20대 국회의원 후보(비례대표 26번)

이상헌(李相憲) Lee Sang-hun

[생]1958 · 2 · 25 [본]경주(慶州) [출]경북 경주 [주]대전 서구 청사로189 중소기업청 지역특구과(042-481-1601) [학]경희고졸 1993년 중앙대 영어영문학과졸 2016년 한남대 대학원 석사(MBA) 재학 중(2017년에 수료 예정) [경]1985년 국가공무원 합격(7급 공채) 1986~1991년 총무처 기획관리실 · 행정개혁위원회 · 소청심사위원회 근무 1991~1996년 총무처 행정법무담당관실 · 정부합동민원실 · 국무총리실 광복50주년기념사업위원회 · 총무처 상훈과 주사(6급) 1996~2001년 중소기업청 행정법무담당관실 · 창업지원과 · 대변인실 · 자금지원과 주사(6급) 2001~2004년 同대변인실 · 기업진흥과 · 정책평가과 사무관 2004~2006년 대통령직속 중소기업특별위원회 비서관 2006~2009년 중소기업청 혁신인사기획팀 · 경영공정혁신과 · 기술개발과 사무관 · 대전충남지방중소기업청 조정협력과장 · 대전충남지방중소기업청 창업성장지원과장 · 서울지방중소기업청 수출지원팀장 2009년 중소기업청 녹색성장팀장(서기관) 2012년 광주전남지방중소기업청 공공판로지원과장 2015년 중소기업청 지역특구과장(현) [상]총무처장관표창(1988 · 1991), 국무총리표창(1995 · 2008), 중소기업청 비전디자인상(2008) [저]'중소기업녹색성장발전전략'(2009, 중소기업청) '녹색중소벤처기업육성전략'(2010, 중소기업청)

이상헌(李相憲) Lee, Sang Hun

[생]1960 · 2 · 19 [본]경주(慶州) [출]서울 [주]서울 광진구 능동로120 건국대학교 건축전문대학원 건축설계학과(02-450-3279) [학]1978년 영동고졸 1982년 서울대 건축학과졸 1984년 同대학원 건축학과졸 1996년 건축학박사(미국 MIT) [경]1982년 일건건축사무소 근무 1984년 현대건설 주택사업부 근무 1985~1987년 정림건축 대리 1988년 인우건축 설립파트너 1996~1998년 同소장 1998년 건국대 건축전문대학원 건축설계학과 부교수 · 교수(현) 2010~2012년 同건축전문대학원장 겸 건축대학장 [저]'철건축과 근대건축이론의 발전' '문화도시 서울 어떻게 만들것인가' '대한민국에 건축은 없다'(2013) [종]천주교

이상헌(李相憲) Sang-heon Lee

[생]1964 · 6 · 29 [출]전남 해남 [주]경기 성남시 분당구 대왕판교로644번길49 한컴타워3층 MDS테크놀로지(주) 임원실(031-627-3000) [학]1982년 광주 동신고졸 1989년 서울대 사회학과졸 2003년 한국과학기술원(KAIST) 테크노경영대학원 최고텔레콤경영자과정 수료 2006년 미국 캘리포니아대 샌디에이고교 대학원 비즈니스과정 수료 [경]1989~1994년 코오롱상사 해외영업담당 1995~2001년 코오롱그룹 기획조정실 과장 2001~2007년 MDS테크놀로지(주) 신규사업총괄 부사장 2008~2009년 同신규사업총괄 공동대표이사 사장 2009~2010년 同사업총괄(COO) 사장 2010년 同대표이사 사장(현) 2015~2016년 국가과학기술심의회 ICT · 융합전문위원회 위원 2015년 (주)한컴시큐어 대표이사 겸임(현) [상]산업포장(2013)

이상헌

[생]1966 [출]대구 [주]세종특별자치시 다솜3로95 조세심판원 제4상임심판관실(044-200-1827) [학]대구 청구고졸, 연세대 경영학과졸 [경]행정고시 합격(36회), 서대구세무서 총무과장, 경주세무서 간세과장, 의정부세무서 부가가치세2과장, 재정경제부 국세심판소 조사관실 근무, 한국은행 파견, 국무조정실 조세심판원 조사관, 同행정실장 2016년 同제4상임심판관(현)

이상혁(李相赫) LEE Sang Hyuk (爾山 · 想泉)

[생]1935 · 3 · 10 [본]경주(慶州) [출]서울 [주]서울 서초구 서초중앙로5길10의8 우성쁘띠오피스텔901호 춘추합동법률사무소(02-525-1001) [학]1953년 서울중앙고졸 1958년 서울대 법과대학 행정학과졸 1987년 법학박사(한양대) [경]1958년 고등고시 사법과 · 행정과1부 합격(10회) 1959~1961년 내무부 지방국 사무관 1961~1962년 변호사 개업 1962~1967년 전주 · 원주 · 제주지법 판사 1963~1964년 육군본부 보통군법회의 법무관(대위) 1967년 변호사 개업 1972년 서울구치소 교화협의회 자원봉사교화위원 · 독지방문위원 · 교화위원(현) 1974년 (사)사충서원 이사 · 이사장(현) 1976~2003년 서울대 법대동창회 사무처장 · 부회장 1976년 서울대낙산장학회 사무처장 · 이사 1978~1980년 대한변호사협회 감사 1979~1997년 국세심판소 비상임심판관, 서울법대장학재단 이사장(현) 1982~2003년 서울구치소 교화협의회장 1983~1998년 동아일보 이사 1983~1997년 한성학원 이사 1985~1989년 국무총리행정심판위원회 위원 1986~1988년 보건사회부 중앙의료감시위원 1989~2011년 한국사형폐지운동협의회 초대회장 1992~2003년 서울시 · 종로구 법률고문 1993~1996년 한국유니세프 법률분과위원장 1995~2012년 고려중앙학원 감사 1995~1997년 대한변호사협회 부회장 1996~1999년 통상산업부 무역위원회 위원 1999~2001년 포스코개발 상임고문 2000년 법의인간화를위한모임 회장(현) 2003~2004년 서울대법대동창회 회장 2003~2012년 공증인가고려합동법률사무소 공증인 2011년 한국사형폐지운동협의회 명예회장(현) 2012년 춘추합동법률사무소 변호사(현) 2014~2016년 서울대총동창회 및 관악회 감사 [상]국민훈장 동백장(1987), 서울모범교화

인상(1992), 자랑스러운 중앙인(2003), 자랑스러운 서울법대인(2006) [저]'부동산 임대차의 현대적 법리'(1987) [역]'세계사형백과(사형의 기원과 역사, 그 희생자들-카를 브루노 레더)'(1991) '사형폐지론(共)'(2001) [종]유교

이상혁(李相赫) Lee Sanghyuk

[생]1963·2·11 [출]경북 문경 [주]서울 서대문구 이화여대길52 이화여자대학교 분자생명과학부(02-3277-2888) [학]1981년 청주고졸 1985년 서울대 화학과졸 1987년 同대학원 물리화학과졸 1994년 물리화학박사(미국 코넬대) [경]1994~1995년 미국 프린스턴대 Post-Doc. 1995~2006년 이화여대 화학전공 교수 1995~2000년 대한화학회 편집위원회·출판위원회·학술위원회 위원 1996~1999년 한국자기공명학회 학술지 편집간사 2000~2001년 미국 국립보건원 암연구소 방문연구원 2002년 한국생물정보시스템생물학회 조직이사·총무이사·기획이사·학술이사 2005~2008년 한국생화학분자생물학회 정보간사 2006년 이화여대 분자생명과학부 생명과학전공 교수(현) 2007년 한국프로테오믹스학회(KHUPO) World Congress 정보간사 2008·2016년 이화여대 시스템생물학연구소장(현) 2009년 한국생물정보시스템생물학회 시스템생물학분과 부회장 2009~2012년 한국생명공학연구원 국가생명연구자원정보센터장(KOBIC) 2011~2012년 한국생물정보시스템생물학회 회장 2016년 이화여대 대학원 바이오정보학협동과정 주임교수(현) 2016년 同이화·잭슨랩암면역치료법연구센터 소장(현)

이상현(李相現) LEE Sang Hyun

[생]1953·10·1 [출]서울 [주]서울 중구 세종대로124 한국언론진흥재단 신문유통원(02-2001-7705) [학]1981년 서강대 정치외교학과졸 1984년 同대학원 국제정치학과 수료 [경]1978년 시사영어사 근무 1982년 월간 한국인 근무 1986년 계몽사 월간부 근무 1987년 한겨레신문 기자 1992년 同경제부 편집위원보 1993년 同민권사회부 차장 1994년 同민권사회2부장 1996년 同체육부장·스포츠레저부장 1999년 同민권사회1부장 1999년 同정치부장 2000년 同문화부장 부국장대우 2001년 同편집국 부국장 2003년 同편집국 기획위원 2004년 同콘텐츠평가실 평가위원 2004년 아름다운재단 '아름다운가게' 총괄이사 2005년 언론중재위원회 서울제2중재부 위원 2006년 네오뉴스 대표이사 발행인 2008년 CJ그룹 경영고문 2009년 핸드볼발전재단 사무총장 2014년 한국언론진흥재단 신문유통원장(현)

이상현(李相賢) LEE Sang Hyun

[생]1960·11·9 [출]부산 [주]경기 성남시 수정구 대왕판교로851의20 세종연구소 연구기획본부(031-750-7579) [학]1984년 서울대 외교학과졸 1986년 同대학원 외교학과졸 1993년 미국 일리노이대 어배나교 대학원 정치학과졸 1999년 정치학박사(미국 일리노이대 어배나교) [경]1986~1988년 한국국제관계연구소 연구원 1988~1990년 한국국방연구원 연구원 2001년 미래전략연구원(KIFS) 연구위원 2002~2006년 연세대 국제교육교류부 강사 2002~2011년 세종연구소 안보연구실장(수석연구위원) 2006년 한국선진화포럼 국제정치분과 위원 2007년 KBS 남북교류협력 및 통일방송연구 자문위원 2010년 국가미래연구원 외교안보분야 발기인 2011년 외교통상부 정책기획관 2013년 외교부 정책기획관 2013년 세종연구소 안보전략연구실장 2015년 同연구기획본부장(현) [저]'네트워크 지식국가 : 21세기 세계정치의 변환'(2006) '한국의 국가전략 2020'(2007)

이상현(李相賢) LEE Sang Hyeon

[생]1963·11·16 [본]경주(慶州) [출]울산 울주 [주]울산 남구 돋질로44 융진빌딩3층 연합뉴스 울산취재본부(052-256-9300) [학]1982년 부산동고졸 1990년 울산대 영어영문학과졸 [경]1989~1992년 경상일보 근무 1992~1995년 울산매일신문사 근무 1995년 연합뉴스 울산취재본부 근무 2011년 同울산취재본부 부장대우 2016년 同울산취재본부 취재부본부장 겸 취재국장(현) [종]기독교

이상현(李相顯)

[생]1965·11·19 [출]경북 경주 [주]충남 아산시 무궁화로111 경찰교육원 교무과(041-536-2212) [학]대구 대건고졸 1989년 경찰대 법학과졸(5기) 2008년 경북대 수사과학대학원 과학수사학과졸 [경]1989년 경위 임관 2009년 대통령 민정수석비서관실 파견 2013년 경북지방경찰청 경무과장 2014년 同정보과장 2014년 경북 경산경찰서장 2015년 경찰교육원 교무과장(현) [상]대통령표창(2009)

이상현(李相弦) LEE Sang Hyun

[생]1966·12·10 [출]서울 [주]서울 용산구 한강대로98길3 KCC IT타워10층 KCC정보통신(주) 임원실(02-6090-7802) [학]1985년 경기고졸 1989년 서울대 전자공학과졸 1991년 영국 워릭대 대학원졸 [경]1989년 삼성전자(주) 근무 1990년 한국전자계산(주) 근무 1993년 KCC정보통신(주) 기획조정실장 1994년 同이사 1995년 同대표이사 전무 1996~2011년 同대표이사 사장, KCC서비스(주) 대표이사 사장 2003년 (주)종하E&C 대표이사 부회장(현) 2004년 KCC모터스(주) 대표이사 부회장(현) 2011년 KCC정보통신(주) 부회장(현) 2013년 KCC홀딩스 부회장(현) 2016년 한국정보산업연합회 회장(현) [종]천주교

이상현(李相鉉)

[생]1967·9·28 [출]전남 장흥 [주]서울 서초구 서초중앙로157 서울중앙지방법원(02-530-1114) [학]1986년 장흥고졸 1993년 중앙대 법대졸 [경]1994년 사법시험 합격(36회) 1997년 사법연수원 수료(26기) 1997년 수원지법 판사 1999~2000년 서울지법 판사 2001년 전주지법 남원지원 판사 2002년 同장수군·순창군법원 판사 2003년 同남원지원 판사 2004년 수원지법 안산지원 판사 2007년 서울중앙지법 판사 2008년 대법원 연구법관 2009년 서울고법 판사 2011년 서울동부지법 판사 2012년 광주지법 부장판사 2013년 수원지법 안산지원 부장판사 2016년 서울중앙지법 부장판사(현)

이상현(李相顯) LEE Sang Hyun

[생]1969·1·23 [출]전북 남원 [주]전북 전주시 완산구 효자로225 전라북도의회(063-280-4288) [학]남원고졸, 광주대 금융학과졸, 명지대 사회교육대학원졸 2010년 청소년지도학박사(명지대) [경]연세대·천안외국어대·전주대 강사, 명지대 사회교육대학원 강사, 국제문화대학원대 아동학전공 주임교수, 한국청소년지도협회 회장, 이강래 국회의원 특별보좌역, 열린우리당 전북도당 교육연수위원 2006·2010년 전북도의회 의원(열린우리당·대통합민주신당·통합민주당·민주당·민주통합당·민주당·새정치민주연합) 2008~2010년 同운영위원장 2010~2012년 同교육위원장 2012년 同산업경제위원회 위원 2012년 同외교활동운영협의회 위원 2014년 전북도의회 의원(새정치민주연합·더불어민주당)(현) 2014~2016년 同제2부의장 2014년 同환경복지위원회 위원 2016년 同문화건설안전위원회 위원(현) 2016년 同예산결산특별위원회 위원(현) 2016년 同윤리특별위원회 위원(현) [저]'청소년지도자론' '학부모교육론' '영재교육과정론' '숨어있는 영재성 키워주기'

이상협(李相協) LEE Sang Hyup

[생]1951·10·29 [출]경북 경주 [주]경기 용인시 처인구 모현면 외대로81 한국외국어대학교 동유럽대학 헝가리어과(031-330-4302) [학]1979년 한국외국어대 독일어과졸 1984년 독일 함부르크대 대학원졸 1989년 문학박사(독일 함부르크대) [경]1989년 한국외국어대 동유럽대학 헝가리어과 교수(현) 1994~1996년 同대학원 동유럽발칸어문학과 주임교수 1996~1997년 헝가리 부다페스트무역대학 교환교수 1997~1999년 한국외국어대 동유럽발칸연구소장 1998~2000년 同헝가리어학과장 2006년 同동유럽·발칸연구소장 2006년 한국동유럽발칸학회 회장 2010~2012년 한국외국어대 용인캠퍼스 동유럽대학장 2012~2014년 同용인캠퍼스 산학연계부총장 [상]Pro Cultura Hungarica(2007) [저]'헝가리사'(대한교과서) '실용헝가리어회화'(한국외국어대 출판부) '헝가리어-한국어 사전(共·編)'(한국외국어대 출판부) '동유럽발칸의 민속연구 Ⅰ·Ⅱ·Ⅲ(共)'(한국동유럽발칸학회)

이상호(李相昊) LEE Sang Ho

[생]1950·9·9 [출]부산 [주]서울 강남구 학동로445 우리들병원 회장실(02-513-8007) [학]1975년 부산대 의대졸, 연세대 대학원졸 1985년 의학박사(연세대) 1986년 프랑스 파리제5대 데카르트의과대학원 수료 1988년 서울대 보건대학원 보건의료정책최고관리자과정 수료 1988년 미국 캘리포니아주립대 샌프란시스코교(USCF) 의대 척추연수회 수료 1989년 미국 워싱턴대 의대 척추연수회 수료 1990년 미국 유니폼드서비스대 의대 척추연수회 수료 1991년 미국 펜실베이니아대 의대 척추연수회 수료 1996년 스위스 취리히대 의대 척추연수회 수료 1996년 독일 괴테대 의대 척추연수회 수료 1999년 프랑스 파리제6대 라파티에 의대 척추연수회 수료 [경]1975~1980년 국립의료원 인턴·신경외과 전문의 1976년 '현대문학'에 '하나가 되는 하늘' 시 추천완료 1976년 '신동아'에 non-fiction '무의촌과 수련의' 당선 1980~1981년 103야전병원 신경외과 과장 1981~1982년 녹십자병원

신경외과 과장 1982~1984년 이상호신경외과 원장 1984~2005년 우리들병원 원장 1986년 사회복지법인 오순절평화의마을 이사(현) 1993년 국제최소침습척추외과학회(ISMISS) 국제 Faculty(현) 1994년 동아대 의대 신경외과학교실 외래교수(현) 1994년 프랑스 척추수술연구회(GIEDA) Faculty(현) 1995년 미국 척추신경외과학회(Joint Meeting of Spine) 정회원(현) 1995년 미국신경외과학회(AANS) 정회원(현) 1996년 연세대 의대 해부학교실 외래교수(현) 1997년 세계신경외과학회(WFNS) 정회원(현) 1997년 미국신경외과학회(CNS) 정회원(현) 1998년 어린이보호재단(Save the Children) 이사(현) 2000년 가톨릭대 의대 신경외과학교실 외래교수(현) 2000년 북미척추학회(NASS) 정회원(현) 2000년 유럽인공척추관절학회(ARGOS) 국제회원(현) 2003년 아시아미세침습척추외과학술원(AAMISS) 회장(현) 2003년 제16대 노무현대통령 척추신경외과 주치의 2003~2004년 미국신경외과학회(AANS) 국제 Faculty 2003~2004년 국제근골격레이저학회(IMLAS) 한국개최조직위원회 사무총장 2004년 우리들의료재단 이사장(현) 2005~2006년 대한신경외과학회(KNS) 의료정책이사 2005~2006년 同서울경인지회 부회장 2005~2006년 대한병원협회 법제이사 2005~2006년 국제근골격레이저학회(IM-LAS) 회장 2005~2006년 대한최소침습척추외과학회(KOSMISS) 부회장 2005~2006년 대한근골격레이저 및 고주파학회(KOMULARS) 회장 2005~2006년 국제최소침습척추외과학회(ISMISS) 부회장 2005~2006년 대한의학레이저학회(KSLMS) 학술이사 2005년 경찰청 시민감사위원회 위원(현) 2005년 아세아태평양레이저학회 부회장·이사(현) 2006년 Journal of Minimal Invasive Spine Technique 편집위원(현) 2006년 세계미세침습척추수술 및 치료학회(World Congress of MISST) 회장 2006년 국방부 의무자문관(현) 2006년 대한신경외과학회 서울경인지회 회장 2007년 미국 신경외과 척추 및 말초신경분과학회 정회원(현) 2007~2008년 국제디스크치료학회(IITS) 회장 2008년 대한의학레이저학회(KSLMS) 이사장 2008년 The Journal of Spine Critical Cases(JCSC) 선임편집위원장(현) 2008년 척추인공관절학회(SAS) 정회원 및 SAS Journal 심사위원(현) 2009년 서울대보건대학원보건의료정책최고관리자과정(H.P.M.)총동문회 회장(현) 2009년 한국보건정보정책연구원 원장(현) 2009년 서울시병원회 SHA(Seoul Hospital Association)위원장(현) 2009~2013년 세계신경외과학회(WFNS) 부회장 2010년 부산대 의학전문대학원 외래강사(현) 2010년 한국광학회지(Journal of the Optical Society of Korea) 편집위원(현) 2010년 아시아최소침습척추수술 및 치료학회(ACMISST) 고문(현) 2010년 대한병원협회 제35대 홍보위원장(현) 2011년 국제최소침습척추수술학회(ISMISS) 회장(현) 2011년 Acta Radiologica Short Reports 심사위원(현) 2012~2014년 한국병원경영연구원 이사장, 세계미세침습척추수술및치료학회(World Congress of MISST) 명예회장(현), 국제디스크내치료학회(IITS) 명예회장(현) 2013년 세계신경외과학회(WFNS) 부회장 2014년 우리들병원 회장(현) 2014년 대한의학레이저학회(KSLMS) 회장(현) [상]신동아 논픽션 '무의촌과 수련의' 당선(1976), 중앙의학평론가상(1977), 국제근골격레이저학회 우수논문상(1996), 국제최소침습척추수술학회 올해의 거장상(2004), 올해의 부부상(2005), 아시아병원경영상 인적자원개발부문(2005), 모범성실납세자표창(2006), 자랑스런 아카데미인상(2006), 서울대 보건대학원 보건의료정책 총동문회 공로상(2006), 한독학술경영대상(2011), 더 파비즈 캄빈상(2015) [저]'당신의 허리는 튼튼합니까'(1989) '허리디스크'(1998) '목디스크'(1999) '최소침습척추디스크치료'(2006) '척추 디스크 환자를 위한 바른 자세와 운동'(2010) '정상조직을 보존하는 내시경 허리 디스크 시술'(2011) '디스크를 잘라내지 않고 성형한다'(2011) [역]'창가의 침대'(1994) '닥터 포겔에게 물어보세요'(1994) [작]시집 '아름다운 생명'(1968) '안개 저 편에 길이 있을 것이다'(1987) '뉴욕드라큘라'(1996) '우리는 함께 시간속을 걸어가네'(2005) '당신은 아름다운 사람입니다'(2006)

이상호(李祥昊) LEE Sang Ho

[생]1957·5·21 [출]서울 [주]광주 동구 필문대로303 조선대학교치과병원 소아치과(062-220-3860) [학]1983년 연세대 치의학과졸 1987년 同대학원졸 1991년 치의학박사(연세대) [경]1988년 조선대 치과대학 소아치과학교실 조교·강사·조교수·부교수·교수(현) 1988~1999년 同치과병원 소아치과장 1995년 미국 캘리포니아 치과대학 객원교수 1996년 조선대 치과대학 소아치과 학과장 1997~2005년 대한레이저치의학회 이사·감사 1997~2003년 조선대 치과대학 부학장·학장 1999~2003년 同치과대학교육문화재단 초대이사장 2001년 대한소아치과협회 총무이사 2005년 대한레이저치의학회 부회장 2007~2009년 조선대부속 치과병원장 2007년 대한치과병원협회 부회장, 조선대 치의학전문대학원 전환준비위원장, 同인증평가준비위원장, 同치의학교육연구센터장 2013년 서울세계소아치과학회 조직위원장 2014~2016년 대한소아치과학회 회장 [상]백상교육상(2011) [저]'소아치과학' '치과총론' '소아·청소년 치과학' '소아치과학 기초 및 임상실습' '소아교정학'

이상호(李尙昊) LEE Sang Ho

[생]1960·2·8 [본]전주(全州) [출]부산 [주]서울 강남구 남부순환로2806 31층 군인공제회 부이사장실(02-2190-2003) [학]1978년 부산 해동고졸 1983년 고려대 통계학과졸 1992년 서강대 경영대학원 재무관리학과 수료 2010년 서울대 경영대학원 CFO전략과정 수료 [경]1983년 조흥은행 입행 1992년 同여신기획부 과장 1998년 同미국현지법인 차장 2002년 同기획부 재무기획팀장 2004년 同분당시범단지지점장 2006년 신한은행 서현동지점장 2006년 同잠원역지점장 2007년 同재무기획부장 2009년 同경영기획그룹 본부장 2010년 同기업금융개선지원본부장(상무) 2010년 同경영기획그룹 전무 2011년 同경영기획그룹 부행장보 2012년 同리스크관리그룹 부행장보 2012~2014년 同리스크관리그룹 부행장 2014년 군인공제회 경영기획이사 2015년 同금융부문 부이사장(CIO)(현) [상]한국은행총재표창

이상호(李相昊) Lee, Sang-ho

[생]1960·11·2 [출]전남 보성 [주]서울 영등포구 여의나루로27 사학연금회관15층 (주)브리지텍 비서실(02-3430-4114) [학]1979년 신흥고졸 1983년 전북대 전자공학과졸 2000년 한국과학기술원 제3기 최고벤처경영자(AVM)과정 수료 [경]1985~1989년 대우통신 종합연구소 선임연구원 1989~1992년 삼보컴퓨터 통신사업본부 선임연구원 1992~1994년 삼보정보통신 솔루션사업팀장 1995년 (주)삼우티비에스 공동창업·영업이사 1997년 同대표이사 1999년 (주)브리지텍 대표이사(현) [상]정보통신부장관표창(1999), 지식경제부장관표창(2010)

이상호(李相昊)

[생]1964·4·8 [출]경남 김해 [주]서울 강남구 언주로711 건설회관內 한국건설산업연구원 원장실(02-3441-0801) [학]1983년 김해고졸 1987년 서울대 정치학과졸, 同대학원졸 1995년 행정학박사(서울대) [경]1995~2007년 한국건설산업연구원 정책연구실장 2007~2013년 GS건설 경제연구소장 2009년 한국주택학회 이사 2009년 한국스마트그리드협회 이사 2010년 행정안전부 지방재정분과 정책자문위원 2010년 (사)건설산업비전포럼 기획위원장 2013~2015년 한미글로벌(주) 사장 2015년 한국건설산업연구원 원장(현) [상]국무총리표창(2002), 건설교통부장관(2005), 국토해양부장관표창(2009) [저]'한국건설산업 대해부'(2003, 보성각) '코리안 스탠다드에서 글로벌 스탠다드로'(2006, 보문당) '일류 발주자가 일등 건설산업 만든다'(2007, 보문당)

이상호(李相浩) LEE Sang Ho

[생]1964·10·20 [주]대전 유성구 동서대로125 한밭대학교 도시공학과(042-821-1191) [학]1982년 명지고졸 1986년 연세대 건축공학과졸 1989년 同대학원 도시계획학과졸 1993년 공학박사(연세대) [경]1991년 국토개발원 위촉연구원 1993년 삼성그룹 비서실·삼성경제연구소 선임연구원 1995년 대전산업대 도시공학과 전임강사 1997년 同도시공학과 조교수, 한밭대 도시공학과 부교수·교수(현) 2002년 호주 국립과학원 초청과학자(AAS & KOSEF) 2003~2004년 미국 LSU 방문교수(KRF) 2013~2015년 한밭대 건설환경조형대학장 [저]'현대도시문제의 이해' 'IMF이후 한국 부동산 전략 보고서' '지형공간정보의 이론과 실제'

이상호(李相昊) Lee Sang Ho

[생]1966·10·11 [출]부산 [주]부산 연제구 중앙대로1001 부산광역시의회(051-888-8080) [학]해동고졸, 동아대 정치외교학과졸, 부산대 국제전문대학원 정치언론학과 휴학 [경](사)청소년정보문화협회 이사, 김형오 국회의원 비서관, 부산시 건축위원회 위원(현), (사)부산영도구장애인협회 운영위원(현) 2010년 부산시의회 의원(한나라당·새누리당) 2010년 同도시개발해양위원회 위원 2010년 同운영위원회 위원 2011년 同도시개발해양위원회 간사 2012년 同해양도시소방위원회 위원, 同도시개발해양위원회 간사, 同지역건설산업발전위원회 위원, 同예산결산특별위원회 위원, 부산항만소방서 명예서장(현), 북항대교 경관조명 자문위원, 민주평통 자문위원(현), 부산시교육청 교육환경개선심의위원회 위원 2014년 부산시의회 의원(새누리당)(현) 2014년 同도시안전위원회 위원 2014~2015년 同예산결산특별위원회 위원 2016년 同도시안전위원회 위원장(현)

이상호(李相虎) LEE Sang Ho

⊛1967 · 8 · 20 ⊜충남 논산 ㈜경기 과천시 관문로47 법무부 범죄예방정책국(02-2110-3006) ⊜1986년 충남 고졸 1991년 고려대 법학과졸 ⊗1990년 사법시험 합격 (32회) 1993년 사법연수원 수료(22기) 1993년 軍법무관 1996년 서울지검 남부지청 검사 1998년 광주지검 순천 지청 검사 1999년 법무부 검찰국 검사 2001년 서울지검 검사 2004년 대전지검 검사 2005년 同부부장검사 2005 년 대검찰청 연구관 2006년 미국 스탠퍼드 후버연구소 파견 2007년 인천지 검 부부장검사 2008년 대검찰청 공판송무과장 2009년 법무부 공공형사과 장 2009년 同공안기획과장 2010년 서울고검 검사 2010년 국가정보원 파견 2011년 서울중앙지검 공안1부장 2013년 부산지검 제2차장검사 2014년 서울 남부지검 차장검사 2015년 서울중앙지검 제2차장검사 2015년 법무부 범죄 예방정책국장(검사장급)(현)

이상호(李相虎)

⊛1975 · 1 · 16 ⊜경북 포항 ㈜서울 서초구 서초중앙로157 서울고등법원 (02-530-1114) ⊜1993년 포항고졸 2000년 서울대 정치학과졸 ⊗1997년 사법시험 합격(39회) 2000년 사법연수원 수료(29기) 2000년 육군 법무관 2003년 수원지법 판사 2005년 서울중앙지법 판사 2007년 대구지법 경주지 원 판사 2011년 인천지법 판사 2011년 법원행정처 기획조정심의관 2013년 서울중앙지법 판사 2014년 서울고법 판사 2015년 부산지법 동부지원 부장 판사 2016년 서울고법 판사(현)

이상홍(李相鴻) LEE Sang Hong

⊛1955 · 8 · 13 ⊜경북 ㈜대전 유성구 유성대로1548 정 보통신기술진흥센터 센터장실(042-612-8000) ⊜경북 대 전자공학과졸, 연세대 산업대학원 전자계산학과졸, 정 보공학박사(성균관대) ⊗2003년 (주)KT 기술본부 기술 기획팀장 2003년 同서비스개발연구소장 2004년 同컨버 전스연구소장(상무보) 2005년 同사업개발부문 컨버전 스본부장(상무보) 2006년 同사업개발부문 서비스기획 본부장(상무보) 2006년 同신사업부문 인프라연구소장(상무) 2009년 同중앙 연구소장(전무) 2010년 同기술전략실장(전무) 2010년 同종합기술원 부원장 2012~2014년 (수)KT파워텔 대표이사 사장 2014년 정보통신산업진흥원 정 보통신기술진흥센터(IITP) 초대 센터장(현)

이상홍(李相鴻) LEE Sang Hong

⊛1957 · 1 · 27 ㈜광주 동구 필문대로365 조선대병원 원 장실(062-220-3000) ⊜조선대 의대졸, 同대학원졸, 의 학박사(원광대) ⊗1985~1989년 정형외과 수련의, 조선 대 의대 정형외과학교실 교수(현) 1989년 조선대병원 기 획실장 1991년 미국 Texas tech Univ. Hospital(USA) 고관절 분야 연수 1997년 미국 Washington Univ. Hospital 고관절 분야(인공 관절) 연수, 대한정형외과학 회 이사 및 학술상 심사위원 2015년 대한고관절학회 부회장 2015년 조선대병 원 원장(현) 2016년 대한고관절학회 회장(현) ⊗'고관절학 교과서(共)'(2015)

이상화(李相和 · 女) LEE Sang Hya

⊛1958 ⊜경북 경주 ㈜대구 달서구 화암로301 대구지 방국세청 조사2국(053-350-1200) ⊜근화여고졸 ⊗ 1977년 국세청 초임발령(9급 공채) 2005년 영덕세무서 징세조사과장(사무관) 2006년 경북 안동세무서 총무과 장 2009년 대구지방국세청 징세과장 2010년 同징세과 장(서기관) 2012년 同감사관 2013년 영덕세무서장 2014 년 안동세무서장 2014년 동대구세무서장 2015년 대구 지방국세청 조사2국장(서기관) 2016년 同조사2국장(부이사관)(현) ⊗모범공 무원표창(2005)

이상화(李相和) LEE Sang Hwa

⊛1959 · 10 · 5 ⊜경남 진주 ㈜서울 양천구 신정이펜1로 20 서울특별시 서남병원(02-6300-7505) ⊜1984년 연 세대 의과대학졸 1991년 同대학원 의학석사 1996년 의학 박사(연세대) ⊗1984~1987년 연세대 세브란스병원 가정 의학과교실 전공의 1990~1992년 同세브란스병원 가정의 학과교실 연구강사 1992~1993년 강동가톨릭병원 가정의 학과장 1993년 미국노인의학회 정회원(현) 1993~2002년 대한일차의료학회 학술이사 1993~2001년 이화여대 동대문병원 가정의학과 장 1998년 대한가정의학회 평의원 1998~2000년 同홍보이사 2001년 이화여 대 목동병원 가정의학과 교수(현) 2004~2005년 캐나다 Mcgill대 의과대학 노인병센터 교환교수 2004년 대한임상노인의학회 이사 2004년 대한가정의학 회 학술위원 2005년 이화여대 목동병원 가정의학과장 2005년 同가정의학교

실 주임교수 2006~2008년 대한임상노인의학회 학술이사 2010년 同기획이 사 2015년 이화여대운영 서울시 서남병원 진료부원장(현) 2016년 대한갱년기 학회 부회장(현) 2016년 대한임상노인의학회 감사(현)

이상화(李相和) Lee Sang-hwa

⊛1968 · 3 · 26 ⊜대구 ㈜서울 종로구 사직로8길60 외 교부 북핵외교기획단(02-2100-8045) ⊜선인고졸 1991 년 고려대 서문학과졸 ⊗1991년 외무고시 합격(25회) 1991년 외무부 입부 2000년 駐유엔 1등서기관 2003년 駐콜롬비아 참사관 2006년 제8대 유엔사무총장 인수팀 원 2007년 유엔사무총장 보좌관 2014년 외교부 상황실 장 겸 정책기획관실 업무지원 2015년 同장관정책보좌관 2016년 同북핵외교기획단장(현)

이상화(李相花 · 女) Lee Sang Hwa

⊛1989 · 2 · 25 ⊜서울 ㈜서울 마포구 상암산로34 디지털 큐브10층 스포츠토토빙상단(1588-4900) ⊜2007년 휘 경여고졸 2011년 한국체대졸 2011년 고려대 대학원 교 육학 석사과정 입학·재학 중 ⊗2001년 동계전국체전 여 자 초등부 500m 우승 2005년 세계스피드스케이팅선 수권대회 500m 동메달 2005년 세계주니어선수권대회 500m 우승 2006년 빙속월드컵대회 500m 우승 2006년 국제빙상경기연맹(ISU) 스피드스케이팅 월드컵4차대회 500m 금메달 2006 년 이탈리아 토리노동계올림픽 스피드스케이팅 국가대표 2007년 2018평창 동계올림픽유치위원회 홍보대사 2007년 동계유니버시아드 스피드스케이팅 500m 금메달 2007년 중국 창춘동계아시안게임 스피드스케이팅 500m 은메 달 2007년 국제빙상경기연맹(ISU) 스피드스케이팅 월드컵4차대회 500m 동 메달 2008년 국제빙상경기연맹(ISU) 스피드스케이팅 월드컵1차대회 500m 동메달·월드컵2차대회 500m 동메달·월드컵4차대회 500m 디비전A 1차 레 이스 은메달·월드컵4차대회 500m 디비전A 2차 레이스 동메달·월드컵4차 대회 500m 디비전A 2차 레이스 동메달·월드컵5차대회 500m 은메달 2009 년 제24회 중국 하얼빈동계유니버시아드대회 스피드스케이팅 500m 금메 달·100m 동메달 2009년 국제빙상경기연맹(ISU) 스피드스케이팅 세계종목 별선수권대회 500m 동메달 2009년 국제빙상경기연맹(ISU) 스피드스케이팅 월드컵4차대회 500m 은메달·월드컵5차대회 500m 동메달 2010년 국제빙상 경기연맹(ISU) 세계스프린트선수권대회 여자부 종합우승 2010년 캐나다 밴 쿠버동계올림픽 스피드스케이팅 500m 금메달 2010년 2010투르드코리아 홍 보대사 2010년 건강도시연맹 국제대회 홍보대사 2010년 2018평창동계올림픽 유치위원회 선수위원 2010년 G20 성공기원 스타서포터즈 2010년 국제빙상 경기연맹(ISU) 스피드스케이팅 월드컵4차대회 500m 금메달·월드컵5차대회 500m 금메달 2011년 제7회 카자흐스탄 아스타나-알마티동계아시안게임 스 피드스케이팅 500m 동메달 2011~2014년 서울시 소속 2011년 KB금융 스 피드스케이팅 챔피언십 500m·1000m 금메달 2012·2013·2016년 국제빙상경 기연맹(ISU) 스피드스케이팅 세계선수권대회 500m 금메달 2012년 동국대 의료원 홍보대사 2012년 국제빙상경기연맹(ISU) 스피드스케이팅 월드컵1차 대회 500m 디비전A 1차 레이스 금메달 2013년 국제빙상경기연맹(ISU) 스피 드스케이팅 월드컵1차대회·4차대회·5차대회·6차대회 500m 디비전A(1부리 그) 1·2차 레이스 우승(8연속 우승, 6차대회 2차 레이스에선 36초80으로 세 계신기록) 2013년 국제빙상경기연맹(ISU) 스피드스케이팅 월드컵시리즈 종합 우승(한국선수 최초) 2013년 서울시 희망서울홍보대사 2013년 캐나다 캘거리 '폴클래식' 스피드스케이팅대회 1000m 2차 레이스 우승(1분13초66-한국신 기록) 2013년 KB금융 제48회 전국남녀 종목별 스피드스케이팅 선수권대회 500m·1000m 금메달 2013년 국제빙상경기연맹(ISU) 스피드스케이팅 월드 컵1차대회 500m 디비전A 1차·2차 레이스 금메달(36초74-세계신기록)·월드 컵2차대회 500m 디비전A 1차·2차 레이스 금메달(36초57, 36초36-2회 연속 세계신기록)·월드컵3차대회 500m 디비전A 1차·2차 레이스 금메달(6연속 정 상) 2014년 기아자동차 홍보대사 2014년 러시아 소치동계올림픽 스피드스케 이팅 500m 금메달(올림픽 2연패·올림픽신기록 : 1분14초70) 2014년 2014인 천아시안게임 홍보대사 2014년 국제빙상경기연맹(ISU) 스피드스케이팅 월드 컵2차대회 500m 디비전A 1차 레이스 은메달·월드컵2차대회 500m 디비전A 2차 레이스 금메달 2014년 국제빙상경기연맹(ISU) 스피드스케이팅 월드컵4차 대회 500m 디비전A 1차 레이스 금메달·2차 레이스 동메달 2015년 국제빙상 경기연맹(ISU) 스피드스케이팅 월드컵 6차대회 500m 디비전A(1부 리그) 2차 레이스 은메달 2015년 국제빙상경기연맹(ISU) 스피드스케이팅 월드컵 1차대 회 여자 500m 디비전A(1부 리그) 1차 레이스 금메달 2015년 국제빙상경기연 맹(ISU) 스피드스케이팅 월드컵3차대회 여자 500m 우승 2016년 스포츠토토 빙상단 소속(현) 2016년 국제빙상경기연맹(ISU) 스피드스케이팅 세계종목별 선수권대회 여자 500m 우승 2016년 2018평창동계올림픽 홍보대사(현) 2016 년 제51회 전국남녀종목별스피드스케이팅선수권대회 여자 500m·1000m 우 승(2관왕) ⊗자황컵체육대상 여자최우수기록상(2005), 코카콜라체육대상 우 수선수상(2010), 대한민국 대표브랜드대상 특별상(2010), 윤곡여성체육대상 최우수선수(MVP)(2010), MBN 여성스포츠대상 1월의 MVP(2013), MBN 여

성스포츠대상 대상(2013), 소강체육대상 특별선수상(2014), 제19회 코카콜라 체육대상 최우수상(2014), 대한민국체육상 경기상(2014), 대한빙상경기연맹 2014~2015시즌 스피드스케이팅종목 최우수선수(2015)

이상환(李相煥) LEE Sang Hwan

㈜1955·1·28 ㈜서울 ㈜경기 과천시 홍촌말로44 중앙선거관리위원회(02-503-1114) ㈜1979년 연세대 정치외교학과졸 1983년 同대학원 정치외교학과졸 1988년 한국정신문화연구원 수학 2000년 연세대 대학원 정치학 박사과정 수료 ㈜1984년 한국정신문화연구원 근무 1985~1987년 광운대·이화여대 강사 1988~1998년 평민당·신민당·민주당·국민회의 전문위원 1990~1995년 국회 정책연구위원 1995년 국민회의 창당준비위원회 기획위원 1996년 同정책연구1실장 1998년 제15대 대통령직인수위원회 정책분과 전문위원 1998년 대통령 정무비서관 1998년 대통령 정무2비서관 2001년 대통령 정무기획비서관 2002~2005년 부패방지위원회 상임위원 2008년 민주당 기획조정위원장 2008년 통합민주당 총선기획단 부단장 2008년 민주당 정책위원회 부의장 2010년 진실화해를위한과거사정리위원회 상임위원 2011년 목원대 행정학과 객원교수 2013년 언론중재위원회 선거기사심의위원회 위원 2014년 중앙선거관리위원회 위원(현) ㈜근정포장 ㈜주요정치합의문서자료집 '지방자치법 이렇게 만들어졌다'

이상환(李相桓) Lee Sang-Hwan

㈜1963·1·5 ㈜함안(咸安) ㈜서울 ㈜서울 동대문구 이문로107 한국외국어대학교 정치외교학과(02-2173-3118) ㈜1985년 한국외국어대 정치외교학과졸 1987년 미국 미시간주립대 대학원 정치학과졸 1994년 정치학박사(미국 미시간주립대) ㈜1993년 International Studies Association 정회원(현) 1996~1997년 한국국제관계연구소 선임연구위원 1997~2000년 창원대 국제관계학과 전임강사·조교수 2000년 한국외국어대 정치외교학과 조교수·부교수·교수(현) 2002~2004년 同정치외교학과 학과장 2002~2016년 同외무고시반 지도교수 2003~2005년 민주평통 자문위원 2003년 한국정치학회 부회장·섭외이사·정치교과서특별위원장 2003년 한국국제정치학회 연구이사·출판이사·국제정치경제분과위원장 2003년 한국세계지역학회 총무이사·편집이사 2003년 외무·행정·사법고시 출제·채점·면접위원(현) 2003년 외교안보연구원(現국립외교원) 통합논술시험 출제위원(현) 2003년 법학적성시험(LEET) 출제위원(현) 2003년 대학수학능력시험 출제위원(현) 2003년 중등교사임용시험 출제·검토위원(현) 2003년 교과서 검정·연구위원(현) 2006~2007·2008~2010년 대통령실 자문위원 2007~2010년 한국외국어대 연구산학협력단장 2009년 대통령 외교안보수석비서관실 '대통령중앙아시아순방 관련 민간전략대화사절단' 단장 2009~2010년 서울동부지역산학단장협의회 회장 2009~2013년 통일부 정책자문위원 2010년 유엔한국협회 이사(현) 2011~2013년 한국외국어대 글로벌정치연구소장 2012~2016년 한국정치정보학회 회장 2012년 국제학술지 'International Area Studies Review' 부편집장(현) 2012년 국립외교원 설립 추진위원 2012~2014년 한국외국어대 학생복지처장 2012~2014년 한국연구재단 정치학분야 RB 2013~2014년 한국국제교류재단 글로벌시티즌십프로그램사업 주관교수 2013년 미국 미시간주립대 총동문회 부회장(현) 2013년 동아이지에듀 한국외국어대 외교스쿨 담당교수(현) 2014~2016년 한국외국어대 Language & Diplomacy 학부장 ㈜APSA Conference Grant Award(1994, American Political Science Association), Global Young Scholar Award(1994, Michigan State University), ISA Conference Grant Award(2002, International Studies Association), 한국외대 우수교원표창(2004·2005·2006·2007·2008) ㈜'현대 미국정치의 쟁점과 과제(共)'(1996, 전예원) '정치의 대전환 : 포스트모던 공동체와 결사체 민주주의(共)'(1997, 인간사랑) '21세기 국제관계연구의 쟁점과 과제(共)'(2002, 박영사) '동아시아 지역질서와 국제관계(共)'(2002, 도서출판 오름) '지역연구 : 영역, 대상, 전략(共)'(2002, 형설출판사) '가치변화에 따른 투표행태 : 1990년대 한국과 미국의 대통령선거에 대한 비교분석(共)'(2003, 집문당) '동북아 신질서 : 경제협력과 지역안보(共)'(2004, 백산서당) '현대국제정치의 이해(共)'(2004, 도서출판 오름) '동유럽의 민주화(共)'(2004, 한국외국어대 출판부) 'Globalization and Regionalism in East Central Europe and East Asia : Comparison(共)'(2004, Institute of Political Studies, Charles University in Prague) '국제질서의 패러독스(共)'(2005, 인간사랑) '정치학이란(共)'(2005, 인간사랑) '라틴아메리카의 민주주의 : 이행과 공고화(共)'(2006, 한국외국어대 출판부) 'Six Party Non-Governmental Dialogue in Northeast Asia(共)'(2006, Korean Association of International Relations) '현대정치학강의(共)'(2007, 명지사) '현대외교정책론(共)'(2007·2011, 명인문화사) '정치학 이해의 길잡이(共)'(2008, 법문사) '정치@영화(共)'(2008, 한국외국어대 출판부) '지구시민권과 지구 거버넌스(共)'(2009, 도서출판 오름) '미래 한일협력의 정치학(共)'(2009, 인간사랑) '한국외교정책 : 역사와 쟁점(

共)'(2010, 도서출판 사회평론) '현대정치의 쟁점(共)'(2011·2014, 인간사랑) '인간과 정치: 현대 정치학의 시각과 영역(共)'(2011, 명지사) 외 다수 ㈜'민주화의 이론과 사례 : 이상과 현실의 갈등(共)'(1999, 삼영사) '국제화와 국내정치(共)'(1999, 한울) '축구 세계인의 스포츠(共)'(2007, 인간사랑) '국제기구의 이해 : 글로벌거버넌스의 정치와 과정(共)'(2007·2011, 명인문화사) '헤게모니 이후(共)'(2012, 인간사랑) 외 다수 ㈜기독교

이상후(李相厚) LEE SANG HOO

㈜1958·4·25 ㈜경기 화성 ㈜경기 성남시 분당구 판교역로231 H스퀘어S동4층 알파돔시티 자산관리비서실(031-724-5900) ㈜1977년 유신고졸 1985년 인하대 토목공학과졸 2006년 경남대 대학원 북한학과졸 ㈜1985년 한국토지공사 입사 2009년 한국토지주택공사 남북협력처장 2010년 同녹색도시사업1처장 2012년 同건설기술부문장 2012년 同산업경제본부장 2012년 同하남사업본부장 2013년 同주거복지본부장(상임이사) 2014~2015년 同부사장 겸 주거복지본부장(상임이사) 2015년 알파돔시티자산관리(주) 대표이사(현)

이상훈(李相薰) LEE Sang Hoon (芝田)

㈜1933·6·26 ㈜경주(慶州) ㈜충북 청원 ㈜서울 영등포구 국회대로74길19 새로운한국을위한국민운동(02-412-1052) ㈜1951년 경기고졸 1955년 육군사관학교졸(11기) 1967년 미국 육군참모대학 수료 1985년 서울대 경영대학원 최고경영자과정 수료 ㈜1970년 韓·美1군단 정보참모 1971년 연대장 1973년 군단 작전참모 1974년 부사단장 1974년 수도군단 참모장 1976년 군사령부 작전참모 1978년 사단장 1980년 육군본부 작전참모부장 1981년 군단장 1983년 합동참모본부 의장 1983년 한·미연합사령부 부사령관 1985년 예편(육군 대장) 1986~1988년 국가안보회의 상근위원 겸 비상기획위원장 1988~1990년 국방부 장관 1992~1993년 한국야구위원회 총재 2000·2003~2006년 대한민국재향군인회 회장 2000~2006년 통일부 통일고문 2004년 대한민국민생치안단 총재 2006년 국가유공자문회 공동의장, 애국단체총협의회 회장, 同상임의장(현) 2010년 국기원 고문 2014년 새로운한국을위한국민운동 상임대표(현) ㈜화랑무공훈장(1968), 충무무공훈장(1969), 월남 은성십자용맹훈장(1969), 무공포장(1969), 보국훈장 삼일장(1973), 보국훈장 천수장(1975), 대통령표창(1979), 화랑무공훈장(1981), 미국 공로훈장(1982·1985), 보국훈장 통일장(1985), 5.16민족상(2005), 제6회 우남이승만애국상 단체부문(2013), 자랑스러운 충청인 특별대상 국방부문(2016) ㈜'오직 외길, 튼튼한 안보를 위해서' ㈜천주교

이상훈(李相勳) LEE Sang Hun

㈜1952·12·20 ㈜서울 ㈜서울 중구 을지로100 파인애비뉴빌딩 한솔제지 사장실(02-3287-6324) ㈜1971년 서울고졸 1975년 서울대 화학공학과졸 1987년 서강대 경영대학원졸 ㈜1978년 한국바스프(주) 입사 1984년 同화학약품부장 1987년 독일 Ludwigshafen 파견 1997년 한국바스프(주) 마케팅부문장 1998년 同화학·무역사업부문장(상무) 1999년 同화학·무역사업부문 총괄부사장 2000년 同화학·무역사업부문담당 사장 2001년 同독일지사장 2003~2007년 同화학 및 기능성제품사업부문담당 사장 2007년 태광산업(주) 경영관리총괄 부사장 2009년 同대표이사 부사장 2010~2012년 同대표이사 사장 2012년 한솔제지 대표이사 사장(현) 2014년 한국공학한림원 정회원(현) ㈜천주교

이상훈(李相勳) LEE Sang Hoon

㈜1954·10·17 ㈜경기 성남시 분당구 하오개로323 한국학중앙연구원 한국학대학원 문화예술학부(031-709-8121) ㈜1978년 고려대 문과대학 사학과졸 1984년 장로회신학대 신학대학원졸 1985년 미국 프린스턴신학교 대학원졸 1990년 철학박사(미국 드류대) ㈜1991~1996년 계명대 신학과 조교수·부교수 1996~2005년 한국정신문화연구원 한국학대학원 문화예술학부 부교수·교수 2005년 한국학중앙연구원 한국학대학원 문화예술학부 종교학과 교수(현) 2015년 同한국학대학원장 2016년 同부원장 ㈜'기독교의 이해'(1993, 계명대 출판부) '현대 사회와 기독교'(1997, 계명대 출판부) '한국개신교 주요교파연구'(1998, 한국정신문화연구원) '새로운 눈으로 읽는 현대한국신학'(1999, 한국정신문화연구원) '종교와 민족'(2001, 한국정신문화연구원) '종교갈등시대의 삶과 해석학'(2002, 땅에 쓰신 글씨) '지혜, 동서패러다임의 협연'(2002, 청계) '문화로 엿보는 그리스도, 예수로 바라보는 문화'(2003, 한국정신문화연구원) ㈜기독교와 고전문화'(1996, 한국장로교출판사)

이상훈(李尙勳) Sang-Hoon Lee

[생]1955·1·24 [출]서울 [주]대전 유성구 가정로218 한국전자통신연구원 원장실(042-860-6001) [학]1978년 서울대 공대 전기공학과졸 1982년 미국 Univ. of Pennsylvania 대학원 시스템공학과졸 1984년 시스템공학박사(미국 Univ. of Pennsylvania) [경]1984~1991년 미국 New Jersey Bellcore 연구원 1988~1990년 미국 Brooklyn Polytechnic대 객원교수 1991~1996년 KT 통신망연구소 책임연구원 1996~2000년 同통신망연구소장 2000년 IEEE(국제전기전자학회) Fellow·Fellow 심사위원(현) 2000~2003년 KT 연구개발본부장(전무) 2002~2003년 대한전자공학회 부회장 2002년 한국공학한림원 정회원(현) 2002~2014년 同이사 2003~2004년 KT 기간망본부장(전무) 겸 등기이사 2004~2005년 한국통신학회 부회장 2005년 KT Business Market본부장(전무) 겸 등기이사 2006년 同사업개발부문장(부사장) 2006~2011년 한국네트워크연구조합 회장 2007년 미국 Telcordia Visiting Executive 2008년 KT 연구위원(부사장) 2009년 同기업고객부문장(사장) 겸 등기이사 2009~2011년 사물통신포럼 의장 2010~2014년 한국공학한림원 이사 2010년 한국유비쿼터스도시협회 회장 2011~2012년 (주)KT 글로벌&엔터프라이즈부문장(사장) 2012년 한국RFID·USN융합협회 회장 2013~2014년 한양대 융합전자공학부 석좌교수 2014~2015년 한국과학기술원(KAIST) 경영대학 초빙교수 2015년 한국전자통신연구원(ETRI) 원장(현) [상]산업포장(2002) [종]기독교

이상훈(李相勳) LEE Sang Hoon

[생]1955·4·25 [출]경북 영천 [주]경기 수원시 영통구 삼성로129 삼성전자(주) 임원실(031-200-1114) [학]1974년 경북사대부고졸 1982년 경북대 경제학과졸 [경]1982년 삼성전자(주) 입사 1984~1990년 同통신관리과 담당과장 1990~1994년 삼성 비서실 경영관리1팀 담당차장 1994년 삼성전자 경영지원그룹 담당차장 1996년 同국제회계그룹장 1998년 同경영지원그룹장 1999년 同북미총괄 SEA법인 경영지원팀장 2001년 同북미총괄 경영지원팀장 2002년 同해외지원팀 담당임원 2004년 삼성 구조조정본부 재무팀 담당임원 2006~2008년 同전략기획실 전략지원팀 담당임원 2008년 삼성전자 사업지원팀장(부사장) 2010년 同사업지원팀장(사장) 2010년 삼성 미래전략실 전략1팀장(사장) 2012년 삼성전자(주) CE 및 IM부문 경영지원실장(사장)(현)

이상훈(李尙勳) LEE Sang Hoon

[생]1956·10·9 [본]함평(咸平) [출]광주 [주]서울 서초구 서초대로219 대법원 대법관실(02-3480-1123) [학]1974년 광주제일고졸 1978년 서울대 법대졸 1980년 同대학원 법학과졸 1988년 프랑스 국립사법관학교 수료 1991년 법학박사(서울대) [경]1977년 사법시험 합격(19회) 1980년 사법연수원 수료 1980년 육군 법무관 1983년 인천지법 판사 1985년 서울지법 동부지원 판사 1988년 마산지법 진주지원 판사 1989년 대구고법 판사 1990년 서울고법 판사 1993년 대법원 재판연구관 1993년 법원행정처 사법정책 연구심의관 1994년 광주지법 부장판사 1997년 사법연수원 교수 2000년 서울지법 부장판사 2001년 대전고법 부장판사 2003년 서울고법 부장판사 2006년 서울중앙지법 형사수석부장판사 2008년 제주지법원장 2009년 인천지법원장 2010년 법원행정처 차장 2011년 대법원 대법관(현) [종]천주교

이상훈(李相勳) Lee, Sanghoon

[생]1959 [출]경기 가평 [주]경기 화성시 봉담읍 시청로1311 사서함601-206-10 해병대사령부(031-227-7174) [학]1982년 해군사관학교졸(36기) 2001년 수원대 대학원 행정학과졸 2004년 국방대 대학원 안보정책과정 수료 2009년 중앙대 국제문제연구소 국내일반대학정책과정 연수 2010년 한세대 대학원 경찰학박사과정 수료 [경]2006년 해병대 1사단 7연대장 2006년 同작전참모처장 2010년 同6여단장 2010년 합참의장 비서실장 2012년 해병대 2사단장(소장) 2013년 同부사령관 2013년 국방부 국방전비태세검열단장 2015년 해병대사령관 겸 서북도서방위사령관(중장)(현) [상]합참의장의장표창(1994), 국방부장관표창(1996·1998), 대통령표창(2001) [역]'공감과 소통의 리더십'(2012) [종]기독교

이상훈(李相勳) LEE Sang Hun

[생]1959·11·3 [출]경남 함안 [주]서울 서초구 반포대로138 양진빌딩4층 법무법인 삼우(02-595-9300) [학]1978년 한성고졸 1985년 서울대 법대졸 1987년 同대학원 법학과 수료 1999년 미국 Duke대 로스쿨졸(LL.M.) [경]1987년 사법시험 합격(29회) 1990년 사법연수원 수료(19기) 1990년 서울지법 북부지원 판사 1992년 서울형사지법 판사 1994년 청주지법 판사 1997년 서울지법 서부지원 판사 1999년 서울가정법원 판사 2002년 서울고법 판사 2002~2004년 헌법재판소 파견 2005년 전주지법 군산지원 부장판사 2006년 同군산지원장 2007년 사법연수원 교수 2010년 서울중앙지법 부장판사 2011년 변호사 개업 2012년 법무법인 삼우 대표변호사(현)

ㅇ

이상훈(李相勛) Lee Sang-Hoon

[생]1959·11·17 [본]전의(全義) [출]서울 [주]세종특별자치시 도움6로11 국토교통부 부동산개발정책과(044-201-3434) [학]1978년 서울 보성고졸 1985년 프랑스 리옹2대 사회학과졸 1986년 同대학원 사회학과졸 2014년 연세대 대학원 도시공학 박사과정 수료 [경]1996년 건설교통부 입부(사무관) 1996~2005년 同건설경제과·해외건설과·국제항공과·국제협력과 사무관 2005~2008년 건설교통부 해외건설팀 서기관·알제리아제르바이잔팀장·중동플랜트팀장·국제항공팀장 2008년 국토해양부 국제협력과장·도시재생과장 2012년 同수도권정책과장 2013년 국토교통부 수도권정책과장 2015년 同신도시택지개발과장(부이사관) 2016년 同부동산개발정책과장(부이사관)(현)

이상훈(李相勳)

[생]1960·3·23 [주]울산 남구 번영로90의1 향사랑병원빌딩8층 교통안전공단 울산지사(052-256-9373) [학]경북고졸, 대구대졸, 同대학원졸(석사) [경]교통안전공단 감사팀장 2008년 同경기지사 연구교육처장 2009년 同경기지사 안전관리처장 2010년 同부산경남지사 안전지원처장 2011년 同대구경북지사 안전관리처장 2011년 同울산지사장 2013년 同대구경북지역본부 안전관리처장 2014년 同기획본부 전략기획실 창조혁신처장 2015년 同울산지사장(현)

이상훈(李尙勳)

[생]1960·12 [주]서울 영등포구 여의대로128 LG트윈타워 LG디스플레이(주)(02-3777-1114) [학]단국대 영어영문학과졸, 서울대 대학원(MBA) [경]LG디스플레이(주) TV영업·마케팅그룹장(상무) 2015년 同TV영업·마케팅그룹장(전무)(현)

이상훈(李尙勳) LEE Sang Hoon

[생]1960·12·12 [출]부산 [주]전북 전주시 덕진구 백제대로567 전북대학교 사회과학대학 신문방송학과(063-270-3876) [학]1980년 해동고졸 1985년 부산대 사회학과졸 1987년 프랑스 파리제5대 사회과학대학원 사회학과졸 1993년 사회학박사(프랑스 파리제5대) [경]1991~1993년 KBS 파리유럽총국 근무 1994~1996년 라마쥬프로덕션 기획이사 1996~1998년 한국방송개발원 선임연구원 1999년 한국방송진흥원 방송영상정보실 디지털아카이브팀장(선임연구원) 2001년 한국방송영상산업진흥원 방송영상정보실 디지털아카이브팀장 2002년 同영상산업인력기반구축센터 수석팀장, 同디지털영상정보팀장 2004년 同연구센터 2팀 근무 2004년 同외주전문채널설립추진TF팀장 겸임 2004년 전북대 사회과학대학 신문방송학과 교수(현) 2008~2009년 신문발전위원회 위원 2011년 방송통신발전기금운용심의회 방송·광고위원 2014년 호남언론학회 회장(현) 2014년 한국지역언론학회 회장 [저]'현대를 생각한다'

이상훈(李相薰) LEE Sang Hoon

[생]1961·8·30 [본]전의(全義) [출]전북 전주 [주]서울 동대문구 이문로107 한국외국어대학교 일본어대학 융합일본지역학부(02-2173-3187) [학]1987년 한국외국어대 정치외교학과졸 1990년 同대학원 동아시아지역연구학과졸 1999년 정치학박사(일본 오사카대) [경]1995~2004년 일본 오사카대 법학부 전임강사 2002~2004년 국민대 일본학연구소 책임연구원 2004~2008년 강릉대 일본학과 교수 2006년 한국외국어대 일본연구소 연구원 2006년 한국일어일문학회 재무이사 2007년 일본어문학회 이사 2008년 한국외국어대 일본학부 교수 2010년 同일본어대학 부학장 2014년 同일본어대학 융합일본지역학부 교수(현) 2014년 同일본연구소장(현) [저]'일본의 정치과정-국제화시대의 행정개혁'(2003) '일본형시스템 : 위기와 변화(共)'(2005) '정치학이란(共)'(2005) '日本政治 — 過去と現在の 対話 —(共)'(2005) '일본사회와 문화(共)'(2006)

이상훈(李相勳) LEE Sang Hoon

[생]1962 · 9 · 27 [본]벽진(碧珍) [출]서울 [주]경기 안양시 만안구 성결대학로53 성결대학교 예술대학 음악학부(031-467-8142) [학]1984년 서울대 음대졸 1987년 同대학원졸 1994년 독일 만하임국립음악대학원졸(오케스트라와 합창지휘 전공) [경]부천시립합창단 상임지휘자, 한국음악대 합창연합회 회장, 한국합창지휘자협회 이사, 한국교회음악협회 이사, 한국합창총연합회 이사, 성결대 예술대학 음악학부 지휘전공 부교수 · 교수(현) 2006년 同음악학부장 2007년 한국음악대학 합창연합회 회장 2008~2010년 전국시립합창단연합회 회장 2011~2014년 국립합창단 예술감독 2013년 한국합창총연합회 부이사장 2016년 한국합창지휘자협회 이사장(현) [역]'Helmuth Rilling의 Messiah의 이해와 연주'(2016) 'Mendelssohn의 오라토리오 Paulus'

이상훈(李相勳) Lee, Sang Hoon

[생]1963 · 6 · 10 [출]충북 청주 [주]서울 중구 세종대로124 서울신문 온라인뉴스국(02-2000-9821) [학]연세대 중어중문학과졸 [경]1999년 대한매일 편집팀 기자 2004년 서울신문 편집부 차장급 2008년 同편집부 차장 2008년 同편집국 편집1부 차장 2009년 同편집국 편집2부장 2010년 同편집국 편집1부장 2012년 同경영기획실 기획부장 2013년 同경영기획실 부국장급 2013년 同경영기획실 부실장 2014년 同경영기획실장 겸 기획부장 2015년 同편집국 부국장 겸 선임기자 2015년 同온라인뉴스국 부국장(현) [상]한국편집기자협회 한국편집상 레이아웃부문(2009)

이상훈(李相勳) Lee Sang Hoon

[생]1963 · 10 · 13 [출]대구 [주]대전 서구 청사로189 중소기업청 경영판로국(042-481-4302) [학]1982년 경북사대부고졸 1986년 한양대 행정학과졸 [경]1992년 행정고시 합격(36회) 2000년 중소기업청 기획관리관실 사무관 2001년 국무조정실 파견(서기관) 2004년 중소기업청 중소기업정책국 정책총괄과 서기관 2004년 同중소기업정책국 정책평가과장 2006년 同혁신인사기획팀장 2008년 同기획재정담당관(서기관) 2009년 同기획재정담당관(부이사관) 2010년 同기술혁신국 기술정책과장 2011년 同기술혁신국장(고위공무원) 2012년 중앙공무원교육원 교육파견 2013년 대구 · 경북지방중소기업청장 2014년 중소기업청 소상공인정책국장 2015년 고용 · 휴직 2016년 중소기업청 경영판로국장(현)

이상훈(李相勳)

[생]1964 · 7 · 15 [출]경북 성주 [주]대구 중구 서성로20 매일신문 편집국(053-255-5001) [학]1983년 대건고졸 1988년 고려대 법학과졸 [경]1988년 매일신문 정치부 · 경제부 · 사회1부 · 사회2부 기자 2000년 同경제부 차장대우 2001년 同경제부 차장 2002년 同경영기획팀장 2004년 同비서실장 2004년 同경제부장 2005년 同정치부장 2006년 同사회2부장 2008년 同편집국 부국장 2009년 同북부본부장 2010~2012년 同서울지사장 2011~2013년 한국신문협회 기조협의회 부회장 2012년 매일신문 편집국장(현) 2015년 국립대구과학관 비상임이사(현)

이상훈(李相勳) Sang-Hun Lee

[생]1966 · 8 · 21 [출]부산 [주]경기 과천시 관문로47 미래창조과학부 다자협력담당관실(02-2110-2330) [학]1984년 부산 브니엘고졸 1988년 서강대 정치외교학과졸 1992년 프랑스 스트라스부르대 정치학과졸 2009년 서강대 대학원 기술경제학과졸 [경]1998년 대통령비서실 행정관 2003년 정보통신부 기획관리실 행정관리담당관실 서기관 2004년 同국제협력관실 협력기획과 · 지역협력과 서기관 2006년 국제전기통신연합(ITU) 파견 2008년 방송통신위원회 이용자네트워크국 그린IT팀장 2009년 同네트워크정책국 네트워크정보보호팀장 2009년 同대변인실 공보팀장 2011년 同네트워크정보보호팀장 2012년 同국제기구협력담당관 2013년 미래창조과학부 다자협력담당관 2015년 아 · 태전기통신협의체(APT) 관리위원회 부의장(현) 2016년 미래창조과학부 다자협력담당관(부이사관)(현) [상]근정포장(2013)

이상훈(李相勳) Lee Sanghoon

[생]1967 · 7 · 8 [본]경주(慶州) [출]서울 [주]세종특별자치시 정부2청사로13 국민안전처 세종2청사1층 특수재난지원관실(044-205-6100) [학]1986년 성동고졸 1993년 한양대 전기공학과졸 2006년 미국 매사추세츠공과대(MIT) 대학원졸(MS) [경]기술고시 합격(28회) 1999년 정보통신부 정보화기획실 인터넷정책과 사무관 2001년 同정보화기획실 인터넷정책과 서기관 2001년 同정보통신정책국 산업기술과 서기관, 同정보통신협력국 협력기획과 서기관, 同중앙전파관리소 전파보호과장 2007년 同소프트웨어진흥단 소프트웨어기술혁신팀장 2008년 지식경제부 전기위원회 전기소비자보호과장 2008년 同소프트웨어산업과장 2009년 同소프트웨어정책과장 2009~2011년 유엔무역개발협의회(UNCTAD) 파견(서기관) 2011년 지식경제부 지식서비스과장 2013년 산업통상자원부 에너지절약정책과장(부이사관) 2013년 同에너지수요관리정책과장 2015년 국민안전처 특수재난실 특수재난지원관(고위공무원)(현)

이상훈(李相勳) Lee Sanghun

[생]1973 · 12 · 2 [출]경기 용인 [주]서울 성동구 마장로210 한국기원 홍보팀(02-3407-3870) [경]1989년 입단 1990년 2단 승단 1994년 3단 승단 1996년 4단 승단 1997년 5단 승단 1999년 6단 승단 2001년 7단 승단 2002년 KBS 바둑왕전 준우승 2004년 8단 승단 2005년 9단 승단(현) 2012년 티브로드 감독(현)

이상훈(李商熏)

[생]1974 · 8 · 1 [출]충남 당진 [주]광주 동구 준법로7의12 광주지방법원(062-239-1114) [학]1993년 서초고졸 1997년 서울대 사법학과졸 [경]1997년 사법시험 합격(39회) 2000년 사법연수원 수료(29기) 2000년 육군 법무관 2003년 서울지법 북부지원 판사 2004년 서울북부지원 판사 2005년 서울중앙지법 판사 2007년 제주지법 판사 2011년 수원지법 판사 2013년 대법원 재판연구관 2016년 광주지법 부장판사(현)

이상휘(李相輝) Lee Sang Hwi

[생]1963 · 10 · 6 [출]경북 포항 [주]경북 경주시 강동면 동해대로261 위덕대학교 부총장실(054-760-1007) [학]포항수산고졸, 용인대졸, 성균관대 대학원 박사과정 수료 [경]1987~2000년 동방그룹 비서실 차장 1997년 (주)PIB Korea 창립 2000~2002년 내외경제신문 차장 2002년 ABS농어민방송 홍보마케팅국장 2006년 오세훈 서울시장 민원비서관 2007년 이명박 대통령당선인비서실 전략일정담당 2008년 대통령 인사비서관실 선임행정관 2009년 대통령실 춘추관장 2010~2011년 대통령 홍보기획비서관, 데일리안 정치부 선임기자 2014년 同공동대표 2015년 위덕대 부총장(현) 2016년 새누리당 서울동작구甲당원협의회 운영위원장(현) 2016년 제20대 국회의원선거 출마(서울 동작구甲, 새누리당) 2016년 새누리당 원외대변인(현) [상]자랑스런 해고인상(2010) [저]'나는 마지막 희망을 사람에게 걸었다'(2001) '기업의 정보팀과 PR활동'(2003) '반탱이와 낡은 자전거'(2006) '포스트 이미지리더십'(2007) '새벽, 용기를 얻다'(2011, 에이지21) '새벽, 용기를 얻다 두번째 이야기'(2011)

이상휘(李相徽) LEE Sang Hui

[생]1968 · 7 · 1 [출]서울 [주]서울 중구 통일로2길16 AIA-Tower AIA생명보험 비서실(02-3707-4761) [학]미국 콜로라도대 볼더교 분자생물학과졸, 미국 국제경영대학원(American Graduate School of International Management)졸(MBA) [경]1992~1994년 알리코(ALICO) 일본지사 경영관리 담당 1994년 AIG투자신탁 홍콩지사 투자애널리스트 · 수석관리자 1996년 同홍콩지사 · 한국지사 전무 2000~2003년 同한국지사 대표이사 2003년 AIG생명보험 전무 겸 최고재무경영자(CFO) 2006년 同부사장 겸 최고재무책임자(CFO) 2007년 同사장 2009~2011년 AIA생명보험 사장 2011년 同태국지사 최고재무책임자(CFO)(현)

이상흔(李相欣) LEE Sang Heun (厚州)

[생]1948 · 12 · 5 [본]경주(慶州) [출]대구 [주]대구 달서구 월곡로60 대구보훈병원 원장실(053-630-7001) [학]1967년 경북고졸 1973년 경북대 의대졸 1977년 同대학원졸 1986년 의학박사(전북대) [경]1973~1978년 경북대 부속병원 레지던트 1981~1982년 마산파티마병원 이비인후과장 1982~1990년 경북대 의대 전임강사 · 조교수 · 부교수 1984~1985년 미국 Iowa대 Fellow 1986~1987년 일본 교토대 공동연구원 1991~2006년 경북대 의대 이비인후과 교수 1996~1998년 경북대병원 교육연구실장 1998~1999년 同기획조정실장 1999~2003년 同의학연구소장 2000~2002년 대한청각학회 회장 2000~2005년 경북대 의대 이비인후과 주임교수 2002~2003년 대한이비인후과학회 회장 2005년 경북대병원장 2006~2014년 경북대 의학전문대학원 이비인후과학교실 교수 2007년 대구경북병원협회 회장 2010년 경북대 의무부총장 2013년 대구보훈병원 원장(현) [상]대한적십자사 봉사상, 대한이비인후과학회 공로상, 호주 인공와우수술관련 감사패, 옥조근정훈장(2014) [종]가톨릭

이상희(李相熙) LEE Sang Hee

[생]1932·1·8 [본]합천(陜川) [출]경북 성주 [주]경북 경산시 진량읍 대구대로201 대구대학교 교무팀(053-850-5111) [학]1953년 성주고졸 1957년 고려대 법학과졸 1963년 경북대 대학원졸 [경]1969년 진주시장 1971~1975년 내무부 세정과장·재정과장 1975년 同재정담당관 1976~1978년 전북도 부지사·경남도 부지사 1978~1980년 내무부 지방재정국장·지방행정국장 1980년 同기획관리실장 1981년 산림청장 1982년 대구시장 1985년 경북도지사 1986년 내무부 차관 1987~1988년 同장관 1988년 한국수자원공사 사장 1989년 한국토지개발공사 사장 1990~1991년 건설부 장관 2000~2003년 영광학원(대구대 유지재단) 재단이사장 2000년 우리식물살리기운동 이사장 2012~2014년 학교법인 영광학원(대구대) 이사장 2014년 대구대 석좌교수(현) [상]올해의 애서가상(1987), 청조근정훈장(1988), 대통령표창 [저]'지방세 개론' '지방재정론' '波臣의 눈물'(1997) '꽃으로 보는 한국문화'(1998) '우리꽃 문화 답사기' '매화' '오늘도 걷는다마는'(2003) '술-한국의 술 문화'(2009, 썬출판사)

이상희(李祥羲) RHEE Shang Hi (陽江)

[생]1938·9·1 [본]고성(固城) [출]경북 청도 [주]서울 강남구 개포로619 서울강남우체국빌딩11층 (사)녹색삶지식경제연구원(02-508-2384) [학]1966년 서울대 약학과졸 1973년 약학박사(서울대) 1976년 미국 조지타운대 로스쿨 수료 1978년 서울대 경영대학원 최고경영자과정 수료 1978년 同행정대학원 발전정책연구과정 수료 2000년 고려대 컴퓨터과학기술대학원 최고위정보통신과정 수료 2001년 同언론대학원 최고위언론과정 수료 2001년 명예 경제학박사(부경대) [경]1966년 동아제약 입사 1973년 변리사자격 취득 1974년 특허협회 전문위원 1976년 대한상공회의소 상담역 1980년 동아제약 상무이사 1981년 제11대 국회의원(전국구, 민주정의당) 1981년 한국과학기술원 대우교수 1982~1994년 발명특허협회 고문 1982년 민주정의당(민정당) 정책연구소 당이념제3연구실장 1985년 同정책조정실 부실장·정책위원회 부의장·2천년대국가발전연구특별위원회 위원장 1985년 제12대 국회의원(전국구, 민정당) 1985년 녹색삶기술경제연구원 이사장 1988년 민정당 부산진甲지구당 위원장 1988년 同국책연구소 부소장 겸 정책연구실장 1988년 부산사회체육센터 회장·이사장 1988~1989년 과학기술처 장관 1990년 한국우주소년단 총재 1990년 제철학원 부이사장 1990년 기계연구소 이사장 1991년 과학기술진흥재단 이사장 1991년 한국영재학회 회장 1993~1996년 국가과학기술자문회의 위원장 1994년 민자당 국책자문위원회 교육문화분과 위원장 1994년 한국발명진흥회 회장·명예회장(현) 1994년 영상산업발전민간협의회 회장 1995년 중국 칭화대 객좌교수 1996년 제15대 국회의원(부산 南甲, 신한국당·한나라당) 1997년 전국검정고시총동문회 회장 1998년 한나라당 정책위원회 의장 2000~2004년 제16대 국회의원(전국구, 한나라당) 2000~2001년 국회 과학기술정보통신위원장 2001년 한국범선진흥협회 회장 2001년 한국유러닝연합회 회장(현) 2002년 한국과학발명영재단 초대이사장 2004~2006년 대한변리사회 회장 2004년 러시아 모스크바대 객원교수 2004년 지식재산포럼 공동대표(현) 2005년 세계사회체육연맹(TAFISA) 회장 2006년 중소기업중앙회 자문변리사 2008년 대한변리사회 회장 2008년 가천의과학대 석좌교수 2009~2011년 국립과천과학관장 2010년 부경대 석좌교수(현) 2010년 GTX(수도권광역급행철도)포럼 공동대표 2012년 대한변리사회 고문(현) 2012년 (사)녹색삶지식경제연구원 이사장(현) 2012년 (사)한국클라우드센트럴파크협회 회장(현) 2013년 세계한인지식재산전문가협회(WIPA) 회장(현) 2015년 대한민국헌정회 정책연구위원회 의장(현), 한국의과학연구원 원장(현), 한국BI기술사업화협회 회장(현), LED산업포럼 위원장(현), 한국영재학회 명예회장(현) [상]청조근정훈장(1990), 미국 스포츠아카데미 아이젠하워 피트니스 어워드(2009), 대한인터넷신문협회 INAK(Internet Newspaper Association of Korea) 과학기여상(2015) [저]'유전공학육성정책'(英文) '첨단사회의 이상향' '한국항공우주산업 기술개발을 위한 정책연구' '대체에너지 개발촉진을 위한 관계법제도연구' '생명공학 육성을 위한 국가정책방향' 'IQ100 천재, IQ150의 바보' '돈방석대학생 발명과 창업으로 뛴다' '돈방석주부 발명과 창업으로 뛴다' '어머니를 위한 영재 뇌 자연발육법'(共) '과학원 괴짜들 특허전쟁에 뛰어들다' '이제 미래를 이야기 합시다' '21세기 대통령감이 읽어야 할 책'(編) '발명왕에 도전하기' '부산이 살아야 한국이 산다' [역]'창조성과 정신' [종]기독교

이상희(李相憙) LEE Sang Hee

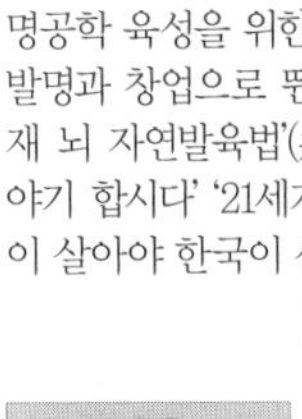

[생]1945·8·12 [출]강원 원주 [주]서울 용산구 한강로2가 64 (사)한국국가전략연구원(02-798-9555) [학]1964년 경기고졸 1970년 육군사관학교졸(26기) 1974년 서울대 문리대과대학 사회학과졸 [경]1970~1972년 보병 소위 임관 1990~1991년 제9사단 29연대장 1991~1992년 합동참모본부 전략기획본부 군사전략과장 1992~1994년 대통령 국방정책비서관 1994~1995년 미국 메릴랜드대 국제분쟁연구소 연수 1995년 육군본부 전력기획참모부 전력계획처장 1995년 同전력계획처장 1996년 제30기계화보병사단장 1998년 국방부 정책기획국장 1999년 제5군단장 2001년 합동참모본부 전략기획본부장 2002년 同작전본부장 2003년 제3야전군사령관(대장) 2005~2006년 합참의장(대장) 2007년 미국 브루킹스연구소 연수 2008~2009년 국방부 장관 2012~2015년 한국전략문제연구소 소장 2015년 한국국가전략연구원 원장(현) [상]대통령표창, 보국훈장 삼일장·천수장·국선장, 미국 공로훈장, 터키 훈장

이상희(李相喜) LEE Sang Hui

[생]1959·6·25 [출]경기 김포 [주]경기 수원시 팔달구 효원로1 경기도의회(031-8008-7000) [학]2010년 안산공과대학 사회복지과졸, 경기대 정치전문대학원 정치법학과 재학 중 [경]국민생활체육 시흥시축구연합회장, 전국아파트연합회 시흥시지회장, 카네기시흥CEO클럽총동문회 회장, (사)한국환경장애연구협회 시흥지회 운영위원장, 서해고·송운중 운영위원, 스페인 까딸루냐주의원친선연맹 회장, 서울대국제캠퍼스유치위원회 부위원장, 시흥시 충청향우회 자문위원(현), 시흥시 해병전우회 회원(현), 시흥초 운영위원 2006년 경기도의원선거 출마(열린우리당) 2010년 경기도의회 의원(민주당·민주통합당·민주당·새정치민주연합) 2010년 同행정자치위원회 위원, 同예산결산특별위원회 위원, 同민생대책특별위원회 위원, 同중소기업지속발전특별위원회 위원, 同무상급식혁신학교특별위원회 위원 2012년 同교육위원회 간사 2012년 同친환경농산물유통체제 및 혁신학교개선추진특별위원회 위원장 2014년 경기도의회 의원(새정치민주연합·더불어민주당)(현) 2014년 同여성가족교육협력위원회 위원 2016년 同운영위원회 위원(현) 2016년 同문화체육관광위원회 위원(현) 2016년 同윤리특별위원회 위원(현) [종]천주교

이상희(李尙憙) LEE Sang Hee

[생]1959·7·1 [출]서울 [주]서울 서초구 서초대로51길 14 로펌애비뉴빌딩407호 이상희법률사무소(02-595-9491) [학]1975년 배재중졸 1978년 한영고졸 1982년 건국대 법학과졸 1984년 同대학원 공법학과졸 1991년 헌법학박사(건국대) [경]1984년 軍법무관 임용시험 합격 1990년 수도방위사령부 검찰부장 1993년 국방부 고등軍판사 1995년 변호사 개업 2001년 대한민국재향군인회 법률구조 고문변호사 2005년 국무총리소속 특수임무수행자보상심의위원회 위원, 서울지방변호사회 광고심의위원장 2009년 대한변호사협회 교육위원 2010년 근로복지공단 고문변호사(현) 2013년 서울중앙지법 조정위원(현) 2013년 전국종합주류도매업중앙회 고문변호사(현) 2013년 변호사 개업(현) [저]'한국헌법재판과정의 연구'

이상희(李相喜) LEE Sang Hee (謙誠)

[생]1960·9·30 [본]경주(慶州) [출]충북 영동 [주]경기 용인시 처인구 명지로116 명지대학교 자연과학대학 생명과학정보학부(031-330-6195) [학]1980년 용산고졸 1988년 서울대 미생물학과졸 1990년 同대학원졸 1993년 이학박사(서울대) [경]1990년 유전공학연구소 연구조교 1993~1995년 미국 Univ. of Wisconsin-Madison Post-Doc. 1995~1998년 영동공과대 전임강사·조교수 1998~2001년 영동대 유전공학과 조교수 2000년 중소기업청 자문위원 2001년 미국 미생물학회 정회원(현) 2001~2003년 영동대 유전공학과 부교수 2002년 미국 세계인명사전 Marquis Who's Who에 연속 등재 2002~2005년 (주)리앤조바이오텍 R&D연구소장 2003년 한국과학기술기획평가원 평가위원(현) 2003년 명지대 자연과학대학 생명과학정보학부 교수(현) 2003년 영국 응용미생물학회지 논문심사위원(현) 2004년 영국 캠브리지 국제전기센터(IBC) '21세기 우수과학자 2000인'에 선정 2004년 한국산업기술평가원 평가위원(현) 2005년 영국 캠브리지 국제전기센터(IBC) 부이사장(현) 2005년 미국 아카데미저널 편집위원장(현) 2005년 오보바이오(주) R&D연구소장(현) 2006년 미국 Recent Patents on Anti-infective Drug Discovery 편집자(현) 2006년 미국 Research Journal of Microbiology 편집위원장(현) 2006년 The World Congress of Arts Sciences and Communications 부대표 2008년 서울대동창회 이사(현) 2008년 유전자변형생물체 보건안전 전문가(현) 2008년 미국 The Open Pharmacology Journal 편집자(현) 2009년 영국 의학전문학술지 The Lancet 논문심사위원(현) 2009년 한국미생물학회 감사 2009년 프랑스 French National Research Agency 평가위원(현) 2011년 국가지정연구실(도약연구) 책임자(현) 2013년 영국 타임지 세계대학순위평가위원(현) [상]부총리 겸 교육인적자원부장관표창(2003), 미국 Outstanding Professional Award(2004), 영국 Lifetime Achievement Award(2004), 명지대 최우수연구상(2006·2007), 보건산업진흥유공자 우수상(2006), 영국 IBC 선정 Top Two Hundred(2007), JM 우수논문상(2008), 영국 The Final Honours List(2010), 한국교육대상(2011), 한국을 이끄는 혁신리더(2011) [저]'중합효소연쇄반응

및 DNA 서열분석에 유용한 생명정보학'(2004) 'Emerging non-metallo-carbapenemases in multiresistant Gram-negative aerobes'(2005) 'Practical Methods for General and Molecular Microbiology(共)'(2005) 'Characterization of beta-lactam-resistant genes from a metagenomic library of cold-seep sediments in deep-sea'(2006) 'Characterization and molecular epidemiology of Enterobacter cloacae clinical isolates producing extended-spectrum beta-lactamases'(2009) 'Handbook of Molecular Microbial Ecology II: Metagenomics in Different Habitats(共)'(2011) 종천주교

이상희(李尙熺) LEE Sang Hee

생1961 · 2 · 16 출대구 주경남 김해시 삼계로208 가야대학교 이사장실(055-330-1010) 학1979년 대구 계성고졸 1983년 경북대 정치학과졸 1985년 同대학원졸 1991년 정치학박사(경북대) 경1989~1991년 부산외국어대 조교수 1992년 가야대 정치학과 교수 2001년 同부총장, 同행정대학원장 2006~2015년 同총장 2010~2011년 부산 · 울산 · 경남 · 제주지역대학교총장협의회 회장 2015년 가야대 이사장(현)

이상희(李象熙) Lee Sanghee

생1964 · 12 · 9 출충남 주세종특별자치시 도움4로13 보건복지부 요양보험운영과(044-202-3510) 학1983년 대전 대성고졸 1990년 성균관대 사회학과졸 2014년 인제대 대학원 보건경영학과졸 경2006년 서기관 승진 2010년 보건복지부 연금정책국 연금급여팀장 2011년 同노인지원과장 2011년 同기초노령연금과장 2012년 국방대 파견 2013년 보건복지부 장애인서비스과장 2014년 고용노동부 장애인고용과장 2015년 보건복지부 요양보험운영과장(현) 상대통령표창(2006)

이상희(李尙熙) Lee, Sang-hee

주세종특별자치시 도움5로20 법제처 사회문화법제국(044-200-6670) 학1981년 진주고졸 1988년 부산대 정치외교학과졸 1994년 서울대 행정대학원 행정학과졸 2008년 법학박사(성균관대) 경1992년 행정고시 합격(36회) 1994년 법제처 법제조사과 사무관 1996년 同사회문화법제국 사무관 1999년 同법제기획담당관실 사무관 2002년 同행정관리담당관(서기관) 2004년 해외 교육훈련 2006년 법제처 정책홍보관리실 법제정보협력담당관 2008년 同행정법제국 법제관 2009년 同기획조정관실 국민불편법령개폐팀장 2011년 同기획조정관실 국민불편법령개폐팀장(부이사관) 2011년 대통령 정무수석비서관실 파견 2014년 법제처 행정법제국 법제심의관(고위공무원) 2015년 同법령해석정보국 법령정보정책관 2016년 同사회문화법제국장(현)

이생강(李生剛) LEE Saeng Kang (竹鄕 · 竹香)

생1937 · 3 · 16 본경주(慶州) 출일본 도쿄 주서울 종로구 돈화문로80의1 태일빌딩3층 죽향 이생강전수관(02-762-5244) 학1958년 북부산고졸 경1942~1960년 이수덕 · 지영희 · 전추산 · 오진석 · 방태진 · 이충선 · 한일섭 · 임동선 선생께(피리 · 단소 · 퉁소 · 소금 · 태평소 · 대금) 사사 1947~1962년 한주환 선생께 대금산조 사사 1960년부터 프랑스 파리 · 아프리카 · 유럽 · 중동 · 동남아시아 · 미국 등 국내외 약 6천여회 공연 1970년 청도종합민속예술학원 설립 1988년 중앙대 음대 강사 1988년 88올림픽 폐회식 대금연주 1992년 중요무형문화재 제45호 대금산조 예능보유자 후보 1996년 세계피리축제 한국대표 공연 1996년 중요무형문화재 제45호 대금산조 보유자 지정(현), (사)한국국악협회 부이사장, 한국종합예술학교 강사, 서울국악예술중 · 고 강사, 한국종합예술민속악학원 원장, 중앙대 국악대학 강사 2006년 (사)죽향대금산조 원형보존회 이사장(현) 2011년 (사)국가무형문화재 기 · 예능협회 부이사장(현) 상진주개천 예술제 국악부 특상(1958), 문화공보부장관표창(1968), TBC 명인대상(1970), 국민훈장 목련장(1973), 전주대사습 장원(1978), 문화예술진흥원장표창(1983), 신라문화예술제 대통령표창(1984), KBS 방송대상(1984 · 1987), 한국국악협회 공로상(1990), 서울시 자랑스런 시민상(1994), 한국예술문화단체총연합회 예술문화대상(1995), 대한민국 국민상 예술부문(1997), 한국예술실연자단체연합회 국악대상(2001), 제19회 한국국악대상(2002), 한국예술실연자단체연합회 대상(2004), 방일영국악상(2005) 전'단소교본' '대금교본' '민속악단소교본 · 대금교본' '일흔살의 피리부는 소년(구술)' 역'희망가' '전통무용음악곡 전집' '창작무용음악 전집' '전통관악기 산조' '단소산조' '대금산조' '피리산조' '퉁소산조' '태평소' '시나위' '소금' '강원풍류' 종불교

이서구(李瑞九) RHEE Sue Goo

생1943 · 6 · 6 출서울 주서울 서대문구 연세로50 연세대학교 의과대학 의생명과학부(02-2228-0600) 학1965년 서울대 물리대학 화학과졸 1972년 이학박사(미국 아메리카가톨릭대) 경'세포 노화를 일으키는 활성산소 연구' 분야 세계 최고의 권위자 1973년 미국 국립보건원(NIH) Post-Doc. 1979~1988년 미국선임생화학자 1988년 同세포신호전달연구실장 1996년 同Senior Biomedical Research Service 1997~2005년 이화여대 생물학과 석좌교수 1997~2005년 同대학원 분자생명과학부 교수 2004년 同세포신호전달연구센터 책임연구원 2005년 同대학원 생명 · 약학부 석좌교수 2005년 同분자생명과학기술원장 2006년 과학기술부 선정 '제1호 국가과학자' 2007~2013년 이화여대 이화학술원 석좌교수 2013년 연세대 의과대학 의생명과학부 석좌교수(현) 2015년 기초과학연구원 이사장(현) 상미국 국립보건원(NIH) 최우수 연구자상, 미국 과학정보연구소(ISI) 과학기술분야 최다 피인용 논문저자 선정, 호암상, 국제활성산소생물의학회(SFRBM) 디스커버리상(SFRBM Discovery Awards)(2005), 과학기술훈장 웅비장(2006), 이화학술상(2011) 전'Regulation of glutamine synthetase activity and the repression of its biosynthesis E. coli are mediated by two nucleotidylation/denucleotidylation cycles.In Dynamics of Soluble and Immobilized Enzymes(P.B.Chock. L. Tsou and C.Y Hunag, eds), Springer-Verlag, Amsterdam, pp. 136 145'(1987) 외 다수

이서례(李瑞禮 · 女) LEE Suh Rae

생1935 · 2 · 25 출전남 나주 주서울 중구 퇴계로190 매일경제신문 감사실(02-2000-2127) 학1951년 광주여중졸 1983년 고려대 경영대학원 수료 경1964년 홍진향료 대표이사 1966년 매일경제신문 감사(현) 1970~1975년 삼정공업사 대표 1977년 고려연초가공 감사 1981년 정진기언론문화재단 이사장 · 명예이사장(현) 1996년 서울적십자사 여성봉사특별자문위원(현) 2008년 同상임위원(현) 상박애장금장 종불교

이서항(李瑞恒) Lee Seo-hang

생1951 · 2 · 9 출경북 문경 주서울 마포구 월드컵북로5길59 우양빌딩 한국해양전략연구소 소장실(02-333-2536) 학1969년 서울사대부고졸 1973년 서울대 정치학과졸 1976년 同대학원 정치학과졸 1984년 국제정치학박사(미국 켄트주립대) 경1986년 한국과학기술원 해양연구소 선임연구원 1989년 외무부 입부 1989년 외교안보연구원 국제경제연구부 조교수 1993년 同안보통일연구부 부교수 1994년 同안보통일연구부장 직대 1995~1997년 영국 국제전략문제연구소 집행위원 1995년 한국해로연구회 운영위원장 1996년 아 · 태안보협력이사회(CSCAP) 한국위원회 위원장 1998년 외교안보연구원 안보통일연구부 부교수 2001년 同안보통일연구부 교수 2004년 同연구실장 2005~2006년 남극해양생물보존협약(CCAMLR) 총회 의장 2008년 외교안보연구원 안보통일연구부 교수 2010~2012년 駐뭄바이 총영사 2013년 단국대 우석한국영토연구소장 2014년 국제전기통신연합(ITU) 전권회의(Plenipotentiary Conference) 의장분야 자문위원 2015년 한국해양전략연구소 소장(현) 전'동북아의 평화와 안정' 종천주교

이서행(李瑞行) LEE Seo Hyeng (思岩)

생1947 · 3 · 6 본함평(咸平) 출전북 고창 주경기 성남시 분당구 하오개로323 한국학중앙연구원 사회과학부(031-709-8325) 학1967년 대신고졸 1971년 동국대 철학과졸 1978년 同대학원 안보행정학과졸 1984년 同대학원 한국철학과졸 1987년 종교철학박사(미국 트리니티대) 1988년 행정학박사(단국대) 경1975~1982년 숭의여전 교수 1981~1995년 국민윤리학회 부회장 · 회장 1981년 민주평통 상임위원 1982~2005년 한국정신문화연구원 교수 1986년 미국 Delaware대 교환교수 1992년 민족통일문화연구소 이사장 1993년 한국정신문화연구원 편찬부장 1996~1998년 同기획처장 2000년 同민족통일문화연구소장 2001년 북한연구학회 편집위원장 2002~2004년 同부회장 2002년 대학통일문제연구소 부회장 2004~2008년 세계평화연구학회 회장 2005년 한민족공동체연구소 소장 2005~2012년 한국학중앙연구원 사회과학부 윤리학과 교수 2008~2011년 同부원장 2009년 세계평화연구학회 상임고문 2012년 한국학중앙연구원 사회과학부 명예교수(현) 상국민훈장 석류장(1985), 대통령표창(1994), 국민훈장 동백장(2001), 홍조근정훈장(2012) 전'분단시대의 북한상황' '현대사상과 체제비교론' '한국 · 한국인 · 한국정신' '현대정치 이데올로기총론' '청백리정신과 공직윤리' '현대한국사회의 윤리적 쟁점' '공산주의 이데올로기의 허와 실' '돈과 정치' '예악교화사상과 한국의 윤리적과제' '앎과 삶에 대한 윤리학적 성찰' '민족정기의 선양과 국가발전' '21세기를 대비한 직업과

직업윤리' '현대한국이념논쟁사연구' '공직과 윤리규범 및 국민의식개선연구' '청백리정신과 감사인' '새로운 북한학' '한국윤리문화사' '한반도통일론과 통일윤리' '고지도와 사진으로 본 백두산' [역]'돈과 정치' '멜사스의 인구론'

이서현(李叙顯 · 女) LEE Seo Hyun

[생]1973 · 9 · 20 [본]경주(慶州) [출]서울 [주]서울 강남구 남부순환로2806 삼성물산(주) 임원실(070-7130-9114) [학]1992년 서울예고졸 1997년 미국 파슨스디자인학교졸 [경]2002년 제일모직 패션연구소 부장 2004년 同패션부문 기획팀 부장 2005년 同패션부문 기획담당 상무 2009년 同패션부문 기획담당 전무 2010년 미국 패션디자이너협회(CFDA) 위원(현) 2010~2013년 제일모직 패션부문 경영전략담당 부사장 2011년 제일기획 경영전략담당 부사장 2013년 제일모직 패션부문 경영기획담당 부사장 2013년 삼성에버랜드 패션부문 경영기획담당 사장 2013~2015년 제일기획 경영전략담당 사장 2014년 제일모직 패션부문 경영기획담당 사장 2015년 삼성물산(주) 패션부문 경영기획담당 사장 2015년 同패션부문장(사장)(현)

이 석(李 碩) LEE Suk

[생]1961 · 12 · 11 [주]부산 금정구 부산대학로63번길2 부산대학교 기계공학부(051-510-2320) [학]1984년 서울대 기계공학과졸 1985년 미국 펜실베이니아주립대 대학원졸 1990년 기계공학박사(미국 펜실베이니아주립대) [경]1990~1993년 미국 신시네티대 조교수 1993~2004년 부산대 기계공학부 전임강사 · 조교수 · 부교수 2004년 同기계공학부 교수(현), 同기계공학연구정보센터장(현) 2007년 (주)바텍 차세대의료기술연구센터장 2016년 부산대 공과대학장 · 산업대학원장 · 환경대학원장 겸임(현)

이석구(李奭九) LEE Suk Koo

[생]1954 · 10 · 17 [본]양성(陽城) [출]경남 진해 [주]서울 강남구 일원로81 삼성서울병원 소아외과(02-3410-3464) [학]1975년 서울대 의예과 수료 1979년 同의대졸 1984년 同대학원졸 1990년 의학박사(가톨릭대) [경]1979~1984년 서울대병원 인턴 · 레지던트 1984~1987년 육군 군의관(대위 예편) 1987~1989년 서울대병원 소아외과 전임의 1989~1991년 한림대 의대 일반외과 조교수 1991~1994년 미국 하버드대 의대 외과 전임의 1994년 삼성서울병원 외과 전문의(현) 1995~1996년 미국 Johns Hopkins의대 이식외과 연수 1997~2002년 성균관대 의과대학 외과학교실 부교수 1999~2009년 삼성서울병원 소아외과장 1999~2005년 同임상시험센터장 1999년 同IRB위원장(현) 2001~2009년 同장기이식센터장 2002년 성균관대 의과대학 외과학교실 교수(현) 2002년 대한이식학회 상임이사(현) 2002~2007년 대한임상연구심의기구협의회 부회장 2003~2004년 식품의약품안전청 중앙약사심의위원회 소분과위원회 위원 2005~2009년 KONOS(국립장기이식관리센터) 간이식분과위원회 위원 2005~2008년 건강보험심사평가원 중앙심사위원회 위원 2007~2012년 대한임상연구심의기구협의회 회장 2008~2012년 식품의약품안전청 중앙약사심의위원회 위원 2009~2013년 삼성서울병원 소아청소년센터장 2010~2012년 보건복지부 보건의료기술정책심의위원회 위원 2010년 가톨릭대 생명대학원 겸임교수(현) 2011~2013년 대한간이식연구회 회장 2012년 국제백신연구소(IVI) IRB(기관윤리위원회) 위원장(현) 2012년 식품의약품안전청 중앙약사심의위원회 전문가 2012~2013년 대한소아외과학회 회장 2012년 대한외과학회 수련이사(현) 2012년 식품의약품안전처 중앙약사심의위원회 전문가(현) 2013년 성균관대 의과대학 외과학교실 주임교수 2013년 삼성서울병원 외과 과장 2014~2015년 대한이식학회 이사장 2015년 대통령소속 국가생명윤리심의위원회 위원(현) [상]대한이식학회 종근당학술상(2003), 성균관대 국제학술지다수논문발표 표창(2005), 성균관대 의과대학 10년근속 표창(2007), 화이자의학연구상 임상의학분야(2008), 대웅의료상-이승규 간이식 임상 연구상(2015) [저]'생체조직공학-개념과 응용'(1998, 고려의학) '간담췌 외과학- 사체 간이식'(2000, 의학문화사) '조직공학과 재생의학'(2002, 군자출판사) [역]'Chassin 외과수술의 원칙와 실제'(2007, 가본의학)

이석권(李錫權)

[출]경남 남해 [주]경기 수원시 장안구 창룡대로223 경기남부지방경찰청 기동대(031-888-2463) [학]성균관대 대학원졸 [경]1984년 경위 임관(경찰간부 후보 32기) 2007년 경찰청 교통운영계장(총경) 2007년 대전지방경찰청 경비교통과장 2008년 충남 논산경찰서장 2010년 경기지방경찰청 교통과장 2011년 경기 안양동안경찰서장 2012년 경기지방경찰청 청문감사담당관 2013년 경기 평택경찰서장 2014년 경기지방경찰청 경비과장 2015년 경기 화성서부경찰서장 2016년 경기지방경찰청 기동대장 2016년 경기남부지방경찰청 기동대장(현) [상]녹조근정훈장(2010)

이석규(李錫圭) LEE Suk Kyoo

[생]1951 · 9 · 26 [출]충남 [주]서울 광진구 능동로209 세종대학교 경영학부 광개토관409호(02-3408-3168) [학]1976년 서울대 경영학과졸 1980년 同경영대학원졸 1989년 경영학박사(연세대) [경]1981~1996년 세종대 경영학과 전임강사 · 조교수 · 부교수 1996년 同경영학부 교수(현) 2001년 同사회교육원장 2003년 同경영대학장 2004~2005년 同학생지원처장 2005~2006년 同경영전문대학원장 2009년 同대학원장 2013년 同행정부총장(현) [저]'창업 및 사업성검토기법'(1997, 다산출판사) '신재무관리론'(1997, 도서출판 석정) '사업성 검토 기법'(1997, 중소기업진흥공단) '신경영분석론'(1997, 학문사) '자금관리 및 사업성검토실무'(1999, 중소기업진흥공단) '기획관리'(2000, 중소기업진흥공단)

이석근(李碩根) LEE Suk Geun

[생]1963 · 8 · 31 [출]서울 [주]서울 마포구 백범로35 서강대학교(02-705-8114) [학]1982년 배문고졸 1986년 서강대 경영학과졸(전체 수석) 1989년 영국 헤리오트와트대 대학원졸(국제금융학석사, 국비유학) 1995년 미국 시카고대 경영대학원졸(경영학석사) [경]1996년 A.T.Kearney 수석컨설턴트 1997~2001년 Andersen Consulting 이사 1998년 금융감독위원회 구조개혁기획단 민간자문위원 1998년 은행감독원 은행경영평가위원 1998년 증권감독원 증권사경영개선계획 평가위원 1998년 기획예산위원회 공기업민영화추진위원회 실무추진위원 2001~2003년 액센츄어 글로벌 파트너(전무), 서강대 국제대학원 겸임교수 2003년 액센츄어 부사장 겸 아태지역자본시장 총괄파트너 2005년 증권선물거래소 이사장 경영자문위원 2005년 한국기업데이타 사외위원 2005년 아서디리틀(ADL) 대표이사 2006년 同아시아금융총괄 2006년 증권선물거래소 IT통합자문위원 2008~2012년 아서디리틀(ADL) 아시아총괄 대표이사 사장 2009~2012년 同최고운영위원회 위원 2012~2014년 롤랜드버거 스트래티지 컨설턴츠(Roland Berger Strategy Consultants) 서울사무소 대표 2013년 대통령자문 국민경제자문회의 공정경제분과 민간위원(현) 2013년 기획재정부 경제혁신3개년계획 국민점검반 위원(현) 2014년 서강대 석좌교수(현) 2015년 同사회적기업센터장(현) 2016년 기획재정부 세제발전심의위원회 위원(현) [상]서강대 4년장학금(1982~1984), Citi Bank 경영학 우수장학금(1984~1986), 서강대최우수총장표창(1986), 영국 Heriot-Watt Univ. 영국외무성장학금(1987~1989), 미국 Univ. of Chicago 성적우등상(1993~1994), 자랑스러운 서강경영인상(2013) [저]'기업재창조를 위한 M&A 성공전략'(1998, 매경출판) '한국케이블산업의 현황과 개선방안'(2001, 방송개발원) '우당 서상룡교수 퇴임기념논문집'(2003, 박영사) '상생혁신리포트 Connecting Korea'(2006, 대한상공회의소) 'G5 대한민국 플랜트 강국 보고서'(2007, 한국플랜트산업협회/MBN) '1인 미디어의 힘(共)'(2008, 매일경제신문)

이석란(李石蘭 · 女)

[생]1977 · 4 · 23 [주]서울 종로구 세종대로209 금융위원회 공정시장과(02-2100-2684) [학]1996년 이화여자외국어고졸 2000년 연세대 경영학과졸 [경]행정고시 합격(44회) 2004년 중소기업청 기업성장지원국 해외시장과 사무관, 재정경제부 금융정책과 은행제도과 행정사무관 2007년 同금융정책국 중소서민금융과 행정사무관 2008년 기획재정부 중소서민금융과 행정사무관 2008년 금융위원회 금융서비스국 중소서민금융과 행정사무관 2009년 미국 캘리포니아대 국외훈련(사무관) 2012년 금융위원회 금융서비스국 보험과 행정사무관 2014년 同금융서비스국 은행과 서기관 2014년 同연금팀장 2015년 同정책홍보팀장 2016년 同공정시장과장(현)

이석로(李錫魯) LEE Seok Ro

[생]1963 · 10 · 27 [주]서울 영등포구 의사당대로88 한국투자증권(주) 경영기획본부(02-3276-5000) [학]청구고졸, 경북대 경영학과졸 [경]2006년 한국투자증권(주) 기획조정부 상무보 2006년 한국투자금융지주(주) 상무보 2010년 한국투자증권(주) e-biz기획부 상무보 2011년 同e-biz본부장(상무) 2015년 同경영기획본부장(상무) 2016년 同경영기획본부장(전무)(현)

이석문(李碩文) Lee Seok Moon

[생]1959 · 1 · 14 [출]제주 [주]제주특별자치도 제주시 문연로5 제주특별자치도교육청 교육감실(064-710-0101) [학]제주 오현고졸 1983년 제주대 사범대학 영어교육과졸 [경]친환경학교급식제주연대 상임대표, 전국교직원노동조합 제주지부장, 제주4 · 3유족회 중부지회장, 아이건강연대 공동대표 2010~2014년 제주특별자치도의회 교육위원회 교육의원 2010년 同제주교육발전연구회 간사

2012~2013년 同교육위원회 부위원장 2012년 同환경·경제부지사(김선우) 인사청문특별위원회 위원 2013년 同예산결산특별위원회 위원 2013년 제주교육발전연구회 회장 2014년 제주특별자치도 교육감(현)

이석민(李碩旻) LEE Seok Min

⊕1957·5·13 ⊜전북 ㈜경기 용인시 기흥구 기흥단지로46 한라인재개발원(031-899-4732) ⊜서울고졸 1983년 고려대 사회학과졸 ㈖한라건설(주) 경영전략담당 상무보 2007년 同현장지원본부 상무 2008년 (주)만도 인재개발실장(전무) 2010년 同인재개발본부장(부사장) 2013~2015년 한라인재개발원 부원장(부사장) 2013년 안양한라아이스하키단 단장(구단주)(현) 2015년 한라인재개발원 원장(수석부사장) 겸임(현)

이석배(李石培) Lee Sok-bae

⊕1955·1·12 ⊜서울 종로구 사직로8길60 외교부 인사운영팀(02-2100-2114) ⊜1985년 한국외국어대 러시아어과졸 1987년 영국 런던정치경제대 대학원 소련정치학과졸 ㈖1991년 駐러시아 1등서기관 1996년 駐토론토영사 1998년 駐러시아 1등서기관 1999년 駐러시아 참사관 2000년 외교통상부 홍보과장 2001년 同구주2과장 2002년 駐세르비아몬테네그로 참사관 2004년 駐카자흐스탄 공사참사관 2007년 駐러시아 공사참사관 2008년 駐상트페테르부르크 총영사 2011년 駐러시아 공사 2014년 駐블라디보스톡 총영사(현) ㈖홍조근정훈장(2013)

이석범(李錫範)

⊕1960·12·20 ㈜대전 서구 청사로189 특허청 특허심사1국 국토환경심사과(042-481-5801) ⊜1980년 서울 용산공고졸 1987년 인하대 항공공학과졸 ㈖1986년 법무부 교정국 시설과 5급 공채 1988년 同기획관리실 시설관리담당관실 서기관 1996년 특허청 심사2국 운반기계심사담당관실 사무관 2003년 同심사2국 공조기계심사담당관실 서기관 2004년 同기계금속심사국 공조기계심사담당관실 서기관 2007년 同특허심판원 심판부5부 심판관 2011년 同기계금속건설심사국 운반기계심사과장 2012년 특허법원 파견(과장급) 2015년 특허심판원 심판5부 심판관 2015년 同특허심사1국 국토환경심사과장(현)

이석범(李錫範) Lee, Suk Bum

⊕1971·2·20 ⊜경기 평택 ㈜경기 여주시 세종로1 여주시청 부시장실(031-887-2011) ⊜고려대 행정학과졸, 영국 버밍엄대 대학원졸 ㈖1994년 행정고시 합격(38회) 2005년 경기도 기획관리실 기획담당 2006년 同문화체육과장 2006년 국무총리비서실 파견 2007년 경기도 기업지원과장 2011년 同기획행정실 군관협력담당관 2012년 同교육정책과장 2013년 경기 과천시 부시장 2015년 장기훈련 파견(지방서기관) 2016년 경기 여주시 부시장(현)

이석수(李碩洙) Lee Seok Su

⊕1963·3·9 ⊜서울 ⊜1981년 상문고졸 1985년 서울대 법대졸 1987년 同대학원 법학과졸 ㈖1986년 사법시험 합격(28회) 1989년 사법연수원 수료(18기) 1989년 서울지검 동부지청 검사 1991년 대구지검 경주지청 검사 1993년 인천지검 검사 1995년 대구지검 검사 1997년 서울지검 검사 2001년 인천지검 부부장검사 2002년 대검찰청 검찰연구관 2004년 부산지검 공안부장 2005년 서울중앙지검 부부장검사(사법제도개혁추진위원회 파견) 2006년 대검찰청 감찰2과장 2007년 同감찰1과장 2008년 창원지검 통영지청장 2009년 춘천지검 차장검사 2009년 전주지검 차장검사 2010~2015년 법무법인 승재 대표변호사 2012년 '이명박 대통령 내곡동 사저부지 매입 의혹' 특별검사보 2015~2016년 대통령소속 특별감찰관

이석순(李石純) LEE SEOK SUN

⊕1956·8·13 ㈜대전 유성구 대덕대로1227 한국가스기술공사 사장실(042-600-8000) ⊜1976년 충남기계공고졸 1995년 서울산업대 전기공학과졸 ㈖1983년 한국가스공사 입사 2007년 同통영기지건설사무소장 2008년 同기지운영처장 2010년 同평택기지본부장 2010~2011년 同설비개선추진단장 2011년 同비상임이사 2011년 同생산본부장 2011~2013년 同부사장 2013~2014년 코리아엘엔지트레이딩(주) 대표이사 2014년 한국가스기술공사 대표이사 사장(현) ㈖상공자원부장관표창(1994)

이석연(李石淵) LEE Seog Yeon

⊕1954·4·25 ⊜전주(全州) ⊜전북 정읍 ㈜서울 서초구 서초중앙로125 로이어즈타워1303호 법무법인 서울(02-3472-8404) ⊜1971년 고졸검정고시 합격 1978년 전북대 법학과졸 1980년 同대학원 법학과졸 1985년 서울대 대학원 법학 박사과정 수료 1991년 법학박사(서울대) ㈖1979년 행정고시 합격(23회) 1981~1989년 법제처 사무관·법제관 1984년 예편(육군 중위) 1985년 사법시험 합격(27회) 1988년 사법연수원 수료(17기) 1989~1994년 헌법재판소 헌법연구관 1994~2008년 변호사 개업 1994~1996년 한국교원단체총연합회 교권옹호위원 1994년 경제정의실천시민연합 정책위원·시민입법위원회 부위원장·상임집행위원 1994년 참여연대 공익소송센터 부소장 1995~2003년 대한변호사협회 인권위원·감찰위원 1995년 헌법재판소 헌법소원담당 국선대리인 1996년 국세청 고문변호사 1998년 대한상사중재원 중재인 1998~1999년 경제정의실천시민연합 시민입법위원장 1999~2001년 同사무총장 2003~2005년 일본 게이오대 Visiting Scholar 2003년 감사원 부정방지대책위원장 2003년 뉴스통신진흥회 설립위원 2004년 신행정수도이전헌법소원청구인단 간사 2004~2008년 헌법포럼 상임대표 2005~2008년 시민과함계하는변호사들 공동대표 2005년 영국 케임브리지국제인명센터(IBC) 및 미국 인명연구소(ABI) 인명사전에 등재 2006년 선진화국민회의 공동상임위원장 2006~2008년 뉴라이트전국연합 상임대표 2006년 부패방지위원회 고문변호사 2006년 감사원 국민감사청구심사위원장·부정방지대책위원장·정책자문위원장 2007~2008·2011년 법무법인 서울 대표변호사(현) 2008년 제조하도급분쟁조정협의회 공익위원·위원장 2008년 21C비즈니스포럼 공동대표(현) 2008~2010년 제28대 법제처장 2011~2016년 아시아기자협회 부이사장 2011년 아산나눔재단 이사(현) 2012년 책권하는사회운동본부 상임대표(현) 2013년 한국시민사회연합 공정거래감시본부 상임고문(현) 2014년 한국자산관리공사 비상임이사(현) ㈖조세의날 대통령표창(1999), 애산법률문화상(2005), 고대언론대학원대상(2005), 경남대 북한대학원총동창회 올해를 빛낸 북한대학인상(2005), 대한민국법률대상 인권부문(2011), 황조근정훈장(2012) ㈖'형법총론 예해'(1986) '헌법소송의 이론과 실제'(1992) '헌법재판소 판례총람'(1997) '헌법등대지기'(2001) '헌법과 반헌법'(2006) '침묵하는 보수로는 나라 못 지킨다'(2006) '헌법의 길 통합의 길'(2007) '책, 인생을 사로잡다'(2012) '여행, 인생을 유혹하다'(2013) ㈖불교

이석용(李錫龍) LEE Suk Yong

⊕1963·9·2 ⊜광주(廣州) ⊜강원 춘천 ㈜강원 춘천시 수변공원길54 춘천문화방송 편성제작국(033-259-1280) ⊜강원대사대부고졸 1990년 강원대 법학과졸 ㈖춘천문화방송 편성제작국 편성제작팀 차장대우 2001년 同편성제작국 R제작부장, 同편성제작국 R제작부담당 2009년 同광고사업팀 차장 2010년 同편성제작국 편성제작팀 부장, 2015년 同편성제작국장(현) ㈖계열사작품 경연대회 동상(2002·2011), 이달의 좋은 프로그램상(2004·2008), 제9회 지역프로그램대상 은상(2008), 제5회 한국지역방송대상 라디오부문(2008), 제11회 지역프로그램방송대상 동상(2009)

이석우(李錫雨) LEE Suk Woo

⊕1948·3·3 ⊜경기 양주 ㈜경기 남양주시 경춘로1037 남양주시청(031-590-2001) ⊜1967년 양정고졸 1971년 해군사관학교졸(25기) 1985년 연세대 행정대학원 행정학과졸 2006년 명예 경영학박사(몰도바국립체육대) 2006년 명예 정치학박사(몽골국립대) 2007년 명예박사(벨라루스 민스크경영대) ㈖1982년 지방행정연수원 교수부 교관 1986년 경남도지방공무원교육원 교수부장 1989년 경기도지방공무원교육원 교수부장 1989년 송탄시 부시장 1989년 미금시 부시장 1994년 경기도지방공무원교육원장 1994년 경기도 지역경제국장 1995년 同보사환경국장 1996년 구리시장 1998년 남양주시 부시장 1999년 평택시 부시장 1999년 안양시 부시장 2002년 고양시 부시장 2004년 수원시 부시장 2005~2006년 경기도 행정2부지사 2006년 세계도자기엑스포 사무총장 2006·2010년 경기 남양주시장(한나라당·새누리당) 2014년 경기 남양주시장(새누리당)(현) ㈖근정포장(2003), 대통령표창(2011), 매니페스토 공약이행부문 최우수상(2011), 언론인연합협의회 2013 대한민국 자랑스러운 시민대상(2013) ㈖'사자와 소에게서 복지를 배우다'(2014) ㈖천주교

이석우(李錫雨) LEE Seok Woo

⊕1956·5·27 ⊜신평(新平) ⊜대구 ㈜서울 영등포구 국회대로70길23 용산빌딩 시청자미디어재단(02-2110-1486) ⊜1975년 경북고졸 1980년 연세대 불어불문학과졸 2010년 同언론홍보대학원 문학과졸 ㈖1980년 합동통신 기자 1981년 연합통신 외신부 기자 1984년 同경제부 기자 1989년 세계일보 경제부 기자 1991년 평화방송 정경부 차장 1995년 同보도국 편집제작부장 1998년 同정경부

장 2000년 同사회팀장 2007년 同라디오 '열린세상 오늘, 이석우입니다' 진행 2007~2012년 同보도국장 2010년 한국가톨릭언론인협의회 부회장 2012년 시그니스서울(가톨릭커뮤니케이션협회) 고문 2012~2014년 가톨릭대 외래교수 2012년 정치시사평론가 2014년 국무총리 공보실장 2014~2015년 同비서실장(차관급) 2015년 방송통신위원회 시청자미디어재단 이사장(현) [상]한국문학세상 기자상(2009), 한국방송대상 라디오진행자상(2011) [저]'대통령선택의 조건(共)'(2012) [종]천주교

이석우(李碩祐) LEE Sirgoo

[생]1966 · 2 · 6 [본]고성(固城) [출]서울 [주]서울 중구 서소문로100 조인스닷컴(주)(02-751-5500) [학]서울대 동양사학과졸 1997년 법학박사(미국 루이스앤드클라크대 로스쿨) [경]1992~1994년 중앙일보 사회부 · 국제부 기자 1996~1998년 미국 로펌 Weiss Jensen Ellis & Howard 변호사 1999~2004년 한국IBM 근무 2007년 NHN(주) 이사, 同USA법인 대표, (주)카카오 부사장 2011~2014년 同대표이사 2013년 대검찰청 사건평정위원회 위원 2014~2015년 다음카카오 공동대표이사 2015년 (주)카카오 경영자문역 2015년 조인스닷컴(주) 공동대표이사(현) 2015년 중앙일보 디지털전략 · 제작담당 · 디지털기획실장 겸임 2016년 同디지털총괄(현) 2016년 NHN엔터테인먼트 사외이사(현) [상]21세기대상 기획부문(2014)

이석우(李錫雨) Seok-Woo Lee

[생]1966 · 10 · 20 [출]대구 [주]충남 아산시 음봉면 연암율금로288의7 디젠스(주)(041-530-3200) [학]1985년 대구계성고졸 1993년 미국 이스턴미시간대 회계학과졸 1994년 同대학원 회계학과 수료 [경]1995~1996년 동원금속(주) 자재담당 상무이사 1996~2003년 동원테크(주) 총괄상무이사 2003~2012년 同대표이사 2012년 디젠스(주) 대표이사(현)

이석우(李石雨) LEE Seok Woo

[생]1968·1·11 [출]경북 상주 [주]경기 성남시 수정구 단대로3 2층 법무법인 현석(031-698-3335) [학]1986년 대구 영남고졸 1990년 서울대 공법학과졸, 미국 노스캐롤라이나대 로스쿨 수료 [경]1991년 사법시험 합격(33회) 1994년 사법연수원 수료(23기) 1994년 軍법무관 1997년 부산지검 검사 1999년 대전지검 공주지청 검사 2000년 인천지검 검사 2002년 서울지검 의정부지청 검사 2004년 서울중앙지검 검사 2006년 대구지검 부부장검사 2007년 인천지검 부부장검사 2008년 창원지검 진주지청 부장검사 2009년 대구지검 서부지청 1부장검사 2009년 대구지검 형사4부장 2010년 부산지검 동부지청 형사1부장 2011년 인천지검 부천지청 부장검사 2012년 수원지검 성남지청 부장검사 2013년 서울고검 검사 2013년 법무법인 이담 대표변호사 2014년 법무법인 현석 변호사(현)

이석우(李錫雨) Lee Sukwoo

[생]1968·12·22 [출]서울 [주]서울 영등포구 국제금융로2길 25 펜타시큐리티시스템(주)(02-2125-6603) [학]1987년 경기고졸 1991년 포항공대 산업경영공학과졸 1993년 同대학원 산업경영공학과졸 [경]1993년 펜타컴퓨터코리아(주) 입사·선임연구원 1996년 펜타정보통신연구소 신기술연구담당 책임연구원 1997년 펜타시큐리티시스템(주) 설립·대표이사 사장(현) 2007년 포스텍총동창회 회장 2012년 포스텍기업협의체(APGC) 회장(현) [상]ISLA 프로그램 시니어 정보보안 전문가상(2010), 제10회 대한민국SW기업경쟁력대상 특별상(2011), 전자신문 선정 상반기 인기상품상(2011), 디지털타임즈 선정 상반기 히트상품상(2011)

이석재(李錫載) LEE Seok Jae

[생]1951·3·7 [출]경기 김포 [주]경기 부천시 원미구 원미로12 인천교구청 부천1지구소사성당(032-665-2111) [학]1969년 서울 성신고졸 1977년 가톨릭대 신학과졸 1979년 同대학원 신학과졸 2000년 문학박사(인하대) [경]1979~1980년 천주교 인천교구 도화동교회 보좌신부 1980~1981년 同인천교구 강화교회 보좌신부 1981~1984년 육군 군종신부 1984~1987년 천주교 인천교구 주원교회 주임신부 1987~1991년 同교육국장 1991~1994년 同인천교구 제물포교회 주임신부 1995~1996년 同인천교구 부평5동교회 주임신부 1996년 인천가톨릭대 신학과 교수 2000년 同사무처장 2002년 同도서관장 2003~2005년 同교무처장 겸 대학원장 2007~2011년 同총장 2012~2016년 천주교 인천교구청 주안3동성령성당 주임신부 2016년 천주교 인천교구청 부천1지구소사성당 주임신부(현) [저]'성서40주간문제집'(1996) '신난다 첫 영성체교리'(1998) '그리스도교 역사'(2003) [역]'죽음이 마지막 말은 아니다(共)'(1989)

이석재(李碩載)

[생]1968 · 7 · 27 [출]전남 보성 [주]전북 전주시 덕진구 사평로25 전주지방법원(063-259-5400) [학]1987년 서울 보성고졸 1992년 서울대 법학과졸 [경]1998년 사법시험 합격(40회) 2001년 사법연수원 수료(30기) 2001년 인천지법판사 2003년 서울지법 판사 2004년 서울중앙지법 판사 2005년 부산지법 동부지원 판사 2008년 서울남부지법 판사 2011년 서울중앙지법 판사 2013년 서울남부지법 판사 2014년 서울고법 판사 2016년 전주지법 부장판사(현)

이석종(李錫宗) LEE Seok Jong

[생]1959 · 1 · 23 [주]충북 청주시 서원구 충대로1 충북대학교 자연과학대학 수학과(043-261-2249) [학]1981년 제주대 수학과졸 1986년 연세대 대학원 수학과졸 1990년 이학박사(연세대) [경]1991년 충북대 자연과학대학 수학과 교수(현) 1994년 미국 퍼듀대 수학과 방문교수 2016년 충북대 자연과학대학장(현)

이석주(李錫柱) Lee Suk Joo

[생]1954·8·4 [주]서울 중구 덕수궁길15 서울특별시의회(02-3783-1866) [학]서울공고졸, 서울산업대 건축공학과졸, 한양대 산업대학원 건축공학과졸, 도시공학박사(한양대) [경]서울시 중구청·구로구청·강동구청·서초구청·종로구청 근무, 同강남구 재건축팀장, (주)금산종합건축사무소 대표, 민주평통 자문위원 2002·2006~2010년 서울시 강남구의회 의원 2008~2010년 同도시건설위원장 2014년 서울시의회 의원(새누리당)(현) 2014년 同도시안전건설위원회 위원 2015년 同대변인(현) 2015년 同지역균형발전지원특별위원회 위원(현) 2015년 同예산결산특별위원회 위원(현) 2016년 同서부지역광역철도건설특별위원회 위원(현) 2016년 同도시계획관리위원회 위원(현)

이석주(李碩柱) SEOK JOO LEE

[생]1966 · 4 · 29 [본]광주(廣州) [출]서울 [주]경기 성남시 분당구 대왕판교로712번길22 글로벌R&D센터 (주)이수앱지스(031-696-4700) [학]1985년 상문고졸 1989년 연세대 수학과 · 경영학과졸 [경]1998년 대우전자 외환업무 미주법인관리담당 1998~2005년 이수화학(주) 기획실 재무 및 기획담당 임원 2005~2008년 이수건설 재무 및 관리본부장 · 개발사업본부장 2009~2012년 이수페타시스 해외영업담당 겸 미국법인장(전무) 2013년 이수화학(주) 관리본부장(전무) 2013년 同대표이사 2014년 同관리본부장(전무) 2015년 (주)이수창업투자 대표이사 전무 2016년 (주)이수앱지스 대표이사(현)

이석준(李碩埈) LEE Seok Joon

[생]1954·7·12 [본]광주(廣州) [출]경남 의령 [주]서울 중구 남대문로7길19 삼영빌딩6층 삼영화학그룹 비서실(02-774-1390) [학]1973년 서울사대부고졸 1977년 성균관대 경상대학 경영학과졸 1983년 미국 루스벨트대 대학원졸 1995년 미국 하버드대 최고경영자과정(AMP ISMP) 수료 2009년 서울대 법학대학원 최고지도자과정 수료 [경]1976~1980년 현대건설 인사부 근무 1980~1983년 삼영화학공업(주) 이사 1983년 국제통신공업(주) 근무 1983~1987년 삼영화학공업(주) 상무이사 1994~1997년 同대표이사 2007~2013년 삼영화학그룹 부회장 2009년 삼영중공업(주) 이사·대표이사(현) 2011~2014년 관정이종환교육재단 이사장 2013년 삼영화학그룹 회장(현) 2015년 삼영화학공업 각자대표이사 회장, 同대표이사 회장(현) [상]자랑스러운 성균관대 경영대학 동문상(2013)

이석준(李錫駿) LEE Sukjoon

[생]1959 · 5 · 18 [출]부산 [주]세종특별자치시 다솜로261 국무조정실(044-200-2100) [학]1978년 동아고졸 1982년 서울대 경제학과졸 1984년 중앙대 대학원 경제학과졸 1992년 미국 매사추세츠공과대 경영대학원졸 [경]1983년 행정고시 합격(26회) 1996~2001년 대통령비서실(정책기획) 근무 · 駐제네바 국제연합사무처 및 국제기구대표부 1등서기관 2001년 재정경제부 증권제도과장 2003년 연합인포맥스 자문위원 2004년 재정경제부 총무과장 2005년 同혁신기획관 2005년 기획예산처 장관정책보좌관 2007년 同행정재정기획단장 2008년 기획재정부 성과관리심의관 2008년 同행정예산심의관 2009년 同경제예산심의관 2010년 同정책조정국장 2011년 금융위원회 상임위원 2012년 기획재정부 예산실장 2013년 同제2차관 2013~2015년 국립중앙의료원 비상임이사 2014년 미래창조과학부 제1차관 2016년 국무조정실장(장관급)(현)

이석준(李錫準) LEE Seuk Joon

[생]1959·7·23 [본]함평(咸平) [출]전남 신안 [주]서울 강남구 테헤란로518 섬유센터빌딩12층 법무법인 율촌(02-528-5448) [학]목포고졸 1983년 부산대 상대 경영학과졸 1985년 同대학원 행정학과졸 1999년 법학박사(미국 시라큐스대) 2000년 미국 시라큐스대 경영대학원 회계학과졸 [경]1984년 행정고시 합격(28회) 1986~1989년 해군해병 정훈장교 1992년 경제기획원 대외경제조정실 총괄과 사무관 1993년 공정거래위원회 정책국 국제업무과 사무관 1996년 同조사국 총괄서기관 1997~2000년 미국 시라큐스대 국비유학(파견) 2001년 공정거래위원회 조사2과장 2002년 同표시광고과장 2003년 同기업집단과장 2005년 同경쟁촉진과장 2006년 同독점감시팀장 2006년 법무법인 율촌 Senior 외국변호사(현) 2012년 한국제약협회 공정경쟁규약심의위원회 위원(현) [종]기독교

이석준 Yee Seok June

[생]1962·6·28 [주]경남 사천시 사남면 공단1로78 한국항공우주산업 본관3층 구매본부 국내구매실 국산화개발팀(055-851-1000) [학]1987년 한국항공대 항공기계공학과졸 1990년 일본 도쿄대 대학원 항공우주공학과졸 1994년 항공우주공학박사(일본 도쿄대) [경]1994~1995년 일본 도쿄대 첨단과학기술연구소 연구원 1995년 대우중공업 KTX-2구조설계팀장(선임연구원) 1999년 한국항공우주산업 항공연구소 선임연구원 2006년 同KHP로터설계팀장 2014~2015년 同KUH수출기원가혁신T/F 부장 2016년 同국산화개발팀장(현)

이석준(李碩埈) LEE Seok Jun

[생]1964·4·12 [본]경주(慶州) [출]광주 [주]경기 성남시 분당구 성남대로381 우미건설(주) 임원실(031-728-1882) [학]1983년 광주 금호고졸 1987년 서울대 전자공학과졸 1989년 한국과학기술원 전기전자공학과졸(석사) [경]1989년 LS산전(주) 연구원 1993년 우미건설(주) 기획실장 1995년 同상무이사 2000년 同대표이사 부사장 2006년 同대표이사 사장(현) [상]행정자치부 주택건설진흥공로표창(2002), 철도청 경부고속철도시공표창(2003), 행정자치부 납세자의날 성실납세의무이행표창(2005), 한국경제신문 주거문화대상 우량기업대상(2007), 광주지방국세청 납세자의날 성실납세의무이행표창(2009), 국가보훈처 국가유공자 노후주택개선사업공로표창(2009), 건설교통부 및 매일경제신문 선정 제13회 살기좋은아파트대상(2009), 중앙일보 선정 녹색건설대상 최우수상(2009), 국토해양부 주택품질소비자만족도우수업체선정(2009), 한국토지주택공사 우수시공업체선정(2010), 한국경제신문 주거문화대상 고객만족대상(2010), 국토해양부 주택품질소비자만족도 우수업체선정(2010)

이석태(李錫兌) Lee, Suk-tae

[생]1953·4·17 [출]충남 서산 [주]서울 중구 삼일대로340 4·16세월호참사특별조사위원회(02-6020-3804) [학]1972년 경복고졸 1982년 서울대 법학과졸 [경]1982년 사법시험 합격(24회) 1984년 사법연수원 수료(14기) 1985년 변호사 개업 1989~2015년 법무법인 덕수 대표변호사 1999~2001년 한겨레신문 사외이사 2000~2001년 대한변호사협회 인권위원장 2003~2004년 대통령 공직기강비서관 2004~2006년 민주사회를위한변호사모임 회장 2005~2010년 민주화운동기념사업회 이사 2011~2014년 참여연대 공동대표 2015년 4.16세월호참사특별조사위원회 위원장(현) [저]'무죄다라고 말할 수 있는 용기(共)'(1998) '일본군 위안부 문제- 법적 쟁점의 정리와 최근 동향의 분석(共)'(2009) '한국의 공익인권 소송(共·編)'(2010, 경인사) [역]'비교정부론(共)'(1985, 법문사) '아름다운 삶, 사랑 그리고 마무리'(1997, 보리출판사) '네루 평전'(2009, 탐구사)

이석한(李錫漢) LEE SUK HAN

[생]1948·11·23 [출]서울 [주]경기 수원시 장안구 서부로2066 성균관대학교 정보통신공학부 전자전기공학과(031-290-7150) [학]1967년 경기고졸 1972년 서울대 전기공학과졸 1974년 同대학원 전기공학과졸 1982년 전기공학박사(미국 퍼듀대) 2009년 명예 박사(프랑스 Blaise Pascal대) [경]1974~1978년 육군사관학교 교수요원 1974~1978년 인하대 전기공학과 전임강사 1983~1997년 미국 Univ. of Southern Califonia 조교수·부교수 1990~1997년 미국 Jet Propulsion Laboratory Califonia Institute of Technology 책임연구원(NASA) Senior Member of Technical Staff 1995년 한국과학기술원(KAIST) 초빙교수 1998년 삼성종합기술원 System&Control Sector 연구소장(전무) 1998년 미국 USC 겸임교수(현) 2000~2003년 삼성종합기술원 Chief Research Officer-Microsystem 총괄전무 2001년 성균관대 전기전자컴퓨터공학부 석좌겸임교수 2002~2012년 21세기프론티어사업 나노메카트로닉스 운영위원장 2002년 '세계 첫 국가기술지도' 작성지휘 2003~2014년 성균관대 지능시스템연구소 창립소장 2003~2013년 同정보통신공학부 전자전기공학과 교수 2003년 한국로봇공학회 부회장 2004년 IEEE Robotics & Automation Society 부회장 2005~2010년 한국지능로봇표준화포럼 의장 2007~2013년 미래과학기술전략포럼 회장 2007~2013년 미국 Georgia Tech. 겸임교수 2008년 성균관대 Interaction Science학과 WCU교수 2010년 우주로봇포럼 회장(현) 2011~2013년 성균관대 일반대학원장 2014년 同행단석좌교수(현) 2016년 한국과학기술한림원 학술담당 부원장(현) [상]과학기술부장관 공로패(2003), 한국과학기술기획평가원장 공로패(2003), 대한기계학회 우수논문상(2005), 성균관대 연구부문 우수교수상(2007·2008·2009) [저]'Computer Aided Mechanical Assembly Planning'(1991) 'Recent Progress in Robotics: Viable Robotic Service to Human'(2008) 'Multisensor Fusion and Integration for Intelligent Systems'(2009) 'Frontiers of Assembly and Manufacturing'(2010) [종]기독교

이석행(李錫行) LEE Suk Haing

[생]1958·3·13 [주]서울 영등포구 국회대로68길14 신동해빌딩11층 더불어민주당(1577-7667) [학]1978년 전북기계공고졸 [경]1977년 대동공업(주) 입사 1980년 대동중공업 노동조합 설립발기인 1984년 同노조위원장(4·5대) 1991년 전국노동조합협의회 사무차장 1995년 전국자동차산업연맹 부위원장 1998년 전국금속산업연맹 부위원장 2002년 시그네틱스 투쟁 관련 투옥 2004년 전국민주노동조합총연맹 사무총장 2007~2009년 同위원장 2007년 한국노동교육원 비상임이사 2007년 노동부 청년실업대책특별위원회 위원 2007년 국무총리소속 사회보장심의위원회 위원 2010~2013년 인천시 노동특별보좌관 2011~2016년 인천크리켓협회 초대회장 2012년 민주통합당 문재인 대통령후보 중앙선거대책위원회 대외협력위원회 공동위원장 2013년 민주당 전국노동위원장 2014년 새정치민주연합 전국노동위원장 2014~2015년 同전국노동위원회 공동수석부위원장 2015년 (재)피플 상임고문(현) 2015년 더불어민주당 전국노동위원회 공동수석부위원장(현) 2016년 同더불어경제선거대책위원회 공동부위원장

이석현(李錫玄) LEE Seok Hyun

[생]1951·3·16 [출]전북 익산 [주]서울 영등포구 의사당대로1 국회 의원회관813호(02-784-1631) [학]1969년 전북 남성고졸 1978년 서울대 법학과졸, 고려대 대학원 경제학과졸(석사) [경]전국가톨릭학생회총연합회 회장 1984년 민주화추진협의회 기획위원 1985년 신민당 창당정책위원 1986년 통일민주당 창당발기인 1987년 同직선개헌특위 전문위원 1987년 평민당 창당발기인 1988년 同부대변인 1988년 同안양시乙지구당 위원장 1992년 제14대 국회의원(안양시 동안구, 민주당·국민회의) 1995년 국민회의 전국대의원대회 부의장 1996년 제15대 국회의원(안양시 동안구乙, 국민회의·새천년민주당) 1997년 국민회의 정책위원회 수석부의장 1998년 同제3정책조정위원장 2000년 새천년민주당 제2정책조정위원장 2000년 同정책위원회 부의장 겸임 2000년 同안양시동안구지구당 위원장 2000년 同정책위원회 부의장 2001~2003년 환경관리공단 이사장 2003년 열린우리당 수도권대책특별위원회 위원장 2004년 제17대 국회의원(안양시 동안구甲, 열린우리당·대통합민주신당·통합민주당) 2004~2006년 국회 보건복지위원장 2004년 국회 민생경제연구회 대표 2005~2007년 열린우리당 경기도당 중앙위원 2005년 국회 국민연금개선특별위원회 위원장 2006년 열린우리당 비상대책위원회 비상임위원 2007년 대통합민주신당 정동영 대통령후보 총괄특보단장 2008년 제18대 국회의원(안양시 동안구甲, 통합민주당·민주당·민주통합당) 2008년 국회 공기업관련대책특별위원회 위원장 2008년 국회 저출산고령화대책특별위원회 위원장 2008년 민주당 당무위원 2011년 同정치개혁특별위원장 2011년 국회 연금제도개선특별위원회 위원장 2012년 제19대 국회의원(안양시 동안구甲, 민주통합당·민주당·새정치민주연합·더불어민주당) 2012년 국회 국방위원회 위원 2012년 국회 남북관계발전특별위원회 위원 2012년 국회 국무총리실산하 민간인불법사찰및증거인멸사건진상규명을위한국정조사특별위원회 위원 2012년 한·일의원연맹 고문 2012년 민주당 정치개혁의원모임 대표 2014년 새정치민주연합 전당원투표및국민여론조사관리위원회 위원장 2014~2016년 국회 부의장 2014년 국회 환경노동위원회 위원 2014년 새정치민주연합 전당대회 의장 2014년 同새로운대한민국위원회 위원장 2014~2015년 同비상대책위원회 위원 2016년 제20대 국회의원(안양시 동안구甲, 더불어민주당)(현) 2016년 국회 외교통일위원회 위원(현) 2016년 더불어민주당 경기안양시동안구甲지역위원회 위원장(현) [상]녹색공무원상(2002), 국정감사 NGO모니터단 우수 상임위원장표창(2004), 남성총동창회 '자랑스러운 남성인'(2015), 전국청소년선플SNS기자단 선정 '국회의원 아름다운 말 선플상 대상'(2015), 백봉신사상 올해의 신사의원 베스트10(2015), 범시민사회단체연합 선정 '올해의 좋은 국회의원'(2015), 대한민국무궁화대상 정치부문(2015) [저]'너도밤나무 아래서 쓴 나도 밤나무 이야기' '소라게는 정말 이사했을까' '첫눈을 기다리는 은행나무' '대포를 쏘다'(2011, 생각하는 백성) [종]천주교

이석형(李錫炯) LEE Seok Hyung (牛性)

[생]1949·7·10 [본]흥양(興陽) [출]전남 고흥 [주]서울 서초구 서초대로283 남촌빌딩4층 법무법인 산경(02-595-0001) [학]1968년 광주제일고졸 1977년 서울대 법학과졸 2002년 한국방송통신대 행정학과졸 [경]1980년 사법시험 합격(22회) 1982년 사법연수원 수료(12기) 1982~1991년 서울지법 판사·광주지법 순천지원 판사·서울지법 남부지원 판사 1992년 서울가정법원 판사 1993년 서울고법 판사 1997~1999년 경실련 부정부패추방운동본부장 1998~2006년 법무법인 한백 대표변호사 1998년 감사원 부정방지대책위원 1998년 한국법정신의학회 부회장 1998년 김대중대통령 변호인 1998년 한국토지공사 사외이사 1999년 서울지방변호사회 인권위원 2000년 새천년민주당 인권위원회 부위원장 2000~2004년 同은평乙지구당 위원장 2000년 한국화랑청소년육성회 총재 2000년 세계태권도협회봉사단 부총재 2002년 민주평통 중앙전문위원 2002년 노무현대통령후보 법무행정특별위원회 위원장 2003년 민주평통 중앙상임위원 2003년 민주당 중앙위원 2003년 GS Leaders Forum 운영위원 2004년 대한무역투자진흥공사 비상임이사 2006~2009년 감사원 감사위원 2009년 법무법인 산경 대표변호사(현) 2010년 김대중기념사업회 감사(현) [상]명예평등부부상(2000), 황조근정훈장(2009) [저]'대폭발! 아줌마 에너지'(2000) '새로운 시대를 위하여'(2001)

이석형(李碩炯) LEE Suk Hyung

[생]1951·3·18 [본]경주(慶州) [출]대구 [주]대구 중구 명덕로85 대성에너지(주) 기술본부(053-606-1000) [학]1974년 서울대졸 1983년 미국 오하이오주립대 대학원졸 1989년 공학박사(미국 서던캘리포니아대) [경]1990~1992년 디비엔지니어링 기술연구소장 1992년 대구도시가스(주) 책임연구원, 同이사 2001년 同상무이사 2005년 대구에너지환경(주) 대표이사(현) 2011년 대성에너지(주) 기술본부장(상무) 겸임(현) [종]기독교

이석형(李錫炯) LEE Seug Hyung (덕천)

[생]1958·11·7 [출]전남 함평 [주]서울 송파구 석촌호수로166 산림조합중앙회(02-3434-7100) [학]1978년 함평실업고졸 1986년 전남대 농학과졸 2001년 同행정대학원졸 2003년 同농업정책대학원졸 [경]1984년 전남대 총학생회장 1986년 한중문화협회 사무국장 1987년 KBS 농어촌담당PD 1988년 밀알중앙회 조직국장 1996년 광주·전남프로듀서연합회 회장 1998년 국민회의 함평·영광지구당 부위원장 1998·2002·2006~2009년 전남 함평군수(국민회의·새천년민주당·무소속·민주당) 2001년 (사)중국조선족장애인한국후원회 부이사장 2002~2004년 새천년민주당 국정자문위원 2004년 국가균형발전위원회 지역개발전문위원 2005년 대통령직속 농어업특별대책위원회 자문위원 2005년 팔만대장경동판간행범국민추진위원회 자문위원 2009년 2010제천국제한방Bio엑스포 고문 2010년 경북 영양군 특별자문위원, 조선대 정책대학원 교수 2010년 곤충산업발전포럼 공동위원장 2010~2013년 밀알중앙회 총재 2014년 산림조합중앙회 회장(현) 2016년 (사)이상설선생기념사업회 회장(현) 2016년 한국벤처농업대학 명예교수(현) [상]전국환경경영대상(2000), 대통령표창(2000·2003), 다산목민대상(2009), 한국지방자치경영대상 최고경영자상(2009), 한국농업경영인중앙연합회 감사패(2009), 대한민국 축제리더상(2009), 국민포장(2015), 산림환경대상(2015) [저]'세상을 바꾸는 나비효과'(2010) '시대는 장보고를 부른다'(2014) [종]천주교

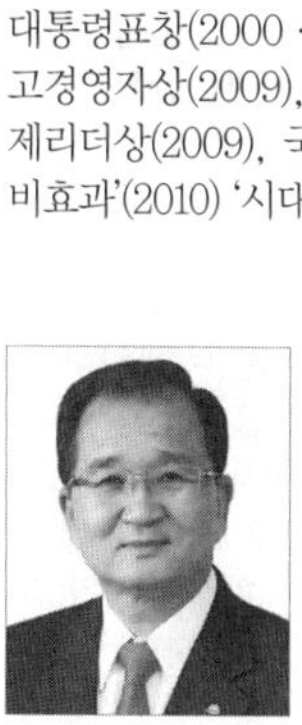

이석화(李錫化) Lee Seok Hwa

[생]1946·11·9 [본]전주(全州) [출]충남 청양 [주]충남 청양군 청양읍 문화예술로222 청양군청 군수실(041-940-2001) [학]청양농업고졸, 한국방송통신대 법학과졸, 대전대 대학원 경찰학과졸 2008년 법학박사(대전대) [경]1972년 대전경찰서 순경 1982년 서울 서부경찰서 경위 1988년 충남 예산경찰서 경비과장(경감) 1992년 인천 부평경찰서 형사과장(경정) 2000년 경북지방경찰청 수사과장(총경) 2001년 충북 아산경찰서장 2002년 대전 중부경찰서장 2003년 인천지방경찰청 생활안전과장 2004년 인천 계양경찰서장 2005년 충남지방경찰청 청문감사담당관 2005~2006년 충남 청양경찰서장 2006년 청양대 소방학과 외래교수 2007년 同경찰학과 초빙교수 2010년 통일부 통일교육위원 2010~2014년 충남 청양군수(한나라당·새누리당·무소속), 새누리당 충남도당 부위원장 2014년 충남 청양군수(무소속·새누리당)(현), 농림축산식품부 국민공감농정위원회 위원(현) [상]국방부장관표창(1981), 내무부장관표창(1987), 근정포장(2000), 녹조근정훈장(2006), 한국을 빛낸 사람들 기초단체발전부문 청정지역육성발전공로대상(2011), 자랑스런 대한민국 시민대상(2012) [저]'처음 떠났던 길 위에 오늘 다시 서있네'(2006) '수사각론 경찰실무Ⅱ'(2009) '경찰직기출문제'(2009) '나의 길(MY WAY)'(2010) '열정의 현장'(2014)

이석환(李錫煥) LEE Seok Hwan

[생]1964·6·5 [출]광주 [주]제주특별자치도 제주시 남광북5길3 제주지방검찰청 검사장실(064-729-4626) [학]1983년 광주 숭일고졸 1987년 고려대 법학과졸 1990년 同대학원 수료 [경]1989년 사법시험 합격(31회) 1992년 사법연수원 수료(21기) 1992년 軍법무관 1995년 대한법률구조공단 기획부장 1997년 광주지검 검사 1999년 同순천지청 검사 2000년 서울지검 검사 2003년 인천지검 검사(금융감독위원회 파견) 2004년 同부부장검사 2005년 춘천지검 강릉지청 부장검사 2006년 서울중앙지검 부부장검사 2007~2008년 미국 조지워싱턴대 로스쿨 객원연구원 2008년 광주지검 해남지청장 2009년 대검찰청 중수2과장 2010년 서울중앙지검 금융조세조사1부장 2011년 대구지검 김천지청장 2012년 청주지검 차장검사 2013년 서울고검 검사(공정거래위원회 파견) 2014년 법무연수원 연구위원 2014년 대검찰청 과학수사기획관 2015년 서울고검 감찰부장 2015년 제주지검장(현) [종]기독교

이석훈(李錫勳) LEE Seok Hoon

[생]1962·2·22 [본]벽진(碧珍) [출]경북 성주 [주]대전 유성구 과학로169의148 한국기초과학지원연구원 환경·소재분석본부 전자현미경연구부(042-865-3443) [학]1985년 서울대 지질과학과졸 1987년 同대학원 지질과학과졸 1999년 지질과학박사(서울대) [경]1989년 한국기초과학지원연구원 책임연구원 2001년 ISO/TC202(Microbeam Analysis) Expert(현) 2002~2006년 한국광물학회 편집위원 2004~2007년 대덕밸리 나노신소재클러스터 부회장 2004~2009년 산업자원부 기술표준원 산업표준심의회 위원 2004~2011년 한국광물학회 이사 2004~2005년 한국기초과학지원연구원 나노환경연구부장 2005~2007년 同전자현미경연구부장 2006~2010년 충남대 지구환경학부 겸임교수 2007~2009년 국제표준위원회(ISO/TC202/SC2) 자문위원 2008년 한국기초과학지원연구원 기획부장 2009년 同정책연구부장 2010년 同대외협력부장 2011년 同전자현미경연구부장 2016년 同환경·소재분석본부 전자현미경연구부장(현) [상]학술상(2002), 대전시교육감표창(2008), 이달의 과학문화인상(2008) [저]'주사전자현미경 분석과 X선 미세분석'(2005) [작]'첨단장비활용 과학대중화교재 10권(핵융합과 인공태양, 초미세의 세계와 전자현미경, 레이저형광현미경으로 본 세포의 세계, 초전도와 미래생활, 암석의 형성과 변화, 각 초급, 중급)'

이석훈

[생]1970·9·14 [주]경기 성남시 분당구 탄천로215 탄천종합운동장內 성남시민프로축구단(031-709-4133) [경]ABN아름방송 보도국장, 同제작국장 겸 전략기획이사 2014년 (주)성남시민프로축구단 마케팅사업부장 2015년 同홍보마케팅실장 2016년 同대표이사(현)

이석희(李錫熙) LEE Seok Hee

[생]1954·1·5 [주]부산 금정구 부산대학로63번길2 부산대학교 기계공학부(051-510-2327) [학]1976년 서울대 기계공학과졸 1978년 한국과학기술원 대학원졸 1985년 공학박사(영국 UMIST) [경]1986~1995년 부산대 생산기계공학과 조교수·부교수 1995~1997년 同생산기계공학과 교수 1996~2005년 부산·경남자동차테크노센터 부소장 1997년 부산대 기계공학부 제어자동화시스템전공 교수(현) 1998~2001년 한국생산기술연구원 부산경남지역센터 소장 2002~2003년 한국정밀공학회 기술이사 2004~2005년 同감사 2005~2007년 부산대 교수회 부회장 2006~2007년 한국정밀공학회 부회장, 편집위원장 2006~2007년 (재)부산테크노파크 자동차부품기술지원센터 센터장 2007~2008년 한국정밀공학회 수석부회장 2009년 同회장 2014~2016년 부산대 기술창업대학원장 [상]제15회 과학기술우수논문상(2005), 가헌학술상(2006) [저]'생산자동화(共)'(2001, 북스힐) '쾌속조형의 응용(共)'(2002, 동방문화)

이석희(李錫熙) Seok-Hee Lee

[생]1965·6·23 [출]경북 경산 [주]경기 이천시 부발읍 경충대로2091 SK하이닉스(주) DRAM개발부문(031-630-4114) [학]1988년 서울대 무기재료공학과졸 1990년 同대학원 무기재료공학과졸 2001년 재료공학박사(미국 스탠퍼드대) [경]1990~1995년 현대전자 연구원 2000~2010년 인텔 Portland Technology Development 근무 2010~2013년 한국과학기술원(KAIST) 정보과학기술대학 전기전자공학과 부교수 2013년 SK하이닉스(주) 미래기술연구원장(전무) 2015년 同DRAM개발부문장(부사장)(현) [상]인텔 성취상(3회) [종]기독교

이 선(李 烍) LEE Seon (石仁)

[생]1947·1·20 [본]전주(全州) [출]전남 담양 [주]서울 동대문구 경희대로26 경희대학교 정경대학 경제학과(02-961-0482) [학]1964년 광주제일고졸 1969년 서울대 상대 경영학과졸 1975년 미국 하와이주립대 대학원 경제학과졸 1978년 경제학박사(미국 코넬대) [경]1968~1973년 한국개발금융 심사부 근무 1975년 미국 코넬대 연구조교 1978~1988년 한국개발연구원 연구위원 1988~1998·2001년 경희대 경제통상학부 교수 1994년 同경제연구소장 1994년 한국선물시장연구회 회장 1995년 한국자원경제학회 회장 1995년 세계경제연구원 연구자문위원 1998~2000년 산업연구원(KIET) 원장 1998년 한·중민간경제협의회 부회장 1998년 제2의건국범국민추진위원회 상임위원 2002년 국민신용카드(주) 사외이사 2003년 하이닉스반도체 사외이사 2003년 경희대 정경대학장 겸 경제통상학부장 2006~2012년 同정경대학 경제학부 교수 2012년 同명예교수(현) [상]미국 코넬대 최우수논문상 [저]'민주주의와 시장경제'(共) '창조적 지식국가론'(共) '경제개혁의 이론과 실제'(共)

이선경(李宣暻) LEE Seon Kyung

[생]1954·11·13 [출]서울 [주]서울 강동구 동남로892 강동경희대학교병원 산부인과(02-440-6139) [학]1979년 경희대 의대졸 1985년 同대학원졸 1990년 의학박사(고려대) [경]미국 밴더빌트대 연수 1991~1992년 미국 HCA Laser training center 연수 1993년 경희대 의대 산부인과 부교수·교수(현), 同산부인과 주임교수(현) 2007년 同동서신의학병원 산부인과장 겸 여성의학센터장 2009년 同동서신의학병원 협진진료처장 2010~2014년 강동경희대병원 산부인과장 겸 여성의학센터장 2013년 同암센터장

이선경(李仙卿·女) Lee, Sunkyung

[생]1962·4·22 [주]대전 유성구 가정로141 한국화학연구원 의약바이오연구본부(042-860-7148) [학]1984년 서울대졸 1998년 미국 퍼듀대 대학원 약화학과졸 [경]1999년 한국화학연구소 선임연구원 2008년 한국화학연구원 신물질연구단 의약화학연구센터장 2014년 同의약바이오연구본부장(현)

이선구

[생]1952·3·5 [주]서울 마포구 월드컵로240 서울월드컵경기장內4층 GS 칼텍스 KIXX(02-376-3012) [학]한양대졸 [경]1970~1977년 국가대표팀 선수 1979년 인하사대부고 코치 1987~1988년 국가대표팀 트레이너 1993~1994년 사우디아라비아 대표팀 감독 1995~1998년 쿠웨이트 대표팀 감독 2006~2007년 대한배구협회 강화이사 2009~2010년 한국배구연맹 경기위원 2010~2011년 同경기위원장 2011년 GS 칼텍스 KIXX 감독(현) 2014년 그랑프리 세계여자배구대회 국가대표팀 감독 2014년 제17회 인천아시안게임 여자배구 국가대표팀 감독

이선규(李宣揆) LEE Sun Kyu

[생]1949·7·7 [출]서울 [주]울산 남구 사평로60 (주)한주 비서실(052-270-5120) [학]1968년 동성고졸 1972년 경희대 법률학과졸 [경]대한유화공업(주) 이사·상무이사·전무이사 2001년 同부사장 2007~2011년 同대표이사 2009~2011년 한국석유화학공업협회 감사 2011년 同부회장 2011년 (주)한주 대표이사 사장(현)

이선근(李瑄根) Lee, Sun Keun

[생]1959·2·4 [출]서울 [주]서울 종로구 율곡로2길25 연합인포맥스(02-398-4901) [학]1981년 고려대 법학과졸 2006년 한양대 대학원 언론학과졸 [경]1986년 연합뉴스 입사 1993년 同베를린특파원 1999년 同정치부 차장대우 2000년 同정치부 차장 2002년 同논설위원 2004년 同국제경제부 부장대우 2005년 同국제경제부장 2006년 同편집위원실 편집위원 2006년 同외국어뉴스1부장 2008년 同외국어뉴스1부장(부국장대우) 2008년 同외국어뉴스국 부국장 2009년 同편집국 정치분야 에디터 2010년 관훈클럽 감사 2010년 연합뉴스 편집국 경제분야 에디터 2011년 同통합뉴스국장 2011년 同지방국 경기취재본부장 2012~2013년 同편집총국장 겸 편집국장 2013~2014년 同논설위원실장(부국장급) 2013년 한국신문방송편집인협회 부회장 2014~2015년 연합뉴스 논설위원실장(국장대우) 2015년 관훈클럽 총무 2015년 (주)연합인포맥스 대표이사 사장(현)

이선복(李先馥) LEE Sun Bok

[생]1953·12·23 [본]한산(韓山) [출]충북 청주 [주]경북 포항시 남구 청암로77 포항공과대학교 화학공학과(054-279-2268) [학]1976년 서울대 화학공학과졸 1978년 한국과학기술원졸(석사) 1981년 생물화학공학박사(한국과학기술원) [경]1981~1983년 CALTECH 연구원 1983~1986년 한국과학기술원(KAIST) 조교수 1983~1986년 同선임연구원 1986~1989년 KIST 실장, 포항공대 화학공학과 교수(현) 2006년 한국과학재단 비상임이사 2009년 한국생물공학회 회장 2010년 국토해양부 경북씨그랜트사업단장 [상]이수앱지스 학술대상(2010), 양정생물화공상(2013)

이선봉(李善鳳)

[생]1966·3·30 [주]경기 수원시 영통구 월드컵로120 수원지방검찰청 형사2부(031-210-4318) [학]1985년 고성종합고졸 1993년 성균관대 법학과졸 [경]1995년 사법시험 합격(37회) 1998년 사법연수원 수료(27기) 1998년 변호사 개업 2001년 광주지검 검사 2003년 대전지검 논산지청 검사 2004년 서울중앙지검 검사 2006년 인천지검 검사 2008년 부산지검 검사 2010년 대검찰청 연구관 2012년 광주지검 해남지청장 2013년 서울동부지검 형사6부장 2014년 서울중앙지검 금융조세조사3부장 2015년 대전지검 형사3부장 2016년 수원지검 형사2부장(현)

이선석(李璿錫) LEE Sun Suk

[생]1960·2·24 [출]경남 고성 [주]세종특별자치시 부강면 금호안골길79의20 한화첨단소재(주) 임원실(044-279-8400) [학]1979년 진주고졸 1983년 서울대 화학공학과졸 1985년 한국과학기술원(KAIST) 고분자공학과졸(석사) 1991년 고분자공학박사(한국과학기술원) [경]1985년 한화종합화학(現 한화첨단소재) 입사 2007년 同상무 2007년 한화L&C(주) 부품소재사업부장(상무), 同부강공장장 2008년 同해외사업부 중국법인장(상무), 同AZDEL법인장 2012년 同자동차소재사업부장 2013년 同자동차소재사업부장(전무) 2014년 한화첨단소재(주) 자동차소재사업부장(전무) 2014 同대표이사 전무 2016년 同대표이사 부사장(현)

이선애(李宣厓·女)

[생]1967·1·3 [출]서울 [주]서울 강남구 영동대로412 아셈타워22층 법무법인 화우(02-6003-7572) [학]1985년 숭의여고졸 1989년 서울대 법대졸 [경]1989년 사법시험 합격(31회) 1992년 사법연수원 수료(21기) 1992년 서울민사지법 판사 1994년 서울지법 동부지원 판사 1996년 대전지법 판사 1999년 서울지법 판사 2001년 서울행정법원 판사 2003년 대법원 산하 법관제도개선위원회 위원 2003~2004년 서울고법 판사 2004~2006년 재정경제부 세제발전심의위원회 위원 2004~2006년 헌법재판소 헌법연구관 2004년 헌법실무연구회 회원(현) 2006년 법무법인 화우 변호사(현) 2006년 행정자치부 정책자문위원회 행정혁신분과위원 2006~2012년 국세청 조세법률고문 2007~2009년 국무총리 행정심판위원회 위원 2008년 전문건설공제조합 법률자문위원(현) 2009년 법무부 변호사시험 공법문제유형연구위원회 위원 2009~2011년 기획재정부 국세예규심사위원회 위원 2010~2011년 법무부 인권정책과 차별금지법특별분과위원회 위원 2010~2012년 국세청 국세심사위원회 위원 2010년 법제처 행정심판위원회 위원(현) 2011년 대법원 법관인사제도개선위원회 위원 2011년 사법연수원 민사변호사실무담당 변호사 2012년 同국민법제관 법령해석분야 위원(현) 2012년 법률신문 논설위원(현) 2013년 서울지방국세청 조세법률고문 2013년 법제처 법령해석심의위원회 위원(현) 2013년 대통령비서실 행정심판위원회 위원(현) 2014년 국가인권위원회 비상임위원(현) 2014년 법무부 검사적격심사위원회 위원(현) 2014년 안전행정부 고위공무원임용 심사위원회 위원 2015년 (사)한국여성변호사회 이사(현)

이선영(李善英·女) Rieh, Sun-Young

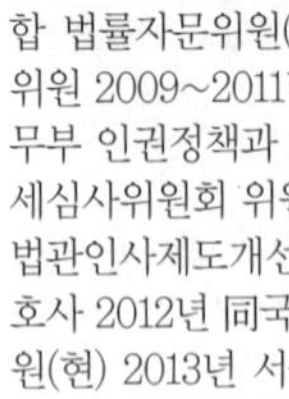

[생]1962·10·10 [본]전의(全義) [출]서울 [주]서울 동대문구 서울시립대로163 서울시립대학교 건축학부(02-6490-2772) [학]1981년 명성여고졸 1985년 서울대 건축공학과졸 1987년 同대학원 건축공학과졸 1989년 미국 캘리포니아대 버클리교 대학원 건축학과졸(M.Arch) 2007년 건축학박사(Arch.D.·미국 하와이대) [경]1987~1988년 (주)정림건축 근무 1990~1992년 미국 Woo & Williams 근무 1993년 미국 Boston Architectural Center 설계스튜디오 강사 1993년 미국 Bruner/Cott & Associates 디자이너 1994년 미국 Marmon Mok 프로

젝트 책임건축가 1996~1997년 미국 Prairie View A&M Univ. 건축과 조교수 1998년 서울시립대 건축도시조경학부 조교수·부교수 2005년 同건축학부 건축학전공 교수(현) 2007년 미국 University of Hawaii 풀브라이트 방문교수 [상]문화체육관광부장관표창(2010), 대한건축학회 학술상(2012) [저]'건축교육의 미래(共)'(1999) '미래형건축 : 스틸하우스의 설계(共)'(2002) '세상을 바꾸는 여성엔지니어(共)'(2008) '2030 서울도시기본계획(안)성 분석(共)'(2013) [역]'섹슈얼리티와 공간'(2005) [작]'핵재료실험동(서울대)' '산안토니오 아카데미 다목적홀'

이선영(李善永) Lee Sun Young

[생]1969·4·5 [주]서울 서초구 서초대로396 강남빌딩21층 케이아이엔엑스 대표이사실(02-526-0900) [학]1992년 연세대 사회학과졸 [경]1994~1996년 KBC정보시스템 근무 1996~2000년 생명보험협회 대리 2000~2009년 가비아 이사(CTO) 2007년 케이아이엔엑스 대표이사(현) [상]미래창조과학부장관표창(2015)

이선우(李善雨)

[생]1957·10·26 [주]서울 강남구 테헤란로512 신안빌딩 현대비앤지스틸(주) 관리본부(02-3467-0070) [학]한영고졸, 한국외국어대 아랍어과졸 [경]2006년 비앤지스틸(주) 재경담당 이사대우 2008년 同재경담당 이사, 同관리본부장(상무) 2010년 同관리본부장(전무) 2015년 현대비앤지스틸(주) 관리본부장(부사장)(현)

이선우(李宣雨) LEE Sun Woo

[생]1958·4·15 [주]서울 종로구 대학로86 한국방송통신대학교 행정학과(02-3668-4606) [학]1982년 고려대 농학과졸 1987년 同행정학과졸 1990년 미국 위스콘신대 메디슨교 대학원 행정학과졸 1992년 미국 시라큐스대 대학원 행정학과졸 1996년 정책학박사(미국 시라큐스대) [경]2000~2001년 이화여대 사회과학대학 정경학부 행정학전공 조교수 2000년 서울지방경찰청 심의위원 2001년 행정자치부 평가위원 2001년 입법고등고시 출제위원 2001년 한국방송통신대 사회과학대학 행정학과 교수(현) 2005~2014년 경제정의실천시민연합 갈등해소센터 이사장 2006년 한국방송통신대 원격교육연구소장 겸 독학학위검정원장 2007년 한국행정학회 이사 2008년 한국인사행정학회 회장 2008~2010년 정부공직자윤리위원회 위원 2010~2012년 한국방송통신대 기획처장 겸 산학협력단장 2011~2014년 국무총리산하 경제·인문사회연구회 비상임이사 2013년 4대강사업조사평가위원회 민간위원 2013년 한국갈등학회 초대회장(현) 2014년 한국사회갈등해소센터 이사장(현) 2015년 한국가스공사 비상임이사(현) 2015년 해양수산부 초대 청렴옴부즈맨(현) 2015년 한국수력원자력(주) 원전안전·소통위원회 공동위원장(현) 2015년 행정자치부 공적심사위원회 위원(현) 2015년 同분쟁닥터운영위원회 위원장(현) 2015년 국무총리소속 인사혁신추진위원회 위원(현) [상]서울시 서울정책인대상(2002)

이선우(李善雨) LEE Seun Woo

[생]1959·6·2 [출]충북 청원 [주]경기 수원시 영통구 삼성로129 삼성전자(주) 영상전략마케팅팀(031-200-1114) [학]1978년 충주고졸 1982년 서울대 독어독문학과졸 1996년 영국 브래드퍼드대 경영전문대학원 경영학과졸(MBA), 영국 워릭대 대학원 전산정보학과졸 [경]1984년 삼성전자(주) 입사, 同메모리전략마케팅팀 부장 2003년 同상무보 2006년 同메모리영업3팀장(상무) 2007년 同중국전자총괄 SET법인장 2009년 同SEG법인장 2010년 同SEG법인장(전무) 2012년 同SEG법인장(부사장) 2012년 同CE부문 영상디스플레이사업부 영상전략마케팅팀장(부사장) 2013년 同구주총괄 부사장 2014년 同영상전략마케팅팀 고문(현)

이선욱(李善旭) LEE Sun Wook

[생]1970·10·27 [출]경북 안동 [주]경기 과천시 관문로47 법무부 검찰국 검찰과(02-2110-3248) [학]1989년 서울 휘문고졸 1994년 서울대 사법학과졸 [경]1995년 사법시험 합격(37회) 1998년 사법연수원 수료(27기) 1998년 軍법무관 2001년 서울지검 검사 2003년 대구지검 포항지청 검사 2005년 부산지검 동부지청 검사 2006년 대검찰청 연구관 2008~2010년 서울남부지검 검사 2009~2010년 형사사법통합정보체계추진단 파견 2011년 서울중앙지검 부부장검사 2012년 대전지검 공주지청장 2013년 제18대 대통령직인수위원회 법질서·사회안전분과 실무위원 2013년 법무부 국제형사과장 2014년 同검찰국 형사기획과장 2015년 同검찰국 검찰과장(현)

이선의(李善儀) LEE Sun Eui

[생]1960·10·1 [본]전주(全州) [출]인천 [주]서울 양천구 목동서로161 SBS 기획실(02-2113-3120) [학]1979년 동북고졸 1984년 연세대 영어영문학과졸 1986년 同대학원 신문방송학전공 정치학석사 [경]1988년 방송위원회 입사 1989년 同심의부 근무 1991년 SBS 심의부 근무 1993년 同기획부 근무 1995년 同뉴미디어사업부 근무 1996년 同데이터정보부 근무 1997년 同편성제작부 편성부 근무 2003년 同편성본부 외주제작팀 차장 2008년 同기획실 정책팀 차장 2009년 同윤리경영팀장(부장급) 2010년 同편성실 홍보팀장(부장급) 2012년 SBS플러스 편성기획실장(이사) 2013년 SBS 기획실 부국장(현) 2015년 한국민영방송협회 사무처장 겸임(현) [상]SBS 면려상(1993), 국무총리표창(2001)

이선재(李善宰) LEE Sun Jae

[생]1936·3·12 [출]경기 개풍 [주]서울 마포구 마포대로11다길11의6 일성여자중고등학교 교장실(02-716-0069) [학]선린상고졸, 국민대 정치학과졸, 고려대 교육대학원 교육학과졸 [경]1953년 일성여중·고 설립 및 교장(현) 1963년 양원주부학교 설립·교장(현) 1993년 양원지역봉사회 회장(현), 전국고등공민학교연합회 회장, 바르게살기운동중앙협의회 부회장 1995·1998~2000년 서울시의회 의원(국민회의) 1996년 同부의장 2003년 한국문해교육협회 회장 [상]제29회 서울교육상 평생교육부문(2007)

이선재(李善載) SUN JAE LEE

[생]1958·10·12 [본]광주(廣州) [출]서울 [주]서울 마포구 매봉산로45 KBS미디어 임원실(02-6939-8004) [학]1977년 서울고졸 1982년 성균관대 정치외교학과졸 2015년 한양대 언론정보대학원졸(방송영상전공) [경]2003~2006년 한국방송공사 워싱턴특파원 2006~2008년 同정치외교부장 2008년 同해설위원 2008~2009년 同대외정책팀장 2009년 同비서실장 2009~2010년 同남북협력단장 2010~2011년 同취재주간 2011~2012년 同보도국장 2012~2014년 同광주방송총국장 2014~2016년 同심의실장 2016년 KBS미디어 대표이사 사장(현)

이선재(李善宰·女) Lee Sun Jae

[생]1963·4·17 [출]전북 전주 [주]광주 광산구 여대길201 광주여자대학교 총장실(062-956-2500) [학]조선대 특수교육학과졸 2011년 특수교육학박사(조선대) [경]2006~2011년 동강대·남부대·초당대·조선대 강사 2012~2013년 학교법인 송강학원 이사장 2013년 광주시체육회 부회장(현) 2013년 여성벤처연합회 고문(현) 2013년 광주여대 총장(현) 2014년 한국대학양궁연맹 회장(현) 2014년 한국정서행동장애아교육학회 이사 2015년 (재)광주방송문화재단 이사(현) [종]불교

이선종(李善宗·女) LEE Sun Jong

[생]1944·9·15 [출]전북 진안 [주]서울 종로구 원서동129의4 원불교(02-763-1155) [학]동주여고졸 1972년 원광대 원불교학과졸, 경남대 북한대학원 민족공동체지도자과정 수료(1기), 삼성경제연구소 지도자과정 연수, 서강대 방송아카데미 경영자과정 수료 2004년 서울대 환경대학원 CEO경영과정 수료 [경]1995~1997년 원불교 중앙총부 문화부장 1999~2004년 同종로교당교감 및 종로지구장 1999~2009년 (사)아프리카어린이돕는모임 이사 2001년 원불교 천지보은회 상임대표 2002~2004년 전북자연환경연수원 원장 2004~2015년 원불교 은덕문화원장 2004~2006년 同특별교구장 2004~2006년 참여연대 공동대표 2005~2008년 시민방송 운영위원 2006~2009년 원불교 여자정화단 총단장 2006~2012년 同수위단원 2007~2009년 同서울교구장 2009~2011년 노무현재단 고문 2009~2011년 한반도평화포럼 이사 2010~2012년 한국여성단체연합 후원회장 2010~2012년 원불교 중앙중도훈련원장 2011~2012년 살림정치여성행동 공동대표 2011~2012년 희망2013·승리2013원탁회의 위원 2011년 여성평화외교포럼 이사(현) 2011~2015년 국가인권위원회 정책자문위원 2011년 국립민속박물관 운영자문위원(현) 2012년 서울시 원전하나줄이기 위원(현) 2012년 서울시 시정고문단(현) 2013년 환경재단 대표 2013년 국립여성사박물관추진위원회 위원(현) 2014년 3.1혁명100주년기념사업추진위원회 고문(현) 2015년 원불교 교무(현) 2016년 희망새물결 고문(현) [상]환경부장관표창(2001), 한겨레신문 '한국 미래를 열어갈 종교인' 선정(2004), 환경재단 '우리 사회를 밝게 빛낸 사람들 100인' 선정(2005), 여수시지역사회 공로상 [종]원불교

이선종(李鮮鍾) LEE Seon Jong

[생]1958·5·24 [출]서울 [주]서울 서초구 서초대로74길11 삼성전자빌딩29층 삼성벤처투자(주) 사장실(02-2255-0205) [학]1977년 용문고졸 1984년 중앙대 경영학과졸 2005년 고려대 대학원 경영학과졸 [경]2003년 삼성전자(주) 경리그룹 담당임원(상무) 2006년 同재경팀 담당임원(전무) 2009년 同경영지원팀장(전무) 2009년 同재경팀장(부사장) 2013년 삼성벤처투자 대표이사 사장(현)

이선중(李善中) LEE Sun Jung

[생]1924·1·20 [본]전주(全州) [출]경북 금릉 [학]1942년 김천중졸 1947년 서울대 법대졸 [경]1947년 변호사시험 합격 1950~1958년 대구지검·부산지검 검사 1958년 대구지검·서울지검 부장검사 1960년 제주지검 검사장 1961~1962년 광주고검·대구고검 차장검사 1962~1965년 광주지검·대전지검·대구지검 검사장 1965년 대검찰청 검사 1966~1971년 법무부 법무실장 1971~1973년 同차관 1973년 법제처장 1975년 검찰총장 1976~1978년 법무부 장관 1979년 변호사 개업 1980~1999년 필동합동법률사무소 변호사 2000년 同대표변호사, 동방종합 법무법인 변호사 [상]황조·청조근정훈장, 녹조·홍조소성훈장, 대만 대수경성훈장 [저]'판례학설 주석' '형사소송법'

이선호(李善浩) LEE Sun Ho (快山)

[생]1939·10·11 [본]전의(全義) [출]서울 [학]1958년 서울사대부고졸 1964년 서울대 경제학과졸 1966년 미국 보스턴대(Boston College) 대학원졸 1997년 한국과학기술원 최고경영자과정 수료 1998년 서울대 최고경영자과정 수료 2002년 고려대 기업지배구조최고과정 수료 [경]1967년 한국외환은행 입행 1970년 아시아개발은행(ADB) 조사역 1974년 한국외환은행 과장 1976년 한국수출입은행 비서역 1977년 同뉴욕사무소장 1981년 同심사부장 1988년 同해외투자연구소장 1991년 同이사 1992~2013년 상지경영컨설팅(주) 대표이사 1996년 한국수출입은행 전무이사 1999~2000년 SK증권 비상근고문 2000~2003년 현대중공업(주) 사외이사 2000~2002년 대신통상(주) 대표이사 사장 2003~2004년 그린화재해상보험(주) 사외이사 2004~2007년 극동유화(주) 사외이사 2004~2005년 (주)인터플랙스 사외이사 2005~2008년 한국철도공사 투자 및 자금업무 심의위원 2006~2012년 제주국제자유도시개발센터 투자심의위원 2006년 코리아타임스 독자권익보호위원회 옴부즈만(현) 2009~2012년 근화제약(주) 사외이사 2009년 (주)코람코자산신탁 비상근자문위원 2010~2016년 삼양통상(주) 사외이사 [상]재무부장관표창, 부총리 겸 경제기획원장관표창, 산업포장 [저]'Contributions to "Thoughts of The Times" Column of The Korea Times from 1967 to 1997'(英) [역]'봉쇄성장과 개방성장'

이선화(李宣和·女) LEE Sun Hwa

[생]1960·9·13 [출]제주 [주]제주특별자치도 제주시 문연로13 제주특별자치도의회(064-741-1963) [학]1979년 제주여고졸 1983년 제주대 일어일문학과졸, 同사회교육대학원 스토리텔링학 석사과정 재학中 [경]1983년 제주MBC PD 1994년 同TV PD 1995년 同R PD 1997년 同보도제작국 라디오제작부 차장 2000년 同라디오제작부장 2002년 同TV제작부 부장대우 2004년 同편성제작국 라디오제작부장, 한나라당 제주도당 여성위원장, 여성부 정책자문위원, 한국자유총연맹 중앙여성회 부회장, 민주평통 자문위원(현), 한국사회복지공동모금회 운영위원 2010년 제주특별자치도의회 의원(비례대표, 한나라당·새누리당) 2012~2013년 同여성특별위원회 위원장 2012~2013년 同복지안전위원회 위원 2013년 同문화관광위원회 위원 2013년 同제주문화관광포럼 대표 2014년 제주특별자치도의회 의원(새누리당)(현) 2014년 同의회운영위원회 위원장 2014·2016년 同문화관광스포츠위원회 위원(현) 2014년 同윤리특별위원회 위원장 2014년 전국시·도의회운영위원장협의회 정책위원장 2015년 同사무총장 2016년 제주특별자치도의회 예산결산특별위원회 부위원장(현), 제주특별자치도 양성평등위원회 위원(현), 同문화예술위원회 위원(현) [상]대한민국미래경영대상 의정행정부문대상(2014)

이선효(李宣孝) LEE Seon Hyo

[생]1957·10·2 [본]전주(全州) [출]전북 군산 [주]서울 강남구 수서동715번지 수서오피스빌딩 6,7층 네파(주) 비서실(02-3407-0247) [학]1976년 보성고졸 1983년 연세대 경영학과졸 [경]1983년 삼성물산 입사 1999년 제일모직 근무 2002년 모다아울렛 경영총괄 2003년 신세계인터내셔날 VOV 사업부장 2004년 同국내사업부장(상무) 2006~2008년 同GAP사업부장(상무) 2010년 동일드방레 대표이사 부사장 2012~2016년 同대표이사 사장 2016년 네파(주) 대표이사(현) [종]기독교

이선효(李善孝) LEE Sun Hyo

[생]1960·2·18 [본]인천(仁川) [출]경남 합천 [주]경남 진주시 동진로143 경남도민신문(055-757-1000) [학]진주고졸 1988년 부산대 영어영문학과졸 [경]1989년 경남일보 입사 1999년 同편집부 차장 2000년 同도정부 차장 2001년 同사회부 차장 2002년 同경제부장 2003년 同정치부장 2004년 同편집부장 2005년 同편집국 정경부장 2006년 同편집국장 2010~2015년 경남도민신문 편집국장 2015년 同논설주간(현)

이선훈(李善勳) LEE Sun Hoon

[생]1964·7·15 [출]대전 [주]서울 서초구 반포대로158 서울고등검찰청(02-530-3114) [학]1983년 대전고졸 1988년 고려대 법학과졸 [경]1988년 사법시험 합격(30회) 1991년 사법연수원 수료(20기) 1994년 대전지검 검사 1995년 창원지검 통영지청 검사 1997년 서울지검 검사 1999년 춘천지검 검사 2001년 전주지검 검사 2003년 同부부장검사 2003년 수원지검 부부장검사 2005년 부산고검 검사 2006년 광주지검 순천지청 부장검사 2008년 대전지검 형사3부장 2008~2010년 친일반민족행위자재산조사위 파견 2009년 광주지검 부장검사 2010년 서울고검 검사 2012년 대전고검 검사 2012~2013년 충남도 파견 2015년 서울고검 검사(현)

이선희(李善姬·女) Lee Sun Hee

[생]1949·11·3 [출]대구 [주]서울 서초구 반포대로217 양육비이행관리원(02-3479-5501) [학]1969년 진명여고졸 1973년 이화여대 법학과졸 [경]1978년 사법고시 합격(20회) 1980년 사법연수원 수료(10기) 1980년 서울가정법원 판사 1983년 서울민사지법 판사 1985년 인천지법 판사 1987년 서울지법 남부지원 판사 1989년 서울민사지법 판사 1991년 서울고법 판사 1992년 서울민사지법 판사 1994년 서울가정법원 판사 1997년 대전지법 부장판사 1998년 수원지법 부장판사 1999년 서울지법 동부지원 부장판사 2000년 서울지법 부장판사 2001~2005년 사법연수원 교수 2005년 변호사 개업 2005~2015년 변호사이선희법률사무소 대표 2005~2009년 행정심판위원회 위원 2005~2015년 항공·철도사고조사위원회 위원 2007~2008년 정보통신윤리위원회 위원 2011~2013년 중앙노동위원회 공익위원 2014~2015년 국가정보원 북한이탈주민보호센터 인권보호관 2015년 양육비이행관리원 초대 원장(현)

이선희(李羨禧·女) LEE Sun Hee

[생]1960·1·15 [본]전주(全州) [출]서울 [주]충북 청원군 오송읍 오송생명2로187 식품의약품안전평가원 의약품심사부(043-719-2901) [학]1978년 성정여고졸 1982년 이화여대 제약학과졸 1984년 同대학원 약학과졸 1988년 약학박사(이화여대) [경]1984~1988년 서울대 의대 약리학교실 조교 1988년 국립보건안전연구원 약리부 약효약리과 근무 1989년 미국 국립독성연구소 파견 1990~1999년 국립보건안전연구원 독성부 특수독성과·일반독성과 근무 1992년 미국 시카고대 의대 약리학교실 파견 1995~1996년 미국 국립보건원 박사후연구원 1997~2006년 한국응용약물학회 편집간사 2000~2004년 국립독성연구원 독성부 특수독성과장·신경독성과장·일반독성과장·약리부 안전성평가과장 2004~2008년 식품의약품안전청 의약품평가부 마약신경계의약품과장·의약품기준과장 2004~2008년 마약류과학정보연구회 회장 2008년 부산지방식품의약품안전청 시험분석센터장 2009년 식품의약품안전청 의약품안전국 의약품심사부장(고위공무원) 2013년 식품의약품안전평가원 의약품심사부장(현) [상]국무총리표창(2006), 근정포장(2014) [저]'GLP에 대하여 알아봅시다'(2002) '독성학'(2003) '바이오 의약품의 품질·안전성 평가'(2004) '살빼는 약 바로 알고 복용하세요'(2007) [역]'일본 의약품 GLP 가이드북'(2003) 등 자료집14권 [종]기독교

이선희(李善姬·女) LEE Seon Hee

[생]1962·5·10 [주]서울 양천구 안양천로1071 이화여자대학교 목동병원 예방의학과(02-2650-5783) [학]1988년 이화여대 의과대학졸 1991년 연세대 대학원졸 1994년 보건학박사(연세대) [경]1997년 이화여대 의과대학 예방의학교실 교수(현) 2002년 同대학보건소장 2006~2012년 대한의학회 의료정책이사 2008년 한국의료QA학회 총무이사 2008~2012년 한국병원경영학회 학술부회장 2009년 보건복지부 의료기관평가위원회 위원 2010년 건강보험심사평가원 평가위원, 국무총리 행정심판위원 2011년 한국희귀의약품센터 비상임이사 2012~2013년 한국보건의료연구원 원장 [상]한국보건행정학회 우수연구자상(2002) [저]'의료보험관리공단 일산병원 건

축설계지침' '상대가치에 따른 의료수가 산출방법개발' '고양시지역 보건
의료계획 수립' '고양시 일산구 건강증진센터 건립기본계획' '의료서비스
마케팅'

이 성(李 星) LEE Sung

❸1956 · 11 · 1 ❀경북 문경 ㈜서울 구로구 가마산로
245 구로구청 구청장실(02-860-2323) ❶1976년 덕
수상고졸 1980년 고려대 법대 행정학과졸 2008년 미
국 텍사스대 달라스교 대학원 행정학과졸, 동국대 대학
원 행정학박사과정 수료 ❷1980년 행정고시 합격(24회)
1985년 서울올림픽 홍보계장 1994년 대통령비서실 행
정관, 서울시 기획담당관, 同시장 정책비서관, 同자치행
정과장 2000년 同시정개혁단장, 同시정기획관 2002~2006년 同구로구 부
구청장 2006년 미국 텍사스주립대 댈러스캠퍼스 행정학석사과정 교육파견
2008년 서울시 경쟁력강화본부장 2009~2010년 同감사관 2010년 서울 구
로구청장(민주당 · 민주통합당 · 민주당 · 새정치민주연합) 2014년 서울시
구로구청장(새정치민주연합 · 더불어민주당)(현) 2014년 서울시구청장협의
회 부회장(현) 2016년 전국다문화도시협의회 회장(현) ❸문학세계 신인문학
상(1999), 도전한국인운동본부 제1회 자랑스러운 지방자치단체장 복지부문
대상(2013), 2014매니페스토 약속대상 지방선거부문 공약집분야 최우수상
(2014) ❹'온 가족 세계 배낭여행기'(2001) '돈 바위산의 선물'(2010, 생각의
나무) '구로, 날씨맑음'(2013, 하누리)

이성구(李聲九) LEE Sung Ku (無號)

❸1942 · 3 · 17 ❂영천(永川) ❀대구 ㈜서울 용산구 한
남대로11길12 ㈜고파스방수(02-790-9200) ❶1960
년 경북사대부고졸 1967년 서울대 경제학과졸 ❷1973
년 ㈜고파스방수(舊동방포루마) 회장(현), 국민교육신
문 논설위원 1991 · 1995 · 1998 · 2002~2004년 서울시
의회 의원(한나라당) 1991년 同재무경제위원장 1991년
서울시공직자윤리위원회 부위원장 1998~2000년 서울
시의회 부의장 2002~2004년 同의장 2002~2004년 전국시도의회의장협
의회 회장 2005년 제17대 국회의원(비례대표 승계, 한나라당) 2005년 국회
국방위원회 위원 2007년 ㈜고파스빌딩 회장(현) 2015년 대한민국헌정회
이사(현) ❸천주교

이성구(李成九) Lee sung koo

❸1949 · 10 · 8 ❂전주(全州) ❶1967년 한림공업
고졸 ❷1968~1970년 제주도 건설과 지방기계기
원보 1996~1997년 同지역경제과 에너지관리계장
1998~2000년 同교통행정과 과장 2007~2008년 同
교통관리단장 2011~2014년 영진기업㈜ 상임고문
2014~2016년 제주에너지공사 사장 ❸근정포장(1999),
홍조근정훈장(2009)

이성구(李聖求) LEE Sung Koo

❸1954 · 7 · 25 ❀서울 ㈜서울 금천구 디지털로130 에
이스테크노타워9차405호 안트로젠 임원실(02-2104-
0391) ❶1973년 양정고졸 1977년 서울대 약학과졸 1981
년 同대학원 약학과졸 ❷1987년 한국메리카공업㈜ 개
발부 차장 1987년 새수도약국 약사 1988년 부광약품공
업㈜ 기획차장 1989년 同기획부장 1993년 부광약품㈜
기획담당 이사대우 · 이사 1997년 同상무이사 2001
년 同전무이사 2004~2012년 同대표이사 사장 2006년 안트로젠 대표이사
사장(현) ❸불교

이성구(李城求) LEE Seong Gu

❸1962 · 12 · 10 ❀충북 제천 ㈜서울 마포구 마포대로
174 서울서부지방법원(02-3271-1114) ❶1980년 청주
고졸 1984년 서울대 법학과졸 ❷1989년 사법시험 합
격(31회) 1992년 사법연수원 수료(21기) 1992년 서울
지법 남부지원 판사 1994년 서울민사지법 판사 1996
년 대전지법 서산지원 태안 · 당진군법원 판사 1998
년 대전지법 판사 1999년 서울지법 남부지원 판사
2001년 서울지법 판사 2003년 서울고법 판사 2005년 서울동부지법 판사
2007년 춘천지법 수석부장판사 2008년 수원지법 부장판사 2011년 서울
남부지법 부장판사 2013년 서울중앙지법 부장판사 2016년 서울서부지법
부장판사(현)

이성구(李晟求) Seong-Gu Lee

❸1964 · 8 · 14 ❀충남 보령 ㈜세종특별자치시 갈매로
388 정부세종청사 문화체육관광부(044-203-2000)
❶2010년 연세대 대학원 광고홍보학과졸 ❷1988년 중
앙일보 기자 1997년 중앙M&B 팀장 2004년 랜덤하
우스중앙 임프린트 대표 2007년 중앙북스 총편집인
2009~2011년 국토해양부 홍보전문관 2011년 숙명여대
홍보광고학과 겸임교수 2011년 국토해양부 온라인대변
인 겸 뉴미디어홍보팀장 2013~2016년 국토교통부 온라인대변인 겸 뉴미디
어홍보팀장 2016년 문화체육관광부 국민소통실 국민홍보지원과 서기관(현)
❸중앙일보 특종상(1990), 랜덤하우스중앙 베스트리더십 대상(2005), The
PR '2010 정부기관 스마트정책홍보평가' 최우수상(2010), 대한민국 정부기
관정책홍보 최우수상(2013), 국가사회발전유공 대통령표창(2013)

이성구(李晟求)

❸1965 · 5 · 6 ㈜서울 영등포구 여의대로70 신한금융투
자 국제 · 파생본부(02-3772-1000) ❶1984년 휘문고
졸 1991년 고려대졸 ❷1991년 삼성SDS 입사 1996년 대
우증권 과장 2008년 굿모닝신한증권 법인선물옵션부장
2012년 신한금융투자 국제 · 파생본부장(현)

이성국(李聖國) LEE Seong Kook

❸1959 · 5 · 6 ❂영천(永川) ❀경북 경산 ㈜세종특별
자치시 도움4로9 국가보훈처 보훈심사위원회(044-
202-5800) ❶1977년 경북고졸 1981년 경북대 행정학
과졸 1984년 서울대 행정대학원 행정학과졸 2005년 미
국 캔자스주립대 대학원 행정학과졸 ❷1989년 행정고
시 합격(33회) 1990년 공보처 홍보조사국 · 신문방송
국 근무 1996년 공정거래위원회 독점국 · 소비자보호국
근무 2000년 대전지방보훈청 보훈과장 2001년 同지도과장 2002년 국가보
훈처 제대군인정책관실 제대군인정책담당관실 근무 2002년 서울지방보훈
청 지도과장 2005년 국가보훈처 제대군인국 제대군인취업과장 2006년 同
보훈선양국 공훈심사과장 2008년 同보훈심사위원회 상임위원 겸 사무국장
2009~2011년 同보상정책국장 2011년 국방대 교육파견 2012년 부산지방보
훈청장 2013년 국가보훈처 기획조정관 2015년 同보훈심사위원회 위원장(현)
❸가톨릭

이성권(李成權) LEE Seong Kweun

❸1968 · 9 · 22 ❂경주(慶州) ❀경남 남해 ㈜부산 부산
진구 엄광로176 동의대학교 상경대학 글로벌경영학과
(051-890-1114) ❶1987년 남해고졸 1996년 부산대 철
학과졸 1999년 경남대 극동문제연구소 남북경협아카데
미 수료 2004년 일본 와세다대 대학원 국제정치학과졸
❷1995년 부산대 총학생회장 1996~2000년 박관용국
회의원 비서관 2001~2004년 일본 자민당 고노타로국
회의원 비서 2002년 한나라당 이회창대통령후보 보좌역 2002년 한일정책
연구소 사무처장 · 연구원 2002년 (사)한국의길 이사 2002년 한국의길포럼
부산본부 대표 2004~2008년 제17대 국회의원(부산진乙, 한나라당) 2004
년 한나라당 청년위원장 2004년 국회 인권포럼 책임연구위원 2005년 한 ·
일의원연맹 21세기위원회 부위원장 2007년 한나라당 이명박대통령후보 수
행실장 2008년 선진부산포럼 공동대표 2008~2010년 대한무역투자진흥공
사(KOTRA) 감사 2009~2012년 선진부산포럼 대표 2010~2011년 대통령
시민사회비서관 2011~2012년 동의대 정치외교학과 겸임교수 2012~2015
년 駐고베 총영사 2015년 동의대 상경대학 글로벌경영학과 겸임교수(현)
❹'소통은 권력을 이긴다'(2011)

이성규(李成珪) LEE Seong Kyu

❸1946 · 10 · 10 ❀서울 ㈜서울 관악구 관악로1 서울대
학교(02-880-5114) ❶1972년 서울대 사학과졸 1975
년 同대학원졸 1984년 문학박사(서울대) ❷1978년 수
도여자사범대학 전임강사 1979~1980년 서울대 전임강
사 1981~1985년 同동양사학과 조교수 1983~1984년 미
국 Harvard-Yenching연구소 방문학자 1985~1990년
서울대 동양사학과 부교수 1990~2011년 同동양사학과
교수 1997~1999년 同동아문화연구소장 1999~2001년 한국동양사학회 회
장 2003~2005년 서울대 역사문제연구소장 2005~2006년 同규장각 관장
2005년 대한민국학술원 회원(동양사 · 현) 2009~2012년 국사편찬위원회
위원 2011년 서울대 동양사학과 명예교수(현) ❹'中國古代帝國成立史研究'
(1984) '음애이자와 기묘사림(共)'(2004) '동북아시아 선사 및 고대사 연구의
방향(共)'(2004) '항일노동운동의 선구자 서정희上 · 下'(2006)

이성규(李聖揆) LEE Seong Gyu (몽암)

[생]1957 · 9 · 25 [본]전주(全州) [출]경북 상주 [주]충남 천안시 동남구 단대로119 단국대학교 몽골학과(041-550-3231) [학]1983년 단국대 국어국문학과졸 1988년 同대학원 국어국문학과졸 1999년 몽골어박사(성균관대) 2007년 명예박사(몽골 몽골국립대) [경]1983년 풍생고 교사 1987년 단국대 동양학연구소 연구원 1990년 몽골국립대 객원연구원 1993~2005년 단국대 몽골학과 전임강사 · 조교수 · 부교수 1996~1999년 한몽경제학회 사무총장 2003년 한국몽골학회 부회장 2005~2008년 단국대 몽골어과 교수 2005년 몽골국립대 연구교수 2006~2007년 단국대 천안캠퍼스 교무처장 2008년 同몽골학과 교수(현) 2009~2010년 한국몽골학회 회장 2010년 단국대 몽골연구소장(현) 2010~2013년 同몽골어대사전편찬실장 2012~2013년 同인문과학대학장 2012~2015년 同율곡기념도서관장 2013~2015년 同외국어대학장 2013년 同몽골바이오문화연구센터장(현) 2014년 한국사립대학도서관협의회 회장 2014~2016년 한글학회 세종 · 충남지회장 2016년 단국대 북방문화연구소장(현) [상]문교부장관표창(1971), 몽골 교류협력상(2000), 駐韓몽골대사표창(2010), 몽골 대통령 북극성 훈장(2016) [저]'몽학삼서의 몽고어 연구'(2002) '17세기 몽문연대기의 몽고어 연구'(2005) '알타이어족 언어의 관직명연구'(2013) '한국상고문화기원연구'(2013) '만주지역고문자연구'(2014) [역]'국역요사'(2012) [종]불교

이성규(李成圭)

[생]1958 · 11 · 6 [출]경북 의성 [주]경북 김천시 시청1길1 김천시청 부시장실(054-420-6006) [학]대구 영신고졸, 대구공업전문대학졸, 경북산업대 건축공학과졸, 경북대 대학원 건축공학과졸 [경]1980년 경북 영천군 새마을과 근무(건축직 8급 특채) 1983년 同건설과 근무 1989년 대구 북구 산격3동 근무 1989년 경북도 공영개발사업단 개발1과 근무(7급) 1992년 同내무국 문화예술과 근무(6급) 1999년 同문화체육관광국 문화산업과 사무관 2001년 同문화체육관광국 문화예술과 사무관 2004년 同문화체육관광국 문화재과 사무관 2006년 同건설도시방재국 건축지적과 사무관 2008년 同문화체육관광국 문화재과 사무관 2012년 同문화체육관광국 문화재과장(서기관) 2014년 同건설도시방재국 건축디자인과장 2015년 경북 청도군 부군수 2016년 경북 김천시 부시장(현) [상]대통령표창(1999)

이성규(李星圭) LEE Seong Kyu

[생]1959 · 10 · 25 [출]충남 예산 [주]서울 중구 서소문로 116 유원빌딩 연합자산관리(주) 대표이사실(02-2179-2470) [학]1978년 서울사대부고졸 1984년 서울대 경영학과졸 1986년 同대학원 경제학과졸 1994년 경영학박사(연세대) [경]1985~1994년 한국신용평가(주) 책임연구원 1994년 제일제당(주) 차장 1996~1998년 한국EMI뮤직(주) 실장 · 이사 1998~2000년 금융감독원 기업구조조정위원회 사무국장 2000년 서울은행 상무 2001년 기업구조조정투자회사(CRV)설립위원회 사무국장 2002년 국민은행 영업지원본부장(부행장) 2002년 세계경제포럼(WEF) '아시아의 미래를 짊어질 차세대 한국인 리더'에 선정 2004~2005년 국민은행 영업지원그룹 부행장 2004년 금융발전심의회 4개분과위(정책 · 은행 · 증권 · 보험) 위원 2006년 (주)KorEI 최고지식책임자(CKO) 2006년 (주)하나금융지주 전략담당 부사장 2007년 하나은행 부행장 2009년 同경영관리그룹총괄 부행장 2009년 同경영관리본부장 겸임 2009년 同최고전략책임자(CSO · 부사장) 2009년 연합자산관리(주) 대표이사 사장(현) [저]'이헌재식 경영철학'(2004)

이성규(李城圭) Lee Seong Gyu

[생]1961 · 7 · 12 [출]충남 부여 [주]서울 동대문구 서울시립대로163 서울시립대학교 사회복지학과(02-6490-2082) [학]1979년 경성고졸 1984년 고려대 경제학과졸 1988년 서울대 행정대학원 행정학과졸 1997년 사회복지정책학박사(영국 런던정경대) [경]1990~1997 · 1998~1999년 한국장애인고용촉진공단 직업재활국장 1997~1998년 대통령 사회복지수석비서관실 행정관, (사)장애인직업안정연구원 원장 1999~2003년 공주대 사회복지학과 교수 2003년 서울시립대 사회복지학과 교수(현), 同사회복지학과장 2005년 서울시 사회복지위원회 위원(현) 2006~2010년 서울시복지재단 대표이사 2007년 국가인권위원회 조정위원(현) 2007~2008년 대통령직인수위원회 교육사회분과 상임자문위원 2008~2010년 한국장애인복지학회 회장 2008~2010년 고용노동부 사회적기업 인증심사위원 2008~2011년 同장애인고용정책위원 2008년 소액서민미소금융재단 이사(현) 2008~2013년 대통령비서실 사회정책자문위원 2009~2011년 대통령자문 사회통합위원회 계층분과위원 2010~2012년 국제지역사회개발협회(IACD) 이사 겸 아시아디렉터 2010~2012년 한국방송공사(KBS) 시청자위원 2010년 국무총리실 사회보장심의위원회 위원 2011년 同장애인정책조정위원회 위원 2011~2014년 한국장애인고용공단 이사장 2011년 서울국제장애인기능올림픽위원회 위원장 2011년 국제장애인기능올림픽연합(IAF) 부회장 2012년 국제장애인직업능력개발협회(VCI) 의장 2015년 서울시립대 사회과학연구소 복지사회연구센터장(현) 2015 · 2016년 한국장애인재단 이사장(현) [저]'사회통합과 장애인복지정치'(2000) '보건복지정책 중장기 추진 전략'(2008) 외 다수

이성규(李晟圭) Sungkyu Lee

[생]1973 · 12 · 6 [본]전주(全州) [출]충북 충주 [주]서울 서초구 반포대로158 서울중앙지방검찰청 공안2부(02-530-4307) [학]1992년 충주고졸 1997년 서울대 사법학과졸 2009년 미국 컬럼비아대 로스쿨졸(LL.M.) [경]1996년 사법시험 합격(38회) 1999년 사법연수원 수료(28기) 1999년 軍법무관 2002년 서울지검 남부지청 검사 2003년 미국 캘리포니아주 공인회계사 시험(AICPA) 합격 2004년 광주지검 순천지청 검사 2006년 법무부 형사기획과 검사 2008년 서울중앙지검 검사 2009년 미국 뉴욕주 변호사시험 합격 2009년 미국 뉴욕주 나소카운티검찰청 연수 2010년 서울중앙지검 검사 2011년 대검찰청 연구관 2013년 대전지검 공안부장 2014년 법무부 국제형사과장 2015년 同공안기획과장 2016년 서울중앙지검 공안2부장(현) [상]검찰총장표창(2005) [종]불교

이성근(李聖根) RHEE Seung Keun (玄岩)

[생]1938 · 11 · 13 [본]전주(全州) [출]서울 [주]서울 중구 퇴계로369 세창빌딩5층 동북아연구소(02-2274-3560) [학]1956년 검정고시 합격 1961년 연세대 정치외교학과졸 1964년 필리핀대 대학원졸 1969년 사회학박사(일본 東京大) 1996년 명예박사(러시아 국립과학아카데미), 명예 인문학박사(오클랜드시티대) [경]1969년 통일원 연구위원 1971년 명지대 부교수 · 교양학부장 1973년 同교수 1976년 제9대 국회의원(통일주체국민회의, 유신정우회) 1979년 제10대 국회의원(통일주체국민회의, 유신정우회) 1980년 한 · 일협력위원회 상임위원 1980년 평통 상임위원 1981~1996년 명지대 정치외교학과 교수 1982년 同행정문제연구소장 1986년 배재대학 학장 1987년 한 · 파라과이친선협회 회장 1990년 배재대 대학원장 1990년 同초대 총장 1990년 동북아연구소 이사장 1992년 사립대총학장회 회장 1994년 미국 오클랜드시티대 명예총장(현) 1995년 자민련 당무위원 1995년 同정치발전위원장 1995년 아세아교류협회 부이사장 1996년 가톨릭대 국제대학원장 1997년 한국필리핀학회 회장 1998~2002년 한성대 총장 2002년 한 · 필리핀친선협회 회장 2002년 명지대 석좌교수 2004~2006년 대구예술대 총장 2006년 동북아연구소 이사장(현) 2011년 서울벤처정보대학원대 총장 [상]국민훈장 동백장 [저]'동북아의 정치와 사상' [역]'사회계약론' '삼민주의' [종]기독교

이성근(李盛根) LEE Seong Keun

[생]1952 · 12 · 21 [출]경남 [주]경북 경산시 대학로280 영남대학교 새마을국제개발학과(053-810-2682) [학]1977년 영남대 행정학과졸 1979년 서울대 대학원 도시계획학과졸 1993년 행정학박사(서울대) [경]1979년 아세아정책연구원 연구원 1980년 영남대 행정학부 지역개발학과 교수, 同정치행정대학 지역 및 복지행정학과 교수 1984~1986년 미국 일리노이대 어배나 샘페인교 연구교수 1998년 한국지역개발학회 회장 1998년 대구 · 경북부동산분석학회 회장 2004~2006년 영남대 정치행정대학장 2008년 同영남지역발전연구소장 2008년 대통령소속 지방분권촉진위원회 제4실무위원 2009년 영남대 행정대학원장 2011~2013년 대구경북연구원 원장 2011년 대통령소속 지방행정체제개편추진위원회 기능분과위원장 2013~2015년 대통령소속 지방자치발전위원회 위원 2015년 영남대 새마을국제개발학과 교수(현) [상]한국지역개발학회 저술부문 학술상(2008), 국무총리표창(2011), 홍조근정훈장(2013) [저]'지역개발학원론' '지역경제론연습' '도시환경과 계획' '국토지역 계획론' '최신 지역경제론(共)'(2008) '최신 지방재정론'(2009) '녹색성장과 지역경영'(2011) '지역개발론'(2012) [종]기독교

이성근(李誠槿) LEE SUNG GEUN

[생]1957 · 5 · 18 [출]서울 [주]경남 거제시 거제대로3370 대우조선해양(주) 임원실(055-735-2114) [학]1976년 경기고졸 1980년 서울대 조선해양공학과졸 1984년 미국 뉴욕공과대 대학원 금속공학과졸(석사) 1992년 공학박사(미국 오하이오주립대) [경]1979년 대우조선공업(주) 입사 2006년 同선박해양기술연구소장(상무) 2009년 同미래연구소장(전무) 2011년 同중앙연구소장(전무) 2012년 同설계부문장(전무) 2013년 同기술총괄 전무 2015년 同조선소장(전무) 2016년 同조선소장(부사장)(현)

ㅇ

이성기(李成基) Lee sung kee

(생)1953·5·11 (본)경남 김해시 인제로197 인제대학교 사회과학대학 사회복지학과(055-320-3540) (학)1977년 서울대 임학과졸 1982년 同행정대학원졸 1996년 사회복지학박사(서울대) (경)1982년 국책연구소 사회정책담당연구원 1985~1986년 보건사회부 사회보장심의위원회 연구참사 1986~1997년 한국보건사회연구소 연구위원 1997년 인제대 사회과학대학 사회복지학과 교수(현) 1998~2000년 김해발전전략연구원 원장 1999~2003·2011·2013~2016년 김해시종합사회복지관 관장 2006년 인제대 사회복지대학원장 2009년 전국사회복지대학원장협의회 초대회장 2012~2015년 인제대 사회복지연구소장 2015~2016년 同사회복지대학원장 (저)한국사회복지연감(共)(1996) '현대사회의 자원봉사론(共)'(1997)

이성기(李成基) LEE Sung Ki

(생)1957·7·17 (본)합천(陜川) (출)강원 (주)강원 춘천시 강원대학길1 강원대학교 동물응용과학부(033-250-8646) (학)1980년 강원대 축산학과졸 1982년 서울대 대학원 육가공학과졸 1986년 육가공학박사(서울대) (경)1983~1988년 농수산물유통공사 종합식품연구원 연구원 1983~1991년 한국식품개발연구원 선임연구원 1991~1999년 강원대 축산가공학과 조교수·부교수 1995~1996년 미국 메사추세츠주립대 객원교수 2000년 강원대 축산식품과학과 교수, 同동물생명과학대학 동물응용과학부 축산식품과학전공 교수(현) 2002~2003년 벨기에 Ghent대 객원교수 2004년 강원대 동물자원공동연구소장 2008년 同동물식품응용과학과장 2009~2011년 同동물생명과학대학장 겸 동물사육장장 2012~2013년 미국 위스콘신대 객원교수 2016년 한국축산식품학회 회장(현) (저)계란과 닭고기의 과학 '근육식품의 과학'

이성길(李晟吉) Lee Seong-Gil (靑岩)

(생)1956·8·21 (본)전주(全州) (출)서울 (주)경기 수원시 권선구 오목천로152번길40 첨단벤처밸리815호 (주)에이스큐브(031-227-7026) (학)1975년 영등포고졸 1979년 중앙대 법학과졸 1984년 同대학원 국제경영학과졸 (경)1981~2001년 (주)협진양행 경영관리팀장·기획감사팀장·전략기획팀장·기획조정실징 2001년 同관리이사(기획·재무·총무·인사) 2002~2003년 同수출사업본부장·기획조정본부장 2003년 (주)깊은책속옹달샘 대표이사 2004년 (주)샘코 대표이사 2009년 (주)에이스큐브 부사장(현)

이성낙(李成洛) LEE Sung Nack

(생)1938·1·7 (출)서울 (주)서울 종로구 율곡로1길23 (사)현대미술관회(02-502-0054) (학)1957년 보성고졸 1962년 독일 마르부르크(Marburg)대 의예과졸 1966년 독일 뮌헨대 의대졸 1969년 의학박사(독일 뮌헨대) 1969년 독일 프랑크푸르트대 피부과학실 전문의과정 수료 2001년 연세대 정보대학원 최고위과정 수료 2014년 미술사학박사(명지대) (경)1975~1990년 연세대 의대 피부과학교실 부교수·교수 1985~1987년 同기획조정실장 1990~2003년 아주대 의대 피부과학교실 교수 1990~1994년 同의과대학장 1994~1998년 同의무부총장 겸 의료원장 1997년 대한피부연구회 회장 1999년 아주대 의무부총장 1999년 한국병원경영연구원 초대원장 2000~2004년 (주)아주메딕스 설립·공동대표이사 2003년 아주대 석좌교수 2004년 同명예교수(현) 2004~2006년 가천의과대 총장 2006년 가천의과학대 총장·명예총장(현) 2007~2010년 한국의학교육평가원 감사 2008~2012년 국제베체트병학회 회장 2009~2011년 한국국제아트페어(KIAF) 조직위원장 2011년 (사)현대미술관회 회장(현) 2013년 간송미술문화재단 이사(현) (상)국민훈장 동백장, 대통령표창(2003), 인당의학교육대상(2004), 제13회 자랑스런 보성인상(2005) (저)'바이러스성 피부질환' '피부과학(共)' 'Textbook of Pediatric Dermatology'(共) '의학대사전(編)' '가정의학' '소아의 발진성질환(共)' (종)기독교

이성남(李成男·女) LEE Sung Nam

(생)1947·11·11 (출)서울 (학)1966년 경기여고졸 1970년 이화여대 영어영문학과졸 1985년 미국 하버드대 비즈니스스쿨(PMD) 수료 (경)1969년 씨티은행 입행 1978년 同한국 MIS(Management Information System) 부장 1983년 同한국영업담당 총지배인 1986년 同홍콩지점 전산프로젝트 매니저 1987년 同한국재정담당 수석 1996년 배재항공여행사 경영컨설턴트 1999년 금융감독원 검사총괄실장 2001년 同검사총괄담당 부원장보 2003년 국민은행 상근감사 2004~2008년 한국은행 금융통화위원회 위원 2008~2012년 제18대 국회의원(비례대표, 통합민주당·민주당·민주통합당) 2008년 국회 정무위원회 위원, 민주당 제3정책조정위원장 2011년 同정책위 부의장

이성덕(李成德) YI Seong Deog

(생)1963·4·6 (출)경북 구미 (주)서울 동작구 흑석로84 중앙대학교 법학전문대학원(02-820-5858) (학)1986년 서울대 법과대학 사법학과졸 1989년 同대학원 법학과졸 1994년 법학박사(영국 옥스퍼드대) (경)1993년 홍익대 법학과 조교수·부교수·교수, 同법학과장 2002~2003년 미국 듀크대 로스쿨 방문학자 2007년 홍익대 대학원 교학부장 2007년 중앙대 법과대학 교수(현), 同법학전문대학원 교수(현) 2010년 대한국제법학회 부회장, 同상임이사(현) 2011~2012년 중앙대 법학전문대학원장 겸 법과대학장 (저)'국제법'(2006) '유럽연합사법제도론'(2007) 'EU법 강의'(2012)

이성록(李聖錄)

(생)1958·1·30 (출)경북 의성 (주)강원 원주시 건강로32 국민건강보험공단 상임감사실(033-736-1700) (학)1975년 북평고졸 1991년 경일대 경영학과졸 1993년 대구대 대학원 사회복지학과졸 2002년 사회복지학박사(서울여대) (경)2002~2015년 한국복지대 재활복지과 교수 2009~2011년 국무총리실 사회보장심의위원회 위원 2011~2012년 대한노인회중앙회 정책이사·사무총장 2011~2013년 보건복지부 장기요양위원회 실무위원 2015년 국민건강보험공단 상임감사(현) (상)보건복지부장관표창(1994), 문화체육부장관표창(2013), 국무총리표창(2013)

이성룡(李性龍) LEE Seong Ryong

(생)1952·9·4 (본)연안(延安) (출)전북 전주 (주)서울 서초구 서초중앙로157 서울법원조정센터(02-530-2785) (학)1971년 진주고졸 1975년 서울대 법대졸 (경)1976년 사법시험 합격(18회) 1978년 사법연수원 수료(8기) 1978년 軍법무관 1981년 부산지법 판사 1982년 마산지법 진주지원 판사 1986년 수원지법 판사 1989년 서울고법 판사 1991년 대법원 재판연구관 1992년 전주지법 부장판사 1994년 인천지법 부장판사 1997년 서울지법 남부지원 부장판사 1997년 同부장판사 2000년 대전고법 부장판사 2001~2006년 서울고법 부장판사, 중앙토지수용위원회 위원장 2006~2009년 법무법인 일신 대표변호사 2009년 법무법인 정률 대표변호사 2011년 국토교통부 감정평가사징계위원회 위원장 2013년 서울법원조정센터 상임조정위원(현) (종)천주교

이성룡(李星龍) LEE SEONG RYONG

(생)1961·1·20 (본)전주(全州) (출)전남 순천 (주)세종특별자치시 연서면 아흡거리길100 세종특별자치시선거관리위원회(044-8650-1390) (학)금오공고졸, 청주대 행정학과졸, 서울대 행정대학원졸, 행정학박사(강원대) (경)1995년 강원도선거관리위원회 지도과장 1999년 평택시선거관리위원회 사무국장 2002년 중앙선거관리위원회 선거관리실 지도과장 2003년 同선거관리실 선거과장 2006년 同법제실 법제기획관 2007년 충북도선거관리위원회 사무국장 2008년 해외교육 파견 2009년 중앙선거관리위원회 선거실 법제기획관 2011년 同선거실 선거기획관 2011년 同기획조정실장(관리관) 2013년 중앙선거방송토론위원회 상임위원 2016년 세종특별자치시선거관리위원회 상임위원(현) (상)홍조근정훈장(2012)

이성룡(李成龍) Lee Sung Yong

(생)1966·1·5 (본)경주(慶州) (출)경북 (주)울산 남구 중앙로201 울산광역시의회(052-229-5010) (학)학성고졸, 울산대 경영학과졸, 同정책대학원 공공정책학과졸 (경)한나라당 울산시당 조직팀장, 한국자유총연맹 울산시 중구지회장 2010년 울산시의회 의원(한나라당·새누리당) 2010년 同경복지위원회 위원 2012년 同예산결산특별위원회 위원 2012년 同환경복지위원장, 유곡중 운영위원장(현) 2014년 울산시의회 의원(새누리당)(현) 2014~2015년 同예산결산특별위원회 위원장 2016년 同제1부의장(현) 2016년 同교육위원회 위원(현) (상)전국시·도의회의장협의회 우수의정 대상(2016)

이성림(李城林·女) LEE Sung Rim

(생)1945·8·20 (출)중국 만주 (주)서울 양천구 목동서로225 대한민국예술인센터 한국예술문화단체총연합회(02-2655-3020) (학)1962년 서울국악예고졸 1964년 중앙대 무용과졸 1994년 동국대 행정대학원 최고경영자과정 수료 1996년 同문화예술대학원 문화예술지도자과정 수료 1999년 국제산업디자인대학원 IDAS 뉴밀레니엄과정 수료 2000년 고려대 컴퓨터과학기술대학원 최고위정보통신과정 수료 2001년 연세대 법무대학원 경영정책법무고

위과정 수료 2002년 고려대 노동대학원 최고지도자과정 수료 2003년 연세대 법무대학원 경영정책법무고위과정 수료 2004년 단국대 문화예술최고경영자과정 수료 [경]이매방 승무·살풀이춤 전수, 박귀희 가야금병창 전수, 한영숙 승무 전수, 전황 장구·부채춤 전수, 김천흥 궁중무 전수, 이창배 경기민요 전수, 성금련 가야금산조 전수 1992~1998년 한국문예교류협의회 회장 1993년 대한민국국악제 운영위원장 1994년 94국악의해 집행위원장 1994~2000년 한국국악협회 이사장 1994~2000년 전주대사습놀이보존회 부이사장 1995~2000년 국립창극단 자문위원 1998년 방송문화진흥회 이사 1999~2000년 동행라이온스클럽 회장 2000년 민족화해협력범국민협의회 공동의장 2001~2005년 한·중문화예술진흥회 부회장 2001년 (사)남북문화교류협회 이사 2001~2003년 민주평통 상임위원 2001~2006년 한국산업디자인진흥원 이사 2001~2005년 한·러문화교류협회 이사 2001~2005년 (재)국악방송 이사 2001~2012년 (사)한국예술문화단체총연합회 회장 2001년 (사)평화운동연합 자문위원 2001년 (사)한국메세나협의회 이사 2003~2005년 민주평통 문화예술분과 위원장 2003~2006년 한국간행물윤리위원회 위원 2007~2008년 제17대 대통령직인수위원회 사회교육문화분과위원회 자문위원 2009년 대통령자문 통일고문회의 고문, 대통령직속 사회통합위원회 위원, 민주평통 자문위원, 국가정책협의회 중앙의원(현), 국방여성정책위원회 위원(현) 2012년 (사)한국예술문화단체총연합회 상근명예회장 2013년 同비상근명예회장(현) [상]민속국악진흥회 표창(1996), 통일기반조성상(1997), 옥관문화훈장(1998), 체육훈장 맹호장(2002) [종]기독교

이성림(李盛林) LEE Sung Rim

[생]1963·7·11 [출]부산 [주]부산 해운대구 센텀서로30 (주)KNN 비서실(051-850-9110) [학]1982년 대동고졸 1988년 부산대 사회학과졸 [경]1988년 CBS 기자 1992년 SBS 기자 1995년 부산방송 기자 2000년 부산시기자협회장 2000년 부산방송 정경사회팀 차장 2001년 同편집CP 2002년 同보도제작사회팀장(부장급) 2004년 同정치경제팀장 2006년 (주)KNN 보도정보팀장 2007년 同광고사업국장 2009년 同방송본부 보도국장 2012년 同경남본부장(이사대우) 2014년 同방송본부장(상무) 2016년 同경영사업본부장(상무) 2016년 同대표이사 사장(현) [상]이달의 기자상(1996), 한국 참언론인대상(2011)

이성림(李星林·女) LeeSeonglim

[생]1965·7·30 [본]전주(全州) [출]전북 고창 [주]서울 종로구 성균관로25의2 성균관대학교 소비자가족학과(02-760-0521) [학]1984년 덕성여고졸 1988년 서울대 가정관리학과졸 1990년 同대학원 소비자학과졸 1998년 소비자경제학박사(미국 오하이오주립대) [경]1990~1992년 서울대 소비자아동학과 조교 1993~1994년 미국 일리노이대 어바나 샴페인교 소비자경제학과 조교 1994~1995년 미국 오하이오주립대 박사연구원 1996~1998년 同연구조교 1998~1999년 동국대·서울대·인하대·성균관대 시간강사 1999~2000년 경북대 경제경영연구소 박사 후 연구원 2000~2001년 통계청 사회통계과 사무관 2001~2005년 울산대 아동가정복지학과 조교수 2005~2011년 성균관대 소비자가족학과 부교수 2011년 同소비자가족학과 교수(현) 2012년 미국 시카고대 경제학과 방문교수, 대통령자문 빈부격차·차별시정위원회 위원, 同사회양극화위원회 위원, 중앙생활보장위원회 전문위원, 소비자분쟁조정위원회 위원, (사)소비자와함께 연구위원 2016년 성균관대 생활과학대학원장(현) [상]서울대총장표창(서울대 가정대학 수석입학)(1984), Family Economics and Resource Management & Family Relations and Human Development Conference 최우수논문상(1997), 한국소비자정책교육학회 최우수논문상(2008), 공정거래위원회 소비자의날 대통령표창(2014) [저]'생각하는 소비문화(共)'(2006, 교문사) [종]가톨릭

이성모(李聲模) Lee Sung-Mo

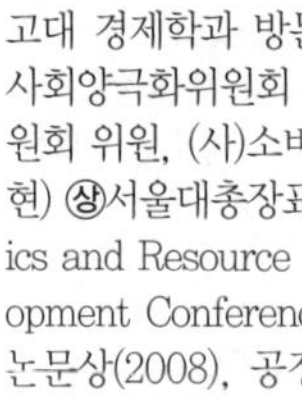

[생]1960·1·6 [본]고성(固城) [출]충남 태안 [주]인천 중구 서해대로471 인천광역시 보건환경연구원 원장실(032-440-5400) [학]1978년 인천고졸 1982년 서울대 수의학과졸 1994년 건국대 농축대학원 수의학과졸 2003년 수의학박사(강원대) 2013년 한국방송통신대 대학원 행정학과졸 [경]1982~1984년 軍복무(보병11사단 근무) 1984~1991년 (주)빙그레 양주·인천 집유소장 1991년 인천시보건환경연구원 입사(수의 7급) 1994~2005년 안산1대·가천길대 외래교수 1997년 한국예방수의학회 이사(현) 1999년 인천시보건환경연구원 시험검사실장(수의연구관) 2007년 한국식품위생안전성학회 이사(현) 2009년 인천시보건환경연구원 가축질병방역부장 2009년 농림수산식품기술기획평가원 평가위원(현) 2010~2012년 한국가축위생학회 회장 2011년 (사)대한수의학회 평의원(현) 2011년 대한수의사회 방역식품안전위원회 위원(현) 2012년 가축위생방역지원본부 이사 2015년 인천시보건환경연구원장(현) [상]한국방송통신대총장표창(2013), 대통령표창(2015) [종]기독교

이성무(李成茂) LEE Song Mu (省皐)

[생]1937·9·26 [본]여주(驪州) [출]충북 괴산 [주]서울 서초구 강남대로365 대우도씨에빗503호 (사)한국역사문화연구원 [학]1956년 한성고졸 1960년 서울대 사학과졸 1965년 同대학원졸 1979년 문학박사(서울대) [경]1968~1975년 서울대·홍익대·국민대 강사 1975~1981년 국민대 조교수·부교수 1981~2003년 한국정신문화연구원 교수 1981년 同역사연구실장 1984년 同도서관장 겸 역사연구실장 1985년 同대학원 교학부장 1986년 同인문연구실장 1987년 同한국민족문화대백과사전 편찬부장 1988년 서독 튀빙겐대 객원교수 1989년 한국정신문화연구원 인문과학부장 1993년 同한국학대학원장 1996년 同대학원장 1998년 同부원장 1999~2003년 국사편찬위원회 위원장 2000~2003년 한국사학회 회장 2003년 문화재위원회 위원 2004년 (사)한국역사문화연구원 원장(현) 2004년 同부설 省皐書堂 개설 2005년 대한민국학술원 회원(한국사·현) 2005~2008년 同인문사회과학부 제3분과 회장 2009~2016년 남명학연구원 원장 2009년 한국학중앙연구원 명예교수(현) 2013~2016년 同비상임이사, 퇴계연구원 이사(현) 2014~2016년 대한민국학술원 부회장 [상]두계학술상(1980), 국민훈장 석류장(1987), 월봉저작상(1996), 학술원상(1999), 효령학술상(2001), 세종문화상(2002), 위암 장지연상, 용재상(2005), 이천문화상, 벽사학술상(2012) [저]'한국의 과거제도'(1976) '조선초기 양반연구'(1980) '사료로 본 한국문화사(조선후기편)'(1985) '조선시대 잡과 합격자 총람'(1991) '조선후기 당쟁의 종합적 검토'(共) '한국역사의 이해(1~10권)'(1994~2014) '조선양반사회 연구'(1995) '한국과거제도사' '조선왕조사(1·2)'(1998) '조선의 사회와 사상'(1999) '조선왕조실록 어떤 책인가'(1999) '조선의 부정부패 어떻게 막았을까'(2000) '조선시대 당쟁사'(2000) '조선시대 사상가 연구(1·2)'(2009, 지식산업사) '조선을 만든 사람들'(2009, 청아) '명장열전'(2011, 청아출판사) '조선왕조사'(2011, 수막새) '단숨에 읽는 당쟁사 이야기'(2014) '방촌 황희평전'(2014, 민음사) '조선시대 인물사연구'(2015, 지식산업사) [역]'역주 경국대전'

이성묵(李成默) LEE Seong Mook

[생]1960·1·5 [출]서울 [주]서울 중구 퇴계로26가길6 서울종합방재센터 소장실(02-726-2254) [학]서라벌고졸, 한국방송통신대졸, 중앙대 대학원졸 [경]소방간부 5기 1987년 공직 입문, 서울소방본부 홍보계장, 소방방재청 훈련평가계장, 同구조구급팀 근무, 同방호과장 2007~2010년 홍천소방서장(소방정) 2010년 소방방재청 구조구급과 구조총괄계장 2012년 同119구조구급국 구조과 구조총괄계장(소방준감) 2014년 서울시소방재난본부 소방행정과장 2016년 서울종합방재센터 소장(현)

이성민(李星敏) LEE S. Michael

[생]1962·9·16 [본]경주(慶州) [출]경기 [주]경기 성남시 분당구 판교로255번길58, 씨즈타워601호 엠텍비젼(주)(031-627-0100) [학]1986년 서강대 전자공학과졸 1988년 同대학원 반도체공학과졸 [경]1988년 (주)금성사 입사 1989~1998년 LG반도체(주) 책임연구원 1999년 엠텍비젼(주) 대표이사(현) 2004년 벤처기업협회 부회장 2004~2007년 IT-SOC협회 이사 2004~2010년 한국모바일산업협회 회장 2010년 국가미래연구원 산업·무역·경영분야 발기인 [상]장영실상(2000), 산업자원부장관표창(2001·2004·2005), 대통령표창(2005), 은탑산업훈장(2009), 서강희년상 정치경제부문(2010) [종]천주교

이성민 LEE Sung Min

[생]1969·9·4 [주]경기 이천시 신둔면 경충대로3321 한국세라믹기술원 엔지니어링세라믹센터(031-645-1441) [학]1991년 포항공과대 재료금속공학과졸 1994년 한국과학기술원(KAIST) 무기재료공학과졸(석사) 1999년 재료공학박사(한국과학기술원) [경]1999년 (주)대한중석초경 근무 2001년 요업기술원 도자기연구센터 선임연구원, 同구조세라믹부 선임연구원 2001년 同엔지니어링세라믹센터 선임연구원 2009년 한국세라믹기술원 엔지니어링세라믹센터 선임연구원 2016년 同엔지니어링세라믹센터장(현)

이성보(李晟補) LEE Sung Bo

[생]1956·10·27 [본]전주(全州) [출]서울 [주]서울 서초구 반포대로34길14 정명빌딩501호 법률사무소 형산(02-532-8700) [학]1975년 경기고졸 1979년 서울대 법학과졸 1981년 同대학원 법학과 수료 [경]1978년 사법시험 합격(20회) 1981년 사법연수원 수료(11기) 1981년 공군 법무관 1984년 서울민사지법 판사 1986년 서울형사지법 판사 1989년 제주지법 판사 1990년 미국 캘리포

니아대 버클리교 연수 1991년 광주고법 판사 1992년 법원행정처 조사심의관 1994년 서울고법 판사 1996년 대전지법 부장판사 1998년 사법연수원 교수 2000년 인천지법 부천지원장 2002년 대전지법 수석부장판사 2004년 사법연수원 수석교수 2005년 서울고법 부장판사 2009년 同수석부장판사 2009년 청주지법원장 2010년 서울동부지법원장 2012년 서울중앙지법원장 2012~2015년 국민권익위원회 위원장(장관급) 2013~2015년 세계옴부즈만협회(IOI) 아시아 이사 2016년 법률사무소 형산 대표변호사(현) [저]'형사소송법'(共) '주석형법'(共)

이성복(李星馥) Richard Leesungbok (東谿 · 應大)

[생]1958 · 5 · 13 [본]한산(韓山) [출]서울 [주]서울 강동구 동남로892 강동경희대학교병원 치과대학병원 원장실(1577-5800) [학]1984년 경희대 치의학과졸 1987년 同대학원졸 1993년 치의학박사(경희대) [경]1984년 경희대부속 치과병원 전공의 1987년 軍의관(대위 예편) 1991~1992년 일본 오우대 치학부 보철과 박사과정 선발장학생 유학 1993년 경희대 치과대학 치의학과 조교수 · 부교수 1994년 일본치과대학 치학부 방문교수 1997~1999년 미국 하버드대 보철과 및 임플란트과 교환교수 2001년 경희대 치과대학 치의학과 교수(현) 2001년 국제임플란트학자연맹(ITI) 한국지부 교육위원장 겸 교육위원회 위원(현) 2003년 대한턱관절교합학회 부회장 2006년 강동경희대병원 치과대학병원 심미치과센터소장 2006년 同치과대학병원 생체재료보철과장(현) 2008~2016년 대한스포츠치의학회 부회장 2009년 강동경희대병원 치과대학병원 기획진료부원장 2009년 경희대 치과대학 · 치의학전문대학원 주임교수 겸 학생지도실장 겸 학과장 2009~2015년 대한치과감염학회 부회장 2010년 대한턱관절교합학회 회장 2010~2013년 미국 세계인명사전 '마르퀴즈후즈후 2011 · 2012 · 2013 · 2014년판'에 등재 2011년 경희대 치과대학 보철학교실 주임교수 2012년 영국 국제인명센터(IBC) 등재 2012~2016년 국제치의학연구회(IADR) 임플란트연구분과 본부이사 2013년 강동경희대병원 치과대학병원장(현) 2015~2016년 대한치과감염학회 회장 2016년 국제치의학연구회(IADR) 회장(현) 2016년 대한스포츠치의학회 회장(현) 2016년 국제임플란트학자연맹(ITI) 한국지부 차기회장(현) [상]제1회 대한치과보철학회 신인학술상(1992), 고황의학상 은상(1996), 국제자석치의학연구프로젝트 우수연구자상(2003), 국제자석치의학연구프로젝트 우수교육자상(2004) [저]'이성복교수의 Top-Down Implant Dentistry'(2004) 'Implant Dentistry with New Generation Magnetic Attachments(in English)'(2004, Quintessence International Publishing) 'Implant Dentistry with New Generation Magnetic Attachments(in Japanese)'(2005, Quintessence International Publishing) '턱기능교합학 실습'(2010, 예낭출판사) [역]'임상 교합학 입문'(한국 퀸테센스) '현대의 임상보철'(신흥 인터내셔날) '교합학 용어 및 도해'(신흥 인터내셔날) '악기능 이상과 교합'(신흥 인터내셔날) '엇갈린 교합의 보철'(지성출판사) '고정성보철의 심미수복 심미분석'(대한나래) '완벽을 추구하는 인상채득'(대한나래) '자연치-임플란트지지 보철물'(지성출판) 'The provisional restorations'(한국 컨테센스) '궁극의 임플란트 심미'(한국 컨테센스) '치주-보철 maintenance(共)'(대한나래)

이성복(李誠馥)

[생]1960 · 6 · 16 [출]서울 [주]경기 수원시 영통구 월드컵로120 수원지방법원(031-210-1114) [학]1979년 대광고졸 1983년 고려대 법학과졸 [경]1984년 사법시험 합격(26회) 1987년 사법연수원 수료(16기) 1990년 대구지법 판사 1992~1993년 법제처 파견 1993년 독일 뮌헨대 연수 1995년 춘천지법 판사 1996년 수원지법 성남지원 판사 1999년 서울고법 판사 1999~2003년 법무법인 화백 변호사 2001년 조양상선(주) 파산관재인 2002년 대한공증협회 재무이사 2003년 사법연수원 외래교수 2003~2007년 법무법인 화우 변호사 2007년 대구고법 판사 2009년 서울중앙지법 판사 2010년 광주지법 부장판사 2011년 인천지법 부장판사 2013년 서울동부지법 부장판사 2014년 인천지법 부천지원장 2016년 수원지법 부장판사(현)

이성복(李誠馥) LEE Sung Bok

[생]1964 · 1 · 13 [본]한산(韓山) [출]충북 충주 [주]서울 중구 서소문로89의20 뉴데일리 임원실(02-702-1043) [학]1982년 청석고졸 1989년 서울대 불어불문학과졸, 고려대 언론대학원졸 [경]1990~1997년 조선일보 편집부 기자 1997년 디지틀조선일보 영상사업부장 2001년 조선닷컴 편집국 부국장 2002년 同편집국장 2008년 대통령 홍보기획비서관실 행정관 2008년 대통령 홍보2비서관 2009년 대통령 국정홍보비서관 2013년 뉴데일리 편집장 2014년 同부사장(현) 2014년 뉴데일리경제 공동대표이사 겸임(현) [저]'불안은 영혼을 잠식한다'(1994) '말론 브랜도냐 디카프리오냐'(1997)

이성섭(李成燮) LEE Sung Sub

[생]1964 · 3 · 3 [본]전주(全州) [주]서울 종로구 율곡로2길 25 연합뉴스 출판부(02-398-3468) [학]1990년 서울대 불문학과졸 [경]1990년 삼성물산 근무 1991~1994년 연합통신 사회부 · 국제부 · 체육부 기자 1994~2000년 YTN 문화부 · 뉴스총괄부 · 사회부 기자 2000년 연합뉴스 문화부 · 남북관계부 기자 2003년 同남북관계부 차장대우 2004년 同파리특파원 2007년 同영상제작부 차장 2009년 同콘텐츠총괄부장 2010년 同통합뉴스룸 부장 2011년 同정치부 통일외교팀장 2011년 同지방국 전국부장 2012년 同국제국 국제뉴스1부장 2013년 同문화부장 2015년 同편집국 국제뉴스2부장 2015년 同월간부장 2015년 同출판부장 2015년 同출판부장(부국장대우)(현)

이성수(李成壽) Lee, Sung-Soo

[생]1956 · 10 · 5 [출]전북 남원 [주]전북 군산시 동장산2길 6 (재)전라북도자동차기술원 원장실(063-472-2300) [학]1975년 전주고졸 1988년 전주대 경영학과졸 2001년 우석대 대학원 경영학과졸 2008년 행정학박사(전북대) [경]2006년 전북도 지역경제과장 2007년 순창군 부군수 2009년 지방행정연수원 교육파견 2010년 전북도 과학산업과장 2010년 同일자리창출정책관 2011년 同민생일자리본부장(지방부이사관) 2014년 군산시 부시장 2014~2015년 전북도 경제산업국장 2016년 (재)전라북도자동차기술원 원장(현)

이성수(李星秀) LEE Sung Soo

[생]1963 · 2 · 18 [출]서울 [주]서울 중구 동호로330 CJ제일제당 식품영업본부(02-6740-1114) [학]1981년 대원고졸 1988년 동국대 경제학과졸 2004년 고려대 경영대학원졸(마케팅학 전공) [경]CJ케이블넷 경영지원실장 2008년 同경영지원실장(상무) 2008년 CJ헬로비전 경인영업1본부장(상무) 2011년 CJ제일제당(주) 실수요SU장(상무) 2016년 同식품영업본부장(부사장대우)(현)

이성순(李聖順 · 女)

[생]1958 · 5 · 4 [출]전남 보성 [주]광주 북구 서하로172 광주북부경찰서 서장실(062-612-4321) [학]광주대졸, 원광대 행정대학원졸 [경]2014년 전남 화순경찰서장 2015년 광주지방경찰청 청문감사관 2016년 광주북부경찰서장(총경)(현)

이성애(李成愛 · 女)

[생]1960 · 6 · 8 [주]경남 창원시 의창구 상남로290 경상남도의회(055-211-7412) [학]경남대 경영대학원 경영학과졸 [경]새누리당 경남도당 여성팀장 2014년 경남도의회 의원(비례대표, 새누리당)(현) 2014년 同운영위원회 위원 2014년 同문화복지위원회 부위원장 2016년 同예산결산특별위원회 위원 2016년 同문화복지위원회 위원장(현) [종]불교

이성열(李成烈) LEE Sung Yeol

[생]1955 · 9 · 17 [출]강원 동해 [주]강원 강릉시 강동면 임곡로102의16 (주)삼양레미콘 임원실(033-644-6676) [학]보인상고졸, 관동대 무역학과졸, 同경영행정대학원 무역학과졸 [경]1988년 (주)삼양레미콘 대표이사(현), 강원도레미콘공업협동조합 감사 · 이사 2015년 同이사장(현)

이성열(李誠烈) LEE Sung Youl

[생]1961 · 12 · 18 [주]서울 강남구 영동대로517 아셈타워 40층 AT커니코리아 사장실(02-6001-8002) [학]연세대 영어영문학과졸, 同대학원 경영학과졸, 경영정보시스템학박사(미국 마이애미대) [경]세화회계법인 경영컨설팅부문장, 프라이스워터하우스 CGS 상무, IBM BCS 소비재제조 및 유통산업총괄 부사장 2004~2008년 한국IBM(주) 비지니스컨설팅서비스 대표이사 사장 2008년 同글로벌비지니스서비스 대표 2008~2010년 IBM(뉴욕본사) 글로벌전자전기산업부문 글로벌인더스트리 부사장 2011~2014년 한국IBM(주) 글로벌비지니스서비스(GBS) 대표 2015년 AT커니코리아 대표이사 사장(현) [저]'IBM한국보고서'(2007, 한국경제신문) [종]기독교

이성엽(李省燁) LEE Sung Yup

[생]1970·11·18 [출]대구 [주]경북 경산시 진량읍 공단6로77 SL(주)(053-856-8511) [학]1989년 덕원고졸 1994년 미국 위스콘신주립대 경제학과졸 1998년 미국 드렉셀대 대학원졸(MBA) [경]1998년 와이즈디베이스 근무 1999년 현대증권(주) 국제기획팀 근무 2002년 삼립산업(주) 전무이사 2004년 SL(주) 부사장 2008년 同사장(현) 2009~2013년 DRB동일(주) 사외이사 [상]대통령표창(2014)

이성영(李成永) Seong-Young Lee

[생]1964·10·19 [본]신평(新平) [출]충남 천안 [주]충남 천안시 동남구 충절로138 한국감정원 천안지사(041-565-5311) [학]1982년 천안북일고졸 1989년 서울대 임학과졸 2001년 한국개발연구원 국제정책대학원 경영학과졸 [경]1989~1995년 한국감정원 기획조정부 근무 1994·2007년 PPC(범태평양평가회의) 대표 참가 1996~1999년 한국감정원 부동산연구소 근무 1998~1999년 서울시 환경정책자문위원 1999·2000·2008년 IVSC(국제평가기준위원회) 대표 참가 1999년 한국자산유동화연구회 설립(발기인) 2002년 한국감정원 기획조정부 차장 2004년 同전략기획팀장 2005년 同혁신전략실장 2006~2007년 국토연구원 연구자문위원 2007년 한국정책평가학회 이사(현), 한국감정원 KAB40부단장 2010년 同부동산연구원 연구개발실장 2011년 同기획조정실장(2급) 2013년 同기획조정실장(1급) 2014년 同천안지사장(현) [상]한국감정원장표창(1991~1994·2004·2008), 건설교통부장관표창(1998)

이성오(李晟悟) LEE Sung Oh

[생]1960·2·26 [본]벽진(碧珍) [출]부산 [주]강원 춘천시 삭주로163 강원도시가스(주) 임원실(033-258-8800) [학]1978년 부산 동성고졸 1982년 서울대 자원공학과졸 1984년 同대학원 자원공학과졸 2008년 서강대 경영전문대학원졸(MBA) [경]1985년 SK(주) 종합기획부 입사 2006년 SK E&S LNG사업부장(상무) 2007년 同R&D센터 소장 2008~2011년 부산도시가스 공무담당 상무 2011~2013년 SK E&S LNG사업본부장 2014년 강원도시가스(주) 대표이사(CEO)(현) [상]환경부장관표창(2014), 강원도지사표창(2015)

이성용(李成鎔) LEE Sung Yong

[생]1958·12·12 [출]서울 [주]인천 중구 공항로424번길47 서울지방항공청 안전운항국(032-740-2140) [학]경희고졸 2001년 한국항공대 대학원졸 [경]2005년 건설교통부 항공안전본부 항공기술과장 2006년 同항공안전본부 항공기술팀장 2007년 同항공안전본부 항행정책팀장 2008년 국토해양부 항공안전본부 항행시설담당관 2009년 同항공정책실 항행시설과장 2010년 서울지방항공청 안전운항국장 2011년 국토해양부 항공정책실 항공기술과장 2013년 국토교통부 항공정책실 항공기술과장 2014년 서울지방항공청 안전운항국장(현)

이성용(李成容) Sunny Yi

[생]1962·3·25 [주]서울 중구 세종대로39 상공회의소10층 베인앤드컴퍼니코리아 임원실(02-6320-9300) [학]미국 육군사관학교(West Point) 항공우주공학과졸, 미국 Univ. of South Carolina 대학원 정보기술공학과졸, 미국 하버드대 대학원 경영학과졸(MBA) [경]미국 항공우주국 항공우주 엔지니어, AT커니 서울지사장 2000년 베인앤컴퍼니 시니어파트너 입사 2004년 同글로벌디렉터 2006년 同아시아 금융대표 2007년 同아시아Operations 프랙티스 대표 2008년 同최고의사결정기구 이사회(Management & Board Committee) 멤버 2010년 베인앤드컴퍼니코리아 대표(현) 2013년 대통령직속 국민경제자문회의 창조경제분과 자문위원 2015~2016년 금융위원회 금융개혁회의 위원 [저]'트랜스포메이션 경영'(1997) '디지털경영 원칙으로 승부하라'(2001) '기업을 위한 지방세감면'(2003) '한국을 버려라'(2004) '한국을 찾아라'(2005) '한국의 임원들'(2006) '세일즈는 과학이다'(2007) '평생 필요한 비즈니스 스킬'(2010)

이성용(李性龍) Lee Sung Yong

[생]1964·2·8 [본]장수(長水) [출]경남 함안 [주]경남 창원시 의창구 상남로290 경상남도의회(055-211-7410) [학]마산공고졸, 한국방송통신대 행정학과졸, 同법학과졸, 창원대 대학원 행정학과졸 [경](사)친환경실천국민운동본부 상임대표, 민주평통 자문위원, 조진래 국회의원 보좌관, 함안군수영연맹 회장, 함안군체육회 부회장, 함안군태권도협회 자문위원, 경남도 장애인고용대책위원회 위원, (사)전국고용서비스협회 경남도지회 고문, 경남도 사회복지공동모금회 모금분과실행위원장, 동남권신국제공항조기유치특별위원회 위원 2010년 경남도의회 의원(한나라당·새누리당), 同신항권리찾기특별위원회 위원 2010·2012년 同문화복지위원회 위원 2012년 同운영위원회 위원 2012년 同예산결산특별위원회 위원장 2014년 경남도의회 의원(새누리당)(현) 2014~2016년 同문화복지위원회 위원장 2016년 同농해양수산위원회 위원(현) 2016년 새누리당 경남도당 다문화가족지원위원장(현) [상]지방의원 매니페스토 약속대상(2015), 대한민국 위민의정 우수상(2016)

이성용(李成龍) LEE Sung Ryong

[생]1964·9·25 [주]서울 강남구 테헤란로610 호텔아이파크(주) 임원실(02-2016-4532) [학]용산고졸, 고려대 독어독문학과졸, 미국 피츠버그대 대학원졸(MBA) [경](주)제일모직 근무, (주)현대산업개발 사업1·2팀담당 상무보 2008~2010년 한국주택협회 운영홍보위원 2010년 (주)현대산업개발 상무 2010년 호텔아이파크(주) 상무 2014년 同대표이사 사장(현) [종]기독교

이성용(李聖鎔)

[생]1970·1·17 [출]강원 춘천 [주]경기 고양시 일산동구 장백로209 의정부지방법원 고양지원(031-920-6114) [학]1988년 휘문고졸 1993년 서울대 사법학과졸 1997년 同대학원 법학과졸 [경]1996년 사법시험합격(38회) 1999년 사법연수원 수료(28기) 1999년 청주지법 예비판사 2001년 同판사 2002년 수원지법 성남지원 판사 2005년 서울중앙지법 판사 2008년 서울서부지법 판사 2010년 서울고법 판사 2012년 서울중앙지법 판사 2014년 대구지법 부장판사 2016년 의정부지법 고양지원 부장판사(현)

이성우(李成宇) LEE Sung Woo

[생]1945·2·6 [출]경기 가평 [주]서울 마포구 와우산로121 삼진제약(주) 비서실(02-392-5314) [학]1963년 성동고졸 1971년 중앙대 약학과졸 [경]1971~1974년 일동제약(주) 근무 1974년 삼진제약(주) 입사 1979년 同이사 1981년 同상무이사 1986년 同전무이사 1993~2001년 同부사장 2001년 同대표이사 사장(현) 2001년 한국제약협회 이사 2005년 중앙대총동창회 부회장(현) 2012년 한국제약협회 부이사장(현) [상]대한적십자사 유공장 명예장(2006), 아시아유럽미래학회 글로벌CEO대상 국제바이오부문(2007), 동암약의상 제약부문(2014), 한국국제연합봉사단 세종대왕나눔봉사대상(2014)

이성우(李成雨) LEE Sung Woo

[생]1952·1·28 [본]경주(慶州) [출]경북 [주]서울 성북구 정릉로77 국민대학교 건설시스템공학부(02-910-4696) [학]1970년 경북고졸 1974년 서울대 토목공학과졸 1983년 미국 서던캘리포니아대 대학원졸 1987년 공학박사(미국 서던캘리포니아대) [경]1974~1979년 해군 시설장교 1979~1982년 두산건설(주) 해외토목부 토목과장 1985~1987년 John A. Martin & Associates USA. 연구원 1987년 국민대 공과대학 토목공학과 조교수·부교수, 同공과대학 건설시스템공학부 교수(현) 1987년 미국토목학회 ASCE 회원(현) 1993~2006년 국민대 구조안전연구소장 1997년 국제교량협회 IABSE 회원(현) 2000~2008년 국민씨아이 대표이사(교수 겸임) 2003년 한국공학한림원 정회원(현) 2003년 정부공사 턴키 평가위원(건설교통부·해양수산부·도로공사·토지공사·환경관리공단·주택공사·수자원공사) 2003~2005년 국민대 공과대학장 2004~2006년 건설교통부 시설물사고조사위원 2004~2006년 대한토목학회 구조위원장 2006년 유럽복합소재교량협회 COBRAE 회원(현) 2006~2008년 한국전산구조공학회 회장 2008~2012년 국민대 총장 2008년 성곡학술문화재단 이사 2008년 임베디드 SW공모대전 조직위원장 2009년 건설산업비전포럼 공동대표 2011년 한국사립대학총장협의회 부회장 2011년 국토해양부 건설산업공생발전위원회 공동위원장 2016년 대한토목학회 회장(현) [상]대한토목학회 표창(2003), 건설교통부장관표창(2005), 한국전산구조공학회 학술상(2005), 대한토목학회 학술상(2007), 서울대 토목공학과 올해의 동문상(2008), 올해의 USC 동문상(2008), 한국전산구조공학회 공로상(2009), 서울대 토목인의상(2011)

이성우(李成佑) LEE Seong Uh (曉田)

[생]1955·7·11 [본]전주(全州) [출]광주 [주]서울 성북구 삼선교로16길116 한성대학교 행정학과(02-760-4079) [학]1974년 광주제일고졸 1978년 서울대 경영대 경영학과졸 1984년 同행정대학원졸 1990년 정책학박사(미국 펜실베이니아대 와튼스쿨) [경]1982년 입법고시 합격 1982~1985년 국회사무처 행정사무관 1991~1995년 한국행정연구원 수석연구원 1995년 한성대 행정학과 교

수(현) 1998~1999년 규제연구회 회장 1998~2000년 서울시 규제개혁위원회 실무위원 1999~2000년 한국행정학회 이사 1999~2001년 전국경제인연합회 규제개혁위원회 자문위원 1999년 제43회 행정고등고시 출제 및 채점위원 2001·2008년 행정고등고시 정책학 출제위원 2004~2005년 한성대 총무처장 2004~2005년 한국규제학회 부회장 2005~2006년 同회장 2005년 국회 입법고시 출제위원 2005~2006년 한국규제학회 회장 2006년 한국정책분석평가학회 회장 2007~2008·2014년 한성대 행정대학원장(현) 2008·2010년 국무총리산하 정부업무평가위원회 민간위원 [상]홍조근정훈장(2012) [저]'정책평가론(共)'(2007) '정책분석론 : 이론과 기법'(2008) [종]기독교

이성우

[생]1961 [주]서울 금천구 가산디지털1로212 (사)한국융복합관광산업진흥원 원장실(02-2082-7541) [학]경영학박사(한국항공대) [경]1988년 미국 델타항공 마케팅 대리, 아시아나항공 여객사업본부 영업기획·교육팀장, Westin Starwood 그룹 인사·교육과장, BMW Korea CS·QMA관리부장 2005년 한국철도공사 고객지원처장, 전북도새만금경제자유구역청 투자유치·홍보팀장, 농림축산식품부 수석전문관, 국가식품클러스터지원센터 투자유치본부장 2015년 (사)한국융복합관광산업진흥원 원장(현)

이성웅(李聖雄) LEE Seong Woong

[생]1942·4·30 [본]재령(載寧) [출]전남 광양 [주]전남 광양시 광양읍 대학로85 광양보건대학교 총장실(061-760-1401) [학]1961년 광양 진상농고졸 1965년 전남대 공대졸 1972년 同경영대학원 경영학과졸 1981년 건국대 대학원 공업경영학과졸 1987년 경영학박사(전북대) [경]1968년 육군 공병장교 중위전역(ROTC 3기) 1969년 한국생산성본부 전남본부 전문위원 1981~2002년 전남대 공대 산업공학과 교수 1981년 전남도 정책자문위원 1986년 전남공업화중장기계획수립 자문교수 1997년 광주시 시정자문위원 1997년 일본 東京 청산학원 초청교수 1997년 광양만권발전연구원 연구소장 1998년 한국품질경영학회 부회장 2000년 세계도시광양선언문 작성위원장 2000년 호주 시드니대 초청교수 2000년 한국지식산업시스템학회 부회장 2000년 새천년민주당 21세기국정자문위원 2002년 전남대 명예교수(현) 2002·2006·2010~2014년 전남 광양시장(새천년민주당·민주당·통합민주당·민주당·무소속) 2008~2009년 대통령자문 국가균형발전위원회 위원 2009~2010년 대통령자문 지역발전위원회 위원 2010년 미래한국해양수산선진화포럼 대표회장 2011~2013년 남해안남중권발전협의회 회장 2012년 전남시장·군수협의회 회장 2016년 광양보건대 총장(현) [상]자랑스런 전남인상(2001), 국가보훈처장 감사패(2009), 한국국악협회 특별공로상(2012) [저]'인류멸망과 문명붕괴의 회피' '건설공사에 있어서 PERT/CPM 기법적용' [종]기독교

이성웅(李成雄) LEE Sung Woong

[생]1964·8·31 [출]부산 [주]서울 종로구 사직로130 적선현대빌딩9층 씨앤에스자산관리 임원실(02-2075-2777) [학]1983년 동아고졸 1987년 서울대 경영대학 경영학과졸 1989년 同대학원 경영학과졸 [경]1990~1998년 국민리스(주) 근무 1999~2005년 대우컴퓨터(주) 전무이사 2005~2007년 태화일렉트론(주) 전무이사 2008년 신천개발(주) 지원본부장(전무이사) 2008년 씨앤에스자산관리 부사장(현)

이성원(李成源) Lee Sung Won

[생]1964·2·10 [본]여주(驪州) [출]대구 [주]서울 영등포구 국제금융로10 하나증권빌딩10층 트러스톤자산운용 임원실(02-6308-0500) [학]1982년 대구 성광고졸 1987년 고려대 경제학과졸 1994년 同대학원 경제학과졸 [경]1987~1989년 제일증권 근무 1991~2012년 매일경제신문 근무 2012년 트러스톤자산운용 부사장(현) [저]'주식투자 알고합시다'(1999, 매일경제신문) '코스닥투자 알고합시다'(2000, 매일경제신문)

이성원(李晟源) Chris LEE

[생]1966·9·24 [출]서울 [주]서울 영등포구 의사당대로88 한국투자증권빌딩8층 한국투자금융지주(주) 임원실(02-3276-4220) [학]1985년 미국 비버리힐스고졸 1989년 미국 캘리포니아대 버클리교(UC Berkeley) 화학공학·재료공학과졸 1996년 미국 캘리포니아대 로스앤젤레스교 앤더슨경영대학원 기업금융학과졸 [경]맥킨지 근무, 소프트뱅크엔플랫폼 수석부사장, 국민은행 전략기획팀장 2005년 한국투자금융지주(주) 상무이사 2008년 同전략기획실장(상무) 2008년 KIARA Capital & Advisors 대표이사 2011년 한국투자금융지주(주) 전략기획실장(전무)(현) [종]기독교

이성윤(李盛潤) LEE Seong Yun

[생]1962·9·12 [출]전북 고창 [주]서울 서초구 반포대로158 서울고등검찰청(02-530-3114) [학]1981년 전주고졸 1985년 경희대 법학과졸 1987년 同대학원졸 [경]1991년 사법시험 합격(33회) 1994년 사법연수원 수료(23기) 1994년 서울지검 검사 1996년 청주지검 충주지청 검사 1997년 서울지검 동부지청 검사 2000년 전주지검 군산지청 검사 2001년 법무부 검사 2003년 서울지검 동부지청 검사 2004년 대통령 사정비서관실 특별감찰반장 2006년 서울동부지검 부부장검사 2007년 전주지검 부장검사 2008년 광주지검 특수부장 2009년 인천지검 마약·조직범죄수사부장 2009년 서울서부지검 형사5부장 2010년 서울중앙지검 금융조세조사2부장 2011년 법무연수원 교수 2012년 서울동부지검 형사2부장 2013년 서울고검 검사 2014년 광주지검 목포지청장 2015년 서울고검 검사(금융위원회 조사기획관 파견)(현)

이성은(李成恩·女) LEE Sung Eun

[생]1950·7·6 [출]서울 [주]서울서대문구 이화여대길52 이화여자대학교 사범대학 초등교육과(02-3277-2631) [학]1972년 이화여대 초등교육과졸 1974년 同대학원 초등교육과졸 1985년 교육학박사(미국 Univ. of La Verne) [경]1972년 행동과학연구소 연구원 1974년 이화여대부속초 교사 1978년 미국 캘리포니아 West Covina 한글학교 교장 1988~1990년 대한YMCA연합회 실행위원 1989~2015년 이화여대 초등교육과 교수 1990년 노르웨이 세계YWCA협의회 한국대표 1991·1995년 한국교육행정학회 감사 1992·1998·2003년 이화여대 사범대학 초등교육학과장 1993·1996년 초등교사임용시험 출제위원 1995년 국민학교명칭개정협의회 집행위원장 1997~1999년 교육부 교육전문직채용시험 출제위원 1997~1999년 16개시도교육청 평가위원 1999~2001년 한국교총 여교원정책위원회 자문위원 1999~2000년 미국 Claremont Graduate Univ. 객원교수 1999~2000년 미국 Cal State Fullerton Univ. 객원교수 2000~2001년 한국교육과정평가원 교육전문직채용시험 출제위원 2000~2004년 한국열린교육학회 회장 2002~2004년 한국기독자교수협의회 부회장 2003~2004년 이화여대 연구기관 평가위원 2006~2008년 교육과정심의회 국어과 부위원장 2008~2010년 이화여대 교육대학원장 2009년 대한민국학술원 우수학술도서선정 총괄위원 2010년 교원양성평가심의위원회 위원장 2011년 미래학교선정심사위원회 위원장 2013년 한국교육개발원 서울혁신학교지표개발위원장 2015년 이화여대 사범대학 초등교육과 명예교수(현) 2015~2016년 유정초등학교 교장 [저]'총체적 언어교육 : 교실적용의 이론과 실제' '퍼지인간관리'(共) '열린교육의 이론과 교수방법'(共) '새교수법'(共) '한사상의 이론과 실제(共)'(1990) '학교행정과 장학'(1991) '논술고사의 실제(1)(共)'(1995) '논술고사의 실제(2)(共)'(1996) '국어와 열린교육'(1997) '아동문학교육 : 지식과 감성시대의 총체적 언어활동'(2003) '한국 근대 초등교육의 성립'(2005) '초등교육이란 무엇인가 : 현상학적 이해'(2005) '아동을 위한 총체적 언어교육'(2005) '교직과 교사(共)'(2007) '학교변화와 열린행정'(2008) '초등교직실무(共)'(2011) '어린이문학(共)'(2013)

이성인(李性寅) LEE, Sung-In

[생]1960·1·2 [본]전주(全州) [주]경기 평택시 포승읍 평택항만길73 황해경제자유구역청 사업총괄본부(031-8008-8602) [학]2006년 연세대 대학원 행정학과졸 [경]1991~1998년 내무부 근무 1999~2008년 중앙인사위원회 근무 2009년 행정안전부 소청행정과장 2011년 同생활공감정책과장 2012년 同지방공무원과장 2014년 경기도 평가담당관 2015~2016년 경기 구리시 부시장 2015~2016년 同시장 권한대행 2016년 황해경제자유구역청 사업총괄본부장(현) [상]국무총리표창(2000), 대통령표창(2008)

이성일(李成一) LEE SUNG IL

[생]1957·1·14 [본]전주(全州) [출]서울 [주]서울 송파구 송파대로55 동남권물류단지 서울복합물류자산관리(주)(02-2160-4032) [학]1975년 경복고졸 1979년 서울대졸 1993년 서강대 경영대학원졸 [경]2006년 한진 택배운영부 상무 2007~2011년 同렌터카유류판매사업부 상무 2012년 同렌터카판매사업부 및 총무시설 전무 2014~2016년 同총무지원실장 겸 렌터카총괄 전무 2016년 서울복합물류자산관리(주) 대표이사 사장(현) [종]기독교

이성일(李星一) LEE SEONG IL

[생]1965 · 10 · 26 [본]안성(安城) [출]서울 [주]서울 영등포구 경인로775 스포츠서울 임원실(02-2001-0064) [학]1984년 남강고졸 1991년 단국대 경영학과졸 [경](주)신승건설 이사 2009년 (주)다안인베스트먼트 이사, 광화문인베스트먼트 이사 2011년 스포츠서울 재무이사 2013년 리예스 이사 2013년 스포츠서울 각자대표이사 2013~2014년 同관리담당 이사 2015년 同사내이사(현)

이성일(李成日) Lee Sung-Il (해송)

[생]1967 · 6 · 25 [본]전주(全州) [출]전북 군산 [주]전북 전주시 완산구 효자로225 전라북도의회(063-280-3064) [학]군산상고졸 2005년 군산대 해양생명공학과졸 [경]새천년민주당 군산지구당 상무위원, 금강횟집 대표, 영어법인 궁전꽃게장 대표, (사)한국음식업중앙회 군산시지부장, 전북도야구협회 심판, 군산상고총동창회 부회장(현), 군산대총동창회 부회장(현) 2002 · 2006~2010년 전북 군산시의회 의원 2006~2008년 同경제건설위원회 위원장, 민주당 전북도당 청년위원회 위원장 2007년 군산청년회의소 회장 2008년 전북지구청년회의소 연수원장 2010년 전북도의회 의원(민주당 · 민주통합당 · 민주당 · 새정치민주연합) 2012년 同문화관광건설위원회 간사 2012년 同운영위원회 위원, (사)한국외식업중앙회 군산시지부장(현) 2014년 전북도의회 의원(새정치민주연합 · 더불어민주당 · 국민의당)(현) 2014년 同문화관광건설위원회 위원장 2016년 同환경복지위원회 위원(현) 2016년 同예산결산특별위원회 위원(현) 2016년 同윤리특별위원회 위원(현) 2016년 국민의당 전북도당 사무처장 [상]보건복지부장관표창, 국세청장표창, 국회의원표창, 전북도지사표창 [종]기독교

이성재(李聖宰) LEE Seoung Jae

[생]1958 · 7 · 26 [본]전주(全州) [출]경기 광주 [주]서울 마포구 마포대로109 롯데캐슬101동1001호 법무법인 로직(02-567-2316) [학]1976년 경신고졸 1981년 경희대 법대졸 1995년 미국 워싱턴대졸(LL.M.) 2001년 가톨릭대 대학원 국제학과졸 2008년 同대학원 보건학박사과정 수료 [경]1984년 사법시험 합격(26회) 1987년 사법연수원 수료(16기) 1987년 이성재법률사무소 개업 · 변호사 1987년 장애인권익문제연구소 소장 1987년 월간「함께걸음」 발행인 1987년 도서출판「함께걸음」 대표 1987년 장애인인권상담소 소장 1988년 장애인복지법률쟁취를위한공동대책위원회 사무총장 1995년 시민단체협의회 집행위원 1996년 제15대 국회의원(전국구, 국민회의 · 새천년민주당) 1996년 국민회의 장애인특위 위원장 1998년 同제3정책조정위원회 부위원장 2000년 새천년민주당 정책위원회 부의장 2000년 한국마사회 상임감사 2002년 새천년민주당 대통령선거대책위원회 상황실장 2003~2006년 국민건강보험공단 이사장 2005년 국제사회보장협회(ISSA) 아태지역 대표이사 2008년 법무법인 덕수 변호사 2008년 법무법인 CL 대표변호사 2008년 제주대 법학전문대학원 석좌교수, 법무법인 로직 대표변호사(현) [저]'우리에겐 역전승이 남아있다' [종]천주교

이성재(李成宰) LEE Sung Jae

[생]1960 · 2 · 14 [출]서울 [주]경남 김해시 인제로197 인제대학교 의용공학과(055-320-3452) [학]1979년 미국 페디고졸 1984년 미국 코넬대 기계공학과졸 1985년 同대학원 기계공학과졸 1993년 의용공학박사(미국 아이오와대) [경]1986년 (주)대우 전자수출부 대리 1987~1993년 대우전자(주) V-프로젝트팀 대리 · 신규프로젝트개발팀장 1989~1993년 미국 아이오와대 연구조교 1994~2005년 인제대 의용공학과 조교수 · 부교수 1994년 대한의용생체공학회 회원(현), 同편집위원 1997년 대한정형외과연구학회 평의원(현) 1997년 한국생체재료학회 회원(현), 同학술위원 · 홍보이사 2003~2005년 인제대 의용공학과장 2005년 同의용공학과 교수(현) 2005년 국방부-해군 의무장비심의위원회 자문위원(현) 2006년 International Federation of Medical & Biological Engineering(IFMBE, 세계의공학회) Board Member(현) 2007년 의료기기산업전문가포럼 전문위원(현) 2008년 산업통상자원부(舊 지식경제부) TBT중앙사무국 바이오환경분야실무위원회 위원(현) 2010년 International Society for the Advancement of Spine Surgery(ISASS) Scientific Committee(현) 2012~2014년 식품의약품안전처(舊식품의약품안전청) 정책자문위원회 위원 2012년 한국연구재단 공공복지안전연구사업평가위원(현) 2013~2014년 식품의약품안전처 기획 · 평가위원회 위원 2013~2015년 한국정밀공학회 생체역학부문 회장 2013년 국제표준화기구(ISO) 외과용이식재기술위원회(TC150) 제4분과 골및관절대체재기술위원회(SC4) 제4작업분과(WG4) Convener(현) 2013년 同Implants for surgery 한국대표단 단장(현) 2014년 World Council of Biomechanics World council(현) 2014년 부산 · 울산지방중소기업청 제품공정개선기술개발지원사업기술평가 전문위원 2014~2016년 서울 · 부산백병원 의생명연구윤리심의위원회 위원 2014년 식품의약품안전평가원 외부전문가(의료기기 허가 · 심사)(현) 2014년 오송첨단의료산업진흥재단 첨단의료기기개발지원센터 임플란트생체역학연구회 위원(현) 2014~2015년 International Biomedical Engineering Conference 대외조직위원장 2014~2015년 대한생체역학회 회장 2014년 산업통상자원부 산업표준심의회 외과용이식재분야(ISO/TC150)전문위원회 위원장(현) 2015년 국방부 의무자문관(현) 2015년 International Society of Biomechanics(ISB) Full member(현) 2016년 한국정밀공학회 Associate fellow(현) 2016년 식품의약품안전처 산업표준심의회 의료제품기술심의회 위원(현) 2016년 국제표준화기구(ISO/TC261) Additive manufacturing 전문위원(3D printing)(현) 2016년 제17차 International Society for Technology in Arthroplasty(ISTA) 조직위원회 공동조직위원장(현) [상]지식경제부장관표창(2012), International Journal of Precision Engineering and Manufacturing(IJPEM) 공헌상(2015) [저]'2000학년도 근골격계학(4판)'(1999, 인제대) '2001학년도 근골격계학(5판)'(2000, 인제대) '기초 생체역학'(2005, 텍스트북스) '고관절외과학'(2008, 군자출판사) '생체재료학'(2009, 자유아카데미) 'APPLIED BIOMEDICAL ENGINEERING'(2011, 인제대) 'Laboratory handbook for orthopedic biomechanics'(2013, 인제대) '생체재료학 제2판'(2016, 자유아카데미) [종]기독교

이성재(李星栽) LEE SEONG JAE (응천)

[생]1963 · 2 · 11 [본]전주(全州) [출]서울 [주]서울 강북구 삼각산로58 국립재활원 원장실(02-901-1501) [학]1981년 대성고졸 1987년 서울대 의대졸 1998년 同대학원졸(의학석사) 2004년 의학박사(서울대) [경]1992~1996년 서울대병원 재활의학과 전공의 1996~1997년 단국대 의과대학 초빙교수 1997~2009년 단국대 의과대학 전임강사 · 조교수 · 부교수 1997년 단국대병원 재활의학과장 2001~2002년 미국 노스캐롤라이나대 의대 교환교수 2004~2013년 근로복지공단 자문의사 2009~2013년 건강보험심사평가원 비상근심사위원 2009년 단국대 의과대학 교수(현) 2009~2013년 同의과대학 부학장 2013년 국립재활원 원장(현) 2014년 대한재활의학회 이사(현) [상]AAEM President's research initiative award(2004), 대한재활의학회 재활의학 학술상(2006) [저]'재활의학(共)'(2014, 군자출판사) [종]천주교

이성재(李聖宰) Lee Sung Jae

[생]1977 · 9 · 19 [출]서울 [주]서울 성동구 마장로210 한국기원 홍보팀(02-3407-3870) [학]2001년 경희대 체육학과졸 [경]1989년 오리온배 우승 1992년 입단 1995년 롯데배 한중대항전 출전 1997년 대왕전 준우승 1998년 5단 승단 1998년 SK가스배 신예프로10걸전 우승 1998년 패왕전 준우승 2000년 6단 승단 2000년 패왕전 준우승 2004년 7단 승단 2006년 8단 승단 2009년 9단 승단(현) [상]바둑문화상 신예기사상(1997)

이성적(李聖玓)

[생]1959 · 4 · 14 [출]경기 여주 [주]서울 서초구 서초대로320 현대하이카손해사정 임원실(02-552-1150) [학]1978년 여주 대신고졸 1983년 단국대 행정학과졸 2000년 연세대 대학원 경제학과졸 [경]1985년 현대해상화재보험 입사 1996년 同자동차송무부장 1998년 同수원보상서비스센터장 2000년 同북부보상서비스센터장 2001년 同보상관리부장 2005년 同강남보상서비스센터장 2005년 同개인보험전략부장 2006년 현대하이카다이렉트 고객서비스본부장 2011년 현대해상화재보험 보상업무부문장 2014년 同자동차보험부문장 2015년 현대하이카손해사정 대표이사(현)

이성주(李性珠) LEE Sung Ju

[생]1966 · 9 · 28 [본]전주(全州) [출]경북 구미 [주]전남 나주시 전력로55 한국전력공사 법무실(061-345-4631) [학]1984년 구미고졸 1988년 경북대 법학과졸 1991년 同대학원 법학과졸 [경]1998년 사법시험 합격(40회) 2001년 사법연수원 수료(30기) 2001~2006년 한서합동법률사무소 변호사 2006년 국방부 법무관리관실 인권팀장 2008년 同법무관리관실 인권담당관 2009년 한국전력공사 법무실 사내수석변호사(현) [상]대한민국인권상(2007) [저]'영조물책임에 관한 실증적 고찰'(2004) '알기쉬운 대물보상'(2006) '쉽게풀어가는 인권이야기'(2006) '병영내 동성애자 관리정책에 대한 연구'(2007) [종]기독교

이성준(李成俊) LEE Sung Joon (明古)

[생]1945·7·8 [본]전주(全州) [출]서울 [주]서울 송파구 올림픽로35길137 한국광고문화회관9층 한국ABC협회(02-783-4983) [학]1963년 서울고졸 1968년 서울대 문리대학졸 [경]1969년 한국일보 입사 1969년 同편집부·사회부·정치부 기자 1984년 同사회부장 1991년 同정치부장 1993년 同편집국장 대리 겸 논설위원 1993년 통일안보연구소 소장 1994년 한국일보 편집국장 1997~1998년 同편집인(상무) 1998~2002년 同대표이사 부사장 1991년 관훈클럽 총무(제38대) 1994년 서울대동창회보 논설위원(현) 1994~2009년 백상재단 이사 1994~1996년 한국신문편집인협회 운영위원장 1995~1996년 LG상남언론재단 이사 1997~1999년 한국신문방송편집인협회 운영위원장 1999~2004년 관훈클럽 신영기금 이사 2007년 세종로포럼 사무총장 2008년 제17대 대통령직인수위원회 자문위원 2008~2009년 대통령 언론문화특별보좌관 2010~2013년 한국언론진흥재단 초대이사장 2010~2013년 언론진흥기금위원회 위원장 2010~2013년 한국프레스클럽 운영위원장 2010년 한중교류협회 자문위원 2010년 한러재단 이사 2010년 한국저작권협회 이사 2010년 다산정약용기념회 이사 2011년 한국정보기술연구원 이사 2013년 한국기자협회 자문위원장(현) 2013년 언론중재위원회 자문위원장(현) 2014년 민주평통 상임위원(현) 2014년 한국ABC협회 회장(현) [상]관훈클럽 국제보도상(1992), 대한언론인회 취재부문상, 백상기자대상(3회), 한국신문협회 신문산업진흥공로상, 한국기자협회 공로상, 한국여기자협회 여기자지위향상 공로상, 대한언론인회 퇴직언론인복지향상기여상, 사진기자협회 공로상, 잡지협회 공로상, 관훈클럽 신문발전과 언론인지위향상 공로상, 대한언론인회 대한언론상(2012), 대통령표창, 보건복지부 특별상, 한국국제문화교류운동본부 특별공로상 [종]기독교

이성준(李城浚) LEE Sung Joon

[생]1959·5·17 [본]원주(原州) [출]강원 강릉 [주]서울 종로구 세종대로209 대통령직속 지역발전위원회 지역활력국(02-2100-1170) [학]1978년 강릉고졸 1982년 서울대 토목공학과졸 1999년 교통공학박사(미국 오하이오주립대) [경]현대건설 근무, 건설교통부 사무관 2001년 同도로정책과 서기관 2002년 원주지방국토관리청 강릉국도유지건설사무소장 2004년 익산지방국토관리청 건설관리실장 2004년 건설교통부 광역도로과장 2005년 同광역도로팀장 2006년 同민자사업팀장 2007년 同산업입지정책팀장(기술서기관) 2008년 국토해양부 도로운영과장 2008년 同간선도로과장 2009년 同기술정책과장 2010년 同기술정책과장(부이사관) 2010년 행정중심복합도시건설청 부이사관 2012년 국토해양부 4대강살리기추진본부 기획국 하천이용팀장 2013년 교육 파견 2013년 2015세계물포럼준비위원회 사무처장 2013년 국토교통부 동서남해안및내륙권발전기획단 기획관 2016년 대통령직속 지역발전위원회 지역활력국장(현) [저]'Evaluation of Real-Time Bus Arrival Information Systems'

이성진(李星珍) LEE Sung Jin (雲泉)

[생]1934·6·6 [본]인천(仁川) [출]경남 마산 [주]서울 관악구 관악로1 서울대학교 사범대학 교육학과(02-880-5114) [학]1953년 마산고졸 1957년 서울대 사범대 교육학과졸 1962년 미국 조지피바디대 대학원 심리학과졸 1967년 철학박사(미국 캔자스대) [경]1965~1970년 미국 캔자스주립뇌병원 심리임상교수 1970~1980년 서울대 사범대학 조교수·부교수 1972년 한국행동과학연구소 부소장 1974년 同소장 1976년 한국교육심리연구회 회장 1980~1999년 서울대 사범대학 교육학과 교수 1980~1999년 한국교육학회 상임이사·사무국장 1983~1985년 한국가운슬러협회 회장 1994년 교육개혁위원 1999년 서울대 명예교수(현) 2007년 대한민국학술원 회원(교육심리학·현) [상]국무총리표창, 대통령표창, 대한민국학술원상 인문·사회과학부문(2006) [저]'행동수정의 원리'(1972) '부모의 자녀관'(1973) '현대교육심리학'(1975) '국가발전과 어린이(共·編)'(1976) '국가발전과 청소년(共·編)'(1977) '현대사회와 유아' '교육심리학서설' '鄭範謨교육론'(編) '한국교육학의 맥'(編) '행동수정' '한국인의 성장·발달 : 30년 종단적 연구'(2005) [역]'교육평가핸드북' [종]기독교

이성창(李聖昌) LEE Sungchang

[생]1958·5·26 [본]전주(全州) [출]대구 [주]경기 고양시 덕양구 항공대학로76 한국항공대학교 항공전자정보공학과(02-300-0127) [학]1976년 대구고졸 1983년 경북대 전자공학과졸 1985년 한국과학기술원 전기 및 전자공학과졸(석사) 1991년 공학박사(미국 텍사스 A&M대) [경]1985~1987년 한국과학기술원 시스템공학센터 연구원 1992~1993년 한국전자통신연구원 선임연구원 1993~2015년 한국항공대 정보통신공학과 전임강사·조교수·교수 1993년 한국통신학회 상임이사·정회원·평의원(현) 1996~1998년 초고속선도시험망 운영위원 1999~2007년 광명시 정보통신 자문위원, 서울시 정보화위원 2003~2007년 건설교통부 자문위원 2004년 산업자원부 국가성장동력사업 지능형홈시큐리티 및 오토메이션 서비스 기술개발과제 총괄책임자, 한국통신학회 디지털홈연구회 운영위원장, BcN포럼 운영위원, 2004~2005년 OSIA 상임이사, Standard & Technology Review 편집위원장 및 이사, 정보통신부 국제표준전문가, 한국통신학회 교환및라우팅연구회 운영위원장 2008년 UCT포럼 운영위원장 2009년 대한전자공학회 평의원(현) 2009년 同부회장 2009년 同통신소사이어티 회장 2009년 FMC포럼 운영위원장(현) 2015년 한국항공대 항공전자정보공학부 교수(현) [저]'론웍스 기반의 유비쿼터스 홈네트워크(구현 및 응용)'(2008) 'ns-2 네트워크 시뮬레이터의 이해'(2008) 'ns-2 네트워크 시뮬레이터의 활용'(2008) [역]'Fundamentals of Logic Design'(2004) [종]천주교

이성창(李城彰) Lee, Seong Chang

[생]1968·12·22 [본]한산(韓山) [출]경기 의정부 [주]서울 중구 세종대로110 서울특별시청 도시재생본부 공공개발센터(02-2133-8350) [학]1987년 신일고졸 1991년 성균관대 건축공학과졸 1994년 同대학원 건축학과졸 2004년 건축학박사(성균관대) [경]2004년 성균관대 건축조경 및 토목공학부 박사후연구원 2004~2005년 일본 도교대 생산기술연구소 협력연구원 2005년 성균관대 공과대학 연구전임강사 2006~2012년 서울시정개발연구원 연구위원 2012년 서울연구원 연구위원 2013년 서울시 도시계획국 공공개발센터장 2015년 同도시재생본부 공공개발센터장(현) [저]'서울의 도시형태연구'(2010) '서울시 장기공공임대주택 리모델링을 위한 전략도출 및 모델개발'(2011) '도시경관을 고려한 서울시 미디어파사드 설치 및 관리방안 연구'(2012) '건물전면 옥외영업 가이드라인 수립 연구'(2012)

이성천(李成天) LEE SUNG-CHEON

[생]1960·5·25 [본]성주(星州) [출]대구 [주]서울 중구 서소문로11길19 배재정동빌딩 (주)빙그레 신유통사업부문(02-2022-6330) [학]1979년 대구 심인고졸 1986년 경북대 경영학과졸 2008년 연세대 경영전문대학원 AMP 수료 2011년 동국대 불교대학원 BEMC 수료 [경]1986년 제일합섬(주) 자금팀 사원 1988년 (주)빙그레 근무 1994~1998년 同기획조정·감사팀장 1998년 同사내 마케팅대학 평가위원(현) 2008년 同마케팅 이사 2011년 同사업2부 상무보 2014년 同사업1부 상무 2016년 同신유통사업부문 상무(현) [상]한국능률협회컨설팅 한국산업의고객만족도(KCSI) 1위(2007·2008·2009·2010), 한국능률협회컨설팅 한국산업의고객추천도(KNPS) 1위(2008·2009·2010), 웹어워드코리아 web AWARD식품부문 최우수상(2008·2010), 한경비즈니스·포브스코리아·월간퀸지 브랜드마케팅 대상(2008·2009·2010), 한국브랜드경영협회 대한민국 녹색성장브랜드 선정(2009), 한국상품학회 마케팅혁신대상(2009), 한국경제신문·브랜드앤컴퍼니·CJ경영연구소 해방후 한국경제를 움직인 대한민국 1000대 브랜드 선정(2009), 국가브랜드위원회·한국경제신문 대한민국 명품브랜드 대상(2010), 한국CM전략연구소·한국경제신문 고객감동방송광고 1위(2010), 서울경제신문·뉴스위크한국판 대한민국 일류브랜드 대상·글로벌마케팅 대상(2010), 국가브랜드위원회 대한민국을 빛낸 브랜드 선정(2010), 한국디자인진흥원주관 지식경제부선정 Good Design상(2011)

이성철(李成哲) LEE Sung Chul

[생]1955·1·12 [출]서울 [주]서울 서대문구 연세로50의1 세브란스병원 안이비인후과병원(02-2228-3576) [학]1979년 연세대 의대졸 1982년 同대학원졸 1991년 의학박사(연세대) [경]1987~1989년 미국 Ohio주립대 Clinical Instructor 1988년 연세대 의과대학 안과학교실 교수(현) 1993년 일본 Keio대 Visiting Researcher 2004년 미국 Wills 안과병원 Visiting Doctor 2008년 연세대 의대 안과학교실 주임교수 2008년 同의대 시기능개발연구소장 2008년 세브란스병원 안이비인후과병원 안과 과장 2008년 同진료부장 2014~2016년 同안이비인후과병원장

이성철(李性哲) LEE Sung Chul

[생]1957·11·2 [출]전남 순천 [주]경기 수원시 영통구 월드컵로120 수원지방법원(031-210-1114) [학]1976년 경동고졸 1980년 연세대 법학과졸 1983년 同행정대학원졸 1989년 서울대 사법발전정책과정 수료 1991년 영국 런던대 법학대학원 연수 2001년 법학박사(한국해양대) [경]1984년 사법시험 합격(26회) 1987년 사법연수원 수료(16기) 1987년 변호사 개업 1994년 중소기업협동중앙회 분쟁중재위원 1996년 경희대 국제법무대학원 강사 1998년 광주지법 순천지원 판사 2000년 대전고법 판사 2002년 서울고법 판사 2003년 광주지법 순천지원 부장판사 2005년 수원지법 부장판사 2007년 서울중앙지법 부장판사 2010년 서울동부지법 수석부장판사 2012년 서울서부지법 부장판사 2014년 수원지법 부장판사(현)

이성춘(李成春) LEE Sung Choon (禹壯)

❸1939 · 9 · 24 ❹서울 ㈜서울 중구 세종대로20길15 건설회관700호 재외동포저널(070-8846-9646) ❿1958년 경복고졸 1964년 고려대 정치외교학과졸 1971년 서울대 신문대학원 수료 1991년 미국 하와이대 대학원 연수 ❷1963년 한국일보 입사 1973년 한국기자협회 보도자유분과위원장 1975년 한국일보 정치부 차장 1975년 한국기자협회장 1976년 국제기자연맹(IFJ) 집행위원 1979년 한국일보 정치부 부장대우 1980년 同정치부장 1983년 예관 신규식선생기념사업회 이사 1984년 한국일보 편집국 부국장 1985년 제1차남북이산가족고향방문단(평양) 취재기자단 부단장 1986~1987년 한국신문윤리위원회 위원 1987년 한국일보 출판국장 1987~1997년 同논설위원 1987~1995년 국토통일원 남북대화자문위원 1988년 한국일보 통일문제연구소장 1991년 미주한국일보 하와이지국 미스코리아후보 심사위원 1995~1996년 제2차(경주) · 제3차(중국 항저우) 한 · 중미래포럼 한국대표단 참여 1995~1999년 통일원 통일정책평가위원 1997년 관훈클럽 총무 1997~1998년 한국일보 이사 겸 논설위원 1998년 SBS 라디오시사프로그램 '안녕하십니까? 이성춘입니다' 진행 1998년 한국프레스센터 감사 1999년 고려대 신문방송학과 석좌교수 1999년 중앙선거관리위원회 자문위원 1999년 KBS 시청자위원회 부위원장 2000~2002년 KBS 시청자참여프로그램 운영위원장 2000년 KBS 객원해설위원 2001년 국회 방송자문위원회 부위원장 2002년 한국기자협회 기자상 심사위원 2003년 국회 범국민정치개혁협의회 위원 2004년 국회 정치개혁협의회 위원 2004~2010년 중앙선거방송토론위원회 위원장 2006년 CBS 시청자위원 2007년 세종문화회관 이사 2007년 성남아트센터 자문위원, 남북의료협력재단 고문, 한국기자협회 고문(현) 2015년 재외동포저널 편집고문(현) ❸한국신문방송인클럽 제1회 논설부문 언론대상, 고려대 교우회장한언론인상, 국민훈장 동백장(2013) ㉗'전후 분단국의 언론정책'(共)

이성춘(李成春) Lee Sung-Chun

❸1960 · 11 · 18 ❹전남 함평 ㈜서울 종로구 청계천로1 동아미디어센터 스포츠동아(02-2020-1004) ❿1979년 대일고졸, 한양대 신문방송학과졸 ❷1988년 스포츠서울 입사 2000년 스포츠서울21 야구팀장(부장) 2002년 同연예부장 2003년 同연예부장(부국장급) 2003년 同야구부장(부국장급) 2004년 同판매부장(부국장급) 2005년 同편집국장 2006년 同경영기획실장 2007년 同사업국장 2008년 스포츠동아 편집국장 2012년 同이사 2016년 同상무(현)

이성춘(李成春) LEE Sung Chyun

❸1965 · 11 · 16 ❹광주 ㈜세종특별자치시 도움4로9 국가보훈처 복지증진국(044-202-5600) ❿1983년 광주 금호고졸 1987년 서울대 사회복지학과졸 1998년 同대학원 행정학과졸 ❷2003년 국가보훈처 처장실 서기관 2005년 同기획관리실 기획예산담당관 2005년 同정책홍보관리실 재정기획담당관(서기관) 2007년 同정책홍보관리실 재정기획담당관(부이사관) 2008년 교육파견(부이사관) 2009년 국가보훈처 제대군인국장 2011년 同보훈심사위원회 상임위원 겸 사무국장(고위공무원) 2015년 同복지증진국장(현) ❸홍조근정훈장(2014)

이성태(李成泰) LEE Sung Tae

❸1957 · 1 · 26 ❹경남 밀양 ㈜대구 달성군 논공읍 논공로602 대동금속(주) 사장실(053-610-5000) ❿1975년 세종고졸 1985년 동국대 영어영문학과졸 ❷(주)혜인 이사, 同제천지점장 · 전무이사, 同장비사업본부장(상무), 同대표이사 사장 2013년 대동금속(주) 대표이사 사장(현) ❸기독교

이성태(李成泰) LEE Sung Tae

❸1967 · 9 · 9 ❹경주(慶州) ❹경북 영덕 ㈜서울 중구 세종대로7길37 ING생명보험(주) PR&커뮤니케이션실(02-2200-9920) ❿1986년 대구 경원고졸 1993년 서울대 정치학과졸 ❷1994~2006년 한국경제신문 기자 2006년 (주)알리안츠생명보험 커뮤니케이션실장(상무보) 2010~2014년 同소비자보호&커뮤니케이션실장(상무) 2014년 한화케미칼 커뮤니케이션담당 상무 2014년 ING생명보험(주) PR&커뮤니케이션실장(상무) 2016년 同PR&커뮤니케이션실장(전무)(현)

이성택(李盛澤) LEE Sung Taek

❸1952 · 3 · 10 ❹경북 상주 ㈜서울 강남구 테헤란로432 동부금융센터 동부금융연구소(02-3011-4589) ❿1970년 경북고졸 1974년 고려대 경영학과졸 ❷1974~1983년 동부건설(주) 차장 1983~1989년 동부화재(주) 실장 1989년 동부애트나생명보험(주) 부장 1990년 동부투자금융(주) 이사 1991년 동부증권(주) 감사 1993년 동부화재해상보험(주) 이사대우 1993년 同이사 1996년 同상무이사 2000년 同전무이사 2003년 同신사업추진부문장(부사장) 2005년 同금융분야 전략기획실장(부사장) 2009~2014년 동부생명보험(주) 대표이사 사장 2014년 동부금융연구소 소장(현)

이성팔(李聖八) Seong Pal LEE

❸1952 · 9 · 25 ❹전주(全州) ❹대전 ㈜대전 유성구 가정로218 한국전자통신연구원 위성시스템연구실(042-860-6220) ❿1979년 서울대 전기공학과졸 1986년 미국 뉴욕폴리테크닉대(Polytechnic Institute of New York University) 대학원 전기전자공학과졸 1990년 공학박사(미국 뉴욕폴리테크닉대) ❷1980년 한국전자통신연구소 연구원 1990년 무궁화위성기술전수단 중계기시스템분야 파견 1995년 한국전자통신연구소 위성시스템연구실 책임연구원 1997년 한국전자통신연구원 위성시스템연구실 책임연구원(현) 1998~2000년 同위성통신시스템연구부장 2000~2003년 同통신위성개발센터장 ❸국민포장(2000), 과학기술훈장 웅비장(2013)

이성하(李星夏) RHEE Seongha

❸1957 · 1 · 19 ❹전주(全州) ❹서울 ㈜서울 동대문구 이문로107 한국외국어대학교 영어학과(02-2173-3171) ❿1975년 태성고졸 1986년 한국외국어대 영어교육과졸 1996년 언어학박사(미국 텍사스주립대) ❷1985~1991년 駐韓미국대사관 영사과 근무 1986~1990년 KBS 생활영어 방송 1988년 KBS-IOC 올림픽방송 Script Writer 1994년 미국 텍사스주립대 아시아학과 강사 1997년 한국외국어대 영어학과 전임강사 · 조교수 · 부교수 · 교수(현) 1999~2003년 同교육대학원 교학부장 2001~2003년 同외국어연수평가원 연수평가부장 2002년 同언어연구소 편집위원장 2003~2004년 미국 스탠퍼드대 Fulbright 연구 및 강의교수 2004년 한국외국어대 대학원 TESOL학과 주임교수 2005~2007년 담화인지언어학회 편집위원장 2006년 한국외국어대 외국어종합연구센터장 겸 연수평가원장 2008~2010년 同언어연구소장 2008년 同FLEX센터장 2009~2010년 同영어대학 부학장 2009~2011년 담화인지언어학회 회장 2010~2012년 한국외국어대 교무처장 2012~2013년 同TESOL대학원장 2013~2014년 한국언어학회 회장 2013~2015년 한국외국어대 대외부총장 ❸문교부장관표창(1984), Meritorious Service Award(1991, 駐韓 미국대사) ㉗'Semantics of Verbs and Grammaticalization'(1997) '문법화의 이해'(1998) '언어와 문화'(2005) ❹'언어와 언어학'(1999) '형태론'(2000) '문법의 인지적 기초'(2004) ❸기독교

이성한(李晟漢) LEE Sung Han

❸1956 · 8 · 2 ❹서울 ㈜전남 나주시 전력로55 한국전력공사 임원실(061-345-3114) ❿1975년 서울 홍익대사대부고졸 1979년 동국대 경찰행정학과졸 1984년 同대학원 행정학과졸 2012년 경찰학박사(동국대) ❷1983년 경찰간부 후보(31기) 1998년 경남 거창경찰서장(총경) 2000년 경찰청 정보통신관리담당관 2001년 강원 태백경찰서장 2002년 경기지방경찰청 교통과장 2002년 경찰청 수사국 과학수사과장 2003년 同지능범죄수사과장 2003년 서울 수서경찰서장 2004년 서울지방경찰청 정보1과장 2004년 대통령 시민사회수석비서관실 근무 2005년 경찰청 외사관리실 근무 2005년 대통령 치안비서관실 근무 2006년 경북지방경찰청 차장(경무관) 2006년 駐미국 워싱턴주재관 2009년 경찰청 혁신기획단장 2010년 同감사관 2010년 同외사국장(치안감) 2011년 충북지방경찰청장 2012년 부산지방경찰청장(치안정감) 2013~2014년 경찰청장 2014~2016년 동국대 사회과학대학 경찰행정학과 석좌교수 2016년 한국전력공사 상임감사위원(현) ❸국가사회발전유공 근정포장, 황조근정훈장(2014)

이성한(李盛漢) Sunghan Lee

❸1966 · 8 · 9 ❹광주(廣州) ❹인천 ㈜인천 남동구 남동대로765번길44 연합뉴스 인천취재본부(032-439-3450) ❿1985년 인하대부속고졸 1990년 성균관대 정치외교학과졸 ❷1990년 연합뉴스 입사 1993~1997년 同편집국 사회부 경찰팀 · 시청팀 기자 1998~2000년 同편집국 사회부 시경캡 2001~2003년 同편집국 사회부 노동부 출입기자 2004~2005년 호주 그리피스대 연수 2005년 연합뉴스 편집국 사회부 교육팀장 2007년 同편집국 사회부 법조팀장 2009~2011년 同런던특파원 2012년 同지방국 전국부장 2014년 同편집국 사회부장(부국장대우) 2015년 同편집국 국제뉴스1부장 2015년 同인천취재본부장(현)

이성해(李成海) LEE Seong Hai

[생]1966 · 6 · 8 [본]전주(全州) [출]서울 [주]세종특별자치시 도움6로11 국토교통부 국토정보정책관실(044-201-3456) [학]1992년 서울대 토목공학과졸 1997년 영국 리즈대 대학원 교통공학과졸 [경]1993년 건설부 수자원국 근무 1994년 건설교통부 수자원개발과 근무 1995~1996년 同기술정책과 근무 1998~2000년 同주택도시국 도시관리과 근무 2002~2003년 同수자원국 수자원정책과 서기관 2004~2006년 서울대 파견(서기관) 2006년 건설교통부 연구개발총괄팀장 2007년 駐나이지리아 주재관(서기관) 2010년 국토해양부 4대강살리기추진본부 사업지원3팀장(기술서기관) 2011년 同4대강살리기추진본부 정책총괄팀장 2012년 同4대강살리기추진본부 정책총괄팀장(부이사관) 2013년 국토교통부 도로국 도로정책과장 2014년 同수자원정책국 수자원개발과장 2015년 부산지방국토관리청장 2016년 국토교통부 국토정보정책관(현) [상]대통령표창(2001), 근정포장(2012)

이성헌(李性憲) LEE Sung Hun

[생]1958 · 5 · 30 [본]전주(全州) [출]전남 영광 [주]서울 서대문구 통일로385 삼성빌딩4층 새누리당 서대문甲당원협의회(02-736-1011) [학]1976년 명지고졸 1985년 연세대 체육학과졸 1992년 同행정대학원졸 2005년 신문방송학박사(성균관대) [경]1983년 연세대 총학생장 1985년 민주화추진협의회 김영삼공동의장 비서 1986년 同기획위원 1986년 同민주통신 편집위원 1987년 통일민주당 김영삼총재 비서 1990년 중앙청년위원회 사무국장 1991년 민자당 대표최고위원실 부국장 1993년 대통령비서실 정무행정관 1993년 대통령 사회 · 여성담당 정무비서관 1996년 신한국당 서대문甲지구당 위원장 1996년 同부대변인 1997년 미국 콜롬비아대 동아시아연구소 객원연구원 1997년 한나라당 서울서대문甲지구당 위원장 1997년 同이회창총재 정무특보 2000~2004년 제16대 국회의원(서울 서대문甲, 한나라당) 2000년 한나라당 원내부총무 2001년 同미래연대 공동대표 2001년 한국장애인문화협회 고문 2003년 한나라당 대외협력위원장 2004년 同대표비서실장 2004~2006년 同제2사무부총장 2006년 同서울시당 클린위원장 2008년 제18대 국회의원(서울 서대문甲, 한나라당 · 새누리당) 2008~2009년 한나라당 제1사무부총장 2012년 새누리당 서울서대문甲당원협의회 위원장(현) 2012년 제19대 국회의원선거 출마(서울 서대문甲, 새누리당) 2012년 새누리당 원외당협위원장협의회 대표(현) 2012년 同제18대 대통령중앙선거대책위원회 국민소통본부장 2013년 민족화해협력범국민협의회 상임집행위원장(현) 2016년 제20대 국회의원선거 출마(서울 서대문구甲, 새누리당) [상]자유경제입법상(2010) [저]수필 '손과 발' '아름다운 사랑'(1996) '세상은 꿈꾸는 자의 것이다' 자서전 '어떻게, 계속 할까요'(2010) [역]'상징의 정치시대'(1996) [종]기독교

이성혁(李晟赫) Lee, Seong Hyeok

[생]1965 · 12 · 23 [본]전주(全州) [출]대구 [주]경기 의왕시 철도박물관로176 한국철도기술연구원 고속철도연구본부(031-460-5303) [학]1984년 대구고졸 1991년 영남대 토목공학과졸 1993년 同대학원 토질 및 기초공학과졸 2005년 공학박사(아주대) [경]1993년 동명기술공단 근무 1995년 한국철도기술연구원 연구시설건설사업단장 2011년 同고속철도연구본부 책임연구원 2015년 同고속철도연구본부 수석연구원(현) 2016년 미국 세계인명사전 'Marquis Who's Who in the world' 33edition에 등재 [상]국토부장관표창(2007) [역]'기차철도 속이 보인다'(2010) '철도차량 메커니즘 도감'(2012, 도서출판 골든벨) '철도차량 시스템 공학'(2013, 도서출판 골든벨) '뉴패러다임 실무교재 지반역학'(2013, 도서출판 씨아이알) '지반공학에서의 성능설계'(2014, 도서출판 씨아이알) '건설기술자를 위한 알기쉬운 토목지질'(2014, 도서출판 씨아이알) '전문가의 지혜로부터 배우는 토목구조물의 유지관리'(2015, 도서출판 씨아이알) '건설기술자를 위한 토목수학의 기초'(2015, 도서출판 씨아이알) '철도의 미래 2030년의 철도'(2016, 도서출판 씨아이알) 등 [종]불교

이성혁(李晟赫) LEE Sung Hyuk

[생]1970 · 4 · 23 [출]서울 [주]경기 안양시 동안구 학의로 268 메가밸리701호 단암시스템즈 임원실(031-420-4300) [학]1989년 대일외고졸 1993년 서울대 경제학과졸 1999년 미국 터프츠대 국제대학원 수료 [경]1993년 관세청 평가1과 행정사무관 1997~2002년 단암전자통신(주) 부사장 1998년 단암데이타시스템(주) 기획관리이사 2000년 단암USA 대표이사 2001년 단암에퀴터블 대표이사 2001년 단암시스템(주) 대표이사 2003~2008년 단암전자통신(주) 대표이사 사장 2008년 단암시스템즈(주) 대표이사 사장(현)

이성호(李聖浩) LEE Sung Ho

[생]1938 · 12 · 18 [본]경주(慶州) [출]경기 남양주 [주]경기 남양주시 수동면 소래비로209 (주)원일산업 임원실(031-594-8033) [학]1958년 서울농고졸 1962년 고려대 법대졸 1996년 同노동대학원졸 [경]1967년 민주공화당 공채 3기 1972~1975년 새세대문제연구회 사무국장 1975~1980년 민주공화당 청년국장 · 지방국장 · 기획조정실 차장 1980년 민주정의당(민정당) 중앙정치연수원 교수 1981년 同경기지부 사무국장 1985년 제12대 국회의원(전국구, 민정당) 1985년 보이스카우트 경기도 연맹장 1986년 민정당 청년분과 위원장 · 조직국장 1987년 同중앙정치연수원 부원장 1988년 제13대 국회의원(남양주, 민정당 · 민자당) 1991년 민자당 당기위원회 부위원장 1991년 同청년봉사단 총단장 1992년 제14대 국회의원(미금 · 남양주, 민자당 · 신한국당) 1992년 민자당 원내수석부총무 1993년 국회 제도개선소위원회 위원장 1993년 국회 스카우트의원연맹 회장 1993년 한 · 에콰도르친선협회 회장 1994년 국회 청소년정책연구회장 1994년 국회 건설위원회 위원장 1995~1996년 보건복지부 장관 1996년 제15대 국회의원(남양주, 신한국당 · 한나라당 · 국민회의 · 새천년민주당) 1998년 국민회의 당무위원회 부의장 1999년 同중앙위원회 의장 2000년 새천년민주당 경기남양주지구당 위원장 2001년 명지대 사회복지대학원 겸임교수 2002년 새천년민주당 고충처리위원회 위원장 2002~2010년 (주)원일산업 회장 2011년 同명예회장(현) [상]청조근정훈장, 보이스카우트 무궁화금장 [종]기독교

이성호(李星鎬) LEE Sung Ho (雪齋)

[생]1946 · 11 · 3 [출]경기 양주 [주]서울 서대문구 연세로50 연세대학교 교육학과(02-1599-1885) [학]1970년 연세대 문과대학 교육학과졸 1975년 同대학원 교육학과졸 1980년 교육학박사(미국 조지워싱턴대) [경]1981~2011년 연세대 교육학과 교수 1986년 교육개혁심의회 전문위원 1989년 교육부 중앙교육심의회 연구위원 1989년 대통령자문 21세기위원 1991년 연세대 학생처장 1992년 전국대학학생처장협의회 회장 1993년 교육부 대학정책실장 1993년 유네스코 한국위원회 위원 1995년 연세대 중앙도서관장 1998년 同교육과학대학장 1998년 제2의건국범국민추진위원회 상임위원 1998년 한국교육학회 이사 1999~2008년 미국 세계인물사전 마르퀴스 'Who's Who in the World'에 10년 연속 등재 2000년 연세대 일반대학원장 2000년 교육개혁대학평가위원장 2002년 교육인적자원부 정책자문위원회 위원장, 同고등교육정책 자문위원 2002~2004년 연세대 행정 · 대외부총장 2003~2008년 미국 세계인물사전 마르퀴스 'Who's Who in the America'에 6년 연속 등재 2008년 교육과학기술부 고등교육정책 자문위원 2011년 연세대 교육학과 명예교수(현) 2013~2015년 부산디지털대 상담심리학과 석좌교수 2014년 전국경제인연합회 자유와창의교육원 교수(현) 2015년 대한민국해병대 정책자문위원(현) [상]미국 육군근무공로훈장(1973), 홍조근정훈장(2000), 영국 국제인물전기센터 2005년도 세계100대 최고 교육학자(2005) [저]'대학교육과정론' '교육과정과 평가' '교수방법의 탐구' '한국의 대학교수' '대학교육의 갈등' '세계의 대학교수' '교수방법론' 'Scientific Development & Higher Education' '지금 당신의 자녀가 흔들리고 있다' '흔들리는 부모, 방황하는 아이들' '자녀교육의 비법은 없다' 'Korean Higher Education' '어쩌다 우리 사이가 이렇게 됐지'(2009) '부모가 하지 말아야 할 21가지 말'(2011, 이너북스) 등 32권 [역]'교육신화'(2002) [종]기독교

이성호(李成鎬) Seong Ho Lee

[생]1947 · 5 · 6 [본]신평(新平) [출]충남 당진 [주]충남 공주시 공주대학로56 공주대학교 간호보건대학 간호학과(041-850-0300) [학]1966년 대전고졸 1973년 서울농업대 수의학과졸 1977년 건국대 대학원 수의학과졸 1984년 농학박사(중앙대) [경]1973~1982년 고덕가축병원 개원 1982~2001년 공주전문대 간호학과 전임강사 · 조교수 · 부교수 · 교수 1986년 同도서관장 1986년 일본 사이타마(埼玉)의대 박사후과정 1987년 공주전문대 생활연구소장 1988년 同학생과장 1993~1997년 同학장 1997년 전문대학교육협의회 부회장 겸 충청지역전문대학장협의회장 1997년 충남대 연구교수 1999년 충남농업기술원 겸임연구관 2001년 공주대 영상보건대학 간호학과 교수 겸 산업과학대학 특수동물학과 교수 2004~2006년 한국애완동물학회 회장 2005~2011년 충남대 형질전환복제돼지연구센타 과제책임자 2010~2012년 공주대 도서관장 겸 출판부장 2011~2012년 천연물연구소 소장 2012년 공주대 간호보건대학 간호학과 명예교수(현) [상]근정포장(2012) [저]'인체해부학' '가축번식학사전' '애완동물' '인체해부학실습' '애견표준학' '동물번식학' [역]'생생사진해부학' [종]가톨릭

이성호(李聖浩) LEE SUNG HO

[생]1954·12·31 [출]충북 충주 [주]세종특별자치시 노을4로 13 국민안전처 차관실(044-204-5101) [학]1973년 중경고졸 1977년 육군사관학교졸(33기), 경희대 대학원 경영학과졸 2012년 경영학박사(경희대) [경]육군 제11사단 참모장, 육군 제2군단 작전참모, 제1군사령부 감찰참모 2006년 제1사단장 2008년 합동참모본부 작전참모부장 2009년 제3군단장(중장) 2010년 합동참모본부 전력발전본부장 2011년 同군사지원본부장 2011년 국방대 총장 2011년 예편(육군 중장) 2012년 한국가스공사 상임감사위원 2014년 안전행정부 제2차관 2014년 국민안전처 차관(현) [상]대통령표창(2000), 보국훈장 국선장(2012) [종]천주교

이성호(李成浩) Sungho Lee

[생]1957·7·16 [출]경기 양주 [주]경기 양주시 부흥로1533 양주시청(031-8082-5001) [학]1975년 의정부공고졸, 교육인적자원부 학점은행 행정학과졸 2011년 고려대 정책대학원 행정학과졸, 도시설계학박사(대진대) [경]2011년 양주시 도로교통국장 2012년 同산업환경국장·문화복지국장, 국회의원 정성호 정책특보 2014년 민주당 전철7호선연장국지도39호선조기추진특별위원장 2014년 새정치민주연합 경기도당 교육복지정책특별위원장 2015년 더불어민주당 경기도당 민생경제특별위원장 2016년 경기 양주시장(재선거 당선, 더불어민주당)(현) [상]양주군수표창(1981·1983·1987), 경기도지사표창(1992·1997), 장관표창(1997), 국무총리표창(2001·2010), 양주시장표창(2009)

이성호(李聖昊) Sung-Ho Lee

[생]1957·8·29 [본]영천(永川) [출]충북 영동 [주]서울 중구 삼일대로340 국가인권위원회 위원장실(02-2125-9600) [학]1976년 신일고졸 1980년 서울대 법대 법학과졸 1990년 미국 캘리포니아대(UCLA) 법과대학원 법학과졸 [경]1980년 사법시험 합격(22회) 1982년 사법연수원 수료(12기) 1982년 軍법무관 1985년 서울지법 의정부지원 판사 1987년 同남부지원 판사 1990년 마산지법 판사 1992년 부산고법 판사 1993년 서울고법 판사 1995년 대법원 재판연구관 1998년 대전지법 천안지원 부장판사 1998년 同천안지원장 1999년 수원지법 부장판사 2000년 서울지법 동부지원 부장판사 2002년 同부장판사 2004년 서울중앙지법 부장판사 2005년 특허법원 부장판사 2006년 同수석부장판사 2006년 서울고법 형사3부 부장판사 2011년 同민사24부 부장판사 2011년 同수석부장판사 2012년 서울남부지법원장 2013~2015년 서울중앙지법원장 2013~2015년 서울시선거관리위원회 위원장 2015년 국가인권위원회 위원장(장관급)(현) 2016년 세계국가인권기구연합(GANHRI) 고령화실무그룹 의장(현) [저]'지적재산소송실무(共)'(2006) '판례소법전'(編) [종]천주교

이성호

[생]1959 [출]경북 예천 [주]경북 포항시 북구 중앙로331 포항북부경찰서(054-250-0211) [학]대창고졸, 경일대졸, 경북대 행정대학원졸 [경]1984년 경위 임용(경찰간부후보 34기), 경북지방경찰청 교육계장·정보2계장 2008년 대구지방경찰청 경비교통과장 2009년 경북 군위경찰서장 2011년 경북 안동경찰서장 2013년 경북지방경찰청 정보화장비담당관 2014년 경북 포항남부경찰서장 2015년 경북지방경찰청 여성청소년과장 2016년 경북 포항북부경찰서장(현)

이성호(李晟濠) LEE Sung Ho

[생]1962·4·8 [주]서울 중구 을지로5길19 페럼타워 동국제강(주) 임원실(02-317-1114) [학]달성고졸 1986년 서울대 정치학과졸 1990년 미국 뉴욕시립대(CUNY) 대학원 정치학과졸 [경]1990~1993년 육군사관학교 교수 2007년 동국제강(주) 입사, 同재무기획팀장, 同경영기획2팀장, 同기획조정팀장(이사) 2011년 同전략경영실 부실장(상무) 2015년 同경영지원본부장(상무) 2015년 同재무담당 상무(현)

이성호(李誠浩) Lee Seong-ho

[생]1966·9·27 [주]서울 종로구 사직로8길60 외교부 인사운영팀(02-2100-7136) [학]서라벌고졸 1989년 서울대 국제경제학과졸 [경]1989년 외무고시 합격(23회) 1989년 외무부 입부 1998년 駐미국 1등서기관 2002년 駐세네갈 1등서기관 2004년 대통령 외교보좌관실 파견 2005년 외교부 북미통상과장 2007년 駐벨기에 참사관 2011년 외교부 통상법무과장 2012년 同자유무역협정정책국 심의관 2013년 산업통상자원부 통상협력국 심의관 2014년 외교부 국제경제국장 2015년 駐OECD 대사(현) [상]홍조근정훈장(2015)

이성호(李誠浩)

[생]1967·2·18 [출]서울 [주]경기 수원시 영통구 월드컵로 120 수원지방법원(031-210-1114) [학]1985년 대일고졸 1989년 서울대 외교학과졸 [경]1995년 사법시험 합격(37회) 1998년 사법연수원 수료(27기) 1998년 서울지법 의정부지원 판사 2000년 同서부지원 판사 2002년 부산지법 동부지원 판사 2005년 서울행정법원 판사 2007년 서울동부지법 판사 2009년 서울고법 판사 2011년 서울중앙지법 판사 2013년 춘천지법 강릉지원 부장판사 2015년 수원지법 부장판사(현)

이성호(李成浩) Lee Sung Ho

[주]서울 중랑구 신내역로3길40의10 서울중랑경찰서(02-2171-0323) [학]안법고졸, 청주대 국어국문학과졸 [경]서울 서대문경찰서 생활안전과장, 충북지방경찰청 정보통신담당관 2011년 충남지방경찰청 생활안전과장 2012년 충남 논산경찰서장, 국립과학수사연구원 행정지원과장 2014년 인천연수경찰서장 2015년 서울지방경찰청 지하철경찰대장 2016년 서울 중랑경찰서장(현)

이성환(李晟瑍) LEE Seong-Whan

[생]1962·6·2 [주]서울 성북구 안암로145 고려대학교 정보통신대학 뇌공학과(02-3290-3197) [학]1984년 서울대 계산통계학과졸 1986년 한국과학기술원(KAIST) 전산학과졸(석사) 1989년 전산학박사(한국과학기술원) [경]1987~1989년 네덜란드 Delft Univ. of Technology 패턴인식그룹 객원연구원 1989~1990년 캐나다 Concordia Univ. 패턴인식 및 기계지능연구센터 객원교수 1989~1995년 충북대 컴퓨터과학과 조교수 1995년 고려대 컴퓨터학과 교수 1995~1997년 한국정보과학회 뉴로컴퓨팅연구회 부위원장 1995~1997년 同컴퓨터비전 및 패턴인식연구회 부위원장 1996년 국제전기전자공학회(IEEE) Computer Society Senior Member 1996년 국제패턴인식협회 International Association for Pattern Recognition 이사 1997년 과학기술부 창의적연구진흥사업 책임자 1997~2008년 고려대 인공시각연구센터 연구소장 1998년 국제패턴인식협회(IAPR) Fellow(현) 2000~2002년 한국정보과학회 컴퓨터비젼및패턴인식연구회 운영위원장 2001~2002년 미국 MIT Department of Brain and Cognitive Sciences 객원교수 2003~2010년 고려대 일반대학원 바이오정보학협동과정 주임교수 2006~2008년 同컴퓨터정보통신대학원 부원장 2007~2011년 국제전기전자공학회(IEEE) Systems·Man and Cybernetics Society Korea Chapter 지부장 2008~2010년 同집행이사 2008~2013년 고려대 뇌공학연구소장 2009년 同정보통신대학 뇌공학과 교수(현) 2009년 同현대·기아차 자연과학 석좌교수(현) 2009년 한국과학기술한림원 정회원(현) 2010~2011년 한국인지과학회 부회장 2010년 국제전기전자공학회(IEEE) Fellow(현) 2010~2012년 同석학강연자(Distinguished Lecturer) 2012년 한국뇌공학회 부회장 2012년 국제전기전자공학회(IEEE) Systems·Man and Cybernetics Society 부회장 2013년 한국인지과학회 회장 2015년 한국정보과학회 인공지능소사이어티 회장(현) [상]한국정보과학회 최우수논문상(1986), 2nd International Conference on Document Analysis and Recognition Outstanding Young Researcher Award(1993), 한국정보과학회 학술상(1996), 한국정보과학회 공로상(2000), 25th Annual Pattern Recognition Society Award(2000), International Conference on Neural Information Processing 공로상(2000), LG연암문화재단 연암해외연구교수상(2001), 한국정보과학회 공로상(2003), 한국정보과학회 논문공헌상(2008), 국제전기전자공학회(IEEE) 기계학습및사이버네틱스 국제학술대회(ICMLC) 공헌상(2008·2009), 국제전기전자공학회(IEEE) Trans. on Pattern Analysis and Machine Intelligence(7월호) 선정 'Featured Article'(2009), 고려대 학술연구상(2009), 국제전기전자공학회(IEEE) 기계학습및사이버네틱스국제학술대회(ICMLC) 최우수논문상(2011), 이달의 과학기술자상(2012), 한국정보과학회 제15회 가헌학술상(2013) [저]'Character Recognition : Theory and Practice'(1994) 'Principles of Pattern Recognition'(1994) 'Advances in Oriental Document Analysis and Recognition Techniques'(1998) 'Document Analysis Systems, Lecture Notes in Computer Science'(1999) 'Advances in Handwriting Recognition'(1999) 'Biologically Motivated Computer Vision, Lecture Notes in Computer Science'(2000, Springer Verlag) 'Pattern Recognition with Support Vector Machines, Lecture Notes in Computer Science'(2002, Springer Verlag) 'Biologically Motivated Computer Vision, Lecture Notes in Computer Science'(2002, Springer Verlag) 'Chapter 4 : Reconstruction of High-Resolution Facial Images for Visual Surveillance, Handbook of Pattern Recognition and Computer Vision (3rd Edition)'(World Scientific) 'Chapter 17 : SVDD-based Face Reconstruction in Degraded Images, Advances in Biometrics : Sensors, Algorithms and Systems'(2007, Springer Verlag) 'Advances in Biometrics, Lecture Notes in Computer Science'(2007, Springer Verlag) [역]'World Scientific'

이성환(李成桓) soung hwan, LEE

(생)1967 · 2 · 3 (본)전주(全州) (출)경기 (주)서울 영등포구 국회대로70길18 한양빌딩 새누리당(02-3786-3000) (학)경복고졸, 한국외국어대 스페인어과졸 2012년 同정치행정언론대학원 재학中 (경)1997~2006년 국회의원 보좌관 2008년 대통령 홍보수석비서관실 행정관 2011년 대통령 정책기획관실 선임행정관 2012년 대통령 국정홍보비서관 2012~2015년 제주국제자유도시개발센터(JDC) 상임감사 2016년 새누리당 상근부대변인(현) (상)국회의장표창(2006) (저)'봉황을 잡기위한 퍼즐'(1993, 백암) '히딩크 어록'(2002, 도서출판 엔북)

이성효(李聖孝) LEE Seong Hyo

(생)1957 · 7 · 6 (출)경남 진주 (주)경기 수원시 장안구 이목로39 수원교구청(031-257-3553) (학)1976년 수원고졸 1980년 아주대 전자공학과졸 1985년 서울대 대학원 전자공학과졸 1987년 수원가톨릭대 신학과졸 1992년 독일 트리어대 신학대학원 교부학과졸 2000년 신학박사(프랑스 파리가톨릭대) (경)1992년 사제 서품 1992년 천주교 수원교구 호계동본당 보좌신부 2001년 同수원교구 오산본당 주임신부 2003~2011년 수원가톨릭대 교수 2004년 同사목부장 겸 영성관장 2006~2008년 同교무처장 2006년 同대학원장 2006~2010년 同평생교육원장 2008~2010년 同이성과신앙연구소장 2011년 천주교 수원교구청 보좌주교(현) 2012년 한국천주교주교회의 교리주교위원회 위원(현) 2012년 同생명윤리위원회 위원(현) 2012년 同생명운동본부장(현) 2014년 교황청 문화평의회 위원(현) (저)'선포와 봉사'(2003) '교부학 인명(共)'(2004) (역)'아우구스티누스의 인내론'(2005) '아우구스티누스의 입문자 교리 교육'(2005)

이성훈(李聖勳) LEE Sung Hoon

(생)1958 · 8 · 11 (본)장수(長水) (출)부산 (주)서울 강남구 테헤란로92길7 법무법인 바른(02-3479-7559) (학)1977년 인창고졸 1981년 서울대 법학과졸 (경)1982년 사법시험 합격(24회) 1984년 사법연수원 수료(14기) 1985년 전주지법 판사 1987년 同군산지원 판사 1989년 서울지법 의정부지원 판사 1993년 同남부지원 판사 1995년 서울민사지법 판사 1995년 서울지법 판사 1995~1996년 미국 U.C.버클리 로스쿨 연수(V.S과정) 1996년 서울고법 판사 1998년 대법원 재판연구관 2000년 광주지법 부장판사 2002년 서울지법 북부지원 부장판사 2004년 서울북부지법 부장판사 2005년 서울중앙지법 부장판사 2007~2008년 수원지법 안산지원장 2008년 법무법인 바른 변호사(현) 2010~2012년 언론중재위원회 위원 2010~2012년 한국문화예술위원회 위원 (종)천주교

이성희(李成熙) LEE Sung Hee (東皐)

(생)1926 · 11 · 15 (본)연안(延安) (출)경기 용인 (주)서울 성동구 아차산로73 (주)성음 회장실(02-463-0141) (학)1948년 서울대 공대 부속 고등기술원양성소 수료 1951년 육군예비사관학교졸 1975년 경희대 대학원 수료 (경)1948년 고려레코드 공장장 1954년 오아시스레코드 상무이사 1958년 공보부 방송관리국 촉탁 1960년 방송문화협회 레코드제작부 촉탁 1964년 금속표면기술 부회장 1966년 성음제작소 사장 1974~1983년 한국음반협회 이사장 1978~1998년 (주)성음 사장 1993년 성음문화재단 이사장(현) 1998년 (주)성음 회장(현) (상)재무부장관표창, 국무총리표창, 화관문화훈장(1991), 은관문화훈장(2015) (종)기독교

이성희(李成熙) Rhee, Sunghee (玄馬)

(생)1942 · 6 · 26 (본)진성(眞城) (출)경북 안동 (주)서울 종로구 종로39길40 현마육영재단(02-742-9770) (학)1961년 대구고졸 1965년 한국외국어대 외교학과 중퇴 1975년 연세대 경영대학원 수료 1995년 한국외국어대 외교학과 명예 졸업 2002년 명예 경영학박사(카자흐스탄 알파라비국립대) 2008년 명예 경영학박사(한국외국어대) (경)1972~1978년 (주)부신 대표이사 1994년 (주)현마산업 이사회장(현) 1995년 駐한국 앤티가바부다 명예영사(현) 1997~2001년 한국외국어대총동문회 부회장 1999~2011년 대한상사중재원 중재인 1999~2000년 국제로타리3650지구 동서울로타리클럽 회장 1999~2001년 (사)한국수입협회 제14대 회장 1999~2004년 (사)UN한국협회 이사 2001~2002년 조선대 겸임교수 2001~2011년 한국외국어대 초빙교수 2004~2006년 진성(眞城)이씨서울종친회 회장 2004~2005년 (사)서울컨트리클럽 이사 2007년 한나라당 이명박 대통령후보 정책특보 2009년 제14 · 15 · 16 · 17기 민주평통 자문위원(현) 2010~2016년 (사)서울컨트리클럽 감사 2010년 (재)현마육영재단 이사장(현) 2012년 제18대 대통령선거 박근혜후보 직능총괄본부 특보 2013년 국가원로회의 자문위원(현) (상)자랑스런 외대인상(1999), 한국외국어대 강의상(2005 · 2006) (저)'완전독일어' '세계시장을 뛰는 작은거인들' '나의 사업이야기'

(2000) '그래도 머뭇거릴 수 없다'(2012)

이성희(李成熙) Lee Sung Hee

(생)1950 · 9 · 2 (출)경북 (주)서울 동대문구 황물로168 경남기업(주) 임원실(02-2210-0500) (학)1969년 대륜고졸 1974년 서울대 무역학과졸 (경)현대중공업(주) 근무, 동산토건 근무 1994년 두산건설(주) 이사 2000년 同상무이사 2002년 두산중공업(주) 재무관리부문장(부사장) 2008년 두산엔진(주) 대표이사 사장 2011년 同부회장 2015년 경남기업(주) 법정관리인 2016년 同대표이사(현)

이성희(李聖熙) Lee Sung Hee

(생)1956 · 11 · 19 (주)서울 중구 덕수궁길15 서울특별시의회(02-3783-1906) (학)광혜원고졸, 광운대 정보복지대학원 사회복지학과졸 (경)북부썬차일드 대표, 포스트신문 편집인, 서울시 강북구상공회의소 부회장, 민주평통 강북구협의회 제1지회장, 서울시 강북구생활체육협의회 회장 2010~2014년 서울시 강북구의회 의원(한나라당 · 새누리당) 2012년 同부의장 2014년 서울시의회 의원(새누리당)(현) 2014년 同문화체육관광위원회 부위원장 2015년 同예산결산특별위원회 위원(현) 2016년 同문화체육관광위원장(현) (상)전국시 · 도의회의장협의회 우수의정 대상(2016)

이성희(李成熙) LEE Sung Hee

(생)1962 · 12 · 21 (본)경주(慶州) (출)충북 청주 (주)서울 종로구 청와대로1 대통령 고용노동비서관실(02-770-0011) (학)1981년 청주고졸 1985년 서울대 공대 금속공학과졸 1998년 고려대 노동대학원 경영학과졸 2003년 경영학박사(고려대) (경)1992~1994년 월간 '길찾는 사람들' 노동담당 기자 1994~1998년 월간 '사회평론' 노동담당 기자 1996~1998년 노사관계개혁위원회(1기 · 2기) 전문위원 1997~2004년 서울지방노동위원회 조정담당 공익위원 1998~2002년 매일노동뉴스 편집국장 1998년 노동부 기술정책과 근무(과장급) 2003~2004년 한국노동연구원 연구위원 2004년 건설교통부 장관 정책보좌관 2004년 인천지방노동위원회 위원장 2007년 중앙노동위원회 사무국장 2008~2009년 同조정심판국장 2009년 한국노동연구원 노사관계연구본부 연구위원 2014년 同노사 · 사회정책연구본부 연구위원 2015년 대통령 고용복지수석비서관실 고용노동비서관(현) (저)'참여협력적인 노사정협의체 운영방안 연구-서울모델을 중심으로'(2000, 노동부) '노사협력 실패사례에 대한 실증적 연구'(2001, 노동부)

이성희(李成熙)

(생)1964 · 5 · 24 (출)충남 홍성 (주)충남 천안시 동남구 신부7길17 대전지방검찰청 천안지청(041-620-4500) (학)1982년 충남 홍성고졸 1988년 고려대 법학과졸 (경)1993년 사법시험 합격(35회) 1996년 사법연수원 수료(25기) 1996년 인천지검 검사 1998년 대전지검 서산지청 검사 1999년 대구지검 검사 2001년 대전지검 검사 2003년 서울지검 검사 2004년 서울중앙지검 검사 2005년 수원지검 검사 2008년 대전지검 검사 2009년 同부부장검사 2010년 창원지검 특수부장 2011년 서울동부지검 형사6부장 2012년 서울중앙지검 외사부장 2013년 부산지검 형사4부장 2014년 서울서부지검 형사2부장 2015년 인천지검 형사1부장 2016년 대전지검 천안지청 차장검사(현)

이세경(李世慶) Sekyung Lee

(생)1947 · 3 · 2 (출)서울 (주)서울 서초구 강남대로329 산학협동재단(02-3415-1234) (학)서울대사대부고졸 1969년 서울대 물리학과졸 1973년 미국 템플대 대학원 물리학과졸 1978년 물리학박사(미국 일리노이대) (경)1970년 미국 템플대 조교수 1972~1978년 미국 일리노이대 재료연구센터 연구원 1978년 미국 연방표준국 객원연구원 1979년 한국표준연구소 계측기기센터 부장 1990년 한국표준과학연구원 기술기기지원부장 1993년 同전자기연구부장(책임연구원) · 선임연구부장 2002~2005년 한국비파괴검사학회 회장 2002~2005년 한국표준과학연구원 원장 2004~2005년 국가과학기술자문회의 위원 2005~2006년 한국과학기술단체총연합회 부회장 2005년 과학기술연기관협의회 회장 2005~2007년 한국표준과학연구원 연구위원 2006~2009년 기초기술연구회 이사 2006~2009년 KAIST발전재단 이사 2007~2011년 과학기술연합대학원대(UST) 총장 2007~2009년 한국과학재단 비상임이사 2007~2009년 국제과학기술협력재단 이사 2008~2012년 한국과학기술단체총연합회 감사 2010년 (재)산학협동재단 이사(현) 2011년 국방과학연구소 이사 (상)과학기술훈장 혁신장(2007)

이세구(李世九) Se-Koo Rhee

[생]1956·9·13 [출]충북 충주 [주]서울 서초구 남부순환로 340길57 서울연구원 서울공공투자관리센터(02-2149-1101) [학]한양대 경제학과졸, 경제학박사(미국 아이오와주립대) [경]서울연구원 도시경영연구부 연구위원 2002년 同공공투자분석팀장 2003년 同도시경영연구부장 2008년 同창의시정연구본부 선임연구위원 2011~2013년 同기획조정본부장 2014년 同서울공공투자관리센터 소장(현) [종]천주교

이세기(李世基) LEE Sei Kee

[생]1936·12·3 [본]전주(全州) [출]경기 개풍 [주]서울 종로구 창경궁로143 인성빌딩5층 (사)한중친선협회(02-737-8041) [학]1956년 동아고졸 1961년 고려대 정치외교학과졸 1979년 정치학박사(고려대) [경]1960년 고려대 총학생회장 1962~1970년 유네스코 한국위원회 간사·청소년부장 1970년 고려대 총장 비서실장 겸 조교수 1976년 국제경제연구원 책임연구원 1979년 고려대 정경대 교수 1981년 제11대 국회의원(서울 성동, 민주정의당) 1981년 민정당 서울시지부장 1981년 국회 올림픽지원특별위원장 1985년 제12대 국회의원(서울 성동, 민정당) 1985년 국토통일원 장관 1985년 민정당 원내총무 1986년 同중앙집행위원 1986~1987년 체육부 장관 1988년 민정당 평화통일위원장 1992년 제14대 국회의원(서울 성동甲, 민자당·신한국당) 1993년 민자당 정책위 의장 1995년 同서울시지부장 1996년 제15대 국회의원(서울 성동甲, 신한국당·한나라당) 1996년 국회 문화체육공보위원장 1998년 국회 문화관광위원장 2000년 한나라당 서울성동지구당 위원장 2000~2001년 同남북관계특별위원장 2002년 (사)한중친선협회 회장(현) 2008년 한나라당 상임고문 2008년 대한체육회 고문 2010년 국가보훈처 안중근의사유해발굴추진단 자문위원장(현) 2012년 새누리당 상임고문(현) 2014년 대한민국헌정회 통일문제연구특별위원회 위원장(현) [상]건국공로포장, 청조근정훈장, 자랑스러운 고대인상(2010) [저]'중소대립과 한국전쟁' '올림픽과 국가발전' '통일조국의 미래' [종]기독교

이세돌(李世乭) Lee Sedol

[생]1983·3·2 [출]전남 신안 [주]서울 성동구 마장로210 한국기원 홍보팀(02-3407-3870) [학]비금중졸 [경]권갑용 프로기사(6단) 문하생 1995년 프로바둑계 입단 1998년 2단 승단 1999년 3단 승단 2000년 박카스배·배달왕전 우승·32연승 기록(역대 3위) 2001년 LG배 세계기왕전 준우승 2001년 오스람배 신예연승전 우승 2002년 신인왕전·KTF배·비씨카드배 한·중 신인왕전·일본 후지쯔배 세계바둑선수권대회·SK가스배 신예프로10걸전·LG정유배 프로기전 우승 2002년 TV바둑아시아컵 한국대표 2002년 왕위전 준우승 2003년 LG배 세계기왕전·후지쯔배 우승 2003년 KT배 준우승 2003년 CSK배 바둑아시아대항전 한국대표 2003년 6단 승단 2003년 7단 승단 2003년 9단 승단(현) 2003년 바둑TV '생생 바둑 한게임' MC 2004년 삼성화재배 세계바둑선수권대회 우승 2004년 왕위전 준우승 2005년 도요타덴소배 세계바둑왕좌전·제6회 맥심배 입신최강전·후지쯔배 세계선수권대회 우승 2005년 중환배 세계바둑선수권대회 준우승 2006년 맥심커피배 입신최강전·한국물가정보배 프로기전·도요타덴소배·KBS 바둑왕전·GS칼텍스배 우승 2007년 도요타덴소배 세계바둑대회·제19회 TV바둑 아시아선수권대회·물가정보배·맥심배 입신최강전·제35기 강원랜드배 명인전·국수전 우승 2007년 GS칼텍스배 준우승 2008년 삼성화재배 세계바둑오픈·LG배 세계기왕전·TV아시아바둑선수권대회·제36기 하이원배 명인전 우승 2008년 한국물가정보배·LG배·삼성화재배 준우승 2008년 세계마인드스포츠게임 남자단체전 금메달 2009년 국수전·삼성화재배 우승 2009년 LG배 세계기왕전·KBS바둑왕전·TV바둑아시아 선수권대회·박카스배 천원전 준우승 2009년 중국 봉황고성배 세계바둑정상대결 우승 2009년 휴직 선언(2009.7.1~2009.12.31) 2010년 비씨카드배 월드바둑챔피언십·물가정보배·제1회 olleh KT배 우승 2010년 후지쯔배 준우승 2010년 광저우아시안게임 단체전 금메달 2011년 KB국민은행 바둑리그 신안천일염 우승(대회MVP) 2011년 제6기 원익배 십단전·제3회 비씨카드배 월드바둑챔피언십·제8회 춘란배 세계바둑선수권대회·olleh KT배 우승 2012년 제17기 GS칼텍스배·olleh kt배·삼성화재배 월드바둑마스터스·제40기 하이원리조트배 명인전 우승·하이원리조트배 준우승 2012년 12월26일 1000승 달성(국내 6번째) 2013년 맥심배·GS칼텍스배·춘란배·삼성화재배·명인전 준우승 2014년 국수전 준우승·KBS 바둑왕전 우승·맥심커피배 우승·2014 국수산맥 한중단체바둑대항전 준우승·TV바둑아시아선수권대회 우승·2014 렛츠런파크배 우승·몽백합배 10번기 우승 2014년 국가대표 바둑팀 기술위원 2014년 '2014 서울시 차 없는 날'홍보대사 2014년 바둑연구실 개설(현) 2015년 제27회 TV바둑아시아선수권대회 우승 2015년 제2회 몽백합배 세계바둑오픈 준우승 2016년 제43기 명인전 우승 2016년 '구글 딥마인드 챌린지 매치'에서 인공지능 프로그램 '알파고'와 대국(1승4패) 2016년 '2016 세계친환경디자인박람회' 홍보대사 2016년 제17회 맥심커피배 입신최강전 우승 [상]바둑문화상 최우수기사상(2000·2002), 바둑대상 최우수기사상(2006·2007·2008·2010·2011·2012), 바둑대상 다승상(2008), 바둑대상 다승상·승률상·연승상(2010), 홍진기 창조인상 사회발전부문(2016), 자랑스러운 전남인상(2016)

이세민(李世民) LEE Sae Min

[생]1961·12·11 [출]충북 괴산 [주]충북 청주시 청원구 내수읍 덕암길10 충북보건과학대학교 경찰행정과(043-210-8114) [학]1980년 청주고졸 1985년 경찰대 행정학과졸(1기) 2001년 충북대 행정대학원졸 [경]1985년 경위 임용 1995년 청주경찰서 경비과장 1996년 청주동부경찰서 정보과장 1998년 충북지방경찰청 정보3계장 1999년 同감사담당관(경정) 2002년 同감사담당관(총경) 2002년 충남지방경찰청 정부대전청사경비대장 2003년 충북지방경찰청 정보과장 2004년 청주서부경찰서장 2005년 교육 파견 2006년 충북지방경찰청 경비교통과장 2006년 청주상당경찰서장 2008년 충북지방경찰청 수사과장 2009년 충주경찰서장 2010년 경찰청 수사국 수사심의관(경무관) 2011년 同수사구조개혁단장 2011년 중앙공무원교육원 교육파견(경무관) 2012년 경찰청 수사기획관 2013년 경찰대 학생지도부장 2014년 경찰수사연수원 원장 2014~2016년 충북지방경찰청 차장 2016년 (사)한국B.B.S 충청북도연맹 자문위원(현) 2016년 충북보건과학대 경찰행정과 교수(현) [상]근정포장(1999), 녹조근정훈장(2008)

이세영(李世寧) LEE SEI YOUNG

[생]1970 [주]서울 동작구 흑석로102 중앙대학교병원 내과(02-6299-1780) [학]1996년 연세대 의과대학졸 2004년 同대학원 의학석사 2007년 의학박사(연세대) [경]1996~2001년 신촌세브란스병원 인턴·이비인후과 전공의·이비인후과 전문의 2002~2004년 국군서울지구병원 이비인후과장 2004~2005년 연세대 의과대학 이비인후과학교실 임상강사 2005년 중앙대 의과대학 이비인후과학교실 교수(현) 2014년 중앙대병원 이비인후과장(현) 2008년 일본암연구소병원 연수(Japan Foundation for Cancer Research Ariake Hospital) 2011~2012년 대한갑상선두경부외과학회 간사 2012~2014년 미국 메모리얼슬로언케터링암센터(MSKCC) 교환교수 2014~2015년 대한이비인후과학회 보험위원회 위원 2015년 대한갑상선두경부외과학회 보험이사(현) 2016년 중앙대병원 국제진료센터장(현) [상]대한이비인후과학회 우수논문상(2011), 대한이비인후과·두경부외과학회 국제학술대회 최우수연제상(2015)

이세용(李世鎔) LEE Se Yong

[생]1949·1·26 [출]충남 [주]경기 화성시 동탄면 동탄기흥로64의3 (주)이랜텍 비서실(070-7098-8002) [학]경신고졸 1974년 경희대 전자공학과졸 [경]1974년 삼성전자(주) 근무 1978~1982년 삼일정공사 설립·대표 1982~2000년 대흥전자공업(주) 대표이사 사장 2000년 (주)이랜텍 대표이사 사장 2001년 정보통신중소기업협회 부회장 2002년 대한상공회의소 중소기업위원회 부위원장, (주)서원유리 감사(비상근) 2005년 코스닥상장법인협의회 이사 2007년 同부회장, 삼성전자협력회사협의회 회장 2012년 同명예회장(현) 2013년 (주)이랜텍 대표이사 회장(현) [상]최우수중소기업인상(2000), 동탑산업훈장(2000), 디지털 Innovation 국무총리 최우수상(2004), 1억불 수출탑(2005), 은탑산업훈장(2010)

이세웅(李世雄) Lee Sei-Woong

[생]1939·12·16 [출]평북 의주 [주]서울 강북구 솔매로49길60 학교법인 신일학원 이사장실(02-776-0015) [학]1976년 경제학박사(성균관대) 1993년 명예 경영학박사(러시아 St. Petersburg Univ.) 1999년 명예 법학박사(미국 Indiana Univ.) [경]1976~1978년 서울대 경영대학원 강사 1978~1999년 한국산업가스(주) 대표이사 사장 1985년 신일기업(주) 회장(현) 1985~1988년 대통령직속 교육개혁심의회 위원 1988년 학교법인 신일학원(신일중·고, 서울사이버대) 이사장(현) 1993~2000년 한러문화협회 회장 1995~1998년 학교법인 숙명학원 이사 겸 이사장 1996~2000년 한국유리공업(주) 대표이사 회장 1996년 세계대학총장협회 집행이사(현) 1998~2000년 학교법인 성신학원 이사장 2001~2002년 국민은행 사외이사 2002~2006년 대한적십자사 부총재 2002~2010년 국립발레단 이사장 2003~2012년 예술의전당 이사장 2005~2012년 한서문화협회 회장 2007~2008년 대한적십자사 총재 2010년 국립발레단 명예이사장(현) 2013년 예술의전당 명예이사장(현) [상]은탑산업훈장(1992), 국민훈장 무궁화장(2002), 스웨덴 The Royal Order of Polar Star First Class(2006), 몽블랑 예술후원자상(Montblanc de la Culture Arts Patronage Award 2008), 러시아 국가문화훈장 푸쉬킨메달(2011) [저]'국제경영론'(1995) '글로벌 경영과 전략'(2003)

이세정(李世正) Lee se jung
ⓢ1962 · 11 · 29 ⓒ전북 익산 ⓙ서울 중구 충무로29 아시아미디어타워11층 아시아경제신문 사장실(02-2200-2114) ⓗ1979년 전주고졸 1983년 서울대 법학과졸, 서강대 경제대학원 오피니언리더스프로그램(OLP)과정 수료 ⓔ2001년 중앙일보 경제부 차장대우 2002년 同전략팀 차장대우 2003년 同경제부 차장 2004년 同논설위원실 차장 2004년 同편집국 경제부 차장 2006년 同편집국 경제데스크 2007년 同편집국 경제부문 기자(부장급) 2008년 同디지털뉴스룸 디지털에디터 2008~2009년 同행정국장 2011년 아시아경제신문 편집국장(전무이사) 2011년 同대표이사 사장(현) 2013~2014년 (주)팍스넷 공동대표이사 사장 ⓢ제1회 OLC대상 언론분야(2008)

이세종(李世鍾) LEE Se Jong (浮湧)
ⓢ1961 · 11 · 2 ⓒ전주(全州) ⓒ경기 양주 ⓙ경기 수원시 장안구 정조로944 새누리당 경기도당(031-846-1600) ⓗ1977년 의정부고 1년 중퇴 1979년 대입검정고시 합격 1985년 고려대 정경대 정치외교학과졸 2002년 연세대 행정대학원 지방자치 및 도시행정학과졸 ⓔ1996~1998년 정부투자기관노동조합연맹 정책실장 2003~2005년 대한주택공사 기획조정실 국회팀장 2005~2007년 (주)지디씨앤디건설 대표이사 2005년 양주미래발전연구소 소장 2007년 (사)한몽교류진흥협회 상임이사 2009년 민주평통 자문위원 2010년 14기 민주평통 자문위원, 한나라당 경기도당 부위원장, 한국자유총연맹 중앙이사, 한나라당 여의도연구소 정책자문위원, 양주등산회 회장 2012년 새누리당 경기양주 · 동두천당원협의회 운영위원장 2012년 제19대 국회의원선거 출마(경기 양주 · 동두천, 새누리당) 2012년 새누리당 제18대 대통령중앙선거대책위원회 조직총괄본부 수도권조직전략위원장 2012년 同제18대 대통령중앙선거대책위원회 부대변인, 同부대변인 2014년 同예산결산위원회 위원 2014년 同경기도당 농수산식품위원장 2014년 경동대 초빙교수(현) 2016년 새누리당 경기양주시당협의회 운영위원장(현) 2016년 제20대 국회의원선거 출마(경기 양주시, 새누리당) 2016년 同경기도당 국민소통위원회 위원장(현) ⓢ한국을 빛낸 자랑스러운 한국인 대상(2009), 한나라당 대표최고위원표창(2010), 제8회 연세를 빛낸 행정인상(2010) ⓩ기독교

이세준(李世俊) LEE Sae Jun
ⓢ1953 · 5 · 4 ⓙ광주 광산구 어등대로417 호남대학교 건축학과(062-940-5450) ⓗ1977년 한양대 건축공학과졸 1985년 미국 오리건주립대 대학원 건축학과졸 1996년 건축공학박사(서울시립대) ⓔ1977~1979년 대우개발(주) 건축기사 1985~1987년 한양대 강사 1987~1991년 동신대 건축공학과 교수 1991년 호남대 건축학과 교수(현) 1993~1995년 同기획실장 1996년 한국건축가협회 홍보위원 2007~2008년 호남대 산업경영대학원장 2013년 同대학원장 겸 교육대학원장(현)

이세준(李世濬) Sejun Lee
ⓢ1964 · 5 · 16 ⓒ충남 보령 ⓙ세종특별자치시 시청대로370 과학기술정책연구원 혁신정책연구본부(044-287-2119) ⓗ1988년 서울대 자원공학과졸 1990년 同대학원 자원시스템공학과졸 1995년 자원경제학박사(서울대) ⓔ1996~1997년 (주)한보경제연구원 에너지연구실 책임연구원 1997~1998년 서울대 에너지자원신기술연구소 특별연구원 1998~1999년 (주)EAGC 기획팀장 2000년 기획예산처 행정사무관 2001년 한국과학기술연구원 연구정책팀장 2003년 대통령비서실 행정관 2005~2007년 과학기술부 기술혁신평가국 성과관리과장 2007~2008년 과학기술정책연구원 미래연구센터 소장 2008년 同기획조정실장 2008년 同기획행정실장 2010년 同비전 · 전략팀장 2011년 同과학기술정책분석단장 겸 정책기획팀장 2011년 同혁신정책연구본부장 2013년 同정책분석평가팀 연구위원 2013~2015년 미래창조과학부 국가과학기술자문회의지원단장 2015년 과학기술정책연구원 혁신정책연구본부 연구위원 2016년 同혁신정책연구본부장(현) ⓢ과학기술유공자 국무총리표창(2011) ⓩ천주교

이세중(李世中) LEE Sae Joong
ⓢ1935 · 2 · 13 ⓒ서울 ⓙ서울 중구 세종대로93 광학빌딩801호 이세중법률사무소(02-752-3941) ⓗ1953년 경기고졸 1957년 서울대 법대 행정학과졸 1998년 명예 법학박사(광운대) ⓔ1956년 고시 행정과 · 사법과 합격 1957년 육군 법무관 1960~1963년 춘천지법 강릉지원 · 서울지법 판사 1963년 현대합동법률사무소 대표변호사 1979~1984년 공연윤리위원회 위원 1982년 대한상사중재원 중재위원 1985년 서울지방변호사회 제1부회장 1985년 윤화학원 이사장 1987년 서울지방변호사회 회장 1988년 방송심의위원회 위원 1993년 대한변호사협회 회장 1993년 환경운동연합 공동대표 1993년 감사원 부정방지대책위원장 1995년 한국시민단체협의회 공동대표 1996~1998년 통일고문 1997년 생활개혁범국민협의회 의장 1998년 국무총리자문 정부정책평가위원장 1998년 학교법인 광운학원 이사장 1998~2000년 한국방송공사 이사장 2000년 광화문포럼 회장 2002년 대한적십자사 법률고문 2002년 환경과생명을지키기위한환경재단준비위원회 이사장 2002년 환경재단 이사장(현) 2003년 국무총리소속 교육행정정보화위원회 위원장 2005~2009년 사회복지공동모금회 회장 2005년 한국사학법인연합회 사학윤리위원장, 고려제약 사외이사(현) 2006년 미래와경제 회장 2006~2009년 한국에너지재단 이사장 2009년 경제위기극복을위한노사민정(勞使民政)비상대책회의 공동대표 2010년 대한변호사협회 인권재단 초대 이사장(현) 2010년 대종상영화제 조직위원 2010년 변호사 개업(현) 2014년 새로운한국을위한국민운동 상임대표(현) ⓢ국민훈장 무궁화장(1995), 효령대상(2005), 2014 만해대상 만해실천대상(2014) ⓩ기독교

이세한(李世漢) LEE Se Han
ⓢ1964 · 8 · 28 ⓒ강원 ⓙ서울 성동구 광나루로6길42 (주)지티앤비 비서실(031-337-1203) ⓗ1993년 명지대 전자계산학과졸 2001년 서울대 행정대학원 AIC 수료 2002년 한국외국어대 국제지역대학원 China Business World 수료 ⓔ1992년 삼성전자(주) 근무, 同정보시스템본부 파트장 1995년 거성정보통신(주) 대표이사 1996년 (주)지티앤비(GT&B) 대표이사 사장(현), 서울대AIC총동창회 사무총장 2009년 同회장 ⓩ기독교

이소라(李소라 · 女) Lee sora
ⓢ1983 · 7 · 11 ⓒ서울 ⓙ경기 과천시 관문로47 방송통신위원회 의안정책관리팀(02-2110-1350) ⓗ2002년 한성과학고졸 2006년 한국과학기술원(KAIST) 전기 및 전자공학과졸 ⓔ2004년 행정고시 합격(48회) 2006년 정보통신부 정책총괄팀 · 지식정보산업팀 행정사무관 2008년 방송통신위원회 방송통신융합정책실 편성정책과 행정사무관 2009년 同방송채널정책과 행정사무관 2011년 同방송정책기획과 행정사무관 2013년 同공보팀 행정사무관 2014년 同개인정보보호윤리과 행정사무관 2015년 同위원장 비서관(서기관) 2016년 同의안정책관리팀장(현) ⓩ기독교

이소영(李昭永) LEE So Young
ⓢ1949 · 7 · 20 ⓒ경남 남해 ⓙ부산 금정구 금강로465 일화빌딩2층 삼지건설(주) 회장실(051-582-8195) ⓗ1996년 경남대 경영대학원 최고경영자과정 수료 ⓔ1979~1989년 신흥건설(주) 기술이사 1989~1992년 정림개발(주) 공동대표이사 1992년 삼지건설(주) 설립 · 대표이사 회장(현) 1996년 대한전문건설협회 철근콘크리트협의회 운영위원 겸 대표회원 1998년 대한전문건설공제조합 대의원 2003년 대한전문건설협회 부산시회 운영위원 겸 철근콘크리트분과위원회 위원장 2006년 同부산시회 수석부회장 2007년 한국자유총연맹 부산시회 부회장 ⓢ대한전문건설협회 부산지회 공로패(1998), 대통령표창(2002), 지역건설산업발전기여 부산광역시장표창(2004), 대한전문건설협회장표창(2005), 두산산업개발사장표창(2006), 부산작전기지건설사업단장표창(2006), 대한전문건설협회 철근콘크리트협의회 표창(2006) ⓩ불교

이 송(李 松) LEE Song
ⓢ1956 · 9 · 3 ⓙ서울 동대문구 왕산로259 서울성심병원(02-957-0118) ⓗ경희대 의대졸, 의학박사(경희대) ⓔ서울을지병원 정형외과 과장 1991년 서울성심병원 원장(현), 대한병원협회 보험이사 2009~2012년 同정책위원장 2012~2015년 한국의료분쟁조정중재원 비상임이사 2015년 경희대 의과대학 · 의학전문대학원총동문회 회장(현) 2016년 대한중소병원협회 회장(현)

이송호(李松虎) LEE SONGHO (竹泉)
ⓢ1965 · 1 · 12 ⓒ전주(全州) ⓒ전남 신안 ⓙ서울 서초구 신반포로194 서울고속터미널9층 904호 금호고속(주)(02-530-6103) ⓗ1983년 목포마리아고졸 1991년 아주대 경제학과졸 2005년 서강대 대학원 금호MBA 수료 ⓔ1990년 금호고속(주) 입사 1996년 중국 심천대 어학연수 1996~2001년 금호고속(주) 중국부법인장(성도 · 심천) 2002~2003년 同중국법인장(무한) 2004년 同영업기획팀장 2005년 同인재경영팀장 2008년 同영업1팀장 2012년 同고속영업&해외담당 상무 2015년 同고속영업담당 상무(현) ⓢ중국호북성 무한시장표창(2003), 국토해양부장관표창(2009), 국무총리표창(2015)

이송훈(李松勳)

[생]1965 · 10 · 27 [주]서울 서대문구 충정로50 골든브릿지빌딩2층 골든브릿지투자증권 임원실(02-3779-3000) [학]1988년 한양대 섬유공학과졸 1990년 同대학원 섬유공학과졸 [경]1993~2000년 한국장기신용은행 근무 · 국민은행 심사역 2000~2004년 이지리서치 이사 2004~2005년 안건회계법인 CF 이사 2005년 골든브릿지금융그룹 입사, (주)골든브릿지투자증권 전략금융팀장, 同IB영업실장, 同홀세일본부장, (주)골든브릿지캐피탈 이사, (주)코스프 대표이사 2013~2014년 (주)골든브릿지자산운용 대표이사 사장 2015년 골든브릿지투자증권 대표이사(현)

이수경(李壽庚) LEE Su Kyung

[생]1953 · 11 · 11 [본]경주(慶州) [출]서울 [주]서울 노원구 공릉로232 서울과학기술대학교 안전공학과(02-970-6374) [학]1973년 휘문고졸 1977년 경희대 화학공학과졸 1980년 서울대 대학원 화학공학과졸 1988년 공학박사(서울대) [경]1985년 노동부 산업안전과 중대재해위원 1985년 경기공업개방대 산업안전공학과 전임강사 1985~1997년 서울산업대 조교수 · 부교수 1988년 노동부 기술자격과 국가기술자격제도심의위원회 위원 1996년 한국화학공학회 화학공정안전분과위원회 간사장 1997~2002년 행정자치부 중앙소방안전기술심의위원회 위원 1997~2010년 서울산업대 공대 안전공학과 교수 1999~2010년 안전생활실천시민연합 안전정책연구소 에너지가스연구부문 위원장 2001~2005년 한국화재소방학회 회장 2002~2004년 행정자치부 방독면보급정책자문위원 2003~2005년 산업자원부 에너지산업자원정책평가위원 2003~2006년 한국산업안전공단 산업안전보건심의위원 2004~2006년 소방방재청 중앙소방기술심의위원 2005~2007년 한국안전인증원 인증심의위원장 2006~2007년 한국산업인력공단 가스분야 자격구조 분석위원 2006~2008년 한국산업안전공단 산업안전보건연구심의위원회 화공안전분야 위원 2007~2008년 同교수업적평가위원회 위원 2007~2008년 한국가스학회 회장 2007년 서울산업대 교수협의회장 2008년 에너지기술인력양성센터 시뮬레이션교육 강사 2008~2009년 한국소방정책학회 부회장 2008~2010년 지식경제부 가스기술기준제정위원회 위원 2008~2010년 서울산업대 에너지환경대학원장 2008~2010년 한국가스안전공사 사외이사 2010년 서울과학기술대 안전공학과 교수(현) 2010~2012년 同산업대학원장 2010년 한국소방정책학회 회장 2010년 지식경제부 가스기술기준제정위원장 2010~2013년 서울시 성능위주설계평가단장 2011~2012년 서울북부지검 제2기 검찰시민위원회 위원 2011~2013년 한국소방산업기술원 공간안전인증평가위원 2012년 同소방검정기술심의위원 2012년 지식경제부 생활제품안전기술연구회 위원 2012~2014년 서울과학기술대 안전공학과장 2013년 한국위험물학회 초대고문(현) 2013년 인천국제공항공사 건설사업자문위원(현) 2013~2016년 삼성전자(주) 환경안전자문위원 2013~2015년 중부지방고용노동청 화학사고예방을위한기술자문위원회 위원 2014년 산업통상자원부 가스기술기준위원회 위원(현) 2015년 서울과학기술대 교수평의회 의장(현) [상]녹조근정훈장(2008) [저]'최신화공안전공학' '소방법규특론(共)'(2006, 신광문화사) '최신 소방설비(共)'(2007, 동화기술) '연소학(共)'(2007, 동화기술) '소방유체역학(共)'(2007, 신광문화사) '화재시뮬레이션 입문'(2008, AJIN) '화재시뮬레이션 실무과정(共)'(2008, AJIN) '최신가스안전공학(共)'(2009, 동화기술) '신 연소공학'(2009, 동화기술) '최신 소화설비(共)'(2009, 동화기술) '건축방화' '방화 · 소방설비의 기술' '소방설비 실무(共)'(2009, AJIN) '가스폭발방지공학'(2009, AJIN) '화재 · 피난평가 CASE STUDY 과정(共)'(2011, AJIN) [역]'화재공학원론(共)'(2006, 동화기술) '화학에너지 안전공학 실무(共)'(2007, AJIN) [종]불교

이수경(李洙京)

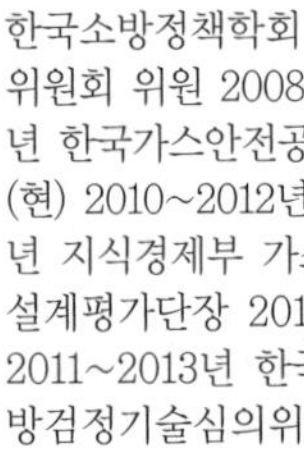

[생]1963 · 5 · 1 [주]경북 안동시 풍천면 도청대로455 경상북도의회(054-880-5403) [학]1982년 대구 경원고졸 2003년 상주대 축산학과졸 [경]1992년 금수면 새마을청소년회장 1999년 한국농업경영인연합회 성주군연합회 사무국장 2001년 同성주군연합회장 2001년 성주군 농정심의위원 2003년 한국농업경영인연합회 경북도연합회 정책부회장, 성주군 서부혁신발전협의회 고문(현), 금수초총동창회 부회장(현), 한국농업경영인연합회 성주군금수면회장 2006년 경북도의원선거 출마(무소속) 2007 · 2010~2014년 경북 성주군의회 의원(한나라당 · 새누리당) 2009년 성주참외자조금위원회 위원장 2014년 경북도의회 의원(새누리당)(현) 2014년 同건설소방위원회 위원 2014 · 2016년 同예산결산특별위원회 위원(현) 2014 · 2016년 同경북대구상생발전특별위원회 부위원장(현) 2016년 同운영위원회 위원(현) 2016년 同농수산위원회 위원(현) [상]경북도 의정봉사대상(2011) [종]불교

이수곤(李壽坤) Lee Su-Gon

[생]1953 · 12 · 1 [본]광주(廣州) [출]대구 [주]서울 동대문구 서울시립대로163 서울시립대학교 공과대학 토목공학과(02-6490-2429) [학]1973년 양정고졸 1980년 고려대 지질학과졸 1982년 영국 리즈대 대학원 토목지질공학과졸 1987년 토목지질공학박사(영국 런던대) [경]1979~1980년 국제종합엔지니어링(주) 근무 1987~1995년 한국지질자원연구원 환경지질연구부 선임연구원 1995년 서울시립대 공대 토목공학과 조교수 · 부교수 · 교수(현) 2010년 국제학회공동산사태기술위원회(JTC-1) 한국대표(현) 2013~2015년 문화재청 건축문화재분과 · 세계유산분과 위원 [저]'한국의 산사태 조사연구'(1989, 과학기술부) '사면재해예측 및 대응기술개발'(2009, 소방방재청 R&D과제)

이수곤(李守坤) LEE Soo Kon

[생]1954 · 2 · 22 [주]경기 포천시 해룡로120 차의과학대학교 의학전문대학원(031-881-7065) [학]1978년 연세대 의대졸 1983년 同대학원졸 1989년 의학박사(연세대) 1989~1992년 미국 앨라배마주립의대 수학 [경]1994년 대한류마티스학회 평의원 · 편집간사 1994년 류마티스내과분과위원회 간사 1994~1998년 대한면역학회 기획위원 · 이사 · 학술위원 1995~1999년 국방부 군의무자문관 1995년 연세대 세브란스병원 류마티스내과장 1997년 대한생화학 · 분자생물학회 대의원 1997~2001년 대한류마티스학회 총무 2000~2004년 한국의과학대학학장협의회 전문위원 2000~2016년 연세대 의과대학 내과학교실 교수 2000~2004년 同의대 학생부장 2000~2004년 同의대 광혜새교육과정위원장 2000~2003년 同의대 특성화과정운영위원장 2000~2004년 同의대 CDP2004위원회 부위원장 2002년 한국보건의료인국가시험원 외국대학인정심의위원 2003~2004년 대한내과협회 류마티스분과위원장 2004년 한국의학교육평가원 의사시험발전위원 2004~2007년 대한내과학회 분과전문의 관리이사 2004~2005년 연세대 의과대학 의학교육학과장 2005년 同세브란스병원 생명윤리심의위원 2008~2010년 대한류마티스학회 이사장 2011년 연세대 의과대학 내과학교실 주임교수 2011년 同세브란스병원 내과부장 2013~2016년 대한내과학회 이사장 2014년 대한류마티스학회 회장 2016년 연세대 의과대학 명예교수(현) 2016년 차의과학대 의학전문대학원장(현) 2016년 분당차병원 류마티스내과 교수(현) [상]대한내과학회 우수논문상, 대한류마티스학회 학술상, 연세대 의과대학 보원학술상, 한국의과대학 · 의학전문대학원협회 올해의 교수상(2015) [저]'관절염 홈케어'(2006) [종]기독교

이수구(李壽久) Lee Soo-Ku

[생]1947 · 2 · 28 [본]광주(廣州) [출]경북 칠곡 [주]서울 중구 세종대로20길23 원창빌딩 이치과의원(02-776-4117) [학]1966년 마산고졸 1972년 서울대 치과대학졸 1975년 고려대 대학원 의학과졸 1981년 의학박사(고려대) 2004년 서울대 보건대학원 최고정책과정 수료 [경]1972년 고려대병원 치과 인턴 · 레지던트 1982년 고려대 의과대학 치과학교실 외래교수, 이치과의원 원장(현) 1987년 신아라이온스클럽 회장 1995년 민주평통 자문위원 1996~1998년 서울시 중구치과의사회 부회장 · 회장 2001년 대한악기능교합학회 회장, 서울대치과대학동문회 부회장 2001년 남북치의학교류협력위원회 운영위원 및 부의장 · 공동대표(현), 한민족복지재단 의료분과 운영위원 2002~2005년 서울시치과의사회 회장 2003년 (재)스마일복지재단 이사(현), 대한치과의사협회 수석부회장, 청메포럼 운영위원장, 同공동대표 2007년 삼성고른기회장학재단 선정평가위원(현) 2008~2011년 대한치과의사협회 회장 2008~2011년 한국치의학교육평가원 이사장 2008년 우리민족서로돕기운동본부 공동대표 2010~2011년 한국보건의료인국가시험원 이사장 2010년 세계치과의사연맹(FDI) 서울총회 조직위원장 2010년 대통령 및 가족 의료자문의 2011년 (사)건강사회운동본부 이사장(현) 2012~2015년 한국국제보건의료재단 총재 2015년 바이오산업연구원 이사(현) 2015년 인체조직기증지원본부 이사(현) 2016년 민주평통 자문회의 운영위원 겸 종교복지분과위원장(현) [상]서울시치과의사회 공로대상(2012), 국민훈장 목련장(2012) [종]가톨릭

이수권(李秀權) LEE Soo Kwon

[생]1968 · 10 · 13 [출]서울 [주]경기 안양시 동안구 관평로212번길52 수원지방검찰청 안양지청(031-470-4200) [학]1987년 영동고졸 1992년 서울대 사법학과졸 [경]1994년 사법시험 합격(36회) 1997년 사법연수원 수료(26기) 1998년 인천지검 검사 2000년 춘천지검 강릉지청 검사 2002년 울산지검 검사 2004년 서울중앙지검 검사 2007~2008년 대통령비서실 파견 2008년 수원지검 검사 2009년 同부부장검사 2010년 대검찰청 연구관 2011년 광주지검 해남지청장 2012년 서울남부지검 형사6부장 2013년 수원지검 부부장검사(駐미국대사관 파견) 2016년 同안양지청 부장검사(현)

이수근(李秀根) LEE Soo Keun
[생]1960 · 6 · 14 [주]서울 강서구 하늘길260 대한항공 정비본부(02-2656-7977) [학]서울고졸, 인하대 항공공학과졸, 미국 매사추세츠대 대학원 경영학과졸(MBA) [경]대한항공(주) 자재부담당 상무, 同ERP추진본부 자재부문 책임임원(상무) 2009년 同환경건설관리부담당 상무A 2012년 同정비본부 부본부장 겸 환경건설관리부담당 전무B 2014년 同정비본부장(전무A)(현) 2015년 (주)왕산레저개발 대표이사 겸임(현), 아이에이티(주) 대표이사 겸임(현) [상]교육과학기술부장관표창(2010) [종]불교

이수능(李秀能) LEE Soo Neung

[생]1959 · 11 · 1 [주]경남 창원시 마산회원구 봉암공단2길6 (주)무학 임원실(070-7576-2000) [학]진해고졸, 창원대 무역학과졸 [경]1984년 무학주조(주) 총무부 입사 1992년 同기획조정실 과장 1997년 同마케팅부장 2002년 (주)무학 관리사업부 이사 2003년 同주류사업부 상무 2004년 同산청샘물 감사 2005년 同주류사업부 영업이사, 同좋은데이 사업부장 2008년 同상무이사 2012년 무학그룹 비서실장 2013년 (주)무학 기획 · 관리 · 생산지원 대표이사 전무 2015년 同기획 · 관리 · 생산지원 대표이사 부사장(현)

이수덕(李壽德 · 女) LEE Soo Duk (少棠)

[생]1926 · 9 · 24 [본]익산(益山) [출]황해 연백 [주]서울 서초구 반포대로37길59 대한민국예술원(02-593-8740) [학]1957년 문교부 고등학교 교원검정고시 합격(서예) 1995년 숭실대 중소기업대학원 여성경영자과정 수료 [경]1944~1950년 해송 · 행정 · 금성 연백국민학교 교원 1957년 수원 매산국민학교 교원 1960년 수원시 교육위원 1968~1977년 정신여고 교원 · 숭의여자전문대학 · 수원여대 강사 1974년 한중서화부흥협회 회장(현) 1977~1997년 한국여류서예가협회 이사장 1985 · 1987년 대한민국미술전람회 심사위원, 중국미술협회 회원 1989~1995년 (사)한국미술협회 경기도지회장 1991년 중화민국 성덕신학대학 객좌교수(현) 1992년 (사)한국서가협회 이사 · 경기지회장 · 공동회장 · 고문(현) 2003년 제11회 대한민국서예전람회 운영위원장 2003년까지 개인전 10회 2003년 대한민국예술원 회원(미술 · 현), 민주평통 자문위원, 황해도중앙도민회 부회장 2011년 행정안전부 이북5도위원회 황해도 행정자문위원 2012~2013년 대한민국예술원 미술분과 회장 [상]대한민국미술전람회 입선(13회) · 특선(2회), 경기도문화상(1974), 대한민국미술전람회 문화공보부장관표창(1979), 경기도전 초대작가상, 황해도명예도민상(1985), 경기도여성대상(1987), 신사임당상(1995), 중화민국 내정부장관표창, 중화민국 이등휘총통상장(1997), 보관문화훈장(2004) [저]'우리글씨체본(上 · 下)'(1969 · 1991) '楷書正法入門'(1970) '人物書藝史'(1987) '正祖御製 詩文選'(1993) '黃海墨蹟'(1994) '인간과 글씨와 그리고 地靈'(1994) '正祖大王御筆墨蹟集'(1999) '李壽德 書集'(2002) 시집 '고향을 돌려다우'(1994) '正祖大王墨蹟集(編)'(2004) '歐法에依한楷書正法入門'(2007) '松雪趙孟頫千字文(編)'(2008) '國文漢陽歌(編)'(2008) '異体農家月令歌(編)'(2008) '興福寺碑(編)'(2009) '青天白日과같은大儒李珥先詩詩選'(2009) '高麗書風을이룬高麗名筆'(2009) '小棠李壽德金石書選'(2011) [작]'安居樂道'(1979, 국립현대미술관 소장) '我愛大韓民國大屛'(1987, 청와대 소장) '朱子格言'(1988, 예술의전당 소장) '治家格言屛'(고려대) '李栗谷擊蒙要訣'(경기도의회) '李退溪先生詩'(오지호미술관) '石潭九曲八曲屛'(목포시청) [종]가톨릭

이수동(李秀東) LEE Soo Dong

[생]1946 · 12 · 4 [출]부산 [주]울산 남구 대학로93 울산대학교 IT융합전공교실(052-259-2205) [학]1965년 경남고졸 1969년 서울대 전자공학과졸 1978년 부산대 대학원졸 1984년 공학박사(영국 브루넬대) [경]1977~2005년 울산대 컴퓨터정보통신공학부 교수 1988~1990년 同중앙전자계산소장 1990~1992년 同공과대학장 1995~1999년 同교학부총장 2005년 울산과학대 학장 2009~2013년 同총장 2013년 울산대 IT융합전공 초빙교수(현) [상]황조근정훈장(2012)

이수룡(李壽龍) Lee Su Ryong

[생]1955 · 7 · 28 [출]경북 선산 [주]서울 중구 을지로79 IBK기업은행 감사실(02-729-6211) [학]1971년 대구공고졸 1976년 영남대 법학과졸 1991년 同경영대학원 경영학과졸 [경]1979년 대한보증보험(주) 입사 1987년 同대구지점 차장 1989년 同서대구지점장 1990년 同동대구지점장 1993년 同기획조정실 차장 1995년 同비전추진본부 경영전략팀장 1996년 同의정부지점장 1997년 서울보증보험(주) 영업지원부장 1999년 同상업신용보험부장 2000년 同감사실장 2001년 同α-Project추진위원회 부위원장 2002년 同영업지원담당 상무 2004년 同영업 · 보구상총괄 전무이사 2007년 同영업 · 보구상총괄 부사장 2007년 신창건설 부사장 2014년 IBK기업은행 감사(현)

이수만(李秀滿) LEE Soo Man

[생]1952 · 6 · 18 [출]서울 [주]서울 강남구 압구정로423 (주)에스엠엔터테인먼트(02-6240-9800) [학]경복고졸, 서울대 농업기계학과졸, 미국 캘리포니아주립대 대학원 컴퓨터공학과졸 [경]1989년 SM기획 설립 1995년 (주)SM엔터테인먼트그룹 설립 · 회장(현) 2006년 MBC대학가요제 심사위원장 2009년 프랑스 샤또 무똥 로칠드 기사작위 2011년 경남 고성공룡세계엑스포 홍보대사 [상]SBS 가요대상 최고기획자상(1997 · 1998), SBS 가요대전 올해의음반프로듀서상(2004), 중국 동남 경폭음악방시상식 최고해외제작인상(2005), 제23회 골든디스크시상식 제작자상(2008), 제2회 대한민국 서울문화예술대상 대중가요 프로듀서대상(2011), 문화체육관광부장관 감사패(2011), 한국경영학회 강소기업가상(2011), 대한민국대중문화예술상 은관문화훈장(2011), 자랑스러운 한국인대상 국위선양부문(2011), 코리아소사이어티 문화상(2012), 자랑스런 경복인상(2012), 아시아게임체인저어워즈(Asia Game Changer Awards) 글로벌혁신가상(2016) [종]기독교

이수명(李樹明) Soo-Myoung Lee

[생]1968 · 5 · 10 [출]부산 [주]세종특별자치시 갈매로388 문화체육관광부 운영지원과(044-203-2000) [학]1987년 동아고졸 1993년 고려대졸 2002년 한국개발연구원(KDI) 국제정책대학원 경제정책학과졸 [경]1994년 행정고시 합격(37회) 1995~2001년 문화체육부 문화정책과 · 국제관광과 · 관광개발과 · 게임과 사무관 2002년 한국개발연구원(KDI) 국제정책대학원 파견 2005년 문화관광부 문화정책과 서기관 2006년 국가균형발전위원회 파견 2007년 문화관광부 저작권산업과장 2008~2011년 駐폴란드 한국문화원장 2011년 문화체육관광부 홍보담당관 2012년 同문화콘텐츠산업실 게임콘텐츠산업과장 2014년 同문화정책국 문화여가정책과장 2015년 同기획조정실 정책기획관실 창조행정담당관(서기관) 2015년 同기획조정실 정책기획관실 창조행정담당관(부이사관) 2016년 駐이탈리아 문화홍보관(현) [저]'판타스틱 폴란드(共)'(2010, 커뮤니케이션북스)

이수미(李秀美 · 女) LEE Soomi
[생]1965 · 3 · 13 [출]서울 [주]서울 용산구 서빙고로137 국립중앙박물관 미술부(02-2077-9480) [학]1988년 서울대 고고미술사학과졸 1991년 同대학원 고고미술사학과졸 2004년 고고미술사학박사(서울대) [경]2014년 국립중앙박물관 교육과장 2015년 同미술부장(현)

이수민(李秀敏) LEE SOO MIN

[생]1945 · 6 · 10 [본]전주(全州) [출]대전 [주]대전 대덕구 한남로70 한남대학교 생명 · 나노과학대학 화학과(042-629-7802) [학]1969년 한남대 화학과졸 1971년 충남대 대학원 화학공학과졸 1979년 화학박사(고려대) [경]1969~1971년 예산고 교사 1974~1978년 한남대 실험실장 1979년 同화학과 전임강사 · 조교수 · 부교수 · 교수, 同생명나노과학대학 화학과 교수 1982~1983년 미국 매사추세츠대 화학과 연구교수 1989~1990년 공업진흥청 중소기업기술지도위원 1991~1993년 한남대 고분자학과장 1992년 한국고분자학회 충남지부 이사 1993년 대한화학회 고분자분과 운영위원 1999년 同이사 2000년 영국 캠브리지 국제인명센터(International Biographical Centre, IBC)에 등재 2002년 미국 인명사전발행기관(ABI)에 등재 2005~2006년 한남대 이과대학장 2006년 同생명 · 나노과학대학장 2008년 영국 케임브리지 국제인명센터(IBC) '2008~2009 세계탁월한 과학자 2000명 및 2008 세계선도과학자'에 선정 2010~2015년 한남대 생명 · 나노과학대학 화학과 명예교수 2010년 (재)한남장학회 이사장(현) 2013년 미국 세계인명사전 'Marquis Who's Who in the World 2014년판'에 등재 2015년 한남대 생명 · 나노과학대학 화학과 석좌교수(현) [상]대한화학회 포스터상(1996), 황조근정훈장(2010), 미국 인명정보기관(ABI) 최우수상(2011)

이수범(李秀範) LEE Soo Bum

[생]1963 · 8 · 15 [본]광주(廣州) [출]서울 [주]인천 연수구 아카데미로119 인천대학교 사회과학대학 신문방송학과(032-835-8592) [학]1982년 서울고졸 1986년 한국외국어대 노어과졸 1990년 서강대 대학원 신문방송학과졸 1997년 커뮤니케이션학박사(미국 오클라호마대) [경]1998년 방송위원회 정책연구실 연구원 1999년 정보통신윤리위원회 조사연구팀장 2000년 서강대 영상대학원 조교수 2002년 인천대 사회과학대학 신문방송학과 조교수 · 부교수 · 교수(현) 2004~2005년 영상물등급위원회 심의위원 2005~2007년 방송위원회 심의위원 2005~2008년 한국방송학회 광고연구회장 2006~2011년 인천영상위원회 위원 2008~2013년 한국언론학회 홍보연구회장 2008년 기획재정부 정책자문위원 2009~2010년 한국광고학회 연구위원장 2009~2011년 공익광고

협의회 위원 2009년 한국광고홍보학보 편집위원장 2010년 한국PR학회 홍보학연구 편집위원장 2011~2012년 同기획이사 2012년 광고연구 편집위원장 2012~2013년 한국광고홍보학회 부회장 2012~2014년 방송통신심의위원회 정보공개심의위원 2013~2014년 한국광고홍보학회 회장 2013~2014년 정보통신정책연구원 방문교수 2013년 한국옥외광고센터 옥외광고심의위원(현) 2013년 한국수자원공사 홍보자문위원(현) 2014년 인천시선거관리위원회 선거여론조사공정심의위원회 위원(현) 2014년 한국농수산식품유통공사 경영자문위원(현) 2015년 한국광고홍보학보 편집위원장(현) 2015년 한국언론학회 부회장(현) 2016년 인천시청자미디어센터 발전협의회 위원(현) 2016년 중앙일보 독자위원회 위원장(현) 2016년 의약품광고심의위원회 위원(현) [상]인천대 학술연구상(2011·2014), 한국광고학회-제일기획 저술부분학술상(2013), 미국 방송학회 최우수 논문상(2014), 한국갤럽 학술논문상(2014) [저]'사이버윤리'(2003) '영화 마케팅 PR론'(2005) '디지털미디어와 광고'(2007) '시장개방 20년과 한국의 광고산업'(2010) 'Hallyu : Influence of Korean Popular Culture'(2011) '디지털 시대의 음악 산업'(2012) '스마트 시대의 광고 미디어'(2012) '문화예술 PR전략'(2016) [역]'숨겨진 신화 : 광고의 구조와 상징'(1999) '대통령 선거 마케팅'(2000) '인터넷 마케팅의 원칙'(2002) '상품세계의 인식과 설득 : 일본의 브랜드 구축과 광고전략, 그리고 사례분석'(2007) '퍼블릭 스피킹'(2011)

이수봉(李壽奉) SU BONG LEE

[생]1961·10·30 [본]광주(廣州) [출]경북 칠곡 [주]충남 아산시 탕정면 만전당길30 코닝정밀소재 경영지원실(041-520-1114) [학]오성고졸, 경북대졸, 同대학원 재무학과졸 [경]삼성코닝정밀유리 관리그룹장, 同재무그룹장 2006년 同기획팀장(상무보) 2007년 同기획팀장(상무이사) 2008년 同경영지원팀장(상무이사) 2010년 삼성코닝정밀소재 경영지원팀장(상무) 2011년 同경영지원실장(전무) 2014년 코닝정밀소재 경영지원실장(전무) 2014년 同경영지원실장(부사장)(현)

이수빈(李洙彬) LEE Soo Bin

[생]1939·1·16 [출]경북 성주 [주]서울 서초구 서초대로74길 11 삼성생명보험(주) 회장실(02-2259-7700) [학]1957년 서울사대부고졸 1961년 서울대 상대 경제학과졸 1985년 미국 하버드대 경영자과정 수료, 명예 경영학박사(세종대) [경]1965년 삼성그룹 입사 1972년 同회장비서실 차장 1977년 제일모직 전무이사 1978~1983년 同사장 1979년 제일합섬 사장 겸임 1980~1984년 제일제당 사장 1982년 프로야구 삼성라이온스 단장 1984년 삼성항공 사장 1985년 동방생명보험 사장 1985년 서울상공회의소 감사 1989년 삼성생명보험(주) 사장 1991년 同부회장 1991년 삼성그룹 비서실장 1993~1995년 삼성증권 회장 1994년 삼성그룹 금융소그룹장 1995~2001년 삼성생명보험(주) 대표이사 회장 1996~2006년 삼성사회봉사단 단장 1999년 삼성 구조조정위원회 위원장 2002년 삼성복지재단 이사장(현) 2002년 삼성생명보험(주) 회장(현) 2002~2012년 삼성생명공익재단 이사장 2003년 프로야구 삼성라이온즈 구단주(현) [상]은탑산업훈장(1981), 대통령표창(1987), 미국촛불재단 최우수자원봉사상(1998), 한국능률협회 한국경영자대상(1998), 국민훈장 목련장(1998) [종]천주교

이수빈(李洙彬) LEE Soo Bin

[생]1957·12·21 [본]용인(龍仁) [출]강원 춘천 [주]서울 구로구 디지털로31길12 벽산엔지니어링(주) 임원실(02-767-4058) [학]강릉고졸, 연세대 기계공학과졸 [경]1991~1993년 삼성엔지니어링 말레이지아법인장 1993~1995년 同방콕지점장 1999~2003년 同멕시코법인장 2004년 한솔EME㈜ 플랜트사업팀장 2006년 同플랜트본부장(상무) 2016년 벽산엔지니어링(주) 영업총괄전무(현) [상]플랜트수출 확대기여 지식경제부장관표창(2009) [종]천주교

이수성(李壽成) LEE Soo Sung (又凡)

[생]1939·3·10 [본]광주(廣州) [출]함남 함흥 [주]서울 종로구 창경궁로112의7 인의빌딩12층 평화와통일을위한복지기금재단(02-764-2656) [학]1956년 서울고졸 1961년 서울대 법학과졸 1964년 同대학원 법학과졸 1976년 법학박사(서울대) 1999년 명예 정치학박사(원광대), 명예박사(카자흐스탄대), 명예박사(러시아 모스크바극동문제연구소), 명예박사(중국 사회과학원) [경]1967~1978년 서울대 법대 전임강사·조교수·부교수 1970~1971년 미국 피츠버그대 교환교수 1978~1979년 프랑스 파리제2대 형법연구원 1978~1992년 서울대 법대 법학과 교수 1980년 同학생처장 1986~1988년 한국형사정책학회 회장 1988년 서울대 법과대학장 1992년 서암학술장학재단 이사 1993년 나라정책연구회 고문 1994년 신사회공동선운동연합 공동대표 1995년 제20대 서울대 총장 1995년 서울대병원 이사장 1995년 한국형사정책연구원 이사장 1995년 삼성언론재단 초대이사장 1995~1997년 제29대 국무총리 1996년 2000서울세계지리학대회 조직위원장 1996년 97세계환경의날 행사추진위원회 명예위원장 1997년 신한국당 상임고문 1997년 한국방정환기금 이사장 1998년 소파 방정환선생기념관건립위원회 위원장 1998년 한국어린이보호회 명예총재 1998~2000년 민주평통 수석부의장 1998~2000년 백범 김구선생기념사업회 회장 1998년 3.1독립운동기념탑건립위원회 위원장 1998년 평화와통일을위한복지기금재단 상임이사 1998년 제2의건국범국민운동추진위원회 공동위원장 1998년 장애인먼저실천중앙협의회 상임대표 1999년 99대한민국소비문화대전 조직위원장 2000년 평화와통일을위한복지기금재단 이사장(현) 2001년 한국민속박물관회 초대회장 2001년 평화운동연합 총재 2003~2007년 새마을운동중앙회 회장 2003~2005년 민족화해협력범국민협의회 대표상임의장 2003~2010년 (사)장애인먼저실천운동본부 이사장 2006년 (사)과학선현장영실선생기념사업회 회장 2007년 동북아시아지도자포럼 이사장 2007년 세계학생UN본부 총재 2007년 화합과도약을위한국민연대 대표 2009년 건강한사회만들기운동본부 고문 2009년 2010세계대백제전 고문 2010년 한국전쟁기념재단 고문 2010년 평화의쌀모으기국민운동본부 상임고문 2011년 (사)건강사회운동본부 고문(현) 2012년 국학원 명예총재(현) 2013년 한국재난구호 상임고문 2013년 동아시아센터 명예이사장(현) 2013년 한민족원로회 공동의장(현) 2014년 바른사회운동연합 고문(현) 2014년 말산업박람회 조직위원장 2014년 벤자민인성영재학교 명예이사장(현) 2016년 관정이종환교육재단 이사장(현) [상]서울고총동창회 올해의 서울인상(1995), 여의도클럽 국가경영최고지도자급인사 3위(1997), 청조근정훈장(1997) [저]'세계범죄학의 연구동향분석'(1985) '형법총론'(1986) '형사정책'(1987) '신뢰와 희망 그 조용한 변혁을 위하여'(1997) '정치는 사랑이다'(2002) [역]'범죄와 형벌' '新사회방위론' [종]천주교

이수신(李守信) LEE Soo Shin

[생]1944·11·25 [본]전주(全州) [출]서울 [주]서울 용산구 한강대로71길4 (주)한진중공업홀딩스 사장실(02-450-8114) [학]1963년 서울 경동고졸 1970년 서울대 상대 경제학과졸 1976년 미국 Vanderbilt Univ. 대학원 경제학과졸 [경]1970년 외환은행 입행 1974년 미국 유학 1976년 외환은행 조사부 근무 1979년 同캐나다 토론토사무소장 1980년 캐나다외환은행 전무 1992년 외환은행 구로동지점장 1995년 同런던지점장 겸 유럽·중동지역본부장 1998년 同국외영업총괄부장 1999년 호주외환은행 사장 2000년 외환은행 부행장 2003년 (주)두산중공업 사외이사 2005년 (주)태영레저 감사 2007년 숭실대 겸임교수 2010년 (주)한진중공업홀딩스 대표이사 사장(현) [상]재무부장관표창, 재정경제원장관표창 [종]가톨릭

이수암(李守巖) LEE Soo Ahm (수환)

[생]1933·2·5 [본]성주(星州) [출]경북 고령 [주]서울 영등포구 선유로11 KT&G동우회(02-313-4520) [학]1954년 대구 대건고졸 1957년 영남대 정치과졸 1972년 연세대 행정대학원 행정학과졸 [경]1958년 외자청 근무 1963년 상공부 근무 1968년 전매청 인사계장 1971~1973년 제주·인천전매지청장 1973~1976년 서울·수원연초제조창 관리국장 1976년 전매청 경영감사담당관 1980년 同인쇄창장 1981년 同감사관 1983년 同정비보급창장 1984년 원주연초제조청장 1986년 전매청 제조국장 1987년 전매공사 인삼본부장 1989년 한국담배인삼공사 관리본부장 1993년 아세아종합금융(주) 상임고문 2008년 (사)한국전우회 회장 2010년 同고문 2011년 (사)KT&G동우회 고문(현) [상]녹조근정훈장

이수열(李壽烈) LEE Soo Yeol

[생]1960·6·8 [주]경기 용인시 기흥구 덕영대로1732 경희대학교 전자정보대학 생체의공학과(031-201-2980) [학]1979년 서울대 전자공학과졸 1985년 한국과학기술원 전기전자공학과졸(석사) 1989년 공학박사(한국과학기술원) [경]1985~1986년 미국 캘리포니아대 어바인교 Dept. of Radiological Sciences 연구원 1987년 미국 컬럼비아대 Dept. of Radiology 연구원 1989~1992년 삼성전자(주) 정보통신연구소 선임연구원 1992~1999년 건국대 의대 의학공학과 부교수 1999~2011년 경희대 전자정보학부 동서의료공학과 의료영상전공 교수, 대한의용생체공학회 편집이사 2011년 경희대 전자정보대학 생체의공학과 교수(현) 2014년 同정보통신전문대학원장 겸 전자정보대학장(현)

이수열(李秀烈)

[생]1961·3·4 [주]경북 김천시 용전로141 국립농산물품질관리원 운영지원과(054-429-4011) [학]건국대 대학원 도시 및 지역계획학과졸 [경]2013년 농식품공무원교육원 운영지원과 서기관 2014년 농림축산식품부 농촌정책과 서기관 2014년 국립농산물품질관리원 원산지관리과장 2015년 同맞춤형농정과장 2016년 국립농산물품질관리원 운영지원과장(현)

이수열(李秀烈)

[생]1972·3·15 [출]전남 고흥 [주]울산 남구 법대로14번길 37 울산지방법원(052-228-8000) [학]1991년 광주서석고졸 1999년 서울대 경제학과졸 [경]1998년 사법시험 합격(40회) 2001년 사법연수원 수료(30기) 2001년 서울지법 예비판사 2003년 同서부지원 판사 2005년 대전지법 공주지원 판사 2008년 의정부지법 판사 2011년 서울중앙지법 판사 2012~2014년 법원도서관 조사심의관 겸임 2016년 울산지법 부장판사(현)

이수영(李秀永) LEE Soo Young

[생]1942·9·5 [본]전주(全州) [출]서울 [주]서울 중구 소공로94 OCI(주) 회장실(02-727-9209) [학]1960년 경기고졸 1964년 연세대 행정학과졸 1968년 미국 아이오와주립대 경영대학원졸, 고려대 언론대학원 최고위언론과정 수료 [경]1969년 청구목재 기획실장 1970~1976년 동양화학공업(주) 전무이사 1971년 청구목재 이사 1975년 한불화학 감사 1976년 동양화학공업(주) 부사장 1978~1992년 同사장 1978년 대한빙상연맹 회장 1983년 청구물산 사장 1984~1999년 한·필리핀경제협력위원회 위원장 1985년 대한체육회 이사 1987년 정밀화학공업진흥회 회장 1992년 동양화학공업(주) 부회장 1994~1998년 삼광유리공업 회장 1994~2000년 서울상공회의소 부회장 1996~2009년 동양제철화학(주) 회장 1996~1998년 한국화학연구소 이사장 1997~1999년 인천방송 회장 1998년 한국경영자총협회 부회장 1999~2001년 경인방송 회장 1999년 민족화해협력범국민협의회후원회 부회장 1999년 한국상장회사협의회 부회장(현) 1999년 조흥은행 비상임이사 2000~2004년 인천상공회의소 회장 2000년 아·태상공회의소연합회(CACCI) 회장 2000~2003년 대한상공회의소 남북경협위원장 2004~2010년 한국경영자총협회 회장 2005~2007년 한·독상공회의소 이사장 2007년 회림육영문화재단·송도학원 이사장 2009년 OCI(주) 회장(현) [상]국무총리표창(1980), 재무부장관표창(1982), 산업포장(1982), 체육훈장 거상장(1989), 체육훈장 청룡장(1992), 동탑산업훈장(2006), 한국전문경영인(CEO)학회 '한국을 빛내는 CEO Ⅲ'선정(2011) [종]불교

이수영(李秀英) LEE Soo Young

[생]1954·10·24 [출]인천 [주]서울 마포구 효창목길6 한겨레신문사3층 한겨레애드컴 비서실(02-719-7077) [학]1973년 제물포고졸 1977년 서울대 사회교육학과졸 [경]1977년 성산포수산고 교사 1979년 동아일보 근무 1993년 한겨레신문 판매1부장·판매국 부국장대우 1994년 同지방판매부장 1997년 同출판국 부국장 1999년 同판매국장 2001년 同출판국장 2001년 同출판사업본부장 2003년 同미디어사업본부 기획위원 2003년 한겨레애드컴 대표이사 사장(현) [종]기독교

이수영(李秀榮)

[생]1961·4·11 [출]강원 고성 [주]서울 영등포구 국회대로70길18 한양빌딩 새누리당 수석전문위원실(02-3786-3000) [학]1980년 관악고졸, 인하대졸, 성균관대 대학원 행정학과졸, 미국 펜실베이니아대 대학원 행정학과졸 [경]1989년 행정고시 합격(33회) 2000년 통일부 통일정책실 정책1담당관실 서기관 2001년 同통일정책실 정책총괄과 서기관 2004년 同개성공단사업지원단 지원총괄과장 2006년 同혁신인사팀장 2007년 同정책의제관리팀장(부이사관) 2008년 同기획조정실 기획재정담당관 2008년 同통일교육원 교수부장 2009년 외교안보연구원 글로벌리더십과정 교육파견(국장급) 2010년 통일부 남북교류협력협의사무소장 2011~2013년 대통령 통일비서관실 선임행정관 2013년 통일부 교류협력국장 2014년 同남북회담본부 회담기획부장 2015년 同북한이탈주민정착지원사무소장(하나원장) 2015년 새누리당 수석전문위원(현)

이수영(李秀英) Lee Su Young

[생]1962·1·18 [출]충북 음성 [주]서울 영등포구 문래로20길56 서울지방노동위원회 상임위원실(02-3218-6011) [학]청주고졸, 고려대 경영학과졸, 미국 코넬대 노사관계대학원졸 [경]1989년 행정고시 합격(33회) 1998년 노동부 근로여성정책과 서기관 1999년 同노사협의과 서기관 1999년 同신노사문화추진기획단장 2000~2002년 대통령비서실 삶의질향상기획단 파견 2002년 노동부 고용관리과장 2004년 同국제협력담당관 2005년 同장관 비서관 2006년 同노사정책국 노사협력복지팀장 2007년 同정책홍보관리본부 혁신성과관리단장(부이사관) 2008년 同기획조정실 기획재정담당관 2008년 서울지방노동위원회 사무국장 2010년 한국고용정보원 기획조정실장 2011년 대구지방고용노동청장(고위공무원) 2012년 대통령 고용노사비서관실 선임행정관 2013년 고용노동부 인력수급정책국 고령사회인력심의관 2015년 교육파견(고위공무원) 2016년 서울지방노동위원회 상임위원(고위공무원)(현)

이수영(李秀暎)

[생]1966·7·14 [주]경남 고성군 고성읍 남해안대로2670 고성소방서(055-670-9201) [학]용마고졸, 경남대 경제학과졸, 同행정대학원 재학中 [경]1993년 소방위 임용(소방간부후보 7기) 2011년 경남도 소방본부 항공구조구급대장 2012년 同소방본부 119종합상황실장(지방소방정) 2013년 경남 산청소방서장 2014년 경남도 소방본부 예방대응과장 2015년 경남 고성소방서장(현)

이수영(李水映·女) LEE Soo Young

[생]1968·2·25 [출]전남 해남 [주]경기 과천시 코오롱로13 코오롱에코원(주) 대표이사 비서실(02-2120-8790) [학]1986년 전남여고졸 1990년 서울대 노어노문학과졸 1993년 연세대 국제정치대학원졸 2001년 미국 노스웨스턴대 대학원 경영학과졸(MBA) [경]2001~2002년 호주 BMS파머슈티컬스 근무 2003년 코오롱그룹 WellnessTF 차장 2005년 同Wellness담당 상무보 2006년 同경영전략본부 상무 2008년 同경영기획실 전략사업팀장(상무) 2009년 同워터앤에너지 SBU 상무 2009~2010년 녹색성장위원회 위원 2011년 코오롱워터앤에너지(주) 전략사업본부장(전무) 2012년 코오롱엔솔루션 대표이사 2012~2015년 코오롱워터앤에너지(주) 공동대표이사 부사장 2015년 코오롱에코원(주) 대표이사(현)

이수영(李洙瑛·女) Lee, Soo Young

[생]1968·8·20 [출]서울 [주]서울 서초구 서초중앙로157 서울중앙지방법원(02-530-1114) [학]1987년 서문여고졸 1991년 서울대 법학과졸 1993년 同대학원 법학과졸 [경]1992년 사법시험 합격(34회) 1995년 사법연수원 수료(24기) 1995년 창원지법 판사 1997년 同진주지원 판사 1999년 인천지법 판사 2002년 서울지법 남부지원 판사 2004년 서울남부지법 판사 2007년 헌법재판소 파견 2010년 울산지법 부장판사 2011년 사법연수원 교수 2014년 서울가정법원 부장판사 2016년 서울중앙지법 부장판사(현)

이수영(李洙咏)

[생]1971·12·22 [출]울산 [주]서울 서초구 서초중앙로157 서울고등법원 판사실(02-530-1114) [학]1990년 울산 학성고졸 1995년 서울대 공법학과졸 [경]1994년 사법시험 합격(36회) 1997년 사법연수원 수료(26기) 1997년 軍법무관 2000년 수원지법 판사 2002년 서울지법 판사 2004년 창원지법 통영지원 판사 2008년 서울중앙지법 판사 2009년 서울고법 판사 2010년 대법원 재판연구관 2012년 춘천지법 강릉지원 부장판사 2013년 서울고법 판사(현)

이수완(李洙完) LEE Su Wan

[생]1956·3·11 [본]봉산(鳳山) [출]전북 고창 [주]서울 중구 새문안로26 청양빌딩 아주경제(02-767-1500) [학]1980년 한양대 영어영문학과졸 [경]1984년 코리아타임즈 기자 1984년 로이터통신 기자 1996~2016년 同편집국 편집장(한국서비스) 2000년 (사)서울외신기자클럽 감사 2005년 同회장 2016년 아주경제 글로벌뉴스 본부장(현) [상]자랑스런 한양 언론인상(2005) [저]'Korea Witness'(2006)

이수용(李秀容) Soo Yong Lee

[생]1956·1·16 [출]부산 [주]서울 서초구 강남대로329 산학협동재단빌딩10층 지티플러스 회장실(02-6276-3700) [학]경남고졸 1975년 서울대 수학과졸 1994년 한국과학기술원(KAIST) 경영정보학과 수료 2005년 서울대 경영대학원 최고경영자과정 수료, 한국과학기술원(KAIST) IT최고경영자과정 수료, 미국 Columbia University 최고위과정 수료 [경]1982~1987년 대우통신 시스템 엔지니어 1987~1998년 펜타시스템테크놀러지 총괄상무이사 1998년 아이티플러스(주) 대표이사 사장, 한국소프트웨어산업협회 부회장, 한국정보기술컨설턴트협회 회장, 중소소프트웨어사업자협의회 회장, GS인증사협의회 부회장, 소프트웨어하도급분쟁조정협의회 위원 2003년 코스닥상장법인협의회 비상근이사 2008년 (주)지티원 대표이사(현) 2011년 지티플러스(주) 회장(현) [상]한국e-비지니스대상 산업자원부장관표창(2001), 한국우수벤처기업상 우수기업상(2001), 전국경제인연합회 국제경영원 최우수벤처경영인상(2002), 대통령표창(2005) [종]천주교

이수원(李秀元) LEE Soo Won

[생]1955·1·22 [본]벽진(碧珍) [출]강원 화천 [주]서울 서대문구 충정로23 무역투자연구원(02-2262-6401) [학]1973년 춘천고졸 1980년 고려대 경영학과졸 1990년 일본 사이타마대 정책과학대학원 정책과학과졸 [경]1979년 행정고시 합격(23회) 1980년 한국산업은행 조사부 근무 1980~1994년 경제기획원 정책조정국·물가정책국·예산실 근무 1994년 재정경제원 경제홍보기획단 근무 1997년 유엔 경제사회국 근무(Consultant) 1999년 기획예산처 장관비서관 2000년 同교육문화예산과장 2001년 同농림해양예산과장 2002년 同기금제도과장 2002년 同기획예산담당관 2003년 同기획총괄과장, 同예산총괄국장 2004년 국외 훈련(영국 옥스퍼드대) 2005년 정부혁신지방분권위원회 재정세제팀장(국장급) 2006년 기획예산처 산업재정기획단장 2006년 同재정정책기획관 2007년 同재정운용기획관 2008년 기획재정부 재정업무관리관 2009년 대통령 비상경제상황실장 겸 총괄거시팀장 2010년 특허청장(차관급) 2012년 서울대 사무국장 겸 재정전략실장 2014년 서울대 평창캠퍼스 그린바이오과학기술연구원 산학협력중점교수 2014년 무역투자연구원(ITI) 원장 2015년 새누리당 여의도연구원 경제분과 정책자문위원(현) 2015년 아시아올림픽평의회(OCA) 재정위원회 위원(현) 2016년 한국국제협력단(KOICA) 감사(현) 2016년 무역투자연구원(ITI) 고문(현) [상]대통령표창, 홍조근정훈장(2006)

이수원(李樹源) Rhee, Soowon

[생]1963·7·28 [본]경주(慶州) [출]부산 [주]서울시 광진구 능동로120 건국대학교(02-450-3114) [학]1981년 부산동성고졸 1985년 서울대 언론정보학과졸 1987년 同대학원 언론정보학과졸 [경]1996~2000년 정의화 국회의원 보좌관 2001~2004년 (주)핌스텍 대표이사 2004년 경기도지사 정책보좌관 2005~2006년 경기도 공보관 2006~2007년 제17대 손학규 대통령 예비후보 특보 겸 공보실장 2008~2010년 (사)한국바이오디젤협회 회장 2010~2011년 국무총리 정무운영비서관 2011년 한나라당 수석부대변인 2012년 새누리당 여의도연구소 정책자문위원 2013년 同여의도연구원 정책자문위원 2014년 국회의장 정무수석비서관 2015~2016년 同비서실장(차관급) 2016년 건국대 초빙교수(현)

이수인(李壽寅) Lee Soo In

[생]1962·2·16 [주]대구 달성군 유가면 테크노순환로10길1 한국전자통신연구원 대경권연구센터(053-670-8100) [학]1985년 경북대 전자공학과졸 1989년 同대학원 전자공학과졸 1996년 전자공학박사(경북대) [경]1990년 한국전자통신연구원 책임연구원, 同무선방송연구소 방송시스템연구부 이동멀티미디어방송연구팀장 2003년 同전파방송연구소 방송시스템연구부장 2004년 同디지털방송연구단 방송시스템연구그룹장 2004년 同전파방송연구단 방송시스템연구그룹장 2008년 同방통미디어연구본부 방송시스템연구부장 2014년 同융합기술연구소 대경권연구센터 책임연구원 2014년 주파수심의위원회 민간위원(현) 2016년 한국전자통신연구원 대경권연구센터장(현)

이수일(李秀一) Suil Lee

[생]1970·5·19 [본]전주(全州) [출]충북 단양 [주]세종특별자치시 남세종로263 한국개발연구원 규제연구센터(044-550-4127) [학]서울대 경제학과졸, 경제학박사(미국 위스콘신대 메디슨교) [경]한국개발연구원(KDI) 공공투자관리센터 공공투자정책실장, 同공공투자관리센터 재정투자평가실장 2015년 同규제연구센터 소장 겸 경쟁정책연구부장(현) 2016년 KDI 국제정책대학원 교수(현) [상]국민포장(2016) [저]'방송산업에의 경쟁 도입'(2006, 한국개발연구원) '정보통신산업의 망 중립성 규제 연구: 경쟁과 혁신활동에 미치는 영향을 중심으로'(2007, 한국개발연구원) '방송산업의 시장획정과 제도 분석'(2009, 한국개발연구원) '기후변화대응과 에너지정책역량 강화'(2010, 한국개발연구원) '하도급거래의 공정성 제고를 위한 제도개선과제'(2012, 한국개발연구원) '전력산업의 자원 적정성 달성을 위한 제도 연구'(2013, 한국개발연구원) '지주회사제도의 효과성 분석 및 제도개선 방안'(2014, 한국개발연구원) '신재생에너지보급정책의 효율화 방안 연구'(2015, 한국개발연구원)

이수정(李洙定) Lee Soo Jung

[생]1953·8·9 [출]경북 안동 [주]대구 남구 현충로170 영남대병원 외과(053-620-3580) [학]1978년 경북대 의대졸, 同대학원 의학석사, 의학박사(경북대) [경]1985년 영남대 의대 교수 1990년 미국 뉴욕 슬로안케터링 암센터 연수 1992년 영남대 의대 외과학교실 교수(현) 1999년 同의대 부학장 2011~2012년 同의학전문대학원장 겸 의과대학장 2012~2013년 대구경북외과학회 회장 2012~2014년 영남대 의무부총장 겸 의료원장 2014년 대구경북첨단의료산업진흥재단 비상임이사(현), 한국유방암학회 상임이사, 同회장, 대한암협회 대구지부장, 同이사(현), 한국유방건강재단 대구지부장(현) 2016년 대한갑상선내분비외과학회 회장(현) [저]'유방학' '유방질환의 진단병리' '유방암'

이수존(李壽尊) Lee Soo-john

[생]1958·3·28 [출]경북 칠곡 [주]서울 종로구 사직로8길 60 외교부 인사운영팀(02-2100-7143) [학]1982년 영남대 중어중문학과졸 1986년 同대학원 중문학과졸 1987년 한국외국어대 통역대학원 한중과졸 [경]1988년 외무부 입부 1991년 駐중화민국 3등서기관 1992년 駐대만 2등서기관 1995년 駐중국 1등서기관 2001년 駐상하이 영사 2003년 외교통상부 영사과장 2005년 駐일본 참사관 2007년 駐오사카 부총영사 2009년 외교통상부 재외동포영사국심의관 2011년 駐요코하마 총영사 2015년 駐칭다오 총영사(현)

이수진(李壽珍·女)

[생]1969·5·14 [본]한산(韓山) [출]대전 [주]서울 서대문구 연세로50의1 전국의료산업노동조합연맹(02-2631-9741) [학]1991년 삼육간호보건대학 간호학과졸, 연세대 행정대학원 공공정책학과졸(석사) [경]2010년 한국갈등해결센터 이사(현) 2010년 이주노동희망센터 이사(현) 2010~2014년 한국노총 서울지역본부 여성위원장 2010~2014년 同서울본부 부의장 2011년 연세의료원노조위원장(현) 2012년 민주통합당 청년대표 국회의원선출특별위원회 위원 2012~2013년 同당무위원회 위원 2013~2014년 민주당 당무위원회 위원 2014년 새정치민주연합 당무위원회 위원 2014년 전국의료산업노동조합연맹 위원장(현) 2015년 국민건강보험공단 재정운영위원회 위원(현) 2015년 새정치민주연합 부대변인 2015년 同전국여성위원회 부위원장 2015년 同전국노동위원회 부위원장 2015년 중앙노동위원회 근로자위원(현) 2015~2016년 더불어민주당 부대변인 2015년 同전국여성위원회 부위원장(현) 2015년 同전국노동위원회 부위원장(현) 2016년 同인재영입위원회 위원(현) 2016년 同제20대 국회의원 후보(비례대표 21번) 2016년 同조직강화특별위원회 위원(현) [상]대통령표창(2007), 한국정신대문제대책협의회 나비의 꿈상(단체표창)(2010), 여성신문 주관 '제11회 미래를 이끌어갈 여성지도자상'(2013)

이수창(李水彰) LEE Soo Chang

[생]1949·2·16 [본]경주(慶州) [출]경북 예천 [주]서울 중구 퇴계로173 남산스퀘어16층 생명보험협회(02-2262-6548) [학]1967년 경북 대창고졸 1971년 서울대 수의학과졸, 고려대 컴퓨터과학기술대학원 최고위정보통신과정 수료(ICP), 서울대 최고경영자과정(AMP) 수료, 연세대 최고경영자과정(AMP) 수료 [경]1973년 삼성생명보험(주) 입사 1990년 제일제당(주) 대우이사 1990년 삼성중공업(주) 조선부문 대우이사 1992년 同이사 1993년 同중장비부문 이사 1993년 삼성생명보험(주) 상무이사 1995년 삼성화재해상보험(주) 상무이사 1995년 同전무이사 1998년 同부사장 1999년 同대표이사 부사장 2001~2006년 同대표이사 사장 2001년 대한배구협회 부회장 2006년 삼성 전략기획위원회 위원 2006~2011년 삼성생명보험(주) 대표이사 사장 2011년 同상담역(사장) 2014년 생명보험협회 회장(현) 2016년 서민금융진흥원 휴면예금관리위원회 위원(현) [상]철탑산업훈장, 디지털상거래대상(2005), 자랑스러운 ROTCian상(2009), 포브스코리아 경영품질대상 리더쉽부문, 한국서비스대상 최고경영자상 [종]기독교

이수철(李秀哲) Rhee Soo Cheol

[생]1955·7·9 [본]인천(仁川) [출]경남 합천 [주]경기 성남시 분당구 정자일로177 분당인텔리지B-1201 (재)한국디자인연구재단(031-782-5980) [학]1981년 한양대 응용미술학과졸 1983년 同대학원졸 1996년 이학박사(한양대) [경]1995~2014년 한양대 디자인대학 교수, 개인전 8회, 해외초대전 10회, 한국섬유작가 100인초대전(공평아트센터), 대한민국현대디자인대전 초대전(산업디자인포장개발원), 일본중경화랑 초대전, 한국디자이너협의회 회원전, 한국텍스타일디자인협회 회원전, 한국미술협회 회원전, 스위스 알드릴갤러리 초대전, 신미술대전 초대작가, 디자인대전 심사위원, 서울텍스타일디자인경진대회 심사위원장, 코리아디자인페어 심사위원장, 장춘국제디자인교류전 운영위원장, 한양국제디자인컨퍼런스 대회장, 한국공예디자이너협회 이사장 2001~2004년 한양대 디자인대학장 겸 디자인대학원장 2001~2008년 미국 브리지포트대 UB한양디자인센터 Director 2002~2014년 한국디자인문화학회 회장 2004~2014년 (사)한국텍스타일디자인협회 회장 2004년 중국 길림예술대학 Life Tenure of Honorary Professor(현) 2008년 경기관광공사 이사 2011~2013년 한국산업기술진흥원 이사 2011년 (재)한국디자인연구재단 이사장(현) [상]근정포장(2005), 한양대 최우수교수상(2009), 시사투데이 대한민국혁신리더 대상

(2010), 한국일보 THE BEST KOREA AWARDS(2010), 한양대 백남학술상(2011) [저]'텍스타일디자인'(1993) '텍스타일디자인 입문'(1997) '현대인의 교양을 위한 공예의 이해'(2000) '인터넷과 함께 하는 현대디자인'(2003) '현대인을 위한 패션컬러코디네이션'(2006) '색과 생활'(2007)

이수철(李秀澈) YI Soo Cheol

[생]1965·8·7 [본]전주(全州) [출]충북 충주 [주]서울 서초구 반포대로158 서울고등검찰청(02-530-3114) [학]1984년 충주고졸 1988년 서울대 사법학과졸 1990년 同대학원 법학과 수료 [경]1989년 사법시험 합격(31회) 1993년 사법연수원 수료(21기) 1993년 해군 법무관 1996년 서울지검 동부지청 검사 1998년 대전지검 홍성지청 검사 2000년 전주지검 검사 2002년 인천지검 검사 2003년 미국 뉴욕시 브루클린검찰청 연수 2004년 서울남부지검 검사 2005년 同부부장검사 2006년 대전고검 검사 2007년 울산지검 형사2부장 2008년 광주고검 검사 2009년 청주지검 1부장검사 2009년 대구지검 형사3부장 2010년 서울서부지검 형사4부장 2011년 서울북부지검 형사3부장 2012년 서울고검 검사 2013년 광주지검 목포지청장 2014년 서울고검 검사(현) 2016년 수원지검 중요경제범죄조사단 파견(현) [종]기독교

이수태(李樹泰) LEE Soo Tae(Robert)

[생]1955·3·3 [본]학성(鶴城) [출]부산 [주]부산 강서구 녹산산단261로87번길22 녹산국가산업단지542의5블럭 파나시아 비서실(051-831-1010) [학]부산대 기계공학과졸, 미국 카네기멜론대 경영대학원졸, 일본 와세다대 최고경영자과정 수료, 서울대 공대 최고전략과정 수료, 한국해양대 대학원졸 [경]현대중공업(주) 조선설계부 근무, 한국레벨(주) 근무, 부산대 AMP 41기 회장, 울산 학성고 在釜山총동문회장, STX Members 부회장, 현대중공업협력회사협의회 총무이사, 부산신기술협회 총무이사 1989~2007년 범아정밀(주) 대표이사 사장 2007년 (주)파나시아 대표이사 사장(현) 2013~2015년 중소기업기술혁신협회(INNOBIZ) 부산·울산지회장 2015년 同부회장(현) [상]자랑스런 신한국상, 산업평화상 동상, 우수중소기업인상, 과학기술부장관표창, 부산시 벤처기업인상, 부산시 우수기업인선정, 산업기술진흥 유공 금탑산업훈장(2013) [종]불교

이수행(李秀行)

[생]1962·12·24 [출]충남 [주]서울 영등포구 여의공원로13 KBS 방송본부 라디오사업국(02-781-1000) [학]1988년 한국외국어대 중국어학과졸 1998년 서강대 공공정책대학원 정치학과졸 [경]1987년 한국방송공사(KBS) 국제방송국 프로듀서 1995년 同국제협력실 프로듀서 1999년 同제작본부 라디오2국 프로듀서 2001년 同라디오3국 프로듀서 2002년 同라디오1국 프로듀서 2003년 同국제방송국 프로듀서 2004년 同국제협력팀 프로듀서 2004년 중국 해외연수 2005년 한국방송공사(KBS) 국제협력팀 차장 2013년 同라디오센터 라디오1국 3라디오부장 2015년 同라디오센터 라디오1국장 2015년 同라디오센터 라디오2국장 2016년 同방송본부 라디오사업국장(현)

이수혁(李秀赫) LEE Soo Hyuck

[생]1949·1·4 [출]전북 김제 [주]서울 영등포구 국회대로68길14 신동해빌딩11층 더불어민주당(1577-7667) [학]1972년 서울대 문리과대학 외교학과졸 1977년 영국 런던대 수학 2002년 연세대 행정대학원 정치학과졸 [경]1975년 외무고시 합격(9회) 1975년 외무부 입부 1978년 駐유엔대표부 3등서기관 1980년 駐페루 2등서기관 1985년 駐벨기에 참사관 1988년 駐코트디부아르대사관 참사관 1989년 외무부 법무담당관 1990년 同동구1과장 1992년 駐유엔대표부 참사관 1995년 駐폴란드 공사참사관 1997년 駐미국 공사참사관 1999년 대통령 외교통상비서관 2001년 외교통상부 구주국장 2002년 駐유고 대사 2003년 외교통상부 차관보(6자회담 초대 수석대표) 2005년 駐독일 대사 2006~2008년 국가정보원 제1차장 2016년 더불어민주당 한반도경제통일특별위원회 위원장(현) 2016년 同제20대 총선 선거대책위원회 위원 2016년 同총선정책공약단 한반도평화본부 공동본부장 2016년 同제20대 국회의원 후보(비례대표 15번) [상]녹조근정훈장(1992) [저]'통일독일과의 대화'(2006) '북한은 현실이다'(2011) [종]기독교

이수형(李秀衡) Su Houng Lee

[생]1962·6·30 [출]서울 [주]서울 서대문구 연세로50 연세대학교 과학관 305A호(02-2123-2618) [학]1984년 연세대 물리학과졸 1988년 이학박사(미국 뉴욕주립대 스토니브룩교) [경]1985~1988년 미국 뉴욕주립대 스토니브룩교 Research Assistant 1988~1990년 미국 메릴랜드대 Post-Doc. 1990~2000년 연세대 물리학과 조교수·부교수 1993~1994년 미국 워싱턴대 Visiting Scientist 1997~1998년 독일 GSI 연구소 Humboldt Fellow 2000년 연세대 물리학과 교수(현) 2002~2003년 미국 텍사스 A&M대 방문교수 2006년 교육인적자원부 및 한국학술진흥재단 '대한민국 국가석학(Star Faculty)' 선정 2007년 연세대 언더우드 특훈교수 [저]'강입자와 핵'(2001)

이수형(李秀衡)

[생]1962·10·4 [본]전주(全州) [출]경기 파주 [주]서울 서초구 서초대로74길11 삼성 미래전략실 기획팀(02-2255-3619) [학]서울 오산고졸, 한양대 법학과졸, 미국 인디애나대 블루밍턴교 Law School졸 [경]동아일보 기자, 同차장, 삼성전자(주) 법무실 담당임원, 同법무실 상무대우, 同준법경영실 전무대우 2004년 미국 뉴욕주 변호사자격 취득 2013~2014년 삼성전자(주) 준법경영실 부사장 2014년 삼성 미래전략실 기획팀장(부사장)(현) [저]'법조비망록-오프더레코드'(2001) '미국법 오해와 이해'(2005)

이수형(李洙衡) LEE Soo Hyung (樹木堂)

[생]1973·2·20 [본]여주(驪州) [출]부산 [주]서울 강남구 봉은사로446 올림푸스타워2층 퍼플프렌즈(02-515-1174) [학]1998년 부산대 경제학과졸, 미국 웨스트조지아대학 최고위과정 수료(1기), 연세대 언론홍보대학원 최고위과정 수료, 同언론홍보대학원 광고홍보학과 석사과정 4학기 휴학 [경]대우증권 입사, 2000~2005년 (주)다음커뮤니케이션 e-비즈니스본부장·검색사업본부장 2002~2005년 (주)나무커뮤니케이션 대표이사 2005~2007년 (주)투어익스프레스 대표이사, (주)퍼플젯에어라인즈 대표이사, 한림국제대학원대 컨벤션이벤트경영학과 겸임교수 2007년 퍼플프렌즈 대표이사(현) 2009년 (주)다음커뮤니케이션 부산경남센터장 2010년 부산시펜싱협회 회장 2012년 한국인터넷광고심의기구 심의위원 2012년 이수형의 아름다운 선데이 브런치 운영자 겸 쉐프, 번개장터 Chief Business Network Office 겸 감사, 인터넷마케팅협회 홍보이사, 한국디지털대행사협회 서울AP클럽 이사, 한국온라인광고협회 서울AP클럽 이사(현), 동물사랑실천협회 이사(현) 2013년 대학생광고경진대회(KOSAC) 부산경남심사위원장 2013년 대한민국광고대상 집행위원 2014~2016년 한국블로그산업협회 부회장 2014~2015년 국제로터리클럽 3650지구 청년회원증강위원회위원장 2014~2016년 한국디지털기업협회 디지털마케팅분과 위원장 2014년 한국온라인광고협회 이사(현) 2014년 (사)한국소셜콘텐츠진흥협회 회장(현) 2015년 (주)카카오 부산경남센터장(현) 2015년 한국예술원 명예교수(현) [작]음원 '갈매기와 소라' '살다 보면'

이수호(李秀浩) LEE Soo Ho

[생]1949·4·16 [본]성주(星州) [출]경북 영덕 [주]서울 은평구 통일로684길, 18동 2층 (사)이주노동희망센터(070-4632-5890) [학]1968년 대구 계성고졸 1972년 영남대 국어국문학과졸 1980년 고려대 교육대학원졸 [경]1977~1989년 신일중·고 교사 1986년 서울YMCA교사회 회장 1986년 서울교사협의회 회장 1987년 전국교사협의회 부회장 1989년 전국교직원노동조합 사무처장 1989년 해직 1990년 국민연합 집행위원장 1991년 전국교직원노동조합 부위원장 1994년 同서울지부장 1995~1998년 서울시 교육위원 1997년 전국교직원노동조합 수석부위원장 1998~2008년 선린인터넷고 복직·교사 1999년 전국교직원노동조합 부위원장 1999년 전국민주노동조합총연맹 사무총장 겸임 2001~2002년 전국교직원노동조합 위원장, 同지도자문위원(현) 2003~2006·2006~2008년 방송문화진흥회 이사 2004~2005년 전국민주노동조합총연맹 위원장 2006년 同지도위원(현) 2008년 민주노동당 혁신·재창당위원장 2008~2010년 同최고위원 2008~2010년 국가인권위원회 정책자문위원, 전태일기념사업회 이사 2010년 한국갈등해결센터 상임이사 2011년 노나메기재단추진위원회 공동대표 2011년 박원순 서울시장 공동선거대책위원장 2012년 서울시교육감 재선거 출마 2013~2015년 한국갈등해결센터 상임이사 2014년 (사)이주노동희망센터 이사장(현) 2015년 전태일재단 이사장(현) 2015년 한국갈등해결센터 고문(현) 2016년 희망새물결 상임대표(현) [저]'일어서는 교실' '까치가족' '달리는 자전거는 넘어지지 않는다' '사랑의 교육' '희망의 교육' '나의 후배는 너다' '사람이 사랑이다' [종]기독교

이수홍(李秀洪) LEE Soo Hong (錦嵐)

[생]1929·3·13 [본]전주(全州) [출]경남 마산 [주]서울 마포구 마포대로49 한국문화협회 회장실(02-702-3811) [학]1949년 마산고졸 1958년 서울대 정치학과졸 2002년 명예 문학박사(한국정신문화연구원) [경]1960년 예편(대위) 1960년 한국일보 입사 1961년 문화방송(MBC) 창립요원 1962년 同이사 1963년 同상무이사 1969년 同TV총국장 1975년 국제전선공업(주) 대표이사 1978년 삼영산업(주) 대표이사 1982년 한국문화협회 이사장 1989년 (사)청권사 제9대 이사장 1991년 同회장 1993년 同제10대 이사장 1995~2003년 전국문화원연합회 회

장 1995년 민주평통 상임의원 1996년 월드컵축구대회 문화시민운동중앙협의회 이사 1998년 제2의건국범국민추진위원회 중앙상임위원 2000년 문화시민운동중앙협의회 이사·부회장 2003년 (사)청권사 이사장 2003년도 同제13대 이사장 2003년 (재)한국문화협회 회장(현) 2006~2010년 문화시민운동중앙협의회 회장 [상]국무총리표창(1980), 옥관문화훈장(1985), 문화체육부장관표창, 은관문화훈장(2002) [저]'전례요람', '한국의 향토문화자원'(2000)

이수홍(李樹泓) Lee Soo-hong

[생]1961·10·28 [본]연안(延安) [출]서울 [주]서울 마포구 와우산로94 홍익대학교 조소과(02-320-1946) [학]1980년 중경고졸 1984년 홍익대 조소과졸 1989년 同대학원 조각과졸 1992년 미국 프랫인스티튜트 대학원 조각과졸 [경]1988~2000년 개인전 16회 1995년 홍익대 조소과 조교수 1998년 대한주택공사 미술심의위원 2003~2005년 홍익대 조소과 부교수 2006년 同조소과 교수(현), 同환경미술연구소장, 한국아세아현대조각회 회장(현), 대학미술협의회 운영위원 2008~2014년 서울시 공공미술위원회 위원, 한국현대조각회 회장(현), 한국조각가협회 부회장(현), 마을미술프로젝트 추진위원, (사)한국영상미디어협회 회장(현) 2011년 (재)아름다운MAP 부이사장(현) 2016년 행정중심복합도시건설청 문화예술분과 자문위원장(현) 2016년 홍익대 미술대학 기획발전위원장(현) [상]석남미술상(1994), 김세중청년조각상(1997), 몽골해외봉사상 [종]가톨릭

이수화(李秀和) LEE Su Hwa (樹堂·石蘭史)

[생]1940·9·13 [본]전주(全州) [출]서울 [학]1960년 중앙고졸 1964년 고려대 국어국문학과졸 2003년 연세대 교육대학원 수료 2003년 명예 문학박사(미국 뉴욕 I.A.E.U.) [경]1963년 현대문학誌로 데뷔 1968~1969년 시사통신 기자 1974~1977년 월간 여원사 특집부장·편집부국장 1977~1979년 한국방송작가협회 이사 1986~1989년 문예진흥후원협의회 사무국장 1989~1993년 한국현대시인협회 부회장 1990년 세계시인대회 수석상임위원 겸 세계시낭송페스티벌 준비위원장 1996년 서울시낭송클럽 대표(현) 1996~1997년 한국문인협회 감사 1996년 국제펜클럽 한국본부 이사 1998~2001년 한국문인협회 이사·부이사장 1998년 서울마포구문인협회 회장·고문(현) 1999년 공초오상순선생숭모회 부회장(현) 1999년 계간 '시세계' 주간 2000년 서울문인단체총연합회 부회장 2002년 한국현대시인협회 부이사장·지도위원·고문(현) 2003년 한국문학비평가협회 이사 2003년 한·러이주140주년기념포럼 학술공동위원장 2004년 한국문인명예운동본부 부회장 2005년 한미문인협회 한국측 고문(현) 2005~2009년 국제펜클럽 한국본부 부이사장 2005~2007년 연세대교육대학원동창회 부회장·상임고문 2005년 계간'문예운동' 주간 2006년 중앙고100년사편찬위원회 집필위원장 2007년 미당서정주시맥회 회장(현) 2007년 미디어신문 논설위원 2009년 국제펜클럽 한국본부 명예부이사장(현), 한국문인협회 원임부이사장(현), 한국문예학술저작권협회 회원(현), 한국프레스센터 회원(현) 2014년 고려대문화예술교우회 고문(현) 2015년 한국문학비평가협회 회장(현) [상]KBS 신춘연속방송극작가상, 국방부 국군영화제작소 시나리오상, 제7회 시문학상, 제1회 포스터모던작품상, 제4회 영랑문학대상, 제5회 허균문학대상, 사우디왕국 문화교류공로상(1995), 한중문화교류공로표창, 제10회 시예술상 [저]'세계名詩 해설집' '한국名詩 해설집' '尹東柱·金永郎의 명시 해설집' '동양의 명시해설집' '한국현대시인의 詩 해설집' '문학 평론선집' '길항적 은유의 정신사'(2004) 제2문학평론집 '글로벌문학과 한국 당대시' 시집 '모창사 비곡' '은유집' '그윽한 슬픔의 경전' '칸타타 코레아' '허무제' '절창' '존재 우수' '반가사유상 시선집 허사초' '응향무등 문학평론 '한국 현대시의 미학' 등 다수 [역]'작은 아씨들' 등

이수화(李秀華) LEE Soo Hwa

[생]1955·1·16 [출]경북 청도 [주]경북 경산시 하양읍 하양로13의13 대구가톨릭대학교 경제금융부동산학과(053-850-3416) [학]1973년 경북고졸 1978년 성균관대 행정학과졸 1992년 미국 미주리주립대 대학원 경제학과졸 1994년 경제학박사(미국 미주리주립대) [경]1976년 행정고시 합격(19회) 1977년 경북도청 새마을담당관 1978년 농수산부 사무관 1987년 농림수산부 사무관 1989년 同서기관 1990년 해외연수 1994년 농림수산부 농업금융과장 1995년 同식량정책과장 1996년 농림부 농정기획과장 1998년 同농업정책과장 1999년 국가전문행정연수원 농업연수부장 1999년 농림부 농업정보통계관 2000년 駐미국대사관 농무관 2003년 국립농산물품질관리원 원장 2004년 농림부 식량정책국장 2004년 산림청 차장 2008~2009년 농촌진흥청장 2010~2011년 경북대 초빙교수 2011~2013년 농협경제연구소 대표이사 2014년 대구가톨릭대 경제금융부동산학과 석좌교수(현) 2015년 식품의약품안전처 식품의약품안전정책심의위원(현) [상]근정포장(1983), 황조근정훈장(2006) [저]'금융정책의 효과측정연구' '피셔가설과 불확실성의 영향분석' '조건불리지역 및 환경보전에 대한 직접지불제도 조사연구'(共) '일주일에 읽는 농업경제학' [종]불교

이수훈(李洙勳) LEE Suhoon

[생]1954·12·13 [본]인천(仁川) [출]경남 창원 [주]경남 창원시 마산합포구 경남대학로7 경남대학교 정치외교학과(055-249-2532) [학]1973년 마산고졸 1977년 부산대 문리대학 영어영문학과졸 1979년 同대학원 영문학과졸 1982년 미국 Univ. of Alabama 대학원 사회학과졸 1986년 사회학박사(미국 존스홉킨스대) [경]1986년 경남대 극동문제연구소 연구위원 1987~1996년 同사회학과 조교수·부교수 1989년 한국공해추방운동연합 정책실장 1992년 환경운동연합 지도위원 1995년 정치개혁시민연합 운영위원 1996~2016년 경남대 사회학과 교수 2001년 同극동문제연구소 연구실장 2003년 대통령자문 정책기획위원 2004년 대통령자문 동북아시대위원회 자문위원 2005년 경남대 극동문제연구소 부소장 2005년 대통령자문 동북아시대위원회 위원장 2009~2014년 경남대 극동문제연구소장 2011년 민주당 부산비전위원회 공동위원장 2012년 민주통합당 문재인 대통령후보 선대위 '미래캠프' 산하 남북경제연합위원회 위원 2016년 경남대 정치외교학과 교수(현) [저]'사회과학의 개방'(1996) '세계체제의 인간학'(1996) '세계체제론'(1999) '자본주의 세계경제론' '사회과학의 계량분석 기초'(共) '위기와 동아시아 자본주의'(2001)

이숙애(李淑愛·女)

[생]1961·3·30 [주]충북 청주시 상당구 상당로82 충청북도의회(043-220-5070) [학]청주여자상업고졸, 한국방송통신대졸, 청주대 행정대학원 사회복지학과졸, 공주대 대학원 사회복지학 박사과정 수료 [경]청주여성의전화 사무국장, 청주성폭력상담소 소장, 충북생활정치여성연대 대표여성위원장, 중원실버빌리지 원장, 제일노인복지센터 소장, 효드림재가장기요양기관 원장, 청주시자원봉사센터 센터장 2014년 충북도의회 의원(비례대표, 새정치민주연합·더불어민주당)(현) 2014·2016년 同교육위원회 위원(현) 2014년 同운영위원회 위원 2015년 同윤리특별위원회 부위원장 2016년 同예산결산특별위원회 부위원장(현) 2016년 더불어민주당 충북도당 교육발전위원회 위원장(현) [상]전국시·도의회의장협의회 우수의정 대상(2016)

이숙연(李叔姸·女) LEE Sook Youn (栄譚)

[생]1945·5·28 [본]전주(全州) [출]서울 [주]서울 노원구 화랑로815 삼육대학교 약학대학(02-3399-1618) [학]1964년 경기여고졸 1969년 서울대 약학과졸 1971년 同대학원 약학과졸 1986년 약학박사(성균관대) [경]1971~1978년 부산 삼육화학(주) 실험실장 1978~1998년 서울대 천연물과학연구소 특별연구원 1979~2011년 삼육대 약학대학 약학과 교수 1984~1987 삼육대 약학과장 1987년 보건복지부 중앙약사심의위원(현) 1990~1994년 삼육대 약학과장 1994~1996년 同한약조제지침위원 1996~2000년 同의약학부장 1997년 한국한약학연구회 교육위원장·부회장 1998년 일본 도야마의과약과대 연구교수 1999년 서울대 천연물과학연구소 교류교수 2000년 미국 컬럼비아대 교환교수 2001~2007년 한국생약학회 부회장·이사·수석부회장 2002~2004년 대한약사회 상임이사회 한약정책위원장 2003~2008년 대한약학회 학술간사·부회장·한약학분과학회장 2004~2005년 삼육대 제3학부장 2004~2007년 대한약사회 정책단 한약TFT팀장 2005~2006년 보건복지부 건강기능성식품규격위원 2005~2007년 삼육대 보건복지대학원장 2005~2007년 同보건복지특성화사업단장 2005~2011년 서울대약대여동문회 부회장·운영위원·감사 2006~2007년 삼육대 보건복지대학 선임학부장 2007~2013년 (사)슬로푸드문화원 부이사장 2008년 (사)한국생약학회 회장 2008년 한국생약학교수협의회 회장 2009년 한국채식인협회 회장(현), SDA여성협회 뉴스타트건강상담실 운영위원, 同뉴스타트교육원 부원장(현), 수연회 회장, 한국약식동원연구소 소장 2011년 삼육대 약대 명예교수(현) 2012~2013년 차의과대 약대 출강 2014년 한국약식동원아카데미 원장(현) 2016년 (사)휴먼리커버리 건강전문이사(현) 2016년 통합암아카데미 고문(현) [상]한국생약학회 우수논문상(1987), 경기여고 영매상(1998), 보건복지부장관표창(2004), 대한약사회 여약사대상(2006), 교육인적자원부표창(2007), 대한약학회 약학교육상(2008) [저]'중의학개론'(2003) '약학개론'(2003) '천연물화학'(2004) '생약학'(2005) '약학입문'(2006) '한약방제학' '임상상용방제해설' '상한론강의' '한약학개론' '질병을 치료하는 식생활(상·하)'(2010, 시조사) 외 20여권 [역]'현미식은 질병을 고친다'(2009)등 [종]제칠일 안식일 예수재림교

이숙자(李淑子·女) LEE Sook Ja

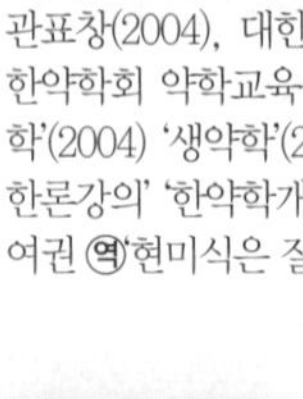

[생]1948·3·4 [출]서울 [주]서울 성북구 보문로34다길2 성신여자대학교 정치외교학과(02-920-7130) [학]1971년 숙명여대 정치외교학과졸 1975년 미국 사우스캐롤라이나대 대학원 정치학과졸 1981년 국제정치학박사(미국 사우스캐롤라이나대) 1998년 명예 교육학박사(러시아 펜자국립대) [경]1982년 성신여대 정치외교학과 교수 1983년 외무부 정책자문위원 1987~2001년 민주평통 자

문위원 1988년 성신여대 국제학술교류위원장 1990~1991년 통일원 정책자문위원 1997년 한국여성정치문화연구소 이사 1997년 제15대 대통령후보 초청 정책토론회 패널리스트 1998년 한국정치학회 부회장 1998년 한국여성유권자연맹 자문위원 1999년 한국여성개발원 자문위원 1999~2003년 성신여대 총장 2008~2010년 대통령소속 지방분권촉진위원회 위원장 2012년 성신여대 정치외교학과 명예교수(현) ㉖'공산주의 이론과 실제'(共) '동구제국의 역사적 형성'(共) '헝가리 · 유고슬라비아'(共) '동구 · 소련관계와 개혁정치'(共) '21세기 북한'(編) '평화통일과 국방선교'(共) ㉗기독교

이숙자(李淑子 · 女) Lee Suk Ja

㉠1962 · 10 · 18 ㉣서울 중구 덕수궁길15 서울특별시의회 의원회관802호(02-3705-1166) ㉤서강대 경제대학원 재학 중 ㉢대한민국재향군인회 여성회 이사(현), 법무부 갱생보호육성재단 이사(현), 同법사랑위원회 위원(현) 2014년 서울시의회 의원(새누리당)(현) 2014년 同기획경제위원회 부위원장 2014년 同한옥지원특별위원회 위원 2015년 同조례정비특별위원회 부위원장 2015년 同메르스확산방지대책특별위원회 위원 2015년 同청년발전특별위원회 위원(현) 2015년 同예산결산특별위원회 위원(현) 2016년 同장기미집행도시공원특별위원회 위원(현) 2016년 同도시계획관리위원회 위원(현) 2016년 同새누리당 부대표(현)

이숙재(李淑在 · 女) LEE Sook Jae

㉠1945 · 1 · 7 ㉡대구 ㉣서울 강남구 논현로4길36 밀물아트센터2층 밀물예술진흥원(02-578-6810) ㉤1964년 경북여고졸 1968년 이화여대 무용학과졸 1978년 同대학원 무용교육과졸 1983년 미국 뉴욕대 대학원졸 1992년 무용학박사(건국대) ㉢1978~1983년 계명전문대 전임강사 · 조교수 1984~1996년 한양대 무용학과 전임강사 · 조교수 · 부교수 1984년 밀물현대무용단 대표 1986년 한국현대무용진흥회 부이사장 1988년 한국무용협회 이사 1989년 무용교육연구회 회장 1994~1997년 한국현대무용협회 회장 1996~2010년 한양대 생활체육과학대학 무용학과 · 생활무용예술학과 교수 2002~2004년 同생활체육과학대학장 2005~2010년 한국무용학회 회장 2010년 한양대 명예교수(현), (사)밀물무용예술원 이사장, (사)밀물예술진흥원 이사장(현) 2013년 문화체육관광부 우리말수호천사(현) ㉟한국예술평론가협회 최우수예술가상(1991), 대구무용제 대상 · 안무상(1992), 서울국제무용제 대상 · 안무상(1993), 문화체육부장관표창(1995), 이사도라무용예술가상(1997), 행정자치부장관표창(1999), 문화관광부장관표창(2000), 외솔상(2003), 이사도라예술가상(2005), 한국평론가협회 최우수예술인상(2005), 한국무용학회 무용대상(2005), 한국현대무용협회 올해의 무용예술상 · 특별공로상(2009), 서울시문화상 무용부문(2009), 세종문화상(2010), 옥관문화훈장(2015) ㉖'정신박약아를 위한 무용프로그램 개발' '인격형성을 위한 무용요법의 구조' '유치원 아동을 위한 무용교육' '살아숨쉬는 건축과 무용의 만남을 꿈꾸며..'(2001) ㉞'안으로부터의 움직임' '움직임교육의 원론' ㉜'신용비어천가' '갇힌 바람들의 노래' '벼랑' '한글기행' '한글, 새천년의꿈' '춤추는 한글' '신찬기파랑가' 등 ㉗천주교

이숙종(李淑鍾 · 女) LEE Sook Jong

㉠1957 · 9 · 28 ㉣서울 ㉣서울 종로구 성균관로25의2 성균관대학교 행정학과(02-760-0252) ㉤1980년 연세대 사회학과졸 1984년 미국 하버드대 대학원 사회학과졸 1989년 사회학박사(미국 하버드대) ㉢1989~1994년 연세대 · 고려대 · 서강대 · 동국대 강사 1994~2005년 세종연구소 연구위원 2003~2004년 미국 Brookings Institution Visiting Fellow 2004~2005년 미국 Johns Hopkins대 국제대학원 Professorial Lecturer 2005년 성균관대 행정학과 교수(현) 2008년 동아시아연구원 원장(현) 2008~2011년 국정관리연구 편집위원장 2009년 현대일본학회 회장 2009년 외교통상부 한일신시대공동연구위원회 위원 2009~2010년 대통령직속 미래기획위원회 자문위원 2010~2011년 대통령 외교안보수석비서관 정책자문위원 2011~2013년 대통령직속 지방행정체제개편추진위원회 위원 2013년 국무총리소속 재외동포정책위원회 위원 2013년 국가안보자문단 외교분야 자문위원(현) 2014년 대통령직속 통일준비위원회 외교안보분과위원회 민간위원(현) 2014년 한국국제협력단(KOICA) 자문위원(현) ㉟연세대 문과대학 동창회 연문인상(2014) ㉖'일본, 일본학 : 현대일본연구의 쟁점과 과제'(共)(1994, 오름) '일본의 정계개편과 정책변화'(共)(1996, 세종연구소) '일본의 新정치경제'(1998, 세종연구소) '일본의 금융위기 : 불량채권문제를 중심으로'(1999, 세종연구소) '21세기 일본의 국가개혁'(共)(2000, 서울대 출판부) '달러 · 유로 · 엔 : 국제통화질서의 재편'(共)(2000, 세종연구소) '일본의 도시사회'(共)(2001, 서울대 출판부) '전환기의 한일관계'(編)(2002, 세종연구소) '한국 시민단체의 정책제언활동'(2002, 세종연구소) '경제위기와 복지의 정치'(編)(2003, 세종연구소) '작은 정부와 일본 시민사회의 발흥'(編)(2005, 한울아카데미) '일본사회의 변화와 개혁'(編)(2006, 한울아카데미) '한국사회와 일본사회의 변용'(共)(2006, 고려대 아세아문제연구소) '일본정치론'(共)(2007, 논형) '세계화 제

2막'(共)(2010, 동아시아연구원) '일본과 동아시아'(共)(2011, 동아시아연구원) 'Public Diplomacy and Soft Power in East Asia'(共)(2011, Palgrave) ㉞'일본 허울뿐인 풍요'(共)(1998, 창작과 비평사) '전쟁을 기억한다'(2003, 일조각)

이숙진(李淑眞 · 女) LEE Sook Jin

㉠1964 · 1 · 23 ㉣서울 마포구 월드컵북로5길13 한국여성재단(02-336-6364) ㉤1982년 광주중앙여고졸 1986년 이화여대 신문방송학과졸 1990년 이대대학원 여성학과졸 2000년 여성학박사(이화여대) ㉢1986~1988년 대한병원협회 병원신보 기자 1990년 (재)대륙연구소 연구원 1990~2001년 이화여대 · 동국대 · 중앙대 · 고려대 · 서원대 강사 1992년 한국문화연구원 프로젝트연구원 1993~1995년 이화여대 연구원 1995년 한국여성연구원 프로젝트연구원 2000~2003년 인천발전연구원 연구위원 2003~2005년 대통령비서실 고령화미래사회위원회 · 사회정책비서관실 행정관 2006~2009년 한국보건복지인력개발원 사회복지학과 부교수 · 전략사업센터 부교수 2007~2008년 대통령자문 빈부격차 · 차별시정위원회 비서관 2007~2008년 대통령자문 양극화 · 민생대책위원회 비서관 2010~2012년 대구가톨릭대 사회통합연구소 연구원 · 학술연구교수 2010~2012년 젠더사회연구소 소장 2013~2015년 서울시여성가족재단 대표이사 2016년 한국여성재단 상임이사(현) ㉖'냉전체제와 생산의 정치 : 미군정기의 노동정책과 노동운동'(共)(1995, 이화여대 출판부) '글로벌자본과 로컬여성'(2004, 푸른사상) '여성복지론 : 복지, 여성주의와 만나다'(共)(2011, 신광출판사)

이순광(李淳光) LEE Soon Kwang

㉠1954 · 9 · 26 ㉡부산 ㉣서울 강남구 테헤란로87길46 한미글로벌(주) 비서실(02-3429-6469) ㉤1978년 서울대 건축학과졸 ㉢1977년 대림산업 입사 1980년 同사우디아라비아UPM · EXPEC현장 근무 1983년 同쿠웨이트RUP현장 근무 1986년 삼성물산 입사 1987년 同리비아 안과병원현장 근무 1991년 同해외견적팀장 1995년 同그룹감리지원팀장 1996년 한미파슨스 입사 1996년 同프로젝트관리실장(이사) 2001년 미국 Parsons 파견 2002년 한미파슨스 전략기획실장(상무) 2004년 同경영지원본부장(전무이사) 2008년 同부사장 2009년 同사장 2011년 同대표이사 사장 2011년 한미글로벌(주) 대표이사 사장 2013년 同대표이사 부회장 2014년 同상임고문 2014년 同대표이사 부회장(현)

이순교(李舜敎) LEE Soon Kyo

㉠1960 · 7 · 25 ㉡경북 봉화 ㉣서울 중구 퇴계로97 고려대연각센터1201호 동광제약(주) 비서실(02-776-7641) ㉤1978년 안동고졸 1982년 중앙대 약학과졸 ㉢1983년 국제약품공업(주) 제1공장 제품생산과 근무 1986년 同생산부 계장 1989년 同생산부 과장 1991년 同생산부 차장 1995년 同생산부장 1997년 同부공장장 겸 생산부장 1998년 同생산본부장(이사대우) 겸 공장장 2000년 同상무 2002~2007년 同부사장 2008년 동광제약(주) 생산본부 전무 2016년 同업무총괄 부사장(현)

이순구(李橓九) LEE Soon Ku

㉠1955 · 1 · 10 ㉡경기 시흥 ㉣경기 성남시 분당구 대왕판교로395번길8 (주)신성솔라에너지 비서실(031-788-9500) ㉤1972년 오산고졸 1979년 고려대 전자공학과졸, 연세대 대학원 경영학과졸, 서울대 대학원 최고경영자과정(AMP) 수료 ㉢(주)신성이엔지 부장, 同이사, 同상무이사, 同전무이사, 同부사장 2008~2014년 同대표이사 사장 2014년 (주)신성솔라에너지 사장(현)

이순국(李淳國) Lee soon kook

㉠1949 · 9 · 22 ㉡황해 사리원 ㉣경기 수원시 장안구 경수대로973번길6 경기일보 사장실(031-250-3331) ㉤1967년 수원고졸 1971년 경희대 상경대학 상학과졸 ㉢1972~2010년 대림제약(주) 대표이사 1981년 신보건약품(주) 대표이사 1981~1982년 (사)수원시청년회의소 회장 1993년 경기도조정협회 회장 1995년 경희대 수원지역 부회장 2000~2010년 한국법무보호복지공단 경기지부장 2002년 경희대총동문회 부회장(현) 2004년 삼죽양돈 대표 2005~2009년 민주평통 자문위원 2006년 수원지법(민사) 조정위원 수석부회장(현) 2006년 수원여객 이사회 회장(현) 2006년 수원중 · 고 총동문회 회장 2007년 성실장학회 이사장(현) 2007년 수원지역범죄피해자지원센터 이사장(현) 2010년 피그넷 대표(현) 2010년 (재)수원사랑장학재단 이사(현) 2010년 대림제약(주) 회장(현) 2012년 경기지방경찰청 경찰발전위원회 위원 2014년 경기일보 사장(현) ㉟국민포장(2010)

이순규(李舜揆) LEE Soon Kyu

⬆1959·7·14 ⬆서울 ⬆서울 종로구 자하문로77 유남빌딩5층 대한유화(주) 회장실(02-2122-1408) ⬆1978년 명지고졸 1985년 한양대 법학과졸 1988년 미국 호프스트라대 경영대학원졸 ⬆1988년 원동공업(주) 근무 1991년 대한유화공업(주) 입사 1993년 同감사 1996년 同상무이사 1998년 同대표이사 부사장 2001년 同대표이사 사장 2007~2015년 同회장 2015년 대한유화(주) 회장(현) ⬆불교

이순근(李淳根) Lee Sun Geun

⬆1960·8·10 ⬆함안(咸安) ⬆충남 부여 ⬆충남 부여군 부여읍 사비로33 부여군청 부군수실(041-830-2013) ⬆1980년 부여고졸 1980년 공직 입문 1986~1988년 충남 부여군 내무과 근무 1996~1997년 충남도 프로젝트팀 근무 2005~2006년 同종합건설사업소 근무 2009년 同기획관리실 특수정책팀장 2011년 同행정도시지원·도청이전추진본부 세종특별자치시출범준비단 사무관 2012년 세종특별자치시 경제산업국 산림축산과장 2013년 同행정복지국 자치행정과장, 同인사조직담당관 2015년 충남도 도민협력새마을과장 2016년 충남 부여군 부군수(부이사관)(현) ⬆대통령표창(2002)

이순남(李順男·女) LEE Soon Nam

⬆1954·8·3 ⬆전북 전주 ⬆서울 양천구 안양천로1071 이대목동병원 혈액종양내과(02-2650-2844) ⬆1972년 전주여고졸 1978년 이화여대 의대졸 1982년 同대학원졸 1986년 의학박사(이화여대) ⬆1979년 이화여대병원 내과 전공의 1983년 同혈액종양내과 전임의 1985년 서울대병원 혈액종양내과 전임의 1986~2000년 이화여대 의대 내과학교실 전임강사·조교수·부교수 1986년 同의대부속 동대문병원 내과 전문의 1987년 미국 Northwestern Univ. 암센터 방문학자 2000년 이화여대 의대 내과학교실 교수(현) 2006~2008년 同의과대학장 겸 의학전문대학원장 2008~2009년 한국호스피스완화의료학회 회장 2008년 이화여대 의대부속 목동병원 혈액종양내과 전문의(현) 2009~2010년 대한내과학회 부회장 2013~2014년 한국임상암학회 회장 2013~2015년 이화여대 의무부총장 겸 의료원장 2013년 보건복지부 국가암관리위원회 위원(현) 2014~2015년 대한병원협회 부회장 2015년 국립중앙의료원 비상임이사(현) 2015년 (사)남북보건의료교육재단 이사(현) ⬆대한암학회 사노피아벤티스학술상(2007) ⬆천주교

이순늠(女) LEE SUNNEEM

⬆1962·12·10 ⬆경주(慶州) ⬆경북 예천 ⬆경기 수원시 팔달구 효원로1 경기도청 보육정책과(031-8008-2540) ⬆1979년 안동여고졸 1983년 영남대 지역사회개발학과졸 2012년 아주대 대학원 지방자치법학과졸 ⬆2004년 경기도 여성정책국 여성정책과 정책개발팀장 2005년 하남시 춘궁동장 2006년 同사회복지과장 2007년 경기도 기획조정실 법무담당관실 행정심판팀장 2009년 同감사관실 감사담당관실 행정감사1팀장 2011년 同기획조정실 창조행정담당관실 창조전략팀장 2014년 同여성가족국 다문화가족과장 2015년 경기도북부여성비전센터 소장 2016년 경기도 여성가족국 보육정책과장(현)

이순동(李淳東) LEE Soon Dong

⬆1947·3·29 ⬆경기 수원 ⬆서울 송파구 올림픽로35길137 한국광고문화회관9층 한국광고총연합회(02-2144-0750) ⬆1965년 배재고졸 1969년 연세대 정치외교학과졸 1971년 同행정대학원졸 2006년 언론학박사(한양대) ⬆1972~1980년 중앙일보 편집국 기자 1987년 삼성전자 홍보실장 1991년 삼성 회장비서실 이사 1994년 한국광고자율심의기구 심의위원 1996~1997년 삼성전자(주) 상무이사 1998년 삼성 회장비서실 전무이사 2001~2006년 同기업구조조정본부 부사장 2001~2010년 전국경제인연합회 경제홍보협의 회장 2003~2006년 한국광고주협회 운영위원장 2003~2009년 한국PR협회 회장 2006~2007년 삼성 전략기획실 기획홍보팀장(부사장) 2007~2008년 同전략기획실 사장(실장보좌역) 2008~2009년 同브랜드관리위원회 위원장 2009년 삼성사회봉사단 단장 2009~2010년 한국광고주협회 회장 2009~2011년 국가브랜드위원회 기업IT분과위 위원장 2010~2011년 삼성미소금융재단 이사장 2011년 삼성전자(주) 고문(현) 2011년 한국광고총연합회 회장(현) 2011년 (사)한국자원봉사문화 이사장(현) 2016년 한국프로골프협회(KPGA) 자문위원회 위원(현) ⬆대통령표창(1994), 국민포장(1999), 중앙언론문화상(2004), 국민훈장 모란장(2006), 부산국제광고제 국제명예상(2013) ⬆기독교

이순만(李淳萬)

⬆1958·3·15 ⬆전남 순천 ⬆전남 진도군 진도읍 철마길25 진도군청 부군수실(061-540-3204) ⬆1976년 순천고졸 2000년 한국방송통신대 국어국문학과졸 ⬆1982년 공무원 임용·전남 승주군 쌍암면 근무 1989~1990년 전남도 기획관리실 기획담당관실 근무 1991~1995년 同내무국 총무과 근무 1997~2001년 同내무국 자치행정과·자치행정국 내무과 근무 2001~2004년 同해양수산국 해양수산정책과·해양수산환경국 해양항만정책과 근무 2004~2007년 전남 순천시 주암면장·승주읍장 2007~2011년 전남도 행정지원국 세무회계과 근무 2013년 同해양수산국 해양항만과장(서기관) 2014년 同경제과학국 중소기업과장 2015년 同도민안전실 안전정책과장 2016년 전남 진도군 부군수(현) ⬆대통령표창, 전남도지사표창 등

이순미(李順美·女) LEE Soon Mi

⬆1970·1·20 ⬆세종특별자치시 다솜3로95 공정거래위원회 경쟁심판담당관실(044-200-4119) ⬆서울대 생물교육학과졸, 한국방송통신대 법학과졸, 미국 시라큐스대 행정대학원졸 ⬆1996년 행정고시 합격(40회) 1998년 공정거래위원회 소비자보호국 약관심사과 근무 2002년 同심판관리2담당관실 근무 2004년 同심판관리1담당관실 근무 2005년 同카르텔조사단실 제조카르텔팀 사무관 2007년 同카르텔조사단실 카르텔정책팀 서기관 2008년 同카르텔정책과 서기관 2008년 同심판관리관실 송무담당관 2008년 미국 유학 2010년 미국 FTC 근무 2012년 공정거래위원회 규제개혁법무담당관 2012년 경제협력개발기구(OECD) 파견(과장급) 2015년 공정거래위원회 경쟁심판담당관 과장(현)

이순병(李淳柄) LEE Soon Byung (明道)

⬆1949·10·25 ⬆전주(全州) ⬆서울 ⬆서울 강남구 테헤란로522 홍우빌딩4층 행정사무소 알프스(02-6967-1004) ⬆1968년 동성고졸 1972년 서울대 토목공학과졸 1986년 서강대 경영대학원졸 ⬆1974년 동부건설(주) 입사 1989년 동부엔지니어링 이사 1997년 동부건설(주) 전무이사 2003~2005년 同토목사업부 부사장 2005년 파슨스브링커호프 아시아한국지점 수석부사장 2007년 동부건설(주) 건설부문장(부사장) 2009~2012년 同건설부문 공동대표이사 사장 2012~2015년 同대표이사 부회장(법정관리인) 2016년 행정사무소 알프스 고문(현) ⬆산업포장(1993), 대한토목학회 기술상(1996), 대통령표창(2002), 한국토목문화대상 기술부문(2010) ⬆'현장관리자의 경력개발에 관한 연구' ⬆불교

이순복(李順福) LEE Soon Bok

⬆1951·12·17 ⬆전남 순천 ⬆대전 유성구 대학로291 한국과학기술원 기계공학과(042-350-3029) ⬆1974년 서울대 기계공학과졸 1976년 한국과학기술원 기계공학과졸 1980년 공학박사(미국 스탠퍼드대) ⬆1980년 미국 Nuclear Technology 컨설턴트 1981~1988년 한국기계연구원 기계구조실장·책임연구원 1986년 미국 스탠퍼드대 방문연구원 1988년 한국과학기술원 기계공학과 조교수·부교수·교수(현) 1991년 독일 Braunschweig Univ. 방문교수 1993년 일본 Tokyo Institute of Tech. 방문교수 1997년 미국 세계인명사전 Marquis Who's Who in the World에 등재 2000년 한국과학기술원 학생처장 2000년 同학생생활상담소장 2000년 국제학술대회 EMAP2001 조직위원장 2001년 대한상사중재원 신뢰성분쟁조정인 2002~2003년 미국 세계인명사전 Marquis Who's Who in Science and Technology에 등재, 국제실험역학학술대회 ICEM2006 조직위원장 2007년 KSME 신뢰성부문 회장 2008년 미국 California Institute of Technology 방문교수 ⬆국무총리표창(1974), 국민포장(1985) ⬆'The Korea Electronic Industry' ⬆'The Experimental Mechanics in Nano and Biotechnology' ⬆기독교

이순선(李順先) LEE Soon Sun

⬆1957·5·28 ⬆전주(全州) ⬆강원 인제 ⬆강원 인제군 인제읍 인제로187번길8 인제군청 군수실(033-460-2003) ⬆인제고졸 2012년 한림성심대학 정보통신네트워크학과졸 ⬆인제군 내무과 행정계 인사담당, 인제군의회 사무과 의사계장, 인제군 산업과 지역경제계장, 同민원봉사실장, 同환경관리과장, 同자치행정과장, 同세무회계과장 2009~2010년 同기획감사실장 2011년 강원 인제군수(재보선 당선, 한나라당·새누리당) 2011년 인제군장학회 이사장(현) 2011년 인제군문화재단 이사장(현) 2011년 인제군체육회 회장(현) 2014년 강원 인제군수(새누리당)(현) 2014~2016년 접경지역시장·군수협의회 회장 2014년 한국문화예술회관연합회 비상임이사(현) ⬆대통령표창, 내무부장관표창, 강원도지사표창, 농협중앙회 지역농업발전선도인상(2014) ⬆천주교

이순영(李舜瑛) LEE Soon Young
㉿진성(眞城) ㉯경북 의성 ㉰서울 영등포구 은행로3 삼희익스콘벤처타워711호 녹색재단 이사장실(02-785-5101) ㉱1979년 동국대 법정대학 경찰행정학과졸 1985년 미국 노스이스턴대 대학원 형사사법학과졸 1991년 법사회정책학박사(미국 보스턴대) ㉲1985년 숨미주지역한국인학생연합 창설·대표 1985년 在미국 한인학생봉사센터 대표 1986년 全美洲한인학생학술대회장 1987년 미주학생신문 발행인 1991~1998년 미국 메릴랜드대·동국대·국민대·중앙대·숭실대 강사 1993~1997년 한세정책연구원 부원장 1994년 월간 북한경제 발행인 겸 편집인 1994~2002년 정책연구지 한세정책 발행인 겸 편집인 1994년 맑은물되찾기운동연합회 부회장 1994~1999년 서울시사격연맹 회장 1995년 대외경제정책연구원 세계화 전문가 풀 위원 1995년 대통령자문 세계화추진위원회 전문위원 1995~1998년 서울시교육위원회 교육위원·부의장·의장 직대 1995~1998년 대한사격연맹 수석부회장·회장 직대 1997년 한세정책연구원 원장 1998년 세계사격연맹(ISSF) 이사 1998년 제2의건국범국민추진위원회 중앙위원 1999년 서울씨랜드어린이안전공원 건립추진위원회 위원장 2002년 의회신문 설립·대표 2005년 (사)한국선거관리협회 부회장 2005년 한중대 총장 2009년 성균관재단 이사장 2009년 녹색재단 이사장(현) 2010년 서울외국어대학원대 석좌교수(현) 2011년 녹색재단 상임대표 2016년 (사)자연보호 중앙연맹 부총재(현) ㉳'정치화 경찰과 한국민주주의' '원자력과 핵은 다른건가요?'(1996) '그린행정실무'(2012) ㉴'뇌물의 역사'(1996)

이순우(李舜雨) LEE Soon Woo (夏雲)
㉠1950·12·15 ㉿경주(慶州) ㉯경북 경주 ㉰서울 종로구 새문안로5길37 도렴빌딩10층 저축은행중앙회 회장실(02-397-8600) ㉱1969년 대구고졸 1977년 성균관대 법학과졸 ㉲1977년 상업은행 입행 1995년 同런던지점 부지점장 1998년 同홍보실장 1999년 한빛은행 명동역지점장 1999년 同인사부장 2000년 同업무지원팀장 2001년 同기업컨설팅팀장 2002년 同기업금융단장 2002년 우리은행 기업금융단장 2004년 同경영지원본부장(부행장) 2004년 同개인고객본부장(부행장) 2007년 同개인고객본부장(수석부행장) 2008년 同수석부행장 2011~2014년 同은행장 2013~2014년 우리금융지주 대표이사 회장 겸임 2013년 대한적십자사 재정감독 2015년 (주)우리카드 비상근고문 2015년 저축은행중앙회 회장(현) ㉳국무총리표창(2000), 재정경제부장관표창(2003), 자랑스러운 성균언론인상(2011), 자랑스러운 성균인상(2011), 은탑산업훈장(2011), 아시아투데이 금융대상(2011), 한국의 경영대상(2011), 대한민국금융대상 올해의 금융인상(2014) ㉷천주교

이순원(李順遠) Soon Won Lee
㉠1956·7·8 ㉯서울 ㉰경기 수원시 서부로2066 성균관대학교 자연과학대학 화학과(031-290-7066) ㉱1980년 서울대 화학과졸 1982년 同대학원 화학과졸 1989년 화학박사(미국 캘리포니아대 샌디에이고교) ㉲1982~1985년 한국과학기술원 무기화학연구실 연구원 1989~1990년 미국 Univ. of Southern California Post-Doc. 1990~2001년 성균관대 이과대학 화학과 조교수·부교수 1991~1999년 한국결정학회 편집위원 1996~2002년 同이사 2000~2003년 同학회지(화학분야) 상임편집위원 2000년 대한화학회 학회지 상임편집위원 2002년 성균관대 화학과 교수(현) 2004년 한국결정학회 편집위원장 2004년 화학올림피아드 여름학교 교장 2005년 한국학술진흥재단 기초과학지원단 전문위원 2006~2009년 同자연과학단장 2008~2010년 한국결정학회 부회장 2011·2013년 성균관대 산학협력단 연구지원본부장(현) 2015년 同일반대학원장(현) 2016년 同성균융합원장 겸임(현) ㉳수원시 문화상(2002), 교육인적자원부장관표창(2005) ㉴'Inorganic Chemistry Laboratory Manual'(1992) '무기화학'(2000)

이순자(李順子·女) Lee Soon Ja
㉠1949·2·25 ㉯경북 ㉰경북 경주시 태종로188 경주대학교 총장실(054-770-5002) ㉱1967년 경북여고졸 1971년 서울대 문리학과졸 1974년 同대학원 문학과졸 1982년 이화여대 교육대학원 미술교육학과졸 1982년 홍익대 대학원 미술사학박사과정 수료 1995년 문학박사(동국대) ㉲1974~1982년 동덕여대 외래교수 1985~1988년 숙명여대 외래교수 1989~1991년 이화여대 대학원 외래교수 1997~2009년 서경대 디자인학부 교수 2005년 경흥학원 이사장 2009년 경주대 총장 직대 2009년 4.29재보선 국회의원 후보(경북 경주, 무소속) 2009년 경주대 총장(현) 2010~2015년 同박물관장

이순자(李順子·女) LEE Sun Ja
㉠1961·7·24 ㉿정읍(井邑) ㉯전북 정읍 ㉰서울 중구 덕수궁길15 서울특별시의회(02-3783-1956) ㉱명지전문대학 사회복지과졸, 서울시립대 도시과학대학원 행정학과 공공정책전공 재학 중 ㉲행복창조노인복지센터 사회복지사, 대통령자문 동북아시대위원회 자문위원 2012년 서울시의회 의원(민주통합당·민주당·새정치민주연합) 2012년 同보건복지위원회 위원 2012년 同독도영토주권수호및일제식민지피해자지원특별위원회 부위원장 2013년 同예산결산특별위원회 위원 2013년 同서소문밖역사기념및보전사업추진특별위원회 위원 2013년 同민간단체지원사업점검특별위원회 위원 2013년 同학교폭력대책특별위원회 위원 2013년 同골목상권및전통시장보호를위한특별위원회 부위원장 2014년 새정치민주연합 서울시당 여성위원회 부위원장 2014년 서울시의회 의원(새정치민주연합·더불어민주당)(현) 2014·2016년 同보건복지위원회 위원장(현) 2015년 同메르스확산방지대책특별위원회 위원 2015년 더불어민주당 서울시당 여성위원회 부위원장(현) 2016년 서울시의회 행정자치위원회 위원(현) ㉷천주교

이순재(李順載) LEE Soon Jae
㉠1935·10·10 ㉿광주(廣州) ㉯함북 회령 ㉰서울 강남구 봉은사로18길70 SG연기아카데미(02-564-5998) ㉱1953년 서울고졸 1958년 서울대 철학과졸, 고려대 언론대학원 최고위언론과정 수료 2000년 명예 한의학박사(경희대) ㉲탤런트(현) 1956년 드라마 '나도 인간이 되련가'로 데뷔 1960년 KBS 1기 탤런트 1971·1972·1988년 한국방송연기자협회 회장 1980년 민정당 창당발기인 1988년 同서울중앙甲지구당 위원장 1992년 제14대 국회의원(서울 중랑구甲, 민자당·신한국당) 1993년 민자당 부대변인 1993년 한·일의원연맹 간사 1995년 민자당 교육연수원 부원장 1998년 대한적십자사 친선대사 2001~2009년 MBC아카데미 연극음악원장 2007년 대한민국UCC대전 홍보대사 2008년 서울시 홍보대사 2009년 한국방송영상산업진흥원 '방송인 명예의 전당' 헌정 2009년 제8회 전국평생학습축제 홍보대사 2009년 (사)코리아드라마페스티벌조직위원회 부위원장 2010년 국민연금 홍보대사 2010년 DMZ다큐멘터리영화제 조직위원 2010년 국제SF영화제 홍보대사 2010년 서울디딤돌 나눔의거리 홍보대사 2010년 서울문화예술대상 심사위원 2011년 SG연기아카데미 원장(현) 2011년 가천대 연기예술과 석좌교수(현) 2012년 2013산청세계전통의약엑스포 홍보대사 2012년 2012수원화성국제연극제 홍보대사 2012년 거창국제연극제 홍보대사 2012년 EK티쳐 한국어교사원격평생교육원장(현) 2014년 태화복지재단 홍보대사 2014년 어르신교통안전 명예홍보대사 2016년 문화체육관광부 예술인복지정책 홍보대사(현) 2016년 코리아문화수도조직위원회(KCOC) 선정위원(현) ㉳백상예술대상 영화 남자최우수연기상(1977), MBC 명예의 전당(2002), 보관문화훈장(2002), 동대문세무서장표창(2007), 코리아드라마페스티벌 공로상(2007), 백상예술대상 TV부문공로상(2009), MBC방송연예대상 공로상(2009), 서울문화예술대상 문화예술인대상(2010), 중국 금계백화영화제 외국영화부문 남우주연상(2011), 대한민국 CEO그랑프리 문화CEO부문 특별상(2011), 제1회 K-드라마 스타어워즈 공로상(2012), 한국갤럽 선정 올해를 빛낸 탤런트 6위(2013), 이데일리 문화대상 공로상(2016) ㉴'나는 왜 아직도 연기하는가'(2011) ㉵TV드라마 '나도 인간이 되련가'(1956) '기적'(1967) '단발머리'(1967) '순정산하'(1968) 'KBS 형'(1969) 'KBS 풍운'(1982) 'MBC 제2공화국'(1989) 'MBC 사랑이 뭐길래'(1991) 'MBC 제3공화국'(1993) 'KBS 목욕탕집 남자들'(1996) 'SBS 꿈의 궁전'(1997) 'MBC 보고 또 보고'(1998) 'MBC 허준'(1999) 'MBC 신귀공자'(2000) 'MBC 상도'(2001) 'SBS 수호천사'(2001) 'SBS 이 부부가 사는 법'(2001) 'SBS 야인시대'(2002) 'KBS 내사랑 누굴까'(2002) 'MBC 현정아 사랑해'(2002) 'SBS 요조숙녀'(2003) 'KBS 진주목걸이'(2003) 'SBS 흥부네 박터졌네'(2003) 'SBS 백수탈출'(2003) 'KBS 장희빈'(2003) 'KBS 낭랑18세'(2004) 'MBC 12월의 열대야'(2004) 'SBS 토지'(2004) 'KBS 어여쁜 당신'(2005) 'SBS 루루공주'(2005) 'KBS 포도밭 그 사나이'(2006) 'MBC 거침없이 하이킥'(2006) 'KBS 꽃피는 봄이 오면'(2007) 'MBC 이산'(2007) 'KBS2TV 엄마가 뿔났다'(2008) 'MBC 베토벤 바이러스'(2008) 'MBC 사랑해 울지마'(2008) 'MBC 선덕여왕'(2009) 'MBC 지붕뚫고 하이킥'(2009) 'SBS 별을 따다줘'(2010) 'SBS 커피하우스'(2010) 'MBC 욕망의 불꽃'(2010) 'SBS 대물'(2010) 'MBC 마이 프린세스'(2011) 'KBS 공주의 남자'(2011) 'MBC 천 번의 입맞춤'(2011) 'MBC 더킹 투하츠'(2012) 'MBC 마의'(2012) 'JTBC 무자식상팔자'(2012) 'SBS 못난이 주의보'(2013) 'KBS2TV 왕의 얼굴'(2014) 'KBS2TV 착하지 않은 여자들'(2015) 'MBC 여자를 울려'(2015) 'MBC 밤을 걷는 선비'(2015) 'SBS 그래, 그런거야'(2016) 출연영화 '초연'(1966) '상처'(1969) '여고시절'(1972) '탈출'(1975) '어머니'(1976) '남궁동자'(1977) '하늘나라에서 온 편지'(1979) '평화의 길'(1984) '파랑주의보'(2005) '음란서생'(2006) '굿모닝 프레지던트'(2009) '그대를 사랑합니다'(2012) 연극'돈키호테'(2010 2012) '아버지'(2012) '사랑별곡'(2014) '황금연못'(2014) '유민가'(2015) '헤이그 1907'(2015) '시련'(2015)

이순재(李淳在) LEE Soon Jae

[생]1956·3·9 [출]서울 [주]서울 광진구 능동로209 세종대학교 경영대학 경영학부(02-3408-3709) [학]1980년 서강대 영어영문학과졸 1986년 미국 텍사스주립대 대학원 MBA 1992년 경영학박사(미국 오하이오주립대) [경]1992~1995년 미국 Gardner-Webb Univ. 조교수 1995~1999년 삼성화재해상보험(주) 부장·경영기획팀장 1999~2001년 보험개발원 이사·보험연구소장 2000~2002·2004~2006년 재정경제부 금융발전심의회 위원 2001년 세종대 경영대학 경영학부 교수(현) 2004~2007년 서울보증보험 사외이사 2004~2010년 알리안츠생명보험 사외이사 2007~2008년 예금보험공사 자문위원 2007년 재정경제부 보험업법개정 자문위원 2007년 한국리스크관리학회 임원 2007년 한국보험학회 임원 2007~2008년 휴면예금관리재단 설립위원회 위원 2008년 생명보험공익사업추진위원회 위원 2008년 리스크관리학회 이사 2008년 한국보험학회 이사 2009~2010년 同상임이사 2009~2011년 한국사회보장학회 이사 2010~2011년 한국보험학회장 2010년 푸르덴셜생명보험 사외이사 2010~2012년 Asia-Pacific Risk Insurance Association 임원 2010~2011년 금융감독원 자문위원 2010~2011년 예금보험공사 자문위원 2015~2016년 아시아·태평양리스크보험학회(APRIA) 회장(현) [상]부총리 겸 재정경제부장관표창(1997), 재정경제부장관표창(2007), 세종대총장표창(2007) [저]'보험과 리스크관리'(2006) '연금의 진화와 미래'(2010) '건강보험의 진화와 미래'(2012) [종]기독교

이순조(李淳祚) LEE Soon Jo

[생]1955·3·24 [출]경기 안양 [주]서울 강남구 역삼로175 명승건축그룹 회장실(02-6445-0100) [학]1977년 한양대 건축공학과졸 [경]1977~1981년 공군 시설장교(대위) 1982~1987년 (주)대우 과장 1987년 종합건축사사무소 명승건축(주) 설립·회장(현) 2002년 사랑의집짓기(Habitat) 서울지회 건축위원장, 同서울지회 이사 겸 부이사장(현) 2003년 서울산업대 명예건축학부장 2003년 (재)국민체력센터 이사장 2009~2013년 대한카누연맹 회장 2009년 국토해양부 중앙건축위원회 위원 2009년 同보금자리주택 통합심의위원회 위원 2010년 한양대 특임교수 2010년 한국건축가협회 명예이사(현) 2010~2013년 한국유스호스텔연맹 부총재 2010~2015년 국가공무원인재개발원 교육정책자문위원회 위원 2010년 2018평창동계올림픽 유치위원회 위원 [상]국토해양부장관표창(2008·2010), 대한건축학회 작품상(2010), 한국건축문화대상 올해의 건축문화인상(2010)

이순종(李舜鍾) LEE Soon Jong

[생]1952·2·15 [출]경기 광주 [주]서울 관악구 관악로1 서울대학교 미술대학49동202호(02-880-8966) [학]1970년 인천고졸 1974년 서울대 미대 응용미술학과졸 1980년 同대학원 응용미술학과졸 1984년 미국 일리노이공대 대학원 제품디자인전공(MS in Design)졸 2010년 제품디자인전략전공 박사(핀란드 알토대) [경]1977~1979년 금호전자 디자인실 제품디자이너 1979년 홍익전문대학 전임강사 1984~1994년 서울대·이화여대 강사 1984~1995년 국민대 전임강사·조교수·부교수 1984년 한국산업디자이너협회 이사 1989년 일본 나고야 국제산업디자인단체협의회(ICSID)총회 한국측 대표 1990년 미국 범태평양지역 디자인커뮤니케이션회의실무위원회 한국측 대표 1991·1997년 대한민국산업디자인전 심사위원 1991년 대한민국 굿디자인선정 심사위원 1992년 한국인더스트리얼디자이너협회(KAID) 부회장 1993년 세계산업디자인단체협의회(ICSID) 싱가폴아시아지역회의(AMCOM) 한국측 대표 1994년 한국산업디자이너협회 연구분과위원장 1995~1999년 국민대 교수 1995년 삼성디자인연구원 자문교수 1996년 통상산업부 산업디자인정책수립 자문위원 1996년 핀란드 UIAH대 교환교수 1998년 세계산업디자인단체협의회(ICSID) 'Oullim' 저널(영문판) 기획 및 편집위원 1999년 同인터디자인 서울대회추진위원회 부위원장 1999년 서울대 미술대학 디자인학부 부교수·교수(현) 2003년 同한국디자인연구센터소장 2003~2005년 同출판부 상임이사 2004년 한국디자인학회 회장 2004년 세계디자인학회 이사 2005년 2005광주디자인비엔날레 디자인총감독 2011년 서울대 미술대학장 2011년 한국디자인단체총연합회 회장 2013년 同명예회장(현) 2012~2015년 전국미술디자인계열대학학장협의회 회장 2015~2016년 한국디자인산업연구센터장 2016년 한국미래디자인연구센터 대표(현) [상]대한민국산업디자인전 특선(1972·1973·1977·1978·1979), 대한민국산업디자인전 입선(1975), 미국 Arrango 국제디자인공모전 장려상(Mentionable Award, Arrango International Furniture Design Competition)(1982), 미국 DEC(Digital Equipment Co.) 우수논문상(1983), 산업포장(2001) [저]'디자인사전'(2008) '디자인의 시대' '트렌드의 시대'(2010) '미래가 보인다'(2013) 'Korea Power'(2013) '엉뚱한 생각'(2014)

이순진(李淳鎭) Lee Sun Jin

[생]1954 [출]경북 군위 [주]서울 용산구 이태원로22 합동참모본부 의장실(02-748-3000) [학]1974년 대구고졸(14회) 1977년 육군3사관학교졸(14기) 1982년 경북대 교육학과졸 2001년 충남대 행정대학원 안보정책학과졸 [경]2007년 2군단 참모장 2008년 육군 부사관학교장(준장) 2009년 제2사단장(소장) 2011년 합동참모본부 군사지원본부 민군심리전부장 2012년 제25대 수도군단장(중장) 2014년 항공작전사령관 2014년 육군 제2작전사령관(대장) 2015년 합참의장 겸 통합방위본부장(대장)(현)

이순칠(李淳七) Soonchil Lee

[생]1957·9·7 [출]서울 [주]대구 유성구 대학로291 한국과학기술원 물리학과(042-350-2533) [학]1980년 서울대 물리학과졸 1986년 이학박사(미국 노스웨스턴대) [경]1986년 한국과학기술원 전기전자과 박사후연구원 1987년 同물리학과 조교수·부교수·교수(현) 1997~1998년 미국 Bell Lab. Consultant 2006년 한국과학기술원 물리학과장 2013년 同자연과학대학장(현) [상]American Association of Physic Sylvia Sorkin Greenfield Award(1990) [저]'양자컴퓨터-21세기 과학혁명'(2003)

이순탁(李舜鐸) LEE Soon Tak

[생]1940·3·4 [본]여주(驪州) [출]대구 [주]경북 경산시 대학로280 영남대학교 건설시스템공학과(053-810-2412) [학]1962년 영남대 토목공학과졸 1964년 同대학원 수공학과졸 1968년 영국 뉴캐슬어펀타인대 대학원 수자원공학과졸 1975년 수공학박사(고려대) [경]1964년 충주공대 교수 1966~2005년 영남대 공대 토목공학과 교수 1972~1974년 호주 New South Wales대 Teaching Fellow 1977~2001년 UNWRC(유엔수자원회의)·UNESCO·WMO(수문위원회)·ESCAP·IHP 한국정부대표 1978~1980년 미국 Illinois대 방문교수 1980년 미국 애리조나대 시스템공학과 방문교수 1980~2001년 미국 지구물리학회(AGU) 정회원 1985~2001년 국제수리학회(IAHR) 정회원 1989~1991년 한국수문학회(KAHS) 부회장 1990~2001년 일본 수문과학회(JAHS) 정회원 1991~1994년 대한토목학회(KSCE) 수공위원장 1994년 同부회장 1994~2001년 同대구경북지회 회장 1994~1997년 국제수자원학회(IWRA) 집행이사 1995~2001년 중국 산동공대 객좌교수 1997~2001년 유네스코 국제수문수자원계획(UNESCO IHP) 아태지역운영회의(RSC) 의장 1998~2001년 한국수자원공사 이사 2005년 영남대 건설환경공학부 토목공학전공 석좌교수 2005년 국제수문환경학회(IHES) 회장(현) 2006년 한국물학술단체연합회 회장 2009년 영남대 건설시스템공학과 석좌교수(현) 2010년 세계물위원회 이사(현) 2010년 유네스코 국제수문수자원계획(UNESCO IHP) 정부간위원회 의장·부의장 2011년 대구경북물포럼 회장 2013~2015년 제7차 세계물포럼 국제운영위원회(ISC) 공동위원장 [종]불교

이순학(李淳鶴)

[생]1958·12·5 [주]부산 연제구 중앙대로1001 부산광역시청 창조도시국(051-888-4200) [학]1976년 거창 대성고졸 1989년 한국방송통신대 행정학과졸 2011년 부산대 대학원 사회복지학과졸 [경]1977년 공무원 임용(공채)1978년 부산시 해운대출장소 근무(초임) 1983년 同해운대구 총무과 근무 1990년 同내무국 생활체육과 근무 1990년 同내무국 인사과 근무 1996년 同기장군 기획감사실 근무 1999년 同보건복지여성국 근무 2001년 同행정관리국 자치행정과 근무 2005년 同경제진흥실 경제정책과 근무 2008년 同행정자치국 총무과 근무 2009년 同대변인실 홍보담당관실 근무 2012년 同경제산업본부 고용정책과 근무 2012년 교육파견 2013년 부산시 환경녹지국 자원순환과장 2014년 同문화체육관광국 체육진흥과장 2016년 同창조도시국장(현) [상]대통령표창(2002)

이순형(李純炯) LEE Soon Hyung (仁汕)

[생]1936·9·5 [출]서울 [주]서울 종로구 대학로103 서울대학교 의과대학 기생충학교실(02-740-8348) [학]1956년 경기고졸 1962년 서울대 의과대학 의학과졸 1964년 同대학원 의학과졸(석사) 1967년 의학박사(서울대) [경]1965년 육군 군의관 1969~1975년 서울대 의대 전임강사·조교수 1975~1980년 중앙대 의대 부교수·교수 1981~1983년 대한기생충학회 회장 1981년 서울대 의대 부교수 1984~1990년 同의대 학장보 1985~1994년 同의대 기생충학교실 주임교수 1986~2002년 同의대 기생충학교실 교수 1986~1997년 同의대 풍토병연구소장 1986~1997년 WHO 윤충질환연구협력센터 소장 1994~1998년

서울대 의대 학장 1995~2006년 한국과학기술한림원 종신회원 1995~2004년 한국건강관리협회 부회장 2002년 서울대 의대 기생충학교실 명예교수(현) 2003년 대한민국학술원 회원(기생충학·현) 2005~2009년 한국건강관리협회 회장 2006년 한국과학기술한림원 원로회원(현), 대한기생충학회 명예회원(현) [상]대한기생충학회 학술상(1967), 대한의학협회 화이자의학상(1978), 보건사회부장관표창(1993), 국민훈장 동백장(1994), 홍조근정훈장(2002), 한국과학기술한림원 학술상(2006), 서울대의대총동창회 함춘대상 학술연구부문(2009) [저]'내과학-기생충질환'(1976) '약물요법과 처방-기생충약'(1977) '열대풍토병-리슈마니아증·구충증 및 분선충증'(1987) '약물요법-기생충감염증'(1988) '가정의학-기생충질환'(1993) '면역학-원충 및 윤충에 대한 면역'(1993) '임상기생충학 개요(共)'(1996) '세월에 점 하나 찍고, 그리움에 점 하나 찍고'(2006) '임상기생충학(共)'(2011)

이순형(李舜珩) LEE Soon Hyung

[생]1949·2·10 [본]전주(全州) [출]서울 [주]서울 마포구 양화로45 (주)세아홀딩스 회장실(02-6970-0022) [학]1967년 경기고졸 1971년 한양대 경영학과졸 [경]1983년 해덕철강(주) 대표이사 1985년 해덕강업(주) 대표이사 1987년 해덕전기(주) 대표이사 겸임 2001년 (주)세아홀딩스 대표이사 부회장 2006년 (주)해덕기업 회장 2011년 (주)세아홀딩스 회장(현) 2013년 (주)세아제강 회장(현) 2013년 서울상공회의소 부회장(현) 2013년 한국메세나협회 부회장(현) 2013년 한국철강협회 부회장(현) 2014년 (주)세아베스틸 회장(현) [종]기독교

이순형(李淳珩) LEE Soon Hyung

[생]1970·10·15 [본]전주(全州) [출]서울 [주]서울 강남구 봉은사로86길6 라온시큐어 사장실(02-561-4545) [학]1989년 서울고졸 1996년 한양대 화학공학과졸 2006년 연세대 대학원 경영학과졸 2011년 경영학박사(건국대) [경]1995~2000년 소프트포럼(주) 창업멤버 및 경영총괄 부사장(COO) 2006년 한국PKI포럼 인증분과 기술위원 2008년 국제해킹방어대회 코드게이트 초대조직위원장 2008년 한국정보보호학회(KIISC) 자문위원 2010~2012년 매그넘벤처캐피탈(주) 대표이사 2011~2012년 건국대 대학원 벤처전문기술학과 겸임교수 2012년 라온시큐어(주) 대표이사 사장(CEO)(현) 2015년 한국정보보호학회(KIISC) 부회장(현) 2016년 한국정보보호산업협회(KISIA) 부회장(현) [상]미래창조과학부장관표창(2014) [저]'미래사회와 보안문화'(2016)

이순형(李珣衡) LEE Soon Hyung

[생]1972·5·29 [출]전북 무주 [주]인천 남구 소성로163번길17 인천지방법원(032-860-1113) [학]1991년 전북 상산고졸 1996년 서울대 사법학과졸 [경]1996년 사법시험 합격(38회) 1999년 사법연수원 수료(28기) 1999년 법률구조공단 영동지부 근무 2002년 부산지법 판사 2005년 인천지법 판사 2009년 서울중앙지법 판사 2011년 서울고법 판사 2013년 서울중앙지법 판사 2014년 전주지법 부장판사 2016년 인천지법 부장판사(현)

이순화(李淳和) LEE Shun Hwa (경우)

[생]1956·3·19 [출]대구 [주]경북 경산시 대학로280 영남대학교 공과대학 환경공학과(053-810-2545) [학]1975년 경북고졸 1983년 영남대 공업화학과졸 1985년 同대학원 공업화학과졸 1989년 공학박사(일본 東北大) [경]1991년 창원대 환경공학과 전임강사 1992년 영남대 환경공학과 전임강사·조교수·부교수·교수(현) 1996·1998년 同 환경대학원 환경공학과장 1997년 미국 신시내티대 교환교수 2006년 영남대 환경문제연구소장(현) 2011년 同경북지역환경기술개발센터장(현) 2012~2014년 同환경보건대학원장 [저]'수질보전' [종]불교

이순희(李順姬·女) Lee Soon hee

[생]1962·2·14 [주]경기 수원시 팔달구 효원로1 경기도의회(031-8008-7000) [학]호서대 아동학과졸, 한경대 대학원 아동가족복지학과졸 [경]파랑새어린이집 원장, 경기도어린이집연합회 민간분과위원장, 한국보육시설연합회 민간분과 수석부위원장, 공공형어린이집시범사업 T/F위원회 위원장, 전국공공형어린이집협의회 회장, 두원공과대 아동복지과 겸임교수, 중앙대 국제교육원 아동복지과 외래교수 2012년 새누리당 제18대 대통령중앙선거대책위원회 직능총괄본부 유아·보육본부 특보단장 2014년 경기도의회 의원(비례대표, 새누리당)(현) 2014·2016년 同여성가족교육협력위원회 위원(현) 2014년 파랑새어린이집 대표(현) 2016년 경기도의회 선감학원진상조사및지원대책마련특별위원회 위원(현)

이숭덕(李崇德) Soong Deok Lee

[생]1963·7·3 [주]서울 종로구 대학로103 서울대병원 기초연구동 237호(02-740-8353) [학]1987년 서울대 의대졸 1990년 同대학원 의학석사(법의학) 1994년 의학박사(서울대) 1997년 한국방송통신대 법학과졸 [경]1987~1988년 서울대병원 인턴 1988년 서울대 조교 1989~1992년 서울대병원 전공의 1992~1995년 국방부 과학수사연구소 법의감식관 1995~2005년 서울대 의대 법의학교실 기금전임강사·기금조교수·부교수 1998년 미국 국립보건원 연구원 1999년 국립과학수사연구소 촉탁의사(현) 2001~2006년 대한의사협회 법제위원 2002~2004년 서울대 의대 학생부학장보 2002년 국방부 허일병사망사건진상조사위원회 자문위원 2004~2006년 서울대 의대 교무부학장보 2005~2007년 소비자분쟁조정위원회 전문위원 2005~2006년 대한의사협회 윤리지침개정특별위원회 위원 2005년 서울대 의대 법의학교실 부교수·교수(현) 2006년 국방부과학수사연구소 전문자문위원(현) 2006~2008년 서울대 의대 기획조정실장 2007~2012년 국무총리 중앙행정심판위원회 위원 2010~2012년 서울대 연건기숙사 사감 2010년 DNA신원확인정보DB관리위원회 위원·위원장(현) 2011년 예방접종피해보상전문위원회 위원(현) 2011년 대검찰청 과학수사자문위원회 위원(현) 2011~2013년 KAPO(Korean Association of Paleopathology and Osteoarcheology)연구회 회장 2012년 대한의료법학회 부회장·감사(현) 2012~2015년 한국의료분쟁조정중재원 조정위원 2012년 서울대 의대 법의학교실 주임교수(현) 2012~2014년 한국의약품안전관리위원회 안정성평가전문위원회 위원 2013년 대한민국의학한림원 정회원(현) 2013년 국민권익위원회 자문위원(현) [상]근정포장(2013), 과학수사대상 대통령표창(2015)

이숭원(李崇源) LEE Soong Won

[생]1955·4·6 [본]전주(全州) [출]서울 [주]서울 노원구 화랑로621 서울여자대학교 인문대학 국어국문학과(02-970-5416) [학]1973년 휘문고졸 1977년 서울대 국어교육학과졸 1980년 同대학원 국어국문학과졸 1987년 문학박사(서울대) [경]1981~1989년 충남대 전임강사·조교수·부교수 1989년 한림대 부교수 1991년 서울여대 인문대학 국어국문학과 교수(현) 2004~2007년 同사무처장 2010~2012년 同입학관리처장 2011~2013년 한국시학회 회장 [상]한국문학 신인상, 시와 시학 평론상, 김달진 문학상, 편운문학상(2004), 김환태 평론문학상(2006), 현대불교문학상(2007), 유심작품상(2015) [저]'현대시와 삶의 지평' '현대시와 지상의 꿈' '한국현대시 감상론' '서정시의 힘과 아름다움' '정지용 시의 심층적탐구' '초록의 시학을 위하여' '원본정지용시집'(2003) '폐허 속의 축복'(2004) '감성의 파문'(2006) '백석 시의 심층적 탐구'(2006) '원본 백석 시집'(2006) '세속의 성전'(2007) '김기림'(2008) '백석을 만나다'(2008) '교과서시 정본 해설'(2008) '영랑을 만나다'(2009) '시속으로'(2011) '미당과의 만남'(2014, 태학사) '김종삼의 시를 찾아서'(2015, 태학사)

이스란(李스란·女) Lee Seu Ran

[생]1972·7·30 [출]서울 [주]세종특별자치시 도움4로13 보건복지부 의료자원정책과(044-202-3490) [학]건국대 정치외교학과졸, 서울대 보건대학원 보건정책학과 수료, 미국 카네기멜론대 보건정책학과졸 [경]행정고시 합격(40회), 보건복지부 보험정책과 사무관, 同아동복지과 사무관 2006년 同보건의료정책본부 의료정책팀 서기관 2007년 同사회복지정책본부 민간복지협력팀장 2007년 同복지자원팀장 겸 사회복무지원TF팀장 2007년 同장관비서관 2008년 보건복지가족부 국민연금재정과장 2010년 보건복지부 보건의료정책실 보험급여과장 2012년 세계보건기구(WHO) 파견 2015년 보건복지부 인구정책실 요양보험제도과장 2016년 同보건의료정책실 의료자원정책과장(현)

이승걸(李升杰) LEE Seung Gol

[생]1960·1·5 [출]부산 [주]인천 남구 인하로100 인하대학교 하이테크센터512호 정보통신공학부(032-860-7433) [학]1982년 인하대 응용물리학과졸 1984년 한국과학기술원 물리학과졸 1987년 광학박사(한국과학기술원) [경]1987~1997년 인하대 공대 응용물리학과 조교수·부교수 1991~1992년 미국 Northwestern대 교환교수 1997년 인하대 공대 정보통신공학부 교수(현) 2003~2004년 미국 애리조나대 방문교수 2007~2010년 삼성전기·인하대 초정밀검사계측연구센터장 2010~2011년 삼성전기 자문교수 2013~2015년 인하대 IT공과대학장 2015년 同IUT사업단장(현) [상]장영실상(2007), 한국광학회 논문상(2010) [저]'응용광학' '광학' [종]천주교

이승구(李承玖) LEE Seung Gu

[생]1952·5·17 [출]경북 청도 [주]서울 중구 퇴계로100 스테이트타워남산8층 법무법인 세종(02-316-4688) [학]1970년 대구 대륜고졸 1975년 경북대 법학과졸 1977년 同대학원 수료 [경]1978년 사법시험 합격(20회) 1981년 사법연수원 수료(11기) 1981년 서울지검 북부지청 검사 1983년 춘천지검 강릉지청 검사 1985년 서울지검 검사 1988년 법무부 조사과 검사 1989년 서울지검 검사(대통령 사정비서관 파견) 1993년 수원지검 여주지청장 1993년 부산지검 울산지청 부장검사 1994년 대구지검 특수부장 1995년 법무부 관찰과장 1997년 대검찰청 강력과장 1998년 同중앙수사부 제2과장 1998년 同중앙수사부 제1과장 2000년 서울지검 특수1부장 2001년 同북부지청 차장검사 2002년 광주지검 차장검사 2003년 同순천지청장 2004년 서울고검 검사 2005년 법무부 보호국장 2005년 同감찰관 2006년 서울서부지검장 2007~2008년 서울동부지검장 2008년 법무법인 세종 변호사, 同파트너변호사(현)

이승구(李承九) YI Seung Ku

[생]1955·9·1 [출]서울 [주]경기 성남시 분당구 대왕판교로660 유스페이스1 A동9층 (주)이루온 비서실(070-4489-1000) [학]1979년 서울대 계산통계학과졸 1981년 한국과학기술원 대학원 전산학과졸 1990년 컴퓨터공학박사(미국 워싱턴대) [경]1981~1990년 대우조선공업(주) MIS실 과장 1990~1994년 대우통신(주) 소프트웨어연구실·멀티미디어사업부 책임연구원 1994~1997년 同멀티미디어사업부장(이사) 1997~1999년 한국정보통신(주) 기술연구소장(이사) 2000~2006년 (주)소프텔레웨어 대표이사 사장 2006년 (주)이루온 대표이사 사장(현) [상]장영실상(1993), 대우그룹 기술상 [종]천주교

이승국(李勝國) LEE Seung Kuk

[생]1946·12·31 [본]전주(全州) [출]평북 [주]서울 송파구 양재대로1239 한국체육대학교 체육학부(02-410-6854) [학]1965년 성동고졸 1972년 명지대 행정학과졸 1974년 연세대 대학원 도시행정학과졸 1982년 경희대 교육대학원 체육학과졸 1995년 교육학박사(멕시코 과달라하라대) 1996년 체육학박사(명지대) [경]1974~1981년 (유)패시픽뉴스에이젠시 상무 1983~2012년 한국체육대 체육학부 교수 1983년 同생활관장 1984년 同학생생활연구소장 1984년 대한태권도협회 국제분과위원장 1986~1988년 대한체육회 국가대표코치 1988년 한국체육대 학생처장 1991년 同교무처장 1992년 同학생생활연구소장 1993년 세계태권도연맹 대학분과 부위원장 1993년 한국체육대 학생처장 1994년 同훈련처장 1997년 한국대학태권도연맹 전무이사 1997년 대한올림픽위원회 문화위원 1998년 한국체육대 교무처장 2003년 세계태권도연맹 교육분과위원장 2004~2008년 한국체육대 총장 2005년 대한체육회 부회장 2010년 문화체육관광부 국기원특수법인설립 준비위원·이사 2012년 한국체육대 체육학부 명예교수(현) 2013년 중국 북경체육대학 초빙교수(현) [상]체육훈장 백마장(1983), 대통령표창(1986), 교육부장관표창(1993), 중국정부 '우의장(友谊奖)' 수상(2015) [저]'태권도개론' [종]기독교

이승규(李承奎) LEE Seung Gyu

[생]1949·1·11 [출]서울 [주]서울 송파구 올림픽로43길88 서울아산병원 간이식및간담도외과(02-3010-3001) [학]1973년 서울대 의대졸 1984년 同대학원 의학과졸 1986년 의학박사(서울대) [경]1973년 서울대병원 인턴 1974년 同외과 전공의 1978년 시립아동병원 외과 과장 1978~1983년 신영외과병원 전임의사·원장 1983~1989년 고려대 부교수 1989~2014년 울산대 의대 일반외과학교실 교수, 미국 Boston Lahey Clinic 연수, 일본 Tokyo 국립암센터 연수, 독일 Hannover 의대 간이식 단기연수 2000~2014년 울산대 의대 서울아산병원 간센터 소장 2002~2012년 同서울아산병원 장기이식센터 소장 2008년 同서울아산병원 간이식·간담도외과 과장 2009년 대한간학회 회장 2013년 대한민국학술원 회원(외과학·현) 2014년 울산대 의대 서울아산병원 석좌교수(현) [상]쉐링임상의학상(2005), 제3회 성산 장기려상(2008), 아산의학상(2010), 대한의사협회 화이자국제협력특별공로상(2010), 근정포장(2014)

이승규(李承圭) SEUNG KYU LEE

[생]1962·12·5 [본]고성(固城) [출]경남 [주]대전 중구 계룡로832 중도일보 편집국(042-220-1114) [학]1981년 경남공고졸 1989년 동의대 불어불문학과졸 1991년 프랑스 낭시제2대 사회과학대학원 현대불문학과 수료 [경]1991~1993년 대전매일신문 편집국 사진부 기자 1993~2001년 同편집국 경제부·문화부·사회부 등 기자 2002년 주간신문 리치 CEO 2002년 중도일보 사회부장 2005년 同정치부장 2006년 同문화체육부장 2009년 同편집국 문화·교육팀장(부국장) 2012년 同사회부장 겸 시청팀장(부국장) 2008~2011년 목원대·중부대 등 시간강사 2013년 중도일보 편집국 행정자치부장(부국장) 2014년 同내포본부 기자 2016년 同편집국장(현)

이승규(李承揆) Lee, Seung Kyu

[생]1976·2·23 [출]서울 [주]전남 순천시 왕지로21 광주지방법원 순천지원(061-729-5114) [학]1994년 선덕고졸 1999년 서울대 사법학과졸 [경]1998년 사법시험 합격(40회) 2001년 사법연수원 수료(30기) 2001년 軍법무관 2004년 서울중앙지법 판사 2006년 서울동부지법 판사 2008년 청주지법 충주지원 판사 2011년 수원지법 판사 2011년 독일 베를린자유대 파견 2013년 사법연수원 교수 2014년 인천지법 판사 2014년 법원행정처 사법정책심의관 겸임 2015년 서울중앙지법 판사 2016년 광주지법·광주가정법원 순천지원 부장판사(현)

이승근(李承根) LEE Sung Kun

[생]1965·11·4 [출]경남 [주]서울 강남구 학동로31길12 벤처캐슬4층 SBCK 비서실(02-2187-0009) [학]서울대 정치학과졸, 미국 Drexel University 대학원졸(MBA) [경]1995년 LG세미콘 미국법인 근무, 이앤컴퍼티 근무 2000년 소프트뱅크벤처스 펀드매니저, 同부사장, (주)이상네트웍스 이사(비상근) 2009년 소프트뱅크커머스코리아 대표이사 2013년 SBCK 대표이사(현)

이승기(李丞基) LEE Seung Ki

[생]1951·4·17 [출]전남 해남 [주]광주 북구 제봉로322 삼산빌딩 삼능건설(주) 회장실(062-363-2211) [학]1969년 광주제일고졸 1976년 서울대 공과대학 건축공학과졸 2008년 명예 경영학박사(호남대) [경]1992년 삼능건설(주) 대표이사 2000년 同대표이사 회장(현) 2002~2013년 송촌종합건설 회장 2008년 광주상공회의소 회장 2008년 광주과학기술원 이사, 민주평통 부의장, 대한상공회의소 부회장, 광주시 남북교류협의회 공동대표, (사)한중문화협회 수석부총재, 광주시체육회 부회장, 광주시 투자유치위원회 위원, 광주시국제협력기업인협의회 회장, 광주시양궁협회 회장, 한국발명진흥회 광주지회장 [상]대한주택공사 우수시공업체 선정(1994·1996·1998·2001·2005·2007·2008), 노동부장관표창(1995), 산업포장(1996), 한국토지공사 품질관리우수표창(1998), 동탑산업훈장(1998), 국무총리표창(1998), 건설교통부장관표창(1998), 광주시 시민대상(2000), 한국건축문화대상(2001), 국민훈장 석류장(2002), 2천만달러 수출탑(2003), 한국인사관리학회 경영자대상(2004), 국토해양부장관표창(2008), 전북도지사표창(2008) [저]시집'황토'(1984) [작]전시회 '서양화명품전(금화랑)'(1995)

이승길(李承吉) LEE Seung Gil

[생]1955·8·14 [출]서울 [주]충남 서산시 해미면 한서1로46 한서대학교 이공학부 생명과학과(041-660-1343) [학]1973년 숭문고졸 1981년 고려대 생물학과졸 1986년 同대학원졸 1993년 이학박사(고려대) [경]1988년 동우전문대학 강사 1992년 고려대 강사 1994~2002년 한서대 생물학과 전임강사·조교수 1994년 同생물학과장 1996년 同산학협력연구원장 1998~2007년 同산학연지역컨소시엄센터장 1999~2001년 同이학부장 2001~2003년 同교육대학원장 2002년 同생물학과 부교수, 同생명과학과 교수(현) 2003년 同교무처장 2007~2012년 同부총장 [상]한서대 우수교원표창(1997), 교육인적자원부장관표창(2001), 충남도지사표창(2007)

이승길(李承吉) Lee, Seung-Kil

[생]1957·11·20 [출]충북 옥천 [주]충남 금산군 추부면 대학로201 중부대학교 경찰법학과(041-750-6632) [학]1985년 한남대 법학과졸 1987년 중앙대 대학원졸 1993년 법학박사(중앙대) [경]1989~2007년 한남대 강사 1991~1998년 국제특허연수원 외래교수 1994~1998년 강남대·경기대·건국대·상명대 강사 1998년 중부대 경찰경호대학 경찰법학과 교수(현), 同경찰행정학과장 2000~2014년 전국부동산중개업협회 실무교육 강사 2002년 새마을금고연수원 강사 2002년 병무행정연수원 강사 2008~2010년 중부대 경찰경호대학장 2011~2013년 同학생복지처장 2013년 同교육대학원장 [상]중부대학교총장표창(2006) [저]'민사소송법'(1996) '신민사소송법강의'(2006) '신민사소송법'(2006)

이승대(李承大) Lee Sung Dae

[생]1969·12·21 [본]광주(廣州) [출]경북 칠곡 [주]서울 마포구 환일길13 한국상하수도협회(02-3156-7777) [학]1987년 대구고졸 1994년 경북대 사법학과졸 [경]공직 입문(지방고시 3회) 2006년 대구시 문화체육관광국 체육청소년과 근무 2008년 同경제통상국 산업입지과장 2008~2009년 행정안전부 파견 2010년 외교통상부 동아시아통상과 1등서기관 2010~2012년 駐칭다오총영사관 근무 2013년 대구시 서울본부장 2014년 同교육청소년정책관 2016년 한국상하수도협회 사무총장(현) [상]대통령표창(2004)

이승련(李承蓮) LEE Seung Ryun

[생]1965·11·15 [출]전남 장흥 [주]서울 서초구 서초중앙로157 서울고등법원(02-530-1114) [학]1984년 경기고졸 1988년 서울대 법학과졸 2002년 미국 하버드대 연수 [경]1988년 사법시험 합격(30회) 1991년 사법연수원 수료(20기) 1991년 軍법무관 1994년 서울지법 남부지원 판사 1996년 서울지법 판사 1998년 전주지법 군산지원 판사 1999년 同군산지원 익산시법원 판사 2000년 광주고법 판사 2001년 서울지법 판사 2003년 서울고법 판사 겸 법원행정처 사법정책담당관 2005년 법원행정처 사법정책연구심의관 2006년 同사법정책실 판사 2006년 전주지법 부장판사(사법제도개혁추진위원회 파견) 겸 법원행정처 사법정책실 정책연구심의관 2007년 전주지법 부장판사 2008년 법원행정처 인사관리심의관 2009~2011년 同인사총괄심의관 겸임 2010년 서울중앙지법 부장판사 2013년 부산고법 부장판사 2015년 서울고법 부장판사(현) 2015년 대법원 사실심충실화사법제도개선위원회 위원

이승로(李承魯) LEE Seung Ro

[생]1960·2·18 [출]전북 정읍 [주]서울 중구 덕수궁길15 서울특별시의원회관 520호(02-3783-1941) [학]정읍농림고졸, 한국방송통신대 행정학과 수학, 고려대 정책대학원 도시 및 지방행정학과졸 [경]신계륜 국회의원 보좌관, 서울성북소방서 의용소방대 총무부장, 석관1동 자율방범순찰대장, 청일조기축구회 부회장, 새정치국민회의 서울성북乙지구당 청년특별위원장 1995·1998년 서울시 성북구의회 의원, 同지역개발위원회·운영위원회 간사 2006년 서울시 성북구의원선거 출마 2014~2015년 새정치민주연합 민원담당 사무부총장 2014년 서울시의회 의원(새정치민주연합·더불어민주당)(현) 2014년 同도시계획관리위원회 위원 2014~2015년 同예산결산특별위원회 위원 2015년 同지역균형발전지원특별위원회 위원(현) 2015년 同청년발전특별위원회 위원(현) 2016년 同환경수자원위원회 부위원장(현) [상]전국시·도의회의장협의회 우수의정 대상(2016)

이승록(李承錄) Lee Seung-Rlock

[생]1959·9·20 [출]경남 [주]서울 종로구 종로1길50 (주)우리카드 부사장실(02-6968-3006) [학]1978년 덕수상고졸 1989년 동국대 회계학과졸 [경]1978년 서울은행 입행 1994년 평화은행 입행 2005년 우리은행 호평지점장 2007년 同포천지점장 2009년 同합정동지점장 2011년 同부산경남서부영업본부장 2013년 同부산서부영업본부장 2013년 同업무지원단 상무 2015년 同마케팅지원단 상무 2016년 (주)우리카드 부사장(현)

이승문(李承文) LEE Seung Moon

[생]1947·10·22 [본]고부(古阜) [출]제주 [주]서울 중구 퇴계로30길24 삼익아파트205호 세무법인 택스원(02-778-1271) [학]1977년 성균관대 법률학과졸 1982년 同대학원 법학과 수료 2000년 경희대 국제법무대학원 국제조세학과졸 2005년 법학박사(성균관대) [경]1977~1979년 재무부 세제실 직접세과 근무 1977년 세무사시험 합격(제14회) 1979년 세무사 개업 1998~2013년 (주)노루홀딩스 사외감사 1999년 미국헌법학회 감사 2001~2010년 (주)아이피케이 감사 2001년 세무법인 택스원 대표이사(현) 2002년 서울시립대 법학과 강사 2005년 한국세무사회 부설 한국조세연구소 연구위원(현) 2006~2007년 서울시립대 세무학과 강사 2007년 경희대 경영대학원 강사 2008~2010년 국민대 대학원 법학과 강사 2010년 서울시립대 세무대학원 강사 2011~2014년 국민대 법학과 겸임교수 [상]국세청장표창(1994), 재정경제부장관표창(2004), 우수세무사표창 [저]'국세징수법론(共)'(2009, 도서출판 나라) [역]'독일세무사법(共)'(1996)

이승미(李昇美·女) Seungmie Lee

[생]1964·11·9 [본]경주(慶州) [출]부산 [주]전북 완주군 삼례읍 삼례로443 우석대학교 보건복지대학 아동복지학과(063-290-1529) [학]1987년 서울대졸 1989년 同대학원 가정관리학과졸 1997년 소비자아동학박사(서울대) [경]1990~1991년 배재대 시간강사 1991년 대구대·한남대 시간강사 1991~1992년 대구대·광주대 시간강사 1992~1993년 인하대 시간강사 1994~1995년 서원대 시간강사 1995~1997년 우석대 전임강사·조교수 2001~2008년 同보건복지대학 실버복지학과 부교수 2002~2003년 한국가정과학회 편집위원 2004년 대한가정학회 가정학실천위원회 상임전문위원 2006년 여성가족부 위탁 중앙건강가정지원센터장 2008~2010년 대통령 사회정책수석비서관실 여성가족비서관 2010~2014년 우석대 보건복지대학 실버복지학과 교수 2012년 同외국인사회통합센터장(현) 2012~2013년 다문화가족정책위원회 위원 2013년 우석대 학생처장 2014년 同보건복지대학 아동복지학과 교수(현) 2014년 同영유아발달지원인재양성사업단장(현) [저]'생활설계론'(1997) '가정생활복지론'(2002) [종]기독교

이승민(李承敏) LEE Seung Min

[생]1948·11·8 [본]전주(全州) [출]인천 [주]인천 중구 축항대로211번길37 (주)선광 임원실(032-880-6520) [학]1967년 제물포고졸 1971년 한국해양대 항해학과졸 1975년 고려대 경영대학원 무역학과졸 [경]1993년 동부고속(주) 이사대우 1997년 同이사 1999년 同상무이사 2000~2002년 동부건설(주) 물류부문 상무이사 2004년 (주)선광 부사장 2009~2015년 同공동대표이사 사장 2010~2013년 인천항만물류협회 회장 2010년 인천항만공사(IPA) 항만위원회 위원 2015년 (주)선광 부회장(현) [상]해양수산부장관표창(1998), 철탑산업훈장(2008)

이승민(李承玟) LEE Seung Min

[생]1965·2·9 [출]전남 해남 [주]경기 안양시 동안구 시민대로312 법무법인 샘(031-382-9545) [학]1983년 목포고졸 1988년 한양대 행정학과졸 1990년 서울대 행정대학원졸, 연세대 보건대학원 의료와법고위과정 수료 [경]1986년 행정고시 수석합격(30회) 1988~1996년 보건복지부 의정국 행정사무관 1997년 사법시험 합격(39회) 2000년 사법연수원 수료(29기), 변호사 개업, 대통령직속 의료제도발전특별위원회 전문위원, 대한의사협회 자문변호사, 국립의료원 자문변호사 2001년 식품의약품안전청 자문변호사 2005년 보건복지부 한국보건복지인력개발원 외래교수, 한국의료법학회 이사, 안양시 생활법률상담변호사, 법무법인 율목 대표변호사 2006년 안양시장선거 출마(열린우리당) 2007년 법무법인 샘 대표변호사(현) 2010년 안양시 고문변호사 [저]'사회학강의(1·2)'(編) '떨어지는 공부 합격하는 비결' [종]천주교

이승범(李承範) LEE Seung Bum

[생]1959·9·29 [주]서울 강서구 하늘길260 대한항공 임원실(02-2656-7346) [학]한성고졸, 한국외국어대 서반아어과졸 [경]1985년 대한항공(주) 입사 2005년 同인재개발실 인재관리팀장(상무보) 2006년 同서울여객지점 부지점장 2008년 同서울여객지점장(상무) 2009년 同중국지역본부장(상무B) 2010년 同한국지역본부장(상무A) 2012년 同한국지역본부장(전무B) 2013년 同여객사업본부장 2013년 同여객사업본부장(전무A) 2014년 同미주지역본부장(전무)(현) [종]기독교

이승범(李勝範) LEE Seung Beom

[생]1962·3·29 [본]함평(咸平) [출]전남 함평 [주]서울 금천구 벚꽃로254 월드메르디앙벤처센터1차912호 아시아에너지경제(02-852-8445) [학]1981년 전주고졸 1987년 고려대 사회학과졸 [경]1988~1990년 럭키석유 근무 1991년 전남매일 입사 1997년 同경제부 차장 2000년 同경제팀장(부장대우) 2000~2001년 同광고국장 2002년 광주타임스 경제부장 2003년 同사회부장 2005년 同정경부장 2005년 남도일보 편집국 정경부장 2006년 同논설위원 2006년 제일경제신문 편집국 유통팀장 2006년 아시아경제신문 편집국 사회부장 2006년 同편집국 전국부장 겸 부동산2부장 2007년 同편집국 건설부동산부장 2007년 同편집국 정치경제부장 2008년 광남일보 편집국장 2010년 同편집국장(이사) 2011년 同부사장 겸 편집국장 2011~2012년 同사장 2012~2014년 호남아시아경제 사장 2014년 에너지경제신문 사장 겸 편집인 2015년 아시아에너지경제 대표이사 사장(현) [상]중소기업청장표창, 부총리 겸 재정경제부장관표창

이승복(李承馥) LEE Seung Bok

[생]1966 · 1 · 3 [본]한산(韓山) [출]전북 전주 [주]세종특별자치시 한누리대로2154 세종특별자치시교육청 부교육감실(044-320-1021) [학]1984년 전주 영생고졸 1992년 연세대 교육학과졸 1998년 미국 오하이오대 대학원 교육행정학과졸 2008년 경영학박사(건국대) [경]1992년 행정고시 합격(35회) 1992~1993년 총무처 사무관 시보 1993~1998년 경기도교육청 사무관 1998~2001년 교육부 정책담당관실 · 장관비서실 · 대학학사제도과 · 공보관실 사무관 2002~2006년 同지방교육재정과 · 한일역사공동연구위원회 서기관 2007~2008년 同정책상황팀장 2007년 국가균형발전위원회 과장 2008년 교육과학기술부 학술연구윤리과장 2009년 同학교선진화과장 2010년 同인사과장 2010년 부산대 사무국장 2011년 서울대 사무국장(일반직고위공무원) 2013년 서울시교육청 기획조정실장 2014년 교육부 기획조정실 정책기획관 2014년 同대학지원관 2015년 同대변인 2016년 세종특별자치시교육청 부교육감(현) [상]홍조근정훈장(2014)

이승섭(李昇燮) LEE Seung Seop

[생]1956 · 3 · 9 [출]경남 마산 [주]경기 김포시 대곶면 대곶남로145길 헤럴드에코켐(031-989-6780) [학]1975년 휘문고졸 1984년 국민대 정치외교학과졸 [경]1984년 스포츠서울 기자 1999년 내외경제신문 정보과학부장 직대 2000년 同디지털부 부장대우 2001년 同디지털부장 2002년 同뉴미디어부장 · 사회생활부장 2003년 同생활경제부장 2003년 同문화부장 2003년 同논설위원 겸 심의실장 2004년 同생활경제부장 2004년 헤럴드미디어 독자서비스국장(부국장대우) 2007년 同인쇄제작국장 2008년 同전략사업본부장 2008년 同기획조정실장 겸 문화혁신실장 2012~2016년 同이사 겸 헤럴드에코켐 대표이사 사장 2016년 同고문(현) [상]서울올림픽 문화기장(1988)

이승섭(李昇燮) LEE Seoung Sub

[생]1960 · 7 · 26 [본]전주(全州) [출]강원 춘천 [주]강원 춘천시 중앙로1 강원도청 행정개발본부(033-539-7605) [학]춘성고졸, 강원대 회계학과졸, 同대학원 지방행정학과졸 [경]고성군 새마을과 근무, 강원도 내수면시험장 근무, 同농어촌개발과 근무, 同공영개발사업단 총무계장, 同공무원교육원 교학과 근무, 일본 돗토리현 파견, 강원도 공보관실 근무, 同기획관실 근무, 同통상투자유치단 통상담당, 同체육시설담당, 同특정현안추진팀 특정현안추진담당, 同공보관실 도정홍보담당 2010년 同환경관광문화국 관광진흥과 근무 2012년 同평창군 서기관 2014년 同동계올림픽추진본부 특구육성과장 2015년 同경제진흥국 사회적경제과장 2016년 同행정개발본부장(현) [상]행정자치부장관표창, 강원도지사표창

이승섭(李承燮) LEE Seung Seob

[생]1962 · 1 · 26 [출]서울 [주]대전 유성구 대학로291 한국과학기술원(KAIST) 기계공학과(042-350-3046) [학]1980년 서울대사대부고졸 1984년 서울대 기계설계학과졸 1988년 미국 캘리포니아대 버클리교 기계공학과졸 1995년 공학박사(미국 캘리포니아대 버클리교) [경]1996년 삼성종합기술원 수석연구원 1997년 포항공과대 기계공학과 조교수 2003년 한국과학기술원(KAIST) 기계공학과 부교수 2006년 同기계공학과 교수(현) 2010년 同학생처장 2013년 同입학처장(현) [종]천주교

이승섭(李承燮) LEE Seung Sup

[생]1962 · 8 · 12 [출]서울 [주]서울 강남구 테헤란로133 한국타이어빌딩 법무법인 태평양(02-3404-0155) [학]1981년 한성고졸 1985년 서울대 법학과졸 [경]1985년 사법시험 합격(27회) 1988년 사법연수원 수료(17기) 1988년 서울지검 남부지청 검사 1990년 대전지검 천안지청 검사 1992년 법무부 특수법령과 검사 1994년 서울지검 검사 2000년 창원지검 부부장검사 2000년 청주지검 충주지청장 2001년 서울지검 부부장검사 2001년 헌법재판소 연구관 2002년 광주지검 부부장검사 2003년 법무부 특수법령과장 2005년 서울중앙지검 첨단범죄수사부장 2006년 법무법인 태평양 변호사(현) 2012년 SK증권 사외이사(현) 2013~2015년 한솔제지 사외이사 겸 감사위원

이승수(李昇洙) Lee Seung Su

[생]1969 · 6 · 7 [출]서울 [주]세종특별자치시 노을6로8의14 국세청 운영지원과(044-204-2200) [학]서울 영동고졸, 서울대 경영학과졸, 同행정대학원졸(석사) [경]1997년 행정고시 합격(41회), 동대전세무서 총무과장, 대전지방국세청 전산관리과장 2000년 서울 중부세무서 납세지원과장 2000년 국세청 소득세과 근무 2001년 서울 중부세무서 세원관리1과장 2002년 국세청 차장실 비서관, 서울지방국세청 조사1국 국제조사과 근무 2008년 국세청 기획재정담당관실 서기관 2010년 원주세무서장 2011년 대통령 민정1비서관실 근무 2011년 서울지방국세청 조사1국 3과장 2013년 서울 양천세무서장 2014년 국세청 정책보좌관 2014년 서울지방국세청 첨단탈세방지담당관 2014년 駐뉴욕총영사관 파견(현)

이승신(李承信 · 女) Lee Seung Sin

[생]1955 · 3 · 22 [출]서울 [주]서울 광진구 능동로120 건국대학교 글로벌융합대학 글로벌비즈니스학부(02-450-3778) [학]1973년 경기여고졸 1977년 서울대 가정관리학과졸 1984년 미국 일리노이주립대 제2학사졸 1988년 소비자경제학박사(미국 일리노이대 어배나 샴페인교) [경]1977~1981년 서울 선정여중 교사 1986~1988년 미국 일리노이대 소비자경제학과 선임연구원 1989년 수원대 가정관리과 조교수 1990~2016년 건국대 소비자정보학과 조교수 · 부교수 · 교수 1998~2000년 한국소비자학회 회장 1998년 미국 오리건주립대 소비자학과 객원교수 1999~2001년 아시아소비자경제학회 한국대표 2000~2002년 대한가정학회 총무 2002년 건국대 디자인예술문화대학장 2003년 한국정보통신기술협회 이용자의견반영위원장 2004~2007년 한국소비자보호원 원장 2005~2006년 국제소비자보호집행기구(ICPEN) 의장 2007년 한국소비자원 원장 2008~2014년 한국소비자교육지원센터 공동회장 2008년 가정을생각하게하는시민의모임 이사(현) 2009~2011년 직접판매협회 자율규제위원회 위원장 2010~2013년 녹색소비자연대 소비자위원장 2011년 한국개발연구원(KDI) 객원교수 2011~2014년 아시아가정학회 재무이사 2014년 식품의약품안전처 정책자문위원(현) 2014~2015년 아시아가정학회 회장 2014~2015년 식품안전정보원 객원교수 2014년 식품의약품안전처 정책자문위원(현) 2014~2015년 대한가정학회 부회장 2015년 CCO포럼 공동대표(현) 2015년 공정거래위원회 소비자교육전문위원(현) 2016년 대한의사협회 의료광고심의위원(현) 2016년 건국대 글로벌융합대학 글로벌비즈니스학부 교수(현) 2016년 대한가정학회 회장(현) [상]가정학부문 우수논문상(1988, 미국 Illinois State), 건국대 학술상(2001), 대통령표창(2003), 한국정보통신기술협회 공로표창(2003), 부총리 겸 기획재정부장관표창(2014), KU Research Pioneer상(2014 · 2015), 가치경영대상(2015), 근정포장(2016) [저]'소비자학의 이해'(1995) '현대사회와 가정'(1996 · 2000) '가계경제학'(1996) '소비자 상담'(1997) '고객서비스 어떻게 할 것인가'(1998) '소비자상담의 이론과 실무'(2000) '소비자법과 정책'(2000) '생활과학 연구방법과 통계분석'(2000) '소비자법과 정책'(2000) '소비자정보론'(2001) '현명한 부모 미래를 준비하는 자녀'(2002) '가계경제분석'(2003) '소비자교육과 정보'(2004) '소비자상담'(2007) '소비자 그리고 소비문화'(2009) '국가거버넌스'(2010) '에센셜 연구방법'(2012) '에센셜 통계분석'(2012) '소비자와 글로벌마켓 중심의 시장경제'(2014) '초연결사회의 소비자정보론'(2015) '도전 열정 그리고 동행'(2015) [역]'가족자원관리'(1991) '가계재정'(1992) '가족경제학'(1994)

이승신(李昇信) LEE Seung Shin

[생]1968 · 11 · 5 [주]서울 종로구 세종대로209 통일부 기획조정실(02-2100-5615) [학]1987년 동북고졸 1991년 서울시립대 법학과졸 1994년 연세대 행정대학원 행정학과졸 [경]1993년 행정고시 합격(37회) 1994~2005년 통일부 행정사무관 2005년 同서기관 2006년 대통령 안보전략비서관실 행정관 2008년 통일부 남북출입사무소 출입총괄과장 2008년 경기도 남북협력담당관(파견) 2010년 통일부 정책홍보과장 겸 온라인대변인 2012년 국외훈련(서기관) 2014년 통일부 교류협력국 남북경협과장 2015년 同정세분석국 정세분석총괄과장 2015년 同정세분석국 정세분석총괄과장(부이사관) 2016년 同기획조정실 기획재정담당관(현)

이승안(李承安)

[생]1953 · 11 · 27 [주]광주 북구 무등로272 새누리당 전남도당(062-525-8747) [학]전남대 공과대학 계측공학과졸 [경](주)메인테크 대표이사, 새누리당 전남광양 · 구례당원협의회 운영위원장, 순천제일대 겸임교수(현) 2016년 새누리당 전남광양시 · 곡성군 · 구례군당원협의회 운영위원장(현) 2016년 제20대 국회의원선거 출마(전남 광양시 · 곡성군 · 구례군, 새누리당) 2016년 새누리당 전남도당 위원장 직대(현)

이승열(李承悅) LEE Seung Youl

[생]1958 · 2 · 10 [출]강원 철원 [주]서울 강남구 영동대로714 하이트진로 임원실(02-520-3573) [학]배재고졸 1982년 성균관대 사학과졸 [경]1982년 MBC 사회부 기자 1991년 SBS 사회문화부 기자 1993년 同경제부 차장대우 1996년 同편집2부 차장 1997년 同정치부 차장 1998년 同보도본부 차장 2000년 同문화CP(부장급) 2001년 同보도본부 국제CP 2002년 同보도본부 동경지국장

2005년 同보도본부 편집2부장 2007년 同보도본부 보도제작1부장 2007년 同보도제작국장 2009년 同보도본부 논설위원(부국장급) 2011년 하이트맥주 전무 2011년 하이트진로 부사장 2012년 同사회공헌팀·홍보팀·정책팀 총괄부사장 2013년 同대외협력실 부사장 2015~2016년 同총무팀담당 부사장 2016년 同고문(현)

이승엽(李昇燁) sungyeop lee

[생]1961·7·10 [주]서울 종로구 세종대로175 세종문화회관 사장실(02-399-1501) [학]1983년 서울대 불어불문학과졸 1985년 同대학원 불어불문학과졸 1995년 프랑스 부르고뉴대 DESS [경]1987~2001년 예술의전당 공연기획 및 극장운영분야 근무 2001~2015년 한국예술종합학교 연극원 교수 2009년 하이서울페스티벌 예술감독, (사)한국문화경제학회 부회장 2013년 (사)한국예술경영학회 회장 2013~2014년 한국예술종합학교 협동과정 주임교수 2015년 세종문화회관 사장(현)

이승엽(李承燁) LEE Seung Yeop

[생]1972·7·4 [주]경기 의정부시 녹양로34번길23 의정부지방법원(031-828-0114) [학]1991년 마포고졸 1996년 서울대 사법학과졸 [경]1995년 사법시험 합격(37회) 1998년 사법연수원 수료(27기) 1998년 軍법무관 2001년 서울지법 서부지원 판사 2003년 서울지법 판사 2004년 서울중앙지법 판사 2005년 광주지법 판사 2007년 전주지법 판사 2008년 광주고법 판사 2009년 인천지법 판사 2010년 서울고법 판사(헌법재판소 파견) 2013년 울산지법 부장판사 2015년 의정부지법 부장판사(현)

이승엽(李承燁) LEE Seoung Yuop

[생]1976·8·18 [본]광주(廣州) [출]대구 [주]대구 수성구 야구전설로1 삼성 라이온즈 야구단(053-780-3300) [학]1995년 경북고졸 2002년 대구대 행정학과졸 [경]1994년 캐나다 브랜든 세계청소년야구선수권대회 국가대표 1995~2003년 프로야구 삼성 라이온즈 소속(계약금 1억3200만원·연봉 2000만원) 2000년 연봉 3억원 2000년 제27회 시드니올림픽 동메달 2002년 연봉 4억1000만원 2002년 부산아시안게임 금메달 2002년 프로야구 한국시리즈 우승 2003년 연봉 6억3000만원 2003년 6월 세계 최연소 300홈런 달성(26세 10개월 4일) 2003년 10월 아시아 홈런신기록 달성(56홈런) 2003~2006년 일본프로야구 지바롯데 마린스 소속 2005년 일본 재팬시리즈 우승 2006~2010년 일본프로야구 요미우리 자이언츠 소속 2006년 월드베이스볼클래식(WBC) 국가대표(1루수 올스타 선정) 2008년 제29회 베이징올림픽 금메달 2009년 서귀포시 명예대사 2009년 제주국제자유도시개발센터 명예홍보대사 2010년 일본프로야구 오릭스 버팔로스 입단 2011년 프로야구 삼성 라이온즈 입단(현) 2012년 프로야구 정규리그·한국시리즈 우승(한국시리즈 MVP) 2013년 제3회 월드베이스볼클래식(WBC) 국가대표 2014년 KBS 인천아시안게임 야구해설위원 2014년 6월3일 KBO리그 최초 통산 400홈런 달성(한·일 통산 559홈런) 2015년 국내프로야구 정규시즌 성적(타율 0.332·홈런 26·타점 90·안타 156·득점 87개) 2015년 프로야구 삼성 라이온즈와 FA 재계약(2년간 36억원 : 계약금 16억원·연봉총액 20억원) 2016년 8월24일 KBO리그 역대 최다 1390타점 달성 2016년 9월7일 KBO리그 2000안타 달성 [상]프로야구 정규시즌 MVP 5회(1997·1999·2001·2002·2003), 프로야구 7년 연속 1루수부문 골든글러브상(1997~2003), 일간스포츠 2003 제일화재 프로야구 대상(2003), 자황컵 체육대상 프로선수상(2003), 한국언론인연합회 선정 자랑스런 한국인대상(2003), 일본 재팬시리즈 우수선수(2005), 월간(6월) MVP(2006), 제일화재 프로야구 대상 특별상(2006), 대한체육회 체육상 대상(2009), 프로야구 골든글러브상 지명타자부문(2012·2014·2015), 한국시리즈 MVP(2012) [작]CF출연 '한국인삼공사 정관장'

이승영(李承寧) LEE Seung Young

[생]1962·3·7 [출]서울 [주]제주특별자치도 제주시 남광북5길3 제주지방법원 법원장실(064-729-2000) [학]1979년 서울 양정고졸 1984년 연세대 법대졸 [경]1983년 사법시험 합격(25회) 1985년 사법연수원 수료(15기) 1986년 軍법무관 1989년 청주지법 판사 1994년 수원지법 판사 1997년 서울고법 판사 1999년 대법원 재판연구관 2001년 대전지법 부장판사 2003년 사법연수원 교수 2006년 서울행정법원 부장판사 2008년 부산고법 부장판사 2010~206년 서울고법 부장판사 2012~2014년 사학분쟁조정위원회 위원 2016년 제주지법원장(현) [저]'문제탐구 형사소송법'

이승영(李承永) LEE Seung Young

[생]1963·2·20 [출]경기 화성 [주]인천 남구 소성로163번길49 인천지방검찰청 중요경제범죄조사단(032-860-4000) [학]1981년 인천 광성고졸 1985년 한양대 법학과졸 1990년 同행정대학원 수료 [경]1986년 사법시험 합격(28회) 1989년 사법연수원 수료(18기) 1991년 軍법무관 1992년 수원지검 검사 1994년 청주지검 제천지청 검사 1995년 전주지검 검사 1997년 서울지검 의정부지청 검사 1999년 同남부지청 검사 2001년 울산지검 부부장검사 2002년 광주지검 순천지청 부장검사 2003년 청주지검 부장검사 2003년 광주지검 조사부장 2004년 서울중앙지검 부부장검사 2006년 인천지검 형사4부장 2007년 대전고검 검사 2007년 법무법인 서정 변호사 2008년 법무법인 정 변호사 2011년 대구고검 검사 2013년 서울고검 검사 2015년 인천지검 부장검사(현) 2015년 同중요경제범죄조사단장 겸임(현)

이승완

[주]서울 송파구 올림픽로424 올림픽공원內 대한태권도협회(02-420-4271) [학]전주고졸 [경]1963년 태권도 국가대표 1985년 태권도지도관 본관 관장 1996년 대한태권도협회(KTA) 부회장 1999년 국기원 이사, 同정상화추진위원장 2009년 同이사장 겸 원장 권한대행 2010년 同원장, 대한태권도협회 상임부회장, 同상임고문 겸 이사 2016년 同회장(현) 2016년'2017 무주세계태권도선수권대회' 조직위원회 명예위원장(현)

이승용(李丞鎔) LEE Seung Yong

[생]1964·5·28 [출]서울 [주]충북 청원군 오송읍 오송생명2로187 식품의약품안전처 운영지원과(043-719-1255) [학]1981년 서울 용문고졸 1986년 서울대 식품공학과졸 1989년 캐나다 맥길대 대학원 식품미생물학과졸 1994년 생물공학박사(한국과학기술원) [경]1994년 미국 텍사스 A&M대 식품단백질연구소 연구원 1996년 보건복지부 식품위생사무관 1996년 광주지방식품의약품안전청 시험분석실장 1998년 식품의약품안전청 식품안전과 사무관 2000년 이탈리아 로마 UN산하 국제식량농업기구(FAO) Codex담당관 2005년 식품의약품안전청 식품본부 식품안전기준팀장 2006년 보건복지부 보건의료정책본부 식품정책팀장 2008년 同식품정책과장 2008년 식품의약품안전청 식품안전국 식품안전정책과장 2009년 해외 파견 2012년 식품의약품안전청 식품안전국 식품안전정책과장 2013년 식품의약품안전처 식품안전정책국장 직대 2013~2014년 同식품영양안전국 식중독예방과장 2014년 미국 식약관 파견(과장급)(현)

이승우(李勝雨) Seung-Woo Lee (晩耕)

[생]1949·7·14 [본]전주(全州) [출]충북 청주 [주]서울 종로구 성균관로25의2 성균관대학교 법학전문대학원(02-760-0922) [학]1968년 서울고졸 1973년 서울대 법과대학졸 1994년 법학박사(성균관대) [경]1984~1987년 경원대 법학과 전임강사·조교수 1988~1995년 한국방송통신대 법학과 조교수·부교수 1995년 성균관대 법학과 부교수 1996~2009년 同법학과 교수 2002~2003년 일본 대동문화대 법학연구소 객원연구원·사법시험위원·입법고등고시위원 2003~2006년 법무부 법무자문위원회 가족법개정특별위원회 위원장 2006~2007년 한국가족법학회 회장 2007~2008년 성균관대 법과대학장 2009~2014년 同법학전문대학원 교수 2009년 대만 중정대 법학원 객좌교수 2010년 법무부 성년후견제관계법령정비위원회 위원장 2014년 성균관대 법학전문대학원 명예교수(현) [상]근정포장(2014) [저]'가족법(編)'(1991, 한국방송통신대 출판부) '민법총칙(編)'(1995, 한국방송통신대 출판부) '물권법(編)'(1995, 한국방송통신대 출판부) '채권법총론(共·編)'(1998, 한국방송통신대 출판부)

이승우(李昇雨) LEE Seung Woo

[생]1952·10·13 [출]강원 홍천 [주]서울 중구 세종대로67 삼성증권(주)(02-2020-8000) [학]1971년 경기고졸 1975년 서울대 법대 법학과졸 [경]1978년 행정고시 합격(22회) 1979년 총무처 수습행정관 1980년 조달청 기획관리관·법무담당관실·관세협력담당관실 행정사무관 1981~1983년 재무부 기획예산담당관실·이재3과 행정사무관 1984~1987년 경제기획원 자금계획과·종합기획과 행정사무관 1988~1993년 재무부 이재국 산업금융과·금융국 중소금융과·총무과 행정사무관 1993년 駐구주연합대표부 서기관 1996년 재정경제원 소비자정책과장 1998년 同산업자금담당관 1998년 同생활물가과장 1999년 同기획예산담당관 1999년 同총무과장 2001년 駐영국대사관 재무관(부이사관) 2004년 재정경제부 경제정책국장 2005년 同정책조정국장 2006년 대통령 국민경제비서관 겸 국민경제자문회의 사무차장 2007년 대통령

경제정책비서관 2007~2008년 금융감독위원회 부위원장 겸 증권선물위원회 위원장 2009년 한국금융투자협회(KOFIA) 공익이사 2009~2012년 예금보험공사 사장 2015년 삼성증권(주) 사외이사(현) [상]근정포장(2006)

이승우(李升雨) LEE Seung Woo

[생]1956·5·8 [출]전북 군산 [주]전북 군산시 성산면 군장대길13 군장대학교 총장실(063-450-8000) [학]1975년 경기고졸 1979년 서울대 법학과졸 1982년 同대학원 행정학과졸 1988년 미국 하버드대 케네디스쿨 정책학과졸 2002년 행정학박사(성균관대) [경]1979년 행정고시 합격(제23회) 1983~1985년 올림픽조직위원회 파견·홍보문화국 홍보계장 1990년 대통령 공보담당관실 행정관 1990~1992년 대통령 행정수석비서관실 보좌관(서기관) 1992~1994년 전북 순창군수 1994년 대통령 행정쇄신비서관실 행정관 1995년 대통령 지방행정비서관실 행정관 1995년 내무부 지방행정국 지방공무원과장 1996년 同지방재정경제국 교부세과장(부이사관) 1998년 행정자치부 지방재정경제국 교부세과장 1999~2002년 전북도 기획관리실장 2002년 월드컵문화시민운동중앙협의회 운영국장 2002~2003년 행정자치부 제2건국월드컵아시안게임지원국장 2003년 민주당 행정자치수석전문위원 2003~2009년 (사)시민을위한정책연구원 초대원장 2004~2008년 학교법인 광동학원 상임이사 2005년 국제디지털대 부총장 2005~2006년 전북도 정무부지사 2007~2008년 중앙공무원교육원 원장 2008년 군장대 총장(현) 2009년 세계한식요리경연대회 조직위원장 2009~2011년 전북자동차포럼 공동의장 2009~2013년 대한치어리딩협회 회장 2009~2011년 행정안전부 녹색성장위원회 자문위원·행정정책위원 2010년 전주문화방송 시청자위원회 위원 2010~2011년 민주평통 자문위원 2010년 한국사학법인연합회 부회장 2010년 한국전문대학교육협의회 부회장 2010년 同전북도협의회장 2010년 서울대법과대학동창회 상임이사 2011년 법제처 국민법제관 2011~2014년 전문대학기관평가인증위원회 위원장 2011년 군산시교원총연합회 회장 2012~2015년 전북도교원단체총연합회 회장 2012년 한국스포츠산업협회 회장 2012년 군산시 자원봉사센터 고문 2012~2015년 한국전문대학법인협의회 회장 2013~2015년 한국해양구조협회 전북·충남남부지부 초대지부장 2014~2016년 한국전문대학교육협의회 회장 2015년 전북자동차포럼 공동의장(현) 2016년 행정자치부 정책자문위원회 지방행정분과 위원장(현) 2016년 문화체육관광부 특수법인 동학농민혁명기념재단 이사장(현) [상]홍조근정훈장(2002) [저]'한국지방재정조정제도의 성과와 전망'(2003, 도서출판 해냄)

이승우(李承雨) Paul S. LEE

[생]1958·1·5 [출]서울 [주]서울 중구 을지로5길26 센터원빌딩 서관15층 길리어드사이언스코리아(02-6030-3330) [학]1982년 캐나다 앨버타대 경영학과졸 1990년 미국 컬럼비아대 경영대학원 경영학과졸 [경]1984~1994년 존슨앤존슨메디컬 한국지사 근무 1988년 同미국지사 근무 1990년 同싱가포르지사 근무 1992년 同타이완지사 근무 1994년 한국스트라이커 대표이사 1995~2003년 한국MSD(주) 대표이사 1999년 駐한국 미국상공회의소 제약분과 공동회장 1999~2000년 한국다국적의약산업협회(KRPIA) 회장, 미국 제약회사협회 한국지역 회장 2001년 한국장애인스키협회 회장 2001년 한국다국적의약산업협회 이사 2001년 한국에이즈예방재단 상임이사 2003년 MSD 아시아담당 Executive Director 2003년 한국아스트라제네카 대표이사 2005년 대한암협회 이사 2008년 한국와이어스(주) 대표이사 2011년 길리어드사이언스코리아 총괄대표(현) [상]국제경영프론티어대상(2006) [종]천주교

이승우(李承雨) LEE Seung Woo

[생]1959·10·29 [출]부산 [주]서울 강남구 강남대로382 메리츠타워 (주)아워홈 임원실(02-6713-0201) [학]성균관대 산업심리학과졸 [경]1982년 (주)LG화학 입사 2004년 同기능재사업부장(상무), 同HS사업부장(상무) 2009년 LG하우시스 장식재사업부장 2010년 (주)아워홈 기획실 상무 2010~2015·2015년 同대표이사 사장(현)

이승우(李承雨) Lee Seung Woo

[생]1968·1·13 [본]경주(慶州) [출]충북 충주 [주]서울 종로구 세종대로209 507호 국민안전처 대변인실(02-2100-0010) [학]1985년 대원고졸 1993년 고려대 행정학과졸 [경]1993년 행정고시 합격(36회) 1994년 충북도 예산담당관실 공기업계장 1998년 同관광과 관광기획담당 1999년 同정책연구담당관실 정책1담당 2000년 同기획관실 기획담당 2003년 同첨단산업과장(서기관) 2005년 同경제과장 2008년 세종연구소 교육파견 2009년 충북도 공보관 2010년 同정책기획관 2010년 충주시 부시장 2011년 행정안전부 지역희망일자리추진단장 2011년 同재난안전실 재난위기종합상황실장 2012년 同재난안전실 재난안전정책과장(부이사관) 2013년 안전행정부 재난총괄과장 2013년 국가안보실 위기관리센터 행정관 2015년 교육 파견 2015년 국민안전처 대변인(현)

이승욱(李承旭) LEE Seung Wook

[생]1948·4·13 [본]광주(廣州) [출]대전 [주]서울 종로구 대학로101 서울대학교 보건대학원 보건학과(02-880-2714) [학]1971년 서울대 수의학과졸 1977년 同대학원 보건학과졸 1979년 미국 피츠버그대 대학원 보건학과졸 1982년 보건학박사(미국 피츠버그대) [경]1976~1977년 한국보건개발연구원 연구원 1980년 미국 피츠버그대 의대 연구원 1983년 同박사후연구원 1984~2013년 서울대 보건대학원 보건학과 조교수·부교수·교수 1992년 同보건학과장 1994년 同보건대학원장보 1995년 同보건대학원 부원장 1996년 同보건대학원 국민보건연구소장 1996~2000년 한국보건통계학회 회장 1998년 서울대 보건대학원 보건사업소장 2000년 同보건대학원 부원장 2002년 同보건대학원장 직대 2002~2005년 대한보건협회 학술지편집위원장 2004년 한국보건정보통계학회 회장 2006년 서울대 보건대학원장 2006년 한국조사연구학회 회장 2007년 同이사 2009~2011년 대한보건협회 회장 2011~2013년 한국인구학회 회장 2013년 2013세계인구총회(IUSSP) 조직위원회 부위원장 2013~2014년 한국건강증진재단 비상임이사 2013년 서울대 보건대학원 보건학과 명예교수(현) [상]옥조근정훈장(2007) [저]'보건통계학의 이해'(1989) '보건정보학개론'(2001) '한국인의 식생활과 질병' '보건학개론'

이승욱(李承昱) LEE, Seungwook

[생]1972·1·22 [주]세종특별자치시 갈매로477 기획재정부 국제통화협력과(044-215-8730) [학]1990년 휘문고졸 1997년 서울대 국제경제학과졸 2005년 미국 미시간주립대 대학원 경제학과졸 [경]1997년 행정고시 합격(41회) 1998년 행정자치부 실무수습(사무관) 1999년 기획예산처 예산관리국 관리총괄과 근무 2001년 同예산실 예산총괄과 근무 2002년 同예산실 과학환경예산과 근무 2003년 同기획관리실 감사법무담당관실 근무 2003년 미국 미시간주립대 교육파견 2005년 기획예산처 공공혁신본부 공기업정책팀 근무 2006년 서기관 승진 2006년 기획예산처 재정전략실 성장전략팀 서기관 2006년 同재정전략실 전략기획팀 서기관 2008년 기획재정부 예산실 복지예산과 서기관 2009년 同예산실 예산제도과 서기관 2009년 同재정정책국 재정정책과 서기관 2010년 대통령실 파견 2011년 駐프랑스 1등서기관 2015년 국민경제자문회의지원단 파견 2015년 기획재정부 대외경제국 개발협력과 국제개발정책팀장 2015년 同세제실 관세국제조세정책관실 산업관세과장 2016년 同국제금융협력국 국제통화협력과장(현)

이승웅(李承雄) LEE Seung Woong (中巖·一素)

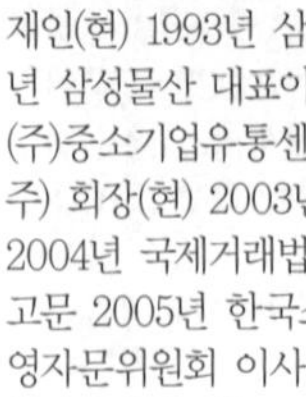

[생]1942·11·9 [본]한산(韓山) [출]서울 [주]서울 용산구 한강대로198 신생빌딩3층 청년미래네트워크 임원실(02-518-3311) [학]1960년 경기고졸 1964년 서울대 상학과졸 1988년 同최고경영자과정 수료 1992년 同행정대학원 국가정책과정 수료 1997년 연세대 언론홍보대학원 최고위과정 수료 2005년 순천향대 건강과학대학원 CEO과정 수료 2006년 세계경영연구원 IGMP과정 수료 [경]1966년 삼성물산 입사 1981년 同섬유본부장(이사) 1983년 同수입본부장(상무) 1986년 同기획담당 전무 1990년 同의류사업부문 총괄부사장 1990년 국제거래법학회 부회장 1992년 삼성물산 중화학부문 총괄부사장 1992년 대한상사중재원 중재인(현) 1993년 삼성종합화학 부사장 1994년 삼성정밀화학 대표이사 1996년 삼성물산 대표이사 1997년 삼성그룹 중남미총괄 대표이사 1999~2002년 (주)중소기업유통센터(행복한세상 백화점) 대표이사 사장 2003년 구기물산(주) 회장(현) 2003년 국제거래법학회 부회장 2003년 대한중재인협회 부회장 2004년 국제거래법학회 고문(현) 2005~2008년 우림건설 및 우림자원개발 고문 2005년 한국스포츠요가협회 회장(현) 2006년 국가경영전략연구원 운영자문위원회 이사·위원장(현) 2008년 한국역학학회 상임고문 2011년 (사)청년미래네트워크 상임대표 겸 이사장(현) 2012년 한국자연치유사협회 회장(현) 2012년 상명대 평생교육원 책임교수(현) [상]동탑산업훈장(1996) [저]'발주의사결정과 판매관리' '기와 건강' '100세시대 자연건강론'

이승원(李承院) Rhee, Sung Won

[생]1923·4·30 [본]전주(全州) [출]강원 홍천 [주]서울 서초구 반포대로37길59 대한민국학술원(02-3400-5220) [학]춘천고졸 1945년 일본 와세다대 이공학부 전기공학과 수료 1946년 경성대 이공학부 전기공학과 수료 1947년 서울대 전기공학과졸 1957년 미국 미네소타대 대학원 전기공학과 수료 1972년 공학박사(서울대) [경]1947~1961년 서울대 공대 전임강사·조교수·부교수 1960~1962년 국

방부 과학연구소 부소장 1961~1988년 서울대 전기공학과 교수 1963년 대한전기학회 이사·부회장·회장·종신평의원(현) 1976~1982년 원자력 비상임위원 1980~1991년 대한민국전기협회 부회장 1985년 IEC 한국위원장 1985년 대한민국학술원 회원(전기공학·현) 1988년 서울대 명예교수(현) 1993~1994년 태평양과학협회(PSA) 한국위원 1994~1995년 아시아학술원연합(FASAS) 한국위원 1996~1998년 국제과학연맹이사회(ICSU) 한국위원 2002년 同한국위원장 [상]청조소성훈장(1960), 대한전기학회 논문상(1970·1972), 전기의 날 공로상(1971), 3·1문화상 학술상(1980), 국민훈장 모란장(1984), 문교부장관 공로상(1988), 전기산업인 최고공로탑(2001), 동탑산업훈장(2005) [저]'전기기기설계'(1962) '전기기계'(1963) '전기제도'(1964) '전기기기'(1976) '전기에너지 변환공학'(1977) '전기에너지 변환기기'(1982)

이승원(李承源) LEE Sung Won

[생]1932·2·18 [본]광산(光山) [출]서울 [주]서울 송파구 올림픽로424 올림픽회관905호 대한스키협회(02-420-4219) [학]경동고졸 1955년 서울대 공대 섬유학과졸 1957년 미국 앨라배마주립대 대학원졸 1967년 통계학박사(미국 노스캐롤라이나주립대) [경]1960~1968년 미국 노스캐롤라이나주립대 강사·조교수 1968년 쌍용양회 상임감사 1969년 고려대 정경대 부교수 1969년 쌍용양회 상무이사 1972년 同전무이사 1974년 同부사장 1976년 한·이란석유 사장 1978년 한·이란친선협회 부회장 1980~1990년 쌍용정유 사장 1986~1997년 대한스키협회 회장, 同명예회장(현) 1987년 석유협회 회장 1988년 한·이란경제협력위원회 위원장 1990년 쌍용정유 회장 1991년 쌍용그룹 부회장 1992년 아시아스키연맹 회장(현) 1993~1994년 고려화재해상보험 대표이사 회장 1996년 쌍용제지 상임고문 1996~2000년 아시아올림픽평의회 부회장 1998~2001년 쌍용양회공업 고문 2000~2016년 국제스키연맹(FIS) 집행위원 2001년 (주)쌍용 고문 2010년 2018평창동계올림픽유치위원회 공동위원장 2012~2016년 국제스키연맹(FIS) 부회장 2015년 에쓰오일(주) 사외이사(현) 2016년 국제스키연맹(FIS) 명예이사(현) [상]철탑산업훈장 [종]불교

이승원(李承遠)

[생]1973·7·22 [출]충북 진천 [주]경기 수원시 영통구 월드컵로120 수원지방법원(031-210-1114) [학]1992년 운호고졸 1997년 서울대 경영학과졸 [경]1996년 사법시험 합격(38회) 1999년 사법연수원 수료(28기) 1999년 육군 법무관 2002년 인천지법 판사 2004년 서울중앙지법 판사 2006년 울산지법 판사 2010년 서울고법 판사 2012년 대법원 재판연구관 2014년 부산지법 부장판사 2016년 수원지법 부장판사(현)

이승윤(李承潤) LEE Seung Yun (耘草)

[생]1931·11·7 [본]전주(全州) [출]인천 [주]서울 종로구 새문안로92 광화문오피시아빌딩1820호 한일협력위원회(02-3276-3551) [학]1951년 인천고졸 1954년 서울대 영문과 수료 1957년 미국 미주리대 대학원졸 1960년 경제학박사(미국 위스콘신대) [경]1961~1964년 서울대 상과대학 조교수·부교수 1964년 서강대 경상대학 교수·경제경영문제연구소장 1970~1975년 同경상대학장 1971년 금융통화운영위원 1976년 제9대 국회의원 1979년 제10대 국회의원(유신정우회) 1980~1982년 재무부 장관 1983년 해외건설협회 회장 1988년 제13대 국회의원(인천 북구乙, 민주정의당·민자당) 1988년 민주정의당 정책조정실장 1988년 同정책위원회 의장 1990년 부총리 겸 경제기획원 장관 1992년 제14대 국회의원(인천 북구乙, 민자당·신한국당) 1993년 한·일협력위원회 사무총장 1994년 국제민주정당연합(IDU) 부회장 1995년 민자당 정책위원회 의장 1996~2008년 금호아시아나그룹 고문 1997~1998년 한나라당 후원회장 1998년 전국경제인연합회 원로자문위원(현) 1999년 한·일협력위원회 부회장·이사장·회장(현) 1999년 중국 天津市 경제고문(현) 1999~2002년 재경회 회장 2000년 동북아경제포럼 한국위원회 운영위원장 2001~2006년 인천향우회 회장 2003~2011년 IBC포럼 이사 2005~2013년 한국선진화포럼 비상임이사 2011년 대한민국헌정회 정책위원회 의장 2013~2016년 한국선진화포럼 이사장 2016년 同명예이사장(현) [상]청조근정훈장, 일본 욱일대수장 [저]'신화폐금융론' '한국의 금융제도와 정책' '설비금융의 현황과 과제' '전환기의 한국경제' '한국경제의 이상과 현실' '전환의 시대를 넘어' [역]'경제발전에 있어서의 화폐와 자본' [종]유교

이승윤 LEE Seungyun

[생]1995·4·18 [출]강원 횡성 [주]경기 안산시 상록구 중앙대로1056 코오롱 양궁팀(031-502-1705) [학]강원체육고졸 [경]2010년 제44회 전국남여양궁종별선수권대회 남중부 개인전 30m 1위·개인전 40m 1위 2012년 제26회 문화체육관광부장관기 전국체육고등학교체육대회 남고부 개인 70m 우승·개인 30m 우승·개인 50m 우승·개인종합 우승·단체전 우승 2013년 세계양궁연맹 월드컵 1차대회 리커브 남자단체전 금메달 2013년 세계양궁연맹 월드컵 2차대회 리커브 혼성부 은메달 2013년 세계양궁연맹 월드컵 4차대회 남자개인전 금메달·남자개인전 금메달 2013년 세계양궁선수권대회 남자개인전 금메달 2014년 코오롱 양궁팀 '엑스텐보이즈(X10 Boy'z)' 소속(현) 2014년 세계양궁연맹 월드컵 2차대회 남자개인전 금메달 2014년 제17회 인천아시안게임 리커브 남자단체전 동메달 2015년 세계양궁연맹(WA) 터키 안탈리아 월드컵 2차대회 리커브 남자개인전 금메달 2015년 제28회 광주 하계유니버시아드대회 양궁 리커브 남자단체전·혼성전·남자개인전 금메달(3관왕) 2016년 터키 안탈리아 현대 양궁월드컵 3차대회 리커브 남자단체전 금메달 2016년 제31회 리우데자네이루올림픽 남자양궁 단체전 금메달

이승율(李承律) LEE Seung Yool (창해)

[생]1952·4·24 [본]고성(固城) [출]경북 청도 [주]경북 청도군 화양읍 청화로70 청도군청 군수실(054-370-6001) [학]청도 모계고졸, 서라벌대학 경찰복지행정과졸, 영남대 경영대학원 최고경영자과정 수료, 경북대 농업개발대학원 농산물디지털유통전문과정 수료 [경]청도농협 조합장, 한나라당 청도군연락소장, 청도군체육회 사무국장, 청도초육성회 회장, 모계중·고 운영위원장 2006년 경북 청도군의회 의원 2008년 同의장 2014년 경북 청도군수(새누리당)(현) [상]농협중앙회장 표상(2003), 대통령표창(2008) [종]불교

이승익(李承翊) Lee, Seungik

[생]1961·8·14 [본]고성(固城) [출]경북 청도 [주]대구 수성구 동대구로23 대구방송 임원실(053-760-1806) [학]1986년 경북대 경제학과졸 1989년 경희대 평화복지대학원졸 2006년 대구가톨릭대 대학원 중국학과졸 2010년 중국학박사(계명대) [경]1989년 서울경제신문 기자 1996년 대구방송 보도국 기자 2004년 同보도국 경제팀장 2005년 同보도본부 본부장 2006년 同북부지사장 2008년 同보도본부 정치경제부장 2010년 同보도국 사회부장 2012년 同보도담당 이사(현) [상]대통령표창(2001), 행정자치부장관표창(2003) [저]'중국 최고 정치지도자들의 리더십'(2011, 디비북스)

이승일(李承一) LEE Sung Il

[생]1961·5·22 [출]경남 삼천포 [주]서울 종로구 성균관로25의2 성균관대학교 글로벌경영학과(02-760-0034) [학]1982년 연세대 경영학과졸 1984년 미국 캔자스대 대학원 마케팅·회계학과졸 1986년 미국 미시간대 경영대학원졸 [경]1986년 미국 P&G社 근무 1986년 씨티은행 마케팅매니저 1990년 펩시콜라인터내셔널 마케팅·영업담당 이사 1996년 SC존슨왁스 아태지역경영개발이사 1997년 브리스톨메이어스스퀴브 말레이시아·싱가포르·브루네이지역 사장 2000년 아시아온라인 아세안·인도지역 사장 및 전체총괄 부사장 2001~2005년 야후코리아 대표이사 사장 2002~2005년 야후 남아시아글로벌네트워크 총괄사장 2005~2008년 삼성전자(주) 국내영업사업부 보좌역(전무) 2008년 (주)한국피자헛 대표이사 사장 2010년 성균관대 글로벌경영학과 겸임교수(현) 2010~2013년 경희대 겸임교수 2012~2013년 연세대 겸임교수

이승재(李承栽) LEE Seung Jae

[생]1953·8·29 [본]전주(全州) [출]전남 광양 [주]서울 서초구 서초대로74길4 삼성생명 서초타워17층 법무법인(유) 동인(02-2046-0678) [학]1972년 광주제일고졸 1976년 고려대 법학과졸 1978년 同대학원 석사과정 수료 2006년 명예 법학박사(한국해양대) [경]1982년 사법시험 합격(24회) 1984년 사법연수원 수료(14기) 1985년 경찰 특채(경정) 1985년 치안본부 인사교육과 경정 1985년 여수경찰서 보안과장 1986년 전남도경찰국 수사계장 1986년 치안본부 대공1부 근무 1988년 同정보4과 근무 1992년 전남지방경찰청 수사과장(총경) 1993년 나주경찰서장 1993년 대통령비서실 파견 1996년 서울 서초경찰서장 1997년 서울지방경찰청 정보2과장 1998년 경찰청 정보2과장 1999년 同기획정보심의관(경무관) 1999년 서울지방경찰청 수사부장 2000년 경찰청 외사관리관 2001년 同수사국장(치안감) 2002년 인천지방경찰청장 2003년 경기지방경찰청장 2003년 경찰종합학교장 2004년 해양경찰청장(치안정감) 2005~2006년 해양경찰청장(치안총감) 2006~2011년 법무법인(유) 동인 대표변호사 2010년 (주)삼성전기 사외이사(현) 2011년 법무법인(유) 동인 구성원변호사(현) [상]대통령표창(1990·1995), 근정포장(1999), 황조근정훈장(2004) [종]불교

이승재(李承宰) LEE Seung Jae

[생]1958 · 4 · 4 [출]경남 거창 [주]부산 강서구 명지국제1로305 강서경찰서(051-290-0321) [학]동아대 경영대학원 수료 [경]1989 경찰간부후보 37기(경위 임용) 1994년 경감 승진 1999년 경정 승진 2007년 부산지방경찰청 경비과장(총경) 2008년 부산 연제경찰서장 2010년 경남지방경찰청 경비교통과장 2011년 부산 동부경찰서장 2011년 부산 해운대경찰서장 2012년 부산지방경찰청 제1부 경무과 총경 2013년 同제1부 정보화장비과장 2013년 부산 중부경찰서장 2015년 부산지방경찰청 청문감사담당관 2016년 부산 강서경찰서장(현)

이승재(李承宰) LEE, SEUNG JAE

[생]1959 · 9 · 6 [출]대구 [주]대구 동구 이노밸리로291 한국감정원 전략사업본부(1644-2828) [학]1978년 대구 대륜고졸 1985년 영남대 건축공학과졸 1987년 同대학원 건축공학과졸 [경]2007년 한국감정원 부동산컨설팅단장 2007년 同기업평가처장 2008년 同부동산조사처장 2010년 同경영관리실장 2012년 同사업본부장 2013년 同경영관리본부장 2014년 同동남권권역본부장 2015년 同수도권권역본부장 2016년 同대외협력본부장 2016년 同전략사업본부장(현) [상]국토해양부장관표창(2010)

이승재(李丞宰) LEE Seung Jae

[생]1960 · 12 · 20 [본]전주(全州) [출]전북 [주]대전 서구 둔산로111 충청지방우정청 청장실(042-611-1000) [학]1979년 전주고졸 1983년 서울대 독어독문학과졸 1985년 同행정대학원졸 2000년 미국 오리건대 대학원 경제학과졸 [경]1985년 행정고시 합격(28회) 1992년 상공부 에너지정책과 행정사무관 1997년 통상산업부 유통산업과 서기관 2005년 산업자원부 시장개척과장 2006년 同국제협력팀장 2007년 同통상협력정책팀장 2007년 同바이오나노팀장(부이사관) 2008년 지식경제부 지역경제총괄과장 2008년 同무역위원회 무역조사실장(고위공무원) 2011년 同전기위원회 사무국장 2011년 서울지방우정청장 2013년 경인지방우정청장 2015년 충청지방우정청장(현)

이승재(李承宰) LEE Seung Jae

[생]1961 · 4 · 12 [출]전북 전주 [주]서울 영등포구 여의서로160 (주)서울마리나 비서실(02-3780-8400) [학]1980년 명지고졸 1985년 한양대 토목공학과졸 1987년 同대학원 토목공학과졸 1995년 공학박사(한양대) [경]1988년 해군본부 시설감실 중위 1991~1995년 한양대 · 충남대 · 경원대 · 인덕전문대 · 서울산업대 강사 1995년 쌍용양회공업(주) 토목팀장 1997년 쌍용엔지니어링(주) 토목팀장 1997~2003년 시설안전기술공단 강사 1998~2011년 (주)승화이엔씨 대표이사 1999년 대한토목학회 기술교육위원 2000년 서울시 건설기술심의위원회 심의위원 2001년 서울산업대 구조공학과 겸임교수 2002년 청계천복원시민위원회 위원 2003년 한국콘크리트학회 편집위원 2004년 건설안전관리연합회 회장 2006년 승화그룹 대표이사 회장 2010년 대한토목학회 이사 2010년 (주)서울마리나 대표이사(현) 2011~2012년 (주)승화명품건설 대표이사 2012년 한국건설신기술협회 회장 2013년 (주)에스에이치투 대표이사 2013년 승화프리텍 대표이사 2014~2015년 한국건설교통신기술협회 회장 [상]서울시장표창(1996), 국무총리표창, 한국도로교통협회장표창(2000) [종]천주교

이승재(李承宰) Lee Seungjae

[생]1965·6·23 [출]서울 [주]서울 용산구 서빙고로139 국립한글박물관 연구교육과(02-2124-6420) [학]1984년 대일고졸 1992년 서강대 국어국문학과졸 1994년 同대학원 국어국문학과졸 2004년 국어국문학박사(서강대) [경]1993~1995년 국립국어연구원 사전편수원 근무 1996~2002년 同학예연구사 1996~2014년 상명대·서강대·홍익대·연세대 시간강사 2002~2006년 국립국어원 학예연구관 2007~2013년 同국어정책팀장·국어정보화팀장·한국어진흥팀장·언어정보팀장 2014년 同어문연구과장 2016년 국립한글박물관 연구교육과장(현)

이승재(李昇宰) LEE Seung Jae

[생]1965 · 10 · 13 [출]전북 전주 [주]서울 서초구 서초대로74길11 삼성생명보험(주) 임원실(02-2259-7111) [학]1984년 휘문고졸 1987년 서울대 경제학과졸 1991년 同행정대학원 정책학과졸, 경제학박사(미국 컬럼비아대) [경]2001년 재정경제부 국제금융국 외화자금과 서기관 2002년 同국제금융국 국제금융과 서기관 2005년 기획예산처 조사1국장 2007년 同교육문화재정과장 2008년 기획재정부 국제금융국 금융협력과장 2009~2014년 아시아개발은행(ADB) 파견(과장급) 2014년 삼성생명보험(주) 기획실담당 전무(현)

이승종(李昇鍾) Seung Jong Lee

[생]1952 · 9 · 16 [본]전주(全州) [출]전남 목포 [주]서울 관악구 관악로1 서울대학교 화학생물공학부(02-880-7410) [학]1970년 경기고졸 1974년 서울대 화학공학과졸 1982년 화학공학박사(미국 델라웨어대) [경]1974~1977년 국방과학연구소 대전기계창 연구원(과학장교) 1977~1978년 한국과학기술원(KAIST) 화학공정연구실 위촉연구원 1984~1994년 서울대 공대 화학공학과 조교수 · 부교수 1989~1990년 미국 Univ. of Delaware 객원교수 1990~1992년 서울대 공대 화학공학과장 1994년 同화학생물공학부 교수(현) 1999~2000년 미국 Univ. of Missouri 방문교수 2001년 한국공학한림원 정회원(현) 2002~2004년 서울대 공대 교무부학장 2006~2007년 同화학생물공학부장 2006~2007년 同BK21화공사업단장 2007 · 2008년 한국유변학회 회장 2008~2009년 한국연구재단 기초연구본부장 2009년 한국공학한림원 감사 2010~2011년 서울대 연구부총장 2011년 국제과학비즈니스벨트위원회 민간위원 2012~2013년 한국연구재단 이사장 2012년 한국화학공학회 회장 2012~2014년 기초기술연구회 비상임이사 2014년 한국과학기술단체총연합회 부회장(현) [상]한국과학기술단체총연합회 우수논문상(2000), 서울대 공대 최우수강의교수상(2001), 한국유변학회 학술상(2009), 과학기술훈장 웅비장(2010)

이승종(李勝鍾) LEE Seung-Jong

[생]1955 · 8 · 19 [출]서울 [주]서울 관악구 관악로1 서울대학교 행정대학원 행정학과(02-880-8546) [학]용산고졸 1979년 서울대 사범대 사회교육과졸 1983년 同행정대학원졸 1989년 정치학박사(미국 노스웨스턴대) [경]1978년 행정고시 합격(22회) 1979~1980년 행정사무관 시보 1980~1989년 경기도 교육위원회 지방행정사무관 1984년 예편(육군 중위) 1986~1988년 미국 Northwestern Univ. 교육조교 1988~1989년 Research Fellow Center for Urban Affairs Northwestern Univ. 1989~1994년 한국지방행정연구원 수석연구원 · 지방행정연구실장 1994~1997년 고려대 행정학과 교수 1997~2002년 서울대 사범대학 사회교육과 교수 1999년 한국정책학회 편집위원장 2001~2002년 미국 Univ. of Chicago 초빙교수 2002~2004년 성균관대 행정학과 교수 2004~2013년 서울대 행정대학원 교수 2005년 한국정책학회 편집위원장 2005년 한국지방정부학회 부회장 2006년 한국지방자치학회 편집위원장 2007년 한국행정학회 편집위원장 2012년 同회장 2013년 제18대 대통령직인수위원회 법질서 · 사회안전분과 인수위원 2013~2015년 한국지방행정연구원 원장 2013년 대통령소속 지방자치발전위원회 자치제도분과 위원장 2015~2016년 경찰청 새경찰추진자문위원회 위원장 2015년 서울대 행정대학원 행정학과 교수(현) 2015년 대통령소속 지방자치발전위원회 부위원장(현) [저]'새정부혁신의 전략과 과제(共)'(1991, 법문사) '한국의 지방자치와 지역개발(共)'(1993, 박문각) '지방자치의 발전전략(共)'(1994, 박문각) '한국형 지방자치의 청사진(共)'(1995, 길벗) '민주정치와 시민참여(共)'(1995, 삼영) '한국의 도전과 선택 : 21세기 국가경영론(共)'(1997, 나남출판) '한국시민사회의 전개와 공동체 시민의식(共)'(1997, 교육과학사) '21세기 지역주민의 삶의 질(共)'(1998, 집문당) '한국지방민주주의의 위기(共)'(2002, 나남출판) '한국의 지방분권(共)'(2003, 금정) '지방자치론 : 정치와 정책'(2003, 박영사) '한국민주시민교육론(共)'(2004, 엠 애드) '행정의 시차적 접근(共)'(2005, 박영사) '새 한국정부론(共)'(2006, 대영문화사) '새 정치문화는 정말로 존재하는가(共)'(2006, 성균관대 출판부)

이승준(李承俊) LEE Seung Joon (常靑)

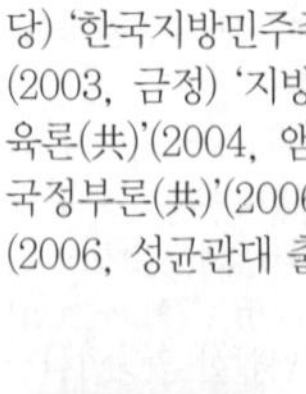

[생]1953 · 9 · 8 [본]전주(全州) [출]전남 여수 [주]대전 유성구 대학로99 충남대학교 선박해양공학과(042-821-6627) [학]1974년 서울대 조선공학과졸 1976년 同대학원 조선공학과졸 1985년 공학박사(미국 캘리포니아공과대) [경]1976~1979년 OCS 65차 해군사관학교 교수부 교관 1979~1981년 서울대 조교 1981~1985년 미국 캘리포니아공과대 연구조교 1985년 충남대 선박해양공학과 조교수 · 부교수 · 교수(현) 1988~1989년 호주 뉴사우스웨일즈대 객원연구원 1993년 미국 캘리포니아대 산타바바라교 · 중국 칭화대 객원연구원 1993년 충남대 선박해양공학과장 1995년 미국 캘리포니아공대 객원연구원 1996~1998년 대한조선학회 국제이사 1999년 일본 히로시마대 객원교수 2000년 미국 캘리포니아대 산타바바라교 객원연구원 2005년 중국 홍콩대 방문교수 2014년 일본 큐슈대 방문교수 [저]'역사로 배우는 유체역학(개정판)'(2009) '선박의 저항과 추진'(2009) '역사로 배우는 공학수학'(2010) '역사로 배우는 동역학(개정판)'(2011) '선박해양공학개론'(2011) '선

박해양유체역학'(2014) '공학도를 위한 응용수학'(2014) [역]'두 새로운 과학'(2014) [종]불교

이승준(李承俊) LEE Seung Joon

[생]1964·10·5 [출]서울 [주]강원 속초시 영랑호반길3 속초의료원 원장실(033-630-6000) [학]건국대사대부고졸 1996년 서울대 대학원졸 1999년 의학박사(서울대) [경]1999년 한림대 춘천성심병원 근무 2000년 일본 감염증연구소 연수, 강원대 의대 내과학교실 교수(현) 2007년 同의과대학장, 同의학전문대학원장 2008년 강원대병원 보건진료처장 2012년 강원도재활병원 병원장 2015년 속초의료원 원장(현)

이승준(李昇駿) LEE Sueng Joon

[생]1970·9·11 [본]전의(全義) [출]서울 [주]충북 청주시 흥덕구 2순환로1322 MBC충북 보도국 보도1부(043-229-7070) [학]1989년 동산고졸 1996년 경희대 국어국문학과졸 2002년 同언론정보대학원졸 [경]1999년 충주MBC 보도제작국 보도부 기자 2002~2004년 세명대 강의 2004년 충주MBC 취재팀장 2008년 同보도제작국 보도부 차장 2008년 同라디오제작부장 2010년 同보도제작국 보도부장 2013년 同경영사업국 전략사업부장 2014년 同보도제작국 보도부장 2015년 同보도제작국장 2016년 同보도부장 2016년 MBC충북 보도국 보도1부장(현)

이승진(李承晋) LEE Seung Jin

[생]1957·8·28 [본]전주(全州) [출]서울 [주]서울 서대문구 이화여대길52 이화여자대학교 약학과(02-3277-3043) [학]1976년 서울고졸 1980년 서울대 약학과졸 1982년 同대학원졸 1987년 약학박사(미국 유타대) [경]1997년 이화여대 약학과 교수(현) 2004년 한국의약전달시스템학회(KCRS) 회장 2006~2007년 이화여대 약학연구소장 2006년 한국생체재료학회 부회장·회장 2007년 대한약학회 부회장 2007년 한국조직공학재생의학회 부회장 2008년 한국약제학회 회장 2008년 제17대 대통령취임준비위원회 자문위원 2008년 유엔 환경계획 한국위원회(UNEP) 이사(현) 2008년 민주평통 상임위원·자문위원 2009년 보건복지부 R&D협의회 민간위원 2009년 충청광역경제권선도산업 지원단 이사 2009년 (사)꿈에품에 이사장(현), 한국줄기세포학회 부회장, 미국 Journal of Controlled Release 편집위원 2012년 한국생체재료학회 고문(현) 2014년 우리들제약(주) 사외이사(현) 2014년 정부 미래성장동력추진단 생체모사디바이스분야 단장(현) 2015~2016년 이화여대 임상보건과학대학원장 2015년 同약학대학장(현) 2015년 同PHC센터 소장 겸임(현) [상]한국과학기술단체총연합회 과학기술우수논문상(2005)

이승찬

[생]1959 [주]제주특별자치도 제주시 문연로6 제주도청 문화관광스포츠국(064-710-3300) [학]서귀포고졸 [경]1978년 공무원 임용 2009년 서귀포시 자치행정국 행정기획과장(지방행정사무관) 2010년 同대천동장 2014년 同주민생활지원국장(지방행정사무관) 2014년 同주민생활지원국장(지방서기관) 2014년 제주도 기획조정실 예산담당관 2016년 同관광국장 직대(현)

이승찬(李昇燦) LEE Seung Chan

[생]1976·11·27 [출]대전 [주]대전 서구 문정로48번길 48 계룡건설산업(주) 임원실(042-480-7217) [학]1995년 대전고졸 1999년 연세대 경제학과졸 [경]두산건설 근무 2002년 계룡건설산업(주) 이사 2004년 同관리본부 상무 2007년 同관리본부장(전무) 2010년 同총괄부사장 2014년 同공동대표이사 사장(현) [종]불교

이승창(李承昌) LEE Seung Chang

[생]1958·3·16 [본]경주(慶州) [출]서울 [주]경기 고양시 덕양구 항공대학로76 한국항공대학교 경영학과(02-300-0094) [학]1983년 연세대 경영학과졸 1985년 同대학원 경영학과졸 1989년 경영학박사(연세대) [경]1986년 연세대 부설 산업경영연구소 연구원 1987~1989년 한국전기통신공사 전임연구원 1989년 한국항공대 경영학과 교수(현) 1994년 미국 텍사스주립대 객원교수 2004~2007년 한국항공대 기획처장 2010년 한국유통학회 회장 2016년 한국프랜차이즈학회 회장(현)

이승천(李承天)

[생]1962·3·8 [출]경북 청도 [주]서울 영등포구 의사당대로1 국회의장 정무수석비서관실(02-788-2114) [학]1980년 대구 능인고졸 1985년 계명대 법학과졸 1990년 同대학원 법학과졸 1999년 同대학원 법학 박사과정 수료 [경]계명대 대학원 학생회장, (사)한국문화공동체 B.O.K 대표이사, 대구남부지역 새교육시민모임 공동대표 1997~2016년 대구미래대학 경찰행정과 교수 2008년 민주당 대구시당 위원장 1997년 한국법학회 부회장 2009년 (사)조국평화통일불교협회 이사 2010년 대구시장선거 출마(민주당) 2010년 대구미래대학 교무처장 2012년 민주통합당 대구동구乙지역위원회 위원장 2012년 제19대 국회의원선거 출마(대구 동구乙, 민주통합당) 2012~2013년 민주통합당 대구시당 위원장 2016년 더불어민주당 대구동구乙지역위원회 위원장 2016년 제20대 국회의원선거 출마(대구 동구乙, 더불어민주당) 2016년 국회의장 정무수석비서관(현)

이승철(李丞哲) LEE Sung Chul

[생]1955·9·18 [출]서울 [주]서울 성동구 왕십리로222 한양대학교 국제학대학원 미국학과(02-2220-1732) [학]경기고졸 1981년 한양대 정치학과졸 1985년 미국 캔자스대 대학원졸 1988년 정치학박사(미국 캔자스대) [경]1984년 미국 캔자스대 정치학과 강사 1985년 同사회과학대 연구원 1985년 미국 Univ. of Illinois(Urbana-Champaign) Research Fellow 1989~1997년 미국 Univ. of California(Irvine) 정치학과 교수 1990년 미국 서부정치학회 우수논문심사위원 1991년 미국 정치학회 연례학술대회 한국분과위원장 1995~1996년 미국 Association of Korean Political Studies in North America 총무이사 1995년 미국 Univ. of California(Irvine) 우수논문심사위원 1997년 한양대 국제학대학원 미국학과 교수(현), 同미국학과장(주임교수) 1999년 同아태지역연구센터 소장 2000년 同아태지역학대학원장 2003년 同국제학대학원장 2004년 同국제학부장 2008·2010~2012년 同국제학대학원장 겸 국제학부장 2015년 同경영부총장(현) [저]'한반도와 동북아 : 안정과 통합의 정치경제'(2003)

이승철(李承哲) LEE Seung Cheol

[생]1959·12·1 [출]부산 [주]서울 영등포구 여의대로24 전국경제인연합회 부속실(02-3771-0201) [학]1978년 경기고졸 1983년 고려대 경제학과졸 1985년 미국 오하이오주립대 대학원졸 1989년 경제학박사(미국 오하이오주립대) [경]1985~1989년 미국 오하이오주립대 강사 1989~1990년 고려대 강사 1990~1999년 한국경제연구원 연구위원·선임연구위원·연구조정실장 1997~1998년 미국 스탠퍼드대 후버연구소 객원연구원 1999년 전국경제인연합회 기획본부장 겸 지식경제센터 소장 2003년 同경제조사본부장(상무) 2003년 국민연금공단 이사(현) 2006~2007년 성균관대 학부대학 초빙교수 2007년 전국경제인연합회 전무 2008~2012년 한국규제학회이사 2008~2010년 한국소비자원 비상임이사 2013년 전국경제인연합회 상근부회장(현) 2013년 국제경영원(IMI) 원장(현) 2013년 중소기업협력센터 이사장(현) 2013년 한국경제연구원 대표이사(현) 2013년 대·중소기업협력재단 이사(현) 2013년 (사)나눔국민운동본부 공동대표(현) 2013년 한국문화산업교류재단 이사(현) 2013년 한국장애인재활협회 이사(현) 2013년 (주)기협기술금융 이사(현) 2013년 사회복지공동모금회 이사(현) 2013년 한국산업기술대 이사(현) 2014년 민관합동창조경제추진단 공동단장(현) 2014년 한국공학한림원 종합심의위원회 위원(현) 2015년 금융위원회 금융개혁회의 위원(현) 2015~2016년 한국학중앙연구원 비상임이사 [상]대통령표창(1992), 대한상공회의소 회장표창(2002) [저]'불공정거래행위의 경쟁정책' '규제완화의 방향과 과제' '한국의 가격규제'(共)(한국경제연구원) '민영화와 규제완화'(共) '정책적 규제비판'(共) '경제법령 이렇게 고치자'(共) '내부거래의 경제분석과 경쟁정책'(한국경제연구원) '서비스산업의 뉴라운드 대응전략'(한국경제연구원) '공정거래경제학'(한국경제연구원) '디지털경제학'(전국경제인연합회) '국내자동차산업의 수요구조분석과 경기전망' [종]기독교

이승철(李承哲) LEE Seung Cheol

[생]1962·10·13 [본]전의(全義) [주]경남 창원시 마산합포구 경남대학로7 경남대학교 식품생명학과(055-249-2684) [학]1984년 서울대 농화학과졸 1986년 한국과학기술원(KAIST) 생물공학과졸 1989년 생물공학박사(한국과학기술원) [경]1986~1989년 한국과학기술원(KAIST) 생물공학과 일반조교 1989~1992년 同유전공학연구소 연수연구원 1992~1993년 일본 도쿄대 응용미생물연구소·분자세포생물학연구소 특별연구원 1993년 경남대 공대 식품공학과 교수, 同식품생명학과 교수(현) 2002~2003년 미국 아이오와주립대 교환교수 2006~2007년 일본 나고야대 교환교수 2009~2010년 경남대 공동기기원장 2016년 同건강과학대학장(현) [상]한국과학기술단체총연합회 제17회 과

학기술우수논문상(2007), 한국식품영양과학회 학술상(2007) [저]'식품화학'(2005) '식품효소공학'(2006)

이승철(李承哲) LEE Seung Cheul

[생]1963·2·13 [출]부산 [주]세종특별자치시 갈매로477 기획재정부 공공정책국 공공혁신기획관실(044-215-5501) [학]1981년 부산동고졸 1985년 연세대 경제학과졸 1987년 서울대 대학원 행정학과졸 [경]2000년 기획예산처 과학환경예산과 서기관 2001년 同기획예산담당관실 서기관 2002년 경남도 파견 2003년 기획예산처 감사법무담당관 2004년 同산업정보예산과장 2005년 교육훈련 파견(영국 버밍엄대) 2006년 기획예산처 산업정보재정과장(서기관) 2007년 同산업정보재정과장(부이사관) 2008년 기획재정부 재정정책국 성과관리과장 2009년 同공공정책국 제도기획과장 2010년 同공공정책국 정책총괄과장 2011년 보건복지부 기획조정실 정책기획관 2013년 대통령 국정기획수석비서관실 기획비서관실 선임행정관 2015년 대통령 정책조정수석비서관실 기획비서관실 선임행정관 2015년 기획재정부 공공정책국 공공혁신기획관 기획관(현)

이승철(李承喆)

[생]1965 [출]경북 안동 [주]서울 서대문구 통일로97 경찰청 경비국(02-3150-1139) [학]1982년 안동고졸 1986년 경찰대 법학과졸(2기) [경]2004년 강원 평창경찰서장(총경) 2005년 강원 홍천경찰서장 2007년 서울 은평경찰서장 2009년 서울지방경찰청 경비부 경비1과장 2010년 경찰청 외사국 경무관 2011년 駐일본대사관 참사관 2014년 경찰청 사이버안전국장 2014년 제주지방경찰청장(치안감) 2015년 경찰청 경비국장(치안감)(현)

이승택(李承垞) LEE Seung Taek

[생]1964·9·9 [출]경북 예천 [주]경남 진주시 동진로99 창원지방법원 진주지원(055-760-3300) [학]1983년 동국대사대부고졸 1987년 연세대 법학과졸 1992년 同대학원 법학과졸 [경]1990년 사법시험 합격(32회) 1993년 사법연수원 수료(22기) 1993년 공군 법무관 1996년 서울지법 의정부지원 판사 1998년 인천지법 판사 1998년 서울지법 판사 2000년 전주지법 군산지원 판사 2003년 서울지법 남부지원 판사 2004년 서울고법 판사 2006년 대법원 재판연구관 2008년 청주지법 제천지원장 2010년 사법연수원 교수 2013년 서울행정법원 행정1부 부장판사 2016년 창원지법 진주지원장(현)

이승한(李承漢) LEE Seung Han

[생]1946·12·23 [출]경북 칠곡 [주]서울 강남구 테헤란로 322 한신인터밸리24빌딩 동관1417호 넥스트앤파트너스(02-559-6000) [학]1965년 계성고졸 1969년 영남대 경영학과졸 1998년 한양대 도시계획학과졸 2001년 同대학원 도시계획학박사과정 수료 2004년 도시공학박사(한양대) 2006년 명예 경영학박사(영남대) [경]1970년 제일모직 입사(삼성그룹 공채 11기) 1974년 삼성그룹 비서실 기획팀장·마케팅팀장 1976년 삼성물산 회계과장·감사실장 1978년 同런던지점장 1983년 同외환부장·해외영업부장 1986년 同해외사업본부 총괄임원 이사 1990년 同개발사업본부장(상무) 1993년 삼성그룹 SOC추진TF팀장(전무) 겸임 1994년 同회장비서실 신경영추진팀장(전무) 1996년 同회장비서실 보좌역(부사장) 1997년 삼성물산 유통부문 대표이사 1999~2008년 홈플러스 삼성테스코(주) 대표이사 사장 2002~2005년 ECR 아시아지역 공동의장 2003~2014년 한국체인스토어협회 회장 2003~2013년 대한상공회의소 유통위원회 위원장 2004년 한국능률협회 전략경영위원회 위원장 2004년 EAN(European Article Number)인터내셔널 부회장 2004년 세계표준화기구(GSI) 부회장 2004년 미국 하버드대 운영 상임이사 2005~2010년 SC제일은행 사외이사 2005년 대한국토도시계획학회 이사 2006년 서울시 100일창의서울추진본부 공동본부장 2007년 한국와튼최고경영자과정총동문회(Wharton CEO Alumni Association) 회장 2007년 창의서울포럼 대표 2008~2013년 홈플러스그룹 대표이사 회장 2008년 UNEP Korea 이사 2009년 서울사이버대 국제무역물류학과 석좌교수 2009~2010년 녹색성장위원회 위원 2009~2014년 홈플러스e파란재단 이사장 2010년 서울상공회의소 부회장 2010~2016년 유엔글로벌콤팩트(UNGC) 한국협회장 2010년 SC제일은행 특별고문 2011년 가족친화포럼 공동대표 2013년 유통산업연합회 공동회장 2013~2014년 홈플러스그룹 회장 2013년 미국 보스턴대 초빙교수 겸 초빙사업가(Entrepreneur in Residence) 2015년 넥스트앤파트너스(n&p) 회장(현) [상]서울시장표창, 품질경영 최고경영자상(2002), 한국능률협회 녹색경영대상 최고경영자상(2004), 금탑산업훈장(2004), 서울정책인대상(2007), 대한민국창조경영인상(2007), CEO서미트(Korea CEO Summit) 주관 2008 Korea CEO Summit 창조경영대상(2008), 한국능률협회 한국의 경영자상(2008), 대영제국 커맨더훈장(CBE·Commander of the Order of British Empire)(2008), 아시아·유럽미래학회 2009글로벌CEO대상(2009), 한국표준협회 2009한국서비스대상 최고경영자상(2009), 포브스코리아 경영품질대상 리더십부문(2009), 와튼KMA대상 사회공헌부문(2009), 국민훈장 동백장(2010), 올해의 자랑스러운 한국인대상 경영혁신부문(2010), 서울대총동창회 공로패(2011), 한국윤리경영대상 최고윤리경영인(2011), 한국전문경영인(CEO)학회 '한국을 빛내는 CEO Ⅲ'선정(2011), 국제라이온스협회 한국사자봉사대상(2012), 한국표준협회 최고경영자상(2012), 전문직여성한국연맹(BPW) BPW 골드 어워드(2013), 한국백혈병소아암협회 감사패(2013) 월드리테일콩그레스(WRC)아시아퍼시픽 평생업적상(2015) [저]'해외도시·건축 복합개발 사례'(1995) '세계중심국가가 되기 위한 방안'(1996) '월드베스트 인프라스트럭쳐'(1998) '창조바이러스 H2C'(2009, 랜덤하우스코리아) '청춘을 디자인하다(共)'(2012, 코리아닷컴) [종]기독교

이승한(李承翰) Seung Han Lee

[생]1952·8·22 [출]서울 [주]경기 용인시 기흥구 덕영대로1732 경희대학교 응용과학대학 응용화학과(031-201-2424) [학]1975년 서울대 화학과졸 1977년 한국과학기술원(KAIST) 화학과졸(석사) 1987년 화학박사(미국 프린스턴대) [경]1977~1982년 한국표준연구소 화학표준연구실 선임연구원 1977~1978년 미국표준연구소 객원연구원 1987~1989년 미국 Case Western Reserve Univ. 화학과 연구원 1989~1990년 미국 미시간대 화학과 연구원 1990년 경희대 응용과학대학 응용화학과 교수(현) 1999년 대한화학회 이사, 경희대 입학관리처장 2009~2010년 同국제캠퍼스 교무처장 2014~2016년 同국제캠퍼스 부총장

이승한(李昇翰) LEE Seung Han

[생]1958·1·27 [출]강원 삼척 [주]서울 영등포구 여의공원로101 국민일보 대외협력단(02-781-9114) [학]1977년 삼척고졸 1982년 강원대 관광경영학과졸 [경]1984~1987년 삼척MBC 보도국 기자 1999년 국민일보 종교부 차장대우 2000년 同종교1부장 직대 2002년 同종교부장 직대 2002년 同독자여론팀장(차장급) 2002년 同종교기획부장 직대 2005년 同종교부장 직대 2005년 同뉴미디어센터 미션팀장(부장) 2007년 同종교기획부 선임기자 2009년 同종교국 i미션라이프부장 2010년 同교계광고국장(부국장대우) 2011년 同종교국장 2015년 同종교국장(이사대우) 2016년 同대외협력단장(이사대우)(현)

이승한(李承翰) LEE Seung Han

[생]1969·3·17 [출]서울 [주]대전 서구 둔산중로78번길45 대전고등법원(042-470-1114) [학]1987년 성동고졸 1991년 서울대 법대졸 [경]1990년 사법시험 합격(32회) 1993년 사법연수원 수료(23기) 1993년 육군 법무관 1996년 서울지법 판사 1998년 서울행정법원 판사 2000년 춘천지법 속초지원 고성군법원 판사 2004년 법원행정처 송무심의관 2006년 同사법정책실 판사 2006년 서울고법 판사 2008년 광주지법 목포지원 부장판사 2009년 대법원 부장판사 2009년 同재판연구관 2011년 의정부지법 부장판사 2013년 서울행정법원 행정12부 부장판사 2016년 대전고법 부장판사(청주지법 소재지 근무)(현)

이승헌(李承憲) LEE Seung Heun (一指)

[생]1950·12·24 [출]충남 천안 [주]서울 강남구 압구정로32길11 글로벌사이버대학교 총장실(02-2016-3270) [학]1968년 천안고졸 1977년 단국대 체육교육과졸 1999년 명예 한의학박사(미국 사우스베일로한의대) [경]1985년 단월드(舊 단학선원) 설립·회장 1988년 (사)한문화원 설립·초대원장 1990년 한국뇌과학연구원(舊 한국인체과학연구원) 설립·원장(현) 1997년 미국 애리조나주 세도나 일지명상센터 설립 1998년 홍익운동연합(舊 한문화운동연합) 발족·총재 1999년 同명예총재 2000년 새천년평화재단(NMPF) 설립·총재 2000년 (사)한문화원 명예회장 2000년 BR Consulting Inc. 대표이사 2000년 세계한민족개천절기념사업회 창립·공동회장 2002년 세계지구인평화운동연합 회장 2002년 국학원 설립 2002년 미국 텍사스주 휴스턴시 친선대사 2003년 국제평화대학원대 설립·이사장 2005~2007년 同총장 2006년 (사)국제뇌교육협회 회장(현) 2007년 국제뇌교육종합대학원대 총장(현) 2007년 한·코스타리카 친선명예대사(현) 2009년 (사)국학원 부설 지구평화포럼 공동대표(현) 2010년 글로벌사이버대 총장(현) 2016년 국제뇌교육학회 초대 회장(현) [상]행정자치부장관표창, 서울언론문화상, 국방부장관표창, 미국 조지아주 애틀란타시 'Phoenix Award'수상(2002), 국민훈장 석류장(2002), 미국 캘리포니아주 LA시 'LA Award'수상(2003), 제주도지사 감사패(2010), 국제영화제 페스티벌 2013 골드어워드(2013), 미국 노틸러스 북어워드(Nautilus Book Awards) 개인성장·자기개발분야 은상(2014) [저]'단학 그 이론과 수련법' '신성을 밝히

는 길' '운기단법' '단학' '단학인' '상단전의 비밀' '수험생을 위한 단전호흡' '피는 꽃마다 아름답구나' '뇌호흡1·2' '나에게서 나에게로' '사람안에 율려가 있네' '뇌호흡1'(日文) '힐링소사이어티' '한국인에게 고함' '숨쉬는 평화학' '깨달음과 희망의 붉은 악마' '힐링차크라' '지구인의 꿈'(2004) '아이 안에 숨어있는 두뇌의 힘을 키워라'(2005) '휴먼테크놀로지'(2006) '한국인에게 고함-개정판'(2006) '뇌를 알면 행복이 보인다(共)'(2006) '걸음아 날 살려라 : 장생보법'(2007) '뇌를 알면 인생이 바뀐다'(2007) '뇌안의 위대한 혁명 BOS'(2007) '성공적인 노년을 위한 뇌교육(共)'(2008) '뇌파진동'(2008·2009) '변화 : 가장 위대한 나를 실현하는 삶의 연금술'(2013, 한문화)

이승헌(李勝憲) LEE Seung Hun

[생]1953·1·22 [출]서울 [주]서울 강남구 언주로211 강남세브란스병원 피부과(02-2019-3360) [학]1977년 연세대 의과대학졸 1980년 同대학원졸 1985년 의학박사(연세대) [경]1977~1982년 연세의료원 인턴·피부과 레지던트 1985~1988년 연세대 의과대학 피부과학교실 전임강사·조교수 1988~1992년 同원주의대 피부과학교실 조교수·부교수 1989~1990년 미국 캘리포니아대 샌프란시스코교 의과대학 피부과 연구원 1992~2001년 영동세브란스병원 피부과장 1992~1999년 연세대 의과대학 피부과학교실 부교수 1995~1999년 대한피부과학회 학술이사·수련고시이사·교육이사 1999~2002년 한국피부장벽학회 회장 1999년 연세대 의과대학 피부과학교실 교수(현) 2000~2006년 대한코스메틱피부과학회 이사장 2002~2007년 연세대 의과대학 피부과학교실 주임교수 2004~2007년 同피부생물학연구소장 2006~2008년 대한코스메틱피부과학회 회장 2007~2009년 영동세브란스병원 부원장·인체보호막연구소장 2007년 아시아피부장벽학회 회장(현) [저]'핵심피부과학'(1999) '여드름, 일차 진료의를 위한 약처방 가이드'(2000) '피부미학'(2002) '메디컬 스킨케어'(2009) '피부장벽학'(2010)

이승헌(李承憲) LEE Seung Heon

[생]1964·9·19 [출]서울 [주]서울 중구 남대문로39 한국은행 공보관실(02-759-4038) [학]1983년 경신고졸 1991년 서울대 경제학과졸 2001년 미국 에모리대 대학원 경영학과졸 [경]1991년 한국은행 입행 1991년 同자금부 근무 1994년 同전산정보부 근무 1996년 同자금부 근무 1998년 同정책기획부 근무 1998년 同기획부 근무 2001년 同금융시장국 근무 2002년 同전산정보국 근무 2005년 同정책기획국 근무 2006년 同금융통화위원회실 근무 2008년 同금융시장국 근무 2011년 IMF 이사실 파견 2013년 한국은행 국제국 근무 2016년 同공보관(현)

이승협(李承協)

[생]1968 [주]경기 과천시 통영로20 과천경찰서 서장실(02-2149-4321) [학]1991년 경찰대졸(7기), 미국 카네기멜론대 대학원졸 [경]1991년 경위 임용, 서울지방경찰청 기동단 2기동대장, 서울 중랑경찰서 정보보안과장 2011년 경찰청 정보국 정보4과 1계장 2014년 서울지방경찰청 치안지도관 2015년 경찰대 교수부 기획협력과장 2016년 경기 과천경찰서장(총경)(현)

이승형(李承衡)

[생]1967·8·20 [출]충남 예산 [주]경기 수원시 영통구 월드컵로120 수원지방법원(031-210-1114) [학]1985년 예산고졸 1989년 경찰대 법학과졸 [경]1989년 충남지방경찰청 전경대·기중대 소대장 1991년 서울 마포경찰서 파출소장·강력1반장 1995년 사법시험 합격(37회) 1998년 사법연수원 수료(27기) 1998년 수원지법 판사 2000년 서울지법 판사 2002년 광주지법 해남·장흥지원 판사 2003년 광주지법 판사 2005년 서울북부지법 판사 2007년 서울중앙지법 판사 2009년 서울고법 판사 2011년 서울동부지법 판사 2013년 청주지법 부장판사 2015년 수원지법 부장판사(현)

이승호(李承浩) LEE Seung Ho

[생]1954·5·11 [출]부산 [주]경남 진주시 소호로101 한국세라믹기술원 세라믹섬유복합재센터(055-792-2451) [학]1989년 부산대 무기재료공학과졸 [경]1991~1994년 경북지방공업기술원 시험검사과장 1994~1996년 미국 클락슨대 재료공정센터 콜로이드화학연구실 박사후과정 수료 1997년 요업기술원 분체공정실 연구원 1999년 同뉴세라믹부 책임연구원 2004년 同감사실장 2006년 同나노소재응용본부장(수석연구원) 2009년 한국세라믹기술원 복합재료팀장(수석연구원) 2009년 同그린세라믹본부 에코복합소재센터장 2012년 同에너지환경소재본부 에코복합소재센터 수석연구원 2014년 同에너지환경소재본부 에코복합소재팀 수석연구원, 同세라믹섬유복합재센터 전문연구위원(현)

이승호(李承湖) LEE Seung Ho

[생]1956·3·6 [출]경북 청도 [주]서울 강남구 테헤란로 518 섬유센터12층 법무법인(유) 율촌(02-528-5129) [학]1974년 대구농림고졸 1986년 영남대 경제학과졸 1991년 경북대 경영대학원 경영학과졸, 경영학박사(건국대) [경]1978년 7급 공채 합격, 포항세무서 직세과장, 경산세무서 직세과장, 대구지방국세청 소득세과장, 구미세무서장 2006년 서울지방국세청 조사1국 3과장 2006년 同총무과장 2007년 국세청 법인납세국 원천세과장 2009년 同조사국 조사1과장 2010년 부산지방국세청 조사1국장(부이사관) 2011년 중부지방국세청 조사3국장(고위공무원) 2011년 서울지방국세청 조사4국장 2013년 부산지방국세청장 2014~2016년 세무법인 택스세대 공동회장 2014년 조세일보 고문(현) 2014년 건국대 경영대학 겸임교수(현) 2016년 법무법인(유) 율촌 고문(현) 2016년 현대모비스 사외이사(현)

이승호(李勝鎬) LEE Seung Ho

[생]1958·8·20 [출]울산 [주]세종특별자치시 도움6로11 국토교통부 교통물류실(044-201-3800) [학]1977년 경북고졸 1984년 한국외국어대 영어과졸 1990년 경북대 행정대학원 수료 1993년 미국 오리건대 대학원 도시계획과졸 [경]1987년 대구시 관광지도계장 1988년 同고시계장 1989년 同지하철기획단 기획담당 1991년 同지하철건설본부 관리과장 1993년 同건설주택국 주택행정계장 1995년 同비서실장, 同교통기획계장 1996년 同중소기업과장 1998년 同경제정책과장 2000년 同기획관 2003년 同교통국장, 同문화체육국장 2004년 국무총리국무조정실 복지정책과장 2005년 同사회총괄과장 2007년 건설교통부 광역교통기획관 2008년 국토해양부 철도정책관 2011년 서울지방항공청장(고위공무원) 2011년 대전지방국토관리청장 2012년 국토해양부 교통정책실 도로정책관 2014년 국토교통부 중앙토지수용위원회 상임위원 2015년 同교통물류실장(현)

이승호(李承頀) LEE Seungho

[생]1958·10·26 [본]경주(慶州) [출]강원 춘천 [주]대전 유성구 유성대로1646 한남대학교 화학과(042-629-8822) [학]1976년 경성고졸 1980년 연세대 화학과졸 1982년 同대학원 화학과졸 1988년 이학박사(미국 유타대) [경]1988~1989년 미국 유타대 화학과 Post-doctoral Associate 1989~1996년 미국 3M중앙연구소 고분자분석그룹 Research Specialist 1996년 한남대 화학과 조교수·부교수·교수(현) 2000·2007년 대한화학회 분석분과 간사 2001년 同대전충남지부 간사 2008~2009·2013년 한남대 대외협력처장(현) 2008~2010년 한국분석과학회 부회장 2009~2010년 미국 Cleveland Clinic 방문교수 2010년 한국분석과학회 편집위원회 위원장 2011년 중소기업협력재단 민관공동투자기술개발사업 기술협력단위원(현) 2013년 한남대 화학과 BK21사업팀장(현) 2017년 한국분석과학회 차기수석부회장 2018년 同차기회장 [상]Stouffer Chemical Co. Scholastic Award(1985), 대한화학회 학술상, 한국분석과학회 학술상(2014) [종]기독교

이승호(李勝鎬) LEE Seung-Ho

[생]1960·8·15 [출]서울 [주]서울 서초구 명달로88 축산회관4층 (사)한국낙농육우협회(02-588-7055) [학]1979년 리라공고졸 2003년 한경대 최고경영자과정 수료 [경]1999년 서울우유 여주군낙우회장 2001년 여주축산업협동조합 이사 2002년 서울우유 여주군 축산계장 2002년 한국낙농육우협회 청년분과위원장 2004~2013년 同회장 2008년 축산관련단체협의회 회장 2010년 한나라당 구제역대책특별위원회 위원 2013년 농업협동조합중앙회 사외이사(현) 2016년 (사)한국낙농육우협회 회장(현)

이승호(李丞鎬) LEE Seung Ho

[생]1964·4·28 [출]경남 창원 [주]서울 중구 퇴계로100 스테이트타워남산8층 법무법인 세종(02-316-4027) [학]1983년 부산남고졸 1987년 서울대 법대 사법학과졸 [경]1986년 사법시험 합격(28회) 1989년 사법연수원 수료(18기) 1989년 軍법무관 1992년 부산지법 울산지원 판사 1996년 서울지법 의정부지원 판사 1997년 同의정부지원 고양시법원 판사 1998년 인천지법 부천지원 판사 1999년 서울지법 판사 1999년 일본 동경대 객원연구원 2001년 서울고법 판사 2002년 대법원 재판연구관 2004년 창원지법 부장판사 2006년 부산지법 부장판사 2008년 서울남부지법 부장판사 2010~2011년 서울중앙지법 부장판사 2011년 법무법인 세종 파트너변호사(현)

이승훈(李承勳) LEE Seung Hoon

(생)1945·3·6 (본)광주(廣州) (출)대구 (주)대구 동구 첨단로120 한국가스공사 사장실(053-670-0001) (학)1963년 경기고졸 1970년 서울대 전자공학과졸 1972년 미국 노스웨스턴대 대학원졸 1976년 경제학박사(미국 노스웨스턴대) (경)1977~1988년 서울대 경제학과 조교수·부교수 1985~1987년 同사회과학대학장보 1988~2010년 同경제학부 교수 1997년 산업자원부 전력산업구조개편추진위원장 1997~1999년 서울대 경제학부장 1999년 산업자원부 민영화연구기획팀장 2000년 한국산업조직학회 회장 2000년 한국계량경제학회 회장 2000~2002년 서울대 사회과학연구원장 2001~2004년 전기위원회 위원장 2007~2009년 한국선진화정책학회 회장 2009년 한국경제신문 TESAT위원회 위원장 2010년 서울대 명예교수(현) 2010년 국가미래연구원 산업·무역·경영분야 발기인 2010년 (사)전력산업연구회 이사장 2010년 (사)나라발전연구회 이사장 2012~2014년 안민정책포럼 이사장 2014~2015년 대통령직속 녹색성장위원회 민간위원장 2015년 한국가스공사 대표이사 사장(현) 2016년 해외자원개발협회 회장(현) (상)한국경제신문사 다산경제학상(2008) (저)'사회과학과 수학'(共) '미시경제학' '통계학 강의' '경제학 입문'(1995) '세계화시대의 정보통신산업(共)'(1999) '재벌체제와 다국적 기업(2006) '시장발전과 경제개발'(2010, 서울대 출판문화원) '이승훈 교수의 경제학 멘토링'(2012, 터치아트)

이승훈(李勝勳) LEE Seung Hoon

(생)1950·12·14 (본)전주(州) (출)부산 (주)서울 강남구 압구정로18길25 한국산업행빌딩 (주)UPS(02-567-8229) (학)남성고졸 1974년 고려대 법학과졸 2009년 건국대 대학원 CEO최고위과정 수료 2011년 서울대 행정대학원 국가정책과정 수료 (경)1979~2007년 롯데쇼핑 입사·신규사업부문장(상무) 2007~2008년 同신규사업부문장(전무) 2008년 롯데상사(주) 롯데스카이힐CC 대표이사 2011년 同롯데스카이힐 제주·김해·성주CC 대표이사 부사장 2013~2014년 시티세븐풀만앰배서더호텔 부회장 2013~2014년 (주)도시와사람 고문 겸임 2014년 롯데상사(주) 롯데스카이힐CC 고문 2014~2015년 (주)동훈그룹 부사장 2015년 (주)UPS 대표이사(현) (상)스포츠조선 경영혁신대상(2009), 한국골프장경영협회 감사패(2009), KLPGA 감사패(2009), KPGA 감사패(2009), ROTC중앙회 감사패(2009), 김천시골프협회 감사패(2009), 경남도품질분임조경진대회 도지사표창(2010), 골프장부문 국가품질분임조경진대회 대통령상 금상(2010), 경남도골프협회 감사패(2010), 한국경제고객감동경영대상(2011), 서울대 행정대학원 공로패(2011), 경남도품질분임조경진대회 도지사·광주시장표창(2011), 한국표준협회 국가품질분임조경진대회 대통령상 은상·동상(2011), 자랑스런 서울대 국가정책인 대상(2011), 한국경제 고객감동 경영대상(2012), 경남·경북·충남 품질분임조경진대회 도지사표창(2012) (종)기독교

이승훈(李承勳) LEE Seung Hoon

(생)1951·10·2 (출)서울 (주)서울 서대문구 충정로23 풍산빌딩14층 리인터내셔널법률사무소 임원실(02-2262-6017) (학)1970년 서울 중앙고졸 1974년 서울대 건축학과졸 1975년 同환경대학원 도시계획과 수료 1977년 미국 컬럼비아대 도시계획학과 수료 1979년 同대학원 국제정치경제학과 수료 1985년 법학박사(미국 조지타운대) (경)1985년 리인터내셔널법률사무소 변호사·상임고문(현) 1988년 (주)인피니트 회장(현) 2002년 디지털타임즈 사외이사(현) 2003년 한국USO이사회(USO Council Korea) 이사 2004년 미국 조지타운대한국총동창회 회장 2004년 한국스카우트연맹 이사 2005년 한국유스호스텔연맹 총재 2006년 (주)풍산 사외이사(현) 2007년 한국펄벅재단 이사(현)

이승훈(李承勳) LEE Sung Hun

(생)1955·1·10 (출)충북 청원 (주)충북 청주시 상당구 상당로155 청주시청 시장실(043-201-1000) (학)1974년 서울고졸 1978년 서울대 인류학과졸 1980년 同행정대학원졸 1987년 미국 메릴랜드대 대학원 공공정책학과졸 (경)1977년 행정고시 합격(21회) 1979년 원호처 수용교육과 사무관 1979~1990년 상공부 기획관리실·산업정책관실·무역조사관실·총무과 사무관 1990년 同구주통상과장 1991년 駐미국 상무관 1995년 대통령 기획조정비서관실 행정관 1998년 대통령 민정비서실 행정관 1999년 산업자원부 총무과장 2000년 同공보관 2000년 미국 하버드대 케네디스쿨부설 국제개발센터 객원연구원 2002년 산업자원부 감사관 2003년 同무역정책심의관 2004년 同무역유통심의관 2004년 同국제협력투자심의관 2004년 同자본재산업국장 2005년 중소기업청 차장 2006년 산업자원부 무역투자정책본부장 2007~2008년 대통령 산업정책비서관 2008~2010년 충북도 정무부지사 2012년 제19대 국회의원선거 출마(청원, 새누리당) 2012년 새누리당 청원당원협의회 위원장 2012년 同대표 특별보좌역 2012년 한국소기업·소상공인연합회 정책자문위원

2013년 새누리당 재해대책위원회 위원 2014년 충북 청주시장(새누리당)(현) 2014년 통합청주시체육회·장애인체육회·생활체육회 초대회장(현) 2016년 전국시장·군수·구청장협의회 부회장(현) (상)근정포장(1989), 홍조근정훈장(1998) (저)'특명, 청원의 경제를 살려라'(2011, 블루프린트) (종)기독교

이승훈(李承勳) LEE SEUNG-HOON

(생)1955·2·13 (출)서울 (주)대전 서구 둔산서로95 을지대병원 신경외과(042-259-1000) (학)1980년 서울대 의대졸 1983년 同대학원 의학석사 1993년 의학박사(서울대) (경)1980~1985년 서울대병원 인턴·레지던트 1983~1986년 육군 군의관 1988~2000년 원자력병원 신경외과장 1993년 일본 국립암센터 생물물리부 Research Fellow 1997년 원자력병원 연구부 세포생물학연구실장 1999년 同연구부장 2000~2015년 국립암센터 특수암센터 전문의 2001년 同책임연구원 겸 뇌척수암연구과장 2001~2004년 同특수암연구부장 2002~2004년 同부속병원 진료지원센터장 2002~2004년 同교육훈련부장 2003~2004년 同부속병원 부원장 2004~2006년 同부속병원장 2007~2008년 同연구소 이행성임상제2연구부장 2008~2011·2013~2014년 同연구소장 2008~2014년 同암정복추진기획단장 2009~2011년 보건의료기술정책심의위원회 전문위원 2009~2010년 항암제개발B&D사업추진기획단 단장 2009~2011년 건강보험심사평가원 암질환심의위원장 2010~2011년 국가과학기술위원회 사회기반기술전문위원회 위원 2011~2013년 대한신경종양학회 회장 2011년 국립암센터 대외협력실장(수석연구원) 2014~2015년 국제암대학원대 시스템종양생물학과 겸임교수 2014~2015년 국립암센터 특수암연구과장 2014년 한국원자력의학원 비상임이사(현) 2015~2016년 대한암학회 회장, 同자문위원(현) 2015~2016년 을지대병원 의무원장 2016년 을지대 의과대학장(현) (상)대한신경외과학회 학술상(2002), 대한뇌종양학회 학술상(2002·2006), 국민훈장 동백장(2012), 로슈학술상(2012) (저)'신경종양학'(1998) (종)기독교

이승훈(李昇勳) YI Sung Hoon

(생)1960·2·20 (출)전남 나주 (주)전남 영암군 삼호읍 녹색로1113 세한대학교 총장실(061-469-1101) (학)1983년 서울대 경영학과졸 1988년 미국 미시간대 경영대학원졸(MBA), 서강대 대학원 자본시장전공 박사과정 수료, 의료경영학박사(전주대) (경)학술연구지원사업 학술연구심사평가위원회 위원, 전남지방경찰청 치안자문위원회 위원, 한국경제연구학회 이사, 공명선거실천시민운동협의회 전남협의장, (사)한중교류협회 한중지도자포럼 사무총장, (사)4월회 자문위원 2010~2012년 대불대 총장 2012년 세한대 총장(현) 2014년 (사)4월회 부회장 2015년 同공동의장(현) (상)교육부장관표창(1995), (사)21C한중교류협회 공로표창(2005), 목포시장공로표창(2005), 한국유네스코협회연맹회장 감사표창(2005)

이승훈(李承薰) LEE Seung Hoon

(생)1960·8·12 (출)서울 (주)대전 유성구 과학로169의84 한국항공우주연구원 위성연구본부 위성탑재체연구단(042-860-2114) (학)1983년 서강대 물리학과졸 1985년 同대학원 물리학과졸 1994년 물리학박사(서강대) (경)1984·1994년 서강대 기초과학연구소 연구원 1988~1995년 충남대·서강대·호서대 시간강사 1994년 한국원자력연구소 Post-Doc. 1995년 한국항공우주연구원 선임연구원·책임연구원 1995~1999년 아리랑위성1호 전자광학카메라(EOC) 미국기술이전 1996~1997년 미국 TRW사 파견 2000~2006년 아리랑위성2호 고해상도카메라(MSC) 이스라엘과 공동개발 2002~2004년 이스라엘 ELOP사 파견 2005년 한국항공우주연구원 위성광학기술팀장 2006~2012년 아리랑위성3호 고성능카메라(AEISS) 책임개발 2011년 한국항공우주연구원 위성탑재체실장 2015년 同위성연구본부 위성탑재체연구단장(현) (상)과학기술부장관표창(2000), 대통령표창(2007), 국민포장(2013) (종)기독교

이승훈(李承勳) Lee Seung Hoon

(생)1961·6·24 (출)충북 충주 (주)대전 서구 둔산중로78번길45 대전고등법원(042-470-1114) (학)1979년 청주고졸 1984년 서울대 법학과졸 (경)1985년 사법시험 합격(27회) 1988년 사법연수원 수료(17기) 1988년 공군 법무관 1991년 서울지법 동부지원 판사 1993년 서울민사지법 판사 1995년 청주지법 영동지원 판사 1997년 대전고법 판사 2000년 대전지법 공주지원장 2001년 同판사 2003년 同논산지원장 2005년 同부장판사 2008년 同천안지원장 2010년 대전지법 부장판사 2010년 언론중재위원회 대전중재부장 2011년 대전지법 수석부장판사 2013년 대전고법 수석부장판사 2013년 충남도 선거관리위원장(현) 2016년 대전고법 부장판사(현)

이승훈(李承薰) YI, Seunghoon

[생]1966·1·23 [본]고성(固城) [출]대구 [주]서울 강남구 남부순환로2748 EBS 정책기획본부(02-526-2000) [학]1984년 경북고졸 1989년 서울대 인류학과졸 1991년 同대학원 인류학과졸 [경]1994년 한국교육방송공사(EBS) 입사 1995년 同'시네마천국' 연출(PD) 2000년 同외주제작팀 근무 2003년 同정책기획센터 정책팀 차장 2007년 同콘텐츠사업본부 뉴미디어팀장 2010년 同학교교육본부 영어교육부장 2012년 同교육방송연구소 국제컨퍼런스 사무국장 2013년 同대외협력국장 2016년 同정책기획본부장(현) [상]교육부장관표창(2012) [저]'PD가 말하는 PD'(共) [작]EBS '시네마천국' 등 200여 편 연출(1995~2000)

이승훈(李承勳) Lee Seung Hoon

[생]1988·3·6 [출]강원 평창 [주]서울 강서구 하늘길260 대한항공 스포츠단 사무국(02-2656-5937) [학]신목고졸 2011년 한국체육대졸 [경]2004년 학생종별쇼트트랙선수권대회 남자 고등부 1500m 준우승 2004년 제21회 전국남녀쇼트트랙스피드스케이팅대회 남자 고등부 1000m 우승 2005년 세계쇼트트랙선수권대회 1500m 3위 2006년 아시아쇼트트랙선수권대회 1500m 우승 2006년 세계주니어쇼트트랙선수권대회 1500m 우승 2007년 이탈리아 토리노동계유니버시아드 쇼트트랙 1500m 3위 2007년 국제빙상경기연맹(ISU) 쇼트트랙 월드컵1차대회 5000m 계주 금메달 2008년 국제빙상경기연맹(ISU) 쇼트트랙세계선수권대회 5000m 계주 금메달 2008년 강릉쇼트트랙세계선수권대회 3000m 금메달 2009년 제24회 중국 하얼빈동계유니버시아드대회 쇼트트랙 1000m 금메달·쇼트트랙 1500m 금메달·쇼트트랙 3000m 금메달 2010년 밴쿠버동계올림픽 스피드스케이팅 남자 10000m 금메달·스피드스케이팅 5000m 은메달 2010년 2010투르드코리아 홍보대사 2010년 2018평창동계올림픽유치위원회 선수위원 2011년 대한항공 소속(현) 2011년 동계아시안게임 스피드스케이팅 5000m 금메달·매스스타트 금메달·스피드스케이팅 10000m 금메달·스피드 팀추월 은메달 2011년 국제빙상경기연맹(ISU) 스피드스케이팅 5000m 은메달 2011년 제7회 아스타나-알마티 동계아시안게임 스피드스케이팅 국가대표 2011년 KB금융 스피드스케이팅 챔피언십 1500m·5000m 금메달 2012년 국제빙상경기연맹(ISU) 세계스피드스케이팅올라운드선수권대회 아시아지역 예선 겸 아시아선수권대회 종합우승(1500m·5000m·10000m 우승, 500m 준우승) 2012년 제53회 전국남녀스피드스케이팅선수권대회 5000m·10000m 금메달 2013년 국제빙상경기연맹(ISU) 스피드스케이팅 종목별세계선수권대회 '팀추월 종목' 은메달 2013년 제94회 전국동계체육대회 1500m·10000m 금메달 2013년 KB금융 제48회 전국남녀종목별스피드스케이팅선수권대회 5000m 금메달(6분31초21-국내신기록) 2013년 국제빙상경기연맹(ISU) 스피드스케이팅 월드컵1차대회 5000m 디비전A 레이스 동메달(6분07초04-한국신기록) 2014년 소치 동계올림픽 스피드스케이팅 팀추월종목 은메달 2014년 전국동계체육대회 5000m 우승 2014년 국제빙상경기연맹(ISU) 스피드스케이팅 월드컵1차대회 매스스타트 금메달·월드컵2차대회 매스스타트 동메달·월드컵3차대회 금메달·월드컵4차대회 은메달 2015년 국제빙상경기연맹(ISU) 스피드스케이팅 월드컵5차대회 매스스타트 금메달(7분50초52) 및 종합 우승 2015년 전국동계체육대회 5000m 우승 2015년 2018평창동계올림픽 및 동계패럴림픽 홍보대사(현) 2016년 국제빙상경기연맹(ISU) 스피드스케이팅 세계선수권(러시아 콜롬나)대회 남자 매스스타트 금메달 [상]코카콜라체육대상 최우수선수상(MVP)(2010), 대한민국 대표브랜드대상 특별상(2010), 대한민국체육상 경기상(2010)

이승휘(李承輝) LEE Sung Hwi

[생]1950·2·4 [본]전주(全州) [출]부산 [주]전북 군산시 외항로522 (주)세아베스틸 부회장실(063-460-8114) [학]1973년 서울대 공과대학 금속공학과졸 [경]1989년 (주)부산파이프 SUS사업본부장·서울공장담당 이사·S/S강관사업본부장·서울공장합리화추진본부장 1995년 同상무이사 1995년 세아그룹 기획실장(상무) 1996~1999년 세아특수강 대표이사 전무·세아제강 전무 1999년 세아특수강 대표이사 부사장 2001년 (주)세아홀딩스 대표이사 2002~2010년 (주)세아특수강 대표이사 사장 2003년 기아특수강 대표이사 사장 2003년 (주)세아베스틸 대표이사 사장 2010년 同대표이사 부회장(현) 2015년 세아창원특수강(주) 각자대표이사 부회장(현) [상]한국능률협회 대한민국 기업이미지대상 최우수상(2003), 한국능률협회 한국경영대상 가치경영부문 최우수상(2004), 은탑산업훈장(2009) [종]기독교

이승희(李勝熙) LEE Seung Hee

[생]1965·12·2 [출]서울 [주]경기 성남시 분당구 판교역로220 쏠리드스페이스 (주)쏠리드(031-627-6100) [학]1987년 고려대 전자공학과졸 1992년 전자공학박사(미국 Northwestern대) [경]1993~1998년 삼성종합기술원 선임연구원 1998년 (주)쏠리테크 연구소장(상무이사) 2004년 同사업총괄 부사장 2009년 同각자대표이사 2012년 (주)쏠리드 사업담당 각자대표이사(현)

이승희(李升熙) Seung Hee Lee

[생]1967·1·24 [출]전북 김제 [주]전북 전주시 덕진구 백제대로567 전북대학교 공과대학 고분자·나노공학과(063-270-2343) [학]1989년 전북대 물리학과졸 1991년 미국 Kent State Univ. 대학원 물리학과졸 1994년 물리학박사(미국 Kent State Univ.) [경]1989~1994년 미국 Kent State Univ. 물리학과 실험 및 연구조교 1995~1998년 현대전자 LCD사업부 선임연구원 1999~2001년 하이닉스반도체 LCD사업부 책임연구원 2001~2010년 전북대 공과대학 고분자·나노공학과 조교수·부교수 2007년 미국 Univ. of Central Florida 교환교수 2008년 세계정보디스플레이학회(SID) Fellow(현) 2010년 전북대 공과대학 고분자·나노공학과 교수(현) 2010년 同BIN융합공학과 교수 겸임(현) [상]한국전기전자재료학회 충헌 논문상(2005), 한국물리학회 포스터부분 우수발표상(2007), 전북대 우수연구교수 최고상 학술대상(2007), 세계정보디스플레이학회 특별공로상(2012), 잔 라크만상(2016)

이시구(李時求) LEE Si Koo

[생]1950·4·14 [본]한산(韓山) [출]대전 [주]충남 천안시 서북구 쌍용대로213 동성건설(주) 비서실(041-570-7401) [학]1967년 대전고졸 1972년 한양대 토목공학과졸 1985년 한남대 대학원 도시계획학과졸 1996년 고려대 최고정보대학원 고위관리자과정 수료 [경]1978~1984년 계룡건설(주) 입사·감사 1984~1986년 동성콘크리트공업(주) 사장 1986~1994년 계룡건설산업(주) 전무·부사장 1995~2007년 同대표이사 사장 1997년 대전체육회 이사 1997년 한국보이스카웃 대전연맹 부위원장 1998년 제2의건국범국민추진위원회 위원 2001년 한국주택협회 이사 2002~2012년 대한건설협회 간사·대전광역시회장 2002년 대전지검 범죄예방위원회 운영위원 2003년 대한토목학회 대전충남지회장 2008~2014년 계룡건설산업(주) 대표이사 회장, 대전육상경기연맹 회장, 대전·충남경영자총협회 고문(현) 2009년 대전문화재단 이사 2010년 한국주택협회 부회장 2012년 대한건설협회 대전시회 대의원 2014년 동성건설(주) 회장(현) [상]산업포장, 한남대 자랑스런동문인상(2008) [종]불교

이시영(李時榮) LEE See Young

[생]1937·1·31 [본]전주(全州) [출]서울 [주]경기 성남시 분당구 정자일로1 코오롱트리폴리스A동2807호 시니어선교한국(070-7656-4080) [학]경기고졸 1959년 서울대 문리대학 정치학과졸 1965년 스위스 제네바대 국제대학원 연수 2003년 명예 교육학박사(필리핀 국립누에바에시아대) [경]1961년 외무부 입부 1967년 駐유엔대표부 3등서기관 1972년 외무부 국제연합과장 1976년 駐유엔대표부 참사관 1980년 외무부 국제기구국장 1981년 同국제기구조약국장 1983년 駐유엔 공사 겸 駐미국 공사 1985년 駐세네갈·駐감비아·駐기니비사우 대사 겸임 1987년 미국 하버드대 국제문제연구소 국제연구원 1988년 외무부 아·태담당 대사 1991년 同외교정책기획실장 1991년 서울APEC각료회의 사무총장 1992~1994년 駐오스트리아 대사 겸 駐비엔나국제기구대표부 대사 1993년 77그룹 의장 1994년 유엔 마약위원회 의장 1995년 외무부 차관 1996년 駐프랑스 대사 1998년 駐유엔대표부 대사 2000년 서울대 국제지역원 초빙교수 2002~2003년 전주대 총장 2003년 세계유엔협회(WFUNA) 집행위원 2004년 서울대 국제대학원 초빙교수 2004년 COME선교회 국제이사장 2004년 유네스코 국제문화진흥기금(IFPC) 실행이사 2008년 한동대 국제어문학부 석좌교수 2010년 한국위기관리재단 이사장 2011년 시니어선교한국 대표(현) 2014년 한국위기관리재단 고문(현) [상]홍조근정훈장, 녹조근정훈장, 프랑스 국가공로훈장, 오스트리아 국가공로훈장, 세네갈 국가공로훈장, 한국피스메이커 피스메이커상(2014) [종]기독교

이시영(李時英) Lee Si Young

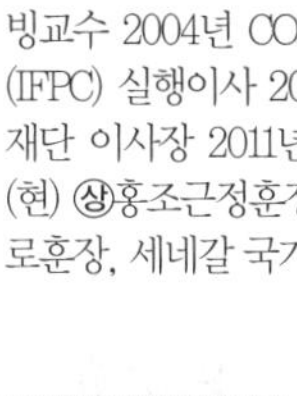

[생]1949·8·6 [본]전주(全州) [출]전남 구례 [주]충남 천안시 동남구 단대로119 단국대학교 천안캠퍼스 예술대학 문예창작과(041-550-3770) [학]서라벌예대 문예창작과졸, 고려대 대학원 국문과 수학 [경]1969년 중앙일보 신춘문예에 시조 '수'당선 1969년 월간문학에 '채탄 및 어휘'로 시인 등단 1980~2003년 창작과비평사 편집장·주간·대표이사 부사장 2000년 민족문학작가

회의 부이사장 2005년 한국문화예술위원회 문학위원회 위원장 2006년 단국대 예술대학 문예창작과 초빙교수(현) 2010년 同부설 국제문예창작센터장(현) 2012~2016년 (사)한국작가회의 이사장 [상]정지용문학상(1996), 동서문학상(1998), 현대불교문학상(2004), 지훈문학상(2004), 백석문학상(2004), 대한민국문화예술상(2007), 박재삼문학상(2012), 만해문학상(2012) [저]시집 '만월' '바람속으로' '길은 멀다 친구여' '이슬 맺힌 노래' '무늬' '사이' '조용한 푸른하늘' '은빛 호각' '바다호수' '아르갈의 향기' '우리의 죽은 자들을 위해' '경찰은 그들을 사람으로 보지 않았다' '호야네 말'(2014, 창비) 시선집 '긴 노래, 짧은 시'(2009, 창비) [역]영역시집 'Patterns' 독역시집 'Dazwischen'

이시우(李時雨) RHEE Shi Woo

[생]1952·2·25 [본]연안(延安) [출]대전 [주]서울 용산구 청파로47길100 숙명여자대학교 과학관111호(02-2077-7351) [학]1970년 서울고졸 1974년 서울대 공과대학 화학공학과졸 1976년 한국과학기술원(KAIST) 화학공학과졸(석사) 1984년 공학박사(미국 MIT) [경]1976~1979년 한국과학기술연구원(KIST) 연구원 1984년 미국 매사추세츠공과대 재료공학과 연구원 1986년 포항공과대 화학공학과 교수, 同명예교수(현) 1995년 同교무부처장 1997~1998년 同연구처장 2001~2002년 한국화학공학회 재료부문위원장 2002년 포항공과대 시스템온칩공정기술연구소장 2012년 한화케미칼(주) 사외이사(현) 2013년 한국공학한림원 정회원(현) 2015년 숙명여대 공대 화공생명공학부 교수(현) 2015년 同공대설립추진사업단 부단장 2016년 同공과대학장 [상]화학공학회 형당교육상(2008), 화학공학회 석명우수화공인상(2010) [저]'CVD핸드북'(1993, 반도출판사) '재료과학과 공학'(2010, 교보문고) '소자재료공정개론'(2014, 카오스북)

이시우(李時佑) LEE See Woo

[본]경주(慶州) [출]서울 [주]서울 노원구 화랑로621 서울여자대학교 행정학과(02-970-5573) [학]1978년 서울고졸 1982년 연세대 법학과졸 1984년 同대학원졸 1988년 同대학원 법학박사과정 수료 1993년 법학박사(독일 튀빙겐대) [경]1986년 배재대 법학과 강사 1987~1995년 연세대 법학과 강사·법학연구소 연구원·상명여대 강사 1995년 서울여대 행정학과 조교수·부교수·교수(현) 2001년 同입학관리처장 2003~2004년 미국 휴스턴대 로스쿨 고등교육법연구소 방문교수 2006~2008년 서울여대 교무처장 2007~2008년 대한교육법학회 회장 2009년 同고문(현) 2012~2013년 한국공법학회 부회장 2012년 한국헌법학회 상임이사(현) [저]'주요국의 학교분쟁 해결제도 비교연구'(2002) '교원단체 교섭제도 효율화 방안연구'(2004)

이시원(李時源) SI-WON LEE (曉山)

[생]1945·4·7 [본]성주(星州) [출]대구 [주]서울 강남구 봉은사로103길5 성재빌딩2층(주)부천 비서실(02-2189-7504) [학]1963년 계성고졸 1967년 영남대 상과대 상학과졸 1975년 연세대 경영대학원 최고경영자과정(5기) 수료 1996년 서울대 최고경영자과정(41기) 수료 2008년 同최고지도자인문학과정(3기) 수료 [경]1967~1975년 남선물산(주) 근무 1975년 (주)부천 회장(현) 2000년 삼원산업(주) 대표이사(현) 2000~2003년 한성대 예술대학원 겸임교수·외래교수 2004~2005년 在京영남대총동창회 회장 2004~2009년 대·중소기업협력재단(정부출연재단) 이사 2005~2006년 경편직물수출협의회 회장 2006~2008년 학교법인 영남학원(영남대) 재단이사 2009년 同재단감사 2009년 在京계성중·고총동창회 회장 2009~2015년 세이브더칠드런코리아 재단이사 2012~2013년 학교법인 영남학원(영남대) 재단이사 2016년 同이사(현) [상]중부지방국세청장표창(1992), 이달의 자랑스런 중소기업인(1995), 수출의날 국무총리표창(1999), 연세대 연세경영자상(2000), 대한민국 섬유소재품질대상(2004), 섬유의날 은탑산업훈장(2005), 자랑스러운 영남대인상(2009), 납세자의날 지식경제부장관표창(2012) [종]원불교

이시원(李시원) LEE Shi Won

[생]1972·4·3 [출]경북 성주 [주]충북 진천군 덕산면 교연로780 법무연수원 기획과(043-531-1570) [학]1991년 영동고졸 1996년 서울대 공법학과졸 [경]1996년 사법시험 합격(38회) 1999년 사법연수원 수료(28기) 1999년 軍법무관 2002년 서울지검 검사 2004년 수원지검 성남지청 검사 2006년 제주지검 검사 2009년 법무부 검찰과 검사 2011년 서울중앙지검 부부장검사 2013년 춘천지검 영월지청장 2014년 서울남부지검 형사6부장 2014년 대구고검 검사 2016년 법무연수원 기획과장(현)

이시윤(李時潤) LEE She Yoon (松泉)

[생]1935·10·10 [본]단양(丹陽) [출]서울 [주]서울 강남구 테헤란로317 동훈타워 법무법인 대륙아주(02-563-2900) [학]1954년 서울고졸 1958년 서울대 법학과졸 1960년 同법과대학원졸 1976년 법학박사(서울대) [경]1958년 고등고시 사법과 합격(10회) 1962년 서울지법 판사 1964~1970년 서울대 법대 조교수 1970년 서울고법 판사 1974년 대법원 재판연구관 1975년 사법연수원 교수 1977~1981년 서울민사지법·서울형사지법 부장판사 1981년 광주고법 부장판사 1982년 서울고법 부장판사 1986년 중앙노동위원장 직대 1987년 춘천지법원장 1988년 수원지법원장 1988~1993년 헌법재판소 재판관, 同공직자윤리위원회 부위원장, 국제인권법학회 부회장 1993~1997년 감사원 원장 1994~1998년 한국민사소송법학회 회장 1998년 명지대 석좌교수 1998년 한국민사법학회 회장 1998년 한국통신·국민은행 법률고문 1999~2005년 법무부 민법개정특별위원회 위원장 1999년 법무법인 CHL 고문변호사 1999~2001년 경희대 법대 교수 2000년 同법과대학장 겸 법학부장 2000년 러시아 극동대 명예교수 2001년 경희대 국제법률대학원장 2002~2006년 同법대 객원교수 2002년 감우회(감사원퇴직자모임) 회장 2003년 법무법인 대륙아주 고문변호사(현), 고려대 강사(현), 서울시립대 겸임교수 2014년 법무부 민사소송법특별개정위원회 위원장(현) [상]자랑스러운 서울고인상(1996), 청조근정훈장(1998), 한국법률문화상(2000), 자랑스러운 서울법대인(2010), 대한민국법률대상(2012), 천고(天古)법치문화상(2016) [저]'소송물에 관한 연구'(1977) '민사소송법' '주석 민사소송법(共)'(1992) '강제집행법(共)'(1992) '판례 소법전'(2000) '신민사소송법'(2002) '신민사집행법'(2004)

이시자(李詩慈·女) LEE Si Ja

[생]1961·2·11 [주]인천 연수구 아카데미로119 인천대학교 사범대학 유아교육과(032-835-8663) [학]1985년 한국외국어대 독일어교육과졸 1990년 미국 Georgia대 대학원 유아교육과졸 1994년 교육학박사(미국 Georgia대) [경]1991년 미국 Georgia대 연구원 1994년 인천전문대 유아교육과 조교수·부교수 1997년 미국 Maryland대 교환교수 1999년 고양시 보육위원 2003년 인천학연구원 연구위원 2004~2010년 인천전문대 유아교육과 교수 2010년 인천대 사범대학 유아교육과 교수(현) 2016년 同사범대학장 겸 교육대학원장(현) [저]'아동발달'(2007, 정민사)

이시재(李時載) LEE See Jae

[생]1948·1·18 [출]서울 [주]서울 구로구 연동로320 성공회대학교 NGO대학원(02-2610-4718) [학]1971년 서울대 사회학과졸 1977년 일본 도쿄대 대학원 사회학과졸 1982년 사회학박사(일본 도쿄대) [경]1982~1995년 성심여대 교수 1995~1997년 가톨릭대 사회학과 교수 1996~1997년 시민환경연구소 소장 1997년 환경사회정책연구소 이사·환경운동연합 위원장 1997~2012년 가톨릭대 사회과학부 사회학전공 교수 2000~2004년 한국환경사회학회 회장 2001년 가톨릭대 사회과학부장 2006년 국제사회학회 환경사회학연구분과 집행위원 2007~2009년 문화재위원회 문화재경관심의분과 위원 2008년 환경운동연합 특별대책회의 의장 2009~2015년 同공동대표 2012년 가톨릭대 사회과학부 사회학전공 강사, 同명예교수(현) 2012년 성공회대 NGO대학원 초빙교수(현) 2013년 국무총리자문 시민사회발전위원회 위원 [상]근정포장(2013) [종]기독교

이시종(李始鍾) LEE Si Jong

[생]1947·4·18 [본]전의(全義) [출]충북 충주 [주]충북 청주시 상당구 상당로82 충청북도청 도지사실(043-220-2001) [학]1966년 청주고졸 1971년 서울대 정치학과졸 [경]1971년 행정고시 합격(10회) 1971년 충북도 내무국 근무 1975년 내무부 법무담당 1981년 강원도 기획담당관 1981년 영월군수 1984년 내무부 행정관리담당관 1985년 대통령비서실 근무 1987년 충남도 기획관리실장 1989년 충주시장 1991년 부산시 재무국장 1992년 충북도 기획관리실장 1992년 국무총리행정조정실 사정기획심의관 1993년 내무부 공보관 1994년 同지방기획국장 1994년 同지방자치기획단장 1995~1998년 충주시장(민자당·신한국당·한나라당) 1998년 충주시장(무소속·한나라당) 2002~2003년 충주시장(한나라당) 2004년 제17대 국회의원(충주, 열린우리당·대통합민주신당·통합민주당) 2004년 열린우리당 원내부대표 2006~2007년 同정책위부의장 2007년 同교육연수위원장 2008~2010년 제18대 국회의원(충주, 통합민주당·민주당) 2008~2010년 민주당 충북도당 위원장 2008년 同당무위원 2008년 한국무술총연합회 회장(현) 2008년 국회 예산결산특별위원회 민주당 간사 2008년 국회 지방자치연구포럼 대표의원 2010년 충북도지사(민주당·민주통합당·민주당·새정치민주연합) 2011년 전국시·도지사협

의회 부회장 2012~2014년 지역균형발전협의체 공동회장 2013년 2014오송국제바이오엑스포조직위원회 위원장 2014년 충북도지사(새정치민주연합·더불어민주당)(현) 2014~2015년 전국시·도지사협의회 회장 2016년 청주세계무예마스터십 공동조직위원장(현) 2016년 '2017제천국제한방바이오산업엑스포' 조직위원회 공동위원장(현) ❀홍조근정훈장

이시진(李時溱) LEE Si Jin

❀1956·11·30 ❀대구 ㈜경기 수원시 영통구 광교산로154의42 경기대학교 환경에너지시스템공학과(031-249-9731) ❀1975년 경북대사대부고졸 1980년 영남대 토목공학과졸 1983년 미국 맨하탄대 대학원 환경공학과졸 1987년 환경공학박사(미국 아이오와주립대) ❀1980~1981년 대구 경상공고 토목과 교수 1981~1983년 미국 맨하탄대 연구조교 1984년 미국 아이오와주립대 Dept. of Civil & Environmental Engineering 연구조교 1987~1989년 同연구원 1989~1998년 경기대 환경공학과 조교수·부교수 1992~1997년 同환경문제연구소장 1994~2001년 한강유역환경관리청 한강수질보전자문위원 1994~1995년 미국 아이오와주립대 교환교수 1995~2001년 월간 '공해대책' 편집위원 1995~2001년 환경부 먹는샘물자문회의 위원 1996~1997년 수원시 2095발전기획단 연구위원 1996~2001년 국방부 특별건설기술심의위원 1997~2001년 환경부 중앙환경보전자문위원회 폐기물처리분과위원 1997~2001년 국립환경연구원 수질분과위원 1998~2008년 경기대 토목환경공학부 환경공학전공 교수 2001년 환경부 상하수도민영화자문위원회 위원장 2008~2011년 대한환경공학회 부회장 2008~2013·2016년 경기대 환경에너지시스템공학과 교수(현) 2013~2016년 한국환경공단 이사장 ❀'수질모형과 관리'(1993) '상하수도공학' '수질모델링' '유해폐기물처리' '상하수도계획'(1997) '환경모델링'(1999) ❀천주교

이시창(李時暢) LEE Si Chang

❀1962·9·1 ❀서울 ㈜서울 금천구 가산디지털2로61 국도화학㈜ 임원실(02-3282-1400) ❀1981년 성남고졸 1987년 숭실대 회계학과졸 ❀국도화학 무역부장, 同경영기획부장, 同경영기획이사, 국도정밀화학㈜ 이사, 국도화학㈜ 상무이사 2008년 同사업본부장(전무이사) 2011년 同대표이사(현)

이시형(李時炯) LEE Si Hyung (曉泉)

❀1934·4·30 ❀경주(慶州) ❀대구 ㈜서울 서초구 서초중앙로8길61의10 세로토닌문화원(02-583-0770) ❀1959년 경북대 의대졸 1968년 미국 예일대 정신의학과 수료 1971년 의학박사(경북대) ❀1964~1965년 미국 톨레도대 멀시병원 인턴 1966~1968년 미국 예일대 정신과 박사 후 연구원(P.D.F) 1968년 미국 이스턴주립병원 청소년과장 1970~1975년 경북대 의대 정신과 주임교수 1976~2000년 강북삼성병원 정신과장·정신과 부장 1976~2000년 서울대 의대 외래교수 1989년 대한신경정신의학회 정회원 및 학회장 1990년 대한정신의학연구재단 이사장 1991~1994년 강북삼성병원 병원장 1996~1999년 성균관대 의대 교수 1996~2005년 삼성생명공익재단 삼성사회정신건강연구소장 1997년 대한청소년정신의학회 회장 1999년 동남신경정신과 전문의 2002년 한국정신의학연구재단 이사장 2005년 한국자연의학종합연구원 원장(현) 2005년 힐리언스 선마을 촌장(현) 2007년 생명보험사회공헌재단 이사장(현) 2009년 제천국제한방바이오엑스포조직위원회 위원 2009~2010년 (사)전주세계소리축제조직위원회 고문 2009~2010년 국방부 정책자문위원회 인사복지분과위원 2009~2010년 강원동해안권경제자유구역지정 자문위원 2009~2010년 전국글로벌의료관광협회 고문 2009년 (사)세로토닌문화원 원장(현) 2009~2014년 (사)한국산림치유포럼 회장 2009년 서울사이버대 석좌교수(현) 2011년 여성가족부 청소년특별회의추진위원회 위원장(현) 2011년 차움 명예원장(현) 2012년 인성교육범국민실천연합 고문(현) 2012년 한국보육진흥원 아이누리 자문단(현) 2013년 헬스조선시니어 자문위원단(현) 2014~2016년 대경대 석좌교수 2016년 원광디지털대 석좌교수(현), 미국 정신의학회 정회원, 동아세아 문화정신의학회 회장 ❀대한신경정신학회 벽봉학술상(1995), 환태평양정신의학회 학술논문상(1999), 신경정신의학회 환인정신의학상(2002), 국민훈장 모란장(2011), 도전한국인운동본부 '2014년 빛낸 도전한국인'(2015) ❀'배짱으로 삽시다'(1982, 집현전) '자신있게 사는 여성'(1983, 집현전) '대인공포증의 치료'(1985, 집현전) '멋진 인생'(1988, 언어문화사) '크게 멀리 보고 키워야 됩니다'(1991, 집현전) '여성 20대'(1994, 집현전) '아담을 아느냐'(2001, 이다) '세상 바꿔보기'(2001, 중앙M&B) '이시형이 만난 프로이트'(2002, 중앙M&B) '어떻게 지킨 조국인데'(2002, 풀잎) '우뇌가 희망이다'(2005, 풀잎) '에이징파워'(2007, 리더스북) '내안에 해피니스폴더가 있다'(2007, 청어출판사) '공부하는 독종이 살아남는다'(2009, 중앙북스) '세로토닌하라'(2010, 중앙북스) '행복한 독종'(2010,

리더스북) '창조의 심장 "우뇌"'(2010, 풀잎) '위로'(2010, 생각속의집) '세로토닌하라!3·3·3 혁신플래너'(2010, 중앙북스) '걸어가듯 달려가라'(2011, 중앙북스) '품격'(2011, 중앙북스) '세로토닌 건강·문화이야기'(2012, (사)세로토닌문화) '이시형처럼 살아라'(2012, 비타북스) '이젠, 다르게 살아야 한다'(2013, 자음과모음) '아이의 자기조절력'(2013, 지식채널) '뇌력혁명'(2013, 북클라우드) '인생내공'(2014, 위즈덤하우스) '여든 소년 산이 되다'(2014, 이지북) '엄마, 그렇게 키워선 안됩니다'(2014, 풀잎) '아빠, 그렇게 키워선 안됩니다'(2014, 풀잎) '둔하게 삽시다'(2015, 한경) '인생 참 맛있다'(2015, 풀잎) '의사가 권하고 건축가가 짓다'(2015, 한빛라이프) '세로토닌의 힘'(2016, 이지북) ❀'환자와의 대화'빅터 프랭클著 '죽음의 수용소에서'

이시형(李是衡) Lee Sihyung

❀1957·3·27 ❀경북 의성 ㈜서울 서초구 남부순환로2558 외교센터10층 한국국제교류재단 이사장실(02-2046-8501) ❀1975년 경북고졸 1979년 서울대 외교학과졸 1981년 同대학원 수료 1992년 미국 육군성 Defense Language Institute 연수(러시아어) ❀1980년 외무고시 합격(14회) 1980년 외무부 입부 1985년 駐샌프란시스코 영사 1988년 외무부 통상1과 근무 1990년 미국 국방언어연구소 연수 1993년 駐제네바대표부 1등서기관 1996년 駐캄보디아 대표부 참사관 1997년 외무부 정보화기획담당관 1998년 외교통상부 통상정책전문팀장 1999년 同WTO담당팀장 1999년 同세계무역기구과장 1999년 駐미국 참사관 2002년 駐스웨덴 참사관 2003년 외교통상부 외무인사기획담당관 2005년 同APEC정상회담지원대사 2005년 재정경제부 경제협력국장 2006년 외교통상부 동북아경제협력지원대사 2006~2009년 駐폴란드 대사 2010년 대통령직속 G20정상회의준비위원회 행사기획단장 2011년 외교통상부 통상교섭조정관 2011년 同G20 대사 2013~2015년 駐OECD대표부 대사 2013년 OECD 감사위원회(Audit Committee) 의장 2016년 경기도 국제관계대사 2016년 한국국제교류재단(KF) 이사장(현) ❀홍조근정훈장(2011)

이신기(李信基) Lee shin kee

❀1956·7·12 ㈜서울 영등포구 은행로3 신한아이타스㈜ 임원실(02-2180-0401) ❀1976년 용산고졸 1982년 영남대 무역학과졸 ❀1982년 신한은행 입행 1991년 同인력개발실 대리 1993년 同임원부속실 과장 1996년 同동경지점 차장 1999년 同홍보실장 2003년 同서교동지점장 2005년 同동경지점장 2009년 同대구경북영업본부장 2011년 同부행장보(전무) 2013~2015년 신한금융지주회사 부사장 2013년 제주은행 기타 비상무이사 2016년 신한은행 고문 2016년 신한아이타스㈜ 대표이사 사장(현)

이신동(李信東) Lee Shin Dong

❀1957·8·15 ❀경북 의성 ㈜충남 아산시 순천향로22 순천향대학교 특수교육과(041-530-1150) ❀1986년 고려대 사범대학 교육학과졸 1988년 同대학원 교육학과졸 1992년 교육학박사(고려대) ❀1991~1995년 고려대 교육학과 강사 1993~1995년 홍익대 교육학과 강사 1993~1995년 감리교신학대 기독교교육과 강사 1994년 상명여대 교육학과 강사 1995~1996년 미국 스탠퍼드대 교육연구소 연구원 1995~2003년 한국교육심리학회 이사 1996~1999년 순천향대 교육심리학전공 조교수 2001~2003년 국제영재교육학회 부회장 2002년 순천향대 교육과학부 교육심리학전공 부교수 2007년 同특수교육과 교수(현), 同교육과학부장, 한국창의력교육학회 편집이사, 한국특수교육학회 이사, A+중앙교육 자문교수, 아이큰숲 교육연구소장, 미국 퍼듀대 영재교육연구소(GERI) 연구교수, 한국영재교육학회 부회장 2010~2012년 同회장 2011년 순천향대 SCH특수아동교육연구소장(현) 2011년 同특수교육과 학과장 2013년 同교직과정부장 2013년 同영재교육원장(현) 2014년 同교육대학원장 겸 중등교육연수원장(현) ❀'학습전략과 교육'(共)(2001) '학습부진아의 이해와 교육'(2001) '유아영재교육의 이해'(共)(2002) '행복한 영재가 진짜 영재'(2008) '영재교육의 주요 이슈와 실제'(共)(2009) '최신영재교육학개론'(共)(2009, 학지사)

이신두(李信斗) Sin-Doo Lee

❀1957·2·27 ❀벽진(碧珍) ❀경북 칠곡 ㈜서울 관악구 관악로1 서울대학교 공과대학 전기·정보공학부(02-880-1823) ❀1980년 서울대 물리학과졸 1982년 同대학원 물리학과졸 1988년 물리학박사(미국 브랜다이스대) ❀1988년 미국 Brandeis대 물리학과 연구원 1988~1990년 미국 벨통신연구소 연구원 1991~1992년 미국 Optron System㈜ 전자광학실 수석연구원·전자광학실장 1992~1997년 서강대 물리학과 조교수·부교수 1994~1999년 상공부·통상산업부·산업자원부 기술기획평가단 위원 1997~2001년 서울대 전기·컴퓨터공학부 부교수 2000~2001년 한국과학기술평가원(KISTEP)

정보전자분야 전문위원 2001년 서울대 공과대학 전기·정보공학부 교수(현) 2002~2004년 同디스플레이연구센터장 2004~2006년 국무총리 정책평가위원회 위원 2005~2008년 서울대 산학협력재단 기술경영평가본부장 2008년 국제액정학회 대회장 2008년 한국정보디스플레이학회 편집위원장 겸 부회장 2008~2009년 한국정책학회 국정과제평가단 위원 2009~2015년 개인정보분쟁조정위원회 위원 2010~2011년 방송통신위원회 기술자문위원 2013년 미래창조과학부 정책평가위원장(현) 2014년 한국정보디스플레이학회 수석부회장 2015년 同회장 2015년 미국 광학회(Optical Society of America) 석학회원(현) 2016년 한국지식재산전략원 비상임이사(현) 2016년 국가과학기술심의회 전문기관효율화특별위원회 위원장(현) [상]Outstanding Intellectuals of the 21st Century(2002, International Biographical Centre), Most Influential Scientist of the Decade(2002, American Biographical Institute), 제1회 Merck 디스플레이기술대상(2004), 제16회 과학기술우수논문상(2006), 지식경제부장관표창(2009), 교육과학기술부장관표창 정보디스플레이기초원천기술부문대상(2011), 과학기술훈장 혁신장(2014), 대한민국학술원상 자연과학응용부문(2014), 미국정보디스플레이학회 공로상(2016), 한국디스플레이산업협회·한국정보디스플레이학회 공동 특별공로상(2016) [저]'Liquid Crystallinity in Polymers : Principles and Fundamental Properties, Chap.9'(1991) 'Spatial Light Modulator Technology : Materials, Devices, and Applications, Chap.2'(1995) '디스플레이공학I'(2000) '디스플레이공학I(LCD)'(2005) [역]'액정'(1994) [종]천주교

이신모(李信模) LEE Sin Mo

[생]1957·4·1 [출]경남 마산 [주]서울 성북구 화랑로13길 60 동덕여자대학교 사회대학 국제경영학과(02-940-4443) [학]경남대 경영학과졸, 서울대 경영대학원졸, 경영학박사(경희대) [경]경남대 부설 극동문제연구소 상임연구원, 경희대 대학원 강사, 서울시립대 대학원 강사, 한국생산성학회 사무국장, 동덕여대 무역학과 교수, 同경영경제학부 국제경영전공 교수, 同사회대학 국제경영학과 교수(현) 2010년 同산업연구원장 2012~2013년 한국창업학회 회장 2014~2015년 동덕여대 교무처장 2016년 同사회과학대학장(현)

이신범(李信範) LEE Shin Bom

[생]1949·11·28 [본]함평(咸平) [출]충남 예산 [주]서울 강남구 남부순환로3183 한국LPG산업협회 회장실(02-3411-5111) [학]1967년 용산고졸 1988년 서울대 법학과졸 [경]1970년 학생신문 '자유의종' 발행인 1979년 민주청년협의회 상임위의장 1983년 미국 국제정책개발연구소 선임연구위원 1988년 통일민주당 정책실장 1993년 환경관리공단 이사 1995년 신한국당 부대변인 1996년 제15대 국회의원(서울 강서구乙, 신한국당·한나라당) 1996년 국회 통일외교통상위원회 간사 겸 예결위원 1997년 한나라당 원내부총무 1998년 同정책위원회 외교통상위원장 2000년 同서울강서乙지구당 위원장 2001년 미국 캘리포니아주립대 객원연구원 2002년 한나라당 이회창 대통령후보 정책특보(대외협력·정무) 2003년 同대표특보 2004~2006년 미주교포언론 기명칼럼기고 2007년 선진한국신문 수석논설위원 2007년 제17대 대통령예비후보 이명박선거사무소 미디어홍보위원회 부위원장 2007년 한나라당 중앙선거대책위원회 직능정책본부 기획위원장 2011년 (재)성균관 이사 2012년 국민생각 최고위원 2013년 (사)공정사회실천연대 이사장(현) 2015년 한국LPG산업협회 회장(현) [저]'한국의 환경'(1996) '광야의 끝에서'(1999) '대통령 아들인데 그 정도 살면 어때'(2002) '서울법대학생운동사-정의의 함성(共)'(2008) [역]'존루이스'(1979) '와일드 그래스'(2005) [작]'해외의 민주화운동'(1987) [종]기독교

이신우(李信雨) Lee sinu

[생]1953·6·1 [출]서울 [주]서울 서대문구 통일로81 임광빌딩 서울경제신문 논설위원실(02-724-8620) [학]1980년 고려대 교육학과졸 1985년 일본 도쿄대 대학원 역사학과 연수 [경]1980년 서울경제신문 국제부 기자 1988년 국민일보 국제부 기자 1990년 중앙일보 국제경제부 기자 1999년 문화일보 동경특파원 2000년 同국제부장 2002년 同논설위원 2014년 서울경제신문 논설위원실장(현) [상]대한언론상(2006)

이신자(李信子·女) LEE Shin Ja (芝鄕)

[생]1931·9·3 [본]안성(安城) [출]경북 울진 [주]서울 도봉구 삼양로144길33 덕성여자대학교 실내디자인학과(02-901-8428) [학]1950년 서울여상졸 1955년 서울대 미술대학 응용미술학과졸 1974년 홍익대 산업미술대학원 응용미술학과졸 [경]개인전 12회 1956~1959년 국전 공예부 특선(4회) 및 문교부장관상 운영위원 1959~1981년 국전 초대작가·심사위원(공예위원장) 1960~1994년 서울대 농과대학 강사 1962년 서울시 문화위원 1964~1997년 덕성여대 응용미술학과 강사·조교수·부교수·교수 1966~1991년 대한민국산업디자인전 초대작가·집행위원·심사위원 1971~1982년 덕성여대 박물관장 1977~1979년 국전 운영위원 1979년 MBC 광고대상전 심사위원 1980년 한국디자인학회 부회장 1981년 문화공보부 정책자문위원 1982~1992년 제주미술대전 초대출품 및 심사위원장 1984년 한국섬유미술비엔날레 부회장 1984~2006년 대한민국공예대전 운영위원 및 운영위원장 1987년 한울회 회장 1988~1992년 한국섬유미술가회 회장 1988~1996년 대한민국공예대전 심사위원장 1988~1989·1992년 덕성여대 예술대학장 1990~1994년 서울섬유미술제 출품운영위원장 1992~2000년 국립현대미술관 작품구입심의위원·운영자문위원 1993년 부일미술대전 심사위원(부산) 1996년 일본 현대공예전 초대출품(일본 동경) 1997년 한국현대공예 15인전 출품(미국 피츠버그 미술관, 노턴알리조나 미술관)·동아공예대전 심사위원 1997년 대한민국예술원 회원(공예·현) 1997년 덕성여대 명예교수(현) 1999~2005년 청주국제공예비엔날레 심사위원 및 초대작가 2000년 서울대 새천년전 기획출품 2002년 Busan International Fiber Fashion Art Festival 출품 2003년 이신자 섬유작업50주년기념전(제9회 개인전)·한국국제교류재단 '2003 자연의 숨결전'에 초대출품(러시아 상트페테르부르그)·크로싱2003 : KOREA/HAWAII 초대출품(Honolulu Academy of Art) 2004년 대구 TEXTILE ART DOCUMENTA 초대 2005년 대한민국예술원 미술분과 회장 2006년 청주공예비엔날레 대표작가전 초대출품·현대미술관 미술은행 작품구입추천위원 2006년 대한민국공예대전 운영위원장 2007년 단원미술제 운영위원 2007년 공예100인 초대전 2008~2010년 대한민국예술원 미술전 2008년 아시아 현대섬유미술의 위상전(대한민국예술원 기획초대) 2008년 5TH FROM LAUSANNE TO BEIJING INTERNATIONAL FIBER ART BIENNALE 심사위원장 2011~2013년 우덕문화원·갤러리우덕 관장 2011~2013년 대한민국예술원 부회장 [상]문교부장관표창(1956·1958), 서울시 문화상(1965), 문화포상, 국무총리표창(1970), 대한민국문화예술상(1995), 국민포장(1997), 은관문화훈장(1999), 대한민국예술원상(2002) [역]'TEXTILE DYEING'(1998) [작]'기구'(1985) '원의대화' '여명'(1987) '山의 정기'(1988) '태초'(1988) '사랑의 리듬' '희망'(1990) '한강 서울의 맥'(1990~1993) '氣I, 氣II'(2008) [종]천주교

이신재(李信宰) LEE Sin Jae

[생]1951·10·22 [출]전북 전주 [주]서울 강남구 도산대로 541 세신빌딩3층 동서건설(주) 대표이사실(02-2156-5600) [학]1970년 전주고졸 1974년 전북대 건축공학과졸 1995년 한양대 대학원 건축공학과졸 [경]2003년 대상(주) 건설사업본부장(상무), 동서산업(주) 영업총괄 전무, 동서산업건설(주) 대표이사 상무 2008년 동서건설(주) 대표이사 상무 2009년 同대표이사 전무(현)

이신혜(李信惠·女) LEE Shin Hye

[생]1978·10·30 [출]강원 양구 [주]서울 중구 덕수궁길15 서울특별시의회(02-3783-1681) [학]서초고졸, 한국외국어대 불어과졸, 한동대 국제법률대학원졸 [경]미국 변호사(현), IHCF 사내변호사협회 정회원 2006~2009년 (주)넥슨 법무팀 사내변호사 2009~2014년 (주)한독 법무실 사내변호사(차장) 2014~2015년 새정치민주연합 전국청년위원회 공동부위원장 2014년 서울시의회 의원(비례대표, 새정치민주연합·더불어민주당)(현) 2014~2015년 同새정치민주연합 원내대표단 민생부대표 2014~2015년 同의회개혁특별위원회 위원 2014~2015년 同예산결산특별위원회 위원 2014~2016년 同보건복지위원회 위원 2015~2016년 同조례정비특별위원회 위원 2015년 同메르스확산방지대책특별위원회 위원 2015년 새정치민주연합 서울시당 청년위원회 자문위원 2015년 同전국청년위원회 운영위원 2015년 同전국청년위원회 대변인 겸 중앙당 부대변인(현) 2015년 서울시의회 청년발전특별위원회 부위원장(현) 2016년 同기획경제위원회 위원(현)

이신화(李信和·女) Lee Shin-Wha

[생]1965·9·22 [출]서울 [주]서울 성북구 안암로145 고려대학교 정치외교학과(02-3290-2194) [학]1988년 이화여대 영어영문학과졸 1990년 미국 메릴랜드대 대학원 국제정치학과졸 1994년 국제정치학박사(미국 메릴랜드대) [경]1994~1997년 미국 하버드대 국제관계연구원 1997~1999년 고려대 국제대학원 연구조교수 1999~2003년 프랑스 유네스코본부 UNESCO Chair on Democracy Human Rights and Peace 조정관 1999~2000년 미국 유엔본부 르완다독립조사위원회 특별자문관 2000~2001년 동아시아비전그룹 의장자문관 2000년 고려대 일민국제관계연구원 연구위원·연구실장 2003~2005년 합동참모본부 전략자문위원 2003년 싱가포르 난양대 국제국방전략연구원(IDSS) 단기초빙교수 2003~2004년 국가안전보장회의 위기

관리센터 자문교수 2003~2007년 통일부 전략총괄과 자문위원 2003년 고려대 정치외교학과 부교수 2004년 미국 프린스턴대 동아시아학과 단기초빙교수 2005년 고려대 정책대학원 국제관계학 주임교수 2005년 동북아시대위원회 위원 2006년 외교통상부 자문교수 2006년 고려대 정치외교학과장 2008년 同정치외교학과 교수(현) 2009~2011년 국방부 정부업무평가 자체평가위원회 주요정책분과위원 2011년 고려대 글로벌리더십센터장 겸 사회봉사단 기획운영실장 2012년 同국제처장 函'Environment Matters : Conflicts, Refugees & International Relations'(2001) '동북아 다자안보협력 현황과 군사적 방안모색'(2004)

이신희(李信姬 · 女)

쌩1958 粲서울 㕇서울 영등포구 경인로778 구로세무서(02-2630-7201) 쀍영등포여상졸, 덕성여대 국어국문학과졸, 건국대 행정대학원 세무행정학과졸 㷀1977년 마포세무서 조사과 초임발령(9급 공채) 1996년 서초세무서 법인세과 근무 2002년 종로세무서 세원관리2과 근무 2006년 서울지방국세청 세원관리국 개인납세2과 근무 2008년 인천세무서 소득세과장(사무관) 2011년 서울지방국세청 운영지원과 행정계장 2013년 同운영지원과 서기관 2014년 同조사3국 조사2과 조사2팀장 2014년 김천세무서장 2015년 구로세무서장(현) 卹근정포장(2012)

이 심(李 沁) LEE SIM (心川)

쌩1939 · 11 · 18 粲경북 성주 㕇서울 용산구 임정로54 대한노인회 회장실(02-718-1669) 쀍1964년 건국대 정치대학 법학과졸 1978년 연세대 경영대학원 최고경영자과정 수료 1991년 서울대 행정대학원 국가정책과정 수료 1994년 고려대 국제대학원 최고국제관리과정 수료 2014년 명예 효학박사(성산효대학원대) 2016년 명예 사회복지학박사(건국대) 2016년 한국학중앙연구원 한국학최고지도자과정 수료 㷀1980년 삼기물산(주) 상무이사 1982년 에스콰이어(주) 상무이사 1990년 (주)주택문화사 대표이사 회장(현) 1999년 월간 '전원속의 내집' 발행인(현) 2001~2005년 한국잡지협회 회장 2001~2005년 한국간행물윤리위원회 위원 2001~2005년 (사)한국광고단체연합회 이사 2001~2005년 민주평통 자문위원 2001~2005년 한국출판협회 이사 2005~2010년 노년시대신문 발행인 2010년 대통령소속 저출산고령화사회위원회 위원(현) 2010년 대한노인회 회장(현) 2011년 2018평창동계올림픽유치지원민간단체협의회 상임고문 2011년 제주세계7대자연경관선정범국민추진위원회 홍보대사 2012년 여수세계박람회 홍보대사 2012년 아시아투데이 상임고문(현) 2012년 순천만국제정원박람회 홍보대사 2015년 한국효행인성교육운동본부 고문(현) 2015년 2015괴산세계유기농산업엑스포 명예홍보대사 2015~2016년 장흥국제통합의학박람회 홍보대사 2016년 완도국제해조류박람회 홍보대사(현) 2016년 국회 저출산 · 고령화대책특별위원회 자문위원(현) 卹문화공보부 장관상(1986), 국무총리표창(1991), 공보처선정 제1회 우수잡지상(1992), 대통령표창(1996), 한국잡지언론 유공상(1999), 건국대 총동문회 자랑스러운 건국인상(2003), 은관문화훈장(2005), 서울대 행정대학원 '자랑스러운 국가정책인상'(2010), 백강복지재단 백강상 사회복지공헌부문(2011), 연세대 언론홍보대학원 '최고위 명예패'(2012), 제1회 자랑스러운 KOTRA맨 대상(2014), 국가원로회의 공로상(2014), 제14회 자랑스런 한국인대상(2014), 국민훈장 무궁화장(2015), 연세대 경영전문대학원 '자랑스런 연경인상'(2015), 노인복지CEO대상(2015) 函수상록 '아흔아홉보다 더 큰 하나'(1984, 현대공론사) '주거의식 주거문화'(1988, 현대공론사) '좋은나라 노인은 걸음도 예쁘다(共)'(2008, 노년시대신문사) '노년의 아름다운 삶(共)'(2008, 한국노년학회)

이애주(李愛珠 · 女) LEE Ae Joo

쌩1946 · 1 · 11 粲전주(全州) 粲황해 㕇서울 종로구 대학로103 서울대학교 의과대학 분관105호 (사)생명잇기(02-765-0199) 쀍1965년 인천여고졸 1969년 서울대 간호학과졸 㷀1969~2003년 서울대병원 간호부장 1977~2003년 서울대 간호대학 외래부교수 1994년 의료보장개혁위원회 실무위원 2000~2004년 전국 병원간호사회 회장 2002년 한나라당 보건위생분과 부위원장 2006~2008년 대한간호협회 제1부회장 2007년 한나라당 대통령후보 상임특보단 직능정책본부 보건의료위원회 부위원장 2008~2012년 제18대 국회의원(비례대표, 한나라당 · 새누리당) 2008년 한나라당 대외협력위원회 부위원장 2008~2009년 同중앙여성위원회 수석부위원장 2008년 국회 보건복지위원회 위원 2008년 국회 여성가족위원회 위원 2008~2009년 국회 저출산고령화대책특별위원회 간사 2009년 (사)생명잇기 고문(현) 2009년 한나라당 여성일자리특별위원회 위원장 2010년 국회 여성가족위원회 성폭력소위원장 2012~2015년 한국관광공사 비상임이사 卹교육인적자원부장관표창(1999), 서울대총동창회 관악대상(2003) 倈천주교

이애주(李愛珠 · 女) LEE Ae Ju

쌩1947 · 10 · 17 粲아산(牙山) 㕇서울 㕇서울 관악구 관악로1 서울대학교 체육교육과(02-880-7787) 쀍1965년 창덕여고졸 1969년 서울대 체육교육학과졸 1971년 同대학원 무용학과졸 1999년 이학박사(서울대) 㷀1954년 국립국악원 김보남선생께 사사 1970년 벽사 한영숙선생께 사사 1971~1978년 서울대 · 동덕여대 강사 1982~1996년 서울대 사범대학 체육교육과 전임강사 · 조교수 · 부교수 1984년 '춤패신' 창단 1996~2013년 서울대 사범대학 체육교육과 교수 1996년 네덜란드 세계민속축제 한국대표 1997년 중요무형문화재 제27호 승무 예능보유자(현) 1998년 한성준춤소리연구회 회장 1999년 한국전통춤회 예술감독(현) 2007~2009년 한국정신과학회 회장 2010년 동방문화진흥회 부회장(현) 2013년 서울대 명예교수(현) 卹문화공보부 신인예술상 최우수상(1968), 서울신문대상(1971), 중요무형문화재 전수발표회 1등상(1971 · 1972), 만해대상 예술부문(2003), 옥조근정훈장(2013) 函'삼진삼퇴의 춤사위' '불교민속학의 세계' '민속춤의 역사' '한국민속사논총' 函'나눔굿' '도라지꽃' '바람맞이' '하늘땅 소리굿' '한맥의 춤'

이양교(李良敎) LEE Yang Gyo (石井)

쌩1928 · 8 · 28 粲전주(全州) 粲충남 서산 㕇서울 서초구 남부순환로2364 국립국악원 장악과(02-580-3085) 쀍1946년 예산농업중졸(5년제) 㷀1951년 당진군 정미면 서기 1954~1960년 서울 영립서 · 종로구 촉탁 1962년 이주환 선생께 가곡 및 가사 사사 1969~2009년 국립국악원 장악과 원로사범 1975년 중요무형문화재 제41호 가사 예능보유자 지정 1978~1982년 추계예술학교 강사 1987년 서울교대 강사 1989년 중앙박물관 박물대 · 정신문화연구원 시조 강사 1990년 숙명여대 평생교육원 시조 강사 1993년 남한강종합연수원 시조창 강사 1993년 전국초중고음악교사 시조창 강사 1994년 중앙대 음대 강사 1994년 서울가악회 회장 1994년 서울정도600년기념 '서울시민600인' 선정 1996년 목원대 음대 강사 2013년 중요무형문화재 제41호 가사 명예보유자 지정(현) 卹전국시조경창대회 최고상, 옥관문화훈장(1996) 函'12가사전'(1977) '가곡선집'(1982) '증보 시조창보'(1994) 函'12가사CD음반' '시조음반' '가곡 · 시조CD음반' '사설시조27곡1 · 2집' 倈기독교

이양구(李良九) Lee Yang-goo

쌩1959 · 10 · 11 㕇서울 종로구 사직로8길60 외교부 인사운영팀(02-2100-7136) 쀍1982년 한양대 정치외교학과졸 㷀1984년 외무고시 합격(18회) 1984년 외무부 입부 1993년 駐러시아 2등서기관 1996년 駐로스앤젤레스 영사 1998년 駐러시아 1등서기관 2002년 외교통상부 정보화담당관 2003년 同러시아 · CIS과장 2004년 駐프랑스 참사관 2007년 駐카자흐스탄 공사참사관 2007년 駐아스타나분관장 2008년 駐알마티분관장 2010년 국무총리실 외교안보심의관 2010년 외교통상부 조정기획관 2011~2014년 駐블라디보스토크 총영사 2014년 인사혁신처 중앙공무원교육원 국제교육협력관 2016년 국가공무원인재개발원 국제교육협력관 2016년 駐우크라이나 대사(현)

이양근(李陽根) RHEE Yang Keun

쌩1947 · 2 · 10 粲전주(全州) 粲전북 전주 㕇전북 전주시 완산구 서원로365 전주예수병원 호흡기알레르기센터(063-230-8114) 쀍1967년 전주고졸 1974년 전남대 의대졸 1981년 同대학원 의학석사 1983년 의학박사(전남대) 㷀1982~1994년 전북대 의대 내과학교실 전임강사 · 조교수 · 부교수 1987~1989년 영국 Southampton 의대 알레르기연구센터 연수 1992년 전북대병원 교육연구실장 1994~2012년 전북대 의대 내과학교실 교수 1994년 同호흡기알레르기분과장 1996년 同내과 과장 1997~2000년 전북대병원 원장 1997~2000년 대한병원협회 부회장 2000~2004년 전북대 보건진료소장 2000년 대한적십자사 전북지사 상임위원 2002년 대한내과학회 전북지회 이사장 2004년 광주고법 전주지부 조정위원장 2005~2012년 전북도민일보 독자위원장 2006년 전북대 대학원장 2007년 광주고법 전주지부 조정위원장(현) 2007년 대한천식및알레르기학회 회장 2007~2011년 전북대병원 건강증진센터장, 전북대 비만연구소장, 전주MBC 시청자위원, 전주지법 조정위원회 부위원장, 同조정위원 2008년 예수병원유지재단 부이사장(현) 2011~2013년 전주지검 시민위원회 위원장 2012년 전북대병원 이사(현) 2012년 전주예수병원 호흡기알레르기내과 과장, 同호흡기알레르기센터장(현) 2013년 전북건강증진사업단지원위원회 위원장(현) 2014~2015년 학교법인 서남학원 이사장 2015년 대한적십자사 전북지사 부회장(현) 卹유한학술상(2001), 근정포장(2010) 函'알레르기질환의 실제' '4천만의 알레르기' '호흡기질환'(2004) 'Respiratory disease(共)'(2012) 䂃'Harrison씨의 내과학'(2005) 倈기독교

이양섭(李亮燮) LEE Yang Sup

[생]1937·11·8 [본]전주(全州) [출]경기 파주 [주]서울 강남구 논현로815 부르다문빌딩4층 명신산업(주) 회장실(02-547-9004) [학]1957년 용산고졸 1963년 고려대 상대 상학과졸 2012년 명예 경영학박사(고려대) [경]1968년 현대건설(주) 공무부장 1969년 현대자동차(주) 관리부장 1977년 同전무 1979년 同사장 1987~1990년 기계공업진흥회 부회장 1990~1992년 현대증권 회장 1992년 명신산업(주) 회장(현) 1992년 (주)엠에스오토텍 회장(현) 1993년 고려대교우회 부회장 1996년 고려대경영대학교우회 회장 2011~2013년 고려대교우회 회장 [상]울산시민의장(1978), 은탑산업훈장(1998)

이양섭(李洋燮) Lee, Yang-Sup

[생]1962·8·5 [주]충북 청주시 상당구 상당로82 충청북도의회(043-220-5072) [학]충북대 지역건설공학과 제적(3년) [경](주)운호건설 대표, 진천군푸드뱅크 회장, 한국자유총연맹 진천군 회장, 새누리당 통일·국방분과 위원, 민주평통 진천군협의회 자문위원 2014년 충북도의회 의원(새누리당)(현) 2014년 同산업경제위원회 위원장 2016년 同정책복지위원회 부위원장(현) 2016년 同운영위원회 위원(현) 2016년 同예산결산특별위원회 위원(현)

이양수(李陽洙) LEE Yang Soo

[생]1958·1·10 [출]대구 [주]울산 울산 남구 신여천로2 SK에너지(주) 임원실(052-208-2016) [학]1977년 경북사대부고졸 1983년 고려대 화학공학과졸 [경]SK(주) 운영담당 상무 2008년 SK에너지(주) HOU공장장 2011년 同석유생산본부장 2012~2013년 SK이노베이션 SHE본부장 2013년 울산항만발전협의회 회장(현) 2013년 한국해양소년단 울산연맹장(현) 2014년 SK에너지(주) 울산CLX 총괄(부사장)(현) 2015년 울산항포럼 회장(현) 2015년 울산항만공사 항만위원 2016년 同항만위원장(현) [저]'안전경영 1%실수는 100% 실패다'(2015, 이다미디어) [종]가톨릭

이양수(李陽壽) LEE, YANG-SOO

[생]1960·1·3 [출]광주 [주]서울 중구 통일로92 중앙일보플러스(주)(02-751-5114) [학]1979년 광주제일고졸 1986년 연세대 경영학과졸 [경]1985년 중앙일보 입사 1999년 同편집국 정치부 차장 2002년 同홍콩특파원 2006년 同편집국 정치부문 부장대우 2008년 同중앙SUNDAY 정치·국제에디터 2011년 同중앙SUNDAY 편집국장 대리 2012년 同중앙SUNDAY 편집국장 2014년 중앙일보플러스 신문섹션본부 본부장(현)

이양수(李亮壽) LEE YANGSOO

[생]1967 [주]서울 영등포구 의사당대로1 국회 의원회관 938호(02-784-8150) [학]1986년 속초고졸 1994년 고려대졸 [경]한국BBS중앙연맹 상임이사, 속초설악정치경제연구소 소장, 정치평론가 2012년 새누리당 제18대 대통령중앙선거대책위원회 조직총괄본부 기획실장, 대통령비서실 행정관, 새누리당 수석부대변인 2016년 同속초시·고성군·양양군당원협의회 운영위원장(현) 2016년 제20대 국회의원(속초시·고성군·양양군, 새누리당)(현) 2016년 새누리당 원내부대표(현) 2016년 국회 농림축산식품해양수산위원회 위원(현) 2016년 국회 운영위원회 위원(현) 2016년 국회 지방재정·분권특별위원회 위원(현) 2016년 국회 대법관(김재형)임명동의에관한인사청문특별위원회 위원(현) [상]대한민국평화·안보대상 의정발전공헌부문 대상(2016)

이양호(李良鎬) LEE Yang-Ho

[생]1959·5·5 [본]경주(慶州) [출]경북 구미 [학]1978년 영남고졸 1982년 영남대 행정학과졸 1992년 태국 아시아과학기술원(AIT) 농식품공학과졸(이학석사) [경]행정고시 합격(26회) 1983년 총무처 수습사무관 1984~1995년 농림수산부 국립농산물검사소·유통경제통계담당관실·농업정책과·통상협력과·축산정책과 사무관 1995년 同축산정책과 서기관 1996년 同무역진흥과장 1997년 駐OECD대표부 1등서기관 2000년 농림부 행정관리담당관 2001년 同협동조합과장 2003년 同기획예산담당관(부이사관) 2004년 同조직인사담당관 2004년 同투융자평가통계관 2005년 국방대 파견 2006년 농림부 홍보관리관 2007년 駐미국대사관 농무관(공사참사관) 2010년 농림수산식품부 농업정책국장 2011년 同식품산업정책실장 2012년 同기획조정실장 2013~2016년 농촌진흥청장 [상]대통령표창(1994), 홍조근정훈장(2010)

이양호(李良浩)

[생]1967·11·20 [출]대구 [주]경북 예천군 예천읍 군청길 21 예천경찰서(054-650-2321) [학]경북고졸 1990년 경찰대졸(6기), 일본 고베대 대학원 법학과졸 [경]2007년 대구북부경찰서 교통과장 2008년 서울지방경찰청 경찰6기동대장 2010년 同보안부 국제범죄수사대장 2014년 同외사기획정보계장 2015년 대전지방경찰청 112종합상황실장 2016년 경북 예천경찰서장(현)

이양희(李良熙) LEE Yang Hee

[생]1945·5·20 [본]진주(晋州) [출]대전 [주]서울 서초구 반포대로76 한국사료협회 비서실(02-581-5721) [학]1962년 대전고졸 1966년 서울대 법과대학 행정학과졸 [경]1964년 서울대 법과대학 학생회장 1970~1980년 국회 내무위원장·문공위원장 비서관 1980년 대통령비서실 정무1과장 1982년 민정당 중앙사무처 전문위원 1984년 同기획조정국 부국장 1985년 同기획조정국장 1985년 同국정조사위원회 전문위원 1987년 민주화추진위원회 행정실장 1988년 대통령 정무비서관 1992년 정무제1장관실 보좌관 1993년 21세기대전발전위원회 위원장 1995년 자민련 대전東乙지구당 위원장 1996년 제15대 국회의원(대전東·乙, 자민련) 1996년 자민련 사무부총장 1998년 同원내수석부총무 1999년 同대변인 2000~2004년 제16대 국회의원(대전東, 자민련·한나라당) 2000년 자민련 원내총무 2001년 同사무총장 2001~2002년 同내각제추진위원장 2002년 국회 농림해양수산위원장 2003년 한나라당 농림해양수산위원장 2005~2014년 세일신용정보(주) 대표이사 회장 2014년 새누리당 대전시당 6.4지방선거공천관리위원장 2015년 한국사료협회 회장(현) 2015년 가축위생방역지원본부 비상임이사(현) [상]홍조·황조근정훈장, 대통령표창, 국회도서관장 감사패(2008) [종]기독교

이양희(李亮喜·女) Lee Yanghee

[생]1956·7·24 [출]서울 [주]서울 종로구 성균관로25의2 성균관대학교 아동·청소년학과(02-760-0528) [학]1979년 미국 조지타운대 불어불문학과졸 1983년 미국 미주리대 대학원 특수교육학과졸 1987년 특수교육학박사(미국 미주리대) [경]1991년 성균관대 아동·청소년학과 교수(현) 1996~2012년 한국아동학대예방협회 이사 1999년 성균관대 사회교육원장 1999~2001년 서울시 사회복지위원회 위원 2000년 경제정의실천시민연합 어린이환경위원회 정책위원 2002년 성균관대 생활과학부장 2002~2004년 同생활과학대학원장 2002~2004년 同생활과학연구소장 2003년 UN 아동권리위원회(Committee on the Rights of the Child) 위원 2003년 유니세프 이사(현) 2004~2010년 Save The Children Korea 이사 2004~2006년 국가인권정책기본계획추진기획단 위원 2004년 한국아동학회 이사 2004년 한국장애아동인권학회 회장(현) 2004~2007·2013년 아동정책조정위원회 위원(현) 2005~2007·2011~2013년 UN 아동권리위원회 부위원장 2007~2015년 국가인권위원회 정책자문전문위원회 위원 2007년 同국제인권전문위원회 위원(현) 2007~2011년 UN 아동권리위원회 위원장 2007년 아프리카아동정책포럼 위원(현) 2007~2009년 법무부 아동법교육자문위원단 위원 2007~2009년 한국아동학회 부회장 2009~2011년 대한변호사협회 성폭력피해아동지원위원회 위원 2010년 삼성서울병원 임상시험심사위원회(IRB) 위원(현) 2011년 성균관대 기관생명윤리심의위원회 위원(현) 2011년 국제아동인권센터 이사장·대표(현) 2011년 여성가족부 정책자문위원회 위원(현) 2012년 국제아동학대예방협회(ISPCAN) 집행이사(현) 2012~2014년 법무부 여성정책심의위원회 위원장 2014년 국가인권위원회 인권교육지원법입법추진자문위원회 자문위원(현) 2014년 UN 인권이사회 미얀마담당 특별보고관(현) 2014년 서울중앙지검 아동보호자문단장(현) [상]한국여성단체협의회 선정 '제22회 올해의 여성상'(2007), 국민훈장 석류장(2009), 효령상 사회봉사부문(2011), 영산외교인상(2015) [저]'어린이 마음을 여는 기술'(1997) '한국의 아동지표'(2001) '행동요법'(2001) '영유아 보육시설 특별활동(과학, 환경) 프로그램'(2002) '교육, 그 숲을 걷는 이들의 발걸음'(2003) 'Investing against evidence: The global state of early childhood care and education(共)'(2015)

이어령(李御寧) LEE O Young (凌宵)

[생]1934·1·15 [본]우봉(牛峰) [출]충남 아산 [주]서울 중구 서소문로88 중앙일보(02-751-9700) [학]1952년 부여고졸 1956년 서울대 문리대 국어국문학과졸 1960년 同대학원 국문학과졸 1987년 문학박사(단국대) [경]1960~1972년 서울신문·경향신문·중앙일보·조선일보 논설위원 1966~1989년 이화여대 문리대 교수 1972년 경향신문 논설위원 1972~1973년 同프랑스 파리특파원 1972~1986년 월간 '문학사상' 주간 1981~1982년 일본 도쿄대 비교문화연구소 객원연구원 1987년 이화여대 기호학연구소장 1990~1991년 문화부 초대 장관 1992

년 올림픽기념사업추진위원회 위원 1994년 광복50주년 기념사업위원회 위원 1994년 국제화추진위원회 위원 1994년 대한민국예술원 회원(문학평론·현) 1995~2001년 이화여대 국어국문학과 석좌교수 1995년 세계화추진위원회 위원 1997년 산업디자인진흥원 산업디자인발전자문위원회 위원장 1998년 통일고문회의 통일고문 1998~1999년 제2의건국범국민추진위원회 상임위원장 1999년 同공동위원장 1999년 새천년준비위원회 위원장 2001년 사이언스 북 스타트운동 공동대표 2001~2015년 중앙일보 상임고문 2005년 앙코르-경주세계문화엑스포2006 한국측 조직위원 2007~2013년 이화여대 이화학술원 명예석좌교수 2008년 (재)한중일비교문화연구소 이사장(현) 2009~2012년 경기창조학교 교장 2009년 일본 나라현립대 명예총장 2009~2010년 유네스코 세계문화예술교육대회 조직위원장 2009년 Korea CEO Summit 명예이사장 2010~2012년 건국대 문화콘텐츠창조위원장 2011년 이화여자대 명예교수 2012년 배재대 석학교수(현) 2012년 한국국제협력단(KOICA) 자문위원 2012년 세종학당 명예학당장(현) 2012년 황순원학회 고문 2014년 동아시아문화도시추진위원회 청주시 명예조직위원장(현) [상]대한민국예술상(1979), 체육훈장 맹호장(1989), 일본 문화디자인상(1992), 녹조근정훈장(1992), 서울시문화상(2001), 예술원상 문학부문(2003), 자랑스런 서울대인상(2006), 마크 오브 리스펙트상(2006), 삼일문화예술상(2007), 자랑스러운 이화인상(2011) [저]에세이 '흙속에 저 바람속에'(1960) '축소지향의 일본인'(1984) '푸는 문화 신바람의 문화'(1984) 소설 및 시나리오 '둥지속의 날개'(1984) '장군의 수염'(1984) '기적을 파는 백화점'(1984) '현대인이 잃어버린 것들'(1985) '세계문학에의 길'(1985) '젊은이여 어디로 가는가'(1985) '사색의 메아리'(1985) '떠도는 자의 우편번호'(1986) '이것이 한국이다'(1986) '이것이 여성이다'(1986) '바람이 불어오는 곳'(1986) '서양의 유혹'(1986) '거부하는 몸짓으로 이 젊음을'(1986) '한국인이여 고향을 보자'(1986) '저항의 문학'(1986) '장미밭의 전쟁'(1986) '오늘보다 긴 이야기'(1986) '하나의 나뭇잎이 흔들릴 때'(1987) '아들이여 이 산하를'(1987) '세계 지성과의 대화'(1987) '세번은 짧게 세번은 길게'(1987) '무익조'(1987) '지성과 사랑이 만나는 자리'(1989) '불나라 물나라'(1990) '한국문학연구사전'(1990) '정보사회의 기업문화'(1990) '축소지향의 일본인'(1991) '기업의 성패 그 문화가 좌우한다'(1992) '한국 단편 문학 시리즈'(1993) '둥지 속의 날개 상·하'(1993) '한일문화의 동질성과 이질성'(1993, 신구미디어) '불 나라 물 나라'(1996, 삼성출판사) '내 마음의 열두 친구'(1997, 웅진출판) '한자는 옛 문화의 공룡 발자국'(1997, 웅진출판) '너 정말로 한국 말 아니?'(1997, 웅진출판) '나도 그런 사람이 될테야'(1997, 웅진출판) '아빠, 정보가 뭐야?'(1997, 웅진출판) '생각을 바꾸면 미래가 달라진다'(1997, 웅진출판) '나는 지구의 산소가 될래'(1997, 웅진출판) '제비가 물어다 준 생각의 박씨'(1997, 웅진출판) '엄마 나, 한국인 맞아?'(1997, 웅진출판) '내 마음의 열구 친구2'(1997, 웅진출판) '누가 맨 먼저 시작했나?'(1997, 웅진출판) '물음표에서 느낌표까지'(1997, 웅진출판) '이어도'(1998, 교보문고) '환각의 다리'(2002, 한국문학번역원) '이어령 라이브러리 전30권'(2004) '그래도 바람개비는 돈다' '가위바위보의 문명론'(2005) '디지로그'(2006) '젊음의 탄생'(2008, 생각의나무) '생각'(2009, 생각의나무) '흙 속에 저 바람 속에'(2008, 문학사상사) '생각이 뛰노는 한자'(2009, 푸른숲) '지성에서 영성으로'(2010, 열림원) '십이지신 토끼'(2010, 생각의나무) 산문집 '어머니를 위한 여섯가지 은유'(2010, 열림원) '어느 무신론자의 기도'(2010, 개정 증보판) '빵만으로는 살 수 없다'(2011, 열림원) '이어령의 80초 생각나누기 인성창의진로지도교육교재'(2012, 아이스크림) '지성과 영성의 만남'(2012, 홍성사) '우물을 파는 사람'(2012, 두란노) '생명이 자본이다'(2013, 마로니에북스) '젊음의 탄생'(2013, 마로니에북스) '짧은 이야기, 긴 생각'(2014, 시공미디어) '생각 깨우기'(2014, 푸른숲주니어) '읽고 싶은 이어령'(2014, 여백) '소설로 떠나는 영성순례'(2014, 포이에마) '딸에게 보내는 굿나잇 키스'(2015, 열림원) '이어령의 보자기 인문학'(2015, 마로니에북스) '언어로 세운집'(2015, 아르테) '이어령의 가위바위보 문명론'(2015, 마로니에북스) '이어령의 지의 최전선'(2016, 아르테) '우리는 무엇으로 행복해지나'(2016, 프런티어) [작]JTBC '8020 이어령 학당'(2011~2012) tvN '대학토론배틀 시즌3'(2012)

이어룡(李魚龍·女) LEE Auh Ryong

[생]1953·9·9 [출]충북 괴산 [주]서울 영등포구 국제금융로8길16 대신금융그룹 비서실(02-769-2033) [학]1976년 상명여대 사범대학 체육교육학과졸 2015년 명예 경영학박사(상명대) [경](주)대신경제연구소 비상근이사 2004년 대신증권(주) 회장 2004년 대신금융그룹 회장(현) 2006~2007년 대신송촌문화재단 이사장 [상]서울과학종합대학원 2009 자랑스러운 원우상(2009), 중앙 SUNDAY 선정 '2013 한국을 빛낸 창조경영대상'(2013)

이억기(李億基) LEE Oug Ki

[생]1954·6·17 [본]평창(平昌) [출]강원 평창 [주]서울 구로구 부일로1가길42 (주)쎄번(02-2612-3399) [학]1974년 육민관고졸 1993년 연세대 산업대학원 고위경영자과정 수료 2000년 고려대 산업정보대학원 반도체최고위과정 수료 2002년 한국외국어대 차이나고위과정 수료 2004년 서울대 공과대학 최고산업전략과정(AIP) 수료 [경]1979~1986년 백현전자 창업·대표 1986~1996년 평창산업 대표 1996~2000년 평창하이테크산업(주) 대표이사 사장 2001년 (주)파이컴 대표이사 부회장 2003년 한국디스플레이장비재료산업협회 회장, 강원도민회중앙회 이사·부회장, 평창군민회 회장, 한국디스플레이장비재료산업협회 이사·회장 2009년 (주)파이빅 회장 2010~2011년 강원테크노파크 원장 2012년 평창군 명예군수 2012년 (주)파이라이팅 대표이사 회장 2013년 (주)파이컨 대표이사 회장 2013년 (주)지비엠 대표이사 회장 2015년 (주)쎄번 대표이사 회장(현) [상]중소기업청 선정 신지식인, 벤처기업대상 대통령표창, 과학기술부장관표창, 대한민국기술대전 은상, 장영실상, 대한민국 신성장 경영대상, 산업자원부 세계일류상품 선정, 반도체산업대전 국무총리표창, 대한민국 10대 신기술 선정(2006), 산업포장(2007) [종]천주교

이억수(李億秀) YI Ok Su

[생]1943·6·27 [본]전주(全州) [출]강원 원주 [주]서울 동작구 여의대방로36길92 대한민국공군전우회(02-825-8461) [학]1962년 원주고졸 1966년 공군사관학교졸(14기) 1972년 공군대졸 1985년 미국 공군대 대학원 군사전략연구과정(AWC) 수료 1993년 연세대 경영대학원 최고경영자과정 수료 [경]1986년 공군 작전사령부 작전처장 1987년 同제10전투비행단 작전부장 1988년 同작전사령부 전구항공통제본부장 1989년 同작전사령부 참모장 1990년 공군본부 비서실장 1991년 공군 제16전투비행단장 1992년 同제19전투비행단장 1993년 한미연합사령부 정보참모부장 1994년 공군본부 인사참모부장 1995년 同정보작전참모부장 1996년 항공사업단장 1997년 공군 참모차장 1998년 합동참모본부 전략기획참모부장 1999년 공군 참모차장 2000~2002년 공군 참모총장(대장) 2002~2005년 한국석유공사(KNOC) 사장 2006~2007년 공군사관학교총동창회 회장 2008~2011년 대한민국성우회 공군부회장 2016년 대한민국공군전우회 회장(현) [상]보국훈장 삼일장(1983), 대통령공로표창(1988), 보국훈장 천수장(1991), 보국훈장 국선장(1997), 스페인 대십자훈장, 미국 공군공로훈장(The Legi-on of Merit), 보국훈장 통일장(2002) [종]불교

이 언(李 彦) LEE Uhn

[생]1955·6·4 [출]서울 [주]인천 남동구 남동대로774번길21 가천대학교 길병원 신경외과(1577-2299) [학]1980년 한양대 의대졸 1983년 同대학원졸 1987년 의학박사(한양대) [경]1985~1987년 인천길병원 신경외과 과장 1995~1996년 캐나다 McGill대 부속 몬트리올 신경병센터 의학연수 1998~2012년 가천의대 길병원 신경외과 교수 1998~2006년 同길병원 교육부장 2000년 同교무처장 2001~2002년 同길병원 뇌척추신경센터 소장 2002~2006년 건강보험심사평가원 중앙심사위원 2002~2003년 가천의대 길병원 기획조정실장 2003~2007년 同길병원 기획부원장 2006년 대한운동질환수술연구회 회장 2006~2012년 대한신경외과학회 상임이사 2007~2009년 가천의대 길병원 진료부원장 2009년 제9회 세계신경조절학회 조직위원장 2009년 대한신경조절학회 회장 2009~2012년 가천의대 길병원 대외부원장 2009~2012년 同중개의학과장 2009년 (주)BRC 대표이사 2010~2012년 가천의과학대 길병원 임상시험센터 소장 2012년 가천대 길병원 대외부원장 2012년 同의대 신경외과 교수(현) 2012년 同길병원 진료부원장 2012년 同길병원 중개의학과장 2012년 同길병원 임상시험센터 소장 2013년 同길병원 뇌과학연구소장 2015~2016년 대한노인신경외과학회 회장 [상]대한신경외과학회 정기학술대회 포스터상 금상(1997), 대한신경학회 파킨스병 환자의 미토콘그리아 DNA 염기 서열분석에 관한 연구 금상(1997) [저]'신경과학'(2001, 가천의대 학술부) '신경외과학'(2001, 중앙문화사) 'IRB Document'(2006, 가천의과대 길병원) '임상시험연구자를 위한 표준작업지침서'(2006, 가천의과대 길병원) '임상연구코디네이터 핸드북'(2008, 가천의대 신경과학연구소) '우수실험실 가이드북'(2009, 가천의대 신경과학연구소)

이언구(李彦九) Lee Eon Gu (동암)

[생]1955·2·28 [본]여주(驪州) [출]충북 충주 [주]충북 청주시 상당구 상당로82 충청북도의회(043-220-5085) [학]1974년 충주고졸, 감리교신학교졸, 단국대 경영대학원 수료 [경]중부매일신문 기자, 국회의원 이원성 보좌관, 새천년민주당 충주시지구당 사무국장, 충북도배드민턴협회 부회장, 한나라당 충북도당 정책개발위원 2006~2010년 충북도의회 의원(한나라당), 충북도생활체육협의회 부회장, 한국웅변인협회 충북본부 이사장, 친절운동본부 충북지역본부장, 충북도 도시계획심의위원회 위원 2008~2010년 충북도의회 건설문화위원장, 한나라당 전국위원, 충북도문화재연구원 이사, 충북도의회 한나라당 원내대표, 충청권광역경제발전위원회 위원, 세계무술연맹 이사 2010년 충북도의원선거 출마(한나라당) 2014년 충북도의회 의원(새누리당)(현) 2014~2016년 同의장 2015~2016년 전국 시·도의회의장협의회 부회장 2016년 同행정문화위원회 위원(현) [상]충주시문화상(2006) [종]기독교

이언정(李彦政) LEE Eun Jeong

[생]1954 · 3 · 5 [출]부산 [주]전북 전주시 덕진구 가련산로99 원광대학교 전주한방병원 관절통증과(063-270-1000) [학]1980년 원광대 한의대졸 1982년 同한의과대학원졸 1986년 한의학박사(원광대) [경]1984~1995년 원광대 한의대 전임강사 · 조교수 · 부교수 1987년 同한방병원 교육부장 겸 신계내과장 1991년 同전주한방병원 진료부장 겸 신계내과장 1995년 同한의예과 교수(현) 1995~1999 · 2005~2012년 同전주한방병원장

이언주(李彦周 · 女) Lee Un Ju

[생]1972 · 11 · 8 [본]벽진(碧珍) [출]부산 [주]서울 영등포구 의사당대로1 국회 의원회관809호(02-784-6201) [학]1995년 서울대 불어불문학과졸 2004년 미국 Northwestern Univ. 대학원 법학과졸 2011년 연세대 법무대학원 경제법무학과졸 [경]사법시험 합격(39회), S-Oil 법무총괄 상무, 한국여성변호사회 상임이사, 서울지방변호사회 인권위원 2012년 민주통합당 광명시乙지역위원회 위원장 2012년 제19대 국회의원(광명시乙, 민주통합당 · 민주당 · 새정치민주연합 · 더불어민주당) 2012년 민주통합당 원내대변인 2012 · 2014년 국회 운영위원회 위원 2012년 국회 보건복지위원회 위원 2012년 국회 아동 · 여성성폭력대책특별위원회 위원 2013년 국회 예산 · 재정개혁특별위원회 위원 2013년 민주당 원내대변인 2014~2015년 새정치민주연합 전국청년위원회 공동위원장 2014년 同6 · 4지방선거 공직선거후보자추천관리위원회 위원 2014년 국회 국토교통위원회 위원 2014~2015년 새정치민주연합 조직강화특별위원회 위원 2015년 국회 서민주거복지특별위원회 위원 2015년 새정치민주연합 원내대변인 2015년 同재벌개혁특별위원회 위원 2015~2016년 더불어민주당 원내대변인 2015년 同재벌개혁특별위원회 위원(현) 2016년 同총선정책공약단 더불어민생교육복지본부 공동본부장 2016년 제20대 국회의원(광명시乙, 더불어민주당)(현) 2016년 더불어민주당 조직본부장 2016년 同가습기살균제특별위원회 간사(현) 2016년 同조직강화특별위원회 간사 2016년 同서민주거TF 복지소위원(현) 2016년 국회 기획재정위원회 위원(현) 2016년 더불어민주당 경기광명시乙지역위원회 위원장(현) [상]법률소비자연맹 선정 국회 헌정대상(2013), 사회정의시민행동 선정 '공동선 의정활동상'(2013), 국정감사NGO모니터단 선정 '국정감사 우수국회의원상'(2015), 국제언론인클럽 글로벌 자랑스런 한국인대상 의정발전공헌부문(2015), 대한변호사협회 선정 '최우수 국회의원상'(2016)

이언학(李彦學) LEE Eon Hak

[생]1967 · 1 · 30 [출]부산 [주]경기 부천시 원미구 상일로129 인천지방법원 부천지원(032-320-1202) [학]1985년 부산 대동고졸 1989년 서울대 공법학과졸 1995년 同대학원 법학과졸 [경]1995년 사법시험 합격(37회) 1998년 사법연수원 수료(27기) 1998년 창원지법 판사 2002년 인천지법 판사 2005년 서울남부지법 판사 2008년 서울중앙지법 판사 2009년 서울고법 판사 2011년 대법원 재판연구관 2013년 부산지법 부장판사 2014년 사법연수원 교수 2016년 인천지법 부천지원 부장판사(현)

이에리사(李에리사 · 女) LEE Elisa

[생]1954·8·15 [본]영천(寧川) [출]충남 대천 [학]1973년 서울여상졸 1990년 명지대 행정학과졸 1992년 同대학원 체육학과졸 1996년 이학박사(명지대 체육학과) [경]1967년 탁구 입문 1970년 아시아탁구선수권대회 주니어부 개인단식 우승 1971년 일본 名古屋세계탁구선수권대회 단체전 은메달 1972년 스웨덴 스칸디나비아오픈탁구대회 개인단식·복식 우승 1973년 사라예보세계탁구선수권대회 단체전 금메달 1973년 신탁은행 탁구팀 입단 1974년 테헤란아시아탁구경기대회 단체전 은메달 1975년 캘커타세계선수권대회 단체전 은메달 1976년 서독 국제오픈탁구선수권대회 개인단식·복식 우승 1977년 버밍엄세계선수권대회 단체전 은메달 1979년 국가대표 탁구선수 1979~1980년 신탁은행 탁구단 코치 1980~1982년 독일 FTG프랑크푸르트팀 선수 겸 코치 1983년 동아건설 탁구단 코치 1984년 국가대표 탁구팀 코치 1985~1988년 同감독 1985~1990년 경희대 탁구부 감독 1988년 서울올림픽 여자대표팀 감독 1994년 현대탁구단 감독 2000~2012년 용인대 사회체육학과 교수 2000년 시드니올림픽 경기담당임원 2004년 아테네올림픽 여자탁구 국가대표팀 감독 2005~2008년 태릉선수촌 촌장 2005년 제4회 마카오 동아시아경기대회 부단장 2006년 제20회 이탈리아 토리노동계올림픽대회 총감독 2006년 한국스포츠중재위원회 위원 2007년 한국스포츠클럽 공동회장 2008년 베이징올림픽 한국선수단 총감독 2009~2013년 대한체육회(KOC) 선수분과위원회 위원장 2009~2015년 (사)100인의여성체육인 사무총장 2009·2011년 대통령직속 사회통합위원회 위원 2011년 용인대 기획처장 2012~2016년 제19대 국회의원(비례대표, 새누리당) 2013~2015년 국회 교육문화체육관광위원회 위원 2013~2015년 국회 평창동계올림픽및국제경기대회지원특별위원회 여당 간사 2014년 2014인천아시아경기대회 선수촌장 2015년 새누리당 원내부대표 2015년 국회 운영위원회 위원 2015년 국회 예산결산특별위원회 위원 2015년 국회 안전행정위원회 위원 2015년 국회 평창동계올림픽및국제경기대회지원특별위원회 여당 간사 [상]한국일보 신인체육상(1970), 국민포장(1971), 서울신문 체육상(1971), 국민훈장 무궁화장(1973), 5.16민족상(1973), 대한민국 체육상(1973), 대통령표창(1974), 체육훈장 맹호장(1988), 조정순체육상(1996), 윤곡상(2002), 국제올림픽위원회(IOC) '여성과 스포츠 트로피'상(2006), 한국을빛낸여성 대상(2007), 2008대한민국 스포츠레저문화大賞 공로상(2008), 2008 세상을 밝게 만든100인(2008), 여성신문 제3회 올해의 인물상(2009), 충청인상 문화예술인부문(2010), 제21회 코카콜라체육대상 공로상(2016) [저]'2.5g의 세계'(1979) '체육실기 지도의 이론과 실제2'(1990) '탁구훈련지도서'(1992) '스포츠카운슬링'(2005) [종]기독교

이여춘(李如椿) LEE Yeo Choon

[생]1957 · 7 · 6 [본]경주(慶州) [출]서울 [주]경기 고양시 일산동구 호수로596 MBC플러스미디어(031-995-0011) [학]1976년 대신고졸 1984년 서강대 영어영문학과졸 [경]1989년 MBC TV제작국 제작3부 근무 1992년 同교양제작국 문화정보팀 근무 1993년 同생활정보팀 근무 1995년 同기획제작팀 근무 1997년 同편성국 근무 1998년 同TV편성부 근무 1998년 同교양제작국 차장 2000년 同시사교양 3CP 2001년 同시사교양 4CP 2001년 同시사교양 1CP 2001년 同시사제작국 특임2CP 2006년 同건설기획단 신사옥추진팀장, 同프로그램개발TF팀장 2008년 同편성국 부국장 2009년 同편성국 편성콘텐츠부장 2010년 同편성제작국 사회공헌부장 2011년 同크리에이티브센터장 2011년 同특보 2012년 同외주제작국장 2013년 MBC플러스미디어 방송이사 2015년 同경영이사(현) [상]서강언론인상(2015) [종]천주교

이연배(李年倍 · 女) LEE Yearn Bae

[생]1946 · 10 · 27 [출]서울 [주]서울 중구 세종대로21길39 서울사회복지공동모금회 비서실(02-3144-0415) [학]연세대 음악대 기악과졸, 同경영대학원 경영연구과정 수료, 同생활과학대학원 고위여성경영인과정 수료, 한국산업기술대 산업기술최고경영자과정 수료, 경기테크노파크 산업기술최고과정 수료 [경]1983~1990년 서울YWCA 교육부 · 공보출판부 · 성인부 · 프로그램부 위원 1988년 (주)홍진 부사장 1988년 YWCA주부클럽 중앙협의회장 1990년 서울YWCA 사업부위원장 1992년 同중학Y틴부위원장 · 사회문제부 위원 1992년 (주)오토젠 회장(현) 1993년 서울YWCA 풍납청소년독서실 위원장 1995년 同청년부 위원장 · 재정부 위원 1997년 同서기이사 2001년 (주)홍진 대표이사 2005~2009년 서울YWCA 부회장 및 인사부 · 재정부 위원장 2008년 연세대총동문회 부회장 겸 음악대학동창회장 2009~2013년 서울YWCA 회장 2009년 수원지법 안산지원 조정위원 2010~2013년 한국신문윤리위원회 위원 2011년 서울사회복지공동모금회 회장(현), 서울시 여성전문위원 [상]서울시장표창(1987), 걸스카우트 서울연맹 공로패(1992), 서울YWCA 20년봉사상(2003), 중소기업은행장 감사패(2005), 연세대 자랑스러운 여동문상(2007), 3천만불 수출의 탑(2007), 한국산업기술대 경영대상(2008), 기획재정부장관표창(2008), 5천만불 수출의 탑(2008)

이연봉(李連奉) LEE Yen Bong

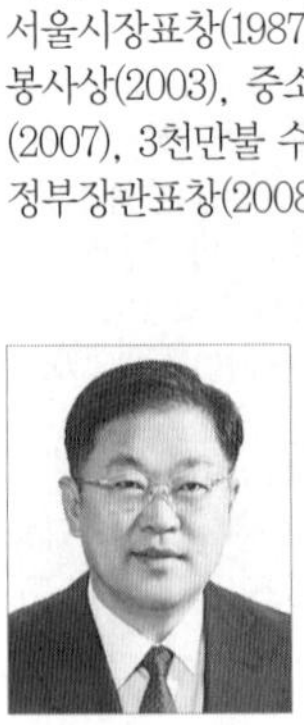

[생]1956 · 8 · 20 [출]제주 [주]제주특별자치도 제주시 중앙로312 이연봉법률사무소(064-721-1800) [학]1975년 제주제일고졸 1983년 고려대 법학과졸 [경]1984년 사법시험 합격(26회) 1987년 사법연수원 수료(16기) 1987년 변호사 개업(현) 2006~2007년 언론중재위원회 중재위원 2006~2011년 제주시 고문변호사 2006년 새누리당 제주도당 부위원장 2012~2016년 同제주시乙당원협의회 운영위원장 2015년 제주특별자치도지방노동위원회 심판담당 위원(현) 2015~2016년 새누리당 제주도당 위원장 [상]'와흘 까매기, 하늘을 날다'(2015, 출판기획 풍경)

이연성(李延成) Lee yeon sung

[생]1959 · 4 · 3 [본]전주(全州) [출]충남 서천 [주]서울 서대문구 충정로23 풍산빌딩 (주)풍산 임원실(02-2273-3262) [학]1978년 관악고졸 1985년 숭실대 경영학과졸 2002년 핀란드 헬싱키대 대학원 EMBA졸 [경]1985~1995년 KDB산업은행 청주지점 · 업무부 · 자금부 · 수신개발부 근무 1995~2000년 同금융1부(EI 연수) · 기아그룹전담팀 · 특수관리부 근무 2000년 대우계열구조조정추진협의회 파견 2001년 KDB산업은행 영업기획부 차장 2002년

同검사부 부부장 2004년 同리스크관리본부 시장위험팀장 2006년 同리스크관리본부 바젤Ⅱ대응팀장 · 서울대 연수 2007년 同리스크관리본부 신용리스크팀장 2008년 同리스크관리본부 리스크기획팀장 2010년 同리스크관리부장 2012년 同재무기획부장 2013년 同리스크관리부장 2013년 同연금신탁본부장 2015년 STX엔진 경영관리단장 2016년 (주)풍산 상임고문(현) [상]금융업무유공 재정경제부장관표창(1990) [종]천주교

이연숙(李嬿淑 · 女) LEE Yun Sook

[생]1935 · 12 · 11 [본]여주(驪州) [출]강원 화천 [주]서울 영등포구 국회대로70길18 한양빌딩 새누리당(02-3786-3000) [학]1953년 수도여고졸 1957년 이화여대 사범대 교육학과졸 [경]1960~1967년 서울 중앙여중 · 고 교사 1968~1992년 駐한국 미국공보원 상임고문 1970년 한국소비자연맹 이사 1970~1982 · 1993~1997년 대한가족계획협회 이사 1986~1994년 이건식품문화재단 이사장 1992년 국제존타서울클럽 회장 1992년 한국여성단체협의회 수석부회장 1993년 KBS 'TV심야토론' 사회자 1994~1997년 한국재해대책협의회 부회장 · 한국여성단체협의회장 1996년 방송위원회 연예오락심의위원장 1996년 성균관대 이사 1996~2000년 한국유권자운동연합 상임공동대표 1997년 정무제2장관 1997~2000년 세계여성단체협의회(ICW) 수석이사 1998년 환경마크협회 회장 1998년 대통령자문 통일고문회의 통일고문 1998년 민족화해협력범국민협의회 상임의장 1998~2003년 한국UN협회 부회장 1998년 한국여성단체협의회 명예회장 2000~2004년 제16대 국회의원(전국구, 한나라당) 2000~2002년 한나라당 부총재, 同상임고문 2000~2002년 국회 여성특별위원장 2003년 한국UN협회 고문 · 이사(현) 2004년 일본 세계여성지도력발전회(GEWEL) 고문(현) 2006년 강원도삶의질일등도위원회 위원장 2012년 새누리당 상임고문(현) 2014년 한국주민자치중앙회 총재(현) 2015년 한국양성평등교육진흥원 초빙교수(현) [상]국제소롭티미스트한국협회상(1997), 한국여성단체협의회상(1999), 명원문화재단 명원차문화대상 공로상(2001), 자랑스런 강원여성상(2008), 제45회 전국여성대회 김활란여성지도자상(2009)

이연숙(李連淑 · 女) LEE Yeun Sook

[생]1954 · 10 · 20 [출]서울 [주]서울 서대문구 연세로50 연세대학교 생활과학대학 실내건축학과(02-2123-3133) [학]1977년 연세대 주거환경학과졸 1979년 同대학원 주거환경학과졸 1983년 주거환경 및 실내디자인박사(미국 오클라호마주립대) [경]1983~1993년 연세대 가정대학 주생활학과 조교수 · 부교수 1987년 미국 텍사스대 환경대학원 방문교수 1992년 한국실내디자인학회 부회장 · 감사 1993년 연세대 생활과학대학 실내건축학과 교수(현) 1995년 미국 펜실베이니아주립대 풀브라이트 교환교수 1996년 미국 로드아일랜드 디자인대학 교환교수 1997~2002년 연세대 환경대학원 실내환경디자인전공 주임교수 1998~2000년 대한주택공사 설계자문위원 2001년 연세대 밀레니엄환경디자인연구소장 2001년 同미래환경디자인연구센터장(현) 2003년 (사)한옥문화원 이사(현) 2004~2005년 한국실내디자인학회 부회장 2006~2008년 同회장 2006년 서울시 융합과학기반실버산업연구개발사업단장 2006~2008년 BK21과학기술핵심사업 고령친화디지털웰페어하우스사업팀장 2006년 미래디자인국제대회 조직위원장 2006~2008년 아시아실내디자인학회연맹 회장 2007~2011년 한국생태환경건축학회 수석부회장 · 회장 2008년 디자인과건강세계대회 자문위원(현) 2009년 나눔과돌봄문화재단 이사(현) 2009년 한국노년학회 회장 2009년 세계노년대회 조직위원 2009년 연세대 사회통합커뮤니티재생기술연구센터장(현) 2011년 전주도시재생지원센터 센터장(현) 2011년 Symbiotic Life-TECH 연구원장(현) 2011년 유비쿼터스도시위원회 위원(현) [상]국제실내디자인학회 작품상 · 작품대상 [저]'주택과 실내디자인'(1991) '미래주택과 공유공간'(1995) '실내환경과 심리행태론'(1998) '실내디자인양식사'(1998) 등 [역]'스웨덴의 주택연구와 디자인' '주택 · 주거 · 집' '유니버설디자인' [작]'대우주택 미래관' '둔촌 삼성어린이집' [종]천주교

이연용(李年鎔) LEE Yeon Yong

[본]평창(平昌) [출]서울 [주]서울 서초구 반포대로98 (주)일신그룹 회장실(02-3488-3500) [학]1977년 수도전기공업고졸 1980년 명지대 전기공학과졸 2001년 서울대 대학원 경영학과 수료, 한양대 대학원 환경학과 수료, 연세대 대학원 경영학과 수료 2006년 세계경영연구원 최고경영자과정 수료 2014년 서강대 스포츠최고위과정 수료 [경]1984~1986년 우명엔지니어링 · (주)진로엔지니어링 근무 1987년 원엔지니어링 소장 1988~1993년 원설계엔지니어링 대표이사 1993~1998년 (주)원설계컨설턴트 대표이사 1998년 (주)일신그룹 회장(현) 2003~2005년 SH공사 설계자문위원회 위원 2006~2009년 한국조명전기설비학회 이사 2007~2013년 대한전기협회 사용설비분과위원회 위원장 2007년 한국토지공사 기술감사자문위원 2007년 (사)한국전기전자재료학회 고문 2008~2010년 한국전기공사협회 기술자문위원 2008년 명지대총동문회 부회장(현) 2010~2015년 한국조명전기설비학회 산학협동 부회장 2012~2015년 대한민국국가대표선수회 상임위원회 회장 2015년 대한전기학회 전기설비부문회 회장 2016년 (사)동아시아스포츠진흥협회 회장(현) 2016년 (사)대한보디빌딩협회 회장(현) [상]석탑산업훈장(2009), 국토교통부장관표창(2013)

이연원(李蓮源) LEE Yeon Won

[생]1958 · 8 · 22 [본]여강(驪江) [출]경북 경주 [주]부산 남구 신선로365 부경대학교 기계설계공학과(051-629-6162) [학]1981년 경북대 기계공학과졸 1983년 同대학원 기계공학과졸 1993년 기계공학박사(일본 도교대) [경]1984~1986년 포스코개발 팀장 1987~1988년 금오공대 · 경일대 · 경북산업대 기계공학과 강사 1993~1996년 부산공업대 기계공학과 조교수 1993~2010년 부경대 공과대학 기계공학부 기계자동차과 교수 1999~2002년 同BK21기계사업단 기획조정실장 2002~2004년 同공과대학 부학장 2003~2005년 한국공학교육인증원 부설 공학교육연구센터 운영위원, 한국가시화정보학회 편집이사 · 학술이사, 한국마린엔지니어링학회 연구이사 2007~2009년 부경대 공학교육혁신센터장 2007~2015년 한국풍공학회 사업이사 · 부회장, 일본가시화정보학회 Journal of Visualization Managing Editor 2008~2009년 유체기계공업학회 편집이사 2010년 부경대 공과대학장 겸 산업대학원장 2010년 同기계설계공학과 교수(현) 2012~2014년 한국마린엔지니어링학회 부회장 2014년 同감사(현) 2014년 (사)바른과학기술사회실현을위한국민연합 동남권 공동대표(현) 2014~2016년 부경대 교수회 회장 및 평의원회 의장 2014년 한국가시화정보학회 부회장 2015년 同감사(현) 2015~2016년 부경대 재정위원회 의장 [상]한국마린엔지니어링학회 논문상(2010), 한국과학기술단체총연합회 공학부문 우수논문상(2010), 부경대 산학협력상(2014), 부경대 학술상 자연과학부문(2016) [저]'유체기계'(1999) '알기쉬운 유체역학'(2003) '응용수치해석'(2003) '공학과 팀워크기술'(2006) [역]'기계공학의 역사'(2004)

이연재(李淵載) LEE Yean Jai

[생]1952 · 9 · 20 [출]서울 [주]전북 군산시 자유로241 (주)세아제강 임원실(063-469-8500) [학]보성고졸, 고려대 기계공학과졸 [경](주)세아제강 군산공장장(상무) 2008년 同군산공장장(전무) 2010년 同판재사업본부장(전무) 2011~2016년 同판재사업본부장(부사장) 2016년 同고문(현)

이연주(李蓮珠 · 女) LEE Yeon Ju

[생]1960 · 8 · 10 [본]광주(廣州) [출]대구 [주]서울 영등포구 의사당대로1길25 하남빌딩508호 한국청년유권자연맹(02-3432-5355) [학]1979년 대구 효성여고졸 1983년 연세대 정치외교학과졸 1986년 同행정대학원졸 1993년 프랑스 파리제4대학(소르본느대학) 수학 2006년 고려대 일민미래국가전략최고위과정 수료(1기) 2006년 연세대 언론홍보대학원 최고위과정 수료(22기) [경]1983년 연세대 여학생처 교직원 1985~1988년 대통령 제2부속실 행정관(5급) 1989년 현대사회연구소 연구원 1999년 한국여성유권자연맹 중앙이사 2001~2005년 연세대 생활환경대학원 여성고위지도자과정 책임교수 2002~2004년 한국여성유권자연맹 홍보부회장 2003년 연세대여자동창회 부회장 2003년 연세대총동문회 상임부회장(현) 2004~2010년 한국여성유권자연맹 중앙회장 2004년 서울지역교육문화협의회 이사 2004년~2013년 여성가족부 정책자문위원 2004~2007년 국회 여성정책포럼 자문위원 2004년 국정감사NGO 모니터단 공동단장 2005~2008년 경찰청 시민감사위원회 부위원장 2005년 민주평통 상임자문위원(현) 2005~2011년 한국스페셜올림픽위원회 부회장 2006년 경찰청 집회시위위원회 자문위원(현) 2006~2010년 공명선거실천협의회 공동대표 2006~2008년 과학기술부 국가기술특별위원회 민간위원 2007~2010년 중앙선거관리위원회 선거자문위원 2008년 제17대 대통령취임식준비위원회 자문위원 2008~2010년 국회 외교통상통일위원회 정책자문위원 2008~2010년 YTN 시청자위원 2008년 한국걸스카우트연맹 발전위원 2009년 서울시 여성위원회 위원 2009~2013년 대법원 양형위원회 위원 2009년 통일부 남북교류협력추진협의회 민간위원 2009년 국토해양부 NGO 정책자문위원 2010년 한나라당 제5회 지방선거 공천심사위원 2010년 대통령실 사회통합정책자문위원 2010년 한국청년유권자연맹 초대운영위원장(대표)(현) 2010년 한국여성유권자연맹 고문(현) 2011~2015년 연합뉴스 수용자권익위원회 위원 2012년 한나라당 대통령경선관리위원 2012~2013년 同재보궐선거 공천심사위원 2013년 국회 정치쇄신자문위원회 위원 2013년 안전행정부 정책자문위원 2013년 검찰청 시민위원회 위원(현) 2014년 새누리당 7.30재보선공천관리위원 2015년 국민권익위원회 자문위원(현) [상]대통령표창(1988), 자랑스런 연세여동문상(2006), 민주평통의장표창(2006), 연세 미래여성지도자 100인에 선정(2007), 한국언론인연합회 공로상(2007), 행정자치부장관 감사장(2007), 국민포장(2008), 연세여성공로상(2012) [종]불교

이연택(李衍澤) LEE Yun Taek

[생]1936 · 9 · 25 [출]전북 고창 [주]제주특별자치도 서귀포시 중산간서로95의1 서귀포시동아마라톤센터(064-730-5200) [학]1955년 전주고졸 1961년 동국대 법학과졸 1964년 고려대 대학원졸 1997년 행정학박사(단국대) 1998년 명예 경영학박사(전북대) 1999년 명예 교육학박사(공주대) 2012년 명예 체육학박사(용인대) [경]1961년 재건국민운동본부 조직관리담당관 1965~1979년 국무총리비서실 비서관 · 국무총리행정조정실 심의관 1980년 국무총리행정조정실 제1행정조정관 1981년 서울올림픽조직위원회 사무차장 겸임 1988년 대통령 행정수석비서관 1990~1991년 총무처 장관 1992~1993년 노동부 장관 1992~1995년 민자당 전주완산지구당 위원장 1994년 영국 옥스퍼드대 객원교수 1997년 광주방송 회장 1998년 정부조직개편위원회 심의위원 1998년 한국행정연구원 이사장 1998~2000년 국민체육진흥공단 이사장 1998년 제2의건국범국민추진위원회 상임위원 1998년 2002월드컵축구대회조직위원회 집행위원 2000년 同공동위원장 2000년 한국방송공사 이사 2000~2007년 동국대 법대 석좌교수 2001~2010년 在京전북도민회 회장 2002~2005년 대한체육회 회장 겸 대한올림픽위원회(KOC) 위원장 2003년 제7회 서울평화상 심사위원 2006년 동아마라톤 꿈나무재단 이사장(현) 2006년 국제한국학지원센터 이사장(현) 2007년 (사)전북경제살리기도민회의 이사장(현) 2008~2009년 대한체육회 회장 겸 대한올림픽위원회(KOC) 위원장 2009년 대통령자문 통일고문회의 고문 2009년 대한체육회 명예회장 2009년 2014인천아시아경기대회 조직위원장 2009~2014년 동국대총동창회 회장 2013~2015년 국무총리소속 새만금위원회 위원장 2013~2016년 대한체육회 고문 2016년 '2017무주세계태권도선수권대회' 조직위원회 공동위원장(현) [상]홍조근정훈장(1988), 체육훈장 맹호장(1988), 청조근정훈장(1992), 국민훈장 무궁화장, 경영혁신공기업경영자표창(2001), 자랑스러운 동국인상(2008) [저]'세계의 행정개혁과 21세기 한국정부'

이연화(李娟和 · 女) youn wha lee

[생]1954 · 3 · 31 [본]전주(全州) [출]서울 [주]경기 안성시 대덕면 서동대로4726 중앙대학교 음악대학 피아노과(031-670-3307) [학]1974년 이화여대 피아노과 중퇴 1976년 미국 워싱턴대 음대졸 1978년 同대학원졸 1980년 미국 줄리어드음대 대학원졸 [경]1983년 중앙대 음대 피아노과 교수(현), 국내외 독주 · 협연 연극활동, 콩쿨 심사위원 활동 2009년 중앙대 음악대학장 2010~2013년 同예체능계열 부총장 [작]'베토벤 피아노 소나타 전곡CD' [종]기독교

이연흥(李衍興) LEE Yun Heung

[생]1954·7·7 [주]경기 평택시 도일유통길25 평택도시공사(031-8053-8821) [학]2006년 성균관대 국정관리대학원 행정학과졸 [경]2002년 국가청렴위원회 신고심사국 심사2관 2005년 同교육홍보과장 2007년 同정책기획실 혁신인사기획관 2008년 국민권익위원회 운영지원과장 2008년 同민원조사기획과장 2009년 同경제민원조사단장(고위공무원) 2009년 同기획조정실 정책기획관 2010년 同권익제도기획관 2011~2013년 同고충처리국장 2014년 평택도시공사 사장(현)

이연희(李蓮姬 · 女) LEE Yeon Hee

[생]1958·2·1 [주]서울 노원구 화랑로621 서울여자대학교 원예생명조경학과(02-970-5664) [학]1980년 서울대 미생물학과졸 1982년 同대학원졸 1988년 이학박사(미국 캘리포니아대) [경]1989~1990년 서울대 분자미생물센터 연구원, 서울여대 환경생명과학부 생명환경공학과 교수 2007년 한국미생물학회 재무위원장 2008~2009년 교육과학기술부 기초연구사업추진위원회 위원 2008~2009년 한국여성과학기술단체총연합회 과학기술정책위원장, 서울여대 국가연구소재중앙센터장 2013년 同자연과학대학장 2013년 同자연과학연구소장 2014년 한국미생물학회 부회장 2014년 서울여대 원예생명조경학과 교수(현) 2015년 한국미생물학회 이사 2016년 同부회장(현) [상]한국로레알-유네스코 여성생명과학진흥상 본상(2005), 올해의 여성과학기술자상(2011)

이연희(李蓮姬 · 女) LEE YEAN HI

[생]1960 · 11 · 20 [본]경주(慶州) [출]울산 [주]울산 남구 수암로4 템포빌딩9층 울산매일신문 비서실(052-243-1001) [학]1979년 성광여고졸 1983년 신라대 음악학과졸 2009년 동국대 대학원 행정학과졸 2009년 同대학원 박사과정中 [경]1988년 울산중앙적십자사 회장 2005년 국제로타리 3720지구 총재특별대표 2005년 자유주의교육운동연합 공동대표 2007~2011년 울산시 단기청소년쉼터위원회 위원장 2008년 울산매일신문 대표이사(현) 2011년 울산민주평통 상임위원 2012년 同자문위원 2012년 울산노사민정협의회 위원(현)

이 열(李 熱) Lee Yul

[생]1956 [주]경기 안양시 동안구 관평로170번길22 한림대학교성심병원(031-380-1500) [학]1981년 서울대 의대졸 1985년 同의과대학원졸 1987년 의학박사(서울대) [경]1996년 미국 뉴욕대부속병원 연수, 한림대 의대 영상의학교실 교수(현), 同성심병원 영상의학과장, 同성심병원 진료부원장 2003~2005년 대한영상의학회 재무이사 2003~2008년 대한방사선의학재단 이사 2010~2016년 한림대 강남성심병원 병원장 2016년 同성심병원 병원장(현) [상]부총리 겸 기획재정부장관표창(2016)

이 영(李 英) LEE Young

[생]1954 · 3 · 6 [출]서울 [주]경기 성남시 수정구 성남대로1342 가천대학교 글로벌캠퍼스 건축학과(031-750-5298) [학]1977년 서울대 건축학과졸 1980년 同대학원 건축계획학과졸 1981년 미국 버지니아대 대학원 건축설계학과졸 1992년 건축계획학박사(서울대) [경]1977~1980년 광장건축연구소 연구원 1983~1985년 송민구건축연구소 실장 1985년 일건건축연구소 실장 1986년 경원대 공대 건축학과 전임강사 1990~2012년 同공대 건축학과 교수 2005년 同산업환경연구소장 2005~2008년 同공과대학장 2011~2012년 가천대 경원캠퍼스 환경대학원장 겸 디자인대학원장 2012~2015년 同글로벌캠퍼스 건축대학 건축학과 교수 2013년 同건축대학 건축학과장 2015년 同글로벌캠퍼스 공과대학 건축학과 교수(현) [상]건설부 대한민국국전 건축부문 입선(1980), 문체부 국립중앙박물관 국제현상입상 포상(1995), 경기도건축문화상 주택부문 은상(1998), 성남청소년문화센터 현상당선(2001), 경기도교육청 제2과학고등학교현상당선(2003), 중원구청소년센터 현상당선(2005) [저]'건축 인테리어 시각표현 사전'(1995) '경기문화재대관-국가지정편'(1999, 경기출판사) [역]'건조환경의 의미'(1990, 태림문화사) '스티븐 홀 작품집'(1993, 태림문화사) '시각인식력의 입문서'(1994) '건축의 형상과 구조'(1995, 지성출판사) [종]기독교

이 영(李 榮) Young Lee

[생]1965 · 7 · 14 [출]서울 [주]세종특별자치시 갈매로 408 교육부 차관실(044-203-6011) [학]1983년 상문고졸 1987년 서울대 경제학과졸 1989년 同대학원 경제학과졸 1998년 경제학박사(미국 미시간대 앤아버교) [경]1997년 미국 경제연구소 연구조교 1998~2000년 미국 메릴랜드대 경제학과 부설 IRIS연구소 연구위원 1998~2000년 미국 World Bank 컨설턴트(세계은행 內 WBI, ECA, ESA 부서 업무수행) 2000~2002년 한국개발연구원 부연구위원 2002~2011년 한양대 경제금융대학 경제금융학부 조교수 · 부교수 2002~2004년 국무조정실 정책평가위원회 전문위원 2004~2005년 한국재정공공경제학회 총무이사 2005~2007년 한양대 경제금융대학 경제금융학부장 2006~2015년 교육부 정책자문위원 2007~2009년 한국경제학회 이사 2011~2015년 한양대 경제금융대학 경제금융학부 교수 2012~2015년 同기획처장 2015년 교육부 차관(현) [상]한양대 강의 우수교수 선정(2005), 한국재정 · 공공경제학회 한국재정공공경제학상(2006), 미국 National Tax Association 최우수논문상급 Richard Musgrave Prize(2008), 한국경제학회 청람학술상(2009) [역]'Rosen의 재정학(共)'(2011, 맥그로힐)

이 영(李 永 · 女) Young Lee

[생]1969 · 6 · 6 [출]서울 [주]서울 구로구 디지털로288 (주)테르텐(02-2082-3243) [학]1993년 광운대 수학과졸 1995년 한국과학기술원(KAIST) 암호학과졸(석사) 1999년 同대학원 암호학 박사과정 수료 [경]2000~2010년 (주)테르텐 부사장 2006~2009년 테르텐미디어 대표이사 2010년 (주)테르텐 대표이사(현) 2010년 한국인터넷진흥원 KISA포럼 인터넷정보보호분과 위원 2012~2015년 (사)한국여성벤처협회 수석부회장 2012년 지식경제부 클라우드산업포럼 R&D기반확충분과 위원 2012년 한국CSO협회 이사 2012년 한국소프트웨어산업협회 이사 2012년 한국소프트웨어전문기업협회 이사 2015년 (사)한국여성벤처협회 회장(현) 2015년 한국무역협회 부회장(현) 2015년 국가과학기술심의회 운영위원회 정책조정전문위원회 위원(현) 2015년 대한적십자사 글로벌인도주의여성리더양성프로그램 전문위원(현) 2016년 새누리당 제20대 국회의원 후보(비례대표 30번) 2016년 대한무역투자진흥공사 비상임이사(현) [상]과학기술부장관표창, 제15회 대한민국멀티미디어 기술대상, 대한민국 미래산업경영대상, 한국여성벤처협회 우수여성벤처인 특허청장표창(2009), 국무총리표창(2009), 대한민국멀티미디어기술대상 한국정보통신진흥협회장표창(2012), 씨티 중소기업연구원 여성기업인상 인재경영상(2014)

이영걸(李英傑) LEE Young Gull

[생]1958·7·2 [본]하빈(河濱) [출]서울 [주]경기 군포시 한세로30 한세대학교 학술정보원(031-450-5067) [학]서울 남강고졸, 한국외국어대 불어학과졸 [경]1984~1988년 한국일보 월간국 기자 1988~2000년 국민일보 체육부 기자·차장·체육부장 1996년 한국체육기자연맹 사무총장 2000년 SBSi 스포츠 편집장 2000년 한국체육기자연맹 부회장 겸 사무총장 2001년 굿데이신문 편집국 부국장 2003년 同유럽순회특파원(부국장) 2004년 同신문연구위원장 겸 기획취재단장 2004년 同사업본부장 2004~2011년 스포탈코리아 고문 2005년 한국체육언론인회 사무차장 2007~2009년 나비뉴스 대표 2010~2011년 아이스더비 홍보자문 2011년 한세대 비서실장 2012년 同행정처장 2015년 同학술정보원장(현) [상]이길용 체육기자상(1996) [저]'0.3%의 위력' '2002월드컵 전쟁' '월드컵 스토리' '한판에 도전한다- 이야기 체육사' [역]'2002월드컵전쟁' [종]기독교

이영계(李永桂) LEE Young Gye

[생]1951·3·9 [출]경남 창원 [주]서울 용산구 이태원로 29 전쟁기념사업회 회장실(02-709-3012) [학]마산고졸 1974년 육군사관학교졸(30기), 경남대 대학원 경영학과졸 [경]2000년 특수전사령부 3공수특전여단장 2000년 육군본부 정보작전참모부 작전처장 2003년 9사단장 2003년 육군본부 감찰감 2004년 同정보작전참모부장(소장) 2006년 수도방위사령관(중장) 2008년 육군교육사령관(중장) 2009년 예편(육군 중장), 수도방위사령부 전우회 총재 2014년 육군협회 지상군연구소장 2014년 전쟁기념사업회 회장(현)

이영관(李泳官) LEE YOUNG KWAN

[생]1947·9·12 [본]해주(海州) [출]대전 [주]서울 영등포구 여의대로24 전경련회관36층 도레이첨단소재(주) 임원실(02-3279-1007) [학]문산고졸 1974년 홍익대 화학공학과졸, 서울대 경영대학원 최고경영자과정 수료 2003년 고려대 경영대학원 국제경영학과졸 2013년 경영학박사(홍익대) [경]1973년 제일합섬(주) 입사 1994년 同기획담당 이사 1994년 同C-7건설본부 사업부장 1995년 同상무이사 1997년 (주)새한 전무이사 1998년 同소재그룹장 겸 구미사업장장 1999년 同부사장 1999~2010년 도레이새한(주) 대표이사 사장 2006년 한국공학한림원 정회원(현), 일본 도레이(Toray)社 상임이사 2008년 同전임이사(현), 중국 도레이폴리텍난통(주) 동사장(회장)(현) 2009년 일본 도레이社 한국법인 대표이사 겸임(현) 2009~2014년 한국소비자안전학회 회장 2010~2013년 홍익대총동문회 회장 2010~2012년 도레이첨단소재(주) 대표이사 사장 2011년 한국고분자학회 회장 2011년 한국표준협회 부회장(현) 2011년 한국능률협회 부회장(현) 2011년 한국섬유산업협회 감사(현) 2011년 전국경제인연합회 감사(현) 2011년 도레이폴리텍자카르타 사장(현) 2012~2013년 고려대MBA교우회 회장 2013년 도레이첨단소재(주) 대표이사 회장(현) 2014년 도레이케미칼(주) 대표이사 회장 겸임(현) [상]동탑산업훈장(1998), 대한민국에너지상 최고경영자상(2001), 금탑산업훈장(2003), 한국품질대상(2004), 국가품질경영대회 품질경영상, 삼우당 대한민국 섬유·패션대상 수출부문(2008), 한국능률협회 한국의경영자상(2009), 대통령표창(2009), 서울대 AMP대상(2010), 외국인투자기업상, 한국품질경영학회 품질한국 50년 공로상(2015) [종]불교

이영관(李泳官) LEE Young Kwan

[생]1959·1·10 [출]서울 [주]경기 수원시 장안구 서부로 2066 성균관대학교 공과대학 화학공학·고분자공학부(031-290-7248) [학]1982년 성균관대 화학공학과졸 1988년 미국 서던미시시피대 대학원졸 1992년 화학공학박사(미국 서던미시시피대) [경]1984~1986년 LG화학 연구원 1992년 미국 플로리다대 고분자기술연구소 Post-Doc. 1993년 성균관대 화학공학과 조교수·부교수·교수, 同공과대학 화학공학·고분자공학부 교수(현) 1997~1998년 한국고분자학회 편집위원 1998~2000년 성균관대 고분자기술연구소장 1999~2001년 한국화학공학회 평의원 2001~2002년 미국 플로리다대 방문연구원 2007~2011년 성균관대 산학협력단장, 전국대학교산학협력단장·연구처장협의회 회장 2009~2011년 성균관대 공동기기원장 2015년 同기획조정처장(현) 2015년 同성균융합원장 2016년 同창업지원단장 [상]한국고분자학회 우수논문상(2005), 한국지능로봇하계종합학술대회 우수논문상(2007) [역]'유기공업화학'(1999) '유기화학'(1999)

이영광(李榮光)

[생]1974·1·3 [출]서울 [주]강원 강릉시 동해대로3288의18 춘천지방법원 강릉지원(033-640-1000) [학]1992년 상문고졸 1997년 서울대 법학과졸 [경]1997년 사법시험 합격(39회) 2000년 사법연수원 수료(29기) 2000년 육군법무관 2003년 인천지법 판사 2005년 서울중앙지법 판사 2007년 광주지법 해남지원 판사 2009년 청주지법 영동지원 판사 2011년 인천지법 부천지원 판사 2012~2014년 헌법재판소 파견 2014년 서울고법 판사 2015년 춘천지법 강릉지원 부장판사(현)

이영구(李榮九) LEE Young Koo

[생]1958·7·27 [출]서울 [주]서울 중구 퇴계로100 스테이트타워남산8층 법무법인 세종(02-316-4057) [학]1977년 장훈고졸 1981년 서울대 법학과졸 [경]1981년 사법시험 합격(23회) 1983년 사법연수원 수료(13기) 1983년 서울지법 동부지원 판사 1985년 서울민사지법 판사 1987년 광주지법 순천지원 판사 1990년 서울지법 남부지원 판사·서울민사지법 판사 1994년 서울고법 판사 1995년 법원행정처 인사관리심의관 1995년 同인사제1담당관 1998년 서울지법 판사 1999년 대전지법 제천지원장 2000년 인천지법 부장판사 2002년 서울지법 부장판사 2004년 서울중앙지법 부장판사 2005년 광주고법 부장판사 2006년 수원지법 수석부장판사 2006~2008년 서울고법 부장판사 2008년 법무법인 세종 변호사(현) 2012년 국민권익위원회 비상임위원 2012~2015년 한국도산법학회 회장

이영구(李漢具) Lee Young Goo

[생]1959 [주]서울 영등포구 신길로1 강남성심병원 부속실(02-829-5114) [학]1983년 전남대 의대졸 1988년 중앙대 대학원 의학석사 1994년 의학박사(중앙대) [경]1991년 한림대 의대 비뇨기과학교실 교수(현) 1997~1998년 미국 Univ. of Michigan Cancer Center 해외연수 1998년 미국비뇨기과학회(AUA) 정회원(현) 2001년 세계비뇨기과학회(SIU) 정회원(현) 2002~2006년 한림대부속 강남성심병원 CS/QI위원회 위원장 2002년 대한전립선학회 이사(현) 2004년 대한비뇨기종양학회 이사(현) 2005년 NYPH Columbia Univ. 및 NYPH Cornell Univ. 로봇수술 해외연수 2006~2008년 한림대부속 강남성심병원 기획실장 2007년 한림대의료원 강남성심병원 로봇수술센터장(현) 2007년 NYPH Cornell Unve. 로봇수술 해외연수 2008~2013년 식품의약품안전청 의료기기위험관리 자문위원 2008~2014년 한림대부속 강남성심병원 의무기록위원장 2008년 건강보험심사평가원 임상전문가조정패널위원회 비뇨기과위원(현) 2008년 한림대부속 강남성심병원 종양위원회 위원장(현) 2008년 同나눔봉사단장(현) 2008년 한림대의료원 홍보위원회 위원장 2009년 한림대 의대 비뇨기과학교실 주임교수(현) 2010년 건강보험심사평가원 직접비용개선검토소위원회 위원(현) 2012년 유럽비뇨기과학회(EAU) 정회원(현) 2013년 건강보험심사평가원 진료심사평가위원회 비상근심사위원(현) 2013년 同환자분류전문가패널(현) 2013년 보건복지부 전문평가위원회 위원(현) 2013년 同신의료기술평가위원회 전문평가위원회 위원(현) 2013년 통계청 질병분류상담센터 전문위원(현) 2013년 한림대부속 강남성심병원 비뇨기과장 2014년 대한비뇨기과학회 부회장(현) 2014년 同보험정책사업단장 겸임(현) 2014년 보건복지부 건강보험분쟁조정위원회 위원(현) 2014년 식품의약품안전처 중앙약사심의위원회 위원(현) 2016년 한림대부속 강남성심병원장(현) 2016년 대한의사협회 상대가치연구단장(현) [상]천주교 서울대교구산하 전진상 의원 영세민 장기의료봉사상(1996·2004), 대한전립선학회 학술상(2003), Mighty Hallym CS 공로상(2005), 대한비뇨기과학회 우수연제 발표상(2006), 대한비뇨기종양학회 공모논문학술상(2007), Mighty Hallym Global Player Award(로봇수술부분)(2010) [저]'전립선비대증(共)'(일조각) '비뇨기과학 4·5판(共)'(일조각)

이영구(李英九) Lee, Young Gu

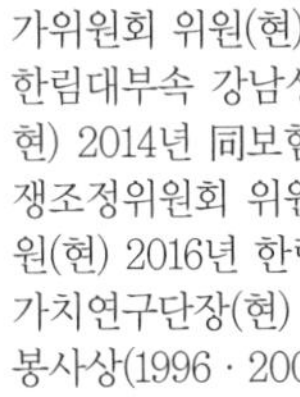

[생]1963 [본]전주(全州) [주]충남 천안시 동남구 양지말1길 11의14 우정공무원교육원(041-560-5110) [학]1981년 대광고졸 1989년 서강대 사회학과졸 [경]1987~2004년 삼성전자(주) 입사·인사관리팀 차장 2004년 同정보통신총괄 인사팀 인재개발그룹장(부장) 2009~2010년 同무선사업부 개발실 개발지원(인사)그룹장 2011~2013년 삼성그룹 미래전략실 커뮤니케이션팀 그룹스포츠담당 상무 2013년 삼성전자(주) 미디어솔루션센터 서비스전략그룹장 2014~2016년 同자문역 2016년 미래창조과학부 우정사업본부 우정공무원교육원장(국장급)(현) [종]기독교

이영구(李映九) Lee Younggoo

[생]1987 · 8 · 23 [주]서울 성동구 마장로210 한국기원 홍보팀(02-3407-3870) [경]권갑용 6단 문하생, 세계청소년바둑대회 우승, 삼신생명배 준우승 2001년 입단 2002년 2단 승단 2003년 비씨카드배 준우승 2003년 3단 승단 2004년 비씨카드배 신인왕전 준우승 2005년 전자랜드배 왕중왕전 준우승 2005년 4단 승단 2005년 오스람코리아배 신예연승최강전 준우승 2006년 5단 승단 2006년 KT배 왕위전 준우승 2006년 6단 승단 2006년 SK가스배 준우승 2007년 한국물가정보배 준우승 2007년 KB국민은행 2007한국바둑리그 주장(대구 영남일보) 2008년 KB국민은행 2008한국바둑리그 주장 2008년 세계마인드스포츠게임 남자단체전 금메달 2008년 7단 승단 2010년 8단 승단 2011년 9단 승단(현) 2011년 한국물가정보배 우승 2013년 제9기 한국물가정보배 준우승 [작]'이영구 八단의 신출귀몰'(조선일보)

이영권(李永權) LEE Young Kwon

[생]1936 · 6 · 3 [본]인천(仁川) [출]전남 장흥 [주]서울 영등포구 의사당대로1 대한민국헌정회(02-757-6612) [학]목포공고졸 1959년 조선대 법학과졸 1977년 고려대 경영대학원졸 1989년 연세대 행정대학원졸 1995년 명예 법학박사(조선대) [경]1980년 광운대 강사 1982년 민권당 대변인 1985년 민주화추진협의회 운영위원 1985년 제12대 국회의원(장흥 · 강진 · 영암 · 완도, 신한민주당) 1987년 평화민주당(평민당) 부대변인 1988년 同정책위원회 부의장 1988년 제13대 국회의원(장흥, 평민당 · 신민당 · 민주당) 1988년 한 · 프랑스친선협회 부회장 1990년 평민당 전남도지부장 1992년 제14대 국회의원(장흥, 민주당 · 국민회의) 1993년 민주당 지방자치제특별위원장 1994년 국회 교육위원장 1996년 한양대 행정대학원 객원교수 1999년 장흥대학 학장 2000년 남도대학 학장 2001~2005년 동남보건대학 학장 2004년 평화의료재단 이사 2013년 대한민국헌정회 전남지회 회장 2015년 同이사(현) [상]서울시 효자상 [종]천주교

이영규(李榮珪) LEE Young Kyu

[생]1959 · 11 · 10 [출]서울 [주]서울 구로구 디지털로27길 12 (주)웰크론 비서실(02-2107-6619) [학]1978년 서울 영동고졸 1985년 한양대 섬유공학과졸 [경]1985년 (주)동양나이론 원사개발실 근무 1986~1990년 (주)약진통상 해외무역부 대리 1991년 (주)스완무역 해외무역부 차장 1992~2007년 (주)은성코퍼레이션 대표이사 사장 2007년 (사)한국패션소재협회 회장(현) 2007~2011년 (주)웰크론 대표이사 사장 2007~2012년 (주)에지미인 대표이사 2008년 (사)서일회 사업협력분과위원장(현) 2008년 한국섬유산업연합회 이사(현) 2010년 (사)서울일류중소기업협회 회장(현) 2010~2012년 (주)한텍엔지니어링 대표이사 2010~2012년 강원비앤이(주) 대표이사 2012년 (주)웰크론 대표이사 회장(현) 2012년 (주)웰크론한텍 대표이사(현) 2012~2013년 (주)웰크론강원 대표이사 2012년 (주)웰크론헬스케어 대표이사(현) 2014년 (주)웰크론강원 각자대표이사(현) [상]중소기업기술혁신공로 산업포장(2001), 디지털이노베이션 대상 산업자원부장관표창(2001), 수출증대공로 산업자원부장관표창(2002), 중소기업경영혁신공로 대통령표창(2003), 부품소재기술개발공로 산업자원부장관표창(2006) [종]불교

이영규(李暎珪) LEE Young Gyu

[생]1960 · 8 · 20 [본]한산(韓山) [출]충남 서천 [주]대전 서구 문예로73 변호사회관906호 이영규법률사무소(042-471-5277) [학]1978년 공주사대부고졸 1983년 서울대 정치학과졸 1985년 同행정대학원 행정학과졸 [경]1982년 행정고시 합격(26회) 1988년 사법시험 합격(30회) 1991년 사법연수원 수료(20기) 1991년 서울지검 검사 1993년 대전지검 공주지청 검사 1994년 대구지검 검사 1996년 독일연방 법무부 파견 1997년 법무부 특수법령과 검사 1999년 서울지검 검사 2000년 남북정상회담준비기획단 파견 2001년 창원지검 검사 2003년 同부부장검사 2003~2004년 서울지검 부부장검사 2004년 제17대 국회의원선거 출마(대전西甲, 한나라당) 2004~2006 · 2007년 변호사 개업(현) 2006~2007년 대전시 정무부시장 2008년 제18대 국회의원선거 출마(대전 서구甲, 친박연대) 2012년 새누리당 대전서구甲당원협의회 운영위원장(현) 2012년 제19대 국회의원선거 출마(대전 서구甲, 새누리당) 2014년 새누리당 대전시당 6.4지방선거공천관리위원회 부위원장 2014~2015년 同대전시당 위원장 2016년 제20대 국회의원선거 출마(대전 서구甲, 새누리당) [상]법무연수원장표창(1995), 법무부장관표창(1998), 검찰총장표창(2002) [저]'북한법의 체계적 고찰Ⅲ'(共) '독립국가연합의 체제개혁 개관'(共)

이영규(李熯圭) LEE YOUNG KYU

[생]1965 · 6 · 1 [본]전주(全州) [출]경기 화성 [주]경기 성남시 분당구 벌말로50번길41 투아이센터6층 스포츠투아이(주)(02-3445-7116) [학]1984년 성남고졸 1991년 연세대 정치외교학과졸 [경]2007년 스포츠서울 편집국 체육1부장 2007년 同편집국 연예부장 2008년 同편집국 체육부장 2009년 同편집국 연예부장 2010년 同사업국 부국장 2011년 同편집국 부국장 2013년 同편집국국장 2014년 同편집국국장(이사대우) 2014년 同미디어전략실장 2015년 同미디어본부장(이사대우) 2015년 同사업국장 2016년 스포츠투아이(주) 부사장(현)

이영규(李鍈圭) Lee Young Kyu

[생]1965 · 6 · 4 [본]연안(延安) [출]서울 [주]서울 서초구 헌릉로12 현대자동차그룹 홍보2실(02-3464-2120) [학]1984년 영등포고졸 1990년 고려대 신문방송학과졸 [경]1990년 현대그룹 문화실 입사 2001년 기아자동차 홍보실 근무 2005년 현대자동차그룹 홍보2팀장 2010년 同이사대우 2012년 同이사 2013년 同상무 2015년 同방송외신홍보팀장(상무), 同홍보2실장(상무)(현) [종]기독교

이영균(李榮均) LEE Young Kyun

[생]1958 · 9 · 13 [본]전주(全州) [출]서울 [주]경기 안양시 동안구 시민대로401 대륭테크노타운15차604호 한국지능형교통체계협회 수출지원센터(031-478-0400) [학]1981년 연세대 토목공학과졸 1983년 同대학원 토목공학과졸 1986년 미국 퍼듀대 대학원 토목공학과졸 1994년 교통공학박사(미국 오하이오주립대) [경]1987년 미국 오하이오주립대 조교 1993년 미국 플로리다인터내셔널대 토목환경공학과 조교수 1997년 국토연구원 연구위원 2001년 교통개발연구원 연구위원 2001년 同ITS연구센터장 2004년 건설교통부 수송정책실 교통정보기획과장 2005년 同생활교통본부 교통정보기획팀장 2008년 국토해양부 교통정보팀장 2008~2009년 한국건설기술연구원 첨단교통연구실 책임연구원 2009~2010년 제17회 부산ITS세계대회조직위원회 사무총장 2011년 한국지능형교통체계협회(ITS Korea) 기술연구센터장 2013년 同표준연구센터장 2014년 同신기술연구센터장 2014년 同수출지원센터장(현)

이영균(李永均) LEE Young Gyun

[생]1959 · 12 · 3 [본]성산(星山) [출]경북 성주 [주]경기 성남시 수정구 성남대로1342 가천대학교 글로벌캠퍼스 행정학과(031-750-5250) [학]1978년 성주고졸 1985년 영남대 행정학과졸 1987년 한양대 대학원졸 1993년 정치학박사(미국 템플대) [경]1990~1993년 미국 필라델피아 천주교한글학교 교감 1993년 한양대 강사 1995년 감사원 감사교육원 조교수 1996~2012년 경원대 행정학과 교수 2002년 同대학원 행정실장 2004년 同정책조정실장 2005~2007년 同성남발전연구소장 2006~2007년 국방부 자체평가위원 2007~2008년 성남시 인사위원 2007~2008년 경인일보 독자위원 2009년 한국정책분석평가학회 회장 2009~2010년 경원대 사회정책대학원장 2010년 同사회과학대학장 2012년 가천대 사회과학대학 행정학과 교수(현) [상]경북도교육감표창, 경원학술상(2003 · 2008) [저]'정보사회론'(共) '행정학'(2007) '자체감사론(共)'(2007)

이영균

[출]서울 [주]서울 용산구 백범로90다길13 오리온 홍보실(02-710-6271) [학]연세대 신문방송학과졸, 同대학원 신문방송학과졸 [경]2010년 CJ E&M 방송부문 홍보팀장 2011년 同통합홍보팀장 2013년 同홍보총괄(임원대행) 2015년 오리온 홍보실장(이사)(현) [저]'미르몽의 원더풀 트위터 라이프'(2010, 고즈윈) '제대로 통하는 소셜마케팅 7가지 법칙(共)'(2011, 다우) '세상을 움직이는 힘, 홍보'(2015, 컬처룩)

이영근(李永根) LEE Yeung Keun (亮谷)

[생]1924 · 2 · 4 [본]전주(全州) [출]평북 정주 [학]평북 오산고등보통학교졸 1948년 평양의학전문학교 중퇴(4년) 1949년 육군사관학교졸 1958년 국제대 화학과졸 1960년 육군대학졸 [경]1957년 육군방첩부대 처장 1961년 중앙정보부 차장 1965년 반공연맹 사무총장 1967년 민주공화당(공화당) 사무처장 1967년 제7대 국회의원(전국구, 공화당) 1972년 국무총리 비서실장 1973년 제9대 국회의원(통일주체국민회의, 유신정우회) 1973년 유신정우회(유정회) 원내부총무 1975년 同원내총무 1979년 제10대 국회의원(통일주체국민회의, 유정회) 1979년 국회 건설위원장 1979년 유정회 원내총무 1982년 삼양식품 고문

1985년 (주)유공 고문 1987년 공화당 총재 당무담당 특별보좌관·당무위원 1988년 同고문 1990~2007년 민족중흥회 부회장 겸 사무총장 1995~1996년 자민련 고문 2006~2011년 오산학원 이사장 [상]화랑무공훈장, 충무무공훈장, 홍조근정훈장, 황조근정훈장 [저]'五峰山을 향한 旅路'

이영근(李榮根) LEE Young Keun

[생]1953·3·25 [출]경북 예천 [주]서울 강남구 테헤란로108길19 부림빌딩6층 한국협동조합진흥연구원 원장실(02-558-0001) [학]1971년 용산고졸 1975년 고려대 법학과졸 1989년 미국 워싱턴대 대학원 경제학과졸 [경]1975년 행정고시 합격(17회) 1986년 경제기획원 장관비서관 1989년 同기획예산담당관 1991년 同건설환경예산담당관·농수산예산담당관·교육문화예산담당관 1994년 재정경제원 경제조사과장·자금과장 1996년 同금융정책실 산업자금담당관 1997년 부산시 경제협력단장 1999년 기획예산처 재정개혁단장 2001년 同행정개혁단장 2002년 同예산관리국장 2003년 同재정기획총괄심의관 2004년 부패방지위원회 정책기획실장 2005년 국가청렴위원회 정책기획실장(관리관) 2008~2011년 국민권익위원회 부위원장(차관급) 2012~2016년 민간투자사업심의위원회 위원 2012~2013년 경제발전경험공유사업(KSP) 에콰도르 수석고문 2013~2016년 강원대 초빙교수 2013년 한국협동조합진흥연구원 원장(현) 2014~2015년 경제발전경험공유사업(KSP) 파키스탄 수석고문 2015년 한국민간투자학회 회장(현) 2016년 고려대 정책대학원 초빙교수(현) [상]홍조근정훈장, 미국 워싱턴대 한국총동문회 선정'올해의 자랑스런 동문인'(2010), 황조근정훈장

이영근(李靈根) Young Geun Lee

[생]1954·1·21 [출]인천 [주]인천 연수구 아트센터대로175 인천경제자유구역청 청장실(032-453-7002) [학]1972년 경복고졸 1976년 서울대 건축학과졸 1979년 同대학원 건축공학과졸 1990년 공학박사(서울대) 1995년 미국 뉴저지주립대 대학원 도시계획학과졸 [경]1977년 기술고시 합격(13회) 1978년 해운항만청 사무관 1990년 교통부 항공국 사무관 1992년 신국제공항건설기획단 파견 1997년 건설교통부 건설기준과장 1999년 同건축과장 2001년 同건설안전과장 2002년 국립지리원 과장급 2003년 건설교통부 대도시권광역교통정책실 교통시설국장 2003년 同광역교통국장 2004년 중앙공무원교육원 파견 2005년 기획예산처 예산관리국장 2005년 同민간투자기획관 2007년 건설교통부 도시환경기획관 2008년 국토해양부 도시정책관 2009년 同기술안전정책관 2010~2013년 인천국제공항공사 부사장 2013년 同사장 직대 2013~2015년 한국뉴욕주립대 기술경영학과 연구교수 2014년 한국공학한림원 정회원(현) 2015년 인천경제자유구역청 청장(현)

이영근(李榮根) LEE Young Keun

[생]1958·2·19 [주]대전 유성구 엑스포로325 SK이노베이션 임원실(042-609-8306) [학]대광고졸, 서울대 공업화학과졸, 한국과학기술원 대학원 화학공학과졸, 공학박사(한국과학기술원) [경]SK(주) LiBS Lab장(상무) 2008년 SK에너지(주) 기술원 소재연구소장 2013~2016년 SK이노베이션(주) SAB(Science Advisory Board) Leader 2016년 同수석연구위원(현)

이영기(李領基) Young Kee LEE

[생]1966·9·23 [본]전주(全州) [출]서울 [주]세종특별자치시 도움6로11 환경부 운영지원과(044-201-6242) [학]1985년 대일고졸 1993년 서울시립대 환경공학과졸 1999년 미국 오리건주립대학원 토목환경공학과졸 [경]2003년 환경부 하수도과 사무관 2005년 同국립생물자원관건립추진기획단 전시생물팀장 2006년 미국 콜로라도주립대 교육 파견 2008년 국립환경인력개발원 교육혁신기획과장 2009년 同교육기획과장 2009년 환경부 환경보건정책관실 생활환경과장 2011년 同환경정책실 기후변화협력과장 2011년 同상하수도정책관실 생활하수과장 2012년 同물환경정책국 물환경정책과장(서기관) 2013년 同물환경정책국 물환경정책과장(부이사관) 2015년 국립환경인력개발원 원장 2016년 국방대 교육파견(일반직고위공무원)(현)

이영기(李永基)

[생]1969·1·5 [출]전북 장수 [주]전남 순천시 왕지로19 광주지방검찰청 순천지청(061-729-4302) [학]1987년 석관고졸 1992년 고려대 법대졸 [경]1993년 사법시험 합격(35회) 1996년 사법연수원 수료(25기) 1996년 부산지검 검사 1998년 춘천지검 원주지청 검사 1999년 서울지검 검사 2001년 同의정부지청 검사 2003년 청주지검 검사 2004년 미국 파견 2006년 인천지검 검사 2006년 금융정보분석원 심사분석실 팀장(검사) 2008년 인천지검 검사 2009년 서울중앙지검 부부장검사 2009년 춘천지검 원주지청 부장검사 2010년 인천지검 강력부장 2011년 대검찰청 마약과장 2012년 同조직범죄과장 2013년 의정부지검 형사4부장 2014년 서울동부지검 형사3부장 2015년 서울중앙지검 공판1부장 2016년 광주지검 순천지청 차장검사(현) [상]근정포장(2013)

이영남(李英南·女) LEE Young Nam

[생]1957·9·3 [본]전주(全州) [출]부산 [주]경기 성남시 분당구 대왕판교로644번길49 다산타워 (주)노바스이지 사장실(070-8611-9782) [학]1981년 동래여전졸 1997년 아주대 경영대학원 수료 2000년 한국과학기술원(KAIST) 테크노경영대학원 수료 [경]1981~1984년 광덕물산 근무 1988년 서현전자 설립 1996년 (주)서현전자 대표이사 1999년 (주)이지디지털 대표이사 사장 1999년 한국여성경제인연합회 부회장 2001~2005년 한국여성벤처협회 회장 2001년 벤처기업협회 부회장 2002년 과학기술부 여성과학기술정책자문위원 2004년 규제개혁위원회 민간위원 2005년 국세청 세정자문위원 2009년 정보통신위원회 사외이사(현) 2010~2014년 KB금융지주 사외이사 2012년 (주)노바스이지 대표이사 사장(현) [상]통상산업부장관표창, 대통령표창, 철탑산업훈장, 산업협력대상 [종]기독교

이영대(李榮大) LEE Young Dae

[생]1962·12·15 [본]장수(長水) [출]서울 [주]서울 서초구 서초중앙로69 법무법인 수호(02-525-4102) [학]1981년 숭실고졸 1985년 서울대 법학과졸 1990년 同대학원 경제법률학과졸 1995년 미국 하버드대 대학원 경제법률학과 수료, 법학박사(서울대), 연세대 경영대학원졸 [경]1984년 사법시험 합격(26회) 1987년 사법연수원 수료(16기) 1987년 軍법무관 1990년 서울형사지법 판사 1994년 대전지법 강경지원 판사 1995~1997년 대전지법 부여군법원 파견 1997년 수원지법 성남지원 판사 1998년 서울고법 판사 1998년 변호사 개업 2002년 법무법인 수호 변호사(현), 한국콘텐츠진흥원 분쟁조정위원회 조정위원(현), 방위사업청 자문위원(현) 2014년 공정거래위원회 민간심사위원(현), 문화체육관광부 콘텐츠분쟁조정위원회 위원(현) [종]기독교

이영대(李永大) LEE Young Dae

[생]1964·5·20 [출]경북 안동 [주]대전 서구 청사로139 특허청 차장실(042-481-5004) [학]안동고졸, 서울대 정치학과졸, 미국 워싱턴대 대학원 법학과졸 [경]1985년 행정고시 합격(29회) 1998년 특허청 정보관리담당관 1999년 同공보담당관(서기관) 2000년 同발명진흥과장 2001년 同의장3심사담당관 2002년 同심사1국 심사기준과장 2004년 同기획관리관실 기획예산담당관(서기관) 2004년 同기획관리관실 기획예산담당관(부이사관) 2005년 同산업재산정책국 산업재산정책팀장 2007년 同고객서비스본부장 2008년 同고객서비스국장 2009년 同기획조정관 2010년 同상표디자인심사국장(고위공무원) 2011년 同산업재산정책국장 2012년 특허심판원 심판3부 수석심판장 2015년 특허청 차장(현)

이영덕(李永德) LEE Young Deok

[생]1945·5·16 [출]서울 [주]서울 종로구 종로51 종로타워19층 한국데이터베이스진흥원(02-3708-5303) [학]1962년 경기고졸 1966년 서울대 사회학과졸 [경]1969년 조선일보 기자 1972년 同일본특파원 1975년 同정치부 기자 1984년 同정치부 차장 1988년 同정치부 부장대우 1988년 同정치부장 1992년 同정치1부장(부국장대우) 1993년 同워싱턴특파원 1994년 同편집부국장 1995년 同편집부국장 겸 기획부장 1997년 同부국장(국장대우) 겸 수도권취재본부장 1999년 同논설위원 2001년 한국언론인연합회 부회장 2001년 국회 방송자문위원 2002년 방송위원회 위원 2003~2006년 KBS 이사 2009~2015년 언론중재위원회 서울 제7중재부 위원 2014년 개인정보보호협회 부회장 2015년 한국데이터베이스진흥원 원장(현)

이영덕(李永德) Lee, Young-Duck

[생]1953·6·27 [본]안악(安岳) [출]경북 고령 [주]대전 유성구 대학로99 충남대학교 경상대학 경영학부(042-821-5552) [학]1977년 영남대 경제학과졸 1979년 서울대 대학원 경영학과졸 1990년 경영학박사(서울대) [경]1981년 충남대 경상대학 경영학부 교수(현) 1983~1985년 同무역학과장 1991~1993년 同경상대학 교무과장 1994~1995년 미국 보스톤대 경영대학 국제공동연구교수 1999~2001년 한국과학기술정보원(KISTI) 국제기술시장운영위원 2000년 한국산업진흥협회 기술관리전문위원 2000~2001년 21세기벤처플라

자 회장 2000~2002년 중소기업청 대전충남지역정보화추진협의회 위원 2000~2001년 미국 텍사스대 벤처창업 및 기술상용화연구소(ICC Institute) 초빙연구원 2001~2002년 대덕밸리실무추진기획단 위원 2001년 한국기술거래소 외부전문가 2001년 한국과학기술정보원(KISTI) 기술상용화프로그램 자문위원 2002~2008년 기술이전협의회 회장 2003년 과학기술·특허포럼 기획담당 부회장 2004~2012년 정보통신연구진흥원 및 한국정보산업진흥원 기술료심의위원 2004~2007년 정보통신부 기술상용화 전문가(Commercialization Specialist) 2006~2008년 충남대 경영경제연구소장 2006년 과학기술부 국가연구개발사업 평가위원 2006년 한국기술혁신학회 감사 2007~2011년 同부회장 2008년 산업기술연구회 출연경영성과평가위원 2008~2011년 한국학중앙연구원 정부재정사업평가위원 2008년 영상아카데미 부회장 2009~2011년 충남대 공공문제연구소장 [저]'국제조세론' '캐나다의 이해' '기술사업화의 전략 및 제도' '정보통신기술상용화 : 전략 및 제도' '중국 벤처비지니스의 이해' '신기술사업화의 이해' '기술사업화'

이영돈(李永敦) LEE Young Don

[생]1954·4·19 [주]인천 남동구 남동대로774번길21 가천대학교 길병원 외과(032-460-3419) [학]1979년 서울대 의학과졸 1992년 同대학원 의학과졸 1995년 의학박사(서울대) [경]1979년 전주예수병원 수련의 1980~1984년 同전공의 1984년 공군 군의관 1987년 중앙길병원 근무 1993년 同주임과장 1996년 미국 아이오와주립대병원 연수생 1998년 가천의대 부교수 2001년 同교육개발연구센터 소장 2001~2006년 同교수 2004년 同교무처장 2006~2012년 가천의과학대 외과 교수 2010~2012년 대한갑상선내분비외과학회 회장 2012년 同명예회장(현) 2012년 가천대 메디컬캠퍼스 외과학교실 교수(현) [상]대한갑상선내분비외과학회 명민학술상 최우수논문상(2012) [저]'의학과 의료'(2008, 나남) '외과학'(2011, 군자출판사)

이영돈(李榮敦) LEE Young Don

[생]1959·9·13 [출]제주 [주]제주특별자치도 제주시 조천읍 함덕5길19의5 제주대학교 해양과학연구소(064-782-8922) [학]1985년 제주대 증식학과졸 1987년 부경대 대학원 자원생물학과졸 1990년 이학박사(부경대) [경]1987~1988년 부경대 자원생물학과 조교 1991년 제주대 해양과학연구소 교수(현) 1997~1998년 일본 류큐대 외국인연구원 2000년 양식학회 편집위원(현) 2000년 어류학회 편집위원 2000년 제주도해양수산자원연구소 수산종묘운영협의회 위원 2001년 제주도 제주도바이오산업발전협의회 위원 2002년 국립수산과학원 제주수산연구소 겸임연구관 2003년 (사)제주학회 연구위원 2003년 제주하이테크산업진흥원 자문 및 운영위원회 위원(현) 2003년 제주대 생명과학기술혁신센터 운영위원 2004~2005년 한국해양수산개발원 수산특정연구개발산업 전문위원 2004년 同제주생물종다양성연구소설립추진단 자문위원 2004년 미국 세계인명사전 마르퀴스후즈후 과학기술분야에 등재 2005~2008년 제주하이테크산업진흥원 용암해수사업단장 2005년 영국 국제인명센터(IBC) 21세기 2000인의 두드러진 과학자(2000 Outstanding Scientists of the 21st Century)에 등재 2006년 국립수산과학원 과학위원회 위원 2007년 (사)제주바이오포럼 회장 2009년 제주광어브랜드육성사업단 단장(현) 2012~2016년 제주대 해양과환경연구소장 2016년 (사)한국발생생물학회 회장(현) [상]미국 인명정보기관(ABI) 해양생물과학분야 'American Medal of Honor'(2005), 영국국제인명센터(IBC) 'Top 100 Scientists Pinnacle of Achievement Award'(2005), 제13회 농림수산식품과학기술대상 장관표창(2010), 어류번식생리학 국제심포지움 최우수포스터 발표상(2011) [저]'우리바다 해양생물'(2002)

이영득(李榮得)

[생]1959 [출]서울 종로 [주]부산 중구 흑교로64 중부산세무서(051-240-0200) [학]1977년 경희고졸 1986년 건국대 경제학과졸 [경]서울지방국세청 감사관실 근무 2008년 사무관 승진, 남양주세무서 조사과장, 국세청 납세자보호담당관실 근무, 서울지방국세청 조사1국 조사1과 제1조사팀장 2015년 서기관 승진, 서울지방국세청 조사1국 조사2과 제1조사 팀장 2016년 중부산세무서장(현)

이영란(李榮蘭·女) LEE Young Rahn

[출]서울 [주]서울 용산구 청파로47길100 숙명여자대학교 법과대학(02-710-9494) [학]1967년 경기여고졸 1971년 서울대 법대졸 1973년 同대학원졸 1987년 법학박사(서울대) [경]1980~1985년 국립경찰대 교수 1985~2014년 숙명여대 법대 교수 1991년 미국 하버드대 교환교수 1996년 미국 일리노이대 교환교수 1998년 대통령직속 규제개혁위원회 위원 2000년 한국형사정책학회 회장 2001년 한국형사법학회 회장 2001년 대통령자문 정책기획위원회 위원 2002~2005년 무역위원회 위원장 2007년 법무부 형법개정위원회 위원(현) 2010년 同형사법개정특별위원회 위원장(현) 2014년 숙명여대 법대 명예교수(현) [상]황조근정훈장, 한국출판문화상 저작상, 유기천교수기념사업출판재단 유기천법률문화상(2014) [저]'한국양형론' '말 없는 다수를 위하여' '유죄답변협상제도에 관한 연구' '구속적부심제도에 관한 연구' '형법학 : 각론강의'(2008) '한국형사소송법'(2008) '형법학 : 총론강의'(2012) [역]'신사회방위론' '여성과 범죄' '법, 자유, 도덕' '법 앞에 불평등한 여성들' '흔들리는 법원'(2004)

이영렬(李永烈) LEE Young Ryeol

[생]1958·3·22 [출]서울 [주]서울 서초구 반포대로158 서울중앙지방검찰청 검사장실(02-530-4301) [학]1977년 경복고졸 1981년 서울대 법대졸 1983년 경희대 대학원 사법행정학과 수료 [경]1986년 사법시험 합격(28회) 1989년 사법연수원 수료(18기) 1989년 부산지검 검사 1991년 광주지검 순천지청 검사 1993년 서울지검 검사 1996년 법무부 특수법령과 검사 1998년 한반도에너지개발기구(KEDO) 뉴욕본부 파견 2001년 부산지검 부부장검사 2001년 대검찰청 연구관 2003년 대구지검 공판부장 2004년 법무부 검찰국 검찰4과장 2006년 서울중앙지검 외사부장 2006~2008년 대통령 사정비서관 2008년 서울고검 검사 2008년 수원지검 평택지청장 2009년 인천지검 2차장검사 2009년 서울남부지검 차장검사 2010년 인천지검 부천지청장 2011년 서울고검 송무부장 2012년 대전고검 차장검사 2013년 전주지검장 2013년 서울남부지검장 2015년 대구지검장 2015년 서울중앙지검장(고등검사장급)(현) 2016년 '최순실 비선실세 의혹' 특별수사본부장(현) [상]황조근정훈장(2014)

이영렬(李榮烈) Youngryeol Lee

[생]1961·7·4 [본]전주(全州) [출]강원 원주 [주]경남 창녕군 부곡면 부곡로145 국립부곡병원(055-520-2500) [학]1980년 우신고졸 1987년 중앙대 의과대학 의학과졸 1990년 同대학원 신경정신의학과졸 [경]2008~2012년 보건복지부 국립공주병원장 2013~2014년 국립서울병원 의료부장 2014년 국립부곡병원 병원장(현) [저]'주식회사 마음의 쉼터'(2005, 차림) [종]기독교

이영록(李永祿) Lee Yung-nok (湖山)

[생]1930·5·20 [본]인천(仁川) [출]경남 합천 [주]서울 서초구 반포대로37길59 대한민국학술원(02-3400-5220) [학]1950년 계성고졸 1954년 서울대 문리대 생물학과졸 1957년 同대학원 생물학과졸 1962~1963년 일본 도쿄대 수학 1965년 이학박사(서울대) [경]1958~1961년 서울대 전임강사·조교수 1960년 한국식물학회 편집간사·이사·감사·종신회원(현) 1961~1966년 고려대 조교수·부교수 1966~1995년 同생물학과 교수 1975년 한국미생물학회 회장·명예회원 1982년 한국생화학회 평의원·종신회원(현) 1994년 대한민국학술원 회원(분자생물학·현) 1994년 한국생물과학협회 회장 1995년 고려대 생명과학부 명예교수(현) [상]서울시 교육공로표창(1987), 한국미생물학회 공로상(1989), 고려대 30년근속표창(1991), 춘강상 학술부문(1992), 국민훈장 목련장(1995) [저]'교양생물학'(1959) '자연과학개론'(1960) '일반식물학'(1968) '식물생리학'(1971) '현대생물학'(1972) '생물학'(1975) '미생물학'(1978) '일반생물학실험'(1979) '대학생물학'(1980) '생명의 기원과 진화'(1989) '인류의 기원'(1995) '생물의 역사'(1996) '학문의 길라잡이'(1996) [역]'미생물학'(1991)

이영림(李榮林·女) LEE Young Lim (蒼農)

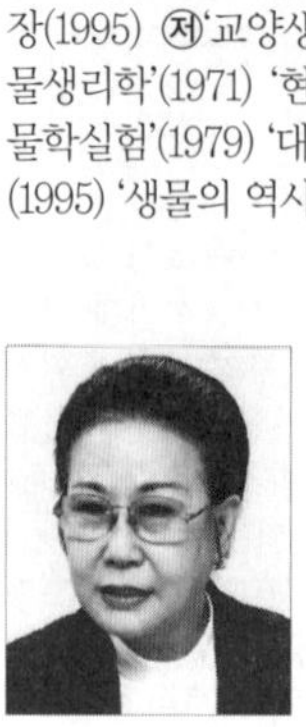

[생]1941·3·20 [출]경북 청도 [주]서울 서초구 반포대로81 영림한의원(02-587-4325) [학]1974년 경희대 한의학과졸 1976년 연세대 경영대학원 수료 1978년 의학박사(이란 FARA대) 2003년 한의학박사(경산대) [경]1976년 이란 국왕 아랴멜 팔레비 저서 '백색혁명' 번역 출판 1976~1994년 이란왕실병원 초청근무, 아랴멜 팔레비 국왕·이란 대통령(호메이니, 라프산자니) 주치의 1977~1980년 동남이란종합건설 설립·이란 FARA 의대 초청교수 1990~1995년 이란 왕실병원 비상근 근무 1994~2000년 영림한방병원 개원·원장 1999년 영림한방병원 한방산후조리원 개원 2000년 영림한의원 원장(현) 2002년 효애실천운동본부 설립·총재, (사)효애실천 회장(현) 2004~2006년 국제존타 서울1클럽 회장 2005~2007년 대한여한의사회 명예회장단 회장 2006년 국제존타 32지구 유엔위원장, 同재단대사, 경희대총동문회 여성동문회장, 同수석부회장 2014년 국가안보포럼 이사장(현) 2015년 민주평통 서초구협의회 수석부회장(현) [상]자랑스러운 경희인상(2010), 대통령표창(2013) [저]'이영림박사의 한방건강이야기'(2001) 'Traditional Medicine in English(共)'(2003) 'Gold Finger 가정동의보감'(2004) '몸이 예뻐지는 웰빙 건강법(編)'(2006) [역]'백색혁명'(1976)

이영만(李寧萬) Lee Young-man

[생]1953 · 12 · 7 [출]경남 함안 [주]서울 용산구 후암로4길 10 (주)헤럴드 사장실(02-727-0114) [학]1971년 인천 송도고졸 1978년 성균관대 신문방송학과졸 2005년 한양대 언론정보대학원졸 [경]1978년 신아일보 입사 1980년 해직 1986년 경향신문 입사 1990년 同체육부 차장 1997년 同매거진X 기획취재부장 2000년 同체육부장 2001년 同섹션편집장(부국장대우) 2002년 同편집국 섹션담당 부국장 2003년 同출판본부장 2004년 同편집국장 2006년 同광고마케팅본부장(상무) 2006년 同대외협력담당 상무 겸 논설위원 2007년 同사업국장 겸 대외협력담당 상무 2008~2009년 同대표이사 사장 2008년 한국신문윤리위원회 윤리위원, 한국체육대 사회스포츠대학원 초빙교수 2012년 (주)헤럴드 대표이사 사장(현) 2012년 한국신문협회 이사(현) 2014~2016년 한국신문윤리위원회 감사 2015년 (사)한국외국어신문협회 초대 회장(현) [상]이길룡 체육기자상(1995), 성균언론인상(2006), 한국올림픽성화회 공로상(2013) [저]'경기장 밖의 5막5장' '이영만기자의 스포츠X파일' '공 하나에 얽힌 10만가지 사연' '그라운드 손자병법' '트래블'(共) '벼랑 끝에 서면 길이 보인다' '잃어버린 시절을 찾아서'(共) '민족의 힘-씨름'(2002) '뜨락일기'(2003) '김응용의 힘-이 남자가 이기는 법'(2005) '아름다운 사람들'(共) '선택-인생의 고비에서 망설이게 되는 것들'(2011)

이영만(李永滿) Lee, Yeong-Man

[생]1956 · 9 · 20 [본]안악(安岳) [출]광주 [주]서울 종로구 사직로8길60 외교부 인사운영팀(02-2100-7136) [학]1975년 광주제일고졸 1979년 공군사관학교졸(27기) 1987년 미국 해군대학원 무기체계학과졸 [경]1979년 공군 소위 임관 1996년 공군 제18전투비행단 제112전투비행대대장 1998년 同작전사령부 작전과장 2000년 대통령 국방비서관실 국방담당관 2002년 공군 제15혼성비행단 비행전대장 2004년 同작전사령부 작전부장 2004년 공군사관학교 생도대장(대령) 2005년 공군 제18전투비행단장(준장) 2007년 합동참모본부 인사부장(소장) 2008년 공군 남부전투사령관 2009년 同정보작전지원참모부장 2011년 同작전사령관(중장) 2012년 同참모차장 2012년 합동참모본부 차장 2013~2014년 공군사관학교장(중장) 2014~2016년 (사)김영옥평화센터 이사장 2016년 駐레바논 대사(현) [상]보국훈장 천수장(2007), 보국훈장 국선장(2014) [종]기독교

이영만(李靈蔓) Lee Young Man

[생]1964 · 1 · 3 [출]전남 화순 [주]서울 용산구 한강대로 211 대우월드마크용산102동505호 법무법인 평안(02-6010-6565) [학]1980년 검정고시 합격 1987년 서울대 인문대학 국어국문학과졸 [경]1988년 사법시험 합격(30회) 1991년 사법연수원 수료(20기) 1991년 서울지검 남부지청 검사 1993년 전주지검 정읍지청 검사 1994년 광주지검 검사 1996년 서울지검 의정부지청 검사 1998년 법무부 검찰3과 검사 2000년 서울지검 검사 2001년 법무연수원 연구위원(대통령비서실 파견) 2002년 수원지검 검사(대검찰청 검찰연구관 파견) 2003년 수원지검 부부장검사 2004년 창원지검 공안부장 2005년 서울고검 검사 2006년 법무부 공공형사과장 2007년 서울남부지검 형사6부장 2008년 서울중앙지검 공안2부장 2009년 대검찰청 감찰1과장 2009년 수원지검 평택지청장 2010년 대검찰청 공안기획관 2011년 의정부지검 차장검사 2012년 서울동부지검 차장검사 2013년 서울고검 검사 2014~2015년 同공판부장 2015년 법무법인 평안 변호사(현)

이영면(李永勉) LEE Young Myon

[생]1960 · 7 · 30 [출]광주 [주]서울 중구 필동로1길30 동국대학교 경영대학 경영학과(02-2260-3288) [학]1984년 연세대 경영학과졸 1986년 서울대 대학원졸 1992년 노사관계학박사(미국 미네소타대) [경]1992~1994년 미국 미네소타대 객원조교수 1994년 동국대 경영대학 경영학과 전임강사 · 조교수 · 부교수 · 교수(현) 1996~1998년 同경영학과장 1996~1997년 대통령자문 노사관계개혁위원회 전문위원 2000~2001년 미국 미네소타대 방문교수 2007~2010년 서울지방노동위원회 공익위원 2007년 대통령자문 경제사회발전노사정위원회 임금체계개선위원회 공익위원 2009년 동국대 전략기획본부장 2009년 한국인사조직학회 부회장 2009년 대통령자문 경제사회발전노사정위원회 근로시간임금제도개선위원회 위원 2010년 한국노동연구원 노동정책연구 · 산업관계연구 편집위원 2011년 중앙노동위원회 공익위원(현) 2011년 한국노사관계학회 부회장 2011년 동국대 경영관리실장 2013~2015년 同경영전문대학원장 겸 경영대학장 2016년 중소기업진흥공단 청렴 · 윤리경영위원회 외부위원(현) 2016년 한국윤리경영학회 회장(현) [상]경영관련학회 하계통합학술대회 매경 우수논문발표상(2008) [저]'새턴자동차공장 작업장 혁신의 성과와 시사점'(2009) '직무만족의 의미와 측정'(2011) '고용관계론- 제4판 개정판'(2012)

이영목(李永睦) LEE Yeong Mok

[생]1955 · 3 · 22 [출]경북 경주 [주]경북 영천시 금호읍 원제2길38 경북문화재연구원 사무처장실(070-7113-9001) [학]대경상고졸, 대구사이버대 경영학과졸 [경]1974년 경주 월성군 근무, 경북도 산림환경연구소 근무, 同유교문화권개발사업단 근무, 경주시 황남동장, 同행정지원과장, 경북도 투자통상국 국제통상과 근무, 同감사관실 근무 2011년 同서울지사장 2013년 同청도군 부군수 2013년 경북문화재연구원 사무처장(현) [상]국무총리표창

이영목(李榮穆) LEE Young Mok

[생]1972 · 7 · 17 [본]전주(全州) [출]대전 [주]서울 서초구 서초중앙로14 하이트진로 홍보팀(02-520-3577) [학]1991년 남대전고졸 1998년 충남대 신문방송학과졸 2007년 미국 텍사스주립대 알링턴교 대학원 경영학과졸(MBA) 2008년 미국 선더버드대 국제경영대학원 국제경영학과졸(MGM) [경]2001년 현대카드 · 현대캐피탈 홍보팀 근무 2010년 대통령실 정책홍보비서관실 행정관(4급) 2011년 하이트진로 홍보팀 · 사회공헌팀 담당임원(상무보) 2014년 同홍보팀 · 사회공헌팀 · 문화팀 · 교육팀 담당임원(상무) 2015년 同홍보팀 · 사회공헌팀 · 문화팀 · 교육팀 · 기업문화실문화팀 총괄임원(상무)(현) [종]천주교

이영무(李榮武) LEE Young Moo

[생]1953 · 7 · 26 [출]경기 고양 [주]경기 고양시 일산서구 중앙로1601 고양자이크로FC(031-923-4642) [학]1973년 경희고졸 1977년 경희대졸 1981년 同대학원 체육학과졸 1990년 합동신학대 대학원 신학과졸 [경]1972~1973년 청소년 국가대표 축구선수 1974~1981년 국가대표 축구선수 1980~1982년 할렐루야 축구단 선수 겸 트레이너 1983~1992년 임마누엘 축구단 선수 겸 트레이너 1992년 목사 안수 1992~1998년 이랜드 푸마 축구단 감독 1995년 올림픽축구국가대표팀 코치 1996년 유니버시아드대회 축구 국가대표팀 코치 1999~2005년 김포 할렐루야 축구단 감독 1999~2003년 성결대 체육교육학과 겸임교수 2000~2001 · 2003~2004년 대한축구협회 기술위원 2005년 김포 할렐루야 축구단장 2005~2008 · 2014년 대한축구협회 기술위원장 2013 · 2015~2016년 고양 Hi FC 감독 2016년 고양자이크로FC 대표이사(현) [상]한국기자단 선정 베스트 일레븐상(1975~1980), 체육훈장 기린장(1975), 체육훈장 백마장(1979), 체육훈장 거상장(1980), 한국기자단 선정 최우수 선수상(1980), 대통령배 지도자상 외 국내대회 지도자상(1994~1996), KFA 아마추어 지도자상(1995~1996), 대한체육회 우수지도자상(1995~1996), 한국역대 축구베스트 일레븐상(MBC, 2002), 한국기독교총연합회 스포츠 대상(2003)

이영무(李永茂) LEE Young Moo

[생]1954 · 10 · 23 [출]서울 [주]서울 성동구 왕십리로222 한양대학교 총장실(02-2220-0034) [학]1977년 한양대 고분자공학과졸 1979년 同대학원졸 1986년 공학박사(미국 노스캐롤라이나주립대) [경]1986년 미국 Rensselaer Polytechnic Inst. 연구원 1987년 미국 3M CO. 선임연구원 1988~1997년 한양대 공업화학과 조교수 · 부교수 1990년 한국공업화학회 조직이사 1992년 한양대 공업화학과장 1992년 한국과학기술원(KIST) 객원책임연구원 1997년 미국 Case Western Reserve Univ. 방문교수 1997~2015년 한양대 공대 에너지공학과 교수 1999~2004년 과학기술부 국가지정 분리막연구실장 1999~2004년 에너지관리공단 자발적협약자문위원 2001년 한국과학기술한림원 종신회원(현) 2002년 국가과학기술자문회의 전문위원 2002년 한양대 공대 응용화학공학부장 2002~2005년 同BK21 재료사업단장 2003년 국제SCI(과학기술논문 인용색인)등재 학술지 '막학(膜學) 저널(JMS)'편집인(현) 2004~2010년 LG화학 사외이사 2004~2006년 교육인적자원부 Post BK기획단 위원 2004~2006년 한양대 학술연구처장 2005년 I&Eng. Chemistry Research Editorial Board 2006~2008년 한양대 총무처장 2007년 한국막학회 부회장 2008년 과학기술부 '미래를 만드는 우수과학자' 선정 2010년 한양대 공대 에너지공학과장 2013~2015년 同교학부총장 2013년 同사회봉사단장 2015년 同총장(현) [상]미국 TAPPI학회 우수논문발표상(1985), 대통령표창(2002), 한국공업화학회 공로상(2004), 과학기술부장관표창(2008), 미래연구정보포럼 지식창조대상, 경암학술상(2012) [저]'고분자공학개론'(1996) '조직공학'(2000) [역]'고분자화학'(1991 · 1992) '유기화학'(1994)

이영묵(李英默) LEE Young Mook

[생]1949·1·2 [출]황해 신계 [주]부산 수영구 수영로427번길39 천주교 부산교구(051-629-8700) [학]광주가톨릭대 신학대학졸 1976년 同대학원졸 [경]1976년 사제수품(천주교 부산교구)·부산교구 동항·중앙성당 보좌신부 1977~2001년 천주교 부산교구 거제·전하·복산·수정·가야·광안·월평성당 주임신부 1987~2014년 同부산교구 사제평의회 평의원 1999~2006년 부산평화방송 사장 2003년 천주교 부산교구유지재단 감사 2006년 同부산교구 화명성당 주임신부 2007년 同부산교구 당감성당 주임신부 2008년 同부산교구 총대리 2008년 몬시뇰(명예 고위성직자) 2011~2014년 천주교 부산교구 동대신성당 주임신부 2014년 同은퇴사제(몬시뇰)(현) [종]천주교

이영문(李泳文) Young Moon Lee

[생]1962·7·4 [주]서울 강남구 언주로85길24 한국자살예방협회(02-413-0892) [학]1981년 대구 심인고졸 1987년 연세대 의대졸 1995년 同대학원졸 2002년 미국 텍사스주립대 대학원 보건학과졸 2003년 호주 멜버른대 대학원 국제정신보건학과졸 [경]연세대 세브란스병원 인턴·레지던트 1994~2011년 아주대 의과대학 정신과학교실·인문사회의학교실 교수 1996년 한국정신사회재활협회 이사·감사(현) 2007~2013년 보건복지부 중앙정신보건사업지원단장 2008~2011년 아주대 정신건강연구소장 2008~2012년 경기도광역정신보건센터장 겸 자살예방센터장 2010년 한국자살예방협회 부회장·이사(현) 2011~2012년 이음병원 정신건강의학과 전문의 겸 교육자문 2013~2016년 국립공주병원 병원장

이영미(李英美·女) LEE Young Mi

[생]1959·10·15 [출]서울 [주]서울 구로구 오리로22다길13의43 서울전파관리소(02-2680-1700) [학]1982년 이화여대 영어영문학과졸 1985년 연세대 대학원 신문방송학과졸 [경]1992년 방송위원회 선임연구원 1996년 同텔레비전부장 2000년 同행정1부장 2002년 同부산사무소 부장 2003년 同매체정책국 방송콘텐츠부장 2004년 同국제교류부장 2006년 同혁신기획부장 겸 정보전산팀장 2006년 同비서실장 2007~2008년 同정책2부장, 방송통신위원회 교육파견(부장) 2010년 同지상파방송정책과장 2011년 同중앙전파관리소 전파관리과장 2013년 미래창조과학부 중앙전파관리소 전파관리과장 2014년 同정보통신방송정책실 뉴미디어정책과장 2015년 同과학기술정책국 미래인재기반과장 2016년 同서울전파관리소장(고위공무원)(현)

이영미(李英美·女) Lee Young-mi

[생]1960·1·5 [출]경북 [주]대구 달서구 장산남로30 대구지법 서부지원 사무국(053-570-2100) [학]경북대 대학원 법학과졸 [경]1978년 법원서기보 임용 1993년 법원주사보 승진 1999년 법원사무관 승진 2006년 대구지법 서기관 2013년 부산지법 동부지원 사무국장(부이사관) 2014년 대구가정법원 사무국장 2015년 대구지법 서부지원 사무국장(현)

이영미(李永美·女) Lee, Young Mi

[생]1965·10·11 [본]전주(全州) [출]전북 [주]전북 익산시 익산대로460 원광대학교 약학대학 한약학과(063-850-6807) [학]1988년 원광대 약학과졸 1990년 同약학대학원졸 1995년 약학박사(원광대) 2001년 의학박사(일본 오사카대) [경]1995년 한국생명공학연구원 연구원 1996~1997년 일본 오사카대 의학부 객원연구원 2000년 원광대 약학대학 한약학과 전임강사·조교수·부교수·교수(현) 2000년 한국보건의료인국가시험원 위원(현) 2002년 식품의약품안전청 중앙약사심의위원회 위원·전문가(현) 2002~2006년 여성생명과학기술포럼 전북지부 총무이사 2002~2006년 원광대 약학대학 한약학과장·대학원 주임교수 2002~2010년 한국생약학회 이사 2006~2007년 미국 National Institute of Health 방문교수 2008~2010년 진안군 지역협력단 위원 2008~2010년 同홍삼한방산업클러스터사업단 위원 2008~2014년 원광한약연구소 소장 2008~2010년 종근당건강(주) 자문위원 2009년 국가식품클러스터 연구포럼 위원 2010~2012년 남원군 특화작목산학연협력단 기술전문위원 2010~2012년 원광대 약학대학장 2010년 전북도 과학기술위원회 위원(현) 2010년 농림축산식품부 과학기술위원회 위원(현) 2010년 대한한약학회 부회장·이사(현) 2011년 보건복지부 한의약발전심의위원회 위원 2011~2012년 (사)대한약학회 연구기획위원장 2011~2012년 식품의약품안전청 R&D기획단 한약운영위원 2011~2012년 전북동부권발전방안연구기획위원회 분과장 2011~2012년 농림축산식품과학기술위원회 종자산업기술분야평가위원회 위원 2012년 同수의과학기술개발사업 단위사업평가위원회 위원 2012년 농림축산식품부 농생명소재산업화기술개발사업 기술기획위원회 위원 2012년 同종자산업기술수준평가 전문가위원회 위원 2012년 한국산업기술진흥협회 녹색인증제 정기개정위원회 위원 2012년 전북도 동북권발전위원회 위원(현) 2012년 (재)순창군건강장수연구소 자문위원·이사(현) 2012~2015년 산업통상자원부 광역경제권연계협력사업 시니어케어식의약품개발사업단장 2013년 농림축산식품과학기술위원회 융복합정보기술산업분야 평가위원장 2013년 중소기업기술로드맵전문위원회 전문위원 2013~2014년 전북도 향토기능성식품생명소재로드맵 위원장 2013년 산업통상자원부 산업융합기반구축사업 기획위원회 위원 2013년 同산업전문인력양성강화사업 기획위원회 위원 2014년 전북도 지역산업발전종합5개년계획 기획위원장 2014~2015년 산학협력선도대학(LINC)사업단 부단장 2014년 지방대학특성화(CK-1)사업단 단장(현) 2014년 同천연물CSI사업단 단장(현) 2015~2016년 원광대 산학협력단장 [상]대한민국인물대상선정위원회 대한민국 인물대상 산학협력분야(2015)

이영민(李英敏) LEE Young Mean

[생]1949·5·5 [본]경주(慶州) [출]전남 진도 [주]서울 서초구 효령로194 대한약사회 보험정책연구원(02-581-1201) [학]1975년 조선대 약대졸 [경]신세계약국 약사(현) 1986년 강남구약사회 부회장 1992년 서울시약사회 의료보험위원장 1994년 서초구약사회 회장 1996년 서초구보건인단체협의회 회장 1998년 대한약사회 의료보험위원장 1998년 한국응급구조단 관선이사 대표 2000·2013~2016년 건강보험심사평가원 비상임이사 2000년 국무총리산하 보건의료발전특별위원 2000년 의·약·정협의회 약사회측 7인 대표 2001년 대한약사회 부회장 2001년 중앙약사심의위원회 위원 2002년 건강보험정책심의위원회 위원 2003년 조선대 약대 겸임교수 2003년 민주평통 자문위원 2005년 한국의약품법규학회 부회장 2005년 혁신도시입지선정위원회 위원 2007년 건강보험공단 중앙포상심의위원회 위원 2008년 조선대 총동창회 부회장 2010년 서울시약사회 총회 부의장 2013~2016년 대한약사회 상근부회장, 보건복지부 건강보험정책심의위원회 위원(현), 한국의약품안전관리원 이사(현), 조선대 약학대학 외래교수(현) 2015년 대한약사회 회장 직무대행 2016년 同보험정책연구원장(현) [상]보건복지부장관표창(2002), 대통령표창(2007), 국민훈장 동백장(2016)

이영백(李英白) LEE,Youngbaek

[생]1962 [주]서울 마포구 백범로192 에쓰오일 Reliability본부(052-231-2911) [학]1981년 부산 동성고졸 1987년 성균관대 전기공학과졸 [경]1987년 에쓰오일 입사 2007년 同공무부문 상무 2009년 同정비부문 상무 2014년 同Reliability기술본부 전무 2015년 同Reliability본부장(부사장)(현)

이영분(李英芬·女) LEE, Youngboon

[생]1947·9·26 [주]충북 충주시 충원대로268 건국대학교 공공인재대학 사회복지학과(043-840-3219) [학]1971년 이화여대 사회사업학과졸 1983년 同대학원졸 1987년 미국 보스턴대 대학원 수료 1990년 사회복지학박사(이화여대) [경]1982~1986년 이화여대 사회복지관 연구원 1990~2013년 건국대 글로컬캠퍼스 사회복지학과 교수 1993~2000년 한국사회복지학회 이사 1996년 단기가족치료센터·한국단기가족치료연구소 상담교수(현) 1996~1999년 한국사회복지사협회 부회장 1998년 한국가족치료학회 이사·자격관리위원회 위원장 1998년 한국아동복지학회 이사 1999~2000년 일본 도쿄도립대 사회복지학과 객원교수 2000년 한국가족사회복지학회 회장 2001~2015년 한국도박중독센터 전문위원 2002년 국무총리실 청소년보호위원회 가족가출분과 위원 2003~2004년 한국사회복지학회 회장 2003~2005년 사회보장심의위원회 위원 2004~2006년 건국대 충주캠퍼스 사회과학대학장 2008~2011년 同사회과학대학원장 2008~2014년 한국사회복지사협회 수석부회장 2009년 아시아태평양사회복지교육협의회(APASWE) 실행이사 2010년 국가보훈처 비상임심의위원 2011년 (사)글로벌투게더음성 이사장(현) 2011~2013년 건국대 글로컬캠퍼스 인문·사회·예술 부총장 2013년 同공공인재대학 사회복지학과 명예교수(현) 2014~2015년 해결중심치료학회 회장 2014년 한림화상재단 감사(현) 2016년 초록우산어린이재단 이사(현) 2016년 하이원복지재단 이사(현) [상]교육과학기술부장관표창(2013) [저]'며느리와의 갈등으로 가출한 시어머니 사례'(1987) '어떻게 도와야 하나'(1989) '임상사회사업 기술론'(1991) '가족분석가계도'(1992) '노인복지의 이해-이론과기법'(1992) '해결중심적 단기가족치료'(1993) '집단사회사업실천론'(1993) '가족치료 총론'(1995) '단기가족치료'(1996) '한국사회복지사협회 30년(1967~1997)'(1997) '현대가족문제'(1998) '무엇이 좋아지셨습니까'(1998) '사회복지실천과 임상사회사업'(1999) '社會福祉士·精神保建福祉士 ケアマネジャーになるために'(2000) '임상사회복지 사정분류체계'(2000) '사회복지 실천론'(2001) '사회복지 실

천 기술론'(2001) '교회의 사회복지 참여하고 실천하기'(2001) '여성과 사회복지'(2002) '신상공개제도의 효과측정 및 제도개선연구'(2002) '가족폭력—사정과 실제'(2003) '사회복지학 개론'(2003) '유럽의 사회복지'(2003) '가정봉사활동 개론'(2004) '고령화사회와 노인인구의 보건복지'(2004) '가계도—사정과 개입'(2005) '낭비와 중독에서 벗어나기'(2006) '해결중심 가족치료사례집'(2006) '한국기독교사회복지 총람'(2007) '해결중심 단기치료'(2008) '가족치료 : 모델과 사례'(2008) '가족치료 슈퍼비전의 이론과 실제'(2008) '가계도 사정과 개입'(2011) '해결중심 가족치료의 오늘—기적 그 이상의 것'(2011) '한국사회복지실천의 고유성'(2013) '사례로 배우는 가족상담과 가족치료'(2015) (역)'임상사회사업기술론' '노인복지의 이해'

이영상(李永相)

(생)1965 · 12 · 21 (주)경북 예천 (주)경기 수원시 영통구 매봉로52 수원남부경찰서(031-211-8008) (학)경북 영주 중앙고졸, 중앙대 회계학과졸, 한세대 경찰법무대학원 경찰학과졸 (경)1992년 경위 임용(경찰간부후보 40기) 1996년 경감 승진 2000년 경정 승진 2009년 총경 승진 2010년 경찰교육원 운영지원과장 2011년 경찰청 사이버테러센터장 2011년 경기 수원서부경찰서장 2013년 서울지방경찰청 광역수사대장 2014년 서울 성동경찰서장 2015년 경찰청 사이버범죄대응과장 2015년 경기 수원남부경찰서장(총경) 2016년 경기 수원남부경찰서장(경무관)(현)

이영상(李榮祥) LEE Yeong Sang

(생)1973 · 11 · 8 (출)서울 (주)서울 서초구 반포대로157 대검찰청 범죄정보1담당관실(02-3480-2240) (학)1992년 경복고졸 1996년 서울대 사법학과졸 (경)1997년 사법고시 합격(39회) 2000년 사법연수원 수료(29기) 2000년 공익법무관 2003년 서울지검 서부지청 검사 2004년 서울서부지검 검사 2005년 수원지검 평택지청 검사 2009년 법무부 국제형사과 검사 2012년 서울중앙지검 검사 2013년 同부부장검사 2014년 부산지검 부부장검사(법무부 정책기획단 파견) 2014년 대통령 민정수석비서관실 행정관 2016년 대검찰청 범죄정보1담당관(현)

이영서(李永瑞) LEE Young Suh (하정)

(생)1943 · 7 · 22 (본)교하(交河) (출)서울 (주)서울 서대문구 충정로7길23 아세아연합신학대학원內 (주)SNF(02-3147-0174) (학)1961년 경기고졸 1965년 서울대 상학과졸 1988년 同경영대학원 최고경영자과정 수료 1994년 미국 하버드대 대학원 MGO과정 수료 (경)1968~1973년 국제화재해상보험 차장 1973년 대우실업 부장 1977년 同미국 시카고 · 디트로이트지사장 겸임 1985년 대우전자(주) 전무이사 1987년 同부사장 1990~1997년 동양매직(주) 사장 1990~1997년 동양토탈 사장 1995~1997년 한국전기용품안전관리협회 회장 1997년 동양매직 · 동양토탈 부회장 1998년 국제화재해상보험(주) 대표이사 사장 2000년 同부회장 2000년 크리스탈투자자문 회장 2001년 효성(주) 섬유1PG장(사장) 2003년 (주)SNF 회장(현) (상)석탑 · 금탑산업훈장 (종)기독교

이영석(李永奭) LEE Young Seok

(생)1952 · 4 · 15 (출)서울 (주)충남 천안시 동남구 단대로119 단국대학교병원 영상의학과(041-550-3955) (학)1977년 서울대 의대졸 1984년 同대학원졸 1989년 의학박사(서울대) (경)1981~1984년 서울대 의대 진단방사선과 전공의 1984~1987년 同소화아동병원 방사선과장 1987~1996년 중앙길병원 방사선과 주임과장 1996년 단국대 의대 영상의학과 교수(현) 2001~2003년 同부속병원 교육연구부장 2003년 同부속병원 진료부원장 2004~2006년 同부속병원장 2011~2013년 同부속병원 의무부총장 겸 의료원장 (역)'방사선과학'(2000)

이영선(李榮善) LEE Young Sun

(생)1947 · 8 · 26 (본)충주(忠州) (출)서울 (주)서울 용산구 이태원로211 한남빌딩4층 (사)코피온(02-733-1387) (학)1966년 대광고졸 1970년 서울대 경제학과졸 1976년 경제학박사(미국 메릴랜드대) (경)1976년 미국 메릴랜드대 수석연구원 1978년 한국국제경제연구원 수석연구원 1981~2008년 연세대 상경대학 경제학과 조교수 · 부교수 · 교수 1991~1995년 동서문제연구원 북한센터소장 1996년 연세대 통일연구원장 1998~2002년 同기획실장 2001~2003년 한국비교경제학회 회장 2002~2004년 연세대 국제학대학원장 2002~2004년

한국국제경제학회 회장 2004년 대통령자문 국민경제자문회의 위원 2006년 연세대 국가관리연구원장 2007~2008년 한국경제학회 회장 2008년 同명예회장(현) 2008~2012년 한림대 총장 2008년 연세대 경제학과 명예교수(현) 2009년 한림국제대학원대 총장 겸임 2009 · 2012~2014년 (주)포스코 사외이사 2012년 교육과학기술부 대학구조개혁위원회 위원장 2013년 교육부 대학구조개혁위원회 위원장 2013~2014년 (주)포스코 이사회 의장 2013년 (사)코피온 총재(현) 2013~2014년 국립대학법인 서울대 이사 2014~2015년 1090평화와통일운동 공동대표 2014년 한국학중앙연구원 비상임이사(현) 2015년 대한적십자사 부총재 2015년 (재)통일과나눔 이사(현) 2015년 同'통일나눔펀드' 기금운용위원회 위원장(현) 2015년 대통령자문 국민경제자문회의 부의장(현) (상)한국경제학회 청람상, 미국 사우스플로리다대(Univ. of South Florida) Global Leadership Award(2011), 청조근정훈장(2012) (저)'경제계획론' '민주주의와 경제정책' '산업구조' '우리나라 중화학공업제품의 수출마케팅' '우리나라 수출상품의 비교우위 분석과 전망' '해외경제여건과 국내정책변화의 효과분석'(共) (역)'평등과 효율' '신좌파의 정치경제학' (종)기독교

이영섭(李英燮) LEE Young Sup

(생)1941 · 4 · 28 (출)서울 (주)대전 대덕구 문평서로42 (주)진합 회장실(070-7430-1811) (학)1959년 경복고졸 1966년 서울대 전기공학과졸 (경)1960년 현대그룹 근무 1970년 영신금속(주) 상무이사 1976년 진합공업사 대표 1978~2002년 진합정공(주) 대표이사 2000년 대전상공회의소 부회장 2000년 현대 · 기아자동차 협력회 회장(현) 2002년 (주)진합 대표이사 회장(현) 2002년 자동차부품산업진흥재단 이사장(현) (상)대통령표창, 상공부장관표창, 국무총리표창, 은탑산업훈장, 기업은행 선정 '기업인 명예의 전당' 헌정(2013) (종)천주교

이영성(李永成) YI Yung Sung (悲鳥)

(생)1952 · 4 · 30 (본)여주(驪州) (출)경기 이천 (주)서울 마포구 마포대로144 태영빌딩11층 뉴스통신진흥회 사무국(02-734-4812) (학)1971년 장호원고졸 1980년 국민대 국어국문학과졸 1982년 同대학원졸 (경)1979년 동양통신 입사 1981~1992년 연합통신 인사부 근무 1983년 국민대 국어국문학과 강사 1993~1996년 연합통신 인사부 차장 1995년 계명복지회 이사(현) 1997년 연합통신 인사부장 직대 1998년 연합뉴스 인사부장 직대 1999년 同인사교육부장 직대 2000년 同인사교육부장 2003년 同부국장대우 인사교육부장 2005년 同관리국장 2008~2010년 同관리국 기획위원 2012년 뉴스통신진흥회 사무국장(현) (저)'한국근대작가론고' '書籍 詩의 심상과 그 구조적 특성' '한국구비문학大系(Ⅰ)' 수필집 '술래잡기' '지난 시간과 떠난 자리' '겨울 허수아비' '가을일기' (종)가톨릭

이영성(李榮星) LEE Young Sung

(생)1960 · 12 · 4 (출)서울 (주)서울 중구 세종대로17 와이즈빌딩 한국일보(02-724-2004) (학)1979년 전주고졸 1983년 서울대 정치학과졸 1985년 同행정대학원졸 (경)1986년 KBS 입사 1987년 한국일보 사회부 기자 1989년 同경제부 기자 1992년 同국제부 기자 1993년 同정치부 기자 1999년 同정치부 차장대우 2002년 同정치부 차장 2003년 同국제부 차장 2004년 同국제부 부장대우 2004년 同정치부 부장대우 2005년 同정치부장 2006년 同정치부장(부국장대우) 2006년 同편집위원 2007년 同편집국 부국장 2008년 同정치부장 겸임 2009년 同편집국 부국장 2011년 同논설위원 2012년 同편집국장 2013년 同창간60주년기획단장 2013년 同논설위원 2014년 同부사장(현) 2015년 한국신문방송편집인협회 부회장(현) (상)이달의 기자상(1994), 한국일보 백상기자상 대상, 소총 · 사선문화상 언론부문(2015) (저)'시대정신 대논쟁'(2007, 아르케) '외눈박이 시대의 외눈박이 기자'(2008, 커뮤니케이션북스)

이영성(李榮成) LEE Young Sung

(생)1964 · 3 · 13 (출)서울 (주)서울 중구 퇴계로173 한국보건의료연구원(02-2174-2700) (학)1987년 서울대 의대졸 1994년 同대학원 의료관리학과졸 1997년 의료관리학박사(서울대) (경)1989~1990년 인도주의실천의사협의회 사무국 차장 1996년 충북대 의대 의료정보 및 관리학교실 조교수 · 부교수 · 교수(현) 1999년 同의학연구정보센터 소장 2000~2006년 대한의학회 의료정보이사 2002~2004년 한국보건의료인국가시험원 정보위원장 2008년 국립암센터 암관리사업부장 2008년 국가과학기술위원회 전문위원, 충북대병원 공공보건의료사업실장 2016년 한국보건의료연구원(NECA) 제4대 원장(현) (상)한국보건의료관리연구원장표창(1995), 보건복지부장관표창(2001), 충북대 공적상(2003), 대한의학회 공로장(2006)

이영세(李英世) LEE Young Sae (誠正)

생1947·6·15 본전의(全義) 출대구 주대구 달서구 달구벌대로1095 계명대학교 성서캠퍼스 사회과학대학 국제통상학과(053-580-5494) 학1965년 경북고졸 1969년 서울대 상대 경제학과졸 1971년 서강대 대학원졸 1978년 경제학박사(미국 펜실베이니아대) 경1978~1979년 서강대 경제학과 조교수 1979~1981년 미국 미네소타대 경제학과 초청교수 1981년 국제경제연구원 수석연구원 1982~1986년 산업연구원 연구위원(산업1실장·대구지원장) 1987년 同선임연구위원 1991년 同부원장 1995년 同선임연구위원 1996년 同미국지원장 1998년 同산업정책연구센터 소장 1999~2001년 한빛은행 사외이사 2000~2001년 산업기술정보원 원장 2000년 세계경제연구원 상임연구자문위원 2001년 한국외국어대 국제지역대학원 강사 2002년 새길디지털대 총장 2002~2012년 대구사이버대 총장 2005~2010년 한국원격대학협의회 회장 2006년 대구은행 사외이사 2010~2012년 한국무역협회(KITA) 정보화추진위원장 2011년 국가평생교육진흥원 이사장 2013년 국가인권위원회 정책자문위원(현) 2013년 계명대 사회과학대학 국제통상학과 특임교수(현) 상산업연구원 특별공로상(1985) 저'A New Trade and Industrial Policy in the Globalization of Korea'(1996, KIET) '이영세의 경제칼럼'(2004, 자유미디어) '사이버대학과 함께 한 나의 삶'(2012, 대구사이버대) 역'제로섬 해법'(1986, 매일경제) '21세기 미국의 금융산업'(1998, KIET) '선진국의 국제개혁사례'(1998, KIET) 종기독교

이영수(李榮秀) LEE Young Soo

생1927·8·19 본전의(全義) 출충북 음성 주경기 성남시 분당구 대왕판교로700 코리아바이오파크C동4층 신신제약(주) 회장실(031-776-1111) 학1945년 만주 대련상고졸 경1945~1953년 조선의약품(주) 근무 1953~1958년 삼양산업(주) 상무이사 1958년 대한화학공업(주) 전무이사 1961년 신신제약 사장 1971년 대한약품공업협동조합 이사장 1991년 신신제약(주) 대표이사 회장(현) 1993년 의약품성실신고조합 부이사장 2000년 한국의약품수출입협회 이사 상국민훈장 동백장, 대통령표창, 국세청장표창, 보건복지부장관표창, 한국창업대상(2009) 종불교

이영수(李永水) LEE Young Soo

생1929·12·25 본양성(陽城) 출전북 정읍 학소래국교졸 경1965년 국악예고·서울시립 국악관현악단 1973년 일본 도쿄대 현악기·와궁후·수궁후 납품 1979년 전통공예전 입선(향비파) 1983년 청주대 박물관 현악기 납품 1990년 중요무형문화재작품전 출품 1991년 중요무형문화재 제42호 악기장(현악기 제작) 기능보유자 지정(현) 1992년 전통공예전 심사위원 1992년 한국문화재보호재단 이사 상전승공예대전 장려상(1984), 한국문화재보호협회 감사패(1991)

이영수(李永守) RHEE Yong Su

생1937·9·18 본단양(丹陽) 출인천 주서울 서대문구 연희로197 재이손빌딩502호 재이손산업(주) 비서실(02-335-1521) 학1956년 부산고졸 1961년 동국대 법정대 법학과졸 1989년 성균관대 무역대학원 경제학과졸 경1956~1960년 민주당 부산西지구당 선전부·조직부 차장·부장·중앙위원(전당 및 도당대회 대의원)·경상도 선전부·조직부·청년부 차장 1960~1961년 교통부 장관비서·국무원 사무처장관비서, 국무총리 정보분석담당, 4.19혁명단 교도국장, 부상지학생동지회 정치국장, 대한민국대학생총연합회 고문, 4.19혁명부상자보상위원회 위원장 1966~1971년 Associated American Engineer Corp 생산관리사원, Philco-Ford 생산관리부장·행정관 1971~1973년 동국섬유·동국무역 무역부 차장 1973년 재이손산업(주) 설립·대표이사(현) 1988년 제13대 국회의원선거 출마(서울 도봉乙, 무소속) 1991~2005년 재이손 청도 유한공사 설립·회장 1997~2002년 재이손 Bangladesh(주) 설립·사장 2004년 제17대 국회의원선거 출마(서울 강북甲, 무소속) 상건국포장 4.19혁명공로상(2007)

이영수(李永洙) LEE Young-Soo

생1953·2·25 출경북 영천 주대구 북구 대학로80 경북대학교 경제통상학부(053-950-5436) 학1971년 경북사대부고졸 1976년 서강대 무역과졸 1982년 同대학원졸 1994년 경제학박사(성균관대) 경1977~1979년 (주)현대건설 근무 1982~1987년 경기대 무역학과 전임강사·조교수 1987~1996년 경북대 무역학과 조교수·부교수 1995년 한국무역상무학회 부회장 1996년 경북대 경제통상학부 교수(현) 1999년 同경상대학 부학장 2001년 한국국제상학회 부회장 2002년 국제무역학회 부회장 2003년 경북대 대학원 전자상거래학과장 2004년 산업자원부 산학협동e비즈니스대학원 지원사업총괄 책임자

2004년 한국무역학회 부회장 2004년 한국무역통상학회 부회장, 한국해운물류학회 부회장 2008년 대구시 시정평가위원장 2008~2010년 경북대 평생교육원장, 경북도 새경북위원회 위원 2015년 한국무역학회 회장(현) 상산업자원부장관표창(2007) 저'물류비 절감을 위한 무역업체의 정보화전략'(1999) '국제통상의 이해'(2001) '인터넷무역론'(2002)

이영수(李泳洙) Young Soo Lee

생1954·4·27 주충남 천안시 서북구 입장면 양대기로길89 한국생산기술연구원 원장실(041-589-8101) 학1972년 경기고졸 1976년 서울대 공과대학 산업공학과졸 1978년 한국과학기술원(KAIST) 산업공학과졸 1986년 기계공학박사(미국 위스콘신대 메디슨교) 2005년 미국 버클리대 기술경영학과 수료 경1992~1995년 LG Software 자동화개발센터부 부장 1995년 한국생산기술연구원 입원, 同G7첨단생산시스템개발사업단장, 同국제IMS사무국장, 同지본재산업기술개발센터 소장, 同해외사무소장, 同선임연구본부장(부원장), 同국가청정생산지원센터 소장, 同실용로봇연구그룹 수석연구원 2000~2001년 경남메카노-21 신지식기계설비기술개발사업분야 기술기획위원 2001년 한국IT비즈니스진흥협회 감사(현) 2001~2002년 (사)한국지능정보시스템학회 이사 2005년 과학기술부 신기술인정제도종합심사위원회 위원 2005~2008년 한국과학기술단체총연합회 국제협력위원회 위원 2005~2008년 산업자원부 산업기술기반조성사업기획평가단 위원 2007~2008년 (사)전자거래학회 부회장 2009년 (사)국제지식서비스학회 부회장 2009~2011년 인천정보산업진흥원 원장 2009~2010년 (사)출연연구발전협의회 이사 2009~2010년 한국생산기술연구원 회장 2010년 (사)전자정보교류연구센터 감사(현) 2010년 미국 위스콘신대 메디슨교 한국총동문회 운영위원(현) 2010년 (사)한국그린비즈니스협회 감사(현) 2010~2012년 인하대 대학평의원회 위원 2010년 국회 저탄소녹색성장국민포럼 그린IT분과 연구간사 2011년 인천시 비전기업선정위원회 위원 2012년 지식경제부 에너지경영포럼 위원 2013년 한국생산기술연구원 원장(현) 2013년 충남테크노파크 선임직이사(현) 2013년 부산테크노파크 선임직이사(현) 2014년 중소기업창조경제확산위원회 위원(현) 상2015 KAIST 자랑스런 동문상(2016), 과학기술훈장 혁신장(2016)

이영수(李永洙)

생1963·6·17 주경기 성남시 분당구 판교로255번길58 씨즈타워501호 (주)씨프로(070-8633-8712) 학1987년 인하대 전기전자공학과졸 경1987~1992년 금성산전(주) 연구소 입사·선임연구원 1992~1995년 (주)아신전자 연구소 실장 1995~1996년 (주)선인정보통신 기술이사 1996년 (주)씨프로 대표이사(현) 2013년 한국디지털CCTV연구조합 부이사장·이사장(현) 2015년 한국첨단안전산업협회 수석부회장 2016년 同회장(현) 2016년 경찰청 연구개발사업심의위원(현)

이영숙(李英淑·女) LEE Young Sook

생1933·6·25 출서울 주부산 중구 중구로151 (주)코모도호텔 비서실(051-466-9101) 학1953년 수도여고졸 1957년 이화여대 약학과졸 1994년 고려대 국제대학원 최고국제관리자과정 수료 1995년 이화여대 정보과학대학원 여성최고지도자과정 수료 경1986년 (주)코모도호텔 대표이사 1992년 한국여성경제인연합회 부산지회장 1993년 민주평통 자문위원 2002~2004년 한국여성경제인협회 회장 2002년 대통령자문 국민경제자문회의 위원, 부산상공회의소 부회장 2010년 (주)코모도호텔 대표이사 회장(현) 2013년 민주평통 부산지역회의 부의장(현) 상민주평통의장표창, 한국여성경제인연합회장표창, 대통령표창, 산업포장(2011) 종불교

이영숙(李永淑·女) LEE Young Sook

생1955·12·16 출광주 주경북 포항시 남구 청암로77 포항공과대학교 생명과학과(054-279-2296) 학1978년 서울대 식물학과졸 1980년 同대학원 식물학과졸 1988년 식물생리학박사(미국 코네티컷대) 경1988~1990년 미국 하버드대 박사후연구원 1990년 포항공대 생명과학과 조교수·부교수·교수(현) 2001년 환경정화용식물개발 국가지정연구실장 2004년 국가과학기술자문회의 자문위원 2011년 국가과학기술위원회 생명보건분과 위원 상한국식물학회 논문상(1994), 국제환경학회 The 4th Cross Straits Symposium on Materials, Energy and Environmental Sciences(Outstanding paper award)(2002), 한국과학기술단체총연합회 과학기술우수논문상(2002), 한국과학재단 올해의 여성과학자(2003), 과학기술부·한국과학문화재단 선정 '닮고 싶고 되고 싶은 과학기술인'(2004), 한국로레알-유네스코 여성생명과학진흥상(2008), 한국생화학분자생물학회 마크로젠 여성과학자상(2009), 미국학술원 코자렐리 논문상(2011), 미국식물학회 커러스펀딩멤버상(2013)

이영숙(李英淑 · 女) Lee Young Sook

[생]1970 · 7 · 5 [출]경북 김천 [주]대구 수성구 동대구로 364 대구지방법원(053-757-6600) [학]1987년 경북여고졸 1991년 이화여대 법학과졸 [경]1990년 사법시험 합격(32회) 1993년 사법연수원 수료(22기) 1993년 창원지법 판사 1996년 대구지법 판사 1999년 同김천지원 판사 2001년 同판사 2004년 대구고법 판사 2006년 대구지법 판사 2008년 同부장판사 2011년 同서부지원 형사1부 부장판사 2013~2016년 同민사11부 부장판사 · 칠곡군법원 판사 2016년 대구지법 부장판사(현)

이영순(李榮純) LEE Yong Soon (一如)

[생]1944·10·16 [본]청해(靑海) [출]평남 양덕 [주]서울 관악구 관악로1 서울대학교 수의과대학 공중보건학교실(02-880-1298) [학]1963년 서울고졸 1972년 서울농업대 수의학과졸 1975년 일본 東京大 대학원졸 1978년 농학박사(일본 東京大) [경]1978~1979년 일본 도쿄대 의과학연구소 객원연구원 1979년 서울대 전임강사·조교수·부교수 1990~2010년 同수의과대학 공중보건학교실 교수 1991~1997년 同수의과대학 교무학장보 및 부학장 1992~1995년 Experimental and Toxicologic Pathology誌 Advisory Board 1994~1999년 한국실험동물학회 회장 1994년 The Journal of Veterinary Medical Science誌 Guest Editor 1998~2000년 한국독성학회 회장 1998~2000년 환경성돌연변이발암원학회 회장 1998년 한국환경호르몬연구회 회장 1999~2001년 서울대 수의과대학장 2000년 Experimental Animals誌 Invited Editor 2000년 식품의약품안전청 다이옥신대책위원장 2001년 한국과학기술한림원 정회원(현) 2001~2003년 한국수의공중보건학회 회장 2001년 농림부 축산물위생심의위원장 2002~2003년 식품의약품안전청장 2002년 한국독성병리학회 창립회장 2003~2006년 민주평통 자문위원 2003년 대한수의학회 회장 2003~2005년 (주)오리엔트 사외이사 2003년 한국화학융합시험연구원(KTR) 이사(현) 2003~2013년 GSI 이사 2003~2006년 LG생명과학 사외이사 2004~2006년 아시아실험동물학회(AFLAS) 회장 2005~2009년 서울대 인수(人獸)공통질병연구소장 2005~2008년 청해이씨대종회 회장 2006~2010년 알앤엘바이오 사외이사 2009년 생명공학연구원 멘토교수 2010년 서울대 명예교수(현) 2011~2013년 사회복지법인 베데스다생명과학재단 이사장 2012~2016년 상명대 그린과학과 석좌교수 2013년 대한민국학술원 회원(수의병리학·현) 2014년 한국과학기술단체총연합회 부회장(현) 2016년 한국마사회 비상임이사(현) [상]대한수의학회 학술대상(1997), 한국과학기술단체총연합회 우수학술논문상(1998), 환경부장관표창, 보건대상, 황조근정훈장, 자랑스런 시립대인상(2006), 자랑스런 서울인상(2007) [저]'실험동물의학' '수의공중보건학' '어류질병학' '독성학' '독성병리학' [역]'수의병리학개론' '수의병리학각론'

이영순(李永淳) LEE Young Soon

[생]1946 · 3 · 28 [출]충남 보령 [주]울산 중구 종가로400 한국산업안전보건공단(052-703-0503) [학]1964년 공주사대부고졸 1967년 고려대 화학공학과졸 1985년 화학공학박사(명지대) [경]1985~1996년 서울산업대 안전공학과 전임강사 · 조교수 · 부교수 1991년 한국산업안전공단 기준제정위원회 화학분야 위원장 1993년 한국산업안전학회 부회장 · 회장 1996년 서울산업대 안전공학과 교수 1997년 한국가스학회 부회장 1999년 同감사 2001년 한국리스크관리학회 이사 · 편집위원 2001년 한국가스공사 사외이사 2002년 서울산업대 안전공학과장 2005년 同공과대학장, 同에너지환경대학원장 2006년 한국산업안전공단 사외이사 2011년 대한산업안전협회 비상근이사 2011년 고용노동부 산업안전보건정책자문위원회 위원 2014년 한국산업안전보건공단 이사장(현) [상]국민포장(1997), 노동부장관표창(2002), 교육과학기술부장관표창(2011), 황조근정훈장(2011) [저]'화약 및 발파공학'(1989, 서울산업대) '산업안전활동평가론'(1993, 태백의책) '신안전관리총론'(1993, 도서출판한진) '위험성 평가 2판, 1쇄'(2000, 도서출판 동화기술) '가스누출탐지기술' [역]'화공안전공학'(1994, 대영사) '화학공정안전'(2004, 도서출판 동화기술)

이영식(李永植) LEE Young Sik (明輪)

[생]1955 · 12 · 19 [본]원주(原州) [출]서울 [주]경남 김해시 인제로197 인제대학교 역사고고학과(055-320-3321) [학]1979년 고려대 사학과졸 1983년 同대학원졸 1991년 사학박사(일본 早稻田대) [경]1993년 인제대 가야문화연구소장 1993년 同역사고고학과 교수(현) 1995년 경남도 문화재위원 1997~1999년 한국고대사학회 연구이사 2007~2009년 인제대 인문사회과학대학장 2007년 同박물관장(현) [저]'시민을 위한 가야사'(1996) '한국과 일본, 왜곡과 콤플렉스의 역사 1 · 2'(1998) '한국사와 한국인'(2003) '이야기로 떠나는 가야역사 여행'(2009) [종]기독교

이영식(李榮植) LEE YOUNG SIK

[생]1959 · 11 · 15 [출]서울 [주]서울 서초구 방배로285 한샘빌딩9층 (주)한샘 경영지원실(02-6908-3106) [학]1985년 서울대 경제학과졸 1988년 同경영대학원 경제학과졸(석사) 2003년 한국과학기술원(KAIST) 최고경영자AIM과정 수료 2006년 서울대 CFO아카데미전략과정 수료 2015년 (사)한반도미래포럼 통일리더쉽아카데미 수료 [경]1985년 대한상공회의소 근무 1994~1996년 세동회계법인 근무 1996년 (주)한샘 입사(차장) 2000년 同관리부 이사 2007년 (주)한샘넥서스 대표이사 2014년 (주)한샘 경영지원실 부사장 2016년 同경영지원실 사장(현) 2016년 (주)한샘서비스투 대표이사(현) [상]국세청장표창(2015)

이영식(李英植) Lee Young Sik

[생]1965 · 2 · 20 [출]경북 [주]경북 안동시 풍천면 도청대로455 경상북도의회(054-880-5126) [학]경안고졸 1988년 성균관대 법학과졸 [경]생덕시대학원 원장, 안동시학원연합회 회장, 경안여고 운영위원회 부위원장(현), 안동시볼링협회 부회장(현), 한나라당 경북도당 부위원장 2010년 경북도의회 의원(한나라당 · 새누리당) 2010년 同문화환경위원회 위원 2012년 同도청이전지원특별위원회 위원, 경안중 학부모회 회장, 법무부 법교육지원강사, 경북도 문화재위원회 위원 2012년 경북도의회 건설소방위원회 위원, 同남부권신공항특별위원회 부위원장 2014년 경북도의회 의원(새누리당)(현) 2014년 同교육위원회 위원장 2016년 同행정보건복지위원회 위원(현)

이영애(李玲愛 · 女) Young A. LEE

[생]1948 · 9 · 21 [본]전주(全州) [출]서울 [주]서울 서초구 서초중앙로125 로이어즈타워5층 법무법인 산지(02-2055-3300) [학]1967년 경기여고졸 1971년 서울대 법대졸 1977년 미국 하버드대 법과전문대학원졸(LL.M.) [경]1971년 사법시험 합격(13회) 1973년 사법연수원 수료(3기) 1973~1983년 서울민사지법 · 서울형사지법 · 서울가정법원 판사 1984년 서울고법 판사 1986년 대법원 재판연구관 1988년 수원지법 부장판사 1991년 서울지법 동부지원 부장판사 1992년 사법연수원 교수 1993년 서울민사지법 부장판사 1995년 서울지법 부장판사 1995년 대전고법 부장판사 1998년 특허법원 부장판사 1999년 서울고법 부장판사 2004년 춘천지법원장 2004년 국제존타 서울1클럽 제1부회장 2004년 변호사 개업 2005년 미국 Harvard Law Club Korea 회장 2005년 삼성생명공익재단 이사 2005년 천주교 서울대교구 생명위원회 법조위원장 2006년 국제존타 서울1클럽 회장 2006~2013년 법무법인 바른 파트너변호사 · 고문변호사 2007년 가톨릭대 생명대학원 겸임교수 2008~2010년 자유선진당 최고위원 2008~2012년 제18대 국회의원(비례대표, 자유선진당) 2008~2009년 국회 지식경제위원회 위원 2010년 국회 환경노동위원회 위원 2010~2012년 국제존타 32지구 총재 2011~2012년 국회 기획재정위원회 위원 2014년 법무법인 산지 고문변호사(현) [상]올해의 여성상(1995), 대통령근정포장(2004) [종]천주교

이영애(李榮愛 · 女) Lee, Young Yea

[생]1951 · 9 · 23 [주]서울 동작구 흑석로84 중앙대학교 (사)한국특허학회(02-823-9777) [학]부여여고졸 2003년 성균관대 행정대학원 행정학과졸 [경](주)코래곤 대표이사, (사)한국유엔봉사단 여성위원장 2007년 한나라당 국책자문위원 2007년 同중앙위원회 정보과학분과위원장 2011년 제18대 국회의원(비례대표, 한나라당 · 새누리당) 2011년 국회 농림수산식품위원회 위원 2014~2016년 중소기업진흥공단 상임감사 2016년 (사)한국특허학회 회장(현)

이영열(李榮悅) Lee Youngyoul

[생]1966 · 1 · 24 [출]서울 [주]세종특별자치시 갈매로388 문화체육관광부 문화여가정책과(044-203-2523) [학]명지고졸 1991년 고려대 행정학과졸 2002년 미국 콜로라도대 대학원 행정학과졸 [경]1994년 행정고시 합격(38회) 1996년 문화체육부 문화정책과 사무관 1998년 제2의건국범국민추진단 파견 2004년 문화관광부 혁신인사기획관실 서기관 2006년 同문화중심도시조성추진기획단 정책기획팀장 2007년 同문화산업국 게임산업팀장 2008년 미래기획단 파견 2009년 문화체육관광부 저작권산업과장 2010년 同미디어정책과장 2010년 대통령실 문화체육비서관실 행정관(부이사관) 2013년 문화체육관광부 인사과장 2013년 同운영지원과장 2014년 대한민국예술원 사무국 관리과장 2016년 문화체육관광부 문화여가정책과장(현) [상]대통령표창

이영우(李暎雨) Rhee Young Woo

[생]1938·1·12 [본]경주(慶州) [출]경남 창원 [주]서울 강남구 삼성로100길24의2 오트리스타워B동801호 영경회계법인(02-554-9400) [학]1965년 건국대 경상대학졸 1974년 고려대 경영대학원졸(석사) [경]1991년 중부지방국세청 조사국장 1993년 서울지방국세청 조사2국장 1995년 대전지방국세청장 1996년 국세청 재산세국장 1998년 (주)비와이씨 사외이사 2001년 한진해운 사외이사 2001년 영경회계법인 회장(현) [상]홍조근정훈장, 녹조근정훈장 [저]'법인세 조사와 대책' '재무제표론'

이영우(李映雨) LEE Yung Woo (彰海)

[생]1941·9·22 [출]경북 경주 [주]서울 강남구 강남대로310 유니온센터707호 환태평양문화재단(02-558-5400) [학]1956년 경주중졸 1960년 경주상고졸 1961년 성균관대 경제학과 2년 중퇴 1971년 상지대 법률학과졸 1983년 명예 철학박사(필리핀 동부대) 1983년 명예 정치학박사(미국 유니언대) 1988년 고려대 정책과학대학원 고위정책개발과정 수료 1991년 同경영대학원 최고경영자과정 수료 2003년 同언론대학원 최고위과정 수료 [경]1967년 부국건설(주) 상무이사 1972년 태일기업(주) 대표이사 1975년 한·호협회 부회장 1977년 한국민간외교협회 회장 1977년 제일관광(주) 부사장 1978년 남산관광(주) 설립·대표이사 1981년 환태평양협회 회장 1984년 학교법인 통진학원 이사장 1986년 민족정신해외선양회 회장 1987년 민족정신중흥회 총재(현) 1987년 한주석유(주) 회장 1989년 한국식품신문 대표이사 회장 1991년 기룡물산 회장 1999년 (주)이글택 회장 2000년 사회복지법인 조은 상임고문 2001년 기라정보통신(주) 경영고문 2002년 대구신문 회장 2012~2016년 부국개발(주) 회장 2014년 환태평양문화재단 회장(현) 2014년 환태평양포럼 회장(현) [상]미국 WUM본부 세계평화문화대상(1986) [저]'여기가 지상낙원 남태평양이다' [종]기독교

이영우(李英雨) Lee Yeong Woo

[생]1945·10·14 [본]경주(慶州) [출]경북 경산 [주]경북 안동시 풍천면 도청대로511 경상북도교육청 교육감실(054-805-3001) [학]1965년 대륜고졸 1969년 경북대 사범대학 국어교육과졸 [경]1973~1996년 영천 영안중·남정중·금천중·금천고·울릉중 태하분교·안덕고 교사 1996~1997년 경북 예천종합고 교감 1997~1999년 영주교육청 학무과 장학사 1999~2002년 김천상업고·계림고 교장 2002년 경북도교육청 교육국 중등교육과 장학관 2003년 同교육국 중등교육과장 2005년 同교육국장 2008~2009년 김천고 교장 2009·2010·2014년 경북도 교육감(현) 2014년 교육부 지방대학및지역균형인재육성지원위원회 위원(현)

이영우

[생]1957 [주]부산 중구 광복중앙로13 BNK시스템 임원실(051-602-1700) [학]부산상고졸 [경]1975년 부산은행 입행 2003년 同전자금융팀장 2007년 同문현동지점장 2010년 同구서동지점장 2011년 同IT본부장 겸 최고정보책임자(CIO) 2011년 BNK금융지주 IT본부장 겸 최고정보책임자(CIO) 2012년 BNK시스템 대표이사(현)

이영우(李英雨) LEE Young Woo

[생]1959·1·18 [주]경기 수원시 영통구 삼성로129 삼성전자(주) 임원실(031-200-1114) [학]효성고졸, 중앙대 화학공학과졸 [경]삼성전자(주) 독일반도체법인 부장 2003년 同독일반도체법인 상무보 2006년 同메모리사업부 영업2팀장(상무), 同무선사업부 전략마케팅팀 상무 2010년 同무선사업부 전략마케팅팀 전무 2012년 同무선사업부 전략마케팅팀 부사장 2012년 同무선사업부 전략마케팅실 부사장 2015년 同무선사업부 전략마케팅실 고문(현)

이영우(李永雨)

[생]1959·3·17 [출]울산 [주]울산 남구 중앙로201 울산광역시청 행정지원국(052-229-2200) [학]1977년 우석고졸 2002년 한국방송통신대 법학과졸 [경]1977년 지방공무원 임용 1997년 울산시의회 사무처 사무관 2008년 울산시 체육지원과장(서기관) 2012년 同자치행정과장 2013년 同총무과장 2014년 同감사관(부이사관) 2016년 同경제산업국장 2016년 同행정지원국장(현)

이영욱(李永旭) LEE Young Wook

[생]1953·8·20 [출]서울 [주]서울 강남구 테헤란로108길7 동국제약(주) 임원실(02-2191-9800) [학]중앙대 제약학과졸, 同약학대학원 제약학과졸 [경]1985년 한미약품공업(주) 입사, 同마케팅담당 이사 1997년 同학술개발·광고홍보담당 상무이사 2001~2004년 同전무이사 2004년 녹십자백신(現베르나바이오텍코리아) 부사장 2009년 동국제약(주) 대표이사 부사장 2010년 同대표이사 사장(현) [상]국회보건복지위원장표창(2015)

이영원(李英源) LEE Young Won

[생]1960·8·2 [본]벽진(碧珍) [출]대구 [주]서울 강남구 논현로508 GS칼텍스(주) 대외업무부문(02-2005-6561) [학]1978년 청구고졸 1982년 영남대 경제학과졸 1987년 서울대 환경대학원 도시계획학과졸 [경]1987년 GS칼텍스(주) 입사 2001년 同홍보팀장 2006년 同업무팀장 2009년 대한석유협회 운영위원(현) 2011~2013년 한국석유관리원 비상임이사 2012년 GS칼텍스(주) 대외업무부문장(현) 2013년 대한송유관공사 비상임이사(현) [종]천주교

이영음(李寧音·女) Young-Eum Lee

[생]1961·2·19 [본]연안(延安) [출]서울 [주]서울 종로구 대학로86 한국방송통신대학교 미디어영상학과(02-3668-4713) [학]1984년 이화여대 영어영문학과졸 1985년 미국 노스웨스턴대 대학원 멀티미디어학과졸 1995년 커뮤니케이션박사(미국 미시간대) [경]1995년 미국 미시간대 강사 1995~1997년 이화여대·고려대·성균관대·경희대·종합예술대·연세대 강사 1995~1997년 한국언론연구원 객원연구위원 1998년 한국방송통신대 미디어영상학과 교수(현) 2004년 국제인터넷주소기구(ICANN) 국가최상위도메인협의회(ccNSO) AP지역 대표위원(현) 2005~2007년 제1기 인터넷주소정책실무위원회 위원 2007년 인터넷주소정책심의위원회 위원(현) 2008~2010년 한국방송통신대 디지털미디어센터 원장 2009~2014년 한국인터넷진흥원 이사 2011~2012년 사이버커뮤니케이션학회 회장 2014년 국제전기통신연합(ITU) 전권회의(Plenipotentiary Conference) 의장분야 자문위원 2016년 한국방송통신대 중앙도서관장 겸 역사기록관장(현) [상]미국 미시간대 연구여행장학금·특별보조장학금·논문보조장학금 수여(1994), 국무총리표창(2003) [저]'인터넷으로 취재하기' '영상학' '매스컴영어' '뉴미디어론' [역]'지구촌의 게임쇼'

이영익(李永翊) LEE Young Ik

[생]1948·8·18 [출]서울 [주]대전 유성구 과학로125 한국생명공학연구원 (주)리즈바이오텍(042-862-5016) [학]1971년 서강대 생물학과졸 1980년 미국 인디애나대 대학원 미생물학과졸 1984년 분자생물학박사(미국 인디애나대) [경]생명공학연구소 제1연구부 간세포신호전달RU UNIT장 2001년 한국생명공학연구원 프로테옴연구실 책임연구원 2007년 同대사질환연구단장 2009년 同산업바이오소재연구센터 책임연구원 2009~2014년 同산업바이오소재연구센터 전문연구위원, (주)리즈바이오텍 연구소장(현) [상]대전시 '이달의 과학기술인상'(2004)

이영익

[생]1966·8·30 [주]대전 유성구 월드컵대로32 대전월드컵경기장內 대전시티즌(042-824-2002) [학]동북고졸, 고려대졸 [경]1989년 럭키금성 축구단 입단 1990년 이탈리아월드컵 국가대표 1998년 울산 현대미포조선 돌고래축구단 수석코치 2000~2012년 FC서울 U-18 감독 2003~2007년 대전시티즌 수석코치 2010~2012년 동북고 축구부 감독 2013~2015년 상주 상무축구단 수석코치 2015년 경남FC 수석코치 2016년 대전시티즌 감독(현) [상]제36회 대한축구협회장배 전국고등학교축구대회 우수지도자상(2012)

이영일(李榮一) LEE Young Il (中圓)

[생]1939·11·17 [본]함평(咸平) [출]전남 함평 [주]서울 서초구 방배로175 동성빌딩302호 (사)한중문화협회(02-785-3117) [학]1958년 광주제일고졸 1964년 서울대 정치학과졸 1973년 동국대 행정대학원 수료 1973년 서울대 행정대학원 발전정책연구과정 수료 2003년 명예 정치학박사(우즈베키스탄 사마르칸드외국어대) 2008년 명예 법학박사(호남대) [경]1969년 동양통신·기독교방송 해설위원 1970년 통일원 상임연구위원 1972년 同정치외교정책담당관 1975년 同교육홍보국장 1976년 同대변인 겸임 1977년 同교육홍보실장 1980년 同통일연수원장 1981년 민주정의당(민정당) 청년국장 1981년 제11대 국회의

원(전국구, 민정당) 1981년 민정당 중앙정치연수원장 1982년 남북한고위회담 대표 1983년 민정당 의식개혁추진본부장 1985년 同총재비서실장 1985년 제12대 국회의원(광주西, 민정당) 1986년 민정당 윤리위원장 1987년 국회문교공보위원장 1988년 일본 쓰쿠바(筑波)대 방문연구원 1990년 민자당 광주시지부 위원장 1990년 광주권개발전연구소 이사장 1995년 새정치국민회의(국민회의) 총재특보 1996년 同홍보위원장 1996~1998·2001~2009년 호남대 초빙교수 1997년 국민회의 총재 홍보담당 특보 1997년 제15대 국회의원(광주東乙보선, 국민회의·새천년민주당) 1998~2014년 (사)·중문화협회 회장 1999년 국민회의 대변인 2000년 새천년민주당 당무위원 2001년 한민족복지재단 공동대표 2002년 한·아프간친선협회 회장 2008~2010년 전주우석대 테크노경영대학원 초빙교수 2011년 한·아프간친선협회 명예회장 2014 (사)한·중문화협회 산하 한·중정치외교포럼 회장(현) ②홍조근정훈장(1979), 벨기에 대십자수교훈장(1985) ②'분단시대의 통일논리'(1981) '80년대와 한국정치' '용서와 화해의 정치' '햇볕정책의 종언'(2008) ②'협상의 전략'(1972, 프레드 이클레著) ③기독교

이영일(李榮一) LEE Young Il

③1944·11·22 ②서울 ④서울 중구 서애로23 중구통일회관204호 (주)드림프랜드(02-2273-4254) ⑤1963년 용산고졸 1971년 서울대 농학과졸 ②1971년 합동통신 기자 1978년 동아일보 기자, 현대건설 이사대우 1990년 금강기획 매체본부 이사대우 1991년 현대그룹 문화실장 1993년 현대건설 상무이사 1995년 현대그룹 전무이사 1998년 同부사장 1998년 현대건설(주) PR사업본부장(부사장) 2000년 문화일보 대표이사 부사장 겸 인쇄인 2000년 디지털타임스 대표이사 사장 2003년 (주)드림프랜드 대표이사 사장(현) 2003~2004년 금강고려화학(KCC) 홍보담당 고문 ③기독교

이영일(李榮一)

③1957·9·5 ④경북 경주시 양북면 불국로1655 한국수력원자력(주) 사업본부(054-704-2037) ⑤경남고졸, 서울대 전기공학과졸 ②2010년 한국수력원자력(주) 원자력정책처장 2011년 同기획처장 2012년 同고리원자력본부장 2014년 同건설본부장(상임이사) 2015년 同원전안전·소통위원회 위원(현) 2015년 한국수력원자력(주) 사업본부장(상임이사)(현)

이영자(李英子·女) LEE Young Ja

③1943·10·15 ②경주(慶州) ④전남 진도 ⑤1978년 중요무형문화재 제51호 남도들노래 전수장학생 선정 1978년부터 지방 및 중앙발표공연 다수 1982년 중요무형문화재 제51호 남도들노래 이수자 선정 1990년 일본 초청공연 1996년 중요무형문화재 제51호 남도들노래 전수보육보조자 선정 2001년 중요무형문화재 제51호 남도들노래(창) 예능보유자 지정(현) 2008~2016년 남도들노래보존회 회장

이영작(李英作) Lee Young Jak

③1942·2·25 ②서울 ④서울 중구 퇴계로97 (주)LSK글로벌파마서비스(02-546-1008) ⑤경기고졸 1964년 서울대 공대 전자공학과졸 1972년 미국 오하이오대 대학원 통계학과졸 1974년 통계학박사(미국 오하이오대) ②1979~1999년 미국 국립보건원(NIH) 근무 1979~1980년 미국립암연구소 통계학자 1980~1989년 미국 신경성병 및 뇌졸중연구소 통계학자 1989~1999년 미국 아동건강 및 인간생성연구소 통계학 실장 1999~2007년 한양대 석좌교수 2000~2001년 Westat-Korea 대표 2001~2005년 Lifecord Stat-Korea 대표이사 2004~2005년 식품의약품안전청(KFDA) 임상시험 강의 2005년 라이프코드인터내셔날(주) 회장 2007년 (주)LSK글로벌파마서비스 대표이사(현) 2014·2016년 한국임상CRO협회 초대 회장·회장(현)

이영재(李榮載) Lee young jae

③1970·12·12 ②광주(廣州) ④전북 남원 ④경기 과천시 관문로47 법무부 법무실 법조인력과(02-2110-3241) ⑤1989년 전주 신흥고졸 1993년 고려대 법학과졸 1996년 同대학원 법학과 수료 ②1996년 사법시험 합격(38회) 1999년 사법연수원 수료(28기) 1999년 공익법무관 2002년 대전지검 검사 2004년 대구지검 검사 2006년 서울중앙지검 검사 2009년 울산지검 검사 2010년 사법연수원 교수 2012년 대전지검 서산지청 부장검사 2013년 울산지검 공안부장 2014년 광주지검 해남지청장 2015년 의정부지검 공안부장 2016년 법무부 법조인력과장(현)

이영조(李永朝) LEE Young Jo

③1943·4·17 ②여주(驪州) ④서울 ④서울 마포구 성산로128 한국문화예술교육진흥원(02-6209-5900) ⑤1961년 배재고졸 1968년 연세대 작곡과졸 1970년 同대학원졸 1980년 독일 뮌헨국립음악대 최고위과정졸 1989년 작곡학박사(미국 American Conservatory of Music), 경남대 북한대학원 최고위과정 수료 ②1980~1986년 연세대 음대 작곡과 교수 1989년 미국 아메리칸콘서바토리대 작곡과 교수 1994~2008년 한국예술종합학교 음악원 작곡과 교수 1997~2001년 同음악원장 1998년 이영조의 작품세계(예술의 전당 리사이트홀) 2000년 전주세계소리축제 예술총감독 2001~2003년 코리안심포니오케스트라재단 이사장 2005~2011년 국립한국예술영재교육원 원장 2005년 네덜란드 Maastricht Konservatorium 현대음악회 주제작곡가 2006년 한국예술종합학교 Nong Project 주제작곡가 2008~2009년 한국예술영재교육연구원 원장 2009년 아시아작곡가연맹 세계대회 조직위원장 2010년 국립오페라단 이사(현) 2011년 웅진장학재단 이사(현) 2011년 한국예술영재교육원 강사(현) 2012년 국립합창단 이사(현) 2013년 한국문화예술교육진흥원 이사장(현) 2013년 예술의전당 비상임이사(현) ②채동선작곡상(1987), 대한민국 최우수예술인 음악부문(1998), 한국작곡가대상(2003), 한국비평가협회 한국의 음악가상(2006), 화관문화훈장(2013), 난파기념사업회 난파음악상(2015) ②'화성학 연구와 실제 상·하'(1991) '오선지위에 쓴 이력서'(2002) ②'12음 작곡기법 입문' '전조의 연구' '대위법 연구' '쉥커의 그래프 분석법' '관현악법' '시창 청음' ③Orchestra '오케스트라를 위한 「적벽」'(1979) '오케스트라를 위한 「자명고」'(1983) '무용 조곡 「사군자」'(1995) '도깨비 춤'(1996) '관악합주를 위한 「소리」'(1997) '사랑 춤'(2002) '현을 위한 진혼곡'(2002) '현악을 위한 두 개의 아리랑'(2003) '섬집아기 환상곡'(2007) '대하지곡(大河之曲)'(2007) '무늬, Muni (Nazca Lines) for Orchestra'(2008) '아리랑 환타지(2009, 2010, 2012) '조우-Ⅱ(遭遇)'(2010) '승무'(2011) '여명(黎明)'(2013) Concerto '동양적 명상'(1982) '사랑가'(1998) '뱃노래, 첼로와 오케스트라'(1998) '피리와 오케스트라를 위한 협주곡(전3악장)'(2000) '겨울나무'(2006) Opera '처용'(1987) '황진이'(1999) '목화'(2003) 'Sontag Hotel'(2005) '이사부'(2015) Chamber Music '바리톤 독창과 8명의 주자를 위한 오감도(1974) '금관악기와 오르간을 위한 시리우스(Sirius)'(1980) '목관 5중주를 위한 투카나 (Tucana)'(1980) '타악기와 테이프를 위한 Cosmos-Ⅱ'(1980) '대금, 피리, 해금, 가야금과 징을 위한 류(流)-Ⅲ'(1981) '무제한 연주자를 위한 호흡'(1981) '한 명의 낭송자와 타악기 앙상블을 위한 李想의 시'(1984) 'Monologue and Dialogue for Cello and Piano'(1987) '피아노 3중주를 위한 놀이'(1989) 'Etude for Two Vibraphones'(1993) '줄풍류-Ⅰ'(1995) '서울현악 사중주 위촉곡'(1995) '줄풍류-Ⅱ'(1995) 'Eroica for Horn Ensemble'(1995) '첼로와 테프를 위한 성불사'(1997) '봉선화 (홍난파) 주제에의한 12개의 변주곡'(1997) '섬집아기 주제 (이흥렬)에 의한 피아노 4 중주'(1998) '타악기 앙상블을 위한 넷이 놀이'(1998) '대풍류 (竹風流)-Ⅰ'(1999) '대금과 첼로를 위한 Duo'(2002) '바이올린, 첼로 와 피아노를 위한 셋이 놀이 허 트리오 위촉곡'(2003) '비올라 앙상블을 위한 겨울나무'(2007) '세 대의 기타와 국악기를 위한 아리랑'(2008) '가야금, 해금, 바이올린, 첼로와 장구를 위한 만남'(2014) Computer Music 'Cosmos-Ⅱ for Tape and Percussion'(1980) '보리 언덕 To the Calvary'(1997) '찢어진 휘장 Torn Curtain'(1997) Piano Music 'Three pieces for Piano, Prologue-Episode-Epilogue'(1971) '바우고개 변주곡'(1983) '3B Variations, Bach-Beethoven-Brahms'(1983) 'Schubert-Lee Variations(1984) '춤, Tchum for Piano(1984) '피아노를 위한 다섯 개의 이야기'(1998) '다섯 개의 한국 춤'(1998) 'Fantasy for Piano, Prologue-Sonatine-Fugato-Epilogue'(2005) 'Six Asian Folk Songs for Piano'(2006) '피아노 혼자 놀이, Commissioned by the 7th International Piano Competition'(2010) '어머님 마음 주제(이흥렬)에 의한 피아노 변주곡'(2011) '섬집아기 변주곡'(2014) '우리의 소원 변주곡'(2014) 'Monologue for Piano'(2014) Organ Music 'Sirius for Organ and Brass Quintet'(1980) '소리, Sori No. 8 for Organ'(1983) 'Cosmos for Organ'(1983) '선(禪)-Ⅰ, Zen-Ⅰ for Organ'(1984) 'Credo for Organ'(2006) 'Crucifix for Organ'(2008) '선(禪)-Ⅱ, Zen-Ⅱ for Organ'(2011) Chorus Music '섬집아기 변주곡'(2014) '우리의 소원 변주'(2014) 'Monologue for Piano'(2014) 'Arirang Fantasy for Piano'(2014) 'Dreaming Fantasy for Piano'(2014) 남성합창 '섬집아기 자장가'(2014) '남성합창을 위한 사계'(2015) 외 다수 ③기독교

이영조(李榮祚) LEE Young Jo

③1955·6·19 ②성주(星州) ④경북 성주 ④경기 용인시 기흥구 덕영대로1732 경희대학교 국제대학원(031-201-2347) ⑤1973년 대구 계성고졸 1977년 서울대 정치학과졸 1982년 同대학원 정치학과졸 1990년 정치학박사(미국 하버드대) ②1990년 한국고등교육재단 연구원 1991년 고려대 국제대학원 객원조교수 1994년 경희대 국제관계학과 교수 1997년 同아태국제대학원 교수 2002년 바른사회를위한시민회의 사무총장 2003년 미국 아메리칸대 풀브라

이트 교수 2005년 경희대 국제대학원 교수(현) 2005~2009년 진실화해를위한과거사정리위원회 위원 2006~2009년 同상임위원 2009~2010년 同위원장 2011~2012년 바른사회시민회의 사무총장 2015년 同공동대표(현) 2016년 경기연구원 이사 2016년 同이사장(현) [저]'한국사회와 민주주의 : 한국 민주화 10년의 평가와 전망(共)'(1997, 나남) '네트워크 트렌드 : 정보기술혁명과 사회변화'(1997, 삼성경제연구소) '현대정치경제학의 주요 이론가들(共)'(2000, 아카넷) 'Institutional Reform and Democratic Consolidation in Korea(共)'(2000, Hoover Institution) '바른한국의 비전과 과제(共)'(2002) '대한민국희망프로젝트 : 우리는 실패에서 희망을 본다'(2005, 황금가지) 'The Park Chung Hee Era(共)'(2011, Harvard Univ. Press) [종]가톨릭

이영주(李映周) LEE YEONG JOO (호은)

[생]1942·2·13 [본]한산(韓山) [출]충북 청주 [주]서울 강남구 강남대로84길23 한라클래식1701호 (사)중국정경문화연구원(02-2052-1155) [학]1960년 청주고졸 1970년 대만 국립정치대 외교학과졸 1971년 미국 캘리포니아주립대(UCLA) 아세아문제연구소 수학 1985년 건국대 행정대학원 행정학과졸 1996년 국제정치학박사(중국 북경대) [경]1970년 국토통일원 상임연구위원 1974년 제25회 행정사무관 특별채용고시 합격 1974년 문화공보부 해외공보관 해외·섭외·외신담당관 1979년 한국국제문화협회 문화부장 1981년 문화공보부 해외공보관 전문위원 1984년 성심외국어전문대학 강사 1985년 한국외국어대 중국문제연구소 비상임연구위원 1989년 포항종합제철(주) 중국사무소 수석대표 1993년 (주)청구 중국본부장 1994년 중국 북경시 통주구 인민정부 고급고문 1994년 駐중국 대한민국건설기업협의회 회장 1995년 (주)쌍방울 부사장(중국본부장) 1996년 충북도 명예대사 1998년 중국 길림대 객원교수 1998년 새정치국민회의 국제협력위원회 부위원장 1999년 중국 북경광파대학 객원교수 1999년 중국 북경대 객원교수(현) 2000년 새천년민주당 국제협력특별위원회 부위원장 2001년 경기도 명예대사 2002~2006년 (주)대우경제연구소 대표이사 회장 2003년 민주평통 민족화합분과위원장·운영위원 2003년 재한중국유학생연합회 특별고문(현) 2003년 (사)중국정경문화연구원 이사장(현) 2004년 중국 강소성 상주시 국가고신기술산업개발구 고급고문 2005년 한국중국유학박사협회 회장(현) 2005년 (사)한·중우호협회 부회장 2005년(사)한국청소년연합 총재 2006년 한중평화포럼 대표 2007년 민주평통 운영위원 2007년 同국제위원장 2007년 충북도 명예대사 2009년 대통령 외교안보수석실 정책자문위원 2009년 국회 외교통상통일위원회 정책자문위원 2009년 중국 북경대 국제전략연구중심 객좌연구원(현) 2009년 同총동창회 이사(현) 2009년 중국 호북성 형주시 고급경제고문(현) 2009년 중국 산동성 위해시 경제고문(현) 2010년 한·중포럼 추진위원장 2010년 새만금 군산경제자유구역 자문위원 2010년 민주평통 상임위원 2010년 중국 연변대 명예교수(현) 2010년 중국 산동대학 위해분교 객좌교수(현) 2011년 외교통상부 정책자문위원(현) 2012년 중국 전매대학 객좌교수(현) 2013년 (사)한·중우호협회 고문(현) 2014년 새누리당 국제위원회 부위원장(현) 2014년 이영주한중인재양성장학재단 이사장(현) 2016년 중국 북경대 국제관계대학 원우회 한국회장(현) [상]대한민국 인물대상 민간외교대상(2014) [저]'韓中關係與亞太局勢'(1993) '中國的新外交戰略和韓中關係-중문판'(1998) '중국의 신외교전략과 한중관계-한국어판'(1999) [종]기독교

이영주(李榮柱) Lee Young Joo

[생]1953·11·17 [출]서울 [주]서울 송파구 올림픽로43길88 서울아산병원 간담도췌외과(02-3010-3510) [학]1978년 서울대 의대졸 1988년 同대학원졸 1990년 의학박사(서울대) [경]1979~1983년 서울대병원 레지던트 1983~1986년 국군원주병원 軍의관 1986~1994년 한림대 의대 외과학교실 교수 1990~1991년 미국 피츠버그대 의대 Cancer Institute 방문교수 1994년 울산대 의대 일반외과학교실 교수(현) 1995년 대한간담췌학회 운영위원 2008년 서울아산병원 간담도췌외과장(현) 2010~2014년 同암센터(담도및췌장암센터) 소장

이영주(李英珠·女) LEE Young Joo

[생]1967·2·26 [출]서울 [주]경기 용인시 기흥구 구성로243 법무연수원 용인분원(031-288-2254) [학]1985년 혜화여고졸 1989년 서울대 법학과졸 1993년 同대학원졸 [경]1990년 사법시험 합격(32회) 1993년 사법연수원 수료(22기) 1993년 서울지검 남부지청 검사 1995년 춘천지검 강릉지청 검사 1997년 서울지검 검사 1999년 수원지검 검사 2002년 전주지검 검사 2003년 법무부 여성정책담당관 2006년 서울동부지검 부부장검사 2007년 사법연수원 교수 2009년 대검찰청 형사2과장 2010년 서울서부지검 형사3부장 2011년 서울동부지검 형사2부장 2012년 수원지검 형사1부장 2013년 同부부장검사(한국형사정책연구원 파견) 2014년 인천지검 부천지청 차장검사 2015년 춘천지검 차장검사 2016년 법무연수원 용인분원장(현) [상]홍조근정훈장(2014)

이영준(李英俊) LEE Young Jun (茂巖)

[생]1938·9·19 [본]아산(牙山) [출]충남 [주]서울 서초구 법원로15 한중일민상법통일연구소(02-535-2155) [학]1957년 춘천고졸 1961년 서울대 법대졸 1963년 同대학원졸 1969년 법학박사(독일 프랑크푸르트대) [경]1960년 고등고시 사법과 합격(12회) 1961년 육군 법무관 1963~1965년 춘천지법 원주지원 판사 1969년 서울민사지법·서울형사지법 판사 1971년 미국 캘리포니아대 버클리교에서 연구 1973년 서울형사지법 판사 1974년 대법원 재판연구관 1975년 서울고법 판사 1977년 서울민사지법 부장판사 겸 사법연수원 교수 1981년 법무부 민법·상법개정 특별심의위원 1982년 수원지법 부장판사 1983년 서울형사지법 부장판사 겸 사법연수원 교수 1983~1985년 독일 프라이부르크대에서 연구 1987년 부산지법 부장판사 1988년 서울고법 부장판사 1989년 서울지법 의정부지원장 1989년 한·독법률학회 부회장 1991년 법전합동법률사무소 대표변호사 1999년 법무부 민법개정특별분과위원 제1소위원장 1999~2003년 한·독법률학회 회장 1999년 한국민사법학회 부회장 1999~2004년 동국대 법대 교수 2002~2004년 한국민사법학회 회장 2004년 한·중·일 통일민상법연구회 총회장 겸 한국측회장 2006년 (재)한·중·일 민상법통일연구소 소장(현) 2007년 중국 해양대 겸임교수 2007년 한국홈볼트학회 회장 2009년 아시아계약법원칙(PACL)제정기구 공동대표 [상]국민훈장 목련장(1996), 홍조근정훈장(2004), 자랑스런 서울법대인(2008) [저]'주석민법(共)'(1972·1973) '대한민국판례대전'(1975·1976) '민법 연습(共)'(1976) '민법총칙'(1987·2007) '물권법'(1990·2009) '새로운 體系에 의한 韓國民法論'(2004) '民法總則'(2007) 'Draft Articles Non-Performance of Contract for Principles of Asian Contract Law'(2010) 외 다수

이영준(李英俊) Lee Yong Jun

[생]1958·12·11 [주]서울 종로구 청계천로105 두레시닝 임원실(02-2280-5300) [학]1976년 덕수상고졸 1997년 한국방송통신대 법학과졸 2007년 고려대 대학원 EMBA [경]1976년 서울은행 입행 1988년 同충무로2가지점 대리 1993년 同중소기업부 과장 2001년 同기업금융부 차장 2002년 同신천동지점장 2003년 하나은행 부천중앙지점장 2005년 同신용평가팀장 2009년 同대기업영업1본부장 2010년 同중기업영업1본부장 2011년 同영업추진2본부장(부행장보) 2011~2014년 하나은행 리스크관리그룹 총괄 부행장 2012년 하나캐피탈 대표이사 사장 2015년 두레시닝 대표이사(현)

이영준(李映準) LEE Young Jun

[생]1965·9 [주]경기 의왕시 고산로56 롯데첨단소재(주) PC사업본부(031-596-3607) [학]1988년 고려대 화학공학과졸 1991년 한국과학기술원 고분자공학과졸 1994년 고분자공학박사(한국과학기술원) [경]2004년 제일모직(주) 케미칼연구소 EPgroup팀장 2008년 同생산기술연구센터장 2009년 同케미칼연구소장(상무) 2012년 同케미칼사업부 개발팀장(상무) 2013년 同여수사업장 공장장(전무) 2014년 삼성SDI 여수사업장 공장장(전무) 2014~2016년 同케칼사업부 PC사업팀장(전무) 2016년 롯데첨단소재(주) PC사업본부장(전무)(현)

이영중(李榮中)

[생]1965·9·3 [출]경북 문경 [주]대구 달서구 화암로301 대구지방국세청 징세송무국(053-661-7500) [학]경희고졸 1987년 세무대학졸(5기), 고려대 대학원 경제학과졸(석사) [경]1987년 국세공무원 임용 2000년 재정경제부 세제실·혁신인사기획관실 근무 2007년 국세심판원 조사관실 근무 2008년 조세심판원 행정팀장·심판부 근무 2012년 서기관 승진 2014년 서울지방국세청 조사2국 조사1과 근무 2015년 대구지방국세청 징세송무국장(현)

이영진(李榮鎭) LEE Young Jin

[생]1956·6·7 [출]부산 [주]서울 강남구 테헤란로203 ING타워 현대모비스(주) 차량부품본부(02-2018-5114) [학]동아고졸, 부산대 기계공학과졸 [경]현대모비스(주) MCS법인장(이사대우), 同MCZ법인장(이사) 2011년 同MCZ·MSK담당 상무 2013년 同MSK담당 전무 2014년 同부품사업부장(전무), 同모듈사업부장(전무), 同차량부품본부장(전무) 2015년 에이치엘그린파워(주) 대표이사 2016년 현대모비스(주) 차량부품본부장 겸 모듈사업부장(부사장)(현)

이영진(李榮眞) Lee Young Jin

[생]1961·7·25 [출]충남 홍성 [주]경남 창원시 성산구 창이대로681 부산고등법원 창원재판부(055-266-2200) [학]1980년 남강고졸 1984년 성균관대 법학과졸 1992년 同대학원 법학과 수료 1998년 법학박사(성균관대) [경]1990년 사법시험 합격(32회) 1993년 사법연수원 수료(22기) 1993년 청주지법 판사 1996년 同제천지원 판사 1997년 수원지법 판사 1999년 同오산시법원 판사 2000년 서울지법 판사 2002년 同동부지원 판사 2004년 법원행정처 사법제도연구담당 판사 2005년 同사법정책담당관 2006년 同사법정책실 판사 2006년 서울고법 판사 2008년 전주지법 부장판사 2009년 수원지법 부장판사 2009년 국회 법제사법위원회 전문위원 2012년 서울중앙지법 조정전담 부장판사 2015년 부산고법 창원재판부 부장판사(현)

이영찬(李永讚)

[생]1957·1·1 [주]경기 용인시 기흥구 이현로30번길107 (주)녹십자이엠 비서실(031-260-9300) [학]보문고졸, 숭전대 화학과졸, 한남대 대학원졸 [경](주)녹십자 이사 2006년 同상무 2008년 同전무 2012년 同부사장 2013년 (주)녹십자이엠 대표이사 2015년 同대표이사 사장(현)

이영찬(李永燦) LEE Yeong Chan

[생]1959·3·15 [출]서울 [주]충북 청주시 흥덕구 오송읍 오송생명2로187 오송보건의료행정타운 한국보건산업진흥원 원장실(043-713-8301) [학]1978년 한영고졸 1982년 경희대 법학과졸 1984년 同대학원 행정학과졸 1988년 서울대 대학원 정책학석사과정 수료 1993년 영국 런던정경대 대학원 사회복지학과졸 2003년 행정학박사(경희대) [경]1984년 보건복지부 행정사무관(행정고시 27회) 2006년 同정책홍보관리실 홍보관리관 2007년 同보건의료정책본부장 2008년 同건강보험정책관 2009~2012년 駐제네바유엔사무처 공사참사관 2012~2013년 새누리당 보건복지수석전문위원 2013~2014년 보건복지부 차관 2014~2015년 경희대 공공정책대학원 객원교수 2015년 한국보건산업진흥원 원장(현)

이영철(李英哲) LEE Young Chul (一心)

[생]1949·5·26 [본]봉산(鳳山) [출]부산 [주]부산 수영구 장대골로19번길20 (주)부경랩 임원실(051-751-3484) [학]부산고졸, 국민대 행정학과졸 2003년 한국외국어대 정책과학대학원 신문방송학과 수료 2004년 동의대 경영대학원 최고경영자과정 수료 [경]1977~1980년 시사통신 사회부·경제부 기자 1981~1991년 연합통신 지방부·경제부 기자 1992년 同경제부 차장 1997년 同전국부 부장대우 1998년 同지방2부장 1998년 연합뉴스 지방2부장 1999년 同민족뉴스취재본부 남북관계부장 1999~2000년 同스포츠레저부장 2001~2002년 同부국장대우 기사심의위원 2003~2005년 同부산지사장(부국장급) 2006~2007년 同기사심의위원(국장급) 2007~2012년 SK네트웍스(주) 사외이사 겸 감사위원장 2011년 부경랩(주) 대표이사 회장(현)

이영철(李英哲) LEE Young Cheol

[생]1957·2·14 [주]경기 성남시 분당구 안양판교로1201번길62 한국식품연구원(031-780-9319) [학]제주대 식품공학과졸, 고려대 대학원졸, 식품공학박사(고려대) [경]농수산물유통공사 종합식품연구원 연구원, 한국식품개발연구원 농산물이용연구부 선임연구원 2007년 한국식품연구원 전통식품연구단장 겸 책임연구원 2008년 同산업진흥연구본부장(책임연구원) 2014년 同전략산업연구본부 인삼연구센터 책임연구원 2015년 同선임본부장 2015년 同부원장 2016년 同전통식품연구센터 인삼연구팀 책임연구원(현)

이영철(李榮喆) Young-chul Lee

[생]1957·2·23 [주]경기 의왕시 계원대학로66 계원예술대학교 아트계열 순수미술과(031-420-1875) [학]고려대 사회학과졸, 서울대 대학원 미학과졸, 미국 일리노이대 어배나샘페인교 대학원 미술사·미술비평학 박사과정 수료 [경]1993년 미국 뉴욕 퀸즈미술관 '태평양을 건너서'전시 1997년 광주비엔날레 예술감독 1998년 도시와 영상 '의식주'전 초청 큐레이터 1999년 공장미술제 '유목적 공간' 전 총큐레이터 2000년 부산국제아트페스티발 예술감독, 계원조형예술대 조형학과 교수 2008년 계원디자인예술대 매체예술과 교수 2008~2011년 백남준아트센터 관장 2011~2013년 아시아문화개발원 원장 2012년 계원예술대 아트계열 순수미술과 교수(현) 2013~2015년 국립아시아문화전당 전시예술감독 [저]'상황과 인식'(1993) '현대미술과 모더니즘론'(1996) '20세기 문화미리보기'(1997) '현대미술지형도'(1998)

이영철(李永喆) LEE Young Chul (靑岩)

[생]1957·4·27 [본]전주(全州) [출]전북 군산 [주]서울 서초구 효령로55길45의8 봉양빌딩2층 도서출판 청어(02-586-0477) [경]1984년 '한국문학'에 '도시로 부는 바람'으로 시인 등단 1995년 '언어세계'에 '청어와 삐삐꽃'(1·2권)으로 등단, 언어세계 주간, 한국소설가협회 편집장, 대한최면지도사협회 부회장, 한국문인협회 상벌위원, 한국소설가협회 중앙위원, 同이사(현), 남북문학교류위원회 위원(현), 한국문인협회 이사(현), 독서신문 편집위원(현), 한류문예 발행인 1999년 도서출판 청어 대표(현) 2009년 청어미디어영화사 회장(현) [상]한국문예진흥원 문인창작기금(1995), 제6회 한국문인협회 작가상, 제38회 한국소설문학상 [저]시집 '도시로 부는 바람'(1984) '겨울 사진첩에 내리는 비'(1994) '사랑도 그렇게' 장편소설 '청어와 삐삐꽃(1·2권)'(1995) '비오는 날의 쇼팽(1·2·3권)'(1996) '신의 향수'(1997) '더블 클릭(1·2권)'(2000) '예수(1·2권)' '마침내 나는 꿈을 꾼다' 시나리오 '최후의 만찬'(2003) '해바라기' 장편동화 '서울 촌놈' '뚱보 천사' '보고 싶어, 토토' '학교 폭력 혼내주자(1·2권)' '예수님 이야기(1·2·3·4·5권)' '이젠 울지 않을 거예요' '무궁화 이야기' 영화입문서 '108개의 모놀로그' 창작집 '성불' 교양서'세상을 바꿀, 한국의 27가지 녹색기술' [종]천주교

이영철

[생]1960 [주]제주특별자치도 제주시 문연로6 제주도청 전략산업과(064-710-2610) [학]제주중앙고졸, 한국방송통신대졸 [경]1978년 공무원 임용 2014년 감귤출하연합회(지방행정사무관) 파견 2014년 제주특별자치도 민군복합형관광미항추진지원팀장 2014년 同민군복합형관광미항갈등해소지원팀장 2016년 同경제산업국 에너지산업과장(지방서기관) 2016년 同전략산업과장(현)

이영철(李英喆)

[생]1965·1·15 [출]충남 홍성 [주]인천 남구 아암대로287번길7 경인방송 iFM 방송본부(032-830-1000) [학]1983년 홍주고졸 1993년 인천대 행정학과졸 2009년 同대학원 사회복지학과졸 [경]1993~1997년 중부일보 정치부 기자 1997~2008년 경기일보 사회부 기자 2008~2015년 경인방송 iFM 보도국장, 인천시평생교육협의회 위원(현), 인천시선거방송토론위원회 위원, 인천시청소년회관 운영위원 2016년 경인방송 iFM 방송본부장 겸 보도국장(현)

이영철(李英哲)

[생]1966 [출]대구 [주]경북 안동시 서동문로208 안동세무서(054-851-0201) [학]영남고졸 1987년 세무대학졸 [경]1987년 국세공무원 임용(8급 특채) 1987년 대구세무서 근무 2008년 대구지방국세청 인사주무 2009년 영월세무서 세원관리과장 2009년 포항세무서 부가가치세과장 2011년 대구지방국세청 징세법무국 전산관리과장 2013년 同세원분석국 법인신고분석과장(사무관) 2014년 同세원분석국 법인신고분석과장(서기관) 2014년 同납세자보호담당관 2015년 안동세무서장(현)

이영철(李榮喆)

[생]1969·4·1 [출]대구 [주]부산 해운대구 재반로112번길20 부산지방법원 동부지원(051-780-1114) [학]1986년 계성고졸 1990년 고려대 법학과졸 [경]1997년 사법고시 합격(39회) 2000년 사법연수원 수료(29기) 2000년 부산지검 검사 2002년 대구지검 안동지청 검사 2003년 수원지검 안산지청 검사 2005~2007년 대전지검 검사 2007년 대구지법 판사 2010년 同경주지원 판사 2011년 대구고법 판사 2013년 대구지법 판사, 대구가정법원 판사 2016년 부산지법 동부지원 부장판사(현)

이영춘(李榮春·女) LEE Young Chun (산나리)

[생]1941·2·11 [본]전주(全州) [출]강원 평창 [주]강원 춘천시 효자상길5번길13 춘천시문화재단(033-259-5800) [학]1959년 원주여고졸 1964년 경희대 국어국문학과졸 1986년 同교육대학원 국어교육학과졸 [경]1964년 강원일보 문화부 기자 1965~1990년 강릉 경포중·고성중·춘천농공고·춘천여고·강원대부고 교사 1976년 「월간문학」에 '바다'·'빛'으로 시인 등단, 삼악시회 회장·미래

시 동인회장 · 수향시회 회장 · 춘천여성문학회 초대회장 1990~2003년 춘천여중 교감 · 강원도교육청 교육연구사 · 원주여고 교장 2000년 한림대 평생교육원 시창작반 외래교수 2006~2011년 강원여성문화예술인연합회 회장, 한국여성문학회 이사 · 감사, 한국현대시인협회 이사, 강원여성인권공동체 이사, 춘천지법 가사조정위원, 강원도교육청 공직자윤리위원 2011년 한국문인협회 감사 2011년 춘천시문화재단 이사(현) 2011년 한국시인협회 심의위원 겸 감사(현)2012년 이효석문학재단 이사(현) 2012년 강원 평창군 명예군수(현) 2013년 강원도문화예술위원회 위원 [상]월간문학 신인상(1976), 윤동주문학상 우수상(1987), 강원도문화상(1987), 경희문학상(1993), 춘천시민상 문화부문(1999), 제5회 대한민국 향토문학상 시부문(2005), 강원여성문학상 대상(2009), 시인들이 뽑은 시인상(2009), 제1회 인산문학상(2011), 제12회 고산문학대상(2012), 제9회 동곡문화예술상(2014), 제6회 한국여성문학상(2015), 제14회 유심작품상 특별상(2016) [저]시집'종점에서'(1978) '시시포스의 돌'(1980) '귀 하나만 열어 놓고'(1987) '네 살던 날의 흔적'(1989) '점 하나로 남기고 싶다'(1990) '그대에게로 가는 편지'(1994) '난 자꾸 눈물이 난다'(1995) '슬픈도시락'(1999) '꽃 속에는 신의 속눈썹이 보인다'(2002) 수필집'그래도 사랑이여'(1991) '시간의 옆구리'(2006) '시선집 들풀'(2009) '봉평장날'(2011) '노자의 무덤을 가다'(2014, 서정시학) '신들의 발자국을 따라'(2015, 시와표현사) '시선집 오줌발,별꽃무늬'(2016, 시와소금) [역]'길' '오늘 또 하루의 삶' '들풀' '아버지와 짜장면' '해 저 붉은 얼굴' '노자의 무덤을 가다' '봉평장날'(2011) [종]기독교

이영탁(李永鐸) LEE Young Tak (恒心)

[생]1947 · 2 · 5 [본]덕산(德山) [출]경북 영주 [주]서울 강남구 강남대로62길3 한진빌딩9층 세계미래포럼 이사장실(02-6204-7600) [학]1965년 대구상고졸 1969년 서울대 상대졸 1976년 미국 윌리엄스대 대학원 경제학과졸 2001년 경제학박사(성균관대) [경]1969년 행정고시 합격(7회) 1970년 경제기획원 사무관 1977년 同예산실 서기관 1981년 대통령비서실 서기관 1983년 IBRD(세계은행) 파견 1985년 경제기획원 경제기획국 서기관 1986년 同종합기획과장 1987년 재무부 저축심의관 1989년 同감사관 1990년 同증권국장 1991년 同경제협력국장 1992년 同국제금융국장 1993년 대통령 경제비서관 1994년 경제기획원 예산실장 1995년 재정경제원 예산실장 1995~1997년 교육부 차관 1997~1998년 국무총리 행정조정실장 1998년 세계경제연구원 연구자문위원 1999~2003년 KTB Network(주) 회장 2002년 한국기업구조조정전문회사협회(CRC) 회장 2003~2004년 국무총리 국무조정실장 2005~2008년 한국증권선물거래소 이사장 2007년 세계거래소연맹(WFE) 이사 2008~2009년 세계경제연구원 원장 2009~2010년 사회통합위원회 위원 2009년 세계미래포럼 이사장(현) [상]대통령표창, 녹조근정훈장(1986), 황조근정훈장(2003) [저]'시민을 위한 경제이야기'(1990) '지식경제를 위한 교육혁명'(1998) '소백의 정기가 낙동을 감싸안고'(2004) '미래와 세상'(2010, 미래를소유한사람들) '이정구-벌족의 미래1'(2012, 미래를소유한사람들) [역]'미래진단법 : 더 나은 미래를 선택하라'(2005) [종]천주교

이영탁(李英卓) LEE Young Tak

[생]1955 · 2 · 9 [출]충남 아산 [주]서울 강남구 일원로81 삼성서울병원 흉부외과(02-3410-3480) [학]1981년 서울대 의과대학졸 1989년 同대학원졸 1995년 의학박사(서울대) [경]1984~1989년 서울대병원 인턴 · 레지던트 1989~1998년 부천세종병원 흉부외과장 1998~2001년 同흉부외과 부장 2001년 同진료부장 2001년 삼성서울병원 흉부외과 전문의(현) 2003년 성균관대 의과대학 흉부외과학교실 교수(현) 2003~2005년 삼성서울병원 심장혈관센터 부센터장 2005년 同심장외과장 2007년 同흉부외과장 2007년 同심장혈관센터 관상동맥질환팀장 2009년 同심장혈관센터장

이영태(李榮泰) LEE, Young-Tae

[생]1958 · 5 · 30 [출]대전 [주]경기 용인시 처인구 모현면 외대로81 한국외국어대학교 아랍통번역학과(031-330-4324) [학]1983년 한국외국어대 아랍어과졸 1985년 同대학원 아랍어과졸 1997년 이집트 카이로대 대학원 아랍어과졸 2000년 문학박사(이집트 카이로대) [경]2000년 한국외국어대 용인캠퍼스 아랍어통번역학과 전임강사 · 조교수 · 부교수 2005년 (사)BBB 아랍어 책임위원 · 위원장(현) 2006~2007년 한국외국어대 용인캠퍼스 학생지원처장 2008~2012 · 2014~2016년 同아랍어통번역학과장 2009년 同아랍어통번역학과 교수(현) 2012~2014년 同통번역대학장 [저]'미다끄 골목 사람들'(1985) '아랍어문장론'(2002) '중동언어의 이해I'(2004) 'AL-Ushb al-AAIM'(2006) '고등학교아랍어문법'(2011) '아랍어핵심문법'(2011) [역]'부초-아랍어문'(2008)

이영팔

[생]1968 · 2 · 25 [주]서울 강남구 테헤란로629 강남소방서 서장실(02-553-0119) [학]포항고졸, 영남대졸, 동국대 대학원 행정학과졸 [경]1995년 소방공무원 임용, 서울소방학교 교관단장, 서울소방재난본부 구조대책팀장, 同대응전략팀장, 서울소방학교 인재개발과장 2014년 서울소방재난본부 현장대응단장(지방소방정) 2015년 서울강남소방서장(현)

이영표(李榮杓) LEE Young Pyo

[생]1977 · 4 · 23 [출]강원 홍천 [학]1995년 안양공고졸 1999년 건국대졸 [경]1999년 코리아컵 국가대표 2000년 시드니올림픽 국가대표 2000~2002년 안양LG치타스 프로축구단 소속 2000년 AFC아시안컵 국가대표 2001년 FIFA컨페더레이션스컵 국가대표 2002년 2002한일월드컵축구대회 국가대표 2002년 부산아시아경기대회 국가대표(동메달) 2003~2005년 네덜란드 PSV아인트호벤구단 소속 2003년 제1회 피스컵 우승 2004년 네덜란드 스포츠지 선정'주간 베스트11' 2004년 AFC아시안컵 국가대표 2005년 기아자동차 홍보대사 2005~2008년 잉글랜드 프리미어리그 토튼햄 핫스퍼 FC 소속 2006년 독일월드컵대회 국가대표 2008~2009년 독일 분데스리가 보루시아 도르트문트 소속 2009~2011년 사우디아라비아 프리미어리그 알 힐랄 소속 2010년 남아공월드컵 국가대표 2011년 제15회 AFC 아시안컵 국가대표 2011~2013년 밴쿠버 화이트캡스 FC 소속 2013년 현역 은퇴(A매치 127경기 출전, 5골) 2014년 한국방송공사(KBS) 축구해설위원(현) 2014~2016년 새누리당 재능나눔위원회 위원 [상]KBS배 추계축구선수권대회 MVP(1995), 체육훈장 맹호장(2002), 자황컵 체육대상 남자최우수상(2002), 에레디비시베스트11(2004), 밴쿠버 올해의 선수상(2012) [종]기독교

이영풍(李榮豊)

[생]1972 · 12 · 17 [출]전북 군산 [주]인천 남구 소성로163번길17 인천지방법원(032-860-1113) [학]1990년 동암고졸 1993년 서울대 정치학과졸 1994년 同대학원 법학과 수료 [경]1996년 사법시험 합격(38회) 1999년 사법연수원 수료(28기) 1999년 서울고검 법무관 2002년 광주지법 판사 2004년 同순천지원 판사 2006년 수원지법 안산지원 판사 2010년 서울고법 판사 2012년 대법원 재판연구관 2014년 청주지법 부장판사 2016년 인천지법 부장판사(현)

이영하(李英夏) LEE Young Ha

[생]1952 · 8 · 5 [본]전주(全州) [출]광주 [주]서울 서대문구 이화여대길52 이화여자대학교 사범대학 수학교육과(02-3277-2706) [학]1975년 서울대 문리과대학 수학과졸 1979년 미국 노스캐롤라이나주립대 대학원 통계학과졸 1983년 이학박사(미국 서던메소디스트대) [경]1983~1984년 미국 사우던앨라배마주립대 조교수 1984년 이화여대 사범대학 수학교육과 부교수 · 교수(현) 1992~1996년 대학수학능력시험 수리영역개발연구 및 출제팀장 1995~1996년 이화여대 입학처장 2014년 同부속 이화 · 금란고 교장(현) [저]'이산수학'(2010, 새로문화사)

이영하(李榮夏) LEE Yeong Ha

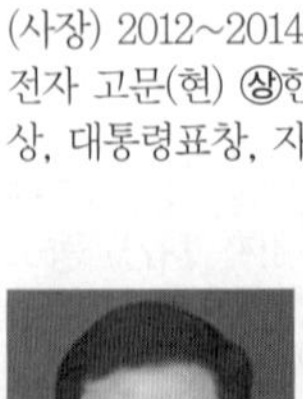

[생]1954 · 3 · 14 [본]벽진(碧珍) [출]충남 금산 [주]서울 영등포구 여의대로128 LG트윈타워 LG전자 임원실(02-3777-1114) [학]충남고졸 1979년 인하대 화학공학과졸, 미국 하버드대 최고경영자과정 수료 [경]1979년 LG전자(주) 입사 1986년 同동경사무소 근무 1990년 同에어컨사업부 생산기술실장 1995년 同에어컨사업부 설계실장 1998년 同에어컨Comp사업부장 2000년 同냉장고사업부장 2002년 同냉장고사업부장(부사장) 2004년 同DA(디지털어플라이언스)사업본부장(부사장) 2006년 同DA(디지털어플라이언스)사업본부장(사장) 2009년 同HA(홈어플라이언스)사업본부장(사장) 2011년 同경영지원부문장(사장) 2012~2014년 (주)LG-히타치워터솔루션 대표이사 사장 2014년 LG전자 고문(현) [상]한국전자공업진흥회장표창(2006), 한국생산성종합부문 대상, 대통령표창, 자랑스러운 인하공대인상(2007), 국민포장(2008) [종]불교

이영하(李榮夏) Lee Young Ha

[생]1965 · 7 · 29 [주]서울 종로구 율곡로194 현대아산 임원실(02-3669-3905) [학]1984년 영일고졸 1991년 성균관대 무역학과졸 [경]1990년 현대그룹 입사 1990~2004년 현대석유화학 근무 2005~2011년 현대그룹 전략기획본부 임원 2011~2014년 현대엘리베이터 기획 · 재정담당 임원 2014~2016년 현대아산 경영지원본부장 2016년 同대표이사 상무(현)

이영학(李永鶴) LEE Young Hak

[생]1954·2·27 [출]서울 [주]경기 용인시 처인구 모현면 외대로81 한국외국어대학교 인문대학 사학과(031-330-4336) [학]1978년 서울대 국사학과졸 1984년 同대학원 국사학과졸 1990년 사학박사(서울대) [경]1985~1992년 가톨릭대·서울대 강사 1990년 한국역사연구회 편집위원 1990년 서울대 한국문화연구소 특별연구원 1992~2001년 한국외국어대 사학과 조교수·부교수 2000년 미국 델라웨어대 초빙교수 2001년 한국국가기록연구원 상임연구위원 2001년 한국외국어대 인문대학 사학과 교수(현) 2001년 한국역사연구회 회장 2002년 한국외국어대 역사문화연구소장 2002년 同50년사편찬위원장 2004~2006년 同교무처장 2007년 同세계민속박물관장 2008년 한국기록학회 회장 2009~2013년 한국외국어대 인문대학장 2013~2015년 同역사문화연구소장

이영한(李榮漢) LEE Younghan

[생]1957·3·30 [출]충남 부여 [주]서울 노원구 공릉로232 서울과학기술대학교 건축학부(02-970-6522) [학]1975년 충남고졸 1981년 서울대 건축학과졸 1985년 同대학원 건축학과졸 1991년 건축학박사(서울대) 2013년 한국방송통신대 문학과졸 [경]1982~1983년 (주)현대건설 종합설계실 근무 1985~1987년 아키프랜종합건축사사무소 근무 1988~1991년 바로종합건축사사무소 소장 1991~1992년 아키프랜종합건축사사무소 소장 1992년 서울과학기술대 건축학부 교수(현) 1999~2000년 캐나다 토론토대 예술학과 방문교수 2000년 서울과학기술대 도시건축연구소장(현) 2003~2004년 同기획실장 2003~2009년 한국건축가협회 건축대전 초대작가 2005년 서울과학기술대 산업대학원 최고위건축개발과정 교수(현) 2006~2016년 경기지방공사 설계자문위원회 위원 2007~2008년 교육부 우수시설학교심사위원회 위원 2007~2009년 인천도시개발공사 설계자문위원회 위원 2008년 정부합동 이공계인력육성및지원기본계획 자문위원 2008~2010년 서울시 디자인위원회 위원 2008~2010년 한국건축설계교수회 이사 2008~2010년 대한건축학회 계획위원회 위원장 2008~2012년 국방부 특별건설기술심의위원회 위원 2009~2010년 대한건축학회 이사 2009~2011년 서울SH공사 디자인자문위원회 자문위원 2009~2011년 대한민국APEC등록건축사위원회 위원 2010~2012년 인정기관심의위원회 프로그램인증소위원회 위원 2010~2012년 건축리더십아카데미 AAL 초대위원장 2012~2013년 경기도 건설기술심의위원회 위원 2012~2015년 한국IT융합기술협회 부회장 2012년 서비스산업총연합회 부회장 겸 운영위원회 위원장(현) 2013~2015년 조달청 최저가낙찰제대상공사입찰금액적정성 심사위원 2013~2015년 한국FTA산업협회 자문위원 2013년 서울과학기술대 교수평의회 평의원 겸 기획연구분과위원장 2013년 同발전기금재단 이사 2014년 지속가능과학회 회장 2016년 서울과학기술대 주택대학원장(현) [상]대한건축학회 공로상(2011), 한국생태환경건축학회 학술상(2012), 지속가능과학회 공로상(2013), 제10회 대한민국생태환경건축대상 교육부문대상(2015), 한국생태환경건축학회 우수논문발표상(2016) [저]'서울의 건축'(1995, 한국건축가협회) '한국건축가론'(1998, 서울산업대 출판부) '서울건축사'(1999, 서울시) '르꼬르뷔제 건축 작품 읽기'(1999, 기문당) '대지조닝 대지주차'(2001, 새길교육방송) '지형계획 대지단면'(2001, 새길교육방송) '대지분석 대지계획'(2001, 새길교육방송) '평면계획(총론)'(2001, 새길교육방송) '평면설계(각론)'(2001, 새길교육방송) '서울의 문화재 제 1권 건조물'(2003, 서울시 시사편찬위원회) '카도백서(2005.1.~2009.6.)'(2009, 서울산업대) '서울산업대학교 100년사'(2010, 서울산업대) '서울산업대학교 2003 백서'(2010, 서울산업대) '주거학'(2010, 기문당) '주택디자인'(2010, 기문당) '공동주택디자인'(2010, 기문당) '지식타운구상'(2010, 서울과학기술대) '서울의 문화재-증보판(1권 건조물, 6권 근대등록문화재)'(2012, 서울시 시사편찬위원회) '전환기 한국, 지속가능발전 종합전략'(2015, 한울아카데미)

이영헌(李永憲) LEE Young Heon (마리오)

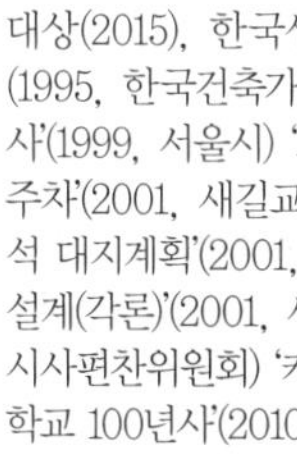

[생]1948·6·5 [본]함평(咸平) [출]전남 나주 [주]전남 목포시 복산길64의4 옥암동성당(061-284-1091) [학]1974년 광주가톨릭대 신학과졸 1979년 오스트리아 인스부르크대 신학대학원 성서학과졸 1984년 성서학박사(오스트리아 인스부르크대) [경]1984년 영국 케임브리지대 Visiting Scholor 1985년 예루살렘성서대학 Visiting Scholor 1986년 완도천주교회 주임신부 1988년 광주가톨릭대 신학과 부교수대우·부교수 1990~2001년 同출판부장·학생처장·도서관장 1993년 同교수 2002년 同대학원장 겸 교학처장 2002~2006년 同총장 2006년 광주 치평동성당 주임신부 2010~2014년 순천 저전동성당 주임신부 2014년 목포 옥암동성당 주임신부(현) [저]'Jesus und Die Judische Auto : Itat' '이스라엘 성지 어제와 오늘' '하느님과 인간의 지혜' '마르코가 전하는 하느님의 아들 예수그리스도' '요한복음서' '요한이 전하는 하느님의 외아들 예수그리스도' '함께 걷는 하느님과 인간' '예수의 어머니 마리아' '예수그리스도와 함께' '바오로신학 기본사상' '히브리서 강해' '갈라티아서의 모든 것' [종]천주교

이영형(李榮衡) LEE Young Hyoung

[생]1957·6·8 [주]울산 중구 함월7길11 한국교통방송 울산교통방송본부(052-290-8620) [학]1975년 대륜고졸 1982년 영남대 전자공학과졸 [경]1983년 포항MBC 기술부 근무 1995년 同기술국 송출팀 차장대우 1997년 同송출팀장 1998년 同기술부 차장 2000년 同보도제작국 기술부장 2002년 同총무부장 2005년 同기술국 부국장대우 2008년 同기술국장 2015년 한국교통방송(TBN) 울산교통방송본부장(현)

이영혜(李英惠·女) LEE Young Hye

[생]1953·9·23 [출]강원 원주 [주]서울 중구 동호로310 태광빌딩 (주)디자인하우스(02-2262-7101) [학]1972년 원주여고졸 1976년 홍익대 미술대학 응용미술과졸 1986년 중앙대 대학원 신문방송출판잡지과정 수료 1993년 미국 스탠퍼드대 출판전문가과정 수료 1999년 국제산업디자인대학원대 뉴밀레니엄과정 수료 2004년 서울대 자연과학대학 과학및정책최고연구과정 수료 [경]1977년 월간'디자인'편집부 기자 1980년 同발행인(현) 1987년 (주)디자인하우스 설립·대표이사(현) 1987년 월간 '행복이 가득한집'창간·발행인(현) 1988년 월간 '공예'창간 1995년 월간 '워킹우먼'창간 2001년 월간 '도베'창간·발행인 2005년 월간 '스타일H'창간, 월간 '마이웨딩'·'앙팡'·'럭셔리'발행인 2006년 월간 '맨즈헬스' 한국판 창간, (사)한국마케팅클럽(KMC) 고문(현), 한국CEO포럼 운영위원, 서울시 창의서울포럼 전략사업부문 부대표, 대통령 교육과학문화수석비서관실 문화체육관광분야 정책자문위원, 아시아문화중심도시조성위원회 자문위원(현), 중앙공무원교육원 객원교수 2009년 대통령직속 국가브랜드위원회 위원 2010년 2013평창동계스페셜올림픽 문화행사위원회 위원, 서울디자인재단 비상임이사, 전주시 명예시민(현) 2012년 2013광주디자인비엔날레 총감독 2012년 2018평창동계올림픽 문화행사전문위원회 자문위원(현) 2015년 백남준문화재단 대표 이사장(현) [상]한국시각디자인협회 KSVD 감사패(1986), 한국인테리어디자이너협회 KOSID 공로패(1986), 출판문화발전공로 문화부장관표창(1990), 한국잡지협회 제25회 잡지언론상 경영상(1991), 제1회 디자인주간 상공자원부장관표창(1993), 한국아트디렉터즈클럽(ADCK)선정 우수디자인잡지(1996), 문학인선정 가장문학적인잡지상(1996), 한국일보 출판문화상(1997), 잡지의날 국무총리표창(1998), 한국전통식품산업화연구회 제1회 전통식품산업화상(1998), 중소기업협동조합중앙회 중소기업인상(2000), 산업자원부장관표창(2001), 제1회 외국기업의날 우수외자유치상(2001), 동탑산업훈장(2002), 제4회 디자인진흥대회 산업포장(2002), 남녀고용평등 국무총리표창(2005), 자랑스러운 홍익인상(2008), 이탈리아 정부 최고문화훈장(2008) [저]'정말 하고 싶은 이야기'(2012)

이영호(李泳浩) Lee Young-ho

[생]1956·12·19 [주]서울 종로구 사직로8길60 외교부 운영지원과(02-2100-7141) [학]1984년 성균관대 정치외교학과졸 [경]1988년 외무고시 합격(22회) 1988년 외무부 입부 1992년 미국 터프츠대 플래처스쿨 연수 1993년 駐태국 2등서기관 겸 영사 1996년 駐남아프리카공화국 1등서기관 2000년 駐카자흐스탄 1등서기관 2002년 駐영국 1등서기관 겸 영사 2004년 외교통상부 동남아통상과장 2005년 同영사과장 2005년 同재외국민보호과장 2007년 駐홍콩 부총영사 2009년 駐중국 공사참사관 겸 총영사 2011년 외교통상부 재외동포영사국 심의관 2013년 駐예멘 대사(현) [상]근정포장(2006)

이영호(李英浩)

[생]1957·1·1 [출]경남 밀양 [주]충남 천안시 동남구 충절로1687 해양경비안전연구센터(041-640-2010) [학]부산 금성고졸, 부산과학기술대졸, 한국해양대 대학원 해사법학과졸, 법학박사(한국해양대) [경]해양경찰청 경무국·방제국 근무, 부산해양경찰서 방제과장, 통영해양경찰서 방제과장, 국제해사기구(IMO) London Con. 당사국회의 한국대표단 2015년 국민안전처 해양경비안전교육원 해양경비안전연구센터장(현) [상]모범공무원표창 [저]'공무원 승진- 역량평가'(2013, 퍼플) '해양환경관리실무'(2015, 퍼플)

이영호(李英浩) Young-Ho Lee

[생]1958 [출]충남 아산 [주]부산 영도구 태종로727 한국해양대학교 기계공학부(051-410-4293) [학]한국해양대 기관공학과졸, 同대학원 기관공학과졸, 기계공학박사(일본 도쿄대) [경]한국해양대 기계공학부 교수(현) 2001~2003년 (재)한국조선기자재연구원 초대원장 2005년 (사)한국풍력에너지학회 부회장(현) 2008~2009년 제8회 세계풍력컨퍼런스및전시대회 조직위원장 2009~2010년 국제

저탄소재생에너지심포지엄(ISLCT2010) 조직위원장 2010~2011년 아시아태평양재생에너지포럼(AFORE) 조직위원장 2010~2015년 (사)유체기계공업학회 부회장 2010~2016년 (사)한국신재생에너지학회 부회장 2011~2012년 유체공학및유체기계국제심포지엄(ISFMFE2012) 조직위원장 2012~2013년 아시아태평양재생에너지포럼(AFORE) 프로그램위원장 2013~2015년 국가과학기술심의회 에너지환경전문위원회 전문위원 2016년 한국유체기계학회 회장(현) 2016년 (사)한국신·재생에너지학회 회장(현)

이영호(李榮鎬) LEE Yeong Ho
[생]1958 · 8 · 23 [출]경북 영천 [주]서울 영등포구 양평로21길10 롯데푸드(주) 비서실(02-3469-3000) [학]1977년 경북대사대부고졸 1981년 고려대 농화학과졸 1991년 同대학원 경영학과졸 [경]2007년 롯데칠성음료(주) 마케팅담당 임원 2009년 同중국법인 총경리 2011년 同영업본부장 2012년 (주)롯데삼강 · (주)롯데햄 대표이사 2013년 롯데푸드(주) 대표이사(현)

이영호(李榮浩) LEE Young Ho
[생]1958 · 12 · 25 [출]전북 정주 [주]서울 종로구 인사동7길32 SK건설(주) 임원실(02-3700-9046) [학]전주고졸, 한국외국어대 불어과졸, 미국 컬럼비아대 대학원 경영학과졸(MBA) [경]YHL Group 근무, IMS Health Korea 근무, A.T.Kearney 근무, Bloomberg News 근무, Knight Ridder 파이낸셜 근무, SK건설(주) 건축기획총괄 전무 2014년 同건축기획본부장(전무)(현)

이영호(李泳鎬) YI Young Ho (登獻)
[생]1959·12·3 [본]경주(慶州) [출]전남 완도 [주]서울 마포구 큰우물로76 고려빌딩203호 전국해상산업노동조합연맹(02-716-2764) [학]1977년 완도수산고졸 1984년 부산수산대 식품공학과졸 1993년 同대학원 수산생물학과졸 2001년 수산학박사(부경대) [경]1985년 지도직7급공무원 임용, 완도어촌지도소·장흥어촌지도소·진해내수면연구소·여수지방해양수산청 근무, 해남어촌지도소장 1987년 한국조류학회 평의원 1998~2000년 해남수산기술관리소 소장 1998년 광주대 겸임교수 2000년 한국식량산업연구원 원장 2000년 16대 총선출마(강진·완도) 2001년 푸른바다신문 논설위원 2001년 전남매일 농수산전문위원 2001~2004년 전남대 교수 2001년 바다가꾸기시민실천연합 전남서남권운동본부 공동대표 2001년 3.16포럼 공동대표 2002년 과학기술부 과학기술앰버서더 2002년 새천년민주당 중앙선거대책위원회 남북경제협력특별위원회 부위원장 2003년 바다가꾸기시민실천연합 상임고문 2003년 한국도서학회 이사·고문 2003년 강릉대 해양생명공학부 겸임교수 2004~2008년 제17대 국회의원(강진·완도, 열린우리당·대통합민주신당·통합민주당), 국회 농림해양수산위원회 위원, 국회 예산결산위원회 위원, 국회 독도수호및역사왜곡대책특별위원회 위원, 국회 쌀국정조사특별위원회 위원, 국회 바다포럼 대표의원 2006년 (사)태평양포럼 이사장 2006~2011년 한국수산벤처대학 학장 2006년 열린우리당 의장특보 2007년 同원내대표 2007년 同정책위 부의장, 전남대 교수, 부경대 초빙교수, 강릉원주대 겸임교수, 영남대 겸임교수, 목포해양대·경상대·대구대 출강 2012년 제19대 국회의원선거 출마(해남·완도·진도, 무소속) 2012~2013년 부경대 석좌교수 2014년 전국해상산업노동조합연맹 고문(현) 2015년 한국4-H본부 고문(현) [상]감사원장표창(1995), 헌혈유공장(2004), 피감기관 선정 국정감사 우수의원(2004, 농어업회생을위한 국회의원모임 최우수연구단체(2004·2005·2006·2007), 국회바다포럼 우수국회의원 연구단체 (2005·2006·2007), NGO 모니터단 선정 국정감사 우수의원(2005·2006·2007), 국회의장 선정 우수국회의원(2006·2007), 전국지역신문협회 국회의원 의정대상(2007), 한국수산협회 수산경영대상(2007), 전국수산단체협의회 선정 공로의원(2007) [저]'김 냉동망' '모자반양식' '바다어류양식' '신수산양식기술의 이해' '황금바다'(2007) '태도는 사실보다 중요하다'(2011)

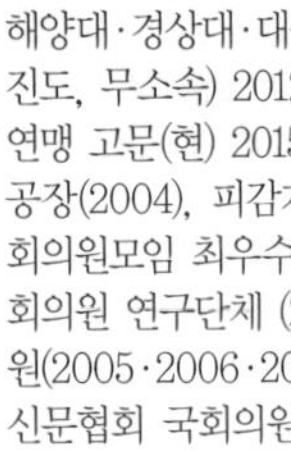

이영호(李永浩) LEE Young-Ho
[생]1960·2·12 [본]재령(載寧) [출]부산 [주]서울 성동구 왕십리로222 한양대병원 소아청소년과(02-2290-8383) [학]1984년 한양대 의대졸 1988년 同대학원졸 1992년 의학박사(한양대) [경]1984~1988년 인제대부속 부산백병원 인턴·소아과 레지던트 1989~2005년 동아대 의대 소아과학교실 교수 1991~1992년 미국 UCLA Medical Center Postgraduate Researcher 2002년 대한조혈모세포이식학회 제대혈위원장 2005년 한양대 의과대학 소아청소년과학교실 교수(현) 2005~2016년 한국조혈모세포은행협회 홍보위원장 2006년 국립장기이식관리센터 골수분과위원(현) 2008년 한양대병원 조혈모세포이식센터 소장 2009~2015년 대한혈액학회 제대혈이식연구회 위원장 2011년 보건복지부 제대혈위원회 위원장 [상]교육과학기술부장관표창(2009), 대통령표창(2010), 국제소아종양학회 최우수연제상(2012), 대한소아혈액종양학회 학술공로상(2016)

이영호(李榮浩) Lee Young Ho
[생]1961 · 4 · 28 [출]충북 청주 [주]서울 영등포구 국회대로70길18 새누리당 보건복지위원회(02-784-6599) [학]1989년 한양대 경제학과졸 1997년 서울대 대학원 보건학과졸 [경]행정고시 합격(28회) 1997년 보건복지부 전산통계담당관(서기관) 1999년 同지역보건과장 2000년 국립의료원 장기이식기획팀장 2001년 해외 훈련 2004년 보건복지부 한방정책관실 한방의료담당관(부이사관) 2005년 同건강증진국 건강정책과장 2005년 경제협력개발기구(OECD) 아시아사회정책센터 파견 2007년 보건복지부 보건산업육성사업단장 2007년 식품의약품안전청 정책홍보관리본부장 2008년 同기획조정관 2009년 대통령직속 사회통합위원회 파견 2009년 보건복지가족부 아동청소년가족정책실 아동청소년복지정책관(국장급) 2010년 보건복지부 아동청소년복지정책관 2010년 同저출산고령사회정책실 보육정책관(고위공무원) 2011년 駐미국 공사참사관 2014년 보건복지부 질병관리본부 국립인천공항검역소장 2014~2016년 同감사관 2016년 새누리당 보건복지위원회 수석전문위원(현)

이영호(李英鎬) LEE Young Ho
[생]1963·8·10 [출]경북 상주 [주]대전 중구 대종로550번길5 금강일보(042-346-8000) [학]1999년 청주대 대학원 신문방송학과졸 [경]1990~2001년 대전매일신문 정치부·사회부·문화체육부 기자·차장 2001년 同북부본부 취재부장 2003년 同북부본부장 2003년 同사회부장 2004년 同문화레저부장 2005년 충청투데이(제호변경) 문화레저부장 2006년 同경제부장 2008년 同기획조정실장 2008년 同마케팅사업국장 2010년 금강일보 편집국장 2012년 同총괄국장 2014년 同충남취재본부장(상무이사) 2015년 同총괄국장(상무이사) 2016년 同상무이사(현)

이영호(李榮浩) LEE Young Ho
[생]1963 · 9 · 25 [본]원주(原州) [출]전남 해남 [주]서울 마포구 마포대로45 일진제강 인사팀(02-707-9166) [학]1989년 연세대 경영학과졸 2001년 아주대 대학원 투자금융학과졸 [경]2003~2008년 일진전기(주) 경영지원실장(상무), 일진네트웍스 대표이사 겸임 2013년 일진전기(주) 구매전략실장(상무) 2013년 同차단기사업부장(상무) 2015~2016년 同전선사업부장(상무) 2016년 일진제강 경영지원실장(현)

이영호(李榮鎬) LEE Young Ho
[생]1964·4·15 [출]서울 [주]서울 도봉구 마들로747 서울북부지방검찰청 사무국(02-3399-4578) [학]1987년 연세대 법학과졸 1992년 同행정대학원졸 [경]1991년 행정고시 합격(35회) 1992년 서울지검 수사2과장·법무부 장관실 근무 1999년 서울지검 범죄정보과장 2000년 대검찰청 범죄정보1담당관실 서기관 2004년 국무총리실 조사비서관실·민정비서관실 근무 2006년 서울동부지검 집행과장 2007년 서울중앙지검 증거물과장 2008년 국무총리실 공직윤리지원관실 파견 2009년 부산지검 동부지청 사무국장(고위공무원 승진) 2010년 울산지검 사무국장(고위공무원) 2010년 서울남부지검 사무국장 2012년 중앙공무원교육원 파견(고위공무원) 2013년 서울동부지검 사무국장 2014년 대전지검 사무국장 2015년 인천지검 사무국장 2016년 서울북부지검 사무국장(현)

이영호(李榮鎬) LEE Young-Ho
[생]1965 · 8 · 30 [출]서울 [주]경북 경산시 진량읍 공단6로98 조일알미늄(주) 사장실(053-856-5252) [학]1984년 영진고졸 1988년 미국 뉴욕대 재정학과졸 1992년 미국 포드햄대(Fordham Univ.) 대학원졸 [경]1989~1996년 조일알미늄공업(주) 비상임이사 1992~1995년 현대정공 뉴욕지사 영업담당 대리 1996년 조일알미늄공업(주) 종합기획실장 1997년 同전무이사 2002년 同부사장 2004년 同대표이사 2004년 조일알미늄(주) 대표이사 사장(현), 대구상공회의소 미래전략위원회 위원장

이영화(李永禾) LEE Yeong Hwa
[생]1959 · 6 · 24 [본]성산(星山) [출]대구 [주]경북 경산시 한의대로1 대구한의대학교 소방방재안전학부(053-819-1419) [학]1981년 영남대 공대 토목공학과졸 1986년 同대학원 토목공학과졸 1991년 공학박사(영남대) [경]1993년 대구한의대 소방방재안전학부 교수(현) 1996~1997년 미국 루이지애나주립대 연구교수 2005년 미국 세계인명사전 마르퀴즈 후즈 후 '과학및공학'에

등재 2005년 영국 케임브리지 국제인명센터(IBC) 21세기우수과학자에 등재 2006~2014년 경북도 재해복구사업 사전심의위원 2007~2011년 대구한의대 웰빙복지대학장 2008~2012년 대구시 하수도자문위원 2008~2010년 同사전재해영향성 검토위원 2009~2011년 경북도 사전재해영향성 검토위원 2011년 한국수자원학회 이사(현) 2011~2012년 대구한의대 기획처장 2011~2012년 국토해양부 4대강살리기 자문위원 2012~2013년 한국환경과학회 부회장 2014년 경북도 공공하수도 자문위원(현) 2014년 대구한의대 산학협력단장 2016년 同교학부총장(현) ❸교육과학기술부장관표창(2010), 경북도지사표창(2010) ㉘'수자원환경공학(共)'(2000) ㉪'알기쉬운 환경과학'(1999)

이영화(李永和) LEE YOUNG WHA (仁補)

❸1963·2·19 ❷경주(慶州) ❸경북 경주 ㈜대구 수성구 동대구로364 대구지방법원 부장판사실(053-757-6600) ❿1982년 대구 심인고졸 1986년 한양대 법학과졸 ❷1985년 사법시험 합격(27회) 1988년 사법연수원 수료(17기) 1988년 軍법무관 1991년 창원지법 판사 1994년 同밀양지원 판사 1995년 대구지법 판사 1997년 同소년부지원장 1998년 대구고법 판사 2001년 대구지법 판사 2003년 창원지법 거창지원장 2005년 대구지법 부장판사 2010년 同포항지원장 2012년 대구지법 부장판사(현) ❸기독교

이영환(李英煥·女) LEE Young Hwan

❸1941·6·5 ❷인천 ㈜인천 남동구 정각로29 인천광역시의회(032-440-6077) ❿1960년 인천사범학교졸, 사립인천전문대졸, 한국방송통신대졸 2003년 성산효대학원대 대학원 사회복지학과졸 ❷1960~1979년 국민학교 교사 1979년 부광유치원 설립·대표·이사장 1983년 인천사립유치원연합회 회장 1989년 민자당 인천南乙지구당 부위원장 1991년 인천시 남구의회 의원 1993년 전국지방여성협의회 부회장 1994년 인천시 남구 숭의4동새마을금고 이사장 1995·1998~2002년 인천시의회 의원(국민회의·새천년민주당) 1997년 同문교사회위원장 1998년 同부의장 2000~2002년 同의장 2002년 인천시 남구청장선거 출마(새천년민주당) 2002년 국민통합21 인천南甲지구당 위원장, 숭의3·4동새마을금고 이사장 2010년 인천시 남구청장선거 출마(무소속) 2014년 인천시의회 의원(비례대표, 새정치민주연합·더불어민주당)(현) 2014·2016년 同교육위원회 위원(현) 2014년 同윤리특별위원회 위원 ❸인천교육대상 ❸기독교

이영환(李英桓) LEE Young Hwan

❸1959·9·23 ㈜대구 남구 현충로170 영남대학교병원(053-620-3535) ❿1985년 영남대 의대졸 1990년 同대학원 의학석사 2001년 의학박사(경북대) ❷1993년 영남대 의대 소아청소년과학교실 조교수·부교수·교수(현), 同의과대학 교육부학장, 同의과대학 소아청소년과학교실 주임교수, 영남대병원 소아청소년과 임상과장, 同부원장, 同의학전문대학원장 겸 의과대학장, 대한소아과학회 대구경북지회 학술이사, 대한심장학회 정회원, 소아고혈압연구회 일반이사, 한국의학교육학회 기획이사, 同교육정보이사 2016년 영남대병원 병원장(현)

이영환(李英煥) LEE Young Hwan

❸1961·3·19 ❸대구 ㈜서울 강남구 논현로508 GS칼텍스㈜ Supply&Trading본부(02-2005-6700) ❿1980년 보성고졸 1986년 한국외국어대 불어과졸 ❷1986년 LG칼텍스정유㈜ 입사 1993년 同제품무역부 과장 2000년 同싱가폴현지법인 부장 2004년 同원유·제품부문장(상무) 2005년 GS칼텍스㈜ 원유·제품부문장(상무) 2010년 同원유·제품부문장(전무) 2015년 同Supply&Trading본부장(부사장)(현) ❸천주교

이영환(李榮煥)

❸1971·1·13 ❸경북 봉화 ㈜경기 고양시 일산동구 호수로550 사법연수원(031-920-3102) ❿1989년 대구 덕원고졸 1995년 서울대 공법학과졸 1997년 同대학원 법학과 석사과정 수료 ❷1997년 사법시험 합격(39회) 2000년 사법연수원 수료(29기) 2000년 육군 법무관 2003년 서울지법 북부지원 판사 2004년 서울북부지법 판사 2005년 서울중앙지법 판사 2007년 대구지법 안동지원 판사 2009년 대전지법 천안지원 판사 2011년 수원지법 판사 2011년 법원행정처 윤리감사제1심의관 2012년 同윤리감사기획심의관 2013년 서울고법 판사 2015년 광주지법·광주가정법원 목포지원 부장판사 2016년 사법연수원 교수(현)

이영활(李寧活) Lee Young Hwal

❸1959·1·10 ❷진성(眞城) ❸경북 문경 ㈜부산 기장군 기장읍 동부산관광6로59 국립부산과학관(051-750-2302) ❿1980년 부산대 경영학과졸 1982년 同행정대학원 수료 1990년 영국 버밍햄대 대학원 발전행정학과졸 2001년 부산대 행정대학원 박사과정 수료 ❷1980년 행정고시 합격(24회) 2001년 부산시 공보관 2002년 同기획관리실 재정관 2003년 同기획관리실 기획관 2004년 同경제진흥실장 2007년 同선진부산개발본부장 2008년 同미래전략본부장 2009년 同경제산업실장 2010년 국방대 교육파견 2010년 부산시 정책기획실장 2011~2014년 同경제부시장 2012~2014년 한국해양과학기술원 비상임이사 2014~2015년 부산외국어대 석좌교수 2015년 국립부산과학관 초대 관장(현) ❸홍조근정훈장(2006), 동명대상 공공부문 대상(2014) ❸가톨릭

이영회(李永檜) LEE Young Hoi

❸1947·1·31 ❸전남 목포 ㈜서울 중구 만리동2가 171 ㈜영원무역 임원실(02-390-6114) ❿1966년 서울사대부고졸 1971년 서울대 경제학과졸 1984년 미국 인디애나대 경영대학원졸(MBA) ❷행정고시 합격(11회) 1973~1980년 재무부 사무관 1980~1991년 同국제기구과장·외자관리과장·국제조세과장·보험정책과장 1991년 국제통화기금(IMF) 자문관 1996년 재정경제원 사회교육예산심의관 1997년 同예산총괄심의관 1997년 세계은행(IBRD) 이사 1999년 재정경제부 기획관리실장 2001~2003년 한국수출입은행장 2003~2006년 아시아개발은행(ADB) 사무총장 2007~2011년 아시아자산신탁 대표이사 2012~2014년 아시아신탁㈜ 회장 2012년 ㈜영원무역 사외이사 2014년 同사내이사 2014년 同부회장(현) ❸근정포장, 홍조근정훈장

이영훈(李英勳) LEE Young Hoon

❸1949·9·21 ❸부산 ㈜경기 성남시 분당구 백현로93 ㈜후너스홀딩스 임원실(031-603-9600) ❿1967년 경남고졸 1971년 연세대 화학과졸 ❷1975년 삼정화공약품상사 근무 1979년 세정산업 대표이사, 삼정신약㈜ 대표이사 사장 1995~1999년 이영 대표이사 1997년 SJ AMERICA,INC 대표이사 2000년 로지트코퍼레이션㈜ 대표이사 사장 2011년 ㈜후너스 대표이사 회장 2011~2014년 ㈜로지트 대표이사 회장 2014년 ㈜후너스홀딩스 대표이사 회장(현) ❸천주교

이영훈(李永勳) LEE Young Hoon

❸1954·11·19 ❷전주(全州) ❸서울 ㈜서울 영등포구 여의공원로101 여의도순복음교회(02-6181-9191) ❿1977년 연세대 신학과졸 1978년 순복음신학원 신학과졸 1983년 연세대 연합신학대학원졸 1984년 미국 웨스트민스터신학대학원 신학석사과정 수료, 미국 템플대 대학원 종교철학과졸 1984년 종교철학박사(미국 템플대) ❷순복음신학원 강사, 한세대 교수 1981년 여의도순복음교회 국제신학연구원 교육연구소 정전도사 1982년 同국제신학연구원 교육연구소장 1982년 목사 안수 1983년 미국 워싱턴순복음제일교회 담임목사 1992년 여의도순복음교회 국제신학연구원장, 한국기독교교회협의회 신학위원장 1998년 미국 베데스다대학 학장 2001년 일본 순복음동경교회 담임목사, 일본 순복음신학대학 학장 2003년 여의도순복음교회 교무담당 부목사 2005년 미국 나성순복음교회 담임목사 2007~2008년 여의도순복음교회 담임목사 서리 2008년 同당회장 서리 2008년 同담임목사(현) 2008년 同당회장 겸임(현) 2010년 아세아연합신학대(ACTS) 임시이사 2010년 굿피플(NGO) 대표이사 2011년 한국기독교교회협의회(NCCK) 회장 2011년 굿피플(NGO) 이사장(현) 2011년 순복음선교회 이사장(현) 2014년 한국기독교총연합회 대표회장(현) ㉘'펜사콜라 기적의 현장 브라운스빌교회'(1997) ㉪'오순절/은사주의 조직신학 제2권'(1993) '오순절/은사주의 조직신학 제3권'(1995) '종말의 시작'(1997) ❸기독교

이영훈(李榮勳) Yi Young Hoon

❸1956·9·16 ❸서울 ㈜서울 용산구 서빙고로137 국립중앙박물관(02-2077-9011) ❿1975년 경기고졸 1979년 서울대 고고학과졸 1987년 同대학원 고고미술사학과졸 2007년 경북대 대학원 박사과정 수료 ❷1982년 국립중앙박물관 학예연구실 고고부 학예연구사 1988년 同고고부 학예연구관 1993년 국립경주박물관 학예연구실장 1994년 국립청주박물관장 1997년 국립부여박물관장 1998년 국립전주박물관장 직대 1999년 국립전주박물관장 2000년 국립중앙박물관 학예연구실 고고부장 2003년 同학예연구실장 2007~2016년 국립경주박물관장 2007·2009년 문화재위원회 동산문화재분과 위원 2016년

국립중앙박물관장(차관급)(현) [상]홍조근정훈장(2006) [저]'고분연구 1(共·編)'(2004, 솔 출판사) '고분연구 2(共·編)'(2005, 솔 출판사)

이영훈(李榮薰)

[생]1959·8·19 [주]경북 포항시 남구 신항로110 포스코켐텍 비서실(054-290-0114) [학]1978년 장충고졸 1983년 서울대 경제학과졸 1985년 同대학원 경제학과졸 1992년 경제학박사(영국 런던대) [경]1985년 포항종합제철 입사 2001년 同자금관리실 자금기획팀장 2004년 포스코(주) 자금관리실 IR팀장 2005년 同경영기획실 경영전략그룹리더, 同경영기획실 전략기획그룹리더 2008년 同기획재무부문 경영기획실장(상무) 2009년 同재무투자부문 재무실장(상무) 2010년 同전략기획총괄부문 재무실장 2011년 同전략기획총괄부문 경영전략1실장 2012~2013년 同경영전략2실장(전무) 2013~2014년 (주)포스코건설 부사장 2014년 포스코ICT 비상무이사 2014~2016년 (주)포스코 재무투자본부장(부사장) 2015년 同비상경영쇄신위원회 위원(현) 2016년 포스코켐텍 대표이사 사장(현)

이영훈(李泳勳) Yeong-hun Yi

[생]1968·3·1 [주]인천 남동구 정각로29 인천광역시의회(032-440-6110) [학]1968년 동인천고졸, 인하공업전문대 자동차학과졸 [경]1급 21세기자동차 대표(현), 동인천고총동문회 부회장(현), 신명여고 운영위원(현), 자연보호중앙연맹 인천시 남구회장 2010~2014년 인천시 남구의회 의원(한나라당·새누리당) 2012년 새누리당 박근혜 대통령후보 홍보위원장, 同청년지역정책분과 위원장 2012~2014년 인천시 남구의회 기획행정위원장 2014년 인천시의회 의원(새누리당)(현) 2014년 同기획행정위원회 위원 2014년 同예산결산특별위원회 위원 2016년 同기획행정위원회 위원장(현)

이영훈(李永薰) LEE Young Hoon

[생]1970·8·1 [출]대전 [주]서울 서초구 서초대로219 법원행정처 전산정보관리국(02-3480-1100) [학]1989년 영등포고졸 1994년 서울대 사법학과졸 [경]1994년 사법시험 합격(36회) 1997년 사법연수원 수료(26기) 1997년 軍법무관 2000년 서울지법 남부지원 판사 2002년 同판사 2004년 춘천지법 판사 2008년 서울고법 형사정책심의관 2009년 법원행정처 형사심의관 2010년 서울고법 판사 2012년 전주지법 부장판사 2013년 대법원 재판연구관 2015년 수원지법 부장판사(현) 2015년 법원행정처 전산정보관리국장 겸임(현) [종]기독교

이영휘(李玲徽·女) LEE Young Whee

[생]1957·10·23 [출]서울 [주]인천 남구 인하로100 인하대학교 간호학과(032-860-8202) [학]1980년 연세대 간호학과졸 1986년 同대학원졸 1994년 간호학박사(연세대) [경]1994년 인하대 간호학과 교수(현) 2000년 인천남구치매센터 센터장(현) 2010~2014년 인천시간호사회 부회장 2011~2012년 노인간호학회 회장 2011~2015년 전문직여성(BPW)한국연맹 인천클럽 회장 2013년 국가치매관리위원회 자문위원 2013년 노인간호학회 감사 [상]연세대 대학원 최우수논문상(1995), 보건복지부장관표창(2001·2006), 연세 미래여성지도자상(2006), 대한간호협회 공로상(2008), 한국간호과학회 우수논문심사자상(2011·2013), 한국간호과학회 공로상(2012), 인하대 우수연구자상(2012), 인천시장표창(2014), 숙명여고 주관 여성리더상(2014) [저]'건강사정실습서'(2004) '노인질환관리 I·II'(2006) '노인전문간호사과정 실습'(2007) '건강사정'(2007) [역]'성인간호학'(2011)

이영희(李永熙) LEE Young Hee (仁堂)

[생]1938·5·29 [출]경북 경산 [주]서울 강남구 광평로56길 12 희림종합건축사사무소(02-3410-9000) [학]1957년 경북고졸 1961년 서울대 공대 건축학과졸 [경]1961년 김중업건축연구소 근무 1966년 국회사무처 근무 1968년 한국외환은행 근무 1970년 희림종합건축사사무소 대표이사 회장 1988년 대한건축사협회 서울지부장·서울지회장 1991년 同회장 1995년 건설교통부 중앙건설기술심의위원 1999년 대한민국건축대전 초대작가 1999년 건축문화의해조직위원회 부위원장 2011~2015년 한국건축학교육인증원 이사장 2012년 희림종합건축사사무소 명예회장(현) [상]서울시건축상 금상·은상·동상, 경기도건축상, 한국건축문화대상 은상, 문화관광부장관표창, 대통령표창(2009) [작]'제일은행 본점' '국회의원 회관' '한국은행 강남지점' '대한투자신탁 본사' '한국산업은행 본점' '경주교육문화회관' '전문건설회관' '국민은행 본점' '진로서초타운' '한국디자인센터' '정보통신부 공무원 교육원' '전자통신연구원' '동아일보 미디어센터' '안동실내체육관' '마포구민회관' '인천국제공항여객터미널' 'ASEM회의 전시장' '서울대 제2공학관' '대구시립 미술관' '국립특수전문대학' [종]기독교

이영희(李永熙) LEE Young Hee

[생]1955·7·28 [출]전북 김제 [주]경기 수원시 장안구 서부로2066 성균관대학교 물리학과(031-299-6507) [학]1976년 철도고졸 1982년 전북대 물리학과졸 1983년 미국 켄트주립대 대학원 물리학과졸 1986년 물리학박사(미국 켄트주립대) [경]1982~1984년 미국 켄트주립대 물리학과 조교 1984~1986년 同물리학과 연구원 1987~1998년 전북대 물리학과 전임강사·조교수·부교수 1989~1990년 미국 아이오와주립대 에임스국립연구소 방문연구원 1993년 스위스 취리히IBM연구소 방문연구원 1996~1997년 미국 미시간주립대 객원연구원 1998년 전북대 물리학과 교수 2001년 성균관대 물리학과 교수(현) 2004년 同Post Doctoral Fellow 2006년 '국가석학 지원사업 대상자(물리학분야)' 선정 2008년 성균관대 에너지과학과 교수 겸임(현) 2012년 同나노구조물리연구단(IBS 연구단) 단장(현) [상]한국과학기술단체총연합회 제7회 과학기술우수논문상(1997), 자랑스런 전북대인상(1997), 자랑스런 전북인상(1999), 성균관대 올해의 펠로우(2004), 한국물리학회 학술상(2005), 제23회 수당상 기초과학부문(2014) [저]'기초전자기학'(1989) 'Carbon Nanotube-Based Supercapacitors'(2004) 'Carbon Nanotube-Based Field Emitters'(2004) '나노-미시세계가 거시세계를 바꾼다'(2005) [종]기독교

이영희(李永熙) LEE Young Hee

[생]1957·2·22 [주]강원 원주시 일산로20 원주세브란스기독병원 재활의학과(033-741-1421) [학]1983년 연세대 의과대학 의학과졸 1986년 同대학원졸 1993년 의학박사(연세대) [경]1990~1993년 연세대 의과대학 재활의학교실 연구강사 1994~2001년 同원주의과대학 재활의학교실 조교수·부교수 1999~2000년 Case Western Reserve Univ. Clinical Research Fellow 2002년 연세대 원주의과대학 재활의학교실 교수(현) 2007년 同원주의과대학 교무부학장 2013년 원주세브란스기독병원 부원장(현) 2013년 2018평창동계올림픽조직위원회 최고의료책임자(CMO)(현)

이영희(李永熙) LEE Young Hee

[생]1959·5·1 [본]여주(驪州) [출]충남 청양 [주]경기 수원시 팔달구 효원로1 경기도의회(031-8008-7000) [학]단국대 토목공학과졸, 연세대 행정대학원졸 2010년 행정학박사(경원대) [경]리더스해운(주) 대표이사, 대한민국ROTC중앙회 부회장, 한나라당 성남분당甲지구당 부위원장, 특임장관실 정책자문위원, 분당충청향우회 부회장, (사)한국지역개발학회 이사(현), 성남교육지원청 중학교입학추첨관리위원회 부위원장(현) 2002·2006·2010년 경기 성남시의회 의원(한나라당·새누리당), 同새누리당 대표의원 2008~2010년 同경제환경위원장 2014년 경기도의회 의원(새누리당)(현) 2014~2016년 同교육위원회 위원 2015년 同안전사회건설특별위원회 위원(현) 2016년 同교육위원회 간사 2016년 同어린이집·유치원교육환경개선특별위원회 간사 2016년 同안전행정위원회 위원(현) 2016년 同예산결산특별위원회 위원(현) [상]한국지방자치학회 우수의원특별상(2005) [종]천주교

이영희(李英熙) LEE Younghee

[생]1961·3·10 [본]경주(慶州) [출]경남 양산 [주]부산 동구 중앙대로338 연합뉴스 부산취재본부(051-462-7373) [학]1980년 부산 동아고졸 1987년 부산대 무역학과졸 [경]1987년 연합통신 입사 1999년 연합뉴스 부산·경남취재본부 차장대우 2001년 同부산·경남취재본부 차장 2004년 同부산지사 부장대우 2007년 同부산지사 부장 2009년 同경남취재본부장 2009년 同경남취재본부장(부국장대우) 2012년 同경남취재본부장(부국장급) 2014년 同부산취재본부장 2015년 同부산취재본부 선임기자(현) [종]천주교

이영희(李英熙)

[생]1962·12·5 [출]경기 평택 [주]전북 완주군 이서면 혁신로181 국립식량과학원(063-238-5100) [학]1988년 충남대 농업기계학과졸 1996년 同대학원 농업기계학과졸 2007년 농업기계학박사(충남대) [경]1992년 농업기계화연구소 수확기계과 연구사 1994년 同가공기계과 연구사 2001년 同농산가공기계과 연구사 2002~2004년 同기획연구실 연구관 2008년 농촌진흥청 행정법무담당관실 연구관 2009년 국립농업과학원 생산자동화기계과장 2011년 同기획조정과장 2013년 同수확후관리공학과장 2013~2014년 농촌진흥청 연구정책국 연구정책과장 2014년 국립식량과학원 기능성작물부장(고위공무원) 2015년 同남부작물부장 2016년 同원장(현)

이오규(李五奎) LEE Oh Kyu (德有)

[생]1952·4·10 [출]경기 이천 [주]경기 용인시 처인구 용인대학로134 용인대학교 국악과(031-8020-2707) [학]1970년 국립국악고졸 1979년 서울대 국악과졸 1986년 단국대 교육대학원졸 [경]1976~1980년 중요무형문화재 30호(가곡) 이수 1979년 국립국악원 연주단 거문고 부수석 1979년 정농악회 회원 1985~1994년 同연주단 거문고 수석 1992년 중요무형문화재 제30호 전수교육조교(현) 1994년 한국정악원 이사(현) 1995년 국립국악원 연주단 전문단원·부악장 1995년 용인대 예술대학 국악과 교수(현) 1998~2003년 용인예술단 예술감독 1998년 덕유풍류원 실내악단 대표(현) 2001년 용인문화원 이사(현), 한국전통문화연구원 이사 2008~2010·2012~2013년 용인대 국악과 학과장 2008~2010·2012~2013년 同예술대학원 국악과 학과장 [상]국립국악원장표창, KBS국악대상, 용인시 문화상, UN 문화예술단 참가 공로패 [저]'정악 거문고모'(共) '전통가곡에 있어서 태평가에 관한 연구' [작]독주곡 '영산회상' 관현악곡 '오늘이소서' '현학의꿈' 가곡 '어머니' '밀고나가세' '세계로 하나로, 이산하 대지에' '내 손을 잡아요' '우리는 하나로' '용인지명가' '신태평가' '평화의 노래' '조선왕조 궁중연회 고종50순경축연향재현공연' 미국이민100주년 기념 '한국의 혼' 키르키즈공화국초청 '2003 KORE Festival' [종]원불교

이오성

[생]1959·2·7 [주]서울 영등포구 여의공원로115 세우빌딩7층 KB국민은행 임원실(02-2073-7164) [학]순천고졸, 전남대 경영학과졸 [경]2009년 KB국민은행 총무부장 2010년 同신자양지점장 2011년 同호남북지역본부장 2012년 同영업본부장 2013년 同경기남지역본부장 2015년 同경영지원그룹 부행장(현)

이오영(李午榮)

[생]1973·2·17 [출]충남 서천 [주]울산 남구 법대로55 울산지방법원(052-216-8000) [학]1991년 서울 경복고졸 1998년 서강대 법학과졸 [경]1997년 사법시험 합격(39회) 2000년 사법연수원 수료(29기) 2000년 서울지법 판사 2002년 同북부지원 판사 2004년 청주지법 판사 2007년 대전지법 판사 2008년 인천지법 판사 2011년 서울중앙지법 판사 2012년 서울고법 판사 2014년 서울서부지법 판사 2015년 울산지법 부장판사(현)

이 옥(李 玉·女) LEE Ok

[생]1964·8·9 [출]전남 고흥 [주]서울 종로구 사직로8길39 세양빌딩 김앤장법률사무소(02-3703-1639) [학]1982년 살레시오여고졸 1986년 고려대 법학과졸 2005년 한양대 행정대학원졸 [경]1989년 사법시험 합격(31회) 1992년 사법연수원 수료(21기) 1992~1994년 서울지검 북부지청 검사 1994~1996년 수원지검 성남지청 검사 1996~1998년 同검사 1998~1999년 서울지검 동부지청 검사 1999~2001년 법무부 여성정책담당관 2001~2004년 서울지검 검사 2004년 춘천지검 부부장검사 2004~2006년 대검찰청 검찰연구관 2006년 대구고검 검사(파견) 2006~2007년 법무부 인권옹호과장 2007~2008년 수원지검 공판송무부장 2008~2009년 인천지검 형사5부장 2009년 서울중앙지검 공판2부장 2009~2010년 서울중앙지검 형사7부장 2010년 김앤장법률사무소 변호사(현) 2012년 서울시 법률고문(현) 2012년 고려대 법학전문대학원 겸임교수(현) 2012년 서울시 정보공개심의회 위원(현) 2013~2014년 보건복지부 건강보험공표심의위원회 위원 2013년 서울시 소청심사위원회 위원(현) 2013년 대검찰청 정책연구심의위원회 위원(현) 2015년 제4회 변호사시험 출제위원 2015년 Unicef 한국위원회 이사(현) [상]법무부장관표창(2003)

이옥경(李玉卿·女) LEE Ok Kyung

[생]1948·11·24 [출]부산 [주]서울 동작구 여의대방로54길18 서울특별시여성가족재단(02-810-5000) [학]1972년 이화여대 신문방송학과졸 1983년 同대학원 사회학과졸 [경]1972~1980년 이화여대 영상연구소 연구원 및 강사·성신여대 강사 1988~1993년 여성민우회 부회장 1995년 내일신문 편집위원 1997년 同뉴욕특파원 2000년 同시사여성주간지 '미즈엔' 편집장·대표 2003년 방송문화진흥회 이사 2004~2005년 내일신문 편집국장 2004~2006·2010년 同이사 2006~2009년 방송문화진흥회 이사장 2006~2010년 삼성고른기회장학재단 이사 2010~2011년 삼성꿈장학재단 이사 2011년 (주)내일이비즈 부회장 2011~2014년 내일신문 사외이사 2013년 서울시여성가족재단 이사장(현) 2014년 내일신문 부사장(현) 2016년 同편집인 겸임(현) [상]올해의 이화언론인상(2005), 이화여대 언론홍보영상학부를 빛낸 동창상(2010)

이옥섭(李玉燮) LEE Ok Sub

[생]1951·10·20 [출]경남 [주]충남 천안시 동남구 병천면 송정리2길59 (주)바이오랜드 부회장실(041-550-7700) [학]1967년 부산고졸 1974년 서울대 공업화학과졸 1984년 한양대 대학원졸 1997년 이학박사(서울대) [경](주)태평양 화장품생활연구소 수석연구원, 同의약건강연구소장, 同기술연구원장(전무) 2004년 同기술연구원 부사장(CTO) 2006~2013년 대한화장품학회 회장 2006년 (주)아모레퍼시픽 기술연구원장(부사장) 2009년 同기술연구원 고문 2013년 (주)바이오랜드 부회장(현) [상]정진기언론문화상 대상(2006)

이온죽(李溫竹·女) LEE On Jook

[생]1944·11·5 [본]덕수(德水) [출]서울 [주]서울 관악구 관악로1 서울대학교 사범대학 윤리교육과(02-880-7726) [학]1962년 경기여고졸 1967년 서울여대 사회학과졸 1970년 이화여대 대학원 사회학과졸 1976년 미국 코넬대 대학원 인간발달 및 가족학과졸 1979년 사회학박사(미국 듀크대) [경]1965년 서울여대 총학생회장 1970년 미국 코넬대 연구조교 1975년 미국 듀크대 연구조교·강의조교(TA) 1981~2010년 서울대 사범대학 윤리교육과 교수 1986년 미국 존스홉킨스대 사회학과 객원교수 1987년 독일 자유베를린대 초빙교수 1988~1992년 정무2장관실 여성정책 실무위원·심의위원 1989년 한국방송위원회 방송심의위원 1993~2001년 민주평통 여성분과 상임위원·자문위원 1996~1998년 미국 듀크대 한국동창회 회장 2001~2004년 국가보훈처 심사평가 및 정책자문위원 2010년 서울대 명예교수(현) 2014년 국무총리실 국가보훈위원회 보훈위원(현) [상]서울대총장표창(2001), 대통령표창(2010), 미국 듀크대동문회 '자랑스러운 동문상'(2010) [저]'사회조사연구방법(共)'(1986) '북한사회연구'(1988) '북한사회의 체제와 생활'(1993) '남북한사회통합론(編)'(1997) '이상향을 그리는 꿈이 거기 있었네'(2000) '신뢰 : 지구촌 시대의 사회적 자본(編)'(2004) '사회조사연구방법 : 사회연구의 논리와 기법(개정판)'(2009) '북한의 청년동맹과 여성동맹(共)'(2010) '북한의 사회와 문화 그리고 통일(共)'(2010) [종]기독교

이완경(李完卿) LEE Wan Kyoung

[생]1954·1·17 [출]서울 [주]서울 강남구 논현로508 GS타워 (주)GS글로벌(02-2005-5300) [학]1972년 선린상고졸 1977년 고려대 경영학과졸 [경]1979년 럭키금성그룹 기획조정실 재무팀 입사 1992년 LG상사 뉴욕지사 부장 1994년 LG그룹 재무관리팀 부장 1996년 同회장실 이사 2000년 同구조조정본부 재무관리팀장(상무) 2002년 LG투자증권 재경총무부문 상무 2002년 同소매영업·재경총괄 부사장 2004~2008년 (주)GS홀딩스 재무팀장(CFO·부사장) 2004~2008년 (주)GS스포츠 대표이사 2009~2014년 GS EPS 대표이사 사장 2012~2014년 (사)민간발전협회 회장 2015년 (주)GS글로벌 대표이사 사장(현)

이완구(李完九) LEE One Koo

[생]1950·6·2 [본]여주(驪州) [출]충남 홍성 [학]1970년 양정고졸 1975년 성균관대 법과대학 행정학과졸 1984년 미국 미시간주립대 대학원 형사정책학과졸 1990년 국방대학원 수료 1991년 서울대 행정대학원 수료 1994년 행정학박사(단국대) 2008년 명예 법학박사(충남대) 2009년 명예 경영학박사(공주대) [경]1974년 행정고등고시 합격(15회) 1975년 경제기획원 사무관 1981년 충남 홍성경찰서장 1986년 駐LA총영사관 내무영사 1993년 충북지방경찰청장 1994년 충남지방경찰청장 1995년 경기대 교수 1995년 민자당 청양·홍성지구당 위원장 1996년 제15대 국회의원(청양·홍성, 신한국당·한나라당·자민련) 1996년 신한국당 대표비서실장 1997년 同대선기획단 조직1본부 중부권대책단장 1998년 자민련 제1사무부총장·사무총장 대행 1998년 同대변인 1998년 국회 농림해양수산위원회 위원 및 간사 2000년 제16대 국회의원(청양·홍성, 자민련·한나라당) 2000년 남북정상회담 남측대표단 2001년 국회 2002월드컵등국제경기대회지원특위 위원장 2001년 자민련 원내총무 2001년 同지도위원장 2004년 미국 UCLA 교환교수 2006~2009년 충남도지사(한나라당) 2010~2011년 우송대 석좌교수 2012년 새누리당 충남도당 명예선대위원장 2013~2016년 제19대 국회의원(부여·청양 재선거 당선, 새누리당) 2013~2014년 국회 농림축산식품해양수산위원회 위원 2013년 새누리당 세종특별자치시지원을위한특별위원회 위원장 2013년 운정회(雲庭會) 부회장 2014~2015년 새누리당 원내대표 2014~2015년 국회 운영위원회 위원장 2014년 새누리당 비상대책위원회 위원 2014년 국회 안전행정위원회 위원 2014~2015년 국회 정보위원회 위원 2015년 제43대 국무총리 [상]보국훈장 광복장(1980), 대통령표창(1985), 홍조근정훈장(1991), 국제최고경영자상, (사)한국언론인연합회 제1회 자랑스런 한국인 대상(2001), 미국 LA아시안상공회의소연합회 국제최고경영자상(2008), 백봉신사상 대상(2014), 성균관대총동창회 공직자부문 '2014 자랑스런 성균인상'(2015) [종]천주교

이완규(李完揆) LEE Wan Kyu

(생)1961·2·4 (본)전주(全州) (출)인천 (주)경기 부천시 원미구 상일로127 인천지방검찰청 부천지청 지청장실(032-320-4000) (학)1979년 인천 송도고졸 1986년 서울대 법학과졸 1988년 同대학원 법학과졸 2005년 법학박사(서울대) (경)1990년 사법시험 합격(32회) 1994년 사법연수원 수료(22기) 1994년 서울지검 검사 1996년 부산지검 울산지청 검사 1997년 전주지검 검사 1999년 서울지검 서부지청 검사 2000년 독일 연수 2003년 대검찰청 검찰연구관 2005년 광주지검 검사 2006년 同부부장검사 2006년 대검찰청 혁신기획과 파견 2007년 서울고검 검사 2008년 서울중앙지검 부부장검사 2009년 청주지검 제천지청장 2010년 대검찰청 형사1과장 2011년 서울남부지검 형사4부장 2012년 법무연수원 교수 2013년 대전지검 서산지청장 2014년 청주지검 차장검사 2015년 서울북부지검 차장검사 2016년 인천지검 부천지청장(현) (상)홍조근정훈장(2014) (저)'독일어휘연구' '수험독일어연구' (종)천주교

이완근(李浣根) LEE Wan Keun (석담)

(생)1941·1·23 (본)전주(全州) (출)경기 시흥 (주)경기 성남시 분당구 대왕판교로395번길8 신성그룹 비서실(031-788-9115) (학)1959년 성남고졸 1965년 성균관대 교육학과졸 1989년 서울대 경영대학원 AMP 수료, 동국대 대학원 불교문화예술학과졸 2001년 명예 경영학박사(성균관대), 성균관대 유학대학원졸 (경)1970~1973년 경원세기산업 영업과장 1973~1976년 중앙설비 대표 1977~2000년 (주)신성엔지니어링 대표이사 1979~1987년 냉동공조공업기술협회 회장 1996~2000년 (주)신성이엔지 대표이사 사장 1996년 (주)신성기술연구소 각자대표이사 사장 1998년 한국공기청정협회 부회장 1998년 한국반도체산업협회 부회장 2000년 신성환경기술(주) 대표이사 사장 2000년 (주)신성이엔지 대표이사 회장(현) 2000년 블루코드테크놀러지(주) 회장 2004~2006년 한국냉동공조공업협회 회장 2004~2007년 한국산업기술평가원 이사 2005년 우리기술투자(주) 공동대표이사 2006~2010년 한국냉동공조협회 회장 2007년 우리기술투자(주) 대표이사 회장(현) 2008~2010년 성균관대총동창회 회장 2008~2010년 (주)신성홀딩스 대표이사 회장 2008년 한국태양전지연구조합 이사장(현) 2008년 신성그룹 회장(현) 2011년 신성솔라에너지 대표이사 회장(현) 2015년 한국태양광산업협회 회장(현) (상)우수기계상(1990), 철탑산업훈장(1991), IR52 장영실상(1993), 금탑산업훈장(2005), 다산경영상 창업경영인부문(2007), 중소기업문화대상(2007), 중소기업 문화대상(2008), 한국인사조직학회 창업기업인상(2010), 고용창출우수기업 대통령표창(2010), 자랑스러운 성균인 기업인부문(2011), 태양광발전학회 공로상(2014), 5천만불 수출의탑(2014) (저)'태양광 선언'(2016, 햇빛e세상) (종)불교

이완기(李完基) LEE Wan Kee

(생)1954·10·20 (본)영천(永川) (출)서울 (주)서울 마포구 마포대로14가길10 동아빌딩 4층 민주언론시민연합(02-392-0181) (학)1973년 중동고졸 1982년 한국항공대 항공전자공학과졸 (경)1981년 문화방송(MBC) 입사 1984년 同방송기술국 보도기술부 근무 1992년 同기술연구소 연구1부 근무 1993년 同기술관리국 기술연구부 근무 1994년 同TV보도기술부 근무 1995년 同기술국 기술연구팀 근무 1998년 同방송기술국 기술연구소 근무 1999년 同기술관리부 차장 2001년 同방송인프라국 DTV기술팀장 2003년 同DTV기술팀장(부장) 2003년 同방송인프라국 부국장 2005년 同기술본부장, 同노동조합 위원장, 전국언론노동조합 부위원장, (사)민주언론시민연합 이사 2008~2009년 울산문화방송 사장 2009~2013년 미디어오늘 대표이사 사장 2013년 (사)민주언론시민연합 정책위원장 2014년 同공동대표(현) 2015년 방송문화진흥회 이사(현)

이완범(李完範) LEE Wan Bom

(생)1961·2·9 (출)서울 (주)경기 성남시 분당구 하오개로323 한국학중앙연구원 한국학대학원 사회과학부(031-709-6673) (학)1983년 연세대 정치외교학과졸 1986년 同대학원 정치학과졸 1994년 정치학박사(연세대) (경)1985~1986년 연세대 국학연구원 연구생 1989~1998년 연세대·청주대·한국외국어대·숭실대·서원대·이화여대 대학원 강사 1989~1992년 한국학술연구원 연구원, Korea Observer 편집인 겸임 1992~1996년 국사편찬위원회 사료연구위원 1996~1997년 미국 조지타운대 역사학과 방문학자 2003~2004년 미국 하버드대 옌칭연구소 방문학자 2005년 한국학중앙연구원 한국학대학원 정치경제연구실 교수, 同한국학대학원 사회과학부 교수(현) 2007~2009년 同해외한국학지원실장 2009~2011년 同세종리더십연구소장 2009~2012년 국사편찬위원회 위원 2012년 한국학중앙연구원 연구처장 2013~2015년 同한국학술정보관장 (상)한국정치학회 학술상-저서부문(2001), 연정회 학술상(2001) (저)'논문작성을 위한 글쓰기 글(共)'(1994) '한국전쟁'(2000) '38선 획정의 진실'(2001) '한국정치 어떻게 볼 것인가(共)'(2003)

이완섭(李完燮) LEE Wan Seob

(생)1957·1·15 (본)재령(載寧) (출)충남 서산 (주)충남 서산시 관아문길1 서산시청 시장실(041-660-2201) (학)1977년 공주고졸 1987년 한국방송통신대 행정학과졸 1994년 연세대 대학원 행정학과졸 2011년 경영학박사(숭실대) (경)1982년 공무원 임용 2003년 행정자치부 총무과 서기관 2004년 국가전문행정연수원 교육2과장 2005년 행정자치부 제도혁신팀장 2007년 同조직관리팀장 2008년 행정안전부 경제조직과장 2008년 同지식제도과장 2009년 同지방성과관리과장 2009년 충남 서산시 부시장(부이사관) 2011년 행정안전부 상훈담당관 2011년 충남 서산시장(재보선 당선, 한나라당·새누리당) 2014년 충남 서산시장(새누리당)(현) 2014년 상상나라연합 이사장(현) 2014~2016년 새누리당 지방자치안전위원회 부위원장 (상)국무총리표창(1994·1995·1996), 근정포장(2002), 지역농업발전선도인상(2012), 도전한국인 리더쉽상(2012), 전국지역신문협회 행정대상(2013), 2013년을 빛낸 도전한국인상 행정혁신부문 대상(2014), 한국지방자치경영대상 올해의 지방자치CEO(2014), 월간조선 주최 '한국의 미래를 빛낼 CEO' 지속가능경영부문(2015), 대한민국예술문화스타대상 문화공로대상(2016), 한국지방자치경영대상 개인부문 최고경영자상(2016)

이완성(李完性) LEE Wan Seong

(생)1959·12·26 (본)전주(全州) (출)전북 완주 (주)서울 영등포구 여의공원로13 한국방송공사 본관1층 KBS시큐리티 대표이사실(02-6099-7115) (학)1978년 논산 대건고졸 1980년 인천전문대졸 1983년 광운대 전자공학과졸 2003년 한국과학기술원 테크노경영대학원 수료 (경)1979년 동양정밀(주) 근무 1985년 한국방송공사(KBS) 입사 1998년 同속초방송국 총무부장 2002년 同뉴미디어국 부주간 2003년 同경영본부 노무 부주간 2004년 同경영본부 후생안전팀 부주간 2004년 同사내근로복지기금 사무국장 2007년 同라디오제작본부 라디오제작운영팀장 2008년 同경영본부 노사협력팀장 2009년 同경영본부 노사협력주간(국장급) 2009년 同정책기획센터 정책주간 2011년 同정책기획본부 노사협력주간 2012~2013년 同청주방송총국장 2013년 同노사협력부 국장급 2014년 同지역정책실 국장급 2015년 同정책기획본부 법무실 국장급 2016년 KBS시큐리티(주) 대표이사 사장(현) (상)근로자의날 기념 표창 (종)불교

이완수(李完洙) LEE Wan Soo

(생)1959·1·15 (출)경북 영덕 (주)서울 종로구 북촌로112 감사원 사무총장실(02-2011-2100) (학)1977년 대구고졸 1981년 서울대 법학과졸 (경)1980년 사법고시 합격(22회) 1983년 사법연수원 수료(13기) 1983년 軍법무관 1986년 전주지검 검사 1988년 대구지검 경주지청 검사 1990년 서울지검 검사 1992년 법무부 법무심의관실 검사 1994년 서울고검 검사 1995년 대전지검 공주지청장 1996년 대검찰청 검찰연구관 1998년 인천지검 형사3부장 1998년 同특수부장 1999년 부산지검 공안부장 2000년 서울지검 동부지청 형사5부장 2001년 同동부지청 형사4부장 2002년 대검찰청 감찰1과장 2003년 창원지검 차장검사 2004년 대전지검 차장검사 2005~2006년 서울고검 검사 2006~2015년 변호사 개업 2015년 감사원 사무총장(차관급)(현)

이완식(李頑植) Lee Wan Sik

(생)1968·8·2 (본)여강(驪江) (출)대구 (주)대구 수성구 동대구로364 대구지방검찰청 형사2부(053-740-4309) (학)1986년 대구 청구고졸 1990년 고려대 법학과졸 1998년 同대학원 법학과졸 (경)1995년 사법시험 합격(37회) 1998년 사법연수원 수료(27기) 1998년 대구지검 검사 2000년 同김천지청 검사 2002년 서울지검 동부지청 검사 2003년 서울중앙지검 특수부 파견 2004년 수원지검 성남지청 검사 2006년 오스트리아 비엔나대·비엔나 검찰청 연수 2007~2009년 금융정보분석원 파견 2009년 법무부 범죄예방기획과 검사 2010년 서울중앙지검 부부장검사 2011년 대전지검 천안지청 부장검사 2012년 대구지검 의성지청장 2013년 대검찰청 공판송무과장 2014년 同형사과장 2015년 서울중앙지검 형사8부장 2016년 대구지검 형사2부장(현) (종)불교

이완신(李完信) Lee Wan Shin

[생]1960 · 10 · 2 [주]서울 중구 남대문로81 롯데쇼핑(주) 임원실(02-2118-2942) [학]1979년 서울 문일고졸 1987년 고려대 중어중문학과졸 1998년 연세대 대학원 마케팅학과졸 2010년 벤처경영학박사(건국대) 2013년 연세대 경영전문대학원 유통전문경영자과정(ADMP) 수료 [경]1987년 롯데쇼핑 입사 2001년 同백화점사업본부 본점 숙녀1팀장 2003년 同백화점사업본부 안양점장 2005년 同백화점사업본부 강남점장(이사대우부장) 2007년 同백화점사업본부 노원점장(이사) 2010년 同백화점사업본부 부산본점장(상무) 2012년 同백화점사업본부 본점장 2014년 同백화점사업본부 마케팅부문장(전무)(현) [상]매일경제 광고대상 '올해의 광고인상'(2015)

이완영(李完永) YI Wan Young

[생]1957 · 7 · 7 [출]경북 성주 [주]서울 영등포구 의사당대로1 국회 의원회관545호(02-784-6351) [학]1976년 대륜고졸 1980년 영남대 행정학과졸 1983년 서울대 환경대학원 도시계획학과졸 2001년 경영학박사(한국항공대) 2009년 국방대 안보정책과정 수료 [경]1982년 행정고시 합격(26회) 1996년 노동부 근로기준국 근로기준과 서기관 1998년 同부산북부지방노동사무소장 1999년 同임금복지과장 2001년 同산재보험과장 2002년 同여성정책과장 2002년 同고용평등국 평등정책과장 2002년 同대구남부지방노동사무소장 2003년 同노사정책국 노사조정과장 2004년 同고용평등국 평등정책과장(서기관) 2004년 同고용평등국 평등정책과장(부이사관) 2005년 同최저임금위원회 상임위원 2005년 서울중앙지법 조정위원(현) 2007년 서울지방노동위원회 사무국장 2007~2009년 대구지방노동청장 2009년 국방대학원 교육파견(부이사관) 2010년 한국기술교육대 노동행정연수원 파견(일반직고위공무원) 2010~2012년 한나라당 노동수석전문위원 2012년 제19대 국회의원(경북 고령군 · 성주군 · 칠곡군, 새누리당) 2012년 국회 환경노동위원회 위원 2012년 국회 예산결산특별위원회 위원 2012년 국회 복지노동포럼 공동대표 2012년 국회 아동인구환경의원연맹 환경분과 이사 2012년 국회 스카우트의원연맹 이사 2013~2014년 새누리당 대외협력담당 원내부대표 2013년 국회 운영위원회 위원 2013년 통일을여는국회의원모임 운영간사 2013년 서울대환경대학원총동창회 회장(현) 2014년 순천향대 서울병원 홍보대사 2014년 국회 지속가능발전특별위원회 위원 2014년 국회 국토교통위원회 위원 2014~2015년 새누리당 경북도당 수석부위원장 2014년 국회 세월호침몰사고의진상규명을위한국정조사특별위원회 위원 2015~2016년 새누리당 노동위원장 2016년 제20대 국회의원(경북 고령군 · 성주군 · 칠곡군, 새누리당)(현) 2016년 국회 정보위원회 간사(현) 2016년 국회 농림축산식품해양수산위원회 위원(현) 2016년 국회 미래일자리특별위원회 간사(현) 2016년 한국아동인구환경의원연맹(CPE) 회원(현) [상]한국노총 위원장 감사패(1992), 대통령표창(1993), 근정포장(1998), 장애인공단 이사장 감사패(2000), 농협중앙회장 감사패(2001), 대구시생활체육협의회장표창(2002), 국정감사 우수의원(2012), 국회헌정대상(2012), 510유권자대상(2012), 올해의 환경인상(2012), 환경 100인상(2012), 친환경국정감사우수의원 대상(2012), 녹색환경대상(2012), 우수의정상(2013), 국정감사 친환경베스트의원(2012 · 2013 · 2014 · 2015), 대한민국소비자대상(2013), 국정감사 최우수상(2013), 대한민국입법대상(2013), 법률소비자연맹 선정 국회 헌정대상(2013), 한국인터넷기자협회 우수의정상(2013), 유권자시민행동 대한민국유권자대상(2013 · 2015), 대한민국 녹색환경대상위원회 녹색환경대상(2014), 새누리당 국정감사우수의원(2014 · 2015), 건설경제신문 국정감사우수의원(2014), 한국NGO신문 선정 NGO국감모니터링대상(2014), 한국언론사협회 선정 대한민국 우수국회의원대상(2014), 한국재능나눔대상 창조의정대상(2015), 대륜중 · 고총동창회 '자랑스러운 대륜인상'(2015), 바른사회시민회의 우수의정활동상(2015), 범시민사회단체연합 선정 '올해의 좋은 국회의원'(2015), 대한민국공정사회발전대상 의정부문(2015), 한국보훈대상(2016), 2016년을 빛낼 도전한국인 의정대상(2016), 대한민국다문화예술대상 대한민국사회공헌정치부문대상(2016) [저]'노사 달인 이완영의 노사형통(기업 노조 정부에 대한 진솔한 주문 101가지 이야기)'(2012)

이완직(李完稙) Lee Wan Jik

[생]1958 · 9 · 11 [출]충북 제천 [주]대전 동구 대전로757 대전우체국(042-250-7000) [학]청주대 행정학과졸 [경]2001년 충청체신청 금융영업과장, 同감사관, 同정보통신실장(사무관) 2007년 同정보통신실장(서기관) 2007년 同정보통신국장 2008년 충주우체국장 2009년 대전둔산우체국장 2012년 서대전우체국장 2013년 충청지방우정청 우정사업국장 2015년 대전우체국장(현) [상]국무총리표창(2006)

이완희(李完熙) LEE Wan Hee

[생]1956 · 12 · 25 [본]수원(水原) [출]충남 서산 [주]경기 이천시 경충대로2697번길306 한국도자재단 임원실(031-631-6501) [학]대전공업전문대 건축과졸 1994년 서울산업대 건축공학과졸 2004년 한양대 대학원 건축공학과졸 [경]1993년 경기도 내무국 회계과 시설공사계장 1994년 同문화예술회관 관리과장, 同기획관리실 기획관, 同투자담당관, 同주택과 주택과장 2007년 同제2청 지역개발국장 · 도시환경국장 2008년 지방혁신인력개발원 파견 2009년 경기도 교통건설국장 2009년 경기 평택시 부시장 2012~2014년 경기 안양시 부시장 2014년 한국도자재단 대표이사(현) [상]경기도지사표창(1997 · 1998), 근정포장(2010)

이완희(李完熙) LEE Wan Hee

[생]1960 · 9 · 2 [출]인천 [주]인천 연수구 능허대로437 인천대건고등학교 교장실(032-822-0451) [학]1983년 가톨릭대 신학과졸 1987년 同대학원졸 1994년 신학박사(이탈리아 성 안셀모대) [경]1987년 천주교 인천교구 신부(현) 1996년 인천가톨릭대 신학과 부교수 2000년 同도서관장 2005~2007년 同사무처장 2007년 同대학원장 겸 교무처장 2014년 인천 대건고 교장(현)

이왕규(李王珪) Wang-Gyu Yee

[생]1959 · 1 · 6 [본]한산(韓山) [출]서울 [주]서울 강남구 영동대로513 (주)이노바스(02-6000-3003) [학]1977년 경복고졸 1983년 한양대졸 2010년 서울대 최고경영자과정 수료 [경]1983년 한국무역협회 입사 1983~1993년 同정보사업부 · 국제부 · 회원사업부 근무 1993년 同뉴욕지부 차장 1996~1997년 同무역센터확충사업단 기획부장 2003년 同워싱턴사무소장 2005년 同회장 비서실장 2006~2009년 同국제사업본부 통상협력팀장 · 국제통상본부 미주팀장, 한미경제협의회(KUSEC) 사무국장 2009년 한국무역협회 e-비즈니스본부장(상무이사) 2009년 한국관세사회 자문위원 2009년 관세청 통계자료제공 심의위원 2009년 同유통이력대상물품 선정위원 2009년 지식경제부 지식경제전문가 2010년 한국전시산업진흥회 이사 2010년 한국무역협회 해외마케팅지원본부장(상무이사) 2012~2015년 同무역센터발전추진단장(전무이사) 2015년 (주)이노바스 대표이사(현) [상]산업자원부장관표창(2004), 미국 LA카운티시장표창(2011)

이왕근(李旺根)

[생]1961 [주]서울 용산구 이태원로22 합동참모본부 군사지원본부(02-748-3601) [학]충남고졸 1983년 공군사관학교졸(31기) [경]2011년 공군 제5전술공수비행단장, 공군본부 정책실장, 同정보작전참모부장 2015년 공군 교육사령관(중장) 2015년 공군 작전사령관(중장) 2016년 합동참모본부 군사지원본부장(중장)(현)

이왕돈(李王敦) LEE Wang Don

[생]1955 · 7 · 2 [본]전주(全州) [출]서울 [주]서울 중구 세종대로124 한국언론진흥재단 공공광고본부(02-2001-7704) [학]1979년 서울대 철학과졸 [경]1991년 MBC 사회부 기자 1991년 SBS 경제부 기자 1992년 同편집제작부 차장대우 1994년 同사회부 차장 1995년 同편집2부장 직대 1996~1998년 同인사부장 직대 · 인사부장 1998년 同도쿄특파원 2000년 同도쿄지국장(부장급) 2002년 同국제CP 2003년 同경제CP(부국장급) 2004년 同경제부장 2004년 同편집부장 2005년 同논설위원 2006년 同보도제작국장 2007년 同이사회 사무처장(국장급) 2008년 同기획실장(이사대우) 2008년 법조언론인클럽 부회장 2009년 SBS 보도본부 논설위원실장(이사대우) 2012~2015년 TJB대전방송 대표이사 사장 2014~2015년 한국지역민영방송협회 회장 2016년 한국언론진흥재단 공공광고본부장(상임이사)(현) [상]한국참언론인대상 앵커부문(2009)

이왕민(李王珉)

[생]1958 · 2 · 7 [출]전남 신안 [주]경기 용인시 처인구 금학로143 용인동부경찰서 서장실(031-260-0321) [학]목포홍일고졸, 서울산업대 행정학과졸 [경]1980년 경찰공무원 임용(순경) 2001년 서울 도봉경찰서 정보보안과장 2002년 서울지방경찰청 경찰특공대장 2007년 광주지방경찰청 경비교통과장 2008년 전남 진도경찰서장 2009년 서울지방경찰청 제5기동단장 2010년 경기 안산상록경찰서장 2012년 서울지방경찰청 제3기동단장 2013년 경기 안양만안경찰서장 2015년 경기지방경찰청 기동단장 2016년 경기 용인동부경찰서장(현) [상]국무총리표창(1999), 대통령표창(2002), 녹조근정훈장(2012)

이왕열(李汪烈) LEE Wang-Yul (李八龍)

[생]1943 · 2 · 15 [본]영천(永川) [출]경북 구미 [주]서울 강남구 학동로106 동일빌딩4층 기네스리그룹(02-415-9393) [학]1958년 체신고 입학 · 중퇴 1962년 대입검정고시 합격 1970년 한국외국어대 동양어대졸 1986년 건국대 행정대학원졸(행정학석사) 1987년 미국 조지워싱턴대 경영행정대학원졸 1988년 연세대 경영대학원졸(마켓팅 · 국제경영학석사) 1991년 서울대 행정대학원졸 1991년 명예 경영학박사(미국 링컨대) 1993년 경영학박사(미국 뉴포트대) 1993년 명예 행정학박사(미국 미드아메리카대) 1994년 명예 교육학박사(미국 뉴포트대) 1995년 명예 국제정치학박사(미국 아메리칸코스트라인대) 1996년 행정학박사(미국 미드아메리카대) 1996년 미국 링컨대 대학원졸(경영학석사) 1997년 고려대 교육대학원졸(교육행정학석사) 포함 116개 [경]보통고시 합격(16회), 사법 · 행정요원 예시 합격(1회), 5급공무원 채용시험 합격(11회), 외무부 4급공무원 특채서류전형 시험 합격 1967년 한국동남아학생협회 회장 1969년 한국관광공사 근무 1969년 KAL 국제선 스튜어드 1973~1987년 현대그룹 입사 · 부장 1981년 민정당 입당 1983년 오대양주택건설 대표이사 1987~1992년 민정당 중앙상무위원 1987년 건설정책연구원 전문위원 1988년 국제라이온스협회 309복합지구 사무부총장 · 354-A지역 부총재 1989년 국제전략경영연구원 원장(현) 1989~2003년 미국 링컨대 객원교수 1991~1995년 서울시의회 의원(대변인) 1992~1997년 민자당 중앙상무위원 1993년 최다 학위수료증 보유기록(2015년현재 116개로 기네스북 등재) 1994년 서울시학교육성회장단총연합회 회장 1994년 전국육성회회장연합회 회장 1994년 전국대학원총학생회장연합회 회장 1995~2000년 미국 뉴포트대 경영학과 교수 1996년 국제라이온스협회 309-A지역 부총재 1998년 한나라당 중앙상무위원 2000년 同중앙위원회 자문위원단 회장 2002년 同중앙위원회 5역협의회 부회장 · 제16대 대통령선거자문위원회 특보단장 2002년 세계대통령연구소 · 차세대대통령연구소 · 대통령재단 회장 2003년 바르게살기운동중앙회 부회장, 아이브레인컨설팅(주) 이사 2010년 기네스리그룹 회장(현) 2012년 미국 링컨대 국제관계담당학장 겸 정규박사학위(DBA) 프로그램 코디네이터(현) [상]제17대 이명박대통령당선자 감사장(4회), 미국 버락오바마 대통령 체육보건공로상 동상, 미국 하버드대 정치학부 코헨회장 특별감사패, 駐韓말레이시아 대사표창, 인도네시아 자카르타시 경찰국 표창, 리비아 브레가 국영운송회사 표창, 미국 로스엔젤레스 한인상공회의소 회장 감사패, 국제라이온스협회 309-A지구 및 K지구 무궁화 사자대상(금), 국제라이온스협회 309(한국) 복합지구의장(89-90)감사패, 국제라이온스협회 309(한국)복합지구 한국사자대상, 국제라이온스협회장 감사장, 서울올림픽대회 자원봉사요원 올림픽기장(봉사장), 고려대 총장 감사패, 연세대 총장 감사패 [역]'남북 통일에 향한 경제협력과 전망'(영역) '교사들의 교장에 대한 자발적 평가에 관한연구'(영역) '한국 교육문제'(영역) '한국에 있어서 교장과 지도력과 교사 사기에 관한 연구'(영역) '국민교육헌장 정신이 국군심리전 잠재력 제고 방안 수립에 미치는 영향력 관계'(영역) '대남 심리전에 대한 한국의 대책'(영역) '한용운 자유사상과 한국사에 미친 영향'(영역) '사회 마케팅 전략'(영역) '보상행정과 인적자원 관리'(국역) '한국의 중앙 지방행정기능의 적정화'(영역) [종]불교

이왕재(李旺載) LEE Wang Jae

[생]1955 · 4 · 24 [출]경기 평택 [주]서울 종로구 대학로101 서울대학교 의과대학 해부학교실(02-740-8208) [학]1975년 경기고졸 1982년 서울대 의대졸 1986년 同대학원 해부학과졸 1990년 의학박사(서울대) [경]1982~1983년 인제대 서울백병원 수련의 1983~1987년 서울대 의대 해부학교실 조교 1987~1990년 경상대 의대 강사 1990년 서울대 의과대학 해부학교실 전임강사 · 조교수 · 부교수 · 교수(현) 1993~1995년 미국 시카고대 의대 연구교수 2001년 서울대 교무처 부처장 2002년 同기초교육원장 2004년 미국 세계인명사전 마르퀴스후즈후 등재 2004~2006년 서울대 의대 연구부학장 2005~2012년 同의대 해부학교실 주임교수 2007년 성산생명윤리연구소 소장 2008년 국가과학기술위원회 운영위원 2008년 첨단의료복합단지위원회 추진위원 2009년 대한면역학회 회장 2012~2014년 서울대 의과대학 통일의학센터 소장 2013~2015년 한국보건의료연구원 비상임이사 2016년 코디엠 사외이사(현) [상]빛날상(1999), 영국IBC '올해의 의학자상'(2004), 영국IBC '세계 100대 의학자상'(2005), 영국 IBC Greatest Lives '21세기를 빛낸 저명위인'에 선정(2006) [저]'비타민-C가 보이면 건강이 보인다' '비타민-C 박사의 생명이야기' '과학과 신앙'(共) '건강에 비결이 있을까?'(共) '스트레스는 없다'(共) '음악이 건강에 미치는 영향'(共)

이왕준(李旺埈) Lee Wang Jun

[생]1964 · 9 · 12 [출]전북 전주 [주]경기 고양시 덕양구 화수로14번길55 명지병원(031-810-5009) [학]1983년 전라고졸 1992년 서울대 의대졸 2002년 인하대 대학원 의학석사 2006년 의학박사(서울대) [경]1998년 의료법인 인천사랑의료재단 이사장(현) 1999년 주간신문 '청년의사' 대표이사 겸 발행인 1999년 (사)한국이주민건강협회 회장 2002년 대한중소병원협의회 부회장 2002년 한국이주노동자인권센터 이사장 2006~2012년 대한병원협회 정책이사 겸 국제이사 2009년 의료법인 명지의료재단 이사장(현) 2009년 관동대 의료원장 2009년 대한외과학회 부회장 2010년 의료법인 명지의료재단 제천명지병원 이사장(현) 2011년 (사)한국이주민건강협회 부회장(현) 2012년 청풍호노인사랑병원 이사장(현) 2012년 주간신문 '청년의사' 대표이사 겸 발행인(현) 2013년 한국의료수출협회 회장 겸 이사장(현) 2014년 한국헬스케어디자인학회 회장 2015년 同이사장(현) 2015년 대한병원협회 메르스대책위원회 위원장 2015년 경기도 메르스대응민관합동의료위원회 위원 2016년 대한기독병원협회 회장(현) 2016년 대한병원협회 정책부위원장(현) 2016년 인천시체조협회 초대회장(현) [상]국무총리표창(2010), 러시아 보건훈장(2011), 보건복지부장관표창(2011), 대통령인증패(2012), 국제병원연맹세계병원총회 사회적책임우수상(2015) [종]기독교

이외수(李外秀) LEE Oi Soo

[생]1946 · 8 · 15 [본]전주(全州) [출]경남 함양 [학]1964년 인제고졸 1972년 춘천교육대 중퇴 [경]소설가(현), 1972년 강원일보 신춘문예에 「견습 어린이들」로 당선 1975년 「세대」誌에 중편 '훈장'으로 신인문학상 수상 1975년 강원일보 근무 1977년 춘천 세종학원 강사 1978년 원주 원일학원 강사 1990년 이외수 · 이목일 · 이두식 · 마광수 4인의 에로틱아트전(나우갤러리) 1994년 仙華개인전(신세계미술관) 2003년 퍼포먼스 묵행 : 강원삼색공연(3월) · 마임개막전(5월) · 한국실험예술제(9월) · 대구문화방송 갤러리M초대전 「이외수 봉두난방 특별전」(10월) 2005년 제2회 천상병예술제 이외수 특별초대전 「붓으로 낚아챈 영혼」 2008년 MBC 라디오 '이외수의 언중유쾌' 진행 2008년 포스코갤러리 「기획초대 이외수 선화전」 2008년 춘천MBC 「선화 작품전」 2010년 바둑TV 토크쇼 '별난생각' 진행 2010년 도광역정신보건센터 자살예방 홍보대사 2011년 KBS2 TV '두남자의 수상한 쇼' 진행 2012년 '2012 독서의 해' 홍보대사 2012년 화천군 홍보대사 2013년 초록우산어린이재단 홍보대사 2014년 2018평창동계올림픽 홍보대사(현) 2015년 안중근의사동상건립범국민운동 홍보대사(현) [상]강원일보 신춘문예(1972), '세대'지 신인문학상(1975), 환경재단 세상을 밝게 만든 사람들(2010), 2015년을 빛낸 도전한국인 10인 대상(2016) [작]중단편 '겨울나기'(1980) '장수하늘소'(1986) '훈장' '자객열전' '박제' '고수' '언젠가는 다시 만나리' '붙잡혀 온 남자' '틈' '개미귀신' '술잔 속의 하나님' 장편소설 '꿈꾸는 식물'(1978) '들개'(1981) '칼'(1982) '벽오금학도'(1992) '황금비늘1 · 2'(1997) '괴물1 · 2'(1997) '장외인간1 · 2'(2005) 우화집 '사부님 싸부님1 · 2'(1983) '외뿔'(2001) 산문집 '내 잠속에 비 내리는데'(1985) '감성사전'(1994) '그대에게 던지는 사랑의 그물'(1998) '내가 너를 향해 흔들리는 순간'(2003) '날다 타조'(2003) '뼈'(2004) '바보바보'(2004) 시집 '말더듬이의 겨울수첩'(1986) '풀꽃 술잔 나비'(1987) '그리움도 화석이 된다'(2000) '글쓰기의 공중부양'(2006) '선화집 숨결'(2006) 에세이집 '여자도 여자를 모른다'(2007) '이외수의 생존법 하악하악'(2008) '이외수의 소생법 청춘불패'(2009) '아불류 시불류'(2010) '코끼리에게 날개 달아주기'(2011, 해냄) '절대강자(이외수의 인생 정면 대결법)'(2011, 해냄출판사) '사랑외전(이외수의 사랑법)'(2012, 해냄출판사) '마음에서 마음으로(생각하지 말고 느끼기 알려하지 말고 깨닫기)'(2013, 김영사) '완전변태'(2014, 해냄출판사) '쓰러질때마다 일어서면 그만'(2014, 해냄출판사)

이요섭(李耀燮) LEE Yo Seop

[생]1948 · 5 · 4 [본]전주(全州) [출]서울 [주]서울 광진구 능동로209 세종대학교 교목실(02-3408-3538) [학]1967년 서울고졸 1971년 서울대 조소과졸 1976년 同경영대학원 경영학과졸 1982년 경영학박사(미국 클레어몬트대) 1990년 목회학박사(미국 하버드신학대) [경]1981~1987년 미국 아주사대 경영학과 교수 1981~1986년 미국 캘리포니아주립대 경영학과 겸임교수 2000~2002년 화양감리교회 담임목사 2002~2004년 우이감리교회 담임목사 2004~2013년 세종대 경영전문대학원 교수 2009~2011 · 2012~2013년 同경영전문대학원장 2013년 同교목실장(현) 2014년 세종사이버대 부총장 [종]기독교

이요한(李耀翰) Yo Han Lee

[생]1946 · 5 · 20 [출]서울 [학]1970년 감리교신학대 신학과졸 1974년 연세대 연합신학대학원 신학과졸 1975년 중앙대 사회개발대학원 행정학과졸 1978년 목회학박사(미국 클레어몬트신학대) 1985년 철학박사(미국 풀러신학교 세계선교대학원) [경]기독교대한감리회본부 선교국 총무, 한국기독교교회협의회 실행위원, 세계감리교협의회 실행위원(현), 감리교신학대학 겸임교수, 한국기독교교단총무회 회장 1987~1996년 한국선교전략연구소 소장 1987~1996년 왜그너교회성장연구원 원장 1988~1990년 협성신학대 선교학과 교수 1995~1996년 감리교북한문제연구소 소장 2006~2010년 목원대 총장, 세계교회협의회(WCC) The Joint W.C.C Pentecostals Consultative 한국대표, 미국 트리니티신학교 겸임교수, 필리핀 웨슬리안대 겸임교수 2014~2016년 실천신학대학원대 총장 [저]'왜 그들의 교회는 성장하는가' '왜

그녀교회 성장교재 1, 2' '새교인이탈방지전략' 역'교회성장이해' '교회성장에 대한 신학적 이해' '세계선교의 이론과 전략' 종기독교

이　용(李　龍) Lee Yong

생1957 · 7 · 30 주세종특별자치시 다솜2로94 중앙해양안전심판원 조사관실(044-200-6120) 학1975년 광주제일고졸 1979년 한국해양대 항해학과졸 1988년 同대학원 항해학과졸(석사) 2000년 미국 로드아일랜드주립대 대학원 해양정책학과졸 경1985년 부산지방해운항만청 선박검사관 1994년 목포지방해양안전심판원 조사관(선박사무관) 1996년 해양수산부 국제기구과 환경담당 2002년 同안전관리관실 안전정책담당관실 선박서기관 2002년 同안전관리관실 해사기술담당관실 서기관 2005년 同안전관리관실 IMO평가대응팀장 2007년 同안전관리관실 국제해사팀장 2007년 싱가포르 국제기구 해적정보공유센터(ISC : International Sharing Center) 파견 2009년 국토해양부 물류항만실 항행안전정보과장 2009년 同해사안전정책과장 2010년 同해사안전정책과장(부이사관) 2012년 중앙해양안전심판원 수석조사관(현) 상대통령표창(2004)

이　용(李　龍) Lee Yong

생1960 · 1 · 5 출서울 주서울 서초구 반포대로157 대검찰청 검찰연구관실(02-3480-2000) 학1978년 경기고졸 1983년 서울대 법대졸 1989년 同대학원졸 2016년 同법학전문대학원 전문박사(형사법 전공) 경1988년 사법시험 합격(30회) 1991년 사법연수원 수료(20기) 1991년 서울민사지법 판사 1992년 서울지검 검사 1994년 창원지검 충무지청 검사 1995년 인천지검 부천지청 검사 1997년 부산지검 검사 1999년 법무부 특수법령과 검사 2001년 서울지검 남부지청 검사 2003년 同남부지청 부부장검사 2003년 대검찰청 연구관 2003년 대전고검 검사 · 한반도에너지개발기구(KEDO) 파견 2004년 울산지검 부부장검사 2005년 의정부지검 부부장검사 2006년 부산지검 외사부장(KEDO 파견복귀) 2007년 수원지검 형사3부장 2008년 서울남부지검 형사3부장 2009년 同형사1부장 2009년 법무연수원 연구위원 2010년 대검찰청 과학수사기획관 2011년 서울고검 검사 2011~2012년 국민권익위원회 파견 2013년 전주지검 군산지청장 2014년 인천지검 부장검사(법무연수원 연구위원 파견) 2015년 서울고검 검사(서울시 법률자문검사 파견) 2016년 대검찰청 검찰연구관(현) 저'불법집단행동 규율의 비교법적 분석'(2015)

이용건(李鎔健) LEE, YONG KUN

생1958 · 11 · 3 본전주(全州) 출충남 청양 주서울 중구 세종대로110 서울특별시청 도시재생본부 동북4구사업단(02-2133-8290) 학1977년 여의도고졸 1984년 인하대 건축과졸 1998년 한성대 대학원 부동산학과정 휴학 2006년 한양대 도시대학원 도시개발최고위과정 수료 경1984년 서울시 공무원 임용(건축 7급) 1985년 同종합건설본부 공사2부 지방건축기사보 1986년 同내무국 총무과 지방건축기사보 1988년 서초구 건축과 지방건축기사보 1989년 서울시 내무국 총무과 지방건축기사보 1991년 同내무국 총무과 지방건축기사 1991년 同감사실 감사1담당관 1993년 서울시립대 사무국 시설과 시설계장(주사) 1994년 감사원 파견 1994년 서울시립대 사무국 시설과 지방건축주사 1995년 성북구 도시정비국 건축과 건축관리계장 1995년 同도시정비국 재개발과 주택개량계장 1998년 同도시관리국 건축과 시설계장(주사) 1998년 강남구 도시관리국 건축과 시설계장 2000년 同도시관리국 주택과 주택계장 2002년 서울시 주택국 지방건축사무관 2002년 同주택국 건축지도과 팀장 2004년 강남구 도시관리국 건축과장 2008년 서울시 디자인서울총괄본부 공공디자인담당관 2008년 同디자인서울총괄본부 도시경관담당관 2009년 성동구 도시관리국장(서기관) 2010년 세종연구소 교육파견 2011년 강남구 도시환경국장 2012년 서울시 주택정책실 주거재생과장 2013년 同주택정책실 건축기획과장 2014년 同주택정책실 주거재생정책관 2015년 同도시재생본부 주거사업기획관 2015년 同도시재생본부 동북4구사업단장(현) 상내무부장관표창(1985), 감사원장표창(1994), 모범공무원표창(2001)

이용걸(李庸傑) LEE Yong Geol

생1957 · 11 · 27 출부산 주충북 제천시 세명로65 세명대학교 총장실(043-649-1112) 학경기고졸 1980년 서울대 경제학과졸 1982년 同행정대학원졸 1987년 미국 밴더빌트대 대학원 경제학과졸 경1980년 행정고시 합격(23회) 1997년 재정경제원 장관실 서기관 1998년 대통령직인수위원회 위원장실 행정관 1998년 기획예산위원회 재정협력과장 1999년 기획예산처 산업과학예산과장 2000년 同농림해양예산과장 2001년 同재정정책과장 2002년 同기획총괄과장(부이사관) 2003년 국가균형발전위원회 파견(국장급) 2004년 기획예산처 사회재정심의관 2005년 同사회재정심의관(이사관) 2005년 同산업재정

기획단장 2005년 同정보화예산혁신TF팀장 겸임 2006년 同재정정책기획관 2006년 同재정운용기획관 2007년 同공공혁신본부장 2007년 同정책홍보관리실장 2008년 기획재정부 예산실장 2009~2010년 同제2차관 2010~2013년 국방부 차관 2013~2014년 방위사업청장 2015년 세명대 총장(현) 2016년 한국해양과학기술원 이사장(현) 2016년 '2017제천국제한방바이오산업엑스포' 조직위원회 공동위원장(현)

이용경(李容璟) LEE Young Kyung

생1943 · 6 · 11 본광주(廣州) 종경기 안양 학1960년 경기고졸 1964년 서울대 전자공학과졸 1969년 미국 오클라호마대 대학원 전자공학과졸 1975년 공학박사(미국 캘리포니아대 버클리교) 경1975~1977년 미국 일리노이주립대 조교수 1977년 미국 Exxon 책임연구원 1979년 미국 AT&T 벨연구소 연구원 1984년 미국 Bell Communications Research 연구원 1986~1991년 미국 AT&T 벨연구소 연구원 1991년 한국통신연구개발단 기초기술연구부 책임연구원 1991년 同선로기술연구소 책임연구원 1993년 同연구개발단장 1994년 同연구개발원장 1995년 同무선통신개발장 1996년 同연구개발본부장(전무) 1997년 한국정보통신기술협회(TTA) 정보통신표준총회 의장 1999년 국가과학기술자문위원회 연구전문위원 2000년 한국통신학회 협동부회장 2000년 한국통신프리텔 대표이사 사장 2000년 국제전자상거래연합회(GBDe : Global Business Dialogue on Electronic Commerce) 공동의장 2001년 KTF 대표이사 사장 2001년 유엔 정보통신위원회(ICT) 민간위원 2002~2005년 KT 대표이사 사장 2002년 한국통신사업자연합회 회장 2003년 국제전자상거래연합회 의장 2005년 한국과학기술원(KAIST) 정보미디어경영대학원 텔레콤MBA과정 초빙교수 2005~2006년 미국 노스웨스턴대 켈로그스쿨 강의 2007년 창조한국당 공동대표 2008년 同고문 2008년 제18대 국회의원(비례대표, 창조한국당) 2008~2009년 창조한국당 정책위원회 의장 2008년 국회 문화체육관광방송통신위원회 위원, 국회 예산결산특별위원회 위원, 국회 정치개혁특별위원회 위원, 국회 미래과학기술방송통신포럼 공동대표, 한 · 몰타의원친선협회 회장 2009년 창조한국당 원내대표 2010년 한 · 러의원외교협의회 부회장 2012년 한국과학기술원 정보미디어경영대학원 겸임교수 2012년 同경영대학 경영공학과 겸임교수 2014년 새정치민주연합 최고위원 상동탑산업훈장, 기술경영인상 CTO부문, 한국능률협회 최고경영자상, 금탑산업훈장, 과학기술부 · 한국과학문화재단 10명 선정 '2004 닮고 싶고 되고 싶은 과학기술인'(2004), 미국 전기 · 전자기술자협회 IEEE 프레드릭 필립스 어워드(2006), 의정행정대상 국회의원부문(2010) 저'남 따라 하지 마라'(2011, U-북) 종기독교

이용곤(李溶坤) LEE Yong Gon (月村)

생1934 · 10 · 8 본합천(陜川) 출경남 함양 주서울 종로구 자하문로24길49의7 해공장학회(02-730-7558) 학1952년 산청고졸 1985년 동국대 행정대학원 수료 1994년 서울대 대학원 최고경영자과정 수료 1996년 고려대 언론홍보대학원 최고위과정 수료 1996년 연세대 언론대학원 최고위과정 수료 1998년 서강대 경영대학원 최고위과정 수료 1998년 경남대 정경학부졸 2004년 同행정대학원 외교안보학과졸 2009년 정치학박사(경남대) 경1963년 행정평론사 발행인 1964년 민중당 당기위원 · 심계부장 1968년 신민당 중앙상무위원 1972년 소목회 회장 1981년 민주한국당(민한당) 기획위원회 위원장 1981년 제11대 국회의원(민한당) 1985년 민한당 조직국장 겸 당보주간 1989년 통일민주당 경기성남乙지구당 위원장 1989년 농촌문제연구소 소장 1990년 민자당 국책평가위원 1992년 민주산악회 경기도협의회장 1993~1997년 한국가스공사 감사 1995~2006년 (사)4 · 19육영사업회 이사장 1995년 海公장학회 이사장(현) 1995년 4 · 19혁명공로자회 지도위원 1996년 海公신익희선생기념사업회 상근부회장 1998~2007년 4 · 19포럼 회장, (주)청열 회장 2001년 4 · 19민주혁명회 자문위원 2002년 (주)서울유통 회장(현) 2002년 경남대총동창회 회장 · 고문 2003년까지 서양화(유화) 개인전 5회 2005년 국가유공자 지정 2007년 4 · 19포럼 고문(현) 2007년 한나라당 국책자문위원회 총괄위원장 2009년 同국책자문위원회 부위원장 2011~2015년 대한민국헌정회 이사 2013년 海公신익희선생기념사업회 회장(현) 2013년 4 · 19민주혁명회 이사 2015년 同고문(현) 상건국포장(2008), 보훈대상(2011) 저'우리농촌 이래도 좋은가' '표암인맥지' '한국인물총람'(編) 종불교

이용관

생1959 · 8 · 30 출전남 진도 주부산 중구 충장대로20 부산세관감시장비과(051-620-6850) 학1988년 광주 경상전문대학졸 경1979년 부산본부세관 감시1관실 근무 2005년 울산세관 감시과 감시계장 2010년 부산본부세관 감시장비과 장비계장 2014년 여수세관 조사심사과장 2015년 사천세관장 2016년 사천세관비즈니스센터장 2016년 부산세관감시장비과장(현)

이용구(李容九) LEE Yong Koo

[생]1946·10·1 [출]서울 [주]서울 광진구 광나루로56길85 프라임개발(주) 회장실(02-3424-0100) [학]보성고졸 1971년 연세대 건축공학과졸 [경]1971년 대림산업(주) 입사·해외영업부장 1984년 同이사대우 1986년 同이사 1991년 同해외부문담당 상무이사 1996년 대림그룹 기획조정실장(전무이사) 1997~1999년 대림엔지니어링 공사본부장(전무이사) 1999년 대림산업(주) 공사본부장(전무이사) 1999년 同해외부문장(부사장) 2000년 同대표이사 사장 2001년 同건설부문 대표이사 사장 2001년 대한건설협회 부회장 2006년 대림산업(주) 대표이사 부회장 2006~2009년 해외건설협회 회장 2006~2011년 대림산업(주) 대표이사 회장 2006년 대한건설단체총연합회 이사 2012년 동아건설 회장 2015년 프라임개발(주) 회장(현) [상]금탑산업훈장(2003), 조선일보 광고대상(2004) [종]기독교

이용구(李鎔九) Lee Yong Goo

[생]1954·2·6 [출]충남 서산 [주]서울 영등포구 국회대로70길18 새누리당(02-3786-3000) [학]1972년 대광고졸 1980년 고려대 정경대학 경제학과졸, 미국 미네소타대 대학원졸 1986년 통계학박사(미국 미네소타대) [경]1986~2016년 중앙대 응용통계학과 교수 1993~1994년 미국 미네소타대 방문부교수 1997~2001년 중앙대 신문사·방송국 주간교수 1999~2002년 한국분류학회 회장 2002~2004년 IFCS(International Federation of Classification Society) Council Member 2003~2005년 중앙대 입학처장 2007~2012년 한국정보산업연합회 CRM·BI협의회장 2007~2009년 한국데이터마이닝학회 부회장 2009~2012년 한국정보산업연합회 이사 2012년 한국통계학회 부회장 2013~2016년 중앙대 총장 2014~2016년 대통령직속 통일준비위원회 통일교육자문단 자문위원 2015~2016년 서울총장포럼 초대회장 2016년 서울총장포럼 공유대학추진단장 2016년 새누리당 당무감사위원장(현) [저]'통계학원론'(1991, 율곡출판사) '회귀분석(共)'(1996, 율곡출판사) '마케팅 조사 통계분석(共)'(1998, SPSS 아카데미) 'SPSS를 활용한 마케팅조사분석'(2000, SPSS 아카데미) '수리통계학 개론(共)'(2000·2007, 경문사) '생활과 통계(共)'(2000, 한국방송통신대 출판부) '통계학의 이해-Excel 실습'(2001, 율곡출판사) '데이터마이닝-모델링과 사례(共)'(2003·2008, SPSS 아카데미) '다변량분석(共)'(2008, 한국방송통신대 출판부)

이용구(李容九) Lee Yong Gu

[생]1964·7·10 [출]경기 용인 [주]서울 서초구 법원로15 정곡빌딩 서관503호 법무법인 엘케이비앤파트너스(02-596-7150) [학]1983년 대원고졸 1992년 서울대 법학과졸 2002년 독일 본대 노동법연구소 수료 [경]1991년 사법시험 합격(33회) 1994년 사법연수원 수료(23기) 1994년 인천지법 판사 1996년 서울지법 판사 1998년 전주지법 정읍지원 판사 2000년 同정읍지원 부안군·고창군법원 판사 2001년 서울지법 북부지원 판사 2004년 서울행정법원 판사 2005년 법원행정처 송무심의관 2006년 同사법정책실 판사 2007년 대법원 양형위원회 운영지원단장 2008년 서울고법 판사 2009년 광주지법 부장판사 2010~2013년 사법연수원 교수 2013년 법무법인 엘케이비앤파트너스 변호사(현) 2013년 법조공익단체 나우 이사(현) 2014년 민주화보상심의위원회 위원(현) 2015년 서울시행정심판위원회 위원(현) 2016년 서울지방국세청 국세심사위원회 위원(현) 2016년 대법원 형사사법발전위원회 외부위원(현)

이용규(李墉圭) Lee Yong Kyu

[생]1942·12·22 [출]전북 [주]경기 성남시 수정구 산성대로405번길9 성남성결교회(031-745-0336) [학]1961년 군산고졸 1970년 성결대 신학과졸 1988년 서울신학대 신학대학원졸(M. Div) 1994년 목회학박사(서울신학대) 2005년 신학박사(서울신학대) [경]1970~1978년 부용중앙성결교회 담임목사 1973년 목사안수 1978~1979년 전주성결교회 부목사 1979~2011년 성남성결교회 담임목사 1982~1984년 성남신학교 이사장 1982년 성남시기독교연합회 회장 1984년 경기동지방회 회장 1993년 성결교회부흥사회 회장 1994~1998년 학교법인 서울신학대 이사 1997~2000년 세계바울부흥사선교협의회 대표회장 1998년 (사)한국기독교부흥협의회 대표회장 1998~2005년 민주평통 자문위원 1999년 세계기독교전도부흥협의회 총재 1999~2002년 대한예수교장로회 총회 이단사이비특별대책위원회 위원장 2000년 성결부흥운동협의회 대표회장 2000년 서울신학대대학원총동문회장 2000년 총회 심리부장 2001년 중부지역총회 총회장 2002년 세계바울부흥선교협의회 총재(현) 2002년 교단 장학회 회장 2002년 同부총회장 2003년 한국기독교총연합회 교회발전위원장 2003년 同부회장 2003년 기독교대한성결교회 총회장 2004~2005년 세계성결연맹 회장 2005년 한국기독교총연합회 공동회장 2006년 기성교단부흥사회 총재 2007년 한국기독교총연합회 대표회장 2011년 성남성결교회 원로목사(현)

이용규(李容圭) LEE Yong Kyu

[생]1957·11·25 [본]전주(全州) [출]경기 수원 [주]서울 동작구 흑석로84 중앙대학교 공공인재학부(02-820-5063) [학]1983년 중앙대 법학과졸 1985년 미국 플로리다주립대 대학원 행정학과졸 1989년 행정학박사(미국 플로리다주립대) [경]1988년 미국 플로리다주립대 강사 1988년 미국 플로리다주정부 도시및환경문제연구소 연구원 1989년 미국 시튼홀대 교수 1991~2010년 중앙대 행정학과 교수, 同학생지원처장 2001~2007년 디지털콘텐츠산업협회 회장 2005~2007년 중앙대 행정대학원장 2006년 국가안전보장회의(NSC) 자문위원 2009년 우리지역경제포럼 초대회장 2010년 APEC TEL 한국대표, 국가지식정보관리위원회 위원, 동작구 인사위원회 위원 2010년 중앙대 공공인재학부 교수(현) 2014년 ITU(국제전기통신연합) 전문위원(현) [저]'행정정보시스템' '사용자중심의 행정정보시스템' [종]기독교

이용규(李容圭) Lee Yong Gyu

[생]1961·3·3 [출]충남 부여 [주]세종특별자치시 도움6로11 국토교통부 하천계획과(044-201-3613) [학]1980년 청주고졸 1984년 충북대 토목과졸 [경]2002년 건설교통부 기술안전국 건설환경과 서기관 2003년 대전지방국토관리청 예산국도유지건설사무소장 2004년 부산지방국토관리청 영주국도유지건설사무소장 2004년 서울지방국토관리청 하천국장 2005년 건설교통부 건설선진화본부 안전기획팀장 2007년 익산지방국토관리청 건설관리실장 2008년 국토해양부 하천계획과장 2008년 同건설수자원정책실 건설안전과장 2009년 공공주택건설추진단 파견(기술서기관) 2009년 서울지방국토관리청 도로시설국장 2010년 국토해양부 항공정책실 공항정책과장 2012년 교육 파견(서기관) 2016년 국토교통부 하천계획과장(현)

이용균(李鎔均)

[생]1964 [주]충북 청주시 흥덕구 강내면 태성탑연로250 한국교원대학교 사무국(043-230-3013) [학]충주고졸, 성균관대 행정학과졸, 미국 플로리다공대 대학원 석사, 평생교육학박사(숭실대) [경]1987년 행정고시 합격(31회), 駐러시아연방대사관 1등서기관 2005년 교육인적자원부 전문대학정책과장 2006년 同학자금정책팀장 2007년 同대학지원국 대학재정복지팀장 2008년 교육과학기술부 진로취업지원과장(서기관) 2009년 同진로취업지원과장(부이사관) 2009년 세종연구소 교육파견 2010년 미래기획위원회 파견 2011년 목포해양대 총무과장 2012년 서울과학기술대 사무국장 2014년 제주대 사무국장(고위공무원) 2015년 한국교원대 사무국장(현) [상]대통령표창

이용균(李勇均)

[생]1969·7·15 [출]경남 함안 [주]전북 전주시 덕진구 사평로25 전주지방법원(063-259-5400) [학]1998년 마산고졸 1992년 서울대 법학과졸 1996년 同대학원 법학과 수료 [경]1997년 사법시험 합격(39회) 2000년 사법연수원 수료(29기) 2000년 대전지법 판사 2004년 同천안지원 판사 2007년 대전지법 가정지원 판사 2009년 청주지법 판사 2010년 대전고법 판사 2012~2015년 대전지법·대전가정법원 서산지원 및 홍성지원 판사 2015년 전주지법 부장판사(현)

이용근(李鎔根)

[생]1959 [주]광주 동구 금남로154의1 아모레퍼시픽빌딩5층 국가인권위원회 광주인권사무소(062-710-9710) [학]경북대졸 2001년 프랑스 그르노블제2대 대학원 공공행정학과졸(석사) [경]1986~2001년 정보통신부 국제업무담당 1999~2001년 프랑스 유학 2002~2015년 국가인권위원회 북한인권팀장·이주인권팀장 2015년 同광주인권사무소장(현)

이용기(李龍耆) Yong-Kee Lee

[생]1956·5·10 [본]전주(全州) [출]충북 충주 [주]경북 경산시 대학로280 영남대학교 자연자원대학 식품자원경제학과(053-810-2965) [학]1978년 경희대 경제학과졸, 미국 일리노이대 어배나-샘페인교 대학원 농업경제학과졸 1993년 농업경제학박사(미국 일리노이대 어배나-샘페인교) [경]1978년 행정고시 합격(제22회) 1980~1994년 동력자원부 자원개발국 및 농림수산부 농업정책국·통상협력국·양정국 근무 1994년 영남대 식품자원경제학과 조교수·부교수·교수(현) 1995년 한국농업경제학회 회원·이사·편집위원(현) 1995년 한국농업정책학회 회원·이사·편집위원(현) 1995년 미국농업경제학회(AAEA) 회원(현) 1999~2006 농림부 농업관측위원회 위원·위원장 2001~2002년 미국 UC Berkeley 객원교수 2002~2007년 농림부 OECD자문단 자문교수 2003~2004년 한국학술진흥재단 학술연구심사평가위원회 위원 2003년 한국축산경영학회 회원·이사(현) 2004~2006년 경북도 농업

산학협동심의회 위원 2004~2006년 경북도농업기술원 특화사업 겸임연구관 2005~2007년 농림부 농업통상대책연구협의회 위원 2007~2009년 영남대 자원문제연구소장 2008~2010년 학교법인 애광학원 이사 2010~2011년 미국 메릴랜드대 College Park 객원교수 2012~2015년 한국농수산식품유통공사 대구경북지사 자문위원, 전국농학계대학장협의회 이사 2013년 영남대 자연자원대학장(현) 2015년 세계인명사전 'Marquis Who's Who in the World'에 등재 [상]미국 일리노이대(Urbana) 대학원 농업경제학과 석사학위 최우수논문상(1991), 한국농식품정책학회 최우수논문상(2013) [저]'국제농업통상론'(2001) '한국농업 길을묻다'(2012) [종]기독교

이용길(李庸吉) LEE Yong Kil

[생]1945·6·15 [본]경주(慶州) [출]대구 [주]대구 중구 남산로4길112 천주교 대구대교구청(053-250-3000) [학]서울 성신고졸, 대건신학대 신학과졸, 同대학원 신학과졸, 로마 울바노대 수학 [경]1973년 사제서품 1973~1974년 천주교 계산교회 보좌신부 1974~1976년 同신암교회 보좌신부 1976~1979년 同안강교회 주임신부 1979~1983년 유학(로마) 1983~1986년 천주교 대구대교구 교육국장 겸 가톨릭문화관 관장 1985~1986년 성토마스교회 주임신부 1986~1990년 산격교회 주임신부 1990~1993년 대구가톨릭대 사무처장 1993~1994년 큰고개교회 주임신부 1994년 천주교 대구대교구 사목국장 1995년 同대구대교구 비서실장 겸 기획실장 1996~1998년 바울로관 관장 1996~1999년 성바울로교회 주임신부 1999~2005년 가톨릭신문 사장 2005~2007년 한국성모의자애수녀회 지도신부 2005~2009년 안심원 사회복지이사 겸 지도신부 2007~2008년 매일신문 대표이사 사장 2007년 한국디지털뉴스협회 감사 2008~2009년 한국신문협회 부회장 2009~2011년 천주교 대구대교구 1대리구청 주교대리신부 2011~2014년 同대구대교구 교구총대리 2014년 同대구대교구 원로사제(현)

이용대(李龍大) LEE Yongdae

[생]1988·9·11 [출]광주 [주]경기 수원시 영통구 매영로150 삼성전기 배드민턴단(031-210-5097) [학]2007년 화순실업고졸, 경기대 경영학과졸, 同대학원 재학 중 [경]2003년 배드민턴 국가대표 선발 2006년 독일오픈 배드민턴선수권대회 남자복식 우승 2006년 아시아주니어배드민턴선수권대회 우승 2006년 세계청소년배드민턴선수권대회 단체전·혼합복식·남자복식 우승 2006년 도하아시안게임 남자 단체전 은메달·복식 동메달 2007년 삼성전기 배드민턴단 소속(현) 2007년 스위스오픈 배드민턴 슈퍼시리즈 혼합복식 우승 2008년 요넥스코리아오픈 배드민턴 슈퍼시리즈 혼합복식 우승 2008년 독일오픈 배드민턴선수권대회 혼합복식 우승 2008년 전영오픈 배드민턴 슈퍼시리즈 금메달 2008년 스위스오픈 슈퍼시리즈 남자복식 우승 2008년 제29회 베이징올림픽 혼합복식 금메달 2008년 중국오픈 배드민턴 슈퍼시리즈 남자복식·혼합복식 우승 2008년 홍콩오픈 배드민턴 슈퍼시리즈 남자복식 우승 2008년 여수코리아챌린지 국제배드민턴선수권대회 남자복식 우승 2008년 세계배드민턴연맹(BWF) 슈퍼시리즈 마스터스 파이널대회 남자복식 준우승 2009년 말레이시아오픈 슈퍼시리즈 혼합복식 준우승·남자복식 우승 2009년 요넥스코리아 배드민턴 슈퍼시리즈 혼합복식 우승 2009년 아시아배드민턴선수권대회 혼합복식 금메달 2009년 인도네시아오픈 슈퍼시리즈 남자복식 우승·혼합복식 2위 2009년 인도 하이네라비드 세계배드민턴선수권 남자복식 준우승 2009년 제90회 전국체육대회 개인복식 금메달 2009년 홍콩오픈 배드민턴 슈퍼시리즈 남자복식 우승 2009년 중국오픈 배드민턴 슈퍼시리즈 혼합복식 우승 2009년 화순코리아챌린지 국제배드민턴선수권대회 혼합복식·남자복식 우승 2010년 빅터코리아오픈 슈퍼시리즈 남자복식 우승 2010년 스위스오픈 배드민턴 슈퍼시리즈 혼합복식 우승 2010년 대만오픈 그랑프리골드 배드민턴선수권대회 남자복식 우승 2010년 세계배드민턴연맹(BWF) 선수위원(현) 2010년 광저우아시안게임 단체전 은메달·남자복식 동메달 2011년 태국오픈 그랑프리골드 남자복식 우승 2011년 미국오픈 배드민턴 그랑프리골드 남자복식·혼합복식 우승 2011년 캐나다오픈 배드민턴 그랑프리 남자복식 우승 2011년 중국마스터즈 슈퍼시리즈 남자복식 우승 2011년 독일오픈 그랑프리골드 남자복식 우승 2011년 스위스오픈 그랑프리골드 남자복식 준우승 2011년 덴마크오픈 슈퍼시리즈 남자복식 우승 2011년 프랑스오픈 슈퍼시리즈 남자복식 우승 2012년 빅터코리아오픈 배드민턴 슈퍼시리즈 프리미어 남자복식·혼합복식 준우승 2012년 인도네시아오픈 수퍼시리즈 프리미어 남자복식 우승 2012년 제30회 런던올림픽 남자복식 동메달 2013년 빅터코리아오픈 슈퍼시리즈 프리미어 남자복식 우승 2013년 말레이시아오픈 배드민턴슈퍼시리즈 남자복식 2위 2013년 스위스오픈 그랑프리골드 남자복식 2위 2013년 아시아배드민턴선수권대회 남자복식 우승 2013년 인도네시아 배드민턴슈퍼시리즈 프리미어 남자복식 2위 2013년 싱가포르오픈 배드민턴슈퍼시리즈 남자복식 2위 2013년 제27회 카잔 하계유니버시아드 혼합단체전·남자복식 금메달 2013년 중국마스터스 슈퍼시리즈 남자복식 우승 2013년 덴마크오픈 슈퍼시리즈 프리미어 남자복식 금메달 2013년 중국오픈 슈퍼시리즈 프리미어 남자복식 금메달 2013년 홍콩오픈 슈퍼시리즈 남자복식 금메달 2014년 일본오픈 슈퍼시리즈 남자복식 금메달 2014년 인도네시아오픈 슈퍼시리즈 프리미어 남자복식 금메달 2014년 호주오픈 슈퍼시리즈 남자복식 금메달 2014년 세계개인선수권대회 남자복식 은메달 2014년 제17회 인천아시안게임 남자 단체전 금메달·복식 은메달 2014년 세계배드민턴연맹(BWF) 슈퍼시리즈 파이널 남자복식 금메달 2015년 말레이시아 슈퍼시리즈 남자복식 은메달 2015년 아시아배드민턴선수권대회 우승 2015년 호주오픈 슈퍼시리즈 남자복식 금메달 2015년 일본오픈 슈퍼시리즈 남자복식 금메달 2015·2016년 빅터코리아오픈 배드민턴슈퍼시리즈 남자복식 우승(2연패) 2015년 덴마크오픈 슈퍼시리즈 남자복식 금메달 2016년 인천시 마이스 홍보대사(현) 2016년 중국 마스터스 그랑프리 골드대회 남자복식 우승 2016년 아시아배드민턴선수권대회 우승 2016년 리우올림픽 배드민턴 국가대표 2016년 제97회 전국체육대회 남자복식 일반부 금메달 [상]대한배드민턴협회 최우수선수(2007), 제14회 코카콜라체육대상 우수선수상(2009), 제55회 대한체육회 체육상 경기부문 우수상(2009), 제21회 코카콜라체육대상 우수단체상(2016) [종]불교

이용두(李龍斗) LEE Yong-Doo (南淵)

[생]1952·5·15 [본]벽진(碧珍) [출]경남 창녕 [주]경북 안동시 도산면 퇴계로1997 한국국학진흥원 원장실(054-851-0700) [학]1971년 대구 계성고졸 1975년 한국항공대 통신공학과졸 1983년 영남대 대학원 전자공학과졸 1996년 공학박사(한국항공대) [경]1979~1982년 한사실업전문대학 전자과 전임강사·조교수·전자학과장 1982~2005·2009~2014년 대구대 정보통신공학부 교수 1982년 일본 도쿄대 객원연구원 1985년 미국 IEEE 정회원 1991년 대구대 전자공학과장 1991년 미국 서던캘리포니아대(USC) 교환교수 1993년 대구대 교수협의회 부의장 1994년 同정보통신센터 소장 1998~2002년 同연구처장 2002년 미국 UAH(Univ. of Alabama in Huntsville) 교환교수 2004년 대구대 RIS사업단장 2004~2006년 대구·경북 RFID/USN포럼 의장 2004년 대구대 전자정보기술연구소장 2004~2005년 同NURI(임베디드)사업단장 2004~2005년 同정보통신대학장 겸 산업정보대학원장 2005년 同정보통신연구소장 2005~2009년 同총장 2008~2009년 대한임베디드공학회 회장 2015년 한국국학진흥원 원장(현) [상]대통령표창(2001), 청조근정훈장(2014) [작]'저비용 RFID시스템에서의 트리기반 메모리세스 충돌방지 알고리즘에 대한 성능평가' [종]가톨릭

이용두(李鎔斗) LEE Yong Doo

[생]1955·1·8 [출]충남 천안 [학]1973년 천안고졸 1978년 서울대 철학과졸 1981년 同행정대학원 행정학과졸(석사) 1990년 미국 미시간대 대학원 경제학과졸(석사), 경제학박사(숭실대) [경]1979년 행정고시 합격(23회) 1980~1992년 동력자원부 석탄유통과·원유과·차관실·에너지관리과·에너지정책과 사무관 1992년 同행정관리담당관 1993~1995년 상공자원부 캐나다경제연구소 파견 1995년 통상산업부 행정쇄신위원회 근무 1996년 同조직진단작업반 파견 1997~2001년 駐캐나다 상무관 2001년 통상산업부 디자인브랜드과장 2002년 同원자력산업과장 2003년 同원전수거물팀 행정지원 근무 2004년 同원자력산업과장 2004년 同석탄산업과장 2005년 同무역유통심의관 2005년 중소기업청 기획관리관 2005년 同정책홍보관리관 2006년 중앙공무원교육원 파견 2007년 중소기업청 소상공인지원본부장 2008년 同소상공인정책국장 2008~2009년 서울지방중소기업청장 2009년 신용보증재단중앙회 회장 2012~2013년 소상공인진흥원 원장 2014~2016년 한국전기기술인협회 상근부회장 [상]대통령표창(1991), 홍조근정훈장(2008)

이용득(李龍得) LEE Yong Deuk

[생]1953·9·13 [출]경북 안동 [주]서울 영등포구 의사당대로1 국회 의원회관429호(02-784-1730) [학]1974년 덕수상고졸 1983년 성균관대 경영학과졸 [경]1984년 한국상업은행 노동조합 여성담당 부위원장 1986년 同노조위원장 1988년 전국금융노동조합연맹 시중은행협의회 의장 1990년 同상임부위원장 1993년 UNI-KLC(국제사무·정보노동조합연합 한국협의회) 집행위원장 1996년 한국노동조합총연맹 교육국장·조직국장 1996년 同노동악법저지투쟁본부 상황실장 2002년 同개혁특별위원회 공동위원장 2004년 중앙노동위원회 심판위원 2004년 노사정위원회 상무위원 2004년 UNI- KLC 의장 2004년 전국금융산업노동조합 위원장 2004~2008년 한국노동조합총연맹 위원장 2004년 금융경제연구소 설립 2007·2011년 노사발전재단 공동이사장 2009~2010년 우리은행 신탁사업단장 2011~2012년 한국노동조합총연맹 위원장 2012년 민주통합당 최고위원 2012년 同제18대 대통령중앙선거대책위원회 노동위원장 2013년 민주통합당 비상대책위원 2013년 민주당 상임고문 2013년 同최고위원 2014·2015년 새정치민주연합 최고위원 2014년 同전국노동위원장 2015년 同경제정의·노동민주화특별위원회 부위원장 2015~2016년 더불어민주당 최고위원 2015년 同전국노동위원장(현) 2016년 제20대 국회의원(비례대표, 더불어민주당)(현) 2016년 국회 환경노동위원회 위원(현) [저]'노동은 밥이다 : 노사의 벽을 넘는 담쟁이가 되어'(2014, 미래를소유한사람들)

이용만(李龍萬) RHEE Yong Man

[생]1933·8·29 [출]강원 평강 [주]서울 중구 청계천로100 시그니처타워 동관10층 금호석유화학(주) 임원실(02-6961-1266) [학]1959년 고려대 법대졸 1966년 서울대 행정대학원졸 1976년 미국 코넬대 대학원졸 [경]1962년 내각수반기획통제관실 계획관 1963년 국무총리기획조정실 계획관 1966년 대통령비서실 서기관 1967~1971년 재무부 이재2·이재1과장 1971년 同이재국장 1975년 同기획관리실장 1977년 同재정차관보 1980년 경제과학심의위원회 상임위원 1982년 중앙투자금융 사장 1985년 신한은행장 1988년 한국외환은행장 1988년 대한상공회의소 부회장 1990년 은행감독원장 1991~1993년 재무부 장관 2007~2008년 제17대 대통령직인수위원회 취임준비위원회 자문위원 2009~2013년 대통령자문 국민원로회의 위원 2011년 금호석유화학(주) 사외이사 겸 감사위원(현) 2011~2014년 우리금융지주 사외이사 2013~2014년 同이사회 의장 [상]홍조근정훈장, 중화민국 대수경정훈장, 고려대 특별공로상(2009) [종]기독교

이용만(李龍萬) LEE Young Man

[생]1959·12·18 [출]경북 김천 [주]서울 성북구 삼선교로16길116 한성대학교 사회과학대학 부동산학과(02-760-4494) [학]1985년 연세대 경제학과졸 1989년 同대학원졸 1995년 경제학박사(연세대) [경]1995~2000년 LG경제연구원 부연구위원 2000년 한국주택학회 이사 2000년 한성대 사회과학대학 부동산학과 교수(현) 2006~2010년 同부동산대학원장 2013년 同부동산학과장 2013년 한국주택학회 회장 2013~2014년 한국부동산분석학회 회장 2016년 한성대 대학원장(현)

이용민(李溶民) Lee Yong Min

[생]1964·5·25 [출]경북 성주 [주]경북 김천시 물망골길33 대구지방검찰청 김천지청(054-429-4301) [학]1983년 대구 심인고졸 1988년 서울대 법학과졸 1989년 同대학원 수료 [경]1989년 사법시험 합격(31회) 1992년 사법연수원 수료(21기) 1992년 軍법무관 1995년 대전지검 검사 1997년 대구지검 의성지청 검사 1998년 수원지검 검사 2000년 서울지검 검사 2001년 중국 북경대 장기연수 2003년 대구지검 검사 2004년 同부부장검사 2005년 대구고검 검사 2006년 수원지검 성남지청 부장검사 2007년 서울고검 검사 2008년 인천지검 부장검사 2008년 駐중국대사관 파견 2010년 수원지검 형사2부장 2011년 서울서부지검 형사1부장 2012년 서울고검 형사부 검사 2014~2016년 대전고검 검사 2014년 서울중앙지검 중요경제범죄조사팀 파견 2015년 同중요경제범죄조사단 파견 2016년 대구지검 김천지청장(현)

이용배(李容培)

[생]1965·12·31 [출]경북 포항 [주]서울 서대문구 통일로87 경찰청 정보4과(02-3150-1699) [학]1984년 계성고졸 1988년 경찰대 법학과졸(4기) [경]2011년 경북 청송경찰서장(총경) 2013년 부산지방경찰청 경비과장 2014년 경찰청 정보국 정보3과장 2015년 서울 양천경찰서장 2016년 경찰청 정보국 정보4과장(현)

이용백(李龍伯) Lee Yong Baek

[생]1953·9·28 [출]인천 [주]서울 영등포구 은행로29 정우빌딩 한세실업(주) 부회장실(02-3779-5172) [학]인천 선인고졸 1981년 한양대 산업공학과졸, 연세대 경제대학원 최고위과정 수료 [경]1987년 한세실업 과장 입사 1998년 同상무이사 2002년 同전무이사 2004~2013년 同대표이사 사장 2010~2013년 한세예스24홀딩스 대표이사 2013년 한세실업 대표이사 부회장(현) [상]공정거래의날 국무총리표창(2014)

이용범(李龍範) LEE Yong Beom

[생]1951·12·3 [출]인천 [주]서울 동대문구 서울시립대로163 서울시립대학교 환경원예학과(02-2210-2385) [학]1975년 서울시립대 농대 원예학과졸 1982년 서울대 대학원 원예학과졸 1991년 원예학박사(서울대) [경]1975~1985년 농촌진흥청 원예시험장 연구사 1987~1995년 서울시립대 환경원예학과 조교수·부교수 1995년 同환경원예학과 교수(현) 1995~1997년 원예연구소 연구관 1995~2001년 서울시도시철도공사 환경자문위원 1997~2001년 충북농업기술원 연구관 2000년 월드비전 북한농업 상임자문위원(현) 2003년 원예연구소 연구관 2007년 서울시립대 자연과학대학장 2007년 同자연과학연구소장 2008~2010년 한국생물환경조절학회 회장 2009년 월드비전 북한농업연구소장(현) 2010년 농림수산식품부 농산물수출연구사업단협의회 회장 2011~2013년 서울시립대 대학원장 2011~2013년 한국원예학회 회장 2013~2014년 농림축산식품부 농산물수출연구사업단협의회 회장 [상]한국원예학회 학술상(1995) [저]'家庭園藝學'(1991) '시설원예'(1995) '양액재배'(1996) '생활원예'(2002) '원예학용어집'(2003) '생물환경조절공학'(2003) '식물호르몬'(2005) '식물공장'(2008) '시설원예학'(2010) [종]기독교

이용범(李龍範) LEE Yong Beom

[생]1952·12·1 [출]전남 장성 [주]인천 남동구 정각로29 인천광역시의회(032-440-6003) [학]경기대 경영학부졸, 인천대 교육대학원 상업교육과졸 [경]송영길 국회의원 교육특별보좌관 2001년 인천시학원연합회 회장, 이보영토킹클럽어학원 원장 2006년 인천시의원선거 출마(열린우리당) 2008년 인천지법 가사상담위원회 위원 2008년 인천시장애인빙상연맹 회장 2009년 안남초 운영위원장, 민주평통 자문위원, 민주당 인천시당 교육특별위원장 2010년 인천시의회 의원(민주당·민주통합당·민주당·새정치민주연합) 2010년 同문화복지위원회 위원 2010년 同2014인천아시아경기대회지원특별위원회 위원장 2012년 同기획행정위원장 2014년 인천시의회 의원(새정치민주연합·더불어민주당)(현) 2014년 同제2부의장 2014·2016년 同기획행정위원회 위원(현) 2016년 同더불어민주당 원내대표(현) [상]대통령표창, 행정자치부장관표창, 교육부장관표창, 시장표창, 교육감표창, 매니페스토약속대상 최우수상(2012), 대한민국위민의정대상 전국최우수상(2014), 한국언론인연대·한국언론인협동조합 선정 '2015 대한민국 창조혁신대상'(2015)

이용복(李用福) LEE Yong Bok

[생]1959·2·10 [주]광주 북구 용봉로77 전남대학교 약학대학(062-530-2931) [학]1982년 서울대 제약학과졸 1984년 同대학원졸 1993년 약학박사(서울대) [경]1983~1984년 한강성심병원 약사 1985~1991년 전남대 약학대학 조교·전임강사 1991~1992년 서울대 약학대학 교류교수 1991~2000년 전남대 약학대학 조교수·부교수 1993년 한국임상약학회 편집이사 1996~1997년 미국 뉴욕주립대 객원교수 1998년 보건복지부 중앙약사심의위원 2000년 전남대 약학대학 교수(현) 2000~2002년 同약학부 학부장 2012~2014년 同약학대학장 2013년 同생명윤리심의위원회 위원장 2013~2014년 한미약학자연합회(KAPSA) 부회장 2014년 한국신약개발연구조합 자문역(현) 2015년 전남대 대학원장(현) 2015년 (사)한국약제학회 회장 2015년 한미약학자연합회(KAPSA) 회장(현) 2015년 전남대 광주캠퍼스 부총장(현) 2016년 대학연구윤리협의회 회장(현) [상]보건산업기술대상, 과학기술우수논문상(2008), 한국보건산업진흥원장표창(2009), 교육과학기술부장관표창(2011), 그린크로스 법제과학상(2011) [저]'약사법규연습(共)'(2002) '알기 쉬운 약물동태학(共)'(2003) [역]'약물속도론 연습-기초편'(共) '약물속도론 연습-응용편'(共)

이용부(李容富) LEE Yong-Boo

[생]1952·11·13 [본]광주(廣州) [출]전남 보성 [주]전남 보성군 보성읍 송재로165 보성군청 군수실(061-852-2181) [학]광주상고졸, 순천대 행정학과졸, 연세대 행정대학원졸, 한양대 지방자치대학원 지방자치학과졸 2001년 명예 정치학박사(카자흐스탄 알마티국립기술공업대) 2003년 행정학박사(서울시립대) [경]1985년 민주평통 자문위원 1994년 국회 부의장 비서관 1994년 한국지역사회교육 송파·강동협의회 부회장 1995·1998~2002년 서울시의회 의원(국민회의·새천년민주당) 1996년 同지방자치발전특별위원장 1997년 同도시정비위원장 1998년 同운영위원장 1998~2002년 국립공원관리공단 자문위원 2000~2002년 서울시의회 의장 2000년 전국시·도의회의장협의회 회장 2000~2002년 민주평통 운영위원 2001년 중앙대 행정대학원 객원교수 2001년 가톨릭대 행정대학원 겸임교수 2001년 도시환경연구소 소장 2002년 강우규의사기념사업회 회장 2002년 나미비아정부 명예대사 2002년 한국방문의해 명예홍보사절 2002년 서울시 송파구청장선거 출마(새천년민주당) 2003년 정부혁신지방분권추진위원회 자문위원 2003년 한양대 지방자치대학원 겸임교수 2004년 제17대 국회의원선거 출마(서울송파乙, 열린우리당), 남부대 사회복지학과 교수 2014년 전남 보성군수(무소속)(현) [상]카자흐스탄 그라모다상, 한국의정대상, 신인문학상 수필부문, 대통령표창, 대한민국충효대상 지방자치공로부문 지방행정혁신발전 공로대상(2014), 한국을 빛낸 자랑스러운 한국인 대상 지방자치발전공로부문(2015), 대한민국무궁화대상 행정부문(2015), 원광디지털대 공로상(2016), 제8회 대한민국차문화대상 차산업화부문 대상(2016), 대한민국경제리더대상 미래경영부문대상(2016) [저]'이용부를 클릭하면 지방자치가 보인다' '이용부의 나누고 싶은 이야기' '바다를 닮고 싶은사람' [종]천주교

이용빈(李龍彬)

생1964 · 12 · 15 ㈜광주 서구 죽봉대로37 더불어민주당 광주시당(062-385-8400) 학1983년 금호고졸 1996년 전남대 의대 의학과졸 경이용빈가정의학과 원장(현) 2005~2009년 광주시가정의학과의사회 회장 2012~2014년 광주시의사협회 사회참여이사 2013년 광주비정규직센터 이사장(현) 2013년 광주이주민건강인권센터 이사장(현) 2013년 대한가정의학회 광주 · 전남지회장(현) 2013년 광주 · 전남직접민주연구원 공동대표(현) 2014~2015년 시민플랫폼 '나들' 대표 2016년 더불어민주당 정책위원회 부의장(현) 2016년 同광주시광산구甲지역위원회 위원장(현) 2016년 同국민통합위원회 부위원장(현) 2016년 제20대 국회의원선거 출마(광주 광산구甲, 더불어민주당)

이용상(李庸祥) LEE Yong Sang (이동이)

생1944 · 7 · 15 본연안(延安) 출전북 완주 ㈜서울 중구 왕십리로407 대한민국재향경우회(02-2234-1881) 학1963년 전주고졸 1973년 전주대 법학과졸 2002년 전북대 정보과학대학원 최고경영자과정 수료 경1990년 전북 장수경찰서장 1991년 전북 남원경찰서장 1993년 경찰대학 수사연수소 근무 1994년 서울 용산경찰서장 1995년 경찰청 공보담당관 1995년 서울지방경찰청 교통관리과장 · 교통안전과장 1998년 경찰대학 학생지도부장 1998년 경남지방경찰청 차장 1999년 경찰청 경비교통국 심의관 1999년 서울지방경찰청 경무부장 2000년 충북지방경찰청장 2001~2002년 전북지방경찰청장 2003~2005년 도로교통안전관리공단 총무이사 2006~2011년 대한민국재향경우회 사무총장 2011년 同수석부회장(현) 2013년 대한민국재향경우회산하 경우복지㈜ 사장(현) 상국무총리표창(1973), 녹조근정훈장(1992), 대통령표창(1997), 홍조근정훈장(2001)

이용석(李容碩) RHEE Yong Seok

생1957 · 4 · 30 본경주(慶州) 출경북 영덕 ㈜충북 청주시 흥덕구 2순환로1322 MBC충북(043-229-7001) 학1976년 대신고졸 1976년 고려대 교육학과 입학 1985년 同정치외교학과졸 1989년 同정책과학대학원 국제관계학과졸 경1982년 문화방송(MBC) 입사 1987년 同편성기획부 근무 1989년 同영화부 근무 1993년 同교양제작국 다큐멘터리팀 근무 1994년 同생활정보팀 근무 1998년 同교양3차장 2000년 同교양4차장 2001년 同시사교양 3CP 2002년 同홍보심의국 홍보부장 2007년 同홍보심의국 부국장 2008년 (사)여의도클럽 사무국장 2008년 MBC 홍보심의국장 2010년 同특보 2010년 同서울경인지사장 2010년 MBC경인 대표이사 겸임 2011년 DMZ국제다큐멘터리영화제 조직위원 2012년 문화방송 글로벌사업본부장 2013~2016년 청주문화방송 · 충주문화방송 대표이사 사장 겸임 2014년 MBC NET 이사 2016년 MBC충북 대표이사 사장(현) 상엠네스티언론상, 삼성언론상, 통일언론상 특별상, 올해의 좋은 TV프로그램상 종기독교

이용석(李鎔碩) Yongseok Lee

생1958 · 6 · 7 출서울 ㈜경기 광주시 순암로16의26 ICT폴리텍대학(031-764-3301) 학한국외국어대 영어영문학과졸, 서울대 행정대학원 행정학과졸, 영국 케임브리지대 대학원 국제관계학과졸, 경영정보학박사(충북대) 경1982년 외무고시 합격(5급) 1985~1995년 외무부 · 경제기획원 계장 1995~2010년 정보통신부 · 방송통신위원회 과장 2000년 정보통신부 전파방송관리국 국제기구과장 2003년 同전파방송관리국 전파관리과장 2006년 同우편사업단 국제사업과장 2006년 同우정사업본부 국제사업팀장 2007년 同정보통신협력본부 협력기획팀장 2008년 방송통신위원회 기획조정실 국제협력기획담당관(서기관) 2009년 同기획조정실 국제협력담당관(부이사관) 2010~2011년 서울대 방송통신융합연구소 수석연구원 2011~2012년 연세대 방송통신정책연구소 객원교수 2012~2013년 한국과학기술원(KAIST) IT융합연구소 연구교수 2013~2015년 대구경북첨단의료산업진흥재단 전략기획본부장 · 이사장 직대 2015년 미래창조과학부 본부 국장급(고위공무원) 2015년 ICT폴리텍대학 학장(현) 상대통령표창(1993), 홍조근정훈장 종기독교

이용석(李龍錫)

생1967 · 4 · 7 출전남 광양 ㈜전남 여수시 하멜로2 여수경찰서(061-660-8321) 학광주 석산고졸, 전남대졸, 同대학원 사법경찰행정학과(졸) 경1995년 경위 임용(경찰간부후보 43기) 2006년 해남경찰서 생활안전교통과장 2009년 전남지방경찰청 기획예산계장 2012년 同감찰계장 2013년 同여성청소년과장 2014년 총경 승진 2014년 전남 담양경찰서장 2015년 전남지방경찰청 경무과장 2016년 전남 여수경찰서장(현)

이용석(李庸碩) LEE YONG SEOK

생1970 · 3 · 24 본전주(全州) 출서울 ㈜세종특별자치시 다솜로261 국무조정실 안전환경정책관실 안전정책과(043-200-2341) 학1988년 서울고졸 1993년 성균관대 경영학과졸 1998년 서울대 대학원 경영학과졸 경2001년 행정자치부 입부(5급 공채) 2002~2007년 국무조정실 경제조정관실 재경금융심의관실 사무관 2007년 同경제조정관실 총괄 서기관 2008년 기획재정부 정책조정국 정책조정총괄과 서기관 2008년 同정책조정국 부동산정책팀장 2010년 국무총리실 국정운영2실 녹색성장정책팀장 2011년 同규제개혁실 사회규제심사3팀장 2011년 국무총리실장 비서관 2013년 해외 파견(과장급) 2016년 국무조정실 사회조정실 안전환경정책관실 안전정책과장(현)

이용석(李庸碩) Yong Suk Lee

생1971 · 3 · 20 본강진(康津) 출충남 연기 ㈜서울 종로구 세종대로209 행정자치부 정보기반보호정책과(02-2100-3980) 학1990년 포항제철고졸 1994년 한국항공대 항공통신정보공학과졸 2005년 캐나다 브리티시컬럼비아대 대학원 경영학과졸 경1993년 기술고시 합격 1995년 정보통신공무원교육원 교학과 사무관 1999년 정보통신부 정보통신정책국 산업기술과 사무관 2002년 同전파방송관리국 방송위성과 사무관 2003년 同전파방송관리국 방송위성과 서기관, 同정보보호기획실 광대역통합망과 서기관 2005년 同정부통합전산센터 통신망운영팀장, 同정부통합전산센터 통신망관리팀장 2008년 행정안전부 유비쿼터스기반과장 2008년 同유비쿼터스기획과장 2010년 충남도 기획관리실 정책기획과 2012년 충남 당진시 부시장 2013년 안전행정부 공공정보정책과장 2014년 국외훈련(과장급) 2016년 행정자치부 정보기반보호정책과장(현) 상근정포장(2010)

이용선(李庸瑄) Lee Yong Sun

생1958 · 2 · 12 출전남 순천 ㈜서울 양천구 신월로176 더불어민주당 서울양천구乙지역위원회(02-2697-9281) 학서울대 토목공학과졸 경2005년 (사)여성이만드는일과미래 이사(현) 2008년 (사)우리민족서로돕기운동 공동대표(현), 시민사회단체연대회의 공동대표 2011년 민주통합당 공동대표 2012년 同서울양천구乙지역위원회 위원장 2012년 (사)나눔과 동행 대표(현) 2012년 제19대 국회의원선거 출마(서울 양천乙, 민주통합당) 2012년 민주통합당 제18대 대통령중앙선거대책위원회 대외협력위원회 공동위원장 2012년 同제18대 대통령중앙선거대책위원회 산하 '시민캠프' 공동대표 2013년 同대외협력위원장 2013~2014년 민주당 대외협력위원장 2013~2014년 同서울양천乙지역위원회 위원장 2014년 새정치민주연합 대외협력위원장 2014~2015년 同서울양천乙지역위원회 위원장 2015년 더불어민주당 서울양천구乙지역위원회 위원장(현) 2016년 제20대 국회의원선거 출마(서울 양천구乙, 더불어민주당) 상문화일보 선정 5.18민주유공자 평화인물100인(2003), 한국여자의사회 제15회 여의대상 길 봉사상(2005), 한겨레통일문화재단 제10회 한겨레통일문화상(2008), 범시민사회단체연합 선정 '올해의 좋은 정치인'(2014 · 2015) 전'새로운 출발'(2012)

이용선(李龍善) LEE Yong Sun

생1959 · 8 · 18 ㈜전남 나주시 빛가람로601 한국농촌경제연구원 농림산업정책연구본부(061-820-2316) 학고려대 농업경제학과졸, 同대학원졸, 경제학박사(일본 쓰쿠바대) 경고려대 농업경제학과 조교, 일본 쓰쿠바대 연구조교, 同교육조교, 한국농촌경제연구원 농산업경제연구부 책임연구위원 2004년 同연구위원 2008년 同식품정책연구센터장, 同농식품정책연구본부 식품 · 유통팀 연구위원 2012~2013년 同원예실장 2013년 同과일과채관측실 연구위원 2014년 同과일과채관측실 선임연구위원 2015년 同농업관측센터 모형 · 정책지원실장 2015년 同농업관측센터장 2016년 同농림산업정책연구본부 선임연구위원(현)

이용선(李龍善) Lee Yong-Sun

생1960 · 1 · 27 출충남 연기 ㈜서울 서초구 서초중앙로157 서울중앙지방법원 사무국(02-530-1504) 학한국방송통신대 법학과졸 경2005년 수원지법 총무과 근무(법원서기관) 2005년 부산지법 사법보좌관 2009년 수원지법 총무과장 2011년 법원행정처 인력운영심의관(법원부이사관) 2013년 수원지법 안산지원 사무국장 2013년 수원지법 사무국장 2014년 부산고법 사무국장(법원이사관) 2015년 서울중앙지법 사무국장(현) 상법원행정처장표창(1989), 녹조근정훈장(2010)

이용섭(李庸燮) LEE Yong Sup

[생]1951 · 8 · 11 [본]함평(咸平) [출]전남 함평 [학]1969년 전남 학다리고졸 1974년 전남대 상과대학 무역학과졸 1989년 미국 미시간대 대학원 경제학과졸 1999년 경제학박사(성균관대) [경]1974년 행정고시 합격(14회) 1975년 국세청 사무관 1979년 재무부 사무관 1985년 대통령비서실 행정관 1989년 재무부 국제조세과장 1989년 同조세정책과장 1990년 同법인세제과장 1992년 同조세정책과장 1994년 재정경제원 조세정책과장 1995년 同국세심판소 상임심판관 1997년 국방대 파견 1997년 재정경제원 국세심판소 상임심판관 1998년 재정경제부 감사관 1998년 同재산소비세심의관 1999년 同세제총괄심의관 2000년 同국세심판원장 2001년 同세제실장 2002년 관세청장 2003~2005년 국세청장 2005년 대통령 혁신관리수석비서관 2006년 행정자치부 장관 2006~2008년 건설교통부 장관 2008년 제18대 국회의원(광주 광산구乙, 통합민주당 · 민주당 · 민주통합당) 2008년 민주당 제4정책조정위원장 2010년 同정책위 수석부의장 2011년 同대변인 2012년 민주통합당 정책위 의장 2012~2014년 제19대 국회의원(광주 광산구乙, 민주통합당 · 민주당 · 새정치민주연합 · 무소속) 2012년 국회 교육과학기술위원회 위원 2012년 국회 국가재정연구포럼 공동대표 2013년 국회 교육문화체육관광위원회 위원 2014~2015년 한반도미래연구원 원장 2015년 同상임고문(현) 2016년 더불어민주당 선거대책위원회 위원 · 비상대책위원회 위원 · 총선정책공약단장 · 선거대책본부 공동본부장 겸임 2015년 同광주광산구乙지역위원회 위원장 2016년 제20대 국회의원선거 출마(광주 광산구乙, 더불어민주당) 2016년 건국대 석좌교수(현) [상]녹조근정훈장(1984), 청조근정훈장(2008), 조선일보 선정 의원이 뽑은 국감 우수의원(2008), 경실련 선정 국정감사 우수의원(2008 · 2009 · 2010 · 2011), NGO모니터단 선정 국정감사 우수의원(2008 · 2009 · 2010 · 2011), 제18대 국회의원 중 4년 연속 경실련과 NGO모니터단으로부터 국감우수의원으로 선정된 유일한 의원, 백봉신사상 올해의 신사의원 베스트 10(2009), 제1회 매니페스토 약속대상 최우수상(2009), 국회 보좌진 선정 2009 가장 돋보인 의정활동의원 2위, 백봉신사상 올해의 신사의원 베스트 11(2010 · 2013), 의정행정대상 국회의원부문(2010), 납세자권익상(2012), 한국문화예술유권자총연합회 제19대 국정감사 우수의원상(2013), 택시노동조합 감사패(2013), 함평군민의 상(2016) [저]'국제조세'(1985) '국제조세론'(1999) '외국인 투자에 대한 조세지원 효과에 관한 연구'(1999) '대한민국 희망에너지 혁신'(2006) '초일류 국가를 향한 도전'(2008) '학생농사꾼에서 장관까지'(2008) '연어가 민물로 돌아온 까닭은'(2010) '성장과 행복의 동행'(2013) '벽오동은 겨울에도 푸르다'(2016, 세경사)

이용섭(李龍燮) LEE YONG SEOP

[생]1952 · 1 · 3 [본]전의(全義) [출]충남 [주]서울 강남구 압구정로113 뉴타운빌딩3층 (주)지엘피홀딩스 [학]1969년 용산고졸 1983년 경기대 상경대학 무역학과졸(경영학전공) 2002년 한양대 경영대학원졸(경영학석사) 2004년 한국과학기술원(KAIST) 테크노경영대학원 KCEO과정 수료(11기) 2004년 고려대 경영대학원 AMP 수료(57기) 2007년 경원대 산학정책과정 수료(12기) 2008년 서울대 국제대학원 GLP 수료(18기) 2009년 건국대 대학원 경영학 박사과정 수료 2011년 고려대 기술경영전문대학원 기술전략과정 수료 2015년 서강대 기술경영전문대학원 기술사업화최고위과정 수료 [경]2004년 한국전력공사 베트남지사장 2006년 同처장 2009년 대한상사중재원 상사중재인 2010년 아태경제연구원 부원장(현) 2010년 (주)지엘피홀딩스 회장(현) 2010년 경영기술지도사회(25회) 회장 2011년 한국창업진흥원 부원장(현) 2011년 한국글로벌경영컨설팅 대표(현) 2011년 서비스우수기업인증품질평가위원(현) 2011년 지식경제기술혁신평가위원(현) 2011년 CSR 전문컨설턴트(현) 2011년 사회적기업 전문컨설턴트(현) 2012년 중앙대 산업교육원 외래교수(현) 2012년 경기대 평생교육원 외래교수(현) 2012년 고려대총교우회 상임이사(현) 2012년 서울대총동창회 이사(현) 2015년 서강대 평생교육원 경영학과 외래교수(현) [상]산업자원부장관표창(1998), 고려대 경영대학원장 공로상(2004), 서울벤처정보대학원대총장표창(2010) [저]'강소기업의 17가지경영비밀'(2012, 청목출판사) '융합경영전략'(2013, 사이언스출판) '창업과 지식재산'(2015, 원더북스) [종]기독교

이용섭(李鎔燮) LEE Yong Seop

[생]1955 · 5 · 17 [주]전남 완도군 신지면 신지로121의56 풍진해운(주)(070-4109-1173) [학]조선대 경영대학원졸, 목포해양대 대학원 국제물류학박사과정 수료 [경]풍진해운(주) 대표이사 사장(현), 한국청년회의소 완도JC 회장, 광주소년법원 청소년자원봉사위원, 광주지법 해남지원 조정위원, 한국해운조합 14 · 15 · 17 · 19대 의원 · 부회장, 민주당 전남도당 인권위원장, 완도군번영회 부회장, 완도군새마을회 회장 2010년 전남도의회 의원 후보(무소속) 2012~2013 · 2016년 한국해운조합 회장(현)

이용섭(李龍燮) LEE Yong Sup

[생]1960 · 6 · 13 [본]전의(全義) [출]경북 영주 [주]서울 동대문구 경희대로26 경희대학교 약학대학 약학과(02-961-0370) [학]1983년 서울대 공업화학과졸 1985년 한국과학기술원(KAIST) 화학과졸 1992년 화학박사(한국과학기술원) [경]1985년 한국과학기술연구원 천연물화학연구실 연구원 1992~2004년 同의약화학연구센터 선임연구원 · 책임연구원 1994~1995년 미국 노스캐롤라이나주립대 박사후과정 연구생 1998~2004년 한양대 · 고려대 · 경희대 객원교수 1999~2001년 대한화학회 의약화학분과 간사 2000~2004년 한국과학기술원 강릉천연물과학연구소 설립추진위원 2000년 보건복지부 보건의료기술개발사업과제선정 · 평가위원 2001~2002년 미국 일리노이대 시카고교 약대 방문연구 2004년 한국과학기술연합대학원대 · 한국과학기술연구원 International R&D Academy 교수요원 2004년 식품의약품안전청 잔류화학물질분과 심의위원 2005년 경희대 약학대학 약학과 교수(현) 2008년 보건복지가족부 중앙약사심의위원회 위원 [저]'무기의약품화학(共)'(2007)

이용성 LEE Yong Seong

[생]1954 · 4 · 9 [주]서울 성동구 왕십리로222 한양대학교 의생명공학전문대학원 의생명학과(02-2220-0622) [학]1979년 한양대 의대졸 1981년 同대학원졸 1984년 의학박사(한양대) [경]1982년 한양대 의대 생화학교실 전임강사 1985년 국군 해양의학연구원 연구부장 1988~2010년 한양대 의과대학 생화학교실 조교수 · 부교수 · 교수 1997년 대한생화학분자생물학회 운영위원장 2001년 한양대 Biotechnology 사업단장 2006년 대한생화학분자생물학회 부회장 2010년 한양대 의생명공학전문대학원 교수(현) 2014~2016년 同의생명공학전문대학원장

이용수(李容秀) LEE Young Soo

[생]1959 · 12 · 27 [출]서울 [주]서울 광진구 능동로209 세종대학교 체육학과(02-3408-3325) [학]1977년 서울체육고졸 1981년 서울대 체육교육학과졸, 同대학원졸 1990년 운동생리학박사(미국 오리건주립대) [경]1983년 한국상업은행 소속 축구선수 1984년 프로축구 럭키금성 소속선수 1985년 할렐루야 소속 축구선수 1990~1993년 한국체육과학연구원 선임연구원 1993~2002년 세종대 체육학과 부교수 1993년 대한축구협회 연구분과위원장 1997~2000년 KBS 축구해설위원 1998년 대한축구협회 기술위원 2000년 월드컵지원단 기술지원팀장 2000년 축구전문포털사이트 사커로닷컴 이사 2000~2002 · 2014년 대한축구협회 기술위원회 위원장(현) 2002년 세종대 체육학과 교수(현) 2006년 KBS 독일월드컵 해설위원 2013년 대한축구협회 미래전략기획단 공동단장(현) 2015년 2019 아랍에미리트(UAE) 아시아축구연맹(AFC) 아시안컵조직위원회 기술위원회 위원(현) [상]올해의 KBS 해설위원(1998), 체육훈장 청룡장(2002) [저]'운동과 건강' '운동요법' [종]기독교

이용수(李龍洙) LEE Yong Soo

[생]1962 · 6 · 14 [본]상산(商山) [출]경북 상주 [주]서울 도봉구 삼양로144길33 덕성여자대학교 약학대학(02-901-8397) [학]경남고졸 1984년 부산대 약학과졸 1986년 同대학원 약학과졸 1993년 약학박사(미국 시카고로욜라대) [경]1990~1993년 미국 로욜라대 의대 실습 및 연구조교 1993~1995년 同Medical Center Department of Neurosurgery Research Associate 1995년 부산대 유전공학연구소 연구원 1996~2002년 관동대 의대 생리학교실 조교수·부교수 1997~2002년 同의대 생리학교실 주임교수 1997~1999년 同의대 의학도서관장 2002년 덕성여대 약대 부교수·교수(현) 2007년 同입학처장 겸 중앙기기실장 2008~2010·2015년 同입학홍보처장(현) [상]대한생리학회 신진생리학자상(1999), 대한약학회 학술장려상(2005), 한국과학기술단체총연합회 과학기술우수논문상(2007) [저]'약물학 독성학 실험(共)'(2004) '약물학 연습(共)'(2004) '영유아의 건강·영양·안전(共)'(2005) '약물학(共)'(2007) [종]기독교

이용수(李瑢洙) Yongsoo Lee

[생]1966 · 4 · 12 [본]한산(韓山) [출]전북 무주 [주]서울 종로구 사직로8길60 외교부 개발협력국(02-2100-8110) [학]1988년 서울대 서문학과졸 1996년 미국 오리건대 대학원 경제학과졸 [경]1988년 외무고시 합격(22회) 1988년 외무부 입부 1999년 駐오스트레일리아 1등서기관 2002년 駐필리핀 참사관 2003년 駐멕시코 참사관 2005년 외교통상부 재외동포정책1과장 2007년 同개발협력과장 2008년 駐아일랜드 참사관 2011년 駐유엔 공사참사관 2014년 외교부 의전기획관 2015년 同개발협력국장(현) [상]근정포장(2015)

이용숙(李容淑·女) LEE Yong Sook

생1953·1·29 **출**경기 수원 **주**서울 도봉구 삼양로144길 33 덕성여자대학교 문화인류학과(02-901-8503) **학**서울대 대학원졸 1984년 교육인류학박사(미국 노스웨스턴대) **경**1974~1975년 간송미술관 부설 한국민족미술연구소 연구원 1979년 미국 뉴욕주립대 인류학과 연구조교 1981년 미국 노스웨스턴대 인류학과 강의조교 1982년 同Center for Health Service and Policy Research 연구조교 1983년 同Chicago Field School 조교 1983년 同사범대 국립교육연구소 연구원 1985~1996년 한국교육개발원 책임연구원 1995년 덕성여대 문화인류학과 교수(현) 2002·2006년 同열린교육연구소장(현) 2003~2005년 同교육대학원장 2005년 미국 California State Poly Univ. 방문교수 2005년 미국 뉴욕대 Fulbright Visiting Professor 2008년 덕성여대 교수학습개발센터장 2009년 한국에스너그라피연구소 소장 **생**교육부장관표창(1994) **저**'Teaching about Korea: Elementary and Secondary Activities'(1986) '한국교실수업의 이해(共)'(1999) '교육현장 개선과 함께 하는 실행연구방법(共)'(2005)

이용순(李龍淳) LEE Yong Soon (仁齋)

생1955·9·18 **본**삼척(三陟) **출**서울 **주**세종특별자치시 시청대로370 한국직업능력개발원(044-415-5001) **학**1974년 충암고졸 1981년 홍익대 공업교육학과졸 1983년 인하대 대학원 기계공학과졸 2001년 교육학박사(충남대) **경**1981년 영서중 교사 1985년 덕수중 교사 1986~1997년 한국교육개발원 직업기술교육연구특임본부 연구1팀장(부연구위원) 1987년 대한공업교육학회 부회장 1988년 한국직업교육학회 부회장 1997년 한국직업능력개발원 교육훈련과정개발실 교과서개발1팀장 2001년 同교육훈련과정개발실장 2001~2002년 충암고총동문회 회장 2003년 한국직업능력개발원 직업진로정보센터 소장 2004년 同과정개발팀장 2006년 同직업교육·산학협력연구본부장 2007년 同혁신기획조정실장 2008~2014년 同평생직업교육연구실 선임연구위원, 同평생직업교육연구실 교과서편찬특임센터 소장 2009년 한국직업교육단체총연합회 상임공동대표(현) 2009~2010년 대한공업교육학회 회장 2012~2013년 한국직업교육학회 회장 2013년 국민행복교육포럼 상임위원(현) 2014년 한국직업능력개발원 원장(현) 2014년 고용노동부 청년고용촉진특별위원회 위원(현) 2014년 교육부 지방대학및지역균형인재육성지원위원회 위원(현) 2014년 고용노동부 고용정책심의회 위원(현) 2014년 同국가기술자격정책심의위원회 위원(현) 2014년 교육부 자격정책심의위원회 위원(현) 2014년 통일연구원 통일정책연구협의회 공동의장(현) 2015년 산업통상자원부 이러닝진흥위원회 위원(현) 2015년 교육부 교육개혁추진협의회 산업·사회수용에맞는교육분야 위원장(현) **생**교육부장관표창(2회), 내무부장관표창, 부총리 겸 교육인적자원부장관표창, 대통령표창, 교육과학기술부장관표창 **저**'중학교 기술·가정교과서' '중학교 교육과정 해설' '고등학교 기술·공업 입문교과서' '고등학교 교육과정 해설' '중학교진로와 직업교과서' 'KRIVET 연구총서③ 평생학습사회의 직업교육' '공업교육학신론'

이용식(李容式) LEE Yong Sik

생1961·7·14 **본**전주(全州) **출**경북 청도 **주**서울 중구 새문안로22 문화일보 논설위원실(02-3701-5028) **학**1983년 서울대 공과대학졸 1999년 미국 미주리대 저널리즘스쿨 수료 2009년 미국 존스홉킨스대 국제관계대학원 수료 **경**1984년 서울신문 기자 1987년 한겨레신문 기자 1991년 문화일보 기자 1994년 同정치부 차장대우 1995년 同정치부 차장 1999년 同정치부 부장대우 2000년 문화일보 정치부장 2003년 同경제부장 2004년 同편집국 부국장대우 2005년 同편집국장 2008~2012년 同논설위원 2009년 미국 존스홉킨스대 국제관계대학원(SAIS) 연구원 2011년 한국신문방송편집인협회 이사(현) 2012~2016년 문화일보 논설위원실장, 중앙선거관리위원회 자문위원 2014년 관훈클럽 총무 2014년 同신영연구기금 이사 2014년 육군 발전자문위원 2016년 관훈클럽 신영연구기금 이사(현) 2016년 문화일보 논설주간(현) **생**한국기자협회 한국기자상(1991), 서울언론인클럽 특별상(1991), 한국기자협회 제16대 대선 기획보도상(2003), 대한토목학회 제13회 송산토목문화대상 언론부문(2014), 관악언론인회 '서울대 언론인대상'(2015) **저**'김영삼권력의 탄생' '미국 기자들 이렇게 취재한다'

이용완(李鎔院) LEE Yong Wan

생1957·5·20 **본**평창(平昌) **출**강원 평창 **주**강원 강릉시 강릉대로377 강릉경찰서(033-650-9211) **학**제천농고졸 **경**평창경찰서 정보1계장, 춘천경찰서 정보1계장, 同경무계장, 양구경찰서 경비과장, 강원청 수사과 근무, 동해경찰서 수사과장, 강원지방경찰청 면허계장, 同수사2계장, 춘천경찰서 수사과장, 원주경찰서 수사과장, 강원지방경찰청 수사1계장 2004년 同강력계장 2009

년 同총경(교육파견) 2009년 同정보통신담당관 2010년 강원 고성경찰서장 2011년 강원지방경찰청 수사과장 2013년 강원 원주경찰서장 2014년 강원지방경찰청 생활안전과장 2015년 강원 강릉경찰서장(현) **생**내무부장관표창, 경찰청장표창, 행정자치부장관표창

이용우(李勇雨) LEE Yong Woo

생1942·5·12 **출**경북 의성 **주**서울 강남구 테헤란로87길36 도심공항타워 법무법인 로고스(02-2188-1013) **학**1960년 경북사대부고졸 1964년 서울대 법대졸 1967년 同사법대학원 수료 **경**1964년 사법시험 합격(2회) 1967년 해군 법무관 1970년 대구지법 판사 1973년 同경주지원·서울민사지법·서울형사지법 영등포지원 판사 1977년 서울민사지법 판사 1977년 미국 하버드대 연수 1978년 서울형사지법 판사 1980년 서울고법 판사 1981년 대구지법 부장판사 1984년 서울민사지법 부장판사 겸 사법연수원 교수 1986년 서울민사지법 부장판사 1989년 대구고법 부장판사 1991년 서울고법 수석부장판사 1997년 수원지법원장 1998년 서울지법원장 1999~2005년 대법원 대법관 2005년 법무법인 로고스 상임고문변호사(현) 2013년 희망과 동행 이사(현)

이용우(李庸友) LEE Young Woo (庸齊)

생1944·5·27 **출**서울 **주**경기 용인시 수지구 죽전로152 단국대학교 공과대학 토목환경공학과(031-8005-3470) **학**1968년 서울대 공과대학졸 1979년 미국 네브래스카대 링컨교 대학원졸 1983년 공학박사(미국 네브래스카대 링컨교) **경**1971~1985년 단국대 공과대학 토목환경공학전공 전임강사·조교수·부교수 1975년 미국 조지아주립대 교환교수 1983년 건설기술교육원 외국인교인 초청교수 1984·1987년 국가기술고등고시 시험위원 1985~2009년 단국대 공과대학 토목환경공학과 교수 1986년 同대학원 교학부장 1989년 대한출판연합회 회장 1990~1993년 단국대 이사장 1998년 행정자치부 지방행정고시 선정·채점위원 2002~2004년 단국대 총장 2009년 同공과대학 토목환경공학과 석좌교수(현) **생**청조근정훈장(2009)

이용우(李龍雨) Lee young woo

생1949·1·17 **출**서울 **주**서울 강남구 봉은사로4길1 (주)바이하츠 비서실(02-556-1518) **학**1967년 환일고졸 2000년 서울대 공대 최고전략과정 수료, 同법대 최고위과정 수료 **경**1981~2012년 (주)판교 대표이사 2000년 (주)파노피스 대표이사(현) 2000년 김포이업종교류회 회장 2001년 인천지법 부천지원 조정위원(현) 2001년 국제로타리3640지구 한가람로타리 회장 2002년 서울중앙지검 범죄예방위원서울협의회 서초지구 대표 2005년 한국범죄피해자지원중앙센터 이사장 2005~2009년 김포상공회의소 회장, 전국범죄피해자지원센터 회장(현), 법무부 스마일센터장 2012년 (주)바이하츠 대표이사(현) **생**중소기업청장표창(2000), 법무부장관표창(2002), 서울시장표창(2002), 대통령표창(2004), 산업자원부장관표창(2004), 국민포장(2008) **저**'보호와 지원'(2007·2008)

이용우(李龍雨) LEE Yongwoo

생1952·8·4 **본**전주(全州) **출**충남 당진 **주**광주 북구 비엔날레로111 비엔날레전시관3층 세계비엔날레협회(062-608-4134) **학**연세대 국어국문학과졸, 홍익대 대학원 미술사학과졸, 미술사학박사(영국 옥스퍼드대) **경**고려대 미술학부 교수, 미국 뉴욕매체예술센터 관장, 현대미술학회 회장 2005년 (재)광주비엔날레 예술총감독 2008년 同상임부이사장 2012~2014년 同대표이사 2013년 세계비엔날레협회 초대회장(현) 2015년 이탈리아 베니스비엔날레 심사위원 **생**올해의 저술상(2003), 옥관문화훈장(2005) **저**'백남준'(1992) '현대미술 세기의 전환(共)'(1993) '비디오예술론'(1999) '백남준 그 치열한 삶과 예술'(2000)

이용우(李容佑)

생1959 **주**서울 서초구 헌릉로12 현대자동차(주)(02-3464-1114) **학**광주고졸, 고려대 영어영문학과졸 **경**이노션 WMG법인장(이사), 同미주지역본부장(상무), 현대자동차(주) 아중동사업부장(상무), 同해외판매사업부장(전무), 同HMB법인장(전무) 2014년 同HMB법인장(부사장)(현)

이용우(李龍雨) Rhi Ryong Woo

생1961·3·24 출충남 부여 주충남 부여군 부여읍 사비로33 부여군청 군수실(041-830-2001) 학부여고졸, 단국대졸 1994년 동국대 대학원 정치학 박사과정 수료 경국회의원 보좌관, 자유선진당 부여군당원협의회 사무국장, 同이회창총재 대외협력특보, (사)부여노인복지지원 이사장, 한밭대 겸임교수, (재)여산장학회 이사 2010~2014년 충남 부여군수(자유선진당·선진통일당·새누리당) 2011~2013년 대통령직속 지역발전위원회 민간위원 2013년 금강수상관광상생발전협의회 회장 2014년 충남 부여군수(새누리당)(현) 2016년 일본 나라현 아스카무라 국외친선대사(현) 상농협중앙회 지역농업발전 선도인상(2014), TV조선 '한국의 영향력 있는 CEO'(2015), 대한민국경제리더대상 가치경영부문대상(2015), 대한민국창조경제CEO대상 가치창조부문 대상(2015·2016), 아시아문화대상 국제지역교류부문대상(2015) 역'세계 체제론'共

이용우(李龍雨) LEE Yong Woo

생1963·12·18 본경주(慶州) 출경북 영덕 주서울 영등포구 의사당대로88 한국투자금융지주 임원실(02-3276-4021) 학1982년 부산 가야고졸 1986년 서울대 경제학과졸 1988년 同대학원 경제학과졸 1995년 경제학박사(서울대) 경1999년 미국 존스홉킨스대 방문교수, 현대경제연구원 연구위원 2002년 동원증권(주) 상무이사 2005년 한국투자금융지주(주) 전략기획실 상무이사 2008년 同운용지원TF팀장(전무) 2008년 同투자전략실 전무, 코너스톤에쿼티파트너스 비상근이사 2011년 한국투자증권(주) 채권운용본부장(전무) 2013~2014년 同자산운용본부장(전무) 2015년 한국투자신탁운용 전무 2016년 한국투자금융지주 전무(현)

이용우(李容雨) Yong-woo Lee

생1969·6·18 주서울 영등포구 여의대로24 전국경제인연합회 사회본부(02-3771-0223) 학1993년 고려대 농업경제학과졸 1997년 연세대 경영대학원 경제학과졸 2010년 미국 일리노이대 어배나샘페인교 대학원 정책경제학과졸(경제학석사) 경1992~2007년 전국경제인연합회 조사부·국제부 조사역·홍보팀 과장·사회협력팀 차장 2007년 同기획조정실 혁신팀장 2008년 同전략사업TF팀장 2010년 同경제본부 투자고용팀장 2011년 同대외협력본부장 2012~2014년 同사회본부장(상무보) 2012~2013년 한국방송공사 시청자위원회 위원 2012~2016년 사회복지공동모금회 배분분과위원회 위원 2012~2016년 여성가족부 가족친화인증위원회 위원 2012년 농촌사랑범국민운동본부 운영위원(현) 2012~2013년 평창동계스페셜올림픽 지원실무위원회 위원 2013년 농림축산식품부 농촌사회공헌인증제 심의위원회 위원(현) 2013년 서울특별시사회복지협의회 사회공헌자문위원(현) 2013년 한국건강가정진흥원 이사(현) 2014년 전국경제인연합회 사회본부장(상무)(현) 2014~2015년 연합뉴스TV 시청자위원회 위원 상지식경제부장관표창(2012)

이용욱(李龍旭) LEE Yong Wook

생1964·10·25 주서울 종로구 새문안로76 금호아시아나그룹 전략경영실(02-6303-0114) 학광주고졸, 고려대 법학과졸, 미국 워싱턴대 법과대학졸 경아시아나항공(주) 전략경영본부 법무담당 상무보 2010년 同전략경영본부 법무담당 상무 2014년 금호아시아나그룹 전략경영실 상무 2015년 同전략경영실 전무(현) 종기독교

이용웅(李勇雄) Lee Yong Woong

생1959·4·1 본전주(全州) 출전북 전주 주서울 서대문구 통일로81 서울경제신문 편집국(02-724-2450) 학1978년 전주고졸 1985년 성균관대 불문학과졸 경1986~1988년 대한항공 근무 1988년 서울경제신문 입사 2003년 同문화부장 2004~2005년 同정치부장 2005~2008년 同경제부장 2008~2011년 서울경제TV 보도제작본부장 2012년 同부사장 2014년 서울경제신문 편집국장(이사)(현) 역'문화와 유행상품의 역사'(1997, 자작나무)

이용익(李鎔益) LEE Yong Ik

생1956·5·29 주서울 주서울 중구 청파로450 (주)신흥 대표이사실(02-6366-2117) 학1976년 홍익대사대부고졸 1980년 동국대 농업경제학과졸 경1980년 (주)신흥 입사 1991년 同상무이사 1994년 신흥인터내셔날(주) 대표이사 1995~1999년 서울파이낸스(주) 대표이사 사장 1998년 (주)신흥 대표이사 사장(현) 1999년 신흥캐피탈(주) 대표이사 사장 겸임(현), 신성치과기재 대표이사 사장(현)

이용일(李容鎰) LEE Yong Il

생1953·1·8 주서울 관악구 관악로1 서울대학교 자연과학대학 지구환경과학부(02-880-6736) 학1978년 서울대 지질학과졸 1980년 同대학원졸 1984년 지질학박사(미국 일리노이대) 경1985년 서울대 자연과학대학 지구환경과학부 조교수·부교수·교수(현) 1991~1992년 미국 캘리포니아대 객원교수 1995~1997년 서울대 지질학과장 1998~2000년 同지질환경연구소장 상과학기술훈장 혁신장(2009), 대한민국학술원상-자연과학 기초부문(2013)

이용일(李鏞逸) Rhee Yong-il

생1962·7·16 주서울 종로구 사직로8길60 외교부 인사운영팀(02-2100-7136) 학1986년 서울대 불어불문학과졸 1990년 同대학원 법학과졸 경1992년 외무부 입부 1996년 駐몬트리올 영사 2004년 외교통상부 국제협력과장 2006년 駐태국 참사관 2009년 駐루마니아 공사참사관 2014년 駐오스트리아 공사참사관 2016년 駐코트디부아르 대사(현) 상근정포장(2008)

이용일(李龍一) LEE Yong Il

생1968·1·10 출전남 고흥 주서울 서초구 반포대로158 서울중앙지방검찰청 강력부(02-530-4320) 학1986년 광주 사레지오고졸 1994년 고려대 법학과졸 경1996년 사법시험 합격(38회) 1999년 사법연수원 수료(28기) 1999년 서울지검 동부지청 검사 2001년 광주지검 순천지청 검사 2003년 부산지검 동부지청 검사 2005년 수원지검 검사 2007년 대검찰청 검찰연구관 2008년 서울중앙지검 검사 2011년 청주지검 검사 2011년 同부부장검사 2013년 전주지검 부장검사 2014년 서울북부지검 형사6부장 2015년 수원지검 특수부장 2016년 서울중앙지검 강력부장(현)

이용재(李勇宰) LEE Yong Jae

생1962·7·15 본전주(全州) 출전남 주전남 무안군 삼향읍 오룡길1 전라남도의회(061-286-8200) 학순천매산고졸 1988년 동아대 경영학과졸 경(주)백제택시 대표이사, (주)백제 대표이사(현), 민주당 전남도당 상무위원, 同원내정책국장, 同조직국장, 민주평통 자문위원(현), 광양상공인회 회장, 용강초 운영위원, 광양로타리클럽 회장, 법무부 범죄예방위원회 위원, 112자전거봉사대 부대장, 한울회 회장 2005~2010년 한국청소년육성회 광양지구 회장 2006년 전남 광양시의원(비례대표)선거 출마 2010년 전남도의회 의원(민주당·민주통합당·민주당·새정치민주연합) 2011년 同친환경무상급식추진특별위원회 위원 2011년 同여성정책특별위원회 위원 2012년 同2013순천만국제정원박람회특별위원회 위원 2012년 同건설소방위원회 위원 2012년 동아대총동문회 부회장(현) 2012~2014년 광양경제자유구역청 조합의의 의장 2013년 전남도의회 윤리특별위원회 위원장 2014년 전남도의회 의원(새정치민주연합·더불어민주당)(현) 2014년 同건설소방위원회 위원장 2016년 同윤리특별위원회 위원(현) 2016년 同보건복지환경위원회 위원(현) 종기독교

이용재(李容載) LEE Yong Jae

생1963·2·23 출경남 진주 주인천 서구 거월로61 수도권매립지관리공사 임원실(032-560-9333) 학연세대 정치외교학과졸 경대통령 정무수석비서관실 행정관, 국회사무처 보좌관, 대우자동차판매(주) 상무이사, 지식경제부 차세대정보디스플레이사업단 사무국장 2014년 수도권매립지관리공사 기획이사(현)

이용주(李龍柱) LEE Young Ju

생1952·1·19 본전주(全州) 출전남 여수 주인천 연수구 컨벤시아대로69 807호 부사장실(032-432-0658) 학1972년 여수고졸 1976년 성균관대 경영학과졸 1994년 미국 럿거스대 대학원 경영학과졸 경1979년 금호실업 입사 同Shell화학 재무팀 부장, 同Shell Pacific Enterprises Financial Controller, 금호산업 해외산업팀장, 금호아시아나그룹 국제금융팀장, 同자산관리팀장 2001년 同전략경영본부 구조조정팀 상무대우 2003년 同전략경영본부 재무관리부문 상무 2004~2015년 금호종합금융(주) 등기이사 2006년 금호아시아나그룹 전략경영본부 전무 2010년 同인재개발원장(전무) 2015~2016년 (주)효성 재무본부장(부사장) 2016년 진흥기업 부사장(현) 종기독교

이용주(李容周) Lee Yong Joo

[생]1957·2·26 [본]전주(全州) [출]서울 [주]경기 성남시 수정구 성남대로1342 가천대학교 경영대학 글로벌경영학트랙(031-750-5178) [학]1976년 경기고졸 1980년 서울대 경영학과졸 1982년 한국과학기술원 대학원 경영과학과졸 1991년 경영학박사(미국 컬럼비아대) [경]1982~1983년 (주)대우 근무 1983~1986년 대우그룹 기획조정실 대리 1991년 同회장비서실 차장 1991년 대우자동차(주) 경영혁신팀 차장 1992~1994년 대우경제연구소 산업조사실장 1994~2012년 이화여대 경영대학 경영학부 조교수·부교수·교수 1995년 대학입학수능시험 출제위원 1996~1998년 이화여대 경영학과장 1999~2001년 한국생산성학회 이사·한국경영학회 이사 1999~2001년 이화여대 경영대학원 부원장 2002년 뉴질랜드 오클랜드대 초빙교수 2012~2014년 기획재정부 공공기관경영평가단 평가위원 2013년 가천대 경영대학 글로벌경영학트랙 교수(현) [저]'정보화의 새로운 패러다임 e-비즈니스시스템'(2001, 교우사) [역]'경영과학'(2003, 한경사) '엑셀을 활용한 경영과학개론'(2004, 한경사) [종]기독교

이용주(李勇周) LEE Yong Joo

[생]1968·6·14 [출]전남 여수 [주]서울 영등포구 의사당대로1 국회 의원회관532호(02-784-6090) [학]1987년 여수고졸 1992년 서울대 법대졸, 同법과대학원 수료 [경]1992년 사법시험 합격(34회) 1995년 사법연수원 수료(24기) 1998년 서울지검 북부지청 검사 2000년 광주지검 순천지청 검사 2002년 법무부 범죄예방정책국 보호과 검사 2004년 서울중앙지검 검사 2007년 광주지검 부부장검사 2009년 청주지검 충주지청 부장검사 2009년 서울중앙지검 부부장검사 2010년 서울동부지검 공판부장 2011년 창원지검 형사2부장 2012년 서울고검 검사 2013년 법무법인 더원 대표변호사 2013~2016년 법무법인 태원 대표변호사, 서울대총동창회 이사(현) 2016년 제20대 국회의원(여수시甲, 국민의당)(현) 2016년 국민의당 법률담당 원내부대표(현) 2016년 同여수시甲지역위원회 위원장(현) 2016년 국회 법제사법위원회 간사(현) 2016년 국회 예산결산특별위원회 위원(현) 2016년 국회 지방재정·분권특별위원회 위원(현) 2016년 국회 대법관(김재형)임명동의에관한인사청문특별위원회 간사

이용준(李容濬) Lee Yong-joon

[생]1956·11·13 [본]한산(韓山) [출]충북 진천 [주]서울 종로구 사직로8길60 외교부 인사운영팀(02-2100-7136) [학]1975년 경기고졸 1979년 서울대 외교학과졸 1980년 同대학원 수료 [경]1979년 외무고시 합격(13회) 1979년 외무부 입부 1984년 駐프랑스 3등서기관 1986년 외무부 북미1과 사무관 1989년 駐태국 1등서기관 1990~1993년 대통령비서실 파견 1992년 駐미국 1등서기관 1996년 외무부 장관보좌역 1996년 同북미1과장 1998년 국가안전보장회의사무처(NSC) 정책조정부장 1999년 駐베트남 참사관 2002년 외교통상부 북미국 SOFA담당 심의관 겸 SOFA개선특별대책반장 2003년 한반도에너지개발기구(KEDO) 정책부장 2004년 동북아시대위원회 전략기획국장 2006년 외교통상부 북핵외교기획단장 겸 북핵담당대사 2007년 제17대 대통령직인수위원회 외교통일안보분과위원회 전문위원 2008년 외교통상부 장관특별보좌관 2008년 同차관보 2010~2013년 駐말레이시아 대사 2013년 경기도 국제관계대사 2015년 駐이탈리아 대사(현) [상]동아일보 신춘문예 희곡부문 당선(1985), 이탈리아 로마호감상(2016) [저]'베트남, 잊혀진 전쟁의 상흔을 찾아서'(2003) '북한핵 : 새로운 게임의 법칙'(2004) '게임의 종말 : 북핵 20년의 허상과 진실'(2010)

이용준(李容焌) LEE Yong Joon

[생]1962·4·3 [출]서울 [주]서울 종로구 청계천로35 서린빌딩21층 한국화장품(주) 사장실(02-738-5454) [학]경복고졸 1985년 한국외국어대 영어영문학과졸 1988년 미국 미시간주립대 대학원 영어영문학과졸 [경]1995년 대보기획 부사장 2006~2007년 同대표이사 사장 2007년 한국화장품(주) 총괄담당 부사장 2009년 同대표이사 사장(현) 2010년 (주)한국화장품제조 대표이사 사장(현) 2010년 (주)더샘인터내셔날 대표이사(현) [종]불교

이용준(李鎔準) LEE Yong-Jun

[생]1963·3·24 [본]전주(全州) [출]강원 춘천 [주]경기 포천시 호국로1007 대진대학교 신문방송학과(031-539-1706) [학]1981년 춘천고졸 1986년 중앙대 신문방송학과졸 1990년 同대학원졸 1995년 정치학박사(중앙대) [경]1993~2002년 신구대 조교수 1999년 건국대 언론정보대학원 강사 2000년 서강대 언론홍보대학원 강사 2001년 중앙대 신문방송대학원 강사 2001~2002년 영국 스털링대 Visiting Fellow 2003년 대진대 신문방송학과 조교수·부교수·교수(현) 2007~2012년 한국간행물윤리위원회 제1심의위원회 위원 2007~2012년 한국전자출판협회 감사 2007년 한국출판학회 총무이사 2008년 경기대진테크노파크 영상미디어문화콘텐츠위원회 위원장 2010년 한국간행물윤리위원회 국내간행물심의위원 2012~2015년 한국출판문화산업진흥원 간행물윤리위원회 윤리위원 2012~2013년 EBS 위원 2013~2014년 한국언론학회 이사 2013~2015년 국립중앙도서관 위원 2013년 한국잡지학회 부회장(현) 2014~2016년 한국언론진흥재단 언론진흥기금관리위원회 위원 2014년 한국언론학회 출판과커뮤니케이션분과 회장(현) 2015~2016년 한국ABC협회 인증위원 [상]한국잡지언론상 유공부분표창(2007), 문화체육관광부장관표창(2008), 국무총리표창(2015) [저]'구텐베르크의 귀환'(共)(2012, 한국학술정보) '한국출판산업사'(共)(2012, 한울) '디지털 혁명과 인쇄매체' '전자책 빅뱅'(共) '정보사회와 매스컴'(共) [역]'온라인 저널리즘'(2003)

이용준(李庸準) Lee, Yong Jun

[생]1966·6·8 [본]연안(延安) [출]부산 [주]경기 수원시 팔달구 효원로1 경기도청 홍보콘텐츠담당관실(031-8008-3220) [학]1985년 천안북일고졸 1991년 동국대 고고미술사학과졸 1995년 일본 쇼비뮤직컬리지 음악이벤트과정 수료(전문사) [경]제일기획 대리, TBWA KOREA 부장, SK마케팅앤컴퍼니 팀장, 제네시스 비비큐 마케팅임원(상무보) 2015년 경기도 홍보콘텐츠담당관(현) [종]불교

이용준(李鎔俊) LEE Yong Jun

[생]1967·11·21 [본]전주(全州) [출]경기 [주]서울 영등포구 의사당대로1 국회사무처 산업통상자원위원회(02-788-2274) [학]1986년 풍생고졸 1993년 고려대 행정학과졸 2003년 미국 조지아주립대 대학원 행정학과졸 2010년 고려대 대학원 행정학 박사과정 수료 [경]1994년 국회사무처 재정경제위원회 입법조사관 1999년 同법제예산실 법제2과 법제관 2003년 同재정경제위원회 입법조사관 2004년 국회예산정책처 사회행정사업평가팀장 2006년 국회사무처 산업자원위원회 입법조사관 2007년 同국제국 미주과장(서기관) 2007년 同국제국 미주과장(부이사관) 2009년 국방대 파견 2010년 국회사무처 법제실 재정법제과장 2011년 同법제실 법제총괄과장 2012년 同농림수산식품위원회 입법심의관 2013년 同외교통일위원회 전문위원 2014년 국외(미국) 훈련 2016년 국회사무처 산업통상자원위원회 전문위원(이사관)(현) [상]국회의장표창(2004) [저]'공공부문사업평가'

이용직(李鎔直)

[생]1958·12·13 [출]경기 안성 [주]경기 안산시 상록구 해안로870 한국농어촌공사 농어촌연구원(031-400-1701) [학]1981년 서울대 농과대학 농공학과졸 2005년 공학박사(건국대) [경]1981년 한국농어촌공사 입사 2009년 同농어촌연구원 수자원연구팀장·수리시험연구팀장 2010년 同충북본부 진천지사장 2013년 同농어촌연구원 연구기획실장 2014년 同사업계획처장 2015년 同농어촌연구원장(현)

이용진(李溶鎭) Lee Yong-jin

[생]1962·1·6 [출]전북 군산 [주]서울 서초구 남부순환로2406 예술의전당 음악당2층 서울예술단(02-523-0984) [학]경희대 영어영문학과졸 [경]2006년 한국문화예술위원회 아르코예술정보관장 2008년 同감사역 2009년 同지역협력실장 2009년 同경영인사부장 2010년 同경영전략본부장 2012~2015년 同사무처장 2014~2015년 연합뉴스TV 시청자위원회 위원 2015년 서울예술단 이사장(현) [종]기독교

이용찬(李容贊) LEE Yong Chan (동야)

[생]1955·11·30 [본]광주(廣州) [출]전남 [주]서울 중구 세종대로9길20 신한은행빌딩 법무법인 충정(02-772-2700) [학]광주고졸 1977년 중앙대 법과대학 법학과졸 1979년 同법학대학원졸 1990~1991년 독일 Bielefeld대 학술연수 2004년 법학박사(중앙대) [경]1982년 한국은행 입행 2000년 금융감독원 검사총괄실 팀장 2002년 同검사총괄국 검사제도팀장 2002년 同검사지원국 부국장 2006년 同총괄조정국 제재심의실장 2007년 同비은행검사2국장 2008~2009년 同상호금융서비스국장 2009년 상호저축은행중앙회 전무 2010~2012년 同부회장 2011년 '한국문학정신'으로 시인 등단 2012~2014년 NH농협은행 상근감사위원 2014년 법무법인 충정 고문(현), 농협대 협동조합경영과 겸임교수(현) [상]한국은행총재표창(1985), 재무부장관표창(1987),

한국감사인대회 자랑스러운감사인상 금상(2013) 전'법규 및 윤리'(2002, 금융연수원출판사) '금융지주회사제도의 감독제도에 관한 연구'(2004) 시집 '흔들리며 살아도'(2012) '내안의 그대'(2014) 종기독교

이용찬(李容讚) LEE Yong Chan

생1962·5·4 출서울 주서울 서대문구 연세로50의1 세브란스병원 소화기내과(02-2228-1960) 학1981년 영동고졸 1987년 연세대 의대졸 1990년 同대학원 의학석사 1998년 의학박사(연세대) 경1987~1991년 세브란스병원 인턴·레지던트 1991년 육군 군의관 1994년 연세대 의과대학 내과학교실 전임강사·조교수·부교수·교수(현) 2009년 세브란스병원 식도암전문클리닉 팀장 2010년 同교육수련부 수련1차장 2012년 소화기학과간장학저널 위장관분야 편집위원 2013~2016년 세브란스병원 소화기병센터 내시경검사실장 2015년 연세암병원 식도암센터장(현) 2016년 세브란스병원 소화기내과장(현)

이용찬(李庸燦) Lee, Yong Chan

생1963·9·7 출충남 천안 주서울 영등포구 국제금융로8길25 주택건설회관3층 알파에셋자산운용(주) 사장실(02-769-7600) 학1982년 서울 중동고졸 1986년 고려대 법학과졸 경1990~1999년 한국투자신탁(주) 법인영업부 근무 2000~2009년 흥국투자신탁운용(주) 마케팅본부장 2010~2013년 알파에셋자산운용(주) 마케팅본부장(상무) 2013년 同대표이사 사장(현)

이용철(李鎔喆) LEE Yong Chul

생1960·6·4 출전북 순창 주서울 송파구 올림픽로130 은성빌딩303호 공증인 이용철사무소(02-2042-1100) 학1978년 전주 신흥고졸 1982년 연세대 법학과졸 경1989년 사법시험 합격(31회) 1992년 사법연수원 수료(21기) 1993년 푸른합동법률사무소 대표변호사 2000년 법무법인 새길 대표변호사, 경제정의실천시민연합 상임집행위원, 민주사회를위한변호사모임 홍보간사·경제정의위원장, (주)시민의신문 감사, 서울YMCA 소비자위원장 2002년 새천년민주당 노무현대통령후보 법률특보 2002년 대통령직인수위원회 정무분과위원회 자문위원 2003년 대통령 민정2비서관 2003~2005년 대통령 법무비서관 2005년 국무총리소속 국방획득제도개선단장 2005년 방위사업청 개청준비단 부단장 2006년 同차장 2006~2011년 법무법인 새길 변호사 2007~2009년 예금보험공사 비상임이사, (사)참사랑복지회 이사 2011~2015년 성남산업진흥재단 대표이사 2015년 공증인 이용철사무소 변호사(현) 종기독교

이용철(李庸哲) LEE Yong Cheul

생1967·6·15 출경기 연천 주인천 남동구 정각로29 인천광역시청 기획조정실(032-440-2041) 학1986년 중앙고졸 1993년 서울대 인류학과졸 1996년 同대학원 정책학과졸 경1993년 행정고시 합격(37회) 1995~2000년 인천시 근무 2003년 행정자치부 지방재정경제국 재정과 서기관 2004년 同지방재정국 재정정책과 서기관 2007년 同도로명 및 건물번호부여지원단장 2007년 同새주소정책팀장 2008년 행정안전부 새주소정책과장 2008년 同지방세분석과장 2009년 대통령 시민사회비서관실 행정관(파견) 2011년 행정안전부 지방재정세제국 교부세과장 2012년 同재정정책과장 2013년 안전행정부 재정정책과장 2014년 同정부대전청사관리소장(고위공무원) 2014년 행정자치부 정부대전청사관리소장 2015년 인천시 기획조정실장(현)

이용출(李勇出) Lee Yongchool

생1971·11·7 본전주(全州) 출충남 부여 주서울 종로구 북촌로112 감사원 IT감사단 제1과(02-2011-2401) 학1990년 대전 보문고졸 1999년 연세대 행정학과졸 2012년 미국 피츠버그대 행정국제대학원(GSPIA) 정책학과졸 경2013년 감사원 공보관실 공보담당관 2014년 同대변인실 홍보담당관 2014년 同행정안전감사국 제4과장 2016년 同IT감사단 제1과장(부이사관)(현) 종천주교

이용탁(李用卓) LEE Yong Tak

생1951·4·4 출전북 군산 주광주 북구 첨단과기로123 광주과학기술원 전기전자컴퓨터공학부(062-970-2206) 학1975년 서울대 응용물리학과졸 1979년 한국과학기술원(KAIST) 물리학과졸(석사) 1990년 물리학박사(한국과학기술원) 경1979~1981년 한국전자통신연구원 광통신연구실 전임연구원 1980년 일본 동경공업대 전자물리공학과 객원연구원 1985년 한국전자통신연

구원 광소자연구실 선임연구원 1986년 일본 동경대 전자공학과 방문연구원 1987~1991년 한국전자통신연구원 광전자연구실장·책임연구원 1991년 同화합물반도체연구부장·책임연구원 1992년 同반도체연구단 기술역 1993년 미국 Univ. of Illinois at Urbana-Champaign 객원연구원 1994~2015년 광주과학기술원 정보통신공학과 교수 2015년 同전기전자컴퓨터공학부 특훈교수 2016년 同명예교수(현) 상교육과학기술부장관표창, 과학기술포장, 한국광학회 학술대상(2016)

이용태(李龍兌) LEE Yong Teh

생1933·3·3 본재령(載寧) 출경북 영덕 주서울 종로구 창경궁로29길25 퇴계학연구원(02-765-2181) 학1957년 서울대 문리대학 물리학과졸 1970년 이학박사(미국 유타대) 1993년 명예 공학박사(러시아 모스크바국립공과대) 2001년 명예 경영학박사(한국외국어대) 경1964~1969년 이화여대 교수 1970~1977년 한국과학기술연구소 연구원·전산기국산화연구실장 1978~1981년 한국전자기술연구소 부소장 1980년 삼보컴퓨터 설립 1982~1989년 한국데이타통신(주) 사장 1987~2000년 정보산업연합회 회장 1989~1990년 대통령 과학기술자문위원 1989년 (사)퇴계학연구원 이사장(현) 1989년 (주)삼보컴퓨터 회장·명예회장(현) 1992년 정보산업발전민관협의회 공동위원장 1994~1996년 아시아·대양주전산산업기구(ASOCIO) 회장 1995~1998년 대통령 교육개혁자문위원 1996년 (사)박약회 회장(현) 1996년 (주)두루넷 대표이사 회장 1997년 한국전자거래진흥원(KIEC) 이사장 1998~2013년 학교법인 숙명학원 이사장 1999년 전국경제인연합회 부회장 겸 정보통신위원장 1999년 대통령 국민경제자문위원 2001년 기업정보화지원센터 이사장 2002년 한·일FTA포럼 한국위원 2002년 신아시아경제기술연맹 공동대표 상인촌상(1997), 한국능률협회 한국의경영자상, 한국CEO대상(2000), 장영실 과학문화상, 서울대·한국공학한림원 선정 '한국을 일으킨 엔지니어 60인'(2006), 21세기대상 특별상(2014) 전'컴퓨터산책'(1983) '정보사회, 정보문화'(1988) '선진국, 마음먹기에 달렸다'(1988) '컴퓨터가 세상을 어떻게 변화 시킬것인가?'(1992) '벤처정신으로 일구어낸 세계정상의 꿈'(2000) '감화이야기로 아이가 달라졌어요'(2009) '좋은 엄마가 되고 싶다'(2011, 큰곰)

이용태(李庸台) LEE Yong Tae

생1962·11·4 본연안(延安) 출부산 주경기 용인시 기흥구 공세로150의20 삼성SDI(주)(031-8006-3100) 학1981년 부산 브니엘고졸 1985년 경북대 법학과졸 1992년 법학박사(미국 웨스트버지니아주립대) 경1992년 삼성전자(주) 국제법무담당 변호사, 同DM총괄 특허팀장(상무), 同DMC연구소 IPS팀 담당임원, 同IP센터 라이센싱팀장 2013년 삼성SDI(주) 준법지원팀장(전무) 2015년 同자문역(전무)(현) 2015년 미얀마 기획재정부 법률고문(현) 전'국제상거래계약실무'(2016, 세창출판사) '미얀마 투자 법규·세무 가이드'(2016, 세창출판사)

이용택(李龍澤) LEE Yong Taek (義谷)

생1930·11·29 본성주(星州) 출대구 달성 주서울 용산구 한강대로159의1 한성빌딩501호 해외희생동포추념사업회(02-706-1146) 학1951년 대구농고졸 1958년 단국대 법학과졸 1972년 고려대 경영대학원 수료 경1963~1980년 대한민국재향군인회 달성군연합분회장 1973년 중앙정보부 국장 1976년 대한불교청소년교화연합회 회장 1976년 보아기계공업 회장 1978년 대한지적공사 사장 1979년 새마을운동중앙협의회 감사 1980년 在京달성향우회 회장 1980년 대한불교조계종전국신도회 부회장 1981년 제11대 국회의원(달성·고령·성주, 무소속) 1981년 해외희생동포추념사업회 회장(현) 1983년 국회 의정동우회 회장 1985년 제12대 국회의원(달성·고령·성주, 무소속) 1987년 자유민주총연맹 부위원장 1988년 민주정의당 달성·고령지구당 위원장 1992년 무학그룹 상임고문 1994년 홍원문화재단 이사(현) 1996년 대성포장 회장 1997년 대한민국헌정회 정책위원회 통일안보분과 위원장 1997년 농서장학회 이사장 1997년 성주이씨대종회 회장 1997년 국민회의 총재특보 1998~2000년 경북관광개발공사 사장 1998~2013년 광동제약(주) 사외이사 2002년 자유민주수호국민운동총연합 발기인·회장(현) 2003년 대한민국헌정회 대구시지회장 2005~2007년 대한민국 제12대 국회의원회 회장 2005~2008년 대한민국헌정회 이사 2008년 대한민국건국기념사업회 수석부회장·회장 2012~2013년 대한민국헌정회 부회장 2013년 同고문(현) 상3등보국훈장, 대통령표창, 국민훈장 모란장, 국민훈장 동백장 전'불멸의 빛' '하늘이여, 땅이여, 조국이여' '민들레꽃이 곱게 피던 시절' '용서는 하되 잊지는 말자' '구름이 흘러가듯 떠돌다 가는 길에'(회고록) 종불교

이용학(李容鶴) LEE Yong Hak (皐松)

[생]1945·8·19 [본]광주(廣州) [출]대전 [주]경기 화성시 봉담읍 와우안길17 수원대학교 경상대학 경영학과(031-220-2512) [학]1965년 대전고졸 1970년 고려대 경제학과졸 1976년 同대학원 경영학과졸 1977년 네덜란드 Devent국립대 수료 1986년 경영학박사(고려대) [경]1977~1982년 농협대·농업협동조합중앙회 연수원 부교수 1983년 수원대 경상대학 경영학과 교수·명예교수(현) 1986년 한국상품학회 부회장 1993년 수원대 정보사회교육원장 1994년 한국사회교육협회 부회장 1995년 한국마케팅학회 부회장 1997년 한국중소기업학회 이사 1998년 한국산학경영학회 부회장 2000년 수원대 경상대학장 겸 호텔관광대학원장 2000~2008년 同사회과학연구소장 2001년 한국소비문화학회 회장·고문(현) 2005~2008년 한국상품학회 회장 2005년 미국 유타주립대(USU) 교환교수 2008년 국제상품학회(IGWT) 회장(현) 2009년 한국상품학회 고문(현) [상]문교부장관표창(1990·1995), 논문공로상(1998), 우수논문발표상(2006) [저]'상업경제'(1997) '신소비자행동'(2002) '중소기업 정책의 평가와 전망'(共) '마케팅'(2004) '한국소비자행동의 실증연구'(2006) '꿈과 도전 그리고 열정'(2010) '상품학'(2011) [종]기독교

이용한(李鎔漢) LEE Yong Han

[생]1954·4·6 [출]서울 [주]경기 성남시 분당구 판교로255번길20 (주)원익 회장실(031-8038-9002) [학]1971년 중동고졸 1975년 경희대 경영학과졸, 고려대 산업정보대학원졸 [경]원익통상 설립 1992년 벤처라이팅코리아 대표이사 1997년 원익텔콤(주) 대표이사 1999년 HTIC투자자문(주) 대표이사 1999~2000년 (주)아이피에스 대표이사, (주)원익퀴츠 회장, (주)아토 비상근이사, (주)원익 회장(현), 신원종합개발(주) 이사(현) 2015년 국제반도체장비재료협회(SEMI) 회장(현) [상]재무부장관표창, 상공자원부장관표창, 과학기술처장관표창, 자랑스런 삼성인상 특별상(2010) [종]불교

이용헌(李龍憲) LEE Yong Heon

[생]1961·10·4 [본]함평(咸平) [출]광주 [주]광주 북구 무등로166 호남매일신문 편집국(062-362-0008) [학]1987년 전남대 불어불문학과졸 [경]1988~1996년 전남일보 기자 1996~1998년 광남일보 기자 1998년 광주타임스 기자 2003년 전남매일 편집국 경제팀 부장대우 2003년 同편집국 정치경제부장 2006년 同편집국장 2009~2014년 同논설실장 2015년 호남매일신문 편집국장(현) [상]한국기자상(1995) [저]'WTO-월드보고서-세계농촌을 가다'

이용호(李容浩) LEE Yong Ho

[생]1945·4·7 [본]광주(廣州) [출]경남 창녕 [주]서울 종로구 통일로12길14 서울영천교회(02-736-6528) [학]고신대졸, 同신학대학원졸(M.Div.), 목회학박사(미국 남가주신학교), 아세아연합신학대학원(ACTS)졸 [경]1989~2015년 서울영천교회 담임목사, 기독교보 편집국장, 학교법인 고려학원 감사, 대한예수교장로회총회(고신) 세계선교위원장, 同총회유지재단 이사, 同은급재단 이사장, 同특별위원회 서기, 同서울노회장, 同유사기독교상담소장, 同총회회관 구조조정위원장 2007년 同부총회장 2008년 同총회장 2008년 同총회유지재단 이사장, 한국기독교총연합회 이단사이비대책위원장 2011년 CBS후원회 공동회장 2011년 대한성서공회 이사장, CBS 기독교방송 이사, 同자문위원, 아가페기독교 교도소 고문, 국민일보 편집자문위원(현), 기독교화해중재원 이사(현), 대한성서공회 이사 2015년 同서기·부이사장(현) 2015년 서울영천교회 원로목사(현) [저]'믿음의 큰 산맥' '주님은 다시 오신다' '인물을 아끼라' '기쁨과 감사의 생활' '십계명 사도신경 주기도문 강해' '꿈을 키우는 예수꾼' '주제별 절기 설교집' '강해설교와 전달' '명상기도 52주' '행복한 사역자' '바람난 한국교회' 등 [종]기독교

이용호(李龍鎬) Lee Yongho

[생]1951·3·30 [주]충남 예산군 삽교읍 도청대로600 충청남도의회(041-635-5333) [학]서울 광운전자공고졸, 신성대학 행정과졸 [경]당진시청 근무, 당진읍장, 당진군 기획감사실장, 부성에코오션 사장, 충남발전협의회 부회장(현), 당진시법원 민사조정위원(현) 2014년 충남도의회 의원(새누리당)(현) 2014년 同행정자치위원회 위원 2014년 同예산결산특별위원회 위원 2014년 同윤리특별위원회 위원 2014~2015년 同서해안살리기특별위원회 위원 2014년 同3농혁신등정책특별위원회 위원 2016년 同운영위원회 위원(현) 2016년 同교육위원회 부위원장(현) [상]전국시·도의회의장협의회 우수의정대상(2016)

이용호(李龍浩) LEE Yong Ho

[생]1954·2·10 [출]서울 [주]서울 영등포구 국제금융로10 서울국제금융센터 One IFC빌딩 딜로이트안진회계법인 부회장실(02-6676-1000) [학]1972년 경기고졸 1977년 서울대 경영학과졸 1979년 미국 산타클라라대 경영대학원졸 1987년 경영학박사(미국 노스웨스턴대) [경]1991년 한화그룹 비서실 근무 1995년 한화기계(주) 이사 1997년 同상무이사 1998년 (주)한화 구조조정본부 상무이사 2001년 同구조조정본부 전무이사 2002년 대한생명보험(주) 재무기획담당 전무이사 2004년 同경영기획담당 전무이사 2007년 同전략기획실장(부사장) 2008년 한화증권(주) 대표이사 2011년 同고문 2012년 딜로이트안진회계법인 부회장(현) 2012~2015년 메리츠종금증권 사외이사 [종]기독교

이용호(李容浩) LEE Yong Ho

[생]1957·2·23 [본]광주(廣州) [출]강원 횡성 [주]강원 원주시 북원로2236 원주지방국토관리청 관리국(033-749-8207) [학]춘천제일고졸, 상지대 행정학과졸, 중앙대 사회개발대학원졸 [경]건설교통부 건설교통연수부 행정사무관, 同감사팀 감사담당, 同건설경제팀 행정사무관 2008년 국토해양부 건설경제과 서기관 2011년 원주지방국토관리청 홍천국도관리사무소장 2012년 同홍천국토관리사무소장 2013년 同관리국장(현)

이용호(李鏞浩) Lee Young Ho

[생]1958·12·15 [출]경기 안성 [주]경기 수원시 팔달구 효원로241 수원시청 도시정책실(031-228-2031) [학]1975년 안성고졸 1996년 안성산업대졸 1998년 한경대 대학원졸 [경]1998년 수원시 도시계획국 도시개발과장 2002년 同팔달구 건설과장 2005년 同환경녹지국 녹지공원과장 2008년 同환경국 공원과장 2009년 同화성사업소장 2010년 同도시재생국장, 同도시정책국장 2014년 同도시정책실장(현)

이용호(李容鎬) LEE Yong Ho

[생]1960·3·20 [출]전북 남원 [주]서울 영등포구 의사당대로1 국회 의원회관614호(02-784-2570) [학]1977년 전주고졸 1982년 서울대 산업공학과졸 1996년 미국 스탠퍼드대 연수, 한양대 행정대학원졸 [경]1984~1998년 경향신문 정치부·사회부·국제부 기자 1998년 同정치부 차장 1998년 국무총리 공보지원담당관 1999년 국무총리 정무비서실 정당담당관 2001년 국무총리 정책담당비서관 2003년 국무총리 공보담당비서관 2004년 제17대 국회의원선거 출마(남원시·순창군, 새천년민주당) 2004년 시사정경연구소 소장 2005년 민주당 전주시덕진구지역위원회 위원장 2010년 전북 남원시장선거 출마(무소속) 2013~2015년 국회사무처 홍보기획관 2016년 제20회 국회의원(남원시·임실군·순창군, 국민의당)(현) 2016년 국민의당 원내대변인 겸 공보담당 원내부대표(현) 2016년 同남원시·임실군·순창군지역위원회 위원장(현) 2016년 국회 운영위원회 위원(현) 2016년 국회 안전행정위원회 위원(현) 2016년 국회 남북관계개선특별위원회 위원(현) [저]'권력막후' '권력의 탄생' '청와대 극비문서' [종]기독교

이용호(李龍鎬) LEE Yong Ho

[생]1962·10·1 [본]경주(慶州) [출]경남 밀양 [주]대전 유성구 가정로267 한국표준과학연구원 생체신호센터(042-868-5235) [학]1980년 밀양고졸 1984년 경북대 물리학과졸 1986년 한국과학기술원 물리학과졸 1989년 이학박사(한국과학기술원) [경]1989년 한국표준과학연구원 책임연구원 1993년 네덜란드 TWENTE대 객원연구원 1998년 한국표준과학연구원 책임연구원(현) 1998~2001년 경희대 동서의학대학원 겸임교수 2001년 과학기술부 국가지정연구실사업 책임자 2004~2012년 한국표준과학연구원 우대연구원 2006년 同삶의질표준부 책임연구원, 同삶의질표준부 생체신호계측연구단 담당 2006년 과학기술연합대학원대(UST) 겸임교수(현) 2009년 한국표준과학연구원 뇌인지융합기술연구단장 2010~2015년 한국과학기술원 바이오및뇌공학과 겸직교수 2010~2013년 한국표준과학연구원 뇌인지측정연구단장 2013년 同생체신호센터 책임연구원(현)

이용호(李龍浩) LEE Yong Ho

[생]1962·11·2 [본]전주(全州) [출]경북 경주 [주]경북 경산시 대학로280 영남대학교 법학전문대학원(053-810-2626) [학]영남대 법학과졸, 同대학원졸, 법학박사(영남대) [경]1992년 제네바 앙리뒤낭 연구소 연구원 1995년 순천향대 전임강사 1995~2004년 영남대 법학부 조교수·부교수 2003~2004년 미국 인디애나대 로스쿨 연구교수 2004년 영남대 법대 법학과 교수, 同법학전문대

학원 교수(현) 2008년 同법과대학장, 일심재활원 운영위원장(현), 외교통상부 국제법자문위원, 국제인도법 한국위원회 위원(현), 대구지방경찰청 국가대테러협상위원 2010~2012년 방위사업청 옴부즈만 2010~2014년 국제법평론회 운영위원·회장 2016년 방송통신위원회 방송분쟁조정위원회 위원(현) [저]'국제법신강' '생활법률' '법학개론' '정보사회의 시민생활과 법' '국제법신강'(제2판)

이용호(李容鎬) LEE Yong Ho

[생]1963·9·24 [주]서울 강남구 테헤란로422 KT타워 10층 (주)그린카(080-2000-3000) [학]남강고졸, 한양대 경영학과졸 [경]1989~2002년 아시아나항공 근무 2003~2005년 아시아나IDT 근무 2005~2007년 금호아시아나그룹 전략경영본부 전략기획1팀장 2008~2010년 금호렌터카(주) 상무 2010~2015년 (주)케이티렌탈(現 롯데렌탈) 마케팅실 상무 2016년 (주)그린카 대표이사(현) [종]천주교

이용환(李龍煥) LEE Yong Hwan

[생]1949·7·28 [본]전주(全州) [출]충남 당진 [주]서울 중구 퇴계로197 충무빌딩407호 한반도선진화재단(02-2275-8391) [학]성균관대 행정학과졸, 同대학원 경제학과졸, 행정학박사(성균관대), 미국 아이오와주립대 대학원 수학 [경]전국경제인연합회 총무부장, 同조사부장, 同조사담당 이사, 同조사·지원·홍보담당 상무, 성균관대 강사, 전국경제인연합회 국제경영원 부원장, 同상임자문교수, 한국규제학회 부회장, 건국대 경영대학원 겸임교수, 동국대 사법경찰대학원 객원교수, 한국로지스틱학회 이사, 한국행정학회 이사, 한국사회정책학회 감사, 한반도선진화재단 사무총장(현), 한국가스기술공사 사외이사, 사법시험위원회 위원, 최저임금심의위원회 위원, 노사정위원회 상무위원, 국민연금심의위원회 위원 2016년 한국지역난방공사 비상임이사(현) [상]석탑산업훈장 [저]'한국기업의 세계화전략' '디지털사회의 경제와 문화' '21세기 사랑의 충전소 공동체를 살리자'(2007, 한반도선진화재단) '선진화 시대의 빈곤정책'(2008, 한반도선진화재단) '실업시대 희망사전'(2010, 이담북스) '큰 복지 작은 복지 선진통일시대의 한국형 복지'(2011, 한반도선진화재단) '대통령당선인의 67일(共)'(2012, 한반도선진화재단) [역]'21세기 기업생존전략'(2001, GK1미디어) [종]천주교

이용환(李龍煥) Yong-Hwan Lee

[생]1961·7·29 [출]강원 정선 [주]서울 관악구 관악로1 서울대학교 농업생명과학대 응용생물화학부(02-880-4674) [학]1983년 서울대 농생물학과졸 1985년 同대학원졸 1991년 식물병리학박사(미국 루이지애나주립대) [경]1986~1988년 서울대 농과대학 농생물학과 조교 1988~1991년 미국 루이지아나대 식물병리학과 연구조교 1991~1993년 미국 클렘슨대 식물병리학과 객원조교수 1993~1995년 LG화학 기술연구원 책임연구원 1995년 서울대 농업생명과학대학 응용생물화학부 조교수·부교수·교수(현) 1997년 경기도농업기술원 겸직연구관 2000년 농촌진흥청 농업과학기술원 전문위원 2003년 미국 North Carolina State Univ. Adjunct Professor(현) 2003~2005년 국립식물검역원 중앙심의위원회 위원 2005년 서울대 곰팡이유전자원은행장(현) 2006~2008년 同농생명공학부장 2006~2008년 同BK21농생명공학사업단장 2009~2011년 同농업생명과학대학 연구부학장 2010~2015년 핀란드 Univ. of Helsinki Distinguished Professor 2012년 서울대 식물병원장(현) 2016년 한국과학기술한림원 정회원(농수산학부·현) [상]서울대 농업생명과학대학 학술상(2008), 서울대 학술연구상(2009), 한국식물병리학회 학술상(2012), 미국 식물병리학회(American Phytopathological Society) 루스 알렌 상(Ruth Allen Award)(2013), 대한민국학술원 학술원상 자연과학응용분야(2016)

이용환(李鎔煥) Lee Yong-Hwan

[생]1970·9·15 [본]평창(平昌) [출]대전 [주]세종특별자치시 한누리대로402 산업통상자원부(044-203-5003) [학]1989년 대전 유성고졸 1993년 서울대 경제학과졸 1997년 同행정대학원 정책학과 수료 2003년 미국 플로리다대 대학원 경영학과졸(MBA) [경]2005~2006년 산업자원부 인사계장 2006~2007년 대통령비서실 행정관 2007~2011년 駐싱가포르대사관 상무참사관 2011년 지식경제부 지역산업과장 2012년 同가스산업과장 2013년 산업통상자원부 가스산업과장 2014년 同석유산업과장 2016년 同장관 비서관(부이사관)(현)

이용훈(李容勳) LEE Yong Hun

[생]1941·12·26 [본]광주(廣州) [출]전남 보성 [주]서울 성북구 안암로145 고려대학교 법학전문대학원(02-3290-5120) [학]1959년 광주제일고졸 1963년 서울대 법대졸 1964년 同사법대학원졸 [경]1962년 고등고시 사법과 합격(15회) 1964~1967년 육군 법무관(대위 예편) 1968~1977년 대전지법·강경지원·대전지법·의정부지원·서울민사지법·서울형사지법 판사 1977년 서울고법 판사 1980년 대법원 재판연구관 1981년 사법연수원 교수 1982년 서울민사지법 부장판사 겸 법원행정처 조사국장·감사관 1985년 광주고법 부장판사 1986년 서울고법 부장판사 1992년 서울지법 서부지원장 1993년 법원행정처 차장 1994~2000년 대법원 대법관 1998~2000년 중앙선거관리위원회 위원장 겸임 2000~2005년 변호사 개업 2004~2005년 정부공직자윤리위원회 위원장 2005~2011년 대법원장(14대) 2011년 고려대 법학전문대학원 석좌교수(현) 2014년 (재)인촌기념회 이사장(현) [상]청조근정훈장, 국민훈장 무궁화장(2011), 제21회 자랑스러운 서울법대인 선정(2013) [저]'행정처분의 무효선언을 구하는 소송에 있어서의 주장 입증책임'(1982) '변칙적 담보에 있어서의 채권의 만족'(1992) '반사회적 법률행위로 인한 급부의 회수와 불법원인급여'(1993) '민사재판에 대한 전통적 의식과 재판에 대한 신뢰'(1993) [종]기독교

이용훈(李容勳) RI Yong Hoon

[생]1951·9·13 [본]광주(廣州) [출]경기 화성 [주]경기 수원시 장안구 이목로39 천주교 수원교구청(031-244-5001) [학]1970년 성신고졸 1977년 가톨릭대 신학과졸 1979년 同대학원졸 1986년 이탈리아 라테란대 대학원 신학과졸 1988년 신학박사(이탈리아 라테란대) [경]1979년 사제 서품 1979~1982년 안법고·성신고 교사 1982~1984년 수원가톨릭대 강사 1989~2007년 同전임강사·조교수·부교수 1997년 同교수 1998~2002년 同총장 2002년 同대학원장 2003년 천주교 수원교구 보좌주교 2003년 주교 서품 2003~2008년 천주교 수원교구 총대리(주교) 2008년 同수원교구 부교구장(주교) 2009년 同수원교구장(현) [저]윤리신학총서 '순례의 길목에 서서'(2004) '정의의 느티나무 숲을 이루기 위하여'(2005) '사람이여 당신은'(2005) '잃어버린 반쪽을 찾아서'(2008) '잃어버린 땀을 찾아서'(2008) '잃어버린 꽃을 찾아서'(2009) '잃어버린 잣대를 찾아서'(2010) 윤리신학총서 개정증보판 '세상의 빛 어제와 오늘'(2010) '그리스도와 자본주의'(2011) 신학단상집 '인생 그리고 행복'(2011) '생명 공학과 가톨릭 윤리'(2012) '지상에서 천국처럼'(2012) '신앙과 경제①'(2015) '신앙과 경제②'(2015) [역]'교황 요한 23세의 회칙' '지상의 평화'(1995) [종]천주교

이용훈(李勇勳) Lee Yong Hoon

[생]1955·7·12 [출]서울 [주]대전 유성구 대학로291 한국과학기술원 전기 및 전자공학부(042-350-3437) [학]1978년 서울대 전기공학과졸 1980년 同대학원 전기공학과졸 1984년 공학박사(미국 펜실베이니아대) [경]1982~1984년 미국 펜실베이니아대 연구조교 1984~1989년 미국 뉴욕주립대 버팔로교 조교수 1989년 한국과학기술원(KAIST) 전기및전자공학과 교수, 同전기및전자공학부 교수(현) 2000~2007년 同ITRC센터장 2001~2004년 同신기술창업지원단장 2005~2008년 同공과대학장·기계기술연구소장·정보전자연구소장 겸임 2008년 同정보과학기술대학장 2011년 同ICC부총장 2011~2013년 同교학부총장 2014~2016년 한국연구재단 비상임이사 [상]한국과학기술원 연구발전상(1998), (주)SK텔레콤 올해의논문상(1998), 대한전자공학회 공로상(1998), 통신정보합동학술대회 JCCI최우수논문 은종관상(2002), 대통령표창(2002), 정보통신부장관표창(2003), 중소기업특별위원회 위원장표창(2004)

이용훈(李龍燻) Lee, Yong-Hoon

[생]1957 [주]부산 금정구 부산대학로63번길2 부산대학교 자연과학대학 수학과(051-510-2295) [학]1981년 부산대 수학과졸 1983년 同대학원 이학석사 1990년 이학박사(미국 Univ. of Alabama) [경]1992년 부산대 자연과학대학 수학과 교수(현) 2000~2002년 同수학과장 2002~2003년 캐나다 워털루대 방문교수 2005~2010년 부산대 자연과학대학 교육공무원인사위원회 위원 2006~2007년 한국학술진흥재단 전문위원 2006~2009년 부산대 수학과 2단계BK21사업단장 2006~2009년 同자연과학대학 수학·통계학부장 2007~2008년 대한수학회 사업이사 2009~2011년 同해석학분과 위원장 2009년 국가수리과학연구소 운영위원(현) 2009~2011년 부산대 기초과학연구원장 2009~2011년 同자연과학대학장 2010년 세계수학자대회(ICM) 조직위원 2010년 한국연구재단 전문위원(현) 2013년 아시아수학대회(AMC) 집행위원장 2013년 대한수학회 부회장 2013년 부산대 수학과 BK21플러스 사업단장(현) 2015년 대한수학회 회장(현) [상]한국학술진흥재단 최우수 PM상(2007), 부산대 Premier 교수(연구 상위 2%) 선정(2012)

이용훈(李龍勳) Lee Yonghun

[생]1959·7·5 [출]서울 [주]서울 중구 세종대로110 서울도서관 관장실(02-2133-0200) [학]1982년 연세대 도서관학과졸 [경]1982~1984년 서강대 로욜라도서관 사서 1989~1990년 국제민간경제협의회 자료실 사서 1991~1997년 대외경제정책연구원 정보자료실 사서 1997~2012년 (사)한국도서관협회 기획부장 등 근무 2012년 서울시 대표도서관건립추진반장 2012년 서울도서관장(현) 2015년 (사)한국도서관협회 부회장(현) [저]'모든 도서관은 특별하다 : 도서관 특화서비스 개발과 사례(共)'(2009, 경기도사이버도서관) '사서가 말하는 사서(共)'(2013, 부키) '다시 동화를 읽는다면(共)'(2014, 반비)

이용훈(李容勳) LEE YONG HOON

[생]1965·12·22 [주]전남 나주시 빛가람로640 한국문화예술위원회 사무처(061-900-2104) [학]1991년 한국외국어대 일본어학과졸 2009년 경희대 대학원 예술경영학과 수료 [경]2006년 한국문화예술위원회 정책기획팀장 2008년 同문학팀장 2009년 同기획예산부장 2010년 同경영인사부장 2012년 同경영전략본부장 2014~2015년 同공연예술센터 운영총괄본부장 2015년 同사무처장(현) 2015년 아시아문화원 이사(현) 2016년 예술경영지원센터 비상임이사(현)

이용휘(李龍徽) Yong-Hwi YI (青山)

[생]1962·2·20 [본]전주(全州) [출]경북 울진 [주]서울 영등포구 국회대로62길21 동성빌딩7층 개혁국민신당(02-761-8007) [학]협성상업고졸 2013년 한국방송통신대 법학과 재학中 [경]1979년 한일은행 계장 2000년 미래경연구소 수석연구위원 2005년 서울뉴스 발행인 2005년 한미준(現 친박연합) 초대 당공동대표 2007년 박근혜 한나라당대통령경선캠프 사이버문화위원장 2007년 박근혜 특별보좌역 2007년 한국인터넷언론인협회 수석부회장 2007년 제17대 대통령선거 한나라당 중앙선대위 전국불교연합회 서울시 회장 2007년 직능사회단체정책연대 공동대표 2008년 자유선진당 제18대 국회의원 출마(서울 중랑乙) 2008년 친박연대 서울시당 수석부위원장 2009년 경기대 ISE 경호비서학과 외래교수 2010년 법무법인 신진 고문 2010년 한국범죄퇴치운동본부 고문(현) 2011년 대한민국무궁화클럽 고문(현) 2011년 국제사이버대 민간조사사이버아카데미 자문교수(현) 2013년 새정치국민의당 대표최고위원 2015년 개혁국민신당 대표최고위원(현) [저]'분홍빛교실'(2011) [종]불교

이용희(李龍熙) LEE Young Hee

[생]1931·6·10 [본]경주(慶州) [출]충북 옥천 [주]서울 영등포구 국회대로68길14 신동해빌딩11층 더불어민주당(1577-7667) [학]1951년 대전사범학교졸 1956년 건국대 정치외교학과졸 1991년 고려대 경영대학원 수료 [경]1963년 예편(육군 대위) 1971년 신민당 선전국장 겸 상임위원회 부의장 1971년 내외문제연구소 기획실장 1973년 제9대 국회의원(보은·옥천·영동, 무소속·신민당) 1974년 신민당 충북도지부장 1977년 同원내부총무 1979년 제10대 국회의원(보은·옥천·영동, 신민당) 1985년 제12대 국회의원(보은·옥천·영동, 민한당·신민당) 1985년 신민당 사무총장 1986년 민권회 이사장 1987년 민주당 부총재 1987년 헌정민권회 부회장 1987년 평민당 부총재 1988년 同영등포乙지구당 위원장 1988년 同당무지도위원회 의장 1991년 신민당 최고위원 1994년 민주당 상임고문 1996년 국민회의 보은·옥천·영동지구당 위원장 1996년 同부총재 1998년 同지도위원·충북도지부장 2000년 새천년민주당 고문 2000년 同보은·옥천·영동지구당 위원장 2000년 同충북도지부장 2002년 同상임고문 2002년 同최고위원 2002년 同중앙선대위 상임고문 2003년 同조직강화특위 위원장 2003년 열린우리당 상임중앙위원 2004년 同상임고문 2004년 제17대 국회의원(보은·옥천·영동, 열린우리당·대통합민주신당·통합민주당·자유선진당) 2004~2006년 국회 행정자치위원장 2005년 열린우리당 재난안전특별위원회 위원장 2005년 同상임고문단장 2006년 同비상대책위원회 인선위원장 2006~2008년 국회 부의장 2007년 대통합민주신당 제17대 대통령중앙선거대책위원회 최고고문 2008년 제18대 국회의원(보은·옥천·영동, 자유선진당·민주당·민주통합당), 자유선진당 상임고문 2010년 同충북도당 위원장 2010년 국회 법제사법위원회 위원 2013년 민주당 상임고문 2014년 새정치민주연합 상임고문 2015년 더불어민주당 상임고문(현) [저]정치평론집 '인간주의 정치선언' [종]불교

이용희(李容熙) LEE YONG HEE

[생]1949·1·18 [본]경주(慶州) [출]울산 [주]대구 달서구 호산동로121 (주)제이브이엠(053-584-9999) [학]1967년 대구고졸 1972년 영남대 경제학과졸 2002년 同대학원 경영학과졸 [경]2002년 (주)SL성산 대표이사 사장 2002년 (주)성일초자 대표이사 사장 2004년 SL(주) 구매본부장(부사장), 同구매본부장(사장) 2008년 (주)SL서봉 대표이사 사장 2009년 (주)제이브이엠 대표이사 사장(현), 경북지방노동위원회 위원(현) [상]노동부장관표창, 산업자원부장관표창(2002), 대구시장표창, 한국노동조합총연맹 올해의 기업인상(2005), 대한상공회의소 회장표창, 생산성대상 산업포장(2007), 은탑산업훈장(2014) [종]기독교

이용희(李龍熙) LEE Yong Hi

[생]1950·10·18 [출]충북 충주 [주]서울 종로구 종로26 SK(주) 이사회(02-2121-0114) [학]1969년 경복고졸 1974년 서울대 천문기상학과졸 1976년 同행정대학원졸 1981년 네덜란드 국립사회과학대학원졸 2008년 경제학박사(건국대) [경]1973년 행정고시 합격 1976~1984년 경제기획원 근무 1984년 同장관비서관 1985년 UNIDO 파견 1988년 경제기획원 대외경제조정실 근무 1988~1994년 同조정과장·수급계획과장·국민생활과장·물가총괄과장 1994년 국회 파견 1995년 KEDO 파견 1998년 통계청 통계정보국장 1998년 재정경제부 국민생활국장(이사관) 2000년 국민경제자문회의 사무처 기획조정실장 2001~2004년 駐OECD대표부 공사 2005년 한국증권선물거래소 상임감사위원 2006년 한국신용정보(주) 대표이사 사장 2007년 한신정평가(주) 대표이사 사장 2009년 同대표이사 부회장 2011년 NICE신용평가정보(주) 대표이사 부회장 2012년 키움증권(주) 사외이사(현) 2013년 SK C&C(주) 사외이사 2015년 SK(주) 이사회 이사(현) [상]대통령표창, 홍조근정훈장 [종]기독교

이용희(李用熙) LEE Yong Hee

[생]1955·6·3 [출]경북 안동 [주]서울 동대문구 회기로85 고등과학원 원장실(02-958-3712) [학]경기고졸 1977년 서울대 물리학과졸 1979년 한국과학기술원(KAIST) 물리학과졸(석사) 1986년 이학박사(미국 애리조나대) [경]1979~1982년 국방과학연구소 연구원 1987~1991년 미국 AT&T Bell Labs. 연구원(MTS) 1991년 한국과학기술원(KAIST) 물리학과 교수·특훈교수(현) 2004년 한국과학기술한림원 정회원(이학부·현) 2007년 미국 전기전자학회(IEEE) Fellow(석학회원)(현) 2007년 교육인적자원부 및 한국학술진흥재단 국가석학(우수학자) 선정 2010년 한국과학기술원(KAIST) 자연과학대학장 2016년 고등과학원(KIAS) 원장(현) [상]한국과학기술단체총연합회 과학기술우수논문상, 대한민국학술원상 자연과학부문, 미국 전기전자학회(IEEE) 레이저전자광학회(LEOS) 우수강연상(2003), KAIST 학술대상(2004), 한국광학회 학술상(2005), 한국과학재단 이달(2월)의 과학자상(2005), 교육인적자원부·한국학술진흥재단 선정 우수학자(2007), 일맥문화대상 학술연구상(2008), 대한민국과학상 물리학부문(2010), KAIST 올해의동문상(2012), 미래창조과학부·한국과학기술단체총연합회 선정 '2015년 대한민국최고과학기술인상'(2015), 2015 자랑스러운 경기인상(2016)

이용희(李龍熙) LEE Yong Hee

[생]1957·11 [출]부산 [주]부산 기장군 장안읍 길천길96의1 한국수력원자력 고리원자력본부(051-726-2114) [학]1976년 태백기계공고졸 1981년 부산공업전문학교졸 1984년 동아대 전기공학과졸 [경]1984년 한국전력공사 입사 2005년 한국수력원자력 중앙연구원 신형경수로(APR1400)개발팀장 2005년 同경영기획처 전원계획부장 2007년 同건설처 사업관리부장 2010년 同건설기술처 인천만조력사업팀장 2012년 同신월성건설소장 2013년 同건설처장 2015년 同고리원자력본부장(현) [상]동탑산업훈장(2015)

이용희(李容喜) YI YONG HEE

[생]1958·10·6 [본]광주(廣州) [출]경기 의정부 [주]서울 용산구 서빙고로137 국립중앙박물관 보존과학부(02-2077-9420) [학]1977년 고졸 검정고시 합격 1984년 홍익공업전문대학 공업화학과졸 2008년 한국교육개발원(학점은행) 화학공학학사 2010년 공주대 대학원 문화재보존과학과졸 [경]1984년 국립문화재연구소 보존과학연구실 연구원 1995년 국립중앙박물관 유물관리부 학예연구사 2002년 同유물관리부 학예연구관 2007년 同보존과학팀 학예연구관 2008년 同보존과학부 학예연구관 2014년 同보존과학부장 직대 2015년 同보존과학부장(현) [상]문화재관리국 연말자체우수공무원표창(1993), 문화관광부장관표창(2006), 국무총리표창(2014)

이우경(李宇慶) LEE Wu Kyeong

[생]1965 · 10 · 24 [주]서울 종로구 새문안로58 LG생활건강 임원실(02-3773-5114) [학]한성고졸, 한양대 경영학과졸, 미국 미시간대 대학원 경영학과졸(MBA) [경]LG전자(주) DDM마케팅팀장(상무), 同한국지역본부 HE마케팅팀장(상무), 同스페인법인장(상무) 2015년 LG생활건강 해외사업총괄 전무(현)

이우공(李友公) Lee woo kong

[생]1955 · 10 · 3 [주]경기 과천시 코오롱로13 코오롱타워 별관7층 코오롱생명과학(주)(02-3677-4210) [학]용산고졸, 한국외국어대 화란어과졸 [경]2002년 하나은행 경영관리부장 2005년 同서초지역본부장 2006년 同리스크관리본부 부행장보 2007년 同PB본부 부행장보 2008년 同경영관리본부 부행장보 2009년 同리스크관리본부장 겸 지주CRO(부행장보) 2012년 同리스크관리그룹 총괄부행장 2012년 한국외환은행 리스크그룹장(집행부행장) 2013~2014년 同기획관리그룹 총괄부행장 2014~2015년 同비상근이사 2014~2015년 하나금융지주 최고재무책임자(CFO · 부사장) 2015년 코오롱생명과학(주) 상근감사(현)

이우권(李愚權) LEE WOO KWON

[생]1953 · 8 · 29 [학]1980년 한양대 건축대학졸 1983년 同대학원 건축계획과졸 1989년 미국 캘리포니아주립대 롱비치교 예술대학원 수학 1997년 건축학박사(국민대) [경]1980~1985년 (주)공간건축연구소 비상근연구실장 1983~2012년 인덕대 건축과 교수 1985~1986년 공간건축연구소 설계실 근무 1989~1990년 미국 UCLA 건축도시대학원 객원교수 1991~1993년 시원건축 파트너건축가 1992~1999년 한국실내건축학회 감사 1997년 문화체육관광부 문화시설분과 자문위원(현) 1998~1999년 한국건축가협회 초대작가 1998~2000년 (주)동일건축 계획실 고문 2000년 (주)선진에스엔디 고문 2000년 문화체육관광부 환경문화대상 심사위원 2000~2002년 국립중앙박물관 건립자문위원 2000~2003년 건설교통부 중앙설계 심의위원 2000~2004년 국방부 특별건설기술 심의위원 2000년 조달청 건축계획 심의위원 2003~2004년 호주 Monash Univ. Art and Design 객원교수 2004~2011년 서우재건축사사무소 설계고문 2009년 서울시 디자인위원회 위원(현) 2010~2012년 한국문화공간건축학회 회장 2012~2016년 인덕대 총장 [상]문화체육관광부장관 공로표창(1999), 인덕대총장 공로표창(2009), 여주시 문화상 학술부문(2013)

이우근(李宇根) LEE Woo-Keun (外木)

[생]1948 · 11 · 22 [본]단양(丹陽) [출]평북 용천 [주]서울 중구 세종대로9길42 부영빌딩7층 법무법인 충정(02-750-9007) [학]1967년 경기고졸 1971년 서울대 법대졸 1976년 同대학원 법학과졸 1990년 서울장로회신학교졸, 미국 워싱턴주립대 로스쿨방문연구과정 수료 2011년 명예신학박사(웨스트민스터신학대학원대) [경]1972년 사법시험 합격(14회) 1974년 사법연수원 수료(4기) 1975년 육군 법무관 1977년 청주지법 판사 1980년 수원지법 판사 1982년 서울민사지법 판사 1985년 서울고법 판사 1987년 미국 워싱턴주립대 로스쿨 방문연구원 1988년 법원행정처 송무심의관 1989년 대법원 재판연구관 1990년 청주지법 부장판사 1992년 수원지법 부장판사 1993년 서울지법 남부지원 부장판사 1995년 서울지법 부장판사 1996년 대구고법 부장판사 1999년 서울고법 부장판사 1999년 인천지법 수석부장판사 직대 2000년 사법연수원 수석교수 2000년 서울고법 부장판사 · 수석부장판사 2001년 중앙토지수용위원장 직대 2002년 서울내셔널심포니오케스트라 명예지휘자(현) 2004년 춘천지법원장 2005년 인천지법원장 2005~2006년 서울행정법원장 2005년 한국소아암재단 고문(현) 2006년 서울중앙지법원장 겸임 2006~2009년 법무법인 한승 대표변호사 2007년 예술의전당 이사 2007년 사학분쟁조정위원회 위원 2007~2008년 개인정보분쟁조정위원회 위원장 2007~2009년 기독교윤리실천운동본부 이사 2008~2010년 국회 공직자윤리위원회 위원장 2008~2011년 세종문화회관 감사 2008년 한국과학생명포럼 이사(현) 2009~2010년 사학분쟁조정위원회 위원장 2009년 법무법인 충정 대표변호사, 同고문변호사(현) 2010~2014년 중앙일보 칼럼니스트 2012년 동양생명보험 사외이사(현) 2012~2013년 학교법인 성신학원 감사 2012년 1090평화와통일운동 이사(현) 2013년 한국고전번역원 이사(현) 2013년 한반도인권과통일을위한변호사모임(한변) 고문(현) 2014년 한국고전번역원 비상임이사(현) 2014년 헌법재판소 자문위원(현) [상]황조근정훈장(2006), 한빛문화인상(2009), 서울언론인클럽 언론상(2012) [저]'바보가 그리운 시대'(2007) '불신앙고백'(2007) '톨레랑스가 필요한 기독교'(2009) '안락사에 관한 연구' '공범의 자백과 보강증거' '행정처분과 재량준칙' [종]기독교

이우범(李佑範)

[생]1962 · 11 · 10 [출]충북 보은 [주]충북 옥천군 옥천읍 중앙로20 옥천경찰서(043-730-9321) [학]1982년 청주신흥고졸 1986년 충북대 국문학과졸 [경]1991년 경위 임관(경찰간부후보 39기) 1999년 경감 승진 2005년 경정 승진 2007년 충북지방경찰청 경무계장, 同정보2 · 3계장 2014년 同112상황실장 2014년 교육 파견(총경) 2014년 충북지방경찰청 치안지도관 2015년 同정보과장 2015년 충북 옥천경찰서장(현)

이우상(李雨橡) LEE Woo Sang

[생]1958 · 2 · 23 [주]경남 진주시 문산읍 동부로965 한국국제대학교 총장실(055-751-8005) [학]1986년 경기대 대학원 경영학과졸 1995년 경영학박사(경기대) [경]한국국제대 관광학과 교수 2001~2012년 同관광학과장 2003년 진주남강유등축제추진위원회 위원(현) 2003년 고성군 공룡엑스포자문위원회 위원 2004년 문화관광부 문화관광축제 자문교수 2004년 진주무형문화전수회 감사 2004년 하동군 문화컨설팅사업단장 2004~2005년 한국국제대 관광대학장 2004~2009년 同G-TERI관광사업단장 2005년 同교무처장 2005년 전국주민자치엑스포운영위원회 운영위원 · 감사 2006년 FEEL경남엑스포조직위원회 위원장 2006~2007년 문화관광부 문화관광축제위원회 심사위원 2006~2010년 서부경남관광반전협의회 회장 2006~2008년 한국농촌공사 농촌종합개발사업위원회 심사위원 · 자문위원 2007년 사천항공우주엑스포추진위원회 부위원장(현) 2008년 경남도 관광정책위원회 자문위원(현) 2008년 고성군 계획위원회 심사위원 2008년 산청군 신활력사업지역협력단장 2008~2009년 2009경남고성공룡세계엑스포자문위원회 위원장 2009~2010년 농림수산식품부 농촌활력증진사업위원회 심사위원(전문가) 2009~2010년 한국국제대 대학평의원회 의장 2010년 진주무형문화전수회 이사(현) 2010~2011년 문화체육관광부 문화관광축제평가위원회 위원 2010~2013년 2012고성공룡세계엑스포자문위원회 위원장 2012~2013년 2013산청세계전통의약엑스포위원회 집행위원 2013년 농림축산식품부 농촌관광평가위원회 위원(현) 2013~2015년 한국국제대 대외부총장 2014년 2016경남고성공룡엑스포위원회 재단이사(현) 2015년 한국국제대 총장(현) [상]문화관광부장관표창(1998), 한국관광공사 여행상품공모전 금상(1998), 한국관광공사 여행상품공모전 장려상(1999), 한국관광대상(1999), 경남도지사표창(2000 · 2013 · 2014), 진주시장표창(2003 · 2005), 해양수산부장관표창(2005 · 2014), 한국교원단체총연합회 교육공로상(2015)

이우석(李愚錫) LEE Woosok

[생]1957 · 1 · 11 [출]서울 [주]경기 과천시 코오롱로13 코오롱생명과학 사장실(02-3677-4100) [학]1974년 경기고졸 1979년 서울대 경제학과졸 1988년 미국 캘리포니아대 로스앤젤레스교 대학원졸(MBA) [경]1978년 행정고시 합격(22회) 1980~1991년 상공부 통상총괄과 · 전자부품과 · 차관비서관 · 통상협력담당관실 사무관 1991년 통상산업부 법무담당관 1992년 同장관비서관 1993년 同산업진흥과장 1995년 UN무역개발회의(UNCTAD) 파견 1998년 통상산업부 지역협력담당관 1998년 산업자원부 국제협력과장 1998년 同자본재산업국 수송기계산업과장 1999년 同장관비서관 2000년 同총무과장 2000년 同지역협력과장 2000~2015년 코리아e플랫폼(주) 대표이사 사장 2008년 코오롱제약 대표이사 사장(현) 2009~2012년 코오롱웰케어 대표이사 사장 2011년 코오롱생명과학 대표이사 사장(현) 2014년 미국 Tissuegene Inc. 대표이사 사장 겸임(현)

이우성(李佑成) LEE Woo Sung (碧史)

[생]1925 · 3 · 8 [본]여주(驪州) [출]경남 밀양 [주]경기 고양시 덕양구 화중로126 찬우물빌딩701호 (재)실시학사(031-965-2684) [학]1954년 성균관대 문과대학졸 1975년 문학박사(성균관대) [경]1954년 동아대 문과대학 전임강사 · 조교수 1961~1990년 성균관대 조교수 · 부교수 · 교수 1970년 同대동문화연구소장 1972년 역사학회 회장 1982~1983년 일본 동양문고 초빙연구원 1984~1988년 한국한문학연구회 회장 1988년 성균관대 대학원장 1990년 同명예교수(현) 1992년 대한민국학술원 회원(한국사 · 현) 1992년 중국 山東大 객좌교수 1994~2002년 민족문화추진회 회장 1998년 다산학술문화재단 고문(현) 2000~2013년 퇴계학연구원 원장 2000년 연세대 석좌교수 2004년 민족문화추진회 이사장 2010~2015년 (재)실시학사 연구원장 2015년 同고문(현) [상]성곡학술문화상, 국민훈장 동백장 [저]'한국의 역사인식'(1982) '한국중세사회연구'(1991) '한국고전의 발견'(1995) '실시학사산고'(1995) '이우성저작집(전8권)'(2010) [역]'신라사산비명' '목민심서'(共) '이조한문단편집'(共) '다산경학'(共) '조희룡전집'(共) '이향견문록'(共) '이옥전집' [종]유교

이우성(李雨聲) LEE Woo Sung

생1952·4·6 본전주(全州) 출경기 김포 주강원 춘천시 한림대학길1 한림대학교 언론정보학부(033-248-1911) 학1970년 경동고졸 1976년 한국외국어대 정치외교학과졸 2009년 성균관대 언론정보대학원 커뮤니케이션학과졸 경1977년 동양통신 사회부 기자 1978~1980년 同경제부·외신부 기자 1981년 쌍용그룹 비서실 근무 1986~1988년 (주)쌍용 인사과장 1988년 연합통신 외신부 기자 1993년 同경제부 차장 1995년 同경제국 경제1부 부장대우 1997년 同경제1부장 직대 1998년 同경제부장 1998년 금융발전심의위원회 위원 1998년 연합뉴스 경제부장 2000년 同국제뉴스국 기획위원(부국장대우) 2000년 同경제국 총괄데스크팀장 2000년 同경영기획실장 직대 2002년 同경제국 부국장 2003~2006년 同기획·총무담당 상무이사 2003~2006년 (주)연합인포맥스 이사 2006~2009년 同대표이사 사장 2010년 한림대 언론정보학부 객원교수(현) 상외대 언론인상(2008) 종기독교

이우성(李宇成) LEE Woo Seong

생1954·10·22 본양성(陽城) 출강원 영월 주경기 수원시 장안구 서부로2066 성균관대학교 자연과학대학 생명과학과(031-290-7004) 학연세대 생물학과졸, 캐나다 뉴브런즈워대 대학원졸 1989년 생물학박사(미국 루이지애나주립대) 경1989~1992년 미국 캘리포니아대 연구원 1992년 미국 Texas Tech Univ. 연구원 1992~1993년 경상대 초빙교수 1993년 성균관대 생물학과 부교수 1994년 농촌진흥청 유전공학전문위원회 위원 1997년 한국분자생물학회 운영위원 1997년 성균관대 자연과학대학 생명과학과 교수(현) 2000년 한국식물학회 학술간사 2003년 작물과학기술원 중앙위원 2005년 한국과학재단 전문위원 2011년 성균관대 자연과학대학장

이우성(李宇盛) LEE Woo-Sung

생1963·12·6 출경남 의령 주세종특별자치시 갈매로388 문화체육관광부 국제관광정책관실(044-203-2805) 학연세대 행정학과졸, 서울대 행정대학원졸, 미국 컬럼비아대졸 2008년 연세대 영상대학원 박사과정 재학 중 경1997년 문화체육부 문화정책국 국어정책과 서기관 1998년 문화관광부 문화정책국 국어정책과 서기관 2002년 대통령비서실 파견 2003년 문화관광부 관광국 관광개발과장 2004년 同관광국 관광자원과장 2005년 同문화미디어국 문화미디어산업진흥과장 2006년 同문화미디어국 문화미디어산업진흥과장(부이사관) 2006년 同문화미디어국 미디어정책팀장 2006년 同문화산업국 영상산업팀장 2007년 同부이사관 2008년 교육 파견(부이사관) 2009년 문화체육관광부 문화콘텐츠산업실 문화산업정책과장 2009년 同기획조정실 정책기획관(고위공무원) 2010년 駐뉴욕총영사관 영사 겸 한국문화원장 2014년 문화체육관광부 해외문화홍보원 해외문화홍보기획관 2015년 국립외교원 교육파견(고위공무원) 2016년 문화체육관광부 체육관광정책실 관광레저정책관 2016년 同관광정책실 국제관광정책관(현) 상대통령표창(1996)

이우승(李禹昇) Lee woo seong

생1958·1·28 출서울 주부산 남구 문현금융로40 부산국제금융센터(BIFC) 한국자산관리공사 서민금융본부(051-794-2910) 학1976년 경기상고졸 1986년 홍익대 경영학과졸 1991년 고려대 대학원 재무관리학과졸 경1976~1998년 한일은행 입행·과장 1998년 한국자산관리공사 입사 2009년 同부실채권정리기금부장 2009년 同기업개선부장 2011년 同비서실장 2012년 同부산지역본부장 2013년 同국유재산관리단장 2014년 同경영본부장(상임이사) 2016년 同서민금융본부장(상임이사)(현)

이우식(李佑植) LEE Woo Sig

생1954·11·12 본전의(全義) 출전남 보성 주서울 송파구 백제고분로498 지산빌딩3층 (주)한양건설 회장실(02-2240-4800) 학1974년 광주제일고졸 1978년 서울대졸 1989년 연세대 경영대학원졸 경1978년 ROTC 16기 임관 1980년 예편(육군 중위) 1980년 조흥은행 입행 1990년 동화은행 입행 1998년 (주)보성건설 상무이사 1998년 (주)보성레저산업 대표이사 1998년 여산건설(주) 대표이사 2004년 (주)한양 대표이사 사장 2004년 한양주택 대표이사 사장 2008년 同회장 2010년 (주)한양건설 회장(현) 상서울시장표창 종천주교

이우실(李愚實) Lee Woo Sil

생1958·6·30 본전주(全州) 출전북 전주 주전북 익산시 선화로1길58의5 국가보훈처 전북서부보훈지청(063-850-3770) 학전라고졸, 한국방송통신대졸 경국가보훈처 감사담당관실 근무 2013년 同정보화담당관실 서기관, 同제대군인국 팀장 2015년 광주지방보훈청 익산보훈지청장 2016년 同전북서부보훈지청장(현) 상근정포장(2003), 감사원 모범감사관(2006) 종가톨릭

이우영(李愚榮) LEE Woo Young (星岩)

생1936·11·29 본광주(廣州) 출경북 상주 주서울 서초구 서초중앙로22길117 바른경제동인회 고문실(02-581-2705) 학1955년 경북사대부고졸 1959년 고려대 상학과졸 경1959년 한국은행 입행 1970년 同서독사무소 조사역 1972년 同외환자금과장 1975년 同외환관리과장 1977년 駐사우디아라비아 재무관 1979년 同사무소장 1980년 한국은행 사무개선부장 1982년 同자금부장 1986년 은행감독원 부원장보 1987년 한국은행 이사 1990년 은행감독원 부원장 1991년 한국은행 부총재 1993년 중소기업은행장 1996년 중소기업청장 1997~2007년 바른경제동인회 이사장 1998년 고려대 경영대 연구교수 1998년 신우대지·신우유화 사외이사 2004년 중소기업정보화경영원(KIMI) 이사장 2006~2007년 중소기업기술정보진흥원 이사장 2007년 바른경제동인회 부회장 2011년 同고문(현) 상재무부장관표창(1968), 석탑산업훈장(1979), 국민훈장 모란장(1997), 황조근정훈장 전'금융기관 대출제도 총람' 종기독교

이우영(李宇榮) Woo Young Lee

생1959·4·24 주서울 종로구 북촌로15길2 북한대학원대학교(02-3700-0727) 학1982년 연세대 사회학과졸 1984년 同대학원 사회학과졸 1991년 사회학박사(연세대) 1995년 성균관대 대학원 한국사상학과졸 경1991~1996년 통일연구원 북한연구실 책임연구원 1994년 同정책연구실 책임연구원 1995~1997년 한국걸스카우트연맹 자문위원 1997~2001년 통일연구원 북한연구실 연구위원 1998년 同동일학술정보센터 소장 1999년 同경제사회연구실 연구위원 2000~2003년 同북한사회인권센터 연구위원 2000년 국회한민족통일연구회 자문위원(현) 2000년 경기도청 여성분과위원회 자문위원(현) 2001~2004년 경남대 북한대학원 겸임교수 2004~2005년 同북한대학원 조교수 2005년 극동문제연구소 남북협력실장 2005~2007년 북한대학원대 조교수 2008~2013년 同부교수 2010년 한국일보 시사칼럼 필자(현) 2011년 한반도포럼 회원(현) 2012년 북한대학원대 북한미시연구소장(현) 2013년 북한대학원대 교수(현) 2016년 북한연구학회 회장(현) 전'21 세기남북관계론(共)'(2000, 법무사) '탈북단시대를 열며(共)'(2000, 삼인) '남북한비교론(共)'(2006) '북한의 사상과 역사인식(共)'(2006) '동아시아 발전, 동북아 경제통합과 화해협력(共)'(2007) '북한 도시주민의 사적 영역 연구(共)'(2008) '북한체제의 이해-제도와 정책의 지속과 변화(共)'(2009, 명인문화사)

이우영(李祐榮) LEE Woo Young

생1960·7·5 본원주(原州) 출전북 무주 주인천 부평구 무네미로478 인천노동복지합동청사 한국폴리텍대학 이사장실(032-650-6780) 학1980년 대전고졸 1984년 한양대 기계공학과졸 1987년 서울대 대학원졸 1990년 공학박사(서울대) 경1990~1992년 국방과학연구소 선임연구원 1992~2012년 한국기술교육대 기계정보공학부 교수 1995~1996년 미국 Univ. of California, Berkeley 연구교수 2003~2007년 한국기술교육대 지역혁신체계추진단(RIS)장 2004~2008년 한국연구재단 우수연구센터 평가위원(현) 2006년 한국산업인력공단 평생능력개발사업 심의위원(현) 2006~2010년 한국기술교육대 산학협력단장 2007~2009년 충남지역산학협력단장협의회 회장 2008년 산업통상부 국가R&D산업원천기술개발사업 평가심의위원 2008년 지식경제부 전국테크노파크 및 특화센터 경영평가위원 2008~2010·2012~2014년 한국기술교육대 능력개발교육원장 2009년 국가경쟁력강화위원회 평생능력개발선진화TF 위원 2010~2011년 한국과학기술정보연구원 충남지역과학기술정보협의회 운영위원 2010~2012년 삼성전자(계열) 대중소상생설비기술경진대회 유치·운영 2010~2013년 한국기술교육대 첨단금형기술교육센터장 2010~2014년 고용노동부 국가인적자원개발컨소시엄사업 허브사업단장 2011년 (사)한국생산제조시스템학회 학술분과이사 2011년 (사)한국정밀공학회 이사 2011년 (사)한국실천공학교육학회 회장 2011~2013년 고용노동부 고용노동행정옴부즈만위원회 위원 2012~2013년 (사)한국반도체디스플레이학회 사업이사 2012~2013년 한국산업인력공단 국가인적자원개발 컨소시엄사업분과위원회 위원 2012~2016년 (재)노사발전재단 내일희망일터혁신지원사업 심사위원 2013년 한국기술교육대 기계공학부 교수(현) 2013

년 한국직업능력개발원 자문위원 2013~2016년 고용노동부 범부처국가인력양성실무협의회 공동위원장 2013~2015년 경제사회발전노사정위원회 위원 2014년 국무조정실 국정과제평가(창의인재분야) 자문위원(현) 2014년 고용노동부 지역산업맞춤형인력양성체계 TF 단장 2014년 여성가족부 정책자문위원회 위원(현) 2014년 학교법인 한국폴리텍 이사장(현) 2016년 청년희망재단 이사(현) 鄭녹조근정훈장(2007), 한국생산성본부 국제정보화리더상(2012), 노사정위원회 위원장표창(2012)

이우영(李瑀渶 · 女) Woo-young Rhee

鄭1971·5·25 㗞서울 관악구 관악로1 서울대학교 법과대학(02-880-9065) 㘟1994년 서울대 법학과졸 1996년 同대학원 법학과졸 1997년 미국 하버드대 로스쿨 법학과졸 2001년 법학박사(미국 스탠퍼드대) 㗰1991년 미국 뉴욕주 변호사자격 취득 2000년 미국 캘리포니아주 변호사자격 취득 2001년 미국 스탠퍼드대 로스쿨 객원연구원 2001~2003년 미국 캘리포니아주 변호사 실무 2004년 서울대 법과대학 조교수·부교수 2013년 同법과대학 교수(현) 2013~2014년 대법원 사법정책자문위원회 전문위원 2013~2015년 법무부 변호사제도개선위원회 위원 2013~2015년 법제처 법령해석심의위원회 위원

이우용(李宇鏞) LEE Woo Young

鄭1941·2·11 㗞충남 당진 㗞경기 성남시 수정구 성남대로1342 가천대학교 경영대학(031-750-5207) 㘟1963년 연세대 정치외교학과졸 1972년 미국 노던일리노이주립대 경영대학원졸 1977년 경영학박사(미국 네브래스카주립대) 㗰1976년 미국 크레이튼대 강사 1976년 미국 북미시간주립대 조교수 1978~1987년 서강대 경영학과 조교수·부교수 1984년 미국 하버드대 객원교수 1987~2006년 서강대 경영학과 교수 1993년 同경영대학원장 1994년 한국경영학회 부회장 1994년 한국마케팅학회 회장 1996년 한국공기업학회 회장 1998년 정부투자기관 경영평가단장 1999년 한국광고학회 부회장 1999~2000년 서강대 부총장 2000년 한국마케팅연구원 부회장 2001년 한국경영학회 부회장 2003년 同회장 2003~2005년 서강대 대외부총장 2007~2012년 한국사이버대 총장 2010~2012년 한국원격대학협의회 회장 2013년 가천대 경영대학 글로벌경영학트랙 석좌교수(현) 鄭근정포장(2006), 한국을 빛낸 경영인대상 디지털대학부문(2008), 상남경영학자상(2011) 㗪'마케팅원론' '마케팅클래식스' '한국경영학연구 총목록' '기업PR 전략' '세계가 열린다 미래가 보인다' '경영의 원론적 이슈와 경영학의 본질'

이우일(李愚日) Woo Il LEE

鄭1954·7·3 㗞서울 㗞서울 관악구 관악로1 서울대학교 기계항공공학부(02-880-7116) 㘟1972년 경기고졸 1976년 서울대 기계공학과졸 1978년 同대학원 기계공학과졸 1983년 기계공학박사(미국 미시간대) 㗰1979년 울산대 기계공학과 전임강사 1983년 미국 스탠퍼드대 항공우주과 연구원 1985년 한국기계연구원 선임연구원 1987년 서울대 공과대학 조교수·부교수 1993년 미국 스탠퍼드대 방문교수 1998년 서울대 공과대학 기계항공공학부 교수(현) 2001~2004년 대학산업기술지원단 단장 2003년 프랑스 EMSE대 방문교수 2006년 한국과학기술한림원 회원(현) 2007년 한국공학한림원 정회원(현) 2007년 Journal of Composite Materials 아시아지역 Editor(현) 2009년 현대모비스 사외이사(현) 2009년 미국기계학회(ASME) Fellow(현) 2009~2010년 한국복합재료학회 회장 2011~2013년 서울대 공과대학장 2012~2015년 한국과학기술원(KAIST) 이사 2012년 한국공학한림원 부회장(현) 2012년 장영실상 심사위원장 2014~2015년 바른과학기술사회실현을위한국민연합 상임대표 2014년 포항산업과학연구원(RIST) 이사(현) 2014~2016년 서울대 연구부총장 2015년 한국과학기술기획평가원(KISTEP) 비상임이사(현) 鄭미국 Univ. of Michigan Outstanding Achievement Award(1983), 서울대 공대 훌륭한 공대교수상(2010), 한국복합재료학회 복합재료대상(2012), 올해의 기계인(2015) 㙭천주교

이우재(李佑宰) LEE Woo Jae

鄭1936·9·13 㗞전주(全州) 㗞충남 예산 㗞충남 예산군 덕산면 덕산온천로182의10 (사)매헌윤봉길월진회(041-338-9514) 㘟1955년 예산농고졸 1962년 서울대 수의학과졸 1965년 건국대 대학원졸 㗰1960년 서울대 총학생회 회장 1963년 한국농업근대화연구회 사무국장 1963~1970년 국민대 농업경제학과 강사 1979~1982년 크리스챤아카데미사건 관련 투옥 1985년 한국농어촌사회연구소장 1987년 대선단일화운동본부 정책실장 1988년 전국학술단체협의회 공동대표 1990년 민중당 상임대표 1992년 사회발전을로구협의회 회장 1994년 민자당 서울금천지구당 위원장 1996년 제15대 국회의원(서울 금천,

신한국당·한나라당) 1998~2010년 한국농어촌사회연구소 이사장 1998년 한나라당 부총재 1999~2005년 대한수의사회 회장 2000~2003년 한나라당 서울금천지구당 위원장 2002~2004년 제16대 국회의원(서울 금천 보선, 한나라당·무소속·열린우리당) 2004년 열린우리당 상임고문 2004년 아태수의사회 회장 2005~2008년 한국마사회 회장 2009년 (사)매헌윤봉길월진회 회장(현) 鄭대한민국 생산성대상 공기업부문(2006) 㗪'한국사회의 재인식'(共) '한국농업의 현상과 구조' '우리시대 민족운동의 과제'(共) '한국민족주의 운동과 민중'(共) '한국 현대정치사'(共) '한국농민운동사 연구' 칼럼집 '씨를 뿌리는 마음으로' '한국경제와 농업문제' '비록 골짜기에 있을지라도 맑은 향기를 내리라' '바이오 정치가 희망이다'

이우정(李遇正) LEE Woo Jung

鄭1957·1·5 㗞평창(平昌) 㗞부산 㗞서울 서대문구 연세로50의1 세브란스병원 외과(02-2228-2120) 㘟1976년 경기고졸 1982년 연세대 의대졸 1992년 同대학원졸 1996년 의학박사(고려대) 㗰1994년 연세대 의과대학 외과학교실 교수(현) 1999년 일본 쿄토의대 외과 연수 2005~2009년 연세대 세브란스병원 내시경센터 원장 2005~2009년 대한간담췌외과학회 보험이사 2006~2009년 대한내시경복강경 외과학회 학술이사 2007~2009년 췌담도암클리닉 팀장 2007년 지식경제부 의료로봇육성TFT 위원 2007년 보건복지부 新의료기술평가위원회 위원 2008~2009년 연세대 세브란스병원 로봇내시경수술센터 소장 2008년 대한의료로봇학회 이사(현) 2009년 대한간담췌외과학회 학술이사 2010년 보건복지부 新의료기술평가위원회 부위원장 2014년 연세대의료원 의학도서관장(현) 2015~2016년 한국간담췌외과학회 회장 㙭기독교

이우정(李宇正) LEE Woo Jeong

鄭1969·6·22 㗞서울 㗞서울 서초구 강남대로629 (주)넥솔론 임원실(02-2046-7000) 㘟1992년 서강대 독어독문학과졸 1996년 스위스 국제경영개발대학원졸(MBA) 㗰1994~1995년 독일 Degussa AG Assistant Sales Manager 1997~1998년 영국 Hilti AG 마케팅매니저 1999~2001년 (주)옥시 경영지원본부장 2001년 (주)불스원 영업본부장 2005~2008년 同대표이사 사장 2008~2011·2014년 (주)넥솔론 각자대표이사 사장 2014년 同대표이사 사장(현)

이우종(李愚鍾) LEE Woo Jong

鄭1954·1·20 㗞전주(全州) 㗞서울 㗞경기 성남시 수정구 성남대로1342 가천대학교 공과대학 도시계획학과(031-750-5275) 㘟1972년 경기고졸 1976년 서울대 공대 건축학과졸 1981년 同대학원 건축학과졸 1988년 공학박사(서울대) 1993년 미국 포틀랜드주립대 박사후과정(Post-Doc.) 㗰1979년 한샘건축연구소 연구원 1981년 경원전문대학 전임강사 1984~1995년 경원대 공대 도시계획학과 전임강사·조교수·부교수 1988년 同학생생활연구소장 1992년 미국 포틀랜드주립대 객원교수 1994년 일본 동경대 도시공학과 객원교수 1995~2012년 경원대 공대 도시계획학과 교수 1997년 미국 하버드대 객원교수 1998년 경원대 환경계획연구소장 1998년 同기획처장 2000년 同환경정보대학원장 2000~2006년 건설교통부 중앙도시계획위원회 위원 2002년 경원대 공과대학장 2003~2004년 대통령직속 신행정수도건설추진기획자문단 위원 2004~2005년 국무총리실 용산기지공원화기획자문위원회 위원 2005~2008년 경원대 부총장 2007~2010년 同비전타워건설본부장 2008~2012년 서울시 도시계획위원회 위원 2009~2014년 경기도 도시계획위원회 위원 2010~2011년 (사)대한국토·도시계획학회 학술부회장 2011~2012년 경원대 부총장 2012년 가천대 공과대학 도시계획학과 교수(현) 2012~2014년 (사)대한국토도시계획학회 회장 2014년 (사)한국과학기술단체총연합회 부회장 겸 과학기술정책위원회 위원장(현) 2014년 한국공학한림원 회원(현) 2015년 국토교통부 국토교통미래위원회 민간위원장(현) 2015년 국회 도시재생포럼 공동대표(현) 鄭건설교통부장관표창(2003), 교육부총리표창(2004), 국무총리표창(2009) 㗪'도시계획론'(共)'(2000) '도시개발론'(共)'(2002) 'Global City Region(共)'(2003) '서양도시계획사(共)'(2004) '토지이용계획론(共)'(2008)

이우종(李雨宗) LEE Woo Jong

鄭1956·12·10 㗞서울 㗞인천 서구 경명대로322 LG전자 VC사업본부장실(032-723-0726) 㘟1975년 서울고졸 1979년 서울대 산업공학과졸 1981년 한국과학기술원(KAIST) 산업공학과졸(수석졸업) 1988년 산업공학박사(미국 미시간대) 㗰1989년 대우자동차 기술연산실·CIM연구실 차장 1995년 同제3플랫폼담당 이사 1999년 同차량개발담당 상무 2001년 LG CNS 하이테

크사업본부 제조엔지니어링사업부 상무 2002년 同하이테크사업본부 TME사업부 상무 2003년 同하이테크사업본부장(부사장) 2007년 V-ENS 대표이사 2013년 LG전자 VC사업본부장(사장)(현) [상]해외무역진흥 대통령표창(2003), 자랑스런 기업인상(2011)

이우종(李愚宗)

[생]1958·8·12 [출]충남 부여 [주]인천 남구 노적산로76 인천병무지청(032-454-2212) [학]부여고졸, 경기대 무역학과 중퇴 [경]1978년 공직 임용 2002~2003년 대전지방병무청 운영지원과 근무 2007~2008년 병무청 감사담당관실 근무 2013~2014년 同사회복무동원국 병역공개과 근무 2015년 同정책연구실장 2015년 同입영동원국 현역입영과장 2016년 인천병무지청장(현)

이우종(李玗鍾) Lee woo jong

[생]1962·10 [주]충남 아산시 탕정면 삼성로181 삼성디스플레이(주) OLED 전략마케팅팀(041-535-1114) [학]서라벌고졸, 성균관대 전자공학과졸 [경]삼성SDI(주) LCD마케팅그룹장, 同PM유기EL사업추진TF 근무 2006년 同MD사업부 마케팅팀 상무보 2013년 삼성디스플레이(주) OLED 전략마케팅팀장(전무)(현)

이우종(李雨鍾) Lee Woo Jong

[생]1970·10·10 [출]충북 충주 [주]서울 종로구 청와대로1 대통령비서실(02-770-0011) [학]1989년 충주고졸 1994년 서울대 역사교육학과졸 [경]1993년 행정고시 합격(37회) 1994년 내무부 행정사무관 임용 1995~2000년 충북도 지방과·자치행정과·국제통상과 근무 2000년 행정자치부 자치행정국 주민과 근무 2001년 同정책확인평가팀 파견 2001~2004년 同자치행정국 자치운영과·자치행정과 근무 2004년 정부혁신·지방분권위원회 파견(서기관) 2006~2008년 영국 엑스터대 교육파견 2008년 첨단의료복합단지지원특별법시행준비단 파견 2009년 행정안전부 지방재정세제국 회계공기업과장 2009~2011년 대통령실 행정관(부이사관) 2011년 행정안전부 지방재정세제국 재정관리과장 2012년 충북도 경제통상국장 2013년 충주시 부시장 2014년 충북도 자치연수원장 2015년 행정자치부 재정정책과장 2015년 대통령 행정자치비서관실 선임행정관(현)

이우진(李愚榐) LEE Woo Jin (철수)

[생]1954·11·17 [본]전주(全州) [출]전북 김제 [주]충북 진천군 광혜원면 진광로941의5 (주)주원산오리 대표이사실(043-530-6201) [학]1972년 동흥고졸 2004년 고려대 생명과학대학원졸 [경]1988년 (주)하림식품 관리이사 1993년 (주)하림 재정담당 전무이사 2002년 (주)주원산오리 대표이사(현) 2007년 하림그룹 사장 [상]재정경제원장표창(1995), 농림부장관표창(2005), 충북지방중소기업청장표창(2011), 국무총리표창(2013), 농림축산식품부장관표창(2013) [종]기독교

이우진(李宇鎭) LEE Woo Jin

[생]1960·1·25 [출]전남 해남 [주]서울 동작구 여의대방로16길61 기상청 기획조정관실(02-2181-0301) [학]1976년 광주제일고졸 1981년 연세대 천문대기학과졸 1983년 한국과학기술원(KAIST) 물리학과졸(석사) 1994년 대기과학기상학박사(미국 일리노이대) [경]기상직 5급 특채 1983년 기상청 기상연구소 종관기상연구부 기상사무관 1985~1990년 同기상개발관실 기상연구관 1990년 同수치예보과 기상연구관 1996년 同수치예보과 서기관 1998년 同수치예보과장 2001년 同예보국 총괄예보관 2003년 同수치예보과장(부이사관) 2005년 대전지방기상청장 2006년 기상청 예보국 예보총괄관(실장) 2007년 同수치예보센터장 2008년 同수치모델관리관 2008년 APEC 기후센터 사무총장 2010년 기상청 수치모델관리관(고위공무원) 2012년 同예보국장 2014년 同기획조정관(현) [상]과학기술부장관표창(1988·1999), 공무원문예대전 우수상(1999), 묵산학술장(2001), 홍조근정훈장(2013)

이우진(李宇振) LEE Woo Jin

[생]1966·2·21 [주]경기 고양시 일산동구 일산로323 국립암센터 부속병원 간암센터(031-920-2794) [학]1990년 서울대 의대졸 2002년 충북대 대학원 의학과졸 2005년 의학박사(서울대) [경]1990~1991년 서울대병원 수련의 1991~1995년 同소화기내과 전공의 1995~1998년 군의관 1998~1999년 서울대병원 소화기내과 전임의 1999~2000년 한일병원 소화기내과장 2001~2003년 인제대 일산백병원 소화기내과 조교수 2003년 국립암센터 부속병원 간암센터 전문의(현) 2009년 MD Anderson Cancer Center 연수 2010~2015년 국립암센터 부속병원 내시경실장 2012년 同부속병원 내과 전문의(현) 2014년 同간담췌암연구과 선임연구원(현) 2014년 同부속병원 간암센터장(현)

이우진(李宇鎭) Lee, Woo-Jin

[생]1972·1·25 [본]경주(慶州) [출]서울 [주]경기 과천시 관문로47 미래창조과학부 미래성장전략과(02-2110-2090) [학]1990년 영일고졸 1994년 한양대 금속공학과졸 1996년 한국과학기술원(KAIST) 재료공학과졸 2000년 재료공학박사(한국과학기술원) [경]2000~2002년 (주)하이닉스반도체 선임연구원 2002~2004년 미국 미네소타대 박사 후 연구원 2004~2012년 공업사무관(과학기술부·교육과학기술부·국가과학기술위원회) 2012~2013년 국가과학기술위원회 기술서기관 2013~2014년 미래창조과학부 창조경제국 기술서기관 2014년 우정공무원교육원 미래교육과장·기획협력과장·교육기획과장 2016년 미래창조과학부 창조경제기획국 미래성장전략과장(현) [종]천주교

이우철(李佑喆) LEE Woo Cheol

[생]1948·7·20 [출]충남 부여 [주]서울 강남구 삼성로511 (주)코람코자산신탁 임원실(02-787-0001) [학]1967년 경기고졸 1971년 서울대 법학과졸 1983년 미국 하버드대 행정대학원 행정학과졸 1984년 미국 뉴욕주립대 대학원 경제학과졸, 정책학박사(한성대) [경]1975년 행정고시 합격(18회) 1976년 해운항만청 사무관 1978년 재무부 사무관 1987년 대통령비서실 과장 1989년 재무부 법무담당관 1990년 同장관비서관 1990년 同증권업무과장 1992년 同재정융자과장 1993년 同회계총괄과장 1994년 재정경제원 인력기술과장 1996년 국무총리행정조정실 심사평가1심의관실 부이사관 1998년 국무총리국무조정실 산업심의관실 부이사관 1998년 금융감독위원회 기획행정실장 2000년 同감독법규관 2001년 同감독정책2국장 2002년 새천년민주당 수석전문위원 2003년 대통령직인수위원회 수석전문위원 2003년 증권선물위원회 상임위원 2004년 금융감독위원회 상임위원 2005년 금융감독원 기획·총괄보험담당 부원장 2008년 同기획·경영지원·소비자보호담당 수석부원장 2008~2012년 생명보험협회 회장 2010~2011년 국제보험회의(IIS) 대사 2012년 (주)코람코자산신탁 대표이사 부회장·대표이사 회장(현) 2013~2016년 한국국제교류재단 비상임이사 [상]홍조근정훈장 [종]기독교

이우철(李宇哲) Lee Woo Cheol

[생]1958·1·18 [출]서울 [주]경북 포항시 남구 새천년대로421 포항문화방송 사장실(054-289-0100) [학]1976년 한양공고졸 1981년 한양대 전자공학과졸 1996년 同대학원 전자공학과졸 [경]1984년 MBC 방송기술국 입사 1994년 同기술국 기술관리부 근무 1995년 同위성방송단 위성기술팀 근무 1997년 同제작기술국 영상기술팀 근무, 同영상기술부 차장 2002년 同송출기술국 TV송출부장 2005년 同송출기술국 부국장 2008년 同송출기술국장 2009년 同디지털기술국장 2010년 同디지털본부장(이사) 2013년 포항문화방송 대표이사 사장(현) 2013~2014년 한국방송협회 이사 [상]한양언론인회 한양언론인상(2014)

이우철(李祐哲) LEE Woo Chul

[생]1963·7·8 [출]서울 [주]서울 마포구 마포대로174 서울서부지방법원(02-3271-1114) [학]1982년 남강고졸 1986년 서울대 법학과졸 [경]1993년 사법시험 합격(35회) 1996년 사법연수원 수료(25기) 1996년 서울지법 판사 1998년 同의정부지원 판사 2000년 춘천지법 강릉지원 판사 2003년 서울지법 남부지원 판사 2006년 서울고법 판사 2008년 대법원 재판연구관 2010년 서울서부지법 판사 2011년 광주지법 부장판사 2012년 대법원 재판연구관 2014년 수원지법 안양지원 부장판사 2015년 서울서부지법 부장판사(현)

이우철(李宇哲) Lee Woo choul

[생]1976·11·0 [출]서울 [주]경기 수원시 팔달구 효원로1 경기도청 대변인실(031-8008-2030) [학]고려대 정치외교학과졸, 同대학원 정치학과졸, 북한경제학박사(고려대) [경]대통령비서실 PI자문위원, 한국산업평가기술관리원 전문위원 2014~2016년 경기도 정책특별보좌관 2016년 同대변인(현)

이우탁(李宇卓) LEE WOOTAK

[생]1965·5·21 [본]전주(全州) [출]서울 [주]서울 종로구 율곡로2길25 연합뉴스TV 정치부(02-398-3464) [학]1984년 숭문고졸 1988년 서울대 동양사학과졸 1991년 미국 워싱턴주립대 잭슨스쿨 국제관계학과졸 [경]1994~2003년 연합뉴스 정치부·경제부 기자 2003~2006년 同상하이특파원 2006~2011년 同정치부 정당팀 통일외교팀장 2011~2014년 同워싱턴특파원 2014년 연합뉴스TV 사회부장 2015년 同정치부장(현) 2016년 관훈클럽 운영위원(기획)(현) [상]이달의 기자상(2000), 삼성언론상(2007) [저]'장보고, 김구, 앙드레김-이우탁특파원의 상하이 견문록'(2006, 동아시아) '김정일과 오바마의 생존게임-6자회담 현장의 기록'(2009, 창해) [종]기독교

이우현(李愚鉉) LEE Woo Hyun

[생]1957·1·3 [출]경기 용인 [주]서울 영등포구 의사당대로 1 국회 의원회관443호(02-784-6441) [학]1994년 국민대 최고경영자과정 수료 2002년 용인대 경영대학원 최고경영자과정 수료 2006년 同관광학과졸, 同경영대학원 경영학과졸 2013년 국제문화대학원대 사회복지학 박사과정 재학中 [경]국제로타리3600지구 원삼로타리클럽 회장 1998·2002~2006년 경기 용인시의회 의원(열린우리당) 1998년 同부의장, 민주평통 용인시협의회 부회장, 경기도31개시·군·의회 의장단 부회장, 대통령자문 국가균형발전위원회 자문위원, 열린우리당 경기도당 상무위원 2002년 경기 용인시의회 의장 2003년 국민생활체육협의회 용인시회장 2006년 경기 용인시장선거 출마(열린우리당) 2008년 친박연대 중앙당 부대변인 2008년 제18대 국회의원선거 출마(용인시 처인구, 친박연대) 2008년 친박연대 경기도당 수석부위원장, 용인대총동문회 부회장(현), 경문전문학교재단 이사, 용인시축구센터 이사, 용인시의정동우회 부회장, 용인시해병전우회 운영위원장, 용인정보산업고 발전위원장, 문화예술인나라사랑회 중앙회 고문(현), 한국연예예술인단체총연합회 용인시지회 고문(현), (사)전국참전유공자환경운동본부중앙회 수석부회장(현) 2012년 제19대 국회의원(용인시甲, 새누리당) 2013년 국회 미래창조과학방송통신위원회 위원 2013년 새누리당 의사담당 원내부대표 2013년 국회 해병대전우회 회장(현) 2013~2015년 한국스포츠문화재단 이사장 2013년 국회 정치개혁특별위원회 위원 2013~2015년 국민생활체육회 부회장 2014~2015년 국회 창조경제활성화특별위원회 위원 2014년 새누리당 세월호사고대책특별위원회 위원 2014·2015년 국회 국토교통위원회 위원 2014~2016년 새누리당 대외협력위원장 2015년 국회 예산결산특별위원회 위원 2015년 국회 환경노동위원회 위원 2016년 제20대 국회의원(용인시甲, 새누리당)(현) 2016년 국회 국토교통위원회 간사(현) [상]경기도민일보 지방자치의원상(1999), 농림부장관표창(2002), 경인일보 경인의정부문 대상(2003), 민주평통 의장표창(2004), 중부율곡대상(2004), 문화관광부장관표창(2005), 새누리당 국정감사 우수의원상(2012), 대한민국을 빛낸 한국인물대상 정치공로부문상(2015), 전국청소년선플SNS기자단 선정 '국회의원 아름다운 말 선플상'(2015), 경인인물대상 정치부문(2015), 대한민국 유권자대상 국회의원부문(2016), INAK 국회의정상(2016) [저]'이우현이 만난 사람들'(2006) '절망의 끝에서 희망을 노래하다'(2012)

이우현(李雨鉉) Lee Woo Hyun

[생]1964·3·27 [주]경기 수원시 장안구 정자로146 더불어민주당 경기도당(031-244-6501) [학]용인송담대학 법률실무과졸, 용인대 경영대학원 경영학과졸 [경]용인시 수지축구협회 회장, 중국 양주시 민간교류단장, 용인의 제21시민공동체 실천위원 2002·2006·2010년 경기 용인시의회 의원(열린우리당·민주당·민주통합당·민주당·새정치민주연합) 2008~2010년 同산업건설위원장 2010~2012년 同부의장 2012~2014년 同의장 2014년 우즈베키스탄 타슈켄트 세종학당 명예교장(현) 2016년 더불어민주당 경기용인시丙지역위원회 위원장(현) 2016년 제20대 국회의원선거 출마(경기 용인시丙, 더불어민주당) [상]제2회 매니페스토약속대상 기초지방의원부문(2010)

이우현(李宇鉉) Lee Woo-Hyun

[생]1968·2·15 [본]전주(全州) [출]서울 [주]서울 중구 소공로94 OCI(주) 비서실(02-727-9301) [학]1992년 서강대 화학공학과졸 1996년 미국 The Wharton School of Univ. of Pennsylvania 대학원 경영학과졸(MBA) [경]1992~1994년 미국 International Raw Materials(Philadelphia) Sales Engineer 1996~1998년 미국 BT Wolfensohn(New York) Associate 1998~2001년 홍콩 CSFB Vice President 2001~2005년 Capital Z Partners Managing Director 2005~2007년 동양제철화학 전략기획본부장(전무) 2007년 OCI(주) 사업총괄 부사장(CMO)·대표이사 사장(현) [상]한국IR대상 유가증권부문 BEST IRO상(2011)

이욱재(李旭宰) LEE Wook Jae

[생]1958·4·3 [본]전주(全州) [출]강원 춘천 [주]강원 춘천시 삭주로3 춘천시청(033-250-3204) [학]춘천고졸, 한국방송통신대 법학과졸 [경]강원도 총무과·감사실·세정과 근무, 同지방공무원교육원 시설담당, 同기업지원과 판로지원담당, 同인사담당 2006년 同지방공무원교육원 교육운영과장 직대 2007년 同기업지원과장 직대 2007년 同자치행정국 총무과장 2009년 同국제협력실장 2010년 同기획관(서기관) 2010년 同투자유치사업본부장 2011년 교육 파견(서기관) 2013년 강원도 글로벌사업단장 2014년 강원 춘천시 부시장(현) [상]국무총리표창, 내무부장관표창, 강원도지사표창, 춘천시장표창

이욱헌(李郁憲) Lee Wook-heon

[생]1960·4·24 [본]함평(咸平) [출]충남 부여 [주]서울 종로구 사직로8길60 외교부 인사운영팀(02-2100-7136) [학]1984년 건국대 정치외교학과졸 1990년 프랑스 국립행정학교(ENA) 대학원 국제행정학과졸 [경]1985년 외무고시 합격(19회) 1985년 외무부 입부 1991년 駐가봉 2등서기관 1993년 駐프랑스 2등서기관 1997년 외무부 총무과 서기관 1999년 駐벨기에·유럽연합대표부 1등서기관 2002년 외교통상부 행정법무담당관 2004년 同구주국 구주1과장 2005년 駐탄자니아 공사참사관 겸 駐콩고민주공화국 대사대리 2007년 駐프랑스 공사참사관 2009년 한·아프리카포럼 준비기획단장 2009년 외교통상부 아프리카중동국 심의관(고위외무공무원) 2010년 駐프랑스 공사 2011년 외교통상부 유럽국장 2013년 외교부 유럽국장 2013년 駐우즈베키스탄 대사 2016년 외교부 본부 근무(현) [상]근정포장(2013)

이운룡(李雲龍) Lee, Un Ryong

[생]1961·7·15 [본]경주(慶州) [출]전북 무주 [학]1980년 대전고졸 1985년 한국외국어대 정치외교학과졸 1987년 同대학원 정치학과졸 [경]2001~2005년 한나라당 의원국·기획조정국 부국장 2006년 同원내기획국장 2007년 同민원국장 2008년 同기획조정국장 2009년 국회 정책연구위원(1급) 2009~2011년 한나라당 원내기획국장·행정국장 2011년 同정책위원회 운영수석전문위원 2011년 同비상대책위원장 보좌역 2012년 새누리당 상근전략기획위원 2012년 同제18대 대통령중앙선거대책위원회 특보단 총괄국장 2012~2016년 제19대 국회의원(비례대표 승계, 새누리당) 2012년 국회 농림수산식품위원회 위원 2013년 국회 농림축산식품해양수산위원회 위원 2013년 새누리당 대표최고위원 특별보좌역 2014년 국회 정무위원회 위원 2015년 새누리당 정책위원회 정무정책조정위원회 부위원장 2016년 同제20대 총선 중앙선거대책위원회 종합상황실장 [상]국정감사NGO모니터단 선정 국정감사 우수국회의원(2015)

이운식(李云植)

[생]1961·1·19 [주]경북 안동시 풍천면 도청대로455 경상북도의회(054-880-5363) [학]상주산업대 식물자원학과졸, 고려대 경영정보대학원 경영관리학과졸 [경]호산농산 대표이사, 상주상공회의소 상임의원, 새누리당 경북도당 상주시운영위원회 부위원장 2014년 경북도의회 의원(새누리당)(현) 2014년 同문화환경위원회 위원 2016년 同경북·대구상생발전특별위원회 위원(현) 2016년 同정책연구위원회 위원(현) 2016년 同문화환경위원회 부위원장(현)

이운조(李雲造) LEE Woon Cho

[생]1940·7·27 [본]경주(慶州) [출]경남 창원 [주]부산 부산진구 서면문화로6의1 하성빌딩6층 법무법인 서면(051-808-3451) [학]1960년 부산고졸 1964년 고려대 법학과졸 1997년 법학박사(경성대) [경]1967년 軍법무관 임용시험 합격(1회) 1971년 공군 군수사령부 법무실장 1973년 공군 교육사령부 법무실장 1976년 공군 11전투비행대 법무실장 1978년 변호사 개업 1987년 법무법인 서면 변호사(현), 부산시한의사협회 법률고문(현), 부산국제외국어고 이사(현), 영광해룡고 이사장(현)

이운호(李云鎬) LEE Woonho

[생]1962·7·28 [본]경주(慶州) [출]경북 안동 [주]서울 종로구 사직로8길60 외교부 인사운영팀(02-2100-7146) [학]1981년 안동고졸 1985년 서울대 경제학과졸 1989년 同행정대학원 정책학과졸 2002년 미국 아이오와대 경영대학원졸 [경]1984년 행정고시 합격(28회) 1986년 관세청 마산세관 수입과장 1989년 상공부 무역위원회 근무 1990년 대전엑스포조직위원회 파견 1993년 통상산업부

자원협력과 기획예산과 근무 1996년 同기획예산관 서기관 1997년 同수입과 서기관 1999년 同석유산업과 서기관 2004년 駐영국대사관 상무관 2007년 산업자원부 지역산업팀장 2008년 同무역위원회 무역구제정책팀장(부이사관) 2008년 우정사업본부 예금리스크관리팀장 2010년 대통령자문 국가경쟁력강화위원회 산업경쟁력팀장(고위공무원) 2011~2013년 지식경제부 무역정책관 2013~2015년 산업통상자원부 무역위원회 상임위원 2015년 駐과테말라 대사(현) [상]홍조근정훈장(2012)

이웅범(李雄範) LEE Ung Beom

[생]1957 · 2 · 10 [출]충남 부여 [주]서울 영등포구 여의대로128 LG트윈타워 LG화학 사장실(02-3777-1114) [학]1976년 배문고졸 1983년 한양대 화학공학과졸 2003년 캐나다 맥길대 대학원 경영학석사 [경]1983년 LG상사(주) 입사 1986년 LG전자(주) 기술개발과장 1989년 同생산기술과장 1994년 同생산지원실장 1995년 同제조실장 1996년 同기획관리팀장 1997년 同생산실장 1999년 同DRM사업부장 2000년 同Digital Recording Media 사업부장(상무) 2002년 同DMC사업부장(상무) 2005년 同PCB사업부장 2006년 同MC사업본부 생산담당 부사장 2010년 LG이노텍(주) 부품소재사업본부장 2012년 同대표이사 2013년 한국발명진흥회 비상임이사(현) 2014년 LG이노텍(주) 대표이사 사장 2015년 LG화학 전지사업본부장(사장)(현) [상]올해의 LG인상(1994), LG그룹 경영실천우수상(1995), 산업자원부장관표창(2002), 국무총리표창(2003), 한국PCB산업대상(2005), 동탑산업훈장(2007), 구미시 '올해의 최고기업인상'(2013), 한양언론인회 '자랑스런 동문상'(2014), 가족친화우수기업 국민포장(2014)

이웅수(李雄洙) LEE Ung Soo

[생]1956 · 4 · 15 [출]인천 [주]인천 연수구 아카데미로51번길37 인천종합에너지(주) 임원실(032-850-6200) [학]1975년 제물포고졸 1979년 육군사관학교졸 [경]2001년 인천시 도시개발본부 업무지원부 근무 2004년 同총무과 서기관 2006년 同법무담당관 2008년 강화군 부군수(지방서기관) 2009년 인천시 남구청 부구청장 직대 2010~2012년 인천시경제자유구역청 도시관리본부장 2012년 인천시인재개발원 원장 2012~2013년 인천시 보건복지국장 2013년 인천종합에너지(주) 전무이사(상임이사)(현) [상]홍조근정훈장(2013)

이웅열(李雄烈) LEE Woong Yeul

[생]1956 · 4 · 18 [출]서울 [주]경기 과천시 코오롱로13 코오롱타워 (주)코오롱 회장실(02-3677-3001) [학]1975년 서울 신일고졸 1977년 고려대 경영학과 수료 1983년 미국 아메리카대 경영학과졸 1985년 미국 조지워싱턴대 경영대학원졸(MBA), 고려대 언론대학원 최고위언론과정 수료 [경]1977년 (주)코오롱 입사 1985년 同이사 1986년 同동경지사 근무 1987년 코오롱그룹 아주본부장 1987년 (주)코오롱 상무 1989년 同전무 1989~2002년 駐韓 코스타리카 명예영사 1989년 코오롱그룹 기획조정실장 1991~1996년 同부회장 1993년 한미경제협의회 산업인력위원회 위원장 겸 부회장 1994년 (주)코오롱 사장 1995년 駐韓 마다가스카르공화국 명예영사 1996년 코오롱그룹 회장(현) 1996년 (주)코오롱 대표이사 회장(현) 1996년 한국경영자총협회 부회장(현) 1997년 금융개혁위원회 위원 1999년 전국경제인연합회 부회장(현), 同환경위원장 2000~2003년 同e비즈니스위원장 2001년 한국경제연구원 비상임이사 2003년 미국 랜드연구소 아시아태평양정책센터(CAPP) 고문 2008년 대통령직속 미래기획위원회 미래환경 · 에너지 · 과학분과 위원 2009~2012년 (재)명동정동극장 이사, 거버넌스21클럽 공동대표 2015년 (사)한국메세나협회 부회장(현) [상]금탑산업훈장(2008) [종]불교

이웅진(李雄鎭) LEE Woong Jin

[생]1965 · 6 · 29 [본]전주(全州) [출]서울 [주]서울 종로구 종로19 르메이에르타운B동1216호 (주)좋은만남 선우(02-747-2345) [학]2007년 성균관대 사회복지학과졸 [경]1991년 (주)좋은만남 선우 대표이사(현) 1998년 한국결혼문화연구소 소장 2003년 로버트김(한국명 김채곤)후원회 회장, 우송정보대학 웨딩이벤트학과 겸임교수 2015년 웨딩TV 대표이사(현) [저]'나는 플레이보이가 좋다'(1996) '세상의 모든 싱글들에게'(1997) '화려한 싱글은 없다'(1998) '결혼한 여자 이혼한 여자 그리고 결혼할 여자'(1999) '책상하나 전화기 두대 눈물 세방울'(2001) '화려한 싱글은 없다(두번째이야기)'(2005) '이웅진의 해석남녀'(2008)

이 원(李 元) LEE Won

[생]1970 · 12 · 15 [출]서울 [주]서울 서초구 서초대로219 대법원 재판연구관실(02-3480-1100) [학]1989년 충암고졸 1994년 서울대 공법학과졸 [경]1994년 사법시험 합격(36회) 1997년 사법연수원 수료(26기) 1997년 軍법무관 2000년 서울지법 판사 2002년 同동부지원 판사 2004년 청주지법 제천지원 판사 2008년 사법연수원 교수 2011년 서울고법 판사 2012년 창원지법 부장판사 2013년 대법원 재판연구관(현)

이원경(李媛卿 · 女) YI Won Gyeong

[생]1966 · 12 · 9 [출]경북 의성 [주]경북 안동시 풍천면 도청대로455 경상북도청 여성가족정책관(054-880-3040) [학]1985년 경북대 의학과졸, 同대학원 의학과졸, 同대학원 의학 박사과정 수료 [경]2010년 구미시 선산보건소장, 同보건소장 2012년 경북도 보건정책과장 2016년 同여성가족정책관(현)

이원곤(李源坤) YI Won Kon

[생]1964·5·16 [출]전남 함평 [주]서울 서초구 서초대로41길 20 화인빌딩5층 이원곤법률사무소(02-6204-0550) [학]1983년 동성고졸 1990년 고려대 법학과졸 [경]1992년 사법시험 합격(34회) 1995년 사법연수원 수료(24기) 1995년 변호사 개업 1998년 청주지검 검사 1999년 춘천지검 원주지청 검사 2001년 서울지검 검사 2003년 同의정부지청 검사 2004년 의정부지검 검사 2005년 대검찰청 연구관 2007년 인천지검 부부장검사 2009년 대구지검 영덕지청장 2010년 서울서부지검 형사5부장 2011년 대검찰청 과학수사담당관 2012년 서울동부지검 형사5부장 2013년 서울중앙지검 금융조세조사2부장 2014년 전주지검 부장검사 2015~2016년 대구지검 서부지청 차장검사 2016년 변호사 개업(현)

이원교(李元敎) LEE Won Kyo

[생]1960 · 8 · 19 [주]전남 여수시 대학로50 전남대학교 수산해양대학 해양기술학부 양식생물학전공(061-659-7161) [학]전남대 생물학과졸, 同대학원졸, 생물학박사(전남대) [경]1990~1992년 전남대 강사 1992~1994년 여수수산대 양식학과 강사 1994~1998년 여수대 양식학과 조교수 1996~1998년 일본 국립기초생물연구소 Post-Doc. 1998~2003년 여수대 수산생명과학부 부교수 2001~2003년 同수산증양식연구센터장 2003~2006년 同수산생명과학부 교수 2006년 전남대 수산해양대학 해양기술학부 양식생물학전공 교수(현), 전남지역환경기술개발센터 센터장 2014년 전남대 수산해양대학장(현) [상]국무총리표창(2010)

이원구

[생]1956 · 7 · 5 [출]충북 괴산 [주]서울 중구 남대문로120 남양유업(주) 임원실(02-2010-6500) [학]청주대 법학과졸 [경]1983년 남양유업(주) 입사 2003년 同총무부문장 2005년 同천안공장장 2007년 同경영지원본부 총무담당 상무 2011년 同경영지원본부장 2013년 同총괄수석본부장 2014년 同대표이사(현)

이원규(李園圭) LEE Won Gue

[생]1949 · 1 · 17 [본]전주(全州) [출]서울 [주]경기 이천시 신둔면 마소로11번길311의43 실천신학대학원대학교(031-638-8657) [학]1971년 감리교신학대졸 1978년 미국 에모리대 대학원 문학과졸(M.A.) 1981년 철학박사(미국 에모리대) [경]1981~2013년 감리교신학대 신학과 교수 1987년 미국 에모리대 연구교수 1988년 감리교신학대 학생처장 1992년 同대학원 교학처장 1993년 러시아 모스크바신학대학원 교환교수 1997년 중국 심양동북신학원 교환교수 1997~1999 · 2001~2003년 감리교신학대 교무처장 2004년 미국 클레아먼트 신학대학원 연구교수 2005~2010년 한국인문사회과학회 부회장 · 회장 2006~2010년 한국종교사회학회 회장 2009~2010년 감리교신학대 대학원장 2014년 실천신학대학원대 석좌교수(현) [상]녹조근정훈장(2014) [저]'종교의 세속화'(1987) '한국교회와 사회(編)'(1989) '종교사회학'(1991) '한국교회의 사회학적 이해'(1992) '현대 한국종교변동연구(共)'(1993) '한국교회의 현실과 전망'(1994) '종교사회학의 이해'(1997) '한국교회 무엇이 문제인가'(1998) '한국교회 어디로 가고 있나'(2000) '한국사회 발전과 기독교의 역할(共)'(2000) '한국사회문제와 교회공동체'(2002) '기독교의 위기와 희망'

(2003) '인간과 종교'(2006) '한국교회의 위기와 희망'(2010) '머리의 종교에서 가슴의 종교로'(2012) 㘁'보이지 않는 종교'(1982) '종교와 소외'(1983) '종교의 사회학적 이해'(1984) '웨슬리와 변형운동'(1988) '현대종교학담론(共)'(1999) 㘁기독교

이원규(李元奎)

㘁1957·2·17 ㈜서울 중구 청파로463 한국경제신문사 빌딩8층 한국항공우주산업(주) 신규사업실(055-851-1000) 㘁1976년 덕수고졸 1984년 경희대 산업공학과졸 㘁1976년 정풍물산 근무 1978년 대한항공 근무 1998년 현대항공 원가팀 근무 1999년 한국항공우주산업(주) 경리팀 부장 2007년 同방산지원담당 임원 2010년 同지상전력사업담당 2012년 同LAH T/F장(상무) 2012년 同LAH/LCH사업기획실장(상무) 2016년 同신규사업실장(상무)(현)

이원규(李元圭) LEE Won Gyu

㘁1962·8·20 㘁우계(羽溪) ㈜강원 삼척 ㈜강원 춘천시 강원대학길1 강원대학교 공과대학 화학공학과(033-250-6337) 㘁1985년 서울대 화학공학과졸 1987년 한국과학기술원 화학공학과졸(석사) 1995년 화학공학박사(한국과학기술원) 㘁1985년 (주)하이닉스반도체 수석연구원 2002년 강원대 공과대학 화학공학과 교수(현) 2003년 한국고분자학회 편집위원 2004년 한국화학공학회 산학간사 2006년 한국산업기술평가원 평가위원 2006~2007년 미국 Univ. of Florida 방문교수 2007년 미국 세계인명사전 'Marquis Who's Who in the world'에 등재 2007년 한국화학공학회 강원지부 총무간사 2009~2010년 강원대 KAPRA산업기술연구소장 2010년 同공과대학 부학장 2012~2014년 同공과대학장 2012~2014년 同산업대학원장 2012년 한국공과대학장협의회 이사 2013~2014년 강원대 공과대학부속 공장장 2013년 (재)한강생명포럼 공동대표(현) 2013년 (재)남북강원도협력협회 이사(현) 㘁한국반도체산업협회장표창(2011)

이원근(李元根)

㘁1972·9·4 㘁경북 예천 ㈜전북 전주시 덕진구 사평로25 전주지방법원(063-259-5400) 㘁1991년 영주 대영고졸 1995년 서울대 사법학과졸 㘁1997년 사법시험 합격(39회) 2000년 사법연수원 수료(29기) 2000년 육군 법무관 2003년 대구지법 판사 2006년 同김천지원 판사 2007년 수원지법 안산지원 판사 2009년 인천지법 부천지원 판사 2011년 서울중앙지법 판사 2012년 서울고법 판사 2012년 서울남부지법 판사 2015년 전주지법 부장판사(현)

이원기(李元基) LEE Won Gee (아람)

㘁1945·5·23 㘁벽진(碧珍) ㈜경남 합천 ㈜경북 포항시 북구 죽도로27 이원기외과의원 원장실(054-272-1919) 㘁1970년 경북대 의대졸 1980년 의학박사(경북대) 㘁1978년 이원기외과의원 원장(현) 1981~1999년 죽도천주교회 평협회장 1982~1985년 포항시의사회 법제이사 1991~1994년 同보험이사 1994~2000년 경북도의사회 보험이사 1996~2000년 포항시의사회 부회장 1997~2000년 대한의사협회 중앙이사 1999~2000년 포항라이온스클럽 회장 2000~2002년 죽도천주교회 총회장 2000~2004년 포항시의사회 회장 2000~2006년 경북도의사회 대의원회 의장 2002년 푸른포항21추진협의회 공동대표 2003년 치매가족협회 포항지부장 2003년 한국전력 자문위원 2004년 대한의사협회 대의원회 운영위원 및 정관개정위원 2005~2011년 천주교 대구대교구 경주·포항지역천주교회 대표총회장 2006~2009년 경북도의사회 회장 2009년 푸른포항21추진협의회 고문 2009~2011년 대한의사협회 부의장 㘁천주교

이원덕(李元德) LEE WON-DEOG

㘁1962 ㈜서울 성북구 정릉로77 국민대학교 사회과학대학 국제학부(02-910-4426) 㘁1985년 서울대 외교학과졸 1987년 同대학원 외교학과졸 1994년 국제정치학박사(일본 도쿄대) 㘁1994~1995년 서울대·경희대·한국외국어대·숙명여대 강사 1995~1996년 서울대 국제대학원 특별연구원 1996~1998년 세종연구소 연구위원 1998년 국민대 사회과학대학 국제학부 일본정치학 교수(현) 2003~2004년 미국 피츠버그대 동아시아연구소 객원연구원 2004~2005년 일본 동경대 대학원 국제사회과학전공 객원교수 2007년 외교부 정책자문위원 겸 대통령 안보정책실 자문위원(현) 2008년 국민대 일본학연구소장(현) 2016년 (재)화해·치유재단 이사(현)

이원로(李元魯) LEE Won Ro

㘁1937·12·27 㘁전의(全義) ㈜서울 ㈜경기 고양시 일산서구 주화로170 일산백병원(031-910-7500) 㘁1962년 서울대 의대졸 1964년 同대학원졸 1967년 의학박사(서울대) 㘁1970년 서울대 의대 전임강사 1972년 미국 워싱턴주립대 연구교수 1974년 미국 조지타운대 연구교수 1976~1994년 同의대 심장학과 조교수·부교수·교수 1989년 월간문학으로 시인 등단 1992년 미국 제퍼슨병원 내과 부장 1994~1999년 삼성서울병원 내과 과장·심혈관센터 소장 1999~2001년 성균관대 의대 내과학교실 주임교수 1999년 대한동맥경화학회 회장 2001년 대한순환기학회 국제교류위원장 2001년 대한고혈압학회 국제교류위원장 2001년 삼성서울병원 심혈관센터 소장 2001년 한국과학기술한림원 종신회원(현) 2001년 대한지질동맥경화학회 자문위원(현) 2002년 인제대 의대 내과학교실 교수 2002~2009년 同일산백병원장 2002년 同일산백병원 비전21 심장혈관센터 소장 2002년 대한고혈압학회 회장 2003년 제2차 아시아태평양과학포럼 좌장 2004년 대한심장학회 자문위원(현) 2004년 대한고혈압학회 자문위원(현) 2005~2010년 인제대 백중앙의료원장 2010년 인제학원 이사 겸 명예의료원장 2010~2014년 인제대 총장 2014년 同백중앙의료원 명예 의료원장(현) 㘁대한고혈압학회 공로상, 醫師문학제 문학상(2005), 대한의사협회 의사문학상(2005), 국가보훈처장표창(2006), 경기도지사표창(2006), 보건복지부장관표창(2007), 대한적십자사총재표창(2007), 서울의대동창회 함춘대상 학술연구부문(2015) 㘁'임상심장학I·II' '이원로박사의 최신의학정보' '이원로박사의 심장혈관병 최신정보' 시집 '빛과 소리를 넘어' '햇빛 유난한 날에' '청진기와 망원경' '팬터마임' '피아니시모' '모자이크' '순간의 창' '바람의 지도(2010, 한국문예) '우주의 배꼽'(2011, 현대시) 시선집 '시집가는 날'(2012, 현대시) '시냅스'(2012, 서울셀렉션) '기적은 어디에냐'(2013, 서울셀렉션) '신호추적자'(2014, 현대시) 에세이 '화이부동 : 함께 사는 지혜'(2014, 고요아침) '시간의 주름'(2015, 포엠포엠) '울림'(2015, Createspace) '반딧불'(2016, Createspace) '피리 부는 사람'(2016, Createspace) '꽃눈 나라'(2016, createspace) 㘁기독교

이원명(李源明) LEE Won Myung (당산)

㘁1950·4·16 㘁용인(龍仁) ㈜서울 ㈜서울 노원구 화랑로621 서울여자대학교 사학과(02-970-5114) 㘁1973년 성균관대 사학과졸 1979년 고려대 대학원 역사교육학과졸(교육석사) 1992년 문학박사(고려대) 㘁1973~1975년 육군 만기전역 1976~1982년 정신여중 교사 1977년 역사학회 평생회원(현) 1982~1984년 고려대 강사 1983~1985년 서울시 시사편찬위원회 연구원 1984년 서울여대 사학과 강사 1985~2015년 서울여대 사학과 교수 1988년 서울문화사학회 회원 1988~2014년 용인이씨대종회 종보 주간 겸 이사 1995년 국립교육평가원 국사분과 자문위원 1998년 서울여대 인문과학부장 1998~2000년 同초대박물관장 1998~2000년 同교수협의회장 2000년 서울시 종로구·노원구 지명위원(현) 2001년 서울여대 40년사편찬위원장 2002년 서울시사편찬위원회 위원(현) 2002~2013년 국사편찬위원회 사료조사위원 2003~2012년 서울문화사학회 부회장 2005년 수선사학회 회장 2005~2006년 서울여대 학생처장 2008년 서울시사편찬위원회 부위원장(현) 2008년 노원구 문화재자문위원회 위원(현) 2008~2009년 서울여대 박물관장 2009~2011년 同인문대학장 2011년 同50년사 편찬위원장 2012~2015년 (사)서울역사문화포럼 수석부회장 2014~2015년 성균관대 사학과총동창회 회장 2015년 천주교대교구 순교자현양위원회 위원 2015년 성균관대 사학과총동창회 명예회장(현) 2015년 서울여대 사학과 명예교수(현) 㘁서울여대총장표창(1996·2006), 서울문화사학회 공로상(2001), 용인이씨대종회 공로패(2006), 서울여대총장 공로패(2012), 서울여대 30년 근속기념표창(2015), 녹조근정훈장(2015), 용인이씨대종회 공로패(2015) 㘁'서울 600년사-문화사적편·인물편(共)'(1983·1993) '고려시대성리학수용연구'(1997, 국학자료원) '동대문 본당 25년사(編)'(1997) '서울여자대학교 40년사(編)'(2002) '서울문화재 나들이(共)'(2002, 서울문화사학회) '조선시대 문과급제자연구'(2004, 국학자료원) '조선시대 서울사람들(共)'(2004, 서울문화사학회) '노원의 역사와 문화'(2005) '용인이씨 현조사적'(2005) '용인시사 제3권(共)'(2006, 용인시) '장양공 이일장군 연구'(2009) '한국문화산책(共)'(2009, 서울여대박물관) '서울여자대학교 50년사(編)'(2012) '서울 2천년사 제11권(共)'(2013, 서울시사편찬위원회) '항일영웅 리홍광(共)'(2015, 민족출판사) '조선시대 역사인물 재조명'(2015, 경인문화사) 등 20여권 㘁천주교

이원범(李源範) LEE Won Bum

㘁1965·6·26 ㈜대구 달성 ㈜서울 서초구 서초중앙로157 서울고등법원(02-530-1114) 㘁1984년 대구 영남고졸 1988년 서울대 법대 사법학과졸 㘁1988년 사법시험 합격(30회) 1991년 사법연수원 수료(20기) 1991년 軍법무관 1994년 서울지법 의정부지원 판사 1996년 서울지법 판사 1998년 대구지법 판사 1999년 同칠곡군·성주군·고령군법원 판사 2001년 대구고법 판사 2002

년 서울고법 판사 2002~2004년 법원행정처 송무심의관 겸임 2006년 대구지법 부장판사 2007년 대법원 재판연구관 2011년 서울중앙지법 부장판사 2013년 대전고법 부장판사 2016년 서울고법 부장판사(현)

이원보(李元甫) Lee won bo

[생]1945·1·2 [출]전북 남원 [주]서울 마포구 백범로169의9 국민서관빌딩502호 한국노동사회연구소(02-393-1457) [학]중동고졸 1971년 고려대 경제학과졸 1977년 경희대 경영행정대학원 노사관리학과졸 [경]1972~1976년 고려대 노동문제연구소 연구위원 1976~1994년 전국섬유노동조합연맹 기획전문위원·기획국장 1995~1997년 한국노동사회연구소 부소장 1997~2004년 同소장 2000년 한국비정규노동센터 이사 2000년 전태일기념사업회 이사 2000~2003년 KBS 시청자위원 2000~2003년 한겨레신문 자문위원 2002년 한국노동교육원 자문위원 2002~2003년 서울지방노동위원회 공익위원 2003~2007년 중앙노동위원회 공익위원 2003년 한국직업능력개발원 자문위원 2004~2007년 한국노동사회연구소 이사장 2006년 한국고용정보원 이사 2007~2010년 중앙노동위원회 위원장(장관급) 2011년 한국노동사회연구소 이사장(현) [저]'산별노조의 과거 현재 그리고 미래'(1996) '한국노동운동사-경제개발시대의 노동운동'(2004) '한국노동운동사-100년 기록'(2005) 'KLSI 고용 지표: OECD 국가 비교'(2010, 한국노동사회연구소)

이원복(李元馥) RHIE Won Bok

[생]1946·10·4 [출]대전 [주]서울 도봉구 삼양로144길33 덕성여자대학교 총장실(02-901-8011) [학]1965년 경기고졸 1965년 서울대 건축공학과 입학, 독일 뮌스터대 상업미술학과졸 1981년 同대학원졸(Diplom Designer) [경]1985년 독일 뮌스터시 초청개인전 1986년 서독 코스펠트시립도서관 초청개인전 1986~2012년 덕성여대 예술학부 시각디자인전공 교수 1991년 한국간행물윤리위원회 제3분과 위원 1991년 대전EXPO 전시연출전문위원 1993년 서울600년 홍보전문위원 1996년 1996서울국제만화페스티벌 기획운영본부장 1996년 한국만화학회 창립준비위원 1996년 조선일보 만화칼럼 연재 1996년 한국만화학회 부회장 1997년 한국간행물윤리위원회 제2심의위원회 위원 1998년 (사)한국만화애니메이션학회 초대회장 1999년 대학생애니메이션페스티발 조직위원장 2002~2003년 덕성여대 FTB대학원장 2008~2012년 同예술대학장 2009·2011년 대통령직속 사회통합위원회 위원 2012~2015년 덕성여대 석좌교수 2012~2013년 기획재정부 중장기전략위원회 민간위원장 2013년 한국국제교류재단 문화나눔대사(현) 2013~2015년 대통령소속 문화융성위원회 위원 2014년 한국콘텐츠공제조합 명예조합원(현) 2015년 덕성여대 총장(현) 2015년 법무부 정책위원회 위원장(현) [상]도서잡지 윤리위원회상(2회), 올해의 책상, 한국간행물윤리위원회 금상, 한국색동회 눈솔상, 간행물윤리상, 보건복지부장관표창(2016) [작]'사랑의 학교' '사관이와 병호의 모험' '먼나라 이웃나라' '학습만화 세계사' '엑소더스' '학습만화 한국사' '만화로 보는 자본주의·공산주의' '공산이데올로기 시리즈' '세계의 만화 만화의 세계' '역사인물탐험-6백년 우리서울' '한국·한국인·한국경제' '현대문명진단' '나부터 변하자' '국제화시대의 세계경제'(共) '세계로 가는 우리경영'(共) '먼나라 이웃나라 시리즈' '펜끝으로 여는 세상' '만화로 떠나는 21세기 미래여행' '이원복교수의 진짜 유럽이야기' '새 먼나라 이웃나라 일본' '신의 나라 인간나라' '이원복 교수의 세상만사 유럽만사'(2010, 김영사) '역사만화 가로세로 세계사'(2014, 김영사)

이원복(李原馥) Lee Won Bok

[생]1950·6·20 [출]충북 청주 [주]경남 진주시 충의로10 한국산업기술시험원 원장실(055-791-3000) [학]1968년 청주고졸 1974년 고려대 전자공학과졸 [경]1989~1993년 생산기술연구원 품질평가센터 기획과장 1993~1998년 同품질평가센터 기획실장 1998~1999년 산업기술시험평가연구소 감사실장 2000~2010년 한국산업기술시험원 연구위원 2011년 (주)KMI 상임고문 2011~2012년 동국대 의료기기개발촉진센터 운영위원 겸 기술고문 2012~2014년 (재)원주의료기기테크노밸리 원장 2014년 한국산업기술시험원 원장(현) [상]과학기술처장관 우수연구원상(1984), 강원도지사표창(2014)

이원복(李源福) Lee Won-bok

[생]1954·3·18 [출]서울 [주]부산 남구 유엔평화로63 부산광역시시립박물관(051-624-6343) [학]1978년 서강대 사학과졸, 同대학원 사학과 수료 [경]1988년 국립공주박물관장 1989~1993년 국립청주박물관장 1998~2002년 국립중앙박물관 미술부장 2002~2007년 국립광주박물관장 2007년 국립전주박물관장 2008년 국립중앙박물관 학예연구실장 2009년 국립광주박물관장 2011년 국립중앙박물관 학예연구실장 2012년 同연구기획부 특임연구관 2013~2015년 경기도박물관장 2015년 문화재청 동산문화재분과 문화재위원 2016년 부산시립박물관장(현) [상]동원학술논문상, 홍조근정훈장(2013) [저]'나는 공부하러 박물관 간다'(1997) '회화-한국 美의 재발견'(2005) '한국의 말 그림'(2005) '홀로 나귀타고 미술숲을 거닐다'(2008)

이원석(李元碩) LEE WON SUK

[생]1962·8·27 [본]전주(全州) [출]서울 [주]경기 성남시 분당구 성남대로343번길9 SK주식회사 C&C 임원실(02-6400-1680) [학]아주대 산업공학과졸, 同대학원 정보통신학과졸 [경]1987년 대우자동차(주) 전산실 근무 1993년 대우정보시스템(주) 컨설팅사업부 근무 2001년 SK C&C Industry Leadership 지원팀 근무 2005년 同IT전략컨설팅팀장 2010년 同제조컨설팅팀장(전문위원·상무) 2011년 同컨설팅본부장 2015년 同ICT성장담당 상무 2015년 SK주식회사 C&C ICT성장담당 상무 2016년 同솔루션개발담당 상무 2016년 同R&D전략담당 상무(현) [상]2003·2007·2010년 (주)SK SKMS실천상

이원석(李沅柘) Lee one seok

[생]1969·5·14 [출]전남 보성 [주]서울 서초구 반포대로158 서울중앙지방검찰청 특수1부(02-530-4315) [학]1987년 중동고졸 1991년 서울대 정치학과졸 [경]1995년 사법시험 합격(37회) 1998년 사법연수원 수료(27기) 1998년 서울지검 동부지청 검사 2001년 부산지검 검사 2003년 서울지검 검사 2004년 서울중앙지검 검사 2006년 수원지검 검사 2008년 법무부 법무심의관실 검사 2010년 서울중앙지검 부부장검사 2011년 제주지검 부장검사 2012년 창원지검 밀양지청장 2013년 대전지검 부부장검사(국무조정실 파견) 2014년 대검찰청 수사지원과장 2015년 同수사지휘과장 2016년 서울중앙지검 특수1부장(현) [상]매경 경제검사상(2011)

이원선(李元善) LEE Weon Sun

[생]1960·7·13 [본]전주(全州) [출]충북 충주 [주]서울 영등포구 여의나루로76 한국거래소별관 (사)한국상장회사협의회(02-2087-7004) [학]휘문고졸, 동국대 회계학과졸, 同대학원 회계학과졸 [경](사)한국상장회사협의회 조사부장, 同상무보, 법무부 상법특별위원회 위원, 同변호사제도개선위원회 위원, 한국회계기준원 자문위원 2012년 (사)한국상장회사협의회 경영관리본부장(상무) 2015년 同전무(현) [상]재정경제원장관표창, 금융감독위원장표창 [저]'내재가치로 보는 좋은주식 나쁜주식'(共)

이원섭(李源涉) Lee Won Sup

[생]1964·8·12 [출]서울 [주]서울 종로구 새문안로68 흥국생명빌딩2층 흥국증권(주) 임원실(02-6742-3601) [학]1983년 배문고졸 1989년 연세대 지질학과졸 [경]1989년 동원증권 입사 1996년 W.I.CARR증권 부장 1999년 크레디트 스위스 퍼스트 보스톤(CSFB) 국내법인영업 총괄 2002년 골드만삭스증권 서울지점 국내법인영업총괄 상무 2009년 KB투자증권(주) 법인영업본부장(전무) 2012~2014년 한화투자증권 Wholesale(법인영업)총괄 부사장 2015년 흥국증권(주) 대표이사(현) [종]기독교

이원수(李元秀) Wonsoo Yi (凡樵)

[생]1931·9·25 [본]성산(星山) [출]경남 함안 [학]1951년 개성고졸(舊 부산상고)졸 1955년 부산대 법과대학 법학과졸 [경]1956년 金龍煥선생에 의해 주간희망에 데뷔 1956년 부산만화가협회 총무 1958년 한국만화가협회 회원(현) 1958~1961년 서범석 국회의원 보좌관 1959~1961년 한국일보 일요판 시사만화 게재 1959년 백양헌(부산과 개성고교의 역사와 문화를 사랑하는 모임) 대표(현) 1961~1962년 재건국민운동본부장(유진오 박사) 비서 1962~1968년 대한무역진흥공사 공채1기 입사·산업디자인과장·국내전시관장 1962~1968년 농림부 농가공품 지도위원 1962~1968년 상공부 공업표준심의위원(상품포장부회) 1969~1971년 월간 '기업경영'에 광고평론 연재 1969~1971년 홍익공업전문대학 광고학 교수 1990년 한국산업진흥공방(前 한국만화공방) 창립 1991년 일본만화가협회 회원 1991년 일본 Kagoshima국제만화심포지엄 한국본부장 1991년 코믹만화 캐릭터 '코주부' 승계받음 1992년 스포츠조선 제1회 국제만화대상 초대작가 1992~1998년 서울신문 시사만화 연재 1994~1999년 홍콩 REVIEW지에 시사만화 연재 1994년 세계만화가연맹기구(FECO) 한국지부 회장 1994년 서울평화상 수상자 캐리커처 기증 작가(현) 1995~1998년 미국만화가협회·미국시사만화가협회 회원 1995~1998년 명지대 사회교육원 만화학 교수 1995년 CWS(Cartoonists & Writers Syndicate;미국 뉴욕주 맨해튼) 및 The

New York Times Syndicate에 국제시사만화가 선임(현) 1997~1998년 평화신문에 '코주부' 연재 1997년 미국 만화전문지 Witty World 한국편집위원(현) 1997~2006년 국제시사만화전 6회 개최 1999년 해외교민지에 코주부 및 시사만화 연재 2002~2006년 코리아타임즈에 영문시사만화 연재 2006~2008년 JoongAng Daily에 영문시사만화 연재 2006년 국회 '국제시사 인권만화작품전시회' 개최(국회의장으로부터 세계인권만화가 칭호 수여받음) 2006년 바른사회시민회의 고문(현) 2007~2014년 (사)미래숲(지구살리기운동NGO) 지도위원 2009년 조선일보 '오늘의 국제시사만화' 게재 2012년 코믹만화 코주부 70주년(2만4481점) [상]The Best Cartoons in Nippon 입상(1993·1995) [작]Queen Elizabeth(영국여왕), Jimmy Carter(前미국 대통령), Henry Kissinger(前미국 국무장관), Katharine Graham(前뉴스위크 및 워싱턴포스트 사주), William Cohen(前미국 국방장관), William Perry(前미국 국방장관), Dennis Hastert(前미국 하원 의장), Kofi Annan(前유엔 사무총장), Helmut Kohl(前독일 수상), Tony Blair(前영국 수상), Tomiichi Murayama(前일본 수상), Vaclav Havel(前체코 대통령), Alice Walker(미국 흑인인권운동 여류작가), Muhammad Yunus(2006년 노벨평화상 수상자), Ms. Suzanne Scholte(제9회 서울평화상수상자) 등 70여명에게 작품 기증함. [종]가톨릭

이원식(李元植) LEE Won Sik

[생]1955·10·23 [본]재령(載寧) [출]경북 영양 [주]서울 영등포구 국제금융로8길25 대한주택건설협회 상근부회장실(02-785-3911) [학]1974년 영남공업고등전문학교 토목과졸 1988년 경북산업대 토목공학과졸 1999년 연세대 산업대학원 도시계획학과졸(석사) 2012년 공학박사(안양대) [경]1979년 건설부 수자원국 개발과·도시국 도시계획과 근무 1994년 건설교통부 주택도시국 도시관리과 근무 1997년 국무총리실 수질개선기획단 근무 1998년 건설교통부 도시국 도시관리과·도시계획과·국토체계개편팀 근무 2004년 同토지규제합리화T/F팀 팀장(서기관) 2005년 원주지방국토관리청 강릉국도유지건설사무소장 2007년 환경부 한강유역환경청 유역관리국장 2009년 국토해양부 수자원국 수자원개발과장 2010년 同국토정책국 녹색도시과장(서기관) 2011년 同국토정책국 녹색도시과장(부이사관) 2012년 행정중심복합도시건설청 도시계획국장(고위공무원) 2013년 대한주택건설협회 상근부회장(현) 2015년 경기도 도시계획위원(현) 2015년 행정중심복합도시건설청 자체평가위원(현) 2015년 중앙건축위원(현) 2015년 한국주거환경학회 부회장(현) 2015년 한국조경학회 상임이사(현) 2015년 국토도시계획학회 회원(현) 2015년 한국하천협회 회원(현) 2016년 전문건설공제조합 운영위원(현) [상]국무총리표창(1985·1992), 대통령표창(2002), 근정포장(2011), 홍조근정훈장(2013) [저]'도시개발사업 실무개론(共)'(2004, 백산출판사) '국토의 계획 및 이용에 관한 법률의 이해'(2007, 백산출판사) [종]기독교

이원식(李遠植) LEE WON SIK

[생]1958·10·27 [출]광주 [주]서울 중구 퇴계로10 한국재정정보원 원장실(02-6908-8200) [학]광주 진흥고졸, 성균관대 경제학과졸, 서울대 대학원 행정학과졸, 미국 위스콘신대 대학원 경영학과졸 [경]1988년 행정고시 합격(31회), 재정경제부 경제협력국 경협총괄과 근무(4급), 駐경제협력개발기구대표부 1등서기관, 재정경제부 금융정책국 금융허브기획과장 2007년 대통령 경제보좌관실 행정관(부이사관) 2008년 기획재정부 저개발국지원프로그램T/F팀장·건국60주년기념사업추진기획단 파견·미래기획위원회 파견 2010년 스위스 파트너그룹 국외훈련(고위공무원), 대통령자문 국가경쟁력강화위원회 기획총괄국장 2013년 기획재정부 국고국 국유재산심의관 2014년 同국고국장 2016년 한국재정정보원 초대원장(현)

이원식(李原植) LEE Won Sik

[생]1962·3·12 [주]충북 청주시 흥덕구 오송읍 오송생명2로187 식품의약품안전처 의약품안전국(043-719-2601) [학]보성고졸, 서울대 의과대학졸, 同대학원 약물학과졸, 약리학박사(한양대) [경]한독사노피아벤티스 의학부 전무, 한국엠에스디 의학부 이사, 한림대 강남성심병원 가정의학과장 겸 건강검진센터 소장, 한국화이자제약(주) 의학부 전무, 한국의약물경제성평가학회 홍보이사 2010~2012년 한국제약의학회 회장 2014년 한국화이자제약(주) 의학부총괄 겸 혁신제약사업부문 의학부 대표(부사장) 2016년 식품의약품안전처 의약품안전국장(현) [상]식품의약품안전청장표창(2001)

이원식(李元植) LEE WONSIK

[생]1962·7·11 [출]서울 [주]경기 수원시 영통구 삼성로129 삼성전자(주) 전장사업팀(031-200-1114) [학]숭실고졸, 연세대 전자공학과졸, 미국 텍사스A&M대 경영대학원졸(MBA) [경]2006년 삼성전자(주) 무선개발실 상무보 2007년 同무선개발기획팀장 2009년 同무선 북미상품기획그룹장 2010년 同DMC연구소 UX센터장 2011년 同무선 신규비지니스개발그룹장(전무) 2014년 同무선 UX혁신팀장(전무) 2016년 同전장사업팀 개발전략·대외협력그룹장(전무)(현)

이원신(李元臣) Lee Won Sin

[생]1969·11·30 [출]충남 보령 [주]경기 안양시 동안구 관평로212번길70 수원지방법원 안양지원(031-8086-1114) [학]1988년 천안고졸 1993년 서울대 사법학과졸 [경]1995년 사법시험 합격(37회) 1998년 사법연수원 수료(27기) 1998년 軍법무관 2001년 인천지법 판사 2003년 서울지법 판사 2004년 서울중앙지법 판사 2005년 대구지법 안동지원 판사 2009년 사법연수원 교수 2011년 서울고법 판사 2013년 전주지법 군산지원 부장판사 2015년 수원지법 안양지원 부장판사(현)

이원영(李源榮) LEE Won Young

[생]1954·4·7 [출]서울 [주]서울 구로구 시흥대로571 부호빌딩3층 법무법인 이산(02-858-6700) [학]1972년 경기고졸 1977년 서울대 법학과졸 1981년 同대학원 수료 [경]1983년 사법시험 합격(25회) 1985년 사법연수원 수료(15기) 1986년 변호사 개업 1994년 민주사회를위한변호사모임 노동위원장 1996년 민주당 서울금천지구당 위원장 2000년 법무법인 이산 대표변호사(현) 2000~2003년 대통령소속 의문사진상규명위원회 위원 2002년 민주사회를위한변호사모임 부회장 2003년 열린우리당 창당발기인 2004~2008년 제17대 국회의원(광명甲, 열린우리당·대통합민주신당·통합민주당)

이원용(李元容) LEE Won Young

[생]1956·1·23 [출]충남 청양 [주]대전 서구 갈마중로30의67 충청투데이 임원실(042-380-7001) [학]1974년 대전상고졸 1980년 충남대 화학과졸 [경]1981년 대전일보 기자 1990년 대전매일신문 사회부 차장 1992년 同사회부장 1994년 同교열부 부장대우 1994년 同사회부장 1997년 同정치부장 1999년 同사회부장 2001년 同편집국장직대 2005년 충청투데이 기획실장 2007년 同전무 2008년 同부사장 2008년 同대전충남본사 사장 2015년 同부회장(현)

이원우(李元雨) LEE Won Woo

[생]1942·10·3 [본]경주(慶州) [출]충북 청주 [주]충북 청원군 현도면 상삼길133 꽃동네대학교 총장실(043-270-0121) [학]1961년 청주고졸 1969년 서울대 사범대 교육학과졸 1974년 同행정대학원졸 1993년 교육학박사(동국대) [경]1970~1980년 법무부·교육부 사무관 1980년 교육부 법무담당관 1981~1982년 미국 터프츠대·하버드대 연수 1982년 교육부 행정관리담당관 1984년 대통령비서실 서기관 1987년 교육부 장관비서관 1988~1990년 제주대·충북대 사무국장 1991년 대통령교육정책자문회의 사무국장 1993~1994년 국제진흥원 국제연수부장·교육부 보통교육국장 1994년 미국 플로리다주립대 교환교수 1995년 충북대 사무국장 1995년 교육부 교육정책기획관 1996년 同대학교육지원국장 1996년 서울시 부교육감 1998년 대통령 교육문화비서관 1999~2000년 교육부 차관 2001~2005년 한경대 총장 2005~2009년 안양대 대학원 석좌교수 2009~2011년 꽃동네현도사회복지대 총장 2009년 한국가톨릭계대학총장협의회 감사 2009년 꽃동네대 총장(현) [종]천주교

이원우(李元雨) LEE Won Woo

[생]1950·7·5 [출]충남 청양 [주]서울 송파구 올림픽로300 롯데물산(주) 임원실(02-3213-5181) [학]1969년 보성고졸 1974년 육군사관학교 전자공학과졸 [경]롯데쇼핑(주) 기획부문장(상무) 2000년 대한상공회의소 유통물류위원 2004년 롯데쇼핑(주) 기획부문장(전무) 2004년 롯데백화점 영등포역사점 대표이사 겸임 2007년 롯데쇼핑(주) 기획부문장(부사장) 2008년 중앙노동위원회 사용자위원 2008년 롯데쇼핑(주) 기획전략본부장(부사장) 2009~2014년 롯데그룹 CP프로젝트총괄 대표이사 2010년 롯데물산(주) 대표이사 2012년 同대표이사 사장 2015년 同총괄사장(현) [상]철탑산업훈장(2006)

이원우(李原雨) Lee Won Woo

[생]1954·2·6 [본]경주(慶州) [출]경북 울진 [주]서울 종로구 율곡로75 현대건설 플랜트사업본부(02-746-2030) [학]춘천고졸, 인하대 화학공학과졸, 울산대 대학원졸 [경]1982~2012년 현대건설 플랜트사업본부 근무 2013~2014년 현대엔지니어링 화공2사업본부장 2015년 同인프라사업본부장 2016년 同기본설계사업부 및 영업실 총괄 2016년 현대건설 플랜트사업본부장(부사장)(현) [상]산업포장(2010)

이원우(李元雨) Lee Won woo

[생]1963 [주]서울 관악구 관악로1 서울대학교 법과대학(02-880-7551) [학]서울대 법학과졸, 법학박사(독일 함부르크대) [경]1990~1992년 육군사관학교 교수부 법학과 전임강사 1993~1996년 독일 드레스덴공과대 법과대학 공법연구소 연구원 1996~1997년 독일 함부르크대 경제법연구소 연구원 1998~2000년 한림대 법학과 조교수 2000~2004년 한양대 법학과 조교수·부교수 2005~2012년 서울대 법과대학 조교수·부교수 2008년 방송통신위원회 전파정책심의위원회 위원 2012년 서울대 법과대학 교수(현) 2014~2016년 同법과대학장 겸 법학전문대학원장 2014년 행정자치부 정보공개위원회 위원장(현) 2016년 정보통신정책학회 회장(현) [상]홍조근정훈장(2009) [저]'방송통신 정책과 전략(共)'(2016, 율곡출판사) 등 다수

이원욱(李元旭) LEE Won Wook

[생]1963·3·20 [본]전주(全州) [출]충남 보령 [주]서울 영등포구 의사당대로1 국회 의원회관841호(02-784-6471) [학]고려대사대부고졸, 고려대 법학과졸 [경]2003년 열린우리당 e-party(전자정당)국장 2003년 대통령직속 정부혁신지방분권위원회 대외협력위원 2003년 녹색연합 정책위원회 위원 2003년 민주평통 자문위원 2003년 안양대 객원교수 2004년 경영컨설팅전문업체 딜로이트 자문위원 2004년 열린우리당 사이버운영실장 2006년 同총무팀장, 독도수호국제연대 대외협력위원장, 경기발전미래모임 정책위원, 민족화해협력범국민협의회 정책위원, 한반도전략연구원 실장, 노무현재단 기획위원(현) 2011년 민주통합당 화성시乙지역위원회 위원장 2012년 同정책위 부의장 2012년 제19대 국회의원(화성시乙, 민주통합당·민주당·새정치민주연합·더불어민주당) 2012년 민주통합당 제18대 대통령중앙선거대책위원회 총무본부 부본부장 2013년 同비상대책위원회 대선공약실천위원회 인터넷소통위원장 2013년 국회 산업통상자원위원회 위원 2013년 민주당 화성시乙지역위원회 위원장 2013년 국회 동북아역사왜곡대책특별위원회 위원 2014년 새정치민주연합 경기도당 6.4지방선거공천관리위원회 위원 2014~2015년 국회 창조경제활성화특별위원회 위원 2015년 새정치민주연합 디지털소통본부 부본부장 2015년 더불어민주당 디지털소통본부 부본부장 2016년 제20대 국회의원(화성시乙, 더불어민주당)(현) 2016년 더불어민주당 오직민생특별위원회 사교육대책TF 위원(현) 2016년 국회 국토교통위원회 위원(현) 2016년 더불어민주당 경기화성시乙지역위원회 위원장(현) 2016년 국회 대법관(김재형)임명동의에관한인사청문특별위원회 위원 2016년 국회 신·재생에너지포럼 공동대표(현) [상]한국인터넷신문방송기자협회 '대한민국 공정사회 발전대상 의정부문'(2015), (사)대한인터넷신문협회 INAK Press Club상(2016) [저]'미래에너지 백과사전(共)'(2015, KPBooks)

이원일(李元一) LEE Won Il

[생]1958·3·9 [출]경북 칠곡 [주]서울 강남구 테헤란로92길7 법무법인(유) 바른(02-3479-2333) [학]1976년 경복고졸 1980년 서울대 법학과졸 1985년 同대학원 법학과 수료 [경]1982년 사법시험 합격(24회) 1984년 사법연수원 수료(14기) 1985년 해군 법무관 1988년 서울민사지법 판사 1990년 서울지법 북부지원 판사 1992년 대구지법 김천지원 판사 1995년 서울지법 남부지원 판사 1996년 서울고법 판사 1998년 대법원 재판연구관 2000년 대전지법 부장판사 2001년 사법연수원 교수 2004년 서울서부지법 부장판사 2006년 서울중앙지법 부장판사 2007년 대전지법 수석부장판사 2008~2009년 서울고법 부장판사 2009~2014년 법무법인(유) 바른 변호사 2011~2014년 국민권익위원회 비상임위원 2015년 법무법인(유) 바른 대표변호사 2015년 한국방송공사(KBS) 이사(현) 2016년 법무법인(유) 바른 변호사(현) [상]국민훈장 동백장(2015)

이원재(李源宰) LEE Won Jae

[생]1957·10·5 [출]대구 [주]서울 강남구 일원로81 삼성서울병원 영상의학과(02-3410-0512) [학]1976년 경북고졸 1983년 서울대 의대졸 1992년 중앙대 대학원졸 1994년 의학박사(서울대) [경]1983~1990년 서울대병원 인턴·레지던트 1990~1991년 동국대 포항병원 전임강사 1991~1994년 同경주병원 조교수 1995년 삼성서울병원 영상의학과 전문의(현) 1997~2002년 성균관대 의대 진단방사선과학 부교수 1997~1998년 미국 존스홉킨스대학병원 연수 2002년 성균관대 의대 영상의학교실 교수(현) 2004~2009년 삼성서울병원 소화기영상의학과장 2004년 대한초음파의학회 학술이사·교육이사·총무이사, 同기획이사 2004년 대한복부영상의학회 학술이사·국제이사·총무이사 2015년 同회장 2016년 대한초음파의학회 이사장(현) [종]불교

이원재(李元宰) LEE Won Jae

[생]1964·12·9 [본]전주(全州) [출]충북 충주 [주]서울 종로구 청와대로1 대통령 국토교통비서관실(02-770-0011) [학]1987년 서울대 경영학과졸 1990년 同행정대학원 행정학과졸 1995년 영국 요크대 대학원 경제학과졸 [경]1997년 건설교통부 기획예산담당관실 서기관 1999년 캐나다 British Columbia주정부 근무 2000년 건설교통부 입지계획과 서기관 2001년 국무총리실 제주국제자유도시추진기획단 기획팀장 2002년 건설교통부 기획관리실 행정관리담당관 2003년 同주택국 주거복지과장 2004년 同장관비서관 2005년 同주택정책과장 2005년 대통령 경제수석비서관실 행정관 2007년 건설교통부 국토정책팀장 2007년 국무총리산하 서남권등낙후지역투자촉진추진단 기획총괄국장 2009년 국토해양부 국민임대주택건설기획단장 2009년 同토지정책관 2010년 同주택정책관 2012년 駐중국 공사참사관 2015년 국토교통부 건설정책국장 2015년 대통령 경제수석비서관실 국토교통비서관(현) [상]대통령표창(1998), 근정포장(2010)

이원정(李元政) LEE Won Jeong

[생]1961·11·23 [출]충남 보령 [주]충남 천안시 동남구 청수6로73 천안동남경찰서(041-590-2324) [학]공주사대부고졸 1985년 경찰대졸(1기) 2005년 강원대 경영행정대학원졸 2014년 법학박사(동국대) [경]1985년 경위 임용 1992년 강원지방경찰청 기동대 제2중대장 1993년 강원 횡성경찰서 방범과장 1997년 강원지방경찰청 수사1계장 1999년 同방범기획계장 1999년 강원 춘천경찰서 청문감사관 2001년 강원지방경찰청 정보3계장·정보2계장 2006년 강원 평창경찰서장(총경) 2007년 경찰대학 학생과장 2008년 서울지방경찰청 정부중앙청사경비대장 2009년 서울 서부경찰서장 2012년 서울지방경찰청 교통관리과장 2013년 同안전과장 2014년 경기 의정부경찰서장 2015년 경기지방경찰청 제2청 형사과장 2016년 경기북부지방경찰청 형사과장 2016년 충남 천안동남경찰서장(현) [상]대통령표창(2005), 녹조근정훈장(2013)

이원종(李源宗) LEE Won Jong

[생]1939·10·22 [본]진성(眞城) [출]강원 삼척 [주]강원 삼척시 남양길14의4 동안이승휴사상선양회(033-576-0520) [학]1958년 경복고졸 1965년 고려대 경제학과졸 [경]1972년 신민당 중앙상무위원 1976년 김영삼총재 공보비서 1984년 민주당 서울강서甲지구당 위원장 1990년 민자당 서울강서甲지구당 위원장 1991년 同부대변인 1993년 공보처 차관 1993~1997년 대통령 정무수석비서관 2001년 연구단체「우리누리」이사장 2009년 동안이승휴사상선양회 이사장(현) [상]청조근정훈장 [저]'새로운 중국과 한국' '국민이 만든 대한민국-잘난 국민과 못난 정치 지도자들'(2015) [종]기독교

이원종(李元鐘) LEE Won Jong (曉東)

[생]1942·4·4 [본]전주(全州) [출]충북 제천 [학]1960년 제천고졸 1965년 성균관대 행정학과졸 1986년 한양대 행정대학원졸 1986년 국방대학원졸 1996년 명예 행정학박사(성균관대) 1998년 명예 행정학박사(충북대) [경]1963년 체신부 근무 1966년 행정고시 합격(4회) 1967년 서울시 사무관 1975년 同기획담당관 1977년 同행정과장 1980년 용산구청장 1981년 서울시 주택국장 1981년 同보건사회국장 1982~1985년 성동구청장·강동구청장 1987년 성북구청장 1988년 동대문구청장 1988년 서울시 교통국장 1989년 同내무국장 1991년 대통령 내무행정비서관 1992년 충북도지사 1993년 서울시장 1996~1997년 서원대 총장 1998년 충북도지사(자민련) 2002~2006년 충북도지사(한나라당) 2006~2013년 성균관대 국정관리대학원 석좌교수 2007년 제17대 대통령직인수위원회 법무행정분과위원회 자문위원 2011~2012년 한국지방세연구원 이사장 2012년 서울연구원 이사장 2013~2016년 대통령직속 지역발전위원회 위원장 2016년 대통령 비서실장(장관급) [상]근정포장(1979), 홍조근정훈장(1990), 자랑스런성균인상(2006), 우관(又觀) 이정규선생(독립운동가)기념사업회 우관상(2008) [저]'생명속의 생명(共)'(2008, 페이지원) '공공정책과 기업가형 리더십(共)'(2009, 박영사) '인생 네멋대로 그려라!'(2013, 행복에너지) [종]기독교

이원주(李元柱) Lee, Wonju

[생]1973·3·23 [본]광주(廣州) [출]서울 [주]서울 강남구 봉은사로524 아셈타워 AT커니코리아(02-6001-8000) [학]1992년 상문고졸 1998년 서울대 경영학과졸 [경]삼성전자(주) 전략기획총괄, 프라이스워터하우스쿠퍼스 컨설턴트 2002년 딜로이트컨설팅 팀장 2006년 AT커니코리아 이사 2009년 同파트너 2012년 同부사장 2013년 同중공업·하이테크부문 대표 2015년 同중공업·하이테크부문 부사장(현) [역]'전사적 전략경영을 위한 SFO'(2001) '마케팅 ROI'(2006)

이원준(李元濬) Lee Won Joon

[생]1956 · 11 · 3 [출]충북 청원 [주]서울 중구 남대문로81 롯데쇼핑(주) 임원실(02-2118-2501) [학]청주상고졸 1977년 청주대 행정학과졸 [경]2000년 롯데쇼핑(주) 상품1부문장 겸 숙녀매입팀장(이사대우) 2002년 同상품본부 이사 2004년 同수도권판매본부 본점장(이사) 2006년 同수도권판매본부 본점장(상무) 2008년 同상품본부장(전무) 2011~2012년 同상품본부장(부사장) 2011년 (주)롯데미도파 대표이사 겸임 2012~2014년 (주)호텔롯데 롯데면세점 대표이사 부사장 2012~2014년 (사)한국면세점협회 회장 2014년 롯데쇼핑(주) 대표이사 사장(현) 2014년 同백화점사업본부(롯데백화점) 대표이사 겸임(현) 2014년 대한상공회의소 유통위원회 위원장(현) 2015년 (사)한국백화점협회 회장(현) [상]한국의 최고경영인상 상생경영부문(2013), 매일경제 선정 '대한민국 글로벌 리더'(2014)

이원중(李元中)

[생]1972 · 1 · 20 [출]서울 [주]제주특별자치도 제주시 남광북5길3 제주지방법원(064-729-2000) [학]1990년 잠실고졸 1996년 서울대 중어중문학과졸 [경]1998년 사법시험 합격(40회) 2001년 사법연수원 수료(30기) 2001년 공익법무관 2004년 광주지법 판사 2006년 同목포지원 판사 2007년 인천지법 판사 2011년 서울중앙지법 판사 2013년 서울북부지법 판사 2014년 사법연수원 교수 2016년 제주지법 부장판사(현)

이원진(李源鎭) Lee Won Jin

[생]1967 · 8 · 4 [출]서울 [주]경기 수원시 영통구 삼성로129 삼성전자 부사장실(031-277-0562) [학]1986년 미국 Robert Louis Stevenson High School졸 1989년 미국 퍼듀대 전자공학과졸 1991년 同대학원 전자공학과졸 [경]1991년 LG정보통신 위성사업부 연구원 1994년 한국엑센추어 엔터프라이즈비즈니스솔루션센터 선임책임자 1998년 미국 i2테크놀러지 비즈니스개발사업부 아태지역 부사장 2001년 同CEO운용전략팀 겸 하이테크산업사업부 부사장 2003년 한국매크로미디어 지사장 2005년 한국어도비시스템즈 대표이사 2007~2011년 구글코리아 대표 2011년 구글 부사장 2014년 삼성전자 영상디스플레이사업부(VD) 부사장(현)

이원창(李元昌) LEE Won Chang (昌安)

[생]1942 · 7 · 9 [본]전주(全州) [출]전북 전주 [주]서울 영등포구 의사당대로1 대한민국헌정회 대변인실(02-757-6612) [학]1963년 전주 신흥고졸 1969년 고려대 정치외교학과졸 1988년 일본 도쿄대 대학원 수료 [경]1969년 경향신문 기자 1980년 同사회부 차장 1986년 同외신부 차장 1987년 同외신부장 1988년 同사회부장 1989년 同논설위원 1990년 同사회부장 1992년 同전국사회부장 1994년 同논설위원 · 편집부국장 1995년 同편집국 심의위원 · 경인본부장 1997년 同논설위원 1997년 신한국당 총재보좌역 1997년 한나라당 이회창 대통령후보 보좌역 1998년 同총재공보특보 2000년 同제16대총선 선거대책위원회 대변인 2000~2004년 제16대 국회의원(전국구, 한나라당) 2002년 한국신문윤리위원회 위원 2004년 시각장애인선교회후원회 회장 2004년 어린이박람회조직위원회 조직위원장 2004년 프런티어타임스 대표이사 2004~2010년 (사)한국특허학회 회장 2004년 한나라당 서울송파丙당원협의회 운영위원장 2005년 同국책자문위원회 상근부위원장 2007년 同상임전국위원 2011년 한국방송광고공사(KOBACO) 사장 2012~2014년 한국방송광고진흥공사(KOBACO) 초대 사장 2015년 대한민국헌정회 대변인(현) [저]'취발이와 말뚝이'(2003) [종]기독교

이원창(李源昌) LEE Won Chang

[생]1951 · 11 · 11 [출]경북 봉화 [주]서울 서초구 효령로380 해창빌딩 예일회계법인(02-2084-6041) [학]1976년 고려대 경영학과졸 1982년 同대학원 경영학과졸 1989년 경영학박사(고려대) [경]1977~1979년 증권감독원 근무 1979~1983년 세정회계법인 공인회계사 1983~2002 · 2006년 충남대 경상대학 회계학과 교수 1991 · 1994 · 1995 · 1998년 공인회계사시험 시험위원 1995년 충남대 경상대학교수협의회장 1996년 충남도지방공무원교육원 객원교수 2002~2006년 감사원 감사위원 2007년 예일회계법인 자문위원 2007년 同고문(현) 2007년 연세대 경영대학 겸임교수, 재정경제부 국가회계기준심의위원회 위원, 과학기술부 기관평가위원, 충남도 정책자문 교수, 감사원 회계자문위원 [저]'회계원리의 이해' [종]기독교

이원탁(李元鐸) LEE Won Tak

[생]1958 · 3 · 23 [출]경북 성주 [주]충북 제천시 대학로316 대원대학교 총장실(043-649-3111) [학]1975년 경북고졸 1981년 서울대 사범대학 영어교육과졸 1983년 同행정대학원졸 1986년 미국 시라큐스대 맥스웰대학원졸 [경]1981년 국회 외무위원회 조사관 1984~1989년 국회사무처 섭외국 근무 1989년 同입법자료분석실 재정경제담당관 1996년 외교안보연구원 파견 1997년 국회 보건복지위원회 행정실장 2000년 국회 농림해양수산위원회 입법심의관 2001년 국회 농림해양수산위원회 전문위원 2002년 국방대학원 파견 2002년 국회 건설교통위원회 전문위원 2004년 국회 예산정책처 기획관리관 2005년 국회사무처 연수국 교수 2006년 교육 파견(이사관) 2007년 국회 산업자원위원회 전문위원 2008년 국회 지식경제위원회 전문위원 2009년 한국무역협회 파견(이사관) 2010년 국회사무처 보건복지가족위원회 전문위원 2010년 同윤리특별위원회 수석전문위원 2011~2013년 同행정안전위원회 수석전문위원 2014년 한국가스공사 비상임감사위원(현) 2014년 대원대 총장(현) [상]국회의장표창

이원태(李元泰) LEE Won Tae

[생]1945 · 3 · 21 [출]전남 영광 [주]서울 종로구 새문안로76 금호아시아나그룹 비서실(02-6303-1800) [학]1960년 광주서중졸 1964년 서울 중앙고졸 1968년 서울대 농경제학과졸 1990년 同금호MBA과정 수료 2003년 연세대 AMP 수료 2005년 한국예술종합학교 CEO과정 수료 2006년 경기대 대학원 동양철학과졸 2008년 서울대 인문대학 AFP 수료 2009년 同법과대학 ALP 수료, 국립중앙박물관 창조적경영지도자최고위과정 수료 [경]1968년 ROTC(6기) 1972년 한국합성고무 근무 1980년 금호산업 기획실장 1982년 금호실업 시드니지사장 1986년 금호타이어 수출부장 1988년 아시아나항공(주) 관리이사 1991년 대한볼링협회 수석부회장 1993년 금호그룹 중국본부장(상무이사 · 부사장) 1997년 중국주재대한상공회의소 중국한국상회 회장 1998년 금호그룹 중국본부장 · 중국투자법인 법인대표 · 천진금호타이어 사장 · 금호(홍콩)유한공사 동사장 2002년 금호산업(주) 고속사업부 대표이사 사장 2003년 전남도버스운송사업조합 이사장 2003년 광주시축구협회장 2003년 광주시체육회 이사 2003년 광주전남교통연수원 이사장 2003년 (재)빛고을장학재단 이사 2004년 (사)안중근의사숭모회 이사(현) 2004년 한중우호협회 이사 2004년 금호종합금융(주) 이사 2004년 2010여수세계박람회추진위원회 홍보분과 위원장 2005년 한중우호협회 상근부회장(현) 2005년 학교법인 죽호학원 이사(현) 2005년 전국버스운송사업조합연합회 부회장 2006년 (재)중국한국인회 자문위원(후원회장) · 해외고문(현) 2006년 광주상공회의소 부회장 2008~2010년 속리산고속 대표이사 사장 2010년 대한통운(주) 대표이사 사장 2010년 (사)한국관세물류협회 회장 2010년 한국항만물류협회 수석부회장 2010년 한국통합물류협회 수석부회장 2010년 대한상공회의소 물류위원회 부회장 2011년 전국해양산업총연합회 수석부회장 2012년 금호아시아나그룹 고문 2015년 同부회장(현), 대한루지경기연맹 부회장(현) [상]국방부장관표창(1992), 국무총리표창(1994), 환경부장관표창(2004), 은탑산업훈장(2006), 서울경제신문 서경CEO대상(2006), 뉴스피플지 자랑스런대한민국CEO대상(2007), 전국경제인연합회 · 서울경제신문 존경받는기업인 최우수상(2007), 한국언론인포럼 한국경제를빛낸 경영인대상 윤리경영부문(2007), 한국경제신문 글로벌비즈니스 윤리경영대상 경영인부문(2007), 광주시장표창(2007), 대한상공회의소 신뢰받는CEO대상 전문서비스부문 대상(2008), 경향신문 대한민국신뢰경영대상 CEO부문(2008), 한국경제신문 대한민국CEO대상 윤리경영부문(2009), 한국언론인연합회 올해의 자랑스러운 한국인대상 물류혁신부문(2010), 중앙고총동창회 올해를 빛낸 중앙인(2010) [종]기독교

이원태(李元泰) Yi Won Tae

[생]1953 · 2 · 18 [출]경북 칠곡 [주]서울 송파구 오금로62 수산업협동조합중앙회 신용사업대표이사실(02-2240-2010) [학]1971년 경북고졸 1980년 경북대 경영학과졸 1992년 영국 서섹스대 대학원 국제경제학과졸 [경]1981년 행정고시 합격(24회) 1994년 재정경제원 경제정책국 경제조사과 사무관 1995년 同대외경제국 대외경제총괄과 서기관 1995년 同대외경제국 지역협력과 서기관 2002~2005년 재정경제부 세제실 관세협력과장 2006년 同세제실 관세지도과장(서기관) 2006년 同세제실 관세지도과장(부이사관) 2008년 기획재정부 기획조정실 정책기획관 2008년 同관세정책관 2009~2010년 同관세정책관(고위공무원) 2010년 한국과학기술원 고용휴직 2010~2013년 예금보험공사 부사장 2010년 국제예금보험기구협회(IADI) 집행위원 2013년 수산업협동조합중앙회 신용사업대표이사(수협은행장)(현) [상]대통령표창(1993)

이원태(李源台) LEE Won Tae (錦湖)

[생]1961·5·20 [본]진성(眞城) [출]경북 안동 [주]서울특별시 강서구 금낭화로 154 한국문화관광연구원 창조여가연구실(02-2669-9836) [학]안동대 민속학과졸, 중앙대 예술대학원 문화예술학과졸, 한국외국어대 국제지역대학원 한국학 박사과정 수료 [경]1994~2002년 한국문화정책개발원 연구원·책임연구원·수석연구원 2001년 문화관광부 지역문화의해추진위원회 위원 2001~2002년 월드컵조직위원회 식전문화행사평가 자문위원 2001~2003년 행정자치부 지방자치단체합동평가위원회 위원 2003~2004년 한국문화관광정책연구원 문화정책팀장 2003~2006년 국정홍보처 전문가국정모니터 위원 2005년 연구안식년(필리핀 및 인도 체류 현지조사 수행) 2006~2008년 서울시 산하기관단체경영평가위원회 위원 2007년 한국문화관광정책연구원 기획조정실장 2007~2008년 한국문화예술위원회 정책위원회 위원 2007~2008년 국무총리비서실 인력수급망공동연구위원회 위원 2007~2010년 대구시축제조직위원회 위원 2007년 한국문화관광연구원 문화예술연구실장 2011~2012년 전주시 한스타일진흥원 운영자문위원 2011~2012년 산림청 국립산악박물관건립추진단 운영위원 2012년 문화체육관광부 전통문화정책포럼운영위원회 위원장 2012~2015년 (재)경북문화콘텐츠진흥원 이사 2013~2015년 한국문화관광연구원 연구기획조정실장, 同창조여가연구실 선임연구위원(현) 2013~2015년 한국문화정보원 비상임이사 2013~2015년 정부3.0 책임관 2015년 경북도 미래전략위원회 위원(현) 2015년 문화체육관광부 문화도시심의위원회 위원(현) [상]대통령표창(2001), 문화체육관광부장관표창 [저]'한국의 지역축제'

이원택(李元宅) LEE Won Taek (松巖)

[생]1935·2·18 [본]전주(全州) [출]대구 달성 [주]서울 서초구 태봉로108 한국청소년한마음연맹(02-576-7799) [학]1955년 경북대사대부고졸 1961년 서울대 법대졸 1984년 연세대 행정대학원졸 1996년 고려대 컴퓨터대학원졸 [경]1961~1973년 대구지검·대검찰청 수사관 1973년 대통령비서실 행정관 1977~1981년 서울시 감사담당관·감사관 1981년 동작구청장 1982년 영등포구청장 1985년 강서구청장 1988년 서울시 교통국장 1989년 마포구청장 1991년 서울시 내무국장 1992년 同공무원교육원장 1993년 同상수도사업본부장 1993~1994년 同부시장 1995~1997년 중소기업협동조합중앙회 상근부회장·중소기업연구원장 1997~2002년 서원대 경영학과 초빙교수 2004년 (사)한국청소년한마음연맹 총재·고문(현) [상]녹조근정훈장(1976), 대통령표창(1982), 홍조근정훈장(1988), 황조근정훈장(1995) [저]'한국경제현황과 과제'(1999) '경제사례연구' '경영의사결정론'(2000) '전략경영론'(2001) [종]천주교

이원필

[생]1961 [주]경기 성남시 분당구 대왕판교로644번길49 (주)한글과컴퓨터(031-627-7000) [학]1980년 한양대 자연과학대학 수학과졸 1996년 同경영대학원 경영정보학과졸 [경]1986년 한국IBM 입사 2011년 同공공기관 및 지방영업사업부 총괄전무 2014년 (주)한글과컴퓨터 총괄부사장 2016년 同각자대표이사 부사장 2016년 同각자대표이사 사장(현)

이원형(李元炯) LEE Won Hyung

[생]1962·3·5 [출]강원 춘천 [주]서울 서초구 서초중앙로157 서울고등법원 제12형사부(02-530-2895) [학]1980년 춘천고졸 1985년 서울대 법학과졸 1987년 同대학원졸 [경]1988년 사법시험 합격(30회) 1991년 사법연수원 수료(20기) 1991년 춘천지법 판사 1996년 인천지법 판사 2000년 서울지법 판사 2002년 同남부지원 형사5부 판사 2003년 서울고법 판사 2004년 대법원 재판연구관 2006년 춘천지법 부장판사 2006년 언론중재위원회 강원중재부 중재부장 2008년 사법연수원 교수(부장판사) 2011년 서울중앙지법 형사항소1부·민사합의22부 부장판사 2014년 광주고법 전주재판부 부장판사 2015년 서울고법 부장판사(현)

이원호(李元虎) YI, Waon-Ho (義湛)

[생]1955·12·8 [본]광주(廣州) [출]서울 [주]서울 노원구 광운로20 광운대학교 건축공학과(02-940-5195) [학]1980년 한양대 건축공학과졸 1982년 同대학원 건축구조학과졸 1986년 미국 컬럼비아대 대학원 토목공학과졸 1991년 토목공학박사(미국 미시간주립대) [경]국립건설시험소 주택기술심의위원 2003년 광운대 건축공학과 교수(현) 2004년 (사)한국건축구조기술사회 부회장 2004년 (사)대한건축학회 총무이사 2004년 대한주택공사 자문위원 2005년 한국시설안전기술공단 외래강사 2005년 소방방재청 자문위원 2006년 한국공학한림원 정회원(현) 2006년 조달청 기술평가위원(현) 2007~2010년 국립방재연구소 소장 2010년 대한건축학회 연구1담당 부회장 2010년 서울시 도시계획위원회 위원(현) 2010년 (사)한국면진제진협회 회장(현) 2010~2013년 한국전산구조공학회 부회장 2011~2013년 한국방재학회 부회장 2011~2014년 광운대 공과대학장 2012~2014년 同환경대학원장 겸임 2014년 규제개혁위원회 위원(현) 2014~2016년 (사)한국전산구조공학회 회장 2014년 국민안전처 안전혁신마스터플랜 민간자문단 위원(현) 2015년 광운대 대학원장 겸 광운한림원장(현) 2015년 국민안전처 정책자문위원(현) 2015년 중앙환경분쟁조정위원회 조정위원(현) 2015년 (사)한국화산방재학회 회장(현) [저]'극한강도 설계법에 의한 철근콘크리트 구조설계 예제집'(1992) '철근 콘크리트 내력벽식 건축물 구조설계 지침'(1992) '구조용 용접철망의 설계 및 시방 지침서'(1992) '최신 콘크리트 공학'(1992) '프리플렉스 합성보의 구조설계 지침(안)'(1993) '프리플렉스 합성보의 시방서(안)'(1993) '해동 수퍼데크 설계편람'(1996) '구조계획'(1997) '허용응력설계법에 의한 철근콘크리트 구조계산 및 해석'(2000) '철골철근콘크리트 구조계산규준 및 해설'(2000) '멀티바의 설계 및 시공지침(안)'(2002) '건축구조설계의 이해'(2003) '건축구조설계기준'(2005) '건축기초구조설계기준'(2005) '건축구조60년사'(2006) 'Design Loads for Buildings and Other Structures'(2006) '2005년 분야별 과학기술 및 산업성과; RCS복합구조시스템'(2006) '건축구조설계기준 및 해설'(2006) '미래유망기술25와 발전전략; 고성능콘크리트'(2006) '미래유망기술25와 발전전략; 지속가능 건축시스템 기술'(2006) '재난 및 사고피해 현장조사 자료집'(2007) '건축구조용어사전'(2008) '지진방재'(2008) '목조건축구조설계매뉴얼'(2008) '2008.5.12 중국 쓰촨성 원촨 대지진'(2008) '건축공사표준시방서 해설/프리캐스트 철근콘크리트 공사'(2009) '재난관리 60년사'(2009) 'Design Loads for Buildings and Other Structures'(2009) '면진구조설계지침 및 예제집'(2010) '제진구조설계지침 및 예제집'(2010) 'KICT 브랜드 총서 4; 안전한 삶을 느끼며 누릴 수 있는 국토환경 건설'(2011) '건축 텍스트북; 구조계획'(2011) '제진구조설계 기술검토 지침'(2012) '재학'(2012) '콘크리트구조기준 해설'(2012) '재난관리론'(2014) '화산재해 용어집'(2014) '면진구조 설계기법 및 국내 적용사례'(2015) '제진구조 설계기법 및 국내 적용사례'(2015) '리모델링 시공 사례'(2015) '포스트텐션 설계 및 시공'(2015) [역]'강구조 : 설계를 통한 거동의 관리'(1997) 'World Trade Center 건물성능연구'(2003) '건축구조설계지침'(2004) '처음배우는 면진건축'(2004) '지진대책입문 : 면진구조'(2005) '초고층건축물설계의 거장 : 파즐루 칸의 생애와 비전'(2011) '후지산 분화에 따른 피해 예측 보고서'(2014) [종]기독교

이원홍(李元洪) LEE Won Hong

[생]1929·4·3 [본]함안(咸安) [출]경남 고성 [학]1955년 서울대 문리대 종교학과졸 [경]1956~1964년 한국일보 기자·정치부 차장·기사심사부장·사회부장 1965~1968년 同일본특파원 1968~1971년 同편집국 부국장·국장대리·국차장 1971~1974년 同편집국장 1974년 同논설위원 겸 기사심사위원장 1974년 駐일본 공보관장 1975~1979년 駐일본 공사 겸 한국문화원장 1979년 대통령 민원수석비서관 1980~1985년 한국방송공사 사장·한국방송협회 회장·서울올림픽유치대표·서울올림픽조직위원회 집행위원 1985~1986년 문화공보부 장관 1986~1989년 대한무역진흥공사 이사장 1991~1995년 간행물윤리위원회 위원장 1992년 새마을문고중앙회 회장·새마을중앙회 부회장, 한·러시아극동협회 이사 1995~2001년 (사)한국茶문화협회 이사장 1998년 현대사회연구소 이사 1998년 민주평통 자문위원, 한일협력위원회 상임위원 2001년 (사)한국茶문화협회 명예이사장 2013~2015년 백남준문화재단 이사 2014년 호국문화예술진흥위원회 이사장 [상]국민훈장 무궁화장, 홍조근정훈장, 청조근정훈장, 국민훈장 모란장, Gold Mercury International상 [저]'멀고 먼 사람들' '붉은 탁류' '조총련' '일본속의 한국문화' '중국陶磁史기행' '일본인 연구' '피랍 조선도공 일본심밀기' '센리큐' 등 연재물과 논문 [역]'일본을 벗긴다' [종]기독교

이원효(李元孝) Wonhyo Lee

[생]1953·8·29 [출]서울 [주]충남 서천군 마서면 금강로1210 국립생태원 전시교육융합본부(041-950-5431) [학]1979년 경희대 경영학과졸 2008년 연세대 대학원 경영학과졸 [경]1981~1999년 삼성에버랜드 마케팅담당 이사 1999~2002년 대만 야메이리조트(月眉위락공사) 마케팅운영부사장 2002~2003년 (주)호텔롯데 롯데월드 마케팅담당 이사 2003~2013년 서울대공원 원장 2004~2008년 서울 어린이대공원 소장 겸임 2009~2012년 서울대 수의학과 겸임교수 2012~2014년 태권도진흥재단 이사 2014년 국립생태원 전시교육융합본부장(현) [상]대통령표창

이원흥(李元興) LEE Won Heung

[생]1960·3·5 [출]서울 [주]서울 강서구 강서로295 강서미즈메디병원 외과(02-2007-1248) [학]1984년 연세대 의대졸 1996년 아주대 대학원졸 2002년 의학박사(아주대) [경]1984~1985년 연세대 세브란스병원 인턴 1985~1989년 同세브란스병원 레지던트 1989~1992년 대위 예편(해군 군의관) 1992~1993년 연세대 세브란스병원 연구강사 1993~1997년 인천기독병원 외과 전문

의 1997~1999년 미국 피츠버그대 의대 외과 교환교수 2000~2002년 인천기독병원 외과 과장 2002~2007 · 2011년 강서미즈메디병원 외과 과장(현) 2005~2007년 同진료부장 2007~2011년 同병원장

이원희(李元熙) LEE Won Hee

[생]1954 · 12 · 1 [본]진성(眞城) [출]경북 문경 [학]1982년 중앙대 사회복지학과졸 2005년 충남대 경영대학원 수료 2007년 인하대 물류최고위과정(GLMP) 수료 2008년 한양대 경영대학원 최고위과정 수료 [경]1982년 동아제약(주) 학술팀 입사 1998~2006년 同OTC&박카스 사업본부장 2006년 용마로지스(주) 대표이사 사장 2010년 동아오츠카(주) 대표이사 사장 2015~2016년 동아제약(주) 대표이사 사장 [상]환경부장관표창(2015) [종]기독교

이원희(李元熙 · 女) LEE Won Hee

[생]1956 · 6 · 30 [주]전북 전주시 덕진구 기지로180 국민연금공단 임원실(063-713-5010) [학]정신여고졸 1979년 한양대 간호학과졸 1982년 서울대 대학원 보건학과졸, 간호학박사(한양대) [경]2004년 보건복지부 사회복지정책실 인구가정정책과장 2005년 同사회복지정책실 의료급여과장 2005년 同보건의료정책본부 정신보건팀장 2008년 보건복지가족부 모자보건과장 2009년 同건강정책국 가족건강과장 2009년 同건강정책국 가족건강과장(부이사관) 2010년 국립인천공항검역소 소장직대 2011년 보건복지부 인구정책실 인구아동정책관 2013년 국민연금공단 기획이사(현) 2015년 同이사장 직무대행

이원희(李元熙) LEE Won Hee

[생]1958 · 10 · 5 [본]경주(慶州) [출]경북 영주 [주]부산 동구 충장대로325 국민안전처 남해해양안전본부(051-663-2516) [학]1980년 방송통신고졸 2002년 창신대학 행정정보과졸 2002년 한국교육개발원(학점은행) 행정학과졸 2007년 부경대 대학원 행정학과졸(석사) [경]1980년 해양경찰청 근무(순경) 1999년 同경무국 근무(경감) 2005년 同비서실장(경정) 2006~2007년 울산해양경찰서 정보과장 · 경무과장 2007년 해양경찰청 조함기획팀장 2008년 同인사팀장 2010년 경찰대 치안정책과정 교육(총경) 2010년 해양경찰청 인사교육담당관 2011년 울산해양경찰서장 2012년 해양경찰청 정보수사국 정보과장 2013~2014년 同운영지원과장 2014년 국민안전처 해양경비안전본부 해양경비안전총괄과장 2015년 同해양경비안전본부 해양장비기술국장(경무관) 2015년 同중부해양경비안전본부장(치안감) 2016년 同남해해양경비안전본부장(치안정감)(현) [상]대통령표창(1997), 모범공무원 국무총리표창(2001), 근정포장(2007) [종]기독교

이원희(李元熙) LEE WON HEE

[생]1960·2·5 [주]서울 서초구 헌릉로12 현대자동차(주) 임원실(02-3464-1114) [학]대광고졸, 성균관대 경영학과졸, 미국 웨스턴일리노이대 대학원 회계학과졸 [경]1984년 현대자동차(주) 입사 2004년 同HMA(미국현지법인) 재경담당 이사 2009년 同HMA(미국현지법인) 재경담당 상무 2010년 同재경본부장(전무) 2010년 현대로템(주) 감사(현) 2010년 현대자동차(주) 재경본부장(부사장) 2014년 同재경본부장(사장) 2015년 同기획·영업·마케팅·재경담당 사장(현)

이원희(李元熙) LEE WON HEE

[생]1962 · 7 · 10 [본]경주(慶州) [출]충북 제천 [주]서울 중구 통일로86 바비엥빌딩3차1218호 GP KOREA보험중개(주)(02-739-9800) [학]1981년 제천고졸 1989년 한양대 사학과졸 [경]1990~2009년 한화손해보험(주) 법인영업부 근무(기업보험 RISK MANAGEMENT&CONSULTING담당) 2011년 GP KOREA보험중개(주) 해외재보험담당 이사 2013년 同해외재보험담당 상무(현) [종]가톨릭

이위종(李偉鍾)

[생]1976 · 12 · 4 [출]충남 아산 [주]충남 천안시 동남구 중앙로281의2 더불어민주당 충남도당(041-569-1500) [학]2004년 단국대 영어영문학과졸 [경]2013~2014년 민주당 충남아산시지역위원회 지방자치위원장 2013~2014년 민주평통 자문위원 2014년 충남도의원선거 출마(새정치민주연합) 2016년 더불어민주당 충남아산시甲지역위원회 위원장(현) 2016년 제20대 국회의원선거 출마(충남 아산시甲, 더불어민주당)

이위준(李渭俊) LEE Wie Joon

[생]1943 · 5 · 15 [본]경주(慶州) [출]경북 경주 [주]부산 연제구 연제로2 연제구청 구청장실(051-665-4001) [학]1962년 부산원예고졸 1967년 동아대 농과대학 원예학과졸 [경]1974년 연제구 연산4동 동장, 연제구새마을금고 이사장, 연제구태권도연합회 명예회장 1980년 부산시 민방위 강사 1995~1998 · 2002~2006년 부산시 연제구의회 의원 1996년 민주평통 자문위원, 통일원 통일교육전문위원 2002년 연제구체육회 이사, 연제구 연산4동 주민자치위원, 진명학원 대표 2002~2004년 부산시 연제구의회 의장 2003년 한나라당 중앙위원 2004년 연제구 연산4동이웃사랑나눔회 회장 2005년 연제구문화원 이사 · 고문 2006 · 2010년 부산시 연제구청장(한나라당 · 무소속 · 새누리당) 2014년 부산시 연제구청장(새누리당)(현) [상]부산시여성단체협의회 감사패(2009), 여성부장관표창(2009), 지방자치행정발전공로대상(2012) [종]기독교

이 유(李 裕) LEE Yoo

[생]1961·2·11 [출]서울 [주]서울 종로구 율곡로2길25 연합뉴스(02-398-3114) [학]고려대 법학과졸 [경]1988년 연합뉴스 입사 1999년 同정치부 기자 2000년 同사회부 기자 2000년 同사회부 차장대우 2001년 同사회부 차장 2002년 同민족뉴스국 남북관계부 차장 2004년 同통일외교부 차장 2005년 同정치부 통일외교팀장(부장대우) 2006년 同국제뉴스부 부장대우 2006년 同제네바특파원(부장대우) 2008년 同제네바특파원(부장급) 2009년 同전국부장 2011년 同편집국 경제에디터 2011~2012년 同편집국 경제에디터(부국장대우) 2012년 관훈클럽 감사 2012년 연합뉴스 논설위원 2013년 同편집국 정치담당 부국장 2013년 同기획조정실 저작권팀장 겸임 2014년 同워싱턴총국장(부국장)(현)

이유경(李有慶 · 女) Yoo Kyung LEE

[생]1969 · 1 · 6 [본]경주(慶州) [출]서울 [주]인천 연수구 송도미래로26 한국해양과학기술원 극지연구소 북극환경자원연구센터(032-760-5530) [학]1991년 서울대 자연과학대학 식물학과졸 1993년 同자연과학대학원 이학과졸 1998년 이학박사(서울대) [경]1999~2000년 포항공과대 생명과학과 연수연구원 2000년 한국해양연구원 연수연구원 2002년 同선임연구원 2004년 同부설 극지연구소 선임연구원 2010~2013년 同극지연구소 극지생명과학연구부장 2011년 남극조약협의당사국회의(Antarctic Treaty Consultative Meeting) 한국대표단 2011년 국제영구동토층협회(International Permafrost Association) 한국대표(현) 2012년 한국해양과학기술원 극지연구소 책임연구원(현) 2013년 국제북극과학위원회 실행위원(현) 2015년 한국해양과학기술원 극지연구소 북극환경자원연구센터장(현) [상]미국조류학회 Hosha Award(1997), 한국미생물학회 우수포스터논문상(2004), 극지연구소 우수논문상(2005), 극지연구소 도전상(2005), 극지연구소 공로상(2013) [저]'해양바이오(編)'(2005) '다산과학기지 주변에서 볼 수 있는 북극 식물(共)'(2012) '아라온호 극지 대탐험(共)'(2012) '우주에서 만난 지구인(共)'(2013) '북극 툰드라에 피는 꽃'(2014) '2030 화성 오디세이(共)'(2015) '극지과학자가 들려주는 툰드라 이야기'(2015)

이유광(李惟光) LEE Yoo Kwang (이편지)

[생]1954 · 2 · 22 [출]서울 [주]경기 광주시 곤지암읍 독고개길86번길23 (주)선차일드 대표이사실(031-761-2681) [학]1972년 고려대사대부고졸 1980년 성균관대 전자과졸 [경]1982년 국민서관(주) 기획실장 1987년 同상무이사 1988년 한국출판경영협의회 감사 1989년 국민서관(주) 전무이사 1990년 대한출판문화협회 이사 1991~1998년 국민서관(주) 대표이사 사장 1998년 (주)선차일드 대표이사(현) [상]문화체육부장관표창 [종]불교

이유리(李瑠璃 · 女)

[생]1979 · 4 · 2 [출]경기 수원 [주]세종특별자치시 도움6로11 국토교통부 미래전략담당관실(044-201-3507) [학]1998년 안산 동산고졸 2002년 서울대 건축공학과졸 [경]2005년 행정고시 수석합격(48회) 2005년 건설교통부 생활교통본부 도시교통팀 수습행정관 2007년 국토해양부 국토정책국 수도권정책과 사무관 2009년 同국토정책국 주택정책과 사무관 2011년 同건설수자원정책실 건설경제과 사무관 2012년 同건설수자원정책실 건설경제과 서기관대우 2013년 국토교통부 건설정책국 건설경제과 서기관대우 2016년 同미래전략담당관(현)

이유미(李惟美·女) LEE You Mi

[생]1962·2·28 [출]서울 [주]경기 포천시 소흘읍 광릉수목원로415 국립수목원(031-540-1001) [학]1985년 서울대 임학과졸 1987년 同대학원 임학과졸 1992년 산림자원학박사(서울대) [경]1994~1999년 산림청 임업연구원 중부임업시험장 수목원과 임업연구사 1999~2002년 국립수목원 식물보전과 임업연구사 2002년 同생물표본과 임업연구사 2002~2007년 同생물표본과 임업연구관 2007~2010년 同산림생물조사과 임업연구관 2010~2014년 同산림생물조사과장 2014년 同원장(현) [상]국무총리표창(2000), 대통령표창(2011) [저]'우리가 알아야 할 우리나무 100가지' '한국의 천연기념물' '숲으로 가는길' '쉽게 찾는 우리나무'(현암사) '광릉숲에서 보내는 편지'(지오북) '한국의 야생화'(다른세상) '야생화 여행'(진선출판사) '식별이 쉬운 나무도감' 등 [종]천주교

이유상(李有相) LEE Yoo Sang

[생]1946·4·14 [출]전남 나주 [주]서울 중구 퇴계로190 매경미디어센터 매일경제신문 임원실(02-2000-2122) [학]1983년 고려대 경영대학원 수료 [경]1983년 매일경제신문 회계과장 1985년 同기획부 차장 1988년 同회계감사부장 1991년 同기획실 심사부 겸 MIS부 부국장 1993년 同기획실장 직대 1998년 同기획실장(이사대우) 1999년 同상무이사 1999년 同기획실장(전무이사) 2000년 매경인쇄(주) 대표 2001년 同경영담당 전무이사, 정진기언론문화재단 사무국장(현) 2007년 매일경제신문 부사장 2012년 同부회장(현) 2012년 MBN(매일방송) 부회장(현)

이유선(李惟仙·女) LEE Yu Sun

[생]1953·2·25 [본]태안(泰安) [출]서울 [주]서울 성북구 화랑로13길60 동덕여자대학교 독일어과(02-940-4393) [학]1971년 숙명여고졸 1976년 서울대 인문대학 독어독문학과졸 1982년 독일 콘스탄츠대 대학원 독어독문학과졸 1987년 문학박사(독일 콘스탄츠대) [경]1987~1988년 서울대·홍익대·한양대 강사 1988~1997년 동덕여대 독일어과 조교수·부교수 1994년 베를린공과대 DAAD 교환교수 1997년 同독일어과 교수(현) 2003~2004년 한국카프카학회 회장 2003~2004년 뤼네부르크대 DAAD교환교수 2004~2006년 동덕여대 인문과학대학장 2004~2005년 한국독어독문학회 부회장 2006년 동덕여대 학생처장 2011~2012년 한국독어독문학회 회장 [상]한·독문학번역연구소 번역상(1995) [저]'프로이트의 문학예술이론'(共) '카프카에 있어서 형상성' [역]'70년대 독일대표시(5인시선)'(1992) '난투속의 시'(1992) '독서행위'(1993) '후예들'(1993) '자유로운 이피게니에'(1993) '빨랫줄 위의 비애'(1995) '사랑하는 하느님은 어디에 계시나요?'(1997) '중학생이 알아야할 1001가지 과학이야기'(1997) '독일동화집(노발리스:클링스오르의 동화)'(1997) '마음의 병을 다스리는 음악의 지혜'(1998) '카프카문학사전'(1999) '도이치문학용어사전(編)'(2001) '성'(2002) [작]'프로이트의 문학예술이론'(1997) '독일문화의 이해'(2002) '유럽 속의 독일'(2003) '판타지문학의 이해'(2005) '독일문화 이해하기'(2008)

이유성(李有盛) Lee You Sung

[생]1957·4·1 [출]서울 [주]서울 강서구 하늘길260 (주)대한항공 스포츠단(02-2656-6580) [학]1976년 경기대 체육학과졸, 연세대 교육대학원 체육학과졸 2009년 체육학박사(연세대) [경]1982년 대한항공 탁구단 코치 1986년 同탁구단 감독 1989~1994년 국가대표탁구팀 코치·감독 1991년 탁구세계선수권대회(일본 지바) 남북단일팀 단체우승 1993년 스웨덴 요테보리 세계선수권대회 우승(현정화 단식) 2000~2001년 숙명여대 겸임교수 2002년 부산아시안게임 대표팀 감독 2002~2004년 국가대표팀 감독 2005년 대한항공 스포츠단 부단장 2006년 同스포츠단(배구·탁구·빙상 총괄) 단장(현) 2009년 대한탁구협회 부회장 겸 홍보위원장(현) 2013년 대한체육회 경기력향상위원(현) 2016년 同리우올림픽대회 대한민국선수단 참여임원 [상]체육훈장 기린장(1991), 대한체육회 지도상(1991), 체육훈장 백마장(1993) [종]불교

이유성(李有星)

[생]1959 [출]인천 [주]전남 나주시 문화로227 한국농수산식품유통공사(061-931-0300) [학]1978년 국립철도고졸 1986년 국민대 경영학과졸 2013년 국방대 안보대학원 안보과정 수료 [경]1986년 농어촌개발공사 입사 2004년 농수산물유통공사 인사부장 2008년 同뉴욕aT센터 지사장 2011년 同식량관리처장 2014년 한국농수산식품유통공사 경영지원처장 2015년 同부산·울산지역본부장 2016년 同식품수출이사(현) [상]농림부장관표창(1993·2002), 경기도지사표창(2008), 대통령표창(2012)

이유식(李洧植) LEE Yu Sik (靑多)

[생]1938·9·6 [본]합천(陜川) [출]경남 산청 [학]1957년 진주고졸 1964년 부산대 영어영문학과졸 1983년 한양대 대학원졸 1988년 세종대 대학원 박사과정 수료 [경]1961년 '현대문학' 誌로 평론가 데뷔 1964~1966년 월간 '세대' 誌 기자 1966~1969년 부산 항도고 교사 1970~1978년 외국어학원 원장 1979~1981년 한국관광공사 교육원 교수 1983~1998년 배화여자전문대 교수 1984~1985년 同학보사 주간 겸 도서관장 1989~1995년 한국문인협회 평론분과 회장·국제PEN클럽 한국본부 이사 1991~1998년 월간 '수필문학' 상임편집위원장 1995~1998년 한국문인협회 부이사장 1996~1997년 배화여자전문대 교수협의회 초대회장 1998~2004년 배화여대 교수 1998년 한국문학가비평가협회 상임고문(현) 2002년 하동문학작가회 창립고문(현) 2004년 청다한민족문학연구소 소장(현) 2004년 청다문학회 이사장(현) 2004~2006년 하동평사리 토지문학제 추진위원장 2008년 토지문학제 명예추진위원장 2008년 덕성여대 평생교육원 수필창작반 초빙교수 2008년 하동 평사리 토지문학제 명예추진위원장(현) [상]제16회 현대문학상(1970), 제2회 한국문학평론가협회상(1983), 제4회 우리문학상 본상(1995), 제11회 한국예술문화단체총연합회 예술문화대상(1997), 제10회 남명문학상 본상(1998), 제39회 한국문학상(2002), 제7회 한민족문학상 대상(2003), 제7회 한국글사랑문학상 본상(2007) [저]수필집 '벌거벗은 교수님'(1989) '노래'(1992) '그대 떠난 빈자리의 슬픔'(1993) '찻잔너머의 여자'(2000) '내 마지막 노을빛사랑'(2001) '세월에 인생을 도박하고'(2007) '남자 뺨을 때리는 여자들'(2008) '옥산봉에 걸린 조각달'(2008) '도스토예프스키의 생애와 문학(編)'(1994) '알베르 카뮈의 문학과 인생(編)'(1995) '나의 작품 나의 명구·Ⅰ(編)'(2005) '나의 작품 나의 명구·Ⅱ(編)'(2005) '그러나 나는 이렇게 말한다(編)'(2006) '저 하늘에 사랑등불 매달고(共)'(2006) '저 빛나는 인생길의 합창(編)'(2007) [종]기독교

이유일(李裕一) LEE Yoo Il

[생]1943·7·3 [출]서울 [주]서울 강남구 테헤란로124 풍림빌딩11층 (주)쌍용자동차 비서실(02-3469-2001) [학]서울고졸 1969년 연세대 법대졸, 同경영대학원 AMP 수료 [경]1983~1996년 현대자동차 총무부장·이사·상무이사·전무이사·캐나다법인 사장·미국 현지법인 HMA 사장 1996~1998년 同부사장 1997년 同기획본부장 겸임 1998년 同해외부문 사장 1999년 현대산업개발 플랜트사업본부 사장 1999~2007년 아이서비스(주) 사장 2001년 현대산업개발 해외담당 사장 2007~2008년 호텔아이파크(주) 대표이사 부회장 2009년 쌍용자동차(주) 공동법정관리인 2011년 同대표이사 사장 2015년 同부회장(현) [상]석탑산업훈장, 한국FM대상, 2009올해를 빛낸 연세법현상(2010) [종]기독교

이유재(李侑載) YI You Jae

[생]1960·7·15 [출]충남 [주]서울 관악구 관악로1 서울대학교 경영대학 경영학과(02-880-6941) [학]1982년 서울대 경영학과졸 1987년 미국 스탠퍼드대 대학원졸(경영학박사) [경]1987~1993년 미국 미시간대 경영대 교수 1993년 서울대 경영대학 경영학과 교수(현) 2003~2005년 同경영대학 부학장 2004년 미국 마케팅교육저널 '아시아·태평양 마케팅 톱10'에 선정 2006~2008년 한국소비자원 비상임이사 2007~2008년 한국소비자학회 회장 2007~2011년 Service Industries Journal 편집장 2009년 한국마케팅학회 회장 2011~2012년 서울대 경영연구소장 2011~2013년 KB국민카드 사외이사 2011~2014년 서울대 텝스사업본부장 2011년 현대자동차 사외이사(현) 2012~2015년 KT 석학교수 [상]미국 마케팅과학회 최우수논문상, 미국 광고학회 최우수논문상, 한국마케팅학회 최우수논문상, 한국소비자학회 최우수논문상, 정진기재단 언론문화상, 한국조사연구학회 갤럽학술논문상, 한국경영학회 SERI중견경영학자상 [저]'죽은 CRM, 살아 있는 CRM' '서비스마케팅' '소비자 행동론' '울고 웃는 고객이야기' '광고관리' '고객가치를 경영하라(共)'(2007) 'Customer Value Creation Behavior'(2014) [역]'신상품마케팅' '리포지셔닝'

이유종(李裕鍾) LEE Yoo Jong

[생]1956·5·20 [출]인천 [주]서울 강서구 공항대로58가길8 4층 한국전기공사협회 부회장실(02-3219-0411) [학]1975년 강화고졸 1979년 서울산업대 도시행정학과졸 1988년 일본 쓰쿠바대 대학원 경제학과졸 [경]1978년 행정고시 합격(22회) 1979년 은평구 사무관, 동력자원부 비상계획관실·전력정책과·가스과·석유정책과·총무과 사무관 1992년 同서부광산보안사무소 서기관 1992년 미국 델라웨어대 에너지도시문제연구소 파견 1994년 駐이탈리아 밀라노무역관 파견 1996년 초고속정보통신기획단 파견 1996년 통상산업부 불공정수출입조사과장 1997년 同에너지관리과장 1999년 산업자원부 전력산업구조개혁단 제도정비팀장 1999년 同전력산업과장 2000년 同석유산업과장 2002년 同산업

기계과장(부이사관) 2003년 同자원개발과장 2004년 중소기업청 감사담당관 2005년 중앙공무원교육원 파견 2006년 중소기업청 중소기업정책국 소상공인지원단장 2006~2008년 부산·울산지방중소기업청장 2008~2011년 한국산업기술시험원 원장 2011년 한국전기공사협회 부회장(현) [종]가톨릭

이유형(李有炯)

[생]1971·1·18 [출]경북 경주 [주]경남 창원시 성산구 창이대로681 창원지방법원(055-266-2200) [학]1989년 금성고졸 1993년 서울대 법학과졸 1996년 同행정대학원 수료 [경]1997년 사법시험 합격(39회) 2000년 사법연수원 수료(29기) 2000년 육군 법무관 2003년 서울지법 남부지원 판사 2004년 서울남부지법 판사 2005년 서울중앙지법 판사 2007년 춘천지법 판사 2009년 同강릉지원 판사 2011년 의정부지법 판사 2012년 서울고법 판사 2014년 서울중앙지법 판사 2015년 창원지법 부장판사(현)

이 윤(李 潤) LEE Yoon

[생]1957·4·2 [출]서울 [주]서울 종로구 사직로8길60 외교부 인사운영팀(02-2100-7136) [학]1979년 서울대 법학과졸 1987년 미국 컬럼비아대 대학원 법학과졸 2007년 네덜란드 라이덴대 대학원 항공우주법학과졸 [경]1981년 외무고시 합격(15회) 1982년 외무부 입부 1989년 駐뉴욕 영사 1991년 駐자메이카 1등서기관 1994년 대통령비서실 파견 1996년 駐일본 1등서기관 1999년 駐필리핀 참사관 2001년 외교통상부 조약국 국제법규과장 2003년 駐네덜란드 참사관 2006년 외교통상부 재외동포영사국 심의관 2008년 대법원 국제협력관 2009년 외교통상부 정책기획국장 2011년 駐남아프리카공화국 대사 2014년 외교부 본부대사 2015년 駐포르투갈 대사(현)

이윤규(李潤珪) LEE Yun Kyu

[생]1956·2·15 [출]충남 부여 [주]서울 영등포구 여의나루로27 LS자산운용 비서실(02-707-4201) [학]1975년 마포고졸 1982년 중앙대 경제학과졸 [경]1982년 한국투자신탁운용 입사, 同주식매매부장, 同펀드평가부장, 同채권운용부장, 同운용본부장(CIO), 한국투자증권 IB(투자은행)사업본부장 2006년 동부투자신탁운용(주) 부사장 2007년 메가마이다스투자자문 대표이사 2008~2009년 사립학교교직원연금관리공단 자금운용관리단장(CIO) 2010~2013년 사립학교교직원연금공단 자금운용관리단장 2013년 LS자산운용 대표이사(현) [상]재정경제원장관표창(1994), 코리아어워드 CIO상(2011), 올해의 대한민국 최고운용책임자 CIO상(2011·2012·2013), Asia Asset Management(AAM) '2014 대한민국 올해의 CEO'(2015)

이윤배(李允培) LEE Yoon Bae

[생]1948·9·7 [본]원주(原州) [출]전남 해남 [주]서울 종로구 대학로122 흥사단(02-743-2511) [학]1971년 서울대 화학과졸 1973년 同대학원 화학과졸 1984년 화학박사(미국 템플대) [경]1976~1979년 한국과학기술연구원 연구원 1984~1987년 미국 펜실베이니아주립대 박사후연구원 1988~1990년 ARCO화학(주) 선임연구원 1990~1998년 순천향대 공대 나노화학공학과 조교수·부교수 1997~2000년 同기획처장 1998~2014년 同공대 나노화학공학과 교수 1998~2014년 천안아산환경운동연합 공동의장 2000년 대통령자문 지속가능발전위원 2005~2008년 순천향대 교학부총장 2007~2008년 전국부총장협의회 회장 2009~2010년 투명사회운동본부 상임대표 2009년 흥사단 부이사장 2011~2014년 투명사회운동본부 공동대표 2012년 한국과학기술단체총연합회 충남연합회장(현) 2012~2014년 흥사단아카데미총동문회 회장 2014년 흥사단 이사장(현) 2014년 순천향대 나노화학공학과 명예교수(현) [상]교육부장관표창(2000), 국무총리표창(2014)

이윤배(李允培)

[생]1959·9·15 [출]강원 속초 [주]서울 서대문구 충정로60 NH농협손해보험 사장실(02-3786-7500) [학]1977년 속초고졸 1979년 농협대 협동조합과졸 1991년 동국대 무역학과졸 [경]1979년 농협중앙회 입사 1989~1997년 同문화홍보부 근무·양주군지부 과장 2000~2006년 同경영기획팀·회계팀·손해공제팀·공제계약팀·생명공제팀장 2006년 同속초시지부 부지부장 2007년 同양양군지부장 2008년 同강원지역본부 교육지원부장 2009년 同리스트관리부 부부장 2010년 同리스크검증단장 2011년 NH투자증권 리스크관리본부장(상무) 2012년 농협은행 리스크관리부장 2013년 同강원영업본부장 2014년 농협중앙회 강원지역본부장(전무) 2015년 NH농협생명보험(주) 부사장 2016년 NH농협손해보험 대표이사 사장(현) 2016년 경기 이천시 도달미마을 명예주민 및 명예이장(현)

이윤보(李尹俌) LEE Yoon Bo

[생]1954·2·15 [출]경남 남해 [주]서울 광진구 능동로120 건국대학교 경영학과(02-450-3168) [학]1974년 진주고졸 1982년 건국대 경영학과졸, 同대학원졸, 일본 쓰쿠바대 대학원졸, 경영학박사(일본 쓰쿠바대) [경]건국대 경영학과 교수(현), 일본 중소기업연구소 연구위원, 중소기업진흥공단 연수원 자문위원·감사, 중소기업신문 논설위원 1997년 한국중소기업학회 감사·집행위원 1998년 건국대 대학원 교학부장 1998년 한국벤처연구소 정책연구실장 2000~2002년 건국대 경영대학원장 2004년 한국중소기업학회 회장 2004~2005년 중소기업협동조합중앙회 중소기업정책위원, 일본 센슈대 객원연구원, 전국경제인연합회 중소기업협력센터 이사, 중소기업청 자체평가위원장, 국민경제자문회의 전문위원, 한국벤처학회 부회장, 한일경상학회 부회장, 대통령직속 중소기업특별위원회 경영판로분과 평가위원장, 국가과학기술위원회 예산사전조정평가위원 2006~2012년 소상공인진흥원 이사장 2008~2010년 건국대 대학원장, 同언론홍보대학원장 2009년 (사)한국소상공인학회 회장 2009년 법치주의수호국민연대 공동대표(현) 2013년 (사)한국소상공인학회 명예회장(현) 2015년 학교법인 우봉학원 이사장(현) [상]건국대총장상 우등상(1981), 녹조근정훈장(2004) [저]'변화의 경영학'(1994, 일본 백도서방) '중소기업론'(1999, 경문사) '21C 중소기업의 진로'(2000, 한국중소기업학회) '중소기업 정책의 대전환-21세기의 한국 중소기업의 정책방향에 관한 연구'(2001, 동우관) '한국 미국 일본의 중소기업 정책'(2005, 중소기업연구원) '한국 중소기업 베트남 진출현황 및 투자성과 증대방안'(2007, 한국중소기업학회·기은경제연구소)

이윤상(李潤相) LEE Yoon Sang

[생]1958·10·14 [주]경남 창원시 의창구 창원대학로20 창원대학교 인문대학 사학과(055-213-3164) [학]1981년 서울대 국사학과졸 1983년 同대학원졸 1996년 국사학박사(서울대) [경]1985~2003년 성심여대·서울대·울산대·덕성여대·숙명여대·서울여대·창원대·가톨릭대·한국외국어대 강사 1988년 한국역사연구회 연구회원 2000년 서울대 한국문화연구소 특별연구원 2002~2003년 同한국문화연구소 선임연구원 2003년 창원대 인문대학 사학과 조교수·교수(현) 2007년 同박물관장 2015년 同인문대학장(현) [저]'3·1민족해방운동연구(3·1운동 70주년 기념논문집)'(1989) '북한의 한국사인식(2)'(1990) '1894년 농민전쟁연구 2-18·19세기의 농민항쟁'(1992) '한국사 11(근대민족의 형성 1)'(1994) '실패한 개혁의 역사'(1997) '일제식민지통치연구 1:1905-1919'(1999) '한국 근대사회와 문화 1-19세기 말에서 20세기 초를 중심으로'(2003) '한국 근대사회와 문화 2-191년대식 식민통치정책과 한국사회의 변화'(2005) '역사용어 바로쓰기'(2006) '대한제국은 근대국가인가'(2006)

이윤상 Lee, Yun Sang

[생]1971·6·4 [주]대구 달서구 성서4차첨단로122의11 대구·경북지방중소기업청 공공판로지원과(053-659-2231) [학]1990년 서울 강서고졸 1998년 중앙대 회계학과졸 2002년 同대학원 회계학과졸(경영학석사) 2006년 경영학박사(중앙대) [경]2010~2015년 대구가톨릭대 경상대학 세무·회계학과 교수 2011~2013년 同마태오센터장 2014~2015년 同글로벌비즈니스대학 부학장·Business Platform 특성화사업단장 2015년 대구·경북지방중소기업청 공공판로지원과장(현)

이윤석(李潤錫) LEE Yoon Seok

[생]1960·3·16 [본]경주(慶州) [출]전남 무안 [학]1984년 미국 아이오와대 연수 1987년 경남대 정치외교학과졸 1988년 연세대 행정대학원 언론홍보학과 수료 2001년 경남대 행정대학원 정치학과졸 2005년 정치학박사(경남대) 2011년 백석대 기독대학원졸(목회학석사) 2011년 연세대 경제대학원졸(경제학석사) [경]1987년 민주화추진협의회 문화부 차장 1988년 국회의원 보좌관 1992년 민주당 전남도지부 조직국장 1995·1998·2002년 전남도의회 의원(국민회의·새천년민주당·열린우리당) 2000년 同운영위원장 2002~2004년 同의장 2004년 초당대 겸임교수 2005년 미국 페어리어디킨슨대 교환연구원 2007년 경기대 강사 2008년 제18대 국회의원(무안·신안, 무소속·민주당·민주통합당) 2009년 민주당 정책위 부의장 2010년 同원내부대표 2010년 국회 행정안전위원회 위원 2011년 국회 공직자윤리위원회 위원 2011년 민주통합당 무안·신안지역위원회 위원장 2011년 同원내부대표 2011년 국회 태안유류피해대책특별위원회 위원 2012~2016년 제19대 국회의원(무안·신안, 민주통합당·민주당·새정치민주연합·더불어민주당·기독자유당) 2012년 국회 예산결산특별위원회 위원 2013년 민주당 제3정책조정위원장 2013년 同전남도당 위원장 2013~2014년 국회 국토교통위원회 간사 2013년 국회 허베이스피리트호유류피해대책특별위원회 위원 2013년 민주당 의원담당 원내부대표 2014년 同수석대변인 2014년 새정치민주연합 수석대변인 2014~2015년 同전남도당 공동위원장 2014

년 국회 국토교통위원회 위원 2014~2015년 새정치민주연합 조직강화특별위원회 위원 2015년 (사)국회입법정책연구회 회장 2015년 새정치민주연합 원내수석부대표 2015년 同조직본부장 2015년 同당원자격심사위원장 2015년 同당무감사원 감사위원 2015~2016년 더불어민주당 원내수석부대표 2015년 同조직본부장 2015~2016년 同당원자격심사위원장 2015~2016년 同당무감사원 감사위원 2016년 同조직1본부장 2016년 기독자유당 제20대 국회의원후보(비례대표 1번) [상]법률소비자연맹 선정 국회 헌정대상(2013), 국정감사NGO모니터단 선정 '국정감사 우수국회의원상'(2015), 한국유권자총연맹 선정 '국정감사 최우수국회의원상'(2015), 대한민국 창조경영대상 선정 '국정감사 우수국회의원대상'(2015) [종]기독교

이윤선(李允善) LEE Yun Sun

[생]1961 · 1 · 16 [출]강원 양양 [주]서울 종로구 세종대로163 현대해상빌딩11층 현대해상화재보험 임원실(02-3701-3776) [학]1979년 양양고졸 1983년 강원대 경영학과졸 [경]1998년 현대해상화재보험 경리부장 2004년 同기업보험지원부장 2006년 同기획관리부문장(상무) 2016년 同기획관리부문장(전무)(현)

이윤선(李閏善) LEE Yun Sun

[생]1961 · 11 · 15 [본]원주(原州) [출]경기 이천 [주]경기 안양시 만안구 성결대학로53 성결대학교 경영학부(031-467-8147) [학]1985년 성결대 경영학과졸 1987년 필리핀 Univ. of Santo Tomas 대학원 경영학과졸 1991년 경영학박사(필리핀 Univ. of Santo Tomas) [경]1992~1995년 인천대 · 경원대 · 상명여대 강사 1995년 성결대 경영학부 교수(현) 2003년 同경영학부장 2005~2007년 同학생지원처장 겸 종합인력개발센터 소장 2008년 同종합인력개발센터장 2012년 同영자신문 주간 2013~2015년 同교수협의회장 [저]'The Economic Impact of Foreign Direct Investments:The case of Korea and Selected Asian Countries'(1993) '글로벌경영'(2007) '글로벌마케팅'(2010)

이윤섭(李潤燮) Lee Yun Seop

[생]1963 · 3 · 27 [출]서울 [주]세종특별자치시 도움6로11 환경부 기획조정실(044-201-6320) [학]1981년 영일고졸 1990년 한양대 토목공학과졸, 미국 아이오와주립대 대학원 환경공학과졸 [경]1989년 기술고시 합격(25회) 2000년 환경부 수도정책과 서기관 2001년 同상하수도국 수도관리과장, UN환경계획 한국위원회(UNEP) 파견 2006년 낙동강유역환경청 환경관리국장 2007년 환경부 환경정책실 유해물질과장 2008년 同환경전략실 전략총괄과장(부이사관) 2009년 同운영지원과장 2009년 대통령 환경비서관실 선임행정관(고위공무원) 2010년 駐중국대사관 참사관 2013년 환경부 환경정책실 환경정책관 2016년 同기획조정실장(현) [상]대통령표창(1999)

이윤성(李允盛) LEE Yoon Sung

[생]1944 · 10 · 2 [본]전주(全州) [출]함북 청진 [학]1964년 제물포고졸 1968년 한국외국어대 스페인어과졸 1982년 고려대 자연자원대학원 고위정책과정 수료 1999년 중앙대 국제경영대학원 최고경영자과정 수료 2000년 인천대 행정대학원 고위관리자과정 수료 [경]1970년 한국방송공사(KBS) 입사 1980년 同정치부 차장 1981~1988년 同'보도본부24시' 앵커 1988년 同사회부장 1989년 同도쿄특파원 1992년 同'뉴스광장' 앵커 1993~1995년 同'9시뉴스' 앵커 1995년 민자당 인천남동지구당 위원장 1996년 제15대 국회의원(인천 남동구甲, 신한국당 · 한나라당) 1997년 신한국당 대변인 1998년 한나라당 총재 대외협력특보 2000년 제16대 국회의원(인천 남동구甲, 한나라당) 2000~2002년 국회 국토해양위원회 위원 2001년 한나라당 국가혁신위원회 민생복지분과 부위원장 2002~2004년 국회 문화체육관광방송통신위원회 위원 2004년 제17대 국회의원(인천 남동甲, 한나라당) 2004년 한나라당 인천시당 위원장 2004년 同당헌 · 당규개정분과 위원장 2004년 국회 국회개혁특별위원회 위원장 2005년 한나라당 중앙당 전당대회 의장 2005년 국회 2010세계박람회유치특별위원회 위원 2006년 한나라당 전국위원회 · 상임전국위원회 의장 2006~2008년 국회 산업자원위원회 위원장 2007년 한나라당 제17대 대통령선거 중앙선거대책위원회 부위원장 2007~2008년 국회 로봇포럼 대표 2008년 제18대 국회의원(인천 남동구甲, 한나라당 · 새누리당 · 무소속) 2008~2010년 국회 부의장 2008년 한중의회 정기교류체제 회장 2008년 한 · 일의원연맹 고문 2008년 한 · 남아공 의원친선협회장 2010년 국회 외교통상통일위원회 위원 2012년 제19대 국회의원선거 출마(인천 남동구甲, 무소속) 2013년 가천대 언론영상광고학과 석좌교수 2013~2015년 MBN매일방송 8시뉴스 앵커 2013년 2014인천아시안게임조직위원회 고문 [상]대한민국 방송대상, 외대경영인상(2008), 외대를 빛낸 동문상(2009), 특별 외대언론인상(2010) [역]'위대한 리더들 : 잠든 시대를 깨우다' [종]기독교

이윤성(李允聖) LEE Yoon Sung (玄門)

[생]1953 · 2 · 1 [본]함평(咸平) [출]강원 강릉 [주]서울 종로구 대학로101 서울대학교병원 병리과(02-740-8352) [학]서울고졸 1977년 서울대 의과대학졸 1982년 同대학원 병리학과졸 1986년 병리학박사(서울대) [경]1978년 서울백중앙의료원 인턴 1979~1983년 서울대병원 해부병리과 전공의 1983년 同전임의 1983~1988년 경상대 의대 병리학교실 전임강사 1988년 서울대 의대 법의학교실 부교수 1999년 국방부 의문사특별조사단 자문위원 1999년 금융감독위원회 분쟁조정위원 2000년 서울지법 민사조정위원 2000년 대통령소속 의문사진상규명위원회 위원 2001년 대한의사협회 법제이사, 同부회장 2001년 서울대 의대 법의학교실 교수(현) 2010~2016년 한국의학교육평가원 이사장 2010~2016년 한국보건의료인국가시험원 비상임이사 2012년 대한의학회 부회장 2013년 국가생명윤리정책연구원 원장(현) 2015년 대검찰청 법의학자문위원회 위원(현) 2015년 대통령소속 국가생명윤리심의위원회 위원(현) 2015년 대한의학회 회장(현) 2016년 서울대 백남기사건특별조사위원회 위원장(현) [상]홍조근정훈장, 과학수사대상(2010) [저]'사망진단서, 이렇게 쓴다(共)'(2003) '법의학의 세계'(2003) [역]'자살이냐, 타살이냐(共)'(1997)

이윤수(李允洙) LEE Yoon Soo

[생]1938 · 9 · 16 [본]전주(全州) [출]경기 광주 [주]서울 영등포구 의사당대로1 대한민국헌정회(02-757-6612) [학]1957년 휘문고 중퇴 1972년 고려대 경영대학원 수료 1990년 미국 조지워싱턴대 행정대학원 수료 [경]1970년 신민당 김대중대통령후보 경호실장 1973년 민주통일당 성남 · 광주 · 여주 · 이천지구당 위원장 1984년 신한민주당 성남 · 광주지구당 위원장 1986년 헌정민권회 이사 1986년 민주화추진협의회 발기인 1988년 평민당 성남甲지구당 위원장 1988년 同경기도지부 부지부장 1989년 同당무지도위원 1990년 신민당 성남甲지구당 위원장 1991년 민주당 성남수정지구당 위원장 1992년 제14대 국회의원(성남 수정구, 민주당 · 국민회의) 1994년 민주당 원내부총무 1994년 한국내외문제연구회 경기도지부장 1996년 제15대 국회의원(성남 수정구, 국민회의 · 새천년민주당) 1996년 국민회의 경기도지부장 1999년 同당무위원 1999년 同원내수석부총무 1999년 국회스카우트연맹 회장 2000년 새천년민주당 원내수석부총무 2000~2004년 제16대 국회의원(성남 수정구, 새천년민주당) 2000년 한 · 멕시코의원친선협회 회장 2000년 한 · 중의원외교협의회 부회장 2001년 국회 환경노동위원장 2001~2004년 국회 입법정책연구회장 2003~2004년 국회 예산결산특별위원장 2006년 경기 광주시장선거 출마(민주당) 2007년 민주당 최고위원 2008년 제18대 국회의원선거 출마(성남 수정구, 무소속) 2009~2011년 대한민국헌정회 사무총장 2010년 국회의정활동강화자문위원회 위원 2011년 대한민국헌정회 이사 2013년 同부회장(현) [상]국회의원 청렴상, 취오수국회의원상 2회, 율곡대상 [종]기독교

이윤순(李允淳) LEE Yoon Soon

[생]1956·1·23 [본]성주(星州) [출]대구 [주]대구 북구 호국로807 칠곡경북대병원 부인암센터 산부인과(053-200-3131) [학]1974년 경북고졸 1980년 경북대 의대졸 1983년 同대학원졸 1991년 의학박사(경북대) 2001년 해부학박사(계명대) [경]1988~1993년 대구 파티마병원 산부인과장 1990·1992년 일본 동경대 부인암센터 연수 1993년 경북대 의과대학 산부인과 조교수·부교수 1994년 프랑스 릴대 의과대학 부인암 복강경수술 연수 1996~1998년 미국 워싱턴대 세인트루이스교병원 부인종양학 방문교수 1999년 독일 예나대 프리드리히쉴러대학 초청교수 2001~2003·2005~2008년 경북대병원 산부인과장 2002~2006년 경북대 의과대학 산부인과학교실 교수 2006년 同의학전문대학원 산부인과학교실 교수(현) 2009년 대한산부인과내시경학회 부회장, 同재무위원(현) [상]제10회 과학기술우수논문상(2005) [저]'Mastering Single Port Gynecologic Surgery using OCTOTMPort(단일공 복강경 수술의 정복)'(2014, 군자출판사)

이윤승(李胤承) LEE Yoon Seung

[생]1953·8·15 [출]전북 완주 [주]서울 강남구 영동대로517 아셈타워22층 법무법인 화우(02-6003-7579) [학]1971년 중앙고졸 1975년 서울대 법대졸 [경]1976년 사법시험 합격(18회) 1978년 사법연수원 수료(8기) 1978년 해군본부 보통군법회의·고등군법회의 군판사 1981년 전주지법 판사 1985년 수원지법 성남지원 판사 1988년 인천지법 판사 1989년 서울고법 판사 1991년 대법원 재판연구관 1993년 대전지법 부장판사 1994년 서울지법 의정부지원 부장판사 1997년 同동부지원 부장판사 1998년 서울지법 부장판사 1999년 법원행정처 건설국장 겸임 2000~2006년 서울고법 부장판사 2000~2003년 인천지법 수석부장판사 겸임 2006년 서울북부지법원장 2008~2009년 서울가정법원장 2009~2014년 법무법인 화우 변호사 2014년 법무법인 화우 고문변호사(현)

이윤식(李允植) LEE Yoon-Shik

생1952 · 5 · 18 주서울 동작구 상도로369 숭실대학교 행정학부(02-820-0514) 학1980년 한국외국어대 정치외교학과졸 1982년 미국 아이오와주립대 대학원 정치학과졸 1986년 정치학박사(미국 미시간대) 경1987년 숭실대 행정학부 교수(현) 1995~1996년 미국 메릴랜드대 풀부라이트(Fulbright) 교수 1998~2003년 행정자치부 정책자문위원 1999년 숭실대 정보지원처장 1999년 同교무처장 2000년 한국정책분석평가학회 회장 2001~2002년 숭실대 기획조정실장 2002~2005년 정보통신부 지식정보관리평가위원장 2002~2005년 행정자치부 전자정부위원회 위원장 2003년 한국정책학회 회장 2003년 산업자원부 산업자원행정혁신위원장 2004년 대통령자문 정부혁신지방분권위원회 국가평가인프라구축TF팀장 2005~2006년 국무조정실 국가평가인프라구축추진단 자문위원장 2005~2008년 대통령자문 정부혁신지방분권위원회 위원 겸 평가간사 2006~2007년 대통령정책실 국가개혁과제점검평가단장 2006~2008년 국무총리 정부업무평가위원회 위원 겸 실무위원장 2007년 (사)한국평가감사연구원 원장(현) 2008~2010년 숭실대 사회과학대학장 2009~2014년 (사)한국정책분석평가학회 고문 2010~2014년 한국정책학회 학술상위원회 위원장 2014년 미국 뉴욕대 객원교수 2015년 안전행정부 소속 지방규제개혁평가단 단장(현) 상미국 국무성 Fulbright Award(1995), 홍조근정훈장(2008) 저'정책평가-이론과 적용(共)'(1987) '행정정보체계론 상 · 하'(1990) 'An Evaluation of the Promotion Policies for SMEs'(1992) '정책학의 주요이론(共)'(1993) '한국정치연구의 대상과 방법(共)'(1993) '행정정보체계론(전정 1판)'(1994) '대통령과 국가정책'(1994) '시민과 국가(共)'(1994) '시민이 열어가는 지식정보사회(共)'(1999) 'Building Effective Evaluation Capacity(共)'(2002) 'International Atlas of Evaluation(共)'(2002) '정부개혁과 정책평가'(2004) '정부업무평가의 새로운 패러다임(共)'(2005) 'from Studies to Stream: Managing Evaluative Systems'(共) '정부개혁과 정책평가'(共) '정부성과 관리와 평가제도(共)'(2006) 'Building an Innovative Infrastructure for the National Evaluation System'(2006) '21세기 한국 행정과 정책의 주요과제(共)'(2008) '신행정정보체계론'(2009) '정책평가론'(2010) '행정정보관리론'(2013) 종기독교

이윤식(李潤植)

생1957 · 10 · 14 주경북 안동시 태사2길55 안동의료원(054-850-6000) 학1976년 대륜고졸 1982년 경북대 의대졸 1992년 영남대 대학원 의학석사 1999년 의학박사(영남대) 경1982~1987년 공군 11전투비행단 의무관 · 병원장 1990~2015년 왈레스기념 침례병원 기획조정실장 · 병원장 대행 · 구조조정본부장 · 외과부장 1997~1999년 고신대 의학부 외래교수 1997~2002년 미국 머서대 의대 외과 임상부교수 2001년 부산대 의대 외과 외래교수 2010~2011년 영남환자영양지원학회 회장 2012~2013년 부울경환자영양지원학회 회장 2014년 부산외과학회 회장, 대한외과학회 회원(현), 대한대장항문병학회 회원(현), 미국대장항문병학회 회원(현), 대한유방암학회 회원(현) 2015년 안동의료원장(현) 2016년 한국정맥경장영양학회 부회장(현)

이윤영(李允永) LEE Yoon Young

생1953 · 2 · 20 본하빈(河濱) 출서울 주대전 대덕구 신일서로68번길71 대전열병합발전(주) 사장실(042-930-0114) 학1971년 중동고졸 1978년 한양대 전기학과졸 경두산중공업 울진3 · 4 · 5 · 6PM장, 同원자력사업관리 총괄 상무 2001년 同변화관리담당 전무 2004년 同변화관리총괄 부사장 2004~2005년 同담수BG장(부사장) 2007~2009년 일진다이아몬드(주) 대표이사 사장 2011~2012년 일진전기 대표이사 사장 2013~2016년 강남도시가스 대표이사 사장 2015년 대전열병합발전(주) 대표이사 사장(현) 상산업포장(1998)

이윤영(李允榮) Lee Yun-young

생1959 · 2 · 8 주서울 영등포구 국회대로70길18 한양빌딩 새누리당(02-3786-3000) 학1981년 성균관대 경제학과졸 1987년 서울대 대학원 경제학과졸 1990년 영국 런던대(LSE) 대학원 경제학 · 유럽정치학과졸 경1987년 외무고시 합격(21회) 1987년 외무부 입부 1993년 駐미국 2등서기관 1996년 駐코트디부아르 1등서기관 2001년 대통령비서실 파견 2003년 외교통상부 통상정책기획과장 2004년 同자유무역협정2과장 2004년 同자유무역협정정책과장 2004년 駐유럽연합대표부 참사관 2008년 외교통상부 통상전문관 2009년 同자유무역협정정책국 심의관 2011년 同자유무역협정교섭국장 2012~2015년 駐방글라데시 대사 2015년 외교부 본부 근무 2015년 새누리당 외교통일수석전문위원(현)

이윤우(李潤雨) LEE Yoon Woo

생1946 · 6 · 26 본경주(慶州) 출대구 주광주 북구 첨단과기로123 광주과학기술원 이사장실(062-715-2001) 학1965년 경북고졸 1969년 서울대 전자공학과졸 1995년 同경영대학 최고경영자과정 수료 2015년 명예 공학박사(제주대) 경1968년 삼성전관 입사 1976년 삼성전자(주) 반도체과장 1976년 同생산과장 1983년 삼성반도체통신 이사 1987년 同상무이사 겸 반도체기흥공장장 1991년 삼성전자(주) 전무이사 겸 기흥반도체연구소장 1992년 同부사장 1994년 同대표이사 부사장 1996~2003년 同반도체부문 대표이사 사장 · 총괄사장 2001년 한국반도체산업협회 회장 2003~2007년 산업기술진흥협회 부회장 2003~2012년 서울상공회의소 부회장 · 위원장 2003~2012년 전국경제인연합회 한미재계회의 위원 2004년 삼성전자(주) 대외협력담당 부회장 겸 종합기술원장 2004~2007년 한국엔지니어클럽 회장, 同명예회장(현) 2004년 중동학원 이사장 2005~2007년 삼성전자(주) 기술총괄 겸 대외협력담당 부회장(CTO) 2005~2007년 삼성종합기술원 부회장 2005년 한국특허정보원 이사장 2005년 한국화학기술단체총연합회 부회장 2005~2011년 지속가능발전기업협의회 부회장 · 고문 2006~2011년 서울대 전자동문회 회장 2006년 서울대 · 한국공학한림원 '한국을 일으킨 엔지니어 60인' 선정 2007년 삼성전자(주) 대외협력담당 부회장 2008~2009년 同반도체총괄 대표이사 부회장 2008~2011년 세계경제포럼 위원 2008~2011년 한일경제협회 부회장 2009~2010년 월드컵유치위원회 위원 2009년 삼성전자(주) 디바이스솔루션부문장 겸임 2010년 同대표이사 부회장 겸 이사회 의장 2010년 同부회장 2011년 同상임고문 2015년 同비상근고문(현) 2015년 광주과학기술원 이사장(현) 상산업포장(1984), 과학기술상(1985), 은탑산업훈장(1993), 신산업경영대상 관리대상 영업부문(1995), 대통령표창(1995 · 1998 · 1999), 서울대 자랑스런 공대 동문인상 최고경영자(TPM)인상(1995), 한국능률컨설팅협회 TPM세계대회 최고경영자 TPM상(1998), 안전경영대상(1998), 금탑산업훈장(1999), 서울대 최고경영자과정(AMP)대상(2002), 한국언론인연합회 경제부문 자랑스런한국인대상(2003), 한국능률협회 한국의 경영자상(2005), 대한전자공학회 전자대상(2006), 서울대 공대 · 한국공학한림원 선정 '한국을 일으킨 엔지니어 60인'(2006), 한국경영학회 경영대상(2010), 국제전기전자기술자협회 기업혁신상(2010), 미국 전기전자공학회(IEEE) 로버트 N. 노이스 메달(2012)

이윤우(李潤雨) LEE Yoon Woo

생1949 · 9 · 17 출대구 주서울 종로구 세종대로149 광화문빌딩8층 거제빅아일랜드자산관리(주)(02-735-0181) 학1967년 경북고졸 1972년 서울대 경영학과졸 1983년 同경영대학원졸 경1972년 한국산업은행 입행 1991년 同동경사무소 조사역 1996년 同런던지점장 1998년 同국제금융부장 1999년 同종합기획부장 2000년 同특수영업본부장 2000년 同관리지원본부장 2001년 同영업2본부장(이사) 2002년 同기획관리본부장(이사) 2003년 同컨설팅부문장(이사) 2003~2006년 同부총재 2007년 대우증권 이사회 의장 2009년 (주)대한항공 사외이사 겸 감사위원(현) 2014년 거제빅아일랜드자산관리(주) 회장(현)

이윤우(李潤又) LEE, Youn Woo

생1958 · 1 · 15 주서울 관악구 관악로1 서울대학교 공과대학 화학생물공학부(02-880-1883) 학1976년 제물포고졸 1980년 한양대 화학공학과졸 1982년 同대학원 화학공학과졸 1991년 화학공학박사(미국 랜실레어폴리테크닉대) 경1991~2004년 한국과학기술연구원(KIST) 책임연구원 1999~2004년 과학기술부 국가지정(NRL) 초임계유체연구실장 2000~2004년 한국과학기술연구원 환경복원연구센터장 · 청정기술연구센터장 2003~2006년 한국화재소방학회 편집위원 · 위험물분과위원장 2003~2005년 한국공업화학회 편집위원 2003~2015년 Super Green Conference International Scientific Committee Member 2003년 한국정밀화학공업진흥회 편집위원(현) 2004~2009년 서울대 공과대학 화학생물공학부 부교수 2005~2006년 한국화학공학회 조직이사 · 총무이사 2005년 한국청정기술학회 재무이사 2005~2006년 한국화재소방학회 편집위원 · Fire News 편집장 2005~2006년 한국군사과학기술학회 편집위원 2005년 한국초임계유체학회 창립총회위원장 · 총무이사(현) 2006년 한국산업기술진흥협회 신기술인정제도(KT마크) 심사위원(현) 2006년 ISHR&ICSTR2006 International Scientific Committee Member 2006년 International Symposium on Supercritical Fluids 회장 2007년 SUPERGREEN2007 회장 2007~2008년 KIChE 영문지 'Korean Journal of Chemical Engineering' 편집위원 2008년 The J. of Supercritical Fluids Guest Editor 2008년 2008US-Korea Conference Session Organizer · Chair 2009년 서울대 공과대학 화학생물공학부 교수(현) 2009년 IUPAC Subcommittee on Green

Chemistry 한국대표(현) 2009년 R'09 Twin World Congress Honorary Board of Patrons 2009년 산업기술연구회 산하기관평가위원 2009년 The 3rd ISASF in Green Chem. and Nanomaterials Organizing Chair 2009~2010년 Green Technology Innovators Forum Principal Investigator 2009~2010년 교육과학기술부 기획위원 2009년 일본 구마모토대 객원교수(현) 2010년 일본 토호쿠대 WPI-AIMR 객원교수 2010년 Asian-Oceanian Network on Green&Sustainable Chemistry 한국대표 2013~2015년 한국에너지기술기획평가원 산업공정기획민간위원장 2013~2014년 서울대 화학생물공학부 학부장 2013~2014년 同BK21화공인력양성사업단장 2014~2015년 同BK21플러스화공인력양성사업단장 2014년 한국경제신문 다산기술상 심사위원장(현) 2014년 INNOVEOX International Scientific Committee(현) 2014년 한국과학기술총연합회 최고과학기술자 선정위원(현) 2014년 한국공학한림원 정회원(현) 2015년 서울대 공학전문대학원창립준비위원단장

이윤원(李潤源) Lee Yoon Won

[생]1955·7·3 [출]대구 [주]서울 강남구 삼성로95길23 남양빌딩6층 특허법인 프렌즈드림(02-563-4593) [학]1975년 대구 계성고졸 1981년 경북대 고분자공학과졸 [경]1984년 총무처 5급 공채 1985년 상공부 섬유생활공업국 잡화공업과 사무관 1992년 同섬유생활공업국 요업과 사무관 1994년 특허청 심사3국 무기화학심사담당관실 사무관 2002년 同특허심판원 심판관 2003년 同심사3국 유전공학심사담당관 2004년 同기계금속심사국 심사조정과장(서기관) 2004년 同기계금속심사국 심사조정과장(부이사관) 2005년 특허심판원 심판장 2007년 특허청 화학생명공학심사본부장 2008년 특허심판원 제6부 심판장 2008~2012년 프렌즈국제특허법률사무소 대표변리사 2012년 특허법인 프렌즈 대표변리사 2014년 특허법인 프렌즈드림 대표변리사(현)

이윤재(李允宰) LEE Yoon Chai

[생]1934·10·9 [출]서울 [주]서울 강남구 논현로531 (주)피죤 임원실(02-3451-2189) [학]1953년 서울고졸 1957년 고려대 상대졸 2006년 명예 경제학박사(미국 링컨대) [경]1959~1992년 동안물산 대표이사 1967~1979년 동남합성 대표이사 1976~1977년 대한배드민턴협회 부회장 1978~1992년 (주)피죤 대표이사 1982~1990년 민주평통 자문위원 1992년 (주)피죤 회장(현) 1994년 선일로지스틱 회장(현) 1994년 중국 톈진(天津) 벽진일화유한공사 회장 2006년 중국 톈진(天津) 벽진일용품유한공사 회장(현) 2007년 한남대 명예CEO교수 2011년 피죤 사내이사(현) [상]대통령표창(1994), 대한상공회의소 노사화합부문 상공대상(1995), 고려대 경영대학 올해의 자랑스런 고대인상(2000), 노사문화 우수기업상(2005), 자랑스러운 서울인상(2006), 무역진흥상(2006), 고려대 경제인 대상(2008), 국세청장표창(2009), 한국 최고의 경영자 대상 친환경부문(2009), 2009 글로벌리더상(2009), 올해의 자랑스러운 한국인 대상 녹색성장부문(2010), 한국경제를 빛낸 인물(2016)

이윤재(李潤載) LEE Youn Jae

[생]1945·3·20 [출]경기 양평 [주]서울 송파구 새말로5길21 흥아해운(주) 회장실(02-3449-3020) [학]1964년 부산고졸 1969년 성균관대 경영학과졸 1985년 한국외국어대 무역대학원졸 2000년 서울대 최고경영자과정 수료 [경]1970년 흥아해운 입사 1976년 同동경사무소장 1978년 同영업부장 1980년 同이사 1983년 同영업상무 1984년 동보상선 회장 1985년 흥아해운(주) 대표이사 회장(현) 1988년 동보항공 회장 1993년 한국근해수송협의회 회장 1994~2012년 한국선주협회 부회장 1995년 해양소년단연맹 이사 1999년 한국선주상호보험조합 대표이사 2000년 홍사단 도산아카데미 운영이사 2003년 한국해사재단 이사·이사장(현) 2008년 在京부산중·고총동창회 회장 2013년 국제식물검역인증원 비상임이사(사외이사)(현) 2013·2016년 한국선주협회 회장(현)

이윤재(李允宰) Youn Jai Lee

[생]1956·12·18 [본]전주(全州) [출]충남 [주]서울 동작구 상도로369 숭실대학교 경제통상대학 경제학과(02-820-0557) [학]1983년 숭실대 경제학과졸 1987년 미국 노던일리노이대 대학원 경제학과졸 1991년 경제학박사(미국 노던일리노이대) [경]1982~1985년 한국개발연구원 연구원 1991년 숭실대 경제학과 교수(현) 1998~1999년 미국 Whitworth College Visiting Scholar 2002~2003년 숭실대 학생생활처장 2006~2007년 미국 일리노이대(UIC) 교환교수 2007~2009년 숭실대 교무처장 2011~2013년 同기획처장 2013년 同경제통상대학장(현) 2013~2016년 (재)중소기업연구원 비상임이사 2013년 한국중소기업학회 회장 2014년 고용노동부 자체평가위원(현) 2014~2016년 신용보증기금 비상임이사 2014~2015 한국기독교경제학회 회장, 홈&쇼핑(주) 비상임이사 [저]'Korean SMEs toward New Millennium Status and Prospects(編)'(2000) '성경속의 경제학'(2004, 숭실대 출판부) '사회적기업 경제'(2010) [역]'시사와 함께 하는 거시경제학'(2011, 탑북스) [종]기독교

이윤재(李允在) LEE YUNJAE

[생]1968·4·16 [본]전주(全州) [출]전북 완주 [주]서울 종로구 북촌로112 감사원 행정안전감사국 제1과(02-2011-2511) [학]1986년 전주해성고졸 1992년 서울대 경영학과졸 1994년 同행정대학원 정책학과 수료 2009년 중국 윈난대 행정대학원 행정학과졸 [경]1997~1998년 광주지방국세청 남광주세무서 총무과장 1999년 감사원 사무관 2006년 同서기관 2011년 同감사교육원 교육운영1과장 2013년 同교육감사단 제1과장 2014년 同특별조사국 조사1과장(부이사관) 2015년 同행정안전감사국 제1과장(현)

이윤제(李潤濟) Yun Je Lee

[생]1969·4·9 [출]충북 진천 [주]경기 수원시 영통구 월드컵로206 아주대학교 법학과(031-219-3784) [학]1988년 대일고졸 2000년 서울대 공법학과졸 [경]1996년 사법시험 합격(38회) 2000년 사법연수원 수료(29기) 2000년 수원지검 검사 2002년 전주지검 군산지청 검사 2004년 청주지검 검사 2005~2006년 미국 University of San Diego 방문학자 2007년 법무부 국제법무과 검사 2007년 아주대 법학과 부교수·교수(현), 미국 캘리포니아대 샌디에이고교 방문교수, 미국 캘리포니아주 변호사 2010~2011년 네덜란드 헤이그소재 유엔 구유고전범재판소 상소심 재판연구관 2014~2015년 공정거래위원회 민간심사위원 2014년 미국 University of Texas at Austin 방문학자(Fulbrighter)(현)

이윤조(李侖祚·女) Yunjoh Lee

[생]1975·7·5 [본]함평(咸平) [출]서울 [주]서울 종로구 사직로8길39 세양빌딩 김앤장법률사무소(02-3703-1466) [학]1992년 경기여고 수석졸업 1995년 캐나다 토론토대 트리니티 칼리지 정치학과 최우등졸업(Hon. B.A) 1999년 서울대 법대졸(수석입학·수석졸업) 2001년 同대학원 법학석사과정 수료 2011년 미국 하버드대 대학원 법학과졸 [경]1991년 경기여고 학생회장 1994년 캐나다 Fasken Campbell Godfrey 법률회사 Apprenticeship 2000년 김앤장법률사무소 Researcher 2001년 사법시험 합격(43회) 2004년 사법연수원 수료(33기) 2004년 김앤장법률사무소 변호사(현) [상]한국일보 제1회 전국고교생대입학력경시대회 대상(1991), TOEFL(Test of English as a Foreign Language) 만점 취득(677점)(1992), 경기여고총동창회(경운회) 영매상(1992), 캐나다 한국일보 '올해의 자랑스러운 한국인 6명'(1992)

이윤종(李胤鍾) LEE Yoon Jong

[생]1961·9·22 [출]경남 삼천포 [주]서울 서초구 강남대로351 청남빌딩10층 아주캐피탈(주) 사장실(02-2017-5011) [학]1979년 부산남고졸 1984년 서울대 경영학과졸 1993년 同대학원졸, 경영학박사(동국대) [경]1987년 세동회계법인 공인회계사 1990년 고합 기획조정실 과장 1992년 고합물산 해외영업본부 과장 1993년 고합뉴욕생명 기획실장 1997년 同이사대우 1997년 고합 전략경영본부 이사대우 1997년 독일 EMTEC Magnetics GmbH 매니징디렉터(CFO) 1999년 고합 경영개선본부 재무회계담당 이사 1999년 同원가회계팀장(이사) 2000년 리젠트화재보험 부사장 2001년 리젠트증권 부사장 2002년 브릿지증권 공동대표이사 부사장 2003년 同부사장 2006년 아주그룹 코퍼레이트센터실장(전무) 2007년 同코퍼레이트센터실장(부사장) 2009년 대우캐피탈(주) 기획관리총괄 부사장 2009년 아주캐피탈 대표이사 사장(현) [상]글로벌품질경영인대상(2015)

이윤종(李潤鐘) LEE Yoon Jong

[생]1961·10·9 [출]서울 [주]경기 부천시 원미구 수도로90 (주)동부하이텍 기술개발실(032-680-4722) [학]1980년 대성고졸 1984년 서울대 전자공학과졸 1986년 한국과학기술원 전기 및 전자공학과졸(석사) 1994년 전기 및 전자공학박사(한국과학기술원) [경]1997년 현대전자(주) 메모리개발연구소 소자실장 2001년 아남반도체 소자 및 종합공정팀장 2004~2005년 동부아남반도체 품질부문장(상무) 2005년 정보통신연구진흥원 IT SoC·부품소재담당 PM(전문위원) 2008년 (주)동부하이텍 공정개발담당 상무 2011년 同MF사업부장 2012년 同품질경영실장 2014년 同공정개발실장(전무) 2015년 同기술개발실장(부사장)(현)

이윤직(李允稙) Lee Yoon Jik

[생]1963 · 9 · 20 [출]경북 안동 [주]대구 수성구 동대구로 364 대구지방법원(053-757-6600) [학]1982년 대구 오성고졸 1986년 성균관대 법학과졸 1988년 同대학원 법학과졸 [경]1988년 사법시험 합격(30회) 1991년 사법연수원 수료(20기) 1994년 대구지법 판사 1997년 同경주지원 판사 1999년 대구지법 판사 2000년 同영천시법원 판사 2003년 대구고법 판사 2005년 대구지법 판사 2006년 同포항지원 부장판사 2007년 대법원 연구법관 2007년 창원지법 부장판사 2008년 대구지법 부장판사 2012년 대구지법 · 대구가정법원 경주지원장 2012년 경주시선거관리위원회 위원장 겸임 2014년 대구지법 부장판사(현)

이윤철(李允喆) LEE Yoon Cheol

[생]1964 · 3 · 24 [본]전주(全州) [출]부산 [주]경기 고양시 덕양구 항공대학로76 한국항공대학교 경영학과(02-300-0099) [학]1986년 서울대 경영학과졸 1988년 同경영대학원졸 1995년 경영학박사(서울대) [경]1988~1992년 국제기업전략연구소 선임연구원 1990~1992년 서울대 · 인하대 경영대 시간강사 1992년 서울대 경영대 조교 1993~1995년 일본 히토츠바시대 산업경영연구소 객원연구원 1995~1996년 산업정책연구원 연구위원 1995~1997년 서울대 경영대 시간강사 1996년 산업정책연구원 이사 1996~2002년 한국항공대 경영학과 전임강사 · 조교수 2002년 同경영학과 부교수 · 교수(현) 2004년 同경영연구소장 2006~2011년 산업정책연구원 대표이사 원장 2011년 同부이사장 2011~2012년 한국전략경영학회 회장 2012년 한국전문경영인학회 부회장 · 상임이사(현) 2012년 산업정책연구원 이사장(현) 2014년 한국항공대 입학처장(현) [상]한국항공대 교원연구업적우수상(2004)

이윤태(李潤泰) LEE Youn Tae

[생]1960 · 6 · 28 [본]전주(全州) [출]경남 진주 [주]강원 원주시 혁신로60 건강보험심사평가원 심사평가연구소(033-739-0900) [학]1987년 경상대 경영학과졸 1990년 同대학원 경영학과졸 1999년 경영학박사(경희대) [경]1993~1999년 한국보건의료관리연구원 수석연구원 1999년 한국보건산업진흥원 수석연구원, 同의료사업단 의료산업경영팀장 2008년 同산업지원본부 의료산업팀장 2009년 同의료서비스산업단 의료산업팀장 2012년 同보건산업정책본부 의료산업정책단 의료정책팀장 2014년 同전략조정실장 2015년 건강보험심사평가원 심사평가연구소장(현) [상]대통령표창(2007) [저]'보건의료통계'(2006) [종]불교

이윤태(李潤泰) LEE Yun Tae

[생]1960 · 7 · 19 [주]경기 수원시 영통구 매영로150 삼성전기(주) 임원실(031-210-5114) [학]포항고졸 1981년 서울대 전기공학과졸 1983년 한국과학기술원(KAIST) 전기 및 전자공학석사 1987년 전기 및 전자공학박사(한국과학기술원) [경]2001년 삼성전자(주) SOC기개발2팀 연구위원(상무보), 同Mobile Solution P/J장(연구위원 · 상무보), 同SOC개발실 연구위원(상무보), 同SOC연구소 연구위원(상무보) 2004년 同SOC연구소 연구위원(상무), 同시스템LSI사업부 상품기획팀 연구위원(상무) 2008년 同반도체총괄 시스템LSI사업부 상품기획팀장(전무), 同이미지개발팀 팀장(전무) 2011년 同LCD사업부 개발실장(전무) 2011년 同LCD사업부 개발실장(부사장) 2012~2014년 삼성디스플레이 LCD사업부 개발실장(부사장) 2014년 삼성전기(주) 대표이사 사장(현)

이윤택(李潤澤) LEE Youn Taek

[생]1952·7·9 [출]부산 [주]경남 밀양시 부북면 창밀로3097의16 밀양연극촌(055-355-2308) [학]1971년 경남고졸 1972년 서울연극학교 1년 중퇴 1979년 한국방송통신대 초등교육과졸 [경]1978년 월간 현대시학誌 '도깨비불'·'천체수업' 시인 등단 1978년 부산일보 편집부 기자 1980년 열린시 동인 1983년 무크지 '지평' 편집동인 1986년 부산 가마골소극장 연극단 거리패 대표 1986년 극단 '연희단거리패' 창단 및 예술감독(현) 1990년 일본 東京국제연극제 참가·東京알리스페스티벌 참가 1990년 계간 '현대시세계' 편집 동인 1992년 미국 LA MAMA극장 공연 1994년 서울예술전문대학 극작과 전임강사·조교수 1997년 한국예술종합학교 극작과 객원교수 1999년 성균관대 강사 2002년 同예술학부 초빙교수 2004~2005년 국립극단 예술감독 2007년 서울예술단 대표감독 2007년 동국대 예술대학 연극학과 부교수, 영산대 CT대학 연기뮤지컬학과 교수 2009년 同문화산업대학(CT대학)장, 밀양연극촌 예술감독(현) [상]대종상 각본상, 한국예술평론가협의회 최우수 예술가상, 동아연극상 연출상, 서울연극제 대상, 대산문학상, 백상예술대상 연출상, 제1회 더 뮤지컬 어워드 최우수 작품상, 서울공연예술제 작품상·연출상(2001), 올해의 연극 베스트 3선정·5선정(2001), 대한민국 문화예술상 수상(2002), 동아연극상 희곡상(2005), 대한민국뮤지컬대상 연출상(2006), 대한민국연극대상 한국연극선정 베스트 7 작품상(2008), 동아연극상 작품상·연출상(2009), 동아연극상 무대미술상(2010) [저]평론집 '해체, 실천, 그 이후'(1988) '우리에게는 또 다른 정부가 있다'(1992) 시집 '시민'(1983) '춤꾼 이야기'(1986) '막연한 기대와 몽상에 대한 반역' '나는 차라리 황야이고 싶다'(2007) 장편소설 '사랑의 방식'(1993) 희곡집 '웃다, 북치다, 죽다'(1993) '문제적 인간 연산'(1995) '이윤택 공연대본전집'(2006) 연기훈련서 '이윤택의 연기훈련'(1996·1999) 'STT연기훈련법'(2001) '이윤택 연기론-말과 몸(2003)' '영혼과 물질'(2011) 시나리오 '우리는 지금 제네바로 간다'(1986) '오세암'(1990) '단지 그대가 여자라는 이유만으로'(1991) '바보각시'(1999) '오구'(2000) [작]TV드라마 '사람과사람'(1990, MBC 주간단막극 13회) '행복어사전'(1991, MBC 미니시리즈) '춘원 이광수'(1992, MBC 특집극) '사랑의 방식'(1992, MBC 미니시리즈) '도시인'(1992, MBC 특집극) '머나먼 쏭바강'(1993, SBS 창사특집극) '임꺽정'(1996, SBS) '모델'(1997, SBS 미니시리즈) 연극연출 '오구'(1991) '바보각시'(1993) '문제적 인간 연산'(1995) '햄릿'(1996) '파우스트'(1997) '피의 결혼'(1997) '느낌, 극락같은'(1998) '시골선비 조남명'(2001) '하녀들'(2002) '리어왕' '떼도적'(2004) '오월의 신부'(2005) '억척어멈과 그의 자식들'(2006) '달아달아 밝은 달아'(2007) '원전유서'(2008) '베니스의 상인'(2009) '경성스타'(2010) '살아있는 이중생 각하'(2011) 뮤지컬 연출 '고래사냥'(1996) '태풍'(1999) '화성에서 꿈꾸다'(2007) '이순신'(2008) [종]불교

이윤호(李允鎬) Lee Younho

[생]1948·1·18 [본]전의(全義) [출]대전 [학]1966년 대전고졸 1974년 연세대 정치외교학과졸 1978년 미국 위스콘신대 메디슨교 대학원 정책결정 및 행정학과졸 1984년 경제학박사(미국 위스콘신대 메디슨교) [경]1973년 행정고시 합격(13회) 1973~1976년 경제기획원 근무 1979~1982년 미국 위스콘신대 메디슨교 빈곤문제연구소 근무 1984~1986년 전국은행연합회 기획조사부장 1984~1988년 재무부 세제발전심의위원회 연구위원 1987년 럭키금성 경제연구소 이사 1989년 同상무이사 1994년 同전무이사 1995년 LG경제연구원 대표이사 부사장 1997~2006년 同대표이사 원장 1998~2002년 규제개혁위원회 위원 2002~2005년 경제사회연구회 이사 2005~2008년 국가과학기술운영위원회 위원 2007~2008년 전국경제인연합회 상근부회장 2007~2008년 同국제경영원장 겸임 2008~2009년 지식경제부 장관 2010년 駐러시아 대사 2012년 외교통상부 경제통상대사 2012~2014년 한양대 공학대학원 에너지자원공학과 석좌교수 2012년 한국학중앙연구원 비상임이사 [상]국무총리표창, 국민훈장 동백장(2002), 청조근정훈장(2012) [종]기독교

이윤호(李潤鎬) LEE Yoon Ho

[생]1948 · 10 · 21 [본]경주(慶州) [주]서울 강남구 언주로725 보전빌딩12층 (주)솔트커뮤니케이션즈(02-3442-7211) [학]서울대 천연섬유학과졸, 同대학원 신문학과졸 [경]오리콤 본부장 · 이사, (주)솔트커뮤니케이션즈 대표이사(현)

이윤호(李允鎬) LEE Yoon Ho

[생]1950 · 10 · 6 [본]고성(固城) [출]서울 [주]서울 종로구 창경궁로136 보령빌딩10층 소년한국일보(02-724-2521) [학]1982년 성균관대 경영대학원졸 [경]1975년 한국일보 광고국 근무 1982년 同광고국 과장 1986년 同차장대우 1988년 同차장 1988년 서울경제신문 광고국 3부장 직대 1990년 同영업2부장 · 영업3부장 1995년 한국일보 광고국 부국장 1999년 同광고국 국차장 1999년 同광고국장 직대 2000~2001년 코리아타임스 광고국장 2002년 소년한국일보 영업국장 2004년 한국일보 광고본부장(이사대우) 2006~2015년 소년한국일보 마케팅본부장(이사대우) 2015년 同이사 2016년 同대표이사 사장(현)

이윤호(李潤鎬) LEE Yoon Ho

[생]1955 · 8 · 14 [본]영천(寧川) [출]경남 거창 [주]서울 중구 필동로1길30 동국대학교 경찰행정학과(02-2260-3499) [학]1974년 거창 대성고졸 1978년 동국대 경찰행정학과졸 1982년 同대학원 경찰행정학과졸 1984년 미국 미시간주립대 대학원 범죄학과졸 1987년 범죄학박사(미국 미시간주립대) [경]1987년 동국대 경찰행정학과 대우조교수 1989~2001년 경기대 교정학과 조교수 · 부교수 · 교수 1997년 同교학처장 2000년 법무연수원 교정연수부장 2001년 경기대 대외협력처장 2002~2005년 同경찰행정학과 교수 2002~2005년 同행정대학원장 2005년 동국대 경찰행정학과 교수(현) 2005년 대한범죄학회 회장 2006년 한국경찰학회 회장 2006년 동국대 경찰행정학과장 2008~2010년 한국공안행정학회 회장 2008~2011년 경찰위원회 위원 2008년 해군발전위원회 위원(현) 2010~2012년 동국대 입학처장 2010~2012년 한국산업보안연구학회 회장 2010년 목멱사회과학연구원 이사장(현) 2012~2015년 한국대테러정책학회 회장 2015년 동국대 행정대학원장 · 경찰사법대학원장 · 사회과학대학장 겸임, 同경찰사법대학장 겸 경찰사법대학원장(현) [저]'한국청소년비행론' '한국형사사법정책론' '형사정책'

'교정학' '분류처우론'(共) '교정학개론' '범죄학개론' '현대사회와 범죄의 이해' '경찰학' '범죄학' '피해자학연구' '피해자학' '범죄, 그 진실과 오해'(2014, 박영사) '범죄심리학'(2015, 박영사) [종]불교

이윤호(李胤浩) Youn-Ho LEE

[생]1962·9·15 [본]전의(全義) [출]강원 홍천 [주]경기도 안산시 상록구 해안로 787 한국해양과학기술원 전략개발실(031-400-6428) [학]1985년 서울대 해양학과졸 1987년 同대학원 해양학과졸 1994년 이학박사(미국 Univ. of California at San Diego) [경]1994~1997년 미국 캘리포니아공대(California Institute of Technology) Research Fellow 1997~1998년 同Senior Research Fellow 1998년 한국해양연구원 선임연구원 2004년 同해양생물자원연구부 책임연구원 2005년 과학기술연합대학원대 교수(현) 2007~2008년 대통령자문 국가과학기술자문회의 기초연구팀장 2008~2012년 교육과학기술부 기초연구사업추진위원회 전문위원 2010~2013년 국가과학기술위원회 거대공공기술전문위원 2010~2013년 국토해양부 국토해양미래기술전문위원 2011~2012년 한국해양연구원 연구전략본부장 2012년 유네스코 정부간해양학위원회(IOC) 서태평양지역위원회(WESTPAC) 부의장(현) 2012년 한국해양과학기술원 해양생태계연구부 책임연구원, 同전략개발실장(현) 2012년 한국해양학위원회 소위원장(현) 2013년 해양수산부 해양수산미래기술위원(현) 2014년 세계해양포럼 기획위원(현) [상]부총리 겸 과학기술부장관표창(2007), 대통령표창(2012) [저]'해양과학용어사전'(2005) '해양환경공학'(2008) [역]'진화학'(2004) [종]기독교

이윤호(李潤鎬)

[생]1967·3·5 [출]경북 칠곡 [주]대전 서구 둔산중로78번길45 대전지방법원(042-470-1114) [학]1986년 대구 달성고졸 1990년 서울대 공법학과졸 [경]1997년 사법시험 합격(39회) 2000년 사법연수원 수료(29기) 2000년 부산지법 판사 2003년 同동부지원 판사 2005년 부산지법 판사 2008년 同가정지원 판사 2009년 부산고법 판사 2012년 창원지법 통영지원 판사 2014년 부산지법 판사 2015년 대전지법 부장판사(현)

이윤화(李潤和) LEE Yun Hwa

[생]1953·5·7 [본]연안(延安) [출]경북 군위 [주]경북 안동시 경동로1375 안동대학교 인문대학 사학과(054-850-5373) [학]1970년 군위고졸 1974년 경북대 사범대학 역사교육과졸 1976년 同대학원졸 1991년 문학박사(대만 중국문화대) [경]1980~1991년 안동대 인문대학 사학과 전임강사·조교수·부교수 1991년 同인문대학 사학과 교수(현) 1991년 同퇴계학연구소장 1993년 중국사회과학원 역사연구소 객원 연구원 1995년 안동대 기획연구실장 1997년 중국 華東사범대 해외중국학연구중심 객좌교수 1998년 안동대 교무처장 2012년 同공자학원장 2013년 同박물관장 겸 역동서원 원감 2015년 同대학원장(현) 2016년 중국 공자연구원 니산학자(유학연구 석좌초빙교수)(현) [상]중국 부총리표창(2015) [저]'中韓근대사학비교연구' [역]'宋季之明理學通錄'(共) '사통통석(전4권)'

이윤희(李允姬·女) LEE Yun Hee

[생]1969·8·25 [주]서울 중구 덕수궁길15 서울특별시의회 의원회관 716호(02-3783-1591) [학]잠실여고졸, 이화여대 식품영양학과졸 [경]이화여대 가정과학대학 학생회장, 서울시 성북구 문화공보담당관, 同성북구청장 정책보좌관 2010년 서울시 성북구의회 의원(비례대표, 민주당·민주통합당·민주당) 2012년 同운영복지위원회 부위원장, 서울시 성북구 교육자문위원회 위원, 同벤처창업지원센터 운영위원, 同공직자윤리위원회 부위원장, 민주통합당 서울시당 교육특별위원장, 민주당 서울시당 여성위원회 상임위원, 同서울성북甲지역위원회 여성위원장 2014년 새정치민주연합 서울시당 창당발기인 2014년 同중앙당 정책조정위원회 부위원장 2014년 서울시의회 의원(새정치민주연합·더불어민주당)(현) 2014년 同운영위원회 위원 2014~2016년 同환경수자원위원회 위원 2014~2015년 同정책연구위원회 위원 2014~2015년 同의회개혁특별위원회 부위원장 2014년 전국사회적경제메니페스토실천협의회 실행위원 2014년 전국여성지방의원네트워크 운영위원(현) 2014년 서울시의회 더불어민주당 대변인(현) 2014~2016년 同한옥지원특별위원회 부위원장 2015년 同청년발전특별위원회 위원(현) 2015년 同예산결산특별위원회 위원(현) 2015년 同하나고등학교특혜의혹진상규명을위한행정사무조사특별위원회 위원(현) 2015년 同서소문밖역사유적지관광자원화사업지원특별위원회 위원(현) 2016년 同기획경제위원회 위원(현) 2016년 더불어민주당 서울특별시당 대변인(현) [상]서울사회복지대상(2014), 행정사무감사우수의원표창 (2014), 올해의 환경대상(2015), 지방의원 매니페스토 약속대상 우수상(2015), 대한민국 친환경 우수의원상(2016), 제14회 대한민국 환경창조경영 대상(2016)

이융웅(李隆雄) LEE Yung Woong

[생]1942·8·18 [출]함남 함흥 [주]서울 서초구 서초대로 286 서초프라자903호 이융웅법률사무소(02-588-3939) [학]1961년 서울대사대부고졸 1965년 서울대 법대졸 1969년 同사법대학원 수료 [경]1966년 행정고시 합격(4회) 1967~1969년 건설부 사무관 1967년 사법시험 합격(8회) 1969년 육군 법무관 1972~1981년 순천지원·대전지법·의정부지원·서울민사지법 판사 1981년 서울고법 판사 1982년 대법원 재판연구관 1983년 마산지법 부장판사 1985년 수원지법 부장판사 1987년 서울민사지법 부장판사 1989년 서울가정법원 부장판사 1991년 광주고법 부장판사 1992년 서울고법 부장판사 1998년 서울지법 남부지원장 1999년 광주지법원장 2000년 서울가정법원장 2001년 특허법원장 2001년 부산고법원장 2002~2003년 서울고법원장 2002~2003년 중앙선거관리위원회 위원 2003년 변호사 개업(현) 2004~2006년 통신위원회 위원장 [종]기독교

이융조(李隆助) Yung-jo LEE (大湖)

[생]1941·9·10 [출]충남 서산 [주]충북 청주시 상당구 용암북로120번길25 (재)한국선사문화연구원(043-264-4190) [학]1963년 연세대 사학과졸 1967년 同대학원 사학과졸 1984년 문학박사(연세대) 2004년 고고학박사(러시아 크라스노야르스크 국립사범대) 2006년 명예이학박사(중국과학원 고척추동물여고인류연구소) [경]1965년 연세대박물관 연구원 1972년 同수석연구원 1976~1988년 충북대 인문대학 고고미술사학과 전임강사·조교수·부교수 1981년 미국 일리노이대 초빙교수 1983~1989년 충북대 박물관장 1983년 충북도 문화재위원 1983~1987년 문화공보부 고고유물감정위원 1983년 충주댐수몰지구 문화유적발굴조사단장 1985년 중부고속도로 문화유적조사단장 1987년 국립대박물관장협의회 회장 1987년 중등학교국사교과서편찬심의위원 1988~2007년 충북대 인문대학 고고미술사학과 교수 1988년 세계박물관협의회 한국위원회 집행위원 1991년 북한문화재 연구위원 1991년 서울외곽도로문화유적조사단 단장 1991년 충북대 문화유적조사단장 1991년 同선사문화연구소장 1992년 한국고대학회 회장 1995년 충북대 박물관장 1996~1999년 한국대학박물관협회 회장 1996년 '1997 문화유산의 해' 조직위원 1998~2002년 한국박물관학회 회장 1999년 한국고대학회 회장 1999년 국제기념물 및 유적협의회(ICOMOS) 한국위원회 부회장·회장 2000년 호서고고학회 회장 2001~2002년 한국구석기학회 회장 2003년 미국 캘리포니아대 산타바바라캠퍼스 인류학과 초빙교수 2005~2007년 충북대 박물관장 2005~2010년 (재)한국선사문화연구원 원장 2007년 충북대 고고미술사학과 명예교수(현) 2007~2010년 한국전통문화학교 초빙교수 2010~2011년 아시아구석기학회 회장 2010년 (재)한국선사문화연구원 이사장(현) 2012년 아시아구석기학회 명예회장(현) [상]충북도 문화상, 충북대 학술상, 무악실학상, 근정포장(2007), 자랑스런 박물관인상 원로부문(2010), 제35회 외솔상 문화부문(2013), 옥관문화훈장(2015), 용재학술상(2016) [저]'대청댐 수몰지구 유적발굴보고서' '한국선사문화의 연구' '청원 두루봉동굴 제2굴 구석기문화 중간보고서' '한국의 선사문화-그분석연구' '한국의 구석기문화의 연구Ⅱ' '우리의 선사문화1' '청원군 평리 청동기유적' '평라리 선사유적' 등

이 은(李 櫶) LEE Eun

[생]1946·8·20 [본]영천(永川) [출]서울 [주]서울 관악구 관악로1 서울대학교 화학부(02-880-6664) [학]1965년 경기고졸 1969년 서울대 화학과졸 1974년 철학박사(미국 예일대) [경]1974년 미국 컬럼비아대 연구원 1975년 미국 조에콘(주) 연구원 1977~1987년 서울대 자연과학대학 화학과 조교수·부교수 1985년 영국 옥스포드대 유기화학과 방문교수 1987~2011년 서울대 화학부 교수 1996~1998년 同화학과장 1996년 대한화학회 간사장 2006년 同회장 2010년 대한민국학술원 회원(유기화학·현) 2011년 서울대 화학부 명예교수(현) 2011~2014년 한양대 화학과 석좌교수 [상]대한화학회 학술상(1995), 한국과학상(1998), 옥조근정훈장(2011)

이 은(李 恩) LEE Eun

[생]1961·7·10 [출]서울 [주]서울 종로구 필운대로13의4 명필름 대표이사실(02-2193-2000) [학]1989년 중앙대 영화학과졸, 同대학원 첨단영상학과졸 [경]1995년 (주)명필름 대표이사(현) 1997년 '해가 서쪽에서 뜬다면' 감독, 영화진흥위원회 위원, 영화인회의 기획위원장 2004년 (주)MK버팔로 각자대표이사 2005년 (주)MK픽쳐스 대표이사 2011년 DMZ국제다큐멘터리영화제 집행위원 2013년 한국영화제작가협회 회장(현)

이 은(李 誾) LEE Eun

[생]1963 · 12 · 24 [본]성주(星州) [출]경남 남해 [주]서울 중구 세종대로92 한화금융센터 한화토탈 인사팀(02-3415-9234) [학]1982년 혜광고졸 1983년 육군사관학교 중퇴 1988년 연세대 법학과졸 [경]1990~1999년 한화L&C(주) 근무 1999년 한화케미칼(주) 근무 1999~2009년 여천NCC 인사총무팀 부장 2009년 한화케미칼(주) 법무팀 부장 2009년 제일화재해상보험(주) 경영관리담당 2010년 한화손해보험 경영지원실장 2013년 同자동차보험본부장 2014년 同경영지원실장 2015년 한화토탈 인사담당 상무(현) [종]불교

이은각(李殷珏) Lee Eun Gak

[생]1957 · 1 · 17 [본]전주(全州) [출]서울 [주]서울 종로구 북촌로5길48 정독도서관(02-2011-5799) [학]1975년 서울 용문고졸 1986년 국제대 무역학과졸 [경]1997년 서울 강동도서관 서무과장(사무관) 2004~2005년 서울 성동교육청 관리과장(사무관) 2006년 서울시교육청 교원정책과 교직담당팀장 2007년 同정책기획담당관 2008년 同정책기획담당관(서기관) 2009년 교육과학기술연수원 연수 2010년 서울시교육청 정보화담당관 2010년 同기획예산담당관 2011년 同정책기획담당관 2012년 서울 성북교육지원청 행정지원국장 2013년 서울시교육청 정책기획담당관(부이사관) 2013년 同총무과장 2014년 남산도서관장 2015년 정독도서관장(이사관)(현)

이은강(李殷彊)

[생]1970 · 10 · 22 [출]광주 [주]전남 목포시 정의로9 광주지방검찰청 목포지청(061-280-4318) [학]1989년 광주 광덕고졸 1994년 고려대 동양사학과졸 [경]1998년 사법시험 합격(40회) 2001년 사법연수원 수료(30기) 2001년 변호사 개업 2003년 대한법률구조공단 변호사 2006년 의정부지검 검사 2008년 광주지검 순천지청 검사 2010년 광주지검 검사 2012년 서울중앙지검 검사 2015년 수원지검 부부장검사 2016년 광주지검 목포지청 부장검사(현)

이은경(李恩庚 · 女) LEE Eun Kyoung

[생]1964·10·15 [출]서울 [주]서울 서초구 남부순환로333길 20, 산지빌딩2층 법무법인 산지(02-2055-3300) [학]1983년 숭의여고졸 1987년 고려대 법과대학졸 2006년 미국 버팔로 뉴욕주립대 장기연수(Visiting Scholar) 2008년 고려대 법무대학원 국제거래법학과졸 [경]1988년 사법시험 합격(30회) 1991년 사법연수원 수료(20기) 1991~1993년 서울지법 남부지원 판사 1993년 서울중앙지법 판사 1995~1998년 전주지법 판사 1997년 무주·진안·장수군선거관리위원회 위원장 1998~2000년 서울지법 판사 2000~2002년 同동부지원 판사 2002년 변호사 개업 2002~2008년 서울동부지법 민사조정위원 2003~2004년 사법연수원 외래교수 2004년 법무부 국가배상심의위원회 심의위원 2004년 서울동부범죄피해자지원센터 감사(현) 2005~2007년 서울교육재정계획심의위원회 위원 2005~2006년 미국 뉴욕주립대 방문교수 2007년 서울지방변호사회 법제위원장 2007년 법무법인 산지 대표변호사(현) 2007년 한나라당 대통령후보자 선거관리위원회 위원 2007년 同12·19 재·보궐선거 중앙당 공천심사위원 2007~2014년 KBS 자문변호사 2007년 (사)들꽃청소년세상 이사(현) 2008년 법무부 범죄피해자보호위원회 위원(현) 2009~2012년 대한변호사협회 대의원 2009년 서울동부범죄피해자지원센터 이사(현) 2009년 경찰청 인권보호위원회 위원 2012년 한국여성정책연구원 감사(현) 2013년 새누리당 재보궐선거 중앙당 공천심사위원회 위원 2013년 대통령비서실 행정심판위원회 위원(현) 2014년 새누리당 지방선거공천관리위원회 위원 2014년 언론중재위원회 선거기사심의위원회 위원 2014년 대한변호사협회 이사 2014~2015년 새누리당 기획위원회 위원 2014~2015년 방송통신심의위원회 통신특별위원회 위원 2014~2016년 한국여성변호사회 수석부회장 2015년 국가인권위원회 비상임위원(현) 2015년 무역위원회 위원(현) 2016년 한국여성변호사회 회장(현) 2016년 대한변호사협회 부회장(현) 2016년 국세청 국세행정개혁위원회 위원(현) 2016년 일본군위안부피해자지원을위한재단설립준비위원회 위원 2016년 (재)화해·치유재단 이사(현) [상]서울지방변호사회 공로상(2008), 고려대 법무대학원장표창(2008), 국무총리표창(2015) [종]기독교

이은국(李銀國) LEE Eun Kook

[생]1952 · 11 · 17 [출]경기 [주]서울 서초구 바우뫼로27길2 일동히알테크 임원실(02-526-3114) [학]1971년 성동고졸 1979년 성균관대 약학과졸 [경]1979년 일동제약(주) 입사 1996년 同부장 2000년 同이사대우 2005년 同OTC사업팀 상무 2006년 同영업지원팀장(상무) 2009년 同마케팅지원담당 상무 2011년 同경영지원부문 상무 2014년 同경영지원부문 전무 2016년 일동히알테크 대표이사(현)

이은국(李殷國) LEE Eun Kook

[생]1958·6·10 [주]서울 서대문구 연세로50 연세대학교 행정학과(02-2123-2965) [학]1982년 연세대 행정학과졸 1984년 同행정대학원졸 1991년 정치학박사(미국 시카고대) [경]연세대 행정학과 교수(현), 同행정대학원 교학부장, 同지역사회개발연구소장 2000년 同도시문제연구소장 2002~2004년 정부투자기관 경영평가위원 2003~2004년 지방공기업 경영평가위원 2006~2008년 연세대 통일연구원장 2006~2008년 행정자치부 중앙투융자심사위원 2012년 한국정책분석평가학회 회장 2009~2014년 행정안전부 지방공기업정책위원회 위원 2014년 국무총리산하 경제·인문사회연구회 비상임이사(현) 2016년 연세대 사회과학대학장(현) 2016년 행정자치부 정책자문위원회 위원장(현)

이은권(李殷權) Lee Eun Kwon

[생]1958·11·5 [출]충남 공주 [주]서울 영등포구 의사당대로1 국회 의원회관538호(02-784-3457) [학]1977년 서대전고졸 1982년 단국대 토목공학과졸 2009년 同행정법무대학원 행정학과졸 [경]강창희 국회의원 보좌관, 한나라당 대전시중구지구당 사무국장, 同대전중구당원협의회 운영위원장, 同중앙당 지방자치위원회 부위원장 2006~2010년 대전시 중구청장(한나라당) 2010년 대전시 중구청장 선거 출마(한나라당) 2014·2016년 새누리당 대전시중구당원협의회 운영위원장(현) 2014년 대전시 중구청장선거 출마(새누리당) 2016년 제20대 국회의원(대전시 중구, 새누리당)(현) 2016년 국회 미래창조과학방송통신위원회 위원(현) 2016년 국회 예산결산특별위원회 위원(현) 2016년 새누리당 대전시당 위원장(현) [상]칭찬합시다 운동중앙회 칭찬주인공상(2010)

이은규(李銀圭) Lee, Eun Kyoo

[생]1951 · 1 · 9 [본]전주(全州) [출]서울 [주]경기 안양시 만안구 삼덕로37의22 안양대학교 기독교교육과(031-467-0700) [학]1979년 안양대 신학대학졸 1984년 한양대 대학원 교육학과 3학기 수료 1985년 캐나다 크리스찬대 신학대학원 목회학과졸 1989년 캐나다 맥매스터대 신학대학원 기독교교육학과졸 1991년 기독교교육학박사(캐나다 크리스찬대) 1995년 목회학박사(미국 시카고맥코믹신학교) [경]1977~1979년 철도청 서울전기사무소 근무 1982년 대한예수교장로회 서울노회에서 목사 임직 1983~1984년 한양대 학생생활연구소 상담 및 연구조교 1983~1984년 성북장로교회 담임목사 1984~1985년 캐나다 성산장로교회 설교목사 1986~1991년 캐나다 크리스찬대 조교수 1987~1991년 캐나다 등대장로교회 당회장 1991년 안양대 신학대학 기독교교육과 교수 1992~1995년 同기독교교육과장 1992~2004년 한국중앙교회 협동목사 1997~2000년 한국기독교상담 · 심리치료학회 회원관리위원장 1997~2002년 안양대 교목실장 2003~2006년 同신학대학원장 2004년 진선학원 이사(현) 2005~2010년 전국기독교대학교대학원장협의회 회장 2005~2011년 서울YMCA 이사 · 국제교류및협력위원장 2005~2007년 평촌 새중앙교회 협동목사 2007~2008년 한국복음주의기독교상담학회 회장 2008~2015년 목자교회 협동목사 2009~2010년 안양대 신학대학장 · 신학연구소장 2010~2011년 同대학원장 겸 신학대학원장 2011~2012년 同교수협의회장 2011년 미국 'The Evangelical Order of Certified Pastoral Counsellors' Diplomate-Psychotherapist Counsellor 2013~2014년 안양대 총장 2016년 수원성산장로교회 협동목사(현) 2016년 경기도의회 간행물편찬위원회 위원(현) 2016년 안양대 신학대학 기독교교육과 명예교수(현) [상]한국복음주의 신학회 기독교교육학회 제3회 한국기독교교육자상(2013) [저]'양육하는 공동체(編)'(1991) '신앙양육을 위한 지혜'(1996) '기독교개론(共)'(1998) '가정과 교회의 맥락에서 본 청소년교육(共)'(2002) 'Power 청년'(2002) '교육목회의 New 파트너'(2002) '복음주의 기독교 상담학(共)'(2004) '기독교 청소년교육'(2008) '빛 그리고 생수(共)'(2009) '무엇을 찾고 있습니까?'(2009) '기독교적 삶, 교육, 돌봄'(2009) '목회상담의 길라잡이'(2012) [역]'바울이 기도하는 것을 보라'(1991) '기독교교육학개론'(1993) '생의 진단자로서 목회자'(1994) '성경을 삶에 적용하는 방법'(1997) '기도와 전도의 워밍업'(2000) '기독교 상담심리학개론(共)'(2004) '영혼돌봄의 상담학(共)'(2006) '사람은 어떻게 변화되는가(共)'(2009) '기독교심리학(共)'(2012) [종]기독교

이은규(李恩圭) LEE Eun Kyu

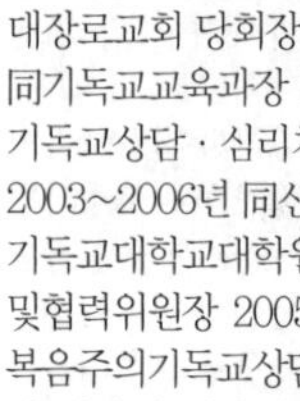

[생]1952·10·7 [본]전주(全州) [출]부산 [주]경기 안산시 상록구 한양대학로55 한양대학교 ERICA캠퍼스(031-400-5207) [학]1970년 경기고졸 1975년 한양대 화학공학과졸 1985년 화학공학박사(미국 드렉셀대) [경]1975~1980년 국방과학연구소 추진제개발부 선임연구원 1985년 Miles Laboratories Inc.(Elkhart, USA) 생물공정연구부 선임연구원 1988~1991년 미국 Rose-Hulman공대 화학공학과 위촉교수 1988~1992년 Pitman-Moore Inc. 생물공정연구부 책임연구원 1992년 한양대 화학공학과 교수 2001년 同마이크로바이오칩센터 소장 2002

년 미국 Drexel Univ. 화학공학과 방문교수 2002~2006년 한국생물공학회 부회장, 경원대 바이오나노대학 교수 2011년 同연구부총장 겸 바이오나노대학장 2012~2014년 가천대 바이오나노학과 교수 2012~2014년 同연구부총장 2012~2014년 한국연구재단 기초연구본부장 2014년 한양대 생명나노공학과 교수(현) [상]한국생물공학회 학술대상(2006) [저]'열전달과 응용'(共) [종]천주교

이은기(李殷起) LEE Eun Kee

[생]1954·10·1 [출]충남 공주 [주]서울 마포구 백범로35 서강대학교 법학과(02-705-7842) [학]1973년 서울고졸 1977년 동국대 법학과졸 1984년 서울대 법학대학원 법학과졸 1995년 법학박사(서울대) [경]1986년 사법시험 합격(28회) 1989년 사법연수원 수료(18기) 1989~2000년 변호사 개업 1999~2002년 숙명여대 법학부 겸임교수 1999년 경제정의실천시민연합 감사 2000~2007년 법무법인 새시대 대표변호사 2006년 서강대 법학과 부교수 2006~2007년 한국공법학회 부회장 2007~2008년 환경법학회 및 지방자치법학회 부회장 2009년 법조윤리협의회 위원 2011년 서강대 법학과 교수(현) 2011년 同공공정책대학원 환경정책학과장 2012~2013년 미국 버클리대 로스쿨 Visiting Scholar 2013년 한국환경법학회 회장

이은미(女)

[생]1966 [주]서울 강남구 남부순환로2806 삼성물산(주) 패션부문(070-7130-9114) [학]1984년 영파여고졸 1988년 숙명여대 의류학과졸 [경]1989년 세계물산 디자이너 1991년 제일모직 브루스힐기획팀 근무 1994년 同정장팀 근무 1996년 同갤럭시·카디날상품실 선임디자이너 2000년 同로가디스디자인실장 2008년 同이탈리아 지역전문가 파견 2009년 同남성복사업부 Creative Director 2013년 삼성에버랜드 패션부문 남성복사업부 Creative Director(부장) 2013년 同패션부문 남성복사업부 Creative Director(상무) 2014년 제일모직(주) 패션부문 남성복사업부 Creative Director(상무) 2015년 삼성물산(주) 패션부문 남성복1사업부 Creative Director(상무)(현)

이은방(李殷邦) Eun Bang Lee

[생]1962·2·11 [출]충남 [주]부산 영도구 태종로727 한국해양대학교 해양경찰학과(051-410-4236) [학]1981년 수성고졸 1985년 한국해양대 항해학과졸 1988년 同대학원졸 1995년 공학박사(일본 東京공대) [경]1986년 동진상운(주) 항해사 1987년 한국해양대 실습선 교관 1991~1992년 일본東京공대 정밀공학연구소 연구원 1995년 한국해양대 전임강사 1997년 同해양경찰학과 조교수·부교수·교수(현) 2002년 미국 United States Coast Guard Academy 교환교수 2003~2006년 한국해양대 해양경찰학과장 2005~2007년 同승선생활관장 2010년 해양경찰청 자체규제심사위원회 위원장 2011년 同자체평가위원 2013년 해양환경안전학회 부회장 겸 상임이사(현) 2014년 한국해양대 해양경찰학과장 2014~2016년 同해사대학장 [상]문교부장관표창 [저]'항해기기론' '해상교통안전론' '해양경찰학개론' [종]기독교

이은방(李殷邦) LEE Eun Bang

[생]1963·4·29 [출]광주 [주]광주 서구 내방로111 광주광역시의회(062-613-5000) [학]숭의고졸, 성화대학 토목과졸, 광주대 법정학부졸, 同행정대학원 행정학과 재학中 [경]고운산업개발 대표(현), (주)고운종합건설 이사, 민주평통 자문위원(현), 바르게살기광주북구일곡협의회 회장, 열린우리당 지역혁신개발특별위원장 2006~2010년 광주시 북구의회 의원 2010년 광주시의회 의원(민주당·민주통합당·민주당·새정치민주연합) 2010~2012년 同부의장 2010~2012년 同환경복지위원회 위원 2011년 同문화수도특별위원회 위원 2012년 同운영위원회 위원, 민주당 광주시당 대변인, 대한나눔복지중앙회 이사(현) 2014년 광주시의회 의원(새정치민주연합·더불어민주당·국민의당)(현) 2014년 同교육위원회 위원 2014년 同운영위원회 위원 2014년 同문화도시특별위원회 위원 2015~2016년 同예산결산특별위원회 위원 2016년 同의장(현) [상]행정안전부장관표창(2009) [종]불교

이은백(李銀柏) Yi Eun Baik

[생]1973·8·13 [주]서울 영등포구 국제금융로6길42 (주)삼천리 임원실(02-368-3300) [학]2002년 미국 페퍼다인대 경영학과졸 2003년 同경영대학원 MBA [경]2004년 (주)삼천리 기획본부 부장 2006년 同해외담당 이사, 同사업개발본부 부본부장(이사) 2009년 同전략기획실 부실장(상무) 2011년 同경영지원본부 해외사업담당 전무 2015년 同미주본부장(부사장)(현)

이은봉(李殷鳳) Lee Eun-Bong (杜谷·各自·長山)

[생]1953·5·24 [본]전주(全州) [출]충남 공주 [주]광주 남구 효덕로277 광주대학교 인문사회대학 문예창작과(062-670-2331) [학]1972년 대전 보문고졸 1978년 숭전대 국어국문학과졸 1981년 숭실대 대학원 국어국문학과졸 1992년 문학박사(숭실대) [경]시인(현), 문학평론가(현) 1981~1995년 한남대·목원대·감리교신학대·침례신학대·숭실대·대전대·숭의여전 강사 1983년 '삶의문학' 편집인 1984년 자유실천문인협의회 연구조사분과 간사 1985년 동녘출판사 편집위원 1987년 민족문학작가회의 이사·감사 1993년 '시와사회' 편집인 1994년 도서출판 '새미'·'국학자료원' 편집위원 1995년 광주대 문예창작과 교수(현) 1999년 한국근대문학회 감사 2006년 '시와사람' 주간 2008년 '불교문예' 주간 2008년 문예창작학회 부회장, 同평의원(현) 2008년 한국현대문예비평학회 부회장 2009~2012년 '시와시' 주간 2010~2014년 한국작가회의 부이사장 2011~2012년 同사무총장 2011~2014년 실천문학사 이사 2011~2014년 창공클럽 회장 2011~2015년 신동엽학회 회장 2011~2013년 정의평화불교연대 공동대표 2013년 同고문(현) [상]한성기문학상 시부문(2005), 유심작품상 시부문(2006), 한남문인상 시부문(2006), 충남시인협회상(2011), 카톨릭문학상 시부문(2012), 질마재문학상(2014) [저]'한국 현대시의 현실인식'(1993) '송강문학연구(共)'(1993) '시와 리얼리즘'(1993) '실사구시의 시학'(1994) '진실의 시학'(1998) '시와 생태적 상상력'(2000) '시와 리얼리즘 논쟁'(2001) '한국 현대시 대표 선집'(2003) '시창작이란 무엇인가(共)'(2003) '이성부 산행시의 시계(共)'(2003) '화두 또는 호기심'(2005) '고향과 한의 미학-문순태의 소설 세계(共)'(2005) '홍희표 시 다시 읽기2(共)'(2008) '홍희표 시인 연구(共)'(2011) 시집 '좋은세상'(1986) '봄 여름 가을 겨울'(1989) '절망은 어깨동무를 하고'(1994) '무엇이 너를 키우니'(1996) '내 몸에는 달이 살고 있다'(2002) '길은 당나귀를 타고'(2005) '알뿌리를 키우며'(2007) '책바위'(2008) '첫눈아침'(2010) '걸레옷을 입은 구름'(2012) '화두 또는 호기심-증보판'(2015) '봄바람, 은여우'(2016) '달과돌'(2016) [종]가톨릭

이은송(李殷松) LEE Eun Song

[생]1964·6·2 [주]강원 춘천시 강원대학길1 강원대학교 수의학과(033-250-8670) [학]1987년 서울대 수의학과졸 1989년 同대학원 수의학과졸 1995년 수의학박사(서울대) 1997년 농학박사(일본 이와테대) [경]1996년 뉴질랜드 AgResearch 방문연구원 1997년 강원대 수의학과 교수(현) 1999년 한국발생생물학회 이사 2001년 강원대 동물병원장 2003년 미국 노스캐롤라이나주립대 연구원 2004~2008년 일본 오비히로축산대 동물생산학연구실 방문연구원 2012~2014년 강원대 동물의학종합연구소장 2015년 同수의과대학장 겸 동물병원장(현) [상]농림부장관표창(2006) [저]'수의산과학'(2000) [역]'소동물산과학'(2005)

이은수(李恩守·女) Lee Eun Soo

[생]1965·12·7 [출]경북 구미 [주]서울 강남구 테헤란로92길7 바른빌딩7층 법무법인(유) 바른(02-3479-2385) [학]1984년 경북 오상고졸 1989년 경북대 법대 사법학과졸 2015년 고려대 법무대학원 법학석사 [경]1989년 한국개발연구원(KDI) 총무과 근무 1990년 군법무관임용시험 합격(9회) 1991년 軍법무관(여성 최초) 1993년 제11군단 검찰관 1995년 제36사단 법무참모 1996년 육군종합행정학교 교관 1998년 국방부 법제과 국제사법담당 2002년 육군본부 법무실 송무계획장교 2005년 육군 보통군사법원장(중령)·육군 제2작전사령부 법무참모(대령) 2009년 육군본부 법무실 고등검찰부장 2011년 同병무병과장(준장) 2012~2014년 국방부 고등군사법원장 2015년 법무법인(유) 바른 변호사(현)

이은숙(李銀淑·女) Lee Eun Sook

[생]1962·2·27 [출]경남 함안 [주]경기 고양시 일산동구 일산로323 국립암센터 부속병원 유방암센터(031-920-1220) [학]1986년 고려대 의대졸 1990년 同대학원 의학석사 1993년 의학박사(고려대) [경]1986~1991년 고려대부속 혜화병원 인턴·레지던트 1991~1993년 同안암병원 임상강사 1994년 미국 M.D. Anderson Cancer Center Post-doctoral Fellow 1995~2000년 고려대 의대 외과학교실 전임강사·조교수 1998~2000년 미국 R. Lurie Cancer Center of Northwestern Univ. 교환조교수 2000~2006년 국립암센터 유방암센터장 2001년 同유방내분비암연구과장 2003년 미국암학회(AACR) 정회원(현) 2006~2008년 국립암센터 암예방검진센터장 2008~2011년 고려대 의대 유방내분비외과 교수 2011년 국립암센터 분자영상치료연구과 책임연구원 2011~2012년 同유방암센터 전문의 2011~2014년 同융합기술연구부장 2012년 同NExT연구과 책임연구원(현) 2012~2014년 同유방암센터장 2014년 국제암대학원대 시스템종양생물학과 겸임교수(현) 2014년 국립암센터 연구소장 2015년 한국보건의료원 위원(현) 2016년 국립암센터 정밀의학연구소장 2016년 同면역세포치료사업단장(현) [상]대한초음파학회 우수논문

상(1996), 국립암센터 개원공로상(2001), 미국 샌안토니오 유방암심포지엄 AACR중개연구상(2010)

이은신(李恩信 · 女) LEE Eun Shin

생1964 · 5 · 9 본울주 주서울 양천구 신월로386 서울남부지방법원(02-2192-1114) 학1983년 대전 청란여고졸 1987년 서울대 사법학과졸 경1988년 사법시험 합격(30회) 1991년 사법연수원 수료(20기) 1991년 서울민사지법 판사 1993년 서울가정법원 판사 1995년 대전지법 홍성지원 판사 1996년 대전지법 판사 1998년 대구지법 판사 2001년 대구고법 판사 2004년 대구지법 판사 2006년 대전지법 천안지원 부장판사 2008년 인천지법 부장판사 2010년 서울남부지법 부장판사 2012~2015년 서울중앙지법 부장판사 2014년 언론중재위원회 서울제6중재부 위원 2015년 서울남부지법 부장판사(현) 2015~2016년 언론중재위원회 운영위원

이은애(李垠厓 · 女) LEE Eun Ae

생1966 · 5 · 21 본광주 주서울 서초구 서초중앙로157 서울고등법원(02-530-1486) 학1984년 광주 사레지오여고졸 1988년 서울대 사법학과졸 1996년 同대학원 법학과졸 1999년 미국 캘리포니아대 버클리교 방문연구원과정 수료 경1987년 사법시험 합격(29회) 1990년 사법연수원 수료(19기) 1990년 서울지법 서부지원 판사 1992년 서울민사지법 판사 1994년 광주지법 판사 1999년 서울지법 남부지원 판사 2000년 同북부지원 판사 2002년 서울고법 판사(헌법재판소 파견) 2005년 인천지법 형사9부 부장판사 2008년 서울동부지법 민사13부 부장판사 2010년 서울중앙지법 형사합소9부 부장판사 2012년 광주고법 전주재판부 부장판사 2014년 서울고법 부장판사(현)

이은영(李銀榮 · 女) LEE Eun Young

생1952 · 3 · 1 본서울 주서울 동대문구 이문로107 한국외국어대학교 법학전문대학원(02-2173-2114) 학1969년 경기여고졸 1973년 서울대 법대졸 1975년 同대학원 법학과졸 1977년 법학박사(독일 튀빙겐대) 경1980~2004년 한국외국어대 법학과 조교수 · 부교수 · 교수 1990~1999년 공정거래위원회 약관심사위원 1996년 감사원 부정방지대책위원 1997년 노사관계개혁위원회 위원 1998년 노동부 근로여성정책위원 1998년 국무총리 부패방지대책위원 1999~2001년 대통령직속 반부패위원 2000년 한국외국어대 법과대학장 2001년 대통령자문 정책기획위원 2002년 대통령직속 규제개혁위원 2002년 저작권심의조정위원회 위원 2002년 제16대 대통령직인수위원회 정무분과위원 2003년 사법개혁위원회 위원 2004~2008년 제17대 국회의원(비례대표, 열린우리당 · 대통합민주신당 · 통합민주당) 2004년 열린우리당 열린정책연구원 연구담당 부원장 2005년 同정책위 부의장 2005~2006년 同제1정책조정위원장 2006~2007년 同제6정책조정위원장 2007년 同국제협력위원장 2008~2011년 불교여성개발원 원장 2008년 한국외국어대 법학전문대학원 교수(현) 2013년 통일부 한 · 독통일자문위원(현) 상근정포장 전채권각론 '약관규제법' '채권총론' '민법총칙' '민법학강의' '물권법' '법여성학 강의' '한국의 부패와 반부패정책'(共) '부패추방 어떻게 하나'

이은영(李恩英 · 女) LEE Eun Young

생1974 · 4 · 16 본광주 주세종특별자치시 한누리대로499 인사혁신처 인사조직과(044-201-8026) 학송원여고졸, 한국외국어대 영어과졸, 서울대 대학원 행정학과졸 경1998년 행정고시 합격(42회) 2000년 전남도 자치행정국 총무과 사무관 2004년 同능률행정과 사무관 2005년 행정자치부 지식행정팀 행정사무관 2006년 同지식행정팀 서기관, 同정책혁신본부 변화관리팀 서기관 2008년 교육 파견(서기관) 2009년 행정안전부 정보화전략실 서기관 2013~2014년 안전행정부 균형인사정보과장 2014년 인사혁신처 대변인 2015년 同윤리복무국 복무과장(서기관) 2016년 同윤리복무국 복무과장(부이사관) 2016년 국외훈련 파견(부이사관)(현)

이은우(李銀雨) LEE Un Woo

생1955 · 7 · 16 본경북 경주 주서울 강남구 테헤란로7길22 한국과학기술단체총연합회 사무총장실(02-3420-1200) 학1973년 경주고졸 1978년 부산대 기계설계학과졸 1984년 同대학원 기계과졸 1990년 미국 콜로라도대 대학원 기계공학과졸 1993년 기계공학박사(미국 콜로라도대) 경1995년 과학기술처 기술협력국 기술협력총괄과 서기관 1995년 同기술정책국 기술조사과장 1996년 同기술협력1과장 1997년 대통령비서실 파견 1998년 駐구주연합대표부

및 駐러시아연방대사관 파견, 과학기술부 과학기술협력국 기술협력2과장 2003년 同과학기술협력국 동북아기술협력과장 2004년 同연구개발국 연구개발기획과장 2004년 同연구개발조정관실 연구조정총괄담당관 2004년 同연구개발조정관실 연구조정총괄담당관(부이사관) 2005년 대통령 산업정책비서관실 선임행정관 2006년 과학기술부 장관비서실장 2007년 同과학기술기반국장 2008년 교육과학기술부 국제협력국장 2010~2011년 국립중앙과학관장(고위공무원) 2011~2015년 과학기술연합대학원대(UST) 총장 2015년 同명예교수(현) 2016년 한국과학기술단체총연합회 사무총장(현) 상대통령표창(2004), 과학기술훈장 도약장(2016)

이은우(李垠雨) LEE Eun Woo

생1963 · 5 · 29 본대구 주경북 경산시 진량읍 북리1길69 동원금속(주) 대표이사실(053-859-2213) 학1982년 대구 대륜고졸 1989년 한양대 경영학과졸 경1988년 동원금속공업(주) 입사 · 기획실장 · 부사장 1998~2006년 同대표이사 사장 · 대표이사 부회장 2003~2006년 동원정공(주) 대표이사 사장 2006년 동원금속(주) 대표이사(현)

이은웅(李殷雄) LEE Eun Woong (直心堂 · 燕居齊)

생1944 · 8 · 14 본전주(全州) 출충남 당진 주대전 유성구 대학로99 충남대학교(042-821-5114) 학1963년 대전고졸 1971년 한양대 전기공학과졸 1974년 同대학원 공학과졸 1983년 공학박사(한양대) 경1971~1976년 대전공업전문대학 조교 · 조교수 1976~1987년 충남대 공과대학 전임강사 · 조교수 · 부교수 1982 · 1985년 캐나다 맥길대 방문교수 1987 · 1994 · 2000 · 2009년 기술고시 출제위원 1988~2009년 충남대 전기공학과 교수 1989 · 1992년 교육부 대학입시 출제위원 1991년 대전시 건설심의위원 1995년 충남대 공대학장 겸 산업대학원장 1997년 대한전기학회 부회장 2000년 한국교원단체총연합회 부회장 2001년 同회장 직대 2003~2006년 한국전력기술인협회 부회장 2004년 대한전기학회 회장 2004년 한국공학기술단체중앙회 부회장 2004년 대한전기협회 부회장 2005~2011년 한국과학기술단체총연합회 이사 2005년 同전력기준전기전문위원장 2005~2008년 기초전력연구원 감사 2009년 충남대 명예교수(현) 2009~2010년 한양대 석좌교수, 한국과학기술정보연구원 전문연구원(현) 2013년 한국전기기술인협회 고문 상문교부장관표창, 대한전기학회 학술상 · 공로상 · 논문상, 황영문학술상, 대전시문화상, 자랑스런 한양인상, 과학기술훈장 진보장, 자랑스런 대능인상, 자랑스런 전기인상, 황조근정훈장, 좋은문학 수필부문 신인상, 충남대총장표창(3회), 충남대 우수교수상, 대전가톨릭문학회 수필부문 우수상(2015) 전'전기공사일반'(1979) '공업'(1984) '時間과思索의餘白'(2004) '나는 이래서 행복하다'(2009) '내리막을 아름답게'(2014) 종천주교

이은재(李恩宰 · 女) LEE Eun Jae

생1952 · 3 · 27 본경기 용인 주서울 영등포구 의사당대로1 국회 의원회관937호(02-784-1751) 학1976년 건국대 행정학과졸, 同대학원 행정학과졸 1982년 미국 클레어몬트대 대학원 행정학과졸 1986년 행정학박사(미국 클레어몬트대) 경1982~1985년 미국 남가주 한국학교 교장 1986~1993년 한국지방행정연구원 연구위원 · 원장 직대 1993~2008년 건국대 행정학과 교수 2000~2002년 同정치대학장 2001~2002 · 2004~2008년 同행정대학원장 2007년 미래 · 도시포럼 초대회장(현) 2008년 한나라당 제18대 총선 공천심사위원 2008~2012년 제18대 국회의원(비례대표, 한나라당 · 새누리당) 2008~2009년 한나라당 원내부대표 2009~2010년 同여성위원장 2010년 국회 법제사법위원회 위원 2010~2012년 한나라당 북한인권위원장 2011년 同직능특별위원회 부위원장 2012~2015년 한국행정연구원 원장 2015~2016년 건국대 행정학과 교수 2016년 새누리당 서울강남구丙당원협의회 운영위원장(현) 2016년 제20대 국회의원(서울 강남구丙, 새누리당)(현) 2016년 국회 교육문화체육관광위원회 위원(현) 2016년 국회 평창동계올림픽 및 국제경기대회지원특별위원회 위원(현) 2016년 한국아동인구환경의원연맹(CPE) 회원(현) 2016년 한국신문윤리위원회 윤리위원(현) 전'여성과 행정' '발전행정'(1998) 정치에세이 '선진화로 가는 길'(2011)

이은재 Lee Eun Jae

생1963 · 12 · 26 주서울 용산구 한강대로32 (주)LG유플러스 임원실(1544-0010) 학연세대 행정학과졸, 핀란드 헬싱키대 대학원 경영학과졸 경(주)LG데이콤 국제전화사업본부 과장, 同KIDC IDC사업팀장, 同VoIP사업팀장, 同e-Biz사업부장(상무), 同영업지원담당 상무, (주)LG유플러스 SME영업부문장(상무) 2015년 同BS본부 Enterprise2부문장(전무)(현)

이은주(李銀珠·女) LEE Yun Joo

[생]1922·10·6 [출]경기 양주 [주]서울 종로구 율곡로10길 75 이은주경기창연구원(02-765-0355) [학]1936년 15세 때부터 원경태 선생께 경기민요 사사 [경]1939년 경성방송국 데뷔 1946년 서울중앙방송국 전속 민요부원 1948년 킹스타레코드사·고려레코드사 음반 취입 1953년 국악원 민속연구회 부회장 1955년 단성사 명창대회 1위 1969년 국악협회 이사 1969년 중요무형문화재 제57호 경기민요 예능보유자 후보 1971년 한국민요연구회 부회장 1975년 중요무형문화재 제57호 경기민요 예능보유자 지정(현) 1983년 이화여대 민요강사 1991년 고희기념 무대공연 2001년 공개행사 발표공연(국립극장) 2002년 월드컵 문화행사공연, 이은주경기창연구원 원장(현) 2006년 '소리인생 70주년' 기념공연(국립국악원) [상]TBC 명인명창대회 장원(1969), 한국국악협회상, 옥관문화훈장(1993), 방일영국악상(2006), 한민족문화예술대상 민요부문(2010)

이은주(李殷周·女)

[생]1972·2·3 [주]경기 수원시 팔달구 효원로1 경기도의회(031-8008-7000) [학]전남과학대 유아교육학과졸, 성신여대 보건체육학과졸 [경]병점뉴질랜드어린이집 대표(현), 한국청소년운동연합 화성시지부 여성회장(현) 2016년 경기도의회 의원(보궐선거 당선, 더불어민주당)(현) 2016년 同보건복지위원회 위원(현) 2016년 同예산결산특별위원회 위원(현)

이은중(李銀重) LEE Eun Joong

[생]1961·11·26 [출]강원 춘천 [주]경기 안양시 동안구 부림로164 동안타워2층 법무법인 제이원(031-425-2700) [학]1980년 춘천고졸 1985년 서울대 법학과졸 [경]1985년 사법시험 합격(27회) 1988년 사법연수원 수료(17기) 1988년 서울지검 검사 1990년 춘천지검 원주지청 검사 1992년 인천지검 검사 1993년 대검찰청 검찰연구관 1995년 서울지검 북부지청 검사 1998년 부산지검 검사 2000년 대구고검 검사 2001년 서울지검 남부지청 부부장검사 2002년 전주지검 부장검사 2003년 대구지검 특수부장 2004년 법무부 법무과장 2005년 서울동부지검 형사4부장 2006년 의정부지검 형사1부장 2007년 대구지검 형사1부장 2008년 서울고검 검사(대검찰청 파견) 2009년 전주지검 군산지청장 2009~2010년 수원지검 안양지청장 2010년 변호사 개업 2010년 안양시의회 고문변호사(현) 2010년 과천시 고문변호사(현) 2010년 안양청소년육성재단 고문변호사(현) 2010년 법무부 국적심의위원회 위원(현) 2010년 同감찰위원회 위원(현) 2013년 법무법인 제이원 대표변호사(현)

이은직(李垠直) Lee, Eungik

[생]1969·12·6 [본]인천(仁川) [출]경북 김천 [주]경북 김천시 대학로168 경북보건대학교 총장실(054-420-9200) [학]1988년 김천고졸 1996년 경북대 산업경제학과졸 1999년 단국대 대학원 경제학과졸 2004년 경제학박사(단국대) [경]2002~2013년 김천과학대 도시디자인계열 교수 2004년 同산학협력처장 2004년 同산학협력단장 2007년 대구·경북혁신도시추진단 위원 2007년 김천시 혁신위원회 위원 2007년 김천과학대 기획처장 2010년 同부총장 2011년 경북한중교류협회 수석부회장 2013년 대구지검 김천지청 검찰시민위원회 위원 2013년 김천시노사민정협의회 위원(현) 2013년 아이낳기좋은세상 김천본부 위원 2013년 김천·구미범죄피해자지원센터 위원(현) 2013~2015년 김천과학대 총장 2014년 김천시지역치안협의회 의원(현) 2015년 경북보건대 총장(현)

이은진(李殷珍) LEE Eun Jin

[생]1952·9·21 [출]대전 [주]경남 창원시 마산합포구 경남대학로7 경남대학교 사회학과(055-249-2172) [학]1971년 경기고졸 1978년 서울대 사회학과졸 1980년 同대학원 사회학과졸 1989년 사회학박사(미국 UCLA) [경]1979년 한국과학기술연구원 연구원 1980년 한국농촌경제연구원 연구원 1989년 국민경제제도연구원 기획실장 1989년 서울대 인구및발전문제연구소 초청연구원 1990년 경남대 사회학과 교수(현) 2004~2005년 한국노사관계학회 회장 2010~2012년 경남발전연구원 원장 2012년 한국사회학회 회장 2014년 경남대 교양기초교육원장(현) 2015년 새정치민주연합 경남도당 단디정책연구소 정책위원장 겸 정책개발분과위원장(현) [저]'노동자가 만난 유령 : 자본과 기술' '노동자가 빠진 수렁 : 국가와 시장' '세계체제의 멍에 : 저항과 발전' '마산에서 본 세계'(2004) '근대 마산'(2004) '미래사회와 인간'(2006)

이은철(李銀哲) Lee, Un Chul

[생]1947·9·5 [출]서울 [주]서울 관악구 관악로1 서울대학교 공과대학 원자핵공학과(02-880-7206) [학]경기고졸 1969년 서울대 원자력공학과졸 1971년 同대학원졸 1976년 원자핵공학박사(미국 메릴랜드대) [경]1970~1972년 원자력연구소 원자로관리실 연구원 1978~2013년 서울대 공대 원자핵공학과 교수 1991~1993년 국가과학기술자문회의 위원 1996년 한국원자력안전기술원 이사 1997년 서울대 연구처장 1997~2003년 원자력안전위원회 위원 1998년 한반도에너지개발기구(KEDO) 핵안전자문그룹 위원 1999년 한국원자력학회 편집위원장 2003~2005년 同회장 2011년 원자력안전전문위원회 위원장 2013년 서울대 공대 원자핵공학과 명예교수(현) 2013~2016년 국무총리직속 원자력안전위원회 위원장(차관급) [상]한국원자력학회 학술상(1998) [저]'북한핵과 경수로 지원'(1996) '에너지가 뭐예요'(2009, 상수리) '원자력이 궁금해요'(2009, 상수리) '알고싶어요 미래에너지'(2009, 상수리)

이은철(李恩徹) LEE Eun Chul

[생]1950·1·2 [출]경남 거창 [주]서울 영등포구 의사당대로1 국회도서관 관장실(02-788-4101) [학]경남 거창고졸 1975년 성균관대 도서관학과졸 1978년 同대학원 도서관학과졸 1992년 문학박사(성균관대) [경]문화방송 조사부 근무 1981~1994년 동덕여대 문헌정보학과 교수 1994~2014년 성균관대 문헌정보학과 교수 2001~2002년 한국문헌정보학회 회장 2003년 국회도서관 발전자문위원장 2003~2007년 성균관대 한국사서교육원장 2005~2006년 2006서울WLIC 조직위원회 운영위원장 2007년 한국도서관협회 부회장 2009~2011년 同회장 2011~2012년 성균관대 학술정보관장 2011년 한국사립대학교도서관협의회 회장 2014년 국회도서관장(차관급)(현) [역]'도서관서비스 품질평가론' [종]기독교

이은철(李殷哲) Lee Eun-chul

[생]1964·10·26 [주]서울 종로구 사직로8길60 외교부 인사운영팀(02-2100-2114) [학]1989년 고려대 영어영문학과졸 [경]1990년 외무고시 합격(24회) 1990년 외무부 입부 1996년 駐베네수엘라 2등서기관 1999년 駐시드니 영사 2004년 駐이탈리아 참사관 2007년 외교통상부 중미과장 2009년 同문화교류협력과장 2010년 駐보스턴 영사 2013년 외교부 중남미국 심의관 2014년 駐에콰도르 대사(현)

이은태(李恩泰) Lee Euntae

[생]1959 [주]서울 영등포구 여의나루로76 한국거래소 유가증권시장본부(02-3774-8591) [학]1978년 경동고졸 1983년 서울대 경제학과졸 [경]1984~1992년 증권감독원 경제조사과·비서과·검사1국·전산기획과 근무 1996~1998년 同지도과·등록총괄과장 1999년 금융감독원 감독6국 과장 2000년 同증권감독국 팀장 2002년 同공시감독국 팀장 2004년 同증권검사1국 팀장 2006년 同증권감독국 부국장 2007년 同공시심사실장 2008년 同기업공시국장 2010년 同복합금융서비스국장 2011년 同은행감독국장 2012년 同금융투자감독국장 2013년 同회계감독1국장 2014~2016년 同금융투자감독담당 부원장보 2016년 한국거래소 유가증권시장본부장(상임이사) 겸 부이사장(현)

이은항(李殷恒) LEE Eun Hang

[생]1966·4·26 [출]전남 순천 [주]세종특별자치시 노을6로8의14 국세청 감사관실(044-204-2600) [학]1985년 광주고졸 1991년 연세대 경영학과졸, 서울대 대학원 행정학과 수료, 미국 콜로라도대 대학원졸, 한국개발연구원(KDI) 국제정책대학원 수료 [경]행정고시 합격(35회) 2004년 국세청 재산세과 서기관 2006년 이천세무서장 2008년 서울지방국세청 국제조사1과장 2009년 同법인납세국 원천세과장 2010년 同법무과장 2012년 同법무과장(부이사관) 2013년 서울지방국세청 납세자보호담당관 2014년 국방대 파견(고위공무원) 2014년 중부지방국세청 세원분석국장 2015년 同성실납세지원국장 2015년 국세청 감사관(현) [상]녹조근정훈장(2011)

이은호(李殷鎬) LEE Eun Ho

[생]1961·3·24 [출]서울 [주]서울 종로구 사직로8길60 외교부 인사운영팀(02-2100-7141) [학]1979년 보성고졸 1983년 서울대 기계공학과졸 1985년 同대학원 기계설계학과졸 1991년 공학박사(미국 조지아공대) [경]1987년 미국 조지아공대 물류연구소 연구원 1991년 서울대 제어계측신기술연구센터 선임연구원 1994년 국립공업기술원 자동화기술과 연구관 1996년 산업자원부 기술표준

원 표준계획과 연구관 2000년 同국제표준과장 2005년 同전자상거래과장 2006년 駐베트남 1등서기관 겸 영사 2009년 지식경제부 기술표준원 기술규제대응과장 2010년 同기술표준원 표준계획과장 2011년 同적합성정책과장 2012년 同기술표준원 적합성평가과장(부이사관) 2012년 대통령 지식경제비서관실 행정관 2013년 산업통상자원부 통상협력국 동북아통상과장 2014년 駐아랍에미리트 참사관(현) [상]세계측정의날 측정공로상(2010) [저]'세상을 지배하는 표준 이야기'(2012, 한국표준협회미디어)

이은희(李隱姬·女) LEE Eun Hee

[생]1958·12·26 [본]성주(星州) [출]제주 [주]제주특별자치도 제주시 문연로6 제주특별자치도청 보건복지여성국(064-710-2810) [학]1983년 제주산업정보대학졸 1996년 제주대 행정대학원졸 2002년 이화여대 정책과학대학원 정책학과졸 [경]1999년 대통령직속 여성특별위원회 정책조정관실 사무관 2001년 여성부 여성정책실 기획관리과 사무관 2002년 同공보관실 서기관 2004년 同권익증진국 권익기획과장, 同권익증진국 인권복지과장 2005년 대통령직속 고령화 및 미래사회위원회 파견(서기관) 2006년 여성가족부 협력지원팀장 2006년 同가족문화팀장 2008년 여성부 기획조정실 창의혁신담당관 2008년 일본 파견(직무연수) 2010년 여성부 여성정책국 인력개발기획과장 2010년 여성가족부 여성·청소년보호1팀장 2011년 同권익지원과장 2011~2013년 同경력단절여성지원과장 2013~2015년 한국건강가정진흥원 원장 2015년 제주특별자치도 보건복지여성국장(현) [상]녹조근정훈장(2002)

이은희(李銀姬·女)

[생]1969·12·12 [출]경북 영덕 [주]서울 서초구 서초중앙로 157 서울중앙지방법원(02-530-1114) [학]1987년 영덕여고졸 1992년 한양대 법학과졸 [경]1991년 사법시험 합격(33회) 1994년 사법연수원 수료(23기) 1994년 수원지법 판사 1996년 서울지법 판사 1998년 대구지법 안동지원 판사 2001년 同가정지원 판사 2002년 서울가정법원 판사 2005년 서울중앙지법 판사 2006년 서울고법 판사(헌법재판소 파견) 2009년 서울남부지법 판사 2010년 전주지법 부장판사 2011년 수원지법 부장판사 2012년 해외 연수 2014년 서울중앙지법 부장판사(현)

이응규(李應揆) LEE Eung Kyu

[생]1964·9·9 [주]서울 영등포구 여의대로128 LG트윈타워 동관18층 LG상사(주) 석유사업부(02-3773-1114) [학]1983년 용문고졸 1987년 서울대 지질학과졸 1989년 同자연대학원 지구물리학과졸 1998년 지구물리학박사(서울대) 2010년 캐나다 맥길대 대학원 경영학과졸 [경]1990년 현대종합상사 근무 1994년 同베트남석유탐사운영사무소 파견 2002년 현대스포츠인터내셔널 기획이사 2006년 LG상사(주) 자원개발팀장(부장) 2008년 同석유사업부장 겸 석유기술팀장(상무) 2014년 同석유사업부장(상무)(현) [상]대통령표창(2010)

이응백(李應白) Eung Baek Lee (소월)

[생]1953·3·10 [본]전주(全州) [출]강원 양양 [주]서울 중구 세종대로136 파이낸스빌딩5층 BBVA은행 서울지점(02-6905-6010) [학]1971년 경동고졸 1979년 서울대 무역학과졸 1989년 미국 Univ. of Illinois 대학원 경제학과졸 [경]1980년 한국은행 입행 1980년 同인사부 근무 1982년 同조사제2부 근무 1986년 同의사과 대리 1987년 해외 학술연수(미국 Univ. of Illinois) 1989년 한국은행 자금부 금융기획과 대리 1994년 同울산지점 과장 1996년 同국제부 외환시장과장 2002년 同외화자금국 운용2팀장 2003년 同런던사무소 운용데스크팀장 2005년 同외화자금국 준법감시인 2007년 同외화자금국 투자운용실장 2009년 同외화자금국장 2010년 同자문역 2013년 BBVA은행 서울지점 대표(현) [종]천주교

이응복(李應福) LEE Yeung Bok

[생]1958·11·18 [출]인천 강화 [주]인천 남동구 논현로46번길 23 인천광역시시설관리공단 이사장실(032-456-2086) [학]1978년 대건고졸 1980년 인하공업전문대학 기계과졸 1987년 한국방송통신대 행정학과졸 [경]2004년 인천시 서구 총무국 문화공보과장(행정사무관) 2004년 인천시 서구 문화공보실장 2006년 인천시 서구 주민생활지원국 문화공보과장 2006년 인천시 서구 신현원창동장 2008년 인천시 서구 기획홍보실장 2009년 인천시 서구 주민생활지원국장(서기관) 2011년 인천아시아경기대회조직위원회 기획본부 홍보부장 2011~2012년 同행사본부 문화식전부장 2012년 인천시 특별사법경찰과장 2013년 同소통협력관 2013년 同소통기획관 2014년 同교육기획관 2015년 同교육지원담당관 2016년 同인재개발원장 2016년 인천시설관리공단 이사장(제7대)(현)

이응봉(李應奉)

[생]1965·8·15 [출]경북 김천 [주]경기 수원시 장안구 경수대로1110의17 중부지방국세청 조사3국 조사1과(031-8200-4153) [학]김천고 1985년 세무대학졸(3기), 고려대 정책대학원졸 [경]1985년 국세공무원 임용(8급 특채) 1985년 서울지방국세청 조사국·세무서 근무 2000년 同조사4국 근무 2003년 국세청 법인세과 근무 2007년 익산세무서 조사과장 2009년 국세청 세정홍보과 근무 2011년 서울지방국세청 조사4국 사무관 2014년 同조사4국 서기관 2015년 경산세무서장 2016년 중부지방국세청 조사3국 조사1과장(현)

이응상(李應尙) LEE Eung Sang

[생]1964·10·15 [주]서울 중구 을지로65 SK텔레콤(주) 임원실(02-6100-2114) [학]서울대 경영학과졸, 미국 보스턴대 대학원 경영학과졸 [경]1988년 안암회계법인 근무 1992년 안진회계법인 근무 1995년 SK텔레콤 기획조정실 사업협력팀 근무 2004년 SK네트웍스 전략기획팀장 2008년 同Global사업추진실장(상무) 2012년 SK(주) 사업지원팀 상무 2013~2014년 SK C&C 사업개발본부장(상무) 2014년 SK텔레콤(주) Global사업개발부문장 2016년 同Global사업부문장(현)

이응세(李應世) LEE EUNGSE

[생]1962·5·28 [본]전의(全義) [출]충남 공주 [주]서울 강남구 선릉로604 호산빌딩1층 예한의원(02-564-2060) [학]1980년 경동고졸 1986년 경희대 한의과대학졸 1988년 同한의과대학원 한방재활의학과졸 1989년 서울대 사범대학원 운동생리학전공졸 1995년 한의학박사(경희대) [경]1988년 한국체육과학원 연구원 1991~1993년 상지대 한의과대학 한방재활의학과 전임강사 1995~1999년 同한의과대학 한방재활의학과 조교수·주임교수 1995년 同부속한방병원 기획실장 1996~1997년 同부속한방병원 부원장 1998~2000년 대한스포츠한의학회 부회장 1999~2003년 대한한방비만학회 부회장 1999년 예한의원 대표원장(현) 2000~2003년 (주)퓨리메드 대표이사 2003~2005년 대한한의사협회 부회장 겸 남북민족의학교류위원장 2003년 국제동양의학회 사무총장(현) 2004~2006년 러시아연해주정부 보건부 의료고문 2005~2006년 한국한의학교육평가원 이사 [저]'한방재활의학과학'(1992) '피부카리스마'(2006, 중앙M&B) [역]'팻플러쉬 다이어트(Fat Flush Diet)'(2007, 조윤Communication)

이응세(李應世) LEE Eung Se

[생]1964·12·16 [출]서울 [주]서울 강남구 테헤란로92길 7 바른빌딩 법무법인(유) 바른(02-3479-7860) [학]1982년 대일고졸 1986년 고려대 법학과졸 1997년 영국 런던대 연수 2004년 고려대 법무대학원 법학과졸 2006년 同대학원 법학 박사과정 수료 2011년 한국과학기술원 경영대학 최고경영자과정 수료 2013년 서울대 금융법(신탁법)과정 수료 [경]1985년 사법시험 합격(27회) 1988년 사법연수원 수료(17기) 1988년 해군 법무관 1991년 부산지법 동부지원 판사 1993년 부산지법 판사 1996년 서울지법 의정부지원 판사 1998년 수원지법 판사 2000년 서울고법 판사 2002년 서울지법 판사 2003년 춘천지법 부장판사 2004년 사법연수원 교수 2007년 서울중앙지법 부장판사 2010~2012년 서울북부지법 부장판사 2012년 고려대 법학대학원 겸임교수 2012년 법무법인(유) 바른 변호사(현)

이응숙(李應淑) LEE Eung Sug

[생]1958·2·27 [본]성산(星山) [출]경남 함안 [주]대전 유성구 가정북로156 한국기계연구원 나노융합기계연구본부 나노공정연구실(042-868-7140) [학]1980년 서울대 기계설계학과졸 1982년 同대학원졸 1997년 공학박사(한국과학기술원) [경]1982년 한국기계연구원 입사 2002년 同지능형정밀기계연구부장 2005년 同지능형정밀기계연구본부 나노공정장비연구센터장 2007~2008년 同나노기계연구본부장 2008년 同나노융합기계연구본부 나노기전팀 책임연구원 2009년 同나노공정장비연구실 책임연구원 2009년 한국과학재단 나노융합단장, 한국기계연구원 나노융합산업진흥센터장 2013년 한국정밀공학회 회장 2014년 한국기계연구원 선임연구본부장 2014년 同연구부원장 2015년 同나노융합기계연구본부 나노공정연구실 책임연구원(현) [상]과학기술부장관표창(2004), 대한기계학회 효석학술상(2005), 교육과학기술부 및 한국과학재단 선정 '이달의(8월) 과학기술자상'(2008)

이응진(李應溱) LEE, Eung Jin

[생]1964·2·19 [본]전주(全州) [출]경북 문경 [주]서울 강남구 도산대로171 PSG빌딩7층 법무법인 로플렉스(02-511-5671) [학]1982년 경성고졸 1986년 서울대 법학과졸 1992년 한양대 금융대학원 경영학과졸 1993년 미국 하버드대 로스쿨졸(LL.M.) 1995년 미국 뉴욕대 로스쿨졸(LL.M) [경]1986년 사법시험 합격(28회) 1989년 사법연수원 수료(18기) 1990년 해군 법무관 1993년 미국 New York주 변호사시험 합격 1993년 미국 Cleary Gottlieb Steen & Hamilton 뉴욕사무소 Visiting Attorney 1995~1999년 김앤장법률사무소 변호사 2000~2001년 (주)싸이더스 전무이사 2001년 한국외국어대 통역번역대학원 겸임교수 2001~2003년 (주)다이나릿시스템 부사장 2005~2008년 (주)스카이레이크 인큐베스트 부사장 2008년 법무법인 신우 대표변호사 2008년 법률사무소 로플렉스 변호사 2012년 법무법인 로플렉스 대표변호사(현) 2012년 대한상사중재원 중재인(현) 2013년 대한중재인협회 이사(현) 2013년 건국대 정보통신대학원 겸임교수(현)

이의경(李義景) LEE Eui Kyong

[생]1958·12·15 [출]경북 예천 [주]광주 동구 준법로7의12 광주고등검찰청(062-231-3114) [학]1977년 대륜고졸 1985년 고려대 법학과졸 1986년 同대학원 법학과 수료 [경]1986년 사법시험 합격(28회) 1989년 사법연수원 수료(18기) 1989년 서울지검 검사 1991년 대구지검 김천지청 검사 1993년 대구지검 검사 1995년 서울지검 남부지청 검사 1997년 인천지검 검사 1997~1999년 대검찰청 검찰연구관 직대 1999년 同검찰연구관 2001년 대구지검 부부장검사 2001년 同영덕지청장 2002년 서울지검 동부지청 부부장검사 2003년 대전고검 검사 2003년 청주지검 부장검사 2004년 부산지검 형사4부장 2005년 수원지검 안산지청 부장검사 2006년 서울북부지검 형사3부장 2007년 인천지검 형사1부장 2008년 춘천지검 강릉지청장 2009년 서울고검 검사 2009년 전주지검 군산지청장 2010년 서울고검 검사 2012년 대구고검 검사 2014년 서울고검 검사 2016년 광주고검 검사(현) [상]홍조근정훈장(2012)

이의륭(李義隆) LEE Eui Ryung

[생]1946·4·10 [본]연안(延安) [출]서울 [주]서울 강남구 강남대로542 영풍빌딩 고려아연(주) 고문실(02-519-3416) [학]1965년 경기고졸 1970년 서울대 경영학과졸 [경]1970~1975년 동양나이론(주) 근무·이사 1988년 효성중공업 이사 1992년 효성물산(주) 상무이사 1995년 동양폴리에스터(주) 상무이사 1996년 고려아연(주) 전무이사 2002년 (주)서린유통 대표이사 사장 2003년 고려아연(주) 대표이사 부사장 2003년 (주)에어미디어 이사 2004년 (주)클린코리아 이사 2004년 고려중장비(주) 이사 2005년 서린상사(주) 이사 겸임 2010년 고려아연(주) 대표이사 사장 2013년 同부회장 2015년 同고문(현) [종]천주교

이의범(李義範) LEE Ui Bum

[생]1964·1·20 [출]충남 부여 [주]경기 성남시 분당구 대왕판교로606번길47 SG타워7층 (주)에스지엔지 임원실(02-531-0102) [학]1982년 대전고졸 1987년 서울대 계산통계학과졸 [경]1990년 한국통신 입사 1990년 (주)컴퓨터신문 이사 1993년 (주)가로수 대표이사 1999년 한국생활정보신문협회 부회장 2000~2005년 (주)가로수닷컴 대표이사, 同계열사총괄이사(비상근), (주)마이크로오피스 대표이사, (주)고려 대표이사, (주)KM&I 대표이사 2005년 (주)에스지세계물산 대표이사(현) 2007년 (주)에스지충남방적 대표이사(현) 2008년 (주)SG&G 대표이사 회장(현) 2008년 에스지글로벌 대표이사 2015년 국민생활체육전국바둑연합회 회장(현) [상]대통령표창(2013), 한국국제연합봉사단 2014 대한민국 세종나눔봉사대상 본상(2013), 대한적십자사총재표창(2013) [종]기독교

이의수(李義秀) LEE Euy Soo

[생]1955·3·30 [출]대구 [주]서울 중구 필동로1길30 동국대학교 공과대학 화공생물공학과(02-2260-3706) [학]1978년 서울대 화학공학과졸 1980년 한국과학기술원 화학공학과졸(석사) 1988년 화학공학박사(미국 퍼듀대) [경]1978년 (주)포스코켐 중앙연구소 연구기획부장 1988년 거평제철 화학기술자문 1989~1994년 (주)제철화학 중앙연구소 기초화학연구실장·연구기획부장 1994~2008년 동국대 화학공학과 조교수·부교수·교수 1998년 산업안전공단 자문위원 2003~2006년 한국공학교육학회 연구회장 2006년 同공학교육연구센터장 2008년 동국대 공과대학 화공생물공학과 교수(현) 2009~2013년 同공과대학장 2011년 同산학협력중심대학사업단장 2012년 同LINC사업단장(현) 2013~2014년 한국공학교육학회 회장 2014년 미래창조과학부 공과대학혁신위원회 위원(현) [저]'석유화학공업'(1995) '화학공정최적화'(1999) '화학공정제어'(2000) '공학경제'(2001) '화학공장설계'(2003)

이의순(李義淳) LEE E Sun (可川)

[생]1923·6·12 [본]성주(星州) [출]전남 보성 [주]서울 강남구 선릉로433 세방그룹(02-3469-0330) [학]1944년 일본 오사카외국어대졸 1998년 명예 법학박사(호남대) [경]1954년 고등전형시험 합격 1959년 駐서독대사관 구매관·서기관 1960~1977년 한국해운 사장 1965~1980년 세방기업 사장 1967~1976년 세방전자 사장 1970~1975년 세방석유 사장 1973~1982년 세방해운 사장 1973~2013년 세방익스프레스 회장 1977년 오주해운·한국해운 회장 1978년 우주해운·세방전지·세방산업 회장 1978~2005년 아주해운 회장 1979년 해외항공화물 회장 1980년 범세항운 회장 1980년 세방기업 회장 1980년 민주평통 자문위원 1980~2013년 세방(주) 회장 1980~2013년 세방그룹 회장 2007년 사회복지법인 세방이의순재단 이사장(현) 2013년 세방그룹 명예회장(현) [상]녹조근정훈장(1958), 동탑산업훈장(1979), 이탈리아 정부 카바리에레우휘씨알레훈장(1980), 서독 정부 십자공로훈장(1983), 콜롬비아 의회 민주공로훈장(1984), 콜롬비아 정부 국가공로훈장(1985), 베네수엘라 정부 프란시스코 디 미란다 최고훈장(1987), 이탈리아 정부 꼬멘다또레 국가공로훈장(1992), 금탑산업훈장(2011)

이의신(李義信) LEE Eui Shin

[생]1961·2·12 [본]연안(延安) [출]경북 예천 [주]강원 춘천시 동내면 세실로49 강원지방경찰청 차장실(033-254-3280) [학]안동고졸 1986년 충남대 경영학과졸 [경]경찰간부 후보(35기) 1991년 강원 인제경찰서 보안과장 1992년 강원 삼척경찰서 방범과장·경비과장·경무과장 1997년 강원 강릉경찰서 방범과장 1999년 同청문감사관 2001년 강원 춘천경찰서 정보과장 2004년 강원지방경찰청 정보3계장 2008년 同정보2과 총경 2008년 同홍보담당관(총경) 2009년 강원 영월경찰서장 2010년 강원지방경찰청 정보과장 2010년 강원 철원경찰서장 2011년 강원지방경찰청 정보과장 2013년 同경무과 치안지도관 2013년 강원 홍천경찰서장 2014년 강원지방경찰청 경무과장 2015년 총경교육 입교 2015년 강원지방경찰청 생활안전과장 2015년 同생활안전과장(경무관) 2015년 강원지방경찰청 차장(경무관)(현) 2016년 명예 홍천군민 선정(현) [상]국무총리표창, 행정자치부장관표창, 경찰청장표창, 경찰대학장표창

이의열(李義烈) LEE EUI YEOL

[생]1947·3·20 [본]덕수(德水) [출]충남 [주]경북 칠곡군 왜관읍 공단로4길31의32 (주)덕우실업 임원실(054-974-8096) [학]1965년 예산농고졸 1972년 한양대 섬유과졸 [경]1973년 (주)코오롱 입사 1978년 승우무역(주) 생산관리과장 1994년 (주)덕우실업 대표이사(현) 1995년 승우무역(주) 상무이사 1998년 왜관공단 WATER JET-LOOM제직자협의회장 2000년 칠곡상공회의소 부회장 2002년 대구경북견직물공업협동조합 이사장 2002년 한국섬유개발연구원 감사(현) 2002~2012년 왜관지방산업단지관리공단 이사장 2004년 직물협동화사업단 회장(현) 2006년 한국섬유산업연합회 이사 2008년 대구경북섬유직물조합 이사장 2008~2014년 대구경북섬유산업연합회 부회장 2009년 대구상공회의소 상임위원(현) 2010년 대구은행 장학회 이사(현) 2011년 (사)호이장학회 이사(현) 2012년 칠곡상공회의소 회장(현) 2013년 대구경영자총협회 부회장(현) 2014년 대구경북섬유산업연합회 회장(현) 2014년 한국섬유산업연합회 부회장(현) 2014~2016년 FITI시험연구원 이사 2016년 同이사장(현) [상]산업자원부장관표창, 환경부장관표창, 대한상공회의소 표창, 한국섬유산업연합회 공로패, 대구은행 모범중소기업인표창, 섬유의날 대통령표창, 삼우당 섬유패션대상 특별대상(2014)

이의영(李義寧) Lee, Ui-Young

[생]1951·1·6 [주]충북 청주시 상당구 상당로82 충청북도의회(043-220-5096) [학]청주대 경영학과졸 [경]충북도 청원군새마을지회장, 새마을지도자 오창읍협의회장·청원군협의회장, 한나라당 충북도당 정책개발위원, 민주평통 자문위원, 청원군체육회 이사, 오창읍재향군인회 회장, 오창읍라이온스클럽 회원 2010~2014년 충북 청원군의회 의원(민주당·민주통합당·민주당·새정치민주연합) 2010년 同산업건설위원장 2012~2014년 同의장 2014년 충북도의회 의원(새정치민주연합·더불어민주당)(현) 2014년 同산업경제위원회 위원 2016년 同산업경제위원회 부위원장(현) 2016년 同운영위원회 위원(현) 2016년 더불어민주당 충북도당 대외협력위원회 위원장(현)

이의영(李義榮) LEE Eui Young

[생]1958 · 7 · 27 [본]고성(固城) [출]전북 정읍 [주]전북 군산시 대학로558 군산대학교 경제학과(063-469-4475) [학]서울고졸 1981년 성균관대 경제학과졸 1983년 同대학원 경제학과졸 1991년 경제학박사(성균관대) 1994년 아세아연합신학대 대학원 목회학과졸(M.Div.) [경]1988~1990년 미국 보스턴대 아시아개발연구소 연구원 1991년 군산대 경제학과 교수(현) 1996년 공정거래위원회 자문위원, 경제정의실천시민연합 정책위원장 · 경제정의연구소장 · 재벌개혁위원장 · 중소기업위원장 · 상임집행위원장, 同상임집행위원(현) 1999~2000년 한국경제연구학회 사무차장 1999년 미국 센트럴플로리다대 객원교수 2003년 산업자원부 행정혁신위원 2003년 중소기업청 국민공모심사위원장 2003년 대통령직속 중소기업특별위원회 위원 2004년 감사원 감사자문위원 2004년 Asia Conference of CSO 한국대표 2004년 생산성혁신연구회장 2005년 대통령자문 정부혁신지방분권위원회 특위위원 2006년 한국생산성학회 회장 · 고문 2006년 산업클러스터학회 부회장 2006년 국제경상교육학회 부회장 2007년 한국기업경영학회 부회장, 기획재정부 정부산하기관경영평가위원회 위원, 同기관평가팀장, 同세제발전심의위원, 지식경제부 공공기관평가위원회 위원장, 행정안전부 지방자치단체평가위원회 위원, 대통령직속 지역발전위원회 지역발전사업평가위원, 국세청 국세행정위원회 위원, 동반성장위원회 투자재원심의위원장, 국민연금공단 사회책임경영자문위원장, 한국표준협회 사회책임표준화포럼 연구위원, SR(사회책임)연구회 위원, (사)인성복지재단 감사 2010년 한국제품안전학회 회장 2012~2015년 (사)산업클러스터학회 회장 2014년 산업혁신포럼 대표(현) [상]녹조근정훈장, 매경비트학술상 우수논문상(2008), 황룡학술상, ICONI최우수논문상(2013) [저]'변화의 시대, 경제주체의 선택'(1998) '한국경제'(1998) '중소기업의 경제분석'(2003) '산업조직론'(2003) '한국경제의 산업조직'(2003) '세계경제질서의 변화와 대응방안'(2004) '중소기업 정책혁신'(2006) '눈앞의 생선보다 어장이 우선이다'(2006) '증권집단소송제 비교'(2007) '한국산업클러스터백서'(2007) '기업의 지배구조개선제도'(2008) '생산성연구의 신조류'(2008) 'Korean Policies for Small and Medium Businesses'(2008) '우리사회 이렇게 바꾸자'(2009) '생산성연구의 신조류'(2009) '지속가능경영을 위한 생산성연구'(2010) '중소기업의 연구개발투자: 정책과 효과'(2011) '융합시대의 생산성혁신'(2012) 'Political Economy of Economic Development in Korea'(2014) [종]기독교

이의익(李義翊) RHE Yeui Yick (晩翠堂)

[생]1940·5·6 [본]연안(延安) [출]경북 안동 [주]대구 중구 서성로20 매일빌딩708호 통일교육위원 경북협의회(053-255-7789) [학]1959년 경북고졸 1965년 고려대 경제학과졸 1982년 성균관대 행정대학원졸 1986년 국방대학원 수료 [경]1963년 경제기획원 근무 1975~1980년 서울시 통계과장·인사과장·총무과장·내무부 도시지도과장·총무과장 1980년 경기도 기획관리실장 1982년 내무부 지방행정연수원 연구발전부장 1983년 창원시장 1985~1986년 마산시장 1988년 경남도 부지사 1989년 대구시 부시장 1991년 경기도 부지사 1992년 민자당 정책위원회 내무전문위원 1993년 대구시장 1995년 자민련 대구北甲지구당 위원장 1996년 제15대 국회의원(대구北甲, 자민련·한나라당) 1996년 자민련 원내부총무 1997년 한나라당 이회창 대통령후보 정무특보 1999년 同당무위원 2008년 (주)도화종합기술공사 상임고문 2009년 대구문화창조발전소 조정추진위원회 부위원장 2010년 대한적십자사 상임위원 2011~2014년 도화엔지니어링 상임고문 2012~2014년 대구예술대 총장 2014년 통일교육위원중앙협의회 경북협의회 회장(현) [상]홍조·황조근정훈장 [저]'도시행정과 개발'

이의평(李義平) LEE Eui Pyung

[생]1955 · 3 · 16 [출]서울 [주]서울 금천구 가산디지털1로 104 (주)신영와코루 사장실(02-818-5018) [학]1973년 경복고졸 1978년 고려대 경영학과졸 [경](주)신영 상무이사, 同부사장 1989년 (주)신영와코루 대표이사 사장(현) [상]산업포장

이의한(李毅漢) LEE Eui Han

[생]1966 · 9 · 3 [본]전주(全州) [출]서울 [주]강원 춘천시 강원대학길1 강원대학교 지리교육과(033-250-6692) [학]1989년 고려대 사범대학 지리교육과졸 1993년 同대학원 지리학과졸 1998년 지리학박사(고려대) [경]2000~2001년 미국 루이지애나주립대 Post-Doc. 2003년 강원대 지리교육과 교수(현) 2008~2009년 同사범대학 부학장 2009~2010년 미국 조지아대 파견교수 2014~2016 · 2016년 강원대 사범대학장 겸 교육대학원장(현) 2015년 전국국립대학교사범대학장협의회 회장 [종]기독교

이이문(李利文) Lee Lie Moon

[생]1952 · 4 · 16 [주]부산 수영구 구락로123번길20 고려제강(주) 임원실(051-760-1700) [학]성지공고졸, 한양대 정밀기계공학과졸 [경]고려제강(주) 경강선공장장, KSB 전무, KSB 및 KCBS 대표이사 부사장, 고려제강(주) 부사장 2008년 同대표이사 사장 2014년 同대표이사 부회장(현) [상]제15회 부산수출대상 대상(2013), 은탑산업훈장(2014)

이이재(李利在) LEE Lee Jae

[생]1959 · 3 · 17 [본]전주(全州) [출]강원 동해 [주]서울 종로구 새문안로69 구세군회관3층 민족화해협력범국민협의회 회원사업위원(02-761-1213) [학]1977년 용산고졸 1985년 명지대 행정학과졸 2011년 성균관대 사회복지대학원 사회복지학과졸 [경]1987~1990년 계간 '선택과 비판' 발행인 · 편집인 1990~1991년 아세아태평양변호사협회 출판부장 1992~1996년 평화통일촉진회 사무총장 · 상임이사 1996~1998년 법률문화정보센터 연구실장 1998년 한나라당 강원도지사 선거대책위원회 기획단장 1998~1999년 성균관 사무처 출판부장 · 기획실장 1999~2001년 오세오닷컴 대표이사 2000~2002년 미래를위한청년연대 조직위원장 · 사무처장 2002년 한나라당 강원도지사 선거대책위원회 기획단장 2002년 同대통령선거 중앙선거대책위원회 2030위원회 전국조직단장 2003~2004년 백두대간보전회 운영위원장 2003년 한국민족예술인총연합 동해지부 상임자문위원 2004~2005년 강원신용보증재단 비상근감사 2005~2006년 강원인재육성재단 강원학사 사무처장 · 상임이사 2005~2007년 대한불교조계종 중앙신도회 기획위원 2005년 한강사랑시민연대 공동대표 2006년 서울시장직무인수위원회 환경교통분과위원 2006년 한나라당 서울시장선거대책위원회 시민참여네트워크단장 2006~2007년 대한올림픽위원회 위원 2006~2007년 서울시체육회 사무처장 2007년 한나라당 대통령중앙선거대책위원회 청년본부 총괄단장 2007~2012년 서울시남북교류협력위원회 위원 2008년 대통령직인수위원회 경제2분과위원회 상임자문위원 2008~2011년 한국광해관리공단 이사장 2009년 하이원리조트 사외이사 2009년 코리아비전포럼 공동대표 2010~2014년 대한노인회중앙회 정책이사 2011년 한나라당 동해 · 삼척당원협의회 운영위원장 2012~2016년 제19대 국회의원(동해 · 삼척, 새누리당) 2012년 국회 국토해양위원회 위원 2012년 한 · 키르키스탄의원친선협회 이사 2012년 대한장애인태권도협회 고문 2012년 서울시태권도협회 고문 2012년 세계해양포럼조직위원회 고위자문위원(현) 2013년 대한치어리딩협회 회장 2013년 국회 국토교통위원회 위원 2013년 국회 남북관계발전특별위원회 위원 2013년 새누리당 조직강화특별위원회 위원 2013년 同지역공약실천특별위원회 위원 2013년 민족화해협력범국민협의회 조직위원장, 同회원사업위원장(현) 2013년 (사)세계한인상공인총연합회 부회장 2014년 새누리당 사회적경제특별위원회 총괄간사 2014년 국회 지속가능발전특별위원회 위원 2014~2016년 새누리당 원내부대표 2014년 국회 운영위원회 위원 2014년 국회 농림축산식품해양수산위원회 위원 2014년 새누리당 경제혁신특별위원회 공기업개혁분과 간사 [상]산업포장(2004), 제4회 대한민국나눔대상 특별대상(2010), 건설경제 선정 국정감사 우수의원(2012), 제10회 대한민국청소년대상 사회부문 의정대상(2012), 범시민사회단체연합 선정 '올해의 좋은 국회의원'(2014 · 2015), '2015 자랑스런대한민국시민대상' 사회봉사공로대상(2015), 전국청소년선플SNS기자단 선정 '국회의원 아름다운 말 선플상'(2015) [저]'백두대간의 아들, 이이재의 희망세상'(2011) [종]기독교

이익모(李益模) LEE Ik Mo

[생]1956 · 8 · 27 [출]인천 [주]인천 남구 인하로100 인하대학교 화학과(032-860-7682) [학]1979년 서울대 공업화학과졸 1981년 同대학원 무기화학과졸 1989년 이학박사(미국 Ohio주립대) [경]1981~1984년 육군사관학교 화학과 전임강사 1989년 미국 Univ. of Waterloo Post-Doc. 1990년 인하대 자연과학대학 화학과 부교수 1999년 同자연과학대학 화학과 교수(현) 2009년 同입학처장 2013~2015년 同자연과학대학장 2016년 교육부 정책자문위원회 교육안전정보분과 위원장(현) [저]'Focus on the Oranometallic Chemistry Research'(2005, Nova Publishers Co) [역]'일반화학'(1998 · 2002, 탐구당) 'The World of Chemistry, Essential'(2008, 사이플러스) [종]기독교

이익성(李益成)

[생]1960 · 11 · 10 [출]강원 인제 [주]서울 서초구 강남대로 351 청남빌딩 아주캐피탈 임원실(02-2017-5400) [학]1979년 춘성고졸 1983년 강릉대 무역학과졸 [경]1985년 신한은행 입행 2002~2009년 同성남중앙지점장 · 잠원지점장 · 강릉지점장 · 종로3가지점장 2009년 同개인금융부장 2011~2015년 同강원본부장 · 강남1본부장 2015년 아주캐피탈 재무채권부문장(부사장)(현)

ㅇ

이익수(李益洙) LEE Ik Soo

[생]1957·11·4 [본]광주(廣州) [출]경기 평택 [주]서울 종로구 경희궁길26 스포츠월드 부사장실(02-2000-1800) [학]1983년 연세대 신문방송학과졸 [경]1983년 한국일보·일간스포츠 체육부 기자 1988년 세계일보 사회부 기자 1994년 同체육부 차장대우 1998년 同체육부장 직대 1999년 同특집부장 직대 2000년 同문화부장 직대 2001년 同문화부장 2002년 同체육부장 2003년 同사회부장 2004년 同경제부장 2005년 同논설위원 2006년 同편집국 부국장 2007년 同논설위원 2008년 同편집국장 2010년 同심의실 심의위원 2011년 同광고국장(상무보) 2013년 同영업본부장(상무보) 2014년 同광고국장(상무) 2016년 스포츠월드 부사장 겸 편집인(현)

이익수(李益秀) LEE IK SOO

[생]1965·12·15 [본]청주(淸州) [출]충북 보은 [주]충북 청주시 상당구 상당로82 충청북도청 국제통상과(043-220-3460) [학]1883년 운호고졸 1988년 충남대 행정학과졸 1994년 서울시립대 대학원 행정학 석사과정 수료 2006년 한국방송통신대 법학과졸 [경]1996년 총무처 입사 1996년 同인사기획과 행정주사보 1996년 정부합동민원실 행정주사보 1997년 국민고충처리위원회 사무처 행정주사보 1999년 중앙인사위원회 인사정책과 행정주사 2003년 同혁신인사과 행정주사 2004년 同소청심사위원회 사무관 2006~2008년 同재정기획관실 사무관 2008년 행정자치부 인사정책과 사무관 2011년 同심사임용과 사무관 2013~2014년 同정책평가담당관실 서기관 2014년 충북도 관광항공과장 2015년 同창조전략담당관 2015년 同국제통상과장(현)

이익현(李益鉉) RHEE Ik Hyeon

[생]1959·7·23 [본]합천(陜川) [출]경남 합천 [주]세종특별자치시 국책연구원로15 한국법제연구원(044-861-0300) [학]1977년 거창 대성고졸 1985년 서강대 정치외교학과졸 1998년 미국 시라큐스대 대학원 행정학과졸 2001년 성균관대 법학과졸 2004년 법학박사(미국 컬럼비아대) 2005년 성균관대 대학원 법학 박사과정 수료 [경]1987년 행정고시 합격(31회) 1988년 법제처 사무관 1995년 同법령전산담당관(서기관) 1998년 同법제정보담당관 2000~2003년 同법제관·공보관 2004년 同혁신인사기획관 2005년 同행정심판관리국 심판심의관 2006년 헌법재판소 파견 2007년 대통령 법무비서관실 선임행정관 2008년 법제처 행정법제국 법제심의관 2011년 同경제법제국장(고위공무원) 2012년 同법제지원단장 2012년 同법령해석정보국장 2014~2016년 同행정법제국장 2016년 한국법제연구원 원장(현) [상]법제처장표창, 대통령표창 [종]기독교

이익형(李益炯) LEE Ik Hyung

[생]1964·1·30 [출]경북 상주 [주]서울 종로구 북촌로112 감사원 기획조정실(02-2011-2090) [학]1982년 경북사대부고졸 1987년 경북대 행정학과졸 [경]1990년 행정고시 합격(34회) 1992년 체신부 통신진흥과 행정사무관 1992년 감사원 제4국 3과 부감사관 1995년 同공보담당관실 부감사관 1996년 同제7국 6과 부감사관 1998년 同제5국 3과 부감사관 2000년 同제4국 5과 감사관 2007년 同기획홍보관리실 혁신인사담당관 2008년 대통령 민정2비서관실 행정관 2009년 감사원 사회·문화감사국 제4과장 2009년 同사회·문화감사국 제4과장(부이사관) 2010년 同재정·경제감사국 제1과장 2011년 同파견(고위감사공무원) 2011년 同전략과제감사단장 2012년 同특별조사국장 2012년 국방대학원 교육파견(고위감사공무원) 2014년 감사원 대변인 2015년 同재정·경제감사국장 2015년 同기획조정실장(현)

이익환(李益煥) LEE Ik Hwan (七峰)

[생]1943·2·6 [본]고성(固城) [출]전남 나주 [주]서울 서대문구 연세로50 연세대학교 영어영문학과(02-2123-2300) [학]1963년 서울고졸 1968년 서울대 영어교육과졸 1971년 同교육대학원 영어교육과졸 1979년 언어학박사(미국 텍사스대) [경]1979년 중앙대 영어교육과 조교수 1981~1987년 연세대 영어영문학과 부교수 1984·1994년 미국 하버드대 방문교수 1984년 미국 Baron's社 세계인명사전(Who's Who in the World)에 수록 1985~2016년 미국 하버드대 한국언어학국제학술대회 조직위원 1987~2008년 연세대 영어영문학과 교수 1992~2002년 한국언어학회 편집위원장·편집위원 1994년 미국 인디애나대 초청교수 1995년 연세대 교무처장 1996년 同대학원 교학처장 1996~1999년 한국인지과학회 부회장·회장 1999~2001년 연세대 문과대학장 2002년 同언어정보개발연구원장 2002년 미국 Baron's社 선정 '아시아 500인' 인명록에 등재 2002~2004년 한국언어학회 회장 2002년 일본영어학회 편집자문위원(현) 2004~2006년 한국영어학회 회장 2004~2008년 제18차 세계언어학자대회 조직위원장 2008년 연세대 영어영문학과 명예교수(현) 2008~2014년 상명대 영어교육과 석좌교수 2010~2011년 한국하버드옌칭학회 회장 2011년 (사)행촌학술문화진흥원 이사장(현) 2013~2014년 세계언어학자총회 집행위원 2014년 同부회장(현) [상]대우재단 우수논문상, 연세대 우수강의교수상(2005), 서울대 사대동창회 자랑스런동문상(2005), 근정포장(2008) [저]'현대의미론' '의미론개론' '현대영어학개관' '영어학개론' '영어의미론' '영어 결과문의 사건의미론적 분석 및 응용'(2013) [역]'화용론' '의미와 문법' [종]천주교

이익훈(李翊勳) LEE Ik Hoon

[생]1961·2·15 [본]성주(星州) [출]충북 영동 [주]대전 서구 계룡로314 대전일보 논설위원실(042-251-3200) [학]1979년 세광고졸 1986년 충남대 영어영문학과졸 [경]1988년 대전일보 입사 1999년 同정치부 기자·정치행정부 차장대우 2000년 同정치행정부 차장 2001년 同사회부 차장 2002년 同제2사회부 부장대우 2003년 同편집부장 2006년 同편집팀장 겸 편집1부장 2006년 同교육문화체육부장 겸 교육팀장 2008년 同뉴미디어팀장(부장급) 2008년 同편집국 뉴미디어팀 부국장 2009년 同편집국 교육섹션팀장(부국장대우) 2010년 同광고국장(부국장대우) 2010년 同편집국장 2010년 同CS마케팅국장 2011~2013년 한국ABC협회 이사 2011~2013년 한국신문협회 광고협의회 이사 2011~2013년 同판매협의회 이사·부회장 2013년 대전일보 문화사업국장 2016년 同논설실장(현)

이익훈(李翊勳) LEE Ik Hoon

[생]1962·7·13 [출]경북 의성 [주]서울 서대문구 통일로97 경찰청 항공과(02-3150-1271) [학]1980년 경북 의성공고졸 1987년 동의대 사학과졸 2002년 연세대 행정대학원 사법행정학과졸 [경]2011년 경북 군위경찰서장 2013년 경찰교육원 교무과장 2014년 서울지방경찰청 서울지하철경찰대장 2015년 서울 동작경찰서장 2016년 경찰청 항공과장(현)

이익희(李翼凞) LEE Eek Hee

[생]1956·8·27 [출]울산 [주]서울 서초구 헌릉로12 기아자동차(주) 인사팀(02-3464-5094) [학]울산고졸 1979년 울산대 기계공학과졸 [경]현대자동차(주) 전략조정1팀 근무 2005년 同글로벌생산조정팀장(이사) 2005년 기아자동차 사업관리실장(상무) 2006년 同기아경영개선TF팀장 2010년 同사업관리실장(전무) 2011년 同기획실장(전무), 同슬로바키아생산법인장(전무)(현) [상]산업포장(2015)

이익희(李益熙) Lee, Eek Hee

[생]1960·9·11 [출]충남 당진 [주]경기 안양시 동안구 엘에스로127 LS엠트론(주) 임원실(031-689-8303) [학]영동고졸, 고려대 통계학과졸, 한국외국어대 대학원 무역학과졸, 미국 워싱턴주립대 대학원졸(MBA) [경]LG전선(주) 경영진단팀장, 同경영기획실장 2005년 同경영혁신부문장(이사) 2005년 LS전선(주) 경영혁신부문장(이사) 2007년 同공조사업부장(상무) 2008년 LS엠트론(주) 공조사업부 상무 2010년 同공조사업부 전무 2012년 同CF사업부장(전무) 2013년 JS전선(주) 최고운영책임자(COO) 2014년 同대표이사 2015년 LS엠트론(주) 경영관리본부장 겸 CFO(부사장)(현)

이익희(李翼熙) Lee, Ricky

[생]1965·3·25 [주]대전 서구 청사로189 특허청 특허심판원(042-481-8608) [학]1987년 서울시립대 행정학과졸 2003년 충남대 특허법무대학원 법학과졸 [경]2012~2014년 특허청 상표심사관·이의신청심사관 2015년 同상표심사정책과 서기관 2016년 同특허심판원 심판관(현)

이인곤(李寅坤) LEE In Gon

[생]1958·11·1 [출]전남 화순 [주]전남 목포시 양을로203 목포시청 부시장실(061-270-3205) [학]1977년 광주 동신고졸 1982년 조선대 경제학과졸 1984년 전남대 대학원 지질학과졸 1998년 同대학원 박사과정 수료 2000년 이학박사(전남대) 2001년 서울대 해양정책최고과정 수료 [경]1985년 기술고시 합격(21회) 1986년 총무처 수습사무관 1987년 수산청 국립수산진흥원 근무 1991년 전남도 수산국 어로계장 1994년 同해양수산국 어장보전계장 1998년 同

해양자원과장 2000년 同해양수산정책과장 2001년 고급간부과정 교육입교 2002년 전남도 어업생산과장 2005년 同해양항만과장 2006년 진도군 부군수 2009년 전남도 행정지원국 서기관 2009년 외교안보연구원 교육파견(서기관) 2010년 전남도 해양수산환경국장(부이사관) 2011년 同해양수산국장 2013년 지방행정연수원 교육파견(부이사관) 2014년 전남도 해양수산과학원장 2016년 전남 목포시 부시장(현) ㊳농림수산부장관표창(1994), 해양수산부장관표창(1996), 대통령표창(1997), 홍조근정훈장(2010), 대통령표창(2013) ㊶'해양지질학' '지구환경과학'

이인구(李麟求) LEE In Koo (裕林)

㊳1932 · 4 · 18 ㊵한산(韓山) ㊶대전 대덕 ㊷대전 서구 문정로48번길48 계룡건설산업(주) 비서실(042-487-2211) ㊺1952년 대전고졸 1964년 충남대 법학과졸 1994년 명예 법학박사(충남대) 2015년 명예 공학박사(한밭대) ㊿1951~1967년 육군 복무(중령) 1968년 동아중건설 전무이사 1970~1982년 계룡건설산업(주) 사장 1976~1982년 대한민국재향군인회 충남지회장 1978~1981년 대한건설협회 충남지부장 1982~1988년 대전상공회의소 회장 1983~1995년 계룡건설산업(주) 회장 1988년 신민주공화당(공화당) 당무위원 · 충남지부 위원장 1988년 제13대 국회의원(대덕 · 연기, 공화당 · 민자당) 1988년 공화당 중소상공업지원특별위원회 위원장 1990년 민자당 대덕 · 연기지구당 위원장 1990년 同대전시지부 위원장 1991년 同당무위원 1992년 계룡장학재단 이사장(현) 1993년 대한민국헌정회 대전지부장 · 회원(현) 1994년 중앙생명보험 명예회장 1995~2000년 자민련 대전대덕지구당 위원장 1996년 제15대 국회의원(대전 대덕, 자민련 · 무소속) 1996년 자민련 재정경제분과 위원장 1996년 계룡건설산업(주) 명예회장(현) 1996년 자민련 대전시지부 위원장 1996~2005년 대전프로축구단 명예회장 1998년 자민련 부총재 2005년 대전대 객원교수(현) 2009년 대한민국헌정회 고문(현) 2009~2012년 대통령직속 지역발전위원회 자문위원 ㊳화랑무공훈장(1952), 국민훈장 동백장(1978), 산업포장(1979), 대통령표창(1980 · 1998), 국무총리표창(1986), 경영자상(2003), 충청인상 경제산업부문(2010), 산업포장(2010) ㊶'토지개혁과 복지사회' '한밭정신의 뿌리와 창조'(共) '충남정신의 뿌리와 실체'(共) '충청인의 정신과 사상'(共) ㊻불교

이인권(李仁權) LEE In Gweon

㊳1957 · 5 · 18 ㊶충남 금산 ㊺1974년 전남고졸 1978년 전남대 문리대학졸 2003년 국제디자인대학원대 뉴비전과정 수료 2006년 예원예술대 문화예술대학원졸 ㊿1982년 예편(공군 중위) 1982~1988년 중앙일보 문화사업국 실무수석 1988~1996년 국민일보 창간요원 · 문화사업부장 1996~1998년 문화일보 문화사업국 부장 1998 · 1999년 ASEM 아시아 · 유럽젊은지도자회의(AEYLS) 한국대표 1998~2001년 경기문화재단 수석전문위원 겸 문예진흥실장 1999년 외교통상부 국제회의자문위원 1999년 수원화성국제연극제 자문위원 2003~2015년 한국소리문화의전당 대표(CEO) 2003~2014년 예원예술대 겸임교수 2003년 한국공연예술경영인협회 이사 2003년 (사)한국문화예술회관연합회 부회장 2003년 지방자치단체 문화예술분야 자문위원 · 평가위원 · 교육위원 2003년 언론 칼럼니스트(현) 2004년 전주세계소리축제조직위원회 부위원장 겸 상임위원 2007년 한국공연예술경영인협회 부회장 2007년 문화관광부 문화중심도시추진기획단 자문위원 2008~2011년 아시아문화예술진흥연맹(FACP) 부회장 2012 · 2014 · 2016년 국립극장 운영심의위원(현) ㊳문화관광부장관표창(2003 · 2004 · 2010 · 2014), 한국공연예술경영인협회 제1회 공연예술경영상 공로상(2008), 행정자치부장관표창(2009), 제6회 공연예술경영상 대상(2013), 한국재능기부협회 창조경영인대상(2014) ㊶영 · 한 에세이집 '65세의 영국젊은이'(1995) '초라한 출세보다 화려한 성공을 꿈꾸다'(2001) '영어 자기 스타일로 도전하라'(2002) '공연예술의 무대기획'(2003) '서섹스 패러다임 70'(2004) '21세기 아트센터의예술경영 리더쉽'(2006) '경쟁의 지혜'(2008) '예술의 공연 매니지먼트'(2009) 'Softer 감성 & 성공 Smarter'(2010) '영어로 만드는 메이저리그 인생'(2012) ㊻기독교

이인규(李仁圭) LEE In Kyoo

㊳1936 · 4 · 1 ㊶서울 ㊷서울 관악구 관악로1 서울대학교 생명과학부(02-880-6699) ㊺1960년 서울대 식물학과졸 1962년 同대학원 식물학과졸 1968년 이학박사(일본 홋카이도대) ㊿1963~2001년 서울대 생물학과 강사 · 조교수 · 부교수 · 교수 1977년 문교부 동식물도감편찬위원 1993~1995년 서울대 자연과학대학장 1993년 국제조류학회 이사 1993년 교육부 기초과학심사평가위원장 1993년 전국자연과학대학장협의회 회장 1993년 한국생물다양성협의회 회장 1994~2000년 자연보호중앙협의회 회장 1995년 국방부 정책자문위원 1995년 문화재위원회 위원 1995~1997년 한국조류학회 회장 1995년 한국과학기술한림원 종신회원(현) 1997~2000년 한국생물과학협회 회

장 1999~2006년 아세아태평양국제조류학회 회장 2001년 서울대 명예교수(현) 2001~2002년 국립환경연구원 생물다양성센터장 2002년 한나라당 이회창 대통령후보 정책자문단 공동대표 2003년 문화재위원회 천연기념물분과위원장 2009~2013년 同위원장 2009~2011년 同세계유산분과위원장 겸임 2013년 문화재청 미래를위한국가유산자문위원회 위원 ㊳대한민국과학기술상 대통령표창(1995), 과학기술우수논문상(1996), 옥조근정훈장(2001), 미국조류학회 Award of Excellence(2001), 대한민국문화유산상 학술부문 대통령표창(2006) ㊶'21세기 과학의 포커스'(1995) '과학과 신앙'(1997)

이인규(李仁圭) LEE In Gyu

㊳1958 · 1 · 22 ㊵용인(龍仁) ㊶경기 용인 ㊷서울 강남구 테헤란로92길7 법무법인(유) 바른(02-3479-2381) ㊺1976년 경동고졸 1981년 서울대 법학과졸 1983년 同대학원 법학과 수료 1993년 미국 코넬대 Law School졸(LL.M.) ㊿1982년 사법시험 합격(24회) 1984년 사법연수원 수료(14기) 1985년 서울지검 검사 1987년 춘천지검 속초지청 검사 1988년 부산지검 동부지청 검사 1990년 서울지검 동부지청 검사 1991년 대검찰청 중앙수사부 검찰연구관 직무대리 1994년 법무연수원 연구위원 1994년 법무부 국제법무심의관실 검사 1996년 대구지검 부부장검사 1997년 駐미국대사관 법무협력관 1999년 법무부 검찰4과장 2001년 同검찰2과장 2002년 同검찰1과장 2002년 서울지검 형사9부장 2003년 同금융조사부장 2003년 춘천지검 원주지청장 2004년 대검찰청 범죄정보기획관 2005년 서울고검 검사 2005년 대검찰청 미래기획단장 2006년 서울중앙지검 3차장검사 2007년 대전고검 차장검사 2008년 대검찰청 기획조정부장 2009년 同중앙수사부장 2009년 법무법인(유) 바른 변호사(현) 2010~2016년 (재)중소기업연구원 비상임이사 ㊳대통령표창(1990), 홍조근정훈장(2006) ㊶'UR협정의 법적 고찰'(共) '국제환경법과 무역'(共) '미국 통상법'

이인규(李仁圭) Lee In Gyu

㊳1960 · 1 · 26 ㊵연안(延安) ㊶서울 ㊷경기 고양시 덕양구 항공대학로76 한국항공대학교 항공재료공학과(02-300-0167) ㊺1982년 서울대 금속공학과졸 1984년 同대학원졸 1992년 재료공학박사(미국 미시간대) ㊿1987~1992년 미국 미시간대 연구조교 1993~1996년 전자부품종합기술연구소 선임연구원 1996년 한국항공대 항공재료공학과 조교수 2000년 同항공재료공학과 부교수 · 교수(현) 2007~2009년 同항공재료공학과 학과장 2009~2010년 同교무처장

이인규(李仁珪) Lee, In-Kyu

㊳1961 · 9 · 2 ㊷서울 성북구 정릉로77 국민대학교 문과대학 영어영문학부(02-910-4371) ㊺1983년 서울대 영어영문학과졸 1985년 同대학원 영문학과졸 1994년 영문학박사(서울대) ㊿1994년 국민대 문과대학 영어영문학과 전임강사 · 조교수 · 부교수 · 교수, 同영어영문학부 교수(현) 2003년 건설교통부 출제위원 2006년 국민대 신문방송사 주간 2015년 同문과대학장 겸 문예창작대학원장(현) ㊶'채털리 부인의 연인'(2003) '현대영미소설의 이해'(2005) '서양의 고전을 읽는다'(2006) '영미명작, 좋은 번역을 찾아서2'(2007)

이인규(李仁揆) LEE In Gyu

㊳1963 · 10 · 17 ㊶경북 문경 ㊷서울 마포구 마포대로174 서울서부지방법원(02-3271-1114) ㊺1982년 영동고졸 1986년 고려대 법학과졸 ㊿1989년 사법시험 합격(31회) 1992년 사법연수원 수료(21기) 1995년 서울지법 판사 1998년 同동부지원 판사 1999년 대전지법 논산지원 판사 2000년 대전고법 판사 2003년 서울고법 판사 2004년 대법원 재판연구관 2006년 서울서부지법 판사 2007년 춘천지법 부장판사 2008년 의정부지법 고양지원 부장판사 2010년 서울서부지법 제1형사부 부장판사 2012년 서울중앙지법 부장판사 2015년 서울서부지법 부장판사(현)

이인기(李仁基) Lee in ki

㊳1953 · 2 · 26 ㊶경북 칠곡 ㊺1972년 대구 계성고졸 1978년 서울대 법학과졸 ㊿1982년 사법시험 합격(24회) 1985~1990년 대구 수성경찰서 수사과장 · 서울시경 민생치안기획단 근무(경정) 1990년 변호사 개업 1992년 대구 · 경북지방경찰청 고문변호사 2000년 제16대 국회의원(칠곡, 한나라당) 2001~2002년 한나라당 원내부총무 2003년 同당기위원회 부위원장 2004년 제17대 국회의원(고령 · 성주 · 칠곡, 한나라당 · 무소속) 2006~2007년 국회 2012여수세계박람회유치특별위원장 2008~2012년 제18대 국회의원(고령 · 성주 ·

칠곡, 무소속·한나라당·새누리당) 2008~2010년 한나라당 인권위원장 2008년 국회 기후변화대책특별위원회 위원장 2008년 국회 행정안전위원회 위원 2009년 한나라당 경북고령·성주·칠곡당원협의회 위원장, 한·덴마크의원친선협회 회장, 농업회생을위한국회의원모임 공동대표, 아시아의회총회(APA) 환경소위원회 위원장 2009년 한국지구환경의원연맹 회장 2010~2011년 한나라당 경북도당 위원장 2011~2012년 국회 행정안전위원장 [저]자서전 '누가 고난을 두려워하랴'

이인기(李仁起) Lee In Gi

[생]1958·1·15 [본]여주(驪州) [출]대전 [주]대전광역시 서구 둔산로100 대전광역시청(042-270-4400) [학]1978년 서대전고졸 2004년 한밭대 경영학과졸 [경]2000년 대전시 유성구 진잠동장 2001년 同유성구 온천개발사업소장 2004년 同유성구 자치행정국 자치행정과장 2005년 同유성구 자치행정국 세무과장 2006년 同유성구 사회복지국 환경보호과장 2007년 同유성구 기획감사실장 2008년 同유성구 자치행정국 총무과장 2009~2012년 同유성구 신성동장·운영지원과장·기획실장 2012년 同오정공영도매시장관리사업소장 2013년 同도시주택국 도심활성화기획단장 2014년 고급리더과정 교육파견 2015년 대전시 보건복지여성국 장애인복지과장 2016년 同문화체육관광국 문화예술과장(현) [상]대전직할시장표창(1990·1993), 민주평통 자문위원장표창(2006), 국무총리표창(2007)

이인기(李寅基) LEE IN KI

[생]1962·11·28 [본]전주(全州) [출]전북 부안 [주]서울 마포구 숭문길13 마포세무서(02-705-7201) [학]대일고졸 1983년 세무대학졸(1회) 2014년 고려대 정책대학원 경제학과졸 [경]1983년 국세공무원 임용 1992~1993년 국세청 기획·예산담당관실 근무 1993~2013년 기획재정부 세제실 근무·조세법령개혁팀장 2014년 국세청 학자금상환과장 2015년 마포세무서장(현) [상]대통령표창(2012)

이인람 LEE Ki Wook

[생]1956·7·17 [출]충남 서천 [주]서울 서초구 반포대로28길8 법무법인 창조(02-588-4411) [학]1975년 경기고졸 1978년 한양대 법대 법학과졸 1982년 同행정대학원졸 1995년 미국 워싱턴대 연수, 고려대 언론대학원 최고위언론과정 수료, 연세대 경제대학원 경제과정 수료, 건국대 행정대학원 세무행정학과졸 [경]1980년 軍법무관 임용시험 합격(4회) 1981년 사법연수원 수료 1981년 사단 법무참모 1985년 육군 고등군사법원 군판사 1987년 국방부 고등군사법원 군판사 1990년 2군단 법무참모 1991년 변호사 개업 1999~2014년 법무법인 창조 대표변호사 2004년 민주사회를위한변호사모임 부회장 2004년 의문사진상규명위원회 위원 2005~2008년 국방부 과거사진상규명위원회 민간위원 2006~2009년 KBS 이사 2010년 진실화해를위한과거사정리위원회 비상임위원 2014년 법무법인 창조 변호사(현)

이인모(李寅模) Lee, In Mo

[생]1954·11·16 [본]수안(遂安) [출]강원 [주]서울 성북구 안암로145 고려대학교 건축사회환경공학부(02-3290-3314) [학]1977년 서울대 공대 토목공학과졸 [경]1977~1980년 공군 공사설계장교 1980~1981년 공군본부 시설감실 토목설계장교 1981년 대림Eng.(주) 토목부계장 1982~1986년 미국 오하이오주립대 대학원 토목공학과 연구조교 1986~1988년 한국과학기술원(KAIST) 토목공학과 조교수 1988~2003년 고려대 공대 토목환경공학과 조교수·부교수 1994~1996년 미국 웨스턴온타리오(Western Ontario)대 토목공학과 초빙교수 2004~2009년 고려대 토목환경공학과 교수 2006년 同지하공간기술연구소장(현) 2006~2008년 한국터널공학회 회장 2009년 고려대 건축사회환경공학부 교수(현) 2010~2013년 세계터널학회 회장

이인범(李仁範) LEE In Beom

[생]1955·8·25 [출]서울 [주]경북 포항시 남구 청암로77 포항공과대학교 화학공학과(054-279-2274) [학]1977년 연세대 화학공학과졸 1979년 한국과학기술원(KAIST) 대학원 화학공학과졸 1987년 화학공학박사(미국 퍼듀대) [경]1979~1988년 한국과학기술연구원(KAIST) 연구원 1979~1982년 미국 퍼듀대 Post Doc. 1988년 포항공과대 화학공학과 조교수·부교수·교수(현) 1989년 한국화학공학회 이사·평의원(현) 1991년 제어자동화시스템공학회 이사·평의원 1998~2006년 공정산업의기능자동화연구센터 소장 2000년 포항공과대 환경연구소장 2000~2004년 同환경공학부장 2003년 한국공학한림원 정회원(현) 2004~2005년 미국 캘리포니아대 어바인교 방문교수 2008년 포스텍 이산화탄소연구소장(현) 2008년 경북도 녹색성장위원회 위원(현) 2009~2011년 대통령직속 녹생성장위원회 위원 2012~2015년 포항공과대 교무처장 [상]화학공학회 범석논문상, 화학공학회 박선원학술상(2013), 지식창조대상(2014) [저]'화학공정최적화' [역]'신재생에너지'(2014) [종]기독교

이인복(李仁福·女) LEE In Bok (마리아)

[생]1937·6·20 [본]청주(淸州) [출]인천 [주]서울 종로구 평창문화로92 나자렛성가회(02-391-3086) [학]1956년 인천 박문여고졸 1960년 숙명여대 국어국문학과졸 1978년 국문학박사(숙명여대) 2001년 한국가톨릭교리신학원졸 2004년 꽃동네현도사회복지대 사회복지과졸 [경]1960~1966년 효명실업고 교사 1967~1970년 동신고·영훈고 교사 1971~1976년 말레이시아 싸인즈국립대 조교수 1977~1978년 서울대 어학연구소 연구원 1978~2003년 가족폭력피해여성쉼터 나자렛성가회 원장 1979년 한국정신문화원 연구원 1980~2002년 숙명여대 국어국문학과 조교수·부교수·교수 1989~1996년 同아세아여성문제연구소장·박물관장·평생교육원장 1989년 사회복지법인 나자렛성가회 대표이사 1995~1999년 한국문학평론가협회 회장 1997~1998년 숙명국어국문학회 대표이사 1999~2001년 한국문학비평가협회 회장 1999~2001년 숙명문학인회 회장 2000년 사회복지법인 나자렛성가회 이사장(현) 2002년 숙명여대 명예교수(현) 2004~2005년 성매매피해여성쉼터 나자렛성가정공동체 원장 2013년 나자렛동두천성가원 원장 겸 이사장(현) 2014년 노인공동생활가정 작은형제회 요셉의집 대표(현) [상]동보문학상(1987), 대한민국 문학상(1989), 오늘의여성상(1990), 서울정도600년 자랑스런 서울시민상(1994), 패션그룹(FGI) 그룹상(2000), 한국문학비평가협회 문학상(2002), 국제 소롭티미스트 탁월한 여성상(2003), 숙명문학인상(2004), 서울사랑시민상(2005), 숙명여대 창립 100주년 오늘의 숙명인상(2005), 제5회 유관순상(2006), YMCA한국 여성지도자상(2008) [저]'한국문학에 나타난 죽음의식의 사적 연구' '하느님을 체험한 성서의 여인들'(1987) '슬픔이 있는 곳에 기쁨을'(1989) '죽음과 구원의 문학적 성찰'(1989) '고통이 있는 곳에 행복을'(1991) '문학의 이해'(1994) '현대문학 특수주제 연구'(1995) '막내딸의 혼인날'(1998) '우리 시인들의 방황과 모색'(2001) '우리 작가들의 번뇌와 해탈'(2002) '평화가 있는 곳에 행복이'(2007) '우리들 인생의 깔딱고개 이야기'(2010) '108그리움과 36의 꿈'(2011) '예수님의 눈물'(2011) [역]'죽는이와 남는이를 위하여'(1978) '죽음과 임종에 관한 의문과 해답'(1981) '치유를 위한 복음의 열쇠'(1990) '미사를 통한 치유'(1991) '사막의 영성 뿌스띠니아'(1993) '카톨릭은 왜 좋은가'(1994) '죽기 전에 해야할 열가지 일'(1995) '좋은 사람에게 나쁜 일이 일어날 때'(1996) '타협 없는 복음생활'(1997) '하느님 사랑의 예술'(1997) '예수님은 언제오시나'(2000) '그리스도 안에서'(2003) '예수 그리스도 수난의 시간' '구마에 대한 고찰' '현실에 경계를 넘어' '성령으로 힘을 얻어' '성령의 용어집'(2008) [종]가톨릭

이인복(李仁馥) LEE In Bok

[생]1956·8·5 [출]충남 논산 [주]경기 고양시 일산동구 호수로550 사법연수원(031-920-31114) [학]1978년 서울대 법대 법학과졸 1980년 同대학원 법학과 수료 [경]1979년 사법시험 합격(21회) 1981년 사법연수원 수료(11기) 1981년 해군 법무관 1984년 서울민사지법 판사 1986년 서울지법 동부지원 판사 1989년 제주지법 판사 1991년 서울고법 판사 1993년 헌법재판소 파견 1995년 서울지법 판사 1996년 창원지법 진주지원 부장판사 1997년 同진주지원장 1998년 사법연수원 교수 2001년 서울지법 부장판사 2003년 대전고법 부장판사 2005년 서울고법 부장판사 2010년 춘천지법원장 2010년 강원도선거관리위원회 위원장 2010~2016년 대법원 대법관 2013~2016년 중앙선거관리위원회 위원장 2013년 세계선거기관협의회(A-WEB) 초대 의장 2016년 사법연수원 석좌교수(현)

이인상(李仁相)

[생]1965·4·13 [주]서울 서대문구 통일로97 경찰청 생활질서과(02-3150-2247) [학]1983년 부산 배정고졸 1988년 경찰대 법학과졸(4기) 2001년 연세대 행정대학원 사법공안과졸 [경]1992년 서울지방경찰청 제101경비단 소대장·훈련계장 1994년 대통령경호실 종합상황실 파견 1997년 서울 성북경찰서 조사계장·서울 강남경찰서 기동순찰대장 1999년 2002월드컵축구대회조직위원회 안전담당관 2004년 APEC경호안전통제단 근무 2005년 서울 관악경찰서·양천경찰서·서대문경찰서 정보과장 2008년 경찰청 정보국 정보3과 근무 2010년 국무총리 민정비서관실 파견 2012년 부산지방경찰청 생활안전과장 2012년 강원 홍천경찰서장 2014년 서울지방경찰청 외사과장 2015년 서울 성북경찰서장 2016년 경찰청 생활질서과장(현)

이인석(李仁碩) LEE, In Suk

[생]1961 · 4 · 8 [출]부산 [주]서울 마포구 백범로35 서강대학교 경영학과(02-705-8707) [학]1985년 서강대 경영학사 1988년 미국 조지워싱턴대 경영학석사 1992년 미국 코넬대 경영학박사 [경]1993~1994년 The George Washington Univ. SGBA Assistant Visiting Professor 1995년 서강대 경영학과 교수(현) 2001~2002년 The George Washington Univ. SBPM Adjunct Professor 2004~2006년 산업기술연구회(KOCI) 기획평가위원 2009년 한국연구재단(NRF)학술지 평가위원(현) 2009년 중소기업청 기간사업평가위원(현) 2010~2013년 서울지방노동위원회 심판 공익위원 2014년 중앙노동위원회 심판 공익위원(현) [저]'인사조직 용어사전' '조직행동이론'(2014, 시그마프레스) [역]'해방경영(共)'(1994, 한국경제신문사) [종]천주교

이인섭(李仁燮) LEE In Seob

[생]1957 · 10 · 20 [본]전주(全州) [출]전북 임실 [주]서울 영등포구 의사당대로1 국회사무처 윤리특별위원회(02-788-2720) [학]전주 해성고졸 1986년 성균관대 경제학과졸 1997년 일본 교토대 대학원 법학연구과졸 2011년 서울시립대 대학원 박사과정 수료 [경]1981년 국회사무처 7급 수석합격, 국회사무처 亞洲주재관(일본) 2003년 同보건복지위원회 입법조사관 2005년 同감사담당관 2006년 국회예산정책처 사업평가국 사회행정사업평가팀장(부이사관) 2008년 국회사무처 국회기록보존소장 2009년 同국제국 의원외교정책심의관 2009년 同법제실 경제법제심의관 2011년 제주도 WCC(세계자연보전총회)추진기획단장 2013년 同특별법제도개선추진단장(이사관) 2013년 국회입법조사처 사회문화조사실장 2016년 同경제산업조사실장(관리관) 2016년 국회사무처 윤리특별위원회 수석전문위원(차관보급)(현) [상]국회의장표창(2005), 대한민국 근정포장(2008) [저]'국회 도대체 무엇하는 곳인가?'(2004)

이인섭(李仁燮)

[생]1960·12·18 [출]충북 제천 [주]대전 유성구 가정북로104 대전·충남지방중소기업청(042-865-6101) [학]1979년 제천고졸 1981년 경기공업전문대학 공업화학과졸 1994년 한국방송통신대 행정학과졸 2008년 배재대 대학원 국제경영학과졸 [경]1988년 국방부 인사국 주사보 1990년 상공부 무역위원회 근무 1993년 통상산업부 중소기업국 근무 1996년 중소기업청 기술국 근무 1999년 同대전·충남지방사무소 행정사무관, 同경영지원국 판로지원과 행정사무관 2005년 서기관 승진 2006년 중소기업청 기업성장지원국 공공구매지원과장 2006년 同성장지원본부 공공구매지원단장 2008년 同기획조정관실 창의혁신담당관 2009년 전북지방중소기업청장 2010년 중소기업청 감사담당관 2011년 同운영지원과장(부이사관) 2012년 국방대 교육파견 2013년 중소기업청 소상공인정책국 소상공인정책과장 2014년 대전·충남지방중소기업청장(현)

이인성(李仁盛) INSUNG LEE

[생]1956 · 10 · 4 [주]서울 동대문구 서울시립대로163 서울시립대학교 도시과학대학 조경학과(02-6490-2841) [학]1980년 서울대 농과졸 1983년 同대학원 환경조경학과졸 1993년 도시 및 지역계획학박사(미국 일리노이대) [경]1982~1985년 서울대 환경대학원 환경계획연구소 연구원 1985~1986년 (주)서인엔지니어링 도시계획부 과장 1986~1989년 대한주택공사 주택연구소 도시 및 건축연구실 연구원 1990~1993년 미국 일리노이대 연구조교 1994~1996년 상명대 산업대학 환경조경학과 조교수 1996년 서울시립대 도시과학대학 조경학과 교수(현) 1997~2002년 서울시정개발연구원 초빙수석연구원 · 선임연구위원 1997~1999년 서울시 정보화사업 자문위원 1998~2003년 대한주택공사 설계자문위원 1998~2001년 한국GIS학회지 편집위원 1999~2000년 서울시정개발연구원 초빙선임연구위원 및 녹색서울팀장 1999~2000년 서울시 성동구 도시계획위원 1999~2003년 서울시 광진구 도시계획위원 2001년 한국환경생태학회지 편집위원 · 이사 2001년 서울시 도시개발공사 설계자문위원(현) 2001~2002년 미국 오레곤대 지속가능개발연구소 초빙교수 2002년 한국도시설계학회 편집위원 · 상임이사 · 경관위원장 · 제도위원장 2003년 한국조경학회 편집위원 · 상임이사 · 경관연구회장 2004년 서울시 도시계획위원회 위원 · 도시건축공동위원회 위원 2006년 서울시 공원위원회 위원 2006년 서울시 도심재창조시민위원회 · 한강르네상스시민위원회 위원 2009년 국토해양부 중앙도시계획위원, 용산국가공원추진위원회 위원 2010년 한국도시설계학회 편집위원장 2012년 同수석부회장 2013년 서울시 도시계획정책자문단 위원(현) 2016년 한국도시설계학회 회장(현), 서울시 시정평가자문단 위원(현) [상]Chester Rapkin Award for the Best Paper(1995, Journal of Planning Education & Research), 서울특별시장표창(1999), 한국조경학회 2004년우수논문상(2005), 한국도시설계학회 학술상논문부문(2014) [저]'환경계획, 설계를 위한 컴퓨터 활용기법'(1997, 성안당) '소비의 도시: 장소의 소비와 거대 상업공간의 환상(共)'(2002, 삼우사) '지구단위계획의 이해와 활용(共)'(2004, 한국도시설계학회) '도시경관계획 및 관리(共)'(2004, 한국조경학회(문운당)) '지구단위계획의 이해(共)'(2005, 한국도시설계학회(기문당)) '도시설계 전략으로서의 도시경관계획(共)'(2007, 한국도시설계학회) '도시경관계획(共)'(2009, 도서출판 발언) '한국의 도시설계(共)'(2012, 보성각) '하천과 도시재생(共)'(2012, 나남)

이인성(李仁誠) LEE In Sung

[생]1957 · 10 · 9 [주]강원 원주시 연세대길1 연세대학교 정경대학 국제관계학과(033-760-2330) [학]1976년 경복고졸 1980년 연세대 정치외교학과졸 1983년 同대학원졸 1990년 정치학박사(미국 Univ. of Texas at Austin) [경]1990년 미국 컬럼비아대 해리만 소련문제연구소 연구위원 1991년 러시아 과학아카데미 IMEMO연구소 객원연구위원 1992~1995년 연세대 · 중앙대 · 아주대 · 경희대 강사 1995년 연세대 원주캠퍼스 정경대학 국제관계학과 조교수 · 부교수 · 교수(현) 1998년 한국슬라브학회 이사 2003년 연세대 매지방송국 주간 겸 학보 주간 2006년 同교무처장 2008년 同정경대학장 겸 정경대학원장 2010년 同동아시아국제학부장 2012~2014년 同원주캠퍼스 부총장 [저]'세계정치의 쟁점과 이해'(1993) '21세기 세계화 체제의 이해'(2009, 아카넷) [종]기독교

이인수(李仁秀) Rhee, Insoo (雨下)

[생]1931 · 9 · 1 [본]전주(全州) [출]경기 의정부 [학]1950년 보성고졸 1960년 고려대 경영학과졸 1962년 同대학원 경영학과졸 1970년 경희대 대학원 정치학과졸 1981년 정치학박사(미국 뉴욕대) [경]1963~1964년 단국대 경영학과 전임강사 1969~1971년 同경영학과 조교수 1969~1971년 同경영학과장 1971년 명지대 조교수 1981~1988년 同정치외교학과 부교수 1988~1997년 同정치외교학과 교수 1989~1993년 同사회과학연구소장 1989~2001년 한국자유총연맹 이사 1991~1993년 명지대 법정대학장 1996년 (사)건국대통령이승만박사기념사업회 이사, 同상임고문 [저]'한국현대인물론(共)'(1987, 을유문화사) '대한민국의 건국'(1988, 촛불사) [종]기독교

이인수(李仁洙) LEE In Soo

[생]1952 · 8 · 22 [본]광주(廣州) [출]부산 [주]경기 화성시 봉담읍 와우안길17 수원대학교 총장실(031-220-2611) [학]1971년 양정고졸 1975년 고려대 경제학과졸 1989년 한양대 행정대학원졸 2006년 명예 경영학박사(중국 톈진중의약대) [경]1975~1977년 동양화재해상보험(주) 근무 1977~1985년 삼익건설(주) 감사 1983년 삼익유니버스 대표이사 1983~1986년 대한아이스하키협회 회장 1983년 수원대 기획실장 1986년 한국산업개발(주) 대표이사 1990년 고운문화재단 이사 1991년 삼익유니버스(주) 대표이사 1995년 (주)라비돌 회장(이사장) 1997년 학교법인 고운학원(수원대 · 수원과학대재단) 이사장 2006~2009년 同학원장 2009년 수원대 총장(현) [종]천주교

이인숙(李仁淑 · 女) LEE In Sook

[생]1949·9·5 [출]서울 [주]서울 송파구 위례성대로71 한성백제박물관 관장실(02-2152-5801) [학]1971년 서울대 고고인류학과졸 1973년 同대학원 고고학과졸 1991년 고고학박사(한양대) [경]1975~1990년 한양대·이화여대·서울대 강사, 서울대박물관 학예연구사 1995년 미국 메트로폴리탄박물관 초청연구원 1996년 경기도박물관 학예연구실장 1999년 국제박물관협의회 한국위원회 부위원장 2000~2002년 경기도박물관장 2003~2013년 문화재위원회 매장문화재분과 위원 2003~2004년 미국 메트로폴리탄박물관 및 워싱턴국립미술관 초청연구관 2004년 미국 국립박물관 초청연구관 2005~2009년 부산시립박물관장 2010년 건국대 초빙강사 2012년 한성백제박물관장(현) [상]화관문화훈장(2006) [저]'고신라기 장신구에 대한 고찰' '한국의 고대유리' '아름다운 유리의 세계' '한국 고대유리의 고고학적 연구' '박물관과 문화산책' 등 [종]기독교

이인숙(李仁淑 · 女) LEE In Sook

[생]1954 · 8 · 28 [주]서울 종로구 대학로103 서울대학교 간호대학 간호학과(02-740-8828) [학]1977년 서울대 간호학과졸 1983년 同대학원졸 1990년 보건학박사(서울대) [경]1992년 춘천전문대 조교수 1996년 서울대 간호대학 간호학과 조교수 · 부교수 · 교수(현) 2007년 同간호대학 부학장 2010~2012년 임상건강증진학회 부회장 2010년 한국방문건강관리학회 회장(현) 2010~2014년 한국재난간호사회 부회장 2011~2012년 서울대 간호대학장 2012년 한국지

역사회간호학회 회장 2013년 한국건강증진개발원 비상임이사 2014~2015년 한국지역사회간호학회 국제학술대회(ICCHNR) 조직위원장 2015년 한국산림복지위원회 설립위원 2016년 한국간호과학회 회장(현)

이인식(李仁植) LEE In Sik

[생]1951·2·24 [출]인천 [주]서울 서초구 반포대로13길 7 주양빌딩301호 (재)한국여성경제진흥원(02-3486-7500) [학]1970년 서울고졸 1979년 서울대 경영학과졸 1989년 미국 캘리포니아주립대 대학원 경영학과졸 [경]1977년 행정고시 합격(21회) 1978년 국세청 근무 1984년 경제기획원 공정거래실 기업1과 사무관 1995년 통계청 통계분석과장 1997년 국무총리실 세계화추진기획관 파견 1997년 재정경제원 국세심판소 조사관 1998년 기획예산위원회 정부개혁실 과장 1999년 기획예산처 정부개혁실 행정1팀장 1999년 同정부개혁실 개혁기획팀장 2001년 同예산실 국방예산과장 2002년 同총무과장(부이사관) 2003년 해외 직무훈련 2005년 부패방지위원회 홍보협력국장 2005년 기획예산처 예산실 경제예산심의관 2005년 여성부 기획관리실장 2005년 同정책홍보관리실장 2005년 여성가족부 정책홍보관리실장 2006년 同정책홍보관리본부장 2008~2009년 여성부 차관 2009년 (재)한국여성경제진흥원 원장(현) 2011년 중외제약 사외이사(현)

이인식(李仁植) In Sik, Lee

[생]1956·3·2 [주]부산 중구 충장대로9번길52 인터지스 비서실(051-604-3300) [학]김천고졸 1993년 대구미래대 세무회계과졸 2005년 연세대 대학원 MBA수료 [경]1983년 동국제강 입사 1990년 同경리과 근무 1997년 同구매팀 근무 2001년 동국통운 근무 2002년 同포항사업본부 수송영업팀 근무 2007년 同본사담당 이사대우 2010년 인터지스 기획·관리담당 상무 2013년 同관리·영업본부 전무 2014년 同대표이사 부사장(현)

이인실(李仁實·女) YI In Sill

[생]1956·7·23 [출]서울 [주]서울 마포구 백범로35 서강대학교 경제대학원(02-705-8503) [학]1975년 경기여고졸 1979년 연세대 지질학과졸 1981년 同경제학과졸 1991년 경제학박사(미국 Univ. of Minnesota at Twin Cities) [경]1991~1992년 연세대·서울여대·한국외국어대·고려대·중앙대 강사 1992~1999년 하나경제연구소 금융조사팀장 1996년 한국여성경제학회 부회장 1999~2003년 한국경제연구원 금융재정연구센터 소장(선임연구위원) 1999~2003년 통계청 통계위원 2000년 금융산업발전심의회 위원 2000년 공정거래위원회 정책평가위원 2000년 재정경제부 세제발전심의위원 2001년 국무총리실 정책평가위원 2001년 헤럴드경제신문 객원논설위원 2002년 대통령직속 규제개혁위원회 위원 2003년 대통령자문 정부혁신지방분권위원회 재정세제전문위원 2003~2006년 국회예산정책처 경제분석실장 2004~2007년 한국여성경제학회 회장 2006~2009·2011년 서강대 경제대학원 교수(현) 2009~2011년 통계청장 2013~2015년 서강대 대외교류처장 2013년 대학구조개혁위원회 위원 2014~2015년 법무부 정책위원회 위원 [상]산업포장, 여성신문미지여성상, 제45회 전국여성대회 여성1호상(2009), 자랑스런 연세상경인상 사회·봉사부문(2010) [저]'무엇이 내 인생을 가치있게 만드는가'(2013, FKI미디어)

이인실(李仁實·女) LEE IN SIL

[생]1961·1·20 [출]부산 [주]서울 서초구 반포대로112 장생빌딩6층 청운국제특허법인(02-3474-3344) [학]1983년 부산대 불어불문학과졸 1995년 프랑스 로베슈맹법과대학원(CEIPI)졸 2001년 이화여대 대학원 법학과졸 2005년 법학박사(미국 워싱턴대) 2011년 법학박사(고려대) [경]1985~1994년 김앤장법률사무소 근무 1995년 프랑스 Cabinet Lavoix 특허사무소 근무 1996년 청운국제특허법인 대표변리사(현) 1996~2001년 한국여성변리사회 회장 1998년 특허청 산업재산권분쟁조정위원회 위원 1998년 한국발명진흥회 지적재산권연구센터 비상임연구원 1999~2005년 국제산업재산권보호협회(AIPPI) 한국협회 상임이사 1999~2005년 특허청 특허정책평가위원회 위원 2002년 전자거래분쟁조정위원회 위원 2002년 한글인터넷주소분쟁조정위원회 위원 2008~2014년 무역위원회 비상임위원 2008년 경기도 과학기술진흥위원회 위원 2011년 국가지식재산위원회 전문위원 2011년 농림수산식품부 종자위원회 위원 2013년 세계전문직여성(BPW) 한국연맹 회장(현) 2013년 국가지식재산위원회 민간위원 2013년 同보호전문위원장 2014년 공정거래위원회 정책자문위원(현) 2015년 세계전문직여성(BPW) 동아시아지역 의장(현) 2015년 국제변리사연맹 한국협회(FICPI Korea) 회장(현) 2015년 대통령직속 규제개혁위원회 민간위원(현), 대한변리사회 부회장 2016년 새누리당 제20대 국회의원 후보(비례대표 44번) [상]철탑산업훈장(2015)

이인영(李仁榮) LEE In Young

[생]1929·7·28 [본]청주(清州) [출]부산 [주]서울 서초구 반포대로37길59 대한민국예술원(02-3479-7223) [학]1948년 부산상고졸 1956년 일본 도쿄(東京)예술대 음악부 성악과졸 [경]1956~1971년 일본 후지와라오페라 단원 1960~1969년 서울대 음대 강사 1969~1985년 同음대 전임강사·조교수·부교수 1985~1994년 同음대 교수 1994년 同명예교수(현) 1994~1996년 同오페라연구소장 2001년 대한민국예술원 회원(음악·현) 2003~2007년 同음악분과 회장 2007~2009년 同부회장 2010~2013년 이마에스트리합창단 단장 2013년 同고문(현) [상]대한민국예술원상(1997), 보관문화훈장(1999), 3·1문화상 예술상(2010) [저]'노래와 사랑속에서'(2005) '신목근통신'(2007) '노래와 사랑 소개'(2007) '빛과 사랑'(2013)

이인영(李仁寧) LEE In Young

[생]1953·11·15 [본]우봉(牛峰) [출]강원 춘천 [주]강원 춘천시 중앙로23 강원일보 전무이사실(033-258-1103) [학]1971년 춘천고졸 1978년 강원대졸 2000년 경희대 언론정보대학원 정책과정 수료 2013년 강원대 대학원 철학과 박사과정 수료 [경]1977년 강원일보 편집국 기자 1987년 同서울주재 정치부장 1992년 同정경부장 1995년 同편집국 부국장 겸 정경부장 1999년 同편집국장 겸 '강원연감' 주간 1999~2001년 강원도체육회 이사 2000~2003년 강원대 신문방송학과 강사 2000년 강원도 장애인고용대책위원회 위원(현) 2001년 강원일보 논설위원(이사대우) 2003년 同편집·판매·광고담당 이사 2003~2006년 강원지방노동위원회 조정담당 공익위원 2005년 강원일보 상무이사 2007년 同광고·판매본부장(상무) 2008년 同전무이사(현) [종]기독교

이인영(李寅榮) LEE In Young

[생]1953·12·11 [출]충남 서천 [주]서울 종로구 창경궁로 136 (주)보령 비서실(02-708-8116) [학]1971년 성남고졸 1978년 국민대 경제학과졸 2007년 경희대 경영대학원졸 2010년 경영학박사(경희대) [경]보령제약(주) 감사실장·영업마케팅본부장·상무이사 1997년 同비서실장 1998년 (주)보령 대표이사(현) 2005~2010년 (주)보령수앤수 대표이사

이인영(李仁榮) Lee In Young

[생]1964·6·28 [출]충북 충주 [주]서울 영등포구 의사당대로1 국회 의원회관440호(02-784-6811) [학]1983년 충주고졸 1988년 고려대 국어국문학과졸 2009년 同언론대학원 언론학과졸 [경]1987년 고려대 총학생회장 1987년 전국대학생대표자협의회 초대의장, 전국민족민주운동연합 정책실 간사, 민주주의민족통일전국연합 정치국 부국장·조직국장 1993~1997년 전대협동우회 회장 2000년 새천년민주당 당무위원 2000년 同청년위원장 2000년 同서울구로甲지구당 위원장 2002년 노무현 대통령후보 선대위 인터넷선거특별본부 기획위원장 2003년 새천년민주당 당개혁특별위원회 위원 2003년 대통령자문 동북아경제중심추진위원회 자문위원 2003년 열린우리당 중앙위원 2003년 同청소년특별위원장 2003년 한반도재단 동북아전략연구소장 2004~2008년 제17대 국회의원(서울 구로구甲, 열린우리당·대통합민주신당·통합민주당) 2008년 통합민주당 공천심사위원 2008년 민주당 서울구로구甲지역위원회 위원장 2010년 同서울시당 지방선서기획단장 2010년 同최고위원 2010년 同4대강·대운하반대특별위원회 위원장 2010년 同야권연대·연합을위한특별위원회 위원장 2010~2011년 同비정규직특별위원회 위원장 2011년 박원순 서울시장후보 상임선거대책본부장 2012년 민주통합당 최고위원 2012년 同서울구로구甲지역위원회 위원장 2012년 제19대 국회의원(서울 구로구甲, 민주통합당·민주당·새정치민주연합·더불어민주당) 2012년 민주통합당 문재인 대통령후보선거기획단 기획위원 2012년 同제18대 대통령선거 공동선거대책위원장 2013년 민주당 4대강불법비리진상조사위원회 부위원장 2014년 국회 환경노동위원회 야당 간사 2014년 국회 여성가족위원회 위원 2014년 새정치민주연합 전국노동위원회 공동수석부위원장 2015년 국회 예산결산특별위원회 위원 2015년 새정치민주연합 경제정의·노동민주화특별위원회 간사 2015년 同남북관계발전및통일위원회 위원장 2015년 더불어민주당 전국노동위원회 공동수석부위원장 2015년 同경제정의·노동민주화특별위원회 간사 2015년 同남북관계발전및통일위원회 위원장 2016년 제20대 국회의원(서울 구로구甲, 더불어민주당)(현) 2016년 국회 정보위원회 위원(현) 2016년 국회 외교통일위원회 위원(현) 2016년 더불어민주당 서울구로구甲지역위원회 위원장(현) [상]제3회 대한민국을 빛낸 21세기 한국인상(2002), 제1회 박종철인권상(2003), 제9회 백봉신사상(2007) [저]'나의 꿈 나의 노래'(2007) '진보 보수 마주보기(젊은 한국을 위한 뉴코리아 플랜)'(2011) '산티아고 일기-함께 걸어갈 미래'(2011)

이인용(李仁用) RHEE In Yong

[생]1957·3·8 [본]고성(固城) [출]경북 안동 [주]서울 서초구 서초대로74길11 삼성서초타워40층 삼성전자(주) 커뮤니케이션팀(02-2255-3366) [학]1976년 중앙고졸 1983년 서울대 동양사학과졸 [경]1982~1994년 MBC 입사·외신부·국제부·정치부 기자 1994년 同워싱턴특파원 1996~2000년 同보도국 뉴스데스크 앵커 1999~2001년 숙명여대 정보방송학과 겸임교수 2000년 MBC 해설위원 2002~2003년 미국 하버드대 니만펠로우 연수 2004년 MBC 통일외교부장 2005년 同보도국 부국장 2005년 삼성전자(주) 홍보팀장(전무) 2009년 삼성 미래전략실 커뮤니케이션팀장(부사장) 2012~2014년 同미래전략실 커뮤니케이션팀장(사장) 2014년 삼성전자(주) 커뮤니케이션팀장(사장)(현) [상]방우회 바른말 보도상(1991), 한국방송협회 한국방송대상-진행자부문(1999), 한국PR협회 올해의 PR인상(2011) [종]기독교

이인용(李仁庸) In Yong Lee

[생]1957·6·26 [본]전주(全州) [출]강원 원주 [주]서울 영등포구 의사당대로1 국회사무처 사무차장실(02-784-3564) [학]휘문고졸 1984년 고려대 경영학과졸, 중앙대 행정대학원 정책학과졸, 국정전문박사(성균관대) [경]1990년 입법고시 합격(10회), 국회사무처 산업자원위원회 입법조사관 2003년 同운영위원회 입법조사관(부이사관) 2007년 국회예산정책처 기획관리관(부이사관) 2008년 국회사무처 국제국장 2009년 同국제국장(이사관) 2009년 국회입법조사처 사회문화조사실장(이사관) 2011년 국회사무처 법제실장 2013년 同문화체육관광방송통신위원회 수석전문위원(차관보급) 2013년 同미래창조과학방송통신위원회 수석전문위원(차관보급) 2016년 同사무차장(차관급)(현) [상]대통령표창, 국회사무총장표창

이인우(李芢雨) LEE In Woo

[생]1949·7·10 [출]대구 [주]서울 서대문구 통일로107의39 사조그룹 비서실(02-3277-1710) [학]1968년 경북고졸 1973년 서울대 경제학과졸 [경]1982~1984년 남우고무(주) 운영 1985~1991년 동신회계법인 근무 1992년 사조냉장(주) 감사 1996년 사조마을(주) 대표이사 1997~2004년 사조산업(주) 대표이사 사장 2004~2007년 (주)신동방 대표이사 사장 2007년 대림수산(주) 대표이사 사장 2007년 (주)사조오앤에프 대표이사 사장 2008~2015년 (주)사조해표 대표이사 사장 2008~2015년 (주)사조대림 대표이사 사장 2016년 사조그룹 식품총괄사장(현) 2016년 (주)동아원 대표이사(현) 2016년 한국제분(주) 공동대표이사 사장 겸임(현)

이인웅(李仁雄) LEE Inn Ung (寬松)

[생]1940·9·5 [본]양성(陽城) [출]충북 진천 [주]서울 동대문구 이문로107 한국외국어대학교(02-2173-2114) [학]1959년 청주고졸 1965년 한국외국어대 독어과졸 1968년 同대학원졸 1972년 독문학박사(서독 뷔르츠부르크대) [경]1973~1982년 한국외국어대 조교수·부교수 1980년 同출판부장 1982~2006년 同독일어과 교수 1984년 同기획실장 1986~1988년 중앙교육평가원 자비·국비 유학시험 출제위원 1987~1998년 교육부 국비유학자문위원회 위원 1988년 한국외국어대 교무처장 1990년 同교육대학원장 1992년 한국헤세학회 초대회장 1994년 한국외국어대 통역대학원장 1994년 한국영상번역작가협회 부회장 1998년 한국학술진흥재단 인문분과위원장 1999년 한국독어독문학회 회장 2002~2004년 한국외국어대 부총장 2004~2006년 충북 진천군 정책자문단 자문위원 2006년 한국외국어대 명예교수(현) 2008~2010년 한국독일동문네트워크(ADeKo) 이사 [상]옥조근정훈장(2006) [저]'독일단편소설집(編)'(1974) '작가론 헤르만헤세(共)'(1980) '현대독일문학비평'(1988) '헤르만헤세와 동양의 지혜'(2000) '파우스트, 그는 누구인가(共)'(2006) [역]헤세 '황야의 이리'(1988) 헤세 '꿈이 내 문을 두드릴 때'(1991) 헤세 '인도여행'(1999) 괴테 '파우스트, 멈추어라, 너 정말 아름답구나'(2006) 괴테 '젊은 베르테르의 슬픔'(2008) 헤세 작품선1 : '수레바퀴 아래서'·'데미안'(2011) 괴테 '헤르만과 도로테아'(2011) 헤세 '동방순례'(2013) 헤세 작품선2 : '싯다르타'·'인도의 이력서'(2014) '카프카의 편지 : 밀레나에게'(2014)

이인원(李寅源) LEE In Won (恒石)

[생]1937·4·29 [출]서울 [주]서울 금천구 디지털로9길 47 한신IT타워2차14층 한국대학신문(주) 회장실(02-2025-6000) [학]양정고졸 1963년 연세대 정치외교학과졸 1971년 서울대 신문대학원졸 [경]1963~1969년 문화방송 입사 1969년 駐미국대사관 공보원 1969~1972년 VOA서울특파원 1973~1980년 한국방송공사 외신부장·베이루트 특파원·파리 특파원·국제국장 1980년 국제언론인협회(IPI) 사무국장 1982~1986년 대한조선공사 전무이사 1987년 유라통상 부사장 1991년 KBS 제작단 감사 1991년 문화일보 부사장 1992년 통일국민당 대변인 1992년 국민당 대표최고위원 홍보담당 특보 1995~1999년 문화일보 부사장 1999년 同대표이사 부사장 1999년 현대그룹 PR사업본부 상임고문 2001년 한국대학신문(주) 회장(현) 2002년 국민통합21 당무조정실장 2002년 同중앙선대위 총무본부장 2003년 同대표대행 2006년 민주평통 상임위원 2008~2013년 울산대 초빙교수 2012~2016년 학교법인 동신교육재단 이사장 2013년 한국외국어대 초빙교수(현)

이인원(李仁遠) LEE In Won

[생]1940·11·15 [본]전의(全義) [출]전북 익산 [주]대전 유성구 대학로291 한국과학기술원 건설 및 환경공학과(042-350-3618) [학]1959년 전주고졸 1963년 육군사관학교졸 1966년 미국 육군방공학교 수료 1972년 미국 펜실베이니아주립대 수료 1979년 토목공학박사(미국 일리노이대 어배나 샴페인교) [경]1963~1972년 유도탄대대 전술통제장교·육군방공지휘소 작전장교·육군방공학교 교관 1970~1971년 駐越맹호부대 포대장 1979~1982년 미국 International Harvester Co. 선임연구원 1983~1984년 성균관대 토목공학과 부교수 1985~1989년 한국과학기술대 CAD/CAM 전공교수 1988년 同교수협의회장 1988년 同기계·재료공학부장 1989년 同도서관장 1989년 同기계공학과 부교수·교수 1992년 한국과학기술원 건설 및 환경공학과 교수·명예교수(현) 1992~1994년 원자로외부구조전문분과 위원 1994년 건설교통부 중앙건설기술심의위원 1995년 미국 UCLA 교환교수 1995~1999년 서울시 지하철기술자문위원 1997~2000년 국방부 특별건설기술심의위원회 위원 1998~2000년 대한주택공사 설계자문위원·수도권신공항건설공단 자문위원 1998~2001년 대통령 정책기획위원 1998~2003년 한국도로공사 고속도로기술 및 설계자문위원 1999~2005년 민주평통 자문위원 2000년 행정자치부 국립방재연구소 재해원인분석조사단 중앙위원 2005년 국방부 특별건설기술심의위원회 심의위원 2005년 미국 세계인명사전 'Marquis Who's Who in Computational Science & Engineering'에 등재 2005년 한국과학기술한림원 정회원·종신회원(현) [상]한국전산구조공학회 학술상(1998·2000), 홍조근정훈장(2001), 대한토목학회 학술상(2004) [종]기독교

이인원(李仁遠) LEE Yin Won

[생]1952·3·7 [출]충남 서천 [주]서울 관악구 관악로1 서울대학교 농업생명과학대학 응용생물화학부(02-880-4671) [학]1974년 서울대 농생물학과졸 1979년 同대학원졸 1984년 식물병리학박사(미국 미네소타대) [경]1979~1984년 미국 미네소타대 식물병리학과 연구조교 1984~1985년 미국 메릴랜드대 화학과 박사후연구원 1986~1990년 서울대 농업생명과학대학 농생물학과 조교수 1990년 同농업생명과학대학 응용생물화학부 부교수·교수(현) 1990~1992년 농촌진흥청 농약연구소 겸임연구관 1995~1997년 서울대 기획실 부실장 1998년 농촌진흥청 전문위원, 한국연구재단 선도연구센터인 곰팡이병원성연구센터 소장, 미국 캔자스주립대 겸임교수(현) 2011년 미국식물병리학회 Fellow(현) 2013~2014년 국립대학법인 서울대 이사

이인재(李麟載) LEE In Jae

[생]1945·1·27 [출]부산 [주]서울 중구 서소문로106 동화빌딩7층 동보항공 비서실(02-3788-0151) [학]1964년 부산고졸 1972년 서울대 문리대 지질학과졸 [경]1973년 대한항공 입사 1986년 同바레인지점장 1987년 동보항공 상무이사 1989년 同대표이사 사장, 同부회장(현)

이인재(李仁宰) LEE In Jae

[생]1954·12·28 [본]전주(全州) [출]부산 [주]서울 강남구 테헤란로133 한국타이어빌딩 법무법인 태평양(02-3404-0334) [학]1973년 부산고졸 1977년 서울대 법대졸 1985년 同대학원졸 1987년 독일 본대 대학원졸 [경]1977년 사법시험 합격(19회) 1979년 사법연수원 수료(9기) 1979년 육군 법무관 1982년 서울형사지법 판사 1983년 서울민사지법 판사 1985년 서울지법 동부지원 판사 1987년 전주지법 남원지원장 1989년 광주고법 판사 1989년 서울고법 판사 1989년 헌법재판소 파견 1991년 법원행정처 인사관리심의관 1993년 부산지법 부장판사 1996년 사법연수원 교수 1998년 서울지법 부장판사 겸 법원행정처 송무국장 2000년 부산고법 부장판사 2002~2005년 서울고법 부장판사 2003년 법원행정처 사법정책연구실장 겸임 2003~2004년 사법개혁위원회 위원 2005년 서울행정법원 수석부장판사 2005년 서울고법 부장판사 2006년 인천지법원장 2008년 서울동부지법원장 2009~2010년 서울중앙지법원장 2010년 법무법인 태평양 변호사(현) 2012~2014년 同대표변호사 [종]불교

이인재(李仁在) LEE In Jae

[생]1961 · 8 · 15 [출]전남 해남 [주]서울 서초구 서초중앙로 85 가산빌딩 광동제약(주) 임원실(02-6006-7777) [학]광주 대동고졸 1983년 단국대 건축공학과졸 [경]2004년 광동제약(주) 유통사업부 이사 2008년 同유통사업부 상무 2012년 同전무이사 2015년 同유통 · 생수사업부 부사장(현)

이인재(李寅宰) LEE, In-Jae (녹영)

[생]1962·1·28 [출]전북 고창 [주]서울 종로구 세종대로209 행정자치부 전자정부국(02-2100-3900) [학]1981년 고창고졸 1987년 서울대 영어교육과졸 1990년 同행정대학원졸 1998년 행정학박사(미국 서던캘리포니아대) [경]1988년 행정고시 합격(32회) 1990년 공보처 해외공보관 근무 1992~1994년 駐미국 공보관보 1999년 전북도 투자통상과장 2001년 同국제협력관 2002년 同비서실장 2003년 同기획관 2005년 同문화관광국장 2006년 同투자유치국장 2007년 행정자치부 파견 2007년 同전자정부교육센터장 2008년 행정안전부 지역경제발전과장 2008년 同지역경제과장 2009년 한국지역진흥재단 파견(고위공무원) 2009년 대통령직속 지역발전위원회 지역협력국장 2010년 전북도 기획관리실장 2012년 행정안전부 자치경찰실무추진단장 2013년 안전행정부 제도정책관 2014년 同지역발전정책관 2014년 同지방행정정책관 2014년 행정자치부 지방행정실 지방행정정책관 2016년 同전자정부국장(현) [상]홍조근정훈장(2013)

이인재(李寅載) LEE In Jae

[생]1962·3·4 [본]광주(廣州) [출]부산 [주]경기 오산시 한신대길137 한신대학교 휴먼서비스대학 재활학과(031-379-0490) [학]1985년 서울대 사회복지학과졸 1987년 同대학원 사회복지학과졸 1993년 사회복지학박사(서울대) [경]1992~1993년 한국사회과학연구소 연구위원 1992년 서울대 사회복지연구소 특별연구원 1994~2003년 한신대 사회복지학부 조교수·부교수 1999년 경기복지시민연대 운영위원장 2000년 한신대 학생처장 2004~2012년 同사회과학대학 재활학과 교수 2006년 同기획처장 2007년 同지역발전센터 소장 2007년 경기복지시민연대 공동대표 2010~2013년 한국사회서비스학회 회장 2011~2013년 한신대 산학협력단장 2012년 同휴먼서비스대학 재활학과 교수(현) [저]'사회보장론' '한국지역사회복지실천론'(2005) '근대 안산의 형성과 발전'(2005) '지역사회복지실천 프로그램'(2005) '자활정책론'(2006) '통합적 사회정책 대안연구'(2006) [종]기독교

이인재(李仁宰) Lee Injae

[생]1963 · 7 · 27 [본]전주(全州) [출]인천 [주]인천 연수구 아카데미로119 인천대학교 경제학과(032-835-8544) [학]1982년 인천고졸 1986년 서울대 법학과졸 1988년 同대학원 법학과졸 1992년 미국 시카고대 대학원 법학과졸 2003년 경제학박사(미국 뉴욕대) [경]2003~2008년 한국노동연구원 부연구위원 2008~2012년 인천대 경제학과 조교수 · 부교수 2012~2015년 한국노동연구원 원장 2015년 인천대 동북아경제통상대학 경제학과 부교수(현) 2015년 대통령자문 국민경제자문회의 기초경제2분과 자문위원(현) [상]한국노동경제학회 배무기학술상(2012) [저]'고용과 성장(제3절, 고용보험제도의 개혁방향에 관한 시론 : 실업보험저축구좌제의 도입을 중심으로)'(2009, 박영사) '시장경제와 외국인투자 유치'(2010, 나남) '한국의 노동, 어떻게 할 것인가?'(2010, 서강대 출판부)

이인재(李寅載 · 女)

[생]1963·10·29 [주]서울 중구 세종대로67 삼성카드 경영혁신실(02-2172-8950) [학]1982년 동덕여고졸 1986년 서울대 산업공학과졸 1988년 同대학원졸 1993년 미국 컬럼비아대 대학원 산업공학과졸 2002년 同대학원 경영학과졸 [경]1994년 삼성SDS 컨설팅사업팀 근무 1997년 삼성전자(주) IS기획팀 근무 1998년 루슨트테크놀로지 컨설턴트 2003년 삼성카드 정보기획팀장 2010년 同경영혁신실 정보기획담당 상무 2011년 同경영혁신실장 2013년 同경영혁신실장(전무)(현)

이인정(李仁禎) LEE In Jeong

[생]1945 · 6 · 10 [출]서울 [주]서울 강남구 테헤란로22길 32 (주)태인 비서실(02-558-3331) [학]1964년 중동고졸 1972년 동국대 상학과졸 1975년 同경영대학원 무역학과졸 1993년 서울대 경영대학원 AMP 수료 2001년 경영학박사(인천대) [경]1969년 월간 '산' 창간참여 · 기자 1980년 한국마나슬루(8156m) 등반대장 1981년 (주)우영 전무이사 1984년 (주)대륙 부사장 1988년 (주)태인 설립 · 대표이사(현) 1990년 태인체육장학회 설립 1990년 소련 코뮤니즘봉 등반대장 1993년 한국EVEREST등반대 단장 1993년 한국산악박물관 설립 1994년 한국산악도서관 설립 1997년 동국산악회 다울라기리원정대 단장 1997년 KSAF 가셔브룸 Ⅰ · Ⅱ봉원정대 단장 1997년 한국동계마나슬루원정대 단장 1998년 국립공원관리공단 비상근이사 1998~2002년 한국산악회 부회장 1998~2005년 대한산악연맹 부회장 1999년 민주평통 자문위원 1999~2003년 아시아산악연맹(UAAA) 사무총장, 월간 '사람과 산' 회장(현), 한국등산학교 교장, (사)4월회 부회장, 대한상사중재원 중재인, 駐韓네팔 명예총영사 2005 · 2009년 (사)대한산악연맹 회장 2009년 한 · 네팔친선협회 회장(현) 2009 · 2011 · 2013 · 2015년 아시아산악연맹(UAAA) 회장(현) 2013년 사회복지공동모금회 아너소사이어티 300호 회원(현) [상]대한산악연맹 부산시연맹 금정대상(1997), 국무총리표창(1998), 자랑스러운 동국인상 체육부문(2009), 석탄산업훈장(2011), 아시아황금피켈상 평생공로상(2015)

이인제(李仁濟) RHEE In Je

[생]1948 · 12 · 11 [본]전주(全州) [출]충남 논산 [주]서울 강남구 테헤란로317 법무법인(유한) 대륙아주(02-3016-5247) [학]1968년 경복고졸 1972년 서울대 행정학과졸 [경]1979년 사법시험 합격(21회) 1981년 대전지법 판사 1983년 변호사 개업 1986년 민족문제연구소 이사 1987년 민주당 중앙상무위원회 위원 1988년 제13대 국회의원(안양시甲, 민주당 · 민자당) 1988년 민주당 원내부총무 1989년 同대변인 1990년 민자당 안양시甲지구당 위원장 1990년 同국책연구원 부원장 1991년 同정책위원회 제3정책조정실장 1992~1995년 제14대 국회의원(안양시 만안구, 민자당) 1992년 민자당 당기위원 1993년 노동부장관 1994년 민자당 당무위원 1995~1997년 경기도지사(민자당 · 신한국당) 1997년 국민신당 제15대 대통령후보 1997~1998년 同상임고문 1998년 국민회의 당무위원 2000년 새천년민주당 중앙선거대책위원장 2000~2002년 제16대 국회의원(충남 논산시 · 금산군, 새천년민주당 · 자민련) 2000년 새천년민주당 상임고문 2000년 同최고위원 2001~2002년 同상임고문 2002년 자민련 총재권한대행 2004년 제17대 국회의원(충남 논산시 · 계룡시 · 금산군, 자민련 · 국민중심당 · 민주당 · 통합민주당 · 무소속) 2006년 국민중심당 최고위원 2006년 同지방선거대책위원회 위원장 2007년 민주당 제17대 대통령선거 후보 2008년 제18대 국회의원(충남 논산시 · 계룡시 · 금산군, 무소속 · 자유선진당) 2012년 자유선진당 비상대책위원장 2012~2016년 제19대 국회의원(충남 논산시 · 계룡시 · 금산군, 선진통일당 · 새누리당) 2012년 선진통일당 대표최고위원 2012년 새누리당 제18대 대통령중앙선거대책위원회 공동위원장 2012년 한 · 일의원연맹 고문 2013년 박근혜 대통령당선인 스위스세계경제포럼(WEF · 다보스포럼) 특사단장 2013년 새누리당 북핵안보전략특별위원회 고문 2013년 국회 농림축산식품해양수산위원회 위원 2014~2016년 새누리당 최고위원 2015년 同노동시장선진화특별위원회 위원장 2016년 同제20대 총선 중앙선거대책위원회 공동위원장 겸 충청권선거대책위원장 2016년 제20대 국회의원선거 출마(충남 논산시 · 계룡시 · 금산군, 새누리당) 2016년 법무법인(유한) 대륙아주 고문변호사(현) 2016년 (사)한국유엔봉사단 총재(현) [상]일치를 위한 정치포럼 '제5회 국회를 빛낸 바른 언어상' 으뜸언어상(2015) [저]자서전 '출발선에 다시 서서'(2003) '한라에서 백두를 보네'(2007) '통일은 경제다'(2014)

이인종

[생]1965 [주]경기 수원시 영통구 삼성로129 삼성전자(주) 무선사업부 개발1실(031-200-1114) [학]1989년 경북대 전자공학과졸 1994년 컴퓨터공학박사(미국 노스캐롤라이나대) [경]미국 노스캐롤라이나대 컴퓨터공학과 교수 2011년 삼성전자(주) 전무, 同무선사업부 B2B개발팀장(부사장) 2016년 同무선사업부 개발1실장(부사장)(현) [상]국제전기전자공학회(IEEE) 윌리엄 베네트상(2013·2016)

이인중(李仁中) LEE In Joong

[생]1945 · 10 · 1 [본]벽진(碧珍) [출]대구 [주]대구 수성구 동대구로111 화성산업 회장실(053-767-2111) [학]1963년 경북고졸 1967년 고려대 경영학과졸 [경]1983~1999년 화성산업(주) 동아백화점 대표이사 사장 1981년 대구테니스협회 회장 1990년 백화점협회 부회장 1991~2006년 대구시체육회 상임부회장 1997년 대구상공회의소 비상근부회장 1999년 화성산업(주) 동아백화점 회장(현) 2001~2004년 대구발전동호회 회장 2006~2012년 대구상공회의소 회장 2007년 2011대구세계육상선수권대회조직위원회 감사 2011~2013년 육군 제2작전사령부 안보자문위원 2012년 대구상공회의소 명예회장(현) 2013년 대구경북과학기술원 비상임이사(현) [상]최우수기업상(1988), 마케팅대상(1988), 산업포장(1992), 법무부장관표창(1993), 한국인재개발대상(1994), 대통령표창(2002), 체육훈장 맹호장(2004)

이인찬(李仁燦) LEE In Chan

ⓢ1947·12·6 ⓑ서울 ⓒ서울 용산구 이촌로352 신동
아건설(주) 사장실(02-709-7100) ⓗ1967년 서울상고
졸 1974년 한양대 토목공학과졸 ⓔ(주)신성 부장 1992
년 同이사 1999년 同상무이사 2003년 신성건설(주) 토
목담당, 진흥기업 토목담당 전무, 同부사장 2008년 신
동아건설(주) 대표이사 사장(현)

이인찬(李仁燦) Lee, INN-CHAN

ⓢ1962·10·12 ⓑ강원 원주 ⓒ서울 중구 퇴계로24 SK
브로드밴드(주)(02-6266-6000) ⓗ1984년 고려대 경
제학과졸 1986년 同대학원 경제학과졸 1995년 경제학
박사(미국 펜실베이니아대) ⓔ1987~1994년 한국개발
연구원(KDI) 연구원 1996~1998년 정보통신정책연구
원(KISDI) 책임연구원 1999~2000년 同정보통신산업
연구실 인터넷산업팀장 2000~2003년 同정보통신산
업연구실장 2001~2003년 同IT벤처정책연구센터 소장 2001~2003년 한
국벤처학회 감사 2002~2003년 감사원 국책사업 자문위원 2003~2005년
정보통신정책연구원(KISDI) 기획조정실장 2005~2006년 同선임연구위원
2006~2009년 SK 경영경제연구소 정보통신연구실장 2009~2010년 SK(
주) 사업지원2실장 2011년 SK텔레콤 ICT전략실장 2011~2013년 同마케팅
전략본부장 2013년 SK브로드밴드(주) 마케팅부문장 2015년 同대표이사 사
장(현) 2016년 SK텔레콤 미디어부문장 겸임(현) ⓢFulbright Scholarship,
Fulbright Foundation(1990~1994), 정보통신부장관표창(2000) ⓩ'정보화
촉진기금의 안정적 확보와 효율적 지원방안(共)'(1996) '통신·방송 융합 정
책연구(共)'(1997) '벤처기업의 성장단계별 성공요인 분석과 정책과제(共)'
(1998) '멀티미디어서비스 사업 추진 및 육성전략(共)'(1998) '케이블TV 산업
연구(共)'(1999) '디지털컨텐츠 산업조사연구 사업(共)'(2000) '인터넷 컨텐츠
사업동향과 전략 연구(共)'(2000) '효율적 벤처캐피탈 시장구축을 위한 제도
개선 연구(共)'(2001) '정보통신산업 종합발전계획(2002~2007)(共)'(2002)
'한국벤처부문의 보상체계에 관한 연구(共)'(2003) '케이블TV 산업의 수평적
소유규제'(2005) '다채널 유료방송 시장의 경쟁에 관한 연구(共)'(2005)

이인철(李仁喆) LEE In Chul

ⓢ1960·1·1 ⓑ서울 ⓒ서울 중구 세종대로64 해남빌딩
710호 이인철법률사무소(02-771-0947) ⓗ1978년 서울
한영고졸 1982년 서울대 사범대학 생물교육과졸 1989년
同대학원 법학과졸 1993년 연세대 경영대학원졸 1997년
서울대 법학대학원 박사과정 수료 1998년 同법학연구과
정(보험법과정) 수료 ⓔ1985년 사법시험 합격(27회) 1988
년 사법연수원 수료(17기) 1988~1989년 임석재특허법률
사무소 근무 1989~1991년 전정구변호사사무실 근무 1991~1999년 변호사
개업 1999년 변리사 등록 2000~2004년 신한종합법률사무소 변호사 2004
년 변호사 개업(현) 2015년 행복한사회를위한변호사모임 회장(현) 2015년 방
송문화진흥회 이사(현) 2016년 영화진흥위원회 비상임감사(현)

이인철(李寅澈) Lee, Inchul

ⓢ1962·8·27 ⓑ경기 여주 ⓒ서울 서대문구 충정로
29 동아일보 문화사업본부(02-2020-0221) ⓗ1988년
고려대 영어교육학과졸 ⓔ1999년 동아일보 기획팀 기
자 2001년 同이슈부 기자 2001년 同사회1부 차장대우
2003년 同사회1부 차장 2004년 同편집부 차장 2004년
同교육생활부 차장 2007년 同교육생활부장 2008년 同
편집국 사회부장 2011년 同편집국 부국장 겸 인력개발
팀장 2012년 同출판국 신동아팀장(부국장) 2013년 同문화사업본부장 겸
교육연구소장(부국장급) 2014~2015년 교육부 대학수학능력시험개선자문
위원회 위원 2015년 동아일보 문화사업본부장 겸 교육연구소장(국장급)(현)

이인태(李仁台)

ⓢ1959·12·15 ⓒ서울 성동구 왕십리로222 한양대학
교 공학대학원 전기전자컴퓨터공학과 전자통신공학전
공(02-2220-0231) ⓗ진주고졸 1982년 육군사관학교
졸, 한국외국어대 대학원 국제정치학과졸, 아르헨티나
지휘참모대학졸 ⓔ1982년 육군 소위 임관 1988년 육군
사관학교 스페인어과 강사 1992년 서부 사하라 PKO 파
병 2001년 한미연합사령부 정후실장·지상군과장 2003
년 이라크 자이툰사단 1진 파병 2006년 보병연대장·합동참모본부 전략정
보과장 2009년 합동참모본부 정보분석처장(준장) 2010년 보병 제23사단장(
소장) 2012년 정보사령관·합동참모본부 정보부장 2014~2016년 국군 777
사령관 2016년 한양대 공학대학원 전기전자컴퓨터공학과 전자통신공학전
공 특임교수(현) 2016년 국방과학연구소 전문위원(현)

이인학(李仁學)

ⓢ1965·11·27 ⓒ서울 서초구 반포대로201 국립장
애인도서관 관장실(02-590-0760) ⓗ1988년 서울맹
학교졸 1993년 대구대 특수교육과졸 1998년 同대학
원 특수교육학과졸 2003년 단국대 대학원 특수교육
학 박사과정 수료 ⓔ1993~1997년 광주세광학교 교사
1997~2007년 서울맹학교 교사 2003~2005년 한국시
각장애연구회 한국점자규정개정연구위원 2007~2015
년 서울맹학교 부장교사 2013~2014년 국립국어원 점자개발종합사업 한국
점자위원회 위원 2014년 국립특수교육원 특수교육전문교과교육과정시안개
발 연구위원 2014~2015년 同점자교과서 품질관리위원 2015년 국립장애인
도서관 관장(현) ⓢ대구대총장표창(2000), 교육인적자원부장관표창(2006),
국립특수교육원장표창(2011), 행정안전부장관표창(2011)

이인형(李寅炯) LEE In Hyung

ⓢ1964·2·10 ⓑ서울 ⓒ서울 영등포구 의사당대로143
금융투자센터빌딩 한국자본시장연구원 부원장실(02-
3771-0604) ⓗ1982년 경복고졸 1986년 서울대 국제경
제학과졸 1987년 미국 브라운대 대학원졸 1992년 경제
학박사(미국 브라운대) ⓔ1992~2008년 수원대 경영학
부 전임강사·조교수·부교수·교수 1995년 LG경제연구원
금융연구부장 2006~2007년 수원대 금융공학대학원장,
에프앤가이드 평가사업본부장(부사장) 2008년 수원대 국제협력처장 2008년
한국자본시장연구원 선임연구위원 2011~2016년 대신증권(주) 사외이사 2014
년 한국자본시장연구원 부원장(현) 2016년 코람코자산신탁 사외이사(현) ⓩ
'금융공학을 위한 수학'(1998) '파생상품의 가격결정이론과 실제'(2001)

이인형(李仁亨) LEE In Hyeong

ⓢ1965·6·16 ⓑ서울 ⓒ서울 중구 남대문로63 한진
빌딩 법무법인 광장(02-772-5990) ⓗ1983년 중앙대
사대부고졸 1988년 서울대 법학과졸 ⓔ1988년 사법시
험 합격(30회) 1991년 사법연수원 수료(20기) 1994년 광
주지법 판사 1996년 同순천지원 판사 1998년 인천지법
판사 2002년 서울고법 판사 2004년 서울가정법원 판사
2006년 대전지법 홍성지원장 2008년 인천지법 부장판
사 2010년 서울행정법원 행정4부 부장판사 2013~2014년 수원지법 평택지
원장 2014년 법무법인 광장 변호사(현)

이인호(李仁浩·女) LEE In Ho

ⓢ1936·5·19 ⓑ전의(全義) ⓑ서울 ⓒ서울 영등포
구 여의공원로13 한국방송공사 이사장실(02-781-
2811) ⓗ1955년 서울사대부고졸 1960년 미국 웰슬
리대(Wellesley College) 역사학과졸 1962년 미국 래
드클리프대(Radcliffe College) 대학원졸 1967년 사
학박사(미국 하버드대) 2002년 명예박사(러시아 외
교아카데미) ⓔ1964~1967년 미국 하버드대 강사
1967~1970년 미국 컬럼비아대·미국 바아나드대 겸임조교수 1971~1972
년 미국 럿거스대 조교수 1972~1979년 고려대 문과대학 사학과 부교
수·교수 1973~1985·1993~1994년 대한적십자사 청소년자문위원
1978~1979·1992~1993년 미국 하버드대 러시아연구소 객원연구교수
1979~1996년 서울대 인문대학 서양사학과 부교수·교수 1983~1984년 미
국 해버포드대 초빙교수 1988~1992년 KBS 이사 1989~1992년 서울대 러
시아연구소 창립소장 1990년 한국서양사학회 회장 1991년 국사편찬위원
회 위원 1994~1996년 대통령 교육개혁위원 1996~1998년 駐핀란드 대
사 1998~2000년 駐러시아 대사 2000~2003년 한국국제교류재단 이사장
2001~2002년 참여연대 고문 2002년 서울대 인문대학 명예교수(현) 2003
년 문화재청 문화재위원 2003년 코리아리더스포럼 공동의장 2004~2007
년 명지대 석좌교수 2004~2013년 삼성문화재단 이사 2007~2010년 한
국과학기술원 김보정석좌교수 2007~2008년 사회복지공동모금회 부회장
2007~2014년 학교법인 국민학원 이사 2007년 학교법인 청강학원 이사(현)
2008~2013년 통일정책 자문위원 2009년 대한민국역사박물관 건립추진위
원 2009~2011년 헌법재판소 자문위원 2010년 한·러류협회 고문 2011년
아산정책연구원 이사장·이사(현) 2012년 동북아역사재단 비상임이사(현)
2013년 국가안보자문단 외교분야 자문위원 2014년 국민대 이사(현) 2014년
한국방송공사(KBS) 이사장(현) 2015년 국립중앙의료원 비상임이사(현) ⓢ
한국여성단체협의회 올해의 여성상(1996), 춘강상(2000), 유네스코 서울지
부 올해의 인물상(2002), 러시아 상트페테르부르크시 공로메달(2003), 제4
회 비추미여성대상 해리상 여성지위향상권익신장부문(2004), 미국 웰슬리
대 '자랑스런 동문상'(2007), 국민훈장 동백장(2010), 자랑스런 서울대인상
(2011), 전국경제인연합회 시장경제대상 공로상(2013) ⓩ'지식인과 역사의
식'(1980, 문학과지성사) '러시아 지성사연구'(1981, 지식산업사) '문제학생,
문제선생'(1987, 지식산업사) '풍요로운 사회, 가난한 학교'(1996, 정우사) '민

주화의 다음단계'(1996, 정우사) '푸슈킨이 살아있는 나라-러시아는 어떤 이웃인가?'(1996, 정우사) '대화'(2007, 기파랑) '대한민국 건국의 재인식(編)'(2009, 기파랑) 囫'인텔리겐찌야와 혁명'(1981)

이인호(李仁鎬) LEE In Ho

쌩1943·11·2 邑전주(全州) 쫄대전 종경기 수원시 영통구 삼성로129 삼성전자(주)(031-200-1114) 學1962년 대전고졸 1967년 연세대 경제학과졸 涇1966년 한국상업은행 입행 1973~1982년 대구은행 입행·서울지점 차장 1982년 신한은행 개설준비위원 1983년 同서소문지점장 1986년 同융자부장 1987년 同명동지점장 1990년 同영업부장 1991년 同이사 1993년 同상무이사 1997년 同전무이사 1999년 同은행장(7·8대) 2003~2005년 同부회장 2003년 신한금융지주회사 이사 2003~2005년 同부회장 2005~2009년 同대표이사 사장 2007년 신한카드 사외이사 2009년 신한은행 고문 2010년 삼성전자(주) 사외이사(현) 쌍대통령표창(1981), 은탑산업훈장(1999), 한국경영자상(2007)

이인호(李仁鎬) In Ho Lee

쌩1957 종서울 관악구 관악로1 서울대학교 사회과학대학 경제학부(02-880-6366) 學1976년 경기고졸 1980년 서울대 경제학과졸 1982년 한국과학기술원(KAIST) Operation Research 석사 1986년 미국 캘리포니아대 로스앤젤레스교(UCLA) 대학원 경제학과졸 1989년 미국 예일대 대학원 OR/MS(회계전공) 석사 1992년 경제학박사(미국 UCLA) 涇1982~1985년 한국개발연구원 연구원 1992~1993년 미국 UCLA 경제학과 강사 1993~1998년 영국 Southampton대 경제학과 조교수 1995년 프랑스 Toulouse대 교환교수 1995년 미국 캘리포니아공대(CalTech) 교환교수 1998~2001년 영국 Southampton대 경제학과 부교수 2001~2005년 서울대 경제학부 부교수 2003~2007년 한국경제학회지 미시분과 편집위원 2004년 한국경제학회 청람상위원회 전문위원(현) 2004~2005년 공정거래위원회 정보통신산업경쟁정책 자문위원 2004~2006년 同카르텔자문위원회 위원 2004~2006년 계량경제학보 편집위원장 2005년 서울대 사회과학대학 경제학부 교수(현) 2005~2007년 공정거래위원회 경쟁정책자문위원회 시장구조분과위원 2006년 재정경제부 국책금융기관경영예산심의회 위원장 2006~2007년 한국금융학회 간사 2006년 재정경제부 금융발전심의회 은행분과 위원장 2006년 Seoul Journal of Economics 편집위원장(현) 2007년 공정거래위원회 경쟁정책자문위원회 위원(현) 2007년 同카르텔자문위원회 위원(현) 2007년 재정경제부 정책금융심의회 위원장 쌍한국경제학회 청람상(2002), 한국학술진흥재단 선도연구자 선정(2003), 공정거래위원장표창(2005), 산업조직학회 춘당논문상(2007) 囵'RPI-X 가격상한규제'(1996) '한국의 신용평가제도'(2007) '신용정보 공유시스템의 경제적 가치와 향후 발전방향(共)'(2007)

이인호(李仁鎬) Inho Lee

쌩1958 종서울 강남구 영동대로511 무역센터49층 한국무역협회 감사실(02-6000-5361) 學1977년 명지고졸 1982년 서울대 사회과학대학 무역학과졸 1885년 미국 미시시피주립대 대학원 경제학과졸 涇1985년 한국무역협회 입사 2001~2006년 同동향분석팀장·무역전략팀장·연구조정팀장 2006년 同브뤼셀지부장·유럽한국경제인협회(KECEU) 사무국장 2009년 한국무역협회 비서실장 2011년 同무역아카데미 사무총장(상무) 2015년 同상임감사(현)

이인호(李仁浩) Lee In Ho

쌩1962·1·15 쫄서울 종세종특별자치시 한누리대로402 산업통상자원부 통상차관보실(044-203-5002) 學1980년 광성고졸 1984년 서울대 경제학과졸 1986년 同행정대학원 정책학과졸 1999년 미국 하버드대 대학원 행정학과졸 涇1988년 행정고시 합격(31회) 1989년 통상산업부 무역조사관실 사무관 1990년 同상역국 수출진흥과 사무관 1991~1994년 駐일본대사관 상무관보 1994년 상공자원부 통상진흥국 아주통상1과 사무관 1995년 대통령 비서실장실 서기관 1995년 대통령 경제비서실 서기관 1997년 하버드대 교육훈련 파견 1999년 산업자원부 무역투자실 무역정책과 서기관 2000년 경기도 파견 2000년 산업자원부 기획관리실 정보화담당관 2002년 駐OECD대표부 파견 2003년 同참사관 2006년 산업자원부 자원정책실 원전사업기획단 원자력산업과장 2006년 同원자력산업팀장 2007년 同장관비서관 2008년 同무역정책팀장(부이사관) 2008년 지식경제부 산업기술정책과장 2008년 同운영지원과장 2009년 同외국인투자지원센터 종합행정지원실장(고위공무원) 2009년 駐워싱턴총영사관 상무관 2012년 지식경제부 기획조정실 정책기획관 2013년 산업통상자원부 기획조정실 정책기획관 2014년 同장의산업정책관 2015년 同무역투자실장 2016년 同통상차관보(현)

이인호(李寅豪) Lee In Ho

쌩1962·7·22 종서울 종로구 사직로8길60 외교부 운영지원과(02-2100-2114) 學1981년 성광고졸 1990년 서울대 영어영문학과졸 1994년 미국 미시간주립대 대학원 행정학과졸 涇1990년 외무고시 합격(24회) 1990년 외무부 입부 1996년 駐이집트 2등서기관 1998년 駐중국 2등서기관 2003년 駐러시아 1등서기관 2006년 외교통상부 남미과장 2007년 同정책개발담당관 2008년 駐독일 참사관 2012년 통일교육원 파견 2012년 국무총리실 파견 2013년 국무조정실 외교안보정책관실 외교심의관 2015년 同외교안보정책관 2016년 駐엘살바도르 대사(현)

이인환(李仁桓) LEE In Hwan

쌩1959·4·20 邑경주(慶州) 쫄경북 문경 종경상북도 문경시 마성면 문경골프장길240 (주)문경레저타운 임원실(054-550-5000) 學1978년 서울 대일고졸 1983년 서울대 경영학과졸 1983년 동국대 대학원 회계학과졸 涇1987~2004년 대우증권 근무 2004~2006년 경일감정평가법인 근무 2006~2009년 (주)한샘 감사 2009~2012년 유진투자증권 경영지원본부장(전무이사) 2012~2013년 同자문위원 2013년 대전대 산학협력단 교수 2013년 (주)문경레저타운 대표이사(현) 쌍대통령표창(2002, 금융부문 신지식인), 금융감독위원장표창(2002, 금융산업발전) 꽁불교

이인희(李仁熙·女) LEE In Hee

쌩1928·12·20 쫄경남 의령 종서울 중구 을지로100 한솔그룹 임원실(02-3287-6000) 學1946년 경복여고졸 1950년 이화여대 가정학과 중퇴 涇(주)호텔신라 고문 1980년 한국여성골프협회 회장 1998~2001년 한솔제지 대표이사 고문 1998~1999년 한솔그룹 구조조정위원회 위원장 2000년 두을장학재단 이사장(현) 2001년 한솔그룹 고문(현) 꽁기독교

이일권(李一權) Lee Il Kwon

쌩1956·12·27 쫄부산 종부산 부산진구 화지로12 부산시교육청 감사관실(051-860-0114) 學검정고시 합격, 부산교육대졸, 한국방송통신대 법학·경영학과졸, 동아대 교육대학원졸 2003년 부산대 평생교육원 NGO지도자과정 수료 2006년 同동북아지역혁신연구원 지역혁신아카데미 수료 2010년 同대학원 박사과정 수료 涇1977년 청룡초등학교 초임부임 1994~1998년 전국교직원노동조합 부산지부 교권국장 1999~2002년 교육개혁부산시민운동연대 운영위원 2003년 전국교직원노동조합 부산지부 초등동래지회장 2005~2007년 (사)부산교육연구소 소장 2006년 부산시교육위원 선거 출마, 부산분권혁신운동본부 공동대표, (사)부산교육연구소 상임이사 2007~2011년 구서롯데캐슬골드입주자대표회의 회장 2008년 부산NGO포럼 회장 2010~2014년 부산시의회 교육위원회 교육의원 2011년 민주평통 부산금정구협의회 자문위원(현) 2013년 부산시의회 교육위원회 부위원장 2014년 부산시의원선거 출마(무소속) 2015년 (사)부산교육연구소 소장 2016년 부산시교육청 감사관(현) 쌍교육감표창(1981), 교육장표창(1994·1996·2001), 교육개혁유공표창(1996), 교육부장관표창(2000), 대통령표창(2006) 囵'한국의 사회변동과 교육(共)'(2001) '위기의 공교육 어떻게 할 것인가?(共)'(2003) '삶과 교육 그리고 사회(共)'(2005) '민주적 의사 결정과 의사소통(共)'(2011)

이일규(李一揆) LEE Il Kyu

쌩1940·9·16 쫄서울 종서울 마포구 마포대로58 베스트웨스턴프리미어 서울가든호텔 회장실(02-710-7106) 學1959년 경기고졸 1963년 연세대 경영학과졸 1969년 일본 게이오대 상학과졸 涇1969~1974년 뉴서울호텔 이사 1974~1979년 同대표이사 1974년 국도극장 대표이사 1976~1996년 서울가든호텔 대표이사 1980~1982·1985~1991년 한국관광협회 부회장 1986년 PATA 한국지부 부회장 1996~2007년 홀리데이인서울호텔 회장 1996~1998년 한국관광호텔업협회 회장 2006년 베스트웨스턴코리아 회장(현) 2007년 베스트웨스턴프리미어 서울가든호텔 회장(현) 2007년 同국도호텔 회장(현) 쌍석탑산업훈장(1974), 황금의 기수상(ITB)(1983), 철탑산업훈장(1990), 금탑산업훈장(2007)

이일규(李一奎) LEE Il-Kyoo (基會)

[생]1950·9·15 [본]영천(寧川) [출]전남 구례 [주]대전 중구 보문로246 대림빌딩3층 소상공인시장진흥공단 이사장실(042-363-7502) [학]1968년 순천고졸 1972년 육군사관학교졸 1977년 고려대 대학원 국제무역학과졸(MBA) 2007년 미국 스탠퍼드대 디자인경영과정 수료 2008년 경영학박사(중앙대) [경]1972년 육군 장교 1978~1991년 상공부 기획관리실·무역정책과·산업정책과·미주통상과 사무관 1991년 同무역위원회 산업피해조사2과장 1992년 駐미국 뉴욕주재상무관 1996년 통상산업부 산업디자인과장 1997년 同에너지기술과장 1998년 산업자원부 장관비서관 1999년 同반도체전기과장 1999년 同무역위원회 조사총괄과장 2001년 중소기업청 기술지원국장 2004년 同창업벤처국장 2004~2006년 경기지방중소기업청장 2006~2008년 한국디자인진흥원 원장 2008~2010년 在京순천중·고총동창회 회장 2009년 세계디자인경영연구원 이사장 2010년 (사)한국디자인경영협회 이사장 2010년 중앙대 산업·창업경영대학원 초빙교수 2013년 한국표준과학연구원 감사 2014년 소상공인시장진흥공단 초대이사장(현) [상]대통령표창(1985), 황조근정훈장(2006) [저]'연계무역의 이해와 활용'(1985) '산업피해 조사지침'(1992) '산업디자인편람'(1997) '주요에너지 기술의 개요'(1998) '반도체전기산업편람'(1999) '디자인 정책'(2009)

이일로(李一魯) LEE Il Ro (양정)

[생]1940·3·10 [본]전의(全義) [출]충남 논산 [주]서울 영등포구 국제금융로8길27의9 동북빌딩704호 한국방송기술산업협회(02-784-0213) [학]1958년 대전공고졸 1971년 명지대졸 [경]1963년 서울텔레비전방송국 근무 1964년 공보부 방송관리국 근무 1973년 KBS 기술국 차장 1979년 同춘천방송국 기술부장 1980년 同보도본부 보도기술부장 1986년 同기술본부 방송망관리부장 1988년 同방송망관리실 운용국장 1989년 同TV기술국장 1993년 同기술본부장 1995년 KBS아트비전 사장 1997년 KBS영상사업단 고문 2000년 한국멀티넷(주) 기술부사장 2002년 한국디지털위성방송(주) 고문 2003년 (사)한국방송기술산업협회 회장(현) 2016년 한국정보통신기술산업협회(ICTA) 회장(현) [저]'TV프로그램 제작기법' '뉴미디어 시대가 오고 있다' '방송기술의 이해' [역]'디지털방송기술사전' [종]기독교

이일석(李一錫)

[생]1959·11·2 [출]경남 고성 [주]경남 창원시 의창구 중앙대로300 경상남도청 문화관광체육국 체육지원과(055-211-4710) [학]1978년 마산중앙고졸 1980년 영남전문대학 공업경영과졸 1988년 한국방송통신대 경영학과졸 1991년 경남대 행정대학원 행정학과졸 [경]1984년 경남 거제군 근무 1992년 경남도 기획관실·총무과 등 근무 2006년 同홍보관리계장(사무관) 2007년 경남 마산시 회원2동장 2009~2015년 경남도 낙동강사업총괄계장·생활체육지원계장·공무원단체계장·세정계장 2015년 同문화관광체육국 체육지원과장(현)

이일섭(李一燮) Yil-Seob Lee

[생]1957·9·5 [출]서울 [주]서울 용산구 한강대로92 LS용산타워9층 한국글락소스미스클라인(02-709-4328) [학]1976년 경복고졸 1983년 연세대 의대졸 1992년 同대학원 의학석사 1999년 약리학박사(고려대) 2003년 연세대 경영대학원 경영학과졸 [경]1983~1986년 공중보건의사 1986~1987년 영동세브란스병원 인턴 1987~1990년 同소아과 레지던트 1990~2004년 (주)한독약품 Medical Dirctor 1993~1995년 미국 코넬대 의과대학 임상약리학 연구원 2002~2005년 경희대 동서의학대학원 겸임교수 2002~2008년 대한임상약리학회 상임이사·부회장 2005~2008년 한국제약의학회 회장 2005~2011년 아주대 의과대학 겸임교수 2008~2011년 연세대 보건대학원 겸임교수, 한국글락소스미스클라인 의학개발부 부사장(현) 2007년 서울대병원 제약의학과정 초빙교수·운영위원(현) 2014년 연세대 약학대학 겸임교수(현) 2013~2014년 세계제약의사연맹(IFAPP) 회장 2016년 대한임상약리학회 회장(현) [종]기독교

이일염(李一鹽)

[생]1964·9·15 [출]충남 아산 [주]경기 안양시 동안구 관평로212번길70 수원지방법원 안양지원(031-8086-1114) [학]1982년 부산 동아고졸 1989년 서울대 영어영문과졸 1993년 同대학원 경영학과졸 [경]1989년 (주)대한투자신탁 근무 1995년 사법시험 합격(37회) 1998년 사법연수원 수료(27기) 1998년 서울지법 남부지원 판사 2000년 同판사 2002년 대전지법 서산지원 판사 2003년 同태안군·당진군법원 판사 2005년 수원지법 성남지원 판사 2008년 서울중앙지법 판사 2009년 서울고법 판사 2010년 헌법재판소 파견 2012년 서울동부지법 판사 2013년 창원지법 부장판사 2015년 수원지법 안양지원 부장판사(현)

이일영(李一永) ILL-YEONG LEE

[생]1954·8·4 [주]부산 남구 신선로365 부경대학교 공과대학 기계설계공학과(051-629-6153) [학]1978년 부경대 기관공학과졸 1980년 同대학원 기관공학과졸 1986년 공학박사(일본 도쿄공업대(東京工業大)) [경]1980~1982년 부경대 기관공학과 조교 1982~1986년 일본 도쿄공업대학 연구원 1986~1995년 부경대 공과대학 기관공학과 조교수·부교수 1995~2010년 同공과대학 기계공학부 교수 1997년 한국동력기계공학회 편집이사 1998~1999년 미국 The Univ. of Oklahoma 객원연구원 2003년 유공압시스템학회 편집이사 2003~2006년 (사)한국공학교육인증원 홍보편집위원장 2010년 부경대 공과대학 기계자동차공학과 교수 2014~2015년 (사)유공압건설기계학회 회장 2015년 부경대 공과대학 기계설계공학과 교수(현) [상]일본 기계학회 논문장려상(1987), 일본 유공압기술진흥재단 학술논문상(1988) [저]'선박기관 2'(1987, 문교부) '기관일반'(1987, 문교부) '수산·해운계고등학교 선박보조기계'(1991, 교육부) '선박보조기계-2판-'(1996, 세종출판사) '고등학교 선박보조기계'(1996, 대한교과서) '동력기계실습'(1997, 대한교과서) '창의적 팀프로젝트(共)'(2003, 세종출판사)

이일옥(李日玉·女) LEE Il Ok

[생]1958·11·10 [출]서울 [주]서울 구로구 구로동로148 고려대학교 구로병원 의과대학 마취통증의학과(02-920-6530) [학]1984년 고려대 의학과졸 1988년 同대학원 의학과졸 1992년 의학박사(고려대) [경]1993년 고려대 의대 마취과 전임강사·조교수·부교수 1995년 미국 하버드대 메디컬스쿨 방문교수 1999~2005년 대한마취과학회 고시위원 2002~2004년 대한소아마취학회 보험이사 2003년 고려대 의대 마취통증의학교실 교수(현), 同구로병원 마취통증의학과 전문의(현) 2006~2007년 캐나다 브리티시컬럼비아대 방문교수 2008년 대한마취과학회 학술위원(현) 2008년 대한소아마취학회 운영위원(현) 2011년 Case reports in Anesthesiology Editor(현) 2012년 대한마취통증의학회 고시이사(현) 2012~2014년 대한소아마취학회 회장 2013년 World Journal of Anesthesiology Editor(현) 2016년 대한마취통증의학회 이사장(현)

이일주(李一周) Lee Il Ju

[생]1960·10·22 [출]부산 [주]부산 연제구 법원로31 부산지방법원 부장판사실(051-590-1114) [학]1979년 부산 동래고졸 1984년 서울대 법학과졸 1987년 同대학원졸 [경]1989년 사법시험 합격(31회) 1992년 사법연수원 수료(21기) 1992년 부산지법 동부지원 판사 1995년 부산지법 판사 1996년 同울산지원 판사 1997년 인천지법 판사 2000년 서울가정법원 판사 2002년 서울지법 판사 2004년 서울고법 판사 2006년 서울서부지법 판사 2007년 부산지법 부장판사 2011년 창원지법 제1행정부 부장판사 2013년 부산지법 부장판사(현)

이일항(李一恒) LEE EL HANG

[생]1947·12·19 [본]수안(遂安) [출]서울 [주]인천 남구 인하로100 인하대학교 정보통신공학부(032-860-7431) [학]1966년 경기고졸 1970년 서울대 공대 전기공학과졸 1977년 미국 예일(Yale)대 대학원 응용물리학과졸(이학박사) [경]1978~1980년 미국 예일대·프린스톤대 연구펠로우 1980년 미국 MEMC社 반도체공학 주임과학자 1984~1990년 미국 AT&T Bell연구소 연구팀장 1990~1999년 한국전자통신연구원 선임연구위원·연구부장(단장) 1992년 한국과학기술원 초빙교수 1993~2012년 미국 전기전자공학회(IEEE) 광자공학회 한국지부 대표 1995~2012년 同한국지부 회장 1995~2011년 미국 뉴욕과학아카데미 회원 1996년 영국 왕립전기전자공학회(IET) Fellow(석학회원)(현) 1997년 한국과학기술한림원 정회원(현) 1999~2013년 인하대 정보통신공학부 교수·석학교수 2000~2002년 한국기술혁신학회 부회장 2001~2003년 한국광학회 부회장 2002~2004년 인하대 정보통신대학원장 2002년 미국 광학회(OSA) Fellow(석학회원)(현) 2002년 미국 전기전자공학회(IEEE) Fellow(석학회원)(현) 2003년 미국 광자공학회(SPIE) 학술위원장(현) 2004년 同Fellow(석학회원)(현) 2005년 미국 물리학회 Fellow(석학회원)(현) 2009~2011년 미국 전기전자공학회 'IEEE Photonics Technology Letters(PTL)' 학술저널 세계대표 편집위원장(Editor-in-Cheif) 2013년 인하대 정보통신공학부 명예교수(현) 2014년 미국 전자기학회(EMA) Fellow(석학회원)(현) [상]국민훈장 목련장(1996), 미국 IEEE Millennium Medal상(2000), 세종문화상(2003), 미국 APS 물리학회 석학회원상(2005), 과학기

술훈장 혁신장(2008) 등 15여 회 국제 · 국내 훈장 · 메달 · 학술상 수상 [저]'21세기 신기술 시나리오'(1996) '고밀도 광자공학(VLSI Photonics)(英文)'(2010) 'VLSI Micro and Nanophotonics: Science, Technology, and Applications'(2010, 미국 CRC-Press, Taylor & Francis) [종]기독교

이일형(李日衡) Lee Il Houng

[생]1958 · 6 · 27 [주]서울 중구 남대문로39 한국은행 금융통화위원회(02-759-4114) [학]1985년 영국 런던정경대(London School of Economics) 경제학과졸 1986년 영국 에식스대(Univ. of Essex) 대학원 경제학과졸 1990년 경제학박사(영국 워릭대) [경]1988~1989년 영국 워릭대 전임강사 1989~1996년 IMF 이코노미스트 1997~2000년 同개발이슈담당 선임 이코노미스트 2000~2005년 同아시아 · 태평양국 부과장 2005~2007년 同베트남현지사무소장 2005~2007년 베트남 하노이국립대 강사 2007~2010년 IMF 아시아 · 태평양국 자문관 2010~2013년 同중국현지사무소장 2013~2015년 외교부 G20국제협력대사 2013~2016년 대외경제정책연구원 원장 2013년 중국 길림대 객원교수(현) 2016년 한국은행 금융통화위원회 위원(현)

이일훈(李一薰) LEE Il Hoon

[생]1935 · 10 · 12 [본]전주(全州) [출]경기 포천 [주]서울 마포구 마포대로127 풍림VIP빌딩523호 (재)백웅장학회(02-706-1785) [학]1955년 덕수상고졸 1960년 서울대 상대 상과졸 1970년 同경영대학원 수료 1999년 단국대 경영대학원졸 [경]1965년 한국상업은행 대리 1974~1978년 한국신탁은행 부산 · 신촌지점장 1978년 서울신탁은행 소문지점장 1980년 同국제영업부장 1982년 同LA지점장 1985년 同상무이사 1988년 동부그룹 종합조정실 부사장 1990년 동부투자금융 대표이사 1990년 동부창업투자 대표이사 1992년 충북생명보험 대표이사 부사장 1993년 (주)Fortune Gold 사장 1995년 수산업협동조합중앙회 부회장 1998~2014년 제일종합경영컨설팅 대표이사 1999년 미국 하와이대 교환교수 2000년 (재)백웅장학회 이사장(현) [종]기독교

이임수(李林洙) LEE Im Soo

[생]1942 · 6 · 27 [출]서울 [주]서울 종로구 사직로8길39 세양빌딩 김앤장법률사무소(02-3703-1010) [학]1960년 경복고졸 1964년 서울대 법학과졸 1966년 同사법대학원 수료 [경]1963년 사법시험 합격(1회) 1966년 육군 법무관 1969~1979년 부산지법 · 서울민사지법 · 서울형사지법 판사 1979년 서울고법 판사 1980년 법원행정처 기획담당관 1981년 사법연수원 교수 1982~1986년 서울민사지법 부장판사 1982~1985년 법원행정처 법정국장 1985년 서울법원청사 건설본부장 1986년 대구고법 부장판사 1987년 서울고법 부장판사 겸 법원행정처 기획조정실장 1991년 서울고법 부장판사 1993년 서울형사지법 수석부장판사 1993년 전주지법원장 1994~2000년 대법원 대법관 2000년 김앤장법률사무소 변호사(현) [상]청조근정훈장(2000)

이임영(李壬永) LEE Im Yeong

[생]1958 · 5 · 12 [출]부산 [주]충남 아산시 순천향로22 순천향대학교 공과대학 컴퓨터소프트웨어공학과(041-530-1323) [학]1977년 부산사대부고졸 1981년 홍익대 전자공학과졸 1986년 일본 오사카대 대학원 전자공학과졸 1989년 공학박사(일본 오사카대) [경]1989~1994년 한국전자통신연구원 선임연구원 1994~2010년 순천향대 정보기술공학부 조교수 · 부교수 · 교수 1995년 한국통신정보보호학회 이사, 同수습부회장(현) 2000년 한국멀티미디어학회 기획이사 2011년 순천향대 공과대학 컴퓨터소프트웨어공학과 교수(현) 2016년 한국정보보호학회 회장(현) 2016년 금융보안포럼 부회장(현) [상]체신부장관표창(1993), 국가정보원장표창(2009), 한국멀티미디어학회 우수논문상(2009) [저]'도청의 이해' '통신망 정보보호' '현대암호' '전자상거래 보안 기술' [역]'컴퓨터 통신보안'(2005)

이자스민(李자스민 · 女) Jasmine Lee

[생]1977 · 1 · 6 [본]한양(漢陽) [출]필리핀 마닐라 [학]1996년 필리핀 아테네오대 생물학과 중퇴 [경]서울시 외국인생활지원과 주무관, 다문화네트워크 물방울나눔회 사무총장 2012~2016년 제19대 국회의원(비례대표, 새누리당) 2012 · 2014년 국회 여성가족위원회 위원 2013년 국회 외교통일위원회 위원 2013년 새누리당 인권위원회 위원 2013년 同가족행복특별위원회 가정폭력대책분과장 2014년 2014인천아시아경기대회 다문화분야 홍보대사 2014년 국회 환경노동위원회 위원 2015년 새누리당 정책위원회 여성가족정책조정위원회 부위원장 2016년 국민대통합 홍보대사(현) [상]환경재단 선정 '세상을 밝게 만든 사람들'(2010), KBS 감동대상 한울타리상(2011), CICI KOREA 한국이미지 맷돌상(2012), 미래를 이끌어갈 여성지도자상(2012), 법률소비자연맹 선정 국회 헌정대상(2013) [작]영화 '의형제'(2010) '완득이'(2011) [종]가톨릭

이자원(李慈遠) LEE Ja Won

[생]1952 · 10 · 13 [주]서울 성북구 정릉로77 국민대학교 교양대학 영어교양교과(02-910-4382) [학]국민대 영어영문학과졸, 同대학원졸, 교육학박사(미국 매사추세츠주립대) [경]국민대 영어영문학과 교수, 同교양대학 영어교양교과 교수(현) 1995년 同학보사 주간 1997년 교육부 교육과정심의위원 1999년 한국영상영어교육학회 회장 1999~2003년 국민대 학생처장 2013년 同교육대학원장(현) 2014년 同교양대학장(현)

이자하(李滋夏) LEE Ja Ha

[생]1957 · 6 · 17 [본]전주(全州) [출]충남 공주 [주]충남 아산시 무궁화로111 경찰교육원 운영지원과(041-536-0341) [학]공주 영명고졸 1978년 충남대 법학과졸 2001년 연세대 대학원 행정학과졸 [경]1986년 경위 임관(경찰간부후보 34기) 1991년 중앙경찰학교 교수(경감) 1996년 청주경찰서 방범과장(경정) 1998년 경찰청 보안1과 2담당 2006년 인천지방경찰청 정보통신담당관 2007년 경남 거창경찰서장(총경) 2008년 대전지방경찰청 홍보담당관 2008년 서울지방경찰청 보안1과장 2009년 대전 대덕경찰서장 2011년 서울지방경찰청 지하철경찰대장 2012년 서울 방배경찰서장 2013년 경찰청 경비국 항공과장 2014년 충남 세종경찰서장 2015년 충남지방경찰청 청문감사담당관 2016년 경찰교육원 운영지원과장(현) [상]근정포장(2002)

이자헌(李慈憲) LEE Ja Hon

[생]1935 · 4 · 14 [본]함평(咸平) [출]경기 평택 [학]1954년 경기고졸 1958년 서울대 정치학과졸 [경]1962년 조선일보 정치부 차장 1965년 서울신문 정치부장 1972년 同이사 겸 편집국장 1973년 제2무임소장관실 정무 · 정책관리실장 1979년 제10대 국회의원(통일주체국민회의, 유신정우회) 1981년 제11대 국회의원(평택 · 안성, 민주정의당) 1985년 제12대 국회의원(송탄 · 평택 · 안성, 민주정의당) 1985~1986년 체신부 장관 1986년 대통령 특사 1987년 민주정의당(민정당) 경기 · 인천지부 위원장 1987년 同중앙집행위원 1988년 제13대 국회의원(평택, 민정당 · 민주자유당) 1991년 민주자유당(민자당) 국책연구원장 1991년 同원내총무 1991년 국회 운영위원장 1992년 제14대 국회의원(평택, 민자당 · 국민당 · 신한국당) 1996년 신한국당 평택乙지구당 위원장 1996~1997년 미국 하버드대 통신정책연구소 수료 1997년 한나라당 평택乙지구당 위원장 1999년 同당무위원 2000년 同지도위원, 同상임고문 2010년 CSR KOREA 운동연합회 고문 2012년 새누리당 상임고문 2012~2015년 同경기도당 고문 2012년 법무법인 현 고문 [상]홍조 · 청조근정훈장 [종]천주교

이장규(李章揆) LEE Jang Gyu

[생]1946 · 3 · 28 [출]충남 공주 [학]용산고졸 1971년 서울대 전기공학과졸 1974년 미국 피츠버그대 대학원 전기공학과졸 1977년 전기공학박사(미국 피츠버그대) [경]1977년 Technical Staff the Analytic Sciences Corp. 근무 1981년 Technical Staff Charles Stark Draper Lab. 근무 1982~1995년 서울대 제어계측공학과 조교수 · 부교수 · 교수 1995~2011년 同전기공학부 교수 1995년 同자동제어특화연구센터장 1996년 同자동화시스템연구소장 2000~2002년 대한전기학회 부회장 2003년 기독교윤리실천운동 이사장 2011년 同공동대표 상임집행위원장 2011년 에티오피아 아다마과학기술대 총장(현) [상]서울대 공대 훌륭한 교수상, 한국공학한림원 발전공로상, 과학기술훈장 혁신장 [저]'자동제어' '산업기술의 발전과 21세기의 삶'

이장규(李璋圭) LEE Chang Kyu

[생]1951 · 5 · 20 [본]전주(全州) [출]부산 [주]서울 마포구 백범로35 서강대학교 대외부총장실(02-705-8114) [학]서울고졸 1977년 서강대 경제학과졸, 미국 미주리대 신문대학원 1년 수료 [경]1976년 중앙일보 사회부 기자 1978년 同경제부 기자 1989년 중앙경제신문 정경부 차장 1993년 同뉴욕특파원 1994년 同뉴욕특파원 부장 1996~1997년 중앙일보 경제1부장 1997년 同편집국 경제담당 에디터 부국장 1998년 금융발전심의위원회 은행분과 위원 1999년 중앙일보 일본총국장 2000년 同전략기획실장 겸 회장비서실장(이사대우) 2002년 同편집국장(이사) 2003년 同경제전문 대기자(상무) 2005~2007년

중앙일보시사미디어(주) 대표이사 2005년 국민은행 사외이사 2005~2012년 한국금융연구원 자문위원 2006년 국민은행 이사회 경영전략위원장 2007~2010년 하이트진로그룹 부회장 2008~2010년 국민경제자문회의 자문위원 2009년 하이트홀딩스(주) 부회장 겸 그룹경영기획본부장 2010년 同대표이사 부회장 2011년 하이트진로그룹 고문 2011~2015년 서강대 경제대학원 초빙교수 2012~2014년 삼정KPMG 부회장 2014년 서강대 대외부총장(현) 2015년 (주)LG 사외이사 겸 감사위원(현) [상]중앙일보 특종상(1983 · 1985 · 1989 · 1990), 중앙일보 노력상(1990), 서강언론상(2005) [저]'경제는 당신이 대통령이야'(1991 · 2008) '한국경제의 살길이 없다'(1993) '실록6공경제비사'(1994) '19단의 비밀, 다음은 인도다'(2004) '카스피해 에너지 전쟁'(2006) '중국의 FTA추진 전략과 정책적 시사점'(2006) '한 · 중 FTA대비중국의 FTA 서비스협정 분석과 정책제언'(2008) '경제가 민주화를 만났을 때'(2011) '대통령의 경제학'(2012)

이장규(李章揆) LEE Chang Kyu

[생]1957 · 3 · 14 [본]전주(全州) [출]서울 [주]세종특별자치시 시청대로370 대외경제정책연구원 동북아경제실 중국팀(044-414-1070) [학]1980년 서울대 경제학과졸 1982년 同대학원 경제학과졸 1995년 경제학박사(미국 피츠버그대) [경]1984~1986년 한국개발연구원 연구원 1995~1997년 현대경제사회연구원 연구위원 1999~2000년 한국조세연구원 전문연구위원 2001년 대외경제정책연구원 연구위원(현) 2001년 同동북아팀장 2004년 同북경대표처 소장 2006년 同세계지역연구센터 소장 2011년 同신흥지역연구센터 소장 2014년 同아시아태평양실장 2014년 同아시아태평양실 중국팀 선임연구위원 2015년 同동북아경제실 중국팀 선임연구위원(현) [저]'계획경제에서 화폐와 소득의 인과관계에 관한 연구' '중국의 서비스산업 개방과 대응방안' '중국 금융개혁의 과제와 전망' '한중교역의 환경변화와 한중FTA에 대한 시사점' '중국의 FTA추진전략과 정책적 시사점' '중국의 부상에 따른 국가전략연구'(共) '중국의 글로벌 금융위기의 대응과 미 · 중경제관계'(共) '중국경제와 세계경제'

이장규(李章揆) Lee jang kyoo

[생]1963 · 12 · 15 [출]경북 영천 [주]서울 종로구 자하문로17길18 메트로신문(02-721-9840) [학]1982년 대구 달성고졸 1989년 경북대 경영학과졸 2013년 성균관대 경영전문대학원졸 [경]1988년 동원증권 증권분석부 주임 1990년 서울경제신문 기자 2000년 同증권금융부 기자 2001년 파이낸셜뉴스 증권금융부 차장대우 2002년 同증권금융부 차장 2003년 同금융부 부장대우 2004년 同금융부장 2006년 同증권부장 2009년 同증권부장(부국장대우) 2009년 同산업부장(부국장대우) 2012년 同산업부장(부국장) 2012년 同편집국장 2012년 同편집인 2013년 同편집국장(이사대우) 2014년 同기획 · 영업전략본부장(이사) 2015년 메트로신문 대표이사 겸 편집국장(현) [상]경언회 경북대 언론인상(2013) [저]'IFRS 회계 국경이 사라진다(共)'(2008, 교보문고)

이장근(李長根) Lee Jang-keun

[생]1965 · 9 · 10 [본]전주(全州) [출]경기 김포 [주]서울 종로구 사직로8길60 외교부 국제기구국(02-2100-7217) [학]1984년 한성고졸 1991년 연세대 정치외교학과졸 1995년 미국 뉴욕주립대 대학원 국제관계학과졸 1996년 연세대 행정대학원 외교안보학과졸 [경]1991년 외무고시 합격(25회) 1991년 외무부 입부 1991년 同국제경제국 사무관 1998~2000년 駐헝가리대사관 2등서기관 2000~2002년 駐모로코대사관 1등서기관 2003년 외교통상부 인사운영계장 2005년 駐유엔대표부 1등서기관 2008년 외교통상부 군축비확산과장 2009년 駐비엔나국제기구대표부 참사관 2012년 UN 대북제재위원회 위원(파견) 2014년 대통령 외교안보수석비서관실 파견 2015년 외교부 국제기구국 협력관 2016년 同국제기구국장(현) [종]기독교

이장로(李章魯) RHEE Jang Roh

[생]1942 · 6 · 14 [본]전주(全州) [출]전남 광양 [주]서울 용산구 청파로47길100 숙명여자대학교(02-710-9114) [학]1960년 순천사범학교졸 1966년 고려대 물리학과졸 1974년 이학박사(고려대) [경]1975년 전북대 조교수 1978~1987년 숙명여대 이과대학 물리학과 조교수 · 부교수 1987~2007년 同교수 1987 · 1997년 同이과대학장 1993년 同자연과학연구소장 1994~1995년 제3차 ISPMM 조직위원 1995년 국제전기전자기술자협회(IEEE) 회원(현) 1998~1999년 IEEE International Magnetics Conference 조직위원 1999~2001년 전국자연과학대학장협의회 부회장 2001~2002년 한국자기학회 회장 2002년 한국물리학회 창립50주년기념사업위원회 운영위원 2002년 한국재료관련학회협의회 임원 2002년 제1차 한-일 spintronics 국제심포지엄 한국대표(공동의장) 2002 · 2003년 한국-폴란드 자성체물리학 공동세미나 한국대표(공동의장), Journal of Materials Science 편집위원장 2003년 미국 세계인명사전 'Marquis Who's Who in the World'에 등재 2004년 영국 국제인명센터(IBC) '21세기 탁월한 과학자'에 등재 2007년 숙명여대 명예교수(현) 2007~2009년 한국물리학회 이사 2008년 영국 국제인명센터(IBC) '100 Top Scientists in the World'에 등재 [상]고려대총장표창(1966), 한국물리학회 학술상(1975), 한국자기학회 학술논문상(1993), 한국과학기술단체총연합회 과학기술최우수논문상(2003), 대한민국 과학기술상(2004), 녹조근정훈장(2007), 한국자기학회 강일구상(2008) [저]'역학'(1982) '기초물리학'(1990) '기초물리학실험'(1997) [역]'해석역학'(1990) '현대물리학'(2002)

이장무(李長茂) LEE Jang Moo

[생]1945 · 5 · 14 [출]서울 [주]대전 유성구 대학로291 한국과학기술원 이사장실(042-350-2114) [학]1963년 경기고졸 1967년 서울대 공대 기계공학과졸 1975년 공학박사(미국 아이오와주립대) 2009년 명예 박사(루마니아 바베시보여이대) 2011년 명예 박사(일본 홋카이도대) [경]1976~1987년 서울대 공대 조교수 · 부교수 1979년 일본 東京大 방문교수 1982~1983년 미국 MIT 방문연구원 1987~2006년 서울대 기계항공공학부 교수 1987년 同기계설계학과장 1988년 同교무담당 학장보 1993년 同정밀기계설계공동연구소장 1996~1999년 한국정밀공학회 회장 1997~2002년 서울대 공과대학장 1998~2000년 전국공과대학장협의회 회장 1998~1999년 국가과학기술자문위원 1998~2000년 교육부 교육정책심의회 대학교육분과위원장 1999~2005년 한국산업기술평가원 이사장 2000년 대한기계학회 회장 1994년 한국과학기술한림원 종신회원(현) 2001~2006년 국립과학관추진위원회 위원장 2002~2006년 삼성이건희장학재단 이사 2002년 미국 기계공학회(ASME) 종신명예회원(Fellow)(현) 2003~2004년 과학기술영향평가위원회 초대위원장 2004~2006년 한국신재생에너지학회 회장 2004~2006년 국가기술혁신특별위원회 위원 2005~2007년 한국과학기술단체총연합회 부회장 2006~2010년 서울대 총장 2007~2008년 한국대학교육협의회 회장 2009년 대통령자문 통일고문회의 고문 2010년 서울대 명예교수(현) 2010~2015년 (재)기후변화센터 이사장 2010년 경암교육문화재단 경암학술상위원회 위원장 2011년 미래국제재단 이사회 공동의장, 同이사(현) 2011년 (재)기업가정신재단 이사장(현) 2013년 국가과학기술심의위원회 민간위원장(현) 2013년 한국과학기술원(KAIST) 이사장(현) 2014년 대한민국학술원 회원(기계역학 · 현) [상]대한기계학회 학술상(1985), 한국자동차학회 학술상(1996), 한국과학기술단체총연합회 우수논문상(1996), 한국정밀공학회 대상(2004), 대한민국학술원상(2005), 청조근정훈장(2010), 자랑스러운 경기인상(2011) [저]'벽을 넘는다'(2010)

이장석(李長錫) LEE Jang Seok

[생]1952 · 4 · 5 [본]전주(全州) [출]광주 [주]전남 무안군 삼향읍 오룡길1 전라남도의회(061-286-8172) [학]1970년 광주사레지오고졸 1973년 홍익대 무역학과 제적 [경]1988년 영광기독병원 · 기독신하병원 상임이사 1995 · 2004 · 2006~2010년 전남 영광군의회 의원 2000년 사회복지법인 난원 이사 2006~2008년 전남 영광군의회 의장 2006년 4.19민주혁명회 광주 · 전라지부 후원회장 2010년 전남도의회 의원(민주당 · 민주통합당 · 민주당 · 새정치민주연합) 2010년 同농수산환경위원회 위원 2011년 同농수산환경위원장, 同예산결산특별위원회 위원 2012년 同건설소방위원회 위원 2014년 전남도의회 의원(새정치민주연합 · 더불어민주당)(현) 2014년 同교육위원회 위원 2015년 同예산결산특별위원회 위원 2016년 同제2부의장(현) 2016년 同보건복지환경위원회 위원(현)

이장석(李長錫) LEE Jang Suk

[생]1957 · 11 · 1 [본]양성(陽城) [출]대전 [주]전남 목포시 영산로334 목포MBC 임원실(061-270-9550) [학]대전고졸, 서울대 영어영문학과졸 [경]2000년 MBC 보도제작국 2580부 기자(차장) 2001년 同런던특파원(부장대우) 2005년 同기획취재센터 부장대우 2005년 同뉴스편집센터 1CP(부장대우) 2005년 同보도국 특임2CP(부장대우) 2006년 同보도국 특임2CP(부장) 2006년 同정치국제총괄데스크 2008년 同정치국제에디터 2008년 同보도국 편집에디터 2009년 同보도제작국 보도제작3부장 2010년 同보도국장 2011년 同보도본부 보도제작국장 2011년 同특보 2012년 同워싱턴지사장 2013~2014년 同경영기획본부장(이사) 2013년 남북방송통신교류추진위원회 위원 2014년 목포MBC 사장(현)

이장석(李章碩) Willard Changsuk Lee

[생]1966·4·25 [본]전주(全州) [출]서울 [주]서울 구로구 경인로431 고척스카이돔구장內 넥센 히어로즈(02-3660-1000) [학]1985년 용산고졸 1989년 연세대 금속공학과졸 1997년 프랑스 유럽경영대학원(INSEAD) 경영학과졸(MBA) [경]1989~1990년 미국 시애틀 보잉항공社 컨설턴트 1991~1995년 홍콩 아시아비즈니스월드(주) 대표이사 1996~1997년 영국 런던 메릴린치 M&A 어소씨에트 근무 1998~2001년 아서디리틀 시니어매니저 2001~2003년 맥세브(주) 대표이사 2003~2004년 싱가포르 메버릭웨이브 최고재무책임자(CFO) 2004~2006년 아서디리틀 글로벌파트너 및 부사장 2007년 센테니얼인베스트먼트(주) 대표이사(현) 2008년 프로야구 우리 히어로즈구단 대표 2010년 프로야구 넥센 히어로즈구단 대표(현) [저]'상생혁신리포트-협력지수 1포인트 높이기' [종]기독교

이장수(李章洙) LEE Jang Soo

[생]1960·4·5 [출]서울 [주]서울 강남구 도산대로53길7 장우빌딩 로고스필름(02-514-6776) [학]인하대 토목공학과졸, 횃불트리니티신학대학원대 일반신학과졸 [경]1984년 MBC 입사 1991년 SBS 입사 1996년 프리랜서 선언 2000년 로고스필름 수석 감독 2004년~2014년 로고스필름 대표이사 2014년 同회장(현) [상]한국노랫말대상 아름다운노랫말상(1988), MBC 3/4분기 프로그램 평가심의 TV제작부문 작품상(1990), SBS 프로그램 평가심의 연출부문 평가상(1992·1993), 제28회 휴스턴국제영화제 TV부문 특별상(1995), 뉴욕페스티벌 TV부문 특별상(1996), 제30회 휴스턴국제영화제 TV부문 금상(1997), 제34회 백상예술대상 TV부문 대상(1998), 제34회 백상예술대상 TV부문 연출상(1998), SBS 프로그램 평가심의 작품상(2001·2002), 제2회 앙드레김 베스트스타어워즈 TV부문(2004), 문화체육관광부장관표창(2011), 제5회 코리아드라마어워즈 작품상(2012), 제50회 백상예술대상 TV부문 작품상(2014), 제35회 반프 월드미디어페스티벌 최우수작품상(2014), 제9회 서울 드라마어워즈 미니시리즈부문 우수상(2014), 제41회 한국방송대상 중단편드라마부문 작품상(2014) [저]'스무살까지만 살고 싶어요(共)'(1990) '미워했다면 사랑한 것이다'(2014) [작]연출 '사랑의 풍차'(1991) '청실홍실'(1992) '금잔화'(1992) '모래 위의 욕망'(1992) '사랑이라 부르는 것'(1993) '촛불 켜는 사람들'(1993) '도깨비가 간다'(1994) '아스팔트 사나이'(1995) '곰탕'(1996) '아름다운 그녀'(1997) '나는 원한다'(1997) '새끼'(1997) '사랑해 사랑해'(1998) '러브'(1999) '아름다운 날들'(2001) '별을 쏘다'(2002) '천국의 계단'(2003) '러브스토리 인 하버드'(2004) '천국의 나무'(2006) '내 눈에 콩깍지'(2009) '낙원 파라다이스'(2009) '로드 넘버 원'(2010) 제작 '스크린'(2003) SBS드라마스페셜 '러브스토리 인 하버드'(2004) '마지막 춤은 나와 함께'(2004) '해변으로 가요'(2005) '사랑은 기적이 필요해'(2005) '발칙한 여자들'(2006) '내 생애 마지막 스캔들'(2008) '리틀맘스캔들'(2008) '그대, 웃어요'(2009) '로드 넘버 원'(2010) '내 마음이 들리니?'(2011) '천상의 화원 곰배령'(2011) '컬러 오브 우먼'(2011) '왔어 왔어 제대로 왔어'(2011) '넝쿨째 굴러온 당신'(2012) '해피엔딩'(2012) '급매 행복아파트 천사호'(2013) '그녀의 신화'(2013) '굿 닥터'(2013) '기분 좋은 날'(2014) [종]기독교

이장수(李章洙) LEE Jang Soo

[생]1962·9·1 [출]경남 합천 [주]서울 서초구 서초대로240 동일하이빌 법무법인 해승(02-593-1985) [학]1981년 진주고졸 1985년 경북대 법대졸 1987년 同대학원 법학과졸 [경]1985년 사법시험 합격(27회) 1988년 사법연수원 수료(17기) 1988년 軍법무관 1991년 광주지검 검사 1993년 대전지검 천안지청 검사 1994년 서울지검 북부지청 검사 1996년 부산지검 동부지청 검사 1998년 수원지검 검사 2000년 서울지검 동부지청 부부장검사 2001년 전주지검 군산지청 부장검사 2002년 광주고검 검사 2003년 대구지검 조사부장 2004년 부산지검 전문부장검사 2005년 인천지검 전문부장검사 2005년 서울고검 공판부 부장검사(파견) 2006년 인천지검 전문부장검사 2007년 부산고검 검사 2007년 변호사 개업 2008년 법무법인 해승 대표변호사 2011년 同변호사(현)

이장식(李章植)

[생]1964·3·6 [본]진성(眞城) [주]경북 청도군 화양읍 청화로70 청도군청 부군수실(054-370-6005) [학]대구 청구고졸, 대구대 행정학과졸, 경북대 행정대학원 행정학과졸 [경]1991년 경북 경산시 동부동사무소 근무(행정 7급 공채) 1995년 경북도 공영개발산업단 관리과 근무 1999년 同가축위생시험소 북부지소 근무(6급) 2000년 同자치행정국 총무과 근무 2005년 同자치행정국 총무과 사무관 2008년 미국 미주리주립대 파견 2010년 경북도 기획조정실 광역협력팀 사무관 2011년 同행정지원국 인재양성과 사무관 2014년 同안전행정국 인재양성과장(서기관) 2015년 同지역균형건설국 도시계획과장 2016년 同일자리민생본부 청년취업과장 겸 일자리창출단장 2016년 경북 청도군 부군수(현) [상]국무총리표창(2001), 대통령표창(2013)

이장영(李長榮) LEE Jang Yung

[생]1955·1·15 [출]경북 칠곡 [주]울산 동구 방어진순환도로1000 현대중공업 임원실(052-202-2114) [학]1973년 경북고졸 1978년 서울대 경제학과졸 1985년 미국 뉴욕대 대학원 경제학과졸 1989년 경제학박사(미국 뉴욕대) [경]1981년 국제경제연구원(KIEI) 연구원 1988~1990년 미국 뉴욕주립대(SUNY at Purchase) 경제학과 교수 1990~1992년 대외경제정책연구원 연구위원 1992년 한국조세연구원 연구위원 1993년 국제통화기금(IMF) 통화·환율정책국 경제분석관 1996~2000년 한국금융연구원 국제금융팀장·연구조정실장(선임연구위원) 1998~2001년 대통령자문 정책기획위원 1998년 재정경제부 금융발전심의위원 2000~2003년 부총리 겸 재정경제부 장관자문관 2004년 감사원장 특별보좌관 2005년 금융감독원 국제담당 부원장보 2008년 同선임연구위원 2008~2011년 同감독서비스총괄본부 부원장 2012~2015년 한국금융연수원 원장 2014년 현대중공업 감사위원(사외이사)(현) [저]'바젤Ⅲ와 리스크 관리'(2011, 박영사)

이장우(李長羽) LEE JANG WOO (向新流春)

[생]1956·7·8 [본]창녕(昌寧) [출]경북 포항 [주]서울 서초구 서초대로53길20의17 명인빌딩402호 이장우브랜드마케팅그룹 [학]1975년 동지상고졸 1982년 경희대 영어영문학과졸 1998년 연세대 경영대학원 최고경영자과정 수료 2001년 同경영대학원 경영학과졸 2003년 경영학박사(경희대) 2006년 공연예술학박사(성균관대) 2007년 미국 Northwestern Kellogg School 소비재마케팅전공 이수 2009년 홍익대 국제디자인대학원 디자인학박사과정 수료 [경]1982년 한국3M(주) 영업담당 1991~1994년 同영업·마케팅본부장 1994년 3M USA 교육·영업부장 1994~1996년 同아시아태평양지역 국제영업·마케팅본부장 1996~2007년 이메이션코리아 대표이사 2001년 한양대 경영대학원 겸임교수 2002~2006년 경희대 경영대학 겸임교수 2002년 한국복지재단 후원대사 2003년 이화여대 경영대학 겸임교수(현) 2004~2006년 이메이션 아시아태평양지역 마케팅본부 대표 2006년 同아시아태평양지역 소비재부문 총괄부회장 2007년 同USA지역 글로벌브랜드 총괄대표 겸 마케팅본부장 2008년 同아시아태평양·중동지역사업개발 대표 2009년 이장우브랜드마케팅그룹 회장(현) 2009년 홍익대 국제디자인대학원 마케팅전공 강사 2009~2013년 대통령직속 국가브랜드위원회 자문위원 2009년 서울브랜드포럼 회장 2009년 국세청 홍보자문위원장 2009년 국무총리 자문위원(국격제고) 2009년 대통령실 메시지기획자문 2009년 경희대 겸임교수 2010년 서울충무로국제영화제 자문위원 2010년 중앙공무원교육원 교육정책자문위원 2010년 Social Media Marketing Lab 대표(현) 2011~2013년 대통령실 국정자문위원 2012년 (사)한국소셜네트워크협회 회장 2012년 한류스타거리 조성자문위원(현) [상]교육부 영어경시대회 번역부문 우수상(1981), 한국외국어대 영어어휘력경시대회 최우수상(1981), 글로벌마케팅대회 최우수상, 글로벌소비자선호대상, 전경련 우수경영인대상(2003), 로얄브랜드대상, 인간공학디자인상(2007) [저]'한국형 마케팅(共)'(1995) '당신도 경영자가 될 수 있다'(2000) '미래경영, 미래CEO'(2001) '인터넷쇼핑몰의 점포애호도 결정요인에 관한 연구'(2001) '마케팅 잘하는 사람, 잘하는 회사'(2001) '전문경영인제도 활용을 통한 기업회생 연구 방안'(2002) '신상품 개발에 활용되는 컨조인트 분석의 예측 타당성에 관한 연구'(2003) '공연예술 소비자의 감성적경험이 브랜드 애호도에 미치는 영향에 관한 연구'(2003) '한국관객의 입장에서 본 한국영화 성공요인 분석 연구'(2004) '디자인+마케팅(共)'(2007) '14인 마케팅고수들의 잘난척하는 이야기(共)'(2007) '마케팅 빅뱅'(2009), '타이밍 파워, 오세훈'(2010) [역]'내가 상상하면 현실이 된다(共)'(2007) '브랜드 심플(共)'(2008) '경영자vs마케터'(2010) [종]불교

이장우(李章雨) LEE Jang Woo

[생]1957·2·16 [출]서울 [주]대구 북구 대학로80 경북대학교 경상대학 경영학부(053-950-5426) [학]1975년 경복고졸 1979년 서울대 경영대학 경영학과졸 1981년 한국과학기술원(KAIST) 산업공학과졸(석사) 1988년 경영과학박사(한국과학기술원) [경]1981년 대한전선 기획조정실 과장대리 1988년 경북대 경영학부 교수(현) 1991년 미국 퍼듀대 방문교수 1997년 미국 스탠퍼드대 방문교수 1999~2001년 한글과컴퓨터 이사회 의장 1999년 서울벤처인큐베이터 센터장 2002년 한국전략경영학회 회장 2002년 문화산업포럼 공동대표(현) 2008년 대통령직속 미래기획위원회 위원 2010년 한국중소기업학회 회장 2010년 동반성장위원회 위원(현) 2011년 대통령직속 국민경제자문회의 위원 2011~2013년 한국서부발전 비상임이사 2013년 대통령직속 국민경제자

문회의 공정경제분과 자문위원 2013년 미래창조과학부 창조경제자문위원회 위원(현) 2014~2015년 한국경영학회 회장 2014년 헌법재판소 자문위원(현) 2014년 (사)성공경제연구소 이사장(현) 2016년 전자부품연구원(KETI) 제5대 이사장 2016년 산업통상자원부 기업활력제고를위한특별법(기활법) 관련 사업재편계획심의위원회 민간위원(현) [상]Journal of Management 최고논문상(2001), 과학기술부장관표창(2005), 매일경제 비트 학술상(2007), 문화체육관광부장관표창(2010), 대통령직속 청년위원장표창(2013) [저]'경영전략론' '벤처경영' '벤처기업현황과 발전방향'(共) '실리콘밸리에서 배우는 벤처기업의 성공비결'(共) '생명경영'(2000) '벤처창업'(2000) '초생명기업'(2000) '스몰 자이언츠 대한민국 강소기업'(2010, 미래인) '패자없는 게임의 룰, 동반성장'(2011, 미래인) '창조경제에서의 벤처창업(共)'(2014, 법문사) '창발경영'(2015, 21세기북스) [역]'리얼타임'(共) [종]천주교

이장우(李莊雨) LEE Jang Woo

[생]1965 · 2 · 10 [출]충남 청양 [주]서울 영등포구 의사당대로1 국회 의원회관322호(02-784-6931) [학]1984년 대전고졸 1991년 대전대 행정학과졸 1999년 同대학원 경영행정학졸 2004년 행정학박사(대전대) [경]1987년 대전대총학생회 회장 1993~1996년 대전발전위원회 정책실장 1997~2000년 국회의원(이양희) 비서관 2000~2004년 국회의원(이양희) 정책보좌관(4급) 2003년 신행정수도대전발전연구소 이사 2003~2006년 대전대 행정학과 겸임교수 2004년 동구발전연구원 원장 2005년 뉴라이트충청포럼 집행위원장 2005년 한나라당 대전시당 대변인 2006~2010년 대전시 동구청장(한나라당) 2007~2009년 대전대총동문회 수석부회장 2008~2010년 (재)대전시 동구 차세대인재육성장학재단 이사장 2009~2010년 대전시 동구 생활체육협의회 회장 2009년 청목회(전국청년시장 · 군수 · 구청장회) 사무총장 2009~2011년 대전대 총동문회장 2010~2012년 同행정학과 대우조교수 2012년 제19대 국회의원(대전시 동구, 새누리당) 2012~2013 · 2014~2015년 새누리당 원내부대표 2012~2013년 국회 국토해양위원회 위원 2012~2013년 국회 운영위원회 위원 2012년 국회 상임위원회위원정수에관한규칙개정특별위원회 위원 2012년 국회 태안유류피해대책특별위원회 위원 2013 · 2014 · 2015년 국회 국토교통위원회 위원 2013년 국회 방송공정성특별위원회 위원 2013년 국회 허베이스피리트호유류피해대책특별위원회 위원 2013년 국회 국가정보원댓글의혹사건등의진상규명을위한국정조사특별위원회 위원 2013년 새누리당 대전시당 위원장 2013년 국회 예산결산특별위원회 예산안등조정소위원회 위원 2014년 국회 경제혁신특별위원회 규제개혁분과 위원 2014~2015년 새누리당 원내대변인 2014~2015년 국회 운영위원회 위원 2014년 국회 특별감찰관후보자추천위원회 위원 2015~2016년 새누리당 대변인 2016년 제20대 국회의원(대전시 동구, 새누리당)(현) 2016년 국회 교육문화체육관광위원회 위원(현) 2016년 새누리당 최고위원(현) [상]한국생산성본부 생산성인증센터 국가생산성대상 인재개발부문상(2008), 중앙일보 이코노미스트 대한민국차세대CEO상 공공부문(2009), 세계아태자유민주연맹 '국제자유장'(2010), 대한민국가족지킴이 대한민국실천대상 지역혁신부문(2012), 입법 및 정책개발 정당추천 우수 국회의원(2012 · 2013 · 2014), 국회도서관 이용 최우수 국회의원(2015), 대한민국신문기자협회 2015 지역사회발전 공로대상 지역발전대상(2015), 유권자시민행동 2015 유권자대상(2015) [저]'스펙의 함정'(2013)

이장원(李暲沅) LEE Jang Won

[생]1963 · 4 · 17 [본]전주(全州) [출]서울 [주]세종특별자치시 시청대로370 세종국책연구단지 경제정책동721호 한국노동연구원 노사관계연구본부(044-287-6210) [학]1986년 연세대 사회학과졸 1992년 미국 Univ. of Chicago 대학원 사회학과졸 1994년 사회학박사(미국 Univ. of Chicago) [경]1994~2001년 연세대 · 국민대 · 아주대 강사 1994년 한화경제연구원 수석연구원 1996년 한국노동연구원 부연구위원 1997~2000년 대통령비서실 삶의질향상기획단 정책팀장 1998~2003년 대외경제전문가 풀(pool) 노동 · 고용 · 사회분야 위원 1999년 대통령 복지노동수석비서관실 노사관계행정관 2000~2004년 한국노동연구원 연구위원 2000~2001년 호주 시드니대 경영대학 객원연구위원 2001년 노동부 정책평가위원 2001~2002년 한국노동연구원 노사관계고위지도자과정 주임교수 2001~2002년 同연구조정실장 2002~2005년 同국제협력실장 2003~2004년 한국노사관계학회 총무이사 2004년 노동부 정책자문위원 2004년 한국노동연구원 노사관계연구본부 선임연구위원(현) 2005~2006년 미국 Cornell Univ. 노사관계대학원 객원연구위원 2005년 한국노동연구원 연구관리본부장 2008~2009년 同뉴패러다임센터 소장 2008~2009년 同고성과작업장혁신센터 소장 2009~2011년 同노사관계연구본부장 2011년 同연구관리본부장 겸 원장직대 2012년 고용노동부 최저임금위원회 공익위원(현) 2013~2015년 한국노동연구원 임금직무센터 소장 2014~2015년 한국고용노사관계학회 부회장

이장원(李章源)

[생]1971 · 2 · 15 [출]서울 [주]경기 성남시 분당구 대왕판교로644번길49 DTC타워11층 판도라TV(070-4484-7024) [학]서강대 경영학과졸, 미국 메릴랜드주립대 대학원 경영학과졸(MBA) [경]1997~2001년 KT 마케팅전략실 근무 2003~2008년 삼성전자 글로벌마케팅담당 2008년 두산인프라코어 브랜드전략팀장 2009~2014년 인크로스 광고사업부문장(상무) 2014년 판도라TV 전무(마케팅총괄책임자 · CMO)(현)

이장원(李長遠) LEE JANGWON

[생]1980 · 3 · 27 [본]한산(韓山) [주]강원 강릉시 교동광장로100번길17의3 2018평창동계올림픽대회조직위원회(033-350-5000) [학]1999년 강원과학고졸 2005년 서울대 지구환경시스템공학부졸 [경]2005년 건설교통부 시설사무관 2008년 국토해양부 시설사무관 2013년 국토교통부 시설사무관 2015년 同건설경제과 기술서기관 2016년 2018평창동계올림픽대회조직위원회 교통부장(파견)(현) [상]대통령표창(2013), 국토교통부장관표창(2015)

이장한(李章漢) RHEE Jang Han

[생]1952 · 8 · 28 [출]서울 [주]서울 서대문구 충정로8 종근당 회장실(02-2194-0301) [학]1971년 서울고졸 1976년 한양대 경영대학 경영학과졸 1985년 미국 미주리대 대학원 언론학과졸 2006년 언론학박사(고려대) [경]1986~1990년 안성유리공업(주) 상무이사 1990~1991년 (주)한국로슈 상무이사 1991~1993년 한국롱프랑로라제약(주) 대표이사 1993년 (주)종근당 대표이사 부회장 1993년 한국능률협회 부회장(현) 1993년 전국경제인연합회 상임이사(현) 1994년 (주)종근당 회장(현) 1996년 한국경영자총협회 부회장(현) 1997년 한국바이오협회 명예회장(현) 1997년 한국무역협회 이사(현) 2003~2005년 한국제약협회 회장 2005년 同자문위원(현) 2006년 한국산업기술진흥협회 부회장(현) 2006년 대한상공회의소 지속가능경영위원회 부위원장(현) 2007년 전국경제인연합회 한 · 이탈리아경제협력위원회 위원장(현) 2008년 서울대 생명공학공동연구원 Korea바이오경제포럼 회장(현) 2009년 전국경제인연합회 한미재계회의 의약의료분과 위원장 2012년 한국메세나협회 부회장(현) 2013년 한국국제교류재단 비상임이사(현) 2014년 종근당 회장(현) 2015년 전국경제인연합회 부회장(현) [상]국민훈장 모란장(2000), 서울대 AMP대상(2005), 금탑산업훈장(2010) [종]기독교

이장협(李壯冶) RHEE Jang Hyup

[생]1950 · 1 · 3 [본]전주(全州) [출]전남 영광 [주]서울 영등포구 영등포로97 한국어뮤즈먼트산업협회 임원실(02-785-8512) [학]1968년 광주제일고졸 1985년 한국방송통신대 행정학과졸 2001년 연세대 언론홍보대학원졸 [경]문화관광부 방송광고과 서기관, 2002월드컵조직위원회 행사기획부장 2004년 문화관광부 문화중심도시조성추진기획단 설계시설팀장 2005년 同문화중심도시조성추진기획단 문화전당건립팀장 2006년 국립국어원 기획관리과장 2007~2008년 국립중앙극장 진흥부장 2009~2013년 게임물등급위원회 사무국장 2014년 한국어뮤즈먼트산업협회(KAIA) 회장(현) [상]문화공보부장관표창(1982 · 1987), 근정포장(1994), 홍조근정훈장(2009)

이장호(李長鎬) LEE Chang Ho

[생]1945 · 5 · 15 [출]서울 [주]서울 마포구 성암로330 DMC첨단산업센터C구역1층114호 서울영상위원회(02-777-7092) [학]1964년 서울고졸 1966년 홍익대 건축미술학과 중퇴(2년) [경]1965~1973년 영화계 입문 · 신필름 조감독 1971~1972년 민족극단 단원 1974년 '별들의 고향'으로 영화감독 데뷔 · 영화감독(현) 1984~1985년 이장호워크숍 설립 1986~1992년 판영화 대표이사 1992년 同이사 1996년 중부대 예술학부 연극영화과 부교수 1996~2000년 한국영화연구소 이사 1996년 아트센터영화학교 공동설립 · 사무총장 운영위원 1997년 제1회 부천국제판타스틱영화제 초대 집행위원장 1998년 판엔터프라이즈 대표 2000~2010년 전주대 영상콘텐츠학부 영화영상학과 교수 2000년 영화감독협회 부이사장 2000년 디지털드림시티(주) 회장 2006년 제10회 부천국제판타스틱영화제 집행위원장 2007년 부천국제판타스틱영화제조직위원회 부위원장 2008년 (사)신상옥감독기념사업회 이사장(현) 2009년 오페라 '내 잔이 넘치나이다 Perfect 27' 총연출자 2010년 서울영상위원회 위원장(현) 2010년 (사)해돋는마을 홍보위원장 2011년 경기국제항공전 홍보대사 2011년 '2012경남고성공룡세계엑스포' 홍보대사 2012년 북한인권국제영화제 조직위원장 2013년 한국방송예술교육진흥원 부학장(현) 2016년 광

양시 홍보대사(현) [상]제13회 대종상영화제 신인감독상(1974), 제19회 대종상영화제 감독상(1980), 제21회 대종상영화제 감독상(1982), 백상예술대상 작품상(1982), 베를린국제영화제 칼리가리상(1988), 제24회 백상예술대상 영화부문 특별상(1988), 베를린국제영화제 지티상(1988), 시카고국제영화제(Outstanding of Merit), 도쿄국제영화제 비평가상, 베를린국제영화제 칼리가리상·지티상, 기독교 문화대상(영화부문), 서울시 문화상, 옥관문화훈장(2003) [저]'모두 주고 싶다' '바보처럼 나그네처럼' [작]영화 '별들의 고향'(1974) '어제 내린 비'(1974) '너 또한 별이 되어'(1975) '그래 그래 오늘은 안녕'(1976) '바람불어 좋은날'(1980) '어둠의 자식들'(1981) '그들은 태양을 쏘았다'(1981) '낮은데로 임하소서'(1981) '바보선언'(1983) '일송정 푸른 솔은'(1983) '과부춤'(1983) '무릎과 무릎사이'(1984) '어우동'(1985) '외인구단'(1986) '일송정 푸른솔은' '이장호의 외인구단 1'(1986) 'Y의 체험'(1987) '나그네는 길에서도 쉬지 않는다'(1987) '이장호의 외인구단 2'(1988) '미스 코뿔소 미스터 코란도'(1989) '숲속의 방'(1992) '명자, 아끼꼬, 쏘냐'(1992) '천재선언'(1995) '마스터 클래스의 산책'(2011) '마스터 클래스의 산책-괴로우나 아름다워'(2011) '시선'(2014) [종]기독교

이장호(李棖鎬) LEE Jang Ho

[생]1947·4·24 [출]부산 [주]부산 서구 구덕로225 동아대학교 경영대학원(051-200-7450) [학]1965년 부산상고졸 1973년 동아대 영어영문학과졸 1986년 同대학원 경제행정학과졸 1997년 부산대 행정대학원 APMP 수료 2003년 부산외국어대 국제경영지역학대학원 수료 2006년 부산대 국제전문대학원졸 2015년 명예 경영학박사(동아대) [경]1965~1967년 한국은행 근무 1967~1973년 한국외환은행 근무 1973년 부산은행 입행 1978년 同오사카사무소 조사역 1987년 同부평南지점장 1989년 同신창동지점장 1991년 同동상동지점장 1992년 同신평동지점장 1995년 同사상지점장 1996년 同국제금융부장 1998년 同서울지점장 1999년 同이사대우 2000년 同부행장보대우 2001년 同상무 2003년 同부행장 2006~2013년 부산육상경기연맹 회장 2006~2012년 부산은행장 2010~2015년 부산사회복지공동모금회 회장 2011~2013년 (주)BS금융지주 회장 2013년 동아대 경영대학원 석좌교수(현) 2013~2015년 (주)BS금융지주 고문 2013년 부산창조재단 공동이사장, 同고문(현) 2015년 BNK금융지주 고문 [상]재무부장관표창(1975·1977), 대통령표창(2003), 동아대 자랑스런동아인상(2006), 동탑산업훈장(2006), 한국능률협회 글로벌스탠다드경영대상 최고경영자상(2008), 한국일보 한국을 빛낸 경영인대상(2008), 동명대상 산업부문(2010), 시민경제상(2010), 부산산업대상 경영대상(2010), 포춘코리아 2011한국경제를움직이는인물 상생경영부문(2010), 한국의 경영자상(2011), 부산국제영화제 공로상(2011), 외교통상부장관 감사패(2011), 매경미디어그룹 2013 대한민국창조경제리더 상생부문(2013), 부산국제영화제(BIFF) 감사패(2013), 협성문화재단 제3회 협성사회공헌상 경제진흥부문(2013)

이장호(李章浩) LEE Jang Ho

[생]1953·8·29 [출]서울 [주]서울 서초구 법원로3길12 승소빌딩2층 법무법인 남강(02-558-3200) [학]1975년 검정고시 합격 1980년 건국대 법대졸 1984년 同대학원 법학과졸 1996년 연세대 특허법무대학원 고위자과정 수료 2001년 서울대 공대 최고산업전략과정 수료 2003년 미국 노스웨스턴대 법학전문대학원졸(LLM) [경]1981년 사법시험 합격(23회) 1983년 사법연수원 수료(13기) 1983년 수원지법 판사 1985년 서울지법 동부지원 판사 1987년 서울민사지법 판사 1988년 제주지법 판사 1990년 서울지법 북부지원 판사 1993년 서울형사지법 판사 1994년 서울민사지법 판사 1995년 서울고법 판사 1997년 서울지법 판사 1999년 특허법원 판사 2000년 대법원 재판연구관 2001년 변호사 개업 2002년 리인터내셔널법률사무소 대표변호사 2004년 법무법인 남강(南岡)·남강국제특허법률사무소 대표변호사 겸 변리사(현) 2010년 대한상사중재원 중재인

이장호 Lee, Jang Ho

[생]1961·7·22 [본]경주(慶州) [출]경북 경주 [주]서울 영등포구 의사당대로82 하나대투증권빌딩15층 하나UBS자산운용 글로벌운용본부(02-3771-7888) [학]1980년 개성고졸 1986년 서울대 경영학과졸 2011년 고려대 경영대학원졸(MBA) [경]1986~1994년 대우증권 을지로지점·국제영업부 과장 1994~1999년 同뉴욕현지법인 부사장 1999~2000년 우리자산운용 주식운용팀장 2001년 산업은행 유가증권실 부장 2001~2002년 KDB자산운용 주식운용팀장 겸 투자전략팀장 2003년 솔로몬투자자문 운용본부장 2004~2006년 우정사업본부 자금운용지원팀장 2007~2008년 새마을금고중앙회 대체투자팀장 2008~2014년 한국투자공사 간접운용팀장·투자전략팀장·기획조정실장 2014년 하나UBS자산운용 글로벌운용본부장(현) [상]기획재정부장관표창

이장호(李長鎬) Lee, Jangho

[생]1967·11·27 [본]성주(星州) [출]서울 [주]세종특별자치시 다솜로261 국무총리 비서실 민정민원비서관실(044-200-2812) [학]1986년 부산중앙고졸 1994년 연세대 정치외교학과졸 2010년 미국 뉴욕주립대 올바니교 대학원 행정학과졸 [경]1994년 행정고시 합격(38회) 1995~2002년 문화체육부 문화재관리국·국립중앙극장 사무국·문화관광부 문화정책국 문화정책과·청소년국 청소년수련과 근무(사무관) 2002~2004년 국무조정실 규제개혁조정관실 근무(사무관) 2004~2005년 同심사평가조정관실 근무(사무관·서기관) 2005~2008년 국무총리 정무수석비서관실 행정관 2008년 국무총리실 사회위험갈등관리실 안전정책관실 근무 2010~2011년 同안전환경정책관실 재난지원과장 2011~2013년 同일반행정정책관실 의정과장 2013~2014년 국무조정실 제주특별자치도정책관실 총괄기획과장 2014년 국무총리 민정민원비서관실 민정기획행정관(현) [상]문화관광부장관표창(1999), 대통령표창(2005)

이장화(李章和) LEE JANG HWA

[생]1956·3·22 [본]여주(驪州) [출]경북 예천 [주]경기 고양시 일산서구 고양대로283 한국건설기술연구원 기반시설연구본부(031-910-0122) [학]1975년 서울 중앙고졸 1979년 연세대 토목공학과졸 1983년 同대학원 토목공학과졸 1995년 공학박사(연세대) 2004년 연세대 최고경영자과정 수료 2009년 同대학원졸(MBA) [경]1979~1980년 육군 1795부대 소대장·군수과장 대리 1980~1981년 육군사관학교 토목공학과 교관 1984년 한국건설기술연구원 입원 1996~1998년 同구조연구실장 1998~1999년 미국 국립표준기술연구원(NIST) 객원연구원 2000~2002년 한국건설기술연구원 기획조정실장 2002년 同토목연구부 연구위원 2003년 同구조연구부장 2004~2006년 同기획조정실장 2007년 同구조재료연구실 연구위원 2008년 同선임연구부장 2009년 同기반시설연구본부 책임연구원 2009년 한국콘크리트학회 감사, 미국콘크리트학회(ACI) 회원, 한국도로공사 설계심의자문위원, 환경관리공단 설계심의자문위원 2010년 한국건설기술연구원 기반시설연구본부 선임연구위원(현) 2015년 국가과학기술심의회 공공·우주전문위원회 위원(현) [상]토목의날 산업포장(2003), 과학기술훈장 도약장(2014) [저]'콘크리트 혼화재로서의 석탄회 이용방안연구'(1989) '국내 콘크리트구조물의 내구성평가를 위한 조사연구'(1989) '원자력 발전소 포스트텐션시스템 가동중 검사'(1990~1992) '국내쇄석골재의 화학반응성 분석'(1993) '바텀애시를 다량 활용한 CO2 배출 저감형 콘크리트 기술 개발'(2011)

이장희(李長熙) LEE Jang-Hie

[생]1950·2·4 [본]경주(慶州) [출]경북 월성 [주]서울 동대문구 이문로107 한국외국어대학교 법학전문대학원(02-2173-2461) [학]1968년 부산상고졸 1973년 고려대 법학과졸 1975년 서울대 대학원 법학과졸 1980년 고려대 대학원 박사과정 수료 1984년 국제법학박사(독일 Kiel대) [경]1975년 육군3사관학교 법학과 전임강사(대위 예편) 1978~1987년 안동대 법학과 조교수·부교수 1987년 한국외국어대 법학과 부교수·법학전문대학원 교수 1987~1988년 세계국제법협회 한국본부 이사·부회장 1990~1992년 미국 하와이 동서문화센터 객원연구원 1992년 고려대 아세아문제연구소 공동연구원 1992년 아시아사회과학연구원 원장(현) 1992년 독일 Bonn대 교환교수 1993년 대한국제법학회 부회장 1993~2005년 미군범죄근절범국민연대 공동대표 1993~1997년 민주평통 정치외교분과 상임위원 1994~2001년 경제정의실천시민연합 통일협회 정책위원장 겸 운영위원장 1995년 대한적십자사 인도법연구소 정책자문위원, 同국제인도법 자문위원장, 同자문위원(현) 1996년 미국 예일대 로스쿨 객원연구원 1998년 민족화해협력범국민협의회 공동의장 겸 정책위원장(현) 1999~2002년 한국대인지뢰금지캠페인(KCBL) 공동대표 2000년 6·15실천남북공동위원회 남측위원회 공동의장(현) 2000년 한국외국어대 법학연구소장 2000~2006년 통일교육협의회 상임공동의장 2001~2002년 대한국제법학회 회장 2001년 평화통일시민연대 상임공동대표(현) 2002~2004년 한국외국어대 법과대학장 2002~2004년 안암법학회 회장 2003~2005년 세계국제법협회 한국본부 회장 2003~2004년 한국독일법률학회 부회장 2003년 남북경협국민운동본부 상임대표(현) 2004년 헤이그국제상설중재재판소(PCA) 재판관(현) 2005년 해양경찰청 국제해양법위원회 위원장(현) 2005~2008년 (사)언론인권센터 이사장 2005년 (사)통일교육협의회 상임공동의장 겸 고문(현) 2006~2008년 한국외국어대 대외부총장 2006~2008년 대통령자문 국가정책기획위원회 위원 2006~2009년 동북아역사재단 이사 2007년 환경부 SOFA환경포럼위원회 공동위원장 2007~2010년 사학분쟁조정위원회 위원 2007~2012년 해양경찰청 국제해양법위원 2007년 제2차 정상회담 대통령자문위원 2008년 경북도지사 독도수호법률자문위원(현) 2011년 외교통상부 위안부문제TF 자문위원(현), 민주평통 자문위원(현) 2012년 동아시아역사네트워크 상임공동대표(현) 2013년 세계역사NGO포럼 비상임공동대표(현) 2013년 (사)한반도통일시민단체협

의회 이사장(현) 2015년 한국외국어대 법학전문대학원 명예교수(현) 2016년 동아시아평화를위한역사NGO포럼 상임공동대표 겸 이사장(현) [상]대한국제법학회 현민학술상(2001), 국민훈장 모란장(2004) [저]'민족공동체헌장의 제도화에 관한 연구'(1990) '남과 북, 어떻게 하나가 되나?'(1992) '독일통일의 법적조명'(1994) '나는야 통일1세대'(1995) '국제통상과 WTO법(共)'(1996) '민족의 화해와 통일을 위하여'(1997) '환경보호와 국제법 질서(共)'(1997) '한·일간의 국제법적 현안문제(共)'(1998) '한반도 비핵화지대와 국제법'(1999) '민족화해와 남남대화'(1999) '우리 사회 이렇게 바꾸자'(2000) '현대국제조약집'(2000·2005) '한·미 주둔군지위협정 연구(共)'(2000) '민족화해와 평화정착'(2001) '한·미 주둔군지위협정(SOFA) GJ범죄에 대한 경찰초동수사 개선방안'(2007) '한국정전협정과 동북아시아 새평화체제 구축'(2007) '바른 한일어업 협정안'(2007) '1910년 한일병합조약의 역사적·국제법적 재조명'(2011) [종]기독교

이재갑(李載甲) LEE Jae Kap

[생]1958·5·15 [본]함평(咸平) [출]경기 광주 [주]울산 중구 종가로340 근로복지공단 이사장실(052-704-7706) [학]1977년 인창고졸 1981년 고려대 행정학과졸 1984년 서울대 행정대학원 행정학과졸 1993년 미국 미시간주립대 대학원 노사관계학과졸 [경]1982년 행정고시 합격(26회) 1987년 노동부 법무담당관실 사무관 1989년 同근로기준국 임금복지과 사무관 1993년 同직업안정국 고용정책과 사무관 1994년 同직업안정국 고용보험과 사무관 1995년 同고용정책실 고용보험운영과장 1995년 同법무담당관, 駐미국 노무관 2001년 노동부 고용정책실 고용총괄심의관실 고용정책과장(서기관) 2002년 同고용정책실 고용총괄심의관실 고용정책과장(부이사관) 2003년 駐OECD대표부 파견 2006년 사람입국·일자리위원회 파견 2007년 노동부 국제협력국장 2008년 同고용정책관 2010년 同노사정책실장 2010년 고용노동부 노사정책실장 2011년 同고용정책실장 2012~2013년 同차관 2013년 근로복지공단 이사장(현) [상]근정포장(1994), 대통령표창(1994) [종]기독교

이재강(李在康) Jaegang Lee

[생]1961·4·21 [본]경주(慶州) [출]경북 의성 [주]부산 동구 중앙대로263 더불어민주당 부산시당(051-802-6677) [학]1980년 동아고졸 1984년 부산대 정치외교학과졸 1986년 同대학원졸 1992년 同대학원 박사과정 수료 2005년 영국 런던정경대 대학원 정치학 박사과정 수료 [경]在英언론인, 在英한인회 부회장 2012년 제19대 국회의원선거 출마(부산 서구, 민주통합당), 새정치민주연합 정책위원회 부의장 2015년 더불어민주당 부산서구지역위원회 위원장, 同원도심재생특별위원회 위원장 2016년 同부산서구·동구지역위원회 위원장(현) 2016년 제20대 국회의원선거 출마(부산 서구·동구, 더불어민주당), 더불어민주당 부산시당 원도심재생추진단장 [역]'따뜻한 사람 이재강'(2016) [종]기독교

이재경(李在慶) Lee Jae Kyung

[생]1950·6·27 [출]경북 [주]서울 중구 장충단로275 두산타워32층 두산 비서실(02-3398-1009) [학]1968년 경북고졸 1973년 서울대 경영학과졸 2004년 세종대 Sejong-Syracuse MBA [경]1995년 두산음료 상무 1999년 (주)두산 전략기획본부 부사장 2001년 同전략기획본부 사장 2007년 同전략기획본부 부회장 2009년 同대표이사 부회장(현) [상]나눔실천 국민훈장(2011)

이재경(李在京·女) Jae Kyung Lee

[생]1952·2·24 [본]경주(慶州) [출]경북 칠곡 [주]서울 서대문구 이화여대길52 이화여자대학교 여성학과(02-3277-2113) [학]1970년 이화여고졸 1974년 이화여대 문리대 사회학과졸 1976년 同대학원 사회학과졸 1987년 사회학박사(미국 미시간대) [경]1976~1979년 이화여대 한국여성연구소 연구원 1987~1992년 이화여대·서강대·연세대 강사 1988~1991년 한국통신개발원 특별연구원 1991~1992년 서울대 사회과학연구소 특별연구원 1992년 이화여대 여성학과 교수(현) 1996년 한국가족학회 편집위원장 1997년 이화여대 대학원 여성학과장 1998~2001년 한국여성학회 편집위원장 1999~2000년 미국 UCLA Center for the Study of Women 객원교수 2000~2002년 Asian Journal of Women's Studies Associate Editor 2001~2002년 한국학술진흥재단 국제협력담당관(책임전문위원) 2001~2002년 한국여성학회 부회장 2002~2004년 한국가족학회 부회장·회장 2005년 이화여대 국제교육원장 2007년 미국 메릴랜드대 여성학과 방문학자 2008년 이화여대 한국여성연구원장 2009~2010년 한국여성학회 회장 2013년 한국연구재단 비상임이사 [저]'가족의 이름으로: 한국 근대가족과 페미니즘'(2002) '동아시아의 근대성과 성의 정치학(共)'(2002) '여성학(共)'(2007) [역]'페미니즘과 과학(共)'(2002)

이재경(李載景) Lee, Jae-Kyung

[생]1956·11·5 [출]경기 화성 [주]서울 서대문구 이화여대길52 사회과학대학 커뮤니케이션·미디어학부(02-3277-2267) [학]1979년 서울대 영어영문학과졸 1986년 미국 하와이대 마노아교 대학원 커뮤니케이션학과졸 1993년 언론학박사(미국 아이오와대) [경]1982년 MBC 기자 1987년 미국 공보원 근무 1994년 연세대 국제대학원·광운대·한양대 강사 1994년 한국언론연구원 연구위원 1995~1998년 이화여대 신문방송학과 교수 1998~2000년 同Ewha Voice지도교수 1998년 同사회과학대학 언론홍보영상학부 언론정보학과 교수, 同커뮤니케이션·미디어학부 교수(현) 2005년 同학보사 주간 2013년 同커뮤니케이션·미디어연구소장 2013년 삼성언론재단 비상임이사(현) [저]'한국언론의 품격(共)'(2013)

이재경(李在京) LEE Jae Kyung

[생]1958·2·15 [출]대구 [주]경기 화성시 동탄면 경기동로267의24 (주)테라세미콘 임원실(031-831-2500) [학]1976년 계성고졸 1984년 경북대 전자공학과졸 [경]삼성전자 화성사업장 부장 2003년 同디바이스솔루션네트워크총괄 메모리사업부 상무보 2006년 同메모리사업부 EDS팀장(상무) 2009년 同System LSI FAB팀장(상무) 2014년 (주)테라세미콘 대표이사(현)

이재경(李在敬) LEE Jae Kyoung

[생]1959·7·20 [주]서울 성북구 정릉로77 국민대학교 기업경영학부(02-910-4554) [학]1984년 서울대 경영학과졸 1987년 미국 캘리포니아대 버클리교(Univ. of California at Berkeley) 대학원 경영학과졸 1992년 회계학박사(미국 텍사스대 오스틴교) [경]1984년 신한투자금융(주) 근무 1987~1992년 미국 Univ. of Texas at Austin 조강사·연구조교 1992~1993년 미국 Tulane Univ. 조교수 1993년 국민대 경영학부 경영학과 교수 2006~2008년 同경영대학장 겸 경영대학원장 2010년 同기업경영학부 교수(현) 2012~2013년 同기획처장 [저]'회계학원론'(2004) '가치중심경영과 EVA'(2004) '유비쿼터스 디자인을 위한 회계개론'(2005)

이재곤(李在坤)

[생]1961·1·19 [주]경기 평택시 포승읍 평택항만길73 해양환경관리공단 평택지사(031-683-7973) [학]1980년 경주고졸 1984년 한국해양대 기관학과졸 2003년 同대학원 해사법학과졸 [경]1984년 동진상운 근무 1989년 범양상선 근무 1991년 한국선주협회 근무 1997년 해양환경관리공단 방제과장 2004년 同군산지사장 2006년 同포항지사장 2008년 同방제운영팀장 2009년 同해역관리팀장 2010년 同MPA센터장 2011년 同전략기획팀장 2014년 同전략기획실장 2014년 同부산지사장 2016년 同해양환경교육원장 2016년 同평택지사장(현) [상]해양환경관리공단 이사장표창(1998), 해양수산부장관표창(2002), 국토해양부장관표창(2009)

이재관(李在官) Lee, Jae Kwan

[생]1965·3·1 [출]충남 천안 [주]서울 영등포구 국회대로70길18 한양빌딩 새누리당 안전행정위원회(02-3786-3000) [학]천안중앙고졸, 성균관대 행정학과졸, 서울대 행정대학원 행정학과졸 [경]1988년 행정고시 합격(32회), 충남도 기획관, 충남 홍성군 부군수, 대통령 혁신관리비서관실 행정관 2009년 충남도 투자통상실장 2010년 행정안전부 기획재정담당관 2012년 同세종시출범준비단장(고위공무원) 2012년 同지역녹색정책관 2013년 안전행정부 정책기획관 2014~2015년 세종특별자치시 행정부시장 2015년 새누리당 안전행정위원회 수석전문위원(현)

이재광(李在光) LEE Jae Kwang

[생]1950·12·22 [본]경주(慶州) [출]대구 [주]서울 중구 을지로100 파인에비뉴빌딩 한솔홀딩스(02-3287-7114) [학]1969년 경북고졸 1975년 영남대 법학과졸 [경]1973년 행정고시 합격(13회) 1974년 서대구세무서 간세과장 1987년 속초세무서장 1989년 울산세무서장 1990년 대통령 민정비서관실 행정관 1992년 대통령 민정비서관실 부이사관(국장) 1993년 조세연구원 초빙연구원 1996~1998년 서울지방국세청 재산세국장·간세국장·직세국장 1998년 국세청 기획관리관(이사관) 1999년 광주지방국세청장 2000년 국세청 법인납세국장 2003년 한국금융연구원 초빙연구원 2004년 국세청 관리관(1급)

2004~2016년 법무법인 율촌 상임고문 2005년 현대중공업 사외이사 2005년 한솔제지 사외이사 2005년 LG전자·현대자동차 법률고문(조세부문), STX·애경·한솔그룹·삼성엔지니어링 자문위원 2015년 한솔홀딩스(주) 비상임이사 겸 감사위원(현) **⊗**녹조근정훈장(1983), 국세청 다면평가 1위 (2003), 대통령표창(2004)

이재광(李載廣) LEE Jae Kwang

생1956·3·12 **출**전북 군산 **주**대전 덕구 한남로70 한남대학교 공대 컴퓨터공학과(042-629-7559) **학**1984년 광운대 전자계산과졸 1986년 同대학원졸 1993년 이학박사(광운대) **경**1986~1993년 군산전문대학 전자계산과 교수 1993~2002년 한남대 공대 정보통신멀티미디어공학부 컴퓨터공학전공 교수 1997년 미국 Univ. of Alabama 객원교수 2002년 한남대 공대 컴퓨터공학과 교수(현) 2003~2004년 同학술정보처장 2008년 同컴퓨터공학과장, 同산학협력단 센터장 2012~2014년 同교무연구처장 **⊗**산업통상자원부장관표창(2013)

이재광(李載光) LEE Jae Kwang

생1959·3·17 **출**충남 홍성 **주**서울 송파구 오금로189 (주)광명전기 회장실(02-2240-8114) **학**1978년 대전대성고졸 1987년 건국대 전기공학과졸 2011년 숭실대 중소기업대학원 경영학과졸 **경**한빛일렉컴(주) 대표이사 2003년 (주)광명전기 대표이사 2005년 同대표이사 회장(현) 2008년 (사)한국국제아대책기구 중앙이사(현) 2009년 한국전기공업협동조합 이사장 2009년 대한전기협회 감사(현) 2010년 대·중소기업동반성장위원회 위원(중소기업대표)(현) 2011년 CIGRE 한국법인 부위원장 2011년 중소기업중앙회 부회장 2011년 안산시체육회 부회장 2012~2015년 중소기업사랑나눔재단 이사 **⊗**산업포장(2008), 안산시 노사문화대상(2011), 자랑스러운 중소기업인(2012) **종**기독교

이재교(李在敎) LEE Jae Kyo

생1960·6·3 **본**한산(韓山) **출**경기 가평 **주**서울 광진구 능동로209 세종대학교 자유전공학부(02-3408-3851) **학**1980년 서울공고졸 1985년 연세대 법학과졸 2002년 미국 Indiana Univ. at Bloomington Law Shool졸 2004년 법학박사(미국 Indiana Univ. at Bloomington) **경**1984년 사법시험 합격(26회) 1987년 사법연수원 수료(16기) 1987년 광주지법 판사 1989년 대구지법 김천지원 판사 1991년 대구지법 판사 1992년 인천지법 판사 1993년 변호사 개업 1995년 인천시 남구청 법률상담역 2004년 인천상공회의소 경영자문위원 2007년 법무법인 정 변호사, Law & Tax법률사무소 대표변호사 2007~2009년 인하대 법학과 부교수, 同법학전문대학원 교수, 자유주의연대 부대표 2008년 뉴라이트재단 이사 2008~2012년 (사)시대정신 이사 2008년 공정언론시민연대 공동대표(현) 2009~2010년 진실화해를위한과거사정리위원회 위원 2009년 법무법인 충정 변호사 2009년 법무법인 서울국제 변호사 2009~2012년 법무법인 서울다솔 변호사 2012년 (사)시대정신 대표(현) 2012년 세종대 자유전공학부 교수(현) 2014년 방송통신심의위원회 6.4지방선거방송심의위원 2014년 사학분쟁조정위원회 위원(현) **저**'인권을 생각한다'(2012, 시대정신)

이재구(李載求) LEE Jae Goo

생1958·2·20 **출**서울 **주**서울 동작구 상도로369 숭실대학교 법과대학(02-820-0463) **학**1976년 용산고졸 1980년 서울대 경제학과졸 1984년 한국과학기술원 경영과학과졸(석사) 2005년 성균관대 대학원 경영학 박사과정 수료 **경**1979년 행정고시 합격(23회) 1980년 총무처 수습행정관 1981~1989년 경제기획원 통계국·정책조정국 사무관 1989년 공정거래위원회 사무관 1993년 同기업관리과장 1994년 국무총리 제2행정조정관실 과장 1995년 공정거래위원회 제도개선과장 1996년 미국 국제법연구소 및 연방거래위원회·법무성 연수 1998년 공정거래위원회 규제개혁총괄과장 1999년 同기업집단과장 2001년 同독점정책과장 2003년 同하도급국장 2003년 국회사무처 파견 2004년 국회 예산결산특별위원회 파견 2005년 기획예산처 홍보관리관 2007년 중앙공무원교육원 파견(부이사관) 2008년 기획재정부 성장기반정책관 2009년 同복권위원회 사무처장 2010~2012년 대덕연구개발특구지원본부 이사장 2011년 국제사이언스파크협회(IASP) 녹색기술네트워크(GTN) 최고위원 2012~2013년 연구개발특구진흥재단 이사장 2012년 세계사이언스파크협회(IASP) 아시아태평양지역 의장 2012년 同국제이사 2014~2016년 수산업협동조합중앙회 비상임이사 2015년 숭실대 법과대학 겸임교수(현) 2015년 공정거래위원회 비상임이사(현) **⊗**녹조근정훈장(2000)

이재구(李在九) LEE Jae Koo

생1964·7·8 **출**충남 홍성 **주**서울 서초구 반포대로158 서울고등검찰청(02-530-3114) **학**1982년 홍성고졸 1987년 연세대 법학과졸 1994년 同대학원 법학과졸 **경**1988년 사법시험 합격(30회) 1991년 사법연수원 수료(20기) 1991년 軍법무관 1994년 수원지검 검사 1996년 광주지검 목포지청 검사 1997년 수원지검 성남지청 검사 1999년 서울지검 검사 2001년 청주지검 검사 2003년 同부부장검사 2003년 서울중앙지검 부부장검사 2004년 춘천지검 강릉지청 부장검사 2005년 서울동부지검 부부장검사(미국연수) 2006년 사법연수원 교수 2008년 의정부지검 형사4부장 2009년 서울서부지검 형사2부장 2010년 同형사1부장 2010년 창원지검 통영지청장 2011년 대전고검 검사 2011~2012년 충남도 법률자문검사(파견) 2014년 서울고검 검사(현) 2016년 인천지검 중요경제범죄조사단 파견(현)

이재국(李在國) LEE JAEKOOK

생1965·6·23 **본**성주(星州) **출**경남 창원 **주**서울 서초구 효령로61 한국제약협회 커뮤니케이션실(02-6301-2170) **학**1984년 마산고졸 1991년 서울대 사회복지학과졸 2006년 한양대 언론정보대학원졸(신문·잡지·출판전공) **경**1990년 경향신문 입사 1991년 경향신문 사회부 기자 1994년 同정치부 기자 2000년 同사회부 기자 2001년 同경제부 기자 2001년 同노동조합 신문개혁특별위원회 위원장 겸 정책실장 2003년 同종합기획부 기자 2003년 同종합기획부 차장대우 2004년 同미디어부 차장대우 2005년 同여론매체부 차장대우 2008년 同정치부 차장 2008년 同편집국 미디어팀장 2008~2009년 한국기자협회 부회장 겸 보도자유분과위원장 2009년 경향신문 정치부 부장대우 2009~2013년 (주)대웅제약 홍보이사 2013년 (사)한국제약협회 커뮤니케이션실장(상무)(현) **⊗**한국기자협회 이달의 기자상(2008), 전국경제인연합회 지속가능발전기업협의회 KBCSD 지속가능경영언론상(2009), 한국제약산업 전문언론출입기자단 베스트PR상(2011)

이재권(李在權) LEE Jae Kwon

생1969·2·14 **출**제주 **주**서울 서초구 서초중앙로157 서울중앙지방법원(02-530-1114) **학**1987년 제일고졸 1992년 서울대 법과대학 법학과졸 **경**1991년 사법시험 합격(33회) 1994년 사법연수원 수료(23기) 1994년 軍법무관 1997년 서울지법 판사 1999년 서울행정법원 판사 2001년 제주지법 판사 2005년 법원행정처 사법정책연구심의관 2006년 同사법정책실 판사 2007년 서울고법 판사 2009년 제주지법 부장판사 2010~2012년 의정부지법 부장판사 2010년 법원행정처 대법원장비서실 부장판사 2012년 수원지법 부장판사 2014년 서울중앙지법 부장판사(현)

이재규(李梓揆) LEE Jae Kyu

생1946·12·17 **출**경남 의창 **주**서울 영등포구 여의공원로111 태영빌딩 (주)태영건설 비서실(02-2090-2200) **학**1965년 마산고졸 1972년 서울대 경영학과졸, 同대학원 최고경영자과정 수료 **경**1972~1976년 호남정유 근무 1976~1982년 삼흥사 근무 1982년 (주)태영 전무이사 2000년 同부사장 2004년 同사장 2007년 同영업·기술부문 대표이사 사장 2007년 (주)태영건설 영업·기술부문 대표이사 사장 2008~2011년 同고문 2014~2015년 同사장 2015년 同각자대표이사 사장(현) **종**기독교

이재규(李在奎) LEE Jae Kyu

생1951·5·17 **출**대구 **주**서울 동대문구 회기로85 한국과학기술원 경영대학 경영공학부(02-958-3612) **학**1969년 경북고졸 1973년 서울대 산업공학과졸 1975년 한국과학기술원(KAIST) 산업공학과졸(석사) 1985년 경영정보학박사(미국 펜실베이니아대) **경**1985~2013년 한국과학기술원(KAIST) 테크노경영대학원 교수 1989년 미국 Carnegie Mellon대 객원교수 1991년 한국경영과학회 전문가시스템연구회장 1993~1997년 한국지능정보시스템학회 초대회장 1994년 World Congress on Expert Systems 의장 1997년 한국진흥정보시스템학회 명예회장 1998~2000년 International Conference on Electronic Commerce 의장 1998~2014년 (사)국제전자상거래연구센터 소장 2001~2002년 국민은행 사외이사 2001~2005년 ECRA(Electronic Commerce Research & Applications) Editor-in-Chief 2001년 한일자유무역협정(FTA) 비즈니스포럼 정보기술분과 위원 2003년 웹코리아포럼 운영위원장 2004년 한국경영정보학회 회장 2005~2006년 Singapore Management Univ. 부학장 2006~2007년 한국과학기술원(KAIST) 경영대학장 겸

테크노경영대학원장 2007년 EEWS(에너지 · 환경 · 물 · 지속가능성) 기획단장 2009~2012년 현대중공업 사외이사 2009~2012년 정보통신산업진흥원 선임이사 2011년 세계정보시스템학회(AIS) Fellow(현) 2013~2015년 한국과학기술원(KAIST) EEWS연구센터 소장 2013년 同경영대학원 경영공학과 교수 2013년 同녹색성장대학원장 2014년 同경영대학 경영공학부 교수 2014년 同경영공학부 석좌교수 · 명예교수(현) 2015~2016년 세계정보시스템학회(AIS) 회장 2015년 밝은인터넷연구센터장(현) 2016년 미국 카네기멜론대 특훈초빙교수 2016년 중국 시안교통대 '글로벌 밝은 인터넷 연구센터' 공동센터장 겸 석좌교수(현) 2016년 '밝은 인터넷 글로벌 서밋' 의장(현) [상]국제학술대회 최우수논문상(HICSS)(1997), 한국경영정보학회 최우수논문상(1999), 지능정보시스템학회 최우수논문상(2002), 한국경영과학회 최우수논문상(2003), 대통령표창(2003), 매경 이코노미스트상(2004), 정보산업포장(2006), 2015 KAIST 자랑스런 동문상(2016) [저]'전문가시스템의 응용과 사례분석'(1995) 'UNIK를 이용한 전문가시스템의 개발'(1996) '전문가시스템의 원리와 개발'(1996) '전자상거래와 유통혁명'(2000) '경영정보시스템 원론'(2002) 'Electronic Commerce: A Managerial Perspective, Prentice Hall'(2002) '사용자 중심의 경영정보시스템' '경영정보시스템 원론(제2판)'(2005) '지식시스템'(2006) 'Premier eBusiness Cases from Asia'(2007) 'Electronic Commerce : A Managerial Perspective'(2010) '전자상거래 원론'(2011) '경영정보시스템 원론(제3판)'(2011) [역]'경영학을 만든 사람들'(共) [종]기독교

이재균(李在均) Lee jae gyoon

[생]1954 · 9 · 20 [본]전주(全州) [출]부산 [학]1973년 부산고졸 1977년 연세대 행정학과졸 1979년 부산대 대학원 행정학과졸 1990년 스웨덴 세계해사대 대학원 해운학과졸 2003년 해운경영학박사(한국해양대) [경]1980년 행정고시 합격(23회) 1981년 해운항만청 수습사무관 1981~1983년 同재무담당관실 근무 1983~1986년 부산지방해운항만청 항무과 · 선원과 근무 1986~1988년 해운항만청 선원과 근무 1988~1990년 국외훈련(스웨덴 세계해사대학) 1991~1993년 해운항만청 선원과 근무 1993년 부산지방해운항만청 부두과장(서기관) 1994년 미국 뉴욕 뉴저지항만청 파견 1996년 해운항만청 기획예산담당관 1996년 해양수산부 장관비서관 1997년 同총무과장 1998년 마산지방해양수산청장(부이사관) 2001년 국방대학원 파견 2001년 해양수산부 공보관 2001년 부산지방해양수산청장 2003년 해양수산부 해운물류국장 2003년 同정책홍보관리실장 2008~2009년 국토해양부 제2차관 2009~2012년 해외건설협회 회장 2009~2012년 동아대 항만물류시스템학과 석좌교수 2012~2013년 제19대 국회의원(부산 영도, 새누리당) 2012년 국회 국토해양위원회 위원 2012년 국회 남북관계특별위원회 위원 2012년 새누리당 인재영입위원 [상]대통령표창(1992 · 2002), 홍조근정훈장(2004), 자랑스러운 연세행정인상(2010) [저]'바보야, 부산은 해양수도야!'(2011)

이재근(李在根) Lee Jae Kun

[생]1953 · 2 · 15 [출]경남 산청 [주]경남 진주시 남강로1065 경남일보 비서실(055-751-1003) [학]진주고 2년 중퇴 [경]김동영 국회의원 보좌역, 민자당 농수산국 부국장, 신한국당 민원국장, 同총무국장, 한나라당 연수국장, 同연수원 교수, 同조직국장, 同정책자문위원, 同중앙위원회 농림축산위원회 부위원장 2006 · 2010~2014년 경남 산청군수(한나라당 · 새누리당) 2015년 경남일보 대표이사 사장(현)

이재근(李在根) LEE JAE KUN

[생]1968 · 1 · 26 [본]경주(慶州) [출]경북 청송 [주]서울 종로구 종로19 르메이에르종로타운1633호 엠오에이쉬핑(주) 대표이사실(02-312-4766) [학]1986년 포항고졸 1990년 한국해양대 항해학과졸 2008년 아주대 공공정책대학원 정책학과졸 [경]1990~1994년 현대상선(주) 항해사 1995~1998년 조양상선(주) 과장대리 1999년 JLT RISK SOLUTIONS KOREA 차장 2003~2007년 디지털태인 부동산중개(주) 대표이사 2008~2013년 에스알쉬핑(주) 이사 2013년 엠오에이쉬핑(주) 대표이사(현)

이재기(李在己) Jai-ki Lee (古泉)

[생]1950 · 10 · 9 [본]합천(陜川) [출]경남 산청 [주]서울 성동구 왕십리로222 한양대 공과대학 원자력공학과(02-2220-0466) [학]1972년 서울대 공대 원자력공학과졸 1977년 同대학원 핵공학과졸 1985년 공학박사(미국 일리노이대) [경]1975~1990년 한국원자력연구소 방사선관리실 연구원 · 선임연구원 1990~1993년 한국원자력안전기술원 방사선관리 책임연구원 · 전문위원실장 1993~2008년 한양대 원자시스템공학과 교수 2000년 과학기술부 출연연구기관 평가소위원 2001~2005년 대한전기협회 방사선설계분과위원장 2002~2003년 과학기술부 원자력안전위원회 안전전문위원 2002~2003년 대한방사선방어학회 부회장 2002년 과학기술부 원자력연구개발사업 심의위원 2002~2008년 한국방사선동위원소협회 이사 · 부회장 2003~2005년 과학기술부 원자력안전위원회 위원 2004년 국가정보원 대테러분야 정책자문위원 2004~2012년 한국동위원소협회 부회장 · 감사 2005년 국제방사선방호위원회 위원(현) 2005~2009년 대한전기협회 원자력전문위원회 위원장 2007년 한국원자력학회 부회장 2008~2009년 대한방사선방어학회 회장 2009~2015년 한양대 원자력공학과 교수 2009~2015년 한국원자력통제기술원 이사 2010~2012년 교육과학기술부 규제완화위원회 위원 2011년 대통령직속 원자력안전위원회 전문위원 2012~2014년 한양대 원자력공학과 학과장 2012년 원자력안전위원회 규제심의위원회 위원장 2012년 한국방사선안전재단 이사장 2012년 한국원자력안전기술원 기술기준위원 2013년 대통령직속 원자력안전위원회 전문위원 2015~2016년 한국원자력문화재단 원자력국민소통자문위원회 위원 2015년 한양대 공과대학 원자력공학과 명예교수(현) 2016년 대한방사선방어학회 방사선안전문화연구소장(현) 2016년 원자력안전위원회 비상임위원(현) [상]대통령표창(1999), 녹조근정훈장(2012) [역]'2007년 국제방사선방호위원회 권고'(2009) [종]가톨릭

이재기(李在基) jackie lee

[생]1967 · 9 · 15 [본]벽진(碧珍) [출]경북 칠곡 [주]서울 양천구 목동서로159의1 CBS 경제부(02-2650-7270) [학]1986년 계성고졸 1993년 경북대 정치외교학과졸 2010년 미국 미주리대 저널리즘스쿨 수료 2015년 연세대 언론대학원 저널리즘졸 [경]2002~2003년 CBS 사회부 차장 2004~2012년 同정치부 · 사회부 차장 2013년 同산업부 차장 2014년 同정치부 차장(국회팀장) 2015년 同산업부 근무(부장) 2016년 同경제부장(현) [종]기독교

이재덕(李在德) LEE Jae Duk

[생]1963 · 5 · 5 [출]경기 화성 [주]부산 연제구 법원로15 부산고등검찰청(051-606-3242) [학]1982년 동국사대부고졸 1986년 서울대 법학과졸 1989년 同대학원 법학과졸 [경]1985년 사법시험 합격(27회) 1992년 사법연수원 수료(21기) 1992년 軍법무관 1995년 부산지검 검사 1997년 춘천지검 강릉지청 검사 1998년 전주지검 검사 2000년 서울지검 동부지청 검사 2003년 인천지검 검사 2004년 同부부장검사 2005년 창원지검 부부장검사 2006년 부산고검 검사 2007년 제주지검 부장검사 2008년 춘천지검 부장검사 2009년 서울고검 검사 2011년 광주고검 검사 2013년 서울고검 검사 2015년 부산고검 검사(현)

이재덕(李在德) Lee jae deok

[생]1967 · 11 · 15 [출]경북 김천 [주]부산 연제구 법원로31 부산지방법원(051-590-1114) [학]1986년 김천고졸 1990년 서울대 법학과졸 [경]1996년 사법시험 합격(38회) 1999년 사법연수원 수료(28기) 1999년 대구지법 판사 2002년 同의성지원 청송군 · 군위군법원 판사 2004년 대구지법 판사 2008년 同서부지원 판사 2009년 대구고법 판사 2011년 대구지법 판사 2012년 대법원 재판연구관 2014년 부산지법 부장판사(현)

이재동(李在東) LEE Jae Dong (심당)

[생]1953 · 9 · 10 [출]대구 [주]충북 충주시 국원대로82 건국대학교 의과대학 내과학교실(043-840-8200) [학]1973년 계성고졸 1979년 고려대 의대졸 1982년 同대학원졸 1988년 의학박사(고려대) [경]1986~1995년 서울위생병원 내과 과장 1995년 건국대 의과대학 내과학교실 교수(현) 2000~2002년 同의과대학 연구소장 2007~2010 · 2014~2015년 同충주병원장 2010~2014년 同충주병원 내과 부장 [상]보건복지부장관표창(1985)

이재동(李載東) LEE Jae Dong

[생]1959 · 3 · 17 [출]경남 밀양 [주]대구 수성구 동대구로357 럭키빌딩301호 법무법인 대구(053-742-2628) [학]1977년 대구 계성고졸 1981년 경북대 법학과졸 1988년 同대학원 상법학과졸 [경]1990년 사법시험 합격(32회) 1993년 사법연수원 수료(22기) 1993년 변호사 개업 , 법무법인 범우 변호사, 법무법인 대구 변호사(현) 2013~2014년 대구지방변호사회 제1부회장 2015년 同회장(현)

이재동(李栽東) Lee Jae Dong (高山)

[생]1964 · 2 · 1 [출]서울 [주]서울 동대문구 경희대로23 경희대학교한방병원 침구과(02-958-9208) [학]경북고졸 1987년 경희대 한의학과졸 1990년 同대학원졸 1993년 한의학박사(경희대) [경]1994년 경희대 한의대학 침구과 전임강사 · 조교수 · 부교수 · 교수(현) 2000~2002년 대한침구학회 편집위원장 2002년 경희대 한의학연구소 임상연구부장(현) 2002~2006년 대한한의학회 편집위원장 2003~2008년 한방척추관절학회 부회장 겸 운영위원 2004~2009년 대한침구학회 수석부회장 2008년 경희의료원 동서의학연구소 임상침구연구부장(현) 2009년 대한침구학회 회장 · 감사(현) 2009년 경희대한방병원 침구과장(현) 2011년 同한방척추관절센터장(현) 2013년 대통령 한방의료자문(현) [저]'침구학(上 · 下)(共)'(1988) '電鍼治療의 理解와 臨床(共)'(1993) '중국 침뜸의학의 역사(共)'(1997) '한방처방의 EBM(共)'(2004) '과학적인 침구임상(共)'(2005) '침구학(상 · 중 · 하)'(2008) '침구임상메뉴얼'(2014)

이재락(李在洛) LEE Jae Rack

[생]1965·11·30 [출]대구 [주]세종특별자치시 노을6로8의14 국세청 납세자보호관실(044-204-2711) [학]1983년 대구고졸 1987년 고려대 법학과졸 [경]1992년 사법시험 합격(34회) 1995년 사법연수원 수료(24기) 1995년 인천지법 판사 1997년 서울지법 남부지원 판사, 춘천지법 속초지원 판사 1999년 同양양군법원 판사 2000~2001년 법무법인 바른 변호사 2001~2006년 변호사 개업 2006~2008년 법무법인 에이스 변호사 2008년 정부법무공단 공정거래팀 변호사 2009년 同조세팀 변호사 2014년 국세청 납세자보호관(고위공무원)(현)

이재란(女)

[생]1963 · 1 · 10 [주]세종특별자치시 도움4로13 보건복지부 건강보험정책국 보험평가과(044-202-2770) [학]숙명여대 생물학과졸, 연세대 대학원 보건학과졸(석사) [경]2010년 보건복지부 기초보장관리단장 2011년 同장애인서비스팀장 2014년 同사회서비스일자리과장 2014년 同나눔정책팀장 겸임 2016년 同건강보험정책국 보험평가과장(현)

이재령(李在玲) LEE Jae Ryung

[생]1954 · 7 · 23 [출]경남 사천 [주]경기 안양시 동안구 흥안대로81번길77 에릭슨LG 임원실(031-8054-6100) [학]광운대 전자통신공학과졸, 同경영대학원졸, 서강대 경영대학원 최고경영자과정 수료 [경]1980년 금성통신(주) 입사 1986년 LG정보통신(주) 영업과장 · 부장 1990년 同영업부장 1998년 同단말영업담당 이사 1999년 同이동단말OBU영업담당 상무보 2000년 LG전자 이동단말영업팀장(상무) 2002년 同시스템사업담당 상무 2005년 同네트워크사업부장(부사장) 2005년 LG노텔 대표이사 2010년 LG에릭슨 대표이사 2012년 에릭슨LG 엔터프라이즈 솔루션사업부 사장 2012~2013년 同이사회 상임고문 겸임 2013~2015년 同대표이사 사장 2014년 광운대총동문회 회장(21 · 22대)(현) 2015년 에릭슨LG 고문(현)

이재림(李載林) LEE Jae Lim

[생]1952·7·3 [본]진성(眞城) [출]경북 안동 [주]경기 안양시 동안구 시민대로167 안양벤처텔809호 교통산업정책연구소(031-383-3673) [학]1975년 건국대 정치외교학과졸 1985년 서울대 환경대학원 도시계획학과졸 1998년 행정학박사(건국대) [경]1979~1986년 교통부 육운국 근무 1986년 교통개발연구원 연구위원 1997~1998년 미국 버지니아주립대 공대 연수 2003~2011년 한국운수산업연구원 원장 2005년 한국교통연구원 연구위원 2011년 교통산업정책연구소 소장(현) 2012~2014년 대중교통포럼 회장 [저]'한국의 교통정책'(2003) [역]'현대교통정책'(共) '관료조직과 정책집행'(共) '도시대중교통'(共) '버스교통정책의 새로운 전개'(共) '도시교통의 위기'(共) '항공육상화물 운송산업의 규제완화 효과'(共)

이재만(李載萬) LEE Jae Man

[생]1944 · 12 · 28 [출]경기 시흥 [주]서울 서대문구 연희로142 대림통상(주) 비서실(02-730-9811) [학]1961년 덕수상고졸 1965년 건국대 상학과졸 [경]1968년 대림산업(주) 입사, 대림통상(주) 주안공장 부공장장 1992~2003년 同주안공장 공장장 1996년 同상무이사 1997~2003년 인천상공회의소 부회장 2000년 대림통상(주) 전무이사 2004년 同부사장 2006년 同대표이사 2007년 同대표이사 사장(현)

이재만(李在滿) LEE Jae Man

[생]1951 · 5 · 8 [본]경주(慶州) [출]강원 원주 [주]서울 강남구 테헤란로7길12 세무법인 가덕(02-2189-5010) [학]1969년 대성고졸 1975년 연세대 경영학과졸 1990년 국방대학원졸 2003년 동국대 대학원 정책학 박사과정 수료 [경]1973년 행정고시 합격(14회), 국세청 공보관, 서울 청량리세무서장, 서울 효제세무서장, 서울 종로세무서장, 국세청 법무담당관 1998년 同기획예산담당관 1999년 同총무과장 1999년 중부지방국세청 조사3국장 2000년 국세청 전산정보관리관 2001년 대전지방국세청장, 세무법인 서원 회장 2003~2010년 동양매직(주) 사외이사 2004년 제17대 국회의원선거 출마(원주, 열린우리당) 2007년 세무법인 가덕 대표 2008년 同부회장(현) 2013~2016년 在京원주시민회 회장 2014년 (주)진도 사외이사(현) 2016년 (재)최규하대통령기념사업회 이사(현) [상]홍조근정훈장(1997), 대통령표창 [종]가톨릭

이재만(李載晩) LEE Jae Man

[생]1966 · 12 · 9 [출]서울 [학]1985년 구로고졸 1989년 한양대 경영학과졸 1999년 경영학박사(한양대) [경]한양대 경제연구소 선임연구원, 박근혜 국회의원 보좌관 2013~2016년 대통령 총무비서관

이재명(李載明) LEE Jai Myung

[생]1946 · 12 · 13 [출]충남 예산 [주]경기 부천시 신흥로140 위브더스테이트902동604호 (주)리앤에스스포츠(032-620-3812) [학]1965년 용산고졸 1969년 성균관대 약학과졸 [경]1973년 TBC 아나운서 1980년 KBS 아나운서 1981년 同스포츠국 기자 1986년 同스포츠국 중계부 차장 1991년 서울방송(SBS) 스포츠취재부 부장대우 1992년 同스포츠취재부장 · 부국장대우 스포츠1부장 1998년 同스포츠국 스포츠위원 1998년 同스포츠센터장 2000년 同스포츠본부장 2004년 同스포츠전문위원(국장급) 2004년 (주)리앤에스매니지먼트 대표이사 2005년 한국체육언론인회 이사(현) 2010년 (주)리앤에스스포츠 대표이사(현) 2012~2013년 대한스키협회 부회장 [상]한국여자프로골프협회 공로상(2002), 체육훈장 거상장(2003), 서울시체육회 감사패(2005), 한국프로골프협회 공로상(2006), 문화관광부장관표창(2007), 한국프로골프협회 감사패(2009), 제주도 감사패(2009)

이재명(李在明) JaeMyung Lee

[생]1964 · 12 · 22 [본]경주(慶州) [출]경북 안동 [주]경기 성남시 중원구 성남대로997 성남시청 시장실(031-729-2001) [학]1981년 고졸검정고시 합격 1986년 중앙대 법학과졸 2013년 한국방송통신대 영어영문학과 재학中 [경]1986년 사법시험 합격(28회) 1989년 사법연수원 수료(18기) 1989~2010년 변호사 개업 1989년 민주사회를위한변호사모임 국제연대위원 2003~2004년 성남참여연대 집행위원장 2003~2004년 국가청렴위원회 성남부정부패신고센터 소장 2004~2005년 성남사회단체연대회의 운영위원장 2004년 성남시립병원설립추진위원회 공동대표 2007년 민주당 중앙당 부대변인 2007년 대통합민주신당 정동영 대통령후보 비서실 수석부실장 2008년 민주당 성남분당甲지역위원회 위원장 2010년 경기 성남시장(민주당 · 민주통합당 · 새정치민주연합) 2012년 민주통합당 지방자치단체장협의회 수석부회장 2012년 同기초자치단체장협의회 회장 2014년 경기 성남시장(새정치민주연합 · 더불어민주당)(현) 2015년 주빌리은행 공동은행장(현) [상]성남NCC인권위원회 인권상(1995), 포브스코리아 선정 '대한민국 글로벌CEO'(2012), 중앙일보 '한국을 빛낸 창조경영대상'(2013), TV조선 선정 '한국의 영향력있는 CEO'(2013), 매경미디어그룹 대한민국창조경제리더 투명부문(2013), 대한민국 소통경영대상 공공부문(2013), 포브스 최고경영자대상 시민중심경영부문(2014), 한국경제신문 대한민국미래창조경영대상 투명경영부문(2014), 대한민국 경제리더대상 사회책임경영부문(2014), 매니페스토 약속대상 지방선거부문 우수상(2014) 시사저널 & 미디어리서치 선정 '가장 영향력있는 차세대 리더 100인'(2014), 대한민국실천대상 지역발전부문(2014), 동아일보 한국의 최고경영인상(2014), 중앙대동창회 자랑스런 중앙인상(2014), 대한민국 CEO리더십대상 공유가치경영부문(2014), TV조선 한국의 영향있는 CEO(2015), 대한민국 소비자대상(2015), 헤럴드경제 대한민국 미래경영대상(2015), 전국기초자치단체장 매니페스토 최우수(2015), 대한민국 최고의 경영대상 사회공헌경영부문(2015), 대한민국CEO 일자리창출경영부문 대상(2016) [종]기독교

이재민(李宰敏) LEE Jae Min

[생]1952·1·14 [출]광주 [주]충남 아산시 순천향로22 순천향대학교 교육대학원(041-530-1211) [학]1980년 조선대 법학과졸 1990년 고려대 교육대학원 중퇴 1999년 연세대 행정대학원졸, 행정학박사(광운대), 명예 교육학박사(국립우즈베키스탄언어대) [경]1980년 문교부 근무 1989년 국무총리 행정조정실 사무관 1993년 대통령직속 교육개혁위원회 사무관 1995년 국무총리행정조정실 서기관 1998년 국무조정실 교육문화심의관실 서기관 2001년 광주시교육청 기획관리국장 2002년 교육인적자원부 교원복지담당관 2004~2005년 同교육단체지원과장 2007년 국제교육진흥원 기획관리부장(부이사관) 2008년 한국체육대 사무국장 2009~2010년 광주시교육청 부교육감 2010년 순천향대 교육대학원 교수(현) 2011~2013년 同평생교육원장 2012년 同평생교육학부장 [상]대통령표창

이재범(李哉範) Lee Jae Beom

[생]1968·11·15 [본]공주(公州) [출]서울 [주]경기 과천시 관문로47 미래창조과학부 전파정책기획과(02-2110-1960) [학]1986년 건국대사대부고졸 1993년 연세대 행정학과졸 [경]2000년 정보통신부 국제협력관실 협력기획담당관실 사무관, 同위성방송담당 사무관 2003년 同정보통신진흥국 통신경쟁정책과 사무관 2004년 同국제협력관실 국제기구담당관실 서기관, 同WTO통신협상팀장, 同OECD IT준비반장 2008년 방송통신위원회 대변인실 공보팀장 2008년 同기획조정실 규제개혁법무담당관 2010년 同이용자보호과장 2011년 同통신자원정책과장 2013년 미래창조과학부 방송통신융합실 디지털방송정책과장 2013년 同미래선도연구실 융합기술과장 2013년 同연구개발정책실 융합기술과장 2014년 同기획조정실 미주아시아협력담당관 2015년 同기획조정실 국제협력총괄담당관 2016년 同전파정책국 전파정책기획과장(부이사관)(현)

이재복(李在馥) Lee, Jae-bok

[생]1954·7·19 [본]한산(韓山) [출]전북 전주 [주]서울 종로구 율곡로194 현대로지스틱스(주) 임원실(02-2170-3355) [학]전주고졸, 성균관대 경영학과졸 [경]1981년 현대상선 입사 2005년 현대로지스틱스(주) 관리본부 상무 2009년 同3PL사업본부 상무 2010 同3PL사업본부장(전무) 2011년 同국내사업본부장(전무) 2014년 同대표이사(현)

이재봉(李在峰) LEE Jae Bong

[생]1955·8·17 [본]경주(慶州) [출]전남 고흥 [주]전북 익산시 익산대로460 원광대학교 정치외교학과(063-850-6580) [학]1983년 동국대 정치학과졸 1990년 미국 텍사스테크대 대학원 정치학과졸 1994년 정치학박사(미국 하와이대) [경]1994~1995년 동국대 국제관계학과 강사 1996년 원광대 정치외교학과 전임강사 2002년 미국 뉴욕주립대 스토니브룩캠퍼스 방문강의교수 2007년 원광대 정치외교학과 교수(현) 2009년 同정치외교학과장 2010년 同평화연구소장 2013년 同한중정치외교연구소장(현) 2013~2015년 同사회과학대학장 [저]'제2공화국과 한국 민주주의'(1996) '국민의 정부 대북정책과 민간 통일 운동의 진로'(1999) '현대지역정치론'(1999) '21세기의 남북한정치'(2000) '한반도의 중립화 통일은 가능한가'(2001) '한반도 평화정착의 과제'(2003) '자주냐 동맹이냐'(2004) '두 눈으로 보는 북한'(2008) [역]'평화적 수단에 의한 평화'(2000)

이재부(李載富) Lee jae boo

[생]1949·2·24 [본]함평(咸平) [출]충남 예산 [주]인천 중구 제물량로206번길21 한국사법교육원(032-762-7511) [학]검정고시 합격 1983년 경희대 행정대학원 연구과정 수료 1990년 한국방송통신대 행정학과졸 1998년 중앙대 대학원 교육학과졸 2011년 사회복지학박사(백석대) [경]1981~1986년 법무부 재정과·관리과·경비과 주임(교위) 1990년 성동구치소 교감 1993년 법무부 보안제1과 교정관 1996년 서울구치소 접견영치과장 1997~2000년 법무연수원 외래교수 2001년 광주지방교정청 작업과장(교정감) 2002년 서울지방교정청 보안과장 2003년 同총무과장 2004년 천안개방교도소 부소장 2004년 진주교도소장(서기관) 2005년 원주교도소장 2006년 영등포교도소장 2006년 법무부 교정국 보안관리과장(부이사관) 2007~2009년 인천구치소장(일반직고위공무원) 2007~2009년 한국교정학회 이사 2007년 (사)아가페 전문위원(현) 2008~2009년 2009인천도시엑스포범시민추진위원회 고문 2009년 (사)한국사법교육원 교수(현) 2010년 백석대 기독교전문대학원 사회복지학박사과정 원우회 회장 2011년 한국방송통신대 리더스클럽 회원(현) 2012년 법무부·대한변호사협회 Law Educator(현) 2012년 통일부 통일교육위원(현) 2012년 김포시사회복지협의회 이사 2012년 백석대 기독교전문대학원 박사학위논문심사위원(현) 2012년 영성과사회복지학회 이사(현) 2014년 열린사이버대 교정사회복지학과 교수 2014년 한국복지경영학회 이사(현) 2015년 열린사이버대 교정사회복지학과 학과장, 대한신학대학원대 특임교수(현), 세계사이버대 겸임교수 [상]법무부장관표창(1985·1988), 국무총리표창(1990), 수도방위사령관표창(1999), 대통령표창(2000), 홍조근정훈장(2009) [종]기독교

이재서(李在瑞) RHEE Chae Seo

[생]1961·1·1 [주]경기 성남시 분당구 구미로173번길82 분당서울대병원 이비인후과(031-787-1123) [학]1986년 서울대 의대졸 1994년 同대학원졸 1997년 의학박사(서울대) [경]1987~1990년 국방부 군의관 1997~2008년 서울대 의과대학 이비인후과학교실 조교수·부교수 2000년 미국 Univ of California San Diego 방문교수 2002~2009년 대한비과학회 이사 2003~2007년 대한천식및알레르기학회 이사 2008~2009년 대한이비인후과학회 총무이사 2008~2009년 대한수면학회 총무이사 2008년 서울대 의과대학 이비인후과학교실 교수(현) 2008~2013년 질병관리본부 귀코목건강관리가이드라인제정위원회 위원 2009년 대한수면학회 부회장 2009~2012년 대한의학회 건강정보심의위원 2009년 아시아안면성형학회 이사(현) 2010~2014년 분당서울대병원 이비인후과장 2011년 同IRB3위원장 2011년 금융분쟁조정위원회 전문위원(현) 2011년 경기도아토피천식교육정보센터 자문위원(현) 2011년 (재)정숙장학회 이사(현) 2012년 한국의료분쟁조정중재원 비상임조정위원(현) 2012~2014년 분당서울대병원 진료협력센터장 2013~2015년 질병관리본부 국가건강영양조사 이비인후과질환분과 자문위원 2013년 대한천식알레르기학회 재무이사, 무임소이사(현) 2013년 대한두개저외과학회 학술상심의위원회 이사 2013~2015년 분당서울대병원 국제진료센터장 2014~2016년 同대외협력실장 2014~2016년 同공공의료사업단 부단장 2015년 대한안면성형재건학회 이사 2015년 건강보험심사평가원 비상근심사위원(현) [상]미국 비과학회 Cottle's Award 최우수상(1997), 대한이비인후과학회 석당학술상(1997), 대한비과학회 최우수학술상(2008), 질병관리본부장표창(2012) [역]'Ear, Nose and Throat and Head and Neck Surgery'(2010)

이재석(李在錫) Lee Jae Seok

[생]1946·12·6 [출]대구 [주]대구 달서구 야외음악당로107 학교법인 상서학원 이사장실(053-235-9601) [학]1965년 중앙고졸 1969년 한양대 공대졸 1974년 계명대 교육대학원졸 [경]1976년 상서여자정보고 교사 1984년 同교감 직대 1990년 同교감 1995년 同교장 2013년 대구 상서고 교장 2015년 (재)상서학원 이사장(현) [상]교육부장관표창

이재석(李在錫)

[생]1954·7·2 [출]경기 고양 [주]경기 수원시 팔달구 효원로1 경기도의회(031-8008-7000) [학]고양종고졸, 한국항공대 항공·경영대학원 항공우주법학과졸, 同대학원 항공운항관리학 박사과정 수료 [경]너멍골주유소 대표(현), 원당농업협동조합 감사, 한국항공대총동문회 부회장(현), 원신동주민자치위원회 위원장, 고양시등산연합회 회장, 경기도주유소운영업협동조합 이사장, 한나라당 중앙위원회 산업자원분과 부위원장, (사)영토지킴이독도사랑회 부회장, 同지도위원(현) 2006년 경기 고양시의원선거 출마 2010년 경기도의원선거 출마(한나라당), 새누리당 중앙위원회 경기도당 고양시덕양甲지회장(현), (사)청소년선도위원회중앙회 자문위원(현) 2014년 경기도의회 의원(새누리당)(현) 2014년 同건설교통위원회 위원 2015년 同안전사회건설특별위원회 간사(현) 2016년 同교육위원회 위원(현) 2016년 同개발제한구역특별위원회 위원(현)

이재석(李載錫) LEE Jae Suk

[생]1955·5·10 [출]전남 함평 [주]광주 북구 첨단과기로123 광주과학기술원 신소재공학과(062-715-2306) [학]1975년 광주제일고졸 1979년 전남대 화학공학과졸 1981년 한국과학기술원(KAIST) 화학공학과졸(석사) 1989년 공학박사(일본 동경공업대) [경]1989~1992년 일본 이화학연구소 Special Researcher 1992년 미국 오클라호마대 Research Associate 1993~1994년 일본 이화학연구소 프론티어 연구원 1994~2015년 광주과학기술원(GIST) 신소재공학과 부교수·교수 1998년 同신소재공학과장 1999년 미국 Virginia Polytech Institute 객원교수 2002년 광주과학기술원(GIST) 에너지환경연구센터 소장 2003년 同나노기술연구센터 소장(현) 2008~2012년 同산학협력단장 2009~2012년 同연구처장 2014년 한국연구재단 전문위원(현) 2015년 광주과학기술원(GIST) 신소재공학과 특훈교수(현) 2016년 한국과학기술한림원 정회원(공학부·현) [상]광주과학기술원(GIST) 교육상(2002), 한국고분자학회 고분자논문상(2006), 광주과학기술원(GIST) 기술상(2011), 광주과학기술원(GIST) 최다논문 연구상(2011·2013), 한국고분자학회 제1회 LG화학고분자학술상(2013), 과학기술포장(2014), 광주과학기술원(GIST) 기여봉사상(2015) [종]기독교

이재석(李在錫)
[생]1971·12·9 [출]전북 무주 [주]서울 서초구 서초중앙로157 서울중앙지방법원(02-530-1114) [학]1990년 한일고졸 1994년 서울대 법대 사법학과졸 [경]1993년 사법시험 합격(35회) 1996년 사법연수원 수료(25기) 1999년 서울지법 서부지원 판사 2001년 서울지법 판사 2003년 대전지법 홍성지원 판사 2007년 법원행정처 형사정책심의관 2011년 의정부지법 부장판사 2014~2016년 사법정책연구원 선임연구위원 겸임 2016년 서울중앙지법 부장판사(현)

이재선(李在善) Lee Jae Seon

[생]1956·12·19 [본]성주(星州) [출]충남 보령 [주]대전 중구 중앙로138번길21 새누리당 대전시당(042-485-1100) [학]1976년 대전 대신고졸 1983년 한남대 지역개발학과졸 1992년 同경영대학원졸 1999년 고려대 경영정보대학원 수료 2000년 경영학박사(한남대) [경]1987년 충남도테니스협회 회장 1989년 대전시테니스협회 회장 1993년 한국청년회의소 서대전청년회의소 회장 1994년 同대전지구 초대회장 1994년 대전경제정의실천시민연합 집행위원 1995년 자민련 총재특보 1996년 제15대 국회의원(대전서구乙, 자민련) 1997년 자민련 부대변인 1997년 同원내부총무 1997년 同청년위원장 1999년 同명예총재 정치특보 2000~2004년 제16대 국회의원(대전 서구乙, 자민련·한나라당) 2000년 자민련 정책위 의장 2001년 국회 월드컵지원특위 위원장 2002년 국회 윤리특위 위원장 2004·2006년 한나라당 대전시당 위원장 2005~2008년 대전시사회복지협의회 회장 2008년 제18대 국회의원(대전 서구乙, 자유선진당) 2008~2010년 자유선진당 대전시당 위원장 2010년 대전시의료관광협회 자문위원 2010년 국회 보건복지위원장 2012년 제19대 국회의원선거 출마(대전 서구乙, 자유선진당) 2013년 새누리당 대전시당 지방자치특별위원회 위원장 2013년 '역동적인 대전포럼' 이사장(현) 2014년 새누리당 대전서구乙당원협의회 위원장(현) 2016년 제20대 국회의원선거 출마(대전 서구乙, 새누리당) [상]대한노인회 노인복지대상(2011) [저]'이재선의 시대공감– 오늘을 읽고 내일을 이야기하자'(2011) '꿈 도전 열정'(2013, 오마이북스) [종]천주교

이재섭(李在燮) LEE Jae Sup (胤堂)

[생]1940·7·8 [본]경주(慶州) [출]대구 [주]대구 수성구 달구벌대로2532 대아빌딩3층 (주)조광 회장실(053-751-8096) [학]1958년 대구 경북고졸 1965년 한양대 공업경영학과졸 1969년 영남대 경영대학원졸 [경]1969년 조광산업 사장 1970~1972년 경북비철금속공업협동조합 이사장 1974~1997년 조일알미늄공업사 설립·사장 1977년 경북도사격연맹 부회장 1987년 학교법인 상서학원(상서여자정보고·상서중) 이사장 1987년 대구지법 가사조정위원회 부위원장 1988년 춘곡장학회 이사장(현) 1990~1999년 대구시선거관리위원 1993년 학교법인 윤당교육재단(조일공고) 이사장(현) 1993년 (주)조광 회장(현) 1998년 조일알미늄(주) 회장(현) 2002년 조일상호저축은행 회장 2005년 대구지법 가사조정위원회 고문 [상]석탑산업훈장, 상공부·법무부·재무부장관표창, 프랑스 레종도뇌르훈장 [종]불교

이재섭(李在攝) LEE Jae Sub

[생]1960·3·6 [학]1983년 건국대 전자공학과졸 1985년 同대학원 전자공학과졸 [경]1986~2004년 KT 입사·연구개발본부 전략기획부장 1992~1996년 국제전기통신연합 정보통신표준화부문 SG13(미래네트워크분야) 에디터 1999~2000년 同정보통신표준화부문 SG13 WP1(통신망구조) 의장 2001~2008년 同SG13 부의장 겸 WP2 의장 2003년 同정보통신표준화부문 SG13 NGN합동그룹 기술의장 2004~2012년 한국전자통신연구원 초빙연구원 2004~2005년 국제전기통신연합 NGN 포커스그룹 의장 2006년 同IPTV 포커스그룹 부의장 2009~2014년 同SG13 의장, 한국과학기술원 IT융합연구소 연구위원 2014년 국제전기통신연합(ITU) 표준화총국장(현)

이재성(李載星) LEE Jai Sung

[생]1952·12·10 [본]전주(全州) [출]서울 [주]경기 안산시 상록구 한양대학로55 한양대학교 공학대학 재료공학과(031-400-5225) [학]1975년 한양대 재료공학과졸 1977년 同대학원졸 1979년 한국과학기술원졸(석사) 1983년 금속학박사(독일 슈투트가르트대) [경]1980~1983년 독일 Max-Plank 금속연구소 연구원 1983~1992년 한양대 금속재료공학과 조교수·부교수 1986년 독일 Muenster대 객원교수 1992년 한양대 공학대학 재료공학과 교수(현) 1993년 삼성전기(주) 종합연구소 자문교수 1996년 일본 오사카대 객원교수 1996년 한국산업기술진흥협회 KT마크 전문심의위원 2001년 한양대 교무처장 2001년 국가과학기술자문회의 전문위원 2003년 한양대 학연산클러스터사업단장 2006년 기초기술연구회 이사 2006년 독일훔볼트재단 학술대사 2007년 한국분말야금학회 회장 2012년 한국훔볼트회 회장 2012년 한국연구재단 공학단 책임전문위원 2012년 과학기술연합대학원대 운영이사 2014년 미래창조과학부·산업통상자원부 3D프린팅기술전략기술로드맵수립분과 위원장 2015년 한양대 ERICA캠퍼스 부총장(현) 2016년 同ERICA캠퍼스 프라임사업단장(현) [상]과학기술우수논문상(1998), 독일 금속학회지 최우수논문상(2003), 부총리 겸 교육인적자원부장관표창(2005), 창성학술상(2014) [종]기독교

이재성(李在成) Jae Sung, Lee

[생]1953·4·16 [출]전남 순천 [주]울산 울주군 언양읍 유니스트길50 울산과학기술원(UNIST) 에너지및화학공학부(052-217-2544) [학]1975년 서울대 화학공학과졸 1977년 한국과학기술원(KAIST) 화학공학과졸(석사) 1984년 공학박사(미국 스탠퍼드대) [경]1975년 삼성석유화학 Process Engineer 1984년 미국 스탠퍼드대 Postdoctorate 1986~2013년 포항공과대 화학공학과 교수 1993년 미국 예일대 방문교수 1998년 포항공과대 학생처장 2004년 세계적과학저널 'Applied Catalysis A: General' 편집위원 2007~2011년 포항공과대 부총장 2013년 울산과학기술대(UNIST) 나노생명화학공학부 교수 2014~2015년 同에너지 및 화학공학부 교수 2014~2015년 同교학부총장·대학원장·교무처장 겸임 2015년 울산과학기술원(UNIST) 에너지 및 화학공학부 교수(현) 2015년 同교학부총장 겸 대학원장(현) 2015~2016년 同교무처장 [상]늘푸른에너지공학상 학술부문

이재성(李宰聖) JASON LEE

[생]1956·12·26 [본]함평(咸平) [출]경기 광주 [주]전북 전주시 덕진구 반룡로109 전북TP벤처지원동4층 전북지역대학연합기술지주회사(063-214-0016) [학]1976년 동성고졸 1980년 고려대 농업경제학과졸 1981년 同경영대학원 인사관리석사과정 수료 2002년 서울대 경영대학원 Core MBA과정 수료 2012년 전북대 행정대학원 최고위과정 수료 [경]1980~1983년 駐韓미국대사관·US Peace Corp 한국어 Instructor 1983~2001년 대우전자 가전·반도체해외영업부장 2001~2006년 광전자(주) 영업본부장(CMO) 2006~2007년 (주)타키오닉스 사장(CEO) 2007~2010년 전북중소기업지원센터 CEO 2008년 전주국제발효식품엑스포 조직위원회 부위원장 2009년 전북대 교양학부 초빙교수(현) 2011~2014년 군산시 서울사무소장 2014년 원광대 LINC사업단 LINC위원회 위원(현) 2014년 전북지역대학연합기술지주회사 대표이사(CEO)(현) [종]기독교

이재성(李在成) Jaesung Rhee

[생]1959·6·6 [본]전주(全州) [출]충남 홍성 [주]강원 원주시 세계로10 한국관광공사 국내관광산업본부(033-738-3013) [학]1978년 대전고졸 1982년 한국외국어대 서반어과졸, 미국 하와이대 관광경영자양성과정 수료, 미국 미시간주립대 국제관광전문가과정 수료, 성균관대 21C 공기업관리자과정 수료 2000년 연세대 경제대학원 경제학과졸 2012년 서울대 경영대학원 최고경영자과정 수료(72기) 2013년 관광학박사(경희대) [경]1985년 한국관광공사 인사부 입사 1993년 同시드니지사 차장 1997년 同기획조정실 평가과장 1999~2006년 同국내사업부장·런던지사장 2006년 同비서실장 2007년 同코리아컨벤션뷰로단장 2008년 서울시 국제회의산업육성위원회 위원 2008년 세계스카우트총회 준비위원 2008년 중앙공무원교육원 파견 2010년 한국관광공사 국내마케팅실장 2010년 同국제관광본부 해외마케팅실장 2010년 여수엑스포조직위원회 관광부문 자문위원·문화관광축제 평가위원 2011~2014년 한국관광공사 정책사업본부장 2012년 안성세계민속축전 자문위원 2012년 제주탐라대제전 추진위원회 자문위원 2013년 한국공항공사 자문위원 2014년 인천도시공사 자문위원 2014년 항공정책고객위원회 자문위원 2014~2015년 한국관광공사 국제관광본부장(상임이사) 2014~2015년 同밀라노엑스포추진단장 겸임 2015년 관광진흥개발기금 운용위원회 위원 2015년 한국관광공사 경영본부장(부사장) 2016년 同국내관광산업본부장(상임이사)(현) [상]한국관광공사 사장표창(2000), 문화관광부장관표창(2005), 중앙공무원교육원장표창(2009) [종]기독교

이재성(李在星) LEE Jae Sung

[생]1961·4·25 [출]대구 [주]서울 영등포구 여의대로24 (주)LG CNS 임원실(02-2099-6600) [학]1979년 대구 청구고졸 1985년 고려대 산업공학과졸 2014년 정보통신학박사(한신대) [경]1985년 금성통신 전산부 입사 1987년 LG CNS시스템 근무 1996년 同중국지사장 2001년 同중국법인장 2005년 同중국법인장(상무) 2008년 同하이테크사업본부 전자사업부장(상무) 2012년 同하이테크사업본부 전자사업부장(전무) 2014년 同엔터프라이즈솔루션사업부문장(전무) 2016년 同하이테크사업부장(전무)(현)

이재수(李載壽)

[생]1958 [학]1977년 중앙고졸 1981년 육군사관학교졸(37기) 1993년 경남대 대학원 경영학과졸 [경]육군 22사단 56연대장 2005년 육군본부 인사참모부 인사기획과장 2007년 육군 6군단 참모장 2007~2008년 육군본부 인사참모부 선발관리실장·인적자원개발처장 2008년 육군 제2작전사령부 인사처장 2010년 육군 53사단장 2012년 육군본부 인사참모부장 2013년 同인사사령관 2013~2014년 국군 기무사령관(중장) 2014~2015년 육군 제3야전군사령부 부사령관(중장)

이재숙(李在淑·女) LEE Chae Suk

[생]1941·5·31 [출]서울 [주]서울 서초구 반포대로37길59 대한민국예술원(02-596-6213) [학]1963년 서울대 국악과졸 1965년 同대학원 음악학과졸 [경]1964년 독주회(국내 최초 가야금 독주회) 1967~1982년 서울대 음대 국악과 조교수·부교수 1974~1975년 서울시립국악관현악단 단장 1982~2006년 서울대 음대 국악과 교수 1991년 (사)한국국악학회 부회장 1995년 국악인인물상위원회 회장 1999년 서울시 문화재심의위원 2004년 대한민국예술원 회원(음악·현) 2006년 서울대 명예교수(현) 2006~2013년 한양대 석좌교수 2012년 (사)가야금연주가협회 이사장 [상]대한민국 국악상(1967), 한국문화대상 국악부문 기악상(1968), 한국문화대상 특별상(1971), 한국음악상(1997), KBS 국악대상 현악상 및 대상(2000), 한국방송대상 국악인상(2001), 대한민국예술원상(2002), 홍조근정훈장(2006), 제59회 서울시 문화상 국악분야(2010), 보관문화훈장(2015) [저]'5流의 가야금 산조'(1971) '국악반주법'(1981) '금죽파류 가야금 산조'(1983) '성금연류 가야금 산조'(1985) '강태홍류 가야금 산조'(1996) '조선조 궁중의례와 음악(共)'(1998) '매화향기로 피어나는 열 두 노래'(2002) '가야금 산조 여섯 바탕 전집'(2008, 은하출판사) 'Korean Kayagum sanjo : A Traditional Instrumental Genre(共)'(2008) [작]음반 '국악 제2집「속악」'(1987) '이성천 가야금 작품집「바다」'(1991) '亞洲箏樂 名家演奏'(1995) '이재숙 가야금 산조'(1997) '이재숙 교수 첫 연주로의 초대'(2001) [종]기독교

이재술(李在述)

[생]1959·8·15 [주]경기 안산시 상록구 차돌배기로10 안산상록경찰서 서장실(031-8040-2210) [학]전주해성고졸, 동국대 행정학과졸, 한세대 경찰대학원 박사과정 수료 [경]1990년 경위 임관(경찰간부후보 38기) 2003년 경기 수원중부경찰서 경비교통과장(경정), 경기 광주경찰서 정보과장, 경기 화성경찰서 정보과장, 경기지방경찰청 국제범죄수사대장 2011년 충북지방경찰청 생활안전과장(총경) 2012년 강원 인제경찰서장 2013년 경기지방경찰청 경무과장 2014년 경기 안양동안경찰서장 2015년 경기지방경찰청 제2청 경무과장 2016년 경기 안산상록경찰서장(현)

이재승 Lee Jae Seung

[생]1960·7·6 [주]경기 수원시 영통구 삼성로129 삼성전자(주) 생활가전사업부 개발팀(031-200-1114) [학]고려대 대학원졸 [경]삼성전자(주) 생활가전사업부 개발팀 수석, 同생활가전사업부 개발팀 상무 2015년 同생활가전사업부 개발팀 전무, 同생활가전사업부 냉장고개발그룹장 2016년 同생활가전사업부 개발팀장(전무)(현)

이재승(李載昇)

[생]1974·5·11 [출]서울 [주]충남 서산시 공림4로23 대전지방검찰청 서산지청(041-660-4200) [학]1993년 서울 숭실고졸 1998년 서울대 법학과졸 [경]1998년 사법시험 합격(40회) 2001년 사법연수원 수료(30기) 2002년 공군 법무관, 인천지검 검사 2006년 춘천지검 강릉지청 검사 2009년 서울중앙지검 검사 2012년 수원지검 안양지청 검사 2012년 외교통상부 파견 2013~2014년 외교부 파견 2015년 부산지검 부부장검사 2016년 대전지검 서산지청 부장검사(현)

이재연(李載淵) LEE Jay Yon (松波)

[생]1931·3·21 [본]전주(全州) [출]경기 시흥 [주]서울 용산구 녹사평대로206 (주)아시안스타(02-543-8030) [학]1950년 서울 배재고졸 1954년 연세대 상학과졸 1958년 미국 린필드대 경영학과졸 [경]1965년 럭키화학 상무이사 1971년 반도상사 전무이사 1974년 한국광업제련 사장 겸 희성산업 사장 1977년 한국콘티넨탈카본 사장 1982~1987년 금성통신 사장 1982년 한·독경제협력위원회 위원장 1987년 금성사 사장 1987년 한·일경제협회 부회장 1989년 LG신용카드 사장 1994년 同부회장 1995년 LG그룹 상임고문 1999년 (주)푸드스타 회장 2001년 (주)아시안스타 회장(현) [상]금탑산업훈장(1983), 자랑스런 배재인상(2009)

이재열(李載烈) Lee Jae Yeol

[생]1959·3·27 [출]충북 청원 [주]제주특별자치도 제주시 문연로18 제주지방경찰청 청장실(064-798-3213) [학]서울 관악고졸, 동국대 경찰행정학과졸, 한양대 대학원졸 [경]1986년 경찰간부후보 34기, 경찰청 특수수사계장, 전북지방경찰청 생활안전과장, 전북 김제경찰서장, 강원지방경찰청 청문감사관 2006년 삼척경찰서장(총경) 2007년 경찰청 지능범죄수사과장 2008년 경기 광주경찰서장 2009년 서울지방경찰청 지하철경찰대장 2010년 서울 양천경찰서장 2011년 경찰청 수사국 마약지능수사과장 2011년 同수사국 형사과장 2012년 同수사국 강력범죄수사과장(경무관) 2012년 경기지방경찰청 2부장 2014년 경찰청 수사기획관 2014년 서울지방경찰청 보안부장 2015년 제주특별자치도지방경찰청장(치안감)(현)

이재열(李在烈) YEE Jaeyeol

[생]1961·6·20 [본]경주(慶州) [출]충남 부여 [주]서울 관악구 관악로1 서울대학교 사회학과(02-880-6408) [학]1984년 서울대 사회학과졸 1986년 同대학원졸 1992년 사회학박사(미국 하버드대) [경]1986년 숭실대 강사 1992년 한림대 사회학과 조교수 1996~2005년 서울대 사회학과 조교수·부교수 1997~2001년 사회과학연구원 연구조정실장 2000년 한국사회과학연구협의회 Korean Social Science Journal 편집위원 2004~2007년 서울대 사회발전연구소장 2005년 同사회학과 교수(현) 2006년 한국사회학회 연구이사, 국무총리산하 경제·인문사회연구회 기획평가위원 2008~2012년 대통령직속 미래기획위원회 사회정책분과 위원, (재)조선일보 미디어연구소 이사(현)

이재열(李宰烈) Lee jae youl

[생]1965·12·10 [출]경북 상주 [주]세종특별자치시 정부2청사로13 국민안전처 세종2청사 중앙소방본부 소방정책국(044-200-2114) [학]대구 경신고졸, 경북대 행정학과졸, 미국 콜로라도주립대 대학원 행정학과졸, 벨기에 루벤대 대학원졸, 미국 덴버대 대학원졸 [경]1993년 소방간부 7기, 중앙소방학교 교학과 근무, 과천소방서 방호예방과장, 경기도 소방재난본부 소방혁신담당(과장급), 수원소방서 소방행정과장, 경기도 소방재난본부 기획예산담당(소방령) 2009년 안성소방서장(소방정) 2012년 수원소방서장 2012년 소방방재청 119구조구급국 119구급과장 2014년 同소방정책국 소방산업과장(소방준감) 2014년 국민안전처 중앙소방본부 소방산업과장 2015년 대통령 재난안전비서관실 행정관 2016년 국민안전처 중앙소방본부 소방정책국장(소방감)(현) [상]제14회 KBS 119상 공로상(2009), 중앙소방학교 제21회 전국소방행정발전연구대회 1위 국무총리표창(2009), 홍조근정훈장(2014)

이재영(李載泳) Lee Jae Young

[생]1956·3·6 [출]전북 고창 [주]서울 서대문구 통일로97 경찰청 외사국 외사기획과(02-3150-2276) [학]1973년 홍익고졸, 동국대 경찰행정학과졸 2007년 용인대 대학원 경찰관리학과졸 [경]1981년 경찰간부 후보(29기) 2001년 총경 승진 2003년 경기 용인경찰서장 2006년 경기 남양주경찰서장 2007년 경기지방경찰청 홍보담당관 2008년 경기 이천경찰서장 2010년 인천지방경찰청 외사과장 2011년 용인서부경찰서장 2011년 경기지방경찰청 제2청 수사과장 2014년 駐모스크바 주재관(현)

이재영(李在永) LEE Jae Young (초설)

[생]1956·10·10 [출]충북 진천 [주]대전 유성구 대학로291 한국과학기술원 나노종합기술원(042-879-9500) [학]1975년 동대문상고졸 1980년 육군사관학교졸(36기) 1994년 미국 위스콘신대 메디슨교 대학원 공공정책학과졸 [경]1987년 과학기술처 기획예산담당관(행정사무관) 1996년 과학기술부 기술협력3과장(서기관) 1998~2001년 同과학기술정책국 기술정보과장·미국 국립해양대기청 파견·지속가능발전위원회 파견 2001년 과학기술부 연구개발국 생명환경기술과장 2003년 同총무과장 2004년 同기초연구국 원천기술개발과장(부이사관) 2005년 국립중앙과학관 과학기술전시연구센터 소장 2005년 과학기술부 정책홍보관리실 재정기획관 2006~2007년 同정책홍보관리실 홍보관리관 2008년 한국과학기술기획평가원 파견 2008~2011년 한국원자력연구원 감사 2012년 가천대 생명과학과 교수 겸 R&D정책연구소장 2013년 한국과학기술원 부설 나노종합기술원장(현) [상]근정포장(2008) [종]천주교

이재영(李載榮) LEE Jae Young

[생]1958 · 10 · 16 [본]함평(咸平) [출]전남 순천 [주]서울 종로구 율곡로2길25 연합뉴스 미디어기술국 미디어기술부 정보보안팀(02-398-3518) [학]1977년 순천고졸 1986년 숭실대 전자계산학과졸 [경]1986~1991년 쌍용정보통신 근무 1992년 연합뉴스 데이터통신부 입사 2002년 同통신부장 2003년 同전산부장 2008년 同정보통신국 부국장 겸 기술기획팀장 2008년 同정보통신국장 2009년 同정보통신국 기획위원 겸 기술기획팀장 2011년 同정보통신국 부국장 2011년 同정보통신국장 2013년 同미디어기술국장 2013년 同미디어기술국 기획위원 2014년 同ICT기획부 보안팀 기획위원(부국장급) 2015년 同미디어기술국 보안네트워크팀 근무(부국장급)(현)

이재영(李在榮) LEE Jai Young

[생]1960 · 9 · 20 [출]경기 평택 [주]서울 동대문구 서울시립대로163 서울시립대학교 도시과학대학 환경공학부(02-6490-2864) [학]1978년 보성고졸 1982년 중앙대 토목공학과졸 1988년 미국 웨인주립대 대학원 환경공학과졸 1994년 환경공학박사(미국 웨인주립대) [경]1982~1984년 장교전역(ROTC) 1984~1985년 대림산업 토목기사 1995~1996년 한국토지공사 토지연구원 책임연구원 1995~1998년 건국대 · 광운대 · 중앙대 · 한양대 강사 1996~2008년 서울시립대 환경공학부 조교수 · 부교수 2003~2007년 同도시과학대학원 환경공학센터장 2005~2009년 서울지역환경기술개발센터 연구협력실장 2007년 법원행정처 전문심리위원 2008년 서울시립대 도시과학대학 환경공학부 교수(현) 2008년 한국토지공사 국토도시연구원 연구자문위원 2008년 국방부 주한미군기지이전사업단 자문위원(현) 2009년 수도권매립지 설계심사위원 2009년 한국지하수토양환경학회 부회장 2009년 서울지역환경기술개발센터장 2010년 기획재정부 부담금운용심의위원회 민간위원 2010년 한국지반환경공학회 이사 2010년 서울시 환경영향평가심의위원회 위원(현) 2011년 한국수자원공사 일반기술심의위원회 위원 2013년 한국지하수토양환경학회 회장 [상]육군참모총장상(1982), 공로상 ISEG(2002), 한국지하수토양환경학회 학술상(2003), 한국폐기물학회 우수발표논문상(2003 · 2005 · 2006 · 2007), 한국지하수토양환경학회 우수발표논문상(2004 · 2006), 대한환경공학회 우수발표논문상(2005 · 2006), 한국폐기물학회 논문상(2007), 과학기술우수논문상(2007), 환경부장관표창(2007), 서울시립대 연구우수교수상(2008), 한국폐기물학회 학술상(2008) [저]'준설매립과 환경매립'(1999) '산업폐기물처리'(1999) '환경모델링'(1999) '2000년대 환경공학'(2000, 대웅도서출판) '토양환경공학'(2001, 향문사) '유해폐기물처리'(2004, 향문사) '지반환경'(2004, 구미서관) '토양지하수환경'(2006, 동화기술) '토목섬유의 특성평가 및 활용기법'(2007, 구미서관) [종]기독교

이재영(李宰榮) LEE Jae Young

[생]1963 · 10 · 8 [출]서울 [주]서울 서초구 서초중앙로157 서울고등법원 제27민사부(02-530-2365) [학]1982년 용문고졸 1986년 고려대 법학과졸 [경]1986년 사법시험 합격(28회) 1989년 사법연수원 수료(18기) 1989년 軍법무관 1992년 대전지법 판사 1995년 同천안지원 판사 1999년 인천지법 판사 2001년 서울고법 판사 2002년 대법원 재판연구관 2004년 의정부지법 부장판사 2006년 사법연수원 교수 2008년 서울북부지법 부장판사 2010년 서울중앙지법 형사항소2부 부장판사 2012년 부산고법 부장판사 2013년 서울고법 부장판사(현)

이재영(李載榮) LEE Jae Young

[생]1964·10·25 [본]영천(永川) [출]경남 양산 [주]세종특별자치시 시청대로370 대외경제정책연구원 구미·유라시아실(044-414-1089) [학]1988년 한양대 경영학과졸 1992년 同대학원 경영학과졸 1995년 경제학박사(러시아 모스크바국립대) 2010년 몽골 칭기즈칸대 명예박사 [경]1990~1991년 소련연방과학원 극동연구소 교환연구원 1991~1992년 러시아과학원 극동연구소 교환연구원 1996~1997년 한국학술진흥재단 박사후과정 연구원 1996~2000년 한양대 중소연구소 선임연구원·아태지역연구센터 책임연구원 1998~2001년 한국외국어대·고려대·한양대 강사 1998~2002년 대외경제전문가풀 러시아분과 전문가 2000~2002년 한국북방학회 상임이사 2000~2002년 한양대 아태지역연구센터 연구조교수 2000~2003년 한국시베리아학회 총무이사 2000~2001년 흥사단 민족통일운동본부 정책연구위원 2004~2005년 철도기술연구원 위촉연구원 겸 국제고속철협력포럼 연구실장 2004년 한국유라시아포럼 총무간사 2005년 대외경제정책연구원 세계지역연구센터 부연구위원·연구위원·유럽팀장·러시아/CIS팀장·연구조정실장·대외경제정책연구원·구미·유라시아실장·선임연구위원 겸 구미·유라시아본부장(현) 2006~2008년 한국철도공사 자문위원 2008년 한국슬라브학회 섭외이사 2008년 국가정보원 자문위원 2009년 러시아과학원 극동지부 경제연구소 명예교수 2010년 서울신문 칼럼리스트 2010 한양대학교 국제학대학원 겸임교수(현) 2013년 옥스퍼드대 울프슨칼리지 방문학자 2011~2013 한국중앙아시아경제학회 회장 2012~2013년 지식경제부 자체평가위원 [상]몽골 대통령훈장(2011), 부총리 겸 기획재정부장관표창(2014) [저]'현대 러시아학'(2000, 한양대 출판부) '현대 러시아의 이해'(2001, 퇴설당) '21세기 러시아 정치와 국가전략'(2001, 일신사) '현대 러시아 정치론'(2005, 오름) '한국기업의 대러시아 현지경영 현황과 과제'(2008, 대외경제정책연구원) '러시아의 미래와 한반도(共)'(2009, 한국학술정보) '한?러 극동지역 경제협력 20년: 새로운 비전과 실현방안(共)'(2010, 대외경제정책연구원) '신아시아 시대 한국과 몽골의 전략적 협력방안(共)'(2010, 대외경제정책연구원) 'CIS의 경제통합 추진현황과 정책 시사점: 관세동맹을 중심으로(共)'(2011, 대외경제정책연구원) '러시아의 해외직접투자 패턴과 한국의 투자유치 확대방안(共)'(2012, 대외경제정책연구원)'몽골의 투자환경과 한국기업의 진출 확대방안(共)'(2012, 대외경제정책연구원) [역]'러시아 대외경제론'(1999, 동명사)

이재영(李在榮) LEE Jae Young

[생]1966·1·28 [본]전주(全州) [출]전남 [주]서울 종로구 세종대로209 행정자치부 조직정책관실(02-2100-4400) [학]1985년 광주 진흥고졸 1989년 한양대 법학과졸 [경]1988년 행정고시 합격(32회) 2001년 행정자치부 복무조사담당관실 서기관 2004년 영국 유학 2006년 행정자치부 정책홍보관리본부 공직윤리팀장 2006년 同공무원단체복무팀장 2007년 同근무지원팀장(부이사관) 2007년 국무총리국무조정실 일반행정심의관실 행정자치팀장 2008년 국무총리 일반행정정책관실 행정관리과장 2008년 국무총리 국정운영실 행정정책과장 2009년 행정안전부 제도정책관실 제도총괄과장 2010년 중앙공무원교육원 연구개발센터장(고위공무원) 2011년 행정중심복합도시건설청 기획조정관 2011년 지역발전위원회 연계협력국장 2012년 중앙공무원교육원 기획부장 2013년 미국 직무훈련(고위공무원) 2015년 행정자치부 기획조정실 정책기획관 2015년 同창조정부조직실 창조정부기획관 2016년 同창조정부조직실 조직정책관(현)

이재영(李在永) LEE JAE YOUNG

[생]1968 · 7 · 22 [본]경주(慶州) [출]경북 의성 [주]세종특별자치시 갈매로477 기획재정부 인사과(044-215-2253) [학]1986년 성동고졸 1991년 서울대 사회과학대학 경제학과졸 2003년 경제학박사(미국 캘리포니아대 어바인교(UC Irvine)) [경]2004년 재정경제부 경제홍보기획단 서기관 2005년 대통령비서실 국정상황실 행정관 2006년 同금융정책국 금융허브협력과장 2007년 同경제정책국 복지경제과장 2008년 기획재정부 국제금융국 외환제도과장 2009년 同예산실 문화예산과장 2010년 同국제금융국 금융협력과장 2011년 同국제금융국 외화자금과장 2012년 同국제금융국 외화자금과장(부이사관) 2012년 아세안+3거시경제감시기구(AMRO) 시니어이코노미스트 2013년 아세안+3거시경제감시기구(AMRO) 그룹헤드 및 리드이코노미스트(현)

이재영(李宰榮) Lee, Jaeyoung

[생]1975 · 11 · 16 [출]서울 [학]1998년 미국 조지타운대 경영학과졸 2012년 연세대 행정대학원 국제학 석사 [경]2009~2012년 세계경제포럼(WEF · 다보스포럼) 아시아총괄담당 부국장 2012~2016년 제19대 국회의원(비례대표, 새누리당) 2012년 국회 기획재정위원회 위원 2012~2015년 대한오리엔티어링연맹 회장 2013년 국회 평창동계올림픽 및 국제경기대회지원특별위원회 위원 2013년 국회 아프리카새시대포럼 간사 2013년 국회 경제민주화실천모임 간사 2013년 국회 여성가족위원회 위원 2013년 여의도연구원 청년정책연구센터장(현) 2013년 박근혜 대통령당선인 스위스 세계경제포럼(WEF · 다보스포럼) 특사단원 2013년 새누리당 국제위원회 위원 2013년 同가족행복특별위원회 자살예방분과위원장 2013~2014년 同중앙청년위원회 위원장 2014년 同재외국민위원회 아프리카 · 중동/아시아 · 대양주 지역 부위원장 2014년 同서울시당 전략기획위원회 위원장 2014년 同군의료체계개선특별위원회 위원 2014년 同서울강동구乙당원협의회 운영위원장 2014년 同세월호피해자지원특별위원회 위원 2014년 국회 세월호침몰사고의진상규명을위한국정조사특별위원회 위원 2014년 국제청년민주연맹(IYDU : International Young Democrat Union) 부위원장 2014년 국회 미래창조과학방송통신위원회 위원 2014~2015년 국회 예산결산특별위원회 위원 2015~2016년 새누리당 원내부대표 2015년 국회 운영위원회 위원 2015년 국회 정무위원회 위원 2015년 새누리당 여의도연구원 부원장 2015년 국회 평창동계올림픽및국제경기대회지원특별위원회 위원 2016년 제20대 국회의원선거 출마(서울 강동구乙, 새누리당) [상]NGO모니터단 국정감사 우수국회의원상(2012), 국회의원 헌정대상(2013), 청년통통(소통+통합) 정치인상(2014), 한국인터넷기자협회 우수의정활동상(2014), 한국소비자협회 대한민국소비자 입법부문 대상(2015) [저]'다보스 이야기(共)'(2014, 와이즈베리) [종]기독교

이재오(李在五) LEE Jae Oh

[생]1945·1·11 [본]재령(載寧) [출]경북 영양 [주]서울 종로구 새문안로5길13 6층 늘푸른한국당 창당준비위원회(02-739-5207) [학]1963년 경북 영양고졸 1964년 중앙대 경제학과 입학 1965년 同제적 1993년 同복학 1996년 同경제학과졸 1972년 고려대 교육대학원 교육학과졸 1995년 同언론대학원 최고위과정 수료 2008년 명예 정치학박사(중앙대) [경]1967~1979년 중등교 교사 1971년 민주수호청년협의회 회장 1979년 국제사면위원회(엠네스티) 한국위원회 사무국장 1986년 민주통일민중운동연합 민족통일위원장 1987년 서울민주통일민중운동연합 의장 1987년 민주쟁취국민운동본부 상임집행위원 1987년 자주민주통일국민회의 사무국장 1989년 전국민족민주운동연합 조국통일위원장 1991년 민중당 사무총장 1996년 제15대 국회의원(서울 은평구乙, 신한국당·한나라당) 1998년 한국4-H연맹 총재 1998년 한나라당 정책위원회 교육위원장 2000년 제16대 국회의원(서울 은평구乙, 한나라당) 2000년 2002월드컵축구의원연맹 사무총장 2000년 한나라당 제1사무부총장 2001년 同원내총무 2002년 이명박 서울시장직무인수위원회 위원장 2003년 6.3동지회 회장 2003년 한나라당 사무총장 겸 비상대책위원장 2004년 국회 정치개혁특별위원회 위원장 2004년 제17대 국회의원(서울 은평구乙, 한나라당) 2005년 국회 대법관인사청문특별위원회 위원장 2006년 한나라당 원내대표 2006~2007년 同최고위원 2007년 同제17대 대통령선거중앙선거대책위원회 부위원장 2008년 이명박 대통령당선인 특사(러시아) 2008년 대통령직인수위원회 한반도대운하태스크포스 상임고문 2008~2009년 미국 존스홉킨스대 국제관계대학원 객원교수 2009년 중앙대 국제대학원 초빙교수 2009~2010년 국민권익위원회 위원장 2009년 세계옴부즈만협회(IOI) 아시아지역 부회장 겸 지역이사 2010년 제18대 국회의원(서울 은평구乙 재보선당선, 한나라당·새누리당) 2010~2011년 특임장관 2012~2016년 제19대 국회의원(서울 은평구乙, 새누리당·무소속) 2012년 새누리당 상임전국위원 2013년 국회 안전행정위원회 위원 2014년 국회 외교통일위원회 위원 2015년 중앙시민인권학교 명예교장(현) 2016년 제20대 국회의원선거 출마(서울 은평구乙, 무소속) 2016년 늘푸른한국당 창당준비위원회 공동위원장(현) [상]한국발레협회 디아길레프상(2015) [저]'해방 후 한국학생운동사' '민족통일해방의 논리'(共) '한일관계사의 인식' '분단시대와 한국사회'(共) '민주공화국 40년'(共) '긴 터널 푸른 하늘' '대통령 대국민- 나라 망치는 대통령 이대로 둘 것인가?'(共) '수채화 세계도시 기행'(2005) '물길 따라가는 자전거 여행'(2008) '백의에 흙을 묻히고 종군하라'(2008) 회고록 '함박웃음'(2009) 전자책 '이재오의 트위터 다이어리'(2011) 정치평론서 '이재오의 정치성찰'(2011) '이재오 전집'(2011) [역]'한국학생운동사' '대만자유시대계열총서 제20호' [종]기독교

이재옥(李載玉)

[생]1957·8·22 [출]충남 예산 [주]서울 마포구 창전로76 마포소방서 서장실(02-701-3495) [학]한국방송통신대 법학과졸, 한성대 지식서비스·컨설팅대학원졸 [경]2008년 서울 서대문소방서 예방과장(지방소방령) 2009년 중앙소방학교 교육훈련팀장 2009년 서울 강서소방서 소방행정과장 2010년 소방재난본부 소방감사반 감사팀장 2013년 同안전지원과 장비관리팀장 2015년 서울 종로소방서장(지방소방정) 2016년 서울 마포소방서장(현) [상]모범공무원표창(2006), 대통령표창(2014)

이재완(李在完) LEE Jae Wan

[생]1953·1·24 [출]경북 경주 [주]경기 평택시 동삭로455의12 쌍용자동차(주) 기술개발부문장실(031-610-1114) [학]경주고졸 1975년 서울대 공업교육학과졸 1977년 부산대 경영대학원졸(석사) [경]1975년 현대자동차(주) 입사 1994년 同부장 1996년 同마케팅본부 상품기획실장(이사대우) 2000년 同상품기획담당 이사 2002년 현대·기아자동차 상품기획총괄본부 부본부장(전무) 2004년 同마케팅총괄본부장(부사장) 2005년 同전략조정실장(부사장) 2007년 同상품전략총괄본부장(부사장) 2008년 다이모스(주) 시트부문총괄 부사장 2011년 쌍용자동차(주) 기술개발부문장(부사장)(현)

이재완(李在完) LEE Jae Wan

[생]1954·8·4 [본]함평(咸平) [출]충남 논산 [주]서울 강남구 논현로106길27 (주)세광종합기술단 비서실(02-330-6111) [학]1972년 서울 중앙고졸 1976년 연세대 토목공학과졸 1985년 프랑스 국립토목대학원 토목공학과졸 1988년 국제교통학박사(프랑스 파리1대) [경]1978~1996년 해양수산부 개발국·인천지방해양항만청 근무 1996년 同항만건설국 기획과 시설서기관 1998년 한국항만경제학회 부회장(현) 1999년 해양수산부 항만국 항만개발과장 1999년 UNESCAP 파견(선임해운항만전문관) 2003년 해양수산부 시설부이사관(명예퇴직) 2003~2008년 (주)세광종합기술단 대표이사 사장 2005~2011년 한국항만협회 이사 2007년 한국연안협회 부회장·회장 2007~2015년 연세대 공학대학원 겸임교수 2008년 (주)세광종합기술단 회장(현) 2008년 국토해양부 정책평가위원 2008년 同감사자문위원 2008년 同투자심사위원 2008~2015년 한국해양기업협회 회장 2009년 국제엔지니어링컨설팅연맹(FIDIC) 총회 집행위원 2010년 한국엔지니어링협회 서울FIDIC 조직위원장 2010년 울산항만공사 항만위원회 위원 2010년 한국엔지니어링협회 부회장 2012년 한국해양과학기술원 이사 2014년 한국엔지니어링협회 회장(현) 2014~2015년 한국어촌어항협회 비상임이사 2015년 국제엔지니어링컨설팅연맹(FIDIC) 회장(현) [상]대통령표창(1992), 은탑산업훈장(2007)

이재용(李在容)

[생]1948 [주]서울 서초구 명달로88 축산회관 (사)한국종축개량협회(02-588-9301) [학]건국대 축산학과졸 [경]1974년 경북 군위군 농촌지도소 근무 1983년 농림부 축산국 근무 2007년 농림수산식품부 축산물등급판정소장 2010년 (사)한국종축개량협회 회장(현) 2010년 축산물품질평가원 비상임이사(현) 2013~2015년 가축위생방역지원본부 비상임감사

이재용(李在庸) LEE Jae Yong

[생]1954·7·1 [본]영천(永川) [출]경북 상주 [주]서울 송파구 올림픽로118 3층 이재용치과의원(02-2042-2828) [학]1973년 경북고졸 1980년 서울대 치대졸 [경]1981~1989년 극단 '처용' 대표 1983~1995·2009년 이재용치과의원 원장(현) 1989~1991년 건강사회를위한치과의사회 대구회장 1991~1995년 대구환경운동연합 집행위원장 1993년 한국연극협회 회장 1993~1995년 사법개혁을위한시민모임 집행위원장 1995~2002년 대구시 남구청장(무소속) 2000~2002년 전국시장·군수·구청장협의회 부회장 2000~2002년 전국지방자치개혁연대 공동대표 2002년 대구시장 출마(무소속) 2002년 전국연극인협의회 회장 2003년 환경운동연합 상임고문 2003년 녹색경제연구소 소장 2003년 열린우리당 대구시지부 창당준비위원장 2004~2005년 同대구시당 위원장 2004년 제17대 국회의원선거 출마(대구中·南, 열린우리당) 2004년 대구시장애인체육회 회장 2005년 열린우리당 대구시당 고문 2005~2006년 환경부장관 2006년 열린우리당 대구시장 후보 2006년 국민건강보험공단 이사장 2008년 제18대 국회의원선거 출마(대구中·南, 무소속) 2012년 제19대 국회의원선거 출마(대구 中·南, 무소속) [상]한국문화예술대상(1995), 한국연극예술인상(1996) [저]'자치시대의 지역환경(共)'(1995) [종]불교

이재용(李載用) Jaiyong Lee

[생]1955·3·5 [출]서울 [주]서울 서대문구 연세로50 연세대학교 공과대학 전기전자공학과(02-2123-2873) [학]1973년 신일고졸 1977년 연세대 전자공학과졸 1984년 미국 아이오와주립대 대학원 컴퓨터공학과졸 1987년 공학박사(미국 아이오와주립대) [경]1977년 국방과학연구소 연구원 1987년 포항공대 전자계산학과 부교수 1994년 연세대 공대 전기전자공학과 교수(현) 2005년 개방형통신연구회 회장 2006년 연세대 입학처장 2008년 同연구처장 겸 산학협력단장 2009년 한국통신학회 부회장 2010~2012년 연세대 공과대학장 겸 공학대학원장 2011년 한국공과대학장협의회 회장 2013년 한국통신학회 회장 2013~2016년 Giga-KOREA재단 이사장 2014년 한국공학한림원 정회원(현) 2014~2016년 연세대 항공전략연구원장 2016년 同교학부총장(현) [상]한국정보과학회 특별공로상(1995), 한국통신학회 학술상(1997), 한국정보과학회 공로상(2001), 한국통신학회 공로상(2002), 연세대 최우수연구교수상(2005), 모토로라 학술상(2005), 연세대 우수연구교수상(2010·2013·2014), 5G Forum 공로상(2014), 미래창조과학부장관표창(2013), IITP 우수성과 창출 과제상(2014) [저]'초고속 정보통신망에서 LAN 서비스 제공 방안'(1997) [역]'UNIX 네트워크 프로그래밍'(1992) 'UNIX 네트워크 프로그래밍 개정증보판'(1999) 'UNIX 네트워크 프로그래밍 Third Edition'(2005) [종]기독교

이재용(李載鎔) LEE Jae Yong

[생]1966·4·17 [출]서울 [주]서울 마포구 성암로267 문화방송 아나운서국 아나운서1부(02-780-0011) [학]동국대 수학교육과졸, 同언론정보대학원 신문방송학과졸 [경]1992년 MBC 아나운서팀 입사, 同아나운서국 아나운서2부 차장, 同'화제집중'·'아주 특별한 아침'·'3040 여성을 말한다'·'이재용 임예진의 기분좋은 날'·'대동맛지도'·'2004 함께 가는 세상'·'찾아라! 맛있는 TV'·FM '지금은 라디오 시대' 등 진행 2006년 同'불만제로' 진행 2007년 同'기분좋은 날' 진행(현) 2007년 보건복지부 아동권리홍보대사 2007년 메리케이 피부암예방캠페인 홍보대사 2008년 MBC '네버엔딩 스토리' 진행 2010년 同아나운서국 아나운서2부장 2013년 同아나운서국 아나운서1부장(현) [상]한국아나운서대회 장기범상(2004), 대한민국영상대전 포토제닉상(2005), 동국언론인상(2015) [저]'먹고 살자고 하는 짓'(2006, 크레듀)

이재용(李在鎔) Jay Y. Lee

[생]1968·6·23 [본]경주(慶州) [출]서울 [주]서울 서초구 서초대로74길11 삼성전자(주)(02-2255-7038) [학]1987년 경복고졸 1992년 서울대 동양사학 학사 1995년 일본 게이오기주쿠대 경영대학원 경영학 석사, 미국 하버드대 경영대학원 경영학 박사과정 수료 [경]1991년 삼성전자(주) 총무그룹 입사 2001년 同경영기획팀 상무보 2003~2007년 同경영기획팀 상무 2004~2008년 S-LCD 등기이사 2007년 삼성전자(주) 전무(CCO: Chief Customer Officer) 2010년 同부사장(최고운영책임자·COO) 2010년 同사장(최고운영책임자·COO) 2012년 同부회장(현) 2015년 삼성생명공익재단 이사장(현) 2015년 삼성문화재단 이사장(현) 2016년 삼성전자(주) 등기이사(현) [상]체육포장

이재우(李載宇) LEE Jae Woo

[생]1950·7·2 [출]서울 [주]서울 중구 무교로21 더익스체인지서울15층 신한카드동우회 회장실(02-6922-8093) [학]1969년 군산상고졸 1984년 동국대 경영대학원 무역학과 수료 [경]1982년 신한은행 개설준비위원 1990년 同독산동지점장 1992년 同무교지점장 1994년 同역삼동지점장 1995년 同종로지점장 1997년 同중소기업지원부장 1998년 同개인고객부장 2001년 同상무대우 2001년 同상무 2002년 同부행장 2004년 신한금융지주회사 상무 2006년 同부사장 2007~2013년 신한카드(주) 대표이사 사장 2014년 신한카드동우회 회장(현) [상]국무총리표창(1991), 대통령표창(1998), GWP 최고경영자상(2011)

이재우(李梓愚) LEE Jae Woo

[생]1960·3·1 [출]서울 [주]서울 서초구 반포대로138, 양진빌딩4층 법무법인 삼우(02-536-8100) [학]1978년 한성고졸 1982년 고려대 법학과졸 1984년 서울대 대학원 법학과졸 [경]1985년 사법시험 합격(27회) 1988년 사법연수원 수료(17기) 1993년 창원지검 진주지청 검사 1994년 서울지검 서부지청 검사 1996년 외무부 장관 특보·駐아랍에미리트대사관 행정관 1998년 대검찰청 검찰연구관 2000년 인천지검 부부장검사 2001년 대구지검 포항지청 부장검사 2002년 부산지검 부부장검사 2004년 서울북부지검 형사6부장 2005~2006년 서울중앙지검 외사부장 2006년 변호사 개업 2006~2010년 국세청 조세법률 고문변호사 2009년 대한변호사협회 재무이사 2012년 법무법인 삼우 대표변호사(현)

이재우(李在雨) LEE Jae Woo

[생]1966·1·15 [주]인천 남구 인하로100 인하대학교 물리학과(032-860-7660) [학]1987년 인하대 물리학과졸 1989년 한국과학기술원졸(석사) 1992년 물리학박사(한국과학기술원) [경]1992~2003년 인하대 물리학과 전임강사·조교수·부교수 1996~1997년 미국 Clarkson Univ. 방문연구원 2003년 인하대 물리학과 교수(현) 2004~2005년 미국 플로리다주립대 방문교수 2007년 인하대 자연과학대학 부학장 2015년 同학생지원처장(현) [역]'대학물리학'

이재우(李才雨) Lee Jae Woo

[생]1968·11·13 [본]경주(慶州) [출]충북 청원 [주]대전 서구 청사로189 특허청 정보고객지원국(042-481-5075) [학]운호고졸, 청주대 행정학과졸 [경]행정고시 합격(34회), 국방부 근무, 정보통신부 근무, 특허청 관리국 발명진흥과 근무, 특허심판원 근무, 특허청 상표디자인심사국 상표심사정책과장, 지식재산연수원 근무, 특허청 인사과장, 同운영지원과장 2013년 同기획조정관(고위공무원) 2014년 국외훈련(고위공무원) 2015년 특허청 정보고객지원국장(현)

이재욱(李在昱) LEE Jae Wook (玄河)

[생]1953·5·9 [본]경주(慶州) [출]전남 담양 [주]서울 구로구 디지털로285 에이스트윈타워1차509호 이투뉴스(02-877-4114) [학]1972년 광주고졸 1978년 고려대 신문방송학과졸 2006년 同언론대학원 신문학과졸, 한국산업기술대 대학원 에너지정책학박사과정 수료 [경]1977~1980년 동양통신 사회부 기자 1981년 연합통신 사회부 기자 1984년 同경제부 기자 1989년 同정치부 기자·정치부 차장 1989~1990년 한국기자협회 부회장 1991년 연합통신 외신부 차장 1993~1997년 同동경특파원·동경지사장 1997년 同외신국 부장대우 1997~1998년 同외신1부장 1998~2000년 同지방1부장·지방부장 2000년 同지방부장(부국장대우) 2000년 同수도권취재본부장 2003년 同지방국 부국장 2004~2005년 同기사심의실장 2005~2006년 우림건설 상임고문 2006년 이투뉴스(에너지환경일보) 대표이사·발행인(현)

이재욱(李在旭)

[생]1961·1·24 [주]서울 강남구 테헤란로432 동부금융센터7층 동부생명보험 임원실(1588-3131) [학]1979년 덕수상고졸 1985년 한국외국어대 경제학과졸, 同대학원 보험학과졸 [경]1988년 동부화재해상보험(주) 입사 1999년 同경영리스크관리파트장 2003년 同재무기획파트장(부장) 2004년 同경영기획파트장(부장) 2010년 同재무기획팀장(부장) 2012년 同재무기획팀 상무 2014년 동부생명보험 CFO(상무) 2016년 同경영지원실장 겸 CFO(부사장)(현)

이재욱(李在彧)

[생]1963·3·7 [주]경북 김천시 용전로141 국립농산물품질관리원(054-429-4001) [학]1981년 안동농림고졸 1985년 서울대 농업교육학과졸 2005년 영국 애버딘대 대학원 경제학과졸 [경]1991년 기술고시 합격(26회) 1991년 국립농산물검사소 사무관, 농림부 채소특작과 사무관 2003년 국립종자관리소 서기관, 농림부 채소특작과 서기관 2005년 同농산경영과 서기관 2006년 국립종자관리소 안동지소장 2007년 同품종심사과장 2007년 국무조정실 파견 2008년 국립농산물품질관리원 혁신기획과장 2009년 농림수산식품부 채소특작과장 2010년 대통령비서실 행정관 2011년 부이사관 승진 2012년 국방대 파견 2014년 농림축산식품부 유통소비정책관 2015년 국립농산물품질관리원 원장(현)

이재욱(李在郁) LEE Jae Wook

[생]1967·2·24 [출]부산 [주]서울 서초구 서초중앙로160 법무법인 지유 서울사무소(02-599-4568) [학]1985년 부산동아고졸 1989년 서울대 사법학과졸 [경]1994년 사법시험 합격(36회) 1997년 사법연수원 수료(26기) 1997년 서울지법 의정부지원 판사 1998년 인천지법 부천지원 판사 1999년 서울지법 판사 2001년 부산지법 동부지원 판사 2004년 서울서부지법 판사 2006년 서울중앙지법 판사 2008년 서울고법 판사 2010년 서울남부지법 판사 2012년 부산지법 부장판사 2013~2015년 인천지법 부장판사 2015년 법무법인 지유 서울사무소 대표변호사(현)

이재욱(李宰旭) Lee Je Wook

[생]1978·12·25 [주]광주 북구 제봉로324 전남일보 임원실(062-510-0304) [학]미국 브라운대 국제관계학과졸 [경]2003년 외환펀드서비스 입사 2007년 (주)대주기공 부사장 2008년 同대표이사 사장(현) 2013년 전남일보 사장(현) 2014년 한국디지털뉴스협회 부회장(현)

이재웅(李在雄) LEE Jae Woong

[생]1953·7·16 [출]부산 [주]서울 강남구 역삼로33길 7 (주)에이블홀딩스 사장실(02-535-7983) [학]1973년 부산 동래고졸 1983년 연세대 행정학과졸 1985년 同대학원 행정학과졸 1993년 행정학박사(연세대) [경]1988~2004·2008년 동의대 행정학과 교수 1997년 미국 델라웨어대 객원교수 1998년 동의대 사회봉사센터 소장 1998년 同방송아카데미 원장 2001~2004년 同영상정보대학원장 2001년 부산시 인사위원 2001년 부산민주항쟁기념사업회 이사 2002년 박관용 국회의장 교수정책자문단 간사 2004~2008년 제17대 국회의원(부산 동래, 한나라당) 2006~2008년 한나라당 원내부대표 2007년 국회 방송통신융합특별위원회 간사 2009~2012년 한국콘텐츠진흥원 원장 2010~2012년 한국데이터베이스진흥원 이사 2012년 (주)에이블홀딩스 대표이사 사장(현) [저]'지방자치와 지역발전'(1995) [역]'지방의원의 정치적 기능'(2003, 한국학술정보) [종]천주교

이재웅(李載雄) Lee, Jeawoong

[생]1959·12·5 [출]경기 오산 [주]서울 강북구 솔매로49길60 서울사이버대학교 부동산학과(02-944-5041) [학]1992년 일본 고베대 대학원 법학연구과졸 1995년 법학박사(일본 고베대) [경]2002년 서울사이버대 부동산학과 교수(현) 2003~2005년 同학생지원처장·교무처장 2004년 同총장 직대 2005~2009년 同교무처장, 한국부동산분석학회 이사(현), 대한부동산학회 학술이사(현) 2010~2012년 서울사이버대 총장 [저]'부동산개발기획의 이론과 실무'(2004, 부연사) '부동산공시이론과 실제'(2009, 부연사) '부동산개발기획론'(2010, 부연사) [종]기독교

이재웅(李載雄) LEE JAE WOONG

[생]1970·9·16 [출]서울 [주]서울 용산구 한강대로32 (주)LG유플러스 법무실(1544-0010) [학]1989년 영등포고졸 1993년 서울대 법학과졸 2003년 미국 조지타운대 Law School졸 [경]1992년 사법시험 합격(34회) 1995년 사법연수원 수료(24기) 1998년 부산지검 검사 2000년 대구지검 경주지청 검사 2001년 서울지검 검사 2004년 서울중앙지검 검사 2005~2007년 대검찰청 검찰연구관, LG전자(주) 법무팀 전문상무, LG화학(주) 법무담당 상무, (주)LG유플러스 경영관리실 법무담당 상무 2015년 同법무실장(전무)(현)

이재원(李在原) LEE Jae Won

[생]1957·10·9 [출]경남 진주 [주]서울 송파구 올림픽로43길 88 서울아산병원 흉부외과(1688-7575) [학]1976년 경동고졸 1982년 서울대 의대 의학과졸 1986년 同대학원 의학과졸 1991년 의학박사(서울대) [경]1983년 서울대병원 전공의 1987년 인천 중앙길병원 흉부외과 주임과장 1992년 울산대 의과대학 흉부외과 전임강사·조교수·부교수·교수(현) 1996년 캐나다 토론토대 토론토병원 임상전임의 2004~2008년 울산대 의과대학 서울아산병원 주임교수 겸 흉부외과 임상과장 2006~2009년 同의과대학 서울아산병원 동맥질환센터 소장 2009~2015년 서울아산병원 심장병원 판막질환센터 소장 [상]조선일보 선정 심장수술분야 한국최고의사(2006) [종]기독교

이재원(李載沅) LEE Jae Won

[생]1958·2·15 [출]광주 [주]서울 강남구 테헤란로518 섬유센터12층 법무법인(유) 율촌(02-528-5916) [학]광주제일고졸 1980년 서울대 법학과졸 [경]1982년 사법시험 합격(24회) 1984년 사법연수원 수료(14기) 1986년 부산지검 울산지청 검사 1987년 대구지검 검사 1989년 서울지검 검사 1992년 부산지검 검사 1994년 인천지검 검사 1996년 서울지검 동부지청 검사 1998년 광주지검 부부장검사 1998년 서울지검 부부장검사 1999년 대전지검 특수부장 2000년 同형사2부장 2001년 대검찰청 강력과장 2002년 同중수3과장 2003년 서울지검 공안2부장 2004년 서울고검 검사 2005년 울산지검 차장검사 2006년 대구지검 1차장검사 2007년 수원지검 안산지청장 2008년 서울고검 형사부장 2009년 광주고검 차장검사 2009년 전주지검장 2009년 의정부지검장 2010년 서울동부지검장 2011년 사법연수원 부원장 2012~2013년 법제처장 2014년 의료법인 길의료재단 법률고문(현) 2014년 한국공인회계사회 법률고문(현) 2015년 법무법인(유) 율촌 변호사(현) [상]법무부장관표창(1994), 황조근정훈장(2013)

이재원(李宰源) LEE Jae Won

[생]1959·2·4 [출]서울 [주]서울 금천구 가산디지털2로115 대신정보통신(주) 비서실(02-2107-5017) [학]1982년 서울대 기계설계학과졸 1985년 미국 위스콘신대 매디슨교 대학원졸 1986년 공학박사(미국 위스콘신대 매디슨교) [경]1986~1989년 대우자동차 기술연구소 CAD/CAM 실장 1989~1993년 대신증권 전산실장 1993년 대신정보통신(주) 시스템통합사업부장 1994년 同이사 1997년 同대표이사 사장(현) 2000년 대신생명보험(주) 회장 2001년 한국소프트웨어산업협회 부회장(현), 한국소프트웨어컴포넌트컨소시엄 부회장, 대신EMS 사장 [상]체신부장관표창(1993), 대통령표창(2000), 동탑산업훈장(2013)

이재원(李宰源) LEE Jae Won

[생]1968·9·29 [본]전주(全州) [출]서울 [주]경기 성남시 분당구 정자일로248 파크뷰타워17층 (주)슈프리마 비서실(031-710-2400) [학]단국대사대부고졸 1991년 서울대 공대 제어계측공학과졸 1993년 同대학원 제어계측공학과졸 1997년 공학박사(서울대) [경]1997년 미국 스탠퍼드대 방문연구원 1997~2001년 삼성전자(주) 종합기술원 모바일시스템 책임연구원 2000년 (주)슈프리마 대표이사(현) 2008년 한국바이오인식협의회(KBA) 부의장(현) 2008년 지식정보보안산업협회(KISIA) 부회장(현) 2009년 한국무역협회(KITA) 이사(현) 2012~2014년 성남상공회의소 상임의원 2014년 벤처기업협회 부회장(현) [상]삼성전자 주최 휴먼테크논문대상 은상(1996), 한국학술진흥재단 지정 신진연구인력 선정(1997), Young Author Prize(1997), 산업자원부장관표창(2005·2007), 정보통신부장관표창(2005), 성남중소벤처기업대상 우수상(2006), 신기술실용화유공기업표창(2006), 우수수출중소기업인상 해외시장개척부문상(2007), 중소기업인상 수출상(2007), 국무총리표창(2007), 한국을 빛낸 이달의 무역인상(2007), 중앙일보이코노미스트 대한민국차세대CEO상 IT부문(2009), 코트라·지식경제부 주최 글로벌IT CEO 전자신문사상(2010), Ernst&Young 최우수기업가상 'Rising Star' 부문(2013), 은탑산업훈장(2013)

이재원(李在元) LEE Jaewon

[생]1970·11·25 [본]성주(星州) [출]서울 [주]서울 강서구 양천로401 강서한강자이타워B동816호 지우이앤이 대표이사실(02-3453-6114) [학]1989년 휘문고졸 1996년 중앙대 토목공학과졸 1998년 서울대 대학원 토목공학과졸(석사) 2005년 토목환경공학박사(서울대) [경]1998~1999년 LG엔지니어링(주) 환경사업부 근무 2001~2011년 (주)지오웍스 대표이사 2011년 지우이앤이(주) 대표이사(현) 2011년 대한상사중재원 중재인(현) [상]환경부장관표창(2012)

이재유(李在侑) Lee Jae Yoo

[생]1966·8·14 [본]경주(慶州) [출]충남 천안 [주]경기 과천시 관문로47 법무부(02-2110-3052) [학]1984년 관악고졸 1989년 서울대 지리학과졸 1995년 同공법학과졸 2001년 同법과대학원 법학과졸 [경]2006년 법무부 출입국기획과 서기관 2007년 인천공항출입국관리사무소 출국심사국장 2011년 법무부 체류조사과장 2012년 同국적난민과장 2013년 同출입국·외국인정책본부 국적과장 2014년 同제주출입국관리사무소장 2014년 駐몽골대사관 주재관(현)

이재윤(李在允) LEE Jae Yoon

[생]1950·5·7 [출]대구 달성 [주]대구 중구 국채보상로511 덕영치과병원(053-420-2615) [학]대구 계성고졸, 서울대 치대졸 [경]1982년 대구 덕영치과병원 원장(현) 1995년 대구교정연합회 부회장 1999년 한국기원 대구본부장 2001년 (사)대구시아파트입주자대표회의총연합회 회장 2001년 국제로타리3700지구 총재 2001년 영남대 경영대학원 AMP총동창회장 2002년 세계인권옹호 대구지회 상임위원 2003년 대구시바둑협회 회장(현), 대구서재초총동창회 회장(현), 대한바둑협회 수석부회장(현) 2006년 Rotary Korea 위원장, (사)자연보호대구시협의회 회장(현), 전국아파트신문 발행인, 월간 우먼라이프 발행인(현), (사)전국아파트입주자대표회의연합회 회장(현), 저출산고령화대책국민운동연합 공동대표 2007~2009년 법무부 교정위원중앙협의회 회장 2007~2013년 민족통일중앙협의회 의장 2008~2010년 한국바둑학회 회장 2009~2013년 대통령자문 통일고문회의 고문 2013년 한국기원 부총재(현) 2013년 치학신문 발행인 2014년 (사)한국유스호스텔 대구연맹 장(현) 2016년 (사)자연보호중앙연맹 총재(현) [저]'보리와 이빨' '위대한 사랑은 꽃잎가를 맴돌고' '비소리' '밀레니엄 이슈 上·下' '일등국으로 가는 길' '낭만적 사고' '치아임프란트 설명서' '인공치아이식(Implantology)' '한일아동미술교류전시회 화집 1·2·3' '2007년도 아파트 운영백과' '2008년도 아파트 운영백과' '2008년도 주택관리법령집' '자유동화'(2012) '임프란트 이야기'(2012)

이재윤(李在潤) Lee Jae Youn

[생]1960·8·4 [본]인천(仁川) [출]경북 경산 [주]대구 동구 동대구로441 영남일보 편집국(053-756-8001) [학]1979년 심인고졸 1984년 영남대 행정학과졸 1986년 영남대 경영대학원 계획학과졸(행정학석사) [경]1988년 영남일보 입사, 同제2사회부·문화부·정치부·제3사회부·사회과학부·제1사회부·경제부 기자 2003년 同제2사회부장 2005년 同논설위원 2007년 同기획특집부장·제1사회부장 2009년 同편집국 부국장 2010년 同광고사업국장 2012년 同편집부국장 2014년 同논설실장 2014년 수성문화재단 운영위원(현) 2014년 대구시민회관 운영위원(현) 2014년 달성문화재단 이사(현) 2014년 대구시공동모금회 운영위원(현) 2014년 대구시생활권발전협의회 위원(현) 2014년 영남대행정학과동문회 부회장(현) 2014년 영남일보 편집국장(현) [상]대구경북기자협회 올해의기자상(2회) [종]개신교

이재율(李在律) LEE Jae Youl

[생]1960·1·14 [출]경기 [주]경기 수원시 팔달구 효원로1 경기도청 행정1부지사실(031-8008-2011) [학]보성고졸 1983년 연세대 법학과졸 [경]1986년 행정고시 합격(30회) 1998년 경기도 도정혁신담당관 1999년 同정책기획관 2000년 해외 연수 2002년 경기개발연구원 파견 2003년 경기도 경제투자관리실 투자진흥관 2005년 화성시 부시장 2007년 세종연구소 파견 2007년 경기도 문화관광국장 2008년 同경제투자관리실장 2008년 학교법인 경기학원 이사 2009년 경기도 기획조정실장 2010년 행정안전부 재난안전실 재난안전관리관 2011년 同지방행정국장(고위공무원) 2012년 경기도 경제부지사 2013년 안전행정부 안전관리본부장 2014년 국민안전처 안전정책실장 2014년 대통령 국정기획수석비서관실 재난안전비서관 2015년 대통령 정책조정수석비서관실 재난안전비서관 2015년 경기도 행정1부지사(현) [상]홍조근정훈장(2005)

이재은(李載殷) LEE Jae Eun

[생]1949·1·18 [출]충북 보은 [주]경기 수원시 영통구 매영로345번길111 수원시정연구원(031-220-8001) [학]1967년 청주고졸 1972년 성균관대 경제학과졸 1974년 同대학원 경제학과졸 1985년 경제학박사(성균관대) [경]1978년 창원기능대 전임강사 1979~1991년 경기대 경제학과 전임강사·조교수·부교수 1988년 미국 텍사스오스틴대 객원교수 1990년 경기도 지방재정계획심의위원 1991~2014년 경기대 경제학과 교수 1997년 일본 東京大 객원연구원 1997년 경기지방노동위원회 공익위원 1998년 한국재정학회 회장 2000년 한국지방재정학회 부회장 2000~2002년 경기대 국제대학원장 2002년 행정자치부 자체평가위원회 위원 2005~2007년 경기대 국제·문화대학원장 2005~2007년 同대체의학대학원장 2005~2007년 同기획실장 2008년 同대학원장 2008년 행정안전부 자체평가위원회 위원 2010년 국민권익위원회 위원 2010~2013년 경기대 부총장 2013년 안전행정부 자체평가위원회 위원 2013년 수원시 자치분권협의회 의장(현) 2014년 경기대 경상대학 경제학과 명예교수(현) 2014년 지방재정부담심의위원회 위원(현) 2014년 전국시도지사협의회 지방분권특별위원회 공동위원장(현) 2016년 수원시정연구원 원장(현) [상]교육부장관표창, 안전행정부장관표창(2013) [저]'재정학개론'(共) '재정학'(共) '한국재정론'(共) '한국경제의 구조'(共) '한국경제' '분권화와 지방세제 개혁'(2010)

이재은(李在檼)

[생]1964·6·1 [출]부산 [주]전북 전주시 덕진구 사평로25 전주지방법원(063-259-5400) [학]1983년 대원고졸 1987년 서울대 법학과졸 1989년 同대학원 법학과졸 [경]1997년 사법시험 합격(39회) 2000년 사법연수원 수료(29기) 2000년 수원지법 판사 2002년 서울지법 판사 2004년 청주지법 영동지원 판사 2007년 서울남부지법 판사 2010년 서울가정법원 판사 2012년 서울중앙지법 판사 2014년 서울남부지법 판사 2015년 전주지법 부장판사(현)

이재응(李在應) LEE Jae Eyng

[생]1957·12·26 [주]서울 동작구 흑석로84 중앙대학교 공과대학 기계공학부(02-820-5332) [학]1981년 중앙대 기계공학과졸 1986년 미국 미시간대 대학원 기계공학과졸 1991년 공학박사(미국 Michigan대) [경]1991~1992년 대우중공업 중앙연구소 선임연구원 1993년 중앙대 공과대학 기계공학과 조교수·부교수·교수, 同공과대학 기계공학부 교수(현) 2011~2013년 同공과대학장, 同공학인증센터장 2014년 同학술정보원장(현) 2014년 同박물관장(현)

이재익(李載益)

[생]1957·4·1 [출]강원 삼척 [주]서울 용산구 두텁바위로54의99 방위사업청 계약관리본부(02-2079-4000) [학]1977년 덕수상고졸, 육군사관학교졸(37기) 1993년 국방대 대학원 국방관리학과졸 2012년 경영학박사(원광대) [경]1981년 경리장교 임관 1994~1997년 국방조달본부 駐미군수무관 보좌관 2005년 3군사령부 예산운영과장 2006년 육군본부 예산회계관리과장 2008년 同예산처장 2010년 육군중앙경리단장 2012년 국군재정관리단 초대 단장 2013년 방위사업청 계약관리본부장(현) [상]대통령표창(2005), 보국훈장 천수장(2012), 자랑스런 대한민국시민대상(2014)

이재인(李載仁) LEE Jae In

[생]1957·2·3 [본]덕수(德水) [출]충남 예산 [주]서울 도봉구 삼양로144길33 덕성여자대학교 자연과학대학 화학과(02-901-8354) [학]1979년 서울대 화학과졸 1982년 한국과학기술원 대학원 화학과졸 1985년 화학박사(한국과학기술원) [경]1985년 순천향대 시간강사 1985~1995년 덕성여대 자연과학대학 화학과 조교수·부교수 1990~1991년 미국 Univ. of California Post-Doc. 1995년 덕성여대 자연과학대학 화학과 교수(현) 2002년 同종합개혁발전처장 2004~2005년 同자연과학대학장 2011~2013년 同대학원장 [저]'유기화학실험' '유기화학'

이재일(李載日) LEE Jae Il

[생]1957·2·23 [출]전남 순천 [주]광주 북구 용봉로77 전남대학교 수의학과 수의공중보건학교실(062-530-2854) [학]1981년 전남대 수의학과졸 1983년 同대학원 수의학과졸 1994년 수의학박사(호주 머도크대) [경]1995년 전남대 수의과학대학 수의학과 전임강사·조교수·부교수·교수(현) 2008년 진도개명견화사업단 단장(현) 2009년 전남대 수의과대학장 2016년 대한수의학회 회장(현)

이재일(李在一) LEE Jee Il

[생]1961·3·29 [출]부산 [주]서울 종로구 대학로101 서울대치과병원 구강병리과(02-740-8788) [학]1985년 서울대 치의학과졸 1988년 同대학원 치의학과졸 1993년 치의학박사(서울대) [경]1985~1988년 서울대병원 전공의 1988~1991년 원주시보건소 공중보건의 1991~1993년 서울대 치대 조교 1993년 International Association for Dental Research Member 1996년 서울대 치의학과 교수(현) 1996~1997년 미국 UCLA 방문연구원 1998년 서울대병원 의무장 1999년 서울대 치대 부학장보 2002~2004년 서울대병원 치과 과장 2003년 American Association for Dental Education Member 2003~2004년 서울대 치대 주임교수 2004년 Europe Association for Dental Education Member 2007년 서울대 치대 학생부학장 겸 치의학대학원 학생부원장 2007~2013년 한국치의학교육평가원 실행위원회 간사 2009~2013년 서울대치과병원 구강병리과장 2012년 치과의사국가시험연구소 소장 2013년 서울대 치의학대학원장(현) 2013~2014년 대한의료커뮤니케이션학회 총무이사 2013년 한국치과대학장·치의학전문대학원장협의회 회장

이재정(李在禎) LEE Jae Joung (陽村)

[생]1944·3·1 [본]경주(慶州) [출]충남 천안 [주]경기 수원시 장안구 조원로18 경기도교육청 교육감실(031-249-0007) [학]1962년 경기고졸 1969년 고려대 문과대학 독어독문학과졸 1974년 서울대 대학원 종교학과 수료 1984년 캐나다 매니토바대 대학원 문학과졸 1988년 신학박사(캐나다 토론토대) 2006년 명예 문학박사(캐나다 토론토대) [경]1977년 대한성공회 서울대성당 주임사제 1977년 한국기독교봉사회 회장 1978년 한국기독교학생총연맹 이사장 1988~1994년 성공회대 학장 1988년 한국신학교육연구원 이사 1994년 전국신학대학협의회 회장 1994~2000년 성공회대 총장 1996년 세계성공회협의회 상임위원 1997년 한국대학사회봉사협의회 부회장 1997년 아시아종교인평화회의 서울평화교육센터 원장 1997년 KNCC 통일과선교위원회 위원장 1998년 감사원 부정방지대책위원장 1998년 민주평통 상임위원 1998년 사법개혁추진위원 1999년 범종교단체남북교류협력협의회 공동대표의장 1999~2002년 국민정치연구회 이사장 2000년 새천년민주당 정책위 의장 2000~2003년 제16대 국회의원(전국구, 새천년민주당) 2000년 새천년민주당 당무위원 2000년 同시민사회특별위원장 2000년 同연수원장 2001년 새시대전략연구소 소장 2002년 同부이사장 2002년 새천년민주당 중앙선거대책위 유세본부장 2003년 열린우리당 총무위원장 2004년 대한성공회 샬롬의집(외국인노동자 쉼터) 사목 2004~2006년 민주평통 수석부의장 2005년 (사)이상설선생기념사업회 이사장 2006~2008년 통일부 장관 2008년 (재)심도학원 이사장 2008~2009년 성공회대 신학과 교수 2009~2010년 한국미래발전연구원 이사장 2009~2014년 성공회대 석좌교수 2009년 (사)한국기독교사회문제연구원 이사장 2009년 (사)한국라보 이사장 2009년 (사)노무현재단 이사 2010~2011년 국민참여당 대표 2012년 민주통합당 제18대 대통령중앙선거대책위원회 '미래캠프' 산하 남북경제연합위원회 위원 2013년 참여네트워크 대표 2014년 경기도 교육감(현) 2016년 전국시도교육감협의회 회장(현) [상]5월 정의상(1999), Arbor Award of University of Toronto(2006), 청조근정훈장(2009) [저]'한국성공회사 개관' '대한성공회 100년사'(1990) '성가수녀회 70년'(1990) '현대신학개관(共)'(1994) '사이와 사이에서'(2000) '한국교회운동과 신학적 실천'(2000) 회고록 '노무현의 한반도 평화구상-10·4 남북 정상선언(共)'(2015) [역]'요점 조직신학'(1999) [종]성공회

이재정(李在汀·女) LEE JAEJUNG

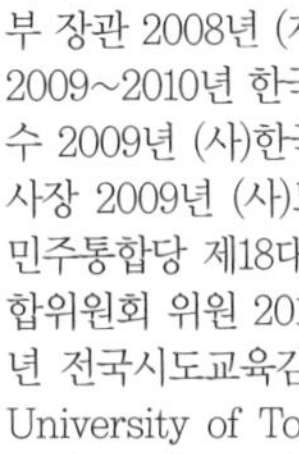

[생]1974·8·2 [주]서울 영등포구 의사당대로1 국회 의원회관502호(02-784-2677) [학]1993년 대구 성화여고졸, 경북대 법대 사법학과졸, 연세대 언론홍보대학원 재학 중 [경]2003년 사법시험 합격(45회) 2005년 사법연수원 수료(35기), 법무법인 동화 변호사, 대한안과의사회 고문변호사, 투명사회를위한정보공개센터 이사(현), 민주사회를위한변호사모임 사무차장, 한국이주여성인권센터 상담위원 2016년 제20대 국회의원(비례대표, 더불어민주당)(현) 2016년 더불어민주당 원내대변인(현) 2016년 同청년일자리TF 위원(현) 2016년 同민주주의회복TF 위원(현) 2016년 국회 운영위원회 위원(현) 2016년 국회 미래창조과학방송통신위원회 위원(현) 2016년 한국아동인구환경의원연맹(CPE) 회원(현) 2016년 국회 대법관(김재형)임명동의에관한인사청문특별위원회 위원(현)

이재준(李在浚) LEE Jae Joon (寒雨)

[생]1958·2·16 [본]경주(慶州) [출]충북 제천 [주]경북 구미시 대학로61 금오공과대학교 토목공학과(054-478-7616) [학]1976년 성남고졸 1980년 연세대 토목공학과졸 1982년 同대학원 토목공학과졸 1987년 토목공학박사(연세대) [경]1982~1990년 연세대 산업기술연구소 연구원·객원연구원 1990~1991년 서울시 수도기술연구소 기술개발부장 1991년 금오공과대 토목공학과 교수(현) 1995~1996년 同토목공학과장 1996~1997년 同건설기술연구소장 1997년 同환경연구소장 1999년 행정자치부 재해영향평가위원 1999~2001년 금오공과대 기획연구실장 2002년 행정자치부 국립방재연구소장 2004년 소방방재청 국립방재연구소장 2012년 국토해양부 중앙건설기술심의위원 2013년 금오공과대 산업대학원장(현) 2015년 국가과학기술심의회 공공·우주전문위원회 위원(현) [상]교육인적자원부장관표창(2006), 행정자치부장관표창(2007) [저]'소하천 시설기준(編)'(1999) '방재학개론'(2008) [역]'수문학'(2006) [종]불교

이재준(李載俊) LEE Jae Jun (鎭庵)

[생]1960·5·1 [본]덕수(德水) [출]충남 아산 [주]경기 수원시 팔달구 효원로1 경기도의회(031-8008-7000) [학]천안중앙고졸 1987년 국민대 경제학과졸 [경]국민대 총학생회장, 쌍용정유 근무, 노무현 국회의원후보 비서, 민족문제연구소 고양지부장 2002년 새천년민주당 대통령중앙선거대책위원회 고양덕양甲선거대책위원회 부위원장, 민주평통 고양시 기획운영분과 부위원장, 민주화운동기념관건립추진위원회 경기북부 조직위원, 민족문제연구소 고양지부 고문, 국가균형발전위원회 자문위원 2006년 경기도의원선거 출마(열린우리당) 2010년 경기도의회 의원(민주당·민주통합당·민주당·새정치민주연합) 2010년 同도시환경위원회 위원 2010년 同민주당 대변인 2010년 同4대강사업검증특별위원회 간사 2012년 同여성가족평생교육위원회 위원 2012년 同예산결산특별위원회 위원 2013년 同민주당 정책위원장 2014년 同새정치민주연합 정책위원장 2014년 경기도의회 의원(새정치민주연합·더불어민주당)(현) 2014년 同기획재정위원회 위원 2015년 同수도권상생협력특별위원회 위원(현) 2015년 同청년일자리창출특별위원회 위원(현) 2016년 同기획재정위원회 위원장(현) 2016년 同경제민주화특별위원회 위원(현) 2016년 더불어민주당 경기고양시甲지역위원회 위원장(현) [상]서울일보 공직대상(2011), 경기언론인연합회 의정대상(2011), 중부일보 제10회 율곡대상(2012) [저]'민원의 정치학-지금 이대로 좋은가'(2008) [역]'약속'(2005) [종]천주교

이재준(李載俊) LEE Jae June

[생]1960·10·21 [출]경북 영천 [주]경기 의정부시 녹양로34번길30 이재준법률사무소(031-877-8181) [학]1979년 대구 영신고졸 1983년 고려대 법학과졸 [경]1984년 사법시험 합격(26회) 1987년 사법연수원 수료(16기) 1987년 수원지검 검사 1989년 대구지검 안동지청 검사 1991년 창원지검 검사 1993년 서울지검 의정부지청 검사 1994년 변호사 개업(현) 2010년 경기북부지방변호사회 부회장 2012~2014년 同회장

이재중(李載中)

[출]충남 청양 [주]충남 홍성군 홍북면 홍예공원로8 충청남도보건환경연구원(041-635-6801) [학]건국대 환경대학원졸 [경]1983년 환경청 입청, 서천군 환경보호과장, 충남 환경관리과 환경정책담당, 충남도 수질관리과장 2013년 同물관리정책과장 2015년 同보건환경연구원장(현) [상]대통령표창(2009), 환경부장관표창(2010)

이재진(李載珍) LEE Jae Jin (松溪)

[생]1953·9·1 [본]덕수(德水) [출]충남 당진 [주]대전 유성구 가정북로26의41 ITplex빌딩202호 (주)텔트론 임원실(042-360-2000) [학]1975년 공주사범대졸 1982년 동국대 대학원 고체물리학과졸 1987년 이학박사(동국대) [경]1978년 무학여중 교사 1983년 광운대·상명여대 강사 1991년 미국 MIT 전기전자컴퓨터공학과 객원연구원 1995년 한국전자통신연구원 반도체연구단 책임연구원·재료기술연구실장·공정개발실장·무선통신회로팀장 2000년 (주)텔트론 대표이사(현) 2005년 (사)한국고주파산업연구조합 이사장(현) 2007~2014년 (사)대전충남엑스포트클럽 회장 [상]문화공보부장관표창(1980), 정보통신부장관표창(1993·1996) [저]'MBE에 의한 화합물 반도체 성장과 특성'(1987) [작]'RF센서' 'ATP측정기' '휴대형 야채세정기'

이재진(李載鎭) LEE JAE JIN

[생]1953·10·13 [본]인천(仁川) [출]경남 의령 [주]서울 중구 세종대로9길53 CJ대한통운 임원실(02-700-1505) [학]1972년 부산상고졸 1980년 동아대 경영학과졸 1983년 同대학원 무역학과졸 [경]1980~1987년 극동해운(주) 근무 1987년~1988년 서진해운(주) 근무 1988~1994년 신한익스프레스(주) 근무 1994~1996년 Expeditors Korea Co. Ltd 대표이사 1997~2012년 Expeditors Int'l of Washington Inc Asia region 해운담당 부사장 2013~2015년 CJ대한통운(주) 상근고문 2015년 同부사장(현)

이재진(李在鎭) LEE Jae Jin

[생]1964·9·17 [출]서울 [주]서울 성동구 왕십리로222 한양대학교 사회과학대학 미디어커뮤니케이션학과(02-2220-0851) [학]1983년 경성고졸 1987년 서울대 언론정보학과졸 1991년 同대학원 언론정보학과졸 1995년 미국 아이오와대 대학원 신문학과졸 1998년 신문학박사(미국 서던일리노이대) [경]1996년 미국 서던일리노이대 조교 1997년 한국언론연구원 해외통신원 근무 1998~1999년 서울대·국민대 강사 1999년 한양대 사회과학대학 사회과학부 신문방송전공 전임강사·조교수·부교수·교수 2000년 중앙일보 옴부즈맨칼럼 기고 2000년 한국언론학회 이사 2002년 한국언론법학회 총무이사·부회장 2004년 한국간행물윤리위원회 심의위원 2004~2005년 서울시선거관리위원회 선거방송토론위원회 위원 2006년 미국 오리건주립대 방문교수 2010년 한국신문윤리위원회 윤리강령제정위원 2011년 한양대 사회과학대학 미디어커뮤니케이션학과 교수(현) 2015년 한국언론법학회 차기(2017년 1월) 회장(현) [상]한국언론학회 우당신진학자 논문상(2000), 문화관광부 우수학술서 선정(2003), 한국방송학회 학술상(2006), 대한민국학술원 우수저서 선정(2007), 철우언론법상(2009) [저]'한국저널리즘과 언론사상(共)'(1999) '언론지원정책(共)'(2001) '신문개혁을 위한 각국법제 비교(共)'(2001) '신문개혁 이렇게 합시다' '언론 소송 10년의 판례연구(共)'(2001) '대중매체의 이해와 활용(共)'(2002) '한국언론윤리법제의 현실과 쟁점'(2002) '언론과 명예훼손 소사전'(2003) '언론자유와 인격권의 충돌과 조화'(2006) '인터넷 언론자유와 인격권'(2009)

이재진(李在振) Lee Jae Jin

[생]1972·9·30 [주]서울 종로구 창경궁로120 웅진홀딩스 임원실(02-2076-4701) [학]단국대부속고졸, 1995년 연세대 경제학과졸 [경]삼성물산 근무, PWC컨설팅 컨설턴트 2004년 웅진그룹 입사, (주)웅진홀딩스 IT서비스본부장(상무), 同사업총괄본부장(전무) 2014년 同대표이사(현)

이재찬(李在燦) LEIGH Jae Chan

[생]1948·9·27 [본]하빈(河濱) [출]대전 [주]서울 강남구 강남대로556 논현빌딩17층 세중 부회장실(02-2126-7503) [학]1967년 대전고졸 1971년 연세대 상경대학 상학과졸 [경]1973년 예편(육군 중위·ROTC 9기) 1973년 삼성물산(주) 입사 1978년 (주)대우 미주법인 대표 1991년 한미합작법인 DREW KOREA(주) 대표이사 1997년 청도태광유한공사(나이키 중국공장) 사장 2004년 (주)세중여행 대표이사 2006년 (주)세중나모여행 대표이사 사장 2009년 同부회장 2011년 (주)세중 부회장(현) [상]국방부장관표창(1971), 산업자원부장관표창(2001)

이재찬(李哉燦) Lee Jae Chan

[생]1960·2·5 [주]서울 송파구 올림픽로424 벨로드롬101호 대한스키협회(02-420-4219) [학]연세대 경영학과졸 [경]롯데쇼핑(주) 롯데마트 판매2부문장, (주)호텔롯데 스카이힐 제주총지배인, 同복지팀장, 롯데쇼핑(주) 롯데마트 TUR부문장(이사) 2012년 同롯데마트 TUR부문장(상무) 2014년 同롯데마트 TUR부문장(전무) 2014년 대한스키협회 수석부회장(현) [종]천주교

이재창(李在昌) LEE Jai Chang

[생]1936·10·25 [본]경주(慶州) [출]경기 파주 [학]1956년 경복고졸 1960년 서울대 법대졸 1982년 국방대학원 안보과정 수료 1994년 한양대 행정대학원 도시행정학과졸 [경]1977~1979년 내무부 재정·행정과장 1980년 경기도 부지사 1982년 전남도 부지사 1983년 내무부 행정국장 1984년 同민방위본부장 1987년 인천시장 1989~1990년 환경청장 1989~1990년 교통부 차관 1990~1992년 경기도지사 1992~1993년 환경처 장관 1994년 미국 환경연구소 객원연구

원 1994년 충남대 법학과 객원교수 1996년 자민련 파주지구당 위원장 1996년 제15대 국회의원(파주, 자민련·신한국당·한나라당) 1996년 자민련 환경노동분과 위원장 1998년 한나라당 평화통일위원장 1998년 同정책위원회 건설교통위원장 2000년 제16대 국회의원(파주, 한나라당) 2000년 한나라당 재해대책위원장 2000년 同경기도지부 위원장 2002년 同예산결산특별위원장·지방분권위원장 2003년 국회 정무위원장 2004~2008년 제17대 국회의원(파주, 한나라당) 2004년 한나라당 인사위원장 2005년 同공천심사위원장 2006년 同부동산대책특위 위원장 2006년 同인사자문특위 위원장 2007~2009년 同전국위원회 의장 2009~2013년 새마을운동중앙회 회장 [상]대통령표창(1975), 홍조근정훈장(1981), 황조근정훈장(1992), 청조근정훈장(1993), 밝은정치시민연합 새천년밝은정치인상(2000), 율곡대상(2003), 경복동문대상(2010), 몽골 나이람달훈장(2010), 캄보디아정부 재건훈장(2012), 자랑스러운 국가정책인대상 정치행정부문상(2012) [종]기독교

이재창(李載昌) LEE Jae Chang

[생]1942·8·9 [본]연안(延安) [출]경남 창녕 [주]서울 성북구 안암로145 고려대학교 통계학과(02-3290-2230) [학]1960년 서울고졸 1963년 서울대 경제학과 3년 수료 1967년 미국 오하이오주립대(Ohio State Univ.) 경제학과졸 1969년 同대학원 수학과졸 1972년 통계학박사(미국 오하이오주립대) 1995년 서울대 경제학과졸 [경]1972년 미국 모라비안대(Moravian Coll.) 조교수 1978년 한국표준연구소 전산실장 1979~2007년 고려대 통계학과 교수 1990년 同기획처장 1991년 전국사립대기획처장협의회 회장 1991년 한국통계학회 회장 1993년 국제통계기구(ISI) 이사 1993년 한국과학기술단체총연합회 이사 1994년 한국과학기술한림원 정회원(현) 1995년 한국공식통계연구회 회장 1995년 한국분류학회 회장 1999년 국제통계기구(ISI) 2001서울대회 학술위원장 2001년 同부회장 2001년 국제통계계산학회(IASC) 회장 2003년 국제통계계산학회(IASC)저널 CSDA 공동편집위원장(현) 2007년 고려대 통계학과 명예교수(현) 2011~2013년 국제통계기구(ISI) 회장 [상]대통령표창(1996), 대한통계협회 통계공로상, 녹조근정훈장(2002) [저]'컴퓨터를 활용한 통계학(共)'(1998) '韓方통계학(共)'(1999) '최신통계학' '최신통계적 방법' '수리통계학 개론'(2000) '혼돈과 질서의 만남'(2003)

이재창(李在昌) LEE Jae Chang

[생]1963·1·17 [본]안성(安城) [출]경기 김포 [주]서울 중구 청파로463 한국경제신문 편집국 정치부(02-360-4143) [학]한국외국어대 영어과졸, 건국대 홍보대학원졸 [경]1992~2000년 세계일보 정치부·국제부 기자 2000년 한국경제신문 편집국 정치부 기자 2004년 同편집국 정치부 기자(차장대우) 2009년 同편집국 정치부장 2013년 同편집국 국제부장 2014년 同편집국 지식사회부장 2015년 同편집국 지식사회부장(부국장대우) 2016년 同편집국 정치부장(부국장대우)(현) [종]기독교

이재천(李在天) LEE Jae Cheon

[생]1951·9·10 [본]경주(慶州) [출]경북 구미 [주]서울 서초구 방배로69 백석대학교 대학원(02-520-0714) [학]1971년 경신고졸 1979년 성균관대 중어중문학과졸 1981년 대만 국립정치대 공공행정과 수료 2001년 성균관대 언론정보대학원졸 2006년 전경련 부설 국제경영원 글로벌CEO과정 수료 2015년 명예 언론학박사(백석대) [경]1979년 CBS 입사, 同정치부 차장·경제부 차장·사회부 차장·청주방송본부 보도부장 1993년 同부산방송본부 보도제작국장 1994년 同경제부장 1995년 同경제부장 겸 해설위원 1996년 同부산방송본부 보도제작국장 1998년 同부국장 겸 경제부장 2002년 同청주방송본부장 2003년 同보도제작국장 2005년 同방송본부장 겸 보도국장 2006년 同기획조정실장 2007년 同마케팅본부장 2008년 同대전방송본부장 2009~2015년 同대표이사 사장 2009~2015년 한국방송협회 부회장 2014~2015년 세계한인기독교방송협회(WCBA) 회장 2015년 백석대 대학원 특임부총장(현) [상]올림픽봉사상(1988), 문화포장(2007), 한국교회연합과일치상(2011) [종]기독교

이재천(李在天) LEE Jae-chun

[생]1957·2·21 [본]재령(載寧) [출]경남 진주 [주]대전 유성구 과학로124 한국지질자원연구원 광물자원연구본부 희유자원연구센터 도시광산연구팀(042-868-3613) [학]1975년 동래고졸 1979년 한양대 금속공학과졸 1981년 同대학원 금속공학과졸 1986년 공학박사(한양대) [경]1986~1991년 한국동력자원연구소 희유금속연구실 선임연구원 1990년 미국 Univ. of California at Berkeley Post-Doc. 1991년 한국지질자원연구원 자원활용연구부 책임연구원 2001~2003년 경기대 환경공학과 겸임교수 2002~2007년 한국지질자원연구원 자원활용소재연구부장 2004~2009년 과학기술연합대학원대 전임교수 2007~2008년 미국 Univ. of California at Berkeley, Visiting Research Scientist 2008~2012년 한국지질자원연구원 광물자원연구본부 금속회수연구실 책임연구원 2012년 同광물자원연구본부 희유자원연구센터 도시광산연구팀 책임연구원(현) 2012년 과학기술연합대학원대 자원순환공학전공 책임교수(현) 2015년 한국공학한림원 정회원(재료자원공학·현) [상]과학기술처장관표창(1989), 과학기술처 연구개발상(1989), Clean Japan Center 리사이클링기술개발 혼다(本多)상(1998), 한국지질자원연구원 연구개발상 동상(2002), 환경부장관표창(2003), 한국자원리사이클링학회 학술상(2004), 한국과학재단 선정 2005년대표적우수연구성과 50선(2005), 한국지구시스템공학회 학술상(2005), 한국지질자원연구원 우수논문상(2005), 과학기술훈장 혁신장(2008) [종]기독교

이재천(李載天) LEE Jae Cheon

[생]1964·12·9 [주]경기 의정부시 금오로23번길22의49 경기북부지방경찰청 경무과(031-961-2121) [학]1988년 경찰대 법학과졸 [경]2011년 서울 혜화경찰서 정보보안과장 2012년 서울 서대문경찰서 정보보안과장 2013년 서울 영등포경찰서 정보과장 2014년 인천지방경찰청 치안지도관 2015년 同여성청소년과장 2015년 전남 구례경찰서장 2016년 경기지방경찰청 제2청 경무과 치안지도관 2016년 경기북부지방경찰청 경무과 치안지도관(현)

이재철(李載哲) LEE Jae Chul

[생]1948·5·10 [출]전남 나주 [주]경기 수원시 영통구 월드컵로123 승전빌딩306호 법무법인 마당(031-213-6633) [학]목포고졸 1976년 서울대 법학과졸 [경]1976년 사법시험 합격(18회) 1978년 사법연수원 수료(8기) 1978년 대구지법 판사 1980년 同경주지원 판사 1982년 수원지법 인천지원 판사 1984년 서울지법 동부지원 판사 1986년 서울민사지법 판사 1988년 서울형사지법 판사 1988년 서울고법 판사 1993년 대전지법 홍성지원장 1995년 수원지법 부장판사 1995년 변호사 개업 1999년 신원컨트리클럽 회장 2003년 법무법인 마당 대표변호사(현) 2004~2009년 KTF 사외이사 2006년 기업은행 사외이사 2008~2010년 학교법인 경기대 이사장, 경기 이천시 고문변호사(현), 수원지법 조정위원(현) [종]기독교

이재철(李宰徹) Lee, Jae Cheol

[생]1968·10·23 [출]서울 [주]서울 종로구 새문안로3길15 동원빌딩4층 (주)피알와이드 임원실(02-3454-1226) [학]배재고졸, 성균관대 영어영문학과졸, 同경영대학원 마케팅학과졸 [경]코리아컨벤션서비스 과장 대리, 링크인터내셔널 PR팀 차장, Ogilvy PR Korea Account Director & Acting Head of Office, 다보스포럼 한국사무소 실장, 프레인 부사장·대표이사, (주)리턴커뮤니케이션즈 대표이사 2010년 (주)아이앤알 대표이사 2013년 (주)피알와이드 대표이사(현) [상]문화부장관표창(2007)

이재춘(李載春) LEE Jea Choon (礖松)

[생]1941·6·13 [본]진성(眞城) [출]경북 안동 [주]경북 안동시 육사로239 탈춤공원內 안동차전놀이보존회(054-854-0300) [학]1959년 경북고졸 1973년 서울대 신문대학원 수료 1988년 대구대 사회개발대학원 수료 2003년 문화학교 학예과 전통예능학사 [경]1967~1972년 안동시청 근무 1972년 안동문화방송 근무 1975년 매일신문 안동주재 제2사회부장 1989년 안동차전놀이보존회 회장(현) 1990년 안동시체육회 부회장 1991년 중요무형문화재 제24호 안동차전놀이(차전지도) 예능보유자(현) 1995~1997년 대구일보 경북북부지역본부장 2001~2010년 안동문화원 부원장 2007년 안동시의회 자문위원회 위원장 2010년 안동문화원 원장(현) 2012년 (재)안동축제관광조직위원회 이사(현) 2015년 경북도문화원연합회 회장(현), 한국문화원연합회 부회장(현) [상]내무부장관표창(1971), 경북도문화상(1978), 자랑스러운 안동시민상(2000) [저]'안동차전놀이' [종]불교

이재출(李在出)

[생]1959·12·29 [본]전주(全州) [출]전북 익산 [주]서울 강남구 영동대로511 무역센터트레이드타워50층 한국무역협회(02-6000-5085) [학]1977년 충북고졸 1985년 한국외국어대 상경대학 경제학과졸 1990년 연세대 대학원 경제학과졸 1998년 미국 테네시대 대학원 정보학과졸 2010년 한국사이버대 대학원 MBA과정 수료 2010년 GE코리아 CLP(Customer Leadership Program) 수료

2011년 서울대 GLP과정 수료 2014년 중국 칭화대 정책CEO과정 수료 [경]1985년 한국무역협회 조사부 입사 1996년 同무역진흥부 근무 1998년 국제통화기금(IMF) 대책반 근무 1999년 한국무역협회 정보사업부 근무 2000년 同국제부 근무 2002년 同충북지부 근무 2003년 同무역연구소 기획조사팀장 2004년 同무역연구소 산업연구팀장 2005년 同충북지부장 2008년 同경영기획팀장 2010년 同기획조정실장 2011년 同고객서비스본부장 2012년 同E-Biz지원본부장 2012년 同경영관리본부장 2015년 同전무이사(현) [상]한국무역협회장표창(1993), 무역의날 유공 장관표창(2003), 석탑산업훈장(2014) [종]원불교

이재태(李在台) LEE Jae Tae

[생]1957·11·15 [출]경북 안동 [주]대구 서구 국채보상로34길46 대구시선거관리위원회(051-851-7770) [학]연세대 행정대학원 정치학과졸 [경]2004년 영주시선거관리위원회 사무국장(서기관) 2005년 중앙선거관리위원회 기획예산담당관 2006년 同조직행정과장 2007년 同공직선거과장 2009년 同지도1과장(부이사관) 2010년 同선거과장 2011년 통일연구원 파견 2012년 울산시선거관리위원회 사무처장(이사관) 2013년 경기도선거관리위원회 사무처장 2015년 부산시선거관리위원회 상임위원(관리관) 2016년 대구시선거관리위원회 상임위원(현)

이재태(李載泰) LEE Jae Tae

[생]1958·6·7 [본]덕수(德水) [출]대구 [주]대구 동구 동내로88 대구경북첨단의료산업진흥재단(053-790-5114) [학]1976년 경북고졸 1982년 경북대 의대졸 1985년 同대학원졸 1992년 의학박사(영남대) [경]1982~1986년 경북대병원 인턴·내과 전공의 1989~2006년 경북대 의대 핵의학교실 전임강사·조교수·부교수 1991년 미국 필라델피아심장연구소 방문연구원 1992년 미국 국립보건연구원 연구원 1998년 대한핵의학회 수련이사 2002~2006년 경북대 의대 핵의학교실 교수 2005~2007년 경북대병원 기획조정실장 2006년 경북대 의학전문대학원 핵의학교실 교수(현) 2007년 同생명의학연구소장 2008~2010년 경북대병원 진료처장 2009~2015년 과학기술부 원자력기초공동연구단 단장 2011~2015년 당뇨 및 대사질환선도형현구중심병원 사업단장 2012~2015년 대구시의사회 부회장 2013~2014년 국가과학기술심의회 생명복지분야 전문위원 2014~2016년 대한핵의학회 회장 2015년 대구경북첨단의료산업진흥재단 이사장(현) [상]대한핵의학회 학술상(1991), 미국핵의학회지 학술상(1995), 대한갑상선학회 젠자임 학술상(2011), 대한핵의학회 최우수 외국논문 학술상(2011), 보건복지부장관표창(2013), 원암학술상(2013) [저]'핵의학개론' '핵의학분자영상의학' [역]'갑상선질환의 진단과 치료'

이재포(李在圃) LEE Jae Po

[생]1964·3·7 [본]전주(全州) [출]경남 진주 [주]서울 강남구 선릉로524 선릉대림아크로텔722호 협동조합소요(02-567-1070) [학]진주 동명고졸 1990년 서울대 정치학과졸 [경]2002~2003년 (주)두루넷쇼핑 상무이사 2003~2004년 (주)지식발전소 3C사업본부장(CMO) 2004~2007년 Yes24(주) 상무이사 2005~2006년 (주)무비오케이 부사장 2006년 (주)알라딘커뮤니케이션 감사(현) 2007년 (주)이니시스 산업전략컨설팅담당 2007년 오마이뉴스 경영컨설팅담당 2007년 eMediaTrack Grid Computing 기술사업화 경영컨설팅담당 2008~2012년 (주)CBSi 대표이사 사장 2008년 (재)밥상공동체 이사(현) 2008년 (주)EMM 감사(현), (주)빛스캔 경영고문 2008년 (주)노컷뉴스 이사 2008~2010년 크리스채너티투데이 운영이사 2009년 CBS노컷뉴스 대표이사 2009~2011년 (주)피어컴 기술고문 2011년 (주)아이유미디어 기술고문 2013년 엘앤케이바이오메드 감사 2013년 (주)파이노 경영고문 2014년 同대표이사 2014년 엘앤케이바이오메드 고문 2015년 협동조합소요 이사장(현)

이재필(李載弼) LEE Jae Pil

[생]1960·10·15 [주]강원 춘천시 방송길109 KBS 춘천방송총국(033-258-7100) [학]1979년 영훈고졸 1983년 성균관대 전기공학과졸 [경]1996년 KBS 대구방송총국 기술국 TVR담당 부장 1997년 同기술관리부장 1998년 同TV기술국 TV송출기술부 감독 1998년 同편성국 영상그래픽실 감독 2001년 同보도기술부 차장 2004년 同보도본부 보도기술팀원 2009년 同보도본부 보도국 보도기술주간 2010년 同제작리소스센터 보도기술국장 2011년 同TV기술국 근무 2014년 同기술본부 네트워크관리국 김제송신소장 2016년 同춘천방송총국장(현)

이재필(李在弼) Lee, Jae-Phil

[생]1967·7·30 [주]전북 전주시 완산구 서학로95 국립무형유산원 조사연구기록과(063-280-1490) [학]1986년 자인고졸 1991년 영남대 문화인류학과졸 1997년 同대학원 문화인류학과졸 [경]1999~2005년 국립문화재연구소 예능민속연구실 학예연구사 2005~2010년 문화재청 무형문화재과 학예연구관 2010~2012년 국립문화재연구소 무형문화재연구실 학예연구관 2012~2014년 문화재청 무형문화재과 학예관 2014년 국립무형유산원 조사연구기록과장(현)

이재하(李在夏) LEE Jae ha

[생]1954·8·13 [출]경북 안동 [주]대구 달서구 성서동로142 삼보모터스(주) 임원실(053-582-9230) [학]계명대 서영미술학과졸, 同대학원 교육학과졸, 경북대 최고경영자과정 수료, 명예 경영학박사(대구대) [경]1978년 대동고 교사 1985년 태창산업(주) 대표이사 1992년 한국대아진공(주) 대표이사 1995년 삼협산업(주) 대표이사, 삼보모터스(주) 대표이사 사장(현) 2011년 대구성서산업단지관리공단 이사장 2013년 대구사진비엔날레 조직위원장 [상]대구광역시장표창(2007), 은탑산업훈장(2008), 금탑산업훈장(2016)

이재학(李在鶴) LEE Jai Hak

[생]1959·2·11 [본]성주(星州) [출]경기 시흥 [주]경기 시흥시 산기대학로237 한국산업기술대학교 기계설계공학과(031-8041-0425) [학]1977년 제물포고졸 1981년 서울대 기계설계학과졸 1986년 미국 오클라호마주립대 대학원 기계과졸 1991년 공학박사(미국 펜실베니아주립대) [경]1982~1983년 대우중공업 근무 1983~1984년 코오롱엔지니어링 주임 1992~1998년 국립기술품질원 공업연구관 1998년 한국산업기술대 기계설계공학과 부교수·교수(현) 2005~2006년 同산업기술·경영대학원장 2015년 (사)표준학회 회장(현) [상]국무총리표창(2014)

이재학(李在鶴) Lee Jae Hak

[생]1959·7·27 [출]서울 [주]서울 서초구 남부순환로2351 국제방송교류재단 아리랑TV 경영본부(02-3475-5000) [학]1982년 서강대 정치외교학과졸 1984년 同대학원졸 [경]1995년 중앙일보 기획부·편집기획실 근무 1996년 同국제부 차장 1997년 同미주총국 차장 1998년 同경제부 차장 1999년 同국제부 차장 2000년 同영어신문창간준비위원회 영문뉴스팀 차장 2001년 同영어신문사업본부 기획팀 차장 2002년 同기획팀장(부장대우) 2002년 同영어신문본부 뉴스룸팀장(부장대우) 2003년 同국제부장 2005년 중앙일보시사미디어 뉴스위크한국판 대표이사 겸 발행인 2008년 同전략사업부문 대표 2009년 同뉴스위크한국판 대표이사 겸 발행인 2011~2012년 同월간중앙 대표이사 겸 뉴스위크 대표이사 2012~2015년 중앙미디어네트워크 영어신문부문 전문위원 2015년 국제방송교류재단 아리랑TV 경영본부장(현)

이재한(李在漢) LEE Jae Han

[생]1963·4·26 [출]충북 옥천 [주]서울 서초구 서초대로23길15의4 한용빌딩3층 한용산업(주)(02-587-9671) [학]1982년 서울 오산고졸 1987년 미국 세인트존스대 정치학과졸 1990년 미국 롱아일랜드대 대학원 국제정치학과졸 2007년 국제정치학박사(중앙대) [경]1988~1990년 미국 NEWYORK DIARY SALES CORP. 근무 1991~1992년 (주)KOTECH 이사 1992년 한용입체주차산업(주) 대표이사 1996~1997년 한국주차설비공업협동조합 이사 1996년 한·일청년실업가협회 간사 1997~1999년 한국주차설비공업협동조합 감사 1998년 한용산업(주) 대표이사(현) 2004년 한국주차설비공업협동조합 이사장(현) 2005년 (사)국제주차협회 회장 2009년 한국조달연구원 이사(현) 2011년 영동대 겸임교수 2011년 세계태권도연맹 자문위원 2011년 민주당 손학규대표 경제특보 2011년 민주통합당 직능위원회 부위원장 2011년 同충북도당 부위원장 2011년 同보은·옥천·영동지역위원회 위원장 직대 2012년 제19대 국회의원선거 출마(충북 보은·옥천·영동, 민주통합당) 2012년 민주통합당 문재인 대통령후보 담쟁이캠프 중소기업특별위원장 2013년 同정책위원회 부의장 2013년 同중소기업특별위원회 위원장 2015년 중소기업중앙회 부회장 2016년 더불어민주당 충북보은군·옥천군·영동군·괴산군지역위원회 위원장(현) 2016년 同제20대 총선 선거대책위원회 위원 2016년 제20대 국회의원선거 출마(충북 보은군·옥천군·영동군·괴산군, 더불어민주당) [상]중소기업유공자 대통령표창(2009)

ㅇ

이재혁(李載赫) LEE Jae Hyuk

[생]1954·2·17 [출]경북 안동 [주]서울 송파구 올림픽로 269 롯데칠성음료(주) 사장실(02-3479-9270) [학]1972년 경북대사대부고졸 1976년 서울대 식품공학과졸 [경]동방유량(주) 근무 1978~1996년 롯데칠성음료(주) 기획조정실 근무 2001년 同기획담당 상무 2002년 同관리본부장(상무) 2006년 롯데리아(주) 대표이사 전무 2008년 롯데그룹 정책본부 운영실장(부사장) 2011년 롯데칠성음료(주) 대표이사 사장(현) 2011~2015년 (주)롯데아사히주류 대표이사 2011년 한국페트병자원순환협회 회장(현)

이재혁(李載赫) Lee Chae Hyouk

[생]1955·10·19 [본]전주(全州) [출]서울 [주]경기 과천시 코오롱로11 코오롱인더스트리 사업5본부(02-3677-6120) [학]경복고졸, 고려대 화학과졸 [경]2004년 코오롱유화(주) 기초수지사업본부장 2009년 코오롱인더스트리(주) 기초수지사업본부장 2011년 同사업5본부장(전무) 2013년 同사업5본부장(부사장)(현)

이재현(李在賢) LEE Jae Hyun

[생]1950·4·14 [본]경주(慶州) [출]충남 천안 [주]경기 안산시 단원구 광덕4로180 부원프라자402호 세무법인 명인(031-403-3535) [학]1969년 서울대사대부고졸 1974년 서울대 법학과졸, 미국 위스콘신대 대학원 공공정책학과졸 [경]1974~1991년 재무부 재산관리국·세제국·증권관리국 행정사무관 1991년 세무대학 교수 1992년 미국 위스콘신대 파견 1994년 일본 대장성 파견 1996년 재정경제원 국유재산과장 1998년 재정경제부 재산세과장 1998년 同조세정책과장 2000년 한국조세연구원 파견 2002년 중부지방국세청 조사2국장 2003년 대전지방국세청장 2004~2005년 국세청 국세공무원교육원장 2006년 세무사 개업 2008년 세무법인 명인 세무사(현) [상]대통령표창(1989) [저]'양도소득세해설'(1985) [종]기독교

이재현(李在鉉) LEE Jae Hyun

[생]1954·2·10 [출]전북 장수 [주]서울 중구 칠패로36 연세봉래빌딩11층 롯데로지스틱스(주) 대표이사실(02-2095-3114) [학]전주상고졸 1979년 전북대 경영학과졸 [경]1978~1986년 롯데칠성음료(주) 근무 1986~1997년 롯데그룹 감사실 근무 1997년 롯데쇼핑(주) 상품본부 상품2부문 생활용품매입팀장 1998년 同가정용품영업팀장 1999년 同영업본부 청량리점장 2000년 同광주점장 2001년 同영등포점장(이사) 2002년 同잠실점장 2004년 同마케팅부문장(상무이사) 2005년 同상품본부장(상무이사) 2007년 同부산본점장(상무) 2008~2010년 同영업본부장(전무) 2008~2011년 (주)롯데미도파 대표이사 2010~2011년 롯데스퀘어 대표이사 2011년 롯데로지스틱스(주) 대표이사 전무 2014년 同대표이사 부사장(현)

이재현(李在鉉) Lee Jae-Hyun

[생]1959·7·2 [출]경북 예천 [주]경기 용인시 수지구 문정로3 수지우체국 국장실(031-270-0511) [학]1977년 철도고졸 1990년 건국대 행정학과졸 [경]1985~1991년 국회사무처 기록편찬국 근무 1991~2009년 상공부(現지식경제부) 근무 2010~2011년 서울지방우정청 금융영업실장(서기관) 2011~2013년 동수원우체국장 2013~2014년 안양우체국장 2014~2015년 경인지방우정청 사업지원국장 2015~2016년 군포우체국장 2016년 용인수지우체국장(현)

이재현(李載鉉) LEE Jae Hyun

[생]1960·10·23 [출]전남 영광 [주]인천 서구 거월로61 수도권매립지관리공사 사장실(032-560-9315) [학]1979년 광주 살레시오고졸 1988년 조선대 기계공학과졸 2004년 한양대 공학대학원 환경공학과졸 [경]1987년 기술고시 합격(23회) 2003년 환경부 환경정책국 환경경제과장 2004년 同대기보전국 대기정책과장(서기관) 2005년 同대기보전국 대기정책과장(부이사관), 同수질정책과장 2007년 同재정기획관 2007~2013년 수단어린이장학회 이사장 2008년 중앙공무원교육원 교육파견 2009년 낙동강유역환경청장 2010년 환경부 기후대기정책관(고위공무원) 2012년 同영산강유역환경청장 2012년 同물환경정책국 상하수도정책관(국장급) 2013~2015년 同기획조정실장 2015년 수도권매립지관리공사 사장(현)

이재현(李載賢) LEE Jae Hyun

[생]1963·8·3 [본]덕수(德水) [출]경기 안성 [주]서울 관악구 관악로1 서울대학교 사회과학대학 언론정보학과(02-880-6471) [학]1987년 서울대 신문학과졸 1987년 同대학원 신문학과졸 1993년 언론학박사(서울대) [경]1988년 서울대 신문연구소 조교 1993년 KBS 편성실 책임연구원 1995~2006년 충남대 사회과학대학 전임강사·조교수·부교수 2006년 서울대 사회과학대학 언론정보학과 부교수·교수(현) 2015년 태광산업(주) 사외이사 겸 감사위원(현) [상]한국언론학회 희관언론상(2001) [저]'인터넷과 사이버사회'(2000) '인터넷과 온라인게임'(2001) '멀티미디어와 디지털 세계'(2004) '모바일 미디어와 모바일 사회'(2004) '컨버전스와 다중미디어 이용(編)'(2011) '트위터란 무엇인가(編)'(2012) '뉴미디어이론'(2013) '디제라티'(2013) '디지털 문화'(2013) '디지털 시대의 읽기 쓰기'(2013) '멀티미디어'(2013) '모바일 미디어'(2013) '모바일 문화를 읽는 인문사회과학의 고전적 개념들'(2013) '인터넷'(2013) 'SNS의 열가지 얼굴'(2013) '풍요한 빈곤의 사회(共)'(2014) [역]'인터넷 연구방법: 쟁점과 사례'(2000) '디지털 모자이크'(2002) '뉴미디어 백과사전'(2005) '재매개'(2006) '소프트웨어가 명령한다'(2014) [종]기독교

이재현(李在現) LEE Jae Hyun

[생]1964·3·25 [출]부산 [주]서울 강남구 테헤란로152 강남파이낸스센터35층 이베이 아시아태평양지역본부(02-589-8500) [학]1986년 미국 브라운대(Brown Univ.) 국제경제학과졸 1992년 미국 하버드대 대학원 경영학과졸 [경]1986~1990년 KDS 미국지사 근무 1992년 미국 보스톤컨설팅(BCG) 본사 입사 1994년 同한국지사 팀장 1996년 同한국지사 이사 1998년 同한국지사 부사장 2000년 두루넷 부사장 2001년 同사장 2002~2005년 (주)옥션 사장 2004년 미국 이베이(eBay)社 아시아지역 총괄부사장 2005년 同아시아태평양지역본부 총괄대표(현) [종]기독교

이재현(李在鉉) LEE Jae Hyun

[생]1968·12·15 [출]전남 [주]서울 영등포구 국제금융로8길6 신영증권 별관빌딩 제이앤제이자산운용(주)(02-785-7444) [학]1987년 순천고졸 1991년 성균관대 통계학과졸 1996년 고려대 경영대학원 재무학과졸 [경]1991~2001년 대한투자신탁(주) 근무 2001~2005년 외환코메르쯔투자신탁운용(주) 주식운용본부장 2005~2007년 KTB자산운용(주) 주식운용본부장 2008년 제이앤제이자산운용(주) 대표이사 사장, 同공동대표이사 사장(현) [상]대한투자신탁 선정 우수펀드매니저(1999), 한경비지니스 및 한국펀드평가 베스트펀드매니저 3위(1999), 한경스타워즈 수익률 게임 1위(1999), Lipper Korea 선정 2000년 최우수펀드(2001), 서울경제신문 선정 증권대상 최우수운용사(2006), 매경·한경 펀드대상(2007), 성장형펀드 1년 수익률 1위(2009), S생명보험 선정 최우수 자산운용사(2010·2011), 사학연금 선정 최우수 자산운용사(2011)

이재형(李在珩) LEE Jae Hyung

[생]1945·8·6 [본]전주(全州) [출]전남 보성 [주]서울 강남구 논현로51길11 201호 (사)동아시아평화문제연구소(02-575-6426) [학]1966년 조선대부속고졸 1970년 육군사관학교졸 1980년 서울대 행정대학원졸 1984년 미국 육군군수관리학교(Virginia, U.S.A.)졸 1988년 인도 국방대학원(New Delhi, India)졸 2002년 국제정치학박사(호주 Adelaide Univ.) [경]1991~1993년 육군사관학교 교무처장 2002~2012년 성신여대 시간강사 2006년 (사)동아시아평화문제연구소 소장(현) 2008~2010년 인천대 정치외교학과 겸임교수 2011~2012년 중앙대 행정대학원 시간강사 2013~2014년 한양대 공공정책대학원 특임교수 [상]美육군장관 공로훈장(1978), 보국훈장 삼일장(1985), 대통령표창(1992) [저]'영어 논문 작성 도우미'(2003) '중국과 미국의 해양경쟁'(2014) [종]기독교

이재형(李在衡) LEE JAEHYUNG

[생]1951·5·27 [출]충남 서산 [주]경기 부천시 오정구 산업로104번길14 동부라이텍(주) 임원실(032-670-3000) [학]1975년 성균관대 무역학과졸 1977년 연세대 경영대학원졸 [경]1974년 현대그룹 비서실 근무 1978년 삼성그룹 비서실 근무 1982년 삼성물산 런던지사 중화학전자팀장 1991년 同정보통신사업부장(이사대우) 1992년 同런던지사장 겸 구주총괄 1998년 同상사부문 정보통신디비젼컴퍼니장(상무) 2000년 同정보통신부문장 2001년 同상사부문 전무, 同상사부문 뉴욕지사장(전무) 2005~2006년 同상사부문 뉴욕지사장(부사장) 2005년

同미주총괄 부사장 2007년 미국 위키드패션 사장 2010년 동부정밀화학 전자재료사업담당 사장 2010~2011년 동부CNI(주) 대표이사 2011년 동부LED 대표이사 2011년 同대표이사 부회장 2011년 동부라이텍(주) 대표이사(현) 2012년 한국광산업진흥회 회장 2013년 대우일렉트로닉스 대표이사 부회장 2013~2014년 (주)동부대우전자 대표이사 부회장

이재형(李在炯) Lee Jae Hyung

[생]1959·8·8 [본]경주(慶州) [출]서울 [주]서울 서초구 남부순환로2364 국립국악원 장악과(02-580-3030) [학]1978년 국립국악고졸 1986년 서울대 음악대학 국악과졸 [경]1987~2001년 국립국악원 장악과 근무 2001~2004년 국립민속국악원 장악과장 2004~2007년 국립국악원 장악계장 2007~2009년 국립민속국악원장 2009년 국립국악원 장악과장(현)

이재호(李在浩) LEE Jae Ho

[생]1954·3·5 [출]충남 예산 [주]충남 홍성군 홍성읍 대학길25 혜전대학교 총장실(041-630-5201) [학]1972년 휘문고졸 1976년 연세대 생화학과졸 1979년 同대학원 생화학과졸 2003년 행정학박사(경희대) [경]1981년 충남방적(주) 과장 1981년 同LA지사장 1985년 同이사 1990년 (주)충방 대표이사 사장 1993년 충남방적(주) 부사장 1993년 혜전전문대학 부교수 대우 1998년 혜전대 학장 2009년 同총장(현)

이재호(李載浩) LEE Jae Ho

[생]1959·3·11 [출]경기 시흥 [주]인천 연수구 원인재로115 연수구청 구청장실(032-749-7011) [학]인천 대헌공고졸 2006년 인천전문대 환경공학과졸, 인천대 건설환경관리공학과졸 [경]동양환경·연수환경 설립, 同회장, 동춘초교 운영위원, 남부광역쓰레기소각장주민협의회 위원장, (주)연수타임즈 대표이사·발행인, 한나라당 인천연수지구당 부위원장 2002~2006년 인천시 연수구의회 의원 2006·2010~2014년 인천시의회 의원(한나라당·새누리당) 2010~2012년 同부의장 2012년 同건설교통위원회 위원 2014년 인천시 연수구청장(새누리당)(현), 새누리당 여의도연구원 지역정책 자문위원 [상]대한민국유권자대상(2014), 제12회 의정·행정대상 기초자치단체장부문 행정대상(2015)

이재호(李宰昊) LEE Jae Ho

[생]1960·10·2 [출]경남 거창 [주]서울 중구 소월로2길12 CJ(주) 대외협력단(02-726-8114) [학]부산동고졸, 부산대 경제학과졸 [경]제일제당(주) 경리파트장 2001년 同재무팀장(상무) 2002년 CJ엠디원(주) 감사 2002년 CJ(주) 재무팀장(상무) 2002~2004년 삼양유지사료(주) 감사 2002년 CJ올리브영(주) 감사 2004년 수퍼피드(주) 감사 2004년 삼양유지(주) 감사 2004년 돈돈팜(주) 감사 2005년 CJ엠디원(주) 감사 2005년 CJ모닝웰(주) 감사 2005년 (주)신동방씨피 비상근감사 2005년 한일약품공업(주) 비상근감사 2007년 CJ푸드시스템(주) 경영지원총괄 부사장 2008년 CJ제일제당(주) 소재BU장(부사장) 2011년 同CSR추진단장(부사장) 2012년 同전략지원팀장(부사장) 2013년 同전략지원실장(부사장) 2014년 (재)식품안전상생협회 감사(현) 2016년 CJ(주) 대외협력단장(부사장)(현)

이재호(李在昊) Lee, Jaeho

[생]1962·11·27 [주]경기 성남시 분당구 구미로173번길82 분당서울대병원 호흡기내과(031-787-2200) [학]1987년 서울대 의대졸 1996년 同대학원 의학석사 1998년 의학박사(서울대) [경]1988~1991년 서울대병원 전공의 1991~1994년 육군 군의관 1994~2003년 서울대 의대 호흡기내과학교실 교수, 미국 Mayo Clinic 연구원, 서울대 의과대학 내과학교실 교수(현) 2009년 분당서울대병원 진료협력센터장 2010~2015년 同교육수련실장 2011년 同호흡기내과분과장 2016년 同진료부원장(현)

이재홍(李再弘) LEE Jae Hong

[생]1932·7·9 [본]전주(全州) [출]서울 [주]서울 송파구 올림픽로424 올림픽공원內 서울평화상문화재단(02-2203-4096) [학]1951년 경복고졸 1958년 한국외대 영어과졸 1984년 同대학원졸 [경]1958년 공보실 선전과 근무 1962년 駐일본대사관 공보관 1967년 서울국제방송국 제2과장·문화공보부 보도과장 1969년 駐프랑스대사관 공보관 1973년 해외공보관 부관장 1975년 駐영국대사관 수석공보관 1979년 駐뉴욕 한국문화원장 1981년 서울올림픽조직위원회 해외홍보기획위원 1983년 同국제홍보국장·홍보문화국장 1985년 同홍보국장 1986년 同홍보보도국장 1986년 서울아시아경기대회 보도본부장 1988년 서울올림픽대회 보도본부 부본부장 1989년 서울올림픽조직위원회 청산단 정리국장 1989년 IOC 보도분과위원 1990년 공보처 정책연구관 1991~1995년 한국방송광고공사 감사 1992~1995년 한국방송영상(주) 감사 1993년 KOC 국제분과위원 1995~2004년 서울평화상문화재단 사무총장 2005년 同이사 겸 서울평화상심사위원(현) [상]독일 1등십자훈장, 대통령표창(1979), 홍조근정훈장(1986), IOC위원장표창(1989)

이재홍(李在弘) Lee Jae Hong

[생]1953·12·7 [출]경북 영덕 [주]서울 관악구 관악로1 서울대학교 공과대학 전기정보공학부(02-880-7277) [학]1976년 서울대 전자공학과졸 1978년 同대학원 전자공학과졸 1986년 전기공학박사(미국 미시간대) [경]1978~1981년 해군사관학교 교관 1987~2012년 서울대 공대 전기공학부 정보통신 및 전파공학전공 교수 1991~1992년 미국 AT&T Bell연구소 연구원(연구년) 1992~1994년 서울대 전자공학과장 2000~2002년 同공대 학생담당 부학장 2003년 제57회 국제전기전자공학회(IEEE) 이동체기술학술대회(VTC) 대회장 2003~2005년 서울대 뉴미디어통신공동연구소장 2004년 한국공학한림원 정회원(현) 2004년 국제전기전자공학회(IEEE) 아·태이동통신심포지움(APWCS) 창설·이사회 초대 의장 2006~2007년 서울대 전기컴퓨터공학부장 2006~2007년 同BK21정보기술사업단장 2009년 대한전자공학회 회장 2010년 한국방송공학회 회장 2010~2011년 국제전기전자공학회(IEEE) 이동체공학회(VTS) 회장 2011년 同석학회원(현) 2011~2015년 同석학강연자 2012년 서울대 공과대학 전기정보공학부 정보통신 및 전파공학전공 교수(현) 2014년 한국과학기술한림원 정회원(공학부·현) 2016년 국제전기전자공학회(IEEE) 석학회원선정위원회 위원(현) [상]해동학술상(2010), 황조근정훈장(2014), 서울대 훌륭한 공대 교수상(2014), 미국 미시간대 한국총동문회 자랑스런 동문상(2015) [종]불교

이재홍(李在洪) LEE Jae Hong

[생]1956·1·25 [본]경주(慶州) [출]충북 충주 [주]서울 종로구 사직로8길39 세양빌딩 김앤장법률사무소(02-3703-1525) [학]1974년 경기고졸 1978년 서울대 법학과졸 [경]1977년 사법시험 합격(19회) 1980년 사법연수원 수료(10기) 1980년 육군 법무관 1983년 서울민사지법 판사 1985년 서울형사지법 판사 1987년 춘천지법 판사 1989년 同강릉지원 판사 1990년 서울고법 판사 겸 법원행정처 사법정책연구심의관 1994년 춘천지법 강릉지원 부장판사 1996년 同강릉지원장 1997년 수원지법 부장판사 1997년 법원행정처 파견 1998년 서울지법 동부지원 부장판사 1999년 서울행정법원 부장판사 2001년 대전고법 부장판사 2003년 서울고법 부장판사 2007년 同수석부장판사 2008년 청주지법원장 2009년 수원지법원장 2010~2011년 서울행정법원장 2011년 김앤장법률사무소 변호사(현) 2011년 동국제강(주) 사외이사 겸 감사위원(현)

이재홍(李載弘) LEE Jae Hong

[생]1957·1·10 [출]충남 예산 [주]경기 파주시 시청로50 파주시청 시장실(031-940-4000) [학]1976년 서울 경신고졸 1985년 연세대 행정학과졸 1991년 영국 리즈대 대학원 도시교통계획학과졸 2011년 도시공학박사(한양대) [경]1984년 행정고시 합격(27회) 2001년 건설교통부 총무과장 2001년 同항공정책과장 2002년 同육상교통국 자동차관리과장 2004년 同공보관 2005년 同홍보관리관 2005년 同도시국장 2005년 同도시환경기획관 2007년 환경부 자연보전국장 2008년 국토해양부 도로정책관 2010년 2012여수세계박람회조직위원회 사무차장 겸 기획조정실장(파견) 2010년 同제1사무차장(파견) 2010년 국토해양부 기획조정실장(고위공무원) 2011년 대통령 국토해양비서관 2011년 대통령실 국가건축정책위원회 국가건축정책기획단장 겸임 2012~2013년 행정중심복합도시건설청 청장 2014년 경기 파주시장(새누리당)(현)

이재홍(李在弘) LEE Jae Hong

[생]1958·11·14 [주]서울 영등포구 63로50 63한화생명빌딩 한국신용평가(주) 사장실(02-787-2200) [학]충암고졸 1983년 고려대 경영학과졸 1991년 同경영대학원졸 [경]1982~1990년 체이스맨해튼은행 서울지점 IB업무담당 1991~1995년 JP모건 홍콩지점 부사장 ABN암로 서울지점 IB 대표 1996년 UBS AG 서울지점 부지점장 2001~2003년 UBS AG 서울지점 2003~2014년 UBS Securities Ltd. 서울지점 한국대표 겸 UBS증권 공동대표 한국대표 2015년 한국신용평가(주) 대표이사 사장(현) [종]기독교

이재홍(李在洪) Lee Jae Hong
[생]1959 · 10 · 17 [본]경주(慶州) [출]전남 목포 [주]서울 동작구 상도로369 숭실대학교 예술창작학부(02-820-0343) [학]1977년 서울 서라벌고졸 1980년 동서울대 전자공학과졸 1984년 숭실대 공대 전자공학과졸 1987년 同대학원 국어국문학과졸(석사) 1990년 일본 도쿄대 대학원 비교문화 · 비교문학과 연구과정 수료 1992년 同대학원 종합문화연구과졸(석사) 1998년 同대학원 종합문화연구과 박사과정 수료 2009년 문학박사(숭실대) [경]1981~1986년 서울 디지텍고(舊유성전자공고) 교사 1995~1997년 공주영상정보대 영상문예창작과 조교수 1997~1999년 사이버서울문예대 교수 1997년 창조문학에 '팔녀각'으로 소설가 등단 1999~2003년 제주관광대 · 탐라대 · 상명대 · 숭실대 · 광운대 · 세종대 · 동국대 · 광주여대 강사 2001~2003년 (주)서울게임대 전임강사 2003~2006년 서강대 게임교육원 게임시나리오학과 교수, 同게임교육원 부원장 2006~2014년 同게임교육원 디지털스토리텔링학과 교수, 同게임교육원 교학부장 2007 · 2009 · 2011 · 2013년 대한민국게임대상 심사위원장 2010년 경기도 기능성게임개발위원회 자문위원, (사)융합형콘텐츠산업포럼 가상산업분과위원장(현), 한국소설가협회 중앙위원(현), 디지털스토리텔링학회 부회장(현), 한국문화콘텐츠기술학회 이사(현) 2010 · 2011년 NHN게임문학상 심사위원장 2011년 콘텐츠분쟁조정위원회 위원(현) 2012년 sw+인문포럼 운영위원(현) 2012년 ITKOREA정책포럼 인재양성분과 스마트클라우드소분과 위원 2013년 게임물등급위원회 등급분류기준정비위원회 위원장 2013년 (사)부천국제학생애니메이션페스티벌 조직위원회 이사(현) 2013~2014년 한국만화애니메이션학회 부회장 2013년 한국게임학회 회장(현) 2013~2014년 게임국가기술자격검정사업 제도발전위원회 자문위원 2013~2014년 게임물등급위원회 등급분류기준정비위원회 위원장 2013~2014년 한국표준협회 3D/4D에듀테이먼트 표준화 분과위원회 위원 2014년 숭실대 예술창작학부 문예창작전공 교수(현) 2014년 경기콘텐츠진흥원 이사(현) 2014~2016년 서울시 문화도시 정책자문위원회 위원 2015년 한국VR산업협회 이사(현) 2015년 광명국제판타지콘셉트 디자인 공모전&판타지워크 조직위원(현) 2015~2016년 성남시 지스타 유치추진단 정책협의회 위원 [상]창조문학신인상(1997), 한국게임학회 우수논문상(2008 · 2013), 경기도지사표창(2010 · 2015), 문화체육관광부장관표창(2015) [저]'게임제작개론(共)'(2003) '게임시나리오1'(2004) '게임시나리오 작법론'(2004) '애니메이션 시나리오 작법론'(2004) 창작소설집 '팔녀각'(2005) '기초게임시나리오창작실습'(2005) '엄마! 게임해도 돼?'(2006) '게임스토리텔링'(2011) [작]단편소설 '팔녀각'(1997) '점순이'(1998) '저승사자의 실수'(1998) '재수 없는 날'(1998) '변신'(1998) '추방명령'(1998) '어드렛당의 숙명'(1999) '일주일 동안의 처용이'(1999) '사과 빨갱이의 결혼'(1999) '숨비소리'(2000) '화해'(2000) '무너진 동굴'(2000) '도깨비의 심판'(2001) '까치야 까치야'(2001) '나는 긴 머리의 여자가 좋다(共)'(2002) '가면무도회'(2002) [종]천주교

이재홍(李在弘) LEE, Jae-Hong
[생]1960 · 7 · 4 [출]서울 [주]서울 송파구 올림픽로43길 88 서울아산병원 신경과(02-3010-3446) [학]1986년 서울대 의과대학 의학과졸 1993년 同대학원 의학과졸 1995년 의학박사(고려대) [경]1986~1987년 서울대병원 인턴 · 레지던트 1992~1994년 서울중앙병원 전임의 1994년 울산대 의대 신경과학교실 조교수 · 부교수 · 교수(현) 2008~2011년 서울아산병원 파킨슨알츠하이머병센터 소장 [저]'신경중재혈관조영'(2001) '신경과학'(2005) '치매-임상적 접근'(2006)

이재홍(李材洪) Lee Jae-Hong
[생]1962 · 10 · 17 [본]광산(光山) [출]전남 진도 [주]전남 나주시 정보화길1 우정사업정보센터(061-338-2108) [학]1980년 대일고졸 1984년 서강대 화학공학과졸 2005년 기술정책학박사(영국 맨체스터대) [경]1992년 수습사무관(기술고시 27회) 1992~2001년 상공부 산업진흥과 사무관 · 산업환경과 사무관 · 통상산업부 에너지기술과 사무관 · 화학생물산업과 사무관 · 산업자원부 자원기술과 사무관 2001년 산업자원부 자원기술과 서기관 2002년 駐네덜란드 1등서기관 2005년 산업자원부 기후변화대책팀장 2006년 同산업혁신과장 2006년 同산업혁신팀장 2007년 同산업기술개발팀장 2008년 지식경제부 산업기술개발과장 2009년 同기계항공시스템과장 2010년 同원자력산업과장(서기관) 2010년 한국전력기술 이사 2010년 지식경제부 원자력산업과장(부이사관) 2011년 同산업기술정책과장 2012년 충청지방우정청장 2013년 우정사업본부 우편사업단장 2013년 미래창조과학부 기획조정실 국제협력관 2015년 국외 훈련 2016년 미래창조과학부 우정사업정보센터장(현) [상]대통령표창(2000), 환경부장관표창(2005) [종]기독교

이재홍(李在弘) LEE Jae Hong
[생]1963 · 9 · 20 [출]서울 [주]서울 광진구 능동로209 세종대학교 건축공학부(02-3408-3287) [학]1982년 대성고졸 1986년 연세대 건축공학과졸 1988년 同대학원 건축공학과졸 1992년 공학박사(미국 버지니아공대) [경]1992~1993년 Center for Intelligent Material Systems & Structures 연구원 1993~1998년 연세대 · 고려대 강사 1994년 고등기술연구원 선임연구원 1994~1998년 현대건설(주) 기술연구소 책임연구원 1998년 세종대 건축공학부 조교수 · 부교수 · 교수(현) 2001년 건설기술연구원 수석연구원 2009~2011년 세종대 도시부동산대학원장 2014~2015년 同공과대학장 2014년 한국과학기술한림원 정회원(공학부 · 현) [상]한국과학기술한림원 제7회 젊은과학자상 공학분야(2004), 대한건축학회 내지진강관상(2012), 대양재단 애지헌상(2012), 한국공간구조학회 우수논문상(2012)

이재홍(李在洪)
[생]1965·11·5 [출]경북 김천 [주]경기 안산시 단원구 화랑로373 안산단원경찰서(031-8040-0321) [학]1983년 대구 심인고졸 1987년 경찰대 행정과졸 [경]1987년 경위 임관 1995년 경감 승진 2004년 경정 승진 2006년 경기 광명경찰서 수사과장 2008년 경기 시흥경찰서 경비교통과장 2010년 경기 과천경찰서 경비과장 2011년 경기지방경찰청 제1부 경비계장 2014년 同제1부 치안지도관(총경) 2015년 인천지방경찰청 제2부 형사과장 2016년 안산단원경찰서장(현)

이재화(李在和 · 女) LEE Jae Hwa
[생]1956 · 4 · 9 [출]대구 [주]대구 중구 공평로88 대구광역시의회(053-803-5095) [학]1974년 경북여상졸 1996년 계명대 환경대학원 수료 1998년 경동정보대 경영회계학과졸 2000년 경일대 경영학과졸 2004년 영남대 행정대학원 정책학과졸 2011년 사회복지학박사(대구한의대) [경]1989년 제일전기(주) 이사, 제화전기 대표 1994년 (주)범성 대표이사 1995년 대구여자청년회의소 회장 1997년 경북여상총동창회 회장 2000년 (주)에이원 대표이사 2002년 한국여성경제인협회 대구 · 경북지회 이사 2004~2006년 同대구 · 경북지회 총무이사, 한나라당 대구시당 운영위원회 부위원장 2006년 대구시의원선거 출마(비례대표, 한나라당) 2007년 한국여성경제인협회 대구 · 경북지회 재무이사 2008년 6.4재보선 대구시의원선거 출마(무소속) 2009년 대구지법 민사조정위원 2010년 한국여성유권자연맹 대구연맹 회장, 민주평통 대구시 서구협의회 자문위원 2010년 대구시의회 의원(한나라당 · 새누리당) 2012년 同예산결산특별위원회 부위원장 2012년 同문화복지위원회 부위원장, 同예산결산특별위원회 위원장 2013년 민주평통 대구시 서구협의회 수석부회장 2014년 대구시의회 의원(새누리당)(현) 2014년 同문화복지위원회 위원장 2016년 새누리당 전국여성의원협의회 공동대표(현) 2016년 대구시의회 문화복지위원회 위원(현) 2016년 同윤리특별위원회 위원(현) [상]대구시장표창, 경북도지사표창(2회), 산업자원부장관표창, 대구 · 경북지방중소기업청장표창, 대한민국 보훈대상(2016), 대한민국 위민의정대상 우수상(2016)

이재환(李在奐) RHEE Jae Hwan (淸南)
[생]1937·4·21 [본]하빈(河濱) [출]대전 [주]서울 영등포구 의사당대로1 대한민국헌정회 사무총장실(02-757-6612) [학]1957년 대전고졸 1961년 고려대 정치외교학과졸 1965년 同대학원 정치학과졸 1982년 행정학박사(단국대) 2010년 서울대 국제대학원 최고경영자과정 수료 [경]1960년 고려대 4·18의거 및 4·19혁명 주도 1960년 4·19혁명 전국대책위원회 부위원장 1961년 범민족청년회의 최고의원 1962~1964년 고려대 아세아문제연구소 연구조교 1964~1965년 문교부장관 비서관 1966~1976년 단국대 법정대학 전임강사·조교수·부교수·교수 1969~1973년 숙명여대 정치외교학과 강사 1970년 고려대교우회 상임이사(현) 1976~1979년 국무총리 총무수석비서관 1979~1993년 대한빙상경기연맹 부회장 1979~1980년 국가공무원(3급)특별시험 위원 1979~1981년 대통령실 행정처장 겸 기획관리관 1981~1985년 제11대 국회의원(대전中, 민주정의당) 1981년~1983년 민주정의당 교육문화위원장 1981~1984년 同국민운동중앙본부 부본부장 1981~1984년 한·일의원연맹 간사 1981~1984년 한·자이르의원친선협회 부회장 1982~1984년 국회 88올림픽지원특별위원회 위원 1982~1990년 (재)백제문화연구원 이사 1983~1985년 민주정의당 행정분과위원장 1984~1985년 체육부 차관 1985~1988년 국회 사무총장 1988년 민정당 대전西·유성지구당 위원장 1990~2008년 대전지역개발연구소 설립·이사장 1990~1992년 (주)남해화학 상임고문 1991~1993년 (사)한국해양소년단중앙연맹 총재 1992~1996년 제14대 국회의원(대전西·유성, 무소속·민자당) 1992~1996년 민자당 대전시지부 위원장 겸 당무위원 1992년 제14대 대통령직인수위원회 위원 1995~2003년 서봉박병배의원기념장학사업회 회장

1995~1996년 국회 예산결산위원회 계수조정위원 1995~1997년 신한국당 대전시지부 위원장·당무위원 1996~1998년 同정책평가위원장 1997~1999년 한나라당 정책평가위원장 1997~2004년 同대전서구甲지구당 위원장 1997년 同이회창 대통령후보 건설교통특보역 1998~2000년 同대전시지부 위원장 겸 당무위원 1999~2004년 대전대·한남대 객원교수 및 충남대 겸임교수 1999~2000년 국제라이온스협회 대전·충남지구(355-D) 총재 2000~2004년 한나라당 중앙당기위원장 2002년 同대통령중앙선거대책위원회 직능대책위원회 전국부위원장 2005~2006년 국제라이온스협회 대전·충남지구(355-D)총재협의회 의장 2005~2007년 同대전·충남지구(355-D)연수원 1·2대 원장 2005~2008년 대전대 객원교수 2007년 한나라당 제17대 대통령중앙선거대책위원회 상임특보 겸 대전시선거대책위원회 상임고문 2008~2010년 대한체육회·대한올림픽위원회(KOC) 고문 2008~2011년 한국원자력문화재단 이사장 2015년 대한민국헌정회 사무총장(현) [상]건국포장(1963), 홍조근정훈장(1978), 고려대 특별공로상(2010), 고려대 자랑스러운 정경인상(2011) [저]'사회복지행정론'(1988) '해돋는 한밭'(1989) '뜨거운 가슴 냉철한 머리로'(1991) '그래도 일어서서 뛰어야만 했다'(1999) [역]'일본의 사회복지동향'(1988) [종]기독교

이재환(李載桓) LEE Jae Hwan

[생]1957·2·24 [출]경기 포천 [주]서울 서초구 서초중앙로24길12 영생빌딩 2층 법무법인 케이씨엘(02-594-1500) [학]1975년 경기고졸 1979년 서울대 법학과졸 1981년 同대학원졸 2001년 미국 U.C.버클리대 법학대학원졸 [경]1979년 사법시험 합격(21회) 1981년 사법연수원 수료(11기) 1981년 공군 법무관 1984년 서울민사지법 판사 1987년 서울지법 동부지원 판사 1989년 춘천지법 강릉지원 판사 1991년 서울고법 판사 1991년 프랑스 국립사법관학교 연수 1994년 대법원 재판연구관 1998년 수원지법 부장판사 1999년 서울가정법원 부장판사 2000년 서울지법 부장판사 2004년 특허법원 부장판사 2005년 同수석부장판사 2005~2007년 서울고법 부장판사 2007년 법무법인 케이씨엘 변호사(현) 2009년 방송통신심의위원회 통신특별위원회 위원장(현) 2015년 한국교육방송공사(EBS) 비상임이사(현) 2015년 금융위원회 공적자금관리위원회 민간위원(현)

이재환(李在煥) Lee jae hwan

[생]1958·7·17 [출]경북 경주 [주]인천 서구 봉수대로415 SK인천석유화학 비서실(032-570-5120) [학]경주고졸, 고려대 기계공학과졸 [경]1985년 SK에너지 입사 2006년 同생산부문장 2008년 同울산CLX부문장(이사) 2010년 同홍보실장 2012년 同울산CLX부문장 2012년 한국해양소년단 울산연맹장 2013년 울산항만발전협의회 회장 2013년 SK인천석유화학(주) 대표이사 사장(현)

이재환(李在桓) LEE Jae Hwan

[생]1963·8·3 [주]경기 안산시 상록구 한양대학로55 한양대학교 디자인대학(031-400-5704) [학]1986년 미국 프랫인스티튜트 산업디자인과졸 1989년 同대학원 산업디자인과졸 2005년 산업공학박사(명지대) [경]1985년 삼성전자(주) 선임연구원 1986년 同가존종합연구소 디자인실 대리 1991~1992년 텐덤디자인 어쏘시에이츠 차장 1991~1995년 용인대·인하대·한양대·영남대·대구대 시간강사 1993~1995년 이이디조운 대표 1995년 한양대 디자인대학 산업디자인과 교수, 同디자인대학 테크노프로덕트디자인학과 교수(현) 2003~2004년 한국산업디자인진흥원 평가위원 2003~2004년 한양국제디자인컨퍼런스 운영위원장 2003~2005년 한국디자인진흥원 운영위원 2008~2009년 한국디자인단체총연합회 사무총장 2008년 2012여수세계박람회조직위원회 평가위원 2014년 한양대 ERICA캠퍼스 사회교육원장 2016년 同디자인대학장 겸 예술디자인대학원장(현) [상]General Electric Design 공모전 4위(1985), 한국디자인학회 지도교수상(2007) [저]'전자악기 디자인'(1993) '인체와 산업디자인'(1996)

이재후(李載厚) LEE Jae Hoo

[생]1940·8·25 [출]서울 [주]서울 종로구 사직로8길39 세양빌딩 김앤장법률사무소(02-3703-1080) [학]1958년 서울고졸 1962년 서울대 법대졸 1976년 미국 조지타운대 법대 국제거래법연구소 수료 [경]1961년 고등고시 사법과 합격(13회) 1962년 해군 법무관 1965~1976년 대전지법·서울민사지법·서울형사지법·서울고법 판사 1977년 대법원 재판연구관 1979년 김앤장법률사무소 대표변호사(현) 1985년 서울지방변호사회 부회장 1989년 공정거래위원회 위원 1995~2000년 (사)4월회 회장 2002년 서울중앙지법 조정위원(현) 2004~2007년 한·일변호사협의회 회장 2005~2012년 한국법학원 원장 2008년 엄홍길휴먼재단 이사장(현) 2009년 헌법재판소 자문위원 2010년 사회복지공동모금회 이사(현) 2010년 대한변호사협회 인권재단 이사(현) 2011~2013년 同법률구조재단 이사장 2014년 (재)이명박대통령기념재단 이사장 [상]자랑스러운 서울법대인(2009)

이재훈(李再薰) LEE Jae Hoon

[생]1954·9·13 [주]서울 성북구 안암로145 고려대학교 중어중문학과(02-3290-1114) [학]1976년 고려대 중어중문학과졸 1982년 대만 대만대 대학원 중어중문학과졸 1994년 문학박사(서울대) [경]1985년 고려대 중어중문학과 조교수·부교수·교수(현) 1988~1999년 중국어문연구회 편집간사 1998~2000년 한국중어중문학회 총무이사 1999년 중국어문연구회 상임이사 2015년 고려대 문과대학장(현) [저]'중문학 어떻게 공부할까'(1994) '古代漢語評釋'(2007) '中國語言文字論稿'(2007) [역]'書經'(1996)

이재훈(李載勳) LEE Jae Hoon

[생]1955·9·26 [본]함평(咸平) [출]광주 [주]경기 시흥시 산기대학로237 한국산업기술대학교 총장실(031-8041-0001) [학]1974년 광주제일고졸 1978년 서울대 경제학과졸 1987년 미국 미시간대(Ann Arbor) 대학원 경제학과졸 2002년 행정학박사(성균관대) [경]1977년 행정고시 합격(21회) 1978년 화순군 수습행정사무관 1979~1985년 상공부 사무관 1985년 미국 유학 1987년 상공부 통상협력관실 사무관 1990년 同비상계획담당관 1991년 유엔무역개발회의(UNCTAD) 파견 1992년 상공부 다자협상담당관 1994년 상공자원부 미주통상과장 1994년 통상산업부 미주통상담당관 1996년 同자동차조선과장 1996년 同무역협력관·산업기계과 서기관 1998년 대통령 경제수석비서관실 행정관 1999년 산업자원부 국제협력심의관 1999년 同산업정책국장 2001년 同에너지산업심의관 2001년 駐미국 상무관 2004년 산업자원부 자본재산업국장 2004년 열린우리당 수석전문위원 2005년 산업자원부 무역투자실장 2006년 同차관보 2006년 同산업정책본부장 2007년 同제2차관 2008~2009년 지식경제부 제2차관 2009년 4.29재보선 국회의원선거 출마(부평乙, 한나라당) 2009~2011년 한나라당 인천부평乙당원협의회 위원장 2009년 김앤장법률사무소 고문 2010년 대통령직속 녹색성장위원회 위원 2011년 (사)에너지·자원개발미래전략포럼 대표(현) 2014년 한국산업기술대 총장(현) 2015년 SK텔레콤(주) 사외이사 겸 감사위원(현) [상]대통령표창(1990), 황조근정훈장(2006) [저]'공역-협상'(1988) '녹색성장과 에너지자원전략'(2010, 나남) [종]기독교

이재훈(李再勳) LEE Jae Hoon

[생]1957·11·14 [본]연안(延安) [출]인천 [주]인천 남동구 남동대로774번길21 가천대학교 길병원 혈액종양내과(032-460-2186) [학]1976년 제물포고졸 1982년 서울대 의대졸 1985년 同대학원졸 1991년 의학박사(서울대) [경]1982~1986년 서울대병원 인턴·레지던트 1986년 同전공의 1987~1993년 서울대 의대 임상교수 1993년 미국 아칸소주립의대 연수 1995년 중앙길병원 내과과장 1995년 대한혈액학회 평의원(현) 1996년 대한조혈모세포이식학회 평의원(현) 1999년 가천의대 내과 부교수 2001~2006년 同혈액종양내과 교수 2006~2011년 한국다발성골수종연구회 회장 2006~2012년 가천의과학대 혈액종양내과 교수 2008년 국제골수종연구그룹(IMWG: International Myeloma Working Group) 정회원(현) 2009~2010년 대한혈액학회 이사 2012년 가천대 메디컬캠퍼스 혈액종양내과 교수(현) 2012~2013년 同임상의학연구소장 2015~2016년 대한조혈모세포이식학회 회장 [종]가톨릭

이재훈(李在薰) RHEE Jae Hoon

[생]1959·1·1 [출]경북 안동 [주]경북 경산시 삼풍로27 경북테크노파크 원장실(053-819-3008) [학]1977년 대구상고졸 1983년 영남대 경영학과졸 1985년 서울대 대학원 경영학과졸 1996년 경영학박사(미국 코넬대) [경]1977~1979년 한국은행 기금운용부 근무 1984년 서울대 조교 1986~1987년 정보통신정책연구원 연구원 1996~2005년 영남대 상대 경영학부 조교수·부교수 1998~1999년 한국노동교육원 객원교수 1999~2000년 한국인사조직학회 상임이사 2000년 한국산업경영학회 상임이사 2000년 (재)경북테크노파크 기획연구개발부장 2002년 호주 시드니대 교환교수 2003년 (재)경북테크노파크 부단장 2004~2008년 同사업단장 2005~2014년 영남대 상경대학 경영학부 교수 2008년 同사회과학연구소장 2010년 同글로컬사업추진단장 2010년 同생활관장 겸임 2011년 同박정희정책새마을대학원 부원장 2012~2013년 同박정희정책새마을대학원장 2013년 同국제처장 2013~2014년 同대외협력처장 2013년 同한국어교육원장 2013년 同국제학부장 2013년 금융위원회 금융발전심의회 위원(현) 2013년 학교법인 경북교육재단(대구외국어대) 이사장(현) 2014년 국가평생교육진흥원 비상임이사(현) 2014년 경북테크노파크 원장(현) 2014년 한국테크노파크협의회 회장(현) [저]'중소기업경영론(共)'(1998) '新인적자원관리(共)'(1998·2001) '글로벌 경쟁력과 중소기업경영(共)'(2007) [역]'대립에서 협력으로' '인적자원관리' '노사공존의 길'

이재훈(李在薰) Lee Jae Hoon

[생]1959·10·12 [출]충남 공주 [주]서울 마포구 성암로267 문화방송 보도본부 논설위원실(02-789-1205) [학]1982년 고려대 영문학과졸 1994년 미국 펜실베이니아주립대 대학원 행정학과졸 [경]1986년 MBC 보도국 기자 입사 2000년 同보도국 사회부 차장대우 2001년 同보도국 경제부 차장대우·정치부 차장 2004년 한국기자협회 기자협회보 편집위원(현) 2005년 MBC 보도국 정치부 부장대우 2006년 同보도국 사회정책팀장 2007년 同보도국 사회총괄데스크 2008년 同보도국 국제팀장 2008년 同보도국 네트워크팀장 2009년 同보도국 정치1부장 2010년 同보도국 워싱턴지국장 2013년 同시사제작국 시사제작2부장, 同보도본부 논설위원(부국장)(현) [종]기독교

이재훈(李在薰) LEE Jae Hoon

[생]1960·11·22 [출]경남 밀양 [주]서울 종로구 사직로8길39 세양빌딩 김앤장법률사무소(02-6488-4035) [학]1978년 부산고졸 1982년 부산대 기계공학과졸 1989년 경북대 행정대학원졸 1998년 일본 도쿄대 경영과학박사과정 수료 [경]1981년 기술고시 합격(17회) 1984~1991년 철도청 사무관 1992년 상공부 사무관 1994년 일본 東京大 파견 1996년 통상산업부 무역협력과·산업기계과 서기관 1997년 특허청 심사조정과 서기관 1998년 同운반기계심사담당관 2001년 同특허심판원 심판관 2002년 일본 파견 2003년 특허청 공조기계심사담당관 2005년 同일반기계심사팀장 2005년 同기계금속건설심사본부 공조기계심사팀장 2006년 同기계금속건설심사본부 일반기계심사팀장 2007년 同경영혁신홍보본부 심사평가팀장 2008년 同심사품질담당관 2008년 同특허심판원 제4부 심판장 2009년 同정보기획국장 2009년 同기계금속건설심사국장 2012~2013년 同특허심판원장 2014~2015년 뉴코리아국제특허법률사무소 대표변리사 2015년 특허청 산업재산권분쟁조정위원회 조정위원(현) 2016년 김앤장법률사무소 변리사(현) 2016년 한국지식재산전략원 비상임이사(현) [상]교통부장관표창, 근정포장(2007) [종]불교

이재훈(李在訓) LEE JAE HOON

[생]1961 [주]경기 성남시 분당구 판교로332 SK가스(주) 임원실(02-6200-8114) [학]1983년 서울대 법과대학졸 2007년 고려대 경영대학원졸 [경]2008년 SK가스(주) Trading본부장(상무) 2012년 同Global사업부문장(현) 2015년 同가스화학사업부문장·COO(부사장) 겸임(현)

이재훤(李在煊) LEE Jae Hwon

[생]1960·1·8 [주]경북 김천시 용전로141 국립농산물품질관리원 시험연구소(054-429-7701) [학]서울대 농학과졸 [경]2005년 농업연수원 사무관 2006년 농림부 소득관리과 사무관 2007년 농어업·농어촌특별대책위원회 파견(기술서기관) 2008년 농림수산식품부 본부 근무(서기관) 2008년 국립농산물품질관리원 강원지원장 2009년 同혁신기획과장 2010년 同기획조정과장 2012년 농림수산검역검사본부 식물검역부 식물방제과장 2012년 同식물검역부 수출지원과장 2013년 농림축산검역본부 동식물위생연구부 식물검역기술개발센터장 2013년 농림축산식품부 식량산업과장 2014년 국립농산물품질관리원 소비안전과장 2015년 同시험연구소장(현)

이재흥(李裁興) LEE Jae Heung

[생]1957·3·20 [주]대전 유성구 가정로141 한국화학연구원 화학인프라본부(042-860-7215) [학]1980년 서울대 공업화학과졸 1982년 한국과학기술원 고분자공학과졸(석사) 1986년 고분자공학박사(한국과학기술원) [경]1982~1986년 한국과학기술원 연구조교 1984년 서강대 강사 1987년 한국화학연구원 화학소재1팀 책임연구원 2004년 同화학소재연구부장 2005년 同화학소재연구단장 2007년 同선임단장 2008년 同정보전자폴리머연구센터 책임연구원 2010년 同화학소재솔루션센터 책임연구원 2011년 同공공인프라본부 화학소재솔루션센터장 2013년 同기술개발지원본부장 2014년 同화학인프라본부장(현)

이재흥(李在興) LEE, Jae Hung

[생]1960·12·9 [출]경북 경산 [주]세종특별자치시 한누리대로422 중앙노동위원회 사무처(044-202-8203) [학]영신고졸, 영남대 경제학과졸, 미국 조지메이슨대 대학원 경제학과졸 [경]1988년 행정고시 합격(31회) 1999년 국무조정실 실업대책기획평가단 파견 2003년 노동부 고용평등국 여성고용과장 2003년 대통령비서실 파견 2004년 노동부 고용정책실 훈련정책과장 2005년 同고용정책본부 고용정책심의관실 고용정책팀장(서기관) 2006년 同고용정책본부 고용정책심의관실 고용정책팀장(부이사관) 2006년 대구지방노동청 대구종합고용지원센터 소장 2007년 노동부 국제협력국 국제노동정책팀장 2008년 同국제협력담당관실 국제노동정책팀장 2008년 同대변인(고위공무원) 2009년 해외 파견(고위공무원) 2010년 고용노동부 고용정책실 노동시장정책관 2013년 同고용정책실장 2016년 중앙노동위원회 사무처장 겸 상임위원(현) 2016년 同위원장 직대 [상]홍조근정훈장(2013)

이재희(李載熙) Lee Jae Hee

[생]1954·2·3 [출]경북 영주 [주]대전 유성구 대덕대로989번길242 한전원자력연료(주) 사장실(042-868-1101) [학]1972년 경희고졸 1980년 한양대 전기공학과졸 [경]1979년 한국전력공사 입사, 同삼척지점장 2006년 同서울지역본부 부본부장 2007년 同남부지점장 2009~2012년 同서울본부장 2012~2014년 한국전기공업협동조합 전무이사 2014년 한전원자력연료(주) 사장(현) [상]산업통상부장관표창(1996), 대통령표창(2003), 미국 The Stevie Awards 국제비즈니스대상 에너지분야 '올해의 최고경영인' 상(2014·2015), 매일경제 선정 '대한민국 글로벌 리더'(2015) [종]천주교

이재희(李在熙) LEE Jai Hee (九耳)

[생]1955·10·30 [출]전북 전주 [주]인천 계양구 계산로62 경인교육대학교 총장실(032-540-1334) [학]1974년 전주고졸 1978년 서울대 영어교육과졸 1985년 同대학원 영어교육과졸 1993년 교육학박사(서울대) [경]1980~1986년 구로중·공항고 교사 1987~1988년 서울대 조교 1989~1994년 한국교육개발원 선임연구원 1991년 영국 버밍엄대 연구교수 1994년 경인교대 영어교육과 교수 1999년 同신문방송센터 소장 2012~2014년 한국초등영어교육학회 회장 2013년 경인교대 총장(현) [상]서울시교육감표창 [저]'초등학교 영어교과서' '초등영어교수법' '초등영어교재론'

이재희(李載熙) LEE Jae Hee

[생]1963·4·18 [주]서울 강남구 테헤란로138 한솔그룹 경영기획실(02-3287-6043) [학]중앙고졸, 서울대 경영학과졸, 同대학원 경영학과졸 [경]한솔CSN(주) 입사, 同경영기획실 부장 2003년 同경영기획실 기획재무팀장(상무), 한솔그룹 경영기획실 미래전략TF팀 상무, 同경영기획실 기획팀장 2009년 同경영기획실장(부사장)(현)

이재희(李在熙) LEE, JAE-HEE

[생]1969·12·15 [출]경기 포천 [주]서울 도봉구 마들로749 서울북부지방법원(02-910-3114) [학]1987년 의정부고졸 1992년 고려대 법학과졸 [경]1991년 사법시험 합격(33회) 1994년 사법연수원 수료(23기) 1994년 공군 법무관 1997년 전주지법 판사 1999년 同진안군·임실군·무주군법원 판사 2000년 同군산지원 판사 2001년 인천지법 판사 2004년 서울중앙지법 판사 2007년 서울고법 판사 2009년 광주지법 부장판사 2010년 의정부지법 부장판사 2013년 서울중앙지법 부장판사 2016년 서울북부지법 부장판사(현)

이점관(李点官) LEE Jeom Gwan (默河)

[생]1954·8·28 [출]전남 보성 [주]서울 동작구 여의대방로44길46 남도학숙 사무처(02-820-3100) [학]1971년 순천고졸 1975년 전남대 법학과졸 1994년 연세대 행정대학원졸 2009년 호남대 행정대학원 박사과정中 [경]1991~1998년 내무부 지방행정연수원 기획계장·내무부 비상계획계장·기획계장·자연보호계장·사회발전계장·통상진흥계장·재정계장 1998~2001년 행정자치부 재정담당·감사담당 서기관 2001년 강진군 부군수 2002년 해남군 부군수 2004년 나주시 부시장 2005년 전남도 공보관 2006년 同기획관리실 정책기획관 2008년 목포시 부시장 2010년 전남도 미래전략기획단장(지방부이사관) 2011년 同F1대회조직위원회 운영본부장 2013년 同행정지원국장 2013년 남도학숙 사무처장(현) [상]국무총리표창(1983·1989), 내무부장관표창(1985·1993), 행정자치부장관표창(1998), 대통령표창(1998), 녹조근정훈장(2002) [저]'지방자치단체 결산개요' '지방재정투융자 심사제도 해설'

이 정(李 正) LEE Jeong

[생]1955·8·6 [출]충북 영동 [주]충북 청주시 흥덕구 1순환로436번길22 중부매일신문(043-275-3015) [학]1973년 충북 영동고졸 1977년 충남대 체육학과졸 2005년 꽃동네현도사회복지대 대학원졸 [경]1979년 충청일보 기자 1988년 한국일보 기자 1990년 중부매일 편집부장·사회부장·문화체육부장 1994년 충청일보 정경부장 1997년 同편집부장 1999년 同제2사회부장 2001년 한빛일보 편집국장 2002년 동양일보 편집국장 2005년 충청투데이 편

집국장 2006년 충북일보 논설주간 2006년 同편집국장 2008년 同논설실장 2010~2013년 충청일보 편집국장 2012년 同상무이사 겸임 2012년 同전무이사 겸임 2013년 중부매일신문 대표이사 사장(현) 2015년 한국신문협회 이사(현) 종천주교

이 정(李 鋌) Lee John

생1958·8·26 주서울 동대문구 이문로107 한국외국어대학교 법학과(02-2173-3042) 학1993년 일본 도쿄대 대학원 노동법학과졸 1997년 노동법학박사(일본 도쿄대) 경1989년 일본 도쿄대 법학부 노동법연구회 연구위원 1997~1998년 同법학부 특별초빙연구원 2001년 한국외국어대 법과대학 법학과 교수(현) 2003~2006년 同국제지역대학원 주임교수 2006~2007년 同법과대학 부학장 2009~2011년 同법학연구소장 2010년 한국노동법학회 국제학술이사 2016년 한국외국어대 법학전문대학원장 겸 법과대학장(현) 전'일본노동법'(2007) '주요 선진국의 근로계약법제'(2007) 역'注釋勞動基準法(上·下)'(2003) '雇用構造の變化と政勞使の課題'(2005)

이정곤(李丁坤)

출경남 마산 주경남 고성군 고성읍 성내로130 고성군청 부군수실(055-670-2004) 학마산 경상고졸 1993년 경북대 농화학과졸 2001년 한국개발연구원 국제정책대학원 경제정책학과졸 2001년 미국 미시간주립대 대학원 인문학과졸(MA) 경1997년 공무원 임용(지방농업사무관) 2003년 밀양시 농업기술센터 농정과장 2004년 경남도 자치행정국 총무과 근무 2008년 同농업자원관리원장 2008년 미국 미주리주립대 파견(국외훈련) 2011년 경남도 농업기술교육센터장(서기관) 2013년 同농정국 친환경농업과장 2014년 同농정국 농업정책과장 2015년 고성군 부군수(현) 상대통령표창(2006)

이정관(李廷觀) Lee Jeong-gwan

생1958·10·13 주서울 종로구 사직로8길60 외교부 인사기획관실(02-2100-7141) 학1981년 서울대 외교학과졸 1988년 미국 조지타운대 대학원 국제정치학과졸 경1981년 외무고시 합격(15회) 1981년 외무부 입부 1989년 駐일본 2등서기관 1992년 駐불가리아 2등서기관 1996년 駐미국 1등서기관 2000년 대통령비서실 파견 2002년 외교통상부 북미2과장 2002년 同북미1과장 2003년 駐로스앤젤레스 부총영사 2007년 동북아시대위원회 파견 2008년 외교통상부 재외동포영사국장 2010년 駐샌프란시스코 총영사 2013년 외교부 재외동포영사대사 겸 대테러국제협력대사 2015년 駐브라질 대사(현)

이정관(李廷款) Lee Jeong-Kwan

생1959·10·10 본전주(全州) 출경기 수원 주부산 영도구 해양로425 부산해사고등학교 교장실(051-410-2001) 학1977년 유신고졸 1981년 한국해양대 항해학과졸 1992년 한국해양대 해사산업대학원 해운경영학과졸 2000년 해운경영학박사(한국해양대) 경1981~2007년 대한선주·대한상선·한진해운 근무(항해사·부장) 2007~2014년 (주)한진에스엠 근무 2015년 부산해사고 교장(현) 종기독교

이정교(李楨敎) LEE Jung Kyo

생1952·4·22 출대구 주서울 송파구 올림픽로43길88 서울아산병원 신경외과(02-3010-3553) 학1977년 한양대 의과대학 의학과졸 1984년 연세대 대학원 의학과졸 1988년 의학박사(한양대) 경1981~1985년 연세대병원 전공의 1985~1987년 계명대 동산의료원 신경외과 전임강사 1986년 일본 Juntendo대·신슈대·동경대 방문교수 1987~1988년 계명대 동산의료원 신경외과 조교수 1988~1990년 미국 하버드대 매사추세츠종합병원 뇌종양연구원 1990년 미국 플로리다대·테네시대·메이요 클리닉·샌프란시스코대·일본 Tohoku대 방문교수 1993년 울산대 의대 신경외과학교실 교수(현) 1993년 서울아산병원 신경외과 전문의(현) 1998~2005년 Epilepsy Research 편집위원 2000년 대한신경외과학회 이사 2002~2008년 서울아산병원 신경외과장 2004년 일본 동경여자의과대 감마나이프센터 방문교수 2005~2007년 대한간질학회 회장 2007년 아시아초대간질수술학회 회장 2007~2009년 대한신경조절학회 회장 2008~2009년 아시아감마나이프아카데미 회장 2009년 세계신경조절학회 회장 상대한신경외과학회 학술상 종기독교

이정구(李正九) RHEE Chung Ku (一石)

생1941·1·1 본전주(全州) 출인천 주충남 천안시 동남구 단대로119 단국대학교부속병원 이비인후과(041-550-1780) 학1959년 경복고졸 1965년 서울대 의학과졸 1995년 충남대 대학원 의학과졸 1998년 의학박사(충남대) 경1965~1968년 육군 군의관 1968~1973년 인턴·레지던트 1973~1983년 미국 Illinois주립대 의대 교수 1982~1992년 미국 캘리포니아 San Bernadino 종합병원 이비인후과 전문의 1988~1992년 미국 Loma Linda의대 이비인후과교실 연구교수 1992~2006년 단국대 의대 이비인후과 교수 1997년 同의과대학장 1999년 同부속병원장 1999~2001년 대한평형의학회 회장 2001~2003년 대한광역학회 회장 2001년 단국대 의학레이저연구센터, 同의학레이저·의료기기연구센터 소장(현) 2003~2005년 한국의료윤리교육학회 회장 2005~2006년 단국대 의무부총장 겸 의료원장 2006년 同의과대학 및 자연과학대학 초빙교수(현) 상미국 트리올로지 소사이어티 최우수논문상, 에드먼트 프린스 파울러상, 노인병학회 우수논문상(2005), 단국대 범정학술상(2005), 부총리 겸 교육인적자원부장관표창(2006), 과학기술훈장(2006) 전'이비인후과'(1996) '평형장애 진단과 치료'(1998) '어지러움'(1999·2001·2004) '의료윤리학'(2001·2003) '이비인후과-두경부외과학'(2002) '양성돌발성 체위변환성 어지러움'(2003) 종기독교

이정구(李定九) LEE Jeong Ku

생1954·6·13 출충남 예산 주서울 구로구 연동로320 성공회대학교 총장실(02-2610-4100) 학1983년 한신대 신학과졸 1985년 同대학원졸 1998년 신학박사(영국 버밍엄대) 경1987년 사제 서품 1987~1995년 성공회대 강사 1997~1998년 영국 버밍엄한인학교장 1999년 성공회대 신학과 조교수·부교수·교수(현) 2000년 同신학전문대학원 교학부장·역사자료관장 2002~2005년 同신학전문대학원장·교목실장 2002~2004년 한국영상문화학회 총무이사 2002~2004년 성남YMCA 이사 2012년 성공회대 총장(현) 2013년 대한민국건축대전 일반부문 심사위원 전'한국교회건축과 기독교미술탐사'(2009) '교회그림자 읽기'(2011) 'Architectural Theology in Korea'(2011, 학술원우수도서) '성상과 우상'(2012) '교회건축의 이해'(2012) 전'터키사진 초대개인전'(2007) 종성공회

이정구(李定求) LEE Jong Gu

생1958·6·10 주대구 동구 동촌로1 경북지방우정청 청장실(053-940-1518) 학1978년 부산남고졸 1986년 동국대 국사교육과졸 1998년 미국 하워드대 대학원 석사과정 수료 경1991년 행정고시 합격(35회) 1993년 전산관리소 업무과 예금1계장 1994년 전파관리국 방송과 행정사무관 1997년 미국 하워드대 국외훈련 1998년 정보통신부 전파방송관리국 주파수과 행정사무관 2000년 同전파방송관리국 주파수과 서기관 2002년 부산국제우체국장 2002년 해운대우체국장 2004년 정보통신부 중앙전파관리소 감시2과장 2005년 同전파방송정책국 전파이용제도과장 2006년 同전파방송산업팀장 2006년 同전파방송기획단 방송위성팀장 2007년 同정보통신정책본부 지식정보산업팀장 2008년 지식경제부 성과관리고객만족팀장 2008년 방송통신위원회 감사팀장 2009년 同감사담당관 2009년 同조사기획총괄과장 2011년 同방송정책기획과장(부이사관) 2012년 同중앙전파관리소장(국장급) 2013년 미래창조과학부 중앙전파관리소장 2014년 同정보통신방송정책실 방송진흥정책관 2015~2016년 同방송진흥정책국장 2016년 경북지방우정청장(현) 상대통령표창(2000)

이정국(李正國) LEE Jung Kook

생1943·3·2 본성주(星州) 출서울 학1961년 경기고졸 1966년 서울대 토목공학과졸 경1973년 대림산업(주)입사 1981년 同부장 1988년 同이사 1991년 同상무이사 1992~2000년 同대표이사 사장 1992년 서울상공회의소 상임위원 1995년 한국건설사업관리협회 부회장 2000년 대림산업(주) 부회장 2000~2009년 대림대학 학장 2009~2016년 학교법인 대림학원 이사장 상산업안전보건대상, 대통령표창, 은탑산업훈장 종천주교

이정국(李正國) LEE Jeong Koog (愚公移山)

생1963·1·26 출전남 신안 주서울 서초구 효령로55길22 그린오피스텔1101호 두요감정평가법인(02-525-1680) 학1981년 목포고졸 1984년 국립세무대 내국세학과졸 1996년 한국방송통신대 법학과졸 2002년 고려대 정책대학원 경제학과졸 2007년 경제학박사(경원대) 경1983년 세무대학총학생회 회장 1984~1992년 국세청 근무 1995년 (주)설탑컨설팅 근무 1996~2001년 제일감정평가법

인 총무이사 2002~2003년 (주)글로벌감정평가법인 분당지사장 2003년 (주)상산 대표이사 2003년 세무대학총동문회 회장 2003년 국제문화친선협회 부회장 2003년 다음정치네트워크 공동대표 2003년 평촌사랑시민의모임 대표 2003년 (사)한국청소년운동연합 이사·안양시지회장 2004년 (사)한구석밝히기실천운동본부 관악클럽 상임이사 2004년 열린우리당 안양시동안구乙지구당 위원장 2005~2008년 한국재정정책학회 이사·감사 2005년 국세청 비상장주식평가심의위원 2005년 열린정책포럼 국제협력위원장 2006년 (주)두요감정평가법인 대표이사(현) 2006년 경기시민사회포럼 감사(현) 2006~2007년 열린우리당 안양시동안구乙지역위원회 위원장 2007~2008년 중부지방국세청 비상장주식평가 심의위원 2007년 평화와경제를위한경기포럼 공동대표 2007년 대통합민주신당 제17대 대통령중앙선거대책위원회 정책특보·부동산대책특별위원회 위원장·안양시동안구乙선거대책위원회 위원장 2008년 한국재정정책학회 부회장 2008년 제18대 국회의원선거 출마(안양시 동안乙, 통합민주당) 2009년 한국재정정책학회 이사 2009~2012년 안양시인라인연합회 회장 2011~2013년 민주당 안양동안乙지역위원회 위원장 2012년 제19대 국회의원선거 출마(안양시 동안구乙, 민주통합당) 2012년 민주통합당 정책위원회 부의장 2012년 가천대 겸임교수(현) 2013년 안양시등산연합회 회장(현) 2014년 새정치민주연합 안양시동안구乙지역위원회 위원장 2015~2016년 더불어민주당 안양시동안구乙지역위원회 위원장 2016년 제20대 국회의원선거 출마(안양시 동안구乙, 더불어민주당) [저]'최신 기업가치평가론'(2007) [종]기독교

이정권(李廷權) LEE Jung Kwon

[생]1955·7·27 [출]경남 김해 [주]서울 강남구 일원로81 삼성서울병원 가정의학과(02-3410-2441) [학]1980년 서울대 의대졸 1988년 同대학원졸 1992년 의학박사(서울대) [경]1978~1983년 서울대병원 인턴·가정의학과 전공의 1986~1988년 서울대 의대 가정의학과 전임의 1988~2001년 한양대 의대 가정의학과 전임강사·조교수·부교수·교수 2001년 성균관대 의대 가정의학과 교수(현) 2001년 삼성서울병원 가정의학과장 2003~2005년 대한가정의학회 이사장 2004년 한국호스피스완화의료학회 부회장 2007년 삼성서울병원 완화치료팀장 2007~2011년 성균관대 의대 교무부학장 2008~2009년 삼성서울병원 삼성암센터 암교육센터장 2009~2011년 同삼성암센터 완화치료센터장 2010년 한국호스피스완화의료학회 부회장 2010년 국가암관리사업지원단 완화의료사업위원회 위원 2011~2012년 세계가정의학회 아태학술대회 조직위원장 2011~2012년 한국호스피스완화의료학회 교육위원회 교육교재편집자문위원 2013~2016년 세계가정의학회 아시아태평양지역 회장

이정권(李正權)

[생]1970·5·20 [출]충남 홍성 [주]경기 수원시 영통구 월드컵로120 수원지방법원(031-210-1114) [학]1988년 홍성고졸 1993년 서울대 사법학과졸 [경]1996년 사법시험 합격(38회) 1999년 사법연수원 수료(28기) 1999년 인천지법 예비판사 2001년 서울지법 남부지원 판사 2003년 대전지법 홍성지원 판사 2006년 수원지법 판사 2008년 서울중앙지법 판사 2011년 서울고법 판사 2013년 서울동부지법 판사 2014년 제주지법 부장판사 2016년 수원지법 부장판사(현)

이정규(李汀圭) Lee Jeong-Kyu

[생]1961·10·1 [출]서울 [주]서울 종로구 청와대로1 대통령 국가안보실 정책조정비서관실(02-730-5800) [학]1984년 서울대 경제학과졸 1991년 영국 런던대(LSE) 대학원 국제정치학과졸 [경]1987년 외무고시 합격(21회) 1987년 외무부 입부 1992년 駐영국 2등서기관 1995년 駐리비아 1등서기관 2000년 駐미국 1등서기관 2004년 국가안전보장회의 파견 2006년 외교통상부 한미안보협력과장 2007년 駐인도 참사관 2009년 대통령실 파견 2011년 외교통상부 조정기획관 2012년 同기획조정실 인사기획관 2013년 외교부 기획조정실 인사기획관 2013~2015년 국방부 국방정책실 국제정책관 2015년 대통령 국가안보실 정책조정비서관 겸 국가안전보장회의(NSC) 사무차장(현)

이정근(李定根) LEE Jung Kyen

[생]1957·7·26 [출]서울 [주]울산 중구 종가로370 도로교통공단 운전면허본부(052-216-1613) [학]1977년 서울 중동고졸 1986년 단국대 경영학과졸 1995년 고려대 정책과학대학원졸 [경]1984년 경위 임용(경찰간부 후보 32기) 2000년 전남지방경찰청 수사과장(총경) 2001년 전남 함평경찰서장 2002년 경찰청 수사국 마약지능과장 2003년 同혁신기획단 업무혁신팀장 2003년 同보안2과장 2004년 서울 중부경찰서장 2005년 경찰청 수사국 사이버테러대응센터장 2006년 同형사과장 2008년 경기 성남수정경찰서장 2008년 해양경찰청 국제협력담당관 2008년 同정보수사국장(경무관) 2010년 서해지방해양경찰청장 2010년 해양경찰청 정보수사국장 2010년 同경비안전국장(치안감) 2012년 해양경찰학교장 2013~2014년 남해지방해양경찰청장 2014년 국민안전처 남해지방해양경비안전본부장 2015년 도로교통공단 운전면허본부장(상임이사)(현) [상]대통령표창(2000), 녹조근정훈장(2007)

이정근(李正根) LEE Jeong Kun

[생]1959·11·11 [본]전주(全州) [출]경북 문경 [주]서울 구로구 디지털로34길55 코오롱싸이언스밸리2차901호 솔트웨어(주)(02-2025-0066) [학]1977년 경북 문경종합고졸 1985년 동국대 컴퓨터공학과졸 2004년 연세대 대학원 컴퓨터공학과졸 2014년 공학박사(숭실대) [경]1984~1993년 대우자동차(주) 전산실 입사 1993년 대우정보시스템(주) 신기술지원팀장 1995년 위즈정보기술(주) 네트워크사업부장 1999년 同시스템사업본부 이사 2001년 同시스템사업본부 상무이사 2003년 同대표이사 사장 2003년 솔트웨어(주) 대표이사(현) 2004년 한국멀티미디어학회 이사 2006년 문경 마성중총동창회 회장 2011~2013년 새재포럼 회장 2012년 한국소프트웨어전문기업협회 수석부회장 2012년 同회장 대행 2013년 同회장 2013년 한국특허정보원 비상임이사(현) 2013년 한국IT정책경영학회 부회장(현) 2013년 가톨릭대 현장교수(현) [상]동탑산업훈장(2014) [종]천주교

이정근(李廷根) LEE Jeong Keun

[생]1966·4·27 [본]전주(全州) [출]서울 [주]경기 수원시 영통구 월드컵로206 아주대학교 의과대학 치과학교실(031-219-4111) [학]1990년 서울대 치의학과졸 1994년 同대학원 치의학과졸 2001년 치의학박사(서울대) [경]1991년 서울대 병원 구강악안면외과 레지던트 1995년 아주대 의대 치과학교실 연구강사·전임강사·조교수·부교수·교수(현) 2002년 미국 일리노이주립대(UIC) 구강악안면외과 Visiting Faculty 2003~2009년 아주대 의대 치과학교실 주임교수·병원 치과 과장 2003년 대한악안면성형재건외과학회 기획이사(현) 2005~2008년 대한구강악안면외과학회 기획이사 2005~2009년 아주대의료원 치과진료센터 소장 2007·2012년 미국 세계인명사전 'Marquis Who's Who in Asia'에 등재 2008년 대한구강악안면외과학회 치아·뼈·줄기세포은행위원회 위원장(현) 2008·2010·2011·2012·2013·2014년 미국 세계인명사전 'Marquis Who's Who in the World'에 등재 2009년 한국자가치아뼈은행 운영위원(현) 2009·2010·2012·2014·2015년 미국 세계인명사전 'Marquis Who's Who in America'에 등재 2010·2011년 미국 세계인명사전 'Marquis Who's Who in Medicine and Healthcare'에 등재 2011년 미국 세계인명사전 'Marquis Who's Who in Science and Engineering'에 등재 2011년 대한구순구개열학회 공보·기획이사(현) 2011년 아주대 임상치의학대학원 구강악안면외과 전공주임교수(현) 2012년 同임상치의학대학원 교학부장(현), 대한치과이식임플란트학회 경기지부회장 2016년 아주대 치과병원 치과진료센터장(현) [상]대한구순구개열학회 우수포스터상(2011), 대한골다공증학회 우수연제상(2012), Most valuable poster presentation in International Autotooth Bone Bank(2012), Poster Award in 96th Annual Meeting of American Association of Oral and Maxillofacial Surgeons(2014) [저]'악안면성형재건외과학'(2009) 'Dental Implants Book I'(2011) 'Implant Dentistry- A Rapidly Evolving Practice'(2011) 'Textbook of Oral and Maxillofacial Surgery. 3rd ed.'(2013) 'Textbook of Advanced Oral and Maxillofacial Surgery'(2013) 'Advances in Biomaterials Science and Biomedical Applications'(2013) 'Advances in Oral Tissue Engineering'(2014) '치과위생사를 위한 구강악안면외과학'(2015) '구강악안면외과학교과서3판'(2016) [역]'응급질환의 진단 및 치료'(2006)

이정기(李廷奇) JUNGKI LEE

[생]1959·9·27 [본]전주(全州) [출]전북 임실 [주]강원 원주시 혁신로199 한국광물자원공사 기획관리본부(033-736-5100) [학]전주상고졸, 숭실대 경영학과졸, 연세대 경영대학원 경영학과졸 [경]2006년 한국광물자원공사 기획조정실장 2009년 同지원사업실장 2010년 同투자개발실장 2010년 同호주법인장 2014년 同인재경영본부장, 同경영관리본부장 2016년 同기획관리본부장(상임이사)(현)

이정기(李楨基) LEE, JEUNG-KI

[생]1964·8·6 [본]전주(全州) [출]충북 음성 [주]세종특별자치시 도움6로11 국토교통부 건설안전과(044-201-3573) [학]1982년 국립철도고졸 1988년 원광대 토목공학과졸 1993년 연세대 대학원 토목공학과졸 2011년 토목공학박사(수원대) 2015년 중앙대 건설대학원 글로벌건설CEO과정 재학 중 [경]1982~1988년 철도청 근무 1988~1991년 軍복무(육군 학사장교 11기) 1991~1998년 서울국토관리청 근무 1998~2008년 건설교통부 도로국·감사관실 근무

2004~2010년 한경대 시간강사 2008년 국토해양부 국책사업지원단 근무 2011년 同감사관실 근무 2013년 국토교통부 감사관실 근무 2015년 서울지방국토관리청 건설관리실장 2016년 국토교통부 건설안전과장(현) ⓢ근정포장(1998), 대통령표창(2001), 국무총리표창(2001), 근정훈장(2011) ⓡ기독교

이정노(李廷魯) LEE Chung No

ⓢ1943 · 2 · 28 ⓞ서울 ⓙ서울 강남구 논현로566 강남차병원 산부인과(02-3468-3000) ⓗ1962년 서울고졸 1968년 연세대 의대졸 ⓔ1971년 서대문보건소 의무과장 1972~1976년 미국 미시간대 Pontiac General Hospital 인턴 · 산부인과 레지던트 1976~1982년 미국 미시간주 Pontiac Hospital Attending Staff 1982~1990년 미국 캘리포니아주 Reseda Simi Valley 산부인과 개업 1985~1991년 미국 서던캘리포니아대 의대 산부인과 임상강사 · 임상조교수 · 임상부교수 1991년 미국 QA 및 UR전문의 취득 1992년 포천중문의대 강남차병원 산부인과 교수 1992년 차병원 진료 및 복강경센터 소장 1995년 同부원장 1995~2000년 강남차병원 원장 2001년 포천중문의대 교학부총장 2004년 대한비뇨부인과학회 회장 2009년 차의과학대 강남차병원 산부인과 교수(현) 2009년 同교학부총장(현) 2013년 차병원그룹 부회장

이정노(李丁魯) LEE Jung No

ⓢ1955 · 5 · 20 ⓝ전의(全義) ⓞ경남 함양 ⓙ서울 서초구 강남대로331 한국GA금융서비스(02-597-6060) ⓗ2003년 부산대 경영대학원 수료 ⓔ1981년 대한교육보험(주) 부산국 명륜지부장 직대 1982년 同부산국 명륜지부장 1984년 同동부산국 좌천지부장 1987년 교보생명보험(주) 중부산국 부용지부장 1987년 同사하국 대저지부장 1988년 同사하국 총무과장 1988년 同사하국 관리과장 1990년 同송도국 개설준비위원(관리과장) 1990년 同송도국 영업과장 1992년 同송도국 관리과장 1993년 同영업관리과장 1993년 同마산국장 겸 능력개발과장 1996년 同송도국장 겸 효율촉진과장 1999년 同동부산지점장 2000년 同부산지역본부 영업팀장 · 구포지점장 · 부산지역본부 마케팅지원팀 고객센터과장 2002년 同FP사업본부 부산지역본부장 2005년 同FP사업본부 강남지역본부장 2005년 同FP사업본부장(전무) 2008~2010년 同영업담당 부사장 2010~2016년 제일안전서비스(주) 대표 2016년 한국GA금융서비스 대표이사 회장(현)

이정동(李正東) Jung-Dong, Lee (大谷 · 石恥)

ⓢ1955 · 7 · 5 ⓝ고성(固城) ⓞ대구 ⓙ강원 춘천시 중앙로1 강원도의회(033-249-5205) ⓗ대입검정고시 합격, 국가평생교육진흥원 사회복지학 학사학위 취득 ⓔ대한장애인사격연맹 부회장 · 강화위원, 대구초등동문회 회장, 대곡고미술연구소 소장(현), 원주시장애인체육협의회 회장(현), (재)대한걷기연맹 부회장(현), (사)한국자연예술문화단체연합회 초대작가(현), 대곡장학회 회장(현), 민주평통 자문위원(현) 2014년 강원도의회 의원(비례대표, 새누리당)(현) 2014 · 2016년 同사회문화위원회 위원(현) ⓢ체육훈장 백마장 ⓡ천주교

이정동(李汀東) LEE Jung Dong

ⓢ1962 · 3 · 1 ⓞ경북 청도 ⓙ경남 창원시 의창구 상남로289 경남지방경찰청 외사과(055-233-2276) ⓗ대구 오성고졸 1985년 경찰대 법학과졸(1기) ⓔ1985년 경위 임관 1990년 경감 임관 1999~2009년 경남 김해경찰서 · 진주경찰서 정보과장 · 경남지방경찰청 경무계장 2009년 경남지방경찰청 홍보담당관(총경) 2010년 경남 함안경찰서장 2011년 경남 김해서부경찰서장 2011년 경남지방경찰청 경무과장 2013년 경남 남해경찰서장 2014년 울산지방경찰청 경무과장 2014년 경남 김해중부경찰서장 2016년 경남지방경찰청 외사과장(현) ⓢ근정포장(2014)

이정두(李正斗) LEE Jung Doo

ⓢ1956 · 1 · 16 ⓞ경남 남해 ⓙ경남 양산시 어곡공단5길39 (주)화승T&C 임원실(055-380-3600) ⓗ부산공고졸 1981년 부경대 기계설계학과졸 ⓔ1982년 (주)화승R&A 입사 1999년 同부장, 同W/S설계개발담당 이사대우 2003년 同이사 2007년 同W/S사업총괄 상무이사 2011년 同SL사업본부장(전무이사) 2013년 同SL사업본부장(전무이사) 겸 (주)화승소재 설비담당 2013년 同FL · SL사업본부장 겸 (주)화승소재 설비담당 2014년 同FL · SL사업본부장 겸 (주)화승T&C 대표이사 전무 겸 (주)화승소재 설비담당 2014년 (주)화승T&C 대표이사 2014년 (주)화승R&A 생산본부장 · 기술연구소장 겸임 2016년 (주)화승T&C 대표이사 부사장(현)

이정락(李定洛) LEE Jyung Nack

ⓢ1939 · 11 · 25 ⓝ청안(淸安) ⓞ경북 경주 ⓙ서울 서초구 법원로15 정곡빌딩서관210호 이정락법률사무소(02-537-7575) ⓗ1958년 경주고졸 1962년 서울대 법대졸 1972년 미국 캘리포니아대 버클리교 법대 비교법학과졸 ⓔ1961년 사법시험 합격 1962년 공군 법무관실 법무사 · 검찰관 1965년 대구지법 경주지원 판사 1968년 대구지법 판사 1973년 대구고법 판사 1975년 대법원 재판연구관 1977년 청주지법 충주지원장 1979년 서울영등포지원 부장판사 1981년 서울고법 부장판사 1986~1988년 서울지법 남부지원장 겸임 1991년 인천지법원장 1992년 서울형사지법원장 1993년 변호사 개업(현) 1999년 한국정신문화연구원 감사 2005년 경주고도보존회 회장(현) 2007년 대한변협법률구조재단 이사장 2007년 무소속 이회창 대통령후보 법률지원팀장 ⓩ'민법총칙(共) ⓡ기독교

이정락(李正洛) Lee Joung Rack

ⓢ1959 · 3 · 3 ⓞ부산 ⓙ경기 성남시 분당구 판교로264 SK플래닛(주) 마케팅&커뮤니케이션사업부문장실(02-6119-0114) ⓗ충암고졸 1982년 중앙대 시각디자인학과졸 ⓔ1984년 LG애드(주) 입사 1987년 제일기획(주) 근무 2003년 대한민국광고대상 심사위원 2004~2005년 뉴욕 연수 2005년 제일기획(주) 크리에이티브2그룹장 2007년 同상무보대우 2007년 同제작본부 상무 2010년 칸국제광고제 사이버부문 심사위원 2010~2012년 제일기획(주) 제작본부장 2012년 SK마케팅앤컴퍼니 커뮤니케이션사업부문 크리에이티브솔루션본부장 2013년 SK플래닛 커뮤니케이션사업부문 크리에이티브솔루션본부장 2014년 同마케팅&커뮤니케이션사업부문장(현) ⓢ대한민국광고대상 특별상(2006), 대한민국광고대상 대상(2007 · 2008), 대한민국광고대상 라디오부문 금상(2007), 칸 국제광고제 그랑프리(2011)

이정렬(李正烈) Lee, Jeong-Ryul

ⓢ1956 · 3 · 1 ⓞ서울 ⓙ서울 강동구 진황도로61길53 중앙보훈병원 원장실(02-2255-1101) ⓗ경기고졸 1978년 서울대 자연대학 의예과졸 1982년 同의과대학 의학과졸 1985년 同대학원 의학석사 1987년 의학박사(서울대) ⓔ1982~1987년 서울대병원 인턴 · 흉부외과 전공의 1987~1990년 국군 서울지구병원 흉부외과장 1990년 서울대 의과대학 흉부외과학교실 교수(현) 1993~1995년 미국 UCLA Medical Center 심장외과 전임의 1999년 미국 밴더빌트대 Medical Center 방문교수 2001~2003년 대한흉부외과학회 총무이사 2003~2009년 同이사 겸 심사위원 2005~2006년 서울대병원 어린이병원 진료지원실장 · 소아흉부외과 분과장 2006~2010년 서울대병원 교육수련부장 2010~2013년 同기획조정실장 2015년 대한흉부심장혈관외과학회 이사장 2016년 중앙보훈병원 병원장(현) ⓢ사석학술연구비 지원상, 이영균학술상(1999) ⓩ'의대생을 위한 흉부외과학'(2000) ⓡ천주교

이정렬(李楨烈) Lee Jeongryeol

ⓢ1968 · 7 · 10 ⓞ충북 괴산 ⓙ세종특별자치시 절재로180 인사혁신처 인사관리국(044-201-8400) ⓗ1986년 충북고졸 1991년 경희대 행정학과졸, 영국 엑세터대 대학원 공공정책학과졸 ⓔ행정고시 합격(36회) 2001년 행정자치부 인사국 인사과 사무관 2002년 同인사국 인사과 서기관 2006년 同정부혁신본부 혁신평가팀장 2007년 同혁신전략팀장 2008년 행정안전부 혁신기획과장 2008년 同정보화총괄과장 2009년 국무총리 일반행정정책관실 행정정책과장(부이사관) 2010년 충북도 정책관리실 정책기획관 2011년 同문화여성환경국장 2012년 행정안전부 연금복지과장 2014년 안전행정부 인사실 심사임용과장 2015년 중앙공무원교육원 고위정책과정 교육훈련(고위공무원 나급) 2016년 인사혁신처 인사관리국장(현)

이정록(李楨錄) LEE Jeong Rock

ⓢ1957 · 6 · 7 ⓞ전남 광양 ⓙ광주 북구 용봉로77 전남대학교 지리학과(062-530-2685) ⓗ1976년 순천고졸 1980년 전남대 지리교육과졸 1985년 同대학원 지리학과졸 1991년 문학박사(전남대) ⓔ1987~1997년 전남대 사회과학대학 지리학과 전임강사 · 조교수 · 부교수 1988년 미국 클라크대 객원교수 1993~1994년 미국 오하이오주립대 Post-Doctoral Research Fellow 1998년 전남대 지리학과 교수(현) 2000년 同학생처 부처장 2001년 일본 도쿄대 객원교수 2001~2002년 (사)한국지역학회 부회장 2003~2004년 대통령자문 동북아경제중심추진위원회 전문위원 2004~2005년 공공기관지방이전특별위원회 위원 2005년 행정중심복합도시건설추진위원회 자문위원 2005~2006년 (사)대한지리학회 회장 2005~2006년 새국토연구협의회 상임공동대표, 광

양시 도시계획위원회 위원, 전남발전연구원 연구자문위원 2008~2010년 전남대 사회과학대학장 2008~2010년 대통령자문 국가균형발전위원회(지역발전위원회) 위원, 전남도 지역개발자문위원, 2010해양엑스포여수시추진위원회 자문교수, 2012여수세계박람회지방유치위원회 연구위원 2009~2011년 한국토지주택공사 비상임이사 2011년 대통령직속 지역발전위원회 민간위원 2011년 한국토지주택공사 이사회 의장 [상]전남도지사표창(2005), 대통령표창(2010), 근정포장(2013) [저]'현대지리학의 이론가들'(1993) '20세기 지구촌의 분쟁과 갈등'(1997) '전라도 도로교통지도'(1997) 'The Atlas of Korea'(2000) '지방화 시대의 지역문제와 지역정책'(2001) '남도전통주거론'(2003) '세계의 분쟁지역'(2005) '광양만권 잠재력과 비전'(2006) '지방도시의 변화와 발전동인'(2006) '관광지리학'(2006) '세계의 분쟁'(2011) [역]'현대인문지리학사전'(1993) '노동시장의 지리학(共)'(2002) [종]기독교

이정만(李廷萬) LEE Jung Man

[생]1962·1·3 [출]충남 보령 [주]서울 서초구 서초중앙로22길17 법무법인 윈앤윈(070-7745-9019) [학]1980년 충남고졸 1985년 중앙대 법학과졸 1998년 연세대 특허법무대학원 수료 [경]1989년 사법시험 합격(31회) 1992년 사법연수원 수료(21기) 1992년 부산지검 동부지청 검사 1994년 대전지검 서산지청 검사 1995년 수원지검 검사 1997년 서울지검 남부지청 검사 2000년 창원지검 진주지청 검사 2001년 서울지검 검사 2004년 의정부지검 부부장검사 2005년 청주지검 충주지청 부장검사 2006년 창원지검 거창지청장 2007년 서울중앙지검 부부장검사 2008년 대검찰청 과학수사담당관 2009년 서울동부지검 형사3부장 2010년 수원지검 평택지청장 2011년 대검찰청 과학수사기획관 2013년 법무연수원 연구위원 2014년 대전지검 천안지청장 2015년 대전고검 차장검사(충남도 파견) 2015년 법무법인 윈앤윈 변호사(현) [종]기독교

이정명(李正明) LEE Jeong Myung

[생]1942·11·26 [본]전주(全州) [출]대전 [학]1961년 경복고졸 1965년 서강대 경제학과졸 1973년 서울대 신문대학원 석사과정 수료 [경]1968~1980년 동양통신 외신부·경제부 기자·차장 1981년 연합통신 정치부 차장 1982년 同외신부 차장 1986년 同뉴욕특파원 1988년 同경제1부장 1991년 同부국장급 월간부장 1993년 同경제국 부국장 1993~1999년 IPI(국제언론인협회) 한국위원회 사무국장 1994년 연합통신 경제국 국장대우 부국장 1995년 同경제국장 직대 1995년 同경제국장 1997년 同논설위원 1998년 同이사대우 뉴미디어국장 1998년 同이사대우 논설고문 1998~2000년 연합뉴스 이사대우 논설고문 2001~2004년 대한광업진흥공사 비상임이사 2002~2004년 조흥은행 사외이사 2005~2008년 한국공항공사 비상임이사 2008~2011년 한국감정원 비상임이사 2011~2014년 언론중재위원회 위원 [종]기독교

이정모(李正模) LEE Jung Mo

[생]1948·2·6 [본]경주(慶州) [출]경남 거창 [주]서울 서초구 서초대로49길12 길도빌딩309호 이정모법무사무소(02-3482-1968) [학]1966년 대구 경북고졸 1987년 경기대 법학과졸 1991년 연세대 대학원 행정학과졸 2005년 중앙대 대학원 법학박사과정 수료 [경]1992년 서울지검 남부지청 수사관 1993년 국무총리행정조정실 제4행정조정관실 감사관 1996년 서울지검 수사관 1997~1998년 미국 뉴저지주립대 형사사법대학원 연수 1998년 법무부 검찰3과 수사서기관 2000년 국무총리국무조정실 조사심의관실 과장 2002년 서울지검 공안2과장 2002년 同마약수사과장 2004년 서울서부지검 수사과장 2005년 의정부지검 고양지청 사무과장 2006년 대구고검 총무과장 2006년 청주지검 사무국장 2007~2008년 인천지검 사무국장 2009년 법무사 개업(현) 2010년 (재)경기대동문장학회 이사(현) 2011~2013년 경기대 대학평의원회 의원 2016 서울시 공익법무사(현) [상]녹조근정훈장(2002), 홍조근정훈장(2008) [종]천주교

이정무(李廷武) LEE Jung Moo (善雄)

[생]1941·4·9 [본]전주(全州) [출]경북 구미 [주]강원 원주시 한라대길28 한라대학교 총장실(033-760-1106) [학]1959년 경북고졸 1964년 서울대 법학과졸 1975년 영남대 경영대학원졸 1999년 명예 경영학박사(순천향대) [경]1969년 대구백화점 이사 1976년 경북청년지도자연합회 회장 1981년 대구 한·미친선회 회장 1984년 백화점협회 부회장 1985년 (주)대백프라자 대표이사 1986년 (재)호동원 이사장 1986년 대구시체육회 상임부회장 1988년 제13대 국회의원(대구南, 민주정의당, 민주자유당) 1989년 민정당 원내부총무 1990년 민자당 원내부총무 1990년 同대구南지구당 위원장 1996~2000년 제15대 국회의원(대구南, 자유민주연합) 1996년 자민련 원내총무 1996년 한·스위스의원친선협회 회장 1998~1999년 건설교통부 장관 2000년 자민련 대구南지구당 위원장 2000~2004년 한국체육대 총장 2003~2005년 대한체육회 부회장, (재)한국기원 상임이사 2005년 한라대 총장(현) 2012년 한국물포럼 총재(현) 2014~2015년 '2015 세계물포럼조직위원회' 위원장 [상]국민훈장 석류장(1982), 청조근정훈장(2003) [종]기독교

이정미(李貞美·女) LEE Jung Mi

[생]1962·6·25 [출]울산 [주]서울 종로구 북촌로15 헌법재판소 재판관실(02-708-3456) [학]1980년 마산여고졸 1984년 고려대 법대졸 [경]1984년 사법시험 합격(26회) 1987년 사법연수원 수료(16기) 1987년 대전지법 판사 1991년 인천지법 판사 1992년 수원지법 판사 1994년 서울가정법원 판사 1996년 서울지법 판사 1998년 同서부지원 판사 1999년 서울고법 판사 2004년 사법연수원 교수 2007년 서울서부지법 부장판사 2009년 서울중앙지법 부장판사 2010년 부산고법 부장판사 2010년 대전고법 부장판사 2011년 헌법재판소 재판관·수석재판관(현)

이정미(李貞味·女) LEE Jeong Mi

[생]1966·2·7 [출]부산 [주]서울 영등포구 의사당대로1 국회 의원회관551호(02-784-4591) [학]1984년 인천 인성여고졸, 한국외국어대 중퇴(2년), 한국방송통신대 경제학과졸, 성공회대 NGO대학원 정치정책학 석사과정수료 [경]1988년 (주)영원통신 입사 1989년 同노동조합 결성·해고 1995년 한국노동운동단체협의회 조직국장 1998년 민주주의민족통일전국연합 조직국장 2000년 同여성국장 2001년 반미여성회 조직위원장 2003년 同집행위원장 2003년 통일연대 여성위원회 부위원장 2003년 민주노동당 서울용산지구당 부위원장 2003년 同주한미군지위협정(SOFA)개정과한반도평화실현운동본부 본부장 2004년 同제17대 국회의원선거대책본부 이라크파병반대운동본부장 2004년 同자주평화담당 최고위원 2007년 同당대회 부의장 2008년 同대변인 2008년 제18대 국회의원선거 출마(서울 영등포구甲, 민주노동당) 2012년 통합진보당 최고위원 2012년 새진보정당추진회의 대선기획단 대변인 2012년 진보정의당 최고위원 겸 대변인 2012년 同제18대 대통령중앙선거대책위원회 대변인 2013~2016년 정의당 부대표 2013~2014년 同대변인 겸임 2016년 제20대 국회의원(비례대표, 정의당)(현) 2016년 정의당 원내수석부대표(현) 2016년 국회 환경노동위원회 위원(현) 2016년 국회 여성가족위원회 위원(현) 2016년 국회 가습기살균제사고진상규명과피해구제 및 재발방지대책마련을위한 국정조사특별위원회 위원(현)

이정민(李廷玟) Chungmin Lee

[생]1939·9·22 [본]전주(全州) [출]서울 [주]서울 관악구 관악로1 서울대학교(02-880-1364) [학]1959년 경기고졸 1963년 서울대 영어영문학과졸 1968년 同대학원졸 1973년 언어학박사(미국 인디애나대) [경]1974~1984년 서울대 언어학과 조교수·부교수 1984~2005년 同교수 1986년 미국 UCLA 객원교수 1994년 한국인지과학회 회장 1999년 서울대 인지과학연구소장 2005년 同명예교수(현) 2014년 대한민국학술원 회원(언어학·현) [상]근정포장(2005) [저]'의미론서설(共)' '언어이론과 현대과학사상' '언어학사전(共)' '형식의미론과 한국어기술(共)' '의미구조의 표상과 실현(共)' '의미구조와 통사구조 그리고 그 너머(共)' '부정과 부정어(共)' 'Topic and Focus(共·編)'(2006, Springer) 'The Handbook of Esat Asian Psycholinguistics(共·編)'(2009, Cambridge University Press) [역]'마음의 구조(共)', '논리와 정보' [종]기독교

이정민(李正民) LEE Chung Min

[생]1960·2·28 [주]서울 서대문구 연세로50 연세대학교 국제학대학원(02-2123-4182) [학]1978년 미국 마리아나폴리스고졸 1982년 연세대 정치외교학과졸, 미국 터프츠대 대학원 정치외교학과졸 1988년 정치학박사(미국 터프츠대) [경]1985년 미국 외교정책분석연구원 1988년 연세대 동서문제연구원 객원연구원 1989~1994년 세종연구소 연구위원 1993~1994년 국방부 합동참모본부 자문위원 1994~1995년 일본 방위연구소 객원연구위원 1995년 미국 랜드연구소(RAND) 정책분석관 1998~2003년 연세대 국제대학원 부교수 1998년 同대외협력처 차장 1998~1999년 외교통상부 ASEM 비전그룹 전문위원 1998~2004년 아태안보협력이사회 한국이사회 총무 1999~2000년 국무총리실 정책평가위원회 위원 1999~2001년 국가안보회의 사무처 자문위원 2000년 연세대 국제교육교류부장 2003년 同국제학대학원 교수(현) 2004~2005년 국가비상기획위원회 자문위원 2005~2007년 싱가포르 국립대 리콴유 공공정책대학원 객원교수 2008~2012년 연세대 국제학대학원장 2008년 대통령직속 미래기획위원회 미래외교·안보분과 위원 2009년 同외교안보·통일분과 위원 2009~2011년 대통령 외교자문위원회 위원

2009~2013년 영국 국제전략문제연구소(IISS) 아시아안보담당 객원선임연구위원 2010~2011년 외교통상부 국제안보대사 2010~2012년 연세대 언더우드국제대학장 2010년 국가미래연구원 외교안보분야 발기인 2013년 제18대 대통령직인수위원회 외교·국방·통일분과 전문위원 2013~2016년 외교부 국가안보문제담당대사 2015년 미국 카네기평화연구소(Carnegie Endowment for International Peace) 객원선임연구위원(현)

이정민(李政旻) Lee Jung Min

[생]1960·6·5 [출]서울 [주]서울 영등포구 여의대로56 한화투자증권 리스크관리실(02-3772-7000) [학]1979년 서울고졸, 서울대 불어불문학과졸 1992년 同대학원 경영학과졸 [경]2005년 대우증권 재무담당 상무이사 2008년 同IT센터장(상무) 2009년 同상무 2013년 KDB대우증권 기획관리본부장(전무) 2013년 同HR본부장(전무) 2014년 同경영지원본부장 겸임 2015년 한화투자증권 리스크관리담당 전무 2016년 同리스크관리실장(전무)(현)

이정민(李貞旼·女) Lee Jungmin

[생]1965·2·12 [출]서울 [주]서울 중구 서소문로100 중앙일보 중앙선데이(02-751-9114) [학]동일여고졸, 이화여대 경제학과졸 2007~2008년 미국 U.C.Berkeley 연수 [경]중앙일보 교열부·생활여성부·경제부·피플뉴스·정치부 기자, 同정치부 차장, 同정치부 부장대우 2010년 同중앙SUNDAY편집국 정치에디터, 同방송설립추진단 보도본부장 2011년 JTBC 정치부장 2012년 중앙일보 정치부장 2014년 同정치부장(부국장대우) 2014년 同편집·뉴미디어국 정치국제에디터 겸 논설위원 2015년 同통일문화연구소장(현) 2015년 同중앙선데이 제작담당 겸임(현)

이정민(李正旻) Rhee jung min

[생]1969·3·27 [출]서울 [주]서울 서초구 서초중앙로157 서울중앙지방법원(02-530-1114) [학]1988년 성보고졸 1992년 서울대 법대졸 1994년 同대학원졸 [경]1993년 사법시험 합격(35회) 1996년 사법연수원 수료(25기) 1996년 軍법무관, 수원지법 판사 2003년 대전지법 공주지원 판사 2006년 수원지법 안산지원 판사 2007년 사법연수원 교수 2009년 서울고법 판사 2011년 청주지법 부장판사 2012년 대법원 재판연구관 2014년 의정부지법 부장판사 2014~2016년 법원행정처 기획총괄심의관 겸임 2016년 서울중앙지법 부장판사(현)

이정민(李正敏) LEE Jung Min

[생]1969·11·18 [주]세종특별자치시 절재로180 인사혁신처 인사혁신국 혁신기획과(044-201-8310) [학]1988년 김천고졸 1996년 한양대 행정학과졸 2001년 서울대 대학원 행정학과졸 [경]1995년 행정고시 합격(39회) 1998년 국민고충처리위원회 조사1국 기획총괄과 사무관 2002년 중앙인사위원회 인사정책과 사무관 2004년 同인사정책과 서기관 2004년 同인사정책국 정책총괄과 서기관, 국외 훈련(미국 콜로라도대) 2007년 중앙인사위원회 위원장비서실장 직대 2007년 同비서실장 2008년 중앙공무원교육원 인재양성1팀장 2008년 대통령 의전비서관실 행정관 2009~2011년 행정안전부 지방행정국 지방공무원과장 2011년 외교통상부 채용평가팀장(파견) 2012년 駐토론토 총영사 2013년 안전행정부 창조정부조직실 경제조직과장 2014년 同창조정부조직실 조직진단과장 2014년 同창조정부조직실 창조정부기획과장 2014년 행정자치부 창조정부조직실 창조정부기획과장 2015년 인사혁신처 인사혁신국 혁신기획과장(부이사관)(현)

이정민(李政玟·女)

[생]1974·8·17 [출]서울 [주]전남 순천시 왕지로21 광주지방법원 순천지원(061-729-5114) [학]1993년 명지여고졸 1997년 서울대 법학과졸 [경]1997년 사법시험 합격(39회) 2000년 사법연수원 수료(29기) 2000년 서울지법 판사 2002년 同서부지원 판사 2004년 대전지법 판사 2007년 수원지법 성남지원 판사 2009년 서울행정법원 판사 2011년 서울북부지법 판사 2013년 대법원 재판연구관 2015년 광주지법 순천지원 부장판사(현) 2015년 광주가정법원 순천지원 부장판사 겸임(현)

이정민(李靜旼·女) LEE Jung Min

[생]1992·1·14 [주]서울 강남구 삼성로739 스포티즌(02-2179-3853) [학]2010년 대원외고졸 2014년 고려대 국제스포츠학과졸, 同대학원 석사과정(스포츠사회학) 중 [경]스포티즌 소속(현), BC카드 후원 계약(현) 2008년 골프 국가대표 2009년 한국여자프로골프협회(KLPGA) 입회 2009년 KLPGA드림투어 11차전 우승 2010년 KLPGA투어 태영배 한국여자오픈 장타대회 우승 2010년 러시앤캐시 채리티 클래식 J골프시리즈 3위 2010년 KLPGA투어 두산 매치플레이 챔피언십 우승 2012년 KLPGA투어 부산은행 서울경제 여자오픈 우승 2013년 KLPGA투어 금호타이어 여자오픈 2위 2014년 KLPGA투어 한화금융 클래식 2위 2014년 KLPGA투어 제1회 교촌 허니 레이디스오픈 우승 2014년 KLPGA투어 YTN·볼빅여자오픈 우승 2014년 KLPGA투어 메트라이프·한국경제 제36회 KLPGA챔피언십 3위 2014년 KLPGA투어 하이트진로 챔피언십 2위 2015년 KLPGA투어 NH투자증권 레이디스 챔피언십 우승 2015년 KLPGA투어 E1채리티 오픈 우승 2015년 KLPGA투어 롯데칸타타여자오픈 우승 2015년 KLPGA투어 이수그룹 제37회 KLPGA챔피언십 공동2위 2016년 KLPGA투어 월드레이디스 챔피언십 우승 [상]KLPGA투어 국내특별상(2015)

이정배(李楨培) LEE Jeong Bae

[생]1957·1·1 [출]경북 상주 [주]부산 금정구 금샘로485번길65 부산외국어대학교 디지털미디어공학부(051-509-6261) [학]1976년 경동고졸 1981년 경북대 전산학과졸 1983년 同대학원 전산학과졸 1995년 전산학박사(한양대) [경]1982~1991년 한국전자통신연구소 선임연구원 1991~2002년 부산외국어대 컴퓨터공학과 조교수·부교수·교수 2002~2014년 선문대 컴퓨터공학과 교수 2014년 부산외국어대 컴퓨터공학과 교수 2014년 同일본어창의융합학부 교수 겸임 2014년 同제1부총장(현), 同디지털미디어공학부 교수(현) 2015년 同국고사업총괄본부장 [상]대통령표창(2013) [저]'인터넷의 세계' '인터넷 프로그래밍'

이정백(李廷白) LEE Jung Baek

[생]1950·6·7 [본]전주(全州) [출]경북 상주 [주]경북 상주시 상산로223 상주시청 시장실(054-533-7711) [학]1970년 함창고졸 1993년 중앙대 행정대학원 고위정책과정 수료 2000년 상주대 생명자원과학대학 축산학과졸 [경]1989년 농어민후계자상주군연합회 회장 1991년 농어민후계자경북연합회 회장 1993년 농어민후계자중앙연합회 부회장 1994~2006년 상주축산업협동조합 조합장 1995·1998·2002~2006년 경북도의회 의원(한나라당) 1996년 경북도 전통가공식품협회 고문(현) 2000년 同농수산위원장 2004년 同부의장 2006~2010년 상주시장(한나라당) 2010년 세계유교문화축전 공동조직위원장 2010년 경북 상주시장선거 출마(한나라당) 2014년 경북 상주시장(무소속)(현) 2014년 세계유교문화재단 이사(현) [상]국무총리표창(1989), 경북도지사표창(1992), 농수산부장관표창(1994), 대통령표창(1998), 최우수경영자상(업적평가 전국축협 1위)(2002)

이정복(李定馥) LEE Jung Bok

[생]1960·2·2 [출]충남 아산 [주]서울 중구 청계천로100 시그니처타워 금호피앤비화학(주) 임원실(02-6961-3409) [학]중앙고졸, 고려대 화학공학과졸 [경]Shell Netherlands Chemie BV 근무, 금호피앤비화학(주) BPA증설팀장, 同기획팀장 2005년 同기획·구매담당 이사 2006년 同기획구매담당 상무(현) 2012년 한국PC·BPA협의회 회장

이정봉(李政峯)

[생]1969·9·15 [출]부산 [주]강원 강릉시 동해대로3288의17 춘천지방검찰청 강릉지청(033-660-4200) [학]1988년 송도고졸 1992년 연세대 법학과졸 [경]1998년 사법시험 합격(40회) 2001년 사법연수원 수료(30기) 2001년 인천지검 검사 2003년 대전지검 홍성지청 검사 2005년 인천지검 부천지청 검사 2007년 서울중앙지검 검사 2011년 대검찰청 연구관 2013년 부산지검 검사 2014~2016년 금융정보분석원 파견 2014년 전주지검 검사 2015년 同부부장검사 2016년 춘천지검 강릉지청 부장검사(현)

이정빈(李廷彬) LEE Joung Binn (여송)

[생]1937·12·16 [본]전주(全州) [출]전남 영광 [주]서울 서초구 남부순환로294길33 한국외교협회(02-2186-3600) [학]1960년 서울대 법대 행정학과졸 [경]1959년 고시행정과 합격 1960년 외무부 입부 1965년 駐스위스대사관 3등서기관 1970년 외교연구원 교학과장 1971년 駐유엔대표부 1등서기관 1974~1978년 외무부 중동과장·국제연합과장 1978년 同정책조정관 1979년 同중동국장 1980년 駐시카고 총영사 1983년 駐네팔 대사 1984년 대통령 정무비서관 1986년 駐스웨덴 대사 1989년 외무부 제1차관보 1991년 駐인도 대사 1995년 외교안보연구원 원장 1996년 駐러시아 대사 1998년 한국국제교류재단 이사장 2000~2001년 외교통상부 장관 2001년 한국외교협회 고문(현) 2010년 2015광주하계유니버시아드조직위원회 공동위원장 [상]황조·청조근

정훈장, 스웨덴·사우디아라비아·쿠웨이트 수교훈장, 프랑스1등급훈장, 러시아 우호훈장

이정석(李晶石) LEE Jeong Seog

[생]1957·9·28 [본]전주(全州) [출]강원 양양 [주]경기 수원시 권선구 서호로149 수도권기상청 관측과(070-7850-8450) [학]연세대 기상학과졸, 미국 미주리대 대학원 기상학과졸 [경]1986~1987년 KAIST 시스템공학연구실 근무 1999~2002년 세계기상기구(WMO) 사무국 근무 2003~2010년 기상청 기후예측과 근무 2005~2006년 APCC 기후센터 파견 2010년 기상청 국제협력팀 기술서기관 2010년 강원지방기상청 기후과장 2015년 수도권기상청 관측과장(현)

이정석(李廷錫) LEE Chung Suk

[생]1965·12·24 [본]전주(全州) [출]전북 정읍 [주]대전 서구 둔산중로69 특허법원(042-480-1400) [학]1984년 대광고졸 1988년 서울대 법대 사법학과졸 1991년 단국대 대학원 법학과졸 2001년 미국 펜실베이니아대 대학원 법학석사(LLM)과정 수료 [경]1990년 사법시험 합격(32회) 1993년 사법연수원 수료(22기) 1993년 軍법무관 1996년 서울지법 판사 1999년 서울행정법원 판사 2000~2004년 제주지법 판사 2002년 광주고법 제주부 판사 2004년 서울고법 판사 2005년 법원행정처 공보관 2006년 同기획조정심의관 2007년 서울중앙지법 판사 2008년 전주지법 부장판사 2009~2012년 의정부지법 부장판사(대법원 전산정보관리국장 파견) 2012년 서울중앙지법 부장판사 2015년 특허법원 부장판사(현) [종]가톨릭

이정석(李政錫) LEE, JEONG SEOK

[생]1966·3·10 [본]전주(全州) [출]경기 안성 [주]서울 서초구 방배로114 소망빌딩5층 (주)데일리팜(02-3473-0833) [학]1983년 오산고졸 1990년 청주대 신문방송학과졸 2010년 성균관대 대학원 임상약학과졸 [경]1990년 강동신문 근무 1995년 보건신문 근무 1999년 인터넷신문 (주)데일리팜 대표이사(현) 2002년 인터넷신문 메디게이트뉴스 대표이사 2012년 인터넷신문 메디칼타임즈 대표이사(현)

이정선(李廷先) LEE Jeong Seon

[생]1959·2·10 [주]광주 북구 필문대로55 광주교육대학교 총장실(062-520-4000) [학]1977년 순천 매산고졸 1983년 한양대 사범대학 교육학과졸 1985년 同대학원 교육학과졸 1990년 同대학원 교육철학 박사과정 중퇴 1995년 교육인류학박사(미국 뉴저지주립대) [경]1995년 미국 뉴저지주립대 시간강사 1996년 광주교대 교육학과 전임강사·조교수·부교수·교수(현) 1998년 일본 나루토교육대 객원연구원 1999~2001년 광주교대 초등교육연구소장 2000년 同초등학교문화연구소장 2000~2002년 전남도교육청 교육정책협의회 위원 2002~2003년 교육인적자원부 농어촌교육발전위원회 위원 2003~2004년 미국 오하이오주립대 방문교수 2005~2007년 광주교대 대학발전연구원장 2006~2007년 대통령자문 교육혁신위원회 자문위원 2007~2010년 광주시 교육발전자문위원회 위원 2007~2010년 한국교육인류학회 회장 2007~2010년 아시아비교교육학회 회장 2007년 (사)한국인권교육원 이사·인권연구소장(현) 2012년 광주교대 총장(현) 2015~2016년 전국교원양성대학교총장협의회 회장 [저]'왜 열린교육이어야 하는가?' '21세기를 여는 초등교육의 쟁점들' '교육에의 질적 접근' [종]기독교

이정섭(李定燮) LEE Jung Sub

[생]1963·7·13 [출]충남 보령 [주]세종특별자치시 도움6로11 환경부 차관실(044-201-6021) [학]1982년 경기 오산고졸 1987년 서울대 사법학과졸 1989년 同대학원 행정학과졸 [경]1987년 행정고시 합격(31회) 1989년 국무총리 행정조정실 사무관 2002년 환경부 기획관리실 법무담당관 2003년 同수도관리과장 2004년 同폐기물자원국 자원재활용과장 2005년 同환경보건정책과장 2006년 同자연보전국 국토환경정책과장 2007년 同정책홍보관리실 혁신인사기획관(부이사관), 同운영지원과장 2008년 同대변인(고위공무원) 2010년 同녹색환경정책관 2010년 대통령 녹색성장환경비서관실 선임행정관 2011~2013년 환경부 물환경정책국장 2013~2014년 대통령 미래전략수석비서관실 기후환경비서관 2015년 환경부 환경정책실장 2016년 同차관(현)

이정수(李廷洙) LEE Chong Soo

[생]1950·4·5 [본]전주(全州) [출]충남 서산 [주]서울 종로구 사직로8길39 세양빌딩 김앤장법률사무소(02-3703-1430) [학]1968년 성동고졸 1973년 고려대 법학과졸 [경]1973년 사법시험 합격(15회) 1975년 사법연수원 수료(5기) 1978년 대구지검 검사 1980년 서울지검 의정부지청 검사 1982년 법무부 보호과 검사 1985년 수원지검 성남지청검사 1985년 일본 중앙대 비교법연구소 객원연구원 1986년 대검찰청 검찰연구관 1987년 대전지검 서산지청장 1989년 마산지검 진주지청 부장검사 겸 한국형사정책연구원 연구실장 1991년 대검찰청 기획과장 1992년 국회 법제사법위원회 전문위원 1993년 서울지검 특수3부장 1995년 대검찰청 수사기획관 1997년 수원지검 제2차장검사 1998년 서울지검 제3차장검사 1998년 同제1차장검사 1999년 서울고검 차장검사 2000년 대검찰청 기획조정부장 2001년 대전지검장 2002년 대검찰청 공안부장 2003년 부산지검장 2003년 부산고검장 2004~2005년 대검찰청 차장검사 2005년 김앤장법률사무소 변호사(현) 2006~2015년 현대글로비스(주) 사외이사 [상]황조근정훈장(1997), 홍조근정훈장(2007), 고려대 공로상(2010) [저]'일본법무부의 조직과 기능' '메스암페타민(히로뽕)사범의 실태와 대책' '개방교도소의 발전방향에 관한 연구' '갱생보호사업의 실태와 활성화방안'

이정수(李正洙)

[생]1957·1·9 [주]강원 삼척시 동양길20 동양시멘트 임원실(033-571-7000) [학]서울대 공대 화공학과졸, 한국과학기술원(KAIST) 화학공학 석사, 화학공학박사(한국과학기술원) [경]1978~1998년 동양시멘트 프로젝트 디렉터 1998년 라파즈 해외지사 부사장 2004년 同차이나 충칭&귀조우지사 CEO 2007년 同차이나 부사장 2015년 삼표기초소재 대표이사(CEO) 겸 삼표그룹 최고기술책임자(CTO) 2015년 동양시멘트 최고기술책임자(CTO)·삼표기초소재 생산부문 대표이사(CEO)·삼표그룹 최고기술책임자(CTO) 겸임 2016년 동양시멘트 최고기술책임자(CTO·사장)(현)

이정수(李正洙) LEE Jung Soo

[생]1969·3·15 [출]서울 [주]경기 과천시 관문로47 법무부 기획조정실 형사사법공통시스템운영단(02-2110-3930) [학]1988년 남강고졸 1994년 서울대 사법학과졸 [경]1994년 사법시험 합격(36회) 1997년 사법연수원 수료(26기) 1997년 軍법무관 2000년 서울지검 검사 2002년 대전지검 천안지청 검사 2004년 부산지검 검사 2007년 대검찰청 검찰연구관 2009년 사법연수원 교수 2011년 대구지검 의성지청장 2012년 대검찰청 강력부 피해자인권과장 2013년 同기획조정부 정보통신과장 2014년 서울중앙지검 첨단범죄수사2부장 2014년 同개인정보범죄정부합동수사단장 2015년 同첨단범죄수사제1부장 2016년 법무부 형사사법공통시스템운영단장(현) [상]모범검사상(2004), 국제검사협회(IAP) '올해의 검사상'(2015)

이정숙(李廷淑·女)

[생]1947·10·12 [주]충북 청주시 상당구 상당로164 (재)청주복지재단(043-201-1852) [학]청주대 대학원 행정학과졸 [경]1995년 청주시 흥덕구 사회과장 1998~2002년 청주시 사회과장 2003~2006년 同기획행정국장·흥덕구청장 2007~2012년 청주가경노인복지관 관장 2016년 (재)청주복지재단 제3대 이사장(현)

이정숙(李正淑·女) LEE Jung Sook

[생]1950·12·21 [본]경주(慶州) [출]서울 [주]서울 성북구 삼선교로16길116 한성대학교 인문대학 한국어문학부(02-760-4017) [학]1973년 서울대 사범대학 국어교육과졸 1976년 同대학원 국어교육과졸 1989년 문학박사(서울여대) [경]1973~1977년 신림중 교사 1977~1980년 무학여중 교사 1982~2015년 한성대 인문대학 한국어문학부 교수 1997~1998년 한국문학교육학회 감사 1998년 한성대 도서관장 2000년 미국 하버드대 객원교수 2001~2003년 한국여성문학회 편집위원 2003년 한국현대소설학회 감사 2003년 국제한인문학회 감사·총무·부회장·평의원(현) 2007~2009년 한성대 학술정보관장 2011~2013년 同언어교육원장 2011~2013년 구보학회 회장 2015년 同명예회장(현) 2013~2015년 한국현대소설학회 회장 2015년 同명예회장(현) 2016년 한성대 인문대학 한국어문학부 명예교수(현) [상]교육부장관표창(1994) [저]'실향소설연구'(1990) '한국현대소설연구 : 현대소설의 결과 무늬'(1999) '현대소설의 숨결(共)'(2007) '이청준소설 벽 허물기 열두마당'(2009) '한국현대소설, 이주와 상처의 미학'(2012) 외 공저 다수

이정숙(李貞淑 · 女) LEE Jeong Sook

[생]1952·5·10 [출]경기 양평 [주]경남 진주시 진주대로501 경상대학교 자연과학대학 의류학과(055-772-1452) [학]1970년 숙명여고졸 1974년 서울대 의류학과졸 1982년 同대학원 의류학과졸 1991년 이학박사(서울대) [경]1982~1993년 경상대 자연과학대 의류학과 전임강사·조교수·부교수 1988~1989년 同의류학과장 1993~1994년 미국 코넬대 방문교수 1993년 경상대 자연과학대학 의류학과 교수(현) 1996년 同자연과학대학 교수회장 1998~2000년 同교수회 부회장 2003년 同자연과학대학장 2003년 同정보과학대학원장 2003~2004년 同과학체험센터장 2007~2009년 한국의류산업학회 이사 2010년 同사업부문 부회장 2011년 同회장 2013년 한국과학기술단체총연합회 경남지역연합회장(현) [저]'염색의 이해'(2001) '새 의류관리(共)'(2008) [종]불교

이정숙(李貞淑 · 女) LEE Jeong Sook

[생]1965·10·1 [출]경남 함안 [주]서울 서초구 서초중앙로157 서울법원조정센터(02-530-1955) [학]1984년 마산제일여고졸 1988년 건국대 법학과졸, 同대학원졸 [경]1991년 사법시험 합격(33회) 1994년 사법연수원 수료(23기) 1994~1998년 법무법인 동서 변호사·법무법인 광장 변호사 1999년 삼성증권(주) 법무실 상무보 2001년 同법무실장(상무보) 2003년 同컴플라이언스실장(상무보) 2005년 同컴플라이언스실장(상무) 2006년 同법무팀장(상무) 2009년 同Compliance팀장(상무) 2014년 한국콘텐츠분쟁조정위원회 조정위원 2015년 서울법원조정센터 상임조정위원(현) 2016년 산업통상자원부 전기위원회 위원(현)

이정술(李正術) LEE Jungsoul

[생]1956·11·10 [주]서울 관악구 조원로24 세한빌딩2층 안전생활실천시민연합(02-843-8616) [학]1981년 현풍고졸 1999년 한국방송통신대 행정학과졸 2002년 한양대 지방자치대학원 자치행정학과졸 [경]1996~2000년 경기도 지방공무원교육원 교수부 교수팀장 2000~2004년 의문사진상규명위원회 행정과 서무팀장 2004년 소방방재청 혁신인사담당관실 근무 2005년 同정보통신담당관실 NDMS팀 근무 2005년 同안전문화지원팀장 2006년 同안전문화팀장 2006년 同예방전략과장 2009년 同기획재정담당관 2011~2012년 교육 파견 2012년 소방방재청 민방위과장 2012년 同운영지원과장 2014년 同중앙민방위방재교육원장 2014년 국민안전처 국가민방위재난안전교육원장 2015년 同안전정책실 안전총괄기획관 2016년 안전생활실천시민연합 사무총장(현)

이정식(李正植) LEE Jeong Sik

[생]1945·2·5 [출]경북 [주]서울 금천구 가산디지털1로168 우림라이온스밸리C동301호 (주)에이피코리아네트 비서실(02-3485-3700) [학]1964년 경북대사대부고졸 1973년 서울대 상대 상학과졸 [경]1972년 (주)쌍용산업(주) 입사 1975년 同뉴욕지사 근무 1979년 同제강원료수입부차장 1983년 同기획부장·해외관리부장 1987년 (주)삼보컴퓨터 상무이사 1990년 同전무이사 1992년 同부사장 1993년 同대표이사 사장 1997~2000년 同그룹 경영조정실장 겸 부회장 1998년 (주)한빛방송 감사 1999년 (주)TG벤처 대표이사 1999~2013년 (주)코리아네트 대표이사 2002년 겟모어증권 감사 2004년 큐캐피탈파트너스(주) 회장, (주)유비스타 비상근감사 2013년 (주)에이피코리아네트 대표이사(현) [상]한국능률협회 한국인재개발대상 최우수기업상 [종]기독교

이정식(李靜植) LEE Jung Sik

[생]1947·7·7 [출]서울 [주]서울 용산구 장문로6길12 (주)범양사 임원실(02-799-3812) [학]1974년 경희대 행정학과졸 [경](주)범양사 수출부 전무 1991년 同부사장 1996년 범양화섬 대표이사(현) 2005년 (주)범양사 대표이사 사장 겸임(현)

이정식(李廷湜) LEE Jung Sik

[생]1954·1·13 [본]전주(全州) [출]서울 [주]서울 용산구 새창로221의19 (주)서울문화사(02-799-0114) [학]1972년 경복고졸 1976년 서울대 사범대학 지학과졸 1982년 중국 홍콩대 중국어문과정 수료 [경]1979년 CBS 사회부 기자 1980~1988년 KBS 외신부·사회부·정치부 기자 1988년 CBS 정치부 차장 1992년 同정치부 부장대우 1992년 同워싱턴특파원 1995년 同정치부장(부국장) 1998년 同청주방송 본부장 2000년 同부산방송 본부장 2002~2003년 同해설위원장 2003~2005년 한국신문방송편집인협회 이사 2003년 CBS 대구방송본부장 2003~2009년 同대표이사 사장 2003~2009년 IPI 한국위원회 이사 2004~2006년 세계한인기독교방송협회(WCBA) 회장 2004~2009년 한국방송협회 부회장 2009~2010년 (주)CBS노컷뉴스 회장 2010~2011년 청주대 신문방송학과 객원교수 2011년 (사)월드 하모니 이사장 2011년 (주)뉴스1 대표이사 사장 2013년 同부회장 2013~2016년 예술의전당 비상임이사 2014년 푸르메재단 공동대표(현) 2014년 (주)서울문화사 사장(현) [상]서울대 언론인대상(2009) [저]'북경특파원'(1985) '기사로 안 쓴 대통령이야기'(1992) '워싱턴 리포트'(1995) '이정식의 청주파일'(2000) '권력과 여인'(2000) '이정식 가곡 에세이-사랑의 시, 이별의 노래'(2011) [작]'애창가곡집 CD 1, 2집'(2001) '애창가곡집 CD 3집'(2009) '애창가곡집 CD 4집'(2011) [종]기독교

이정식(李貞植) LEE Jung Sik

[생]1958·10·29 [주]경기 용인시 기흥구 마북로207 LIG넥스원 사장실(1644-2005) [학]1977년 동북고졸 1981년 서울대 경제학과졸 1989년 미국 Franklin Pierce대 대학원 법학과졸(석사) [경]1983~1990년 특허청 사무관 1990~1995년 통상산업부 사무관 1995년 同무역위원회 과장 1996년 LG그룹 회장실 해외사업팀 이사 1998년 LG구조조정본부 사업조정팀 상무 1999년 LG텔레콤 IMT2000사업추진단 사업기획팀 상무 2001년 LG캐피탈 홍보담당 상무 2001년 LG카드 전략영업담당 상무 2003년 파워콤 사업담당 상무 2005년 (주)데이콤 전략기획담당 부사장 2006년 LG파워콤 대표이사 사장 2010년 LG유플러스 HS사업본부장·SC본부장(부사장) 2012년 LG경제연구원 부사장 2012년 서브원 LG사이언스파크추진본부장 2014년 LIG넥스원 사장(COO)(현) [상]조세의 날 금탑산업훈장(1983)

이정식(李正植) LEE Jeong Sik

[생]1961·2·23 [출]충북 제천 [주]서울 영등포구 국제금융로6길26 한국노동조합총연맹(02-6277-0032) [학]1980년 대전고졸 1985년 서울대 경제학과졸, 한국노동연구원 노사관계 고위지도자과정 수료, 이탈리아 ILO 튜린센터 노사관계과정 수료 [경]한국노동조합총연맹 정책연구위원·조사부장·기획조정국장·정책기획국장·홍보국장·대외협력본부장·투쟁상황실장, 제1·2기 노사관계개혁위원회 전문위원, 제1·2·3기 노사정위원회 전문위원, 21세기노사관계연구회 정책기획위원장, 한겨레신문 월드컵기획위원, 한국노동조합총연맹 기획조정본부장, 21세기노사관계연구회 회장, 언론개혁시민연대 정책기획위원, 대한매일 객원칼럼니스트 2003~2004년 한국사회민주당 대변인 2004년 서울디지털대 e-경영학부 전임교수 2004~2006년 건설교통부 장관정책보좌관 2011~2014·2015년 건설근로자공제회 비상임이사(현) 2011년 한국노동조합총연맹 사무1처장 겸 정책본부장 2012년 同중앙연구원장 2012년 고용노동부 최저임금위원회 근로자위원(현) 2014년 한국노동조합총연맹 사무처장(현)

이정신(李政愼) LEE Jung Shin

[생]1951·2·27 [주]서울 송파구 올림픽로43길88 서울아산병원 선도형암연구사업단(1688-7575) [학]1976년 서울대 의대졸 1979년 경희대 대학원졸 1995년 의학박사(경희대) [경]1983년 미국 Texas대 Anderson Cancer Center 내과 종양학 및 혈액학 전임의 1985년 미국 Pennsylvania대 의대·Fox Chase Cancer Center 혈액내과 전임의 1986년 미국 Temple대 의대·Fox Chase Cancer Center 조교수 1989~1995년 울산대 의대 내과학교실 조교수·부교수 1994년 同의과대학 연구담당 학장보 1995~2016년 同의대 내과학교실 교수 1995~2016년 서울아산병원 종양내과 전문의 2003년 同진료부원장 2008~2010년 同병원장 2009~2010년 대한병원협회 부회장 2010년 카타르 보건최고위원(현) 2012년 보건의료기술정책심의위원회 위원장 2013년 대한의료정보학회 회장 2013년 건강보험심사평가원 미래전략위원회 위원장 2016년 서울아산병원 선도형암연구사업단장 겸 자문교수(현)

이정심(李正心 · 女) LEE Jeong Shim

[생]1963·9·29 [출]강원 동해 [주]서울 종로구 세종대로209 여성가족부 권익증진국(02-2100-6380) [학]1985년 성균관대 영어영문학과졸 1989년 경희대 대학원 행정학과졸, 미국 하버드대 대학원 행정학과졸 2009년 행정학박사(미국 시라큐스대) [경]1989~1998년 정무제2장관실 사무관 1998년 여성특별위원회 사무관 2005년 여성가족부 여성정책국 성별영향평가과장 2006년 同권익증진국 인권보호팀장 2008년 여성부 여성정책국 인력개발기획과장(서기관) 2008년 대통령 여성가족비서관실 행정관(파견) 2010년 여성가족부 청소년자립지원과장(부이사관) 2012년 UN Women 파견(부이사관) 2015년 여성가족부 청소년정책과장 2016년 同권익증진국장(현) [상]정무제2장관표창(1992)

이정애(李正愛·女) LEE Jeong Ae

[생]1936·11·21 [본]전주(全州) [출]평남 평양 [주]강원 영월군 영월읍 하송로197 세경대학교 이사장실 [학]1955년 수도여고졸 1959년 이화여대 생물학과졸 1994년 중앙대 대학원 교육행정학과졸 [경]1955~1961년 수도여고 교사 1985년 세경건설(주) 감사 1989년 세경총화(주) 감사 1991년 학교법인 세경학원 이사 1993~1998년 同이사장 1993년 한국수전(주) 감사 1996년 세경파이낸스(주) 감사 1997~2014년 세경산업(주) 감사 1997년 메디아소프트(주) 감사 1998~2008년 세경대 학장 2009~2015년 同총장 2016년 세경학원 이사장(현) [종]천주교

이정애(李正愛·女)

[생]1958·10·10 [주]경기 수원시 팔달구 효원로1 경기도의회(031-8008-7000) [학]수원상고졸, 성화대학 사회복지학과졸 [경](주)SK 업무과 근무, 새천년민주당 남양주협의회 여성부장, 박기춘 국회의원 비서관, 열린우리당 경기도당 여성상무위원, 남양주시 유소년야구단장(현), 민주평통 자문위원 2006년 경기 남양주시의회 의원(비례대표) 2006년 同산업건설위원회 위원 2010년 경기 남양주시의회 의원(민주당·민주통합당·민주당·새정치민주연합) 2010~2012년 同의장 2010년 경기북부시군의회의장단협의회 부회장 2014년 새정치민주연합 정책위원회 부의장 2014년 경기도의회 의원(새정치민주연합·더불어민주당)(현) 2014년 同보건복지위원회 위원 2015년 더불어민주당 정책위원회 부의장(현) 2016년 경기도의회 건설교통위원회 위원(현) 2016년 同윤리특별위원회 간사(현) 2016년 同예산결산특별위원회 위원(현) [상]동부권시군의장협의회 의정활동개선분야 최우수의원(2014)

이정애(李正愛·女) Lee Jung Ae

[생]1963·12·24 [주]서울 종로구 새문안로58 LG광화문빌딩 LG생활건강(주)(02-3777-1114) [학]마산여고졸, 이화여대 경제학과졸 [경]1986년 럭키 입사, LG-유니참 마케팅부문 근무, LG생활건강(주) 생활용품 페리오BM·마케팅팀 근무 2009년 同생활용품사업부 퍼스널케어 마케팅부문장(상무) 2011년 同생활용품사업부장(상무) 2012년 同생활용품사업부장(전무) 2016년 同럭셔리화장품(Luxury Cosmetics)사업부장(부사장)(현)

이정열(李廷烈) Lee Jeong Yeol

[생]1952·2·2 [주]전북 군산시 대학로558 군산대학교 해양생명응용과학부(063-469-1834) [학]1970년 선린상고졸 1975년 부산수산대 증식학과졸 1977년 同대학원 증식학과졸 1986년 수산학박사(부산수산대) [경]1976년 국립수산진흥원 수산기사보 1977~1980년 청주대 조교·전임강사 1980~1992년 군산수산전문대 조교수·부교수 1986년 국립수산진흥원 겸직연구관 1992년 군산대 해양생명응용과학부 부교수·교수(현) 1996~1997년 同해양과학대부속 양어장장, 세계양식학회 회원(현) 2008년 세계양식학회 부산대회 집행위원장 2009~2012년 세계양식학회 이사 2011~2013년 아시아수산학회(AFS Councilor) 이사 2015년 한국양식학회 회장(현) 2015년 한국수산과학회 회장(현) [상]세계양식학회 및 한국수산과학회 감사패(2015), 세계양식학회 펠로우(Fellow)상(2015)

이정열(李正烈) Lee Jung Youl

[생]1956·6·24 [주]서울 중구 을지로30 롯데호텔서울 인사과(02-771-1000) [학]서산농림고졸, 충남산업대 호텔관광학과졸, 대구대 대학원 호텔관광학과졸 [경]웨스틴조선호텔 서울 부총지배인(이사), (주)호텔롯데 롯데호텔서울 부총지배인, 同롯데호텔서울 총지배인(상무), 同롯데호텔월드 총지배인(상무) 2012년 同롯데호텔서울 총지배인(전무) 2013~2016년 同롯데호텔베트남하노이 총지배인 2016년 同비상근자문(현)

이정옥(李貞玉·女) LEE Jung Ok

[생]1955·12·5 [출]전북 전주 [주]경북 경산시 하양읍 하양로13의13 대구가톨릭대학교 사회과학대학 사회학과(053-850-3215) [학]1970년 서울대 영어교육과졸 1982년 同대학원졸 1990년 문학박사(서울대) [경]1986~1992년 효성여대 사회학과 전임강사·조교수 1991년 미국 하버드대 사회학과 방문교수 1992년 대구효성가톨릭대 사회학과 부교수 1995~1999년 참여연대 국제인권센터 부소장·소장 1997년 대구효성가톨릭대 사회매체학부 교수 1998년 일본 와세다대 인간과학부 방문교수 1999년 국제민주연대 공동대표 2000년 대구가톨릭대 사회매체학부 교수, 同사회과학대학 사회학과 교수(현), ARENA 실행이사 2011년 대구가톨릭대 사회학과장 겸 사회과학연구소장 2014~2015년 同사회학과장 2016년 同사회과학대학장(현) [저]'여성과 직업' 'Women and Alternatives in the Age of Globalization' '한국 성사회학의 방법론적 모색' '한국의 공업화와 여성노동' '아메리카, 그마지막제국' '미국, 그 마지막제국 아메리카' '지식변동의 사회사' '세계의 교양을 읽는다' '한국 사회발전 연구' '쿨 코리아' '세계화와 인권발전' '한국의 여성 정치 세력화 운동' '직접민주주의로의 초대' '민주주의의 지구화와 민주주의 지원기관' 'Referendums and Deepening Democracy in S.Korea' 'Hope and Realities of Democracy Promotion in Asia' 'Hope and Realities of Global Democracy Promotion i' '민주주의 지구화의 구상과 현실' '민주주의의 지구화와 아시아 민주주의' '민주주의 지구화와 한국 현실진단' 'voices through Ballot-overview 2008 Elections og A' '가족관계의 변모와 여성문제'(共) '성평등의 사회학'(共) 'Shadow Behind Screen'(共) 'Resurgent Patriarchies'(共) [종]천주교

이정옥(李正玉·女) LEE Jung Ok

[생]1964·7·3 [출]경남 진주 [주]서울 강북구 4.19로123 통일교육원 교수부(02-901-7102) [학]1983년 경남 진주여고졸 1987년 한양대 행정학과졸 [경]1986년 행정고시 합격(30회) 1997년 통일원 통일정책실 국제협력담당관실 서기관 1998년 통일부 통일정책실 국제협력담당관실 서기관 2004년 同통일정책실 정책참여담당관 2007년 同사회문화교류본부 정착지원팀장 2007년 同통일교육원 교수부 교육총괄팀장 2008년 同통일교육원 교육총괄과장 2008년 同창의혁신담당관 2009년 同행정관리담당관 2010년 세종연구소 교육파견(부이사관) 2011년 통일교육원 지원관리과장 2012년 통일부 통일정책기획관 2012년 同남북교류협력협의사무소장 2013년 同정세분석국장 2014년 국무총리소속 6.25전쟁납북진상규명위원회 사무국장 2015년 국립외교원 교육파견 2016년 통일부 남북출입사무소장(고위공무원) 2016년 同통일교육원 교수부장(고위공무원)(현)

이정용(李廷鎔) LEE Jeong Yong

[생]1951·12·12 [출]경남 [주]대전 유성구 대학로291 한국과학기술원 신소재공학과(042-350-4216) [학]1970년 대구 계성고졸 1974년 서울대 재료공학과졸 1976년 한국과학기술원 재료공학과졸(석사) 1986년 공학박사(미국 U.C. Berkeley) [경]1976~1981년 금성·금성정밀연구소 연구원·과장 1981~1986년 미국 로렌스버클리연구소 연구원 1986~1997년 한국과학기술원(KAIST) 재료공학과 조교수·부교수 1997년 同재료공학과 교수 2004년 同신소재공학과 교수(현) [상]미국 전자현미경학회 학생부문 회장상, 한국과학기술원 학술상, 올해의 KAIST인상(2012), 교육과학기술부·한국연구재단 선정 이달의 과학기술자상(2013), 제22회 수당재단 수당상 응용과학부문(2013), 미래창조과학부 재료분야 한국공학상(2014) [저]'전자현미경의 원리와 응용' '재료결정학' '전자현미경의 실제' '전자현미경의 시편제작'

이정용(李正容) LEE Jung Yong

[생]1952·9·6 [본]성주(星州) [출]경북 [주]서울 서초구 반포대로222 가톨릭대학교 의과대학 병리학교실(02-2258-7308) [학]1977년 가톨릭대 의과대학졸 1980년 同대학원졸 1985년 의학박사(가톨릭대) [경]1977년 가톨릭대 의과대학 및 부속병원 조교·인턴·레지던트 1982~1985년 102야전병원 및 국군수도통합병원 병리과장 1985~1997년 가톨릭대 의과대학 병리학교실 전임강사·조교수·부교수 1997년 同병리학교실 교수(현) 1998년 대한암학회 이사 2003년 분자암학회 회장 2003년 분자병리동호회 회장 2003년 가톨릭대 대학원 교육부장 2003~2013년 同의과대학 미세절제유전체학연구소장 2006~2013년 同BK21 생명의과학사업단장 [상]대한병리학회 학술상(1997), 대한의학회 분쉬의학상(2001), 대한암학회 SK학술상(2001), 대한병리학회 수산학술상(2002), 대한의사협회 의과학상(2005), 대한암학회 우수연구자상(2006) [저]'병리학'(1997, 고문사) '독성병리학'(1998, 도서출판 샤론) '정도관리지침서'(2006, 디자인메카) '의학과 의료'(2008, 나남) [종]가톨릭

이정용(李貞勇) LEE, Jung Yong

[생]1961·7·26 [본]고부(古阜) [출]전북 김제 [주]서울 용산구 두텁바위로54의99 방위사업청 계약관리본부 장비물자계약부(02-2079-4500) [학]1980년 대일고졸 1985년 연세대 법학과졸 1993년 경기대 대학원 행정학과졸 1995년 영국 애버딘대 대학원 국제관계학과졸 2003년 국제관계학박사(영국 애버딘대) [경]1986년 행정고시 합격(30회) 2004년 국방부 군수관리관실 재난관리지원담

당관 2007년 同정책기획관실 군비통제정책팀장(부이사관) 2008년 同운영지원과장 2009년 방위사업청 계약관리본부 국제계약부장(고위공무원) 2011년 외교안보연구원 교육파견 2012년 방위사업청 기획조정관 2013년 同방산진흥국장 2015년 同계약관리본부 장비물자계약부장(현) [상]홍조근정훈장(2013) [종]기독교

이정우(李正雨) LEE Jeong Woo

[생]1931 · 4 · 16 [본]경주(慶州) [출]경남 진주 [학]1949년 진주사범학교졸 1955년 고려대 법대졸 [경]1960~1965년 청주 · 부산지법 판사 1965~1969년 대구 · 서울고법 판사 1969년 부산지법 부장판사 1973년 대구고법 부장판사 1979년 대구지법원장 1980년 서울형사지원장 1981~1986년 중앙선거관리위원회 위원 1981~1988년 대법원 판사 1986년 同법원행정처장 겸임 1986년 헌법위원 1988년 대법원장 직대 1988년 변호사 개업 1992년 법무부 장관 1994년 건국대 이사 1996년 국회 공직자윤리위원장 [상]청조근정훈장(1987) [저]'공해에 관한 사법적 규제' [종]불교

이정우(李貞玗 · 女) LEE Jeong Woo

[생]1937·11·17 [본]평창(平昌) [출]강원 춘천 [주]서울 서초구 반포대로37길59 대한민국학술원(02-3400-5220) [학]1959년 서울대 사범대학 가정학과졸 1969년 미국 시몬즈대 대학원 가정학과 수료 1975년 서울대 대학원 가정관리학과졸 1980년 이학박사(숙명여대) [경]1959~1965년 무학여중·수도여중 교사 1969~1979년 서울대 사범대학·가정대학 강사 1973~2003년 숙명여대 가정대학 가정관리학과 전임강사·조교수·부교수·교수 1980~1997년 同가정관리실습관장 1983년 한국가정관리학회 회장 1985년 同고문 1988~1992년 숙명여대 가정대학장 1996년 대한민국학술원 회원(가정학·현) 1996년 한국가족자원경영학회 회장 1998~2002년 숙명여대 대학원장 2001년 민주평통 자문위원 2003년 숙명여대 명예교수(현) [상]교육부 공로표창(1995), 근정포장(2003) [저]'가정기기관리론' '가정관리연구' '결혼과 가족관계'(共) '생활기기론' '노년학' '가정경영학' '생활문화와 예절' '지구촌생활문화와 국제매너' '삶의 질 향상을 위한 현대생활 매너' '가족과 문화'(2009, 신정) [종]천주교

이정우(李正雨) LEE Jeong Woo

[생]1943 · 3 · 19 [출]경남 마산 [학]1960년 마산고졸 1966년 부산대 경영학과졸, 한양대 경영대학원졸 1989년 미국 하버드대 대학원 최고경영자과정 수료 [경]1968년 공인회계사 개업 1974년 동서증권 기획조사 겸 인사부장 1977년 同이사 1979년 同상무이사 1981년 同전무이사 1982년 한신증권 대표이사 1983년 고려증권 대표이사 1986년 동서증권 대표이사 1989년 고려종합경제연구소 대표이사 1989~1995년 고려증권 대표이사 1995년 한국증권업협회 부회장 1995년 고려증권 부회장 1996년 국민투자신탁 사장 1997년 현대투자자문 회장 1997~2000년 코리아헤럴드 · 내외경제 대표이사 사장 2000년 (주)키즈헤럴드 회장 2000년 골드상호신용금고 이사회 회장 2001년 마이애셋자산운용투자자문(주) 회장 2007년 마이애셋자산운용(주) 회장 2007년 KNN 비상근감사 · 상근감사 2007년 마이애셋자산운용(주) 고문 2014~2016년 비아이이엠티(BIEMT) 이사 [종]불교

이정우(李正雨) LEE Joung Woo

[생]1946 · 3 · 2 [출]부산 [주]부산 금정구 금샘로347 (주)동아지질 회장실(051-580-5555) [학]부산대졸, 同대학원 지질학과졸, 동아대 대학원 토목과 수료, 이학박사(부산대) [경]1973년 (주)동아지질 대표이사 회장(현) 1976년 부산대 강사 1984년 한국SEC(주) 대표이사, 한국기술용역협회 이사 · 부산지역지부장 1987년 대한전문건설협회 부산시 회장 1990년 (사)대한지질공학회 이사 1998년 한국건설컨설턴트협회 이사 1999년 부산도시개발공사 설계자문위원 1999년 경남도 지방건설분쟁조정위원 2006~2008년 부산대총동문회 회장 [상]은탑산업훈장

이정우(李廷雨) LEE Joung Woo

[생]1950 · 8 · 31 [출]대구 [주]대구 북구 대학로80 경북대학교 경상대학(053-950-5412) [학]1968년 경북고졸 1972년 서울대 경제학과졸 1974년 同대학원 경제학과졸 1977년 同대학원 경제학박사과정 수료 1983년 경제학박사(미국 하버드대) [경]1975년 서울대 상과대학 조교 1977년 同사회과학대학 조교 1984~2003 · 2005년 경북대 경상대학 경제통상학부 교수 2001년 대통령자문 정책기획위원회 위원 2003년 대통령직인수위원회 경제1분과 간사 2003년 대통령 정책실장 2003년 빈부격차완화 · 차별시정기획단 단장 겸임 2003년 대통령 정책특별보좌관 2003년 한국경제발전학회 회장 2003~2005년 대통령자문 정책기획위원회 위원장 2004년 대통령자문 빈부격차차별시정위원회 위원장 겸임 2004년 연합인포맥스 자문위원(현) 2005년 한국경제발전학회 명예회장(현) 2012년 민주통합당 제18대 대통령선거대책위원회 산하 '미래캠프' 경제민주화위원장 2015년 새정치민주연합 국정자문회의 자문위원(현) 2015년 경북대 경상대학 경제통상학부 명예교수(현) [상]청조근정훈장(2006) [저]'저소득층의 생활안정과 자립대책'(1994) '한국의 노사관계와 노동자생활'(1996) '소득분배론'(1997) 'Combating Poverty: The Korean Experience'(1998) '자치시대 새로운 삶의 질 지표의 모색'(1998) '사이버경제의 세계화와 삶의 질'(2000) '한국의 사회문제'(2002) '한국사회의 불평등과 공정성 의식의 변화(共)'(2005) '불평등의 경제학'(2010, 후마니타스) '약자를 위한 경제학'(2014, 개마고원) [역]'영국의 산업혁명'(1987)

이정우(李貞雨) Lee Jeong Woo

[생]1958 · 11 · 21 [출]충남 금산 [주]대전 서구 문정로41 SK빌딩 6층 YTN 대전지국(042-226-8351) [학]1984년 충남대 경제학과졸 [경]1984년 연합통신 입사 1996년 YTN 근무 1998년 同보도국 대전팀 차장 2001년 同보도국 부장대우 2004년 同보도국 사회2부 대전지국장 2007년 同보도국 사회2부 대전지국장(부국장대우) 2009년 同보도국 사회2부 대전지국 국장대우(부국장) 2011년 同보도국 사회2부 국장 2011년 同충청본부장 겸 대전지국장(현) [상]국민포장(2009) [종]천주교

이정우(李政雨) Lee Jung Woo

[생]1959 · 9 · 25 [주]서울 서대문구 연세로50 연세대학교 정보대학원(02-2123-4526) [학]1982년 연세대 영어영문학과졸 1990년 서강대 경영대학원 국제경영학과졸 1995년 미국 조지아주립대 경영대학원졸 1998년 경영학박사(미국 조지아주립대) [경]1982~1984년 美8군 KATUSA 교육센터 교관 1984~1990년 한국전력기술(주) 과장 1990~1992년 미국 조지아주립대 보험연구센터 연구원 1992~1997년 同경영대학 연구원 1997~1998년 同경영대학 전임강사 1998~2001년 미국 네바다대 경영정보학과 조교수 2001년 연세대 정보대학원 조교수 · 부교수 · 교수(현) 2002~2004년 同CEO-IT과정 주임교수 2005~2008년 同연세애널즈 주간교수 2006~2008년 同정보대학원 부원장 2007~2008년 同연세춘추 주간교수 2007년 (재)국제e-비즈니스학회 이사 2007년 (사)한국문화콘텐츠기술학회 부회장 2008~2009년 한국전자거래학회 회장 2008~2012년 연세대 대학언론사 신문방송 편집인 2008~2012년 同IT정책전략연구소장 2012~2013년 삼성경제연구소 초빙연구위원 2014년 워크사이언스연구센터 소장(현) 2016년 연세대 학술정보원장(현) [상]한국SI학회 Best Paper Award(2005), Entrue 정보기술연구소 Best Paper Award(2005), 한국전자거래학회 공로상(2006) [저]'잘나가는 기업 경영비법은 있다(共)'(2005) '이비즈니스 경영(共)'(2005) '포대에서 네트워크까지 : KIPONet의 성장과 진화'(2006) '정보기술 우리는 어디로 가고 있는가?-정보기술과 사회의 변화' '멋진 신세계와 판도라의 상자- 현대과학기술 낯설게 보기' '디지털마인드'(2014)

이정우(李政祐) Lee jungwoo

[생]1967 · 9 · 23 [출]서울 [주]서울 종로구 청와대로1 대통령 교육문화수석비서관실(02-770-0011) [학]1986년 상문고졸 1993년 연세대 정치외교학과졸 2000년 프랑스 파리정치대학 대학원 D.E.A. 2003년 정책학박사(프랑스 파리정치대학) [경]1993년 행정고시 합격(37회) 1994~2004년 문화관광부 문화정책국 · 예술진흥국 · 문화산업국 행정사무관 2005~2006년 대통령비서실 행정관 2007년 문화관광부 미디어정책국 출판산업팀장 2008년 문화체육관광부 미디어정책국 미디어정책과장 2009~2012년 유네스코 Senior Program Specialist 2012년 문화체육관광부 기획조정실 규제개혁법무담당관 2013년 同체육국 국제체육과장 2014년 同예술국 예술정책과장(서기관) 2015년 同문화예술정책실 예술정책관실 예술정책과장(부이사관) 2015년 대통령 교육문화수석비서관실 파견(부이사관)(현)

이정우(李廷宇) Lee Jungwoo

[생]1981 · 6 · 1 [주]서울 성동구 마장로210 한국기원 홍보팀(02-3407-3870) [경]1996년 입단 2000년 4단 승단 2004년 5단 승단 2005년 6단 승단 2009년 7단 승단 2011년 8단 승단 2014년 KB국민은행 한국바둑리그 화성시 감독 2014년 9단 승단(현)

이정욱(李廷旭) LEE Jung Wook (伽泉)

[생]1944·1·2 [본]인천(仁川) [출]대구 달성 [주]서울 서대문구 충정로53 골든타워1201호 한국정보통신기술인협회(02-393-3366) [학]1963년 국립체신고졸 1968년 연세대 전자공학과졸 1973년 서울대 행정대학원졸 1987년 국방대학원졸 2005년 공학박사(경희대) [경]1970년 기술고시 합격(제5회) 1979년 체신부 전남전신전화건설국 국장 1980년 전남체신청 보전과장 1981년 체신부 계획국 계획3과장 1982년 한국전기통신공사 도시계획부장 1984년 同통신망계획부장 1987년 同사업개발단장 1990년 同강원사업본부장 1991년 同정보통신본부장 1993년 同기술기획실장 1995년 同기획조정실장 1995년 同연구개발원장 1996년 同네트워크본부장 1996년 한국정보보호진흥원 이사 1997년 한국전기통신공사 부사장 1997년 한국전자통신연구원(ETRI) 이사 1997년 한국정보통신기술협회(TTA) 이사장 1997년 한국전산원 이사 1997년 한국통신학회 부회장 1998년 한국전기통신공사 사장 대행 1998년 한국통신학회 부회장 1999년 한국정보인증(주) 대표이사 사장 1999년 한국정보보호진흥원 이사 1999년 전자거래인증사용촉진협의회 회장 2000년 인천이씨쌍명재공파종친회 회장(현) 2001년 e-비즈니스기업인연합회 부회장 2003년 한국통신학회 감사 2003년 일진전기(주) 고문 2004년 (사)한국POF통신포럼 회장 2005년 (사)한국정보통신기술인협회 회장(현) 2006년 국제광케이블회의(ICPOF) 의장 2007년 (사)한국정보통신감리협회 회장 2014년 KT리더스포럼 회장(현) 2015년 새누리당 중앙위원회 창조경제포럼 정보통신자문위원장(현) [상]대통령표창(1978), 국민포장(1987), 21세기 경영대상(1995), 동탑산업훈장(1997) [저]'BcN과 홈네트워크'(2005) '유비쿼터스 홈네트워크'(2006) '광대역통합망'(2008) '유비쿼터스 무선네트워크'(2010)

이정원(李正源) LEE Jung Won

[생]1962·9·13 [출]대구 [주]세종특별자치시 시청대로370 세종국책연구단지 과학인프라동6층 과학기술정책연구원 부원장실(044-287-2005) [학]1985년 서울대 경영학과졸 1988년 한국과학기술원 경영과학과졸(석사) 1994년 경영과학박사(한국과학기술원) [경]1988~1993년 한국과학기술원 경영과학과 조교 1994년 과학기술정책관리연구소 정책연구단 선임연구원 1995~1996년 대통령자문 정책기획위원회 전문위원 1998년 아시아공과대학(AIT) 파견교수 1999년 과학기술정책연구원(STEPI) 연구위원·선임연구위원 2004년 同기업전략팀장 2005년 同기술경영연구센터 연구위원 2006년 同미래연구기획단장 2007년 同기술경영연구센터 소장 2008년 同미래과학기술전략센터 소장 2010년 同미래과학기술전략센터 연구위원 2011년 同미래전략팀장 겸 원자력팀장 2012년 同기획경영본부장 2013년 同부원장(현) 2015년 국가과학기술심의회 기계·소재전문위원회 위원(현) 2015년 국가과학기술연구회 기획평가위원(현) 2015년 APEC기술예측센터 국제자문위원(현)

이정원(李正元) Lee Jeong Weon

[생]1966·10·3 [본]경주(慶州) [출]경북 울진 [주]서울 마포구 마포대로119 (주)효성 홍보실(02-707-7074) [학]1985년 부산 가야고졸 1989년 고려대졸 [경]1991~2001년 (주)대우건설 문화홍보실 근무 2010년 (주)효성 미디어홍보팀장 2013년 同홍보담당 상무보 2016년 同홍보실 상무(현) [종]천주교

이정익(李定翼) LEE Jung Ik

[생]1946·6·18 [주]서울 마포구 신촌로12길11 신촌성결교회(02-3142-6080) [학]서울신학대 신학과졸, 고려대 교육대학원 서양사학과졸, 아세아연합신학대 대학원 박사과정 수료, 목회학박사(미국 훌러신학원), 연세대 언론홍보대학원 수료, 명예 신학박사(미국 애주사퍼시픽대) [경]춘천소양교회 담임목사, 아현교회 담임목사 1991~2016년 신촌성결교회 담임목사, 서울신학대 대학원 강사 및 겸임교수, 한국성결신문 논설위원, 同운영위원회 자문위원(현) 호산나재단 이사장, 새누리신문 논설위원, 기독교연합신문 논설위원(현), 한국복음주의협의회 부회장(현), 한국북방선교방송국 이사장, 기독교방송 시청자위원, 신촌포럼 대표(현), 한국세계선교협의회 이사(현), 한민족복지재단 이사 및 공동회장, 월드비전 이사, 기독교역사연구회 이사(현), 대한성서공회 이사, 민주평통 자문위원, Global Vision(NGO) 이사장, 기독교TV·C3TV인터넷방송·CTS방송·기독교복음방송 GoodTV 설교(현) 2009~2011년 CBS 이사장 2015~2016년 (재)대한성서공회 이사장 2016년 신촌성결교회 원로목사(현) [저]설교집 '최상의 은혜'(1993) '교회력에 맞춘 절기 설교上'(1994) '폐하, 폐하는 죽을 몸임을 기억하소서'(1994) '교회력에 맞춘 절기 설교下'(1995) '참 자유한 사람들'(1995) '궁극적인 해답'(1996) '아픔 그것은 축복이다'(1997) '그런즉 깨어있어라'(1998) '예수를 깨운 사람들'(1998) '기독교 길라잡이'(1998) '약함으로 이긴 사람들'(2000) '포기의 은혜'(2001) '감사한 만큼 행복해진다'(2002) '이 시대를 쿨하게 사는 법'(2004) [종]기독교

이정인(李正仁) LEE Chung In (石汀)

[생]1941·11·27 [본]재령(載寧) [출]경남 진주 [주]서울 관악구 관악로1 서울대학교 공과대학 에너지자원공학과(02-880-7219) [학]1959년 진주고졸 1963년 서울대 광산공학과졸 1965년 同대학원 광산공학과졸 1974년 공학박사(일본 도호쿠대) [경]1965~1969년 대한중석광업(주) 연구원 1969~1974년 중앙대 공과대학 전임강사·조교수 1975~1984년 서울대 공과대학 조교수·부교수 1983~1985년 국제암반역학회 한국위원장 1984~2007년 서울대 공과대학 지구환경시스템공학부 교수 1993~1999년 대한광업진흥공사 비상임이사 1994~1996년 同지구환경시스템공학부장 1994~2000년 한국지반공학회 부회장 1995~1996년 한국자원공학회 회장 1995년 한국고속철도건설공사 자문위원 1997~2001년 서울대 에너지·자원신기술연구소장 1997~2002년 중국 東北大 겸직교수 1999~2003년 국제암반역학회(ISRM) 부회장 1999~2007년 한국공학한림원 회원 2006~2008년 International Journal of Mining, Reclamation and Environment(Taylor & Francis) 편집위원 2007년 서울대 공과대학 에너지자원공학과 명예교수(현) 2007년 중국 東北大 명예교수(현) 2007년 한국공학한림원 원로회원(현) 2007년 지오제니 컨설턴트 회장(현) 2010년 한국과학기술정보원 고경력과학기술자프로그램 전문연구위원(현) 2013년 국제암반공학회 석학회원(현) [상]한국자원공학회 학술상·공로상, 한국암반공학회 공로상, 한국자원공학회 서암상, 과학기술훈장 혁신장(2005) [역]'암반사면공학'(1995) '터널설계'(1997) [종]불교

이정인(李靜仁) LEE Jung Ihn

[생]1945·3·16 [출]서울 [주]서울 종로구 인사동5길25 하나로빌딩3층3호 (주)한국Vopak터미날 임원실(02-3275-9901) [학]1963년 보성고졸 1971년 연세대 경제학과졸 1973년 미국 뉴욕주립대 경제학과졸 [경]1988년 (주)쏠레땅쉬범양 내표이사 1989~2007년 (주)범양사 사장 1989년 (주)한국Vopak터미날 대표이사(현) 1997~2003년 대한상공회의소 상임위원 2000년 同조세금융위원장

이정일(李廷日) LEE JUNG IL

[생]1950·12·16 [본]전주(全州) [출]경북 문경 [주]서울 용산구 효창원로64길6 도서출판 일진사(02-704-1616) [학]1968년 문경종합고졸 1993년 광주대 출판·광고학과졸 1996년 중앙대 신문방송대학원졸 [경]1979년 도서출판 일진사 설립·대표이사 사장(현) 1992년 대한출판문화협회 감사 1994년 한국과학기술출판협회 이사 1996년 대한출판문화협회 상무이사 1998년 한국과학기술출판협회 부회장 1998년 한국출판인산악회 회장 1999년 대한출판문화협회 부회장 2001년 한국검정교과서협회 이사 2001년 한국출판연구소 이사 2002년 한국출판문화진흥재단 이사 2002~2005년 대한출판문화협회 회장 2003~2005년 한국간행물윤리위원회 위원 2003년 유네스코 한국위원회 문화분과위원 2003~2005년 2005프랑크푸르트도서전 주빈국 조직위원회 부위원장·집행위원장 2004년 (사)청권사 문화위원 겸 대의원(현) 2005~2012년 한국복지재단 서울지부 운영위원 2009년 한국전통문화진흥원 부이사장(현) 2009년 (사)한국출판경영자협회 자문위원 2012년 한국아동출판협회 자문위원(현) [상]문화체육부장관표창(1993), (사)한국출판학회 특별공로상(2006), 옥관문화훈장(2006), (사)대한출판문화협회 특별공로상(2007), 서울시 문화산업부문 문화상(2011), 올해의 한국과학기술출판인상(2012), 제34회 한국과학기술도서상 특별상(2016)

이정일(李廷一) LEE Joung Il

[생]1955·1·3 [출]경북 [주]서울 강동구 동남로892 강동경희대병원 소화기내과(02-440-6804) [학]1979년 경희대 의대졸 1982년 同대학원졸 1989년 의학박사(한양대) [경]1986년 경희대 의대 내과학교실 전임강사 1989년 미국 하버드대 의대 매사추세츠병원 연수 1989년 경희대 의대 내과학교실 조교수·부교수·교수(현) 1996~1998년 대한소화기학회 간행위원 1998~2003년 대한간학회 간행이사·재무이사 2002년 서울북부지법 조정위원 2002~2006년 경희의료원 소화기내과장 2004년 손해배상보험협회 자문위원 2004년 대한민국의학한림원 정회원(현) 2006년 경희대 동서신의학병원 소화기센터장 겸 건강증진센터장 2008년 同동서신의학병원 진료부장 2009년 同동서신의학병원 기획진료부원장

이정일(李正一) Lee Jeong Il

[생]1966 · 3 · 1 [출]경남 마산 [주]부산 연제구 법원로28 법무법인 국제(051-463-7755) [학]1984년 부산 동천고졸 1989년 서울대 법학과졸 1992년 부산대 대학원 법학과졸 [경]1991년 사법시험 합격(33회) 1994년 사법연수원 수료(23기) 1994년 軍법무관 1997년 부산지법 판사 2000년 同동부지원 판사 2002년 부산지법 판사 2004년 부산고법 판사 2007년 부산지법 판사 2009년 同동부지원 부장판사 2011~2014년 부산지법 부장판사 2014~2016년 법무법인 청률 변호사 2016년 법무법인 국제 변호사(현)

이정일(李廷逸) Lee Jung-il

[생]1968 · 6 · 6 [주]서울 종로구 사직로8길60 외교부 의전기획관실(02-2100-7308) [학]1990년 부산대 영어영문학과졸 1997년 일본 게이오대 대학원 법학과졸 [경]1991년 외무고시 합격(25회) 1991년 외무부 입부 1998년 駐일본 2등서기관 2002년 駐리비아 1등서기관 2005년 駐오스트레일리아 참사관 2008년 駐일본 참사관 2012년 한아세안센터 개발기획총무부장 2013년 대통령 외교비서관실 선임행정관 2015년 외교부 의전기획관(현)

이정자(李正子 · 女) YEE Zong Za

[생]1942 · 1 · 9 [출]부산 [주]서울 용산구 한강대로7길22의6 이안오피스3층 여성정치포럼(02-702-5051) [학]1959년 부산여고졸 1963년 서울대 문리과대학 독어독문학과졸 1975년 同신문대학원 신문학과졸 1981년 이화여대 대학원 사회학과졸 1995년 국방대학원졸 2002년 동덕여대 대학원 여성학박사과정 수료 2003년 서울대 환경대학원 CEO환경정책포럼 수료 2009년 同법과대학 NGO와법의지배과정 수료 [경]1963~1965년 한국일보 기자 1968~1970년 한국걸스카웃연맹 출판부 간사 1970~1972년 주간시민사 생활경제부 차장 1973~1974년 대한주부클럽연합회 인구문제부장 1974~1977년 크리스찬아카데미 여성사회교육 책임간사 1978년 여성사회연구회 회장 1981~1985 · 1987~1991년 소비자보호단체협의회 사무총장 1985~1986년 민정당 여성국 부국장 · 중앙정치연수원 교수 1986~1987년 한국여성단체협의회 사무총장 1988~1991년 한국방송위원회 방송광고심의위원 1988~2000년 서울시 민원조정위원 1992~1996년 경제정의실천시민연합 상임집행위원 1993년 민주평통 자문위원 1995년 전문직여성클럽 한국연맹 회장 1996년 경제정의실천시민연합 중앙위원회 부의장 1996~2002년 녹색소비자연대 공동대표 1997~1999년 한국시민단체협의회 사무총장 · 공동대표 1997년 제15대 대선 선거방송심의위원 1997년 한국방송위원회 연예오락심의위원 1998년 바른언론을위한시민연합 공동대표 1999년 경제정의실천시민연합 중앙위원회 의장 1999년 대통령자문 반부패특별위원회 위원 2000년 행정자치부 공익사업선정위원회 위원장 2001년 시민방송 RTV 부이사장 2003~2005년 녹색미래 공동대표 2003년 (사)한국녹색구매네트워크 상임대표 2007~2008년 창조한국당 공동대표 2008년 여성정치포럼 대표(현) 2012년 여해여성포럼 공동대표(현) [상]경제기획원장관표창, 대통령표창, 국무총리표창, 국민훈장 동백장 [저]'여성정치인의 경력 지속성 향상 방안 연구(共)'(2009, 국회여성위원회) '여성에게 다시 정치를 묻다(共)'(2010, 김영사)

이정재(李正宰) Lee Jeong Jai (羅山)

[생]1946 · 12 · 3 [본]전주(全州) [출]전남 함평 [주]광주시 북구 필문대로55 광주교육대학교 수학교육과(062-520-4114) [학]1967년 광주상고졸 1970년 광주교육대졸 1975년 서울대 사범대학 수학과 수료(교원교육원) 1980년 고려대 교육대학원 수학교육과졸 1988년 이학박사(조선대) [경]1970~1980년 초·중·고교 교사 1980~1986년 동신실업전문대 교수 1986~1997년 광주교육대 수학교육과 교수 1993년 同학생처장 1993년 전국교육대학생처장협의회 회장 1995년 광주교육대 교무처장 1995년 광주·전남교무처장협의회 회장 1995년 전국교육대교무처장협의회 부회장 1995년 광주교육대 교육대학원장 1995년 전국교육대교육대학원장협의회 부회장 1996년 광주교대 사회교육원장 1997~2001년 同총장 1997년 민주평통 자문위원(현) 1998~2001년 전국국립대학교총장협의회 감사·고문 1999~2001년 광주문화방송 시청자위원회 부위원장 2001~2002년 21C국정자문위원회 교육분과 부위원장 2001~2012년 광주교대 수학교육과 교수 2001~2002년 21C국정자문위원회 전남지부 회장 2002년 KBC 광주방송장학재단 이사(현) 2003~2012년 충효국민운동본부 총재 2003~2004년 광주문화수도건설 세계시민포럼추진위원회 위원장 2004~2006년 광주시민의날기념 화합단합축제추진위원회 위원장 2004~2006년 나주대학관선 이사장 2004~2011년 판소리2004유네스코세계문화유산지정기념 축하행사준비위원회 위원장 2004~2007년 한국인권교육원 원장 2004년 동신대 사회복지재단 이사(현) 2005~2006년 광주시민의날기념 한마음대축제추진위원회 위원장 2005~2012년 한국청소년선도위원회 총재 2005~2008년 2008함평세계나비·곤충엑스포 조직위원회 부위원장 2006년 2006노벨평화상수상자정상회담 추진위원회 위원·집행위원 2006년 광주시 시민·사회총연합회 상임공동대회장(현) 2006년 고려대 교육대학원 광주·전남교우회 회장(현) 2007~2012년 한국청소년선도협의회 총재 2007년 전세계합기도연맹 총재(현) 2007년 광주지도자(기관단체장)홀리클럽 대표회장(현) 2009년 아시아예술위원회 이사장 2009년 2015U대회유치범시민추진협의회 회장 2010년 광주시교육감선거 출마 2011년 세계성시화운동본부 공동대표(현) 2011년 제18회 세계수영선수권대회 유치위원회 위원 2012년 광주교대 수학교육과 명예교수(현) 2012년 한국대학총장협의회 부회장 2012년 새누리당 제18대 대통령경선 선거관리위원회 위원 2012~2015년 2015U대회 조직위원회 위원 2012년 새누리당 100%대한민국대통합위원회 고문 2013~2014년 同광주시당 위원장 2014년 광주광역시장선거 출마(새누리당) 2014년 대통령지역공약실천위원회 위원(현) 2014년 국가조찬기도회 광주지회 대표회장(현) 2015년 문화체육관광부 아시아문화중심도시조성위원회 위원(현) 2015년 광주지검 검찰시민위원회 위원장(현) 2015년 광주선진교통문화범시민운동본부 대표(현) 2015년 조선대설립동지회 부이사장(현) [상]황조근정훈장, 녹조근정훈장, 장한한국인대상 교육분야, 자랑스런 함평인상, 자랑스런 광상인상, 자랑스런 교대인상 [저]'대학수학' '미적분학' '수학교육' [종]기독교

이정재(李政宰) Jeong-Jae Lee

[생]1950 · 6 · 27 [주]서울 관악구 관악로1 서울대학교 농업생명과학대학 조경·지역시스템공학부(02-880-4581) [학]1973년 서울대 농공학과졸 1986년 전북대 대학원 농공학과졸 1991년 농학박사(서울대) [경]1992년 미국 Cornell Univ. 연구원 1994년 한국농지개발연구소 연구원 1994~2015년 서울대 농업생명과학대학 조경·지역시스템공학부 교수 1996년 농어촌진흥공사 연구원 1996년 한국농촌계획학회 농촌주택 및 시설분과 위원장 1997~2000년 한국농공학회 감사 1997년 同구조 및 재료위원회 부위원장 1997년 농어촌진흥공사 전문위원 1999~2001년 서울대 학생부처장 1999~2001년 농업기계화연구소 연구원 2001년 서울대 농대 전산실장 2002~2003년 국가과학기술위원회 사업심의위원회 위원 2002년 과학기술부 평가위원 2002~2007년 한국농업정보과학회 회장 2003년 대한민국농업과학상 심의위원 2003년 한국농공학회 편찬출판위원회 위원장 2004년 한국관개배수위원회 부회장 2004~2006년 농업기반공사 새만금사업자문위원회 자문위원 2004~2006년 건설교통부 기업도시지원실무위원회 위원 2004~2007년 同중앙건설기술심의위원회 위원 2005년 광주전남공동혁신도시입지선정위원회 위원 2005년 농업기반공사 농어촌복합노인복지단지(Senior Complex)사업추진위원회 전문위원 2005~2006년 서울대 조경·지역시스템공학부장 2006~2007년 한국농촌계획학회 부회장 2006~2008년 서울대 학생처장 2006~2008년 통일연구소 연구원 2007~2008년 한국농촌계획학회 회장 2007~2008년 한국농공학회 회장 2007년 새국토연구협의회 상임대표 2008년 한국과학기술단체총연합회 이사 2008년 서울대 캠퍼스기획단장 2013~2015년 同교수협의회 회장 2015년 同명예교수(현) [저]'농촌계획학'(1999) '한국의 백세인'(2002) '농업토목기술'(2002)

이정주(李政柱) LEE Jeong Zoo

[생]1960 · 4 · 19 [본]재령(載寧) [주]부산 서구 구덕로179 부산대병원 비뇨기과 B동813호(051-240-7350) [학]1985년 부산대 의대졸 1987년 同대학원졸, 의학박사(부산대) [경]1986~1987년 부산대병원 전공의 1987~1991년 同비뇨기과 레지던트 1991년 부산대 의대 비뇨기과학교실 전임강사·조교수·부교수·교수, 同의학전문대학원 비뇨기과학교실 교수(현), 同비뇨기과학교실 주임교수(현), 부산대병원 비뇨기과장(현) 2007~2009년 대한배뇨장애 및 요실금학회 회장 2011년 대법원 법원행정처 법원전문심리위원(현) 2013~2016년 부산대병원 기획조정실장 2016년 부산대 의무부총장(현) [저]'간질성방광염' '비뇨기과학' [종]기독교

이정준(李廷俊) Jeong-Jun Lee

[생]1955 · 3 · 19 [본]전주(全州) [출]전북 전주 [주]서울 종로구 성균관로25의2 성균관대학교 독어독문학과(02-760-0299) [학]1982년 성균관대 독어독문학과졸 1988년 독일 뮌헨대 대학원졸 1992년 문학박사(독일 뮌헨대) [경]1992~1994년 성균관대 · 전북대 강사 1993~1994년 숭실대 강사 1994년 한국브레히트학회 정회원 1994~2003년 성균관대 조교수 · 부교수 1996년 (사)한국독어독문학회 총무 1997~1998년 한국독어독문학회 연구이사 1998년 한국괴테학회 정회원 1998년 한국독어교육학회 정회원 1998년 독일언어문학연구회 편집이사 1999년 독일어문학회 정회원 1999년 세계괴테학회(독일 바이마르 소재) 정회원 1999년 한국독어독문학회 편집출판 상임이사 1999년 한국괴테학회 상임이사 2001~2002년 미국 캔자스대 연구교수 2003년 성균관대 독어독문학과 교수(현) 2003~2005년 한국브레히트학회 편집위원 2004년 한국독어독문학회 연구상임이사 2005~2007년 한국브레히트학회 부회장 2008~2009년 독일 괴팅겐대 연구교수 2013~2014년 한국브레히트학회 회장 2015년 성균관대 문과대학장(현) [종]가톨릭

이정준(李正濬) LEE JEONG JUN
[생]1968·2·12 [본]한산(韓山) [출]충남 예산 [주]서울 도봉구 마들로749 서울북부지방법원 사무국장실(02-910-3005) [학]1986년 천안중앙고졸 1993년 충남대 법학과졸 2012년 서울대 행정대학원 정보통신방송정책과정 수료 [경]1995년 인천지법 민사과 사무관 1997년 법원행정처 총무과 사무관 2000년 駐후쿠오카 부총영사 2003년 서울지법 민사항소과 사무관 2004년 서울서부지법 민사신청과장 2005년 同은평등기소장 2005년 同사법보좌관, 서울북부지법 사법보좌관 2010년 서울중앙지법 민사집행과장 2011년 법원행정처 사법지원심의관 2013년 수원지법 안양지원 사무국장 2015년 법원공무원교육원파견 2016년 서울북부지방법원 사무국장(법원부이사관)(현)

이정중(李正中) LEE Jung Joong
[생]1951·12·4 [출]대구 [주]서울 관악구 관악로1 서울대학교 재료공학부(02-880-7096) [학]1970년 서울고졸 1974년 서울대 금속공학과졸 1980년 독일 슈투트가르트대 대학원 금속공학과졸 1982년 공학박사(독일 슈투트가르트대) [경]1982~1985년 독일 막사플랑크 금속연구소 연구원 1985~1987년 한국과학기술연구원 선임연구원 1987년 서울대 재료공학부 교수(현) 1995~1996년 미국 렌실레어 폴리테크닉연구소 방문연구원 2004년 한국표면공학회 회장 2006년 대한금속재료학회 부회장 [저]'불균질 상평형'(1993, 보성문화사) '비철금속재료'(1993, 원창출판사) '21세기를 선도하는 꿈의 신소재'(1994, 한국과학기술진흥재단) '금속재료용어집(共)'(2007, 대한금속재료학회) '한국의 학술연구 금속공학(共)'(2007, 선명인쇄)

이정진(李廷鎭) LEE Jung Jin
[생]1953·12·20 [주]서울 동작구 상도로369 숭실대학교 자연과학대학 정보통계·보험수리학과(02-820-0441) [학]1976년 서울대 계산통계학과졸 1978년 同대학원졸 1986년 경영과학박사(미국 케이스웨스턴리저브대) [경]1982년 미국 Tantalus Inc. 선임연구원 1986년 미국 Teledo Univ. 조교수 1987년 미국 Mississippi State Univ. 조교수 1990년 숭실대 자연과학대학 정보통계학과 교수, 同자연과학대학 정보통계·보험수리학과 교수(현) 1997~2001년 통계계산연구회 회장 2002년 숭실대 자연과학연구소장 2003년 한국공공정책학회 부회장 2005년 숭실대 교무처장 2007~2008년 同대외부총장 2008~2009년 同대학원장 2011~2013년 국제통계계산학회 부회장 2014년 (사)한국통계학회 회장 2015년 아시아통계계산학회 회장(현) [상]중소기업청장표창(2000), 한국과학기술단체총연합회 과학기술우수논문상(2001), 근정포장(2002) [저]'비모수, 통계분석'(2003) '통계학'(2003) '데이터 정보처리입문'(2005)

이정철(李政澈) Rhee Jung Chul
[생]1957·8·25 [출]충남 [주]서울 영등포구 여의나루로61 하이자산운용(02-727-2728) [학]1976년 경성고졸 1981년 서강대 무역학과졸 1984년 同대학원 경영학과졸 [경]1984년 Bank of America 서울지사 심사역, 쌍용투자증권 국제부 근무, Korea Asia Fund 홍콩지사 선임운용역, Pacific Gemini Partners 미국지사 선임운용역 1996년 베어링자산운용 홍콩지사 운용이사 1999년 BNP Paribas 자산운용 홍콩지사 근무 2000년 프랭클린템플턴투신운용(주) CIO 2004년 칸서스자산운용(주) CIO 2006년 미래에셋투자신탁운용(주) 대표이사 부사장 2008~2010년 우리CS자산운용 대표이사 2011년 하이자산운용 대표이사(현) [상]Fund Manager of Year, Asia Money Best Fund Manager(1997·1998)

이정철(李廷哲) LEE JUNG-CHUL
[생]1960·3·27 [본]전주(全州) [출]경기 부천 [주]서울 중구 을지로79 IBK기업은행 나눔행복부 스포츠공헌팀 IBK기업은행 알토스(02-729-6721) [학]1980년 충북 청석고졸 1984년 성균관대 도서관학과졸 [경]1990~1992년 성균관대 배구단 코치 1992~1994년 효성 여자배구단 코치 1994~1997년 호남정유 여자배구단 코치 1996~1998년 여자배구 국가대표팀 코치 1999~2001년 현대건설 여자배구단 코치 2001~2003년 흥국생명 여자배구단 감독 2004년 여자배구 청소년대표팀 감독 2003·2015년 프로배구 V리그 여자부 챔피언결정전 우승(2회) 2005~2010년 한국프로배구연맹 전문위원 2005년 여자배구 국가대표팀 수석코치 2007~2008년 여자배구 국가대표팀 감독 2010년 IBK기업은행 알토스 감독(현) 2015·2016년 프로배구 V리그 여자부 정규리그 우승(2연패) 2015년 同챔피언결정전 준우승 2016년 제31회 리우데자네이루 올림픽 여자배구국가대표팀 감독 [상]NH농협 2012~2013 V리그 우승감독상(2013), V리그 지도자상(2015)

이정치(李政治) LEE Jung Chi
[생]1942·8·15 [출]충남 부여 [주]서울 서초구 바우뫼로27길2 일동제약(주) 회장실(02-526-3340) [학]1961년 대전고졸 1965년 고려대 농화학과졸 1971년 同대학원 농화학과졸 1977년 일본 오사카대 국제미생물대학원 수료 1981년 식품공학박사(고려대) 1983년 고려대 경영대학원 수료 [경]1967년 일동제약(주) 입사 1981~1985년 동덕여대 식품영양학과 강사 1982년 일동제약(주) 생산담당 부장 1984~1986년 고려대 농화학과 강사 1986년 일동제약(주) 생산담당 이사 1992년 同기획조정실 상무이사 1996년 (주)메디텍 감사 1996년 일동후디스(주) 감사 1996년 일동제약(주) 경영정책실장 1997년 同생산본부장 1998년 同경영지원본부장(전무이사) 1998년 유니기획 대표이사 사장 겸임 2001년 일동제약(주) 경영지원 및 생산담당 부사장 2003년 同대표이사 부사장 2005년 同관리·생산연구담당 대표이사 사장, 同경영지원·관리생산연구담당 대표이사 사장 2011년 同대표이사 회장(현) 2013년 한국광고주협회 회장(현) 2016년 한국프로골프협회(KPGA) 자문위원회 위원(현) [상]마약퇴치유공 대통령표창(1998), 고려대경제인 대상(2007), 한국글로벌CEO대상(2010), 지식경제부장관표창(2011), 2013 글로벌경영대상 최고경영자부문(2013), 부산국제광고제 공로상(2016)

이정택(李正澤) LEE Jeong Taik (玹宇)
[생]1949·9·5 [출]전남 영광 [학]한국외국어대 영어과졸 1983년 미국 하와이주립대 대학원졸 1987년 사회학박사(미국 하와이주립대) [경]1987~1990년 연세대 국제학대학원 강사 1988~1997년 한국사회학회 분과회 간사 1990~1998년 한국노동교육원 연구위원 겸 실장 1993~1995년 노동부장관 ILO자문관 1996~1997년 노사관계개혁위원회 전문위원 1999년 노동부 외신대변인 2000년 한국직업능력개발원 선임연구위원 2000년 同연구본부장 2000~2002년 APEC 인적자원개발 실무그룹 의장 2002년 한국직업능력개발원 APECHRD지원센터 소장 2008~2009년 한국외국어대 겸임교수 2009년 한국직업능력개발원 정년퇴임 2010~2016년 한국APEC학회 회장 2014년 유라시아개발협력위원회 위원장 [저]'유연적 노사관계론' '혁신하는 자만이 미래를 연다' '정보통신인력개발정책능력과 아태 국제교류 활성화'(2003) '자기주도 학습과 산업현장 적합성'(2006) '혁신주도형 HRD 전문가 육성과정 개발'(2007) '공적개발원조와 직업교육훈련에 관한 국제워크숍'(2008) '기업 내 평생학습역량 강화를 위한 기초연구'(2008) 'Enhancing In-House Lifelong Learning Competency Development in Republic of Korea'(2009) [종]불교

이정택(李政澤) LEE JUNG TAG
[생]1961·3·30 [본]연안(延安) [출]서울 [주]서울 노원구 화랑로621 서울여자대학교 인문대학 국어국문학과(02-970-5417) [학]1985년 연세대 국어국문학과졸 1987년 同대학원 국어국문학과졸 1994년 문학박사(연세대) [경]1991년 서원대 국어국문학과 전임강사·조교수 1995년 서울여대 인문대학 국어국문학과 조교수·부교수·교수(현) 2007~2009년 同사무처장, 한국문법교육학회 부회장, 한국어의미학회 부회장 2013~2015년 서울여대 인문대학 국어국문학과장 겸 대학원 국어국문학과장 2013년 同문예창작학전공(연계전공) 주임교수 2014년 한국문법교육학회 회장 2015년 한국어의미학회 회장(현) 2015년 서울여대 교육대학원 국어교육전공 주임교수(현) 2015년 同인문대학장 겸 인문과학연구소장(현) [저]'현대국어피동연구' [종]기독교

이정필(李廷弼) lee jeong pil (정윤)
[생]1961·2·11 [본]전주(全州) [출]경북 문경 [주]부산 연제구 진남로622 3층 (사)메소드문화예술사업단(070-4487-3086) [학]국립국악고졸 1989년 부산대 국악과졸 1999년 부산외국어대 국제통상경영대학원 경영정보학과 수료 2004년 중앙대 예술대학원 음악학과졸(지휘전공) 2015년 부산대 대학원 예술경영학 박사과정 수료 [경]1998~1999년 부산청소년국악관현악단 상임지휘자 2001~2007년 부산대 국악학과 관현악단 지휘자 2001~2009년 부산대 효원국악관현악단 상임지휘자 2004~2009년 진주시립국악관현악단 지휘자 2009~2013년 국립부산국악원 예술감독 2013년 (사)메소드문화예술사업단 이사장(현) 2014~2015년 부산시민공원 문화총감독 2015년 부산시립국악관현악단 수석지휘자(현) [상]부산광역시립예술단장표창(1998) [작]'부산아리랑'(2010, 국립부산국악원) '제2회 국제마루음악제'(2011, 부산문화회관) '자갈치아리랑'(2011, 국립부산국악원) 등 [종]불교

이정하(李廷河) Lee Jeong Ha

[생]1960·1·20 [본]전주(全州) [출]강원 평창 [주]서울 중구 명동11길19 전국은행연합회 감사실(02-3705-5207) [학]1992년 고려대 대학원 경영학과졸 2005년 경제학박사(중국사회과학원) [경]1986~1987년 체신부 서울체신청 근무(7급) 1988~1996년 경제기획원 예산실·재정경제원 예산실 근무(6급) 1997년 재정경제원 기획관리실 사무관 1999~2001년 중국사회과학원 박사과정 유학파견 2001~2005년 재정경제부 금융정책국 은행제도과 사무관 2005~2006년 금융정보분석원 서기관 2007년 同정보관리팀장 2008년 금융위원회 근무(국가사이버안전센터 파견) 2010년 同금융정보분석원 기획협력팀장 2012~2013년 同제도운영과장 2014년 同부이사관 2014년 전국은행연합회 감사(현) [상]대통령표창(2006)

이정학(李正學) Chung-Hak Lee

[생]1951·10·13 [본]연안(延安) [출]전북 군산 [주]서울 관악구 관악로1 서울대학교 공과대학 화학생물공학부 302동810호(02-880-7075) [학]1974년 서울대 응용화학과졸 1976년 한국과학기술원 응용화학과졸 1980년 환경공학박사(프랑스 국립툴루즈공과대) [경]1980~1989년 아주대 조교수·부교수 1985년 호주 New South Wales대 화학공학 및 공업화학과 연구교수 1986년 미국 Illinois대 토목공학과 연구교수 1989~2005년 서울대 응용화학부 교수 1989년 同환경안전원 연구부장·운영부장 1992년 상공부 환경기술연구개발기획단장 1993년 한국환경정책평가연구원 기술개발연구심의조정위원 1994년 환경부 중앙환경보전자문위원회 위원 1998년 同G7 3단계 기획단장 1998년 LG환경안전연구소 자문위원 1999년 한국과학재단 기초연구단 전문분과위원 1999년 산업자원부 청정기술기획사업평가단장 2000년 21C프론티어연구개발사업·산업폐기물재활용기술사업단 운영위원 2004~2008년 서울대 환경안전원장 2005년 同공과대학 화학생물공학부 교수(현) 2008년 대통령자문 국가지속가능발전위원회 위원 2009년 한국공학한림원 정회원(현) 2010~2013년 국제물학회(IWA) 막기술전문위원장 2012년 同펠로우(현) 2012년 한국환경한림원 정회원(현) [상]한국물환경학회 학술상(2007), 서울대 특별교육상(2009), 대한환경공학회 학술상(2012), 한국환경산업기술원 올해의 환경기술 최우수상(2014) [저]'Guide to Laboratory Safety(共)'(2011, Institute of Environmental Protection and Safety) 'Membrane Biological Reactors: Theory, Modeling, Design, Management and Applications to Wastewater Reuse(共)'(2013, IWA publishing)

이정한(李廷漢) LEE Jeong Han

[생]1960·3·8 [출]경남 함양 [주]서울 영등포구 여의대로 128 LG트윈타워 LG디스플레이(주) 임원실(02-3777-2270) [학]서울대 중어중문학과졸, 중국 쓰촨대 대학원 경제학과졸 [경]LG전자(주) 판매법인장, 同청두·선양·상하이 판매법인장 2005년 同중국본부 가전PM팀장(상무) 2008년 同HE(Home Entertainment)사업본부 PDP 북미RBL팀장(상무) 2010년 LG디스플레이(주) 프로모션담당 상무(현) [종]기독교

이정한(李政翰)

[생]1968·9·10 [주]서울 종로구 청와대로1 대통령비서실 고용노동비서관실(02-770-0011) [학]1987년 이리고졸 1992년 고려대 행정학과졸 [경]2000년 노동부 고용정책실 고용보험관리과 사무관 2002년 同고용정책실 고용정책과 사무관 2004년 同고용정책실 고용정책과 서기관, 대통령자문 양극화민생대책위원회 파견 2009년 노동부 공공기관노사관계과장 2010년 고용노동부 공공기관노사관계과장 2011년 同고용정책실 노동시장정책과장 2012년 同고용정책실 노동시장정책과장(부이사관) 2012년 同고용정책실 고용정책총괄과장 2012년 同노동정책실 근로개선정책과장 2013년 광주지방고용노동청 광주고용센터소장 2013년 국제부흥개발은행(IBRD) 파견(부이사관) 2015년 고용노동부 직업능력정책과장 2015년 대통령 고용노동비서관실 부이사관(현)

이정현(李正鉉) LEE Jung Hyun

[생]1958·3·21 [주]광주 서구 내방로111 광주광역시의회(062-613-5009) [학]조선대 정치외교학과졸, 전남대 대학원 농업경제학과 재학 중 [경]본량농협 조합장, (사)한국농업경영인광주시연합회 회장, 정광중 운영위원장, 안철수 정책네트워크 '내일' 실행위원, 광주시 학교급식지원심의위원회 위원, 농협대학 명예교수, 농협중앙회 상호금융위원, 同대의원, 농업경영인조합장전국협의회 사무총장, 광산미래포럼 상임이사 2014년 광주시의회 의원(새정치민주연합·더불어민주당·국민의당)(현) 2014년 同행정자치위원회 위원 2014년 同예산결산특별위원회 위원 2015년 同예산결산특별위원회 위원장 2015년 同윤리특별위원회 위원 2015년 同산업건설위원회 부위원장 2015년 同광주복지재단 대표이사 인사청문특별위원회 위원 2016년 同운영위원회 위원장(현) 2016년 同행정자치위원회 위원(현) 2016년 전국시·도의회운영위원장협의회 정책위원장(현)

이정현(李貞鉉) LEE Jung Hyun

[생]1958·9·1 [본]성주(星州) [출]전남 곡성 [주]서울 영등포구 의사당대로1 국회 의원회관519호(02-784-5031) [학]1977년 광주 살레시오고졸 1985년 동국대 정치외교학과졸 [경]1992년 대통령직인수위원회 담당관, 국회 정책연구위원 1999년 한나라당 중앙정치연수원 교수 2000년 同제16대 총선 미디어기획단장 2000년 同정세분석팀장 2001년 同산업자원전문위원 2002년 同이회창 대통령후보 선거대책본부 전략기획단장 2003년 同정치개혁특위 정치분과 지원팀장 2003년 同정책기획팀장 2004년 同부대변인 2008년 제18대 국회의원(비례대표, 한나라당·새누리당) 2008년 국회 문화체육관광방송통신위원회 위원 2008년 국회 예산결산특별위원회 위원 2008년 한나라당 정치선진화특별위원회 위원 2008년 국회 쇄신특별위원회 위원 2008~2012년 동국대 정치외교학과 겸임교수 2010년 국회 법제사법위원회 위원 2011년 청소년폭력예방재단 청소년지킴이 2012년 제19대 국회의원선거 출마(광주 서구乙, 새누리당) 2012~2013년 새누리당 최고위원 2012년 同제18대 대통령중앙선거대책위원회 공보단장 2013년 제18대 대통령 당선인비서실 정무팀장 2013년 대통령 정무수석비서관 2013~2014년 대통령 홍보수석비서관 2014년 제19대 국회의원(순천시·곡성군 보궐선거, 새누리당) 2014년 국회 산업통상자원위원회 위원 2014년 국회 예산결산특별위원회 위원 2014~2016년 새누리당 최고위원 2014년 同중소기업소상공인특별위원회 위원장 2016년 同순천시당원협의회 운영위원장(현) 2016년 새누리당 제20대 총선 호남·제주권선거대책위원장 2016년 제20대 국회의원(순천시, 새누리당)(현) 2016년 국회 교육문화체육관광위원회 위원(현) 2016년 국회 예산결산특별위원회 위원 2016년 새누리당 대표최고위원(현) [상]5·18민주유공자단체통합추진위원회 감사패(2010), 동국대총동창회 자랑스러운 동국인상(2013), 서울신문 서울석세스대상 정치혁신대상(2014), 통일문화연구원 통일문화대상(2014), 대한민국 혁신경영대상 정치혁신부문(2015) [저]'진심이면 통합니다'(2011) [종]기독교

이정현(李定炫) LEE Jeong Hyun

[생]1968·10·13 [출]전남 나주 [주]서울 서초구 반포대로 158 서울중앙지방검찰청 여성아동범죄조사부(02-530-4531) [학]1987년 나주 영산포상고졸 1993년 고려대 법학과졸 [경]1995년 사법시험 합격(37회) 1998년 사법연수원 수료(27기) 1998년 서울지검 북부지청 검사 2000년 전주지검 군산지청 검사 2002년 인천지검 검사 2004년 서울중앙지검 검사 2006년 독일 본대 형사법연구소 장기연수 2007년 법무부 형사법제과 검사 2009년 대전지검 검사 2010년 서울중앙지검 부부장검사 2011년 창원지검 통영지청 부장검사 2012년 광주지검 공안부장 2013년 대구지검 공안부장 2014년 대검찰청 감찰2과장 2016년 서울중앙지검 여성아동범죄조사부장(현)

이정협(李楨協) LEE Jung Hyup

[생]1943·2·11 [출]경북 상주 [주]경기 파주시 문산읍 돈유3로80 이화팜텍(주) 임원실(031-997-8661) [학]1961년 김천고졸 1965년 건국대 축산대학 축산학과졸 1967년 일본대학 농수의학부 축산학 연수 1993년 서강대 경영대학원 최고경영자과정 수료 [경]1965년 육군 ROTC 임관 1968~1973년 (주)양돈가공센타 근무 1973~1977년 고려식품산업(주) 근무 1977년 이화약품공업사 설립·대표이사 1982~2002년 이화약품(주) 대표이사 2001년 대한민국ROTC중앙회 부회장 2002년 (사)한국동물약품협회 이사 2002년 이화팜텍(주) 대표이사(현) 2004년 (재)상허문화재단 이사 2005년 한국동물약품공업협동조합 이사장 2005년 한국동물약품협회 부회장

이정호(李政浩) LEE Jung Ho

[생]1952·5·26 [출]서울 [주]서울 종로구 대학로86 한국방송통신대학교 문화교양학과(02-3668-4541) [학]1971년 경동고졸 1976년 서울대 철학과졸 1980년 同대학원졸 1988년 문학박사(서울대) [경]1982년 한국방송통신대 문화교양학과 전임강사·조교수·부교수·교수(현) 1989년 영국 Oxford대 Oriel College 객원교수 1990년 한국방송통신대 기획실장 1992년 同교양과정부 학부장 1994년 同기획실장 1996년 한국철학사상연구회 회장 1999년 대한출판문

화협회 청소년도서심의위원 2000년 정암학당 대표 2008년 (사)그리스로마원전을연구하는정암학당 이사장(현) [저]'철학의 이해' '국민윤리' '삶과 철학'(共) '희랍철학연구'(共) '철학의 명저'(共) 등 [역]'소크라테스 이전 철학자들의 단편선집'(共) '플라톤의 크리티아스' '플라톤의 메넥세노스' '플라톤의 편지'(共)

이정호(李正鎬) LEE Jung Ho

[생]1957 · 9 · 7 [출]경북 포항 [주]경북 안동시 풍천면 도청대로455 경상북도의회(054-880-5330) [학]영남고졸, 중앙대 사회복지학과졸 [경]유네스코 경북지회 이사, 한국노총 포항시지부 자문위원, 오천의용소방대 감사, 오천자유총연맹 청년회장, 오천지역발전협의회 부회장, 포항시체육회 부회장 1993년 (주)글로리(문덕온천하와이) 대표(현) 1998 · 2002 · 2006~2010년 경북 포항시의회 의원 2002~2003년 同운영위원장 2006~2008년 同부의장 2010년 경북도의회 의원(한나라당 · 새누리당), 同문화환경위원회 위원, 同운영위원회 부위원장, 同낙동강살리기특별위원회 위원 2012년 同농수산위원회 위원 2014년 경북도의회 의원(새누리당)(현) 2014년 同운영위원회 위원 2014년 同행정보건복지위원회 위원 2014 · 2016년 同독도수호특별위원회 위원장(현) 2016년 同행정보건복지위원회 위원장(현)

이정호(李正鎬) Jung-Ho Lee

[생]1963 · 1 · 28 [출]충남 홍성 [주]서울 강남구 테헤란로92길7 법무법인 바른(02-3476-5599) [학]1981년 대전고졸 1985년 서울대 사회과학대학졸 1988년 경희대 대학원 법학과 수료 2005년 미국 캘리포니아주립대 Global Leadership Institute 수료 2006년 연세대 공학대학원 최고위과정 수료 2012년 고려대 행정대학원 최고위과정 수료 [경]1993년 사법시험 합격(35회) 1996년 사법연수원 수료(25기) 1996년 대구지법 판사 1998년 대전지법 판사 2000년 서울지법 의정부지법 판사 2003년 서울지법 판사 2006년 서울남부지법 판사 2007년 서울고법 판사 2009년 미국 노스캐롤라이나주립대 법과대학원 Visiting Scholar 2009년 서울중앙지법 판사 2012년 대전지법 부장판사 2013~2015년 의정부지법 부장판사 2015년 법무법인 바른 변호사(현) 2016년 대한상사중재원 중재위원(현) 2016년 경찰청 인권위원(현)

이정호(李政浩) Lee Jungho

[생]1964 · 2 · 13 [출]대구 [주]서울 서초구 서초대로74길4 법무법인(유) 동인(02-2046-0687) [학]1982년 대구 영신고졸 1987년 영남대 법학과졸 1989년 同대학원 법학졸 [경]1990년 사법시험 합격(32회) 1993년 사법연수원 수료(22기) 1996년 창원지법 판사 1998년 同함안군 · 의령군법원 판사 1999년 대구지법 판사 2002년 同포항지원 판사 2004년 대구지법 판사 2005년 서울고법 판사 2007년 서울중앙지법 판사 2008년 대구지법 부장판사 2009년 수원지법 안산지원 부장판사 2012년 서울북부지법 부장판사 2014~2016년 서울중앙지법 부장판사 2016년 법무법인(유) 동인 구성원변호사(현)

이정호(李廷鎬) Jeong Ho LEE

[생]1966 · 2 · 1 [출]서울 [주]서울 강남구 테헤란로133 법무법인 태평양(02-3404-0157) [학]1984년 서울 대광고졸 1992년 연세대 법학과졸 [경]1996년 사법시험 합격(38회) 1999년 사법연수원 수료(28기) 1999년 대구지검 검사 2001년 청주지검 영동지청 검사 2002년 인천지검 검사 2004년 서울서부지검 검사 2007년 광주지검 목포지청 검사 2009년 서울중앙지검 검사 2010년 금융부실책임조사본부 파견 2011년 서울중앙지검 부부장검사 2011~2012년 금융부실책임조사본부 파견 2013년 대전지검 특별수사부장 2014~2015년 대검찰청 디지털수사담당관 겸 사이버범죄수사단장 2015년 법무법인(유) 태평양 변호사(현)

이정호(李禎鎬) LEE JEONG HO

[생]1967 · 1 · 26 [주]서울 중구 동호로249 호텔신라(064-735-5114) [학]홍익대사대부고졸, 중앙대 독어독문학과졸, 스위스 레로쉬국제호텔경영대학 대학원 호텔경영학과졸 [경]1995년 호텔신라 입사 2009년 同호텔사업부 S&PD팀장 2014년 同제주호텔 마케팅그룹장 2015년 同호텔사업부 제주세일즈&마케팅그룹장(상무) 2015년 호텔마케팅팀장(상무)(현)

이정호(李禎鎬) Rhee Jung Ho

[생]1967 · 10 · 5 [본]경주(慶州) [출]서울 [주]서울 영등포구 국제금융로8길31 미래에셋그룹 인사부(02-3774-1700) [학]1986년 서울 영훈고졸 1991년 연세대 경제학과졸 [경]1994년 대우증권 투자분석부 건설업 Analyst 1997년 同투자분석부 Market Strategist 2000년 미래에셋증권 리서치센터 투자전략팀장 2005년 同리서치센터장(이사) 2006년 同리서치센터장(상무) 2008년 미래에셋그룹 아시아-태평양리서치센터장 겸 홍콩-차이나리서치센터장(상무) 2009년 미래에셋증권(홍콩) CFO(부대표) 2011년 미래에셋자산운용(홍콩) 글로벌자산배분 헤드(상무) 2013년 同홍콩법인 대표(부사장) 2015년 同홍콩법인 대표(사장)(현) [상]내외경제선정 Best Strategist 1위(2000 · 2002), 매경증권인대상(2001), 매경이코노미 Best Strategist 1위 (2001), 한경비즈니스선정 상반기 Best Strategist 1위(2002) [종]기독교

이정화(李廷花 · 女) LEE Jung Hwa

[생]1963·2·13 [본]전주(全州) [출]충남 논산 [주]서울 중구 청계천로8 프리미어플레이스빌딩11층 서울특별시청 도시기반시설본부 도시철도국(02-772-7005) [학]1981년 동명여고졸 1985년 서울시립대 토목공학졸 1997년 同도시행정대학원 도시계획학졸 [경]1986년 서대문구청 수도공사과·도시정비과 1991년 서울시 기술심사담당관 1993년 同종합건설본부 설계실 1996년 同기술심사담당관 1998년 종로구청 도시계획과장·팀장 2002년 서울시청 기술심사담당관 토목심사팀장 2006년 同도시계획국 도시계획과 종합계획팀장·도시계획팀장 2009년 同도시계획국 지역발전계획추진반장 2014년 同도시계획국 도시재생추진반장 2014년 同도시계획국 도시계획과장 2015년 同도시계획국 도시계획과장(부이사관) 2015년 同도시기반시설본부 도시철도국장 직무대리(현) [상]자랑스런 공무원상(1996), 새서울 봉사상(2000), 근정포장(2015)

이정환(李貞煥) LEE Jung Hwan

[생]1946·8·19 [본]전의(全義) [출]경기 시흥 [주]서울 강남구 개포로22길74 센트럴빌딩3층 GS&J인스티튜트 이사장실(02-3463-7623) [학]1965년 대광고졸 1972년 서울대 농대졸 1980년 농업경제학박사(일본 홋카이도대) [경]1980~1988년 한국농촌경제연구원 수석연구원 1988년 同수석연구위원 1991년 미국 하버드대 객원연구원 1997년 한국경제학회 편집위원장 1999년 한국농촌경제연구원 농업관측센터장 2001년 同부원장 2002~2005년 同원장 2004년 한국농업경제학회 회장 2004~2005년 대통령자문 국민경제자문회의 위원·농어촌특별대책위원회 위원·정책기획위원회 위원·양곡정책심의위원회 위원장 2005년 (재)GS&J인스티튜트 이사장(현) 2006년 한미FTA체결지원위원회 위원 [상]산업포장(1996), 한국농업과학상(1998), 시사저널 선정 가장 만나고 싶은 농업계 인사 1위(2011) [저]'한국농업의 여건변화와 발전전략' '한국농업의 선택' '농업의 구조전환 그 시작과 끝' '농업경제학'(共) '한국농업이 가야 할 제3의 길'(共) '농업문제의 심연을 향한 여행' '시베리아횡단철도는 태양을 향해 달린다'

이정환(李定桓) LEE Jeong Hwan

[생]1953 · 11 · 27 [출]강원 [주]서울 서초구 양재대로11길19 LG전자 인사팀(1544-3775) [학]1972년 강릉고졸 1977년 한양대 전기공학과졸 [경]1977년 금성사(주) 입사 1982년 同과장 1988년 同부장 1995년 LG반도체(주) 수석부장 1996년 同연구위원 2000년 LG필립스LCD 상무 2005~2015년 LG전자 특허센터장(부사장) 2008년 한국지식재산협의회(KINPA) 초대 회장 2009년 지식재산전문매거진 MIP(Managing Intellectual Property) 2009년 '지식재산 분야에서 가장 영향력 있는 세계적 인물 50인(The 50 Most Influential People in IP)'에 선정 2011~2015년 국가지식재산위원회 민간위원 2012~2016년 한국지식재산연구원 이사장 2013년 한국특허정보원 비상임이사 2015~2016년 LG전자 특허협의회 의장 2016년 同상임고문(현) [상]금탑산업훈장(2009), 포춘코리아 선정 '한국 경제를 움직이는 인물'(2011 · 2012) [종]불교

이정환(李正煥) LEE Jung Hwan

[생]1954·2·24 [본]합천(陜川) [출]경남 합천 [주]부산 동구 중앙대로263 더불어민주당 부산시당(051-802-6677) [학]1971년 동아고졸 1975년 성균관대 정치외교학과졸 1978년 영국 웨일즈대 대학원 해운항만학과정 수료 1986년 미국 위스콘신대 공공정책학대학원졸(석사) 2004년 성균관대 대학원 경제학박사과정 수료 [경]1975년 행정고시 합격(17회) 1975년 경남도 수습사무관 1976년 해운항만청 외항과 근무 1979~1989년 재무부 국제금융과·국제기구과·관세협력과 근무 1989년 미국 세계은행 경제자문관 1992~1995년 재정경제원 금융실명제실시단 총괄반장·세제실 기본법규과장·국제심판소 조사관 1995년 대통령 민정수석비서관실 행정관 1998년 駐OECD대표부 재경참사관 2001년 재정경제

부 국세심판원 상임심판관 2002년 同국고국장 2003년 同공보관 2003년 국무조정실 심사평가조정관 2004년 同정책상황실장 2005년 한국증권선물거래소(KRX) 경영지원본부장 2008년 同이사장 2008년 세계증권거래소연맹(WFE) 이사 2009년 한국거래소(KRX) 이사장 2011년 세계미래포럼 대표(현) 2012년 대한주부클럽연합회 부산소비자고발센터 고문(현) 2014~2015년 새정치민주연합 부산남구甲지역위원회 위원장 2015년 더불어민주당 부산남구甲지역위원회 위원장(현) 2016년 제20대 국회의원선거 출마(부산 남구甲, 더불어민주당) (상)녹조근정훈장, 중앙일보 창조경영대상(2009), Forbes 글로벌경영대상(2009), 한국경영대상 글로벌경영부문(2009) (저)'미래로 보는 세상(編)'(2012)

이정환(李廷煥) LEE Jung Hwan

(생)1958 · 2 · 7 (본)전주(全州) (출)대전 (주)경남 창원시 성산구 창원대로797 한국기계연구원 재료연구소(055-280-3521) (학)1980년 한양대 공대 기계공학과졸 1982년 연세대 대학원 기계공학과졸 1995년 공학박사(홍익대) (경)1982년 한국기계연구원 신기능재료연구본부 책임연구원 2005년 同신기능재료연구본부 소재성형연구센터장 2009년 同재료연구소 산업기술지원본부장 · 재료연구소 선임연구본부장 2012년 同재료연구소장 2013년 同재료연구소 경량금속연구단 변형제어연구실 책임연구원(현) 2013~2014년 한국소성가공학회 회장 2013년 한국기계연구원 재료연구소 경남소재성형기술지원단장 2013~2015년 재료연구소연구발전협의회 회장 2014년 한국엔지니어클럽 창원클럽 회장(현) 2014년 한국기계학회 경남지회장(현) 2015~2016년 한국기계연구원 재료연구소 실용화연구단장 2015년 同재료연구소 부소장(현) (상)한국기계연구원 우수연구 금상(1987), 산업기술상 금상(1994), 수탁연구부문 금상(1996), 20세기 한국의 100대 기술상(1999), 산업자원부장관 표창장(2006), 한국소성가공학회 논문상(2008), 대통령표창(2010), 대한기계학회 공헌상(2012), 대한금속재료학회 기술상, 경상도과학기술대상 공학부문(2015), 과학기술훈장 도약장(2016) (저)신소성가공기술(2005) (종)기독교

이정환(李政桓)

(생)1971 · 5 · 17 (출)대전 (주)서울 서초구 서초중앙로157 서울고등법원(02-530-1114) (학)1990년 대전 대신고졸 1994년 서울대 공법학과졸 (경)1995년 사법시험 합격(37회) 1998년 사법연수원 수료(27기) 1998년 서울지법 판사 2000년 同동부지원 판사 2002년 대전지법 판사 2005년 인천지법 부천지원 판사 2008년 서울중앙지법 정보화심의관 2009년 법원행정처 정보화심의관 2010년 서울고법 판사(국회 파견) 2012년 서울고법 판사 2013년 창원지법 부장판사 2014~2015년 외교부 파견 2015년 서울고법 판사(현)

이정환(李定桓)

(생)1971 · 9 · 25 (출)서울 (주)경북 안동시 강남로306 대구지방검찰청 안동지청(054-820-4310) (학)1990년 여의도고졸 1995년 서울대 경제학과졸 (경)1997년 사법시험 합격(39회) 2000년 사법연수원 수료(29기) 2000년 공익법무관 2003년 부산지검 동부지청 검사 2005년 대구지검 포항지청 검사 2006년 인천지검 검사 2009년 서울중앙지검 검사 2012년 부산지검 검사 2013년 同부부장검사 2014년 창원지검 부부장검사(금융위원회 파견) 2015년 법무부 보호법제과장 2016년 대구지검 안동지청장(현)

이정회(李廷會) Lee Jeonghoe

(생)1966 · 1 · 10 (출)경북 상주 (주)서울 서초구 반포대로158 서울중앙지방검찰청 제2차장검사실(02-530-3114) (학)1984년 대구 계성고졸 1988년 서울대 법과대학졸 1991년 同대학원졸 (경)1991년 사법시험 합격(33회) 1994년 사법연수원 수료(23기) 1994년 軍법무관 1997년 서울지검 검사 1999년 수원지검 평택지청 검사 2000년 대전지검 검사 2003년 수원지검 검사 2005년 서울중앙지검 검사 2006년 대전지검 부부장검사 2008년 울산지검 공안부장 2009년 대구지검 공안부장 2009년 대검찰청 공안2과장 2010년 同공안1과장 2011년 인천지검 형사5부장 2012년 서울중앙지검 공안2부장 2013년 수원지검 형사부장 2014년 춘천지검 원주지청장 2015년 수원지검 제2차장검사 2016년 서울중앙지검 제2차장검사(현)

이정훈(李廷勳) LEE Jung Hoon

(생)1947 · 6 · 27 (출)서울 (주)서울 강남구 테헤란로133 법무법인 태평양(02-3404-0113) (학)1968년 서울대 법학과졸 1972년 同대학원졸 1979년 미국 조지워싱턴대 대학원 수료 1983년 미국 노트르담대 법과대학원졸 (경)1983년 미국 캘리포니아주 변호사자격 취득 1984년 미국 뉴욕주 변호사자격 취득 1986년 사법연수원 강사 1986년 법무법인 태평양 창립변호사 1991년 한국지적재

산권소유학회 부회장 1997년 특허청 정책자문위원 1998년 법무법인 태평양 대표변호사(현) 1999년 대한중재인협회 부회장 1999~2001년 대한변호사협회 이사 2001~2005년 同법률사무개방연구위원장 2001~2002년 同국제위원회 위원 2001년 전국경제인연합회 통상위원회 위원 2001~2003년 서울지방변호사회 심사위원회 위원 2001~2005년 한국지적재산권소유학회 회장 2002년 아시아변호사협회 부회장 2005~2006년 아시아태평양지역 국제법률가조직 로아시아(LAWASIA) 회장 2007~2011년 대한중재인협회 회장 2009~2015년 공익재단법인 동천 이사장 2010~2015년 대신증권 사외이사 2011년 대한중재인협회 고문(현) (저)'The Korea Anti-Dumping Law'(1985)

이정훈(李貞勳) LEE Chung Hoon

(생)1953 · 1 · 21 (주)경기 안산시 단원구 산단로163번길65의16 서울반도체(주) 임원실(031-364-3401) (학)1975년 고려대 물리학과졸 1979년 同경영대학원졸 1984년 미국 오클라호마시티대 대학원 MBA 2003년 서울대 경영대학원 최고경영자과정 수료 (경)1981년 제일정밀공업 과장 1991년 삼신전기(주) 부사장 1992년 서울반도체(주) 대표이사 사장(현) 2013년 한국발명진흥회 비상임이사 2014~2016년 한국공학한림원 회원 2014년 한국지식재산보호협회 회장(현) 2015년 대통령소속 국가지식재산위원회 민간위원(3기)(현) 2016년 한국공학한림원 정회원(현) (상)은탑산업훈장(2009)

이정훈(李政勳) LEE Jeong Hoon

(생)1961 · 5 · 8 (본)성주(星州) (출)부산 (주)서울 종로구 율곡로2길25 연합뉴스 한민족센터 한민족사업부(02-398-3114) (학)1979년 배정고졸 1986년 한양대 영문학과졸 2001년 미국 앨라배마주립대 수료 (경)1988년 연합통신 업무국 입사 1988년 同텔리레이트부 근무 1999년 연합뉴스 텔리레이트부 차장대우 2000년 해외 연수 2001년 연합뉴스 텔리레이트부 차장 2002년 同정보사업부 차장 2004년 同사업관리부장 2004년 同미디어사업부장 2006년 同정보사업부장 2010년 同DB부장 2011년 同네트워크사업부장 2011년 同네트워크사업부장(부국장대우) 2013년 同특수사업팀장 겸임 2014년 同한민족센터 네트워크사업부장(부국장급) 2015년 同한민족센터 한민족사업부장(부국장급) 2016년 同한민족센터 한민족사업부 근무(부국장급)(현)

이정훈(李政勳) Lee Jung Hoon

(생)1961 · 10 · 18 (출)서울 (주)서울 서대문구 연세로50 연세대학교 국제학대학원(02-2123-3345) (학)미국 커싱아카데미고졸 1984년 미국 터프츠대 국제관계학과졸 1987년 미국 터프츠대 플렛처스쿨 국제정치학 석사 1991년 국제정치학박사(영국 옥스퍼드대) (경)1993년 미국 캘리포니아대 버클리교 국제지역학과 전임강사, 미국 국제전략연구소(CSIS) 객원연구원 1995년 한국정치학회 섭외위원 · IPSA세계대회 한국조직위원회 홍보위원 1996년 연세대 국제학대학원 교수(현) 2004년 同국제교육교류원장 2004년 일본 게이오대 법학부 방문교수 2008년 자유선진당 정책조정위원장 2008~2010년 연세대 언더우드국제대학장 2009년 통일부 인도주의분과 정책자문위원 2010년 국가미래연구원 외교안보분야 발기인 2010년 나눔의 집 후원회 부회장 2012년 유엔탈북난민캠프추진위 공동위원장 2013~2016년 외교부 인권대사 2014년 (사)세이브앤케이 공동회장 2014년 연세대 동서문제연구원 부원장(현) 2015년 NH농협금융지주 IT정보전략담당 IT · 보안 자문위원(현) 2015년 미래한국미디어 회장 2016년 Sages Group on North Korean Human Rights(북한인권 현인그룹) 설립 2016년 외교부 북한인권국제협력대사(현) (저)'새천년 한반도 평화구축과 신지역 질서론(編)'(2000) '한국 국민에게 고함(編)'(2007) '미사일 방위체제가 동북아 안보질서에 미칠 영향과 한국의 선택'(2007) (종)기독교

이정훈(李定勳) LEE Jung Hun

(생)1967 · 10 · 18 (본)경주(慶州) (출)전북 정읍 (주)서울 중구 덕수궁길15 서울특별시의회(02-3783-1886) (학)1994년 서강대 정치외교학과졸 (경)새천년민주당 서울강동甲지구당 사무국장, 이상경 국회의원 보좌관(4급 상당) 2006년 서울시의원선거 출마(열린우리당) 2010년 서울시의회 의원(민주당 · 민주통합당 · 민주당 · 새정치민주연합) 2010 · 2012년 同교통위원회 위원 2010~2011년 同정책연구위원회 위원 2010~2011년 同CNG버스안전운행지원특별위원회 위원 2010~2012년 同시의회개혁과발전특별위원회 위원 2011~2012년 同예산결산특별위원회 위원 2011~2012년 同북한산콘도개발비리의혹규명행정사무조사특별위원회 위원 2011~2012년 同장애인특별위원회 위원 2012년 同지하철9호선및우면산터널등민간투자사업진상규명특별위원회 위

원 2012 · 2013년 同윤리특별위원회 위원 2013년 同부모교육과행복가정네트워크특별위원회 부위원장 2013년 同민간단체지원사업점검특별위원회 위원 2013년 同2018평창동계올림픽지원및스포츠활성화를위한특별위원회 위원 2013년 민주당 서울강동甲지역위원회 사무국장 2014년 同동남권역집중개발특별위원회 위원 2014년 서울시의회 의원(새정치민주연합 · 더불어민주당)(현) 2014~2016년 同환경수자원위원회 부위원장 2014~2015년 同예산결산특별위원회 위원 2015년 同하나고등학교특혜의혹진상규명을위한행정사무조사특별위원회 위원장(현) 2016년 同교육위원회 위원(현)

이정훈(李貞勳)

[생]1970 · 10 · 28 [출]전남 보성 [주]인천 남구 소성로163번길49 인천지방검찰청 형사4부(032-860-4313) [학]1989년 순천고졸 1993년 고려대 법학과졸 [경]1997년 사법시험 합격(39회) 2000년 사법연수원 수료(29기) 2000년 청주지검 검사 2002년 대구지검 영덕지청 검사 2003년 서울지검 남부지청 검사 2004년 서울남부지검 검사 2005년 대구지검 검사 2008년 서울중앙지검 검사 2012년 인천지검 검사 2012년 헌법재판소 파견 2013년 인천지검 부부장검사 2014년 창원지검 마산지청 부장검사 2015년 대전지검 공안부장 2016년 인천지검 형사4부장(현)

이정훈(李政訓) Lee Jung Hoon

[생]1976 · 12 · 25 [주]경기 수원시 팔달구 효원로1 경기도의회(031-8008-7000) [학]동서울대학 건축과졸, 한양사이버대 부동산학과졸 [경]하남청년회의소(JCI) 회장, 새누리당 경기도당 하남시지회장, 하남시핸드볼협회 부회장, 하남경찰서 경찰발전위원회 위원, 풍산초 운영위원장 2014년 경기도의회 의원(새누리당)(현) 2014년 同도시환경위원회 위원 2015년 同예산결산특별위원회 위원 2015년 하남시핸드볼협회 회장(현) 2016년 경기도의회 도시환경위원회 간사(현) 2016년 同개발제한구역특별위원회 위원장(현) 2016년 同경제민주화특별위원회 위원(현) 2016년 BTN붓다회 자문위원(현)

이정희(李貞熙) Lee Jung Hee (曉泉)

[생]1943 · 11 · 22 [본]경주(慶州) [출]서울 [학]1967년 충남대 영문과졸 1988년 同대학원 영문과 수료 1994년 문학박사(충남대) [경]수필가 겸 칼럼니스트(현) 1968년 전의중 · 정산중 · 서산여고 교사 1971년 부여고 · 천안중앙고 교사 1979~1984년 충남고 교사 1984년 대전보건대학 조교수 1991년 Australia Newcastle 연구교수 1991년 People-to-People 한국본부 사무총장 1991년 계룡라이온스클럽회장 1996~2009년 선문대 교수 2001년 한국현대영어영문학회 부회장 2009년 호서문학회 회원(현) 2009년 대전문인총연합회 회원(회원) 2013년 38민주의거기념사업회 부의장 [상]한국교원단체총연합회장표창, 부총리 겸 교육인적자원부장관표창(2007), 홍조근정훈장(2009) [저]칼럼집 '살며 생각하며'(1999) '영미문화의이해'(2003) [역]'헨리 제임스 단편집'

이정희(李正熙) (湖菴)

[생]1945 · 1 · 27 [출]전북 부안 [주]서울 종로구 삼일대로 457 수운회관 906호 천도교중앙총부(02-732-3956) [학]공주사범대졸, 서울대 대학원 행정학과졸, 행정학박사(고려대), 철학박사(충남대) [경]공주대 · 한남대 객원교수, 미국 시라큐스대 교환교수, 한국과학기술원(KAIST) · 전자통신연구원(ETRI) · 한국과학기술정보연구원(KISTI) 근무 1977년 천도교 종의원 1993년 同법사 1996년 同선도사 2000년 同대전교구장 2001년 同동민회 운영위원 2003년 同대전충청연합회장 2004년 同교수회장 2004년 同종무위원 2004년 (주)신인간 이사 2005년 동학혁명유공자심사위원회 위원 2007년 교사교서검정위원회 위원 2007년 용담검무보존회 이사 2010년 천도교종학대학원 원장 2011년 동학학회 고문(현) 2014년 천도교연구소 연구위원(현) 2014년 동학문화진흥회 초대회장(현) 2016년 천도교중앙총부 도훈(현) 2016년 同교령(현)

이정희(李貞熙) LEE Jung Hee

[생]1951 · 11 · 2 [출]경북 안동 [주]서울 동작구 여의대방로44길47 주공아파트210동404호(02-828-0101) [학]1971년 대구공고졸 1978년 영남대 영어영문학과졸 [경]1978년 (주)유한양행 입사 2000년 同이사대우 2002년 同유통사업부장(상무) 2009년 同경영관리본부장(전무) 2012년 同경영관리본부장(부사장) 2015년 同대표이사 사장(현)

이정희(李政熙) Lee, Chung Hee (素峰)

[생]1953 · 3 · 19 [본]경주(慶州) [출]서울 [주]서울 동대문구 이문로107 한국외국어대학교 정치외교학과(02-2173-3211) [학]1971년 경기고졸 1980년 한국외국어대 정치외교학과졸 1982년 미국 미주리대 대학원 정치학과졸 1987년 정치학박사(미국 미주리대) [경]1987~1993년 한국외국어대 정치외교학과 조교수 · 부교수 1993~1996년 유엔한국협회 사무총장 1994년 한국외국어대 정치외교학과 교수(현) 1995년 이집트 카이로대 정치학과 초빙교수 1998년 일본 쯔쿠바대 교환교수 2000년 한국외국어대 사회과학연구소장 2000년 한국정치학회 한국정치연구위원장 2001년 同연구이사 2005년 미국 남오레곤대 초빙교수 2006년 한국세계지역학회 회장 2006년 사회정의시민행동 운영위원 2006~2008년 한국외국어대 사회과학대학장 2007년 한국아메리카학회 회장 2008년 한국정치학회 회장 2010년 동아시아연구회 회장(현) 2010년 중앙선거방송토론위원회 위원 2011년 사회정의시민행동 공동대표, 同사회정의연구소장(현) 2013년 중앙선거방송토론위원회 위원장 2015년 민주평통 자문위원(현) [저]'Foreign Lobbying in American Politics'(1988) '마음의 정치'(2005, 한국외국어대 출판부) '정치학이란(共)'(2005, 인간사랑) '현대정치학이론의 발전(共)'(2007, 인간사랑) '지구촌의 선거와 정당 : 정치적 선택의 메카니즘(共)'(2007, 한국외국어대 출판부) '이익집단정치 : 갈등과 통합의 역동성'(2010, 인간사랑) '사랑의 정치'(2013, 인간사랑) [종]천주교

이정희(李靜姬 · 女) LEE Jung Hee

[생]1955 · 12 · 18 [주]강원 춘천시 백령로156 강원대학교병원 정신건강의학과(033-258-2310) [학]1980년 서울대 의대졸 1983년 同대학원졸 1989년 의학박사(서울대) [경]1984년 인천기독병원 정신과장 1989년 미국 스탠포드대 수면연구센터 Post-Doc. 1990년 미국 케이스웨스턴리저브대 의대 전임강사 · 조교수 1995년 서울대 의학연구원 연구교수 1995년 한국치매협회 사무총장 2000년 강원대 의대 신경정신과학교실 교수, 同의대 정신건강의학교실 교수(현) 2003년 同수면센터 소장 2003년 한국노년신경정신약물학회 이사장 2005~2007년 강원대 의과대학장 2006~2008년 대한수면학회 회장 2007년 미국 세계인명사전 'Marquis Who's Who in Science & Engineering 10th Anniversary Edition'에 등재 2009~2010년 대한수면학회 회장 2012~2013년 대한신경정신의학회 수석부회장 2015년 제6차 세계수면학회 학술대회 조직위원장

이정희(李廷熙) LEE Jung Hee

[생]1960·9·13 [출]전남 영광 [주]서울 영등포구 국제금융로10 서울국제금융센터 oneIFC빌딩9층 딜로이트안진회계법인 임원실(02-6676-2440) [학]1979년 광주상고졸 1983년 서울대 경영학과졸 1999년 연세대 법대 조세법연구과정 수료 2001년 연세대 경영대학원졸 [경]1982년 공인회계사시험 합격(16회) 1983~2002년 안건회계법인 전무이사 1993년 미국 Deloitte뉴욕사무소 근무 1994년 국세청 국제조세과세기준 심의위원·조세법규 정비위원 1995년 재경부 기업과세 및 국제조세 자문위원 1995~1998년 나라정책연구회 청년위원장·부회장 1995년 젊은연대 공동대표 1995~2000년 한국공인회계사회 세무조정감리위원·국세연구위원 1998년 새정치국민회의 경제대책위원회 운영위원 1998~2000년 공정거래위원회 경쟁정책 자문위원 1999년 경희대 강사 1999년 좋은친구만들기운동 이사장 2000년 (사)청년세계탐구단 감사 2001년 영화진흥위원회 자문위원 2001년 한국항공대 경영대 겸임교수 2002년 (사)재외동포교육진흥재단 감사 2002년 하나회계법인 기획·재무본부장 전무(CFO) 2003~2014년 (재)실업극복국민운동 함께일하는사회 감사 2005년 딜로이트안진회계법인 부대표 2010년 同세무자문본부장 2012년 同대표(현) 2014년 재무인포럼 회장(현)

이정희(李正熙) LEE Jung Hee

[생]1961 [출]경북 [주]서울 동작구 흑석로84 중앙대학교 경영경제대학 경제학부(02-820-5568) [학]1985년 중앙대 농업경제학과졸 1993년 농업 및 응용경제학박사(미국 오클라호마주립대) [경]1995년 중앙대 경제학부 교수(현) 2008년 농림축산식품부 식품산업진흥정책 심의위원(현) 2009~2010년 한국유통학회 회장 2011년 중앙대 대외교류처장 2012~2016년 한국중소기업학회 부회장 2013년 농림축산식품부 국민공감농정위원회 식품소비자분과위원장(현) 2013년 同중앙농정심의위원(현) 2014년 중소기업청 소상공인정책협의회 위원(현) 2014년 공정거래위원회 기업거래정책 자문위원(현) 2014년 소상공인시장진흥공단 비상임이사(현) 2015년 동반성장위원회 위원 겸 적합업종실무위원장 2015년 한국공정거래조정원 대규모유통업거래분쟁조정협의회 위원장(현), 공정거래위원회 유통협약평가위원(현) 2016년 한국중소기업학회 차기(2017년 4월) 회장(현) [저]'알짬 시장경제'(共) '중소기업의 경제분석'(共) '100일만에 배우는 유통관리'(共)

이정희(李正姬 · 女) LEE Jung Hee

[생]1969·12·22 [출]서울 [주]서울 서초구 서초중앙로114 법무법인 향법(02-582-0606) [학]1987년 서문여고졸 1992년 서울대 법대 공법학과졸 [경]1996년 사법시험 합격(38회) 2000년 사법연수원 수료(29기) 2000년 변호사 개업 2000년 법무법인 덕수 변호사 2001~2005년 駐韓미군범죄근절운동본부 운영위원 2001년 민주사회를위한변호사모임 미군문제연구위원회 위원 2004~2008년 교육인적자원부 대학교원임용양성평등위원회 위원 2004년 평화를만드는여성회 감사 2006년 민주사회를위한변호사모임 여성복지위원장 2006년 駐韓미군범죄근절운동본부 공동대표 2006년 한국젠더법학연구회 회원 2008년 법무법인 정평 변호사 2008년 제18대 국회의원(비례대표, 민주노동당·통합진보당) 2008년 민주노동당 원내부대표 2008년 同정책위 의장 2010년 국회 기획재정위원회 위원 2010년 국회 운영위원회 위원 2010~2011년 민주노동당 대표최고위원 2011~2012년 통합진보당 공동대표 2012년 同제18대 대통령 후보(12월 16일 후보직 사퇴) 2013~2014년 同대표최고위원, 법무법인 향법 변호사(현) [상]백봉신사상 올해의 신사의원 베스트11(2010) [저]'사랑하며 노래하며 아파하다'(2010) '내마음같은그녀'(2012) '미래의 진보(共)'(2012) '법정 콘서트 무죄-이정희와 이시우의 국가보안법 대담(共)'(2012, 도서출판 창해)

이제관(李濟官) Je Kwan Lee

[생]1964·6·7 [본]경주(慶州) [출]부산 [주]부산 연제구 법원로15 부산고등검찰청(051-606-3300) [학]1983년 부산상고졸 1987년 서울대 법과대학졸 [경]1988년 사법시험 합격(30회) 1991년 사법연수원 수료(20기) 1991년 軍법무관 1994년 수원지검 검사 1996년 청주지검 영동지청 검사 1997년 서울지검 동부지청 검사 1999년 대전지검 검사 2001년 서울지검 검사 2003년 수원지검 성남지청 부부장검사 2004년 서울남부지검 부부장검사 2005년 미국 캘리포니아대 어바인교 단기연수 2006년 금융정보분석원 심사분석실장 파견 2007년 수원지검 부장검사 2008년 서울북부지검 형사4부장 2009년 인천지검 형사2부장 2009년 법무연수원 연구위원 2010년 서울고검 검사 2012년 광주고검 제주지부 검사 2014년 서울고검 검사 2016년 부산고검 검사(현) [상]모범검사(1998), 법무부장관표창(2000)

이제영(李濟寧) Lee, Jea-Young

[생]1959·7·7 [주]경북 경산시 대학로280 영남대학교 통계학과(053-810-2326) [학]1980년 영남대 수학과졸 1990년 미국 애리조나주립대 대학원 통계학과졸 1994년 통계학박사(미국 뉴멕시코대) [경]1994년 영남대 이과대학 통계학과 조교수·부교수·교수(현) 2005년 同이과대학 부학장 2005년 Journal of Info & Optim Sci. 편집위원(현) 2006년 (사)한국통계학회논문집 평의원(현) 2014년 영남대 통계연구소장(현) 2016년 同이과대학장(현) [상]한국과학기술단체총연합회 과학기술 우수논문상(2016) [저]'기초 통계 분석'(1998, 전문사) '실용통계학(共)'(1998, 교우사) '통계조사방법 범주형자료분석 판별/군집분석(共)'(1999, 전문사), '기초통계계산 회귀분석 분산분석(共)'(1999, 전문사), '기초통계학(共)'(2000, 형설출판사) '응용통계학(共)'(2000, 형설출판사) 'SPSS로 배우는 교양실용통계'(2002, 전문사) '기초SAS와 통계분석(共)'(2005, 영남대 출판부) '통계학의 이해와 활용(共)'(2005, 교우사) 'Minitab 분석을 통한 통계적 품질관리의 이해(共)'(2006, 민영사)

이제우(李濟雨) LEE Jae Woo

[생]1957·3·26 [본]의성(義城) [출]부산 [주]서울 동작구 상도로369 숭실대학교 중어중문학과(02-820-0394) [학]1983년 한국외국어대 중국어학과졸 1986년 同대학원졸 1993년 문학박사(대만 대만국립사범대) [경]1993~1996년 한국외국어대·계명대·강원대·숭실대·한국관광공사 강사 1996년 숭실대 전임강사 1998년 同중어중문학과 조교수·부교수·교수(현) 2006년 同인문과학대학 부학장 2007~2009년 同입학처장 2010년 同입학사정센터장 2011년 同입학사정관 2015년 同베어드학부대학장(현) [저]'알기쉬운 중국산문(共)'(2005)

이제원(李悌源)

[생]1962·5·5 [주]서울 중구 세종대로110 서울특별시청 행정2부시장실(02-2133-6120) [학]1989년 연세대 토목공학과졸 2006년 미국 노스캐롤라이나주립대 대학원 토목공학과졸 [경]1989년 기술고시 합격(25회) 2006년 서울시 도시계획국 도심개선기획반장 2007년 同한강사업본부 전략기획부장 2008년 同한강사업본부 사업관리부장 2009년 同도시계획국 도시계획과장 2011년 同균형발전추진단장 직대 2012년 同도시계획국장 2015년 同도시재생본부장(지방관리관) 2015년 同행정2부시장(현)

이제정(李濟正) Lee, Je Jung

[생]1966·1·12 [출]충북 청주 [주]서울 서초구 서초중앙로157 서울중앙지방법원(02-530-1114) [학]1984년 청주운호고졸 1988년 서울대 경영학과졸 1991년 同대학원 경영학과졸 [경]1987년 공인회계사시험 합격 1992년 사법시험 합격(34회) 1995년 사법연수원 수료(24기) 1995년 부산지법 울산지원 판사 1997년 부산지법 판사 1998년 수원지법 여주지원 판사 2002년 서울가정법원 판사 2004년 서울중앙지법 판사 2007년 서울고법 판사 2009년 사법연수원 교수 2010년 춘천지법 부장판사 2012년 사법연수원 교수 2015년 서울중앙지법 부장판사(현)

이제중(李濟重) LEE Je Joong

[생]1958·1·28 [출]충북 괴산 [주]서울 강남구 강남대로542 영풍빌딩 고려아연(주) 사장실(02-519-3158) [학]1977년 괴산고졸 1984년 명지대 화학공학과졸 [경]고려아연(주) 상무이사, 同대표이사 전무, 同온산제련소장 겸 기술연구소장(전무이사) 2008년 同온산제련소장 겸 기술연구소장(부사장) 2013년 同대표이사 사장(현)

이제현(李濟賢) Je Hyeon Lee

[생]1959·9·28 [본]경주(慶州) [출]충남 금산 [주]경기 성남시 중원구 사기막골로45번길14 성남우림라이온밸리2차B동 B205호 다인바이오(주) 비서실(031-748-8266) [학]1978년 충남고졸 1982년 충남대 응용생물학과졸 1986년 同대학원 응용생물학과졸 1993년 분자세포생물학박사(일본 도쿄대) 2002년 연세대 경영대학원 최고경영자과정 수료 2004년 한국과학기술원(KAIST) 경영대학원 지식경영최고경영자과정 수료, 서울대 바이오산업최고경영자과정 수료 2008년 국립암센터 생명과학최고연구자과정 수료 2008년 경기테크노파크 기술경영최고위과정 수료 [경]1993~1995년 일본 국립정신신경센터 신경연구소 연구원 1995~2005년 다카라코리아바이오메디칼(주) 대표이사 1997~2009년 세종대·건국대·충북대·한경대 겸임교수 1999~2005년 과학기술부 뇌연구추진위원회 위원 2000~2003년 한국유전자검사센터(주) 부사장 2000~2004년 (주)바이로메드 감사·이사 2004~2005년 일본 다카라바이오(주) 집행임원 2004~2006년 한국분자세포생물학회 산학연운영위원 2006년 한국생명과학회 부회장 2006년 한국미생물학회 감사 2006~2008년 (주)리젠 대표이사 사장 2007년 한국루프윙(주) 대표이사(현) 2008년 다인바이오(주) 대표이사(현) 2008년 투에이지비전(주) 대표이사(현) 2008~2010년 한국생물공학회 산학연공동위원장 2011년 한국미생물생명공학회 감사 2011년 생화학분자생물학회 부회장 2012년 한국미생물생명공학회 부회장(현) 2012~2015년 同이사 2012~2015년 한국생물공학회 산학연구위원장 2012년 생화학분자생물학회 운영위원 2013~2014년 서울나눔로타리클럽 회장 2013년 미래창조과학부 바이오의료추진위원회 위원(현) 2014년 同글로벌프론티어사업단 이사(현) 2014년 同국가마우스표현형분석사업단 이사(현) [상]한국미생물생명공학회 기술장려상(2003), 전경련국제경영원 우수경영자상(2003), 한국응용생명화학회 기술진보상(2005), 한국생화학분자생물학회 공로상 [종]불교

이제호(李濟浩) LEE Je Ho

[생]1965·12·17 [출]서울 [주]서울 종로구 사직로8길39 세양빌딩 김앤장법률사무소(02-3703-1897) [학]1984년 홍익대사대부고졸 1988년 서울대 법학과졸 [경]1988년 사법시험 합격(30회) 1991년 사법연수원 수료(20기) 1991년 軍법무관 1994년 청주지법 판사 1997년 同보은·괴산·진천군법원 판사 1999년 서울지법 의정부지원 판사 2001년 서울지법 판사 2002~2004년 법원행정처 법정심의관 2004~2005년 서울고법 판사 2005년 국제 법제사법위원회 파견 2006년 전주지법 부장판사 2007~2009년 김앤장법률사무소 변호사 2009~2011년 대통령 법무비서관 2011~2014년 한국지역난방공사 사외이사 2012년 김앤장법률사무소 변호사(현) 2012~2016년 방송통신위원회 방송분쟁조정위원회 위원 2013~2016년 한화자산운용(주) 사외이사

이제홍(李濟弘) LEE Je Hong

[생]1947·3·6 [출]경북 안동 [주]서울 강남구 역삼로25길35 맥캔리하이츠빌딩5층 태성회계법인 임원실(02-561-0077) [학]1965년 안동농림고졸 1971년 계명대 경영학과졸, 중앙대 국제경영대학원 최고경영자과정 수료 2007년 중국 칭화대 대학원 AMP 수료 2008년 서울대 대학원 AMP 수료 2011년 안동대 대학원 사학과졸 2014 성균관대 대학원 사학박사과정 수료 [경]1969년 공인회

계사시험 합격 1971년 행정고시 합격(10회) 1982년 거창세무서장 1985년 동부산세무서장 1988년 서울지방국세청 조사2과장 1989년 대통령 민정비서실 행정관 1991년 대통령 사정비서관 1992년 서울지방국세청 조사2국장 1993년 조세연구원 파견 1995년 국세청 감사국장 1996년 부산지방국세청장 1998년 안건회계법인 입사 1999년 同사업본부 감사2팀 대표 1999년 삼성화재해상보험(주) 사외감사 2000년 同사외이사 2005~2008년 한영회계법인 회장, 사회복지법인 아이들과 미래 부이사장 2009년 태성회계법인 회장(현) 2009년 태성기업승계(주) 대표이사 2009~2015년 삼성테크윈 사외이사, 건설공제조합 운영위원 2010년 한국가이드스타 대표 2012~2013년 同자문위원 2015년 한화테크윈 사외이사(현)

이제환(李制桓) LEE Je Hwan

[생]1963·4·1 [출]서울 [주]서울 송파구 올림픽로43길88 서울아산병원 혈액내과(02-3010-3218) [학]1987년 서울대 의대졸 1997년 울산대 대학원졸 [경]1987~1988년 서울대병원 인턴 1988~1991년 同내과 전공의 1991~1994년 軍의관 1994~1996년 울산대 의대 종양혈액내과 전임의 1996~2009년 同의대 종양혈액내과 강사대우·전임강사·조교수 2003년 同의대 혈액내과 부교수·교수(현) 2009년 서울아산병원 혈액암 및 골수이식센터 소장(현) 2010년 同혈액내과 과장 2011년 同외래부장 2013년 同진료지원실장(현)

이제훈(李濟薰) Lee, Jehoon (靑園)

[생]1940·1·2 [본]전주(全州) [출]경기 화성 [주]서울 중구 무교로20 11층 어린이재단(02-778-1791) [학]1958년 서울 한성고졸 1964년 서울대 문리과대학 사학과졸 1971년 同신문대학원졸 1983년 미국 미시간대 저널리즘 펠로우십과정 수료 1998년 고려대 언론대학원 최고위과정 11기 수료 2002년 연세대 언론홍보대학원 최고위과정 13기 수료 [경]1965년 중앙일보 기자(공채 2기) 1982년 미국 미시간(앤 아보)대 연수 1983년 중앙일보 런던특파원 1985년 同편집국 경제2부장 1986년 同편집국 경제부장 1988년 중앙경제신문 편집국 부국장 겸 정경부장 1991년 同편집국장 1991~1994년 재무부 세제·금융제도발전심의회 위원 1992년 중앙일보 편집국장 1994년 同시사지담당 이사 1995~1999년 同편집·광고담당 부사장 1999년 同편집인(부사장) 2001~2003년 同발행인 겸 대표이사 사장 2001~2002년 한국신문협회 부회장 2001~2010년 사회복지법인 어린이재단 이사·대표이사 2002년 중앙일보 BBB운동본부 대표 2002~2007년 관훈클럽 신영기금해외연수언론인회 회장 2003~2004년 중앙일보 상임고문 2003~2007년 서울시 공직자윤리위원 2003~2010년 (사)한국BBB운동 회장 2004~2009년 (사)한국자원봉사포럼 회장 2004~2007년 우리금융지주 사외이사 2004~2007년 삼성전자 사회공헌위원회 상임고문 2005~2009년 한국자원봉사협의회 공동대표 2007~2010년 (사)경기도자원봉사센터 이사장 2007~2010년 서울대사학과총동문회 회장 2007~2010년 서울문화포럼 이사 겸 관광분과위원장 2007년 서울대총동창회 이사 2009~2013년 한국자원봉사협의회 상임대표 2009~2011년 민주평통 자문위원 2009년 국무총리산하 자원봉사협의회 상임대표 2010년 BBB코리아 상임고문(현) 2010년 사회복지법인 어린이재단 회장(현) 2010년 KBS '사랑의 리퀘스트' 후원금 운영위원장 2010년 (사)한국아동단체협의회 부회장(현) 2011~2014년 한국사회복지협의회 부회장 2011~2013년 대통령소속 사회통합위원회 위원 2011~2013년 국제개발협력민간협의회 부회장 2013~2015년 국제개발협력시민사회포럼(KOFID)회장 2013~2015년 국무총리소속 국제개발협력위원회 위원 2013년 국무총리자문 시민사회발전위원회 2013년 한국자원봉사협의회 고문(현) 2015년 한국NPO공동회의 공동대표(현) 2016년 대북협력민간단체협의회 회장(현) [상]한국기자협회 기자상 취재보도부문(1984), 자랑스런 한성인상(1991), 연세대 언론홍보대학원 최고위과정 '2003 동문을 빛낸 올해의 인물'(2003), 자랑스런 청원인상(2006), 연세대 언론홍보대학원 최고위과정 '2008 동문을 빛낸 올해의 인물'(2008), 법질서 바로세우기부문 대통령표창(2012), 고운문화재단 고운문화상 봉사상 대상(2014) [종]기독교

이제훈

[생]1960 [주]서울 중구 세종대로67 삼성증권 임원실(02-2020-8000) [학]1987년 대구대 행정학과졸 [경]1987~1999년 KOSCOM Seoul 근무 1999~2001년 Credit Suisse Seoul VP 2001~2003년 同Hong Kong Director 2004~2009년 同Singapore Director 2009~2011년 同New York Senior Director 2012~2014년 同India Senior Director 2014년 삼성증권 정보시스템담당 전무(CIO)(현)

이제훈(李制勳) LEE Je Hoon

[생]1965·10·3 [출]서울 [주]서울 마포구 효창목길6 한겨레신문 편집국 통일외교팀(02-710-0114) [학]서울대 사회학과졸 [경]1993년 한겨레신문 편집국 기자 1999년 同생활과학부 기자 2000년 同교육공동체부 기자 2000년 同정치부 기자 2001년 同남북관계팀 기자 2003년 同편집기획부 기자 2004년 同정치부 기자 2007년 同편집국 통일팀장 2009년 同정치부문 통일외교팀장 2011년 同출판미디어국 한겨레21부 편집장 2013년 同편집국 국제부장 2014년 同편집국 사회정책부장 2015년 同편집국 통일외교팀장(현)

이제훈(李齊壎) JYE-HOON LEE

[주]세종특별자치시 갈매로477 기획재정부 예산실 연금보건예산과(044-215-7530) [학]1989년 서라벌고졸 1994년 서울대 경제학과졸 1998년 同행정대학원 정책학과 수료 2007년 영국 케임브리지대 대학원 개발경제학과졸(석사) [경]2002~2003년 기획예산처 재정기획국 기획총괄과 행정사무관 2009년 기획재정부 예산실 복지예산과·예산정책과 서기관 2011년 同예산실 예산총괄과 서기관 2012년 同경제정책국 물가구조팀장 2012~2015년 세계은행(World Bank) 이사실 Advisor 2016년 기획재정부 예산실 연금보건예산과장(현)

이조승(李祚昇) Lee Jo Seung

[생]1958·4·18 [본]함안(咸安) [출]전북 순창 [주]전북 남원시 시청로60 남원시청 부시장실(063-620-6004) [학]순창농림고졸, 한국방송통신대 행정학과졸 [경]1977년 공직 입문 2000년 전북도 기획관리실 기획계 근무 2003년 同경제통상실 과학산업과 과학기술담당 2003년 순창군 사회복지과장(지방사무관) 2003년 同장수복지과장 2006년 전북도 문화관광국 체육청소년과 기획총괄팀장 2006년 同문화관광국 관광개발과 태권도공원지원담당 사무관 2007년 同대외협력국 대외협력과 단체지원담당 사무관 2009년 同대외협력국 대외협력과 의회협력담당 사무관 2010년 同감사관 2012년 전북도의회 사무처 운영전문위원(서기관) 2014년 同사무처 교육전문위원 2015년 同사무처 총무담당관 2015년 남원시 부시장(현) [상]내무부장관상(1997), 보건복지부장관상(2005), 대통령표창(2011)

이조원(李兆遠) LEE Jo Won

[생]1952·5·20 [본]한산(韓山) [출]충남 서천 [주]서울 성동구 왕십리로222 한양대학교 자연과학대학 나노융합과학과(02-2220-4808) [학]1978년 한양대 금속공학과졸 1983년 미국 펜실베이니아주립대 대학원 금속과학과졸 1986년 금속과학박사(미국 펜실베이니아주립대) [경]1978년 국방과학연구소 연구원 1985~1990년 미국 Carnegie Mellon대 연구원 1992년 삼성종합기술원 신소재연구실장 1995년 미국 세계인명사전 'Marquis Who's Who in the World'에 등재 1996~2000년 삼성종합기술원 Project Manager 2000년 과학기술부 산하 테라급나노소자개발사업단장 2004년 과학기술부·한국과학문화재단 '2004 닮고 싶고 되고 싶은 과학기술인' 10명에 선정 2012년 한양대 자연과학대학 나노융합과학과 석좌교수(현) [상]삼성그룹 기술논문 최우수상, 미국 Penn State Univ. Mc Farland Award, 과학기술훈장 도약장(2006), 교육과학기술부장관표창(2012)

이종각(李鍾珏) LEE Jong Gak

[생]1932·9·12 [출]평남 평양 [주]서울 중구 세종대로39 상공회의소회관14층 대한제분(주) 회장실(02-3455-0211) [학]서울고졸 1955년 서울대 상대 경제학과졸 [경]1957년 대한제분(주) 입사 1969년 同이사 1973년 同상무이사 1976년 同전무이사 1977년 同부사장 1981년 同대표이사 사장, 同회장(현)

이종갑(李鍾甲) LEE Jong Gap

[생]1954·12·23 [본]벽진(碧珍) [출]경북 칠곡 [주]서울 서초구 서초중앙로85 가산빌딩 광동제약(02-6006-7777) [학]1973년 경북고졸 1977년 서울대 법학과졸 1985년 미국 보스턴대 대학원졸 [경]1977년 행정고시 합격(20회) 1978년 국무총리행정조정실 근무 1980~1990년 경제기획원 투자심사국·경제기획국 사무관 1990년 대통령비서실 행정관 1992년 공정거래위원회 하도급과장 1994년 경제기획원 예산관리과장 1995년 재정경제원 국민저축과장·자금시장과장 1997년 同정책조정과장 1998년 同경제홍보기획단 근무 2000년 재정경

제부 경협총괄과장 2001년 부이사관 승진 2002년 국방대 파견 2003년 조달청 원자재수급계획관 2004년 교육인적자원부 대학지원국장 2004년 同인적자원관리국장(이사관) 2005년 재정경제부 공적자금관리위원회 사무국장 2006년 법무법인 태평양 수석전문위원 2006년 삼화왕관(주) 대표이사 부사장 2008~2011년 (주)네오플럭스 사장 2011~2015년 (사)한국벤처캐피탈협회 회장 2011년 네오플럭스 부회장 겸 이사회 의장 2016년 광동제약 사외이사(현) [상]대통령표창(1987) [저]'하도급법 실무 매뉴얼(共)'(1993)

이종건(李鍾乾) LEE Jong Keon

[생]1963·1·20 [출]서울 [주]서울 서초구 헌릉로13 대한무역투자진흥공사 인사팀(02-3460-7042) [학]1980년 중앙고졸 1989년 숭실대 무역학과졸 [경]1989년 대한무역투자진흥공사(KOTRA) 입사 1989년 同총무부 근무 1989년 同미주부 근무 1992년 同지역조사부 근무 1993년 同워싱턴무역관 근무 1996년 同국제경제처 근무 1996년 同기획관리처 근무 1998년 同기획조정실 근무 1999년 同토론토무역관 근무 2002년 同기획조정실 근무 2005년 同요하네스버그무역관장 2008년 同중소기업수출지원단 사무국장 2008년 同문화서비스산업팀장 2010년 同밀라노코리아비즈니스센터장 2013년 同중소기업지원본부 글로벌취업창업팀장 2013년 同밀라노엑스포사무국장 2014년 同밀라노엑스포전담반장(처장) 2015년 同정보통상지원본부 정보전략실장 2015년 同정상외교경제활용지원센터 경제외교지원실장 2015년 同정보통상지원본부 시장조사실장 2016년 同워싱턴무역관장(현) [상]장관표창(2001·2004)

이종걸(李鍾杰) LEE Jong Kul

[생]1957·5·22 [본]경주(慶州) [출]서울 [주]서울 영등포구 의사당대로1 국회 의원회관504호(02-784-5035) [학]1976년 경기고졸 1989년 서울대 법학과졸 2008년 한국방송통신대 중어중문학과 재학 중 [경]1988년 사법시험 합격(30회) 1991년 사법연수원 수료(20기) 1991~2013년 변호사 개업 1998년 서울시립대 세무학과 강사 1998년 경찰청 치안연구소 연구위원 1998년 안양지역시민연대 공동대표 2000~2004년 제16대 국회의원(안양시 만안구, 새천년민주당·열린우리당) 2000년 새천년민주당 인권위원장 2001년 同대표비서실장 2002년 同인권특별위원회 위원장 2004~2013년 대한농구협회 회장 2004년 제17대 국회의원(안양시 만안구, 열린우리당·중도개혁통합신당·대통합민주신당·통합민주당) 2004~2005년 열린우리당 원내수석부대표 2005~2007년 同국민참여연대 공동의장 2005~2007년 同경기도당 중앙위원 2005년 아시아농구연맹 부회장 2005년 독립기념관 이사(현) 2005년 대한민국임시정부기념사업회 이사 2006년 열린우리당 교육연수위원장 2006년 同열린정책연구원 부원장 2007년 중도개혁통합신당 정책위 의장, 국회투명사회협약실천특별위원회 위원장, 나라종합법률사무소 공동대표변호사 2008년 제18대 국회의원(안양시 만안구, 통합민주당·민주당·민주통합당) 2009~2010년 국회 교육과학기술위원회 위원장 2010년 국회 일자리만들기특별위원회 위원장 2011년 제48회 대종상영화제 명예조직위원장 2012년 제19대 국회의원(안양시 만안구, 민주통합당·민주당·새정치민주연합·더불어민주당) 2012년 국회 정무위원회 위원 2012년 민주통합당 최고위원 2013년 同비상대책위원회 정치혁신위원회 부위원장 2013년 민주당 정치혁신실행위원장 2013년 同당무위원 2014년 새정치민주연합 야당탄압저지대책위원회 위원장 2015년 同원내대표 2015년 국회 운영위원회 위원 2015년 국회 정보위원회 위원 2015년 새정치민주연합 신공안탄압저지대책위원회 위원장 2015~2016년 더불어민주당 원내대표 2015년 同신공안탄압저지대책위원회 위원장(현) 2016년 同제20대 총선 선거대책위원회 위원 2016년 제20대 국회의원(안양시 만안구, 더불어민주당)(현) 2016년 더불어민주당 비상대책위원회 위원 2016년 국회 국방위원회 위원(현) 2016년 한국아동인구환경의원연맹(CPE) 회원(현) 2016년 더불어민주당 경기안양시만안구지역위원회 위원장(현) [상]한국여성운동상(1998), 올해의 여성운동상(1998), 백봉신사상(2003·2004), 정보통신부장관 공로패(2005), 국회 입법 및 정책개발 지원위원회 선정 우수의원(2006·2007), 최우수 과학기술 국회의원(2008), 백봉신사상 올해의 신사의원 베스트10(2015) [저]'공정거래법 법규해설'(共) '원인솔루션'(2001) '인터넷 정책론'(2002) '희망의 정치, 따듯한 개혁'(2004) '우당 이회용 선생의 삶과 투쟁 다시 그 경계에 서다'(2010) [종]가톨릭

이종경(李種敬) LEE Jong Kyung

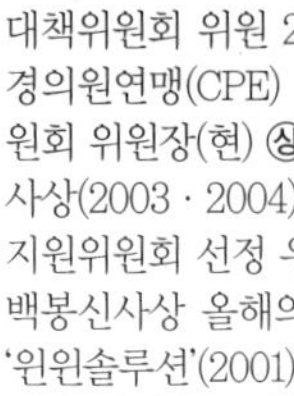

[생]1962·1·19 [주]경기 수원시 영통구 광교산로154의42 경기대학교 체육학부 사회체육학과(031-249-9960) [학]1986년 경기대 체육학과졸 1988년 同대학원 체육학과졸 1994년 체육학박사(경기대) [경]1980년 제1회 아시아청소년 배구대회 우승(청소년 국가대표) 1980년 배구 국가대표선수 1981년 전국춘계남여배구대회 우승 1981년 제15회 대통령배 배구대회 우승 1981년 제3회 KBS쟁탈전국시도대항남여고교배구대회 우승 1981년 제1회 세계청소년배구대회 3위 1981년 제61회 전국체육대회 우승 1982년 체육부장관기 겸 전국우수대학배구대회 우승 1982년 뉴델리 아시안게임 동메달 1982년 제63회 전국체육대회 우승 1983년 대통령배쟁탈 종합배구선수권대회 우승 1983년 캐나다 에드먼턴세계유니버시아드대회 4위 1983년 아시아배구선수권대회 3위 1984년 LA올림픽 5위 1986년 제3회 대통령배전국남여배구대회 우승 1986년 서울아시안게임 은메달 1986년 현대자동차서비스(주) 대리 1987년 제4회 대통령배전국남여배구대회 우승 1987년 아시아배구선수권대회 3위 1987년 제5회 대통령배전국남여배구대회 우승 1991년 경기대 체육학과 시간강사 1992년 건국대 시간강사 1993년 아주대 교양학부 시간강사 1995년 경기대 사회체육학과 전임교수 1995~1996년 대한배구협회 이사 1995년 경기대 체육학부 사회체육학전공 교수(현) 1997~1999년 스포츠조선 배구해설위원 1999~2001년 미국 조지워싱턴대 교환교수 2002~2004년 경기대 체육학부 사회체육전공 학과장 2003~2005년 同행정대학원 교학부장 2005년 同체육학부장 2006~2008년 同체육대학장 2009~2013년 同대체의학대학원장, SBS스포츠 배구해설위원(현) 2013~2015년 대한배구협회 전무이사 2014~2016년 경기대 교수회장 [상]제16회 TBC 전국남여중고배구대회 블로킹상(1980), 제14회 대통령배전국남여배구대회 블로킹상(1980), 전국춘계남여배구대회 공격상(1981), 제15회 대통령배배구대회 공격상(1981), 문교부장관 체육상(1981), 대한민국 체육신인상(1982), 문교부장관표창(1982), 대한민국 체육포장(1982), 대통령배전국남여배구대회 MVP(1983), 제1회 대통령배전국남여배구대회 베스트6상(1984), 체육부장관기 겸 전국우수대학배구연맹전 최우수선수상(1984), 배구협회선정 1984년도 최우수 남자배구선수상(1985)

이종곤(李鍾坤) LEE Jong Kon

[생]1955·7·23 [주]대전 동구 대학로62 대전대학교 경영대학 회계학과(042-280-2279) [학]한남대졸, 숭실대 대학원졸, 경영학박사(한남대) [경]대전대 경영대학 회계학과 교수(현) 2003년 同학생복지처 부처장 2009~2012년 同경영대학장 2013년 同특수대학원장 2015년 同경영행정·사회복지대학원장·상담대학원장·교육대학원장·보건의료대학원장 겸임(현) [저]'생활과 세무' '회계학원론'

이종광(李鍾匡) LEE Jong Kwang

[생]1968·6·27 [출]대전 [주]경기 수원시 영통구 월드컵로120 수원지방법원(031-210-1114) [학]1986년 천안 중앙고졸 1995년 연세대 법대 법학과졸 [경]1994년 사법시험 합격(36회) 1997년 사법연수원 수료(26기), 부산지법 판사 2003년 수원지법 판사 2006년 서울서부지법 판사 2008년 서울고법 판사 2010년 서울동부지법 판사 2012년 광주지법 부장판사 2014년 수원지법 부장판사(현)

이종교(李鍾嬌·女) LEE Chong-Kyo

[생]1955·2·6 [본]벽진(碧珍) [출]경북 성주 [주]대전 유성구 가정로141 한국화학연구원 의약바이오연구본부 바이러스시험·연구센터(042-860-7412) [학]1977년 서울대졸 1981년 同대학원졸 1985년 미생물학박사(독일 Goettingen대) [경]1977년 국립보건연구원 근무 1978년 국립환경연구소 근무 1985~1988년 미국 뉴욕주립대 Post-Doc. 1988년 한국화학연구소 의약활성팀 책임연구원 1990~1991년 벨기에 Rega연구소 객원연구원 2001년 한국화학연구원 약리활성연구센터 책임연구원 2011~2014년 同신물질연구본부 바이러스시험연구그룹장 2014년 同신물질연구본부 바이러스시험연구그룹 책임연구원 2014년 同의약바이오연구본부 바이러스시험·연구센터 책임연구원(현) [상]과학기술훈장 진보장(2015)

이종구(李鍾九) LEE Jong Koo

[생]1932·7·21 [본]전주(全州) [출]서울 [주]서울 강남구 선릉로806 킹콩빌딩 6층 이종구심장내과(02-543-0072) [학]1945년 함흥제일고졸 1957년 서울대 의대졸, 同대학원졸, 의학박사(서울대) [경]1965~1989년 캐나다 알버타대 의대 교수 1989~1995년 울산대 의대 내과학교실 교수 1989년 서울중앙병원 심장센터 소장 1992년 대한순환기학회 회장 1994~1999년 한국과학기술한림원 정회원 1995년 이종구심장내과 원장(현) 1996년 삼성서울병원 심장센터 자문의 2005~2012년 예술의전당 후원회장, 캐나다 알버타대 명예교수(현) 2010~2013년 한미홀딩스 사외이사 2014~2016년 한미사이언스 사외이사 [저]'심장병 알면 이길 수 있다' '심장병 중풍 고혈압 어떻게 예방하고 극복하나' '증거에 의한 심혈관 질환의 치료' [종]천주교

이종구(李鍾九) LEE Jong Koo (平當)

[생]1935 · 11 · 21 [본]전의(全義) [출]경북 칠곡 [주]서울 강남구 도산대로510 신한오피스텔601호 한국안보포럼(02-545-7244) [학]1954년 경북고졸 1958년 육군사관학교졸(14기) 1970년 육군대졸 1975년 국방대 대학원졸 1982년 한양대 행정대학원졸 [경]대대장, 연대장 1981~1983년 사단장 1983~1985년 수도방위사령관 1985~1986년 국군 보안사령관 1986~1988년 2군사령관 1988년 육군 참모총장 1990~1991년 국방부 장관 1992년 현대중국문제연구회 고문 1994년 국방연구원 군사위원회 고문 2003년 한국안보포럼 회장(현) 2008~2009년 성우회 회장 2011년 통일연구원 고문(현) [상]보국훈장 국선장, 보국훈장 통일장, 수교훈장 광화장, 외국 훈장(미국, 이태리, 태국, 중국, 파키스탄, 인도네시아 등등) [저]'21세기를 어떻게 맞이할 것인가' '군은 적에겐 전율과 공포의 대상이다' [종]불교

이종구(李鍾九) LEE Jong Koo

[생]1950 · 9 · 22 [본]광주(廣州) [출]부산 [주]서울 영등포구 의사당대로1 국회 의원회관713호(02-784-3136) [학]1968년 경기고졸 1973년 서울대 경제학과졸 1980년 미국 노스웨스턴대 Kellogg School MBA [경]1975년 행정고시 합격(17회) 1975년 광주세무서 총무과장 1976년 재무부 법무관실 · 금융제도심의관실 사무관 1980년 同이재국 금융정책과 사무관 1986년 관세공무원교육원 교수부장 1989년 재무부 은행과장 1991년 同국제협력과장 1993년 同국제금융과장 1994년 재정경제원 외환자금과장 1996년 同금융제도담당관 1998년 대통령 경제수석비서관실 파견 1999년 금융감독위원회 구조개혁기획단 제1심의관 1999년 재정경제부 금융정책국장 2001년 부총리 겸 재정경제부 장관특별보좌관 2001년 금융감독위원회 상임위원 2003~2004년 금융감독원 감사 2004년 제17대 국회의원(서울 강남구甲, 한나라당) 2004~2007년 국회 디지털경제연구회 대표의원 2005년 한나라당 제3정책조정위원장 2005~2006년 同수석정책조정위원장 2007년 同제1사무부총장 2008년 同제18대 총선 공천심사위원 2008년 제18대 국회의원(서울 강남구甲, 한나라당 · 새누리당) 2008년 국회 기획재정위원회 위원 2008년 한 · 파푸아뉴기니의원친선협회 회장 2008년 (재)동행 상임이사 2010년 한나라당 서울시당 공천심사위원장 2010년 同정책위 부의장 2010년 국회 예산결산특별위원회 계수조정소위원 2011~2012년 한나라당 서울시당 위원장 2013년 법무법인 광장 고문 2016년 새누리당 서울강남구甲당원협의회 운영위원장(현) 2016년 제20대 국회의원(서울 강남구甲, 새누리당)(현) 2016년 국회 기획재정위원회 위원(현) [상]재무부장관표창, 홍조근정훈장(1997), 자유기업원 자유경제입법상(2008) [저]'날자 날아보자 한국경제(共)'(2008) '원칙이 개혁이다'(2004) [종]기독교

이종구(李鍾久) LEE Chong Koo

[생]1953 · 6 · 19 [본]전의(全義) [출]서울 [주]서울 구로구 연동로320 성공회대학교 사회과학부(02-2610-4233) [학]1981년 서울대 사회학과졸 1986년 일본 도쿄대 대학원 사회학과졸 1991년 사회학박사(일본 도쿄대) [경]1991년 서울대 사회과학연구소 근무 1992년 同지역종합연구소 근무 1995년 성공회대 사회과학부 교수(현) 2003~2005년 同연구교류처장 2012~2014년 同부총장 2012년 구로구 사회단체보조금지원심의위원회 심의위원(현) 2013년 고양시노사민정협의회 부위원장(현) [저]'일본의 지방자치와 노동행정' '정보사회의 의해'(2000) '일본의 도시사회'(2001) '일본의 이해'(2002)

이종구(李種求) LEE Jong Koo

[생]1956 · 9 · 3 [본]한산(韓山) [출]서울 [주]서울 종로구 이화장길71 서울대학교 의과대학 이종욱글로벌의학센터(02-740-8992) [학]1982년 서울대 의과대학졸 1985년 同보건대학원졸 2003년 의학박사(서울대) [경]1988년 서울대병원 가정의학과 전임의 1989~1994년 연천군 보건의료원 진료부장 · 원장 1994년 국립보건원 보건행정학담당관 1995년 보건복지부 방역과장 1997~1999년 同지역의료과장 · 지역보건과장 1999년 同방역과장 1999년 국립보건원 방역과장 2002년 국립인천공항검역소장 2004년 보건복지부 질병관리본부 전염병관리부장 2004년 同건강증진국장 2005년 同보건의료정책본부 보건정책관 2007년 同질병관리본부 전염병대응센터장 2007년 同질병관리본부장 2008년 보건복지가족부 질병관리본부장 2010~2011년 보건복지부 질병관리본부장 2011~2014년 서울대병원 대외정책실장 2012년 서울대 의과대학 가정의학교실 부교수(현) 2012년 同이종욱글로벌의학센터 소장(현) 2014년 同의과대학 건강사회정책실장(현) 2016년 대한의사협회 국민건강보호위원회 위원장(현) [상]홍조근정훈장(1996)

이종구(李鍾求) LEE Jong Koo

[생]1958 · 1 · 18 [출]서울 [주]서울 서초구 마방로68 동원산업(주) 해양수산본부 임원실(02-589-3070) [학]1976년 대신고졸 1980년 부경대 기관학과졸 2007년 핀란드 헬싱키경제경영대학원졸(MBA) [경]동진산업 근무, 대림보일러공업 근무, 동원산업(주) 괌사업소장, 同수산사업본부장(상무이사) 2008년 同수산사업총괄 전무이사 2011년 同해양수산본부장(부사장)(현) 2014년 同부사장(현) 2014년 SCASA 대표이사 겸임(현) 2015년 CAPSEN 대표이사 겸임(현) [상]산업포장(2005), 석탑산업훈장(2010)

이종구(李宗求) Yi Jong Goo

[생]1959 · 8 · 20 [주]서울 종로구 사직로8길39 세양빌딩 김앤장법률사무소(02-3703-1006) [학]1977년 대전고졸 1981년 서울대 경제학과졸 1990년 법학박사(미국 스탠퍼드대) 1991년 경제학박사(미국 스탠퍼드대) [경]1989년 Milbank Tweed Hadley & McCloy Summer Law Clerk 1991년 뉴욕 Sullivan & Cromwell 변호사 1992년 뉴욕 Shearman & Sterling 변호사 1996~2008년 법무법인 세종 Foreign Legal Consultant 1998~1999년 고려대 국제대학원 객원교수 1999~2001년 국무총리산하 공공기술연구회 기획평가위원 2000~2004년 경인방송 사외이사 2001~2004년 Vice Chairman, the Securities, Banking and Finance Committee, Inter-Pacific Bar Association 2002~2004년 재정경제부 금융발전심의위원 2006~2011년 BFL(서울대 금융법센터 발간 금융법률 저널) 편집위원 2008년 한국철도공사 비상임위원 2008~2011년 금융위원회 상임위원 2011년 김앤장법률사무소 변호사(현) 2011년 IBK기업은행 사외이사(현) 2011년 한미재계회의 위원(현) 2011~2012년 국유재산정책심의위원회 증권분과 민간위원 2013~2016년 인천국제공항공사 비상임이사

이종구(李鍾具)

[생]1969 · 1 · 30 [출]충북 제천 [주]부산 연제구 법원로15 부산고등검찰청(051-606-3300) [학]1987년 제천고졸 1991년 한양대 법학과졸 [경]1993년 사법시험 합격(35회) 1996년 사법연수원 수료(25기) 1999~2001년 변호사 개업 2001년 창원지검 검사 2003년 同거창지청 검사 2004년 인천지검 검사 2006년 서울중앙지검 검사 2009년 창원지검 부부장검사 2009년 同진주지청 부장검사 2010년 창원지검 공안부장 2011년 부산지검 동부지청 형사2부장 2012년 의정부지검 고양지청 부장검사 2013년 서울중앙지검 부장검사 2014년 전주지검 남원지청장 2015년 의정부지검 고양지청 부장검사 2016년 부산고검 검사(현)

이종국(李鍾國) LEE Chong Kook (愚洋)

[생]1945 · 6 · 25 [본]전주(全州) [출]충남 서산 [주]대전 서구 혜천로100 대전과학기술대학교 광고홍보학과(042-580-6114) [학]1969년 중앙대졸 1987년 同대학원졸 [경]1987~1992년 (사)한국출판학회 사무국장 1990~2001년 중앙대 · 한양여대 · 경희대 강사 1991~1999년 (사)한국출판학회 이사 · 편집위원장 1994~2008년 혜천대 광고홍보과 교수 1999~2002년 同기획처장 · 중앙도서관장 2000년 한국언론학회 이사 2002년 중국 신문출판연구원 해외특약연구원(현) 2002년 중국 화중대 편집학연구센터 고문(현) 2003~2007년 (사)한국출판학회 회장 2007년 同명예회장, 同고문 2014년 대전과학기술대 광고홍보학과 명예교수(현) [상]한국잡지언론상(특별부문), 한국출판학회상(저술 · 연구부문), 국무총리표창, 한국출판학술상 최우수상, 대통령표창(2015) [저]'독서와 출판 문화론(共)'(1988) '한국의 교과서'(1991) '한국출판사 연표 Ⅰ · Ⅱ'(1991) '출판학 원론(共)'(1995) '현대 출판론(共)'(1999) '한국의 교과서 출판변천 연구'(2001) '한국의 교과서상'(2005) '출판연구와 출판평설'(2006) '출판컨텍스트'(2007) '한국의 교과서 변천사'(2008) '교과서 출판의 진실'(2011) '한국의 교과서 평설'(2013) '편집 출판학 연구 총설'(2015) [종]기독교

이종국(李鍾國) Lee Jong Kuk

[생]1957 · 5 · 2 [본]전의(全義) [출]경기 [주]경기 안양시 동안구 시민대로286 국토교통과학기술진흥원 부원장실(031-389-6410) [학]1989년 부경대 전자공학과졸 1992년 동아대 경영대학원 경영학과졸 2001년 한국항공대 산업대학원 정보통신학과졸 2010년 경영학박사(서울과학기술대) [경]2002년 건설교통부 고속철도운영전담과장(기술서기관) 2004년 同철도정책국 철도산업과장 2005년 同철도정책관실 고속철도과장 2008년 국토해양부 철도정책관실 고속철도과장 2011년 同4대강추진본부준공지원단장 2012년 同철도안전기획단장 2013년 국토교통부 철도안전기획단장 2014~2015년 同부산지방항공청장 2015년 국토교통과학기술진흥원 부원장 겸 총괄본부장(현) [상]근정포장(2001), 녹조근정훈장(2010)

이종국(李鍾國) Lee Jong Kook

[생]1959·9·1 [주]서울 종로구 사직로8길60 외교부 인사운영팀(02-2100-7136) [학]1982년 서울대 외교학과졸 1988년 미국 텍사스주립대 대학원 국제정치학과졸 [경]1981년 외무고시 합격(15회) 1981년 외무부 입부 1989년 駐뉴질랜드 2등서기관 1992년 駐카이로 영사 1996년 駐영국 1등서기관 2000년 외교통상부 주한공관담당관 2000년 同서구과장 2001년 同구주1과장 2002년 駐러시아 참사관 2004년 외교통상부 정책기획업무지원담당 2005년 同정책기획협력관 2006년 駐싱가포르 공사 2009년 駐러시아 공사 2012년 駐리비아 대사 2015년 통일연구원 국제협력자문대사 2016년 駐시카고 총영사(현)

이종규(李鍾奎) LEE Jong Kyu

[생]1947·1·2 [본]전의(全義) [출]충남 홍성 [주]서울시 서초구 서초대로 77길55 에이프로스퀘어 15층 두산중공업주식회사(02-3479-7305) [학]1965년 홍성고졸 1976년 건국대 경제학과졸 [경]1966년 인천세무서 근무 1974~1993년 재무부 세제실 사무관·과장 1994년 성남세무서장·국세청 심사과장 1996년 재정경제부 소비세과장·소득세과장 1998년 국세청 기획예산담당관 2000년 중부지방국세청 세원관리국장 2000년 同조사2국장 2001년 중앙공무원교육원 파견 2002년 국세청 전산정보관리관 2002년 대전지방국세청장 2003년 재정경제부 재산소비세심의관 2004년 同세제실장 2005~2006년 同국세심판원장 2006~2008년 (주)코스콤 대표이사, 대통령 국세행정선진화자문단 자문위원 2009년 국세심판원 비상임심판관 2009년 한국외환은행 상근감사 2012년 同고문 2012년 두산중공업주식회사 상임고문(현) [상]대통령표창(1987), 황조근정훈장(2004) [저]'법인세법 해설'(1985~2000)

이종규(李鍾奎) LEE Jong Kyu

[생]1968·3·19 [출]전북 군산 [주]서울 마포구 효창목길 6 한겨레신문 편집국(02-710-0114) [학]1987년 군산제일고졸 1994년 연세대 행정학과졸 [경]1994년 한겨레신문사 입사 1994년 同사회부 기자 1995년 同편집부 기자 1996년 同사회부 기자 1999년 同생활과학부 기자 2000년 同교육공동체부 기자 2000년 同민권사회1부 기자 2001년 同편집1부 기자 2002년 同민권사회2부 기자 2003년 同교육사업단 편집취재부 기자 2008년 同편집국 문화부문 공동체팀장 2008년 同사회부문 교육팀장 2009년 同편집국 교육팀장(차장), 同사회정책팀장 2013년 同편집국 온라인뉴스팀장 2014년 同편집국 사회2부장 2015년 同편집국 사회디지털데스크 2016년 同편집국 디지털부문장(현)

이종규(李鍾奎) LEE Jong Gyu

[생]1973·9·25 [본]전주(全州) [출]서울 [주]인천 남동구 예술로152번길9 인천지방경찰청 여성청소년과(032-455-2330) [학]1992년 인천 대건고졸 1998년 한양대 법학과졸 2006년 대진대 대학원졸 [경]2005년 인천 연수경찰서 생활안전과장 2006년 同형사과장 2007년 인천 부평경찰서 수사과장 2008년 경찰청 경무기획국 규제개혁법무과 송무계장 2009년 同생활안전과 생활질서계장 2014년 강원지방경찰청 수사과장 2015년 同형사과장 2015년 강원 태백경찰서장 2016년 인천지방경찰청 여성청소년과장(현)

이종균(李宗均) Lee Jong Kyun

[생]1950·2·15 [본]전주(全州) [출]전남 장흥 [주]서울 중구 다산로78 서울송도병원 이사장실(02-2250-7326) [학]1968년 광주제일고졸 1974년 조선대 의대졸 2003년 가천의과학대 대학원 보건정보학과졸 2005년 의학박사(가천의과학대) 2005년 명예 사회복지학박사(강남대) [경]1979년 전주예수병원 레지던트 1980~1998년 항공의료원 외과 과장 1987~1999년 송도병원 원장 겸 이사장 1988~2002년 대한대장항문학회 이사·상임이사 1993년 서울시니어스타워(주) 설립·대표이사(현) 1999년 서울송도병원 이사장(현) 1999년 호주 SSTA 설립 2000년 시니어스타임즈 창간·발행인(현) 2001년 하남송도병원 및 치매진료센터 개원 2003년 강서송도병원 개원 2003년 대한대장항문학회 부회장 2004년 정은헬스케어 설립 2005년 서울 강서구 사회복지협의회 위원장(현) 2005~2006년 대한외과학회 부회장 2005~2006년 대한대장항문학회 회장 2006년 同자문위원(현) 2007년 UBSD Hospital(몽골송도병원) 개원 2008년 오색그린야드호텔 설립 2011년 고창웰파크시티 설립 [상]대통령표창(2001), 대한대장항문학회 공로패(2006), 몽골 최고훈장 북극성(Altan Gadas)(2011) [저]'항문이야기'(2003, 서울시니어스타워 출판부) '대장항문홈케어'(2006, 웅진출판사) [종]기독교

이종근(李鍾根) Lee Jong Geun

[생]1958·2·12 [출]경기 파주 [주]서울 서초구 반포대로158 서울고등검찰청(02-530-3114) [학]1976년 경기고졸 1983년 서강대 경제학과졸 [경]1990년 사법시험 합격(32회) 1993년 사법연수원 수료(22기) 1993~1995년 변호사 개업 1995년 부산지검 검사 1997년 대구지검 안동지청 검사 1998년 서울지검 서부지청 검사 2002년 인천지검 부천지청 검사 2004년 대구지검 검사 2005년 同부부장검사 2006년 서울동부지검 부부장검사 2007년 전주지검 군산지청 부장검사 2008년 광주지검 순천지청 부장검사 2009년 서울고검 검사 2009년 대전지검 형사3부장 2010년 울산지검 형사1부장 2011년 수원지검 형사2부장 2012년 서울고검 검사 2014년 대전고검 검사 2015년 청주지검 충주지청장 2016년 서울고검 검사(현) 2016년 서울중앙지검 중요경제범죄조사단 파견(현)

이종근(李鍾根) Rhee Jong Kun

[생]1959·7·13 [주]서울특별시 서초구 동작대로 230 화련회관 5층 상락푸드(02-596-6114) [학]1978년 용산고졸 1983년 성균관대 기계공학과졸 [경]1984년 LG건설(주) 입사, GS건설(주) 발전사업담당 2008년 同해외발전사업담당 상무보 2009년 同발전해외영업1담당 상무 2013~2016년 同전력중동·CIS·아프리카지역담당 상무 2016년 상락푸드 대표이사(현)

이종근(李鍾根) Jockey Lee

[생]1963·3·5 [본]용인(龍仁) [출]서울 [주]서울 강서구 양천로583 우림블루나인비즈니스센터B동509호 데일리안(02-714-0770) [학]1981년 경기고졸 1988년 중앙대 철학과졸 [경]1990~1997년 서울경제신문 기자 1997~2002년 안그라픽스(아시아나, 야후!스타일) 편집장 2004년 데일리서프라이즈 편집위원 2006년 同편집국장(이사) 2007년 데일리안 편집국 편집위원 2008년 同편집국 국장급 2009년 同편집국 국차장 2011년 인터넷신문심의위원회 심의위원 2013년 데일리안 편집국장 2016년 언론재단 뉴스트러스트위원회 위원(현) 2016년 데일리안 이사대우 겸 논설실장(현) [저]'올바로 써야 기사가 된다'(1998) [종]불교

이종근(李種根)

[생]1969·11·5 [출]경북 안동 [주]경기 수원시 영통구 월드컵로120 수원지방검찰청 형사4부(031-210-4392) [학]1988년 안동고졸 1995년 서울대 공법학과졸 [경]1996년 사법시험 합격(38회) 1999년 사법연수원 연수(28기) 1999년 서울지검 검사 2001년 청주지검 충주지청 검사 2002년 대구지검 검사 2004년 서울동부지검 검사 2007년 인천지검 부천지청 검사 2007년 금융정보분석원 파견 2009년 대구지검 서부지청 검사 2011년 同서부지청 부부장검사 2012년 전주지검 부부장검사 2013년 수원지검 공판송무부장 2014년 울산지검 형사3부장 2015년 수원지검 안산지청 부부장검사 2016년 수원지검 형사4부장(현)

이종기

[생]1954 [주]서울 구로구 공원로7 애경유화(주) 임원실(02-850-2000) [학]화학공학박사(충남대) [경]1981년 애경 입사, 애경산업 중앙연구소 부소장(이사), 애경정밀화학 기술연구소장(전무), AK켐텍 부사장, 애경유화(주) 연구소장(부사장) 2015년 同대표이사 사장(현)

이종기(李宗基) LEE Jong Ki

[생]1960·6·18 [본]합천(陜川) [주]충북 음성군 소이면 비산로92 국립원예특작과학원 인삼특작부(043-871-5501) [학]1978년 대성고졸 1982년 동아대 농학과졸 1984년 同대학원 농학과졸(석사) 1993년 농학박사(경상대) [경]1986~2000년 농촌진흥청 시험국 작물과·연구조정과·작물시험장 수도재배과 근무 2000~2007년 同작물시험장 전작과·연구관리국 연구기획과 근무, 同작물과학원 환경생명공학과 농업연구관 2007년 同작물과학원 환경생명공학과장 2008년 同기획조정관실 기획재정담당관 2008년 同연구정책국장(고위공무원) 2009년 국립식량과학원 작물환경과 농업연구관 2009년 농촌진흥청 지방이전추진단장 2011년 국립식량과학원 기능성작물부장(고위공무원) 2013년 중앙공무원교육원 교육파견 2014년 농촌진흥청 국립원예특작과학원 인삼특작부장(현) 2015년 (사)한국작물학회 차기회장 2016 同회장(현) [상]농림수산부장관표창(1992), 농촌진흥청장표창(1999)

이종남(李種南) LEE Jong Nam (檜泉)

[생]1936·9·30 [본]덕수(德水) [출]서울 [주]서울 강남구 논현로422 삼성저축은행202호 조세법률연구소(02-557-3630) [학]1957년 덕수상업고졸 1961년 고려대 법과대학졸 1974년 건국대 대학원 수료 1975년 법학박사(건국대) [경]1960년 고등고시 사법과 합격(12회) 1961년 軍법무관 1964년 공인회계사 합격(11회) 1964~1974년 대구지검·서울지검·대전지검 검사·통영지청장 1974년 대검찰청 특수부 4과장 겸 서울지검 부장검사 1979년 대검찰청 특수부 1과장 1980년 수원지검 차장검사 1981년 대검찰청 중앙수사부장 1983년 서울지검 검사장 1985~1987년 법무부 차관 1987년 검찰총장 1989년 미국 하버드대 법과대학 객원교수 1990~1991년 법무부 장관 1991년 고려대 대학원 객원교수 1991~1998년 조세법률연구소 대표 1991년 국제조세협회 이사장 1992~1996년 공인회계사회 회장 1995~1999년 변호사 개업, 법무법인 세종 대표변호사 1999~2003년 감사원 감사원장 2001~2003년 세계감사원장회의(INTOSAI) 의장 2003년 법무법인 세종 고문변호사 2008년 조세법률연구소 변호사(현) [상]법률문화상(1977), 청조근정훈장(1992), 자랑스러운 고대인상(2010) [저]'조세법연구'(1975) [종]천주교

이종대(李鍾大)

[생]1961·5·6 [출]경북 경산 [주]대구 수성구 동대구로364 대구고등검찰청(053-740-3300) [학]1979년 대구 대건고졸 1984년 연세대 행정학과졸 [경]1986년 사법시험 합격(28회) 1989년 사법연수원 수료(18기) 1989년 대한법률구조공단 춘천지부 변호사 1990년 감사원 근무 1996년 부산지검 동부지청 검사 1997년 창원지검 밀양지청 검사 1998년 대구지검 검사 2000년 서울지검 북부지청 검사 2002년 同북부지청 부부장검사 2003년 청주지검 부장검사 2004년 서울남부지검 부부장검사 2005년 부산고검 검사 2007년 서울고검 검사 2009년 대전고검 청주지부 검사 2010년 서울고검 검사 2012년 광주고검 검사 2014년 서울고검 검사 2016년 대구고검 검사(현)

이종덕(李鍾德) LEE Jong Duck (梧雲)

[생]1935·1·21 [본]전주(全州) [출]일본 오사카 [주]경기 용인시 수지구 죽전로152 단국대학교 문화예술대학원(031-8005-2284) [학]1955년 경복고졸 1960년 연세대 문과대학 사학과졸 1986년 同행정대학원 고위정책과정 수료 2001년 서강대 영상대학원 CEO PI전략과정 수료 2013년 명예 경영학박사(단국대) [경]1963~1975년 문화공보부 문화선전국 문화과·예술과·공연과 근무 1975~1980년 同보도담당관·공연과장·보도과장 1981년 同종무담당관 1981년 同정책연구관 1983~1987년 한국문화예술진흥원 상임이사·기획이사 1989~1993년 88서울예술단 단장 1993년 성라자로마을돕기회 회장 1994년 (재)서울예술단 이사장 1995~1998년 (재)예술의전당 사장 1996년 서울예장로타리클럽 창립·회장 1996년 전국문화예술회관연합회 창립·초대회장 1998~1999년 (사)한국공연예술원 이사장 1998년 서울시문화상 심사위원 1999~2002년 (재)세종문화회관 사장 1999년 문예진흥원 문예진흥기금심의위원장 2001년 세종대 언론문화대학원 겸직교수 2002~2005년 단국대 산업경영대학원 주임교수 2003년 연세대 문과대학 동문회장(총동문회 부회장) 2004~2010년 (재)성남문화재단 대표이사 2009년 제3회 세계델픽대회조직위원회 위원장 2010년 성남아트센터 대표이사 겸임 2011~2016년 (재)충무문화재단 충무아트홀 사장 2012~2013년 서울사이버대 문화예술학부 문화예술경영학과 석좌교수 2012~2015년 (재)KBS교향악단 이사장 2012년 광화문문화포럼 창립·회장(현) 2014년 한국문화예술회관연합회 서울·인천지회장(현) 2014년 새로운한국을위한국민운동 상임대표(현) 2014년 단국대 문화예술대학원장(현) 2015년 同문화예술대학원 석좌교수(현) [상]근정포장(1978), 보국훈장 삼일장(1981), 국민훈장 목련장(1988), 옥관문화훈장(1994), 루마니아 문화상(2000), 예총 예술문화상 특별공로상(2000), 한국현대무용진흥회 이사도라어워드상(2001), 대통령표창, 석주미술상 특별상(2007), 연세대 문과대동창회 제8회 연문인상(2008), (사)미술협회 제2회올해의미술인상(2008), 보관문화훈장(2009), 한국문화교예술교육총연합회 문화경영인상(2010), 한국발레협회 디아길레프상(2010), 한국문학예술상 예술경영부문(2014), 한국문화예술교육총연합회 한국문학예술상(2014) [저]'내 삶은 무대 뒤에서 이루어졌다'(2004) '공연의 탄생'(2014) [종]천주교

이종덕(李鍾德) Chong-Duk Lee

[생]1954·1·26 [본]경주(慶州) [출]경기 양평 [경]1981년 연합통신 경리부 입사 1995년 同경리부 차장 1998년 연합뉴스 경리부 부장대우 1999년 同경리관재부장 직대 1999~2008년 同사내근로복지기금 감사 1999~2008년 同구매심의위원회 위원 2000년 同경리부장 2005년 同경리관재부장(부국장급) 2008~2011년 同관리국장(국장대우) 2008~2011년 同거래업체심의위원회 위원장 2008~2011년 同사내근로복지기금협의회 위원 2008~2011년 연합피앤엠 상무이사 겸임 2008~2011년 한국신문협회 경영지원협의회 이사 2009~2011년 비상경영위원회 위원 2009~2011년 방송사업기획단 위원 2011년 연합뉴스 관리국 고문 2011년 연합뉴스TV 경영기획실장 2011년 同구매심의위원회 위원장 2012년 연합뉴스 관리국 고문 2012년 코리아세미텍(주) 전무이사 2014년 同고문 2014~2015년 (주)우리비전 상임고문 [상]한국신문협회상(2006)

이종덕(李鍾德) LEE Jong Deog

[생]1956·11·20 [출]경북 경주 [주]대구 북구 침산로73 대구도시공사 사장실(053-350-0350) [학]1974년 대륜고졸 1978년 중앙대졸 [경]1981년 대한주택공사 입사 2004년 同택지보상처장 2005년 同대구경북지역본부장 2007년 同정책개발실장 2007년 同사업개발처장 2008년 同기획혁신본부 전략혁신처장 2008년 同감사실장 2009년 한국토지주택공사 평택사업본부장 2010년 同평택직할사업단장 2011년 同자문위원 2012년 대구도시공사 사장(현) [상]한국경제신문 2013 대한민국 공공경영대상 윤리경영부문(2013)

이종두(李鍾斗) Jong Doo Lee

[생]1955·2·12 [본]광주(廣州) [출]서울 [주]인천 서구 심곡로100번길25 가톨릭관동대학교 국제성모병원 핵의학과(032-290-2836) [학]1979년 연세대 의대졸 1983년 同대학원 의학석사 2001년 의학박사(영남대) [경]연세대 의과대학 진단방사선과학교실 전임강사·조교수·부교수·교수, 同의대 핵의학교실 교수, 세계핵의학회 재무이사, 대한뇌기능매핑학회 회장 2008~2011년 연세대 의과대학 임상의학연구센터 소장 2010·2012·2014년 세브란스병원 핵의학과장 2012·2014년 연세대 의과대학 핵의학교실 주임교수 2014년 가톨릭관동대 의과대학 핵의학교실 교수(현) 2014~2015년 同국제성모병원 핵의학과 및 영상의학과 총괄과장 2014년 同국제성모병원 가톨릭전이재발암병원 원장(현) 2015년 同국제성모병원 통합의학연구원장(현) [상]과학기술우수논문상, 연세대 우수업적교수상, 서울시의사회 유한의학상, 연세대 보원학술상, 대한핵의학학회 핵의학학술상(2011)

이종득(李鍾得) LEE Chong Deuk

[생]1959·4·6 [본]전주(全州) [출]전북 임실 [주]전북 전주시 덕진구 백제대로567 전북대학교 공과대학 전자공학부(063-270-4782) [학]1977년 남성고졸 1983년 전북대 전산통계학과졸 1989년 同대학원졸 1998년 이학박사(전북대) [경]1992~2002년 서남대 컴퓨터정보통신학부 교수, 전북대 공과대학 전자공학부 교수(현), 전북도 게임엑스포조직위원회 위원, 전북디지털산업진흥원 이사, 전북도 정보화심의위원회 위원, 교육부 독학사출제및채점위원회 위원, 정보통신연구진흥원 심의위원, 통계청 자문위원, 조달청 심의위원, 우정사업본부 심의위원, 철도시설본부 심의위원, 한국에너지기술평가원 심의위원, 한국연구재단 심의위원, 한국콘텐츠진흥원 심의위원, 한국산업기술평가원 심의위원, 한국컴퓨터정보학회 영문편집이사, 디지털콘텐츠학회 이사 2011~2013년 톰슨로이터 국제대학평가위원회 위원 2012~2014년 교육부 표준분류심의위원회 위원 2014년 미국 샌디에이고주립대 연구교수 [상]융합학회 우수논문상(2010), 한국콘텐츠학회 국제학술대회 Best paper상(2013), 한국디지털정책학회 국제학술대회 'ICDPM2015 Best Paper'(2015) [저]'XML 웹프로그래밍' '비쥬얼베이직' '자바스크립트' '전산활동 및 실습' 등 [종]천주교

이종람(李鐘覽) LEE Jong Lam

[생]1958·4·6 [출]서울 [주]경북 포항시 남구 청암로77 포항공과대학교 신소재공학과(054-279-2152) [학]1980년 한양대 금속공학과졸 1982년 한국과학기술원 대학원졸(석사) 1985년 재료공학박사(한국과학기술원) [경]1986~1995년 한국전자통신연구원 책임연구원 1989~1990년 일본 筑波大 초빙연구원, 미국 미시간공대 박사 후 과정 연구원, 미국 노스웨스턴대 박사후 과정 연구원 1996~1999년 포항공대 신소재공학과 부교수 2000년 포항공대 신소재공학과 교수(현) 2005년 한국과학기술한림원 정회원(공학부·현) 2011년 포항공대 Postech Fellow(현) [상]ETRI 최우수논문상, 정보통신부장관표창, 휴대단말기용 전력소자개발공로상, 대한민국기술대전 산업자원부장관표창, 대한금속·재료학회 전자·정보재료상(2006), 국가녹색기술대상 교육과학기술부장관표창(2011), 지식경제부장관표창(2012), 이달의 과학기술자상(2014), 특허청·한국발명진흥회 발명의날 올해의 발명왕(2015)

이종렬(李鍾烈) LEE Jong Riul

[생]1946 · 5 · 17 [본]성산(星山) [출]대구 [주]서울 강동구 천중로15가길4 민족통일중앙협의회(02-476-8194) [학]1964년 경북대사대부고졸 1971년 연세대 정치학과졸 1985년 서울대 행정대학원 정책학과 수료 [경]1983~1990년 국토통일원 남북대화사무국 대화운영과장 1991년 통일원 남북대화사무국 대화운영과장 1992년 同남북대화사무국 운영2부장 1993년 同운영1부장 1996년 同인도지원국장 1998년 통일부 인도지원국장 1999년 同남북회담사무국 운영부장 2000년 同남북회담사무국 상근위원 2002년 同기획관리실장 2003년 同남북회담사무국장 2004년 대한적십자사 남북적십자교류전문위원회 산하 남북협력위원장, 단국대 법정학부 북한학전문 초빙교수 2009년 민족통일중앙협의회 정책위원장(현) [상]근정포장, 황조근정훈장 [종]천주교

이종률(李鍾律) Yi Chongyul

[생]1965 · 12 · 30 [본]고성(固城) [출]경남 거창 [주]세종특별자치시 갈매로388 문화체육관광부 홍보담당관실(044-203-2041) [학]1984년 부산 동아고졸 1992년 고려대 서어서문학과졸 1997년 스페인 마드리드대 대학원 서중남미지역학과졸 [경]1992~1995년 공보처 공보정책실 · 해외공보관 외보부 근무 1998~2002년 문화관광부 해외문화홍보원 · 국정홍보처 홍보기획국 근무 2002년 駐멕시코대사관 1등서기관 2007년 대통령 해외언론비서관실 행정관 2008년 대통령 대변인실 행정관 2009년 駐아르헨티나대사관 참사관 겸 중남미한국문화원장 2016년 문화체육관광부 홍보담당관(현) [상]외교부장관표창(2005), 국무총리표창(2012) [종]불교

이종림(李鍾林) LEE Jong Lim

[생]1965 · 3 · 3 [출]경북 김천 [주]서울 서초구 서초중앙로 157 서울중앙지방법원(02-530-1114) [학]1984년 김천고졸 1992년 서울대 공법학과졸 [경]1994년 사법시험 합격(36회) 1997년 사법연수원 수료(26기) 1997년 인천지법 판사, 서울지법 동부지원 판사 2001년 춘천지법 판사 2002년 同인제군법원 판사 2003년 同양구군법원 판사 2006년 서울행정법원 판사 2008~2012년 서울고법 판사 2008~2010년 헌법재판소 파견(헌법연구관) 2012년 대전지법 부장판사 2014년 인천지법 부장판사 2016년 서울중앙지법 부장판사(현)

이종명(李鍾明) LEE Jong Myung

[생]1953 · 10 · 18 [주]경기 용인시 처인구 명지로116 명지대학교 공과대학 정보통신공학과(031-330-6770) [학]서울대 전자공학과졸, 同대학원 전자공학과졸, 통신공학박사(미국 노스캐롤라이나대) [경]1978~1997년 국방과학연구소 위성체계실장 1992~1994년 충남대 전자공학과 겸임부교수 1997년 (주)데이콤 하나로기술개발센터장 2000년 하나로통신(주) 연구소장 2000년 同IMT2000 사업추진단장(전무) 2001년 同연구소장(전무) 2002년 同연구소장(부사장) 2003년 하나로텔레콤(주) 기술부문장(CTO · 부사장) 2005년 同퇴사 2006년 명지대 공과대학 정보통신공학과 교수(현) 2010년 同산학협력단장 2016년 同교학부총장(현)

이종명(李鍾明) LEE JONGMYEONG

[생]1959 · 8 · 8 [출]경북 청도 [주]서울 영등포구 의사당대로1 국회 의원회관337호(02-784-2174) [학]대구 달성고졸, 육군사관학교졸(39기) [경]2000년 육군 전진부대 수색대대장(중령) 2004년 육군대학 교관(대령), 합동군사대학 교관(대령) 2015년 同명예교수(현), 이종명리더십사관학교 대표(현) 2016년 제20대 국회의원(비례대표, 새누리당)(현) 2016년 국회 국방위원회 위원(현) 2016년 국회 윤리특별위원회 위원(현) 2016년 국회 남북관계개선특별위원회 위원(현) [상]올해의 육사인상(2002), 육군 참군인 대상 책임분야(2002), 자랑스러운 육사인상(2016)

이종무(李鍾武) LEE Chong Mu

[생]1950 · 9 · 20 [본]경주(慶州) [출]부산 [주]인천 남구 인하로100 인하대 공과대학 신소재공학부(032-860-7520) [학]1969년 경남고졸 1974년 서울대 금속공학과졸 1976년 한국과학원 재료공학과졸 1984년 공학박사(미국 스탠퍼드대) [경]1976년 국민대 금속공학과 전임대우 1976~1980년 영남대 금속공학과 전임강사 · 조교수 1984년 삼성반도체통신(주) 연구원 1984년 인하대 금속공학과 부교수 1984~1991년 삼성전자 반도체부문 자문역 1988년 미국 스탠퍼드대 객원교수 1989~2015년 인하대 신소재공학부 교수 2001~2005년 同소재연구소장 2002년 同산업과학기술연구소장 2002~2003년 산학연컨소시엄 인천지역협의회장 2005년 인하대 펠로우교수(IFP) 2005~2006년 한국재료학회 부회장 2006년 인하대 나노하이테크센터장 2008 · 2009 · 2010년 미국 세계인명사전 'Marquis Who's Who in the World'에 등재 2015년 인하대 공과대학 신소재공학부 명예교수(현) [상]한국전기전자재료학회 논문상(1992), 한국재료학회 학술상(1994 · 2009), 인하대 학술상(1999), 인하대 연구대상(2001 · 2004), 과학기술 우수논문상, 인천광역시 과학기술상(2009), 교과부 대표우수연구성과 60선(2009), 국가연구개발우수성과 100선(2009), 제16회 인천시 과학기술대상 과학부문(2016), 대한민국학술원 학술원상 자연과학응용분야(2016) [저]'Submicron소자를 위한 제조기술Ⅰ · Ⅱ' '반도체공정기술' '금속 및 유전체박막' 등

이종민(李鍾旼) LEE Jongmin

[생]1943 · 5 · 15 [본]전의(全義) [출]서울 [주]경북 포항시 북구 흥해읍 한동로558 한동대학교(054-260-1111) [학]1961년 한성고졸 1966년 서울대 물리학과졸 1970년 同대학원 물리학과졸 1980년 이학박사(고려대) [경]1973~1986년 국방과학연구소 전자광학부 실장 1986~2001년 한국원자력연구소 부장 · 본부장 · 단장 1994년 CLEO/Pacific Rim 99, Symp. on Laser Spectroscopy 위원장 1997~1999년 한국광학회 부회장 1998년 광복사안전성및레이저장비분과(IEC/TC-76) 한국간사위원장(현) 1998년 OECD/NEA, Nuclear Science Committee위원 1999~2001년 한국광학회 회장 2001년 광주과학기술원 신소재공학과 교수 2001년 同고등광기술연구소장 2001년 International conference on Laser Probing Advisory Committee 위원 2003년 국제초고출력레이저위원회 위원 2004년 광주과학기술원 펨토과학기술연구 센터장 2006년 국제광공학회(SPIE-The International Society for Optical Engineering) 펠로우(현) 2007년 아시아초고광도레이저위원회 의장(AILN) 2008년 (재)광주세계광엑스포 이사 2008~2010년 대통령직속 국가과학기술위원회 위원 2009~2013년 광주과학기술원 고등광기술연구소 펨토과학기술연구센터 석좌교수 2011년 미국광학회(OSA) 펠로우(현) 2012~2013년 피닉스텍 과학기술 고문 2013년 광주과학기술원 명예연구위원(현) 2013년 한동대 석좌교수 · 同객원교수(현) [상]국방과학상 은상(1980 · 1985), 한국물리학회 논문상(1985), 우수연구원표상(1987), 우수연구개발상(1989), 국민훈장 목련장(1991), 이달의과학기술자상(1997), 국제레이저분광학회 우수논문상(1998), 한국물리학회 50주년기념 논문상(2002), 한국광학회 학술상(2003), 과학기술훈장 혁신장(2011) [저]'Pagodas of Korea'(1995) [종]가톨릭

이종민(李宗旻) LEE Jong Min

[생]1960 · 10 · 19 [주]강원 춘천시 강원대학길1 강원대학교 경제무역학부(033-250-6130) [학]1983년 강원대 경제학과졸 1986년 서강대 대학원졸 1994년 경제학박사(미국 플로리다대) [경]1995년 강원대 경제학과 교수 1997년 同경제무역학부 교수(현) 2009~2010년 同경영대학 부학장 2010년 同입학관리본부장 2013년 同산업경제연구소장 2016년 同경영대학장 겸 경영대학원장(현) [종]기독교

이종민(李鐘旻) Lee, Chong Min

[생]1964 · 10 · 18 [출]서울 [주]서울 성북구 정릉로77 국민대학교 사회과학대학 언론정보학부(02-910-4459) [학]1988년 연세대 정치외교학과졸 1991년 미국 미주리주립대 대학원 광고학과졸 1994년 미국 텍사스주립대 대학원 광고학박사과정 수료 1999년 광고학박사(한국외국어대) [경]1995~1998년 한국외국어대 신문방송학과 강사 1995년 (주)유로넥스트 기획1본부장 1998년 (주)다이아몬드베이츠 싸치앤싸치마케팅 차장 1999~2001년 동의대 광고홍보학과 교수 2001년 국민대 사회과학대학 언론정보학부 조교수 · 부교수 · 교수(현) 2002년 한국옥외광고학회 이사 2003년 한국광고학회 편집위원 2005년 한국방송학회 방송과광고연구회장 2012년 한국옥외광고학회 회장 2013~2014년 한국OOH광고학회 회장 2014~2016년 국민대 사회과학대학장 2015년 한국광고홍보학회 회장(현) [상]미국 미주리대 Inchon Scholarship(2008) [저]'Communication Technology Update : 1993-1994 중에 Chapter17'(1993)

이종민(李鍾民)

[생]1974 · 5 · 15 [출]경남 진주 [주]대전 서구 둔산중로78번길45 대전지방법원(042-470-1114) [학]1992년 부산 용인고졸 1997년 서울대 경영학과졸 [경]1997년 사법시험 합격(39회) 2000년 사법연수원 수료(29기) 2000년 육군 법무관 2003년 서울지법 동부지원 판사 2004년 서울동부지법 판사 2005년 서울중앙지법 판사 2007년 창원지법 통영지원 판사 2010년 수원지법 판사 2012년 서울중앙지법 판사 2013년 서울고법 판사 2015년 대전지법 부장판사(현)

이종배(李鍾培) LEE Jong Bae

[생]1957·5·30 [출]충북 충주 [주]서울 영등포구 의사당대로 1 국회 의원회관430호(02-788-2521) [학]1974년 청주고졸 1979년 고려대 법대 행정학과졸 [경]1980년 행정고시 합격(23회), 충북도 법무담당관·상정과장·도시과장·총무과장 1993년 同기획관리실 기획담당관(서기관) 1994년 음성군수, 내무부 지방행정연수원 기획과장 1996년 대통령비서실 파견 1998년 행정자치부 복무감사관실 조사담당관 1998년 同복무감사관실 감사담당관 2000년 同지방재정세제국 재정경제과장(부이사관) 2001년 同자치행정국 자치행정과장 2002년 청주시 부시장(이사관) 2003~2005년 충북도 기획관리실장 2005~2006년 행정자치부 자치경찰제실무추진단장 2007년 한국지방행정연구원 행정실장 2007~2009년 충북도 행정부지사 2009년 소청심사위원회 상임위원(고위공무원) 2010년 행정안전부 차관보 2011년 同제2차관 2011~2014년 충북 충주시장(재보선 당선, 한나라당·새누리당) 2014년 제19대 국회의원(충주시 보궐선거, 새누리당) 2014년 국회 농림축산식품해양수산위원회 위원 2015년 새누리당 정책위원회 농림축산식품해양수산정책조정위원회 부위원장 2015년 국회 동북아역사왜곡대책특별위원회 위원 2015년 국회 예산결산특별위원회 위원 2015~2016년 새누리당 원내부대표 2015년 국회 운영위원회 위원 2016년 제20대 국회의원(충주시, 새누리당)(현) 2016년 국회 교육문화체육관광위원회 위원(현) 2016년 국회 미래일자리특별위원회 위원(현) 2016년 새누리당 제4차 전당대회 대표최고위원 및 최고위원선출을위한선거관리위원회 위원 겸 선거인단소위원회 위원장 [상]법제처장표창(1986), 녹조근정훈장(1999), 새누리당 국정감사 우수의원(2014·2015), 국정감사NGO모니터단 선정 국정감사 우수국회의원(2015)

이종백(李鍾伯) LEE,JONG-BAEK

[생]1950·8·8 [출]울산 [주]서울 종로구 사직로8길39 세양빌딩 김앤장법률사무소(02-3703-1684) [학]1969년 부산고졸 1974년 서울대 법대졸 1976년 同대학원 법학과졸 1985년 독일 막스프랑크형사법연구소 수료 [경]1975년 사법시험 합격(17회) 1977~1980년 공군 법무관 1980년 서울지검 검사 1984년 부산지검 검사 1986년 법무부 검찰국 검사 1987년 서울지검 검사 1988년 대통령 정책비서관 1989년 서울지검 고등검찰관 1990년 서울고검 검사 1991년 대통령 사정비서관 1993년 법무부 검찰2과장 1995년 서울지검 형사6부장 1997년 同형사5부장 1997년 수원지검 평택지청장 1998년 서울고검 검사 1999년 청주지검 차장검사 1999년 서울고검 공판부장 2000년 서울지검 서부지청장 2001년 대전고검 차장검사 2002년 대검찰청 기획조정부장 2003년 인천지검장 2004년 법무부 검찰국장 2004년 서울중앙지검장 2006년 부산고검장 2006~2007년 서울고검장 2007~2008년 국가청렴위원회 위원장 2008~2014년 SK건설(주) 사외이사 겸 감사위원 2008년 김앤장법률사무소 변호사(현) 2010년 농업협동조합중앙회 감사위원 2013~2015년 두산건설 사외이사 2014년 SK케미칼 고문(현) 2015년 (주)두산 사외이사(현) [상]홍조근정훈장

이종범(李鍾範) J LEE

[생]1970·8·15 [출]광주 [주]경기 고양시 일산동구 호수로596 MBC스포츠플러스(031-995-0011) [학]1989년 광주제일고졸 1993년 건국대졸 [경]1979년 야구 입문 1993~1997년 프로야구 해태 타이거즈구단 소속 1994년 타격 4관왕(타율·도루·최다안타·출루율) 1998~2001년 일본 프로야구 주니치 드래건스 소속(일본통산 타율 0.261, 27홈런, 174득점, 99타점) 2001~2012년 프로야구 기아 타이거즈구단 소속(외야수) 2002년 부산아시안게임 국가대표 2006년 월드베이스볼클래식(WBC) 외야수부문 올스타 선정 2006~2007년 한국프로야구선수협회 회장 2008년 프로야구 올스타전 서군대표 2012년 5월 26일 현역 은퇴 2012~2014년 프로야구 한화 이글스 주루코치 2014년 MBC스포츠플러스 해설위원(현) 2016년 한국프로야구선수협회 자문위원(현) [상]아마추어야구선수 최우수선수(1992), 프로야구 한국시리즈 MVP(1993·1997), 프로야구 유격수부문 골든글러브상(1993·1994·1996·1997), 프로야구 정규시즌 MVP(1994), 건국대 총동문회 건국체육인상(1997), 제일화재 구원투수상 특별상(1998), 대통령표창(2001), 프로야구 외야수부문 골든글러브상(2002·2003), 부산아시안게임 금메달(2002), 프로야구 올스타전 MVP(2003), 삼성증권배 프로야구 정규리그 득점왕(2004)

이종복(李鍾福) LEE Jong Bock (省政)

[생]1948·8·12 [본]경주(慶州) [출]충북 음성 [주]충북 음성군 감곡면 대학길76의32 극동대학교 경찰행정학과(043-879-3744) [학]1997년 법학박사(동국대) [경]1974년 순경(공채) 임용 1986년 치안본부 정보1과 경위 1990년 경찰종합학교 정신교육학과장(경감) 1993년 同교양학과장 1995년 同정보학과장 1996년 同경무학과장 1996년 경정 승진 1998년 경찰종합학교 수사학과장 1998년 경찰대 치안연구소 연구관 1999년 경찰청 기획관리관실(경찰위원회) 근무 1999년 同경무기획국 기획과(경찰위원회) 근무 2004년 총경 승진 2004년 경찰대 치안정책과정 교육파견 2004년 충청지방경찰청 보안과장 2005년 충북 음성경찰서장 2006년 충북지방경찰청 청문감사담당관 2007~2008년 충북 괴산경찰서장 2008~2009년 경찰대학 외래강사 2009~2011년 중앙경찰학교 외래강사 2009~2011년 극동대 법경찰학부 석좌교수 2012년 同경찰행정학과 석좌교수(현) 2013년 한국경찰학회 부회장 2014년 씨큐리티융합경영학회 고문 2016년 서울송파재향경우회 회장(현) 2016년 한국공안행정학회 감사(현) 2016년 한국자치경찰학회 학술상위원회 위원장(현) [상]근정포장(1997), 대통령표창(2005), 녹조근정훈장(2008) [저]'형사실무' [종]천주교

이종복(李鍾復) LEE Jong Bouk

[생]1961·9·18 [출]대전 [주]서울 중구 을지로245 국립중앙의료원 비뇨기과(02-2260-7251) [학]1978년 대전고졸 1985년 서울대 의학과졸 1992년 同대학원졸 2000년 의학박사(서울대) [경]1988~1989년 서울대학교병원 인턴 1989~1993년 同비뇨기과 전공의 1993~1999년 인천중앙길병원 비뇨기과장 1996년 미국 하버드대 의과대학 여성비뇨기과학교실 연수 1999~2007년 가천대 의과대학 비뇨기과학교실 교수 2001년 국제요실금학회조직위원회 위원 2002~2003년 대한배뇨장애요실금학회 학술이사 2004년 대한비뇨기과학회 이사·평의원(현) 2007년 국립중앙의료원 비뇨기과 전문의(현) 2009~2013년 대한비뇨기과학회 손상재건연구회장 2009~2013년 대한외상학회 부회장 2009~2013년 국립중앙의료원 비뇨기과장 2013~2015년 대한외상학회 회장 2014~2015년 국립중앙의료원 진료부원장 2014년 한국과학기술단체총연합회 이사(현) [종]기독교

이종붕(李鍾鵬) Lee Jong Boong

[생]1952·3·4 [주]경남 창원시 마산합포구 경남대학로7 경남대학교 공과대학 기계공학부(055-249-2808) [학]1977년 영남대 기계공학과졸 1979년 경북대 대학원 기계공학과졸 1992년 공학박사(일본 九州大) [경]경남대 공과대학 기계공학부 교수(현) 2004년 同공대특성화추진위원장 2006년 同공과대학장 겸 이부학장 2006년 同공학기술원장 2008~2011년 同중앙도서관장 2011년 同대학원장 2014년 同대외부총장(현)

이종상(李鍾祥) LEE Jong Sang (一浪)

[생]1938·7·20 [본]광주(廣州) [출]충남 예산 [주]서울 서초구 반포대로37길59 대한민국예술원(02-3479-7223) [학]1959년 대전고졸 1963년 서울대 미대 회화과졸 1978년 동국대 대학원 철학과졸 1989년 철학박사(동국대) [경]1961~1963년 국전 특선 1963~1973년 국전 추천작가 1964년 고구려문화지키기운동본부장 1965~1973년 서울예고 교사 1967년 한국벽화연구소 소장(현) 1967~2003년 서울대 미대 동양화과 강사·전임강사·조교수·부교수·교수 1973~1993년 국전 초대작가 심사위원 1975년 제1회 개인전(미국 댈러스) 1977년 독도문화심기운동본부장(현) 1977년 독도문화심기운동 NGO 활동 1985년 삼성문화재단·일민문화재단·고촌재단 이사장 1990·1992년 FIAC초대 개인전(파리) 1991년 (사)서울국제미술제SAFEC 부이사장 1991년 유고·한국현대회화전 1993년 Templon Gallery초대 개인전(파리) 1995년 (사)국악진흥회 이사장 1995년 회향전 개최 1997년 프랑스 PARIS루브르까루젤 70m x 6m 설치벽화개인전 1999~2003년 제12·13대 서울대 박물관장 2003년 서울대 초대미술관장 2004년 대한민국예술원 회원(동양화·현) 2004년 세계80인화가전(세자르, 백남준, 보스텔, 이종상 외 76명) 2005~2009년 상명대 석좌교수 2005년 문화체육관광부 동상영정심의위원회 위원(현) 2006년 삼성문화재단 이사 2006~2016년 일민문화재단 이사 2006년 종근당 고촌재단 이사(현) 2007년 대전시립미술관 초대개인전 한국현대미술의거장 이종상전 2008년 서울대 명예교수협의회 이사(현) 2009년 6.25전쟁기념60주년기념사업회 민간위원 2011년 남북평화미술전 출품 및 조직위원장 2011년 메트로폴리탄미술관 한국전 2013년 평창문화마을 이사장 2013년 (사)평창문화포럼 초대이사장·명예이사장(현) 2014년 대한민국예술원 미술분과 회장 [상]신인예술상 최고특상(1962), 국전 내각수반상(1962), 국전 문교부장관표창(1963), 부총리 겸 교육인적자원부장관표창, 은관문화훈장(2003), 안견문화대상(2004), 자랑스런한국인대상(2008), 국가유공자건국포장(2010), 가장문학적인미술인상(2011) [저]'화실의 창을 열고'(1980) '솔바람 먹내음'(1987) '동양의 기사상과 기운론 연구'(1998) [작]'매헌윤봉길의사기념관벽화' '서울법원로비 대벽화' '대법원신청사로비 좌우동유벽화' '삼성본관로비 암각벽화' '연세대학교재단빌딩 로비 동유벽화' '국립국악원대극장 무대막' '고양일산아름누리 오페라좌무대막' '소설태백산맥문학관 야외옹석벽화(8mx81m)' [종]가톨릭

이종상(李宗相) Lee, Jong Sang

[생]1949·8·7 [출]경남 [주]인천 남동구 구월남로126 동우메트로피아8층 대한건설ENG(031-699-0400) [학]경남고졸 1975년 서울대 토목공학과졸 1984년 연세대 행정대학원 행정학과졸 1996년 도시행정학박사(단국대) [경]1976년 현대건설 근무 1977년 한국도로공사 근무 1977년 기술고등고시 합격(13회) 1993년 서울 관악구 건설국장 1994년 서울 강동구 건설국장 1997년 서울시 기술심사담당관 1998년 同지리정보과장 2001년 同건설안전관리본부 시설국장 2003년 同도시계획국장 2005년 同건설기획국장 2005년 同건설안전본부장 2006~2007년 同균형발전추진본부장(제4정책보좌관) 2007년 서울시정개발연구원 초빙연구위원 2008~2009년 한국토지공사 사장 2009년 한국실업양궁연맹 회장 2010~2012년 경원대 공대 도시계획학과 초빙교수 2011~2014년 전문건설공제조합 이사장 2012년 가천대 글로벌캠퍼스 공대 도시계획학과 초빙교수 2015년 (주)에너지경제신문 회장 2016년 대한건설ENG 회장(현) [상]서울시교육감 감사장(1983), 서울시장표창(1986), 근정포장(1990), 한국지역개발학회 도시계획부문 학술상(2005), 한국방재학회 건설안전부문 공로상(2006), 홍조근정훈장(2006)

이종상(李鍾常) LEE Jong Sang

[생]1967·8·17 [출]서울 [주]서울 영등포구 여의대로128 트윈타워 LG전자(주) 법무팀(02-3777-3213) [학]1986년 영동고졸 1990년 서울대 사법학과졸 2000년 同대학원졸, 미국 펜실베이니아대 대학원졸 [경]1989년 사법시험 합격(31회) 1992년 사법연수원 수료(21기) 1992년 軍법무관 1995년 서울지검 검사 1997년 창원지검 통영지청 검사 1998년 수원지검 검사 2000년 광주지검 검사 2003년 (주)LG 법무팀장(상무) 2008년 同법무팀장(전무) 2013년 同법무·준법지원팀장(부사장) 2015년 LG전자(주) 법무팀장(부사장)(현)

이종서(李鍾瑞) LEE Jong Seo

[생]1955·6·5 [출]대전 [주]서울 성북구 보문로34다길2 성신여자대학교 사범대학(02-920-7737) [학]1973년 대전고졸 1977년 서울대 사회교육학과졸 1985년 同대학원 사회교육학과졸 1991년 영국 버밍햄대 교육대학원졸 1999년 교육학박사(성균관대) [경]예편(공군 중위) 1977년 행정고시 합격(21회) 1983년 서울시교육위원회 행정사무관 1985년 대통령비서실 행정관 1989년 해외 연수 1991년 교육부 재외국민교육과장 1993년 同과학교육과장 1994년 同학술지원과장 1994년 同대학학무과장 1996년 同전문대학행정과장 1996년 부산시교육청 관리국장 1997년 교육부 국제교육협력관 1999년 중앙공무원교육원 파견 2000년 교육부 교육정책기획관 2000년 同고등교육지원국장 2001년 서울대 사무국장 2002년 대전시교육청 부교육감 2003년 교육인적자원부 감사관 2004년 同교원징계재심위원회 위원장 2005년 同교원소청심사위원회 위원장 2006~2007년 同차관 2007~2010년 한국교직원공제회 이사장 2010~2013년 서울교대 석좌교수·강남대 특임교수 2013~2014년 관동대 총장 2014~2015년 가톨릭관동대 총장 2015년 성신여대 사범대학 석좌교수(현) [상]총무처장관표창, 근정포장(1995), 황조근정훈장(2007) [저]'대학경영의 원리와 진단(共)'(2005) [종]천주교

이종서(李鍾瑞) LEE CHONG SUH

[생]1956·11·17 [주]서울 강남구 일원로81 삼성서울병원 정형외과(02-3410-3503) [학]1977년 서울대 자연과학대학 의예과 수료 1981년 同의대졸 1989년 同대학원 의학과졸 1996년 의학박사(서울대) [경]1984~1985년 서울대병원 인턴과정 수료 1985~1989년 同레지던트과정 수료 1989~1992년 경상대 의대 정형외과학교실 전임강사·조교수 1993년 독일 Karlsbad Rehabilitationskrankenhaus 전임의 1993~1994년 스웨덴 Sahlgrenska Hospital 전임의 1994년 성균관대 의대 정형외과학교실 교수(현) 1994년 삼성서울병원 정형외과 전문의(현), 대한척추인공관절학회 회장, 대한정형외과학회 학술용어제정위원회 위원장 2009년 삼성서울병원 척추센터장(현) 2013~2014년 대한척추외과학회 회장 [저]'건강을 위한 스포츠 상식(共)'(1996) '척추외과학(共)'(1997) '알기쉬운 허리디스크-예방과 치료'(2004) '척추내시경수술'(2005)

이종석(李種奭) LEE Chong Suk

[생]1935·8·1 [본]덕수(德水) [출]경기 용인 [주]서울 마포구 마포대로49 성우빌딩1104호 장지연기념회(02-719-3232) [학]1954년 보성고졸 1958년 서울대 문리대 국어국문학과졸 [경]1958년 용문중·고 교사 1960년 동덕여중 교사 1963년 동아일보 기자 1971년 同신동아부 차장 1975년 同문화부 차장 1980년 同조사부장 1980년 同문화부장 1984년 同여성동아 부장 1987년 同논설위원 1989년 위암장지연선생기념사업회 상임이사 1991년 동아일보 논설위원실장 1992년 同조사연구실장 겸 논설위원(이사대우) 1992~1994년 KBS 시청자위원회 위원장 1993년 同논설위원실장 1994년 同논설고문 1994년 공연윤리위원회 위원 1994년 일민문화재단 이사 1994~1997년 대통령자문 정책기획위원회 위원 1995~1998년 동아일보 상임고문 1996~1998년 독립기념관 이사 1998~2001년 방송위원회 연예오락심의위원장 1999~2002년 한국문화정책개발원 원장 2005년 위암장지연선생기념사업회 회장, 일석학술재단 이사(현) 2011년 장지연기념회 회장(현) [상]국민훈장 모란장(1996) [종]천주교

이종석(李鍾錫) LEE Jong Seok

[생]1957·4·14 [본]경주(慶州) [출]대구 [주]서울 종로구 인사동길14 대성산업가스 임원실(02-721-0809) [학]경북대사대부고졸, 경북대 전자공학과졸 [경]대성산업가스(주) 이사 2006년 同플랜트영업담당 상무 2014년 同플랜트영업담당 전무(현) [종]천주교

이종석(李鍾奭) LEE Jong Seok

[생]1958·5·11 [본]경주(慶州) [출]경기 남양주 [주]경기 성남시 수정구 대왕판교로851번길20 세종연구소(031-750-7533) [학]1977년 용산고졸 1984년 성균관대 행정학과졸 1989년 同대학원 정치외교학과졸 1993년 정치학박사(성균관대) [경]1989~1996년 경희대·서강대·서울대·성균관대 강사 1994~2003년 세종연구소 남북관계연구실 연구위원 1995~2003년 통일부 정책자문위원 1998년 세종연구소 남북관계연구실장 2000년 국방부 국방정책자문위원 2000년 남북정상회담(평양) 대통령 특별수행원 2002년 세종연구소 북한연구센터장 2002년 同수석연구위원 2002년 대통령자문 정책기획위원회 위원 2002년 제16대 대통령직인수위원회 외교·통일·안보분과 위원 2003년 대통령특사 방북시 당선자측 대표 2003년 국가안전보장회의(NSC) 사무차장 2006년 통일부 장관 2006년 국가안전보장회의(NSC) 상임위원장 겸임 2006년 세종연구소 수석연구위원(현) 2008~2009년 미국 스탠퍼드대 방문학자 2013년 한반도평화포럼 공동대표(현) [저]'현대북한의 이해 : 사상·체제·지도자' '조선로동당연구 : 지도사상과 구조변화를 중심으로' '분단시대의 통일학' '새로 쓴 현대 북한의 이해' '북한-중국관계 1945-2000'

이종석(李悰錫) LEE Jong Seok

[생]1961·2·21 [출]경북 칠곡 [주]경기 수원시 영통구 월드컵로120 수원지방법원 법원장실(031-210-1114) [학]1979년 경북고졸 1983년 서울대 법학과졸 [경]1983년 사법시험 합격(25회) 1985년 사법연수원 수료(15기) 1986년 육군 법무관 1989년 인천지법 판사 1991년 서울민사지법 판사 1993년 대구지법 경주지원 판사 1996년 서울지법 남부지원 판사 1997년 서울고법 판사 2000년 서울지법 판사 2001년 대구지법 부장판사 2003년 수원지법 부장판사 2003년 일본 도쿄대 파견 2006년 서울중앙지법 부장판사 2007년 대전고법 부장판사 2009년 수원지법 수석부장판사 2010년 서울고법 부장판사 2012년 서울중앙지법 파산6부·파산3부 수석부장판사 2014년 서울고법 부장판사 2015년 同수석부장판사 2016년 수원지법원장(현)

이종석 LEE Jong Seok

[생]1963·4·26 [주]경기 수원시 영통구 삼성로129 삼성전자(주) 인사부(031-200-1114) [학]미국 코넬대 대학원졸 [경]2004년 삼성전자(주) 입사, 同글로벌마케팅실장(전무) 2010년 同글로벌마케팅실장(부사장) 2010년 同동남아총괄 부사장 2013년 同북미총괄 부사장(현) 2013년 同STA법인장 겸임 2014년 同SEA법인장 겸임

이종석(李鍾奭) LEE Jong Seok

[생]1963·7·5 [출]서울 [주]부산 남구 문현금융로40 부산국제금융센터 한국주택금융공사(051-663-8600) [학]1982년 서울 화곡고졸 1989년 연세대 경영학과졸 [경]1989년 한국일보 입사, 서울경제신문 증권부·산업부·정경부 기자 2000년 이데일리 정책금융팀장 2003년 同편집국 경제부장 2004년 同편집국 증권부장 2005년 同편집국 편집위원 2007년 同편집국 경제부 선임기자(부장) 2008년 同편집국 부국장 겸 시장부장 2008년 同경제부장 겸 시장부장(부국장) 2009년 同편집국 취재부 부국장 2009년 同논설실장 2010년 조선경제i 온라인에디터 2011년 同취재본부장 2014년 조선비즈 논설주간 2015년 同전문위원 2015년 한국주택금융공사 대변인 겸 홍보실장(현)

이종섭(李鍾燮) Lee Jongseop

[생]1952·10·5 [주]경남 창원시 의창구 상남로290 경상남도의회(055-211-7364) [학]창신공고졸, 마산대 사회복지과 재학 중 [경]창원군 행정계장, 진해시 시민과장 직대, 마산시 기획경제국장, 同의회 사무국장, 同행정지원과장, 同기획예산담당관, 同교통행정과장, 의령군 부군수, 경남도 공무원교육원장, 同균형발전사업단장(부이사관) 2014년 경남도의회 의원(새누리당)(현) 2014년 同농해양수산위원회 위원 2014년 同예산결산특별위원회 위원 2016년 同남부내륙철도조기건설을위한특별위원회 위원 2016년 同기획행정위원회 위원(현) [상]홍조근정훈장(2012)

이종섭(李鍾燮) Jong Seob Lee

[생]1954·1·8 [본]합천(陜川) [주]서울 관악구 관악로1 서울대학교 자연과학대학 생명과학부(02-880-6680) [학]1977년 서울대 식물학과졸 1981년 캐나다 요크대 대학원 분자유전학과졸 1984년 이학박사(캐나다 맥길대) [경]1984~1986년 미국 워싱턴주립대 생화학연구소 연구원 1986~1991년 서울대 식물학과 조교수 1991~1997 同분자생물학과 조교수·부교수 1997~2000년 同분자생물학과 교수 2000년 同자연과학대학 생명과학부 교수(현) 2002년 同자연과학대 교무부학장 2004년 同입학관리본부장 2006년 한국분자세포생물학회 학술상위원장 2008~2010년 서울대 자연과학대학장 [상]한국식물학회 논문상(1990), 제5회 과학기술우수논문상(1995) [역]'생물학-생명의 과학'(1993) '생명과학의 이해'(1996) '식물생리학'(1997) '생명, 생물의 과학(共)'(2003·2007)

이종섭(李鍾燮) LEE, JONG SUB

[생]1956·12·24 [본]고성(固城) [출]대구 [주]인천 연수구 송도과학로100 (주)포스코 철강사업본부 철강솔루션마케팅실(032-200-0035) [학]1975년 배재고졸 1980년 고려대 금속공학과졸 1982년 同대학원 금속공학과졸 1995년 공학박사(미국 오하이오주립대) [경]1984~1985년 (주)포스코 기술연구원 연구원 1985~1989년 同기술연구원 주임연구원 1995~2004년 同기술연구원 책임연구원 2004~2006년 同기술연구원 전문연구원 2006~2008년 同기술연구원 수석연구원 2008~2010년 同기술연구원 접합연구그룹리더 2010~2012년 同기술연구원 상무보 2013년 同기술연구원 상무(연구위원) 2016년 同철강사업본부 철강솔루션마케팅실 전무(현) [상]대한용접접합학회 기술상(2008), 일본소성가공학회 기술개발상(2008), 일본용접학회 용접공정기술개발상(2009), 일본소성가공학회 우수논문상(2011), 대한금속재료학회 서정상(2013)

이종성(李鍾晟) LEE Jong Seong

[생]1945·12·31 [출]경북 김천 [주]서울 서초구 동산로23 베델회관4층 삼양건설산업(주) 회장실(070-7122-3952) [학]1964년 김천고졸 1968년 서울대 상과대학 경제학과졸 1978년 호주 뉴잉글랜드대 대학원 수료 1992년 미국 UCLA 앤더슨경영대학원 수료 [경]1971년 행정고시 합격 1971~1975년 국세청 근무 1975년 재무부 행정사무관 1980년 관세청 서기관 1985년 재무부 관세정책과장 1989년 同증권정책과장 1990년 同총무과장 1992년 대전EXPO조직위원회 참가지원국장 1992년 국세심판소 상임심판관 1995년 재정경제원 공보관 1995년 同세제총괄심의관 1998년 재정경제부 세제총괄심의관 1998년 同국세심판소장 1999~2002년 신용보증기금 이사장 2002년 삼양건설산업(주) 부회장 2006년 同회장(현) [상]대통령표창, 홍조근정훈장 [종]천주교

이종성

[생]1965·3 [출]충북 청원 [주]세종특별자치시 다솜로261 국무총리비서실 정무실(044-200-2640) [학]세광고졸, 충북대 농업경제학과졸, 서울대 대학원 행정학과졸, 미국 조지아서던대 대학원 행정학과졸 [경]행정고시 합격(34회), 국무총리실 공보실 공보기획비서관, 대통령 정무수석비서관실 선임행정관, 국무총리 정무·총무·의전·공보비서관실 과장 2010년 국무총리 공보기획비서관 2014년 국무조정실 총무기획관 2015년 同세종특별자치시지원단장 2016년 국무총리실 정무실장(1급)(현)

이종세(李鍾世) LEE Chong-Seh

[생]1945·8·12 [본]합천(陜川) [출]전북 임실 [주]서울 중구 무교로16 대한체육회관8층 한국체육언론인회(02-777-6072) [학]1967년 전북대 농화학과졸 [경]1970년 전북일보 기자 1976년 동아일보 지방부 기자 1979년 同부산주재기자 1980년 同체육부 기자 1988년 同체육부 차장 1991년 한국체육기자연맹 부회장 1994년 동아일보 체육부장 1997년 同사업국 기획위원 1997년 대한체육회 이사 1997년 대한유도회 부회장(현) 1999년 동아일보 동아마라톤꿈나무재단 사무국장 겸임 1999년 同스포츠사업팀장(부국장대우) 2001·2005년 대한체육회 상벌위원 2001년 동아일보 스포츠사업팀장(부국장) 2003~2006년 同스포츠사업팀장(국장급) 2003년 同신사업개발팀장 겸임 2004년 유도 8단 승단 2005년 대한체육회 편집위원장 2007년 경희대 객원교수 2008~2015년 스포츠동아 이사 2009~2015년 용인대 객원교수 2013~2015년 대한체육회 홍보위원장 2014년 한국체육언론인회 부회장(현) 2015년 언론중재위원회 위원(현) [상]동아대상(2003), 대한체육회체육상 우수상(2011) [종]기독교

이종세(李鍾世) LEE Jong Seh

[생]1954·10·31 [출]전북 남원 [주]경기 안산시 상록구 한양대학로55 한양대학교 건설환경플랜트공학과(031-400-5146) [학]1981년 연세대 토목공학과졸 1983년 미국 펜실베이니아대 대학원 구조공학석사 1988년 미국 프린스턴대 구조공학박사 [경]1983~1987년 미국 프린스턴대 조교 겸 연구원 1988~1996년 미국 클락슨대 조교수·부교수 1994년 국제응용전자기역학논문집 편집위원 1995~2013년 한양대 공학대학 건설환경공학과 부교수·교수 1996년 대한토목학회 홍보위원장 1996년 전산구조공학회 총무이사 1996년 한국지진공학회 학술이사 2001년 과학기술부 국가지정연구실 HYSAM 실장 2002년 한양대 공학기술연구소 건설시스템연구센터장 2002년 국가과학기술위원회 국가연구개발사업 평가 및 사전조정위원 2002~2003년 과학재단 생산기술분과 전문위원 2003년 해양수산부 설계적격심의위원회 심의위원 2003년 미국 세계인명사전 'Marquis Who's Who in the World'에 등재 2004년 건설교통부 중앙건설기술심의위원 2004년 同시설물사고조사위원회 위원 2005년 한국철도기술연구원 연구업무심의회 소위원회 위원 2005년 해양수산부 설계자문위원회 위원 2005년 한양대 건설환경시스템공학과장 2006년 한국공학한림원 정회원(현) 2007년 한국전산구조공학회 부회장 2007년 한국지진공학회 부회장 2007년 대한토목학회 학술준비위원장 2008년 국토해양부 설계적격심의위원회 심의위원 2008년 同중앙건설심의위원회 위원 2008년 同교량점검로봇개발연구단장 2010년 한국엔지니어링협회 해외협력자문위원(현) 2010~2011년 대한토목학회 부회장 2010~2012년 한국전산구조공학회 회장 2012년 국토해양부 중앙건설기술심의위원 2013년 국토교통부 중앙건설기술심의위원(현) 2013년 한국국제협력단(KOICA) 기술평가위원(현) 2013년 한양대 건설환경플랜트공학과 교수(현) 2014년 한국과학기술단체총연합회 경기지역연합회 회장(현) 2014년 국토교통부 동토자원이송망 설계·시공 및 유지관리 기술개발연구단장(현) [상]UN-IIE ITT Fellow(1981), 대한토목학회 학술상(2003), 한국과학기술총연합회 과학기술우수논문상(2004), 한국지진공학회 학술상(2007), 한국전산구조공학회 학술상(2008), 대통령표창(2009), 한양대 강의우수교수(2013), 대한토목학회 송산토목문화대상(2015) [저]'Mechanics of Electromagneto-Elastic Materials and Structures'(1993, ASME) [역]'정역학과 재료역학'(2014)

이종수(李鍾秀) LEE Jong Soo

[생]1941·11·10 [본]성주(星州) [출]경남 함양 [주]서울 서초구 서초중앙로22길92의13 화니빌딩2층 (주)그린우드21 임원실(02-525-1877) [학]1960년 배재고졸 1964년 한양대 기계공학과졸 [경]1963년 (주)금성사 입사 1974년 同부장 1978년 同본부장 1982년 同엘리베이터 사업부 이사 1983년 同동경사무소 이사 1984년 同동경사무소 상무이사 1987년 同전무이사 1990년 금성알프스전자(주) 대표이사 전무 1992년 同대표이사 부사장 1995년 금성기전(주) 대표이사 겸 LG산전(주) 부사장 1995~1998년 LG산전(주) 대표이사 사장 1996년 한국엘리베이터협회 회장 1997년 한국주차설비협회 회장 1999~2002년 LG산전(주) 고문, (주)그린우드21 고문(현) [상]전국품질경영대회 산업표준화상, 금탑산업훈장 [종]기독교

이종수(李鍾洙) Lee Chong Soo

[생]1954·9·24 [출]경기 김포 [주]서울 중구 수표로7 인성빌딩2층 (재)한국사회투자(02-2278-7545) [학]1979년 서강대 경영학과졸 2003년 연세대 행정대학원 사회복지학과졸 [경]체이스맨해튼은행 부장, 웨스트팩은행 한국지점 이사, 에이온코리아 사장 2002~2012년 사회연대은행 설립·대표상임이사 2007~2011년 한국비영리학회 부회장 2012년 (재)한국사회투자 설립·이사장(현) 2015년 SK(주) 사회성과인센티브추진단 공동단장(현) [상]자랑스런 서강인상

(2009), 동아일보 선정 '10년 뒤 한국을 빛낼 100인'(2012) [저]'희망은 격렬하다'(2012, 책읽는수요일) '보노보은행(共)'(2013, 부키)

이종수(李鍾洙) LEE Chong Soo

[생]1955 · 7 · 8 [출]서울 [주]경북 포항시 남구 청암로77 포항공과대학교 철강대학원(054-279-2141) [학]1979년 서울대 금속공학과졸 1981년 同대학원 금속공학과졸 1984년 공학박사(미국 뉴욕폴리테크닉공대) [경]1985~1987년 미국 미네소타대 연구원 1987~1997년 포항공대 재료금속공학과 조교수 · 부교수 1992~1993년 미국 캘리포니아대 객원교수 1998년 포항공대 신소재공학과 교수(현) 1999~2000년 미국 매사추세츠공대 재료공학과 객원교수 2009년 유럽과학원 회원(현) 2010년 한국소성가공학회 회장 2011~2012년 대한금속재료학회 부회장 2012년 포항공대 철강대학원장(현) 2012년 한국공학한림원 정회원(현) 2014년 한국과학기술한림원 정회원(공학부 · 현) 2016년 대한금속 · 재료학회 회장(현) [상]포스코학술상(2009), 상우학술상(2011) [종]천주교

이종수(李鍾秀) LEE Jong Soo

[생]1958 · 4 · 6 [주]대전 서구 배재로155의40 배재대학교 바이오 · 의생명공학과(042-520-5388) [학]1978년 충남대 식품공학과졸 1982년 同대학원졸 1987년 이학박사(충남대) [경]1989년 배재대 생명유전공학과 조교수 · 부교수 1998년 同생명유전공학과 교수 2001~2003년 同학생문화복지처장 2008년 同생명과학연구소장 2011년 同바이오 · 의생명공학과 교수(현) 2012~2014년 同아펜젤러대학장 2014년 한국균학회 회장 2015년 배재대 대학원장(현)

이종수(李鍾洙 · 女) LEE Jong Soo

[생]1959 · 3 · 7 [주]경기 안산시 상록구 한양대학로55 한양대학교 언론정보대학 신문방송학과(031-400-5416) [학]1981년 이화여대 영어영문학과졸 1990년 미국 미네소타대 대학원 신문방송학과졸 1994년 신문방송학박사(미국 미네소타대) [경]1994~1997년 한국언론연구재단 선임연구위원, 성균관대 · 이화여대 · 강원대 강사 1996년 영국 웨스트민스터대 방문교수 1997년 한양대 언론정보대학 신문방송학과 교수(현) 2008~2010년 同안산방송국 주간 2008년 (재)조선일보 미디어연구소 이사 2009~2012년 방송통신위원회 분쟁조정위원 2010~2011년 한양대 ERICA캠퍼스 양성평등센터장 겸 외국인유학생상담지도교수 2010~2011년 한국여성커뮤니케이션학회 회장 2011~2013년 한양대 언론정보대학장 [상]한국방송학회 최우수논문상(2008) [저]'한나래'(2004) '선거커뮤티케이션과 시민저널리즘' '뉴스다큐멘터리의 서사미학과 영상미학' '뉴미디어시대 신문디자인' '텔레비전 영상미학'

이종수(李鍾洙) LEE Jong Soo

[생]1961 · 5 · 23 [출]부산 [주]부산 서구 구덕로179 부산대학교병원 안과(051-510-1206) [학]1986년 부산대 의대졸 1992년 同대학원졸 1998년 의학박사(부산대) [경]1996년 부산대 의대 안과학교실 교수 2002년 부산대병원 안과 과장 2006년 부산대 의학전문대학원 안과학교실 교수(현) 2012년 부산대병원 진료처장 직대 2014~2015년 한국콘택트렌즈학회 회장, 대한검안학회 회장 2015년 한국백내장굴절수술학회 회장(현) [상]대한안과학회 태준의학상(2002), 보건복지부표창(2007), 질병관리본부장표창(2012), 보건복지부장관표창(2012), 대한안과학회 공로상(2013)

이종수(李宗洙)

[생]1962 · 8 · 28 [주]경기 하남시 대청로10 하남시청 부시장실(031-790-6010) [학]1989년 성균관대 토목공학과졸 2003년 同대학원 토목공학과졸 2007년 미국 콜로라도대 덴버교 대학원 환경정책분석학과졸 [경]1996년 수원시 총무과 지방토목사무관 1998년 同건설교통국 건설과장 2003년 同장안구 건설과장 2003년 경기도 환경보전국 맑은물보전과 하수담당 지방토목사무관 2005년 미국 루이지아나대 교육파견 2007년 경기도 고양관광문화단지개발사업단 단지개발팀장(지방기술서기관) 2009년 황해경제자유구역청 파견 2011년 경기도 건설본부 하천과장 2011년 경기도 도시정책과장 2015년 同사업총괄본부장 직대 2015년 하남시 부시장(현) [상]환경업무추진유공 장관표창(2002)

이종수(李鐘洙)

[생]1964 · 12 [주]서울 영등포구 여의대로128 LG트윈타워 LG화학 임원실(02-3777-1114) [학]한양대 경제학과졸, 미국 워싱턴대 대학원 경영학과졸 [경]2008년 LG텔레콤 경영진단담당 상무 2010년 LG하우시스 정도경영담당 상무 2013년 (주)LG 정도경영TFT 상무 2015년 LG화학 정도경영담당 전무(현)

이종승(李鍾丞) YI Chong Seong

[생]1959 · 4 · 17 [출]인천 [주]인천 부평구 부평대로47 성모산부인과 원장실(032-502-1001) [학]1983년 가톨릭대 의대졸 1991년 同대학원 산부인과학졸 1994년 의학박사(가톨릭대) [경]가톨릭대 의대 산부인과학교실 교수, 성모산부인과 원장(현), 가톨릭대 의대 산부인과학교실 외래교수

이종승(李鍾丞) Lee Jong Seung

[생]1962 · 2 · 17 [본]전의(全義) [출]충남 예산 [주]서울 영등포구 국제금융로8길2 농협재단빌딩14층 IR큐더스(02-6011-2000) [학]1981년 환일고졸 1985년 연세대 경제학과졸 1987년 同대학원 경제학과졸 [경]1989년 신한은행 외환업무(수출) 담당 1990~1997년 대우경제연구소 주식투자연구본부 기업분석팀 기계 · 조선업종담당 애널리스트 1997~2002년 대우증권 리서치센터 기업분석부 Large Cap팀장 겸 기계 · 조선업종담당 애널리스트 2001~2003년 한국회계기준원 자문위원 2002~2005년 우리증권 리서치센터 기업분석팀장 겸 기계 · 조선업종담당 애널리스트 2005~2006년 (주)에프앤가이드 평가사업본부장(상무이사) 2006~2012년 NH투자증권(주) 리서치센터장(상무) 2012~2013년 화이텍인베스트먼트 사장 2014년 IR큐더스 대표이사(현) [상]매일경제 · 한국경제신문 · 조선일보 선정 기계 · 조선부문 베스트 애널리스트, 매일경제 제1회 증권인상 애널리스트부문 금상(2000) [저]'기업분석 실무와 IFRS 도입의 영향'(2011)

이종식(李鍾植) RHEE Jhong Sik

[생]1932 · 4 · 16 [본]전의(全義) [출]경북 고령 [주]서울 중구 세종대로 21길30 조선일보사옥내 방일영문화재단(02-724-5040) [학]1951년 대구농림고졸 1959년 고려대 정치학과졸 [경]1959년 조선일보 기자 1968년 同정치부장 1970년 同일본특파원 1972년 同편집국 부국장 1973년 제9대 국회의원(통일주체국민회의 · 유신정우회) 1973년 유신정우회 대변인 겸 원내부총무 1979년 제10대 국회의원(통일주체국민회의 · 유신정우회) 1979년 유신정우회 원내부총무 1980년 同수석부총무 1980년 연합통신 상무이사 1983~1988년 同전무이사 1989년 同감사 1990년 성곡언론문화재단 이사(현) 1990년 방송위원회 위원 1993년 방일영문화재단 이사(현) 1998년 국회 공직자윤리위원회 위원 2002년 국회 공직자윤리위원장

이종식(李鍾植) Lee Jong Shik

[생]1955 · 7 · 25 [주]서울 용산구 한강대로23길55 현대산업개발(주) 임원실(02-2008-9114) [학]1976년 성동고졸 1981년 한양대 건축학과졸 [경]1988년 현대건설 입사 2008년 현대산업개발(주) 안전환경 · 품질관리 담당중역(상무) 2011년 同건축 · 주택사업본부장(전무) 2015년 同건축 · 주택사업본부장(부사장)(현) [상]행정자치부장관표창(2002), 제7회 기술사의 날 과학기술부장관표창

이종식(李鍾植) LEE JONG SIK

[생]1959 · 9 · 19 [출]부산 [주]부산 남구 문현금융로40 부산국제금융센터35층 한국남부발전(주) 임원실(070-7713-8003) [학]1978년 부산상고졸 1993년 한국방송통신대 법학과졸 1996년 한양대 경영대학원 경영학과졸 2013년 숭실대 대학원 인사조직학 박사과정 재학中 [경]1997년 한국전력공사 입사 2001년 한국남부발전(주) 인사노무팀장 2007년 同경영혁신실장 2008년 同감사실장 2010년 同경영지원처장 2012년 同경영전략처장 2014년 同관리본부장(상임이사)(현) 2015~2016년 同사장 직대 [상]노동행정유공 장관표창(1997), 전력산업발전유공 장관표창(2002), 지식경제부장관표창(2007 · 2010), 기획재정부장관표창(2013)

이종연(李鍾淵) LEE Jong Yeon

[생]1954·8·6 [출]경북 성주 [주]대구 동구 동부로207 경일건설(주) 사장실(053-757-5091) [학]대구 대륜고졸, 영남대 영어영문학졸, 미국 샌프란시스코대 경제학졸, 미국 샌디에이고대 대학원 경영학졸, 경영학박사(미국 샌디에이고대) [경]경일건설(주) 대표이사 사장(현), 대구시검도회 회장, 경산상공회의소 부회장, 대한건설협회 대의원, 同경북지회장(현), 건설공제조합 대의원(현) 2012년 새누리당 제18대 대통령중앙선거대책위원회 직능총괄본부 대구위원장 [상]금탑산업훈장(2015)

이종열(李鍾烈) LEE Jong Youl (世進)

[생]1958·12·19 [본]경주(慶州) [출]경북 영양 [주]서울 영등포구 버드나루로7길7 카보드개발(주) 회장실(02-2672-6666) [학]1992년 미국 캘리포니아대학교 버클리교 하스스쿨 행정최고관리자과정 수료 1994년 검정고시 합격 1996년 건국대 행정대학원 최고관리자과정 수료 1997년 고려대 경영대학원 최고관리자과정 수료 1999년 서울대 경영대학원 최고관리자과정(DMP) 수료 2003년 성균관대 국가전략대학원 정치학과졸 2011년 경희대 부동산학과졸 [경]1982년 (주)광덕케미칼 회장 1991년 우당장학회 운영이사 1995~2010년 (주)카보드에너텍 회장 1995년 건국대 행정대학원 최고관리자 22기 회장 1995~1996년 전국부동산중개업협회 서울시 4·5대 지부장 1996년 건국대 행정대학원동문회 이사회 부의장 1998~2000년 학교사랑연구회 초대회장 1998년 건국대행정대학원동문회 이사회 의장 1998년 환경감시중앙연합회 부위원장 1999년 우당장학회 운영이사 1999년 전국부동산중개업협회 제7대 회장 1999년 민족화합협력범국민협의회 대의원 1999년 건국대행정대학원 총동문회장 1999년 한국부동산정보통신주식회사 이사 1999~2000년 (사)한국직능단체총연합회 등기이사 2000년 同상임부회장 2000년 경주이씨중앙화수회중앙회 부회장 2000년 한국직능단체총연합회 건설교통분과위원회 위원장 2001년 경주이씨서울시화수회 부회장 2001년 성균관대 국가전략대학원 제12대 총학생회 부회장, 同제13대 총학생회 수석부회장, 同제14대 총학생회 회장 2001년 대한상사중재인협회 중재위원 2001년 성균관대 행정대학원 강사 2002년 대한법인직능단체 수석부회장 2002년 전국부동산중개업협회 제8대 회장 2002년 성균관대 국가전략대학원 제15대 총학생회장 2003년 신아일보 상임논설위원 2003년 동서협력재단 이사 2004년 경주이씨중앙화수회 부회장, 同서울시화수회장(현) 2004년 성균관대 국가전략대학원 총동문회장 2007~2012년 대한상사중재인협회 부회장 2008년 한국공인중개사협회 제10대 회장 2008년 직능경제인단체총연합회 수석부회장 2008년 전국부동산컨설턴트학회 명예회장 2009년 (재)경주이씨중앙화수회유지재단 이사 2009년 한국연예스포츠신문 부회장 2009년 경희대 행정대학원 제52대 원우회 회장 2010년 (사)국회사랑구국기도총연합회 공동총재 2010년 한국부동산대학원 석박사총연합회 회장 2011년 카보드개발(주) 대표이사 회장(현) 2011년 (사)대한부동산연구회 초대회장 2011년 在京영양향우회 청년회장(현) 2011년 在京대구경북도민회 청년부회장 2012년 지지스마트보드 대표이사 2016년 경주이씨중앙화수회 서울회장(현) [상]건국대 행정대학원 학술상, 전국부동산중개업협회장상, 제15대 대통령 감사장, 서울대 경영대학 최고관리자과정(DMP) 우수상, 자랑스런 건행인상, 제2의건국범국민추진위원회 감사패, 건국대 총장 감사패, 행정자치부장관 감사장, 제주도지사 감사패, 건국대 대학원장 특별공로상, 제16대 대통령 감사장, 제17대 대통령 감사장, 한국연예스포츠신문 선정 최우수 직능단체장상, 국토해양부장관표창, 경희대 총장 공로패 [저]'성공하는 70가지 경영전략'(1999) '21세기 한국 부동산의 미래'(2001)

이종엽(李宗燁)

[생]1973·8·17 [출]전북 완주 [주]울산 남구 법대로14번길37 울산지방법원(052-228-8000) [학]1992년 전일고졸 1999년 서울대 공법학과졸 [경]1998년 사법시험 합격(40회) 2001년 사법연수원 수료(30기) 2001년 서울지법 판사 2003년 同동부지원 판사 2005년 청주지법 판사 2008년 의정부지법 판사 2009년 同고양지원 판사 2011년 서울중앙지법 판사 2012~2014년 헌법재판소 파견 2014년 대법원 재판연구관 2016년 울산지법 부장판사(현)

이종오(李鍾旿) LEE Chong Oh

[생]1948·3·22 [본]전의(全義) [출]서울 [주]서울 서대문구 서소문로45 SK리쳄블1102호 (사)경제4대포럼(070-7562-9354) [학]1966년 경복고졸 1972년 서울대 상학과졸 1981년 독일 마르부르크필립대 대학원 사회학과졸 1985년 사회학박사(독일 마르부르크필립대) [경]1985~2004년 계명대 사회학과 교수 1990~1992년 한국산업사회연구회 회장 1992~1994년 민주교수협의회 공동의장 1999~2000년 대통령자문 반부패특별위원 2001~2003년 대통령자문 정책기획위원 2002년 제16대 대통령직인수위원회 국민참여센터 본부장 2003년 대통령자문 정책기획위원회 위원장 2004~2013년 명지대 방목기초교육대학 교수 2006~2008년 국무총리산하 경제·인문사회연구회 이사장 2014년 (사)경제4대포럼 이사장(현) [상]국민훈장 동백장(2001), 황조근정훈장(2008) [저]'프로테스탄티즘의 윤리와 자본주의 정신'(1998, 계명대 출판부) '한국의 개혁과 민주주의'(2000, 나남출판) '한국의 국가와 시민사회' [역]'프로테스탄티즘과 자본주의 정신' [종]기독교

이종옥(李鍾鈺) LEE Jong Ok

[생]1948·3·28 [본]전의(全義) [출]충북 청원 [주]충남 천안시 동남구 병천면 매봉로308 신화인터텍(주) 감사실(041-590-3300) [학]청주고졸, 연세대 정치외교학과졸 2002년 서강대 경영대학원 최고경영자과정 수료 2003년 연세대 경영대학원 최고경영자과정 수료 2008년 건국대 부동산대학원 최고경영자과정 수료 [경]1972년 상업은행 입행, 同미국 뉴욕 브로드웨이지점장, 同국제부장 2002년 한빛은행 트윈타워기업영업본부장 2002년 우리은행 종합금융단장 2003~2004년 同투자금융본부장(부행장) 2007년 다올부동산자산운용 대표이사 2009년 윈베스트투자자문 부회장 2013년 신화인터텍(주) 상임감사(현) [상]재무부장관표창(1991), 은행감독원장표창(1994) [종]기독교

이종완(李種完) LEE Jong Wan (浩楨)

[생]1949·5·26 [본]경주(慶州) [출]경남 사천 [주]울산 남구 남중로120 호정빌딩202호 연합뉴스TV 울산지사(052-276-0048) [학]1972년 경남대 경영학과졸 [경]1971년 경남신문 사회부 기자 1980년 동양통신 마산주재 기자 1981~1992년 연합통신 창원지사 근무 1993년 同울산지국장 1998년 연합뉴스 울산지국장 1999~2000년 同경남취재팀장 2000년 同울산취재팀장 2003년 同울산지국장 2003~2004년 울산중앙로타리클럽 회장 2005~2006년 국제로타리클럽 3720지구8지역 대표 2005년 연합뉴스 울산지사장 2007년 同울산지사 근무(국장급) 2007년 밝은사회국제클럽(GCS) 영남지구 총재 2009~2011년 울산신문 전무이사 2012년 (주)힐링엔젤스 회장 2013년 연합뉴스TV 울산지사장(현) 2014년 울산효(孝)사관학교 부교장(현) [종]천주교

이종완(李鍾浣) Lee Chong wan

[생]1962·10·16 [본]경산(京山) [출]대구 [주]경기 수원시 장안구 대평로128 주택관리공단(주) 감사실(031-303-3000) [학]1982년 대구고졸 1987년 대구대 독어독문학과졸 1993년 스위스 레로쉬국제호텔경영대학 호텔경영학과졸 [경]1999~2000년 대구미래대 조교수 2003~2011년 (재)동서협력재단 지역통합정책단장 2004~2014년 경일건설(주) 감사 2005~2006년 (사)국가전략연구소 부소장 2006~2007년 뉴라이트전국연합 중앙지도위원장 겸 부의장 2012년 (사)바른사회하나로연구원 이사(현) 2014년 주택관리공단 상임감사(현) [종]불교

이종우(李鍾宇) LEE Jong Woo

[생]1956·11·15 [본]광주(廣州) [출]경남 함안 [주]경남 창원시 마산합포구 경남대학로7 경남대학교(055-245-5000) [학]1997년 성균관대 행정대학원 행정학과졸 2007년 서울대 대학원 국가정책과정 수료 2015년 북한대학원대 민족공동체지도자과정 수료 [경]1989년 경남도선거관리위원회 서무과장 1994년 진해시선거관리위원회 사무국장 2002년 중앙선거관리위원회 기획관리관 2005년 경기도선거관리위원회 사무국장 2006년 중앙선거관리위원회 기획조정실장(관리관) 2007년 同법제실장 2007~2010년 국민대 정치대학원 겸임교수 2008년 중앙선거관리위원회 사무차장(차관급) 2010~2012년 同사무총장(국무위원급) 2012년 동국대 행정대학원 겸임교수 2012~2015년 중앙선거관리위원회 제15대 상임위원(국무위원급) 2013~2014년 同의결50년사 편찬위원회 위원장 2015년 경남대 석좌교수(현) [상]중앙선거관리위원회 위원장표창(1987), 대통령표창(1993), 홍조근정훈장(2002), 청조근정훈장(2015) [저]'정치관계법제론'(2008) '한국선거발전론'(2015, 박영사) [종]불교

이종우(李鍾雨) LEE Jong Woo

[생]1962·8·28 [주]서울 영등포구 국제금융로6길11 삼덕빌딩 IBK투자증권 리서치센터(02-6915-5100) [학]서울 보성고졸 1989년 연세대 경영학과졸 [경]1989~2001년 대우경제연구소 입사·대우증권 투자전략부 근무 2002~2003년 미래에셋증권 운용전략실장 2003~2007년 한화증권 리서치센터장(상무) 2007년 교보증권 리서치센터장(상무) 2008년 현대차IB증권 리서치센터장 2008년 HMC투자증권 리서치센터장(상무) 2011~2012년 솔로몬투자증권 리서치센터장(전무) 2012년 IM투자증권 리서치센터장(전무) 2013년 同경영기획본부장 2015년 IBK투자증권 리서치센터장(현)

이종우(李鍾雨) LEE Jong Woo

[생]1968·1·6 [출]강원 양양 [주]경기 수원시 영통구 월드컵로120 수원지방법원(031-210-1114) [학]1986년 강릉고졸 1993년 성균관대 법학과졸 [경]1994년 사법시험 합격(36회) 1997년 사법연수원 수료(26기) 1997년 수원지법 판사 1999년 서울지법 판사 2001년 춘천지법 영월지원판사 2002년 同정선군·태백시·평창군법원 판사 2003년 춘천지법 영월지원 판사 2005년 서울동부지법 판사 2007년 서울중앙지법 판사 2008년 특허법원 판사 2010년 청주지법 판사 2011년 특허법원 판사 2012년 춘천지법 강릉지원 부장판사 2013년 同강릉지원장 2015년 수원지법 부장판사(현)

이종우(李鍾宇) Jong W. Lee

[생]1971·9·5 [주]경기 오산시 경기동로161의6 (주)제우스 사장실(031-377-9500) [학]1998년 미국 미시간대 전기공학과졸 2000년 同대학원 전기공학과졸(VLSI 디자인) 2005년 한국과학기술원 경영대학원 경영학과졸(MBA) [경]1998년 미국 M/A-COM 인턴·테스트 엔지니어 2000~2001년 미국 Magma Design Automation 소프트웨어 엔지니어 2001~2003년 미국 Cadence Design Systems 제품엔지니어 2005~2011년 (주)제우스 사내등기이사 2012년 同대표이사 사장(현)

이종욱(李鍾郁) LEE Jong Wook

[생]1946·5·29 [출]부산 [주]서울 강남구 테헤란로133 한국타이어빌딩 법무법인(유) 태평양(02-3404-0115) [학]1964년 동래고졸 1969년 서울대 법학과졸 1982년 미국 캘리포니아대 버클리교 대학원졸(LL.M.) [경]1970년 사법시험 합격(11회) 1972년 사법연수원 수료(1기) 1972년 軍법무관 1975년 서울민사지법 판사 1977년 서울형사지법 판사 1981년 서울지법 남부지원 판사 1982년 대구고법 판사 1983년 서울고법 판사 겸 법원행정처 기획담당관 1986년 서울민사지법 부장판사 1993년 서울지법 의정부지원장 1993년 부산고법 부장판사 1994년 서울고법 부장판사 1994년 법원행정처 기획조사실장 1996년 서울고법 부장판사 1999년 법무법인(유) 태평양 대표변호사(현) 1999~2002년 대한생명보험 사외이사 1999년 법제처 행정심판위원회 위원 2001년 우리금융 사외이사 2001년 제일모직(주) 사외이사 2002년 (재)청호불교문화원 이사장(현) 2005~2010년 SK C&C 사외이사 2006~2012년 서울 강남구 특별법률고문변호사 2009년 신한희망재단 이사(현) 2011년 부국증권(주) 사외이사(현) 2016년 한국프로골프협회(KPGA) 자문위원회 위원(현) [종]불교

이종욱(李鍾郁) LEE Jong Wook

[생]1949·3·10 [출]서울 [주]서울 강남구 봉은사로114길 12 대웅제약 부회장실(02-550-8006) [학]1967년 서울고졸 1971년 서울대 약학과졸 1977년 同대학원 약학과졸 1983년 약학박사(서울대) [경]1974년 (주)유한양행 입사 1991~2003년 同중앙연구소장(전무이사) 2003~2006년 유한화학 대표이사 사장 2006~2015년 대웅제약 대표이사 사장 2012년 한국제약협회 약사제도위원장 겸 부이사장(현) 2013년 혁신형제약기업협의회 회장(현) 2015년 대웅제약 대표이사 부회장(현) [상]철탑산업훈장, 대한약학회 학술상·약학기술상

이종욱(李鐘郁) LEE Jong Wook

[생]1953·10·18 [출]경남 남해 [주]부산 남구 문현금융로 40 부산국제금융센터(BIFC) 국민행복기금(051-794-2000) [학]1972년 경남고졸, 연세대 경제학과졸 1977년 同대학원 경제학과졸 1987년 경제학박사(미국 일리노이대 어배나교) [경]한국금융연구원 초빙연구원, 경제학연구소 편집위원, 신경제5개년 정보산업부문 자문위원, 중앙대 경제연구소 편집위원, 미국 로체스터대 초빙교수 1988년 서울여대 경제학과 조교수·부교수·교수(현) 2000년 새마을금고중앙회 자문위원 2006년 대한상공회의소 자문위원 2008년 한국중소기업학회 회장 2009년 삼성물산(주) 사외이사 겸 감사위원(현) 2011년 금융위원회 금융발전심의회 중소서민금융분과 위원장 2012~2014년 서울여대 사회과학대학장 2013~2014년 한국국제금융학회 회장 2014년 미소금융중앙재단 이사 2015년 (주)국민행복기금 이사장, 同이사(현) 2015년 새누리당 나눔경제특별위원회 위원(현) [저]'국제금융론(共)'(1996) '한국의 금융, 외환위기와 IMF'(1998) '다원성, 경영패러다임 변화와 경제성장 원천(共)'(2005) '금융위기 이후, 우리나라 금융이 나아갈 발향(共)'(2009)

이종욱(李鍾旭)

[생]1957·5·21 [주]서울 서초구 헌릉로12 현대자동차(주) 샤시기술센터(02-3464-1114) [학]성동고졸, 인하대 기계공학과졸 [경]현대자동차(주) 차체설계1팀장, 同감사1팀장(이사대우) 2008년 同감사1팀장(이사) 2010년 同감사1팀장(상무) 2012년 同재료개발센터장(상무) 2013년 同샤시기술센터장(전무)

이종욱(李宗昱) LEE Jong Wook

[생]1958·12·20 [본]성산(星山) [출]경북 상주 [주]서울 서초구 반포대로222 가톨릭대학교 서울성모병원 혈액내과(02-2258-6050) [학]1983년 가톨릭대 의대졸 1990년 同대학원졸 1993년 의학박사(가톨릭대) [경]1990~1998년 가톨릭대 의대 혈액내과 임상강사·전임강사·조교수 1994년 미국 시애틀 프레드허치슨대 암연구센터 객원교수 1998년 가톨릭대 의대 혈액내과 부교수 1998~1999년 대한수혈학회 학술대회이사 2003년 가톨릭대 의과대학 내과학교실 교수(현) 2007년 대한혈액학회 이사(현) 2008~2013년 식품의약품안전청 중앙약사심의위원회 위원 2009년 가톨릭대 서울성모병원 혈액내과 분과장(현) 2009년 보건복지부 건강보험분쟁조정위원회 위원(현) 2009년 천주교 서울대교구 생명위원회 운영위원(현) 2011년 가톨릭대 서울성모병원 BMT(조혈모세포이식)센터소장(현) 2013년 식품의약품안전처 중앙약사심의위원회 위원(현) 2014년 대한조혈모세포이식학회 감사 2015년 同이사장(현) [상]대한조혈모세포이식학회 학술상(2010), 대한혈액학회 최우수논문상(2012) [종]가톨릭

이종욱(李種旭) Lee Jong Wook

[생]1973·1·2 [주]충북 청주시 상당구 상당로82 충청북도의회(043-220-5146) [학]주성대학 창업경영학과졸, 청주대 법학과졸, 同사회복지·행정대학원 지적학과졸, 경영학박사(청주대) [경]주성대 총학생회장, 새누리당 충북도당 청년위원장 2014년 충북도의회 의원(비례대표, 새누리당)(현) 2014년 同교육위원회 위원 2014~2015년 同예산결산특별위원회 위원 2015년 충북도교육청 교권보호위원(현) 2016년 충북도의회 대변인(현) 2016년 同교육위원회 부위원장(현) 2016년 同운영위원회 위원(현)

이종욱(李宗昱)

[생]1974 [출]경북 상주 [주]대전 서구 청사로189 관세청 창조기획재정담당관실(042-481-7660) [학]김천고졸, 연세대 경제학과졸, 미국 럿거스대 대학원 행정학과졸 [경]1999년 행정고시 합격(43회) 2006년 관세청 교역협력과 행정사무관 2008년 서기관 승진 2009년 인천세관 심사국장 2010년 관세청 비서관 2013년 同수출입물류과장 2014년 同창조기획재정담당관(서기관) 2016년 同창조기획재정담당관(부이사관)(현)

이종원(李鍾元) LEE Chong Won (三鉉)

[생]1941·12·1 [본]전주(全州) [출]서울 [주]서울 동작구 흑석로84 중앙대학교 기계공학부(02-820-5276) [학]1959년 배재고졸 1963년 육군사관학교졸 1967년 미국 일리노이대 대학원졸(공학석사) 1973년 공학박사(미국 버지니아대) [경]1967~1984년 육군사관학교 기계과 전임강사·조교수·부교수·교수 1984~2007년 중앙대 기계공학부 교수 1988년 同재무처장 1990년 同총무처장 1997~2003년 한국군사과학기술학회 감사 1998~2000년 국제로타리제3650지구 서울문화로타리클럽 회장 1999년 대한기계학회 회장 2000~2004년 경원중 학교운영위원장 2000~2007년 한국공학한림원 정회원 2001~2004년 기술표준원 산업표준심의회 위원장 2002년 한국승강기공학회 부회장 2005~2007년 한국정신과학학회 회장 2007~2008년 화랑교수회 회장 2007년 중앙대 기계공학부 명예교수(현) 한국공학한림원 명예회원·원로회원(현), 한국정신과학학회 부설 정신과학문화원장 2013~2014년 국제로타리 3650지구 총재 2012년 한국표준협회 KS인증위원회 부위원장(현) [상]대통령표창(1963), 중앙대총장 교육상(1986), 산업포장(2004), 중앙대총장 공로상(2005), 국제로타리클럽 회장 공로상(2008) [저]'자동제어'(1983) '기계제도'(1993) '재료역학'(1993) 'CAD/CAM개론'(1995) 등 총 15권 [역]'재료역학 2, 3, 4, 5, 6판(Mechanics of Materials, Gere원저)'(1986~2004) [종]불교

이종원(李宗洹) RHIE Jong Won

[생]1956·1·23 [본]전주(全州) [출]서울 [주]서울 서초구 반포대로222 가톨릭대학교 서울성모병원 성형외과(02-2258-6142) [학]1981년 가톨릭대 의과대학 의학과졸 1983년 同대학원 의학과졸 1993년 의학박사(가톨릭대) [경]1984~1989년 가톨릭대 강남성모병원 전공의 1989~1993년 同대전성모병원 성형외과장 1993~2002년 同의과대학 성형외과학교실 조교수·부교수 1996~1997년 미국 듀크대 성형외과 교환교수 1999~2002년 가톨릭대 성모병원 성형외과장 2002년 同의과대학 성형외과학교실 교수(현) 2002년 同서울성모병원 성형외과장 2004~2006년 대한성형외과학회지 편집위원장 2005~2012년 대한창상학회 부회장 겸 교육위원장 2007~2008년 대한성형외과학회지 재무위원장 2008년 식품의약품안전청 중앙약사심의위원회 자문위원(현) 2009~2011년 가톨릭대 서울성모병원 수련교육실장 2011년 한국조직공학재생의학회 부회장 겸 학술위원장 2011~2014년 대한성형외과학회지 고시위원장 2011~2014년 한국조직은행연합회 이사 2011년 대한화상학회 편집이사 2012년 대한창상학회 회장(현) 2013~2015년 대한화상학회 기획위원장 2015년 한국조직공학재생의학회 회장, 同명예회장(현)

이종원(李鍾遠) LEE Jong Won

[생]1957·3·30 [본]벽진(碧珍) [출]경남 의령 [주]서울 서대문구 서소문로21 충정타워15층 한국IPTV방송협회(02-390-4545) [학]1976년 부산고졸 1985년 고려대 경제학과졸 [경]1985년 조선일보 편집국 사회부 기자 1989년 同정치부 기자 1994년 同노조위원장 1995년 同정치부 기자 1998년 同정치부 차장 2001년 同총무부장 직대(차장) 2003년 同정치부 차장 2004년 同정치부 부장대우 2005년 同국제부장 2005년 同경영기획실장 2007년 한국신문협회 기조협의회장 2008년 조선일보 정치부장 2009~2012년 同편집국 부국장 2010년 관훈클럽 운영위원(기획) 2011~2012년 조선일보 방송·뉴미디어담당 겸임 2012년 同총무국장 2013년 한국디지털미디어산업협회(KODIMA) 회장 2015년 한국IPTV방송협회(KIBA) 회장(현)

이종원(李鍾源) LEE Jong Won

[생]1958·1·7 [출]경남 양산 [주]부산 동래구 온천천남로 185 부산환경공단 이사장실(051-760-3201) [학]1971년 부산 동래고졸 1975년 부산대 사회복지학과졸 2002년 同경영대학원졸 [경]1984년 행정사무관시보 임용(총무처 수습행정관) 1984년 부산시 수습파견 1984년 중앙공무원교육원 파견 1985년 내무부 근무 1985년 부산시 전산담당관실 전산1계장 1987년 同교통기획담당관실 교통운영계장 1990년 同공업과 공업진흥계장 1991년 同법무담당관실 송무계장 1992년 同지역경제국 지역경제계장 1995년 同기획담당관실 기획계장 1996년 부산 북구의회 사무국장(지방서기관) 1996년 부산시 아시안게임준비단 아시안게임지원과장 1997년 同기획관리실 경영행정담당관 1998년 同경제진흥국 투자진흥과장 2000년 同문화관광국 문화예술과장 2003년 同기획관리실 예산담당관 2005년 同기획관 직대 2007년 同지방공무원교육원장 2008년 同기획재정관 2009년 同교통국장 2011년 同행정자치국장 2011년 同경제산업본부장 2012년 국방대 파견(고위공무원) 2013년 부산시 창조도시본부장 2015년 同의회 사무처장(2급) 2015년 부산환경공단 이사장(현) [상]노동부장관표창(1990), 대통령표창(1994·1998)

이종원(李鍾遠)

[생]1959·10·5 [출]충남 보령 [주]충남 홍성군 홍북면 상하천로58 충남문화재단(041-630-2924) [학]1987년 국민대 문과대학 영어영문학과졸 2005년 경희대 대학원 문화예술경영학과졸 2010년 예술학(공연예술)박사(세종대) [경]1982~2008년 한국문화예술위원회 검사역·예술진흥위원·심사평가전문위원·연극전문위원·아르코예술극장장 2008~2010년 (재)대학로문화재단 상임이사 겸 극장장 2010년 세종대 융합예술대학원 초빙교수 2015년 충남문화재단 대표이사(현) 2016년 한국광역문화재단연합회 이사(현) [상]문화체육관광부장관표창(1998·2000)

이종원(李鐘元) Lee Jong Won

[생]1961·4·26 [본]성산(星山) [출]경북 성주 [주]경기 부천시 원미구 지봉로43 가톨릭대학교 법정경학부(02-2164-4454) [학]1985년 서울대 사회교육학과졸 1987년 同행정대학원졸 1990년 同행정대학원 박사과정 수료 1997년 정치학박사(미국 노스웨스턴대) [경]1987~1988년 한국개발연구원(KDI) 연구원 1988년 한국의회발전연구회(KLSI) 연구원 1997~1999년 서울시정개발연구원 부연구위원 1999~2001년 한국방송통신대 행정학과 교수 2000·2005년 서울행정학회 총무이사 2000년 한국행정학회 총무위원 2001년 가톨릭대 행정학전공 교수(현) 2001~2002년 한국정치학회 지방정치분과 총무간사 2003~2005년 경기 부천시의회 의정자문위원 2003~2005년 가톨릭대 행정대학원 행정학과장 2003~2005년 同법경학부장 2006~2007년 미국 UC Berkeley Institute of Government Studies Visiting Scholar 2007~2009년 기획재정부 공기업·준정부기관평가단 경영평가팀장 2008~2009년 가톨릭대 정경학부장 2009~2013년 同행정대학원장 2009년 한국행정학회 연구이사, 同산하 행정언어연구회장 2009~2015년 한국지방행정연구원 발간 지방행정연구편집위원 2009~2013년 국립산림과학원 겸임연구관 2010년 한국정책학회 연구이사 2010년 한국부패정책학회 서울지역회장 2011~2013년 한국지방정부학회 연구부회장 2012년 한국정책학회 연구위원장 2012~2014년 한국행정학회 지방행정연구회장 2012~2014년 한국지방자치학회보 편집위원 2012년 국가보훈처 자체평가위원 2013~2015년 가톨릭대 학생취업지원처장 2013년 한국행정학회 총무위원장 2015~2016년 서울행정학회 회장 2015년 가톨릭대 행정대학원장(현) [저]'한국 지방민주주의의 위기 : 도전과 과제(共)'(2002) '서울시정의 바른 길'(共) '바른사회를 위한 시민회의'(2002, 나남출판) '한국의 권력구조논쟁Ⅳ-지방권력구조(共)'(2005, 인간사랑) '지방의회의 이해'(2008, 박영사)

이종원(李鍾元) LEE Jong Won

[생]1963·8·15 [본]광주(廣州) [출]경기 이천 [주]대전 서구 갈마중로30번길67 충청투데이 편집국(042-380-7000) [학]1989년 청주대 사회학과졸 [경]강원일보 기자 2001년 대전매일신문 편집부 차장 2004년 同편집2부 부장대우 2005년 충청투데이 편집2부 부장대우 2005년 同편집부장, 한국편집기자협회 부회장, 同대전충청지회장 2008년 충청투데이 편집국 부국장대우 2010년 同지방행정부장 겸임 2012년 同편집국 부국장 2012년 同충남본부 부국장 2015년 同편집국장(현)

이종원(李鍾沅) LEE Jong Won

[생]1963·12·4 [주]서울 영등포구 국제금융로56 미래에셋대우(02-768-3355) [학]광주고졸, 전남대졸 [경]산업증권 근무, 삼성투자신탁 근무, 미래에셋증권(주) 법인영업본부장(이사) 2006년 同법인영업본부장(상무보) 2008년 同법인영업본부장(상무) 2009년 同잠실지점장(상무) 2010년 同퇴직연금컨설팅1부문 3본부장(상무) 2011년 同기업RM부문 4본부장(상무) 2013년 同기업RM부문 1본부장(전무) 2014년 同Wholesale부문 대표(전무) 2016년 미래에셋대우 IWC1센터장(현)

이종윤(李鍾潤) LEE Jong Yun (吉松)

[생]1940·8·23 [출]충남 천안 [주]서울 종로구 김상옥로30 한국기독교학술원(02-764-0377) [학]1963년 연세대 신학과졸 1965년 同대학원 신학과졸(Th.M) 1971년 미국 웨스트민스터신학교 신학대학원졸(M.Div), 독일 튀빙겐대 수학, 미국 템플대 수학 1975년 철학박사(영국 세인트앤드루스대), 명예 신학박사(D.D)(미국 웨스트민스터신학교), 명예 신학박사(D.D)(장로회신학대) [경]1974년 아세아신학연맹(ATA) 이사 1976~1988년 아세아연합신학대 교수 1978년 미국 풀러신학대학원 겸임(Adjunct)교수 1978~2010년 아시아로잔위원회 의장 1978년 세계로잔위원회(LCWE) 중앙위원(현) 1981년 복음주의연맹(KEF) 총무 1981년 할렐루야교회 당회장 목사 1984년 세계신약학회(SNTS) 회원(현) 1984~1988년 전주대 총장 1988년 서울 충현교회 당회장 목사 1988~1992년 밀알선교회 이사장 1988~1991년 충현교회 위임목사 1991~2010년 서울교회 위임목사 1991년 한국교회갱신연구위원회 위원장 1991~2010년 한국교회갱신연구원(KIMCHI) 원장 1994~2000년 기독교교도소추진위원회 위원장·이사장 1999년 탈북난민보호운동 위원장 2002년 군선교신학회 회장(현) 2003~2010년 장로교신학회 회장, 한국기독교총연합회 신학위원장, 한국장로교총연합회 장로교회정체성회복운동위원장 2005~2010년 아가페타운(호산나장애인학교) 이사장 2005년 한국군선교연합회 부이사장(현) 2008~2009년 한국장로교총연합회 상임회장 2009년 칼빈탄생500주년기념사업회 회장 2009~2010년 한국장로교총연합회 대표회장 2010년 서울교회 원로목사(현) 2011~2013년 서울장신대 석좌교수 2011년 한국기독교학술원 원장(현), 장로교총회창립100주년기념표준주석편찬위원회 위원장(현), 장로교일교단다체제추진위원회 위원장(현), 한국장로교역사박물관추진위원회 위원장(현), Save NK 이사장(현) 2012년 북한인권한국교회연합 대표회장(현) 2013년 미래한국 상임고문(현) 2013년 몽골 울란바타르대 명예총장(현) 2014년 새로운한국을위한국민운동 상임대표(현) [저]'기독교신앙 ABC' '창세기 강해' '신구약 개설' 'New Testament Greek Book' '예수의 기적' '신약개론' '요한복음 강해(Ⅰ~Ⅳ)' '로마서 강해(Ⅰ~Ⅱ)' '순례자의 길' '순례자(Ⅰ~Ⅲ)' 'Paul and The historical Jesus' '에베소서' '빌립보서' '창세기(2권)' '소선지서' '이사야서(2권)' '여호수아서' '신약개론(중국어, 몽골어판)' '갈라디아서' '예수의비유' '예수의기적-야고보서' '헬라어강독(영문, 한글)-마태복음(2권)' '새번역주기도문' '사도신경해설' '교회성장론' [종]기독교

이종윤(李鐘允) RHEE Chong Yun

❸1945·2·22 ❷경주(慶州) ❸경남 산청 ㈜서울 강남구 선릉로131길18의4 한일재단빌딩 한일산업기술협력재단 임원실(02-3014-9831) ❺1964년 부산고졸 1969년 서울대 경제학과졸 1979년 일본 一橋大 대학원 경제학과졸 1984년 경제학박사(일본 一橋大) ❸1976년 일본 一橋大 연구원 1984~2010년 한국외국어대 국제통상학과 교수 1992년 일본 上智大 객원교수 1994~1996년 한국외국어대 기획조정처장 1996~1998년 한일경상학회 회장 1999~2010년 한국외국어대 세계경영대학원장, 제7차 경제사회발전 5개년 계획부문 계획위원, 산업자원부 무역정책 자문위원, 교육부 교육개혁 추진홍보위원, (재)한일산업기술협력재단 전문위원, 전국경제인 연합회 자문위원, 대한상공회의소 한국경제센터 자문위원, 대외경제정책연구원 연구위원, ㈜KT 경제고문(상근) 2009년 한국외국어대 국제통상학과 명예교수(현) 2011년 (재)한일산업기술협력재단 전무이사(현) 2011~2012년 (사)한일경제협회 전무이사 2012년 同상근부회장(현) ⓩ홍조근정훈장 ㉻'일본의 산업 및 무역구조의 전개와 정책적 대응'(1982, 한국산업경제기술연구원) '한국의 무역발전과 종합상사의 역할'(1984, 한국경제연구원) '무역발전과 종합상사'(1987, 박영사) '국제통상환경변화와 한국경제의 대응'(1990, 한국경제신문) '엔고에 따른 일본의 산업구조과정과 한국경제의 대응'(1994, 세계경제연구원) '한국경제의 체질개선과 국제경쟁력 강화를 위한 정책방향'(1994, 전경련) '정보화 시대와 한국경제협력에 관한 실증분석'(1996, 정보통신부) '주요국가의 경제모형과 경제학'(1997, 한국경제연구원) '몸부림치는 한일경제'(2001) '일본금융개혁과 4대 은행의 경쟁력 분석'(2005) '동아시아경제공동체의 형성과 한중일의 협력'(2005) '전환기의 한일경제'(2007) '한국경제의 불안정과 새로운 발전모델'(2008) '일본을 어떻게 볼 것인가'(2012)

이종윤(李鍾崙) LEE Jong Yun

❸1952·1·1 ❷인천(仁川) ❸대구 ㈜대구 달서구 화암로73길10 우양관세법인(053-744-1133) ❺1971년 대륜고졸 1978년 영남대 법학과졸 ❸1994년 관세청 관세공무원교육원 근무 1995년 대구세관 감사담당관 1997~2000년 마산세관 통관과장·감시과장 2000년 관세청 종합심사과 근무 2002년 대구세관 세관운영과장 2004년 포항세관장 2005년 창원세관장 2007년 관세청 조사감시국 감시과장 2008~2010년 구미세관장 2010~2013년 국가관세정보망운영연합회 국내사업본부장 2013~2015년 한일관세법인 관세사 2015년 우양관세법인 관세사(현) ⓩ재정경제부장관표창(1999), 근정포장(2010) ⓩ천주교

이종익(李鍾益) LEE Jong Ik

❸1955·8·23 ❷경주(慶州) ❸경북 의성 ㈜서울 강남구 테헤란로317 동훈타워 법무법인 대륙아주(02-563-2900) ❺1973년 대구상고졸 1977년 부산수산대 어업학과졸 2004년 연세대 행정대학원 행정학과졸 ❸1999년 관세청 검사분류과·심사정책과 사무관 2000년 同서울수입2과장·구로통관지원과장 2002년 국세공무원공무원 파견 2004년 서울세관 세관운영과장 2006년 관세청 통관기획과 서기관 2006년 재정경제부 경제자유구역기획단 파견 2007~2009년 인천공항 국제우편세관장 2009년 김포공항세관 세관장 2010년 관세청 법인심사과장(서기관) 2011년 서울세관 통관국장 2012~2013년 양산세관장 2013~2015년 관세법인 스카이브릿지 관세무역연구원 원장 2015년 (사)한국관세평가연구회 회장(현) 2015년 법무법인 대륙아주 고문(현) ⓩ대통령표창(1991), 부총리 겸 재정경제부장관표창(2003)

이종인(李鍾仁) LEE Jong Inn

❸1952·3·22 ❷성주(星州) ❸경남 산청 ㈜서울 노원구 노원로75 원자력병원 외과1과(02-970-2114) ❺서울대 의대졸, 同대학원졸, 의학박사(서울대) ❸1985년 원자력병원 외과 의사, 同외과 과장, 同의무기록실장, 대한위암학회 회장 2008~2010년 대한임상종양학회 부회장 2010~2013년 한국원자력의학원 원장 2013년 원자력병원 외과1과장(현)

이종인(李鍾仁) LEE, JONG-IN

❸1952·8·11 ❷경주(慶州) ❸경북 안동 ㈜경북 경주시 북성로89 한국원자력환경공단 이사장실(054-750-4000) ❺1969년 휘문고졸 1974년 한양대 공대 원자력공학과졸 1978년 同대학원 원자력공학과졸 1985년 원자력공학박사(한양대) ❸1978~1982년 한국원자력연구소 연구원 1982~1983년 미국 BNL연구소 연구원 1983~1990년 한국원자력연구소 선임연구원 1990년 한국원자력안전기술원 안전공학그룹장 1997~2001년 同안전연구개발부장 1999~2004년 국제원자력기구(IAEA) 안전기준위원회 국가대표위원 2001년 한국원자력안전기술원 기획부장 2002년 同안전규제부장 2005~2014년 同책임연구원 2008~2011년 同방사선안전본부장 2008~2009년 한국원자력학회 회장 2009~2010년 방사선선진문화포럼 창립준비위원장 2011년 한국원자력안전기술원 규제심의위원 2012년 同수석전문위원 2012년 미래과학융합포럼 공동대표(현) 2014년 한국원자력환경공단 이사장(현) ⓩ원자력기술상(1998), 산업포장(2005), 대전시 유성구청장 봉사상(2007), 동탑산업훈장(2015) ⓩ기독교

이종인(李鍾仁) LEE Jong In

❸1956·6·10 ❷평창(平昌) ❸강원 영월 ㈜경기 수원시 영통구 월드컵로92 국토지리정보원 운영지원과(031-210-2602) ❺영월공고졸, 충주산업대 토목공학과졸, 同대학원졸 ❸건설부 도로국 노정과 근무, 원주지방국토관리청 도로계획과·도로공사과 근무, 대전지방국토관리청 도로공사과·도로계획과장, 원주지방국토관리청 홍천국도 보수과·도로계획과장, 대전지방국토관리청 보은국도소장, 원주지방국토관리청 하천공사과장, 同건설관리실 총괄담당 2008년 同도로계획과장 2009년 국토해양부 국토정책국 지역발전지원과 과장급 2010년 同공공기관지방이전추진단 파견(사무관) 2011년 원주지방국토관리청 도로시설국 도로계획과장 2013년 同홍천국토관리사무소 보수과장 2015년 국토지리정보원 운영지원과장(현) ⓩ장관표창, 국무총리표창, 대통령표창

이종재(李宗宰) LEE Chong Jae (率谷)

❸1944·2·18 ❷전주(全州) ❸전북 전주 ㈜서울 관악구 관악로1 서울대학교 교육학과(02-880-5114) ❺1968년 서울대 교육학과졸 1971년 同대학원졸 1974년 교육학박사(미국 Florida State Univ.) ❸1974~1980년 한국교육개발원 책임연구원 1978·1985년 미국 Univ. of Pittsburgh 방문교수 1980~2009년 서울대 사범대학 교육학과 교수 1991년 대학교육협의회 정책연구부장 1996년 미국 미시간주립대 Visiting Scholar 1997~2001년 서울대 중등교육연수원장 겸 교육행정연수원장 1997년 계간 교육진흥 편집위원장 2000년 한국교육행정학회 회장 2000년 교육인적자원부 시·도교육청 평가위원장 2002~2005년 한국교육개발원 원장 2002년 유네스코 한국위원회 교육분과 위원 2003년 통일부 통일교육심의위원 2003~2006년 OECD 교육위원회 부의장 2008~2009년 국가교육과학기술자문회의 자문위원 2009년 서울대 명예교수(현) ㉻현대교육론(Ⅲ)' '교육행정' '교육행정의 이론과 실제' '교육경제학의 전개' '교육행정연구법' '21세기 교육개혁' '교사론' '한국교육발전의 참구'(2009) '사교육: 현상과 대응'(2009) '한국교육 60년'(2010) 'Sixty years of Korean Education'(2010) ㉣'한국교육의 발전모형'(2008) 'Shadow education'(2009) ⓩ기독교

이종재(李鍾宰) LEE Chong Jae

❸1959·10·18 ❷전주(全州) ❸충남 서산 ㈜서울 동작구 여의대방로62길1 이투데이 임원실(02-799-2609) ❺1978년 충남고졸 1986년 한국외국어대졸 2006년 미국 조지워싱턴 대학원 금융공학과졸(MSF) ❸1985년 한국무역협회 근무 1988년 서울경제신문 근무 1991년 한국일보 입사 1999년 同경제부 차장 2000년 동아일보 경제부 차장 2001년 ㈜머니투데이 기업부장·경영기획실장 2002년 同부국장대우 경제부장 2002년 同경영기획실장 2004년 同경영기획실 기획위원 2006년 同고문 2006년 한국일보 편집국 경제·기획담당 부국장 2007년 同편집국 국차장 2008년 同경제부장 겸임 2009년 同편집국장 2011년 同논설위원 2011년 한국SR전략연구소 소장 2012년 이투데이 부사장 겸 편집국장 2012년 코스리(한국SR전략연구소) 대표 2014년 이투데이 대표이사 사장(현) ⓩ외대언론인상(2010), 오피니언 리더스클럽(OLC) 올해의 언론대상(2010) ㉻'한국의 인맥(共)'(1990) '재벌과 가벌(共)'(1991) '재벌이력서'(1992) ⓩ불교

이종주(李宗柱) Jong Ju Lee

❸1959·11·13 ㈜강원 춘천시 중앙로1 강원도의회(033-256-8035) ❺해룡고졸, 송원실업전문대 공업경영과졸, 강원대 경영대학원 최고경영자과정 수료 ❸강원도정구연맹 부회장, 민주당 강원도당 부위원장, 동아일보 남춘천독자센터장(현), 매일경제 남춘천지국장(현), 서울신문 춘천지국장(현), 在춘천호남우회 회장(현) 2014년 강원도의회 의원(비례대표, 새정치민주연합·더불어민주당)(현) 2014·2016년 同운영위원회 위원(현) 2014·2016년 同교육위원회 위원(현) 2014년 同접경지역발전특별위원회 위원 2015년 강원도 행복한강원도위원회 교육복지분과 위원(현) 2016년 더불어민주당 강원도당 국민통합위원장(현)

이종주(李種珠)

[생]1965 · 10 · 8 [주]광주 서구 상무중앙로43 BYC빌딩7층 무등일보 편집국(062-606-7700) [학]1991년 전남대 국어국문학과졸 [경]1991~2002년 무등일보 편집국 정치부 · 경제부 · 편집부 · 체육부 · 사회부 기자 2002년 同사회부 차장대우 2002년 同정치부 차장대우 2003년 同교육부 차장 2004년 同사회부 차장 2006년 同사회부 부장대우 2006년 同교육체육부장 2008년 同지역사회부장 2013년 同정치부장(부국장) 2015년 同지역총괄본부장 2015년 同편집국장(현) [상]광주 · 전남기자협회 '올해의 기자상' 우수상(2014)

이종주(李種珠 · 女) Lee Jong Joo

[생]1972 · 9 · 25 [주]서울 종로구 세종대로209 통일부 정책총괄과(02-2100-5730) [학]은광여고졸, 고려대 사회학과졸, 서울대 행정대학원 정책학과졸, 미국 하버드대 케네디스쿨 행정학과졸 [경]1996년 행정고시 합격(40회) 1998년 통일부 입부, 同교류총괄과 · 경제분석담당관실 사무관, 同정책기획팀 사무관, 同홍보담당관실 사무관, 同교류협력과 사무관 2007년 同정책홍보본부 서기관 2007년 同정책홍보본부 국제협력팀장 2008년 同통일정책국 정책기획과 서기관 2008년 同인도협력국 인도지원과장 2009년 同홍보담당관 겸 부대변인 2011년 駐미국대사관 통일안보관 2014년 통일부 통일정책실 정책총괄과장 2016년 同통일정책실 정책총괄과장(부이사관)(현)

이종진(李鍾鎭) LEE Jong Jin

[생]1950 · 5 · 5 [본]전의(全義) [출]대구 달성 [학]1968년 대구농림고졸 [경]1983년 대구시 남구 민방위과장 1983년 同내무국 총무과 종합상황실장 1993년 同공무원교육원 교학과장 1995년 同환경녹지국 청소과장 1997년 同팔공산자연공원관리사무소장 1998년 同공보관 2004년 同환경녹지국장 2004년 同달성군 부군수 2006~2010년 대구시 달성군수(한나라당) 2012년 새누리당 달성군당원협의회 위원장 2012~2016년 제19대 국회의원(대구 달성, 새누리당) 2013년 국회 국토교통위원회 위원 2014~2015년 국회 지방자치발전특별위원회 위원 2014년 국회 보건복지위원회 위원 2014~2015년 국회 예산결산특별위원회 위원 2014~2015년 새누리당 대구시당 위원장 2015년 同메르스비상대책특별위원회 위원 2015년 同국가간호간병제도특별위원회 위원 [상]근정포장(1980), 국무총리표창(1993), 홍조근정훈장(2006), 유권자시민행동 대한민국유권자대상(2015), 글로벌 자랑스런 한국인대상(2015), 한민족대상 의정부문 대상(2015), 대한민국 의정대상(2015)

이종진(李宗振) LEE Jong Jin

[생]1958 · 1 · 16 [본]광주(廣州) [출]강원 홍천 [주]강원 홍천군 홍천읍 공작산로99 홍천소방서(033-439-2211) [학]홍천고졸, 한림성심대졸 [경]1980년 강원도 소방본부 소방행정과 근무, 원주소방서 장비담당, 춘천소방서 예방담당, 속초소방서 소방행정담당, 춘천소방서 소방행정과장, 강원소방훈련센터 센터장, 강원도 소방본부 방호구조과 방호계장 2011년 同소방본부 종합상황실장 2012년 강원 홍천소방서장 2014년 강원 철원소방서장 2015년 강원 홍천소방서장(현) [상]내무부장관표창, 강원도지사표창

이종진(李鍾鎭) Lee, Jong Jin

[생]1969 · 12 · 24 [주]부산 연제구 중앙대로1001 부산광역시의회(051-888-8181) [학]낙동고졸, 미국 텍사스주립대졸, 동아대 경영대학원 경영학과졸 [경]허태열 국회의원 보좌관, (사)부산북구금곡동청년회 수석부회장(현), (사)부산화학물질관리협회 사무국장, 부산시 북구 금곡동 방위협의회 수석부회장(현), (주)경동화학 상무이사(현) 2014년 부산시의회 의원(새누리당)(현) 2014년 同보사환경위원회 위원 2014년 同예산결산특별위원회 부위원장 2014년 同공기업특별위원회 위원 2015 · 2016년 同운영위원회 위원(현) 2015년 同복지환경위원회 위원 2016년 同복지환경위원회 부위원장(현)

이종찬(李鍾贊) LEE Jong Chan (森人)

[생]1936 · 4 · 29 [본]경주(慶州) [출]중국 상해 [주]서울 종로구 필운대로10길17 우당장학회(02-734-8851) [학]1956년 경기고졸 1960년 육군사관학교졸(16기) 1972년 서울대 행정대학원졸 [경]1963년 육군사관학교 교수 1971년 예편(육군 소령) 1973년 駐영국 참사관 1980년 중앙정보부 총무국장 · 기획조정실장 1980년 입법회의 의원 1980년 민주정의당(민정당) 창당발기인 1981년 同사무차장 1981년 제11대 국회의원(서울 종로 · 中, 민정당) 1981~1985년 민정당 원내총무 · 국회 운영위원장 1981년 한 · 영의원친선협회 회장 1982년 민정당 민족사관정립특별위원회 위원장 1984년 우당장학회 이사장 1985년 제12대 국회의원(서울 종로 · 中, 민정당) 1986~1998년 한 · 중문화협회 회장 1986년 민정당 중앙집행위원 1986년 민족사바로잡기국민회의 부회장 1988년 정무제1장관 1988~1992년 제13대 국회의원(서울 종로, 민정당 · 민자당) 1988년 민정당 사무총장 1989년 同중앙집행위원 1990년 민자당 종로지구당 위원장 1990년 同당무위원 1992~1996년 제14대 국회의원(서울 종로, 민자당 · 새한국당 · 민주당 · 국민회의) 1992년 새한국당 창당준비위원회 부위원장 1992년 同대표 1995년 민주당 상임고문 1995 · 1999년 국민회의 부총재 1996년 同서울종로지구당 위원장 1997년 대통령직인수위원회 위원장 1998년 (재)우당장학회 이사장(현) 1998년 국가안전기획부장 1999년 국가정보원장 2000년 새천년민주당 고문 2000년 同종로지구당 위원장 2002~2003년 美洲한인이민100주년기념사업회 한국위원장 2002년 새천년민주당 상임고문 2005년 한국선진화포럼 이사 2015년 同고문(현) 2005년 (사)여천홍범도장군기념사업회 이사장(현) 2008년 민주당 상임고문 2003년 IBC포럼 이사(현) 2014년 신한대 한민족평화통일연구소 이사장 2015년 同한민족평화통일연구원장(현) 2015년 충북 제천시 투자유치자문위원회 위원(현) [상]보국훈장 삼일장(1971), 홍조근정훈장(1980), 영국훈장(Commander of British Empire)(1992), 청조근정훈장(1999), 하와이한미재단 '동방의 빛' 상(2014) [저]'개혁과 온건주의'(1987) '민족의 종을 울리며 민주의 탑을 쌓으며'(1987) '새로운 시대를 열어야 한다' '오늘을 살며 내일을 생각하며' '디지털로 확 바꿔라'(2000) '세계로 가는 길목을 잡아라'(2002) [역]'자유여 민주주의여'(1988) '새롭게 밝혀낸 한국전쟁의 기원과 진실'(2004) [종]기독교

이종찬(李鍾燦) LEE Jong Chan

[생]1946 · 11 · 27 [출]경남 고성 [주]서울 서초구 서초중앙로22길17 법무법인 원앤원(02-523-2500) [학]삼천포제일고졸 1970년 고려대 법학과졸 1999년 同대학원 법학과졸 [경]1970년 사법시험 합격(12회) 1972년 사법연수원 수료(2기) 1973년 육군 법무관 1975~1981년 부산지검 · 서울지검 · 법무부 검찰국 검사 1981년 대검찰청 검찰연구관 1982년 서울지검 고등검찰관 1985년 대검찰청 공안2과장 1987년 同중앙수사부 제4과장 1989년 서울지검 북부지청 특수부장 1990년 서울지검 특수3부장 1991년 同특수2부장 1992년 同특수1부장 1993년 대검찰청 중앙수사부 제1과장 1994년 同중앙수사부 수사기획관 1994~1996년 서울지검 제3차장검사 1995년 12 · 12, 5 · 18 및 전직대통령뇌물사건특별수사본부장 1996년 서울지검 남부지청장 1997년 부산고검 차장검사 1998년 울산지검 검사장 직대 1998년 대검찰청 총무부장 1999년 전주지검 검사장 1999년 대검찰청 중앙수사부장 1999년 부산지검 검사장 2000년 광주고검 검사장 2001년 대구고검 검사장 2002~2003년 서울고검 검사장 2003년 변호사 개업 2005년 법무법인 에이스 대표변호사 2008년 대통령 민정수석비서관 2008~2011년 원앤원법률사무소 대표변호사 2011년 법무법인 원앤원 변호사(현) [상]홍조근정훈장 [저]'契約大典'(共·編) [종]기독교

이종찬(李鍾贊) LEE Jong Chan

[생]1948 · 1 · 25 [본]전의(全義) [출]경남 의령 [주]서울 서초구 고무래로6의6 송원빌딩1층 법무법인 에이스(02-3487-5000) [학]1966년 경남고졸 1970년 서울대 법학과졸 [경]1973년 사법시험 합격(15회) 1975년 사법연수원 수료(5기) 1976년 육군 법무관 1978년 대전지법 판사 1981년 서울민사지법 판사 1983년 서울지법 남부지원 판사 1985년 서울형사지법 판사 1986~1989년 서울고법 판사 1986~1987년 미국 뉴욕컬럼비아대 법대 연수 1989년 대법원 재판연구관 1990년 부산지법 동부지원 부장판사 1992년 서울지법 의정부지원 부장판사 1994년 同남부지원 부장판사 1996년 同부장판사 1997년 부산고법 부장판사 1999년 서울고법 부장판사 2005년 춘천지법원장 2005~2006년 서울북부지법원장 2006년 변호사 개업 2009년 법무법인 에이스 대표변호사(현)

이종찬(李鍾燦) RHEE Jong Chan

[생]1957 · 1 · 2 [출]서울 [주]서울 성북구 정릉로77 국민대학교 사회과학대학 정치외교학과(02-910-4864) [학]1975년 중앙고졸 1982년 서울대 불어불문학과졸 1984년 同대학원 외교학과졸 1991년 정치학박사(미국 펜실베이니아대) [경]1994~1996년 한화경제연구원 수석연구위원 1995~1997년 재정경제원 경제정책사편찬 자문위원 1996년 국민대 정치외교학과 교수(현) 2000년 한국국제정치학회 이사 2004년 유럽경영대학원(INSEAD) 연구교수 2006 · 2008~2010년 국민대 정치대학원장 2011년 (재)허금장학재단 이사장(현) [상]Baron Who's Who new centry award for the Asia 500(1999), International Biographical Center individual award for entry(1999), Marquis Who's Who individual award for entry(1999) [저]'The State and Industry in South Korea'(1994) 'Middle Powers in the Age of Globalization(共)'(1996) '한국의 권력구조 논쟁(共)'(1997) '한국기업의 이해와 과제(共)'(1998) '현대국제정치경제(共)'(2000)

이종채(李鍾采)

[생]1966·4·29 [출]전남 보성 [주]광주 동구 준법로7의12 광주지방법원 부장판사실(062-239-1114) [학]1985년 경동고졸 1992년 중앙대 법학과졸 [경]1995년 사법시험 합격(37회) 1998년 사법연수원 수료(27기) 1998년 서울지법 의정부지원 판사 2000년 同북부지원 판사 2002년 대구지법 판사 2005년 서울행정법원 판사 2007년 서울동부지법 판사 2009년 서울고법 판사 2010년 대법원 재판연구관 2012년 서울동부지법 판사 2013년 광주지법 부장판사(현)

이종천(李鍾天) LEE Jong Cheon

[생]1951·2·3 [주]서울 동작구 상도로369 숭실대학교 회계학과(02-820-0584) [학]1976년 서울대 경영학과졸 1980년 同경영대학원졸 1988년 회계학박사(미국 일리노이주립대) [경]1975~1978년 (주)럭키 근무 1978~1980년 영진약품공업(주) 과장 1980~1981년 세종대 전임강사 1989~1999년 숭실대 경영학과 부교수 1993~1997년 재정경제부 정부투자기관 평가위원 1996~1997년 감사원 성과평가자문위원 1997~1998년 숭실대 재무처장 1997~1998년 한국가스공사 비상임이사 2000~2009년 숭실대 경영학부 교수 2002~2003년 同총무처장 2003년 한국관리회계학회 회장 2006~2008년 숭실대 경상대학장 2009년 同회계학과 교수(현) 2011~2012년 한국회계학회 회장 2011~2015년 KB금융지주 사외이사 2012년 한국기업공헌평가원 이사장(현) [저]'중급재무회계'

이종철(李鍾喆) Lee Jong Cheol

[생]1944·3·23 [출]부산 [주]부산 남구 못골로19 남구청 구청장실(051-607-4006) [학]1962년 경남고졸 1969년 부산대 화학공학과졸 [경]1969년 삼성당 대표 1988년 승용상사 대표 1997년 한나라당 부산南지구당 부위원장 1998년 부산은행 용호동지점 명예지점장 1998·2002~2006년 부산시의회 의원(한나라당), 同예산결산특별위원장, 同지방분권특별위원장 2004~2006년 同보사환경위원장, 한나라당 부산南乙당원협의회 부위원장 2006·2010년 부산시 남구청장(한나라당·무소속·한나라당·새누리당) 2010~2012년 부산시구청장·군수협의회 부회장 2014년 부산시 남구청장(새누리당)(현) [종]불교

이종철(李鍾徹) RHEE Jong Chul

[생]1948·12·14 [출]경남 마산 [주]서울 서초구 효령로267 건강보험심사평가원 진료심사평가위원회(02-705-6011) [학]1967년 경기고졸 1973년 서울대 의대졸 1980년 同대학원졸 1985년 의학박사(서울대) [경]1982년 서울대병원 내과 인턴·레지던트 1984~1993년 한양대 의대 내과학교실 조교수·부교수 1984년 일본 국립암센터 연구원 1986년 미국 로체스터대 부설 아이작고든소화기센터 연구원 1993년 한양대 의대 교수 1994년 삼성서울병원 소화기내과장 1996년 同기획실장 1996~2000년 同부원장 1997~2014년 성균관대 의대 소화기내과학교실 교수 1998년 삼성서울병원 임상의학연구소장 1999~2001년 同기획조정실장 1999년 조선일보 자문위원 1999년 KBS 자문위원 2000~2008년 삼성서울병원장 2001년 대한병원협회 홍보위원장 2002년 同기획위원장 2003~2011년 同부회장 2005년 대통령직속 의료산업선진화위원회 위원 2005년 삼성서울병원 삼성의료경영연구소장 2008~2011년 삼성의료원장 2008년 의료산업경쟁력포럼 공동대표 2008~2011년 제2기 국가생명윤리심의위원회 위원 2009년 대한소화기학회 회장 2009~2012년 성균관대 의무부총장 2010년 대한민국의학한림원 정회원(현) 2010~2011년 의료기관평가인증원 이사 2011~2012년 대한병원협회 부회장 2011년 한국공학한림원 화학생명공학분과 정회원 2015년 건강보험심사평가원 진료심사평가위원회 위원장(현) [상]한국서비스대상 최고경영자상(2007), 올해의 자랑스러운 한국인 대상 의료서비스부문(2010), 대통령표창(2014) [종]기독교

이종철(李鍾哲) LEE Jong Chul

[생]1953·11·28 [출]인천 [주]서울 강남구 테헤란로87길22 한국도심공항(주)(02-551-0551) [학]1971년 제물포고졸 1980년 고려대 법학과졸 [경]1979년 범양전용선(주) 운항부 운항과 입사 1982년 同수출영업2과 근무 1984년 범양상선(주) 유조선영업1과장 1999년 同부정기선영업1부장(이사대우) 2000년 同제2영업본부장(상무) 2004년 同제2영업본부장(전무) 2004년 同기획본부장(전무) 2004년 STX팬오션(주) 대표이사 부사장 2005년 同대표이사 사장 2007~2011년 한국선주협회 부회장 2008~2012년 STX팬오션(주) 부회장 2008~2012년 (주)STX 해운·지주(무역)부문 총괄부회장 2010년 대한조정협회 회장 2010년 아시아조정연맹(ARF) 회장 2011~2012년 한국선주협회 회장 2011~2012년 전국해양산업총연합회 회장 2013년 한국도심공항(CALT) 대표이사 사장(현)

이종철(李鍾徹) Lee, Jong Chul

[생]1957·9·14 [출]부산 [주]울산 울주군 웅촌면 탑걸길17 (주)국일인토트 사장실(052-228-7500) [학]울산대 산업경영대학원 수료 [경](주)국일인토트 대표이사 사장(현) [상]대통령표창(1999), 100만불 수출의탑(2002), 자랑스런 중소기업인상 은상(2005)

이종철(李鍾哲) Lee Jong-Chul

[생]1958 [주]서울 용산구 한강대로92 LS용산타워4층 삼일회계법인(02-709-4795) [학]서울대 경영학과졸, 同대학원 경영학과졸 [경]1983년 삼일회계법인 입사 1993년 同런던사무소 근무 2004년 同전무 2008년 同부대표 2014년 同대표(현)

이종철(李鍾哲) LEE Jong Cheol

[생]1958·1·3 [본]고성(固城) [출]경기 의정부 [주]서울 종로구 사직로8길60 외교부 인사운영팀(02-2100-7136) [학]1977년 서울 신일고졸 1987년 서울시립대 무역학과졸 1991년 스페인 왕립외교관학교 국제정치학과졸 [경]1986~1989년 외무부 입부·총무과·북미과 근무 1989~1991년 스페인 유학 1991년 駐라스팔마스 부영사 1995년 駐멕시코 3등서기관 겸 부영사 1998년 외교통상부 중남미국·총무과 근무 2000년 駐고베 영사 2003년 駐과테말라 2등서기관 겸 영사 2005년 외교통상부 문서계장 2006년 同외환계장 2008년 同운영지원과장 2009년 駐나고야 영사 2012년 駐유엔대표부 참사관 2015년 駐볼리비아 대사(현) [상]재무부장관표창(1986), 외교통상부장관표창(1991) [종]기독교

이종춘(李鍾春) LEE Jong Choon (湖堂)

[생]1940·5·5 [본]서림(西林) [출]충남 부여 [주]경기 파주시 문발로112 성안당(031-955-0511) [학]연세대 경영대학원졸, 동국대 정보산업대학원 수료 [경]대한공업교육학회 이사, (주)첨단 회장(현) 1973년 성안당 대표이사(현) 1996~1998년 대한출판문화협회 부회장 1999년 同이사 2004~2008년 서울산업대 공과대 명예학장 [상]인헌무공훈장, 보국훈장 삼일장, 보국훈장 천수장, 보국훈장 국선장, 옥관문화훈장(2008) [종]기독교

이종탁(李鍾鐸) LEE Jong Tak

[생]1958·10·24 [본]고성(固城) [출]경북 안동 [주]경기 의정부시 호암로95 신한대학교 언론학과(031-870-3765) [학]춘천제일고졸 1985년 건국대 축산대학졸 2007년 한양대 언론정보대학원졸 2014년 서울대 세계경제최고전략과정(ASP) 수료 [경]1984~1998년 경향신문 입사·외신부·국제부·사회부·생활과학부·정치부·사회정책팀·사건팀 기자 1998년 同차장대우 1999년 同사회부 차장 2000년 同전국부 차장 2001년 同사회부 차장 2001년 同정보과학부 차장 2002년 同경제부 부장대우 2003년 同국제부장 2003년 同지방자치부장 2005년 同사회부장 2006년 同논설위원 2008년 同논설위원(부국장대우) 2009년 同출판국 기획위원 2009년 同편집국 사회에디터 2011년 同출판국장 2013~2014년 同논설위원 2014년 신한대 언론학과 교수(현) 2015년 언론중재위원회 위원(현) 2015년 우정사업본부 운영위원회 위원(현) [상]자랑스러운 건국인론인상(2013) [저]'우체국이야기'(2008) '훔치고 배우고 익혀라'(2012)

이종태(李鍾泰) LEE Jong Tae

[생]1946·1·26 [본]경주(慶州) [출]서울 [주]서울 서대문구 경기대로9길24 경기대학교 토목공학과(02-390-5114) [학]1968년 연세대 토목공학과졸 1976년 同대학원 토목공학과졸 1981년 네덜란드 델프트IHE 계산수리과정 수료 1982년 토목공학박사(연세대) [경]1983~1989년 경기대 토목환경공학부 토목공학전공 조교수·부교수 1990~2011년 同토목공학과 교수 1990년 한국대댐회 이사 1997년 미국 U.C Davis대 방문교수 1999년 건설교통부 중앙하천관리위원 1999년 한국수자원학회 부회장 2002~2003년 국무총리실 수해방지기획단 부위원장 2003년 한국수자원학회 수해대응특별위원회 위원장 2003년 행정자치부 재해영향평가위원 2003년 한국시설안전기술공단 기술자문위원 2006~2008년 경기대 대학원장 2008년 행정안전부 재해영향평가위원 2011년 경기대 토목공학과 명예교수(현) [상]한국수자원학회 우수논문상, 한국방재협회 기술상, 과학기술 우수논문상, 소성학술상, 서울시장표창, 경기도지사표창 [종]불교

이종태(李鍾泰) LEE Jong Tai

[생]1955 · 10 · 16 [출]서울 [주]서울 송파구 오금로311 (주)퍼시스 임원실(02-3400-6462) [학]1972년 경기상고졸 1984년 한국방송통신대졸 1992년 한양대 경영대학원졸 [경](주)한솔 근무, 한샘공업 근무 1985년 (주)퍼시스 입사, 同영업부장, 同관리부문총괄 상무 겸 안성공장담당 상무 2000년 同관리부문총괄 전무 겸 안성공장담당 전무, 同감사 2007년 同부사장 2008~2014년 同대표이사 사장 2012~2016년 한국가구산업협회 회장 2012년 한국중견기업연합회 부회장(현) 2014년 (주)퍼시스 각자대표이사 사장(현)

이종태(李鍾泰) Lee Jong-Tae

[생]1958·9·19 [주]부산 부산진구 복지로75 부산백병원 산업의학과(051-890-6742) [학]인제대 의대졸, 同대학원 의학석사, 의학박사(인제대) [경]인제대 의과대 예방의학교실 조교수, 호주 New South Wales대 단기연수, 부산백병원 성인병센터(종합검진센터) 부소장 1999년 인제대 의대 예방의학교실 부교수·교수(현) 2009·2011~2015년 同의대 교무담당 부학장 2012년 同환경·산업의학연구소장 2015년 同의과대학장(현) [상]교육인적자원부장관표창(2004)

이종필(李宗弼) Lee Jong Phil

[생]1947 · 4 · 24 [본]전주(全州) [출]경기 양평 [주]서울 중구 덕수궁길15 서울특별시의회(02-3783-1781) [학]양평 청운중졸 [경](주)현대쥬어리 대표이사, 민자당 서울용산지구당 청년위원장, 한나라당 중앙위원회 환경분과 부위원장, 同서울용산지구당 부위원장 2000 · 2002 · 2006 · 2010년 서울시의회 의원(한나라당 · 새누리당) 2000년 同행정자치위원회 위원 2001년 同지방자치발전특별위원회 간사 2002년 同예산결산특별위원회 위원 2002년 同행정자치위원회 위원 2004년 同장묘문화개선특별위원회 위원 2004년 同행정자치위원회 위원장 2006년 同부의장 2008년 同행정자치위원회 위원 2008년 同예산결산특별위원회 위원 2010년 同행정자치위원회 위원 2011년 同예산결산특별위원회 위원 2012년 同운영위원회 위원 2012년 同도시안전위원회 위원 2012년 同새누리당 대표의원 2014년 서울시의회 의원(새누리당)(현) 2014 · 2016년 同도시안전건설위원회 위원(현) [종]불교

이종하(李鍾夏)

[생]1961 · 9 · 21 [출]전북 전주 [주]충남 서천군 장항읍 장항로37 서천소방서(041-955-0211) [학]전주고졸, 전북대 공과대학 금속공학과졸, 군산대 산업대학원 화학공학과 수료 [경]1987년 소방위 임용(소방간부후보생 5기) 2006년 충남도 소방안전본부 종합안전센터장 2008년 충남 서천소방서장 2010년 충남 논산소방서장 2012년 충남 부여소방서장 2014년 충남 아산소방서장 2016년 충남 서천소방서장(현) [상]국무총리표창, 행정자치부장관표창

이종혁(李鍾赫) LEE Jong Hyouk

[생]1954 · 5 · 26 [본]고성(固城) [출]부산 [주]서울 영등포구 여의공원로111 태영빌딩8층 EY한영 임원실(02-3787-6650) [학]1973년 부산고졸 1977년 연세대 경영학과졸 [경]1981~1983년 제일제당 경리과 근무 1983~1996년 삼성전자 반도체 관리팀 근무 1997~1999년 同LCD관리팀장 2000~2002년 同System LSI 지원팀장(이사 · 상무) 2002~2003년 同DS 지원실장(상무) 2004년 삼성전기 관리팀장(상무) 2005~2011년 同지원실장(전무 · 부사장) 2012~2014년 同자문역 2014년 EY한영 부회장(현) [종]천주교

이종혁(李鍾赫) Lee Jong Hyuk

[생]1956 · 8 · 2 [본]성주(星州) [출]부산 [주]경남 창원시 의창구 중앙대로300 경상남도청 정무특보실(055-211-2061) [학]부산 동성고졸, 동아대 법학과졸, 연세대 행정대학원졸, 미국 하버드대 대학원 고위정책결정자과정 수료, 명예 공학박사(한국산업기술대) [경]민주화추진협의회 특별위원, 민주화선거혁명추진대학연합 상임고문 1985~1991년 서석재 국회의원 보좌관(제12대 · 13대), 중국 · 러시아경제정책연구원 원장, 러시아 모스크바대 객원연구원, 중국 북경대 객원연구원, 在京부산동성고총동문회 회장, 부산비전포럼 도시경쟁력강화특별위원회 위원장, 한나라당 정보과학분과위원회 부위원장, (사)세계한민족공동체재단 상임이사 2008년 한나라당 민생대책특별위원회 농어민대책분과 위원 2008년 제18대 국회의원(부산 진乙, 한나라당 · 새누리당) 2008년 한나라당 원내부대표 2008년 국회 미래성장동력산업발굴 · 육성연구회 회장 2008년 국회 입법정책연구회 회장 2008~2009년 한국우주소년단 이사 2008년 국회 지식경제위원회 위원 2010년 국회 예산결산특별위원회 위원 2011년 국회 저축은행국정조사특별위원회 위원 2012년 새누리당 제18대 대통령중앙선거대책위원회 종합상황실 부실장 2013~2016년 부산대 의학전문대학원 겸임교수 2014~2015년 새누리당 여의도연구원 상근부원장 2016년 경남도 정무특별보좌관(현) [상]대한민국 헌정상(2011), 대한변리사회 · 한국지식재산서비스협회 · KAIST 주최 '2012 지식재산대상'(2012), 범시민사회단체연합 선정 '올해의 좋은 정치인'(2014 · 2015) [저]'어느 네안데르탈인과 잡스의 대화(전환기의 사명)'(2012, 우리들)

이종혁(李鍾赫) LEE Jong Hyuk

[생]1967 · 12 · 19 [출]서울 [주]대구 달서구 장산남로40 대구지방검찰청 서부지청(053-570-4200) [학]1986년 선덕고졸 1991년 서울대 법학과졸 [경]1998년 사법시험 합격(40회) 2001년 사법연수원 수료(30기) 2001년 인천지검 검사 2003년 대구지검 영덕지청 검사 2004년 대구지검 검사 2006년 서울남부지검 검사 2009년 인천지검 부천지청 검사 2012년 광주지검 검사 2014년 서울서부지검 검사 2015년 同부부장검사 2016년 대구지검 서부지청 부장검사(현)

이종혁(李鍾赫) LEE Jong Hyuk

[생]1970 · 6 · 26 [본]수원(水原) [출]서울 [주]서울 노원구 광운로20 광운대학교 미디어영상학부(02-940-8383) [학]1994년 광운대 신문방송학과졸 2001년 경희대 대학원 신문방송학과졸 2004년 언론학박사(경희대) [경]1994~1999년 (주)삼성그룹 근무 2002~2003년 미국 아이오와대 저널리즘스쿨 PR전공 객원연구원 2004년 국정홍보처 정책홍보기획자문위원 2004년 서강대 겸임교수 2004년 한양사이버대 초빙교수 2004년 산림청 · 국가청렴위원회 정책홍보자문위원 2004~2008년 인천대 · 숙명여대 겸임교수 2004~2008년 (주)프레인앤리 대표이사 2007년 프레인 대표이사 사장 2008~2011년 월드비전 홍보운영위원장, 농림수산식품부 · 통일부 · 여성가족부 · 보건복지부 · 국민권익위원회 정책홍보자문위원, 한국광고홍보학회 이사, 한국PR학회 이사, 한국광고PR실학회 이사 2008년 광운대 미디어영상학부 교수(현) 2013년 지역신문발전위원회 위원(현) 2014년 국방부 정책자문위원(현) 2014~2016년 금융감독원 홍보자문위원 2014년 서울브랜드추진위원회 위원(현) 2014년 광운대 공공소통연구소장(현) 2014년 LOUD 캠페인 Director(현) 2015년 중앙SUNDAY 콜라보레이터(현) 2015년 미국 세계인명사전 'Marquis Who's Who in the World 2014년판'에 등재 [상]국정홍보처장표창(2004), 육군 홍보대상(2015) [저]'사이버시대 홍보벗기기'(1999) '사이버 홍보 닷컴'(2001) 'PR프로젝트 기획'(2006) '한국PR기업의 역사와 성공사례(編)'(2009) 'PR을 알면 세상이 열린다'(2010) '공공소통감각'(2015) [역]'실리콘밸리 인터넷 PR전략'(2001) '온라인 PR'(2004) '여론을 만든사람 애드워드 버네이즈 평전(共)'(2004) '미디어 트레이닝(共)'(2005) [종]천주교

이종현(李宗賢)

[생]1958·11·1 [주]대구 수성구 동대구로400 대구문화방송 임원실(053-740-9500) [학]한양대 영어영문학과졸 [경]2000년 MBC 교양제작국 교양1차장 2001년 同시사교양국 시사교양특임1CP 2001년 同시사제작국 시사제작4CP 2002년 同시사제작2국 시사제작2CP(부장대우) 2008년 同시사교양국 부국장, 同글로벌사업본부 국장 2011년 국제에미상(The International Emmy Awards) 심사위원 2011~2013년 MBC 사회공헌실장 2011~2013년 MBC나눔 대표 겸임 2016년 대구문화방송·안동문화방송·포항문화방송 상무이사 겸임(현)

이종현(李鍾鉉) LEE Jong Hyun

[생]1963 · 4 · 15 [본]전주(全州) [출]경기 수원 [주]서울 중구 남대문로81 롯데쇼핑(주) 정책본부 커뮤니케이션실 홍보팀(02-771-2500) [학]1983년 대일고졸 1990년 동국대 국어국문학과졸 1996년 同정보산업대학원 신문방송학과졸 [경]1994년 우성그룹 경영기획실 근무 1996년 전국민주노동조합총연맹 건설연맹 선전 · 정책국장 2001년 박종희 국회의원 보좌관 2004년 맹형규 국회의원 보좌관 2006년 한나라당 오세훈 서울시장후보 비서실 부실장 2006년 서울시장직인수위원회 복지분과 위원 2006년 서울시 부대변인 2008년 同정무특보 2008~2010년 同공보특보 2010년 한나라당 오세훈 서울시장후보 언론특보 2010년 서울시 공보특보 2010~2011년 同대변인 2011년 기술보증기금 사외이사 2011~2013년 대통령 춘추관장 2013년 코리아세븐 커뮤니케이션부문장 2014년 同이사 2014년 롯데쇼핑(주) 정책본부 커뮤니케이션실 홍보팀 이사 2015년 同정책본부 커뮤니케이션실 홍보팀 상무(현) 2015년 한국PR협회 부회장(현) [상]홍조근정훈장(2011) [종]천주교

이종호(李宗鎬) LEE Chong Ho

[생]1932 · 12 · 1 [본]전주(全州) [출]경기 김포 [주]서울 서초구 남부순환로2477 JW홀딩스 임원실(02-840-6600) [학]1952년 서울고졸 1958년 동국대 법정대학 법학과졸 1965년 고려대 경영대학원 수료 [경]1966~1975년 (주)대한중외제약 기획관리실장 1975~1979년 (주)대한중외상사 사장 1975~1982년 (주)대한중외제약 대표이사 1982년 JW중외제약 회장 1986~1992년 한국신약개발연구조합 초대 이사장 1992~1994년 C&C신약연구소 공동대표 1993~1995년 한국제약협회 회장 2007~2015년 JW홀딩스 대표이사 회장 2011년 중외학술복지재단 이사장(현) 2015년 JW홀딩스 명예회장(현) [상]새마을훈장 협동장(1984), 국민훈장 목련장(1987), 국민훈장 모란장(1990), CEO대상(2001) [종]불교

이종호(李鍾浩) LEE Jong Ho

[생]1953 · 10 · 28 [본]연안(延安) [출]인천 [주]서울 마포구 신촌로12나길23 2층 서울세계무용축제조직위원회 사무국(02-3216-1185) [학]1977년 서울대 불어불문학과졸, 同대학원 불문학과 수료 [경]1977년 코리아헤럴드 기자 1981년 연합통신 기자 1991년 同브뤼셀특파원 1995년 同전국부 차장 1996년 유네스코 국제무용협회(CID-UNESCO) 한국본부 회장(현) 1998년 서울세계무용축제(SIDance) 예술감독(현) 1998년 무용수직업전환국제기구(IOTPD) 세계본부 이사 1998년 연합통신 외신1부 부장대우 1998년 연합뉴스 외신1부 부장대우 · 국제뉴스1부 부장대우 2000년 同문화부장 2001~2004년 한국춤평론가협회 회장 2002년 '한국의 무용가' 편집위원 2003년 일본 후쿠오카시제정 아시아문화상 추천위원(현) 2003년 연합뉴스 문화부 부국장대우 전문기자 2004년 同부국장대우 문화부장 2004년 同부국장대우 전문기자 2004년 아시아공연예술축제연맹(AAPAF) 집행이사 2005년 연합뉴스 문화부 부국장급 전문기자 2006~2009년 同편집담당 상무이사 2006~2009년 (주)연합인포맥스 비상임이사 2009년 제3회 제주세계델픽대회조직위원회 집행위원장 2009년 국제델픽위원회(IDC) 집행이사(현) 2009 · 2010년 스페인 마스단사국제현대무용페스티벌 심사위원 2010년 아시아공연예술축제연맹(AAPAF) 공동회장(현) 2010년 카리브 댄스비엔날레 심사위원 2010년 한국델픽위원회 회장(현) 2010년 한국춤비평가협회 공동대표(현) [상]문화관광부장관표창(2007), 현대무용진흥회 국제교류발전상(2007), 프랑스정부 문화예술공로 슈발리에장(Chevalier dans l'ordre national des arts et des lettres)(2007), 한국춤평론가회의 무용비평가상 특별상(2009) [저]'우리무용 100년(共)'(2001) 'Contemporary Dance Scenes in Korea(共)' [역]'참여자와 방관자'(1982)

이종호(李鐘浩) LEE Jong Ho

[생]1955 · 8 · 24 [본]전주(全州) [출]서울 [주]광주광역시 북구 첨단과기로 208번길 6 한국생산기술연구원 서남지역본부(062-600-6100) [학]1978년 한양대 기계공학과졸 1984년 미국 조지워싱턴대 대학원 기계공학과졸 1990년 기계공학박사(미국 조지워싱턴대) [경]1978~1982년 현대엔지니어링(주) 대리 1994년 생산기술연구원 산업기계연구부장 1995년 同산업설비그룹장 겸 산업기계연구팀장 1996~1999년 同자본재설비기술개발센터 소장 1997년 同부원장 직대 2002~2003년 同선임연구본부 부품소재연구단장 2002~2003년 산업자원부 부품소재기술개발로드맵 기계분과위원장 2003~2004년 同산업기술혁신5개년계획 부품소재분야 기획단장 2003년 한국생산기술연구원 정책기획실장 2003~2008년 同생물산업기술실용화센터 소장 2008년 同국제협력단장 2009년 同국가청정생산지원센터 소장 2011년 同충청권지역본부 생산시스템연구부문 에너지시스템연구그룹 수석연구원, 同충청지역본부 고온에너지시스템연구실용화그룹 수석연구원 2015년 同청정생산시스템연구소 고온에너지시스템그룹 수석연구원, 同서남지역본부장(현) [상]장관표창, 대통령표창

이종호(李宗鎬) Lee Jongho

[생]1956 · 1 · 9 [주]서울 종로구 새문안로75 대우건설 EP지원실(02-2288-5005) [학]1973년 환일고졸 1980년 인하대 공과대학 기계공학과졸 [경]1980~1990년 현대엔지니어링(주) 근무 2010~2012년 현대건설(주) 근무 2012~2013년 2013대구세계에너지총회조직위원회 사무총장 2014년 대우건설 엔지니어링실장(전무) 2014년 同EP지원실장(전무)(현) [상]산업포장(2014)

이종호(李鐘昊 · 女) LEE Jong Ho

[생]1956 · 11 · 26 [본]전주(全州) [출]서울 [주]서울 서대문구 연세로50 연세대학교 식품영양학과(02-2123-3122) [학]1979년 연세대 식생활학과졸 1981년 同대학원 식생활학과졸 1988년 식품영양학박사(미국 오리건주립대) [경]1989년 연세대 식품영양학과 강사 1990~1992년 同식품영양학과 조교수 1993~1997년 同식품영양학과 부교수, 同식품영양학과 학과장 1998년 同식품영양학과 교수(현) 1999년 법무부 중앙급식관리위원회 위원 2001년 연세대 노화과학연구소 부소장겸 사무국장 2002~2005년 同식품영양과학연구소장 2004~2009년 同인체시험심의위원회 간사 2005년 대한비만학회 부회장 2008년 연세대 노화과학연구소장(현) 2013~2016년 同언더우드특훈교수 [상]한국영양학회 학술상(1992), 대한내과학회 우수논문상(1995 · 1998 · 1999), 연세대 연구업적 최우수교원상(2003 · 2004 · 2005), 제30차 한국지질 · 동맥경화학회 우수논문상(2005) [저]'고급영양학'(2001) '고지혈증과 동맥경화'(2003) '다이어트와 체형관리'(2004) 'Portal Hypertension (中16장 간경변에서의 영양)'(2004) '임상영양학'(2006) [역]'영양학의 최신정보'(2003) [종]기독교

이종호(李鍾浩) LEE Jong Ho

[생]1958 · 6 · 20 [본]함평(咸平) [출]전북 고창 [주]제주특별자치도 서귀포시 서호북로33 국립기상과학원 지구환경시스템연구과(064-780-6702) [학]1977년 조선대부속고졸 1982년 조선대 기상학과졸 1984년 同대학원 기상학과졸 1987년 고려대 대학원 수료 1998년 기상학박사(일본 오사카대) [경]1983년 강원 고성고 교사 1987~1994년 기상청 기상연구소 근무 1994년 일본 오사카대 객원연구원 1999~2010년 조선대 대학원 겸임교수 2000~2003년 대구대 산업대학원 겸임교수 2005년 기상청 기상레이더과장 2007년 同관측기술운영과장 2008년 同대변인, 기상대학 교수 2010~2012년 기상청 기상레이더센터장, 세종대 겸임교수 2012년 외교안보연구원 교육 파견 2013년 기상청 국가태풍센터장 2013년 제주대 겸임교수 2014년 국립기상연구소 기후연구과장 2015년 국립기상과학원 지구환경시스템연구과장(현) [상]과학기술부장관표창(2000), 국무총리표창(2004), 대한민국학술원 선정 레이더기상학 우수학술도서(2010) [저]'레이더영상분석'(2001) '레이더기상학'(2009) [역]'낙뢰안전대책'(2000)

이종호(李鍾昊) LEE JONG HO

[생]1958 · 11 · 3 [주]대구 동구 첨단로120 한국가스공사 임원실(053-670-0003) [학]1977년 경희고졸 1984년 한양대 전기공학과졸 [경]1985년 한국가스공사 입사 1995년 同인천건설처 계전팀장 1998~1999년 미국 버클리대 고급경영자과정 교육파견 1999년 한국가스공사 평택생산기지 생산부장 2001년 同인천생산기지 생산부장 2003년 同통영생산기지장 2004~2007년 KORAS 파견 2007년 한국가스공사 사업개발팀 사업개발보좌역 2008년 同나이지리아가스개발사업추진단장 겸임 2008년 同자원개발처장 2010년 同신규사업처장 2011년 同자원개발본부장 2013~2014년 同기술부사장 직대 겸 관리부사장 2014년 同기술부사장(상임이사)(현) 2015년 同사장 직대 [상]상공자원부장관표창(1994), 국무총리표창(1997)

이종호(李鍾鎬) Lee Jong Ho

[생]1961 · 8 · 3 [주]경북 경주시 양북면 불국로1655 한국수력원자력(주) 기술본부(054-704-2036) [학]대전고졸, 서울대 원자력공학과졸, 한국과학기술원 원자핵공학과졸(석사), 원자력공학박사(일본 도쿄대) [경]2011년 한국수력원자력 기술기획처 원자력산업계획의준비팀장 2012년 同기술기획처장 2013년 同중앙연구원장 2014년 同엔지니어링본부장 2016년 同기술본부장(현)

이종호(李鍾虎) LEE JONGHO

[생]1961 · 8 · 13 [본]전의(全義) [출]경기 양평 [주]경기 동두천시 방죽로23 동두천시청 부시장실(031-860-2010) [학]1980년 양평종합고졸 2004년 경기대 행정학과졸 [경]1981년 공직 입문 2004년 경기도 투자진흥과 지방행정사무관(지방행정연수원 파견) 2005년 同혁신분권과 분권지원팀장 2006년 同혁신분권과 혁신기획팀장 2006년 同예산담당관실 복지환경예산담당 206년 경기도미술관 총무팀장 2008년 경기도 철도항만과 철도기획담당 2008년 同철도항만물류과 철도기획담당 2009년 同GTX추진기획단 GTX기획담당 2009년 경기도의회 사무처 의정담당관실 의사담당 2010년 同특별전문위원실 전문위원(지방서기관) 2011년 지방행정연수원 파견 2012년 경기도의회 사무처 의정담당관 2016년 경기 동두천시 부시장(현) [상]국무총리표창(1994), 행정자치부장관표창(2006), 대통령표창(2013)

이종호(李宗昊) Jong-Ho Lee

[생]1966·4·12 [주]서울 관악구 관악로1 서울대학교 공대 전기·정보공학부(02-880-1727) [학]1987년 경북대졸 1989년 서울대 대학원졸 1993년 공학박사(서울대) [경]1994~2002년 원광대 전기공학과 교수 1994~1998년 한국전자통신연구원 Invited Research Staff 1998~1999년 미국 MIT Microsystems Technology Laboratory of EECS 연구원 2002~2009년 경북대 교수 2009년 서울대 공대 전기·정보공학부 교수(현), 同공대 기획부학장(현) 2016년 국제전기전자공학회(IEEE) 석학회원(현) [상]제19회 한국공학한림원 젊은공학인상(2015), 한국공학한림원 Young Engineer Award(2015), 녹조근정훈장(2015), SK하이닉스 산학연구과제 최우수상(2016)

이종화(李鍾和) LEE Jong Wha

[생]1946·10·30 [주]서울 강남구 삼성로438 도화엔지니어링 플랜트본부(02-6323-3357) [학]서울대 토목공학과졸 [경]1969년 현대건설(주) 입사, 同부장, 同토목사업본부 이사 1996년 同해외토목사업본부 상무 1999년 同전무 2002년 同토목사업본부장(부사장) 2005년 현대엔지니어링(주) 대표이사 사장 2006~2008년 同부회장 2008~2010년 同고문 2011년 도화엔지니어링 대표이사 2012년 同기술개발연구원장(부회장) 2013년 同플랜트본부 기술고문(현)

이종화(李鍾和) LEE, Jong-Wha

[생]1960·1·23 [본]경주(慶州) [출]강원 태백 [주]서울 성북구 안암로145 고려대학교 경제학과(02-3290-2216) [학]황지고졸 1981년 고려대 경제학과졸 1983년 同대학원 경제학과졸 1990년 미국 하버드대 대학원 경제학과졸(석사) 1992년 경제학박사(미국 하버드대) [경]1981~1982년 한국농촌경제연구원 연구원 1984~1987년 호서대 전임강사·조교수 1992년 국제통화기금(IMF) 이코노미스트 1993~2000년 고려대 경제학과 조교수·부교수 1994년 미국 Hoover Institution 방문교수 1994년 국제통화기금(IMF) 방문교수 1994~1998년 국제연합개발계획(UNDP) 자문위원 1995년 미국 Hoover Institution 방문교수 1995~1997년 세계은행(IBRD) 자문위원 1997년 미국 하버드대 국제개발연구원 연구위원 1999~2000년 同초빙교수 1999년 同행정대학원 겸임교수 2000년 고려대 경제학과 교수(현) 2001년 호주 호주국립대 겸임교수 2003년 고려대 국제한국학센터 소장 2004년 대통령자문 국민경제자문회의 자문위원 2007년 아시아개발은행(ADB) 지역경제협력국장 2009년 同수석이코노미스트 2011~2013년 대통령 국제경제보좌관 2013~2014년 한국금융학회 부회장 [상]매경 Economist賞(1997), 한국경제학회 청람상(1997), 풀브라이트 해외유학장학생 선발(1987~1992), 고려대정경대학교우회 선정 '자랑스러운 정경인'(2015) [저]'거시경제학'(2009) '남북한 경제통합의 혜택과 한반도 통일 국가의 역할'(2014) 'Education Matters : Global Schooling Gains from the 19th to the 21st Century'(2015) [종]기독교

이종화(李鍾和) LEE Jong Hwa

[생]1960·4·28 [본]전주(全州) [출]충남 홍성 [주]충남 예산군 삽교읍 도청대로600 충청남도의회(041-635-5222) [학]홍성고 수학(2년), 중동고졸, 청운대 건축공학과졸, 同정보산업대학원 건축공학과졸 2012년 충남대 대학원 건축공학 박사과정 수료 [경]1995년 광천청년회의소 회장 1996년 한국청년회의소 국제이사 2000년 홍성경찰서 청소년선도위원장 2002~2010년 충남 홍성군의회 의원 2006·2008년 同부의장 2011년 청운대 건축공학과 외래교수 2012년 새누리당 충남도당 부위원장 2012년 同충남도당 대변인 2012년 충남도의회 의원(새누리당) 2012~2014년 同농수산경제위원회 위원 2014년 충남도보훈공원조성추진위원회 위원(현) 2014년 충남도의회 의원(새누리당)(현) 2014~2016년 同건설해양소방위원회 위원장 2014~2015년 同서해안살리기특별위원회 위원 2016년 同행정자치위원회 위원(현) 2016년 同예산결산특별위원회 위원(현) [상]대통령표창(2003) [종]기독교

이종환(李鍾煥) LEE Chong Hwan (冠廷)

[생]1924·1·9 [본]광주(廣州) [출]경남 의령 [주]서울 중구 퇴계로307 광희빌딩5층 삼영화학그룹 임원실(02-753-6291) [학]1942년 마산고졸 1944년 일본 메이지(明治)대 경상학과 2년 수료(일본합병으로 강제징집) 1979년 서울대 대학원 최고경영자과정 수료 1999년 명예 경제학박사(마산대) 2005년 명예 교육학박사(한국교원대) 2014년 명예 공학박사(서울대) [경]1959년 삼영화학공업(주) 설립 1972년 국제통신공업(주) 설립 1978년 삼영기업(주) 설립 1978년 삼영산업(주) 설립 1978년 고려애자공업(주) 설립 1986년 극동도기(주) 설립 1987년 삼구상사(주) 설립 1989년 (주)일광기공 설립 1990년 삼영창업투자(주) 설립 1995년 뉴크라운관광호텔 인수 1995년 하니관광호텔 인수 1997년 삼영필름(주) 설립 1997~2013년 삼영화학그룹 회장 1999년 크라운컨트리클럽 설립 2000~2002년 관정이종환재단 설립·이사장 2002~2010년 관정이종환교육재단 이사장 2010년 同명예이사장 2013년 삼영화학그룹 명예회장(현) 2014~2016년 관정이종환교육재단 이사장 [상]대통령표창(1985), 장영실과학문화상 본상(2003), 금탑산업훈장(2003), 백범문화상 본상(2006), 국민훈장 무궁화장(2009), 미국 경제전문지 포브스 발표 '아시아 기부왕 48명'에 선정(2012) [저]'남북통일말 사전(編)'(2006, 두산동아) 자서전 '정도'(2008, 관정교육재단) [역]세키 유지(關 裕二) 著 '일본의 뿌리는 한국'(2008, 관정교육재단)

이종환(李宗奐) LEE Jong Whan

[생]1955·9·23 [출]경남 진주 [주]서울 서대문구 통일로81 임광빌딩 서울경제신문 임원실(02-724-2224) [학]1974년 서울고졸 1982년 성균관대 정치외교학과졸 [경]서울경제신문 생활산업부장 2000년 同사회부장 2003년 同산업부장(산업담당총괄 부국장대우) 2004년 同편집국장 2006년 同편집국장(이사대우) 2009년 同편집인 부사장 2009년 서울경제TV 대표이사 사장 2011년 서울경제신문 대표이사 사장 2011년 서울경제TV 이사 2011~2013년 서울경제신문 사장 2014~2015년 同대표이사 사장 겸 발행인·편집인 2014~2015년 서울경제TV 대표이사 사장 겸임 2015년 서울경제신문 대표이사 부회장 겸 발행인·편집인(현) 2015년 서울경제TV 대표이사 부회장 겸임(현)

이종환(李鍾桓) LEE Jong Hwan

[생]1959·5·27 [본]전주(全州) [출]광주 [주]광주 서구 내방로111 광주광역시청 일자리경제국(062-613-3570) [학]1977년 광주제일고졸 1985년 조선대 무역학과졸 [경]2012년 광주시 투자고용국 국제협력과장 2014년 同경제산업국 경제정책과장(지방부이사관) 2015년 지방행정연수원 교육파견(지방부이사관) 2016년 광주시 일자리경제국장(지방부이사관)(현)

이종환(李鍾桓) LEE JONG WHAN

[생]1961·8·13 [본]경주(慶州) [출]전북 고창 [주]전북 전주시 완산구 효자로225 전라북도청 농축수산식품국 축산과(063-280-2650) [학]1980년 전라고졸 1986년 전북대 수의학과졸 2005년 同대학원 수의학과졸 [경]1988년 진안군 지방수의주사보 2008년 전북도 축산위생연구소 방역과장 2010년 同축산과 축산물유통담당 2012년 同축산위생연구소장 2014년 同농축수산식품국 축산과장(현)

이종환(李宗煥)

[생]1961·9·3 [주]서울 서초구 헌릉로13 대한무역투자진흥공사 울산KOTRA지원단(052-283-0187) [학]1989년 한국외국어대 네덜란드어과졸 [경]1990년 대한무역투자진흥공사(KOTRA) 입사 1991년 대전EXPO '93조직위원회' 파견 1993년 대한무역투자진흥공사 시장개척부 근무 1995년 同네덜란드 암스텔담무역관 근무 1998년 同종합무역투자정보센터건립단 근무 1999년 同투자협력처 근무 2000년 인천시 중소기업수출지원센터 파견 2001년 대한무역투자진흥공사 파키스탄 카라치무역관장 2004년 同IKP건립팀 근무 2006년 同총무팀 부장 2007년 同총무팀 차장, 同런던무역관 부장, 同호치민무역관 수출인큐베이터운영팀장 2012년 同광저우무역관 수출인큐베이터운영팀장 2016년 同울산KOTRA지원단장(현

이종환(李宗煥) LEE Jong Hwan

[생]1967·1·8 [출]강원 정선 [주]서울 양천구 신월로389, 205호 이종환법률사무소(02-2691-9100) [학]1985년 문일고졸 1990년 고려대 법학과졸 [경]1993년 사법시험 합격(35회) 1996년 사법연수원 수료(25기) 1999년 수원지검 검사 2000년 대구지검 안동지청 검사 2002년 대구지검 검사 2004년 서울중앙지검 검사 2007년 인천지검 검사 2009년 광주지검 부부장검사 2009년 同공판부장 2010년 대구지검 강력부장 2011년 서울동부지검 공판부장 2012년 광주지검 순천지청 부장검사 2013년 수원지검 안산지청 부장검사 2014년 서울남부지검 형사3부장 2015년 인천지검 부천지청 부장검사 2016년 서울고검 검사 2016년 변호사 개업(현)

이종후(李鍾厚) Lee Jong Hoo

[생]1964·12·8 [출]충남 서산 [주]서울 영등포구 의사당대로1 국회사무처 외교통일위원회(02-788-2714) [학]양정고졸, 연세대 행정학과졸, 미국 오리건대 대학원 행정학과졸 [경]1999년 국회사무처 보건복지위원회 입법조사관(서기관) 2002년 同의사국 의사과장 2003년 同의사국 의사과장(부이사관) 2004년 同국제국 중국주재관 2008년 同예산결산특별위원회 입법심의관 2009년 同의사국장(이사관) 2011년 同예산결산특별위원회 전문위원 2012년 同의정연수원 교수 2014년 同외교통일위원회 수석전문위원(차관보급)(현)

이종훈(李宗勳) RIEH Chong Hun (少南)

[생]1935·1·20 [본]전의(全義) [출]경북 안동 [학]1953년 안동농림고졸 1957년 서울대 전기공학과졸 1986년 同행정대학원 국가정책과정 수료 [경]1957~1960년 해군사관학교 교관(중위 예편) 1961년 한국전력공사 입사 1978년 同원자력건설처장 1983년 同고리원자력본부장 1984년 同집행간부 1985~1990년 同부사장 1985년 대한육상연맹 부회장 1985년 원자력학회 부회장 1986년 전기학회 부회장 1986~1993년 세계에너지회의 한국위원회 부회장 1989년 세계원전사업자협회 집행이사 1990년 한국전력기술 사장 1991년 한국프로젝트경영협회 설립·초대회장·명예회장(현) 1993년 세계에너지회의 한국위원회장 1993년 대한배구협회 회장 1993~1998년 한국전력공사 사장·원자력연구소 이사장·대한전기협회 회장·한국전기연구소 이사장·전력학원 이사장·기초전력공학공동연구소 이사장·한국원자력산업회의 회장·한국에너지협의회 회장 1995년 한국엔지니어클럽 회장 1995년 한국공학한림원 설립·초대이사장 1996~1998년 기업문화협의회 회장 1996년 한국과학기술단체총연합회 부회장 1999년 경수로사업지원기획단 자문위원 2000~2010년 파워빌트컨설팅 대표이사 2004년 한국전력전우회 회장 2006년 서울대·한국공학한림원 선정 '한국을 일으킨 엔지니어 60인' 2009~2011년 한국전력공사 사외이사 2009년 同이사회 의장 2010~2014년 파워빌트씨앤이 대표이사 [상]대통령표창(1978), 은탑산업훈장(1983), 금탑산업훈장(1994), 에디슨상 대상, 최고경영자대상(1997), 공학한림원대상(2007) [저]'소남 한시집〈晚境耽詩〉'(2008, 나남) '엔지니어 CEO 경영수기〈한국은 어떻게 원자력강국이 되었나〉'(2012, 나남)

이종훈(李鍾爋) LEE Chong Hoon (省知)

[생]1935·11·28 [본]전의(全義) [출]전북 군산 [주]서울 성북구 삼선교로16길116 학교법인 한성학원(02-760-4201) [학]1955년 군산고졸 1959년 중앙대 경제학과졸 1961년 同대학원졸 1978년 경제학박사(일본 東京大) [경]1979~2001년 중앙대 산업대 지역경제학과 교수 1984년 행정고등고시 출제위원 1985년 미국 하버드대 객원교수 1986년 중앙대 산업대학장 1988년 同교무처장 1988년 한·일경상학회 회장 1989년 일본 도쿄대 객원교수 1990년 중앙대 산업연구소장 1994~1997년 同제2캠퍼스 부총장 1994~1995년 한국경제학회 회장 1995년 同명예회장(현) 1997~2000년 중앙대 총장 1998년 경제정의실천시민연합 경제정의연구소 이사장 1999~2004년 同공동대표 2001년 중앙대 명예교수(현) 2005년 한국사학법인연합회 윤리위원회 부위원장 2005~2008년 학교법인 덕성학원(덕성여대 재단) 이사장 2006년 희망한국국민연대 공동대표 2015년 학교법인 한성학원(한성대 재단) 이사장(현) [상]신산업경영대상 경영문화대상(2000), 청조근정훈장(2001), 수산장학문화재단 참교육자상(2002) [저]'한국경제론'(1979) '일본경제론'(1991) '일본경제정책론'(1996) '한일무역의 총결산' '한국자본주의론' '대중국투자전략' '일본을 다시보자'(共) '일본인의 일과 근싱' '21세기를 준비하자' [종]기독교

이종훈(李鍾勳) LEE Jong Hoon

[생]1950·10·16 [본]전주(全州) [출]서울 [학]1969년 인천선인고졸 1978년 동국대 연극영화학과졸 [경]1981~1986년 서울시립가무단 근무 1981~2000년 극단 脈土(맥토) 대표 1986~1993년 서울예술단 근무 1993년 한국뮤지컬연구소 및 맥토뮤지컬컴퍼니 설립·대표 1993년 EXPO '해외동포의 날' 연출 1996~2001년 서울시립뮤지컬단 단장 1997~2003년 한국연극연출가협회 회장 1998년 문화관광부 주최 '신년음악회' 연출 2001년 전국국공립단체협의회 회장 2002년 서울공연예술제 개막식 연출 2002년 문화관광 '문화의 날' 기념공연 연출 2003년 한국연극협회 부이사장 2003년 세종대 대학원 뮤지컬과 겸임교수 2003년 2003서울공연예술제 예술감독 2004~2006년 한국연극협회 이사장 2006년 서울드럼페스티발 연출 2006~2013년 인천시립극단 예술감독 겸 상임연출 [상]한국연극평론가상, 서울연극제 대상, 스포츠조선 한국뮤지컬 대상 및 연출상 [작]뮤지컬 '우리들의 축제' '나 어딨소' '땅 짚고 무너지시다' '카르멘시타' '번데기' '지하철 연가' '한 여름밤의 꿈' '꿈꾸는 철마' '동숭동 연가' '개벽의 노래' '영혼의 노래' '꽃 전차' '아틀란티스 2045' '시집가는 날' '이상한 나라의 엘리스' '정글북' '공룡 대모험' '한네' '포기와 베스' '팔만대장경' '킬리만자로의표범' '신라의 달밤' 'CHICAGO' 'TOMMY' '2002 회심곡(심청)' 'FOOT LOOSE' '아씨'(악극) 'PETER PAN' '동숭동 연가 2' 연극 '아담 이브 그리고 그 이후' '정복되지 않은 여자' '5.2. 7.0.' '죽음과 소녀' '귀족수업' 'AD313' '토선생전' '미스 쥬리' '나의사랑 마레끼아레' '미시시피氏의 결혼' '비' '코 하나 눈 둘' '사제와 제물' '굿 닥터' 'PLAY' 여성국극 '안평대군' '윤동주의 별 헤는 밤' '황진이' '호동왕자와 낙랑공주' 무용극 '겨울 이야기'(최청자 툇마루무용단) '심청왕후' '여름안개' '시련' '불멸의 처' [종]기독교

이종훈(李宗勳) LEE Jong Hoon

[생]1955·10·28 [본]연안(延安) [출]경기 양평 [주]경남 창원시 창원대로797 한국기계연구원 재료연구소 재료안전평가실(055-280-3323) [학]1978년 고려대 금속공학과졸 1987년 한국과학기술원 대학원 재료공학과졸 1998년 공학박사(한국과학기술원) [경]1978~1983년 한국과학기술연구원 연구원 1995년 한국기계연구원 재료연구소 재료공정부 책임연구원 1998년 同표면연구부 재료특성평가그룹장 2005년 同첨단재료연구본부장 2007년 同신뢰성평가연구부장 2009년 同재료연구소 재료특성평가그룹 연구원 2010년 同재료연구소 산업기술지원본부 재료물성평가연구그룹 책임연구원 2012~2015년 同재료연구소 산업기술지원본부장 2015년 同재료안전평가실 책임연구원(현) [상]산업통상자원부장관표창

이종훈(李鍾勳) LEE Chong Hun

[생]1956·8·4 [출]서울 [주]인천 서구 백범로934번길23 인천도시가스(주) 회장실(032-570-7771) [학]1978년 한양대 인문대졸 1986년 同경영대학원졸 [경]1979~1985년 한성무역(주) 이사 1985~1996년 인천도시가스설비(주) 대표이사 1996년 인천도시가스(주) 회장(현) 1997~1999년 한양대경영대학원 동문회 회장 [상]동탑산업훈장(2009)

이종훈(李宗勳) RHEE Chong Hoon

[생]1960·7·1 [출]서울 [주]서울 서대문구 거북골로34 명지대학교 경영대학 경영학과(02-300-0744) [학]1979년 배명고졸 1983년 서울대 경제학과졸 1985년 同대학원 경제학과졸 1990년 경제학박사(미국 코넬대) [경]명지대 경영대학 경영학과 교수(현) 1990년 한국개발연구원 연구원 1995년 세계화추진위원회 자문위원 1996년 정부투자기관경영평가단 평가단원 1996~1998년 노사관계개혁위원회 책임전문위원 2006년 노동부 최저임금위원회 위원 2010년 한국일보 시사칼럼 필진 2010년 국가미래연구원 교육·노동분야 발기인 2012~2016년 제19대 국회의원(성남 분당甲, 새누리당) 2012년 국회 환경노동위원회 위원 2012년 새누리당 국민행복추진위원회 행복한일자리추진단장 2014년 同사회적경제특별위원회 위원 2014~2016년 국회 교육문화체육관광위원회 위원 2015년 새누리당 원내대변인 [상]국민포장 [종]기독교

이종휘(李鍾輝) LEE Chong Hwi

[생]1949·1·25 [본]벽진(碧珍) [출]대구 [학]1966년 경북사대부고졸 1970년 서울대 경영학과졸 [경]1970년 한일은행 입행 1991년 同돈암동지점장 1993년 同동자동지점장 1994년 同비서실장 1996년 同중부지점장 1997년 同여의도중앙지점장 1998년 한빛은행 포스코센터 지점장 1999년 同재무기획팀장 2001년 同여신지원본부장(상무) 2002년 同여신지원본부장(부행장) 2002년 同기업금융고객본부장(부행장) 2002년 우리은행 기업금융고객본부장(부행장) 2003년 同경영기획본부장(부행장) 2004~2007년 同수석부행장 2007년 우리투자증권 상임고문 2008~2011년 우리은행장 2008년 서울장학재단 이사(현) 2011~2014년 신용회복위원회 위원장 2013년 (주)만도 사외이사(현) 2013~2014년 국민행복기금 이사 2013~2016년 미소금융중앙재단 이사장 [상]대통령표창(1983), 부총리 겸 재정경제부장관표창(2003), 동탑산업훈장(2006), 대한민국 금융대상 공로상(2012), 이데일리 대한민국금융산업대상 금융인상(2014) [종]기독교

이종흔(李鐘欣)

[생]1965·10·27 [출]부산 [주]서울 성북구 안암로145 고려대학교 신소재공학부(02-3290-3282) [학]1987년 서울대 공과대학 무기재료공학과졸 1989년 同공과대학원 무기재료공학과졸 1993년 무기재료공학박사(서울대) [경]1993~1999년 삼성종합기술원 전기화학연구실 선임연구원 1999~2000년 일본 NIRIM연구소 STA Fellow 2000~2003년 서울대 재료공학부 BK21 연구교수 2003~2008년 고려대 신소재공학부 부교수 2008년 同신소재공학부 교수(현) 2008년 한국연구재단 국가지정연구실 연구책임자(현) 2009년 미국 Univ. of Washington 방문교수 2011년 Science of Advanced Materials(ASP) Editor(현) 2012년 고려대 신소재공학부 BK사업단장(

현) 2013년 Sensors and Actuators B(Elsevier) Editor(현) 2014년 Anal. Bioanal. Chem.(Springer) Int. Adv. Board Member(현) 2016년 한국과학기술한림원 공학부 정회원(현) [상]STA(Science and Technology Agency of Japan) fellowship(1993), 특허기술상 지석영상(2001), 고려대 석탑강의상(2007 · 2008), 한국공학한림원 선정 2020년 대한민국 산업을 이끌 미래 100대 기술주역(2013), 한국산학연협회장표창(2013), Thomson Reuters 'Highly Cited Researcher'(2014), 고려대 특별포상(2014), 미래창조과학부장관표창(2014), 고려대 교우회 학술상 (2016)

이종희(李鐘熙) LEE Jong Hee

[생]1949 · 6 · 17 [출]서울 [주]서울 서초구 반포대로63 진석빌딩 (주)모다정보통신 회장실(02-523-7677) [학]1971년 서울대 전기공학과졸 1976년 미국 펜실베이니아대 대학원 시스템공학과졸 1980년 공학박사(미국 펜실베이니아대) [경]1975년 미국 펜실베이니아대 존슨연구재단 연구원 1977년 同시스템공학과 연구원 1980년 미국 AT&T Bell연구소 연구원 1984년 Bell Communications Research 책임연구원 1985년 대영전자(주) 기술연구소장(전무이사) 1990년 동진정보통신(주) 대표이사 1991년 모다정보통신(주) 대표이사 회장(현) 2000년 한국통신학회 이사 [상]한국공학한림원 일진상(2015)

이종희(李宗熙) Lee Jong Hee

[생]1952·1·23 [본]경주(慶州) [출]부산 [주]충북 괴산군 괴산읍 문무로85 중원대학교 항공정비학과(043-830-8481) [학]1970년 경남고졸 1978년 서울대 기계공학과졸 1986년 한국과학기술원 대학원 기계공학과졸 2000년 공학박사(한국과학기술원) [경]1978년 삼성중공업(주) 근무 1980~1989년 한국기계연구원 품질평가실장 1989년 한국항공우주연구원 항공우주안전인증센터장 2009~2013년 同항공우주안전·인증센터장 2013~2015년 同항공우주안전·인증센터 책임연구원 2015년 중원대 항공대학 항공정비학과 교수(현) [상]국무총리표창 [종]기독교

이주길(李柱吉) LEE Ju Kil

[생]1958·11·10 [본]전주(全州) [출]경북 경주 [주]경기 안양시 만안구 박달로351 (주)노루홀딩스(031-467-6130) [학]1976년 경주고졸 1980년 전남대 화학공학과졸 2002년 연세대 대학원 화학공학과졸 [경](주)디피아이 기술부문 이사 2008년 (주)디피아이홀딩스 상무이사 2009년 同연구소장(상무) 2010년 同연구소장(전무) 2010~2012년 (주)노루홀딩스 연구소장(전무) 2012~2013년 同상해연구소장(전무) 2014년 同연구소장(전무)(현) [상]공업화학회주관 제5회 대주기술상(2007) [종]기독교

이주명(李周明) LEE Ju Myeong

[생]1966 · 8 · 9 [본]광주(廣州) [출]충북 단양 [주]세종특별자치시 다솜2로94 농림축산식품부 운영지원과(044-201-1261) [학]1985년 가야고졸 1991년 고려대 법학과졸 2004년 미국 인디애나주립대 법과대학원졸(LL.M.) [경]1993년 행정고시 합격(37회) 1994년 농림부 법무담당관실 사무관 1997년 同농업정책실 식량정책과 사무관 1999년 同농업정책국 협동조합과 사무관 2001년 同협동조합과 서기관 2002년 국가전문행정연수원 파견 2002년 국외 훈련(미국 인디애나주립대 법과대학원) 2004년 농림부 개발정책과 서기관 2005년 同쌀 협상비준팀장 겸 농업연수원 교육기획과장 2006년 同정책홍보관리실 정책기획팀장(부이사관) 2007년 同농촌정책국 농촌정책과장 2007년 제17대 대통령직인수위원회 경제2분과위원회 실무위원 2008년 대통령 경제수석비서관실 농수산식품비서관실 행정관 2009년 농림수산식품부 기획조정실 기획재정담당관 2010년 同기획조정관(고위공무원) 2011년 駐제네바 유엔사무처 및 국제기구대표부 공사참사관(고위공무원) 2014년 농림축산식품부 식품산업정책실 식품산업정책관 2016년 국가공무원인재개발원 교육훈련 파견(현) [상]국무총리표창(2004), 홍조근정훈장(2015)

이주민(李柱旻)

[생]1962 · 10 · 15 [주]울산 중구 성안로112 울산지방경찰청 청장실(052-210-2313) [학]1982년 문일고졸 1985년 경찰대학 법학과졸(1기) 2003년 연세대 행정대학원졸(석사) [경]1998년 경찰청 정보국 근무 2005년 강원 고성경찰서장 2006년 경찰청 정보2과장 2007년 駐뉴욕 총영사관 근무 2010년 경찰대학 치안정책과정 교육파견 2011년 서울 영등포경찰서장 2011년 경찰청 외사국 외사정보과장 2012년 同경무국 복지정책과장 2013년 同경무국 복지정책담당관 2013년 경기지방경찰청 정보과장 2014년 경기 수원남부경찰서장(경무관) 2014년 경찰청 정보심의관 2015년 울산지방경찰청장(치안감)(현)

이주복(李周馥) LEE Ju Bok

[생]1961 · 7 · 17 [출]경북 예천 [주]울산 남구 돋질로87 중앙빌딩5층 울산제일일보 편집국(052-260-4000) [학]1989년 동국대 행정학과졸 [경]1992년 울산일보 기자 1999년 同편집국 사회부 차장 2000~2004년 울산광역일보 기자 2005~2006년 서울일보 편집국 사회부 영남취재본부장 2007년 울산제일일보 편집국 부국장 2014년 同편집국장(현)

이주석(李柱碩) LEE Joo Seuk

[생]1950 · 7 · 27 [출]전남 강진 [주]서울 종로구 사직로8길39 세양빌딩 김앤장법률사무소(02-3703-1270) [학]1968년 나주고졸 1974년 성균관대 경제학과졸 1984년 연세대 경영대학원졸 [경]1973년 행정고시 합격(13회) 1974년 국세청 소득세과 사무관 1985년 세무공무원교육원 주임교관 1987~1991년 서울지방국세청 법인세과장 · 재산세과장 1992~1993년 강동세무서장 · 송파세무서장 1993~1998년 국세청 소득세과장 · 재산세1과장 · 법인세과장 1996년 세종대 경영대학원 강사 1998년 서울지방국세청 직세국장 1998년 국세청 감사관 1999년 부산지방국세청장 2000~2003년 국세청 조사국장 2001년 성균관대 경제학부 겸임교수 2003~2004년 서울지방국세청장 2004~2009년 김앤장법률사무소 변호사 2006년 CJ나눔재단 비상임감사(현) 2007년 국세공무원교육원 명예교수 2007~2011년 삼성증권 사외이사 2007~2011년 신세계 사외이사 2010~2013년 웅진그룹 총괄부회장 2012~2015년 대한항공 사외이사 2013년 김앤장법률사무소 상임고문(현) [상]녹조근정훈장(1984), 홍조근정훈장(1996) [종]기독교

이주석(李柱石) LEE Ju Suk

[생]1954·7·9 [출]서울 [주]서울 구로구 디지털로306 대륭포스트타워2차4층 (주)링네트 비서실(02-6675-1251) [학]1972년 서울고졸 1976년 서울대 전기공학과졸, 미국 스탠포드대 단기MBA Growing Companies과정 수료 [경]1976년 금성전선(주) 입사, 同정보시스템팀 차장, 同광산업시스템팀 부장 1997~2000년 LG전선(주) 네트웍사업담당 이사·상무보 1999년 대한전기학회 IBS정보통신 전문위원 2000년 (주)링네트 대표이사(현) [상]노텔 최고파트너수상(1998), CISCO Strategic Win FY수상(1999), 행정자치부장관 감사장(2001) [종]기독교

이주성(李周盛) Lee Joo Sung

[생]1961 · 9 · 2 [출]서울 [주]인천 연수구 해돋이로130 국민안전처 중부해양경비안전본부(032-835-3526) [학]한양대 행정학과졸, 同행정대학원졸 [경]1993년 행정고시 합격(37회) 1998년 경정 임용 1998년 해양경찰청 공보담당 1999년 同수사계장 2001년 同발전기획단 근무 2004년 同예산과장(총경) 2005년 속초해양경찰서장 2006년 해양경찰청 정책홍보관리실 기획담당관 2007년 남해지방해양경찰청 제주해양경찰서장 2008년 해양경찰청 재정담당관 2009년 同국제협력관 2010년 同장비기술국장 2010년 서해지방해양경찰청장 2011년 해양경찰청 정보수사국장 2012년 同기획조정관 2013년 해양경찰학교장 2013~2014년 해양경찰교육원 원장 2014년 국민안전처 해양경비안전교육원장(치안감) 2015년 同남해해양경비안전본부장(치안감) 2016년 同중부해양경비안전본부장 전담직무대리(치안정감)(현)

이주성

[생]1978 [주]서울 마포구 양화로45 (주)세아제강 경영기획본부(02-6970-1000) [학]1997년 스위스 Aiglon College고졸 2001년 미국 시카고대 경제학·동아시아학과졸 2011년 미국 컬럼비아대 대학원 경영학과졸 [경]액센츄어 근무, 메릴린치증권 서울지점 기업금융부(IB)근무 2008년 (주)세아그룹 입사 2008년 (주)세아홀딩스 전략팀장, (주)세아베스틸 이사, 同상무 2014년 (주)세아제강 경영기획본부장(상무) 2014년 同경영기획본부장(전무)(현) 2014년 同영업본부장 겸임(현)

이주연(李周姸 · 女) LEE Joo Yeon

[생]1964 · 4 · 28 [출]서울 [주]서울 강남구 논현로531 윤성빌딩 피죤 임원실(02-3451-2000) [학]1986년 서강대 영어영문학과졸 1993년 미국 메릴랜드 Institute College Of Art졸 1996년 미국 뉴욕 퀸스칼리지 대학원 회화과졸 2007년 성균관대 MIT경영대학원졸(MBA) [경]금호미술관 전시회 1996년 피죤 디자인실장, 同마케팅실장, 同관리총괄부문장(부사장) 2007년 同대표이사 부사장 2007년 同부회장 2011년 同대표이사 부회장(현)

이주열(李柱烈) Juyeol LEE

[생]1952 · 7 · 24 [본]덕수(德水) [출]강원 원주 [주]서울 중구 남대문로39 한국은행 총재실(02-759-4114) [학]1970년 원주 대성고졸 1977년 연세대 경영학과졸 1988년 미국 펜실베이니아주립대 대학원 경제학과졸 [경]1977년 한국은행 입행 1990년 同조사제2부 과장 1991년 同조사제1부 과장 1993년 同외환업무부 과장 1994년 同조사제1부 과장 1995년 同조사제1부 부부장 1998년 同조사부 국제경제실장 1999년 同뉴욕사무소 수석조사역 2002년 同조사국 해외조사실장 2003년 同조사국장 2005년 同정책기획국장 2005년 연합인포맥스 자문위원(현) 2007년 한국은행 부총재보 2009~2012년 同부총재 2009~2012년 同금융통화위원회 위원 2012년 하나금융경영연구소 고문 2013~2014년 연세대 경제대학원 특임교수 2014년 한국은행 총재(현) 2014년 同금융통화위원회 의장(현) [상]연세대 상경 · 경영대학동창회 '자랑스런 연세상경인상'(2014), 강원도민회중앙회 '자랑스런 강원인상'(2015), 연세대총동문회 '자랑스러운 연세인'(2016)

이주열(李柱烈) Lee, Ju-Yeol

[생]1970·2·26 [본]광주(廣州) [출]전북 완주 [주]세종특별자치시 도움6로11 국토교통부 물류산업과(044-201-4016) [학]1988년 전북 상산고졸 1997년 서울대 사회복지학과졸 [경]2006년 건설교통부 물류산업과 근무 2008년 국토해양부 물류산업과 근무 2009년 同주택건설공급과 근무 2011년 同공공주택총괄과 사무관 2012년 同공공주택총괄과 서기관 2013년 국토교통부 공공주택총괄과 서기관 2014년 同규제개혁법무담당관실 서기관(팀장) 2014년 同물류산업과장(현)

이주영(李柱郢) LEE Jooyoung

[생]1942 · 7 · 29 [본]전주(全州) [출]평북 용천 [주]서울 광진구 능동로 120 건국대학교 법인사무국(02-450-3015) [학]1962년 제물포고졸 1966년 서울대 사학과졸 1968년 同대학원졸 1973년 미국 하와이대 대학원 사학과졸 1982년 문학박사(서강대) [경]1975~1979년 서원대 역사교육과 조교수 1979~2007년 건국대 인문학부 사학과 조교수 · 부교수 · 교수 1982년 미국 프린스턴대 객원연구원 1991년 미국 컬럼비아대 객원연구원 1995~1998년 한국미국사학회 회장 2001~2002년 역사학회 회장 2001년 건국대 서울캠퍼스 부총장 2002년 同박물관장 2003년 한국아메리카학회 회장 2004~2006년 건국대 대학원장 2007년 同사학과 명예교수(현) 2016년 同법인이사(현) [상]옥조근정훈장(2007) [저]'이승만 평전' '이승만과 그의 시대' '우남 이승만 그는 누구인가' '대한민국의 건국과정' '한국현대사'(共) '한국현대사 이해'(共) '미국사' '미국의 좌파와 우파' '경험으로 본 서양의 역사' [역]'서양근대사' '프론티어와 미국사' '현대미국의 성립' '뉴딜정책'

이주영(李柱榮) LEE Ju Young

[생]1951·9·30 [출]경남 마산 [주]서울 영등포구 의사당대로 1 국회 의원회관819호(02-784-5281) [학]1970년 경기고졸 1974년 서울대 법과대학졸 1976년 同대학원 법학과졸 1991년 영국 런던대 대학원 수료 2001년 경남대 북한대학원 정치학과졸 [경]1978년 사법시험 합격(20회) 1980년 사법연수원 수료(10기) 1980년 서울지법 동부지원 판사 1982년 서울가정법원 판사 1983년 서울민사지법 판사 1984년 청주지법 판사 1986년 서울형사지법 판사 1989년 서울지법 북부지원 판사 1990년 서울고법 판사 1993년 대법원 재판연구관 1994년 부산지법 부장판사 1995~2005년 변호사 개업 1996년 민주당 창원시乙지구당 위원장 2000~2004년 제16대 국회의원(창원시乙, 한나라당) 2002년 한나라당 원내부총무 2003년 同제1정책조정위원장 2003년 同인권위원장 2004년 同정책위 부의장 2005년 경남도 정무부지사 2006년 제17대 국회의원(마산시甲 재보선, 한나라당) 2006년 한나라당 수석정책조정위원장 2007년 同정책위원회 의장 2008년 제18대 국회의원(마산甲, 한나라당·새누리당) 2009년 한나라당 경남도당 위원장 2010년 국회 사법제도개혁특별위원장 2010~2011년 국회 예산결산특별위원장 2010년 국회 UN새천년발전목표포럼(UNMDGs) 공동대표 2010년 국회 사할린포럼 공동대표 2011년 한나라당 정책위 의장 2012년 제19대 국회의원(창원시 마산합포구, 새누리당) 2012~2014년 새누리당 상임전국위원 2012년 同제18대 대통령중앙선거대책위원회 특보단장 2013~2014년 同여의도연구원장 2014년 해양수산부 장관 2015년 국회 동북아역사왜곡대책특별위원회 위원장 2016년 새누리당 제20대 총선 경남권선거대책위원장 2016년 제20대 국회의원(창원시 마산합포구, 새누리당)(현) 2016년 국회 외교통일위원회 위원(현) 2016년 한국아동인구환경의원연맹(CPE) 회원(현) 2016년 세계스카우트의원연맹 부총재(현) [상]인물대상 의정부문(2010), 서울석세스어워드 정치인부문 대상(2011), 경남대총동창회 '자랑스런 경남대인상'(2014), 제2회 대한민국청소년육성대상(2015), 범시민사회단체연합 선정 '올해의 좋은 국회의원상'(2015), 올해의 사회공헌대상(2016), 자랑스런대한민국시민대상 국회의정부문 공로대상(2016) [저]'여성복지법제' '남북교류협력법제' [종]가톨릭

이주영(李周暎 · 女)

[생]1972 · 7 · 6 [출]경기 안성 [주]경남 창원시 성산구 창이대로681 창원지방법원(055-266-2200) [학]1991년 인성여고졸 1995년 한국외국어대 불어과졸 [경]1997년 사법시험 합격(39회) 2000년 사법연수원 수료(29기) 2000년 인천지법 부천지원 판사 2002년 서울지법 판사 2004년 대구지법 포항지원 판사 2007년 서울행정법원 판사 2010년 서울가정법원 판사 2011년 법원도서관 조사심의관 겸임 2013년 서울고법 판사 2015년 창원지법 부장판사(현)

이주용(李珠龍) LEE Chu Yong

[생]1935 · 3 · 23 [본]월성(月城) [출]울산 [주]서울 강서구 공항대로665 KCC정보통신(주) 회장실(02-754-8061) [학]1953년 경기고졸 1955년 서울대 문리대 3년 수료 1958년 미국 미시간대 경제학부졸 1960년 同대학원 수료 [경]1958년 미국 미시간대 사회과학연구소 근무 1960년 미국 IBM 근무 1963년 同한국지사 대표 1964년 同본사 기획담당 1967년 한국전자계산소 소장 1971~1988년 한국전자계산 사장 1975년 전자계산가공수출조합 이사장 1982년 국제전산 회장 1985년 종하장학회 이사장(현) 1987년 연합컴퓨터 회장 1988~1996년 한국전자계산 회장 1988년 한국컴퓨터비전 회장 1989년 KCC엔지니어링 회장 1989년 KCC서비스 대표이사 회장 1996년 KCC정보통신(주) 회장(현) [상]동탑산업훈장(1987), 수출진흥상, 한국정보산업협동조합 공로패(2011)

이주원(李周遠) Ju Won Lee

[생]1957 · 7 · 18 [출]충북 청원 [주]충북 청주시 흥덕구 오송읍 오송생명1로18 충청북도보건환경연구원(043-220-5900) [학]한국방송통신대졸 [경]2008년 충북도 보건위생과 지역보건팀장 · 건강증진팀장 · 위생지도팀장, 同보건정책과 보건정책팀장 2011년 同보건정책과장 2015년 충북도보건환경연구원 원장(현) [상]근정포장(2003)

이주익(李柱益) LEE Joo Ik

[생]1958 · 1 · 11 [본]전주(全州) [출]강원 춘천 [주]서울 용산구 한강대로140 행정공제회 감사실(02-3781-0903) [학]춘천고졸, 한국방송통신대졸, 강원대 경영행정대학원졸 [경]2008년 강원도 환경관광문화국 관광진흥과장 2011년 지방행정연수원 고위정책과정 교육파견(국장급) 2012년 강원도 국제협력실장 2012년 同감사관 2013년 同감사관(부이사관) 2014년 同경제진흥국장 2015~2016년 同문화관광체육국장 2016년 행정공제회 감사(현) [상]대통령표창, 홍조근정훈장(2015) [저]'정책형성에 있어서 기초정책형성에 관한 연구' [종]불교

이주일(李株一) LEE Joo Il

[생]1960 · 12 · 15 [출]충북 청주 [주]인천 남동구 문화서로62번길39 중부지방고용노동청 청장실(032-460-4530) [학]1986년 성균관대 사회학과졸 2001년 미국 사우스웨스턴대 대학원 행정학과졸, 산업경영공학박사(명지대) [경]1990년 공직 입문(행정고시 33회), 노동부 기획관리실 기획예산담당관실 서기관 1999년 同기획관리실 행정관리담당관 2002년 同공보관실 서기관 2002년 同기획관리실 법무담당관 2002년 同장관 비서관 2002년 서울강남지방노동사무소장 2004년 노동부 고용정책실 능력개발심의관실 인적자원개발과장 2005년 同고용정책본부 직업능력개발심의관실 능력개발지원팀장 2007년 同노사정책팀장(부이사관) 2008년 同고용정책실 고령자고용과장 2009년 同고용정책실 여성고용과장 2009년 同고용정책실 고용차별개선정책과장 2010년 서울지방노동청 수원지청장 2010년 경기지방노동위원회 위원장 2014년 대전지방고용노동청장 2015년 부산지방고용노동청장 2016년 중부지방고용노동청장(현)

이주일(李柱壹) LEE Ju Il

[생]1966 · 3 · 1 [출]서울 [주]서울 서초구 반포대로158 서울고등검찰청(02-530-3114) [학]1984년 중앙고졸 1989년 고려대 법학과졸 1996년 同대학원졸 [경]1990년 사법시험 합격(32회) 1993년 사법연수원 수료(22기) 1993년 軍법무관 1996년 서울지검 남부지청 검사 1998년 대구지검 경주지청 검사 1998년 同포항지청 검사 2000년 법무부 법무심의관실 검사 2002년 서울지검 검사 2004년 서울중앙지검 검사 2005년 부산지검 동부지청 부부장검사 2006년 의정부지검 부부장검사 2006년 헌법재판소 파견 2008년 법무부 인권옹호과장 2009년 서울북부지검 형사5부장 2009년 同형사4부장 2010년 서울중앙

지검 공판1부장 2011년 대구지검 형사2부장 2012년 창원지검 통영지청장 2013년 인천지검 부장검사(경기도 파견) 2014년 대구지검 경주지청장 2015년 서울고검 검사(현) [종]기독교

이주장(李柱張) LEE Ju-Jang

[생]1948·11·14 [본]전주(全州) [출]서울 [주]대전 유성구 대학로291 한국과학기술원 전기 및 전자공학과(042-350-3402) [학]1967년 경복고졸 1973년 서울대 전기공학부졸 1977년 同대학원 전기공학부졸 1984년 공학박사(미국 위스콘신대) [경]1977년 한국전자통신연구소 연구원 1978~1980년 미국 GTE Automatic Electric Co. 엔지니어 1983년 미국 Wisconsin Electric Power Co. 엔지니어 1984~2014년 한국과학기술원 전기 및 전자공학과 교수 1987·1991년 미국 Carnegie Mellon Univ. 방문교수 2005년 한국제어로봇시스템학회 및 일본 제어계측학회 Fellow(현) 2007년 미국 전기전자학회(IEEE) Fellow(석학회원)(현) 2011~2014년 미국 산업전자공학회(IE) 부회장 2015년 한국과학기술원 전기 및 전자공학과 명예교수(현) [상]과학기술부 우수논문상, 대한전기학회 학술상·IEEE 우수논문상, 근정포장(2014)

이주진(李柱鎭) LEE Joo Jin

[생]1952·8·5 [본]전주(全州) [출]충북 음성 [주]대전 유성구 과학로169의84 한국항공우주연구원(042-860-2114) [학]1971년 서울사대부고졸 1975년 서울대 공업교육학과졸 1984년 미국 존스홉킨스대 대학원 기계공학과졸 1986년 기계공학박사(미국 존스홉킨스대) [경]1975~1982년 국방과학연구소 선임연구원 1982~1986년 미국 Johns Hopkins Univ. Research Assistant 1986년 한국표준연구소 역학물성연구실 책임연구원 1991년 한국항공우주연구원 책임연구원, 同아리랑사업단장 2005년 同위성총괄사업단장 2006년 同위성기술사업단장 2007년 同위성정보연구소장 2008~2011년 同원장 2009~2011년 국가우주위원회 위원 2011년 한국항공우주연구원 연구위원(현) 2013년 한국공학한림원 정회원(현) 2015년 세계우주연맹(IAF) 부회장(현) [상]국민훈장 목련장(2000), 한국항공우주학회 기술상(2000), 과학기술훈장 혁신장(2007)

이주찬(李周燦) Ju Chan Lee

[생]1949·8·12 [본]경주(慶州) [출]서울 [주]인천 중구 축항대로165번길40 (주)선광 임원실(032-880-6531) [학]1967년 서울고졸 1971년 서울대 교육학과졸 [경]세방(주) 해외업무부 근무, (주)선광개발 업무부 근무, (주)선광 영업관리 근무, 同물류사업본부장(전무) 2014년 同고문(현) [종]천주교

이주태(李珠泰) LEE Ju Tae

[생]1956·12·2 [출]경북 경주 [주]서울 영등포구 여의나루로50 교원공제회관603호 미도교역(주) 대표이사실(02-785-6164) [학]1975년 경주고졸 1981년 고려대 영어영문학과졸 1993년 서강대 경제대학원졸 1998년 프랑스 파리정치대 대학원 정치학과졸 2000년 경영학박사(경희대) [경](주)선경 근무, 삼성물산(주) 수출입담당 대리, K.C Industries(미국 Origon) Marketing Coordinator 1986년 미도상사 대표이사 1986년 미도교역(주) 대표이사(현), 서강대 경제대학원동문회장, (사)국제지역학회(IAAS) 상임이사 2001~2002년 경희대 대학원동문회 이사, 同무역학부 겸임교수 2004년 한국수입업협회 무역연구소장 2005~2008년 산업자원부 무역위원회 비상임위원 2006~2008년 한국무역협회 FTA특별위원회 부위원장 2007년 한국수입업협회 부회장 2007~2013년 한국무역학회 부회장 2008년 지식경제부 무역위원회 비상임위원 2010~2013년 한국수입업협회 회장 2010년 외교통상부 정책자문위원 2012~2015년 한국무역협회 비상근부회장 2013년 외교부 정책자문위원(현) [상]500만불 수출탑(1994), 상공부장관표창(1994), 한국무역대리점협회장 외화획득 표창(1996), 대통령표창(2000), 석탑산업훈장(2006), 은탑산업훈장(2011), 이탈리아 기사작위훈장(2013), 고려대 문과대학교우회 '자랑스런 문과대학인상'(2014), 서강경제대상(2015)

이주태(李柱泰) Lee Joo Tae

[생]1966·7·8 [본]성주(星州) [출]경북 청도 [주]서울 종로구 세종대로209 통일부 운영지원과(02-1577-1365) [학]1985년 대륜고졸 1989년 서울대 동양사학과졸 1992년 同대학원 행정학과졸 2005년 미국 듀크대 대학원 정책학과졸 [경]2000년 통일부 통일정책실 정책총괄과 사무관 2003년 同교류협력국 총괄과 서기관 2006년 同개성공단사업지원단 개발기획팀장 2008년 同정책협력과장 2009년 同정책기획과장 2011년 同장관비서관(부이사관) 2013년 同교류협력국 교류협력기획과장 2013년 同개성공단 남북공동위원회 사무처장 2014년 同개성공단 남북공동위원회 사무처장(고위공무원) 2014년 대통령 외교안보수석비서관실 통일비서관실 선임행정관 2016년 고위공무원(국립외교원 교육파견) [종]기독교

이주헌(李曮憲) LEE John Hearn

[생]1954·10·19 [본]광산(光山) [출]전남 목포 [주]서울 동대문구 이문로107 한국외국어대학교 경영대학 경영학부(02-2173-3084) [학]1972년 미국 헤티스버그고졸 1975년 미국 서던미시시피대 전자계산학과졸 1977년 미국 버지니아폴리테크닉주립대 대학원 산업공학과졸 1983년 경영정보학박사(미국 일리노이공과대) [경]1975년 미국 버지니아주립공대 연구조교 1978~1984년 미국 벨연구소 연구원 1979년 미국 일리노이공대 강사 1980년 미국 듀페이지대 강사 1984~1985년 금성반도체 연구본부장 1985년 금성소프트웨어 연구소장 겸 사업본부장 1986년 한국생산성본부 자문위원 1986년 한국외국어대 경영대학 경영학부 교수(현) 1995년 한국소프트웨어견적기술연구회 부회장 1995년 삼성SDS 자문교수 1995~1998년 정보통신윤리위원회 초대심의위원장 1996년 한국정보처리학회 소프트웨어공학연구회 위원장 1996~1999년 한국데이터베이스학회 회장 1998년 한국객체기술연구회 회장 1999년 새천년민주당 전자정부정책기획단 정책간사 2000년 한국경영정보학회 부회장 2000년 정보화성과평가연구회 회장 2000~2002년 한국CIO포럼 대표간사 2000년 쌍용정보통신 사외이사 2001년 한국외국어대 기업경영연구소장 2002년 (사)한국정보기술원가표준원 초대원장 2002년 노무현 대통령후보 IT정책특보 겸 자문교수 2003년 제16대 대통령직인수위원회 경제2분과 자문위원 2003~2006년 정보통신정책연구원 원장 2003~2005년 대통령자문 정부혁신지방분권위원회 전자정부전문위원 2003년 정보통신부 정보통신정책심의위원 2003년 대통령자문 국가균형발전위원회 자문위원 2004년 통일IT포럼 회장 2005년 (사)월드라이트 초대위원장 2006년 同이사장 2006년 한국경영정보학회 회장 2008년 (사)한국정보화측정연구원 원장(현) 2010년 전자신문 객원논설위원 2016년 국민의당 국민소통본부장 [상]정보통신부장관표창(1998), 대통령표창(2001), SI우수연구자상(2005) [저]'소프트웨어 입문'(1987) '실용프로젝트 관리론'(1991) '하나님, 컴퓨터 그리고 사랑' '실용소프트웨어 공학론'(1993) '실용 소프트웨어 생산공학론'(1993) '경영학으로의 초대(共)'(2002) '미래한국'(2005) '정보통신정책핸드북(共)'(2005) '메가트렌드 코리아(共)'(2006) [역]'전략정보시스템 구축론'(1993) [종]기독교

이주헌(李柱憲) LEE Joo Hun

[생]1955·7·2 [주]서울 서대문구 연세로50 연세대학교 이과대학 생물학과(02-2123-2659) [학]1978년 연세대 생물학과졸 1989년 생물학박사(미국 피츠버그대) [경]1989~1991년 미국 롱아일랜드 Cold Spring Harbor Laboratory Post-Doc. 1991~2001년 연세대 자연과학부 조교수·부교수 2000년 同의예과장 2001~2003년 同이과대학 교학부장 2001~2002년 同이과대학 자연과학부장 2001년 同이과대학 생물학과 교수(현) 2004~2005년 同대학원 교학처장 2004년 同생물학과 주임교수 2007년 한국과학재단 기초연구단 생명과학전문위원 2007년 同기초거점단장(현) 2016년 연세대 생명시스템대학장(현)

이주혁(李柱赫) LEE Joo-Hyuk

[생]1954·10·8 [출]서울 [주]경기 고양시 일산동구 일산로323 국립암센터 진단검사센터 영상의학과(031-920-1515) [학]1980년 서울대 의대졸 1991년 同대학원 의학석사 1993년 의학박사(서울대) [경]1980~1984년 서울대병원 인턴·레지던트 1984~1987년 공중보건의 1987~1989년 지방공사 강남병원 방사선과 전문의 1989년 서울대 의과대학 영상의학교실 겸임교수(현) 1989~1997년 지방공사 강남병원 방사선과장 1994년 미국 Duke Univ. Medical Center Visiting Professor 1997년 일본 이와테의대 방사선과 방문연구원 1998~2001년 청주성모병원 방사선과장 겸 교육연구부장 2001년 국립암센터 진단검사센터 영상의학과 전문의(현) 2001~2006년 同진료지원센터 진단방사선과장 2001~2007년 同연구소 방사선의학연구과장 2003~2006·2007년 同부속병원 암예방검진센터장 2003~2007년 同연구소 방사선핵의학연구부장 2007~2009년 同연구소 융합기술연구부장 2007년 同방사선의학연구과 전문의(현) 2009~2011년 同기획조정실장 2009년 同소아암센터 전문의(현) 2010~2011년 同영상의학과장 2010년 울산과학기술대 나노생명화학공학부 겸임교수 2011년 국립암센터 국가암관리사업본부장 2011년 同부속병원장 2014년 국제암대학원대 시스템종양생물학과 겸임교수(현)

이주혁(李柱爀) LEE Ju Hyuk

(생)1958·10·24 (본)전주(全州) (출)충북 (주)서울 영등포구 여의나루로57 현대라이프생명보험 대표이사실(02-3284-7001) (학)1977년 청주고졸 1984년 고려대 경제학과졸 (경)1984~1988년 현대종합상사 경리부 근무 1988~2000년 同기획실 재무팀 근무 2001년 현대캐피탈 영업기획본부장, 同경인동부지역본부장(이사대우) 2002년 同전략기획실장(이사대우) 2003~2007년 현대카드(주)·현대캐피탈(주) 재무지원실장(이사·상무) 2008년 同재경본부장(전무) 2012년 同금융사업본부장(전무) 2014년 同부사장 2014년 현대라이프생명보험 대표이사(현)

이주현(李柱玄)

(생)1964·4·26 (출)서울 (주)경기 안산시 단원구 광덕서로75 수원지방법원 안산지원(031-481-1114) (학)1982년 대구 영신고졸 1986년 서울대 법대졸 (경)1985년 사법시험 합격(27회) 1988년 사법연수원 수료(17기) 1988년 공군 법무관 1991년 서울민사지법 판사 1995년 독일 트리어대 연수 1995년 창원지법 판사 1998년 서울지법 의정부지원 판사 1999년 서울지법 판사 2001년 대법원 재판연구관 2003~2004년 서울지법 의정부지원 부장판사 2004년 변호사 개업 2012년 수원지법 판사 2014년 춘천지법 수석부장판사 2016년 수원지법 안산지원 부장판사(현)

이주형(李周炯) LEE Joo Hyung

(생)1951·4·11 (출)광주 (주)서울 성동구 왕십리로222 한양대학교 도시대학원(02-2220-0275) (학)1971년 광주제일고졸 1979년 한양대 건축공학과졸 1983년 미국 코넬대 대학원졸 1985년 공학박사(미국 코넬대) (경)1982~1983년 미국 코넬대 대학원 연구조교 1993년 서울시 도시계획위원 1995년 환경부 중앙환경보전위원 1997년 건설교통부 고속철도건설심의위원 1998년 한양대 도시대학원 도시개발경영전공 교수(현) 1998년 국립공원관리공단 자문위원 1999년 한양대 대외협력처장 2001~2006·2010~2011·2012·2014~2015년 同도시대학원장 2014년 同도시융합개발대학원장 2014~2015년 同부동산융합대학원장 (상)국민훈장 목련장(1998) (저)'인간과 환경'(1986) '지역계획론'(1991) '도시의 계획과 관리'(1997) '도시형태론'(2001) '21세기 도시재생의 패러다임'(2009, 보성각)

이주형(李周炯)

(생)1957·1·6 (주)경기 수원시 영통구 덕영대로1556의16 디지털엠파이어A동1007호 (주)옵티스(031-303-5900) (학)1981년 인하대 기계공학과졸 1990년 아주대 대학원 산업기계공학과졸 (경)1983년 삼성그룹 입사, 삼성전자(주) 비디오연구실·DECK개발팀·광기기개발그룹 근무, 삼성전기(주) 디바이스사업팀 부장, 同광디바이스1팀장 2003년 同상무보 2005년 (주)옵티스 설립·대표이사(현) (상)동탑산업훈장(2015)

이주형(李柱亨) Juhyung Rhi

(생)1960·12·27 (출)서울 (주)서울 관악구 관악로1 서울대학교 인문대학 고고미술사학과(02-880-6215) (학)1979년 휘문고졸 1984년 서울대 고고미술사학과졸 1991년 철학박사(미국 버클리대) (경)1992년 서울대 인문대학 고고미술사학과 교수(현) 1996년 同박물관 전통미술부장 1998년 한국불교연구원 이사(현) 1999~2006년 한국인도학회 이사 2000~2002년 서울대 인문학연구소 역사연구부장 2003년 미국 버클리대 누마타초빙교수 2005~2007년 한국불교학회 이사 2005년 한국중앙아시아학회 학술이사·부회장 2006년 미술사와시각문화학회 회장(현) 2007년 서울대 고고미술사학과장 2008~2010년 同인문대학 기획부학장 2009~2011년 중앙아시아학회 회장 2009년 한국불교학회 이사 2010~2012년 서울대 인문대학 교무부학장 2012~2013년 미국 프린스턴고등연구원 연구원 2013~2015년 문화재청 문화재위원 2014~2016년 한국미술사학회 회장 2015년 국제불교학회(International Association of Buddhist Studies) 부회장(현) 2016년 서울대 인문대학장(현) (상)백상출판문화상(2004) (저)'간다라미술(도록 서설 및 해설 집필)'(1999, 예술의 전당) '세속에 핀 연꽃(共)'(2003, 대한불교진흥원) '간다라미술'(2003, 사계절출판사) '아프가니스탄, 잃어버린 문명'(2004, 사회평론) '한국의 미를 다시 읽는다(共)'(2005, 돌베개) '인도의 불교미술'(2006, 사회평론) '동양미술사(共)'(2007, 미진사) '동아시아 구법승과 인도의 불교유적(編)'(2009, 사회평론) (역)'인도미술사-굽타시대까지'(1996, 예경) '불교미술'(2002, 예경) (종)불교

이주형(李周炯) Lee Joo-Hyeong

(생)1967·7·28 (출)대구 (주)대구 수성구 동대구로364 대구지방검찰청 제2차장검사실(053-740-3300) (학)1986년 대구 경원고졸 1990년 고려대 법학과졸 1992년 同대학원 법학과졸 (경)1993년 사법시험 합격(35회) 1996년 사법연수원 수료(25기) 1996년 軍법무관 1999년 대구지검 검사 2000년 同상주지청 검사 2002년 수원지검 검사 2004년 서울중앙지검 검사 2008년 창원지검 검사 2009년 대검찰청 연구관 2010년 대구지검 영덕지청장 2011년 대검찰청 피해자인권과장 2012년 수원지검 특수부장 2013년 법무부 인권정책과장 2014년 서울중앙지검 형사부장 2015년 전주지검 부장검사 2016년 대구지검 제2차장검사(현)

이주호(李周鎬)

(생)1959·1·5 (주)인천 연수구 능허대로484 인천환경공단(032-899-0128) (학)서울산업대 기계공학과졸, 인하대 대학원 산업공학과졸 (경)1980년 공직 입문 2011년 인천시 산업기반과장 2013년 同사회적경제과장 2013년 同상수도사업본부 남동정수사업소장 2015년 同산업진흥과장 2015년 同경제산업국장 2016년 인천환경공단 이사장(현)

이주호(李周浩) LEE Ju Ho

(생)1961·2·17 (출)경북 칠곡 (주)세종특별자치시 남세종로263 한국개발연구원 국제정책대학원(044-550-1043) (학)1979년 대구 청구고졸 1983년 서울대 국제경제학과졸 1985년 同대학원 경제학과졸 1990년 경제학박사(미국 코넬대) (경)1990~1991년 경제기획원 제7차 경제사회발전5개년계획 인력정책부문 위원 1990~1991년 국민경제제도연구원 책임연구원 1991~1997년 한국개발연구원(KDI) 연구위원 1994~1995년 대통령직속 교육개혁위원회 전문위원 1996~1997년 대통령직속 노사관계개혁위원회 전문위원 1998~2003년 한국개발연구원(KDI) 국제정책대학원 부교수 1998~2000년 교육부 교육정책심의회 위원 2000~2001년 미국 Univ. of Wisconsin-Milwaukee 초빙교수 2001~2002년 한국개발연구원(KDI) 국제정책대학원 교학처장 2002~2004년 한국교육재정경제학회 학술위원 2002~2004년 한국노동경제학회 이사 2002~2003년 미국 Colgate Univ. 석좌교수(A. Lindsay O'connor Associate Professor of American Institutions) 2003~2004년 한국개발연구원(KDI) 국제정책대학원 교수 2003~2004년 同교육개혁연구소(CEPRI) 소장 2004~2008년 제17대 국회의원(비례대표, 한나라당) 2005년 한나라당 제5정책조정위원장 2006~2009년 투명사회협약실천협의회 집행위원 2006~2009년 (재)여의도연구소 이사 2007~2008년 제17대 대통령직인수위원회 사회교육문화분과 간사위원 2008년 대통령 교육과학문화수석비서관 2009~2010년 교육과학기술부 제1차관 2010~2013년 同장관 2013년 한국개발연구원(KDI) 국제정책대학원 교수(현) 2015~2016년 국회의장직속 미래전략자문위원회 위원 2015년 글로벌교육재정위원회 위원(현) (저)'경쟁력제고를 위한 기업환경개선(共)'(1991) '인력정책의 과제와 방향(共)'(1991) '고용대책과 인적자원개발'(1996) '교원 보수의 경제분석과 정책개혁(共)'(2000) '자율과 책무의 학교개혁(共)'(2000) '지식기반사회의 고급인력 양성을 위한 고등교육 개혁방안(共)'(2003) '자율과 책무의 대학개혁(共)'(2004) '공공부문의 성과관리(共)'(2004) '평준화를 넘어 다양화로 : 실천적 한국교육 정책론(共)'(2006) '인재대국(共)'(2012)

이주홍(李朱洪) LEE Joo Hong

(생)1951·9·23 (출)부산 (주)서울 동작구 보라매로5길51 롯데관악타워6층 범한엔지니어링 회장실(02-555-9771) (학)1969년 경남고졸 1973년 서울대 토목공학과졸 1979년 同환경대학원졸 (경)1974년 도시계획연구소(KEPSI) 연구원 1982년 롯데건설(주) 근무 1986년 (주)태영 입사 1994년 同토목본부 이사 1996년 同상하수도담당 상무이사 2001년 同전무이사 2004년 同부사장 2005년 同토목본부 영업총괄담당 부사장 2007~2008년 코오롱건설 환경사업본부장(부사장) 2007~2011년 환경시설관리공사 대표이사 사장 2009년 코오롱건설 환경사업담당 사장 2010년 同환경사업총괄 사장 2011년 코오롱워터앤에너지 고문 2012년 범한엔지니어링 회장(현) (종)기독교

이주환(李周煥) LEE Joo Whan

(생)1961·11·1 (출)서울 (주)서울 서초구 서초대로398 플래티넘타워4층 현대시멘트 임원실(02-520-2005) (학)1980년 성동고졸, 연세대 요업공학과졸, 미국 미시간대 대학원 경영학과졸(MBA) (경)1985년 현대시멘트(주) 입사, 同이사, 同상무이사 2000년 同업무담당 전무이사, 세일로지스틱 대표이사 2011년 현대시멘트 대표이사 사장(현) 2016년 한국시멘트협회 회장(현)

이주흥(李宙興) LEE Joo Hung

(생)1952·6·17 **(출)**경남 마산 **(주)**서울 강남구 영동대로 517 아셈타워22층 법무법인 화우(02-6003-7505) **(학)** 1970년 마산고졸 1974년 서울대 법학과졸 1975년 한양대 대학원 법학과 수료 1984년 독일 Universitat Gottingen 연수 2011년 서울대 경영대학 최고경영자과정 수료 2012년 同최고지도자 인문학과정 수료 2013년 同소프트파워사회지도자를위한예술문화과정 8기 수료 **(경)** 1974년 사법시험 합격(16회) 1976년 사법연수원 수료(6기) 1976년 軍법무관 1979년 춘천지법 판사 1982년 同영월지원장 1983~1984년 독일 해외연수 1984년 서울지법 의정부지원 판사 1985년 同동부지원 판사 1987년 서울고법 판사 1989년 헌법재판소 파견 1990년 대법원 재판연구관 1991년 부산지법 부장판사 1993년 사법연수원 교수 1996년 법원행정처 송무국장 겸 서울지법 부장판사 1998년 대전고법 부장판사 2000년 대법원 선임재판연구관 2002년 서울고법 부장판사 2005년 대전지법원장 2006~2008년 서울중앙지법원장 2008~2016년 법무법인 화우 대표변호사 2009~2011년 화우연수원 원장 2009년 대한치과의사협회 고문변호사(현) 2009년 한국스포츠엔터테인먼트법학회 부회장(현) 2011~2013년 법무부 상법개정 특별분과위원회 위원 2011년 서울대 법학전문대학원 겸임교수 2011년 성균관대 법학전문대학원 초빙교수(현) 2011년 연세대 법학전문대학원 겸임교수(현) 2012~2014년 교육과학기술부 고문변호사 2012~2013년 법무부 상법특별위원회 위원장 2012년 창원시 고문변호사(현) 2012년 한국철도시설공단 고문변호사(현) 2012년 헌법재판소 공직자윤리위원회 위원(현) 2013~2016년 중앙선거관리위원회 인터넷선거보도심의위원회 위원장 2013년 헌법재판소 자문위원회 위원(현) 2014년 同공직자윤리위원회 위원(현) 2016년 대한변호사협회 사법평가위원회 위원장(현) 2016년 법무법인 화우 고문변호사(현) **(상)**황조근정훈장(2008) **(저)**'해상운송법'(1992, 박영사) '실무손해배상책임법'(1998, 박영사)

이주흥(李柱興) LEE Joo Heung

(생)1961·5·11 **(출)**서울 **(주)**서울 강남구 일원로81 삼성서울병원 피부과(02-3410-3549) **(학)**1986년 서울대 의대졸 1990년 同대학원졸 1996년 의학박사(서울대) **(경)**1986~1990년 서울대병원 인턴·피부과 레지던트 1990~1993년 국군수도병원 군의관 1993년 인하대병원 전문의 1994~2000년 인하대 의대 피부과학교실 전임강사·조교수 1998~2000년 미국 미시간대 교환교수 2000년 삼성서울병원 피부과 전문의(현) 2000년 성균관대 의대 피부과학교실 교수(현) 2006년 삼성서울병원 피부레이저치료실장(현) 2007년 성균관대 의대 교육담당 부학장보 2007년 삼성서울병원 교육수련부 차장 2009년 同피부과장(현) 2011~2013년 대한건선학회 회장 2013~2015년 삼성서울병원 교육수련부장 2016년 同교육인재개발실장(현)

이주희(李珠熙) LEE Ju Hee

(생)1948·3·20 **(본)**성산(星山) **(출)**경남 밀양 **(주)**부산 남구 용소로45 부경대학교 해양생산시스템관리학부(051-629-5880) **(학)**1967년 부산고졸 1971년 부산수산대 수산교육과졸 1981년 일본 도쿄수산대 대학원 수산학과졸 1984년 수산학박사(일본 北海島大) **(경)**1976~1985년 통영수산전문대 조교수 1985~2013년 부경대 해양생산시스템관리학부 교수 1990~1994년 국립수산과학원 겸직연구관 1998~2000년 부경대 수산과학연구소장 1998~2000년 同수산과학대학장 1998~2001년 민주평통 자문위원 1999~2001년 바다가꾸기실천운동시민연합 공동대표 1999~2001년 국가연구개발사업평가위원회 위원 2001년 부경대 수산학 Core Univ. Program사업단장 2004~2008년 同대학원장·부총장 2004~2008년 同종합인력개발센터 원장 2006~2010년 한국어업기술학회 회장 2007년 일본 北海島大 수산학부 특별명예교수(현) 2007~2008년 농어업농어촌특별대책위원회 위원 2009~2011년 한국어업포럼 공동대표 2009~2011년 한국어업인교육문화재단 이사 2010~2011년 한국수산과학총연합회 회장 2013년 부경대 해양생산시스템관리학부 명예교수(현) **(상)**대통령표창(2009), 홍조근정훈장(2013) **(저)**'어업Ⅰ' '어업Ⅱ' '어업생물학' '어획물취급 및 관리'(2008) '어업생물학'(2012) '어획물취급 및 적부'(2012) **(역)**'어등의 활용 기술과 제도의 새로운 구축(共)'(2013, 한길) **(종)**불교

이주희(李周熙) LEE Joo Hee

(생)1951·1·20 **(본)**전주(全州) **(출)**전남 **(주)**충북 영동군 양강면 구강길65 레인보우영동연수원 원장실(043-745-9711) **(학)**1970년 숭문고졸 1975년 한양대 법학과졸 1977년 서울대 환경대학원졸 1990년 법학박사(한양대) **(경)**1980~1983년 서울대 환경계획연구소 연구원 1983~1985년 同환경계획연구소 도시계획연구부 선임연구원 1985년 한국지방행정연구원 지역개발실 책임연구원 1989년 同지역개발실장(수석연구원) 1990~2004년 국가전문행정연수

원 자치행정연수부 교수 1991년 환경처 환경분쟁조정위원회 전문위원 1994년 국민고충처리위원회 비상임전문위원 1997년 총무처 지방이양심의위원회 위원 1998년 국토및도시계획학회 지방자치분과 위원장 2000~2002년 대통령소속 국가기능지방이양심의실무위원회 위원 2003년 한국지방자치학회 부회장 2005~2006년 행정자치부 자치인력개발원 자치행정연수부 교수 2005년 한국지방자치학회 회장 2006년 행정자치부 지방행정연수원 교수 2008~2011년 행정안전부 지방행정연수원 교수 2012년 레인보우영동연수원 원장(현) **(상)**최우수논문상(2003), 최우수저작상(2006) **(저)**'주민만족 행정서비스 혁명' '초일류 자치단체를 만들자' '디지털시대의 지식행정전략' '한국지방자치론'(共) '고객감동행정서비스' '지방자치법 이론과 운영'

이주희(李周禧·女) LEE Joohee

(생)1965·8·30 **(출)**서울 **(주)**서울 서대문구 이화여대길52 이화여자대학교 사회과학부(02-3277-4644) **(학)**1983년 여의도고졸 1987년 이화여대 사회학과졸 1991년 미국 위스콘신대 메디슨교 대학원졸 1996년 사회학박사(미국 위스콘신대 메디슨교) **(경)**1998~2005년 한국노동연구원 연구위원 2003년 노동부 노사관계제도선진화연구위원회 위원 2004~2006년 행정자치부 정책자문위원회 자문위원 2004~2006년 대통령자문 빈부격차차별시정위원회 전문위원 2005년 이화여대 사회과학부 사회학전공 조교수·교수(현) 2007~2008년 국무총리실 정부업무평가실무위원회 위원 2012년 비판사회학회 부회장 2013~2015년 이화여대 고진로사회권연구소장 2015년 미국 코넬대 Korea Foundation Distinguished Visiting Professor in Korean Studies 2015년 서울시 일자리위원회 위원(현) 2015년 W20(G20 Outreach Group) 한국대표(현) **(상)**노동부장관표창(2002) **(저)**'21세기 한국노동운동의 현실과 전망'(2002) '유리천장 깨뜨리기 : 관리직 여성의 일과 삶(共)'(2004) 'The New Structure of Labor Relations : Tripartism and Decentralization(共)'(2004) '고진로 사회권'(2012)

이 준(李 俊) LEE Joon

(생)1919·8·14 **(출)**경남 남해 **(주)**서울 서초구 반포대로37길59 대한민국예술원(02-3479-7223) **(학)**1941년 일본 태평양미술학교 서양화과졸 **(경)**1950년 숙명여고 교사 1953년 국전 특선 1954년 이화여대 미술대학 서양화과 부교수 1954~1969년 同서양화과 교수 1970~1984년 한국미술협회 고문 1975~1981년 이화여대 미술대학장 1981년 대한민국예술원 회원(서양화·현) 1983년 同미술분과 회장 1986년 한국미술협회 회장 1986년 한국미술대전 운영위원장 1988년 서울올림픽조직위원회 세계미술제운영위원장 1995년 제1회 광주비엔날레 고문 1997년 세종문화상 미술분과 심의위원장 2003~2007년 대한민국예술원 회장 2004~2006년 서울평화상 심사위원 **(상)**조선종합미술전 문교부장관표창(1947), 국전 대통령표창(1953), 국민훈장 동백장(1976), 3·1문화상(1978), 예술원회장상(1978), 대한민국예술원상(1983), 한국예술문화단체총연합회 미술부문 공로상(1986), 서울시 문화상(1988), 吳之湖 미술상(1994), 은관문화훈장(1995) **(저)**서양미술전집中 '르노와르篇(編) **(작)**'만추' '페스티발' '祖國領'

이 준(李 峻) LEE Joon

(생)1959·11·12 **(출)**인천 **(주)**서울 용산구 이태원로55길60의16 삼성미술관 리움(02-2014-6620) **(학)**1982년 홍익대 서양화과졸 1986년 同대학원 미학과졸 2012년 미술학(비평전공)박사(홍익대) **(경)**1990년 호암미술관 큐레이터 1993년 호암갤러리 현대미술부장 1996년 삼성미술관 학예연구실장 2003년 중앙미술대전 운영위원 2004년 삼성미술관 리움 학예연구실장 2004년 광주비엔날레 전시자문위원 2006년 삼성미술관 리움 부관장(현) 2010년 경기도미술관 운영위원 2010년 인천아트플랫폼 운영위원 2011년 부산비엔날레 예술감독선정위원 2012년 대구미술관 운영위원 2012년 전쟁기념관 정책자문위원 2014년 문화역서울284 운영위원 2014년 국립현대미술관 운영심의위원(현) 2016년 부산시립미술관 운영자문위원(현) **(상)**한국미술평론가협회 신인미술평론상(1987)

이 준(李 濬) LEE JUNE

(생)1960·3·15 **(주)**서울 서초구 서초대로74길11 삼성그룹 미래전략실 커뮤니케이션팀(02-2255-0114) **(학)**서울대 국제경제학과졸 **(경)**1999년 조선일보 경제과학부 기자 2000년 同경제과학부 차장대우 2002년 同산업부장 직대 2004년 同경제부장 2004년 한국신문방송편집인협회 심사위원 2005년 조선일보 논설위원 2010년 同경영기획실장 2010년 한국신문협회 기조협의회 부회장 2011~2013년 同기조협의회 회장 2012년 조선일보 편집국 부국장 2013년 TV조선 보도본부 보도담당 부본부장 2013~2014년 삼성전자(주) 기획담당 전무 2014년 삼성그룹 미래전략실 커뮤니케이션팀장(전무) 2015년 同미래전략실 커뮤니케이션팀장(부사장)(현)

이 준(李 峻) JUN LEE

[생]1963·1·24 [출]서울 [주]경기 수원시 영통구 동수원로 545 화산빌딩2층 법무법인 화산(031-212-2222) [학]1981년 대신고졸 1985년 서울대 사법학과졸 1996년 미국 듀크대 방문과정 이수 [경]1983년 사법시험 합격(25회) 1987년 사법연수원 수료(16기) 1987년 해군 법무관 1990년 서울민사지법 판사 1992년 서울형사지법 판사 1994년 청주지법 판사 1996년 대전고법 판사 1997년 수원지법 판사 1998년 서울고법 판사 1999년 법무법인 태평양 변호사 2010년 대한공증인협회 법제이사 2010년 스폰서 검사 특별검사보 2012년 한국소비자원 소비자분쟁조정위원회 비상임위원 2012~2013년 헌법재판소 사무차장(차관급) 2014~2015년 법무법인 태평양 변호사 2015년 법무법인 화산 변호사(현)

이준구(李俊求) LEE Joon Koo

[생]1949·11·11 [본]한산(韓山) [출]충남 서천 [주]서울 관악구 관악로1 서울대학교 경제학부(02-880-6377) [학]경기고졸 1972년 서울대 경제학과졸 1978년 미국 프린스턴대 대학원졸 1980년 경제학박사(미국 프린스턴대) [경]미국 아메리카은행 근무 1980~1984년 미국 뉴욕주립대 경제학과 조교수 1984~2015년 서울대 사회과학대학 경제학부 교수 1990년 미국 하와이대 경제학과 초빙부교수 1994년 한국환경경제학회 회장 1999~2001년 한국재정학회 회장 2000년 서울대 사회과학대학 교무담당 부학장 2015년 同명예교수(현) [상]서울대총동창회 제18회 관악대상 영광부문(2016) [저]'재정과 경제복지'(1986) '소득분배의 이론과 현실 제2판'(1992) '미시경제학 제2판'(1993) '재정학'(1994) '열린 경제학'(1995) '경제학원론(共)'(1997) '새열린 경제학'(2001) '경제학 들어가기'(2003) '시장과 정부'(2004) '이준구교수의 쿠오바디스 한국경제'(2009, 푸른숲) '36.5℃ 인간의 경제학'(2009, 랜덤하우스)

이준구(李浚求) RHEE June-Koo (Kevin)

[생]1965 [본]전주(全州) [주]대전 유성구 대학로291 한국과학기술원 전기 및 전자공학부(042-350-7416) [학]1988년 서울대 전기공학과졸 1990년 同대학원 전기공학과졸 1995년 공학박사(미국 Univ. of Michigan) [경]1995년 미국 Princeton Univ. 박사 후 연구원 1996년 미국 NEC 리서치연구소 연구원 1998~2002년 미국 코닝(Corning)사 Sr. Research Scientist 2003년 삼성종합기술원 i네트워킹연구소 수석연구원 2005~2009년 한국정보통신대 공학부 부교수 2006년 세계 3대 인명사전 'Marquis Who's Who'·ABI·IBC 과학공학분야에 등재 2009년 한국과학기술원 전기 및 전자공학부 부교수 2013년 同전기 및 전자공학부 교수(현) [상]미래창조과학부장관표창(2013)

이준규(李俊揆) LEE Joon Gyu

[생]1954·5·27 [본]전주(全州) [출]충남 공주 [주]서울 종로구 사직로8길60 외교부 인사운영팀(02-2100-7136) [학]경기고졸 1976년 서울대 법학과졸 1978년 同대학원 법학과졸 [경]1978년 외무고시 합격(12회) 1978년 외무부 입부 1984년 駐유엔대표부 2등서기관 1987년 외무부 차관비서관 1989년 駐말레이시아 1등서기관 1992년 외무부 기획조사과장 1993년 同통상1과장 1995년 일본 게이오대 방문연구원 1996년 駐일본 참사관 1999년 외교통상부 장관보좌관 2000년 同아시아태평양국 제2심의관 2001년 駐중국 공사참사관 2004년 외교통상부 재외국민영사국장 2005년 同재외동포영사국장 2006~2009년 駐뉴질랜드 대사 2009년 외교통상부 재외동포영사대사 2010~2012년 同외교안보연구원장(차관급) 2012~2015년 駐인도 대사 2016년 駐일본 대사(현) [상]홍조근정훈장(2003) [종]기독교

이준규(李俊奎) LEE June-Q

[생]1957·12·10 [본]합천(陜川) [출]서울 [주]서울 동대문구 경희대로26 경희대학교 법학전문대학원(02-961-9178) [학]1977년 건국대 경영학과졸 1984년 미국 시카고대 대학원 경영학과졸 1992년 경영학박사(건국대) 2004년 미국 서던메소디스트대 대학원 법학과졸 2009년 법학박사(미국 서던메소디스트대) [경]1976~1986년 안권·대원·동우회계법인 공인회계사 1986년 경희대 경영대학 회계·세무학부 교수 1993년 금융감독원 공인회계사시험위원 1994년 미국 Univ. of Illinois at Urbana-Champaign 방문학자 1995년 중부지방국세청 과세적부심사위원 1997년 국세청 세무사 시험위원 1997~2003년 재정경제부 국세심판원 국세심판관 1997~2002년 관세청 관세사시험출제위원 2001~2003년 한국조세연구원 초빙연구위원 2004년 한국조세연구포럼 고문(현) 2008~2009년 한국세무학회 회장 2008~2010년 서울지방국세청 납세자보호위원회 위원장 2009~2013년 경희대 법과대학 교수 2009년 同법학전문대학원 및 경영대학 교수(현) 2010~2012년 국세청 자체평가위원회 위원장 2011~2013년 경희대 재정부총장 2013년 同서울캠퍼스 부총장 2013~2015년 조세심판원 비상임심판관 2014년 (주)KT&G 사외이사 겸 감사위원(현) [저]'세법개론' '기업의 조세전략' '법인세법' '동업기업 과세특례' '연결납세의 이론과 실무'

이준근(李俊根) LEE Jun Keun

[생]1949·8·2 [본]인천(仁川) [출]충북 영동 [주]서울 서초구 방배중앙로29길30 한국의약품유통협회 임원실(02-522-2921) [학]1968년 경복고졸 1973년 성균관대 행정학과졸 1986년 미국 사우스캐롤라이나주립대 대학원 사회학과졸 [경]1979년 행정고시 합격(23회) 1980년 총무처 수습행정관 1980~1982년 서울시 근무 1982~1983년 경기도 근무 1983년 보건사회부 전입 1986년 同기획관리실 법무담당관실 근무 1988년 同위생국 위생관리과 근무 1990년 同의료보험국 보험관리과 근무 1993년 同사회복지정책실 생활보호과 근무 1994년 국립소록도병원 복지과장 1995~1997년 미국 사우스캐롤라이나주정부 보건환경국 파견 1998년 보건복지부 보건정책국 식품정책과장 1999년 同사회복지정책실 노인복지과장 2001년 同사회복지정책실 복지정책과장 2001년 同사회복지정책실 장애인제도과장 2002년 同기획관리실 법무담당관 2003년 광주지방식품의약품안전청장 2005년 경인지방식품의약품안전청장 2006년 서울지방식품의약품안전청장 2007년 대구지방식품의약품안전청장 2007~2009년 국민건강보험공단 총무상임이사 2010~2013년 대한결핵협회 사무총장 2013년 한국의약품도매협회 상근부회장 2014년 한국의약품유통협회 상근부회장(현)

이준근(李浚根) LEE Choon Keun

[생]1958·5·29 [본]진보(眞寶) [출]경북 안동 [주]전남 나주시 교육길35 한국콘텐츠진흥원 융합전략기획실(061-900-6070) [학]한국방송통신대 경영학과졸 2007년 중앙대 대학원 경영학과졸 2014년 同대학원 전략경영전공졸(경영학박사) [경]2008년 한국방송영상산업진흥원 경영기획팀장 2009년 한국콘텐츠진흥원 경영기획본부 인사총무팀장 2009년 同글로벌사업본부장 2011년 同제작지원본부장 2012년 同전략콘텐츠본부장 2014년 同비즈니스지원실장 2015년 同융합전략기획실장(현)

이준근(李駿根) LEE Jun Keun

[생]1962·9·9 [본]여주(驪州) [출]경북 경주 [주]서울 영등포구 여의대로66 KTB투자증권(02-2184-2000) [학]부산공고졸, 서울대 경영학과졸, 연세대 경영대학원 경영학과졸 [경]메리츠화재해상보험 마케팅실 근무, 同자산운용기획부장·투자운용부장·경영기획팀장 2008~2009년 메리츠자산운용(주) 경영관리본부장(상무) 2009~2012년 메리츠화재해상보험 리스크관리본부장(상무) 2012~2013년 메리츠금융지주 리스크관리실 상무 2015년 KTB투자증권 경영관리본부장(전무) 2016년 同자문위원(현)

이준녕(李俊寧) LEE Jun Nyoung

[생]1954·6·23 [출]경남 김해 [주]부산 남구 문현금융로 40 한국주택금융공사 임원실(051-663-8011) [학]1974년 서울고졸 1980년 서강대 경영학과졸 [경]1980년 코오롱건설 해외관리부 근무 1982년 체이스맨해튼은행 수출입부 차장 1988년 신영증권(주) 영남본부장(이사) 2010년 하나대투증권 상임고문 2016년 한국주택금융공사 상임이사(현)

이준명(李濬明) LEE Joon Myung

[생]1965·12·25 [출]경북 영주 [주]서울 종로구 사직로8길 39 세양빌딩 김앤장법률사무소(02-3703-1263) [학]1982년 대구 경신고졸 1986년 연세대 법학과졸 [경]1988년 사법시험 합격(30회) 1991년 사법연수원 수료(20기) 1991년 대전지검 검사 1993년 同서산지청 검사 1994년 부산지검 검사 1996년 서울지검 검사 1998~2001년 부산지검 동부지청 검사 1999~2000년 영국 버밍햄 대학교 연수 2001년 대검찰청 검찰연구관 2003년 수원지검 부부장검사 2004년 울산지검 형사3부장 2005년 대구지검 의성지청장 2006년 대검찰청 마약과장 2008년 同조직범죄과장 2009년 인천지검 부장검사 2009년 UNODC 방콕지부 파견 2011년 창원지검 차장검사 2012~2013년 서울고검 검사 2012~2013년 국가경쟁력강화위원회 파견 2013년 김앤장법률사무소 변호사(현) [상]검찰총장표창(1997), 근정포장(2008) [저]'조직폭력수사기법'(1998) '영국에서의 경찰수사 통제에 관한 소고'(2000) '자산몰수수사 매뉴얼'(2006) 'Countermeasure on Transnational Cyber Crime'(2010) 'AsiaJust Programme UNODC'(2011)

이준명(李俊明)
[생]1970·7·14 [출]대전 [주]대전 서구 둔산중로78번길45 대전고등법원(042-470-1114) [학]1989년 대전 보문고졸 1994년 고려대 법학과졸 [경]1993년 사법시험 합격(35회) 1996년 사법연수원 수료(25기) 1999년 인천지법 판사 2001년 서울지법 남부지원 판사 2003년 전주지법 판사 2006년 대전고법 판사 2008년 법원행정처 사법정책심의관 2009년 同정책연구심의관 2010년 대전지법 판사 2011년 청주지법 부장판사 2012년 대전고법 판사(현)

이준보(李俊甫) LEE Joon Bo

[생]1953·8·20 [출]전남 강진 [주]서울 강남구 테헤란로123 여삼빌딩12층 법무법인 양헌(02-3453-8200) [학]1974년 경기고졸 1980년 서울대 법학과졸, 한국외국어대 대학원 법학과졸, 법학박사(한국외국어대), 스페인 마드리드대 방문학자과정 수료 [경]1979년 사법시험 합격(21회) 1982년 사법연수원 수료(12기) 1982년 서울지검 검사 1985년 대구지검 경주지청 검사 1986년 부산지검 검사 1988년 법무부 법무심의관실 검사 1991년 서울지검 동부지청 검사(고등검찰관) 1993년 대검찰청 검찰연구관 1993년 청주지검 충주지청장 1994년 대구지검 경주지청 부장검사 1995년 창원지검 특수부장 1996년 광주지검 공안부장 1997년 대검찰청 기획과장 1998년 同공안2과장 1999년 同중수2과장 2000년 서울지검 소년부장 2000년 同강력부장 2001년 대전지검 천안지청장 2002년 수원지검 성남지청 차장검사 2003년 서울지검 남부지청 차장검사 2004년 서울중앙지검 3차장검사 2005년 대검찰청 기획조정부장 2006년 청주지검장 2007년 대검찰청 공안부장 2008년 광주고검장 2009년 대구고검장 2009년 법무법인 양헌 대표변호사, 同변호사(현)

이준복(李濬馥) LEE June Bok

[생]1958·2·3 [본]한산(韓山) [출]서울 [주]서울 서대문구 연세로50 연세대학교 수학과(02-2123-2596) [학]1981년 연세대 수학과졸 1985년 同대학원 수학과졸 1991년 이학박사(미국 애리조나대) [경]1993년 연세대 이과대학 수학과 조교수·부교수·교수(현) 2005년 同중앙도서관 부관장 2008년 同과학영재교육원장(현)

이준봉(李俊奉) Jun Bong Lee

[생]1963·2·4 [출]전남 목포 [주]서울 종로구 성균관로25의2 성균관대학교 법과대학(02-760-0598) [학]1981년 전주고졸 1985년 서울대 법대 사법학과졸 2001년 연세대 경영대학원 회계학과졸 2004년 경영학박사(고려대) 2012년 법학박사(서울대) [경]1989년 사법시험 합격(31회) 1992년 사법연수원 수료(21기) 1992~1995년 육군 법무관 1995~2007년 변호사 개업 2005년 법무법인 성지 대표변호사 2005년 증권법학회 상임이사·감사(현) 2006년 법무법인 세종 구성원변호사 2006~2007년 법무법인 우현지산 구성원변호사 2006년 (사)한국세법학회 재무이사·기획이사(현) 2007년 성균관대 법과대학 교수(현) 2007년 同법학전문대학원 교수(현) 2009년 한국국제조세협회 상임이사 2009~2011년 중부지방국세청 국세심사위원 2011~2013년 국세청 국세심사위원 2011~2012년 (사)한국세무학회 상임이사 2012년 한국국제조세협회 총무이사, 同부이사장(현) 2012년 한국조세연구포럼 부회장(현) 2013년 금융조세포럼 부회장(현) 2013~2014년 중국 북경대 법학원 방문교수 [상]홍조근정훈장(2016) [저]'조세법연구 8-2(共)'(2002) '유동화 거래와 조세'(2012) '조세법연구 20-2(共)'(2014) '조세법 총론'(2015) '조세판례백선 2(共)'(2015)

이준산(李峻山)

[생]1981·10·12 [본]전주(全州) [출]서울 [주]대전 서구 청사로189 산림청 대변인실(042-481-4070) [학]2000년 서울 광남고졸 2008년 서울대 산림과학부졸 [경]2007년 행정고시(기술직) 합격(51회) 2008년 서울시 푸른도시국 사무관 2012년 산림청 목재산업과 사무관 2014년 同기획재정담당관실 근무 2016년 同대변인(기술서기관)(현) [상]국무총리표창(2015)

이준상(李駿商) LEE Joon Sang (省伯)

[생]1943·5·4 [본]전주(全州) [출]서울 [주]서울 영등포구 은행로58 삼도오피스텔 (사)한국의료법학연구소 소장실(02-786-0785) [학]1961년 중앙고졸 1968년 고려대 의학과졸 1970년 서울대 대학원 의학과졸 1976년 同인문대학 미학과졸 1977년 의학박사(고려대) 1980년 단국대 대학원 법학과졸 1983년 법학박사(단국대) [경]1969년 육군 군의관(베트남 참전) 1973~1984년 고려대 의대 전임강사·조교수·부교수 1974년 일본 히로시마대 의학부 연구원 1984~2008년 고려대 의대 기생충학교실 교수, 同의대 의예과장, 同교무처 교무행정위원 1988년 同교수협의회 부회장 겸 초대직선제총장선거관리위원장 1989년 同대학원 교학부장 1992~1999년 同의료법학연구소장 1992년 한국의료법학회 회장·고문(현) 1993년 대한기생충학회 회장 1995년 (사)한국의료법학연구소 소장(현) 1996년 유전체연구소 소장 1997년 대한응급구조사협회 회장 1999~2002년 국립보건원 원장 2002년 同생명과학윤리위원장 2002~2006년 고려대 의과학연구원장 2004년 대한여행의학회 이사장 2004년 대한의사협회 의료광고심의특별위원장 2004~2008년 고려대 식품생의학안전연구소장, 同의과대학개교70주년기념특별전 준비위원장 2006년 대한의사협회 국민건강위원회 식품안전분야 전문위원장 2008년 고려대 의대 명예교수(현) [상]화이자의학상, 대한기생충학회 학술상, 보건사회부장관 감사표창, 동아의료문화상, 高醫 의학상, 유한의학저작상, 홍조근정훈장(2008), 국가유공자 지정(2011, 국가보훈처) [저]'보건의약관계법규' '의사를 위한 법규' '해외여행과 건강' '약사를 위한 법규' '의료관계법규' '의료법학사전' [역]'건강진단법' '의학통계(엣센스)'(1987) '임상기생충학' '인간의 성'

이준상(李俊相) Lee Jun-sang

[생]1965·11·20 [출]전남 담양 [주]서울 강남구 영동대로517 아셈타워22층 법무법인(유) 화우(02-6182-8512) [학]1984년 광주 서석고졸 1989년 서울대 사법학과졸 2011년 연세대 법무대학원 경영정책법무최고위과정 수료 [경]1991년 사법시험 합격(33회) 1994년 사법연수원 수료(23기) 1994년 수원지법 판사 1996년 서울지법 북부지원 판사 1998년 광주지법 목포지원 판사 2000년 수원지법 판사 2002년 서울지법 판사 2003~2004년 미국 UC버클리 법관연수 2004년 서울중앙지법 판사 2005년 서울고법 판사 2006년 헌법재판소 파견 2007년 대법원 노동법실무연구회 회원(현) 2007~2012년 사법연수원 강사 2008년 서울중앙지법 판사 2008~2013년 대법원 산하 국제규범연구반 근무 2009년 광주지법 부장판사 2009년 UNCITRAL Working Group 2(Arbitration) Vienna회의 한국정부 대표단 2010년 수원지법 부장판사 2011~2013년 의왕시선거관리위원회 위원장 2011년 대한상사중재원 국제중재전문가과정 강사(현) 2012년 법무부 산하 중재법개정TF위원 2013년 법무법인(유) 화우 변호사(현) 2013년 대한상사중재원 중재인(현) 2013년 한국지역난방공사 매각심사위원회 위원(현) 2013년 서울대 법학전문대학원 강사(현) 2014년 법조공익모임 나우 감사 2014년 한국생산성본부 강사(현) 2014년 법무부 해외진출중소기업법률자문단 자문위원(현) 2015년 대한변호사협회 국제위원회 위원(현)

이준서(李俊瑞)

[생]1967·1·24 [주]서울 강남구 남부순환로2806 삼성물산(주)(070-7130-8134) [학]1990년 서울대 경영학과졸 1992년 同대학원 경영학과졸 [경]1992년 제일모직(주) 입사 2011년 同패션부문 전략기획담당 상무 2012년 同패션부문 경영지원담당 겸 전략기획담당 상무 2012년 同패션부문 경영지원담당 상무 2013년 삼성에버랜드 패션부문 액세서리사업부장(상무) 2014년 제일모직(주) 패션부문 액세서리사업부장(상무) 2015년 삼성물산(주) 패션부문 에잇세컨즈사업부장(상무) 2016년 同경영지원담당 상무(현)

이준석(李烄碩) LEE Joon Seok

[생]1965·5·1 [출]경기 의정부 [주]서울 강남구 테헤란로131 한국지식재산센터 한국발명진흥회 임원실(02-3459-2700) [학]영훈고졸 1988년 연세대 행정학과졸 1992년 서울대 대학원 행정학과 수료 2001년 미국 워싱턴대 대학원 법학과졸 2002년 법학박사(미국 워싱턴대) [경]행정고시 합격(31회) 1996년 특허청 국제협력담당관실 서기관 1997년 同국제협력담당관 1999년 同상표2심사담당관 2000년 해외유학 2003년 특허청 청장비서관 2004년 同발명정책과장(부이사관) 2005년 同산업재산정책팀장 2005년 同혁신인사기획관실 기획관 2006년 同경영혁신홍보본부 인재개발팀장 2007년 同경영혁신홍보본부장 2008년 WIPA 파견 2009년 특허심판원 제11부 심판장(고위공무원) 2009년 同제3부 심판장 2011년 특허청 상표디자인심사국장 2012년 同산업재산정책국장 2013년 同차장 2015년 한국발명진흥회(KIPA) 상근부회장(현) [상]홍조근정훈장(2013·2014)

이준섭(李準燮)

[생]1962·4·14 [출]경북 의성 [주]서울 서대문구 통일로97 경찰청 정보심의관실(02-3150-2281) [학]경남 마산고졸, 영남대졸, 한양대 대학원 행정학과졸, 법학박사(영남대) [경]1988년 경위 임용(경찰간부후보 36기) 2008년 경북지방경찰청 경비교통과장 2008년 경북 칠곡경찰서장 2010년 경기지방경찰청 정보과장 2011년 경찰청 감찰담당관 2012년 서울 종로경찰서장 2014년 서울지방경찰청 101경비단장 2014년 부산지방경찰청 제3부장 2015년 경남지방경찰청 제2부장 2016년 경찰청 정보심의관(경무관)(현) [상]녹조근정훈장(2011)

이준성(李準晟) LEE Joon Seong

[생]1963·7·4 [출]서울 [주]경기 수원시 영통구 광교산로 154의42 경기대학교 공과대학 기계시스템공학과(031-249-9791) [학]1986년 성균관대 기계공학과졸 1988년 同대학원 기계공학과졸 1995년 공학박사(일본 도쿄대) [경]1988~1991년 육군사관학교 기계공학과 교수 1991~1992년 KIST 시스템연구부 연구원 1996년 경기대 공과대학 기계시스템공학과 교수(현) 2003~2004년 미국 Carnegie Mellon Univ. 객원교수 2012년 경기대 공학교육혁신센터장(현) 2013년 同인재개발원장 2016년 同연구처장 겸 산학협력단장(현) [상]일본 시뮬레이션학회 논문상(1998), 한국퍼지및지능시스템학회 우수논문상(2005), 한국산학기술학회 우수논문상(2010), 경기대 우수강의상(2010·2012·2015), 경기대 취업지원실적 최우수상(2013·2014·2015), 한국철도학회 우수논문발표상(2013) [저]'기계재료학(共)'(1998, 희중당) 'Beer SI 고체역학 3/e(共)'(2005, 인터비젼) '고체역학'(2006, 경기대 학습센터) '피로공학'(2006, 경기대 학습센터) 'Beer의 재료역학 6/e(共)'(2014, Mc-Graw Hill Korea) [역]'재료역학'(2005) [종]천주교

이준승(李埈承) LEE JUNE SEUNG

[생]1947·12·13 [출]경북 [주]서울 서대문구 이화여대길52 이화여자대학교(02-3277-2114) [학]1972년 연세대 생물학과졸 1975년 同대학원졸 1981년 이학박사(연세대) [경]1981~1986년 강릉대 생물학과 조교수 1982~1984년 미국 오하이오주립대 Post-Doc. 1988~2008년 이화여대 분자생명과학부 생명과학전공 교수 2002~2005년 同연구처장 2004~2005년 同산학협력단장 2004년 同기초과학연구소장 2008~2011년 기획재정부 재정정책심의위원 2008·2010년 국가과학기술위원회 위원 2008~2013년 한국과학기술기획평가원(KISTEP) 원장 2009~2012년 기초기술연구회 이사 2009~2011년 한국기술혁신학회 회장 2011~2013년 국제과학비즈니스벨트위원회 민간위원 2011~2014년 한국해양과학기술진흥원 비상임이사 2011~2014년 기초과학연구원 비상임이사 2013년 이화여대 명예교수(현) [상]근정포장(2013) [저]'과학의 눈으로 세상을 보다'(2011, 생각의나무)

이준승(李埈承) Lee Jun Seung

[생]1964·3·17 [본]함평(咸平) [출]서울 [주]서울 중구 남대문로63 한진빌딩 본관18층 법무법인 광장(02-772-4000) [학]1982년 숭문고졸 1986년 서울대 법대 공법학과졸 [경]1988년 사법시험 합격(30회) 1991년 사법연수원 수료(20기) 1991년 청주지법 판사 1995년 수원지법 판사 1997년 同오산시법원 판사 1999년 서울지법 판사 2002년 서울고법 판사 2004년 서울서부지법 판사 2006년 대구지법 부장판사 2007~2008년 사법연수원 교수 2008년 법무법인 세종 변호사 2011~2013년 (주)STX 법무본부장(부사장) 2011년 대한상사중재원 중재인(현) 2011년 변호사시험 출제위원(현) 2013년 서울대학교 법학전문대학원 겸임교수(현) 2013년 법무법인 광장 변호사(현)

이준식(李俊植) Lee, Joon Sik

[생]1952·9·11 [출]부산 [주]세종특별자치시 갈매로408 교육부 장관실(044-203-6001) [학]1976년 서울대 공대 기계공학과졸 1980년 同대학원 기계공학과졸 1985년 공학박사(미국 캘리포니아대 버클리교) [경]1985년 미국 로렌스버클리연구소 연구원 1985~2001년 서울대 공과대학 기계공학과 조교수·부교수·교수 2001~2015년 同기계항공공학부 기계공학전공 교수, 同BK21차세대기계항공시스템창의설계인력양성사업단장 2011년 同연구처장 2012~2014년 同연구부총장 2012~2015년 광주과학기술원 비상임이사 2014년 미래창조과학부 공과대학혁신위원회 위원장 2014년 국가과학기술자문회의 창조경제분과 의장 2016년 사회부총리 겸 교육부 장관(현)

이준식(李浚植) LEE Joon Sik (又溪)

[생]1954·12·27 [본]여주(驪州) [출]경북 경주 [주]서울 종로구 성균관로25의2 성균관대학교 중어중문학과(02-760-0286) [학]1973년 경주고졸 1980년 한국외국어대 중국어과졸 1983년 대만 타이완사범대 중국학과졸 1992년 문학박사(성균관대) [경]1983년 대구대 중어중문학과 강사 1984년 동아대 전임강사·조교수 1988~1996년 성균관대 중어중문학과 조교수·부교수 1993년 同부설 현대중국연구소장 1994년 사법고시·외무고시·중등임용고시·국비유학생선발·학력고사·대학수능 출제위원 1996년 성균관대 중어중문학과 교수(현) 1997년 대만 국립정치대 교환교수 1998~2000·2002년 성균관대 중어중문학과장 2008~2009년 한국중어중문학회 회장 2010~2013년 성균관대 박물관장 2011년 중국학연구회 회장 2011년 교육과학기술부 교육과정심의위원 2014~2016년 성균관대 박물관장 2014~2016년 同대학평의원회 의장 2016년 同중국문화연구소장(현) 2016년 대학수학능력시험 출제위원장 2016년 서울공자아카데미 원장(현) [저]'대학중국어' '중국어' '선진양한서사시 연구' '중국현실주의 문학론'(共) '중국시와 시인'(共) [역]'史記本紀' [종]기독교

이준식(李俊植)

[생]1957·4·28 [출]경북 구미 [주]대구 북구 연암로40 경북지방경찰청 정보화장비과(053-429-2141) [학]대구공고졸, 영남대 법학과졸, 경북대 행정대학원졸 [경]경찰간부 후보 37기 1989년 경위 임관(구미경찰서 정보계장·구미시 상림파출소장) 1996년 경북 상주경찰서 정보과장(경감) 2000년 경북 구미경찰서 경비교통과장(경정) 2002년 경북지방경찰청 감찰계장·경무계장 2009년 대구지방경찰청 홍보담당관(총경) 2010년 경북 울진경찰서장 2011년 경북 포항남부경찰서장 2013년 대구북부경찰서장 2014년 경북지방경찰청 정보과장 2015년 경북 구미경찰서장 2016년 경북지방경찰청 정보화장비과장(현) [상]국무총리표창(1999), 대통령표창(2004), 녹조근정훈장(2013)

이준식(李俊植) LEE Jun Sik

[생]1966·1·28 [본]수안(遂安) [출]부산 [주]서울 종로구 율곡로194 현대상선(주) 현대전략기획본부(02-3706-5114) [학]1984년 부산 동성고졸 1988년 연세대 경제학과졸 1993년 同대학원 경영학과졸 [경]1988~1990년 삼성항공산업(주) 기획실 근무, 사법고시 합격 2000년 사법연수원 수료 2000~2005년 현대증권(주) 자문변호사 2005~2006년 한국철도공사 법무처장 2006년 변호사 개업 2010년 현대상선(주) 현대전략기획본부 상무(현)

이준식(李準植)

[생]1969·12·2 [출]경남 김해 [주]서울 서초구 반포대로 158 서울중앙지방검찰청 공정거래조세조사부(02-530-4156) [학]1988년 경기고졸 1995년 고려대 법과대학졸 [경]1996년 사법시험 합격(38회) 1999년 사법연수원 수료(28기) 1999년 서울지검 검사 2001년 수원지검 여주지청 검사 2002년 전주지검 검사 2004년 부산지검 검사 2007년 법무부 법무심의관실 검사 2009년 수원지검 안양지청 검사 2009년 한국금융연구원 파견 2009년 대통령 민정수석비서관실 행정관 2010년 서울서부지검 검사 2011년 同부부장검사 2012년 대검찰청 연구관 2013년 청주지검 영동지청장 2014년 법무부 상사법무과장 2015년 同형사기획과장 2016년 서울중앙지검 공정거래조세조사부장(현)

이준엽(李俊燁)

[생]1969·11·20 [출]대구 [주]경기 부천시 원미구 상일로127 인천지방검찰청 부천지청(032-320-4000) [학]1988년 대구 대건고졸 1993년 서울대 정치학과졸 [경]1997년 사법시험 합격(39회) 2000년 사법연수원 수료(29기) 2000년 수원지검 검사 2002년 춘천지검 영월지청 검사 2003년 제주지검 검사 2005년 서울중앙지검 검사 2008년 창원지검 검사 2010년 서울남부지검 검사 2010~2012년 금융정보분석원 파견 2013년 서울남부지검 부부장검사 2013년 서울중앙지검 부부장검사 2015년 대전지검 특수부장 2016년 인천지검 부천지청 부부장검사(현)

이준영(李俊寧) Lee Jun Yeong

[생]1959·8·30 [주]경기 수원시 영통구 삼성로129 삼성전자(주) 임원실(031-200-1114) [학]1977년 경신고졸 1982년 숭실대 기계공학과졸 [경]삼성전자(주) SEH-P법인장, 同영상디스플레이구매팀장(상무) 2010년 同영상디스플레이 구매팀장(전무) 2013년 同영상디스플레이구매팀장(부사장)(현) [상]산업포장(2007)

이준영

[생]1959·11 [주]경기 성남시 분당구 성남대로343번길9 SK주식회사 C&C 임원실(02-6400-0114) [학]동국대 전자계산학과졸 [경]1986년 SK네트웍스 정보관리실 근무 1995년 구주본부(런던) IT담당 1998년 SK C&C 물류서비스IT팀장 2001년 SK네트웍스 IT팀장 2004년 SK C&C HR지원팀·구매팀장 2009년 同구매본부장(상무) 2009년 同기획본부장 2010년 同MIC장(상무) 2012년 同역량혁신본부장(상무) 2013~2015년 同통신사업2본부장(상무) 2015

년 SK주식회사 C&C CV혁신사업부문장(전무) 2016년 同통신사업부문장(전무)(현)

이준오(李俊午) LEE Joon Oh

[생]1967·11·19 [출]전북 고창 [주]서울 종로구 종로5길86 서울지방국세청 첨단탈세방지담당관실(02-2114-2705) [학]광주 진흥고졸, 서울대 서양사학과졸, 同행정대학원 정책학과졸 [경]행정고시 합격(37회) 1995년 여수세무서 총무과장 1996년 북전주세무서 총무과장 1998년 군산세무서 직세과장 1999년 중부지방국세청 조사1·2국 조사계장 2000년 국세청 법인세과 사무관, 同법인세과 법인4계장 2005년 同법인세과 서기관 2006년 군산세무서장 2007년 국세청 납세지원국 납세홍보과장 2009년 중부지방국세청 조사1국 1과장 2010년 서울지방국세청 조사1국 2과장 2010년 同국제조사관리과장 2012년 국세청 전산기획담당관 2013년 同법규과장 2015년 서울지방국세청 징세법무국 송무1과장 2015년 同송무국 송무1과장 2015년 광주지방국세청 조사1국장(부이사관) 2016년 서울지방국세청 첨단탈세방지담당관(현)

이준용(李埈鎔) LEE Joon Yong

[생]1938·7·9 [출]서울 [주]서울 종로구 종로1길36 대림그룹 임원실(02-2011-7001) [학]1956년 경기고졸 1960년 서울대 상대 경제학과졸 1964년 미국 덴버대 대학원 통계학과졸 [경]1966년 대림산업 입사 1969년 同외사부장·이사 1972년 同전무이사 1975년 同부사장 1978년 대림공업 사장 1978년 대림엔지니어링 사장 1979~1988년 대림산업 사장 1981년 한국청소년연맹 부총재 1981년 한국정신문화연구원 감사 1981년 새마을운동중앙본부 서울시지부 회장 1984년 국제상공회의소 국내위원회 의장 1986년 한국능률협회 부회장 1988~1993년 대림산업 부회장 1988년 대한건설협회 부회장 1993~1997년 대림그룹 회장 1997년 同명예회장 1997년 同상임고문 1998~2001년 대림산업 대표이사 회장 1999년 전국경제인연합회 부회장(현) 2001년 대림그룹 명예회장(현) [상]금탑산업훈장(1984), 제11회 관악대상 협력부문(2009)

이준용(李駿鏞) Lee Jun Yong

[생]1956·6·9 [출]충남 [주]서울 마포구 매봉산로45 KBS 미디어센터 KBS N 사장실(02-787-3200) [학]고려대 노동대학원졸 [경]한국방송공사(KBS) 정책기획센터 콘텐츠협상프로젝트팀장 2009년 同뉴미디어센터 IPTV추진프로젝트팀장 2010~2012년 同충주방송국장 2014년 충남당진시장선거 예비후보자(새누리당), 공주대 객원교수(현), 코바코 전문위원(현), 전국언론노동조합 상근부위원장 2016년 KBS N 대표이사 사장(현)

이준용(李俊龍) LEE Joon Yong

[생]1957·8·16 [본]전주(全州) [출]전북 군산 [주]강원 원주시 혁신로2 도로교통공단 방송본부(033-749-5333) [학]1975년 석산고졸 1986년 장로회신학대 종교음악학과졸 [경]1982~1988년 서울 CBS 방송진행자 1988~1994년 국군방송 보도제작부 차장 1994년 TBS 서울교통방송 편성제작부 차장 1997년 한국교통방송(TBN) 광주교통방송 편성제작부장 2003년 同대전교통방송 편성제작국장 2007~2009년 同광주교통방송 편성제작국장, 정율성국제음악제 집행위원, 광주예총 특별위원회 위원, 전남도 교통안전위원 2010년 한국교통방송(TBN) 대전교통방송 편성제작국장 2011년 同광주교통방송 편성제작국장 2012~2013년 도로교통공단 충북지부장 2013년 한국교통방송(TBN) 대전교통방송 편성제작국장 2014년 同대전교통방송 본부장 2015년 도로교통공단 방송본부장(상임이사)(현) [상]국방부장관표창 등 다수 [저]'우리함께 찬양을' [종]기독교

이준우(李俊雨) LEE Joon Woo

[생]1963·4·25 [본]경주(慶州) [출]강원 홍천 [주]경북 구미시 임수로48 구미전자공업고등학교(054-470-3810) [학]1982년 구미전자공고졸 1990년 서울대 전자공학과졸 1992년 포항공과대 대학원 전자공학과졸 1996년 전자공학박사(포항공과대) [경]2000년 (주)팬택 중앙연구소 연구실장, 同내수그룹장(상무보) 2008년 同중앙연구소장, 同기술전략본부장 2012년 同사업총괄 부사장 2013년 同각자대표이사 부사장 2013~2015년 同대표이사 사장 2015년 팬택자산관리 대표이사 2016년 구미전자공업고등학교장(현) [상]산업통상자원부장관표창(2013)

이준원(李濬遠) LEE Jun Won

[생]1962·11·25 [본]한산(韓山) [출]충남 아산 [주]세종특별자치시 다솜2로94 농림축산식품부 차관실(044-201-1021) [학]1981년 천안고졸 1985년 서울대 농대 농업교육학과졸 1990년 同행정대학원 행정학과졸 1996년 미국 워싱턴주립대 대학원 농업경제학과졸 [경]1984년 행정고시 합격(28회) 1985~1987년 군 복무(ROTC) 1987년 경제기획원 물가정책국 행정사무관 1992~1997년 同기획예산과·유통관리과·유통정책과 행정사무관 1997년 同유통정책과 서기관 1999년 同기획예산과 서기관 1999년 同법무담당관 직대 2000년 同투자심사담당관 직대 2000년 유엔 식량농업기구(FAO) 근무 2002년 농림부 행정법무담당관 2003년 同장관 비서관 2004년 同유통정책과장 2005년 同혁신인사기획관 2006년 同구조정책과장 2007년 국방대 교육파견 2009년 UN국제기구사무처 참사관(파견) 2011년 농림수산식품부 녹색성장정책관(고위공무원) 2012년 同농어촌정책국장 2013년 농림축산식품부 차관보 2015년 同식품산업정책실장 2016년 同차관(현) [상]대통령표창(1993), 홍조근정훈장(2011) [저]'Agricultural Marketing Policy in Asia with Special Reference to the Republic of Korea'(2002, FAO)

이준원(李畯遠) LEE Jun Won

[생]1965·3·2 [본]한산(韓山) [출]충남 공주 [주]충남 공주시 정안면 어물길81 한일고등학교 교장실(041-840-6001) [학]1983년 공주사대부고졸 1987년 고려대 행정학과졸 1989년 서울대 행정대학원 행정학과졸 1996년 행정학박사(서울대) [경]1996년 건양대 전임강사 1997~2006년 공주대 인문사회과학대 행정학과 교수 1997~2004년 한국행정학회 이사 1997~2001년 충남도 정책자문위원 2001년 (사)충남자치행정연구원 원장 2001년 공주대 지방자치연구소장 2002년 대전·충남미래연대 교육위원장 2002년 한나라당 공주시장 후보 2006·2010~2014년 충남 공주시장(국민중심당·자유선진당·무소속·국민중심연합·무소속·새누리당) 2015년 공주 한일고 교장(현) [상]제4회 대한민국차세대상 공공부문 CEO상(2010)

이준익(李濬益) Lee Jun Ik

[생]1959·9·21 [출]서울 [주]서울 중구 수표로12 영한빌딩603호 (주)씨네월드 [학]세종대 회화과 중퇴 [경]1986년 서울극장 선전부장 1987년 씨네씨티(광고전문기획사) 설립 1993년 (주)씨네월드 설립·대표이사 사장(현) 1993년 '키드캅' 제작·감독 2005년 '왕의 남자' 제작 감독 2006년 부산비엔날레 홍보대사 2011년 OLLEH·롯데스마트폰영화제 심사위원장 2012~2014년 한국문화재보호재단 비상임이사 2013년 OLEEH국제스마트폰영화제 집행위원장 2014~2015년 한국문화재재단 비상임이사 [상]대종상영화제 감독상(2006), 맥스무비 최고의영화상 최고의 감독상(2006), 한국영화평론가협회상 10대 영화상(2015), 한국영화평론가협회상 최우수 작품상(2015), 한국영화배우협회 감독상(2015), 아시아기자협회(AIA) 선정 '자랑스러운 아시아인상'(2016), 백상예술대상 영화부문 대상(2016), 국제영화비평가연맹 한국본부상(2016) [작]감독 '키드캅'(1993) '황산벌'(2003) '왕의 남자'(2005) '라디오스타'(2006) '즐거운 인생'(2007) '님은 먼곳에'(2008) '구르믈 버서난 달처럼'(2010) '평양성'(2011) '봄날의 입맞춤'(2012) 제작 '간첩리철진'(1999) '아나키스트'(2000) '공포택시'(2000) '달마야 놀자'(2001) 기획 '달마야 서울가자'(2004) '도마뱀'(2006) '궁녀'(2007) '님은 먼곳에'(2008) '구르믈 버서난 달처럼'(2010) '평양성'(2010) '소원'(2013) '사도'(2015) '동주'(2015)

이준직(李準稙) LEIGH Joon Jik (捧岩)

[생]1937·5·25 [본]한산(韓山) [출]강원 철원 [주]서울 서대문구 연대동문길153 성신문화재단(02-392-2332) [학]1957년 광운전자공고졸 1961년 국제대 경제학과졸 1968년 연세대 대학원 수료 1984년 한국정신문화연구원 수료 1987년 고려대 정책대학원 수료 [경]1961년 기독교대한감리회본부 출판부장 1962년 도서출판 '신생사(New Life Press)' 대표(현) 1966년 신생물산(주) 대표이사 1969년 국제라이온스클럽 309지구 세계청소년계획위원장 1972년 (사)한국기독교문화원 원장 1972년 국군찬송가출판위원회 위원장 겸 발행인 1972년 (사)대한출판문화협회 이사 1974년 기독교대한감리회 장로 1975년 기독교출판협의회 발기인·설립인·부회장 1976년 경찰찬송가출판위원회 위원장 겸 발행인 1978년 서울시청년지도자협의회 회장 1980년 국제성직공사 이사장 1981년 평통 자문위원(홍보분과위원장) 1983년 한·이스라엘문화교류협회 회장 1983년 서울국제대학총동문회장 1985~1990년 서울시사회복지협의회 감사 1986년 서울올림픽대회조직위원회 홍보분과위원 1986년 이화재단 상임이사 1986년 한국청년지도자연합회 회장 1992년 한산이씨대종회 부회장 1994년 성산문화재단 이사장(현) 1995년

한산이씨서울화수회 회장 1995년 목은이색선생600주기추모사업회 부회장 겸 모금위원장 1996년 목은문화재단 설립 · 이사장 2004년 서울시사회복지협의회 이사(현) 2005~2007년 (사)대한출판문화협회 이사 2008년 同감사(현) 2008~2014년 한국출판협동조합 이사 2008~2014년 한국출판물류(주) 이사 2008~2016년 (사)대한출판문화협회 감사 [상]연세대총장 감사장(1973), 민주공화당 총재표창(1980), 대통령표창(1981), 한경직총재 공로상패(1981), 이스라엘 관광성장관 공로패(1984), 체육부장관 올림픽 경기장(1988), 대통령 공조장(1991), 대통령표창(1998), 한국기독교출판협회 공로상(1998), 부시대통령 감사장(2004), 오바마대통령 감사장(2010), 4.19혁명유공 건국포장(2010), 국가유공자(2010), 중소기업협동조합 발전공로 조합공로패(2011) [저]'회의법과 토의법' '가정예식서' '성지순례' '고려의 위인 목은 이색선생' '인재선생 유고집'(編) '최후의 순교자' [역]'정치와 종교' '크리스챤과 정치' '매일의 기도' '마틴부버' '성공적인 교회도서실 운영' [종]기독교

이준철(李準哲)

[생]1972 · 7 · 30 [출]충남 서산 [주]전남 순천시 왕지로21 광주지방법원 순천지원(061-729-5114) [학]1991년 중동고졸 1996년 서울대 사법학과졸 [경]1997년 사법시험 합격(39회) 2000년 사법연수원 수료(29기) 2000년 육군 법무관 2003년 서울지법 서부지원 판사 2004년 서울서부지법 판사 2005년 서울중앙지법 판사 2007년 춘천지법 강릉지원 판사 2011년 수원지법 판사 2012년 서울고법 판사 2013년 대법원 재판연구관 2015년 광주지법 순천지원 부장판사(현) 2015년 광주가정법원 순천지원 부장판사 겸임(현)

이준혁(李埈赫) Joon Hyeok Lee

[생]1963 [주]서울 강남구 일원로81 삼성서울병원 소화기내과(1599-3114) [학]1988년 서울대 의대졸 1992년 同대학원 의학석사 1998년 의학박사(서울대) [경]1988~1989년 서울대병원 인턴 1989~1992년 同레지던트 1995~1997년 삼성서울병원 소화기내과 임상강사 1997~2003년 성균관대 의대 내과학교실 조교수 2002~2003년 미국 Stanford Univ. 연수 2003~2009년 성균관대 의대 내과학교실 부교수 2007년 삼성서울병원 임상연구지원실장 2009년 성균관대 의대 내과학교실 소화기내과분과 교수(현) 2012~2015년 삼성서울병원 국제협력팀장 2015년 同간암센터장 2016년 同대외협력실장(현)

이준현(李俊鉉) LEE Joon Hyun

[생]1956 · 5 · 15 [출]경남 진주 [주]부산 금정구 부산대학로63번길2 부산대학교 기계공학부(051-510-2430) [학]1975년 부산대사대부고졸 1983년 부산대 기계공학과졸 1985년 일본 東北대 대학원졸 1988년 기계공학박사(일본 東北대) 2011년 서울대 행정대학원 국가정책과정 수료 [경]1988~1990년 미국 노스웨스턴대 품질공학 및 파손방지센터 Research Scientist 1990~1999년 부산대 공대 기계설계공학과 조교수 · 부교수 1993년 미국 워싱턴대 기계공학과 Inviting Research Professor 1996~1997년 미국 노스웨스턴대 품질공학 및 파손방지센터 Visitng Associate Professor 1999~2009 · 2013년 부산대 기계공학부 기계시스템설계전공 교수(현) 2000~2002년 한국복합재료 사업이사 2001년 과학기술부 원자력안전전문위원 2002년 산업자원부 전력기술기획위원 2002~2003년 미국 노스웨스턴대 방문교수 2004~2005년 고장분석 및 신뢰성연구소 소장 2005~2009년 원자력기초공동연구소 소장 2005~2007년 한국원자력학회 전문분과위원장 2005~2007년 한국비파괴검사학회 부회장, 부산대 미래핵심기계부품소재 산학공동사업단장 2007~2008년 국가과학기술위원회 에너지자원분야 전문위원 2009~2012년 한국에너지기술평가원 초대원장 2009년 한국신재생에너지학회 고문 [상]한양학술상(1994), 아시아 중견우수과학자상(1998), 유담학술상(2000), 부산시 과학기술상 공학상(2006), 대통령표창(2006)

이준호(李俊鎬) LEE Joon Ho (유하)

[생]1946 · 10 · 2 [출]울산 [주]울산 북구 무룡1로66 덕산하이메탈(주) 비서실(052-283-9000) [학]1972년 부산대 경제학과졸 1994년 울산대 산업경영대학원졸 [경]1978년 현대중공업 근무 1982년 현대정공 근무 1982년 덕산산업 설립 1996년 유하산업 설립 1999년 덕산하이메탈(주) 설립 · 회장(현), 울산중소기업협의회 부회장, 울산상공회의소 상공의원, 울산대 산학협력협의회 위원, (사)한국도금협의회 이사장, 세계도금협회 Conference 개최 2013년 덕산홀딩스(주) 회장(현) [상]제13회 울산시민대상 산업 · 경제부문(2014) [종]불교

이준호(李俊浩) LEE Joon Ho

[생]1951 · 1 · 17 [출]충남 예산 [주]충남 홍성군 홍성읍 대학길25 혜전학원 이사장실(041-630-3458) [학]1969년 경기고졸 1974년 연세대 경제학과졸 [경]1977년 우일산업 상무이사 1977년 충남방적(주) 이사 1978년 同상무이사 1980년 同전무이사 1980년 (주)충방 사장 1981~1984년 충남방적(주) 부사장 1985~2000년 同사장 1997년 대한방직협회 부회장 1998년 혜전학원(청운대 재단) 이사장(현) 2000년 한국섬유직물수출입조합 부이사장 [상]산업포장 [종]천주교

이준호(李俊昊) LEE Joon Ho

[생]1962 · 7 · 1 [주]서울 관악구 관악로1 서울대학교 자연과학대학 생명과학부(02-880-6701) [학]1986년 서울대 미생물학과졸 1989년 同대학원 미생물학과졸 1994년 생물학박사(미국 캘리포니아공과대) [경]1994년 미국 캘리포니아공과대 Post-Doc. 1994~1995년 미국 UC Berkeley Post-Doc. 1995~2004년 연세대 생물학과 조교수 · 부교수 2004~2009년 서울대 자연과학대학 생명과학부 부교수 2007~2011 · 2012년 同유전공학연구소장(현) 2009년 同자연과학대학 생명과학부 교수(현) 2014년 국제식물검역인증원 비상임이사(현) 2014년 서울대 자연과학대학 교무부학장 2016년 同학생처장(현) [저]'분자세포생물학' '찰스 다윈' '발생생물학'

이준호(李俊虎) LEE Jun Ho

[생]1963 · 7 · 5 [출]경북 금릉 [주]서울 종로구 북촌로112 감사원 감사위원실(02-2011-2030) [학]1981년 여의도고졸 1985년 서울대 법대졸 [경]1984년 사법시험 합격(26회) 1987년 사법연수원 수료(16기) 1987년 육군 법무관 1990년 수원지법 판사 1992년 서울지법 남부지원 판사 1994년 광주지법 목포지원 판사 1997년 서울지법 의정부지원 판사 1998년 同동부지원 판사 1999년 서울고법 판사 2000년 대법원 재판연구관 2002년 대구지법 포항지원 부장판사 2004년 사법연수원 교수 2007~2010년 서울중앙지법 부장판사 2010년 법무법인 충정 구성원변호사 2012년 대검찰청 감찰본부장 2016년 감사원 감사위원(현)

이준호

[생]1968 [주]경기 성남시 분당구 성남대로343번길9 SK주식회사 C&C 임원실(02-6400-0114) [학]고려대 영어영문학과졸 [경]1995년 경향신문 편집국 사회부 기자 2007년 SK C&C CR팀 근무 2010년 同전략홍보팀 근무 2011년 同Brand관리팀장 2012년 同홍보팀장 2016년 SK주회사 C&C PR담당 상무(현) 2016년 同홍보팀장 겸임(현)

이준호(李準鎬) LEE Jun Ho

[생]1969·1·2 [본]경주(慶州) [출]전남 장성 [주]전남 무안군 삼향읍 오룡길1 전라남도의회(061-286-8200) [학]안성농업전문대 축산학과졸, 한국디지털대 평생교육학과졸, 고려사이버대졸, 목포대 경영행정대학원 재학 중 [경]새마을운동 장성군지회 사무국장, 삼계중 운영위원회 부위원장, 同운영위원장(현), 장성군생활체육회 이사, 사창초 총동문회 부회장(현), 민주평통 자문위원(현), 민주당 전남도당 농산어촌관광특별위원회 위원장 2010년 전남 장성군의원선거 출마(민주당) 2011년 전남도의회 의원(재보선 당선, 민주당·민주통합당·민주당·새정치민주연합) 2012년 同경제관광문화위원회 위원 2012년 同예산결산특별위원회 위원 2012년 同FTA대책특별위원회 부위원장 2012년 同2013순천만국제정원박람회특별위원회 위원 2014년 전남도의회 의원(새정치민주연합·더불어민주당)(현) 2014년 同기획사회위원회 부위원장 2014년 同운영위원회 위원 2014·2016년 同FTA대책특별위원회 위원(현) 2014~2015년 同예산결산특별위원회 위원 2016년 同윤리특별위원회 위원장(현) 2016년 同기획행정위원회 위원(현) [상]전남도지사표창(2008), 행정안전부장관표창(2009), 전국시·도의회의장협의회 우수의정 대상(2016) [종]기독교

이준훈(李俊勳) LEE Joon Hoon

[생]1956 · 12 · 30 [출]서울 [주]서울 서초구 반포대로114 서초SR타워3층 법무법인 현명(02-3487-7772) [학]1975년 경복고졸 1984년 건국대 법학과졸 [경]1983년 사법시험 합격(25회) 1985년 사법연수원 수료(15기) 1986년 수원지검 검사 1988년 춘천지검 영월지청 검사 1989년 광주지검 검사 1991년 서울지검 북부지청 검사 1994년 제주지검 검사 1996년 서울지검 검사 1998년 同의정

부지청 부부장검사 1999년 대전지검 홍성지청 부장검사 2000년 광주고검 검사 2001년 광주지검 강력부장 2002년 同조사부장 2002년 同형사3부장 2003~2004년 인천지검 형사2부장 2004년 변호사 개업, 법무법인 바른길 서울 변호사 2014년 법무법인 현명 대표변호사(현)

이준희(李儁熙) LEE Jun Hee

[생]1956·6·29 [본]경주(慶州) [출]서울 [주]서울 중구 세종대로17 와이즈빌딩 한국일보 사장실(02-724-2114) [학]1975년 양정고졸 1984년 연세대 철학과졸, 미국 USC 저널리즘스쿨 수학 2004년 연세대 언론대학원 신문출판학과졸 2011년 광운대 대학원 신문방송학 박사과정 수료 [경]1984년 한국일보 기자 1993년 同LA특파원 1997년 同사회부 차장 1999년 同정치부 차장 2001년 同기획취재부장 2002년 同사회부장 2003년 同편집위원 2004년 同논설위원 2004년 同기획취재부장 2005년 同편집국 문화부장 2006년 同논설위원 2007년 同전략사업본부장 2007년 同편집국장 2009~2012년 同논설위원 2011년 한국신문방송편집인협회 감사 2012~2013년 한국일보 논설위원실장 2013~2015년 한국신문방송편집인협회 부회장 2013년 국방부 정책자문위원 2013년 한국일보 논설고문 2013년 同부사장 2014년 同사장 2015년 同주필 2016년 同대표이사 사장(현) 2016년 한국신문협회 이사(현) [상]한국기자상 대상(1989), 한국참언론인대상 사회부문(2008), 삼성언론상 논평비평부문(2012), 연세언론인상(2014) [저]'이준희의 세상속으로'(2004)

이준희(李濬熙)

[생]1967·3·20 [출]서울 [주]광주 서구 계수로31 영산강유역환경청 환경관리국(062-410-5200) [학]1990년 서울대 사회학과졸 2002년 미국 하버드대 케네디행정대학원 MPA(석사) 2007년 환경·에너지정책학박사(미국 델라웨어대) [경]2009~2010년 전남도 환경협력관·기획조정실 미군부대오염물질대응TF 근무 2010년 국립환경인력개발원 교육기획과 근무 2012년 (재)2012세계자연보전총회 조직위원회 근무 2013년 환경부 기획조정실 정보화담당관 2016년 영산강유역환경청 환경관리국장(현) [상]포장(2012)

이준희(李浚僖)

[생]1971·3·19 [주]대전 서구 청사로189 중소기업청 중소기업정책국 정책총괄과(042-481-4537) [학]1990년 전주 상산고졸 1997년 서울대 경영학과졸 2011년 미국 캘리포니아대 샌타바버라교 대학원 경제학과졸 [경]1994년 행정고시 합격(38회) 1997~1998년 중앙공무원교육원 시보 1998년 중소기업청 경영지원국 정보화지원과 사무관 2000년 同경영지원국 판로지원과 사무관 2001년 同경영지원국 금융지원과 사무관 2004년 同기술지원국 기술정책과 사무관 2005년 同기술지원국 기술정책과 서기관 2005년 중소기업특별위원회 정책조정실 총괄조정팀 서기관 2006년 同정책조정실 정책정보팀장 2006~2008년 대통령 경제정책수석비서관실 산업정책행정관 2008년 중소기업청 창업벤처국 창업진흥과장 2009년 서울지방중소기업청 공공판로지원과장 2012년 중소기업청 창업벤처국 지식서비스창업과장 2013년 同창업벤처국 벤처정책과장 2014년 同중소기업정책국 정책총괄과장 2015년 同중소기업정책국 정책총괄과장(부이사관)(현)

이준희(李濬熙)

[생]1971·7·27 [출]서울 [주]경기 고양시 일산동구 장백로209 의정부지방법원 고양지원(031-920-6114) [학]1990년 경기고졸 1995년 서울대 사법학과졸 [경]1996년 사법시험 합격(38회) 1999년 사법연수원 수료(28기) 1999년 법률구조공단(전주) 근무 2002년 창원지법 판사 2006년 의정부지법 판사 2010년 서울고법 판사(헌법재판소 파견) 2012년 서울서부지법 판사 2014년 제주지법 부장판사 2016년 의정부지법 고양지원 부장판사(현)

이중구(李重久) LEE Jung Gu

[생]1962·3·21 [출]경남 진주 [주]강원 춘천시 동내면 세실로49 강원지방경찰청 청장실(033-254-3291) [학]1981년 경남 진주고졸 1985년 경찰대 행정학과졸 [경]1985년 경찰대학 1기(경위 임용) 2005년 총경 승진 2005년 경북지방경찰청 경비교통과장 2006년 경남 거제경찰서장 2007년 서울지방경찰청 제1기동대장 2008년 同경무과 총경(교육) 2008년 서울 동대문경찰서장 2010년 경찰청 경비과장 2011년 부산지방경찰청 제1부장(경무관) 2012년 제주지방경찰청 청장 2012년 울산지방경찰청 차장(경무관) 2013년 서울지방경찰청 경비부장 2014년 경찰청 경비국장(치안감) 2015년 강원지방경찰청장(치안감)(현)

이중근(李重根) LEE JOONG KEUN (宇庭)

[생]1941·1·11 [본]전주(全州) [출]전남 순천 [주]서울 중구 세종대로9길42 (주)부영 회장실(02-3774-5537) [학]1960년 건국대 정치외교학과 수학 1978년 서울대 경영대학원 최고경영자과정 수료 1997년 행정학사(독학사) 1998년 명예 경제학박사(경희대) 1999년 명예 경영학박사(광운대) 2000년 고려대 정책대학원 행정학과졸 2001년 명예 교육학박사(인제대) 2002년 명예 공학박사(순천대) 2004년 행정학박사(고려대) [경]1976~1979년 우진건설산업 대표이사 1978~1979년 우진학원 이사장 1983~1994년 부영주택흥산 설립·고문 1992년 학교법인 우정학원 이사장(현) 1994년 (주)부영 대표이사 회장(현) 1997~2001년 사랑의장기기증운동본부 사랑의각막은행장 1998~2005년 전주이씨완창대군파종회 회장 1999년 경희대 아태국제대학원 운영재단 이사(현) 1999~2004년 도산안창호선생기념사업회 이사 1999~2001년 학교법인 건국대 이사장 2000~2004년 한국주택협회 제4대 회장 2001년 시민운동지원기금 이사장(현) 2001~2003년 한국방송통신대 운영위원 2003~2005년 주택산업연구원 제4대 이사장 2003~2005년 민주평통 경제협력분과 위원장 2007년 공군인터넷전우회(ROKAFIS) 회장(현) 2008년 우정(宇庭)교육문화재단 이사 2011년 대한노인회 부회장(현) 2013년 우정(宇庭)교육문화재단 이사장(현) 2013년 민주평통 서울시 부의장(현) 2015년 세계태권도평화봉사재단 이사장 2016년 同총재(현) 2016년 '2017 무주세계태권도선수권대회' 조직위원회 명예위원장(현) [상]금탑산업훈장(1995), 국민훈장 동백장(1996), 국민훈장 무궁화장(2001), 건설교통부장관표창(2001), 한국주택문화상 종합우수상(2001, 한국주택신문), 국무총리표창(2002), 한국생물공학회 자랑스런기업상(2002), 중앙대 제10회 참 경영인상(2002), 베트남정부 우호훈장(2007), 라오스정부 일등훈장(2007), 캄보디아정부 국왕대십자훈장(2010), 스리랑카정부 교육공훈훈장(2010), 동티모르 공훈훈장(2011), 서울대 경영대 최고경영자과정총동창회 서울대AMP대상(2012), 한국의 최고경영인상 사회공헌경영부문(2013), 건국대총동문회 '자랑스러운 건국인' 선정(2013), 6.25전쟁알리기 저술활동 공로 자유총연맹 감사패(2014), 제21회 인간상록수(2014) [저]'주택은 소유목적이 아닌 거주수단'(2003, 高友經濟) '임대주택정책론- 이론과 실제'(2005, 나남출판) '한국주거문화사'(2013, 우정문고) '임대주택정책론(개정판)'(2013, 우정문고) '6·25전쟁 1129일'(2013, 우정문고) '광복(光復) 1775일'(2014, 우정문고) '미명(未明) 36년 12768일'(2015, 우정문고) '여명(黎明) 135년 48701일'(2016, 우정문고)

이중기(李重基) LEE Joong Ki

[생]1942·4·22 [출]경북 성주 [주]서울 금천구 가산디지털2로136 승일벤처타워401호 동보중공업(02-588-0601) [학]1960년 대구공고졸 1970년 한양대 기계공학과졸 1982년 서울대 경영대학원 최고경영자과정 수료 1993년 연세대 대학원 경영학과졸 [경]한신공영(주) 기술부장, 한국인간개발원 이사 1989년 한국보일러협동조합 이사 1991~1999년 동양보일러(주) 대표이사 사장 1994년 연대고위 경제위원회 부회장 1994년 한국산업인력공단 서울기능경기위원회 위원장 1999~2004년 동보중공업(주) 대표이사 사장 2004년 同대표이사 회장 2008년 삼미식품 회장 2010년 (주)알에프씨삼미 회장 2010년 동보중공업 회장(현) [상]내무부장관표창(1975), 국무총리표창(1986), 석탑산업훈장(1988), 에너지위너상·철탑산업훈장(2000) [종]천주교

이중기(李重基) LEE Jung Ki

[생]1942·8·8 [출]황해 송화 [주]대전 서구 갈마중로30번길 67 충청투데이 임원실(042-380-7001) [학]1962년 서울공고졸 1966년 건국대 행정학과졸 1993년 충남대 행정대학원졸 [경]1968년 문화방송 입사 1979년 대전문화방송 TV제작부장 1985년 同편성국장 1992년 同심의실장 1993년 同총무국장 1994년 同기획위원 1995년 同이사대우 편성국장 1997년 대전방송 상무이사 2001~2009년 同사장 2008년 (사)여의도클럽 부회장 2009년 대전방송 부회장 2010~2014년 충청투데이 부회장 겸 뉴미디어추진위원장 2014년 同고문(현) 2014년 방송통신위원회 지역방송발전위원회 위원(현) [상]한국방송대상(1991) [종]기독교

이중기(李重基) LEE Choong Kee

[생]1964·12·6 [주]서울 마포구 와우산로94 홍익대학교 법과대학(02-320-1804) [학]1986년 서울대 법학과졸 1988년 同대학원 법학과졸 1991년 영국 케임브리지대(Univ. of Cambridge) 대학원 법학과졸 1994년 법학박사(영국 셰필드대) [경]1989~1990년 영국 셰필드대 동아시아학부 객원연구원 1994년 영국 회사법·증권법전문잡지 편집인 1995~1998년 영국 셰필드대 상사법연구소 명예연구위원 1995~2004년 한림대 법학부 전임강사·조교수·부교수 1998~2000년 同법학연구소 소장 1998년 재정경제부 증권제도선진화작업반 연구위원 1999년 한국법학교수회 이사 2000년 서울지방노동청 신노사

문화우수기업선정위원회 심사위원 2000년 한국증권법학회 회원·이사(현) 2000년 한림대 법학부 학부장 2002~2004년 同법학부 부교수 2002~2003년 간접투자자산운용법제정 자문위원 2003~2004년 근로자퇴직급여보장법제정 자문위원 2004년 홍익대 법과대학 교수(현) 2005년 同법학연구소장 2006년 금융위원회 자체평가위원 2007년 자산운영포럼 운영위원 2014년 홍익대 법과대학장(현) [저]'상법사례연습-제2판'(1998, 법문사) '증권제도발전방향'(1998, 재정경제부 증권제도선진화작업반) '각국의 최근 상법 동향'(1998, 법무부) 'Corporations and Partnerships : Korea'(1999, Kluwer Law and Taxation Publishers) 'Anti Money Laundering : Korea'(1999, CCH Editions Limited) '증권거래법상 시세조종행위의 요건 및 제재에 관한 연구'(2000, 한국법제연구원) '금융시장의 환경변화에 따른 금융관계법률의 체계정비에 관한 연구'(2002, 서울대 금융법센터) '기업구조조정에 대한 채권금융기관 및 금융감독기관의 역할과 책임'(2003, 집문당) '기업연금의 지배구조 설계에 관한 소고'(2003, 한국개발연구원) '청산 결제 기능 개편방안'(2005, 서울대 경영연구소) '신탁법'(2007, 삼우사)

이중민(李重旼)

[생]1973·10·18 [출]전북 부안 [주]광주 동구 준법로7의12 광주지방법원(062-239-1114) [학]1992년 양정고졸 1997년 서울대 공법학과졸 [경]1998년 사법시험 합격(40회) 2001년 사법연수원 수료(30기) 2001년 軍법무관 2004년 인천지법 판사 2006년 서울중앙지법 판사 2008년 춘천지법 영월지원 판사 2011년 수원지법 판사 2013년 서울중앙지법 판사, 대법원 재판연구관 2016년 광주지법 부장판사(현)

이중섭(李重燮) Lee Jung Seob

[생]1957·7·2 [출]서울 [주]경기 수원시 영통구 월드컵로 206 아주대학교 자연과학부 수학과(031-219-2010) [학]1980년 서울대 수학과졸 1982년 同대학원 수학과졸 1989년 수학박사(미국 미시간대) [경]1989~1990년 미국 Oklahoma State Univ. 조교수 1991~1992년 미국 Kansas State Univ. 조교수 1992년 아주대 자연과학부 수학과 조교수·부교수·교수(현) 2008~2010년 同교무처장 2008~2010년 同대학교육혁신원장 2015년 同기획처장(현)

이중우(李重雨) LEE Joong Woo

[생]1952·8·22 [본]경주(慶州) [출]부산 [주]경남 김해시 인제로197 인제대학교 글로벌경영학부(055-320-3132) [학]1971년 중동고졸 1981년 연세대 경영학과졸 1987년 스웨덴 웁살라대 대학원 경영학과졸 1991년 경영학박사(스웨덴 웁살라대) [경]1991~1994년 스웨덴 웁살라대 경영학과 조교수 1994~1995년 현대경제연구원 경영전략실장 1995~1998년 인제대 경영학과 조교수 1996~1998년 同경영학과장 1996년 同취업보도실장 1997년 同학생복지처장 1998~1999년 부산·경남·울산학생처장협의회 회장, 전국학생처장협의회 지역부회장 1999~2015년 인제대 인문사회과학대학 경영학부 교수 2000년 同학생생활연구소장 2001~2002년 한국국제경영학회 상임이사 2003년 同감사·부회장 2003년 스웨덴 웁살라대 경영학과 교환교수 2006년 한국국제경영관리학회 회장 2007년 인제대 교학부총장 2007년 대통령자문 정책기획위원회 위원 2007~2008·2011~2012년 전국부총장협의회 부회장 2009~2010년 한국국제경영학회 회장 2009년 한국개발연구원 경제전문가 모니터위원, 同자문위원(현) 2010년 한국중견기업학회 부회장 2010~2012년 인제대 교학부총장 2012~2014년 同특별자문위원 2012년 기상청 정책자문위원(현), 同자체평가위원(현) 2014년 同정부3.0자문단장(현) 2015년 인제대 글로벌경영학부 교수(현) [상]연세대총장표창, 국방부장관표창, 제1군단 포병사령관표창, 인제대총장표창(4회), 한국산업경영시스템학회 한백학술상(2007), 제60주년 세계기상의 날 기념 국민포장(2010) [저]'기업의 세계화추진과 네트워크 구축전략'(1999) '글로벌 경쟁시대의 네트워크전략'(2005) 'Business Networks and International Marketing'(2006) '경영학원론'(2007·2013) '유럽기업의 성장전략과 경쟁력'(2013) [종]기독교

이중원(李中遠) Jungwon LEE

[생]1959·11·19 [본]한산(韓山) [주]서울 동대문구 서울시립대로163 서울시립대학교 인문대학 철학과(02-6490-2578) [학]1978년 보성고졸 1982년 서울대 물리학과졸 1984년 同대학원 이론물리학과졸 1997년 과학철학박사(서울대) [경]1986년 한국에너지연구소 연구원, 서울시립대 인문대학 철학과 조교수·부교수·교수(현) 2001~2003년 논리학회 감사 2003~2005년 한국과학철학회 부편집인 겸 편집이사 2008~2010년 한국근대철학회 부회장 2009년 서울시립대 교육대학원장 겸 인문대학장 2010~2014년 同교육인증원장 2011년~2013년 한국과학철학회 편집인 2013~2015년 同회장 [저]'인간과 과학'(2001) '논리교실 필로지아'(2002) '삶, 반성, 인문학-인문학의 인식론적 구조'(2003) '우리말 철학사전3'(2003) '인문학으로 과학읽기'(2004) '서양근대철학의 열가지 쟁점'(2004) '진리청바지-내가 아는 것이 진리일까?'(2005) '근대의 끝에서 다시 읽는 문화'(2006) '영화로 과학 읽기'(2006) '다윈의 종의 기원(생명의 진화를 밝힌다)'(2006) '과학으로 생각한다'(2007) '필로테크놀로지를 말한다'(2008) '욕망하는 테크놀로지'(2009)

이중재(李重宰) LEE Jung Jae

[생]1963·5·19 [출]충남 논산 [주]인천 남동구 소성로171 대흥평창로시스빌딩6층 법무법인 정(032-861-7002) [학]1981년 대전고졸 1985년 고려대 법과대학졸 1994년 미국 서던메소디스트대 법학전문대학원 수료 [경]1984년 사법시험 합격(26회) 1987년 사법연수원 수료(16기) 1995년 인천지검 검사 1997년 대전지검 강경지청 검사 1998년 법무부 국제법무과 검사 2000년 서울지검 검사 2001년 2002월드컵축구대회조직위원회 파견(법무실장) 2002~2005년 부산지검 부부장검사 2002~2005년 駐제네바대표부 법무협력관·참사관 파견 2005년 부산지검 외사부장 2006년 인천지검 형사2부장 2007년 수원지검 형사2부장 2008년 대전지검 형사1부장 2009년 인천시 파견(법률자문검사) 2010년 감사원 파견(감사원장 법률보좌관) 2011년 부산고검 검사 2013년 김앤장법률사무소 변호사 2014년 법무법인 정(正) 대표변호사(현) 2014년 새누리당 법률지원단 위원(현) 2014년 감사원 행정심판위원회 위원 2014년 同징계위원회 위원(현) 2014년 인천지방노동위원회 공익위원(현) [상]홍조근정훈장(2002)

이중제(李重霽) LEE Joong Je

[생]1964·5·4 [출]서울 [주]서울 서초구 반포대로158 서울고등검찰청(02-530-3114) [학]1983년 용산고졸 1987년 한양대 법학과졸 1990년 同행정대학원졸 [경]1990년 사법시험 합격(32회) 1993년 사법연수원 수료(22기) 1993년 軍법무관 1996년 청주지검 검사 1998년 대전지검 서산지청 검사 1999년 인천지검 검사 2001년 서울지검 검사 2003년 부산지검 검사 2005년 同부부장검사 2006년 창원지검 통영지청 부장검사 2007년 서울중앙지검 부부장검사 2008년 부산지검 형사4부장 2009년 수원지검 성남지청 부장검사 2010년 서울북부지검 형사4부장 2011년 의정부지검 형사2부장 2012년 창원지검 마산지청장 2013년 인천지검 부장검사 2013년 법무연수원 연구위원(파견) 2014년 서울고검 검사(현) 2016년 서울중앙지검 중요경제범죄조사단 파견(현)

이중호(李重鎬) LEE Jung Ho

[생]1964·4·26 [출]경북 영일 [주]서울 중구 동호로310 대한화섬(주) 임원실(02-3406-0300) [학]명지대 무역학과졸 1989년 미국 브리지포트대 경영대학원졸(MBA) [경]일본 미쓰비시상사 근무 1996년 태광산업(주) 입사, 同전략사업부장, 同구매사업부장, 同석유화학부 상무, 同구매사업부 전무, 同신사업본부장, 同전무(현) 2014년 대한화섬(주) 대표이사(현)

이중홍(李重弘) LEE Choong Hong

[생]1941·3·25 [출]서울 [주]서울 영등포구 영중로15 (주)경방 임원실(02-2638-6044) [학]1959년 경복고졸 1965년 미국 캘리포니아대 버클리교 기계공학과졸 1967년 同대학원 기계공학과졸 1970년 기계공학박사(미국 캘리포니아대 버클리교) [경]1966년 포드모터엔지니어링센터 연구원 1971~1974년 미국 버클리대 Asistant Research Professor 1972~1978년 한국과학원 기계공학과 교수 1978~1998년 경방기계(주) 대표이사 사장 1995년 한국콘락스 대표이사 사장 1998년 경방기계(주) 대표이사 회장 1999년 同회장 2001년 (주)경방 부회장 2003년 同대표이사 사장 2004~2007년 한국섬유기술연구소 이사장 2007~2015년 (주)경방 대표이사 회장 2015년 同명예회장(현)

이중환(李中煥) LEE Joong Hwan

[생]1959·12·25 [출]경북 구미 [주]서울 서초구 법원로16 정곡빌딩동관205호 이중환법률사무소(02-593-7070) [학]1977년 경북고졸 1981년 고려대 법대졸 1983년 단국대 행정대학원졸 [경]1983년 사법시험 합격(25회) 1985년 사법연수원 수료(15기) 1986년 軍법무관 1989년 춘천지검 검사 1991년 청주지검 제천지청 검사 1992년 대구지검 검사 1995년 서울지검 남부지청 검사 1998년 울산지검 부부장검사 1999년 서울고검 검사 2000년 헌법재판소 파견 2002년 법무부 송무과장 2003년 서울지검 남부지청 형사4부장 2004년 광주지검 형사1부장 2005년 서울고검 검사 2006년 인천지검 부천지청 차장검사 2007년 서울고검 검사 2008년 대구지검 서부지청장 2009~2011년 서울고검 검사 2009~2011년 예금보험공사 금융부실책임조사본부장 2011년 변호사 개업(

현) 2012~2014년 한국감정원 비상임이사 2014년 방송통신심의위원회 명예훼손분쟁조정부 조정위원

이중환(李仲桓)

[생]1966·3·24 [출]제주 서귀포 [주]제주특별자치도 서귀포시 중앙로105 서귀포시청 시장실(064-760-2042) [학]서울시립대 대학원 행정학과졸, 미국 미주리대 대학원 행정학과졸 [경]1996년 지방고시 합격(1회) 1996년 서귀포시 서홍동장, 同의회사무과 전문위원 2002년 제주도 전입 2005년 同제주특별자치도추진기획단 제주특별자치담당관실 특별자치1담당 2006년 제주특별자치도 특별자치담당관 2007년 同혁신기획관·정책기획관(서기관) 2010년 미국 미주리대 국외훈련 2013년 제주특별자치도 전국체전기획단장(부이사관) 2014년 장기교육파견 2015년 제주특별자치도 문화관광스포츠국장 2016년 서귀포시장(현)

이중효(李重孝) LEE Joong Hyeo

[생]1960 · 12 · 28 [주]인천 동구 인중로389 효창산업(주)(032-777-6605) [학]1979년 부산기계공고졸 1999년 한양대 경영대학원 최고경영자과정 수료 2001년 인천전문대 영어과졸 2002년 인천대 경영혁신원 최고경영자과정 수료 2004년 한국방송통신대 무역학과졸 2006년 한양대 경영대학원 경영학과졸 2009년 법학박사(조선대) [경]효창산업(주) 대표이사(현), (주)모디스코리아 대표이사(현), 목동중 운영위원장, 양천경찰서 행정발전위원, 열린우리당 중앙당 대의원, 同서울양천乙지역위원회 운영위원, 同신정4동지회장 2006년 서울시 양천구의회 의원 2010년 한나라당 부대변인 2012년 (사)좋은사회만들기운동본부 공동대표, 가천대 경영학과 겸임교수 2014년 전남도지사선거 출마(새누리당) 2014년 제19대 국회의원선거 출마(영광 · 함평 · 장성 · 담양 보궐선거, 새누리당) [상]지식경제부장관 표창(2010), 국무총리 표창(2011) [저]'나, 우리, 국가, 세계 그리고 중소기업'(2012, 북랩)

이중훈(李重勳) LEE Jung Hoon

[생]1959 · 7 · 7 [출]서울 [주]서울 서초구 법원로3길20의3 은곡빌딩4층 법무법인 서우(02-594-7799) [학]1978년 관악고졸 1982년 서울대 법학과졸 [경]1982년 사법시험 합격(24회) 1984년 사법연수원 수료(14기) 1985년 사단 보통군법회의 검찰관 1988년 인천지검 검사 1989년 부산지검 울산지청 검사 1992년 서울지검 남부지청 검사 1995년 법제처 파견 1996년 부산지검 부부장검사 1997년 서울고검 검사 1997년 전주지검 정읍지청장 1998년 대검찰청 연구관 1999년 부산지검 조사부장 2000년 인천지검 강력부장 2001년 대검찰청 공보관 2002년 서울지검 남부지청 형사5부장 2003년 서울지검 형사9부장 2004년 춘천지검 원주지청장 2005년 청주지검 차장검사 2006년 인천지검 부천지청장 2007년 서울고검 검사 2007년 법무법인 우암 대표변호사 2008~2014년 법무법인 수목 대표변호사 2009년 법제처 법령해석심의위원회 위원(현) 2014년 법무법인 서우 대표변호사(현)

이중흔(李重欣) LEE Jung Heun

[생]1959·3·9 [출]전북 정읍 [주]대전 서구 둔산로89 대전광역시교육청 부교육감실(042-480-7501) [학]1978년 전주고졸 1983년 한양대 행정학과졸 1985년 同행정대학원 수료 2001년 미국 오리건대 대학원졸 [경]1981년 행정고시 합격(25회) 1984~1989년 총무처·체육부 사무관 1989년 부안고 서무과장 1991년 전북도교육청 진흥계장 1991년 경상대 교무과 사무관·도서관 수서과장 1993년 군산대 예술대학 서무과장 1993~1997년 교육부 설비관리과·국제교육협력과·평생교육기획과 근무 1997년 군산대 총무과장 1998년 교육부 국제교육협력과장 1999년 미국 오리건대 연수 2001년 교육인적자원부 교원양성연수과장 2003년 同정책조정과장 2004~2005년 한양대 교육대학원 초빙교수 2005년 강릉대 사무국장 2005년 대통령 교육문화비서관실 선임행정관 2006년 전북도교육청 부교육감 2009년 국방대 파견 2010년 전남대 사무국장 2012년 한국교육과정평가원 초빙연구위원 2013년 전남도교육청 부교육감 2014년 충남대 사무국장 2015년 대전시교육청 부교육감(현) [상]체육부장관표창(1986), 대통령표창(1995)

이중희(李重熙) LEE Joong Hee

[생]1955 · 3 · 29 [본]진성(眞城) [출]경북 상주 [주]대구 달서구 달구벌대로1095 계명대학교 경영대학 회계학과(053-580-6395) [학]1974년 상주공고졸 1979년 계명대 경영학과졸 1981년 同대학원 회계학과졸 1994년 경영학박사(경북대) [경]1973~1975년 한국생사(주) 입사 · 상주제사공장 경리주임 1977년 구일합동회계사무소 공인회계사시보 1980년 공인회계사 · 세무사(현) 1981년 계명대 경영대학 회계학과 전임강사 · 조교수 · 부교수 · 교수(현) 1995~1996 · 2001년 미국 오리건대 객원교수 1996년 대구시 민자유치사업평가위원 1997년 한국산업경영학회 상임이사 1999년 금융감독원 연결재무제표준칙개정기초소위 위원 1999~2001년 대구지방국세청 이의신청심의위원 2000년 천주교 대구대교구 재무평의회 위원 2002년 대구지방국세청 공평과세추진평가위원 2002년 한국산업경영학회 편집위원장 2003년 한국회계학회 감사 2004년 국세청 자체평가위원 2004년 대구지방국세청 목표관리위원 2004년 국세청 목표관리위원 2005년 한국경영교육인증원 감사 2005년 계명대 경영대학장 2006년 한국경영대학장협의회 이사 2006~2011년 (사)대구국제뮤지컬페스티벌 감사 2007년 천주교 대구대교구 꾸르실료 주간 2009년 계명대 교무처장 2011년 대구시 기부심사위원회 위원 2012년 한국산업경영학회 회장 2012~2015년 계명대 교무부총장 2014년 한국경영교육인증원 이사 2015년 同감사(현) 2015년 계명대 교무부총장(현) [상]부총리 겸 교육인적자원부장관 스승의날표창(2004) [저]'효율적 자본시장과 회계정보'(1981) '부기회계문제상해'(1987) '리스회계'(1988) '회계원리'(1992) '현대사회에 있어서 회계의 역할'(1993) '재무회계'(1995) '재무회계원리'(1999) '사업결합회계'(1999) '회계사상과 회계기준의 발전'(2002) '회계와 사회'(2002) '한국의 전통회계와 내부통제시스템1'(2011) 'IFRS회계원리'(2013) [역]'재무보고의 목적과 회계정보의 질적 속성'(1990) [종]천주교

이중희(李仲熙) LEE Joong Hee

[생]1960 · 2 · 1 [주]전북 전주시 덕진구 백제대로567 전북대학교 공과대학 BIN융합공학과(063-270-2342) [학]1985년 전북대 공대 기계공학과졸 1988년 同대학원 기계공학과졸 1992년 미국 Univ. of Minnesota 대학원 기계공학과졸 1995년 공학박사(미국 Univ. of Minnesota) [경]1984년 쌍용중공업 연구원 1987년 고려환경 선임연구원 1995년 전북대 공대 신소재공학부 교수 1999~2004년 (주)케이시알 대표이사 2000~2002년 전북생물벤처기업협회 이사 2000년 전북대 교무부처장 2004년 내쇼날플라스틱 사외이사 2004년 한국가스안전공사 고압용기분야 전문위원 2004년 기술표준원 수소표준화사업단 전문위원 2004년 산업자원부 수소컴포넌트 전문위원 2005년 국제표준화기구(ISO) 한국대표위원 2006년 수소 및 신에너지학회 재무이사 2007년 산업자원부 기술표준원 산업표준심의회 전문위원 2007년 전주지역혁신위원회 위원 2008년 전북대 공대 고분자 · 나노공학과 교수 2009년 同공대 BIN융합공학과 교수(현) [상]휴먼테크논문대상 은상(1995), 국무총리표창(2003), 산업자원부장관표창(2004), 중소기업청장표창(2004), 조달청장표창(2005), 미래창조과학부 주관 이달의 과학기술자상(2013), Materials Science and Engineering 최우수논문상(2015), 전북대동문대상(2016)

이중희(李仲熙) LEE Joong Hee

[생]1967 · 11 · 28 [출]충북 괴산 [주]경기 의정부시 녹양로34번길23 의정부지방검찰청 차장검사실(031-820-4200) [학]1985년 강릉고졸 1990년 고려대 법학과졸 [경]1991년 사법시험 합격(33회) 1994년 사법연수원 수료(23기) 1994년 軍법무관 1997년 서울지검 남부지청 검사 1999년 춘천지검 강릉지청 검사 2000년 법무부 검찰1과 검사 2003년 서울지검 검사 2004년 서울중앙지검 검사(부패방지위원회 파견) 2006년 제주지검 부부장검사 2007년 법무부 검찰과 검사 2008년 춘천지검 영월지청장 2009년 서울중앙지검 부부장검사 2009년 서울동부지검 형사6부장 2010년 서울중앙지검 금융조세조사3부장 2011년 同특수1부장 2012~2013년 인천지검 부장검사 2012년 금융부실책임조사본부 파견 2013~2014년 대통령 민정비서관 2014년 서울고검 검사 2014년 부산지검 제2차장검사 2015년 광주지검 순천지청장 2016년 의정부지검 차장검사(현)

이지만(李志晩)

[생]1961 · 10 · 9 [출]강원 삼척 [주]서울 종로구 세종대로209 국민안전처 중앙재난안전상황실 소방상황센터(02-2100-0220) [학]삼척고졸, 삼척공업전문대 토목과졸 [경]2001~2005년 강원도 감사관실 근무 2005년 원주소방서 예방과장 2008년 강원도소방본부 구조구급담당 2009년 同기획예산담당 2010년 同소방행정담당 2011년 同방호구조과장 2012년 강원 삼척소방서장 2014년 강원 홍천소방서장 2015년 국민안전처 중앙재난안전상황실 소방상황센터장(현) [상]강원도지사표창(1991 · 2000), 내무부장관표창(1992 · 1997), 국무총리표창(2001), 행정안전부장관표창(2003 · 2005), 대통령표창(2007)

이지성(李枝成) LEE Ji Seong

[생]1959·2·5 [본]경주(慶州) [출]서울 [주]서울 강남구 삼성로518 A+타워 에이플러스그룹 기획조정실(1577-1713) [학]1978년 숭문고졸 1983년 성균관대 경영학과졸 [경]1982년 삼성생명 입사 1990년 同재무기획팀 과장·부장 2002년 同경영관리팀 부장 2003년 同경영관리팀장(상무보) 2004년 同경영관리팀 상무 2005~2006년 同상품기획팀 상무 2006~2008년 한성항공 대표이사 사장 2009년 에이플러스리얼티 대표이사 사장 2012년 에이플러스그룹 기획조정실장(사장)(현)

이지송(李之松) LEE Ji Song

[생]1940·7·15 [출]충남 보령 [주]서울 성동구 왕십리로 222 한양대학교 공과대학 건설환경공학과(02-2220-1726) [학]1955년 대전중졸 1958년 경동고졸 1963년 한양대 공대 토목공학과졸 1996년 同산업대학원 토목공학과졸 2003년 공학박사(한양대) [경]1965~1966년 건설부 영남국토건설국 남강댐건설공사 감독 1966년 同한강유역합동조사단 근무 1970년 한국수자원공사 공무부 공무과장 1976년 현대건설(주) 담양댐·충주댐 건설사무소장, 同말레이시아댐 건설사무소장·이라크 Kirkuk 상수도현장소장·토목사업본부장·국내영업본부장 1996년 同부사장 1999~2000년 경인운하(주) 대표이사 사장 2000~2003년 경복대 토목설계과 교수 2003~2006년 현대건설 대표이사 사장 2005년 경동대 명예총장 2007~2009년 경북대학 총장 2009~2013년 한국토지주택공사 초대사장 2009~2013년 대한근대5종연맹 회장 2013년 한양대 공과대학 건설환경공학과 석좌교수(현) [상]금탑산업훈장(2004), 올해의 CEO대상 사회책임경영(공공)부문 대상(2011)

이지순(李之舜) Jisoon Lee

[생]1949·9·15 [주]서울 관악구 관악로1 서울대학교 경제학부(02-880-5114) [학]경복고졸 1972년 서울대 상학과졸 1981년 미국 뉴욕주립대 대학원 경제학과졸 1984년 경제학박사(미국 시카고대) [경]1976~1977년 한국은행 근무 1981~1983년 미국 시카고대 시간강사 1983~1985년 미국 Brown Univ. 조교수 1985~1994년 서울대 경제학부 조교수·부교수 1986~1987년 한국경제연구원 초빙연구원 1987~1988년 서울대 경제연구소 부장 1988~1989년 미국 시카고대 Visiting Fellow 1990~1992년 서울대 국제경제학과장 1992~1994년 대학신문사 자문위원 1992~1994년 한국조세연구원 자문위원 1994~2015년 서울대 경제학부 교수 1997~1998년 同경제연구소 부장 1999~2000년 한국계량경제학회 부회장 1999~2000년 한국금융학회 부회장 2002~2004년 서울대 경제학부장 2002~2003년 한국계량경제학회 회장 2003~2005년 경제사회연구회 기획평가위원 2004~2006년 삼성경제연구소 자문위원 2005~2006년 ADBI Visiting Fellow Research 2006~2007년 한국금융학회 회장 2006~2007년 한국경제학회 국제학술대회위원장 2010년 녹색성장위원회 위원 2012년 서울대 금융경제연구원장 2014년 대한민국학술원 회원(경제학·현) 2015년 서울대 경제학부 명예교수(현) 2015년 한국경제학회 회장 2015년 대통령직속 녹색성장위원회 민간위원장(현) [저]'자유주의(Liberalizmus)'(1988) '금융위기와 아시아의 발전'(2001) '경제의 패러다임 변화와 한국의 미래'(2004) '경제의 패러다임 변화와 한국의 미래'(2005) 'IT혁명과 국가경쟁력'(2005) '메가트렌드 코리아'(2006) '거시경제학 연습문제 해답집(共)'(2008, 법문사) [종]천주교

이지연(李知連·女) LEE, JI YOUN

[생]1971·1·31 [주]서울 중구 청계천로100 (주)에스쁘아 임원실(02-6020-2699) [학]경희대 화학과졸 [경](주)아모레퍼시픽 향료연구팀장, (주)빠팡 에스쁘아 마케팅팀장, (주)에뛰드 BM팀장, 同에스쁘아Division장 2015년 (주)에스쁘아 대표이사(현)

이지영(李智榮) LEE Ji Young (德山)

[생]1935·11·24 [출]충북 옥천 [주]대전 중구 보문로246 한국방송광고공사4층 대전시사회복지협의회 임원실(042-531-3711) [학]1956년 청주공고졸 1962년 한국외국어대 불어학과졸 1987년 충남대 행정대학원졸 1989년 同경영대학원졸 [경]1963년 대전일보 기자 1970~1979년 同사회부장·편집부국장 1980년 同기획관리실장 1981년 同상무이사 1982년 한국어린이재단 충남후원회 회장 1983년 대전일보 논설위원 1989년 同전무이사 1989년 한국사회복지대전시협의회 회장 1990~2001년 대전매일 사장 1990~1995년 한국지역사회개발협회 회장 1998년 대전시사회복지협의회 회장 1998년 대전시사회복지공동모금회 회장 2001~2002년 대전매일 회장 2005년 대전시사회복지협의회 명예회장(현) [상]새마을포장, 국민포장(2004) [종]불교

이지영(李智瑛·女)

[생]1958·1·14 [출]전북 순창 [주]전북 익산시 인북로32길 1 익산시청 부시장실(063-859-5005) [학]1977년 전주여고졸 1993년 한국방송통신대 법학과졸 2004년 전북대 행정대학원 행정학과졸 2009년 행정학박사(전북대) 2014년 지방행정연수원 고위정책과정 수료 [경]1977년 지방공무원 임용(9급 공채) 2007년 전북도공무원교육원 교육혁신과장 2008년 전북도 문화예술과장 2010년 同교육지원과장 2011년 同교육법무과장 2012~2013년 同사회복지과장 2015년 전북발전연구원 도정책자문관 2015년 전북도 대외협력국장 2016년 전북연구원 여성정책연구소장 2016년 전북 익산시 부시장(현) 2016년 익산시다문화가족지원협의회 위원장(현)

이지영(李知玲·女) YI Ji Young

[생]1965·1·7 [주]서울 관악구 관악로1 서울대학교 음악대학 국악과(02-880-7963) [학]1984년 선화예고졸 1988년 서울대 음악대학졸 1993년 同대학원졸 2002년 음악학박사(이화여대) [경]1988년 국립국악원 연주원 1991년 정농악회의 회원 1994~1996년 한양대·서울대·용인대 국악과 강사 1996년 이화여대 국악과 강사 1997~2008년 용인대 예술대 국악과 조교수 1999년 한국예술종합학교 전통예술원 강사 2000년 한양대 국악과 강사 2008년 서울대 음악대학 국악과 교수(현), 同음악대학 교무부학장 2014년 同음악대학 성악과 학과장 [저]'작곡가를 위한 현대 가야금 기보법'(2011) [작]CD '젊은 산조Ⅱ' '숲속의 이야기' 등 [종]불교

이지오(李志五) Jie-Oh LEE

[생]1965·2·25 [출]경북 경주 [주]대전 유성구 대학로291 한국과학기술원 자연과학부 화학과(042-350-2839) [학]1987년 서울대 화학과졸 1989년 同대학원 화학과졸 1995년 생화학박사(미국 Harvard Univ.) [경]1996~1999년 미국 Memorial Sloan Kettering Cancer Center, Post-Doc. 2000~2001년 미국 Univ. of Maryland Baltimore County 조교수 2001~2004년 한국과학기술원(KAIST) 자연과학부 화학과 조교수·부교수 2008년 同자연과학부 화학과 교수(현) [상]FEBS Letters Young Scientist Award(2004), 한국과학기자협회 선정 '올해의 과학인상'(2007), 과학기술부 선정 '미래를 여는 우수 과학자'(2007), 올해의 KAIST인상(2008), 교육과학기술부 및 한국과학재단 선정 '이달(4월)의 과학기술자상'(2008), 듀폰코리아 듀폰과학기술상(2008), 포항가속기연구소 심계과학상(2008), IEIIS Nowotny Science Prize(2010)

이지윤(李知玧·女)

[생]1965·10·12 [주]서울 성동구 청계천로540 서울시설공단 이사장실(02-2290-6101) [학]서강대 불어불문학과졸(신문방송학 부전공) [경]1993~1998년 (주)링크인터내셔널 PR부 팀장 1998~2013년 (주)플레시먼힐러드코리아 부사장 2013~2015년 서울시설관리공단 문화체육본부장 2015~2016년 同경영전략본부장 2016년 同이사장(현)

이지은(女)

[생]1977·10·2 [주]세종특별자치시 도움4로13 보건복지부 홍보기획담당관실(044-202-2030) [학]1996년 서울 잠신고졸 2001년 연세대 국어국문학과·심리학과졸 2016년 원광대 대학원 동양철학과 수료 [경]2000년 동아일보 입사 2001~2006년 同출판국 여성동아·신동아·주간동아팀 기자 2006~2008년 同경영전략실·경영총괄팀·역량강화팀 기자 2008~2011년 同출판국 주간동아·전략기획팀·문화기획팀 기자 2011년 同편집국 문화부 기자 2013년 同편집국 교육복지부 기자 2013~2014년 同편집국 기자 2014~2016년 同정책사회부 기자 2016년 보건복지부 홍보기획담당관(현)

이지하(李志夏) Lee Ji-ha

[생]1953·1·23 [본]전주(全州) [출]충남 공주 [주]경북 구미시 이계북로7 경제진흥원8층 새마을세계화재단(054-716-2551) [학]1971년 대전고졸 1975년 육군사관학교졸 1985년 프랑스 국제행정대학원졸 [경]1975~1981년 육군 근무 1981년 외무부 입부 1986년 駐세네갈 2등서기관 1991년 駐벨기에 1등서기관 1994년 駐우즈베키스탄 참사관 1998년 외교통상부 의전2담당관 1999년 駐프랑스

참사관 2002년 駐모로코 참사관 2005년 駐코트디부아르 대사 2008년 외교통상부 한·아세안특별정상회의 준비기획단장 2009~2012년 駐아제르바이잔 대사 2013년 새마을세계화재단 대표이사(현) <align>녹조근정훈장(1999), 코트디부아르공화국 훈장(2008), 홍조근정훈장(2013)

이지헌(李芝憲) Lee Ji Hun

<생>1961·4·11 <출>부산 <주>서울 종로구 청와대로1 대통령 인사비서관실(02-770-0011) <학>1980년 부산 배정고졸 1987년 연세대 행정학과졸 1994년 영국 엑서터대 대학원 행정학과졸 <경>1987년 행정고시 합격(30회) 1996년 행정자치부 인사기획과 총괄담당 1999년 국외 파견(영국 버킹검지방정부) 2001년 행정자치부 행정제도과 서기관 2001년 국무조정실 심사평가2심의관실 서기관 2003년 대통령비서실 행정관 2004년 행정자치부 기획예산담당관 2005년 同재정기획팀장(부이사관) 2006년 경기도 환경보건국장 2006년 同교통국장(고위공무원) 2007년 김포시 부시장 2009년 부천시 부시장 2009년 행정안전부 인사실 성과후생관 2010년 同대변인 2011년 국방대 교육파견(고위공무원) 2011년 행정안전부 의정관 2013년 안전행정부 인사기획관 2014년 울산시 행정부시장 2016년 대통령 정무수석비서관실 행정자치비서관 2016년 대통령 인사비서관(현) <상>총무처장관표창(1991), 홍조근정훈장(2010)

이지현(李智賢·女) LEE Ji Hyeon

<생>1968·8·23 <출>전남 나주 <주>서울 양천구 신월로386 서울남부지방법원(02-2192-1114) <학>1986년 광주 경신여고졸 1990년 서울대 법대 사법학과졸 <경>1994년 사법시험 합격(36회) 1997년 사법연수원 수료(26기) 1997~1999년 수원지법 판사 1999~2000년 서울지법 판사 2000년 광주지법 판사 2003년 同가정지원 판사 2004년 서울남부지법 판사 2006년 서울중앙지법 판사 2008년 서울고법 판사 2010년 서울남부지법 판사 2012년 대전지법 천안지원 부장판사 2012년 대전가정법원 천안지원 부장판사 겸임 2014년 수원지법 부장판사 2016년 서울남부지법 부장판사(현)

이지형(李知炯) LEE JEE HYUNG

<생>1961·5·29 <주>대전 유성구 가정로218 한국전자통신연구원(042-860-6630) <학>1979년 동성고졸 1987년 한양대 무역학과졸 1994년 미국 노스캐롤라이나대 채플힐교 대학원 경제학과졸 1999년 경제학박사(미국 노스캐롤라이나대 채플힐교) <경>1992년 미국 노스캐롤라이나대 조교 1994년 同연구조교 1999년 한국건설산업연구원 선임연구원 2000년 한양대 BK21 연구교수 2000년 한국전자통신연구원 책임연구원(현) 2005~2014년 과학기술연합대학원 정보통신기술경영학 부교수 2006년 한국정보통신기술협회 PG209 의장 2007년 방송통신위원회 MIC 통신요금심의위원 <상>KAIST 우수컨설턴트(2005), 교육과학부장관표창(2008) <종>기독교

이진강(李鎭江) LEE Jin Kang

<생>1943·8·25 <출>경기 포천 <주>서울 서초구 서초중앙로200 이진강법률사무소(02-6254-0834) <학>1962년 휘문고졸 1966년 고려대 법대졸 1968년 서울대 사법대학원 수료 <경>사법시험 합격(5회) 1971~1981년 광주지검·서울지검·춘천지검 강릉지청 검사·법무부 법무과 검사 1981년 법무부 심사과장·조정과장 1983년 대검찰청 형사1과장 1985년 서울지검 동부지청 부장검사 1986년 대검찰청 중앙수사부1과장 1988년 서울지검 동부지청 차장검사 1990년 서울고검 검사 1993년 수원지검 성남지청장 1994년 변호사 개업(현) 1997년 행정심판위원회 위원 1997년 서울지방변호사회 부회장 1999~2001년 同회장 2001~2002년 국가인권위원회 인권위원 2007~2009년 대한변호사협회 회장 2009~2011년 방송통신심의위원회 위원장 2011년 동아일보 독자위원장(현) 2015년 대법원 양형위원회 위원장(현) 2016년 고려아연 사외이사(현) <상>홍조근정훈장, 대한법조인로회 공로상(2009), 법조언론인클럽 감사패(2009), 자랑스러운 고대법대인상(2011), 국민훈장 무궁화장(2013) <종>불교

이진건(李鎭乾) LEE Jin Gun

<생>1955·1·27 <출>대구 <주>서울 마포구 양화로45 세아타워22층 (주)세아FS 사장실(02-6970-0829) <학>1973년 경북고졸 1978년 연세대 법학과졸 <경>1978년 삼성그룹 입사 1984년 삼성시계 수출1과장 1987년 同프랑크푸르트지점장 1992년 同특수영업부·전략기획팀장(부장) 1994년 同경영지원실 본부장 1996년 同스위스법인장(상무보) 2000년 삼성SDI(주) D/D영업본부 마케

팅팀장 2002년 同M/E영업팀장 2003년 同M/E영업팀장(상무) 2007년 同전지사업부 마케팅팀장(전무) 2010년 同경영전략팀장 겸 ESS사업화팀장(부사장) 2010~2012년 SB리모티브(주) 대표이사 2013년 삼성그룹 자문역 2014년 (주)한국번디 대표이사 사장 2014년 (주)세아FS 대표이사 사장(현) <종>천주교

이진걸(李鎭杰) Lee, Jin Kul

<생>1959·12·23 <주>경기 과천시 통영로5 과천시시설관리공단(02-500-1101) <학>1980년 농협대졸 2008년 수원대 대학원 경제금융학과졸 <경>1996년 농협중앙회 경기지역본부 과장 2003년 同여신지원팀 심사역 2009년 同경기지역본부 동탄기업금융팀장 2010년 同경기지역본부 농협하이닉스지점장 2012년 同경기지역본부 서둔동지점장 2013~2015년 NH농협은행 경기영업본부 과천시지부장 2015년 과천시시설관리공단 비상임이사 2016년 同이사장(현) <상>행정자치부 농어촌주택개량유공상(1997), 농협중앙회 우수경영자상(2012)

이진곤(李鎭坤) Lee Jin Gon

<생>1949·11·10 <본>청안(清安) <출>경북 경주 <주>서울 영등포구 국회대로70길18 한양빌딩 새누리당(02-3786-3000) <학>1968년 경주고졸 1975년 경희대 정치외교학과졸 1997년 同행정대학원 안보정책학과졸 2002년 정치학박사(경희대) <경>1978년 부산일보 기자 1988년 同서울지사 정치부 차장 1989년 국민일보 논설위원 2000년 同수석논설위원 2002~2004년 외교통상부 정책자문위원 2003년 국민일보 논설위원실장 2005년 同주필 2005~2007년 경희언론인회 회장 2007년 국민일보 이사 2007~2009년 한국신문방송편집인협회 부회장 2007~2014년 국민일보 논설고문 2008년 경희대 정치외교학과 객원교수(현) 2008~2015년 同공보위원장 2009~2013년 삼괴중·고 및 장안여중 감사 2009~2014년 KRB(New York Radio Korea) 방송위원 2010~2012년 경희대총동문회 사무총장 2012년 동일고무벨트(주) 사외이사 2015년 국가보훈처 나라사랑정책자문위원(현) 2016년 새누리당 중앙윤리위원회 위원장(현) <상>경희언론문화인상(2005) <저>'한국정치리더십의 특성'(2003) '풍차와 기사-노무현 리더십 리뷰'(2007) 칼럼집 '오만한 마부들'(2007) '사정치의 덫'(2014, 경제풍월)

이진구(李鎭九) RHEE Jin Koo

<생>1946·2·1 <본>전주(全州) <출>경기 <주>서울 중구 필동로1길30 동국대학교 공과대학 전자전기공학부(02-2260-8735) <학>1969년 국립항공대 전자공학과졸 1975년 서울대 대학원 전자공학과졸 1979년 미국 오리건주립대 대학원졸 1982년 전기공학박사(미국 오리건주립대) <경>1982년 미국 Oregon State Univ. Post-doc. 1982~1985년 미국 Cray Research Inc. Research Scientist 1985년 동국대 공과대학 전자전기공학부 교수·석좌교수(현) 1985년 미국 Microwave Semiconductor Corporation 책임연구원 1989년 대한전자공학회 반도체·재료 및 부품연구회 전문위원장 1990~1991년 미국 Michigan Univ. Visiting Research Scientist 1992~1994년 동국대 산업기술대학원 교학부장, 대한전자공학회 평생회원(현) 1995~1996년 同협동이사 1996~1998년 한국항공대총동창회 상임이사 1996~1998년 동국대 전자공학과 학과장 1996년 한국전자파학회 평생회원(현) 1996~2001년 同재무이사 1996년 한국통신학회 평생회원(현) 1997년 건설교통부 항공교통관재소 평가위원 1997년 심곡학원 이사(현) 1998년 한국과학재단 평가위원 1998년 산업자원부 기술개발기획평가단 위원 1998년 국립기술품질원 전문위원 1998년 산업기술정책연구소 평가위원 1998년 국방과학연구소 평가위원 1998년 기술개발기획평가원 평가위원 1998년 광주2002월드컵경기장건설 설계자문위원 1998년 동국대 대학원 전자공학과 주임교수 1998~2003년 同산업기술연구원 반도체연구부장 1998~2001년 한국해동검도협회 이사 1998년 한국센서학회 평생회원(현) 1999~2001년 대한전자공학회 상임이사 1999년 동국대 밀리미터파신기술연구센터(MINT) 소장(현) 2002년 同정보통신연구소 연구부장 2002~2006년 한국전자파학회 국제담당이사 2002~2003년 대한전자공학회 부회장 2002년 한국전자전기재료학회 평생회원(현) 2003~2004년 한국공학교육인증원 인증평가위원 2004년 同수석부회장 2005년 同인사위원회 위원장 2005년 MWP General Chair 2005년 대한전자공학회 회장 2005~2007년 동국대 공과대학장 겸 정보산업대학장 2005년 한국과학기술단체총연합회 이사 2005년 국내·외 학술지 논문심사위원(현) 2006년 (사)대한전자공학회 명예회장(현) 2007년 한국공학한림원 정회원(현) 2007년 국방과학연구소 자문위원(현) 2008년 통신전자동문회 회장 2009년 미국전기전자학회(IEEE) Fellow(현) <상>과학기술훈장 진보장(2008) <저>'Millimeter Wave Technology in Wireless PAN, LAN, and MAN'(2008) <역>'The C Toolbox'(1999) 'An Introduction to Semiconductor Devices'(2006)

이진국(李鎭國) LEE Jin Kook

[생]1956·7·16 [출]경북 경산 [주]서울 영등포구 의사당대로82 17층 하나금융투자 임원실(02-3771-7001) [학]1976년 경기고졸 1982년 성균관대 경제학과졸 [경]1983~1984년 대우중공업 근무 1984~1989년 롯데그룹 기획조정실 조사부 대리 1989년 신한증권 영업추진부 투자정보과장 1991년 同투자분석실 과장 1992년 同법인영업팀장(부장) 1996년 同선물영업팀장 1996년 同삼성역지점장 1998년 同신반포지점장 2000년 同법인영업본부장(상무) 2004년 굿모닝신한증권 경영지원본부장(부사장) 2005년 同리테일사업본부장(총괄부사장) 2009년 신한금융투자(주) 리테일사업본부장(총괄부사장) 2010년 同홀세일그룹 부사장 2011년 同경영지원그룹 부사장 2011년 同홀세일그룹장(부사장) 2012~2013년 同고문 2015년 하나금융지주 사외이사 2016년 하나금융투자 대표이사 사장(CEO)(현)

이진규(李鎭奎) LEE Jin Kyu

[생]1952·7·28 [출]서울 [주]서울 성북구 안암로145 고려대학교 경영학과(02-3290-1928) [학]1970년 경동고졸 1979년 고려대 경영학과졸 1982년 미국 미시간주립대 경영대학원졸 1986년 경영학박사(미국 아이오와대) [경]1989년 고려대 경영학과 교수(현) 1993~1996년 대통령자문 정책기획위원회 위원 1996~2012년 미래인력연구원 원장 1996~2007년 고려대 노동문제연구소장 2003~2005년 행정자치부 지방혁신인력개발원 자문교수 2005~2007년 고려대 노동대학원장 2005~2014년 이북5도청 함경남도 정책자문위원 2005~2014년 노동부 노동연구원 임금직무혁신센터 운영위원 2007년 민주평통 자문위원(현) 2007~2014년 '노동법률'·'HR Insight' 자문교수 2007~2015년 한화케미칼 사외이사 2008~2010년 현대택배(주) 사외이사 2010~2013년 고려대 경영대학장 겸 경영전문대학원장 2011~2014년 중앙노동위원회 공익위원 2012년 미래인력연구원 이사장(현) 2014년 바티칸 베들레헴대학 이사(현) 2015년 (사)홍남철수작전기념사업회 회장(현) 2016년 한국사회과학협의회 회장(현) [상]Outstanding Teacher of the Year by West Virginia Univ.(1987), Good Paper Award by Second Biennial ICAM(1994), Best Paper Award by Center for Creative Leadership Studies(1997), William A. Owens Scholarly Achievement Award by Society For I/O psychology(1999) [저]'경영학연습'(1990) '기업인력 양성과 경력개발'(1992) '세계화시대의 기업윤리와 기업문화 정립방안'(1995) '지속가능사회와 발전(共)'(1995) '새로운 미래 노사관계'(1995) '인사관리론' '해외진출기업 노무관리 안내서'(2000) '멕시코 한국기업의 노동문화 적응'(2000) '전략적 윤리적 인사관리'(2001) '현대경영학'(2004) '현대경영학제2판'(2006) '현대경영학 제3판'(2008) '현대경영학 제4판'(2010) '현대경영학' 제5판'(2013) '현대경영학 제6판'(2015) [종]가톨릭

이진규(李鎭奎) LEE Jin Gyu

[생]1963·5·24 [출]부산 [주]경기 과천시 관문로47 미래창조과학부 연구개발정책실(02-2110-2400) [학]1982년 부산남고졸 1986년 서울대 조선공학과졸 1988년 同공과대학원 조선공학과졸 [경]1990년 기술고시 합격(26회) 2001년 과학기술부 기초과학인력국 기초과학정책과 사무관 2001년 同기초과학인력국 기초과학정책과 서기관, 同기술혁신평가국 조사평가과장 2007년 同우주개발정책과장 2007년 대통령비서실 파견 2008년 교육과학기술부 영재교육지원과장 2009년 同인재정책실 창의인재육성과장 2011년 同인재정책실 창의인재정책관(고위공무원) 2013년 미래창조과학부 과학기술정책국 과학기술인재관 2013년 同정보화전략국 인터넷정책관 2014년 同연구개발정책실 연구개발정책관 2015년 同연구개발정책실 기초원천연구정책관 2016년 同연구개발정책실장(현)

이진규 Jin-Kyu Lee

[주]대전 유성구 문지로188 LG화학(주) 기술연구원 중앙연구소(042-866-2114) [학]1985년 연세대 화학과졸 1987년 同대학원 유기화학과졸 1995년 화학박사(미국 매사추세츠공과대) [경]1988~1990년 한국과학기술연구원(KIST) 유기금속실험실 연구원 1995~1997년 미국 매사추세츠공과대 학제융합연구그룹 Post-Doc. 1998~2008년 서울대 자연과학대학 화학부 조교수·부교수 2008~2015년 同자연과학대학 화학부 교수 2011~2013년 同환경안전원장 2013년 안식년(LG화학 중앙연구소 연구원) 2015년 LG화학(주) 기술연구원 중앙연구소 수석연구위원(전무급)(현)

이진녕(李進寧) LEE JIN NYONG

[생]1959·3·16 [출]경북 상주 [주]서울 종로구 청계천로1 동아일보 논설위원실(02-2020-0302) [학]대구고졸 1982년 서울대 외교학과졸 2003년 한양대 언론정보대학원 언론학과졸 2009년 고려대 최고위언론과정 수료 [경]1984년 동아일보 입사 1985년 同외신부 기자 1989년 同사회부 기자 1993년 同국제부 기자 1994년 同영국특파원 1998년 同사회부 기자 1999년 同지방자치부 차장대우 2000년 同기획취재팀 차장대우 2001년 同국제부 차장대우 2001년 同사회1부 차장 2002년 同사회2부장 2004년 同사회부장 2005년 同정치부장 2006년 同논설위원 2007년 同인력개발팀장 2007년 同논설위원(부국장급) 2012년 同논설위원(국장급)(현) 2014~2016년 한국신문윤리위원회 위원 [상]이달의 기자상(1990·2000), 시티은행 우수상(2000) [저]'제4세계의 사람들(共)'(1994) [종]불교

이진덕(李鎭德) LEE Jin Duk

[생]1960·4·10 [출]충남 공주 [주]경북 구미시 대학로61 금오공과대학교 사회인프라공학과(054-478-7615) [학]1979년 대전고졸 1983년 충남대 농공학과졸 1986년 同대학원 토목공학과졸 1992년 공학박사(충남대) [경]1987년 대전대 토목공학과 강사 1990년 금오공과대 토목공학과 전임강사·조교수 1995~1996년 호주 멜버른대 Post Doc.연구원 1996년 금오공과대 토목환경및건축공학부 부교수 2001·2013년 同건설기술연구소장 2001~2015년 同토목환경공학부 교수 2003~2004년 미국 오하이오주립대 객원교수 2005~2007년 금오공과대 취업정보센터소장 2007~2009년 同토목환경공학부장 2008년 한국콘텐츠학회 학술이사·특임이사(현) 2008년 한국측량학회 이사 2009년 금오공과대 생활관장 2009년 한국지리정보학회 부회장 2010~2011년 미국 플로리다대 객원교수 2015년 금오공과대 사회인프라공학과 교수(현) 2016년 한국지리정보학회 회장(현) [상]한국측지학회 논문상(1992), 한국측량학회 학술상(2004·2010), 부총리 겸 교육인적자원부장관표창(2005), 한국지형공간정보학회 논문상(2007), 대한토목학회 우수논문상(2007), 한국지리정보학회 학술상(2007), 국토해양부장관표창(2008), 한국콘텐츠학회 학술상(2009), 한국지형공간정보학회 학술상(2009), 한국측량학회 공로표창(2011), 한국콘텐츠학회 우수논문상(2014), 한국방재안전학회 우수논문상(2014) [저]'원격탐사입문'(2001) '방재GIS'(2007)

이진동(李鎭東) LEE Jin Dong

[생]1966·11·26 [출]광주 [주]서울 중구 세종대로21길 TV조선 사회부(02-2180-1114) [학]1984년 광주 인성고졸 1991년 연세대 영어영문학과졸 2003년 同언론홍보대학원졸 [경]1992~2004년 한국일보 정치부·사회부·경제부 기자 2004~2008년 조선일보 사회부 기자·차장대우 2008년 제18대 국회의원선거 출마(안산 상록乙, 한나라당) 2008년 연세대총동문회 상임이사(현), 광주인성고출신언론인회 회장(현) 2011년 TV조선 보도본부 부장 2012년 同보도본부 사회1부장 2013년 同보도본부 탐사취재부장 2014년 同보도본부 사회부장 2015년 同보도본부 편집1부장 2016년 同보도본부 기획보도에디터 2016년 同기획취재에디터 겸 기획취재부장 2016년 同사회부장(현) [상]관훈언론상(2001·2005), 한국기자상(2006), 올해의 법조기자상(2008), 삼성언론상(2008)

이진동(李進東)

[생]1968·2·10 [출]서울 [주]서울 서초구 반포대로158 서울중앙지방검찰청 조사1부(02-530-4701) [학]1986년 경동고졸 1993년 연세대 생화학과졸 [경]1996년 사법시험 합격(38회) 1999년 사법연수원 수료(28기) 1999년 인천지검 검사 2001년 청주지검 제천지청 검사 2002년 인천지검 부천지청 검사 2004년 서울중앙지검 검사 2008년 부산지검 검사 2008~2010년 국민권익위원회 파견 2011년 서울중앙지검 부부장검사 2013년 대전지검 공주지청장 2014년 춘천지검 부장검사 2014년 인천지검 외사부장 2015년 서울남부지검 금융조사2부장 2016년 서울중앙지검 조사1부장(현)

이진락(李鎭洛) Lee Jin Rak

[생]1963·5·10 [출]경북 경주 [주]경북 안동시 풍천면 도청대로455 경상북도의회(054-880-5367) [학]1985년 서울대 전기공학과졸 1987년 同대학원 전기공학과졸, 영남대 대학원 전기공학과졸, 공학박사(영남대), 문학박사(경주대) [경]1987년 포항제철기술연구소 제어계측연구그룹 연구원 1988년 산업과학기술연구소 제어연구실 주임연구원 1994년 외동라이온스클럽 총무 1994년 포스코기술연구소 시스템연구팀 주임연구원, 서라벌대 교수, 위덕

대 교수 1995·1998·2006~2010년 경북 경주시의회 의원 2000년 경주신문 논설위원·편집위원장 2006~2008년 경북 경주시의회 운영위원장 2008~2010년 同부의장, 경주시니어클럽 관장 2010년 경북도의원선거 출마(무소속) 2014년 경북도의회 의원(새누리당)(현) 2014·2016년 同운영위원회 위원 2014년 同문화환경위원회 부위원장 2014·2016년 同원자력안전특별위원회 위원(현) 2014·2016년 同정책연구위원회 위원(현) 2016년 同예산결산특별위원회 계수조정위원 2016년 同문화환경위원회 위원(현) 상대한민국 미래경영대상 의정행정부문(2014), 대한민국 산업글로벌대상 우수의정활동부문(2016), 전국시·도의회의장협의회 우수의정 대상(2016) 종불교

이진로(李珍魯) LEE Jin Ro

생1962·10·25 본전의(全義) 출대전 주부산 해운대구 반송순환로142 영산대학교 광고홍보학과(051-540-7346) 학1980년 대전고졸 1985년 서울대 신문학과졸 1988년 同대학원 신문학과졸 1997년 신문방송학박사(경희대) 경1989~1998년 과학기술부 홍보담당 사무관 1998년 영산대 광고홍보학과 교수(현) 1999~2001년 同신문사 주간 및 방송국장 2000~2002년 同매스컴학부장 2000년 한국언론정보학회 부산지역이사 2003~2004년 영산대 평생교육원장 2003년 방송균형발전 정책기획위원 2004년 부산시청자주권연합 정책기획위원 및 양산시 선거방송토론위원회 위원 2004년 KNN 시청자위원 2005~2006년 미국 퍼듀대 교환교수 2005~2006년 한국방송학회 기획이사, 同지역방송연구회장 2007~2008년 부산MBC 시청자위원 2009~2011년 한국언론정보학회 매체자본연구회장, 과학저술인협회 이사 2010년 미디어공공성포럼 총무운영위원 2010~2011년 전국대학신문주간교수협의회 회장 2010~2012년 영산대 홍보실장 2011~2012년 부산·울산·경남언론학회 회장 2011~2013년 KBS 시청자위원 2011년 중앙선거방송토론위원회 전문위원(현) 2013~2014년 한국소통학회 회장 2013~2015년 과학저술인협회 부회장 2013~2014년 미디어공공성포럼 운영위원장 2014년 KBS 뉴스옴부즈맨 위원(현) 2014년 방송통신위원회 지역방송발전위원회 위원(현) 2015년 KNN 시청자위원(현) 상공보처장관표창(1991), 부산울산경남 언론학술상(2004·2008) 저'정보사회와 이데올로기'(1999) '지역MBC 발전방안 연구(共)'(2004) '커뮤니케이션 구조의 정치경제학'(2008) '정보사회 입문'(2008) '방송학개론(共)'(2011) '국제방송의 역사와 유형'(2014) 역'디지털 시대와 미디어 공공성(共)'(2011)

이진만(李鎭萬) LEE Jin Man

생1964·3·26 본광산(光山) 출전남 보성 주서울 서초구 강남대로193 서울행정법원 수석부장판사실(02-2055-8114) 학1983년 부산 배정고졸 1987년 서울대 법학과졸 1995년 同대학원 법학과졸 경1986년 사법시험 합격(28회) 1989년 사법연수원 수료(18기) 1992년 인천지법 판사 1994년 서울민사지법 판사 1995년 서울지법 판사 1996년 대전지법 홍성지원 판사 1999년 수원지법 여주지원 판사 2001년 서울고법 판사 겸 법원행정처 사법정책연구심의관 2003년 서울지법 판사 2004년 춘천지법 영월지원장 2005년 대법원 재판연구관 2007년 법원행정처 정책연구심의관(총괄) 2008년 同민사정책심의관(총괄) 2009년 서울행정법원 부장판사 2011년 대구고법 부장판사 2012~2016년 서울고법 부장판사 2013~2015년 대법원 양형위원회 상임위원 2016년 서울행정법원 수석부장판사 직대(현) 저'회사정리법(共)' 종기독교

이진명(李鎭明) LEE Jin Myung

생1966·1·18 주서울 영등포구 국제금융로56 미래에셋대우(02-768-3355) 학대신고졸, 고려대 통계학과졸 경중앙종합금융 근무, 인투스테크놀러지 근무, 리앤코시스템 근무, 미래에셋증권 신탁본부장 2010년 同채권랩&신탁본부장(상무보) 2013년 同자산배분센터장(상무보) 2015년 同자산배분센터장(상무) 2016년 미래에셋대우 투자전략부문 대표(상무) 내정(현)

이진모(李璡模)

생1960·11·14 출경북 예천 주전북 완주군 이서면 농생명로166 국립농업과학원(063-238-2100) 학1986년 영남대 농학과졸 1989년 同대학원 농학석사 2004년 농학박사(영남대) 경1990~1993년 농촌진흥청 영남작물시험장 전작과 연구사 1993~2002년 同연구관리과·연구기획과·기획예산담당관실 연구사 2002년 同작물시험장 환경생명공학과 연구관 2004~2008년 同연구정책과·연구기획과 연구관 2008년 同기획조정관실 기획재정담당관 2010년 국립식량과학원 기획조정과장 2011년 농촌진흥청 연구정책국 연구정책과장 2013년 국립원예특작과학원 인삼특작부장 2014년 농촌진흥청 연구정책국장 2016년 국립농업과학원 원장(현)

이진배(李溱培) RHEE Jin Bae (後山)

생1943·8·26 본연안(延安) 출서울 주서울 마포구 마포대로12 한신빌딩1116호 문화시민운동중앙협의회(02-703-1945) 학1961년 보성고졸 1965년 서울대 법과대학졸 1996년 고려대 언론대학원 최고위과정 수료 2002년 중앙대 예술대학원 최고경영자과정 수료 2004년 한양대 언론정보대학원 광고홍보학과졸(문학석사) 2004년 단국대 최고위예술경영과정 수료 2006년 한양대 대학원 박사과정 수료(3기) 경1965~1968년 한국전력 근무 1969년 행정고시 합격 1970년 문화공보부 섭외계장 1972년 駐홍콩 공보관보 1974년 문화공보부 외신계장 1976년 해외공보관 외신과장 1980년 駐미국 공보관보 1983년 문화공보부 총무과장 1984년 駐이탈리아 공보관 1988년 駐호주 공보관 1990년 해외공보관 기획부장 1993년 공보처 홍보국장 1994년 同여론국장 1995년 同기획관리실장 1998~1999년 문화관광부 차관보 1998년 경제협력개발기구(OECD) 관광위원회 부의장 1999·2002년 저작권심의조정위원회 위원 1999년 문화재보호재단 이사 1999~2003년 한국문화예술진흥원 사무총장 2001·2003년 경희대 경영대학원 겸임교수 2002~2004년 중앙대 예술경영학과 겸임교수 2003년 세종대 무용대학원 박사과정 외부교수 2003~2005년 월드컵문화시민운동중앙협의회 사무총장 2005~2006년 상명대 예술대학 초빙교수 2006년 의정부예술의전당 관장 2006~2010년 同대표이사 사장, 국제음악극축제 집행위원장, 창무국제예술제 집행위원장 2009년 성균관대 대학원 박사과정 초빙교수 2009·2011년 국제로타리클럽 3650지구 서울예장로타리클럽 회장(제9·11대) 2010~2014년 숙명여대 대학원 박사과정 특강교수 2010년 농어촌희망재단 문화사업단장(상임이사) 2010년 문화시민운동중앙협의회 부회장 2011년 중부일보 객원논설위원(현) 2011~2013년 농어촌희망청소년오케스트라(20개지역) 단장 2012년 한국문화예술교육진흥원 이사 2013년 문화시민운동중앙협의회 회장(현) 2014년 궁중의례연구회 회장(현) 2014년 열린음악의날(National Music Day Korea) 공동조직위원장 2014년 광화문문화포럼 운영위원(현) 상홍조근정훈장, 문화공보부장관표창, 한양대 대학원 석사학위 최우수논문상(2004) 저'21세기 문화시민운동 가정에서부터 시작하자(共)'(2005, 지식산업사) '국민행복시대를 여는 기초질서 지키기(共)'(2013, 문화시민운동중앙협의회) '전통문화가꾸기(共)'(2014, 문화시민운동중앙협의회) '대한민국 문화진단서-왜 문화시민인가(2016, 신원문화사) 종천주교

이진복(李珍福) LEE JIN BOK

생1957·10·18 본전주(全州) 출부산 주서울 영등포구 의사당대로1 국회 의원회관449호(02-784-4316) 학1977년 부산기계공고졸 1986년 한국방송통신대 행정학과졸 2001년 동아대 정책과학대학원 지방자치행정학과졸 2011년 서울대 자연과학대학 해양정책최고과정 수료 경1981~2001년 박관용 국회의원 보좌관 1993년 대통령 민정비서실 행정관 1995~1996년 대통령 정치특보실 국장 2002~2006년 부산시 동래구청장(한나라당) 2006년 부산시 동래구청장선거 출마(무소속), 일본 동지사대 대학원 일한자치연구센터 상급연구원 2008년 제18대 국회의원(부산 동래구, 무소속·한나라당·새누리당) 2008년 국회 정무위원회 위원 2008년 국회 예산결산특별위원회 위원 2008년 국회 일자리창출 및 중소기업경쟁력강화특별위원회 위원 2010~2011년 한나라당 원내부대표 2011년 국회 기후변화대응녹색성장특별위원회 위원 2012년 제19대 국회의원(부산 동래구, 새누리당) 2012~2013년 새누리당 부산시당 위원장 2012년 同국회쇄신TF 무노동무임금팀장 2012년 국회 지식경제위원회 위원 2012년 새누리당 제18대 대선기획단 조직담당 위원 2013~2014년 同대표최고위원 특보단장 2013년 국회 예산결산특별위원회 위원 2013~2014년 국회 산업통상자원위원회 위원 2014년 국회 산업통상자원위원회 여당 간사 2014~2015년 새누리당 정책위원회 제4정책조정위원장 2014~2015년 同전략기획본부장 2015년 同정책위원회 산업통상자원정책조정위원장 2015년 同조직강화특별위원회 위원 2016년 제20대 국회의원(부산 동래구, 새누리당)(현) 2016년 국회 정무위원회 위원장(현) 상법률소비자연맹 국정감사 우수의원상(2008·2009·2010·2011·2012·2013), 한국매니페스토실천본부 제2회 매니페스토약속대상(2010), 법률소비자연맹 대한민국헌정대상(2011·2013·2014), 전국소상공인단체연합회 유권자시민행동 초정대상(2013) 저'꿈을 꿀수록 희망은 커진다'(2007) '민생에 미치다'(2011) 종불교

이진삼(李鎭三) LEE Jin Sam (旰堂)

생1937·2·10 본용인(龍仁) 출충남 부여 학1955년 부여고졸 1959년 육군사관학교졸 1972년 육군대졸 1977년 국방대학원졸 1986년 서울대 행정대학원 수료 1993년 동국대 대학원 행정학과졸 1995년 미국 UCLA Univ. 대학원 최고경영자과정 수료 경1960~1972년 소대장·중대장·대대장 1975년 제9공수특전여단 참모장 1977년 연대장 1978년 사격지도단장 1980년 특전여단장 1982년 21사단장 1985년 정보사령관 1987년 제3군단장 1988년 육군 참모차장 1990년 육군 참모총장 1992년 체육청소년부 장관 1996년 신한국당 부여지구당 위원

장 1997~1999년 미국 칼폴리대 산업교육연구소 이사장 1997~1998년 한나라당 부여지구당 위원장 2008~2012년 제18대 국회의원(부여·청양, 자유선진당·무소속) 2008~2010년 국회 국방위원회 간사 겸 청원심사위원장, 자유선진당 전당대회 의장 2010년 同최고위원 2012년 제19대 국회의원선거 출마(충남 부여·청양, 무소속) [상]화랑무공훈장(1966·1968·1970), 월남 1등명예훈장, 중화민국 운휘훈장, 대통령표창, 보국훈장 국선장·천수장·삼일장·통일장, 수교훈장 광화장(1991), 미국 공로훈장, 이태리 최고훈장, 태국 1등기사훈장, 인도네시아 1등훈장, 말레이시아 최고훈장, 국무총리표창 [저]'공산주의' '책략' '소련의 시베리아개발과 극동전략'(1977) '미국의 중공관계가 한국안보에 미치는 영향'(1986) '청소년 비행의 실태와 대책'(1992) [종]기독교

이진석(李鎭石) LEE JIN SEOG

[생]1962·12·20 [출]전남 해남 [주]세종특별자치시 갈매로 408 교육부 학술장학지원관실(044-203-6860) [학]목포고졸, 전남대 영어교육과졸, 일본 나고야대 대학원 교육학과졸 [경]행정고시 합격(33회) 1990년 행정사무관 공직 입문 2000년 교육부 지방교육자치과 서기관 2001년 교육인적자원부 평가관리과 서기관 2002년 강릉대 서기관 2007년 교육인적자원부 법무규제개혁팀장 2008년 교육과학기술부 평생학습정책과장 2008년 同장관 비서관 2008년 同감사총괄담당관 2009년 同인사과장(부이사관) 2010년 충북대 사무국장(고위공무원) 2010년 교육과학기술부 학술정책관 2011년 同과학기술인재관 2012년 경기도교육청 제1부교육감 2013년 공주대 사무국장 2014년 교육부 교육정책실 학생복지안전관 2015년 세종특별자치시교육청 부교육감 2016년 교육부 학술장학지원관(현)

이진석(李振錫)

[생]1972·11·2 [출]서울 [주]제주특별자치도 제주시 남광북5길3 제주지방법원(064-729-2000) [학]1991년 중앙고졸 1997년 고려대 법학과졸 [경]1998년 사법시험 합격(40회) 2001년 사법연수원 수료(30기) 2001년 수원지법 판사 2002년 서울고법 판사 2003년 서울지법 판사 2004년 서울중앙지법 판사 2005년 대구지법 안동지원 판사 2008년 서울행정법원 판사 2010년 수원지법 판사 2014년 대법원 재판연구관 2016년 제주지법 부장판사(현)

이진설(李鎭卨) LEE Jin Seol

[생]1939·3·25 [출]경북 선산 [학]1957년 경북사대부고졸 1961년 서울대 상대졸 1966년 영국 맨체스터대 대학원졸 1988년 경제학박사(한양대) [경]1961년 고시행정과 합격(13회) 1962년 경제기획원 사무관 1970년 同종합기획과장 1974년 同경제기획관 1975년 대통령비서실 비서관 1978년 경제기획원 물가정책국장 1979년 同물가정책관 1980년 同경제기획관·경제기획국장 1981년 同공정거래실장 1982년 재무부 제2차관보 1983년 경제기획원 예산실장 1987년 공정거래위원회 위원장 1988년 동력자원부 차관 1989년 건설부 차관 1990년 경제기획원 차관 1991년 건설부 장관 1992~1993년 대통령 경제수석비서관 1995~1998년 안동대 총장 1998년 한국농림수산정보센터 이사장 1998년 규제개혁위원회 민간위원장 1999~2003년 서울산업대 총장 2004~2009년 센트럴시티 회장 [상]홍조·청조근정훈장 [종]천주교

이진성(李珍成) Lee Jin Sung

[생]1955·10·6 [주]서울 서대문구 연세로50의1 세브란스어린이병원 임상유전과(02-2228-2540) [학]1980년 연세대 의대졸 1985년 同대학원졸 1991년 의학박사(스웨덴 카롤린스카의대) [경]1980~1981년 순천향병원 인턴 1981년 부천제일병원 일반의 1982~1985년 연세대의료원 소아과 레지던트 1982년 대한소아과학회 학술위원 1985~1986년 인천세브란스병원 소아과장 1991~1992년 연세대 의대 소아과학교실 연구강사 1992~2001년 同의대 유전과학연구소 연구원 1992~2002년 同의대 소아과학교실 조교수·부교수 1992년 한국유전학회 이사 1997~2001년 국립보건원 유전질환과장 2001년 연세대 의대 임상유전학과장(현) 2003년 同의대 임상유전학과 교수 2010년 연세대의료원 어린이병원 임상유전과장(현)

이진성(李鎭盛) LEE Jinsung

[생]1956·6·29 [출]부산 [주]서울 종로구 북촌로15 헌법재판소(02-708-3456) [학]1974년 경기고졸 1978년 서울대 법학과졸 1988년 미국 서던메소디스트대 법과대학원졸 [경]1977년 사법시험 합격(19회) 1980년 사법연수원 수료(10기) 1980년 해군 법무관 1983년 부산지법 판사 1988년 서울지법 의정부지원 판사 1990년 서울고법 판사 1991년 서울형사지법 판사 1993년 대법원 재판연구관 1994년 대전지법 강경지원장 1997년 사법연수원 교수 2000년 서울지법 부장판사 2000~2001년 언론중재위원회 위원 2001년 특허법원 부장판사 2003년 서울고법 부장판사 2005년 서울중앙지법 파산부 수석부장판사 2008년 법원행정처 차장 2010~2012년 서울중앙지법원장 2010년 서울시선거관리위원장 2011년 한국도산법학회 회장 2012년 광주고등법원장 2012년 한국도산법학회 명예회장(현) 2012년 헌법재판소 헌법재판관(현) [종]불교

이진수(李振洙) LEE Jin Soo

[생]1950·11·19 [출]전북 익산 [주]경기 고양시 일산동구 일산로323 국립암센터 부속병원 폐암센터(031-920-1210) [학]1968년 경기고졸 1974년 서울대 의대졸 1976년 同보건대학원졸 2002년 국립암센터 암관리고위지도자과정(1기) 수료 2002년 서울대 경영대학원 최고경영자과정(53기) 수료 2002년 국립암센터 생명과학최고연구자과정(1기) 수료 2002년 한국노동연구원 노사관계최고관리자과정 수료 2007년 보건학박사(서울대) [경]1979년 미국 시카고 노스웨스턴의대 세인트조셉병원 내과 레지던트 1982년 미국 텍사스의대 MD앤더슨병원 종양내과 전임의 1984~1997년 同MD앤더슨병원 흉부종양내과 전임강사·조교수·부교수 1994~2001년 同MD앤더슨병원 흉부 및 두경부종양내과 분과장 1997~2001년 同MD앤더슨병원 흉부 및 두경부종양내과 교수 2001년 세계폐암연구학회(IASLC) 유치위원장 2001~2004년 국립암센터 부속병원장 2001년 同연구소 폐암연구과장 2004년 대한암학회 이사 2006~2008년 국립암센터 연구소장 2006년 한국역학회 이사 2007~2008년 同연구소 이행성임상제1연구부 폐암연구과장 2007~2008년 대한암학회 부회장 2008~2014년 국립암센터 원장 2008년 중앙약사심의위원회 위원 2010~2011년 대한암학회 회장 2013~2014년 국제암대학원대 총장 2014년 국립암센터 부속병원 폐암센터 혈액종양내과 전문의(현) 2016년 국제암대학원대학교 명예교수(현) [상]Woodward/White사의 'The Best Doctors in America' 선정, Good Housekeeping지 'Top Cancer Specialists' 선정, 'America's Top Doctors' 선정, 알리안츠 제일생명 주최 '올해를 빛낸 한국인상', 국민훈장 동백장(2010), 자랑스런 한국인대상 의료혁신부문상(2012), 2013 서울대 AMP 대상(2014)

이진수(李振秀) LEE Jin Soo

[생]1953·3·1 [출]부산 [주]경북 포항시 남구 청암로77 포항공과대학교 LG동313호 전자전기공학과(054-279-8800) [학]1971년 서울고졸 1975년 서울대 전자공학과졸 1980년 미국 캘리포니아대 버클리교 대학원 전자공학과졸 1984년 공학박사(미국 캘리포니아대 로스앤젤레스교) [경]1984년 미국 AT&T벨연구소 연구원 1985년 미국 GE 고등기술연구소 책임연구원 1989~1998년 포항공대 전자전기공학과 조교수·부교수 1998년 同전기전자공학과 교수(현) 2000~2003년 同연구처장 2005년 同자동차기전연구소장 2007~2012년 同교무처장 2012년 同창의IT융합공학과 주임교수 겸임(현) 2013년 同미래IT융합연구원 원장(현) [종]기독교

이진수(李鎭洙) Lee Jin Su

[생]1970·3·5 [출]부산 [주]부산 연제구 중앙대로1001 부산광역시의회(051-888-8060) [학]부산대사대부고졸, 한국방송통신대 미디어영상학과졸 2009년 동아대 경영대학원 경영학과졸 [경]다인출판사 대표, (재)한국청년정책연구소 이사, 한나라당 중앙당 부대변인, 同부산시당 청년위원장, 同부산동래당원협의회 장애인특별위원회 위원장, 환경영향평가심의위원회 위원, 사회복지공동모금회 위원, 북한이탈주민지원협의회 위원장 2010년 부산시의회 의원(한나라당·새누리당) 2010년 同보사환경위원회 간사 2012년 同보사환경위원회 위원, 同새누리당 원내부대표 2014년 부산시의회 의원(새누리당)(현) 2014년 同보사환경위원회 위원 2014~2015년 새누리당 부산시당 부대변인 2015년 부산시의회 복지환경위원회 의원 2015~2016년 同예산결산특별위원회 위원장 2016년 同복지환경위원회 위원장(현) [상]지방의원 매니페스토약속대상(2012), 매니페스토약속대상 공익평가분야 최우수상(2014)

이진수(李鎭洙) LEE JIN-SOO

[생]1970·3·9 [본]성주(星州) [출]경북 칠곡 [주]부산 연제구 법원로12 로윈타워8층 법무법인 해인(051-506-5016) [학]1988년 대구 영진고졸 1992년 고려대 법학과졸 [경]1994년 사법시험 합격(36회) 1997년 사법연수원 수료(26기) 1997년 부산지법 판사 2000년 同동부지원 판사 2002년 부산지법 판사 2007년 부산고법 판사 2010년 창원지법 판사 2012~2014년 부산지법 부장판사 2014년 법무법인 해인 변호사(현) [종]천주교

이진수

[생]1973·8·27 [주]제주특별자치도 제주시 첨단로242 카카오 임원실(070-7492-1300) [학]단국대사대부고졸 1999년 서울대 경영학과졸 [경]1999년 프록터&갬블코리아 어시스턴트 브랜드매니저 1999~2002년 프리챌 서비스총괄사업부장 1999년 한국P&G 어시스턴트 브랜드매니저 2003~2004년 IBM BCS 컨설턴트 2004~2005년 NHN 글로벌사업기획그룹장 2005~2007년 NHN USA 전략·마케팅담당 2007~2008년 NHN 영업본부 상품기획실장 2008~2009년 同네이버마케팅센터장 2010년 IWILAB 부사장 2010년 (주)포도트리 대표이사(현) 2016년 카카오 콘텐츠사업부문 총괄부사장 겸임(현)

이진수(李鎭琇) LEE Jin Soo

[생]1974·6·12 [출]서울 [주]경기 과천시 관문로47 법무부 법무실 상사법무과(02-2110-3167) [학]1993년 서울 영동고졸 1998년 서울대 사법학과졸 [경]1997년 사법시험 합격(39회) 2000년 사법연수원 수료(29기) 2000년 서울지검 남부지청 검사 2002년 광주지검 해남지청 검사 2003년 춘천지검 검사 2005년 서울중앙지검 검사 2008년 대검찰청 연구관 2010년 부산지검 검사 2013년 同부부장검사 2013년 대통령 민정비서관실 특별감찰반장 2014년 서울중앙지검 부부장검사 2015년 대검찰청 과학수사2과장 2016년 법무부 상사법무과장(현)

이진숙(李眞淑·女) LEE Jin Sook

[생]1960·6·17 [본]전주(全州) [출]대전 [주]대전 유성구 대학로99 충남대학교 공과대학 건축공학과(042-821-6573) [학]1982년 충남대 건축공학교육과졸 1984년 同대학원 건축계획학전공 석사 1989년 건축환경계획학박사(일본 Tokyo Institute of Technology) [경]1989년 충남대 건축공학과 교수(현) 1998~2001년 International Colour Association(AIC) 집행위원 1999년 조달청 설계자문위원(현) 2001년 국제조명위원회(KCIE) 한국브랜치 감사(현) 2005~2010년 한국색채학회 국제부회장 2005년 과학기술부 미래국가유망기술위원회 위원 2005~2008년 대통령직속 국가과학기술자문회의(9·10·11기) 위원 2006년 International Colour Association(AIC) 감사, 同집행위원(현) 2006~2008년 대통령직속 국가교통조정실무위원회 위원 2007~2009년 중앙건설기술심의위원회(9·10·11기) 위원 2007~2012년 중앙도시계획위원회 위원 2007년 대통령직속 국가건축정책위원회(1·2기) 위원 2008~2009년 충남대 건축연구소장 2008~2012년 지식경제부 경제자유구역위원회 위원 2008년 대전시 경관위원회 위원(현) 2008~2010년 한국공공디자인학회 대전충청지회장 2008~2010년 서울시 디자인위원회 위원 2008년 대전시 디자인위원회 위원 2008~2009년 충남도 공공디자인자문단 부단장 2008~2010년 인천시경제자유구역청 도시경관위원회 위원 2009~2010년 행정중심복합도시 총괄자문단 계획조정분과 및 공공디자인분과 자문위원 2009~2011년 대전시 도시디자인포럼 분과위원장 2009년 AIC Color Language Study Group Chairperson(현) 2009년 행정중심복합도시 건설추진위원회 위원 2010~2011년 대전시 건설기술심의위원회 설계심의분과 위원 2010~2011·2016년 한국색채학회 회장(현) 2010~2012년 행정중심복합도시총괄자문단 공공디자인분과 자문위원 2010~2012년 한국공공디자인지역지원재단 이사 2012년 한국환경조명학회 부회장(현) 2013~2015년 충남대 국제교류본부장 2013년 미래창조과학부 미래국가유망기술위원회 위원(현), 2017 International Colour Association(AIC) JEJU Congress 조직위원장(현) [상]대법원장표창(1982), 한국과학기술단체총연합회 과학기술우수논문상(1997), 대전시장표창(2002·2009), 농림부장관표창(2005), 한국색채학회 학술연구상(2007), 대한건축학회상(2009), 한국환경조명학회 학술상(2013) [저]'공공디자인강좌(22. 색채로 만드는 도시이미지)'(2009, 가인디자인랩) '컬러디자인(9. 농어촌 색채 디자인)'(2012, 지구문화사) 'COLORIST(컬러리스트-이론편)'(2012, 예림) 'LED조명용어집(Chapter 04-색채)'(2013, 도서출판 기다리)

이진숙(李眞淑·女) LEE Jin Sook

[생]1961·7·4 [본]성산(星山) [출]경북 성주 [주]대전 유성구 엑스포로161 대전문화방송(주) 사장실(042-330-2301) [학]1983년 경북대 영어교육과졸 1987년 한국외국어대 통역대학원 영어통역과졸 1994년 미국 하버드대 수료 1995년 이라크 바그다드 무스탄스리아대 수료 2002년 미국 존스홉킨스대 국제학대학원 국제공공정책학과정(MIPP) 수료 [경]1987년 문화방송 문화과학부·국제부·사회부 기자 2003년 同보도제작국 보도제작2차장 2003년 同보도국 국제부 차장·보도제작국 2580부 차장 2005년 同보도국 국제부장 2006년 同워싱턴특파원 2009년 同국제부 부장급 2010년 同기획조정실 정책협력부장 2010년 同홍보국장 겸 대변인 2012년 同기획홍보본부장 2013년 同워싱턴지사장 2014~2015년 同보도본부장 2015년 대전문화방송 대표이사 사장(현) [상]한국외국어대언론인회 외언상(2003), 한국방송대상 보도기자상(2003), 관훈언론상 최병우보도상, 한국기자상, 경북대 자랑스런 언론인상(2009) [저]'MBC 이진숙기자의 취재수첩'

이진식(李珍植) LEE Jin Sik

[생]1967·9·12 [본]영천(永川) [출]전남 광양 [주]서울 용산구 서빙고로137 문화체육관광부 국립중앙박물관 교육문화교류단(02-2077-9210) [학]1986년 순천 매산고졸 1993년 아주대 행정학과졸 2001년 서울대 행정대학원 석사과정 수료 2008년 영국 엑세터대 School of Business & Economy 관광개발정책학과졸(이학석사·MSc.) 2015년 호텔관광학박사(경희대) [경]1993년 행정고시 합격(37회) 1994년 공보처 케이블TV추진기획단 근무 1995년 同해외홍보관 외신과 근무 1997년 同행정관리담당관 1998년 문화관광부 신문잡지과 근무 1999년 同문화교류과 근무 2001년 同국제관광과 근무 2003년 同문화정책과 근무 2004년 同문화중심도시조성추진기획단 총무팀장(서기관) 2005년 同문화중심도시조성추진기획단 행사홍보팀장 2006년 同예술국 기초예술진흥과장 2006년 同예술국 공연예술팀장 2007년 영국 엑스터대 교육파견 2009년 문화체육관광부 아시아문화중심도시추진단 전당운영협력팀장 2010년 同미디어정책국 미디어정책과장 2013년 同관광정책과장 2014년 同기획조정실 창조행정담당관 2015년 미래창조과학부 민관합동창조경제추진단 문화창조융합본부 부단장(고위공무원) 2016년 문화체육관광부 국립중앙박물관 교육문화교류단장(현) [상]국무총리표창(2003) [종]불교

이진애(李眞愛·女) LEE Jin Ae

[생]1953·7·6 [출]서울 [주]경남 김해시 인제로197 인제대학교 환경공학부(055-320-3248) [학]1971년 이화여고졸 1976년 서울대 자연대학 식물학과졸 1979년 同대학원 해양환경공학과졸 1984년 미국 뉴욕주립대 대학원 해양환경학과졸 1987년 이학박사(미국 뉴욕주립대) [경]1976~1977년 서울 대성중 교사 1988년 인제대 환경공학부 조교수·부교수·교수(현) 1991년 미국 Brookhaven 국립연구소 방문연구원 1991년 부산지방환경청 자문위원 1993년 경남도 환경보전자문위원 1994~1996년 인제대 환경연구소장 1996년 일본 국립박물관 방문연구원 1998~2000년 인제대 적조연구단장 1999년 해양수산부 정책자문위원 1999~2002년 대통령자문 정책기획위원회 위원 2000년 부산시 행정심판위원회 위원 2001년 미국 Univ. of Connecticut 방문교수 2003년 환경부 중앙환경보전자문위원회 위원 2004년 국가과학기술자문회의 위원(제8기) 2005년 인제대 자연과학대학장 2005년 국무조정실 정책평가위원회 위원 2005년 해양수산부 정책자문위원회 위원 2005년 경남도 지방하천관리위원회 위원 2005년 아시아태평양조류학회 기후변화연구회 'Asian Network for Using Algae as a CO2 Sink' 운영책임자(현) 2006년 녹색도시부산21추진협의회 부회장(현) 2009년 부산발전연구원 자문위원 2009~2010년 인제대 교학부총장 [상]춘해조류학상(1998), 홍조근정훈장(2006) [저]'해양오염과 적조'(1996) '낙동강 수계에서의 남조류 독성 연구 및 그 제거방안' '물관리정책 개선방향'(2000) '적조현상과 개선방안'(2001) '한국의 조류생태와 응용'(2003) '해조류를 이용한 온실가스 저감연구'(2007)

이진용(李珍鏞) LEE Jin Yong

[생]1957·6·30 [출]서울 [주]서울 동작구 흑석로84 중앙대학교 경영경제대학 경영학부(02-820-5891) [학]1982년 서울대 국어국문학과졸 1984년 미국 워싱턴대 대학원 경영학과졸 1989년 마케팅박사(미국 캘리포니아대) [경]1990년~1991년 한양유통경제연구소 마케팅팀장 1991~1992년 통신개발연구소 책임연구원 1992~2003년 서울산업대 경영학과 전임강사·조교수·부교수 2003년 同교수 2006년 한국소비문화학회 부회장 2009년 중앙대 경영경제대학 경영학부 교수(현) 2014~2015년 한국소비자학회 공동회장 [상]홍조근정훈장(2007) [저]'우정사업의 경영실태분석 및 합리화 대책'(1991) '브랜드자산의 전략적 관리'(1992) '브랜드 특성에 따른 최선의 판매전략'(1997) '브랜드와 마케팅'(2004) '브랜드의 힘을 읽는다'(2006) '커스터머인사이드(共)'(2007, 삼성경제연구소)

이진용(李晋瑢) LEE JINYONG

[생]1961·5·11 [본]전주(全州) [출]서울 [주]서울 중구 덕수궁길15 서울특별시청 물순환국 하천관리과(02-2133-3860) [학]1980년 서울 영훈고졸 1984년 서울시립대 토목공학과졸 [경]1986년 서울시 입청, 同건설기획국·도시기반시설본부 근무 2012년 同도시안전실 하천관리과장 2014년 同도시안전실 물재생계획과장 2014년 서울시 구로구 건설기획국장 2015년 서울시 물순환국 하천관리과장(현) [상]국무총리표창(1999), 국민포장(2006)

이진우(李震雨) LEE Jin Woo

[생]1952·2·13 [본]경주(慶州) [출]서울 [주]경기 부천시 오정구 산업로104번길14 동부라이텍(주)(032-670-3000) [학]1970년 경복고졸 1978년 홍익대 경영학과졸 1996년 미국 미시간주립대 연수 [경]1977~1990년 증권감독원 재무관리국·시장관리부·기업등록국·검사1국 근무 1990~1995년 同감사4국·정보분석과·검사1국·조사2국·검사2국 과장 1999~2002년 금융감독원 소비자보호실 민원상담팀장·조사2국 부국장·분쟁조정실장 2002~2006년 同조사2국장 겸 공보실장 2006년 대한투자증권 상근감사위원 2007~2009년 하나대투증권 상근감사위원 2009년 세이에셋코리아자산운용 감사 2012~2015년 IM투자증권 상근감사위원 2015년 동부라이텍(주) 사외이사(현) [상]재무부장관표창(1985), 금융감독원장표창(2005)

이진우(李鎭雨) LEE Jin Woo

[생]1956·4·30 [본]경주(慶州) [출]경기 오산 [주]경북 포항시 남구 청암로77 포항공과대학교 인문사회학부 무은재기념관416호(054-279-2021) [학]1980년 연세대 독어독문학과졸 1985년 독일 아우크스부르크대(Univ. Augsburg) 대학원 철학과졸 1988년 철학박사(독일 아우크스부르크대) [경]1985년 독일 아우크스부르크대(Univ. Augsburg) 사회학과 연구원 1988년 同철학과 전임강사 1989~2010년 계명대 인문대학 철학과 교수 1994년 同신문사 주간 겸 교육방송국장 1996년 미국 Denver대 Fulbright 교환교수 2000년 계명대 출판부장 2000년 同교무처장 2003~2006년 대구교육공동체시민연합 상임공동대표 2004~2008년 계명대 총장 2004년 (사)대구자원봉사포럼 고문 2004년 (사)한국기독교학교연맹 이사 2004년 (재)대구경북연구원 이사 2004년 (재)대구테크노파크 이사 2005년 국무총리실산하 경제·인문·사회연구회 인문정책위원 2005년 한국대학사회봉사협의회 이사 2005~2008년 한국니체학회 회장 2007년 유네스코 한국위원회 위원 2007년 제22차 세계철학자대회 한국조직위원회 자문위원 2008년 한국독일동문네트워크(ADEKO) 부회장 2010~2015년 포항공대 인문사회학부 교수·석좌교수 2011~2015년 同인문기술융합연구소(HiT Institute) 초대소장 2015년 포스코교육재단 이사장 2015년 포항공대 인문사회학부 석좌교수(현) [상]독일 아우크스부르크대(Univ. Augsburg) 최우수논문상(1990), 청조근정훈장(2011) [저]'탈현대의 사회철학'(1993, 문예출판사) '탈이데올로기 시대의 정치철학'(1993, 문예출판사) '인간과 자연'(1995, 서광사) '하버마스의 비판적 사회이론'(1996, 문예출판사) '도덕의 담론'(1997, 문예출판사) '이성은 죽었는가-포스트모더니즘의 철학'(1998, 문예출판사) '녹색 사유와 에코토피아'(1998, 문예출판사) '이 땅에서 철학하기'(1999, 도서출판 솔) '한국 인문학의 서양 콤플렉스'(1999, 민음사) '이성정치와 문화민주주의'(2000, 한길사) '지상으로 내려온 철학'(2000, 푸른숲) '우리말 철학사전1 : 과학, 인간, 존재'(2001, 지식산업사) '니체, 실험적 사유와 극단의 사상'(2009, 책세상) '프라이버시의 철학'(2009, 돌베개) '니체의 차라투스트라를 찾아서'(2010, 책세상) [역]'누가 잠자는 숲속의 공주를 깨웠는가'(1991, 철학과현실사) '정치철학'(1991, 서광사) '포스트모더니즘의 철학적 이해'(1993, 서광사) '현대성의 철학적 담론'(1994, 문예출판사) '책임의 원칙 : 기술시대의 생태학적 윤리'(1994, 서광사) '어른이 되는 이야기'(1994, 철학과현실사) '동화속의 남자와 여자'(1994, 철학과현실사) '새로운 불투명성'(1995, 문예출판사) '한나 아렌트 : 인간의 조건'(1996, 한길사) '프리드리히 니체 : 비극적 사유의 탄생'(1997, 문예출판사) '아놀드 하우저 : 예술과 사회'(1997, 계명대 출판부) '알래스데어 매킨타이어 : 덕의 상실'(1997, 문예출판사) '위르겐 하버마스 : 담론윤리의 철학적 해명'(1997, 문예출판사) '울리히 벰 : 철학의 오늘'(1999, 도서출판 글리오) '탈형이상학적 사유'(2000, 문예출판사) '대학의 이념'(2000, 계명대 출판부) '니체전집 3 : 유고'(2001, 책세상) '공산당선언'(2002, 책세상) [종]기독교

이진우(李珍旴) LEE Jin Woo

[생]1961·7·23 [본]함평(咸平) [출]전남 영광 [주]서울 서초구 서초대로254 오퓨러스빌딩1012호 법무법인 리앤리파트너즈(02-3472-3900) [학]1979년 동신고졸 1984년 한국외국어대 법학과졸 1986년 同대학원 법학과졸, 동국대학교 법학전문대학원 자산·경영·법무 최고위과정 [경]1991년 사법시험 합격(33회) 1994년 사법연수원 수료(23기) 1994년 제주지검 검사 1995년 전주지검 정읍지청 검사 1997년 서울지검 의정부지청 검사 1999년 同검사 2002년 춘천지검 검사 2004년 인천지검 부천지청 검사 2006년 의정부지검 부부장검사 2007년 대전지검 홍성지청 부장검사 2008년 광주지검 순천지청 부장검사 2009년 전주지검 정읍지청장 2010년 의정부지검 고양지청 부장검사 2011년 수원지검 안양지청 부장검사 2012년 서울북부지검 형사4부장 2013년 서울고검 검사 2013년 법무법인 리앤리파트너즈 변호사(현) [상]한국외국어대 공직인상(2011)

이진웅(李鎭雄)

[생]1975·11·6 [주]광주 동구 준법로7의12 광주지방법원(062-239-1114) [학]1994년 경기고졸 1999년 서울대 사법학과졸 [경]1998년 사법시험 합격(40회) 2001년 사법연수원 수료(30기) 2001년 軍법무관 2004년 부산지법 판사 2007년 수원지법 판사 2010년 서울중앙지법 판사 2014년 서울서부지법 판사 2014~2016년 법원행정처 사법지원심의관 겸임 2016년 광주지법 부장판사(현)

이진중

[생]1960·7·21 [주]경기 수원시 영통구 삼성로129 삼성전자(주)(031-200-1114) [학]1979년 상문고졸 1987년 성균관대 산업심리학과졸 [경]1986~1993년 삼성전자(주) 가전 은평·용산·성북영업소 근무 1993~1996년 同가전 강남·성북·용산영업소장 1996~2002년 同감사팀 차장 2002년 同지역전문가 파견(중국) 2003년 同중국전자총괄 마케팅팀담당 부장(중국 북경) 2005년 同심양판매법인장 2007년 同북경판매법인장 2010년 同중국판매법인 광주지사장 2010년 同중국판매법인 Mobile Division장(전무) 2013년 同중국판매법인 부사장 2014년 同무선사업부 전략마케팅실 부사장, 同자문역(현)

이진찬(李鎭瓚)

[생]1966 [출]충남 공주 [주]경기 고양시 덕양구 고양시청로 10 고양시청 부시장실(031-8075-2010) [학]대전 대성고졸, 서울대 농생물학과졸, 미국 노스다코타주립대 대학원 전자상거래학과졸 [경]1995년 기술고시 합격(31회) 1996년 농림부 친환경농업과 근무, 同친환경농업과 농약관리사무관, 경기도 농산물수출담당 2005년 同농산유통과장 2008년 同농정국장(부이사관) 2013년 안성시 부시장 2015년 경기도 문화체육관광국장 2016년 경기 시흥시 부시장 2016년 경기 고양시 제1부시장(현)

이진학(李鎭鶴) LEE Jin Hak

[생]1954·2·12 [출]부산 [주]서울 영등포구 국제금융로10 서울국제금융센터 OneIFC빌딩9층 딜로이트안진회계법인(02-6676-1000) [학]1972년 경북고졸 1976년 성균관대 경제학과졸 1997년 同대학원 경제학과졸 [경]1975년 행정고시 합격(16회) 1976~1989년 국세청 사무관 1977~1981년 해군 장교(대위 예편) 1989년 삼천포세무서장 1989년 세무대학 교수 1992년 대통령비서실 파견 1998년 중부지방국세청 직세국장 1999년 서울지방국세청 간세국장 1999년 同납세지원국장 1999년 미국 국세청 파견 2001년 국세청 국제조세관리관 2002년 대구지방국세청장 2003년 국세청 기획관리관 2005년 딜로이트안진회계법인 부회장(현) 2013년 유진투자증권(주) 사외이사 겸 감사위원장(현) [상]홍조근정훈장, 근정포장

이진한(李晋漢) REE Jin Han

[생]1957·12·5 [출]충남 천안 [주]서울 성북구 안암로145 고려대학교 이과대학 지구환경과학과(02-3290-3175) [학]1981년 고려대 지질학과졸 1985년 同대학원졸 1991년 지질학박사(미국 뉴욕주립대) [경]1992~1995년 강원대 전임강사·조교수 1995년 고려대 이과대학 지구환경과학과 교수(현) 2009~2011년 同정보전산처장, 국무총리직속 원자력안전위원회 전문위원 [종]기독교

이진혁(李振赫) GIN H. LEE

[생]1965·10·17 [출]서울 [주]서울 영등포구 의사당대로 82 하나금융투자 임원실(02-3771-3008) [학]1990년 한국외국어대 스페인어과졸 1993년 미국 조지워싱턴대 대학원 경영학과졸(MBA) [경]1993년 두산상사 섬유사업부 실크사업팀 대리 1994년 조흥증권 국제부 시장조사팀 대리 1995년 同국제부 주식파생상품팀 대리 1995년 同국제부 주식파생상품팀장 1997년 스미토모은행 홍콩지점 이자율파생차장 1998년 파리바은행 홍콩지점 외환파생팀장 2000년 비엔피파리바은행 서울지점 파생상품부장 2002년 크레디아그리콜엥도수에즈은행 자본시장본부장(상무) 2004~2008년 칼리온은행 자본시장본부 부대표 2008~2011년 크레디아그리콜은행 한국대표(서울지점 영업 및 관리 총괄) 2008~2011년 駐韓프랑스상공회의소·유럽은행연합회 CA Group 한국대표 2008~2011년 한국은행 외환시장협의회 크레디아그리콜은행 대표 2009~2011년 크레디아그리콜그룹(Credit Agricole Group, Korea) 한국총괄 대표 2010년 미국 조지워싱턴대 한국총동창회 부회장(현) 2010~2011년 금융위원회 산하 금융발전심의회 금융시장분과 위원 2012년 (주)하나대투증권 Sales&Trading총괄 전무 2015년 同Sales&Trading담당 대표(전무) 2015년 하나금융투자 Sales&Trading담당 대표(전무) 2016년 同Sales&Trading 부문장(부사장)(현) [상]조흥한마음잔치 그룹사운드 '상한가' 참여 금상(1995)

이진현(李鎭鉉) Lee Jin-hyun

[생]1960 · 9 · 10 [출]충남 연기 [주]서울 종로구 사직로8길 60 외교부 인사운영팀(02-2100-2114) [학]1984년 한국외국어대 노어과졸 [경]1991년 외무고시 합격(25회) 1991년 외무부 입부 1997년 駐러시아 2등서기관 2000년 駐스웨덴 2등서기관 2006년 외교통상부 외국어교육과장 2008년 駐러시아 참사관 2011년 駐시카고 영사 2013년 駐러시아 공사참사관 겸 총영사 2014년 駐상트페테르부르크 총영사(현)

이진형(李珍珩) LEE Jin Hyung

[생]1955 · 2 · 27 [출]서울 [주]서울 강남구 강남대로328 강남쉐르빌709호 블루게이트 임원실(02-555-5618) [학]1975년 서울대사대부고졸 1978년 서울대 기계공학과졸 1985년 한국과학기술원 산업공학과졸 [경]1978년 삼성엔지니어링(주) 입사 1993년 同기계팀장 1999년 同휴스턴지점장 2002년 同조달팀장 2003년 同상무보, 同화공사업1팀장 2005년 同화공영업Group장 2006년 同화공사업1팀장(상무) 2007~2008년 同영업1팀장(상무) 2008년 同마케팅지원팀 MENA지점장(상무) 2009년 同산업플랜트영업팀장 2010~2013년 同철강영업팀장(전무) 2013년 同자문역 2014년 블루게이트 대표이사(현) [상]산업자원부장관표창(2004)

이진호(李振鎬) LEE, Jinho

[생]1952·9·10 [출]대구 [주]서울 서대문구 연세로50 연세대학교 공과대학 기계공학과(02-2123-2816) [학]1974년 연세대 기계공학과졸 1976년 同대학원졸 1982년 기계공학박사(미국 케이스웨스턴리저브대) [경]1977~1978년 울산대 공대 기계공학과 전임강사 1982~1983년 미국 케이스웨스턴리저브대 기계공학과 연구원 1983년 연세대 공과대학 기계공학과 조교수·부교수·교수(현) 1990~1992년 미국 NASA 루이스연구센터 선임연구원 1996~1998년 대한기계학회 열공학부문위원회 운영위원 1998~1999년 미국 Univ. of Connecticut California Institute of Technology 방문교수 2000~2003년 한국설비기술협회 편집이사·총무이사 2002년 대한기계학회 열공학부문 위원장 2003~2005년 연세대 공학대학원장 2005년 대한기계학회 부회장 2012~2014년 연세대 대학원장 [상]대한기계학회 학술상, 연세대 학술상, 연세대 우수업적교수상, 대한설비공학회 학술상(2004) [역]'최신 열전달'(共) [종]기독교

이진호(李鎭浩) LEE Jin Ho

[생]1957 · 3 · 25 [출]충남 서산 [주]대전 유성구 유성대로1646 한남대학교 신소재공학과(042-629-8859) [학]1975년 신일고졸 1979년 한양대 화학공학과졸 1981년 서울대 대학원 화학공학과졸 1988년 공학박사(미국 유타대) [경]1982~1984년 한국과학기술연구원 고분자재료연구실 연구원 1988~1993년 한국화학연구원 생체의료고분자연구실 선임연구원 1993~2002년 한남대 고분자공학과 조교수 · 부교수 1996년 同고분자공학과장 1999년 미국 Purdue Univ. 방문교수 2002년 한남대 신소재공학과 교수(현) 2012년 한국조직공학 · 재생의학회 회장 2013년 同명예회장(현) 2015년 세계조직공학 · 재생의학회(TERMIS) 석학회원(현) [상]한국조직공학회 우수논문상(2003), 한국미생물학회 우수포스터논문상(2003), 한국생체재료학회 공로상(2008), 한국생체재료학회 우수논문발표상(2009), 한남학술상(2013), 메디포스트 우수학술상(2015) [저]'새로운 창상치료' '생체재료학(Chap. 8. 생체와 재료의 계면현상)'(2009) '조직공학, 재생의학실험'(2014) [종]기독교

이진호(李鎭浩) LEE Jin Ho

[생]1958 · 5 · 20 [출]서울 [주]경기 안양시 동안구 시민대로235 안양시청 부시장실(031-8045-2010) [학]1977년 충암고졸 1981년 육군사관학교졸(37기) [경]1988년 내무부 행정사무관 1988년 경기도 내무국 총무과 근무 1991년 同기획감사담당관실 조사계장 1994년 同기획담당관실 특수기획계장 1996년 同총무과 서무계장 2000년 同건설도시정책국 교통과장 2000년 同공보관 2001년 同감사관(지방서기관) 2002년 안양시 동안구청장 2004년 교육 파견 2006년 오산시 부시장 2006년 경기 광주시 부시장(지방부이사관) 2007년 세종연구소 교육파견 2009년 광명시 부시장 2010년 경기도 교통도로국장 2012년 황해경제자유구역청 행정개발본부장(파견) 2013년 경기도의회 사무처장(지방이사관) 2015년 안양시 부시장(현)

이진호(李鎭鎬) LEE Jin Ho

[생]1970·3·13 [출]충남 공주 [주]대구 수성구 동대구로364 대구지방검찰청 강력부(053-740-4320) [학]1988년 공주대사대부고졸 1995년 서울대 정치학과졸 [경]1998년 사법시험 합격(40회) 2001년 사법연수원 수료(30기) 2001년 수원지검 검사 2003년 춘천지검 강릉지청 검사 2005년 대전지검 검사 2007년 대구지검 서부지청 검사 2009년 서울중앙지검 검사 2012년 청주지검 검사 2014년 인천지검 검사 2015년 同부부장검사 2016년 대구지검 강력부장(현)

이진화(李進和 · 女) Lee Jin Hwa

[생]1960 · 9 · 9 [출]강원 춘천 [주]서울 마포구 마포대로144 태영빌딩9층 국립공원관리공단(02-3279-2719) [학]1980년 춘천여고졸 1985년 강원대 자연과학대학 생물학과졸, 동국대 불교대학원 수료 [경]한나라당 제17대 대통령중앙선거대책위원회 직능본부 불교위원회 사무국장, (사)이웃을돕는사람들 상임이사 2010~2014년 서울시의회 의원(비례대표, 한나라당 · 새누리당) 2010~2012년 同보건복지위원회 부위원장 2010~2011년 同정책연구위원회 위원 2010~2011년 同해외문화재찾기특별위원회 부위원장 2011년 同윤리특별위원회 부위원장 2011년 同예산결산특별위원회 위원 2011년 同안전관리및재난지원특별위원회 부위원장 2012년 同재정경제위원회 부위원장 2013~2014년 同여성특별위원회 부위원장 2014년 새누리당 부대변인, 同중앙위원회 서울시연합회장 2016년 국립공원관리공단 상임감사(현)

이진화(李瑱和 · 女)

[생]1972 · 10 · 8 [출]충남 천안 [주]충남 천안시 동남구 신부7길17 대전지방법원 천안지원(041-620-3000) [학]1990년 대원여고졸 1994년 이화여대 법학과졸 [경]1997년 사법시험 합격(39회) 2000년 사법연수원 수료(29기) 2000년 전주지법 판사 2003년 同정읍지원 판사 2005년 광주지법 판사 2007년 의정부지법 판사 2010년 서울동부지법 판사 2012년 서울고법 판사 2014년 서울중앙지법 판사 2015년 대전지법 천안지원 부장판사(현) 2015년 대전가정법원 천안지원 부장판사 겸임(현)

이진환(李鎭煥) LEE Jin Hwan

[생]1953·7·5 [본]합천(陜川) [출]충남 천안 [주]충남 예산군 삽교읍 도청대로600 충청남도의회(041-635-5020) [학]1973년 천안고졸 1977년 국민대 법학과졸 1992년 건국대 사회과학대학원 지방행정학과졸 [경]1995~2003년 한국자유총연맹 천안시지부 부지부장, 천안시체육회 이사, 자민련 천안乙지구당 부위원장 1998년 충남도의회 의원(자민련), 同교육사회위원장 2001년 천안고총동창회 부회장, 천안 계광중총동창회 회장 2001년 국제민간외교(P.T.P) 천안시회장 2002년 천안천성라이온스클럽 회장, 충남도핸드볼협회 고문, 대한충효단 자문위원 2006년 충남도의원선거 출마(열린우리당), (주)건축과공간 회장 2010년 충남도의회 의원(자유선진당·선진통일당·새누리당) 2010~2012년 同운영위원회 위원장 2010년 전국시·도운영위원장협의회 부회장 2012·2016년 충남도의회 교육위원회 위원(현) 2014년 충남도의회 의원(새누리당)(현) 2014~2016년 同부의장 2014~2015년 同건설해양소방위원회 위원 2014~2015년 同예산결산특별위원회 위원 2015년 同안전건설해양소방위원회 위원

이진훈(李晋勳) LEE Jin Hoon

[생]1956·8·28 [출]경북 상주 [주]대구 수성구 달구벌대로2450 수성구청 구청장실(053-666-2002) [학]동성고졸 1979년 충남대 행정학과졸 1986년 경북대 행정대학원 행정학과졸 1997년 미국 마이애미대 대학원 행정학과졸 2004년 이학박사(계명대) [경]1978년 행정고등고시 합격(22회) 1984년 국토통일원 남북대화사무국 지원협력과 근무 1986년 대구시 내무국 고시계장 1986년 同도시행정계장·건설행정계장 1991년 同이재과장 1992년 同상정과장 1993년 同지역경제과장 1995년 同시정과장 1995년 해외 유학 1997년 대구시 국제협력과장 1998년 同환경녹지국장 2001년 同경제산업국장 2004~2005년 同수성구 부구청장 2007년 同문화체육관광국장 2009~2010년 同기획관리실장(고위공무원) 2010년 대구시 수성구청장(한나라당·새누리당) 2014년 대구시 수성구청장(새누리당)(현) [상]내무부장관표창, 홍조근정훈장(2002) [저]'역동하라 대구경제'(2013)

이진흥(李鎭興) LEE Jin Heung

[생]1958 · 1 · 25 [출]강원 양구 [주]강원 평창군 대관령면 올림픽로108의27 2018평창동계올림픽조직위원회 미디어운영국(033-350-2018) [학]1975년 강원 양구종합고졸 1979년 상지대 행정학과졸 1981년 연세대 대학원 행정학과졸 [경]2000년 행정자치부 법무담당관실 사무관 2001년 同의정담당관실 사무관 2003년 同의정담당관실 서기관 2004년 일제강점하강제동원피해자진상규명준

비기획단 파견 2005년 일제강점하강제동원피해진상규명위원회 과장 2008년 同심사지원단장 2010년 同조사심의관 겸 조사1과장(부이사관) 2011년 대일항쟁기강제동원피해조사위원회 운영지원과장 2012년 同사무국장 2013년 중앙공무원교육원 총무과장 2014년 지방행정연수원 교육파견(부이사관) 2015년 2018평창동계올림픽대회조직위원회 미디어운영국장(현)

이징훈(李澄君) LEE Jing Hoon (正觀)

[생]1949 · 9 · 8 [본]전주(全州) [출]광주 [주]서울 종로구 삼봉로81 두산위브파빌리온1304호 이징훈회계사무소(02-2233-8051) [학]1967년 조선대부고졸 1971년 연세대 경영학과졸 1989년 중앙대 국제경영대학원 경영학과졸 2000년 한국과학기술원 벤처최고경영자과정 수료 2002년 전경련 글로벌최고경영자과정 수료 2007년 동국대 행정대학원 부동산최고위과정 수료 [경]1977년 공인회계사 개업(현) 1993~1995년 한국무역대리점협회 고문 1994~1997년 극동방송 생방송 세무상담 1996~2003년 중소기업진흥공단 중소기업연수원 객원교수 1997~1998년 매경TV 중소기업강좌 담당 1997년 한국공인회계사회 세무조정감리위원, 세원텔레콤(주) 감사 2002년 국회 공적자금특별조사위원 2003~2005년 국세청 과세전적부심사위원, 엘리컨설팅 공인회계사 2004년 바른사회밝은정치시민연합 · 교육부 예산사업평가위원 2005~2007년 사학연금관리공단 고문 2006년 한국공인회계사회 감사 2008년 서울서부지법 조정위원(현) 2012~2013년 민주평통 자문위원 2014년 방위사업청 대표옴부즈만(현) [상]서울지방국세청장표창(2001), 국세청장표창(2003), 대통령표창(2004), 서울시장표창(2007), 법원행정처장표창(2010) [종]기독교

이찬교(李瓚敎) LEE Chan Kyo (佑齊)

[생]1937·10·1 [본]전주(全州) [출]강원 원주 [주]서울 종로구 대학로86 한국방송통신대학교(02-3668-4123) [학]1955년 춘천사범학교졸 1959년 서울대 교육심리학과졸 1969년 연세대 교육대학원졸 1986년 행정학박사(단국대) [경]1959년 고등고시 행정과 합격(11회) 1961년 숙명여대 교육학과 강사 1962~1970년 문교부 기획·편수·보통·고등과 학교육국 행정사무관 1970~1976년 同과학교육과장·교직과장·총무과장 1976~1977년 同감사관 1980년 서일공업전문대 학장 1981년 인천 선화여상 교장 1982년 공주사범대 교육학과 부교수 1984년 한국방송통신대 초등교육과 부교수 1987~1998년 同교수 1990년 同교무처장 1993년 同교육과학부장 1998~2002년 同총장 1998~2000년 제2의건국범국민추진위원회 중앙위원 1999~2001년 유네스코 한국위원회 교육분과위원장 1999년 민주평통 자문위원 2002년 한국방송통신대 명예교수(현) 2002년 아시아원격대학협회(AAOU) 회장 2003~2005년 운곡원천석(耘谷元天錫)학회 회장 2003년 단국대 초빙교수 2004~2006년 同교육대학원장 2008~2011년 학교법인 단국대 이사 [상]대통령표창(1969), 홍조근정훈장(1976), 문교부장관표창 [저]'교육행정'(1994) '교직과 교사(共)'(1995) '교육학개론'

이찬규(李贊揆) Chan-Gyu Lee

[생]1955 · 12 · 25 [출]충남 금산 [주]경남 창원시 의창구 창원대학로20 메카트로닉스대학 신소재공학부(055-213-3692) [학]고려대 금속공학과졸, 同대학원 금속공학과졸, 재료물성학박사(일본 도호쿠대) 2015년 명예 메카트로닉스학박사(몽골 몽골과학기술대) [경]1983~1984년 삼양화학(주) 기술연구소 선임연구원 1988~2013년 창원대 나노신소재공학부 금속재료전공 교수 1991~1997년 한국기계연구원 위촉연구원 1993~1994년 일본 도호쿠대학 객원연구원 1995~1997년 창원대 산업기술연구소장 1997년 同기획연구실장 1999~2000년 미국국립표준연구소(NIST) 객원연구원 2003~2004년 일본 도호쿠대 문부과학교관(교수) 2004~2008년 창원대 Smart부품소재인력양성사업단장 2008~2010년 산학재단 산학펠로십 2010~2011년 한국열처리공학회 회장 2011~2015년 창원대 총장 2013년 同메카트로닉스대학 신소재공학부 교수(현) 2013~2014년 지역중심국공립대학교총장협의회 회장

이찬규(李燦揆) LEE Chan Kyu

[생]1962 · 11 · 20 [본]전주(全州) [출]전북 고창 [주]서울 동작구 흑석로84 중앙대학교 인문대학 국어국문학과(02-820-5094) [학]1981년 전북 신흥고졸 1985년 중앙대 국어국문학과졸 1988년 同대학원 국어국문학과졸 1993년 문학박사(중앙대) [경]1990~1994년 강원대 · 중앙대 강사 1994~2003년 중앙대 문과대학 국어국문학과 조교수 · 부교수 1999~2000년 미국 Univ. of Maryland 객원교수 1999~2001년 중앙어문학회 감사 2001~2003년 전국대학신문주간교수협의회 부회장 2001~2003년 한국한자능력검정회 출제위원 2001년 한국어의미학회 총무이사 2001~2003년 중앙대 신문사 · 교육방송국 주간 2004년 同한국어교육원장 2004~2011년 同문과대학 국어국문학과 교수 2008~2009년 국어학회 총무이사 2009~2010년 중앙대 사회교육처장 2011~2013년 同입학처장 2011~2013년 문화체육관광부 국어심의회 국어순화분과위원회 위원 2011~2012년 한국언어학회 수석부회장 2011년 중앙대 인문대학 국어국문학과 교수(현) 2012~2014년 한국연구재단 책임전문위원 2014년 중앙대 교무처장 2015~2016년 同교학부총장 [저]'언어학개론(編)'(1992) '문학과 독서(編)'(1996) '문장작법과 의사소통(編)'(1996) '문장작법과 화법(編)'(1998) '삶을 함께하는 국어화법'(2001) '현대인을 위한 글쓰기의 이론과 활용'(2001) [역]'언어커뮤니케이션'(2003)

이찬근(李贊根) LEE Chan Keun

[생]1956·10·22 [출]서울 [주]인천 연수구 아카데미로119 인천대학교 글로벌법정경대학 무역학부(032-835-8527) [학]1975년 중앙고졸 1980년 성균관대 경제학과졸 1982년 서울대 대학원 경영학과졸 1987년 경영학박사(스페인 Havarra대) [경]1982년 한국산업은행 조사부 근무 1987~1991년 삼성그룹 회장비서실 국제금융담당·국제전략담당 1991년 Mckinsey&Company 경영컨설턴트 1994~2000년 인천대 전임강사·조교수 1999년 대구라운드글로벌네트워크 사무총장 2000~2010년 인천대 무역학과 부교수·교수 2002년 동아일보 객원논설위원 2003~2008년 (사)금융경제연구소 소장 2004~2008년 투기자본감시센터 공동대표 2010년 인천대 무역학부 교수(현) 2012~2014년 同동북아경제통상대학장 2014년 同글로벌융합대학사업단장(현) 2015년 인천시 GCF특보(현) [저]'투기자본과 미국의 패권' '뉴 금융라운드' '금융경제학 사용설명서'(2011, 부키)

이찬식(李燦植) Chansik Lee (厚情)

[생]1956 · 12 · 31 [본]함평(咸平) [출]전남 무안 [주]인천 연수구 아카데미로119 인천대학교 도시과학대학 도시건축학부(032-835-8477) [학]1979년 서울대 건축학과졸 1991년 同대학원졸 1994년 공학박사(서울대) [경]1979~1983년 대림산업(주) 근무 1984~1988년 동아건설(주) 과장 1994~2010년 인천대 공과대학 건축공학과 조교수 · 부교수 · 교수 2006년 同학생처장 2006~2007년 同기획처장 2009~2011년 한국건설관리학회 회장 2010년 인천대 도시과학대학 도시건축학부 교수(현) 2012~2014년 同도시과학대학장 2014년 한국공학한림원 정회원(현) [상]건설교통부장관표창(2005), 대한건축학회 학술상(2009) [저]'미장공사핸드북'(1997) '건축시공'(1997) '건설경영공학'(1999) '건축공사표준시방서'(2005) '건축시공학'(2005) [종]기독교

이찬열(李燦烈) LEE Chan Yeol

[생]1959 · 7 · 15 [본]전주(全州) [출]경기 화성 [주]서울 영등포구 의사당대로1 국회 의원회관741호(02-788-2975) [학]1977년 삼일공고졸 1983년 인하대 기계공학과졸, 연세대 경제대학원졸 [경]만도기계 영업과장, 수원시검도회 회장, 민주평통 자문위원 2002~2006년 경기도의회 의원(한나라당) 2006년 경기도의원선거 출마(무소속) 2008년 제18대 국회의원선거 출마(수원시 장안구, 통합민주당) 2008년 민주당 수원시장안구지역위원회 위원장 2009년 제18대 국회의원(수원시 장안구 재보선 당선, 민주당 · 민주통합당) 2010~2011년 민주당 원내부대표 2010년 국회 환경노동위원회 위원 2010년 국회 예산결산특별위원회 위원 2011년 국회 국토해양위원회 위원 2011년 민주통합당 수원시장안구지역위원회 위원장 2012년 제19대 국회의원(수원시甲, 민주통합당 · 민주당 · 새정치민주연합 · 더불어민주당) 2013~2014년 국회 안전행정위원회 간사 2013년 민주당 수원시장안구지역위원회 위원장 2014년 새정치민주연합 경기도당 6.4지방선거공천관리위원회 위원 2014년 국회 국토교통위원회 위원 2014~2015년 새정치민주연합 선임원내부대표 2014년 同새로운대한민국위원회 안전사회추진단 재난안전분과위원장 2015년 더불어민주당 새로운대한민국위원회 안전사회추진단 재난안전분과위원장 2015년 同경기도당 위원장 2016년 제20대 국회의원(수원시甲, 더불어민주당 · 무소속)(현) 2016년 더불어민주당 전국대의원대회준비위원회 공동부위원장 겸 당헌당규분과 위원장 2016년 국회 산업통상자원위원회 위원(현) 2016년 국회 평창동계올림픽 및 국제경기대회지원특별위원회 위원(현) 2016년 한국아동인구환경의원연맹(CPE) 회원(현) 2016년 더불어민주당 경기수원시甲지역위원회 위원장 [상]법률소비자연맹 선정 국회 종합헌정대상(2016)

이찬우(李贊雨) LEE Chan Woo

[생]1960 · 1 · 19 [출]경남 합천 [주]대구 수성구 동대구로 337 화성파크리젠시상가4층403호 법무법인 송정(053-756-4455) [학]1978년 대구 오성고졸 1982년 경북대 법학과졸 1983년 同대학원 법학과졸 [경]1983년 사법시험 합격(25회) 1985년 사법연수원 수료(15기) 1986년 軍법무관 1987년 대구지법 판사 1991년 同경주지원 판사 1993년 대구지법 판사 1997년 대구고법 판사 2000년 대

구지법 판사 2002년 同부장판사 2003년 同김천지원장 2005년 同부장판사 2009~2011년 同서부지원장 2011년 변호사 개업 2014년 법무법인 송정 대표변호사(현) 2016년 김천시 고문변호사(현)

이찬우(李燦雨) LEE Chan Woo

[생]1966 · 2 · 13 [출]경북 영덕 [주]세종특별자치시 갈매로 477 기획재정부 차관보실(044-215-2003) [학]1984년 부산사대부고졸 1988년 서울대 정치학과졸 1990년 同행정대학원 정책학과졸 1995년 미국 예일대 대학원졸 [경]1987년 행정고시 합격(31회) 1988년 총무처 수습사무관 1989년 특허청 관리국 조사과 사무관 1991년 재무부 기획관리관실 국제협력담당관실 사무관 1993년 同차관실 사무관 1995년 특허청 심사1국 상표심사담당관실 사무관 1995년 재정경제원 대외경제국 국제투자과 사무관 1997년 同경제정책국 종합정책과 사무관 1999년 서기관 승진 1999년 대통령비서실 파견 2001년 대통령 정책기획수석비서관실 기획조정담당 행정관 2002년 대통령 민정수석비서관실 행정관 2002년 국제부흥개발은행(IBRD) 파견 2005년 재정경제부 경제정책국 복지경제과장 2006년 同경제정책국 경제분석과장 2008년 同경제정책국 종합정책과장 2008년 기획재정부 경제정책국 종합정책과장 2009년 同경제정책국 종합정책과장 2009년 국가경쟁력강화위원회 파견(고위공무원) 2011년 외교안보연구원 교육파견 2011년 기획재정부 미래전략정책관 2012년 同경제정책국 민생경제정책관 2013년 同장관정책보좌관 2013년 同미래사회정책국장 2014년 同경제정책국장 2016년 同차관보(현)

이찬의(李粲義) LEE Chan Eui

[생]1954 · 11 · 12 [출]서울 [주]서울 영등포구 국제금융로6길42 (주)삼천리 임원실(02-368-3300) [학]1973년 보성고졸 1980년 연세대 응용통계학과졸 [경]1991년 삼천리그룹 기획실 이사 1996년 (주)삼탄 기획조정실 전무이사 2000년 (주)삼천리제약 부사장 2002년 (주)삼탄 KIDECO(인도네시아 현지합작법인) 대표이사 2006년 同부사장 2007~2008년 同대표이사 사장 2009년 同KIDECO(인도네시아 현지합작법인) 대표이사 사장 2010년 同대표이사 사장, (주)삼천리 고문 2015년 同대표이사 사장(현) [상]동탄산업훈장(2010)

이찬진(李燦振) LEE Chan Jin

[생]1965 · 10 · 25 [출]인천 부평 [주]경기 성남시 분당구 성남대로779번길17 (주)포티스 비서실(031-709-1407) [학]1984년 제물포고졸 1989년 서울대 기계공학과졸 [경]1989년 '한글1.0' 개발 1990~1998년 (주)한글과컴퓨터 대표이사 사장 1996년 인터넷검색서비스 '심마니' 개발 1997~1999년 (주)한컴네트 설립 · 대표이사 1997~1998년 제15대 국회의원(전국구 승계, 한나라당) 1998년 공성통신전자(주) 사장 겸임 1998~1999년 (주)한글과컴퓨터 공동대표이사 1999~2012년 (주)드림위즈 대표이사 사장 2006년 서울대 · 한국공학한림원 선정 '한국을 일으킨 엔지니어 60인' 2008~2012년 (주)터치커넥트 대표이사 사장 2010~2012년 KT 사외이사 2012~2013년 (주)드림위즈 사장 · (주)터치커넥트 사장 2013년 스마트앤소셜 대표 2014년 (주)포티스 대표이사 2016년 同각자대표이사(현) [상]한국정보문화상 기술상, 국무총리표창, 과학기술처장관표창, 체신부장관표창, 정보통신부장관표창, 장영실상 [저]'소프트웨어의 세계로 오라' '이찬진의 쉬운 컴퓨터' '이찬진의 쉬운 인터넷'

이찬호(李燦浩) LEE Chan Ho

[생]1948 · 3 · 6 [본]덕수(德水) [출]서울 [주]서울 강남구 논현로158길32 한국CFO클럽(02-552-6488) [학]1970년 서울대 경영학과졸 [경]1972년 럭키금성상사(주) 입사 1975년 同직물원사과 근무 1978년 同뉴욕지사 부장 1982년 同국제금융부장 1986년 同전자수출1부장 1987년 同런던지사장 1992년 同국제금융부문 이사 1992년 LG전자(주) 시스템OBU장 1993년 同금융담당 이사 1996년 同상무이사 1999년 LG필립스LCD 전무, 同부사장, 同자문, 한국CFO클럽 공동회장, 同자문위원(현), 아퀴그룹 회장(현)

이찬홍(李燦弘)

[생]1964·6·19 [주]서울 중구 소공로70 신한카드(주) 임원실(02-6950-7655) [학]1983년 동천고졸 1990년 연세대 경영학과졸 [경]1990년 앤더슨컨설팅 근무 1993년 LG전자 전략기획 대리 2004년 LG카드 경영정보팀장 2005년 同인사팀장 2007년 신한카드 VIP마케팅팀장 2009년 同전략기획팀장 2013년 同VM사업본부장 2013년 同CRM본부장 2014년 同영업총괄본부장 겸 영업기획팀장 2015년 同영업총괄BU본부장 겸 영업기획팀장 2016년 同영업1부문장(상무)(현)

이찬희(李贊熙) LEE Chan Hee

[생]1961·10·15 [출]경북 영천 [주]서울 종로구 청와대로1 대통령 기후환경비서관실(02-770-0011) [학]대건고졸 1987년 영남대 행정학과졸 1996년 미국 위스콘신대 대학원졸 [경]1986년 행정고시 합격(30회) 1998년 금강환경관리청 운영국장 직대 1999년 환경부 장관 비서관 2001년 駐UN대표부 주재관 2004년 환경부 환경경제과장 2005년 同국내협력팀장 2005년 同환경정책실 환경경제과장 2006년 同자원순환정책과장 2007년 수도권대기환경청장 2008년 대통령자문 지속가능발전위원회 파견 2008년 UNEP 아·태사무소 파견 2011년 환경부 환경정책실 녹색환경정책관 2012년 국회 환경노동위원회 수석전문위원 2013년 환경부 자연보전국장 2014년 대통령 미래전략수석비서관실 기후환경비서관(현)

이찬희(李讚熙) Lee Chan Hee

[주]충남 공주시 공주대학로56 공주대학교 문화재보존과학과(041-850-8543) [학]서울대 지질과학과졸, 同대학원 지질과학과졸, 이학박사(서울대) [경]1993~1995년 한국자원연구소 해저자원연구부 연구원 1993년 KODOS 93-2 태평양심해저환경 및 광물자원탐사대 1994년 KODOS 94-1 태평양심해저환경 및 광물자원탐사대 1995년 KODOS 95-2 태평양심해저환경 및 광물자원탐사대 1997~1998년 고려대 전략광물자원연구센터 연구원 1997~2000년 충남대 기초과학연구소 객원연구원 1997~1999년 同기초과학연구소 연수연구원 1996~2003년 극동인프라(주) 기술이사 2000~2003년 공주대 문화재보존과학연구소 전임연구원 2001년 (주)교원 과학동화 진행 및 감수위원(현) 2003년 극동인프라(주) 기술고문(현) 2003~2007년 공주대 자연과학대학 문화재보존과학과 조교수 2003년 국립문화재연구소 미륵사지석탑보수정비단 자문위원(현) 2003년 (사)대한자원환경지질학회 전문위원(현) 2003년 충남도지방공무원 임용시험 출제위원 2003년 국립경주문화재연구소 석조문화재보존 자문위원(현) 2006년 미국 세계인명사전 'Marquis Who's Who in Science and Engineering 및 Asia'에 동시 등재 2006~2009년 문화재보존과학연구소장 2006~2009년 백제문화연구원 원장 2007년 미국 세계인명사전 'Marquis Who's Who in the World'에 등재 2007년 미국 인명정보기관(ABI) '21세기 위대한 지성(The Great Mind of the 21st Century)'에 선정 2007년 미국 인명정보기관(ABI) 'The Noble Order of International Ambassadors(국제명예대사)' 2007년 영국 케임브리지 국제인명센터(IBC) '21세기 걸출한 과학자(Outstanding Scientists of the 21st Century)'에 등재 2007년 공주대 자연과학대학 문화재보존과학과 부교수 · 교수(현) 2008~2013년 (사)한국문화재보존과학회 편집위원장 2010년 공주대 기획부처장 2012~2016년 同학생지원처장 겸 장애학생지원센터장 2013~2016년 同양성평등상담센터장 2016년 (사)한국문화재보존과학회 회장(현) [상]제30차 대한자원환경지질학회 학술논문상(1997), 한국과학기술단체총연합회 최우수학술논문상(1999), 대한자원환경지질학회 춘계학술발표회 우수포스터논문상(2005 · 2006), (사)대한자원환경지질학회 김옥준상(2015)

이창구(李昌求) LEE Chang Koo

[생]1948 · 3 · 20 [본]한산(韓山) [출]경남 충무 [주]서울 중구 퇴계로97 고려대연각타워1701호 법무법인 남산(02-777-0550) [학]1966년 경북고졸 1970년 서울대 법대졸 [경]1971년 사법시험 합격(13회) 1973년 사법연수원 수료(3기) 1974년 육군 법무관 1977년 서울지법 남부지원 판사 1978년 서울민사지법 판사 1981년 대구지법 판사 1983년 서울형사지법 판사 1984년 서울고법 판사 1986년 대법원 재판연구관 1988년 부산지법 부장판사 1991년 사법연수원 교수 1993년 서울민사지법 부장판사 1995년 부산고법 부장판사 1998~2004년 서울고법 부장판사 1999년 대법원 공직자윤리위원 2003년 서울지법 남부지원장 2004년 창원지법원장 2004년 수원지법원장 2005년 대구고법원장 2005년 변호사 개업 2008년 법무법인 남산 고문변호사(현) 2015년 중소기업청 중소기업기술분쟁조정중재위원회 위원장(현)

이창구(李昌九) Lee Chang Goo

[생]1961·1·14 [본]경주(慶州) [출]대구 [주]서울 중구 세종대로9길20 신한은행(02-756-0506) [학]1979년 영동고졸 1984년 한양대 회계학과졸 [경]1987년 신한은행 입행 1993년 同삼성동지점 대리 1996년 同고객지원부 대리 1997년 同마케팅부 대리 2000년 同사당남성지점장 2000년 한국금융연수원 출강 2002년 신한은행 신한PB서울파이낸스센터지점장 2007년 同인력개발실장 2008년 同비서실장 2010년 同중국법인 조사역(부서장대우) 2012년 同성수동금융센터장 겸 RM 2014년 同WM본부장 2015년 同부행장보(현) 2015년 신한금융지주회사 WM그룹총괄 부사장보(현) 2015년 신한금융투자 WM그룹 부사장 겸임(현) [상]신한은행장표창, 기획재정부장관표창(2000) [저]'금융상품지식'(2000) [종]기독교

이창규(李昌圭) LEE Chang Kyu

(생)1942·7·31 (주)서울 서초구 바우뫼로7길18 DK메디칼솔루션 비서실(02-3498-1800) (학)성주농고졸, 동국대 경영학과졸, 고려대 국제대학원 최고국제관리자과정 수료, 서울대 공대 최고전략산업과정 수료, 한국과학기술원 최고지식경영자과정 수료 (경)삼양실업 근무, 동일교역 부사장 2004년 동강메디칼시스템(주) 대표이사 회장, 동강메디피아(주) 대표이사 2013년 DK메디칼솔루션(주) 대표이사 회장(현) (상)국무총리표창, 국세청장표창 (종)천주교

이창균(李昌均) LEE Chang Kyun

(생)1959·7·7 (본)영천(永川) (출)경북 포항 (학)1977년 포항고졸 1984년 건국대 경제학과졸 1986년 同대학원졸 1993년 경제학박사(일본 京都大) (경)1994~2003년 고려대·건국대·경기대·단국대 강사 1997~1998년 행정자치부 지방재정발전기획단 위원 1999~2006년 한국지방재정학회 이사 1999년 한국지방행정연구원 지방재정세제연구실 책임연구원 2001년 同지방재정컨설팅센터장 2002년 同경영컨설팅센터 소장 2003년 同연구위원 2003~2014년 국립중앙도서관 외국자료선정위원 2004~2006년 한국지방자치학회 이사 2004~2006년 국무조정실 정보화평가위원회 위원 2004~2006년 감사원 자치행정감사위원 2004년 서울 강남구 세정자문위원 2004~2009년 서울시의회 정책연구위원 2004년 경기도 투·융자심사위원 2005~2011년 일본 교토대한국총동창회 사무총장 2006년 한국지방재정학회 부회장 2007~2008년 대통령직인수위원회 위원 2008~2016년 한국지방행정연구원 지방재정연구실 선임연구위원 2008~2012년 경북매일신문 객원논설위원 2008~2013년 국무총리실 자체규제심사위원회 심사위원 2008~2014년 (사)신지역창조포럼 대표 2008~2011년 한국지방계약학회 부회장 2008~2012년 대통령소속 지방분권촉진위원회 제3실무위원장 2009~2010년 동행대한민국 중앙상임운영위원 2009~2011년 한국납세자연합회 운영위원 2011~2016년 일본 교토대한국총동창회 부회장 2011~2012년 한국지방자치학회 연구위원장 2011·2015~2016년 대통령소속 지방자치발전위원회 자문위원 2011년 소방방재청 자체평가위원 2013년 건국대 겸임교수(현) 2014년 경북 포항시장선거 출마(무소속) 2014년 (사)한국지방자치연구원 원장(현) 2015~2016년 새누리당 여의도연구원 정책자문위원 2016년 세한대 초빙교수(현) 2016년 일본 교토대한국총동창회 회장(현) (상)국무총리표창(2002), 국민포장(2011) (저)'한국의 지방자치(일어)' '지방자치와 행정'(共) '지방정부기능론'(共) '지방자치단체 복식부기회계의 이론과 실무'(共) (역)'일본지방재정관련법령집' '일본자치단체의 국제화사례집' (종)불교

이창근(李昌根) LEE Chang Geun

(생)1943·12·24 (본)전주(全州) (출)경기 양평 (주)서울 중랑구 겸재로44길2 양평당한의원(02-432-2000) (학)1971년 경희대 한의대 한의학과졸 1990년 한의학박사(대구한의대) 1995년 서울대 환경대학원 수료 1997년 同보건대학원 수료 (경)1971년 양평당한의원 원장(현) 1976~1986년 동대문구한의사협회 회장 1978년 (사)대한한의협회 중앙이사 1982년 대한한의사협회 인권옹호위원장 1982~1992년 서울지검 북부지청 의료자문위원 1985년 대한한의사협회 전국대의원총회 부의장 1986~1988년 서울시한의사회 회장 1988년 서울지방국세청 세정민간협의회 위원 1988년 서울시 시정자문위원 1988년 국제동양의학학술대회 부집행위원장 1989~1995년 대구한의대 전임강사 1991·1995~1998년 서울시의회 의원·교통위원장 1995년 사단법인 대한노인회 의료자문위원 1996년 대한한방내과학회 회장 1997년 한국보건교육학회 이사 1997년 국립의료원 자문의사 1997년 보건복지부 의료제도협의회 위원 1997~2005년 이화여대 평생교육원 강사 1997년 전주이씨대종약원 학술위원회 이사(현) 1998년 대한한방당뇨병학회 창립회장 1999~2002년 민주평통 서울중랑구협의회장 (상)대통령표창(1985), 국민훈장 석류장(1987), 국민훈장 동백장(2001) (저)'당뇨병박사'(1990) '나는 어떤 체질일까?'(1993) '신기한 산기요법'(1997) (종)천주교

이창근(李昌根) LEE Chang Keun

(생)1951·1·4 (본)단양(丹陽) (출)서울 (주)서울 노원구 광운로20 광운대학교 미디어영상학부(02-940-5370) (학)1973년 서울대 서양사학과졸 1976년 미국 UC버클리대 정치학과졸 1984년 미국 위스콘신대 대학원 저널리즘과졸 1988년 매스컴학박사(미국 위스콘신대) (경)1978~1980년 TBC 기자 1980~1982년 KBS 기자 1989년 同방송문화연구원 1990년 광운대 미디어영상학부 교수, 同명예교수(현) 1992년 영국 Univ. of Westminster 방문교수 1994~1995년 한국방송학회 감사 1994~2000년 Asian Mass Communication Reserch and Information Centre(AMIC) 한국지부 대표 1996년 한

국방송위원회 보도교양심의위원 1997년 삼성언론재단 펠로우 1997년 미국 Univ. of Illinois Urbana-Champaign 방문교수 1999년 한국가톨릭언론인협의회 부회장 2000~2001년 한국방송학회 부회장 2001년 한국천주교주교회의 매스컴위원회 이사(현) 2002~2004년 방송위원회 보도교양제1심의위원회 위원 2004~2005년 한국언론학회 회장 2009~2012년 KBS 이사 2010년 서희외교포럼 운영위원(현) 2012~2014년 광운대 사회과학대학장 (상)부총리 겸 교육인적자원부장관표창(2005) (저)'세계방송의 역사'(1992, 나남출판사) (역)'매스미디어심리학'(1991, 나남출판사) '일본의 방송제도'(1994) (종)가톨릭

이창근(李彰根) LEE Chang Geun

(생)1964·4·22 (출)충북 옥천 (주)서울 강남구 강남대로358 KTB투자증권 기관영업본부(02-2184-2630) (학)경성고졸 1987년 동국대 농경제학과졸 (경)대신증권 근무 1990~1997년 농협 근무 1997~2000년 농협선물 근무 2002년 키움증권 상무보 2005년 同도매영업담당 상무 2009년 KTB투자증권 기관영업본부장(전무) 2011년 同기관영업본부장(부사장)(현)

이창기(李昶基) Lee Chang Ki (星田)

(생)1954·9·17 (본)전주(全州) (출)전북 전주 (주)대전 동구 대학로62 대전대학교 행정학과(042-280-2323) (학)1978년 전북대 정치외교학과졸 1983년 서울대 행정대학원 행정학과졸 1991년 행정학박사(서울대) (경)1985~1996년 대전대 행정학과 전임강사·조교수·부교수 1997년 同행정학과 교수 2000~2001년 대전·충남행정학회 회장 2001년 한국정치정보학회 회장 2002~2010년 대전대 행정학부 교수 2003~2005년 대전대 인적자원개발원장·외국어정보사회교육원장 2007년 서울행정학회 회장 2008~2010년 평생교육진흥원 법인이사 2010년 대전시발전협의회 의장 2010~2014년 대전발전연구원 원장, 대전평생교육연합회 상임대표, 한국청소년동아리연맹 총재 2014년 대전시 교육감선거 출마 2014년 대전대 행정학과 교수(현) 2015년 (사)도시안전디자인포럼 공동대표(현) (상)대통령표창(2003), 지역개발대상(2004), 아산지역사회교육상(2013), 대한민국실천대상 사회복지부문 대상(2013) (저)'도시행정론'(1996) '동행'(2014, 서연) (역)'행정이론'(1984) (종)가톨릭

이창기(李昌基)

(생)1965 (출)경남 산청 (주)경북 상주시 경상대로3173의11 상주세무서(054-530-0200) (학)진주 동명고졸, 세무대졸(4기), 강남대졸 (경)1986년 8급 특채 1996년 관악세무서 소득세과 근무 1998년 국세청 소비세과 근무 2000년 서울지방국세청 조사2국 근무 2011년 국무총리실 정책분석평가실 근무 2012년 서울지방국세청 국제거래조사국 근무 2014년 서기관 승진 2016년 상주세무서장(현)

이창길(李昌吉) LEE Chang Gil

(생)1954·2·7 (본)전주(全州) (출)경기 (주)서울 종로구 경희궁1길8 샬롬빌딩2층 리맥보험중개(주) 사장실(02-776-5565) (학)1973년 보성고졸 1981년 성균관대 행정학과졸 1986년 同행정대학원 행정학과졸 2002년 경영학박사(인천대) 2004년 서울대 행정대학원 국가정책과정 수료 (경)1981년 대한화재해상보험(주) 입사 1992년 同런던사무소장 1996년 同해상부장 1999~2012년 손해사정사시험(1·2차) 및 보험중개사시험 출제위원 1999~2012년 인천대 동북아경제통상대 강사·겸임교수 2001년 대한화재해상보험(주) 일반보험팀장 2002년 同업무본부장 2003년 대한상사중재원 중재인(현) 2005년 대한화재해상보험(주) 기획조정실·인사총무팀·IT지원담당 이사 2007년 同신채널영업본부 담당임원 2008년 롯데손해보험(주) 신채널영업본부 이사 2008년 시도쉬핑(주) 보험·법무담당 상무이사 2008~2010년 에르고다음다이렉트자동차보험(주) 대표이사 사장 2009년 태원물산(주) 사외이사(GUS) 2012년 리맥보험중개(주) 대표이사 사장(현) (저)'선박보험 이론 및 실무'(1999) '적하보험 이론과 실무'(2002)

이창동(李昌東) LEE Chang Dong

(생)1940·6·21 (본)광주(廣州) (출)강원 춘천 (주)강원 춘천시 경춘로2341 강원고속(주) 대표이사실(033-254-2304) (학)춘천고졸, 한국외국어대 영어학과졸 (경)강원고속(주) 상임감사, 同전무이사, 同대표이사(현), 법무부 범죄예방위원 춘천지역협의회 운영위원, 제10대 강원도농구협회 회장, 강원도버스운송사업조합 이사 2016년 법무부 법사랑위원 춘천지역연합회 회장(현) (상)동탑산업훈장(2013)

이창동(李滄東) LEE Chang Dong

(생)1954·4·1 (출)대구 (학)1972년 대구고졸 1980년 경북대 사범대 국어교육과졸 (경)1981~1987년 고교 국어 교사 1983년 동아일보 신춘문예에 소설 '전리'로 소설가 등단 1993년 영화 '그 섬에 가고 싶다' 각본·조감독 1995년 영화 '아름다운청년 전태일' 각본 1996년 이스트필름 공동설립 1997년 영화 '초록물고기'로 영화감독 데뷔 1998년 스크린쿼터범영화인비상대책위원회 정책대변인 1999년 영화 '박하사탕' 각본·감독 2001~2015년 한국예술종합학교 영상원 영화과 교수 2002년 스크린쿼터범영화인비상대책위원회 정책위원장 2003~2004년 문화관광부 장관 2007년 영화 '두번째 사랑' 제작 2007년 영화 '밀양' 제작·각본·감독 2007년 제8회 도쿄필멕스 경쟁부문 심사위원 2007년 제5회 아시아나국제단편영화제(AISFF 2007) 국제경쟁부문 심사위원장 2009년 칸영화제 경쟁부문 심사위원 2009년 사람사는세상 노무현재단 문화예술위원장 2010년 영화 '시' 감독 2010년 체코 카를로비바리국제영화제 심사위원 2011년 제64회 칸국제영화제 비공식부문 비평가주간 심사위원 2013년 아시아영화아카데미(Asian Film Academy) 교장 2016년 영화예술과학아카데미(AMPAS) 회원(현) (상)백상예술대상 각본상, 영화평론가상 최우수작품상, 춘사영화예술제 창작각본상, 청룡영화상 각본상, 제59회 베니스영화제 감독상, 보관문화훈장, 한국가톨릭매스컴상 대상, 프랑스 최고훈장 '레종 도뇌르'(2006), 대한민국영화대상 감독상(2007), 대교인상(2007), 제44회 백상예술대상 영화부문 감독상(2008), 제63회 칸 국제영화제 각본상(2010), 제47회 대종상영화제 시나리오상(2010), 제30회 영평상 각본상(2010), 제8회 대한민국영화대상 각본상(2010), 제4회 아시아·태평양스크린어워드 감독상(2010), 제5회 아시안필름어워드 감독상·각본상(2011), 제47회 백상예술대상 영화부문 감독상(2011) (저)소설 '소지' '녹천에는 똥이 많다' '전리' '꿈꾸는 짐승'

이창렬(李昌烈) LEE Chang Ryul

(생)1949·10·9 (출)울산 (주)경기 수원시 영통구 삼성로129 삼성전자(주) 비서실(031-200-1114) (학)1968년 부산고졸 1977년 한양대 기계공학과졸 (경)1976년 삼성그룹 입사 1977년 삼성중공업 견적팀 근무 1984년 同담수화·기술영업팀 과장 1986년 同도쿄지점담당 과장 1986년 同도쿄지점담당 부장 1990년 同기계·경영전략팀장 1991년 삼성그룹 회장비서실 부장 1993년 同회장비서실 비서팀장(이사) 1996년 삼성중공업 상무이사 1997년 삼성그룹 회장비서실 비서팀장(상무) 1998년 同회장비서실 비서팀장(전무) 1998년 삼성전자 회장비서실 전무이사 1999년 삼성 구조조정본부 비서팀장(전무) 2001년 同구조조정본부 비서팀장(부사장) 2001년 同구조조정본부장 보좌역(부사장) 2003년 삼성중공업 부사장 2004~2009년 일본삼성 사장 2010~2011년 삼성사회봉사단 단장(사장) 2010~2011년 사회복지공동모금회 이사 2012년 삼성전자(주) 상담역(사장), 同비상임고문(현)

이창록(李昌錄)

(생)1967·2·13 (출)경북 칠곡 (주)경북 김천시 김천로164 김천경찰서 서장실(054-432-5500) (학)1985년 영남고졸 1989년 경찰대졸(5기) (경)2004년 포항 남부경찰서 보안과장 2005년 경북지방경찰청 정보3계장 2009년 同정보2계장 2010년 同생활안전계장 2012년 경북 울릉경찰서장(총경) 2013년 대구지방경찰청 생활안전과장 2014년 경북 상주경찰서장 2015년 경북지방경찰청 생활안전과장 2016년 경북 김천경찰서장(현)

이창목(李昌穆) LEE CHANG MOK

(생)1966·1·31 (본)학성(鶴城) (출)울산 울주 (주)서울 영등포구 여의대로60 NH투자증권 리서치본부(02-768-7153) (학)1985년 숭실고졸 1990년 연세대 경제학과졸 1995년 同대학원 경영학과졸 (경)1993~1994년 세동회계법인 PriceWaterhouse 근무 1995~1999년 교보증권 리서치센터 근무 1999~2002년 세종증권 리서치센터 근무 2002~2014년 우리투자증권 리서치센터장 2015년 NH투자증권 리서치본부장(상무보대우)(현) (상)서울경제신문 증권대상 애널리스트부문(2007) (종)불교

이창민(李昌敏) LEE Chang Min (昨峯)

(생)1958·11·23 (본)전주(全州) (출)서울 (주)서울 중구 동호로268 (주)파라다이스 감사실(02-2272-0010) (학)1977년 한영고졸 1982년 서울대 사범대학 영어교육학과졸 2012년 한양대 대학원 언론학 박사과정 수료(한양대) (경)1985년 한국일보 입사·기자 1993년 일본 게이오대 연수 1994년 한국일보 도쿄특파원 1999년 同파리특파원 2001년 同경제부 차장 2002년 同논설위원

2003년 同경제부 부장대우 2004년 同산업부장 2006년 同편집위원 2006년 뉴시스 편집국장 2007~2009년 同편집국장(상무) 2009~2011년 머니투데이 편집기획담당 상무 2009년 법조언론인클럽 회장·고문(현) 2009년 법무부 수사공보제도개선위원회 위원 2011년 (주)파라다이스 감사(현) 2013년 국회 법정형정비자문위원회 위원 2013~2014년 대검찰청 검찰개혁심의위원회 위원 2016년 대검찰청 사건평정위원회 위원(현) (저)'서소문에서 서초동까지'(1993)

이창범(李昶範) YI Chang Beom (영석)

(생)1961·9·10 (본)함평(咸平) (출)전남 영암 (주)서울 종로구 사직로8길39 세양빌딩 김앤장법률사무소(02-3703-1697) (학)1981년 중동고졸 1988년 동국대 법학과졸 1991년 同대학원 법학과졸 1996년 법학박사(동국대) (경)1988~2000년 한국소비자보호원 책임연구원 1998~2014년 건국대·경원대·경희대·동국대·숭실대 겸임교수, 고려대·서울대·연세대 외래강사 1998~2000년 재정경제부 소비자정책자문위원 2000~2001년 기획예산처 정부개혁실 근무 2001~2003년 개인정보분쟁조정위원회 사무국장 2002~2006년 아시아·태평양정보통신협의체(APT) 리포터 2002~2004년 APEC ECSG 개인정보 보호원칙(CBPR) 기초위원 2002~2009년 (사)한국소비자교육지원센터 이사·운영위원 2004~2009년 한국정보보호진흥원 수석연구위원 2004~2010년 한국정보통신기술협회(TTA) 전략위원회 부의장 겸 이용자의견반영위원회 의장 2005년 ICDPC 개인정보보호를 위한 몽퇴르선언 UN권고문 기초위원(스위스) 2005년 UNESCO 디지털시대를 위한 프라이버시보호 서울선언 기초위원(한국) 2005년 서울 전자상거래지원센터 자문위원(현) 2007~2009년 통신요금심의조정위원회 조정위원 2008년 교육과학기술부 기술영향평가위원회 위원장 2009년 지식경제부 로봇윤리강령제정 연구위원 2009년 국가인권위원회 정보인권특별위원·인권교육전문위원(현) 2009~2011년 한국인터넷진흥원 법제분석팀장·경영지원단장 2010~2012년 소비자분쟁조정위원회 비상임위원 2011년 한국인터넷법학회 부회장(현) 2011년 한국전자문서학회 부회장(현) 2011년 법제처 국민법제관(현) 2011년 한국TV홈쇼핑협회 사무차장 2011년 김앤장법률사무소 위원(현) 2012년 한국사이버안보법정책학회 부회장(현) 2013년 (사)녹색소비자연대 이사(현) 2013년 미래창조과학부 ICT규제개선추진단 위원(현) 2013~2015년 방송통신위원회 법령해석자문위원회 부위원장 2014년 (사)한국소비자연맹 이사(현) 2015년 미래창조과학부 클라우드 교제개선 민·관추진위원회 위원(현) 2016년 방송통신위원회 법령해석자문위원회 위원(현) 2016년 국무조정실 신산업투자위원회 위원(현) 2016년 同정보통신활성화추진 실무위원회 위원 2016년 행정자치부 전자정부추진위원회 민·관협력위원회 위원(현) 2016년 (사)개인정보보호법학회 고문 2016년 동국대 산업안전센터장(현) 2016년 同경찰사법대학원 겸임교수(현) (상)한국소비자보호원장표창(1994), 한국정보보호진흥원장표창(2002), 정보통신부장관표창(2006), 대통령표창(2009) (저)'소비자법과 정책'(2003) '소비자피해 구제론'(2003) '개인정보보호법'(2008) '국가거버넌스연구'(2009) '해설 개인정보보호법'(2012) (역)'광고와 법'(1994) (종)가톨릭

이창복(李昌馥) LEE Chang Bok

(생)1938·8·29 (본)한산(韓山) (출)강원 원주 (주)서울 종로구 새문안로69 구세군회관3층 민족화해협력범국민협의회(02-761-6590) (학)1958년 원주고졸 1961년 고려대 경제학과 중퇴 1964년 일본 쓰루가와학원 수료 1976년 한신대 선교신학대학원졸 (경)1965~1968년 원주대 강사 1971~1974년 한국가톨릭노동청년회 전국회장 1976년 한국교회사회선교협의회 부회장 1984~1988년 민주통일민중운동연합 사무처장·부의장 1989~1991년 전국민족민주운동연합 상임의장 1992~1995년 원주민주시민회 회장 1993~1998년 민주주의민족통일전국연합 상임의장 1994년 자주평화통일민족회의 상임의장 1994년 전국대학민주동문회 회장 1997년 민족민주열사추모단체연대회의 의장 1998~2013년 민족화해협력범국민협의회 상임의장 1998~1999년 민주개혁국민연합 상임의장 1999~2005년 민주평통 자문위원 2000년 새천년민주당 지도위원 2000~2004년 제16대 국회의원(원주, 새천년민주당·열린우리당) 2002년 (사)한지개발원 이사장(현) 2002~2009년 (사)녹색환경운동모임 이사장 2003년 한산이씨송와공종회 이사장(현) 2003년 열린우리당 윤리위원장 2003년 同강원도지부 창당준비위원장 2004~2005년 同강원도당 위원장 2004~2006년 (사)개혁전략연구소 이사장 2005~2006년 민주화운동공제회 이사장 2005~2006년 학교법인 경기학원(경기대) 이사장 2006년 강원도지사선거 출마(열린우리당) 2008년 (사)남북체육교류협회 회장 2008~2012년 (재)희망재단 이사장 2009년 민주통합시민행동 상임대표 2013년 민족화해협력범국민협의회 상임고문(현) 2013~2015년 (사)통일맞이 이사장 (저)'쌍다리 밑의 신화' '세기의 길목에서' (종)가톨릭

이창석(李昌錫) LEE Chang Suck (薰堂)

[생]1946 · 10 · 19 [본]성주(星州) [출]경북 포항 [주]경기 용인시 기흥구 강남로40 강남대학교 부동산학과(031-280-3984) [학]안동고졸, 서경대 법학과졸 1979년 건국대 행정대학원 부동산학과졸 1982년 同대학원 환경공학과졸 1989년 학술박사(일본 神戶大) [경]1982년 강남대 부동산학과 교수 1998년 同사회과학대학장 1999년 한국부동산학회 회장(현) 2001~2005년 강남대 제2대학장 2010년 同중앙도서관장, 同부동산학과 명예교수(현) 2016년 국제사이버대 석좌교수(현) [상]국무총리표창, 한국부동산학회 학술상, 한국환경교육대상, 옥조근정훈장, 학술발표상 [저]'부동산학개론' '부동산컨설팅' '부동산복지의 논리' '부동산학원론' '부동산철학' '부동산윤리' '주거복지의 이해' [종]기독교

이창석(李昌錫) LEE Chang Seok

[생]1958·11·28 [출]충남 [주]서울 노원구 화랑로621 서울여자대학교 자연과학대학 생명환경공학과(02-970-5666) [학]충북대 생물학과졸, 서울대 대학원졸, 생물학박사(서울대) [경]서울여대 생물학과 교수, 同자연과학대학 생명환경공학과 교수(현) 2008년 대통령자문 국가지속가능발전위원회 위원, 서울여대 생태연구소장(현) 2013~2015년 同생명환경공학과장 겸 대학원 생명환경공학과장 2014년 한국생태학회 회장(현) 2016년 동아시아생태학대회(East Asian Federation of Ecological Society) 회장(현) [상]국립생태원건립 유공 홍조근정훈장(2013)

이창섭(李昌燮) LEE Chang Seop

[생]1955 · 3 · 21 [본]성산(星山) [출]대전 대덕 [주]서울 송파구 올림픽로424 올림픽회관 국민체육진흥공단 이사장실(02-410-1100) [학]1973년 대전상고졸 1977년 충남대 체육학과졸, 1980년 同교육대학원 체육교육과졸, 1996년 이학박사(미국 뉴멕시코주립대) [경]1983~2014년 충남대 사범대학 체육교육과 교수 2002~2004년 한국체육학회 이사 2003~2004년 대전시체육회 사무처장 2004~2007년 국민체육진흥공단 비상임이사 2005~2007년 한국체육교육학회 회장, 행정중심복합도시건설추진위원회 자문위원, 대전시 정책자문위원, 한나라당 대전대덕구당원협의회 운영위원장 2008년 제18대 국회의원선거 출마(대전 대덕구, 한나라당) 2009~2011년 충남대 교육대학원장 2011년 대전희망포럼 대표 2014년 국민체육진흥공단 이사장(현) [상]대전광역시문화상 체육분야(2008) [저]'스포츠사회학'(2009) 외 5권 [종]기독교

이창섭(李昌燮) LEE Chang Sup

[생]1959 · 5 · 24 [본]전주(全州) [출]전북 전주 [주]서울 서대문구 통일로81 임광빌딩8층 (주)코리아타임스 임원실(02-724-2860) [학]1977년 전주고졸 1982년 한국외국어대 일본어과졸 1989년 연세대 경영대학원졸 1994년 미국 컬럼비아대 단기연수프로그램 수료 [경]1984년 코리아타임스 기자 2000년 同정치부 차장 2000년 同산업IT부 부장직대 2002년 同경제부장 2003년 同경제부장(부국장) 2004년 同편집국장 2007년 同편집국장(이사대우) 2010~2012년 同논설주간 2011년 한국신문방송편집인협회 이사 2012년 코리아타임스 상무 2014년 同부사장 겸 편집인 2014년 同대표이사 사장 겸 발행인(현) 2015년 (사)한국외국어신문협회 이사(현) [상]아시아 금융기자상(1994), 외대언론인상(2007), 한국외국어대총동문회 공로상(2015) [저]'Korea : From Rags to Riches(한국개발모델50선)(共)'(2010) '영자신문을 읽는 10가지공식(How to Read The Korea Times)'(2011) '시사영작을 하는 10가지공식 (How to Write Concisely)'(2013) 'The Korea Times Stylebook in 2014'(영문)

이창섭(李昌燮) LEE Chang Seop

[생]1960 · 2 · 4 [본]영천(永川) [출]대구 [주]충남 홍성군 홍북면 충남대로21 충남도청 소방본부(041-635-5502) [학]1978년 대구 청구고졸 1988년 부경대 화학공학과졸 1993년 영남대 환경대학원 환경화학과졸 2000년 안전공학박사(호서대) [경]1990년 소방간부후보생(6기) 1990년 경북 경산소방서 근무(지방소방위) 1992년 중앙소방학교 연구실 근무(소방위) 1994년 同연구실 교학과 근무(소방경) 1994년 해외 훈련(일본 아시아국제소방장총회) 1995년 해외 훈련(미국 국제소방장총회) 1998년 평택소방서 소방과장(지방소방령) 2000~2003년 경기도 소방본부 예방과장 · 경기소방학교 교학과장 2003년 행정자치부 국가재난관리시스템기획관(소방령) 2004년 중앙소방학교 교관단장 2004년 해외 훈련(스웨덴 · 덴마크 국제구조정책 조사연수) 2005년 경남도 소방본부 방호구조과장(지방소방정) 2005년 아산소방서장 2008~2010년 충청소방학교장(소방정) 2010년 소방방재청 소방산업과 소방산업총괄 2011년 同소방정책국 소방정책과 소방정 2011년 同화재조사감찰팀장 2012년 同소방정책국 방호조사과장(소방준감) 2012년 세종특별자치시 소방본부장 2015년 대구시 소방안전본부장 2016년 충남도 소방본부장(소방감)(현) [상]내무부장관표창(1995), 행정자치부장관표창(2002), 대통령표창(2010) [저]'화재학'(2010, 중앙소방학교)

이창섭(李昌燮) LEE Chang Seob

[생]1962 · 7 · 25 [출]부산 [주]서울 종로구 율곡로2길25 연합뉴스 편집국(02-398-3114) [학]1988년 한국외국어대 영어과졸, 미국 시라큐스대 언론대학원 석사과정 수료 [경]1989년 연합뉴스 입사 1999년 同국제뉴스국 기자 2001년 同산업부 차장대우 2002년 同국제뉴스2부 차장 2003년 同런던특파원 2006년 同정보과학부 부장대우 2006년 同멀티미디어본부 영상제작부장 2008년 同뉴미디어국 영상제작부장 2009년 同경제부장 2011년 同통합뉴스국 영상뉴스부장 2011년 연합뉴스TV 보도국 부국장 겸 편집팀장 2011년 同보도국 부국장 겸 뉴스총괄부장 2012년 연합뉴스 지방국 에디터 2013년 同지방국장 2013~2015년 同논설위원(부국장대우) 2013~2015년 서울중앙지법 시민사법위원 2014~2015년 금융감독원 금융감독자문위원 2015년 연합뉴스 편집국장 직대(현)

이창섭(李昌燮) LEE Chang Sub

[생]1962·9·20 [출]전남 장성 [주]서울 중구 덕수궁길15 서울특별시의회(02-3783-1571) [학]한국방송통신대 법학과졸, 성균관대 행정대학원 수료, 연세대 행정대학원 지방자치 및 도시행정전공 석사과정 재학中 [경]서울강서경찰서 교통사고심의위원, 서울시 강서구공직자윤리위원회 부위원장, 제2의건국범국민추진위원회 서울시 강서구 부위원장, 새천년민주당 서울강서甲지구당 부위원장, 열린우리당 서울강서甲지구당 부위원장, 열린우리당 신기남 당의장 정책자문위원 1995~2006년 제2·3·4대 서울시 강서구의회 의원 1998~1999년 同운영위원회 위원장 2004년 同의장 2004년 서울시구의회의장협의회 부회장 2006년 서울시 강서구청장선거 출마(열린우리당) 2010년 서울시의회 의원(민주당·민주통합당·민주당·새정치민주연합) 2010~2012년 同환경수자원위원회 위원장 2012년 同운영위원회 위원장 2012년 同교통위원회 위원 2012년 전국시·도의회운영위원장협의회 회장, 한국지방자치학회 지방의회강화특별위원회 위원장 2014년 서울시의회 의원(새정치민주연합·더불어민주당)(현) 2014년 同교통위원회 위원 2014~2015년 同정책연구위원장 2015년 同예산결산특별위원회 위원(현) 2016년 同도시계획관리위원회 위원(현) [저]'펀(fun) 펀(fun) 지방자치'(2013) [종]천주교

이창세(李昌世) LEE Chang Se

[생]1962·1·24 [출]경북 칠곡 [주]서울 서초구 서초대로74길 4 삼성생명 서초타워17층 법무법인(유) 동인(02-2046-0683) [학]1980년 대구 오성고졸 1984년 서울대 법학과졸 [경]1983년 사법시험 합격(25회) 1985년 사법연수원 수료(15기) 1986년 서울지검 북부지청 검사 1988년 광주지검 목포지청 검사 1990년 대구지검 검사 1992년 서울지검 검사 1994년 법무부 국제법무심의관실 검사 1996년 수원지검 검사 1997년 同부부장검사 1998년 광주고검 검사 1998년 청주지검 제천지청장 1999년 대검찰청 검찰연구관 2000년 대구지검 조사부장 2001년 대검찰청 과학수사과장 2003년 서울지검 북부지청 형사6부장 2003년 同컴퓨터수사부장 2004년 대구지검 형사1부장 2005년 同김천지청장 2006년 대검찰청 과학수사기획관 2007년 청주지검 차장검사 2008년 서울고검 검사 2008~2009년 대검찰청 감찰부장 2008년 법조윤리협의회 위원 2009년 창원지검장 2010년 서울북부지검장 2011~2013년 법무부 출입국·외국인정책본부장 2013년 법무법인(유) 동인 변호사(현) 2013~2015년 IOM이민정책연구원 비상임이사 [저]'공무원범죄에 관한 몰수특례법 해설'(共)

이창수(李昌洙) Lee Chang Soo

[생]1958 [주]충북 충주시 충원대로268 건국대학교 부총장실(043-840-3102) [학]명지고졸 1981년 건국대 축산가공학과졸, 일본 우쓰노미야대 대학원 농학과졸, 농학박사(일본 도쿄대) [경]1989~1992년 미국 국립보건원(NIH) 박사 후 과정 1992~1995년 농촌진흥청 농업유전공학연구소 연구원 1995년 건국대 글로컬(GLOCAL)캠퍼스 자연과학대학 생명과학부 조교수 · 부교수 2005년 同의료생명대학 의생명화학과 교수(현), 同BK21사업팀장 2009~2014년 (사)한국버섯학회 이사 2011~2012년 同편집위원장 2011~2012년 건국대 글로컬(GLOCAL)캠퍼스 교무처장 2013~2015년 同글로컬(GLOCAL)캠퍼스 의료생명대학장 2015년 (사)한국버섯학회 회장(현) 2015년 건국대 글로컬(GLOCAL)캠퍼스 부총장(현) [상]농림수산부장관표창(1994) [저]'Stryer 핵심 생화학'(2010, E PUBLIC) '버섯학'(2010, 자연과사람)

이창수(李昌樹) Chang Soo Lee

(생)1959·9·9 (출)전북 익산 (주)인천 남동구 예술로152번길9 인천지방경찰청 홍보담당관실(032-455-2113) (학)이리고졸, 인천대 행정대학원졸 (경)2011년 인천지방경찰청 총경 2013년 강화경찰서장 2014년 인천지방경찰청 외사과장 2015년 경기 시흥경찰서장 2016년 인천지방경찰청 홍보담당관(현)

이창수(李昌洙) LEE Changsoo

(생)1962·8·30 (본)함안(咸安) (출)경남 고성 (주)세종특별자치시 다솜로261 국무조정실 규제총괄정책관실(044-200-2394) (학)1981년 동성고졸 1986년 고려대 법학과졸 1991년 서울대 행정대학원졸(석사) 2001년 미국 미네소타대 법학대학원졸(석사) 2013년 서울대 대학원졸(법학박사) (경)1987년 행정고시 합격(31회) 1991년 공보처 방송행정국 사무관·서기관 1998년 특허청 심판행정실장 2002년 同산업재산보호과장 2004년 同상표3심사담당관 2004년 국무조정실 총괄심의관실·심사평가1심의관실 과장 2005년 同국가평가인프라구축추진단 총괄기획팀장(부이사관) 2006년 同방송통신융합추진지원단 기획총괄팀장 2007년 同기후변화대응기획단 기획총괄팀장 2009년 대통령직속 녹색성장위원회 녹색성장기획팀장 2009년 대통령 국정기획수석비서관실 미래비전비서관실 선임행정관 2009~2010년 대통령 미래전략기획관실 녹색성장환경비서관실 선임행정관 2010년 미국 UC버클리 법과대학원 객원연구원 2011년 국무총리실 농수산국토정책관 2013년 국무조정실 국정과제관리관 2014년 同규제총괄정책관(현) (상)대통령표창(2002), 홍조근정훈장(2013) (저)'포스트 교토체제하 배출권거래제의 국제적 연계'(2013) (종)기독교

이창수(李昌洙)

(생)1963·1·5 (출)충남 천안시 동남구 원성1길19, 303호 새누리당 충남도당(041-565-1644) (학)단국대 인문과학대학 국어국문학과졸 (경)천안새교육공동체 집행위원장, 호두생명산업연구소 소장, 자유선진당 보좌진협의회 회장, 세종미래비전연구원 기획실장, 심대평 국회의원 입법보좌관, 심대평 충남도지사 비서실장, 새누리당 충남도당 홍보위원장, 대통령소속 지방자치발전위원회 실무위원(현) 2016년 새누리당 천안丙당원협의회 운영위원장(현) 2016년 제20대 국회의원선거 출마(충남 천안시丙, 새누리당)

이창수(李昌洙) LEE Chang Soo

(생)1964·8·26 (주)강원 강릉시 죽헌길7 강릉원주대학교 산업정보경영공학과(033-640-2373) (학)1987년 서울대 산업공학과졸 1989년 同대학원 산업공학과졸 1994년 공학박사(서울대) (경)강릉대 산업공학과 조교수·부교수 1993년 同전자계산소 교육연구부장 1995~1997년 同산업공학과장 1999~2000년 同정보전산원장 국무조정실 정보화평가위원회 근무, 한국전자거래학회 사업이사·편집위원, 한국정보전략학회 이사 2005년 메타데이터포럼 운영위원 2005년 TEZ(telematics expert zone) 운영위원 2009년 강릉원주대 산업정보경영공학과 교수(현) 2016년 同산업대학원장(현) (저)'인터넷 World Wide Web 이렇게 시작하세요'(1996, 도서출판 PCBOOK) '2002년 ebXML 백서'(2002)

이창수(李昌洙) LEE Chang Su

(생)1971·8·4 (출)서울 (주)경기 과천시 관문로47 법무부 검찰국 국제형사과(02-2110-3294) (학)1990년 대원고졸 1999년 성균관대 법학과졸 2002년 서울대 법과대학원 수료 (경)1998년 사법시험 합격(40회) 2001년 사법연수원 수료(30기) 2001년 서울지검 검사 2003년 춘천지검 강릉지청 검사 2005년 부산지검 검사 2005년 UN ODC파견 2009년 대검찰청 연구관 2011년 서울서부지검 검사 2013년 대통령 민정비서관실 행정관 2014년 대통령 민정비서관실 특별감찰반장 2015년 법무부 검찰과 검사 2016년 同국제형사과장(현)

이창순(李昌淳) LEE Chang Soon

(생)1952·7·4 (출)경기 용인 (주)서울 중구 세종대로124 한국프레스센터1403호 관훈클럽 사무국(02-732-0876) (학)1980년 고려대 영어영문학과졸 (경)1980년 코리아헤럴드 기자 1988년 서울신문 기자 1991년 同도쿄특파원 1998년 同국제부 차장 1998년 同편집국 특집기획팀장 1998년 대한매일 특집기획팀장 1999년 同문화취집팀 차장 2000년 同뉴스피플팀장 2000년 同편집위원 2001년 同공공정책연구소 연구담당 간사 2002년 同미디어전략팀장 2003년 同논설위원 2004년 서울신문 논설위원 2005년 관훈클럽 및 관훈클럽신영연구기금 사무국장(현) (종)기독교

이창승(李彰承) LEE Chang Seung

(생)1946·12·19 (출)전북 완주 (주)전북 전주시 완산구 기린대로85 르윈호텔 회장실(063-232-7000) (학)1983년 전북대 경영대학원 경영학과졸 1990년 同대학원 최고경영자과정 수료 1991년 전주대 지역정책대학원 개발행정학과졸 1992년 고려대 대학원 최고경영자과정 수료 1993년 연세대 대학원 고위정책과정 수료 1994년 원광대 행정대학원 고위정책과정 수료 (경)1977년 전주 금암새마을금고 설립·이사장 1987년 전북수영연맹 회장 1990년 전북보디빌딩협회 회장 1993년 국민생활체육협의회 전북도회장 1993년 (주)전주코아호텔 회장 1995~1996년 전주시장(민주당·국민회의) 1997년 (주)전주코아백화점 회장 1997년 전북기독실업인회 회장 1997년 (주)우성종합건설 회장 2000년 국제라이온스협회 355지구 의장 2001~2014년 코아리베라호텔 회장 2002년 전북중앙신문 대표이사 2004~2008년 학교법인 한신학원 이사장 2008년 제18대 국회의원 후보(전주 덕진, 무소속) 2010~2014년 전북중앙신문 대표이사 2014년 르윈호텔 회장(현) (상)새마을훈장 근면장(1979), 전주시민의장 애향장(1990) (저)'신바람'(1995) '전북발전의 길'(1995) '신바람Ⅱ'(2002) (종)기독교

이창식(李昌植) LEE Chang Shik

(생)1945·1·20 (출)서울 (주)서울 중구 동호로195의7 송죽빌딩 (사)한국해비타트(1544-3396) (학)1963년 경기고졸 1968년 서울대 법학과졸 2000년 국민대 대학원졸, 同대학원 법학 박사과정 수료 (경)1968~1976년 국민은행 근무 1976년 삼보증권 근무 1979년 동서증권 영업부장 1984년 한국자동차보험 이사 1990년 동부그룹 종합조정실 이사 1991년 동부증권 상무이사 1992년 동부그룹 경영조정본부 전무이사 1993년 한국자동차보험 전무이사 1995~1997년 동부증권 전무이사·부사장 · 현대증권 고문 1997년 국민투자신탁증권 대표이사 사장 1999년 현대투자신탁증권 대표이사 사장 2004년 푸르덴셜투자증권 부회장 2005~2011년 한국해비타트 운영회장 2011~201년 한국해외원조단체협의회 회장 2012~2013년 국제개발협력민간협의회 회장 2013년 同이사(현) 2013년 (사)한국해비타트(Habitat for Humanity Korea) 부이사장 2016년 同이사장(현) (종)기독교

이창양(李昌洋) LEE Chang-Yang

(생)1962·9·20 (본)함안(咸安) (출)경남 고성 (주)서울 동대문구 회기로85 한국과학기술원(KAIST) 경영대학(02-958-3061) (학)1981년 마산고졸 1985년 서울대 정치학과졸 1987년 同행정대학원졸 1995년 미국 하버드대 Kennedy School졸 1999년 정책학박사(미국 하버드대) (경)1985년 행정고시 합격(29회) 1986~1996년 상공부 행정사무관·통상산업부 서기관 1992~1993년 상공부 장관 비서관 1997~1998년 대통령 비상경제대책전문위원(기업구조조정 정책담당) 1999년 산업자원부 산업정책과장 2000년 KAIST 테크노경영대학원 교수 2000년 同경영대학 교수(현) 2002~2004년 공기업경영평가위원 2007~2008년 KAIST 테크노경영대학원 경영공학 책임교수 2012년 SK하이닉스 사외이사(현) 2016년 산업통상자원부 신산업민관협의회 위원(현) (상)매경이코노미스트상(2004), 송곡과학기술상(2008), 창의강의대상(2008), KAIST 학술상(2010), 동아일보 10년뒤 한국을 빛낼 100인 선정(2013), KAIST 우수강의대상(2014)

이창열(李昌烈)

(생)1973·12·17 (출)강원 강릉시 동해대로3288의18 춘천지방법원 강릉지원(033-640-1000) (학)1992년 서인천고졸 1997년 서울대 법학과졸 (경)1997년 사법시험 합격(39회) 2000년 사법연수원 수료(29기) 2003년 부산지법 판사 2006년 인천지법 판사 2010년 서울서부지법 판사 2012년 서울중앙지법 판사 2013년 대법원 재판연구관 2016년 춘천지법 강릉지원 부장판사(현)

이창엽(李昌燁) Paul C. Yi

(생)1967 (주)서울 종로구 새문안로68 흥국생명빌딩10층 한국코카콜라(주) 비서실(02-3271-3001) (학)1989년 미국 텍사스대 오스틴교 회계학과졸 1995년 미국 컬럼비아대 경영대학원 경영학과졸 (경)1989~1990년 회계법인 아서앤더슨(Arthur Andersen & Co) 회계 감사원(텍사스) 1993~1995년 프록터 앤 갬블(Procter & Gamble) 구매영업 및 개발팀장·Market Field 대표·하와이영업부 대표(텍사스) 1995~1998년 콜게이트파몰리브(Colgate-Palmolive)사 구강관리부 팀장·말레이시아 상품매니저(뉴욕) 1998~1999년 오랄 비 연구소(Oral-B Laboratories) 국제사업팀장(캘리포니아) 1999~2001년 허쉬코리

아(Hershey Korea) 한국지사장 · 허쉬인터내셔널(Hershey International) 사업부장(플로리다) 2001~2005년 해태제과 마케팅본부장(전무 · CMO : Chief Marketing Officer) 2005~2006년 농심켈로그(Kellogg) 대표이사 사장 2007년 한국코카콜라(주) 대표이사(현) 2007~2009년 KT 사외이사 2009년 同이사회 의장

이창온(李昶薀)

[생]1970 · 11 · 12 [출]경남 창녕 [주]경남 거창군 거창읍 죽전1길31 창원지방검찰청 거창지청(055-949-4301) [학]1989년 단국대부고졸 1994년 서울대 공법학과졸 [경]1998년 사법시험 합격(40회) 2001년 사법연수원 수료(30기) 2001년 대구지검 검사 2003년 대전지검 천안지청 검사 2005년 수원지검 검사 2007년 부산지검 검사 2011년 서울중앙지검 검사 2015년 인천지검 부천지청 부부장검사 2016년 창원지검 거창지청장(현)

이창용(李昌鏞) RHEE Changyong

[생]1960 · 5 · 16 [출]충남 논산 [학]1980년 서울대 경제학과졸 1984년 미국 하버드대 대학원 경제학과졸 1989년 경제학박사(미국 하버드대) [경]1989~1994년 미국 로체스터대 경제학과 조교수 1992년 세계은행 객원연구원 1994~2003년 서울대 경제학부 조교수 · 부교수 1999~2000년 미국 로체스터대 방문교수 2003~2008년 서울대 경제학부 교수 2004년 공적자금관리위원회 매각소위원회 위원 2004년 대통령자문 국민경제자문회의 자문위원 2007년 제17대 대통령직인수위원회 경제1분과위원회 위원 2008~2009년 금융위원회 부위원장 2009년 대통령직속 G20정상회의준비위원회 기획조정단장(차관급) 2011년 아시아개발은행(ADB) 수석이코노미스트 2014년 국제통화기금(IMF) 아시아 · 태평양담당 국장(현) [상]'2013년을 빛낸 도전한국인 10인' 국제부문 대상(2014)

이창우(李昶雨) LEE Chang Woo (雪松)

[생]1953 · 1 · 13 [본]경주(慶州) [출]경북 상주 [주]서울 중구 청계천로118의2 한국볼트빌딩5층 (사)무궁화사랑운동본부 사무국(02-2232-8899) [학]1972년 태백 황지고졸 1981년 한양대 공대 건축공학과졸 1984년 대만 중국문화대 대학원 산업경영과정 수료 1985년 한양대 공학대학원 국토개발학과졸(공학석사) 2009년 건축음향공학박사(한양대) [경]1978년 한양대 공대 건축공학회 회장, 同총학생회 운영위원장 1981~1984년 한성프리훼브(주택공사) 감독관 1983~1984년 한양대 공학대학원 35대 총학생회장 1984~1986년 일우내외종합건축사무소 감리단장 1986~2011년 (주)예가람종합건축사사무소 소장 1991년 전국초등학교태권도대회 위원장 1992년 서울지구청년회의소 법제 · 기획실장 1992~2002년 민주평통 자문위원 1994년 한국건축가협회 정회원(현) 1994년 중국 길림성 연길시정부 건설자문위원(현) 1995년 대한건축학회 정회원(현) 2003년 在京태백시황지중 · 고동문회장 2003년 한국생활환경학회 정회원(현) 2003년 한국호텔경영학회 정회원(현) 2004년 在京태백지구동문연합회 회장 2004년 태백시 홍보대사(현) 2005년 한국관광경영학회 정회원(현) 2010년 한양대 공과대학원 건축환경공학과 겸임교수 2011년 태백시 건축심의위원(현) 2011년 새희망노인권익연대 사무총장 2011년 무궁화사랑운동본부 총괄본부장 2012년 민주평통 자문위원 2012년 무궁화사랑운동본부 사무총장 2012~2013년 선진엔지니어링 부회장 2013년 세계환경문학협회 시인 등단 2013년 (사)무궁화사랑운동본부 중앙회장(현) 2013년 (주)유진인터내셔널종합건축사사무소 회장 2014년 서북청년단 단장(현) 2015년 (주)무궁화사랑 대표이사(현) [상]용산구청장표창(1990), 서울시장표창(1991), 한국청년회의소중앙회장 특별표창(1991), 대한태권도협회 공로표창(1992), 태백시 종합문화예술회관 최우수상(1996), 한국해비타트 공로패(1996) [저]'집합주택, 아파트(共)'(1993) '관공서 건축(共)'(1993) '고층, 초고층 건축(共)'(1993) '복지, 병원건축(編)'(1994) '건축 설계 디테일 집 10권(共)'(1994) '건축설계입문(編)'(1997) [역]'신건축 입문-사상과 역사'(1995) '건축의 흐름(編)'(1998) [작]주요설계 '부천시민회관 설계 감리'(1984) '제주 한신코아 리조텔'(1990) '안양 도정오피스텔'(1991) '한양대 부속병원 MRI동 및 증축'(1992) '포항 학잠동 대림아파트 재건축'(1993) '강동 현대플라자 주상복합시설'(1993) '중국 길림성 천지Officetel 및 한신APT'(1994) '중국 길림성 열병합발전소 계획(100MW 2기)'(1995) '태백시 종합문화예술회관 설계'(1996) '강원랜드 Small Casino 및 Hotel'(1999) '중국 연길시 주상복합(10만평)'(2004) '태백 고생대 자연사박물관 현상설계 우수작'(2006) '태백시 국민안전체험 테마파크 턴키 대림산업 우수작'(2006)

이창우(李昌雨) LEE Chang Woo

[생]1958 · 1 · 19 [본]경주(慶州) [출]서울 [주]서울 용산구 한강대로32 (주)LG유플러스 네트워크본부(070-4080-7906) [학]경동고졸, 한양대 기계공학과졸 [경]1983년 금성사 입사, LG전자 · LG동경사무소 근무 2000년 DMI 기술그룹 상무, (주)데이콤 e-Biz사업부장(상무), 同네트워크지원담당 상무 2006년 (주)LG데이콤 기업서비스본부장(상무) 2007년 同사업본부장(상무) 2009년 同네트워크본부장(전무) 2010년 LG유플러스 네트워크부문장 2011년 同네트워크본부장(전무) 2012년 同네트워크(NW)본부장(부사장) 2013년 同SC본부장(부사장) 2013년 同네트워크(NW)본부장(부사장)(현)

이창우(李昌愚) LEE Chang Woo

[생]1965 · 9 · 4 [본]전주(全州) [출]인천 [주]경기 부천시 원미구 지봉로43 가톨릭대학교 정보통신전자공학부(02-2164-4369) [학]1984년 여의도고졸 1988년 서울대 제어계측공학과졸 1990년 同대학원 제어계측공학과졸 1996년 공학박사(서울대) [경]1996년 삼성전자 신호처리연구소 선임연구원 1997년 가톨릭대 컴퓨터전자공학부 부교수 1997년 同정보통신전자공학부 교수(현) [종]기독교

이창우(李昌瑀) Lee Chang-woo

[생]1970 · 7 · 23 [출]전남 강진 [주]서울 동작구 장승배기로161 동작구청(02-820-1373) [학]여의도고졸, 연세대 행정대학원 정치학과졸, 同대학원 도시공학 박사과정 재학 중 [경]1996~2000년 새정치국민회의 사무처 부장 2000~2002년 새천년민주당 정세분석국 부장 2002년 同노무현 대통령후보 비서 2003~2008년 대통령 제1부속실 선임행정관 2008~2010년 민주당 중앙당 전략기획위원회 부위원장 2009~2014년 서울시 동작구체육회 이사 2012년 민주통합당 문재인 대통령후보 일정기획팀장 2014년 서울시 동작구청장(새정치민주연합 · 더불어민주당)(현)

이창욱(李昌旭) LEE Chang Wook

[생]1955 · 3 · 5 [출]대구 [주]서울 서초구 서초중앙로63 한국아스콘공업협동조합연합회(02-585-3290) [학]1973년 대구 계성고졸 1977년 영남대 건축공학과졸 [경]2005년 인천지방조달청 관리과장 2006년 同경영지원팀장 2007년 同자재구매팀장 2007년 조달청 시설사업본부 패키지서비스팀장 2008년 同시설사업국 시설기획과장 2008년 同대변인 2009년 同대변인(부이사관) 2010년 同시설사업국 시설기획과장 2010~2012년 대구지방조달청장 2012년 한국아스콘공업협동조합연합회 전무(현)

이창욱(李昌昱) Lee Chang-Uk

[생]1965 · 10 · 1 [본]재령(載寧) [출]경남 창원 [주]서울 영등포구 여의대로38 금융감독원 보험감독국 보험감리실(02-3145-8221) [학]1984년 마산중앙고졸 1988년 연세대 행정학과졸 1997년 同대학원 경제학과졸 2007년 미시간주립대 대학원 파이넨스과졸 2015년 경영학박사(한양대) [경]1993~1998년 보험감독원 검사2국 등 근무(5급) 1998년 同총무국 책임역 1999~2005년 同검사9국 등 선임역 2005년 同보험감독국 수석역 2009년 同조사연구실 보험팀장 2010년 同생명보험서비스국 건전경영팀장 2010~2012년 미국 캘리포니아 보험감독청 파견 2012년 금융감독원 보험상품감독국 보험상품총괄팀장 2015년 同보험감독국 보험총괄팀 부국장 2016년 同인재개발원 실장 2016년 同보험감독국 보험감리실장(현)

이창운(李昌雲) LEE Chang Woon

[생]1956 · 5 · 5 [출]제주 서귀포 [주]세종특별자치시 시청대로370 한국교통연구원 원장실(044-211-3054) [학]1979년 경북대 지리학과졸 1982년 서울대 환경대학원 도시계획학과졸 1997년 교통학박사(프랑스 국립ENPC대) [경]1985~1986년 한국과학기술원(KAIST) 시스템공학센터 연구원 1986~2011년 한국교통연구원 광역교통연구팀장 · 철도교통연구실장 · 기획조정실장 · 연구조정위원장 · 국가교통물류전략본부장(선임연구위원), 2010~2012년 대한교통학회 이사, 국토해양부 국가교통조정실무위원, 同철도산업위원, 법제처 국민법제관(현) 2010년 한국교통연구원 부원장 2011년 교통투자평가협회 부회장(현) 2012~2013년 World Bank senior transport specialist(선임교통전문위원) 2013년 한국교통연구원 경영부원장 2014년 同원장(현) [상]국민훈장 목련장(2009)

이창원(李昌遠) LEE Chang Won

[생]1936·8·23 [본]한산(韓山) [출]서울 [주]인천 연수구 갯벌로38 한국단자공업(주) 비서실(032-850-1234) [학]1955년 서울고졸 1960년 서울대 법학과졸 [경]1961~1972년 경향신문·중앙일보 기자 1973년 한국단자공업(주) 대표이사 사장 2012년 同대표이사 회장(현) [상]국무총리표창, 산업포장(1990), 대통령표창(1990), 상공부장관표창, 금탑산업훈장(1997), 신산업경영대상 관리대상 [종]불교

이창원(李昌遠) Lee, Chang Won

[생]1958·1·19 [본]한산(韓山) [출]충남 논산 [학]1976년 공주고졸 1997년 강남대 세무학과졸 2002년 고려대 정책대학원 경제학과졸(석사) [경]1977~1994년 국세청 세무조사관 1998~2014년 세무사 개업 2005~2012년 강남대 겸임교수, 한국세무학회 이사 2005년 한국재정정책학회 이사 2006년 충남 논산시장선거 출마(무소속) 2012~2013년 새누리당 논산·계룡·금산당원협의회 운영위원장 2012년 제19대 국회의원선거 출마(논산·계룡·금산, 새누리당) 2014~2016년 KDB대우증권(주) 상근감사위원 2015년 고려대정책대학원총교우회 회장(현) 2014~2016년 미래에셋대우 상근감사위원 [상]한국감사협회 한국내부감사대회 '자랑스러운 내부감사인상 은상'(2015) [종]기독교

이창원(李暢遠) LEE Chang Won

[생]1959·3·18 [출]대구 [주]부산 동래구 사직로45 롯데자이언츠 대표이사실(051-590-9000) [학]1978년 서라벌고졸, 고려대 영어영문학과졸 [경]대우자동차 홍보팀장 2001년 롯데그룹 홍보실 부장 2005년 同홍보실 이사대우 2008년 同홍보실 이사 2010년 同정책본부 홍보실장(상무) 2014년 同커뮤니케이션실 전무 2014년 롯데자이언츠 대표이사(현)

이창원(李昌遠) LEE Chang-Won

[생]1960·7·17 [본]한산(韓山) [출]서울 [주]대전 유성구 가정북로68 학교법인 창성학원(042-864-4001) [학]1978년 홍익사대부고졸 1984년 한국외국어대 문학과졸 1986년 연세대 경영대학원 경영학과졸 1991년 조직학박사(미국 뉴욕주립대 올바니교) [경]1992~2003년 한성대 행정학과 전임강사·조교수·부교수 1993~1996년 同행정학과장 2001~2002년 행정개혁시민연합 관료제도개혁분과위원장 2001~2003년 행정자치부 업무평가위원 2003년 행정개혁시민연합 정부조직·관료제도위원장 2003~2016년 한성대 사회과학대학 행정학과 교수 2003년 한국행정학회 영문편집위원장 2004년 정부혁신지방분권위원회 인사개혁전문위원 2004~2005년 한성대 디지털중소기업대학원장 2005~2007년 同기획협력처장 2007년 한국정책과학학회 회장 2007~2009년 한성대 산학협력단장 2008년 노동부·지식경제부·소방방재청 자체평가위원 2008~2009년 한국조직학회 회장 2010년 한성대 기획협력처장 2012년 (재)미연합감리교회 세계선교부유지재단 이사장(현) 2012~2014년 한국폴리텍대학 법인이사 2012~2014년 (사)정부개혁연구소 소장 2013년 한성대 산학협력단장 2013~2015년 건강보험심사평가원 미래전략위원회 창조경제분과위원장 2014~2015년 한성대 교무처장 2014년 미국 뉴욕주립대총동문회 회장(현) 2016년 학교법인 창성학원 이사장(현) [상]대통령표창(2006), 근정포장(2009), 녹조근정훈장(2014) [저]'정보사회와 현대조직'(2004) '새 조직론'(2005)

이창원(李蒼遠) Chang Weon Rhee

[생]1963·11·8 [출]전북 전주 [주]서울 중구 청계천로24 한국씨티은행 법무본부(02-3455-2114) [학]1982년 전주고졸 1986년 서울대 법학과졸 1998년 미국 보스턴대 법과대학원 법학과졸 [경]1987년 사법시험 합격(29회) 1990년 사법연수원 수료(19기) 1990년 軍법무관 1993~2013년 법무법인 세종 변호사 1998~1999년 Gibson, Dunn & Crutcher 법률사무소 근무 1999년 미국 New York주 변호사 자격 취득 2013~2014년 한국씨티금융지주 법무본부 부사장 2013년 한국씨티은행 법무본부 부행장(현)

이창윤(李昌潤) LEE Chang Yun

[생]1969·6·20 [출]경기 고양 [주]경기 과천시 관문로47 미래창조과학부 연구개발정책과(02-2110-2350) [학]1987년 충암고졸 1995년 연세대 화학공학과졸 [경]2001년 과학기술부 연구개발국 우주항공기술과 사무관 2004년 同과학기술협력국 동북아기술협력과 서기관, 항공우주연구원 파견(서기관) 2007년 과학기술부 원천기술개발과장 2007년 同연구개발특구기획단 기획총괄팀장 2008년 교육과학기술부 연구환경안전과장 2008년 同양자협력과장 2009년 同인재정책실 인재정책분석과장 2010년 同과학기술전략과장 2011년 외교통상부 파견(서기관) 2013년 駐독일대사관 본분관 참사관 겸 영사 2014년 미래창조과학부 미래인재정책과장 2016년 同미래인재정책과장(부이사관) 2016년 同연구개발정책과장(현) [상]근정포장(2015)

이창의(李昌儀) LEE Chang Eui

[생]1953·1·9 [출]충남 서산 [주]서울 영등포구 국제금융로8길27의9 매거진하우스 비서실(02-725-5504) [학]용산고졸 1976년 중앙대 화학과졸 [경]1978~1982년 학원출판사 근무 1993년 조선일보 출판판매부 과장 1995년 同출판관리부 차장 1998년 同출판관리부장 1999년 同출판광고부장 2003~2010년 조선일보생활미디어(주) 대표이사 발행인 2004년 (사)한국잡지협회 우수잡지선정위원 2005년 同잡지진흥법추진위원 2005~2006년 조선출판마케팅(주) 대표이사 2007년 (사)한국잡지협회 부회장 2010~2013년 조선매거진(주) 대표이사 발행인 2011~2013년 (사)한국잡지협회 회장 2011~2013년 한국광고단체연합회 이사 2012년 한국간행물윤리위원회 위원 2013년 (주)매거진하우스 대표(현) 2013년 한국정기간행물협동조합 비상임이사장(현) 2013~2014년 조선뉴스프레스 고문 [상]은관문화훈장(2013)

이창재(李昌載) Lee Chang Jai

[생]1957·1·26 [본]광주(廣州) [출]충남 천안 [주]서울 마포구 백범로192 에쓰오일(주) 관리지원본부(02-3772-5151) [학]1975년 서울 중앙고졸 1981년 연세대 경영학과졸 [경]1981년 쌍용정유 입사 1997년 同국내마케팅부문 판매촉진팀장(부장) 1999년 同경영관리팀장 겸 손익관리팀장(부장) 2002년 S-OIL(주) 홍보·업무부문장(상무) 2007년 同인사·업무부문장(상무) 2008년 同업무부문장(상무) 2012년 同관리지원본부장(부사장)(현) [상]제14회 환경의날 대통령표창(2009)

이창재(李昌在) LEE Chang Jae

[생]1961·8·7 [본]전주(全州) [출]충북 괴산 [주]대전 서구 청사로189 산림청 산림자원국(042-481-4120) [학]1980년 청주고졸 1984년 서울대 농학과졸 1986년 同대학원 임학과졸 1994년 농학박사(서울대) [경]기술고시 합격(21회) 1985년 충북도 임업사무관 1991년 산림청 임업사무관 1997년 同임업서기관 1999년 同산지계획과장 1999년 同산림보호과장 2000년 해외 연수 2003년 산림청 산지관리과장 2004년 同산불방지과장 2005년 同혁신인사기획관 2006년 同혁신인사기획팀장 2008년 同산림자원국 산림정책과장 2010년 남부지방산림청장 2011년 산림청 본부 근무(고위공무원) 2011년 국제연합식량농업기구(FAO) 파견 2014년 산림청 해외자원협력관 2015년 同산림자원국장(현) [상]녹조근정훈장(2004) [종]기독교

이창재(李昌宰) LEE Chang Jae

[생]1965·1·20 [출]서울 [주]경기 과천시 관문로47 법무부 차관실(02-2110-3002) [학]1983년 환일고졸 1987년 서울대 법대 법학과졸 1993년 同대학원졸 1997년 미국 조지워싱턴대 대학원 법학과졸 [경]1987년 사법시험 합격(29회) 1990년 사법연수원 수료(19기) 1990년 서울지검 동부지청 검사 1992년 춘천지검 강릉지청 검사 1994년 서울지검 남부지청 검사 1997년 대전지검 검사 1997년 법무부 검찰4과 검사 2000년 서울지검 검사 2002년 부산지검 부부장검사 2002년 대구지검 안동지청장 2003년 서울지검 부부장검사 2004년 법무부 정책기획단 파견 2006년 同형사기획과장 2008년 同검찰과장 2009년 서울중앙지검 형사1부장 2009년 대검찰청 수사기획관 2010년 서울남부지검 차장검사 2011년 수원지검 안산지청장 2012년 광주지검 차장검사 2013년 대검찰청 기획조정부장 2013년 전주지검장 2013~2014년 검찰개혁심의위원회 위원 2015년 서울북부지검장 2015년 법무부 차관(고등검사장급)(현)

이창주(李昌周) LEE Chang Joo

[생]1960·1·5 [본]전주(全州) [출]서울 [주]부산 영도구 해양로293 중앙해양특수구조단(033-741-2919) [학]배문고졸, 경남대 경영학과졸 [경]경찰간부 후보(37기) 2002년 해양경찰특공대장 2008년 해양경찰청 대변인실 홍보1팀장(경정) 2009년 同대변인실 홍보1팀장(총경) 2009년 교육파견 2009년 해양경찰청 전략사업과장 2010년 동해지방해양경찰청 경비구난과장, 대통령실 행정관 2011년 여수해양경찰서장 2012년 남해지방해양경찰청 상황담당관 2014년 동해지방해양경찰청 정보수사과장 2014년 국민안전처 제주지방해양경비안전본

부 경비안전과장 2015년 同제주지방해양경비안전본부 상황담당관 2015년 同동해해양경비안전서장 2016년 同중앙해양특수구조단장(현) [상]해양경찰청장표창, 경찰청장표창, 해양수산부장관표창, 국무총리표창 [종]불교

이창준(李昌濬) LEE Chang Jun

[생]1964 [주]세종특별자치시 도움4로13 보건복지부 건강보험정책국 보험정책과(044-202-2710) [학]한국외국어대 행정학과졸 [경]행정고시 합격(37회) 2000년 보건복지부 국립의료원제3진료부장 2003년 同연금보험국 보험정책과 서기관 2004년 同약무식품정책과 서기관 2005년 同노인요양보장추진단 노인요양보장제도설계팀 서기관 2005년 식품의약품안전청 식품안전과장 2007년 보건복지가족부 보험연금정책본부 보험평가팀장 2008년 同보험급여과장 2009년 同기획조정담당관 2010년 보건복지부 기획조정담당관 2010년 同보건의료정책실 의료자원과장 2011년 同보건의료정책실 보건의료정책과장 2014년 同인구정책실 인구정책과장 2014년 同건강보험정책국 보험정책과장(현)

이창하(李昌夏) LEE Chang Ha

[생]1963 · 9 · 5 [주]충남 아산시 탕정면 만전당길30 코닝정밀소재(주) 임원실(041-520-1114) [학]1989년 영남대 기계공학과졸 [경]1989년 삼성그룹 입사, 삼성코닝 Fusion팀 근무 2006년 삼성코닝정밀유리(주) 설비기술팀장 2009년 同설비기술팀장(상무) 2012~2013년 同해외프로젝트팀장(상무), 코닝정밀소재(주) 제조팀장(상무) 2015년 同전무(현) [상]자랑스런 삼성인상(2006 · 2007 · 2008) [종]불교

이창한(李昌翰) LEE Chang Han

[생]1963 · 2 · 9 [본]경주(慶州) [출]전남 순천 [주]광주 동구 준법로7의12 광주고등법원 수석부장판사실(062-239-1114) [학]1982년 순천고졸 1987년 서울대 법학과졸 [경]1986년 사법시험 합격(28회) 1989년 사법연수원 수료(18회) 1989년 軍검찰관 1992년 광주지법 판사 1994년 同순천지원 판사 1994년 同목포지원 판사 1996년 광주지법 무안 · 영암 · 함평 군법원 판사 1997년 광주지법 판사 1999년 광주고법 판사 2002년 대법원 재판연구관 2004년 광주지법 형사2부 부장판사 2006년 同가정지원장 2008년 전주지법 군산지원장 2010년 광주지법 부장판사 2011년 광주고법 형사1부 · 민사1부 부장판사 2014년 광주지법 수석부장판사 2016년 광주고법 수석부장판사(현)

이창현(李昌玄) LEE Chang Hyun

[생]1963 · 6 · 25 [본]전주(全州) [출]경남 삼천포 [주]서울 동대문구 이문로107 한국외국어대학교 법학전문대학원(02-2173-3199) [학]1982년 부산 가야고졸 1986년 연세대 법학과졸 1995년 同경영대학원졸 2004년 법학박사(연세대) [경]1987년 사법시험 합격(29회) 1990년 사법연수원 수료(19기) 1993년 서울지검 북부지청 검사 1995년 청주지검 제천지청 검사 1996년 부산지검 검사 1998년 수원지검 검사 1998년 변호사 개업 2000~2011년 법무법인 세인 대표변호사 2000년 경기대 겸임교수 2002년 수원지방변호사회 회원이사 2002년 이용호게이트 특별검사팀 특별수사관 2005년 미국 워싱턴대 교환교수 2007년 아주대 법대 부교수 2011년 한국외국어대 법학전문대학원 교수(현) 2013~2014년 同법학전문대학원 부원장 2015년 同글로벌법률상담소장(현) [저]'검찰청의 단골손님들'(1998, 청림출판) '진정서 · 탄원서 작성의 모든 것'(1999, 청림출판) '형사변호와 무죄'(2003, 미래와경영) '형사소송법(2판)'(2015, 입추)

이창현(李昌炫) LEE Chang Hyun

[생]1964 · 3 · 14 [주]서울 성북구 정릉로77 국민대학교 사회과학대학 언론정보학부(02-910-4262) [학]1982년 경희고졸 1986년 서울대 농생물학과졸 1988년 同대학원 언론학과졸 1993년 언론정보학박사(서울대) [경]1993~1996년 한국방송개발원 프로그램연구실 선임연구원 1995년 미국 위스콘신대 교환연구자 1997년 KBS 편성운영본부 연구위원 1998년 국민대 사회과학대학 언론정보학부 교수(현) 2002년 방송위원회 심의위원 2002~2003년 통일부 통일정책자문위원 2009년 미디어발전국민위원회 위원 2009~2011년 KBS 이사 2012~2014년 서울연구원 원장 [저]'방송보도론'(1993, 한국방송학회) '방송은 무엇인가'(1997, 방송위원회) '매스미디어와 정보사회'(1998, 국민대 출판부) '한국언론산업의 역사와구조'(2000) '한국의 기자노동'(2001, 전국언론노동조합연맹) '한국의 언론인노동 : 2000'(2002, 전국언론노동조합) '녹색캠퍼스 함께하기'(2004, 이크) '미디어와정보사회'(2004, 커뮤니케이션북스) '방송학개론'(2005, 한국방송통신대 출판부)

이창형(李昌烔)

[생]1961 · 11 [출]경북 [주]강원 삼척시 정상로53 강원 삼척경찰서 서장실(033-571-2321) [학]1979년 안동고졸 1987년 경희대 문학과졸 [경]1987년 경사 임용(특채) 2011년 서울 수서경찰서 정보보안과장 2012년 서울 중랑경찰서 정보보안과장 2013년 서울 서초경찰서 여성청소년과장 2014년 경찰청 정보국 근무 2014년 서울 은평경찰서 생활안전과장 2015년 강원지방경찰청 홍보담당관(총경) 2016년 강원 삼척경찰서장(현)

이창형(李昌烔) LEE Chang Hyeong

[생]1962 · 2 · 17 [본]경주(慶州) [출]전북 전주 [주]서울 서초구 서초중앙로157 서울고등법원 부장판사실(02-530-1114) [학]1980년 전주고졸 1984년 연세대 법학과졸 1986년 중앙대 법학대학원졸 [경]1987년 사법시험 합격(29회) 1990년 사법연수원 수료(19기) 1990년 軍법무관 1993년 서울지법 동부지원 판사 1995년 서울지법 판사 1997년 대전지법 강경지원 1998년 同부여군법원 판사 1999년 수원지법 판사 2001년 서울지법 판사 2002년 서울고법 판사 2003년 대법원 재판연구관 2005년 대전지법 논산지원장 2007년 사법연수원 형사총괄 교수 2010년 서울중앙지법 형사4부 · 민사합의15부 부장판사 2013년 광주고법 전주재판부 고등부장판사 2014년 서울고법 부장판사(현) 2015년 대법원 양형위원회 법관위원(현) [상]서울지방변호사회 선정 최우수법관(2011)

이창호(李昌浩) LEE Chang Ho

[생]1960 · 1 · 10 [출]충남 연기 [주]서울 마포구 독막로101 BR엘리텔B동3층 아이뉴스24(02-334-7114) [학]1978년 충남고졸 1985년 충남대 경영학과졸 [경]1987~1999년 (주)전자신문사 기자 2003년 아이뉴스24 대표이사(현) 2003년 한국인터넷신문협회 부회장 2004~2006년 同회장 2008년 아이뉴스24 편집국장 겸임 2013년 한국인터넷신문협회 회장(현)

이창호(李昌鎬) Lee Chang Ho

[생]1962 · 3 · 20 [출]충남 논산 [주]서울 종로구 율곡로2길 25 연합뉴스 출판부(02-398-3468) [학]1988년 한국외국어대 서반아어과졸 [경]1991년 연합뉴스 출판국 월간부 사원 2000년 同출판개혁연구팀 팀원 겸임 2001년 同월간부 차장대우 2004년 同월간부 차장 2005년 同출판부 차장 2007년 同출판부 부장대우 2010년 同월간부장(부장대우) 2010년 同지방수익사업위원회 위원 겸임 2011년 同월간부장 2014년 同월간부장(부국장대우) 2015년 同월간부 기자(부국장대우) 2015년 同출판부 기자(부국장대우)(현)

이창호(李昌鎬) Lee Chang-Ho

[생]1963 · 9 · 8 [주]전남 무안군 삼향읍 오룡길1 전라남도의회(061-286-8174) [학]구례농고졸, 전남대 농학과졸 [경]구례군농민회 마산면지회장, 민주노동당 구례군위원회 부위원장 · 위원장, 구례군재향군인회 이사, 민주평통 자문위원 2006년 전남 구례군의원선거 출마 2010년 전남 구례군의회 의원(민주노동당 · 통합진보당) 2014년 전남도의회 의원(무소속)(현) 2014년 同농수산위원회 위원 2014~2015 · 2016년 同예산결산특별위원회 위원(현) 2014 · 2016년 同FTA대책특별위원회 위원(현) 2015년 同윤리특별위원회 위원 2016년 同안전건설소방위원회 부위원장(현) 2016년 운영위원회 위원(현)

이창호(李昌鎬) LEE Chang Ho

[생]1975 · 7 · 29 [출]전북 전주 [주]서울 성동구 마장로210 한국기원 홍보팀(02-3407-3850) [학]1991년 충암고졸 [경]1986년 프로바둑 입단 1987년 2단 1988년 3단승단 1988년 KBS바둑왕전 우승(세계최연소기록) 1989년 신인왕전 우승 1989년 4단승단 1990년 국수전 · 최고위전 · 신왕전 우승 1990년 TV바둑아시아선수권 준우승 1991년 5단승단 1991년 명인전 · 최고위전 · 대왕전 · 왕위전 · 박카스전 · 제왕전 우승 1992년 동양증권배 · 명인전 · 최고위전 · 대왕전 · 비씨카드배 · 박카스배 · 제왕전 · KBS바둑왕전 우승 1992년 6단승단 1993년 최다승기록(90승) 1993년 국수전 · 명인전 · 대왕전 · 기왕전 · 패왕전 · 국기전 · 배달왕 · 박카스배 · 제왕전 · SBS 우승 1994년 국수전 · 명인전 · 대왕전 · 기왕전 · 패왕전 · 국기전 · 비씨카드배 · 기성전 · 배달왕 · SBS · KBS바둑왕 우승 1994년 7단승단 1995년

국수전·명인전·최고위전·기왕전·패왕전·국기전·비씨카드배·기성전·배달왕·SBS·KBS바둑왕·TV바둑아시아선수권대회 우승 1996년 국수전·명인전·왕위전·최고위전·대왕전·국기전·기성전·천원전·동양증권배·후지쯔배·세계바둑최강 결정전 우승 1996년 9단 특별승단(현) 1997년 국수전·최고위전·대왕전·왕위전·비씨카드배·배달왕·천원전·기성전·테크론배 우승 1998년 명인전·최고위전·대왕전·왕위전·기성전·천원전·테크론배 우승 1999년 삼성화재배 세계바둑오픈대회·LG배 세계기왕전·KBS배 바둑왕·기성전·최고인전·왕위전·명인전·박카스배 우승 2000년 기성전·왕위전·명인전 우승 2000~2005년 농심신라면배 세계바둑최강전 우승(6연패) 2000년 명인전·왕위전·기성전 우승 2001년 응씨배·LG배 세계기왕전·LG정유배 프로기전·KBS바둑왕전·SK엔크린배 명인전 우승 2001년 바둑문화상 최우수기사 2002년 농심신라면배·TV바둑아시아컵·현대자동차배·패왕전·왕위전·KBS바둑왕전·명인전 우승 2003년 도요타덴소배 세계왕좌전·춘란배 세계바둑선수권대회·국수전·LG배·왕위전·명인전 우승 2003년 패왕전 준우승 2003년 드림리그 개인부문 공동다승왕 2004년 타이타(泰達)배 우승 2005년 전자랜드배 우승·춘란배 우승·바둑왕전 우승·왕위전 우승 2006년 국수전 우승·원익배 10단전 우승·농심신라면배 한국대표 준우승·전자랜드배 왕중왕전 우승·왕위전 우승 2007년 후지쓰배 준우승 2007년 중환배 우승 2007년 KBS바둑왕전 우승 2008년 전자랜드배 백호왕전 우승 2008년 원익배 십단전 우승 2008년 후지쓰배 세계바둑선수권전 준우승 2009년 KBS바둑왕전 우승 2009년 춘란배 세계바둑선수권대회·제22회 후지쯔배 세계바둑선수권대회·한국물가정보배 준우승 2009년 하이원리조트배 명인전 우승 2010년 제5기 원익배 십단전 준우승 2010년 농심배 세계바둑최강전·제53회 국수전·KBS바둑왕전 우승 2010년 세계통합명인전 준우승 2010년 광저우아시안게임 단체전 금메달 2011년 국수전 준우승 2011년 맥심커피배 입신최강전 준우승 2011년 Olleh배 준우승 2012년 LG배 세계기왕전 준우승 2012년 농심신라면배 준우승 2013년 KBS바둑왕전 준우승 2014년 국가대표 바둑팀 기술위원 2014년 '2014 서울시 차 없는 날' 홍보대사 2016년 전자랜드 프라이스킹배 '한국바둑의 전설' 준우승 2016년 중국 루양배 한·중·일페어대회 준우승 2016년 한국기원 이사 겸 운영위원(현) [상]바둑문화상 최우수기사상(1995~2001·2003), 은관문화훈장(1996), 연승상 및 승률상(2001), 바둑대상 우수기사상(2004·2006·2007·2008), 2009 바둑대상 MVP(2010) [저]'이창호의 부득탐승'(2011, 라이프맵)

이창환(李昌煥) Lee, Chang Hwan

[생]1953·9·20 [출]서울 [주]서울 마포구 독막로324 (주)동서 비서실(02-3271-9603) [학]1973년 서울고졸 1980년 서울대 경영학과졸 1999년 미국 하버드대 경영대학원 Advanced Management Program 수료 [경]1998년 (주)동서 대표이사 사장 2001년 동서식품(주) 감사 2004년 同대표이사 사장 2014년 (주)동서 회장(현) 2016년 한국식품산업협회 회장(현) [상]산업포장(2013)

이창황(李暢晃) LEE Chang Hwang

[생]1962·4·8 [출]부산 [주]서울 마포구 마포대로119 (주)효성 전략본부(02-707-7685) [학]부산진고졸, 서울대 공업화학과졸 [경](주)효성 섬유PG 안양공장 기술팀 부장, 同섬유PG 스판덱스PU 이사 2005년 同섬유PG 스판덱스PU 상무 2008년 同섬유PG 스판덱스PU장(전무) 2010년 同중국스판덱스총괄 총경리(전무) 2014년 同중국스판덱스총괄 총경리(부사장) 2014년 同전략본부 부본부장(부사장)(현) 2016년 효성ITX 사내이사(현)

이창훈(李昌勳) LEE Chang Hoon

[생]1949·8·12 [출]경북 경주 [주]서울 강남구 테헤란로306 KAIT타워6층 불스원 비서실(02-2106-7779) [학]한양대 재료공학과졸 [경]OCI(구 동양화학) 근무 2006~2011년 (주)콜럼비안케미컬즈코리아 대표이사 겸 아시아지역 사장 2011년 (주)불스원 대표이사 사장(현)

이창훈(李昌訓) LEE Chang Hoon

[생]1953·10·26 [출]전북 순창 [주]서울 중구 세종대로124 프레스센터10층 아셈연구원 원장실(02-730-2740) [학]1973년 광주제일고졸 1980년 한국외국어대 일어과졸 1986년 국제정치학박사(프랑스 파리제10대) [경]1988~2000년 한남대 정치외교학과 교수 1995년 미국 조지타운대 교환교수 1996~1998년 대전매일신문 논설위원 1998년 제15대 대통령직인수위원회 국정지표담당역 2000년 한라대 부총장 2000~2002년 同총장 2000년 한국유럽학회 회장 2001년 강원지역대학총장협의회 회장 2002년 비벤디워터코리아 사장 2002년 한국·프랑스정치학회 회장 2002년 한라대 명예총장 2002년 (사)아셈연구원 원장(현) 2004~2007년 베올리아워터코리아 사장 2006~2008년 서울교대 석좌교수 2008년 한국정치외교사학회 회장 [상]프랑스국가최고훈장 레종도뇌르 [저]'신보수수익론' '한국외교사 Ⅰ·Ⅱ' '유럽통합의 전망' '소련사회 문화사전' '열강의 점령정책과 분단국의 독립·통일' 'EU'

이창훈(李昌勳) Lee, Chang Hun

[주]부산 서구 구덕로179 부산대학교병원 원장실(051-240-7000) [학]1987년 부산대 의대졸, 同대학원 의학석사, 의학박사(부산대) [경]2000년 일본 구루메의대 병리학교실 조기간세포암종 연구원, 부산대 의대 병리학교실 교수(현) 2003~2011년 부산대병원 병리과장 2007~2008년 미국 M.D Anderson 암센터 교환교수 2009~2012녀 부산대 의학전문대학원 기획조정실장 2011~2012년 대한병리학회 부울경지회 회장 2011~2013년 부산대병원 의생명연구원 중앙실험실장 2011년 대한병리학회 심폐병리연구회 정회원(현) 2011년 同법제이사(현) 2011년 대한세포병리학회 정회원·법제이사(현) 2013~2014년 부산대병원 교육연구실장 2013년 同IRB위원장(panel Ⅳ) 2014~2016년 同진료처장(부원장) 2016년 同제26대 병원장(현)

이창희(李昌熙) LEE Chang Hee

[생]1951·9·29 [본]경주(慶州) [출]경남 산청 [주]경남 진주시 동진로155 진주시청 시장실(055-749-2002) [학]1970년 진주고졸 1972년 울산대 전기과 수료(2년) 1974년 한양대 공업경영학과졸 1987년 서울대 행정대학원 행정학과졸 1994년 미국 위스콘신주립대 대학원 정책학과졸 [경]입법고시 합격 1979년 국회사무처 입법조사국 입법조사관 1987년 同상공위원회 입법조사관 1991년 同EXPO특별위원회 입법조사관 1994년 同기획조정실 행정관리담당관 1995~1999년 국가안전기획부 근무 1999년 국회사무처 실업·안전대책특별위원회 전문위원 2001년 同행정자치위원회 수석전문위원 2004년 同건설교통위원회 수석전문위원 2004~2006년 同농림해양수산위원회 수석전문위원 2006~2008년 경남도 정무부지사 2008~2010년 경남발전연구원 원장 2010년 경남 진주시장(한나라당·새누리당) 2014년 경남 진주시장(새누리당)(현) 2016년 전국혁신도시협의회 회장(현) 2016년 남해안남중권발전협의회 회장(현) 2016년 전국시장·군수·구청장협의회 지역공동회장(현) 2016년 경남도시장·군수협의회 회장(현) [상]황조근정훈장, 국회의장표창, 세계언론평화대상 지방자치발전부문 대상(2015), 한국을 빛낸 창조경영인상(2016), 대한민국 창조경제대상(2016), 대한민국 글로벌리더대상(2016), 한국의 미래를 빛낼 CEO 리더십부문(2016) [저]'달라진 정치관계법(共)'(2004)

이창희(李彰熙) LEE Chang Hee

[생]1954·5·12 [출]서울 [주]강원 춘천시 강원대학길1 강원대학교 화학과(033-250-8490) [학]1980년 경북대 화학과졸 1983년 同대학원 화학과졸 1987년 화학박사(미국 애리조나주립대) [경]1987~1990년 미국 캘리포니아대 박사 후 과정 연구원 1989년 강원대 화학과 조교수·부교수·교수(현) 1993~1995년 미국 카네기멜론대 방문연구교수 1995~1996년 미국 애리조나주립대 방문연구교수 1995~1996년 강원대 화학과장 1997~1998년 미국 노스캐롤라이나대 방문연구교수 2016년 대한화학회 회장(현) [상]대한화학회 우수논문상(2003), 대한화학회 학술상(2008)

이창희(李昌熙) LEE CHANG HEE

[생]1958·7·15 [본]경주(慶州) [출]경남 양산 [주]서울 도봉구 도당로27길78 3층 (주)두가드(02-929-2580) [학]1976년 부산동고졸 1978년 육군3사관학교졸 1983년 전주대 무역학과졸 1990년 육군대학졸 1993년 단국대 대학원 행정학과졸 [경]1978~2000년 국방부 근무 2001~2007년 서한통산(주) 관리부장 2007~2012년 에스디그룹 총괄 관리이사 2012년 Sj그룹(두가드·가온누리시스템) 대표이사 사장(현) [상]대통령표창 등 다수 [종]기독교

이창희(李昶熙)

[생]1960·9·10 [주]서울 강남구 테헤란로127 (주)하나금융그룹 강남사옥15층 하나자산신탁(02-3287-4620) [학]영남고졸, 영남대 경영학과졸, 고려대 경영대학원졸, 건국대 부동산대학원졸 [경]1986년 서울은행 근무, 하나은행 부동산금융팀장, 同임원부속실장, 同기업영업그룹 본부장 2010년 하나다올신탁 부사장 2013년 同대표이사 2013년 (주)하나자산신탁 대표이사(현)

이창희(李昌熙) Lee, Changhee

[생]1964 · 11 · 26 [출]경북 [주]서울 관악구 관악로1 서울대학교 공과대학 전기정보공학부(02-880-9093) [학]1987년 서울대 물리학과졸 1989년 同대학원 물리학과졸 1994년 물리학박사(미국 캘리포니아대 샌타바버라교) [경]1994~1997년 LG화학기술연구원 선임연구원 1997~2004년 인하대 물리학과 조교수 · 부교수 2004~2006년 서울대 공과대학 전기컴퓨터공학부 부교수 2006년 同공과대학 전기정보공학부 교수(현) 2010~2012년 同전기정보공학부 연구부학부장 2012~2013년 미국 Stanford Univ. 방문교수 2013~2015년 서울대 공과대학 연구부학장 겸 연구지원소장 2016년 同반도체공동연구소장(현) 2016년 한국과학기술한림원 정회원 겸 공학부장(현) 2016년 국제정보디스플레이학회(Society for Information Display) 석학회원(Fellow)(현) [상]국제전기기술위원회(IEC) IED 1906 Award(2007), 한국디스플레이산업협회 공로상 수상 (2012), 서울대 반도체공동연구소 도연창조상 (2012), 서울대 공과대학 우수업적교수상 (2014), 국제정보디스플레이학회(SID) Special Recognition Award(2014), 한국정보디스플레이학회 Merck Award(2014), 미래창조과학부 이달(7월)의 과학기술자상(2015)

이채건(李垛建)

[생]1957 · 10 · 9 [출]울산 [주]경남 밀양시 밀양대로2047 밀양시청 부시장실(055-359-5012) [학]1976년 울산 학성고졸 2003년 한국교육개발원(KEDI) 토목공학과졸 2008년 창원대 산업정보대학원 토목공학과졸 2014년 토목공학박사(인제대) [경]1978년 공무원 특채 2006년 경남도 건설도시국 도로과 기술심의담당 2007년 同건설항만방재본부 항만개발담당 2008년 同건설항만방재국 치수방재과 하천시설담당 2010년 同문화관광체육국 관광진흥과 관광시설담당 2011년 同행정지원국 회계과 청사관리담당 2012년 지방행정연수원 교육파견 2013년 경남도 도시교통국 도시계획과장 2013년 同건설방재국 도로과장 2014년 同건설방재국장 2014년 同안전건설국장 2014년 경남 고성군 부군수 2015년 同군수 권한대행 2015년 경남도 도시교통국장 직무대리 2016년 경남 밀양시 부시장(현) [상]녹조근정훈장(2014)

이채성(李彩成)

[생]1958·2·14 [주]강원 강릉시 연곡면 해안로1194 국립수산과학원 동해수산연구소(033-660-8500) [학]1977년 주문진수산고졸 1988년 한국방송통신대 행정학과졸 1992년 동의대 대학원 생물학과졸 1996년 이학박사(제주대) [경]1976~1997년 국립수산과학원 연구사 1997~2000년 同연구관 2000년 同강릉수산종묘시험장장 2004년 同양양내수면연구소장 2008년 同동해수산연구소 해역산업과장 2011년 한국수산자원관리공단 생명자원실장 2014년 同동해지사장 2016년 해양수산부 국립수산과학원 동해수산연구소장(고위공무원)(현)

이채영(李采英) Lee Chaeyoung

[생]1967 · 8 · 12 [출]서울 [주]서울 동작구 상도로369 숭실대학교 자연과학대학 의생명시스템학부(02-820-0455) [학]1986년 상문고졸 1990년 고려대 응용생물학과졸 1995년 이학박사(미국 코넬대) [경]1995~1997년 미국 코넬대 특별연구원 1997~2008년 한림대 전임강사 · 조교수 · 부교수 · 교수 2008년 숭실대 자연과학대학 생명정보학과 교수 2010년 同자연과학대학 의생명시스템학부 교수(현) [상]젊은과학자상, 아자스퓨리나연구상

이채욱(李采郁) Lee Chae Wook

[생]1946·2·6 [출]경북 상주 [주]서울 중구 소월로2길12 CJ(주) 임원실(02-726-8500) [학]1971년 영남대 법학과졸 1975년 성균관대 무역대학원졸 1993년 고려대 국제대학원 최고경영자과정 수료 2002년 서울대 경영대학원 최고경영자과정 수료 [경]1972~1998년 삼성물산 입사·두바이지점장·해외사업본부장·삼성GE의료기기 사장·GE동남아 태평양 싱가폴아시아본사 사장 1998년 초음파 아태지역 총괄사장 2002년 한국제너럴일렉트릭 사장 2005~2007년 同회장 2005~2007년 한국다국적기업최고경영자협회(KCMC) 회장 2007~2008년 GE헬스케어 아시아성장시장 총괄사장 2008~2013년 인천국제공항공사 사장 2009년 KMAC 공공리더스클럽 위원장 2009년 포스코 청암재단 이사 2011년 국제공항협의회(ACI) 세계이사회 이사 2013~2014년 CJ대한통운 대표이사 부회장 2013년 CJ그룹 경영위원회 위원(현) 2013년 CJ(주) 대표이사 부회장(현) [상]자랑스런 고대 국제인상(2005), 한국능률협회 한국경영자대상(2006), 최고경영자상(2009), 서울대 AMP 대상(2011), GWP 최고경영자상(2011), 영국 무디리포트 선정 '올해의 인물'(2011), 자랑스러운 한국인대상 글로벌서비스부문(2011), 카파 CAPA레전드상(2012), 중앙공무원교육원 '베스트 강사상'(2012), 베트남 국가주석 우호훈장(2015) [저]'백만불짜리 열정'(2006) '젊은 심장, 세계를 꿈꿔라(共)'(2009) '행운아마인드'(2013) [종]기독교

이채원(李採源) LEE CHAI WON

[생]1964·3·5 [출]서울 [주]서울 영등포구 여의대로38 17층 한국투자밸류자산운용(주) 임원실(02-3276-6100) [학]일본 St. Mary's International School in Tokyo졸, 중앙대 경영학과졸, 同국제경영대학원 경영학과졸(석사) [경]동원투신운용(주) 자문운용본부장, 한국투자증권(주) 자산운용본부장 2006년 한국투자밸류자산운용(주) 최고투자책임자(CIO · 부사장)(현) [상]한국펀드평가 선정 베스트펀드매니저(1999), 금융감독원 금융산업 발전기여 최우수상(2006), 장기투자문화확립 업무유공자(2006), 아레나코리아 2006 A-Award Intelligence부문 'Man of the year'(2007), 아주경제 선정 최우수펀드매니저(2011), 헤럴드경제 선정 올해의 펀드매니저(2013), 한국경제 선정 국내주식부문 베스트 펀드매니저(2014), 제16회 매경 증권인상 자산운용부문 금상(2014), CIO of the Year 'ASIA ASSET MANAGEMENT'(2014) [저]'이채원의 가치투자-가슴뛰는 기업을 찾아서'(2007)

이채윤(李彩允) LEE Chae Yoon

[생]1950 · 8 · 6 [출]부산 [주]부산 강서구 녹산산업중로207 리노공업(주) 비서실(051-792-5612) [학]1969년 광성공고졸 1991년 동의대 중소기업대학원 수료 2000년 한국과학기술원 경영대학원 최고지식경영자과정 수료 2002년 명예 경영학박사(부산외국어대) [경]1969~1978년 (주)금성사 근무 1978~1996년 리노공업사 사장 1996년 리노공업(주) 대표이사 사장(현) 1998년 부산외국어대 산학협동 교수 1999~2002년 (사)부산이업종교류연합회 회장 2001~2006년 대한상사중재원 중재인 2005~2006년 부산과학기술협의회 간사 2005~2006년 국가균형발전위원회 자문위원 2014년 부산과학기술협의회 CTO평의회 이사(현) 2015년 부산상공회의소 부회장(현) 2015년 한국전력소자산업협회 부회장(현) [상]산업자원부장관표창(2001), 석탑산업훈장(2014)

이채익(李垛益) LEE Che Ik (蒼松)

[생]1955·5·27 [본]학성(鶴城) [출]경남 양산 [주]서울 영등포구 의사당대로1 국회 의원회관434호(02-784-8011) [학]1973년 부산 브니엘고졸 1985년 울산대 경영학과졸 1992년 동국대 지역개발대학원 행정학과졸 2004년 행정학박사(울산대) [경]1979~1987년 영남화학 생산부·관리부 근무 1984~1989년 민주화추진협의회 위원 1985~1991년 학성건설중기 대표 1987~1988년 통일민주당 교육부장·섭외국장 1989년 同중앙당 대의원 1991·1997년 울산시의회 의원 1991년 울산대총동창회 부회장 1991년 민주평통 자문위원 1992년 경상일보 객원논설위원 1993~2002년 터울림합창단 단장 1994년 울산구락부 부회장·고문 1995~1997년 경남도의회 의원 1996년 통일원 통일교육전문위원 1996~2002년 장애인복지회 울산광역시지회 후원회장 1997년 울산南재향군인회 부회장 1997~1998년 한나라당 선거대책위원회 국민대통합지원단 울산지부장 1998년 울산노인복지대학 학장 1998·2002년 울산시 남구청장(한나라당) 1998년 울산YMCA 이사·장수대학 학장 1999~2004년 전국시장·군수·구청장협의회 공동회장 2001년 전국자치구청장협의회 부회장 2006~2007년 부산브니엘고총동창회 회장 2006~2010년 울산대총동문회 회장 2006년 한나라당 제5회 지방선거 울산시당 선대위 총괄본부장 2006년 울산시장선거 출마(한나라당) 2006년 한국정책과학학회 부회장 2007년 한나라당 이명박 대통령예비후보 중앙선대위 정책특보 2007년 同울산선대위 총괄부본부장 2007년 同제17대 대통령중앙선거대책위원회 직능정책본부 지역발전위원회 울산시협회장 2008년 同울산시당 대변인 2008년 제18대 국회의원선거 출마(울산시 울주군, 한나라당) 2008~2011년 울산항만공사(UPA) 사장 2008년 (재)해양환경국민운동연합 부회장 2010년 (재)해양문화재단 이사 2011~2013년 법제처 지방행정분야 국민법제관 2012년 제19대 국회의원(울산시 남구甲, 새누리당) 2013년 국회 산업통상자원위원회 위원 2013년 '대한민국 명강사 33인의 명강의' 출판기념회 명예대회장 2013~2014년 새누리당 울산시당 위원장 2013년 同원내부대표 2013년 국회 운영위원회 위원 2013년 국회 정치쇄신특별위원회 위원 2013년 해병대전우회 명예회원(현) 2014년 국회 통상관계대책특별위원회 위원 2014~2015년 국회 예산결산특별위원회 위원 2014~2015년 국회 군인권개선및병영문화혁신특별위원회 위원 2015년 새누리당 정책위원회 산업통상자원정책조정위원회 부위원장 2015년 同정책위원회 민생119본부 부본부장 2016년 제20대 국회의원(울산시 남구甲, 새누리당)(현) 2016년 국회 산업통상자원위원회 간사 겸 예산결산심사소위원회 위원장(현) 2016년 새누리당 정책위원회 부의장(현) 2016년 국회 예산결산특별위원회 위원(현) [상]은탑산업훈장, 청조소성훈장, 월남장, 유권자시민행동 2013 국정감사 최우수상(2013) [저]'나는 울산을 사랑한다'(2002) '내가 꿈꾸는 울산'(2006) '이채익 화보로 본 섬김의 20년'(2008) [종]기독교

이채필(李埰弼) LEE Chae Pil

④1956·4·28 ②화성(鐡城) ③울산 울주 ③1981년 영남대 법정대학 행정학과졸 1987년 서울대 행정대학원 행정학과졸 2011년 명예 인력개발학박사(한국기술교육대) ③1981년 행정고시 합격(25회) 1982~1992년 노동부 근로기준국·직업안정국·노동보험국 사무관·인천지방노동위원회 사무국장 1992년 대통령 경제수석비서관실 행정관 1994년 노동부 양산노동지청장 1996년 同고용관리과장 1997년 同산업보건과장 1999년 同임금복지과장 겸 근로기준과장 2000년 同행정관리담당관 2001년 同보험제도과장 2002년 대통령 복지노동수석비서관실 선임행정관 2002년 노동부 노사정책과장 2003년 同총무과장 2004년 同산업안전국장 2005년 同고용정책관 2006년 중앙공무원교육원 파견 2007년 노동부 직업능력정책관 2008년 同노사협력정책국장 2009년 同기획조정실장 2010년 同노사정책실장 2010년 同차관 2010년 고용노동부 차관 2011~2013년 同장관 2011년 한국실천공학교육학회 고문 2013~2014년 한국기술교육대 석좌교수 2013~2015년 한국장애인재단 이사장 2013~2016년 청년위함 공동대표 2013~2015년 서울대 행정대학원 초빙교수 2015년 경상일보 대표이사 사장 ④우수공무원 대통령표창(1990), 삼애봉사상(1990), 정책평가우수 대통령표창(2000), 홍조근정훈장(2009), 삼일투명경영대상(2013)

이천구(李千九) LEE Cheon Koo

④1959·6·15 ②전주(全州) ③충북 충주 ㈜대전 유성구 가정로175 LG생활건강㈜ 기술연구원(042-860-8000) ③충주고졸, 충북대 약학과졸, 일본 규슈대 대학원 약학과졸 ③LG생활건강㈜ 화장품연구소 색조1연구팀 부장, 同화장품연구소 R/P연구팀 부장 2006년 同화장품연구소장(상무) 2010년 同화장품사업부장 2011년 同기술연구원 CTO(최고기술경영자) 2012년 同기술연구원장(전무)(현)

이천기(李天基) LEE Chun Kee

④1966·10·19 ③서울 ㈜서울 중구 소공로109 한화빌딩13층 크레디트스위스증권(02-3707-3700) ③서울고졸, 미국 럿거스대(Rutgers Univ.) 경제학과졸, 미국 스탠퍼드대 경영전문대학원졸(MBA) ③미국 뉴욕 연방준비제도이사회(Federal Reserve Bank) 근무, 同국제금융부 근무, 골드만 삭스(Goldman Sachs) 뉴욕지점·홍콩지점 근무, 크레디트스위스퍼스트보스톤증권(CSFB) 홍콩지점 근무 2002년 크레디트스위스증권(CS) 한국대표(현)

이천수(李千洙) LEE Chun Soo

④1943·8·11 ②함안(咸安) ③경남 고성 ㈜대구 남구 현충로170 학교법인 영남학원 이사장실(053-654-0770) ③1961년 진주고졸 1965년 서울대 법학과졸 1986년 국방대학원 수료 1995년 법학박사(명지대) 1996년 고려대 언론대학원 최고위과정 수료 ③1968년 행정고시 합격(6회) 1969~1974년 국무총리기획조정실 행정사무관 1974~1978년 대통령비서실·국무총리기획조정실 서기관 1978~1980년 국무총리기획조정실 제2기획조정관 1980년 문교부 감사관 1982년 서울시교육위원회 관리국장 1986년 문교부 교육정책실 제3조정관·감사관 1988~1990년 국립중앙도서관 관장 1990년 문교부 대학정책실장 1991~1993년 교육부 기획관리실장 1993~1995년 同차관 1994~1996년 한국행정학회 운영부회장 1995년 중국 심양 발해대학 명예학장(현) 1996년 ㈜마이TV 사장 1996~1997년 대한교원공제회 이사장 1996~1999년 한국멀티미디어교육협회 이사장 1996년 대한사립중고등학교장회 윤리위원장(현) 1997~2001년 순천향대 총장 1997~1999년 한국교육법학회 회장 1999~2001년 한국대학교육협의회 평화통일교육연구위원회 부위원장 2000년 대교문화재단 이사(현) 2000~2004년 한국보이스카우트연맹 부총재 겸 장학위원장 2000년 한국공법학회 부회장 2001년 순천향대 명예교수(현) 2001~2006년 학교법인 경문대학 이사장 2001~2003년 천안대 총장 2006·2010~2011년 대진대 총장 2006~2008년 한나라당 국책자문위원 2013년 학교법인 영남학원(영남대·영남이공대학) 이사장(현) ④홍조근정훈장(1982), 황조근정훈장(1996)

이천일(李千一) LEE Cheon Il

④1965·10·25 ③서울 ㈜세종특별자치시 다솜2로94 농림축산식품부 축산정책국(044-201-2301) ③1981년 경기고졸 1984년 서울대 국제경제학과졸 ③1991년 농림수산부 농업구조정책국 농어촌복지담당관실 사무관 1995년 同기획관리실 농수산통계정보관실 사무관 1997년 농림부 농업정책국 농정기획과 사무관 1998년 同농업정책국 농업정책과 서기관 2001년 대통령비서실 국제협력담당 서기관 2004년 농림부 기획관리실 기획예산담당관실 서기관 2007년 同정책홍보관리실 재정평가팀장 2007년 同농업정책국 농업정책과

장 2008년 농림수산식품부 농업정책국 농업정책과장(서기관) 2009년 同농업정책과장(부이사관) 2010년 同유통정책과장 2010년 농업연수원 교육기획과장 2011년 농림수산식품부 축산정책과장 2012년 同유통정책관 2013년 농림축산식품부 식품산업정책실 유통정책관 2013년 국외 훈련 2015년 농림축산식품부 축산정책국장(현) ④홍조근정훈장(2014)

이천현(李千鉉) LEE Chun Hyeon

④1961·1·8 ③전남 곡성 ㈜서울 동작구 보라매로5길15 전문건설회관빌딩27층 한솔홈데코 임원실(02-3284-3805) ③광주상고졸 1984년 성균관대 경영학과졸 ③1997년 한솔제지㈜ 회계정보팀장, ㈜한솔홈데코 기획관리본부 상무 2006년 同익산본부장(상무) 2010년 한솔제지·아트원제지 재경담당 임원 2012년 한솔제지㈜ 경영지원본부장(부사장) 2013~2015년 한솔아트원제지㈜ 대표이사 사장 겸임 2015년 한솔홈데코 대표이사 사장(현) ④불교

이 철(李 哲) LEE Chul

④1948·3·18 ②영천(永川) ③경남 진주 ③1967년 경기고졸 1988년 서울대 사회과학졸 2009년 한국방송통신대 경제학과 재학 중(3년) ③1969년 3선개헌반대투쟁위원회 전국학생대표위원·투옥 1974년 전국민주청년학생총연맹 의장 1974년 민청학련사건으로 사형선고 1976~1979년 벽산그룹 입사·과장·부장 직대 1980년 광주민중항쟁 관련 투옥 1983년 학생과컴퓨터 발행인 1985년 민주화추진협의회 공동의장 비서실장 1985년 제12대 국회의원(서울 성북구, 신한민주당) 1985년 민주화추진협의회 상임운영위원 1987년 민주당 총재특별보좌관 1988년 야권통합추진위원회 공동대표 1988년 제13대 국회의원(서울 성북구甲, 무소속·민주당) 1990년 민주당 사무총장 1990년 同정치연수원장 1992년 제14대 국회의원(서울 성북구甲, 민주당) 1992년 민주당 원내총무·당무위원 1995년 同원내총무 1997년 국민통합추진회의총회 의장 1997년 한나라당 이회창 대통령후보 정무특별보좌관 1998년 일본 와세다대 객원연구원 2000년 ㈜코코엔터프라이즈 부회장 2001~2003년 同회장 2001~2002년 ㈜코코캡콤 대표이사 2002년 국민통합21 조직위원장 2002년 同서울성북甲지구당위원장 2002년 同중앙선대위 부위원장 2002년 同대표 선거대책특보 2002년 새천년민주당 노무현대통령후보 부산선거대책위원회 공동선대위원장 2003년 민청학련운동30주년기념사업회 공동대표 2004년 제17대 국회의원선거 출마(부산 북구·강서甲, 열린우리당) 2005년 열린우리당 고문 2005년 실업테니스연맹 회장 2005~2008년 한국철도공사 사장 2007년 국제철도연맹(UIC) 아시아지역총회 의장 2015년 새정치민주연합 고문 ④한국철도학회 특별상(2008) ㉝'꺼질 수 없는 불길로'(1987) '5공화국의 사건들'(1987) '길은 사람이 만든다'(1995) '의원님 요즘 장사 잘 돼요?'(共)(1997) ⑤천주교

이 철(李 喆) LEE Chul

④1949·7·8 ③서울 ㈜서울 종로구 종로33 그랑서울1타워5층 하나로메디칼케어그룹(02-590-1111) ③1967년 경기고졸 1973년 연세대 의대졸 1979년 同대학원졸 1983년 의학박사(연세대) 2011년 명예 인문학박사(햇불트리니티신학대학원대) 2013년 명예 박사(몽골국립의과대학) ③1984년 미국 브라운대 방문교수 1993~2014년 연세대 의대 소아과학교실 교수 1993년 일본 이와테대 교환교수 1997년 대한주산의학회 사무총장 1997~2000년 세브란스병원 기획관리실장 1999년 同제2진료부원장 1999년 대한신생아학회 학술위원장 2000~2004년 연세대의료원 기획조정실장 2003년 대한신생아학회 부회장 2007~2008년 同회장 2008~2010년 연세대 세브란스병원장 2009년 의료산업경쟁력포럼 공동대표(현) 2010년 한국무역협회 서비스산업위원회 위원 2010~2014년 연세대 의무총장 겸 의료원장 2011~2015년 대통령소속 국가생명윤리심의위원회 위원 2011년 ㈔두란노아버지학교 이사장 2012~2014년 대한기독병원협회 회장 2012~2014년 대한병원협회 부회장 겸 KHC조직위원장 2013~2014년 사립대학교의료원협의회 회장 2014년 연세대 의대 소아과학교실 명예교수(현) 2015년 하나로메디칼케어그룹 회장(현) ④유한의학상, 글로벌리더상(2009), 대통령표창(2010), 글로벌경영대상(2010), 한국을빛낸경영조경영대상(2010), 대한민국참교육대상(2010), 포브스사회공헌대상(2011), 녹조근정훈장(2014) ㉝세브란스 드림스토리(2007, 꽃삽) '하나님이 주신 백세 건강'(2014, 두란노) ⑤기독교

이 철(李 哲) LEE Chul

④1949·9·19 ③전남 나주 ㈜서울 서초구 서초대로74길4 법무법인 동인(02-2046-0647) ③1968년 경복고졸 1972년 서울대 공대 화학공학과졸 1983년 미국 조지워싱턴대 대학원졸 1991년 법학박사(경희대) 2005년 건국대 부동산대학원 최고경영자과정 수료 ③1973년 사법시험 합격(15회) 1975년 사법연수원 수료(5기) 1978년 서울지검 남부지청 검사 1981년 부산지검 검사 1984년

광주지검 순천지청 검사 1986년 법무부 법무심의관실 검사 1987년 同검찰국 검사 1987년 청주지검 충주지청장 1989년 대검찰청 검찰연구관 1989년 同전산관리담당관 1991년 수원지검 부장검사 1993년 법무부 법무과장 1993년 同국제법무심의관 1994년 서울지검 형사5부장 1995년 同형사1부장 1996년 서울고검 검사 1997년 청주지검 차장검사 1998년 수원지검 제1차장검사 1999년 변호사 개업 2000~2003년 새천년민주당 과천·의왕지구당 위원장 2004년 경기대 법학과 겸임교수 2004년 법무법인 동인 대표변호사(현) ❸홍조근정훈장(1998) ❹UR협정의 법적고찰 상·하(1994) '컴퓨터범죄와 소프트웨어보호'(1995) 'UR분쟁해결제도 연구'(共)

이 철(李 哲) LEE Chul

❸1949·10·30 ❺강원 원주 ㈜서울 광진구 용마산로127 국립정신건강센터(02-2204-0114) ❿1967년 경기고졸 1973년 서울대 의대졸, 同대학원 의학석사 1982년 의학박사(서울대) ❸1982~1985년 스위스 취리히융연구소 연구원 1986~1989년 서울대 의과대학 교수 1991~1992년 대한신경정신의학회 학술이사 1989~2015년 울산대 의과대학 정신건강의학교실 교수 1995~1997년 한국분석심리학회 회장 1996~2002년 서울아산병원 교육부원장 2004~2006년 울산대병원장 2007~2011년 울산대 의무부총장 2011~2015년 同총장 2016년 국립정신건강센터 센터장(현)

이 철(李 澈) LEE Cheol

❸1960·2·20 ❺광주 ㈜세종특별자치시 다솜1로31 새만금개발청 기획조정관실(044-415-1003) ❿1979년 광주 살레시오고졸 1986년 전남대 경영학과졸 1989년 서울대 행정대학원 행정학과 석사과정 수료 1997년 영국 요크대 대학원 경제·사회분석학과졸 ❸1992년 경제기획원 물가정책국 수급계획과·물가총괄과·소비자정책과·복지생활과 근무 1997년 재정경제원 국제협력관실 지역협력과 근무 1998년 재정경제부 경제협력국 지역협력과·개발협력과 근무 2000년 同경제협력국 개발협력과 서기관 2001년 유엔ESCAP 무역투자국 근무 2003년 한국은행 조사국 통화재정팀·물가분석팀 근무 2004년 국무총리 심사평가조정관실 건설예산평가과장 2006년 재정경제부 정책조정국 기술정보과장 2008년 기획재정부 FTA국내대책본부 전략기획단 기획총괄팀장 2009년 同FTA국내대책본부 기획총괄과장(부이사관) 2010년 국방대 교육파견(부이사관) 2011년 대통령소속 지방행정체제개편추진위원회 기능조정국장(고위공무원) 2013년 대통령소속 지방자치발전위원회 행정체제개편국장 2014년 새만금개발청 기획조정관(현)

이 철(李 哲) LEE Cheol

❸1962·7·24 ❻전주(全州) ❺서울 ㈜서울 영등포구 여의대로24 FKI타워32층 LG CNS 임원실(02-2099-3200) ❿1981년 경기고졸 1985년 인하대 전자계산학과졸 2005년 연세대 대학원 경영정보학과졸 2011년 서울대 최고경영자과정 수료 ❸1987년 LG CNS 입사 1998년 同대법원프로젝트통합팀장 2005년 同정통·과기·교육사업담당 2008년 同공공사업부장(상무)(현) 2010~2012년 한국컴퓨터정보학회 부회장 ❸국무총리표창(2007) ❻기독교

이철규(李喆圭) LEE Chul Gyu

❸1957·9·20 ❺강원 동해 ㈜서울 영등포구 의사당대로1 국회 의원회관835호(02-784-9811) ❿한국방송통신대 행정학과졸 1997년 한양대 행정대학원 사법경찰행정학과졸(석사) 2005년 명지대 대학원 법학 박사과정 수료 ❸1981년 경찰간부후보(29기) 1983~1985년 강원 속초경찰서 설악파출소장 1991년 서울 중부경찰서 교통과장 1992년 서울 남부경찰서 정보과장 1995년 서울 동대문경찰서 정보과장 1998년 경기 양평경찰서장(총경) 2001년 경기 안산경찰서장 2002년 경기 분당경찰서장 2005년 경찰청 외사1담당관 2006년 서울 송파경찰서장 2006년 강원지방경찰청 차장(경무관) 2008년 서울지방경찰청 경무부장 2009년 경찰청 교통관리관 2010년 충북지방경찰청장(치안감) 2010년 경찰청 정보국장 2011년 경기지방경찰청장(치안정감) 2012~2013년 경찰청 본부 근무 2014년 가톨릭관동대 경찰행정학부 초빙교수 2015년 한국자유총연맹 부회장 2016년 제20대 국회의원(강원 동해시·삼척시, 무소속·새누리당)(현) 2016년 국회 국방위원회 위원(현) 2016년 국회 예산결산특별위원회 위원(현) 2016년 국회 평창동계올림픽 및 국제경기대회지원특별위원회 위원(현) 2016년 새누리당 제4차 전당대회 선거관리위원회 위원 2016년 同강원동해시·삼척시당원협의회 운영위원장(현) ❸대통령상(1981), 대통령표창(1987), 근정포장(2000), 녹조근정훈장(2006), 홍조근정훈장(2011), 법률소비자연맹 대한민국법률대상(2014), 대한민국평화·안보대상 의정발전공헌부문 대상(2016)

이철규(李哲圭) Lee Chul Kyu

❸1961·2·20 ❺충남 아산 ㈜서울 강남구 테헤란로92길7 법무법인 바른(02-3479-2415) ❿1979년 경동고졸 1983년 서울대 법학과졸 1985년 단국대 행정대학원 행정학과졸 ❸1992년 사법시험 합격(34회) 1995년 사법연수원 수료(24기) 1995년 대구지법 판사 1998년 同김천지원 판사 1999년 인천지법 부천지원 판사 2002년 서울지법 서부지원 판사 2004년 서울서부지법 판사 2005년 서울중앙지법 판사 2006년 서울고법 판사 2008년 서울남부지법 판사 2010년 대전지법 부장판사 2011년 인천지법 부장판사 2014~2016년 서울남부지법 부장판사 2016년 법무법인 바른 구성원변호사(현)

이철균(李哲均) LEE Choul Gyun

❸1962·5·1 ❻한산(韓山) ❺서울 ㈜인천 남구 인하로100 인하대학교 생명화학공학부 생명공학과(032-872-7518) ❿1981년 경성고졸 1985년 서울대 공업화학과졸 1988년 同대학원 생물공학과졸 1994년 공학박사(미국 미시간대) ❸1989년 생명공학연구소 연구원 1995년 미국 미시간대 Post-Doc. 1996년 미국 NASA(Kennedy Space Center) 객원연구원 1997년 인하대 생명화학공학부 생명공학과 조교수·부교수·교수(현) 2007년 同산학협력본부장 2007~2008년 同창업지원센터장 2007~2008년 인천지역창업보육센터협의회 회장 2007년 인하대 생물산업기술연구소장(현) 2009년 同대학원 에너지자원공학과 융합과정전공 주임교수(현) 2009~2013년 국토해양부 해양바이오에너지생산기술개발연구센터장 2010년 인하대 인하펠로우교수(현) 2012~2015년 (사)한국해양바이오학회 회장 2013년 해양수산부 해양바이오에너지생산기술개발연구센터장(현) ❸한국생물공학회 신인학술상(2000), 한국미생물생명공학회 학술장려상(2007), 녹색기술 우수연구자 교육과학기술부장관표창(2011)

이철근(李哲根) LEE CHUL KUN

❸1953·3·5 ❺서울 ㈜전북 전주시 덕진구 기린대로1055 전북현대모터스FC(063-273-1763) ❿오산고졸, 인하공업전문대학 화학공학과졸 ❸1982년 현대자동차(주) 입사 1995~1997년 울산 현대 호랑이축구단 사무국장 2004년 전북현대모터스FC 부단장 2005년 同단장(이사대우) 2010년 同단장(이사) 2012년 同단장(상무) 2015년 同단장(전무)(현) ❸대한축구협회(KFA) 공로패(2015)

이철락(李澈洛) LEE CHEOL LAG

❸1955·10·13 ❻합천(陜川) ❺강원 춘천 ㈜대구 남구 앞산순환로477 대명중학교 교장실(053-234-7381) ❿1979년 경북대 지구과학교육과졸 1984년 同교육대학원 지구과학교육과졸 1993년 지질학박사(경북대) ❸2004~2007년 대구시남부교육청 장학사 2008년 대구시서부교육청 장학사 2009~2010년 경덕여고 교감 2010~2012년 대구시과학교육원 교육연구관 2012~2015년 도원중 교장 2015년 대구 대명중 교장(현) ❸전국과학전람회 특상(1990·1992), 과학의날 교육부장관표창(1995)

이철리(李哲理) LEE Chul Ri (歸軒·佰耿)

❸1958·2·4 ❻경산(京山) ❺경남 마산 ㈜경남 창원시 마산합포구 경남대학로7 경남대학교 중국학과(055-249-2143) ❿1981년 영남대 중어중문학과졸 1983년 同대학원 중국문학과졸 1990년 문학박사(영남대) ❸1981~1990년 영남대·공주대·경남대 전임강사 1990년 경남대 문과대학 국제언어문화학부 조교수·부교수·교수, 同중국학부 교수, 同중국학과 교수(현) 2000~2010년 대한중국학회 부회장 2007~2011년 경남대 입학처장 2011~2013년 대한중국학회 회장 2013~2015년 경남대 대외교류처장 2016년 경남대 문과대학장(현) ❸교육과학기술부장관표창(2011) ❹'중국문학입문'(2006) '중국문학의 이해'(2006) '역주 시품'(2007)

이철범(李哲範) LEE Chul Burm

❸1952·1·2 ❻함평(咸平) ❺충남 부여 ㈜경기 구리시 경춘로153 한양대학교 구리병원 흉부외과(031-560-2300) ❿1977년 한양대 의대졸 1980년 同대학원 흉부외과학과졸 1987년 의학박사(한양대) ❸1977~1982년 한양대병원 인턴·레지던트 1985~1993년 방지거병원 흉부외과장 1993~1994년 호주 Royal Prince Alfred Hospital Registrar 1995년 한양대 의대 흉부외과학교실 전임강사·조교수·부교수·교수(현) 2009~2011년 同구리병원장

이철성(李哲聖) LEE Choel Seong

[생]1958 · 6 · 21 [출]경기 수원 [주]서울 서대문구 통일로 97 경찰청 청장실(02-3150-2310) [학]국민대 행정학과졸 2000년 연세대 대학원 행정학과졸 [경]1982년 순경 공채 1989년 경찰 간부후보(37기) 1997년 인천 부평경찰서 수사과장 직대 2001년 경찰청 경무기획국 근무 2004년 강원 정선경찰서장(총경) 2005년 강원 원주경찰서장 2007년 서울 제22경찰경호대장 2008년 서울 영등포경찰서장 2009년 경찰청 홍보담당관 2010년 경남지방경찰청 차장(경무관) 2011년 서울지방경찰청 경찰관리관 2012년 경찰청 외사국장(치안감) 2013년 同정보국장 2013년 경남지방경찰청장 2014년 대통령 정무수석비서관실 사회안전비서관 2015년 대통령 정무수석비서관실 치안비서관 2015년 경찰청 차장(치안정감) 2016년 경찰청장(치안총감)(현) [상]홍조근정훈장(2013)

이철성(李哲成) Lee, Chul Sung

[생]1964 · 8 · 26 [본]하빈(河濱) [출]서울 [주]충남 논산시 대학로121 건양대학교 군사경찰대학 국방경찰행정학부(041-730-5731) [학]1983년 환일고졸 1987년 고려대 사학과졸 1989년 同대학원 사학과졸 1997년 문학박사(고려대) [경]1995년 건양대 교양학부 전임강사 · 조교수 · 부교수 2004년 미국 텍사스주립대 방문교수, 건양대 국방경찰학부 교수 2006~2008년 同총장비서실장 2007년 同충남지역문화연구소장(현) 2008년 同총무처장 2011년 同군사경찰대학장 겸 국방관리대학원장 2012년 한국사연구회 이사 2012년 건양대 국방경찰행정학부 교수(현) 2012년 同군사경찰행정대학원장 [저]'조선후기 대청무역사 연구'(2000) '한국무역의 역사'(2004) '한국해양사 자료집 제3권'(2004, 해상왕장보고기념사업회) '역주 논산지리지'(2005, 논산문화원) '여지도서 평안도1~5'(2009, 흐름) '한국무역의 역사'(2010, 청아출판사) '서구 문화와의 만남'(2010, 국사편찬위원회) '옛 지도에서 論山을 만나다'(2015, 건양대학교 충남지역문화연구소) [역]'대한계년사2 · 5'(2004) '여지도서 평안도1~5'(2009) [종]천주교

이철성(李哲聖)

[주]서울 영등포구 국제금융로56 멀티에셋자산운용 임원실(02-3774-8000) [경]2004년 미래에셋투자신탁운용 마케팅본부장(이사대우) 2005년 미래에셋자산운용 마케팅본부장(상무보) 2006년 同마케팅부문 대표(전무) 2008년 同마케팅부문 대표(부사장), 同경영관리부문 대표, 同리테일마케팅부문 대표, 同연금마케팅부문 대표 2016년 멀티에셋자산운용 경영관리 · 마케팅관리 총괄 대표이사(현)

이철송(李哲松) LEE Chul Song

[생]1948 · 6 · 29 [출]서울 [주]서울 광진구 능동로120 건국대학교 법학전문대학원(02-450-3365) [학]1967년 경기고졸 1971년 서울대 법학과졸 1973년 同대학원 법학과졸 1983년 법학박사(서울대) [경]1975~1985년 명지대 법학과 전임강사 · 조교수 · 부교수 1984년 한국국제조세협회 연구이사 1985년 한양대 법학과 부교수 1986년 경제기획원 자문위원 1988년 한국상장회사협의회 자문위원 1989~2013년 한양대 법학과 교수 1989년 국세청 국세심사위원 1989년 미국 하와이주립대 교환교수 1994년 국세심판소 비상임심판관 1995년 미국 하버드대 교환교수 1997~2009년 (사)한국증권법학회 회장 1997~2007년 (사)한국세법학회 회장 1997년 한양대 법학연구소장 1997년 독일 콘스탄츠대 교환교수 1997년 일본 도쿄대 교환교수 1999년 전국경제인연합회 규제개혁위원 2000년 한국투자신탁 사외이사 2002년 한양대 법과대학장 2004년 대우인터내셔널 사외이사 2005년 재정경제부 세제발전심의위원회 재산과세분과위원장 겸 총괄분과위원 2005년 한국세법연구회 회장 2006~2008년 한양대 법과대학장 2007년 현대증권 사외이사 2007년 국제조세협회 이사장 2009년 (사)한일로퍼럼 이사장, 한양대 법학과 명예교수(현) 2013년 건국대 법학전문대학원 석좌교수(현) [상]홍조근정훈장(2013) [저]'95년 개정상법' '조세범처벌법' '상법총칙, 상행위'(2009) '상법강의'(2011) '회사법 강의'(2011) '어음 · 수표법'(2011)

이철수(李哲洙) LEE Cheol Soo

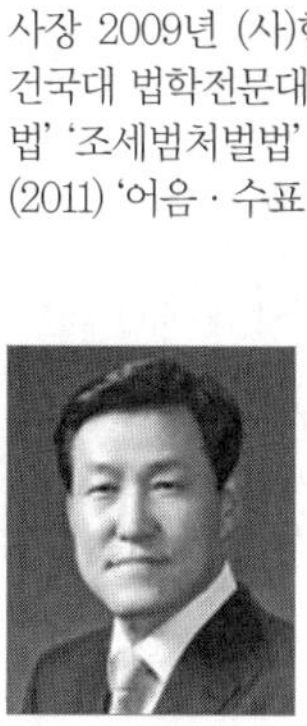

[생]1958 · 3 · 19 [출]대구 [주]서울 관악구 관악로1 서울대학교 법과대학 법학과(02-880-7552) [학]1977년 경북고졸 1982년 서울대 법학과졸 1984년 同대학원 법학과졸 1992년 법학박사(서울대) [경]1984~1986년 Lee & Ko 법률사무소 연구원 1990~1991년 독일 프랑크푸르트대 노동법연구소 연구원 1992~1995년 한국노동연구원 연구위원 1995~2000년 서울대 강사 1995~2004년 이화여대 법학과 조교수 · 부교수 1996~1998년 노사관계개혁위원회 책임전문위원 1997년 사법연수원 강사 1998년 한국노동법학회 상임이사 1999년 노사정위원회 공익위원 2002년 행정자치부 인사위원회 자문위원 2003년 북한경제전문가 100인포럼 회원 2004~2006년 이화여대 법학과 교수 2005년 한국노사관계학회 수석부회장 2005년 통일부 개성공단법률자문회의 위원장 2006년 서울대 법과대학 법학과 교수(현) 2010년 (주)동성하이켐 사외이사(현) 2014~2016년 서울대 기획처장 2016년 삼성전자 옴부즈만위원회 위원장(현) [상]대통령표창(1998), 홍조근정훈장(2008) [저]'객관식 노동법' '법학입문'(共) '휴일 · 휴가에 관한 연구' '기업의 구조조정과 노동법적 과제' '헌법의 규범력과 법질서'(2002) '임금제도개편을 위한 노동법적 과제'(2004) [역]'노동법사전'

이철신(李哲信) LEE Chul Shin

[생]1952 · 11 · 10 [출]평북 선천 [주]서울 중구 수표로33 영락교회(02-2280-0104) [학]연세대 사학과졸, 장로회신학대 대학원 목회학과 수료, 同대학원 신학과 수료, 미국 트리니티신학대 대학원 신학과졸, 미국 바이올라대 선교대학원 선교학박사과정 수료, 명예 신학박사(미국 바이올라대) 2015년 명예 신학박사(장로회신학대) [경]Korean Presbyterian Church of Downey CA 설교목사 1977년 경기 차산교회 목사 1979년 육군 보병25사단 군목 1982년 서울 무학교회 목사 1985년 서울 동신교회 목사 1993년 경기 인천제일교회 담임목사 1997년 서울 영락교회 담임목사(당회장)(현) 1998~2011년 학교법인 영락학원 이사장 2000년 학교법인 대광학원 이사장(현), (사)한국기독교군선교연합회 이사, 월드비전 이사 2007년 한국교회희망연대 상임대표 2011년 월드비전 이사장(현) [종]기독교

이철영(李哲永) LEE Chull Young

[생]1944 · 10 · 6 [출]서울 [주]서울 영등포구 여의나루로 67 신송빌딩16층1602호 아크투자자문(주) 회장실(02-6332-7400) [학]1963년 경기고졸 1968년 서울대 상과대졸 1973년 미국 컬럼비아대 경영대학원졸 [경]1968년 한국과학기술연구소 경제분석실 연구원 1973년 삼보증권 기획실장 1983년 바슈롬코리아 대표이사 2003~2015년 同공동회장 2003년 아크투자자문(주) 대표이사 회장(현) 2005년 소시얼 엔터프라이즈 네트워크 집행대표 · 이사장 2010년 숙명여대 객원교수 2012년 이화여대 겸임교수 [상]저축기여상(1973), 대통령표창(1976 · 1992) [종]기독교

이철영(李喆永) LEE Cheol Young

[생]1950 · 9 · 20 [본]신평(新平) [출]충남 홍성 [주]서울 종로구 세종대로163 현대해상화재보험(주) 임원실(02-732-1075) [학]1969년 성남고졸 1976년 고려대 경영학과졸 [경]1976년 현대건설 입사 1986년 현대해상화재보험(주) 차장 1994년 同영업기획업무담당 이사 1998년 同업무본부담당 상무 1999년 同자동차보험본부장(상무) 2000년 현대해상자동차손해사정(주) 대표이사 2003년 현대해상화재보험(주) 자동차보험본부장(전무) 2005년 同재경본부장(전무) 2006년 同경영기획부문장(부사장) 2007~2010년 同대표이사 2010년 현대해상자동차손해사정 · 현대하이카자동차손해사정 · 현대C&R · 현대HDS · 하이캐피탈 이사회 의장 2013년 현대해상화재보험(주) 대표이사 사장(현) [상]철탑산업훈장(2008), 매경이코노미 선정 '한국 100대 CEO'(2009 · 2014 · 2015), GWP KOREA '대한민국 일하기 좋은100대기업 최고경영자상'(2014), 매일경제 선정 대한민국 금융대상 '손해보험대상'(2015) [종]불교

이철영(李哲永) YI Chull Young

[본]전주(全州) [출]경북 울릉 [주]서울 마포구 와우산로94 홍익대학교 광고홍보대학원(02-3668-3703) [학]1988년 미국 일리노이주립대 대학원 광고학과졸 1991년 신문방송학박사(미국 일리노이주립대) [경]1991년 선연 기획부장 1992~1995년 LG애드 마케팅국장 1995년 중앙일보 연구위원 1996년 Leo Burnett 기획이사 1997~2000년 동아일보 기획위원 2000년 AC닐슨코리아 전무이사 2000~2002년 同전무 겸 닐슨미디어코리아 대표 2002년 홍익대 광고홍보대학원 교수(현) 2002~2007년 同광고홍보대학원장 2004년 同문화콘텐츠전략연구센터 소장 2004~2006년 서울시 청계천복원시민의견분과 위원장 · 시정정책조사자문위원장 2006년 뉴라이트전국연합 공동대표 2007년 (사)문화정책연구원 원장(현) 2007년 미디어산업선진화포럼 사무총장, 해군발전 자문위원, 행정안전부 기획조정자문위원, 여수엑스포 홍보자문위원장, 중앙일보 미디어마케팅 자문위원 2015년 홍익대 기획처 국제교류 · 홍보실장 [저]'신문가격과 독자'(2005) '경영마인드로 국가경제를 살린 지도자들'(2007) '이미지메이킹'(2007) [종]천주교

이철우(李哲雨) LEE Chul Woo

[생]1946·1·3 [출]경기 양주 [주]서울 성동구 왕십리로115 대한민국재향군인회(02-417-0641) [학]1969년 해군사관학교졸(23기) 1978년 미국 해병학교 상륙전 고군반 수료 1980년 해군대학 수료 1989년 국방대학원 국제관계과정 수료 2000년 서울대 최고경영자과정 수료 [경]1969년 해병소위 임관 1971년 월남전 참전(청룡1대대 3소대장) 1974년 1사단 31대대 3중대장 1984년 1사단 22대대장 1990년 해병대 제1사단 2연대장 1992년 합동참모본부 전략능력평가과장 1994년 해병대 참모장 1996년 제주방어사령관 1997년 해병대 1사단장 1999년 同부사령관 1999년 합동참모본부 전비태세검열실장 2001년 해병대사령관(25대) 2003년 예편(해병 중장) 2015년 대한민국재향군인회 해병대부회장(현) [상]대통령 보국훈장(1986), 대통령표창(1994), 보국훈장 천수장(1997), 미국 공로훈장(2003), 보국훈장 국선장(2003), 월남참전 종군기장

이철우(李喆雨) LEE Cheol Woo

[생]1955·8·15 [본]경주(慶州) [출]경북 김천 [주]서울 영등포구 의사당대로1 국회 의원회관908호(02-784-3011) [학]김천고졸, 경북대 사범대학 수학교육과졸 2005년 연세대 행정대학원 정치학과졸, 서울대 행정대학원 국가정책과정 수료 [경]1980년 의성군 신평·단밀중 교사 1985년 국가안전기획부 공채 합격 2001년 국회 정보위원회 파견 2005년 국가정보원 이사관 2005~2008년 경북도 정무부지사, 대구·경북한방산업진흥원 이사장 2008년 한국새마을학회 부회장 2008년 제18대 국회의원(김천, 한나라당·새누리당) 2008년 한나라당 대표특보 2009~2010년 同정보위원장 2009~2015년 (재)단비장학회 이사장 2011년 한나라당 재해대책위원장 2012년 제19대 국회의원(경북 김천시, 새누리당) 2012년 새누리당 원내부대표 2012~2013년 同원내대변인 2012년 국회 국토해양위원회 위원 2012~2013년 국회 운영위원회 위원 2013년 대한속기협회 회장(현) 2013년 국회 국토교통위원회 위원 2013년 국회 방송공정성특별위원회 위원 2013년 새누리당 원내수석부대표 2013~2014년 同경북도당위원장 2013년 국회 국가정보원댓글의혹사건등의진상규명을위한국정조사특별위원회 위원 2013년 국회 국가정보원개혁특별위원회 위원 2013년 대한씨름협회 명예회장(현) 2014년 국회 정보위원회 여당 간사 2014년 국회 안전행정위원회 위원 2014년 새누리당 공무원연금제도개혁TF 위원 2015년 同정책위원회 정보정책조정위원장 2015년 국회 예산결산특별위원회 위원 2015년 새누리당 교육감제도개선TF 위원장 2016년 제20대 국회의원(경북 김천시, 새누리당)(현) 2016년 국회 정보위원회 위원장(현) 2016년 국회 산업통상자원위원회 위원(현) 2016년 국회 지방살리기포럼 공동대표(현) 2016년 국회 내륙고속철도포럼 공동대표(현) [상]홍조근정훈장, 희망사랑나눔재단 선정 모범국회의원(2013), 법률소비자연맹 선정 국회헌정대상(2016) [저]'출근하지 마라-답은 현장에 있다'(2008) '지방이 살아야 나라가 산다'(2011) [종]기독교

이철우(李澈雨) LEE Cheol Woo

[생]1957·3·4 [출]충남 부여 [주]경기 안산시 단원구 산단로31 LS오토모티브 사장실(031-495-0434) [학]1977년 부산상고졸 1984년 고려대 경영학과졸 [경]1983년 LG전선(주) 입사, 同안양공장 재무지원실장, 同경영기획부·구매부·해외영업부 근무, 同동남아지사장 2002년 同경영혁신부문장(상무), 同CFO(상무) 2005년 LS전선(주) CFO(상무) 2007년 同지원본부장 겸 CFO(전무) 2008년 대성전기(주) 대표이사 전무 2008년 同대표이사 사장 2016년 LS오토모티브 대표이사 사장(현) [상]은탑산업훈장(2012), 중앙일보 선정 한국경제를 이끄는 CEO(2014) [저]'관리회계의 活用'(1993) [종]불교

이철우(李哲雨) LEE Cheol Woo

[생]1960·2·16 [출]전북 전주 [주]세종특별자치시 다솜로261 국무조정실 정부업무평가실(044-200-2463) [학]1977년 전주고졸 1981년 서울대 법학과졸 1986년 同대학원 법학과졸 1997년 일본 동북대 대학원 법학과졸 2007년 법학박사(서울대) [경]1988~1989년 체육부·내무부 근무 1989~1992년 전북도 내무국·기획관리실·재무국 근무 1992~2000년 국무총리행정조정실 1행정조정관실·총괄심의관실·농수산건설심의관실·기획심의관실 근무 2000년 2010세계박람회유치위원회 근무, 국무총리행정조정실 심사평가2심의관실·일반행정심의관실·총괄심의관실 근무 2004년 특허청 국가전문행정연수원 학사과장, 국제지식재산연수원 기획총괄과장, 특허청 출원서비스담당관, 同산업재산보호과장 2006~2007년 국무조정실 규제개혁1심의관실 과장·혁신팀장 2007년 대통령 경제비서관실 근무, 국무총리실 규제개혁총괄과장 2009년 농림수산식품부 원양협력관 2011년 국무총리실 정책분석평가실 평가총괄정책관 2012년 국무총리 총무비서관 2013년 국무조정실 총무기획관 2014년 同정부업무평가실장(현) [상]대통령표창(1999), 경찰청장표창(2005), 홍조근정훈장(2011)

이철우(李哲雨)

[생]1960·5·25 [주]울산 남구 문수로392번길22 울산고용노동지청(052-228-1800) [학]아주대졸, 고려대 노동대학원 노동법학과졸 [경]2001년 노사정위원회 관리과 사무관, 노동부 차관실 비서관 2008년 同대변인실 홍보기획팀 서기관 2009년 同노사정책실 노사관계법제과 서기관 2010년 同노사관계선진화실무지원단 팀장 2011년 고용노동부 노사정책실 공공기관노사관계과장 2012년 同노동정책실 건설산재예방과장 2013년 同산재예방보상정책국 산업보건과장 2014년 同인력수급정책국 사회적기업과장 2015년 중부지방고용노동청 안양고용노동지청 2015년 부산지방고용노동청 울산고용노동지청장(부이사관)(현)

이철우(李哲禹) LEE Chul Woo

[생]1960·8·9 [본]수안(遂安) [출]강원 홍천 [학]1979년 포천 관인고졸 2001년 서울시립대 영어영문학과졸 [경]월간「대학의 소리」 대표, 전국대학생대표자협의회 정책위원장, 시인(현) 1999~2000년 포천문인협회 사무국장 1999~2000년 중리초교 운영위원장 1999년 작은학교를지키는사람들 운영위원 1999년 작은학교지키기범국민대책위원회 공동대표 2000~2001년 대한예수교장로회 서시찰 중고등부연합회장 2000~2003년 한탄강네트워크 사무처장 2001~2001년 민주개혁국민연합 운영위원 2002년 영중중 운영위원장 2003년 개혁신당추진연대회의 운영위원 2003년 대통령직속 정부혁신및지방분권위원회 자문위원 2003년 열린우리당 이산가족특별위원회 위원장 2003년 한탄강네트워크 공동대표 2003년 한탄강백지화를위한3개군(연천·포천·철원)대책위원회 사무국장 2004~2008년 제17대 국회의원(경기 포천·연천, 열린우리당·대통합민주신당·통합민주당) 2004년 국회 농림해양수산위원회 위원, 민주당 포천·연천지역위원회 위원장 2010~2011년 同수석사무부총장 2010~2011년 同윤리위원회 위원, 대한예수교장로회 중리교회 장로(현), 중국 상판대 객좌교수(현) 2011년 민주통합당 포천·연천지역위원회 위원장 2012년 제19대 국회의원선거 출마(경기 포천·연천, 민주통합당) [상]NGO 선정 국정감사 우수의원(2004), 녹색정치인상(2006) [저]동화집 '백두산호랑이'(1998) 에세이 '한탄강에 서면 통일이 보인다'(2003) 평론집 '내 정치학 교과서는 성경'(2010) 시집 '쉰번째 흐르는 한탄강'(2011) [종]기독교

이철우

[생]1967·6·7 [주]서울 중구 세종대로67 삼성증권 임원실(02-2020-8000) [학]1986년 서울고졸 1993년 중앙대 신문방송학과졸 [경]1993년 삼성그룹 입사(공채 34기) 1999년 삼성증권 홍보팀 근무 2004년 삼성그룹 커뮤니케이션팀 근무 2011년 (주)호텔신라 커뮤니케이션팀 근무, 同커뮤니케이션그룹장 2015년 삼성증권 커뮤니케이션담당 상무(현)

이철위(李哲偉) LEE Chul Wee

[생]1957·10·9 [본]전주(全州) [출]경기 수원 [주]대전 유성구 가정로141 한국화학연구원 탄소자원화연구소 C-산업육성센터(042-860-7381) [학]1980년 서강대 화학과졸 1983년 同대학원졸 1989년 무기화학박사(서강대) [경]1983~1993년 한림대 전임조교 1985~1988년 강원대 강사 1988~1990년 한국과학기술연구소 박사 후 연구원 1990~1993년 미국 휴스턴대 박사 후 연구원 1997년 한국화학연구원 석유대체기술연구센터 책임연구원 2011년 同그린화학연구본부장 2011년 同그린화학공정연구본부장 2013년 同C-산업육성센터장 2014년 同그린화학공정연구본부 탄소자원전환연구센터 연구위원 2016년 同탄소자원화연구소 C-산업육성연구센터장(현) [상]대통령표창(2006) [종]천주교

이철진(李哲鎭) LEE CHUL JIN

[생]1959·9·26 [본]연안(延安) [주]서울 종로구 북촌로112 감사원 심의실(02-2011-2805) [학]1978년 광주 정광고졸 1982년 전남대 교육학과졸 1989년 고려대 법학과졸 1998년 미국 미네소타대 로스쿨(LAW SCHOOL)졸 [경]1992~1994년 대법원 사법연수생 1994년 감사원 심의실 심사제2담당관실 부감사관 1995년 同제1국 제2과 부감사관 1999년 同제1국 제5과 부감사관 2002년 同제1국 제3과 부감사관 2002년 同법무조정심사관실 심사제1담당관실 부감사관 2003년 同법무조정심사관실 심사제1담당관실 감사관 2004년 同법무심사관실 법무담당관실 감사관 2005년 同재정금융감사국 제2과 감사관 2006년 同특별조사본부 감사관 2009년 同심의실 법무담당관(감사관) 2010년 同행정안보감사국 제2과장(부이사관) 2011년 同행정문화감사국 제3과장 2012년 同행정문화감사국 제1과장 2013년 同행정문화감사국장 직대 2013년 同공공감사운영단장(고위감사공무원) 2015년 同심의실장(고위감사공무원)(현) [상]

감사원장표창(2003), 서울대 법과대학장 공정상(2006), 대통령표창(2008), 서울대 행정대학원장 우수수료상(2015) [종]불교

이철태(李鐵泰) Chul-Tae Lee

[생]1952·11·15 [본]학성(鶴城) [출]부산 [주]경기 용인시 수지구 죽전로152 단국대학교 공과대학 화학공학과(031-8005-3541) [학]1971년 동아고졸 1979년 고려대 화학공학과졸 1981년 同대학원졸 1984년 화학공학박사(고려대) 1998년 공학박사(러시아 상트페테르부르크대) [경]1985~2016년 단국대 화학공학과 교수 1988~1989년 미국 유타대(Utah) 객원교수 1994년 단국대 대학원 교학처장 1994년 同화학공학과 교수(현) 1994~1995년 同화학공학과장 겸 대학원 교학처장 1995~2001년 한국화학공학회 공업화학부문 위원장 1995~2001년 한국공업화학회 무기재료분과 회장 1995년 환경부 중앙환경보전위원 1996년 일본 교토대 객원학자 1998년 Supercapacitor연구회 회장 2000~2004년 (주)테크앤라이프 대표이사 2004~2006년 (주)티지알 대표이사 2008년 한국공업화학회 산학협력위원장 2012~2014년 한국지식재산교육연구학회장 2013년 한국공업화학회 회장 2014년 한국공업화학회 고문(현) 2014~2015년 단국대 창업지원단장 2014년 한국과학기술단체 총연합회이사(현) 2015년 한국지식재산교육연구학회 명예회장(현) 2015년 단국대 지식재산교육센터장(현) 2015년 한국도자문화협회 부회장(현) [상]한국화학공학회 학술상, 한국화학공업학회 표창, 한국공업화학회 학술상, 과총 우수논문상, 과학기술논문상, 과학기술훈장 진보장(2014) [저]'무기공업화학'(1997·2000) '폐기물처리개론'(1997) '화학공학도를 위한 정보통신 소재공학'(2004) '재료전기화학'(2010) [종]불교

이철호(李鐵湖) LEE Cheol Ho

[생]1938·4·15 [본]한산(韓山) [출]전남 구례 [주]전남 구례군 구례읍 봉성산길16 구례향제줄풍류 보존회관(061-782-8818) [학]1954년 전용선 선생께 사사 1959년 구례농고 졸업 1962년 우석대병설의학기술초급대학 3년 수료 1973년 김무규 선생께 사사 [경]1982년 한국방송공사 주최 합동발표 1983년 원불교중앙총부 합동발표 1985~2003년 문화재청 후원 정기공개행사 공연 1994년 구례향제줄풍류 보존회 회장(현) 1996년 중요무형문화재 제83-가호 향제줄풍류 구례향제줄풍류(단소) 예능보유자 지정(현) 1997년 한국문화유산 '빛과 소리' 공연 1997년 중요무형문화재 발표공연 1998년 예술의전당 한국정원 공연 1999년 문화재청 주최 정동극장 공연 2003년 국립대구박물관 주최 문화예술행사 공연 [작]문예진흥기금지원금으로 '구례향제줄풍류' 제작(2003) [종]불교

이철호(李哲昊) LEE Chul Ho

[생]1940·12·7 [출]전북 정읍 [주]서울 강남구 학동로101길7 (주)승창엔지니어링 비서실(02-543-8875) [학]1960년 이리 남성고졸 1966년 한양대 건축공학과졸 1990년 同대학원 건축공학과졸 1996년 고려대 노동대학원 노사관계고위지도자과정 수료 [경]1965~1969년 (주)한정건축 근무 1969~1971년 (주)세대건축 기술연구소 기술이사 1971년 (주)한정건축 이사 1972년 신동아건축연구소 설립·대표건축사 1974~1977년 일광실업 건축부장 1976년 승창건업(주) 설립·대표이사 1980년 승창건축&건축사사무소 대표건축사 1994년 (주)승창건축 설립·회장 1997~2000년 대한전문건설협회 건설산업진흥특별위원장 1997년 (주)승창엔지니어링건축사 대표건축사 1998~2001년 강남건축사협의회 회장 2000~2004년 대한전문건설협회 건설구조조정특별위원장 2000년 승창에딕(주) 대표이사 2001~2003년 대한건축사협회 서울시건축사회장 2003년 승창에딕(주) 대표이사 회장(현) 2003년 (주)승창엔지니어링건축사 사무소 대표이사(현) 2005년 대한건축사협회 회장 2006년 대한건설단체총연합회 이사(현) [상]서울시장표창(1988), 한양대총장표창(1990), 건설교통부장관표창(1998), 강남구청장표창(1999), 동탑산업훈장(2007) [종]불교

이철호(李喆鎬) LEE Chul Ho (景庵)

[생]1941·10·24 [출]경기 의정부 [주]서울 서초구 동광로12가길2 새한국문학회(02-534-0928) [학]1962년 동국대 국어국문학과졸 1969년 경희대 한의학과졸 1974년 同대학원졸 1981년 보건학박사(미국 서던캘리포니아콜든주립대) [경]1966년 오산고 교사 1974년 국제인권옹호연구회 상임이사 1975년 한국환경보호연구회 상임이사 1978년 한국소설가협회 회원(현) 1980년 한국방송언론인협회 회장 1981년 평통 상임위원 1982년 한국문인협회 수필분과 회장 1984년 명지대 문예창작과 겸임교수 1986년 국제펜클럽 한국본부 이사 1988년 주부경제신문 논설위원 1988년 명지대 사회교육원 강사 1991·1998년 서울시의회 의원(한나라당) 1992년 同문화교육위원장 1995~2006년 이철호한의원 원장 1995년 한국문인협회 부이사장, 駐韓바누아투공화국 명예총영사 2000년 서울시의회 보건사회위원장 2005~2007년 한국수필가협회 이사장 2008년 (사)새한국문학회 이사장(현) 2008년 김소월문학기념사업회 이사장(현) 2013년 경암 이철호 문학기념관 관장(현) 2014년 한국낭송문학가협회 이사장(현) [상]대통령표창, 국민훈장 목련장·동백장, 한국수필문학상, 한국문학상, 노산문학상, 한국전쟁문학상, 한국평론가협회상, 한글문학상 [저]'아누스의 고뇌' '타인의 얼굴' '겨울산' '태양인' '똥털영감' '잃어버린…' '무상연가' '생활이 나를 속일지라도' '환자와의 대화' '가정한방백과' '한방과의 만남' '동의박물담' '약이되는 식품' 칼럼집 '귀는 귀한데 눈은 어찌 천한고' 소설집 '너에게 하지 못한 이야기' 평론집 '수필평론의 이론과 실제' 등

이철호(李哲鎬) Lee Cherl-Ho (瀰丁)

[생]1945·8·18 [본]전주(全州) [출]함남 함흥 [주]서울 성북구 안암로145 고려대학교 생명과학관401호 한국식량안보연구재단(02-929-2751) [학]1963년 장충고졸 1967년 고려대 농화학과졸 1971년 덴마크 Malling농업대졸 1975년 농학박사(덴마크 왕립농과대) [경]1969년 동양제과 연구원 1975년 미국 MIT 연구원 1979~2010년 고려대 생명과학대학 식품공학과 교수 1989년 덴마크 공과대학 생물공학과 객원교수 1994년 미국 Smithsonian Inst. 객원연구원 1998년 일본 京都大 식량과학연구소 객원교수 1999년 한국과학기술한림원 정회원(현) 2000~2001년 고려대 식품가공핵심기술연구센터 소장 2004~2009년 한국국제생명공학회(ILSI Korea) 회장 2005년 한국미생물생명공학회 회장 겸 한국미생물학회연합회 회장 겸 식품법포럼 공동대표 2007년 식품과학회 회장 겸 식품관련학회연합회 회장 2010년 미국 식품공학회 Fellow 2010~2012년 한국인정원 식품안전미래포럼 위원장 2010년 한국식량안보연구재단 이사장(현) 2010년 고려대 명예교수(현) 2010~2011년 유엔식량농업기구(FAO) 고문관 [상]한국식품과학회 공로상, 학술진보상(1984), 한국과학기술단체총연합회 과학기술우수논문상(1994), 국민훈장 석류장(1998), 한국미생물생명공학회 학술상(2007), 홍조근정훈장 (2009), 한국식품과학회 학술대상(2010) [저]'식품공업품질관리론(共)'(1981) '식품공학(共)'(1984) '한국의 수산발효식품(共)'(1986) '식품EXTRUSION기술(共)'(1987·1988) 'Fish Fermentation Technology'(1993) 'Lactic Acid Fermentation of Non-dairy Food and Beverages'(1994) '음식오케스트라'(1994) '식품위생사전백서 I·II'(1997·2007) '조사식품의 안전성과 국제교역'(1998) 'Fermentation Technology in Korea'(2001) '한국식품학 입문'(2003) '식품저장학(共)'(2008) '식품의 안전성평가'(2010) '식량전쟁'(2012) '한반도통일과 식량안보(共)'(2012) '선진국의 조건 식량자급(共)'(2014) [종]기독교

이철호(李哲鎬) LEE Chul Ho

[생]1957·8·1 [본]전의(全義) [출]서울 [주]서울특별시 양천구 목동서로 161 SBS방송센터(02-2113-3057) [학]숭문고졸 1982년 서강대 신문방송학과졸 1984년 同대학원 신문방송학과졸 [경]1993년 SBS 편성본부 편성팀 차장 2001년 同컨텐츠운용팀 차장 2002년 同편성본부 외주제작팀 차장 2004년 同편성본부 편성팀장 2006년 同방송지원본부 노사협력팀 부장 2007년 同방송지원본부 노사협력팀장 2010년 同편성실 편성팀장(부국장급) 2010~2013년 SBS스포츠채널 대표이사 2012년 SBS 스포츠담당 부본부장 2013년 同라디오센터장(이사) 2014년 同편성본부장(이사) 2015년 同편성본부장(상무이사) 2016년 同상담역(현)

이철호(李哲浩) LEE CHUL HO

[생]1961·12·26 [출]경남 함안 [주]서울 중구 서소문로88 중앙일보 논설위원실(02-751-5026) [학]1980년 마산고졸 1985년 서울대 경제학과졸 [경]1999년 중앙일보 편집국 국제부 기자, 同편집국 산업부 기자 2000년 同편집국 산업부 차장대우 2000년 同편집국 정보과학부 차장대우 2001년 同편집국 경제부 차장 2002년 同편집국 전국부 차장 2002년 同편집국 메트로부 차장 2004년 同논설위원(차장급) 2006년 同논설위원(부장대우) 2007년 同편집국 경제데스크 2008년 同논설위원 2011년 同논설위원(부국장대우) 2014년 同수석논설위원 2015년 同논설위원실장(현) [상]한국기자협회 한국기자상(1994), 삼성언론상 논평비평상(2013), 한국언론인연합회 논설비평부문 한국참언론인대상(2016)

이철호(李喆鎬) LEE Chul Ho

[생]1970·1·21 [출]경남 양산 [주]경북 김천시 물망골길 33 대구지방검찰청 김천지청(054-429-4200) [학]1988년 부산동고졸 1992년 고려대 법학과졸 [경]1997년 사법시험 합격(39회) 2000년 사법연수원 수료(29기) 2000년 공익법무관 2003년 수원지검 안산지청 검사 2005년 춘천지검 강릉지청 검사 2006년 창원지검 검사 2008년 수원지검 검사 2010년 의정부지검 검사 2012년 서울중앙지검 검사 2013년 同부부장검사 2015년 창원지검 공판송무부장 2016년 대구지검 김천지청 부장검사(현)

이철호 Lee, Chulho

[주]부산 동래구 차밭골로38의1 부산인적자원개발원(051-555-2400) [학]서울대 정치학과졸, 정치학박사(프랑스 파리사회과학고등연구원(EHESS)) [경]부산대 국제전문대학원 교수(현) 2009~2010년 동남권광역경제발전위원회 자문위원 2012년 부산대 국제전문대학원장 2012년 부산상공회의소 미래산업위원회 위원 2014년 부산인적자원개발원 제4대 원장(현) [저]'탈국제관계로서 지중해 모델과 발트해 지역협력'(2013, 도서문화) '창조도시전략으로서 창조관광의 이해 : 문화이벤트와 창조클러스터를 중심으로'(2014, 세계지역연구논총) '대도시권 발전과 공간 재구조화 : 최근 잉글랜드와 프랑스의 지역정책 변화를 중심으로'(2016, 21세기정치학회보)

이철환(李鐵煥) LEE Chul Hwan

[생]1938·2·12 [출]부산 [학]1956년 경남고졸 1960년 고려대 법대졸 1963년 서울대 사법대학원 수료 [경]1964년 서울민형사지법 인천지원 판사 1965년 공군본부 보통군법회의 법무사 1968년 서울민형사지법 의정부지원 판사 1969년 서울형사지법 판사 1971년 서울민사지법 판사 1973년 대전지법 판사 1975년 서울고법 판사 1978년 대법원 재판연구관 1980년 부산지법 부장판사 1981년 서울지법 수원지원 부장판사 1982년 서울형사지법 부장판사 1984년 대구고법 부장판사 1986년 서울고법 부장판사 1989년 서울가정법원 수석부장판사 겸임 1991년 서울형사지법 수석부장판사 겸임 1991년 마산지법원장 1992년 부산지법원장 1993년 인천지법원장 1993년 제주지법원장 1994년 춘천지법원장 1995년 광주고법원장 1998~1999년 대전고법원장 1999년 변호사 개업 2005~2015년 법무법인 우일 변호사

이철훈(李哲勳) LEE Chul Hoon

[생]1956·9·19 [출]서울 [주]경기 안산시 상록구 한양대학로55 한양대학교 약학대학(031-400-5801) [학]1980년 서울대 약학대학졸 1982년 성균관대 대학원 생물학과졸 1988년 이학박사(독일 괴팅겐대) [경]1986년 남성불임원인물질「프로타민단백질」유전자구조 세계 최초로 규명 1987년 독일 괴팅겐대 전임연구원 1987년 제일제당 종합연구소 발효연구실 미생물탐색연구그룹장 1994년 라지오넬라균선택적사멸무독성신물질「AL702」발굴 1994년 천연항진균물질「세파시딘A」추출 1999~2010년 한양대 의대 유전학교실 부교수·교수 2000~2010년 Journal of Microbiology and Biotechnology Editor 2010년 한양대 약학대학 교수(현) 2010~2016년 同약학대학장 2010년 한국미생물생명공학회 부회장 2016년 同회장(현) [상]제5회 이달의 과학기술자상(1997), 국산신기술인증 KT마크 수상(1997), 한국미생물생명공학회 학술장려상(2003), 한양대 베스트티쳐상(2003·2007), 한국미생물생명공학회 우수발표논문상(2006) [저]'재미있는 유전학이야기' '의학유전학'

이철휘(李哲徽) LEE Chol Hwi (義江)

[생]1953·7·13 [본]전주(全州) [출]인천 [학]1972년 경기고졸 1976년 서울대 무역학과졸 1984년 일본 히토쓰바시대 대학원 경제학부졸(금융전공) [경]1975년 행정고시 합격(17회) 1976년 내무부·경북도 사무관 1978년 재무부 사무관(금융정책과 등) 1989년 同과장 1992년 일본 대장성(大藏省) 재정금융연구소 연구위원 1993년 일본 노무라종합연구소 객원연구위원 1995년 대통령 재정경제비서관실 행정관 1996년 대통령 경제비서관실 총괄국장 1997년 駐일본 재경관(국장급) 2001년 재정경제부 장관보좌관 2002년 同공보관 2003년 同국고국장 2004년 아시아개발은행(ADB) 이사 2007년 재정경제부 대외부문 부총리특별보좌관 2008~2010년 한국자산관리공사 사장 2012~2015년 서울신문 대표이사 사장 2013~2015년 (사)한국언론인공제회 초대 이사장 2013~2015년 한국디지털뉴스협회 이사 2014~2015년 한국신문협회 감사 [상]홍조근정훈장(2002) [역]'글로벌 금융 新질서'(2010, 첨단금융출판) [종]기독교

이철희(李哲熙) LEE Chul Hee

[생]1954·2·11 [출]인천 [주]경기 성남시 분당구 구미로173번길82 분당서울대병원 이비인후과(031-787-1204) [학]1978년 서울대 의대졸 1981년 同대학원졸 1987년 의학박사(서울대) [경]1986년 한국보훈병원 이비인후과장 1987년 서울대 의대 이비인후과학교실 조교수·부교수·교수(현) 1993~2000년 대한비과학회 총무 2002년 알레르기비염심포지엄 회장 2003~2008년 분당서울대병원 이비인후과장 2004~2009년 이지케어텍 대표이사 2009~2013년 보라매병원 원장 2009~2013년 대한병원협회 병원정보관리이사(현) 2010년 대한민국의학한림원 재정위원회 위원(현) 2011~2014년 (재)한국병원경영연구원 원장 2013~2016년 분당서울대병원 원장 2013~2015년 미래창조과학부 창조경제자문위원회 위원 2013~2014년 대한병원협회 기획이사 2014년 국무총리소속 정보통신전략위원회 민간위원(현) 2014~2016년 대한병원협회 병원정보관리위원장 2015년 성남산업진흥재단 성남창조경영CEO포럼 공동의장(현) 2015년 경기도 메르스대응민관합동의료위원회 위원 2015년 경기국제의료협회 회장(현) 2016년 분당서울대병원 공공의료사업단장

이철희(李哲熙) LEE CHEOL HEE

[생]1966·3·29 [출]경북 영일 [주]서울 영등포구 의사당대로1 국회 의원회관923호(02-784-5080) [학]1983년 동인고졸 1988년 고려대 정치외교학과졸 1990년 同대학원 정치외교학과졸 2012년 한신대 대학원 박사과정 수료 [경]1988~1989년 한국정치연구회 운영위원·섭외부장 1994~1995년 국회의원 비서관 1999~2000년 대통령 정책2비서관실 행정관 2001년 21세기문화정책위원회 사무국장 2002년 노무현 대통령후보 선거대책위원회 미디어선거특별본부 간사 2002~2003년 노무현 대통령당선자 비서실 전문위원 2004~2006년 국회의원 보좌관 2005~2007년 대한핸드볼협회 관리이사 2006~2007년 국회 원내대표 비서실 부실장·국회 정책연구위원 2008~2010년 한국사회여론연구소 컨설팅본부장·부소장 2010년 서울디지털대 겸임교수 2010년 한신대 외래교수 2010~2011년 민주당 전략기획위원회 상임부위원장 2011년 민주정책연구원 상근부원장, 두문정치전략연구소 소장 2013~2016년 JTBC '썰전' 출연 2014~2016년 교통방송(TBS) '퇴근길 이철희입니다' 진행 2016년 더불어민주당 총선기획단 전략기획본부장 2016년 同전략공천관리위원회 위원 2016년 同더불어경제선거대책위원회 상황실장 2016년 제20대 국회의원(비례대표, 더불어민주당)(현) 2016년 더불어민주당 전략기획위원장 2016년 국회 국방위원회 간사(현) 2016년 국회 정치발전특별위원회 위원(현) [저]'디프리핑'(2002, 운주사) '1인자를 만든 참모들'(2003, 위즈덤하우스) '어드바이스 파트너'(2009, 페가수스) '이기는 정치 소통의 리더십'(2010, 너울북) '박근혜 현상'(2010, 위즈덤하우스) '불량 사회와 그 적들'(2011, 알렙) '무엇을 어떻게 할 것인가'(2012, 너울북) '바꿔야 이긴다'(2013, 로드스) '1인자를 만든 참모들'(2013, 페이퍼로드) '뭐라도 합시다'(2014, 알에이치코리아) '이철희의 정치설전'(2016, 인물과 사상사) '7인의 충고'(2016, 도서출판 답)

이철희(李喆熙) Lee Cheul Hee

[생]1966·8·2 [본]경주(慶州) [출]전북 전주 [주]충북 진천군 덕산면 교연로780 법무연수원(043-531-1600) [학]1984년 전주 신흥고졸 1992년 고려대 법학과졸 [경]1994년 사법시험 합격(36회) 1997년 사법연수원 수료(26기) 1997년 대구지검 검사 1999년 전주지검 정읍지청 검사 2000년 제주지검 검사 2002년 서울중앙지검 검사 2005년 법무부 법무과 검사 2007년 대전지검 검사 2009년 전주지검 검사 2010년 서울중앙지검 부부장검사 2011년 미국 워싱턴주립대 연수 2012년 서울고검 검사 2012년 법무부 범죄예방정책국 보호법제과장 2014년 대전지검 논산지청장 2015년 서울중앙지검 형사3부장 2016년 법무연수원 교수(현) [종]기독교

이철희(李喆熙) LEE Cheol Hee

[생]1970·2·22 [출]울산 [주]서울 서초구 반포대로158 서울중앙지방검찰청 형사2부(02-530-4309) [학]1988년 울산 학성고졸 1992년 서울대 불어불문학과졸 [경]1995년 사법시험 합격(37회) 1998년 사법연수원 수료(27기) 1998년 서울지검 동부지청 검사 2000년 제주지검 검사 2002년 서울지검 검사 2004년 서울중앙지검 검사 2008년 법무부 인권조사과 검사 2010년 대전지검 검사 2010년 同부부장검사 2011년 창원지검 진주지청 부장검사 2012년 인천지검 강력부장 2013년 대검찰청 마약과장 2014년 대구지검 영덕지청장 2015년 서울서부지검 식품의약조사부장 2016년 서울중앙지검 형사2부장(현)

이청룡(李青龍) LEE CHEONG RYONG

[생]1963·2 [본]전주(全州) [출]경남 거제 [주]서울 강남구 학동로425 강남세무서(02-519-4201) [학]배문고졸, 세무대학졸(2기), 한국방송통신대 법학과졸, 경희대 경영대학원졸(석사), 서울시립대 세무전문대학원 박사과정 수료 [경]종로세무서·강남세무서 근무, 서울지방국세청 법인세과 근무, 기획재정부 세제실 조세정책과·법인세제과·재산세제과 근무, 삼척세무서 납세지원과·태백지서 근무, 국무총리실 공직복무관리관실 근무, 서울지방국세청 조사1국 근무, 국세청 소득파악인프라추진단 근무, 同감사담당관실·감찰담당관실 근

무 2010년 헌법재판소 조세연구관 2011년 대구지방국세청 징세법무국장 2012년 서울지방국세청 신고분석2과장 2013년 국세청 세무조사감찰T/F팀장 2014년 대통령 공직기강비서관실 파견 2015년 대전지방국세청 조사2국장 2016년 서울 강남세무서장(부이사관)(현) [상]근정포장(2004)

이청룡(李靑龍)

[생]1964 · 9 · 25 [출]강원 원주 [주]강원 평창군 대관령면 솔봉로287 강원도개발공사 사장실(033-339-3931) [학]1983년 원주고졸 1987년 고려대 경영학과졸 1995년 同대학원 경영학과졸 [경]1992년 삼일회계법인 근무 2003년 同FS2본부 파트너(상무) 2008년 同재무자문그룹(TS-FAS)5팀장(전무) 2013년 同Deal3본부장(전무) 2015년 同부대표 2015년 강원도개발공사 사장(현)

이청수(李淸洙) LEE Chung Soo

[생]1940 · 3 · 21 [본]함안(咸安) [출]경남 고성 [주]서울 중구 남대문로7길19 삼영빌딩6층 관정(冠廷)이종환교육재단 [학]1958년 경남고졸 1963년 서울대 문리대 정치학과졸 1973년 同신문대학원 수료 1985년 한양대 행정대학원 수료 1996년 미국 조지타운대학원 수료 2000년 경남대 북한대학원 고등정책과정 수료 2004년 고려대 언론대학원 최고위과정 수료 [경]1965년 동화통신 기자 1973년 한국방송공사(KBS) 정치부 차장 1980년 同정치부장 1982년 同보도부국장 겸 정치부장 1983년 同보도본부 부본부장 겸 뉴스센터 주간(보도국장) 1985년 同미주총국장 겸 워싱턴특파원 1988년 同보도본부 해설위원 1991~1994년 同보도본부 해설위원장(본부장대우) 1992년 외무부 · 통일원 정책자문위원 1992년 중앙선거관리위원회 자문위원 1992년 국회 제도개선특별위원회 위원 1994년 한국방송공사(KBS) 워싱턴총국장 겸 워싱턴특파원 1998년 순천향대 신문방송학과 겸임교수 2000~2004년 同대우교수 2001년 同초빙교수 2002~2007년 관정(冠廷)이종환교육재단 상임고문 2002년 국민대 언론학부 겸임교수 2004~2008년 고려대 언론대학원 초빙교수 2005~2010년 북한대학원대 초빙교수 2006~2008년 관정(冠廷)이종환교육재단 사무총장 2008년 同상임고문(현) 2008년 한국국제홍보협회(KIPRA) 회장(현) [상]국토통일원장관표창(1984), 한국방송대상 보도상(1990), 건국포장(2010) [저]'민주주의란 나무는 말을 먹고 자란다'(1990) '방송보도론(共)'(1993) '우리는 어디로 가야 하는가'(1994) '데모크라시-신민주정치 시대가 온다'(2000) [종]기독교

이청연(李淸淵) LEE Cheong Yeon

[생]1954 · 5 · 25 [출]충남 예산 [주]인천 남동구 정각로9 인천광역시교육청 교육감실(032-422-4624) [학]홍성고졸 1975년 경인교육대 초등교육학과졸 [경]1976년 경기 연천 노곡초 교사 첫 부임 후 인천 연수초 · 간석초 등 교사(25년) 1998년 남동시민모임 상임대표 2001년 전국교직원노동조합 인천지부장 2006~2010년 인천시교육위원회 교육위원 2010년 인천시 교육감선거 출마 2010년 남동평화재단 경인본부 공동대표 2011년 인천시자원봉사센터 회장 2012년 인천의제21실천협의회 운영위원 2013년 인천시의료원 발전자문위원회 위원 2013년 2014인천아시아경기대회 및 인천장애인아시아경기대회 인천시 자원봉사 전문위원 2013년 인천시체육회 이사 2014년 (사)인천민주화운동계승사업회 이사 2014년 친환경무상급식안전지킴이 공동단장 2014년 인천광역시 교육감(현) [상]한국언론인연대 · 한국언론인협동조합 선정 '2015 대한민국 창조혁신대상'(2015)

이청용(李靑龍) LEE Chung Yong

[생]1988 · 7 · 2 [출]서울 [학]2003년 도봉중 중퇴 [경]U-15 청소년 국가대표 2004년 AFC U-16선수권 청소년 국가대표 2006년 일본 SBS컵 국제친선대회 U-19 청소년 국가대표 2006년 부산컵 국제청소년대회 U-19 청소년 국가대표 2006년 AFC 아시아청소년선수권대회 U-19 청소년 국가대표 2006~2009년 서울FC 소속(미드필더) 2007년 U-20 청소년 국가대표 2008년 베이징올림픽 국가대표 2009년 서울시도시철도공사 홍보대사 2009~2015년 영국 볼턴 원더러스 FC 소속(미드필더) 2010년 기아자동차 홍보대사 2010년 남아공월드컵 국가대표 2011년 AFC 아시안컵 국가대표 2014년 브라질월드컵 국가대표 2015년 AFC 아시안컵 국가대표(준우승) 2015년 영국 크리스탈 팰리스 FC 입단(미드필더)(현) 2015년 KLM네덜란드항공 홍보대사(현) [상]삼성하우젠컵 K리그 도움왕(2007), 볼턴 올해의 톱3상 · 올해의 이적선수상 · 선수들이 뽑은 올해의 선수상 · 올해의 선수상(2010), 잉글랜드 프리미어리그 북서부지역 올해의 선수(2010)

이추헌(李秋憲) LEE Chu Heon

[생]1951 · 12 · 23 [출]충남 부여 [주]서울 송파구 올림픽로 299 대한제당(주) 임원실(02-410-6061) [학]1975년 연세대 정치외교학과졸 [경]1979년 대한제당(주) 입사 1979년 同이사 1998년 同감사 1999년 同관리 · 자금담당 상무 2000년 同전무 2004년 同관리담당 부사장 2010년 同대표이사 사장 2012년 同부회장(현) [종]불교

이춘국(李春國) LEE Chun Kuk

[생]1957 · 3 · 31 [출]서울 [주]서울 종로구 종로1길50 (주)우리카드 부사장실(02-6968-3011) [학]1976년 배재고졸 1982년 서강대 경영학과졸 1986년 미국 위스콘신대 경영대학원졸 [경]1986년 한국외환은행 입행 1987년 신한종합연구소 선임연구원 겸 실장 2002년 신한은행 기획부 조사팀장 2002년 신한카드 경영지원팀장(부장) 2005년 同마케팅팀장 2006년 同영업1본부장 2007년 同마케팅본부장 2007년 同전략기획본부장(상무) 2008년 同브랜드전략본부장(상무) 2009년 同경영기획부문장(부사장) 2011~2012년 同지원부문장(부사장) 2016년 (주)우리카드 부사장(현)

이춘근(李春根) LEE Chun Geon

[생]1954·10·8 [출]경기 광명 [주]서울 중구 소공로88 한진빌딩 신관17층 한국보험대리점협회(02-755-5025) [학]1973년 진주고졸 1981년 서울시립대 도시행정학과졸 1987년 연세대 대학원 경제학과졸 [경]1981년 보험감독원 입사 1998년 同기획조정국 기획팀장 1999년 同손해보험감독국 총괄팀장 2002년 금융감독원 소비자보호센터 팀장 2003년 同검사총괄국 검사지원팀장 2003년 同총무국 부국장 겸 인사상담팀장 2004년 同보험감독국 상품계리실장 2005년 방송위원회 상품판매방송 심의위원 2006년 금융감독원 소비자보호센터 국장 2007년 同인력개발실 교수 2007년 영국 시티대 연수 2008~2012년 손해보험협회 부회장 2012~2013년 법무법인 태평양 고문 2013년 한국보험대리점협회 회장(현)

이춘근(李春根) Lee Choon Geun

[생]1959 · 4 · 18 [본]전주(全州) [출]경기 파주 [주]세종특별자치시 시청대로370 과학기술정책연구원 글로벌정책본부(044-287-2117) [학]1986년 서울대 섬유공학과졸 1993년 섬유고분자공학박사(서울대) 1998년 교육학박사(중국 베이징사범대) [경]1986~1987년 동양폴리에스터(주) 연구원 1993~1996년 중국 연변과학기술대 생물화공과 부교수 · 교무처장 · 부총장 1997~1998년 중국과학원 과학기술정책 및 관리과학연구소 연구원 1998~1999년 중국 베이징대 과학사회연구센터 박사후연구원 2000년 과학기술정책연구원 연구위원 2003~2010년 북한연구학회 이사 · 과학기술분과위원장 2003~2010년 북한대학원대 · 서울여대 겸임교수 2007~2008년 미국 스탠퍼드대 APARC 방문연구원 2009년 통일부 교류협력추진위원 · 자문위원(현) 2010~2011년 과학기술정책연구원 글로컬협력센터 소장 2010~2011년 同협력사무국장 겸임 2010~2013년 한중과학기술협력센터 수석대표(파견) 2014년 과학기술정책연구원 글로벌정책본부 동북아 · 남북한협력 연구위원(현) 2014년 대통령소속 통일준비위원회 경제분야 전문위원(현) 2015년 민주평통 제17기 자문위원(현) [저]'북한의 과학기술'(2005, 한울아카데미) '과학기술로 읽는 북한책'(2005, 생각의 나무) '북한체제의 이해'(2009, 명인문화사) [종]기독교

이춘남(李春南) LEE Choon Nam

[생]1953 · 5 · 7 [본]안산(安山) [출]강원 영월 [주]경기 광주시 오포읍 오포로593의24 (주)경남트레이딩(02-533-3121) [학]오산고졸, 단국대 기계공학과졸, 매일경제 e-MBA과정 수료, 한국생산성본부 미래경영CEO북클럽포럼 수료 [경]1978년 현대정공 입사, 同기계가공 · 생산 · 개발 · 관리업무담당 1995년 중국 상해현대 사장(부장) 1999년 중국 광동성현대모비스 사장(이사) 2001년 중국 국제상회(CCPIT) 신회상회 이사, 중국 강문시 인민정부 고급경제고문 2004년 중국 북경모비스 동사장(상무), 중국 북경현대 기차배건(합) 부동사장, 同변속기담당, 중국 북경중차(합) 부동사장 겸 북경모비스총괄 2005년 기아자동차 소하리공장장(전무이사) 2005년 (주)파텍스 대표이사 2009년 현대다이모스(주) 대표이사 부사장 2009년 현대엠시트(주) 대표이사 2010~2011년 同자문역 2010~2011년 현대다이모스(주) 자문역 2012년 (주)원이엔지엔트레이드 대표이사(현) 2012년 (주)경남트레이딩 대표이사(현), 케이엔씨 큐브 대표(현), 메이플세미컨덕터(주) 감사(현), (주)케이엔씨미래푸드 대표이사(현) [상]중국 광동성 명예시민, 중국 광동성 외국인전문가 우정상, 중국 하북성 창주시 경제고문 [종]기독교

이춘만(李春滿) LEE Choon Man

⬥1951·11·18 ⬥전주(全州) ⬥전북 익산 ⬥서울 강남구 봉은사로57길13 프러스원엔터테인먼트(주) 비서실(02-3478-1010) ⬥1971년 남성고졸, 서울대 국제대학원 GLP과정 수료 ⬥1971~1974년 소년한국일보·한국전자출판 아동만화작가 1991~2004년 프러스원애니메이션(주) 대표이사 사장 1996년 (사)서울국제만화애니메이션페스티벌조직위원회 이사 1997년 (사)한국애니메이션제작자협회 이사 1997~2006년 관선(주) 대표이사 회장 1998~2004년 국제필름협회 한국지부 이사 1999~2000년 국민화합을위한만화한마당전국대회 조직위원장 2000년 교통문화한마음대회 대회장 2001·2003년 서울국제만화애니메이션페스티벌영화제 본선 심사위원장 2001~2002년 (사)한국애니메이션예술인협회 회장 2002년 부천국제학생애니메이션페스티벌 본선 심사위원장 2002~2005년 (사)한국애니메이션제작자협회 회장 2002~2015년 (사)한국애니메이션예술인협회 명예회장 2002년 세계문화전문가단체 한국기구 공동대표 2002년 (사)서울국제만화애니메이션페스티벌 운영위원 2003년 (재)아시아문화교류재단 이사 2003년 세계문화전문가단체 제3차 총회 조직위원장 2004~2005년 프러스원엔터테인먼트(주) 대표이사 사장 2005년 (사)서울국제만화애니메이션페스티벌 집행위원장 2006년 프러스원엔터테인먼트(주) 대표이사 회장(현) 2015년 (사)한국애니메이션예술인협회 회장(현) 2015~2016년 (사)서울국제만화애니메이션페스티벌 조직위원회 이사 ⬥대한민국영상만화대상 우수상(1998), 성실납세자표창(1999), 대한성결교회 총회장표창(1999), 석탑산업훈장(1999), 무역의날 수출의탑(1999), 대한민국자랑스러운기업인상 애니메이션산업부문(2004), 참다운문화인상(2004), 대한민국애니메이션대상 공로상(2004), 서울국제만화애니매이션페스티벌(SICAF) 코믹어워드 애니메이션부문 대상(2011) ⬥기독교

이춘목(李春木·女) LEE Chun Mok

⬥1953·5·13 ⬥충남 서천 ⬥경기 광명시 오리로876번길30 광명국악단(02-2619-1393) ⬥1971년 국악고졸 ⬥1975년 중요무형문화재 제29호 서도소리이수자 선정 1982년 同전수조교 선정 2001년 중요무형문화재 제29호 서도소리(관산융마·수심가) 예능보유자 지정(현) 1990년 서도소리보존회 부이사장, 한국예술문화단체총연합회 광명지부 부지부장, 광명시 문화예술위원 2002년 월드컵문화행사 공연 2003년 서도소리 창극 배치기 공연, 한국국악협회 회원 2004·2008년 한국예술문화단체총연합회 광명지부장 2008~2011년 서도소리보존회 이사장 2008~2012년 한국국악협회 이사 2009년 (사)광명국악단 이사장(현) ⬥경기도 문화상(1991), 광명시민대상(1997), 경기예술대상(2002) ⬥가톨릭

이춘석(李春錫) LEE Choon Suak

⬥1963·3·7 ⬥함안(咸安) ⬥전북 익산 ⬥서울 영등포구 의사당대로1 국회 의원회관810호(02-784-3285) ⬥1982년 익산 남성고졸 1987년 한양대 법학과졸, 원광대 대학원졸 2006년 同대학원 법학 박사과정 수료 ⬥1988년 사법시험 합격(30회) 1991년 사법연수원 수료(20기) 1991년 軍법무관 1994년 변호사 개업 2004년 전북도교육청 고문변호사, 법무법인 한솔종합법률사무소 대표변호사, 우리배움터 한글교실 법률자문 2004년 원광대 법대 겸임교수 2006~2007년 (사)장애인을사랑하는모임 상임이사 2006~2007년 군산·익산범죄피해자지원센터 이사 2007년 대통합민주신당 제17대 대통령중앙선거대책위원회 조직위원회 부위원장 2007년 익산시배구협회 회장 2007년 전국교직원노동조합 익산지회 법률자문 2008년 제18대 국회의원(익산시甲, 민주당·민주통합당) 2008~2009년 민주당 원내부대표 2010~2011년 국회 운영위원회 위원 2010~2011년 민주당 대변인 2011년 同야권통합특별위원회 위원 2011~2012년 국회 법제사법위원회 간사 2012년 민주통합당 정책위원회 제1정책조정위원장 2012년 제19대 국회의원(익산시甲, 민주통합당·민주당·새정치민주연합·더불어민주당) 2012~2014년 국회 법제사법위원회 간사 2012년 민주통합당 전북도당 위원장 2013년 민주당 제1정책조정위원장 2013년 同전북도당 위원장 2014년 새정치민주연합 전북도당 공동위원장 겸 집행위원장 2014~2015년 국회 예산결산특별위원회 간사 2014년 국회 법제사법위원회 위원 2014~2015년 국회 예산결산특별위원회 예산안조정소위원회 위원 2015년 새정치민주연합 전략홍보본부장 2015년 同4·29재보궐선거기획단 부단장 2015년 同원내수석부대표 2015년 국회 운영위원회 야당 간사 2015년 더불어민주당 익산시甲지역위원회 위원장(현) 2015년 同원내수석부대표 2016년 제20대 국회의원(익산시甲, 더불어민주당)(현) 2016년 더불어민주당 비상대책위원회 위원 2016년 국회 법제사법위원회 위원(현) 2016년 국회 예산결산특별위원회 위원(현) 2016년 국회 남북관계개선특별위원회 위원장(현) ⬥법률소비자연맹 선정 국회헌정대상(2013), 한국을 빛낸 자랑스런 한국인대상(2014), 대한민국반부패청렴대상(2016), 국회사무처 주관 '입법 및 정책개발 우수국회의원' 선정(2016) ⬥'야권연대 : 초선대변인의 형님들과의 맞짱토론'(2011) '인사청문화와 그들만의 대한민국'(2013) ⬥기독교

이춘선(李春善) Lee choon-seon

⬥1958·5·27 ⬥전주(全州) ⬥충북 충주 ⬥경기 수원시 장안구 경수대로973길6 경기일보 경영지원국(031-250-3311) ⬥1978년 유신고졸 1987년 아주대 경영학과졸 1993년 同산업대학원 연구개발관리과정 수료 2013년 경기경영자총협회 노사대학 최고경영자과정 수료(2기) ⬥1994년 경인일보 총무부·판매부 차장 1996년 경기일보 판매부 차장 2001년 同판매부장 2002년 同총무부장·판매부장·관리부장 겸임 2010년 同총무부국장 2011년 同총무국장 2012년 경기도 노사민정협의회 위원(현) 2013년 한국신문협회 경영지원협의회 이사(현) 2014년 노사발전재단 자문위원(현) 2014년 경기일보 경영지원국장(현) 2015년 (사)경기발전연구원 경영이사(현) ⬥한국신문협회상(2004)

이춘식(李春植) LEE Choon Sik (야천)

⬥1949·5·21 ⬥영천(永川) ⬥경북 포항 ⬥1968년 경북사대부고졸 1977년 연세대 정법대학 행정학과졸 ⬥1981년 민주정의당 중앙당 사무처 입사(공채 1기) 1990~1994년 민주자유당 중앙당 조직국장·청년국장·경리실장 1994~1998년 민자당·신한국당·한나라당 서울강동甲지구당 위원장 2002년 아시아태평양환경NGO 한국본부 이사 2002년 민선3기 서울특별시장 직무인수위원회 인수위원 2002~2003년 서울시도시개발공사 감사 2003~2005년 서울시 정무부시장(차관급) 2005~2006년 同정책특별보좌관 2007년 한나라당 제17대 이명박 대통령후보 특보단 부단장 2008~2012년 제18대 국회의원(비례대표, 한나라당·새누리당), 국회 외교통상통일위원회 위원, 한나라당 제2정책조정위원회 부위원장, 同중앙위원회 수석부의장, 同대표특보, 국회 보건복지위원회 위원, 국회 연금제도개선특별위원회 간사위원, 한나라당 전통문화발전특별위원회 총괄간사, 국회 저출산고령화대책특별위원회 위원, 한나라당 제2사무부총장 2012년 새누리당 제18대 대통령중앙선거대책위원회 시민사회특별본부장 ⬥'살맛나는 세상(복지의 패러다임을 바꾸자)'(2011, 춘명) ⬥기독교

이춘엽(李春曄) LEE Choon Yup

⬥1959·3·15 ⬥서울 성동구 성수이로51 서울숲한라시그마밸리512호 앱노트(02-702-5527) ⬥1978년 여의도고졸, 서강대 생명공학과졸 ⬥GSK commercial Director, Janssen China RX Business Unit Director, (주)한독약품 영업마케팅본부(부사장) 2011~2015년 한국다케다제약(주) 대표이사 사장 2016년 앱노트 회장(현) 2016년 팜뉴스 대표이사(현) ⬥천주교

이춘재(李春宰) LEE Chun Jae

⬥1954·3·1 ⬥부산 ⬥경기 김포시 월곶면 김포대학로97 김포대학교(031-999-4203) ⬥홍익대 경영학과졸 ⬥KBS TV제작관리부 차장 1996년 부산방송 업무부국장 1998년 同경영국장 1998년 同서울사무소 총괄관리 겸 광고사업담당 위원 1999년 한경와우TV 마케팅본부장(상무이사) 2003년 경인방송 경영마케팅실장 2004년 同마케팅국장(이사대우) 2005년 iFM 경인방송 대표이사 2006년 라디오인천(SunnyFM) 대표이사 2007년 同상임고문 2008~2013년 (주)프라임네트웍스(부동산·경제TV) 대표이사 2011~2012년 영컴 대표이사 2011년 (사)흥사단 독립운동유공자후손돕기운동본부 공동대표(현) 2013~2016년 홈스토리 대표이사 사장 2013년 개별PP발전연합회 부회장 2015년 한국IPTV방송협회(KIBA) 이사 2016년 가톨릭영화인협회 회장(현) 2016년 김포대 대외협력부총장(현) ⬥천주교

이춘재(李春宰)

⬥1961·10·19 ⬥전남 담양 ⬥세종특별자치시 정부2청사로13 국민안전처 세종2청사 해양경비안전본부 해양경비안전조정관실(044-205-2011) ⬥한국해양대 항해학과졸, 인하대 행정대학원 행정학과졸 ⬥1991년 경찰간부 후보(39회) 2007년 해양경찰청 경비과장 2008년 제주해양경찰서장 2008년 해양경찰청 국제협력담당관 2009년 인천해양경찰서장 2010년 해양경찰청 기획담당관 2011년 중앙공무원교육원 교육파견 2012년 해양경찰청 장비기술국장 2013년 同경비안전국장(치안감) 2014년 국민안전처 해양경비안전본부 해양경비안전국장(치안감) 2015년 同남해해양경비안전본부장(치안감) 2015년 同해양경비안전본부 해양경비안전조정관 직대 2016년 同해양경비안전본부 해양경비안전조정관(치안정감)(현)

이춘재(李春宰)

[생]1970·5·20 [출]서울 [주]서울 마포구 효창목길6 한겨레신문 편집국 법조팀(02-710-0114) [학]경희고졸, 연세대 경영학과졸 [경]1996~2000년 국민일보 사회부 기자 2000년 한겨레신문 편집국 민권사회1부 기자 2001년 同스포츠레저부 기자 2003년 同미디어사업본부 한겨레21부 기자 2005년 同민권사회1부 기자 2006년 同법조팀장 2008년 同사회부 기자 2009년 同국제부 국제부팀장 2011년 同출판미디어국 이코노미인사이트부 차장 2012년 同국제부 국제뉴스팀장 2014년 同편집국 스포츠부장 2015년 同편집국 법조팀장(현) [상]국민일보 이달의 기자상 [저]'기울어진 저울(共)'(2013, 한겨레출판사)

이춘택(李春澤) LEE Choon Taek

[생]1957·8·25 [주]경기 성남시 분당구 구미로173번길 82 분당서울대학교병원 호흡기내과(031-787-7049) [학]1982년 서울대 의과대학졸 1986년 同대학원졸 1991년 의학박사(서울대) [경]1982~1986년 서울대병원 인턴·내과 전공의 1986~1989년 공군 軍의관 1989년 서울대병원 내과 전임의 1990~1998년 원자력병원 호흡기내과장 1994년 미국 Univ. of Texas Southwestern Medical Center Post-Doc. Fellow 1998년 서울대 의과대학 내과학교실 조교수 2002년 미국 Vanderbilt Univ. Medical Center Visiting Professor 2002년 서울대 의과대학 내과학교실 부교수 2003년 분당서울대병원 호흡기내과 전문의(현) 2003년 同폐센터장 2004년 '두 종류의 아데노바이러스(adenovirus)를 이용한 새로운 암(癌) 치료법' 개발 2005년 분당서울대병원 호흡기내과 과장 2005년 同내과 진료과장 2007년 서울대 의과대학 내과학교실 교수(현) 2011~2016년 분당서울대병원 특수검사부장 2013~2015년 한국유전자세포치료학회 회장

이춘호(李春鎬) LEE Chun Ho

[생]1955·2·22 [출]울산 [주]경기 용인시 기흥구 강남로40 강남대학교 공과대학 도시공학과(031-280-3770) [학]1974년 부산상고졸 1981년 한양대 도시공학과졸 1983년 서울대 대학원 도시설계학과졸 1989년 공학박사(한양대) [경]1985~1991년 청주대·한양대 강사 1990~2000년 강남대 도시공학과 강사·조교수·부교수 1994년 경기도 교통영향평가심의위원 1996년 대한주택공사·한국토지공사 경기지사 기술자문 1998년 용인·화성·의왕시 도시계획위원 1999년 미국 Univ. of Southern California 객원교수 2000년 강남대 도시건축공학부 교수 2000년 同도시건축공학부장 2000년 同정보연구·분석센터 소장 2002년 대한국토도시계획학회 상임이사 2003년 경기도 도시재정비위원회 위원 2005년 강남대 제Ⅲ대학장 2008년 대한국토도시계획학회 이사 2008~2010년 강남대 학생처장 2009년 同공과대학 도시공학과 교수(현) 2010년 同공과대학장 2012년 同기획처장 2013~2015년 경기도 도시계획위원회 위원 [저]'도시계획론' '도시개발론' '장애인복지활동과 시설계획' [종]기독교

이춘호(李春昊) Choon Ho Lee

[생]1957·10·30 [출]서울 [주]서울 강남구 언주로651 한국우편사업진흥원 원장실(02-3445-8100) [학]1976년 검정고시 합격 1982년 고려대 법학과졸 [경]1988년 행정고시 합격(32회) 1988년 국토통일원 근무 1995~1997년 駐로스엔젤레스총영사관 영사 1999~2001년 정보통신부 전파방송관리국 서기관 2001~2003년 同부산지방우정청 마산합포우체국장 2003~2005년 同충청지방우정청 대전우편집중국장 2005~2008년 同경인지방우정청 안산우체국장 2009년 지식경제부 우정사업본부 노사협력팀장 2009~2010년 同우정사업본부 우편사업팀장 2010~2012년 同우정사업본부 물류기획관 2013~2014년 한국우편사업진흥원 이사장 2014년 同원장(현)

이춘화(李春和) LEE Chun Hwa (斗如)

[생]1927·8·26 [본]벽진(碧珍) [출]경북 칠곡 [주]서울 서초구 강남대로341 삼원개발 회장실(02-597-8956) [학]1948년 육군사관학교졸 1954년 미국 육군통신학교졸 1957년 육군대학졸 1960년 국방대학원졸 1970년 연세대 경영대학원 수료 [경]1948년 수도사단 참모 1957년 통신단장 1961년 국방대학원 교수 1962년 체신부 전무국장 1963년 군사령부 통신참모 1966년 육군통신학교장 1967년 육군 통신감 1969년 합동참모회의 통신전자국장 1971년 예편(소장) 1971년 忠肥 감사 1971년 정밀기기센터 이사장 1979년 기계금속시험연구소 소장 1981년 한국전자통신 사장 1982~1987년 삼성석유화학 사장 1984년 군통신전자협회 한국지회장 1985년 21세기경영인클럽 부회장 1986년 석유화학공업협회 부회장 1986년 울산석유화학단지협의회 회장 1986년 한·아르헨티나경제협력위원회 위원장 1987년 제일합섬 사장 1988년 중앙개발 사장 1989년 조선호텔 사장 1990년 삼원개발 회장(현) 1995년 육군통신장교동우회 회장 2000년 벽진이씨대종회 회장 2003년 한국기계연구원 명예연구원 [상]금성·은성화랑무공훈장, 금성·은성충무무공훈장, 보국훈장 삼일장·천수장, 보국포장, 국민훈장 동백장, 대통령표창 [종]불교

이춘희(李春羲·女) LEE Chun Hee (旦聲)

[생]1947·9·18 [출]서울 [주]서울 서초구 방배로22 삼원빌딩406호 한국전통민요협회(02-529-1550) [경]1967년 중요무형문화재 제19호 선소리산타령 보유자인 '이창배·정득만 선생'께 사사 1975년 안비취 명창 전수장학생 1983년 서울 경기12잡가 이춘희전수소 개원 1985년 서울 국악예술고 전임강사 1986년 미국 LA 在美국악협회 초청공연 1988년 미국 뉴욕 국악원 초청공연 1989~1997년 중요무형문화재 제57호 경기민요 예능보유자 후보 1994년 경기12잡가 발표회 1995~2002년 국립국악원 민속악단 단원 겸 지도위원 1995~2008년 용인대 음악대학 국악과 교수 1997년 중요무형문화재 제57호 경기민요 예능보유자 지정(현) 1998년 국립국악원 소리극 남촌별곡 작창·도창 1999년 호암아트홀 한국의 명무명인전 2000년 한국전통민요협회 이사장(현) 2000년 소리극 '시집가는날·춘풍별곡' 공연 2000년 국립국악원 지도위원 2001년 소리극 '춘풍별곡' 공연 2001년 월드컵홍보관련 미주공연 2001년 백제문화제 참가 발표공연 2002년 故안비취선생 서거5주년 '한오백년 '기념공연 2003~2005·2011~2012년 국립국악원 민속악단 예술감독 2003년 한국전통춤연구회 일본공연 2005년 경기민요대제전 명창 이춘희의 이별가 공연 2006년 중요무형문화재 제57호 지정 30주년기념 경기소리극 '미얄할미면' 공연 2006년 경기민요대제전 '복사골, Good! 놀러가자!' 공연 2007년 중요무형문화재 제57호 해외공연 발표회 '2007 Korea Sound & Colors' 2007년 경기민요대제전 경기소리극 '일타홍전' 공연 2007년 이춘희 명창의 60주년 음반발매 기념콘서트 '소리로 빚은 삶 60' 공연 2008년 서울남산국악당 경기소리 3명창전 '이춘희의 경기소리 이야기' 공연 2008년 경기소리극 '眞사랑' 공연 2009년 이춘희의 이별굿 '나비야 청산가자' 공연 2010년 故안비취 선생의 한 알 밀알이 씨앗되어 '하늘타리' 공연 2011년 경기소리극 '나는 춘향이다' 공연 2011년 국립국악원대표브랜드 소리극 '언문외전' 공연 2011년 한국전통예술학교 교장(현) 2012년 국립국악원대표브랜드 소리극 '까막눈의왕-세종어제훈민정음' 공연 2012년 중요무형문화재 제57호 경기민요 기획행사 '나는 소리꾼, 앵비' 공연 2012년 국립국악원 예악당 '바람에 날려를 왔나-춘희의 부지화' 공연 2012년 양재교육문화회관 '바람에 날려를 왔나-춘희의 부지화' 공연 2012년 중요무형문화재 제57호 경기민요 공개행사 '경기소리를 말하다' 공연 2013년 크라운·해태제과 제6회 대보름명인전 공연 [상]제주한라문화제 대통령표창(1986), KBS국악대상(1988), 한국방송실연자협회 공로상(1994), 한국방송대상 국악인대상(1996), 대한민국 문화예술대상(2000), 화관문화훈장(2004), 필리핀 국립경찰사관학교 감사패(2007), 서울시문화상 국악분야(2008), 독일 음반비평가상 월드뮤직상(2014), 제21회 방일영국악상(2014) [저]'근대서민예술가의 노래-경기12잡가'(2000, 예술출판사) [작]음반 '이춘희 민요가락'(1993, 신나라) '이춘희 12잡가'(1996, 다다미디어) '이춘희의 경기민요'(1998, 다다미디어) '삶과 소리 그리고 흔적'(2007, 신나라) '아리랑과 민요(Chant Arirang et Minyo)'(2014, 라디오프랑스) [종]불교

이춘희(李春熙) LEE Choon Hee

[생]1955·12·6 [본]광주(廣州) [출]전북 고창 [주]세종특별자치시 한누리대로2130 세종특별자치시청 시장실(044-300-2002) [학]1974년 광주제일고졸 1978년 고려대 행정학과졸 1985년 서울대 행정대학원 행정학과졸 1987년 미국 매사추세츠공과대학 대학원 도시계획학과 수료 2007년 도시학박사(한양대) [경]1978년 행정고시 합격(21회) 1993~1996년 駐美대사관 건설교통관 1997년 건설교통부 주택정책과장 1999년 同공보관 2000년 同고속철도건설기획단장 2001년 同건설경제국장 2001년 대통령 건설교통비서관 2002년 건설교통부 주택도시국장 2003년 同중앙토지수용위원회 상임위원 2003년 同신행정수도건설추진지원단장 2003년 대통령자문 정책기획위원 2004년 건설교통부 신행정수도후속대책기획단 부단장 2005년 同행정중심복합도시건설추진단 부단장 2005년 同행정중심복합도시건설청 개청준비단장 2006년 행정중심복합도시건설청 청장 2006~2008년 건설교통부 차관 2008년 한국건설산업연구원 원장 2008~2010년 새만금·군산경제자유구역청 청장 2010년 전주대 특임교수 2010년 전북대 초빙교수 2010~2011년 인천도시개발공사 사장 2012년 민주통합당 세종시당 위원장 2013년 민주당 세종시당 위원장 2014년 새정치민주연합 세종특별자치시당 공동위원장 2014년 세종특별자치시장(새정치민주연합·더불어민주당)(현) 2015년 세종시 아동복지심의위원회 위원장(현) 2016년 세종특별자치시체육회 회장(현) 2016년 더불어민주당 세종특별자치시당 위원장 직대 2016년 세종시문화재단 이사장(현) [상]대통령표창(1989), 근정포장(1990), 황조근정훈장(2010), TV조선 '한국의 영향력 있는 CEO'(2015), 고창 애향대상(2015), 대한국토도시계획학회 감사장(2016)

이충곤(李忠坤) LEE Choong Kon (瑞峰)

[생]1944·8·5 [출]대구 [주]경북 경산시 진량읍 공단6로 77 SL(주) 비서실(053-850-8704) [학]1963년 경북사대부고졸 1968년 연세대 기계공학과졸 1969년 同경영대학원 수료 [경]1967년 삼립산업 상무이사 1975년 경북도탁구협회 부회장 1983~2001년 삼립산업(주) 대표이사 사장 1987년 삼립전기(주) 대표이사 사장 1994년 서봉산업(주) 회장 1994~2013년 대구상공회의소 부회장 1999년 풍기정공(주) 회장 2001~2004년 삼립산업(주) 회장 2001년 삼립전기(주) 대표이사 회장 2001년 SL(주) 대표이사 회장(현) 2002~2012년 대구시축구협회 회장 2002년 대구경영자회 회장 2004년 대구발전동호회 회장 2005년 중소기업인 '명예의 전당'에 헌정 2006년 SL(주) 서봉재단 이사장(현) 2008년 대구경북자동차부품진흥재단 이사장(현) 2013년 연세대 공과대학 총동문회 회장 2013년 대구경북과학기술원 비상임이사 [상]新노사문화 우수기업 선정(2004), 중소기업인 명예의전당 헌정(2005), 은탑산업훈장(2005), 대구최고체육상 공로상(2006), 대구시 자랑스러운 시민상 대상(2006), 지식경제부 월드클래스300 기업(2011), 여성가족부 가족친화 우수기업(2011), 고용노동부 고용창출100대우수기업 선정(2012), 금탑산업훈장(2015)

이충구(李忠求) LEE Chung Gu

[생]1941·12·1 [본]한산(韓山) [출]황해 연백 [주]서울 용산구 원효로252 유닉스전자(주)(02-703-7111) [학]1959년 인천고졸 1963년 성균관대 생명공학과졸 1973년 고려대 경영대학원 연구과정 수료 1988년 同경영대학원 최고경영자과정 수료 2006년 성균관대 경영전문대학원 최고경영자과정(W-AMP) 수료 [경]1965년 호남전기공업(주) 입사 1976년 同상무이사 1978년 유닉스전자(주) 대표이사 사장, 同회장(현) 1991년 駐그라나다 명예영사(현) 1992년 대한민국ROTC중앙회 제2·3대 회장 2000~2006년 성균관대총동창회 회장 2006~2015년 성균관대재단 이사 2007년 한일협력위원회 부회장(현) 2009~2013년 ROTC장학재단 이사장 2010년 황해도중앙도민회 부회장, 同자문위원(현) [상]자랑스러운 ROTCian상(2001), 국무총리표창 신기술부문(2004), 자랑스러운 인고인상(2006), 자랑스러운 성균인상(2007), 산업포장(2007), 대한민국 글로벌경영인대상(2007) [종]기독교

이충구(李忠九) LEE Chung Goo (軺川)

[생]1945·3·13 [본]전주(全州) [출]충북 영동 [주]경기 수원시 영통구 광교로145 서울대학교 차세대융합기술연구원 A동15층(031-888-9161) [학]1963년 경기고졸 1967년 서울대 공과대학 공업교육학과졸 2000년 산업진흥대학원(IDAS) 디자인경영자과정 수료 2001년 서울대 경영대학원 최고경영자과정 수료 [경]1969년 현대자동차 입사 1985년 同이사 1987년 同상무이사·승용제품개발연구소장 1991년 同전무이사 1993년 同부사장 1995년 同연구개발본부장 1999~2002년 현대·기아자동차 통합연구개발본부장(사장) 1999~2002년 同상품기획총괄본부장 겸임 2000~2002년 (주)엔지비 대표이사 2001년 국가과학기술위원회 위원 2002년 현대자동차 상임고문 2003~2005년 서울대 공과대학 기계공학과 초빙교수 2005~2011년 국민대 자동차공학전문대학원 교수 2009~2010년 온라인전기차 대표이사 2009~2011년 한국과학기술원 전문특훈교수 2010년 서울대 차세대융합기술연구원 특임연구위원(현) 2011~2013년 同융합과학기술대학원 초빙교수 2012년 同차세대융합기술연구원 지능형자동차플랫폼센터장(현) [상]산업포장(1978), 동탑산업훈장(1985), 3.1문화상(1994), 서울대 공과대학 발전공로상(1994), 기술경영대상 최우수 경영자상(1995), 금탑산업훈장(2000), 서울대·한국공학한림원 한국을 일으킨 엔지니어 60인 선정(2006), 대한민국 100대 기술주역 선정(2010) [종]천주교

이충기(李忠基) LEE Choong Ki

[생]1959·2·15 [본]농서(농西) [출]경남 밀양 [주]대구 남구 현충로170 영남대병원 감염·류마티스내과(053-620-3841) [학]계성고졸 1983년 경북대 의대졸 1986년 同대학원졸 1993년 의학박사(경북대) [경]1983~1987년 경북대병원 수련의·전공의 1988~1990년 국군 포항병원 내과과장·부장 1990년 영남대병원 연구강사 1990~2000년 영남대 의대 내과학교실 전임강사·조교수·부교수 1995~1996년 미국 인디애나대 메디컬센터 연수 1998년 대한류마티스학회 편집위원 2000년 영남대 의대 내과학교실 교수(현) 2000년 同류마티스·감염내과 분과장 2001년 대한내과학회 간행위원회 심사위원 2002년 한국의과대학인정평가위원회 위원 2003년 한국보건의료인국가시험원 의사시험위원회 위원·한국의학교육학회 편집위원 2003년 영남대병원 부원장 2006년 영남대 영천병원장 2016년 대한류마티스학회 회장(현) [종]기독교

이충동(李忠東) LEE Choong Dong

[생]1954·5·25 [본]경주(慶州) [출]충북 충주 [주]경기 안성시 미양면 협동단지길120 동성화인텍 임원실(031-678-7114) [학]경기고졸, 서울대 조선공학과졸, 조선공학박사(미국 버클리대) [경]1996년 현대중공업(주) 이사대우 2000년 同기술개발담당 이사 2003년 同기계전기연구소장 겸 테크노디자인연구소장(상무) 2007년 同기계전기연구소장 겸 테크노디자인연구소장(전무) 2008년 同기술개발본부장(전무) 2011~2012년 同그린에너지사업본부장(부사장) 2013년 한국공학한림원 정회원(현) 2013년 현대중공업(주) 중앙기술원장(부사장) 2014~2015년 同자문역 2015년 (주)동성화인텍 대표이사 부회장(현) [종]기독교

이충렬(李忠烈) LEE Choong Lyol

[생]1959·10·9 [본]전주(全州) [출]서울 [주]세종특별자치시 세종로2511 고려대학교 경상대학 경제학과(044-860-1519) [학]1978년 대광고졸 1982년 고려대 경제학과졸 1984년 同대학원졸 1992년 미국 오하이오주립대 대학원 경제학과졸 [경]1992~1993년 한국금융연구원 초빙연구위원 1993~1998년 同부연구위원 1998~1999년 同비상임연구위원 1998~1999년 고려대 경상대학 경제학과 조교수·부교수 1999·2001년 한국산업은행 조사부 객원연구원 2004년 고려대 경상대학 경제학과 교수(현) 2015년 同경상대학장 겸 경영대학원장(현) [종]불교

이충범(李忠範) LEE Choong Bum (정해)

[생]1956·12·12 [본]우봉(牛峰) [출]충북 음성 [주]경기 과천시 양지마을2로21 이충범법률사무소(031-502-8154) [학]1975년 경기고졸 1982년 서울대 법대졸 [경]1985년 사법시험 합격(27회) 1988년 사법연수원 수료(17기) 1988년 (사)정해복지 이사장 1988년 변호사 개업(현) 1988년 대한법률구조공단 의정부출장소 변호사 1993년 대통령 사정비서관 1994년 일본 東京大 국제관계론 객원연구원 1994~2014년 한국변론학술연구회 이사장(현) 1996년 베트남 정해기술학교 명예이사장(현) 1997~1998년 한민족아리랑연합회 이사장 1997·2002년 한나라당 이회창 대통령후보 법률특보 1998년 同진천·음성지구당 위원장 2000년 同진천·음성·괴산지구당 위원장 2002년 국가미래전략포럼 집행위원장(현) 2004년 17대 총선 출마(하남, 한나라당) 2004·2006년 (사)세계해동검도총본부 총재 2006~2010년 법무법인 CS 대표변호사 2007·2008년 (사)대한삼보연맹 총재 2011년 (사)세계청소년연맹 이사장 2013년 국가원로회의 지도위원(현) 2013년 (사)한·베트남우호협회 이사장(현), 이충범법률사무소 대표변호사(현) [상]베트남 호치민시인민위원회 훈장(1997), 베트남정부교육 최고훈장(2000), 뉴스매거진 제정 인물대상 사회복지대상 수상(2007), 베트남 국가주석 우의훈장(2013) [저]'산업재해보상법 해설'(1986, 법조각) '민법 정리'(1988, 백영사) '판례소유권법'(1992) '산업재해보상보험법 해설'(1996) '민법정리'(1999) '나는야, 자랑스런 앵벌이 대장!'(2003) '나의 청춘 정해복지'(2007) '대한국민생각'(2013) [종]기독교

이충복(李忠馥) LEE Chung Bok

[생]1944·9·5 [본]한산(韓山) [출]충남 보령 [주]서울 서초구 잠원로4길33의9 347동106호 동원앤드컴퍼니(02-782-9676) [학]1963년 보성고졸 1968년 한양대 기계공학과졸, 연세대 경영대학원 최고경영자과정 수료 [경]ROTC 6기(중위), 한화재판(주) 이사, 한화기계(주) 상무 1997년 한화종합화학(주) 상무 1998~1999년 同가공부문 기능부품사업부장(상무) 1999~2002년 同소재사업부장(상무), (주)한국지러스트 사장 2003년 (주)동도뉴텍 사장·부회장 2007년 동원앤드컴퍼니 창업·대표이사(현)

이충상(李忠相) LEE Choong Sang

[생]1957·10·10 [본]성주(星州) [출]전북 전주 [주]서울 강남구 테헤란로1 대호레포츠빌딩6층 법무법인 대호(02-568-5200) [학]1976년 경기고졸 1980년 서울대 법학과졸 1982년 同대학원 법학과졸 [경]1982년 사법시험 합격(24회) 1984년 사법연수원 수료(14기) 1985년 공군 법무관 1988년 서울지법 북부지원 판사 1990년 서울민사지법 판사 1992년 광주지법 판사 1994년 광주고법 판사 1995년 서울지법 판사 1995년 일본 東京大 객원연구원 1996년 서울고법 판사 1998년 대법원 재판연구관 2001년 수원지법 성남지원 부장판사 2004년 서울중앙지법 부장판사 2006년 법무법인(유) 바른 구성원변호사 2015년 (재)세종연구소 비상근감사(현) 2016년 법무법인 대호 대표변호사(현) [종]기독교

이충식(李忠植) Lee Choong-Sik

㉦1965 · 4 · 5 ㈜전남 무안군 삼향읍 오룡길1 전라남도의회(061-286-8176) ㉠광주대 행정학과졸, 조선대 정책대학원 석사과정 수료 ㉢KT 서울망운용국 근무, 공무원연금관리공단 근무, 박준영 전남도지사 비서관, 전남도 의전관, 민주평통 자문위원, 장흥군수 비서실장, 신체장애인복지회 장흥군지부 자문위원장 2012년 민주통합당 제18대 대통령중앙선거대책위원회 전남도 도정발전협력위원장 2014년 전남도의회 의원(새정치민주연합 · 더불어민주당 · 국민의당)(현) 2014년 同건설소방위원회 위원 2014년 同운영위원회 위원 2014 · 2016년 同여성정책특별위원회 부위원장(현) 2015년 同예산결산특별위원회 부위원장 2016년 同안전건설소방위원회 위원(현)

이충열(李忠烈)

㉦1960 · 12 · 7 ㉥전주(全州) ㈜세종특별자치시 조치원읍 군청로87의16 세종특별자치시의회(044-300-7060) ㉠공주농고졸, 청양대 자치행정학과졸, 공주대 행정학과졸, 同경영행정대학원 행정학과 재학中 ㉢전주이씨 대동종약원 충남도지원 청년이사, 공주생명과학고총동창회 및 공주생명과학고장학회 이사, 농업기반공사 공주지제부 영농규모화심의위원, 공주경찰서 행정발전위원회 행정분과 위원장, 공주 · 연기축산농협 운영평가자문위원장, 농촌진흥청 농촌현장자문위원, 충남도 도정평가위원, 충남도발전협의회 위원, 대한양돈협회 · 한우협회 · 낙농발전연구회 공주지부 고문, (사)한국농업경영인 공주시연합회장, 행정도시범공주시민대책위원회 공동대표 2006 · 2010~2012년 충남 공주시의회 의원(국민중심연합 · 자유선진당 · 선진통일당) 2010~2012년 同부의장 2012년 세종특별자치시의회 의원(선진통일당 · 새누리당) 2012년 同산업건설위원장, 세종특별자치시 투자 및 출자심의위원(현) 2014년 세종특별자치시의회 의원(새누리당)(현) 2014년 同행정복지위원회 위원장 2014년 同교육위원회 위원 2014~2015년 同예산결산특별위원회 위원 2016년 同산업건설위원회 위원(현) 2016년 同교육위원회 부위원장(현) ㉧국무총리표창(1989), 대통령표창(2008)

이충엽(李忠燁) LEE Chung Yub (湖山)

㉦1946 · 7 · 20 ㉥성주(星州) ㉤경남 남해 ㈜부산 부산진구 엄광로176 학교법인 동의학원(051-890-1113) ㉢1965년 남해제일고졸 1974년 동아대 기계공학과졸 1983년 同대학원졸 1999년 공학박사(동아대) ㉢1974년 동의공고 교사 1980년 동의공업대 기계시스템계열 교수 1986년 同학생과장 1989년 同대학생활상담실장 1993년 同부속기계공장장 1995년 同교무처장 1996년 한국전문대학교무처장협의회 부회장 겸 경남 · 부산지회장 1999년 동의과학대학 학사운영처장 2000년 同입시운영처장 겸 사회교육원장 2003~2011년 同총장 2003년 부산시테크노파크 이사 2005년 부산인적자원개발원 이사 2008년 한국전문대학교육협의회 부회장 겸 이사 2008년 전문대학입학전형위원회 위원장 2009년 전문대학공학기술인증위원회 추진위원장 2009년 민주평통 자문위원 2011년 동의과학대학 설립자홍상제작추진위원회 위원장 2011~2013년 육군 제2작전사령부 자문위원 2012~2014년 부산자치분권연구소 정책위원회 의장 2014년 동의학원 이사(현) ㉧부산시 교육감표창, 황조근정훈장(2011) ㉨기계실험실습(1995) 'CNC Programming'(1998) '기계공작법'(2000) 등 ㉩불교

이충용(李忠用) LEE Chung Yong

㉦1964 · 1 · 18 ㉤서울 종로구 율곡로2길25 연합뉴스 미디어기술국 보안네트워크팀(02-398-3114) ㉠1982년 충주고졸 1989년 아주대 전자공학과졸 ㉢1990년 연합통신 입사 1990년 同전산부 근무 1998년 연합뉴스 전산부 근무 2001년 同전산부 차장대우 2004년 同전산부 차장 2004년 同네트워크부 차장 2007년 同고객지원부 차장 2007년 同고객지원부 부장대우 2008년 同고객지원부장(부장대우) 2009년 同정보통신국 기술기획팀 부장대우 2011년 同정보통신국 IT운영부 부장급 2014년 同미디어기술국 시스템운영부 부국장대우 2015년 同미디어기술국 미디어기술부 근무(부국장대우) 2015년 同미디어기술국 보안네트워크팀장(부국장대우)(현)

이충웅(李忠雄) LEE Choong Woong (宗學)

㉦1935 · 5 · 3 ㉥광주(廣州) ㉤평북 ㈜서울 관악구 관악로1 서울대학교 뉴미디어통신공동연구소(02-880-8406) ㉠1954년 대전고졸 1958년 서울대 전자공학과졸 1960년 同대학원졸 1972년 공학박사(일본 도쿄대) ㉢1958~1964년 국방과학연구소 연구원 1964~1981년 서울대 공대 강사 · 조교수 · 부교수 1981~2000년 同공대 교수 1981~2000년 同뉴미디어통신공동연구소장

1989년 대한전자공학회 회장 1989년 국제전기전자공학회(IEEE) 한국지회장 · Fellow 1994~1998년 한국정신과학회 회장 1995년 한국과학기술한림원 정회원 · 종신회원(현) 1995년 한국공학한림원 원로회원(현) 1999~2002년 한국방송공학회 회장 2000년 서울대 명예교수(현) 2001년 국제전기전자공학회(IEEE) LIFE Fellow(현) 2005년 대한민국학술원 회원(전자공학 · 현) 2005~2007년 同자연과학부 제3분과회장 ㉩서울대 논문상(1970), 대한전기학회 학술상(1972), 대한전자공학회 학술상(1972), 국민훈장 동백장(1990), 대한전자공학회 해동상(1999), 황조근정훈장(2000), 자랑스러운 동경대인상(2016) ㉨'통신방식의 기초'(1994) '통신시스템원론'(1994) '한국에 기가 모이고 있다'(1997)

이충원(李忠源) LEE Choong Won (臥雲)

㉦1956 · 8 · 26 ㉥벽진(碧珍) ㉤전북 남원 ㈜인천 계양구 봉오대로690 에스텔레콤(070-7774-3221) ㉠1975년 전주고졸 1983년 전북대 경영학과졸 1988년 연세대 경영대학원 경영학과졸 2000년 서울대 고급금융과정 수료 2008년 한국과학기술원 테크노경영대학원 경영학과졸 ㉢1983년 중소기업은행 입행 1994년 同룩셈부르크법인 근무 1997년 同국제금융실 근무 1998년 同국제금융부 근무 2001년 同외환업무부 근무 2002년 同금촌기업금융지점장 2004년 同일산중앙지점장 2005년 同사모펀드실장 2006년 同국제업무부장 2008년 IBK기업은행 오목교역지점장 2012~2014년 (주)실크로드시앤티 실크로드하노이법인장 2014년 (주)에이치에스엠 대표이사, (주)에스텔레콤 감사(현) ㉩대통령표창(2007) ㉩천주교

이충원(李忠源) Lee Chungwon

㉦1969 · 8 · 13 ㉥전주(全州) ㉤충남 당진 ㈜서울 종로구 율곡로2길25 (주)연합뉴스 미래전략실 미디어랩(02-398-3870) ㉠1988년 천안중앙고졸 1996년 서울대 불어불문학과졸 ㉢1997년 (주)연합뉴스 입사 2006~2007년 일본 게이오대 연수 2010~2013년 (주)연합뉴스 도쿄특파원 2013~2015년 연합뉴스TV 파견 2015년 연합뉴스 미디어랩 팀장(현) ㉩관훈클럽 제14회 최병우국제보도상(2002)

이충재(李忠在) LEE Choong Jae

㉦1955 · 12 · 7 ㉤경기 연천 ㈜세종특별자치시 도움6로11 행정중심복합도시건설청 청장실(044-200-3001) ㉠1973년 용문고졸 1985년 한국방송통신대 행정학과졸 2000년 인하대 교통대학원 경제학과졸 2009년 도시계획 및 부동산학박사(단국대) ㉢2004년 건설교통부 주택국 공공주택과장 2005년 同토지국 지가제도과장 2005년 同부동산평가팀장 2006년 同부동산평가팀장(부이사관) 2007년 同토지관리팀장 2008년 국토해양부 부동산산업과장 2008년 同동서남해안권발전기획단 해안권기획과장 2009년 同공공주택건설추진단장(고위공무원) 2010년 서울지방국토관리청장 2011년 행정중심복합도시건설청 차장 2013년 同청장(현) ㉩건설부장관표창(1986), 국무총리표창(1989), 근정포장(2004), 대한국토도시계획학회 감사장(2016)

이충재(李忠宰) Lee Chung-Jae

㉦1962 · 6 · 26 ㉤대전 ㈜서울 마포구 잔다리로68 한국YMCA전국연맹 사무총장실(02-754-7891) ㉠1984년 충남대 사회학과졸 1987년 감리교신학대 신학대학원졸(Th.M) 1994년 캐나다 세인트사베리오대 코디국제연구원 수료 ㉢1992~1995년 올바른지방자치실현을위한대전시민모임 사무국장 1995~1999년 대전기독교교회협의회 사무국장 · 상임총무 1995~1996년 대전참여자치시민회의 사무처장 1999~2001년 한국기독교교회협의회(KNCC) 국제 · 통일 · 일치담당 간사, 국가청렴위원회 민간협력정책자문위원, 조달청 민원제도개선협의회 위원, 관세청 반부패대책추진기획단 위원, 병무청 자체평가위원회 위원, 대전시 청소년위원회 위원, 同물가대책위원회 위원, 同시립미술관 운영위원, 대전시교육청 교육복지투자사업연구지원센터 위원, 대전시민사회단체연대회의 운영위원장, 同감사, CBS 대전방송 시청자위원, 대전지방경찰청 시민단체 · 경찰협력위원회 위원, 충남지방경찰청 시민단체 · 경찰협력위원회 위원, 대전충남민주언론운동시민연합 감사, 대전충남민주화운동계승사업회 감사, KB국민은행 사회공헌위원, 한국국제협력단(KOICA) 지구촌체험관 전문위원, 시민사회단체연대회의 공동대표(현), 한국청소년단체협의회 이사(현), 한국소비자단체협의회 이사(현), 자율분쟁조정위원회 위원(현), 한국국제개발협력민간협의회(KCOC) 이사(현), 한국공정무역단체협의회 이사(현), 국회 윤리심사자문위원회 위원(현), 시민사회발전위원회 위원(현) 2001~2009년 대전YMCA 사무총장 2010~2011년 평송청소년문화센터 원장 2012~2015년 한국YMCA전국연맹 기획협력실장 2015년 同사무총장(현)

이충직(李忠稙) LEE Choong Jik

[생]1958·3·20 [출]충북 보은 [주]서울 동작구 흑석로84 중앙대학교 첨단영상대학원 영상학과(02-820-5747) [학]1976년 경성고졸 1983년 중앙대 연극영화과졸 1985년 同대학원 연극영화과졸 1988년 프랑스 영화제작전문학교(ESRA)졸 [경]1983년 계원예술고 강사 1988년 중앙대·경성대·청주대 강사 1991년 중앙대 연극영화과 교수 1994년 청룡영화상 심사위원 1995년 중앙대 연극영화학과장 1995년 서울국제독립영화제 집행위원장 1995년 EBS 시네마천국 진행 1996·1997년 백상예술대상 영화부문 심사위원 1997년 인권영화제 집행위원 1997년 부산국제영화제 심사위원 1998년 중앙대 예술대학원 교학부장 2002~2005년 영화진흥위원회 위원장 2005년 한국영상자료원 이사 2005년 중앙대 첨단영상대학원 영상예술학과 교수 2006~2007년 디지털시네마추진위원회 위원장 2007년 중앙대 첨단영상대학원 영상학과 교수(현) 2007년 서울드라마어워드 심사위원 2007~2009·2011~2013년 중앙대 첨단영상대학원장 2008년 EBS 국제다큐멘터리영화제 심사위원 2015년 (재)전주국제영화제 집행위원장(현) 2016년 중앙대 첨단영상대학원장(현) [작]연출 '아미그달라-늪을 건다'(2002, 전주국제영화제 상영작) 제작 '여기보다 어딘가에'(2007, 부산국제영화제 상영작) '소규모 아카시아 밴드 이야기'(2009, 전주국제영화제 상영작)

이충호(李忠昊) Lee Choong Ho

[생]1955·5·29 [출]서울 [학]1974년 서울 신일고졸 1978년 육군사관학교 국제관계학과졸 1993년 태국 아시아공과대 대학원졸(MBA) [경]1978년 육군 소위 임관 1984~1989년 상공부 기획관리실 기업지도담당관실·통상진흥국 아주통상과 사무관 1989~1991년 대전엑스포조직위원회 파견(교통숙박과장·해외유치2과장) 1991~1993년 태국 AIT 유학(MBA) 1993년 상공자원부 상역국 수입과 사무관 1995년 통상산업부 중소기업국 지방중소기업과 사무관 1997년 同산업기술국 품질안전과 서기관 1998년 同품질디자인과 서기관 2000년 영국 상무성·DTI 파견(과장) 2001~2005년 駐멕시코 상무참사관 2006년 산업자원부 기술표준원 국제표준협력과장 2008년 지식경제부 기술표준원 생활제품안전과장 2008~2013년 산업기술연구회 사무처장 2013~2016년 한국스마트홈산업협회 상근부회장 [상]대통령표창(1987), 근정포장(2009)

이충호(李忠鎬) LEE Chung Ho

[생]1959·10·16 [본]전의(全義) [출]충북 진천 [주]서울 영등포구 버드나루로2길8 한국산업안전보건공단 서울지역본부(02-6711-2805) [학]충북대 전기공학과졸, 한양대 환경과학대학원졸 [경]2005년 한국산업안전보건공단 혁신전략실장 2007년 同감사실장 2008년 同경기서부산업안전기술지도원장 2010년 同산업안전실장 2012년 同경기남부지도원장 2013년 同중대산업사고예방실장 2014년 同서울지역본부장(현) 2016년 同미래전략추진단장 겸임(현) [저]'안전경영학카페'(2015, 이담북스)

이충환(李忠桓) LEE Choong Whan

[생]1960·2·17 [본]전주(全州) [출]서울 [주]서울 서초구 반포대로13 아이티센 비서실(02-3497-8300) [학]대일고졸 1988년 홍익대 경영학과졸 2004년 한국과학기술원(KAIST) 테크노경영대학원 최고정보경영자과정 수료 [경]동양시스템즈(주) OS사업본부장 2000년 同경영전략본부장(상무) 2006년 同공공서비스사업본부장(상무) 2007년 同IT서비스사업본부장(상무) 2009년 同영업본부장(상무) 2010년 同영업본부장(전무) 2011년 同사업총괄 전무 2012년 同대표이사 2012년 동양네트웍스(주) 대표이사 2013년 대우정보시스템(주) 전략사업부문 대표이사 2015년 同서비스·인더스트리부문 대표이사 2016년 (주)아이티센 총괄사장(현)

이치백(李治白) LEE Chi Paik (星洲·南泉)

[생]1929·9·9 [본]전주(全州) [출]전북 전주 [주]전북 전주시 완산구 전라감영5길4 한국향토사연구전국연합회(063-288-5599) [학]1949년 이리공고졸 1954년 원광대 문리대졸 1969년 서울대 신문대학원 수료 1971년 일본 도쿄대(東京大) 대학원 사회학연구과 수료 [경]1954년 전북일보 기자 1956년 연합신문(서울일일신문)·동화통신 편집부 차장 1970년 전북일보 편집국장 대리 1973년 전북신문 서울지사장 1977년 同편집국장 1981~1988년 전북일보 이사 겸 주필 1982년 한국한센복지협회 이사·감사 1983년 관훈클럽 감사 1985년 한국신문편집협회 감사 1987년 일본 同志社大 객원연구원 1988년 전북애향장학재단 상임부이사장 1988년 전라일보 사장 1991년 同회장 1993년 전주일보 사장 1995년 서울언론인클럽 부회장 1996~1998·1999년 전라매일 대표이사 사장 1999년 군장대학 초빙교수 2003년 (사)전북향토문화연구회 회장(현) 2003년 민족통일국민운동본부 공동대표(현), 대한민국역사영토수호위원회 부총재(현) 2009~2012년 (사)한국향토사연구전국협의회 회장 2012년 (사)한국향토사연구전국연합회 이사장(현) 2013년 유네스코세계문화유산 한국어서원협의회 회장(현) [상]전북도문화상, 서울언론인클럽상 [저]'지역사회와 지방언론'(1985) '풀뿌리記者 50년'

이치범(李致範) LEE Chi Beom

[생]1954·9·25 [본]함평(咸平) [출]충남 예산 [주]세종특별자치시 조치원읍 세종로2449 세종빌딩5층 재단법인 광장(044-867-6616) [학]1974년 서울고졸 1978년 서울대 독어교육학과졸 1981년 同철학과졸 1983년 同대학원 철학과졸(문학석사) 1986년 독일 프랑크푸르트대 대학원 박사과정 수료 [경]1983~1993년 인천대·광운대 강사 1993~1997년 환경운동연합 사무처장 1997년 생명의숲가꾸기운동본부 지도위원 1998년 환경운동연합 정책위원회 부위원장 1998~2002년 한국자원재생공사 사업·산업지원이사 2002년 고양환경운동연합 공동의장 2002년 새천년민주당 노무현대통령후보 시민사회특보 2003년 한국환경사회정책연구소 소장 2003~2006년 한국환경자원공사 사장 2005년 친환경상품진흥원 비상임이사 2006~2007년 환경부 장관 2008년 (재)광장 연구원장(현) [종]가톨릭

이치형(李治炯) LEE Chi Hyung

[생]1964·9·27 [출]경남 의령 [주]경기 평택시 서동대로3825 평택대학교 광고홍보학과(031-659-8225) [학]1983년 마산중앙고졸 1989년 서울대 기계설계학과졸 2004년 미국 덴버대 대학원 회계학과졸 2011년 미디어정책학박사(연세대) [경]1988년 (주)SK 근무 1991년 SK그룹 경영기획실 근무 1994년 SK텔레콤 근무 2000년 넥시안 창업 2003년 와이더댄닷컴 미주지사 근무 2004년 (주)다음커뮤니케이션 부사장 2004년 무선인터넷포럼(MIF) 초대의장 2005년 (주)KT 성장전략부문 전문임원 2006년 同기획부문 사업구조기획실 사업구조2담당 상무 2008년 同미디어본부 컨텐츠사업담당 상무 2012년 호서대 벤처전문대학원 조교수 2013년 평택대 광고홍보학과 교수(현) 2014년 同미래인재개발실장 겸 취업지원센터 소장 2015년 同기획조정본부장 2016년 서울디지털재단 초대 이사장(현)

이치호(李致鎬) LEE Chi Ho (성덕)

[생]1955·3·5 [출]경북 포항 [주]서울 광진구 능동로120 건국대학교 동물생명과학대학 축산식품공학과(02-450-3681) [학]1983년 건국대 축산가공학과졸 1985년 同대학원 축산가공학과졸 1989년 식품화학박사(일본 도호쿠대) [경]1989~1995년 건국대 강사 1990~1992년 한국화학연구소 선임연구원 1991~1995년 건국대 동물자원연구센터 선임연구원 1995~2006년 同축산대학 축산식품생물공학전공 부교수·교수 1996~2002년 同축산대학장 2001~2003년 국립수의과학검역원 연구관 2001~2002년 건국대 축산대학 생활관장 2002~2003년 미국 펜실베이니아대 교환교수 2003년 건국대 동물자원연구센터 대외협력부장 2004년 同축산대학 성관생활관장 2005년 同동물자원연구센터 사무국장 2005년 한국축산식품학회 간사장 2006년 건국대 동물생명과학대학 동물생명과학부 축산식품생물공학과 교수 2006~2008년 전국농학계학장협의회 사무총장 2008~2010년 同법인 감사 2008~2010년 건국대 동물생명과학대학장 2010~2012년 同대외홍보협력처장 2010~2013년 농림수산식품기술기획평가원 기능성축산식품사업단장 2013년 건국대 동물생명과학대학 축산식품공학과 교수(현) 2013년 농림수산식품기술기획평가원 한국형유황돈육생햄사업팀장(현) [저]'HPLC의 이론과 실제'(1993) '식품분석'(1996) 'Diet and Obesity'(1998) '영양과 축산식품'(2004) 'Exploring the Nutrition and Health Benefits of Functional Foods'(2016)

이칠용(李七龍) LEE Chil Yong

[생]1946·7·15 [본]연안(延安) [출]경기 화성 [주]서울 중구 삼일대로363 장교빌딩B1 88호 한국공예예술가협회(02-779-0887) [학]1973년 일본 젤스톤국립연구소 어류박제과 수료 [경]1970년 한미공예사 대표 1976년 나전칠기보호협회 회장 1981년 전국공예품경진대회 중앙심사위원회 부위원장 1984년 나전칠기국제작품전 개최운영위원장 1986년 서울아시안게임기념 나전칠기전준비위원장 1987년 현대미술대상전 심사위원 1987년 월간 '가구' 부사장 1987년 나전칠기보호협회중앙회 회장 1987년 나전칠기기능사자격시험 출제위원 1989년 월간 '공예문화' 발행인 1990~1995년 전국기능경기대회 출제위원·심사위원

장 1991~1995년 전국장애자기능올림픽 출제위원 · 심사위원장 1995년 (사)한국공예예술가협회 회장(현) 1995년 문화체육부 한국문화상품개발자문위원 1998년 인천가톨릭대 겸임교수 1998년 한양대 전통미술원 실장 1999년 문화관광부 문화상품개발위원장 1999~2011년 프랑스 디종 · 파리 · 보르도 · 스트라스부르 · 쌩제르망엉래 국제박람회 집행위원장 2000년 한 · 불전통문화교류협회 회장 2000년 서울공예상공모전 심사위원장 2002년 무주전통공예한국대전 집행위원장 2003년 한국전통공예공모전 집행위원장 2003년 이태리밀라노세계예술품대전 한국대표 2003년 무주동계올림픽유치추진위원회 위원 2004년 제3회 대한민국어린이박람회집행위원회 운영위원 2004년 중소기업청 E-비지니스솔루션사업 집행위원장 2004년 대한민국문화관광상품대전 집행위원장 2005년 경향신문 객원논설위원 2005년 (사)한지문화산업총연합회 자문위원 2005년 2005국제문화관광상품엑스포 운영위원장 2006년 조선황실문화재단창립총회 집행위원장 2006년 한국과학문화재단 과학기술문화사업 전문위원 2006년 경주신라밀레니엄파크內 공예촌 준비위원장 2006년 대한민국디자인문화대전 심사위원 2006~2007년 전통공예산업진흥법 추진위원장 2007년 프랑스 파리국제박람회 참가 대회장 2007년 문화재청 문화재전문위원 2007년 同일반동산문화재 감정위원 2008년 (사)근대황실공예문화협회 회장(현) 2009년 무주전통공예협의회 위원장 2011년 제17회 전국한지공예대전 운영위원장 2011년 서울미술장식 심의위원(현) 2013~2015년 이탈리아 밀라노 '한국공예의 법고창신 2013' 기획위원 2014년 서울시문화상 심사위원(현) 2014년 서울공예문화박물관 T/F 위원(현) 2014~2016년 예총명인 심사위원 2015년 한국예술인복지재단 예술활동증명심의위원(현) 2015년 유럽(벨기에 · 영국 · 독일) 한국문화원 전통공예전시 집행위원장 2015년 송도 엠베서더호텔 실내장식설치 총괄지도위원장 2015~2016년 무형문화재 장인전 운영위원 [상]프랑스 디종시장 공로상, 국무총리표창, 화관문화훈장, 국제박람회 공로인증패(프랑스 노르망디 · 쌩제르망엉래 · 스트라스부르), 문화체육관광부장관표창(2009), 국가유공자(참전)(2011), 서울시문화상 문화재분야(2012) [저]'현대공예집' '한국나전칠기' '칠공예' '칠공연구' '옻칠공예용어사전' '옻나무 옻칠이야기'(2009) [작]'청와대 비치용 주칠나전칠기 장식대' '청와대 영부인 접견실 가구일습'(1992)

이태건(李泰健) RHEE Tae Keon (靑岳)

[생]1942 · 2 · 4 [본]전주(全州) [출]부산 [주]인천 남구 인하로100 인하대학교 사범대학 사회교육과(032-860-7114) [학]1973년 서울대 철학과졸 1980년 同대학원 윤리교육과졸 1989년 교육학박사(서울대) [경]1981~1993년 서울대 · 인하대 · 세무대 강사 1982년 인하대 사범대학 사회교육과 전임강사 · 조교수 · 부교수 · 교수 1984년 同교육대학원 교학부장 1987~2002년 한국정치학회 이사 1988~1992년 인하대 사회교육과장 1993~1994년 同학생생활연구소장 1994~1995년 同사회교육원장 1997~2007년 한국사회과학아카데미 회장 1998년 인하대 교무처장 1999년 한국국민윤리학회 회장 2000년 同상임고문 2002년 한국효학회 수석부회장(현) 2004~2007년 민주평통 자문위원 2006~2007년 인하대 교육대학원장 2007년 한국윤리학회 상임고문(현) 2007년 통일부 통일교육위원 2007년 인하대 사범대학 사회교육과 명예교수(현) 2008~2011년 성산효대학원대 부총장 2009년 계간 '아시아문예'로 시인 등단 2012~2014년 (주)수도권지역뉴스 주필 [상]문화공보부장관표창(1977), 내무부장관표창(1979), 대통령표창(1986) [저]'마르크시즘의 변용'(1987) '대학국민윤리(극동-아세아방송교재)'(1991) '민주시민을 위한 윤리-도덕'(1992) '사상과 윤리'(1999) '21세기 북한학특강'(2003) [역]'여론의 정치사회학'(1990) '가치와 사회'(1992) '사이버 윤리-사이버공간에 있어서 법과 도덕'(2001) '지속가능한 사회-새로운 환경패러다임의 이해'(2005) '정보화시대의 사이버 윤리'(2008) [종]기독교

이태경(李泰庚) Lee Tae-Kyoung

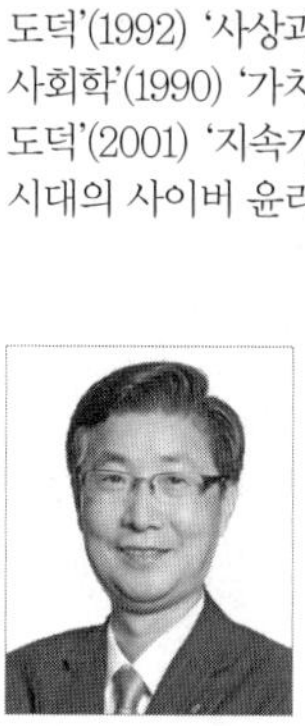

[생]1962 · 6 · 1 [출]부산 [주]서울 성동구 성수일로56 백영성수센터8,9,10층 (주)에브리데이리테일 임원실(02-380-5123) [학]1981년 부산 동아고졸 1988년 부산대 경영학과졸 [경]1988년 (주)신세계 인사부 입사 2001년 同인사팀장 2005년 同이마트부문 해운대점장 2007년 同이마트부문 가공식품팀장 2009년 同이마트부문 신선식품담당 2012년 (주)이마트 가공식품 담당 2014년 (주)에브리데이리테일 대표이사(현)

이태교(李太敎) RHEE Tai Kyo

[생]1936 · 1 · 30 [본]영천(永川) [출]대구 [주]서울 강남구 도산대로307 백신빌딩202 서울부동산포럼(02-557-0063) [학]1955년 경북사대부고졸 1961년 연세대 정치외교학과졸 1978년 서울대 경영대학원 최고경영자과정 수료 1985년 행정학박사(한양대) [경]1960년 한국일보 정치부 기자 1965년 중앙일보 정치부 기자 1969년 삼성그룹 회장비서실 근무 1970년 (주)삼성에버랜드 기획조사실장 1972~1989년 성균관대 · 숙명여대 · 한양대 · 서울시립대 강사 1980년 동부그룹 종합조정실 상무이사 · 전무이사 · 부사장 1984년 (주)한국자동차보험서비스 대표이사 1989 · 1992년 한국수자원공사 사장 1993년 한국대댐학회 회장 1995년 한국부동산분석학회 회장 1995년 한성대 대학원장 겸 경영 · 행정 · 통상정보 · 예술대학원장 1998~2001년 同행정대학원장 겸 부동산학과 교수 1999년 한국부동산연합회 회장 1999~2002년 세계부동산연맹(FIABCI) 한국대표부 회장 2000년 同이사회 부회장 2001~2002년 기라정보통신 회장 2003년 부동산TV 명예회장 2003년 서울신문 명예논설위원 2003년 삼성에버랜드(주) 경영고문 2003년 리베창조(주) 회장 2003년 서울부동산포럼 창립회장(현) 2004년 서울사이버대 부동산학과 석좌교수 [상]은탑산업훈장(1991), 부총리표창(1991 · 1992) [저]'부동산중개업법령 및 중개실무'(1984) '부동산투자요령'(1985) '재미있는 물이야기'(1992) '부동산 마케팅(共)'(1997) '부동산중개론'(1999) '물 · 환경 · 인간'(2000) '토지정책론'(2001) '부동산업성공비결 33계명'(2003) '울다가 웃고 웃다 기절하는 이야기'(2007) '부동산정책론(共)'(20105, 법문사) '부동산 마케팅(共)'(2016, 법문사) [종]기독교

이태규(李泰珪) LEE Tae Gyu

[생]1964 · 3 · 22 [본]한산(韓山) [출]경기 양평 [주]서울 영등포구 의사당대로1 국회 의원회관635호(02-788-2755) [학]1982년 천안 중앙고졸 1990년 한국항공대 항공경영학과졸 2003년 연세대 행정대학원졸 [경]1988년 한국항공대 총학생회장 1995년 정치개혁시민연합 기획실장 1995년 개혁신당 기획조정실 부실장 1995년 통합민주당 조직부국장 · 정책전문위원 1998년 여의도연구소 기획위원 2000년 윤여준 국회의원 보좌관 2003년 나라정책원 부원장 2003년 한나라당 대표 상임정책특보 2004년 여의도연구소 연구위원(정치행정팀장) 2006년 한나라당 서울시장선거기획단장 2006년 서울시장직인수위원회 위원 2007년 한나라당 이명박 대통령경선캠프 기획단장 2007년 同이명박 대통령후보 대선준비팀 전략총괄간사 2007년 同제17대 대통령중앙선거대책위원회 전략기획팀장 2007년 제17대 대통령직인수위원회 기획조정분과위원회 전문위원 2008년 대통령 연설 · 기록비서관 2009~2011년 (주)KT 경제경영연구소 전무 2009~2011년 (사)국제정보능력평가원 이사장 2012년 무소속 안철수 대통령후보선거대책위원회 미래기획실장 2014년 새정치민주연합 사무부총장 2014~2015년 同정치혁신실천위원회 위원 2014~2015년 同당무혁신실장 2016년 국민의당 창당준비위원회 실무지원단장 2016년 同전략홍보본부장 2016년 同공천관리위원회 위원 2016년 제20대 국회의원(비례대표, 국민의당)(현) 2016년 국회 외교통일위원회 간사(현) 2016년 국회 정보위원회 간사(현) 2016년 국회 정치발전특별위원회 위원(현) 2016년 국민의당 당헌당규제 · 개정위원회 제3소위원장

이태규(李泰圭)

[생]1967 [출]경남 진주 [주]울산 동구 진성4길11 울산동부경찰서(052-210-7321) [학]1985년 진주고졸 1989년 경찰대 행정학과졸(5기) 2005년 경남대 경찰행정대학원졸 [경]1989년 경위 임관 1998년 경감 승진 2004년 경남 양산경찰서 생활안전과장(경정) 2005년 마산중부경찰서 수사과장 2006년 마산동부경찰서 경비교통과장 2007년 창원서부경찰서 정보보안과장 2008년 경남지방경찰청 작전전경계장 2010년 同감찰계장 2011년 同경비계장 2013년 同정보화장비담당관 2014년 경남 밀양경찰서장 2015년 경남지방경찰청 생활안전과장 2016년 울산동부경찰서장(현)

이태근(李泰根) LEE Tae Keun

[생]1956 · 7 · 13 [출]전남 순천 [주]서울 송파구 송파대로274 소방공제회관4층 대한소방공제회 이사장실(02-409-6387) [학]1975년 전남 순천고졸 1978년 광주보건전문대졸 1985년 한국방송통신대 행정학과졸 [경]1985년 소방간부후보생 공채 합격(4기) 1989년 전남 순천소방서 중앙 · 화순파출소장(지방소방위) 1991년 내무부 소방국 예방과 근무(소방위) 1991~1994년 전남 여수소방서 방호과장(지방소방경) 1994~1996년 대전 동부소방서 소방과장(지방소방령) 1996~1998년 전남 순천소방서 방호과장 · 소방과장 1998~2002년 전남도 소방본부 방호과장 · 소방행정과장(지방소방정) 2002~2006년 同보성 · 순천 · 광양소방서장 2006년 소방방재청 U119팀 근무(소방정) 2007~2008년 同소방기획과 근무 2008년 同소방정책국 방호조사과장(소방준감) 2008년 경기도 소방학교장 2011~2013년 전남도 소방본부장(소방감) 2014년 대한소방공제회 이사장(현)

이태근(李泰根) Rhee Tae-Keun

[생]1961·7·25 [출]전북 남원 [주]서울 강남구 테헤란로131 한국지식재산센터7층 한국특허정보원 원장실(02-6915-1401) [학]1980년 전주 신흥고졸 1985년 단국대 행정학과졸 2001년 미국 프랭클린피어스법과대(Franklin Pierce Law Center) 법학석사 [경]1985년 행정고시 합격(29회) 1987년 문화공보부 홍보정책실 지원과 사무관 1989년 특허청 기획관리관실 국제협력담당관실 사무관 1996년 同심사1국 상표심사담당관3실 서기관 2002년 同기획관리관실 행정법무담당관실 국제협력담당관 2006년 同경영혁신홍보본부 재정기획팀장 2007년 同경영혁신홍보본부 인재개발팀장 2008년 同인사과장 2008년 특허심판원 제3부 심판장 2009년 특허청 국제지식재산연수원장 2010년 중앙공무원교육원 교육파견(고위공무원) 2011년 특허심판원 심판장 2012년 특허청 고객협력국장 2013~2014년 同정보고객지원국장 2014년 한국특허정보원 원장(현)

이태로(李泰魯) Lee Tae-ro

[생]1958·11·15 [주]서울 종로구 사직로8길60 외교부 인사운영팀(02-2100-7136) [학]1982년 한국외국어대 정치외교학졸 1986년 同대학원 정치외교학과졸 1993년 중국 북경어언학원 연수 1994년 미국 스탠퍼드대 연수 1994년 정치외교학박사(한국외국어대) [경]1988년 외무고시 합격(22회) 1988년 외무부 입부 1995년 駐중국 2등서기관 1998년 駐요코하마 영사 2003년 외교통상부 의전2담당관 2005년 同재정기획관 2007년 駐중국 참사관 2008년 駐일본 공사참사관 2010년 외교통상부 의전심의관 2012년 駐몽골 대사 2015년 駐슬로바키아 대사(현)

이태림(李太林) LEE Tae Rim

[생]1933 · 8 · 26 [출]제주 [주]서울 중구 동호로17길13 (주)코마코 회장실(02-2250-6300) [학]1953년 경남고졸 1957년 해군사관학교 중퇴(4년) 1978년 전남대 대학원 수료 [경]1964~1969년 KBS TV 근무 1969년 문화방송 관리부 차장 1970년 同라디오영업부장 1974~1981년 同라디오영업부장 · 광주영업지사장 · 신문영업국장 · 라디오영업국장 1974~1981년 경향신문 라디오영업부장 · 광주영업지사장 · 신문영업국장 · 라디오영업국장 겸임 1981년 춘천문화방송 사장 1986년 부산문화방송 사장 1989년 (주)코마코 사장 2004년 同회장(현) [상]국민훈장 모란장(2002)

이태복(李泰馥) LEE Tae Bok

[생]1950 · 12 · 11 [본]한산(韓山) [출]충남 보령 [주]서울 구로구 경인로661 푸르지오1차상가104동914호 국민석유(주) 비서실(02-2636-6915) [학]1969년 성동고졸 1976년 국민대 법대졸 2000년 고려대 노동대학원졸 2003년 명예 사회복지학박사(순천향대) [경]1975년 흥사단 아카데미 지도위원 1977년 도서출판 '광민사' 대표 1981년 민주화운동으로 구속 1986년 국제사면위원회에서 '세계의 양심수'로 선정 1988년 특별석방 · 사면복권 1989년 전국민족민주운동연합 편집실장 1989년 주간 노동자신문 발행인 겸 주필 1996년 同회장 1996~2001년 (사)인간의대지 대표 1999~2001년 노동일보 발행인 겸 회장 2001년 그리스도신학대 객원교수 2001년 대통령 복지노동수석비서관 2002년 보건복지부 장관 2002년 국민대 행정대학원 초빙교수 2003년 한서대 노인복지학과 초빙교수, 성동고총동문회 회장 2003년 (사)인간의대지 이사장(현) 2006년 새희망포럼 고문 2007년 (사)5대거품빼기범국민운동본부 상임대표(현) 2009년 (사)5내운동 이사장(현) 2012년 예산중총동창회 회장(현) 2012년 국민석유(주) 설립준비위원 · 상임대표 2013년 同대표이사 겸 이사회 의장(현) [상]청조근조훈장(2003) [저]'한국노동문제의 구조' '영국노동운동사' '노동의 역사' '세상의 문앞에서'(1990) '노동자의 논리와 희망의 노래'(1992) '전환기의 노동운동'(1995) '우리시대의 희망찾기'(1996) '기백이 있어야 희망이 보인다'(2000) 자서전 '쓰러져도 멈추지 않는다'(2002) '대한민국은 침몰하는가'(2004) '사회복지정책론'(2006) '도산 안창호 평전'(2006) '사회복지정책론'(2006) '조선의 슈퍼스타 토정 이지함'(2011, 동녘) [종]천주교

이태섭(李台燮) Tae-Sup Lee

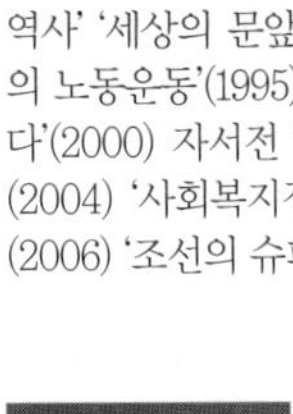

[생]1939·5·21 [본]전주(全州) [출]경기 화성 [주]서울 종로구 사직로130 적선현대빌딩507호 국제라이온스협회 한국연합회 사무국(02-734-5111) [학]1958년 경기고졸 1962년 서울대 공대졸 1966년 공학박사(미국 MIT) [경]1960년 국제연합한국학생회 전국총연합회장 1961년 서울대 총학생회장 1966년 미국 셸석유 책임연구원 1972년 풍한산업 상무이사 1976년 우풍화학 사장 1977년 대우엔지니어링 사장 1977년 제철화학·풍국정유·영일화학 사장 1978년 풍한방직 사장 1979년 제10대 국회의원(서울 강남, 민주공화당) 1979년 민주공화당 총재비서실장 1981년 제11대 국회의원(서울 강남, 민주정의당) 1981~1983년 대통령 특사(4회) 1981년 국회 상공위원장 1983년 민주정의당 서울시지부 위원장 1983년 정무제1장관 1985년 민정당 중앙집행위원 1986년 국제라이온스협회 309A지구 총재·복합지구 의장 1986~1987년 과학기술처 장관 1988년 민정당 국책연구소장 1988년 제13대 국회의원(서울 강남乙, 민정당·민자당) 1988년 민정당 중앙집행위원 1990년 민자당 당무위원 1993년 국제라이온스협회 국제이사 1994년 同국제본부 집행위원 1996년 한양기독실업인회 회장 1996~1998년 자민련 부총재 1996년 同강남乙지구당 위원장 1997년 제15대 국회의원(수원 장안 보궐선거 당선, 자유민주연합) 1997년 자유민주연합 정책위원회 의장 2000년 同수원장안지구당 위원장 2001~2003년 한국원자력문화재단 이사장 2001년 국제라이온스협회 국제2부회장 2002년 同국제1부회장 2003~2004년 同세계회장 2003~2004년 외교통상부 문화홍보 외교사절 2004년 국제라이온스재단(LCIF)이사장 2005~2008년 同CSF II(2억불 모금캠페인) 국제위원장 2007~2013년 한국원자력의학원 이사장 2008년 국제라이온스재단(LCIF) 동양 및 동남아시아 헌장지역대표(현) 2010년 同운영위원장 2012년 전주이씨대동종약원 이사장(현) 2013년 한국학생운동자협의회 회장(현) [상]국무총리표창, 청조근정훈장, 한국전기문화대상, 필리핀 구시 평화상(2007), 4.19봉사상(2009) [저]'선진조국을 향한 새로운 산업정책' '나의 유학시절' '한국의 우등생' 자서전 '지구 150바퀴-2억불의 사나이 이태섭'(2009) [역]'무역이냐 전쟁이냐' [종]기독교

이태섭(李泰燮) LEE Tai Sup

[생]1948 · 7 · 7 [본]재령(載寧) [출]충남 당진 [주]서울 광진구 능동로209 세종대학교 에너지자원공학과(02-3408-3671) [학]경복고졸 1972년 서울대 공대 자원공학과졸 1974년 同대학원 자원공학과졸 1983년 공학박사(미국 Colorado School of Mines) [경]1976년 한국자원개발연구소 연구원 1979년 미국 Colorado School of Mines 연구 · 강의조교 1981년 미국 국립지질조사소(USGS) 석유가스연구실 위촉연구원 1984년 미국 Bolt Geophysical Inc. 연구원 1985년 한국동력자원연구소 선임연구원 1986년 同육상물리탐사연구실장 1989년 서울대 강사 1990년 한국동력자원연구소 자원탐사연구부장 1991년 한국자원연구소 응용지구물리연구그룹장 1992년 同자원탐사연구부장 1998년 충남대 지질학과 겸임교수 1998년 세명대 지구환경학과 협동연구교수 1999년 한국지질자원연구원 자원연구부장(탐사개발연구부장) 2002년 충남대 강사 2002년 한국자원공학회 수석부회장 겸 편집위원장 2002~2008년 한국지질자원연구원 원장 2003년 한국자원공학회 회장 2003년 국토정책위원회 위원 2004년 한국공학한림원 정회원 2005년 국가과학기술위원회 운영위원회 위원 2007년 과학기술출연기관장협의회 회장 2007년 환경기술기관장협의회 회장 2008년 한국지질자원연구원 연구위원 2008~2009년 한양대 겸임교수 2010~2015년 공주대 객원교수 2010~2015년 한국지질자원연구원 정책자문위원 2016년 세종대 에너지자원공학과 연구교수(현) [상]과학기술처장관표창, 한국자원공학회 학술상, 과학기술훈장 혁신장(2004), 한국지구시스템공학회 서암상(2008) [저]'물리탐사 용어사전' '토목환경분야 적용을 위한 물리탐사 실무지침' [종]천주교

이태성(李泰成) LEE Tae Sung

[생]1960·7·16 [본]전주(全州) [출]경남 김해 [주]경남 창원시 의창구 창원대로18번길22 경남테크노파크(055-259-3376) [학]1979년 마산고졸 1984년 한양대졸 1986년 同행정대학원졸 [경]행정고시 합격(29회) 1996년 공정거래위원회 독점국 기업집단과 서기관 1997년 同정책국 총괄정책과 서기관 1997년 同부산지방사무소장 1999년 해외 파견 2001년 공정거래위원회 심판관리3담당관 2002년 기획예산처 재정2팀장 2002년 同경제기금과장 2003년 同사회기금과장 2004년 同연금보험기금과장 2005년 同투자관리과장 2005년 同총사업비관리팀장(부이사관) 2006년 同성과관리제도팀장 2007년 통계청 경제통계국장(일반직고위공무원) 2009년 고위정책과정 교육파견 2011년 기획재정부 재정정책국 성과관리심의관 2012년 同재정관리국장 2014년 울산시 경제부시장 2015년 기획재정부 본부 고위공무원 2016년 경남테크노파크 원장(제7대)(현)

이태성(李泰成) Lee Taesung

[생]1978 · 8 · 11 [주]서울 마포구 양화로45 (주)세아홀딩스 임원실(02-6970-0110) [학]1996년 미국 켄트스쿨졸 2000년 미국 이스턴미시간대 심리학 · 언론학과졸 2005년 중국 칭화대 대학원 경영학과졸(MBA) [경]2005년 POSCO China 마케팅실 근무 2006년 SeAH Japan(세아제강 일본 현지법인) 근무 2009년 (주)세아홀딩스 입사 2009년 同전략기획팀장 2011년 同이사 2013년 同상무 2014년 (주)세아베스틸 기획본부장 겸임 2014년 (주)세아홀딩스 경영총괄 전무(현) 2014년 (주)세아베스틸 경영기획부문장 겸임(현) 2015년 세아창원특수강(주) 경영기획부문장 겸임(현)

이태수(李兌洙) LEE Tae Soo

[생]1959·11·15 [출]충북 제천 [주]충북 청주시 서원구 현도면 상삼길133 꽃동네대학교 사회복지학부(043-270-0145) [학]1978년 청주고졸 1985년 연세대 경제학과졸 1987년 同대학원 경제학과졸 1992년 경제학박사(연세대) [경]1987~1997년 연세대·숙명여대·한국항공대 강사 1994년 국립사회복지연수원 조교수 1999~2011년 꽃동네현도사회복지대 사회복지학부 조교수·부교수 1999년 同사회복지학부장 2001~2004년 同사회복지연구소장 2004~2007년 빈부격차차별시정위원회 민간위원 2005년 국무총리실산하 경제인문사회연구회 이사 2007년 꽃동네현도사회복지대 산학협력단장, 복지국가소사이어티 공동대표·정책위원, 한국보건복지인력개발원 원장, 대통령자문 양극화 및 민생대책위원회 위원 2009년 꽃동네현도사회복지대 사회복지대학원장 2011년 同사회복지연구소장 2011년 꽃동네대 사회복지학부 교수(현) 2014년 비판과대안을위한사회복지학회 회장 2016년 더불어민주당 제20대 국회의원 후보(비례대표 18번) [저]'경제이론과 한국경제'(1993) '소규모아동시설연구'(1997) '사회복지시설거주자의 건강증진 및 시설운영개선방안 연구'(1999) '한국고용보험제에서 실업급여와 적극적 노동시장 프로그램의 연계강화를 위한 전략 연구'(2000) '복지국가혁명'(2007) '전환기의 한국 복지 패러다임'(2008)

이태수(李泰秀) LEE Tae Soo

[생]1961·2·16 [출]전북 정읍 [주]서울 서초구 서초중앙로157 서울중앙지방법원(02-530-1114) [학]1979년 광성고졸 1986년 서울대 외교학과졸 1989년 同대학원 사법학과졸 [경]1990년 사법시험 합격(32회) 1993년 사법연수원 수료(22기) 1993년 춘천지법 강릉지원 판사 1996년 춘천지법 판사 1997년 同홍천·인제·양구군법원 판사 1998년 인천지법 부천지원 판사 2000년 대전지법 논산지원 판사 2002년 대구지법 판사 2004년 서울고법 판사 2005년 헌법재판소 파견 2007년 서울중앙지법 판사 2008년 대전지법 부장판사 2009년 수원지법 안산지원 부장판사 2010년 서울가정법원 부장판사 2015년 서울중앙지법 부장판사(현) 2016년 언론중재위원회 시정권고위원(현)

이태승(李泰承) LEE Tae Seung

[생]1967·7·28 [출]경북 성주 [주]경기 수원시 영통구 월드컵로120 수원지방검찰청 형사1부(031-210-4308) [학]1986년 서라벌고졸 1992년 연세대 법학과졸 [경]1994년 사법시험 합격(36회) 1997년 사법연수원 수료(26기) 1997년 부산지검 검사 1999년 전주지검 군산지청 검사 2001년 서울지검 동부지청 검사 2004년 인천지검 검사 2006년 울산지검 검사 2008년 서울중앙지검 검사 2009년 대구지검 서부지청 부부장검사(헌법재판소 파견) 2011년 울산지검 공안부장 2012년 부산지검 공안부장 2013년 법무부 국가송무과장 2015년 서울동부지검 형사3부장 2016년 수원지검 형사1부장(현)

이태식(李泰植) LEE Tae Sik

[생]1945·10·26 [출]경북 경주 [주]서울 강서구 공항대로607 서울도시가스(주)(02-810-8000) [학]1970년 서울대 외교학과졸 1988년 미국 존스홉킨스대 대학원 국제안보학과졸 [경]1973년 외무고시 합격(7회) 1973년 외무부 입부 1975년 駐라이베리아 3등서기관 1977년 駐필리핀 2등서기관 1981년 駐미국 1등서기관 1984년 대통령비서실 파견 1985년 외무부 동남아과장 1987년 외교안보연구원 안보전략연구부 연구관 1988년 駐오스트리아 참사관 1990년 駐유고 참사관 1992년 외교안보연구원 러시아·동구연구부 연구관 1992년 외무부 국제경제국 심의관 1994년 駐EU 공사 1997~1998년 외무부 통상국장 1998년 한반도에너지개발기구(KEDO) 사무차장 2000년 駐이스라엘 대사 2002년 외교통상부 차관보 2003년 駐영국 대사 2005년 외교통상부 차관 2005년 同제1차관 2005~2009년 駐미국 대사 2009~2014년 SK에너지(주) 상근고문 2011~2013년 한국전력공사 이사회 의장 2012~2015년 연합뉴스 수용자권익위원회 위원장 2013~2015년 한국국방연구원 비상임이사 2014~2016년 연세대 언더우드국제대학(UIC) 레이니(Laney) 석좌교수 2015년 서울도시가스(주) 사내이사 겸 감사위원(현) [종]기독교

이태식(李泰植) LEE Tai Sik

[생]1953·5·12 [본]전주(全州) [출]부산 [주]경기 고양시 일산서구 고양대로283 한국건설기술연구원 원장실(031-910-0001) [학]1978년 서울대 토목공학과졸 1983년 미국 위스콘신대 대학원 토목공학과졸 1990년 토목공학박사(미국 위스콘신대) [경]1978년 삼성종합건설 근무 1981년 미국 위스콘신대 강사 1990년 한국건설기술연구원 건설관리연구실장 1991~1994년 서울대·중앙대 강사 1992년 대통령 사회간접자본(SOC)자문위원회 자문위원 1994~2014년 한양대 건설환경플랜트공학과 교수, 국가과학기술위원회 연구개발전문위원장, 대통령 신발전지역위원회 위원, 기획재정부 민간투자사업심의위원회 민간위원, 극지연구소 남극제2기지건설추진위원, 국토교통부 철도기술심의위원 1999년 한양대 건설교통공학부장 2000년 국토교통부 중앙건설기술심의위원 2002년 국토교통부 건설분쟁조정위원회 위원(현) 2002년 한국건설관리학회 회장 2004년 한양대 산업경영디자인대학원장 2006년 한국구매조달학회 회장 2010년 한국공학기술단체연합회 회장 2010년 한국철도학회 회장 2011~2012년 대한토목학회 회장 2014년 한국건설기술연구원 원장(현) 2014년 한국과학기술단체총연합회 부회장(현) [상]대통령표창(2004), 대한토목학회 논문상(2006), 한국공학한림원상, 젊은공학인상, 과학기술훈장 도약장(2010) [저]'도시정책정보시스템' '미국토지정보시스템' '우리서울 이렇게 바꾸자' '엔지니어 윤리학' '건설공사 적산학'

이태식(李泰植) LEE Tae Sik

[생]1961·7·16 [본]평산(平山) [출]경북 김천 [주]경북 안동시 풍천면 도청대로455 경상북도의회(054-880-5315) [학]구미1대졸, 금오공과대 산업대학원졸, 同산업대학원 환경공학 박사과정 수료 [경](주)금오열산업 대표이사, 금오공대 발전후원회 부회장, 구미문화원 이사, 구미시새마을회 이사 2004년 해피투게더투어 대표이사(현), 구미시중증장애인자립지원센터 운영위원, 대신장학회 회장(현), 민주평통 구미시자문위원회 부회장(현) 2012년 새누리당 구미甲지역위원회 직능부장 2012년 경북도의회 의원(새누리당) 2013년 同예산결산특별위원회 위원 2014년 경북도의회 의원(새누리당)(현) 2014년 同운영위원회 위원 2014·2016년 同기획경제위원회 위원(현) 2014·2016년 同경북·대구상생발전특별위원회 위원(현) 2015년 同예산결산특별위원회 위원장

이태식(李泰植) LEE Tae Sik

[생]1962·7·10 [출]서울 [주]서울 서초구 헌릉로13 대한무역투자진흥공사 경영지원본부(02-3460-7200) [학]1980년 용산고졸 1987년 서강대 경영학과졸, 핀란드 헬싱키경제대 대학원 경영학과졸(MBA) [경]1987년 대한무역투자진흥공사(KOTRA) 입사 1987년 同기획관리부 근무 1992년 同양곤무역관 근무 1995년 同전시사업처 근무 1998년 同마케팅지원처 근무 1998년 同달라스무역관 근무 2001년 同해외전시팀 근무 2002년 同전시사업팀 근무 2003년 同중동·아프리카지역본부 부관장 2006년 同감사실 검사역 2007년 同비서팀장 2008년 同바르샤바무역관장 2008년 同바르샤바코리아비즈니스센터장 2011년 同중소고객사업처장 겸 고객전략팀장 2012년 同지식서비스사업단장 2013년 同운영지원실장 2014년 同북미지역본부장 겸 뉴욕무역관장 2015년 同전략마케팅본부장(상임이사) 2016년 同경영지원본부장(부사장)(현)

이태신(李泰信) LEE Tai Sin

[생]1957·7·5 [주]경북 포항시 남구 대송면 철강산단로195 동국제강(주) 포항제강소(02-317-1114) [학]부산남고졸 1984년 동아대 기계공학과졸 [경]1984년 동국제강(주) 입사, 同생산팀장(이사) 2010년 同부산공장장(이사) 2011년 同영업본부 형강담당 이사 2012년 同부산공장장(이사) 2015년 同포항제강소장 겸 형강사업본부장(상무)(현)

이태암(李太巖) LEE Tae Am

[생]1956·8·14 [출]경북 구미 [주]경북 구미시 이계북로7 경상북도경제진흥원 원장실(054-472-2986) [학]1983년 경북대 원예학과졸 1988년 同대학원 농업경제학과졸 [경]1986년 경북도 지방공무원교육원 교수부 근무 1990년 同농림수산국 과수계장 1991년 同농림수산국 작목개발계장 1992년 同농정국 농정기획계장 1995년 同농정국 유통특작과장 1997년 同농정과장, 同농산과장 2001년 同농정과장 2002년 성주군 부군수 2004년 경북도 유교문화권개발사업단장 2005년 자치인력개발원 고위정책과정 입교 2006년 경북도 감사관 2006년 同농수산국장 2010년 경산시 부시장 2012년 경북도의회 사무처장 2015년 경북도경제진흥원 원장(현) [상]대통령표창(1992), 녹조근정훈장(2003), 홍조근정훈장(2015)

이태억(李泰億) Tae Eog LEE

[생]1958·5·29 [본]경주(慶州) [출]부산 [주]대전 유성구 대학로291 한국과학기술원 산업및시스템공학과(042-350-3122) [학]1980년 서울대 산업공학과졸 1982년 한국과학기술원(KAIST) 산업공학과졸(석사) 1991년 산업및 시스템공학박사(미국 오하이오주립대) [경]1982~1986년 대우조선(주) 경영정보시스템 기획과 대리·기획관리과장 1991년 한국과학기술원(KAIST) 산업및시스템

공학과 교수(현) 1999~2000년 同과학기술전자도서관장 1999~2000년 同정보시스템연구소장 1999년 대검찰청 정보화실무추진단 자문위원 2000년 국가과학기술전자도서관(NDSL) 초대 설립관장 2000~2005년 AIM Systems(주) 기술고문 2000년 한국경영과학회지 편집위원장 2005~2008년 Associate Editor of IEEE Transactions on Automation Science and Engineering 2005년 Advisory Board Member of OR Spectrum Journal Springer(현) 2006~2009년 한국과학기술원(KAIST) 산업및시스템공학과장 2007~2008년 대한산업공학회 부회장 2008년 국방M&S(모델링 및 시뮬레이션)특화기술연구센터 센터장(현) 2010~2012년 규제개혁위원회 민간위원 2011년 교육과학기술부 대학구조개혁위원회 위원 2011년 사회인프라상호작용에의한복합재난모델링기술연구단 단장 2011년 한국과학기술원(KAIST) Education 3.0 추진단장(학장급) 2013~2015년 同교수학습혁신센터장 2015년 한국과학기술한림원 정회원(정책학부 · 현) 2016년 대한산업공학회 차기(2017년1월) 회장(현) [상]한국과학기술단체총연합회 우수논문상(2003), 대한산업공학회 정헌학술대상(2012), 미래창조과학부 이달(12월)의 과학기술자상(2015)

이태연(李太演) LEE Tae Yon

[생]1962 · 6 · 26 [출]충남 논산 [주]서울 강남구 테헤란로 507 일송빌딩 미래에셋생명보험(주) 고객서비스본부(02-3271-4604) [학]인하대 법학과졸, 同대학원 법학과졸 [경]2009년 (주)미래에셋생명보험 IT운영실장(이사), 同IT개발실장(이사) 2012년 同컴플라이언스본부장(이사) 2015년 同컴플라이언스본부장(상무보) 2015년 同고객서비스본부장(상무보)(현) [종]기독교

이태열(李泰烈) LEE Tae Yeul

[생]1945 · 4 · 20 [출]대구 달성 [주]대구 수성구 동대구로330 대구일보 회장실(053-757-5701) [학]협성고졸 1970년 영남대 상경대학 경영학과졸 1986년 경북대 경영대학원 최고경영자과정 수료 2002년 고려대 경영대학원 최고경영자과정 수료 2010년 영남대 행정대학원 행정학과졸 [경]1980년 대구 수성구 통합방위협의회 위원 1992~1996년 직장새마을운동 대구시남구협의회 회장 1994~2001년 한국공동주택전문관리협회 부회장 · 대구시지회 회장 1995~2000년 직장새마을운동 대구시협의회장 · 중앙협의회 간사 1996~2001년 대구가창초총동창회 회장 1996년 대구시체육회 이사 1996년 2003하계유니버시아드대회 대구유치위원회 운영위원 1997년 민주평통 자문위원 2000~2002년 협성고총동창회 회장 2001년 대구시골프협회 부회장 2002년 대구일보 회장(현) 2004년 경북자원봉사포럼 회장 2005~2013년 한국신문윤리위원회 이사 2006~2008년 전국지방신문협의회 부회장 2009년 대구사이버대 발전자문위원 2009~2015년 한국신문협회 이사 2012년 同운영위원 [상]대구시장표창(1983 · 1985 · 1990 · 1993 · 1994), 문화공보부장관표창(1988), 내무부장관표창(1988 · 1995), 대통령 새마을포장(1993)

이태영(李台永) LEE Tae Young (東山)

[생]1941 · 8 · 6 [본]경주(慶州) [출]서울 [주]서울 중구 세종대로124 대한언론인회(02-732-4797) [학]성균관대 중퇴, 경희대 행정대학원 수료 [경]1961년 경향신문 기자 1962년 한국일보 기자 1978년 한국일보 · 일간스포츠 체육부장 1979년 서울시체육회 이사 · 운영위원 1983년 중앙일보 체육부장 1991년 중앙문화센터 국장 1993~2009년 대한체육회(KOC) 위원 1994년 중앙일보 섹션국장 1995년 同문화사업담당 본부장 1997년 (주)중앙기획 대표이사 1998년 21세기스포츠포럼 공동대표 · 상임대표 · 명예대표(현) 1998년 추계예술대 자문역 1998년 KBS 객원해설위원 2002~2008년 명지대 객원교수 2005년 대한언론인회 논설위원 2006년 6.25납북인사가족회 이사 2008~2012년 경희대 겸임교수 2008년 추계예술대 법인이사(현) 2009년 KOC 국제위원회 위원 · 자문위원 2009년 체육언론인회 특별고문 · 자문위원장(현) 2010~2015년 한국언론진흥재단 특임강사 2010~2014년 대한언론인회 부회장 2012년 2018평창동계올림픽조직위원회 자문위원 2013년 서울시체육회 부회장 2013년 국민생활체육회 자문위원장 2014~2016년 대한언론인회 상담역 2016년 同감사(현) [상]국무총리표창(1986), 체육훈장 맹호장, 서울시 문화상, 대한민국 체육상 공로분야(2007) [저]'정상에 서다'(1978, 한국일보사) '함성의 뒤안에서'(1995) '개척과 도전'(1998) '20세기 한국스포츠100년'(1999) '은반위의 질주'(2001, 국민체육진흥공단) '스포츠 보도의 현안과 발전방향'(2004) '올림픽을 말하다'(2008, 서울시체육회) '서울챔피언'(2010, 서울시체육회) '스포츠영웅 불굴의 혼, 손기정'(2011, 대한체육회) [종]천주교

이태영(李泰榮) LEE Tae Young

[생]1944 · 3 · 18 [본]전주(全州) [출]경북 상주 [주]서울 용산구 대사관로31길8 태준빌딩 별관3층 (주)태준제약 회장실(02-799-0003) [학]1994년 전국경제인연합회 국제경영원 수료(30기) 1997년 서울대 보건대학원 보건의료정책 최고과정 수료(1기) 1999년 매일경제 KAIST 최고지식경영자과정 수료(2기) [경]1978년 (주)태준제약 · 아큐젠 대표이사 회장(현) 2000~2014년 한국실명예방재단 부회장 2003~2005년 전국경제인연합회 국제경영원동문회장(21 · 22대) 2005년 同국제경영원동문회 명예회장(23대) 2005년 同국제경영원 이사(현) 2008년 同국제경영원 최고경영자조찬경연 회장(현) 2011년 서울대 보건대학원 보건의료정책최고관리자과정총동문회 명예회장(현) 2014년 한국실명예방재단(아이러브재단) 회장 2015년 한국실명예방재단(아이러브재단) 제18대 이사장(현) 2016년 맑고향기로운 근본도량 길상사 신도회장(현) [상]보건사회부장관표창(1986), 국무총리표창(1994), 경영대상인 산업평화대상(1995), 제2회 벤처기업대상 산업자원부장관표창(1998), 제3회 경기도중소기업인대상(1998), 산업자원부장관표창(1999), 제3회 국제상학회 국제통상진흥인대상(1999), 대통령표창(1999), 국세청장표창(2000), 중소기업기술개발대상(2001), 모범납세자 재정경제부장관표창(2005), 전국경제인연합회 경영대상(2006), 대통령표창(2008), 경기도 일하기좋은기업대상(2010), 모범납세자 기획재정부장관표창(2012), 보건복지부 혁신형제약기업인증(2012), 무재해 15배수(18년) 목표달성인증(2013), 경기도 일하기좋은기업(GGWP)인증(2013), 보건복지부 혁신형 제약기업인증 연장(2015) [종]불교

이태영(李太英) Tae-Young Lee

[생]1952 · 3 · 4 [본]경주(慶州) [출]부산 [주]서울 서대문구 연세로50 연세대학교 이과대학 대기과학과(02-2123-2687) [학]1974년 연세대 천문기상학과졸 1976년 同대학원 기상학 석사 1984년 대기과학박사(미국 오리건주립대) [경]1976년 연세대 강사 1978년 해군제2사관학교 기상학교관 1979~1983년 미국 Oregon State Univ. Research Assistant 1983~1985년 Applied Research Corp./ NASA Goddard Space Flight Center 근무 1987년 연세대 대기과학과 조교수 · 부교수 · 교수(현) 1997~1998년 국무총리 물관리정책자문위원 1998~2000년 연세대 자연과학부장 2001~2005년 同지구환경연구소장 2006~2007년 한국기상학회 회장 2008~2009년 연세대 기획실장 2010~2011년 同일반대학원장 2014년 (재)한국형수치예보모델개발사업단 이사장(현) [상]한국기상학회 학술상(1992), 대통령표창(2004), 황조근정훈장(2007), 한국기상학회 운재학술상(2014) [저]'대기역학'(1999) '시그마 프레스'(2000) '대기과학'(2002)

이태영(李泰英) LEE Tae Young

[생]1955 · 10 · 20 [본]경주(慶州) [출]강원 영월 [주]강원 영월군 영월읍 팔괴1농공단지길21의28 (재)영월청정소재산업진흥원(033-375-5260) [학]영월공고졸, 서울사이버대 법무행정학과졸 [경]영월군 주택계장, 同관광계장, 同도시계장, 同서무계장, 同행정계장, 同상동읍장, 同문화관광과장, 同의회 사무국장, 同남면 면장 2006년 同도시개발과장 2008년 同주민생활지원과장 2010년 同기획감사실장 2013년 (재)영월청정소재산업진흥원 원장(현) [상]국무총리표창

이태영(李太榮) LEE Tae Young

[생]1959 · 3 · 9 [출]충북 진천 [주]서울 마포구 상암산로 34 디지털큐브11층 KC그린홀딩스(주) 임원실(02-320-6103) [학]광성고졸 1960년 서울대 경영학과졸 1999년 캐나다 사이몬프레이저대(Simon Fraser Univ.) 대학원 경영학과졸 [경]1985~1987년 제일씨티리스(주) 근무 1987~1989년 경원세기(주) 무역부 과장 1989년 한국코트렐(주) 입사 1991년 同이사 1996년 한국기계연구원 자문위원 1997년 통상산업부 Korea-U.S. Committee on Business Cooperation 환경에너지위원 2000년 대한상공회의소 환경 · 안전위원 2000~2008년 한국코트렐(주) 사장 2001년 학교법인 광성학원 이사 2002년 대통령자문 지속가능위원회 환경분과위원 2003년 대한상공회의소 국제위원회 자문위원 2003~2015년 환경보전협회 이사 2003년 CLESTRA HAUSERMAN 회장 2005년 지속가능경영원 감사 2006년 한국환경산업협회 부회장 2008년 KC코트렐(주) 대표이사 사장 2009년 대한상공회의소 환경기후위원회 부위원장(현) 2010년 KC그린홀딩스(주) 대표이사 사장(현)

이태용(李泰鎔) LEE Tae Yong

(생)1946·4·18 (본)전주(全州) (출)서울 (주)서울 서초구 강남대로351 아주그룹(02-3475-9788) (학)1964년 보성고졸 1972년 서울대 상학과졸 (경)1972~1976년 한국은행 근무 1976년 대우그룹 기획조정실 과장 1978년 (주)대우 자동차부 과장 1981년 同시드니지사 부장·철강부장 1992년 同쿠알라룸푸르지사장(이사) 1994년 同쿠알라룸푸르지사장(상무)·철강금속본부장(상무) 1995년 同상품영업부문장(전무) 1999년 대우자동차(주) 부사장 1999년 (주)대우 무역부문 사장 2000~2006년 (주)대우인터내셔널 대표이사 사장 2001~2006년 한국·모로코경제협력위원회 위원장 2003~2006년 한국·알제리경제협력위원회 위원장 2004~2006년 한국·베트남경제협력위원회 위원장 2004~2006년 한국·태국경제협력위원회 위원장 2007년 한국능률협회 전략경영위원회 부위원장 2007~2008년 한국무역협회 무역경영자문위원 2007년 (주)대우인터내셔널 상임고문 2008년 同특별고문 2008년 아주그룹 해외사업총괄 부회장(현) 2016년 한국무역협회 비상근부회장(현) (상)석탑산업훈장(1998), 금탑산업훈장(2005) (종)기독교

이태용(李泰鎔) LEE Tae Yong

(생)1955·11·8 (본)전주(全州) (출)서울 (주)충남 서산시 해미면 한서1로46 한서대학교 국제디자인융합전문대학원(041-660-1155) (학)1973년 서울고졸 1978년 서울대 정치학과졸 1983년 同행정대학원 수료 1988년 미국 캘리포니아대 대학원 에너지자원학과졸, 경제학박사(아주대) (경)1978년 행정고시 합격(22회) 1980년 동력자원부 사무관 1989년 대통령비서실 행정관 1991년 상공부 불공정조사과장·산업진흥과장 1994년 駐호주대사관 상무관(참사관) 1998년 산업자원부 석탄산업과장·자본재산업총괄과장 2002년 駐제네바대표부 참사관 2004년 대한무역투자진흥공사(KOTRA) 외국인투자지원센터 파견 2005년 산업자원부 자본재산업국장 2006년 同기간제조산업본부장 2006~2008년 특허청 차장 2008~2011년 에너지관리공단 이사장 2009~2010년 한국에너지기후변화학회 회장 2012~2015년 한국디자인진흥원 원장 2015년 한서대 국제디자인융합전문대학원 전임교수(현) (상)홍조근정훈장(2007)

이태용(李泰鎔) Tae-Yong, LEE

(생)1960·9·7 (출)부산 (주)경남 창원시 진해구 남의로21번길36 삼보산업(주) 비서실(070-7019-1763) (학)1979년 부산 혜광고졸 1983년 연세대 사회학과졸 1987년 미국 롱아일랜드대 대학원 경영학과졸(MBA) (경)1989년 삼보산업(주) 근무 1994년 同사장 1996년 同대표이사 사장(현) (종)천주교

이태용(李泰溶) LEE Tae Yong

(생)1961·11·29 (출)합천(陝川) (주)경남 하동 (주)세종특별자치시 다솜로261 국무총리 민정실(044-200-2830) (학)환일고졸, 한양대 신문방송학과졸 (경)공화당 입당(공채12기), 민자당 지방자치국장 1992년 대통령직인수위원회 위원 1998년 자민련 조직국장 1999년 同정책국장 2000년 희망의한국신당 대변인 2001년 한나라당 김용환 국가혁신위원장 보좌역 2002~2004년 국회의장 정무수석비서관 2013년 국무총리비서실 민정실장(별정직고위공무원)(현)

이태우(李泰雨) LEE Tae Woo

(생)1969·8·7 (출)경기 성남 (주)경기 성남시 수정구 산성대로451 수원지방법원 성남지원(031-737-1558) (학)1988년 성남서고졸 1992년 연세대 법학과졸 (경)1995년 사법시험 합격(37회) 1998년 사법연수원 수료(27기) 1998년 軍법무관 2001년 인천지법 판사 2003년 서울지법 서부지원 판사 2004년 서울서부지법 판사 2005년 춘천지법 영월지원 판사 2008년 서울중앙지법 판사 2010년 서울고법 판사 2011년 대법원 재판연구관 2013년 춘천지법 속초지원장 2015년 수원지법 성남지원 부장판사(현)

이태운(李太云) LEE Tae Woon

(생)1948·7·19 (출)전남 광양 (주)서울 서초구 강남대로343 신덕빌딩 법무법인 원(02-3019-2150) (학)1966년 순천고졸 1972년 서울대 법과대학졸 (경)1974년 사법시험 합격(16회) 1976년 사법연수원 수료(6기) 1976년 해군 법무관 1979~1982년 대전지법·수원지법 판사 1982년 서울지법 동부지원 판사 1984년 서울민사지법 판사 1986년 서울가정법원 판사 1987년 서울고법 판사 1989년 서울형사지법 판사 1990년 대법원 재판연구관 1991년 전주지법 정주지원장 1993년 인천지법 부장판사 1994년 서울가정법원 부장판사 1996년 서울지법 부장판사 1996년 법원행정처 법정국장 1998년 광주고법 부장판사 2000년 서울고법 부장판사 2004년 서울중앙지법 민사수석부장판사 2005년 의정부지원장 2006년 광주고법원장 2008년 대전고법원장 2009~2010년 서울고법원장 2010년 법무법인 원 대표변호사(현) 2011년 현대모비스(주) 사외이사(현) 2013년 사단법인 선 이사장(현) 2014년 현대모비스(주) 윤리위원장 겸임(현) (종)천주교

이태운(李泰運) LEE Tae Oon

(생)1958·8·1 (출)대구 (주)서울 강남구 테헤란로432 동부금융센터7층 동부생명보험(주) 임원실(02-3011-4016) (학)1976년 삼척고졸 1981년 경북대 법대 행정학과졸 (경)1982년 동부화재 입사 2003년 同마케팅담당 2005년 同대구사업본부장(상무) 2009년 同경인사업본부장(상무) 2010년 同개인사업부문장(상무) 2012년 同개인사업부문 총괄 부사장 2014년 동부생명보험(주) 대표이사 사장(현)

이태운(李泰雲) Lee, Tae Woon

(생)1965·3·22 (본)전주(全州) (출)강원 원주 (주)서울 중구 다동길43 여신금융협회 사업본부(02-2011-0736) (학)1984년 원주고졸 1992년 한국외국어대 경영학과졸 (경)1992~1997년 리스금융협회 기획팀 근무 1998년 여신금융협회 기획부 대리 1999~2001년 同업무부·신용카드부 과장 2002년 同종합기획부 차장 2005~2013년 同종합기획부장·여신금융부장·경영지원부장 2013년 同감사실장 2014년 同홍보담당 이사 2015년 同금융본부장 2016년 同사업본부장(현) 2016년 同집행이사 겸임(현) (상)금융감독위원회 금융업무유공표창(1999)

이태웅(李泰雄)

(생)1974·8·28 (출)충남 예산 (주)광주 동구 준법로7의12 광주지방법원(062-239-1114) (학)1993년 대원외고졸 1997년 성균관대 법학과졸 (경)1998년 사법시험 합격(40회) 2001년 사법연수원 수료(30기) 2001년 공익 법무관 2004년 전주지법 판사 2007년 수원지법 안산지원 판사 2010년 서울북부지법 판사 2013년 서울동부지법 판사 2013~2015년 법원행정처 정보화심의관 겸임 2016년 광주지법 부장판사(현)

이태원(李泰元) LEE Tae Won

(생)1938·3·15 (본)서산(瑞山) (출)평남 평양 (주)경기 의정부시 행복로5 씨티빌딩4층 태흥영화(주)(031-847-4862) (학)1956년 동북고졸 (경)1964~1974년 태종상공 대표이사 1974년 의정부 중앙극장 대표 1975년 의정부 국도극장 대표 1975년 경기도극장협회 회장 1977년 전국극장연합회 부회장 1978·1983~1989년 同회장 1983년 태흥영화(주) 대표이사 회장(현) 1986~1996년 성남중앙극장 대표 1988년 영화업협동조합 이사장 1994~1997년 한국영화제작가협회 회장, '젊은날의 초상' '장군의 아들' '서편제' '태백산맥' '노는계집 창' '춘향뎐' '취화선' '하류인생' 등 다수의 영화를 임권택 감독과 함께 제작 2005년 임권택 감독의 100번째 영화 '천년학' 제작 2005~2013년 태흥시네마 대표이사 회장 (상)옥관문화훈장, 은관문화훈장, 제8회 춘사영화제 기획상, 제1회 한국영화 문화상

이태원(李泰源) LEE Tae Won

(생)1953·9·13 (출)전북 전주 (주)서울 동대문구 경희대로23 경희대학교병원 신장내과(02-958-8184) (학)경희대 의대졸, 同대학원졸, 의학박사(경희대) (경)경희대 의학전문대학원 신장내과학교실 교수(현) 2003년 경희대병원 신장내과장, 대한신장학회 재무이사, 국제신장학회 회원, 미국신장학회 회원, 대한고혈압학회 회원, 대한이식학회 회원 2011년 미국 세계인명사전 'Marquis Who's Who in Medicine and Health Care' 2011~2012판에 등재 2014~2015년 경희대 미래위원회 사무총장 2015년 경희의료원 의과학연구원장(현) 2016년 경희대 바이오헬스클러스터기획단장(현)

이태원

(생)1969 (주)서울 강남구 학동로343 한국퀄컴(주) 비서실(02-530-6970) (학)1995년 독일 베를린기술대(Technical Univ. of Berlin) 대학원 전자공학과졸 1997년 전자공학박사(독일 베를린기술대) (경)1995~1997년 Max-Planck Institute Fellow 1997~1999년 Salk Institute for Biological Studies 공동연구 1999년 한국과학기술원(KAIST) Biosystems 객원교수 1999~2007년 미국

샌디에이고대 Institute for Neural Computation 교수 2002~2007년 소프트맥스(SoftMax) 창업 · CEO 2007~2010년 퀄컴 미국 샌디에이고 엔지니어링부문 이사 2010년 한국퀄컴(주) R&D센터 소장 2011년 同부사장 2015년 同R&D센터 · 코퍼레이트부문 사장 2016년 한국퀄컴(주) 사장 겸 퀄컴 부사장(현)

이태일(李泰一) LEE Tae Il

[생]1944 · 1 · 24 [출]경남 마산 [주]경남 진주시 강남로 79 경상대학교병원 감사실(055-750-8014) [학]1962년 통영상고졸 1996년 경남대 경영대학원 수료 2002년 창신대 행정정보과졸 2002년 경남대 산업대학원 수료 [경]1978년 (주)한일합섬 입사 1996년 同총무이사 1997년 同건설사업본부장 · 영남총괄본부장 1998년 민주평통 자문위원 1998년 3 · 15기념사업회 이사 1998 · 2002 · 2006~2010년 경남도의회 의원(한나라당) 2000년 바르게살기 마산시협의회장 2001년 진해신항만조사특별위원회 위원장 2003년 지방분권운동 경남도협의회 공동대표 2003년 대한적십자사 경남지사 중앙봉사회 부회장, 통일부 교육자문위원 2008~2010년 경남도의회 의장, 동마산 의용소방대 고문, 무공수훈자회 자문위원, 해외참전전우회 고문, 진해신항쟁취 범도민비상대책본부장 2010년 경남도의원선거 출마(무소속) 2013~2015년 민주평통 상임위원 2015년 경상대병원 상임감사(현) [상]인헌무공훈장, 대통령표창, 예비군포장, 통일원장관표창, 국방부장관표창, 2군사령관표창, 駐越한국군사령관표창, 군수기지사령관표창 [종]불교

이태종(李泰鐘) LEE Tae Jong

[생]1958 · 12 · 27 [출]강원 춘천 [주]서울 중구 삼일대로 363 한화빌딩24층 (주)한화 임원실(02-729-1503) [학]1977년 춘천고졸 1981년 서울대 화학공학과졸 [경]1983년 한화그룹 입사, (주)한화 화약부문 인천공장 기술부장 2003년 同화약부문 인천공장 이전T.F.T장 2004년 同화약부문 보은공장 부공장장 겸 이전T.F.T장(상무보) 2007년 同화약부문 보은공장장(상무) 2013년 同화약부문 보은사업장(전무) 2014년 同방산사업본부장(전무) 2016년 同방산부문 대표이사 부사장(현) [상]금탑산업훈장(2016)

이태종(李泰鍾) LEE Tae Jong (正松 · 虛竹)

[생]1959 · 10 · 25 [본]전주(全州) [출]충남 아산 [주]경북 경주시 태종로188 경주대학교 보건복지대학 사회복지행정학과(054-770-5124) [학]1982년 서울대 영어교육학과졸 1984년 同대학원 행정학과졸 1994년 행정학박사(서울대) [경]1989년 경주대 보건복지대학 사회복지행정학과 교수(현) 1995~1998년 同학생생활연구소장 1998~2001년 同도서관장 2001~2004년 同창의력개발연구소장 2001~2002년 한국정부학회 연구이사 2001~2007년 경주시의회 공무국외여행심사위원 2003~2007년 경북도 21세기경북발전위원 2004~2006년 경주대 교무처장 2005~2007년 한국정책학회 운영이사 2006~2007년 대한지방자치학회 부회장 2006~2007년 한국정부학회 부회장 2007년 한국행정학회 운영이사(현) 2007~2009년 한국학술진흥재단 학술정책단장 2008~2009년 국회도서관 정책연혁정보자문위원 2008년 국무총리실 특정과제평가위원 2008년 교육과학기술부 자체평가위원 2009년 지방자치단체 합동평가단 평가위원 2010년 한국지방정부학회 이사(현) 2010년 서울행정학회 회장 2011~2012년 한국지방자치학회 이사 2011년 경주대 대학원장(현) 2013~2014년 同산학협력단장 · 취업능력개발원장 2014년 同발전기획처장 겸임(현) 2014~2015년 서울행정학회 학술상위원회 이사 [상]한국지방정부학회 논문부문 학술상(2003) [저]'행정사례문제(共)'(1998) '정책사례연구(共)'(2002) '한국사회와 행정개혁(共)'(2002) '사회복지정책의 이해와 활용(共)'(2010) [역]'행정학(共)'(1998) '현대관광론(共)'(2000)

이태종(李太鍾) LEE Tae Jong

[생]1960 · 9 · 8 [출]전북 김제 [주]서울 마포구 마포대로 174 서울서부지방법원 법원장실(02-3271-1114) [학]1978년 전주고졸 1982년 서울대 법과대학졸 1984년 同대학원 법학과졸 1997년 법학박사(서울대) [경]1983년 사법시험 합격(25회) 1985년 사법연수원 수료(15기) 1986년 軍법무관 1989년 전주지법 판사 1991년 同남원지원 판사 1993년 전주지법 판사 1994년 수원지법 판사 1995년 미국 워싱턴대 연수 1997년 서울고법 판사 1999년 UN 국제상거래법위원회 파견 1999년 대법원 재판연구관 2003년 수원지법 부장판사 2005년 서울행정법원 부장판사 2007년 특허법원 부장판사 2009년 인천지법 수석부장판사 2010년 서울고법 부장판사 2015년 同수석부장판사 2015년 서울서부지법원장(현)

이태주(李泰柱) LEE Tae Ju (솔뫼 · 허행)

[생]1934 · 3 · 7 [본]전주(全州) [출]부산 [주]경기 안성시 삼죽면 동아예대길47 동아방송예술대학교(031-670-6600) [학]1952년 경복고졸 1956년 서울대 문리대 영어영문학과졸 1965년 同대학원 영문학과졸 1966년 미국 하와이대 대학원 수료 1967년 미국 조지타운대 대학원 수료 [경]호암상 · 동아연극상 · 백상예술상 · 서울평론상 심사위원 1957~1966년 숙명여고 · 경희대부고 교사 1968~1976년 숭실대 전임강사 · 조교수 · 부교수 1976년 국제극예술협회(ITI) 한국본부 이사 1977~1979년 덕성여대 영어영문학과 부교수, 同박물관장 1979~1999년 단국대 영어영문학과 교수 1980년 한국연극학회 회장 1982~1999년 단국대 공연예술연구소장 1988년 한국공연윤리위원회 위원 1988년 한국연극평론가협회 회장 1989년 한국유진오닐학회 회장 1990년 국제연극평론가협회(IATC) 집행위원 겸 아시아태평양지역센터 위원장 1995년 예술의전당 이사 1996년 한국연극학과교수협회 회장 1997년 한국연극교육학회 회장 1999년 한국예술발전협의회 회장 2000년 카이로국제연극제 심사위원 2001~2004년 세종문화회관 서울시극단장 2001년 베세토국제연극제 한국위원장 2002년 세종문화회관 예술단장협의회장 2002년 장터포토클럽 회장(현) 2002년 한국국 · 공립단체협의회 회장 2003년 단국대 대중문화예술대학원장 2004~2005년 同초빙교수 2004년 한국공연예술박물관 및 도서관건립추진위원회 위원장 2005년 셰익스피어월드프로덕션 셰익스피어페스티벌극단 창단 · 대표 2005년 (주)브라이트하우스 회장 2005~2006년 씨어터드림 극장장 2006년 브로드인극장 예술감독 2008년 (사)무용가최승희기념사업회 이사 2009년 동아방송예술대 초빙교수(현) [상]국무총리표창, 국민훈장 모란장, 제3회 PAF공로상(2005), Dancer's Heart Award(2009) [저]'한국연극과 젊은 의식(共)'(1979) '브로드웨이'(1982) '세계연극의 미학'(1983) '문예사조(共)'(1983) '연극은 무엇을 할 수 있는가'(1983) 'Contemporary British and American Plays with an Introduction and Notes'(1983) '한국현역극작가론(共)'(1984) '예술정보(編)'(1987) '문화공간 운영의 기초(共)'(1989) '70년대연극평론자료집 1 · 2'(1990) 'Representative Modern British Plays(編)'(1990) '충격과 방황의 한국연극'(1999) '이웃사람 셰익스피어'(2007) '한국 연극, 전환시대의 질주(1975-1995)'(2011, 푸른사상) '셰익스피어와 함께 읽는 채근담(共 · 編)'(2012, 푸른사상) [역]'시련'(1978) '말을 타고 달아난 여인'(1978) '셰익스피어 4대 비극'(1991) '셰익스피어 4대 사극'(1991) '연극원론'(1992) '셰익스피어 4대 희극'(1997) '셰익스피어 명언집'(2000) '키친'(2008) '한여름 밤의 꿈'(2008) '햄릿'(2009)

이태준(李台俊) LEE Tae-Joon

[생]1945 · 2 · 1 [출]서울 [학]1964년 경기고졸 1971년 성균관대 국어국문학과졸 1996년 연세대 대학원 교육학과 수료 [경]1972년 재현중 교사 1975년 대일고 교사 1984년 은주중 교감 1986년 대일고 교감 1993년 대일외국어고 교감 1994년 同교장, 대일관광고 교장, 대일외고 교장, 서경대 석좌교수, 학교법인 하나학원 초대이사 2013~2016년 하나고 교장 [상]서울시교육감표창, 녹조근정훈장

이태준(李泰俊) LEE Tai Joon

[생]1952 · 9 · 17 [출]인천 [주]서울 중구 삼일대로363 장교빌딩20층 고려제강(주) 경영지원본부(02-316-6114) [학]1971년 인천 제물포고졸 1979년 한국외국어대 포르투갈어과졸 [경]2005~2009년 고려제강(주) 원료부문장 · 인사부문장(상무) 2010년 同경영지원본부장(부사장) 2014년 同경영지원본부장(사장)(현) 2016년 한국철강협회 선재협의회 수석부회장(현) [상]은탑산업훈장(2014)

이태진(李泰鎭) Yi Tae-jin

[생]1943 · 10 · 14 [본]영천(寧川) [출]경북 영일 [주]서울 관악구 관악로1 서울대학교 인문대학 국사학과(02-880-5114) [학]1965년 서울대 사학과졸 1969년 同대학원 사학과졸 2005년 명예 문학박사(한국학중앙연구원) [경]1969~1972년 육군사관학교 교수부 사학과 교관 1973~1977년 경북대 전임강사 1977~1987년 서울대 인문대학 국사학과 전임강사 · 조교수 · 부교수 1985~1986년 미국 콜롬비아대 동아시아학과 방문교수 1987~2009년 서울대 인문대학 국사학과 교수 1988~1992년 同중앙도서관 규장각 도서관리실장 1998~1999년 진단학회 회장 1999~2001년 한국18세기학회 회장 1999~2000년 한국산업기술사학회 부회장 2003년 국사편찬위원회 위원 2003~2004년 역사학회 회장 2003~2004년 미국 하버드대 동아시아학과 강의교수 2004년 일본 도쿄대 초빙교수 2004년 한국학술단체연합회 회장 2004~2006년 한국문화연구소 소장 2006~2008년 서울대 인문대학장 2007년 대한민국학술원 회원(한국사 · 현) 2009년 서울대 국사학과 명예교수(현) 2010~2013년 국사편찬위원회 위원장 [상]월봉저술상(1986), 치암학술상(1993), 한국백상출판문화상 저작상(2003), 제51회 3 · 1문화상 인문사회과학부문 학술상(2010) [저]'韓

國軍制史(共)'(1968) '朝鮮後期의 政治와 軍營制變遷'(1985) '韓國社會史研究'(1986) '朝鮮儒敎社會史論'(1989) '奎章閣小史' '韓國社會發展史論(共)'(1992) '왕조의 유산-외규장각도서를 찾아서'(1994·2010, 지식산업사) '고종시대의 재조명'(2000, 태학사) '서울상업사(共)'(2000) '한국병합, 성립하지 않았다'(2001, 태학사) '의술과 인구 그리고 농업기술'(2002) '한국병합불법성연구(共)'(2003) '동경대생들에게 들려준 한국사'(2005, 태학사) 'The Dynamics of Confucianism and Modernization in Korean History'(2007) '한국병합과 현대(共)'(2009) [역]'譯註 經國大典' [종]기독교

이태철(李泰哲) LEE Tae Chul

[생]1962·9·17 [본]진성(眞城) [출]대구 [주]울산 남구 북부순환도로17 경상일보 편집국(052-2200-525) [학]1981년 대구 대건고졸 1988년 대구대 사회학과졸 [경]1988년 경북일보 기자 1989년 경상일보 기자 1997년 同동부경남취재본부장 2001년 同사회부 부장대우 2003년 同기동취재부 부장대우 2004년 同사회부장 2004년 同편집국장 2006년 同논설위원 2008년 同광고사업국장 직대 2009년 同논설위원 2009년 同편집국 부국장 겸 사회부장 2010년 同논설위원 2011년 同논설실장 2014년 同편집국장(현)

이태춘(李泰春)

[생]1956·3·27 [출]경남 양산 [주]경남 창원시 의창구 상남로290 경상남도의회(055-211-7384) [학]영산대 호텔관광학과졸, 同경영대학원 경영학과졸 [경](주)이일건설 대표이사(현), 웅상농업협동조합 조합장, 웅상라이온스클럽 회장, 민주평통 자문위원 2016년 경남도의회 의원(보궐선거 당선, 새누리당)(현) 2016년 同경제환경위원회 위원(현)

이태한(李泰翰) LEE Tae Han

[생]1966·5·13 [출]부산 [주]서울 서초구 서초대로74길 4 서초타워17층 법무법인(유) 동인(02-2046-0605) [학]1984년 부산 경남고졸 1989년 고려대 법학과졸 2005년 미국 블루클린검찰청 인턴쉽과정 수료 2010년 한양대 에리카캠퍼스 AMP과정 수료 2011년 고려대 법무대학원 지적재산권법학과 연구과정 수료 [경]1991년 사법시험 합격(33회) 1994년 사법연수원 수료(23기) 1994년 대구지검 검사 1995년 同영덕지청 검사 1997년 서울지검 북부지청 검사 1999년 부산지검 동부지청 검사 2001년 서울지검 의정부지청 검사 2003년 同고양지청 검사 2004년 의정부지검 고양지청 검사 2005년 인천지검 검사 2006년 同부부장검사 2007년 창원지검 통영지청 부장검사 2008년 부산지검 공판부장 2009년 울산지검 특수부장 2009년 서울남부지검 공판송무부장 2010년 수원지검 안산지청 부장검사 2011년 同성남지청 부장검사 2012~2013년 서울남부지검 형사4부장 2013년 법무법인(유) 동인 변호사(현) [상]검찰총장 표창(2004) [종]기독교

이태협(李泰協) LEE Tae Hyub

[생]1960·5·11 [출]대구 [주]서울 종로구 성균관로25의2 학교법인 성균관대학교(02-760-1045) [학]1978년 영남고졸 1984년 성균관대 경영학과졸 2001년 미국 뉴욕주립대 스토니브룩교 대학원 경영학과졸 [경]삼성전자(주) 인력팀 부장 2003년 同구조조정본부 인력팀 상무보 2006년 同인력개발원 상무 2008년 同정보통신무선사업부 전략마케팅 미주수출그룹팀 상무 2010~2011년 同무선사업부 전략마케팅팀 전무 2011년 同경영지원실 글로벌지원팀 글로벌경영연구센터 전무 2013~2014년 同경영지원실 글로벌협력팀 전무 2015년 학교법인 성균관대 사무국장 2016년 同상임이사(파견)(현) [종]가톨릭

이태형(李泰衡) LEE Tai Hyung

[생]1941·3·17 [본]전의(全義) [출]전북 익산 [주]서울 서초구 서초중앙로26길5 하림빌딩501호 한글재단(02-588-1009) [학]1959년 남성고졸 1963년 서울대 상대졸 1989년 한양대 대학원 행정학과졸 [경]1966~1980년 서울신문 사회부·경제부 기자 1980년 민정당 창당준비위원 1981년 同정책조정실 경제담당 전문위원 1983년 同정치연수원 교수 1985년 同부대변인·선전국장 1987년 同국책연구위원회 상근연구위원 1988년 同훈련국장 1989년 同정책국장 1990년 민자당 정책기획국장 1990년 한·일정보산업문제연구소 이사장 1991년 민자당 제2정책조정실 부실장 1991년 한국경영개발연구원 이사장 1993년 한국수자원공사 감사 1995~1996년 同사장 1999년 동아TV 회장 2004~2007년 한국패션협회 비상임부회장 2009년 한글재단 이사 2011년 同이사장(현) [상]국민훈장 모란장(1996) [저]'2000년의 한국' [종]불교

이태형(李泰炯) LEE Tae Hyung

[생]1967·7·21 [출]서울 [주]충북 충주시 계명대로101 청주지방검찰청 충주지청(043-845-3600) [학]1985년 영등포고졸 1990년 고려대 법학과졸 2007년 同대학원 법학과졸 2010년 同대학원 법학박사과정 수료 [경]1992년 사법시험 합격(34회) 1995년 사법연수원 수료(24기) 1998년 서울지검 동부지청 검사 2001년 대구지검 검사 2003년 법무부 관찰과 검사 2005년 서울중앙지검 검사 2005년 캐나다 브리티시컬럼비아대 연수 2007년 법무부 검찰국 형사법제과 부부장검사 2008년 국가정보원 파견 2010년 수원지검 공안부장 2011년 서울북부지검 형사5부장 2012년 서울서부지검 형사4부장 2013년 수원지검 형사4부장 2014년 대구지검 형사3부장 2015년 同부장검사(금융정보분석원 파견) 2016년 청주지검 충주지청장(현)

이태호(李泰昊) LEE Tae Ho

[생]1956·2·27 [출]서울 [주]서울 서대문구 연세로50 연세대학교 시스템생물학과(02-2123-4084) [학]1979년 서울대 식물병리학과졸 1982년 한국과학기술원 생물공학과졸 1991년 면역학박사(미국 뉴욕대) [경]1982~1984년 LG화학 연구원 1984~1987년 럭키 Biotech Emeryville CA 선임연구원 1991년 미국 뉴욕대 Medical Center Post-Doc. 1992년 미국 Massachusetts General Hospital·Harvard Medical School Research Associate 1993~1996년 LG화학 바이오텍연구소 책임연구원 1996~2011년 연세대 생물학과 교수 2007년 同방사선안전관리센터 소장(현) 2011년 同시스템생물학과 교수(현)

이태호(李泰鎬) Lee Tae-ho

[생]1960·2·4 [주]서울 종로구 사직로8길60 외교부 경제외교조정관실(02-2100-7039) [학]1982년 서울대 경제학과졸 1986년 미국 조지타운대 국제대학원졸 [경]1982년 외무고시 합격(16회) 1982년 외무부 입부 1987년 駐미국 2등서기관 1990년 駐체코슬로바키아 2등서기관 1995년 駐제네바대표부 2등서기관 1997년 駐방글라데시 참사관 1999년 외교통상부 통상정책기획과장 2000년 同세계무역기구과장 2001년 유엔 아·태경제사회이사회 사무국 파견 2003년 동북아경제중심추진위원회 파견 2005년 駐OECD대표부 공사참사관 2008년 외교통상부 다자통상국장 직대 2009년 同다자통상국장 2009년 同자유무역협정정책국장 2011년 同통상교섭본부장 특별보좌관 2012년 駐모로코 대사 2015년 외교부 경제외교조정관(현) [상]근정포장(2009)

이태화(李台和) LEE Tae Wha

[생]1947·8·5 [출]경북 김천 [주]서울 송파구 백제고분로401 장학빌딩5층 유니슨엔지니어링(주) 임원실(02-563-9313) [학]1967년 경북 김천고졸 1971년 영남대 토목공학과졸 1995년 경일대 대학원 토목공학과졸 1999년 한국과학기술원 최고지식경영자과정(CKO) 수료 2000년 고려대 품질경영최고경영자과정 수료 2001년 서울대 행정대학원 최고경영자과정 수료 [경]1969~1972년 경북도청 감사 1978년 삼성종합건설 총무담당 1980년 한국건업(주) 근무 1981~1999년 LG건설(주) 입사·과장·부장·중앙고속도로현장소장·이사·상무보·토목사업부 상무·천안논산간고속도로 기술본부장·토목담당임원 1999년 유니스산업(주) 건설사업부문 대표이사 사장 2003~2008년 유니슨이앤씨(주) 대표이사 사장 2004년 천안시기업인협의회 회장 2009~2011년 유니슨이앤씨(주) 부회장 2011~2012년 유니슨이테크(주) 부회장 2013년 유니슨엔지니어링(주) 부회장(현) [상]산업포장(1995), 건설교통부장관표창(2000), 토목대상(2000), 은탑산업훈장(2004) [종]불교

이태환(李泰煥) LEE Tae Hwan (崇峴)

[생]1928·1·28 [본]아산(牙山) [출]황해 연백 [주]인천 중구 인중로144번길64의2 태화상운 사장실(032-883-5112) [학]1956년 인천사범고졸 1981년 연세대 행정대학원 수료 [경]1978년 태화상운(주) 사장(현) 1981년 인천시교육위원회 교육위원 1981년 인천시 지방노동위원회 사용자위원 1986년 同시정자문위원, 인천상공회의소 기업경영협의회 회장 1989년 중앙선거관리위원회 인천시위원 1990년 인천지법 민사·가사조정위원(현) 1994년 인천대 운영위원(현) 1995~2009년 인천남부교육청 자문위원 1995년 바르게살기운동중앙협의회 부회장 1996년 인천적십자사 상임위원 2000년 경기도버스운송사업조합 부이사장 2010년 인천남부교육지원청 자문위원(현) [상]국민훈장 석류장, 인천시민상, 내무부장관표창, 문교부장관표창, 중앙선거관리위원장표창

이태환(李泰煥) LEE Tae Hwan

[생]1986·4·11 [주]세종특별자치시 조치원읍 군청로87의16 세종특별자치시의회(044-300-7171) [학]고려대 경영학부졸 [경]고려대 경상대학 학생회장, 민주당 전국청년위원회 운영위원, 사람사는세상 노무현재단 세종·대전·충남도 운영위원(현), 세종청년희망포럼 대표 2014년 새정치민주연합 중앙당 청년위원회 부위원장 2014년 세종특별자치시의회 의원(새정치민주연합·더불어민주당)(현) 2014년 同교육위원회 부위원장 2014·2016년 同산업건설위원회 위원(현) 2015년 同예산결산특별위원회 위원장 2015년 同대중교통운영개선특별위원회 위원장 2016년 同교육위원장(현)

이태훈(李泰薰) LEE Tae Hoon

[생]1950·9·23 [본]전주(全州) [출]인천 [주]인천 남동구 남동대로774번길21 가천대길병원 의료원장실(032-460-3503) [학]1968년 인천 제물포고졸 1974년 고려대 의대졸 1977년 同대학원졸 1984년 의학박사(고려대) 2001년 미국 미네소타대 보건경영과정(ISP) 수료 [경]1979~1982년 해군 軍의관(소령 예편) 1982년 길병원 외과 과장 1984년 양평길병원 부원장 1985~1986년 미국 UCLA 연구원 1991년 가천의과대 길병원 교육연구부장 1994~1997년 인천시의사회 학술이사 1994~1998년 대한의과학회 인천지회장 1998년 가천의과대 길병원 제2부원장 2001~2003년 同의무원장 2001년 길의료재단 상임이사 2001년 대한암협회 인천지부장 2003~2007년 인천시의회 의정발전자문위원 2004~2005년 대통령자문 지속가능발전위원회 위원 및 사회·환경·건강전문위원회 위원 2004년 한국병원경영학회 이사 2004년 길의료재단 의료원장 2005년 인천지역범죄피해자지원센터 초대이사장(현) 2005~2006년 가천의과대 길병원장 2006~2012년 가천의과학대 길병원장 2006년 대통령자문 지속가능발전위원회 갈등조정특별위원회 위원 2012년 가천대 길병원 의료원장(현) 2012~2014년 대한병원협회 병원정보관리위원장 2014년 同홍보위원장(현)

이태훈(李泰勳) LEE Tae Hun

[생]1956·10·20 [본]영천(永川) [출]경북 의성 [주]대구 달서구 학산로45 달서구청 구청장실(053-667-2001) [학]경북사대부고졸, 영남대 경영학과졸 1985년 영남대 대학원 행정학과졸 [경]1983년 대구시 관광계장 1987년 同법제계장 1988년 同교통기획계장 1991년 同공무원교육원 서무과장 1992년 同가정복지과장 1992년 同지역경제과장 1994년 同도시계획과장 1995년 同남구 사회산업국장 1998년 同남구 총무국장, 同체육시설관리사무소장, 同문화체육국장 2003년 국가전문행정연수원 교육파견 2004~2006년 대구시 서구 부구청장 2007년 同교통국장 2008년 경북대 겸임교수 파견(지방부이사관) 2009년 대구시 첨단의료복합추진단 사무처장(지방부이사관) 2010년 同서구 부구청장 2012년 2011대구세계육상선수권대회 청산단장 2012~2015년 대구시 달서구 부구청장(고위공무원) 2016년 대구시 달서구청장(보궐선거 당선, 새누리당)(현) [상]국무총리표창, 근정포장 [종]기독교

이태희(李太熙) LEE Tae Hee

[생]1952·5·30 [출]충북 청원 [주]서울특별시 중구 장충단로 275 두산타워 (주)두산 고문실(02-3398-0114) [학]1971년 김천고졸 1978년 고려대 경영학과졸 [경]1977년 현대건설 근무 1980년 두산건설 근무 1997년 同이사 1999년 (주)두산 전자BG 이사 2000년 同전자BG 상무 2003년 同전자BG 부사장 2004년 同관리본부 부사장 2005년 두산산업개발(주) 경영지원부 부사장 2007년 (주)두산 부사장 2008년 同사장 2008년 同관리본부장 2008~2014년 학교법인 중앙대 상임이사 2015년 (주)두산 부회장, 同고문(현)

이태희(李泰熙) Lee, Tae Hee

[생]1964·9·15 [출]경북 청도 [주]세종특별자치시 한누리대로422 고용노동부 운영지원과(044-202-7867) [학]1983년 대구 청구고졸 1990년 경북대 사회학과졸 1995년 국방대 대학원 국가안전보장학과졸 [경]1991년 행정고시 합격(35회) 1992년 사무관 임용 1993~2000년 노동부 노사정책실 분석관리과·고용정책실 훈련정책과·근로기준국 근로기준과·기획예산담당관실 사무관 2000~2009년 同노정국 노사협의과 서기관·대구지방노동청 관리과장·駐중국대사관 1등서기관·고용정책실 외국인력정책과장 2008년 同운영지원과장(부이사관) 2010년 부산지방고용노동청 울산지청장 2011년 고용노동연수원 교육협력관 2012~2013년 고용노동부 고용정책실 인력수급정책관·노동정책실 근로개선정책관 2013년 부산지방고용노동청장 2015년 대통령소속 경제사회발전노사정위원회 운영국장 2016년 국방대 교육파견(고위공무원)(현)

이태희(李太熙) LEE, TAE-HEE

[생]1967·11·14 [주]서울 종로구 청와대로1 대통령 정보방송통신비서관실(02-770-0011) [학]1991년 서강대 경제학과졸 [경]2001년 정보통신부 정보통신지원국 통신업무과 서기관, 同기획관리실 행정관리담당관실 서기관 2003년 원주우편집중국장 2005년 한국개발연구원 국제정책대학원 파견, 정보통신부 서기관 2007년 同정보보호기획단 정보윤리팀장 2007년 同통신전파방송정책본부 통신경쟁정책팀장 2008년 방송통신위원회 이용자네트워크국 인터넷정책과장 2009년 대통령실 파견(서기관) 2009년 방송통신위원회 감사담당관 2011년 同방송진흥기획과장 2012년 同통신정책기획과장 2013년 제18대 대통령직인수위원회 경제2분과 실무위원 2013년 미래창조과학부 운영지원과장(서기관) 2014년 同운영지원과장(부이사관) 2014년 同기획조정실 기획재정담당관 2015년 대통령소속 국가지식재산위원회 지식재산전략기획단 지식재산정책관(고위공무원) 2016년 대통령 미래전략수석비서관실 정보방송통신비서관실 선임행정관(현)

이태희(李太熙) LEE Tae Hee

[주]서울 성북구 정릉로77 국민대학교 경영학부(02-910-4557) [학]1985년 서울대 경영학과졸 1987년 미국 일리노이대 대학원 경영학과졸 1994년 경영학박사(미국 일리노이대) [경]1995년 국민대 경영학부 교수(현), 태광산업(주) 사외이사 2005~2009년 정보통신정책연구 편집위원 2005~2007년 국민대 대학종합평가준비위원회 위원장 2006~2008년 통신위원회 회계전문위원 2007~2008년 일주학술문화재단 감사 2008~2010년 국민대 경영대학 경영학부장 2012~2013년 同대외교류처장 겸 국제교육원장 2016년 同경영대학장(현) 2016년 同경영대학원장(현)

이 택(李 澤) LEE TAEK

[생]1959·9·29 [주]서울 중구 퇴계로24 SK남산빌딩 SK텔링크(주) 임원실(070-7400-7001) [학]1985년 서강대 정치외교학과졸, 경제학박사(미국 펜실베이니아대) [경]1985년 SK에너지(주) 입사 2001년 同인력팀장 2003년 同스피드메이드사업팀장 2006년 SK(주) 관리실 HR운영팀장(상무) 2007년 SK텔레콤(주) 인력관리실장 2012~2014년 同기업문화부문장(전무) 2015년 SK텔링크(주) 대표이사 사장(현)

이택경(李澤璟) LEE Taek Kyung

[생]1958·1·11 [출]경북 [주]경기 고양시 덕양구 항공대학로76 한국항공대학교 항공전자및정보통신공학부(02-300-0138) [학]1983년 고려대 전자공학과졸 1985년 한국과학기술원 전기및전자공학과졸 1990년 공학박사(한국과학기술원) [경]1990~1991년 한국과학기술원 전기및전자공학과 연구원 1990~1991년 미국 텍사스대 박사후연구원 1991~1992년 한국과학기술원 정보전자연구소 연구원 1992~2001년 한국항공대 항공전자공학과 조교수·부교수 1997~2001년 한국항행학회 편집위원장 2001~2015년 한국항공대 항공전자및정보통신공학부 교수 2002~2004년 同전자정보통신컴퓨터공학부장 2006년 同항공전자및정보통신공학부장 겸 공학교육인증준비위원장 2011~2013년 同항공전자연구소장 2012~2013년 한국전자파학회 레이더연구회 위원장 2014년 同회장 2015년 한국항공대 항공전자정보공학부 교수(현) [상]대한전자공학회 공로상(1996·1997)

이택관(李澤寬) LEE Taek Kwan

[생]1959·1·7 [출]경북 [주]경북 안동시 경동로1486의18 (재)경북바이오산업연구원(054-850-6901) [학]1981년 영남대 제약학과졸, 가톨릭대 대학원 생명공학과졸, 서울대 경영대학원 최고감사인과정 수료, 同행정대학원 국가정책과정 수료 [경]포항 동산약국 대표, 포항시약사회 보건위원장, 포항시약국위원회 위원장 2001년 포항시약사회 회장 2004년 마약퇴치운동본부 경북지부장 2004년 경북도약사회 회장 2006년 저출산고령화대책국민운동연합 운영위원 2007년 건강보험심사평가원 자문위원 2007년 한나라당 이명박 대통령후보 특보 2008년 제17대 대통령직인수위원회 자문위원 2009년 환경관리공단 감사 2010~2012년 한국환경공단 감사 2012년 한국철도시설공단 비상임이사 2012년 마약퇴치운동본부 부이사장 2014년 한국국제보건의료재단 비상임이사(현) 2015년 (재)경북바이오산업연구원 원장(현) [상]보건복지부장관표창, 대통령표창(2010), 한국감사협회 자랑스러운 감사인상(2010)

이택구(李宅九) Taek-ku Lee

[생]1966·8·28 [본]전주(全州) [출]대전 [주]대전 서구 둔산로100 대전광역시청 기획조정실(042-270-2100) [학]1985년 대전 대성고졸 1989년 충남대 행정학과졸 2003년 同행정대학원 행정학과졸 2008년 도시계획학박사(영국 셰필드대) [경]1992년 행정고시 합격(제36회) 1993년 중앙공무원교육원 신임관리자과정 장기교육 수료 1994년 대전시 기획관리실 기획담당사무관 1997년 지방자치단체국제화재단 파견 1997년 대전시 국제협력2계장 1998년 同벤처담당사무관 2000년 同기업지원과장 2003년 同경영평가담당관 2004~2007년 영국 셰필드대 국비유학 2008년 대전시 미래산업본부장(부이사관) 2008년 同경제과학국장 2011년 同경제산업국장 2012년 교육파견(부이사관) 2013년 대전시 환경녹지국장 2015년 同기획조정실장(고위공무원)(현) [상]대통령표창(2001), 대한민국 산림환경대상 행정부문(2013) [저]'인터넷, 어깨너머로 배워 전문가처럼 쓴다'(1997)

이택규(李宅圭) Lee Taeg Gyu

[생]1957·11·8 [출]경남 진주 [주]부산 중구 중앙대로63 부산우체국보험회관7층 해영선박 비서실(051-600-7001) [학]진주고졸, 한국해양대 항해학과졸 [경]2001년 현대상선(주) 해무업무부 이사대우 2002년 同자동차선담당 이사대우, 同해무부 상무보 2005년 해영선박(주) 이사, 현대상선(주) 해무부 상무보 2008년 同해무부 상무 2009년 同해사지원본부장(상무) 2011년 同해사지원본부장(전무) 2012년 현대해양서비스(주) 대표이사(현) 2013년 현대상선(주) CMO(전무) 겸임(현) 2013년 해영선박(주) 대표이사 겸임(현)

이택근(李澤根) Lee taick keun

[생]1955·7·28 [주]서울 서초구 반포대로235 효성 임원실(02-707-7000) [학]경신고졸, 홍익대 물리학과졸 [경]1979년 삼성 입사, 삼성전자(주) LCS FAB2팀장(상무) 2007년 同IT Display센터장(전무), 同HD LCD제조팀장, 同LCD제조팀장(전무) 2012년 아반스트레이트코리아 근무 2014년 효성 화학부문 필름PU장(부사장)(현) [상]동탑산업훈장(2010)

이택석(李澤錫) LEE Taek Seok

[생]1935·12·7 [본]전주(全州) [출]경기 고양 [주]서울 영등포구 국회대로68길23 정원빌딩10층 (사)치안문제연구소(02-333-5700) [학]1957년 경복고졸 1963년 고려대 법학과졸 2003년 명예 법학박사(배재대) [경]1972년 동양고속 운수업무 이사 1978년 국회의원 비서관 1987년 신민주공화당(공화당) 경기제9지구당 창당준비위원장 1987년 同고양지구당 위원장 1988년 제13대 국회의원(고양, 공화당·민자당) 1988년 공화당 원내부총무 1988년 한·카메룬의원친선협의회 부회장 1990년 민자당 원내부총무 1990년 同당기위원회 부위원장 1992년 제14대 국회의원(고양, 민자당·신한국당) 1993년 민자당 경기도지부 위원장 1995년 同민원위원장 1996년 제15대 국회의원(고양 일산, 신한국당·한나라당·자민련) 1996년 국회 내무위원장 1998년 同행정자치위원장 1998~2000년 자민련 부총재 1998~2000년 同고양일산甲지구당 위원장 2000년 同총선공천심사위원회 공동위원장 2000~2002년 국무총리 비서실장 2002년 하나로국민연합 최고위원 2003년 (사)치안문제연구소 상임고문(현) 2015년 대한민국헌정회 고문(현) [상]황조근정훈장(2002)

이택수(李宅洙) LEE Taek Soo

[생]1953·12·29 [본]광주(廣州) [출]충북 음성 [주]강원 춘천시 공지로293 화남빌딩6층 이택수법률사무소(033-254-4368) [학]1973년 경기고졸 1977년 중앙대 법학과졸 1979년 同대학원 법학과졸 [경]1983년 사법시험 합격(25회) 1985년 사법연수원 수료(15기) 1986년 변호사 개업(현) 1986년 강원도 갱생보호위원 1989년 춘천아마복싱연맹 회장 1989년 강원도 언론중재위원 1989년 강원도선거관리위원회 위원 1989년 춘천지방변호사회 부회장 1990년 춘천교도소 교화협의회 부회장 1993년 강원도골프협회 부회장 1995년 同회장 1996년 춘천경실련 집행부 위원장 1998년 강원일보 고문변호사 1999년 강원도지방소청심사위원 1999년 강원도교육청 공직자윤리위원회 위원 2000년 한국기원 강원본부장 2001년 강원대 법대 겸임교수 2002년 강원도 행정심판위원 2002년 강원도바둑협회 회장, 춘천지검 화해중재위원장 2009~2013년 강원지방변호사회 회장 2010~2015년 언론중재위원회 강원중재위원 2012년 춘천경실련 공동대표(현) 2013~2014년 언론중재위원회 운영위원 2015년 춘천시립예술단 부위원장(현) [종]불교

이택우(李澤雨) LEE Taek Woo

[생]1952·5·31 [출]울산 [주]경남 창원시 성산구 창원대로1144번길78 삼원테크(주) 비서실(055-213-7001) [학]1977년 동아대 전자공학과졸 1986년 同대학원 공업경영학과졸 [경]1976년 울산한국석유화학지원공단 근무 1977년 왕성상사 대표 1993년 삼원금속(주) 대표이사 사장 1995년 창원전문대 겸임교수 2000년 삼원테크(주) 대표이사 사장(현) 2006년 경남도 경제통상정책자문위원 2007년 창원국가산업단지경영자협의회 회장 2009년 경남무역상사협의회 회장, 同부회장 2015년 이노비즈 중소기업기술혁신협회 회원 [상]수입대체부분 상공부장관표창(1991), 1백만불 수출탑(1995), 무역의날 산업자원부장관표창(2000), 무역의날 금탑산업훈장 및 1천만불 수출탑(2003), 제18회 경남무역인상 중견기업부문 수출유공탑(2012) [종]불교

이택희(李鐸熙) LEE Tack Hee

[생]1960·11·28 [본]경주(慶州) [출]충남 [주]서울 중구 서소문로100 중앙일보빌딩5층 중앙디자인웍스(02-751-5810) [학]경희대 국어국문학과졸, 同대학원 국문학과졸 [경]1999년 중앙일보 편집부 기자 2001년 同편집부 차장대우 2002년 同종합편집부 차장대우 2003년 同차장 2004년 同섹션편집부 차장 2006년 同편집사진부문 종합편집부 부장대우 2007년 同편집부문 부장대우 2008년 同사회국제편집팀장 2009년 同편집디자인1데스크 2011년 同피플위크앤데스크(부장) 2011년 同편집국 편집디자인에디터(부국장대우) 2014년 同심의실장 2015년 중앙디자인웍스 대표(현) 2016년 경희언론인회 회장(현) [상]한국편집기자협회 대선편집상(2002), 자랑스러운 경희언론인상(2011)

이통형(李統珩) LEE Tong Hyung

[생]1949·11·20 [출]경기 [주]서울 영등포구 여의공원로101 CCMM빌딩7층 (주)아이즈비전(02-6330-5055) [학]1968년 중동고졸 1977년 경기대 무역학과졸, 연세대 경영대학원 최고경영자과정 수료 [경]1978~1993년 (주)금성사 입사·부장 1993~2000년 부일이동통신(주) 영업본부장·이사대우·전무이사·대표이사 사장 2003년 (주)우리홈쇼핑 대표이사 2005년 (주)아이즈비전 대표이사(현) 2014~2015년 한국알뜰통신사업자협회(KMVNO) 회장 [종]기독교

이판대

[생]1958 [주]강원 원주시 세계로2 한국광해관리공단 경영전략본부(033-902-6301) [학]1975년 부산 동성고졸 1994년 한국방송통신대 행정학과졸 [경]1984~1993년 동력자원부 전력운영과·광산보안과·원자력산업과·원자력연료과 근무 1994~2003년 산업자원부 전자부품과·산업기계과·에너지정책과·원자력산업과·기획예산담당관실 주무관 2003~2012년 同전기위원회·원전산업정책과 사무관 2012년 산업통상자원부 에너지자원정책과 서기관 2013~2015년 同동부광산보안사무소장 2015년 한국광해관리공단 경영전략본부장(상임이사)(현)

이판수(李判洙) Lee Pan Soo (松川)

[생]1960·11·24 [본]성산(星山) [출]경남 합천 [주]서울 송파구 석촌호수로166 산림조합중앙회 문화홍보실(02-3434-7240) [학]2003년 창원대 대학원 경영학과졸 2007년 경영학박사(창원대) [경]2004~2011년 산림조합중앙회 차장 2011~2013년 同임업기술훈련원장 2013~2014년 同경남지역본부장 2015년 同문화홍보실장(현)

이판정(李判貞) LEE Pan Jung

[생]1964·4·24 [출]경남 의령 [주]서울 강서구 양천로583 우림블루나인A동16층 (주)넷피아 사장실(02-2165-7340) [학]1983년 진주 대곡고졸 2000년 전경련 국제경영원(IMI) 글로벌경영자과정 수료 2004년 서강대 경제대학원 오피니언리더스과정(OLP) 수료 2004년 서울대 공과대학원 최고산업전략과정(AIP) 수료 2010년 한국방송통신대 법학과졸 [경]1995년 IBI 설립 2000년 (주)넷피아 설립 2001년 중소기업분야 신지식인 선정 2003년 (주)넷피아 대표이사 사장(현) 2003년 문화관광부 우리말글지킴이 2004년 (사)도산아카데미 이사 2004년 세종대왕기념사업회 이사(현) 2007년 도산영리더스클럽 부회장 2009년 전경련 IMI 조찬운영위원 2009년 이노비즈협회 이사 2009년 대한적십자사 i-red cross 위원 2010년 한국인터넷전문가협회 부회장, MINC 창립, 同Election Committee 멤버, (사)한국인터넷기업협회 부회장, (사)

중소기업신지식인협회 이사, 전국소기업연합회 정보통신위원회 위원, 한국인터넷정보센터(KRNIC) NCC위원 [상]대통령표창(2002), 중소기업청장표창(2002), 산업자원부장관표창(2002), 전국경제인연합회 최우수경영인상(2002), 국무총리표창(2003), 국제경영원 중소벤처기업부문 경영인대상(2004), 도산아카데미 공로패(2010), 제37회 외솔상 실천부문(2015) [저]'도전, 그 멈출 수 없는 소명'(2007) [종]불교

이팔성(李八成) LEE Pal Seung

[생]1944·2·2 [출]경남 하동 [주]서울 성북구 안암로145 고려대학교 경영대학(02-3290-1361) [학]1967년 고려대 법과대학 법학과졸 1993년 同경영대학원 언론최고위과정 수료 2000년 한국과학기술원(KAIST) 최고경영자과정 수료 2012년 명예 경영학박사(충남대) [경]1967년 한일은행 입행 1979년 同동경지점 근무 1985년 同오사카지점 근무 1989년 同국제부 차장 1990년 同영업부 부부장 1990년 同장충동지점장 1991년 同수송동지점장 1993년 同남대문지점장 1994년 同영업2부장 1995년 同영업1부장 1996년 同업무통할부장 1996년 同이사 1997~1998년 同부산경남본부장(상무이사) 1999~2002년 한빛증권 대표이사 사장 2001년 한국증권업협회 자율규제위원회 위원 2002~2004년 우리증권 대표이사 사장 2004년 한국신용정보(주) 사외이사 2005~2008년 서울시립교향악단 대표이사 2007~2008년 PCA투자신탁운용(주) 사외이사 2007년 숙명여대 객원교수 2008~2013년 우리은행 이사회 의장 2008~2013년 우리금융지주 대표이사 회장 2011~2013년 우리다문화장학재단 이사장 2012~2016년 (재)한국문화산업교류재단 이사장 2013년 고려대 경영대학 겸임교수(현) [상]재무부장관표창(1983·1987), 대통령표창(1993), 고려대 경제인대상(2008), 대한민국창조경영인대상(2009), 대한민국경영혁신대상 종합대상(2009), 자랑스런 고려대 법대인상(2010), 2011한국경제를 움직이는 인물 혁신부문(2010), 매경이코노미 선정 한국 100대 CEO(2010), 다산금융상-개인부문대상(2011), 일자리창출유공은탑산업훈장(2011), 대한민국베스트뱅커 대상(2012), 신산업경영원 올해의 21세기경영인상(2012), 글로벌경영대상 최고경영자상(2012) [저]'경제학토크쇼'(2010)

이평근(李平根) LEE Pyung Keun

[생]1966·2·14 [출]경기 남양주 [주]서울 서초구 서초중앙로157 서울중앙지방법원(02-530-1114) [학]1984년 퇴계원고졸 1988년 서울대 법대 법학과졸 1990년 同대학원 법학과졸 [경]1992년 사법시험 합격(34회) 1995년 사법연수원 수료(24기) 1995년 수원지검 성남지청 검사 1997년 부산지검 울산지청 검사 1999년 인천지검 검사 2000년 변호사 개업 2004년 울산지법 판사 2007년 서울고법 판사 2009년 서울중앙지법 판사 2011년 창원지법 부장판사 2012년 수원지법 부장판사 2015년 서울중앙지법 부장판사(현)

이평엽(李平燁) LEE PYUNG YUP

[생]1969·1·10 [주]서울 영등포구 경인로775 스포츠서울 편집국(02-2001-0107) [학]1984년 충남고졸 1991년 서강대 영어영문학과졸 [경]1991~1992년 EBS 기획제작부 PD 1992년 스포츠서울 입사(공채 6기) 2011년 同편집국 경제사회부장 2014년 同경제문화부장 2015년 同뉴미디어국 모바일부장 2015년 同편집국장(현)

이평우(李平佑) LEE Pyung Woo (戾天)

[생]1945·5·13 [본]전주(全州) [출]서울 [학]1964년 대구 계성고졸 1969년 고려대 생물학과졸 1973년 同대학원 이학과졸(석사) 1977년 이학박사(고려대) [경]1977년 고려대 의대 전임강사 1977년 同바이러스병연구소 연구부장 1979~1985년 미국 National Institutes of Health(NIH) 객원연구원 1982년 미국 바이러스학회 회원 1985~1989년 고려대 의대 부교수 1986년 일본 大阪大 교환교수 1989년 캐나다 오타와대 교환교수 1989~2010년 고려대 의대 미생물학교실 교수 1992년 보령그룹 고문 1992년 러시아 Academy of Medical Science 교환교수 1994년 미국 NewYork Academy of Science Member 1995년 한국과학재단 우수연구센터 평가위원 1996년 국립보건원 조사연구사업 자문위원 1996년 국가공무원 채용시험 출제 및 채점위원 1997년 남아프리카공화국 케이프타운대 교환교수 2001~2003년 고려대 과학도서관장 2002년 제6차 HFRS HPS and Hantaviruses 국제회의 조직위원회 위원장 2003년 해외유입전염병 관리심의위원회 위원 2003~2005년 대한바이러스학회 회장 2006년 보건복지부 선정심사위원회 위원장 2007년 질병관리본부 연구사업 평가위원 2007년 Chairperson at VII International Conference on HRFS HPS and Hantaviruses(Bueno Aires Argentina) 2008년 KOICA 전문위원(아프리카 질병퇴치조사) 2010년 고려대 명예교수(현) [상]고려대 의학상(1978), 세계평화교수협의회 아카데미상(1989), 고려대 교우회 공로상(1996), 한탄생명과학재단 한탄상(2005), 고려대 석탑강의상(2009), 고려대생명과학대학교우회 자랑스런 생명과학대학인상(2012) [저]'필수바이러스학'(1992) '의학미생물학'(1997) '임상미생물학'(1998) '바이러스학'(2004) '바이러스:나노세계의 강자'(2008) '미생물의세계'(2009) [역]'분자생물학'(1989) '미생물의 생물학'(1992) [종]기독교

이평현(李評鉉) LEE Pyung Hyun

[생]1958·10·5 [본]경주(慶州) [출]제주 [주]제주특별자치도 제주시 구산로63 제주해양경비안전본부(064-801-2516) [학]1987년 한국해양대 법학과졸 1990년 同대학원 법학과졸 1996년 법학(해양법전공)박사(한국해양대) [경]2001년 해양경찰청 교육계장, 同홍보1팀장 2007년 同홍보1팀장(총경) 2007년 同국제협력담당관 2007년 서귀포해양경찰서장 2009년 해양경찰청 국제협력담당관 2010년 경찰대 교육파견 2010년 해양경찰청 수색구조과장 2011년 제주해양경찰서장 2012년 해양경찰청 대변인 2014년 서해지방해양경찰청 안전총괄부장(경무관) 2014년 국민안전처 서해지방해양경비안전본부 안전총괄부장 2015년 同제주해양경비안전본부장(현) [상]근정포장(2008)

이풍렬(李豊烈) Rhee, Poong-Lyul

[생]1961·5·11 [주]서울 강남구 일원로81 삼성서울병원 소화기내과분과(02-3410-3409) [학]1986년 서울대 의대졸 1989년 同대학원 의학석사 1992년 의학박사(서울대) [경]1987년 서울대병원 내과 레지던트 1990~1992년 同의대 소화기내과학교실 임상강사 1992~1994년 서울시립보라매병원 소화기내과 전문의 1994년 삼성서울병원 소화기내과 전문의(현) 1997년 성균관대 의과대학 소화기내과학교실 조교수·부교수·교수(현) 2001년 미국 캘리포니아대 샌디에이고캠퍼스 VA Medical Center연수 2007~2009년 대한소화관운동학회 IBSClub 위원장(현) 2007년 대한소화기학회 감사(현) 2008년 아시안바렛(Asian Barrett's)컨소시엄 그룹장(현) 2008년 삼성서울병원 의료정보센터장 2009년 대한소화관운동학회 FDClub 위원장(현) 2011~2015년 삼성서울병원 소화기내과장 2013년 同정보전략실장(현) 2015년 대한소화기기능성질환·운동학회 이사장(현)

이필곤(李弼坤) RHEE Pil Gon

[생]1940·5·24 [본]정선(旌善) [출]서울 [주]서울 영등포구 여의대로24 전국경제인연합회 경제자문단(02-3771-0114) [학]1959년 서울고졸 1965년 서울대 상대 경제학과졸 [경]1965년 삼성물산 입사 1974년 삼성중공업 관리부장 1977년 제일제당 이사 1979년 同상무이사 1981년 삼성물산 전무이사 1988년 同사장 1991년 同부회장 1993년 중앙일보 사장 1993년 국제언론인협회 한국위원회 이사 1994년 삼성신용카드 대표이사 회장 1994년 삼성그룹 21세기기획단장 1995년 삼성자동차 회장 1995~1996년 삼성물산 부회장 1996년 대한태권도협회 회장 1996년 삼성그룹 중국본사 대표회장 1998~1999년 서울시 행정1부시장 2000년 (주)이네트 상임고문 2000년 (주)포디엠 상임고문 2000년 (주)알티캐스트 회장 2001년 삼동회 회장 2002년 주간지 '미래 한국' 편집위원 2004~2010년 성대회 회장, 알티전자(주) 회장 2004~2007년 전국경제인연합회 경영자문단 위원장, 同경영자문단 고문(현) 2008~2012년 성우회 회장 [상]필리핀 갤런상, 금탑산업훈장, 조세의날표창(1984), 상공인의날표창(1990), 수출의날표창(1991)

이필구(李珌九) LEE Pil Goo

[생]1961·5·15 [본]전주(全州) [출]충남 태안 [주]경기 수원시 팔달구 효원로1 경기도의회(031-8008-7000) [학]1984년 경남대 공과대학 기계설계학과졸, 단국대 행정법무대학원 행정학과졸 [경]1994~2010년 동원해양산업 대표 2006~2010년 한국자유총연맹 인천시지회 신흥동분회 위원장 2008~2010년 원혜영 국회의원실 직능위원장, 신흥동 주민자치위원회 감사, 충청포럼 오정지회 부지회장, 부천시 도당동 자율방범대 수석부대장, 좋은아버지회 자문위원 2010년 경기도의회 의원(민주당·민주통합당·민주당·새정치민주연합) 2010년 同행정자치위원회 위원 2014년 경기도의회 의원(새정치민주연합·더불어민주당)(현) 2014~2016년 同문화체육관광위원회 위원장 2015년 同항공기소음피해대책특별위원회 위원(현) 2015년 경기도 DMZ2.0음악과대화조직위원회 위원 2016년 경기도의회 안전행정위원회 위원(현) 2016년 同개발제한구역특별위원회 위원(현)

이필상(李弼商) LEE Phil Sang

[생]1947 · 12 · 30 [본]양주(楊州) [출]경기 화성 [주]서울 관악구 관악로1 서울대학교 경제학부(02-890-6359) [학]1968년 제물포고졸 1972년 서울대 공과대학 금속공학과졸 1978년 미국 컬럼비아대 대학원 경영학과졸 1982년 경영학박사(미국 컬럼비아대) [경]1972~1976년 한국장기신용은행 근무 1981~1984년 미국 컬럼비아대 객원교수 1982~2013년 고려대 경영학과 교수 1985년 미국 바루크대 초빙교수 1986년 고려대 경영학과장 1988년 同경영대학원 교학부장 1990년 同일반대학원 교학부장 1990년 미국 하와이대 초빙교수 1993년 고려대 기획처장 1995년 한국선물학회 회장 1996년 경제정의실천시민연합 정책위원장 · 상임집행부위원장 1998년 고려대 기업경영연구원장 1998년 경제정의실천시민연합 경제정의연구소장 1998~1999년 한국재무학회 회장 1999~2001년 고려대 경영대학원장 겸 경영대학장 2000~2004년 감사원 부정방지대책위원회 위원 2001~2002년 NGO학회 공동대표 2004년 국민연금중장기기금운용 마스터플랜기획단장 2006년 고려대 총장 2006년 대한금융공학회 회장 2009년 한국대학신문 논설위원 2013년 서울대 경제학부 겸임교수(현) 2013~2016년 유한재단 이사장 2013년 고려대 명예교수(현) [상]제43회 무역의 날 근정포장(2006) [저]'재무론'(1984) '금융실명제(共)'(1993) '투자론(共)'(1994) '금융경제학'(1997) '관리경제학(共)'(1998) '선물 · 옵션(共)'(1999) '재무관리'(1999) '2001년 한국경제해법(共)'(2001) '국제재무관리(共)'(2001) '아망이와 존조리 아저씨의 재미있는 경제이야기'(2006)

이필승(李弼承) LEE Pil Seung

[생]1950 · 8 · 10 [출]경기 화성 [주]서울 강남구 테헤란로 124 풍림산업(주) 비서실(02-528-6205) [학]1969년 중앙고졸 1977년 단국대 무역학과졸 [경]1976년 대림산업(주) 입사 1983년 풍림산업(주) 입사 1987년 同이사 1993년 同상무이사 1995년 同부사장 1999년 同사장 2009년 同부회장(현)

이필영(李弼泳) LEE Pil Young

[생]1953 · 9 · 7 [본]양성(陽城) [출]경기 평택 [주]대전 대덕구 한남로70 한남대학교 사범대학 역사교육학과(042-629-7420) [학]1976년 연세대 사학과졸 1979년 同대학원 사학과졸 1989년 사학박사(연세대) [경]1982년 한남대 사범대학 역사교육학과 교수(현) 1988년 同충청문화연구소장 1990년 보령군 도서지방민속조사연구단장 1991년 한국역사민속학회 연구위원장 1991년 대전시 시사편찬위원 1993년 한밭향토사료관 자문위원 1993년 대전시 문화재전문위원 1994~1995년 몽골 과학아카데미역사연구소 객원교수 1994년 국립중앙과학관 한국전통과학대학 자문위원 1996~1998년 한양대 대학원 · 한국정신문화연구원 · 이화여대 대학원 강사 1996~2001년 한남대 박물관장 1996년 충남도 도서지연구단장 1997년 대전시 동산문화재 감정위원 1997년 한국샤머니즘학회 부회장 1998~2000년 한국역사민속학회 회장 1999년 문화재관리국 무형문화재전문위원 2002년 한국샤머니즘학회 회장 2003~2009년 문화재위원회 무형문화재예능분과 위원 2003년 충남문화재위원회 위원 2004년 同무형문화재분과 위원장 2004년 연세대 대학원 강사

이필영(李弼榮) LEE Pil Young

[생]1967·12·15 [본]용인(龍仁) [출]충남 청양 [주]경기 과천시 관문로47 법무부 출입국·외국인정책본부 국적·통합정책단(02-2110-4007) [학]1986년 대전 대성고졸 1993년 서울시립대 도시행정학과졸 [경]행정고시 합격(37회) 2002년 정보통신부 정보화기획실 정보화기반과 서기관 2003년 마산합포우체국장 2005년 KT 파견 2007년 정보통신부 제2정부통합전산센터추진단 이전1팀장 2007년 同소프트웨어진흥단 소프트웨어협력진흥팀장 2008년 행정안전부 전자인증과장 2008년 同개인정보보호과장 2010년 同규제개혁법무담당관 2011년 同기획재정담당관 2012년 同기획재정담당관(부이사관) 2013년 충남도 환경녹지국장 2014년 同경제통상실장 2014년 행정자치부 창조정부조직실 창조정부기획과장 2016년 법무부 출입국·외국인정책본부 국적·통합정책단장(고위공무원)(현)

이필용(李泌鎔) LEE Pil Yong

[생]1961·11·28 [본]전주(全州) [출]충북 음성 [주]충북 음성군 음성읍 중앙로173 음성군청 군수실(043-871-3001) [학]충주실업고졸 1987년 고려대 농과대학 농학과졸, 극동대 경영행정대학원졸 [경]1992년 중앙청년연합회 충남도지부 사무처장 2002년 한나라당 제16대 대통령선거 음성군선거연락소장 2003년 同증평·진천·괴산·음성지구당 사무처장 2003·2006~2010년 충북도의회 의원(한나라당) 2004년 충북개발연구원 이사 2006년 충북도의회 기획행정위원장, 同행정자치위원장 2008년 극동대 이사 2010년 충북 음성군수(한나라당·새누리당) 2010년 충북시장군수협의회 총무 2014년 충북 음성군수(새누리당)(현) 2014년 전국혁신도시협의회 부회장(현) [상]대한민국실천대상 지역혁신부문상(2012), 세계자유연맹 자유상(2014), 농협중앙회 지역농업발전선도인상(2014), 대한민국행복나눔 봉사대상 자치발전공로부문(2015), 대한민국을 빛낸 자랑스런 인물대상(2016), 지방자치행정대상(2016) [종]기독교

이필우(李弼雨) LEE Pil Woo

[생]1931·9·2 [본]경주(慶州) [출]충북 영동 [주]서울 서초구 강남대로495 동일그룹 회장실(02-546-0278) [학]1957년 동아대 법정대졸 1974년 고려대 경영대학원 수료 1977년 同경영대학원 최고경영자과정 수료 1982년 서울대 행정대학원 수료 1983년 同경영대학원 최고경영자과정 수료 1994년 고려대 국제대학원 수료 [경]1968년 동일운수 사장 1972년 영동LPG 사장 1972년 영동공업 사장 1973년 동일그룹 회장(현) 1973년 고려대 경영대학원 총학생회장 1976년 민주공화당 중앙위원 1976년 同서울제3지구당 위원장 1979년 수도행정자문위원회 총무 1980년 전국웅변인협회총본부 이사장 1980년 강남지구사회정화위원회 위원장 1981년 제11대 국회의원(전국구, 한국국민당) 1981년 한국국민당(국민당) 당무위원 1981년 국회 국방위원회 간사 1981년 국회 교체위원회 간사 1981년 국민당 재정위원장 1989년 신동일건설 회장 1990년 동일운수 회장 2000년 在京영동군민회 회장 2006년 (사)충북협회 회장(현) 2008년 국민생활체육회 고문 2010년 경주李氏중앙화수회 회장(현) 2010년 국민통합전국시도민연합회 명예총재 [상]대통령표창, 국민훈장 모란장(2004)

이필운(李弼雲) LEE Phil Woon

[생]1955·3·2 [본]여주(驪州) [출]경기 안성 [주]경기 안양시 동안구 시민대로235 안양시청 시장실(031-8045-2001) [학]성균관대 행정학과졸, 미국 아메리칸대 대학원 행정학과졸 2009년 행정학박사(경기대) [경]행정고시 합격(21회) 1978년 경기도 사무관, 내무부 지방세제국 근무, 경기도 기획담당관, 여주군수, 경기도 산업경제국장, 대통령비서실 행정관 1999년 평택시 부시장 2001년 경기도 자치행정국장 2003년 同경제투자관리실장 2003년 국무조정실 노동여성심의관 2004~2006년 경기 안양시 부시장 2006~2007년 경기도 자치행정과 지방이사관(2급) 2007년 중앙공무원교육원 파견 2007~2010년 경기 안양시장(재선거 당선, 한나라당) 2009~2010년 전국자전거도시협의회 초대회장 2009년 (재)안양문화예술재단 이사장(현) 2010년 경기 안양시장선거 출마(한나라당) 2010~2012년 수원대 행정학과 초빙교수 2011년 대통령소속 지방분권촉진위원회 제1실무위원회 위원, 대통령소속 지방자치발전위원회 자문위원 2012~2014년 새누리당 안양동안甲당원협의회 운영위원장 2014년 경기 안양시장(새누리당)(현) [상]국무총리표창(1992), 홍조근정훈장(2000), 세계부부의날위원회 '올해의 부부문화 도시상'(2007), 경기도사회복지사협회 사회복지대상(2015), 세계부부의날위원회 '올해의 시장 부부상'(2016), 대한민국경제리더 창조경제경영부문대상(2016) [저]'이필운의 안양이야기'(2014)

이필재(李弼宰)

[생]1943·12·18 [출]경기 광주 [주]경기 평택시 서동대로 3825 평택대학교 총장실(031-658-3121) [학]피어선신학대졸, 서울장신대졸, 연세대 행정대학원 수료, 미국 예일대 대학원 기독교윤리학과 수학, 명예 신학박사(평택대) [경]신미교회 담임목사, 미국 국제선교교회 담임목사, 미국 HOUSTON 중앙교회 담임목사, 미국 LA 토렌스제일장로교회 담임목사, 분당 갈보리교회 담임목사, 학교법인 피어선기념학원 이사장, 평택대 대학교회 담임목사(현) 2016년 평택대 총장(현)

이필호(李弼鎬) LEE Phil Ho

[생]1961 · 8 · 29 [출]강원 [주]강원 춘천시 강원대학길1 강원대학교 화학과(033-250-8493) [학]1984년 강원대 화학과졸 1986년 한국과학기술원 화학과졸 1989년 이학박사(한국과학기술원) [경]1989~1991년 미국 스탠퍼드대 박사후연구원 1991년 강원대 화학과 전임강사 · 조교수 · 부교수 · 교수(현) 1996~1997 · 2004~2005년 미국 몬타나주립대 방문교수 2006~2011년 국가지정연구실 책임자 2008년 대한화학회 유기화학분과회 운영위원 2010년 강원대 분자과학융합기술연구소장 2011년 同촉매유기반응연구단장(현) 2012년 한국과학기술한림원 정회원(현) 2013년 대한화학회 유기화학분과회 총무부회장 2014년 同유기화학분과회 감사 [상]대통령표창(1984), 제48회 강원도문화상 학술부문(2006), 제9회 장세희학술상(2006), 강원대총장표창(2006 · 2013), 산학펠로우쉽대상(2008), 이달의 과학기술자상(2009), 동곡사회복지재단 제8회 동곡상 교육연구부문(2013)

이필환(李必煥) LEE Pil Hwan

[생]1964·1·12 [본]진성(眞城) [출]경북 안동 [주]대구 달서구 달구벌대로1095 계명대학교 인문국제학대학 외국어문학부(053-580-6050) [학]1982년 대구 계성고졸 1986년 서울대 영어영문학과졸 1988년 同대학원졸 1993년 문학박사(서울대) [경]1990년 서울대 영어영문학과 조교 1992~1994년 서울대·수원대 영어영문학과 강사 1994년 전북산업대 영어과 전임강사 1996~2000년 호원대 영어과 조교수 1998~1999년 영국 맨체스터대 영어영문학과 연구교수 2000년 호원대 영어과 부교수 2000년 계명대 영어영문학과 부교수·교수, 同인문국제학대학 외국어문학부 영어영문학전공 교수(현) 2004년 오토 제퍼슨(Otto Jespersen)기념 국제학술대회 총괄기획 2012년 계명대 교무처장, 한국영어학학회 총무·편집위원장, 同부회장 2015년 同회장(현) [저]'영어 통시통사론-어순과 동사 변화를 중심으로'(1999) '영어학의 최근 논점(2)-통사론(共)'(2005) '영어의 통사변화-부정과 대명사와 부정사를 중심으로'(2007) 'The History and Linguistic Changes of English'(2009)

이필훈 Pil Hoon Lee

[생]1955·9·20 [주]인천 연수구 컨벤시아대로165 동북아트레이드타워 (주)포스코A&C 임원실(02-2018-7700) [학]1974년 휘문고졸 1978년 연세대 건축공학과졸 1982년 同공학대학원 건축공학과졸 1985년 미국 오하이오주립대 대학원 건축학과졸 [경]1990~2007년 태두종합건축사사무소 대표 2007~2010년 (사)새건축사협의회 회장 2007~2011년 정림건축종합건축사사무소 대표이사 2008년 한국해비타트 서울지회 이사 2012년 (주)포스코A&C 대표이사 사장(현) 2014년 (사)빌딩스마트협회 회장, 同고문(현) [상]동아일보 한국의 최고경영인상 창조경영부문(2015)

이하경(李夏慶) LEE Ha Kyoung

[생]1958·5·4 [출]전남 [주]서울 중구 서소문로88 중앙일보 논설위원실(02-751-9110) [학]서울고졸, 고려대 경제학과졸, 미국 인디애나대 저널리즘스쿨 수료 [경]1995년 중앙일보 편집국 전국부 기자 1997년 同사회부 차장 1999년 同정치부 차장 2000년 同기획취재팀 차장 2002년 同정치부 차장 2003년 同논설위원(차장) 2004년 同논설위원(부장대우) 2004년 同정책사회부장 2006년 관훈클럽 회계담당 운영위원 2006년 중앙일보 편집국 정치데스크(부장) 2007년 同편집국 문화스포츠부문 에디터 2008년 同新중앙판추진본부 신문혁신TF팀 부장 2008년 同편집국장 대리 2008년 同신문혁신에디터 겸임 2009년 同신문혁신에디터(부국장대우) 2009년 同행정국장 겸 정치·국제에디터 2009년 同전략기획실장 2010년 同전략기획실 경영지원담당 2010~2013년 한국신문협회 기조협의회 이사 2011년 중앙일보 경영지원실장(이사대우) 2011년 JTBC 보도본부장 2012년 同광고사업본부장(이사) 2012년 同광고사업총괄 2013년 중앙일보 논설위원실장 2014년 同논설주간(상무보) 2015년 同논설주간(상무) 2015년 同논설주간(전무)(현) [상]기자협회상(7회), 중앙일보 창간공로상, 한국언론인연합회 제9회 한국참언론인대상 논설부문(2013), 고대언론인교우회 '장한 고대언론인상'(2015) [저]'노무현 대통령의 딜레마와 선택'(共) '퇴직시대 120% 권리찾기'

이하규(李夏珪) Lee, Ha-Kyu

[생]1952·2·12 [본]한산(韓山) [출]부산 [주]경기 부천시 원미구 지봉로43 가톨릭대학교 성심교정 다솔관D710 생명과학과(02-2164-4350) [학]1978년 서울대 동물학과졸 1982년 同대학원 동물학과졸 1989년 이학박사(서울대) [경]1987~1996년 성심여대 생물학과 조교수·부교수 1993~1995년 同가정자연과학부장 1996년 가톨릭대 생명과학과 교수(현) 2005~2006년 同대학원 부원장 2009~2011년 同교학부총장 2012~2015년 同생명과학과 학과장 2013~2015년 同생명환경학부 학부장 겸임 [저]'생물의 세계'(2003) '생명과학사전'(2003) [역]'킴볼생물학'(1996) [종]기독교

이하우(李夏雨) LEE, HA WOO

[생]1955·12·20 [출]울산 [주]서울 마포구 마포대로137 KPX케미칼 비서실(02-2014-4000) [학]1983년 경남대 화학공학과졸 [경]1983년 한국포리올(주) 입사 1988년 同기획실 과장 1996년 同영업부장 2003년 (주)그린소프트 켐 이사대우 2006년 同이사 2007년 同상무 2009년 KPX그린케미칼(주) 전무 2009년 同대표이사 전무 2010년 同대표이사 부사장 2012년 同대표이사 사장 2012년 KPX케미칼(주) 대표이사 사장 2015년 同각자대표이사 2016년 同사장(현)

이하원(李河遠)

[생]1968 [주]서울 중구 세종대로21길52 조선일보 논설위원실(02-724-5114) [학]1987년 선덕고졸 1991년 고려대 정치외교학과졸 2003년 미국 하버드대 케네디스쿨졸 [경]1993년 조선일보 입사(32기) 2005년 同한나라당취재팀장 2008년 同편집국 국제부 워싱턴특파원(차장대우), 同편집국 정치부 차장대우 2014년 TV조선 정치부장 2015년 관훈클럽 운영위원(회계) 2015년 TV조선 정치부장(부국장대우) 2016년 조선일보 논설위원(현)

이학노(李鶴魯) LEE Hak Ro

[생]1946·8·26 [출]인천 [주]인천 부평구 동수로56 인천성모병원 병원장실(032-280-6132) [학]가톨릭대 신학과졸, 同대학원 신학과졸 [경]1974년 사제 서품 2003년 몬시뇰(현) 2006년 가톨릭대 인천성모병원장(현) [상]대한민국경제리더대상(2010), 대한민국경제리더대상 지속가능경영부문(2011) [종]천주교

이학래(李學來) LEE Hak-Lae (龜巖)

[생]1938·12·26 [본]광주(廣州) [출]경기 남양주 [주]서울 성동구 왕십리로222 한양대학교 이사실(02-2220-1313) [학]1965년 한양대 경제학과졸 1967년 同체육학과졸 1969년 프랑스 툴루즈대 IREPS 체육학D.E.S. 취득 1976년 고려대 교육대학원 역사교육학과졸 1986년 사학박사(동국대) [경]1964년 일본 동경올림픽 한국대표 유도선수 1969년 프랑스대표팀 유도감독 1969~2004년 프랑스 낭시체육대 객원교수 1971~2004년 한양대 체육대학 교수 1972년 뮌헨올림픽 유도대표팀 감독 1976년 국제유도심판자격 취득 1976·1980년 몬트리올·모스크바올림픽 국제심판 1978~2002년 대학유도연맹 부회장 1982년 브라질 상파울루대 교환교수 1984년 한양대 예체능대학장 1986년 同체대학장 1986년 세계대학생유도연맹 아시아지역 집행위원 1987년 국제유도연맹 배심원 1989~1993년 남북한체육회담 차석대표 1989년 대한유도회 부회장 1989년 국민체육진흥공단 이사 1989년 대한올림픽위원회(KOC) 상임위원 1990년 북경아시안게임 한국선수단 남자감독 1991년 세계청소년축구대회 남북단일팀 고문 1992년 한양대 학생처장 1993년 버팔로유니버시아드대회 한국선수단 단장 1993~2009년 대한체육회 이사·부회장·고문 1995년 전국대학학생처장협의회장 1997년 한양대 교육대학원장 1999년 同체육위원장 1999년 한국체육학회 회장 2000~2004년 아시아체육학회 초대회장 2000~2008년 민족통일체육연구원 이사장 2000년 시드니올림픽 한국선수단 총감독 2001년 한국체육학회 명예회장·고문 2002년 부산아시안게임 한국선수단 부단장 2004~2005년 한양대 체육학과 명예교수 2005년 同이사(현) 2008년 단국대 이사(현) 2009~2013년 (사)한국대학법인협의회 이사 2010년 평창동계올림픽유치자문위원회 위원장 2011년 2018평창동계올림픽조직위원회 자문위원회 위원(현) [상]대한민국 체육상, 서울시 문화상, 체육훈장 백마장, 옥조근정훈장(2004) [저]'체육·스포츠개론' '체육학개론' '유도' '투기' '한국유도발달사' '한국근대체육사 연구' '한국체육사' '북한의 체육' '북한체육자료집' '스포츠와 인간승리' '현대사회와 스포츠' '한국체육백년사' '한국체육사연구' '북한체육사연구' [종]천주교

이학래(李鶴來) LEE Hak Rae

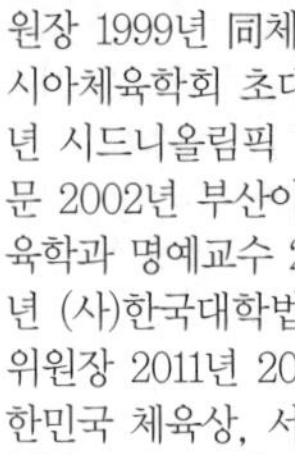

[생]1956·12·10 [본]전주(全州) [출]충북 보은 [주]서울 관악구 관악로1 서울대학교 농업생명과학대학 산림과학부 환경재료과학과(02-880-4786) [학]1979년 서울대 임산공학과졸 1981년 同대학원졸 1988년 임산학박사(미국 뉴욕주립대) [경]1989~1993년 충남대 임산공학과 조교수 1989~1993년 서울대 임산공학과 시간강사 1990~1994년 신무림제지(주) 기술자문위원 1990년 한국화학연구소 펄프제지연구실 비상근위촉연구원 1992~1993년 충남대 부속농업과학연구소 기획관리부장 1993~1997년 서울대 임산공학과 조교수 1994~1999년 同임산공학과장 1994~1996년 同농업생명과학대학 농업과학공동기기센터 교육훈련부장 1997~2005년 同임산공학과 부교수·교수 2005년 同농업생명과학대학 산림과학부 환경재료과학과 교수(현) 2007년 同농업생명과학대학 교무부학장 2010~2012·2016년 (사)한국펄프·종이공학회 회장(현) 2010~2011년 서울대 학생처장 2011~2015년 同농업생명과학대학장 2014~2015년 同국제농업기술대학원장 [상]한국공업학회 우수논문발표상(2000), 한국펄프종이학회 학술상(2000), 한국목재공학상 장려상(2000), 소호문화재단 가산상(2011) [저]'펄프.제지공학'(1995, 선진문화사) '제지과학'(1996, 광일문화사) '임산가공'(1997, 대한교과서)

이학봉(李鶴鳳) Lee Hak Bong

[생]1948 · 4 · 2 [본]경주(慶州) [출]경북 포항 [주]서울 강남구 테헤란로313 성지하이츠1차1406호 화신폴리텍 비서실(02-2275-1122) [학]1966년 가야고졸 1972년 경희대 경제학과졸 1987년 연세대 경영대학원 경제학과졸 1987년 미국 조지워싱턴대 국제무역경영자과정 수료 2009년 경원대 산학정책과정 수료 [경]1978~1980년 일신산업(주) 미국지사장 1981~1988년 코리아오링(주) 대표이사 1989~2008년 (주)화신폴리텍 대표이사 2006년 뉴라이트 서울시중구연합 상임대표 2007년 (주)청계출판 회장 2007년 (사)중구노인복지센터 상임대표(현) 2007년 한나라당 이명박대통령후보후원회 부회장 2007년 선진국민연대 서울중구지부 상임대표 2007년 (사)중구청소년문화마을 상임고문(현) 2007년 경희대총동문회 부회장 2007년 연세대경영대학원총동창회 부회장 2008년 한나라당 서울시당 부위원장 2008년 (사)GSI(전략연구원) 집행위원(현) 2009년 국무총리실 새만금위원회 위원 2009~2010년 (주)코레일유통 대표이사 사장 2010년 서울시 중구청장선거 출마(무소속) 2010년 화신폴리텍 회장(현) 2015년 (주)씨티인더스트리얼파트너코리아 대표이사(현) [상]자랑스러운 경희인상(2010) [저]'육지가 끝나는 곳에서 바다가 시작된다'(2010) [종]기독교

이학상(李學相)

[생]1966 · 12 · 28 [주]서울 영등포구 국제금융로6길11 삼덕빌딩8층 교보라이프플래닛생명보험(주)(02-6020-8000) [학]미국 메릴랜드대 수학과졸, 미국 코네티컷대 대학원 수학과졸 [경]교보생명보험(주) 입사, 同상품지원실장, 同e-Business사업추진단 담당임원, 악사생명보험 근무, 피델리티 앤 개런티 생명보험 근무, 뉴욕 윌리엄 펜 생명보험 근무 2013년 교보라이프플래닛생명보험(주) 설립추진단장 2013년 同대표이사 사장(현)

이학석(李學碩)

[생]1958 · 6 · 10 [출]경남 함안 [주]경남 통영시 통영해안로 515 통영시청 부시장실(055-650-3014) [학]1974년 마산공고졸 1988년 경남대 행정학과졸 1999년 창원대 행정대학원 행정학과졸 [경]1988년 7급 공채 2003년 사무관 승진 2005년 경남도 지방공무원교육원 교수 2006년 同법무담당관실 행정심판담당 사무관 2007년 同감사관실 조사담당 사무관 2009년 同농업정책과 농업정책담당 사무관 2011년 同경제기업정책과 경제정책담당 사무관 2012년 서기관 승진 2013년 경남도 고용정책단장 2014년 同인사과장 2014년 남해군 부군수 2015년 경남도 공보관 2016년 통영시 부시장(부이사관)(현) [상]국무총리표창, 대통령표창, 근정포장, 대한민국SNS대상 광역자치단체부문 최우수상(2013 · 2014 · 2015), 대한민국블로그어워드 대상(2015), 대한민국인터넷소통대상(2015), 인터넷에코어워드 대상(2015), 웹어워드코리아 인터넷방송부문 최우수상(2015)

이학성(李學成) LEE Hak Seong

[생]1957 · 12 · 19 [출]충남 논산 [주]서울 서초구 반포대로 158 서울고등검찰청(02-530-3114) [학]1976년 경복고졸 1981년 서울대 법학과졸 [경]1982년 사법시험 합격(24회) 1984년 사법연수원 수료(14기) 1985년 대전지검 검사 1988년 춘천지검 강릉지청 검사 1989년 서울지검 서부지청 검사 1992년 창원지검 검사 1994년 서울지검 검사 1997년 서울고검 검사 1998년 전주지검 군산지청 부장검사 1999년 울산지검 부장검사 2000년 同공안부장 2000년 同형사1부장 2001년 수원지검 성남지청 부장검사 2002년 서울지검 동부지청 형사6부장 2003년 同동부지청 형사3부장 2003년 춘천지검 영월지청장 2004년 서울고검 검사 2006년 광주고검 검사 2008년 서울고검 검사 2010년 부산고검 검사 2012년 서울고검 형사부 검사 2014년 부산고검 검사 2016년 서울고검 검사(현)

이학수(李鶴秀) LEE Hak Soo (金谷)

[생]1940 · 9 · 20 [본]전주(全州) [출]충북 [주]서울 강남구 봉은사로328 창일산업 임원실(02-555-0443) [학]한양대 건축공학과졸, 고려대 경영대학원졸 [경]창일산업 대표이사, 同회장(현), 대한건설협회 이사, 한국산업투자 비상근대표이사 2014년 대한건설협회 회원감사, 同회원이사(현) [상]건설부장관표창, 은탑산업훈장(2010)

이학수(李鶴洙) LEE Hak Soo

[생]1946 · 6 · 25 [본]벽진(碧珍) [출]경남 밀양 [주]서울 성북구 종암로13길 고려대학교 교우회관(1588-1905) [학]1965년 부산상고졸 1969년 고려대 상과졸 1971년 同경영대학원 수료, 한국과학기술원(KAIST) 테크노경영대학원 최고정보경영자과정 수료 [경]1971년 제일모직(주) 입사 1975년 同경리과장 1978년 同관리과장 1979년 同관리부장 1982년 삼성그룹 회장비서실 운영1팀장 1984년 제일제당(주) 관리담당 이사 1985년 삼성그룹 회장비서실 재무팀장(이사 · 상무이사 · 전무이사) 1993~1994년 同회장비서실 부사장 1993년 삼성화재해상보험(주) 부사장 1994년 제일제당(주) 대표이사 부사장 1995년 삼성화재해상보험(주) 대표이사 부사장 1995~1996년 同대표이사 사장 1996년 삼성그룹 회장비서실 차장 1997년 同회장비서실장 1998~1999년 삼성전자(주) 그룹구조조정본부장(사장) 1998~2006년 삼성 구조조정본부장 1999~2004년 삼성전자(주) 대표이사 사장 2004~2008년 同대표이사 부회장 2006~2008년 삼성 전략기획위원회 위원장 겸 전략기획실장 2008년 삼성전자(주) 고문 2010년 삼성물산 건설부문 고문 2016년 고려대교우회 회장(현) [상]고려대 올해의 전문경영인상(2000), 금탑산업훈장(2002)

이학수(李學洙) Lee Hak-Soo

[생]1959 · 9 · 12 [출]전북 [주]대전 대덕구 신탄진로200 한국수자원공사 사장실(042-629-2200) [학]1979년 서울 중앙고졸 1987년 연세대 행정학과졸 1998년 미국 애리조나주립대 대학원 인사행정학과졸 2006년 행정학박사(미국 애리조나주립대) [경]1987년 한국수자원공사 입사 2008년 同경영지원본부 총무관리처 인사팀장 2009년 同경영지원본부 K-water교육원 인재개발팀장 2010년 同감사실장 2013년 同도시환경사업본부장 2014년 同부사장(상임이사) 2016년 同사장(현) 2016년 아시아물위원회 회장(현) 2016년 한국대댐회(KNCOLD) 회장(현)

이학수(李學洙) LEE Hak Soo

[생]1959 · 10 · 10 [출]경남 고성 [주]부산 연제구 법원로28 부산법조타운1208호 법무법인 정인(051-911-6161) [학]1976년 경남고졸 1980년 서울대 법대졸 [경]1979년 사법시험 합격(21회) 1982년 사법연수원 수료(12기) 1982년 부산지법 판사 1985년 同울산지원 판사 1987년 부산지법 판사 1991년 부산고법 판사 1995년 부산지법 판사 1997년 창원지법 부장판사 1998년 부산지법 부장판사 2003년 창원지법 통영지원 부장판사 2005~2007년 부산지법 부장판사 2007년 법무법인 정인(正人) 변호사(현) 2013~2015년 국민권익위원회 비상임위원 [종]불교

이학수(李學洙) LEE Hak Soo

[생]1960 · 7 · 5 [출]전북 정읍 [주]전북 전주시 완산구 효자로225 전라북도의회(063-280-4518) [학]호남고졸, 전주대 전기전자공학과졸, 同대학원 금융보험학과졸 [경]경보통신 대표, 한국청년회의소 전북지구 회장 1999년 민주평통 자문위원, 열린우리당 전북도당 부위원장, 민주당 전북도당 부위원장 2006~2010년 전북도의회 의원(열린우리당 · 대통합민주신당 · 통합민주당 · 민주당) 2008년 同행정자치위원회 위원, (재)정읍시민장학재단 이사, 전주지법 정읍지원 조정위원 2009년 전북도 남북교류협력위원회 위원, 배영중고총동문회 수석부회장(현) 2014년 전북도의회 의원(새정치민주연합 · 더불어민주당)(현) 2014년 同산업경제위원회 위원 2014~2015년 同윤리특별위원회 위원 2015~2016년 同예산결산특별위원회 위원장 2016년 同산업경제위원회 위원(현)

이학식(李學湜) LEE Hak Sik

[생]1952 · 5 · 29 [출]경북 문경 [주]서울 마포구 와우산로 94 홍익대학교 경영대학(02-320-1735) [학]1971년 서울고졸 1976년 고려대 산업공학과졸 1979년 서울대 대학원 경영학과졸 1987년 경영학박사(미국 미시간주립대) [경]1987~1997년 홍익대 경영대학 경영학부 조교수 · 부교수 1997년 同경영대학 경영학부 교수, 同경영대학 경영학전공 교수(현) 2002~2004년 한국마케팅학회 마케팅연구편집위원장 2003~2005년 홍익대 세무대학원장 겸 국제경영대학원장 [상]한국소비자학회 최우수논문상(1999), 한국조사연구학회 최우수논문상(2003), 한국경영학회 최우수논문상(2005), 한국마케팅학회 마케팅연구 최우수논문상(2010) [저]'소비자행동' '마케팅' '마케팅조사' 'SPSS12.0 매뉴얼' '구조방정식 모형분석과 AMOS 6.0'(2008) '사회과학연구를 위한 회귀분석'(2012, 집현재) '사회과학 논문작성을 위한 연구방법론-SPSS 활용방법'(2014, 집현재) '구조방정식 모형분석과 AMOS 22'(2015, 집현재) 'SPSS 22 매뉴얼'(2015, 집현재)

이학영(李學永) LEE Hack Young

ⓢ1952 · 4 · 16 ⓑ전북 순창 ⓐ서울 영등포구 의사당대로1 국회 의원회관331호(02-784-8051) ⓗ1970년 순창제일고졸 1985년 전남대 국어국문학과졸 1996년 同대학원 정치학과졸 1998년 순천대 대학원 교육학석사과정 수료 2006년 전남대 대학원 NGO학박사과정 수료 ⓖ'실천문학'으로 시인 등단 · 시인(현), 민족문학작가회의 회원(현), 한국녹색시 동인, 전남동부지역사회연구소 소장 1998년 순천YMCA 사무총장 2003~2011년 한국YMCA전국연맹 사무총장 2003~2006년 한국간행물윤리위원회 위원 2003년 사회연대은행 이사 2003년 한국소비자단체협의회 이사 2004년 전남대NGO연구회 회장 2005년 한국청소년단체협의회 이사 2005~2011년 투명사회협약실천협의회 집행위원 2005~2011년 민족화해협력범국민협의회 공동의장 2006년 삼성고른기회교육재단 이사 2006~2012년 희망제작소 이사 2007년 민주화운동기념사업회 이사 2007~2012년 시민방송(RTV) 이사장, 거버넌스21클럽 공동대표 2009~2011년 사람사는세상 노무현재단 이사 2011년 복지국가와진보대통합을위한시민회의 상임의장 2012년 민주통합당 국민소통과화합을위한특별위원회 위원장 2012년 제19대 국회의원(군포시, 민주통합당 · 민주당 · 새정치민주연합 · 더불어민주당) 2012년 국회 보건복지위원회 위원 2012년 민주통합당 문재인 대통령후보선거기획단 기획위원 2012년 同제18대 대통령중앙선거대책위원회 산하 '시민캠프' 공동대표 2012년 同18대 대통령중앙선거대책위원회 공동위원장 2013년 민주당 국민소통과화합을위한특별위원회 위원장 2013년 국회 정무위원회 위원 2014년 새정치민주연합 대외협력위원장 2014~2015년 국회 군인권개선및병영문화혁신특별위원회 위원 2015년 새정치민주연합 재벌개혁특별위원회 위원 2015~2016년 더불어민주당 대외협력위원장 2016년 同군포시乙지역위원회 위원장(현) 2016년 제20대 국회의원(군포시乙, 더불어민주당)(현) 2016년 국회 정무위원회 위원(현) ⓢ계간문예 신인상(1991), 농민신문사 문학상(1992) ⓙ'마음을 비추는 달'(1994, 일월서각) '눈물도 아름다운 나이'(1998, 시와사람) '사람의 바다'(2002, 내일을여는책) '강'(2003, 눈빛) '꿈꾸지 않은 날들의 슬픔'(2009, 문학들) '세계가 만일 하나의 집안이라면'(2011, 심미안) '이학영, 세상을 사랑하였네'(2015, 심미안) ⓙ'시어 무기여' '귀향' ⓣ기독교

이학영(李學榮) RHEE Hak Young

ⓢ1961 · 4 · 10 ⓑ충주(忠州) ⓖ서울 ⓐ서울 중구 청파로463 한국경제신문 기획조정실(02-360-4029) ⓗ1980년 충암고졸 1986년 고려대 영어영문학과졸 1997년 미국 컬럼비아대 저널리즘스쿨 수료 ⓖ1987~1997년 한국경제신문 국제부 · 경제부 · 산업부 기자 1997년 同뉴욕특파원 2000년 同산업부 차장 2002년 同금융부장 2002년 同경제부장 2005년 同생활경제부장 2008년 관훈클럽 편집위원 2008년 한국경제신문 부국장대우 산업부장 2010년 同편집국 부국장 2013년 同편집국 국장대우 겸 글로벌포럼 사무국장 2014년 同편집국장 2015년 同편집국장(이사대우) 2016년 同기획조정실장(이사대우)(현) ⓢ88올림픽기장 ⓙ'한국의 경제관료' '경제기사는 하나다' ⓣ기독교

이학재(李鶴宰) LEE Hak Jae

ⓢ1964 · 8 · 19 ⓑ전주(全州) ⓖ인천 ⓐ서울 영등포구 의사당대로1 국회 의원회관552호(02-784-1884) ⓗ1983년 부평고졸 1988년 서울대 축산학과졸 1993년 중앙대 대학원 경제학과졸 2001년 경제학박사(중앙대) 2004년 인천대 경영대학원 중국통상고위관리자과정 수료 ⓖ1991년 내무부 지방행정연구원 근무 1992년 농촌경제연구원 위촉연구원 1993년 환경기술개발원 환경정책경제연구부 위촉연구원 1998~2001년 중앙대 · 순천향대 · 성결대 · 협성대 강사 1999년 인천환경운동연합 집행위원 2001년 인천시의회 의원연구회 자문위원 2002년 한나라당 인천시지부 부위원장 2002 · 2006~2007년 인천시 서구청장(한나라당) 2003년 인천중국경제교류협회 자문위원 2004년 인천시택견협회 회장 2005년 전국청년시장 · 군수 · 구청장협의회 부회장 2008년 제18대 국회의원(인천시 서구 · 강화甲, 한나라당 · 새누리당) 2008~2010년 국회 지식경제위원회 위원 2009년 한나라당 빈곤없는나라만들기특별위원회 위원 2009~2010년 同원내부대표 2010년 同선거관리위원회 위원 2011년 同박근혜 비상대책위원회 비서실장 2012년 제19대 국회의원(인천시 서구 · 강화甲, 새누리당) 2012년 새누리당 박근혜 대통령후보 비서실 부실장 2012년 同박근혜 대통령후보 비서실장 2013~2015년 대한카누연맹 회장 2013년 국회 교육문화체육관광위원회 위원 2013~2014년 새누리당 인천시당 위원장 2013년 국회 예산결산특별위원회 위원 2013년 국회 남북관계발전특별위원회 위원 2014~2015년 국회 예산결산특별위원회 간사 2014년 국회 국토교통위원회 위원 2014년 국회 예산결산특별위원회 예산안조정소위원회 위원 2014년 새누리당 인재영입위원회 부위원장 2015년 同정책위원회 부의장 2015년 국회 정치개혁특별위원회 여당 간사 겸 공직선거법심사소위원회 위원장 2016년 제20대 국회의원(인천시 서구甲, 새누리당)(현)

2016년 새누리당 혁신비상대책위원회 위원 2016년 국회 국토교통위원회 위원(현) 2016년 한국아동인구환경의원연맹(CPE) 회원(현) 2016년 새누리당 정책위원회 일자리특위위원회 위원장(현) ⓢ유권자시민행동 2013 국정감사 최우수상(2013) ⓙ'환경투자재원 조달에 관한 연구'(1993) '폐기물처리시설 주변지역 지원정책이 인근지역사회에 미치는 영향'(2001) '청년지도자의 실험과 꿈' '우리는 일하고 싶다'(共)(2005) ⓣ천주교

이 한(李 翰) Lee Han

ⓐ서울 마포구 매봉산로75 DDMC빌딩 KT스카이라이프 기술본부(02-2003-3000) ⓗ1987년 서강대 전자공학과졸 1989년 同대학원 신문방송학과졸 ⓖ1991년 (주)KT 전임연구원 2002년 한국디지털위성방송 IT본부 방송SI팀장 2003년 同기술개발실 수신기개발팀장 2005년 同기술개발팀장 2007년 同기술서비스본부 방송운용팀장 2011년 (주)KT스카이라이프 기술서비스본부 방송운용팀장 2012년 同기술센터장 2013년 同기술센터장(상무) 2015년 同기술본부장(상무)(현)

이한경(李漢庚)

ⓢ1964 · 8 · 29 ⓖ경기 안양 ⓐ세종특별자치시 정부2청사로10 에스엠타워 국민안전처 임차청사 재난복구정책관실(044-205-5300) ⓗ안양 신성고졸, 서울대 중어중문학과졸, 同대학원 행정학과졸, 미국 센트럴미시간대 대학원 행정학과졸 ⓖ1996년 지방고시 합격(1회) 2009년 경기도 문화관광국 교육협력과장 2009년 同교육국 교육정책과장 2010년 同정책기획관실 기획담당관 2011년 경기 안성시 부시장 2013년 지방행정연수원 교육훈련 2014년 경기도 보건복지국장 2016년 국민안전처 재난복구정책관 전담직무대리(현)

이한구(李漢龜) LEE Han Goo

ⓢ1945 · 10 ⓑ전의(全義) ⓖ경남 산청 ⓐ서울 동대문구 경희대로26 경희대학교 미래문명원(02-961-9132) ⓗ1968년 서울대 철학과졸 1971년 同대학원졸 1981년 철학박사(서울대) ⓖ1980~2011년 성균관대 문과대학 철학과 교수 1982년 독일 뮌헨대 연구교수 1989년 미국 브라운대 연구교수 1993년 성균관대 인문과학연구소장 1993~1995년 한국분석철학회 회장 1995년 성균관대 대학원 교학처장 1995년 (사)사월회 '사월의 소리'편집위원장 1995년 일본 동경여대 연구교수 1996년 성균관대 철학사상연구소장 1997~1999년 同교무처장 1999년 미국 위스콘신대 메디슨교 연구교수 2000년 성균관대 문화철학연구소장 2000~2004년 同인문학부장 2002년 철학연구회 회장 2003년 성숙한사회가꾸기모임 집행위원장 2004년 심경문화재단 철학문화연구소 계간 '철학과 현실' 편집위원장 2006년 미국 위스콘신대 펠로우교수 2006~2007년 한국철학회 회장 2009년 성균관대 비판적사고와문화연구소장 2009년 중앙선거관리위원회 위원 2010년 한국연구재단 인문사회연구본부장 2011년 성균관대 문과대학 철학과 명예교수(현) 2012년 Scopus 한국저널선정위원회 위원(현) 2013년 경희대 미래문명원 석좌교수(현) 2014년 대한민국학술원 회원(현대영미과학철학 · 역사철학, 현) ⓢ교육부장관표창, 열암학술상, 제15회 서우철학상(2003), 제54회 대한민국학술원상 인문학부문(2009), 3.1문화상 학술상 인문 · 사회과학부문(2013) ⓙ'직업과 윤리'(共) '고교 철학'(共) '역사주의와 역사철학' '정보사회의 철학적 진단'(共) '철학의 발견'(共) '사회변혁과 철학'(共) '진화론과 철학'(共) '지식의 성장' '역사학의 철학' '역사주의와 반역사주의' ⓔ'열린 사회와 그 적들1'(1982, 민음사) '칸트의 역사철학'(1992, 서광사) '영원한 평화를 위해서'(1992, 서광사) '추측과 논박 I · II'(2002, 민음사) '철학적 분석'(2002, 철학과현실사) '파르메니데스의 철학'(2010, 영림) '객관적 지식'(2013, 철학과현실사)

이한구(李漢久) LEE Hahn Koo 園丘

ⓢ1945 · 12 · 12 ⓑ여강(驪江) ⓖ경북 경주 ⓗ1965년 경북고졸 1969년 서울대 상과대학 경영학과졸 1971년 同행정대학원졸 1984년 경제학박사(미국 캔자스주립대) 1986년 미국 하버드대 경영대학원 최고경영자과정 수료 1995년 서울대 공과대학원 최고산업전략과정(AIP) 수료 ⓖ1968년 공인회계사시험 합격 1969년 행정고시 합격(7회) 1970년 재무부 사무관 1975년 대통령비서실 서기관 1977~1980년 재무부 이재과장 · 외환자금과장 1985년 대우그룹 회장비서실 상무이사 1987년 대우경제연구소 사무국장 1989~1999년 同사장 1999년 문화방송 객원해설위원 2000년 한나라당 제16대 국회의원선거대책위원회 정책위원장 2000년 제16대 국회의원(전국구, 한나라당) 2000년 한나라당 제2정책조정위원장 2001년 同국가혁신위원회 미래경쟁력분과 부위원장 2002년 同대통령선거기획단 기획위원 2003년 同정책위원회 부의장 2004년 同정책위원회 공약개발위원장 2004년 제17대 국회의원(대구 수성구甲, 한나라당) 2004~2005 · 2007~2008년 한나라당 정책위원회 의장 2005년 同국토균형

발전특별위원장 2006년 同한·미FTA특별대책위원회 위원장 2006년 국회 투자활성화 및 일자리창출을위한특별위원회 위원장 2007년 한나라당 제17대 대통령중앙선거대책위원회 부위원장 2008년 제18대 국회의원(대구 수성구甲, 한나라당·새누리당) 2008년 국회 예산결산특별위원장 2009~2010년 국회 윤리특별위원회 2010년 국가미래연구원 재정·복지분야 발기인 2012~2016년 제19대 국회의원(대구 수성구甲, 새누리당) 2012~2013년 새누리당 원내대표 2012~2013년 국회 운영위원장 2013·2014년 국회 기획재정위원회 위원 2014~2015년 국회 창조경제활성화특별위원회 위원장 2014년 새누리당 규제개혁특별위원회 위원장 2014년 국회 윤리특별위원회 위원 2014~2016년 새누리당 전국위원회 의장 2014년 同경제혁신특별위원회 위원장 2014년 同공무원연금제도개혁TF 위원장 2016년 同제20대 총선 공직자후보추천관리위원회 위원장 ❸녹조근정훈장(1975), 자유기업원 자유경제입법상(2008), 매일경제 규제개혁도우미 개인부문 대상(2009), 백봉신사상 올해의 신사의원 베스트10(2009), 백봉신사상 올해의 신사의원 베스트11(2013), 자유경제원 자유경제입법상(2014), 경제정의실천시민연합 국정감사 우수의원(2014) ❸'금융자율화의 전제조건' '외환선물시장에 관하여' '자유시장경제 창달을위한 정부의 역할' '21세기 한국 국부론' '세계를 보고 뛰어라―글로벌시대에 선진국 되는 길' '공선련 총서'(共) 'DJ정권 생활경제 백서' '공적자금백서' ❸천주교

이한구(李漢求) LEE Han Koo

❸1948·4·27 ❸황해 연백 ❸서울 강남구 봉은사로135 현대약품(주) 회장실(02-2600-3813) ❸1967년 서울고졸 1973년 연세대 상대 경영학과졸 ❸1974년 현대약품공업(주) 입사 1984년 同전무이사 1988년 同대표이사 사장 2006년 同회장 2007년 현대약품(주) 대표이사 회장(현) ❸은탑산업훈장(2009), 동암약의상 제약부문(2010) ❸불교

이한구(李漢九)

❸1957·9·5 ❸경남 양산시 물금읍 황산로719 양산소방서(055-379-9200) ❸통영수산전문대학 증식과졸 ❸1982년 소방공무원 임용(지방소방사 공채) 2005년 지방소방령 승진 2007년 경남 양산소방서 소방행정과장·대응구조과장, 경남 김해소방서 소방행정과장·방호과장, 경남 거제소방서 현장대응과장 2014년 경남 남해소방서장(지방소방정) 2016년 경남 양산소방서장(현) ❸내무부장관표창(1992), 행정자치부장관표창(1999)

이한구(李漢求) LEE Han Gu

❸1965·9·12 ❸전주(全州) ❸인천 ❸인천 남동구 정각로29 인천광역시의회(032-440-6065) ❸1984년 인천고졸 1990년 고려대 행정학과졸 ❸계양신문 대표·발행인, 인천의제21 사무처장 2003~2007년 (사)한국지속가능발전센터 객원연구원 2006~2009년 주간 내일신문 기자 2010년 인천시의회 의원(민주당·민주통합당·민주당·새정치민주연합) 2010년 同산업위원회 위원 2010년 同친환경무상급식추진특별위원회 위원장, 同윤리특별위원회 간사, 同예산결산특별위원회 간사, 계양산반딧불이축제조직위원회 자문위원, 계양자활센터 운영위원, 인천시 외국인투자유치협의회 위원, 同도시공원위원회 위원, 同에너지위원회 위원, 전국지속가능발전협의회 운영위원 2012년 인천시의회 산업위원회 부위원장 2012년 同운영위원회 부위원장 2014년 인천시의회 의원(새정치민주연합·더불어민주당·무소속)(현) 2014년 同문화복지위원회 위원장 2016년 同건설교통위원회 위원(현) 2016년 同예산결산특별위원회 위원(현) ❸자연보호유공 환경부장관표창(2004), 평화통일유공 대통령표창(2005), 2013 매니페스토약속대상 광역의원부문 대상(2014), 대한민국위민의정대상 우수상(2014) ❸천주교

이한국(李漢國) Lee Han Kook

❸1964·4·17 ❸서울 중구 소월로2길12 CJ(주) 임원실(02-726-8114) ❸부산 중앙고졸, 서울대 경영학과졸 ❸CJ홈쇼핑 경영전략실 근무, CJ(주) 감사팀 근무 2006년 CJ홈쇼핑 전략지원팀장(상무) 2007년 CJ(주) 전략지원팀 상무 2010년 同감사팀장(상무) 2010년 同감사팀장(부사장대우) 2013년 同감사팀장(부사장) 2016년 同경영지원총괄 부사장(현)

이한규(李翰圭) Lee, Hankyu

❸1963·11·17 ❸연안(延安) ❸서울 ❸경기 부천시 원미구 길주로210 부천시청 부시장실(032-625-2010) ❸1982년 경희고졸 1986년 고려대 사회학과졸 2002년 도시행정학박사(서울시립대) 2010년 영국 버밍엄대 경영대학원졸 ❸1991년 행정고시 합격(35회) 2002년 駐싱가포르 주재관 2004년 경기도 경제투자관리실 투자진흥과장 2005년 양주시 부시장 2007년 경기도 정책기

획심의관 2009년 교육 파견(영국 버밍엄대) 2010년 황해경제자유구역청 투자유치본부장 2011년 경기도 평생교육국장 2012년 同기획행정실장 2013년 성남시 부시장 2015년 교육 파견(지방부이사관) 2016년 부천시 부시장(현) ❸근정포장(2005) ❸기독교

이한동(李漢東) LEE Han Dong (雪天)

❸1934·12·5 ❸고성(固城) ❸경기 포천 ❸서울 서초구 서초대로280 태양빌딩6층 법무법인 남명(02-775-0097) ❸1954년 경복고졸 1958년 서울대 법대 법학과졸 ❸1958년 고시 사법과 합격(10회) 1959년 육군 법무관 1963~1974년 서울민사지법·서울형사지법 판사·법무부 법무실 검사 겸 서울지검 검사 1974년 법무연수원 부원장 겸 고검검사 1975~1980년 대전지검·부산지검·서울지검 영등포지청·서울지검 부장검사 1980년 변호사 개업 1981년 제11대 국회의원(포천·연천·가평, 민주정의당) 1981년 민주정의당·민정당 원내부총무 1982년 同총재 비서실장 1983년 同경기도지부 위원장 1984년 同사무총장·선거대책본부장 1985년 제12대 국회의원(포천·연천·가평, 민정당) 1985년 한·일의원연맹 부회장 1986년 민정당 원내총무 1988~1992년 제13대 국회의원(연천·포천, 민정당·민자당) 1988년 민정당 정책위의장 1988년 同경기도지부 위원장 1988년 남북국회회담 실무대표 1989년 민정당 원내총무 1990년 내무부 장관 1992~1996년 제14대 국회의원(연천·포천, 민자당·신한국당) 1993년 민자당 원내총무 1993년 국회 운영위원장 1994년 민자당 경기도지부장 1995년 국회 부의장 1996~1999년 제15대 국회의원(연천·포천, 신한국당·한나라당·자민련) 1996년 신한국당 상임고문 1997년 同대표최고위원 1997년 한나라당 대표최고위원 1998년 同부총재 1999년 同고문 2000년 자민련 수석부총재 겸 총재권한대행 2000~2001년 同총재 2000년 제16대 국회의원(연천·포천, 자민련·무소속·하나로국민연합·자민련) 2000~2002년 국무총리 2002년 하나로국민연합 대통령 후보 2002~2004년 同대표 2005~2014년 법무법인 남명 대표변호사 2010년 코리아DMZ협의회 고문(현) 2012년 어문정책정상화추진회 초대회장(현) 2013년 운정회(雲庭會) 회장(현) 2014년 법무법인 남명 변호사(현) ❸근정포장(1976), 청조근정훈장(1989), 자랑스런 한국인상(1996), 제11회 자랑스러운 서울법대인상(2003), 몽골 북극성훈장(2007), 경복동문대상(2008) ❸'이한동의 나라살리기'(1997) '가슴이 넓은 남자가 좋다'(1997)

이한목(李漢穆) Lee hanmok

❸1961·11·29 ❸인천(仁川) ❸충북 청주 ❸충북 청주시 서원구 사운로59의1 CJB청주방송 사장실(043-279-3930) ❸1980년 충북고졸 1986년 충북대 경제학과졸 ❸1987~1996년 충주문화방송 보도국 기자 1996~2008년 청주방송 보도국 기자 2008~2011년 同충주본부장 2011년 同편성제작국장 2014년 同보도관리본부장(이사) 2014년 同사장(현) ❸한국기자협회 충북지회 올해의 기자상(1993) ❸불교

이한배(李韓培) LEE Han Bae

❸1954·12·4 ❸전주(全州) ❸전남 해남 ❸서울 서초구 서초중앙로69 르네상스오피스텔701호 한국순환아스콘협회(02-6207-5050) ❸1989년 중앙대 경영학과졸 2002년 고려대 행정대학원졸 ❸2004년 조달청 기획예산담당관실 서기관 2005년 同국제물자본부 공공기관외자팀장 2006년 同전자조달본부 고객지원센터 팀장 2007년 同정책홍보본부 혁신인사팀장 2008년 同전자조달국 정보기획과장 2009년 광주지방조달청장 2009~2011년 조달청 감사담당관 2011년 서울·경인아스콘공업협동조합 전무이사 2016년 (사)한국순환아스콘협회 부회장(현)

이한상(李漢祥) LEE Han Sang

❸1950·11·21 ❸성산(星山) ❸부산 ❸경기 안성시 삼죽면 동아예대길47 동아방송예술대학교(031-670-6600) ❸1970년 중동고졸 1978년 중앙대 연극영화학과졸 ❸1978년 KBS 입사 1986년 同파리특파원 1994년 YTN 입사·영상취재부장 1999년 同영상취재부 부국장 1999년 同보도본부 영상담당 부국장 2001년 同영상제작단장 2003년 同국장대우 문화사업팀장 2003년 同미디어국장 2004년 同타워사업국장 2005년 同기획조정실 방송심의팀 방송심의위원 2005~2008년 同보도국 영상취재팀 국장 2008~2009년 경기도 홍보기획관실 근무 2009년 한국방송예술진흥원 방송제작학과 외래교수 2010년 동아방송예술대 초빙교수(현) 2010년 tbs교통방송 편성운영자문위원(현) ❸대통령표창, 한국기자협회상

이한석(李漢錫) Lee Hanseok

Ⓟ생1966·7·20 ⓒ경북 김천 ㈜부산 연제구 법원로28 법무법인 국제(051-463-7755) ⓗ학1985년 진주 대아고졸 1989년 서울대 공법학과졸 1992년 同대학원 법학과 수료 ⓒ경1991년 사법시험 합격(33회) 1994년 사법연수원 수료(23기) 1994년 해군 법무관 1997년 부산지법 동부지원 판사 1999년 창원지법 판사 2001년 同함안군·의령군법원 판사 2002년 창원지법 판사 2004년 부산고법 판사 2005년 법무법인 국제 변호사, 同대표변호사(현) 2008년 공정거래위원회 지역소비정책전문가협의체 위원

이한섭(李漢燮) Han-Seob Lee

ⓅP생1954·9·16 ㈜서울 종로구 새문안로76 금호타이어(주) 비서실(02-6303-8013) ⓗ학1972년 서울공고졸 1981년 한국외국어대 이태리어학과졸 ⓒ경금호타이어(주) 해외영업부문담당, 同노사협력담당, 同구주본부장(상무) 2007년 同유럽지역본부장(전무), 同글로벌운영본부장(전무) 2011년 同중국대표(부사장) 2015년 同영업총괄 부사장 2016년 同대표이사 사장(현) ⓒ종천주교

이한성(李翰成) LEE Han Sung

ⓅP생1957·4·5 ⓑ본진성(眞城) ⓒ경북 문경 ㈜서울 서초구 서초대로280 태양빌딩4층 법무법인 위드유(02-3486-3370) ⓗ학1976년 계성고졸 1980년 서울대 법학과졸 1982년 同대학원 법학과졸 1993년 미국 스탠퍼드대 연수과정 이수 2000년 법학박사(서울대) ⓒ경1980년 사법시험 합격(22회) 1982년 사법연수원 수료(12기) 1982년 육군사관학교 법학과 교관 1985년 서울지검 동부지청 검사 1988년 대구지검 경주지청 검사 1989년 부산지검 검사 1989년 서울지검 고등검찰관 1993년 미국 스탠퍼드대 연수 1993년 대구지검 상주지청장 1994년 부산지검 울산지청 부장검사 1996년 대검찰청 검찰연구관 1997년 同과학수사지도과장 1997년 同중앙수사부 제3과장 1998년 서울지검 동부지청 형사5부장 1999년 同동부지청 형사6부장 1999년 同총무부장 2000년 同형사7부장 2001년 대구지검 김천지청장 2002년 인천지검 부천지청 차장검사 2003년 대구지검 2차장검사 2004년 인천지검 2차장검사 2005년 同1차장검사 2005년 수원지검 성남지청장 2006년 서울고검 차장검사 2007~2008년 창원지검장 2008년 법무법인 산경 고문변호사 2008년 제18대 국회의원(문경·예천, 한나라당·새누리당) 2008년 한나라당 법률지원단 부단장, 同제1정책조정위원회 부위원장 2010년 同선거관리위원회 위원 2010~2011년 同원내부대표 2010년 同사법제도개선특별위원회 부간사 2011년 同대표최고위원 법률특보 2012~2016년 제19대 국회의원(문경·예천, 새누리당) 2012년 국회 기획재정위원회 위원 2012년 새누리당 법률지원단장 2013~2015년 同인권위원회 위원장 2013~2016년 대한법률구조공단 비상임이사 2014~2015년 새누리당 경북도당 윤리위원회 위원장 2014~2015년 국회 법제사법위원회 위원 2014~2015년 국회 윤리특별위원회 여당 간사 2014~2015년 국회 예산결산특별위원회 위원 2014~2015년 국회 예산결산특별위원회 예산안조정소위원회 위원 2015년 새누리당 경북도당 위원장 2015년 국회 법제사법위원회 여당 간사 겸 법안심사소위원회 제1소위원장 2015년 국회 평창동계올림픽 및 국제경기대회지원특별위원회 위원 2016년 법무법인 위드유 고문변호사(현) 2016년 대아티아이 사외이사(현) ⓢ상홍조근정훈장(2005), 전국청소년선플SNS 기자단 선정 '국회의원 아름다운 말 선플상'(2015) ⓩ저'이한성이 생각하는 라이프'(2011)

이한식(李漢植) Hahn Shik LEE

ⓅP생1957·10·18 ⓒ서울 ㈜서울 마포구 백범로35 서강대학교 경제학부(02-705-8702) ⓗ학서울대 경제학과졸, 미국 캘리포니아대 샌디에이고교 대학원졸 1990년 경제학박사(미국 캘리포니아대 샌디에이고교) ⓒ경1983~1985년 한국경제연구원 연구원, 미국 상무부 조사통계국 객원연구원 1991~1995년 미국 툴레인대 경제학과 조교수 1994~1995년 현대경제연구원 연구위원 1996년 서강대 경제학부 조교수·부교수·교수(현) 2002~2004년 호주 Monash대 계량경제학과 방문교수 2012년 통계청 국가통계위원회 위원(현) 2012년 同경제통계2분과 위원장 2012~2015년 한국은행 경제통계국 자문교수 2014~2016년 서강대 경제학부 학장 겸 경제대학원장 2015년 에너지경제연구원 비상임감사(현) ⓢ상서강경제대상(2012) ⓩ저'계량경제학: 이론과 응용(共)'(2002·2005·2010, 홍문사) '참여정부 주요 경제정책의 시장친화성 평가(共)'(2007, FKI 미디어) '예측방법론(共)'(2009, 한국방송통신대 출판부) '경제통계분석의 원리와 응용(共)'(2012, 에피스테메) '계량경제분석: 이론과 응용(共)'(2012, 무역경영사)

이한오(李漢梧) Lee han oh

ⓅP생1969·1·17 ⓒ전북 익산시 익산대로569 금강방송 ⓗ학1990년 동아대 전자공학과졸 1992년 한국과학기술원(KAIST) 전기전자공학과졸(석사) ⓒ경1996년 LG산전 연구소 주임연구원 1998년 델타정보통신 선임연구원 2002년 시즈넷 이사 2005년 아이큐브·몬도시스템즈 이사 2006년 금강방송㈜ 대표이사(현) 2013년 익산문화재단 이사(현) 2014년 한국케이블TV방송협회 이사(현) 2014년 익산시체육회 부회장(현) 2016년 ㈜금강네트워크 대표이사(현) 2016년 개별SO(종합유선방송사업자)발전연합회 회장(현)

이한우(李漢雨)

ⓅP생1959 ㈜서울 종로구 종로1 교보문고(1544-1900) ⓗ학홍익대 경영학과졸 ⓒ경1986년 교보생명 입사 1994년 교보문고 전산과장 1999년 同인터넷사업팀장 2000년 교보핫트랙스 전산부장 겸 인터넷사업부장 2004년 同강남점장 2004년 교보문고 인터넷사업부장 2007년 同온라인사업본부장 2010년 同유통지원실장 2013년 교보핫트랙스 경영지원실장 2016년 同마케팅본부장 2016년 교보문고 대표이사(현) 2016년 교보핫트랙스 대표이사 겸임(현) ⓢ상올해의 CIO상 IT프런티어부문(2011)

이한주(李漢周) Lee Han Ju

ⓅP생1956·10·16 ⓑ본전주(全州) ⓒ경기 안성 ㈜서울 서초구 서초대로45길9 우송빌딩5층 법무법인 진(02-591-7733) ⓗ학1975년 서울고졸 1980년 서울대 법대졸 ⓒ경1983년 사법시험 합격(25회) 1985년 사법연수원 수료(15기) 1986년 춘천지법 판사 1990년 수원지법 판사 1994년 서울지법 남부지원 판사 1996년 서울지법 판사 1997년 서울고법 판사 1997년 대전지법 공주지원장 2000년 서울지법 판사 2001년 청주지법 부장판사 2003년 서울남부지법 부장판사 2006년 서울중앙지법 부장판사 2008년 광주고법 부장판사 2009년 광주지법 수석부장판사 2009~2013년 서울고법 부장판사 2013~2015년 은세계법률사무소 변호사 2014년 공정거래위원회 비상임위원(현) 2015년 법무법인 진 대표변호사(현)

이한철(李漢喆)

ⓅP생1959·5·2 ⓒ강원 강릉 ㈜경남 진주시 동진로430 중소기업진흥공단 글로벌판로본부(055-751-9000) ⓗ학1979년 강릉고졸 1983년 강릉대 무역학과졸 ⓒ경1983년 중소기업진흥공단 입사 1996년 同강릉지부장 2006년 同경기서부지부장 2009년 同경영품질연수실장 2011년 同경영지원실장 2012년 同경기지역본부장 2014년 同대구지역본부장 2015년 同글로벌판로본부장(상임이사)(현) ⓢ상산업자원부장관표창(1999), 국무총리표창(2008)

이한택(李漢澤) LEE Han Taek

ⓅP생1934·12·5 ⓒ경기 안성 ㈜경기 의정부시 신흥로261 천주교 의정부교구청(031-850-1400) ⓗ학1955년 안성 안법고졸 1965년 미국 세인트루이스대 수학과졸 1967년 同대학원 수학과졸 1972년 同대학원 신학과졸 2002년 명예 인간학박사(미국 세인트루이스대) ⓒ경1959년 예수회 입회 1967~1999년 서강대 수학과 교수 1971년 천주교 사제 수품 1972년 수원말씀의집 원장 1973~1978년 예수회 신학원장 1979년 가톨릭대 신학부 영성지도 사제 1982~1985·1997~1998년 서강대 이사장 1998년 영성연구소 소장 1999~2002년 서강대 총장 2001년 천주교 서울대교구 보좌주교 2002년 同서울대교구 주교 2003년 학교법인 가톨릭학원 이사장 2004~2010년 천주교 의정부교구장 2005년 한국천주교주교회의 전례위원회 위원장 2010년 천주교 의정부교구 은퇴사제(주교)(현) 2014년 새로운한국을위한국민운동 상임대표 ⓒ종천주교

이한형(李翰炯) Lee, Han Hyung

ⓅP생1970·7·19 ⓑ본경주(慶州) ⓒ충남 태안 ㈜세종특별자치시 다솜로261 국무조정실 인사과(044-200-2239) ⓗ학1988년 충남고졸 1995년 한양대 법학과졸 2010년 미국 인디애나대 대학원 법학과졸 ⓒ경1999년 서울시 행정사무관 2004년 행정자치부 행정사무관 2007년 同지방조직발전팀 서기관 2007년 국무조정실 관리대상업무과장 2008년 국무총리실 정책분석평가실 특정평가과장 2010년 同정책분석평가실 공공평가관리과장 2010년 同정책분석평가실 정책평가1과장 2012년 同교통해양정책과장 2013년 국무조정실 경제조정실 교통해양정책과장 2015년 미국 조지아대 칼빈슨연구소 파견(현)

이함준(李咸寯) Lee Hamjoon

[생]1953·10·23 [본]전주(全州) [출]서울 [주]서울 서초구 반포대로3길41, 501호 (사)라메르에릴(02-522-7278) [학]1980년 고려대 법학과졸 1980년 영국 런던대 수학 1986년 고려대 대학원졸 1996년 법학박사(고려대) [경]1977년 외무고시 합격(11회) 1978년 외무부 입부 1981년 駐토론토 영사 1986년 駐인도네시아 1등서기관 1989년 駐핀란드 참사관 1992년 외무부 국제기구과장 1994년 同국제연합경제과장 1994년 駐영국 참사관 1997년 영국 국제전략연구소 파견 1999년 외교안보연구원 연구관 2001년 駐필리핀 공사 2003년 외교안보연구원 연구관 2004년 駐탄자니아 대사 2006년 외교통상부 본부대사 2007년 미국 컬럼비아대 방문교수 2008~2010년 외교안보연구원 원장(차관급) 2011~2014년 국립외교원 명예교수 2011~2012년 고려대 법과대학 겸임교수 2012~2015년 同공공행정학부 객원교수 2013년 (사)라메르에릴 이사장(현) 2016년 고려대 정책대학원 초빙교수(현) [상]대통령표창(2006), 황조근정훈장(2010) [저]'글로벌 코리아, 글로벌 외교'(2010) '조약의 국가승계'(2012) '독도 오감도'(2015·2016) [종]기독교

이항로(李杭魯) LEE Hang Ro

[생]1957·2·27 [출]전북 진안 [주]전북 진안군 진안읍 중앙로67 진안군청 군수실(063-433-2286) [학]진안고졸, 한국방송통신대 행정학과졸 [경]1975년 진안군농촌지도소 임용 2004년 진안군 주천면장 2005년 同진안읍장 2007년 同부귀면장 2010년 同진안읍장 2012년 同민원봉사과장 2014년 전북 진안군수(무소속)(현) [상]전라북도 인물대상 지자체 최우수경영대상(2015), 대한민국 창조경제대상 친환경경영부문 대상(2015·2016)

이항복(李恒馥) LEE HANG BOK

[생]1957·7·9 [본]한산(韓山) [출]충북 청주 [주]충북 청주시 상당구 용암북로138번길30의2 정화빌딩2층 한국시사저널(043-217-7799) [학]건국대 국어국문학과졸 [경]1987년 충청일보 신춘문예 소설 당선 1994년 계간 '문단'에 소설부문 신인상 수상으로 문단 등단, 충청매일 편집부국장, 국도일보·중도일보 편집국장, 한국소설가협회 회원(현) 2007~2015년 월간 한국시사저널 발행인 겸 대표 2008~2012년 (주)한국뉴스 대표이사 2015년 월간 한국시사저널 발행인 겸 회장(현) 2015년 데일리충청 회장(현) [저]장편소설 '사랑의 조건'(2003) 백서 '천도무심'(2008) 소설집 '배냇소'(2010) 소설집 '붉은 오솔길'(2016)

이항수(李恒洙) LEE Hang Soo

[생]1961·9·30 [출]경기 안양 [주]서울 종로구 종로26 SK이노베이션(주) 홍보실(02-2121-5114) [학]1980년 수성고졸 1988년 인하대 무기재료공학과졸 [경]1987년 SK케미칼 근무 1998년 SK텔레콤(주) 홍보실 근무 2002년 同홍보팀장 2005년 同홍보1팀장(상무) 2007년 同기업문화실장 보좌(상무) 2008년 同홍보실 홍보1그룹장(상무) 2010년 同홍보실장 2013년 SK그룹 SUPEX(Super Excellent)추구협의회 커뮤니케이션위원회 PR담당 전무, 한국PR협회 운영이사 2014년 SK이노베이션(주) 홍보실장(전무급)(현)

이항재(李恒宰) LEE Hang Jae

[생]1949·10·23 [출]경북 [주]충남 아산시 신창면 순천향로22 순천향대학교 유아교육과(041-530-1142) [학]1976년 중앙대 교육학과졸 1983년 同대학원 교육학과졸 1989년 교육학박사(중앙대) [경]순천향대 아동학과 교수, 同유아교육과 교수 1988~1990년 문교부 중앙교육심의회 심의위원 1990~1993년 순천향대 아동학과장 1992~1993년 同학생생활연구소장 1992~1993년 전국학생생활연구소장협의회 감사 2005년 순천향대 건강과학대학원장 2009년 同대외협력부처장 2014년 同특임부총장(현) 2014~2015년 同건강과학대학원장 및 건강과학CEO과정 원장 겸임 2015년 同유아교육과 명예교수(현) 2016년 同건강과학대학원 건강과학CEO과정 원장(현)

이해구(李海龜) LEE Hae Koo

[생]1937·9·10 [본]전주(全州) [출]경기 안성 [주]서울 영등포구 국회대로70길18 한양빌딩 새누리당(02-3786-3000) [학]1957년 군산고졸 1961년 고려대 법대졸 [경]1961년 고시행정과 합격 1973년 치안본부 특수수사대장 1977년 경기도 경찰국장 1980년 경찰종합학교 교장 1982년 서울시 경찰국장 1983년 同치안본부장 1984년 경기도지사 1986년 국가안전기획부 제1차장 1988년 제13대 국회의원(안성, 무소속·민정당·민자당) 1988년 민정당 경기 안성지구당 위원장 1988년 경기도민회 부회장 1992년 제14대 국회의원(안성, 민자당·신한국당) 1992년 민자당 제1사무부총장 1993년 내무부 장관 1996년 제15대 국회의원(안성, 신한국당·한나라당) 1997년 신한국당 정책위원회 의장 1997년 한나라당 정책위원회 의장 1998년 국회 농어민 및 도시영세민대책특별위원회 위원장 2000년 한나라당 경기안성지구당 위원장 2002~2004년 제16대 국회의원(안성 보궐선거, 한나라당) 2003년 한나라당 상임운영위원·지도위원 2005년 同상임고문 2006~2009년 두원공과대학 학장 2012년 새누리당 상임고문(현) [상]녹조근정훈장(1972), 대만경찰훈장(1983), 황조근정훈장(1983), 대통령표창

이해동(李海東) LEE Hae Dong

[생]1934·10·5 [본]전주(全州) [출]전남 목포 [주]서울 종로구 우정국로42 평화박물관건립추진위원회(02-735-5811) [학]1955년 목포고졸 1962년 한국신학대 신학과졸 1984년 영국 버밍엄셀리옥칼리지 수학 [경]1964년 인천교회 담임목사 1970~1984년 한빛교회 담임목사 1976년 3.1민주구국선언 사건으로 1년간 투옥 1980년 김대중 내란음모사건으로 투옥 1982년 한국기독교교회협의회(KNCC) 인권위원회 후원회장 1988~1996년 수도교회 담임목사 1994~2002년 한국기독교교회협의회(KNCC) 인권위원 1995~1999년 학교법인 한신학원(한신대) 이사 1997~2002년 한우리교회 담임목사 1998~2001년 삼성사회봉사단 부단장 1998~2005년 (사)녹색교통운동 이사 1998~2010년 민족민주열사유가족협의회 후원회장 1998~2009년 한국교회인권목회자동지회 회장 1999~2001년 학교법인 서원학원(서원대학교) 이사장 1999~2007년 인권과평화를위한국제민주연대 공동대표 1999년 베트남진실위원회 공동대표 2000~2005년 한국전쟁전후민간인학살진상규명과명예회복을위한범국민위원회 상임공동대표 2001년 민주공원추진위원회 위원장 2001~2005년 민주화운동기념사업회 부회장 2001~2005년 학교법인 덕성학원(덕성여대) 이사장 2002년 (재)아름다운가게 이사 2002년 평화박물관건립추진위원회 상임대표 겸 이사장(현) 2004~2008년 (재)아름다운가게 이사장 2005~2007년 국방부 과거사진상규명위원장 2006~2008년 대통령소속 군의문사진상규명위원회 위원장 2008년 인권과평화를위한국제민주연대 고문(현) 2009년 (재)청암언론문화재단 이사장(현) 2010년 (사)행동하는양심 이사장(현) 2012년 민주통합당 제18대 대통령중앙선거대책위원회 고문 [상]정일형·이태영자유민주상 민주통일부문(2014) [저]'꺾이지 않는 희망으로' '평화를 만드는 사람들' [종]기독교

이해동(李海東) Lee Hae Dong (月軒)

[생]1954·7·1 [본]고성(固城) [출]부산 서구 [주]부산 연제구 중앙로1001 부산광역시의회(051-888-8131) [학]해동고졸, 경상대 관광경영학과졸, 동아대 대학원 국제법무학과졸, 同대학원 국제법무학 박사과정 수료 [경]동아대 총동창회 부회장(현), 부산시청소년동아리연맹 부회장, 민주평통 부산시 연제구 자문위원, 한나라당 부산시당 부대변인 1995년 부산시 연제구의회 의원 2000년 대한민국팔각회 연제구회장 2001년 부산시 연제구장애자협회 후원회장, 부산시장애인역도연맹 부회장(현) 2002·2006·2010년 부산시의회 의원(한나라당·무소속·새누리당) 2004년 한나라당 부산연제지구당 부위원장 2004년 同부산시당 수석부대변인 2007년 부산시의회 예산결산특별위원장 2008년 同건설교통위원장 2009~2010년 광안서호병원 행정원장 2011년 부산시의회 지방분권특별위원장 2012년 同부의장 2014년 부산시의회 의원(새누리당)(현) 2014~2016년 同의장 2016년 同경제문화위원회 위원(현)

이해방(李海邦) LEE Hai Bang

[생]1941·12·24 [출]서울 [주]경기 수원시 영통구 월드컵로206 아주대학교 대학원 분자과학기술학과(031-219-1593) [학]1960년 대동상고졸 1964년 동국대 화학과졸 1966년 同대학원 물리화학과졸 1974년 재료공학박사(미국 Utah대) [경]1965년 가톨릭의대 의예과 조교 1974년 미국 노스캐롤라이나대 치과연구소 선임연구원 1976년 미국 Milton Roy Co. 책임연구원 1979~1983년 미국 Lord Corp. 책임연구원 1983년 미국 Kendall Co. 책임연구원 1984~2001년 한국화학연구소 화학소재단 책임연구원 1989년 同고분자화학연구부장 겸 제3연구실장 1991년 인슐린피부투여법 개발 1992년 한국화학연구소 화학소재연구부장 겸 생체고분자연구실장 1993년 同선임연구부장 1994년 한국과학기술한림원 정회원 1999년 同종신회원(현) 2000~2004년 한국조직공학회 회장 2001~2002년 한국화학연구원 책임연구원 2002년 同신약연구종합지원센터 생체분자전달제어연구팀 석좌위촉연구원 2003~2008년 세계조직공학회 아시아지역 회장 2005년 세계조직공학재생의학회 부회장 2007년 한국화학연구원 나노바이오융합연구센터 책임연구원 2008~2009년 同나노바이오융합연구센터 전문연구위원 2009년 아주대 공과대학원 분자과학기술학과 연구교수(현) [상]국민포장(1989), 대한민국 과학기술상 과학상(1994) [종]천주교

이해선(李海善) LEE Hae Sun

(생)1955 · 6 · 18 (본)전주(全州) (출)서울 (주)서울 중구 서소문로88 중앙일보빌딩 코웨이 비서실(02-2172-1282) (학)1974년 중앙대사대부고졸, 중앙대 경제학과졸, 성균관대 대학원 국제경영이론 석사 1984년 대만 대만국립정치대 국제경영대학원 국제마케팅학과졸, 미국 하버드대 경영대학원 최고경영자과정(executive MBA) 수료 (경)제일제당(주) 마케팅실 부장, (주)빙그레 마케팅실장(상무) 1998년 (주)태평양 상무이사 2000년 同마케팅부문 전무이사 2004년 同마케팅부문 부사장(CMO) 2006~2008년 아모레퍼시픽 마케팅부문 부사장(CMO) 2008년 CJ홈쇼핑 경영총괄 부사장 2009년 同대표이사 부사장 2010년 CJ오쇼핑 대표이사 2013~2014년 同공동대표이사 총괄부사장 2014년 CJ제일제당(주) 공동대표이사 겸 식품사업부문장 2015~2016년 CJ씨푸드(주) 각자대표이사 2016년 코웨이 대표이사 내정(현) (상)요플레인터내셔널크리에이티브 마케팅상(1997), 2011올해의CEO 성장기업비제조업부문 대상(2011), 자랑스러운 중경인상(2013) (저)'한국마케팅이야기'(共) '감성마케팅' (종)기독교

이해선(李海瑄) LEE Hae Sun

(생)1960 · 3 · 20 (출)경북 예천 (주)서울 영등포구 여의나루로76 한국거래소 시장감시위원회(02-3774-9001) (학)1979년 대구 대륜고졸 1983년 고려대 행정학과졸 1986년 서울대 행정대학원 행정학과졸 1995년 일본 사이타마대 정책과학대학원졸 (경)1986년 행정고시 합격(29회) 2001년 금융감독위원회 기업구조조정팀장 2001년 同공보담당관 2001년 同감독정책1국 시장조사과장 2003년 同과장(호주증권거래소 연수) 2005년 同감독정책2국 보험감독과장 2006년 同비은행감독과장 2006년 同기획행정실 혁신행정과장(서기관) 2007년 同기획행정실 혁신행정과장(부이사관) 2007년 同은행감독과장 2008년 금융위원회 금융서비스국 은행과장 2009년 교육파견(고위공무원) 2009년 금융위원회 기업재무개선지원단 국장 2012년 同중소서민금융정책관 2014~2015년 금융정보분석원(FIU) 원장 2015년 한국거래소 시장감시위원회 위원장(상임이사)(현)

이해숙(李解淑 · 女) LEE Hae Suk

(생)1965 · 1 · 10 (본)인천(仁川) (출)충북 보은 (주)전북 전주시 완산구 효자로225 전라북도의회(063-280-4503) (학)전북대 대학원 박사과정 수료 (경)호원대 사회복지학과 겸임교수(현), 민주당 전북도당 대변인, 전북노인복지연구원 연구소장(현) 2014년 전북도의회 의원(새정치민주연합 · 더불어민주당)(현) 2014~2015년 同예산결산특별위원회 위원 2014년 同교육위원회 위원 2015~2016년 同윤리특별위원회 부위원장 2016년 同교육위원회 부위원장(현) 2016년 同운영위원회 위원(현) (상)우수의정대상(2015) (종)기독교

이해식(李海植) LEE Hae Sik

(생)1963 · 11 · 13 (본)광주(廣州) (출)전남 보성 (주)서울 강동구 성내로25 강동구청 구청장실(02-3425-7000) (학)1982년 마산고졸 1990년 서강대 철학과졸 2000년 同공공정책대학원졸 2006년 서울시립대 대학원 도시행정학 박사과정 수료 (경)1985년 서강대 총학생회장 1985년 전국학생총연합 사무국장 1985년 미국문화원 점거사건 배후조정혐의로 구속 1992년 이부영 국회의원 보좌관 1993년 민주당 서울강동甲지구당 총무부장 1995년 同중앙위원 1995년 서울 강동구의회 의원 1998 · 2002~2004년 서울시의회 의원(한나라당 · 열린우리당) 2002년 한나라당 서울강동甲지구당 부위원장 2002~2003년 서울시의회 환경수자원위원장 2008~2010년 서울시 강동구청장(재보선 당선, 통합민주당 · 민주당) 2010년 서울시 강동구청장(민주당 · 민주통합당 · 민주당 · 새정치민주연합) 2014년 서울시 강동구청장(새정치민주연합 · 더불어민주당)(현) 2015년 자치분권민주지도자회의(KDLC) 상임공동대표(현) 2015년 마을만들기지방정부협의회 공동회장(현) 2016년 더불어민주당 기초단체장협의회 회장(현) (상)다산목민대상 본상(2013), 대한민국창조경영인대상 지방자치단체장부문 대상(2014), 매니페스토 약속대상 지방선거부문 지방선거공약분야 최우수상(2014) (저)'걷고 읽고 생각하다'(2014, 삶과지식)

이해영(李海英 · 女) RIEH Hae Young

(생)1959 · 7 · 18 (본)전의(全義) (출)경남 진해 (주)서울 서대문구 거북골로34 명지대학교 기록정보과학전문대학원(02-300-0889) (학)1978년 창덕여고졸 1982년 이화여대 시청각교육학과졸 1985년 同교육대학원 사서교육전공졸 1987년 미국 Simmons Coll. 대학원 문헌정보학과졸 1991년 문학박사(미국 Simmons Coll.) (경)1982~1984년 한국전력기술(주) 사서 1991~1993년 미

국 Electronic Frontier재단 자료실장 1993년 미국 Kapor Enterprises Inc. 자료실장 1994~1996년 서울여대 · 덕성여대 · 상명대 강사 1996년 명지대 조교수 1998년 同사회교육원 주임교수 2000년 同교양학부 부교수 2005년 同방목기초교육대학 교수 2005년 同자연캠퍼스교수협의회 총무 2007년 同기록정보과학전문대학원 교수(현) 2007~2009년 同대학사료실장 2007~2008 · 2013~2014년 한국기록관리학회 섭외이사 2009~2010년 同출판이사 · 편집위원 2010~2012년 명지대 방목기초교육대학 학장보 2010년 국무총리소속 국가기록관리위원회 위원(현) 2010년 대통령기록관리전문위원회 위원(현) 2011~2012년 한국기록관리학회 총무이사 2013년 명지대 사회교육대학원장(현) 2015년 한국기록관리학회 부회장(현) (저)'Statistics for Library Decision Making'(共)(1989) '인터넷과 홈페이지제작'(共)(2003) '인터넷의 이해와 나모 2006을 활용한 웹 사이트 구축'(共)(2006) '기록관리론 : 증거와 기억의 과학'(共)(2010) '기록조직론'(2013) (종)가톨릭

이해영(李海塋) LEE Hae Young

(생)1971 · 6 · 1 (출)서울 (주)서울 강남구 학동로105 제이빌딩4층 (주)대림비앤코 임원실(02-3429-1400) (학)경기고졸, 서강대 경영학과졸, 미국 미시간대 경영전문대학원 경영학과졸(MBA) (경)삼성증권 기업금융팀 근무, 同M&A팀 근무, Investor Asia Limited 홍콩 차장, 대림요업 이사, 인트로메딕 상무이사 2008년 (주)대림비앤코 부사장 2010년 同사장 2015년 同부회장(현)

이해운(李海雲) LEE Hae Woon

(생)1956 · 12 · 13 (본)전주(全州) (출)서울 (주)경기 과천시 코오롱로13 코오롱타워8층 코오롱패션머티리얼(02-3677-3745) (학)1976년 경북대사대부고졸, 경북대 화학과졸, 同대학원 화학과졸 1992년 분석화학박사(경북대) (경)(주)코오롱 구미공장 수지생산팀장 · 경산공장장, 同김천공장장(상무보), 同김천공장장 겸 필름PC장(상무) 2009년 同김천공장장 겸 필름PC장(전무) 2012~2013년 同구미공장장(전무) 2012~2013년 구미상공회의소 부회장 2013년 코오롱인더스트리 환경안전기술본부장 2013년 코오롱패션머티리얼 대표이사(현)

이해원(李海元) HAIWON LEE

(생)1954 · 7 · 7 (출)서울 (주)서울 성동구 왕십리로222 한양대학교 자연과학대학 화학과(02-2220-0945) (학)1972년 배재고졸 1979년 서강대 화학과졸 1985년 이학박사(미국 휴스턴대) (경)1986년 미국 Univ. of Texas at Austin 화학과 선임연구원 1988~1993년 한국화학연구소 화학소재연구부 책임연구원 1989~1992년 서강대 · 충남대 · 고려대 강사 1993년 한양대 화학과 부교수 1996년 일본 이화학연구소 연구원 1998년 한양대 자연과학대학 화학과 교수(현) 1999년 독일 막스플랑크고분자연구소 방문교수 2000~2001년 한국과학재단 화학 · 화공재료전문분과 위원 2000년 일본 이화학연구소 Frontier Research System 연구지도위원 2001년 과학기술부 국가나노기술 종합발전기획위원 2002년 미국 Pennsylvania State Univ. 방문교수 2002년 한양대 미세반도체공학과 겸임교수 2003년 同NT사업단장 2004~2012년 同나노과학기술연구소장 2005년 同이화학연구소유치위원회 실무단장 2006~2008년 同학술연구처장 2006 · 2008년 同산학협력단장 2006년 아시아연구네트워크사업단 단장(현) 2008~2010년 한양대 자연과학대학장 2008~2010년 同융합기술사업단장 2008~2010년 한국석유관리원 비상임이사 2009~2012년 한양대 Honors Program 2011~2014년 나노기술연구협의회 이사 겸 부회장 2011년 한국공학한림원 기술경영정책분과 일반회원(현) 2011년 파크시스템즈(주) 비상임이사 2012년 (사)아시아네트워크 코리아 회장(현) 2013~2014년 한국장학재단 한국인재멘토링네트워크 멘토 2014~2016년 (사)나노기술연구협의회 회장 (상)한양대 자연과학부문 최우수교수상(2001 · 2007), 한양대 자연과학부문 백남학술상(2004), 나노코리아조직위원회 공로상(2005 · 2010), 한양대 HYU 석학교수상(2008), 과학기술훈장 도약장(2016) (저)'Novel Methods to Study Interfacial Layers' 'Encyclopedia of Nanoscience and Nanotechnology' (종)천주교

이해인(李海仁 · 女) LEE Hae In

(생)1945 · 6 · 7 (본)전주(全州) (출)강원 양구 (주)부산 수영구 수영로497번길20 성베네딕도 수녀원(051-753-1131) (학)1964년 성의고졸 1975년 필리핀 세인트루이스대 영문학과졸 1985년 서강대 대학원 종교학과졸 (경)1964년 부산 성베네딕도수녀회 입회 1968년 수녀로 서원 1968년 한국천주교중앙협의회 근무 1970년 「소년」지에 詩 '하늘' · '아침' 추천, 시인(현) 1976년 종신서

원 · 부산 초량성분도병원 근무 1978~1982년 부산 성베네딕도수녀원 수련소 강사 1985년 同홍보자료실 담당 1992년 수녀회 총비서 1997~2002년 부산가톨릭대 · 신라대 강사 1997년 부산신학대 교양강좌 강사 1997년 가톨릭대 인문계열 국어국문학과 겸임교수 1997년 同성심교정 국어국문학과 겸임교수 1998년 신라대 겸임교수 2000년 가톨릭대 지산교정 국어국문학과 겸임교수 [상]새싹문학상(1981), 여성동아대상(1985), 부산여성문학상(1998), 자랑스런 서강인상(2001), 울림대상 가곡작시상(2004), 천상병시문학상(2007) [저]시집 '민들레의 영토'(1976) '오늘은 내가 반달로 떠도'(1983) '시간의 얼굴'(1989) '사계절의 기도'(1993) '외딴 마을의 빈집이 되고 싶다'(1999) '다른 옷은 입을 수가 없네'(1999) '꽃은 흩어지고 그리움은 모이고' '향기로 말을 거는 꽃처럼' '기쁨이 열리는 창' '내혼에 불을 놓아' '엄마'(2008) '작은 위로'(2010, 열림원) '희망은 깨어 있네'(2010) '나를 키우는 말'(2013, 시인생각) '다른 옷은 입을 수가 없네'(2014, 열림원) '서로 사랑하면 언제라도 봄'(2015, 열림원) 산문집 '두레박'(1986) '꽃삽'(1994) '사랑할 땐 별이 되고'(1997) '꽃이 지고 나면 잎이 보이듯이'(2011) '교황님의 트위터'(2014, 분도출판사) 동시집 '엄마와 분꽃' 영문시선집 '다시 바다에서'(1998) '여행길에서'(2000) '밭의 노래'(2014, 샘터) 동화 '누구라도 문구점'(2014, 현북스) 시 · 산문집 '필 때도 질 때도 동백꽃처럼'(2014, 마음산책) [역]'따뜻한 손길' '모든 것은 기도에서 시작됩니다'(1999) '마더데레사의 아름다운 선물'(2001) '영혼의 정원'(2003) '우리는 아무도 혼자가 아닙니다'(2003) '성자와 샘물' '마지막 선물'(2003) '마음속의 샘물'(2004) '마법의 유리구슬'(2005) '우리가족 최고의 식사'(2008, 샘터) [종]천주교

이해재(李海載) YEE Hae Jae

[생]1936 · 2 · 2 [출]경기 이천 [주]서울 서초구 서초중앙로 63 리더스빌딩1102호 경기도민회(02-2055-2320) [학]1956년 배재고졸 1960년 성균관대 법학과졸 1962년 서울대 행정대학원졸 [경]1961년 내무부 입부 1983년 부천시장 1986년 경기도 기획관리실장 1986년 성남시장 1989년 내무부 감사관 1991년 同민방위국장 1992년 인천시 부시장 1993년 경기도 부지사 1994년 한국지방자치단체국제교류재단 상임이사 1995년 경기도지사 1995년 21세기한 · 중포럼 수석부회장 1996년 신한국당 국책자문위원 1996~2000년 한국재난연구원 원장 2000년 경기도 '2002년 월드컵수원경기추진위원회' 집행위원장, 경기도민회 상임부회장 2009년 同회장(현) [상]녹조근정훈장(1977), 홍조근정훈장(1989), 황조근정훈장(1995), 내무부장관표창 [종]기독교

이해종(李海鍾) LEE Hae Jong

[생]1957 · 1 · 17 [출]전북 무주 [주]강원 원주시 흥업면 연세대길1 연세대학교 보건행정학과(033-760-2416) [학]1981년 연세대 경영학과졸 1984년 同대학원 경영학과졸 1990년 경영학박사(연세대) [경]1988~1999년 연세대 의대 예방의학교실 연구강사 · 조교수 · 부교수 1989년 同보건정책 및 병원관리연구소 병원행정부 책임연구원 1989~1991년 同인구 및 보건개발연구원 책임연구원 1992~1993년 원주기독병원 자문교수 1997~1999년 성빈센트병원 경영자문교수 1998~2000년 미국 듀크대 공동연구위원 1999년 연세대 보건과학대학 보건행정학과장 1999년 同원주캠퍼스 보건과학대학 보건행정학과 교수(현) 2000~2002년 同보건과학대학 교학부장 2002년 원주YMCA 이사 2003년 연세대 병원경영연구소장 2006년 同의료복지연구소장(현) 2008~2009년 한국병원경영학회 회장 2008년 연세대 원주캠퍼스 기획처장 2014년 한국보건행정학회 부회장 2015년 同회장 2016년 연세대 원주캠퍼스 보건과학대학장 겸 보건환경대학원장(현) [저]'병원경영학원론'

이해진(李海珍) LEE Hae Jin

[생]1967 · 6 · 22 [출]서울 [주]경기 성남시 분당구 불정로 6 네이버(주) 임원실(031-784-2410) [학]1986년 상문고졸 1990년 서울대 컴퓨터공학과졸 1992년 한국과학기술원(KAIST) 전산학과졸(석사) [경]국가정보기관정보검색시스템 개발담당, 유니텔 정보검색시스템 개발담당, 삼성데이타시스템 정보기술연구소 선임연구원 1992년 삼성SDS 소사장 1999년 네이버컴 설립 · 대표이사 사장 2001년 NHN(주) 공동대표이사 사장 2004~2013년 同이사회 의장(CSO), NHN JAPAN 비상근이사(현) 2012년 라인(주) 회장(현) 2013년 네이버(주) 이사회 의장(현) [상]포브스코리아 선정 올해의CEO(2004), 세계경제포럼(WEF) 선정 차세대지도자(2007), 포춘(Fortune)지 선정 '아시아에서 가장 주목받는 기업인 25명'(2012), 한국통신학회 정보통신대상(2014)

이해찬(李海瓚) LEE Hae Chan

[생]1952 · 7 · 10 [본]전주(全州) [출]충남 청양 [주]서울 영등포구 의사당대로1 국회 의원회관1001호(02-784-7901) [학]1971년 용산고졸 1986년 서울대 사회과학대학 사회학과졸 [경]1974~1975년 민청학련사건으로 투옥 1978년 돌베개출판사 대표 1979년 광장서적 대표 1980년 서울대복학생협의회 대표 1980~1982년 김대중 내란음모사건으로 투옥 1983년 민주화운동청년연합 상임위원회 부위원장 1984년 민주통일국민회의 발기인 · 정책실 차장 1985년 민주통일민중운동연합 정책실 차장 · 총무국장 · 부대변인 1987년 민주쟁취국민운동본부 집행위원 · 한겨레신문 창간발기인 1988년 민주평화통일연구회 상임이사 · 연구소장 1988년 제13대 국회의원(서울 관악구乙, 평민당 · 신민당 · 무소속) 1988년 평민당 원내부총무 1991년 신민당 정책위원회 부위원장 1992~1995년 제14대 국회의원(서울 관악구乙, 민주당) 1992년 민주당 당무기획실장 1993년 同환경특별위원회 위원장 1995년 서울시 정무부시장 1996년 국민회의 총선기획단장 1996년 제15대 국회의원(서울 관악구乙, 국민회의 · 새천년민주당) 1996년 국민회의 정책위원회 의장 1996~2000년 국회 CPE 부회장 1997년 국민회의 당무위원회 부의장 1998~1999년 교육부장관 2000~2004년 제16대 국회의원(서울 관악구乙, 새천년민주당 · 열린우리당) 2000 · 2001년 새천년민주당 정책위원회 의장 2000년 同최고위원 2002년 同서울시지부장 2002년 同중앙선거대책위원회 기획본부장 2003년 열린우리당 창당기획단장 2004년 同외부인사영입추진위원장 2004~2008년 제17대 국회의원(서울 관악구乙, 열린우리당 · 대통합민주신당 · 무소속) 2004~2006년 국무총리 2005년 광복60년기념사업추진위원회 공동위원장 2005년 행정중심복합도시건설추진위원회 공동위원장 2006~2007년 대통령 정무특보 2006년 열린우리당 상임고문 2007년 同동북아평화위원장 2007년 대통합민주신당 제17대 대통령중앙선거대책위원회 공동선거대책위원장 2008년 더좋은민주주의연구소 고문 2008년 (재)광장 이사장(현) 2009~2014년 사람사는세상 노무현재단 이사 2009년 시민주권 상임대표(현) 2011년 민주통합당 상임고문 2012년 제19대 국회의원(세종특별자치시, 민주통합당 · 민주당 · 새정치민주연합 · 더불어민주당 · 무소속) 2012년 민주통합당 대표최고위원 2013년 국회 안전행정위원회 위원 2013년 민주당 상임고문 2014년 사람사는세상 노무현재단 이사장(현) 2014년 새정치민주연합 상임고문 2014년 국회 외교통일위원회 위원 2015년 새정치민주연합 세종특별자치시당 위원장 2015~2016년 더불어민주당 상임고문 2016년 제20대 국회의원(세종특별자치시, 무소속 · 더불어민주당)(현) 2016년 국회 국토교통위원회 위원(현) 2016년 국회 평창동계올림픽 및 국제경기대회지원특별위원회 위원(현) 2016년 더불어민주당 세종특별자치시당 위원장(현) 2016년 同외교안보통일국정자문회의 의장(현) [상]환경기자클럽 주관 올해의 환경인상, 환경운동연합 제1회 녹색정치인상, 황조근정훈장, 청조근정훈장 [저]'민주와 통일의 길목에서' '광주민주항쟁' '청양 이 면장 댁 셋째 아들' '문제는 리더다'(共) '광장에서 길을 묻다'(共) [역]'세계환경정치' '사회학적 상상력' '정의와 평화의 사도 돔 헬더 까마라'

이해학(李海學) LEE Hae Hak (해불개)

[생]1945 · 3 · 5 [본]전주(全州) [출]전북 순창 [주]서울 서대문구 경기대로55 한국기독교장로회총외교육원 생명의집1층 한국기독교장로회 선교교육원(02-362-0817) [학]1963년 광주공고졸 1965년 순복음신학교 수료 1975년 한신대 신학과졸 2002년 同대학원졸 [경]1973~2012년 성남주민교회 담임목사 1974년 긴급조치 위반으로 구속 1976년 3.1명동사건으로 투옥 1980~2014년 한국기독교장로회 성남주민교회 담임목사 1986~1990년 성남지역민주회연합 상임의장 1990년 전민련 조국통일위원장 1994년 성남외국인노동자의 집 설립 · 초대이사장 1994년 자주평화통일민족회의 집행위원장 1995년 同상임의장 1998~2001년 겨레사랑북녘동포돕기운동 공동의장 1998년 민주개혁국민연합 공동의장 2000년 민족화해협력범국민협의회(민화협) 공동대표 2000~2003년 제2의건국범국민추진위원회 기획위원 및 운영위원 2000~2003년 지도자육성장학재단 이사 2000~2004년 한국기독교장로회 평화공동체 상임대표 2002년 (재)지구촌사랑나눔 대표 2003년 민주평통 직능운영위원 2003~2005년 한신학원 이사 및 대학원 운영위원장 2004년 6.15공동선언 남측위원회 공동대표 2004~2005년 국가인권위원회 비상임위원 2005~2010년 비전아시아 미션 이사장 2006년 민족문제연구소 이사 2006~2011년 야스쿠니반대공동행동 공동상임대표 2007~2010년 민주화운동기념사업회 부이사장 2008년 6월민주항쟁계승사업회 대표이사장 2009년 강제병합백년한일실행위원회 상임대표 2009년 성남외국인노동자의집 중국동포교회 대표 2009년 한국기독교교회협의회 정의평화위원장, (사)한민족평화모임선교회 이사장 2011년 한국기독교교회협의회 평화함께2013위원회 위원장 2013년 장준하특별법제정시민운동 상임공동대표(현) 2014년 성남주민교회 원로목사(현) [상]성남기독교교회협의회 평화인권상(1991), 한국기독교교회협의회 인권상(2000), 한국인권문제연구소 인권상(2001), 행정자치부 민주화운동관련자증(2006), (사)지구촌사랑나눔 다문화

인권상(2008), 마틴루터 킹 퍼레이드 인터내셔널 그랜드 마셜 선정(2012), 제21회 한신상(2014) [종]기독교

이 행(李 行) LEE Heng

[생]1956·1·15 [주]경남 김해시 인제로197 인제대학교 사회과학대학 정치외교학과(055-320-3443) [학]1980년 연세대 정치외교학과졸 1983년 미국 Univ. of Southern California 대학원 정치학과졸 1989년 정치학박사(미국 Univ. of Southern California) [경]1988년 연세대 강사 1991년 미국 캘리포니아주립대 방문교수 1992년 연세대 강사 1995년 인제대 정치외교학과 교수(현) 2004년 同부총장, 경남정치학회 회장, 미국 하와이대 Visiting Scholar, 미국 캘리포니아대 샌디에이고교 Visiting Scholar, 한국정치학회 이사, 아·태평화재단 자문교수 2016년 인제대 교학부총장(현)

이행기(李幸淇) LEE HAENG GEE

[생]1949·1·23 [주]경기 구리시 장자대로86번길18 구리도시공사 사장실(031-550-3707) [학]1967년 조선대부속고졸 1972년 중앙대 건축공학과졸 [경]1976~2004년 현대건설 사우디·바레인·이라크 등 해외현장 근무 및 현장소장(부장) 2005~2008년 우림건설 카자흐스탄 해외현장 근무 및 법인장(전무) 2008~2011년 현대차그룹(AMCO) 건축사업본부장(전무) 2015년 구리도시공사 사장(현)

이행명(李行明) Hang-Myung Lee

[생]1949 [주]서울 서초구 반포대로95 명인제약(주) 비서실(02-587-9060) [학]서강대졸 [경]명인제약(주) 대표이사 사장 2007년 한국제약협회 부이사장 겸 홍보위원장 2007년 (사)한국고혈압관리협회 부회장 2009년 한국제약협회 부회장 2010년 同홍보위원장 2011년 명인제약(주) 대표이사 회장(현) 2011~2014년 한국희귀의약품센터 비상임이사 2012~2016년 한국제약협회 부이사장 2013~2016년 한국마약퇴치운동본부 이사 2016년 한국제약협회 이사장(현) [상]노동부장관표창(1999), 보건복지부장관표창(2000), 국세청장표창(2001), 동탑산업훈장(2002), 중부지방국세청장표창(2005), 서울시장표창(2007), 한국제약협회장 감사패(2011)

이행자(李行子·女) Lee Heang Ja

[생]1972·10·26 [본]함평(咸平) [출]서울 관악구 [주]서울 마포구 마포대로38 국민의당(02-715-2000) [학]미림여고졸, 중앙대 문학과졸 2009년 이화여대 대학원 정책과학대학원 정책학과졸 [경]제5대 서울시 관악구의회 의원, 민주당 서울시당 여성위원회 부위원장, 同중앙당 청년위원회 부위원장, 서울시 교통문화상심사위원장 2010년 서울시의회 의원(민주당·민주통합당·민주당·새정치민주연합) 2010년 同교통위원회 위원 2010년 同정책연구위원회 위원 2010년 同음식물쓰레기자원선순환종합대책지원특별위원회 위원 2011년 同결산검사대표위원 2011~2012년 同예산결산특별위원회 위원 2011년 同안전관리및재난지원특별위원회 위원 2011년 同북한산콘도개발비리의혹규명행정사무조사특별위원회 위원 2012년 同재정경제위원회 위원 2012년 同저탄소녹색성장 및 중소기업지원특별위원회 부위원장 2012년 同경전철민간투자사업조속추진지원을위한특별위원회 위원 2013년 同강남·북교육격차해소특별위원회 부위원장 2013년 同여성특별위원회 위원 2013년 同예산결산특별위원회 위원 2014~2016년 서울시의회 의원(새정치민주연합·무소속) 2014~2016년 同운영위원회 위원 2014~2016년 同교육위원회 위원 2015년 同대변인 2015~2016년 同조례정비특별위원회 위원, 김대중연구소 이사장(현) 2016년 제20대 국회의원선거 출마(서울 관악구乙, 국민의당) 2016년 국민의당 서울관악구乙지역위원회 위원장(현) 2016년 同부대변인(현) [상]제7회 전국지역신문협회 기초의원부문 의정대상

이행희(李幸姬·女) Haenghee(HH) Lee

[생]1964·6·1 [출]경남 진주 [주]서울 강남구 테헤란로152 강남파이낸스센터6층 한국코닝(주) 비서실(02-709-3412) [학]숙명여대 사학과졸, 고려대 경영대학원졸 2002년 경영학박사(숙명여대) [경]1988년 한국코닝(주) 입사 2003년 同영업 및 마케팅 이사, 同상무 2004년 同대표이사 사장(현) 2011~2015년 다국적기업최고경영자협회 회장 [상]코닝 회장표창(2000·2004) [저]'미니스커트 마케팅'(2004) 아시아 월스트리트저널 선정 '주목해야할 여성 리더 10인'(2005) '젊은 심장, 세계를 꿈꿔라(共)'(2009)

이향숙(李香淑·女) Hyang-Sook LEE

[생]1963·10·22 [출]서울 [주]서울 서대문구 이화여대길 52 이화여자대학교 자연과학대학 수리물리과학부(02-3277-2591) [학]1982년 서울 서문여고졸 1986년 이화여대졸 1988년 同대학원졸 1993년 박사(미국 Northwestern Univ.) [경]1994~2006년 이화여대 자연과학대학 수학과 시간강사·전임강사·조교수·부교수 1994년 미국 노스웨스턴대 연구원 2002~2003년 미국 일리노이대 어배나샘페인교 방문교수 2003~2005·2007~2008년 이화여대 수학과 학과장 2005~2007년 과학문화재단 과학기술정책자문위원 2005년 세계여성과학기술인대회(ICWES 13) 조직위원회 위원 2005년 아시아교육봉사회(VESA) 실행이사(현) 2006~2007년 전국여성과학기술인지원센터(WIST) 기획위원 2006~2007년 한국여성과학기술단체총연합회 학술위원장 2006~2007년 한국여성수리과학회 총무이사 2006~2008년 과학기술부 국가기술혁신실무위원회 위원 2006~2009년 한국정보보호학회 교육이사 2006~2012년 대한수학회 암호분과 위원 2006년 이화여대 자연과학대학 수학부 교수(현) 2007~2008년 同수리과학연구소장 2007~2008년 대한수학회 이사 2007~2008년 KIAS Associate Member 2007~2009년 한국여성과학기술단체총연합회 이사 2007~2009년 한국여성수리과학회 대외협력이사 2008~2009년 21세기여성리더스포럼 운영위원 2008~2009년 이화여대 산학협력단부단장 및 연구처부처장 2008~2009년 한국정보보호학회 암호연구회 위원 2008년 국가과학기술위원회 기초과학기술위원회 위원 2008년 국가수리과학연구소(NIMS) 운영위원(현) 2010~2011년 국가과학기술위원회 운영위원 2010~2012년 극지포럼 운영위원회 위원 2010년 2014세계수학자대회(ICM) 조직위원회 수석부위원장 겸 집행위원(대외협력위원장) 2010년 한국연구재단 기초연구본부 수리과학단장 2011~2012년 同기초연구본부 자연과학단장 2011~2012년 국가과학기술위원회 이공계르네상스협의회 위원 2011~2012년 한국과학기술단체총연합회 과학기술정책위원회 위원 2012년 대한수학회 암호분과위원회 위원장 2012년 한국여성과학기술단체총연합회 기획위원장 2013~2014년 同학술대회위원장 2013·2015년 대한수학회 부회장(현) 2013년 同정책기획위원회 위원장 2014~2015년 한국여성과학기술단체총연합회 이사 2014~2015년 대한여성과학기술인회 이사 2014년 법무부 국적심의위원회 위원(현) 2015년 대한수학회 수학문화진흥위원장 2015년 同위원(현) 2015년 국가과학기술심의회 기초·기반전문위원회 위원(현) 2016년 대한수학회 차기(2017년1월) 회장(현) [저]'미분적분학'(1996) [종]기독교

이향진(李香珍·女) LEE Hyang Jin

[생]1964·11·1 [본]경주(慶州) [출]경북 김천 [주]서울 마포구 성암로267 문화방송 뉴스데스크 편집부 생방송뉴스팀(02-789-0681) [학]1983년 서울 성정여고졸 1987년 이화여대 가정관리학과졸 [경]1986년 문화방송 보도국 카메라기자 입사 1988년 同보도국 영상편집부·카메라취재부(스포츠담당) 근무 1990년 同스포츠카메라부 근무 1993년 同영상취재부 근무 1999년 同차장대우 2003~2009년 同보도제작국 시사영상부 차장 2008~2010년 한국방송카메라기자협회 부회장(MBC 분회장) 2009~2011년 이화언론인클럽 방송부회장, 문화방송 보도제작국 영상취재부 부장대우 2010년 同보도제작국 시사영상부장 2011년 同보도국 영상취재1부장 2012년 同보도국 부국장 2013년 同뉴스데스크 편집부 생방송뉴스팀장(부장)(현) [상]한국방송카메라기자협회 공로상(1998), 올해의 이화언론인상 방송부문(2011), 방송기자클럽 공로상(2014) [저]'엄마! 난 왜 동영상 앨범 없어?'(2004, 영진닷컴) [작]'여기자 북한방문기「평양 10박11일」'(2001)

이 헌(李 憲) LEE HUN

[생]1961·12·8 [본]경주(慶州) [출]서울 [주]경북 김천시 혁신2로26 대한법률구조공단 이사장실(054-810-0132) [학]1980년 경성고졸 1984년 중앙대 법학과졸 1985년 同대학원 공법학과 수료 [경]1984년 사법시험 합격(26회) 1987년 사법연수원 수료(16기) 1987년 軍법무관 1991~1993년 홍익법무법인 구성원 변호사 1993~1994년 삼원국제특허법률사무소 공동운영 1994~2007년 홍익법무법인 구성원 변호사 2004~2013년 서울시 입법·법률고문 2005~2009년 대한변호사협회 이사 2005~2009년 시민과함께하는변호사들(시변) 사무총장 2007~2008년 법무법인 바른 파트너 변호사 2007년 한나라당 대통령후보검증위원회 검증실무위원 2008~2010년 정보공개심의위원회 심의위원 2008년 법제처 정부입법자문위원회 자문위원 2008~2012년 변호사 개업 2009년 시민과함께하는변호사들(시변) 공동대표 2009~2011년 한국토지주택공사 사외이사 2009~2014년 우리금융지주(주) 사외이사 2009년 국회 미디어발전국민위원회 위원 2012~2015년 홍익법무법인 구성원 변호사 2015년 대한변호사협회 이사 2015~2016년 4·16세월호참사특별조사위원회 부위원장 겸 사무처장 2016년 대한법률구조공단 이사장(현) [상]범시민사회단체연합 우호협력상(2014)

이 헌(李 憲) Lee Heon
[생]1964·7·7 [주]서울 종로구 사직로8길60 외교부 조정기획관실(02-2100-7097) [학]1990년 연세대 정치외교학과졸 1993년 同대학원 외교안보학과졸 [경]1991년 외무고시 합격(25회) 1999년 駐스리랑카 2등서기관 2002년 駐미국 1등서기관 2007년 駐중국 참사관 2009년 외교통상부 기획재정담당관 2011년 駐탄자니아 공사참사관 겸 駐르완다 대사대리 2012년 駐르완다 공사참사관 겸 대사대리 2013년 駐홍콩 부총영사 2016년 외교부 조정기획관(현) [상]근정포장(2005)

이헌곤(李憲坤) Lee hungon

[생]1953·11·9 [출]부산 [주]경남 진주시 동진로420 국방기술품질원(055-751-5000) [학]1972년 경남고졸 1977년 서울대 조선공학과졸 1981년 부산대 대학원 조선공학과졸 1990년 소음진동학박사(영국 사우샘프턴대) [경]1977년 국방과학연구소 입사 2008년 同분석평가부장 2009년 同정책기획부장 2009~2014년 한국방위산업학회 이사·부회장 2010년 한국소음진동공학회 편집위원(현) 2010~2011년 대한조선학회 이사 2011년 국방과학연구소 제3기술본부장 2012년 同부소장 2012~2014년 방위사업청 정책기획분과위원회 위원 2012~2014년 합동참모본부 합동전략회의 위원 2012~2014년 미래창조과학부 민군기술협력특별위원회 위원 2012~2014년 국방부 전력소요검증위원회 위원 2014년 국방과학연구소 국방연구개발 자문연구위원 2014년 국방기술품질원 원장(현)

이헌규(李憲圭) LEE Hun Gyu

[생]1954·9·2 [본]성주(星州) [출]경남 진주 [주]서울 강남구 테헤란로7길22 한국과학기술단체총연합회(02-3420-1200) [학]1972년 진주고졸 1977년 서울대 전기공학과졸 1981년 한국과학기술원 전기 및 전자공학과졸(석사) [경]1977~1987년 과학기술처 근무 1987년 駐EC 한국대표부 과학관 1992년 과학기술처 협력과장·기획총괄과장 1995년 국무총리실 정책연구소 파견 1996년 과학기술처 과학기술정책실장 1997년 同원자력실 안전심사관 1998년 과학기술부 기초과학인력국장 1999년 同원자력국장 2000년 同과학기술정책실장 2001년 대통령 과학기술비서관 2002~2005년 국립중앙과학관장 2006~2009년 한국원자력통제기술원 초대원장 2010~2013년 한국과학기술원 원자력 및 양자공학과 초빙교수 2013~2016년 한국과학기술단체총연합회 사무총장 2014년 연합뉴스TV 시청자위원회 위원 2016년 한국과학기술단체총연합회 전문위원(현) 2016년 한국과학기술원(KAIST) 교수(현) [상]대통령표창(2005) [저]'과학의 미래'(2011) [종]기독교

이헌기(李憲琦) LEE Hun Ki (一民)

[생]1938·8·10 [본]예안(禮安) [출]충남 서산 [학]1957년 인천고졸 1961년 고려대 경제학과졸 1963년 인도 아세아노동대 수료 1964년 고려대 대학원 노동경제학과졸 1968년 이스라엘 국제개발원 수료 1972년 미국 위스콘신대 매디슨교 대학원 연수 1979년 경영학박사(단국대) [경]1962~1979년 철도청 근무 1970년 고려대·단국대·한국외국어대 강사 1975년 철도노조 사무국장 겸 부위원장 1977년 한국노동조합총연맹 사무차장 1979년 한국생산성본부 이사 1980년 동국대 교수 1980년 민주정의당(민정당) 15인 창당발기인 1981년 제11대 국회의원(전국구, 민정당) 1981년 민정당 정책위원회 부의장 1983년 보건사회부 차관 1986년 대한가족계획협회 회장 1986~1988년 노동부 장관 1988년 한국직업훈련관리공단 이사장 1988~1991년 국제기능올림픽한국위원회 회장 1989년 한국직업훈련대학 이사장 1990년 한국주택은행 이사장 1990~1992년 산업카운슬러협회 회장 1991~1998년 한국제약협회 회장 1994년 한·이스라엘친선협회 회장 1998년 한국제약협회 고문 2004~2010년 한국한센복지협회 회장 [상]금탑산업훈장(1989), 청조근정훈장(1992), 한국문학예술상(2000) [저]'한국의 노사관계' [작]수필집 '우리에겐 무한한 가능성과 기회가 있다'

이헌상(李憲相) LEE Heon Sang

[생]1967·11·10 [출]서울 [주]경기 수원시 영통구 월드컵로120 수원지방검찰청 제1차장검사실(031-210-4322) [학]1986년 동성고졸 1992년 서울대 법학과졸 [경]1991년 사법시험 합격(33회) 1994년 사법연수원 수료(23기) 1994년 軍법무관 1997년 서울지검 동부지청 검사 1999년 대구지검 경주지청 검사 2001년 부산지검 검사 2003년 수원지검 검사 2005년 서울중앙지검 검사 2006년 의정부지검 고양지청 부부장검사 2007년 대검찰청 검찰연구관 2009년 대구지검 안동지청장 2010년 대검찰청 정보통신과장 2011년 同형사1과장 2012년 서울중앙지검 조사부장 2013년 인천지검 형사3부장 2014년 수원지검 안양지청 차장검사 2014년 인천지검 제2차장검사 2015년 대검찰청 과학수사기획관 2016년 수원지검 제1차장검사(현)

이헌수(李憲守) LEE Hun Soo

[생]1953·4·22 [출]경남 [학]마산고졸, 연세대 행정학과졸 [경]1981년 국가안전기획부 입부, 국가정보원 기획예산관, 同비서실장, 同국가원지부장 2009년 앨스앤스톤 대표이사 2013년 국가정보원 기획조정실장(현)

이헌수(李憲秀)

[생]1965·7·7 [주]서울 중구 삼일대로363 장교빌딩 서울지방고용노동청 서울고용센터(02-2004-7301) [학]1984년 경문고졸 1991년 고려대 사회학과졸 [경]2001~2002년 노동부 근로기준국 산재보험과·근로기준과 사무관 2003년 同근로기준과 서기관 2005년 同고용정책실 노동시장기구과 서기관 2006년 同공공기관비정규대책실무추진단 기획총괄팀장 2009년 해외파견(서기관) 2012년 고용노동부 노동정책실 공무원노사관계과장 2013년 同노동정책실 노사협력정책과장 2014년 同국제협력관실 국제협력담당관(부이사관) 2015년 국내훈련(부이사관) 2016년 서울지방고용노동청 서울고용센터 소장(현)

이헌숙(李憲淑·女) LEE Heon Sook

[생]1969·7·17 [본]벽진(碧珍) [출]서울 [주]서울 서초구 서초중앙로157 서울중앙지방법원(02-530-1114) [학]1988년 잠실여고졸 1992년 한양대 법학과졸 [경]1992년 사법시험 합격(34회) 1995년 사법연수원 수료(24기) 1995년 대구지법 판사 1999년 부산지법 동부지원 판사 2001년 부산지법 판사 2005년 수원지법 판사 2006년 서울고법 판사 2008년 대법원 재판연구관 2010년 창원지법 부장판사 2011년 수원지법 부장판사 2015년 서울중앙지법 부장판사(현)

이헌승(李憲昇) LEE Hun Seung

[생]1963·5·11 [출]부산 [주]서울 영등포구 의사당대로1 국회 의원회관425호(02-784-7911) [학]1981년 금성고졸 1988년 고려대 사회학과졸 1991년 미국 노스웨스턴대 대학원 사회학과졸 1996년 미국 조지워싱턴대 대학원 정치관리학과졸 2011년 한국해양대 대학원 무역학 박사과정 수료 [경]한나라당 이회창 대통령후보 보좌관, 김무성 국회의원 보좌관, 한나라당 보좌관협의회 부회장, 同중앙선거대책위원회 직능특별위원회 해양위원회 부위원장 2004년 제17대 국회의원선거 출마(부산진구乙, 무소속) 2011년 한나라당 부대변인 2012년 제19대 국회의원(부산진구乙, 새누리당) 2012년 국회 국토해양위원회 위원 2013·2014년 국회 국토교통위원회 위원 2013~2014년 새누리당 기획법률담당 원내부대표 2013년 천태종 삼광사 신도회장(현) 2016년 제20대 국회의원(부산진구乙, 새누리당)(현) 2016년 국회 국토교통위원회 위원(현) 2016년 국회 평창동계올림픽및국제경기대회지원특별위원회 위원(현) 2016년 새누리당 부산시당 위원장(현) [상]국정감사NGO모니터단 선정 국정감사 우수국회의원상(2012·2015), 법률소비자연맹 선정 국회 헌정대상(2013·2014), 연합매일신문 대한민국 의정대상(2015), 법률소비자연맹 주관 '제19대 국회 종합헌정대상'(2016), 유권자시민행동 선정 '대한민국 유권자대상'(2016)

이헌재(李憲宰) LEE Hun Jai

[생]1944·4·17 [본]전주(全州) [출]중국 상해 [주]서울 영등포구 여의공원로111 태영빌딩 언스트앤영(02-734-7880) [학]1962년 경기고졸 1966년 서울대 법학과졸 1981년 미국 보스턴대 대학원 경제학과졸 1982년 미국 하버드대 경영대학원 최고경영자과정 수료 [경]1969년 재무부 사무관 1973년 대통령비서실 서기관 1974~1979년 재무부 금융정책과장·재정금융심의관 1982년 (주)대우 상무이사 1984년 대우반도체 대표이사 전무 1985~1991년 한국신용평가사장 1991~1996년 증권관리위원회 상임위원 1997년 금융개혁위원회 위원 1997~2000년 금융감독위원회 위원장 1998년 비상경제대책위원회 실무기획단장 1998년 은행감독원장 1998년 증권감독원장 겸임 1999년 금융감독원장 2000년 재정경제부 장관 2001년 중소기업창업센터 위원장 2001년 중소기업협동조합중앙회 중소기업경영전략위원장 2001년 (주)KOREI 이사회 의장 2002년 한국CFO협회 명예회장 2002년 한국이사협회 회장 2004~2005년 부총리 겸 재정경제부 장관 2004년 국무총리 직대 2006년 김앤장법률사무소 비상임고문 2006~2010년 KOREI 상임고문 2007년 일본 아시아경제연구소 객원연구원 2012~2013년 (사)재경회 회장 2012년 언스트앤영 상임고문 2012년 금강대 경영학부 석좌교수 2013년 언스트앤영 비상임고문(현) [상]옥조근정훈장, 미국 우드로 윌슨 공공봉사상, 일본 니혼게이자이신문 닛케이 아시아상 [저]'신용평가제도 확립과 금융시장 건전화'

이헌주(李憲周) Hun Joo Lee

[생]1959·2·25 [출]대전 [주]서울 마포구 큰우물로76 (주)삼호(02-2170-5000) [학]1978년 대전고졸 1982년 숭전대 영어영문학과졸 [경]1984년 한일은행 입행 2004년 우리은행 충청영업본부 수석심사역 2005~2007년 同안성지점장 2007년 同한경센터지점장 2007~2010년 同홍보실장 2010년 同홍보실 본부장 2011~2013년 同송파영업본부장 2014년 (주)삼호 감사(현)

이헌주(李憲柱)

[생]1972·10·4 [출]대전 [주]경남 창원시 성산구 창이대로669 창원지방검찰청 공안부(055-239-4306) [학]1991년 한밭고졸 1996년 고려대 법학과졸 [경]1998년 사법시험 합격(40회) 2001년 사법연수원 수료(30기) 2001년 부산지검 검사 2003년 대구지검 의성지청 검사 2004년 인천지검 검사 2006년 대전지검 검사 2008년 서울중앙지검 검사 2010년 대검찰청 연구관 2012년 광주지검 검사 2014년 대구지검 서부지청 검사(국가정보원 파견) 2015년 同서부지청 부부장검사(국가정보원 파견) 2016년 창원지검 공안부장(현)

이 혁(李 赫) LEE Hyuk

[생]1958·2·8 [주]서울 종로구 사직로8길60 외교부 인사운영팀(02-2100-7136) [학]1980년 고려대 경제학과졸 1985년 일본 게이오대 연수 [경]1979년 외무고시 합격(13회) 1980년 외무부 입부 1986년 駐일본 2등서기관 1992년 駐폴란드 1등서기관 1994년 駐일본 1등서기관 1997년 대통령비서실 파견 1999년 외교통상부 동북아1과장 2000년 駐중국 참사관 2003년 외교통상부 장관보좌관 2005년 同아시아태평양국장 2007년 미국 조지타운대 방문연구원 2008년 외교통상부 한·아세안센터 설립준비기획단장 2008년 외교안보연구원 아시아태평양연구부장 2009년 駐일본 공사 2010년 대통령 외교안보수석비서관 2012년 외교통상부 기획조정실장 2012년 駐필리핀 대사 2015~2016년 인천시 국제관계대사 2016년 駐베트남 대사(현)

이 혁(李 赫) LEE Hyuk

[생]1963·7·17 [출]전북 무주 [주]서울 서초구 법원로10 401호 법률사무소 LEE & LEE(02-535-3200) [학]1981년 경희고졸 1985년 고려대 법학과졸 [경]1988년 사법시험 합격(30회) 1991년 사법연수원 수료(20기) 1991년 대구지검 검사 1993년 광주지검 목포지청 검사 1994년 인천지검 검사 1996년 서울지검 검사 1998년 부산지검 검사 2000년 서울지검 남부지청 검사 2001년 금융감독위원회 법률자문관 2003년 서울지검 남부지청 부부장검사 2004년 대통령측근비리수사 특별파견 검사 2004년 울산지검 특수부장 2005년 서울중앙지검 부부장검사 2005년 미국 조지워싱턴대 Visiting Scholar 2006년 대전지검 특수부 부장검사 2007년 법무연수원 교수 2008년 同기획과장 2009년 서울중앙지검 첨단범죄수사1부장 2009년 인천지검 형사1부장 2010년 창원지검 진주지청장 2011년 법무부 감찰담당관 2012년 수원지검 제1차장검사 2013년 인천지검 제1차장검사 2014~2015년 서울고검 검사 2015년 법률사무소 LEE & LEE 대표변호사(현)

이 혁(李 赫)

[생]1971·10·12 [본]함안(咸安) [출]대구 [주]부산 연제구 법원로31 부산고등법원(051-590-1114) [학]1990년 대구 협성고졸 1995년 서울대 법학과졸 [경]1994년 사법시험 합격(36회) 1997년 사법연수원 수료(26기) 1997년 軍법무관 2000년 서울지법 동부지원 판사 2002년 서울지법 판사 2004년 부산지법 판사 2007년 부산고법 판사 2010년 대법원 재판연구관 2012년 부산지법 부장판사 2013년 부산고법 판사(현)

이혁모(李爀模) LEE Hyuck Mo

[생]1959·5·10 [본]평창(平昌) [출]서울 [주]대전 유성구 대학로291 한국과학기술원 신소재공학과2412호(042-350-3334) [학]1978년 휘문고졸 1982년 서울대 금속공학과졸 1984년 同대학원 금속공학과졸 1989년 공학박사(미국 MIT) [경]1989년 한국과학기술원 신소재공학과 교수(현) 1993~1994년 미국 캘리포니아대 버클리교 방문교수 1994~1995년 삼성전기(주) 기술자문 1996년 일본 東北大 JSPS 박사후연구원 1997년 독일 Max-Planck-Institute DFG 방문교수 1999년 이탈리아 Genoa Univ. 방문교수 2000년 미국 Penn State Univ. 방문교수 2001년 Materials Transactions of Japan Institute of Metals 편집위원(현) 2002년 폴란드 Institute of Metallurgy and Materials Science 방문교수 2008~2010년 대한금속재료학회 교육담당이사 2008~2013년 한국과학기술원 BK재료사업단장 2011년 同신소재공학과장(현) 2013년 同BK플러스재료사업단장[이머징 소재기반 창조융합형 인재양성 사업단](현) [상]제3회 젊은과학자상 기계재료분야(2000), 대한금속재료학회 윤동석상(2012) [종]기독교

이혁상(李赫相) Hyucksang, Lee

[생]1938·12·4 [출]서울 [주]서울 중구 마른내로9 인제학원 이사장실(02-2270-0515) [학]1962년 서울대 의대졸 1964년 同대학원졸 1968년 의학박사(서울대) [경]1962~1967년 서울대 의과대학 인턴·레지던트 1970년 인제대 서울백병원 외과 과장 1973년 일본 동경대 제2외과 Sugiura교수(Sugiura Proc) 1974년 일본 동경여자의과대학 소화기병센터(endoscopy) 근무 1974년 일본 동경암연구소 부속병원 Takagi 선생(ERCP) 1976~1977년 미국 뉴욕 Memorial Sloan Kettering Cancer Center 연수 1977년 영국 St. Mark's Hospital in London(대장외과) 연수 1977년 일본 동경 암센터의 Hasegawa 선생에게 간절제 전수받음 1979년 인제대 의과대학 일반외과학교실 교수 1984년 대한외과학회 섭외위원장 1986년 同학술위원장 1986년 인제대 의과대학 외과 주임교수 1987년 同대학원 의학과 주임교수 1988년 대한외과학회 고시위원장 1989년 인제대 서울백병원 부원장 1991~2001년 同서울백병원장 1992년 한국간외과연구회 회장(현) 1993년 아시아간췌장담도외과학회 한국지부 회장 1993~1997년 인제대 분자생물학연구소장 1994년 대한암학회 학술위원장 1995년 同부회장 1995년 제3차 아시아간담췌외과학회 대회장 1995년 제4차 아시아이식학회학술대회 부위원장 1995년 제15회 국제소화기외과학회 세계학술대회 학술위원장 1996년 한국간담췌외과학회 회장 1997년 대한소화기학회 회장 1998년 대한외과학회 부회장 2000년 대한간이식학회 부회장 2000~2001년 대한외과학회 회장 2003~2005년 간이식연구회 회장 2003~2006년 인제대 백중앙의료원장 2003년 대한간이식학회 회장 2005년 학교법인 인제대 이사 2005~2011년 ACS Governor at Large(미국 외과학회 한국지부 회장) 2006년 대한민국의학한림원 평생회원(현) 2008년 인제대 서울백병원 명예원장(현) 2014년 인제학원 이사장(현) [상]소화기병학회 학술상(1980), 교육인적자원부장관표창(2001), 대통령표창(2004), 성산 장기려상(2010), 제17회 함춘대상 학술연구부문(2016) [저]'간암'(2001, 군자출판사)

이혁영(李赫永) LEE huk young

[생]1946·1·1 [출]경북 상주 [주]전남 목포시 해안로148번길14 씨월드고속훼리(주) 비서실(061-242-5111) [학]경북고졸, 경북대 정치외교학과졸 [경]국제고속훼리(주) 대표이사, 극동방송 시청자위원회 위원장, 제2건국추진위원회 위원, 광주지법 목포지원 재판부 조정위원(현), 목포상공회의소 부회장(현), 양동제일교회 사회선교복지원 경로대학장(현) 1998년 씨월드고속훼리(주) 대표이사 사장 2003년 同회장(현) 2005년 목포지역범죄피해자지원센터 이사장(현) 2008년 목포시복지재단 이사장(현) 2012~2013년 민주평통 전남지역회 부회장 2014년 KBS 목포방송국 시청자위원장(현) [상]해양수산부장관 및 법무부장관표창(2003), 국세청장표창(2004), 재정경제부장관표창(2005) [종]기독교

이혁주(李赫柱) Lee, Hyuk-Ju

[생]1962·1·23 [출]충남 부여 [주]서울 용산구 한강대로32 (주)LG유플러스 임원실(1544-0010) [학]1980년 성남서고졸 1985년 서울대 정치학과졸 2003년 미국 보스턴대 글로벌CFO과정 수료 [경]1987년 LG경제연구원 입사 1993년 LG투자증권 조사기획팀장 1994년 (주)LG 회장실 재무팀 근무 2001년 同구조조정본부 재무개선팀 근무 2004년 同재경팀 부장 2005년 同재경팀 상무 2007년 LG파워콤 경영기획담당 상무 2008년 LG CNS 경영관리부문장(상무) 2010년 (주)LG 재경팀 상무 2010년 同재경팀장(전무) 2015년 (주)LG유플러스 부사장(현)

이혁진 Lee Hyuk Jin

[생]1972 [출]서울 [주]서울 중구 퇴계로100 스테이트타워남산24층 베인앤드컴퍼니코리아(02-6320-9300) [학]1995년 연세대 행정학과졸 2003 미국 시카고대 대학원 경영학과졸(MBA) [경]1995년~1998년 삼성물산 프로젝트사업부 근무 1998년~2001년 삼성화재 기업마케팅팀 근무, 베인앤드컴퍼니코리아 파트너(산업재부문 및 기업인수합병부문 리더)(현) [역]'최고의 전략은 무엇인가'(2013, 청림출판)

이혁진(李赫鎭) Lee Hyuk Jin

<B>1967·8·18 <B>전주(全州) <B>충남 부여 <B>서울 서초구 고무래로6의6 송원빌딩8층 AV자산운용(주) 비서실(02-6925-5000) <B>1986년 상문고졸 1990년 한양대 경제학과졸 1994년 한국외국어대 대학원 경영정보시스템학(MIS)졸 2008년 서울대 최고지도자인문학과정(AFP) 수료(3기) <B>1993~1996년 신영증권 근무 1997~2001년 씨티글로벌마켓증권 Structured Product팀 근무 2001~2005년 마이애셋자산운용투자자문 특별자산운용본부장(상무이사) 2005년 전남도 서남해안관광레저도시개발기술자문위원회 금융분야자문위원 2005년 CJ자산운용(주) 특별자산운용본부장 2008년 同특별자산운용본부장(상무) 2008~2009년 HI자산운용 특별자산운용본부장(상무) 2009~2015년 에스크베리타스자산운용(주) 대표이사 2012년 제19대 국회의원선거 출마(서울 서초구甲, 민주통합당) 2012~2013년 민주통합당 정책위원회 부의장 2012~2013년 同서울시당 청년위원장 2012년 同제18대 대통령선거 문재인 후보 금융정책특보 2012~2013년 同서울서초甲지역위원회 위원장, 전남도 정책자문위원회 자문위원 2015년 AV자산운용(주) 대표이사(현) <B>기독교

이현구(李賢九) RHEE Hyun-Ku (螢堂)

<B>1939·1·15 <B>전주(全州) <B>경기 <B>서울 관악구 관악로1 서울대학교 공과대학 화학생물공학부(02-880-7405) <B>1958년 서울고졸 1962년 서울대 화학공학과졸 1968년 화학공학박사(미국 미네소타대) <B>1968~1973년 미국 미네소타대 화학공학과 조교수 1972년 아르헨티나 라프리타대 초빙교수 1973년 미국 미네소타대 명예 대우교수 1973~1982년 서울대 화학공학과 조교수·부교수 1976년 캐나다 워털루대 초빙교수 1976년 서울대 공학도서관장 1980~1981·1984~1985년 미국 휴스턴대 방문교수 1982~2004년 서울대 화학생물공학부 교수 1985~1987년 한국과학재단 연구개발심의위원 1987~1991년 서울대 교무처장 1993년 한국과학기술단체총연합회 이사 1993년 SBS문화재단 이사(현) 1994년 한국화학공학회 부회장 1994~2007년 한국과학기술한림원 종신회원 1994~1997년 同공학부장 1994년 제어·자동화·시스템공학회 부회장 1994~1999년 중앙교육심의회 위원 1994~1999년 공과대학국책지원사업 기획평가위원 1995~1997년 한국학술진흥재단 학술연구운영위원회 위원장 1996~2004년 한국공학한림원 정회원 1996~2000년 서울대 화학공정신기술연구소장 1996~2005년 아·태화학공학연맹 이사 1996~1999년 제8차 아·태화학공학연맹 학술대회 조직위원장 1997년 제어·자동화·시스템공학회 회장 1999~2001년 서울대 평의원회 의장 1999~2004년 산업자원부 산업정책평가위원 2001년 일본 교토대 방문교수 및 스위스 연방공대(ETH Zurich) 초빙교수 2002년 한국화학공학회 회장 2004년 서울대 명예교수(현) 2004~2007년 한국과학기술한림원 학술교육부원장 2004~2005년 포항공과대 초빙교수 2004~2005년 스위스 연방공대(ETH Zurich) 초빙교수 2004년 한국공학한림원 명예회원(현) 2004~2006년 제4차 아·태화학반응공학학술대회 조직위원장 2007~2010년 한국과학기술한림원 원장 2007~2013년 휴먼테크논문대상 심사위원장 2009~2013년 대통령 과학기술특별보좌관 2010년 한국과학기술한림원 종신회원(현) 2010~2013년 同이사장 2010~2013년 제9차 World Congress of Chemical Engineering 대회장 2011년 S-Oil과학문화재단 이사(현) 2015년 (사)가나안복지재단 대표이사(현) <B>한국화학공학회 학술상(1977), 국민훈장 석류장(1983), 미국 미네소타대 우수공적상(1995), 서울대 훌륭한 공대교수상(1997), 대한민국학술원상(1998), 올해의 서울인상(1998), 한국과학기술한림원 덕명공학상(2002), 한국화학공학회 공로상(2003), 옥조근정훈장(2004), 수당상 자연과학부문(2007), 한국화학공학회 특별공로상(2013) <B>'First-Order Partial Differential Equations Vol. 1 & 2(다성분계 크로마토그라피이론)'(1986·1989·2001, Prentice-Hall(U.S.A) <B>'화학공학열역학' '화학 및 공학의 열역학' '공정해석 및 제어'

이현구(李炫九) Lee Hyun Koo (中峯)

<B>1949·1·2 <B>전주(全州) <B>서울 <B>경기 성남시 분당구 황새울로358 (주)까사미아 회장실(031-780-7111) <B>1968년 서울고졸 1973년 성균관대 경영학과졸 2008년 서울대 경영대학원 경영학과졸 <B>1974~1983년 (주)제일합섬 근무 1982년 (주)까사미아 창업·대표이사 2012년 同대표이사 회장(현) 2016년 서울고총동창회 회장(현) <B>성균관대 자랑스러운 경영대학 동문상(2011), 서울대 경영대학원 최고경영자과정(AMP) 대상(2012), 자랑스런 성균경영인상(2012), 매일경제 선정 브랜드분야 디자인부문 '대한민국 글로벌 리더'(2013), 석탑산업훈장(2013) <B>가톨릭

이현구(李炫求) LEE Hyun Gu

<B>1962·6·20 <B>충북 진천 <B>충남 천안시 서북구 월봉로48 나사렛대학교 항공비즈니스영어학과(041-570-7965) <B>1981년 휘문고졸 1986년 인천대 영어영문학과졸 1990년 고려대 대학원 영어영문학과졸 1995년 문학박사(고려대) <B>1991~1998년 강릉대·고려대·인천시립대 강사 1995~2014년 나사렛대 영어학과 교수 1998년 同외국어교육원장 1999년 현대영어교육학회 회장 2000년 나사렛대 국제어문경영학부장 2001·2006년 同입학생처장 2001~2002·2004년 同입시홍보처장 2007년 同교육대학원장 2011년 同교무처장 겸 국제처장 2014년 同항공비즈니스영어학과 교수(현) 2016년 同교육대학원장(현) 2016년 한국영어어문교육학회(ETAK) 회장(현) 2016년 나사렛대 대외협력실장 겸 천안시국제화교육특구사업단장(현) <B>'영어발음 지도'(2002) '전략중심 영어문법'(2004) '언어의 산책'(2005) '영어 찬양 12곡'(2006) '영어발음 know How'(2006) <B>기독교

이현구(李鉉九)

<B>1968·7·26 <B>대전 서구 청사로189 특허청 특허심사국 생활가전심사과(042-481-5639) <B>1987년 경문고졸 1991년 연세대 기계공학과졸 <B>1992년 총무처 5급 공채 1993년 상공자원부 사무관 1994년 통상산업부 산업정책국 산업기술기획과 사무관 2000년 특허청 심사2국 심사조정과 서기관 2004년 同기계금속심사국 원동기계심사담당관실 서기관 2005~2006년 특허법원 기술심리관 2007년 특허심판원 제4부 심판관 2010년 특허청 기계금속건설심사국 자동차심사과장 2011년 同기계금속건설심사국 일반기계심사과장 2012년 同기계금속건설심사국 일반기계심사과장(부이사관) 2013년 同특허심사기획국 에너지심사과장 2014년 同심사품질담당관 2016년 同특허심사1국 생활가전심사과장(현)

이현규(李現奎)

<B>1960·12·10 <B>서울 종로구 율곡로88 삼환빌딩4층 한국자산평가 대표이사실(02-2251-1300) <B>1979년 마산고졸 1984년 한국외국어대 영어과졸 1986년 고려대 대학원 경제학과졸 1997년 영국 레딩대 대학원 International Securities, Investment and Banking졸 2010년 서울대 경영대학원 CFO Academy 수료 <B>1988~1991년 한국산업은행 수신개발부 근무 1991~1998년 한국산업증권 채권부·주식부·기획부 근무 1998~1999년 삼성증권 IB사업부 근무 1999~2005년 CJ투자증권 채권영업부 이사 2005~2010년 코리아본드웹 대표이사 2010~2012년 KG제로인 대표이사 2016년 한국자산평가 대표이사(현) <B>'뮤추얼펀드 산업 핸드북'(2008, 코리아본드웹)

이현규(李顯圭) Lee Hyeon Gyu

<B>1963·6·14 <B>충북 청주시 흥덕구 오송읍 오송생명2로187 식품의약품안전처 식품영양안전국(043-719-2251) <B>천안북일고졸 1986년 서울대 식품공학과졸 1991년 미국 로드아일랜드대 대학원 식품과학과졸 1994년 식품과학박사(미국 노스캐롤라이나주립대) <B>1995~1996년 한국식품위생연구원 책임연구원 1995~2016년 한국식품과학회 편집위원 1995~2016년 한국식품영양과학회 서울지부장 1996~1999년 호서대 식품영양학과 교수 1999~2016년 한양대 식품영양학과 교수 1999~2009년 식품의약품안전처 규제심사위원 2004~2012년 보건복지부 식품위생심의위원회 위원 2005~2007년 식품의약품안전처 HACCP 심의위원 2005년 보건복지부 건강기능식품 제도개선위원 2005~2016년 한국식생활문화학회 부회장 2006~2012년 보건복지부 건강기능식품 심의위원 2007~2009년 식품의약품안전처 식품안전정보교류협의회 운영위원 2007~2009년 同식품안전평가위원회 전문위원 2008~2011년 국립중앙도서관 외국자료 추천위원 2009~2013년 농촌진흥청 기능성성분표협의회 자문위원 2009~2010년 국회입법조사처 조사분석지원 위원 2009~2011년 경북도 개발과제 심의위원회 위원 2009~2013년 교육과학기술부 개편 교육과정심의회 심의위원 2009~2013년 농촌진흥청 녹색기술 자문위원 2010~2012년 충남 홍성군 자문위원 2012~2014년 식품의약품안전처 정책자문위원 2013~2016년 同어린이기호식품 품질인증위원 2014~2016년 축산물안전관리인증원 기술자문위원 2014~2016년 한국식품산업협회 특수용도식품표시광고 심의위원 2014~2016년 한국산업기술진흥원 기술자문위원 2014~2015년 식품의약품안전처 연구개발사업 평가전문위원 2015~2016년 Journal of Clinical Nutrition & Dietetics 편집위원 2016년 식품의약품안전처 식품영양안전국장(현) <B>한국식품과학회 학술진보상(2001), 한국식품과학회 우수포스터상(2004~2009)

이현규(李泫圭) RHEE Hyun Kyu

❷1970·2·16 ❷고성(固城) ❸부산 ㈜서울 종로구 동숭길127 우성빌딩3층 파파프로덕션(02-747-2050) ❷1987년 부산 동인고졸 1996년 한양대 경영학과졸 ❷1996년 파파프로덕션 대표(현), 서울연극협회 이사, 한국프로듀서협회 부회장 ❷한국연극협회 자랑스러운 연극인상(2008), 예총예술문화상 공로상(2008), 대한민국 문화대상(2008), 인터파크 골든티켓어워즈(2008), 창작팩토리 우수뮤지컬 지원사업 최우수작품상(2009), 헤럴드경제신문 선정 미래를 여는 혁신기업 인물(2009), 한국관광공사 챌린저상(2011) ❷'범해'(2016) ❷뮤지컬 '최치원' '더맨인더홀' '영웅을 기다리며' '미스터마우스' '달고나'(2006) 연극 '라이어 1,2,3탄' '우먼 인 블랙' '드레싱' '오르골'(共) '퍼즐' ❷불교

이현덕

❷1961·3·7 ㈜충북 청주시 청원구 오창읍 과학산업3로112 원익머트리얼즈 비서실(043-210-4301) ❷경신고졸, 연세대 화학공학과졸, 화학공학박사(미국 플로리다대) ❷1993년 삼성전자㈜ 입사 2006년 同메모리공정개발팀담당 상무보, 同메모리기술팀장(상무) 2011년 同메모리기술팀장(전무) 2012년 삼성디스플레이 LCD제조센터장(부사장) 2014년 同생산기술센터장(부사장) 2015~2016년 同LCD제조센터 부사장 2016년 원익머트리얼즈 대표이사(현)

이현동(李炫東) LEE Hyun Dong

❷1956·5·1 ❷경북 청도 ㈜경북 경산시 대학로280 영남대학교 행정학과(053-810-2630) ❷경북고졸, 영남대 행정학과졸, 성균관대 경영대학원졸 ❷1981년 행정고시 합격(24회) 1981년 행정사무관 임용 1982년 동대구세무서 총무과장 1984년 서울지방국세청 조사국 사무관 1984년 재무부 사무관 1992년 서울지방국세청 조사1국 사무관 1996년 국세공무원교육원 서기관 1998년 국세청 기획관리관실 서기관 1999년 의성세무서장 1999년 구미세무서장 1999년 서울지방국세청 조사3국 조사2과장 2000년 同조사2국 조사2과장 2001년 同조사2국 조사1과장 2002년 서울 강동세무서장 2004년 국세청 법무심사국 법무과장 2006년 대구지방국세청 조사2국장(부이사관) 2006년 중부지방국세청 납세자보호담당관 2007년 서울지방국세청 조사3국장(고위공무원) 2007년 제17대 대통령직인수위원회 경제1분과위원회 전문위원 2008년 대통령 재정경제비서관실 선임행정관 2008년 국세청 조사국장 2009년 서울지방국세청장 2009년 국세청 차장 2009년 同국세행정위원회 위원 2010~2013년 국세청장 2014년 영남대 행정학과 석좌교수(현)

이현동(李鉉東) LEE HYUN DONG (有志竟成)

❷1961·11·11 ❷재령(載寧) ❸경남 ㈜경기 고양시 일산서구 고양대로283 한국건설기술연구원 환경·플랜트연구소(031-910-0297) ❷1980년 진해고졸 1984년 부산수산대 환경공학과졸(공학사) 1987년 한양대 대학원 환경공학과졸(공학석사) 1991년 도시 및 환경 공학박사(한양대) 1993년 일본 京都大 공학부 위생공학과 Post Doctoral Fellow 수료 ❷1988~2001년 한국건설기술연구원 수자원연구부 선임연구원·팀장 1991년 경기대·건국대·연세대·홍익대·서울시립대·숭실대 등 외래강사 1993년 환경공무원교육원 초청강사 1993년 서울·인천 지방공무원교육원 초청강사 1993년 경기지방공무원교육원·한국수자원공사 연수원·환경관리공단 교육연수부 초청강사 1993년 한국건설기술연구원 건설기술품질센터 전문위원 2001~2004년 同수자원환경연구부 건설환경시스템연구그룹장·수석연구원 2001년 환경부 먹는물관리위원회 위원 2002년 한국환경학술단체연합회 이사(현) 2003년 대한상하수도학회 이사(현) 2004년 건설교통부 중앙건설기술심의위원회 위원 2004년 한국건설기술연구원 국토환경연구부 수석연구원 2004~2005년 경기도 지방건설기술심의위원회 심의위원 2004~2007년 과학기술연합대학원(UTS) 수자원환경학과 교수 2005년 미국 아이오와주립대 연수(방문교수) 2005~2006년 경기도 지방공사설계자문위원회 위원 2005년 환경부 중앙환경보전자문위원회 위원 2007년 과학기술연합대학원(UTS) 건설환경공학과 교수(현) 2007년 한국건설기술연구원 첨단환경연구실 책임연구원 2009~2011년 同기획조정처장 및 부원장직무대리 2010년 同환경·플랜트연구소 선임연구위원(현) 2011년 국방부 특별건설기술심의위원회 위원 2012~2013년 국토해양부 중앙건설기술심의위원회 위원 2012년 서울시 건설기술심의위원회 위원 2013년 (사)대한상하수도학회 상수도관로연구회 회장(현) 2013년 국토교통부 중앙건설기술심의위원회 위원 2013년 대구시 건설기술심의위원회 위원(현), (사)융복합지식학회 부회장(현), (사)한국스마트워터그리드학회 감사(현) ❷우수연구과제상(1996), 공로상(1998), 환경부장관표창(1999), 21C환경인물100인상(1999), 포스트 논문상(2001), 대한토목학회 기술상(2004), 대한상하수도학회 논문상(2004), 대한환경공학회 공로상, 국무총리표창(2006), 대한환경공학회 환경기술상(2008), 한국물환경학회 학술상(2009), 대통령표창(2014) ❷'환경(수질관리)기술사'(1992, 성안당) '환경영향 평가'(1996, 동화기술서적) '상수도의 생물-사진과 해설'(1996, 진리탐구) '최신 환경과학 동화기술서적'(1996, 동화기술서적) '상수도공학의 이론과 실제'(1998, 화인앤드) '상수도 시설의 유지관리 핸드북(共)'(2001) '상하수도 고도정수처리 기술(共)'(2002) '통합영향평가론(共)'(2002) '고도상수처리-원리 및 응용(共)'(2003) '환경영향평가(共)'(2003) '합류식 하수도 개선대책 가이드라인과 해설(共)'(2004) '수질오염개론(共)'(2007) '최신 상수도공학'(2008) '상수도의 누수방지 및 저감을 위한 교체공법 및 갱생기술 편람'(2008, SWRRC) '실무자를 위한 소독공정의 해석과 설계'(2009, 동화기술) '사람과 자연이 바라는 지속가능한 물 관리-KICT 브랜드 총서3(共)'(2011, 한국건설기술연구원) '도로 배수시설 설계 및 관리지침'(2012, 국토해양부) '건설문화를 말하다'(2013, 씨아이알)

이현무(李玄茂) Hyun Moo Lee

❷1958·9·7 ❸서울 ㈜서울 강남구 일원로81 삼성서울병원 비뇨기과(02-3410-3559) ❷1984년 서울대 의대졸 1988년 同대학원졸 1994년 의학박사(서울대) ❷1984~1988년 서울대병원 인턴·비뇨기과 레지던트 1989~1991년 국군수도병원 지도전문의 1991~1996년 충북대 의대 비뇨기과 전임강사·조교수 1996~2003년 원자력병원 비뇨기과장 1998~2002년 서울대 의대 초빙교수 2000~2001년 미국 UCLA대학병원 연수 2001~2002년 同교육수련부장 2003년 삼성서울병원 비뇨기과 전문의(현) 2004년 성균관대 의대 비뇨기과학교실 교수(현) 2005년 삼성서울병원 비뇨기암팀장 2007~2008년 미국 UC Irvine Medical Center 연수 2007년 대한전립선학회 이사 2008년 대한비뇨기조양학회 이사(현) 2009~2015년 삼성서울병원 삼성암센터 비뇨기암센터장 2009~2015년 同비뇨기과장 2009~2011년 대한전립선학회 회장 2010~2016년 삼성서울병원 로봇수술센터장 2011년 아시아태평양전립선학회 이사(현)

이현복(李炫馥) LEE Hyun Bok (한솔)

❷1936·10·26 ❷한산(韓山) ❸충남 대전 ㈜서울 관악구 낙성대역10길45 한·영말소리연구원(02-872-3841) ❷1955년 휘문고졸 1959년 서울대 언어학과졸 1965년 영국 런던대 대학원 음성·언어학과졸 1969년 음성·언어학박사(영국 런던대) ❷1959~1962년 국립중앙도서관 사서 1965~1966년 스웨덴 스톡홀름대·웁살라대 강사 1970~1979년 서울대 문리대 조교수·부교수 1975년 한국언어학회 총무이사 1976~2002년 대한음성학회 회장 1977년 일본 東京大 객원교수 1979년 한글학회 부회장·이사·평의원(현), 同명예이사(현) 1980~2002년 서울대 인문대 언어학과 교수 1981년 유네스코 한국위원회 문화분과위원 1984년 한국·인도·유럽언어학회 부회장 1985년 영국 런던대 초빙교수 1986년 서울대 어학연구소장 1987년 국제펜클럽 한국본부 전문이사 1988년 전국대학언어교육연합회 회장 1990~2005년 우경문화재단 이사 1990년 폴란드 바르샤바대 한국학 초빙교수 1992년 국제펜클럽 한국본부 부회장 1993년 문화체육부 국어심의위원회 한글분과위원 1995년 남방문화연구회 회장(현) 1997년 한국언어학회 회장 2002년 한·영말소리연구원 원장(현) 2002년 서울대 명예교수(현) 2002년 대한음성학회 명예회장 2004년 바르게말하기운동본부 대표회장(현) 2006년 한·일비교언어학회 회장(현) 2011년 세계언어의한글표기연구회 대표(현), 한글재단 이사(현) ❷대통령표창(1994), 세종문화상, 대영제국 상급훈작사(CBE), 영국여왕 CBE(Commander of the British Empire)훈장(1999) ❷'국제음성문자와 한글음성문자'(1981) '표준영어발음'(1982) '실용영어음성학'(1984) '한국어의 표준발음'(1988) '음성학' 'Korean Grammar'(1989) '한국어발음검사' '남북한 언어비교연구' '한국어 표준발음 사전-발음·강세·장단'(2002) ❷'중국어음성학' '표준영어발음' ❷천주교

이현복(李炫馥)

❷1974·7·10 ❸경기 수원 ㈜강원 강릉시 동해대로3288의18 춘천지방법원 강릉지원(033-640-1000) ❷1993년 효원고졸 1998년 서울대 법학과졸 ❷1998년 사법시험 합격(40회) 2001년 사법연수원 수료(30기) 2001년 공익 법무관 2004년 울산지법 판사 2007년 수원지법 평택지원 판사 2010년 수원지법 판사 2013년 서울중앙지법 판사 2013~2015년 법원행정처 홍보심의관 2016년 춘천지법 강릉지원 부장판사(현)

이현세(李賢世) LEE Hyun Se (牧庭)

[생]1956·5·5 [출]경북 포항 [주]서울 강남구 논현로62 세영빌딩302호(02-577-9336) [학]경주고졸 [경]1978년 월남전을 다룬 '저 강은 알고 있다'로 데뷔 1978년 '해저도시와 나비소녀'발간 1983년 '공포의 외인구단'발간 1988년 한국만화가협회 이사 1992년 同부회장 1996년 세종대 영상만화학과 교수, 同만화애니메이션학과 교수(현) 1997년 '천국의 신화'발간 1999년 한국만화가협회 부회장 1999년 스포츠서울에 '다크드래곤'연재 1999년 경찰청 '포돌이'제작 2001년 '천국의 신화'연재 2005년 '늑대의 피' 연재 2005~2007년 한국만화가협회 회장 2006년 문화콘텐츠교육센터 초대 대표교수 2006~2009년 한국간행물윤리위원회 위원 2009~2012년 한국만화영상진흥원 초대 이사장 [상]제4회 한국만화문화상 공로상(1994), 제3회 아시아만화인대회 특별상(1999), 제2회 고바우만화상(2002), 대한민국문화예술상(2005), 서울시문화상 문화산업분야(2006), 대한민국 만화·애니메이션·캐릭터 대상(2007), 대중문화예술상 대통령표창(2016) [저]'만화 세계사 넓게보기'(2011) '만화 삼국지'(2013, 녹색지팡이) 에세이 '인생이란 나를 믿고 가는 것이다'(2014, 토네이도) [작]'시모노세키의 까치머리'(1979) '오계절' '제5계절'(1981) '공포의 외인구단'(1982) '국경의 갈가마귀'(1982) '지옥의 링'(1983) '까치의 양지'(1984) '고교외인부대'(1985) '활'(1986) '떠돌이 까치'(1987) '사자여 새벽을 노래하라'(1987) '고독한 영웅' '며느리밥풀꽃에 관한 보고서'(1988) '아마게돈'(1988) '블루엔젤'(1988) '두목'(1988) '카론의 새벽'(1989) '춤추는 애벌레'(1989) '병아리 광시곡'(1990) '폴리스'(1992) '남벌'(1994) '황금의 꽃'(1995) '천국의 신화'(1997) '다크 드래곤'(1999) '만화한국사'(2005) '버디'(2007) '창천수호위'(2008) '비정시공'(2010) 위안부만화 '시선(共)'(2015)

이현세(李賢世) LEE Hyun Sai

[생]1960·3·3 [출]서울 [주]경북 경산시 하양읍 하양로13의13 대구가톨릭대학교 관현악과(053-850-3858) [학]1978년 배명고졸 1982년 서울대 음대 기악과졸, 미국 클리블랜드음악대 대학원졸 1990년 음악박사(미국 클리블랜드음악대) [경]1992~1994년 미국 마이낫주립대 조교수(바이올린) 1994~1998년 미국 이스턴일리노이주립대 조교수(바이올린) 1998~2001년 미국 그랜드밸리주립대 조교수(지휘) 2001~2005년 同부교수(지휘) 2002~2004년 대구시립교향악단 부지휘자 2005~2008년 同상임지휘자 2008~2010년 경북도립교향악단 상임지휘자 2010년 대구가톨릭대 관현악과 교수(현) 2012년 포항시립교향악단 지휘자 2014~2015년 광주시립교향악단 지휘자

이현수(李鉉秀) Hyun-Soo Lee

[생]1955·7·7 [주]서울 관악구 관악로1 서울대학교 공과대학 건축학과(02-880-7056) [학]1983년 서울대 건축공학과졸 1985년 同대학원 건축공학과졸 1988년 미국 미시간대 대학원 토목환경공학과졸 1992년 공학박사(미국 미시간대) [경]대림산업(주) 근무, 인하대 건축공학과 교수 1997년 서울대 공대 건축학과 교수(현) 2007~2009년 (사)한국건설관리학회 회장 2010~2012년 대한건축학회 총무담당 부회장 2012·2015년 삼성물산(주) 사외이사(현) [상]서울대 훌륭한 공대교수상 학술상(2015)

이현수(李鉉秀) Lee Hyun Soo

[생]1960·8·5 [출]경기 용인 [주]경기 용인시 처인구 중부대로1199 용인시청 행정문화국(031-324-2023) [학]1979년 유신고졸 2001년 한경대 행정학과졸 [경]1980년 공무원 임용(공채) 2001년 용인시 역삼동장 직대(지방행정주사) 2002년 同역삼동장(지방행정사무관) 2003년 同의회사무국 전문위원 2004년 同유림동장 2005년 同기흥구 민원봉사과장 2006년 同기흥구 자치행정과장 2007년 同주민생활지원국 사회복지과장 2008~2010년 同대외협력관 2010년 同자치행정과장 2010년 同처인구보건소 보건행정과장 2012년 同건설교통국 교통정책과장 2012년 同자치행정국 행정과장 2012~2013년 同의회 사무국장(지방서기관) 2013년 同문화복지국장 2015년 同복지여성국장 2015년 同행정문화국장(현) [상]녹조근정훈장(2014)

이현수(李賢洙)

[생]1973·4·11 [출]서울 [주]서울 서초구 서초중앙로157 서울고등법원(02-530-1114) [학]1992년 여의도고졸 1996년 서울대 사법학과졸 2000년 同대학원 법학과졸 [경]1995년 사법시험 합격(37회) 1998년 사법연수원 수료(27기) 1998년 軍법무관 2001년 서울지법 판사 2003년 同동부지원 판사 2005년 대전지법 판사 2007년 서울중앙지법 판사 2008년 인천지법 판사 2008년 同국제심의관 2009년 법원행정처 국제담당관 2010~2011년 同기획조정심의관 겸임 2011년 서울고법 판사 2013년 창원지법 통영지원 부장판사 2014년 서울고법 판사(현)

이현숙(李賢淑·女) Lee Hyun Sook

[생]1949·3·1 [주]서울 종로구 삼청로54 국제갤러리(02-735-8449) [학]1969년 중앙대 가정교육과졸 1995년 연세대 경영대학원 최고지도자과정 수료 1998년 同경영대학원 여성지도자과정 수료 2000년 이화여대 대학원 여성최고지도자과정 수료 [경]1979년 국제갤러리 회장(현) 2006~2009년 한국화랑협회 회장 2006~2009년 KIAF 운영위원장 [상]미국 미술시장전문지 아트+옥션(Art+Auction) 선정 '미술계 파워인물 100 파워 딜러'에 선정(2011·2013), 아트넷(Artnet) 선정 '올해 가장 존경 받는 아트딜러 29인'(2014), 아트넷 파워여성100인 선정(2014), 아트넷 미술계 영향력있는아트딜러 100인 선정(2014), 대한민국문화예술상 문화부문(2015), 아트리뷰 파워100인 선정(2015)

이현숙(李賢淑·女) LEE HYUN SOOK

[생]1962·2·5 [본]수안(遂安) [출]서울 [주]서울 마포구 성암로267 문화방송 편성제작본부(02-789-2571) [학]1980년 이화여고졸 1984년 상명여대 영어학과졸 1995년 연세대 언론홍보대학원 방송학과졸 [경]1984년 MBC 교양제작국 PD 1995년 同교양제작국 차장 2000년 同시사정보국 '피자의 아침'화요일 팀장 2001년 同시사제작국 5CP 2002년 同시사제작국 특임1CP(차장) 2002년 同시사제작2국 특임2CP 2003년 同시사교양국 시사교양3부 부장대우 2005년 同프로듀서5부장 2005년 同시사교양국 4CP(부장) 2005년 同시사교양국 특임3CP(부장급) 2008년 同시사교양국 PD수첩팀 CP(부장급) 2009년 同시사교양국 시사교양1부장 2011년 同시사교양국 부국장 2012년 同시사제작4부장 2012년 同특보 2013년 同시사제작국장 2014년 同편성제작본부 특임국장(현) [상]이달의 좋은프로그램상(1995), MBC 특별격려상(1997), 여성특별위원회 우수상(1999), 남녀평등방송상 최우수작품상(2002), 방송위원회 방송대상-정보공익부문(2005), 제18회 불교언론문화상 대상(2011) [작]'경찰청 사람들' 'PD수첩' '성공시대' '사과나무' '화제집중' '와! e멋진세상' 'MBC 스페셜' '타샤의 정원' '곰배령 사람들' '자연밥상 보약밥상' '법정스님 다큐 2부작' 등

이현숙(李玄淑·女)

[생]1964·6·15 [주]전북 전주시 완산구 효자로225 전라북도의회(063-280-4505) [학]수도여고졸 1986년 단국대 제적(3년) [경]전국여성노동조합 전북지부 사무장, 통합진보당 익산지역위원회 부위원장 2014~2015년 전북도의회 의원(비례대표, 통합진보당) 2014년 同운영위원회 위원 2014년 同환경복지위원회 위원 2015년 전북도의회 의원(헌재의 통합진보당 해산 결정에 따른 비례대표 자격 박탈 무효소송 승소, 무소속·민중연합당)(현) 2015년 同환경복지위원회 위원 2016년 同산업경제위원회 위원(현) 2016년 同예산결산특별위원회 위원(현) 2016년 同윤리특별위원회 위원(현)

이현숙(李賢淑·女) Lee Hyun Sook

[생]1967·8·10 [본]고성(固城) [출]서울 [주]서울 관악구 관악로1 서울대학교 생명과학부(02-880-9121) [학]1990년 이화여대 자연과학대 생물학과졸 1992년 서울대 대학원 생물학과졸 1999년 분자생물학박사(영국 케임브리지대) [경]1992~1996년 (재)목암생명공학연구소 연구원·선임연구원 2000~2002년 미국 Harvard Medical School·Univ. of Washington(Seattle) Post-Doc. 2001년 이화여대 분자생명과학부 연구조교수 2004~2013년 서울대 생명과학부 조교수·부교수 2008~2009년 同기초교육원 부원장 2013년 同생명과학부 교수(현) [상]제10회 마크로젠 여성과학자상(2014)

이현숙(李賢淑·女) Hyun-sook, Lee

[생]1971·7·5 [본]전주(全州) [출]대전 [학]1990년 충남여고졸 1995년 충남대 음악과졸 2002년 이탈리아 쥬세페 니콜리니 국립음악원졸 2003년 同최고연주자과정 이수 [경]성악가(현), 일칸토 오페라 앙상블 대표(현), 일칸토 보컬아카데미 대표(현), 대전시 수요브런치콘서트 예술감독(현) [상]Flabiano Labo 국제콩쿨 1위(2001), Gianni Poggi Borsa di Studio 2위(2001), Rhodense 국제콩쿨 특별상(2002), La Spezia di Sarzana 국제콩쿨 특별상(2002), Tito Gobbi 국제콩쿨 입상(2002)

이현순(李賢淳) LEE Hyun Soon

[생]1950 · 11 · 11 [본]광주(廣州) [출]서울 [주]서울 중구 장충단로275 (주)두산 부회장실(02-3398-0114) [학]1969년 서울고졸 1973년 서울대 기계공학과졸 1979년 미국 뉴욕주립대 대학원 기계공학과졸 1981년 기계공학박사(미국 뉴욕주립대) [경]1973~1977년 공군사관학교 교관 1984년 (주)현대자동차 부장 1989년 同이사대우 1993년 同이사 1996년 同상무이사 1999년 同남양연구소장(전무) 2000년 同파워트레인연구소장(전무) 2001년 同파워트레인연구소장(부사장) 2004년 한국자동차공학회 부회장 2004~2007 국가과학기술자문회의 위원 2005년 현대자동차(주) 연구개발총괄본부장(사장) 2006년 한국자동차공학회 회장 2006년 한국공학한림원 정회원(현) 2006년 서울대 · 한국공학한림원 선정 '한국을 일으킨 엔지니어 60인' 2009~2011년 현대자동차(주) 연구개발총괄본부담당 부회장 2009년 한국산업기술진흥협회 최고기술책임자(CTO)클럽 공동대표간사(현) 2010년 지식경제부 지식경제R&D전략기획단 고문 2010년 同에너지위원회 위원 2010~2012년 국가과학기술위원회 민간위원 2011년 서울대 기계항공공학부 초빙교수 2012~2013년 국가경제자문위원회 위원 2014년 (주)두산 부회장(현) 2014년 한국뉴욕주립대 석좌교수(현) 2015년 학교법인 울산공업학원(울산대 · 울산과학기술원) 이사장(현) [상]조선일보 환경대상 환경과학기술대상, 전국발명대회 대통령표창, 울산상공회의소회장 특별공로상, IR52 장영실상, 정진기언론문화상 대상, 금탑산업훈장, IMI 경영대상, 상허대상(2007), 한국산업기술진흥협회 기술경영인상(2008), 서울대 공대동문상(2008), 올해의 자랑스러운 서울인(2009), 제13회 한국공학한림원상 대상(2009), 대한민국 최고과학기술인상(2009) [종]불교

이현승(李炫昇) LEE Hyun Seung

[생]1966·11·11 [출]서울 [주]서울 강남구 삼성로511 골든타워 코람코자산운용(주) 임원실(02-787-0101) [학]1984년 서울고졸 1988년 서울대 경영학과졸 1991년 同행정대학원졸 1993년 同대학원 행정학 박사과정 수료 1997년 미국 하버드대 Law School 국제조세과정 수료 1998년 同J.F. Kennedy School졸 [경]1988년 행정고시 합격(32회) 1989년 중앙공무원교육원 연수 1991~1994년 경제기획원 경제기획국 동향분석과 근무 1994년 공정거래위원회 총괄정책국 총괄정책과 근무 1996년 재정경제원 예산실 재정계획과 근무 1998~2001년 재정경제부 장관비서관 2001~2002년 A.T. Kearney경영컨설팅 이사 2002년 Merrill Lynch Investment Banking 이사 2003년 GE Korea 상무이사 2004년 同전무이사 2006년 GE에너지코리아 대표이사 사장 2008~2013년 SK증권 대표이사 사장 2015년 KB자산운용 사외이사 2015년 (주)코람코자산운용 대표이사 사장(현) [상]부총리 겸 경제기획원장관표창(1992), 미국 하버드대 공로상(1998) [저]'늙어가는 대한민국-저출산 고령화의 시한폭탄'(2003)

이현식(李賢湜) Lee Hyun Seek

[생]1960·7·30 [본]전주(全州) [출]대전 [주]대전 유성구 유성대로1548 정보통신기술진흥센터 감사실(042-612-8020) [학]1979년 대전고졸 1983년 인하대 산업공학과졸 1998년 충남대 대학원 산업공학과졸 2015년 대전대 대학원 융합컨설팅학 박사과정 중 [경]1986~1997년 한국전자통신연구원 선임연구원 1997~2009년 정보통신연구진흥원 책임연구원(사업전략실장·기술개발사업단장·중소기업지원단장·경영지원단장) 2007~2008년 대덕연구개발특구지원본부 파견(전문위원) 2009~2013년 정보통신산업진흥원 경영관리단장·기금관리단장·기업지원단장 2013~2015년 同창조기반조성본부장 2015년 정보통신기술진흥센터 연구위원 2016년 同감사실장(현) [상]대통령표창(2000)

이현오

[생]1961 · 8 [출]서울 [주]서울 강동구 상일로6길26 삼성엔지니어링 임원실(02-2053-3000) [학]충남기계공고졸, 홍익대 기계공학과졸 [경]1987년 삼성엔지니어링 입사 2009년 同석유화학사업본부 PM 2010년 同석유화학사업본부 PM(상무) 2011년 同Global지원팀장 2013년 同RM · PMO팀장 2013년 同프로젝트관리팀장 2015년 同전무(현)

이현우(李賢雨) LEE Hyeon Woo

[생]1954 · 6 · 17 [주]서울 서대문구 통일로87 임광빌딩신관7층 농협물류 비서실(02-2131-2131) [학]선린상고졸 1983년 경기대 경영학과졸 1987년 고려대 경영대학원졸 [경]2001년 대한통운(주) 동해지점장(이사대우) 2005년 同영업2팀장(이사대우) 2005년 同TPL본부장(이사) 2007년 同인천지사장(이사) 2007년 同인천지사장(상무) 2008년 同부산지사장(상무) 2011년 同부산지사장(전무) 2012~2013년 CJ대한통운 대표이사 2012~2013년 한국항만물류협회 회장 2012년 한국관세물류협회 회장 2013~2015년 CJ대한통운 경영고문 2013~2014년 녹색물류학회 회장 2015년 (주)농협물류 대표이사 사장(현) [상]해양수산부장관표창, 은탑산업훈장(2012) [종]기독교

이현우(李賢雨) Lee, Hyun Woo

[생]1957 · 1 · 25 [출]전북 군산 [주]서울 종로구 율곡로2길7 서머셋팰리스서울4층 한국스포츠경제(02-725-6007) [학]대신고졸, 동국대 경찰행정학과졸 [경]1999년 서울경제신문 부동산부장 겸 사회문화부장 2001년 同건설부동산부장 · 산업부장 2002년 同증권부장 2003년 경제 · 금융담당 총괄부국장 · 증권부장(부국장대우) 2004년 同논설위원(부국장대우급) 2006년 同논설위원(부국장급) 2012년 법률방송 부사장 2013년 더데일리포커스 편집국장 2013년 포커스신문 및 경제투데이 총괄편집국장(전무) 2015년 한국스포츠경제 대표이사 겸 발행인(현)

이현우(李炫雨 · 女)

[생]1966 · 10 · 15 [출]서울 [주]서울 서초구 서초중앙로157 서울고등법원(02-530-1114) [학]1985년 제천 의림여고졸 1989년 서울대 서양사학과졸 1994년 同대학원 법학과 수료 [경]1995년 사법시험 합격(37회) 1998년 사법연수원 수료(27기) 1998년 서울지법 서부지원 판사 2000년 서울지법 판사 2002년 대구지법 포항지원 판사 2005년 수원지법 판사 2007년 서울중앙지법 판사 2009년 서울고법 판사 2011년 서울서부지법 판사 2013년 부산지법 부장판사 2014년 서울고법 판사(현)

이현우(李賢雨) LEE Hyeon Woo

[생]1970 · 4 · 18 [출]서울 [주]충북 청주시 서원구 산남로62번길51 청주지방법원(043-249-7114) [학]1989년 양정고졸 1994년 성균관대 법학과졸 [경]1993년 사법시험 합격(35회) 1996년 사법연수원 수료(25기) 1999년 청주지법 판사 2002년 인천지법 판사 2005년 서울서부지법 판사 2007년 서울중앙지법 판사 2008년 서울고법 판사 2010년 서울남부지법 판사 2011년 대전지법 부장판사 2011년 대구지법 부장판사 2013년 대전지법 부장판사 2016년 청주지법 부장판사(현)

이현웅(李顯雄) Lee Hyun Woong

[생]1963 · 1 · 6 [본]전주(全州) [출]전북 남원 [주]세종특별자치시 다솜로261 국무조정실 새만금사업추진지원단 정책기획과(044-200-1902) [학]1981년 전북대사대부고졸 1985년 전북대 행정학과졸 1988년 同행정대학원 행정학과 수료 [경]2000년 전주시 정보영상과장 2003년 同문화관광과장 2003~2004년 전국시장 · 군수 · 구청장협의회 사무국장 2004년 전주시 문화경제국장 2006년 同덕진구청장 2006년 전북도 전략산업과장 2009년 同투자유치국장 2010년 同민생일자리본부장 2011~2012년 새만금군산경제자유구역청 산업본부장 2012~2013년 전북도 문화체육관광국장 2014년 대통령소속 국민대통합위원회 지역소통부장 2014년 행정자치부 선거의회과장 2016년 국무조정실 새만금사업추진지원단 정책기획과장(현)

이현재(李賢宰) LEE Hyun Jae

[생]1929 · 12 · 20 [본]전주(全州) [출]충남 홍성 [주]서울 관악구 관악로1 서울대학교(02-880-5114) [학]1953년 서울대 상대졸 1969년 경제학박사(서울대) [경]1961~1988년 서울대 교수 1971~1972년 미국 피츠버그대 객원교수 1975~1979년 서울대 경제연구소장 1979년 同사회과학대학장 1980~1983년 同부총장 1981년 대한민국학술원 회원(경제학 · 현) 1983~1985년 한국경제학회 회장 1983~1985년 서울대 총장 1985년 한국경제학회 명예회장(현) 1988년 국무총리 1989~1992년 대통령 교육정책자문위원장 1989~1995년 한국정신문화연구원 원장 1994~1998년 한국행정연구원 이사장 1995~1996년 도산서원 원장 1995년 서울대 명예교수(현) 1996~2000년 대한민국학술원 회장 1997년 중국 사회과학원 명예고급연구원 1997~2014년 (재)호암재단 이사장 1997~2012년 덕천서원 원장 2000년 중국 랴오닝대 명예교수(현) 2001~2005년 한국정신문화연구원 이사장 [상]국민훈장 목란장, 국민훈장 무궁화장, 제1회 자랑스런 성남인상, 자랑스러운 서울대인(2007), 한국경영인협회 제11회 대한민국 가장 존경받는 기업인 · 가장 신뢰받는 기업(2013) [저]'경제발전론' '자본시장과 주식분산' '경제성장과 국민소득 구조변동' '한국경제론' '재정경제학' '재정학'

이현재(李賢在) LEE Hyun Jae

(생)1949 · 4 · 25 (출)충북 보은 (주)서울 영등포구 의사당대로1 국회 의원회관432호(02-784-8071) (학)1968년 청주고졸 1973년 연세대 전자공학과졸 1976년 서울대 행정대학원졸 1987년 미국 USC 행정대학원졸 2007년 명예 경영학박사(한국산업기술대) 2009년 경영학박사(건국대) (경)1976~1985년 국무총리실 근무 1987년 대통령 정무수석비서관실 과장 1990~1993년 상공부 조선과장 · 총무과장 1993년 상공자원부 제철과장 1994년 통상산업부 기획예산담당관 1997년 同공보관 1997년 同전력심의관 1998년 산업자원부 전력심의관 1998년 駐일본 상무관 2001년 산업자원부 산업기술국장 2002년 새천년민주당 정책위원회 수석전문위원 2003년 대통령직인수위원회 경제2분과 수석전문위원 2003년 산업자원부 기획관리실장 2004년 대통령 산업정책비서관 2006~2008년 중소기업청장 2008년 제18대 국회의원선거 출마(하남시, 한나라당) 2008년 한나라당 하남시당원협의회 운영위원장 2009년 중소기업중앙회 기업정책분야 자문위원 2010년 한나라당 제2사무부총장 2011년 同정책위원회 국토해양정책조정부위원장 2011~2013년 미국 뉴욕주립대 겸임교수 2012년 새누리당 하남시당원협의회 운영위원장(현) 2012년 제19대 국회의원(하남시, 새누리당) 2012~2013년 새누리당 원내부대표 2012년 국회 지식경제위원회 위원 2012년 국회 운영위원회 위원 2013년 제18대 대통령직인수위원회 경제2분과 간사 2013년 국회 산업통상자원위원회 위원 2013년 국회 예산결산특별위원회 위원 2013년 새누리당 제4정책조정위원회 간사 2014년 국회 통상관계대책특별위원회 위원 2014~2015년 새누리당 정책위원회 부의장 2014년 同경제혁신특별위원회 공기업개혁분과 위원장 2014~2015년 국회 예산결산특별위원회 예산안조정소위원회 위원 2014년 새누리당 중소기업소상공인특별위원회 수석부위원장 2015~2016년 同정책위원회 민생119본부 부본부장 2015년 同국민천제추진TF 위원 2016년 제20대 국회의원(하남시, 새누리당)(현) 2016년 국회 기획재정위원회 간사(현) 2016년 국회 민생경제특별위원회 위원(현) 2016년 새누리당 중소 · 중견기업특별위원회 위원장(현) (상)황조근정훈장(2003), 법률소비자연맹 선정 국회 헌정대상(2013) (제)'나는 현장에서 희망을 본다'(2008) '하남의 꿈'(2011)

이현재(李玄宰) RHEE Hyun Jae

(생)1955 · 9 · 20 (본)충북 음성 (주)충북 청주시 청원구 대성로298 청주대학교 경상대학 경제학과(043-229-8184) (학)1977년 홍익대 전기공학과졸 1979년 경희대 대학원졸 1989년 미국 유타주립대 대학원졸 1994년 경제학박사(미국 위스콘신대 밀워키교) (경)1983~1986년 한국산업경제연구원 선임연구원 1986년 IBRD 항만관련 자문 1992~1994년 미국 위스콘신대 밀워키교 강사 1994~1996년 한국산업경제연구원 정책연구실장 1996년 청주대 경상대학 경제학과 교수(현) 1996~1997년 청주MBC '생활과 경제' MC 1999년 청주대 경제통상학부장 1999년 한국은행 객원연구원 2000년 청주MBC 객원해설위원 2000년 통계청 자문위원 2001~2005년 중부매일 논설위원 2002년 한빛일보 논설위원 2002년 세계인명사전(마르퀴스 · 바론즈)에 프로필 등재 2002~2003년 청주대 대외협력실장 2004년 同경제학과장 2005년 국제지역학회 이사 2008~2009년 청주대 경상대학장 2008~2010년 同산업경영연구소장 (제)'경제발전론(共)'(1996) '충북산업론 : 충북주요산업의 현황과 특성(共)'(2002) (영)'Introduction to Economics(共)'(2006) (종)기독교

이현조(李玄祚) LEE Hyun Jo

(생)1968 · 6 · 15 (본)전남 영암 (주)대전 서구 청사로189 중소기업청 공공구매판로과(042-481-4374) (학)1986년 광주고졸 1993년 서울대 경영학과졸 2009년 미국 미주리주립대 행정대학원졸 (경)1996년 행정고시 합격(40회) 2005년 중소기업청 창업벤처정책과 서기관 2006년 同기술지원국 기술정책과 서기관 2006년 同기술경영혁신본부 기술개발팀장 2010년 同소상공인정책국 동반성장과장 2010년 同소상공인정책국 소상공인지원과장 2012년 同경영지원국 공공구매판로과장 2013년 同중소기업정책국 기업금융과장 2013년 대통령소속 청년위원회 파견 2014년 중소기업청 경영판로국 인력개발과장 2015년 同소상공인정책국 소상공인정책과장 2016년 同경영판로국 공공구매판로과장(현)

이현종(李賢鍾) Lee Hyeon Jong

(생)1949 · 9 · 19 (주)강원 철원군 갈말읍 삼부연로51 철원군청 군수실(033-450-5201) (학)신철원농고졸, 서울시립대 도시과학대학원 도시행정학과졸 (경)강원도 민방위과장, 행정자치부 노근리지원단 지원과장, 강원 철원군 부군수, 철원군사회복지협의회 회장, DMZ세계평화공원철원유치위원회 위원장 2014년 강원 철원군수(새누리당)(현) 2015년 (재)강원철원장학회 이사장(현) (상)지방자치행정대상(2016)

이현주(李賢主) LEE Hyun Ju

(생)1956 · 3 · 6 (주)서울 서대문구 통일로81 동북아역사재단 사무총장실(02-2012-6009) (학)1979년 서울대 무역학과졸 1986년 일본 와세다대 연수 2007년 중국 외교학원 연수 (경)1979년 외무고시 합격(13회) 1979년 외무부 입부 1987년 駐일본 2등서기관 1989년 駐폴란드 1등서기관 1995년 외무부 경제협력1과장 1997년 한반도에너지개발기구(KEDO) 파견 1999년 외교통상부 연구실담당심의관 2000년 同통상정보지원팀장 2001년 同다자통상국담당 제2심의관 2001년 駐미국 참사관 2004년 한국국제협력단 이사 2007년 駐중국 공사 2010년 외교통상부 본부 근무(고위공무원) 2011년 同국제안보대사 2011~2015년 駐오사카 총영사 2015년 동북아역사재단 사무총장(현) (상)녹조근정훈장(1997), 홍조근정훈장(2015) (제)'햇불과 촛불'(2004, 조선일보)

이현주(李賢周) LEE Hyun Joo

(생)1957 · 1 · 8 (본)전주(全州) (출)충남 공주 (주)서울 서초구 반포대로201 한국도서관협회 사무총장실(02-535-4868) (학)1986년 한성대 도서관학과졸 2002년 연세대 대학원 문헌정보학과졸 2008년 한성대 대학원 문헌정보학 박사과정 수료 (경)1987~2005년 한국도서관협회 총무부장 2005~2007년 세계도서관정보대회조직위원회 사무처장 2007~2008년 한국도서관협회 정책사업본부장 · 회원지원부장 2009년 同사무총장(현) (상)문화포장(2007)

이현주(李賢柱) Lee Hyun Joo

(생)1959 · 8 · 6 (출)대전 (주)대전 서구 둔산로100 대전광역시청 정무부시장실(042-270-2020) (학)1978년 대전고졸 1982년 서울대 법학과졸 1986년 同대학원 법학과졸 1992년 同대학원 법학과 박사과정 수료 1998년 미국 조지타운대 대학원졸(LL.M.) (경)1990년 사법시험 합격(32회) 1993년 사법연수원 수료(22기) 1993년 변호사 개업, 법무법인 새날로 변호사 1996~1997년 미국 코넬대 방문연구원 1998년 미국 뉴욕주 변호사시험 합격 1999~2006년 충남지방노동위원회 심판담당 공익위원 2000~2003년 대전참여자치시민연대 작은권리찾기운동본부장 2000~2001년 한남대 법과대학 겸임교수 2000~2006년 전국민주노동조합총연맹 대전충남지역본부 고문변호사 2000~2006년 대전시 행정심판위원회 위원 2001~2002년 대전지방변호사회 인권이사 2001~2003년 문화재청 고문변호사 2002~2005년 하나은행 충청사업본부 고문변호사 2003~2006년 대전지법 조정위원 2003~2006년 대전참여자치시민연대 집행위원장 2003~2006년 대전지방국세청 법률고문 2003~2006년 국무총리소속 행정심판위원회 위원 2006년 대전시교육청 특수교육운영위원회 위원 2006년 동부화재 고문변호사 2006년 대전평화방송 시청자위원회 위원 2006~2007년 법무부 인권정책과장 2008년 중도일보 독자위원회 위원 2008년 유성문화원 이사, 민주사회를위한변호사모임(민변) 대전 · 충청지부장 2015년 세종특별자치시 감사위원회 위원 2016년 대전시 정무부시장(현) (종)천주교

이현주(李顯周)

(주)대구 수성구 달구벌대로496길30 KBS 대구방송총국(053-757-7100) (학)한국외국어대 경제학과졸, 영국 웨일즈대 대학원 언론학과졸 (경)1988년 중앙일보 입사 1990년 한국방송공사(KBS) 입사 1993년 同정치부 기자 1999년 同경제부 기자 2002년 同보도제작국 기자 2004년 同경제부 취재2팀 기자, 同ITV 경제전망대 앵커, 同2TV 경제투데이 앵커, 同라디오 시사플러스 앵커 2006년 同워싱턴특파원 2009년 同보도국 국제부장 2011년 同보도본부 보도국 뉴스제작1부장 2013년 同보도본부 보도국 경제부장 2013년 同보도본부 보도국 편집주간 2014년 同보도본부 해설위원(국장급) 2015년 同보도본부 시사제작국장 2016년 同제작본부 TV프로덕션2담당(국장급) 2016년 同대구방송총국장(현) (상)한국기자협회 이달의 기자상(2008), 제10회 한국참언론인대상 경제부문(2014) (제)'뛰는 로비기자 나는 언론 플레이'(1998) '숨겨진 미국'(2010) (종)기독교

이현준(李鉉濬) LEE Hyun Joon

(생)1955 (본)경주(慶州) (출)경북 예천 (주)경북 예천군 예천읍 군청길33 예천군청 군수실(054-654-3400) (학)1974년 대창고졸 1979년 단국대 법정대학 행정학과졸 1982년 고려대 경영대학원 석사과정 수료 (경)2002~2010년 경북도의회 의원(한나라당) 2006~2008년 同기획경제위원장 2008~2009년 同정책연구위원회 위원장 2009~2010년 同도청이전전위특별위원회 위원장 2010년 경북 예천군수(한나라당 · 새누리당) 2010년 한국중고양궁연맹 회장(현) 2014년 경북 예천군수(새누리당)(현) (상)공감경영 2015 대한민국 CEO대상(2015), 대한민국을빛낸21세기한국인상 지방자치행정공로부문 대상(2016)

이현찬(李鉉贊) LEE Hyun Chan

[생]1961·5·30 [주]서울 중구 덕수궁길15 서울특별시의회(02-3705-1044) [학]전북과학대학 관광일본어과졸, 한양대 대학원 행정학과졸 [경]서울시 은평구선거관리위원회 위원, 은평구청소년육성회 회장, 은평구청소년유해환경감시단 단장, 은평구 불광1동마을문고 회장, 한국법정신문 편집위원, 민주평통 자문위원, 참여자치연구포럼 공동대표, 은평구청 행정사무감사위원장, 은평경찰서 청소년보호위원장, 세기종합건설 감사 2006·2010~2014년 서울시 은평구의회 의원(민주당·민주통합당·민주당·새정치민주연합), 同행정복지위원회 위원장 2010~2012년 同의장 2012년 同행정복지위원회 위원 2014년 서울시의회 의원(새정치민주연합·더불어민주당)(현) 2014~2015년 同행정자치위원회 부위원장 2014~2015년 同예산결산특별위원회 위원 2016년 同보건복지위원회 위원(현) [종]기독교

이현철(李炫哲)

[생]1964·3·3 [출]경북 의성 [주]경기 수원시 영통구 월드컵로120 수원지방검찰청 제2차장검사실(031-210-4313) [학]1983년 대구 영신고졸 1990년 고려대 법학과졸 [경]1993년 사법시험 합격(35회) 1996년 사법연수원 수료(25기) 1996년 대구지검 검사 1998년 同경주지청 검사 1998년 同포항지청 검사 2000년 수원지검 검사 2002년 서울지검 의정부지청 검사 2004년 서울중앙지검 검사 2007년 대검찰청 검찰연구관 2009년 사법연수원 교수 2011년 대검찰청 공안3과장 2012년 同공안부 공안1과장 2013년 서울동부지검 형사5부장 2014년 서울중앙지검 공안1부장 2015년 부산지검 형사1부장 2016년 수원지검 제2차장검사(현)

이현철(李泫澈) LEE Hyun Cheol

[생]1965·3·17 [출]부산 [주]서울 종로구 청계천로41 한국자금중개(주)(02-3706-8201) [학]1983년 부산중앙고졸 1987년 서울대 경영학과졸 1993년 同대학원 행정학과졸 2002년 미국 위스콘신대 경영전문대학원졸(MBA) [경]1999년 공정거래위원회 정책국 총괄정책과 서기관 2002년 同경쟁국 유통거래과 서기관 2002년 재정경제부 국제금융국 국제기구과 서기관 2004년 국제통화기금(IMF) 이사실 파견 2007년 재정경제부 금융정책국 금융허브협력과장 2008년 금융위원회 금융정책국 글로벌금융과장 2009년 同자본시장국 자산운용과장 2009년 同자본시장과장 2010년 대통령자문 국가경쟁력강화위원회 금융선진화팀장 2011년 중앙공무원교육원 고위정책과정 파견 2012년 지식경제부 우정사업본부 보험사업단장 2013년 미래창조과학부 우정사업본부 보험사업단장 2014년 금융위원회 자본시장국장 2015년 同기획조정관 2015~2016년 同증권선물위원회 상임위원 2016년 한국자금중개(주) 대표이사 사장(현)

이현철(李賢喆) Hyun Chul LEE

[생]1967·1·1 [출]대구 [주]서울 중구 을지로5길19 법무법인 기현(02-778-6200) [학]1985년 대구 달성고졸 1989년 서울대 사법학과졸 2001년 미국 하버드대 로스쿨졸 2003년 법학박사(미국 하버드대 로스쿨) [경]1988년 사법시험 합격(30회) 1991년 사법연수원 수료(20기) 1991~1994년 공군 법무관 1994년 서울민사지법 판사 1995년 서울지법 판사 1997년 공인회계사시험 합격, 김앤장법률사무소 변호사 2003~2005년 재정경제부 금융협력전문가포럼 위원 2003·2008년 미국 하버드대 로스쿨 강사 2008년 법무부 경영권방어법제개선위원회 위원(현) 2011~2016년 한국항공우주산업(주) 사외이사 2011~2015년 학교법인 중앙대 감사 2016년 법무법인 기현 대표변호사(현) [상]사법연수원장표창, Heyman Center on Corporate Governance 논문대회 1등(2002)

이현청(李鉉淸) LEE Hyun Chong

[생]1948·1·26 [본]전주(全州) [출]전남 장흥 [주]서울 성동구 왕십리로222 한양대학교(02-2220-2641) [학]광주고졸 1975년 한양대 사범대학 교육학과졸 1980년 미국 사우스일리노이대 대학원졸 1983년 철학박사(미국 사우스일리노이대) 2000년 명예 인문학박사(미국 인디애나 트라이스테이트대) [경]1979년 문교부 교육정책심의회 연구원 1982~1983년 미국 사우스일리노이대 조교수 1983년 미국 미시간대 연구원 1984~1991년 부산대 사범대학 교육학과 교수 1985~1989년 미국 사우스캐롤라이나대 사범대학 교수 겸임 1989~1990년 부산대 교육대학원 교육행정학과 주임교수 1990년 同교직부장 1991년 미국 버클리대 객원연구원 1993년 한국대학교육협의회 고등교육연구소장 1997~2000년 UNESCO 아태지역 학력상호인정위원회 위원장 1998~2006년 한국대학 교육협의회 사무총장 1998년 UNESCO 대학간 학력인정총회 세계의장 1998~2000년 아·태지역고등교육협력기구(UMAP) 의장 2000~2012년 KBS 객원해설위원 2001~2006년 미국 고등교육평가인정위원회(CHEA) 국제이사 2001년 한국비교교육학회 회장 2005년 한국대학평가학회 회장(현) 2005~2006년 감사원 자치행정감사자문위원장, OECD 집행이사 2006년 호남대 총장 2006~2009년 한국과학재단 비상임이사 2008년 글로벌교육포럼 회장(현) 2008~2011년 상명대 총장 2009년 오스트레일리아 대학 및 고등교육평가기관(AUQA) 평가위원(현) 2010년 미국 세계인명사전 '마르퀴즈후즈후'2011년판에 등재 2010~2012년 한국대학총장협의회 회장 2010~2012년 다문화공동체진흥원 이사장 2010~2012년 영국 케임브리지 국제인명센터(IBC) 인명사전에 등재 2011년 同 '21세기 2000명의 탁월한 지식인(2000 Outstanding Intellectuals of the 21st Century)'에 선정 2011년 同 '세계 100대 교육자'에 선정 2011년 同아시아지역 대표(DDG)(현) 2011년 미국 인명연구소(ABI) '21세기의 탁월한 지성(Great Minds of the 21st Century)'에 선정 2011년 同석학회원 2011년 한양대 석좌교수(현) 2011~2012년 한·중·일고등교육교류전문가위원회 전문위원 2012년 자유선진당 공천심사위원장 [상]국민훈장 모란장(2001), 대한민국 CEO 대상(2009), 글로벌 CEO 코리아(2010), 미국 인명연구소 세계업적상(2010·2011·2012), ABI 국제업적상(2011), 자랑스러운 한양인상(2011) [저]'교육사회학' '학습하는 사회' '교육사회학 이론과 전망' '한국의 대학생' '미국교육의 반성' '21세기를 대비한 대학의 생존전략' '학생소비자 시대의 대학' '교수업적평가론' '사회교육학서설' '사회교육방법론' '학생소비자 시대/개방시대의 대학' '21세기와 함께하는 대학' '전환기대학개혁론' '대학평가론' 'Virtual University : the Future of University?' '교육사회학의 통합적 이해' '현대사회와 평생학습' '칼럼으로 읽는 교육' [종]기독교

이현호(李賢虎) LEE Hyun Ho

[생]1951·4·7 [출]전북 군산 [주]전북 군산시 대학로 250,3층301호 화양예선(063-467-6006) [학]1968년 군산고졸 1977년 고려대 철학과졸 [경]1983~1990년 무릉건설 대표이사 1988년 계성트레일러(주) 이사 1990년 同대표이사 1993년 서해훼리(주) 대표이사 1994년 계림해운(주) 대표이사 사장 2002년 화양해운(주) 대표이사, (유)화양예선 대표이사(현) 2011년 전북도 도정자문위원회 위원(현) 2011년 법무부 범죄예방군산·익산지역협의회 위원(현) 2011년 (사)전북경제살리기도민회의 공동대표(현) 2011년 군산시 투자유치위원회 위원(현) 2011년 한국자유총연맹 군산시지회 운영위원(현) 2012년 군산시자원봉사센터 고문(현) 2012년 (재)전북테크노파크 이사(현) 2012년 (사)전북새만금산학융합본부 이사(현) 2012~2016년 군산상공회의소 회장

이현호(李鉉鎬) Lee Hyunho

[생]1951·4·18 [주]경기 수원시 팔달구 효원로1 경기도의회(031-8008-7000) [학]신동신정보산업고졸, 극동정보대학 디지털경영학과졸 [경]대한사료 이천대리점 대표, 이천중앙로타리클럽 회장, 수원지법 여주지원 이천시법원 조정위원회 위원, 대한적십자사 이천구만리봉사회 회장, 이천경찰서 경찰행정발전위원회 회장, 이천중앙로타리클럽 회장, 경기새마을문고 이천시지부장, 여주교도소 복지분과위원장 2002·2006~2010년 경기 이천시의회 의원 2004년 同자치행정위원장 2006년 同부의장 2008~2010년 同의장, 새누리당 경기도당 부위원장, 국민생활체육회 이천시배드민턴연합회 회장(현) 2014년 경기도의회 의원(새누리당)(현) 2014·2016년 同기획재정위원회 위원(현) 2015년 同수도권상생협력특별위원회 위원(현) 2016년 同예산결산특별위원회 위원(현) [상]문화체육관광부장관표창(2016)

이현호(李炫昊) Lee Hyeonho

[생]1963·4·8 [본]벽진(碧珍) [출]대전 [주]대전 서구 청사로189 조달청 운영지원과(070-4056-7006) [학]1981년 충남고졸 1989년 중앙대 정치외교학과졸 [경]2003년 조달청 정보기획과·구매제도팀·정보기술팀 사무관 2010년 同시설총괄과 서기관 2011년 同청장 비서관(과장급) 2012년 충북지방조달청장 2012년 조달청 정보기획과장 2014년 同시설총괄과장 2016년 同운영지원과장(부이사관)(현) [상]국무총리표창(1996), 대통령표창(2013)

이현환(李賢煥) LEE Hyun Hwan

[생]1958·9·10 [주]경기 용인시 처인구 모현면 외대로81 한국외국어대학교 생명공학과(031-330-4280) [학]1981년 서울대 생물교육학과졸 1983년 同대학원 분자생물학과졸 1990년 분자생물학박사(서울대) [경]1983~1986년 제일제당(주) 종합연구소 주임연구원 1986~1987년 미국 Eugene Tech. International, Allendale, N.J. 주임연구원 1987~1990년 제일제당(주) 종합연구소 생명

공학실 선임연구원 1990~1993년 同종합연구소 유전공학팀장 1993년 한국외국어대 자연과학대학 생명공학과 교수(현) 1999~2001년 (주)디지탈바이어텍 대표이사 2006년 한국미생물학회 기획위원장 2006년 (주)메디프론디비티 비상근이사 2008~2009년 한국외국어대 용인캠퍼스 행정지원처장 2012~2014년 同글로벌캠퍼스 부총장 [상]매일경제신문 IR52 장영실상(1991), 제일제당 기술대상(1992) [저]'인간과 생명과학(共)'(1999) '생명과학의 이해(共)'(2001) '환경과학의 이해(共)'(2004) '미생물학 길라잡이 6판'(2009)

이 협(李 協) LEE Hyup

[생]1941·4·19 [본]전주(全州) [출]황해 서흥 [학]1960년 남성고졸 1970년 서울대 법대졸 [경]1970~1979년 중앙일보 기자 1979년 신민당 김대중상임고문 공보비서 1980~1982년 5·17조치로 투옥 1984년 민주화추진협의회 대변인 1985년 신민당 중앙상무위원·당보주간 1987년 평화민주당(평민당) 발기인·당보 주간 1988년 同정책연구실장 1988년 제13대 국회의원(이리, 평민당·신민당·민주당) 1991년 민주당 원내의사담당 부총장 1992년 제14대 국회의원(이리, 민주당·국민회의) 1993년 민주당 홍보위원장 1994년 同원내수석부총무 1996년 제15대 국회의원(익산乙, 국민회의·새천년민주당) 1997년 국민회의 연수원장 1998년 국회 문화관광위원장 2000~2004년 제16대 국회의원(익산, 새천년민주당) 2000년 새천년민주당 총재비서실장 2000년 한·러의원외교협회 회장 2001년 새천년민주당 사무총장 2002년 (사)민주화추진협의회 공동부이사장 2002~2003년 새천년민주당 최고위원 2003년 同21세기국정자문위원장 2004년 同전북도당 위원장 2013~2015년 대한민국헌정회 이사 2015년 새정치민주연합 고문 [저]수상록 '삶의 정치' [종]기독교

이형관(李炯貫) LEE Hyung Gwan

[생]1959·1·1 [본]경주(慶州) [출]경북 울릉 [주]경기 고양시 일산동구 호수로596 MBC플러스미디어(031-995-0011) [학]1977년 영남고졸 1983년 영남대 영어영문학과졸 [경]1986년 MBC 스포츠국 스포츠제작부 기자 1999년 同스포츠취재부 차장 2003년 한국체육기자연맹 부회장 2006년 MBC 스포츠취재부 부장대우 2008년 同보도국 스포츠취재팀장 2009년 同보도국 스포츠취재부장 2011년 同보도국 편집2부장 2012년 同보도국 부국장 2013~2015년 同보도본부 스포츠국장 2015년 MBC플러스미디어 스포츠이사(현)

이형관(李炯官) Lee, Hyung Kwan

[생]1973·7·21 [출]경북 경주 [주]충북 청주시 서원구 산남로70번길51 청주지방검찰청(043-299-4000) [학]1992년 포항제철고졸 1997년 서울대 사법학과졸 [경]1997년 사법시험 합격(39회) 2000년 사법연수원 수료(29기) 2000년 울산지검 검사 2002년 대구지검 김천지청 검사 2004년 서울북부지검 검사 2007년 대구지검 검사 2011년 수원지검 성남지청 검사 2012년 사법연수원 교수 2014년 서울중앙지검 부부장검사 2015년 인천지검 강력부장 2016년 청주지검 부장검사(현)

이형국(李炯國) Lee, Hyung-kook

[생]1938·1·24 [출]서울 [주]서울 서초구 반포대로37길59 대한민국학술원(02-3400-5220) [학]성균관대 법정대 법률학과졸, 同대학원 법학과졸 1978년 법학박사(독일 하이델베르크루퍼트찰스대) [경]경희대 법학과 조교수·부교수 1981~2003년 연세대 법학과 교수 1994~1995년 한국형사정책학회 회장, 同고문(현) 1996~1997년 한국형사법학회 회장, 同고문(현) 1997년 연세대 법과대학장 1997년 同특허법무대학원장 1998년 한국교정학회 회장 1999년 사법시험·군법무관시험·변리사시험 시험위원, 법무부 형사법개정특별심의소위원회 위원 2000~2002년 연세대 법무대학원장 2003~2006년 연세대 법대 명예교수 2003~2008년 한림대 법대 석좌교수 2007년 법무부 정책위원회 위원장 2014년 대한민국학술원 회원(형사법·현) [저]'형법총론' '형법각론' '형법총론연구Ⅰ·Ⅱ' '형법각론연구Ⅰ·Ⅱ' '객관식 형법' '객관식 판례형법' '신고형법각론'(共) '형사소송법'(共) '형법과 인명'(共) '주석 형법총칙(上)'(共) [종]기독교

이형국(李炯國) LEE Hyung Kook

[생]1955·1·18 [주]서울 강남구 학동로171 (주)삼익악기 비서실(070-7931-0651) [학]대륜고졸, 영남대졸 [경](주)한국외환은행 근무 1995년 (주)삼익악기 국내영업 이사 2005년 同영업본부장(상무이사) 2005년 同대표이사 전무·부사장 2005년 同대표이사 사장(현) [종]천주교

이형규(李亨奎) LEE Hyoung Kyu

[생]1953·8·21 [본]공주(公州) [출]전북 진안 [주]전북 전주시 완산구 천잠로303 전주대학교(1577-7177) [학]1971년 해성고졸 1976년 성균관대 경상대학 통계학과졸 1987년 미국 시라큐스대 Maxwell School졸 1999년 행정학박사(성균관대) [경]행정고시 합격(16회) 1976년 국무총리행정조정실 행정사무관 1985~1993년 同사정기획담당관·총무과장 1993년 同외교안보심의관 1994년 미국 조지타운대 객원연구원 1995년 국무총리행정조정실 외교안보심의관 1998년 국무총리 국무조정실 규제개혁2심의관 1999년 同사회복지심의관 1999년 同기획심의관 2001년 同사회문화조정관 2002년 同심사평가조정관 2002년 同총괄조정관 2003년 전북도 행정부지사 2006년 대한지방행정공제회 이사장 2008~2009년 행정공제회 이사장 2010년 전주대 행정대학원 특임교수 2011년 同창업지원단장 2012~2013년 창업선도대학협의회 회장 2014~2016년 전북도 정무부지사 2014~2015년 (재)전북창조경제혁신센터 이사장 2016년 전주대 특임교수(현) 2016년 同창업지원단장 겸 창업드림학교장(현) [상]녹조근정훈장(1981), 황조근정훈장(2003) [저]'디시전 메이킹'(2011)

이형규(李炯圭) LEE Hyeong Kyu

[생]1954·4·16 [출]광주 [주]충북 청원군 오창읍 연구단지로 40 한국생명공학연구원 천연물의약연구센터(043-240-6120) [학]1978년 서울대 약학과졸 1980년 同대학원 약학과졸 1987년 약학박사(서울대) [경]1981년 일성신약(주) 시험연구실 연구주임 1982년 한국인삼연초연구원 임상성분연구실 연구원 1988년 한국과학기술연구원 화학부 객원선임연구원 1990년 한국생명공학연구원 책임연구원 1995~1997년 한양대 화학과 객원교수 1998~2000년 충남대 약대 겸임교수 2002~2004년 한국과학재단 전문분과위원 2002~2005년 한국생명공학연구원 면역제어연구실장 2004년 과학기술연합대 생체분자과학 교수 2006년 한국생명공학연구원 천연물의약연구센터장(책임연구위원) 2007년 同바이오신약연구부장 2008년 同오창총괄본부장 2009년 同바이오의학연구소장 2010년 한국생약학회 회장 2013년 한국생명공학연구원 표적의약연구센터장 2014년 同천연물의약연구센터 책임연구원(현) [상]한국생약학회 우수논문상(1994), 대한약학회 학술장려상(2000), 한국생명공학연구원 기술개발상(2003), 대전시 이달의 과학기술자상(2003), 과학기술부 기초기술연구회 우수연구원상(2004), 한국생명공학연구원 우수연구팀상(2005), 교육과학기술부장관표창(2009), 한독약품·대한약학회 선정 제43회 학술대상(2012) [저]'신물질 탐색법(共)'(1996) '생명공학기술(共)'(1997) '면역요법제(共)'(2001) '천연물의약 및 화장품 Ⅰ·Ⅱ(共)'(2003) [역]'생약의 품질평가-동양 삼국 약전의 비교'(共)

이형규(李炯珪) Lee Hyeong-Kyu

[생]1955·10·29 [본]한산(韓山) [출]충남 [주]서울 성동구 왕십리로222 한양대학교 법학전문대학원(02-2220-1005) [학]1979년 한양대 법학과졸 1984년 同대학원졸 1990년 법학박사(독일 괴팅겐대) [경]1990~2001년 한양대 법학과 조교수·부교수 1994년 同법학과장 1998년 사법시험·행정고시·입법고시·군법무관시험·공인회계사시험·세무사시험 위원 2000~2013년 코스닥협회 자문위원 2001~2009년 한양대 법학과 교수 2002~2008년 개인정보분쟁조정위원회 위원 2002~2011년 한국기업지배구조개선위원회 위원 2004년 한국스포츠엔터테인먼트법학회 부회장(현) 2006년 한국기업법학회 부회장 2006~2008년 한양대 교무부처장 2007년 다음커뮤니케이션정보보호자문단 위원(현) 2007~2009년 한양법학회 회장 2008년 한국경제법학회 부회장 2008~2013년 한국금융법학회 부회장 2008년 한국경영법률학회 부회장 2008~2012년 한양대 교무처장 2009년 同법학전문대학원 및 법과대학 교수(현) 2009~2011년 한양법학회 명예회장 2011년 同고문(현) 2011년 한국법학교수회 부회장(현) 2012년 한국비교사법학회 회장 2012년 변호사시험 출제위원 2012~2014년 인권침해교정위원회 위원 2012~2014년 경기도의회 의원입법활동지원위원회 위원장 2013년 한국금융법학회 고문(현) 2013년 한국비교사법학회 명예회장, 同고문(현) 2013년 한국상사법학회 수석부회장 2013년 한국상장회사협의회 자문위원(현) 2014~2015년 한국상사법학회 회장 2014년 법무부 법령해석위원회 위원(현) 2015년 한양대 법학전문대학원장(현) 2015년 한국거래소 증권분쟁조정위원회 위원(현) 2016년 법학전문대학원협의회 이사장(현)

이형균(李炯均) LEE Hyong Kyun (靑洋)

[생]1939·9·11 [본]경주(慶州) [출]서울 [학]1964년 서울대 정치학과졸 1992년 연세대 행정대학원졸 [경]1965년 경향신문 입사 1978년 同정치부장 1980년 경향신문·문화방송 駐미국특파원 1982년 경향신문 논설위원 1983년 同정치부장 1986년 同편집국장 1986년 한국신문편집인협회 운영위원장 1986년 경향신문 기획실장 1990년 同조사연구실장 1991년 同출판담당 이사대우 1991년 민주

평통 자문위원 1993~1998년 한국프레스센터 전무이사 1993년 한국기자협회 고문 1996년 방송위원회 보도교양심의위원 1996년 대한언론인회 이사 1997~2002년 한국외국어대 강사·겸임교수 1998~2001년 한국PR협회 회장 1999년 경희대 강사 1999년 미디어포럼 고문 2001년 한국PR협회 명예회장(현) 2001~2008년 한국신문방송인클럽 회장 2003~2013년 인하대 초빙교수 2007년 한국언론재단사우회 초대회장 2008~2010년 대한언론인회 부회장 2008~2009년 관악언론인회 회장 2008~2012년 경향신문사우회 회장 2010~2012년 한국방송통신전파진흥원 이사 2012년 KBS시청자위원회 위원장 2012년 대한언론인회 편집고문 2012년 경향신문사우회 명예회장(현) 2014년 대한언론인회 부회장(현) [상]한국PR대상

이형근(李亨根) Hyung-keun, Lee

[생]1951·3·12 [본]전주(全州) [출]대구 [주]대구 중구 태평로141 대구콘서트하우스 관장실(053-250-1410) [학]1970년 성남고졸 1977년 서울대 기악과졸 1994년 계명대 대학원 작곡과졸 [경]1977~1978년 국립교향악단 단원 1980~1997년 경북심포니오케스트라 단장 1997~2006년 경북도립교향악단 상임지휘자 1998~2014년 영남대 겸임교수 2010~2013년 대구오페라하우스 관장 2014년 대구시민회관 관장 2016년 대구콘서트하우스 관장(현) [상]금복문화상, 대구음악상(2006)

이형근(李炯根) LEE Hyung Keun

[생]1952·9·22 [출]서울 [주]서울 서초구 헌릉로12 기아자동차(주) 부회장실(02-3464-5020) [학]경기고졸, 서울대 전기공학과졸 [경]1977년 현대자동차 입사 1996년 同마케팅본부 수출마케팅실장(이사) 2000년 同마케팅본부 수출마케팅실장(상무) 2002년 同상품기획1실장(전무) 2003년 (주)케피코 대표이사 부사장 2005년 기아자동차(주) 동풍열달기아차유한공사 총경리(부사장) 2007년 同유럽법인장 2008년 同해외영업본부장(부사장) 2009년 同해외영업기획 및 마케팅담당 사장 2010년 同부회장 2010년 전국경제인연합회 중유럽지역위원장(현) 2011년 기아자동차(주) 대표이사 부회장 2014년 同공동대표이사 부회장(현) [상]동탑산업훈장(2010), 한국경영학회 창조경영대상(2016)

이형근(李亨根)

[생]1971·1·13 [출]경남 하동 [주]서울 서초구 서초중앙로157 서울고등법원(02-530-1114) [학]1989년 진주 동명고졸 1994년 서울대 사법학과졸 [경]1993년 사법시험 합격(35회) 1996년 사법연수원 수료(25기) 1999년 울산지법 판사 2003년 인천지법 판사 2006년 서울남부지법 판사 2007년 법원행정처 민사정책심의관 2011년 서울고법 판사(현) 2015년 법원행정처 사법등기국장 겸임(현)

이형대(李衡代) LEE Hyung Dai

[생]1947·2·18 [출]경남 밀양 [주]서울 강남구 테헤란로110 정송문화재단 비서실(02-501-6911) [학]1969년 한양대 광산공학과졸 [경](주)뉴보 대표이사 1995~2005년 (주)캠브리지 대표이사 사장 2006년 同부회장 2007년 캠브리지문화재단 이사장 2011년 정송문화재단 이사장(현) [종]불교

이형모(李亨模) LEE Hyung Mo

[생]1946·2·11 [출]서울 [주]서울 종로구 새문안로3길30 대우빌딩 복합동704호 (주)재외동포신문(02-739-5910) [학]1964년 경기고졸 1969년 고려대 법학과졸 1972년 同대학원 수료 [경]1975~1990년 대한투자금융(주) 영업부장·증권부장·총무부장 1989년 경제정의실천시민연합 발기인·재정위원장 1989~1999년 同상임집행위원회 부위원장 1990~1992년 同경제정의 창간운영위원장 1992년 대한YMCA연맹 총무부장 1994~2006년 시민의신문 발행인 겸 편집인·대표이사 1998~2003년 북한옥수수심기범국민운동 실행위원장 1998년 백범김구선생기념사업협회 이사 1999년 경제정의실천시민연합 상임집행위원장 2000년 소비자생활협동조합 전국연합회장 2000년 경제정의실천시민연합 경제정의연구소 이사 2002년 시민운동정보센터 이사장 2003년 재외동포신문 발행인 2003년 21세기시민사회포럼 운영위원장 2003년 뉴패러다임포럼 상임대표 2004년 (사)한우리독서문화운동본부 회장 2004년 대통령자문 사람입국신경쟁력특별위원회 위원 2004~2007년 (재)녹색문화재단 이사장 2005년 SBS문화재단 이사 2005년 2005희망포럼 운영위원장 2006년 (주)재외동포신문 회장(현) [종]기독교

이형목(李珩睦) LEE Hyung Mok

[생]1956·7·17 [출]경기 화성 [주]서울 관악구 관악로1 서울대학교 자연과학대학 물리천문학부(02-880-6625) [학]1979년 서울대 천문학과졸 1981년 同대학원 천문학과졸 1986년 천체물리학박사(미국 Princeton Univ.) [경]1981~1982년 서울대 자연과학대학 천문학과 조교 1986~1989년 캐나다 이론천체물리연구소(CITA) 연구원 1987년 영국 케임브리지대 천문학연구소(IOA) 객원연구원 1989~1998년 부산대 사범대학 지구과학교육과 조교수·부교수·교수 1993년 미국 캘리포니아대 Institute for Theoretical Physics Visiting Research Physicist 1998년 서울대 자연과학대학 물리천문학부 교수(현) 2000년 일본 우주과학연구소 외국인특별연구원 2002년 한국천문학회 편집위원장 2006년 교육인적자원부 및 한국학술진흥재단 선정 '대한민국 국가석학(Star Faculty)', 한국중력파연구협력단 단장(현) 2014~2015년 한국천문학회 회장 [상]과학기술훈장 진보장(2010)

이형배(李炯培) LEE Hyoung Bae (松峰)

[생]1938·12·17 [본]합천(陜川) [출]전북 남원 [주]전북 전주시 완산구 충경로102 농협중앙회 경원동지점3층 새누리당 전라북도당(063-287-2171) [학]남원농고졸 1975년 연세대 경영대학원 수료 1983년 서울대 행정대학원 수료 1984년 미국 조지워싱턴대 행정대학원 수료 [경]1970년 한독무역 사장 1979년 서울시 남산보호위원장 1980년 민주한국당(민한당) 창당발기인 1981년 제11대 국회의원(남원·임실·순창, 민한당) 1981년 민한당 중앙상무위원회 부의장 1984년 APPU이사회 부의장 1985년 월간 '장생' 발행인 1986년 민권회 사무처장 1987년 민주당 재정위원회 부위원장 1988년 평민당 중소상공문제특별위원회 위원장 1988년 제13대 국회의원(전국구, 평민당·신민당·민주당) 1990년 평민당 당무위원 겸 농수산위원장 1991년 신민당 당무위원 겸 농수산위원장 1998년 한나라당 남원지구당 위원장 1998년 제15대 국회의원(전국구 승계, 한나라당) 1998년 한나라당 재해대책위원장 1999년 同전북도지부 위원장 2002년 남원시장선거 출마(새천년민주당) 2003년 한독무역(주) 회장 2004년 남대문시장(주) 회장 2005~2006년 (주)브로딘엔터테인먼트 대표이사 2012년 새누리당 전북도당 전북원로자문회의 고문 2013~2015년 대한민국헌정회 이사 2014년 새누리당 전북도당 상임고문(현) [저]회고록 '민초의 아픔을 안고' '어둠을 밝힌 촛불' '우리농촌 어찌할 것인가' '학처럼 깨끗한 정치가 나라를 바로 세운다' [종]천주교

이형백(李炯栢) YI Hyung Baek

[생]1971·9·23 [주]서울 서초구 반포대로24길17 (주)이스트게임즈 사장실(070-8616-4003) [학]대원고졸, 인하대 토목공학과졸, 한양대 경영대학원 경영학과졸 [경](주)현대건설 토목사업본부 근무, (주)이스트소프트 경영지원본부장(전무이사) 2011년 同경영지원본부장(부사장), 同CFO 2016년 (주)이스트게임즈 대표이사 사장(현)

이형석(李亨錫) LEE Hyoung Seok (鐵馬)

[생]1946·12·5 [본]전주(全州) [출]경기 연백 [주]서울 용산구 한강대로46길6 정우빌딩301호 대한경찰신문(010-2600-3112) [학]1972년 경희대 법학과졸 [경]1972년 대한일보 기자 1975년 한국일보 출판국 출판부 차장 1981년 대한반공청년회 홍보기획국장 1983년 한국언론인동우회 회장 1989년 대한경찰신문 대표이사 겸 발행인(현) 1995~2012년 시사투데이저널 대표 겸 발행인 및 편집인 2000년 월간 시사라이프·한민족신문 대표 겸 발행인 및 편집인 2000년 세계한민족교류협회 총재 2001년 경기매일 국회정당출입기자·수도권취재본부장 2005년 서울매일신문·한국매일신문 대표(발행인 겸 편집인), (주)언론진흥 대표이사, 민족일보·소방안전재난방송 대표이사(발행인 겸 편집인), 대한민국안전뉴스 대표(발행인 겸 편집인)(현) [저]'사진으로 본 6.25의 증언'(1984) '반공안보대관'(1986) '한국근대의 실상'(1987)

이형석(李亨錫) Lee Hyung-Suk (廣德)

[생]1958·2·16 [본]전주(全州) [출]전남 장흥 [주]서울 영등포구 국회대로750 금산빌딩11층 한국사회적경영연구원(02-3775-2911) [학]1978년 검정고시 합격 1982년 고려대 경영학과졸 2014년 남서울대 대학원 국제통상학과 박사과정 재학中 [경]1988년 한국사업정보개발원 원장(현) 1997~2004년 한국대학생벤처창업연구회 자문위원 1997~2000년 한국창업지도사협회 회장 1997년 (사)한국프랜차이즈협회 자문위원(현) 1997~2003년 한국사업컨설팅협회 회장 1999~2000년 대한YWCA연합회 직종개발전문위원 2000~2001년 경기대

교양학부 겸임교수 2000년 (주)비즈니스유엔 대표이사(현) 2001~2005년 한국창업컨설팅협회 회장 2003년 한국사회적경영연구원(사회적협동조합) 이사장(현) 2003~2005년 한국여성단체협의회 전문위원 2003~2005년 (사)한국소자본창업컨설팅협회 회장 2004년 (사)한국방송통신콘텐츠협회 회장(현) 2004년 통일벤처협의회 부회장 2005~2007년 (사)한국소자본창업컨설팅협회 명예회장 2005~2010년 아름다운재단 창업자문위원 2005년 남서울대 객원연구원(현) 2006년 성공회대 초빙교수, MBC라디오 '홍종학 교수의 손에 잡히는 경제' 패널 2006년 국무총리직속 제대군인지원위원회 위원(현) 2007년 서울시 여성취업·창업지원협의회 위원(현) 2007년 원광디지털대 겸임교수(현), 열린사이버대 교수, 숭실대 중소기업대학원 초빙교수 2011년 서울여성능력개발원 자문위원(현) 2013년 한국사회적기업진흥원 중앙운영위원(현) (상)대한민국 최우수전문데이터베이스 대상(1999) (저)'돈, 머리로 번다'(1997) '이형석의 돈을 법시다'(1999) '대한민국에는 성공할 자유가 있다'(2002) '한국의 음식부자들'(2004) '창업 이렇게 하면 무조건 성공한다'(2004) '창업 스스로에게 길을 묻다'(2010) '2013 자영업 대예측'(2012) '손에 잡히는 창업'(2013) '대한민국 창업 보물지도'(2014) (종)기독교

이형석(李炯錫) LEE Hyung Seok

(생)1961·10·5 (본)전주(全州) (출)전남 순천 (주)광주 서구 죽봉대로37 더불어민주당 광주시당(062-385-8400) (학)1979년 순천고졸 1987년 조선대 법학과졸 2006년 전남대 대학원 정치학과졸 (경)1996년 광주은행 노조위원장 1996년 전국금융노동조합연맹 부위원장 겸 광주·전남지역본부장 1996년 한국노동조합총연맹 광주지역본부 부의장 1998·2002년 광주시의회 의원(국민회의·새천년민주당·열린우리당) 2001년 同운영위원장 2002~2004년 同의장 2003~2006년 5.18기념문화재단 이사 2007~2008년 대통령 사회조정3비서관 2009년 (사)시민생활환경회의 이사장, 노무현재단 기획위원, 시민주권 운영위원, 광주평화아카데미 운영위원 2012~2014년 광주시 경제부시장 2016년 더불어민주당 광주북구乙지역위원회 위원장(현) 2016년 제20대 국회의원선거 출마(광주 북구乙, 더불어민주당) 2016년 더불어민주당 광주시당 위원장(현) (저)'이형석의 혁신 리더십'(2006, 맥스타) (종)기독교

이형섭(李亨燮) Hyung Seob, Lee

(생)1971·11·26 (출)인천 강화 (주)경기 수원시 팔달구 중부대로143번길102 수원보호관찰소(031-8006-1410) (학)1994년 서울대 사회복지학과졸 2000년 일본 사이타마대 대학원 정책분석학과졸 2012년 사회복지학박사(서울대) (경)1995년 행정고시 합격(38회) 2002~2005년 법무연수원 교수 2009년 수원보호관찰소 성남지소장 2009~2010년 영국 포츠머스대 국외훈련 2010년 인천보호관찰소 부천지소장 2011년 위치추적중앙관제센터장 2013년 서울북부보호관찰소장 2015년 수원보호관찰소장(현) (저)'한국전자감독제도론(共)'(2013, 박영사) '교정복지론(共)'(2014, 학지사) '보호관찰제도론(共)'(2016, 박영사)

이형섭(李亨燮) Lee, Hyungsup

(생)1972·6·14 (본)양성(陽城) (출)경북 의성 (주)세종특별자치시 도움6로11 환경부 청정대기기획 T/F팀(1577-8866) (학)1991년 학성고졸 1997년 고려대 토목환경공학과졸 2000년 同대학원 환경공학과졸 2012년 정책학박사(호주국립대) (경)2003~2008년 환경부 사무관 2009~2012년 호주국립대 교육파견 2013~2014년 환경부 서기관 2015년 同환경정책실 기후변화대응과 배출권거래제소송TF팀장 2016년 同환경보건정책관실 환경보건관리과장 2016년 同청정대기기획T/F팀장(현)

이형세(李亨世) Lee Hyung Se

(생)1960·2·15 (본)전의(全義) (출)충북 청주 (주)서울 강남구 언주로551 테크빌교육(주)(02-3442-7783) (학)1978년 충북고졸 1982년 성균관대 도서관학과졸 2007년 서울대 공과대학원 최고산업전략과정(AIP) 수료 2008년 한국정보통신대학교(ICU) 진대제AMP과정 수료 (경)1988년 (주)터보테크 창립멤버·부사장 2001년 테크빌교육(주)(舊 테크빌닷컴(주)) 대표이사 사장(현) 2009년 대한공업교육학회 부회장 2009년 KERIS 교육정보화포럼 위원 2009년 한국HRD기업협회 이사 2009~2015년 제4·5·6대 한국이러닝산업협회 회장 2011년 문화체육관광부 콘텐츠산업진흥실무위원회 위원 2011년 국가과학기술인력개발원 교육기획자문위원회 자문위원 2011년 서강대 기술경영전문대학원 겸임교수 2011년 지식경제부 이러닝산업발전위원회 위원 2011년 스마트러닝포럼 운영위원장 2015년 성균관대 데이터사이언스전공 자문위원회 위원(현) (상)과학기술유공자 과학기술부장관표창(2001), 과학기술유공자 대통령표창(2005), 대한민국 ICT이노베이션대상 유공자부문 철탑산업훈장(2014)

이형열(李亨烈) LEE Hyung Yeol (元剛)

(생)1937·10·6 (본)전주(全州) (출)경북 구미 (주)서울 종로구 돈화문로89 이화회관 종묘제례보존회(02-765-2124) (학)옥성중졸 1997년 성균관대 유학대학원 수료 (경)1992~2000년 종묘제례보존회 전례이사 2000년 중요무형문화재 제56호 종묘제례(제수·제기) 예능보유자 지정(현) 2000년 종묘제례보존회 제무이사, 성균관대총동문회 상임이사, 유림춘추편집위원역임, 성균관유도회 총본부 상임이사, 전주이씨대동종약원 상임이사 (상)성균관대총장표창(1998) (저)교재 '종묘대제' '信嬪誌'(2000, 기장족보사) (종)유교

이형용(李亨鎔) LEE Hyung Yong

(생)1958·1·3 (주)서울 강남구 테헤란로203 ING타워 현대모비스(주) 서비스부품본부(02-2018-5114) (학)중동고졸, 연세대 기계과졸 (경)현대모비스(주) 부품판매관리부장, 同베이징모비스배건 부장 2006년 同베이징모비스배건 담당 이사대우, 同부품영업지원실장(이사대우) 2007년 同MPME(두바이)법인장(이사대우) 2008년 同MPME(두바이)법인장(이사) 2010년 同MPME(두바이)법인장(상무) 2013년 同국내부품영업실장 겸 고객만족실장(상무) 2014년 同미주법인장(전무) 2016년 同서비스부품본부장(현)

이형재(李亨載) LEE Hyung Jae

(생)1969·8·27 (본)진성(眞城) (출)서울 (주)대전 유성구 가정북로112 한국타이어(주) 중앙연구소(042-865-0610) (학)1992년 고려대 재료공학과졸 1994년 同대학원 재료공학과졸 (경)1993년 한국타이어(주) 중앙연구소 책임연구원(현) 2011년 同공정연구팀장 2016년 同재료개발2팀장(현) (상)과학기술부 이달(3월)의 엔지니어상(2005) (종)기독교

이형조

(생)1958·1·20 (출)경남 고성 (주)울산 남구 중앙로201 울산광역시청 문화체육관광국(052-229-3700) (학)울산대 정책대학원졸 (경)2006년 울산시 문화예술과 문예정책담당 2008년 同관광과장 2008년 2010울산세계옹기문화엑스포조직위원회 기획부본부장 2011~2012년 울산시 복지정책과장 2013년 울산문화예술회관 관장 2014년 울산시 문화예술과장 2015년 울산시 북구 부구청장 2016년 울산시 문화체육관광국장(현)

이형종(李炯宗) Lee Hyung-jong

(생)1967·3·5 (주)서울 종로구 사직로8길60 외교부 기후변화환경외교국(02-2100-7709) (학)1990년 서울대 외교학과졸 1994년 아일랜드 더블린대 대학원 경제학과졸 (경)1989년 외무고시 합격(23회) 1990년 외무부 입부 1996년 駐프랑스 2등서기관 1997년 駐경제협력개발기구 2등서기관 1999년 駐리비아 1등서기관 2004년 경제협력개발기구(OECD)사무국 무역분석관 2006년 외교통상부 여권과장 2007년 同경제협력과장 2008년 同경제기구과장 2008년 駐경제협력개발기구(OECD) 참사관 2011년 駐캄보디아 공사참사관 2014년 외교부 국제경제국 심의관 2016년 同기후변화환경외교국장(현) (저)소설 앙코르와트 : 자야바르만 7세 앙코르 제국의 대왕'(2014, 비움과소통)

이형주(李炯周) Lee Hyung Joo (창해)

(생)1958·9·21 (출)인천(仁川) (주)전남 목포 (주)세종특별자치시 도움4로9 국가보훈처 대변인실(044-202-5010) (학)1977년 문태고졸 1982년 단국대 행정학과졸 2012년 세종연구소 국가정책전략과정 수료(18기) (경)2010~2011년 국립5.18민주묘지관리소장 2012년 세종연구소 교육파견 2013년 국가보훈처 제대군인취업과장 2014년 同보훈의료과장 2016년 同대변인(부이사관)(현) (종)천주교

이형주(李炯柱)

(생)1970·8·6 (출)경남 진주 (주)경기 안산시 단원구 광덕서로75 수원지방법원 안산지원(031-481-1114) (학)1989년 진주 명신고졸 1994년 서울대 공법학과졸 (경)1995년 사법고시 합격(37회) 1998년 사법연수원 수료(27기) 2000년 軍법무관 2001년 서울지법 의정부지원 판사 2003년 창원지법 진주지원 판사 2008년 서울남부지법 판사 2012년 서울중앙지법 판사 2014년 전주지법 군산지원 부장판사 2016년 수원지법 안산지원 부장판사(현)

이형주(李衡柱) Lee Hyungju

[생]1972·10·9 [본]광주(廣州) [주]서울 종로구 세종대로 209 금융위원회 금융정책과(02-2100-2825) [학]1991년 인헌고졸 1995년 서울대 경영학과졸 2006년 미국 다트머스대 대학원 경영학과졸(MBA) [경]1995년 행정고시 합격(39회) 1997년 재정경제원 경제정책국 사무관 1998년 재정경제부 경제정책국 사무관 2002년 同차관 비서관 2003년 同금융정책국 금융정책과 사무관 2004년 同금융정책국 증권제도과 사무관 2006년 同혁신인사기획관실 사무관 2007년 同금융정책국 증권제도과 서기관 2008년 금융위원회 금융정책국 금융정책과 서기관 2009년 기획재정부 G20기획단 금융제도개선과장 2009년 아시아개발은행 동아시아국 Financial Sector Specialist 2012년 금융위원회 서민금융과장 2014년 同산업금융과장 2015년 同자본시장과장 2016년 同금융정책과장(현)

이형철(李炯哲) LEE Hyoung Chul

[생]1959·5·19 [주]경북 포항시 남구 동해안로6363 현대제철 포항공장(054-271-1114) [학]장훈고졸, 고려대 금속공학과졸, 同대학원 금속공학과졸, 금속공학박사(캐나다 맥길대) [경]2008년 현대제철(주) 기술담당 이사대우 2009년 同생산기술실장(이사대우) 2010년 同생산기술실장(이사) 2012년 同에너지·물류실장 겸 생산기술실장(상무) 2014년 同포항공장장(전무)(현)

이형철(李亨鐵)

[생]1962·1·20 [출]전남 광양 [주]전남 무안군 삼향읍 오룡길1 전라남도 소방본부(061-286-0702) [학]1980년 진상종합고졸 1988년 단국대 행정학과졸 [경]1990년 소방위 임용(소방간부후보 6기) 2005년 전남 보성소방서·광양소방서·여수소방서장(지방소방정) 2011년 서울시 소방재난본부 재난대응과장(지방소방준감) 2012년 소방방재청 중앙119구조단장 2013년 同소방정책국 소방정책·소방산업과장 2015년 국민안전처 중앙119구조본부장(소방감) 2016년 전남도 소방본부장(현) [상]대통령표창(2006), 홍조근정훈장(2013)

이형철(李炯哲) LEE, HYUNG-CHEOL

[생]1966·5·30 [출]부산 [주]서울 강남구 테헤란로87길 36 도심공항타워 법무법인 로고스(02-2188-2803) [학]1985년 해운대고졸 1989년 서울대 법학과졸 [경]1989년 사법시험 합격(31회) 1992년 사법연수원 수료(21기) 1992년 수원지검 성남지청 검사 1994년 광주지검 해남지청 검사 1995년 서울지검 서부지청 검사 1997년 창원지검 검사 1999년 서울지검 의정부지청 검사 2001년 서울지검 검사 2004년 부산지검 부부장검사 2004년 부산고검 검사 2005년 서울동부지검 부부장검사 2006년 광주지검 공안부장 2007년 부산지검 형사4부장 2008년 광주지검 부장검사 2008년 통일부 파견 2009년 서울남부지검 공판송무부장 2009년 울산지검 형사1부장 2010년 서울서부지검 형사2부장 2011~2012년 서울북부지검 형사1부장 2012년 법무법인 로고스 변호사(현)

이형택(李炯澤) LEE Hyeng Taek

[생]1964·7·28 [출]전북 고창 [주]전북 전주시 덕진구 사평로25 전주지방검찰청 차장검사실(063-259-4302) [학]1982년 선주 영생고졸 1986년 고려대 법학과졸 [경]1992년 사법시험 합격(34회) 1995년 사법연수원 수료(24기) 1997년 인천지검 검사 1998년 수원지검 평택지청 검사 2000년 서울지검 검사 2003년 법무부 특수법령과 검사 2005년 광주지검 검사 2007년 同부부장검사 2007년 부산지검 부부장검사 2009년 전주지검 남원지청장 2010년 법무부 통일법무과장 2012년 서울중앙지검 형사제3부장 2013년 대구지검 형사1부장 2014년 서울남부지검 형사1부장 2015년 수원지검 성남지청 차장검사 2016년 전주지검 차장검사(현)

이형택(李亨澤) LEE Hyung Taik

[생]1976·1·3 [출]강원 횡성 [주]강원 춘천시 스포츠타운길 124의1 송암스포츠타운 (재)이형택테니스아카데미재단(033-264-2480) [학]1994년 춘천 봉의고졸 1998년 건국대 영어영문학과졸 2007년 同대학원 생체역학과졸 [경]1986년 테니스 입문 1994년 테니스국가대표 선발 1998년 방콕아시안게임 단체전 금메달 1998년 삼성증권 테니스선수단 입단 1999년 팔마하계유니버시아드대회 단식우승·복식우승 2000년 US오픈 16강 2000·2001·2003·2004년 삼성증권배 국제남자챌린저테니스대회 단식우승(통산 4번) 2003년 호주 아디다스인터내셔널 우승 2003년 ATP투어 시벨오픈 복식우승 2003년 삼성증권배 국제남자챌린저테니스대회 복식우승 2004년 스텔라아르트와선수권 4강 2004년 아테네올림픽 남자테니스 국가대표 2006년 부산오픈 단식우승 2006년 하노이오픈 복식우승 2006년 미국 챌린저대회 피프스서드뱅크클래식 단식우승 2006년 도하아시안게임 남자단체 금메달 2007년 US오픈 16강 진출 2007년 데이비스컵(테니스 국가대항전) 16강 진출 2007년 해남공룡박물관 홍보대사 2008년 세계남자테니스선수권대회 16강 진출 2008년 베이징올림픽 남자테니스 국가대표 2008년 삼성증권배 국제남자챌린저대회 우승 2008년 남자프로테니스(ATP) 게이오챌린저 단식 우승 2009년 10월 은퇴 2009년 (재)이형택테니스아카데미재단 이사장(현) 2010~2011년 KBS N 해설위원 2010년 건국대 홍보대사 [상]체육훈장 맹호장, 월간 테니스코리아 선정 '올해의 선수'(2003·2004), 소강체육대상 특별선수상(2010), 대한테니스협회 공로상(2010)

이형호(李炯虎) Lee Hyoungho

[생]1960·10·17 [본]경주(慶州) [출]경북 청도 [주]세종특별자치시 갈매로388 문화체육관광부 문화정책관실(044-203-2500) [학]1979년 경북고졸 1986년 중앙대 행정학과졸 1994년 서울대 행정대학원 수료 2010년 중앙대 신문방송대학원졸 [경]1989년 행정고시 합격(제33회) 1990~1991년 중앙공무원교육원 수습사무관 1991년 문화부 생활문화국 지역문화과 근무 1994년 문화체육부 예술진흥국 예술진흥과 근무 1995년 同기획관리실 행정관리담당관실 근무 1996년 독일 프리드리히 에버트재단 연수 1996년 문화체육부 문화산업국 영화진흥과 근무 1997년 同문화정책국 문화정책과 근무 1998년 국립중앙극장 공연과 근무 1999년 국무조정실 심사평가담당관실 파견 2000년 문화관광부 문화산업국 방송광고과 근무 2001년 同문화산업국 게임음반과 서기관 2003년 同예술국 전통지역문화과 서기관 2004년 同문화정책국 국어정책과장 2004년 同문화정책국 국어민족문화과장 2006년 同예술국 예술정책과장 2008년 대통령취임식준비위원회 파견 2008년 문화체육관광부 문화정책국 문화정책과장 2009~2010년 대통령직속 국가브랜드위원회 사업지원단 기획총괄국장(부이사관) 2011년 해외연수(호주 시드니 파워하우스뮤지엄) 2012년 문화체육관광부 문화예술국 국제문화과장 2013년 해외문화홍보원 해외문화홍보기획관(일반직고위공무원) 2014년 문화체육관광부 문화기반국장 2014년 同문화정책국장 2015년 同문화예술정책실 문화정책관(현) 2016년 연합뉴스 수용자권익위원회 위원(현) [상]국무총리표창(2003·2012), 대통령표창(2008), 근정포장(2015), 제2회 대한민국 공무원상(2016) [저]'산업유산의 문화적 활용을 통한 가치창출에 관한 연구'(2012) '문화는 브랜드다'(2016, 워치북스)

이형환

[생]1963·9·20 [주]서울 종로구 청와대로1 대통령 문화체육비서관실(02-770-0011) [학]서울대 행정대학원 행정학 박사과정 수료 [경]중요무형문화재 제16호 거문고산조 이수자, 동국대 한국음악과 교수, 중앙대 예술대학 전통예술학부 교수, 한국전통예술단 풍류 예술감독, 인천시 문화재위원회 위원, 한국문화정책학회 부회장 2013년 한국국악교육연구학회 회장(제3대) 2013~2016년 중앙대 국악교육대학원장 2015년 한국문화예술위원회 위원 2016년 대통령 문화체육비서관(현)

이형희(李亨熙) LEE Hyung Hee

[생]1962·9·19 [출]서울 [주]서울 중구 을지로65 SK-T타워 SK텔레콤(주) 임원실(02-6100-1300) [학]1981년 신일고졸 1988년 고려대 산업공학과졸 1992년 同대학원 경영학과졸 [경]1988년 (주)선경매그네틱 광고기획담당 1996년 SK텔레콤 기획조정실 조사분석팀 근무 2000년 同전략개발실 경영정보팀장 2002년 同CR전략팀장 2003년 同CR전략실장(상무) 2009년 同CR전략실장(전무) 2010년 미국 교육연수 2011년 SK텔레콤 네트워크CIC C&S사업단장 2011년 同대외협력부문장 2012~2014년 同CR부문장(부사장) 2012년 한국e스포츠협회 회장 2015년 SK텔레콤(주) 이동통신부문(MNO) 총괄(부사장) 2015년 한국사물인터넷협회 회장(현) 2015년 한국IT비즈니스진흥협회(IPA) 회장(현) 2015년 개인정보보호협회 회장(현) 2016년 SK텔레콤 사업총괄 부사장(현)

이혜경(李惠炅·女) LEE Hye Kyong

[생]1948·3·25 [출]경북 울진 [주]서울 마포구 월드컵북로5길13 (재)한국여성재단(02-336-6364) [학]1970년 서울대 영어영문학과졸 1973년 미국 하와이대 대학원 사회사업학과졸 1982년 사회복지학박사(미국 버클리대) [경]1982~1990년 이화여대 사회사업학과 조교수·부교수 1988년 한국사회복지학회 부회장 1990~2013년 연세대 사회과학대학 사회복지학과 교수 1995년 행정쇄신위원

회 실무위원 1996~2000년 사회보장학회 부회장 1997년 연세대 사회복지연구소장 2000~2003년 가양복지관 관장 2001년 대통령자문 정책기획위원 2003~2005년 연세대 사회복지대학원장 2004~2005년 대통령자문 국민경제자문회의 위원 2005년 대통령자문 빈부격차차별시정위원회 위원장 2007년 대통령자문 양극화민생대책위원회 위원장 2012~2015년 서울시복지재단 이사장 2013년 연세대 사회복지학과 명예교수(현) 2015년 (재)한국여성재단 이사장(현) [상]국민훈장 목련장, 근정포장(2013) [저]'한국사회복지학의 정체성' '한국공익재단의 환경변화와 발전방향' '사회복지학'(共)

이혜경(李惠卿·女) LEE Hae Kyung

[생]1957·1·11 [본]전주(全州) [출]서울 [주]경기 이천시 신둔면 경충대로3321 한국세라믹기술원 이천분원 창업보육센터305호 (주)테라하임(031-645-1355) [학]1980년 고려대 농화학과졸 1983년 독일 키엘(Kiel)대 생물학과졸 1986년 同대학원 생물학과졸 1989년 생화학박사(독일 키엘대) [경]1989~1990년 미국 매사추세츠대 생화학 및 분자생물학부 연구원 1990~1992년 독일 Freiburg 소재 Max-Planck연구소 연구원(면역생물학) 1994년 독일 Bayern(주) 경영학과정 수료 1994~1996년 독일 (주)UCB제약회사 근무 1997~2013년 IUT 환경(MUTK) 한국대표 겸 대표이사 1999~2001년 동서대 국제공동대학원 생명공학과 교수 2000년 환경부 중앙환경보전자문위원 2001~2003년 국가과학기술자문회의 전문위원 2001~2003년 국회 환경포럼정책자문위원회 폐기물연구위원장 및 전문위원 2001~2011년 대한상공회의소 환경기후위원회 위원 2002~2006년 서울시 환경영향평가위원회 위원 2002~2008년 과학기술부 조사분석평가 및 예산심의위원회 위원 2004~2013년 과천시 도시계획위원회 위원 2008~2013년 지식경제부 해저광물자원개발위원회 심의위원 2008~2011년 교육과학기술부 과학기술정책분과위원회 자문위원 2009~2011년 (주)동호 전무이사 2010년 (사)한국환경보건복지협회 회장(현) 2010~2012년 (사)한국유기성폐자원학회 이사 2012년 환경부 자체규제개혁위원회 위원(현) 2012년 국회입법조사처 조사분석지원위원단 위원(현) 2012년 (사)한국환경한림원 학술위원 겸 기획위원(현) 2013년 산업통상자원부 해저광물자원개발위원회 심의위원(현), 한국여성환경정책포럼 창립·고문(현), 한국물포럼 이사(현) 2014년 (주)테라하임 대표이사(현) 2014년 2015 세계물포럼 시민포럼TF 위원 [상]국무총리표창(2003) [저]'퇴비화의 이론 및 응용' [역]'악취 측정 및 제거'(2003) '기후의 역습'(2005) '어둠의 아이들'(2013)

이혜경(李憓炅·女) LEE Hye Kyung

[생]1959·1·19 [본]벽진(碧珍) [출]강원 원주 [주]경기 안성시 대덕면 서동대로4726 중앙대학교 음악대학 피아노과(031-670-3310) [학]서울예고 명예졸, 독일 에센폴크방음대 수료, 독일 뮌헨국립음대졸, 同대학원 최고연주자과정졸, 이태리 시에나 Chigiana Academy·오스트리아 짤츠부르크·빈·러시아 모스크바·성페테르부르크 음악원 등 Master Course [경]에센·뮌헨·쾰른·프랑크푸르트·워싱턴 케네디센터·뉴욕 링컨센터·일본·독일·미국·호주·필리핀·러시아·오스트리아·영국·아일랜드·우크라이나·말레이시아·알제리·인도네시아·루마니아 등지에서 연주, KBS교향악단·서울시향·코리안심포니·아일랜드 얼스터교향악단·오사카 뉴필하모니·미국Joshua·러시아Ufa오케스트라·루마니아 Oltenia·루마니아 Bacau·루마니아 Craiova·Moldova 방송교향악단 등과 협연, 막상스라리외·패트릭갈로와·강동석·스테픈번즈·뉴부다페스트4중주단·쾰른 트리오·콜로라도 4중주단 등과 실내악 외 600여 회 연주회, 모스크바 차이코프스키음악원·시드니 NSW대·필리핀 국립대·독일 자브뤼켄 국립음대·우크라이나 Sumi 페스티발, 인도네시아 등지에서 매스터클래스 개최, 미국 루이지애나 국제콩쿨·인도네시아 국제협주곡콩쿨·동아일보·중앙일보·한국일보·세계일보·국민일보·경향신문·KBS·부산MBC 콩쿨 등 심사위원 1984년 중앙대 음대 피아노과 교수(현), 독일 자브뤼켄국립음대 교환교수, 한국피아노학회 부회장, PIANO ON 음악감독(현), CAU Camerata 멤버(현) [상]이화·경향신문 피아노콩쿨 1위, 교육대학주최 콩쿨 1위, 독일 에센폴크방 음대주최 종합콩쿨 피아노부 1위, 포르투갈 비안나 다모타 국제피아노콩쿨 바하상, 독일음대연합콩쿨입상, 한국음악펜클럽 이달의음악가상, 음악동아 올해의음악가상, 한국음악협회 건반악기부문 한국음악상, 한국음악평론가협회 서울음악상, 2016 혁신한국인상 [종]불교

이혜경(李惠慶·女) Lee Hae Kyung

[생]1966·1·10 [본]원주(原州) [출]강원 원주 [주]서울 중구 덕수궁길15 서울특별시의회 의원회관 814호(02-3783-1831) [학]1988년 이화여대 정치외교학과졸 1994년 同대학원 정치외교학과졸 [경]외교안보연구원 연구원, 한나라당 서울시당 여성정책위원회 부위원장, 민주평통 자문위원(현) 2006~2010년 서울시 중구생활체육협의회 검도연합회장 2006·2010~2014년 서울시 중구의회 의원(한나라당·새누리당) 2006~2008년 同운영위원회 부위원장 2008~2010년 同운영위원회 위원장 2011년 (사)독도중앙연맹 이사(현) 2012년 서울시 복지건설위원회 위원장, 새누리당 전국여성지방의원협의회 상임대표(현), 민주평통 서울시 중구협의회 감사(현) 2014년 서울시의회 의원(새누리당)(현) 2014·2016년 同문화체육관광위원회 위원(현) 2014년 同예산결산특별위원회 위원 2014년 서울브랜드추진위원회 위원(현), (사)在京강원도민회 운영위원(현) 2015년 서울시의회 서소문밖역사유적지관광자원화사업지원특별위원회 부위원장(현) 2015년 인구보건복지협회 서울지회장(현) 2015년 (사)한국사립박물관협회 자문위원장(현) 2016년 서울시의회 장기미집행도시공원특별위원회 위원(현) [상]시민일보 의정대상(2007), 장애인인권포럼 선정 서울시지방의회 장애인정책 우수의원상(2009·2011), 제2회 매니페스토약속대상 기초지방의원부문(2010), 장애인여성유권자연맹 여성정치발전인상(2010), 매니페스토 약속대상(2012), 원주를 빛낸 여성상(2013), 매니페스토대상 공약부문 최우수상(2014), 친환경 최우수의원상(2014), 대한민국창조혁신대상 의정봉사활동상(2015), 2015 자랑스런 대한민국 시민대상 지역발전공로대상(2015), 대한민국SNS산업대상 SNS산업진흥원장 특별상(2016), 대한민국 위민의정대상 우수상(2016) [종]천주교

이혜광(李惠光) LEE Hye Kwang

[생]1959·10·11 [출]부산 [주]서울 종로구 사직로8길39 세양빌딩 김앤장법률사무소(02-3703-1750) [학]1982년 서울대 법대졸 1987년 同대학원 법학과졸 1991년 영국 캠브리지대 연수 [경]1981년 사법시험 합격(23회) 1984년 사법연수원 수료(14기) 1985년 軍검찰관 1988년 서울지법 동부지원 판사 1990년 서울형사지법 판사 1991년 영국 캠브리지대 연수 1993년 대전지법 판사 1993년 대전고법 판사 1996년 서울고법 판사 겸 법원행정처 법무담당관 1997년 同판사 1999년 서울지법 판사 1999년 대전지법 부장판사 2001년 사법연수원 교수 2004년 서울중앙지법 부장판사 2006년 광주고법 부장판사 2007년 수원지법 수석부장판사 2008~2009년 서울고법 부장판사 2009년 김앤장법률사무소 변호사(현)

이혜란(李蕙蘭·女) LEE Hae Ran

[생]1953·8·8 [본]경주(慶州) [주]경기 안양시 동안구 관평로170번길22 한림대학교 의료원(031-380-4106) [학]1978년 연세대 의대졸 1988년 중앙대 대학원졸 1991년 의학박사(중앙대) [경]1978~1983년 국립의료원 인턴·전공의 1983~1997년 한림대 의과대학 소아과학교실 전임강사·조교수·부교수 1992년 미국 펜실베이니아대 필라델피아소아병원 면역학교실 Post-Doc. 1994년 미국 미생물학회(ASM) 회원(현) 1995년 대한소아알레르기 및 호흡기학회 국제이사 1997년 한림대 의과대학 소아과학교실 교수(현) 1999년 同소아과 과장 2000년 同강동성심병원 감염관리위원장 2000년 同강동성심병원 기획실장 2000년 同강동성심병원 소아과 과장 2001~2003년 천식및알레르기예방운동본부 사무총장 2004년 한림대부속 강동성심병원 진료부원장 2006년 한림대의료원 부의료원장 2006~2008년 한림대부속 강동성심병원장 2008년 한림대 의료원장(현) 2008~2013년 대한병원협회 평가·수련위원장 2010~2013·2014년 의료기관평가인증원 이사(현), 의료분쟁조정인선위원회 위원(현) 2013~2015년 대한천식알레르기학회 이사장 2013~2014·2016년 대한병원협회 부회장(현) [상]연세를 빛낸 여동문(2007), 한독학술경영대상(2015) [저]'어린이 알레르기를 이겨내는 101가지 이야기'(1999) '천식과 알레르기질환'(2002) '어린이·청소년 천식 : 바로 알고 바로 치료하자'(2003) '소아천식치료 지침서'(2003)

이혜민(李惠民) Lee Hye-min

[생]1957·3·13 [본]벽진(碧珍) [출]경남 진해 [주]서울 종로구 사직로8길60 외교부 인사운영팀(02-2100-8009) [학]1976년 신일고졸 1980년 서울대 영어영문학과졸 1984년 同대학원 법학과졸 1987년 프랑스 클레르몽페랑(Clairmont-Ferrand)대 대학원졸 2013년 경제학박사(프랑스 파리제1대학) [경]1980년 외무고시 합격(14기) 1980년 외무부 입부 1984~1989년 同경제협력과·통상2과 근무 1990년 駐EC대표부 1등서기관 1995년 대통령 외교안보수석비서관실 근무 1996년 외무부 장관비서관 1997년 駐미국 1등서기관 2000년 외교통상부 북미통상과장 2002년 駐인도네시아 참사관 2004년 駐OECD대표부 공사참사관 2006년 외교통상부 지역통상국 지역통상협력관 2006년 同한·미자유무역협정(FTA)기획단장 2008년 同자유무역협정교섭대표 2008년 同한·EU자유무역협정(FTA)협상 한국측 수석대표 겸임 2010년 駐필리핀 대사 2012년 駐프랑스 대사 2015년 G20 셰르파 겸 국제경제대사 2015년 G20 국제협력대사(현) [상]홍조근정훈장(2007), 필리핀 수교훈장 그래드크로스다투(2012), 프랑스 교육공로훈장 팔므아카데믹 꼬망되르(2014), 프랑스 국가공로훈장 그랑 오피시에(2015)

이혜성(李惠星 · 女) LEE Hie Sung (知音)

[생]1939 · 8 · 31 [본]경주(慶州) [출]서울 [주]서울 서초구 효령로366 한국상담대학교대학원 총장실(02-584-6851) [학]1958년 이화여고졸 1962년 서울대 사범대학 국어교육과졸 1970년 미국 피츠버그주립대 대학원졸 1973년 교육학박사(미국 버지니아대) [경]1962년 경동중 교사 1964년 이화여중 교사 1969년 미국 벨레리카공립학교 교사 1974년 서울여대 조교수 1977~2000년 이화여대 심리학과 교수 1979~1980년 同사회복지관장 1980~1989년 同학생생활지도연구소장 1988년 전국대학생생활지도연구소장협의회 회장 1988년 한국심리학회 상담 및 심리치료학회장 1994~2000년 이화여고 총동창회장 1995년 서울YWCA 이사 1997~1998년 한국심리학회 여성심리학회장 1998년 청소년대화의광장 원장 1998~2005년 한국청소년상담원 원장 2000~2005년 한국간행물윤리위원회 위원 · 부위원장 2000년 이화여대 명예교수(현) 2001~2005년 국무총리산하 청소년보호위원회 위원 2001년 학교법인 이화학원 이사 2002~2004년 한국카운셀러협회 회장 2009년 한국상담대학원대 총장(현) [상]근정포장(2000), 이화교육발전 공로상(2000), 제16회 천원교육상 교육실천부문(2006) [저]'청소년 개인상담'(1996) '여성상담'(1998) '사랑하자 그러므로 사랑하자'(1999) '아름다움은 영원한 기쁨이어라'(2002) '문학상담'(2015) [역]'완전한 Counselor' '존재의 심리학' '성장심리학' '남녀의 행동연구' '인간적 성장' '문화와 신경증' '다섯명의 치료자와 한 명의 내담자' '쇼펜하우어, 집단심리치료' '폴라와의 여행'(2007) [종]기독교

이혜숙(李惠淑 · 女) LEE Hei Sook

[생]1948·11·2 [출]서울 [주]대전 유성구 대학로291 한국과학기술원(KAIST) 기획팀(042-350-2301) [학]1971년 이화여대 수학과졸 1974년 미국 브리티시컬럼비아대 대학원 수학과졸 1978년 이학박사(캐나다 퀸스대) [경]1978년 독일 Universitat Regensburg Post-Doc. 1980~1988년 이화여대 수학과 조교수·부교수 1988~2014년 同수학과 교수 1991년 미국 Univ. of Califonia Sandiego Visiting Professor 1995~1997년 이화여대 자연과학대학장 1997~2001년 同연구처장 1998~2001년 同국제교육원장 2002~2005년 국가과학기술 운영위원 2002~2010년 이화여대 WISE센터 소장 2005~2006·2013~2014년 국가과학기술자문회의 자문위원 2005~2012년 삼성고른기회장학재단 이사 2006~2008년 이화여대 대학원장 2006~2007년 한국여성과학기술단체총연합회 회장 2007~2010년 이화여대 자연과학대학장 2008~2010년 한국과학기술단체총연합회 부회장 2010년 국가과학기술위원회 위원 2011~2015년 과학기술정책연구원 비상임감사 2011~2016년 한국여성과학기술인지원센터(KAI-WISET) 초대 소장 2012년 한국과학기술원(KAIST) 비상임이사(현) 2014년 이화여대 명예교수(현) [상]올해의 여성과학기술자상(2003), 과학기술훈장 도약장(2003), 서울시문화상 자연과학부문(2007), 옥조근정훈장(2014), 삼성행복대상 여성창조상(2016) [저]'여성과학을 만나다(共)'(2005) '과학기술인, 우리의 자랑(共)'(2006) [역]'지식의 추구와 수학(共)'(1994) '불꽃같은 생애(共)'(1997) '수학을 빛낸 여성들(共)'(1999)

이혜숙(李惠淑 · 女) LEE Hye Suk

[생]1962 · 4 · 8 [주]경기 부천시 원미구 지봉로43 가톨릭대학교 약학대학(02-2164-4065) [학]1984년 성균관대 약학과졸 1986년 同대학원 약학과졸 1989년 약학박사(성균관대) [경]1984~1986년 성균관대 약학과 교육조교 1986~1993년 한국화학연구소 스크리닝연구부 연구원 1987년 일본 동경이과대 약학부 연구생 1990~1991년 일본 Showa대 약학부 Post-Doc. 1993년 성균관대 대학원 약학과 강사 1993~1995년 한국화학연구소 안전성연구부 선임연구원 1995~1997년 원광대 약학과 전임강사 1997년 同약학과 부교수 · 교수 2003년 同약학대학장 2007년 同산학협력단 부단장, 가톨릭대 약학대학 교수(현) 2014년 同약학대학장(현)

이혜순(李慧淳 · 女) LEE Hai Soon (雅痴 · 雪蕉)

[생]1942 · 7 · 21 [본]광주(廣州) [출]서울 [주]서울 서대문구 이화여대길52 이화여자대학교 국어국문학과(02-3227-2137) [학]1960년 이화여고졸 1964년 서울대 문리대학 국어국문학과졸 1967년 同대학원 국문학과졸 1968년 미국 일리노이대 대학원 비교문학과졸 1972년 중국문학박사(대만 국립사범대 중문연구소) [경]1973~1983년 이화여대 국어국문학과 조교수 · 부교수 1981~1984년 同중어중문학과장 1983~2007년 同국어국문학과 교수 1993~1995년 한국고전문학회 회장 1996~1998년 이화여대 한국어문학연구소장 2000~2004년 초대 · 제2대 고전여성문학회 회장 2001~2003년 한국한문학회 회장 2003~2005년 국어국문학회 대표이사 2008년 이화여대 국어국문학과 명예교수(현) [상]한국출판문화상(2006), 이화학술상(2007), 녹조근정훈장(2007), 제1회 우호학술상 한국문학부문(2008) [저]'비교문학(Ⅰ)-이론과 방법' '비교문학' '수호전연구' '비교문학(Ⅱ)-논문선' '한국문학강의'(共) '조선통신사의 문학' '조선중기의 유산기문화'(共) '한국고전여성작가연구'(共) '우리 한문학사의 새로운 조명(共)'(1999) '비교문학의 새로운 조명(共)'(2002) '우리 한문학사의 여성인식'(2003) '高麗 前期 漢文學史'(2004) '한국고전여성작가의 시세계'(2005) 'The Poetic World of Classic Korean Women Writers'(2005) '사회발전과 문화기반으로서의 인문학적 가치의 사회적 활용방안(共)'(2005) '우리 한문학사의 해외체험'(2006) '조선조 후기 여성 지성사'(2007) '전통과 수용-한국 고전문학과 해외교류'(2010) '고려를 읽다' (2014) [역]'한국고전여성문학의 세계「한시편」' '한국의 열녀전(共)'(2002) '한국고전여성문학의 세계「산문편」(共)'(2003) '천손은 어느 곳에서 노닐고 계시는고-한시 속의 고구려(共)'(2009) [종]기독교

이혜웅(李惠雄) LEE Hye Woong

[생]1961 · 12 · 28 [주]서울 영등포구 여의대로128 LG전자(주) 인사팀(02-3777-1114) [학]홍익사대부고졸, 한국외국어대 경영학과졸, 미국 일리노이대 대학원 경영학과졸 [경]LG전자(주) Brand Management팀장(상무), 同유럽본부 MC마케팅팀장(상무) 2009년 同유럽본부 MC마케팅팀장(전무) 2010년 同MC사업본부 해외마케팅담당 전무, 同멕시코지사 전무 2015년 同멕시코법인장(부사장) 2016년 同중국법인장(부사장)(현)

이혜은(李惠恩 · 女) Rii, Hae Un

[생]1952 · 3 · 12 [본]전주(全州) [출]서울 [주]서울 중구 필동로1길30 동국대학교 사범대학 지리교육과(02-2260-3404) [학]1974년 이화여대 사범대학 사회생활과졸 1976년 同대학원 지리학과졸 1983년 철학박사(미국 미시간주립대) [경]1984~1993년 동국대 사범대학 지리교육과 조교수 · 부교수 1987~1989 · 1993~1995 · 1999~2003년 同지리교육학과장 1992년 미국 미시간주립대 교환교수 1993년 동국대 사범대학 지리교육과 교수(현) 1997년 호주 디킨대 초빙교수 1997년 미국 미시간주립대 한국학연구소 자문위원 1999~2009년 문화재위원회 사적분과 전문위원 2001~2003년 동국대 여학생실장 2002~2007년 서울문화사학회 부회장 2004~2005년 한국도시지리학회 회장 2004년 한국여성지리학자회 회장 2005~2008년 (사)국제기념물유적협의회(ICOMOS) 한국위원회 부위원장 2005~2014년 同본부 집행위원 2006~2015년 (사)개발연구협의체(CODS) 부이사장 2008년 서울시 시사편찬위원회 위원(현) 2009~2011년 동국대 사범대학장 겸 교육대학원장 2009년 전국교육대학원장협의회 부회장 2009년 문화재청 문화재위원회 세계유산분과 위원(현) 2010년 전국사범대학장협의회 부회장 2010년 국가지명위원회 위원(현) 2010년 서울시 지명위원회 위원(현) 2012년 (사)국제기념물유적협의회(ICOMOS) 한국위원회 위원장(현) 2012~2014년 환경부 지질공원위원회 위원 2013년 문화재청 문화재위원회 세계유산분과 위원장 2015년 (사)국제기념물유적협의회(ICOMOS) 자문위원회 대표위원(현) [저]'지표공간의 이해' '경관생태학' '사회과 지리교육연구' '서울의 경관변화' 'The Disappearing Asian City' '변화하는 세계와 지역성 : 인문지리학의 탐색'(2005) '만은 이규원의 울릉도검찰일기'(2006) '지명의 지리학'(2008)

이혜자(李憓子 · 女) Lee Hye-Ja

[생]1956 · 10 · 5 [주]전남 무안군 삼향읍 오룡길1 전라남도의회(061-286-8178) [학]전남대 대학원 행정학과졸, 광주대 대학원 산업디자인학 석사과정 수료, 목포대 대학원 행정학 박사과정 휴학中 [경](사)전남장애인보치아연맹 이사, 민주당 전남도당 여성국장, (사)대한어머니회 무안군지회장(현), (사)한국여성정치연맹 중앙상무위원(현), 동아인재대 겸임교수(현) 2014년 새정치민주연합 여성국장 2014년 전남도의회 의원(비례대표, 새정치민주연합 · 더불어민주당)(현) 2014년 同교육위원회 위원 2014 · 2016년 同여성정책특별위원회 위원장(현) 2015년 同윤리특별위원회 위원 2015년 더불어민주당 전남도당 여성국장(현) 2016년 전남도의회 기획행정위원회 부위원장(현) 2016년 同운영위원회 위원(현)

이혜정(李惠貞 · 女) LEE Hyejung

[생]1954·9·25 [주]대전 유성구 유성대로1672 한국한의학연구원 원장실(042-868-9402) [학]1980년 경희대 한의학과졸 1982년 대만 중의약대학 대학원졸(의학석사) 1986년 한의학박사(경희대) [경]1980~1982년 대만 중의약대학 침구연구소 연구원 1987년 경희대 한의학대학 한의학과 강사·전임강사·조교수·부교수·교수(현) 1993년 미국 Univ. of Pennsylvania 방문교수 1999~2005년 경희대 동서의학대학원 침구경락학과 교수 겸임 2000년 미국 Univ. of Southern California 방문교수 2014년 한국한의학연구원 원장(현)

ㅇ

이혜주(李惠主) LEE Hae Joo

쌩1957·4·15 ㈜서울 종로구 율곡로75 (주)현대건설 마케팅사업부(02-746-2162) 톔충남고졸, 충남대 영어영문학과졸 쟁(주)현대건설 두바이지사 지점장(상무) 2012년 同해외영업본부 2실장(상무) 2013년 同해외영업본부 2실장(전무) 2014년 同글로벌마케팅본부 해외마케팅지원실장(전무) 2016년 同마케팅사업부장(전무)(현) 쌩은탑산업훈장(2016) 줭기독교

이혜준(李惠竣·女) LEE, HYE JUN (陶芸)

쌩1960·8·7 젭전주(全州) 쭬경기 수원 ㈜경기 수원시 팔달구 매산로97 코리아플로랑스플라워&가든 대표실(031-235-4321) 톔수원여고졸, 상명여대 행정학과졸, 연세대 교육대학원 교육행정학과졸 쟁시낭송가(현), 대통령자문 새교육공동체위원회 교육정책리포터, 연세대 교육대학원 연교원춘추 편집장, 연세대총동문회 이사, 인간교육실현학부모연대 경기·수원지역 운영위원, 이혜준웨딩꽃예술원 원장 1998년 코리아플로랑스플라워&가든 대표(현), 고양꽃박람회 초청작가, 경기어울시민문화원 부회장, (사)민족문제연구소 회원, (사)여성정치세력민주연대 지역위원, (사)세계전문직여성 한국연맹 제1부회장, 수원중앙교회 성전&유러피안꽃장식 강사, (사)한국화원협회 경기수원지부 교육이사, World Flower Art Festival 운영·심사위원, (사)한플디 코리아웨딩플라워중앙회 회장, 국민경선추진협의회 여성본부 기획단 기획위원 2006년 열린우리당 경기도의회 의원 후보 2006년 경기도의원선거 출마 2006년 (사)한국여성정치연맹 경기도연맹 부회장(현) 2008년 e-수원뉴스 시민기자(현) 2011년 수원여성리더회 부회장 2011년 同8기 회장(현), 同총회 감사(현) 2011년 한국그린코디네이터협회 회장(현) 2011년 민주평통 수원시협의회 자문위원 2013년 同수원시협의회 문화예술위원장 2014년 새누리당 수원시장 선거대책위원회 시민통합본부장 2014년 同경기도지사 선거대책위원회 정책특보 2015년 민주평통 수원시협의회 부회장(현) 2016년 고려대 평생교육원 유머와 비즈니스 과정 강사(현) 2016년 연세대 미래교육원 유머스피치 과정 강사(현) 쌩연세대 최우수성적졸업자(1990), 연세대 교회장식지도자과정 졸업작품전 동상, (사)한국플라워디자인협회 테이블데코경연대회 동상, 제1회 코리아플라워 페스티벌 최우수상, 민주당 경기도당 스피치대회 우수상, 아주대 여성리더십센터 공로상(2011) 줭'웨딩플라워(共)'(1999) '성전꽃꽂이FJ아카데미(共)' '화예백인집4(共)'(화공회) '꽃작품예술지1·2' '성전꽃꽂이'(共) '꽃예술작품집' 줭기독교

이혜진(李惠鎭·女) LEE HYE JIN

쌩1962·12·3 쭬부산 ㈜부산 서구 구덕로225 동아대학교 법학전문대학원(051-200-8576) 톔1981년 부산 데레사여고졸 1985년 부산대 법학과졸 1989년 同대학원 법학과졸 쟁1986년 사법시험 합격(28회) 1989년 사법연수원 수료(18기) 1989년 변호사 개업 2009년 동아대 법학전문대학원 교수(현) 2010년 同법학전문대학원 교무부원장 2013년 제18대 대통령직인수위원회 법질서·사회안전분과 간사 2013년 대통령 민정수석비서관실 법무비서관 2014~2016년 동아대 법학전문대학원장·법무대학원장·법과대학장 겸임

이혜훈(李惠薰·女) LEE Hye Hoon

쌩1964·6·15 젭전주(全州) 쭬부산 ㈜서울 영등포구 의사당대로1 국회 의원회관914호(02-784-4467) 톔1982년 마산제일여고졸 1986년 서울대 경제학과졸 1993년 경제학박사(미국 UCLA) 쟁1993~1994년 미국 RAND연구소 연구위원 1996~2002년 한국개발연구원(KDI) 연구위원 2004~2008년 제17대 국회의원(서울 서초구甲, 한나라당) 2004년 한나라당 원내부대표 2004~2012년 국제의원연맹(IPU) 이사 2005년 한나라당 제4정책조정위원장 2005~2006년 同제3정책조정위원장 2006~2007년 同여의도연구소 부소장 2007년 同박근혜 대통령경선후보 대변인 2008~2010년 국회 기획재정위원회 조세소위원장 2008~2012년 제18대 국회의원(서울 서초구甲, 한나라당·새누리당) 2010~2012년 국회 기획재정위원회 예산결산소위원장 2011년 한나라당 사무총장 직대 2011년 同사무부총장 2012~2014년 새누리당 최고위원 2014~2016년 연세대 경제대학원 특임교수 2015년 (사)유관순열사기념사업회 회장(현) 2016년 새누리당 서울서초구甲당원협의회 운영위원장(현) 2016년 제20대 국회의원(서울 서초구甲, 새누리당)(현) 2016년 국회 기획재정위원회 위원(현) 2016년 국회 정치발전특별위원회 위원(현) 2016년 새누리당 기독인회 회장(현) 2016년 아시아정당국제회의(ICAPP) 의원연맹 회장(현) 쌩범시민사회단체연합 선정 '올해의 좋은 정치인'(2014·2015) 줭'우리가 왜 정치를 하는데요'(2014, 예지) 줭기독교

이 호(李 浩) LEE Ho

쌩1954·5·22 젭전주(全州) 쭬충남 보령 ㈜경기 수원시 영통구 광교산로154의42 경기대학교 자연과학대학 식품생물공학과(031-249-9653) 톔1978년 고려대 식품공학과졸 1984년 미국 네브라스카대 대학원졸 1989년 공학박사(미국 네브라스카대) 쟁1989년 고려대 생물공학연구소 연구원 1990년 경기대 식품가공학과 조교수·부교수 1997년 미국 네브라스카대 방문교수 1999년 경기대 식품생물공학과 교수(현) 1999~2001년 同교무부처장 2002년 한국식품과학회 재무간사 2007년 경기대 국제교류처장 2007~2009년 同국제교육원장 겸 대체의학대학원장 2015년 同자연과학대학장(현) 쌩근정포장(2014) 줭'식품신소재학'(1995) '최신 식품미생물학'(1995)

이 호(李 晧) CHRIS Ho YI

쌩1959·2·26 쭬전남 나주 ㈜서울 영등포구 여의대로128 LG전자(주) 임원실(02-3777-1114) 톔광주제일고졸, 연세대졸 쟁LG전자(주) MC사업본부 GSM팀장(상무), 同유럽본부 LGEFS(프랑스법인) 법인장(상무) 2010년 同중남미본부 브라질법인장(전무) 2010년 同중남미지역대표 겸 브라질법인장 2012년 同LGESP(LG Electronics de Sao Paulo Ltda) 대표(전무) 2013년 同세탁기사업부장(전무) 2013년 同세탁기사업담당 부사장 2014년 同아시아지역 대표(부사장)(현) 줭천주교

이호건(李鎬建) LEE Ho Gun

쌩1957·1·16 쭬서울 ㈜충북 청주시 청원구 대성로298 청주대학교 경상대학 무역학과(043-229-8192) 톔1976년 중앙고졸 1980년 한국외국어대 영어학과졸 1982년 중앙대 대학원 무역학과졸 1987년 경영학박사(중앙대) 쟁1983년 한국무역학회 이사 1983~1988년 상지대 무역학과 조교수 1987년 한국국제상학회 상임이사 1988~1997년 청주대 경상대학 무역학과 조교수·부교수 1990년 한국중소기업학회 회원 1997년 청주대 경상대학 무역학과 교수(현) 1998년 한국통상정보학회 회장 1999년 한국관세학회 상임이사 2000년 (주)텔렉처 대표이사 2000년 산업자원부 무역정책자문위원 2007년 한국국제상학회 회장 2012년 한국무역학회 회장 2012~2013년 청주대 경상대학장 쌩근정포장(2004) 줭'무역의 작은 반란—무역자동화'(1994) '국제통상학개론'(1996) '세계화와 국제무역'(1997) '무역영어'(2000) '전자상거래의 이해(共)'(2002) '국제무역사(共)'(2006)

이호경(李浩境) LEE Ho Kyeung

쌩1958·2·1 젭전주(全州) 쭬인천 ㈜서울 서초구 사임당로18 콜마파마(주) 임원실(02-2176-7700) 톔1976년 인천고졸 1980년 인하대 화학과졸 1995년 핀란드 헬싱키경제경영대학원 경영학과졸 쟁(주)대웅제약 이사 2000년 同특수사업본부 상무 2009년 同ETC마케팅본부 전무 2010년 同특수사업본부 전무 2013년 同신규사업본부 고문 2013년 (주)힐리언스 부사장 겸임 2013년 한국콜마(주) 제약사업부문 부사장 2015년 콜마파마(주) 대표이사 부사장 2016년 同대표이사 사장(현)

이호군(李浩君) LEE HO KUN (直岩)

쌩1955·3·20 젭안성(安城) 쭬경북 울진 ㈜서울 서초구 사평대로26길26의4, 1층 Kradle 비서실(02-534-0462) 톔2015년 성균관대 경영대학원 석사과정 글로벌경영학과 3학기 재학中 쟁1978~1998년 라이프주택·라이프종합건설 관리총괄본부장(상무이사) 2001~2010년 KONA C(코나씨) 경영지원본부장·생산총괄본부장(이사) 2011년 Kradle 대표이사 사장(현)

이호규(李浩圭) LEE Ho Kyu

쌩1957·7·16 쭬서울 ㈜서울 중구 남대문로90 SK네트웍스(070-7800-1300) 톔중앙고졸, 고려대 법학과졸, 同대학원 법학과 수료 쟁2005년 SK(주) 가스사업부장(상무) 2007년 SK네트웍스(주) 강원본부장(상무) 2008년 同부산·경남본부장(상무) 2009년 同에너지마케팅컴퍼니 경영지원본부장(상무) 2010년 同경기·강원본부장 2011년 同에너지마케팅부문장 2012년 同EM BHQ장(전무) 2014년 同에너지마케팅본부장 2016년 同비상근고문(현)

이호근(李豪根) LEE Ho Keun

(생)1960·5·2 (출)부산 (주)서울 서대문구 연세로50 연세대학교 경영학과(02-2123-4470) (학)1984년 서울대 산업공학과졸 1986년 한국과학기술원(KAIST) 경영학과졸(석사) 1993년 경영학박사(미국 Univ. of Texas at Austin) (경)1992~1994년 네덜란드 에라스무스대 경영대학 방문교수 1994~1997년 홍콩과학기술대 경영정보학과 조교수 1997~2003년 연세대 경영학과 조교수·부교수 2000년 일은증권(주) 사외이사 2000~2001년 삼성인력개발원 e-삼성교육 자문교수 2000년 삼성SDI e-Business 신규사업 자문교수 2003년 연세대 경영학과 교수(현) 2016년 同교무처장(현) 2016년 우리은행 사외이사(현)

이호근(李昊根) Lee Ho-geun (幽虎)

(생)1965·7·22 (본)전주(全州) (출)전북 (주)전북 전주시 완산구 효자로225 전라북도의회(063-280-4521) (학)서울대성고졸, 광주보건대 보건행정학과졸 (경)(사)전국버섯생산자협회 부회장, 전북도 인터넷정보화선도위원, 고창군 자율방범대원, 부안초 운영위원장, 부안면체육회 기획위원장, 전북도 명예환경감시원, 개혁국민정당 창당발기인, 열린우리당 창당발기인, 同전북도당 정책위원, 同고창지역위원회 청년위원장 2006년 전북 고창군의원선거 출마 2012년 민주통합당 문재인 대통령후보 정책특별보좌관 2014년 전북도의회 의원(새정치민주연합·더불어민주당)(현) 2014년 同운영위원회 위원 2014년 同산업경제위원회 부위원장 2015년 同군산항수입물품에대한방사능오염여부실태파악특별위원회 위원 2015년 同예산결산특별위원회 위원 2015년 同윤리특별위원회 위원 2016년 同윤리특별위원회 위원장(현) 2016년 同환경복지위원회 위원(현) (상)신지식인(2001), 전북농업인단체연합회 감사패(2015) (저)'최노인이야기'(1982)

이호길(李浩吉) LEE Ho Gil

(생)1953·1·5 (본)덕수(德水) (출)서울 (주)경기 안산시 상록구 항가울로143 한국생산기술연구원 안산연구센터A동116호(031-8040-6291) (학)1980년 한양대 기계공학과졸 1986년 일본 오사카대 대학원 기계공학과졸 1989년 공학박사(일본 오사카대) (경)1980~1983년 현대정공(주) 특수설계부 근무 1989년 일본 교토고도기술연구소 주임연구원 1991년 한국생산기술연구원 수석연구원(현) 1991~2004년 同허브로봇센터 소장 2001~2010년 한국로봇산업협회 퍼스널로봇기반기술개발 총괄책임자 2004~2006년 同지능형로봇사업단장 2004~2015년 과학기술연합대학원대 지능형로봇공학과 교수 2004년 한국생산기술연구원 로봇기술본부장 2006~2008년 同로봇종합지원센터장 2009~2011년 산업기술연구회 협동연구사업 총괄책임, 제어자동화시스템공학회 이사, 로보틱스및응용연구회 회장, 한국로봇학회 이사, 차세대성장동력로봇부문실무위원회 위원 2011년 지식경제부 '원격작업을 위한 원격조작 서비스엔진 및 힘반영 원격조종 로봇시스템 기술개발총괄 2013년 산업통상자원부 '원격작업을 위한 원격조작 서비스엔진 및 힘반영 원격조종 로봇시스템 기술개발' 총괄(현) 2015년 과학기술연합대학원대 로보틱스 및 가상공학과 교수(현) (상)국무총리표창(2006), 제어자동화시스템공학회 강영국기술상(2006)

이호동(李鎬東) Lee Ho Dong

(생)1964·6·8 (본)전주(全州) (출)강원 원주 (주)세종특별자치시 한누리대로402 산업통상자원부 통상국내대책관실(044-203-4111) (학)1983년 서라벌고졸 1988년 서울대 경제학과졸 2003년 경제학박사(미국 인디애나주립대 블루밍턴교) (경)1991년 행정고시 합격(35회) 1993년 경제기획원 동향분석과 사무관 1995년 재정경제원 인력기술과 사무관 1997년 同통상과학예산담당관실 사무관 2003년 기획예산처 재정개혁1과 서기관 2004년 국민경제자문회의사무처 정책분석실 정책조사관 2005년 同복지노동실 과장 2006년 기획예산처 국제협력교육과장 2007년 同경제행정재정과장 2010년 기획재정부 재정정책국 성과관리과장 2011년 同공공정책국 제도기획과장 2012년 同공공정책국 정책총괄과장(부이사관) 2014년 산업통상자원부 통상국내대책관(국장급)(현) (상)대통령표창(2005)

이호선(李曉善) LEE Ho Sun

(생)1959·12·28 (본)전주(全州) (출)충남 당진 (주)경기 과천시 코오롱로11 코오롱베니트 비서실(02-2120-7000) (학)1979년 우신고졸 1987년 성균관대 철학과졸 (경)1989년 LG전자 입사 1996년 LG IBM PC(주) 직판영업팀장 1997년 同기획운영팀장 2000년 同전략기획실장 겸 시스템영업담당 이사대우 2002년 코오롱정보통신(주) 영업기획팀장 2003년 同상무보 2004년 同시스템사업1부 상무

2006년 코오롱아이넷(주) 시스템사업본부장 2006년 同상무 2009년 同전무 2011년 코오롱글로벌 부사장 2013년 코오롱베니트 대표이사 부사장(현)

이호선(李鎬善) LEE Ho Sun

(생)1964·10·16 (본)전주(全州) (출)강원 평창 (주)서울 성북구 정릉로77 국민대학교 법과대학(02-910-5458) (학)1982년 검정고시 합격 1987년 국민대 법대졸 1996년 고려대 언론대학원 방송학과 수료 2001년 중앙대 엔터테인먼트경영자과정 수료 2004년 영국 리즈대 대학원졸(LL.M.) (경)1989년 사법시험 합격(31회) 1992년 사법연수원 수료(21기) 1994~1997년 고양YMCA 법률고문 1997~2004년 법무법인 CHL 구성원변호사 2005년 국민대 법과대학 교수(현) 2006년 대한변호사협회 기획위원 2007년 한국스포츠중재위원회 중재위원, 사법시험·변호사시험 출제위원 2011~2012년 사법연수원 강사 2012년 한국입법학회 기획이사(현) 2013년 (사)대한법학교수회 사무총장 2013~2014년 유럽연합대학원(EUI) 방문교수 2016년 국민대 총무처장(현) 2016년 한국헌법학회 부회장(현) 2016년 전국법과대학교수회 회장(현) (저)'빅딜-2018 한반도 리포트'(2005) '공부습관 3주만에 바뀐다'(2005) '유럽연합(EU)의 법과 제도'(2006) '질문이 답이다'(2007) '공정거래정책변화 추이와 향후 정책방향'(2013) '나를 믿는 긍정의 힘 자신감'(2010) (종)기독교

이호성(李鎬誠) LEE Ho Sung

(생)1959·3·11 (출)대구 (주)대구 남구 현충로170 영남이공대학교 총장실(053-650-9101) (학)1977년 대구 계성고졸 1981년 영남대 금속공학과졸 1983년 同공과대학원졸 2009년 공학박사(일본 게이오대) (경)1986~1987년 대한중석(주) 초경합금본부 기술연구원 1987~1988년 태평양야금 기술담당(이사대우) 1988년 영남이공대 금속과 전임강사 2001년 同금속과 교수 2009년 同총장(현) (상)중소기업우수기술지도표창

이호성(李呼星) HO-SUNG, REE

(생)1962·7·5 (주)서울 종로구 종로5길68 11층 코리안리재보험(주) 임원실(02-3702-6034) (학)1990년 고려대 수학과졸 (경)1990년 코리안리재보험(주) 입사 1998년 同노조위원장 2004년 同외국업무부 해외수재정산과 차장 2008년 同특종보험부장 2010년 同장기자동차보험부장 2013년 同감사실장 2014년 同준법감시인 2015년 同준법감시인(상무대우) 2016년 同자문역(현)

이호수(李鎬洙) Yi Ho Soo

(생)1952·12·15 (주)서울 종로구 종로26 SK(주) SU-PEX(Super Excellent)추구협의회 ICT기술성장특별위원회(02-2121-0114) (학)서울대졸, 한국과학기술원(KAIST) 전자공학과졸(석사), 컴퓨터공학박사(미국 노스웨스턴대) (경)1977~1981년 국방과학연구소 연구원 1985~2005년 미국 IBM Watson Research Center(미국 뉴욕주 Yorktown Heights 소재) 근무 2002~2005년 同유비쿼터스 컴퓨팅연구소 설립·초대소장(한국IBM 파견) 2005년 삼성전자(주) 소프트웨어연구장 2008~2012년 同Media Solution센터 설립·초대센터장(부사장), (사)차세대융합콘텐츠산업협회 회장 2011~2013년 임베디드소프트웨어산업협의회 회장 2013~2014년 삼성전자(주) 고문 2013년 서울대 컴퓨터공학부 초빙교수 2014년 국무총리소속 정보통신전략위원회 민간위원(현) 2014년 SK SUPEX(Super Excellent)추구협의회 ICT기술성장특별위원회 최고기술위원(사장급)(현) 2016년 SK주식회사 C&C IT서비스사업장 겸 ICT R&D Center장(사장)(현)

이호승(李昊昇) LEE Ho Seung

(생)1965·8·13 (출)전남 광양 (주)세종특별자치시 갈매로477 기획재정부 경제정책국(044-215-2700) (학)1983년 광주 동신고졸 1987년 서울대 경제학과졸 1989년 중앙대 대학원 경제학과졸 (경)1998년 재정경제부 경제정책국 종합정책과 사무관 1998년 同총무과 계장(사무관) 2002년 同총무과 계장(서기관), 해외 파견 2006년 대통령비서실 파견 2008년 재정경제부 경제정책국 경제분석과장 2008년 기획재정부 경제정책국 경제분석과장 2009~2010년 同경제정책국 종합정책과장 2010년 국제통화기금 파견 2013년 기획재정부 정책조정국 정책조정심의관 2014년 同미래사회정책국장(일반직고위공무원) 2015년 同미래경제전략국장 2015년 同정책조정국장 2016년 同경제정책국장(현) (상)대통령표창(1999), 근정포장(2014)

이호연(李湖淵) LEE Ho Yeon

[생]1957·1·18 [출]충남 [주]서울 강남구 학동로25길20 (주)디에스피미디어(02-532-9945) [학]1980년 성균관대졸 1999년 고려대 최고경영자과정 수료 [경]1992년 대성기획 대표이사 1999~2006년 (주)디에스피엔터테인먼트 대표이사, (주)보이스웨어 비상근이사 2004년 (주)튜브미디어 비상근이사 2006년 (주)디에스피이엔티 대표이사 2008년 (주)디에스피미디어 대표이사(현) [상]제24회 골든디스크상 제작자상(2009), 한국콘텐츠진흥원장 공로패(2011), 대통령표창(2015)

이호연(李浩然) LEE Ho Yeon

[생]1965·1·3 [출]서울 [주]서울 강북구 한천로1083 강북우리들병원 원장실(02-6222-1000) [학]1983년 서울 인창고졸 1989년 서울대 의대졸 1995년 울산대 대학원졸 2002년 의학박사(울산대), 영국 왕립외과학회 학사원(FRCS) 취득 [경]1991~1995년 서울중앙병원 신경외과 레지던트·전임의, 국제최소침습척추수술학회(ISMISS) 정회원(현), 울산대 신경외과 임상강사 2004~2006년 세계인명사전 Who's Who in Science and Engineering 등재 2006~2007년 세계인명사전 Who's Who in Medicine and Healthcare 등재 2007~2008년 청담우리들병원 원장 2008년 同명예원장 2008년 미국신경학회(AANS)회원(현) 2012년 강북우리들병원 원장(현) [상]우리들병원 우수논문상(2002·2004) [종]기독교

이호영(李浩永) Lee, Ho-young

[생]1958·8·7 [본]고성(固城) [출]경남 의령 [학]1977년 경희고졸 1985년 서울대 사범대학 지리교육과졸 1987년 同행정대학원 행정학과졸 1997년 영국 셰필드대 대학원 국제학과졸 [경]1986년 행정고시 합격(29회) 1986~1987년 체육부·내무부 실무수습(행정사무관시보) 1987년 행정조정실 제2·1행정조정관실 행정사무관 1992년 同비서관 1994년 同제1행정조정관실 과장(서기관) 1995년 국외훈련(영국 셰필드대) 1997년 행정조정실 제1행정조정관실 과장·총괄조정관실 기획과장 1998년 국무조정실 심사평가1심의관실 과장 1999년 同기획심의관실 과장 2000년 同복지노동심의관실 과장·기획심의관실 공보과장 2002년 同기획심의관실 공보과장(부이사관) 2003년 대통령 정책수석비서관실 파견 2004년 국무조정실 의정심의관 2007년 同규제개혁기획단 규제개혁기획관(고위공무원) 2007년 제17대 대통령직인수위원회 파견 2008년 국무총리실 국정운영실 재정산업정책관 2009년 同사회통합정책실 사회문화정책관 2009년 同의전관 2010년 同사회통합정책실장 2012년 同국정운영2실장 2013~2014년 국무총리 비서실장(차관급) 2014~2015년 가천대 사회과학대학 행정학과 초빙교수 2014년 새누리당 국책자문위원(현) [종]천주교

이호영(李鎬永)

[생]1966·12·21 [주]경기 수원시 장안구 창룡대로223 경기남부지방경찰청 홍보담당관실(031-888-2415) [학]서령고졸, 동국대 경찰행정학과졸, 고려대 정책대학원 공안행정학과졸 [경]1992년 경위 임관(경찰간부후보 40기) 1999년 경감 승진 2004년 경정 승진 2004~2014년 경찰청 경무국 인사과·경무인사기획관실 인사운영계 근무 2014년 충남지방경찰청 정부세종청사경비대장(총경) 2015년 충남 보령경찰서장 2016년 경기남부지방경찰청 홍보담당관(현)

이호왕(李鎬汪) LEE Ho Wang (漢灘)

[생]1928·10·26 [본]전주(全州) [출]함남 신흥 [주]서울 성북구 안암로145 고려대학교(02-3290-1114) [학]1947년 함남고졸 1954년 서울대 의대졸 1957년 미국 미네소타대 대학원 의학과졸 1959년 의학박사(미국 미네소타대) [경]1961~1972년 서울대 의대 조교수·부교수 1971년 대한바이러스학회 창립·초대회장 1972년 서울대 의대 교수 1973~1994년 고려대 의대 교수 1973년 同바이러스병연구소장 1975년 대한미생물학회 회장 1976년 유행성출혈열병원체 한탄바이러스 발견 1981년 대한민국학술원 회원(미생물학·현) 1982~2000년 세계보건기구 유행성출혈열연구협력센터소장 1983~1984년 고려대 의과대학장 1983~1992년 한국대학골프연맹 회장 1986~2000년 세계보건기구 바이러스전문위원 1989년 중국 연변대 의대 명예교수(현) 1989년 국제Hantavirus학회 회장, 同명예회장(현) 1992년 대한바이러스학회 명예회장(현) 1994~2000년 아산생명과학연구소 소장 1994년 고려대 명예교수(현) 1994~1998년 한국과학기술한림원 부원장, 同원로회원(현) 1995~1999년 대한민국학술원 자연과학부 회장 1996년 아세아·태평양의학바이러스학회 회장 1997년 한탄생명과학재단 이사장(현) 1998년 제3세계학술원 회원(현) 1998년 미국철학회(American Philosophical Society) 회원(현) 1998년 대한백신학회 창립·초대회장, 同명예회장 2000~2004년 대한민국학술원 회장 2002년 미국 국립학술원(NAS) 외국회원(Foreign Associate)(현) 2002년 국가과학기술인 '명예의전당' 헌정 2003년 아시아학술회의(Science Council of Asia) 회장 2003년 미국과학발전협의회(American Association for the Advancement of Science) 회원 2004년 미국 예술과학학술원(American Academy of Arts and Sciences) 외국회원(현) 2009년 일본 학사원 명예회원(현) [상]미국 최고시민공로훈장(1979), 학술원상(1980), 미국 육군연구업적상(1984), 인촌상(1987), 한국과학상(1990), 국민훈장 목련장(1994), 태국왕자 Mahidol상(1995), 함춘대상(2000), 닛케이 아시아상(2001), 서울대인상(2001), 과학기술훈장 창조장(2002), 호암상(의학)(2002), 대한민국과학기술인 명예의전당 헌정(2003), 제6회 서재필 의학상(2009) [저]'바이러스의 세계'(1985) '출혈열교본' '필수바이러스학'(1990) '신증후출혈열'(1994) '한탄강의 기적'(1999) '한탄바이러스 발견 및 신증후출혈열 연구에 관한 서한집'(2000) '바이러스와 반세기'(2003) '바투인물이야기 이호왕'(2005) 'Hantavirus Hunting'(2006) [종]가톨릭

이호용(李虎龍) LEE Ho Yong

[생]1968·3·6 [본]성산(星山) [출]경북 김천 [주]서울 성동구 왕십리로222 한양대학교 정책학과(02-2220-2762) [학]1991년 한양대 법학과졸 1996년 同대학원 법학과졸 2001년 법학박사(한양대) [경]1996년 보건복지부 한국보건사회연구원 주임연구원 1996~2001년 법무부 법무자문위원회 전문위원 1998년 同규제심의위원회 심의위원 2001년 국무총리 청소년보호위원회 정책자문위원 2001~2002년 서울시인력개발원 전임교수 2002년 경찰청 치안연구소 연구위원 2002~2007년 강릉대 법학과 교수 2003년 민주평통 자문위원 2005년 정보통신연구진흥원 정보통신연구기반조성사업평가위원 2005년 대입 수능 출제위원 2006년 행정고시 2차 시험위원 2007년 사법시험 2차 출제위원 2007년 단국대 법학과 부교수 2009년 경찰청 치안정책연구소 연구위원 2009년 국가보훈처 국가보훈위원회 위원 2012년 한양대 정책학과 교수(현) 2013년 한국법정책학회 총무이사(현) 2015년 법무부 규제심사위원회 위원(현) 2016년 국민권익위원회 비상임위원(현) [상]강릉대총장 강의우수상(2003), 한국공안행정학회장 공로상(2004), OCU총장 강의우수상(2005), 한국공안행정학회 학술장려상(2006) [저]'알기쉽게 쓴 행정법의 기본이론'(2007) '사회보장행정법의 구조적 특성연구'(2007) '행정법(共)'(2008) '행정법강의'(2009) [종]기독교

이호웅(李浩雄) LEE Ho Woong

[생]1949·8·1 [본]재령(載寧) [출]인천 [학]1968년 제물포고졸 1980년 서울대 정치학과졸 [경]1971년 서울대 문리대 학생회장 1975년 긴급조치위반으로 2년간 복역 1979년 도서출판「형성사」대표 1984~1988년 인천지역사회운동연합 의장·민주통일민중운동연합 상임집행위원·전국민족민주운동연합 상임집행위원 1991년 민주당 인천남동지구당 위원장 1992년 同환경특별위원회 부위원장 1995년 새정치국민회의 인천남동乙지구당 위원장 1996년 同당무위원 2000~2004년 제16대 국회의원(인천남동乙, 새천년민주당·열린우리당) 2000년 새천년민주당 총재특보 2001년 同대표비서실장 2002년 同조직위원장 2002년 同중앙선거대책위원회 조직본부장 2003년 한국씨름연맹 총재 2003년 열린우리당 비서실장 2003년 同인천시지부 창당준비위원장 2004년 同인천시당 위원장 2004~2006년 제17대 국회의원(인천남동乙, 열린우리당) 2004년 열린우리당 당의장 특보단장 2005년 同인천시당 중앙위원 2006년 국회 건설교통위원장 2006년 열린우리당 비상대책위원회 비상임위원 2008년 제18대 국회의원선거 출마(인천 남동乙, 무소속) 2010년 민주당 인천시당 위원장 직대 2011년 민주통합당 인천시당 상임고문 2013년 민주당 인천시당 상임고문 [저]수상집 '목욕탕에서 잡혔다구요' [종]천주교

이호원(李鎬元) LEE Ho Won

[생]1953·7·27 [출]충북 청주 [주]서울 서대문구 연세로50 연세대학교 법학전문대학원(02-2123-6953) [학]1971년 경기고졸 1975년 서울대졸 1980년 同대학원졸 1985년 미국 조지타운대 법과전문대학원졸(LL.M) [경]1975년 사법시험 합격(17회) 1977년 사법연수원 수료(7기) 1977~1980년 육군 법무관 1980년 서울지법 동부지원 판사 1982년 서울민사지법 판사 1983년 대전지법 서산지원 판사 1986년 서울지법 의정부지원 판사 1988년 서울고법 판사 1990년 대법원 재판연구관·부산지법 부장판사 1994년 수원지법 부장판사 1995년 일본 동경대학 법학부 객원연구원 1995년 서울지법 동부지원 부장판사 1996년 同북부지원 부장판사 1997년 서울지법 부장판사 1999년 대구고법 부장판사 2000년 수원지법 수석부장판사 2002년 서울고법 부장판사 2003~2010년 한국민사소송법학회 회장 2005년 제주지법원장 2006~2008년 서울가정법원장 2008년 법무법인 지성 대표변호사 2008~2011년 법무법인 지평지성 대표변호사 2009년 일본 리츠메이칸대 객원교수 2010년 미국 워싱턴대 Visiting Scholar 2011년 연세대 법학전문대학원 교수(현) 2011~2013년 한국국제거래법학회 회장 [저]'주석 신민사소송법(IV·共)'(2003) '주석 중재법(共)'(2005)

이호인(李鎬仁) Ho-In Lee (海光)

생1947·5·17 본성주(星州) 출충남 광천 주전북 전주시 완산구 천잠로303 전주대학교 총장실(063-220-2101) 학1965년 용산고졸 1970년 서울대 응용화학과졸 1972년 同대학원 화학공학과졸 1979년 이학박사(미국 텍사스대 오스틴교) 경1972~1974년 육군사관학교 교수부 교관 1979년 미국 텍사스대 오스틴교 Post-Doc. 1980~1989년 서울대 공업화학과 조교수·부교수 1984~1990년 同환경안전연구소 관리부장 1987~1991년 同공업화학과장 1989~1998년 同공업화학과 교수 1990년 대한화학회 기획간사 1990~1992년 한국공업화학회 기획·편집이사 1991~1995년 한국진공학회 이사 1993~1994년 서울대 공대 기기분석실장 1994~1995년 同공대 교무담당학장보 1995~1998년 한국공업화학회 총무이사·전무이사·부회장 1995년 서울대 공과대학장 직대 1995~1997년 同교무담당 부학장 1997~1998년 미국 텍사스대 한국동창회장 1998년 대한화학회 이사 1998~2001년 한국공업화학회 국문지 편집위원장 1998~2005년 서울대 응용화학부 교수 1999~2000년 同환경안전연구소장 2000~2002년 同응용화학부장 2001년 한국화학공학회 촉매부문위원장 2001~2013년 한국공학한림원 정회원 2002~2006년 한국광촉매연구회 초대회장 2003년 한국공업화학회 회장 2004~2006년 서울대 부총장 2005~2012년 同화학생물공학부 교수 2005~2007년 국제백신연구소 이사 2006~2009년 Appl. Catal. A : Gen. 편집위원 2006~2008년 산업자원부 수소연료전지자동차실용화위원장 2007년 한국공학한림원 포상사업수상후보추천위원장 2008년 한국화학관련학회연합회 회장 2009~2010년 서울대 총장후보초빙위원장 2011~2014년 한국과학기술단체총연합회 브레인풀총괄선정 평가위원장 2012년 서울대 화학생물공학부 명예교수(현) 2013년 한국공학한림원 원로회원(현) 2013년 전주대 총장(현) 2014~2016년 전주MBC 시청자위원회 위원장 2014~2016년 제19기 전북지역 통일교육센터장 및 통일교육위원전북협의회장 2014~2016년 한국사립대학교총장협의회 부회장 2014년 대한민국학술원 회원(촉매화학·현) 2014년 캄보디아국립기술대 이사(현) 2014년 학교법인 신동아학원 이사(현) 상화학공학회 학술상(1987), 한국과학기술단체총연합회 과학기술우수논문상(1995), 서울대 20년근속표창(2000), 과학기술훈장 창조장(2010), 서울대 30년근속표창(2010), 용산고동창회 공로패(2010), 텍사스대한국동문회 올해의 자랑스러운 동문상(2010), 서울대 우수강의상(2011), 공업화학회 Best Paper Award(2011), 서울대 훌륭한 공대교수상 교육상(2011), 녹조근정훈장(2012), 자랑스러운 용산인(2013), 대한민국 세종대왕 나눔봉사대상(2015) 종기독교

이호일(李鎬一) LEE HO Il

생1949·12·29 출서울 주충북 괴산군 괴산읍 문무로85 중원대학교 항공대학 항공운항학과(043-830-8474) 학서울대사대부고졸, 공군사관학교졸, 미국 공군참모대학 수료, 영국 공군참모대학 수료 경아시아나항공(주) 운항기획부문 이사 2006년 同종합통제·운항본부장(상무) 2007~2010년 同종합통제·운항본부장(전무) 2010년 同자문역, 중원대 항공대학 항공운항학과 초빙교수(현) 2015년 同항공대학장(현) 상공군대학 수석졸업 대통령상(1983), 대통령표창(2009) 종불교

이호조(李鎬朝) LEE, Ho Jo

생1969 본합천(陜川) 출경남 합천 주대전 서구 청사로189 특허심판원 심판9부(042-481-8152) 학1988년 거창고졸 1995년 서울대 농업교육학과졸 2004년 충남대 대학원 특허법무과졸 경1996년 특허청 섬유심사담당관실·농림수산심사담당관실·식품생물자원심사담당관실 심사관(농업사무관) 2005년 同생명공학심사팀 심사관(기술서기관) 2008년 同특허심판원 심판관 2010년 同특허심판원 심판관(과장급) 2011년 특허법원 기술심리관 2013년 특허청 화학생명공학심사국 식품생물자원심사과장 2013년 同특허심사1국 농림수산식품심사과장 2015년 특허심판원 심판9부 심판관 2016년 해외연수(현)

이호준(李鎬俊) Ho Joon Lee

생1967·11·30 출서울 주서울 종로구 사직로8길60 외교부 인사운영팀(02-2100-7136) 학1986년 보성고졸 1990년 서울대 경제학과졸 1992년 同행정대학원 정책학과졸 2010년 기술정책학박사(영국 맨체스터대) 경1993년 상공자원부 사무관 1997년 통상산업부 자원정책실 석유정책과 사무관 1999년 산업자원부 무역정책실 수입과 사무관 2000년 同산업정책국 산업정책과 사무관 2006년 同구미협력팀장 2007년 同지역산업팀장 2008년 지식경제부 지역산업과장 2009년 同전력산업과장 2009년 同장관비서관 2010년 同장관비서관(부이사관) 2011년 同에너지자원정책과장 2013년 제18대 대통령직인수위원회 경제2분과 실무위원 2013년 산업통상자원부 에너지자원정책과장 2013~2014년 대통령 산업통상자원비서관실 행정관 2014년 駐중국대사관 상무관(현)

이호중(李昊重) LEE Ho Joong

생1966·1·16 주세종특별자치시 도움6로11 환경부 환경보건정책관실(044-201-6740) 학1985년 전일고졸 1992년 동국대 행정학과졸 경2000년 환경부 기획관리실 행정관리담당관실 사무관 2002년 同환경정책국 정책총괄과 서기관 2004년 同환경정책실 정책총괄과 서기관, 국무조정실 환경심의관실 파견 2006년 환경부 환경평가과장 2008년 국외훈련 2009년 국립생물자원관 기획전시부 연구기획과장 2009년 환경부 자연보전국 국토환경정책과장 2011년 同상하수도정책관실 토양지하수과장(부이사관) 2012년 同녹색환경정책관실 정책총괄과장 2013~2015년 同환경정책실 환경보건정책과장 2015년 同환경정책실 환경보건정책관(현)

이호진(李浩鎭) LEE Ho Jin

생1944·11·23 본영천(永川) 출경북 경주 주서울 관악구 관악로1 서울대학교(02-880-1364) 학1962년 경복고졸 1967년 서울대 농학과졸 1972년 同대학원 작물학과졸 1977년 작물생리학박사(미국 펜실베이니아 주립대) 경1977년 미국 조지아대 박사후연구과정 수료 1979~1983년 서울대 조교수·부교수 1983~2010년 同농업생명과학대학 식물생산과학부 부교수·교수 1990년 농촌진흥청 겸직연구관 1993~1995년 서울대 농대 실험농장장 1995~1996년 同작물생명과학전공 주임 1997~1998년 미국 일리노이대 교환교수 2000년 세계작물학회 아시아지역 상임위원 2001년 서울대 농업생명과학대학 식물생산과학부장 겸 대학농장장 2001년 한국작물학회 부회장 2003~2004년 同회장 2005년 제5차 세계작물학회 조직위원장 2006년 한국친환경정밀농업연구회 회장 2010년 서울대 명예교수(현) 상한국작물학회 학술상(1992), 한국과학기술단체총연합회 우수논문상(1993), 한국작물학회 공로상(1999) 저'사료작물학'(1985·1990·1992) '재배식물생리학'(1990) '작물생리학'(1997) '종자생산학'(2002)

이호진(李浩鎭) Ho-Jin Lee

생1951·10·16 본전주(全州) 출충남 천안 주서울 강남구 테헤란로518 섬유센터12층 법무법인(유) 율촌(02-528-5654) 학1970년 경기고졸 1974년 서울대 법학과졸 1978년 同사법대학원졸 경1974년 외무고시 합격(8회) 1974년 외무부 입부 1978년 同북미1과 사무관 1980년 駐미국 3등서기관 1981년 駐우간다 2등서기관 1985년 외무부 장관비서관 1986년 駐미국 1등서기관 1990년 외무부 안보통일연구부 연구관 1991년 同안보과장 1991년 同북미2과장 1992년 駐필리핀 참사관 1994년 駐오스트리아·駐비인국제기구대표부 공사 1997년 외무부 외교정책실 제3정책심의관 1998년 외교통상부 정책기획관 1998년 同공보관 1999년 同정책기획관 2001년 駐유엔대표부 차석대사 2003~2006년 駐헝가리 대사(크로아티아·보스니아헤르체고비나 대사 겸임) 2002~2008년 유엔사무총장 군축자문위원회(UNSG's Advisory Board on Disarmament) 위원 2006~2007년 외교역량평가센터 소장 2007~2008년 유엔사무총장 군축자문위원회(UNSG's Advisory Board on Disarmament) 의장 2007년 고려대 외교겸임교수 2008~2011년 駐핀란드 대사(에스토니아 대사 겸임) 2010년 군제민주주의전환센터(ICDT) 국제이사(현) 2010~2011년 미국 브루킹스연구소 초빙학자 2011~2012년 미국 국제전략문제연구소(CSIS) Senior Fellow 2012년 법무법인(유) 율촌 고문(현) 2013년 포괄적핵실험금지조약기구(CTBTO) 현인그룹(GEM) 멤버(현) 2013년 중앙선거관리위원회 선거자문위원(현) 2013년 KBS 객원해설위원 2013년 유엔한국협회 수석부회장(현) 2014년 새누리당 국제위원회 부위원장(현) 상외무부장관표창(1985), 근정포장(2000), 대십자훈장(외국정부, 2006) 저'국제법연습'(1980) '현대국제법'(共)

이호진(李鎬振) LEE Ho-Jin

생1958·9·12 본합천(陜川) 출경남 진주 주대전 유성구 가정로218 한국전자통신연구원 방송미디어연구소(042-860-6218) 학1977년 진주고졸 1981년 서울대 전자공학과졸 1983년 同대학원졸 1990년 공학박사(서울대) 경1983년 한국전자통신연구원 TDX개발단 연구원 2004년 同디지털방송연구단 통신위성연구그룹장, 同전파방송연구단 광역무선기술연구그룹장 2008년 同방송통신융합연구부문 위성무선융합연구부장 2010년 同방송통신융합연구부문 소장 2010년 스마트TV포럼 운영위원 2010년 3DTV실험방송 추진단위원 2010년 방송장비고도화추진위원회 위원 2010년 대전일보 독자권익위원회 위원 2010년 방송통신위원회 방송통신기술자문단 자문위원 2010년 同전파정책자문단 자문위원 2010년 한국전자파학회 부회장 2011년 한국통신학회 집행이사 2013~2016년 한국전자통신연구원 방송통신미디어연구소 연구위원 2013~2015년 한국방송공학회 부회장 2014년 (사)통신위성·우주산

업연구회 회장 2014년 기상청 정책자문위원(현) 2014년 서울과학기술대 글로벌융합산업공학과 겸임교수 2015년 (사)한국위성정보통신학회 회장 2016년 한국전자통신연구원 방송·미디어원천연구그룹장(현) **&**국무총리표창(1996), 대통령표창(2000), 과학기술훈장 도약장(2013)

이호진(李鎬珍) LEE HO JIN (昱導)

&1968·8·30 **&**서울 **&**경기 수원시 팔달구 효원로 303 삼호타워526호 수원일보(031-223-3633) **&**경기유신고졸 1995년 경희대 법학과졸 **&**2002~2015년 수원일보 대표이사 2006년 (사)한국지역인터넷신문협회 이사(현) 2015년 수원일보 이사회 의장 2016년 同대표이사 겸 발행인(현)

이호철(李鎬澈) LEE Ho Chul

&1957·5·25 **&**서울 **&**서울 영등포구 여의나루로76 한국IR협의회(02-6922-5001) **&**1976년 중앙고졸 1981년 연세대 경제학과졸 1991년 경제학박사(프랑스 파리제1대) **&**1979년 행정고시 합격(23회) 1992년 대통령 경제비서관실 행정관 1993년 일본 경제기획청 경제연구소 특별연구원 1996년 한국국제협력단 연구실 부장 1997년 한국자산관리공사 설립준비반장 1998년 재정경제부 지역경제과장 1999년 同정보과학과장 1999년 同기술정보과장 2000년 세계은행 수석부총재 경제자문관 2003년 재정경제부 경제홍보센터 소장 2003년 同기술정보과장 2004년 同산업경제과장 2004년 同정책조정총괄과장(부이사관) 2005년 조달청 국제물자본부장 2006년 중앙공무원교육원 파견 2007년 부산지방조달청장 2007년 駐일본 재정경제관 2010년 한국과학기술원(KAIST) 초빙교수 2012년 한국거래소 파생상품시장본부장(상임이사) 겸 부이사장 2014년 同유가증권시장본부장(상임이사) 겸 부이사장 2014~2015년 同경영지원본부장(상임이사) 겸 부이사장 2015년 한국IR협의회 회장(현) **&**자유경제출판문화상(1999) **&**'일본의 지방자치 어제와 오늘'(1996) '일본 관료사회의 실체'(1996) '일본 경제와 통상정책'(1996) 'IMF시대에도 한국은 있다'(1998) '경제를 알아야 인생이 보인다'(1998) '영욕의 한국경제'(編) '우리 가락의 숨결'(2010) 'Asian Philosophies and Economics'(2011) **&**'일본 긴자 서화개인전'(2010)

이호철(李鎬鐵) LEE Hochul

&1957·11·15 **&**합천(陝川) **&**경남 **&**인천 연수구 아카데미로119 인천대학교 사회과학대학 정치외교학과(032-835-8344) **&**1981년 서울대 인문대학 문학과졸 1989년 미국 럿거스대 대학원 정치학과졸 1993년 정치학박사(미국 럿거스대) **&**1987년 미국 럿거스대 국제평화연구소 연구원 1993년 경남대 극동문제연구소 연구위원 1995년 유천장학문화재단 연구심사위원장(현) 1998년 인천대 사회과학대학 정치외교학과 교수(현) 2000년 한국세계지역학회 연구이사 2001년 한국정치학회 연구이사 2002년 시장경제와 민주주의연구소 이사(현) 2003년 인천대 중국학연구소 연구교육부장 2003년 중국 북경대 국제관계학원 방문연구원 2003~2005년 민주평통 자문위원 2004년 한국국제정치학회 총무이사 2005년 중국 북경대 국제관계학원 방문교수 2005~2007년 대통령자문 동북아시대위원회 외교안보전문위원 2007·2010년 한국국제정치학회 부회장 2008~2009년 인천대 학생처장 2009년 통일부 정책자문위원 2010년 한국정치학회 부회장 2010~2012년 인천대 사회과학대학장 2013년 한국국제정치학회 회장 2014~2015년 인천대 대외교류처장 **&**미국 럿거스대 대학원 Walter C. Russell Scholarship(1988~1992)

이호현(李浩鉉) LEE Ho Hyeon

&1967·6·12 **&**전주(全州) **&**강원 양구 **&**세종특별자치시 한누리대로402 산업통상자원부 운영지원과(044-203-4020) **&**1986년 강원고졸 1992년 연세대 경제학과졸 2006년 미국 존스홉킨스대 대학원 금융학과졸 **&**1996년 행정고시 합격(39회) 1997년 통상산업부 국제기업담당관실 사무관 1998년 산업자원부 투자진흥과 사무관 2000년 同유통서비스산업과 사무관 2002년 同산업표준품질과 사무관 2002년 同차관실 비서관 2003년 미국 부르킹스연구소 국제연구원 2004년 미국 존스홉킨스대 교육훈련 2005년 산업자원부 자본재산업총괄과 사무관 2006년 同자본재산업총괄과 서기관 2006년 同홍보관리관실 홍보지원팀장 2007년 同상생협력팀장 2008년 대통령 기획관리비서관실 행정관 2010년 駐영국대사관 상무참사관 겸 영사 2013년 산업통상자원부 산업정책실 산업인력과장 2014년 同에너지자원실 가스산업과장(서기관) 2016년 同무역정책과장(부이사관) 2016년 同운영지원과장(부이사관)(현) **&**기독교

이호형(李虎炯) LEE Ho Hyoung

&1965·9·29 **&**전북 전주 **&**서울 종로구 세종대로209 금융위원회 행정인사과(02-2100-2763) **&**1984년 전주고졸 1988년 서울대 경제학과졸 1991년 同대학원 정책학과졸 **&**행정고시 합격(34회) 2002년 금융감독위원회 감독정책1국 감독정책과 서기관 2003년 同감독정책2국 증권감독과 서기관 2003년 同기획행정실 국제협력과장 2005년 同자산운용감독과장 2007년 同정책홍보팀장 2008년 금융위원회 기획조정관실 규제개혁법무담당관 2009년 同자본시장국 공정시장과장 2010년 금융정보분석원 기획행정실장(부이사관) 2011년 국가경쟁력강화위원회 규제개혁2국장(고위공무원) 2012년 중앙공무원교육원 교육파견 2013년 금융위원회 금융소비자보호기획단장(고위공무원) 2014년 駐중국 공사참사관(재경관)(현)

이 홍(李 泓) Lee Hong

&1958·4·7 **&**서울 **&**서울 영등포구 여의공원로115 세우빌딩7층 KB국민은행 임원실(02-2073-3154) **&**1977년 동북고졸 1982년 서울대 언어학과졸 2002년 핀란드 헬싱키경제경영대학원 경영학과졸 **&**1982년 국민은행 입행 2010년 KB국민은행 중동기업영업지원본부장 2010년 同남부지역본부장 2011년 同HR본부장 2012년 同중소기업영업본부장 2013년 同기업금융본부장(부행장) 2015년 同영업그룹 부행장 2015년 KB금융지주 기타비상무이사(현) 2015년 KB국민은행 경영기획그룹 부행장(현)

이 홍(李 洪) LEE Hong

&1959·11·13 **&**서울 **&**서울 노원구 광운로20 광운대학교 경영대학 경영학부(02-940-5317) **&**1981년 고려대 경영학과졸 1983년 한국과학기술원(KAIST) 경영과학과졸 1988년 경영과학박사(한국과학기술원) **&**1988~1990년 고려투자자문 차장 1990~2000년 광운대 경영학과 전임강사·조교수·부교수 1996년 미국 미시간대 교환교수 2000년 광운대 경영학과 교수 2000년 국가고시(사법 및 행정고시) 출제위원 2002~2007년 외교통상부 외교정보화추진위원회 위원 2004~2007년 행정자치부 정책자문위원회 위원 2004~2007년 정부혁신관리위원회 위원 2004년 한국인사조직학회 편집위원장 2005년 광운대 경영대학장 2007년 한국지식경영학회 회장 2007년 광운대 경영대학 경영학부 교수(현) 2010년 지식창조위원회 위원장 2013~2015년 한국장학재단 비상임이사 2016년 광운대 경영대학원장 겸 경영대학장(현) **&**'한국 기업을 위한 지식경영'(1999) '지식과 학습 그리고 혁신(共)'(2003) '지식점프'(2004) '정부혁신관리매뉴얼(共)'(2004) '지식과 창의성 그리고 뇌(共)'(2005) '지식관리 활성화를 위한 CoP매뉴얼'(2005) '자기창조조직'(2008) '창조습관'(2010, 더숲) **&**'조직이론과 설계(共)'(2005)

이홍구(李洪九) LEE Hong Koo (曉堂)

&1934·5·9 **&**전주(全州) **&**경기 고양 **&**서울 중구 서소문로88 중앙일보 임원실(02-751-9800) **&**1953년 경기고졸 1954년 서울대 법과대학 중퇴 1959년 미국 에모리대 철학과졸 1961년 미국 예일대 대학원 정치학과졸 1968년 정치학박사(미국 예일대) 1986년 명예 문학박사(미국 에모리대) 2002년 명예 문학박사(영국 셰필드대) **&**1963~1964년 미국 에모리대 조교수 1964~1967년 미국 케이스웨스턴리저브대 조교수 1969~1988년 서울대 사회과학대학 정치학과 조교수·부교수·교수 1979~1982년 同사회과학연구소장 1983년 공산권연구협의회 회장 1985년 세계정치학회(IPSA) 집행위원 1986~1987년 한국정치학회 회장 1986년 서울국제포럼 회장 1988~1990년 국토통일원장관 1990년 대통령 정치담당특보 1991~1993년 駐영국 대사 1993~1994년 민주평통 수석부의장 1993년 서울21세기위원회 위원장 1993~1996년 2002월드컵축구대회유치위원회 명예위원장 1994년 부총리 겸 통일원 장관 1994~1995년 국무총리 1996년 신한국당 선거대책위원회 고문 1996~1997년 同대표위원 1996년 제15대 국회의원(전국구, 신한국당·한나라당) 1998~2000년 駐미국 대사 2000년 서울국제포럼 이사장(현) 2001년 중앙일보 고문(현) 2002~2012년 (재)동아시아연구원 이사장 2003~2013년 대통령자문 통일고문회의 의장 2005~2014년 (재)통영국제음악제 이사장 2005년 (사)건국대통령이승만박사기념사업회 회장 2006년 한반도선진화재단 고문 2007~2014년 영산재단 이사장 2009~2013년 한국전쟁60주년기념사업위원회 위원장 2011년 2012제주세계자연보존총회 조직위원장 2012년 2019세계수영선수권대회 유치위원회 명예위원장 **&**청조근정훈장(1996), 체육훈장 청룡장(1997), 서울대학교법과대학동창회 선정 '자랑스러운 서울법대인'(2003), 일본정부 욱일대수장(2014) **&**'정치학개론' '마르크시즘100년' '근대화—그 현실과 미래' '이홍구문집'(1996) '열린경제 힘있는 나라'(1997) **&**'근대정치사상사—이데올로기의 시대'

이홍구(李弘九) LEE Hong Goo

[생]1957·1·21 [출]서울 [주]서울 강남구 봉은사로617 (주)투비소프트 비서실(02-2140-7700) [학]경복고졸, 한양대 전기공학과졸, 연세대 경영대학원졸 [경]대영전자 근무, 한국IBM(주) 국제구매부장, 컴팩코리아 국제구매본부 이사, 同컨슈머사업부 이사, 同액서스비지니스그룹 상무 2003~2009년 한국휴렛팩커드(주) 퍼스널시스템그룹(PSG) 부사장 2010년 델코리아(주) 대표 겸 한국대기업비즈니스총괄 2010년 한글과컴퓨터 대표이사 2013년 同대표이사 부회장 2015~2016년 同각자대표이사 부회장 2016년 (주)투비소프트 대표이사 사장(현) [상]국제비지니스대상(IBA), 영광스런 스티브상(2011), 매일경제 선정 '대한민국 글로벌 리더'(2014), 산업포장(2014), 한양언론인회 '한양을 빛낸 자랑스러운 동문상'(2015)

이홍권(李弘權) LEE Hong Kwon

[생]1954·7·1 [본]전의(全義) [출]대구 [주]서울 서초구 서초대로254 오퓨런스빌딩1602호 법무법인 로월드(02-6223-1000) [학]1972년 경기고졸 1976년 서울대 법대졸 1978년 同대학원 법학과졸 [경]1977년 사법시험 합격(19회) 1979년 사법연수원 수료(9기) 1979년 공군 법무관 1982년 서울민사지법 판사 1983년 서울형사지법 판사 1986년 서울지법 동부지원 판사 1987년 미국 워싱턴주립대 연수 1988년 대구고법 판사 1990년 서울고법 판사 1991년 대법원 재판연구관 1993년 창원지법 부장판사 1995년 인천지법 부장판사 1997년 서울지법 남부지원 부장판사 1998년 서울지법 부장판사 1999년 인천지법 부천지원장 2000년 부산고법 부장판사 2002~2006년 서울고법 부장판사 2006~2008년 변호사 개업 2008년 법무법인 로월드 공동대표변호사(현) 2009~2012년 공정거래위원회 비상임위원 2012~2015년 한국문화예술교육진흥원 비상임감사 [상]국민훈장 동백장(2016) [저]'민법케이스연습'(1994) [종]천주교

이홍규(李弘揆) LEE Hong Kyu (격인)

[생]1944·4·14 [본]전주(全州) [출]경남 진주 [주]서울 노원구 한글비석로68 을지병원 내과(02-970-8456) [학]1968년 서울대 의과대학졸 1971년 同대학원졸 1977년 의학박사(서울대) [경]1968~1973년 서울대병원 인턴·내과 레지던트 1973~1976년 軍의관(소령 예편) 1976~1991년 서울대 의과대학 내과학교실 전임강사·조교수·부교수 1976년 대한당뇨병학회 정회원·부회장 1979년 미국 매사추세츠종합병원 연구원 1980~1981년 미국 하버드대 조슬린당뇨병연구소 연구원 1990년 서울대 의과대학 내분비대사내과 분과장 1991~2009년 同내과학교실 교수 1995~2000년 한국과학기술한림원 정회원 1996~2000년 국립보건원 특수질환부장 1997~2000년 대한내분비학회 이사장 1997~2004년 WHO 당뇨병전문위원 1999~2000년 한국지질학회 회장 2000년 대한당뇨병학회 회장 2001년 바이칼포럼 창설·공동의장(현) 2003년 아시아미토콘드리아연구의학회 초대회장 2006년 국제미토콘드리아생리학회 자문위원(현) 2006년 미토콘드리아학회 회장(현) 2009년 을지대 의과대학 내과학교실 석좌교수(현) 2009년 아시아당뇨병학회 부회장(현) 2011년 BBA General Subjects 편집인, 'J Diab Invest' 편집위원 [상]남곡학술상(2002), 설원학술상(2010) [저]'내분비의학(共)'(1994) '내과학 총론(共)'(1999) '한국인의 기원'(2011) '당뇨, 기적의 밥상(共)'(2014, 싸이프레스) [역]'의사들의 생각'(1992) '생명의 에너지'(2002) '일본인의 기원'(2008) [종]기독교

이홍균(李洪均)

[생]1959·6·27 [출]서울 [주]강원 원주시 건강로32 국민건강보험공단 건강보험정책연구원(033-736-2972) [학]1978년 서울고졸 1985년 연세대 사회학과졸 1987년 同대학원 사회학과졸 1995년 사회학박사(독일 마르부르크대) [경]1995~1999년 연세대 사회학과 강사 1997~1999년 가톨릭대 사회학과 연구원 1999~2002년 이화여대 사회생활학과 연구교수 2004~2011년 한성대 교양학부 강사 2005~2008년 성공회대 민주주의연구소 연구교수 2010~2015년 여의도연구원 정책연구실 연구위원 2015년 국민건강보험공단 건강보험정책연구원장(현)

이홍금(李洪錦·女) LEE Hong Kum

[생]1955·9·3 [본]전주(全州) [출]서울 [주]인천 연수구 송도미래로26 한국해양과학기술원 극지연구소 2614호(032-760-5569) [학]1977년 서울대 자연과학대학 미생물학과졸 1980년 同대학원 미생물학과졸 1989년 미생물학박사(독일 브라운슈바이크공대) [경]1977~1979년 일동제약(주) 연구소 연구원 1985~1986년 독일 브라운슈바이크대 연구원 1990년 서울대 분자미생물연구소 연수연구원 1991~2003년 한국해양연구원 책임연구원 1999~2003년 과학기술부 국가연구개발사업 평가위원 1999년 同21세기프론티어연구개발사업 추진기획위원 2000년 국가과학기술위원회 '2001년도 국가연구개발사업사전조정심의회' 심의위원 2001~2006년 국가지정연구실 해양미생물다양성사업단장 2001~2003년 국가과학기술위원회 정책전문위원 2002~2003년 한국해양연구원 해양자원연구본부장 2004년 한국생물공학회 부회장 2004년 한국해양연구원 부설 극지연구소 책임연구원 2006년 同극지연구소 극지바이오센터장 2007년 同극지연구소장 2009~2014년 국제과학연맹이사회(ICSU) 아시아태평양지역위원회 위원 2012~2014년 同아시아태평양지역위원회 위원장 2012년 한국해양과학기술원 부설 극지연구소 책임연구원(현) 2012~2013년 同부설 극지연구소장 [상]한국로레알 유네스코 여성생명과학진흥상(2007), 올해의 여성과학기술자상(2015), 과학기술훈장 혁신장(2016) [종]가톨릭

이홍기(李洪基) LEE Hong Kee

[생]1943·1·19 [본]전주(全州) [출]전남 순천 [주]서울 양천구 목동동로233 한국방송기자클럽(02-782-0002) [학]1962년 순천사범학교졸 1966년 서울대 사범대학 지리교육학과졸 1985년 건국대 행정대학원 도시개발학과졸, 고려대 자연과학대학원 고위정책과정 수료 [경]1970년 한국방송공사 입사 1980년 한국기자협회 부회장 1981년 한국개발연구원 주임연구원 1983년 同비서실장 1989년 한국방송공사 특집1 부주간 1990년 同보도제작1부장 1991년 同경제부장 1992년 同해설위원 1993년 同파리총국장 1996년 同보도국 주간 1997년 同광주방송총국장 1998~2000년 同보도제작국장 2000년 크레지오닷컴 초대 대표이사 2007년 방송위원회 방송평가위원회 위원 2016년 한국방송기자클럽 회장(현) [상]민주화운동관련자명예회복 및 보상심의위원회 민주화운동관련자 증서 1741호(2006) [작]「笑敎文集」5권

이홍기(李弘基) LEE Hong Ghi

[생]1956·8·26 [본]전주(全州) [출]경기 평택 [주]서울 광진구 능동로120의1 건국대학교병원 종양혈액내과(02-2030-7538) [학]1982년 연세대 의대졸, 同대학원졸 [경]1982년 공중보건의 1985년 연세의료원 인턴 1986년 미국 St. Francis병원 Clinical Fellow 1988년 미국 Cook County병원 레지던트 1991년 미국 신시내티대 의료원 Clinical Fellow 1994년 미국 Roswell Park Cancer연구소 Clinical Fellow 1995년 삼성서울병원 혈액종양내과 전문의 1997년 성균관대 의대 혈액종양내과 교수 2004년 미국 Univ. of East Carolina The Brody School of Medicine 교수 2006년 건국대 의학전문대학원 내과학교실 교수(현) 2007~2009년 건국대병원 병원장 2011~2013년 대한조혈모세포이식학회 이사장 2011년 대한임상시험센터협의회 부회장 2012년 한국조혈모세포은행협회 기증자보호위원회 위원장, 同감사(현) 2013~2014년 대한조혈모세포이식학회 감사 2015년 한국혈액암협회 부회장(현) [종]기독교

이홍기(李洪奇) LEE Hong Ki (中方)

[생]1957·10·29 [본]경주(慶州) [출]전북 장수 [주]서울 종로구 율곡로2길25 연합뉴스(02-398-3114) [학]1977년 전주고졸 1981년 동국대 정치외교학과졸 1996년 일본 게이오대 신문연구소 수료 2010년 전남대 행정대학원 최고정책과정 수료 2015년 동국대 언론정보대학원졸(석사) [경]1983년 연합통신 입사 1994년 同노조위원장 1997년 同동경특파원 2000년 연합뉴스 스포츠레저부장 2003년 同국제경제부장 2004년 同인터넷뉴스부장 2005년 同스포츠레저부장 2005년 同국제뉴스부 부국장대우 2005년 서울시체육회 이사 2006년 연합뉴스 도쿄지사장(부국장대우) 2007년 同도쿄지사장(부국장급) 2009년 同광주·전남취재본부장 2010년 同광주·전남취재본부장(국장대우) 2011년 同기획조정실장 2012년 同기사심의실장 2013년 同콘텐츠평가실 고문(국장급) 2015년 同전무이사(경영지원담당 상무이사 겸임)(현) [종]불교

이홍기(李烘紀) LEE Hong Kee

[생]1970·10·26 [본]신평(新平) [출]광주 [주]경기 성남시 분당구 판교로323 투썬벤처포럼빌딩201호 H&J International(031-8016-2580) [학]언남고졸, 아주대 컴퓨터공학과졸 [경]삼성종합기술원 기술전략실 근무, 삼성SDS 책임투자심사역, (주)케이사인 CFO(이사), 삼화프로덕션(주) CFO(이사) 2006~2008년 (주)샤인시스템 이사 2012년 H&J International 대표이사(현) [종]기독교

이홍렬(李洪烈) LEE Hong Yeol

[생]1954·9·27 [출]서울 [주]서울 성동구 마장로210 한국기원 홍보팀(02-3407-3850) [경]1983년 입단 1985년 신왕전 본선 1989년 패왕전 본선 1990년 신왕전 본선 1991년 패왕전 본선 1993년 연승바둑최강전 본선 1995년 국기전 본선 1996년 한국이동통신배 본선 1998년 7단 승단 1998년 박카스배 천원전 본선 2003년 8단 승단 2005년 잭필드배 그로시니어기전 본선 2005년 9단 승단(현) 2007년 한국바둑리그 제일화재 감독 2009년 한국바둑리그 KB국민은행 감독 2013~2014년 국가대표바둑상비군 총감독

이홍렬(李弘烈) LEE Hong Lyeol

[생]1960·1·2 [본]경주(慶州) [출]부산 [주]인천 중구 인항로 27 인하대학교병원 호흡기내과(032-890-3491) [학]1984년 연세대 의과대학졸 1992년 同대학원 의학과졸 1996년 의학박사(연세대) [경]1988~1991년 연세대 내과학교실 전공의 1991~1994년 同내과학교실 호흡기내과 연구강사 1994~1996년 同호흡기내과 전임강사 1996~2005년 인하대 의과대학 호흡기내과 조교수·부교수 2002년 미국 Mayo Clinic·Rochester·MN 연수 2005년 인하대 의과대학 호흡기내과 교수(현) [상]대한내과학회 학술상(1994), 대한내과학회 우수논문상(1999), 인하대 공로상(1999) [저]'대한결핵 및 호흡기학회'(2004) '호흡기학'(2005)

이홍렬(李洪烈) LEE Hong Ryul

[생]1961·12·20 [본]덕수(德水) [출]충남 청양 [주]서울 마포구 상암산로76 YTN 임원실(02-398-8020) [학]동국대 언론정보대학원 신문방송학과졸 [경]1987년 KBS 근무 1994년 YTN 뉴스총괄부 차장대우 1999년 同사회부 차장대우 2002년 同경제2부장 2003년 同문화과학부장 2004년 同사회1부장 2005년 同경제부장 2007년 同보도국 취재부국장 2008년 同월드사이언스포럼 추진단장 2010년 同해설위원 2010년 同마케팅국장 2013년 同보도국장 2014~2015년 同사이언스TV본부장 2015년 同경영본부장 2016년 同상무이사(현)

이홍선(李洪善) SUNNY H. Lee

[생]1961·10·13 [출]경북 영덕 [주]경기 안산시 단원구 능안로98의12 (주)삼보컴퓨터 비서실(1588-3582) [학]1980년 서울 용산고졸 1985년 미국 플로리다공과대(Florida Institute of Technology)졸 1988년 미국 남플로리다대 대학원졸 [경]1991~1994년 (주)삼보컴퓨터 해외사업부장 1994~2002년 (주)소프트뱅크코리아 대표이사 사장 1996~1997년 (주)나래이동통신 부사장 1997~2005년 삼보프로농구팀 대표이사 1998~2000년 (주)나래이동통신 대표이사 사장 2000~2002년 (주)소프트뱅크벤처스 대표이사 사장 2001~2003년 (주)두루넷 대표이사 부회장 2003~2004년 (주)삼보컴퓨터 부회장 2004~2012년 나래텔레콤 대표이사 2011년 TG앤컴퍼니 설립·대표이사(현) 2012년 (주)삼보컴퓨터 대표이사(현) [상]산업포장 [종]기독교

이홍섭(李弘燮) Lee Hong Sub

[생]1953·6·24 [본]전의(全義) [출]서울 [주]서울 종로구 세종대로209 대통령소속 개인정보보호위원회(02-2100-2407) [학]1979년 한양대 전자공학과졸 1985년 同대학원 전자공학과졸 1999년 컴퓨터공학박사(대전대) [경]1980~1996년 한국전자통신연구원 실장 1996~2007년 한국정보보호진흥원 사업단장 겸 원장 2000~2010년 금융분쟁조정위원회 위원 2002~2007년 한국·아시아PKI포럼 사무총장 겸 의장 2007~2010년 순천향대 전문경력인사 초빙교수 2008년 (사)한국정보보호학회 명예회장(현) 2011년 대통령소속 개인정보보호위원회 위원 2013년 (사)한국정보보호최고책임자(CISO)협의회 초대회장(현), 건국대 정보통신대학원 정보보안학과 초빙교수(현) 2016년 대통령소속 개인정보보호위원회 위원장(현) [상]국무총리표창(1997), 대통령표창(2003), 국민포장(2011) [저]'정보보호관리'(2003)

이홍수(李弘洙) LEE Hong Soo

[생]1959·1·25 [본]용인(龍仁) [출]서울 [주]서울 양천구 안양천로1071 이대목동병원 가정의학과(02-2650-5114) [학]1977년 우신고졸 1983년 연세대 의과대학졸 1991년 同대학원졸 1994년 의학박사(연세대) [경]1983~1986년 세브란스병원 가정의학과 전공의 1989~1991년 同가정의학교실 연구강사 1991~1993년 서울기독병원 가정의학과장 1993년 이화여대 의과대학 가정의학교실 교수(현) 1993~2005년 同목동병원 가정의학과장 1995~1997년 대한가정의학회 간행이사 1998~1999년 미국 로체스터대 의과대학 가정의학과 연수 2000~2002년 대한임상노인의학회 간행이사 2001~2003년 대한가정의학회 무임소이사 2004~2008년 이화여대 목동병원 건강증진센터 소장 2008년 대한임상노인의학회 총무이사 2009~2011년 이화여대 목동병원 교육연구부장 2013~2015년 서울시립서남병원 진료부원장 [저]'효과적인 환자교육'(1995) '스포츠 의학(共)'(2001) '가정의학 : 임상편(共)'(2002) '가정의학 : 총론편(共)'(2003) '임상노인의학(共)'(2003) [종]천주교

이홍원(李弘遠) LEE, Hong-Weon

[생]1964·5·23 [출]충남 당진 [주]대전 유성구 과학로125 한국생명공학연구원 바이오의약인프라사업부(042-860-4400) [학]1986년 건국대 공대 미생물공학과졸 1990년 프랑스 국립 꽁삐엔느기술공대 대학원 생물공학과졸 1994년 생물공학박사(프랑스 국립 꽁삐엔느기술공대) [경]1990~1994년 프랑스 정부 장학생 1995년 프랑스 국립꽁삐엔느공대 화학공학과 Post-Doc. 1995~1997년 생명공학연구소 발효System RU. Post-Doc. 1996~2000년 목원대 이공대학 미생물학과 강사 1996~2005년 한남대 이과대학 미생물학과 강사 1997년 생명공학연구소 생물산업창업지원단 책임선임연구원 2000년 한국생명공학연구원 선임기술원 2002년 同책임기술원(현) 2002~2004년 한불과기공동위원회 생명공학 Focal Point 2002년 한국산업기술평가관리원·산업기술재단 평가위원(현) 2002~2013년 중소기업청 산학연공동기술개발사업 총괄책임자 2004년 한국미생물생명공학회 국제간사 2005년 한국생물공학회 산학협동이사 2006년 한국생명공학연구원 산업화공정개발실장 2008년 同바이오산업화공정개발센터장 2009년 한국미생물생명공학회 산학간사 2009년 대통령직속 지역발전위원회 평가자문위원 2011년 한국생명공학연구원 창조기술실용화본부 바이오상용화센터장 2011년 과학기술연합대학원대 교수(현) 2012년 한국생명공학연구원 중소기업지원단장 2013년 同중소기업지원센터장 2014년 同바이오인프라총괄본부장 2015년 한국생물공학회 국제협력위원장(현) 2016년 한국생명공학연구원 바이오의약인프라사업부장(현) [상]국무총리표창(2007), 산업자원부장관표창(2007), 대통령표창(2012)

이홍재(李洪宰)

[생]1957·2·8 [주]전북 남원시 요천로1965 남원소방서 서장실(063-625-0119) [학]1975년 전주 영생고졸 2010년 숭실사이버대 소방방재학과졸 [경]1982년 소방공무원 임용 2005년 전주덕진소방서 방호구조과장 2005년 남원소방서 소방행정과장 2011년 전북도 소방안전본부 구조구급담당 2013년 同소방안전본부 119종합상황실장 2015년 남원소방서장(현)

이홍종(李洪鍾) LEE Hong Jong (海明)

[생]1954·6·5 [본]전주(全州) [출]서울 [주]부산 남구 용소로45 부경대학교 국제지역학부(051-629-5338) [학]1973년 경기고졸 1978년 한국외국어대 정치외교학과졸 1985년 미국 신시내티대 대학원 정치학과졸(석사) 1993년 정치학박사(미국 신시내티대) [경]1994~1996년 국회의원 보좌관 1998년 부경대 국제지역학부 교수(현) 1999년 민주평통 자문위원(현) 2004년 동아시아국제정치학회 회장 2008년 한국시민윤리학회 회장 2008~2010년 부경대 학생처장 2009년 부울경학생처장협의회 회장 2010년 한국세계지역학회 회장 2011~2013년 민주평통 부산시 남구협의회장 2011~2015년 민주화운동관련자명예회복 및 보상심의위원회 위원 2012년 21세기정치학회 회장 2016년 (사)정책연구원풀울림 원장(현) 2016년 (사)부산국제교류협회 회장(현) 2016년 부산국제교류재단 이사(현) [상]통일교육유공 국무총리표창(2009) [저]'현대 미국정치의 쟁점과 과제(共)'(1996, 전예원) '정치커뮤니케이션원론(共)'(1998, 법문사) '국제정치의 패러다임과 지역질서(共)'(1999, 도서출판 오름) '국제질서의 전환과 한반도(共)'(2000, 도서출판 오름) '우리들의 정치 이야기(共)'(2000, 예맥출판사) '정치학(共)'(2001, 박영사) '동아시아 지역질서와 국제관계(共)'(2002, 도서출판 오름) '국제관계의 이해(共)'(2003, 부경대 출판부) '미국학(共)'(2003, 살림출판사) '매스커뮤니케이션의 이론과 실제(共)'(2004, 부경대 출판부) '부산경제 활성화 방향과 정책과제(共)'(2013, 도서출판 거북골) [종]기독교

이홍중(李弘中) LEE Hong Joong

[생]1949·12·14 [출]대구 [주]대구 수성구 동대구로111 화성산업(주) 대표이사실(053-760-3704) [학]1967년 경북고졸 1971년 서울대 토목공학과졸 [경]1971~1974년 해군본부 시설감실 담당관(해군 중위) 1974년 화성산업(주) 관리부장 1982~1985년 대구시육상경기연맹 부회장 1992년 화성산업(주) 대표이사(현) 1996~2004년 대구시사이클경기연맹 회장 1999~2001년 민주평

통 대구시 수성구협의회장 2001~2005년 대한적십자사 대구시지사 부회장 2001~2005년 대한토목학회 대구시 부회장 2006~2007년 同대구경북지회장 2006년 (재)한국주택협회 감사(현) 2006~2009년 대한건설협회 대구시회장 2008년 건설공제조합 운영위원 겸 제4대 대의원 2009년 同대의원(현) 2010년 대구고법 민사 및 가사 조정위원(현) 2011~2014년 대구경북물포럼 부회장 2012년 대한건설협회 대구시회 대의원 겸 운영위원(현) 2014년 同회원부회장 겸임(현) [상]대통령표창, 금탑산업훈장(1996)

이홍훈(李鴻薰) LEE Hong Hun

[생]1946·6·1 [출]전북 고창 [주]서울 강남구 영동대로517 아셈타워22층 법무법인 화우(02-6003-7108) [학]1965년 경기고졸 1969년 서울대 법과대학졸 1973년 同대학원 법학과졸 1991년 미국 UC버클리대 연수 [경]1972년 사법시험 합격(14회) 1974년 사법연수원 수료(4기) 1975년 육군 법무관 1977년 서울지법 영등포지원 판사 1979년 서울민사지법 판사 1981년 대전지법 금산지원장 1983년 서울형사지법 판사 1985년 서울고법 판사 1987년 법원행정처 조사심의관 겸임 1989년 대법원 재판연구관 1989년 대구지법 김천지원장 1991년 수원지법 부장판사 1992년 인천지법 부장판사 1993년 서울지법 남부지원 부장판사 1994년 서울형사지법 부장판사 1995년 수원지법 성남지원장 1996년 광주고법 부장판사 1997년 광주지법 수석부장판사 1998년 서울고법 부장판사 2003년 법원도서관장 겸임 2003년 서울지법 민사수석부장판사 직대 2004년 제주지법원장 2005년 수원지법원장 2005년 서울중앙지법원장 2006~2010년 특별소송실무연구회 회장 2006~2011년 대법원 대법관 2011~2014년 한양대 법학전문대학원 석좌교수 겸 한국행정판례연구회 회장 2011년 전북대 법학전문대학원 석좌교수(현) 2012년 법무법인 화우 고문변호사(현) 2012~2014년 同공익위원회 초대위원장 2013~2016년 법조윤리협의회 위원장 2014년 화우공익재단 초대이사장(현) 2015년 한국신문윤리위원회 위원장(현) [상]청조근정훈장(2011) [저]'민법요론(上) : 총칙·물권' '민법요론(下) : 채권·친족상속'

이홍희(李泓熙) Lee Hong Hi

[생]1931·3·24 [본]경주(慶州) [출]경남 의령 [주]서울 마포구 독막로324 동서빌딩 동서식품장학회 이사장실(02-3271-0200) [학]1951년 마산중졸(6년제) 1955년 서울대 법대졸 1961년 독일 함부르크대·마르부르크대 경영경제학과 수료 [경]1961~1968년 삼성물산 비서실·제일모직·중앙일보 근무 1968년 중앙일보 이사 1969년 同상무이사 1970년 동양방송 상무이사 1974년 동서식품(주) 상무이사 1981년 同부사장 1982년 同사장 1989년 한국식품공업협회 부회장 1989년 (재)세종 감사 1990~2004년 동서식품(주) 회장 1991년 전국경제인연합회 이사 1993년 (재)동서식품장학회 이사장(현) 2001~2015년 (재)세종연구소 이사 2004~2012년 동서식품(주) 고문 2012년 (주)동서 상담역(현) [상]철탑산업훈장(1985), 국민훈장 모란장(2004)

이홍희(李弘憙)

[생]1955·4·20 [주]경북 안동시 풍천면 도청대로455 경상북도의회(054-880-5319) [학]대성공고졸, 한국방송통신대 행정학과졸, 경북대 행정대학원 행정학과졸, 산업경영학박사(금오공과대) [경]구미시 투자통상과장, 同혁신정책담당관, 同경제진흥과장, 同상모사곡동장, 구미시공공근로사업추진위원회 위원장, 구미시창업보육센터 운영위원장, 경운대 경찰행정학부 겸임전임강사, 구미시 평생교육원장, 同경제통상국장, 금오공과대 경영학과 초빙교수(현) 2014년 경북도의회 의원(새누리당)(현) 2014·2016년 同예산결산특별위원회 위원(현) 2014·2016년 同농수산위원회 위원(현) 2014·2016년 同지방분권추진특별위원회 위원(현) 2016년 同기획경제위원회 위원(현) [상]경북도지사표창, 부총리 겸 경제기획원장관표창(1991), 녹조근정훈장(2006), 경북도공무원교육원장표창(2008), 국무총리표창(2011)

이화경(李和卿·女) LEE Hwa Kyung

[생]1956·2·15 [출]서울 [주]서울 용산구 백범로90다길13 오리온그룹 비서실(02-710-6000) [학]1979년 이화여대 사회학과졸 [경]1975년 동양제과(주) 입사 1981년 同구매부 차장 1983년 同조사부 이사 1985년 同마케팅부 이사 1988년 同마케팅부 상무이사 1994년 同마케팅부 전무이사 1997년 同부사장 1998년 스위스 다보스세계경제포럼 '미래의 세계지도자' 선정 2000년 동양제과(주) 사장 2001년 오리온그룹 사장 2012년 同부회장(현) 2015년 (재)서남재단 이사장 2016년 (재)오리온재단 이사장(현)

이화석(李和錫) LEE Hwa Suk

[생]1957·5·28 [본]성주(星州) [출]경북 [주]서울 강서구 하늘길260 대한항공 임원실(02-2656-7114) [학]1976년 대일고졸 1983년 국민대 영어영문학과졸 2008년 서울대 임원경영능력향상과정(KEDP) 수료 2011년 한국항공대 경영대학원졸 [경]1983년 대한항공 입사 1992년 同호놀룰루지점 차장 2001년 同베트남지점장 2005년 同마케팅팀장 2006년 同광고담당 상무 2010년 同통합커뮤니케이션실장(전무) 2013년 同동남아지역본부장(전무B) 2015년 同중동아프리카지역본부장(전무)(현) [종]기독교

이화선(李和鮮)

[생]1965 [주]경기 수원시 권선구 서부로1673 수원서부경찰서 서장실(031-8012-0321) [학]1987년 경찰대 행정학과졸(3기), 전남대 행정대학원 행정학과졸 [경]1987년 경위 임관 2009년 전남 곡성경찰서장(총경) 2010년 경찰대 운영지원과장 2011년 同교무과장 2013년 서울 종암경찰서장 2014년 서울지방경찰청 경무부 정보화장비과장 2016년 경기 수원서부경찰서장(현)

이화섭(李和燮)

[생]1968·11·15 [출]광주 [주]강원 철원군 갈말읍 삼부연로35 철원경찰서 서장실(033-452-3333) [학]1985년 광주 인성고졸 1990년 경찰대 행정학과졸(6기) 2009년 연세대 행정대학원졸 [경]1990년 경위 임용 2003년 경찰청 혁신기획단 업무혁신팀 근무 2006년 인천지방경찰청 교육계장 2007년 인천 계양경찰서 경무과장 2009년 서울지방경찰청 4기동단 부단장 2010년 경찰청 미래발전담당관실 발전전략계장 2013년 同기획조정관실 경찰쇄신기획단 근무 2014년 同기획조정관실 기획계장 2015년 同새경찰추진단 정책2팀장 2016년 강원 철원경찰서장(현)

이화수(李和洙) LEE Hwa Soo

[생]1953·1·5 [본]광주(廣州) [출]경기 평택 [주]경기 안산시 상록구 샘골로189 (사)민생정책연구소(031-406-6262) [학]1971년 안양공고졸 1998년 한국노동연구원 노사관계고위지도자과정 수료 2008년 한경대 행정학과졸 2013년 연세대 경제대학원졸 [경]1977년 (주)홍원제지 근무 1981년 同노동조합 위원장 1985년 평택군 청소년지도위원 1987년 전국화학노련 부장·국장 1996년 同경기남부지방본부장 1997년 경기도지방노동위원회 근로자위원 1999년 전국화학노련 부위원장 2001년 한국노총 경기지역본부 평택지부 의장 2003년 평택참여자치시민연대 자문위원 2003~2008년 한국노총 경기지역본부 의장 2003년 경기도노동조합총연맹 장학문화재단 이사장 2005년 한국노총 부위원장 2005년 수원지법 노동전문 조정위원 2006년 경기도노사정협의회 위원 2007년 한나라당 노동위원회 부위원장 2007년 민주평통 자문위원 2008년 이명박 대통령취임준비위원회 자문위원 2008년 제18대 국회의원(안산 상록甲, 한나라당·새누리당) 2008년 한나라당 노동위원회 수석부위원장 2008~2010년 국회 환경노동위원회 위원 2008~2010년 국회 여성위원회 위원 2009년 한나라당 대표특보 2010년 국회 지식경제위원회 위원 2010년 국회 예산결산특별위원회 위원 2010년 한나라당 중앙노동위원장 2010년 同경기도당 국민통합특별위원회 위원장 2011년 同원내부대표 2012년 (사)민생정책연구소 이사장(현) 2014년 새누리당 경기안산시상록구甲당원협의회 운영위원장(현) 2016년 제20대 국회의원선거 출마(안산시 상록구甲, 새누리당) [상]대통령표창(1994), 철탑산업훈장(2004) [종]기독교

이화순(李花順·女) LEE Hwa Soon

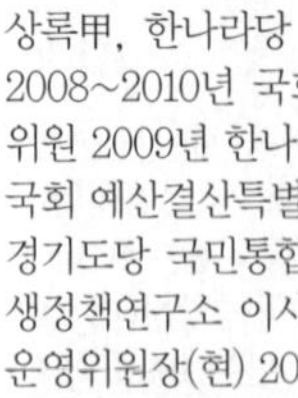

[생]1961·9·18 [출]충북 보은 [주]경기 수원시 팔달구 효원로1 경기도의회 사무처(031-8008-7100) [학]1979년 홍익대부속여고졸 1983년 고려대 건축공학과졸 1999년 同대학원 건축계획학과졸 [경]1983~1986년 현대건설 근무 1987년 기술고시 합격(23회) 1989년 경기도청 근무 1996년 건설교통부 도시계획과 사무관 1997년 경기도 감사관실 기술감사계장 1998년 同건설본부 건설2부장 2001년 同건설교통국 주택과장 2003년 성남시 수정구청장 2004년 의왕시 부시장 2005년 경기도 도시주택국장 2006년 세종연구소 파견 2007년 경기도 주거대책본부장 2008년 同도시주택실장 2010년 국방대 교육파견(지방이사관) 2011~2012년 경기도 도시주택실장 2012년 국토해양부 기술안전정책관 2013년 국토교통부 기술안전정책관 2013년 同중앙건설기술심의위원회 분과위원장 2013년 同건축정책관(고위공무원) 2014년 同공공기관지방이전추진단 기획국장 2014년 경기도 기획조정실장 2014년 경기 화성시 부시장 2016년 경기도의회 사무처장(현)

이화영(李華榮) Wha Young LEE (如山)
(생)1937 · 4 · 21 (본)연안(延安) (출)충남 당진 (주)서울 관악구 관악로1 서울대학교 화학생물공학부(02-880-7404) (학)1956년 인천고졸 1961년 서울대 화학공학과졸 1964년 同대학원졸 1972년 공학박사(서울대) (경)1961년 백광약품(주) 기사 1966~1967년 고려대 촉탁교수 1968~1981년 서울대 공대 전임강사 · 조교수 · 부교수 1973~1974년 독일 Karlsruhe대 연구원 1977~1978년 한국화학공학회 기획이사 1978년 일본 도쿄대 방문교수 1981~2002년 서울대 화학공학과 교수 1981~1982년 한국화학공학회 총무이사 1986~1987년 同교육위원장 1986~1989년 서울대 공대 부속공장장 1986~1990년 同교육연구재단 상임이사 1988~1989년 한국화학공학회 편집위원장 1989년 촉매연구조합 부이사장 1989~1993년 한국수소에너지학회 부회장 1989~1990년 서울대 공대 연구지원소장 1990~1991년 한국화학공학회 촉매부문위원장 1990~1991년 한국촉매개발연구조합 부이사장 1990~1994년 서울대 공대 교육연구재단 감사 1991~1993년 한국클린책연구회 회장 1992년 한국화학공학회 부회장 1992~1994년 한국막학회 회장 1995~1999년 서울대 환경안전연구소장 1995~1999년 한국과학기술한림원 정회원 1996년 한국공학한림원 창립회원(현) 1997~2000년 청정기술연구센터장 1997년 한국화학공학회 수석부회장 1998년 同회장 1998년 대한도시가스 사외이사 1998~2001년 대한환경안전협의회 회장 1998년 한국공학한림원 명예회원 1999년 한국과학기술한림원 종신회원(현) 2002년 서울대 명예교수(현) 2002년 동진쎄미켐 사외이사(현) 2013년 한국화학공학회 자문위원장 (상)화공학회 학술상(1976), 훌륭한 공대교수상(1995), 한국공학상(1999), 녹조근정훈장, 과학기술훈장 도약장(2002), 한국화학공학회 공로상, 한국과학기술한림원상(2009) (저)'유기공업화학'(1977) '현대산업사회와 에너지'(1992) '촉매공정'(共) '나의 잡기장'(2005) (역)'화공열역학' '화학공정계산'(1983) '단위조작'(2001) (종)기독교

이화영(李和永) LEE Wha Young
(생)1951 · 5 · 16 (출)서울 (주)서울 중구 을지로5길19 페럼타워17층 (주)유니드 비서실(02-3709-9605) (학)경복고졸 1977년 미국 오하이오주립대 수학과졸 (경)1977년 동양화공업(주) 입사 1981년 同이사 1988년 한국카리화학(주) 전무이사 1992년 동양화공업(주) 부사장 1994년 O.C.I.상사 사장 1995년 동양화공업(주) 수석부사장 1997~2005년 (주)유니드 사장 2003년 (주)동양제철화학 이사 2005년 (주)유니드 대표이사 회장(현), O.C.I.상사 회장(현) 2015년 (사)한국메세나협회 부회장(현) (종)불교

이화영(李華泳) LEE Hwa Young
(생)1963 · 12 · 11 (출)강원 동해 (주)서울 중랑구 면목본동 동북아평화경제협회 이사장실 (학)1981년 중앙대사대부고졸 1985년 성균관대 사회학과졸 2006년 同대학원 정치외교학과 수료, 한국노동연구원 노사관계고위지도자과정 수료 (경)1993~1994년 지방자치실무연구소 연구원(소장 노무현) 1996~2004년 이상수 국회의원 보좌관 2002년 노무현 대통령후보 중앙선거대책위원회 업무조정국장 2004년 열린우리당 창당기획팀장 · 기획조정실장 2004년 同수도권균형발전기획단 부단장 2004~2008년 제17대 국회의원(서울 중랑甲, 열린우리당 · 대통합민주신당 · 통합민주당) 2006년 열린우리당 원내부총무, 한국방정환재단 이사장 2008~2011년 민주당 서울중랑甲지역위원회 위원장 2008년 同동북아평화협력특별위원회 위원장 2010년 동북아평화경제협회 이사장(현) 2012년 제19대 국회의원선거 출마(강원 동해 · 삼척, 무소속) 2016년 한중산업발전회 회장(현)

이화용(李和容) LEE Hwa Yong
(생)1967 · 3 · 14 (본)연안(延安) (출)광주 (주)경기 의정부시 녹양로34번길23 의정부지방법원(031-828-0042) (학)1986년 명지고졸 1991년 고려대 법학과졸, 同법무대학원 공정거래법학과 수료 (경)1994년 사법시험 합격(36회) 1997년 사법연수원 수료(26기) 1997년 창원지법 판사 2000년 대구지법 판사 2001년 수원지법 평택지원 판사 2004년 서울서부지법 판사 2005~2006년 중국 북경대 연수 2007년 서울중앙지법 판사 2008년 서울고법 판사 2010년 서울북부지법 판사 2012년 대전지법 논산지원장 2012년 대전가정법원 논산지원장 겸임 2014~2015년 의정부지법 부장판사 2014~2016년 금융정보분석원 정보분석심의회 심의위원 2016년 의정부지법 부장판사(현)

이화원(李華源) LEE HWA WON
(생)1961 · 3 · 15 (본)강릉(江陵) (주)서울 서초구 헌릉로12 현대자동차그룹 홍보실(02-3464-2918) (학)1980년 강릉고졸 1987년 강릉대 회계학과졸 (경)1988년 기아자동차 입사 2010년 현대자동차그룹 홍보실 신문홍보팀장(이사대우) 2011년 同홍보실 신문홍보팀장(이사) 2013년 同홍보실장(상무)(현)

이화일(李和一) LEE Hwa Il
(생)1942 · 9 · 15 (출)전남 해남 (주)서울 강남구 선릉로577 조선내화(주) 비서실(02-6966-3220) (학)1961년 서울고졸 1965년 동국대 상학과졸 (경)1967년 동일상역 사장 1978~1986년 조선내화(주) 부사장 1986년 同사장 1994년 同부회장 1999년 同회장 2009년 성옥문화재단 이사장(현) 2013년 조선내화(주) 명예회장(현) (상)철탑산업훈장 (종)기독교

이화택(李和澤) LEE Hwa Taek
(생)1953 · 5 · 11 (본)연안(延安) (출)경기 김포 (주)서울 영등포구 선유동2로57 (주)월앤비전(02-6943-8200) (학)중경고졸, 연세대 법학과졸, 서강대 대학원 최고경영자과정 수료 2002년 同대학원 '효성CEO MBA' 위탁교육 수료, 서울대 최고경영자과정(AMP) 수료 2013년 연세대 언론홍보대학원 수료 2014년 인하대 GLMP과정 수료 (경)(주)효성 무역PG 기계산업자재PU 사장 2005년 텔레서비스(주) 대표이사 2006년 효성ITX(주) 대표이사 상무 2008년 同대표이사 전무 2008년 바로비전 대표이사, (주)월앤비전 대표이사(현) (상)전경련 회장표창(1993), 효성물산(주) 사장표창(1995 · 1996)

이환구(李桓求) LEE Hwan Ku
(생)1958 · 4 · 21 (주)서울 중구 소공로88 한진빌딩 신관16층 (주)흥아해운 영업운영센터(02-3449-3280) (학)중앙대부고졸, 한국해양대 항해학과졸, 한국외국어대 무역대학원졸 (경)(주)흥아해운 1급항해사 · 싱가포르 현지법인장, (주)진인해운 유한공사 수석부사장, (주)흥아해운 기획 · 컨테이너관리 · 업무심사담당 상무, 同전략기획실담당 전무이사, 同영업운영센터장(전무이사) 2013년 同영업운영센터 부사장(현) (종)기독교

이환권(李桓權) LEE Hwan Kwon
(생)1961 · 1 · 28 (본)홍주(洪州) (출)충남 홍성 (주)서울 서초구 서초대로50길104 코랜드빌딩3층 법무법인 이현(02-587-1545) (학)1978년 경희고졸 1982년 경희대 법학과졸 1984년 同대학원 법학과 수료 (경)1989년 사법시험 합격(31회) 1992년 사법연수원 수료(21기) 1992~1993년 대한법률구조공단 인천지부 소속변호사 1993년 변호사 개업 1997년 동화홀딩스(주) 자문변호사 1999년 한국토지공사 인천지사 법률전문위원 2002년 개혁국민정당 인천연수지구 당위원장 2002~2007년 법무법인 로이십일 대표변호사 2003년 인천지방변호사회 기획위원장 2005~2009년 한미반도체(주) 사외이사 2007~2008년 법무법인 광명21 대표변호사 2008년 법무법인 이현 대표변호사(현)

이환규(李桓珪) LEE Hwan Kyu
(생)1952 · 9 · 20 (본)한산(韓山) (출)충남 서천 (주)경기 의정부시 금오로3 이환규세무사사무소(031-543-1991) (학)한국방송통신대졸, 한양대 행정대학원졸 (경)2000년 전주세무서 조사1과장 2001년 중부지방국세청 조사1국 조사3과 · 조사1과 근무 2004년 同세원관리국 근무 2005년 同감사관실 근무 2007년 同조사국 서기관 2009년 보령세무서장 2010년 의정부세무서장(부이사관) 2011년 이환규세무사사무소 개업 · 세무사(현) (상)국무총리표창(1998), 대통령표창(2004), 홍조근정훈장(2011)

이환균(李桓均) LEE Hwan Kyun
(생)1942 · 1 · 22 (본)재령(載寧) (출)경남 함안 (주)경남 창원시 의창구 중앙대로151 창원시청(1899-1111) (학)1960년 경남고졸 1964년 서울대 법대졸 1970년 同행정대학원졸 (경)1969년 법제처 법제관 1970년 경제기획원 경제협력1과 · 외자1과 근무 1975년 駐이란 경제협력관 1978년 경제기획원 해외사업국 과장 1979년 同소비자과장 1980년 국무총리 의전비서관 1980년 경제기획원 경제협력총

괄과장 1981년 재무부 경제협력과장 1982년 駐사우디 재무관 1986년 재무부 감사관 1987년 同국제금융국장 1988년 대통령 경제비서관 1991년 재무부 기획관리실장 1992년 同제2차관보 1993년 同제1차관보 1994년 관세청장 1995년 재정경제원 차관 1996년 국무총리 행정조정실장 1997~1998년 건설교통부 장관 1998~2000년 미국 스탠퍼드대 객원연구원 2002년 법무법인 로고스 고문 2002년 한나라당 국책자문위원 2002년 세종대 경영대학원장, 중국 산동성(제남) 경제고문 2003~2008년 인천경제자유구역청 초대청장 2004년 중소기업협동조합중앙회 중소기업정책위원장 2011~2014년 제주국제자유도시개발센터 비상임이사 2014년 창원시 균형발전위원회 위원장(현) [상]홍조근정훈장, 황조근정훈장 [저]'21C 통일한반도의 인프라 구축방향' [종]기독교

이환근(李桓根) Lee Hwan-Keun (信岩)

[생]1948·7·17 [본]홍주(洪州) [출]충남 홍성 [주]서울 강남구 강남대로362 대륭강남타워20층 대륭그룹 비서실(02-3466-0001) [학]연세대 대학원 일반행정학과졸 [경]대륭그룹(대륭종합건설·리앤리어드바이저스·크리애드컴·리앤리컨트리클럽·신암재단) 회장(현), 연세대행정대학원총동창회 회장 [상]국세청장표창(2002), 서울특별시장표창(2003), 국무총리표창(2004), 산업포장(2007)

이환모(李桓模) LEE Hwan Mo

[생]1957·1·20 [주]서울 서대문구 연세로50의1 세브란스병원 정형외과(02-2228-2191) [학]1981년 연세대 의대졸 1984년 同대학원졸 1992년 의학박사(연세대) [경]1991년 연세대 의과대학 정형외과학교실 전임강사·조교수·부교수·교수(현) 1993년 미국 아이오와대 객원교수 2011년 연세대 의과대학 정형외과학교실 주임교수(현) 2013년 세브란스병원 정형외과장(현) 2014~2015년 同어린이병원 소아정형외과장 2016년 세브란스병원 척추류마티스통증센터 소장(현) [상]대한정형외과학회 만례재단상, 대한정형외과학회 MSD 관절염 Fellowship Award, 미국정형외과학회 Kappa-Delta Awards [역]'패밀리닥터 시리즈(요통)'(2005)

이환범(李桓範) Lee Hwan-Beom

[생]1962·7·19 [본]함평(咸平) [출]전남 함평 [주]경북 경산시 대학로280 영남대학교 행정학과(053-810-2601) [학]경동고졸 1988년 한국외국어대 행정학과졸 1990년 미국 아이오와대 대학원 정치학과졸 1996년 행정학박사(미국 서던캘리포니아대) [경]1997~2003년 안동대 사회과학대 행정학과 조교수 2002~2004년 한국사회과학회 편집위원장 2003년 영남대 행정학과 조교수·부교수·교수(현) 2007년 행정자치부 조직진단센터장(국장급) 2007년 서울행정학회 편집위원 2008년 행정안전부 진단컨설팅센터장 2008~2009년 同행정진단센터장 2009년 한국행정학회 이사 2009~2012년 영남대 대학자원관리추진단장 2010~2011년 한국정부학회 연구위원장 2010~2011년 한국조직학회 연구위원장 2010~2012년 한국정책학회 영문편집위원 2011~2013년 대통령소속 지방분권촉진위원회 위원 2011~2013년 영남대 행정대학원장 2011년 同한국균형발전연구소 소장(현) 2012년 한국조직학회 부회장, 同편집위원장 2013~2014년 대한지방자치학회 회장 2013년 영남대 정치행정대학장(현) 2015년 한국조직학회 회장, 同자문위원(현) [상]홍조근정훈장(2013) [저]'신행정서비스론-공공관리 관점'(2000) '정부와 행정'(2002) '정책분석론(2003) '행정학의 이해'(2005) '통계분석의 이해와 활용'(2007) [종]기독교

이환승(李桓昇) LEE Hwan Seung

[생]1968·4·20 [출]부산 [주]서울 서초구 서초중앙로157 서울중앙지방법원(02-530-1114) [학]1987년 브니엘고졸 1992년 서울대 사법학과졸 2004년 미국 세인트루이스 워싱턴대 로스쿨 수학 2007년 부산대 법과대학원졸 [경]1993년 사법시험 합격(35회) 1996년 사법연수원 수료(25기) 1996년 서울지법 북부지원 판사 2001년 同판사 2003년 부산지법 판사 2006년 부산고법 판사 2007년 서울고법 판사 2008년 대법원 재판연구관 2010년 서울중앙지법 판사 2011년 춘천지법 강릉지원 부장판사 2012년 同강릉지원장 2013년 인천지법 부천지원 부장판사 2015년 서울중앙지법 부장판사(현)

이환우(李歡雨) LEE Hwan Woo

[생]1961·6·13 [주]부산 남구 용소로45 부경대학교 공과대학 토목공학과(051-629-6073) [학]1984년 서울대 농공학과졸 1986년 한국과학기술원(KAIST) 토목공학과졸 1989년 토목공학박사(한국과학기술원) [경]1987~1989년 서울산업대 토목공학과 시간강사 1990~1993년 삼성건설(주) 기술연구소 선임연구원 1993~1996년 부산공업대 토목공학과 전임강사·조교수 1996년 부경대 공과대학 토목공학과 조교수·부교수·교수(현) 2016년 同학생처장 겸 인재개발원장(현) [상]국토해양부장관표창(2012) [저]'최신 철근콘크리트 및 PSC, 강구조 연습(共)'(2004, 형설출판사)

이환의(李桓儀) LEE Hwan Ey (白庵)

[생]1931·9·16 [본]전주(全州) [출]전남 영암 [주]전북 완주군 봉동읍 백제대학로171 백제예술대학교 이사장실(063-260-9118) [학]1953년 광주고졸 1958년 서울대 사범대졸 [경]1960년 경향신문 기자 1964년 同정치부장·전남일보 논설위원 1966년 KBS 해설위원·내무부 기획관리실장 1968년 전북도지사 1971년 5.16장학회 상임이사 1971~1974년 문화방송 사장 1972년 민영방송협회 회장 1974년 방송윤리위원회 회장 1974년 문화방송·경향신문 사장 1974년 언론인금고 이사장 1978년 아·태방송연맹(ABU) 행정관리이사 1979년 한·아랍친선협회 회장 1980년 미국 존스홉킨스대 국제문제대학원 연구교수 1982년 백제문화개발연구원 상임고문 1986년 중앙대 신문방송대학원 객원교수 1987~1990년 KBS 방송자문위원회 부위원장 1988년 한국족보학회 총재 1988년 민정당 영암지구당 위원장 1989년 백제예술대 이사장(현) 1990년 민자당 영암지구당 위원장 1992년 제14대 국회의원(전국구, 민자당·신한국당) 1992년 민자당 정책위원회 부의장 1992년 同중앙위원회 수석부위원장 1992년 同광주시지부 위원장 1992년 전통문화예술진흥회 총재 1997년 한나라당 광주西지구당 위원장 1999년 同당무위원 2000~2002년 同부총재 2002년 同광주시장 후보 2003년 同운영위원 2003~2007년 同국책자문위원장 2004~2011년 전주이씨대동종약원 이사장 겸 종묘제례보존회 회장 [상]황조근정훈장(1971), 대통령표창(1971·1973), 이탈리아정부 문화훈장(1980) [저]'시류따라 남긴 칼럼'(1973) '매스컴경영론'(1975) '방송교육론'(1975) '뉴미디어총론'(1985)

이환종(李煥鍾) Hoan Jong Lee

[생]1953·7·12 [주]서울 종로구 대학로101 서울대학교 어린이병원 소아청소년과 감염분과(02-2072-3633) [학]1977년 서울대 의대졸 1980년 同대학원졸 1986년 의학박사(서울대) [경]1985년 서울대 의대 소아과학교실 교수(현) 1988~1990·2000년 미국 하버드의대부속 소아병원 방문교수 2004년 대한민국의학한림원 회원(현) 2005년 한국소아감염병학회 부회장 2006~2010년 서울대병원 감염관리실장 2007~2012년 대한소아과학회 감염이사 2007~2010년 보건복지부 예방접종심의위원장 2008년 세계보건기구(WHO) 백신사전인증자문위원(현) 2009~2011년 한국소아감염병학회 회장 2011~2015년 보건복지부 예방접종전문위원장 2012년 대한감염학회 회장 2015년 식품의약품안전처 첨단바이오의약품특별자문단 자문위원(현) [상]녹조근정훈장(2006) [저]'임상내과학(共)'(2004, 고려의학) '감염학(共)'(2007, 군자출판사) '소아과학(共)'(2007, 대한교과서) '항생제의 길잡이((共)'(2008, 도서출판 MIP) '예방접종지침서(共)'(2008, 광문출판사)

이환주(李桓朱) LEE Hwan Ju

[생]1960·12·7 [본]영천(寧川) [출]전북 남원 [주]전북 남원시 시청로60 남원시청 시장실(063-620-6001) [학]1979년 전주 신흥고졸 1984년 한양대 토목공학과졸 1986년 同대학원 토목공학과졸 2002년 토목공학박사(전북대) [경]1984년 기술고등고시 합격(20회) 1985년 공무원 임용 1995년 남원시 관광건설국장 1998년 전주시 도시개발국장 2001년 전주시 완산구청장 2003년 전북도 환경보건국 환경정책과장 2003년 同기획관 2005년 同비서실장 2006년 지방혁신인력개발원 파견(지방부이사관) 2006년 전북도 전략산업국장 2008년 同중국상해통상사무소장 2009~2011년 새만금군산경제자유구역청 개발본부장 2011년 전북 남원시장(재보선 당선, 민주당·민주통합당·민주당·새정치민주연합) 2014년 전북 남원시장(새정치민주연합·더불어민주당)(현) [상]건설부장관표창(1992), 대통령표창(1994), 글로벌자랑스런 세계인·한국인대상 지방자치단체장부문(2015) [저]'똑똑한 중국계약법'(2008) '이환주 재관여빈(在官如賓)'(2011)

이환준(李桓濬) LEE HWAN JUN

[생]1959·4·28 [본]한산(韓山) [출]충북 청주 [주]서울 강남구 테헤란로432 동부금융센터13층 동부화재해상보험(주) 고객상품지원실(02-3011-3008) [학]1977년 청주고졸 1984년 청주대 경영학과졸 2006년 고려대 최고경영자과정 수료 [경]1996년 동부화재해상보험(주) 경영기획팀장(부장) 2003년 同CRM본부장 2005년 同방카슈랑스본부장(상무) 2008년 同부산사업본부장(상무) 2010년 同전략마케팅팀장(상무) 2013년 同고객상품지원실장(부사장)(현) [상]매일경제 대한민국금융대상 손해보험대상(2011), 한국표준협회 한국서비스대상 서비스리더상(2012)

이황규

(본)한산(韓山) (출)충남 서천 (주)서울 용산구 이태원로22 국방부 인사기획관실(02-748-5100) (학)1984년 육군사 관학교졸(40기), 미국 미네소타주립대 대학원 인체공학 과졸 (경)1984년 육군 소위 임관 2010년 제11공수특전여 단장 2011년 육군 인사근무복지처장 2012~2013년 (同)인 사사령부 인사운영처장 2014년 세계군인체육대회조직 위원회 사무총장 2015년 국방부 인사복지실 인사기획관 (현) (상)대통령표창(2010), 보국훈장천수장(2015)

이황상(李滉相) LEE Hwang Sang

(생)1962·2·21 (출)충남 (주)서울 관악구 보라매로3길23 대교타워7층 대교인베스트먼트 대표이사실(02-3289-4980) (학)1980년 대전고졸 1985년 서울대 경영학과졸 1987년 (同)대학원 경영학과졸 (경)1985~1987년 삼일회계 법인 시보 1987~1999년 대우증권(주) 차장 1999~2007 년 얼라이언스캐피탈파트너즈(주) 사장 2007~2010년 씨케이디창업투자(주) 대표이사 2011년 대교인베스트먼 트 대표이사 사장(현)

이황우(李璜雨) LEE Hwang Woo

(생)1944·11·18 (본)경주(慶州) (출)경기 평택 (주)서울 중 구 필동로1길30 동국대학교 경찰행정학과(02-2260-8719) (학)1963년 용산고졸 1967년 동국대 경찰행정학 과졸 1970년 (同)행정대학원졸 1979년 법학박사(동국대) (경)1976~1987년 동국대 경찰행정학과 조교수·부교수 1983년 국가對테러 협상위원 1987~2010년 동국대 사회 과학대학 경찰행정학과 교수 1988년 (同)학생처장 1989년 미국 존제이형사사법대 객원교수 1991년 동국대 총무처장 1991년 한국공안 행정학회 회장 1993년 동국대 사회과학대학장 1994년 (同)공안행정연구소장 1997~1999년 (同)행정대학원장 1998~2002년 한국경찰학회 회장 2001년 동 국대 영상정보통신대학원장 2002~2005년 경찰위원회 위원 2003~2005년 동국대 행정대학원장, 국가정보원 대테러분야 정책자문위원, 경찰청 자체심 사평가위원회 위원장 2010년 동국대 경찰행정학과 명예교수(현) 2012년 경 찰청 국가위기협상전문위원회 위원 (저)'경찰행정학' '형사정책' '형사소송법'(共) '수사경찰의 전문화에 관한 연구' '비교경찰제도'(編) '경찰학개론'(共) '경 찰인사행정론'(共) '테러리즘' '현대경찰학개론' (역)'對테러 정책론' (종)불교

이회성(李會晟) LEE Hoe Sung

(생)1945·12·31 (출)충남 예산 (학)1964년 경기고졸 1969 년 서울대 상대 무역학과졸 1975년 경제학박사(미국 럿 거스대) (경)1974년 미국 럿거스대 경제학 강사 1975년 미국 Exxon Corp. 경제조사역 1978년 한국개발연구원 수석연구원 1980~1984년 동력자원연구원 연구실장· 정책연구부장 1984년 (同)정책담당 선임부장 1986~1995 년 에너지경제연구원 원장 1988년 자원경제학회 회장 1992~1997년 유엔 기후변화에관한정부간협의체(IPCC) 제3실무그룹(기후 변화 완화분야) 공동의장 1994년 세계에너지경제학회 부회장 1995~1998 년 에너지경제연구원 상임연구고문 1997년 일본 지구환경전략연구재단 이 사 1998~1999년 현대종합상사 사외이사 1998~2004년 에너지환경연구 원 원장 1999년 세계에너지경제학회 회장 2003년 계명대 환경대학 에너지 환경계획학과 초빙교수 2008~2015년 유엔 기후변화에관한정부간협의체 (IPCC) 부의장 2009~2011년 계명대 환경대학장 2010년 아시아개발은행 (ADB) 기후변화부문 총재 겸 자문위원 2011년 고려대 에너지환경정책기 술대학원(그린스쿨) 초빙교수(현) 2015년 유엔 기후변화에관한정부간협의 체(IPCC) 의장(현) (저)'석유 유통구조와 정책' '에너지 장기전망과 정책' '한 국경제와 에너지정책'(共) '기후변화와 경제사회적 영향' 'Climate Change 1994 : Radiatative Forcing of Climate Change and An Evaluation of the IPCC IS92 Emission Scenarios'(1995, Cambridge Univ. Press) 'Climate Change 1995 : Economics and Social Dimensions of Climate Change : Contribution of Working Group III to the Second Assesment of IPCC' (1995, Cambridge Univ. Press) (종)천주교

이회영(李晦榮) Lee, Hoiyoung

(생)1960 (출)충북 충주 (주)대전 서구 관저동로158 건양대 학교 의과대학 약리학교실(042-600-6413) (학)1983년 성균관대 약학과졸 1985년 (同)대학원 약학과졸 1992년 이학박사(미국 텍사스대 오스틴교) (경)1987~1992년 미 국 텍사스대 오스틴교 생화학과 실험조교·박사 후 연 구원 1992~1995년 National Institutes of Health 박 사 후 연구원 1997년 경상대 의과대학 전임강사 1998 년 건양대 의과대학 약리학교실 조교수·부교수·교수(현) 2002~2014년

중앙약사심의위원회 위원 2004년 식품의약품안전청 신물질규명위원회 위 원 2008년 Current Enzyme Inhibition 국제저널 편집위원(현) 2008년 미 국 세계인명사전 'Marquis Who's Who in the World'에 등재 2008년 국 제인명센터(IBC) '세계 2000명의 탁월한 과학자'에 등재 2009~2010년 미 국 MD Anderson Cancer Center Cancer Medicine 초청교수 2009~2010 년 대한약학회 학술간사 2009~2010년 대한약리생리학회지 편집간사 2010~2012년 대한암학회 학술위원 2010~2012년 메디칼포럼 R&D 사무국 장 2010~2015년 건양대 명곡의과학연구소장 2013~2014년 대한약리학회 재무이사 2013~2015년 연세대 의과대학 암연구소 겸임교수 2014년 한국 연구재단 의약학단 전문위원 2015년 대한약리학회 총무이사(현) 2015년 대 한약학회 Archives Pharmacal Research 편집장(현) 2015년 한국연구재단 의약학단장(현)

이회창(李會昌) LEE Hoi Chang (徑史)

(생)1935·6·2 (본)전주(全州) (출)황해 서흥 (학)1953년 경 기고졸 1957년 서울대 법대졸 1969~1970년 미국 캘리 포니아대 버클리교 및 하버드대 수학 1997년 명예 법 학박사(러시아 극동국립대) (경)1957년 고등고시 사법 과 합격(8회) 1957~1960년 공군본부 법무감실 법무관 1960~1965년 인천지원·서울민사지법·서울형사지 법 판사 1965년 서울고법 판사 1971년 사법연수원 교수 1977년 서울고법 부장판사 1980년 법원행정처 기획조정실장 겸 조사국장 1981~1986년 대법원 판사 1986년 변호사 개업 1988년 민주화합추진위원 1988년 대법원 대법관 1988년 중앙선거관리위원회 위원장 1993년 감사원장 1993~1994년 국무총리 1994년 변호사 개업 1996년 신한국당 선거대책위원 회 의장 1996~1997년 제15대 국회의원(전국구, 신한국당·한나라당) 1996 년 신한국당 상임고문 1997년 (同)대표위원 1997년 (同)총재 1997년 한나라당 제15대 대통령 후보 1997년 (同)명예총재 1998~2002년 (同)총재 1999년 제15 대 국회의원(서울 송파甲 보선, 한나라당) 2000~2002년 제16대 국회의원(전국구, 한나라당) 2002년 한나라당 제16대 대통령 후보 2003~2004년 미 국 스탠퍼드대 후버연구소 명예교환교수 2007년 제17대 대통령선거 후보(무소속) 2008년 자유선진당 총재 2008년 제18대 국회의원(홍성·예산, 자 유선진당) 2010~2011년 자유선진당 대표 (상)청조근정훈장(1985), 국민훈 장 무궁화장(1995), 자랑스런 서울법대인(1996), 미국 버클리대 특별명예상 (1998) (저)'주석형법각칙' '법과 정의'에세이집 '아름다운 원칙'(1997, 김영사) (종)천주교

이회택(李會澤) LEE Hoi Taek

(생)1946·10·11 (출)경기 김포 (주)경기 김포시 돌문로15 번길20의27호 김포공설운동장내 이회택축구교실(031-986-4100) (학)1965년 서울 한양공고졸 1969년 한양대 졸 (경)1965년 청소년대표 축구선수 1966~1974·1997 년 국가대표 축구선수 1983~1985년 한양대축구단 감 독 1986~1992년 프로축구 포항제철 감독 1988~1990년 국가대표팀 감독 1990년 이탈리아 월드컵대표팀 감독 1992년 한양대 축구부장 1993~2003년 대한축구협회 이사 1994년 이회택 축구교실 대표(현) 1997년 대한축구협회 유소년위원장 1998년 함안축구연 수원 원장 1999~2003년 전남드래곤즈 프로축구단 감독 1999년 2002한· 일월드컵조직위원회 경기력향상지원협의회 위원 2003년 전남드래곤즈 프 로축구단 상임고문 2004년 대한축구협회 부회장 2004~2005·2008~2011 년 (同)기술위원장 겸임 2014~2016년 한국축구인노동조합 위원장 (상)아시아 축구연맹(AFC) 공로상(2010)

이효건(李孝健) Hyo Gun Lee

(생)1962·1·19 (주)서울 서초구 성촌길56 삼성전자(주) 소프트웨어센터(02-2255-0114) (학)1980년 휘문고졸 1984년 서울대 전자계산학과졸 1986년 한국과학기술 원 전자계산학과졸 1998년 전산학박사(한국과학기술원) (경)삼성전자(주) 영상디스플레이사업부 개발팀 수석연구 원 2005년 (同)영상디스플레이개발팀 상무보, (同)영상디 스플레이개발팀 연구위원(상무) 2010년 (同)영상디스플 레이개발팀 연구위원(전무) 2013년 (同)소프트웨어센터 S/W Platform팀장 (부사장)(현)

이효경(李孝敬·女) LEE Hyo Kyung

(생)1963·6·15 (출)서울 (주)경기 수원시 팔달구 효원로 1 경기도의회(031-8008-7000) (학)1982년 숭신여고졸 1986년 이화여대 정치외교학과졸 (경)1983년 성남시대학 생연합회 부회장 1988년 성남시민주화운동청년연합 여 성부장 1989년 민주화운동청년연합 부설 민족민주운동 연구소 여성분과장 2003년 국회의원 김근태후원회 사 무국장, 민주평통 상임위원, 민주평화연대 지방자치위

원, 성남시호남향우회 부의장 2006년 경기도의원선거 출마(열린우리당) 2010년 경기도의회 의원(민주당 · 민주통합당 · 민주당 · 새정치민주연합) 2010년 同보건복지공보위원회 위원 2012년 同교육위원회 위원, 同의원공무국외여행 심사위원 2012년 민주당 경기도당 공동대변인 2014년 경기도의회 의원(새정치민주연합 · 더불어민주당)(현) 2014년 同운영위원회 간사 2014년 同문화체육관광위원회 위원 2015년 同예산결산특별위원회 위원 2016년 同도시환경위원회 위원장(현) [종]기독교

이효구(李孝九) LEE Hyo Koo

[생]1951 · 10 · 9 [본]벽진(碧珍) [출]부산 [주]경기 용인시 기흥구 마북로207 LIG넥스원 비서실(1644-2005) [학]1970년 경남고졸 1979년 경희대 경제학과졸 2006년 서울대 행정대학원 국가정책과정 수료 [경]1979년 (주)금성사 입사 1984년 同과장 1990년 미국 GS TECH부장, LG반도체(주) 국제금융부장 1998년 同감사 1999년 LG이노텍(주) 경영진단담당 상무, 同CFO 2004년 넥스원퓨처(주) 상무 2005년 同관리본부장(전무) 2007년 LIG넥스원(주) 대표이사 부사장 2008년 同대표이사 사장(COO), 同대표이사 사장(CEO) 2011년 한국해양과학기술진흥원 비상임이사 2013년 한국공학한림원 회원 2014년 호국문화진흥위원회 이사 2014년 LIG넥스원 대표이사 부회장(현) 2015년 한국드론산업진흥협회 회장(현) [상]한남대 대학장 금장(2010), 프로스트 앤 설리반(Frost & Sullivan) 선정 '올해의 한국 방위산업 제조기업'(2011), 미국 하니웰 감사패(2015), 한국신뢰성대상 제조업부문 대상(2016), 한국방위산업협회 방산기술상(2016), 은탑산업훈장(2016)

이효두(李孝斗) LEE Hyo Doo

[생]1961 · 10 · 15 [출]경남 진주 [주]경기 의정부시 녹양로34번길23 의정부지방법원(031-828-0114) [학]1980년 경남 진주고졸 1985년 서울대 법대졸 [경]1988년 사법시험 합격(30회) 1991년 사법연수원 수료(20기) 1991년 마산지법 진주지원 판사 1992년 창원지법 판사 1995년 서울지법 의정부지원 판사 1998년 인천지법 부천지원 판사 · 서울지법 북부지원 판사 2001년 서울지법 판사 2003년 서울고법 판사 2004년 서울행정법원 판사 2006년 의정부지법 부장판사 2009년 서울동부지법 부장판사 2011년 서울중앙지법 부장판사 2014년 서울북부지법 부장판사 2016년 의정부지법 부장판사(현) [종]기독교

이효민(李效旻 · 女) LEE Hyo Min

[생]1961 · 4 · 26 [주]충북 청주시 흥덕구 오송읍 오송생명2로187 식품의약품안전평가원 의료제품연구부 생약연구과(043-719-4801) [학]1984년 덕성여대 약학과졸 1988년 연세대 대학원 약학과졸 1992년 약학박사(덕성여대) [경]1992년 연세대 환경공해연구소 선임연구원 1995년 한국과학기술원 도핑콘트롤센터 연구원 2001년 식품의약품안전청 일반독성부 위해도평가과 연구관, 국립독성연구원 위해평가연구부 식의약품위해성팀장 2007년 同위해평가연구부 위해관리기술연구팀장 2008년 국립독성과학원 위해평가연구부 위해관리기술연구과장 2009년 식품의약품안전평가원 식품위해성평가부 위해분석연구과장 2010년 식품의약품안전청 위해예방정책국 위해정보과장 2013년 식품의약품안전처 소비자위해예방국 소통협력과장 2016년 식품의약품안전평가원 의료제품연구부 생약연구과장(현)

이효섭(李孝燮) LEE Hyo Sup

[생]1953 · 1 · 3 [주]경북 경산시 진량읍 대구대로201 대구대학교 경상대학 회계학과(053-850-6246) [학]1972년 덕수상고졸 1977년 성균관대 경제학과졸 1979년 同대학원졸 1991년 경영학박사(성균관대) [경]1977~1980년 삼일회계법인 · 세정회계법인 공인회계사시보 1980년 육군 제3사관학교 교수부 전임강사 1984~1997년 대양회계법인 공인회계사 1988년 경남대 회계학과 조교수 1988~2013년 대구대 회계정보학과 조교수 · 부교수 · 교수 1998~1999년 미국 일리노이대 교환교수 1999년 한국산업경영학회 편집위원장 2001~2003년 대구대 경상대학장 2002년 공인회계사시험위원회 시험위원 2002~2003년 대구대 국제경영대학원장 2002~2003년 한국산업경영학회 회장 2013~2014년 경북도 지방세심의위원장 2013년 대구대 경상대학 회계학과 교수(현) 2013년 한국원자력안전기술원 비상임이사(현) 2015년 경북도 지방세심의위원장(현) 2016년 대구경북지역도서관협의회 회장(현) [상]행정자치부장관표창 [저]'사례연구 회계감사'(1982) '財務諸表-理論과 實務'(1996) '稅法-稅務會計와 企業會計의 對比中心'(1996) '세법개론-이론 및 연습(共)'(1998) '재무제표의 이해'(1999) '세법개론(共)'(2003 · 2004 · 2005 · 2006)

이효성(李孝成) LEE Hyo Seong (一晶)

[생]1951 · 5 · 1 [본]전주(全州) [출]전북 익산 [주]서울 종로구 성균관로25의2 성균관대학교 신문방송학과(02-760-0397) [학]1969년 전북 남성고졸 1973년 서울대 지질학과졸 1975년 同신문대학원 신문학과졸 1979년 同대학원 박사과정 수료 1987년 신문학박사(미국 노스웨스턴대) [경]1975~1976년 서울대 신문연구소 보조연구원 1976~1980년 同조교 1978~1979년 MBC · 경향신문 기자 1981년 한국일보 시카고지사 기자 1987년 서울대 · 서강대 · 성균관대 · 이화여대 신문방송학과 강사 1987~1988년 서울대 사회과학연구소 연구원 1990~1999년 성균관대 신문방송학과 조교수 · 부교수 1991년 한국사회언론연구회 회장 1992~1993년 한국대학신보 논설위원 1993~2016년 성균관대 신문방송학과 교수, 同명예교수(현) 1994년 일본 東京大 객원연구원 1996년 기독교방송 객원해설위원 1998~1999년 방송개혁위원회 실행위원 겸 제1분과 간사 1998~2000년 한국언론정보학회 회장 1998~2003년 (사)민주언론운동시민연합 정책실장 겸 이사 1998년 언론개혁시민연대 공동대표 2000~2001년 미국 컬럼비아대 동아시아연구소 방문교수 2001~2003년 한국디지털컨텐츠작가협회 초대회장 2001~2003년 성균관대 사회과학연구소장 2002~2003년 (사)열린미디어센터 소장 2002년 방송위원회 보도교양 제2심의위원회 위원 2003년 한국방송학회 회장 2003~2006년 방송위원회 부위원장 2005년 지상파디지털멀티미디어방송(DMB) 심사위원장 2007 · 2009~2011년 성균관대 언론정보대학원장 2007~2008년 시민방송(RTV) 이사장 2012년 한국기자협회 한국기자상심사위원장(현) [상]駐韓미국공보원 '캠퍼스라이프' 학생수필공모전 전국상(1971), 한국언론학회 희관저술상(1997) [저]'정치언론'(1989) '언론비판'(1990) '비판 커뮤니케이션 이론(共)'(1991) '한국사회와 언론'(1992) '커뮤니케이션과 정치'(1995) '한국언론의 좌표'(1996) '진실과 정의의 즐거움'(1996) '대통령선거와 텔레비전 토론'(1997) '언론정치의 현실과 과제'(1999) '별은 어둠을 피해 달아나지 않는다'(2000) '언론과 민주정치'(2002) '매체선거 : 그 빛과 그림자'(2003) '미국이야기'(2005) '방송, 권력과 대중의 커뮤니케이션'(2009) '계절의 추억'(2009) '통하니까 인간이다'(2012) '삶과 희망'(2013) [종]가톨릭

이효수(李孝秀) LEE Hyo Soo

[생]1951 · 7 · 7 [출]경북 청도 [주]경북 경산시 대학로280 영남대학교(053-810-2114) [학]대구상고졸 1975년 영남대 경제학과졸 1978년 서울대 대학원 경제학과졸 1984년 경제학박사(서울대) [경]1990~2016년 영남대 상경대학 경제금융학부 교수 1992~1993년 同기획처장 1994~1995년 미국 MIT 객원교수 1995~1997년 영남대 경제학과장 1998~2000년 同사회과학연구소장 1999년 21세기경북발전위원회 경제분과위원장 2000~2002년 영남대 상경대학장 2000~2001년 한국노동경제학회 부회장 2001~2003년 세계노사관계학회(IIRA) Asian Congress 프로그램위원회 위원장 2003년 한국노사관계학회 부회장 2003~2004년 세계노사관계학회(IIRA) 회장 2004~2006년 한국노동경제학회 회장 2004~2008년 대구 · 경북인적자원개발분과협의회(RHRD) 위원장 2006~2007년 한국노사관계학회 회장 2006~2009년 노동부 최저임금위원회 위원 2006년 국제노사관계학회(IIRA) 아시아대표 집행이사 2006년 대구 · 경북고용인적자원포럼 대표 2008년 국민경제자문회의 자문위원 2009~2013년 영남대 총장 2009년 2010월드그린에너지포럼(WGEF) 조직위원 2010년 한국사립대학총장협의회 부회장 2011년 대통령소속 사회통합위원회 지역협의회 위원 2012~2013년 한국대학교육협의회 부회장 2015년 화성산업(주) 사외이사 겸 감사위원(현) 2016년 영남대 명예교수(현) [상]경북도 인문사회과학부문 문화상(1997), 신노사문화대상 공익부문 노사화합공로상(2004), 녹조근정훈장(2008), 제33회 대상의날 자랑스런 대상인(2010), 교육혁신 우수대학(2010), 자원봉사의날 대통령표창(2010), 고용노동부 2010일자리창출지원 대통령표창(2010), 청조근정훈장(2016) [저]'벨지움의 産業-斜陽産業과 地域間 再調整 政策을 中心으로'(1978) '勞動市場構造論-韓國勞動市場의 理論과 實證'(1984) '經濟學演習(共)'(1985) '經濟原論演習(共)'(1987) '高學歷化 現象과 雇傭'(1991) '대구/경북지역 실업실태와 실업대책개선 방안(共)'(1999) '클릭! 지식정보사회(共)'(2001) '노동의 미래와 신질서(共)'(2003) '全球化下的勞使關係與勞工政策(共)'(2003) '한국기업의 노사관계(共)'(2005) [종]불교

이효연(李孝淵) LEE Hyo Yeon

[생]1953 · 3 · 3 [출]서울 [주]서울 강남구 언주로337 동영문화센터8층 광교세무법인(02-3453-8004) [학]1971년 서울고졸 1975년 서울대 정치학과졸 1979년 同대학원 행정학과졸 1988년 미국 워싱턴대 대학원 경제학과졸 [경]1978년 행정고시 합격(22회) 1979년 총무처 수습사무관 1980년 재무부 관세제도과 · 감사관실 사무관 1982년 同이재국 금융정책과 · 은행과 사무관 1985년 同국제심판소 사무관 1988년 同저축심의관실 사무관 1989년 同경제협력국 경제협력과 · 외자관리과 사무관 1992~1996년 대통령비서실 파견 1996년 국무총리 행정조정실 서기관 1997년 재정경제부 금융 · 부동산실명제실시단 총괄과장

1999년 미국 국제금융공사(IFC) 파견 2001년 한국국제조세교육센터 부소장 2002년 재정경제부 국제심판원 조사관 2006년 同국제심판원 행정실장(부이사관) 2007년 통일미래교육원 통일미래지도자과정 파견 2008년 국무총리소속 조세심판원 조세심판관 직대 2009~2011년 同상임심판관(고위공무원) 2011~2016년 법무법인 태평양 고문 2016년 광교세무법인 세무사(현)

이효원(李孝元) LEE Hyo Won

[생]1965·3·5 [출]경북 안동 [주]서울 관악구 관악로1 서울대학교 법학전문대학원(02-880-2608) [학]1983년 경일고졸 1987년 서울대 법과대학졸 1990년 同대학원 법학과졸 2006년 법학박사(서울대) [경]1991년 사법시험 합격(33회) 1994년 사법연수원 수료(23기) 1994년 서울지검 북부지청 검사 1996년 부산지검 울산지청 검사 1997년 창원지검 검사 1998년 통일부 파견 1999년 서울지검 검사 1999년 독일 베를린 자유대학 연수 1999년 서울지방검찰청 검사 2003년 법무부 특수법령과 검사 2006년 대구지검 부부장검사 2007년 대검찰청 검찰연구관(부장검사) 2007년 서울대 법과대학 부교수·교수(현), 同법학전문대학원 교수(현) 2012~2014년 同법과대학 학생부학장 겸 법학전문대학원 학생부원장 2014년 국회의장직속 헌법개정자문위원회 위원 2016년 국무총리소속 대테러 인권보호관(현) [저]'판례로 보는 남북한관계'(2012) '헌법소송법(共)'(2012) '통일법의 이해'(2014) 등 [종]기독교

이효율(李孝律) LEE Hoe Yuel

[생]1957·6·9 [출]전북 옥구 [주]서울 강남구 광평로280 (주)풀무원 임원실(02-2040-4443) [학]1975년 남성고졸 1980년 서강대 철학과졸 [경]1984년 (주)풀무원 입사, 同마케팅본부장(부사장), 同식품부문 최고운영책임자(COO) 2009년 同대표이사 부사장 2010년 同대표이사 사장(현)

이효익(李孝翊) LEE Hyo Ik

[생]1951·3·16 [출]전남 강진 [주]서울 종로구 성균관로25의2 성균관대학교 경영학과(02-760-0502) [학]1969년 광주제일고졸 1973년 성균관대 경영학과졸 1977년 서울대 대학원 경영학과졸 1982년 미국 위스콘신대(Univ. of Wisconsin) 대학원 회계학과졸 1990년 경영학박사(서울대) [경]1972~1978년 유한킴벌리(주) 입사·재정부장·기획조정실장 1979~1982년 미국 Kimberly-Clark Corporation 선임회계사 1982년 성균관대 경영학부 회계학전공 교수, 同경영학과 회계학전공 교수, 同명예교수(현) 1988년 한국회계학회 상임이사 1990년 증권관리위원회 회계제도자문위원 1991년 미국 캘리포니아대 로스앤젤레스교(UCLA) 객원교수 1996년 성균관대 경영연구소장 1998년 同야간강좌 교학처장 1999년 同교무처장 2001~2004년 금융감독위원회 비상임위원 2004년 산업은행 경영평가위원장 2004년 산은캐피탈 사외이사 2005~2008년 한국회계기준원 원장 2008년 쌍용자동차(주) 사외이사 [상]한국공인회계사회 최우수논문상 [저]'회계학연습' '회계원리' '현대회계감사론' '재무제표의 분석기법' '회계학객관식' '재무제표론' '회계원론(共)' '회계원리연습'(2000) '회계와 사회(共)'(2001) [종]천주교

이효제(李孝濟)

[생]1975·1·9 [출]충남 예산 [주]서울 서초구 서초대로219 대법원(02-3480-1100) [학]1993년 동국사대부고졸 1998년 서울대 사법학과졸 [경]1997년 사법시험 합격(39회) 2000년 사법연수원 수료(29기) 2000년 육군 법무관 2003년 서울지법 동부지원 판사 2004년 서울동부지법 판사 2005년 서울중앙지법 판사 2007년 광주지법 순천지원 판사 2009년 광주고법 판사 2011년 인천지법 판사 2011년 법원행정처 인사제2심의관 2012년 同인사제1심의관 2013년 서울북부지법 판사 2014년 서울고법 판사 2015년 창원지법 통영지원 부장판사 2016년 대법원 재판연구관(현)

이효철(李效澈) IHEE, Hyotcherl

[생]1972·3·24 [본]성주(星州) [출]경남 진주 [주]대전 유성구 대학로291 한국과학기술원 화학과(042-350-2844) [학]1990년 경남과학고졸 1994년 한국과학기술원(KAIST) 화학과졸 2001년 화학·물리화학박사(미국 캘리포니아공과대) [경]2001년 미국 캘리포니아공과대 화학과 Post-Doc. 2001년 미국 시카고대 생화학 및 분자생물학과 박사 후 과정(Post-Doc.) 2003년 한국과학기술원(KAIST) 화학과 조교수·부교수·교수(현) 2007~2012년 시간분해회절창의연구단 단장 2011~2014년 'ChemPhysChem誌' 편집위원 2012년 기초과학연구원(IBS) 나노물질 및 화학반응연구단 그룹리더 2015년 同나노물질 및 화학반응연구단 부단장(현) [상]KAIST Graduated with highest honors(1994), Damon Runyon Cancer Research Fellow(2002·2003), KAIST Academic Excellence Award(2006), 16th KOFST Best Paper Award(2006), MOST·KIAS 10th Young Scientist Award(2006), KAIST 화학과 Best Lecturer Award(2006), KAIST Teaching Excellence Award(2008·2009·2010), 10th Eurasia Conference on Chemical Sciences 'Best Oral Paper'(2008), 국가개발 우수성과패(2009), 교육과학기술부 대표우수연구성과 인증패(2009), 일본화학회 Lectureship Award(2009), Morino Lectureship Award(2011), 2013 KAIST 10대 우수연구성과 선정(2014), '올해의 KAIST인'상(2015), 김명수 학술상(2015) [종]기독교

이후근(李厚根) LEE Hoo Geun

[생]1957·10·14 [주]경북 포항시 남구 동해안로6261 (주)포스코 기술투자본부(054-220-0019) [학]인천고졸, 인하대 금속공학과졸 [경](주)포항종합제철 포항 제선부 신제선기술팀장, (주)포스코 FINEX조업기술그룹장·FINEX기술그룹리더·FINEX연구개발추진반장, 同생산기술부문 FINEX연구개발추진반장(상무) 2012년 同탄소강사업부문 포항제철소 FINEX연구개발추진반장(전무) 2014년 同기술위원(전무) 2016년 同기술투자본부 기술위원(현) 2016년 同글로벌POIST추진반담당(전무) 겸임(현)

이후명(李厚明) LEE Hoo Myung

[생]1965·6·22 [주]세종특별자치시 갈매로477 기획재정부 공공정책국(044-215-8011) [학]1988년 서울대 경제학과졸 [경]2003년 기획예산처 기획관리실 기획예산담당관실 계장 2005년 同재정협력팀장 2005년 同공공기관제도혁신팀장 2007년 同평가분석팀장 2008년 기획재정부 예산실 기금운용계획과장 2009년 同국제금융국 외환제도과장 2011년 同국제금융국 외환제도과장(부이사관) 2011년 대통령직속 미래기획위원회 미래전략국장 2012년 2018평창동계올림픽대회조직위원회 마케팅국장 2014년 국방대 교육파견(부이사관) 2015년 기획재정부 공공정책국 협력관(현)

이후삼(李厚三)

[생]1969·9·18 [주]서울 영등포구 국회대로68길14 신동해빌딩11층 더불어민주당 전략기획위원회(02-1577-7667) [학]1987년 제천고졸 1995년 청주대 회계학과졸 [경]2004년 이화영 국회의원 보좌관 2007년 참여정부평가포럼 운영팀장 2010년 더좋은민주주의연구소 사무국장 2014년 제6회 전국동시지방선거 안희정 충남도지사 후보 선거대책본부 상황실장 2014년 충남도 정무비서관 2015년 새정치민주연합 정책위원회 부의장, 2016년 더불어민주당 정책위원회 부의장 2016년 同제천시·단양군지역위원회 위원장(현) 2016년 제20대 국회의원선거 출마(충북 제천시·단양군, 더불어민주당) 2016년 더불어민주당 전략기획위원회 부위원장(현)

이후석(李厚錫) LEE Hoo Suk (誠晏)

[생]1956·10·28 [본]경주(慶州) [출]전남 목포 [주]경기 군포시 한세로30 한세대학교 인문사회학부 국제관광학과(031-450-5022) [학]1973년 목포고졸 1978년 동국대 지리학과졸 1982년 同대학원 관광지리학과졸 1992년 문학박사(동국대) [경]1982~1990년 동국대 조교·강사·연구원 1990~2001년 광주대 관광학과 전임강사·조교수·부교수 1992년 同관광학과장 1995년 한국사회조사연구소 연구위원(현) 1995~1999년 광주전남발전연구원 연구위원 1997~2001년 광주시 시정정책자문단 문화관광위원 1999~2001년 한국관광공사 관광개발자문위원 1999~2001년 21세기관광개발연구소 소장 2001~2002년 군포의제21 문화예술위원장 2001년 한세대 인문사회학부 국제관광학전공 부교수·교수(현) 2001~2003년 同학생처장·평생교육원장 2003년 제16대 대통령직인수위원회 자문위원 2004년 미국 유타대 방문교수 2005년 서남해안포럼 학술위원 2006년 한국관광연구학회 회장 2006~2007년 한국컨벤션학회 수석부회장 2006~2007년 한국관광학회 관광자원개발분과 부회장 2006년 경희대 관광개발연구소 연구위원, 군포의제21 공동의장 2008년 한국관광연구학회 고문(현) 2008~2011년 인천도시개발공사 자문위원 2009~2012년 서울지방경찰청 치안정책자문위원회 자문위원 2011년 대한관광경영학회 이사(현) 2011년 한국호텔외식경영학회 이사(현) 2015년 한국컨벤션학회 이사 2015~2016년 한국관광학회 이사 [상]광주대 교수업적평가 최우수상(1999), 한국관광연구학회 공로상(2004·2008), 한국컨벤션학회 공로상(2005) [저]'자연과 인간'(1989) '관광자원의 이해'(1999) '관광개발론'(1999) '관광통계분석'(2000) '현대관광의 이해'(2002) '관광관련법규집'(2004) '관광지 조사방법'(2005) '관광학세미나'(2007) '관광학총론'(2009) '에코그린투어리즘'(2014) '테마가 있는 도시관광'(2014) [역]'도시관광'(1999) '생태관광'(2001) '신 관광과 지역사회'(2004) '지속가능한 관광'(2005) [종]기독교

이후혁(李厚赫) LEE Hu Hyuk

[생]1972 · 10 · 7 [본]전주(全州) [출]대구 [주]대구 수성구 동대구로330 대구일보 임원실(053-757-5700) [학]1991년 오성고졸 1998년 연세대 교육학과졸 2001년 미국 사우스이스트미주리주립대 대학원 경영학과 이수 2003년 同경영대학원졸(MBA) [경]2002년 United Methodist Church Foundation 매니저 2003년 Rust Communication 'SEmissourian' 기자 2003년 대구일보 사회 · 정치 · 경제팀 기자 2007년 同대표이사 부사장 2008년 (사)새만금코리아 이사 2009년 TBC 시청자위원회 위원 2009년 새경북위원회 복지분과위원 2009년 미디어정책포럼 위원 2009년 대구지방경찰청 경찰발전위원회 위원(현) 2012년 경북지방경찰청 경찰발전위원회 위원(현) 2012년 대구일보 대표이사 사장(현) 2012년 경북도 통합방위협의회 위원(현) 2013년 한국전쟁기념재단 정전60주년기념사업추진위원회 위원(현)

이 훈(李 薰) LEE HOON

[생]1965 · 9 · 6 [출]전남 신안 [주]서울 영등포구 의사당대로1 국회 의원회관324호(02-784-8430) [학]1984년 서울 대원고졸 1995년 서강대 사학과졸 [경]1992~1996년 국회의원 박지원 비서관 1996~1997년 새정치국민회의 김대중총재 공보비서 1998년 대통령 제1부속실 연설담당 행정관(3급) 2001년 대통령비서실 정책특보 · 비서관 2002~2003년 대통령비서실 국정상황실장 2009~2012년 대한글로벌로지스틱스 공동대표 2009년 (주)대유에이텍 감사 · 고문 2010~2013년 민주당 정책위원회 부의장 2010년 (사)행동하는양심 사무총장(현), 혁신과통합을위한새정치모임 정책기획위원장 2012년 박원순 서울시장후보 선거대책위원회 정책특보 2012년 민주통합당 제18대 문재인 대통령후보 선거캠프 공보팀장 2015~2016년 새정치민주연합 당무혁신실장 2016년 더불어민주당 당무혁신실장 2016년 同서울금천구지역위원회 위원장(현) 2016년 제20대 국회의원(서울 금천구, 더불어민주당)(현) 2016년 더불어민주당 기획담당 원내부대표(현) 2016년 同청년일자리TF 위원(현) 2016년 국회 운영위원회 위원(현) 2016년 국회 산업통상자원위원회 위원(현) 2016년 국회 가습기살균제사고진상규명과피해구제 및 재발방지대책마련을위한국정조사특별위원회 위원(현) 2016년 국회 민생경제특별위원회 위원(현)

이훈구(李勳求) LEE Hoon Go

[생]1961 · 4 · 17 [본]한산(韓山) [출]충남 공주 [주]경기 수원시 영통구 월드컵로120 수원지방법원 집행관실(031-210-1114) [학]공주대사대부고졸, 단국대 법대졸 [경]행정고시 합격(8회) 2002년 법원행정처 인사제2담당관(부이사관) 2005년 의정부지법 고양지원 사무국장 2006년 서울가정법원 사무국장 2006년 법원행정처 사법제도심의관 2008년 법원공무원교육원 사무국장 2009년 법원행정처 사법등기국 사법등기심의관(이사관) 2009년 同재판사무국장 2011년 서울중앙지법 사무국장 2013~2014년 법원행정처 행정관리실장(법원관리관) 2014년 수원지법 집행관(현) [종]가톨릭

이훈구(李勳九) Hun Gu, Lee

[생]1964 [출]충남 논산 [주]경기 수원시 장안구 경수대로1110의17 중부지방국세청 체납자재산추적과(031-8012-7903) [학]대전 대성고졸, 세무대학졸(3기), 연세대 법무대학원 조세법학과졸 [경]광화문세무서 법인세과 근무, 국세청 조사1과 · 조사기획과 근무, 국세공무원교육원 법인세 교수, 서울지방국세청 조사1국 근무 2014년 국세청 납세자보호담당관실 서기관 2014년 국무조정실 파견 2015년 울산세무서장 2016년 중부지방국세청 체납자재산추적과장(현)

이훈규(李勳圭) LEE Hoon Kyu

[생]1953 · 3 · 17 [본]용인(龍仁) [출]충남 아산 [주]경기 포천시 해룡로120 차의과학대학교 총장실(031-725-8206) [학]1971년 동성고졸 1975년 연세대 법학과졸 1982년 프랑스 국립사법관학교 연수과정 이수 1990년 연세대 행정대학원졸 [경]1978년 사법시험 합격(20회) 1980년 사법연수원 수료(10기) 1980년 서울지검 남부지청 검사 1982년 프랑스 국립사법관대학 연수 1984년 서울지검 남부지청 검사 1984년 대전지검 홍성지청 검사 1986년 법무부 법무실 검사 1989년 서울지검 특수부 검사 1991년 부산지검 검사 1992년 대전지검 공주지청장 1993년 대검찰청 검찰연구관 1994년 인천지검 형사3부장 1995년 부산지검 총무부장 1995년 한국형사정책연구원 파견 1997년 대검찰청 중앙수사부 제3과장 1997년 同중앙수사부 제1과장 1998년 법무부 검찰1과장 1999년 서울지검 특수1부장 2000년 청주지검 차장검사 2000년 대전지검 차장검사 2001년 수원지검 2차장검사 2002년 서울고검 검사 · 법무부 정책기획단장 2004년 서울남부지검장 2004년 대검찰청 형사부장 2005년 창원지검장 2006년 대전지검장 2007~2008년 인천지검장 2008년 변호사 개업 2008~2009년 법률사무소 다솔 대표변호사 2008년 성광학원 이사(현) 2009년 법무법인 원 공동대표변호사 2012년 同고문변호사(현) 2012년 차의과학대 총장(현) 2016년 아이들과미래 이사장(현) [상]법무연수원장표창, 법무부장관표창, 제2회 대한민국법률대상 인권부문(2009) [저]'범죄인 인도제도' '청소년 약물남용의 예방전략' '수용자 교정교육의 효율성 연구' '소년원 프로그램의 운영실태와 개선방안'

이훈범(李勳範) LEE Hoon Beom

[생]1969 · 1 · 26 [출]서울 [주]서울 강남구 논현로430 아세아시멘트(주) 사장실(02-527-6524) [학]1987년 서울 홍익사대부고졸 1992년 성균관대졸 1997년 미국 뉴욕대 대학원졸 [경](주)라딕스 영업본부장, 아세아시멘트(주) 경영기획본부장(상무) 2005년 同전무 2006~2013년 同총괄부사장 2012년 삼봉개발 이사(현) 2013년 아세아시멘트(주) 대표이사 사장(현) [상]산업포장(2016)

이훈복(李勳馥) LEE Hoon Bok

[생]1962 · 8 · 30 [본]한산(韓山) [출]경북 영천 [주]서울 종로구 새문안로75 (주)대우건설 전략기획본부(02-2288-3114) [학]오산고졸, 고려대 경영학과졸 [경]1985년 (주)대우건설 해외영업팀 입사, 同영업4팀 · 영업1팀 · 영업2팀 근무 2007년 同주택사업담당 상무보 2011년 同주택사업담당 상무 2013년 同공공영업실장(상무) 2013년 同경영지원실장(상무) 2014년 同영업지원실장(전무) 2015년 同전략기획본부장(전무)(현) [종]기독교

이훈재(李勳宰)

[생]1973 · 10 · 18 [출]전북 임실 [주]부산 연제구 법원로31 부산지방법원(051-590-1114) [학]1992년 상문고졸 1998년 서울대 사법학과졸 [경]1997년 사법시험 합격(39회) 2000년 사법연수원 수료(29기) 2000년 공익법무관 2006년 의정부지법 고양지원 판사 2010년 서울서부지법 판사 2011년 사법연수원 교수 2013년 서울고법 판사 2015년 부산지법 부장판사(현)

이훈택(李勳澤) LEE Hoon Taek

[생]1956 · 1 · 18 [본]전주(全州) [출]서울 [주]서울 광진구 능동로120 건국대학교 동물생명과학부 동물생명과학관 421호(02-450-3675) [학]1982년 건국대 축산학과졸, 1984년 同대학원 대학원 축산학과졸, 1989년 축산학박사(미국 일리노이주립대) [경]1985~1989년 미국 일리노이주립대 연구조교 1989년 同박사연구원 1989~1990년 미국 아이오와주립대 의대 박사연구원 1990년 건국대 동물생명과학부 동물생명공학전공 조교수 · 부교수 · 교수(현) 1991~1993년 한국가축번식학회 상무이사 1993~1997년 농촌진흥청 겸임연구관 1994년 한국가축번식학회 학술위원장(현) 1998년 아시아 · 오세아니아동물과학학회지(생물공학분과) 편집분과위원장(현) 1999~2001년 수의과학검역원 자문위원 2002~2003년 호주 모나쉬의과대학 객원교수 2003~2004년 건국대 동물자원연구센터 소장 2003년 한국방생생물학회 부회장 2004년 과학기술부 차세대바이오 신약 · 장기사업단 실무위원 2004~2006년 농림부 · 농촌진흥청 차세대성장동력사업단 바이오장기(무균돼지) 연구단장 · 총괄책임자 2005년 한국동물자원과학회 이사 2007~2009년 교육부 수도권특성화사업단장 2008~2009년 한국동물번식학회 회장 2008년 한국과학기술한림원 정회원(현) 2009년 중국 하남대학교 겸임교수(현) 2008년 건국대 바이오장기연구센터장(현) 2009년 영국 'BMC Development' 부편집장(현) 2010년 한국연구재단 전문위원(현) 2010~2012년 건국대 대학원장 2011년 대한생식의학회 부회장(현) [저]'가축번식생리학'(1995) '번식학사전'(1996) '생물공학'(1997) '생물형질전환'(1998) [종]기독교

이훈희(李勳熙) Lee Hunhi

[생]1970 · 10 · 10 [본]경주(慶州) [출]서울 [주]서울 용산구 한강대로297, 우신빌딩5층 (주)콘팩(02-714-0053) [학]성균관대 문화융합대학원 문화예술경영학과졸 [경]2006년 뉴스컬처 발행인(현) 2007년 NCTV 책임프로듀서 2013~2014년 (주)그래텍 뉴스사업본부장 · 문화사업본부장(이사) 2014년 (주)콘팩 대표이사(현) 2015년 (사)대한인터넷신문협회 부회장(현) 2015년 젊은국악인상 자문위원(현) 2016년 서울모네챔버오케스트라 자문위원(현) 2016년 한국영상대 영상연출과 겸임교수(현), 더뮤지컬어워즈 심사위원(현), 서울뮤지컬페스티벌 심사위원(현)

이휘령(李輝寧) HOWARD LEE

[생]1962·4·25 [출]서울 [주]서울 마포구 양화로45 메세나폴리스 (주)세아제강(02-6970-1107) [학]1977년 미국 Palos Verolis High School졸, 미국 캘리포니아대 로스앤젤레스교(UCLA) 유전공학과졸 [경]부산파이프 America Inc. 이사 1994년 (주)세아제강 이사 1999년 同상무이사, 同영업본부장(전무) 2007년 同기획·영업본부장(부사장) 2009년 同대표이사 사장(현) 2013년 한일경제협회 부회장(현) 2013년 한국무역협회 부회장(현) [상]제46회 무역의날 은탑산업훈장(2009)

이휴원(李烋源) LEE Hyu Won

[생]1953·7·10 [출]경북 포항 [주]서울 중구 퇴계로272 아도라타워 현대BS&C(주) 임원실(070-8277-7900) [학]1971년 경북 동지상고졸 [경]1982년 신한은행 입행 1991년 同잠실지점 차장·구로동지점 차장·단대동지점 출장소장 1996년 同단대동지점장 1997년 同안국동지점장 1998년 同자양동지점장 2000년 同여의도중앙기업금융지점장 2003년 同기업고객지원부 영업추진본부장 2004~2009년 同IB그룹 부행장 2009년 굿모닝신한증권(주) 대표이사 사장 2009~2012년 신한금융투자(주) 대표이사 사장 2009~2012년 세계태권도평화봉사재단 총재 2012~2013년 신한금융투자(주) 부회장 2013년 현대BS&C(주) 회장 2014년 同대표이사 회장(현) 2014년 한국테크놀로지 사외이사(현) [상]라오스 공로훈장(2009), 캄보디아 국가최고훈장 Royal Knight of Friendship of the Kingdom of Cambodia(2009), 은탑산업훈장(2009), 한국을 빛낸 창조경영대상(2010)

이 흔(李 琿) LEE Huen

[생]1951·11·20 [주]대전 유성구 대학로291 한국과학기술원 생명화학공학과(042-350-3917) [학]1977년 서울대 화학공학과졸 1979년 미국 서던캘리포니아대 대학원 화학공학과졸 1983년 화학공학박사(미국 노스웨스턴대) [경]1983~1985년 한국과학기술원(KAIST) 화학공학부 선임연구원 1985~1992년 同화학공학과 조교수·부교수 1992년 同생명화학공학과 교수(현) 1994~1997년 한국화학공학회 열역학부문위원회 간사 1996~1997년 한국과학기술원 화학공학과장 1999년 한국화학공학회 국문지 '화학공학' 편집위원 [상]과학기술부 KOREA best 30 basic researchers(2005), 한국과학재단 이달의 과학기술자상(2005), 한국화학공학회 석명우수화공인상(2006), KAIST학술대상(2007), 경암학술상 공학분야(2007), 국제가스하이드레이트학회(ICGH, International Conference on Gas Hydrates) 평생업적상(2014), 과학기술훈장 웅비장(2016)

이흥구(李興九)

[생]1963·3·30 [주]부산 해운대구 재반로112번길20 부산지방법원 동부지원(051-780-1114) [학]1982년 통영고졸 1989년 서울대 법학과졸 [경]1990년 사법시험 합격(32회) 1993년 사법연수원 수료(22기) 1993년 서울지법 남부지원 판사 1995년 서울지법 판사 1997년 부산지법 울산지원 판사 1999년 同동부지원 판사 2001년 부산지법 판사 2002년 부산고법 판사 2005년 부산지법 동부지원 판사 2007년 부산지법 판사 2008년 同부장판사 2012년 울산지법 부장판사 2013년 창원지법 마산지원장 2015년 부산지법 부장판사 2016년 同동부지원장(현)

이흥권(李興權) LEE Heung Kweon

[생]1969·1·30 [출]경기 수원 [주]서울 서초구 서초중앙로157 서울중앙지방법원(02-530-1114) [학]1987년 유신고졸 1993년 서울대 법학과졸 [경]1992년 사법시험 합격(34회) 1995년 사법연수원 수료(24기) 1998년 대전지법 판사 2002년 수원지법 성남지원 판사 2004년 캐나다 British Columbia대 연수 2005년 수원지법 평택지원 판사 2007년 서울고법 판사 2008년 대법원 재판연구관 2010년 춘천지법 강릉지원 부장판사 2011년 수원지법 부장판사 2011~2012년 아주대 법학전문대학원 객원교수 2015년 서울중앙지법 부장판사(현)

이흥락(李興洛) LEE Heung Lak

[생]1964·1·12 [본]청안(淸安) [출]경북 경주 [주]인천 남구 소성로163번길49 인천지방검찰청 제1차장검사실(032-860-4302) [학]1982년 부산동고졸 1987년 서울대 법학과졸 1990년 同대학원 헌법학과졸 2010년 형사법박사(서울대) [경]1991년 사법시험 합격(33회) 1994년 사법연수원 수료(23기) 1994년 인천지검 검사 1996년 부산지검 울산지청 검사 1997년 대구지검 검사 1999년 서울지검 북부지청 검사 1999~2000년 미국 뉴욕대 법과대학 장기연수 2002년 대검찰청 검찰연구관(공안) 2002년 법무부 검찰국 검찰4과 검사 2005년 대구지검 검사(법무부 검찰국 연구검사실 파견) 2006년 同부부장검사(법무부 검찰국 형사법제과 파견) 2007년 同서부지청 부장검사 2008년 수원지검 부장검사(헌법재판소 파견) 2009년 법무부 국제형사과장 2010년 서울동부지검 형사4부장 2011년 서울중앙지검 외사부장 2012년 대구지검 형사2부장 2013년 서울남부지검 형사1부장 2014년 대구지검 제2차장검사 2015년 서울서부지검 차장검사 2016년 인천지검 제1차장검사(현) [상]검찰총장표창(2001) [역]'미국의 사법제도(共)'(2002, 법무부)

이흥만(李興萬) LEE Heung Man

[생]1960·1·23 [출]서울 [주]서울 구로구 구로동로148 고려대구로병원 이비인후과(02-818-3185) [학]1984년 고려대 의대졸 1987년 同대학원 의학석사 1992년 의학박사(고려대) [경]1988~1991년 강화병원 이비인후과장 1991년 고려대 의대 이비인후과학교실 임상강사 1994~2003년 同의대 이비인후과학교실 조교수·부교수 1997년 미국 캘리포니아주립대 샌프란시스코교 연수 2000~2007년 고려대 구로병원 이비인후과장 2003년 同의과대학 이비인후과학교실 교수(현) 2003년 대한이비인후과학회 학술이사 2003년 천식및알레르기학회 간행위원 2005년 고려대 구로병원 의료기기임상시험센터장 2006년 대한비과학회 학술이사·부회장 2007년 세계이비인후과 Collegium 회원(현) 2007년 대한천식및알레르기학회 학술위원(현) 2015년 대한민국의학한림원 정회원(현) 2015년 대한비과학회 회장(현), 고려대 구로병원 의료기기중개임상지원센터장(현) [상]보건복지부장관표창(2014), 산업통상자원부장관표창(2015), 대통령표창(2016) [저]'이비인후과학 두경부외과학 대학이비인후과학회편'(2002) '4천만의 알레르기'(2005) '최신치료지견(共)'(2007)

이흥모(李興模) LEE Heung Mo

[생]1956·5·6 [출]서울 [주]서울 강남구 테헤란로202 금융결제원 원장실(02-531-1001) [학]1975년 서울고졸 1981년 서울대 무역학과졸 1990년 미국 아이오와주립대 대학원 경제학과졸 [경]1981년 한국은행 입행 1995년 同조사1부 과장 2002년 同정책기획국 정책총괄팀장 2003년 同뉴욕사무소장 2005년 同정책기획국 부국장 2007~2008년 同금융시장국장 2009년 同해외조사실장 2011년 同발권국장 2012~2013년 同경제연구원 연구위원 2013년 同경제연구원 자문역 2014~2016년 同경영담당 부총재보 2016년 금융결제원 원장(현) [저]'단숨에 배우는 금융'(2014, 새로운사람들) [종]기독교

이흥범(李興範) LEE Heung Beom

[생]1956·9·6 [출]경남 마산 [주]경남 창원시 성산구 반송로149 경상남도교통문화연수원(055-285-3981) [학]경남 창신고졸 1987년 한국방송통신대 법학과졸 1993년 경남대 경영대학원 경영학과졸 [경]1995~1998년 ELA외국어학원 원장 1998년 민주평통 자문위원 1998~1999년 내서로타리클럽 회장 1998·2002·2006~2010년 경남 마산시의회 의원 1999~2006년 마산시 도시계획위원·건축위원 2004~2005년 국제로터리3720지구 대표 2006~2008년 경남 마산시의회 기획행정위원장 2006년 마산시 공직자윤리위원회 위원 2008년 (사)대한가수협회 회원 2009년 행정구역통합연구회 회장 2010~2014년 경남도의회 의원(한나라당·새누리당) 2012년 同기획전문위원회 부위원장 2015년 경상남도교통문화연수원 원장(현) [저]'쉬지않는 나그네'(2001) '내일을 위한 고뇌의 시간들'(2002) '세월의 길목에 서서'(2005)

이흥복(李興福) LEE Heung Bok

[생]1946·3·3 [출]충남 천안 [주]서울 강남구 테헤란로152 강남파이낸스센터9층 법무법인 서정(02-2112-1114) [학]1965년 충남 천안고졸 1969년 연세대 법대졸 [경]1971년 사법시험 합격(13회) 1973년 사법연수원 수료(3기) 1973년 청주지법 판사 1976년 同충주지원 판사 1977년 서울지법 의정부지원 판사 1979년 서울형사지법 판사 1981년 서울민사지법 판사 1983년 대구고법 판사 1984년 서울고법 판사 1986년 대법원 재판연구관 1987년 대전지법 강경지원장 1990년 인천지법 판사 1991년 서울지법 남부지원 부장판사 1992년 서울형사지법 부장판사 1994년 부산고법 부장판사 1997년 수원지법 수석부장판사 1998~2002년 서울고법 부장판사 1999년 방송위원회 위원 2000년 同법률자문특별위원 2002년 서울고법 수석부장판사 2003년 제주지법원장 2004년 수원지법원장 2004년 서울중앙지법원장 2005년 부산고법원장 2005~2006년 대전고법원장 2006년 특허법원장 겸임 2006년 법무법인 서정 대표변호사(현)

이흥수(李興洙) LEE Heung Su

(생)1960·12·15 (출)서울 (주)인천 동구 금곡로67 동구청 구청장실(032-770-6000) (학)1984년 대구대 사범대학 일반사회교육과졸 1998년 인하대 행정대학원 정책학과 졸 (경)1986년 LHS멀티스쿨 대표 1995·1998~2002년 인천시 동구의회 의원 1997년 同부의장 1998~2002년 同의장 2005~2006년 인천시의회 의원(한나라당) 2010 년 인천시 동구청장선거 출마(한나라당), 새누리당 인천 시당 부위원장 2014년 인천시 동구청장(새누리당) (현) (상)유권자시민행동 대한민국유권자대상(2015), 대한민국충효대상 지역경제활성화발전 공로대상 (2015) (종)기독교

이흥식(李興植) LEE Heung Shick (서집)

(생)1959·7·20 (출)서울 (주)세종특별자치시 세종로2511 고려대학교 과학기술대학 생명정보공학과(044-860-1415) (학)1978년 배문고졸 1985년 고려대 식품공학과졸 1990년 이학박사(미국 캘리포니아대) (경)1986년 미국 캘리포니아대 Research Assistant 1987년 同Teaching Assistant 1990년 同Research Associate 1990~1993 년 同Post-Doc. Researcher 1993년 미국 MIT Post-Doc. Associate 1994년 고려대 생물공학과 조교수 1996년 同생명공학원 부교수, 同과학기술대학 생명정보공학과 교수(현) 2007~2010년 한국미생물생명공학회 미생물유전체학술분과 부위원장 2010년 고려대 세종캠퍼스 기획처장 2011~2012년 한국미생물생명공학회 미생물유전체학술분과 위원장 2011년 同학술지 편집위원(현) 2016년 고려대 과학기술대학장 겸 의용과학대학원장(현)

이흥우(李興雨) Lee Hung Woo

(생)1960·9·1 (본)경주(慶州) (출)경남 양산 (주)부산 연제구 중앙대로999 부산지방경찰청 형사과(051-899-2171) (학)1979년 김해농공고졸 1988년 동아대졸 2004년 부산대 대학원 행정학과졸(석사) 2015년 同대학원 행정학 박사과정 수료 (경)2004~2008년 부산경상대학 경찰경호행정학과 겸임교수 2006년 부산지방경찰청 광역수사대장 2009년 경남지방경찰청 수사과장 2010년 경남 거제경찰서장 2011년 부산 동래경찰서장 2012년 부산지방경찰청 홍보담당관 2013년 부산 영도경찰서장 2014년 부산지방경찰청 정보화장비과장 2015년 부산진경찰서장 2016년 부산지방경찰청 형사과장(현) (상)정부혁신 우수사례 발표대회1위(배움터 지킴이) 최우수 대통령표창(2005) (저)'학생안전지킴이 스쿨폴리스'(2005, 일광인쇄출판사) (종)불교

이흥재(李興在) Heung Jae Lee

(생)1946·12·7 (본)전주(全州) (출)서울 (주)울산 남구 돈질로336번길10 울산보람병원 소아청소년과(052-278-0031) (학)1970년 서울대 의과대학졸 1973년 同대학원졸 1983년 의학박사(서울대) (경)1970~1975년 서울대병원 인턴·레지던트 1978~1985년 한양대 의과대학 소아과 부교수 1979~1980년 영국 National Heart Hospital Cardiothoracic Institute London U.K. 교환교수 1985년 미국 캘리포니아대 샌디에이고교 교환교수 1985~1993년 세종의학연구소 부소장 1985~1994년 부천세종병원 소아과장 1991~2002년 세계심장기구(World Heart Federation) 청소년심장협의회 Council Member(Secretary) 1993~2007년 아태평양소아심장학회(APSPC) Council Member 1994~1999년 삼성서울병원 소아과장 1995~2011년 한국심장재단 이사 1997~1999년 삼성서울병원 교육연구부장 1997~2012년 성균관대 의과대학 소아과 교수 1997~1999년 同연구담당 부학장 1999~2007년 삼성서울병원 심장소아과장 1999~2001년 한국소아심장연구회 회장 1999년 제3차 International 6day Symposium on Congenital Heart Disease(WHF주관) 조직위원장 2003~2005년 삼성서울병원 심장혈관센터장 2003~2010년 대한순환기학회 성인선천성심장병연구회장 2003년 삼성베트남심장병어린이지원 5개년사업('Heart-to-Heart' Project) 추진위원장 2004년 대한선천성기형포럼 고문(현) 2006년 Congenital Heart Disease Editorial Board 2008~2009년 대한소아과학회 회장 2008~2010년 아태평양성인선천성심장병학회 초대공동회장 2009년 세계소아심장학회(World Congress of Pediatric Cardiology and Cardiac Surgery(WCPCCS) 집행위원 2010년 同집행위원장(현) 2012년 울산보람병원 소아청소년과 원장(현) 2012년 성균관대 의과대학 명예교수(현) (상)베트남 정부서훈(2009) (저)'Congenital Heart Disease-Clinicopathologic Correlation(共)'(1992, 여문각) '소아 심초음파 해설, 제3판'(2004, 고려의학)

이흥재(李興載) LEE Heung Jae

(생)1958·1·28 (본)순천(順天) (출)서울 (주)서울 노원구 광운로20 광운대학교 전자정보공과대학 전기공학과(02-940-5147) (학)1983년 서울대 전기공학과졸 1986년 同대학원 전기공학과졸 1990년 공학박사(서울대) (경)1983~1984년 (주)금성사 연구원 1990~2001년 광운대 전임강사·조교수·부교수 1995년 미국 워싱턴대 방문교수 2001년 광운대 전자정보공과대학 전기공학과 교수(현) 2007년 同전기공학과장 2011년 대한전기학회 전력계통연구회장 2012~2013년 同전력기술부문 부회장 2014년 同전력기술부문 회장 2016년 同부회장(현) (종)기독교

이흥철(李興喆) Lee Hung Chul

(생)1957·9·28 (주)경기 안양시 동안구 평촌대로212번길55 가축위생방역지원본부(031-436-8770) (학)1976년 충주고졸 1985년 충북대졸 1992년 同대학원 축산학과졸 (경)1985년 충북 제원군(現 제천군) 축산과 근무(주사보) 1987년 충청북도 종축장 개량팀 근무(주사보) 1992~2000년 농림수산부 초지사료과·축산정책과 근무(주사) 2000년 농림부 농산물품질관리원 사무관 2010년 농림수산식품부 축산경영과 근무(서기관) 2012년 同농림수산검역검사본부 근무(서기관) 2013년 농림축산식품부 농림축산검역본부 근무(서기관) 2015년 同농림축산검역본부 연구기획과장 2015년 가축위생방역지원본부 전무(현)

이희구(李希九) LEE Hee Koo

(생)1950·7·16 (본)전주(全州) (출)경남 거창 (주)서울 서대문구 성산로321 (주)지오영(02-3141-6440) (학)1969년 거창 대성고졸 1974년 명지대 사범대학졸 2003년 명예 경영학박사(경남대) 2011년 연세대 보건대학원 국제보건학과졸 2011년 미국 Univ. of Phoenix 경영학과졸 2014년 연세대 대학원 의료법윤리학박사과정 재학中 (경)1974~1978년 서울약품공업(주) 서울영업소장 1982년 (주)대웅제약 영업본부장 1983년 (주)동부약품 회장 1986년 IFPW(세계의약품도매연맹)총회 한국대표 참가 1991~1995년 인천시의회 의원 1991년 同문교사회위원장 1992년 인천시초·중·고육성회연합회 회장 1993~2003년 한국의약품도매협회 회장 1993년 인천시공직자윤리위원회 부위원장 1994년 새마을운동중앙협의회 인천시지부 회장 1994년 인천민영방송설립추진위원회 공동대표 1994년 (사)한국마약퇴치운동본부 자문위원 2000~2003년 한국의약품물류협동조합 이사장 2002~2003년 대통령자문 약사제도개선및보건산업특별위원회 위원 2002년 (주)지오영 회장(현) 2003년 연세대 보건대학원총동창회 회장 2005년 (재)아림장학재단 이사장(현) 2007년 (주)익수제약 회장(현) 2008년 인하대병원건강CEO과정총동창회 회장 2011~2015년 약우회 회장 2012년 전국거창향우연합회 회장(현) 2013년 (사)나눔운동본부 공동대표(현) 2013년 한국·인도협회(KOINA) 회장(현) 2014년 한일불교문화교류협의회 신도회장(현) 2014년 불교포럼 공동대표(현) 2014년 (사)한국소기업·소상공인연합회중앙회 상임고문(현) (상)보건사회부장관표창(1990), 국무총리표창(1992), 교육부장관 감사장(1993), 내무부장관표창(1998), 국민훈장 목련장(1998), 자랑스런 연세행정최고위인상(2001), 대한적십자사 포장증 유공장 은장(2003), 대통령표창(2004) (저)'성공을 쫓지말고 리드하라'(2011, 헬스조선) (종)불교

이희국(李熙國) LEE Hee Gook

(생)1952·3·19 (출)경남 밀양 (주)서울 영등포구 여의대로128 LG트윈타워 LG 기술협의회(02-3773-2410) (학)1970년 경기고졸 1974년 서울대 공대 전자공학과졸 1976년 미국 스탠퍼드대 대학원 전기공학과졸 1980년 공학박사(미국 스탠퍼드대) (경)1980년 미국 HP 연구원 1983년 금성반도체(주) 본부장 1988년 (주)금성사 이사 1989년 금성반도체(주) 이사 1989년 금성일렉트론(주) 이사 1993년 同연구위원 1994년 同상무 1995년 LG반도체(주) 연구위원(상무) 1997~1999년 同연구개발본부장(전무) 1999년 현대반도체(주) 전무 1999년 LG전자(주) 종합기술원 이노베이션센터담당 부사장 2000년 同연구소 총괄부사장 2001년 LG전자기술원 원장(부사장) 2002년 나노융합산업연구조합 이사장(현) 2003년 LG전자기술원 사장 2004~2006년 한국공학한림원 감사 2005년 LG전자(주) 사장(CTO) 2007년 LG필립스LCD(주) 비상근이사 2008~2011년 (주)LG실트론 대표이사 2008~2009년 LG디스플레이(주) 비상근이사 2008~2010년 대통령직속 국가과학기술위원회 위원 2011년 LG 기술협의회 의장(사장)(현) (상)철탑산업훈장(1985), 은탑산업훈장(2002), 서울대·한국공학한림원 '한국을 일으킨 엔지니어 60인'선정(2006), 과학기술부 및 과학문화재단 선정 산업분야 '닮고 싶고 되고 싶은 과학기술인 10인'(2007), 과학기술훈장 창조장(2016)

이희권(李熙權) Lee Hee Kown

[생]1956·7·5 [출]전남 담양 [주]서울 영등포구 여의대로70 신한금융투자타워25층 KB자산운용(주) 비서실(02-2167-8200) [학]1975년 광주상고졸 [경]2002년 KB국민은행 구리기업금융지점장 2004년 同영등포기업금융지점장 2008년 同명동법인영업부장 2008~2011년 同투자금융본부장 2012년 KB자산운용(주) 부사장 2013년 同대표이사 사장(현) [상]산업자원부장관표창(1999·2005), 헤럴드펀드대상(2013)

이희백(李羲白)

[생]1959 [출]경북 의성 [주]대구 남구 대명로55 남대구세무서(053-659-0201) [학]대구상고졸 [경]1979년 공무원 임용(9급 공채) 1979년 포항세무서 근무 2006년 대구지방국세청 조사2국 조사1과 근무 2007년 경주세무서 총무과장(사무관) 2009년 대구지방국세청 징세법무국 전산관리과장 2011년 同세원분석국 신고분석2과장 2012년 同세원분석국 신고분석2과장(서기관) 2013년 同납세자보호담당관 2014년 영덕세무서장 2015년 남대구세무서장(현) [상]국무총리표창(2011)

이희범(李熙範) Lee Hee-Beom

[생]1949·3·23 [출]경북 안동 [주]강원 평창군 대관령면 올림픽로108의27 2018평창동계올림픽조직위원회(033-350-3906) [학]서울대사대부고졸 1971년 서울대 공과대학 전자공학과졸 1973년 同행정대학원 행정학과 수료 1987년 미국 조지워싱턴대 경영대학원 MBA(수석졸업) 2003년 경영학박사(경희대) 2007년 명예 행정학박사(호서대) [경]1972년 행정고시 수석합격(제12회) 1973~1981년 상공부 상무과·수입과·전자공업과·수출진흥과 사무관 1981~1983년 대통령 사정비서관실 행정관 1983~1988년 상공부 정보기기과장·수출1과장 1988~1991년 駐미국대사관 상무관보 1991~1992년 상공자원부 총무과장 1993~1994년 통상산업부 전자정보공업국장 1994~1997년 駐유럽연합대표부 상무관 1997년 산업자원부 산업정책국장 1998년 同무역위원회 상임위원 1999년 同차관보 2000년 同자원정책실장 2001~2002년 同차관 2002~2003년 한국생산성본부 회장 2003년 서울산업대 총장 2003~2006년 산업자원부 장관 2006~2009년 한국무역협회 회장 2006년 한국공학한림원 이사(현) 2006~2010년 同부회장 2007~2009년 산학협동재단 이사장 2007~2011년 해비치사회공헌재단 이사장 2008~2013년 국가경쟁력강화위원회 위원 2008~2009년 한·아랍소사이어티(Korea·Arab Society) 이사장 2008~2011년 남아프리카공화국 국영전력회사(ESKOM) 사외이사 2009~2013년 STX에너지·STX중공업 총괄 회장 2010~2014년 한국경영자총협회 회장 2010년 싱가포르 국제에너지정책자문위원회(IAP) 위원(현) 2012년 사우디아라비아 킹압둘아지즈대 국제자문위원(현) 2013년 사회보장위원회 위원 2014년 LG상사 대표이사 부회장(CEO) 2014년 同고문 2016년 2018평창동계올림픽대회조직위원회 위원장(현) [상]대통령표창(1985), 황조근정훈장(2003), 청조근정훈장(2006), 駐韓미국상공회의소(AMCHAM) 공로상(2006), 한·중수교15주년 공로상(2007), 제5회 글로벌CEO상 국제협력부문대상(2007), 국민훈장 무궁화장(2013) [저]'유럽통합론'(1997 초판·2007 전면개정, 법문사) [종]기독교

이희상(李喜祥) LEE Hi Sang

[생]1945·10·2 [출]충남 논산 [주]서울 영등포구 63로50 63빌딩53층 한국제분(주) 임원실(080-370-3377) [학]1963년 경기고졸 1967년 연세대 정치외교학과졸 1987년 서울대 경영대학원 최고경영자과정 수료 [경]1970년 원미섬유(주) 뉴욕지사장 1987년 한국제분(주) 대표이사 사장 1990년 대산물산 대표이사 사장 1993년 운산학원 이사장(현) 1999년 한국제분(주) 대표이사 회장 2000년 동아제분(주) 대표이사 회장 2001년 프랑스 메독지역 명예기사에 선정 2002년 한국제분협회 회장(현) 2002년 프랑스 생테밀리옹지역 기사에 선정 2006~2009년 운산그룹 회장 2009~2013년 대한상공회의소 중견기업위원회 위원장 2009~2016년 동아원그룹 회장 2016년 한국제분(주) 공동대표이사 사장(현) [상]국민훈장 모란장(2008), 칠레 최고훈장 '베르나르도 오이긴스 커멘더'(2010), 중앙SUNDAY 선정 '2013 한국을 빛낸 창조경영대상'(2013) [종]불교

이희상(李熙相) LEE Hee Sang

[생]1971·1·5 [출]전남 장흥 [주]경기 성남시 분당구 대왕판교로644번길 12 (주)엔씨소프트(02-2186-3300) [학]1993년 서울대 전자공학과졸 [경]1993~1996년 한글과컴퓨터 근무 1996~1997년 나모인터랙티브 근무 1998년 팀다크랜드 근무 2011년 (주)엔씨소프트 이사 2013년 同게임사업총괄 부사장(현) [종]기독교

이희석(李熙碩) LEE Hee Seok

[생]1953·3·8 [출]경북 예천 [주]서울 중구 후암로110 서울시티타워빌딩20층 한국의료분쟁조정중재원(02-6210-0314) [학]1972년 용산고졸 1976년 서울대 법학과졸 1978년 동국대 대학원졸 1986년 미국 아메리칸대 대학원 항공우주법학과졸 [경]1978년 軍법무관 임용시험 합격 1979년 방공관제단 검찰관 1980년 공군본부 법제담당관 1981년 공군 고등군법회의 법무사 1982년 공군본부 송무·배상담당관 1982년 비행단 법무참모 1984년 공군본부 수사지도검찰관 1985년 공군본부 검찰부장 직대 1988년 공군본부 법무감실 심판부장 1989년 공군 법무감실 검찰부장(중령) 1993년 공군본부 법무감(대령) 1995~1996년 국방부 고등군사법원장 1996년 변호사 개업, 법무법인 한중종합법률사무소 변호사 2012년 한국의료분쟁조정중재원 상임조정위원(현)

이희석(李喜石)

[생]1960·3·21 [출]경남 [주]경남 창원시 마산회원구 합성남17길56 마산동부경찰서(055-233-7326) [학]경상대 법학과졸 [경]1989년 경찰 임용(경찰간부후보 37기) 2006년 경남지방경찰청 정보3계장 2011년 同보안과장 2011년 경남 진해경찰서장 2013년 경남지방경찰청 정보과장 2014년 경남 거제경찰서장 2015년 경남지방경찰청 홍보과장 2016년 同경보과장 2016년 경남 마산동부경찰서장(현)

이희선(李希善)

[생]1958·9 [출]충북 충주 [주]경북 울진군 북면 울진북로 2040 한국수력원자력 한울원자력본부(054-785-2114) [학]1978년 충주공업전문대학 전기과졸 1998년 한국방송통신대 컴퓨터과학과졸 [경]1977년 한국전력공사 입사 1981~1989년 同한울본부 공사관리팀 근무·차장 1989년 同원자력건설처 기술관리실 기기1팀 차장 1995년 同한빛본부 공사관리팀 차장 2001년 한국수력원자력(주) 한울원자력본부 제2발전소 발전팀장 2003년 同고리원자력본부 신고리3·4사업1팀장 2008년 同고리원자력본부 신고리1·2 공사관리팀장 2011년 同고리원자력본부 신고리1·2 기전실장 2012년 한국전력공사 건설처 신고리5·6사업팀장 2013년 同UAE원자력본부장 2015년 한국수력원자력(주) 한울원자력본부장(현) [상]장관표창(2003), 대통령표창(2012)

이희선(李希善·女) Lee, Hee-Sun

[생]1959·8·12 [출]경북 [주]경기 성남시 수정구 성남대로 1342 가천대학교 유아교육학과(031-750-5955) [학]이화여대졸, 미국 뉴욕주립대 대학원 아동교육과졸, 아동교육박사(미국 뉴욕주립대) [경]경원대 생활과학대학 아동복지학과 교수 2009~2012년 同국제어학원장 2012년 가천대 사회과학대학 유아교육학과 교수(현) 2012~2014년 同국제어학원장 2016년 同행정대학원장(현)

이희성(李熙成) LEE Hee Sung (東陽)

[생]1953·12·23 [본]가평(加平) [출]충남 논산 [주]서울 강남구 영동대로517 아셈타워 법무법인 화우(02-6003-7000) [학]1971년 대전고졸 1979년 성균관대 약학과졸 1989년 연세대 보건대학원 보건행정학과졸 2004년 약학박사(성균관대) [경]1980~1991년 보건사회부 약정국·감사관실 근무 1991~1996년 보건사회부·보건복지부 약정국 근무 1996~1999년 마산결핵병원·국립정신병원 약제과장 1997~2002년 식품의약품안전청 마약관리과장·의약품관리과장·의약품안전과장 2002년 同감사담당관 2004년 同의약품안전국장 2005년 同의약품본부장 겸 의료기기본부장 2006년 중앙공무원교육원 파견 2007년 식품의약품안전청 의료기기본부장 2008년 同의료기기안전국장 2009년 서울지방식품의약품안전청장 2010~2011년 식품의약품안전청 차장 2011년 임상미래창조2020기획단 공동단장 2011~2013년 식품의약품안전청장 2013년 성균관대 약학대학 겸임교수(현) 2015년 법무법인 화우 고문(현) [상]국무총리표창(1988·1998), 홍조근정훈장(2005), 연세대 보건대학원 총동문회 '자랑스런 연세 보건인상'(2012) [종]불교

이희성(李熙星) Lee Heesung

[생]1982·8·12 [주]서울 성동구 마장로210 한국기원 홍보팀(02-3407-3870) [경]1995년 입단 1997년 2단 승단 1999년 3단 승단 2001년 4단 승단 2003년 5단 승단 2004년 오스람코리아배 신예연승 최강전 우승 2005년 6단 승단 2009년 8단 승단 2011년 9단 승단(현)

이희수(李熙秀) LEE Hee Soo

[생]1953·7·17 [본]여주(驪州) [출]경남 밀양 [주]경기 안산시 상록구 한양대학로55 한양대학교 문화인류학과(031-400-5375) [학]1973년 경남고졸 1979년 한국외국어대 터키어학과졸 1983년 同대학원졸 1988년 역사학박사(터키 국립이스탄불대) [경]1986~1989년 이슬람회의기구(OIC) 이슬람문화연구소 연구원 1988~1989년 터키 국립이스탄불마르마라대 역사학과 조교수 1995년 한양대 문화인류학과 교수(현) 1996년 同민족학연구소장 1997년 한국민족학회 회장 1997년 이슬람문화연구소 소장 1998년 한양대 인문학부장 2000~2002년 한국이슬람학회 회장 2000년 한·터키친선협회 사무총장(현) 2003년 미국 워싱턴대 교환교수, 한양대 문화재연구소장 2008년 한국중동학회 회장 2009~2010년 한양대 학술정보관장 2012~2016년 同박물관장, 중앙아시아국제학술연구소(IICAS) 한국대표(현) 2014년 외교부 정책자문위원(현) 2014년 경찰청 외사자문위원(현) [상]한양대 최우수교수(2002), 한양대 Best Teacher(2008), 사법60주년기념 대법원장표창(2008), 중앙공무원교육원 베스트 강사(2015) [저]'이희수 교수의 이슬람' '세계문화기행' '이슬람과 한국문화' '터키사' '중1 사회' '끝나지 않은 전쟁' '지중해 문화기행' '이슬람 문화' '이슬람학교'(2015) [역]'이슬람 : 그 역사적 고찰(Islam : An Historical Survey)' '중동의 역사(The Middle-East)' '희망과 도전(Hope and Challange)' '20세기의 역사(The Oxford History of The Twentieth Century)' '문명의 대화(Dialogue among Civilization)' '금의 역사(Gold : A treasure through Time)'

이희수(李喜秀) Lee, hi-su

[생]1955·4·6 [출]전북 전주 [주]서울 영등포구 여의공원로111 태영빌딩 EY한영(02-3787-6749) [학]1974년 전주고졸 1979년 연세대 경제학과졸 1985년 서울대 행정대학원 행정학과졸 1991년 경제학 석·박사(미국 워싱턴주립대) [경]1979년 행정고시 합격(22회) 1984년 재무부 법무담당관실 행정사무관 1991년 재정경제원 세제실·감사관실 서기관 1995~1997년 IMF Economist(Fiscal Affairs Department) 1998년 비상경제대책위원회 수석전문위원 1999년 재정경제부 경제분석과장 2000년 同경제정책국 종합정책과장 2001년 대통령비서실 수석행정관 2002년 경제부총리 특별보좌관 2003년 駐뉴욕총영사관 재경관 2005년 재정경제부 관세국장 2006년 同조세정책국장 2007년 국세심판원장 2008년 기획재정부 세제실장(무역위원회 비상임위원 겸임) 2009~2010년 국제통화기금(IMF) 상임이사 2011년 한국기업데이터 대표 2014년 EY한영(글로벌회계컨설팅법인) 부회장(현) [상]근정포장(1992), 홍조근정훈장(2006), Forbes Korea 혁신부문 경영대상(2012)

이희수(李熙洙) LEE Hee Su

[생]1960·12·25 [주]서울 동작구 흑석로84 중앙대학교 교육학과(02-820-5401) [학]1983년 중앙대 교육학과졸 1988년 同대학원졸 1996년 교육사회학박사(중앙대) [경]1987~2003년 한국교육개발원 평생교육센터 운영실장 1998~1999년 중앙대 강사 1999년 한국자유총연맹 교육교재편찬위원 2000~2001년 교육부 사내대학설치심사위원 2001~2003년 홍익대 겸임교수 2003년 중앙대 교육학과 교수(현) 2007·2009~2010년 同글로벌인적자원개발대학원장 2010년 시흥평생학습정책자문위원회 위원 2013년 중앙대 글로벌인적자원개발대학원장(현) 2014년 同교양학부대학장 2014년 국가평생교육진흥원 비상임이사(현) [저]'근대 한국 성인교육 사상'(2000) '지역사회교육론'(2004) '한국의 문해교육'(2005)

이희숙(李熙淑·女) LEE Hee Sook

[생]1955·7·14 [주]충북 청주시 서원구 충대로1 충북대학교 생활과학대학 소비자학과(043-261-3148) [학]1979년 충북대 가정교육학과졸 1988년 서울대 대학원졸 1994년 가정학박사(미국 오리건대) [경]중학교 교사, 충북대 생활과학대학 주거환경·소비자학과 교수, 同소비자학과 교수(현) 2006~2008년 同생활과학대학장 2016년 同소비자생활협동조합 이사장(현) 2016년 同학생처장(현) 2016년 同인권센터장 겸 양성평등상담소장(현) [상]근정포장(2008)

이희순(李喜順·女) Lee Hee-Soon

[생]1921·2·17 [주]서울 성북구 삼선교로16길116 학교법인 한성학원(02-760-4201) [학]1942년 이화여자전문대학 가정과 입학 [경]1946~1948년 서울화양초 교사 1953~1971년 (재)한성학원 이사 1971~1977년 학교법인 한성학원 이사장 1974~1976년 한국여류탁구협회 부회장 1977~1979년 한성대 학장 1981~1991년 학교법인 한성학원 이사 1986~1988년 한국여전도회 성북구지회장 2006~2009년 학교법인 한성학원 이사 2010~2015년 同이사장 2015년 同이사(현)

이희열(李熹烈) Hie Yol Yi

[생]1959·8·15 [출]전남 곡성 [주]서울 종로구 율곡로2길25 연합뉴스 사진부(02-398-3114) [학]고려대 신문방송학과졸 [경]1988년 연합뉴스 입사 2000년 同월간부 차장대우 2001년 同사진부 차장대우 2001년 同사진부 차장 2005년 同사진부 부장대우 2006~2008년 同영상취재부장 2008년 한국멀티미디어기자협회 회장 2008년 연합뉴스 국제뉴스2부 부장급 2009년 同알마티특파원 2011년 同알마티특파원(부국장대우) 2013년 同사진부 부국장대우 2014년 同사진부 부국장(현)

이희영(李熙永) LEE Hyi Young

[생]1963·10·7 [출]전남 구례 [주]세종특별자치시 다솜2로94 해양수산부 허베이스피리트피해지원단(044-200-5330) [학]1983년 광주 금호고졸 1990년 고려대 사학과졸 2005년 영국 엑스터대 대학원 행정학과졸 [경]2002년 해양수산부 항만국 항만정책과 서기관 2003년 同기획관리실 법무담당관실 서기관 2006년 국민경제자문회의 정책조사관 2007년 해양수산부 국제협력관실 통상협력팀장 2008년 국토해양부 2012여수세계박람회조직위원회 IT사업팀장(서기관) 2009년 同선원노정과장 2010년 同물류항만실 선원정책과장 2011년 허베이스피리트피해보상지원단 파견(과장급) 2012년 필리핀 Maritime Industry Authority 해운산업청 파견(서기관) 2013년 해양수산부 항만투자협력과장(서기관) 2015년 同항만투자협력과장(부이사관) 2015년 同허베이스피리트피해지원단 부단장(현)

이희용(李熙鎔) Lee Hee Yong

[생]1960·8·21 [본]여주(驪州) [출]경남 밀양 [주]서울 종로구 율곡로2길25 연합뉴스 한민족센터 한민족뉴스부(02-398-3186) [학]1979년 서울 성동고졸 1984년 성균관대 신문방송학과졸 [경]1986년 월간 '직장인'기자 1987년 월간 '소설문학'기자 1988년 KBS 홍보실 출판부 근무 1990년 세계일보 출판국 '세계와 나' 기자 1993~1994년 同편집국 생활부 기자 1995년 연합뉴스 편집국 문화부 기자 2001년 同여론매체부 차장대우 2003년 同여론매체부 차장 2004년 同대중문화팀장 2006년 同엔터테인먼트부장 2008~2009년 同편집국장석 부장대우 2008년 한국기자협회 상근부회장 2009년 연합뉴스 경영기획실 미디어전략팀장 2011년 同미디어과학부장 2011년 同기사심의실 심의위원 2012~2015년 同한민족센터 재외동포부장(부국장대우) 2013~2016년 同한민족센터 부본부장 2015~2016년 同한민족센터 한민족뉴스부장 겸임 2016년 同한민족뉴스부 선임기자(현) [상]홍성현언론상 매체비평부문(2006)

이희원(李熙源) LEE Hee Won

[생]1956·6·27 [출]서울 [주]서울 노원구 공릉로232 서울과학기술대학교 기계시스템디자인공학과(02-970-6328) [학]1979년 서울대 기계설계학과졸 1981년 한국과학기술원(KAIST) 대학원 기계공학과졸 1988년 기계공학박사(한국과학기술원) [경]1984~2010년 서울산업대 기계설계·자동화공학부 교수 1987년 한국음향학회 정회원 1987~1997년 미국음향학회 Associate Member 1988년 대한기계학회 정회원 1993년 한국소음진동공학회 정회원 1997~1998년 미국 Univ. of Florida Visiting Scholar 2010년 서울과학기술대 기계설계·자동화공학부 교수 2012년 同기계시스템디자인공학과 교수(현) 2016년 同도서관장(현) [저]'캐드캠 입문'

이희원(李熙元) Lee Hee won

[생]1957·12·14 [본]전주(全州) [출]전북 부안 [주]경기 광주시 행정타운로50 광주시청 부시장실(031-760-2010) [학]2001년 평택대 행정학과졸 [경]2004년 경기도 감사담당관실 조사담당 2005년 同예산담당관실 예산총괄·복지여성·경제문화·문화관광담당 2012년 경기도의회 사무처 의회운영전문위원 2014년 경기도 기획조정실 예산담당관 2015년 경기도인재개발원 원장 2016년 경기 광주시 부시장(현) [상]내무부장관표창(1997), 경기일보 선정 경기공직대상(2000), 대통령표창(2008)

이희원(李熙元) Lee Hee Weon

[생]1960·10·18 [본]상주(尙州) [출]충남 부여 [주]인천 서구 심곡로 100번길 10 한국은행 인재개발원(032-560-0284) [학]1979년 성남고졸 1987년 고려대 법학과졸 1998년 同대학원 법학과졸 2002년 同대학원 법학 박사과정 수료 2006년 미국 인디애나대 Law School졸(LLM) [경]1988년 한국은행 입행·조사역(5급) 1995년 同과장(4급) 2003년 同차장(3급) 2009년 同국제국 외환심사팀장 2011년 同법규실장(2급) 2011년 한국금융법학회 이사 2013년 同부회장 2014년 한국은행 법규실장(1급) 2015년 同인재개발원 교수(1급)(현) [상]기획재정부장관표창(2011) [저]'주석 자본시장법(共)'(2013) [종]기독교

이희원(李喜源)

[생]1965·1·8 [주]부산 동구 중앙대로314 한국감정원 동남권본부(051-469-9474) [학]상주공고졸, 동국대 무역학과졸, 건국대 대학원 부동산학과졸 [경]2009년 한국감정원 수원지점 팀장 2011년 同공적평가처 공적평가부장 2012년 同의정부지점장 2014년 同부동산공시처장 2015년 同부동산공시처장(1급) 2016년 同동남권본부장(현)

이희일(李熺逸) LEE Hee Il (소암)

[생]1931·3·7 [본]전주(全州) [출]함남 신흥 [학]1951년 경기고졸 1959년 고려대 경제학과졸 1960년 同대학원졸 1964년 네덜란드 국립사회개발연구원 수료 1985년 미국 하버드대 경영대학원 AMP과정 수료 [경]1959년 부흥부 근무 1961~1968년 경제기획원 행정예산·종합기획·경제조사·투자계획과장 1968년 同경제기획국장 1972년 同기획관리실장 1973년 駐프랑스 경제담당공사 1976년 외무부 경제차관보 1976년 대통령 경제제1수석비서관 1978~1979년 농수산부 장관 1980~1987년 한국제분공업협회 회장 1982~1988년 국제연합식량농업기구(FAO) 한국협회 회장 1987년 신민주공화당(공화당) 총재 비서실장 1988년 同종합기획실장 1988~1990년 제13대 국회의원(전국구, 공화당·민자당) 1990~1991년 동력자원부 장관 1992~1993년 대한주택공사 이사장 1993~1995년 한국에너지경제연구원 고문 1995~1997년 (주)한보 경제연구원 대표이사 회장 [상]청조·홍조근정훈장, 프랑스 공로훈장(1976)

이희재(李熺宰) LEE Hee Jai

[생]1952·11·16 [출]전남 완도 [주]경기 부천시 길주로 1 한국만화영상진흥원 이사장실(032-661-3745) [경]1970년 만화계 입문 1976년 애니메이션회사에 근무 1979년 (주)바른손 개발부 디자인실에 근무 1980년 한국학력개발원 편집미술에 근무 1981년 '명인'·'억새'등으로 만화 발표 1983년 보물섬에 '악동이'연재 1986년 만화광장에 '현상금을 따먹는 사나이'단편연재 1988년 보물섬에 '나의 오렌지나무'연재 1992년 이윤복 원작 '저 하늘에도 슬픔이' 만화화해 일본에서 출간 1993년 문화일보에 '세상수첩' 연재 1996년 경민전문대 만화예술과 강사 1998년 서울산업대 강사 2003년 세종대 강사, 한겨레신문 문화센터 전문만화학교 강의, 우리만화연대 주관 애니센터만화학교 출강, 한국만화가협회 회원, 우리만화연대 대표 2012년 한국만화영상진흥원 이사장(현) [상]한국간행물윤리위원회 선정 우수만화상(1988), YWCA 어린이우수만화상(1989), 한국만화대상(2000) [작]'명인'(1981) '억새'(1981) '간판스타'(1986) '성질수난'(1986) '새벽길'(1986) '나의 라임 오렌지나무'(1988) '악동이'(1988) '스스로 읽는 깔깔 옛이야기'(2000) '나도 큰 인물이 될래요'(2000) '해님이네 집'(2000) '만화한국사'(2002) '삼국지' '낮은 풍경'(2013, 애니북스)

이희재(李熙在) LEE Hee Jae

[생]1956·3·1 [출]경남 [주]인천 계양구 아나지로158 (주)우성아이비 대표이사실(032-550-1023) [학]1982년 고려대졸 [경]1982~1986년 국제상사 해외주재원, 1986~1991년 아시아콘트롤스(주) 기획관리이사 1992년 (주)우성아이비 대표이사(현), 인천상공회의소 상임의원(현), 한국무역협회 이사(현), 한국해양소년단연맹 이사(현) 2011~2014년 인천시장 경제사회특보 [상]대통령표창, 베트남정부 우호 휘장, 무역의 날 2천만불 수출탑(2013) [저]'베트남 기행'

이희정(李熙政) Lee Hee Jung

[생]1963·5·8 [본]성산(星山) [출]경남 마산 [주]전남 여수시 화양면 세포당머리길22 남해수산연구소 양식산업과(061-690-8972) [학]1982년 마산고졸 1989년 부산수산대 식품공학과졸 1992년 同대학원 식품공학과졸 1997년 부산대 대학원 미생물학 박사과정 수료 2009년 식품공학박사(부경대) [경]1989~2005년 국립수산과학원 해양수산연구사 2005~2014년 同해양수산연구관 2014년 同동해수산연구소 해양산업과장 2014~2015년 식품의약품안전처 미생물과장 2015년 국립수산과학원 전략연구단장 2015년 同서해수산연구소 자원환경과장 2016년 同남해수산연구소 양식산업과장(현) [상]국무총리표창(1999), 농림수산식품부장관표창(2009) [저]'수산식품위생학(共)'(2000, 정명당) '농식품유해물질 편람(共)'(2009, 농림수산식품부) '2008 농식품안전백서(共)'(2009, 농림수산식품부) '수산식품안전의 이해(共)'(2010, 부경대 출판부) '수산물질 중의 위해물질 시험법(共)'(2010, 국립수산과학원 남서해수산연구소)

이희종(李熙宗) LEE Hee Jong

[생]1947·11·26 [본]우계(羽溪) [출]강원 삼척 [주]강원 춘천시 중앙로23 강원일보 사장실(033-258-1121) [학]강원 춘천고졸 1973년 중앙대 사회복지학과졸 2000년 경희대 언론정보대학원 최고정치전략과정 수료 [경]1974년 강원일보 사회부 기자 1982년 同정경부 차장 1984년 同정경부장 1986년 同도정부장 1987년 同정치부장 1988년 同출판국 부국장 겸 사회부장 1991년 同편집국 취재담당 부국장 1994년 同편집국장 1998년 同업무이사 겸 편집국장 1999년 同편집·업무담당 이사 2001년 同상무이사 2004년 同전무이사 2007년 同대표이사 사장(현) 2010년 사회복지법인 함께사는 강원세상 이사장(현) 2011년 한국신문협회 이사 2012년 同운영위원 2012년 사회복지법인 동곡사회복지재단 이사장(현) 2013년 한국신문협회 부회장 2014년 同이사(현) 2016년 강원일보 대표이사 사장(현) [상]환경부장관 감사표창(1996), 캄보디아 국가재건공로훈장(2012) [저]'신문기자의 실전' [종]천주교

이희주(李熹周) LEE Hee Ju

[생]1957·12·11 [출]충남 [주]서울 중구 청파로463 한국경제신문15층 한국경제매거진(주) 사장실(02-360-4800) [학]1976년 공주사대부고졸 1984년 한국외국어대 영어교육학과졸 [경]1984년 한국경제신문 입사 1995년 同산업1부 차장 1998년 同증권부장 직대 2000년 同증권2부장 2001년 同산업부장 2002년 同사장실장 2003년 同편집국 부국장 2005년 同편집국장 2007년 同편집국장(이사대우) 2008년 同기획조정실장(이사) 2010년 한국신문협회 기조협의회 감사 2011년 한국경제신문(주) 판매사업담당 이사 겸 인사위원장 2013년 한국경제매거진(주) 대표이사 사장(현)

이희주(李熙柱) Lee Hee Ju

[생]1963 [본]전주(全州) [출]충남 보령 [주]서울 영등포구 의사당대로88 한국투자증권 커뮤니케이션본부(02-3276-4151) [학]한양대 국어국문학과졸 [경]「문학과비평」에 '새얼굴'로 시인 등단, 한국시인협회 기획위원, WPGA 골프 티칭프로, 한국투자증권 홍보부장, 同홍보실장, 同커뮤니케이션본부장(상무)(현) [저]시집 '저녁바다로 멀어지다'(1996, 고려원)

이희준(李熙俊) LEE HEE JOON

[생]1953·8·3 [본]경주(慶州) [출]경북 [주]경기 안산시 단원구 산단로63 대덕GDS(주) 사장실(031-8040-8008) [학]1972년 대구고졸 1977년 한국외국어대 포르투갈(브라질)어과졸 2009년 한국과학기술원 IT최고경영자과정 수료 [경]1979~1982년 삼성생명 보험금과 근무 1982~1986년 삼성그룹 비서실 연수팀 과장, 同서울연수소장 1986~1988년 삼성전자 해외판촉팀 과장 1988년 同VCR구주수출과장 1990년 同미국 마이애미지점장 1993~1994년 미국 마이애미지상사협의회 회장 1995년 삼성그룹 해외지역연구소 부장 1995~1997년 삼성전자 국제본부 구주전략팀장·영국 윈야드 복합생산단지 경영개선T/F팀장 1997~2001년 同메카트로닉스 영업그룹장 및 사업팀장 2001~2002년 한국전자산업진흥회 이사·상무이사 2003년 대덕전자(주) 전무이사 2008~2011년 同부사장 2011년 대덕필리핀(주) 대표이사 사장(CEO) 2014년 대덕GDS(주) 대표이사 사장(CEO)(현) [상]삼성전자 대표이사표창(1992), KAIST IT최고경영자과정 장려상(2009) [저]'중남미의 수도 마이애미'(1995)

이희진(李熙進) Lee hee jin

[생]1964·3·10 [본]영천(永川) [출]경북 영덕 [주]경북 영덕군 영덕읍 군청길116 영덕군청 군수실(054-730-6002) [학]1982년 영덕종합고졸 1991년 계명대 일본학과졸 2009년 중앙대 행정대학원 행정학과졸 [경]1992~2013년 김찬우·김광원·강석호 국회의원 보좌관 2006~2007년 한나라당 이명박 대통령경선후보 종합상황실 특보 2012년 새누리당 박근혜 대통령후보 경북도선거대책위원장 보좌관 2013년 박근혜 대통령 에콰도르 특사단 2013년 在京영덕중·고 총동문회 부회장(현) 2013년 초록우산(어린이재단) 서울후원회 회원(현) 2014년 경북 영덕군수(새누리당)(현) [상]국회의장표창(2003), 근정포장(2013), 한국경제신문 창조경영부문 '올해의 CEO 대상'(2014)

이희철(李熙哲) LEE Hee Chul

[생]1954·9·8 [본]영천(永川) [출]경북 [주]대전 유성구 대학로291 한국과학기술원 전기및전자공학부(042-350-3446) [학]1973년 대전고졸 1978년 서울대 전자공학과졸 1986년 일본 동경공업대 대학원 전자공학과졸 1989년 공학박사(일본 동경공업대) [경]1978~1982년 공군사관학교 교수부 전자공학과 교관 1982년 서울시립대 전자공학과 조교 1989~1999년 한국과학기술원 전기및전자공학과 조교수·부교수 1999년 同전기및전자공학과 교수, 同전기및전자공학부 교수(현) 2000~2002년 同반도체공학전공 책임교수 2001~2002년 同대덕나노팹유치실무위원회 위원장 2002~2003년 同나노종합팹센터구축사업단 부단장 2003년 同나노과학기술연구소장 2004~2010년 同나노종합팹센터 소장 [상]일본 쿠라마에공업회 논문상(1990), KAIST공적상(2003), 대전시 이달의 과학자상(2003) [종]기독교

이희철(李熙哲) Lee Hui Cheol

[생]1954·10·4 [본]경주(慶州) [출]경북 [주]부산 연제구 중앙대로1001 부산광역시의회(051-888-8215) [학]동명대 사회복지학과졸, 부경대 국제대학원 정치학과졸, 경영학박사(동명대) [경]부산시청년연합회 회장, 부산시 남구청년연합회 회장, 한나라당 김정훈 국회의원 사무장, 부산시 대연4동새마을금고 감사, 한나라당 부산지부 청년위원회 감사, 同이상희 국회의원 사무장 1998·2006·2010~2014년 부산시 남구의회 의원(한나라당·새누리당), 한나라당 부산南甲지구당 부위원장, 부산승용차유치범시민추진위원회 청년대표, 한나라당 부산시지부 선거대책부본부장, 同중앙위원, 낙동강살리기범시민운동 회장, 백혈병어린이돕기헌혈캠페인 추진위원장 2006~2008년 부산시 남구의회 부의장 2008~2010년 同의장, 부산시구군의장협의회 부회장 2014년 부산시의회 의원(새누리당)(현) 2014년 同창조도시교통위원회 부위원장 2014년 同운영위원회 위원 2014년 同공기업특별위원회 제1소위원장 2015년 同해양교통위원회 부위원장 2016년 同해양교통위원회 위원(현) 2016년 同예산결산특별위원회 위원(현) [상]전국시·도의회의장협의회 우수의정 대상(2016)

이희철(李熙喆) LEE Hee Chull

[생]1960·9·15 [출]전남 구례 [주]광주 서구 계수로31 영산강유역환경청 청장실(062-410-5100) [학]1979년 경동고졸 1987년 연세대 행정학과졸 1989년 서울대 행정대학원졸 1998년 미국 위스콘신대 메디슨교 대학원졸 2016년 환경공학박사(수원대) [경]1989년 행정고시 합격(33회) 2000년 환경부 대기정책과 서기관 2002년 구주연합(EU)대표부 환경관(1등서기관) 2005년 낙동강유역환경청 환경관리국장 2006년 환경부 국제협력관실 해외협력담당관 2007년 同환경정책실 환경보건정책과장 2008년 同자원순환정책과장 2009년 同자원순환정책과장(부이사관) 2010년 同자연보전국 자연정책과장 2010년 同국립생물자원관 기획전시부장 2011년 同수도권대기환경청장 2012년 同감사관 2014년 同기획조정실 국제협력관 2015년 영산강유역환경청장(현)

이희평(李喜平) LEE Hee Pyeong

[생]1943·12·12 [출]충남 천안 [주]충남 천안시 천안대로947의21 벨금속공업(주)(041-568-5220) [학]천안공고졸, 서울대 경영학과졸, 同공대 최고산업전략과정 수료, 同행정대학원 국가정책과정 수료, 同경영대학 최고경영자과정 수료, 아주대 대학원 경영학과졸, 경영학박사(호서대) [경]벨금속공업(주) 대표이사 사장(현) 2003년 천안상공회의소 부회장 2003~2009년 한국전력기술인협회 회장 2004년 대전지법 천안지원 조정위원장 2005년 천안산업단지관리공단 이사장 2009~2011년 천안북부상공회의소 상임이사 2012~2015년 충남북부상공회의소 회장, 대한상공회의소 부회장 [상]국무총리표창(1995·2001), 통상산업부장관표창(1996), 교육부장관표창(1996), 1천만불 수출의탑(1998), 재정경제부장관표창(2000), 자랑스런한국인상(2002), 동탑산업훈장(2007) [종]기독교

이희호(李姬鎬·女) Lee, Hee Ho (壽松堂)

[생]1922·9·21 [본]전주(全州) [출]서울 [주]서울 마포구 신촌로4길5의26 연세대학교 김대중도서관4층 김대중평화센터(02-324-7972) [학]1940년 이화여고졸 1942년 이화여자전문학교 문과 입학 1944년 同여자청년연성소지도원양성과졸 1950년 서울대 사범대학 교육과졸 1956년 미국 Lambuth Coll. 사회학과 수학 1958년 미국 Scarritt Coll. 대학원 사회학과졸 1987년 명예 인문학박사(미국 Northeastern대) 1988년 명예 인문학박사(미국 Washburn대) 1997년 종교교육학박사(미국 Coral Ridge Baptist대) 1998년 명예 교육학박사(일본 아오야마가쿠인대) 1998년 명예 철학박사(이화여대) 1999년 명예 문학박사(동아대) 2000년 명예 인문학박사(미국 Drew대) [경]1944년 충남 삽교공립국민학교 부설 여자청년연성소 지도원 1950년 대한여자청년단총본부 외교국장 1952년 여성문제연구원 발기인·간사 1958·1963·1965년 이화여대 사회사업과 강사 1959년 대한YWCA연합회 총무 1961년 한국여성단체협의회 이사 1964~1970년 (사)여성문제연구회 회장 1964년 대한YWCA연합회 상임위원 1968~1972년 범태평양동남아시아여성연합회 한국지회 부회장 1992년 월간 '메시지' 이사장 1993~1998년 더불어선교회 이사장 1994~1997년 아·태평화재단 이사 1996년 중국 天津大 명예교수 1998~2003년 대통령 영부인 1998~2002년 (사)사랑의친구들 명예총재 1999~2002년 국제백신연구소 한국후원회 명예회장 1999~2002년 대한암협회 명예회장 1999년 한국사랑의집짓기운동연합회 명예이사장 2000~2002년 (재)한국여성재단 명예추진위원장 2001~2002년 세종문화회관후원회 명예총재 2001~2002년 재외동포교육진흥재단 명예이사장 2003년 (사)사랑의친구들 고문(현) 2005년 외환은행 나눔의재단 이사 2007년 김대중평화센터 고문 2009년 同이사장(현) [상]미국 교회여성연합회 '용감한 여성상', 한국 인권을 위한 北美연합 인권상(1984), 미국 캘리포니아주 '이 해의 탁월한 여성상'(1987), 세계성령봉사상, 무궁화대훈장, 이화기장, 미국 서던캘리포니아대 국제사회복지상, 자랑스런 서울대인상, 펄벅 인터내셔널 '올해의 여성상'(2000), 미국 밴더빌트대 '도덕적 인권 지도자상', 한국YMCA연합회 한국여성지도자상 대상(2013) [저]'나의 사랑·나의 조국'(1992) '이희호의 내일을 위한 기도'(1998) 자서전 '동행'(2008) 편지집 '옥중서신2'(2009) [종]기독교

이희환(李熙煥) LEE Hee Hwan

[생]1953·10·5 [출]전북 [주]전북 전주시 덕진구 백제대로 567 전북대학교 사범대학 역사교육과(063-270-2772) [학]1978년 전북대 사학과졸 1982년 同대학원 한국사학과졸 1990년 한국사학박사(전북대) [경]1978~1982년 번암중·원광고 교사 1986년 전북대 사범대학 역사교육과 전임강사·조교수·부교수·교수(현) 2002년 조선시대사학회 평의원(현) 2005~2006년 대동사학회 회장 [저]'조선후기 당쟁연구'(1995, 국학자료원) '아토피와 성적 수맥이 좌우한다'(2012, 간디서원) '조선정치사'(2015, 혜안) [역]'단암만록'(1993) '조야신필'(2009)

인광호(印光鎬) IN Kwang Ho

[생]1955·8·5 [출]서울 [주]서울 성북구 인촌로73 고려대학교 안암병원 호흡기내과(02-920-5316) [학]1982년 고려대 의과대학졸 1988년 同대학원 의학과졸 1991년 의학박사(고려대) [경]1989년 고려대 안암병원 호흡기내과 임상강사 1992~2001년 同의과대학 조교수·부교수 1994년 미국 하버드대 의과대학 연구원 1998~2009년 고려대안암병원 호흡기내과장 1999~2000년 고려대 의과대학 의학과장 2001년 同의과대학 내과학교실 교수(현) 2001~2003년 同의과대학원 의학과 내과계 주임교수 2005년 미국 샌디에이고대 의과대학 교환교수 2005~2007년 천식연구회 부회장 2005~2008년 대한폐암학회 보험이사 2006~2008년 대한결핵 및 호흡기학회 고시이사 2007~2010년 同수련이사 2008년 고려대안암병원 임상시험센터장(국가 지정 임상시험센터) 2008년 대통령 호흡기자문의사 2009년 대한폐암학회 총무이사 2011년 同감사 [저]'호흡기학'(2004, 대한결핵 및 호흡기학회) 'COPD, 천식 진료지침'(2005, 대한결핵 및 호흡기학회) '흉부질환 아틀라스' (2007, 고려대학출판부) [종]기독교

인귀승(印貴承) IN Kwi Seung

[생]1958·5·22 [출]서울 [주]충남 천안시 서북구 신대길8 (주)코다코 대표이사실(041-411-3101) [학]1977년 경기상고졸 2002년 인하대 최고경영자과정 수료 [경]1977~1985년 대림자동차(주) 회계·자금담당 1985년 한국컴퓨터(주) 회계·자금담당 대리 1990~1994년 同차장 1994~1997년 동양노즐공업(주) 회계부장 1997년 (주)코다코 대표이사 2015년 同대표이사 회장(현) [상]산업포장(1998), 국무총리표창(2007), 지식경제부장관표창(2009), 대통령표창(2011), 동탑산업훈장(2014)

인명진(印名鎭) IN Myung Jin

[생]1946·6·1 [본]교동(喬桐) [출]충남 당진 [주]서울 구로구 새말로93 갈릴리교회(02-866-3884) [학]1965년 대전고졸 1969년 한신대졸 1972년 장로회신학대 대학원졸 1986년 목회학박사(미국 샌프란시스코신학대) 1992년 숭실대 노사관계대학원졸 2015년 명예신학박사(장로회신학대) [경]1972년 목사 안수 1972~1984년 영등포산업선교회 총무 1974~1980년 민주화운동관련 4

회 투옥 1981년 성문밖교회 목사 1984년 호주 PITT St. Uniting교회 목사 1986~1993년 대한예수교장로회총회 노동상담소장 1986~2015년 갈릴리교회 담임목사 1987년 국민운동본부 대변인 1989년 경제정의실천시민연합 지도위원 1991년 대한예수교장로회총회 환경보존위원장 1991년 한국교회환경연구소 소장 1992년 (재)제중의료복지재단 상임이사 1992~1994년 한국기독교회협의회(KNCC) 서기 · 실행위원 · 도시농어촌선교위원장 1993년 경제정의실천시민연합 부정부패추방운동본부장 1993년 同행정쇄신위원 1993년 同부정방지대책위원 1994년 바른언론을위한시민운동연합 집행위원장 · 공동대표 1995년 아시아기독교협의회 도시농촌선교위원장 1995년 대한예수교장로회 영등포노회장 1996~2000년 KBS 이사 1998~2004년 기독교인터넷방송 사장 1999~2003년 同위성방송 사장 2002년 행정개혁시민연합 공동대표 2006~2008년 한나라당 윤리위원장, 기독교환경운동연대 상임공동대표 2009~2012년 대통령자문 통일고문회의 고문 2009년 우리민족서로돕기운동본부 상임공동대표(현) 2009년 한호기독교선교회 부산일신기독병원 이사장(현) 2009년 코리아몽골포럼 이사장(현) 2010~2013년 사회적기업활성화포럼 공동대표 2010~2013년 사회적기업활성화네트워크 이사장 2010~2014년 몽골 바양노르솜호수살리기시민연대 상임대표 2011~2015년 G-Valley 녹색산업추진위원회 위원장 2011년 푸른지구 이사장(현) 2011년 북한대학원대 초빙교수(현) 2012~2013년 대북협력민간단체협의회 회장 2013년 국민동행 전국상임공동대표(현) 2015년 갈릴리교회 원로목사(현) 2015년 안양대 석좌교수 2016년 숭실대 석좌교수(현) 2016년 경제정의실천시민연합 공동대표(현) ❸북미주인권위원회 인권상, 국민훈장 모란장, 民世賞(2013), 몽골정부 최고환경지도자 훈장(2015) ㉱'노동법 문답풀이' '설교집' '갈릴리에서 만나자' '지우개를 가지는 삶' '죽음 그 마지막 성장과 축복' '한국 교회를 새롭게' '삼우지삼로'(共) '신들의 수다'(共) '위대한 부르심'(2015, 비전북) ❸기독교

인병선(印炳善 · 女) IN Byung Sun

❸1935 · 6 · 26 ❷교동(喬桐) ❸평남 용강 ㈜서울 종로구 성균관로4길45 짚풀생활사박물관(02-743-8788) ❸1954년 이화여고졸 1956년 서울대 문리과대학 철학과 중퇴 ❸1987년 (사)짚풀문화연구회 설립 · 회장 1990년 민족문학에 '이러다 우리 새끼들 다 죽이겠네'로 시인 등단, 민족문학작가회의 이사 1993년 짚풀생활사박물관 설립 · 관장(현) 1996~1997년 일본 오사카민족학박물관 외래연구원 1997년 계간 민속지 '生活用具' 창간 1999년 (사)짚풀문화연구회 경기 · 광주 · 경남지회 설립, 한국사립박물관협회 회장 1999~2005년 문화재청 문화재전문위원 2005~2007년 同근대문화재과 전문위원, 인천시문화재위원, 한국산업인력공단 기능전승전문위원 2008년 (재)짚풀문화재단 이사 2008년 통합민주당 공천심사위원 ❸문화부 문화가족火爲상(1991), 문화부체육장관표창(1995), 대한민국문화유산상(2005), 한국박물관협회 박물관인상 원로부문(2009) ㉱'들풀이 되어라'(1989) '풀문화'(1989) '짚문화'(1989) '벼랑끝에 하늘'(1991) '우리가 정말 알아야 할 우리 짚풀문화'(1995) '전통칠교놀이'(1998) ㉱'풀코스 짚문화 여행'(2000, 현암사) '우리가 정말 알아야 할 우리 종이오리기'(2005, 현암사) '시인 신동엽'(2005, 현암사) ❸불교

인병택(印炳澤) LIN Byung Taik

❸1958 · 1 · 5 ❷교동(喬洞) ❸서울 ❸1976년 서울 휘문고졸 1980년 한국외국어대 스페인어과졸 1987년 멕시코 이베로아메리카나대 대학원 매스컴학과졸 ❸1979년 행정고시 합격(23회) 1980~1990년 문화공보부 해외공보관 외신과 · 섭외과 행정사무관 1990년 공보처 해외공보관 섭외과장 · 기획과장 1992년 駐미국 공보관 1995년 공보처 행정관리담당관 · 방송행정과장 1998년 문화관광부 문화지원과장 · 매체홍보과장 1999년 대통령 공보기획비서실 국장 2000년 2002한 · 일월드컵축구대회조직위원회 홍보국장 2003년 국정홍보처 국정브리핑국장 2004년 同홍보협력국장 2005년 同홍보협력단장 2006~2008년 駐도미니카 대사 2014~2016년 (사)한국정책홍보연구원 초대 상근대표 2016년 세종시문화재단 대표이사(현) ❸대통령표창, 홍조근정훈장 ❸불교

인보길(印輔吉) IHN Bo Kil

❸1940 · 11 · 18 ❷교동(喬桐) ❸충남 당진 ㈜서울 중구 소월로10 단암빌딩3층 뉴데일리(02-6919-7011) ❸1959년 서울 경복고졸 1965년 서울대 문리과대학 독어독문학과졸 1970년 同신문대학원졸 ❸1965년 조선일보 기자 1970년 同편집부 차장 1979년 同편집부장 1984년 同문화부장 1985년 同부국장 1988년 同편집국장 1989년 同논설위원 겸 CTS본부장 1992년 同이사대우 편집국장 1993년 同이사 편집국장 1995년 同상무이사 1995년 同종합미디어본부장 겸임 1995~2003년 (주)디지틀조선일보 대표이사 사장 2006년 칸 국

제광고제조직위원회 한국사무국 고문(현) 2009~2014년 뉴데일리 대표이사 사장 2010년 통일부 통일교육위원(현) 2011~2014년 이승만포럼 공동대표 2014년 뉴데일리 대표이사 회장(현) 2014년 (사)건국이념보급회 회장(현) 2014년 대한언론인회 부회장(현) 2014년 한국선진화포럼 이사(현) ❸서울시 문화상 ㉱'이승만 다시보기'(2011)

인유성(印裕盛) YIN Yu Seong

❸1956 · 6 · 20 ❸서울 ㈜서울 영등포구 여의대로128 LG디스플레이 임원실(02-3777-1700) ❸배재고졸, 중앙대 신문방송학과졸 ❸1981년 LG필립스LCD(주) 입사 2002년 同구조조정본부 비서팀장 2002년 同구조조정본부 비서팀장(상무) 2003년 (주)LG 경영지원부문 상무, 同비서팀장(상무) 2007년 同비서팀장(부사장) 2009년 LG디스플레이 중화지역센터장(부사장) 2011년 同IT사업본부장(부사장) 2012년 同IT/Mobile사업부장(부사장) 2014년 同중국Operation 총괄 부사장(현) 2014년 同LGDCA 법인장

인재근(印在謹 · 女) In Jae Keun

❸1953 · 11 · 11 ❸인천 강화 ㈜서울 영등포구 의사당대로1 국회 의원회관1022호(02-784-8091) ❸이화여대 사회학과졸 ❸인권운동가(현), 한반도재단 이사장, 김근태재단 이사장(현), (사)사랑의친구들 운영위원장, (사)따뜻한한반도사랑의연탄나눔운동 이사, 인권의학연구소 자문위원 2012년 제19대 국회의원(서울 도봉구甲, 민주통합당 · 민주당 · 새정치민주연합 · 더불어민주당) 2012년 민주통합당 제18대 대통령중앙선거대책위원회 멘토단장 2012~2014년 국회 여성가족위원회 간사 2013년 국회 외교통일위원회 위원 2014년 국회 보건복지위원회 위원 2014~2015년 새정치민주연합 비상대책위원회 위원 2015년 국회 메르스대책특별위원회 위원 2015년 새정치민주연합 윤리심판원 부원장 2015년 同예비후보자자격심사이의신청처리위원회 위원장 2015년 더불어민주당 예비후보자자격심사이의신청처리위원회 위원장 2016년 제20대 국회의원(서울 도봉구甲, 더불어민주당)(현) 2016년 국회 보건복지위원회 간사 겸 법안심사소위원장(현) 2016년 국회 저출산 · 고령화대책특별위원회 위원(현) 2016년 더불어민주당 서울도봉구甲지역위원회 위원장(현) ❸로버트케네디 인권상, 전국청소년선플SNS기자단 선정 '국회의원 아름다운 말 선플상'(2015) ❸천주교

인주철(印柱哲) IHN Joo-Chul (檀谷)

❸1941 · 6 · 13 ❷교동(喬桐) ❸충북 청주 ㈜경북 울진군 울진읍 현대향길71 울진군의료원(054-785-7000) ❸1959년 경북고졸 1965년 경북대 의대졸 1969년 同대학원졸 1973년 의학박사(경북대) ❸1965~1970년 경북대 의과대학 인턴 · 정형외과 레지던트 1971~1983년 同의과대학 정형외과학교실 전임강사 · 조교수 · 부교수 1971년 도립김천병원 정형외과장 1983~1991년 영남대 의과대학 교수 1991~2004년 경북대 의과대학 정형외과학교실 교수 1991~1993년 同정형외과장 1993~1996년 경북대병원 기획조정실장 1996~2002년 同병원장 2003~2004년 대한정형외과학회 회장 2004~2010년 대구보훈병원 병원장 2005년 경북대 명예교수(현) 2009~2012년 대구보건의료협의회 회장 2012~2015년 메디시티대구협의회 회장 2012~2014년 대구우리병원 명예원장 2012~2015년 근로복지공단 대구병원 정형외과장 2016년 울진군의료원 의료원장(현) ❸옥조근정훈장(2005)

인채권(印採權) IN CHAE GWON

❸1959 · 6 · 27 ㈜서울 강남구 강남대로382 메리츠화재해상보험(주) 부동산운용실(02-3786-2114) ❸함창고졸, 한국외국어대 아랍어과졸, 한양대 대학원 도시공학과졸, 도시공학박사(한양대) ❸삼성그룹 비서실 신경영추진팀 근무, 삼성화재해상보험(주) 부동산팀장, 同융자운용파트장 2005년 同교육파견(상무보), 삼성생명보험(주) 부동산사업부 상무보 2013년 同부동산사업부 전무 2016년 메리츠화재해상보험(주) 부동산운용실장(부사장)(현)

인형식(印馨植) IHN Hyung Sik

❸1943 · 4 · 5 ❷교동(喬桐) ❸충남 예산 ㈜서울 관악구 쑥고개로60 연남빌딩7층 연남 대표실(02-889-0523) ❸동국대 영어영문학과졸, 경희대 대학원 경영학과 수료 ❸1970~1980년 MBC 근무 1981~1993년 한국방송광고공사 영업2국 매체2부 근무, 同업무국 운행2부장 직대, 同사업국 심의부장 · 영업1부장, 同영남지사장 직대, 同영업2국 운행부장 1981~1993년 同업무국 영업기획부장 1993년 同검사부장 1994년 同남한강종합수련원 관리부장 1995~1997년 同경남지사장 1999~2000년 (주)경평 상무이사 2006년 연남 대표(현) ❸방위포장(1964) ❸기독교

일 면(日 面) Il Myun (斗山)

(생)1947·9·25 (본)평해(平海) (출)경북 경주 (주)서울 종로구 삼봉로95 (사)생명나눔실천본부(02-734-8050) (학)1968년 해인사 승가대 대교과졸 1979년 동국대 불교대학 승가학과졸 (경)1959년 해인사에서 득도(은사 명허화상) 1964년 해인사에서 사미계 수지(계사 자운율사) 1967년 해인사에서 비구계 수지(계사 자운율사) 1980년 해인사 교무국장 1981년 조계사 재무국장 1982년 봉선사 교무국장 1983년 흥국사 주지 1986년 대한불교조계종 포교원 포교부장 1987년 同총무원 사회부장 1988년 同제9·10·11·12·13대 중앙종회 의원 1990년 한국불교자비의전화 회장 1993~2010년 학교법인 광동학원 이사장 1994년 대한불교조계종 중앙종회 수석부의장 1996년 불암사 주지 1999~2001년 대한불교조계종 교육원장 1999년 민주평통 자문위원 2001년 봉선사 주지 2001년 (재)일면장학회 설립·이사장 2001년 대한불교조계종 주지연합회 부회장 2002년 학교법인 동국학원 감사 2003년 대한불교조계종 재심호계위원 2003년 불암사 회주(현) 2003년 대한불교조계종 총무원 정책자문위원, 해인승가대학 총동문회장, 송산노인복지회관 운영위원장 2005~2009년 군종특별교구 초대 교구장, (사)생명나눔실천본부 이사장(현) 2012년 학교법인 광동학원 이사장(현) 2012년 대한불교조계종 호계원장 2015년 학교법인 동국학원(동국대) 이사장 (상)대한불교조계종 총무원장 표창패(2003), 적십자 박애장 금장(2008), 합참의장 감사패(2009), 대한불교조계종 총무원장 공로패(2009), 대원상 승가부문 대상(2010), 포교대상 공로상(2010), 만해대상(2013) (저)'잘 익은 지붕에는 비가 새지 않는다' '행복한 빈손' (종)불교

임각수(林各洙) LIM GAK SOO

(생)1947·11·13 (본)선산(善山) (출)충북 괴산 (주)충북 괴산군 괴산읍 임꺽정로90 괴산군청 군수실(043-830-3201) (학)1966년 괴산고졸 1970년 국민대 행정학과졸 1997년 세종연구소 수료 (경)1980년 농림수산부 통계관실 7급 공채 합격 1982년 농수산부 기획관리실 법무담당관실 근무 1983년 경제기획원 투자심사국 투자심사1·2과 근무(6급) 1984년 同투자심사국 투자심사총괄과 근무 1984년 同정책조정국 조정총괄과 근무 1984년 同인사담당 주무 1988년 헌법재판소 사무처 행정관리담당관실 근무 1989년 5급 승진 1990년 국무총리실 산업경제담당 사무관 1990년 국무총리행정조정실 공직기강담당 사무관 1990년 同사회복지담당 사무관 1996년 同인사담당관실(서기관) 1998년 대통령비서실 총무·관리과장 2000년 행정자치부 이북5도위원회 사무국장 2002년 同윤리담당관 2005년 국무총리실 노근리사건처리지원단장 2006·2010년 충북 괴산군수(무소속) 2010~2011년 충북시장·군수협의회 부회장 2014년 충북 괴산군수(무소속)(현) 2014~2015년 충북시장·군수협의회 회장 2014~2015년 전국시장·군수·구청장협의회 부회장 (상)대통령표창(1996), 녹조근정훈장(2004), 교육과학기술부 장관 감사패 수상(2010), CJB여론조사 가장 일 잘하는 단체장 1위(2011), 한국을 빛낸 자랑스러운 한국인 대상 수상(2011), 한국기록원 제1회 대한민국 기록문화 대상 2011 한국을 이끄는 혁신리더 선정(2011), 동양일보 올해의 인물 선정(2011·2013), 지방자치문화대상 대한민국 문화예술 대상 수상(2012), 충북도민의식 여론조사 가장 일 잘하는 군수로 선정(2013), 한국을 빛낸 사람들 대상 수상(2013), 대한민국문화예술대상조직위 제13회 대한민국 문화예술대상 수상(2012), 제2회 대한민국 호국대상 특별상 수상(2014), 제23회 소충·사선문화상 본상 수상(2014), 제9회 대한민국 친환경대상 수상(2014), 제4회 지방자치단체 생산성 대상 최우수상 수상(2014) (종)천주교

임경구(林敬久)

(생)1961·6·25 (출)경북 영덕 (주)서울 종로구 종로5길86 서울지방국세청 조사1국(02-2114-3304) (학)대구고졸, 고려대 경제학과졸 (경)1992년 행정고시 합격(36회), 영도세무서 총무과장 1995년 마산세무서 재산세과장 1998년 서울 광진세무서 법인신고과장 1999년 국세청 법무담당관실 사무관 2002년 同기획예산담당관실 사무관 2003년 同기획예산담당관실 서기관 2004년 서울지방국세청 조사1국 서기관 2006년 영덕세무서장 2006년 경산세무서장 2007년 중부지방국세청 감사관 2008년 대통령 민정1비서관실 행정관(부이사관) 2009년 국세청 소득지원국 자영소득관리과장, 미국 교육파견(부이사관) 2010년 국세청 세원정보과장 2011년 중부지방국세청 조사3국장 직대 2012년 同조사4국장(고위공무원) 2013년 제18대 대통령직인수위원회 경제1분과 전문위원 2014년 서울지방국세청 국제거래조사국장 2014년 同조사4국장 2015년 同조사1국장(현)

임경국(林慶國) Lim, Kyung-Kook

(생)1954·11·29 (본)평택(平澤) (출)대구 (주)서울 강남구 삼성로438 (주)도화엔지니어링 비서실(02-6323-3377) (학)1973년 대구 계성고졸 1977년 영남대 토목공학과졸 1999년 同산업대학원 건설공학과졸 (경)2000년 건설교통부 도로국 도로건설과 근무 2003년 同감사담당관실 근무 2004년 서울지방국토관리청 건설관리실장 2004년 부산지방국토관리청 건설관리실장 2005년 同도로

시설국장 2007년 건설교통부 도로환경팀장 2008년 국토해양부 감사담당관 2009년 同감사담당관(부이사관) 2010~2011년 부산지방국토관리청장 2011~2014년 건설공제조합 전무이사 2014~2015년 도로및공항기술사회 회장 2014~2015년 대한토목학회 부회장 2014년 (주)도화엔지니어링 부회장(현) (상)건설교통부장관표창(1983), 국무총리표창(1992), 근정포장(2002), 홍조근정훈장(2011) (종)기독교

임경록(任慶祿) IM Kyung Rok (山海·和而)

(생)1946·3·4 (본)풍천(豊川) (출)중국 용정 (주)서울 중구 세종대로124 프레스센터빌딩15층 언론중재위원회(02-397-3114) (학)1964년 경남고졸 1972년 한양대 신문방송학과졸 2001년 同언론정보대학원졸 (경)1972~1980년 합동통신 지방부·사회부·경제부 기자 1981~1993년 연합통신 경제부 기자·외신부 차장·정치부 차장·정치부 부장대우 1993년 同사회부장 1996년 同논설위원 1996년 同편집국 부국장 1998년 同뉴미디어국장 직대 1999년 연합뉴스 인터넷본부장 직대 2000년 同인터넷본부장 2000년 同인터넷본부 고문 2000~2003년 同출판국장(이사대우) 2001~2008년 한양대 언론정보대학 겸임교수 2001~2005년 관훈클럽 신영연구기금 감사 2003~2007년 연합뉴스 동북아정보문화센터 상무이사 2007년 同동북아정보문화센터 비상임이사 2007~2009년 순천향대 초빙교수 2008~2011년 언론중재위원회 중재위원 2011년 고려대 미디어학부 초빙교수 2011~2014년 뉴스통신진흥회 이사 2015년 언론중재위원회 중재위원(현) (상)자랑스런 용마인(2003), 자랑스러운 한양언론인상(2008)

임경묵(林敬默) LIM, Kyung-Mook

(생)1971 (주)서울 중구 소월로2길12 CJ(주) 미래경영연구원(02-726-8114) (학)1996년 서울대 경제학과졸 1998년 미국 브라운대 대학원 경제학과졸 2001년 경제학박사(미국 브라운대) (경)2001~2011년 한국개발연구원 부연구위원 2011~2014년 (주)두산 전략지원실 글로벌경제분석팀장(상무) 2014년 CJ(주) 미래경영연구원 부원장(부사장)(현) 2015년 同창조경제추진단 부단장 겸임(현) 2016년 금융위원회 금융발전심의회 정책·글로벌금융분과 위원(현)

임경숙(任景淑·女) IM Kyung Sook

(생)1958·4·25 (주)경기 화성시 봉담읍 와우안길17 수원대학교 식품영양학과(031-220-2331) (학)1980년 서울대 식품영양학과졸 1982년 同대학원 가정학과졸 1988년 이학박사(서울대) (경)1992년 수원대 식품영양학과 조교수·부교수·교수(현) 1998~2005년 한국영양학회 이사·편집위원·영양정보분과위원 1999~2006년 대한비만학회 간행위원·학술위원·식품영양분과위원장 2000년 대한임상건강증진학회 감사 2001~2003년 대한지질동맥경화학회 학술위원·홍보위원 2004년 대한지역사회영양학회 총무·홍보이사·경인지부장 2008년 (사)대한영양사협회 부회장·홍보분과위원장 2011·2012~2013년 수원대 취업정보처장 2014년 한국보건의료인국가시험원 비상임이사(현) 2014~2016년 한식재단 비상임이사 2014년 (사)대한영양사협회 회장(현) 2015년 수원대 화성시어린이급식관리지원센터장(현)

임경식(林京植) LIM Kyung Sik

(생)1949·10·23 (주)경남 김해시 유하로154의9 동아화성(주) 회장실(055-313-1800) (학)1967년 양정고졸 1974년 한양대 자원공학과졸 1976년 연세대 경영대학원 연구과정 수료 (경)1974~1975년 원풍산업(주) 근무 1977~1982년 대한항공 근무 1983~1986년 대창광업 상무이사 1989년 동아화성(주) 대표이사 사장 2008년 同대표이사 회장(현) (상)제1회 김해시 경영대상(2005) (종)기독교

임경종(林坰鐘) Lim Kyung Jong

(생)1953·2·14 (본)조양(兆陽) (출)전북 전주 (주)경기 안양시 동안구 평촌대로212번길55 대고빌딩7층 가축위생방역지원본부(070-8282-2500) (학)1971년 백산고졸 1976년 전북대 수의학과졸 (경)1978~1994년 국립동물검역소 검역과 근무 1994~2002년 농림수산부 가축위생과·기술협력과 근무(사무관·서기관) 2002~2011년 국립수의과학검역원 부산지원장·방역과장·인천지원장(서기관)·축산물규격과장·질병관리과장·인천지원장(부이사관) 2007년 인천시수의사회 고문(현) 2009~2012년 (사)대한수의사회 부회장 2011~2012년 농림수산검역검사본부 축산물안전과장 2015년 가축위생방역지원본부 본부장(현) (상)농림수산부장관표창(1986), 국무총리표창(1990), 홍조근정훈장(2012)

임경택(林慶澤) LIM Kyung Taek

[생]1956·3·27 [출]전남 구례 [주]서울 종로구 새문안로 75 대우건설 비서실(02-2288-3114) [학]1975년 광주제일고졸 1980년 연세대 경제학과졸, 미국 오하이오주립대 대학원 경제학과졸 1996년 경제학박사(미국 오하이오주립대) [경]1980년 한국산업은행 입행 1989년 同조사부 대리(4급) 1992년 해외 연수(미국 오하이오주립대) 1996년 한국산업은행 조사부 대리 1999년 同조사부 팀장(3급) 2000년 금융지주회사설립준비사무국 파견 2002년 한국산업은행 종합기획부 팀장 2003년 同컨설팅사업실 팀장(3급) 2003년 同컨설팅사업실 팀장(2급) 2007년 同컨설팅사업실 총괄팀장(S1-1급) 2007년 同M&A실장 2008년 同KDB컨설팅실장 2010년 同자본시장본부장(집행부행장) 2011년 同개인금융본부장 2013년 同소매금융그룹장(부행장) 2014년 대우건설 수석부사장(CFO)(현)

임경호(林敬鎬) LIM Kyung Ho (德山)

[생]1940·1·26 [출]경북 김천 [주]서울 마포구 마포대로 136 지방재정회관10층 지방의회발전연구원(02-3274-3100) [학]1958년 대구 경북고졸 1963년 연세대 행정학과졸 1965년 서울대 행정대학원졸 1987년 행정학박사(단국대) [경]1979년 이천군수 1980~1983년 내무부 세제담당관·총무과장·행정과장 1983년 성남시장 1985년 내무부 지방행정연수원 연구발전부장 1986년 부천시장 1987년 대구시 부시장 1988년 경북도 부지사 1989년 내무부 감사관 1990년 同지방세제국장 1992년 同지방재정국장 1992년 지방행정연수원 원장 1993년 내무부 차관보 1994년 경기도지사 1995년 경기개발연구원 원장 1996~1998년 한국지방행정연구원 원장 1996년 지방재정발전위원회 위원장 1997년 세계도시발전협의회 집행이사 1998~2011년 지방의회발전연구원 원장 1998년 영남대 객원교수 1999년 경기개발연구원 이사 2000·2003~2004년 일본 慶應大 법학부 방문교수 2002년 경기개발연구원 원장 2005~2006년 일본 이바라끼縣대 방문교수, 일본 요코하마국립대 경제학부 객원연구원 2011년 지방의회발전연구원 이사장(현) [상]녹조근정훈장, 홍조근정훈장 [저]'지방의회론'

임경호(林京浩) Lim Gyoung Ho

[생]1966·3·30 [주]서울 강남구 논현로422 키움예스저축은행(02-558-2501) [학]서울대 경영학과졸 [경]1992~1999년 SK증권 근무 1999년 KTB네트워크 근무 1999~2000년 다우기술 근무 2000년 키움닷컴증권 입사, 同재경팀 차장 2006년 同영업부 팀장 2007년 키움증권 인사팀장 2008년 同국제영업팀장 2009년 同이사부장 2011년 同이사 2012년 同리테일총괄본부 글로벌영업팀·금융상품팀 임원 2013년 同리테일총괄본부 글로벌영업팀·리테일전략팀 임원 2014년 同상무보 2015년 同상무 2016년 키움예스저축은행 대표이사(현)

임계영(林桂榮) LIM Kye Young

[생]1953·4·3 [출]광주 [주]경기 시흥시 산기대학로237 한국산업기술대학교 에너지전기공학과(031-8041-0691) [학]1970년 광주제일고졸 1975년 서울대 전기공학과졸 1983년 미국 State Univ. of New York at Stony Brook 대학원 전기공학과졸 1985년 제어공학박사(미국 State Univ. of New York at Stony Brook) [경]1978~1981년 국방과학연구소 연구원 1986년 미국 New York Institute of Tech. 객원교수 1986~1991년 금성계전연구소 책임연구원 1991~1995년 금성산전 Mechatronics연구단장(이사) 1995~1997년 LG산전 빌딩시스템연구소장(상무) 1997~2004년 同중앙연구소장(부사장) 2003년 한국표준시스템연구조합 이사장 2004~2009년 한국산업기술대 지식기반기술에너지대학원 부교수 2005년 同산학협력단 창업보육센터장 2008년 同산업기술최고경영자과정 책임교수 2009년 同에너지전기공학과 교수(현) [상]장영실상, 강영국기술상 [저]'임베디드 리눅스 실습 및 활용' '임베디드 리눅스'

임계현(林桂鉉) Im Gyeh-Yeon

[생]1961·6·18 [주]대전 유성구 가정북로156 한국기계연구원 경영관리본부(042-868-7505) [학]1980년 금오공고졸 1991년 경기대 법학과졸 [경]1999년 한국기계연구원 인력관리과장·인사과장 1999년 同대외협력과장 2000년 同예산과장 2005년 同감사실 검사역 2006년 同혁신정책홍보실장 2007년 同기획예산실장 2010년 同지식경영홍보실장 2011년 同경영관리본부장 2014년 同대구융합기술연구센터 행정·기술지원실장 2015년 同대구융합기술연구센터 행정실장 2016년 同감사부 책임행정원 2016년 同경영관리본부장(현) [상]과학기술포장(2014)

임관혁(任寬爀) IM Kwan Hyeuk

[생]1966·1·6 [출]충남 논산 [주]부산 연제구 법원로15 부산지방검찰청 특수부(051-606-4315) [학]1984년 대전보문고졸 1989년 서울대 사회학과졸 [경]1994년 사법시험 합격(36회) 1997년 사법연수원 수료(26기) 1997년 서울지검 검사 1999년 춘천지검 속초지청 검사 2000년 부산지검 검사 2002년 대전지검 검사 2005년 법무부 법조인력정책과 검사 2008년 수원지검 검사 2009년 서울중앙지검 부부장검사 2011년 대전지검 공주지청장 2012년 서울서부지검 형사5부장 2013년 인천지검 외사부장 2014년 서울중앙지검 특수2부장 2015년 同특수1부장 2016년 부산지검 특수부장(현)

임관호(林官鎬) LIM Kwan Ho

[생]1963·10·10 [출]서울 [주]서울 종로구 율곡로84 가든타워10층 이코노믹리뷰(02-6321-3000) [학]서울 경희고졸 1986년 고려대 신문방송학과졸 [경]1989년 서울경제신문 기자 2000년 파이낸셜뉴스 편집국 증권팀장 2000년 同편집국 증권금융부 차장대우 2001년 同증권금융부 차장 2001년 同증권금융부 부장대우 2002년 同증권팀장 부장대우 2002년 同증권부장 직대 2003년 同증권부장 2006년 同산업2부장 2007년 同산업부장 2007년 아시아경제신문 아시아경제연구소 연구위원(부국장급) 2008년 同편집국 부국장 겸 산업부장 2008년 同편집국 국차장 겸 산업부장 2009년 同편집국장 2011년 이코노믹리뷰 사장(현)

임광문(任光文) Im Kwang Mun

[생]1965·2·4 [출]전남 무안 [주]광주 광산구 용아로112 광주지방경찰청 청문감사담당관실(062-609-2719) [학]1988년 경찰대졸(4기), 전남대 대학원 사법경찰행정학과졸 [경]1988년 경위 승진 1994년 경감 승진 2000년 경정 승진 2001년 전남 여수경찰서 보안과장 2002년 전남 목포경찰서 정보과장 2003년 광주 광산경찰서 방범과장 2004년 同경비교통과장 2005년 同정보보안과장 2006년 전남지방경찰청 경무과 기획예산계장 2007년 광주지방경찰청 개청준비기획단 2007년 同경무과 인사계장 2009년 전남지방경찰청 정보통신담당관 2010년 총경 승진 2010년 전남 강진경찰서장 2011년 전남지방경찰청 수사과장 2012년 전남 목포경찰서장 2014년 전남지방경찰청 정보과장 2015년 광주 광산경찰서장 2016년 광주지방경찰청 청문감사담당관(현)

임광수(林光秀) LIM Kwang Soo

[생]1955·7·18 [출]경남 의령 [주]서울 서초구 마방로 60 트러스트타워 한국해양과학기술진흥원(02-3460-4001) [학]1981년 서울대 금속공학과졸 2008년 해운경영학박사(한국해양대) [경]1983년 행정고시 합격(26회) 1988~1997년 정무제1장관실 비서실·기획담당관·정책담당관 1997년 해양수산부 항무(해운선원)국 노정과장 1998년 인천지방해양수산청 항만운영과장 1999년 해양수산부 장관비서관 2000년 同해양정책국 해양환경과장 2000년 인천지방해양수산청 총무과장 2000년 부산지방해양수산청 항무과장 2002년 해양수산부 행정관리담당관 2003년 同수산정책과장 2006년 同감사관 2007년 마산지방해양수산청장 2008년 농림수산식품부 수산정책관 2009년 국립수산과학원 원장(고위공무원) 2010~2012년 농림수산식품부 수산정책실장 2012년 한국해양과학기술원 비상임이사(현) 2013년 한국해양과학기술진흥원 원장(현)

임광원(林光元) IM Kwang Won

[생]1950·9·19 [출]경북 울진 [주]경북 울진군 울진읍 울진중앙로121 울진군청(054-789-6001) [학]1971년 경북 후포고졸 1973년 대구교대졸 1979년 국제대 경제학과졸 1988년 경북대 대학원 행정학과졸 [경]1973년 서울 봉천·금양초 교사 1981년 행정고시 합격(25회) 1982~1983년 총무처·중앙공무원교육원 근무 1983~1999년 경북 구미시·경북도 근무 1995~1996년 미국 오하이오주립대 연수 1999~2001년 경북 영덕군 부군수 2001~2003년 경북도 기획관·감사관 2003~2005년 同농수산국장·경제통상실장 2003~2010년 울진자치발전연구소 소장 2006년 경북 울진군수선거 출마(무소속) 2010년 경북 울진군수(무소속·새누리당) 2014년 경북 울진군수(새누리당)(현) [상]근정포장(1993), 홍조근정훈장(2004), 한국의 최고경영인상 사회공헌경영부문(2013) [저]'연어 왕피천으로 돌아오다'(2009) '오늘도 등대는 바다를 지킨다'(2010)

임광호(林珖鎬) LIM Kwang Ho

[생]1959·10·28 [본]예천(醴泉) [출]경북 상주 [주]서울 중구 서소문로100 9층 중앙일보 인사실(02-751-6938) [학]1985년 경북대 사회학과졸 [경]1984년 중앙일보 입사 2000년 同경영기획실 재무부장 2001년 同경영지원실 재무팀장 2004년 同관리담당 수석부장 2005년 同경영지원실 관리담당 이사보 2006년 同경영지원실 재무담당 이사보 2007년 同경영지원실 재무담당 이사대우 2009년 同재무기획실장(이사대우) 2010년 同재무담당 상무 2011년 JTBC(중앙일보 종편 법인) 이사 2011년 同지원총괄 상무 2011년 중앙미디어네트워크 지원총괄 겸 전략팀장 2013년 제이콘텐트리 대표이사 겸임 2014년 중앙미디어네트워크 지원총괄 전무 2015년 중앙일보 미주법인 사장 겸 LA사장(현) [종]천주교

임교빈(任敎彬) LIM Kyo Bin

[생]1957·8·10 [주]경기 화성시 봉담읍 와우안길17 수원대학교 화학공학과(031-220-2243) [학]연세대 화학공학과졸, 同대학원 화학공학과졸, 화학공학박사(미국 피츠버그대) [경]1989~1990년 미국 코넬대 식품과학과 박사 후 연구원 1990~1991년 미국 프린스턴대 화학공학과 박사 후 연구원 1991~2000년 수원대 화공생명공학과 교수 1995~1997년 한국청정기술학회 편집이사 1997년 한국생물공학회 평의원 2000~2004년 수원대 화학공학과 교수 2000년 한국화학공학회 평의원 2002~2003년 한국생물공학회 재무이사 2004년 同총무이사 2004~2010년 수원대 화공생명공학과 교수, 한강환경관리청 환경영향평가 자문위원, 산업기술평가원 생물전문위원·수석전문위원 2008년 교육과학기술부 지정 (재)바이오신약장기사업단장 2009~2013년 한국신약개발연구자협의회 회장 2010년 한국생물공학회 회장 2010년 수원대 화학공학과 교수(현) 2013년 산업통상자원 R&D전략기획단 신산업총괄MD(현) 2016년 (사)한국항균산업기술협회 회장(현) [상]수원대 10년 근속상(2001), 한국생물공학회 공로상(2002), Best Poster Paper Award(2009, 10th APCChe Congress), 우수포스터상(2009) [저]'열전달과 응용'(1999, 동명사) '화학공학 열역학'(2001, 도서출판 아민)

임군일(任君一) GUN IL IM

[생]1964·3·21 [주]경기 고양시 일산동구 동국로27 동국대일산병원 정형외과(031-961-7315) [학]1988년 서울대 의대졸 1997년 同대학원졸 1999년 의학박사(고려대) [경]1988~1989년 서울대병원 수련의 1989~1993년 同정형외과 전공의 1996~1997년 한림대 의대 연구강사 1997~2005년 同의대 정형외과학교실 전임강사·조교수·부교수 2003년 대한고관절학회 편집위원(현) 2005~2009년 동국대 의대 정형외과학교실 부교수 2006·2008·2010년 한국조직공학재생의학회 학술이사 2007~2009년 대한류마티스학회 학술위원 2007~2009년 대한골대사학회 학술위원 2007~2010년 대한정형외과연구학회 편집위원 2007~2012년 한국생체재료학회 학술이사 2008년 Organizing Committee Member of Combined Orthopedic Research Societies(현) 2009년 한국조직공학재생의학회 총무이사 2009년 동국대 의대 정형외과학교실 교수(현) 2009~2011년 대한골대사학회 연구교육위원 2010년 고양시 몽골의료봉사단장 2011~2012년 한국조직공학재생의학회 기획이사 2011~2013년 대한골대사학회 연구교육위원장 2012년 대한류마티스학회 이사(현) 2012년 대한정형외과연구학회 학술위원장(현) 2013년 대한골대사학회 기획이사(현) 2013년 한국생체재료학회 국제이사(현) 2013년 한국조직공학재생의학회 국제이사(현) 2015년 동국대의료원 전략경영실장(현) 2016년 세계연합정형외과연구학회(ICORS) 회장(현) [상]대한정형외과학회 학술상 기초장려상(1998·1999·2009), 대한정형외과학회 학술상 임상장려상(2000·2010), 한림대 일송논문상(2002·2005), 대한정형외과학회 우수전시상(2004), 대한정형외과학회 학술상 기초본상(2006), 대한골대사학회 학술상 본상(2009), 동국학술대상(2011), 한국연구재단 선정 50대우수과제(2011), 국가과학기술위원회 선정 2012년국가100대우수과제(2011), 보건산업진흥원장표창(2012), 보건복지부장관표창(2012), 파미셀상(2016) [저]'Current trend in Hip Surgery(共)'(2002, Markel and Dekker) '장해판정기준(共)'(2005·2011, 서울의학사) '정형외과장애진단(共)'(최신의학사) '생체재료학(共)'(2009, 자유아카데미) '정형외과학(제7판·共)'(2013)

임권묵(林權默) LIM Kwon Mook

[생]1956·6·13 [출]충남 부여 [주]경기 안양시 만안구 삼덕로37번길22 안양대학교 컴퓨터공학과(031-467-0875) [학]1978년 경희대 전자공학과졸 1987년 미국 Western Illinois Univ. 대학원 컴퓨터과학과졸 1996년 이학박사(연세대) [경]1990년 연세대 컴퓨터과학과 시간강사 1991년 안양대 컴퓨터공학과 전임강사·조교수·부교수·교수(현) 2001년 同평생교육원장 2006년 同이공대학장 겸 첨단산업기술대학원장 2013년 同교양대학장 2014년 同일반대학원장(현) [저]'컴퓨터개론'(1993) '최신컴퓨터개론'(1997) '예제로 배우는 C언어 프로그래밍'(1998)

임권수(林權洙) LIM Kwon Su

[생]1958·12·17 [출]전남 화순 [주]서울 서초구 서초대로254 오퓨런스빌딩1210호 임권수법률사무소(02-585-0023) [학]1976년 광주제일고졸 1981년 서울대 법과대학졸 [경]1984년 사법시험 합격(26회) 1987년 사법연수원 수료(16기) 1987년 서울지검 남부지청 검사 1989년 광주지검 목포지청 검사 1991년 서울지검 검사 1994년 광주지검 검사 1995년 독일 연방법무성 연수 1996년 법무부 특수법령과 검사 1999년 서울지검 동부지청 부부장검사 1999년 광주지검 해남지청장 2000년 서울지검 부부장검사 2002년 대전지검 공안부장 2003년 대검찰청 과학수사과장 2004년 부산지검 형사2부장 2005년 서울중앙지검 형사2부장 2006년 창원지검 통영지청장 2007년 법무연수원 연구위원 2008년 서울고검 검사 2008년 대검찰청 파견 2009년 부산지검 동부지청장 2009년 서울고검 공판부장 2010년 광주고검 차장검사 2011년 전주지검장 2012년 서울북부지검장 2013년 사법연수원 부원장 2014년 변호사 개업(현)

임권택(林權澤) IM Kwon Taek

[생]1936·5·2 [출]전남 장성 [주]부산 해운대구 센텀중앙로55 동서대학교 임권택영화예술대학(051-320-2715) [학]2002년 명예 문학박사(가톨릭대) 2009년 광주 숭일고 명예졸업 2011년 명예 문학박사(전남대) [경]1962년 '두만강아 잘있거라'로 영화감독 데뷔·영화감독(현) 1981년 '만다라'로 베를린영화제 본선 1995년 임권택영화제 개최 1996년 영화연구소 이사장 1999년 영화진흥위원회(KOFIC) 위원 2002년 대한민국예술원 회원(영화·현) 2005년 국립공원 명예대사 2006년 아시아영화아카데미(Asian Film Academy, AFA) 교장 2007년 동서대 임권택영화예술대학 석좌교수(현) 2009년 상하이국제영화제 심사위원 2010년 방송통신위원회 기술자문위원 2010년 G20 성공기원스타서포터즈 2012년 (사)부산어머니그린운동본부 홍보대사 2012년 2013 실내·무도아시안게임 개·폐회식 총감독 2012~2014년 2014인천아시안게임 개·폐회식 총감독 2015년 미국 영화예술과학아카데미(AMPAS·미국 최고 영화상인 아카데미상 주관) 회원(현) 2015년 전남문화예술재단 명예대사 [상]대종상특별상(1974), 한국영화예술상 감독상(1977), 대종상 감독상(1978·1979·1986·1987·1993), 대종상 작품상(1981·1982·1985·1987·1989·1993), 보관문화훈장(1989), 서울시문화상(1991), 프랑스문화예술 공로훈장(1992), 상해국제영화제 감독상(1993), 후쿠오카아시아문화상(1997), 샌프란시스코영화제 구로자와상(1998), 하와이 국제영화제 최우수작품상(2000), 칸느영화제 감독상(2002), 유네스코 펠리니메달(2002), 금관문화훈장(2002), 호암상(2003), 만해대상(2004), 세계저작권관리단체연맹 골드메달(2004), 제55회 베를린영화제 명예황금곰상(The Honorary Golden Bear) 아시아 영화인 최초(2005), 두바이 국제영화제(DIFF) 평생공로상(2007), 프랑스 레지옹도뇌르 훈장(2007), 자랑스런 숭일인상(2009), 싱가포르국제영화제 평생공로상(2014), 도전한국인운동본부 '2014년 빛낸 도전한국인'(2015), 아시안필름어워즈 공로상(2015), 황금촬영상 공로상(2015), 제36회 영평상 공로영화인상(2016) [저]'나의 선택 나의 길'(1998, 산하) '영화 나를 찾아가는 여정(共)'(2007, 민음사) '임권택이 임권택을 말하다1, 2(共)'(2003, 현실문화연구) [작]'두만강아 잘있거라'(1961) '잡초'(1973) '증언'(1973) '왕십리'(1976) '족보'(1978) '깃발없는 기수'(1979) '만다라'(1981) '안개마을'(1982) '길소뜸'(1985) '티켓'(1986) '씨받이'(1986) '아다다'(1988) '장군의 아들'(1990) '개벽'(1990) '서편제'(1993) '태백산맥'(1994) '축제'(1996) '노는계집娼'(1997) '춘향뎐'(1999) '취화선'(2002) '하류인생'(2004) '천년학'(2007) '달빛 길어 올리기'(2010) '화장'(2013)

임귀섭(林貴燮)

[생]1958·3·12 [주]서울 강서구 하늘길78 한국공항공사 전략기획본부(1661-2626) [학]창신고졸, 경남대 법학과졸, 同대학원 북한학과졸 [경]2004년 한국공항공사 노무후생팀장 2006년 同조직법무팀장 2009년 同운영지원실 운영계획팀장 2010년 同운영지원실장 2010년 同경영관리실장 2012년 同군산지사장 2013년 同운영보안실장 2014년 同항공기술훈련원장 2016년 同전략기획본부장(상임이사)(현)

임규준(林奎俊) LIM Kyu Jun

[생]1963·3·26 [주]서울 종로구 세종대로209 금융위원회 대변인실(02-2156-9540) [학]서울 충암고졸, 연세대 경영학과졸 [경]1987년 매일경제신문 입사 2000년 同산업부 차장대우 2003년 同국제부장 직대 2004년 同편집국 부동산부장 2006년 同과학기술부장 2008년 同증권부장 2009년 同증권부장(부국장대우) 2010년 同편집국 지식부장(부국장) 2011년 同편집국 경제1부장(부국장) 201년 同뉴스속보국장 직대 2013년 매경닷컴 월간지 럭스맨·골프포위민 편집장 2014년 매일경제신문 전산제작국장 2016년 금융위원회 대변인(현)

임규진(林奎振) LIM Kwu Jin

[생]1964·2·7 [출]서울 [주]서울 종로구 청계천로1 채널A 보도본부(02-2020-3114) [학]청석고졸, 서울대 경제학과졸, 同대학원 경제학과졸 [경]매일경제신문 사회부 기자, 同경제부 기자, 문화일보 경제부 기자, 동아일보 경제부 기자, 同발전전략연구팀 기자, 同경영총괄팀 기자, 同경제부 차장, 同논설위원 2008년 同미래전략연구소장 2009년 관훈클럽 회계운영위원 2011년 동아일보 편집국 경제부장 2011년 同편집국 산업부장 2012~2015년 同편집국 부국장 2012~2015년 同편집국 인력개발팀장 2012~2015년 同청년드림센터장 2015년 채널A 보도본부장(현)

임규호(林圭浩) LIM Kyu Ho

[생]1945·10·11 [출]부산 [주]경남 양산시 유산공단7길42의1 진양산업(주) 임원실(055-382-8981) [학]1963년 장훈고졸, 국립수산대 산업경영학과졸 1995년 부경대 최고경영자과정 수료 [경]1966년 국제상사 입사 1968년 (주)진양 입사 1982년 동진실업 사장 1984년 (주)진우 이사 1987년 (주)진양 이사 1990년 同상무이사 1993년 성진포장공업(주) 대표이사 사장 1993년 건덕상사(주) 대표이사 사장 1996년 한서화학(주) 대표이사 1999년 (주)진양 대표이사 사장 2006년 同부회장 2007년 진양산업(주) 부회장(현) 2007년 한국폴리우레탄공업(주) 부회장 2008년 진양폴리우레탄(주) 부회장(현) 2011년 진양화학(주) 대표이사 겸임(현)

임규홍(林奎鴻)

[생]1969 [출]충남 논산 [주]세종특별자치시 도움5로20 국민권익위원회 행정심판국 행정심판심의관실(044-200-7802) [학]1988년 보문고졸 1992년 서울대 동양사학과졸 2008년 한국개발연구원(KDI) 국제정책대학원졸 [경]1991년 행정고시 합격(35회) 1999년 법제처 행정법제국 서기관 2000년 同사회문화법제국 서기관 2001년 同행정심판관리국 일반행정심판담당관실 서기관 2002년 同행정법제국 법제관 2004년 同행정심판관리국 일반심판담당관 2005년 同정책홍보관리실 법령총괄담당관 2006년 한국개발연구원(KDI) 국제정책대학원 파견 2008년 법제처 사회문화법제국 법제관 2008년 국민권익위원회 사회복지심판과장(부이사관) 2011년 同행정심판국 사회복지심판과장 2011년 同청렴교육과장 2011년 同행정심판총괄과장 2012~2015년 법제처 사회문화법제국 법제심의관(고위공무원) 2016년 국민권익위원회 행정심판국 행정심판심의관(고위공무원)(현)

임근배

[생]1967·4·14 [주]경기 용인시 기흥구 보정로5 삼성생명휴먼센터 용인 삼성 블루밍스 사무국(031-260-7560) [학]서울 광신상고졸, 경희대졸 [경]1998년 대전 현대 걸리버스 은퇴 1999년 인천 신세기 빅스 코치 2004~2013년 울산 모비스 피버스 코치 2015년 여자프로농구 용인 삼성 블루밍스 감독(현)

임근조(林根助) LIM GEUN JO

[생]1962·2·20 [출]전북 정읍 [주]경기 평택시 포승읍 평택항만길73 평택해양경비안전서(031-8046-2212) [학]2000년 미국 오클라호마시티대 대학원 형사정책학과졸 [경]1998년 부산해양경찰서 구조대장 2006년 해양경찰청 국제협력2팀장 2007년 駐말레이시아대사관 부영사 2011년 해양경찰청 경비안전국 수색교육과 계장 2012년 同경비안전국 해상안전과장 2013년 경찰대 치안정책과정 교육파견 2013년 해양경찰청 경비안전국 상황담당관 2014년 同해양경제단장 2014년 국민안전처 중앙해양특수구조단장 2016년 同평택해양경비안전서장(현)

임근찬(林根贊) Lim, Geun Chan

[생]1962·10·20 [본]나주(羅州) [주]세종특별자치시 도움4로13 보건복지부 사회복지정책실 복지정보과(044-202-3160) [학]1981년 마산고졸 1988년 아주대 산업공학과졸 1991년 한국과학기술원 대학원 산업공학과졸 2005년 공학박사(한국과학기술원) [경]1990~2005년 한국통신 부장 2005년 보건복지부 정보화담당관 2010년 同사회복지정책실 복지정보과장(현) [상]대통령표창(1999·2015)

임근창(林根昌) Lim Kun Chang

[생]1960·3·15 [본]나주(羅州) [출]대전 [주]대전 서구 둔산로100 대전광역시청 대중교통혁신단 기획홍보과(042-270-3041) [학]1978년 보문고졸 1985년 충남대 불어불문학과졸 [경]1987~1988년 충남도 금산군 근무 1989~1990년 대전시 중구·기획관리실 근무 1991~2002년 내무부·행정자치부 자치제도과 근무 2003~2004년 제주4.3사건진상규명위원회 파견(행정사무관) 2005~2007년 지방자치단체국제화재단 파리사무소 파견 2008년 행정안전부 선거의회과 행정사무관 2011년 同지방세분석과 서기관 2012년 세종특별자치시 녹색환경과장 2013년 교육 파견(서기관) 2015년 행정자치부 지방행정연수원 교육총괄과장 2016년 대전시 대중교통혁신단 기획홍보과장(현) [상]모범공무원표창(1997), 대통령표창(2012)

임근형(任根亨) YIM Geun Hyeong

[생]1959·8·18 [주]서울 종로구 사직로8길60 외교부 인사운영팀(02-2100-7139) [학]1982년 한국외국어대 정치외교학과졸 1985년 미국 터프츠대 플렛처교 국제정치학과졸(정치학석사) [경]1981년 외무고시 합격(15회) 1981년 외무부 입부 1986년 駐프랑스 2등서기관 1992년 駐모로코 1등서기관 1995년 駐프랑스 1등서기관 1998년 외교통상부 서구과장 2000년 駐호주 참사관 2002년 駐프랑스 참사관 2004년 외교통상부 구주국 심의관 2007년 同구주국장 2007년 同유럽국장 2008년 駐덴마크 대사 2011년 외교통상부 본부대사 2011년 국회의장 국제비서관 2013년 외교부 평가담당대사 2014년 駐헝가리 대사(현)

임기모(林基模) LIM Ki Mo (淸泉)

[생]1949·7·1 [본]평택(平澤) [출]경북 울진 [주]경기 부천시 원미구 소향로29 그린빌딩 4층 (주)세움 회장실(032-329-3377) [학]한영고졸, 한양대 경영학과졸, 중앙대 행정대학원 고위정책과정 수료 [경](주)스펙코어 대표이사, 서울 종암청년회의소 발기인·부회장, 경기도직장새마을협의회 운영위원, 한국석제품공업협동조합 감사, 민주평통 자문위원, 한국어린이재단 서울지부 후원회 운영위원, 한영중고·외국어고총동문회 부회장, 한국플랜트정보기술협회 운영위원(현), 한국CM간사회 정책고문(현), 한영포럼 회장(현), 한국도시철도협회 종신회원(현), 한나라당 제17대 대통령중앙선거대책위원회 산업자원위원회 수석부위원장, 체카토코리아(주) 회장, 대우조선해양(주) 고문, 새누리당 제18대 대통령중앙선거대책위원회 에너지융합위원회 위원장, 에너지자원산업발전연구회 감사(현), 온누리텔콤(주) 회장, 서울지방경찰청 경찰특공대발전위원회 위원(현), 국가혁신포럼 자문위원(현) 2013~2016년 대흥정보통신(주) 회장 2016년 (주)세움 회장(현), 중소기업진흥회 특별회원(현) [상]한국수출석재생산업조합 이사장표창, 북서울청년회의소 공로상, 한국청년회의소 서울지구청년회의소 공로상, 서울종암청년회의소 특별공로상, 서울시장표창, 한영총동문회 공로상, 새누리당 중앙위의장표창 [종]기독교

임기모(林起模) Lim Ki-mo

[생]1965·7·18 [출]부산 [주]서울 종로구 사직로8길60 외교부 중남미국(02-2100-7418) [학]부산진고졸 1989년 서울대 서어서문학과졸 1991년 연세대 대학원 국제학과졸 [경]1991년 외무고시 합격(25회) 1997년 駐상하이 영사 2000년 駐스위스 1등서기관 2002년 駐과테말라 참사관 2004년 외교통상부 중남미지역협력과장 2006년 同재외공관담당관 2007년 同재정기획관 2007년 駐미국 참사관 2011년 駐멕시코 공사참사관 겸 駐자메이카 대사대리 2014년 외교부 중남미국 심의관 2016년 同중남미국장(현) [저]'외교관의 솔직토크'(2011)

임기영(任基永) IM Kee Young

[생]1953·3·31 [출]인천 [주]서울 송파구 올림픽로289 시그마타워 (주)한라홀딩스 비서실(02-3434-5508) [학]1968년 인천 제물포고졸 1975년 연세대 경제학과졸 1980년 미국 조지워싱턴대 경영대학원졸(MBA) [경]1991~1998년 살로몬브라더스 Managing Director 겸 대표이사 1998년 삼성증권(주) 상무이사·전무이사·고문 2004~2008년 도이치증권(주) 한국부회장, 도이치은행 아시아글로벌기업금융 부회장 2008~2009년 IBK투자증권 대표이사 사장 2009~2012년 대우증권 대표이사 사장 2009년 한국금융투자협회 비상근부회장 2011년 한·호금융투자포럼 위원 2011년 금융위원회 금융발전심의위원회 위원 2012년 대우증권 고문 2013~2015년 연세대 경제대학원 특임교수 2014년 한라그룹 상임고문 2014년 만도 사내이사 2014년 (주)한라홀딩스 대표이사 사장 2015년 同대표이사 부회장(현) [상]매경이코노미 베스트애널리스트 시상식 공로상(2010), 이데일리 대한민국금융명품대상(2011) [종]기독교

임기영(林起永) LIM Ki Young

ⓢ1957·9·19 ⓑ안동(安東) ⓞ서울 ⓟ경기 수원시 영통구 월드컵로164 아주대학교병원 정신건강의학과 (031-219-5180) ⓗ1976년 신일고졸 1982년 연세대 의 대졸 1996년 가톨릭대 대학원졸(의학석사) 2006년 의학박사(가톨릭대) ⓒ1989년 연세의료원 정신과 연구강사 1990~1992년 서울정신과의원·광주정신병원 근무 1992~1994년 미국 뉴욕주립대 연수 1994년 아주대 의과대학 정신과학교실 교수(현) 2005년 同의과대학 인문사회의학교실 주임교수(현) 2007~2010년 同병원 정신과장 2007~2010년 同의대 정신과학교실 주임교수 2009년 한국의학교육평가원 의학교육인증단장 2010~2014년 아주대 의과대학장 겸 의학전문대학원장 2011년 한국의과대학·의학전문대학원장협회 이사 2013년 한국의과대학·의학전문대학원협회 이사 2014년 한국의학교육학회 부회장 겸 차기(2017년) 회장(현) ⓩ'소외되지 않는 삶을 위하여' ⓔ'인지치료의 실제' '길을 떠난 영혼은 한 곳에 머물지 않는다' '노인 우울증의 대인관계치료'

임기원(林基元) Kiwon Lim

ⓢ1962·6·25 ⓑ예천(醴泉) ⓞ서울 ⓟ서울 광진구 능동로120 건국대학교 사범대학 체육교육과(02-450-3827) ⓗ1980년 영동고졸 1984년 건국대 사료학과졸 1986년 同대학원 사료학과졸 1989년 일본 쓰쿠바대 대학원 체육과학연구과졸 1992년 체육학박사(일본 쓰쿠바대) ⓒ1992~1993년 캐나다 라발대 의대 생리학과 연구원 1994~1999년 인천대 경기지도학과 교수 1999년 건국대 사범대학 체육교육과 교수(현), 한국운동영양학회 편집위원장, 한국연구재단 문화융복합단 Chief Review Board 2014년 미국 세계인명사전 'Marquis Who's Who in the World 2015년판'에 등재 2014년 한국운동영양학회 회장(현) 2016년 건국대 사범대학장(현) ⓢ한국운동영양학회 최우수논문상, 인천대 우수연구자상 ⓩ'스포츠 영양·식사학'(1992) '스포츠 영양·생리학'(1997) '볼링지도법'(1997) '운동영양학(共)'(2002) '운동영양학(共)'(2011)

임기택(林基澤) LIM Ki-Tack

ⓢ1956·1·22 ⓞ경남 마산 ⓗ1973년 경남 마산고졸 1977년 한국해양대 항해학과졸 1989년 연세대 행정대학원졸 1991년 스웨덴 세계해사대학졸 1998년 한국해양대 대학원 해사법학 박사과정 수료 ⓒ1984년 사무관 특채 합격(25회) 1985~1994년 해운항만청 선박안전담당 사무관 1994년 국무총리실 중앙안전통제단 파견 1995년 해운항만청 선박검사담당 서기관 1996년 해양수산부 안전정책담당관 1998년 유엔 국제해사기구(영국 런던) 파견관 1998년 런던해무관클럽 회장 2001년 해양수산부 해사기술담당관 2002~2005년 국제해사기구(IMO)산하 협약준수전문위원회(FSI) 의장 2002년 해양수산부 해운정책과장 2003년 同중앙해양안전심판원 수석조사관 2004년 아·태지역 항만국통제위원회 의장 2005년 해양수산부 홍보관리관 2006년 同안전관리관 2006년 駐영국 공사참사관(국토해양관) 2009년 국토해양부 물류항만실 해사안전정책관 2011~2012년 同중앙해양안전심판원장(일반직고위공무원) 2012~2015년 부산항만공사 사장 2016년 유엔(UN)산하 국제해사기구(IMO) 사무총장(현) ⓢ대통령표창, 자랑스러운 해대인상(2011), 한국경제신문 인재경영부문 '올해의 CEO 대상'(2014) ⓡ천주교

임기호(任基昊) EEM Ki Ho

ⓢ1961·1·29 ⓑ풍천(豊川) ⓞ경북 경주 ⓟ서울 송파구 동남로234 엠티아이 비서실(02-421-4042) ⓗ학성고졸, 경북대 전자공학과졸 ⓒ1983~1995년 삼성전자(주) 근무 1996년 (주)엠티아이 대표이사 사장(현), (사)한국중소벤처기업연합회 부회장(현) ⓢ정보통신부 장관표창(2000), 국무총리표창(2005), 산업자원부장관표창(2005), 산업포장(2007), 장한한국인상 경영인부문 은상(2009)

임기환(林沂煥) Lim Key Hwan

ⓢ1962·8·20 ⓟ서울 양천구 안양천로1071 이대목동병원 안과(02-2650-5114) ⓗ1987년 서울대졸 1996년 同대학원졸 1999년 박사(서울대) ⓒ1996년 이화여대 의대 안과학교실 전임강사·조교수·부교수·교수(현), 이대목동병원 안과 전문의(현), 대한안과학회 상임이사, 한국사시소아안과연구회 이사 2014년 이대목동병원 IRB위원장(현) ⓩ'증례로 본 사시학(共)' '최신 사시학(共)'(2013)

임남규(林南圭) LIM, Nam Kyu

ⓢ1964·5·22 ⓞ강원 ⓟ강원 춘천시 중앙로1 강원도의회(033-256-8035) ⓗ태백기계공고졸, 관동대 경영학과졸 2009년 同경영대학원 경영학과 수료 ⓒ유일종합건설(주) 대표이사, 태백시생활체육회 회장(현), 태백국민체육센터 대표(현), 태백시지역사회복지협의체 대표위원(현), 춘천지검 영월지청 형사조정위원(현), 강원도축구협회 부회장(현), 관동대총동문회 부회장(현), 태백청년회의소 특우회 이사(현), 황지고 운영위원(현) 2008년 6.4재보선 강원도의원선거 출마(한나라당) 2010년 강원도의회 의원(한나라당·새누리당) 2010년 同기획행정위원회 위원, 同예산결산특별위원장, 同송전탑특별위원회 부위원장 2014년 강원도의회 의원(새누리당)(현) 2014~2016년 同운영위원회 위원장 2014·2016년 同기획행정위원회 위원(현) ⓢ전국지역신문협회 광역의원부문 의정대상(2015)

임남기(林楠基) Lim, Nam-Gi (甫容·添智)

ⓢ1962·9·26 ⓑ예천(醴泉) ⓞ경북 문경 ⓟ부산 남구 신선로428 동명대학교 건축공학과(051-629-2463) ⓗ1981년 대구 청구고졸 1985년 영남대 건축공학과졸 1987년 同대학원 건축공학과졸 1999년 건축공학박사(단국대) ⓒ1999년 신성대학 건축과 학과장 2000~2001년 동명정보대 건축공학과 전임강사 2001~2002년 同건축공학과장 2002년 同건축공학과 조교수 2002~2004년 同건축학부장 2004~2005년 同건축대학장 2005~2007년 한국부동산자산관리협회 회장 2006년 동명대 건축공학과 교수(현) 2009~2011년 同학생처장 2012~2014년 同건축디자인대학장 2012년 한국건축시공학회 부회장(현) 2012~2014년 한국구조물진단유지관리공학회 부회장(현) 2013년 한국초고층학회 부회장(현) 2014년 국토교통부 중앙기술심의위원(현) 2014년 한국건설관리학회 부회장(현) 2014년 교육부 선정 CK-1 BIM인력양성사업단장(현) 2016년 (사)한국구조물진단유지관리공학회 회장(현) ⓢ지식경제부장관표창(2010), 대한건축학회 논문상(2013), 한국구조물진단유지관리공학회 학술상(2013), 한국과학기술단체총연합회 논문상(2014), 대한건축학회지회 연합회 논문상(2014), 국토교통부장관표창(2014), 한국건축시공학회 학술상(2015) ⓩ'건축시공' '건축시공기술공법' '건축재료학' '건축재료실험' '건축품질관리' '건축적산·견적학' '건축시공프로세스' '건축일반구조학' '토목학 개론' '건축측량' 등 ⓡ불교

임남수(林南洙) LIM Nam Soo

ⓢ1964·4·16 ⓑ부안(扶安) ⓞ충남 연기 ⓟ인천 중구 공항로424번길47 인천국제공항공사 경영혁신본부(032-741-5493) ⓗ1982년 서대전고졸 1988년 충남대 철학과졸 1995년 同행정대학원 행정학과 수료 ⓒ1991년 법무부 대전출입국관리사무소 근무 1992~1999년 건설교통부 근무 1999~2004년 인천국제공항공사 감사팀장·재산운용팀장 2004년 同수입관리팀장 2006년 同객지원팀장 2006년 同운영계획팀장 2010년 同재무처장 2010년 同영업본부 항공영업처장 2013년 同터미널운영처장 2014년 同기획조정실장 2016년 同경영혁신본부장(현) ⓢ건설교통부장관표창(2002), 대통령표창(2006)

임내현(林來玄) LIM Nae Hyun

ⓢ1952·12·21 ⓑ평택(平澤) ⓞ광주 ⓟ서울 마포구 마포대로38 국민의당(02-715-2000) ⓗ1971년 경기고졸 1977년 서울대 법과대학졸 1985년 미국 텍사스주 서던메소디스트대졸 ⓒ1974년 사법시험 합격(16회) 1976년 사법연수원 수료 1976년 육군 법무관 1979~1986년 서울지검 동부지청·대전지검 천안지청·인천지검 검사 1986년 법무부 법무심의관실 검사 1988년 서울지검 고등검찰관 1989년 청주지검 제천지청장 1990년 법무연수원 기획과장 1992년 대검찰청 마약과장 1993년 서울지검 북부지청 특수부장 1994년 법무부 국제법무심의관 1995년 서울지검 형사5부장 1996년 同형사4부장 1997년 同형사2부장 1997년 대구지검 김천지청장 1998년 광주지검 순천지청장 1999년 대검찰청 범죄정보기획관 2000년 광주고검 차장검사 2001년 대검찰청 공판송무부장 2002년 전주지검장 2003년 대구고검장 2003~2006년 국제검사협회(IAP) 집행위원 2004년 광주고검장 2005년 법무연수원장 2006년 국제검사협회(IAP) 상원총신위원(현) 2006~2008년 법무법인 세종 고문변호사 2006년 열린우리당 법률구조위원장 2007년 미래에셋증권 사외이사 2007년 대통합민주신당 법률구조위원장 2008년 민주당 법률위원장 2008~2011년 同윤리위원회 부위원장 2010년 광주시환경운동연합 평생회원(현) 2011년 광주·전남발전정책포럼 이사장(현) 2011~2012년 민주통합당 정책위 부의장 2012년 제19대 국회의원(광주 북구乙, 민주통합당·민주당·새정치민주연합·국민의당) 2012년 국회 국토해양위원회 위원 2013년 국회 국토교통위원회 위원 2013년 국회 예산결산특별위원회 위원 2013년 민주당 광주시당 위원장 2014~2015년 새정치민주연합 광주시당 위원

장 2014~2016년 국회 법제사법위원회 위원 2014년 국회 동북아역사왜곡대책특별위원회 야당 간사 2015년 새정치민주연합 제1정책조정위원장 2016년 국민의당 법률위원회 위원장(현) [상]홍조근정훈장(1999), 황조근정훈장(2005), 법률소비자연맹 국회의원 헌정대상(2015) [저]'섬기는 일꾼의 행복한 세상 만들기'(2008) '내가 만난 세상 내가 배운 민심'(2011) [종]기독교

임대기(林大基) LIM Dai Ki

[생]1956 · 12 · 25 [출]경기 수원 [주]서울 용산구 이태원로 222 (주)제일기획 사장실(02-3780-2000) [학]서울 대광고졸 1981년 성균관대 신문방송학과졸 2000년 한국과학기술원 최고정보경영자과정 수료 [경]1981년 삼성전자 홍보실 입사 1994년 (주)제일기획 광고10팀장 2001년 同영업기획실장(상무) 2002년 同제2본부장 2005년 삼성 구조조정본부 홍보팀 상무 2006년 同전략기획실 기획홍보팀 전무 2008년 (주)제일기획 국내광고부문 전무 2009년 삼성 커뮤니케이션팀 전무 2010년 同커뮤니케이션팀 부사장 2012년 (주)제일기획 대표이사 사장(현) [상]조선일보 광고대상, 대한민국광고대상 금상, 매경 광고대상 광고인부문(2010), 한국광고주협회 올해의 광고인상(2014), 성언회 대외부문 '자랑스런 성균언론인상'(2014) [종]기독교

임대순(任大淳) Lim Dae Soon

[생]1952·7·10 [출]충남 서산 [주]서울 성북구 안암로145 고려대학교 공과대학 신소재공학부(02-3290-3272) [학]1978년 고려대 재료공학과졸 1981년 同대학원졸 1986년 공학박사(미국 일리노이주립대) [경]1979~1981년 산업정보기술원 연구원 1986~1988년 미국 표준기술연구원 연구원 1988~1991년 한국표준연구소 선임연구원, 책임연구원 1991년 고려대 공과대학 조교수·부교수, 同공과대학 재료공학부 교수, 同공과대학 신소재공학부 교수(현) 2004년 同반도체기술연구소장(현) 2014년 한국세라믹학회 회장 2014년 한국세라믹기술원 비상임이사 2011년 고려대 반도체·디스플레이녹색생산기술연구센터장(현) [종]기독교

임대식(林大植) Dae-Sik Lim

[생]1965 · 3 · 1 [출]서울 [주]대전 유성구 대학로291 한국과학기술원 생명과학과(042-350-2635) [학]1988년 서울대졸 1990년 同대학원졸 1996년 이학박사(미국 Univ. of Texas) [경]1996~1998년 미국 John Hopkins대 의대 박사 후 연구원 1998~2000년 미국 St. Jude Children's Research 병원 박사 후 연구원 2000~2002년 고려대 생명과학부 조교수 2002년 한국과학기술원(KAIST) 생명과학과 조교수 · 부교수 2010년 同생명과학과 교수(현) 2010년 同세포분열 · 분화창의연구단장(현) 2010~2012년 분자세포생물학회 세포주기분과 총무 및 회장 2014년 한국과학기술원(KAIST) 지정석좌교수(현) 2016년 한국과학기술한림원 정회원(이학부 · 현) [상]AACR Young Investigator Award(1998), AACR-ALFLAC Scholar in Cancer Research Award(1999), 한국과학기술원(KAIST) 학술상(2005)

임대윤(林大潤) LIM Dae Yoon (松庵)

[생]1957 · 7 · 3 [출]대구 [주]대구 동구 동대구로415 더불어민주당 대구시당(053-217-0700) [학]1976년 대륜고졸 1984년 영남대 법학과졸 1986년 서울대 대학원 외교학과졸 [경]1987년 박찬종 국회의원 정책기획실장 1990년 민주당 정책연구실장 1992년 同대구東甲지구당 위원장 1992년 同대구시지부 대변인 1995년 환경운동연합 지도위원 1996~1998년 (주)한백테크노 대표 1997년 한나라당 대구東甲지구당 위원장 1998 · 2002~2003년 대구시 동구청장(한나라당) 2007~2008년 대통령 사회조정1비서관 2012년 제19대 국회의원선거 출마(대구 동구甲, 민주통합당) 2016년 더불어민주당 대구동구甲지역위원회 위원장(현) 2016년 同대구시당 위원장(현) 2016년 同최고위원(현) [저]에세이집 '이제 희망을 이야기하자' [종]기독교

임덕래(林德來) LIM Duk Rae

[생]1955·3·20 [출]충남 예산 [주]경기 성남시 분당구 대왕판교로645번길12 경기창조경제혁신센터(031-8016-1102) [학]한양대 산업대학원 전자통신공학과졸 [경](주)KT 마케팅본부 마케팅전략팀장, 同서비스개발연구소장, 同멀티미디어연구소장(상무보) 2003년 국방대 파견 2003년 (주)KT SI/NI사업단장(상무보) 2004년 同정보화신도시사업협력단장 겸임 2005년 同SI사업본부장 2005년 同SI사업본부장(상무) 2006년 同충남본부장 2008년 同사업협력실장 2009년 同협력TFT장 2009년 同공공고객본부장(전무) 2011년 (주)KT네트웍스 부사장 2012~2015년 (주)KT cs 대표이사 2015년 경기창조경제혁신센터 센터장(현)

임덕호(林德鎬) LIM Duck Ho

[생]1954 · 3 · 28 [본]평택(平澤) [출]광주 [주]경기 안산시 상록구 한양대학로55 한양대학교 경제학부(031-400-5625) [학]1973년 광주고졸 1982년 한양대 경제학과졸, 미국 라이스대 대학원 경제학과졸 1986년 경제학박사(미국 라이스대) 2012년 명예박사(칠레 마요르대) [경]1987~1988년 금융연수원 강사 1994~2003년 한국주택학회 이사 1994년 국토개발연구원 자문위원 1994~1996년 한양대 안산캠퍼스 기획부처장 1995년 경제정의실천시민연합 상임집행위원 1996~1997년 미국 Univ. of Georgia 객원교수 1997~1999년 한양대 안산캠퍼스 사회교육원장 1997년 안산 경제정의실천연합 공동대표 1998년 한양대 경제학부 교수(현) 1998년 경실련 경기도협의회 상임공동대표 1998년 안산새교육공동체시민모임 회장 1999년 미국 세계인명사전 Who's Who in the World 등재 1999~2001년 한양대 안산캠퍼스 학생처장 2002~2004년 同안산캠퍼스 교무처장 2002년 안산환경개선시민연대 이사장 2003~2007년 서울증권 사외이사 2004년 경제정의실천시민연합 중앙위원회 부의장 2004년 건설교통부 주택공급제도검토위원회 위원 2006~2008년 한양대 경상대학장 2006년 한국주택학회 회장 2006년 서울시 분양가심의위원회 위원장 2007년 금융감독원 부동산신탁회사평가위원장 2007년 서울증권 고문 2008년 한국주택학회 명예회장 2009년 同고문(현) 2010~2011년 한양대 산업경영디자인대학원장 2011~2015년 同총장 2011~2015년 한양사이버대 총장 2012년 한국원격대학협의회 부회장 겸 이사 2014년 대통령직속 통일준비위원회 통일교육자문단 자문위원 2015년 2015광주하계유니버시아드대회 선수촌장 [상]안산시 문화상(2000), 한양대총장표창(2000 · 2002 · 2003 · 2004 · 2005 · 2007), 경기지방경찰청장표창(2003), 한국리서치 감사장(2003), 서울시장표창(2007), 한국주택학회 공로상(2007), 한양대총장상 행정종합평가최우수상(2008) [저]'경제학원론'(1991) '미시경제학'(1994) '非專攻者를 위한 경제학개론'(1995) '2010비전 안산'(1999) '미시경제학-기본이론과 사례분석'(2000) '교양경제-현실경제의 이해'(2002) '경제학-기초이론과 경제사례'(2006) [종]기독교

임도빈(任道彬) Im, To Bin

[생]1961 [주]서울 관악구 관악로1 서울대학교 행정대학원(02-880-5615) [학]1983년 서울대 사범대학 사회교육학과졸 1985년 同행정대학원졸 1987년 同대학원 행정학 박사과정 수료 1993년 사회학박사(프랑스 파리정치대) [경]1993~1999년 충남대 자치행정학과 교수 1999년 서울대 행정대학원 교수(현) 2000년 미국 조지워싱턴대 방문교수 2002년 뉴질랜드 오타고대 방문교수 2005년 프랑스 파리정치대 초빙교수 2015년 한국행정학회 회장 [저]'비교행정강의'(2004) '한국행정조직론'(2010) '한국지방조직론'(2011) '행정학-시간의 관점에서'(2014)

임도수(林都洙) LIM Do Soo

[생]1938·10·24 [본]부안(扶安) [출]충남 연기 [주]서울 강남구 논현로175길94 보성파워텍(주) 비서실(02-546-8300) [학]1958년 대경상고졸 1986년 서울대 경영대학원 최고경영자과정 수료 1986년 고려대 경영대학원 최고경영자과정 수료 1988년 연세대 행정대학원 고위정책결정자과정 수료 1990년 서울대 행정대학원 국가정책과정 수료 2005년 한국산업기술대 최고경영자과정 수료 2005년 명예 경영학박사(서울산업대) [경]1965~1977년 한국전력공사 근무 1978~2000년 보성물산 대표이사 회장 1989~1995년 한국전기공업협동조합 이사장 1995~2013년 한국전기산업진흥회 부회장 1996~2008년 안산상공회의소 회장 1996~2008년 대한상공회의소 감사 1998~2013년 한국공정경쟁연합회 이사 2000년 보성파워텍(주) 회장(현) 2000~2008년 경기도경제단체연합회 부회장 2002~2010년 법무부 범죄예방위원연합회 부회장 겸 안산지역협의회장 2008년 안산상공회의소 명예회장 2009~2012년 한국중견기업연합회 부회장 2010년 (사)평화통일국민포럼 공동이사장(현) 2010년 한국디자인경영협회 회장 2012년 서울대총동창회 이사(현) 2015년 민주평통 자문위원(현) [상]상공부장관표창(1982), 국무총리표창(1983·1996), 수출의탑(1983), 경기도지사표창(1985), 중부지방국세청장표창(1985), 산업포장(1990), 재정경제부장관표창(1998), 금탑산업훈장(2005), 서울대 AMP대상(2014)

임도헌(林度憲) IM DO HUN

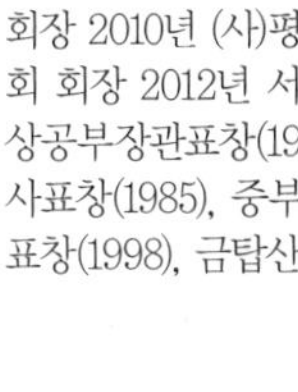

[생]1972 · 6 · 9 [본]평택(平澤) [출]경북 경산 [주]서울 강남구 테헤란로114 삼성블루팡스 배구단(02-3453-1088) [학]경북체고졸, 성균관대졸 [경]2004년 남자배구 청소년대표 코치 2005년 남자배구 국가대표 코치 2006~2015년 대전 삼성화재 블루팡스 코치 · 수석코치 2007년 V리그 준우승 2007년 한 · 일 탑매치 준우승 2008~2014년 V리그 7연속 우승(한국프로 스포츠 최초) 2008년 KOVO컵 준우승 2009년 부산 · IBK기업은행 국제배구대회 우승 2015년 삼성 블루팡스 감독(현) [종]불교

임돈희(任敦姬·女) YIM Dawnhee

⊗1944·3·13 ⊕서울 ⊛서울 중구 필동로1길30 동국대학교(02-2260-8617) ⊕1969년 서울대 고고인류학과졸 1977년 민속학박사(미국 펜실베이니아대) ⊚1974년 숙명여대 강사 1978년 미국 메릴랜드대 강사 1978년 미국 인디아나대 민속학연구소 연구원 1981년 동국대 인문학부 사학과 교수 1986년 미국 인디아나대 초빙교수 1996~1998년 한국문화인류학회 회장 1999~2004년 유네스코 세계무형문화유산선정 국제심사위원 2001년 문화재위원회 무형문화재예능분과 위원 2003년 프랑스 파리 국립사회과학고등대학원(L'ECOLE des HAUTES ETUDES en SCIENCES SOCIALS) 초빙교수 2007~2008년 한국민속학회 회장 2009~2015년 문화재위원회 부위원장 2009~2015년 同무형문화재분과위원장 2009년 同세계유산분과위원 2010년 동국대 문화예술대학원 석좌교수(현) 2010년 유네스코 아이티문화유산보호 국제전문가(현) 2011~2015년 同아태무형문화센터 부이사장 겸 자문위원장 2013~2015년 문화재청 미래를위한한국가유산자문위원회 위원 2013~2014년 한국무형유산진흥센터 이사장 2015년 대한민국학술원 회원(민속학·현) ⊛일맥학술대상(2005), 문화훈장(2006), 강릉시 명예시민(2006) ㉑'Ancestor Worship and Korean Society'(共) 'Making Capitalism'(共) '조상제례'(1990) '문화인류학자 임돈희교수의 아프리카문화산책'

임동규(任東圭) YIM Dong Gyu

⊗1964·4·10 ⊕전남 목포 ⊛경기 이천시 부발읍 경충대로2091 SK하이닉스 공정센터(031-630-4114) ⊕1981년 목포고졸 1985년 서울대 물리학과졸 1990년 同대학원 기하광학과졸 1994년 기하광학박사(서울대) ⊚1995년 (주)하이닉스반도체 메모리연구소 수석전문연구원 1997~2002년 산업자원부 심의위원 2003년 국책연구사업단 기획위원 2007년 (주)하이닉스반도체 메모리연구소 수석전문연구원(상무보급) 2012년 SK하이닉스 미래기술연구원 MASK기반기술그룹 상무 2015년 同공정센터장(전무)(현) ⊛제1회 하이닉스 스타상(2002), 과학기술재단 이달의 엔지니어상(2004)

임동락(林東洛) LIM Dong Lak

⊗1954·1·21 ⊕대전 ⊛부산 서구 대신공원로32 동아대학교 예술대학 조각학과(051-200-1940) ⊕1980년 홍익대 미대졸 1984년 同대학원졸 ⊚동아대 예술대학 조각학과 교수(현), 同예술대학 미술학부장, 한국미술협회 부산지회 국제위원장, 부산국제야외조각심포지움 운영위원장, 개인전 9회, 이시하라마 국제조각심포지엄(일본 고베), 트리앙젤아트전(니스), 미술시계전(가나화랑), 가나자와 현대조각전(일본), 아시아에서 아시아로전(일본 요코하마), 서울정도600주년기념 서울국제현대미술제(국립현대미술관) 2013~2014년 동아대 석당미술관장 2015년 (사)부산비엔날레조직위원회 제9대 집행위원장(현) ⊛부산예술문화단체총연합회 공로상, 부산의료원 환경조형물지명공모 당선, 부산미술협회 공로상, 월성원자력 상징조형물 지명공모 1위, 신천교 교명주 조형물 지명공모 1위, 축산업협동조합 상징조형물 공모 1위 등 ㉑'CHIM GROSS논' '조각의 환경공간에 관한 연구' '현대 사회에 있어 환경조각의 의미' '한국형 도시공원 개발모색' '해양도시 부산의 문화 발전방안' '21세기 문화를 위한 시각'

임동본(林東本)

⊗1950·6·12 ⊛경기 수원시 팔달구 효원로1 경기도의회(031-8008-7000) ⊕경희대 테크노경영대학원 체육학과졸 ⊚체육관장(현), 성남시태권도협회 회장, 명지대 사회교육원 객원교수(현) 2014년 경기도의원선거 출마(새누리당) 2016년 경기도의회 의원(보궐선거 당선, 새누리당)(현) 2016년 同안전사회건설특별위원회 위원(현) 2016년 同문화체육관광위원회 위원(현)

임동석(任東錫) YIM DONG SEOK

⊗1968·4·6 ⊕풍천(豊川) ⊕충남 부여 ⊛서울 강남구 논현로105길8 (주)바이오리더스 임원실(02-3453-9031) ⊕1986년 충남 부여고졸 1994년 아주대 불어불문학과졸 ⊚1990년 아주대총학생회 부회장 2003년 (주)동원F&B GNC 팀장 2003~2006년 (주)KT&G 휴럼총괄실장 2006~2011년 (주)네추럴에프앤피 대표이사 사장·고문 2008~2009년 (주)엔알디 사장 2011~2014년 (주)셀트리온제약 국내개발본부 상무 2014년 (주)바이오리더스 CMO(현) ㉑'망고스틴의 자연기적'(2007, 행정경영자료사) '미래성장산업 기능식품 마케팅'(2010, 기능식품신문)

임동원(林東源) LIM Dong Won

⊗1934·7·25 ⊕나주(羅州) ⊕평북 위원 ⊛서울 마포구 효창목길6 한겨레신문사3층 한겨레통일문화재단(02-706-6008) ⊕1950년 평북 신성고졸 1957년 육군사관학교졸(13기) 1961년 서울대 문리과대학 철학과졸 1964년 同행정대학원졸 2002년 명예 정치학박사(인제대) 2014년 명예 정치학박사(원광대) ⊚1964~1969년 육군사관학교 조교수 1973년 합동참모본부 전략기획과장 1977년 육군본부 전략기획처장 1980년 예편(육군 소장) 1981년 駐나이지리아 대사 1984년 駐호주 대사 1988~1992년 외교안보연구원 원장 1990년 군비통제기획단장 1990년 남북고위급회담 대표 1992년 통일원 차관 1992년 남북교류협력분과 위원장 1993년 민족통일중앙협의회 의장 1994년 세종연구소 객원연구위원 1995년 아·태평화재단 사무총장 1998년 대통령 외교안보수석비서관 1999년 통일부 장관 1999년 국가정보원 원장 2001년 통일부 장관 2001~2003년 대통령 외교안보통일특보 2004~2008년 (재)세종재단 이사장 2006년 김대중평화센터 상임고문(현) 2006년 대통령자문 통일고문회의 고문 2008년 한겨레통일문화재단 이사장(현) 2008년 인제대 석좌교수(현) 2009년 한반도평화포럼 공동대표(현) 2013년 서울시 남북교류협력위원회 위원장(현) ⊛보국훈장 삼일장(1970), 대통령표창(1972), 보국훈장 천수장(1978), 황조근정훈장(1993), 청조근정훈장(2001), 한겨레통일문화상(2004), 민족화해상(2008), 심산김창숙연구회 제19회 심산상(心山賞)(2016) ㉑'혁명전쟁과 대공전략'(1967, 탐구당) '남북통합과정관리에 관한 기본구상'(1993, 통일원) 임동원회고록 '피스메이커 : 남북관계와 북핵문제20년'(2008, 중앙북스) 임동원회고록 '피스메이커-증보판'(2015, 창비) ⊚기독교

임동진(林東鎭) LIM Dong Chin

⊗1943·12·24 ⊕서울 ⊛서울 중구 퇴계로97 고려대연각타워1701호 법무법인 남산(02-777-0550) ⊕1962년 경기고졸 1966년 서울대 법대졸 1969년 同사법대학원졸 1974년 행정학박사(서울대) 1975년 독일 프라이부르크대 대학원 연수 ⊚1967년 사법고시 합격(8회) 1969~1972년 해군 법무관 1972~1974년 대전지법 판사 1974~1976년 同홍성지원·서산지원 판사 1976~1977년 독일 프라이부르크(Freiburg) 지방법원 독일법원실무 연수 1977~1978년 서울지법 성북지원 판사 1978~1980년 서울민사지법 판사 1980~2002년 남산합동법률사무소 대표변호사 1983년 대한상사중재원 중재인 1984~1990년 사법연수원 강사 1987~1989년 서울지방변호사회 총무이사 1988~1996년 대법원 송무제도개선위원회 위원 1989~1991년 대한변호사협회 대의원 1989~1991년 同법제원 1989~1992년 (사)소비자보호단체협의회 자문위원 1989~1996년 조달청 법률고문 1991~1993년 서울지방변호사회 교육위원장 1991~1993년 한일변호사협의회 재무이사 1992~1996년 서울지방변호사회 이사 1993~1995년 (사)한국중재학회 이사 1993~1995년 대한변호사협회 이사 1993~1995년 대법원 사법제도심의 연구위원 1994년 한국법학원 대의원 겸 법률신문 논설위원 1995년 (재)서남재단 감사 1997~1998년 방송위원회 보도교양심의위원회 위원 1998년 대한변호사협회 윤리위원 1998~2000년 SK상사(주) 사외이사 2000년 방송위원회 법률자문특별위원회 위원 2002년 법무법인 남산 대표변호사 2007년 同고문변호사(현) ⊛한국법학원 장상(1969), 서울지방변호사회 공로상(1992) ㉑'중국진출의 경제적 법적 배경'(共) '통일독일과 구 재산권에 대한 정책' '동독지역내에서의 사법의 재편성'(1990) '법정중심주의를 제창하며'(1990)

임동현(林東賢) IM Dong Hyun

⊗1986·5·12 ⊕충북 ⊛충북 청주시 상당구 상당로155 청주시청 체육청소년과 직장운동경기부(043-200-2247) ⊕2005년 충북체육고졸 2009년 한국체육대졸 ⊚1995년 양궁 입문 2002년 유럽그랑프리 3차리그 개인전 3위·단체전 2위 2002년 7회 주니어세계선수권대회 개인전 2위·단체전 1위 2002년 부산아시안게임 개인전 3위·단체전 1위 2003년 유럽최종그랑프리대회 단체전 1위 2003년 제42회 세계선수권 대회(미국 뉴욕) 개인전 2위·단체전 1위 2003년 프레올림픽(그리스 아테네) 개인전 1위·단체전 1위 2004년 유럽그랑프리2차대회(독일 휠) 단체전 2위 2004년 제28회 아테네올림픽 단체전 금메달 2005년 코리아국제양궁대회 개인전 우승 2006년 카타르 도하아시안게임 개인전 및 단체전 금메달(2관왕) 2007년 양궁 최우수선수 선정 2007년 프레올림픽 단체전 우승 2008년 국제양궁연맹월드컵 개인전 동메달 2008년 제3차 양궁월드컵 개인전 금메달 2008년 제4차 양궁월드컵 단체전 금메달 2008년 제29회 베이징올림픽 남자양궁 단체전 금메달 2009년 청주시청 양궁단 소속(현) 2009년 국제양궁연맹월드컵 단체전 금메달 2009년 양궁세계선수권대회 남자 리커브 단체전 금메달·개인전 은메달 2010년 제16회 광저우아시안게임 양궁 국가대표 2010년 FTTA 양궁월드컵 3차대회 남자 개인전 동메달 2010년 제44회 전국남녀양궁종별선수권대회 남자 일반부 우승 2010년 국제양궁연맹(FITA) 월드컵파이널 은메달 2010년 광저우아시

안게임 단체전 금메달 2011년 제46회 세계양궁선수권대회 리커브 남자 단체전 금메달 2011년 제26회 중국하계유니버시아드 남자 리커브 개인전 금메달 2011년 프레올림픽 남자 양궁 단체전 동메달·개인전 은메달 2012년 FITA 양궁월드컵 2차대회 남자 단체전 동메달·혼성전 금메달 2012년 제29회 회장기 전국대학실업 양궁대회 남자 일반부 동메달 2012년 제30회 런던올림픽 양궁 남자 단체전 동메달 2013년 중국 상하이 양궁월드컵 1차대회 남자 단체전 금메달 2013년 폴란드 세계양궁연맹(WA) 4차 월드컵 남자 단체전 금메달 2014년 제95회 전국체육대회 남자 일반부 개인전 은메달 2015년 세계양궁연맹(WA) 월드컵 4차대회 리커브 남자 단체전 금메달·혼성전 금메달·남자부 개인전 은메달 [상]한국페어플레이상 남녀단체부문(2011), 2011 대한양궁협회 신기록상(2012) [종]불교

임동호(林東昊) IM Dong Ho

[생]1968·11·7 [출]울산 [주]울산 남구 봉월로41 해조빌딩 6층 더불어민주당 울산시당(052-257-8574) [학]1986년 학성고졸 1990년 성균관대 공과대학 섬유공학과졸 1993년 부산대 산업대학원졸 2004년 공학박사(성균관대) [경]1995년 (주)대우연구소 연구원 1996년 하나환경·하나산업·하나메디칼 대표 1998년 하나베스트 대표(현) 2001~2004년 멤스웨어(주) 기술이사 2001년 우리병원 이사장 2001년 메드플러스병원 이사장 2002년 울산시 남구청장선거 출마(새천년민주당) 2002년 새천년민주당 울산南지구당 제16대 대통령선거대책위원장, 대통령직속 국가균형발전위원회 자문위원 2004년 멤스웨어(주) 이사 2005년 열린우리당 울산시당 위원장 2006년 울산시 남구청장선거 출마(열린우리당) 2008년 제18대 국회의원선거 출마(울산中, 통합민주당) 2008~2012년 민주당 울산중구지역위원회 위원장 2008~2012·2016년 同울산시당 위원장(현) 2008년 同당무위원 2010년 울산시 중구청장선거 출마(민주당) 2011년 4·27재보선 울산시 중구청장선거 출마(민주당) 2012년 민주통합당 사무부총장 2014년 새정치민주연합 중앙위원 2014년 울산시 중구청장선거 출마(새정치민주연합) 2014~2015년 새정치민주연합 울산중구지역위원회 위원장 2015년 더불어민주당 울산중구지역위원회 위원장(현)

임두순(任斗淳) Lim Doosoon

[생]1964·9·1 [주]경기 수원시 팔달구 효원로1 경기도의회(031-8008-7000) [학]동화고졸, 인천대 기계공학과졸 [경]도농동통장협의회 회장, 경기 동화고 총동문회장, 가운고 운영위원장, 경기도주민자치회 부회장, 민주평통 자문위원, 새누리당 경기도당 홍보위원회 부위원장, (사)대한휘타구협회 남양주시연합회 회장, 도농동주민자치위원회 위원장(현) 2014년 경기도의회 의원(새누리당)(현) 2014년 同기획재정위원회 위원 2014년 同윤리특별위원회 위원 2015년 同예산결산특별위원회 위원 2015년 同남북교류추진특별위원회 간사 2015년 同장기미집행도시공원특별위원회 간사(현) 2016년 同운영위원회 간사(현)

임득문(林得文)

[생]1959·11·25 [출]전북 정읍 [주]서울 양천구 목동동로 309 중소기업유통센터 사장실(02-6678-9091) [학]1978년 칠보종고졸 1986년 국민대 무역학과졸 2001년 숭실대 대학원 노사관계학과졸 [경]1986년 중소기업진흥공단 입사 1986~1991년 同사업1부·지도관리부·기획조정실·조사부 근무 1991~1998년 同조사부·감사실·기금관리처 근무 1998~2001년 同벤처창업팀·인천지역본부·수출지원팀 근무 2001년 同관리실 부장 2003년 同지도지원팀 부장 2004년 同구조고도화사업처장 2009년 同전남동부지부장 2010년 同신용관리처장 2012년 同경남지역본부장 2013년 同기금관리실장 2014년 同중남부권본부장 2015년 同부이사장 겸 기획관리본부장 2016년 중소기업유통센터 대표이사 사장(현)

임만규(林萬奎) LIM Man Kyu

[생]1965·9·27 [본]평택(平澤) [출]강원 원주 [주]서울 종로구 사직로8길60 외교부 인사운영팀(02-2100-7136) [학]서울 한영고졸, 성균관대 행정학과졸, 서울대 대학원 행정학과 수료 [경]총무처 행정관리담당, 국무총리실 회계화추진기획반 근무 2000년 행정자치부 조직정책과 서기관 2003년 同정부혁신기능분석단 서기관 2006년 同기능분석팀장 2007년 同기능분석팀장(부이사관) 2007년 대통령비서실 파견 2008년 행정안전부 정부인력조정지원단 실무추진단장 2008년 한국정보사회진흥원 전문위원 2010년 행정안전부 정보화총괄과장 2010년 2014인천아시아경기대회조직위원회 사업본부장 겸임 2011년 국가기록원 기록관리부장(고위공무원) 2011년 충남도 기획관리실장 2013년 국방대 파견(부이사관) 2014년 안전행정부 윤리복무관 2014년 인사혁신처 윤리복무국장 2015년 駐태국대사관 공사참사관(현)

임만성(任晩成) Man-Sung Yim

[생]1959 [주]대전 유성구 대학로291 한국과학기술원 원자력 및 양자공학과(042-350-3836) [학]1981년 서울대 원자핵공학과졸 1983년 同대학원 원자핵공학과졸 1987년 핵공학박사(미국 신시내티대) 1991년 미국 하버드대 대학원 환경보건학과졸 1994년 환경보건학박사(미국 하버드대) [경]1981~1982년 한국원자력연구소 연구원 1987~1990년 同선임연구원 1989년 서울대 원자력공학과 강사 1994년 미국 매사추세츠공과대학 원자력공학과 강사 1995~2011년 미국 노스캐롤라이나주립대 원자력공학과 부교수·교수 2004~2011년 미국 노스캐롤라이나주 정부환경위해물질평가과학자문위원회 위원 2004년 Progress in Nuclear Energy 저널 편집자문위원(현) 2005~2008년 미국 아이다호국립연구소 핵비확산연구부 기획자문위원 2009~2011년 미국 오크리지국립연구소 위원 2011년 한국과학기술원(KAIST) 원자력 및 양자공학과 교수(현) 2014년 同핵비확산교육연구센터장(현)

임만직(林滿稷) LIM Mahn Jick

[생]1938·1·17 [출]평남 평원 [주]서울 강남구 봉은사로 133 MJL테크놀러지 비서실(02-6200-2000) [학]1956년 경기고졸 1960년 서울대 화학공학과졸 1963년 미국 캘리포니아대 버클리교 대학원졸 1967년 공학박사(미국 캘리포니아대 버클리교) [경]1967~1987년 미국 AT&T Engineering Research Center 책임연구원 1988년 한국MJL(주) 대표이사 사장 1998년 MJL텔레콤(주) 대표이사 사장 2001년 MJL테크놀러지(주) 사장 2003년 同대표이사 회장(현) [상]21세기경영인클럽 신산업경영대상 [종]천주교

임맹호(林孟鎬) LIM Maeng Ho

[생]1950·9·9 [주]서울 광진구 자양로38길10 보덕메디팜(주) 회장실(02-463-0500) [학]1975년 건국대 경영대학졸 1992년 고려대 경영대학원 수료 [경]1984~1986년 풍전약품(주) 상무이사 1986년 보덕메디칼(주) 대표이사 회장 1995년 서울시의약품도매협회 부회장, 한국의약품도매협회 약국유통위원장, 同부회장, 보덕메디팜(주) 대표이사 회장(현) 2014~2015년 약업발전협의회 회장 2015년 (사)한국의약품유통협회 서울지회장(현) [상]보건복지부장관표창(1996)

임명규(任明圭) YIM Myung Gyu

[생]1957·12·12 [본]장흥(長興) [출]전남 보성 [주]전남 무안군 삼향읍 오룡길1 전라남도의회(061-286-8180) [학]광주대 법학과졸 2009년 同대학원 법학과졸 [경]2001~2009년 벌교농협 제9·10대 조합장 2006~2009년 전국참다래협의회 회장 2010년 전남도의회 의원(민주당·민주통합당·민주당·새정치민주연합) 2010년 同건설소방위원장 2011~2014년 전남도립대 신재생에너지전기과 겸임교수 2012년 전남도의회 부의장 2013년 국제라이온스협회 355-B3(전남동부)지구 기획부총재, 민주평통 자문위원, 민주당 중앙당 대의원, 同전남도당 직능위원장 2014년 전남도의회 의원(새정치민주연합·더불어민주당)(현) 2014년 同기획사회위원회 위원 2016년 同의장(현) 2016년 전국시·도의회의장협의회 감사(현)

임명미(任明美·女) IM Myung Mi

[생]1941·7·25 [본]풍천(豊川) [출]전남 목포 [학]1959년 목포여고졸 1963년 서울대 농업대학 농가정학과졸 1976년 고려대 사범대학 이학석사 1988년 이학박사(성신여대) [경]1964~1967년 서울대 조교 1967~1970년 제주대 조교 1970~1976년 상지전문대학 의상학과 조교수·부교수 1976년 동덕여대 가정과 강사 1979~1998년 同가정과 조교수·부교수·교수 1993~1994년 同박물관장 1998~2006년 同교양학부 교수 1998년 우리옷공모전 심사위원장 2002~2004년 KBS역사극 복식고증 자문위원 2007년 동덕여대 명예교수(현), 동양고대복식문화연구원 원장(현) 2008~2010년 서울대 농업생명과학대학 농가정학과 동창회장 2010~2012년 목포여고동창회 회장 [상]옥조근정훈장(2006), 서울대 자랑스러운졸업생대상(2009), 한국농업교육을 빛낸 100인 선정(2009) [저]'옷과 장신구와 옷입는 것에 대한 여러가지'(1984) '바람직한 현대여성'(1985) '중국 고대 복식연구'(1989) '몽고복식'(1991·1992) '복식문화'(1993) '한국의 복식문화 Ⅰ·Ⅱ'(1995·1996) '인간관계와 생활예절'(1997) '패션과 디자인, 그리고 문화'(1998) [종]천주교

임명순(任明淳) YIEM Myoung Soon

[생]1946 · 12 · 5 [출]충북 청주 [주]경기 수원시 팔달구 수성로92 농림회관별관3층 한국과수협회(031-269-6162) [학]청주농고졸, 충북대 농학과졸 [경]2000년 농촌진흥청 고령지농업시험장장 2002년 同원예연구소장(농업연구관) 2004~2006년 同정책연구위원(과실종합생산체계 연구담당) 2006년 한국과수협회 회장(현)

임명진(林明鎭) LIM Myung Jin (東皐)

[생]1952 · 10 · 3 [본]나주(羅州) [출]전북 장수 [주]전북 전주시 덕진구 백제대로567 전북대학교 국어국문학과(063-270-3172) [학]1972년 한양공고졸 1980년 전북대 국어교육과졸 1983년 同대학원 국어국문학과졸 1988년 문학박사(전북대) [경]1973~1976년 육군 포병 1985년 경향신문 신춘문예에 문학평론 당선 1989~1991년 군산수산대 전임강사 1991~2004년 전북대 국어국문학과 전임강사 · 조교수 · 부교수 1995~1997년 한국현대문학이론학회 회장 1996~2000년 국어국문학회 이사 1999~2000년 중국 북경언어문화대 초청교수 · 북경한글학교장 2002~2004년 전북대 전라문화연구소장 2004년 同국어국문학과 교수(현) 2005~2007년 전북작가회의 회장 2007~2009년 한국민족예술인총연합 전북지회 회장 2008~2009년 한국언어문학회 회장 2009~2011년 6.15공동선언실천 남측위원회 운영위원 2009~2011년 同전북본부 상임의장 2011~2013년 전북도 문화예술위원회 위원 2015년 늘인문학회 회장(현) [상]경향신문 신춘문예 문학평론 당선(2008, 경향신문), 김환태평론문학상(2016) [저]'페미니즘 문학론(編)'(1996, 한국문화사) '문학의 비평적 대화와 해석'(1997, 국학자료원) '판소리의 공연예술적 성격'(2003, 민속원) '판소리 단가(編)'(2003, 민속원) '탈경계의 문학과 비평'(2008, 태학사) '한국의 서사전통과 근대소설'(2008, 문예출판사) '한국 현대문학과 탈식민성(共)'(2012, 역락) '한국현대문학사'(2014, 역락) [역]'문학의 의미'(1987, 산아출판사) '구술문화와 문자문화'(1995, 문예출판사) [작]평론 '역설과 고통의 언어'(1985, 경향신문) 외 50여편

임명진(林命鎭) LIM Myoung Chin

[생]1954 · 4 · 2 [본]안동(安東) [출]경북 안동 [주]경기 군포시 산본로267 군포시시설관리공단(031-390-7601) [학]1971년 안동고졸 [경]1998년 경기도 경제투자관리실 공업지원과 행정사무관 2000년 同건설도시정책국 지역정책과 지역계획담당 2001년 同기획관리실 정책기획관실 Task Force팀장 2001~2003년 同기획관리실 정책기획관실 의회협력담당 · 확인평가담당 2003년 同환경국 환경정책과 환경기획담당 2005년 同의회사무처 자치행정전문위원(서기관) 2007년 同교통국 철도항만과장 2008년 同기획관리실 · 기획조정실 경쟁력강화담당관 2009년 여주군 부군수 2011~2013년 군포시 부시장 2014년 군포시시설관리공단 이사장(현) [상]대통령표창(2001), 녹조근정훈장(2008)

임명철(林明哲) LIM Myeong Chul

[생]1961·1·19 [주]충남 아산시 탕정면 탕정로212 삼성코닝어드밴스드글라스(041-520-5412) [학]국민대 기계공학과졸 [경](주)삼성코닝 디스플레이제조그룹 근무, (주)삼성코닝정밀유리 SCM법인장(상무) 2008년 삼성코닝정밀소재 타겟제조기술담당 2014년 삼성코닝어드밴스드글라스 OLED글라스사업팀장 2014년 同대표이사(현)

임무생(林茂生) Moo-saeng, Lim (자운)

[생]1944·4·5 [본]평택(平澤) [출]울산 [학]1961년 부산공고졸 1973년 한양대 공대 기계공학과졸 1994년 서울대 공대 최고산업전략과정 수료 [경]1983년 대한전선(주) 과장 1990년 대우전자(주) 가전개발부장 1991년 세계최초 공기방울세탁기 발명 1992년 무소음 진공청소기 발명 1994년 상공자원부 산학연 기술교류회 생활가전분야위원 1996년 대우전자(주) 생활가전사업부 부장·이사 1998년 복합식(가열+초음파) 가습기 발명 1998년 산업자원부 기술개발기획평가단 위원 1999년 대우전자(주) 가전전략연구소담당 상무이사 2001년 (주)테크라프 대표이사 2003년 무생기술연구소 소장(현) 2004년 한국과학기술정보연구원 ReSEAT프로그램 전문연구위원 2006~2008년 한양대 신뢰성분석연구센터 연구부교수 [상]대통령표창(1978), 석탑산업훈장(1992), 과학기술처장관표창(1992·1994·1998), 연세대총장상(1994), 여의도연구소장상(2007), 서울시장표창(2007) [저]'한국적 슬기가 세계를 이긴다'(1993) '벤처기업과 기술경영'(2007) 'PReSS 부품설계'(2007) '사출가공과 금형'(2008) '플라스틱 제품설계'(2008) '요소설계 신뢰성공학'(2008) '정보system 신뢰성공학'(2008) 'Plastic 최적설계'(2008) 'Engineering plastic 신뢰성공학'(2008) '자동차 부품의 신뢰성엔지니어링'(2011) '한국적 심혜가 글로벌을 지배한다'(2011) [역]'품질보증을 위한 신뢰성 입문'(2009) [작]기술혁신성공사례 발표회 '공기방울세탁기 개발사례'(1992, 기술혁신학회) '공기방울세탁기 개발성공사례'(1992, 현대경영) '대우전자 세탁기연구소 임무생 소장과 함께'(1994, 한국과학기술단체총연합회) '세탁기개발과제와 발전방향'(1994, 전자신문) '전기 가습 기술'(1996, 전자신문) '인버터 조명기술'(1996, 전자신문) '지식과 경험의 접목'(1996, 전자신문) '차별화된 기술개발 전략'(1996, 전자신문) [종]불교

임무송(林茂松) LIM Mu Song

[생]1963 · 2 · 26 [출]경북 영덕 [주]서울 영등포구 문래로20길56 서울지방노동위원회 위원장실(02-3218-6077) [학]1981년 의정부고졸 1988년 서강대 경영학과졸 1990년 서울대 행정대학원 행정학과졸 1995년 영국 런던정경대(LSE) 대학원 노사관계학과졸 [경]1988년 행정고시 합격(32회) 1998년 노동부 노사조정담당관 2000년 駐OECD대표부 근무 2003년 노동부 근로기준국 임금정책과장 2004년 同임금정책과장 겸 근로기준과장 직대 2005년 同고용정책실 고용정책심의관실 노동시장기구과장 2005년 同고용정책본부 고용서비스혁신단장 2007년 同고용정책관실 고용정책팀장 2008년 同근로기준국 근로기준과장 2009년 경제사회발전노사정위원회 운영국장(고위공무원) 2010년 노동부 고용정책실 인력수급정책관 2010년 고용노동부 고용정책실 인력수급정책관 2012년 서울지방고용노동청장 2013년 고용노동부 노동정책실 근로개선정책관 2014년 同노동정책실 노사협력정책관 2016년 同고용정책실장 2016년 서울지방노동위원회 위원장(현) [상]자랑스러운 서강경영인(2013), 홍조근정훈장(2015) [저]'영국 노동정책변천사'(1997) [종]천주교

임무영(林武永) LIM Moo Young

[생]1963 · 12 · 16 [출]서울 [주]대전 서구 둔산중로78번길 15 대전고등검찰청(042-470-3000) [학]1982년 배문고졸 1986년 서울대 법학과졸 1994년 同대학원졸 [경]1985년 사법시험 합격(27회) 1988년 사법연수원 수료(17기) 1988년 육군 법무관 1991년 서울지검 의정부지청 검사 1993년 부산지검 울산지청 검사 1994년 창원지검 검사 1996년 수원지검 검사 1998년 서울지검 검사 2000년 인천지검 부부장검사 2001년 서울지검 동부지청 부부장검사 2002년 부산지검 동부지청 형사2부장 2003년 부산지검 공안부장 2004년 법무연수원 기획과장 2005년 춘천지검 영월지청장 2006년 수원지검 형사2부장 2007년 부산지검 형사1부장 2008년 서울고검 검사 2009년 부산지검 부장검사 2009~2010년 동북아역사재단 파견 2010년 서울고검 검사 2012년 대전고검 검사 2014년 서울고검 검사 2016년 대전고검 검사(현) [저]소설 '검탑' '황제의 특사 이준'(2011)

임문수(林文洙) LIM Moon Soo

[생]1959 · 3 · 5 [주]서울 노원구 덕릉로70길99 노원자원회수시설관리동2층 한국폐기물협회(02-2680-7000) [학]1977년 서울 대신고졸 1981년 육군사관학교졸 [경]1997년 환경부 산업폐수과 서기관 1999년 同안산환경출장소장 2001년 同법무담당관 2002년 국무총리실 수질개선기획단 파견 2004년 환경부 환경정책실 유해물질과장 2005년 인천시 환경협력관 2007년 국립생물자원관 생물자원총괄과장 2014~2016년 중앙환경분쟁조정위원회 사무국장 2016년 한국폐기물협회 회장(현) [상]근정포장(2004)

임민경(林玫京 · 女) Lim Min-kyung

[생]1970 · 5 · 26 [주]경기 고양시 일산동구 일산로323 국립암센터 국가암관리사업본부 암예방사업부(031-920-2921) [학]1993년 연세대 보건과학대학 보건학과졸 1995년 서울대 대학원 보건학과졸 2001년 보건학박사(서울대) [경]1995년 서울대 보건환경연구소 보조연구원 1995년 同의학연구원 연구조교 1996년 同보건대학원 연구조교 1997~2001년 同보건환경연구소 특별연구원 1998년 경원대 보건관리학과 외래강사 1998년 서울대 보건대학원 연구조교 1999~2000년 용인대 대학원 물리치료과 외래강사 1999~2000년 삼육대 보건복지대학원 외래강사 2001년 국립암센터 연구소 암정보연구과 주임연구원 2003~2004년 연세대 보건과학대 외래강사 2004년 국제암연구소 박사후과정 연수 2006년 국립암센터 국가암관리연구본부 암코호트연구과장 2007년 同국가암관리사업본부 암예방사업부 암예방과장 2007년 질병관리본부 연구사업평가위원 2009~2013년 국립암센터 국가암관리사업본부 국가암정보센터장(선임연구원) 2013년 同국가암관리사업본부 암예방사업부장(현) 2013년 아시아태평양암예방학술지(APJCP) 부편집장(현) 2014년 국제암대학원대 암관리정책학과 부교수, 국가금연정책자문위원회 위원(현) [상]국립암센터 논문저작상(2006), 국립암센터 원장표창(2007), 보건복지가족부장관표창(2008)

임민규(林珉圭) LIM Min Kyu

[생]1955 · 4 · 27 [본]나주(羅州) [출]서울 [주]경북 영주시 가흥공단로59의33 SK머티리얼즈(주) 임원실(054-630-8114) [학]1975년 경희고졸 1987년 프랑스 파리제13대 국제경제학과졸, 同대학원 국제경영학과졸 [경]삼성물산(주) 석유화학사업부장(상무) 2007년 동양제철화학(주) RE사업본부장(부사장) 2009년 OCI(주) RE사업본부장(부사장) 2013년 OCI머티리얼즈(주) 사장 2014년 同대표이사 사장 2016년 SK머티리얼즈(주) 대표이사 사장(현)

임민규(林玟圭) LIM Min Kyu

[생]1962 · 2 · 27 [주]강원 춘천시 남면 한덕발산길1302의5 서울춘천고속도로(주)(033-269-1100) [학]마산고졸, 고려대 토목공학과졸 [경](주)현대산업개발 마산항개발현장소장(상무보) 2010년 同마산항개발현장소장(상무) 2010년 同영업 및 설계담당 상무 2011년 同토목기술영업담당 상무 2012년 同토목플랜트사업본부장(상무) 2013년 同토목플랜트사업본부장(전무) 2015년 마산아이포트(주) 대표이사 2016년 서울춘천고속도로(주) 대표이사(현) [상]해양수산부장관표창, 동탑산업훈장(2010) [종]기독교

임민성(林民成)

[생]1971 · 2 · 25 [출]전북 전주 [주]인천 남구 소성로163번길17 인천지방법원(032-860-1113) [학]1989년 신흥고졸 1993년 고려대 법학과졸 [경]1996년 사법시험 합격(38회) 1999년 사법연수원 수료(28기) 1999년 공익 법무관 2002년 광주지법 판사 2004년 同순천지원 판사 2007년 수원지법 판사 2010년 서울중앙지법 판사 2012년 서울고법 판사 2014년 대전지법 부장판사 2016년 인천지법 부장판사(현)

임방현(林芳鉉) LIM Bang Hyun (如山 · 涓堂 · 玄山)

[생]1930 · 12 · 3 [본]조양(兆陽) [출]전북 전주 [주]서울 영등포구 의사당대로1 대한민국헌정회(02-757-6612) [학]1949년 전주고졸 1953년 서울대 문리대학 철학과졸 1967년 미국 하버드대 니만펠로우과정 수료 [경]1951년 전북일보 기자 1952년 합동통신 부산본사 기자 1954년 조선일보 기자 1955년 합동통신 기자 1956년 월간 '현대' 편집장 1957년 세계통신 출판부장 1958년 한국일보 특집부장 · 출판부국장 1959년 민국일보 편집부국장 1960년 한국일보 논설위원 1965년 현대경제일보 · 일요신문 편집국장 1965~1970년 한국일보 논설위원 1965~1968년 KBS · MBC · CBS 해설위원 1966~1967년 미국 하버드대 니만펠로우 연구원 1970년 대통령 사회담당특별보좌관 1975년 대통령 공보수석비서관(청와대 대변인) 1981년 제11대 국회의원(전주 · 완주, 민주정의당) 1981년 민주정의당 전북지부 위원장 · 중앙집행위원 1983년 同정책위원회 부의장 1985년 제12대 국회의원(전주 · 완주, 민정당) 1985년 한 · 일의원연맹 운영위원장 1985년 민정당 윤리위원장 1986년 同중앙위원회 의장 1990년 민자당 당무위원 1990~1994년 同전주덕진지구당 위원장 1998년 전국林氏중앙회 회장 2003년 대한민국헌정회 정책위원회 의장 2005년 자유수호국민운동 공동의장 2007년 대한민국헌정회 부회장 2009년 同고문(현) 2009년 전국林氏중앙회 명예회장(현) 2015년 민족중흥회 상임고문(현) 2016년 박정희탄생100돌기념사업추진위원회 고문(현) [상]황조근정훈장(1978) [저]'근대화와 지식인'(1973) '한국전쟁과 박정희정부'(2004) [작]'나의 언론생활 20년'(2004)

임번장(林繁藏) Lim Burn-Jang (昊燦)

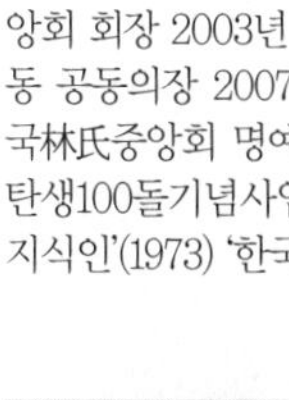

[생]1941 · 1 · 23 [본]평택(平澤) [출]서울 [주]서울 관악구 관악로1 서울대학교 체육교육과(02-880-7788) [학]1960년 서울고졸 1964년 서울대 사범대학 체육교육과졸 1968년 同대학원 체육교육과졸 1977년 미국 조지윌리엄스대 대학원 여가 · 환경자원관리학과졸 1985년 교육학박사(한양대) [경]1968~1985년 서울대 사범대학 체육교육과 전임강사 · 조교수 · 부교수 1979년 대한하키협회 전무이사 1980년 서울대 체육연구소장 1980년 한국체육학회 사무국장 1984년 同부회장 1984년 학교체육연구회 부회장 1985~2006년 서울대 사범대학 체육교육과 교수 1990년 한국스포츠사회학회 회장 1990년 국제스포츠사회학회(ICSS) 이사 1991~2000년 同부회장 1991년 학교체육연구회 회장 1991년 KOC 상임위원 1997~1998년 한국체육학회 회장 1999년 한국스키교육연구회 회장 2001년 미국 버클리대 교환교수 2002년 21세기스포츠포럼 공동대표 2002년 국민체육진흥공단 한국체육과학연구원장 2002년 대한체육회 생활체육위원장 2005~2008년 同부회장 2006년 서울대 체육교육과 명예교수(현) 2007년 대한민국학술원 회원(체육학 · 현) 2008~2010년 (재)체육인재육성재단 이사장 2011~2012년 단국대 석좌교수 2011년 세계스포츠사회학회 명예회원(현) 2015년 국민생활체육회-대한체육회 통합추진위원회 위원장 [상]체육기장(1988), 대한민국체육상 연구부문(2002), 녹조근정훈장(2006), 국제스포츠사회학회 명예회원상(2011) [저]'수영' '수상경기' '체육사' '하키' '체조' '사회체육개론' '스포츠사회학개론' '여가와 삶' '한국사회와 스포츠' '사회체육의 이론과 실제' [종]천주교

임범석(林範錫) Lim Beom Seok

[생]1962 · 8 · 31 [출]경기 김포 [주]경기 의정부시 녹양로34번길23 의정부지방법원(031-828-0114) [학]1981년 서울 휘문고졸 1985년 서울대 법학과졸 1986년 同대학원졸 [경]1986년 사법시험 합격(28회) 1989년 사법연수원 수료(18기) 1989년 軍법무관 1992년 광주지법 판사 1995년 同순천지원 판사 1996년 수원지법 판사 1997년 同광명지원 판사 1998년 수원지법 판사 2001년 서울고법 판사 2003년 서울지법 판사 2004년 춘천지법 부장판사 2006년 사법연수원 교수 2008년 서울중앙지법 부장판사 2011년 수원지법 안양지원장 2014년 의정부지법 부장판사(현)

임범식(林範植) LIM BUM SIK (호암)

[생]1960·3·18 [본]평택(平澤) [출]충북 충주 [주]일본 도쿄도 치요다구 니시간다2의5의8, 교와15번관 빌딩 4층 (주)신세이코퍼레이션(03-3237-7161) [학]1979년 청주고졸 1983년 한양대 공대 전기공학과졸 1993년 아주대 산업대학원 전기전자공학과 수료 2009년 서울대 국제대학원 최고경영자과정(GLP) 수료 2012년 한국뉴욕주립대 스마트CEO최고경영자과정 수료 [경]2000~2004년 일본 (주)신세이코퍼레이션 이사 2004년 (주)모아텍 사외이사(현) 2004년 (주)신세이코리아 대표이사 사장(현) 2005~2011년 일본 (주)신세이코퍼레이션 전무이사 2007년 정보통신국제협력진흥원 IT수출상담 전문위원 2007년 (재)한일산업기술협력재단 재팬아웃소싱센터 운영위원(현) 2007~2008년 중소기업청 글로벌인적네트워크 수출전문가 2008년 (사)한국무역협회 대일수출전문상사 위촉(현) 2008년 同일본시장 진출T/F팀 민간기업위원(현) 2010~2011년 (주)유비컴 사외이사 2012년 일본 (주)신세이코퍼레이션 부사장 2012년 서울대총동문회 이사(현) 2016년 일본 (주)신세이코퍼레이션 대표이사 사장(현) [상]제1회 한일산업기술페어 지식경제부장관표창(2008), 제7회 한일산업기술페어 한일사업협력상 산업통상자원부장관표창(2014) [종]기독교

임병권(林炳權) Byungkwon Rhim

[생]1960 · 8 · 4 [출]서울 [주]서울 서초구 헌릉로12 현대자동차그룹 해외영업본부(02-3464-1114) [학]성균관대 전기공학과졸 [경]기아자동차 경영지원2팀장(이사대우), 同글로벌전략2팀장(이사), 현대자동차 해외마케팅실장(상무), 同유럽실장(상무), 同HMCIS(상무 · 전무), 同유럽법인장(전무), 同해외판매사업부장(전무) 2016년 현대자동차그룹 해외영업본부장(부사장)(현)

임병기(林炳起)

[생]1967·9·20 [출]강원 양양 [주]인천 중구 공항로424번길47 인천국제공항공사 허브화추진실(032-741-5104) [학]1992년 고려대 문과대학 사회학과졸 2014년 인하대 경영대학원 경영학과졸 [경]2006년 인천국제공항공사 경영혁신관리단장 2007년 同전략혁신기획단장 2009년 同전략기획실장 2010년 同경영정보처장 2013년 同재무처장 2014년 同복합도시사업처장 2016년 同허브화추진실장(현)

임병렬(林炳烈) LIM Byung Ryul

[생]1960 · 8 · 18 [출]서울 [주]인천 남구 소성로163번길17 인천지방법원(032-860-1113) [학]1979년 서울 우신고졸 1983년 서울대 법학과졸 [경]1983년 사법시험 합격(25회) 1985년 사법연수원 수료(15기) 1989년 변호사 개업 2000년 부산지법 판사 2001년 부산고법 판사 2003년 수원지법 성남지원 판사 2004년 대전지법 부장판사 2006년 수원지법 부장판사 2008년 서울북부지법 부장판사 2010년 서울중앙지법 부장판사 2011~2015년 언론중재위원회 위원 2013년 서울남부지법 부장판사 2015년 인천지법 부장판사(현)

임병선(任炳善) IM Byoung Sun (殷山)

[생]1949 · 9 · 15 [본]장흥(長興) [출]전남 순천 [주]전남 무안군 청계면 영산로1666 목포대학교 생명과학과(061-450-2340) [학]광주제일고졸 1975년 서울대 식물학과졸 1982년 同대학원졸 1989년 이학박사(서울대) 1992년 환경생물학박사(영국 맨체스터대) [경]1983~2008년 목포대 생물학과 교수 1992년 영국 맨체스터대 Post-Doc. 1994~1996년 목포대 기획연구차장 1994~1998

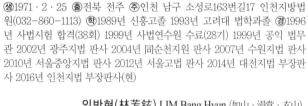

년 同연안환경연구소장 2000~2002년 국제생태학회(INTECOL) 부회장 2002~2004년 한국생태학회 회장 2002년 세계생태학회 대회조직위원장 2003년 동아시아생태학회 조직위원장 2004~2009년 同회장 2006~2010년 목포대 총장 2008~2015년 同생명과학과 교수 2008~2009년 한국대학교육협의회 부회장 2008년 지역중심국립대학교총장협의회 회장 2014년 한국생물과학협회 회장 2015년 목포대 생명과학과 명예교수(현) [상]세계생태학회 Honorary Member(2002), 해양수산부 공로상(2003) [저]'현대생태학'(1990, 교문사) '환경생물학'(1995, 형설출판사) '고급생태학'(1996, 교문사) '현대생태학실험서' '필수생태학'

임병숙(林昞淑·女) LIM, BYUNG-SOOK

[생]1959·11·17 [출]부산 [주]부산 동래구 충렬대로237 부산지방기상청(051-718-0211) [학]1983년 부산대 지구과학교육과졸 1985년 同대학원 지구과학교육과졸 1997년 同대학원 대기과학 박사과정 수료 [경]1985년 기상청 입청 2007년 부산지방기상청 예보과장 2012년 기상청 기후변화감시센터장 2012년 同기상산업정책과장 2013년 同수치모델관리관 2015년 同지진화산관리관 2015년 부산지방기상청장(현) [상]대통령표창(2006), 근정포장(2013)

임병용(林炳鏞) LIM Byong Yong

[생]1962·8·29 [출]경북 영덕 [주]서울 종로구 종로33 GS건설(주) 사장실(02-728-2506) [학]1980년 장훈고졸 1984년 서울대 법학과졸 1986년 同대학원 조세법학과졸 2000년 영국 London Business School Global Business Consortium과정 수료 [경]1982년 공인회계사 합격(14회) 1983년 삼일회계법인 국제조세부문 공인회계사 1986년 사법시험 합격(28회) 1987년 김앤장법률사무소 변호사 1988년 사법연수원 수료 1990년 수원지검 검사 1991년 LG그룹 회장실 상임변호사 1997년 LG텔레콤 상무 2002년 (주)쏠리텍 대표이사 2004~2009년 GS홀딩스 상임법률고문 2005~2008년 同사업지원팀장(부사장) 2009년 同경영지원팀장(부사장) 겸임 2009년 (주)GS 상임법률고문 겸 경영지원팀장(부사장) 2011~2012년 同경영지원팀장(사장) 2011~2012년 GS스포츠 대표이사 겸임 2012년 GS건설 경영지원총괄 사장(CFO) 2013년 同경영지원총괄 대표이사 2013년 同대표이사 사장(CEO)(현)

임병운(林炳云) Lim Byeong Wun

[생]1960·10·7 [주]충북 청주시 상당구 상당로82 충청북도의회(043-220-5075) [학]조치원고졸 2014년 충북대 농업생명환경대학 지역건설공학과 재학 중(2년) [경]민주평통 청원군 자문위원 2010년 충북 청원군의원선거 출마(한나라당), 새누리당 청원군당원협의회 사무국장 2014년 충북도의회 의원(새누리당)(현) 2014년 同정책복지위원회 위원 2014년 민주평통 청주시 자문위원(현) 2014~2015년 충북도의회 새누리당 원내대표 2015년 同예산결산특별위원회 위원 2016년 同운영위원회 위원장(현) 2016년 同문장대온천개발저지특별위원회 위원(현) 2016년 同산업경제위원회 위원(현) 2016년 전국시·도의회운영위원장협의회 공동회장(현)

임병인(林炳仁) Lim, Byung In

[생]1960·8·4 [출]충북 [주]서울 중구 퇴계로173 남산스퀘어빌딩 사회보장정보원(02-6360-6000) [학]1979년 원주 대성고졸 1985년 성균관대 경제학과졸 1997년 同대학원 경제학과졸 2000년 경제학박사(성균관대) [경]1985~1987년 제일화재해상보험(주) 과장 2003~2005년 보험개발원 보험연구소 선임연구원 2005~2007년 안동대 경제학과 조교수 2007년 충북대 경제학과 교수(현) 2015~2016년 국민경제자문회의 기초경제1분과 자문위원 2016년 사회보장정보원 원장(현)

임병재(林炳宰) LIM Byung Jae

[생]1957·2·25 [출]충남 부여 [주]대전 유성구 엑스포로131 소상공인방송정보원(042-363-5502) [학]한남대 대학원 지역경제학과졸 [경]1975~1986년 전매청 근무 1986~1993년 환경부 근무 1993~2000년 대전시 수도사업본부 근무 2000~2001년 특허청 심사3국 근무 2001년 중소기업청 근무 2006년 同인력지원팀 서기관 2012년 대구경북지방중소기업청 창업성장지원과장 2012년 충북지방중소기업청장 2013년 중소기업청산하 시장경영진흥원장 2014년 소상공인시장진흥공단 상임이사 2016년 同부이사장 2016년 소상공인방송정보원 원장(현) [상]홍조근정훈장(2013)

임병찬(林秉燦) LIM Byeng Chan

[생]1936·9·28 [출]전북 진안 [주]전북 전주시 완산구 팔달로168 전북애향운동본부(063-284-7361) [학]1957년 전북 전주고졸 1963년 고려대 사학과졸 1995년 전북대 정보과학대학원 수료 [경]1965년 전주문화방송 기자 1972년 同보도부장 1980년 同이사 1984~1989년 同상무이사 1986년 국제라이온스협회 309-F지구 부총재 1989년 여수문화방송 사장 1992~1995년 전주문화방송 사장 1992년 전북애향운동본부 부총재 1995~2015년 전북도민일보 대표이사 사장 1995~2001년 대한적십자사 전북지사 회장 1996년 장애인먼저실천협의회 전북회장 2000~2002년 전북사회복지공동모금회 회장 2004년 전북애향운동본부 총재(현) 2005~2014년 대한적십자사 중앙위원 2010년 전북도 갈등조정협의회 위원 [상]전주시민의 장, 국민포장, 보건사회부장관 효자상, 건설교통부장관표창, 서울언론인클럽 향토언론인상, 대통령표창 [저]'갯터의 비록' '전북인물열전'(共) '지방방송의 현실과 미래' [종]기독교

임병철(林炳喆) LIM Byung Chul

[생]1959·2·14 [출]서울 [주]서울 강남구 언주로634 한불화장품(주) 비서실(02-3450-0105) [학]1977년 경성고졸 1981년 한양대 영어영문학과졸 1985년 미국 웨인주립대 마케팅·국제경영학과졸 [경]한국화장품(주) 상품기획부장 1988년 同상품개발담당 이사 1990년 한불화장품(주) 부사장 1991년 同대표이사 사장 2015년 同대표이사 회장(현) 1995년 메이블린코리아 사장 [상]가치경영 최우수기업상(1988), 고객만족 기초화장품부문1위기업 수상(1999), 성실납세자표창(2005)

임병철(林丙哲) LIM Byeong Cheol

[생]1967·3·15 [본]평택(平澤) [출]경남 통영 [주]경기 안성시 삼죽면 삼백로200 통일부 북한이탈주민정착지원사무소(031-670-9301) [학]1985년 통영고졸 1989년 서울대 신문학과졸 2002년 同행정대학원 정책학과졸 [경]1990년 행정고시 합격(34회) 2002년 통일부 북한이탈주민정착지원사무소 생활지도과장 2003년 同남북출입사무소 동해선운영과장 2004~2005년 미국 조지타운대 Visiting Scholar 2005년 통일부 사회문화교류과장 2006년 대통령비서실 안보정보비서관실 행정관 2008년 통일부 통일정책국 정치사회분석과장 2008년 同장관 비서실장 2009년 同통일정책실 통일정책기획관(고위공무원) 2010년 중앙공무원교육원 교육파견(고위공무원) 2011년 통일교육원 교수부장 2011년 통일부 남북교류협력협의사무소장 2012년 同통일정책실 통일정책기획관 2013년 국무총리소속 6·25전쟁납북진상규명위원회 사무국장 2014년 통일부 대변인 2015년 同정세분석국장 2016년 同북한이탈주민정착지원사무소장(현) [상]공군참모총장표창(1996), 통일원장관표창(1997) [종]기독교

임병택(任炳澤) LIM Byoung Taek

[생]1974·7·29 [주]경기 수원시 팔달구 효원로1 경기도의회(031-8008-7000) [학]여양고졸 2001년 전남대 법과대학 법학과졸 [경]백원우 국회의원 보좌관, 열린우리당 경기도당 교육특별위원회 부위원장, 시흥교육문화포럼 대표 2006년 경기도의원선거 출마(열린우리당) 2007~2008년 대통령 사회조정비서관실 행정관 2009년 민주당 교육특별위원회 부위원장, 노무현재단 기획위원 2010년 경기도의회 의원(민주당·민주통합당·민주당·새정치민주연합) 2012년 同운영위원회 위원 2012년 同기획위원회 위원 2013년 민주당 경기도당 청년위원장 2014년 경기도의회 의원(새정치민주연합·더불어민주당)(현) 2014년 同운영위원회 위원 2014년 同기획재정위원회 간사 2015년 同청년일자리창출특별위원회 간사(현) 2016년 同보건복지위원회 위원(현) 2016년 同선감학원진상조사및지원대책마련특별위원회 위원(현) [종]기독교

임병하(林炳夏) LIM Byung Ha

[생]1962·9·5 [출]서울 [주]서울 동작구 흑석로84 중앙대학교 경영대학(02-820-5562) [학]서울대 공과대학 조선공학과졸, 미국 텍사스A&M Univ. 대학원 경영정보학과졸, 경영학박사(미국 아이오와대) [경]1994~1997년 미국 아이오와대 강사 1997~2002년 미국 샌프란시스코대 조교수 2003~2004년 중앙대 경영대학 조교수 2004년 同경영대학 교수(현) 2006~2008년 同전산정보처장 2006~2008년 同전산원장 2015년 同경영전문대학원장(현)

임병헌(林炳憲) LIM Byung Heon
[생]1953 · 10 · 10 [본]평택(平澤) [출]경북 청도 [주]대구 남구 이천로51 남구청 구청장실(053-664-2001) [학]1973년 계성고졸 1977년 영남대 법정대학 법학과졸 1980년 同대학원 행정학과졸 [경]1980년 행정고시 합격(23회) 1980~1987년 대구시 행정사무관 1987년 同지역경제과장 1990년 同교통기획담당관 1991년 同중구 도시국장 1992년 同사회산업국장 1993년 同총무국장 1995년 同문화체육담당관 1995년 同기획담당관 1996년 同문화체육국장 1998년 同교통국장 1999년 同남구 부구청장 2002년 同상수도사업본부장 2006년 同기획관리실장 2006 · 2010년 대구시 남구청장(한나라당 · 새누리당) 2014년 대구시 남구청장(새누리당)(현) [상]내무부장관표창(1985 · 1987), 녹조근정훈장(1995), 대한민국국토경관디자인대전 도시설계학회장상(2016) [종]불교

임병호
[생]1965·10·7 [출]전남 [주]서울 종로구 사직로8길31 서울지방경찰청 사이버안전과(02-700-2242) [학]광주 서석고졸, 경찰대졸(3기) [경]1987년 경위 임용 1992년 경감 승진 2000년 인천동부경찰서 청문감사관(경정) 2002년 인천지방경찰청 경무과 교육계장 2003년 서울 용산경찰서 교통과장 2004년 서울지방경찰청 외사국 외사수사대장 2009년 同외사국 기획정보계장 2011년 駐영국대사관 1등서기관 겸 영사(총경) 2015년 경찰청 외사국 외사기획과장 2015년 서울 중랑경찰서장 2016년 서울지방경찰청 사이버안전과장(현) [상]근정포장(2015)

임보혁(任普赫) Bo-Hyuk Yim
[생]1961 · 3 · 11 [주]서울 중구 세종대로9길20 신한금융지주 임원실(02-6360-3000) [학]1979년 우신고졸 1984년 고려대 경영학과졸 [경]1987년 신한은행 입행 1990년 同융자부 대리 1993년 同종합기획부 대리 1998년 同종합기획부 대리(3급) 1998년 同종합기획부 차장 2001년 同리스크관리팀 차장 2002년 同리스크관리팀장 2006년 同학동지점장 2008년 同전략지원부장 2011년 신한금융지주회사 리스크담당 상무(CRO) 2014년 同부사장보(CRO) 2015년 同부사장보(CFO) 2015년 신한캐피탈 사외이사(현) 2015년 신한금융지주회사 부사장(CFO)(현) 2016년 신한생명 · 신한저축은행 사외이사(현)

임복규(林福圭) IM Bok Kyu
[생]1965 · 2 · 10 [출]충북 충주 [주]서울 서초구 서초대로74길4 삼성생명서초타워 법무법인(유) 동인(02-2046-0696) [학]1983년 한영고졸 1987년 서울대 법대졸 1989년 同대학원 법학과 수료 [경]1988년 사법시험 합격(30회) 1991년 사법연수원 수료(20기) 1994년 부산지법 판사 1996년 同동부지원 판사 1998년 서울지법 의정부지원 판사 2003년 서울고법 판사 2007년 대전지법 부장판사 2008년 사법연수원 교수(부장판사) 2010년 서울서부지법 부장판사 2012~2015년 서울중앙지법 부장판사 2015년 법무법인(유) 동인 변호사(현) 2015년 한솔홀딩스(주) 사외이사 겸 감사위원(현)

임복진(林福鎭) LIM Bok Jin
[생]1937 · 9 · 20 [본]조양(兆陽) [출]광주 [주]서울 영등포구 의사당대로1 대한민국헌정회(02-757-6612) [학]1957년 광주제일고졸 1961년 육군사관학교졸 1973년 육군대학졸 [경]1973년 보병 1사단 대대장 1975년 同작전참모 1977년 국방대학원 교수 1978년 제15연대장 1982년 육군본부 인사참모처장 1985년 보병 제25사단장 1987년 전투병과학교장 1990년 제2군사령관 1991년 예편(육군 소장) 1992년 민주당 광주시지부장 1992년 제14대 국회의원(광주西乙, 민주당 · 국민회의) 1996년 제15대 국회의원(광주南, 국민회의 · 새천년민주당) 1997~ 1999년 국민회의 안보특별위원장 2000년 새천년민주당 광주南지구당 위원장 2015년 대한민국헌정회 부회장(현) [상]보국훈장 천수장 · 삼일장, 대통령표창 [저]'야간전투' [종]불교

임삼진(林三鎭) LIM Sam Jin
[생]1960·3·26 [본]조양(兆陽) [출]전북 전주 [주]서울 영등포구 양평로21길10 롯데홈쇼핑 CSR동반성장위원회(1899-4000) [학]전주 해성고졸 1988년 서울대 철학과졸 1997년 성균관대 행정대학원졸 2009년 도시계획학박사(서울대) [경]1992~1998년 녹색교통운동 사무총장 1998년 녹색서울시민위원회 사무국장 1998년 대통령 민정비서실 행정관 2000~2001년 녹색연합 사무처장·한국환경사회단체회의 공동대표·에너지시민연대 공동대표·지속발전가능위원회 위원 2002~2004년 녹색평화당 공동대표 2002년 同서울시장 후보 2003년 녹색도시연구소 공동대표 2003~2007년 한양대 교통공학과 연구교수 2004~2006년 건설교통연대 대표 2006~2008년 대한교통학회 이사 2008년 한양대 첨단도로연구센터 책임연구위원 2008~2009년 대통령 정무수석비서관실 시민사회비서관 2009~2010년 한국교통연구원 초빙선임연구위원 2010~2011년 서울대 건설환경공학부 연구교수 2011~2013년 한국철도협회 상임부회장 2013년 서울흥사단 대표 2014년 롯데홈쇼핑 CSR동반성장위원회 위원장(현) [상]국무총리표창(2004), 대한교통학회 춘계학술대회 우수논문상(2007) [저]'21세기 가치' '교통부장관 귀하' [역]'자동차, 문명의 이기인가 파괴자인가' [종]기독교

임상규(林尙圭) LIM Sang Kyu
[생]1950·9·4 [주]대구 동구 효동로111 경인제약(주) 회장실(053-655-5000) [학]1969년 대구 계성고졸 1973년 영남대 약대 제약학과졸 1982년 同대학원 약학과졸 1999년 보건학박사(경산대) [경]1973년 국군광주통합병원 약제과장 1977~1990년 종합약국 대표약사 1979~1996년 대구보건전문대학 강사·전임강사·조교수·부교수 1984~2008년 (주)경인제약 대표이사 1985년 대구팔공JC 회장 1987~2003년 대구시약사회 홍보위원장·기획조정실장, 同이사(현) 1991~1994년 대구빙상경기연맹 회장 1997~2000년 경북도생활체육협의회 회장, 同고문(현) 1998~2003년 제2의건국범국민추진위원회 경북도 상임위원 2004~2007년 구미1대학 치과위생학과 겸임교수 2008~2010년 대구대 전산정보대학원 외래교수 2010년 경인제약(주) 회장(현) 2011년 종합약국 대표약사(현) 2012년 대구보건대 보건행정학과 외래교수(현) 2015년 한국자유총연맹 부회장(현) [상]경북도지사표창(1981), 보건복지부장관표창(1985), 국민포장(1987), 대구시경찰국장표창(1988), 대통령표창(1995), 국민훈장 동백장(1999), 대구황금약사대상(2009), 대구한의대 선정 자랑스런 대한인(2010) [저]'인체 생리학'(1995) '암은 정복할 수 있다'(2007) '식생활 건강과 다이어트'(2008) '삶의 질을 좀 먹는 뼈-관절염, 고질병이 아닌 고칠병'(2008)

임상규(林祥圭) LIM Sang Kyu
[생]1956 · 4 · 6 [출]대구 [주]경북 경주시 보문로507 (재)경주화백컨벤션센터(054-702-1001) [학]경영학박사(프랑스 파리제1대학) [경]2002~2015년 영산대 호텔관광대학 관광컨벤션학과 교수 2006~2009년 同호텔관광대학장 2006~2015년 同컨벤션관광연구원장 2008~2009년 同호텔 · 컨벤션전문인력양성누리사업단장 2009~2010년 同셀프리더쉽창연사업단장 2009~2011년 부산시 지역혁신협의회 전문위원 2011~2013년 同민간주관전시지원사업 심사위원장 및 평가책임연구원 2014~2015년 부곡국제코미디영화제 집행위원장 2014~2015년 부산시 축제육성위원회 위원장 2014~2015년 부산마이스육성협의회 부위원장 2015년 (재)경주화백컨벤션센터 초대사장(현) 2015년 2030부산엑스포유치 자문위원(현) 2015년 한국전시장운영자협회 이사(현) [상]부산인적자원개발원 선정 '부산 마이스산업 영향력 1위 파워지식인'(2014), 마이스(MICE) 진흥대상(2016)

임상기(林相奇)
[생]1966 · 8 · 15 [출]경북 예천 [주]대구 수성구 동대구로364 대구지방법원(053-757-6600) [학]1984년 대구 영신고졸 1988년 서울대 법학과졸 [경]1988년 사법시험 합격(30회) 1991년 사법연수원 수료(20기) 1991년 軍법무관 1994년 대구지법 판사 1997년 同안동지원 판사 1997년 同영주시 · 봉화군법원 판사 1999년 同판사 2003년 대구고법 판사 2005년 대구지법 판사 2006년 同부장판사 2007년 사법연수원 교수 2009년 대구지법 형사12부 부장판사 2012년 同상주지원장 2012년 대구가정법원 부장판사 2014년 광주고법 전주재판부 부장판사 2015년 대구지법 수석부장판사(현)

임상길(林相吉) LIM Sang Gil
[생]1963·5·29 [출]전남 진도 [주]서울 서초구 서초대로74길4 삼성생명서초타워17층 법무법인(유) 동인(02-2046-0610) [학]1981년 전남 목포고졸 1985년 고려대 법학과졸 [경]1985년 사법시험 합격(27회) 1988년 사법연수원 수료(17기) 1988년 軍법무관 1991년 제주지검 검사 1992년 전주지검 정주지청 검사 1994년 서울지검 검사 1997년 청주지검 검사 1999년 서울지검 남부지청 검사 2000년 同남부지청 부부장검사 2000년 대구지검 의성지청장 2001년 서울지검 부부장검사 2003년 부산지검 특수부장 2004년 서울동부지검 형사6부장 2005년 서울중앙지검 총무부장 2006년 同형사7부장 2007년 수원지검 형사1부장 2008년 대구지검 서부지청 차장검사 2009년 법무연수원 연구위원 2009~2011년 서울고검 검사 2011년 법무법인(유) 동인 변호사(현) [상]검찰총장표창(1997), 국무총리표창(2011) [저]'공정거래법 판례연구(共)'(2011, 세경사)

임상묵(林相默) LIM Sang Muk
[생]1964·10·27 [본]평택(平澤) [출]광주 [주]경기 성남시 분당구 대왕판교로660 유스페이스1차A동9층 (주)아큐픽스 시스템사업본부(031-724-2050) [학]1983년 성동기계공고 정밀기계과졸 1988년 경희대 회계학과졸 2008년 同대학원 호텔경영과 최고경영자과정 수료 2010년 한국과학기술원(KAIST) 대학원 최고경영자과정 수료 2011년 중국 칭화대 정책CEO과정 수료 [경]1990~1995년 쌍용정보통신(주) 대리 1995~1999년 (주)팀스 창업기획실장 1999~2001년 (주)KDC정보통신 전송사업부장 2001년 (주)텔로드 시스템사업본부장(전무) 2011년 (주)아큐픽스 시스템사업본부장(전무)(현)

임상섭(林尙燮) LIM Sang Seop
[생]1970·5·13 [본]나주(羅州) [출]경남 거창 [주]강원 강릉시 종합운동장길57의14 동부지방산림청(033-640-8510) [학]대원외국어고졸, 서울대 조경학과졸, 同대학원 조경학과졸 [경]기술고시 합격(제32회), 산림청 임업정책과 근무, 同산림자원과 근무, 북부지방산관리청 산림경영과장, 산림청 산림지원과 근무 2006~2007년 同자원정책본부 도시숲정책팀장(서기관) 2007년 해외 파견 2011년 산림청 목재생산과장 2013년 同산림휴양문화과장 2014년 同산림휴양치유과장 2015년 同산림보호국 산림병해충과장(부이사관) 2016년 동부지방산림청장(고위공무원)(현)

임상수(林相洙) Lim, Sangsoo
[생]1964·10·30 [본]예천(醴泉) [출]서울 [주]서울 종로구 율곡로2길25 연합뉴스 산업부(02-398-3114) [학]1983년 화곡고졸 1990년 고려대 사회학과졸 [경]1991년 연합뉴스 입사 2010년 同샌프란시스코특파원 2013년 同스포츠부장 2015년 同미디어여론독자부장 2016년 同산업부장(현)

임상전(林相田) LIM Sang Jeon
[생]1943·1·17 [출]충남 연기 [주]세종특별자치시 조치원읍 군청로87의16 세종특별자치시의회(044-300-7001) [학]1960년 공주고졸 1964년 충남대 농과대학 축산학과졸 [경]1978~1981년 통일주체국민회의 대의원, 제1·2대 충남 연기군의회 의원 2002~2006년 충남도의회 의원(자민련·무소속·국민중심당) 2003년 同신행정수도충청권이전특별위원회 위원장 2006년 국민중심당 중앙상무위원 2006년 충남도의원선거 출마(무소속) 2014년 세종특별자치시의회 의원(새정치민주연합·더불어민주당·무소속·새누리당)(현) 2014~2016년 同의장 2015년 세종시 '효 교육원' 원장(현) 2016년 세종특별자치시의회 행정복지위원회 위원(현) 2016년 同교육위원회 위원(현) [상]대통령표창, 제8회 한민족대상 자치의정부문 대상(2015) [종]불교

임상준(任相駿) LIM Sang Jun
[생]1965·5·18 [출]충남 아산 [주]세종특별자치시 다솜로261 국무조정실 영유아교육보육통합추진단(044-200-2550) [학]1983년 천안중앙고졸 1990년 고려대 행정학과졸 2001년 미국 위스콘신주립대 대학원 정책학과졸 [경]행정고시 합격(37회) 1994년 총무처 근무 2002년 국무조정실 기획심의관실 서기관 2004년 한국경제연구원 초빙연구위원 2006년 국무조정실 규제개혁조정관실 국제협력과장 2007년 同공보과장 2008년 국무총리실 의정과장 2009년 駐싱가폴 문화홍보관 2012년 국무총리실 공보총괄행정관(부이사관) 2013년 국무조정실 공공갈등관리지원관 2015년 同영유아교육보육통합추진단 부단장(고위공무원)(현) [상]대통령표창(2003) [저]'행정조사의 실태와 개선방안'(2004) '규제개혁의 정책과제와 발전방향'(2005) '수도권규제의 쟁점과 정책방향'(2006) [종]가톨릭

임상준(林商俊)
[생]1967·12·20 [주]전북 전주시 완산구 유연로180 전북지방경찰청 경비교통과(063-280-8113) [학]1990년 경찰대 법학과졸(6기) 2003년 원광대 행정대학원 경찰행정학과졸 [경]2005년 전북지방경찰청 경비교통과 안전계장(경정) 2011년 同정보과 정보3계장 2014년 제주지방경찰청 경비교통과장(총경) 2015년 전북 김제경찰서장 2016년 전북지방경찰청 경비교통과장(현)

임상진(林相辰)
[생]1968·8·10 [출]경남 고성 [주]경기 안산시 단원구 화랑로350 안산세무서(031-412-3201) [학]부산남고졸, 고려대 경영학과졸 [경]2002년 행정고시 합격(46회), 통영세무서 납세자보호담당관 2007년 서울지방국세청 국제거래조사국 사무관 2009년 국세청 재산세과 사무관 2012년 同재산세과 서기관 2013년 서울지방국세청 조사1국 서기관 2014년 부산지방국세청 징세과장 2014년 국세청 지하경제양성화팀장 2015년 안산세무서장(현)

임상택(林尙澤) Lim Sang Taek
[생]1958·11·22 [주]부산 서구 구덕로225 동아대학교 경영대학 국제관광학과(051-200-7434) [학]1980년 연세대 지질학과졸 1986년 미국 Dallas대 국제경영학과졸 1991년 경영학박사(미국 유나이티드스테이츠 인터내셔널대) [경]1991년 청주대 호텔경영학과 조교수 1995년 동아대 경영대학 국제관광학과 부교수·교수(현) 1999년 문화관광부 세계관광기구(WTO) 자문위원, (사)아시아태평양관광학회(Asia Pacific Tourism Association:APTA) 회장, (재)한국방문위원회 이사, 동아대 관광레저연구소장, 청와대 관광정책자문위원회 자문위원, 국토해양부 관광정책자문위원회 자문위원, 한국관광연구학회 부회장 2012~2015년 부산관광공사 이사, 동아대 경영대학원 부원장, 同경영대학 국제관광학부장 2014년 한국관광공사 비상임이사 2014년 (사)부산문화관광축제조직위원회 집행위원장(현) 2016년 동아대 평생교육원장(현) [상]부산시장표창(2004), 부산시 사하구청장표창(2011) [저]'국제관광론' '관광조사방법론'

임상혁(任常爀) YIM Sang Hyok
[생]1961·11·1 [본]풍천(豊川) [출]서울 [주]서울 서대문구 북아현로11가길7 추계예술대학교 총장실(02-362-4514) [학]1980년 경복고졸 1987년 국민대 경영학과졸 1989년 연세대 교육대학원졸 1993년 미국 오리건대 대학원졸 2001년 교육학박사(연세대) [경]1990~1991년 중앙여고 강사 1993~1996년 추계예술대·학교법인 추계학원 기획실장 1998년 추계예술대 부총장 1999년 同총장(현)

임상혁(任相赫) IM Sang-Hyug
[생]1968·6·28 [본]풍천(豊川) [출]강원 횡성 [주]서울 영등포구 여의대로24 전경련회관46층 전국경제인연합회(02-3771-0191) [학]1987년 제물포고졸 1995년 한양대 상경대학 경제학과졸 2001년 연세대 경제대학원 경제학과졸 [경]1995~2010년 전국경제인연합회 조사부 근무·경제정책팀장 2011~2013년 同산업본부장(상무보) 2011년 고용노동부 고용서비스우수기관인증위원(현) 2012년 지구환경국회의원포럼 자문위원 2013년 한국공학한림원 코리아리더스포럼 운영위원(현) 2013~2016년 전국경제인연합회 홍보본부장(상무) 2015년 채널A 시청자위원회 위원(현) 2015년 한국ABC협회 이사(현) 2016년 전국경제인연합회 전무(현) 2016년 한국장애인재활협회 이사(현) [상]산업자원부장관표창(2004), 부총리 겸 재정경제부장관표창(2007)

임상현(任相玄) Im Sang Hyun
[생]1960·5·3 [출]충남 부여 [주]부산 부산진구 중앙대로735 IBK저축은행(051-791-4300) [학]1978년 서대전고졸 1982년 충남대 경영학과졸 [경]1982년 IBK기업은행 입행 2005년 同의왕지점장 2007년 同뉴욕지점장 2010년 同외환사업부장 2011년 同퇴직연금부장 2013년 同충청지역본부장 2013년 同경영전략본부장(부행장) 2014년 同경영지원그룹장(부행장) 2016년 IBK저축은행 대표이사(현)

임서정(任書正) Lim Seo Jeong
[생]1965·9·3 [출]광주 [주]세종특별자치시 한누리대로422 고용노동부 노사협력정책관실(044-202-7302) [학]1984년 광주 살레시오고졸 1988년 서울대 사회과학대학 사회복지학과졸 1990년 同행정대학원졸 2013년 법학박사(중앙대) [경]1988년 행정고시 합격(32회) 1989년 사무관 임용 1996년 노동부 노사협력관실 서기관 1997년 同근로기준과 서기관 1997년 일본 노동연구기구 파견 1999년 국무조정실 실업대책기획평가단 과장(파견) 2001년 노동부 근로기준국 임금정책과장 2002년 대통령 복지노동수석비서관실 행정관 2003년 노동부 고용정책실 고용관리과장 2005년 同노사정책과장 2005년 同노사정책기획팀장 2006년 同고용정책본부 능력개발정책팀장(부이사관) 2006년 광주지방노동청 광주종합고용지원센터 소장 2007년 노동부 고용서비스혁신단장 2008년 同고용정책과장 2009년 同직업능력정책관(고위공무원) 2010년 고용노동부

고용정책실 직업능력정책관 2010년 同산업재해보상보험재심사위원회 위원장 2012년 중앙공무원교육원 파견 2013년 고용노동부 고용정책실 노동시장정책관 2014년 同대변인 2015년 서울지방고용노동청장 2016년 고용노동부 노동정책실 노사협력정책관(현) [저]'근로계약법에 관한 연구'(2013, 한국노동연구원)

임석규(林錫奎) LIM Suk Kyu

[생]1962·9·6 [출]경북 안동 [주]세종특별자치시 다솜로261 국무조정실 녹색성장지원단(044-200-2888) [학]1981년 안동고졸 1985년 안동대 행정학과졸 [경]2002~2004년 국무조정실 총괄조정관실 기획심의관실 서기관 2004년 同심사평가조정관실 심사평가2심의관실 서기관 2004년 同총괄심의관실 서기관 2008년 국무총리실 정책분석평가실 자체평가관리과장 2009년 同정책분석평가실 평가정보과장 2010년 同정보관리비서관실 과장 2010년 同총무비서관실 총무과장 2011년 同국정운영2실 제주특별자치도정책관(고위공무원) 2013년 국무조정실 경제조정실 제주특별자치도정책관 2013년 同녹색성장지원단 부단장 2014년 교육 파견(고위공무원) 2015년 국무조정실 녹색성장지원단 부단장(현)

임석규(林錫圭) LIM SUK KYOO

[생]1966·1·10 [본]나주(羅州) [출]전북 남원 [주]서울 마포구 효창목길6 한겨레신문 편집국(02-710-0114) [학]상산고졸, 서울대 언어학과졸 [경]1992년 한겨레신문 입사 2000년 同민권사회2부·정치부 기자 2002년 同출판사업본부 한겨레21사업부 정치팀장 2007년 同사회정책팀 정치부 차장 2009년 同편집국 정치부문 정치팀장 2012년 同편집국 정치부장 2013년 同편집국 정치사회에디터 2014년 관훈클럽 편집위원 2014년 한겨레신문 논설위원 2015년 同편집국 정치에디터 2016년 同편집국 총괄기획에디터 2016년 同편집국 선임기자(현)

임석식(林石植) LIM Suk-Sig

[생]1953·7·17 [본]평택(平澤) [출]경북 청도 [주]서울 동대문구 서울시립대로163 서울시립대학교 경영학부(02-6490-2223) [학]1971년 경북고졸 1975년 서울대 상과대학 경영학과졸 1977년 한국과학기술원(KAIST) 산업공학과졸(석사) 1983년 미국 펜실베이니아주립대 대학원 경영학과졸 1990년 경영학박사(미국 미네소타대) [경]1977~1981년 삼성그룹 입사·과장 1983~1988년 미국 미네소타대 강사 1988~1990년 캐나다 알버타대 조교수 1990년 서울시립대 경영학부 교수(현) 2001~2002년 미국 워싱턴대 방문교수 2002~2003년 정부회계학회 부회장 2003~2004년 한국회계학회 부회장 1999~2000년 한국회계학연구회 회장 1990~1997년 정부투자기관경영평가단 간사 2004~2005년 한국회계기준원 및 회계기준위원회 상임위원 2005~2007년 금융감독원 전문심의위원(Chief Accountant) 2008년 국민은행·KB금융지주 사외이사 2011~2014년 한국회계기준원 원장 겸 회계기준위원회 위원장 [저]'한국의 회계공시' '회계학 핸드북' 'IFRS 회계원리' [종]기독교

임석우(林錫祐)

[생]1961·11·10 [주]서울 중구 세종대로7길25 (주)에스원 임원실(02-2131-8173) [학]동성고졸, 서울대 대학원 경영학과졸 [경]1988년 삼성전자(주) 입사, 同경영지원총괄 경영지원팀 부장 2005년 同경영지원총괄 경영지원팀 상무보, 同신사업팀 상무 2010년 同업무지원실 상무 2010년 同업무지원실 전무 2012년 (주)에스원 경영지원실장(전무) 2013년 同부사장(현)

임석원(林錫垣) LIM SUK WON

[생]1974·8 [주]서울 구로구 디지털로31길12 태평양물산(주) 사장실(02-850-9000) [학]1993년 현대고졸 2001년 동국대 국제통상학과졸 [경]2007~2008년 태평양물산(주) 이사 2008~2009년 同부사장 2009년 同대표이사 사장(현)

임석재(任石宰) Suk-Jae Yim (乙田)

[생]1924·9·12 [본]풍천(豊川) [출]충남 부여 [주]서울 강남구 테헤란로124 풍림빌딩8층 특허법인 원전(02-553-1246) [학]1952년 고려대 법률학과졸 1987년 同경영대학 최고경영자과정(23기) 수료 1989년 同공과대학 최고산업전략과정(2기) 수료 1996년 同법학연구소 지적재산권법과정(2기) 수료 [경]1955년 국회사무처 법제조사연구원 1958년 국회 도서과장 1960년 국회사무처 의사국 의사과장 1962~1965년 법제처 전문위원 1967~1970년 국회 전문위원 1969년 변리사 개업 1971년 고려대 경영대학원 강사(산업재산권법) 1971~1991년 변리사 시험위원 1972년 대한상공회의소 상담역(산업재산권분야) 1984~1986년 대한변리사회 회장 1987~1991년 아시아변리사회 한국협회장 겸 同부회장 1996~2002년 한국국제산업재산권보호협회(AIPPI) 회장 1997년 민주평통 자문위원 2000년 특허법인 원전 대표변리사(회장)(현) 1996~2002년 국제변리사연맹 한국협회장 [상]철탑산업훈장(1986), 은탑산업훈장(2004) [저]'공업소유권법' '특허상표해설' '특허의 이론과 전략'

임석정(林錫正) Steve Suk Jung Lim

[생]1960·10·2 [출]서울 [학]1979년 경복고졸 1983년 고려대 경제학과졸 1985년 미국 조지워싱턴대 대학원 경영학과졸 1989년 미국 뉴욕대 대학원 경영학과졸(Executive MBA) [경]1985년 미국 Procter & Gamble Co. Cincinnati Ohio 본사 재정분석가 1986~1989년 미국 Kidder Peabody & Co.증권 뉴욕본사 Assistant Vice President 1989~1995년 미국 Salomon Brothers증권 뉴욕·동경·서울 Vice President 1995년 JP모건 Asia Pacific Executive Committee Member, 同한국대표(Managing Director & Country CEO), 교보AXA자산운용 사외이사 2015년 CVC(글로벌사모펀드PEF운용사) 한국대표(현) [상]국무총리표창(1999), 금융감독원장표창(2007), 부총리 겸 기획재정부장관표창(2013) [종]천주교

임석철(林錫喆) RIM Suk-Chul

[생]1957·7·17 [출]서울 [주]경기 수원시 영통구 월드컵로206 아주대학교 산업공학과(031-219-2424) [학]1980년 서울대 산업공학과졸 1982년 한국과학기술원(KAIST) 졸 1990년 산업공학박사(미국 미시간대) [경]1982~1985년 한국국방관리연구소 연구원 1990년 미국 워싱턴대 조교수 1991년 아주대 산업공학과 교수(현) 1999년 同기업물류연구센터 소장(현) 2007년 한국SCM학회 부회장 겸 편집위원장 2007년 한국로지스틱스학회 부회장(현) 2011년 한국SCM학회 공동회장(현) 2013~2015년 아주대 공학대학원장 2015년 同교무처장(현) [상]한국로지스틱스학회 로지스틱스학술부문 대상(2008) [종]기독교

임석필(林錫弼) LIM Seuk Pil

[생]1967·3·31 [출]서울 [주]경남 창원시 성산구 창이대로689번길4의4, 301호 임석필법률사무소(055-261-8700) [학]1985년 휘문고졸 1991년 서울대 법학과졸 2002년 캐나다 Univ. of British Columbia 방문학자과정 1년 수료 [경]1991년 사법시험 합격(33회) 1994년 사법연수원 수료(23기) 1994년 대전지검 검사 1995년 수원지검 여주지청 검사 1997년 서울지검 검사 1999년 부산지검 동부지청 검사 2001년 서울지검 의정부지청 검사 2004년 울산지검 검사 2004년 금융정보분석원 파견 2006년 울산지검 부부장검사 2007년 수원지검 평택지청 부장검사 2008년 창원지검 공안부장 2009년 서울중앙지검 부부장검사 2009년 부산지검 공안부장 2010년 수원지검 안양지청 부장검사 2011년 대구지검 형사3부장 2012년 서울동부지검 형사4부장 2013년 법무연수원 교수 2014년 대전고검 검사(충남도 법률자문검사 파견) 2015년 부산지검 형사2부장 2016년 광주고검 검사 2016년 변호사 개업(현)

임선민(林善敏) LIM Sun Min

[생]1948·8·5 [본]평택(平澤) [출]충남 홍성 [주]서울 영등포구 국제금융로10 twoIFC13층 알보젠코리아 감사실(02-2047-7700) [학]1967년 경동고졸 1971년 경희대 영어영문학과졸 [경]1974년 동광제약(주) 근무 1979년 영진약품(주) 병원사업부장 1990년 同마케팅전략부장 1992년 한미약품공업(주) 상무이사 2000년 同전무이사 2004년 한미약품(주) 부사장 겸 영업본부장 2006년 同영업부문 대표이사 사장 2010년 同총괄대표이사 사장 2011~2012년 제주다희연 대표이사 사장 2013년 (주)태준제약 영업부총괄 사장 2014년 송암에치칼 고문 2014년 알보젠코리아 상근감사(현) [종]천주교

임선빈(任善彬) IM Seon Bin

[생]1956·12·3 [출]서울 [학]1975년 서울고졸 1979년 서울대 영어영문학과졸 [경]2000년 연합뉴스 경제부 차장 2001년 同경제부 부장대우 2002년 同경제부장 2003년 同생활경제부장 직대 2003년 同생활경제부장 2004년 同국제경제부장 2005년 同경제부장 2006년 同편집국 경제담당 부국장 2008년 同외국어뉴스국장 2009년 同논설위원 2011~2013년 同논설위원(국장대우) 2013~2015년 (주)연합인포맥스 대표이사 사장

임선지(林善池 · 女) IM Seon Ji
[생]1968·11·4 [출]부산 [주]서울 서초구 서초대로219 법원행정처 사법정책총괄심의관실(02-3480-1100) [학]1987년 서울여고졸 1991년 이화여대 영어영문학과졸 1997년 고려대 법학과졸 [경]1997년 사법시험 합격(39회) 2000년 사법연수원 수료(29기) 2000년 서울지법 판사 2002년 同남부지원 판사 2004년 춘천지법 판사 2007년 의정부지법 고양지원 판사 2011년 서울중앙지법 판사 2011년 법원행정처 정책심의관 겸임 2013년 서울고법 판사 2015년 광주지법·광주가정법원 목포지원 부장판사 2016년 법원행정처 사법정책실 사법정책총괄심의관(현)

임성규(林成圭) LIM Sung Gyou

[생]1951 · 7 · 23 [출]경북 영양 [주]서울 성북구 동소문로65의2 5층 문이당출판사(02-928-8741) [학]2000년 성균관대 언론정보대학원졸 [경]1988년 문이당출판사 대표(현) 1998~2003년 파주출판문화정보산업단지 감사 1999~2000년 한국출판아카데미 원장 2001~2003년 대한출판문화협회 상무이사 [저]'한국출판의 문화산업적 기능연구' [종]기독교

임성균(林聖均) LIM Sung Kyoon

[생]1953·10·21 [본]선산(善山) [출]광주 [주]서울 강남구 테헤란로8길21 신원빌딩8층 세무법인 다솔(02-550-2000) [학]1973년 경기고졸 1981년 서울대 경영학과졸 1983년 同행정대학원졸 1988년 미국 브라운대 대학원 경제학과졸 2010년 경영학박사(가천대) [경]1981년 행정고시 합격(24회) 1982~1986년 경제기획원 대외협력계획과·해외협력위원회 근무 1988년 同심사평가국 사무관 1994년 재정경제원 경제정책국 서기관 1995년 경수로사업지원기획단 재정지원부 과장 1996년 駐태국대사관 재정경제관 2000년 대통령비서실 삶의질향상기획단 과장 2001년 재정경제부 세제실 국제조세과장 2002년 同세제실 조세지출예산과장 2004년 同기획관리실 혁신담당관(부이사관) 2005년 중앙공무원교육원 파견 2006년 국세심판원 상임심판관 2007년 국세청 개인납세국장(고위공무원) 2009년 同감사관 2009~2010년 광주지방국세청장 2011~2012년 세무법인 다솔 부회장 2012년 同회장(현) 2012년 대림산업(주) 사외이사 겸 감사위원(현) 2014년 HMC투자증권 사외이사(현) [상]대통령표창(1994), 한국회계정보학회 올해의 우수논문상(2011), 근정포장(2011) [저]'회계학연습'(1982) [종]천주교

임성근(林成根) LIM Seong Geun

[생]1964·3·1 [본]나주(羅州) [출]경남 거제 [주]서울 서초구 서초중앙로157 서울고등법원(02-530-1033) [학]1982년 진주고졸 1986년 서울대 법과대학졸 [경]1985년 사법시험 합격(27회) 1988년 사법연수원 수료(17기) 1988년 육군 법무관 1991년 부산지법 판사 1994년 同동부지원 판사 1996~1997년 독일 트리어대 연수 1997년 부산지법 판사 1998년 창원지법 거창지원장 1999년 법원행정처 송무심의관 2002년 부산고법 판사 2003년 창원지법 부장판사 2004년 대법원 재판연구관 2006년 법원행정처 사법정책제3심의관 2007년 同형사정책총괄심의관 2009년 서울중앙지법 민사합의21부 부장판사 2010년 대구고법 형사1부 부장판사 2011~2013년 대법원 양형위원회 상임위원 2013년 서울고법 형사3부 부장판사 2014년 서울중앙지법 형사수석부장판사 2016년 서울고법 부장판사(현) [종]천주교

임성기(林盛基) LIM Sung Ki

[생]1940·3·1 [출]경기 김포 [주]서울 송파구 위례성대로14 한미약품(주) 회장실(02-410-9000) [학]1958년 통진종합고졸 1965년 중앙대 약대 약학과졸 1973년 고려대 경영대학원 수료 1989년 서울대 대학원 최고경영자과정 수료 [경]1967~1989년 약국 경영 1973~1994년 한미약품공업(주) 설립·대표이사 1975~1981년 통진학원 재단이사장 1984년 한미정밀화학 대표이사 1987년 의약품수출입협회 부회장 1992~1999년 신약개발연구조합 이사장 1995~2003년 한미약품공업(주) 회장 1997년 한국제약협회 수석부회장 1999~2001년 同회장 2003년 한미약품(주) 대표이사 회장(현) [상]대통령표창, 석탑산업훈장, 철탑산업훈장, 금탑산업훈장(1998), 경제정의실천시민연합 경제정의기업상 대상(2001), 인스티튜셔널인베스터 의료제약부분 '아시아 최고 CEO'(2008), 중앙언론동문상 특별상(2016) [종]기독교

임성기(林成基) LIM Seong Ki

[생]1961 · 6 · 15 [출]부산 [주]서울 중구 장충단로275 두산타워31층 두산중공업(주) 법무실(02-3398-0862) [학]1979년 가야고졸 1983년 서울대 인문대 영어영문학과졸 1986년 同대학원 법학과졸 [경]1987년 사법시험 합격(29회) 1990년 사법연수원 수료(19기) 1990년 인천지검 검사 1992년 광주지검 순천지청 검사 1994년 부산지검 검사 1996년 제주지검 검사 1997년 법무부 인권과 검사 2000년 서울지검 검사 2002년 부산지검 부부장검사 2002년 창원지검 밀양지청장 2004년 同형사2부장 2005년 두산중공업(주) 법무실장(전무) 2009년 同법무실장(부사장) 2016년 同법무실장(사장)(현)

임성남(林聖男) Lim Sungnam

[생]1958·12·24 [출]서울 [주]서울 종로구 사직로8길60 외교부 제1차관실(02-2100-7026) [학]서울 대신고졸 1981년 서울대 외교학과졸 1984년 同대학원 정치학과졸 1989년 미국 하버드대 대학원 정치학과졸 [경]1980년 외무고시 합격(14회) 1981년 외무부 입부 1988년 駐미국 2등서기관 1993년 대통령비서실 파견 1995년 駐UN대표부 1등서기관 1997년 駐대만 참사관 2000년 외교통상부 문화협력과장 2001년 同북미3과장 2002년 同북미1과장 2002년 駐미국 참사관 2005년 외교통상부 북미국 한미안보협력관 2006년 대통령비서실 행정관 2006년 외교통상부 장관특별보좌관 2007~2008년 同북핵외교기획단장 겸 북핵담당대사 2008년 일본 도쿄대 정책연수 2009~2011년 駐중국 공사 2011년 외교통상부 한반도평화교섭본부장 2011~2013년 북핵6자회담 한국측 수석대표 2013년 외교부 한반도평화교섭본부장 2013년 駐영국 대사 2015년 외교부 제1차관(현) [상]영국 로얄 빅토리아 기사 훈장(2013), 황조근정훈장(2016)

임성덕(任成德)

[출]전남 신안 [주]서울 서대문구 통일로97 경찰청 보안국 보안3과(02-3150-2193) [학]1983년 조선대부고졸 1987년 경찰대 법학과졸(3기) [경]1987년 경위 임관 2008년 금융정보분석원 파견 2009년 강원 양구경찰서장(총경) 2011년 서울지방경찰청 3기동단장 2012년 서울 금천경찰서장 2013년 경찰청 수사구조개혁팀장 2015년 경기 일산경찰서장 2016년 경찰청 보안국 보안3과장(현)

임성만(林聖滿) IM SEONG MAN

[생]1963 [출]서울 [주]충남 천안시 동남구 병천면 충절로1687 관세청 관세국경관리연수원(041-410-8550) [학]1981년 서울 광성고졸 1985년 서울대 심리학과졸 1988년 同대학원 조직심리학과졸 2004년 조직심리학박사(서울대) [경]1996년 코오롱그룹 인사팀 과장 2004년 同감사담당 부장 2008년 (주)코오롱 조직 · 인재개발팀장 2010년 同인사실장 2013년 코오롱글로벌(주) 기획담당 상무 2015년 세스코 HR본부장 2016년 관세청 관세국경관리연수원장(현) [저]'조직에서의 신뢰'(2000, 한국심리학회지:산업 및 조직)

임성민 Sungmin Lim

[생]1971 · 10 · 7 [본]평택(平澤) [출]서울 [주]세종특별자치시 도움5로19 우정사업본부 충청지방우정청 동천안우체국(041-629-6301) [학]잠실고졸 2001년 서울시립대 행정학과졸 2011년 미국 매사추세츠공과대 대학원 도시경제학과졸(M.Sc.) [경]2001년 행정고시 합격(45회) 2003~2008년 정보통신부 국제우편과 · 주파수정책과 · 인터넷정책과 사무관 2008~2009년 지식경제부 유통물류과 사무관 2009~2011년 미국 매사추세츠공과대 교육파견 2012~2013년 지식경제부 소프트웨어융합과 서기관 2013년 미래창조과학부 소프트웨어진흥팀장 2015년 同우정사업본부 국제사업과장 2016년 同우정사업본부 충청지방우정청 동천안우체국 총괄국장(현) [상]정보통신부장관표창(2004 · 2007), 국방부장관표창(2015)

임성빈(任成彬) YIM Sung Bihn

[생]1958 · 10 · 15 [출]서울 [주]서울 광진구 광장로5길25의1 장로회신학대학교 총장실(02-450-0802) [학]1976년 경동고졸 1981년 장로회신학대 신학과졸 1984년 同대학원 신학과졸 1994년 철학박사(미국 Princeton Theological Seminary) [경]1989~2000년 장로회신학대 신학과 강사 · 조교수 · 부교수 1998년 문화선교연구원 원장(현) 1999년 기독교윤리실천운동본부 집행위원 2000년 민주평통 자문위원 2000년 장로회신학대 기독교와문화 교수(현) 2005년 소망교회 협동목사 2005년 다일복지재단 이사 2005년 기독경영연구원 이사, 장로회신학대 대외협력처장 2009년 기독교윤리실천운동 공동대표(현) 2009~2011년 장로회신학대 목회전문대학원장 2011년 기독교윤리실천운동 상임집행위원(현) 2012년 서울국제사랑영화제 조직위원장(현) 2015년 미국 프린스턴신학대학원 이사(현) 2016년 장로회신학대 총장(현) [저]'현대기독교윤리학의 동향'(1997, 예영커뮤니케이션) '현대문화의 한계를 넘어서'(1997, 예영커뮤니케이션) '흔들리는 젊음, 결혼, 가정 바로 세우기'(1999, 예영커뮤니케이션) '경제위기를 넘어선 기독교 문화'(1999) '21세기의 책임윤리의 모색'(2002, 장로회신학대출판부) '통합적인 통일과 그리스도인들의 과

제(共)'(2003, 예영커뮤니케이션) '21세기 문화와 기독교'(2004, 장신대 출판부) (역)'기독교윤리학의 역사'(2000, 한국장로교출판사) (종)기독교

임성식(林成植) IM Seong Sik

(생)1959 · 9 · 25 (출)경북 청송 (주)경남 창원시 의창구 창이대로500 경남도선거관리위원회(055-212-0710) (학)경북고졸, 영남대 법학과졸, 성균관대 대학원 법학 박사과정 수료 (경)1984년 경북도선거관리위원회 관리과 근무 2002년 대구시선거관리위원회 지도과장 2004년 同관리과장 2005년 중앙선거관리위원회 부이사관 2007년 인터넷선거보도심의위원회 사무국장 2008년 대구시선거관리위원회 사무국장(이사관) 2009년 미국 파견 2011년 경북도선거관리위원회 사무처장 2013년 울산시선거관리위원회 사무처장 2013년 국내 교육 파견(이사관) 2015년 전북도선거관리위원회 사무처장 2016년 경남도선거관리위원회 상임위원(현) (저)'선거사범처리실태와 개선방안' '선거사범의 처벌과 당선무효에 관한 비교법적 연구'

임성열(林聖烈)

(생)1963 · 7 · 17 (주)서울 중구 청계천로30 예금보험공사 비서실(02-758-0028) (학)경기 오산고졸, 서울대 경제학과졸, 同대학원 행정학과졸 (경)2008년 예금보험공사 기금운용실장 2009년 同금융분석전략부장 2010년 同보험정책부장 2012년 同리스크관리2부장 2013년 同기획조정부장 2015년 同청산회수담당 상임이사(현)

임성우(林成雨) Sean Sung woo lim

(생)1966 · 1 · 9 (출)경북 포항 (주)서울 중구 남대문로63 한진빌딩본관18층 법무법인 광장(02-2191-3008) (학)1983년 경북고졸 1987년 서울대 사법학과졸 1995년 미국 코넬대 법과대학원졸 (경)1986년 사법시험 합격(28회) 1989년 사법연수원 수료(18기) 1989년 법무법인 광장 변호사(현) 1995년 미국 New York주 변호사 자격 취득 1995년 미국 Perkins Coie ; Davis Wright Tremaine 소속 변호사 2009~2011년 Asia Pacific Regional Arbitration Group (APRAG) 사무총장, 대한상사중재원 중재인, 법무부 법무자문위원회 중재법개정특별분과위원회 위원, 국제중재실무회 부회장, 대한중재인협회 부회장, 싱가포르 국제중재법원 상임위원 2013~2015년 싱가포르 국제중재센터(SIAC) 중재법원 초대 상임위원 2013년 공공데이터제공분쟁조정위원회 위원(현)

임성일(林聖一) LIM Seong Il

(생)1964 · 2 · 25 (주)경기 성남시 분당구 안양판교로1201번길62 한국식품연구원 전략기획본부(031-780-9015) (학)영남대 대학원졸, 식품가공학박사(일본 오사카대) (경)한국원자력연구소 박사 후 연구원, 캐나다 McGill Univ. 박사 후 연구원, 일본 오사카대 단백질연구소 연구생 1997년 한국식품개발연구원 생물공학부 연구원 2002년 同생물소재연구팀장 2003~2006년 同전통식품연구본부 발효식품연구팀장 2006년 한국식품연구원 전통식품연구본부 발효식품연구팀 연구원 2007년 同발효식품연구팀 책임연구원 2008년 同산업진흥연구본부 전통식품연구단장(책임연구원) 2014년 同전략산업연구본부 발효식품연구센터 책임연구원 2015년 同창조과학연구본부장 2015년 同대사영양연구본부장 2016년 同전략기획본부장(현) (종)천주교

임성준(任晟準) YIM Sung Joon

(생)1948 · 9 · 19 (출)서울 (주)서울 서대문구 충정로23 풍산빌딩14층 리인터내셔널특허법률사무소(02-2279-3631) (학)1966년 서울고졸 1971년 서울대 외교학과졸 1976년 영국 옥스포드대 대학원 수료 1978년 일본 게이오대 대학원 수료 (경)1974년 외무부 사무관 1981~1989년 同동북아1과장 · 장관보좌관 1990~1993년 駐미국대사관 정무참사관 1993~1995년 대통령 외교비서관 1995년 외무부 미주국장 1996~1999년 駐이집트 대사 1999년 ASEM준비기획단 회의추진본부장 2001년 외교통상부 차관보 직대 2002~2003년 대통령 외교안보수석비서관 2003~2004년 외교안보연구원 연구위원 2004~2007년 駐캐나다 대사 2007년 외교통상부 본부대사 2007~2010년 한국국제교류재단 이사장 2010~2012년 한국외국어대 국제지역대학원 석좌교수 2010~2011년 同국제협력전략센터 소장 2010~2014년 LIG손해보험 사외이사 2011년 리인터내셔널특허법률사무소 상임고문(현) 2013년 한국유스호스텔연맹 총재(현) (상)황조근정훈장, 헝가리 정부 공로훈장(2010), 스페인 정부 공로훈장(2012) (종)기독교

임성준(林性俊) LIMB, Seong Joon

(생)1961 · 7 · 4 (주)서울 동작구 흑석로84 중앙대학교 경영경제대학 경영학부(02-820-5566) (학)1984년 연세대 경영학과졸 1986년 미국 텍사스대 대학원 경영학과졸 1994년 경영학박사(미국 텍사스대) (경)1986~1987년 미국 텍사스대 Research Assistant 1986~1992년 同조교 1995년 중앙대 경영학과 조교수 · 부교수 · 교수, 同경영학부 교수(현) 1997년 한국전략경영학회 이사 2001~2002 · 2004~2006년 한국인사조직학회 부회장 · 이사 2003년 (사)한국문화산업포럼 감사 2006년 (사)한국문화산업포럼 문화산업연구소장 2006~2007년 중앙대 경영연구소장 2007~2009년 同경영대학 경영학부장 2007년 同경영전문대학원 부원장 2007년 (주)티제이미디어 사외이사 2008년 한국전략경영학회 부회장 · 회장 · 상임이사 2013년 중앙대 경영경제대학장, 한국전략경영학회 전략경영연구편집위원장 · 편집위원, 한국경영학회 경영학연구경영전략분야 편집위원, 한국경영학회 경영저널 편집위원, 한국경영학회 상임이사, 한국경영학회 통일경영위원장 · 이사, 한국전략경영학회 고문 · 이사 (상)중앙대 교육상(2007), 대한민국문화콘텐츠 해외진출전략논문공모전 장려상(2007 · 2008), 한국경영학회 KBR BEST REVIEWER AWARD(2012) (저)'Creative and Innovative Approaches to the Science of Management(共)'(1993) '한국기업의 이해와 과제(共)'(1998, 삼성경제연구소) '동북아지역 글로벌네트웍 구축 및 통신사업 진출전략(共)'(1999, 한국통신 경영연구소) '방송사 자회사운영체제 현황 및 개선안 연구'(2003, 방송문화진흥회) '엔터테인먼트경영론'(2006, 중앙대 공연영상사업단)

임성철(林成哲) LIM Seong Cheol

(생)1964 · 3 · 3 (출)서울 (주)서울 서초구 서초중앙로157 서울중앙지방법원(02-530-1114) (학)1983년 덕수상고졸 1993년 성균관대 법학과졸 (경)1994년 사법시험 합격(36회) 1997년 사법연수원 수료(26기) 1997년 부산지법 판사 2001년 인천지법 판사 2004년 서울중앙지법 판사 2006년 서울남부지법 판사 2006년 프랑스 연수 2008년 서울고법 판사 2010년 서울중앙지법 판사 2012년 춘천지법 부장판사 2013년 同수석부장판사 2014년 수원지법 부장판사 2016년 서울중앙지법 부장판사(현)

임성호(林成浩) Seong-Ho Lim

(생)1959 · 3 · 5 (주)서울 영등포구 의사당대로1 국회입법조사처 처장실(02-788-4500) (학)1978년 경성고졸 1982년 서강대 정치외교학과졸 1985년 同대학원 정치학과졸 1995년 정치학박사(미국 매사추세츠공대) (경)1985~1986년 서강대 · 숙명여대 강사 1990~1993년 미국 하버드대 정치학과 Teaching Fellow 1993년 미국 매사추세츠공대 정치학과 조교 1993~1995년 미국 시몬스칼리지 정치학과 조교수 1995~1996년 서강대 · 중앙대 강사 1995년 한국정치학회 연구이사 1995~1996년 서울대 지역종합연구소 특별연구원 1996년 경희대 인류사회재건연구원 연구원 1996~2005년 同정치외교학과 조교수 · 부교수 1996년 미국정치연구회 회장 1997년 의회발전연구회 연구편집위원 1999년 경희대 대학원 정치학과 주임교수 2005~2014년 同정치외교학과 교수 2005년 同인류사회재건연구원장 2006년 경제정의실천시민연합 정치개혁위원회 위원장 2007~2013년 서울시 선거관리위원회 위원 2008년 한국정당학회 부회장 2009년 同회장 2011~2014년 경희대 교무처장 2013년 국회 정치쇄신자문위원회 위원 2014년 한국세계지역학회 회장 2014년 국회입법조사처장(차관급)(현) (상)근정포장(2014) (저)'지구화시대의 정당정치(共)'(2011, 한다D&P) '한국 국회와 정치과정(共)'(2010, 오름) '한국 선거 60년 : 이론과 실제(共)'(2011, 오름)

임송학(林松鶴) LIM Song Hak

(생)1962 · 2 · 8 (본)나주(羅州) (출)경북 영천 (주)세종특별자치시 도움5로20 법제처 기획조정관실(044-200-6540) (학)경북고졸, 한양대 정치학과졸, 同대학원 교육학과졸, 성균관대 대학원 법학박사과정 수료 (경)1986년 행정고시 합격(30회) 1998년 법제처 사회문화법제국 법제관 2000년 同법제기획담당관 2004년 同사회문화법제국 법제관(부이사관) 2005년 세종연구소 파견 2006년 법제처 법제정책팀장 2006년 同법제지원단장 2007년 헌법재판소 파견(고위공무원) 2009년 법제처 사회문화법제국 법제심의관 2010년 同법령해석정보국장(고위공무원) 2012년 同경제법제국장 2013년 제18대 대통령직인수위원회 국정기획조정분과 전문위원 2013년 법제처 기획조정관(현) (상)대통령표창(1999), 홍조근정훈장(2006) (저)'입법과정론(共)'(2000)

임수경(林壽卿·女) LIM Soo Kyoung

[생]1961·12·3 [출]전남 광양 [주]전남 나주시 빛가람로 661 한전KDN(주) 사장실(061-931-6114) [학]1980년 계성여고졸 1984년 고려대 산업공학과졸 1987년 한국과학기술원(KAIST) 산업공학대학원 산업공학과졸 1995년 산업공학박사(한국과학기술원) [경]1996년 한국전산원(現 한국정보사회진흥원) 입원 1997년 同감리·평가기획부장 1999년 미국 위스콘신대 Post-Doc. 2000년 LG EDS시스템 Entrue Consulting e-Solution 그룹장 2002년 (주)LG CNS 공공사업본부 공공전략부문 근무 2003년 同사업지원본부 기술대학원장 2004년 同기술연구부문장 2005년 同기술연구부문장(상무) 2009년 同U-엔지니어링사업개발부문장(상무) 2009년 국세청 전산정보관리관(국장급) 2012년 (주)KT 글로벌&엔터프라이즈(G&E)부문 시스템사업본부장(전무) 2012년 同글로벌&엔터프라이즈(G&E) 운영총괄 겸임 2013~2014년 同글로벌&엔터프라이즈(G&E)부문 사업총괄 전무 2013~2016년 국민생활체육회 비상임이사 2014년 한국뉴욕주립대 스마트융합기술연구원장 2014년 한전KDN(주) 대표이사 사장(현) 2016년 광주과학기술원 비상임이사(현) [상]KAIST 올해의 동문상(2011), 한국품질경영학회 '글로벌 품질경영인 대상'(2015)

임수경(林秀卿·女) LIM, SU-KYUNG

[생]1968·11·6 [출]서울 [주]서울 마포구 신수로56 사람사는세상 노무현재단(1688-0523) [학]1986년 서울 진명여고졸 1993년 한국외국어대 불어과졸 1997년 서강대 언론대학원졸 2004년 한국방송통신대 법학과졸 2003년 한국외국어대 대학원 신문방송학 박사과정 수료 [경]1995년 문익환목사기념사업회 사무국장 2001~2008년 방송위원회 남북방송교류추진위원 2002~2005년 언론인권센터 이사 2002~2010년 한국외국어대 언론정보학부 강사 2003~2005년 월간 '해인' 객원기자 2009~2010년 성공회대 신문방송학과 외래교수 2010년 노무현재단 상임운영위원(현) 2012~2016년 제19대 국회의원(비례대표, 민주통합당·민주당·새정치민주연합·더불어민주당) 2012년 국회 행정안전위원회 위원 2013년 국회 외교통일위원회 위원 2013년 국회 미래창조과학방송통신위원회 위원 2014년 국회 안전행정위원회 위원 2014년 국회 여성가족위원회 위원 2015년 국회 메르스대책특별위원회 위원 2015년 새정치민주연합 대외협력위원회 부위원장 2015년 국회 평창동계올림픽및국제경기대회지원특별위원회 위원 2015년 더불어민주당 대외협력위원회 부위원장 [저]'임수경 스토리'(2016, 휴먼앤북스)

임수빈(任秀彬) IM Soo Bin

[생]1961·7·3 [출]서울 [주]서울 서초구 서초대로74길4 삼성생명서초타워17층 법무법인 동인(02-2046-0621) [학]1980년 장충고졸 1984년 서울대 법학과졸 1986년 同대학원 법학과졸 [경]1987년 사법시험 합격(29회) 1990년 사법연수원 수료(19기) 1990년 서울지검 검사 1992년 청주지검 충주지청 검사 1994년 서울지검 동부지청 검사 1997년 법무부 국제법무심의관실 검사 1998년 同검찰1과 검사 2000년 서울지검 남부지청 검사 2002년 同남부지청 부부장검사 2002년 춘천지검 속초지청장 2004년 서울중앙지검 부부장검사 2005년 부산지검 형사4부장 2006년 대검찰청 공안2과장 2007년 同공안1과장 2008~2009년 서울중앙지검 형사2부장 2009년 변호사 개업 2010년 법무법인 동인 구성원변호사(현)

임수석(任洙奭) Lim Soo-suk

[생]1968·2·1 [출]서울 [주]서울 종로구 사직로8길60 외교부 유럽국(02-2100-7443) [학]관악고졸 1962년 한국외국어대 영어과졸 1996년 미국 코네티컷대 대학원 국제관계학과졸 [경]1991년 외무고시 합격(25회) 1991년 외무부 입부 1998년 駐러시아 2등서기관 2001년 駐아랍에미리트 1등서기관 2005년 駐영국 1등서기관 2008년 외교통상부 유라시아과장 2010년 기획재정부 남북경제과장 2011년 미래기획위원회 외교안보국장 2012년 駐벨기에 유럽연합참사관 2015년 외교부 유럽국 심의관 2016년 同유럽국장(현)

임수식(任秀植) IM Soo Sik

[생]1961·4·17 [출]전남 해남 [주]서울 강남구 테헤란로87길46 도심공항타워15층 법무법인 로고스(02-2188-2816) [학]1979년 성남고졸 1984년 서울대 법학과졸 [경]1983년 사법시험 합격(25회) 1985년 사법연수원 수료(15기) 1986년 軍법무관 1989년 서울지법 의정부지원 판사 1991년 서울민사지법 판사 1993년 광주지법 순천지원 판사 1995년 광주고법 판사 1996년 서울지법 동부지원 판사 1997년 서울고법 판사 1999년 대법원 재판연구관 2001년 광주지법 부장판사 2002년 사법연수원 교수 2005년 서울동부지법 부장판사 2007~2008년 서울중앙지법 부장판사 2008년 법무법인 로고스 변호사(현) 2012년 행정안전부 소청심사위원회 비상임위원 2013년 안전행정부 소청심사위원회 비상임위원

임숙빈(任淑彬·女) IM Sook Bin

[생]1956·9·1 [출]서울 [주]대전 중구 계룡로771번길77 을지대학교 간호학과(042-259-1713) [학]1979년 서울대 간호학과졸 1988년 同대학원 간호학과졸 1997년 간호학박사(서울대) [경]1979~1992년 서울대병원 근무 1987~1991년 서울대 의대 외래강사·조교수 1992~1998년 서울보건대 전임강사·조교수 1997년 미국 워싱턴대 간호대학 방문교수 1998~2002년 을지의과대 간호학과 부교수 1999년 同간호학과장 2002~2007년 同간호학과 교수 2002년 同간호대학장 2004~2007년 同임상간호대학원장 2007년 을지대 간호학과 교수(현) 2007년 同임상간호대학원장 2011년 同간호대학장(현) 2012년 한국간호과학회 부회장 2014~2015년 同회장 2015년 대통령소속 국가생명윤리심의위원회 생명존중헌장제정을위한특별위원회 위원(현)

임숙영(林淑英·女) LIM Sook Young

[생]1969·2·16 [주]서울 종로구 청와대로1 대통령 보건복지비서관실(02-770-0011) [학]선일여고졸, 서울대 간호학과졸, 미국 미네소타대 대학원 보건경영학과졸 [경]1996년 행정고시 합격(40회) 2004년 보건복지부 국제협력담당관실 사무관 2005년 同보건의료정책본부 보험정책팀 사무관 2006년 同보험연금정책본부 보험정책팀 서기관 2007년 同보건산업육성사업단 보건의료서비스혁신팀장 2007년 同보건산업기술팀장 2008년 보건복지가족부 사회복지정책실 지역복지과장 2009년 同사회복지정책실 사회서비스기반과장 2009년 同아동청소년가족정책실 아동청소년자립과장 2010년 同사회복지정책실 사회서비스사업과장 2010년 보건복지부 사회서비스정책관실 사회서비스사업과장 2010년 同저출산고령사회정책실 요양보험제도과장 2013년 同사회복지정책실 기초의료보장과장 2014년 同장애인정책국 장애인자립기반과장 2015년 同기획조정실 창조행정담당관 2015년 대통령 보건복지비서관실 행정관(현)

임순묵(林順默) Lim Soon Mook

[생]1957·9·18 [주]충북 청주시 상당구 상당로82 충청북도의회(043-220-5132) [학]1975년 충주농고졸, 대원대 사회복지과졸 [경]이택희 국회의원 비서관, 한나라당 충주시당원협의회 사무국장 2010년 충북도의원선거 출마(한나라당) 2012년 새누리당 제18대 박근혜 대통령후보 조직특보 2014년 충북도의회 의원(새누리당)(현) 2014년 同건설소방위원회 부위원장 2014년 同운영위원회 위원 2015년 同윤리특별위원회 위원 2015년 同새누리당 원내대표 2016년 同문장대온천개발저지특별위원회 부위원장 2016년 同건설소방위원회 위원장(현) 2016년 同문장대온천개발저지특별위원회 위원(현)

임승길(林承吉) Lim Sung Kil (기욱)

[생]1954·2·6 [본]평택(平澤) [출]경기 [주]서울 서대문구 연세로50의1 세브란스병원 내분비내과(02-2228-1930) [학]1978년 연세대 의대졸 1985년 同대학원 의학석사 1996년 의학박사(울산대) [경]1981~1985년 세브란스병원 인턴·레지던트 1985~2000년 연세대 의대 내과학교실 전임강사·조교수·부교수 1986년 일본 도쿄대 의대 교환교수 1988~1991년 미국 하버드대 의대 부속MGH 연구원 2000년 연세대 의대 내과학교실 교수(현) 2001년 세브란스병원 내분비내과장, 대한남성갱년기학회 회장 2004년 대한민국의학한림원 정회원(현) 2004년 대한골다공증학회 회장 2009년 대한내분비학회 이사장, 대한성인병협회 총무 2011년 한국여성건강 및 골다공증재단 이사장, 同이사(현) [상]지석영학술상 [저]'골다공증(OSTEOPOROSIS)'(2005) [역]'골다공증'(2005) '콜레스테롤'(2005) [종]기독교

임승달(林承達) LIM Seung Dall (靑岩)

[생]1948·12·10 [본]평택(平澤) [출]충남 서산 [주]강원 강릉시 죽헌길7 강릉원주대학교(033-642-7001) [학]1968년 충남고졸 1974년 한양대 도시공학과졸 1977년 서울대 환경대학원 환경계획학과졸 1994년 행정학박사(국민대) [경]1977~1981년 한국과학기술원(KAIST) 선임연구원 1981~1991년 강릉대 지역개발학과 전임강사·조교수·부교수 1983~1995년 강원도 도시계획위원 1987~1988년 강릉대 지역개발학과장 1988~1990년 同영동산업문제연구소장 1991~2006년 同지역개발학과 교수 1991~1993년 同사회과학대학장 1994년 한국지역개발학회 부회장 1995년 대한교통학회 부회장 1995년 환동해권경제연구회 부회장 1995년 대통령 국가경쟁력강화자문위원 1996년 미

국 Univ. of Delaware 객원교수 1999~2003년 강릉대 총장 1999년 민주평통 자문위원 2002년 21세기국토포럼 공동대표 2003년 중국 연변과학기술대 명예교수(현) 2003년 국토연구원 초빙연구원 2003년 국무총리실 국토정책위원회 위원 2004~2006년 한국농업전문학교 학장 2004년 대통령 정책실 신행정수도건설추진단자문위원회 교통분과위원장 2005년 대통령자문 행정중심복합도시건설추진위원회 위원 2006~2014년 강릉원주대 도시계획부동산학과 교수 2014년 同명예교수(현) 2016년 세종특별자치시 정책자문위원회 위원장(현) [상]서울대 환경대학원 수석졸업상(1977), 대통령표창(2003), 청조근정훈장(2014) [저]'지역개발론'(共) '환경과학개론'(共) '지역계획론'(共) '우리지구 우리손으로' '새로운 출발' [종]천주교

임승순(任勝淳) LIM Sung Soon

[생]1954·7·7 [출]대전 대덕 [주]서울 강남구 영동대로412 아셈타워22층 법무법인 화우(02-6003-7124) [학]1972년 서울고졸 1977년 서울대 법대졸 2002년 경희대 법과대학원졸 [경]1977년 사법시험 합격(19회) 1979년 사법연수원 수료(9기) 1979~1982년 軍법무관 1982년 서울지법 북부지원 판사 1984년 서울민사지법 판사 1986년 춘천지법 강릉지원 판사 1988년 서울가정법원 판사 1989년 서울고법 판사 1991년 대법원 재판연구관 1993년 부산지법 부장판사 1996~1999년 사법연수원 교수 1999~2000년 서울행정법원 부장판사 1999년 세법연구회 심사위원(현) 2000~2003년 법무법인 화백 조세·행정팀장 2000~2004년 국세심판원 비상임심판관 2001년 사법연수원 강사 2001년 영산대 강사 2002~2005년 국무총리 행정심판위원 2003~2008년 서울대 법과대학원 조세법 강사 2003~2010년 법무법인 화우 변호사 2005~2007년 국세청 과세전적부심사위원회 위원 2005~2008년 재정경제부 국세예규심사위원회 민간위원 2006~2008년 서울지방국세청 조세법률고문 2007~2014년 법제처 법령해석심의위원회 위원 2008~2011년 대한변호사협회 이사 2009~2010년 기획재정부 고문변호사 2010~2011년 인하대 법학전문대학원 조세법 강사 2010~2016년 대한변호사협회 세제위원회 위원 2010~2014년 신용협동중앙회 기금관리위원 2010년 법무법인 화우 대표변호사(현) 2011~2015년 기획재정부 국세예규심사위원회 위원 2011~2014년 중부지방국세청 고문변호사 2012년 법제처 국민법제관(법령해석분야) 위원(현) 2013년 한국중부발전(주) 법률고문(현) 2013~2014년 중부지방국세청 조세법률고문 2013년 세계법조인명록(Who's Who Legal 2013) 법인세분야 한국대표변호사 선정 [저]'과세처분의 무효사유' '조세법(개정판)'(2013, 박영사)

임승안(林承安) Seung An Im

[생]1952·4·25 [출]경기 이천 [주]충남 천안시 서북구 월봉로48 나사렛대학교 총장실(041-570-7705) [학]경기 이천고졸 1980년 숭실대 영어영문학과졸 1982년 同대학원졸 1987년 미국 나사렛대 신학대학원졸 1992년 미국 예일대 신학대학원졸 1994년 신학박사(미국 Drew대) [경]1987년 한국웨슬리학회 총무 1994년 나사렛대 신학부 교수 1997년 同교목실장 1997년 同기획실장 2001년 同교무처장 2002년 한국교회사학회 이사 2003년 同감사 2003년 나사렛대 신학대학원장 2003년 同대학발전추진본부장 2005~2010년 전국신학대학협의회 이사 2005·2009~2012년 나사렛대 총장 2006년 전국신학대학협의회 부회장 2006년 한국웨슬리학회 부회장, 同회장(현) 2006년 대학총장조찬기도회 총무 2008년 전국신학대학협의회 회장 2008년 한국신학대학교총장협의회 수석부회장 2008년 누가선교회 이사(현) 2009년 세계장애인문화예술축제 고문 2010~2012년 한국사립대학총장협의회 감사 2016년 나사렛대 총장(현) [상]Forbes Korea 대한민국글로벌CEO선정(2009·2010) [저]'Theology of Jone Wesley : Historical Enlightenment Seoul' 'Methodist Theological Seminary'(1995) [종]기독교

임승철(林承哲) Lim Seung-Cheol

[생]1955·6·15 [출]서울 [주]서울 영등포구 국제금융로6길17 부국증권빌딩9층 유리자산운용(주) 임원실(02-2168-7900) [학]신일고졸, 고려대 경영학과졸 [경]1978년 증권감독원 입사 1999년 금융감독원 감독10국 주니어팀장 2000년 同조사총괄국 시니어팀장 2002년 同조사2국 조사2실장 2003년 同증권검사2국장 2006년 同조사1국장 2007년 同감사실 국장 2008년 同인력개발실 교수 2009~2014년 현대증권(주) 상근감사위원 2014년 同비상근 상담역 2015년 동부증권 상근감사위원 2016년 유리자산운용 사외이사(현)

임승철(林承喆) Lim Seungcheol

[생]1965·10·26 [본]평택(平澤) [주]경기 과천 관문로47 미래창조과학부 운영지원과(02-2110-2142) [학]1983년 명지고졸 1987년 서울대 공대 원자핵공학과졸 1989년 한국과학기술원(KAIST) 원자력공학과졸 1993년 원자력공학박사(한국과학기술원) [경]1993~2005년 과학기술부 사무관·서기관 2005~2006년 同원자력통제팀장 2006~2008년 同부총리 겸 장관 비서관 2008~2011년 駐독일대사관 본분관 교육과학관 2011년 교육과학기술부 방사선안전과장 2011~2013년 대통령 과학기술비서관실 행정관 2013년 미래창조과학부 연구공동체지원과장 2014년 同장관 비서실장 2016년 駐오스트리아공화국대사관 및 駐빈국제기구대표부 공사참사관(고위공무원)(현) [상]외교통상부장관표창(2009), 근정포장(2011)

임승한

[생]1954·10·28 [출]충남 홍성 [주]서울 강동구 고덕로262 농민신문 임원실(02-3703-6084) [학]1972년 광천상고졸 1975년 농협대학졸 1990년 한국방송통신대 농학과졸 1995년 한남대 대학원 경영관리학과졸 [경]1975년 농업협동조합중앙회 입사 1979~1981년 同기획실 근무 1989~1991년 同금융부 근무·경영연구 기획역 1992년 同대전지역본부 지도경제과·기획관리과 근무·영업지원팀장 1999년 同둔산지점장, 同대전지역본부 부본부장 2005년 同홍성군지부장 2008년 同정부중앙청사지점장 2008년 同서울지역본부장 2011년 同상호금융총본부장(상무) 2011년 同충남지역본부장 2013년 영일케미칼 대표이사 2013~2015년 농협케미컬 대표이사 2015년 농민신문 대표이사 사장(현)

임시규(林時圭) LIM Si Gooy

[생]1960·6·27 [출]전북 진안 [주]서울 종로구 사직로8길39 세양빌딩 김앤장법률사무소(02-3703-4528) [학]1979년 전주고졸 1983년 서울대 법대졸 1993년 일본 와세다대 연수 [경]1983년 사법시험 합격(25회) 1985년 사법연수원 수료(15기) 1986~1989년 軍법무관 1989~1991년 서울지법 의정부지원 판사 1991~1993년 서울민사지법 판사 1993년 전주지법 군산지원 판사 1993~1996년 대전지법 판사 1996년 대전고법 판사 1996~1997년 서울지법 판사 1997~1998년 서울고법 판사 겸 법원행정처 사법정책연구심의관 1998년 서울고법 판사 1998~1999년 법원행정처 송무심의관 1999~2001년 서울고법 판사 2001~2003년 청주지법 영동지원장 2003~2006년 사법연수원 기획총괄 교수 2006~2007년 서울중앙지법 부장판사 2006년 언론중재위원회 중재위원 2007~2009년 부산고법 부장판사 2009~2010년 서울고법 부장판사 2009년 법조윤리협의회 위원 2010~2011년 법원행정처 사법정책실장 2011~2012년 법원행정처 사법지원실장 2012년 사법연수원 수석교수 2012년 김앤장법률사무소 변호사(현)

임 식(林 植) LIM Sik (恩山)

[생]1954·8·1 [주]서울 중구 필동로1길30 동국대학교 사범대학 체육교육과(02-2260-3418) [학]동국대 체육교육과졸, 同대학원 체육학졸 1991년 이학박사(명지대) [경]동국대 사범대학 체육교육과 교수(현) 2009년 同사회교육원장 2015년 同교육대학원장 겸 사범대학장(현)

임양택(林陽澤) LIM Yang Taek

[생]1948·11·5 [출]인천 [주]서울 성동구 왕십리로222 한양대학교 한양종합기술연구원 305호(02-2295-3678) [학]1967년 부산고졸 1971년 고려대 정치외교학과졸 1978년 경제학박사(미국 조지아주립대) [경]1977년 미국 애틀랜타대 경제학과 강사 1978년 미국 유니언대 경제학과 조교수 1979~2012년 한양대 경제학부 조교수·부교수·경제금융학부 교수 1984~1986년 보건사회부 국민복지연금실시준비위원 1988~2005년 국방부 국방정책자문위원 1989년 월간 '민족지성' 편집인 겸 발행인 1992~1995년 재정경제부 금융발전심의회 위원 1999년 흥사단 민족통일운동본부 정책연구위원장 2000년 한국북방학회 회장 2001~2002년 한양대 경제금융대학장 2001년 도산아카데미연구원 사회발전연구회장 2002~2006년 미국 오클라호마주 명예 副지사 2003년 한국조폐공사 사외이사 2006~2008년 한양대 경제금융대학장 2006년 흥사단 민족통일운동본부 공동대표(현) 2009~2011년 우리투자증권(주) 사외이사 2009년 (사)아시아경제협력재단 이사장 2010년 (사)아시아평화경제연구원 이사단(현) 2010년 International Institute for Advanced Studies 이사(현) 2012~2014년 한국예탁결제원 상임감사 2013년 민주평통 자문위원(현) 2014년 한양대 명예교수(현) [상]백남학술상(2002), 미국 BWW Society '세계 문제 및 해결 학술상'(2002), 백두산문인협회 시부문 신인문학상(2006), IIAS국제학술대회 우수학술상·올해의저서상(2008), 백두산문인협회 수필부문 신인문학상(2010) [저]'거시경제학' '통계학' '미시경제학' '아시아 대예측' '비전없는 국민은 망한다' '제3의 통일방안' 'Korea in the 21st Century' '한국의 비전과 국가경영전략' '퀴바디스 도미네: 성장·복지·통일을 위한 청사진' '한국형 복지사회를 위한 청사진' [종]기독교

임양현(林洋炫) Lim Yanghyun

[생]1961·6·29 [출]광주 [주]서울 종로구 종로14 한국무역보험공사 투자금융본부(02-399-6800) [학]광주 진흥고졸 1987년 전남대 경영학과졸 1995년 미국 멤피스대 대학원 MBA [경]1997년 한국수출보험공사 국제협력실 팀장 2001년 同중장기영업2팀장 2002년 同영업기획팀장 2003년 同전략경영팀장 2004년 同홍보비서실장 2006년 同파리지사장 2009년 同국제영업부장 2010년 한국무역보험공사 녹색성장사업부장 2014년 同영업총괄부장 2014년 同전략경영본부장 2015년 同중소중견기업중부지역본부장 2015년 同투자금융본부장(상임이사)(현)

임연철(林然哲) LIM Yeon Cheol

[생]1948·8·28 [출]충남 논산 [주]충남 논산시 대학로121 건양대학교(041-730-5114) [학]1967년 서울사대부고졸 1972년 서울대 사학과졸 1985년 미국 하버드대 동양어문학과 Visiting Fellow 2002년 중앙대 대학원 예술경영학석사 2006년 공연예술학박사(성균관대) [경]1974년 중앙일보 기자 1978년 동아일보 기자 1987년 同문화부 차장 1992년 同문화부장 1997년 同편집국 부국장 1997~1998년 국무총리실 정책평가위원 1997~1999년 한국신문윤리위원회 위원 1998년 동아일보 논설위원 1999~2001년 同사업국 국장대우 2001년 同사업국장 2007~2008년 중앙대 예술대학원 초빙교수 2007년 한나라당 이명박대통령후보 언론특보 2009~2012년 국립중앙극장장 2010~2011년 (재)국립극단·국립오페라단·국립발레단·국립합창단·서울시향 이사 2012~2014년 숙명여대 문화관광학부 초빙교수 2012년 대전시 문화예술자문관(현) 2014년 건양대 인문융합교육학부 대우교수(현) [저]'문화예술홍보론'(2007, 커뮤니케이션북스) '예술경영(共)'(2013, 커뮤니케이션북스) [역]'문화예술마케팅(共)'(2007, 커뮤니케이션북스) '극장경영(共)'(2011, 커뮤니케이션북스) '뮤지엄 매니지먼트(共)'(2011, 커뮤니케이션북스) [종]기독교

임영규(任榮圭) YIM Young Kyu (牛川人)

[생]1936·2·21 [출]전남 보성 [학]1955년 순천고졸 1959년 중앙대 경제학과졸 [경]1958~1962년 동화통신 차장 1964년 한국관광협회 업무과장 1966~1972년 동화통신 사진부장·월간(동화그라프)부장·출판부국장 1974~1980년 합동통신 업무부장·부국장대우 1981년 연합통신 업무부국장 1987년 同업무국장 1991~1993년 同상무이사

임영균(林英均) LIM Young Kyun

[생]1955·12·25 [본]나주(羅州) [출]서울 [주]서울 노원구 광운로20 광운대학교 누리관513호 경영대학 경영학부(02-940-5316) [학]1974년 중앙고졸 1978년 연세대 경영학과졸 1981년 同대학원졸 1988년 경영학박사(미국 Univ. of Nebraska at Lincoln) [경]1977~1979년 (주)삼화 기획조정실 근무 1981~1983년 홍익대 경영학과 상임연구원·전임대우 1983~2007년 광운대 경영학과 교수 1990년 同경영학과장 1997년 同경영대학원장 2000년 同입학홍보처장 2002년 同창업보육센터장 2004년 건설공제조합 운영위원 2005년 한국주택산업연구원 연구자문위원 2005년 미국 네브라스카주립대 한국동창회 회장 2006년 한국유통학회 회장 2006년 한국유통물류진흥원 유통정책자문위원 2007년 광운대 경영대학 경영학부 교수(현) 2008년 同대외협력처장 2008~2014년 공정거래위원회 가맹점사업거래분쟁조정협의회 위원 2010~2011년 한국마케팅관리학회 회장 2011~2012년 한국프랜차이즈학회 회장 2013년 광운대 교수평의회 의장 2015년 同경영대학원장 겸 경영대학장 2016년 同기획처장(현)

임영득(任熯得) IM Young Duk

[생]1932·4·10 [본]장흥(長興) [출]전남 해남 [주]서울 서초구 서초대로50길66 성은빌딩4층 세무법인 김융(02-523-3300) [학]1956년 서울대 문리과대학 정치학과졸 [경]1956년 고시사법과·고시행정과 합격 1956~1967년 재무부 국유재산과장·소공동세무서장·재무부 세제과장 1968~1969년 인천·서울세관장 1969년 재무부 세관국장 1970~1972년 전매청·국세청 기획관리관 1972년 무임소장관실 정무관리관 1974~1975년 농수산부 식산·농정 차관보 1975년 변호사 개업(현) 1975년 세무사 개업 1975년 변리사 개업 1979년 제10대 국회의원(해남·진도, 무소속 당선·공화당 입당) 1979·1985년 한국세무사회 회장(3회) 1985년 제12대 국회의원(전국구, 민주정의당) 1985년 민주정의당 중앙위원회 재정금융분과위원장 1986년 한국생활조세연구소 소장 1986년 민주정의당 국책평가위원회 경제위원장 2011년 세무법인 김융 세무사 2012년 同공동대표세무사(현) [상]녹조근정훈장, 서울지방변호사협회 명덕상(2015) [저]'조세법연구' '한국세제의 합리화에 관한 연구' '조세판례연구'

임영득(林永得) LIM Young Duek

[생]1955·6·25 [본]평택(平澤) [출]대구 [주]서울 강남구 테헤란로203 SI타워 현대모비스(주) 임원실(02-2018-5004) [학]1974년 대구공고졸 1979년 영남대 기계공학과졸 2005년 울산대 대학원 산업경영학과졸 [경]1979년 현대자동차(주) 입사 1998년 同상용도장기술팀장 2001년 同도장생기팀장 2002년 同북경현대기차유한공사 이사대우 2004년 同KMS(슬로바키아) 생산실장(이사) 2006년 同HMMC(체코)법인 생산실 상무 2009년 同HMMA(미국)법인 생산총괄전무 2011~2012년 同HMMA(미국)법인 공장장(부사장) 2012년 현대파워텍 대표이사 부사장 2013년 현대자동차(주) 해외공장지원실 부사장 2016년 현대모비스(주) 대표이사 사장(현) 2016년 울산 모비스 피버스 구단주 겸임(현) [상]동탑산업훈장(2015) [종]불교

임영록(林永錄) LIM Young Rok

[생]1952·5·16 [본]나주(羅州) [출]부산 [주]부산 남구 문현금융로30 5층 BNK금융경영연구소(051-620-3063) [학]1971년 부산상고졸 [경]1970년 부산은행 입행 1979년 同4급 승진 1989년 同3급 승진 1995년 同2급 승진 1995년 同연제출장소장 1997년 同점포개발팀장 1998년 同인사부 부부장 1998년 同반송동지점장 2000년 同대신동지점장 2002년 同1급 승진 2003년 同구포지점장 2004년 同여신기획팀장 2006년 同여신지원본부장(부행장) 2009~2010년 한국리스여신(주) 비상근이사 2010년 부산은행 영업지원본부장(수석부행장) 2012년 BS금융지주 부사장 2012년 부산신용보증재단 이사 2013년 BS금융지주 사장 2014~2015년 同BS금융경영연구소 대표 2015년 BNK금융지주 BNK금융경영연구소 대표(현)

임영록(林英鹿) LIM Young Rok

[생]1955·3·30 [출]강원 영월 [주]경남 창원시 성산구 두산볼보로22 두산중공업(주)(055-278-6114) [학]1973년 경기고졸 1977년 서울대 사범대학 국어교육과졸 1980년 同행정대학원 행정학과졸 1994년 미국 밴더빌트대 대학원 경제학과졸 2012년 경제학박사(한양대) [경]1977년 행정고시 합격(20회) 1977년 총무처 행정사무관 1978년 재무부 근무 1984~1991년 同경제협력국·이재국 근무 1991년 대통령비서실 SOC투자기획단 행정관(서기관) 1994년 금융실명제실시단 파견 1995년 금융·부동산실명제실시단 파견 1996년 재정경제원 법무담당관 1997년 同금융정책실 자금시장과장 1998년 재정경제부 금융정책국 은행제도과장 1999년 同국고국 국고과장 2000년 경수로사업지원기획단 파견 2001년 재정경제부 정책조정심의관 2003년 同경제협력국장 2004년 외교통상부 다자통상국장 2005년 재정경제부 금융정책국장 2005년 연합인포맥스 자문위원 2006년 재정경제부 차관보 2007년 同정책홍보관리실장 2007~2008년 同제2차관 2008~2009년 한국금융연구원 초빙연구위원 2009~2010년 법무법인 충정 상임고문 2010~2011년 현대자동차 사외이사 2010년 국민경제자문회의 민간위원 2010년 KB금융지주 대표이사 사장 2013~2014년 同대표이사 회장 2016년 두산중공업(주) 사외이사(현) [상]대통령표창, 대한민국CEO리더십대상 사회공헌부문(2013), 2014 한국의 영향력 있는 CEO 지속가능경영부문 대상(2014)

임영문(林英文) LEEM Young Moon

[생]1963·10·5 [출]서울 [주]경기 포천시 자작로155 경기대진테크노파크(031-539-5002) [학]1982년 한성고졸 1986년 연세대 수학과졸 1989년 同대학원 이학과졸 1996년 공학박사(미국 텍사스주립대) [경]1986~1990년 연세대 강의조교·연구조교 1996년 미국 텍사스주립대 자동화로보트연구소 선임연구원 1997년 同연구교수 1997~2009년 강릉대 산업공학과 부교수·교수 2003~2007년 同정보전산원장 2008년 同산학협력단장 2009~2014년 강릉원주대 산업정보경영공학과 교수 2009년 同산학협력단장 2014년 경기대진테크노파크 원장(현) [상]대한안전경영학술상(2006) [종]기독교

임영문(林永文) LIM Young Mun

[생]1964·5·15 [주]서울 종로구 인사동7길32 SK건설(주) 임원실(02-3499-1365) [학]신일고졸, 고려대 경영학과졸, 미국 선더버드대 대학원 경영학과졸(MBA) [경]SK(주) 근무, SK케미칼 근무, SK건설(주) 재무실장(상무) 2013년 同재무지원총괄 전무 2015년 同기획재무부문장(현)

임영미(林英美·女) LIM Young Mi

[생]1967·12·7 [출]경기 과천 [주]세종특별자치시 한누리대로422 고용노동부 청년여성고용정책관실 청년취업지원과(044-202-7495) [학]1990년 이화여대 정치외교학과졸 1993년 同대학원 정치외교학과졸 [경]1997년 행정고시 합격(41회) 2001~2003년 노동부 노사협력과·법무담당관실 사무관, 同산업안전보건국 안전보건정책팀 사무관 2007년 同정책홍보관리본부 혁신성과관리단 사무관 2009년 同인적자원개발과 계좌제추진팀장(서기관) 2010년 고용노동부 인적자원개발과 계좌제추진팀장 2010년 여성가족부 여성인력개발과장 2011년 고용노동부 기획조정실 행정관리담당관 2012년 同고용정책실 여성고용정책과장 2013년 충남지방노동위원회 사무국장 2013년 국외훈련(과장급) 2015년 중부지방고용노동청 성남지청장 2015년 고용노동부 청년여성고용정책관실 청년취업지원과장(현) [상]대통령표창

임영빈(任榮彬) LIM Young Bin

[생]1957·8·6 [본]풍천(豊川) [출]경기 양주 [주]서울 중구 세종대로67 삼성그룹 금융일류화추진팀(02-772-6144) [학]중동고졸, 한국외국어대 정치외교학과졸, 캐나다 브리티시컬럼비아대 경영대학원졸(MBA) [경]1982년 삼성그룹 입사, 삼성생명보험 재무지원팀장 2002년 同뉴욕투자법인장(부장) 2003년 同뉴욕투자법인장(상무보) 2005년 同특별계정사업부장 2006년 同특별계정사업부장(상무) 2007년 同전사RM팀장(상무) 2008년 同포트폴리오운영팀장(상무) 2009년 同경영관리팀장(상무) 2010년 同경영정보혁신실 전무 2011년 同경영지원팀 전무 2011년 삼성증권 경영지원실장(전무) 2012년 同경영지원실장(부사장) 2013년 삼성그룹 금융일류화추진팀(금융팀)장(부사장)(현) [상]재정경제부장관표창(2004) [종]천주교

임영섭(林永燮) RHEEM Young Sup (솔)

[생]1961·6·15 [본]평택(平澤) [출]광주 [주]광주 북구 제봉로324 전남일보 임원실(062-510-0370) [학]1979년 광주 서석고졸 1984년 전남대 무역학과졸 2007년 광주대 언론홍보대학원졸 2009년 전남대 전자상거래학박사과정 수료 [경]1987년 호남교육신문 취재부 차장 1988년 전남일보 편집국 기자 1993년 同정치부 차장대우·사회부 차장대우 1995년 同사회부 차장 1996년 同경제부 차장 1997년 同사회부 지역팀장 1998년 同부장대우 사회부장 2001년 同부장대우 정경부장 2002년 同부장대우 논설위원 2004년 同사회부장 2006년 同경영기획담당 부국장대우 2008년 同경영기획담당 국장 2013년 저널리즘혁신포럼 회장(현) 2013년 한국디지털뉴스협회 집행위원장(현) 2013년 전남일보 전무(현) [상]이달의 기자상, 한국기자상, 광주전남 기자상 금상, 한국언론재단 공로상, 광주대 특별공로상, 한국신문협회상, 지역신문 컨퍼런스 우수사례 은상(2013) [저]'세계농촌을 가다'(共) '벼랑끝 지방언론 활로는 없나' '뉴미디어 시대의 블루오션 전략'

임영수(林英壽) Lim Young-Soo

[생]1953·5·20 [출]전남 [주]전남 무안군 삼향읍 오룡길1 전라남도의회(061-286-8182) [학]여수상고졸, 순천제일대학 경영정보학부졸 [경]보성중총동문회 부회장(현), 보성군재향군인회 부회장(현), 보성밀알회 회장, 보성군장애인후원회 이사(현), 보성초 운영위원장, 박주선 국회의원 선거대책위원장, 보성청년회의소 회장, 민주당 전남도당 상무위원 1998·2002·2006·2010~2014년 전남 보성군의회 의원(민주당·민주통합당·민주당·새정치민주연합) 2004년 同의장 2012년 同행정자치위원장 2014년 새정치민주연합 보성군지역위원회 부위원장 2014년 전남도의회 의원(새정치민주연합·더불어민주당)(현) 2014년 同교육위원회 위원 2015년 同예산결산특별위원회 위원 2016년 同예산결산특별위원회 부위원장(현) 2016년 同윤리특별위원회 위원(현) 2016년 同안전건설소방위원회 위원(현) [종]천주교

임영수(林榮秀) IM Young Soo

[생]1958·3·1 [출]경남 의령 [주]경남 창원시 성산구 창이대로689번길4의3 대성빌딩 가야법률서비스(055-285-8033) [학]1976년 경남고졸 1980년 서울대 법대졸 1982년 同법과대학원 수료 [경]1985년 사법시험 합격(27회) 1988년 사법연수원 수료(17기) 1988년 부산지검 검사 1990년 마산지검 진주지청 검사 1992년 서울지검 북부지청 검사 1994년 창원지검 검사 1995년 독일연방 법무부 베를린 외청 연수 1996년 가야법률서비스 대표변호사(현) 2003년 창원지방변호사회 섭외이사 2005년 同부회장 2007~2009년 경남지방변호사회 회장

임영웅(林英雄) LIM Young Woong

[생]1934·10·13 [본]전주(全州) [출]서울 [주]서울 마포구 와우산로157 소극장 산울림(02-334-5915) [학]1955년 서라벌예대 중퇴 [경]1958년 세계일보·조선일보·대한일보 문화부 기자 1963년 동아방송 드라마 PD 1969년 한국연극협회 이사 1970년 극단 '산울림'창단 1973년 KBS TV연예부 차장·라디오국 차장·제작위원 1977년 한국연극협회 부이사장 1985년 소극장 '산울림' 창단·대표(현) 1991년 한국연극연출가협회 초대회장 1992년 한국연극협회 이사장 1999년 대한민국예술원 회원(연극·현) 1999~2005·2006년 한·일문화교류회의 한국측 위원 2001년 문화관광부 21세기문화정책위원, 국립극단자문위원회 위원장, 단국대 초빙교수 2010년 (재)국립극단 이사(현) [상]한국백상예술대상 대상, 대한민국 문화예술상, 김수근 문화상, 대한민국예술원상, 동랑연극상, 파라다이스상 문예부문, 보관문화훈장 [작]연출 유치진 작 '사육신' 막스프리쉬 작 '전쟁이 끝났을 때' 예그린 악단창작뮤지컬 '살짜기 옵서예' 오태석 작 '환절기' 베케트 작 '고도를 기다리며' 차범석 작 '산불' 최인호 작 '가위 바위 보' 이강백 작 '쥬라기의 사람들' 보봐르 작 '위기의 여자' 박완서 작 '그대 아직도 꿈꾸고 있는가' 이강백 작 '자살에 관하여' 김형경 작 '담배 피우는 여자' 김영수 작 '혈맥' [종]기독교

임영조(林榮助) Lim, Yeong Jo

[생]1973·2·3 [본]평택(平澤) [출]전남 여수 [주]세종특별자치시 다솜2로94 농림축산식품부 운영지원과(044-201-1261) [학]1992년 여수고졸 2000년 서울대 농경제학과졸 2010년 미국 뉴욕주립대 대학원 행정학과졸 [경]2002년 농림축산식품부 사무관 2011년 同서기관 2014년 국립농산물품질관리원 기획조정과장 2014년 농림축산식품부 국가식품클러스터추진팀장 2016년 FAO(유엔식량농업기구) 고용휴직(서기관)(현)

임영주(林榮柱) Lim,Young-Joo

[생]1959·11·17 [출]전남 여수 [주]전남 무안군 삼향읍 오룡길1 전라남도의회 사무처(061-286-8300) [학]1977년 여수고졸 1986년 건국대 농과대학졸 2002년 전남대 대학원 원예학과졸 2011년 농학박사(전남대) [경]1985년 기술고시 합격(21회) 1987년 전남도 내무국 총무과 농림기좌 1988년 同식산국 잠업특작과 특작계장 1992년 同기획관리실 농어촌대책담당관실 홍보지도계장 1993년 同농산국 원예특작담당관실 과수계장 1994년 同농정국 농업정책과 영농조직계장 1998년 전남도농촌진흥원 농산물원종장장 1998년 전남도 농정국 농산유통과장 2000년 同농정국 농업정책과장 2000년 同농정국장 직대 2002년 담양군 부군수(지방서기관) 2004년 국가전문행정연수원(고위정책과정) 파견 2005년 전남도 농정국장(지방부이사관) 2008년 국방대 교육파견 2009년 전남도 농림식품국장 2014년 광양시 부시장 2015년 전남도의회 사무처장(이사관)(현) [상]대통령표창(1993), 홍조근정훈장(2006)

임영주(林永周) LIM Young Ju

[생]1965·1·16 [본]예천(醴泉) [출]충북 옥천 [주]서울 영등포구 여의대로14 전경련빌딩6층 한국PL센터(070-8223-6114) [학]1983년 충북 옥천고졸 1990년 충남대 경영학과졸 [경]1991~1998년 한국능률협회컨설팅 선임연구원 1999년 한국PL센터 소장(현) 2000년 산업표준연구원 제품안전표준연구회 전문위원 2001년 한국제품안전센터 이사 2002년 한국보건산업진흥원 위촉연구원 2002년 전기제품PL상담센터 분쟁조정위원(현) 2007년 한국동물약품PL센터 전문위원(현) 2011년 한국제품안전협회 전문위원 2013년 산업기술연구회 평가위원 [저]'기업을 위한 PL 가이드'(2001) '기업을 위한 PL의 내용과 대응방안'(2001) [역]'PL(제조물책임)대책 매뉴얼'(2001) '제품안전 추진 매뉴얼'(2001) '기업과 소비자를 위한 제조물책임법 모든것'(2002) '사람을 움직이는 식품이물대책'(2009) [작]'제조물의 결함원인규명가능항목 조사·연구'(2001, 중소기업청) '제조물책임(PL)법 시행에 따른 시험연구기관의 역할'(2002, 방재기술) '산업별 제조물책임(PL)정보 DB개발'(2002, 산업자원부) 'PL(제조물책임)법 시행에 따른 조선산업의 대응방안'(2002, 한국PL센터) '제조물책임법 시행에 따른 식품산업의 PL대책'(2002, 월간식품) '제조물책임(PL)법 시행과 산업의 영향'(2002, 신용사회) '제조물책임법과 경제환경의 변화'(2002, 삼성화재)'(PL)제조물책임법 시행 이후의 과제'(2002, 가스산업신문) '제조물책임(PL)법 시행에 따른 KOGAS 대응방안에 관한 연구'(2003, 한국가스공사) '식품안전과 PL대책'(2006, 한국수산신문) '단체급식사고와 제조물책임'(2006, 한국PL센터) '식품기업의 이물 혼입대책과 현실'(2010, 한국수산신문) '안전성 확보는 식품기업의 기본자세'(2011, 한국수산신문) '식품품질관리는 사람의 문제'(2012, 한국수산신문) '이물혼입 : 낡고도 새로운 문제' (2014, 한국수산신문)

임영진(林英珍) Young Jin LIM

[생]1953 · 3 · 19 [출]전북 전주 [주]서울 동대문구 경희대로 23 경희의료원(02-958-8011) [학]경희대 의대졸, 同대학원졸, 의학박사(경희대) [경]경희대 의대 신경외과학교실 교수(현), 同의대 신경외과학교실 주임교수, 同부속병원 신경외과장 2007~2009년 대한정위기능신경외과학회 회장, 대한감마나이프학회 회장 2009~2011년 대한노인신경외과학회 회장 2010년 경희대 부속병원장 2011~2012년 대한방사선수술학회 회장 2011년 미국 세계인명사전 'Marquis Who's Who in the World'에 등재 2012~2015년 경희의료원장 겸 경희대병원장 2013년 대한신경중환자의학회 회장 2014년 사립대학교의료원협의회 회장(현) 2014~2016년 대한신경외과학회 이사장 2014년 대한병원협회 부회장(현) 2015년 경희대 의무부총장 겸 경희의료원장(현) 2015년 상급종합병원협의회 회장(현) [상]미국 인명정보기관(ABI) the 2011 Award of Excellence(2011), 자랑스러운 ROTCian(2012), 자랑스러운 배재인상(2012), ROTC Leaders World 대상(2014), 리더스월드 대상(2014), 창조병원경영대상(2015), 연세를 빛낸 동문상(2016), 국민훈장 모란장(2016)

임영진(林永鎭) Lim Young Jin

[생]1960 · 11 · 2 [주]서울 중구 세종대로9길20 신한금융지주회사 임원실(02-6360-3000) [학]1979년 수성고졸 1986년 고려대 경영학과졸 [경]1986년 신한은행 입행 1991년 同종합기획부 대리 1993년 同오사카지점 과장 1997년 同후쿠오카지점 부지점장 2000년 同비서실장 2003년 同오사카지점장 2008년 同영업부장 2009년 同영업추진부장 2010년 同경기동부영업본부장 2011년 同경영지원그룹 전무 2013년 同경영지원그룹 부행장 2013년 同WM그룹 부행장 2016년 신한금융지주회사 부사장(현)

임영철(任英喆) YIM Young Chul

[생]1957 · 4 · 15 [본]풍천(豊川) [출]대구 [주]서울 중구 퇴계로100 법무법인 세종(02-316-4629) [학]1976년 경북고졸 1980년 서울대 법대졸 1988년 同대학원 법학과졸 [경]1981년 사법시험 합격(23회) 1983년 사법연수원 수료(13기) 1983년 서울지법 북부지원 판사 1985년 서울민사지법 판사 1987년 법제처 파견 1988년 춘천지법 영월지원 판사 1990년 서울가정법원 판사 1992년 서울지법 동부지원 판사 1992년 미국 스탠퍼드대 로스쿨 객원연구원 1994~1995년 한국형사정책연구원 사법정책연구실장 1995년 서울고법 판사 1996년 공정거래위원회 법무심의관 1997년 同심판관리관 1999년 同정책국장 2001년 同송무기획단장 2001년 同하도급국장 2002~2007년 법무법인 바른 변호사 2004년 서울시교육청 소청심사위원 2004년 중앙인사위원회 행정심판위원 2005년 교통방송 시청자위원회 부위원장 2005년 방송위원회 분쟁조정위원 2006년 행정자치부 정책자문위원회 행정혁신분과 위원 2007~2013년 법무법인 세종 변호사 2008년 한국소비자보호원 비상임이사 2009~2015년 현대자동차(주) 사외이사 겸 감사위원 2013년 법무법인 세종 대표변호사(현) [상]공정거래위원회 노조 선정 '바람직한 公正人상', 20대 로펌 대표 선정 '이 시대 최고 전문변호사' [저]'넥스트코리아-대통령의 나라에서 국민의 나라로' '공정거래법-해설과 논점'

임영혁(任永赫) Im, Young-Hyuck

[생]1958·10·17 [주]서울 강남구 일원로81 삼성서울병원 연구부원장실(1599-3114) [학]1977년 충암고졸 1984년 서울대 의대졸 1993년 同대학원 의학석사 1996년 의학박사(서울대) [경]1987~1991년 서울대병원 인턴·내과 레지던트 1991~1992년 同혈액종양내과 전임의 1992~1997년 원자력병원 혈액종양내과 2과장 2000년 성균관대 의과대학 내과학교실 부교수·교수(현) 1997~2000년 미국 국립보건원 국립암센터 연수 2005~2009년 삼성서울병원 유방암센터장 2007~2011년 대한항암요법연구회 유방암분과장 2010~2014년 한국임상암학회 교육위원장 2011~2013년 삼성서울병원 혈액종양내과장 2014년 국립암센터 암정복추진기획단 암임상연구전문위원장 2015년 삼성서울병원 연구부원장 겸 미래의학연구원장(현) 2016년 한국임상암학회(KACO) 이사장(현) [상]사노피아벤티스 학술상(2012) [저]'호지킨병'(2003, 서울대 의과대학)

임영현(林英賢 · 女) LIM Young Hyun

[생]1959 · 5 · 26 [출]서울 [주]서울 금천구 디지털로130 남성프라자514호 (주)지오엠씨 사장실(02-586-6871) [학]1978년 이화여고졸 1979년 이화여대 영어영문학과 중퇴 1996년 연세대 경영자아카데미 수료 1997년 고려대 언론대학원 최고위언론과정 수료 2006년 중국 칭화대 e-캠퍼스 최고경영자과정 수료 2006년 포천중문의과대 대체의학대학원 특별과정 이수 2007년 서울과학종합대학원 CEO최고위과정 수료 2008년 미국 펜실베이니아대 와튼스쿨 최고경영자과정 수료 [경]1984년 (주)선경 해외사업본부 근무 1988년 한국경제사회연구소 근무 1991년 (주)대양이앤씨(現(주)지오엠씨) 입사 1996년 同총괄이사 2001년 同대표이사 2001년 한국법무보호복지공단 비상임이사(현) 2005년 同출소자주거지원심사위원회 위원장(현) 2005년 법무부 소년보호교육정책자문단 회장(현) 2012년 (주)지오엠씨 대표이사 사장(현) [상]법무부장관표창(2002), 서울서부지검장 감사패(2005), 국무총리표창(2006), 국민훈장 목련장(2015) [종]천주교

임영호(林榮鎬) LIM Young Ho

[생]1955 · 5 · 15 [본]평택(平澤) [출]대전 [주]대전 동구 중앙로240 한국철도공사 상임감사위원실(042-615-3100) [학]1973년 충남고졸 1980년 한국방송통신대 행정학과졸 1983년 숭전대 경영학과졸 1991년 서울대 환경대학원 도시계획학과졸 2002년 행정학박사(한남대) [경]1981년 행정고시 합격(25회) 1989~1991년 대전시 법무담당관 · 생활체육과장 · 문화공보실장 1991년 同공보관 1992년 同기획관 1994년 同보건사회국장 1994년 대전시 동구청장 1995년 대전시 보건사회국장 1996년 同교통국장 1998 · 2002~2003년 대전시 동구청장(자민련) 2000~2003년 전국시장 · 군수 · 구청장협의회 공동의장 2004년 제17대 국회의원선거 출마(대전東, 자민련) 2004~2007년 대전대 대우교수 2007~2008년 우송공업대학 초빙교수 2008년 제18대 국회의원(대전東, 자유선진당) 2008~2010년 자유선진당 총재 비서실장 2008년 同대전東당원협의회 위원장 2008년 同정책위 부의장 겸 제2정책조정위원장 2010년 同대표 비서실장 2010년 同정책위 의장 2011년 同대변인 2011년 국회 예산결산특별위원회 위원 2011년 국회 정무위원회 위원 2012년 제19대 국회의원선거 출마(대전 동구, 자유선진당) 2014년 한국철도공사(코레일) 상임감사위원(현) [저]'작은것이 세상을 바꾼다' [종]천주교

임영호(林永浩) IM Young Ho

[생]1957 · 3 · 6 [출]부산 [주]부산 금정구 부산대학로63번길2 부산대학교 신문방송학과(051-510-2109) [학]1980년 서울대 신문학과졸 1985년 同대학원 신문학과졸 1990년 언론학박사(미국 아이오와대) [경]1991년 부산대 신문방송학과 전임강사 · 조교수 · 부교수 · 교수(현) 1995~1996년 부산CBS 시청자위원회 부위원장 1996년 종합유선방송위원회 지역자문위원 1999년 부산시문화상 심사위원 2001년 부산대 언론정보연구소장 2001~2002년 한국언론정보학회 편집이사 2006년 한국언론학회 저널리즘분과 회장 2007년 미디어경제와문화 편집위원 2010년 한국연구재단 사회과학단장 2010~2013년 지역신문발전위원회 위원 2013년 부산대 사회과학연구원장(현) [저]'미디어 인터넷 정보찾기' '기술혁신과 언론노동' '신문 원론' '현대포토저널리즘의 경향과 전망(編)'(2006) '민주화 이후의 한국언론(共)'(2007) [역]'대처리즘의 문화정치'(2007)

임영호(林永琥) LIM Young Ho

[생]1959 · 1 · 5 [출]경북 예천 [주]서울 종로구 종로390 케이티스빌딩 웅진식품 감사실(02-3668-9114) [학]경북고졸, 서울대 법학과졸, 同대학원 법학과졸 [경]하나은행 임원부속실 홍보담당 팀장, 同구의동지점장, 同30주년기념사업준비팀장 2001년 同인력개발실장 2004년 同준법감시팀 본부장 2006년 (주)하나금융지주 상무 2008년 하나은행 인력개발본부 부행장보 2009년 同인재개발본부 부행장보 2009년 하나금융지주 CHRO 겸임 2012~2014년 同인사담당 부사장 2012~2014년 하나금융공익재단 감사 2014~2015년 하나은행 고문 2015년 웅진식품 감사(현)

임영호(任榮鎬) LIM Young Ho

[생]1960 · 1 · 24 [본]장흥(長興) [출]전남 장흥 [주]광주 서구 운천로89 CBS 광주방송본부 보도제작국(062-376-8505) [학]1978년 장흥고졸 1987년 전남대 문헌정보학과졸 [경]1999년 CBS광주 보도제작국 기자 2000년 同취재팀장 2000~2001년 전남정기간행물폐간 심의위원 2000년 광주 · 전남기자협회 회장 2001~2002년 5 · 18기념재단 이사 2002년 CBS광주 차장 2003년 同취재부장 2003년 CBS 부산방송본부 보도제작국장 2003년 同문화체육부장 2004년 同보도국 부장 2006년 同보도제작국 기자(부장급) 2006년 同광주방송본부 보도제작국장 2009년 同전남방송본부 보도제작국장 2011년 同광주방송본부 보도제작국 선임기자(현) [상]광주 · 전남방송비평가회 우수작품상(1995), 한국방송대상(1999 · 2002)

임영호(林永浩) Lim Young-Ho
[생]1963·3·25 [출]전남 영광 [주]서울 서초구 서초중앙로24길27 법무법인 율정(02-587-8500) [학]1981년 신흥고졸 1988년 고려대 법대졸 [경]1988년 사법시험 합격(30회) 1991년 사법연수원 수료(20기) 1991년 인천지법 판사 1994년 서울지법 동부지원 판사 1995년 전주지법 정읍지원 판사 1997년 同부안·고창군법원 판사 1998년 同정읍지원 판사 1998년 서울행정법원 판사 2002년 서울고법 판사 2004년 대법원 재판연구관 2009년 춘천지법 강릉지원장 2010~2011년 서울중앙지법 부장판사 2011년 법무법인 다담 대표변호사 2014년 법무법인 율정 대표변호사(현) 2014년 서울지방국세청 국세심사위원(현)

임영호 IHM YEONG HO
[생]1963·9·4 [주]울산 울주군 삼남면 반구대로163 삼성SDI 임원실(052-380-2334) [학]달성고졸, 경북대 전자공학과졸 [경]2006년 삼성전자(주) 메모리플래시설계팀장(상무보) 2011년 同메모리사업부 플래시설계팀장(전무), 同메모리사업부 품질보증실장(전무) 2015년 同메모리사업부 품질보증실장(부사장) 2015년 삼성SDI 부사장(현)

임영효(任英曉) IM Young Hyo
[생]1953·3·19 [본]풍천(豊川) [출]경남 산청 [주]부산 영도구 와치로194 고신대학교 신학대학 신학과(051-990-2274) [학]1976년 고신대 신학과졸 1979년 고신대 신학대학원 목회학과졸 1992년 미국 Reformed대 대학원 신약학과졸 1994년 선교학박사(미국 리폼드신학대) 2007년 철학박사(미국 리폼드신학대) [경]고신대 전임강사·조교수, 同신학대학 신학과 부교수·교수(현), 同기독교사상연구소장, 同여자신학원장 2004년 同선교목회대학원 교회성장학 주임교수(현) 2006년 개혁주의교회성장학회 고문 2012년 고신대 선교목회대학원장(현) [저]'사도행전에서의 선교와 교회성장'(2001) '데살로니가전서 강해연구'(2004) '건강한 교회 행복한 그리스도인 존경받는 사역자'(2004) '유다서강해와 설교'(2007) '그리스도인과 교회를 위한 실천신학'(2008) '신약성경 핵심가이드'(2009) '그리스도인과 교회를 위한 선교학'(2012) [종]기독교

임오강(林五康) LIM Oh Kang
[생]1953·8·15 [주]부산 금정구 부산대학로63번길2 부산대학교 기계공학부(051-510-2306) [학]1976년 서울대 기계공학과졸 1978년 한국과학기술원 기계공학과졸(석사) 1985년 기계공학박사(미국 아이오와대) [경]1979년 부산대 기계공학부 조교·전임강사 1982년 미국 아이오와주립대 연구조교 1986년 부산대 기계공학부 교수(현) 2005년 (주)나모텍 사외이사 2014년 미래창조과학부 공과대학혁신위원회 위원(현) [저]'기계설계'(1989) '최적설계입문'(1994)

임옥상(林玉相) LIM Ok Sang
[생]1950·2·3 [출]충남 부여 [주]서울 종로구 평창길89 임옥상미술연구소(02-3216-1876) [학]1972년 서울대 회화과졸 1974년 同대학원졸 1986년 프랑스 앙굴렘미술학교졸 [경]1979~1981년 광주교육대 교수 1981~1992년 전주대 미술교육과 교수 1984년 문제작가전 1984년 조각전(서울 미술관) 1988년 아프리카현대사전(가나화랑) 1988년 밀라노트리엔날레 1989년 함부르크 포름전 1991년 회고전(호암갤러리) 1992년 '12월전, 그 10년후'전 1993년 민족미술협의회 대표 1993년 대전EXPO 재생조형전 1993년 오스트레일리아 퀸즈랜드트리비엔날레 1993년 실크로드 미술기행전(동아갤러리) 1993년 코리아 통일미술전 1993년 토탈미술 상전 1993년 가나화랑개관 10주년전 1993년 '그림마당 민' 신작초대전 1994년 동학혁명 1백주년 기념전 1994년 민중미술 15년전 1994년 현대미술 40년의 얼굴전 1995년 광주비엔날레 한국작가 1995년 한국현대미술전 1996년 호랑이의 꼬리전(국립현대미술관 제1전시실) 1996년 정치와 미술전(광주 신세계갤러리·보다갤러리) 1996년 미술로 본 20세기 한국인물전(노화랑) 1996년 전통과현실의작가 17인전(학고재) 1996년 도시와미술전(서울시립미술관) 1997년 뉴욕 얼터너티브미술관 초대전 1999년 고암기념사업회 이사 1999년 문화개혁시민연대 문화행동기획센터 소장 1999년 대인지뢰예술가모임 회장 2000년 역사와 의식 설치미술전(서울대 박물관) 2000년 철의 시대·흙의 소리전, 개인전 14회 개최, 임옥상미술연구소 대표(현), (사)문화우리 회장 2007년 선진평화연대 공동대표 2012년 99대1 제3회 우리시대 리얼리즘展(서울시립미술관 경희궁분관) 2013년 2012 신소장작품展(서울시립미술관) 2013년 서울시립북서울미술관 개관展 2014년 네오산수展(대구미술관) 2014년 세계문자연구소 이사·대표(현) 2015년 대전시립미술관 광복70주년 한국근현대미술특별전 세기의 동행展 2015년 시대정신 전태일展 [상]가나미술상 창작부문, 토탈미술대상전 토탈미술상, 학원미술상 [저]'누가 아름다운 세상을 꿈꾸지 않으랴'(2000, 생각의 나무) '벽 없는 미술관'(2000, 생각의 나무) '가을이야기 다이어리'(2003, 명상) [작]작품 '귀로' '땅 연작' '보리밭' '웅덩이 거리 연작' '6·25후 김씨 일가' '우리시대의 풍경' '물의 노래' '이사가는 사람들' '자하의 얼굴 들불 어머니' '일어서는 땅' '문민시리즈' '청와대' '역사앞에서' '보안·안보' '시화호' '우리시대의 풍경' '자유의 신 in Korea'

임완기(林完奇) LIM WAN KI (重山)
[생]1957·5·13 [본]나주(羅州) [출]서울 [주]충남 아산시 배방읍 호서로79번길20 호서대학교 사회체육학과(041-540-5862) [학]1976년 용산고졸 1980년 서울대 체육교육학과졸 1986년 同대학원 운동생리학과졸 1996년 운동생리학박사(서울대) [경]1980~1993년 연서중·서대문중·성동기계공고·한성과학고 교사 1993년 호서대 사회체육학과 전임강사·조교수·부교수·교수(현) 1993년 한국특수체육학회 이사 2000년 생활체육충남줄다리기연합회 회장 2001~2008년 미국 위스콘신주립대(Univ. of Wisconsin at Eau Claire) 교환교수 2003년 대한체력관리학회 회장·명예회장(현) 2008년 국제퍼스널트레이너자격증협회(NSCA코리아) 회장(현) 2011~2014년 호서대 예체능대학장 2011년 同생활체육지도자연수원장(현) 2015년 同스포츠과학대학원장(현) [상]서울시교육감표창(1988), 생활체육협의회 전국연합회장표창(1999) [저]'장애인 체력육성'(1992, 유연상사) '운동과 성인병'(1993, 태근문화사) '건강관리'(1996, 태근문화사) '스포츠의학'(1996, 도서출판 홍경) '성인의 건강관리'(1997, 태근문화사) '운동처방'(1998, 태근문화사) '이벤트 창업 및 레크리에이션 지도자 과정 연수교재'(1998, 호서대 중소기업 연구소) '운동 생리학'(2000, 도서출판 홍경) '퍼펙트 배드민턴'(2000, 도서출판 홍경) '레포츠 용어사전'(2000, 한국체육과학연구소) 'Winning Badminton Doubles'(2001, 도서출판 홍경) '근력 트레이닝과 컨디셔닝'(2002, 대한미디어) '성공적인 사업을 위한 퍼스널 트레이닝'(2004, 도서출판 홍경) '저항운동의 이해'(2004, 도서출판 홍경) '성인병과 운동처방'(2004, 도서출판 홍경) '퍼스널 트레이닝의 정수'(2005, 도서출판 대한미디어) '체력육성을 위한 퍼펙트 웨이트 트레이닝'(2006, 도서출판 홍경) '퍼펙트 볼운동'(2009, 광림북하우스) 'NSCA-CPT 연습시험집 제1권'(2010, 광림북하우스) '퍼펙트서스펜션 트레이닝'(2010, 광림북하우스) [역]'줄넘기 운동의 뛰기 형태와 횟수에 따른 운동강도에 관한 연구'(1986, 석사학위논문) '수영 훈련이 성장기 아동의 심폐기능과 환기 역치에 미치는 영향'(1996, 박사학위 논문) '상습흡연 체육과 남학생의 운동전 흡연과 단기간 금연이 심폐기능과 혈액 젖산 농도에 미치는 영향' '장시간 운동시 음료 섭취에 따른 ACTH, 코티졸, 인슐린 및 글루코스의 변화' 외 40편 [종]개신교

임완수(林完洙) LIM Wan Soo (昨談)
[생]1943·2·11 [본]부안(扶安) [출]충남 연기 [주]경기 수원시 팔달구 권선로733 LD그린토피아7층 중부일보 회장실(031-230-2001) [학]1963년 청주대 법학과졸 1992년 고려대 대학원 최고경영자과정 수료 1994년 서울대 대학원 최고경영자과정 수료 1997년 고려대 최고언론과정 수료 2006년 명예 경영학박사(중앙대) [경]1963~1966년 신풍중 교장 직대 1981~1994년 대림건설(주) 대표이사 1987~1991년 수원시 자문위원회 부위원장 1989~1994년 경기일보 이사 1992~1995년 경기도테니스협회 회장 1994~2011년 대림건설(주) 회장 1994~1998년 새마을운동중앙협의회 경기도 회장 1994~1998년 중부일보 대표이사 사장 1998년 同회장(현) 2006년 (사)오담도서보급운동본부 이사장(현) 2006년 (재)오담장학회 이사장(현) 2009년 (사)신경기운동중앙회 총재(현), JTBC 경기·인천보도총국 회장(현) [상]국무총리표창(2회), 총무처장관표창, 새마을훈장 자조장, 세계한민족 체육대회 봉사상 [종]유교

임왕준(林王俊) LIM Wang Joon
[생]1954·11·5 [출]서울 [주]서울 중구 장충단로184 도서출판 이숲(02-2235-5580) [학]1973년 서울 중앙고졸 1980년 연세대 불어불문학과졸 1983년 同대학원졸 1985년 프랑스 니스대 불어불문과 D.E.A박사과정 수학 1988년 문학박사(프랑스 파리소르본느대) 1993년 프랑스 파리제8대학 생드니 철학박사과정 수료 [경]1981년 문화공보부 홍보조정실 근무 1982~1983년 駐韓미국대사관 상무관실 상무보좌관 1994년 (주)서로인터내셔널 대표 1997년 J-TV(전주방송) 편성제작부장 1998년 이수인터내셔널 대표 2000년 (주)디지털샘터 기획실장 2001년 (주)샘터 기획실장 2005년 同이사 겸 편집주간 2006년 同상무이사 겸 주간 2009년 도서출판 이숲 대표(현) [저]'북회귀선' [역]'사랑'(2003) '그리스 로마 철학자들의 삶과 죽음의 명장면'(2003) '하느님, 왜?'(2006) '메피스토펠레스와 양성인'(2006) '지식인은 왜 자유주의를 싫어하는가' [종]천주교

임요환(林搖煥) LIM Yo Hwan

생1980·9·4 출서울 ㈜서울시 강남구 학동로175 미디어센터6층 미투온(02-515-2864) 학성보고졸 2006년 원광디지털대 게임학과졸 경1999년 제1회 SBS멀티게임 챔피언십 우승·프로게이머 2000년 M. police배 게임대회 우승 2000년 삼성디지탈배 KIGL 추계리그 프로게이머 랭킹1위 2000년 삼성디지탈배 KIGL왕중왕전 우승 2001년 (주)game-Q 제1회 종족별팀리그전 우승 2001년 겜TV Let's go게임월드 한국최강프로게이머초청전 우승 2001년 Zzgame.com배 프로게이머32강초청전 우승 2001년 한빛소프트배 온게임넷스타리그 우승 2001년 3회 Game-q 스타리그 우승 2001년 코카콜라배 온게임넷스타리그 우승 2001년 The 1st World Cyber Games 국가대표 선발전 우승 2001년 iTV게임스페셜 팀밀마대결돌 우승 2001년 SKY배 온게임넷스타리그 준우승 2001년 The 1st World Cyber Games 스타크래프트개인전 우승 2002년 2002 KPGA TOUR 1차리그 우승 2002년 SKY 2002온게임넷스타리그 준우승 2002년 2002 KPGA TOUR 3차리그 3위 2002년 2002 World Cyber Games 스타크래프트 개인전 우승 2003년 KTF비기 4대천왕전 우승 2003년 KTEC배 KPGA투어 위너스챔피언쉽 2위 2003년 iTV 스타크래프트랭킹 결정전 5차리그 4위 2003년 핫브레이크온게임넷마스터즈 4위 2003년 올림푸스배 2003온게임넷 스타리그 3위 2003년 Toona배 BIG4 SPECIAL 우승 2003년 2003 KBK 제주국제Game Festival 3위 2004년 KT-KTF프리미어리그 통합챔피언십 준우승 2004년 KT메가패스네스팟 프리미어리그 우승 2004년 EVER배 온게임넷스타리그 준우승 2004~2006년 SK Telecom T1 창단 및 소속 2005년 광복60년 기념사업추진위원회 '미래와 세계' 분과위원 2005년 So1 온게임넷 스타리그 준우승 2006년 제회 대한민국e스포츠대상 최고 역전승 2006~2008년 공군 ACE 소속(군복무) 2008년 SK Telecom T1 소속 2010년 게임물등급위원회 재분류회의 자문위원 2012년 SK Telecom T1 수석코치 2013년 同감독 2013년 프로 포커 플레이어 겸 미투온 홍보이사(현) 2015년 경기지방경찰청 SNS 소통 홍보대사(현) 종천주교

임용경(林容慶) Lim Yong Kyoung

생1947·2·20 본부안(扶安) 출인천 ㈜경기 안양시 만안구 삼막로155 경인교육대학교 윤리교육과(031-470-6114) 학인천교육대졸, 서울국제대학 경제학과졸, 서울대 대학원 국민윤리교육과졸, 교육학박사(서울대) 경포천지현초·인천석남초·인천서흥초·인천석암초·강남종합고·부평서여자중 교사, 인하대·전북대·강원대·서울대·서울교대·경인교대 시간강사, 인천교대 윤리교육과 전임강사·조교수·부교수·교수 1997년 중국 북경사범대학 방문교수 1998~1999년 한국방송통신대 출석수업 강사 1998년 재단법인 부평문화재단 이사 1999년 인천교대 미추홀장학회 회원 1999~2001 同학생처장 1999년 BK21핵심분야 심사위원 2000~2010년 인천시 종합자원봉사센터 운영위원 2001년 인천교대 윤리교육과 학과장 2001~2002년 중국 베이징 수도사범대 교환교수 2002년 인천교대 윤리교육과 학과장 겸 대학원 주임 2002년 휴대전화를 통한 언어·문화봉사단(BBB) 회원(현) 2003~2012년 경인교대 윤리교육과 교수 2004·2009~2010년 중국 안휘성지주사범학원 한국어 초빙교수·명예교수 2005년 경인교대 대학원 윤리교육과 주임교수 2005년 안산양지초 초등교과 특성화교육·중국어 교육정책연구학교 자문위원 2005~2007년 인천시종합자원봉사센터 운영위원 2006~2013년 한국국민윤리학회 부회장 2006년 경기도안양교육청 교과연구회 도덕과 자문교수 2006년 김포석정초 국제교류협의위원(중국) 2006년 駐韓중국대사관 교육처 자문위원 2006·2008년 한국도덕윤리교육학회 회장 2007년 경인교대 윤리교육과 학과장 2007년 한국윤리학회 이사 2008년 한국윤리학회 부회장 2008년 교육과학기술부 초등교육과정심의위원 2008~2010년 '2007년 개정교육과정에 의한 교과용도서' 검정심의회 위원장 2012년 경인교대 명예교수(현) 2015년 민주평통 자문위원(현) 상인천시교원단체연합회 연공상(2000), 황조근정훈장(2012) 전'국민학교 도덕과교육(共)'(1991, 형설출판사) '민주시민을 위한 윤리·도덕(共)'(1992, 형설출판사) '도덕교육론(共)'(1993·1995, 보경문화사) '이념과 체제(共)'(1996) '도덕교육론(共)'(1998, 무진신서) '도덕·윤리과교육학개론(共)'(1998, 교육과학사) '도덕과 교육론(共)'(1999, 무진컴스) '도덕과 교육론(共)'(2002, 양서원) '한글 한자세대를 위한 일석이조 중국어'(2004. 대원문화) '중국초등도덕교육'(2011, 양서원) '道德 價値教育的 教授模型(共)'(1989, 교육과학사) '인격교육과 덕교육(共)'(1995, 배영사)

임용규(林龍奎) LIM Young Kyu

생1962·11·27 본평택(平澤) 출경기 이천 ㈜대구 수성구 동대구로364 대구고등검찰청(053-740-3300) 학1982년 수성고졸 1986년 고려대 법대졸 경1991년 사법시험 합격(33회) 1994년 사법연수원 수료(23기) 1994년 수원지검 검사 1996년 청주지검 제천지청 검사 1997년 서울지검 의정부지청 검사 1999년 서울지검 검사 2001년 부산지검 검사 2002년 일본 중앙대 Visiting Scholar 2004년 서울남부지검 검사 2006년 수원지검 부부장검사 2007년 전주지검 군산지청 부장검사 2008년 전주지검 부장검사 2009년 대전지검 공판부장 2009년 수원지검 안양지청 형사3부장 2010년 춘천지검 부장검사 2011년 서울고검 검사 2012년 울산지검 형사1부장 2012년 의정부지검 형사3부장 2013년 부산지검 형사2부장 2014년 서울중앙지검 부장검사 2015년 수원지검 형사2부장 2016년 대구고검 검사(현) 상검찰총장표창(1997·2001), 법무부장관표창(2001)

임용모(任容模) YIM Yong Mo

생1966·2·26 출서울 ㈜서울 서초구 서초중앙로157 서울고등법원 사무국(02-530-1004) 학1984년 성동고졸 1988년 연세대 법학과졸 1996년 同대학원 법학과졸 2007년 同대학원 법학 박사과정 수료 경1992년 법원 행정고시 합격(12회) 1993~2001년 법원행정처·사법연수원·서울고법·서울남부지법·인천지법 법원사무관 2001년 서울서부지법 서대문등기소장(법원서기관) 2002년 서울중앙지법 형사국 형사합의과장 2003년 법원행정처 법정국 공탁법인과장 2005년 법원공무원교육원 교수 2007~2008년 미국 아메리칸대 로스쿨 V.S과정 수료 2008년 인천지법 북인천등기소장 2009년 법원행정처 기획조정실 조직심의관(법원부이사관) 2012년 서울서부지법 사무국장 2013년 특허법원 사무국장 2013년 同사무국장(법원이사관) 2013년 법원행정처 사법등기심의관 2014년 서울고법 사무국장(현)

임용수(任龍洙) LIM Yong Soo

생1965·10·22 ㈜전남 무안군 삼향읍 오룡길1 전라남도의회(061-286-8184) 학원광대 법과대학졸, 전남대 행정대학원 행정학과졸 경하얀나라 대표(현), 민주당 함평지역위원회 상무위원, 함평군볼링협회 회장, 함평읍청년회 회장, 함평로타리클럽 감사, 함평군생활체육회 이사, 신안산업 대표, 참신한유통 대표, 국제클럽 함평로타리 회원(현), 함평군게이트볼연합회 회장 2007년 전남 함평군의원선거 출마(재·보궐선거, 대통합민주신당) 2010~2014년 전남 함평군의회 의원(민주당·민주통합당·민주당·새정치민주연합) 2012년 同경제건설위원장 2014년 전남도의회 의원(새정치민주연합·더불어민주당)(현) 2014년 同교육위원회 위원 2015년 同예산결산특별위원회 위원 2016년 더불어민주당 전남도당 수석대변인(현) 2016년 전남도의회 농림해양수산위원회 위원(현)

임용일(林龍一)

생1966·6·3 출경남 창원시 마산회원구 삼호로38 경남일보 편집국(055-250-0100) 학마산공고졸, 경남대 정치외교학과졸 경1993년 경남매일 입사 2000년 경남도민일보 편집부 기자 2001년 同시민사회부 기자 2003년 同시민사회부장 직대(차장) 2004년 同위클리경남부 차장 2008년 同시민사회부장, 同경제부장 2010~2012년 경남·울산기자협회 회장 2013년 경남도민일보 자치행정1부장·편집부국장 2016년 同편집국장(현)

임용철(林用哲) LIM Yong Chul

생1956·2·20 본예천(醴泉) 출대전 ㈜대전 동구 대학로62 대전대학교 총장실(042-280-2101) 학1974년 대전고졸 1982년 서울대 의대졸 1993년 同대학원졸 1995년 의학박사(서울대) 경1982~1983년 서울대병원 수련의 1983~1986년 육군 군의관(대위 예편) 1986~1989년 서울대병원 내과 전공의 1989~1992년 대전대 한의대 교수 1990년 혜화병원장 1992~1993년 (학)혜화학원 이사 1993~2005년 同이사장 2001~2005년 한국대학법인협의회 이사 2005년 대전대 혜화의료원장(현) 2005~2008·2009년 同총장(현) 2005년 한·중e스포츠대전유치위원회 위원

임용택(林龍澤) Yong Taick Yim

생1952·3·21 ㈜전북 전주시 덕진구 가리내로5 전북은행 은행장실(063-250-7023) 학1970년 서울고졸 1978년 성균관대 영어영문학과졸 경1995년 대신증권 기업금융, 국제금융부장 1996년 同영업부장 1996~1997년 Lim & Partners 대표이사 1997~1999년 토러스투자자문(주) 대표이사 2000~2005년 토러스벤처캐피탈(주) 대표이사 2005~2008년 메리츠인베스트먼트파트너스(주) 대표이사 2008~2011년 페가수스프라이빗에쿼티(주) 대표이사 2009년 전북은행 사외이사 2011~2014년 JB우리캐피탈(주) 대표이사 2013~2014년 JB금융지주 비상임이사 2014년 전북은행장(현) 상대한민국 경제리더 가치경영부문대상(2013)

임용택(任龍澤) IM Yong Taek (強玄)
[생]1956·1·20 [출]충남 대천 [주]대전 유성구 가정북로156 한국기계연구원 원장실(042-868-7001) [학]1973년 서울사대부고졸 1978년 서울대 기계설계학과졸 1980년 同대학원졸 1981년 미국 노스웨스턴대 기계과 수료 1985년 공학박사(미국 캘리포니아대 버클리교) [경]1985년 미국 캘리포니아대 버클리교 연구원 1986년 미국 오하이오주립대 산업공학과 조교수 1989~1995년 한국과학기술원(KAIST) 정밀공학과 조교수·부교수 1991년 同기획부처장 1991년 同해외협력담당 겸 신문사 주간 1993년 同국제협력실장 1996~2014년 同기계공학과 교수 1996~1997년 독일 에어랑겐대 연구교수 2000년 한국과학기술평가원 기계전문위원 2007년 한국과학기술원 홍보국제처장 2008년 同대외협력처장 2010년 同글로벌협력본부장 2014~2016년 한국공학한림원 회원 2014년 한국기계연구원 원장(현) 2016년 한국공학한림원 정회원(기계공학분과·현) [상]한국경제신문 R&D경영부문 '올해의 CEO 대상'(2014) [저]'Computer Modeling and Simulation of Manufacturing Processes' [역]'공업재료가공학'

임용표(林容杓) LIM Yong Pyo
[생]1956·6·13 [본]부안(扶安) [출]인천 [주]대전 유성구 대학로99 충남대학교 원예학과(042-821-5739) [학]1979년 서울대 원예학과졸 1982년 同대학원 식물유전학과졸 1987년 분자유전학박사(미국 로드아일랜드대) [경]1982~1983년 경기도농촌진흥원 연구사 1983~1984년 농촌진흥청 농업과학기술원 연구사 1987~1988년 미국 예일대 생물과 Post-Doc. 1988~1992년 한국인삼연초연구소 유전생리부 선임연구원 1992년 충남대 농업생명과학대학 원예학과 조교수·부교수·교수(현) 1996~1998년 충남도농촌진흥원 겸임연구관 2001~2003년 충남도농업기술원 농업연구관 2001년 충남대 유전체연구소장 2002년 한국식물생명공학회 심포지엄조직위원장 2003년 한국생물정보학회 농업생물정보연구회 부위원장 2004~2014년 국가지정 배추게놈소재은행장 2004년 DNA BAC(박테리아인조염색체) 라이브러리 완성 2005년 대전시 생물기반클러스터 부위원장 2006년 충남대 농업생명과학대학 원예학과장 2006년 同방사선안전관리실장 2006년 同농장장 2007~2012년 배추분자마커연구사업단 단장 2007~2014년 국가지정 식물거점센터장 2007~2009년 한국식물생명공학회 부회장 2008~2011년 한국배추과채소연구회 회장 2010~2012년 한국유전체학회 회장 2012~2014년 충남대 농업생명과학대학장 2013~2014년 한국식물생명공학회 회장 2013년 골든시드프로젝트 채소종자사업단장(현) [상]고려인삼학회 우수논문상(1993), 충남대 우수교수상(2001·2003·2004), 국제원예학회 ISHS Medal(2004), 한국과학기술단체총연합회 제15회과학기술우수논문상(2005), 화농상(2006), 한국식물생명공학회 학술상(2006), 대전시민환경연구소 공로패(2007), 한국산업인력공단 감사패(2008), 제18회 과학기술우수논문상(2008) [저]'원예사전'(1992) '화훼원예학총론'(1998) '원예사전 증보판'(1999) [종]가톨릭

임용환(林龍煥) LIM Yong Hwan
[생]1964 [출]충북 괴산 [주]충북 청주시 흥덕구 월명로236번길15 청주흥덕경찰서(043-270-3228) [학]청주 신흥고졸, 경찰대 법학과졸(3기), 고려대 정책대학원졸 [경]1989년 서울 강서경찰서 경위 1993년 광주 남부경찰서 경감, 광주 서부경찰서 경감 1995년 경찰청 기획과 경감 1998년 충남 서산경찰서 경정 2000년 오만 경찰청 파견 2001년 경찰청 기획과 경정 2007년 同경비국 전의경대체T/F팀장(총경) 2008년 駐남아공대사관 경찰주재관 2011년 경찰청 경비국 핵안보기획팀장 2011년 서울 성북경찰서장 2013년 경찰청 생활안전과장 2015년 同경무인사기획관실 복지정책담당관 2015년 同경무인사기획관실 복지정책담당관(경무관) 2015년 충북 청주흥덕경찰서장(경무관)(현) [상]대통령표창(2004), 근정포장(2013)

임우근(林佑根) LIM Woo Keun
[생]1948·1·2 [출]경남 통영 [주]서울 송파구 오금로307 르네상스빌딩2층 한성기업(주) 회장실(02-3400-5015) [학]1965년 경남고졸 1970년 부산대 무역학과졸 [경]1970년 한성기업(주) 상근감사위원 1973년 同이사 1975~2003년 同대표이사 사장 1985~1992년 부산시야구협회 부회장 1985~1989년 통영수산전문대 명예학장 1993~1998년 대한승마협회 재무이사 1994~1998년 서울승마협회장 1996년 한국BBS중앙연맹 부총재 1997~2000년 한국원양어업협회장 1997~1998년 한·중남미협회 부회장 1997년 한국자유총연맹 부산시지회장 2002년 한성크린텍(주) 이사 2003년 한성수산식품(주) 이사 2003~2007년 한성기업(주) 대표이사 회장 2007년 (주)한진중공업 비상근이사(현) 2008년 한성기업(주) 공동대표이사 회장(현) 2011~2013년 在京경남중·고등학교동창회 회장 [상]은탑·동탑산업훈장 [종]불교

임우섭(林佑燮) LIM Woo Seop
[생]1960·5·13 [주]서울 마포구 마포대로137 KPX빌딩 효성굿스프링스 비서실(02-3279-8242) [학]1979년 마산고졸 1983년 서울대 기계공학과졸 1990년 부산수산대 대학원 기계공학과졸 [경](주)효성에바라 담수사업담당(상무보), 효성굿스프링스 이사 2011년 同대표이사(현) [종]천주교

임우영(林佑瑛)
[생]1960·11·11 [본]평택(平澤) [출]경기 파주 [주]경기 파주시 중앙로160 파주시시설관리공단 이사장실(031-950-1810) [학]성균관대 행정대학원졸, 건국대 대학원 행정학박사과정 수료 [경]1980년 통일민주당 동래지구당 총무부장 1984년 신한민주당 동래지구당 총무차장 1984~2002년 박관용국회의원 보좌관 1992년 민주자유당 동래지구당 총무부장 1993~1996년 대통령비서실 행정관 1996년 신한국당 동래甲지구당 총무부장 1997년 同사무총장 보좌역 2000년 한나라당 동래지구당 총무부장 2000~2002년 同보좌관협의회 수석부회장 2001년 국회보좌관 해외연수단장 2002~2004년 국회의장 기획비서관(2급), (사)21세기국가발전연구원 연구위원 2006~2010년 경기도의회 의원(한나라당) 2006~2010년 同한나라당 부대표 2006년 민주평통 자문위원 2007년 한나라당 경기도당 교육위원장 2007년 同중앙위원회 자치행정분과 부위원장 2007년 경기장애인정보화협의회 고문 2008년 경기도의회 남북교류추진특별위원회 위원장 2008년 경기남북교류협력위원회 위원 2008년 경기개발연구원 의정포럼 부위원장 2011년 한나라당 부대변인, 한국에너지기술평가원 감사 2014년 파주시시설관리공단 이사장(현) [상]대통령비서실장 표창(1993), 국회의장표창(2002)

임우진(林宇鎭) LIM Woo Jin
[생]1953·3·12 [출]전남 장성 [주]광주 서구 경열로33 서구청 구청장실(062-360-7201) [학]1977년 전남대 법학과졸 1992년 同행정대학원 행정학과졸 2007년 행정학박사(전남대) [경]1979년 행정고시 합격(22회) 1979년 총무처 근무 1980~1986년 전남도 근무 1986~1996년 광주시 공무원교육원장·환경녹지국장·광산구청장 1996년 同도시계획국장 1997년 同재정경영국장 1998년 同시정지원국장 2001년 同기획관리실장 2002년 행정자치부 한국지방자치단체국제화재단 총괄기획실장 2004년 同국가전문행정연수원 기획지원부장 2005년 同자치인력개발원 기획부장 2005년 중앙공무원교육원 파견 2006년 행정자치부 지방행정본부 지방행정혁신관 2006년 광주시 행정부시장 2008년 행정안전부 정보화전략실장 2009년 同지방행정연수원장 2010년 한국자치경영평가원 이사장, 민주당 광주서구乙지역위원회 위원장 2014년 광주시 서구청장(새정치민주연합·더불어민주당)(현) [상]내무부장관표창(1986), 대통령표창(1994), 홍조근정훈장(1998), 참여자치21 시민단체활동지원감사패(2001), 광주MBC 자랑스러운 무등인상(2011), DBS동아방송 사회봉사상(2012), 한국언론사협회 대한민국 지역사회공헌대상(2014), 한국지역발전대상 정책부문(2015), 대한민국신지식인대상(2016)

임운천(林雲千) LIM Un-Cheon
[생]1955·4·3 [본]평택(平澤) [출]광주 [주]충남 아산시 배방읍 호서로79번길20 호서대학교 공과대학 IT융합기술학부(041-540-5662) [학]1974년 광주일고졸 1981년 서울대 전자공학과졸 1983년 同대학원졸 1991년 공학박사(서울대) [경]1983년 서울대 전자공학과 조교 1984년 호서대 전자공학과 조교수·부교수 1989년 同공업기술연구소장 1994년 미국 오리건주립대 방문교수 1995년 호서대 공과대학 전자공학과 교수, 同IT융합기술학부 전자공학전공 교수(현) 2003년 同정보관리처장 2006년 호서대 전자공학과장 2008년 한국음향학회 회장 [저]'Discrete-time Siqnals and Systems'(1990) 'Principles of Electronic Devices and Circuits'(1997)

임웅균(任雄均) LIM Woong Gyun
[생]1955·10·6 [본]풍천(豊川) [출]서울 [주]서울 서초구 남부순환로2374 한국예술종합학교 음악원 성악과(02-520-8100) [학]연세대 성악과졸, 이탈리아 로마 산타체칠리아 음악원 수학, 이탈리아 오시모아카데미 오페라과졸(석사) [경]로마·밀라노·안코나 등 이탈리아 17개 도시 순회연주, 뉴욕·워싱턴·아틀랜타·샌프란시스코 등 미국 19개 도시 순회연주, 일본 히로시마 세계캠핑대회 초청 독창회, 홍콩 연주, 독일 프랑크푸르트 연주 1994년 한국예술종합학교 음악원 성악과 교수(현), 청룡영화제 심사위원, 스포츠조선 뮤지컬대상 심사위원, 서울오페라단 예술총

감독, 2002부산아시안게임 홍보대사, 청소년폭력예방재단 이사장, 사랑의공책보내기운동본부 대표, 어린이날파란마음하얀마음축제 대회장 2002~2008년 학교폭력대책국민협의회 공동대표 2006년 국민중심당 서울시장 후보 2006년 아시아기자협회 이사 2008년 언론인권센터 이사·명예이사 2010~2013년 KOICA 자문위원 2013~2014년 한국예술종합학교 성악과장 [상]베르디 국제콩쿠르 입상, 이탈리아 만토바 국제성악콩쿠르 2위, 이탈리아 비옷티 국제성악콩쿨 특별상, 한국방송대상 성악가상(1995), 한국작곡가협회 공로상(1997), 미국 대통령상(Presidential Champion Award) 금상(Gold Award) [작]오페라 '사랑의 묘약' '심청전' '팔리아치' '포스카리가의 비극' '아이다' '리골렛토' '오텔로' 주역 출연, TV 미니시리즈 '겨울나그네' '이 남자가 사는 법' '미뉴' 삽입곡연주 'TV FM 방송 및 순회연주 1,200여회' 선경SKC '한국가곡 4·5집'출반, 서울음반 '동강은 흐르는데'리릭트레킹 음반 출반, 독집음반 '사랑하는 마음' [종]기독교

임웅순(任雄淳) Lim Woong-soon

[생]1964·12·22 [주]서울 종로구 사직로8길60 외교부 인사운영팀(02-2100-7138) [학]1987년 연세대 경제학과졸 [경]1988년 외무고시 합격(22회) 1995년 駐오스트리아 2등서기관 1998년 駐케냐 1등서기관 2002년 외교부 장관비서관 2002년 駐미국 1등서기관 2005년 외교부 구주2과장 2007년 同인도지원과장 2008년 駐이탈리아 참사관 2011년 한반도평화교섭본부 파견 2012년 駐프랑스 공사참사관 2014년 외교부 인사기획관 2016년 駐미국 공사(현)

임웅환(林雄煥) LIM Ung Hwan

[생]1952·5·12 [본]나주(羅州) [출]대전 [주]서울 강남구 언주로431 삼봉빌딩5층 (주)골든캐슬 사장실(02-555-0688) [학]대전고졸 1974년 육군사관학교졸(30기) 1982년 미국 육군지휘참모대졸 1983년 미국 센트럴미시간대졸 1990년 미국 하버드대 존에프케네디스쿨졸 [경]1985년 합동참모본부 군사전략국 한미군사협력과 근무(중령) 1987년 9사단 대대장 1988년 駐韓미군사령관 부관(중령) 1992년 미국 하버드대 문리과대학 연구원(대령) 1994~1996년 J&UNG(무역회사) 사장 2002년 한국특공경호무술협회 회장 2003년 한국특공무술협회 총재(현) 2004년 한국보훈복지의료공단 보훈교육연구원장 2007~2013년 (주)스카우트 사장 2007년 (주)골든캐슬 사장(현) [상]인헌무공훈장, 보국훈장 삼일장, 보국포장, 대통령표창, 국방부장관표창 [종]기독교

임원빈(任元彬) Yim, Won Bin

[생]1962·5·13 [본]풍천(豊川) [출]충남 청양 [주]서울 중구 덕수궁길15 서울특별시청 박물관진흥과(02-2133-4181) [학]1980년 공주고졸 1988년 단국대 경영학과졸 [경]2002~2005년 서울시 경영기획실 팀장 2005~2006년 국무총리비서실 파견 2006년 서울시 행정2부시장 비서관 2009년 同기획조정실 팀장 2011년 同행정국 팀장 2012~2013년 同재무국 팀장 2014년 서울시립대 교무과장 2015년 서울시 행정국 근무 2016년 同박물관진흥과장 2016년 同박물관과장 겸 문화시설과장(현) [상]국무총리표창(2003)

임원선(林元善) LIM, Won Sun

[생]1962·12·21 [본]평택(平澤) [출]경기 화성 [주]서울 서초구 반포대로201 국립중앙도서관 관장실(02-590-0510) [학]1981년 경기 오산고졸 1985년 숭실대 행정학과졸 1987년 서울대 행정대학원 정책학과졸 1998년 미국 프랭클린피어스법과대 대학원 지적재산권법학과졸 2004년 법학박사(동국대) [경]1987년 문화공보부 어문출판국 어문과 행정사무관 1996년 문화체육부 문화산업국 저작권과 서기관 1999년 문화관광부 문화산업국 문화산업정책과 서기관 2000년 국립국악원 국악진흥과장 2001년 문화관광부 저작권과장 2004년 同관광정책과장 2006~2008년 세계지적재산권기구 컨설턴트 2008년 문화체육관광부 도서관정보정책기획단장 2010년 중앙공무원교육원 고위정책과정 파견(고위공무원) 2011년 문화체육관광부 문화콘텐츠산업실 저작권정책관 2013년 국립중앙도서관 관장(현) [상]근정포장(2011) [저]'제3판 실무자를 위한 저작권법'(2012) '저작권법'(2015) [역]'초고속 통신망과 저작권'(1996) '디지털 딜레마 : 정보화시대의 지적재산권'(2001) '미국 저작권법'(2010) '저작권 무엇이 문제인가?'(2013) [종]가톨릭

임원일(林元一) Lim won il

[생]1959·5·13 [출]서울 [주]서울 중구 을지로65 SK텔레콤(주) 임원실(02-6100-2114) [학]영등포고졸, 한양대 법학과졸, 미국 선더버드대 대학원 Executive Global과정 수료 [경]1986년 선경 입사 1994년 SK텔레콤(주) 입사 1994년 同해외사업팀 China반 근무 1996년 同CS본부 CS기획팀장 1999년 同수도권지사 동서울지점장 1999년 미국 선더버드대 Business School 연수 2000년 SK신세기통신 수도권지사장 2002년 SK텔레콤(주) Segment마케팅본부장(상무) 2003년 同동부마케팅본부장 2005년 同수도권마케팅본부장 2008년 同PS설립추진단장(전무) 2009년 SK PS&Marketing(주) 대표이사 2010~2013년 SK브로드밴드 마케팅부문장 2013~2015년 SK와이번스 대표이사 사장 2016년 SK텔레콤(주) 고문(현)

임원주(任元柱) LIM WON JOO

[생]1959·5·7 [출]전남 장흥 [주]서울특별시 서초구 반포대로 158(02-530-3114) [학]1976년 광주고졸 1984년 전남대 법학과졸 [경]1987년 공무원 임용(7급 공채) 2005년 서울중앙지검 수사2과 근무 2007년 서울남부지검 검사직무대리 2010년 서울서부지검 검사직무대리 2010년 서울남부지검 검사직무대리 2012년 同조사과장 2014년 서울중앙지검 형사증거과장 2014년 광주지검 순천지청 사무국장 2015년 수원지검 안산지청 사무국장 2015년 대구지검 사무국장 2016년 서울중앙지검 사무국장(현)

임원혁(林源赫) LIM Won Hyuk

[생]1966·1·15 [주]세종특별자치시 남세종로263 한국개발연구원 국제정책대학원(044-550-1125) [학]1984년 미국 우스터아카데미(Worcester Academy)졸 1988년 미국 스탠퍼드대 대학원 사학 및 물리학과졸 1993년 경제학박사(미국 스탠퍼드대) [경]1993~1996년 육군사관학교 교수 1996년 한국개발연구원(KDI) 법·경제팀 연구위원, 同산업·기업경제연구부 연구위원 2000~2002년 아시아개발은행(ADB) Institute Consultant 2002~2003년 세계은행(World Bank) Consultant 2003년 대통령직인수위원회 상근자문위원 2003~2004년 공정거래위원회 정책평가위원 2003~2004년 대통령직속 동북아경제중심추진위원회 총괄간사 2004년 외교통상부 통상교섭담당 민간자문위원 2005년 코리아연구원(KNSI) 기획위원 2005년 민주평통 자문위원 2005년 미국 Brookings연구소 CNAPS Fellow 2006년 同객원연구위원 2008~2012년 한국개발연구원 경제개발협력연구실장, 同연구위원 2012년 同글로벌경제연구실장 2013년 同글로벌경제연구팀장 2013년 同경쟁정책연구부장 2015년 同국제정책대학원 교수(현) [상]도미니카공화국 감사훈장(2011) [저]'전환기의 대북정책과 남북경협(共)'(1998) '민영화와 집단에너지사업(共)'(1999) '한중일 경제협력의 주요 과제(共)'(2000) 'The Origin and Evolution of the Korean Economic System'(2000) 'Public Enterprise Reform and Privatization in Korea : Lessons for Developing Countries'(2003) 'Economic Crisis and Corporate Restructuring in Korea(共)'(2003) '전략산업 구조개편 : 주요쟁점과 대안(共)'(2004) 'Multilateral and Regional Frameworks for Globalization'(2005) '경제위기 10년 : 평가와 과제(共)'(2007) 'Asia New Multilateralism(共)'(2009)

임윤규(林允圭)

[생]1956·1·7 [주]제주특별자치도 제주시 제주대학로102 제주대학교 수의과대학 수의학과(064-754-3367) [학]1981년 서울대 수의학과졸 1984년 同대학원졸 1991년 수의학박사(서울대) [경]1981~1991년 (주)녹십자 종합연구소 과장 1991년 제주대 수의과대학 수의학과 교수(현) 2008~2009년 대한수의학회 회장 2010~2014년 국가수의자문위원회 위원 2010~2012년 제주대 실험동물센터장 2011~2013년 한국예방수의학회 회장 2016년 제주대 수의과대학장(현)

임윤수(林潤洙) LIM Youn Soo

[생]1969·7·23 [본]부안(扶安) [출]서울 [주]서울 종로구 청와대로1 대통령 공직기강비서관실(02-770-0011) [학]1988년 대신고졸 1993년 서울대 법대 사법학과졸 2001년 同법과대학원졸 [경]1995년 사법시험 합격(37회) 1998년 사법연수원 수료(27기) 1998~2001년 軍법무관 2001년 서울지검 동부지청 검사 2003년 춘천지검 영월지청 검사 2004년 부산지검 검사 2006년 미국 워싱턴대 연수 2007~2009년 서울중앙지검 검사 2009~2015년 김앤장법률사무소 변호사 2015~2016년 법무법인(유) 율촌 변호사 2016년 대통령 민정수석비서관실 공직기강비서관(현) [상]검찰총장표창(2003)

임윤주(林潤周) IM Yoon Ju

[생]1969·2·16 [본]예천(醴泉) [출]경북 의성 [주]세종특별자치시 도움5로20 국민권익위원회 대변인실(044-200-7061) [학]수원 수성고졸, 한양대 법대졸, 同행정대학원졸, 미국 럿거스주립대 대학원졸, 한양대 대학원 행정학박사과정 수료 [경]국가청렴위원회 정책기획실 제도2담당관 2003년 同정책기획실 제도1담당관 2006년 同제도개선기획팀장 2008년 국민권익위원회 청렴정책

총괄과장 2009년 同청렴정책총괄과장(부이사관) 2009년 同기획조정실 제도개선기획담당관 2010년 同제도개선총괄담당관 2011년 同기획조정실 창조기획재정담당관 2014년 同권익개선정책국 민원분석심의관(고위공무원) 2014년 同서울종합민원사무소장 2015년 同대변인(현) [상]대통령표창(2002)

임은하(任銀河·女)

[생]1970·12·18 [출]대구 [주]충남 공주시 한적2길34의15 대전지방법원 공주지원(041-840-5700) [학]1989년 서울 명덕여고졸 1994년 경찰대학졸 [경]1994년 영등포경찰서 소년계장 1996년 同남강파출소장 1998년 양천경찰서 교통사고조사계장 1998년 사법시험 합격(40회) 2001년 사법연수원 수료(30기) 2001년 서울지법 북부지원 판사 2002년 서울고법 판사 2003년 서울지법 판사 2004년 서울중앙지법 판사 2005년 춘천지법 판사 2008년 인천지법 판사 2010년 서울중앙지법 판사 2013년 서울동부지법 판사 2014년 서울고법 판사 2016년 대전지법·대전가정법원 공주지원장(현)

임이자(林利子·女) LIM, Lee Ja

[생]1964·3·5 [출]경북 상주 [주]서울 영등포구 의사당대로1 국회 의원회관747호(02-784-6970) [학]1984년 화령고졸 2004년 경기대 법학과졸, 고려대 노동대학원 노동법학과졸 [경]한국노동조합총연맹 여성담당 부위원장, 同여성위원장, 同경기본부 상임부의장, 同경기본부 여성위원장, 중앙노동위원회 근로자위원, 2016년 제20대 국회의원(비례대표, 새누리당)(현) 2016년 국회 환경노동위원회 위원(현) 2016년 국회 여성가족위원회 위원(현) 2016년 국회 저출산·고령화대책특별위원회 위원(현) 2016년 새누리당 일자리특별위원회 위원(현) [상]근로자의날 국무총리표창(2006)

임익상(林翼相) LIM Ik Sang

[생]1964·4·15 [본]나주(羅州) [출]경기 이천 [주]서울 영등포구 의사당대로1 국회사무처 농림축산식품해양수산위원회(02-788-2726) [학]1983년 이천고졸 1988년 성균관대 행정학과졸 2002년 미국 밴더빌트대 대학원 경제학과졸 [경]1990년 입법고시 합격(10회) 1993~1998년 국회사무처 보건복지위원회 입법조사관 1999년 同국제국 근무 2002년 同행정자치위원회 입법조사관 2004년 국회예산정책처 기획협력팀장 2006년 국회사무처 행정자치위원회 입법조사관(부이사관) 2008~2010년 同예산결산특별위원회 입법심의관 2010년 미국 파견(부이사관) 2011년 국회예산정책처 기획관리관 2012년 국회사무처 정무위원회 전문위원 2014년 同예산결산특별위원회 전문위원 2016년 同농림축산식품해양수산위원회 수석전문위원(차관보급)(현) [상]국회의장표창(1997), 대통령표창(2007) [종]가톨릭

임익성(林益成) LIM Ik Sung

[생]1955·2·18 [출]부산 [주]경기 안산시 단원구 해안로 289 NPC(주) 비서실(031-361-8609) [학]1974년 경남고졸 1979년 고려대 경제학과졸 1987년 미국 샌프란시스코대 경제학과졸 [경]1987년 내쇼날푸라스틱(주) 이사 1990년 同상무이사 1991년 同전무이사 1994년 同대표이사 2003년 同회장 2011년 NPC(주) 회장(현)

임인경(林仁京·女) In Kyoung Lim

[생]1953·3·5 [출]충북 괴산 [주]경기 수원시 영통구 월드컵로164 아주대학교 의과대학 생화학교실(031-219-5051) [학]1978년 연세대 의대졸 1980년 同대학원 의학과졸 1983년 의학박사(연세대) [경]1982~1983년 연세대 의과대학 생화학교실 연구강사 1983~1987년 한국에너지연구소 원자력병원 생화학연구실장 1987~1989년 미국 웨스턴리저브대 Research Associate 1989~2003년 아주대 의대 생화학교실 조교수·부교수·주임교수 1991~1993년 미국 캘리포니아대 로스앤젤레스교 Visiting Scientist 1999~2002년 아주대 대학원 의학과 주임교수 2000년 同의대 생화학교실 교수(현) 2006년 한국과학기술한림원 정회원(현) 2006~2010년 아주대 의과대학장 2006~2013년 同BK21세포변형 및 재생연구사업단장 2008~2010년 同의학전문대학원장 2007~2010년 한국의과대학, 의전원협의회 상임이사 2008~2010년 아주대학교 의과대학 의학유전학 과장 2008~2010년 의과학자육성지원사업추진위원회 위원장 2009년 한국노화학회 회장 2009~2012년 원자력안전위원회 위원 2009~2012년 방사능방재 및 환경분과원자력전문위원회 위원장 2010~2012년 한국노인과학학술단체총연합회 회장 2011~2012년 한국과학기술한림원 융합과학기술위원회 위원 2011~2013년 제20차 세계노년학·노인의학대회 조직위원회 부위원장 2011년 한국과학기술단체총연합회 학술진흥위원회 보건부문 위원(현) 2012년 대한암학회 이사(현) 2013년 한국분자세포생물학회 이사(현) 2013년 호암재단 이사(현) 2014년 생화학분자생물학회 이사(현) 2014년 한국과학기술단체총연합회 학술진흥위원 겸 보건분야 전문위원장(현) 2014년 한국과학기술한림원 의학부 여성과학자위원(현) 2016년 대한암학회 부회장(현) [상]연세대 의대 세브란스의학상(1981), 아주대 의대 공로상(1999), 아주대 의대 우수지도교수상(1999), 아주대의료원 10주년 기념표창(2004), 연세대 자랑스러운 여동문상(2007), 한국여자의사회 건일학술상(2009), 대한의사협회 의당학술상(2009) [종]기독교

임인규(林仁圭) LIM In Kyu

[생]1948·12·12 [본]평택(平澤) [출]경북 울진 [주]서울 강남구 도산대로67길14 (주)광고방(02-542-9048) [학]한양대 연극영화학과졸 [경]제일기획·세종문화 근무, (주)광고방 사장(현) 2007~2016년 (사)한국광고영상제작사협회 회장 2009년 한림대 광고홍보학과 교수(현) 2011년 한국광고자율심의기구 광고분쟁조정위원회 위원 [상]한국방송광고대상 대상·우수상·특별상·은상·장려상, 대한민국광고대상 은상·장려상, 소비자가뽑은좋은광고상, 클리오특수촬영상, 칸느광고제 동사자상, 뉴욕페스티벌 파이널리스트, 동탑산업훈장(2015)

임인배(林仁培) RIM In Bae (德泉)

[생]1954·4·27 [본]평택(平澤) [출]경북 김천 [학]1974년 김천고졸 1981년 영남대 법과대학 법학과졸 1985년 연세대 행정대학원 행정학과졸 1995년 행정학박사(동국대) 1999년 서울대 행정대학원 국가정책과정 수료 [경]1987년 덕천장학회 회장 1995년 한성대 강사 1995년 미국 캘리포니아주립대 연구원 1996년 제15대 국회의원(김천, 신한국당·한나라당) 1996년 신한국당 원내부총무 1997·1999년 한나라당 원내부총무 1998년 同총재 정책담당 특보 2000년 제16대 국회의원(김천, 한나라당) 2000년 국회 한민족통일연구회 회장 2001년 한나라당 총재특보 2002~2003년 同원내수석부총무 2003년 건국대 초빙교수 2004~2008년 제17대 국회의원(김천, 한나라당) 2004~2009년 연세대 행정대학원 총동창회장 2004년 한나라당 경북도당 위원장 2005~2008년 대한사이클연맹 회장 2006년 국회 과학기술정보통신위원장 2006년 연세대 겸임교수 2007년 (사)한민족통일포럼 이사장(현) 2008~2011년 한국전기안전공사 사장 2013년 건국대 글로컬캠퍼스 석좌교수 2014~2015년 안양대 산학협력부총장 [상]동탑산업훈장(2009), 한국 최고의 경영자대상 종합대상(2010), 독서문화상 경영저술부문(2010), 대한민국경제리더 대상(2010) [저]'조국을 남기고 남은 가셨습니다(김구선생 일대기)' '희망과 역사 사이에서' '꿈을 파는 국회의원' '속자생존 위기때는 1초경영을 펼쳐라'(2009) '희망을 향한 도전'(2011, 청림출판) [역]'미국의 행정학' [종]천주교

임인석(林仁石) LIM In Seok

[생]1958·2·5 [출]서울 [주]서울 동작구 흑석로102 중앙대학교병원 소아청소년과(02-6299-1114) [학]1982년 중앙대 의대졸 1985년 同대학원졸 1988년 의학박사(중앙대) [경]1982~1986년 중앙대부속 필동병원 인턴·레지던트 1986년 강릉의료원 소아과장 1986~1989년 태릉선수촌 의무실장 1989~1992년 중앙대부속 용산병원 소아과 임상강사 1992년 중앙대 의과대학 소아청소년과학교실 조교수·부교수·교수(현) 2009년 대한의료커뮤니케이션학회 회장 2011~2013·2014년 중앙대병원 교육수련부장(현) 2012년 서울시의사회 부회장(현) 대한의사협회 학술이사 [상]대한병원협회 병원신임평가 공로상(2006), 건강보험심사평가원장 감사패(2008·2009), 서울시장표창(2011), 대한의학회 공로장(2012), 중앙대학교 감사장(2012), 보건복지부장관표창(2013), 서울시의사회 공로패(2016)

임인환(任仁煥) Lim In Hwan

[생]1956·9·15 [출]경북 의성 [주]대구 중구 공평로88 대구광역시의회(053-803-5033) [학]협성중졸, 경신정보과학고졸, 경일대 행정학과졸, 영남대 행정대학원 재학 중 [경]대양인쇄출판사 대표(현), 대구시 성내1동 새마을협의회 회장, 봉산새마을금고 이사장, 대구시 성내1동 주민자치위원장 2006·2010년 대구시 중구의회 의원(무소속·새누리당) 2012년 同의장, 태극로타리클럽 회장 2014년 대구시의회 의원(새누리당)(현) 2014·2016년 同운영위원회 위원(현) 2014년 同문화복지위원회 간사 2014년 同예산결산특별위원회 위원 2014년 대구시 축제선진화추진특별위원회 위원장 2016년 대구시의회 예산결산특별위원회 위원장(현) 2016년 同기획행정위원회 위원(현) [상]모범의정 봉사상(2011), 전국시·도의회의장협의회 우수의정 대상(2016) [종]불교

임일지(林一志 · 女) LIM Il Ji

[생]1970 · 10 · 27 [주]경기 시흥시 서해안로148 대주전자재료(주) 비서실(031-498-2901) [학]연세대 생화학과졸 [경]1993년 대주전자재료(주) 입사, 同대표이사 사장(현)

임일택(林一澤) Il-Taek Lim

[생]1965 · 3 · 25 [본]나주(羅州) [출]부산 [주]서울 서초구 바우뫼로37길56 건영빌딩3층 넥스트리밍(주) 비서실(02-2194-5324) [학]1984년 해동고졸 1988년 서울대 전자공학과졸 1990년 同대학원 전자공학과졸 1994년 전자공학박사(서울대) [경]1994~2000년 LG종합기술원 연구원 2000~2002년 새롬기술 Mobile Multimedia솔루션사업부장 2002년 넥스트리밍(주) 대표이사(현) [상]국무총리표창(2009)

임장근(林壯根) Jang Geun Lim

[생]1958 · 11 · 30 [본]경주(慶州) [출]경기 화성 [주]경기 안산시 상록구 해안로787 한국해양과학기술원(031-400-6017) [학]1976년 한성고졸 1979년 육군사관학교 정치사회학과 4년 수료 1983년 단국대 경제학과졸 1991년 중앙대 대학원 행정학과졸 2013년 행정학박사(중앙대) [경]1983~1988년 한국과학기술연구원 연구개발담당 1988~1990년 한국기초과학지원연구원 총무과장 1990~2002년 한국해양연구원 정책개발실장 · 기획부장 2003년 미국 Delaware주립대 에너지환경연구센터 방문연구원 2003~2004년 한국해양연구원 선박해양플랜트연구소 운영관리부장 2005~2006년 (주)워터비스 부사장 2006~2008년 한국해양연구원 부설 극지연구소 경영기획부장 2008~2012년 한국해양연구원 창의경영본부장 2012~2014년 한국해양과학기술원 제2부원장 2014년 同해양정책연구소 해양산업연구실 책임기술원(현) [저]'유머가 있는 사람이 명품이다'(2013, 열린세상) '바다 그리고 시, 그대의 거울'(2014, 계백북스) '해양R&D와 벤처기업'(2014, 씨아이알) [종]기독교

임재규(林載奎) LIM Jae Kyoo

[생]1949 · 2 · 25 [본]조양(兆陽) [출]전북 [주]전북 전주시 덕진구 백제대로567 전북대학교 기계설계공학부(063-270-2321) [학]1968년 이리고졸 1974년 전북대 기계공학과졸 1977년 同대학원졸 1981년 공학박사(전북대) 1994년 공학박사(일본 도호쿠대) [경]1974~1977년 현대중공업 기장부대리 1977~1980년 울산공업전문대 조교수 1977~1980년 울산대 기계공학과 강사 1980~1992년 전북대 공대 기계공학과 전임강사 · 조교수 · 부교수 1985~1986년 미국 Univ. of Iowa Mechanical Eng. Post-Doc. 1987~1991 · 1993~1995 · 1998~2001년 전북대 기계설계학과장 1989~1991 · 1993~1995년 同교수평의회 간사 1991~1992년 일본 동북대 객원교수 1992~2008년 전북대 공대 기계설계학과 교수 1995년 일본 도요타공대 객원교수 1996~1998년 전북대 자동차신기술연구소장 1997년 대한용접학회 총무이사 · 감사 1998년 중앙건설기술심의위원회 심의위원 1999~2001년 전북대 기계공학부장 2001~2002년 대한기계학회 총무이사 2002~2004년 전북대 공대 부속공장장 2003~2004년 대한기계학회 호남지부장 2003년 대한용접학회 감사 2004년 전북대 누리사업단장 2004~2006년 同기계 · 자동차산업기술교육혁신사업단장 2004년 전북특허발명회 회장 2004~2006년 미국 세계인명사전 'Marquis Who's Who in Science&Engineering' 2005년판에 등재 2005~2006년 한국학술진흥재단 학술연구심사평가위원회 위원 2006년 재료 및 파괴역학부분학회 회장 2007년 대한기계학회 부회장 2008~2014년 전북대 공과대학 기계설계공학부 교수 2010~2013년 同에너지공학풍력센터 소장 2014년 同기계설계공학부 명예교수(현) [상]대한용접학회 학술상(2000), 대한기계학회 학술상(2002), 전북대 공대 우수교수상(2004), 전북대 연구학술상(2006), 영국 국제인명센터(IBC) 국제업적상(Universal Award of Accomplishment)(2008), 미국인명센터(ABI) 최우수상(Salute to Greatness Award)(2008), 지식경제부장관표창(2010), 녹조근정훈장(2014) [저]'공업재료 강도학(共)'(1992) '자동차공학(共)'(1996) '알기쉬운 재료역학'(1998) '기계재료학(共)'(1999) '재료파괴강도학(共)'(2000) '용접'(2003) '창의적 공학설계(共)'(2004) [역]'고체역학(共)'(1996) '정역학(共)'(2002) 'Beer의 재료역학'(2011) [종]기독교

임재덕(林在德) IM Jae Doc

[생]1955 · 5 · 7 [주]대전광역시 유성구 테크노2로223 KAT 부사장실(042-933-7760) [학]경남고졸, 부산대 금속학과졸 [경]2006년 고려제강(주) 생산부문장(이사대우) 2008년 同제1기술연구소장(상무) 2011년 同기술개발연구원장(부사장) 2016년 KAT 부사장(현)

임재승(林載昇) LIM Jae Seung

[생]1967 · 10 · 22 [주]서울 강남구 논현로566 차병원그룹 총괄연구본부장실(02-3468-3000) [학]서울대 화학과졸, 同대학원 생화학과졸, 생화학 및 분자생물학박사(영국 리즈대) [경]간암 환자 자신의 혈액을 이용한 면역세포 치료제인 '이뮨셀-엘씨'를 개발한 세포치료연구 분야의 권위자, 영국국립혈액원 줄기세포연구 및 세포치료팀 선임연구원, (주)이노셀 연구소장(이사) 2015년 차병원그룹 총괄연구본부장(현)

임재연(林在淵) LIM Jai Yun

[생]1957 · 3 · 22 [본]울진(蔚珍) [출]서울 [주]서울 강남구 테헤란로518 법무법인(유) 율촌(02-528-5738) [학]1976년 경기고졸 1980년 서울대 법과대학졸 [경]1981년 사법시험 합격(23회) 1983년 사법연수원 수료(13기) 1983년 Kim · Chang&Lee 법률사무소 변호사 1993~1995년 미국 워싱턴대 로스쿨 방문연구원 1996~2005년 법무법인 나라 대표변호사 1996~1997년 정보통신부 기간통신사업자선정 심사위원 1996~2000년 건설교통부 자문변호사 1998~2000년 서울지방경찰청 행정심판위원 1998~2000년 경찰청 경찰개혁위원 1998~2005년 사법연수원 증권거래법부문 강사 1998~1999년 재정경제부 증권제도선진화위원 1998~1999년 삼성제약 화의관재인 2000~2002년 금융감독원 증권조사심의위원 2000~2003년 공정거래위원회 정책평가위원 2001~2002년 한국종합금융 파산관재인 2001~2006년 한국증권거래소 증권분쟁조정위원 2002~2004년 증권선물위원회 증권선물조사심의위원 2004~2006년 서울중앙지법 조정위원 2005~2006년 서울지방변호사회 감사 2005~2010년 성균관대 법과대학 · 법학전문대학원 교수 2005~2014년 경찰청 규제심사위원회 위원장 2005년 법률구조법인 한국가정법률상담소 이사(현) 2006년 법무부 제48회 사법시험 위원 2006~2007년 同상법쟁점사항 조정위원 2006년 국제상업회의소(ICC) 한국위원회 자문위원(현) 2007~2008년 법무부 상법특례법 제정위원 2007~2008년 재정경제부 금융발전심의위원회 증권분과 위원 2009~2014년 한국증권법학회 부회장 2009년 한국경영법률학회 부회장 2010년 제47회 세무사시험 위원 2010~2011년 한국금융법학회 부회장 2010년 한국상사법학회 부회장(현) 2010년 대한상사중재원 중재인(현) 2011~2013년 금융위원회 금융발전심의회 자본시장분과 위원 2011년 법무법인(유) 율촌 변호사(현) 2012~2014년 금융감독원 제재심의위원 2013년 코스닥협회 자문위원(현) 2013년 법무부 증권관련집단소송법개정위원회 위원장(현) 2015년 한국증권법학회 회장(현) [저]'미국회사법'(1995) '증권규제법'(1995) '공정거래법규집(編)'(1999) '증권거래법'(2005) '회사법강의'(2007) '증권판례해설'(2007) '미국증권법'(2009) '미국기업법'(2009)

임재율(林栽律) IM Jae Yul

[생]1968 · 2 · 19 [출]경기 수원 [주]경기 수원시 팔달구 권선로733 중부일보(031-230-2001) [학]1986년 유신고졸 1992년 고려대 경영학과졸 [경]1994년 중부일보 이사 1994년 대림건설(주) 이사 1997년 同대표이사 2004년 중부일보 부사장 2004년 同대표이사 사장(현) 2014~2015년 (사)경기언론인클럽 이사장 [종]기독교

임재익(林載翊) LIM Jay Ick

[생]1957 · 5 · 23 [출]서울 [주]경기 수원시 팔달구 월드컵로206 아주대학교 경영대학 e-비즈니스학과(031-219-2722) [학]서울대 경제학과졸, 미국 아이오와대 대학원졸 1990년 경영학박사(미국 아이오와대) [경]행정고시 합격(23회) 1980~1984년 상공부 행정사무관 1992~2012년 아주대 경영대학 e-비즈니스학부 조교수 · 부교수 · 교수 2002~2005년 e-비지니스대학연합회 회장 2003년 아주대 국제협력처장 겸 홍보실장 2005~2010년 同e-비즈니스학부장 2010~2011년 同기획처장 2011년 同국제대학원장(현) 2012년 同경영대학 e-비즈니스학과 교수(현) 2012~2014년 사립학교교직원연금관리공단 비상임이사 2016년 아주대 총무처장(현) [상]상공부장관표창(1981) [저]'다이내믹 엔지니어링(共)'(1994, 한국경제신문)

임재학(林栽鶴) Jae-Hak Lim

[생]1962 · 1 · 20 [출]충남 연기 [주]대전 유성구 동서대로125 한밭대학교 경상대학 경영회계학과(042-821-1335) [학]1983년 충남대 계산통계학과졸 1986년 同대학원 계산통계학과졸 1994년 통계학박사(미국 Univ. of Nebraska at Lincoln) [경]1985년 충남대 계산통계학과 조교 1989~1994년 미국 Univ. of Nebraska-Lincoln Teaching Assistant 1994~1997년 한국전자통신연구원

신뢰성공학연구실 선임연구원 1997~2001년 대전산업대 조교수 1997년 한국전자통신연구원 신뢰성공학연구실 초빙연구원 1997년 한밭대 경상대학 경영회계학과 부교수·교수(현) 2011년 同산학협력단장 2014년 同기획처장 2016년 同평생교육원장·교육연수원장·(가칭)평생교육단과대학설립준비단장(현) [상]한국표준협회 특별상(2006)

임재현(林宰賢) LIM Jae Hyun

[생]1957·9·7 [출]서울 [주]전북 전주시 덕진구 기린대로 800 NIC(주) 비서실(063-213-0152) [학]1975년 중앙고졸 1981년 중앙대 공대 건축공학과졸 [경]1988년 호남식품(주) 기획이사 1991년 同상무이사 1995년 同부사장 1997년 同대표이사 사장 2000~2010년 전북은행 사외이사 2004~2011년 호남식품(주) 회장 2011년 NIC(주) 회장(현) [종]기독교

임재현(林在賢)

[생]1964·3·27 [출]서울 [주]세종특별자치시 갈매로477 기획재정부 소득법인세정책관실(044-215-4200) [학]대일고졸, 연세대 경제학과졸 [경]행정고시 합격(34회), 재정경제부 세제실 재산소비세제국 소비세제과장 2007년 同세제실 조세정책국 법인세제과장 2008년 기획재정부 세제실 법인세제과장 2009년 同세제실 소득세제과장 2010년 同세제실 조세정책과장 2011년 同세제실 조세정책과장(부이사관) 2012년 중앙공무원교육원 파견 2013~2015년 국무조정실 조세심판원 상임심판관 2015년 기획재정부 세제실 재산소비세정책관 2016년 同세제실 소득법인세정책관(현) [상]자랑스러운 연세상경인상 미래상경인상(2015)

임재현(任宰賢) IM Jae Hyun

[생]1969·5·6 [출]제주 [주]서울 강남구 테헤란로152 강남파이낸스센터 구글코리아(02-531-9000) [학]제주제일고졸 1996년 서울대 경영학과졸 2002년 미국 보스턴대 대학원졸(MBA) [경]1996년 SK텔레콤 근무 1997~1999년 대우그룹 입사·김우중 회장 비서 2005년 이명박 서울시장 비서 2007년 한나라당 이명박 대통령후보 수행비서 2007년 이명박 대통령당선자 수행비서 2008년 대통령 제1부속실 선임행정관 2011년 대통령 정책홍보비서관 2012년 대통령 뉴미디어비서관 2012~2013년 대통령 제1부속실장 2013~2015년 이명박 전(前) 대통령 비서관 2015년 구글코리아 대외정책부문 대표(현)

임재홍(林栽弘) Jae-hong Lim

[생]1953·4·14 [출]충남 [주]서울 마포구 마포대로86 창강빌딩17층 유엔 거버넌스센터(02-2100-4276) [학]1976년 서울대 외교학과졸 [경]1978년 외무고시 합격(12회) 1978년 외무부 입부 1981년 駐그리스 2등서기관 1986년 대통령비서실 파견 1988년 駐일본 1등서기관 1991년 駐인도 참사관 1993년 외무부 전산담당관 1994년 同인권사회과장 1995년 駐짐바브웨 참사관 1999년 駐유엔 공사·참사관 2002년 외교통상부 기획관리실 기획심의관 2004년 駐스리랑카 대사 2006년 연세대 겸임교수 2007년 외교안보연구원 교수 2008년 외교통상부 기획조정실장 2010년 연합뉴스 수용자권익위원회 위원 2010년 외교통상부 본부대사(외무고위공무원) 2011~2012년 駐태국 대사 2013년 유엔 거버넌스센터 원장(현) 2015년 한국자유총연맹 부회장

임재훈(林栽熏) Lim Jae-hoon

[생]1960·10·18 [주]서울 종로구 사직로8길60 외교부 인사운영팀(02-2100-2114) [학]1985년 서울대 불어불문학과졸 [경]1991년 외무고시 합격(25회) 1991년 외무부 입부 1995년 駐카메룬 2등서기관 1998년 駐제네바 2등서기관 2004년 駐아일랜드 참사관 2007년 대통령비서실 파견 2008년 외교통상부 경제협력과장 2009년 駐프랑스 참사관 2012년 駐필리핀 공사참사관 2014년 駐카메룬 대사(현)

임재훈(林裁勳)

[생]1969·12·6 [출]충남 공주 [주]경기 수원시 영통구 월드컵로120 수원지방법원(031-210-1114) [학]1988년 공주대사대부고졸 1993년 서울대 사법학과졸 2001년 同대학원 법학과 수료 [경]1995년 사법시험 합격(37회) 1998년 사법연수원 수료(27기) 1998년 軍법무관 2001년 수원지법 판사 2003년 서울지법 판사 2004년 서울중앙지법 판사 2005년 부산지법 판사 2008년 서울동부지법 판사 2009년 서울고법 판사 2010년 헌법재판소 파견 2012년 서울가정법원 판사 2013년 대구가정법원 부장판사 2015년 수원지법 부장판사(현)

임정규

[생]1962·6 [출]서울 [주]서울 영등포구 의사당대로97 교보증권 구조화금융본부(02-3771-9000) [학]충암고졸, 연세대졸 [경]LG투자증권 IB사업부장, HMC투자증권 SF본부 이사, NH투자증권 부동산금융상무, 교보증권 구조화금융본부장(전무)(현) 2016년 同IB금융본부장 겸임(현)

임정기(任廷基) IM JUNG GI

[생]1950·4·10 [본]풍천(豊川) [출]전북 김제 [주]서울 종로구 대학로101 서울대학교병원 영상의학과(02-880-5006) [학]1968년 서울고졸 1975년 서울대 의대졸 1978년 同대학원 의학석사 1983년 의학박사(서울대) [경]1976~1980년 서울대병원 전공의 1980년 해군본부 기지병원 방사선과장 1983~1995년 서울대 의과대학 방사선과학교실 전임강사·조교수·부교수 1989~1997년 흉부방사선연구회 회장 1995~2015년 서울대 의과대학 영상의학교실 교수 1998년 Journal of Thoracic Imaging 부편집인(현) 1999~2005년 대한방사선의학회 학회지 편집위원장, Korean Journal of Radiology 편집인 2000년 대한의학회 학술진흥이사 2000~2002년 서울대 의과대학 연구부학장 2002~2004년 同의과대학 연구연수위원장 2004~2007년 서울대병원 진료부원장 2008~2011년 서울대 의과대학장 2008~2011년 대한의학술지 편집인협의회장 2009~2014년 국립암센터 비상임이사 2008~2012년 (사)한국의과대학·의학전문대학원장협회 이사장 2010~2012년 한국의학교육협의회 회장 2011~2012년 서울대 연구부총장 2011~2014년 서울대법인 초대이사 2012년 교육과학기술부 기초연구사업추진위원회 위원장 2012~2015년 한국연구재단 비상임이사 2012~2014년 서울대 기획부총장 2013~2014년 대한민국의학한림원 부회장 2015년 서울대 명예교수(현) 2015년 아랍에미리트(UAE) 왕립 쉐이크칼리파전문병원(SKSH : Sheikh Khalifa Specialty Hospital) 전문의(현) 2015년 북미영상의학회(Radiological Society of North America) 명예회원(현) [상]유한의학상 본상(1990), 북미방사선의학회 Cum Laude Award(1992·1998), RADIOLOGY 'Editor's Recognition Award' Special Distinction(2002·2003·2004) [저]'흉부방사선과학'

임정기(林正基) LIM Joung Ki

[생]1964·1·30 [출]충북 괴산 [주]충북 청주시 흥덕구 1순환로436번길22 중부매일신문 편집국(043-275-2001) [학]1989년 청주대 신문방송학과졸 1993년 同대학원졸 [경]1989년 중부매일 입사 1998년 同정치부 차장 2001년 同정치부장 2008년 同정치부 부국장대우 2009년 同부국장 2012년 同서울본부장 2014년 同편집국장(현) 2015년 한국지역언론인클럽 회장 2016년 同고문(현) 2016년 同미디어로컬편집위원장 겸임(현) [상]제10회 한국참언론인대상 지역언론부문(2014)

임정덕(林正德) LIM Jung Duk

[생]1945·7·22 [본]울진(蔚珍) [출]부산 [주]부산 금정구 부산대학로63번길2 부산대학교 경제학과(051-510-2544) [학]1963년 부산고졸 1968년 서울대 경제학과졸 1981년 경제학박사(미국 사우스캐롤라이나주립대) [경]1970~1976년 한국은행 입행·조사역 1981년 미국 Wingate대 조교수 1984년 부산대 부교수 1987년 부산발전시스템연구소 소장 1988년 부산시 교통영향평가위원 1989~2010년 부산대 경제학과 교수 1990년 同교무부처장 겸 국제교류실장 1993년 同노동문제연구소장 1995년 자동차산업연구회 회장 1997년 부산대 기획연구실장 1998~2001년 부산발전연구원 원장 1999년 부산국제영화제 조직위원(현) 2000년 부산축제조직위원회 이사(현) 2000~2004년 포럼신사고 공동대표 2000년 한국은행 조사국 자문교수 2006~2010년 부산대 동북아지역혁신연구원장 2006년 기독교사회책임 공동대표 2008년 대통령직속 지역발전위원회 위원 2010년 부산시 교육감선거 후보 2010년 부산대 경제학과 명예교수(현) 2012~2013년 기술보증기금 고문 2012~2014년 한국남동발전 사외이사 2014~2016년 同상임감사위원 [상]부산MBC 문화대상(2004), 한국을 빛낸 사람들 교육부문(2010) [저]'부산21세기-국제화시대 발전전략'(1992) '한국의 신발산업'(1994) '지방화시대의 지역산업정책'(1996) '지역경제분석'(1997) '쓴소리 바른사회'(1999) '지역경제 혁신론'(1999) '부산도시론'(2000) '부산경제의 재발견'(2008) '부산산업의 비전과 고제'(2009) '창조도시 부산을 향한 성찰과 모색'(2010) '외국의 이민정책변천과 사회경제적 영향'(2011) '청년문화예술 진흥을 통한 일자리창출'(2012) '부산경제 100년-진단70년+미래30년'(2014) '적극적 청렴-공기업혁신의 필요조건'(2016) [종]기독교

임정배(林正焙) LIM Jeong Bae

[생]1961·7·8 [출]서울 [주]서울특별시 동대문구 천호대로 26 대상빌딩(02-2220-9500) [학]경성고졸, 고려대 식품공학과졸 [경]대상(주) 경영혁신본부 재무팀장 겸 경영지원본부 조달팀장, 同기획관리본부장(상무이사), 대상FNF(주) 감사 2013~2016년 대상홀딩스 각자대표이사 2016년 대상(주) 전략기획본부장(현)

임정빈(任正彬) YIM Jeong Bin

[생]1948·1·18 [출]서울 [주]충남 아산시 신창면 순천향로22 순천향대학교 의료생명공학과(041-530-1119) [학]1966년 경기고졸 1970년 서강대 생물학과졸 1975년 생화학박사(미국 MIT) [경]1976년 미국 Oak Ridge국립대연구소 연구원 1978~2013년 서울대 생명과학부 조교수·부교수·교수 1981~1982년 King Abdulaziz Univ. 초빙교수 1988~1989년 독일 Univ. of Kon stanz 객원교수(Humbodt Fellow) 1993~1999년 서울대 유전공학연구소장 1997~2003년 과학기술부 창의적연구진흥사업 유전자재프로그래밍연구단장 1999년 한국미생물학회 회장 2001년 Korea Bio-MAX추진위원회 추진단장 2003년 한국분자세포생물학회 회장 2003~2005년 서울대 생명공학공동연구원장 2004년 아·태국제분자생물학네트워(A-IMBN) 회장 2005년 국제분자생물사이버랩(eIMBL) 소장 2006년 Jornal of Biochemistry Editor 2006년 IUBMB(International Union of Biochemistry and Molecular Biology) Life Editor 2013~2016년 한국과학기술한림원 대외협력담당 부원장 2013년 서울대 생명과학부 명예교수(현) 2013년 순천향대 의료생명공학과 석좌교수(현) 2013년 순천향대 순천향의생명연구원장(현) [상]한국과학상(1994), Outstanding Achievement Award by USC Marshall School of Business(2005) [종]천주교

임정빈(任正彬) Lim Jeong Pin

[생]1949·12·3 [출]충남 홍성 [주]인천 남동구 정각로29 인천광역시의회(032-440-6041) [학]1969년 예산농고졸 [경]충남 홍성군 홍북면 예비군 중대장, 인천시 남구 통합방위협의회 회장, 인천시 남구재향군인회 이사(현), 인천시 남구체육회 이사, 인천시 남구 숭의2동주민자치위원장, 인천시 남구 숭의1·2동새마을금고 이사, 인천시 남구 숭의2동바르게살기위원회 위원, 한나라당 인천南乙지구당 숭의2동협의회장, 同인천南乙지구당 부위원장 2006·2010~2014년 인천시 남구의회 의원(한나라당·새누리당) 2006년 同운영위원장 2010~2014년 同예산결산특별위원장 2012년 同부의장 2014년 인천시의회 의원(새누리당)(현) 2014년 同문화복지위원회 위원 2014~2015·2016년 同예산결산특별위원회 위원(현) 2016년 同윤리특별위원회 위원(현) 2016년 同건설교통위원회 위원(현) [종]기독교

임정엽(林呈燁) RYM Chung Yeap

[생]1959·4·26 [출]전북 완주 [주]서울 마포구 마포대로38 일신빌딩16층 국민의당(02-715-2000) [학]1978년 완산고졸 1983년 전주대 경상대학 상업교육과졸 1992년 同지역정책대학원 행정학과졸 2003년 법학박사(전주대) [경]1981년 전주대총학생회 회장 1991~1995년 전북도의회 의원 1993~2003년 전주대총동창회 회장 1995~1997년 전북도지사 비서실장 1999~2000년 아·태평화재단 기획조정실장 1999~2002년 학교법인 중암학원(대경대학) 이사장 2000~2002년 대통령비서실 행정관 2004년 전주대 행정대학원 객원교수 2005년 민주당 청년연합회중앙회 부회장 2006·2010~2014년 전북 완주군수(민주당·민주통합당·민주당) 2006년 전주대총동창회 회장 2012년 전국청년시장군수구청장회 회장 2013년 전국사회연대경제지방정부협의회 회장 2013년 전국균형발전지방정부협의회 공동대표 2014년 전북 전주시장선거 출마(무소속) 2016년 제20대 국회의원선거 출마(전북 완주군·진안군·무주군·장수군, 국민의당) 2016년 국민의당 정책위원회 부의장(현) 2016년 同전북완주군·진안군·무주군·장수군지역위원회 위원장(현) [상]대한상공회의소 감사패(2010) [저]'바보군수의 희망보고서'(2010, 도서출판 푸른나무)

임정엽(林正燁)

[생]1970·4·11 [출]서울 [주]경기 부천시 원미구 상일로 129 인천지방법원 부천지원(032-320-1202) [학]1989년 서울 대성고졸 1994년 서울대 공법학과졸 [경]1996년 사법시험 합격(38회) 1999년 사법연수원 수료(28기) 1999년 육군 법무관 2002년 수원지법 판사 2004년 서울서부지법 판사 2006년 창원지법 판사 2010년 서울고법 판사 2010년 법원행정처 정책심의관 겸임 2014년 광주지법 부장판사 2016년 인천지법 부천지원 부장판사(현)

임정진(林廷珍·女) Lim, Jeong Jin

[생]1963·1·3 [출]서울 [주]서울 마포구 독막로320 서울디지털대학교 문예창작학과(02-2128-3097) [학]1981년 무학여고졸 1985년 이화여대 국어국문학과졸 [경]아동문학가(현), 이화여대 학보사주최 '현상문예'에 희곡당선 1985년 월간 '주니어' 기자 1986년 크라운제과 광고기획실 사보담당 1997년 MBC '뽀뽀뽀' 구성작가 2003년 한겨레문화센터 동화창작교실 강사 2004년 한경대 강사 2006년 EBS '빵빵그림책버스' 스토리작가 2007년 서울디지털대 문예창작학부 교수, 경민대 독서스페셜리스트 교육원 강사, 한겨레문화센터 분당점 동화쓰기입문반 강사(현) 2011년 서울디지털대 문예창작학과 객원교수(현), 국제아동도서협의회 한국위원회(KBBY) 운영위원(현), 한국아동문학인협회 부회장(현), 국립어린이청소년도서관 편집위원(현), 계몽아동문학회 회원(현), 아름다운가게 광화문점 '작가와 함께 그림책읽는 아이' 기획진행(현) [상]샘터사 동화우수상(1983), 마로니에여성백일장 장원(1986), 계몽사 아동문학상(1988), 한국아동문학상(2013), 서울디지털대 우수교원상(2014) [저]'행복은 성적순이 아니잖아요'(1989) '있잖아요 비밀이에요'(1989) '인생이 뭐 객관식 시험인가요'(1990) '가슴 속엔 박하향'(1991) '사랑은 성장비타민인가봐'(1992) '꽁지극단 나가신다 길을 비켜라'(1993) '개구리의 세상구경'(1994) '꾸러기와 맹자'(1995) '일곱가지 물방울'(1996) '또또 그림책'(1996) '나무의 노래'(1996) '고래에게 보낸 편지'(1996) '다같이 걸어갈까'(1996) '토토가 만난 바람'(1996) '뚱딴지 뚱보나라 탐방'(1998) '왕손가락들의 행진'(1999) '바른 생활 이야기쟁이'(2000) '아이동화'(2000) '숫자들의 여행(共)'(2000) '나보다 작은 형'(2001) '외로운 개 라이카'(2001) '도깨비 펴렁이는 방송국에 산다'(2001) '아름다운 단독 비행'(2002) '강아지 배씨의 일기'(2002) '개들도 학교에 가고 싶다'(2002) '내 친구는 까까머리'(2002) '김치는 국물부터 마시자'(2003) '굴렁쇠'(2003) '떴다 떴다 김치치'(2003) '날씬한 산타의 성탄절'(2005) '해모수파크를 탈출하라'(2006) '바우야 서당가자'(2007) '하양이와 까망이 부릉신에게 묻다'(2007) '혹부리 영감'(2007) '장터에 간 새코미'(2007) '동화쓰기 특강'(2008) '천방지축 개구리의 세상구경'(2008) '자석총각 끌리스'(2009) '배다리는 효자다리'(2009) '일자무식 멍멍이'(2010) '어이쿠나 호랑이다'(2010) '용이 되기 싫은 이무기 꽝철이'(2010) '땅끝마을 구름이 버스'(2011) '두부이야기-맛있는 구름콩'(2011) '바우덕이'(2012) '겁쟁이 늑대 칸'(2013) '세상을 행복하게 하는 작은 노력, 적정기술'(2014) [역]'널 항상 지켜줄게'(2009)

임정택(林廷澤) LIM Jeong Taeg

[생]1956·6·12 [출]전남 강진 [주]서울 서대문구 연세로50 연세대학교 문과대학 독어독문학과(02-2123-2334) [학]1978년 연세대 독어독문학과졸 1982년 同대학원졸 1988년 문학박사(독일 Konstanz대) [경]1988~1998년 연세대 문과대학 독어독문학과 강사·조교수·부교수 1994~1996년 同독어독문학과 학과장 1996~1997년 미국 UCLA 방문교수 1998년 연세대 문과대학 독어독문학과 교수(현) 1998년 同미디어아트연구소장 2000~2004년 同연계전공 영상예술학 책임교수 2005~2009년 교육인적자원부 컨설팅 위원 2005년 문화관광부 전문자문위원 [저]'프랑스혁명과 독일문학(共)'(1990, 열음사) '논쟁-독일통일의 과정과 결과(共)'(1991, 창작과 비평사) '세계영화사강의(編)'(2001, 연세대 출판부) '영화를 어떻게 읽을 것인가'(2006, 연세대 출판부) '동아시아 영화의 근대성과 탈식민성'(2007, 연세대 출판부) '바퀴와 속도의 문명사'(2008, 연세대 출판부) '상상-한계를 거부하는 발칙한 도전'(2011, 21세기북스) [역]'제1인자'(1990) '영화와 문학에 대하여'(1997) [종]기독교

임정택(林廷澤)

[생]1974·1·3 [출]경남 사천 [주]강원 춘천시 공지로284 춘천지방법원(033-259-9000) [학]1992년 서울 성남고졸 1996년 서울대 공법학과졸 [경]1998년 사법시험 합격(40회) 2001년 사법연수원 수료(30기) 2001년 軍법무관 2004년 인천지법 판사 2006년 서울중앙지법 판사 2008년 부산지법 판사 2012년 수원지법 안산지원 판사 2014년 서울중앙지법 판사 2016년 춘천지법 부장판사(현)

임정혁(任正赫) IM Jeong Hyuk

[생]1956·8·15 [출]서울 [주]서울 서초구 반포대로30길 81 웅진타워9층 임정혁법률사무소(02-535-9009) [학]1975년 중앙고졸 1979년 서울대 법과대학졸 [경]1984년 사법시험 합격(26회) 1984년 행정고시 합격(28회) 1987년 사법연수원 수료(16기) 1987년 대구지검 검사 1989년 전주지검 군산지청 검사 1991년 인천지검 검사 1993년 법무부 보호과 검사 1995년 미국 조지워싱턴대 연수 1996년 서울지검 북부지청 검사 1999년 대검찰청 검찰연구관 2000년 춘천

지검 영월지청장 2001년 서울지검 부부장검사 2002년 대구지검 공안부장 2002년 대검찰청 공안3과장 2003년 同공안2과장 2003년 부산지검 형사2부장 2004년 서울중앙지검 공안2부장 2005년 사법연수원 교수 2007년 대구지검 포항지청장 2008년 울산지검 차장검사 2009년 수원지검 성남지청장 2009년 서울고검 형사부장 2010년 대구고검 차장검사 2011년 대검찰청 공안부장 2013년 서울고검장 2013년 대검찰청 차장검사 2015년 법무연수원장 2016년 변호사 개업(현) 2016년 대한민국바로알기연구원 원장(현) [상]황조근정훈장(2014)

임정환(林正煥) LIM Jung Hwan

[생]1936 · 12 · 23 [본]평택(平澤) [출]충남 홍성 [주]충남 당진시 신평면 신평길225의136 (주)명화금속 대표이사실(041-359-8821) [학]1959년 서울대 수학과졸 1975년 숭실대 대학원 경영학과 수료 [경]1988년 (주)명화금속 대표이사(현), 영신금속공업(주) 비상근이사 2008년 기업은행 '중소기업인 명예의 전당'에 헌정 [상]산업포장(1997), 우수품질인증제품 대통령표창(1998), 은탑산업훈장(2002) [종]천주교

임정환(林正煥) LIM Jung Hwan

[생]1959 · 11 · 20 [출]전남 완도 [주]서울 마포구 성암로 267 문화방송 보도본부 보도NPS준비센터(02-789-0011) [학]1977년 중경고졸 1982년 한국외국어대 정치외교학과졸 [경]1986~2001년 MBC 보도국 사회부 · 스포츠부 · 사회부 · 카메라출동 · 정치부 · 사회부 · 편집부 기자 2001년 同해외연수 2002년 同뉴스편집2부 차장 2003년 同보도국 국제부 베이징특파원 2007년 同수도권팀장 2008년 방송기자연합회 초대회장 2009년 MBC 보도국 사회2부장 2009년 同보도국 국제부장 2010년 同보도국 정치1부장 2010년 同논설위원 2013년 同보도본부 보도NPS준비센터장(현) [상]방송대상(1993)

임정효(林貞孝) Lim Jeong Hyo

[생]1960 · 9 · 28 [본]나주(羅州) [출]경남 김해 [주]서울 영등포구 여의나루로81 파이낸셜뉴스 편집국(02-2003-7114) [학]1979년 부산진고졸 1984년 한국외국어대 무역학과졸 1996년 서강대 경영대학원 경영학과졸 2011년 연세대 대학원 최고경영자과정 수료 [경]1986~1992년 고려증권 근무 1992~1998년 고려종합경제연구소 증권분석팀장 · 금융분석팀장 2000년 파이낸셜뉴스 기자 2002년 同정보과학부 차장 2005년 同산업2부장 2006년 同건설부동산부장 2007년 同정보과학부장 2010년 同편집국 부국장대우 겸 금융부장 2011년 同편집국 부국장 겸 금융부장 2012년 同편집국 부국장 겸 산업부장 2013년 同편집국 국장대우 겸 산업부장 2014년 同편집국장 2015년 同편집국장(이사대우)(현) [종]기독교

임정훈(林廷勳) YIM JEONG HOON

[생]1970 · 5 · 23 [본]평택(平澤) [출]경기 송탄 [주]경기 과천시 관문로47 미래창조과학부 장관정책보좌관실(02-2110-2013) [학]1988년 부천고졸 1996년 연세대 법학과졸 2013년 同사회복지대학원 사회복지전달체계학과졸 [경]1999~2013년 국회 정책보좌관(4급 상당) 2013~2014년 현오석 경제부총리 겸 기획재정부 장관 정책보좌관 2014년 미래창조과학부 장관 정책보좌관(현)

임종건(林鍾乾) IM Jong Kon (勿施)

[생]1949 · 7 · 7 [본]나주(羅州) [출]충남 서천 [주]서울 중구 태평로1가25 프레스센터1405호 대한언론인회(02-732-4797) [학]1970년 중앙대 신문방송학과졸 1991년 영국 버밍햄대 대학원 국제정치학과 수료 [경]1974~1988년 한국일보 · 서울경제 기자 1988년 서울경제신문 정경부 차장 1991년 한국일보 주간한국부장 · 국제부장 1996년 同전국부장 1996년 서울경제신문 논설위원 1998년 同사회문화부장 1998년 同편집국 차장 2000년 同논설위원 2003년 同논설위원실장 2004~2008년 同대표이사 사장 2008년 한국신문윤리위원회 감사 2008년 서울경제TV(SEN) 대표이사 사장 겸임 2008년 (사)한국경영인협회 부회장(현) 2009~2010년 서울경제신문 부회장 2009년 세종특별자치시 민관합동위원회 민간위원 2011~2014년 한남대 사회과학대 예우교수 2013~2014년 한국신문윤리위원회 독자불만처리위원 2015년 세종대왕나신곳성역화추진위원회 부위원장(현) 2016년 대한언론인회 주필(현) [상]중앙언론문화대상(2006)

임종규(任鍾奎) IM Jong Kyu

[생]1957 · 10 · 24 [출]전남 순천 [주]서울 광진구 자양로45 한국보건의료인국가시험원 사무총장실(02-2087-8888) [학]검정고시 합격, 동아대 행정학과졸, 同대학원 행정학과 수료 [경]1990년 행정고시 합격(34회) 2002년 국립의료원 응급의료관리팀장(서기관) 2002년 보건복지부 사회복지정책실 자활지원과장 2002년 同연금보험국 보험급여과장 2004년 同보건정책국 보건산업진흥과장 2005년 同보건의료서비스산업육성팀장 2005년 同보건의료정책본부 의료정책팀장(부이사관) 2007년 同사회복지정책본부 사회정책기획팀장 2007년 同사회정책팀장 2008년 보건복지가족부 보험정책과장 2009년 대통령비서실 비상경제상황실 일자리 · 사회안전망팀장 2009년 보건복지가족부 사회보험징수통합추진기획단장(고위공무원) 2010년 보건복지부 사회복지정책실 사회서비스정책관 2010년 同건강정책국장 2011년 외교안보연구원 교육파견 2012년 보건복지부 건강정책국장 2014~2015년 同대변인(고위공무원) 2015년 한국보건의료인국가시험원 사무총장(현) [상]근정포장(2012)

임종룡(任鍾龍) Jong-Yong YIM

[생]1959·8·3 [출]전남 보성 [주]서울 종로구 세종대로209 금융위원회 위원장실(02-2100-2700) [학]1978년 영동고졸 1982년 연세대 경제학과졸 1988년 미국 오레곤대 대학원 경제학과졸 [경]1981년 행정고시 합격(24회) 1995년 재정경제원 경제정책국 산업경제과 서기관 1999년 재정경제부 금융정책국 은행제도과장 同금융정책국 증권제도과장(부이사관) 2002년 同금융정책국 금융정책과장 2002년 同경제정책국 종합정책과장 2004년 駐영국 재경참사관 2006년 재정경제부 금융정책심의관 2007년 同경제정책국장 2008년 기획재정부 경제정책국장 2008년 同기획조정실장 2009년 대통령 경제금융비서관 2010년 기획재정부 제1차관 2011~2013년 국무총리실장(장관급) 2013년 연세대 경제대학원 석좌교수 2013~2015년 NH농협금융지주 회장 2015년 금융위원회 위원장(장관급)(현) [상]녹조근정훈장(1998), 자랑스런 연세경영인상 사회·봉사부문(2011)

임종률(林鍾律) LIM Chong Yul

[생]1943·12·5 [본]나주(羅州) [학]1962년 경북고졸 1967년 서울대 법학과졸 1969년 同대학원 법학과졸 1982년 법학박사(서울대) [경]1969~1976년 서울대 조교 1969~1976년 서울대·고려대·동덕여대·숭실대 강사 1976~1977년 경희대 전임강사 1977~1992년 숭실대 조교수·부교수·교수 1982~1984년 독일 프랑크푸르트대 객원교수 1989~1990년 숭실대 기획실장 1992~2009년 성균관대 법대 법학과 교수 1996~1997년 서울지방노동위원회 위원 1996~1998년 노사관계개혁위원회 위원 및 상임위원 1999~2000년 성균관대 기획처장 1999~2000년 노사정위원회 위원 1999년 한국노사관계학회 회장 1999~2001년 한국노동법학회 회장 2000~2003년 중앙노동위원회 위원장(장관급) 2003~2007년 노사정위원회 위원 2004~2011년 중앙노동위원회 위원 2006~2008년 대한변호사협회 변호사징계위원회 위원 2009년 성균관대 법학과 명예교수(현) 2016년 대한민국학술원 회원(현) [상]국민훈장 동백장(1998), 청조근정훈장(2004) [저]'쟁의행위와 형사책임'(1982) '집단적 노사자치에 관한 법률(共)'(1992) '노동법'(1999·2006·2013·2016) [종]기독교

임종석(任鍾晳) IM Jong Seok

[생]1966 · 4 · 24 [본]장흥(長興) [출]전남 장흥 [학]1985년 서울 용문고졸 1995년 한양대 무기재료공학과졸 [경]1989년 한양대 총학생회장 1989년 전국대학생대표자협의회 3기의장 1995~1997년 청년정보문화센터 소장 1999년 인천방송 '청년토크 임종석의 뉴스 & 피플' 진행 1999~2000년 푸른정치2000 공동대표 2000~2004년 제16대 국회의원(서울 성동, 새천년민주당) 2000~2004년 민족화해협력범국민협의회 청년위원장 2001년 새천년민주당 청년위원장 2002년 同대표 비서실장 2002년 同노무현후보 선거대책위원회 국민참여운동본부 사무총장 2003~2004년 열린우리당 원내부대표 · 국민참여운동본부장 2004~2005년 남북경제문화협력재단 부이사장 2004~2005년 열린우리당 대변인 2004~2005년 국회 남북관계발전특별위원회 개성공단사업지원소위원장 2004~2008년 제17대 국회의원(서울 성동乙, 열린우리당 · 대통합민주신당 · 통합민주당) 2005~2006년 열린우리당 교육연수위원장 2005~2006년 同열린정책연구원 부원장 2005년 남북경제문화협력재단 이사장(현) 2006~2007년 열린우리당 특보단장 2007년 대통합민주신당 원내수석부대표 2008년 민주당 서울성동乙지역위원회 위원장 2010년 同야권연대 · 연합을위한특별위원회 간사 2012년 민주통합당 사무총장 2014~2015년 서울시 정무부시장 [상]국정감사 우수의원상(2000 · 2001 · 2005 · 2006), 백봉신사상(2002~2006) [종]가톨릭

임종성(任宗聲) IM Jong Sung

[생]1960·1·14 [출]전남 [주]서울 종로구 북촌로15 헌법재판소 기획조정실(02-708-3421) [학]1979년 목포상고졸 1983년 서울시립대졸 1986년 서울대 대학원 행정학과졸 2003년 영국 버밍햄대 대학원 경영학과졸 [경]행정고시 합격(33회) 2000년 기획예산처 APEC정상회의준비기획단 파견 2004년 同재정협력팀장 2005년 同공공혁신국 산하기관정책과장 2008년 기획재정부 재정정책국 재정사업평가과장 2009년 同세제실 관세정책관실 산업관세과장 2010년 同세제실 관세정책관실 관세제도과장(부이사관) 2011년 조달청 전자조달국장(일반직고위공무원) 2012년 중앙공무원교육원 고위정책과정 파견 2013년 인천지방조달청장 2014년 서울지방조달청장 2015년 조달청 기획조정관 2016년 헌법재판소 기획조정실장(현)

임종성(林鍾聲) LIM Jong Seong

[생]1965·8·5 [출]경기 광주 [주]서울 영등포구 의사당대로1 국회 의원회관1021호(02-784-8380) [학]2005년 경원전문대 실내건축학과졸 2012년 한양대 공공정책대학원 고령화사회복지학과졸 [경](주)대우템피아 대표이사, 광주청년회의소 회장, 광주시생활체육회 감사, 한국예술문화단체총연합회 광주지부 고문, 민주당 청년위원회 상임부회장 2007년 대통합민주신당 경기도당 청년위원장 2008~2010년 경기도의회 의원(재보선 당선, 통합민주당·민주당) 2010~2012년 경기도의회 의원(민주당·민주통합당) 2010~2012년 同도시환경위원장 2016년 더불어민주당 경기광주시乙지역위원회 위원장(현) 2016년 제20대 국회의원(경기 광주시乙, 더불어민주당)(현) 2016년 국회 국토교통위원회 위원(현) [종]기독교

임종순(任宗淳) YIM Jong Soon

[생]1957·10·21 [출]서울 [주]서울 강남구 언주로723 구산빌딩7층 (사)한국컨설팅산업협회 회장실(02-555-9024) [학]1976년 용산고졸 1980년 서울대 정치학과졸 1982년 同대학원 정치학과 수료 1985년 한국과학기술원(KAIST) 경영과학과졸 1992년 경제학박사(프랑스 파리시앙스포(Paris Science Po)) [경]1980년 행정고시 합격(24회) 2001년 국무조정실 심사평가심의관 2003년 경기도 경제투자관리실장 2004년 국무조정실 노동여성심의관 2004년 同총괄심의관 2006년 同경제조정관(차관보급) 2008년 기획재정부 자유무역협정(FTA) 국내대책본부장(차관보급) 2009년 웅진홀딩스 대표이사 2011~2014년 한국과학기술원(KAIST) 테크노경영대학원 초빙교수 2011년 (사)한국컨설팅산업협회 회장(현) [상]녹조근정훈장(1998), 홍조근정훈장(2008) [종]천주교

임종영(林鐘英) Lim Jong Young

[생]1964·5·12 [본]조양(兆陽) [출]전북 [주]서울 영등포구 여의나루로61 하이투자증권 기업금융1본부(02-318-9111) [학]전북 신흥고졸, 서울대졸, 同대학원 경영학과졸 [경]현대증권 국제금융부 근무, 싱가포르 Bank of Boston 이사, 메리츠증권 기업금융사업본부장 2014년 하이투자증권 기업금융1본부장(상무) 2015년 同기업금융1본부장(전무)(현) [상]금융위원장표창(2014)

임종운(林鍾雲) LIM Jong Woon (한올)

[생]1938·11·28 [출]서울 [주]서울 은평구 갈현로4길26의2 서울기독대학교(02-380-2500) [학]1958년 용문고졸 1964년 연세대 신학과졸 1977년 중앙대 사회개발대학원졸 1999년 행정학박사(경원대) [경]1964년 홍국직업청소년학교 교장 1970~1975년 홍국재건학교 설립·교장 1972년 한국어린이집협회 사무국장 1982~1993년 대한기독교대 사회복지학과 조교수·부교수 1989년 한국아동학대방지협회 이사 1989~1998년 대한기독교대 교무처장 1993년 同사회복지학과 교수 1993~1997년 국제키와니스 한국지구 부총재 1998년 한국기독교총연합회 통일선교정책위원회 전문위원 1998년 대한기독교대 도서관장 1999~2003년 서울기독대 사회복지학과 교수 1999년 同학술정보관장 2000년 同평생교육원장 2001년 同대학원장 겸 특수대학원장 2002~2010년 신사종합사회복지관장 2004년 서울기독대 명예교수(현) 2010~2013년 同총장 [상]서울시장표창, 문교부장관표창, 국무총리표창 [저]'아동복지론' '기독교사회복지론'(共) '평생교육론'(共) [역]'주해 천로역정'(編) [종]기독교

임종윤(林鍾潤) Im Jong-Yun

[생]1972·10·27 [주]서울 송파구 위례성대로14 한미사이언스(주) 사장실(02-410-9006) [학]미국 보스턴대졸 [경]북경한미약품유한공사 총경리, 한미약품(주) BD총괄 사장 2010년 한미홀딩스 대표이사 사장 2012년 한미사이언스(주) 대표이사 사장(현)

임종인(林鍾仁) IM Jong In

[생]1956·8·28 [출]전북 고창 [주]서울 서초구 서초중앙로148 법무법인 해마루(02-536-5437) [학]1974년 전주고졸 1978년 고려대 법학과졸 1980년 同대학원졸 1997년 同언론대학원 최고위언론과정 수료 [경]1980년 軍법무관 임용시험 합격(4회) 1981~1990년 육군 법무관 1990년 변호사 개업 1992년 대한변호사협회 인권위원 1993년 법무법인 해마루 대표변호사 1994년 미국 워싱턴대 연수 1995년 민주주의민족통일전국연합 대변인 1996년 국민통합추진위원회 집행위원 1997년 민주사회를위한변호사모임 동북아위원장 1998년 신용보증기금 고문변호사 2002~2004년 민주사회를위한변호사모임 부회장 2002년 새천년민주당 노무현대통령후보 법률지원단장 2003년 해외민주인사명예회복과귀국보장을위한범국민추진위원회 집행위원장 2003년 열린우리당 중앙위원·양성평등위원장 2004년 同서민대책특별위원회 위원장 2004~2008년 제17대 국회의원(안산 상록乙, 열린우리당·무소속) 2008년 법무법인 해마루 고문변호사(현) 2009년 10.28재보선 국회의원선거 출마(안산 상록乙, 무소속) [상]시민단체대상 국정감사 우수의원상(2004·2005), 한글을 빛낸 의원賞(2005), 국회의원 외교부문 우수상(2005), 국회 입법 및 정책개발 우수의원상(2006·2007), 의정행정대상 국회의원부문 대상(2007) [저]'알기쉬운 인권지침(共)'(1993) '알기쉬운 통합선거법'(1995) '법률사무소 김앤장(共)'(2008)

임종인(林鍾仁) LIM Jong In

[생]1956·12·2 [출]서울 [주]서울 성북구 안암로145 고려대학교 정보보호대학원(02-3290-4256) [학]1980년 고려대 수학과졸 1982년 同대학원 대수학과졸 1986년 이학박사(고려대) [경]1986~2011년 고려대 자연과학부 수학전공 조교수·부교수·교수·정보경영공학전문대학원 교수 1995년 국가안전기획부 정보화촉진회 자문위원 1999년 고려대 정보보호기술연구센터장 1999~2000년 한국정보보호학회 편집위원장 1999년 국제정보보호 및 암호학학술대회(ICISC) 운영위원장 1999년 고려대 정보보호기술연구센터(CIST)장 2000년 국가정보원 정보보호시스템 평가인증위원(현) 2000~2009년 한국정보보호학회 수석부회장 2001년 경찰청 사이버테러대응센터 자문위원 2002년 국가정보원 국가보안협의회 위원 2003년 국가보안기술연구소 암호정책자문위원 2005년 중앙선거관리위원회 위원 2006년 경찰청 정보통신위원회 자문위원(현) 2007년 금융보안연구원 보안전문기술위원장(현) 2007년 대검찰청 디지털수사자문위원회 위원장(현) 2008년 행정안전부 정책자문위원회 위원 2008년 외교통상부 여권정책심의위원회 위원 2009년 산업기술보호위원회 위원(현), 고려대 정보경영공학전문대학원장 2010년 한국정보보호학회 회장 2010년 방송통신위원회 기술자문위원 2010년 同미래융합IT서비스보안연구회장 2011년 고려대 정보보호대학원 교수(현) 2011년 산업기술보호위원회 디지털융합분야전문위원장(현) 2011~2015년 고려대 정보보호대학원장 2012년 금융보안포럼 부회장(현) 2012년 대통령직속 개인정보보호위원회 위원(현) 2012~2015년 한국저작권위원회 위원 2013년 안전행정부 정책자문위원회 위원 2013년 국방부 사이버사령부 자문위원(현) 2013년 안전행정부 정부3.0 자문위원 2014년 한국인터넷진흥원 비상임이사(현) 2014년 한국국방연구원 비상임이사(현) 2015년 네이버 개인정보보호위원회 위원장(현) 2015년 대통령 안보특별보좌관 2016년 국방기술품질원 비상임이사(현) [상]행정자치부장관표창(2002), 정보통신부장관표창(2002), 국가정보원장표창(2003), 근정포장(2004), 한국정보보호학회 학술상(2005), 홍조근정훈장(2012) [저]'수론과 암호학'(1998) '현대 암호학 및 응용'(2002) '정보보호를 위한 Cyber Space의 법과 기술'(2003) '암호학과 네트워크 보안'(2008)

임종태(任種太) LIM Jong Tae

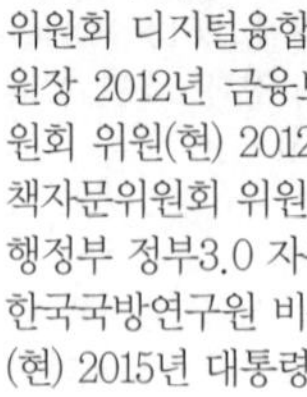

[생]1960·10·2 [출]부산 [주]대전 유성구 대학로291 한국과학기술원 나노종합기술원9층 대전창조경제혁신센터(042-385-0666) [학]1979년 동성고졸 1986년 연세대 전자공학과졸 1988년 同대학원 전자공학과졸 1993년 전자공학박사(연세대) [경]1993년 연세대 전파통신연구소 연구원 1993년 SK텔레콤(주) 중앙연구소 연구1실 근무 1997년 同전파기술그룹 안테나연구PT장 1998년 同연구기획지원그룹PT장 2000년 同중앙연구원 망엔지니어링그룹장 2003년 同Network연구원 Access망개발팀장 2004년 同Network연구원 Access망개

발팀장(상무) 2005년 同Platform연구원장(상무) 2006년 同Access기술연구원장(상무) 2008년 同아카데미 상무 2009년 同Data Network본부 기술원장, 同고문 2010~2014년 한국클라우드컴퓨팅연구조합 이사장 2015년 대전창조경제혁신센터 센터장(현)

임종하(林鍾夏) IM Jong Ha

⊛1965·2·15 ⓐ충북 청주 ㈜서울 중구 한강대로410 남대문경찰서(02-2096-8211) ⓗ청주운호고졸, 충북대 영어영문학과졸 ⓔ서울 종로경찰서 근무 2004년 태백경찰서 생활안전과장 2005년 강원지방경찰청 교통계장 2007년 서울지방경찰청 교통안전과 종합교통정보실장 2011년 교육 파견 2013년 충북지방경찰청 경비교통과장 2014년 충북 청주상당경찰서장 2014년 충북 청주청원경찰서장 2015년 서울지방경찰청 제5기동단장 2016년 서울 남대문경찰서장(현)

임종한(林鐘翰) LEEM Jong Han

⊛1961·4·7 ⓐ대구 ㈜인천 중구 인항로27 인하대학교병원 직업환경의학과(032-890-3539) ⓗ1980년 우신고졸 1987년 연세대 의대졸 1993년 同보건대학원 산업보건학과졸 1997년 의학박사(연세대) ⓔ1987~1990년 연세대 신촌세브란스병원 전공의 1990~1996년 평화의원 원장 1997~1998년 연세대 의대 산업보건연구소 연구원 1998~1999년 인하대 산업의학과 연구강사·전임강사 1999년 대한예방의학회 평의원 2000년 대한환경독성학회 이사 2000년 대한직업환경의학협의회 총무부장 2003~2004년 미국 NCEH 방문연구원 2005~2010년 인하대 의대 산업의학교실 부교수·교수 2005~2010년 인하대병원 산업의학과장 2006년 한국사회차세대리더 30인 선정 2010년 인하대 의대 직업환경의학과 교수(현) ⓩ'업무적합성 평가의 원칙과 실제'(2001) '미추홀의 알레르기비염과 환경에 대한 미주알 고주알'(2009) ⓒ기독교

임종훈(林鍾輝) LIM Jong Hoon

⊛1953·9·17 ⓐ나주(羅州) ㈜경기 수원 ㈜서울 마포구 와우산로94 홍익대학교 법과대학(02-320-1809) ⓗ1972년 성남고졸 1977년 서울대 법학과졸 1979년 同행정대학원졸 1989년 영국 런던정경대(LSE) 대학원 법학과졸 1992년 미국 위스콘신대 대학원 법학과졸 1994년 법학박사(미국 조지타운대) ⓔ1977년 입법고시 합격(2회) 1977년 국회도서관 입법조사국 행정사무관 1981년 국회사무처 국방위원회 입법조사관 1984년 同행정관리담당관 1989년 同보건사회위원회 입법조사관 1994년 국회 의정연수원 교수 1995년 국회사무처 법제예산실 법제심의관 1996년 同법제사법위원회 입법심의관 1997년 同전문위원 1998년 同의사국장 1999년 同법제예산실장 2000년 同법제실장 2001년 同통일외교통상위원회 수석전문위원 2002~2004년 同법제사법위원회 수석전문위원 2005년 홍익대 법과대학 헌법학 교수(현) 2009~2010년 국회 입법조사처장 2012년 새누리당 수원시丁당원협의회 운영위원장 2012년 제19대 국회의원선거 출마(경기 수원丁, 새누리당) 2012~2013년 제18대 대통령직인수위원회 행정실장 2013년 제18대 대통령취임준비위원회 위원 겸임 2013~2014년 대통령 민원비서관 ⓢ황조근정훈장 ⓩ'선거법 바로 알기'(共) '한국입법과정론'(2012) '한국헌법요론(2016, 북포유)

임종훈(林鍾勳) LIM Jong Hun

⊛1958·5·6 ㈜서울 중구 세종대로92 한화금융센터 17층 한화종합화학(02-6321-3215) ⓗ배명고졸, 성균관대 경영학과졸 ⓔ1984년 한화석유화학(現 한화케미칼) 입사, 同PE영업팀장, 同인사팀장(상무보), 同CA사업부장 2009년 同PE사업부장(상무) 2010년 한화케미칼(주) PE사업부장(상무) 2012년 同PO사업본부장(전무) 2014년 同화성사업본부장(전무), 同경영전략본부장(부사장) 2015년 한화종합화학 대표이사(현)

임주빈(任周彬) IM Joo Bin

⊛1959·10·13 ⓑ풍천(豊川) ⓐ충남 홍성 ㈜부산 동구 초량중로67 부산지방국토관리청(051-660-1004) ⓗ1977년 성남고졸 1982년 연세대 행정학과졸 1985년 서울대 행정대학원 행정학과졸 2000년 미국 일리노이대 경제대학원 경제학과졸 ⓔ2000년 국무총리 안전관리개선기획단 교통안전시설과장 2001년 건설교통부 물류시설과장 2003년 同해외건설협력담당관 2005년 同항공정책과장 2005년 同항공정책팀장 2007년 同철도운영팀장(부이사관) 2008년 국토해양부 항공안전본부 항공교통실장 2009년 同중앙토지수용위원회 사무국장 2011년 국립해양조사원장(고위공무원) 2012년 국토지리정보원장 2014년 행정중심복합도시건설청 기반시설국장 2016년 부산지방국토관리청장(현) ⓒ기독교

임주빈(任珠彬·女) Joobin Yim

⊛1962·11·7 ⓑ풍천(豊川) ⓐ충남 천안 ㈜서울 영등포구 여의공원로13 KBS 제작본부 라디오센터(02-781-1000) ⓗ1981년 서울 풍문여고졸 1985년 서강대 신문방송학과졸 2005년 同언론대학원졸 ⓔ1985년 한국방송공사(KBS) 입사 1985~2001년 同라디오1국 1FM 프로듀서 2001년 同심의평가실 차장 2004년 同라디오제작본부 1FM 프로듀서(차장급) 2010년 同콘텐츠본부 라디오센터 라디오1국 EP 2013년 同1FM부장 2015년 同라디오센터 라디오1국장 2015년 (재)KBS교향악단 이사 2015년 한국방송공사(KBS) 라디오센터장 2016년 同제작본부 라디오센터장(현) ⓢ서강대 언론대학원 석사학위논문 우수상(2005), 한국방송대상 우수상(2006), 한국PD대상 실험정신상 라디오부문(2010) ⓩ클래식 초보자를 위한 교육용 음반 시리즈 'Listen & Lesson-해설이 있는 클래식' 20종 발간(2005~2009) ⓒ천주교

임주환(任周煥) YIM Chu Hwan

⊛1949·2·9 ⓑ풍천(豊川) ⓐ경북 의성 ㈜경기 수원시 장안구 하률로12번길80 한국정보통신산업연구원 원장실(031-231-3400) ⓗ1968년 경복고졸 1972년 서울대 공과대학 공업교육과졸 1979년 同대학원졸 1984년 공학박사(독일 브라운슈바이크대) ⓔ1978년 한국통신기술연구소 연구원 1979~1984년 독일 브라운슈바이크공대 통신시스템연구소 연구원 1984~2000년 한국전자통신연구원 ISDN연구부장·표준연구센터장·교환기술연구단장·교환전송기술연구소장 2000~2003년 한국통신학회 부회장 2001~2003년 한국정보통신기술협회(TTA) 사무총장 2003년 한국통신학회 수석부회장 2003~2006년 한국전자통신연구원(ETRI) 원장 2004년 한국통신학회 회장 2004~2005년 (사)유비쿼터스 IT코리아포럼 회장 2005년 한국통신학회 명예회장(현) 2007년 한국경쟁력연구원 원장 2007~2008년 광운대 석좌교수 2007~2011년 한국디지털케이블연구원 원장 2008년 한국IT리더스클럽 부회장(현) 2011~2014년 고려대 세종캠퍼스 전자 및 정보공학과 객원교수·특임교수 2012~2014년 한국전력공사 사외이사 2013~2014년 국제전기통신연합(ITU)전권회의 총괄자문위원장 2013년 5G포럼 자문위원장(현) 2013~2014년 국가과학기술자문회의 자문위원 2014~2016년 KT 사외이사 2014년 한국정보통신산업연구원 원장(현) ⓢ철탑산업훈장(2001), KRnet 2010 인터넷진흥상(2010), 한국공학한림원 대한민국 100대기술주역표창(2010) ⓩ'전기통신기술개론(共)'(1990) '종합정보통신망 기술개론(共)'(1990) '미래의 경쟁 표준화에 달려있다(共)'(1992) '한국전기통신기술의 발전(共)'(1992) 'ATM교환(共)'(1997) '미래가 보인다(글로벌 미래 2030)(共)'(2013)

임준택(林俊澤) YIM Joon Taeg

⊛1962·7·29 ⓑ나주(羅州) ⓐ대구 ㈜경기 수원시 장안구 팔달로205 건설근로자공제회 경기지부(02-519-2220) ⓗ1981년 명고고졸 1988년 성균관대 경제학과졸 2003년 고려대 노동대학원 사회학과졸 2008년 중앙대 대학원 사회학박사과정 수료 ⓔ1996~2006년 전국화학노동조합연맹 정책실장 1997~2000년 최저임금위원회 연구위원 2000~2006년 노사정위원회 노사관계소위원회 위원 2007~2008년 건설교통부 장관정책보좌관 2008~2010년 국토해양부 장관정책보좌관 2010년 건설근로자공제회 회원복지팀 실장 2010~2013년 同복지사업본부장 2013년 同원주지부장 2013~2014년 국민대통합위원회 자문위원 2013년 건설근로자공제회 고용복지본부장 2014년 同취업지원준비단장 2015년 同경기지부장(현) ⓢ국토해양부장관표창(2008), 노동부장관표창(2009) ⓩ'그룹노조협의회 연구'(1989, 우리노동문제연구원) '단체교섭과 쟁의행위'(1999, 한국노총 중앙연구원)

임준희(林俊熙) LIM June Hee

⊛1963·2·7 ⓑ예천(醴泉) ⓐ경북 안동 ㈜전남 순천시 중앙로255 순천대학교 사무국(061-750-3009) ⓗ1982년 안동고졸 1986년 연세대 행정학과졸 1989년 同대학원 교육행정학과졸 2005년 교육행정학박사(미국 펜실베이니아주립대) ⓔ1996~2000년 교육인적자원부 대학학사제도과·지방교육재정과·산업교육총괄과 사무관 2000년 同교육정책담당관실 서기관 2001년 同민원조사담당관실 서기관 2001년 경북도교육청 의사담당관 2006년 교육인적자원부 사립학교법홍보팀장 2006년 同정책조정과장 2007년 同유아교육지원과장 2008년 교육과학기술부 학생장학복지과장 2009년 同감사총괄담당관(부이사관) 2010년 대통령 교육비서관실 행정관 2011년 부경대 사무국장(고위공무원) 2013년 대구시교육청 부교육감 2015년 순천대 사무국장(현)

임중식

[생]1961·4·14 [출]전북 남원 [주]전북 전주시 덕진구 백제대로709 전북지방조달청 청장실(070-4056-8901) [학]전주고졸, 경희대졸 [경]미국 컬럼비아대 연구원 2012년 조달청 감사담당관실 서기관 2013년 同신상품개발팀장 2014년 同쇼핑몰단가계약과장 2015년 同창조행정담당관 2015년 同청장 비서관 2016년 전북지방조달청장(현)

임중연(林重延) LIM Joong Yeon (정암)

[생]1965·4·7 [본]나주(羅州) [출]서울 [주]서울 중구 필동로1길30 동국대학교 공과대학 기계로봇에너지공학과(02-2260-3810) [학]1987년 서울대 금속공학과졸 1990년 미국 캘리포니아대 버클리교 대학원 기계공학과졸 1993년 공학박사(미국 캘리포니아대 버클리교) 2010년 미국 노스웨스턴대 로스쿨졸 [경]1996~2007년 동국대 공과대학 기계공학과 전임강사·조교수·부교수 2003~2005년 同기계공학과장 2005년 同산학협력단 창업보육센터장 2005~2006년 同기술이전센터장 2007년 同공과대학 기계로봇에너지공학과 교수(현) 2009~2011년 대한기계학회 기계저널 편집장 2009년 미국 세계인명사전 '마르퀴즈 후즈 후' 2010년판에 등재 2011~2012년 국제로타리3650지구 서울남대문로타리클럽 회장 2012년 젊은과학자 소사이어티 뉴튼스 회장(현) 2012~2014년 산업기술연구회 비상임이사 2013년 미래창조과학부 과학기술정책 자문위원 2013년 한국발명진흥회 비상임이사(현) 2014년 한국과학기술단체총연합회 이사(현) 2014년 엔지니어클럽 이사(현) 2015년 대한기계학회 대외협력이사(현) 2015년 한국과학기술단체총연합회 정책연구소 자문위원(현) 2015년 국가과학기술심의회 생명·의료전문위원회 위원(현) 2015년 동국대 공과대학 부학장(현) [상]대한기계학회 공로상(2011) [저]'Manufacturing Engineering'(1998, 반도출판사) '공학경제'(2005) [역]'에너지와 환경'(2007)

임중호(林重鎬) LIM Joong Ho (菊溪)

[생]1952·7·7 [본]예천(醴泉) [출]경북 안동 [주]서울 동작구 흑석로84 중앙대학교 법학과(02-820-5436) [학]1970년 안동고졸 1975년 중앙대 법학과졸 1978년 성균관대 대학원 법학과졸 1986년 법학박사(독일 기센대) [경]1986년 중앙대 법학과 조교수·부교수·교수(현) 1997년 독일 훔볼트대 연구교수 2000~2002년 한국비교사법학회 감사·부회장 2003~2007년 중앙대 법과대학장 2003년 한국상사법학회 국제이사·감사·부회장 2004년 한국상장회사협의회 자문위원(현) 2008~2010년 중앙법학회 회장 2010년 (사)한국비교사법학회 회장·명예회장·고문(현), 사법시험·입법고시 출제위원 [저]'독일증권예탁결제제도'(1996) '상법총칙·상행위법'(2012)

임지룡(林枝龍) LIM Ji Ryong

[생]1954·3·1 [본]나주(羅州) [출]경북 영양 [주]대구 북구 대학로80 경북대학교 국어교육과(053-950-5827) [학]1973년 대구고졸 1978년 경북대 국어교육학과졸 1982년 同대학원 국어학과졸 1989년 문학박사(경북대) [경]1983년 경상대 조교수 1987년 경북대 사범대학 국어교육과 교수(현) 1991년 문학과언어연구회 회장 1994년 영국 Manchester대 언어학과 객원교수 1995년 국어교육학회 회장 2002년 한국어학회 회원 2009~2010년 同지역이사 2003~2005년 경북대 신문방송사 주간 2005~2007년 담화인지언어학회 회장 2005~2007년 한국어의미학회 부회장 2007~2009년 同회장, 同편집위원, 同편집위원장 2006년 언어과학회 부회장 2006년 우리말글학회 편집위원·윤리위원 2006~2008년 이중언어학회 지역이사 2007~2009년 경북대 사범대학장 겸 교육대학원장 2009~2011년 문화체육관광부 국어심의회 언어정책분과위원회 위원 2010~2012년 한국연구재단 인문사회연구본부 어문학단 전문위원 2011~2013년 경북대 부총장 겸 대학원장 2013~2016년 한글학회 평의원 겸 이사 [상]봉운언어학술상, 두현학술상, 심악저술상, 제32회 대구시 문화상 학술인문사회부문(2012) [저]'국어의미론' '인지의미론' '국어대립어의 의미 상관관계' '국어 지식탐구' '학교문법과 문법교육' [역]'어휘의미론' '심리언어학' '인지언어학개론' '인지문법'

임지봉(林智奉) LIM Ji Bong

[생]1966·7·4 [본]평택(平澤) [출]대구 [주]서울 마포구 백범로35 서강대학교 법학전문대학원(02-705-7837) [학]1990년 서울대 법학과졸 1993년 同대학원 법학과졸 1995년 同대학원 법학 박사과정 수료 1996년 미국 캘리포니아대 버클리교 대학원 법학과졸 1999년 법학박사(미국 캘리포니아대 버클리교) [경]1993~1995년 경성대·울산대·인하대·경성대·한남대·한신대 강사 1996~1998년 미국 U.C. Berkeley(Department of East Asian Languages) 강사 1999년 同객원연구원 1999~2000년 경희대 법대 전임강사 2000년 건국대 법학과 조교수 2001~2005년 同행정대학원 국제법무학과장 2001년 참여연대 사법감시센터 실행위원(현) 2003~2004년 사법개혁위원회 전문위원 2004년 국가인권위원회 국가인권정책기본계획추진기획단 위원 2004년 한국헌법학회 간사 2004~2005년 건국대 법과대학 법학과 주임교수·대학원 법학과 주임교수 2006~2010년 서강대 법학과 부교수 2007~2010년 同법학연구소장 2006~2007년 한국헌법학회 국제이사 2006년 한국공법학회 상임이사(현) 2006년 한국헌법학회 상임이사(현) 2008년 한국입법학회 홍보이사(현) 2008년 국회 의회발전연구회 연구편집위원(현) 2011~2014년 헌법재판소 헌법연구위원 2011년 서강대 법학전문대학원 교수(현) 2014~2016년 방송통신위원회 방송분쟁조정위원회 위원 2015~2016년 더불어민주당 윤리심판원 간사 [상]문화관광부 추천도서 학술부문 선정(2004), 한국공법학회 신진학술상(2008), 한국장애인 인권상(2009), 제29회 장애인의 날 근정포장(2009) [저]'미국의 전자정부법제'(2001) '사이버공간상의 표현의 자유와 그 규제에 관한 연구(共)'(2002) '사법적극주의와 사법권 독립'(2004) 'Legal Reform in Korea(共)'(2004) [종]천주교

임지순(任志淳) IHM Ji Soon

[생]1951·7·4 [본]풍천(豊川) [출]서울 [주]경북 포항시 남구 청암로77 포항공과대학교 물리학과(054-279-2065) [학]1970년 경기고졸 1974년 서울대 물리학과졸 1977년 미국 UC버클리대 대학원 물리학과졸 1980년 물리학박사(미국 UC버클리대) [경]1980~1982년 미국 MIT 물리학과 Post-Doc. 1982~1986년 미국 벨연구소 연구원 1986~1996년 서울대 물리학과 조교수·부교수 1990년 同이론물리센터(CTP) 이론물리연구소장 1996~2009년 同물리학과 교수 1998년 '21세기 연금술' 개발 2000년 '세계최소형 탄소나노튜브(Nanotube) 트랜지스터' 제작에 성공 2001년 대통령자문 정책기획위원 2006년 수소를 고체상태에서 저장할 수 있는 새로운 물질 '티타늄 원자가 부착된 폴리머' 구조 발견 2006년 교육인적자원부 및 한국학술진흥재단 선정 '대한민국 국가석학(Star Faculty)' 2007년 미국물리학회 Fellow(현) 2009~2016년 서울대 물리학과 석좌교수·물리천문학부 석좌교수 2011년 미국과학학술원(NAS) 외국인 종신회원(현) 2011년 서울대법인 초대이사 2016년 포항공과대(POSTECH) 물리학과 석학교수(현) [상]한국과학상 물리부문(1996), 올해의 과학자상(1998), 관악대상(1999), 한국물리학회 학술상(1999), 제1회 닮고 싶고 되고 싶은 과학자(2002), 인촌상 자연과학부문(2004), 포스코청암상 과학상(2007), 대한민국 최고과학기술인상(2007), 아시아전산재료과학총회(ACCMS) 총회상(2009), 2009 자랑스러운 경기인상(2010), S-OIL과학문화재단 올해의 선도과학자 펠로십(2012) [종]기독교

임지현(林志弦) Jie-Hyun Lim

[생]1959·1·24 [출]서울 [주]서울 마포구 백범로35 서강대학교 국제인문학부(02-705-8328) [학]1982년 서강대 사학과졸 1984년 同대학원 서양사학과졸 1989년 문학박사(서강대) [경]1989~2014년 한양대 인문과학대학 사학과 교수 1995년 폴란드 바르샤바대 역사학부 초청연구원 2002~2003년 미국 하버드 옌칭연구소 초청연구원 2004~2015년 한양대 비교역사문화연구소장 2009~2010년 국제일본문화연구센터 초청연구원 2011~2012년 독일 베를린 고등학술연구소 연구펠로우 2013년 미국 세계인명사전 'Marquis Who's Who in the World' 2014년판에 등재 2014년 한국연구재단 '인문사회과학분야 우수학자'에 선정 2014년 프랑스 Paris II Univ. 초청교수 2015년 서강대 국제인문학부 사학전공 교수(현) 2015년 同트랜스내셔널인문학연구소 설립·소장(현) 2015년 '지구와 세계사 연구 네트워크(Network of Global and World Histroy Organizations·NOGWHISTO)' 회장(현) [저]'마르크스 엥겔스와 민족문제'(1990, 탐구당) '민족주의는 반역이다'(1999, 소나무) '오만과 편견'(2003, 휴머니스트) '국사의 신화를 넘어서(編)'(2004, 휴머니스트) '새로운 세대를 위한 세계사 편지'(2010, 휴머니스트) 'Palgrave Series of Mass Dictatorship'(총5권)

임지훈(林志勳) Ji Hoon Rim

[생]1980·9·28 [출]서울 [주]경기 성남시 분당구 판교역로235 H스퀘어 N동6층 (주)카카오(070-7492-1300) [학]2003년 한국과학기술원(KAIST) 산업공학과졸 [경]2003~2005년 액센츄어컨설팅·하이테크산업 애널리스트 2005~2006년 NHN 전략매니저 2006~2007년 보스턴컨설팅그룹(BCG) 컨설턴트 2007~2012년 소프트뱅크벤처스 수석심사역(팀장) 2012~2015년 케이큐브벤처스 대표이사 2015년 (주)다음카카오 대표이사 2015년 (주)카카오 대표이사(현) 2015년 방송통신위원회 인터넷문화정책자문위원회 위원(현) [상]한국과학기술원 산업공학과 최우수졸업상(2004)

임진구 Lim Jin Koo

[생]1964·10·3 [주]서울 중구 을지로5길26 센터원빌딩 동관 9층 SBI저축은행 임원실(1566-2210) [학]1982년 휘문고졸 1988년 미국 브라이언트대 경영학과졸 1992년 미국 뉴욕대 대학원 전략경영학과졸 [경]1991년 미국 뉴욕 맨하튼 Trump Consulting & Investment 근무 1995년 LG상사 정보기기팀 근무 1998년 同UAE 두바이·사우디아라비아 리야드지사 근무 2000년 LG정유 싱가폴지사 근무 2002년 LG상사 벤처투자팀 근무 2007년 스위스 Credit Suisse Advisor & 홍콩 DKR Oasis Financial Advisor 2009년 홍콩 DKR Oasis 한국시장 Mezzanine Fund 운용·관리 2013년 홍콩 Pacific Alliance Group 한국대표 2013년 SBI저축은행 IB본부장 2015년 同각자대표이사 사장(현) [상]대한민국 베스트뱅커대상 베스트저축은행인(2016)

임진대(林塡垈) Lim Jin Dae

[생]1960·2·20 [주]서울 영등포구 의사당대로1 국회사무처 정보위원회(02-788-2069) [학]1979년 안동고졸 1984년 서울시립대 도시행정학과졸 2001년 영국 더럼대 대학원 사회복지학과졸 [경]국회사무처 법제실 산업법제과장 2004년 同사회법제과장 2005년 同문화관광위원회 입법조사관 2006년 감사원 파견 2007년 국회사무처 의정연수원 교수(이사관) 2008년 同윤리특별위원회 전문위원 2009년 同국토해양위원회 전문위원 2012년 同교육과학기술위원회 전문위원 2013년 同교육과학기술위원회 수석전문위원(차관보급) 2013년 同교육문화체육관광위원회 수석전문위원(차관보급) 2015년 同정보위원회 수석전문위원(차관보급)(현)

임진수(林鎭秀) LIM Chin Soo

[생]1956·7·16 [출]서울 [주]부산 영도구 해양로301번길 26 한국해양수산개발원 정책동향연구본부(051-797-4302) [학]1975년 경기고졸 1979년 서울대 조선공학과졸 1989년 경영학박사(미국 MIT) [경]1979~1987년 대한조선공사 입사·특수선설계부 계장 1989년 한국해양수산개발원 부연구위원 1990년 同전산실장 1992년 同전산시스템연구실장 1994년 同연구위원 1994년 同항만기술연구팀장 1997년 同항만시스템연구팀장 1997년 同기획조정실장 2000년 同선임연구위원(현) 2001년 同항만연구실장 2002~2003년 同해운물류항만연구센터장 2007~2008년 同기획조정실장 2009년 同연구감리단장 2013년 同부원장 2016년 同정책동향연구본부 연구감리위원장(현) [상]국무총리표창, 대통령표창(2013) [종]천주교

임진택(林賑澤) IM Jin Taek

[생]1950·10·1 [출]전북 김제 [학]1969년 경기고졸 1975년 서울대 문리과대학 외교학과졸 [경]1974년 민청학련 사건으로 투옥 1974년 대한항공 근무 1975~1980년 중앙일보·동양방송 프로듀서 1975~1980년 중요무형문화재 제5호 판소리 심청가(예능보유자 정권진) 전수 및 이수 1975~1984년 놀이패 한두레 및 극단 연우무대 참가 공연 1984년 민중문화운동협의회 실행위원 1985년 마당극 전문극단 연희광대패 창립, 연극연출가(현) 1985년 창작판소리 활동시작·정치풍자 담시 '똥바다' 작창·실연 1986~1993년 공해추방운동협의회 지도위원·반핵평화위원회 위원장 1987년 백기완민중대통령후보 특별보좌관 1989~1994년 한국민족예술인총연합 대변인·사무처장·사무총장 1994년 동학백주년기념사업특별위원회 위원장 1994~2002년 환경운동연합 지도위원·감사 1995년 전국민족극운동협의회 의장 1995년 극단 '길라잡이' 상임연출 겸 예술감독 1996~2002년 참여연대 자문위원 1997년 과천세계마당극큰잔치 실행위원장 겸 예술감독 1999년 경제정의실천연합 도시개혁위원회 이사 2001년 남양주세계야외공연축제 집행위원장 2001년 한국예술종합학교 전통예술원 겸임교수 2002년 대전월드컵문화행사 총감독 2002~2003년 전주세계소리축제 총감독 2004년 김해세계민족문화축제 집행위원장 2006년 한국민족예술인총연합 부회장 겸 상임이사 2007년 창조한국당 문국현 대통령후보선거대책위원회 공동본부장 2009~2010년 한국민족예술인총연합회 부이사장 [상]영희연극상(1981), 민족예술상(1995), 옥관문화훈장(1998), 백상예술대상 특별상(1998) [저]'한국의 민중극(共·編)' '민중연희의 창조' [작]음반 '똥바다' 창작판소리 '오적, 소리내력' '오월광주' '남한산성' '백범김구'

임진호(林鎭浩) IM Jin Ho

[생]1954·2·4 [출]서울 [주]서울 동대문구 천호대로20 마리아병원 병원장실(02-2250-5625) [학]1972년 경기고졸 1979년 서울대 의대졸 [경]1980~1983년 서울대병원 인턴 및 산부인과 전문의 1986년 서귀포의료원 공중보건과 전문의 1987~1989년 일본 게이오대병원·미국 Norfolk·오스트리아 Vienna·프랑스 Clamart·싱가포르 국립대 연수 1998년 세계개원의시험관아기학회 상임위원(현) 1998년 마리아병원 병원장(현) 2000년 서울대병원 산부인과 자문의 2000년 (주)마리아바이오텍 대표이사 사장 2003년 대한보조생식학회 재무위원장(현), 보건산업벤처협회 부회장(현) 2004년 세계미성숙난자학회 학술위원(현)

임찬우(林燦佑) Lim Chan Woo

[생]1965·11·2 [본]예천(醴泉) [출]대구 [주]세종특별자치시 다솜로261 국무조정실 사회조정실(044-200-2280) [학]1984년 대구 성광고졸 1989년 서울대 사회복지학과졸 1992년 同대학원 행정학과졸 [경]행정고시 합격(32회) 2000년 국무조정실 심사평가2심의관실 서기관 2005년 同교육문화심의관실 과장급 2007년 同사회정책심의관실 사회총괄과장 2007년 同사회정책심의관실 사회총괄과장(부이사관) 2008년 국무총리실 사회위험갈등관리실 개발환경갈등정책관실 국책사업갈등정책과장 2008년 同사회통합정책실 교육정책과장 2009년 同사회통합정책실 사회정책총괄과장 2009년 同총괄정책관실 기획총괄과장 2010년 同정책분석평가실 정책분석관(고위공무원) 2012년 同일반행정정책관 2012년 중앙공무원교육원 교육파견(고위공무원) 2014년 국무조정실 기획총괄정책관 2015년 同사회조정실장(현)

임찬익(林燦益) Rim Chanik

[생]1963·2·10 [본]예천(醴泉) [주]서울 영등포구 63로50 한화자산운용 FI사업본부(02-6950-0000) [학]1981년 경북고졸 1985년 서울대 정치학과졸 [경]한화증권 채권팀장, 同FICC사업부장(상무보) 2011년 同법인영업총괄 상무 2012년 同강북지역본부장 2012년 한화투자증권 Coverage본부장 2015년 한화자산운용 FI사업본부장(상무)(현) [상]재정경제원장관표창(1999), 한국증권업협회장표창(2005), 재정경제부장관표창(2007)

임찬호(林贊虎) LIM Chan Ho

[생]1960·3·10 [출]서울 [주]서울 강남구 선릉로635 씨에스리더 임원실(02-3416-7076) [학]서울고졸, 인하대 전기공학과졸 [경]LG전자 근무 2002년 (주)LG텔레콤 영업추진실장(부장), 同경북사업부장 2005년 同경북사업부장(상무) 2007년 (주)LG파워콤 영업담당 상무 2010~2011년 (주)LG유플러스 영업기획담당 상무 2012년 同모바일사업부장 2013년 同유통정책부문장(상무) 2013년 씨에스리더 대표이사(현)

임창건(林昌健) LIM Chang Gun

[생]1959·4·16 [출]강원 [주]서울 영등포구 여의대방로359 KBS별관7층 KBS아트비전 감사실(02-6099-7799) [학]1978년 양정고졸 1982년 서울대 영어교육학과졸 [경]1990년 한국방송공사(KBS) 보도국 TV제작1부 기자 1991년 同사회2부 기자 1995년 同정치부 기자 1996년 同정치부 차장 2003년 同국제부장 2004년 同보도본부 취재3팀장, 同시사보도팀 책임프로듀서(CP) 2008년 同보도본부 시사보도팀장 2008년 관훈클럽 운영위원(기획) 2008년 한국방송공사(KBS) 정책기획센터장 2008년 한국디지털미디어산업협회 이사 2009년 한국디지털위성방송 사외이사 2010년 한국방송공사(KBS) 보도국장 2011년 同대전방송총국장 2013~2014년 同보도본부장 2013~2015년 한국신문방송편집인협회 부회장 2014년 사법정책연구원 운영위원회 위원(현) 2014년 KBS아트비전 감사(현) [종]기독교

임창만(任昌萬) Im, Chang-Man

[생]1959·8·4 [본]풍천(豐川) [출]충남 천안 [주]광주 북구 첨단과기로333 광주테크노파크 본부동 416호 광주연구개발특구본부(062-603-5001) [학]1977년 천안 중앙고졸 1980년 대전공업전문대학졸 1987년 서울산업대 전기공학과졸 1990년 연세대 대학원 전기공학과졸 2009년 경영학박사(호서대) [경]1984~1990년 상공부 산업정책국 근무 1990~2000년 한국산업기술평가원 기획관리실장·기술평가부장 2000~2008년 한국기술거래소 기획혁신본부장·기반조성본부장 2008년 대덕연구개발특구지원본부 기획조정실장 겸 기술사업화센터장 2010~2011년 同기술사업화센터장 2010년 대전·충남중소벤처기업M&A협의회 회장 2011~2012년 연구개발특구지원본부 대구기술사업화센터 책임 2012년 연구개발특구진흥재단 과학벨트사업팀장 2013년 同대구연구개발특구본부장 2014년 同기획조정본부장 2016년 同광주연구개발특구본부장(현) [상]상공부장관표창(1992), 과학기술부장관표창(2000)

임창빈(任昌彬) LIM Chang Bin

생1954·1·16 출충남 부여 주경기 남양주시 와부읍 수레로244 삼부건설공업(주) 비서실(031-522-3000) 학1971년 강경상고졸, 성균관대 경영대학원 최고경영자과정 수료 경삼부토건(주) 과장 근무, 同자금부담당 이사, 同재경부담당 이사, 同관리본부담당 이사, 同관리본부장(상무이사), 同전무이사 2011년 同부사장 2011년 삼부건설공업(주) 대표이사 사장, 同대표이사 부회장(현) 종기독교

임창욱(林昌郁) LIM Chang Wook

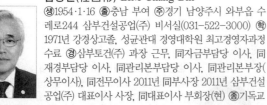

생1949·5·7 본조양(兆陽) 출부산 주서울 중구 세종대로9길41 올리브타워2층 대상홀딩스 임원실(02-2211-6500) 학1968년 서울고졸 1976년 한양대 화학공학과졸 1978년 일본 와세다대 대학원 수료 경1973~1980년 한남화학공업사 대표 1974~1985년 미원통상 감사 1978년 미원종합개발 대표이사 1979~1987년 미원그룹 부회장 1980년 한남화학 대표이사 1987년 미원그룹 회장 1997년 同명예회장 1997년 대상그룹 명예회장 1998년 대상(주) 명예회장(현) 2005년 대상홀딩스 공동대표이사 2013년 同각자대표이사 회장(현) 종불교

임창호(林昌浩) RIM Chang Ho

생1952·10·30 출경남 함양 주경남 함양군 함양읍 고운로35 함양군청 군수실(055-960-5000) 학경남대 경영대학원 수료, 서울사이버대 경영학과 재학 중 경함양청년회의소 회장, 함양군테니스협회 회장, 국민생활체육 함양군게이트볼연합회 회장, 함양군자연보호협의회 회장 2002·2006~2007년 경남도의회 의원(한나라당) 2006년 同경제환경문화위원회 위원장 2013년 경남 함양군수(재선거 당선, 무소속·새누리당) 2014년 경남 함양군수(새누리당)(현) 상도지사표창, 교육감표창, 농협중앙회 지역농업발전선도인상(2016) 종불교

임창훈(林昶勳)

생1972·12·19 출광주 주부산 연제구 법원로31 부산지방법원(051-590-1114) 학1991년 구정고졸 1996년 서울대 사법학과졸 경1998년 사법시험 합격(40회) 2001년 사법연수원 수료(30기) 2001년 軍법무관 2004년 창원지법 판사 2007년 인천지법 판사 2011년 서울중앙지법 판사 2013년 서울북부지법 판사 2014년 서울고법 판사 2016년 부산지법 부장판사(현)

임창희(林昌熹) IM Chang Hee

생1952·1·19 본나주(羅州) 출충남 서산 주서울 마포구 와우산로94 홍익대학교 경영학부(02-320-1737) 학1976년 서강대 경제학과졸 1979년 서울대 경영대학원졸 1982년 프랑스 엑스마르세유제3대학원 경영학DEA 1984년 경영학박사(프랑스 파리제9대) 경1985년 홍익대 경영학부 교수(현) 1996~1997년 同교무처 부처장 2001~2003년 同국제경영대학원장 2001~2003년 同세무대학원장 2007~2009년 同중앙도서관장 2011년 同대학원장 2013~2014년 한국인적자원관리학회 부회장 전국회의장표창(2010) 저'조직행동' '한국형 팀제' '한국형 팀제를 넘어서' '인적자원관리' '경영학원론' '조직론' '리더십' '비즈니스 커뮤니케이션'

임채균(林彩均) LIM Chae Kyun

생1950·1·16 출전북 임실 주서울 서초구 서초중앙로157 서울중앙지법 조정센터(02-530-2461) 학1968년 전주고졸 1973년 서울대 법대졸 1990년 경희대 경영대학원 수료 경1978년 사법시험 합격(20회) 1980년 사법연수원 수료(10기) 1980년 대전지법 판사 1982년 同홍성지원 판사 1984년 수원지법 여주지원 판사 1985년 서울지법 동부지원 판사 1987년 서울가정법원 판사 1989년 서울형사지법 판사 1990년 변호사 개업 2000년 감사원 행정심판위원 2005~2007년 법무법인 자하연 변호사 2007~2013년 중앙선거관리위원회 위원 2007~2011년 법조윤리협의회 위원 2008~2013년 법무법인 원 변호사 2013년 서울중앙지법 조정센터 상임조정위원(현) 종가톨릭

임채민(林埰民) RIM Chemin

생1958·4·10 출서울 주충북 충주시 대학로50 한국교통대학교 대학발전위원회(043-841-5101) 학1976년 서울고졸 1981년 서울대 서양사학과졸 1986년 同행정대학원졸 1996년 미국 존스홉킨스대 대학원 경제학과졸 2004년 경제학박사(경희대) 경1981년 행정고시 합격(24회) 1982년 상공부 통상진흥국 근무 1990년 대통령비서실 파견 1996년 통상산업부 구주통상담당관 1997년 산업자원부 철강금속과장 1998년 同기초소재산업과장 1998~2000년 대통령비서실 파견 2000년 산업자원부 총무과장 2001년 2002월드컵축구대회조직위원회 파견 2002년 산업자원부 공보관 2003년 同국제협력투자심의관 2004년 同산업기술국장 2004년 駐미국대사관 참사관 2007년 중소기업특별위원회 정책조정실장 2008~2010년 지식경제부 제1차관 2010~2011년 국무총리실장(장관급) 2011~2013년 보건복지부 장관 2014년 (재)이명박대통령기념재단 이사(현) 2015년 한국교통대 대학발전위원장(현) 상황조근정훈장

임채병(林采秉) LIM Chae Byung

생1954·5·18 본나주(羅州) 출경남 산청 주인천 서구 가재울로90 (주)머큐리 대표이사실(032-580-3114) 학1974년 경남고졸 1983년 부산대 경영학과졸 2004년 한국과학기술원 최고경영자과정 수료(19기) 경1983~1995년 LG전자(주) 입사·부장·기획관리실장 1995년 부일이동통신(주) PC통신사업본부장 1999~2001년 (주)한창 상임감사 2001~2006년 우리홈쇼핑 상무이사 2006년 (주)아이즈비전 대표이사 부회장 2010년 (주)머큐리 대표이사(현) 종불교

임채영(林采榮)

생1962·1·8 주전남 무안군 삼향읍 오룡길1 전라남도청 경제과학국(061-286-3800) 학순천고졸, 전남대 행정학과졸 경1996년 지방고등고시 합격(2회) 1998년 전남 구례군 군정발전기획팀장 2001년 전남도립남도대 서무과장 2002년 전남도 기업지원과 근무 2004년 同법무담당관실 근무 2005년 同레저도시기획단 근무 2009년 同과학기술과장 2010년 同녹색에너지담당관 2012년 국방대 파견 2013년 전남도 기업도시과장 2014년 전남 보성군 부군수 2016년 전남도 경제과학국장(부이사관)(현)

임채운(林采雲) LIM Chae-Un

생1957·8·26 본나주(羅州) 출경기 의정부 주경남 진주시 동진로430 중소기업진흥공단 이사장실(055-751-9000) 학1975년 보성고졸 1980년 서강대 무역학과졸 1985년 미국 미시간대 대학원 경영학과졸 1991년 경영학박사(미국 미네소타대) 경1992~1995년 국민대 경영학과 조교수 1995~2015년 서강대 경영학과 조교수·부교수·교수 2002~2005년 한국유통학회 편집위원장 2002~2011년 SK증권 사외이사(감사위원장) 2004년 기획예산처 경영평가위원 2006년 한국구매조달학회 회장 2007년 한국유통학회 회장 2007~2010년 서강대 경영전문대학원장 2008~2013년 시장경영진흥원 비상임이사 2010~2012년 한국중소기업학회 편집위원장 2012~2015년 동반성장위원회 위원 2012~2015년 대규모유통업거래분쟁조정협의회 위원장 2012~2013년 한국중소기업학회 회장 2013년 서강대 기획처장 2013~2015년 우체국공익재단 이사 2013~2015년 공정거래위원회 정책자문위원 2013~2015년 하도급분쟁조정협의회 위원 2013~2015년 소기업·소상공인공제 운영위원 2013~2015년 중소기업진흥공단 운영위원 2013~2015년 중소기업연구원 이사 2014~2015년 소상공인시장진흥공단 비상임이사 2014~2015년 롯데카드 사외이사(리스크관리위원장) 2015년 한국경영학회 회장 2015년 중소기업진흥공단 이사장(현) 상미국마케팅학회 우수박사학위논문상(1992), 한국유통학회 우수논문상(2006), 한국유통학회 최우수논문상(2007) 한국경제신문·한국마케팅학회 학술부문 마케팅대상(2009), 한국경영학회 매경우수논문상(2010), 한국경영학회 정책연구우수논문상(2013) 저'마케팅-도전과 대응'(1993) '마케팅신조류'(1995) '마케팅관리(共)'(1999) '중국의 경제환경과 한국기업의 진출전략'(2000) '마케팅(共)'(2000) 'POS 데이터 활용을 통한 소매업 활성화방안'(2004) 역'핵심마케팅(共)'(2013) 종감리교

임채원(林采源) LIM Chae Won

생1959·12·8 출대구 주서울 서초구 반포대로158 서울고등검찰청(02-530-3114) 학1977년 서울고졸 1982년 고려대 법학과졸 1984년 同대학원 법학과졸 경1987년 사법시험 합격(29회) 1990년 사법연수원 수료(19기) 1990년 수원지검 성남지청 검사 1992년 대전지검 천안지청 검사 1993년 부산지검 검사 1995년 서울지검 동부지청 검사 1998년 대구지검 검사 2000년 서울지검 검사 2002년 수원지검 부부장검사 2003년 부산고검 검사 2004년 부산지검 강력부장 2005년 同마약·조직범죄수사부장 2005년 의정부지검 형사5부장 2006년 사법연수원 교수 2008년 서울북부지검 형사1부장 2009년 광주지검 순천지청 차장검사 2009년 수원지검 안산지청 차장검사 2010년 서울고검 검사 2010~2011년 국가경쟁력강화위원회 파견 2012년 대구고검 검사 2014년 서울고검 검사(현) 2016년 서울중앙지검 중요경제범죄조사단 파견(현)

임채정(林采正) LIM Chae Jung

⽣1941·5·14 ⓑ나주(羅州) ⓒ전남 나주 ⓟ서울 영등포구 국회대로68길14 신동해빌딩11층 더불어민주당(02-788-2278) ⓗ1959년 광주제일고졸 1964년 고려대 법대졸 1995년 同노동대학원졸 2008년 명예 법학박사(전남대) ⓖ1969~1975년 동아일보 기자 1975년 동아자유언론수호투쟁위원회 상임위원 1981~1988년 民統聯 상임위원장·사무총장 1983년 교육신보 주간 1988년 한겨레신문 창간발기인 1988년 평민당 중앙정치연수원장 1992년 제14대 국회의원(서울 노원乙, 민주당·국민회의) 1995년 국민회의 통일특별위원회 위원장 1996년 제15대 국회의원(서울 노원乙, 국민회의·새천년민주당) 1996년 국민회의 정세분석실장 1998년 同홍보위원장 1998년 국회 정치구조개혁입법특별위원회 위원장 1999년 국민회의 정책위원회 의장 1999년 제2의건국범국민추진위원회 상임위원 2000년 제16대 국회의원(서울 노원乙, 새천년민주당·열린우리당) 2000년 새천년민주당 국가경영전략연구소장 2000년 대한택견협회 회장 2000~2002년 국회 남북관계발전지원특별위원회 위원장 2000년 한·중의원교류협회 회장 2002년 새천년민주당 대선기획단 기획위원장 2002년 同정책위원회 의장 2002년 同정책선거특별본부장 2002년 대통령직인수위원회 위원장 2003년 열린우리당 정책연구재단설립준비위원장 2003년 同서울시지부 창당준비위원장 2004년 同민주헌법수호특별본부장 2004~2008년 제17대 국회의원(서울 노원丙, 열린우리당·무소속) 2004~2006년 국회 통일외교통상위원장 2004년 열린우리당 기획자문위원장 2005년 同의장 2005~2006년 同열린정책연구원장 2006~2008년 국회 의장 2008년 민주당 상임고문 2011년 민주통합당 상임고문 2013년 민주당 상임고문 2014~2015년 새정치민주연합 상임고문 2015년 더불어민주당 상임고문(현) ⓢ자랑스런 고대인상(2008) ⓩ'민중과 언론'(共) '민족·통일·해방의 논리'(共) '메이드 인 코리아'(共) ⓥ'정의에의 굶주림' '미국의 대외정책' '라틴아메리카 전래동화' ⓒ기독교

임채진(林采珍) LIM Chai Jin

⽣1952·4·12 ⓑ나주(羅州) ⓒ경남 남해 ⓟ서울 강남구 테헤란로329 임채진법률사무소(02-539-6300) ⓗ1971년 부산고졸 1975년 서울대 법대졸 ⓖ1977년 사법시험 합격(19회) 1979년 사법연수원 수료(9기) 1982년 서울지검 동부지청 검사 1985년 제주지검 검사 1986년 서울지검 남부지청 검사 1988년 법무부 검찰제4과 검사 1989년 同검찰제3과 검사 1990년 同검찰국 검사 1991년 서울지검 검사 1991년 춘천지검 속초지청장 1992년 대검찰청 검찰연구관 1993년 법무부 검찰국 검사 1995년 대검찰청 범죄정보관리과장 1996년 법무부 검찰2과장 1997년 同검찰1과장 1998년 서울지검 형사6부장 1998년 同형사4부장 1999년 대전지검 차장검사 2000년 수원지검 제2차장검사 2001년 서울지검 제2차장검사 2002년 同북부지청장 2003년 춘천지검장 2004년 법무부 검찰국장 2006년 서울중앙지검장 2007년 법무연수원장 2007~2009년 검찰총장 2009년 변호사 개업(현) 2016년 한국수입협회 고문(현) ⓢ청조근정훈장(2010) ⓩ'북한형법'(共) '조세범처벌절차법상의 고발실태와 문제점' ⓒ불교

임채청(林彩淸) LIM Chae Chung

⽣1958·4·26 ⓒ전북 전주 ⓟ서울 종로구 청계천로1 채널A 임원실(02-2020-3045) ⓗ전주 신흥고졸 1980년 서울대 법학과졸 ⓖ1984년 동아일보 입사, 同사회부·정치부 기자 1998년 同정치부 차장대우 1999년 同정치부 차장 2001년 同정치부장 2002년 同논설위원 2003년 同편집국 부국장 2005년 同편집국장 2008년 同편집국장(이사대우) 2008년 同미디어전략담당 이사대우 2010년 同미디어전략담당 이사 2011년 채널A 총괄상무 2013년 동아일보 미디어전략담당 상무 2014년 同미디어전략담당 전무 2014년 同총괄 전무(현) 2014년 채널A 대표이사 전무 겸임(현) ⓢ한국기자상(1987·1993), 동아일보 동아대상(1988·1994)

임채호(林采虎) RHEEM Chae Ho

⽣1958·3·29 ⓑ경남 함양 ⓟ서울 종로구 세종대로209 개인정보보호위원회 상임위원실(02-2100-2408) ⓗ1976년 진주고졸 1981년 성균관대 행정학과졸 ⓖ행정고시 합격(26회) 2001년 행정자치부 국가전문행정연수원 교육총괄 2002년 同기획관리실 행정관리담당관(서기관) 2003년 同자치행정국 자치운영과장 2004년 同지방자치국 자치제도과장(서기관) 2004년 同지방자치국 자치제도과장(부이사관) 2004년 同자치행정과장 2005년 同자치행정팀장 2005년 한국지방자치단체국제화재단 정보지원국장 2006년 同런던주재관 2008년 행정안전부 대전청사관리소장 2010년 同조직실 제도정책관(고위공무원) 2010년 경남도 행정부지사 2012년 同도지사 권한대행 2013년 안전행정부 지방행정연수원장 2014년 행정자치부 지방행정연수원장 2014~2015년 인사혁신처 소청심사위원회 상임위원 2015년 대통령소속 개인정보보호위원회 상임위원(차관급)(현)

임채호(林彩鎬) IM Chea Ho

⽣1960·5·24 ⓑ평택(平澤) ⓒ경기 시흥 ⓟ경기 수원시 팔달구 효원로1 경기도의회(031-8008-7000) ⓗ용인대 체육학과졸 2001년 중앙대 행정대학원 정책학과졸 ⓖ관인 '청송학원' 원장, 안양동초·샘모루초 운영위원장, (사)안양교육협의회 이사, 안양자치연구소 소장, (사)안양시학원연합회 회장, 경기교육대학교설립추진위원회 안양시 상임위원, 한국자유총연맹 안양시 운영위원, 대통령자문 국가균형발전위원회 위원, 안양시 무상급식추진위원회 위원장, 국제로타리클럽 3750지구 경안클럽 부회장, 안양경실련(안양·의왕·군포) 청소년분과 위원장, 안양환경운동연합(안양·의왕·군포) 집행위원, 열린우리당 안양동안甲지구당 부위원장, 민주평통 자문위원 1998·2002~2006년 경기 안양시의회 의원 2006년 경기 안양시의원선거 출마 2010~2014년 경기도의회 의원(민주당·민주통합당·민주당·새정치민주연합) 2013~2014년 同부의장 2014년 경기도의회 의원(새정치민주연합·더불어민주당)(현) 2014년 同도시환경위원회 위원 2015년 同예산결산특별위원회 위원 2015년 同평택항발전추진특별위원회 위원(현) 2015년 同장기미집행도시공원특별위원회 위원(현) 2016년 同기획재정위원회 위원(현) 2016년 同윤리특별위원회 위원(현) ⓢ대한민국혁신인물대상 우수의정활동부문대상(2016)

임채환(林采煥) LIM Chae Hoan

⽣1956·4·1 ⓑ나주(羅州) ⓒ전남 완도 ⓟ인천 서구 거월로61 그린에너지개발(주) 사장실(032-564-3400) ⓗ1975년 전남고졸 1985년 한국방송통신대 행정학과졸 1994년 건국대 행정대학원 행정학과졸 ⓖ환경부 환경정책실 정책총괄과 서기관 2000년 同기획관리실 행정관리담당관 2002년 同환경정책국 환경평가과장 2003년 건설교통부 국토정책국 입지계획과장 2004년 환경부 상하수도국 생활하수과장 2005년 同자연보전국 국토환경보전과장 2006년 同자연보전국 자연정책과장(부이사관) 2007년 同국립생물자원관 기획·전시부장(고위공무원) 2009년 중앙공무원교육원 교육파견 2010년 금강유역환경청장 2011년 환경부 대변인 2011년 영산강유역환경청장 2012~2015년 한국환경공단 자원순환본부장(상임이사) 2015년 그린에너지개발(주) 대표이사 사장(현)

임천규(任天奎) Ihm Chun-Gyoo

⽣1953·10·15 ⓒ전북 군산 ⓟ서울 동대문구 경희대로23 경희대학교병원 신장내과(02-958-8188) ⓗ1978년 경희대 의대졸 1982년 同의학대학원졸 1985년 의학박사(경희대) ⓖ1986년 경희대 의학전문대학원 신장내과학교실 교수(현) 1988년 미국 캘리포니아대 로스앤젤레스교 신장학 연수 1992년 아시아신장학회 총무 1998년 대한신장학회 간행이사·학술이사·감사 2011년 경희대병원 감염면역내과과장, 同신장내과부장 2013~2014년 대한신장학회 회장 2015년 경희의료원 메디칼아카데미 소장(현) 2016년 대한고혈압학회 회장(현) ⓢ대한내과학회 최우수학술상(1983), 대한의사협회 학술상(1995) ⓒ기독교

임천순(任千淳) IHM Chon Sun

⽣1952·8·7 ⓒ서울 ⓟ서울 광진구 능동로209 세종대학교 인문과학대학 교육학과(02-3408-3129) ⓗ1976년 미국 캘리포니아대 버클리교(Univ. of California, Berkeley) 경제학과졸 1978년 미국 하버드대 대학원 교육정책학과졸 1990년 교육정책학박사(미국 하버드대) ⓖ1984~1993년 한국교육개발원 연구부장·국제협력실장·책임연구원 1985년 영국 런던대 Research Fellow 1988년 World Bank·OECD·UNESCO·APE Consultant 1993년 세종대 인문과학대학 교육학과 교수(현) 1995년 대통령자문 교육개혁위원회 전문위원 1996년 교육부 국제교육정책·국제기구정책 자문위원 1996년 OECD 교육위원회 부의장·교육연구혁신센터 집행위원 2003~2004년 세종대 인문과학대학장 2006년 한국교육방송공사(EBS) 비상임이사 2013년 한국고등교육정책학회 회장(현) ⓢ교육부장관표창 ⓩ'국제교육행정'(2006)

임철순(任喆淳) YIM Chul Soon (淡硯)

⽣1953·5·24 ⓑ풍천(豊川) ⓒ충남 공주 ⓟ서울 동작구 여의대방로62길1 이투데이 논설위원실(02-799-2600) ⓗ1970년 보성고졸 1974년 고려대 독어독문학과졸 2006년 한양대 언론정보대학원졸 ⓖ1974년 한국일보 기자 1988년 同사회부 차장대우 1990년 同사회부 차장 1994년 同기획취재부장 1995년 同문화1부장 1996년 同사회부장 1997년 同논설위원 1998년 同편집국 부국장 겸 문화과학부장 1999년 同편집국 국차장 2002년 同논설위원 2003년 同수석논설위원 2004년 同논설위원실장 2004년 同편집국장 2006~2012년

同주필 2006년 한국신문윤리위원회 위원 2006년 자유칼럼그룹 공동대표(현) 2007년 한국신문방송편집인협회 부회장 2007년 (재)안익태기념재단 이사 2008년 국방홍보원 경영자문위원 2008~2012년 첨단의료복합단지 위원 2009~2013년 대산문화재단 자문위원 2012년 국가인권위원회 정책자문위원(현) 2012년 한국일보 논설고문(이사대우) 2013년 국회 정치쇄신자문위원회 위원 2013년 한국언론문화포럼 회장(현) 2014년 한국1인가구연합 이사장(현) 2014년 시니어희망공동체 이사장(현) 2014년 이투데이 미래설계연구원장(현) 2015년 同이사 주필 겸임(현) [상]한국기자협회 한국기자상 취재부문(1981), 녹십자언론상(1985), 참언론인대상(2005), 장한 고대언론인상(2006), 삼성언론상(2008), 위암 장지연상(2008), 제20회 자랑스러운 보성인상(2013), 제28회 서예대전 행초부문 입상(2016), 제25회 경기도서예대전 행초부문 입상(2016) [저]'신세대'(共) '신 중년세대'(共) '노래도 늙는구나'(2011, 열린책들) '내가 지키는 글쓰기 원칙(共)'(2012) '효자손으로도 때리지 말라'(2014) '1개월 인턴기자와 40년 저널리스트가 만나다'(2014, 전자책) [종]가톨릭

임철주(林哲主) LIM Chul Joo

[생]1959·1·12 [본]평택(平澤) [출]제주 남제주 [주]인천 남구 주안로137 경인지방식품의약품안전청 시험분석센터(032-450-3250) [학]이학박사(중앙대) [경]2004년 식품의약품안전청 국립독성연구원 연구기획과장 2007년 同정책홍보관리본부 연구기획조정팀장 2008년 同기획조정관실 연구기획조정담당관 2009년 식품의약품안전평가원 연구기획조정과장 2010년 同제조품질연구팀장 2011년 同독성평가연구부 실험동물자원과장 2013년 경인지방식품의약품안전청 시험분석센터장(현) [종]불교

임청산(林青山) LIM Cheong San (투가리·駕鶴)

[생]1942·9·29 [출]충남 연기 [주]충남 공주시 공주대학로56 공주대학교(041-850-8114) [학]1961년 공주사범학교졸 1978년 한남대 외국어교육학과졸 1982년 충남대 교육대학원졸 1992년 同대학원 미술학과졸 1998년 영어영문학박사(대전대) 2003년 목회학박사(미국 Oral Roberts Univ.) [경]1961~1982년 초·중·고교 교사 1982년 공주전문대 교수 1983년 同교무과장 1986년 한국대학영어교육학회 초대회장 1992년 대전국제만화대상전 운영위원장 1994년 한국만화문화상 심사위원장 1996년 한국만화학회 초대회장 1997년 공주전문대 학장 1998~2003년 공주문화대 학장 1998년 제2의건국범국민추진위원회 위원 1998년 새교육공동체위원회 위원 2001~2003년 공주대 영상보건대학장 2002년 同만화예술학과장 2003년 同영상보건대 만화예술학부 교수 2008년 同명예교수(현) [상]국민포장(1987), 문화부장관표창(1990), 한국만화문화상(1993), 교육부장관표창(1997), 녹조근정훈장(2002) [저]'만화영상학박사론'(2003) '만화영상예술학'(2003) '만화영상예술사'(2004) '만화영상소설론'(2007) '만화영상사회론'(2007) '꿈은 이루어진다'(2008) [작]'개구리' '개나리' '투가리' [종]기독교

임청환(林晴煥) Lim, Cheong-Hwan

[생]1957·1·11 [출]충남 공주 [주]대구 남구 중앙대로219 대구교육대학교 총장실(053-620-1102) [학]1975년 공주고졸 1979년 공주대 사범대학 과학교육과졸 1984년 서울대 대학원 지구과학교육과졸 1993년 교육학박사(한국교원대) [경]1994~2015년 대구교육대 과학과 교수 2000~2001년 미국 오리건주립대 객원교수 2004~2006년 대구교육대 기획처장·산학협력단장 2007년 한국초등과학교육학회 홍보위원장 2011~2013년 대구교육대 교무처장 2013~2015년 한국초등과학교육학회 이사 2013년 대한지구과학교육학회 회장(현) 2015년 대구교육대 총장(현) [상]대한민국교육공헌대상 대학교육부문(2016)

임춘건(任春建)

[생]1962·10·23 [출]강원 속초 [주]세종특별자치시 도움4로13 보건복지부 장관정책보좌관실(044-202-2011) [학]속초고졸, 경희대 정치외교학과졸, 정치학박사(경희대) [경]안전행정부 장관정책보좌관, 새누리당 여의도연구원 정책자문위원 2014년 여성가족부 장관정책보좌관 2015년 보건복지부 장관정책보좌관(현)

임춘봉(林春鳳)

[생]1960·8·20 [출]전남 나주 [주]제주특별자치도 제주시 첨단로213의4 제주국제자유도시개발센터 경영기획본부(064-797-5626) [학]1979년 국립철도고졸 1987년 건국대 법학과졸 [경]1988년~2002년 재정경제부 국민생활국 행정주사·경제정책국 행정사무관 2006년 제주국제자유도시개발센터(JDC) 경영기획팀장 2009년 同홍보실장 2011년 同감사실장 2013년 同경영혁신실장 2016년 同경영기획본부장(상임이사)(현)

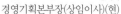

임춘석 LIM Choon Seog

[생]1960 [출]전남 함평 [주]강원 춘천시 동내면 세실로49 강원지방경찰청 홍보담당관실(033-254-3292) [학]전남금성고졸, 호원대 경찰행정학과졸 [경]1987년 순경 임용(공채) 2011년 서울 마포경찰서 경비과장 2013년 서울 서초경찰서 경비과장, 서울 영등포경찰서 경비과장 2016년 강원지방경찰청 홍보담당관(현)

임춘수(林春洙) LIM Chun Soo

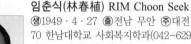

[생]1965·2·7 [출]인천 [주]서울 영등포구 의사당대로88 한국투자증권 임원실(02-3276-5800) [학]1985년 연세대 경영학과졸 1988년 미국 캘리포니아대 버클리교 경영대학원졸 [경]1985년 영화회계법인 근무 1988년 미국 KPMG Peat Marwick(New York) 감사 1990년 푸르덴셜증권 Analyst 1991~1994년 SEI Asset Korea 펀드매니저 1994~2000년 Goldman Sachs 홍콩·서울 근무 2000~2002년 배움닷컴 대표이사 2002~2004년 한국CFA협회 회장 2002년 삼성증권(주) 리서치센터장(상무) 2006년 同법인사업부장(전무) 2008년 同법인사업본부장 겸 해외법인사업부장(전무) 2009년 同Global리서치본부장(전무) 2009년 한국투자증권 GIS(Global Institution Sales)그룹장(전무) 2011년 同GIS그룹장(부사장)(현) 2014년 同법인본부장 겸임(현)

임춘식(林春植) RIM Choon Seek

[생]1949·4·27 [출]전남 무안 [주]대전 대덕구 한남로70 한남대학교 사회복지학과(042-629-7114) [학]1968년 목포 문태고졸 1976년 경희대 국어국문학과졸 1978년 同대학원 사회교육학과졸 1983년 사회학박사(중국 중국문화대) [경]1984년 중국문화대 노동사회학과 부교수 1984~2014년 한남대 사회아동복지학부 사회복지학전공 조교수·부교수·교수 1986년 평화의집 원장 1988년 충남지방경찰청 자문위원 겸 법무부 교화위원 1992~2007년 평화종합사회복지관 관장 1995년 (사)노인의전화 대표이사(현) 1997년 한국노년학회 부회장 1998년 한국노인복지학회 초대회장 1999년 민주평통 자문위원 2007~2008년 한남대 행정복지대학원장 2007년 한국노인복지학회 명예회장(현) 2007년 (사)바른사회밝은정치연합 공동대표 2008년 (사)71동지회 회장 2012~2014년 (사)바른사회바른정치시민연합 공동대표 2015년 한남대 사회아동복지학부 사회복지학전공 명예교수(현) 2015년 미국 코헨대 사회복지학과 교수(현) 2016년 전국노인복지단체연합회 회장(현) [상]서울시장표창, 경희대 문화상, 한국노인복지학회 노인복지학술대상(2014) [저]'한국사회와 노인문제' '사회문제' '사회문제와 노인문제' '중도사상과 인류평화'(1991) '현대사회의 노인문제'(1991) '우리사회 어디로 가고 있는가'(1991) '백두산 이야기'(1994) '세계의 사회보장'(1994) '풍총장의 한국 이야기'(1996) '한국노인복지의 새로운 도전(共)'(2004) '외국의 고령화 사회 대책 추진체계 노인복지정책 분석(共)'(2005) '세계의 노인복지정책(共)'(2005) '성은 늙지 않는다'(2008, 동아출판) '소통과 창조 조영식의 삶과 철학'(2009, 동아출판) '성은 늙지 않는다'(2011, 동아일보) [종]기독교

임춘원(林春元) LIM Choon Won (海汀)

[생]1938·3·1 [본]진천(鎭川) [출]전북 군산 [학]1964년 동북고졸 1985년 서울대 행정대학원 수료 [경]1968년 상아탑학원장 1970년 국민당 정무위원 1971년 통일문제연구회 회장 1973년 명산중고재단 이사장 1975년 대영제약 사장 1977~1985년 동교기업 사장 1980년 동아대재단 이사 1984년 한림장학회 이사장 1985년 제12대 국회의원(전국구, 신한민주당) 1985년 김대중민주화추진협의회 공동의장특별보좌역 1985년 민주화추진협의회 상임운영위원 1987년 신민당 부대변인·원내부총무 1988년 평화민주당 소비자보호특별위원회 위원장 1988년 제13대 국회의원(서울 서대문乙, 평민당·신민당·민주당) 1990년 평민당 당무위원 1991년 신민당 당무위원 1991년 민주당 총재 경제담당특별보좌관 1992년 제14대 국회의원(서울 서대문乙, 민주당·민자당·무소속·신민당) 1994년 신민당 사무총장 1995년 同최고위원 1996년 同총재 1996년 무당파전국연합 상임대표 [저]'독립운동사' '민중과 함께(Ⅰ·Ⅱ)'

임춘택(林春澤) LIM Chun Taek

[생]1958·7·27 [출]서울 [주]서울 강남구 테헤란로124 풍림빌딩 법무법인 한별(02-6255-7777) [학]1977년 양정고졸 1982년 고려대 법학과졸 [경]1983년 사법시험 합격(25회) 1985년 사법연수원 수료(15기) 1986년 육군 법무관 1989년 제주지검 검사 1990년 광주지검 순천지청 검사 1992년 서울지검 북부지청 검사 1995년 수원지검 검사 1996년 미국 버클리대 연수 1998년 창원지검 부부

장검사 1999년 부산고검 검사 2000년 일본 UNAFEI 연수 2000년 부산지검 동부지청 형사3부장 2001년 대전지검 형사2부장 2002년 수원지검 안산지청 부장검사 2003년 서울지검 형사4부장 2004년 춘천지검 영월지청장 2005년 수원지검 형사1부장 2006년 창원지검 차장검사 2007년 대전지검 홍성지청장 2008년 대구고검 검사 2008~2010년 법무법인 강산 대표변호사 2009년 한국도시정비협회 자문위원장(현) 2010년 법률신문 논설위원 겸 편집위원(현) 2010~2014년 부광약품 사외이사 2011~2015년 법무법인 한별 대표변호사 2015년 同고문변호사(현)

임충빈(任忠彬) IM Chung Bin

(생)1944 · 1 · 11 (본)풍천(豊川) (출)경기 양주 (주)경기 양주시 부흥로1533 양주시청3층 양주시희망장학재단(031-8082-7384) (학)1964년 용문고졸 2010년 독학사(행정학) 2012년 경희대 행정대학원 행정학과졸 (경)1968년 양주군 화도면 지방행정서기보 1971년 성남시 총무과 지방행정주사 1979년 양주군 공보실장 1980년 안양시 사회과장 1982년 경기도 기획예산계장 1992년 고양시 기획실장 1995년 경기도 총무과장 1995년 同북부출장소 개발국장 · 총무국장 1997년 연천군 부군수 2000~2002년 양주군 부군수 2002년 경기 양주군수(한나라당) 2002년 천보장학회 이사장 2003~2006년 경기 양주시장(한나라당) 2006~2010년 경기 양주시장(무소속) 2016년 양주시희망장학재단 이사장(현) (상)녹조근정훈장 (종)불교

임충빈(任忠彬) Lim Choung-bin

(생)1950 · 5 · 12 (출)충남 천안 (주)대전 유성구 대학로99 충남대학교 평화안보대학원 군사학과 자연과학대2호관(042-821-5237) (학)1968년 서울 성남고졸 1973년 육군사관학교졸(29기) 1985년 동국대 행정대학원졸 2009년 명예 교육학박사(한남대) (경)1977년 제1사단 12연대 10중대장 1984년 제8사단 수색대대장 1986년 제3사단 작전참모 1992년 제32사단 98연대장 1994년 5군단 참모장 1996년 국방부 정책조정과장 1998년 대통령 외교안보수석비서관실 국방비서관 2000년 제17사단장 2002년 육군군수사령부 참모장 2003년 육군교육사령부 교육훈련부장 2004년 1군단장(중장) 2006년 육군사관학교장(중장) 2008~2009년 육군 참모총장(대장) 2011년 충남대 평화안보대학원 군사학과 석좌교수(현) (상)대통령표창(1984), 보국훈장 삼일장(1991), 보국훈장 천수장(2001), 보국훈장 국선장(2006), 인도네시아 최고훈장(2010)

임충식(任忠植) YIM Chung Sik (牛步)

(생)1957 · 12 · 1 (출)전남 영광 (주)대전 대덕구 한남로70 한남대학교 산학협력부총장실(042-629-8913) (학)1975년 광주고졸 1981년 한국외국어대 독일어과졸 1983년 同통역대학원졸 1996년 미국 Univ. of Delaware 정책대학원졸 (경)1982년 총무처 외국어특별임용고시 합격 1982~1992년 공업진흥청 표준계획과 · 국제표준과 행정사무관 1993년 同공보담당관 1996년 중소기업청 청장보좌관 1997년 同청장 비서관 1997년 同국제협력과장 2000년 同로지원과장 2001년 同기획예산담당관 2003년 해외 훈련(캐나다 국립연구원) 2005년 중소기업청 총무과장 2005년 同감사담당관 2006년 서울지방중소기업청장 2007년 중앙공무원교육원 파견 2008년 중소기업청 기술혁신국장 2008년 광주 · 전남지방중소기업청장 2011~2012년 중소기업청 차장 2012~2015년 신용보증재단중앙회 회장 2014~2015년 소상공인시장진흥공단 비상임이사 2016년 한남대 산학협력부총장(현) 2016년 同창업지원단장 겸임(현) (상)대통령표창, 공군 참모총장표창 (종)기독교

임충연(林忠淵) LIM Chung Yeon

(생)1958 · 12 · 28 (본)평택(平澤) (출)충북 괴산 (주)세종특별자치시 다솜로261 국무총리 총무기획관실(044-200-2770) (학)1976년 서울 배문고졸 1984년 단국대 행정학과졸 (경)2000년 국무총리국무조정실 외교안보 · 의정심의관실 서기관 2000년 同일반행정심의관실 서기관 2002년 同교육문화심의관실 문화정책과장 2003년 세종연구소 파견 2004년 국무조정실 규제개혁1심의관실 과장 2005년 同총괄심의관실 과장 2006년 同총괄심의관실 기획팀장(부이사관) 2008년 국무총리 총무비서관실 인사과장 2009년 국무총리 정무운영비서관(고위공무원) 2010년 중앙공무원교육원 교육훈련(고위공무원) 2011년 국무총리 공보지원비서관 2013년 국무총리 공보기획비서관 2013년 국무조정실 규제총괄정책관 2014년 국무총리 정무기획비서관 2015년 국무총리 민정민원비서관 2015년 국무총리 총무기획관(현) (상)국방부장관표창, 국무총리표창, 홍조근정훈장(2008) (종)기독교

임충헌(林忠憲) LIM Chung Hurn (最巖)

(생)1941 · 10 · 17 (출)경기 개성 (주)서울 종로구 청계천로35 서린빌딩 한국화장품제조(주) 회장실(02-724-3712) (학)1959년 용산고졸 1965년 고려대 생물학과졸, 서울대 AMP(최고경영자과정) 수료 (경)1967년 한국화장품공업(주) 입사 1978년 同전무 1984년 대한야구협회 부회장 1988년 한국화장품(주) 대표이사 사장 1989~2004년 대한화장품공업협회 부회장 1992~2001년 전국경제인연합회 이사 1995년 한국화장품(주) 공동대표이사 회장 2004년 대한화장품협회 부회장(현) 2006~2008년 (주)유니코스 비상근이사 2010년 한국화장품제조(주) 공동대표이사 회장(현) (상)체육포장, 대통령표창(1996), 국무총리표창(1999), 부천시장표창(2002)

임충희(林忠熙) LIM Chung Hee

(생)1956 · 8 · 17 (출)충북 괴산 (주)서울 종로구 종로33 GS건설(주) 비서실(02-2154-1500) (학)1975년 청주상고졸 1983년 청주대 경영학과졸 1995년 연세대 대학원 경영학과졸 (경)1983년 LG건설(주) 입사 1999년 同재경담당 상무보 2003년 同인사 · 총무담당 상무 2005년 GS건설(주) 인사 · 총무담당 상무 2006년 同V사업본부장(전무), 同베트남사업부문장(전무) 2010년 同주택사업본부장(전무) 2011년 同주택사업본부장(부사장) 2013년 同건축주택사업본부장(부사장) 2014년 同사업운영본부장(부사장) 2014년 同CSO(부사장)(현) (종)불교

임치용(林治龍) RIM Chi Yong

(생)1960 · 6 · 19 (출)서울 (주)서울 종로구 사직로8길39 세양빌딩 김앤장법률사무소(02-3703-1403) (학)1979년 서울 한성고졸 1983년 성균관대 법학과졸 1996년 미국 Duke대 Law School졸(법학석사) (경)1982년 사법시험 합격(24회) 1984년 사법연수원 수료(14기) 1985년 청주지법 판사 1989년 수원지법 판사 1993년 서울남부지법 판사 1995년 서울지법 판사 1996년 서울고법 판사 1997년 대법원 사법공조운영위원회 위원 1998년 대법원 재판연구관 2000년 대전지법 부장판사 2002년 서울서부지법 부장판사 2005년 서울중앙지법 부장판사 2005년 국제도산협회 회원(현) 2007~2014년 법무법인 태평양 변호사 2007~2009년 건설교통부 감정평가사징계위원회 위원 2008~2014년 국무총리소속 행정심판위원회 위원 2008~2010년 대검찰청 검찰정책자문위원회 위원 2009~2013년 법무부 법무자문위원회 채무자회생및파산에관한법률개정특별분과위원회 위원 · 위원장 2009~2010년 신용회복위원회 자문위원 2009~2011년 대한변호사협회 기획이사 2009~2011년 同공보이사 겸임 2009~2011년 공적자금관리위원회 위원 2009~2011년 교육과학기술부 법학교육위원회 위원 2010~2012년 법무부 변호사시험관리위원회 위원 2010~2012년 同사법시험관리위원회 위원 2011년 국회 제5차입법자문위원회 위원(현) 2012년 예금보험공사 경영관리위원회 위원(현) 2014~2015년 법원행정처 회생 · 파산위원회 위원 2014~2015년 同법관인사위원회 위원 2014년 김앤장법률사무소 변호사(현) 2016년 서민금융진흥원 운영위원회 위원(현) (상)제4회 법학논문상(2000), 'IFLR1000 Financial and Corporate Leading Lawyer'(2016) (저)'Korean Insolvency System, Collier International Business Insolvency Guide(Vol 3)'(2002, LexisNexis) 'Korean Insolvency System, Norton Annual Survey of Bankrupcy Law'(2003, THOMSON WEST) '파산법연구'(2004, 박영사) '파산법연구2'(2006, 박영사) '파산판례해설'(2007, 박영사) 'South Korea, Cross-Border Insolvency'(2009, Globe Law and Business) '파산법연구3'(2010, 박영사) 'The International Insolvency Review'(2013, The International Insolvency Review) '파산법연구 4'(2015, 박영사) 'International Comparative Legal Guide to: Corporate Recovery & Insolvency- Korea chapter(共)'(2016, Global Legal Group) (종)천주교

임태모(任泰模) LIM Tae Mo

(생)1954 · 9 · 20 (출)전남 보성 (주)경기 고양시 일산서구 중앙로1601 고양도시관리공사 사장실(031-929-4802) (학)1976년 조선대병설공업고졸 1981년 조선대 건축공학과졸 2001년 중앙대 건설대학원졸 (경)1981년 국토해양부 근무 1999년 건설교통부 주택도시국 건축과 사무관 2003년 同도시국 건축과 시설서기관 2004년 서울지방국토관리청 건설관리실장 2005년 건설교통부 재건축추진상황점검반장 2005년 익산지방국토관리청 건설관리실장 2007년 同건설기술 · 건축문화선진화기단 건설제도개혁팀장 2008년 국토해양부 고객만족센터장 2009년 同주택토지실 주택건설과장 2009~2011년 同주택토지실 주택정비과장(부이사관) 2011년 전문건설공제조합 기술교육원장, 건원엔지니어링 부사장 2016년 고양도시관리공사 사장(현) (상)근정포장(2000)

임태성(林泰星) Lim Tae Seoung

⊛1957·7·27 ⓑ평택(平澤) ⓞ부산 ⊛경기 안산시 상록구 한양대학로55 한양대학교 예체능대학215호(031-400-5735) ⓗ1977년 서울체육고졸 1981년 한양대 체육학과졸 1985년 同행정대학원 행정학과졸 1993년 이학박사(한양대) ⓔ1983~1989년 육군사관학교 체육학처 교수 1995년 한양대 생활체육과학대학 경기지도전공 교수, 同예체능대학 생활스포츠학부 교수(현) 2000~2004년 대한축구협회 연구위원 2000~2002년 국민체육진흥공단(KSPO) 홍보위원 2000~2008년 (사)민족통일체육연구원 이사 2000~2011년 2010·2014·2018평창동계올림픽유치위원회 위원 2000~2011년 2010·2014·2018평창동계올림픽유치위원회 자문위원 2001년 MBC ESPN '이탈리아 프로축구리그' 해설위원 2001년 MBC 100분토론 '한국축구 히딩크호 이대로 좋은가' 전문가패널 2002년 CBS 라디오방송 '스포츠뉴스' 해설위원 2002년 MBC '2002한일월드컵축구대회' 해설위원 2003~2005년 대한체육회 학교체육위원 2003~2008년 한국사회체육학회 학술위원장 2003~2004년 한구스포츠사회학회 이사 2003년 국민생활체육회 자문위원 2004년 주5일근제무를위한 범정부위원회 민간위원 2004~2005년 대한올림픽위원회(KOC) 남북체육교류협력위원 2004·2007·2008·2009·2013년 대한민국체육상 심사위원 2005~2008년 한양대 생활체육과학대학장 2005~2006년 전국체육계열학장협의회 공동대표 2005~2008년 한국체육정책학회 회장 2006~2007년 문화관광부 체육정책자문위원 2006~2007년 서울시 체육정책자문위원 2007~2008년 국민체육진흥공단 체육과학연구원 객원연구원 2008~2009년 한국체육학회 수석부회장 2008~2012년 한양대 ERICA캠퍼스 학생처장 2009~2010년 국민체육진흥공단(KSPO) 선임이사 2009~2013년 민주평통 위원 2010~2011년 체육인재육성재단 기획자문위원 2011~2012년 (사)한국올림픽성화회 회장 2011~2012년 대한체육회 생활체육위원회 부위원장 2011~2012년 전국학생처장협의회 회장 2011~2012년 한국체육단체연합 공동대표 2011~2012년 2018평창동계올림픽조직위원회 위원 2011년 同자문위원(현) 2012~2014년 한양대 국제어학원장 겸 사회교육원장 2013년 21세기스포츠포럼 상임대표 2013년 스포츠엔터테인먼트법학회 부회장(현) 2013년 대한체육회 체육발전위원회 위원 2013년 경기도체육회 상벌및조정중재위원회 운영위원(현) 2014년 2014인천아시아경기대회 및 88서울올림픽대회기념 국제학술대회조직위원회 부위원장(현) 2014년 한양대 예체능대학장(현) 2016년 대한체육회 임원심의위원회 부위원장(현) 2016년 아시아스포츠정책학회 회장(현) 2016년 스포츠포럼21 상임대표(현) ⓢ한국올림픽성화회 연구상(2006) ⓩ'자원봉사 프로그램-문화, 예술, 생활체육, 스포츠이벤트' '2002실전 축구기술 및 전술서'(共) ⓥ'사회변동과 스포츠'

임태수(任太秀) Yim Tesu (한별)

⊛1942·4·23 ⓑ장흥(長興) ⓞ전남 해남 ⊛충남 천안시 동남구 호서대길12 호서대학교(041-560-8116) ⓗ1972년 한국신학대졸 1974년 同대학원졸 1984년 신학박사(독일 본대) ⓔ1984년 호서대 기독교학부 교수 1989년 새겨레교회 목사 1989~1992년 호서대 교수협의회장 1993~2011년 민중신학연구소 소장 1993~1995년 호서대 인문대학장 1999년 同신학·인간개발학부장 2000년 오클로스세계선교회 회장(현) 2001년 한국구약학회 회장 2006년 한국민중신학회 회장 2012년 제2종교개혁연구소 소장(현) 2012년 호서대 명예교수(현) ⓩ'Das Davidbild in den Chronikbuechern'(1985) '구약성서와 민중'(1993, 한국신학연구소) '이스라엘왕들의 이야기'(1999, 대한기독교서회) '변장하고 오시는 오늘의 그리스도'(2000, 성광문화사) '제2종교개혁을 지향하는 민중신학'(2002, 대한기독교서회) '종교다원시대의 이스라엘과 한국교회'(2004, 한국신학연구소) '교회선교의 새로운 방향모색'(2004, 한들출판사) '예언자가 꿈꾸는 사회'(2004, 다산글방) 'Minjung Theology towards a Second Reformation'(2006) '성서주석 역대상'(2007, 대한기독교서회) '제2종교개혁이 필요한 한국교회(共)'(2015, 기독교문사) ⓥ'신구약중간사'(1977) '구약성서의 권위'(1979) '변증법적 신학의 이해'(1995) ⓢ기독교

임태순(任泰淳)

⊛1969·2·1 ⊛서울 영등포구 국제금융로2길25 LIG투자증권(02-6923-7000) ⓗ1987년 충남 삽교고졸 1995년 서강대 경영학과졸 ⓔ1995년 한국개발리스(주) 입사 1998년 (주)미래와사람 입사(경영전략 및 M&A담당) 1999년 KTB투자증권(주) 입사(M&A 및 PEF담당) 2007년 아이스팀파트너스(주) 설립(PEF) 2015~2016년 케이프인베스트먼트(주) 대표이사 2016년 LIG투자증권 대표이사 사장(현)

임태영 LIM Tae Young

⊛1958·7·11 ⓞ서울 ⊛경남 진주시 소호로101 한국세라믹기술원 경영기획본부(055-792-2481) ⓗ1981년 한양대 무기재료공학과졸 1983년 同대학원 무기재료공학과졸 2004년 공학박사(한양대) ⓔ1983~1999년 (주)금강 유리연구부장·생산부장 2000~2008년 요업기술원 세라믹건재부 유리·디스플레이팀장(책임연구원) 2000년 한국세라믹학회 유리부회 간사 2009년 한국세라믹기술원 광전자세라믹본부 유리·디스플레이팀장(수석연구원) 同광전자세라믹본부 전자광소재센터장, 同전자소재융합본부 광디스플레이소재팀 수석연구원 2016년 同경영기획본부장(현) ⓢ한국세라믹학회 기술진보상(2004), 산업자원부장관표창(2005) ⓩ'용융세라믹(共)'(2003) ⓥ'Stone and Cord in Glass'

임태원(林泰源) IHM TAE WON

⊛1961·9 ⓞ경기 의왕시 철도박물관로37 현대자동차(주) 중앙연구소(031-596-0025) ⓗ이대사대부고졸, 항공공학박사(미국 뉴욕주립대) ⓔ현대자동차(주) 연료전지개발팀장, 同연료전지시스템개발팀장, 同환경기술연구소장(이사대우), 同연료전지개발실장(이사) 2013년 연료전지개발실장(상무) 2014년 同중앙연구소장(상무) 2016년 同중앙연구소장(전무)(현)

임태혁(任泰赫) Lim Tae Hyeuk

⊛1967·9·1 ⓑ풍천(豊川) ⓞ서울 ⊛서울 서초구 서초중앙로157 서울중앙지방법원(02-530-2008) ⓗ1986년 중앙고졸 1991년 서울대 사회과학대학 외교학과졸 1996년 강원대 대학원 법학과졸 ⓔ1993년 사법시험 합격(35회) 1996년 사법연수원 수료(25기) 1999년 광주지법 판사 2001년 同순천지원 판사 2002년 인천지법 부천지원 판사 2005년 러시아 모스크바 국제관계대학 연수 2006년 서울중앙지법 판사 2007년 서울고법 판사 2009년 사법연수원 교수(민재) 2011년 춘천지법 영월지원장 2013년 인천지법 부장판사 2015년 서울중앙지법 부장판사(현) ⓢ천주교

임태훈(林泰勳) LIM Tae Hoon

⊛1957·3·20 ⓞ서울 ⊛서울 성북구 화랑로14길5 한국과학기술연구원 부원장실(02-958-5273) ⓗ1976년 서울 중앙고졸 1981년 서울대 공업화학과졸 1984년 미국 뉴욕주립대 대학원 화학공학과졸 1986년 화학공학박사(미국 뉴욕주립대) ⓔ1982~1986년 미국 State Univ. of New York at Buffalo 연구조교 1987~1988년 한국과학재단 Post-Doc. 1988년 한국과학기술연구원(KIST) 선임연구원 1995년 同책임연구원(현) 2003년 同에너지환경연구본부 연료전지연구센터장 2007년 同에너지환경연구본부 연료전지연구단장 2009년 同에너지본부장 2011년 同국가기반기술연구본부장 2011년 현대하이스코(주) 사외이사 겸 감사위원(현) 2014년 한국공학한림원 정회원(현) 2014년 한국과학기술연구원(KIST) 부원장(현)

임태희(任太熙) YIM Tae Hee

⊛1956·12·1 ⓑ풍천(豊川) ⓞ경기 성남 ⊛서울 서초구 명달로28 한국정책재단(02-6385-7006) ⓗ1975년 서울 경동고졸 1980년 서울대 경영학과졸 1990년 同대학원 경영학과졸 2012년 명예 경영학박사(영산대) ⓔ1979년 한국외환은행 근무 1980년 행정고시 합격(24회) 1981~1982년 총무처·경기도·광주군 근무 1985~1994년 재무부 관세국·국제금융국·이재국·재무정책국 근무 1994~1996년 재정경제원 금융정책실·예산실 근무 1996~1998년 영국 옥스퍼드대 객원연구원 1998년 대통령비서실 금융담당 행정관 1999년 재정경제부 경제정책국 산업경제과장 2000년 제16대 국회의원(성남시 분당구乙, 한나라당) 2000년 한나라당 부대변인 2001년 同제2정책조정위원장 2003년 同대표 비서실장 2004년 제17대 국회의원(성남시 분당구乙, 한나라당) 2004~2008년 한·일의원연맹 경제과학분과 위원장 2004년 한나라당 공동대변인 2005년 同원내수석부대표 2006년 同여의도연구소장 2007년 同이명박 대통령후보 비서실장 2007년 이명박 대통령당선인 비서실장 2008~2010년 제18대 국회의원(성남시 분당구乙, 한나라당) 2008~2009년 한나라당 정책위 의장 2008~2014년 대한배구협회 회장 2009년 노동부 장관 2010년 고용노동부 장관 2010~2011년 대통령실장 2012년 새누리당 제18대 대통령선거 중앙선거대책위원회 공동의장 2013년 대한체육회 비상임이사 2013년 119안전재단 이사장(현) 2014년 제19대 국회의원선거 출마(수원시 丁(영통) 보궐선거, 새누리당) 2014년 한국정책재단 이사장(현) 2016년 제20대 국회의원선거 출마(성남시 분당구乙, 무소속) ⓢ대통령표창, 근정포장, 백봉신사상(2005·2008), 서울과학종합대학원 자랑스러운 원우상(2009)

임 택(林 澤) LIM Taek

ⓢ1963 · 10 · 2 ㈜광주 서구 내방로111 광주광역시의회(062-613-5012) ⓗ문태고졸, 전남대 불어불문학과졸, 조선대 정책대학원 자치행정학과졸 2009년 同대학원 정치학 박사과정수료 ⓒ광주노동연구소 상임연구실장, 내일신문 기자 1998 · 2002년 광주시 동구의회 의원 1998년 참여자치21의원포럼 대표 1998년 광주시 동구의회 예산결산특별위원장 1998년 同기획총무위원회 간사, 전남도청이전반대 및 광주전남통합추진위원회 사무처장, 同대변인, 광주시 동구의회 운영위원장 2002년 同부의장, 同예산결산특별위원회 간사, 열린우리당 광주시당 사무처장, 同광주시당 부위원장, 국회의원 보좌관 2006년 광주시 동구청장선거 출마(열린우리당) 2010년 광주시 동구청장선거 출마(국민참여당) 2011년 국민참여당 광주시당 위원장, 대통령직속 국가균형발전위원회 자문위원 2014년 새정치민주연합 부대변인 2014년 同당헌당규분과 실무위원 2014년 광주시의회 의원(새정치민주연합 · 더불어민주당)(현) 2014년 同행정자치위원회 위원 2014년 同예산결산특별위원회 위원 2014년 同문화도시특별위원회 위원장 2015년 同예산결산특별위원회 부위원장 2015년 同윤리특별위원회 위원 2015년 同광주복지재단대표이사인사청문특별위원회 위원장 2016년 同산업건설위원장(현)

임택수(林澤水) IM TAEK SOO

ⓢ1961 · 10 · 28 ⓑ나주(羅州) ⓐ경남 밀양 ㈜인천 연수구 해돋이로130 중부해양경비안전본부 해양오염방제과(032-835-3091) ⓗ1980년 부산전자공업고졸 1985년 한국해양대 기관학과졸 ⓒ1985~1992년 상선 승선(1 · 2 · 3등 기관사) 1992년 부산해양경찰서 해양오염관리과 근무 1995년 해양경찰청 감시과 근무 2000년 해양경찰정비창 기획예산계장 2005년 해양경찰청 방제계장 2010년 목포해양경찰서 해양오염방제과장 2012년 인천해양경찰서 해양오염방제과장 2013년 해양경찰청 기동방제과장(기술서기관) 2015년 국민안전처 중부해양경비안전본부 해양오염방제과장(현)

임택수(林宅洙) Rim Taek soo

ⓢ1963 · 4 · 15 ⓑ부안(扶安) ⓐ충북 음성 ㈜충북 청주시 상당구 상당로82 충청북도청 공보관실(043-220-2050) ⓗ청주 신흥고졸 1986년 충북대 행정학과졸 1999년 同대학원졸 ⓒ1991년 청원군청 공무원 임용(7급 공채) 2005년 대통령직속 사법제도개혁추진위원회 근무 2005년 대통령 비서실장실 총무인사행정관 2008년 행정안전부 정부인력조정지원단 교류재배치팀 사무관 2008년 同지방행정국 자치행정과 사무관 2010~2013년 同인사기획과실 서기관 2013년 충청북도 문화체육관광국 관광항공과장 2015년 同보건복지국 복지정책과장 2015년 충북 음성군 부군수 2016년 충청북도 공보관(현) ⓢ정부모범공무원 국무총리표창(2002), 우수공무원 대통령표창(2012)

임평용(林平龍) LIM Pyoung Yong

ⓢ1953 · 5 · 15 ⓑ나주(羅州) ⓐ전남 목포 ㈜서울 동작구 노량진로4 대방빌딩지하1층 서울로얄심포니오케스트라 총감독실(02-3444-0071) ⓗ1971년 서울예고졸 1976년 서울대 국악과졸 1984년 연세대 교육대학원 음악교육학과졸 1987년 오스트리아 모차르테움국립음악대 작곡 · 오케스트라지휘과졸 ⓒ1980년 김자경오페라단 합창지휘자 1987년 同상임지휘자 1987~1999년 목원대 음대 전임강사 · 조교수 · 부교수 1990~2001년 서울로얄심포니오케스트라 음악감독 1995 · 1999 · 2003년 폴란드정부 주최 제5 · 6 · 7회 Fitelberg 세계지휘자콩쿨 심사위원 1996년 목원대 음악대학장 1996년 同사회교육원 음악원장 1997년 광주시립교향악단 상임지휘자 1998년 KBS국악관현악단 상임지휘자 2001년 (사)서울로얄심포니오케스트라 이사장 2001년 영국 케임브리지 인명사전에 등재 2002년 UN총회 '세계평화와 화합을 위한 음악회' 지휘 2002년 민주평통 문화위원장, 同문화체육위원장 2004년 (사)서울로얄심포니오케스트라 총감독 겸 상임지휘자 겸 이사 2005년 同음악감독 2008년 同음악총감독 2008년 새빛낮은예술단 총감독(현) 2009년 (사)서울로얄심포니오케스트라 총감독(현) 2009~2011년 서울시국악관현악단 단장 2009년 세계미래예술재단 이사장(현) 2011~2014년 성남시립교향악단 감독 겸 상임지휘자 ⓢ제13회 동아콩쿠르 국악작곡 · 서양음악작곡 입상, 국제문화협회 대한민국 사회교육문화상 음악부 금상, 대한민국작곡상, 대통령표창(2005), 기독교문화대상(2006), 한국평론가예술가협회 '올해의 최우수예술가상'(2010), 목포중 · 고 자랑스런 동문상(2014) ⓧ'하늘을 여는소리'(2001, 세광출판사) '통일의 소리'(2001, 세광출판사) '영의 찬미'(2001, 세광출판사) ⓧ교향시 '얼' '한' 플룻협주곡 '회상' 실내악 '아랑' '회상' 국악관현악곡 '통일의 소리' '한국의 사계' '하늘을 여는 소리' '목포여 영원하라' '천지' 등 ⓡ기독교

임 학(林 學) Hark Rim

ⓢ1961 · 9 · 4 ㈜부산 서구 감천로262 고신대학교 복음병원 원장실(051-990-3700) ⓗ1988년 고신대 의대졸 1991년 同대학원 의학석사 1999년 의학박사(계명대) ⓒ1988~1993년 고신의료원 내과 수련의 · 전공의 · 전문의 1993~2007년 고신대 의과대학 내과학교실 전임강사 · 조교수 · 부교수, 대한신장학회 정회원(현), 대한이식학회 정회원(현), 세계신장학회(International Society of Nephrology) 정회원(현), 미국신장학회(American Society of Nephrology) 정회원(현), 대한내과학회 정회원(현) 2007년 고신대 의대 내과학교실 교수(현) 2007~2009년 同의과대학 교무부학장 2012~2014년 同의과대학 의학교육학교실 주임교수 2014~2015년 同의과대학장 2015년 同복음병원 병원장(현) ⓢ부산시장표창(2008), 세계언론평화대상 보건의료부문 대상(2015)

임학종(任鶴鍾) Im Hak Jong

ⓢ1959 · 9 · 3 ⓐ경북 의성 ㈜경남 김해시 가야의길190 국립김해박물관 관장실(055-320-6801) ⓗ1983년 계명대 사학과졸 1993년 경북대 대학원 고고인류학과졸 2005년 부산대 대학원 고고학박사과정 수료 ⓒ1987년 국립진주박물관 학예연구사시보 1997년 국립중앙박물관 고고부 학예연구사 1997년 同학예연구관 2002년 국립김해박물관 학예연구실장 2006~2009년 同관장 2007년 문화재청 문화재전문위원 2009년 경남문화재위원회 위원 2009년 국립중앙박물관 교육문화교류단 전시팀장 2010~2015년 국립진주박물관 학예연구실장 2015년 국립김해박물관장(현)

임학태(林學泰) LIM Hak Tae

ⓢ1961 · 9 · 18 ⓐ강원 동해 ㈜강원 춘천시 강원대학길1 강원대학교 의생명융합부(033-250-6474) ⓗ1980년 강원 강릉상고졸 1984년 강원대 원예학과졸 1987년 미국 Slippery Rock University of Pennsylvania 대학원 식물생물공학과졸 1990년 식물분자유전학박사(미국 Pennsylvania State University) ⓒ1991년 강원대 생명건강공학과 전임강사 · 조교수 · 부교수 · 교수, 同의생명융합부 생명건강공학전공 교수(현) 1991~1996년 변리사시험 및 국가기술고시 출제위원 1994~1995년 스웨덴 Uppsala대학 식물생리학연구소 박사 후 과정 및 연구교수 1995~1999년 농촌진흥청 고령지농업시험장 겸직연구관 1995~2003년 과학재단 핵심전문연구책임자 1996년 교육부 학술진흥재단 연구과제 심사 및 결과 검토위원 1996년 농림수산부 첨단연구기술개발과제 연구책임자 및 평가위원 1997~2000년 농촌진흥청 대형과제연구책임자 1997~2003년 교육부 유전공학연구비 연구책임자 1997년 과학재단 특정기초연구과제 심사 및 결과 검토위원 1998~1999년 국립종자관리소 국가종자심의 및 품종등록 심사위원 1999년 한국감자소재은행장(현) 2000~2001년 한국과학재단 한국감자육종소재은행장 2000년 한국감자연구회 상임이사 2000년 (주)아이티테레피 이사 2000년 과학기술부 프론티어21사업과제 평가위원회 평가전문위원 2001년 농협중앙회 전문위원 2002년 (주)포테이토밸리 대표이사 2002년 KT(신기술인증)마크 심사위원 2002년 농림부 농림기술관리센터 전문위원 2003년 농촌진흥청 원예작물품종 심의위원 2006년 농림부 농림기술관리센터 감자기획단 총괄책임자 2008년 하이텍아그로 대표이사 2008~2010년 한국식물특용작물개인육종가협의회 회장 2008년 북한강생명포럼 이사 2010년 제5차 중국화상한국논단 정책자문위원 2010년 강원대 생명건강공학과장 2010년 同의생명공학부장 2012~2013년 同교수평의원회 부의장 2013년 (사)세계감자식량재단 이사장(현) 2014년 강원대총동창회 부회장(현) 2014년 강원대재직동창회 회장 ⓢ미국 펜실베이니아 우수 생물학자상(1987), 강원도 사진문화상 신인상(2000), 한국식물생물공학회 우수논문상(2003), 대한민국창업대전 은상(2004), 중소기업 기술혁신대전 대통령표창(2005), 중소기업기술혁신상 동상(2006), 모스크바국제감자박람회 금상(2007), 대한민국우리품종전시회 특별상(2008) ⓧ'농업유전학'(1994) '감자 꽃필무렵'(1999) '감자 꽃의 신비'(2001) '회색풍경'(2001) '감자 이야기'(2001) '식물조직배양'(2002) '신발견 감자'(2003) '생명공학개론'(2003)

임한순(任韓淳) YIM Han Soon

ⓢ1957 · 6 · 18 ⓑ풍천(豊川) ⓐ경북 영천 ㈜대구 수성구 동대구로23 대구방송 임원실(053-760-1877) ⓗ1977년 대건고졸 1983년 경북대 응용화학과졸 2009년 영남대 대학원 법학과졸 ⓒ1984년 매일신문 기자 1988년 서울신문 기자 1988년 매일신문 기자 1996년 대구방송 보도국 차장 1998년 同취재부 차장 2000년 同정경부장 2002년 同북부취재본부장 2006년 同보도본부 정치경제팀장(부국장) 2008년 同보도본부장 2009년 同보도국장 2011년 同경영정책국장 2011~2012년 TBCnB 대표이사 2012년 대구방송 경영관리팀장 2012년 同경영담당 이사 2014년 同사업이사(현) ⓢ경상북도 문화상(2008) ⓡ천주교

임한창(林漢昌) LIM Han Chang
[생]1957·7·21 [본]평택(平澤) [출]광주 [주]서울 영등포구 여의공원로101 국민일보 선교홍보국(02-781-9805) [학]1982년 건국대 국어국문학과졸 [경]1999년 국민일보 종교부장 직대 2000년 同종교부 부장대우 2000년 同편집위원 2001년 同종교담당 대기자 2001년 同종교기획부장 2001년 同종교부 부장대우(대기자) 2002년 同종교부장 겸 종교기획부장 2005년 同편집국 부국장대우 미션에디터 2005년 同편집국 종교부 부국장 2007년 同편집국 미션담당 부국장 겸 종교기획부장 2009년 同종교국 종교부장 2009년 同종교국장 2011년 同교계광고국장 겸 선교협력국장 2014년 同선교홍보국장 2015년 同선교홍보국장(이사대우)(현) [종]기독교

임한택(林翰澤) Im Han-taek
[생]1957·3·23 [출]전남 [주]서울 동대문구 이문로107 한국외국어대학교 LD학부(02-2173-3962) [학]1980년 고려대 행정학과졸 1987년 미국 위스콘신대 대학원 공공정책학과졸 [경]1981년 외무고시 합격(15회) 1989년 駐네덜란드 2등서기관 1991년 駐잠비아 1등서기관 1995년 駐호주 1등서기관 1999년 외교통상부 주한공관담당관 2000년 同조약과장 2000년 駐UN대표부 참사관 2003년 UN한국협회 파견 2004년 외교통상부 국제기구담당심의관 2006년 同배타적경제수역(EEZ)대책반 근무 2006년 同외교문서공개예비심사단 심사관 2007년 同조약국장 2008년 駐제네바대표부 차석대사 2009년 외교통상부 본부대사 2010년 駐제네바대표부 차석대사 2011년 駐루마니아 대사 2014~2015년 외교부 본부대사 2015년 한국외국어대 LD(Language & Diplomacy)학부 초빙교수(현) [상]홍조근정훈장(2015)

임해규(林亥圭) LIM Hae Kyu
[생]1960·3·7 [본]평택(平澤) [출]경북 김천 [주]경기 수원시 장안구 경수대로1150 경기연구원(031-250-3200) [학]1979년 서울 양정고졸 1994년 서울대 사범대학 교육학과졸 2001년 同대학원 교육학과졸 2011년 同대학원졸(교육학박사) [경]1985~1990년 전국노동운동단체협의회·전국민족민주운동연합에서 재야활동 1990~1991년 민주화운동으로 구속 수감 1994~2002년 국회의원 김문수사무소 조직부장·사무국장·부위원장 1995~1998년 부천시의회 의원·부천경실련 시민상담위원 1998·2002년 부천시의회 의원 1998년 同행정복지위원장 2002~2004년 남부천로타리클럽 지역사회개발위원장·한나라당 부천원미甲지구당 위원장 2004년 제17대 총선출마(부천 원미甲, 한나라당) 2004년 한나라당 부대변인 2004년 同교육선진화특별위원회 부위원장 2004년 성공회대·가톨릭대 외래교수 2005년 제17대 국회의원(부천 원미甲 재선거 당선, 한나라당) 2006년 국회 교육위원회 간사 2006년 한나라당 원내부대표 2008년 同제18대 국회의원선거 공천심사위원 2008년 제18대 국회의원(부천 원미甲, 한나라당·새누리당) 2008~2009년 한나라당 대외협력위원장 2008~2010년 同경기도당 수석부위원장 2008~2010년 국회 교육과학기술위원회 여당 간사 2010년 한나라당 경기도당 정책본부장 2011년 同정책위원회 교육과학기술·문화체육관광방송통신분야 부의장 2012년 새누리당 부천원미甲당원협의회 위원장 2012년 제19대 국회의원선거 출마(부천 원미甲, 새누리당) 2014년 새누리당 사회적경제특별위원회 위원 2014년 경기연구원 원장(현) 2015년 경기도 DMZ2.0음악과대화조직위원회 위원 [상]자랑스런 양정인상(2008) [저]'하수구 속에 박물관이 있다'(1997) '도시의 웃음, 도시의 희망'(2002) '술술읽는 교육학Ⅰ·Ⅱ' '낙타처럼 걷다'(2006) '교육백년대계'(2007) '교육대통령대계'(2009) '교육에서 학습으로'(2011, 교육과학사) [역]'사나이가 되는길'(1992) '라스트 모히칸'(1993) '스웨덴 의회 옴부즈만'(1997)

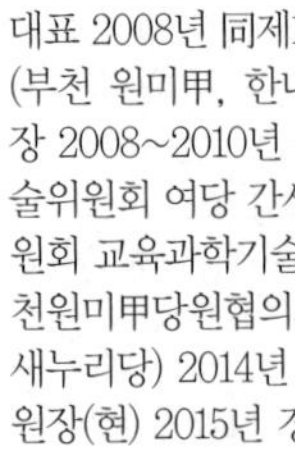

임해종(林海鍾) LIM Hae Jong
[생]1958·11·10 [출]충북 진천 [주]충북 청주시 청원구 율봉로141 더불어민주당 충북도당(043-211-7777) [학]1977년 청주고졸 1981년 한양대 법학과졸 1992년 영국 서섹스대 대학원 국제경제학과졸, 가천대 대학원 회계·세무학 박사과정 수료 [경]재정경제원 근무 1996년 충청도 재정경제협력관 1998년 재정경제부 국내홍보과장 1999년 ASEM준비기획단 파견 1999년 대통령비서실 파견 2001년 기획예산처 재정1팀장 2002년 同행정1팀장 2003년 同교육문화예산과장(부이사관) 2004년 同기획예산담당관 2004년 同예산법무담당관 2005년 국가과학기술자문회의 파견 2007~2009년 국방부 계획예산관(고위공무원) 2009년 기획재정부 공공혁신기획관 2010~2011년 同공공정책국장 2011~2014년 KDB산업은행 감사 2014~2015년 새정치민주연합 증평군·진천군·괴산군·음성군지역위원회 위원장 2016년 더불어민주당 충북증평군·진천군·음성군지역위원회 위원장(현) 2016년 제20대 국회의원선거 출마(충북 증평군·진천군·음성군, 더불어민주당)

임해지(林海志·女)
[생]1968·9·29 [출]경북 경주 [주]울산 남구 법대로14번길37 울산지방법원(052-216-8210) [학]1987년 동일여고졸 1992년 고려대 법학과졸 [경]1996년 사법시험 합격(38회) 1999년 사법연수원 수료(28기) 1999년 대구지법 판사 2002년 인천지법 판사 2005년 서울남부지법 판사 2008년 서울중앙지법 판사 2010년 서울남부지법 판사 2011년 서울고법 판사 2012년 대법원 재판연구관 2014년 울산지법 부장판사(현)

임해진(林海鎭) Lim Hae Jin
[생]1960·2·2 [출]서울 [주]서울 영등포구 은행로14 KDB산업은행 부행장실(02-787-6009) [학]1978년 덕수상고졸 1982년 성균관대 경영학과졸 1989년 연세대 경영대학원 경영학과졸 [경]1978년 KDB산업은행 입행 2005년 同사모펀드실 팀장 2012년 同재무회계부장 2015년 同성장금융2부문장(부행장) 2016년 同미래성장금융부문장(부행장)(현)

임해철(林海喆) LIM Hae Chul
[생]1952·1·1 [출]충남 [주]서울 마포구 와우산로94 홍익대학교 공과대학 컴퓨터공학전공(02-320-1654) [학]1976년 서울대 계산통계학과졸 1978년 한국과학기술원(KAIST) 전산학과졸 1988년 공학박사(서울대) [경]1978~1981년 현대엔지니어링 근무 1981~1994년 홍익대 컴퓨터공학과 전임강사·조교수·부교수 1989~1990년 미국 Florida대 Post-Doc. 1994년 홍익대 공과대학 컴퓨터공학전공 교수(현) 2001~2002년 同교무처장 2006~2009년 同학사담당 부총장 2012~2015년 同총장 [저]'화일처리' '자료구조' '이산수학론' '데이타구조' '수치해석론' '데이타베이스 원리, 프로그래밍, 성능'

임향순(林香淳) LIM Hyang Soon
[생]1941·12·20 [본]조양(兆陽) [출]전남 장흥 [주]서울 강남구 논현로38길34 경향빌딩4층 전국시도민향우연합회(02-733-1318) [학]1959년 장흥고졸 1964년 서울대 사범대학 수학과졸 1973년 同행정대학원 행정학과졸 1989년 단국대 대학원 경영학과졸 1992년 경영학박사(단국대), 고려대 언론·정책대학원 최고위과정 수료, 연세대 경영·언론대학원 최고위과정 수료, 서울대 경영대학원 최고경영자과정 수료, 同행정대학원 국가정책과정 수료, 건국대 부동산대학원 수료, 동국대 부동산대학원 수료 [경]1969년 예편(공군 중위) 1971년 행정고시 합격(10회) 1984년 파주세무서장·고양세무서장 1986년 북인천세무서장 1988년 국세청 대변인 1989년 용산세무서장 1992년 국세청 행정관리담당관 1994년 중부지방국세청 간세국장 1995년 同직세국장 1996년 경인지방국세청 직세국장 1996년 단국대 경영대학원 겸임교수 1998년 광주지방국세청장 1998~2001년 김앤장법률사무소 고문 2001~2003년 한국세무사회 제22대 회장 2002년 한국직능단체총연합회 수석부회장 2002년 국세동우회 부회장 2003~2015년 다함세무법인 대표이사·회장 2004~2008년 在京광주전남향우회 제29·30대 회장 2005~2007년 한국세무사회 제24대 회장 2006년 전국호남향우회총연합회중앙회 총재(현) 2006년 연세대 경영대학원 총동창회 수석부회장 2008년 同경영대학원 총동창회 20대 회장 2008년 대통령직속 아시아문화중심도시조성위원회 부위원장 2009년 서울대사범대학총동창회 제30대 회장 2010년 한국직능단체총연합회 자문위원장(현), 민주평통 운영위원·상임위원·자문위원(현) 2011~2015년 전국시도민향우연합회 공동총재 2012~2015년 한국증권금융 사외이사 2012년 새누리당 제18대 대통령중앙선거대책위원회 100% 대한민국대통합위원회 위원 2013년 대통령소속 국민대통합위원회 국민소통분과 위원장(현) 2015년 전국시도민향우연합회 대표총재(현) 2015년 대통령직속 아시아문화중심도시조성위원회 위원장(현) 2015년 다일세무법인 대표이사 회장(현) [상]재경부장관표창(1973), 국세청장표창(1977), 대통령표창(1979), 은탑산업훈장(2003) [저]'우리나라 자본시장의 육성방안' '감가상각의 자기금융효과에 관한 실증적연구' [종]기독교

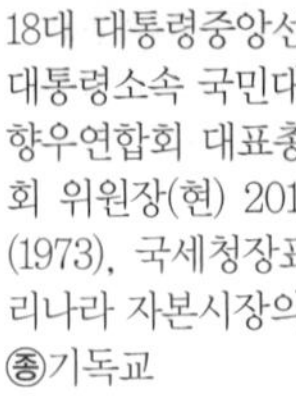

임헌경(林憲慶) IM Heon Kyeong
[생]1966·10·20 [본]부안(扶安) [출]충북 청주 [주]충북 청주시 상당구 상당로82 충청북도의회(043-220-5136) [학]세광고졸, 고려대 경상대학 무역학과졸 1998년 同경영대학원 국제경영학과졸, 충청대학 토목학과졸 2016년 경영학박사(충북대) [경]2007~2009년 청주지역세무사회 회장 2008~2009년 민주당 충북도당 청년위원장 2010년 충북도의회 의원(민주당·민주통합당·민주당·새정치민주연합) 2010년 同건설소방위원회 위원 2011년 청주시배드민

턴연합회 회장 2012년 충북도의회 지역균형발전특별위원회 위원 2012년 同예산결산특별위원회 위원 2014년 충북도의회 의원(새정치민주연합·더불어민주당)(현) 2014년 同건설소방위원회 위원 2014년 同예산결산특별위원회 위원 2016년 同교육위원회 위원(현) 2016년 同운영위원회 위원(현) 2016년 더불어민주당 충북도당 생활체육위원회 위원장(현) [상]충북도공무원노동조합 선정 '베스트 도의원'(2014), 한국여성유권자충북연맹 '베스트 의정상'(2015) [종]가톨릭

임헌문(林憲文) Heon Moon, Lim

[생]1960·11·15 [출]충남 연기 [주]서울 종로구 종로3길 33 KT 광화문빌딩 East 임원실(02-3395-5005) [학]대전고 1984년 연세대 경영학과졸 1987년 서울대 대학원 경영학과졸 1998년 경영학박사(서울대) [경]한국통신 사업전략연구팀 근무, 同유통망기획부장, 同유통망전략부장 2000년 同마케팅전략부장 2003년 (주)KTF 마케팅부문 마케팅연구실장(상무) 2004년 同마케팅부문 단말기전략실장(상무) 2008년 同고객서비스부문 마케팅전략실장(상무) 2008년 同비즈니스부문 단말기전략실장(상무) 2009년 (주)KT 개인고객전략본부 개인마케팅전략담당 상무 2010년 同홈IMC본부장(상무) 2010년 同홈고객전략본부장(상무) 2011년 同홈상품기획단장 겸 홈고객전략본부장(상무) 2012년 同홈상품기획단장 겸 홈고객전략본부장(전무) 2012년 同홈고객부문 홈고객운영총괄 겸 홈Product단장(전무) 2012년 同텔레콤&컨버전스(T&C)부문 통신사업운영총괄 전무 2013~2014년 충남대 경상대학 경영학부 교수 2014년 (주)KT 커스터머부문장(부사장) 2015년 同Mass(영업·마케팅담당)총괄 사장(현) [종]가톨릭

임헌영(任軒永) YIM Hun Young

[생]1941·1·15 [본]풍천(豊川) [출]경북 의성 [주]서울 동대문구 왕산로283 금은빌딩3층 민족문제연구소(02-969-0226) [학]1959년 안동사범학교졸 1965년 중앙대 국어국문학과졸 1968년 同대학원졸 [경]1968년 경향신문 기자 1970년 월간 '다리' 주간 1976년 월간 '독서' 주간 1986~1989년 역사문제연구소 부소장 1989~1990년 월간 '다리' 주간 1990년 '한길문학' 주간 1996~2002년 참여사회아카데미 원장 1997~2003년 계간 '한국문학평론' 주간 1998~2010년 중앙대 국어국문학과 겸임교수 2000년 한국인터넷문학가협회 부회장 2001년 민족문제연구소 부소장 2003년 同소장(현) 2003~2006년 한국문학평론가협회 회장 2003~2005년 KBS 시청자위원회 위원장 2006~2008년 한국문학평화포럼 대표 2006년 월간 '에세이플러스' 주간 2006년 계간 '서시' 주간 2007년 세계한민족작가연합 대표 [상]한국문학작가상 평론상, 片雲문학상 평론부문, 현대불교문학상 평론부문(2010) [저]평론집 '문학의 시대는 갔는가'(1978) '창조와 변혁'(1979) '민족의 상황과 문학사상'(1986) '한국현대문학사상사'(1988) '문학과 이데올로기'(1988) '변혁운동과 문학'(1989) '한국문학명작전(共)'(1991) '분단 시대의 문학'(1992) '우리시대의 소설읽기'(1992) '우리시대의 시 읽기'(1993) '문학을 시작하려면'(1994) 수상집 '모래야 나는 얼만큼 작으냐'(1986) '그리운 곳 차마 그리운 곳'(1992) '자유인에서 자유인으로'(1995) '명작과 함께하는 주제별 논술'(1996) '불확실시대의 문학'(2012) [역]'지식인의 양심' '동경제국대학'

임헌정(林憲政) IM Heon Jung

[생]1953·9·15 [출]서울 [주]서울 관악구 관악로1 서울대학교 음악대학 작곡과(02-880-7894) [학]1976년 서울대 작곡과졸, 미국 줄리어드음대 대학원졸 [경]1984년 Emille Opera co Emille Chamber Ensemble 음악감독지휘자 1985년 서울대 음대 작곡과 교수(현) 1985년 (재)KBS교향악단 부지휘자, 부천시립예술단 예술감독 1989~2014년 부천필하모닉오케스트라 음악감독 겸 상임지휘자 2010년 예술의전당 지휘부문 자문위원(현) 2014년 (재)코리안심포니오케스트라 예술감독 겸 상임지휘자(현) 2014년 부천필하모닉오케스트라 계관지휘자(현) [상]동아콩쿨 대상, 우경문화예술상, 대한민국 문화예술상(2008), 대원음악상 특별공헌상(2009) [작]말러 '전곡연주' 완결

임헌진(林憲振) Lim Hun Jin

[생]1963·7·27 [출]부산 [주]충북 음성군 맹동면 이수로93 국가기술표준원 제품안전정책과(043-870-5410) [학]1985년 연세대 요업공학과졸 1987년 同대학원 요업공학과졸 1992년 요업공학박사(연세대) [경]2008년 지식경제부 기술표준원 생활제품안전과장 2010~2013년 국제기술전기위원회(IEC) 파견 2013년 산업통상자원부 국가기술표준원 기술규제정책과장 2014년 同국가기술표준원 기계소재표준과장 2016년 同국가기술표준원 제품안전정책과장(현)

임혁백(任爀伯) Hyug Baeg Im

[생]1952·2·7 [출]경북 경주 [주]서울 성북구 안암로145 고려대학교 정치외교학과(02-3290-2191) [학]1975년 서울대 정치학과졸 1981년 미국 시카고대 대학원 정치학과졸 1989년 정치학박사(미국 시카고대) [경]1991~1998년 이화여대 정치외교학과 교수 1995~1996년 미국 조지타운대 초빙교수 1997년 미국 Duke대 초빙교수 1998년 고려대 정치외교학과 교수(현) 1998년 同아세아문제연구소 한국정치연구실장 1998년 한국사회과학협의회 연구위원장 1998년 대통령자문 정책기획위원회 정치·행정분과위원장 2003년 대통령직인수위원회 정치개혁연구실장 2003년 대통령자문 정책기획위원회 국가시스템개혁분과위원장 2004년 同참여정부정책평가위원장 2004년 열린우리당 열린우리정책연구원 이사 2006~2009년 좋은정책포럼 공동대표 2008~2012년 고려대 정책대학원장 2009·2012~2014년 세계정치학회(IPSA) 집행위원 2009·2011~2013년 대통령직속 사회통합위원회 위원 2015년 한-아시아개발협력센터(KACDC) 소장(현) [상]한국정치학회 학술상(2010), 대한민국학술원상 사회과학부문(2015) [저]'시장·국가·민주주의 : 한국민주화와 정치경제이론'(1994) '세계화와 신자유주의(編)'(2000) '세계화시대의 민주주의' '신유목적(新遊牧的) 민주주의'(2009) '1987년 이후의 한국 민주주의'(2011) '어떤 리더십이 선택될 것인가(대선 2012)'(2012, 인텔리겐찌야) [종]기독교

임 현(任 現) Yim, Hyun

[생]1966·10·28 [본]장흥(長興) [출]전남 장흥 [주]서울 서초구 마방로68 동원산업빌딩12층 한국과학기술기획평가원 재정투자분석본부(02-589-2984) [학]1985년 환일고졸 1989년 서울대 섬유공학과졸 1991년 同대학원 섬유공학과졸 1998년 고분자학박사(미국 아크론대) [경]1992~1993년 한국과학기술연구원(KIST) 연구원 1998~2006년 미국 샌디아국립연구소 연구원 2006년 한국과학기술기획평가원(KISTEP) 부연구위원 2007년 同연구위원, 同재정투자분석본부 산업기술조사실 연구위원 2010년 同기술예측센터장 2010~2011년 同기술예측단장 2015년 同재정투자분석본부장(현)

임 현(林 炫) LIM Hyun

[생]1969·9·23 [출]광주 [주]서울 서초구 반포대로157 대검찰청 공안1과(02-3480-2320) [학]1988년 광주 대동고졸 1992년 고려대 법학과졸 [경]1995년 사법시험 합격(37회) 1999년 사법연수원 수료(28기) 1999년 부산지검 검사 2001년 광주지검 순천지청 검사 2003년 대전지검 검사 2005년 서울중앙지검 검사 2008년 대검찰청 연구관 2010년 대구지검 검사 2011년 同부부장검사 2012년 대전지검 천안지청 부장검사 2013년 광주지검 해남지청장 2014년 대검찰청 디엔에이수사담당관 2015년 同공안2과장 2016년 同공안1과장(현) [상]검찰총장표창(2003), 대통령표창(2010) [저]'공직선거법 벌칙해설(共)'(2010) [종]천주교

임현모(任賢模) IM Hyun Mo

[생]1956·5·3 [본]장흥(長興) [출]전남 보성 [주]광주 북구 필문대로55 광주교육대학교 윤리교육과(062-520-4104) [학]1982년 전남대 철학과졸 1986년 同대학원 정치학과졸 1992년 정치학박사(전남대) 1996년 전남대 대학원 철학 박사과정 수료 2000년 연세대 경제대학원 최고과정 수료 [경] 1992년 광주교육대 윤리교육과 전임강사·조교수·부교수·교수(현) 1994~1996년 同윤리교육과 학과장 1995~1998년 전국교육대 윤리교육과교수연구협의회장 1996~1998년 미국 U.C. Berkeley 객원교수 1999~2000년 광주교육대 학생생활연구소장 2001~2002년 同인사위원회 인사위원 2002년 한국윤리학회 광주·전남지회장 2002년 광주시 교육위원 2005~2008년 광주교육대 총장 2007~2011년 민주평통 상임위원 2009~2013년 통일부 통일교육위원회 광주시지부 수석부회장, 한국동북아학회 부회장(현) [저]'현대사회와 윤리'(2004) [종]기독교

임현석(林炫錫) Lim, Hyun-suk

[생]1976·10·10 [출]서울 [주]대전 서구 청사로189 특허청 산업재산보호협력국 다자기구팀(042-481-8197) [학]1994년 서울과학고졸 1998년 한국과학기술원(KAIST) 전기 및 전자공학과졸 2005년 서울대 법과대학 법학부졸 2013년 미국 스탠퍼드대 로스쿨 법학과졸(LL.M.) [경]1998~2007년 산업자원부 반도체전기과·특허청 혁신기획과·전기심사과·통신심사과·영상기기심사과 사무관 2007~2012년 특허청 전기전자심사본부 특허심사정책팀·전기전자심사국 전자상거래심사과·특허심판원 송무팀·정보통신심사국 통신심사과 서기관 2012년 同특허심판원 심판8부 심판관 2015년 同산업재산보호협력국 다자기구팀장(현) [상]대통령표창(2008)

임현수(任顯琇) IM Hyun Soo

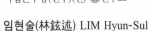

[생]1959 · 3 · 30 [출]충남 보령 [주]서울 영등포구 선유동2로57 이레빌딩 효성ITX(주) IT사업본부(02-2102-8611) [학]서라벌고졸, 동국대 전자계산학과졸 [경]한국전력공사 근무, 효성인포메이션시스템(주) 공공사업본부 및 PS사업본부장(상무), 同공공사업본부 · 시스템사업본부 전무, 효성ITX(주) IT서비스사업본부장(전무) 2016년 同IT사업본부장(전무)(현) [종]천주교

임현술(林鉉述) LIM Hyun-Sul

[생]1952·7·15 [본]조양(兆陽) [출]전북 익산 [주]경북 경주시 동대로123 동국대학교 의과대학 예방의학교실(054-770-2401) [학]1978년 서울대 의과대학졸 1981년 同보건대학원졸 1986년 의학박사(서울대) [경]1984년 국방부 국군군의학교 예방의학과장 1989년 인천중앙정형외과의원 부원장 1990년 동국대 의과대학 예방의학교실 조교수·부교수·교수(현) 1995~1997년 동국대 대학원 의학과장 1999년 대한예방의학회 이사(현) 1999~2000년 미국 보훈부 환경역학과 방문과학자 2000~2004년 대한산업의학회 학술위원회 위원장 2001~2013년 동국대 의과대학 예방의학교실 주임교수 2001년 同대학원 의학과 주임교수 2002~2004년 同의학연구소장 2003~2013년 서울대 초빙부교수·초빙교수 2003년 한국역학회 부회장 2003년 국립보건원 감염질환분과위원 2004~2006년 한국농촌의학회 수석부회장 2004년 대한민국의학한림원 정회원(현) 2004~2006년 同학술위원회 위원 2004~2006년 한국역학회 회장 2004~2006년 대한예방의학회 학술위원장 2004~2006년 대한산업의학회 감사 2004년 경북도 역학조사관 2005~2007년 원자력안전전문위원회 위원 2005~2008년 경북도 건강증진사업지원단장 2006년 질병관리본부 인수공통전염병대책위원회 및 전문분과위원회 위원(현) 2006~2009년 대한인수공통전염병학회 부회장 및 생물테러연구회 회장 2007~2009년 한국농촌의학지역보건학회 회장 2008년 예방접종심의위원회 일본뇌염분과위원회 위원(현) 2006·2008년 농림수산식품부 중앙가축방역협의회 위원 2010년 질병관리본부 학술지편집위원회 위원(현) 2011년 同예방접종피해보상전문위원회 위원 2011~2013년 대한예방의학회 이사장 2011~2014년 동국대 의과대학장 겸 의학전문대학원장 2012년 한국의학전문대학원협의회 회장 2012년 고용노동부 역학조사평가위원회 위원(현) 2012년 한국의약품안전관리원 안전성평가전문위원회 위원 2013년 농림축산식품부 중앙가축방역협의회 위원 2013년 경북도 건강행복추진기획단 감염병관리분과위원회 위원장(현) 2015년 환경부 환경보건위원회 위원(현) 2016년 삼성전자 옴부즈만위원회 제1분과 위원장(현) 2016년 한국수력원자력(주) 방사선보건자문위원회 위원(현) 2016년 보건복지부 역학조사전문위원회 위원(현) [상]대통령표창(2003), 근정포장(2010)

임현우(林鉉祐) LIM, Hyun-Woo

[생]1974 · 6 · 1 [본]나주(羅州) [출]전남 보성 [주]세종특별자치시 정부2청사로13 국민안전처 장관비서실(044-205-1001) [학]1993년 문성고졸 1997년 서울대 토목공학과졸 2000년 同대학원졸(지진공학석사) 2014년 재난안전공학박사(미국 Univ. of Illinois at Urbana-Champaign) [경]1999~2004년 광주시 동구 도심활성화추진단장 · 도시개발과장 2004~2008년 소방방재청 재해복구과 · 재해보험팀 등 서기관 2011년 국무총리실 파견 2011년 소방방재청 지진방재과장 2013년 同재난상황실장 2014년 同재해경감과장 2014년 국민안전처 장관 비서실장 2015년 同장관 비서실장(부이사관)(현) [상]대통령표창(2008), 근정포장(2014) [종]천주교

임현진(林玄鎭) LIM Hyun Chin

[생]1949 · 4 · 26 [본]충주(忠州) [출]서울 [주]서울 관악구 관악로1 서울대학교 사회과학대학 사회학과(02-880-6401) [학]1967년 경복고졸 1971년 서울대 사회학과졸 1973년 同대학원 사회학졸 1982년 사회학박사(미국 하버드대) [경]1973~1976년 육군사관학교 전임강사 1980~1982년 미국 하버드대 국제문제연구소 연구원 1983~2014년 서울대 사회학과 교수 1989년 미국 시카고대 동아시아연구소 초빙교수 1994년 미국 캘리포니아대 국제대학원 풀브라이트 교환교수 1995년 서울대 사회발전연구소장 1996년 중앙공무원교육원 겸임교수 1997 · 2001~2003년 미국 듀크대 사회학과 초빙교수 1997년 한국일보 논설위원 1997년 나라정책연구회 회장 1998~2000년 Korean Social Science Journal 편집인 1999~2003년 Contemporary Sociology 편집위원 2001년 미국 듀크대 동아시아연구소 초빙교수 2001년 한국NGO학회 상임대표 2003년 미국 듀크대 아시아태평양연구소 겸임교수 2004~2006년 서울대 기초교육원장 2004년 동덕여대재단 이사 2004~2006년 국방부 · 통일부 · 교육부 정책자문위원 2006년 한국사회학회 회장 2006~2010년 서울대 사회과학대학장 2006~2015년 (주)SK텔레콤 사외이사 2007년 교육인적자원부 · 한국학술진흥재단 선정 국가석학(우수학자) 2007년 국제개발협력학회 창립회장 2008~2013년 한국정치사회학회 회장 2008년 국제개발협력학회 회장, 전국국공립사회과학대학장협의회 회장, 외교통상부 정책자문위원 2009~2013년 서울대 아시아연구소장 2010~2014년 육군사관학교 자문위원 2012년 한국국제협력단(KOICA) 민관협력사업 전문위원 2012~2016년 경제정의실천시민연합 공동대표 2013년 국무총리자문 시민사회발전위원회 위원(현) 2013~2015년 한국사회과학협의회 회장 2014년 서울대 사회과학대학 사회학과 명예교수(현) 2014년 새정치민주연합 국회도서관장추천위원장 2015년 대한민국학술원 회원(사회학 · 현) [상]서울대 우등상(1969), 자유경제출판문화대상(1996), 자유기업출판문화대상(1996), 전국경제인연합회 자유기업출판문화대상(1996), 학술진흥재단 인문사회분야 우수학자(국가석학)(2007), 옥조근정훈장(2014) [저]'현대한국과 종속이론'(1987) '제3세계, 자본주의 그리고 한국'(1987) '현대의 사회학'(1988) '자본주의와 사회주의 : 이론과 실제'(1989) '스포츠사회학'(1991) '라틴아메리카의 도전과 좌절 : 격동하는 정치사회'(1991) '시민사회의 도전'(1993) '제3세계연구 : 종속, 발전 및 민주화'(1993) '전환의 정치, 전환의 한국사회'(1995) '한국사회와 민주주의'(1997) '지구시대 세계의 변화와 한국의 발전'(1998) '한국의 삶의 질 : 신체적, 심리적 안전'(1998) '한국사회의 구조론적 이해'(1999) '기업 엘리트의 21세기 경제사회비전'(1999) '정보사회의 정치경제적 변동과 21세기 사회문화체계'(1999) '새천년의 과학기술과 지식기반사회'(2000) '21세기를 대비한 정보통신기술정책의 장기비전 : 사회적 측면을 중심으로'(2000) '비교사회학'(2000) '외국인근로자 고용허가제 도입방안'(2000) '21세기 한국사회의 안과 밖 : 세계체제에서 시민사회까지'(2001) '한국의 지성 100년 : 개화사상가에서 지식 게릴라까지'(2001) '한국사회 이대로 안된다'(2001) '남북 협력시대의 통일론'(2001) '사이버 경제'(2001) '신사회운동의 사회학 : 세계적 추세와 한국'(2001) '아시아 · 태평양 지역의 환경문제, 환경운동 및 환경정책'(2002) '호산 김경동 교수 정년기념논총 : 현대사회와 인간 2. 직업과 노동의 세계'(2002) '한국 벤처기업과 벤처기업가 정신'(2002) '새로운 스포츠 사회학'(2002) '임희섭 교수 정년 기념 논총 : 한국의 사회운동'(2002) '사회이론과 사회변혁'(2003) '한국사회의 위험과 안전'(2003) '한국사회발전연구'(2003) '우리에게 연고는 무엇인가 : 한국의 집단주의와 네트워크'(2003) '위험, 재난사회, 어떻게 대응할 것인가?'(2004) '21세기 한국의 국가관리와 리더십'(2004) '전환기 한국의 정치와 사회'(2005) '21세기 통일한국을 향한 모색 : 분단과 통일의 변증법'(2005) '한국사회의 주요쟁점과 국가관리'(2005) '한국의 사회운동과 진보정당'(2009) '세계화와 반 세계화'(2011, 세창출판사) '지구시민사회의 구조와 역학'(2012, 나남) '동아시아 협력과 공동체'(2013, 나남) 'Global Callenges in Asia'(2014, SNU Press) '뒤틀린 세계화'(2014, 나남) [역]'교양사회학(共)'(1975) '사회학의 재해석(共)'(1984) '현대국가와 권위주의(共)'(1986) '현대 자본주의와 스포츠(共)'(1988) '혁명을 넘어서'(1991) '동아시아의 네 마리 용'(1996) '열린 민주주의, 닫힌 사회주의(共)'(1996) '성찰적 근대화(共)'(1998) '자본가 없는 자본주의(共)'(2003) '사회학이론(共)'(2003) [종]기독교

임현철(林炫澈) LIM Hyeon Cheol

[생]1962 · 7 · 14 [출]전북 전주 [주]인천 중구 서해대로365의1 인천지방해양항만청(032-885-0010) [학]1981년 전주고졸 1985년 경희대 법학과졸 2001년 미국 로드아일랜드대 대학원 해양학과졸 [경]1990년 법제처 재무부담당 법제관실 행정사무관 1995년 국민고충처리위원회 위원장법률보좌관 1996년 법제처 재경원담당 법제관실 행정사무관 1997년 해양수산부 항만정책국 항만정책과 행정사무관 1998년 同해양정책국 연안계획과 행정사무관 1999년 同해양정책국 연안계획과 서기관 2003년 同안전관리실 해사기술담당관 2003년 同해양정책국 해양개발과장 2004년 同어업자원국 어업교섭과장 2004년 駐미국대사관 1등서기관 2007년 해양수산부 정책홍보관리실 재정기획관실 재정팀장(서기관) 2007년 同정책홍보관리실 재정기획관실 재정팀장(부이사관) 2008년 국토해양부 해양정책국 해양정책과장 2010년 同항공정책실 국제항공과장 2011년 인천지방해양항만청 인천항건설사무소장 2012년 여수세계박람회조직위원회 파견(고위공무원) 2013년 해양수산부 해사안전국장 2015년 중앙공무원교육원 교육파견 2016년 인천지방해양수산청장(현)

임현철(林鉉澈) LIM Hyeon Cheol

[생]1967 · 2 · 15 [주]울산 남구 중앙로201 울산광역시의회(052-229-5034) [학]2006년 영산대 법률과졸, 울산대 정책대학원졸 [경]처용로타리클럽 봉사위원장, 울산시 새마을남구지회 이사회 총무, 삼산동주민자치위원회 위원, 삼산산업개발(주) 대표이사, 삼산체육회 감사, 중앙새마을금고 이사장, 한나라당 울산南乙당원협의회 청년위원장, 同중앙위원, 민주평통 울산시 남구협의회 위원(현) 2006 · 2010~2014년 울산시 남구의회 의원(한나라당 · 새누리당) 2012~2014년 同의장 2014년 울산시의회 의원(새누리당)(현) 2014년 同환경복지위원회 위원 2014년 同예산결산특별위원회 위원 2016년 同운영위원회 위원(현) 2016년 同행정자치위원회 부위원장(현)

임현택(林賢澤) LIM Hyun Taek

생1962 · 8 · 15 본나주(羅州) 출경남 함양 주인천 중구 서해대로365의1 인천지방해양수산청 운영지원과(032-880-6410) 학1981년 우신고졸 1986년 고려대 행정학과졸 2005년 미국 콜로라도주립대 행정대학원 행정학과졸 경1994년 행정고시 합격(38회) 1997년 해양수산부 기획계장 · 해운계장 2003년 미국 국립해양대기청(NOAA) 파견(서기관) 2005년 해양수산부 어업자원국 남북수산협력팀장 2007년 同홍보관리관실 정보상황팀장 2007년 同장관비서관 2008년 국토해양부 홍보담당관 2009년 同교통정책실 도시광역교통과장 2011년 同해양정책국 해양영토개발과장 2012년 유네스코 IOC 파견(서기관) 2014년 해양수산부 해양정책실 해양환경정책과장 2015년 4 · 16세월호 참사특별조사위원회 파견(부이사관) 2016년 인천지방해양수산청 운영지원과장(현)

임형규(林亨圭) LIM Hyung Kyu

생1953 · 2 · 4 출경남 거제 주서울 중구 을지로65 SK텔레콤(주) 임원실(02-6100-2114) 학1972년 경남고졸 1976년 서울대 전자공학과졸 1978년 한국과학기술원(KAIST) 전자공학과졸(석사) 1984년 전자공학박사(미국 플로리다대), 서울대 경영대학원 최고경영자과정(AMP) 수료 경1976년 삼성전자(주) 입사 1978년 同반도체연구개발담당 연구원 1984년 同수석연구위원 1991년 同이사 1994년 同메모리본부 메모리설계담당 연구위원(상무) 1996년 同전무 1997년 同메모리본부장 1997년 대한전자공학회 이사 1999년 삼성전자(주) 반도체총괄 메모리개발사업부장(부사장) 2000년 同시스템LSI담당 부사장 2001~2004년 대한전자공학회 협동부회장 겸 반도체Society 대표 2001~2004년 삼성전자(주) 시스템LSI사업담당 사장 2003년 임베디드소프트웨어산업협의회(KESIC) 초대회장 2004~2005년 삼성전자(주) 기술총괄 사장(CTO) 2005~2008년 삼성종합기술원 원장 2008~2009년 삼성전자(주) 신산업팀장(사장) 2009년 한국산업기술진흥협회 최고기술책임자(CTO)클럽 공동대표간사 2010~2013년 삼성전자 상담역 · 고문 2012~2014년 한국과학기술원총동문회 회장 2014년 SK텔레콤 부회장(현) 2014년 SK그룹 SUPEX(Super Excellent)추구협의회 ICT기술성장위원장(현) 상정진기언론문화상(1989), 금탑산업훈장(2000), 경남중 · 고 在京동창회 자랑스런 용마대상(2004), 미국 플로리다대 올해의 우수논문상(2005), 기술경영인상(2007), 서울대 공대동문상(2008), 서울대 AMP(최고경영자과정) 대상(2016)

임형두(任炯枓) IM Hyeong Doo

생1960 · 9 · 29 출전남 장흥 주서울 종로구 율곡로2길25 연합뉴스 출판부(02-398-3114) 학1978년 장흥고졸 1983년 한국외국어대 아랍어과졸 경2000년 연합뉴스 문화부 부장대우 2003년 同여론매체부장 2004년 同대중문화팀장 2004년 同문화부장 2005년 同지방자치부 근무(부국장대우) 2006년 同편집위원실장(부국장대우) 2007년 同편집위원실장(부국장급) 2008년 同편집위원 2009년 同논설위원 2009년 同고충처리인 겸임 2009년 同전북취재본부장 2011년 同전북취재본부장(국장대우) 2011년 同논설위원 2012년 연합뉴스TV 심의실장 겸 시청자센터장 겸 고충처리인 2013년 연합뉴스 콘텐츠평가실 콘텐츠평가위원 2014년 同전국부 기획위원(국장급) 2015년 同편집국 문화부 대기자 2016년 同출판부 기자(국장급)(현) 상서울언론인클럽 '올해의 보도대상'

임형미(林亨美 · 女) Hyung Mi Lim

생1967 · 8 · 21 주경남 진주시 소호로101 한국세라믹기술원 세라믹섬유복합재센터(055-792-2450) 학1990년 이화여대졸 1997년 이학박사(미국 Illinois대) 경1997~1998년 전남대 기초과학연구소 박사 후 과정 1998~1999년 同화학과 박사 후 과정 1999~2000년 조선대 화학공학과 인턴연구원 2000년 요업기술원 뉴세라믹부 분체재료팀 선임연구원 2012년 한국세라믹기술원 에너지환경소재본부 에코복합소재팀장 2016년 同세라믹섬유복합재센터장(현) 상과학기술우수논문상(2012), 미래창조과학부장관표창(2015)

임형빈(任亨彬) YIM Hyung Bin (芝史)

생1930 · 9 · 24 본풍천(豊川) 출서울 주서울 서대문구 북아현로11가길7 추계학원 이사장실(02-362-3318) 학1949년 경기중졸 1955년 미국 Lincoln Memorial Univ.졸 1958년 미국 Duke Univ. 대학원졸 경1951년 해군 복무 1958~1961년 농림부 산림국 技士 1961~1965년 추계학원 감사 1963~1967년 춘천농대 조교수 1965~1996년 추계학원 이사 1966~1987년 대한배구협

회 이사 · 국제이사 1967년 중앙여중 · 고 교장 1969~1996년 중앙여고 교장 1969년 중고배구연맹 회장 1969년 중고테니스연맹 회장 1974~1992년 추계예술학교 학장 1979년 아시아배구연맹 감사 1981년 同스포츠조직위원장 1981~2002년 국제배구연맹 스포츠조직위원회 위원 1987~2002년 대한배구협회 부회장 1989~2012년 아시아배구연맹 부회장 1989년 KOC 위원 1996년 추계학원 이사장(현) 2002~2010년 대한배구협회 명예부회장 2011년 同고문(현) 2012년 아시아배구연맹 명예부회장(현) 2012년 同동부지역협회 종신명예회장(현)

임형수(林炳秀) Lim, Hyoung Soo

생1959 · 10 · 13 본진천(鎭川) 출충북 진천 주서울 중구 새문안로16 농협중앙회 임원실(02-2080-5075) 학1977년 청주고졸 1985년 고려대 사회학과졸 경1985년 농협중앙회 입회 2001년 同농협구조개혁본부 팀장 2004년 同문화홍보부 광고홍보팀장 · 언론홍보팀장 2006년 同충북지역본부 청주청원시군지부 금융지점장 2008년 농민신문 편집국장 2009년 同문화홍보본부장 2011년 同농촌사랑지도자연수원 부원장 2014년 同충북지역본부장 2016년 同상호금융리스크관리본부부장(상무)(현) 상농어촌개선유공 농림수산부장관표창(1992), 농협경영기반확립유공 농림부장관표창(2001), 농촌인력육성유공 농림부장관표창(2003), 여성농업인권익보호와지위향상유공 농림축산식품부장관표창(2013)

임형주 LIM HYUNG JOO

생1986 · 5 · 7 주서울 강남구 논현로653 A&A빌딩 4층 유니버설뮤직코리아 학미국 줄리어드예비학교졸, 이탈리아 산펠리체음악원 성악과졸, 오스트리아 프란츠슈베르트음대 대학원 성악과 석사과정 수료, 이탈리아 로마시립예술대 성악과 최고연주과정 수료 경1998년 앨범 'Whispers Of Hope'으로 데뷔, 성악가 겸 팝페라가수(현) 2000년 제1회 CBS 전국음악콩쿠르 우승 2001년 Casual Classic 국제 장학콩쿠르 성악부문 우승 2001년 제12회 음악저널 전국학생음악콩쿠르 우승 2001년 제5회 전국청소년음악콩쿠르 우승 2003년 카네기홀 데뷔 독창회 2005년 대한적십자사 홍보대사 2007년 '코리안 모션' 홍보대사 2008년 2011대구세계육상선수권대회 홍보대사 2009년 CO2 닥터 명예홍보위원 2009년 서울 중구 홍보대사 2009년 월드비전 홍보대사 2010년 가톨릭대 서울성모병원 홍보대사 2011년 사랑의열매 홍보대사 2011년 모차르트 홍보대사 2012년 녹색성장국민연합 홍보대사 2012년 한국YWCA연합회 홍보대사 2014년 2015광주하계유니버시아드 홍보대사 2014년 유네스코 한국위원회 평화예술친선대사 2015년 국방부 청소년 나라사랑 홍보대사 2015년 한중학술문화교류협회 친선대사 2015년 2015광주디자인비엔날레 명예홍보대사 2015년 대한적십자사 친선대사 2015년 울산시 명예시민 2015년 이탈리아 로마시립예술대 명예교수 2015년 드림키즈 오케스트라 총예술감독 2015년 서울지방경찰청 홍보대사 2016년 스페셜올림픽코리아 홍보대사(현) 2016년 장애인인식개선 홍보대사(현) 2016년 인생학교 서울 교사(현) 2016년 로마시립예술대학 석좌교수(현) 2016년 국방부 나라사랑 홍보대사(현) 2016년 문화유산국민신탁 홍보대사(현) 상예원학교 음악공로상(2002), 미국 USO협회 명예훈장(2003), 한국교육개발원 '우리나라 중고등학생이 가장 만나고 싶은 명사'(2005), 유네스코 한국위원회 '청소년이 존경하는 100인'(2007), 한국관광공사 선정 '한국대표인물 100인'(2009), 유엔 평화메달(2010), 보건복지부장관표창(2011 · 2014), KBS 대한민국 나눔국민대상 인적나눔상(2014), 미국 캘리포니아 하원의회표창(2014), 국방부장관 감사패(2015), 대통령표창(2015), 문화체육관광부장관표창(2015), 미국 CNNiReport 선정 '세계 3대 팝페라테너'(2015), 미국 오바마 대통령표창(2015), 영국 BBC뮤직매거진 '세계에서 가장 영향력있는 팝페라가수 TOP5'(2015), 제10회 대한민국 자원봉사대상(2015), 제14회 대한민국 공로봉사상 사회봉사대상(2015), 대통령표창(2015), 대한적십자사 회원유공장 명예장(2015), 중국 춘제완후이특별공헌상(2016), 미국 포브스지 선정 '아시아에서 영향력 있는 30인 엔터테인먼트&스포츠부문'(2016), 한국사회공헌재단 '대한민국 사회공헌영웅 100인'(2016), 한류문화공헌대상 한류클래식&팝페라부문 대상(2016), 국회 미래창조과학방송통신위원장표창(2016) 전'임형주의 Only One(共)'(2005, 웅진지식하우스) '임형주 장희빈을 부르다'(2011, 공감의기쁨) 앨'Whispers Of Hope'(1998) '1집 Salley Garden'(2003) '2집 Silver Rain'(2003) '3집 Misty Moon'(2004) 'Misty Moon'(2004) 'Live From Seoul'(2005) '4집 The Lotus'(2005) 'Acacia'(2006) 'White Dream'(2006) 'Eternal Memory'(2007) 'My Hero'(2009) 'Crystal Tears'(2009) 'Miracle History'(2010) 'Beautiful Wish'(2011) 'Once More'(2011) '임형주, 장희빈을 부르다'(2011) '푸치니의 여인'(2011) 'Eastern Shadow'(2012) 'Oriental Love'(2012) 'Occidental Love'(2012) 'Another History'(2012) 'Classic Style'(2013) 'Elegance History'(2013) 'All My History'(2013) 'Finally'(2013) '천개의 바람이 되어'(2014) 'Always There'(2015) '5,5집 사랑'(2015)

임형준(林亨俊) HYUNG JOON LIM

[생]1962 · 12 · 13 [출]부산 [주]서울 중구 남대문로39 한국은행 부총재보실(02-759-4009) [학]1981년 중동고졸 1985년 연세대 경제학과졸 1987년 同대학원 경제학과졸 [경]1987년 한국은행 입행 1992년 同인사부 행원 1995년 同자금부 행원 1996년 同강남지점 조사역 1998년 同금융시장부 시장조사실 조사역 1999년 同금융시장국 조사역 2002년 同런던사무소 차장 2005년 同금융시장국 차장 2010년 同공보실 부실장(2급) 2011년 同금융시장국 시장운영팀장 2013년 同통화정책국 부국장 2014년 同인사경영국장 2016년 同인사경영담당 부총재보(현)

임혜경(林惠卿 · 女) IM Hye Gyong

[생]1953 · 10 · 25 [출]경남 함안 [주]서울 용산구 청파로47길100 숙명여자대학교 프랑스언어 · 문화학과(02-710-9324) [학]1976년 숙명여대 불어불문학과졸 1978년 同대학원 불어불문학과졸 1984년 불어불문학박사(프랑스 몽펠리에제3대) [경]1984년 숙명여대 · 수원대 강사 1985년 숙명여대 문과대학 불어불문학과 조교수 · 부교수, 同문과대학 프랑스언어 · 문화학과 교수(현) 2001~2004년 同지역학연구소장 2009년 同프랑스언어 · 문화학전공 학과장 2012~2014년 同문과대학장 2013~2015년 대통령소속 도서관정보정책위원회 위원 2015년 한국불어불문학회 회장 2016년 숙명여대 대학원장 겸 BK21플러스 지원사업단장(현) [상]대한민국문학상 번역부문 신인상, 한국문학번역상 [역]'한국현대희곡선'

임호균(林鎬均) Ho-kyun LIM

[생]1955 · 1 · 11 [본]평택(平澤) [출]서울 [주]서울 영등포구 여의대로24 FKI타워44층 한국광고주협회(02-2055-4003) [학]1981년 경희대 정치외교학과졸 1985년 연세대 경영대학원 경제학과졸 [경]1981년 전국경제인연합회 입사 1986년 同국제부 국제협력과장 1989년 同일본 동경사무소장 1993~1996년 同조사부 금융조세담당 차장 · 국제부장 1997년 同회장 비서실장 1999~2002년 同미국 뉴욕사무소장 1999~2003년 駐미국 한국상공회의소(KOCHAM) 운영위원 2001~2003년 미국 뉴욕 엠파이어포럼 부회장 2001~2003년 미국 뉴욕 코리아소사이어티 이사 2003년 전국경제인연합회 워싱턴사무소장 2004년 同동북아경제협력팀장 2006년 同홍보실장 2006~2008년 同30대그룹 경제홍보협의회 간사 2006~2007년 KBS 시청자위원(17기) 2008년 (주)기협기술금융 상무이사 2010년 한국광고주협회 사무총장 2010~2014년 YTN 시청자위원 2012년 인터넷신문위원회 이사(현) 2013년 한국광고주협회 상근부회장(현) 2013~2014년 민주평통 자문위원 2014년 반론보도닷컴 CEO 겸 편집인(현)

임호범(任浩範) IM Ho Beom

[생]1965 · 9 · 15 [본]풍천(豊川) [출]전남 나주 [주]서울 서초구 서초중앙로125 로이어드타워3층 법무법인(유) 태승(02-596-1003) [학]1984년 광주 숭일고졸 1988년 경희대 법학과졸 2007년 고려대 정책대학원 CRO최고위과정 수료 2009년 숙명여대 S-리더십 최고위과정 수료 2014년 서울대 인문대학 최고지도자인문학과정(AFP) 수료 [경]1989년 사법시험 합격(31회) 1992년 사법연수원 수료(21기) 1992년 軍법무관 1995년 변호사 개업 1999년 법전합동법률사무소 변호사 2004년 법무법인 굿모닝코리아 변호사 2006년 법무법인 장백 대표변호사 2006년 삼능건설 자문변호사 2006년 송천종합건설 자문변호사 2006년 보문3구역재개발조합 고문변호사(현) 2007년 법무법인(유) 태승 대표변호사(현) 2007~2012년 서울중앙지법 상설조정위원 2007~2012년 화물공제조합 고문변호사 2008~2012년 서울 강남세무서 국세심사위원, 국민은행 고문변호사, 방송위원회 종합유선방송사업자 심사위원, 한국교육방송(EBS) 고문변호사 2008년 연희제1재건축조합 고문변호사, 서울시가스조합 고문변호사

임호순(任浩淳) HOSOON IM

[생]1971 · 12 · 13 [주]대전 서구 청사로189 특허청 특허심사2국 정밀부품심사과(042-481-5430) [학]1990년 대전 동산고졸 1998년 연세대 기계공학과졸 2014년 영국 버밍엄대 사회정책대학원 사회정책학과졸 [경]2006년 특허청 특허심판원 심판행정팀 기술서기관 2007년 同경영혁신홍보본부 혁신기획팀 기술서기관 2008년 同기계금속건설심사국 제어기계심사팀 기술서기관 2009년 同특허심판원 심판정책과 기술서기관 2011년 同기계금속건설심사국 정밀기계심사과장 2012~2014년 국외연수(영국) 2015년 同특허심사2국 정밀부품심사과장(현)

임호영(林琥永) LIM Ho Yong

[생]1953 · 3 · 4 [주]경기 안산시 상록구 구룡로87 근로복지공단 안산병원(031-500-1100) [학]1972년 보성고졸 1978년 연세대 의대졸 2009년 국립암센터 보건복지정책고위자과정 수료 [경]국립의료원 인턴 · 레지던트 1986년 국군대구병원 진료부장 및 예편(소령) 1988년 연세대 의대 신경외과 외래교수(현) 1999~2003년 남서울병원 원장 2003~2006년 오산당병원 부원장 2006~2010년 안산중앙병원 원장 2006년 근로복지공단 자문의(현) 2009년 산재보상보험학회 부회장(현) 2010~2014년 안산산재병원 원장 2011년 안산시 장애인수급자격심의위원(현) 2014년 근로복지공단 안산병원장(현) 2016년 수원지법 안산지원 조정위원(현)

임호영(林鎬英) LIM Ho Young (西虹)

[생]1957 · 1 · 29 [본]예천(醴泉) [출]경북 문경 [주]서울 서초구 서초중앙로146 법무법인 경원(02-3482-8100) [학]1975년 김천고졸 1980년 서울대 법대졸 1982년 同대학원 수료 2007년 미국 노스웨스턴대 법과대학원졸(LL.M.) [경]1979년 사법시험 합격(21회) 1982년 사법연수원 수료(12기) 1982년 육군 법무관 1985년 수원지법 판사 1987년 서울형사지법 판사 1989년 마산지법 진주지원 판사 1991년 수원지법 판사 1992년 서울고법 판사 1994년 대법원 재판연구관 1997년 대구지법 부장판사 1999년 사법연수원 교수 2000 · 2006년 사법시험 위원 2001년 서울지법 부장판사 2001년 경원합동법률사무소 대표변호사 2001년 대한상사중재원 중재인(현) 2002년 軍법무관 시험위원 2004년 법무법인 경원 대표변호사(현) 2010년 서울지방변호사회 조사위원(현) [종]가톨릭

임호영(任浩永)

[생]1959 [출]충북 음성 [주]서울 용산구 이태원로22 사서함181의1호 한미연합사령부(02-794-2081) [학]서울 영등포고졸 1982년 육군사관학교졸(38기) [경]육군 제2작전사령부 작전처장, 육군 제6사단장(소장), 한미연합사령부 작전참모부 차장 2014년 육군 제5군단장(중장) 2015년 합동참모본부 전략기획본부장(중장) 2016년 한미연합사령부 부사령관(대장)(현)

임호영(林浩永) LIM Ho Yeong

[생]1959 · 11 · 1 [출]서울 [주]서울 강남구 일원로81 삼성서울병원 혈액종양내과(02-3410-3459) [학]1978년 동북고졸 1984년 연세대 의대졸 1995년 同대학원졸 2001년 의학박사(고려대) [경]1984~1988년 연세대 의대 인턴 · 내과 레지던트 1988~1991년 육군 軍의관 1991~1993년 연세대 의대 혈액종양내과 연구강사 1993~1999년 아주대 의대 혈액종양내과학교실 전임강사 · 조교수 1995~1997년 미국 존스홉킨스대 혈액종양내과 박사 후 연구원 1999~2006년 아주대 의대 종양혈액내과학교실 부교수 · 교수 2001~2006년 同의대 종양혈액내과학교실 주임교수 2001~2006년 아주대병원 종양혈액내과장 2003~2005년 아주대 교육수련부장 2003~2006년 同임상연구센터 소장 2006년 성균관대 의대 내과학교실 교수(현) 2006년 삼성서울병원 혈액종양내과 전문의(현) 2007년 同연구기획실장 2007년 同임상시험교육센터장 2009~2011년 同혈액종양내과장 2010년 同전략기획실장 [상]미국암연구학회 'Young Investigator's Award', 보령암학술상(2013), 광동암학술상(2013)

임호욱(林虎旭) LIM Ho Wook

[생]1950 · 7 · 9 [출]경남 남해 [주]경남 김해시 금관대로1125 경남매일 편집국(055-323-1000) [학]1973년 동아대 축산학과졸 [경]1978년 부산일보 편집부 기자 1987년 同제2사회부 차장 1988년 同경제부 차장 1989년 同편집부 차장 1990년 同경제부 차장 1993년 同정치부 차장 · 편집부장대우 차장 1994년 同편집2부장 1995년 同제2사회부장 1996년 同국제부장 1998년 同논설위원 1999년 同편집국 부국장 2000년 同논설위원 2002년 同판매국장 2003년 同뉴미디어국장 2006~2007년 同경영기획실 기획위원 2010~2011년 경남매일 편집국장(이사) 2011년 창원일보 편집국장 2013년 경남매일 편집국장 2016년 同편집국장(이사)(현) [종]불교

임호철(林鎬哲) LIM Ho Cheol

[생]1958 · 10 · 28 [주]서울 종로구 세종대로209 행정자치부 청사시설기획관실(044-200-1010) [학]1978년 충북고졸 1985년 충북대 농업기계학과졸 [경]행정자치부 정부청사관리소 시설운영과 서기관 2003년 同지방재정경제국 공기업과 서기관 2004년 同지방재정국 경영지원과 공업서기관 2006년 同과천청사관리소 기술과장 2008년 同정부청사관리소 공사관리과장 2008년 同정부청사관리소

시설운영과장 2010년 행정안전부 정부청사관리소 기획과장 2012년 同정부청사관리소 공사관리과장(서기관) 2012년 同정부청사관리소 공사관리과장(부이사관) 2013~2014년 안전행정부 정부청사관리소 공사관리과장 2014년 행정자치부 정부청사관리소 공사관리과장 2015년 同정부청사관리소 청사기획관(고위공무원) 2015년 同정부청사관리소 청사시설기획관(현)

임홍규(林洪圭) LIM Hong Kyu

[생]1953·10·18 [주]서울 종로구 율곡로75 현대엔지니어링(주) 건축본부(02-2134-7431) [학]대전고졸, 충남대 건축공학과졸 [경]현대건설(주) 건축사업본부 부장, 同상무보 2006년 同상무 2008년 同건축사업본부 전무 2009~2011년 LIG건설 건축사업본부 전무 2012년 현대엠코 건축본부장(전무) 2014년 同건축본부장(부사장) 2014년 현대엔지니어링(주) 건축본부장(부사장)(현) [상]은탑산업훈장(2016)

임홍빈(任洪彬) YIM Hong Bin

[생]1930·3·28 [본]풍천(豊川) [출]충남 금산 [주]서울 송파구 중대로38길17 (주)문학사상사(02-3401-8522) [학]1956년 서울대 법대졸 1970년 미국 하버드대 수료 [경]1956~1962년 세계일보·민국일보·합동통신 기자 1962년 민국일보·일요신문 논설위원 1962~1971년 한국일보 논설위원 1967~1969년 고려대 강사 1971년 문화공보부 홍보조사연구소장·駐로마 공보관 1974년 경향신문 논설주간 1975~1979년 이화여대 강사 1977년 경향신문 정치경제연구소 연구위원 1983년 국제관계연구소 수석연구위원 1985년 월간 '문학사상' 대표 1987년 (주)문학사상사 회장(현) 1987~2011년 (주)서림 회장 1988년 민주화합추진위원회 사회개혁분과위원회 간사 1998~2000년 한국방송공사 이사 1998~2001년 민주평통 자문위원 2006~2011년 테르메덴온천리조트 회장 2007년 서울언론인클럽 회장, (사)온천협회 회장, (주)신흥기업 회장 [상]배설선생기념사업회 배설언론상(2009), 문화체육관광부장관표창(2009) [저]'광복30년-시련과 영광의 민족사'(編) [역]'사업가는 세상에 무엇을 남기고 가는가' '대통령의 안방과 집무실'(1995) [종]기독교

임홍재(任弘宰) YIM, HONG JAE

[생]1956·12·15 [출]서울 [주]서울 성북구 정릉로77 국민대학교 자동차공학과(02-910-4006) [학]1979년 서울대 기계설계학과졸 1983년 同대학원졸 1990년 기계공학박사(미국 아이오와대) [경]미국 제네럴모토스 Sr. Engineer, 서울대 연구조교, 산업연구원 연구원, 국민대 자동차융합대학 자동차공학과 교수(현) 2014~2016년 同교학부총장 2014년 同LINC사업단장(현) 2016년 同기획부총장(현)

임홍조(林弘造) LIM Hong Jo

[생]1940·10·31 [출]경남 고성 [주]서울 종로구 삼봉로95 종로대성스카이렉스101동201호 한국출판문화진흥재단(02-732-1434) [학]경남고졸, 서울대 사범대졸 [경](주)한국능력개발사 사장 1986~1996년 (사)학습자료협회 회장, 교육신문사 사장 1994~1995년 (사)대한출판문화협회 부회장, 금성교과서(주) 사장, 영재교육사 대표이사 사장(현) 2004~2010년 (재)한국출판연구소 이사장 2011년 한국출판문화진흥재단 이사장(현)

임화섭(林和燮) LIM Hwa Seop

[생]1964·8·29 [출]전남 고흥 [주]경기 성남시 분당구 성남대로884의3 가온미디어(주) 비서실(031-724-8505) [학]인하대 전자공학과졸 [경]1989년 삼성전자(주) 종합연구소 입사 1990년 同연구원 1993년 同전임연구원 1995~2001년 同선임연구원 2001년 가온미디어(주) 대표이사 사장(현) [상]벤처기업대상(2003), 정보통신중소기업대상(2004), 은탑산업훈장(2010)

임　환(林 煥) LIM Hwan

[생]1956·2·8 [본]조양(兆陽) [출]전북 완주 [주]전북 전주시 덕진구 벚꽃로54 전북도민일보(063-259-2192) [학]1975년 영생고졸 1988년 우석대 경영학과졸 1999년 전북대 대학원 신문방송학과졸 2015년 문화예술학박사(추계예술대) [경]1968~1973년 전북매일 근무 1981~1988년 전북일보 근무 1997년 전북도민일보 사회부장 1998년 同서울분실 취재본부장 2001년 同정치부장 2002년 同정치부장(부국장대우) 2003년 同편집국장 2008년 同수석논설위원 2011~2012년 한국신문방송편집인협회 이사 2012년 전북도민일보 논설실장 2014년 同전무이사(현) 2015~2016년 전주문화재단 이사장 직대 [상]자랑스런 전북인대상(2006)

임환수(林煥守) Lim Hwan-Soo

[생]1962·12·28 [출]경북 의성 [주]세종특별자치시 노을6로8의14 국세청 청장실(044-204-2201) [학]1980년 대구고졸 1985년 서울대 정치학과졸 1991년 同행정대학원 행정학과 수료 [경]1984년 행정고시 합격(28회) 1993년 국세청 국제조세2과 사무관 1994년 서울지방국세청 국제조사과 사무관 1995년 국세청 비서실 사무관 1997년 同조사3과 사무관 1997년 국세청장 비서관(서기관) 1999년 서울지방국세청 국제조세2과장 1999년 同조사3국 조사3과장 2001년 同조사1국 조사3과장 2003년 고양세무서장 2005년 국세청 혁신기획관 2006년 同정책홍보관리관실 혁신기획관(부이사관) 2007년 서울지방국세청 납세자보호담당관 2008년 중부지방국세청 조사1국장 2009년 서울지방국세청 국제거래조사국장 2009년 同조사2국장(고위공무원) 2009년 同조사1국장(고위공무원) 2010년 同조사4국장 2011년 국세청 조사국장 2013년 同법인납세국장 2013년 서울지방국세청장 2014년 국세청장(현) [상]녹조근정훈장(2005) [저]'양도소득세 실효성 제고방안' [종]기독교

임회무(林會武) Im Hoe Mu

[생]1959·1·15 [주]충북 청주시 상당구 상당로82 충청북도의회(043-220-5092) [학]2003년 청주과학대 행정전산학과졸 [경]충북도의회 의장비서실장, 한국자유총연맹 충북지부 사무처장 2010년 충북도의원선거 출마(한나라당), 한국자유총연맹 괴산지회장 2011년 한나라당 충북도당 홍보위원장, 새누리당 충북도당 지역발전위원(현) 2014년 충북도의회 의원(새누리당)(현) 2014년 同행정문화위원회 위원장 2015년 새누리당 대외협력위원회 부위원장 2015년 同충북도당 온천법개정특별위원회 위원장 2016년 충북도의회 문장대온천개발저지특별위원회 위원장(현) 2016년 同산업경제위원회 위원(현) 2016년 同예산결산특별위원회 위원(현) [상]전국시·도의회의장협의회 우수의정 대상(2016)

임효근(林孝根) LIM Hyo Keun

[생]1955·9·23 [본]울진(蔚珍) [출]대구 [주]서울 강남구 일원로81 삼성서울병원 영상의학과(02-3410-2505) [학]1974년 경북고졸 1981년 서울대 의과대학졸 1989년 同대학원졸 1993년 의학박사(서울대) [경]1981~1985년 서울대병원 인턴·레지던트 1988~1993년 한림대 의과대학 전임강사·조교수 1993~1994년 미국 아이오와대병원 임상교수 1994년 삼성서울병원 영상의학과 전문의(현) 1997~2002년 성균관대 의과대학 진단방사선과 부교수 1999~2004년 삼성서울병원 소화기영상의학분과장 2002년 성균관대 의과대학 영상의학교실 교수(현) 2003~2006년 세계초음파의학회 학술위원장 2004년 삼성서울병원 영상의학과장 2004년 성균관대 의과대학 영상의학교실 주임교수, 대한영상의학회 학술이사, 대한인터벤션종양학연구회 회장 2007년 대한민국의학한림원 정회원(현) 2007년 북미방사선의학회 학술지(Radiology) 편집위원 2008년 아시아대양주방사선의학회 학술위원장 2008~2010년 삼성서울병원 진료부원장 2010~2011년 삼성의료원 기획조정처장 2013~2014년 대한초음파의학회 회장 2015년 성균관대 삼성융합의과학원장(현) [상]대한초음파의학회 학술상(1991), 대한방사선의학회 해외저술상(1995), 세계비뇨기방사선의학회 학술상(1999), 대한방사선의학회 제1회 태준방사선의학상(2002), 세계소화기방사선의학회 최우수논문상(2003), 북미방사선의학회지 최우수논문심사위원상(2005)

임효재(任孝宰) IM Hyo Jai (貧雪)

[생]1941·5·25 [본]풍천(豊川) [출]서울 [주]서울 관악구 관악로1 서울대학교 인문대학 고고미술사학과(02-503-0279) [학]1960년 경기고졸 1965년 서울대 고고인류학과졸 1975년 미국 텍사스주립대 대학원 고고학과졸 1984년 고고학박사(일본 규슈대) [경]1969~1985년 서울대 인문대학 고고미술사학과 전임강사·조교수·부교수 1985~1991년 同박물관장 1985~2006년 同교수 1988~1991년 전국국립박물관협회 회장 1994년 한국신석기연구회 회장 1995년 한국고대사학회 회장 1995~1999년 문화재위원 1996년 한국고고학회 회장 1997년 문화유산의해 조직위원 1998년 한국선사고고학회 회장 2006년 서울대 고고미술사학과 명예교수(현) 2008년 한국전통문화학교 문화유적학과 초빙교수 2010년 (사)동아시아고고학연구회 회장(현) 2014년 오산리선사유적박물관 명예관장(현) [상]홍조근정훈장(2006) [저]'南海島嶼考古學'(1968) '欣巖里 住居址'(1973) '敎養으로서의 考古學'(1976) '巖寺洞 緊急發掘 調査報告'(1983) '오산리遺蹟'(1984) '巖寺洞'(1985) '한국신석기시대연구' '한우물' '강원도 오산리 신석기문화의 연구' '한국고대문화의 흐름'(1997) '동아세아속의 오산리 신석기문화의 위치'(1997) '한국신석기문화'(2000) '한국고대 도작 문화의 기원'(2001) '두더지고고학'(2001) '한국 신석기문화의 전개'(2005) [종]천주교

임 훈

[생]1963 · 8 · 7 [출]서울 [주]광주 서구 무진대로932 (주)광주신세계 비서실(062-360-1001) [학]건국대 축산학과졸 [경]1989년 삼성 입사(공채) 2012년 (주)신세계 식품생활담당 상무보 2014년 同백화점부문 식품생활담당 상무 2014년 同백화점부문 식품담당 상무 2015년 同백화점부문 광주점장(상무) 2016년 (주)광주신세계 대표이사(현) 2016년 광주비엔날레 이사(현)

임흥빈(任興彬) IM Heung Bin (老功)

[생]1960 · 10 · 6 [본]풍천(豊川) [출]전남 신안 [주]전남 무안군 삼향읍 오룡길1 전라남도의회(061-279-6820) [학]목포 문태고졸, 목포전문대학졸, 광주대 법학과졸 2002년 초당대 대학원 사회복지학과졸(석사) 2015년 同대학원 박사과정 재학中 [경]목포전문대 학생회장, 민주연합청년동지회 목포시 조직국장, 동아인재대학 선교복지학과 강사 2002년 새천년민주당 한화갑 국회의원후보 언론홍보실장 2004년 同박준영 전남도지사후보 연설원, (사)신안포럼 사회복지분과 위원장, 신안군 보육위원회 위원장, 민주평통 신안군지부 간사, 同신안군지부 부지부장, 신안군사회복지협의회 회장 2006 · 2010~2014년 전남도의회 의원(민주당 · 대통합민주신당 · 통합민주당 · 민주당 · 민주통합당 · 민주당 · 새정치민주연합), 同예산결산특별위원회 부위원장, 민주당 전남도당 장애인위원장, (사)전남도생활체육협의회 부회장, (사)전남도장애인총연합회 회장 2009년 대한장애인올림픽위원회(KPC) 위원 2010~2012년 전남도의회 교육위원장 2010년 전남장애인체육회 수석부회장 2011년 민주통합당 전남도당 상무위원, 민주당 전국장애인위원회 부위원장, 同전남도당 운영위원 2012년 전남도의회 행정환경위원회 위원 2012년 同예산결산특별위원회 위원 2014년 전남도의회 의원(새정치민주연합 · 더불어민주당)(현) 2014년 同행정환경위원회 위원 2014년 同도서해양문화연구모임 대표 2014년 同공직자윤리위원회 위원 2016년 同예산결산특별위원회 위원(현) 2016년 同경제관광문화위원회 위원(현) [상]전남도지사표창(2000), 신안군수 감사패(2001), 청록청소년육영회장표창(2007), 전남매일신문주관 지역봉사우수상(2007), 전국지역신문협회주관 의정대상(2009), 장애인인권포럼주관 우수의원상(2009), 목포소방서장 감사패(2009), 전남도지사 공로패(2009), 문화체육부장관표창(2010), 뉴스웨이신문사주관 존경받는 인물대상(2010), 시사투데이주관 올해의 존경받는 인물대상(2010), 시민일보주관 의정대상(2012), 광주전남지역신문연합회주관 풀뿌리경영혁신 의정대상(2012), 목포 영흥중고 총동문회장 감사패(2012), 시사투데이주관 대한민국 사회공헌(정계인)대상(2013) [종]기독교

임흥순(任興淳) Lim Heung Sun

[생]1959 · 7 · 11 [본]풍천(豊川) [출]서울 [주]충북 청주시 서원구 서부로1428 KBS 청주방송총국(043-260-7100) [학]2009년 박사(한양대) [경]한국방송공사(KBS) 보도본부 사회부 기자, 同보도본부 국제부 · 전국부 · 편집부 · 통일부 기자, 同보도본부 경제부 선임기자, 同춘천방송총국 보도국 부장, 同보도본부 과학부 차장, 同보도본부 인터넷뉴스 부장, 同보도본부 뉴스제작3부장, 同보도본부 과학 · 재난부장, 同보도본부 해설위원, (재)실버넷뉴스 자문위원, 한국정보문화진흥원 자문위원, 한국패션협회 자문위원, 농림축산식품부 농정자문위원, 한국개발연구원(KDI) 국제정책대학원 언론인고위과정 수료 2015년 한국방송공사 이사회 사무국장 2015년 同청주방송총국장(현)

임희석(任熹奭) Im Hee Seok

[생]1964 · 5 · 7 [주]서울 영등포구 여의대로24 전경련회관 34층 도레이케미칼(주) 대표이사실(02-3279-7000) [학]숭실고졸 1986년 한양대 섬유공학과졸 1988년 同대학원졸 2001년 재료공학박사(미국 Univ. of Massachusetts Lowell) [경]1988년 제일합섬 입사 2008년 웅진케미칼(주) 소재사업부 RO수출팀 상무 2009년 同필터사업본부장(상무) 2014년 도레이케미칼(주) 필터사업본부장(상무) 2016년 同대표이사 전무(COO) 겸 필터사업본부장(현) [종]불교

임희섭(林熺燮) LIM Hy Sop (冽泉)

[생]1937 · 5 · 3 [본]조양(兆陽) [출]전북 전주 [주]서울 서초구 반포대로37길59 대한민국학술원(02-3400-5220) [학]1955년 전주고졸 1959년 서울대 문리과대학 사회학과졸 1964년 同대학원 사회학과졸 1970년 사회학박사(미국 에모리대) [경]1963~1965년 서울여대 전임강사 1968년 미국 웨스트조지아대 조교수 1972년 고려대 문과대 부교수 1975~2002년 同사회학과 교수 1978년 한국정신문화연구원 사회연구실장 1981년 언론중재위원회 위원 1982년 한국사회과학연구협의회 부회장 1984년 고려대 교무처장 1985년 교육개혁심의위원회 전문위원 1985년 한국사회학회 회장 1988년 행정개혁위원 1993년 고려대 문과대학장 1996년 한국사회과학협의회 회장 1996~1998년 고려대 대학원장 1996년 同한국사회연구소장 1998년 대한민국학술원 회원(사회학 · 현) 2002년 고려대 명예교수(현) [상]한국교원단체총연합회 교육공로상(2001), 서울시교육연합회 교육공로상(2001), 황조근정훈장(2002) [저]'한국인의 법의식' '한국사회개발연구' '사회적평등과 발전' '한국의 사회변동과 문화변동' '한국의 사회변동과 가치관' '집합행동과 사회운동의 이론' [역]'지식과 사회'(1974) '우리시대의 테러리즘'(1978) '아노미의 사회학'(1990)

임희택(林喜澤) Lim Hee Teag

[생]1955 · 5 · 18 [출]부산 [주]서울 중구 퇴계로173 남산스퀘어빌딩 사회보장정보원(02-6360-6020) [학]1974년 동아고졸 1978년 부산대 수학과졸 2002년 한양대 대학원 의료행정학과졸 2007년 국방대 대학원 안보과정 수료 2010년 우석대 사회복지학과 수료 [경]1981년 한국보훈복지의료공단 입사 2002~2014년 대한병원행정관리자협회 이사 2009~2012년 중앙보훈병원 경영기획실장 · 행정부원장 2010년 한국병원경영학회 이사(현) 2012~2014년 한국보훈복지의료공단 기획(의료)이사 2015년 사회보장정보원 기획이사(현) 2015년 同원장 직대 [상]국가보훈처장표창(1993 · 1996), 육군제3야전군사령관 감사패(2009), 광복회장 감사패(2011) [종]불교

임희택(林希澤) LIM Hee Taek

[생]1958 · 12 · 20 [출]서울 [주]서울 종로구 종로5길58 석탄회관빌딩10층 법무법인 케이씨엘(02-721-4237) [학]1977년 명지고졸 1983년 서울대 경제학과졸 1989년 同법학대학원졸 [경]1980년 행정고시 합격(24회) 1982년 사법시험 합격(24회) 1984년 사법연수원 수료(14기) 1985~1987년 해군 법무관 1988년 변호사 개업 1988년 신&김법률사무소 변호사 1989~1991년 김앤장법률사무소 변호사 1991년 법무법인 케이씨엘(KCL) 변호사 1998년 (주)L.K캐피탈 대표이사 1998년 서울은행 부실기업판정위원 1998~2001년 엔에스에프(前삼성출판사) 감사 2000~2002년 인천정유(前경인에너지) · 서울이동통신 사외이사 2007년 서울지방국세청 고문변호사, 산업자원부 고문변호사, (주)농심홀딩스 사외이사, (주)한진해운 사외이사 2008년 법무법인 케이씨엘 대표변호사(현) 2009년 아모레퍼시픽재단 이사장 2011년 율촌화학 사외이사(현) [종]천주교

한국인물사전

2017

YONHAPNEWS

ㅈ

[수록 순서] 가나다 · 생년월일순

[약 호] [생] 생년월일 [본] 본관 [출] 출생지
[주] 주소(연락처) [학] 학력 [경] 경력 (현) 현직
[상] 상훈 [저] 저서 [역] 역서
[작] 작품 [종] 종교

자 광(慈 光)

[생]1942 · 10 · 15 [주]서울 중구 필동로1길30 동국대학교 이사장실(02-2260-3001) [학]1968년 동국대 불교대학졸 1977년 同불교대학원졸 [경]1957년 지리산 화엄사 입산 1959년 손경산(孫京山) 스님을 은사로 사미계 수지 1963년 자운 율사를 계사로 비구계 수지 1970년 군승 중위 임관 · 쌍용사(2구단) 주지 · 불광사(월남) 주지 · 선봉사(3군단) 창건주지 · 호국사(육사) 주지 · 통일사(5사단 군종참모) 주지 1980년 군승단장 1987년 육군본부 군종감실 제도과장 · 군승단장(군승 대령) 1989년 군사령부 군종참모 겸 선봉사 주지 1993년 국방부 군종실장 1993년 적조사 주지 1995년 예편(군승 대령) 1995년 용인 반야선원 개원 1996년 민주평통 자문위원 2000년 반야선원 조실 2000년 용인불교사암연합회 회장 2002년 경기지방경찰청 지도법사 2005년 안양교도소 교정위원 2009년 민주평통 자문위원 2009년 대한불교조계종 군종특별교구장 2015년 同호계원장 2016년 동국학원(동국대) 이사장(현) [상]대한불교조계종 포교대상(1987 · 1990) [저]'신라 자장율사 연구' '멍텅구리 부처님'(2004, 도피안사) '좋은만남 멋진이별'(2005, 현대북스) '이름 없는 풀이 없듯 인연 없는 중생 없네'(2006, 현대북스) '요령소리'(2009, 사유수)

자 승(慈 乘)

[생]1954·4·23 [출]강원 춘천 [주]서울 종로구 우정국로55 대한불교조계종 총무원(02-2011-1787) [경]1972년 해인사에서 지관스님을 계사로 사미계 수지 1974년 범어사에서 석암스님을 계사로 구족계 수지 1983년 연꽃유치원 설립·이사장 1984년 화광사(수원포교당) 주지 1986년 대한불교조계종 총무원 교무국장 1986년 同총무원 규정국장 1991년 삼막사 주지 1992년 대한불교조계종 제10대 중앙종회 의원 1994년 연주암 주지 1996년 대한불교조계종 중앙종회 사무처장 1997년 사회복지재단 과천종합사회복지관장 1999년 과천21일신문 발행인 1999년 대한불교조계종 총무원 재무부장 2000년 同12대 중앙종회 의원 2001년 민주평통 자문위원 2002년 대한불교조계종 13대 중앙종회 의원 2004년 은정불교문화진흥원 이사장(현) 2005~2006년 대한불교조계종 총무원 총무부장 2007~2009년 同중앙종회 의장 2009년 同총무원장(현) 2011년 한국종교지도자협의회 대표의장(현) 2014년 한국종교인평화회의(KCRP) 공동회장(현) [종]불교

장건상(張建相) Jang Gun Sang

[생]1953 · 4 · 15 [출]경북 성주 [주]서울 영등포구 국제금융로2길32 동양증권빌딩1층 HMC투자증권(02-3787-2176) [학]1972년 대구 대륜고졸 1977년 연세대 경제학과졸 1986년 미국 벤더빌트대 대학원 경제학과졸 [경]1977년 행정고시 합격(20회) 1980년 경제기획원 경제협력국 행정사무관 1981년 同물가정책국 행정사무관 1986~1990년 대외경제조정실 행정사무관 1991년 공정거래위원회 독점관리국 단체지도과장 1993년 경제기획원 장관비서관 1994년 同예산실 예산제도과장 1998년 재정경제원 지역협력담당관 1998년 재정경제부 보험제도과장 1999년 同정책조정담당관 2003년 同경제자유구역준비기획단장 2003년 대통령 정책상황비서관실 행정관 2005년 재정경제부 경제정책심의관 2008년 한국증권업협회 상근부회장 2009~2012년 한국금융투자협회 상근부회장 2010년 금융감독원 금융소비자자문위원 2012년 HMC투자증권 상근감사위원 2014년 同감사총괄 임원(현) [상]경제기획원장관표창(1983), 대통령표창(1989), 홍조근정훈장(2007)

장경남(張經男) CHANG Kyung Nam

[생]1941 · 12 · 6 [출]전북 남원 [주]서울 서초구 논현로83 삼호물산빌딩A동6층 한국원양산업협회(02-589-1600) [학]부산국립수산대졸, 고려대 경영대학원 수료, 한국외국어대 외국어연수원 수료, 고려대 생명 · 환경과학대학원 고위정책과정 수료, 홍익대 세무대학원 고위세무전략과정 수료, 서울대 경영대학 최고경영자과정(AMP) 수료, 명예 수산학박사(부경대) [경]해양수산부 정책자문위원, 농림수산식품부 정책자문위원, 한국해양재단 이사, 대한민국해양연맹 부총재(현), 민주평통 자문위원, 농어업 · 농어촌특별대책위원회 위원, 해군발전자문위원회 자문위원(현), 대한민국ROTC중앙회 자문위원(현) 2003~2008년 (사)한국원양어업협회 회장 2008년 특수법인 한국원양산업협회 회장(현) [상]철탑산업훈장(1993), 금탑산업훈장(2004) [종]천주교

장경덕(張暻德) Jang Gyeong-deok

[생]1964 · 3 · 3 [본]인동(仁同) [출]경북 영주 [주]서울 중구 퇴계로190 매일경제신문 논설위원실(02-2000-2688) [학]서울시립대 경영학과졸, 한국개발연구원 국제정책대학원 경영학과졸(MBA), 서울시립대 대학원 경영학박사과정 수료 [경]1988년 매일경제신문 편집국 증권부 · 경제부 · 산업부 · 국제부 기자 1997년 同런던특파원 2000년 同산업부 정보통신팀 차장대우 2002년 同국제부 차장대우 2003년 同논설위원(차장급) 2005년 同산업부 부장대우 2006년 同경제부 부장대우 2006년 同문화부장 직대 2007~2008년 재정경제부 세제발전심의위원 2007년 매일경제신문 논설위원(부장급) 2008~2012년 법제처 정부입법자문위원 2008~2009년 관세청 관세행정발전심의위원회 위원 2010년 미소금융중앙재단 자문위원(현) 2010년 기획재정부 세제발전심의위원 2011년 매일경제신문 논설위원(부국장)(현) 2012~2014년 금융감독위원회 자문위원 2013년 서울중앙지법 도산실무자문위원 2013년 대법원 회생파산자문위원(현) [상]씨티그룹 대한민국언론인상 최우수상(2006), 납세자의날 대통령표창(2011) [저]'증권24시'(1994) '부자클럽유럽'(2000) '정글노믹스'(2008) '정글경제특강'(2012) [역]'렉서스와 올리브나무'(2009) '끝나지 않은 추락'(2010)

장경동(張擎東) CHANG Kyung Dong

[생]1956 · 7 · 7 [출]전북 군산 [주]대전 서구 계룡로320번길30 중문침례교회(042-524-0691) [학]침례신학대 신학대학원졸(M.Div.), 同대학원졸(Th.M), 同대학원 목회학 박사과정 수료 [경]1984년 중문침례교회 개척 · 전도사 · 담임목사(현), 침례신학대 겸임교수 2007년 푸른마음캠페인 '정지선지키기운동본부'이사장(현), KBS '아침마당' · '여유만만' · '폭소클럽-스탠드업 코리아' · '인간극장-장경동 가라사대' · 'TV는 사랑을 싣고' · '1대100'출연, MBC '느낌표' · '맛있는TV' · '기분좋은날' · '사람향기 폴폴'출연, SBS '좋은아침' · '잘 먹고 잘 사는 법' CBS · CTS기독교방송 '성공시대' · '파워특강' · '밀레니엄특강' · '비행기' · '중문의 시간' · '부흥&영웅' · '중문의 말씀' 등 출연 2015년 침례신학대 총동창회 회장(현), 한국기독교총연합회 평신도지도자100만명 훈련원장(현) [저]'하나님의 능력을 경험하라' '나는 하나님이 두고 보기에도 아까운 사람입니다' '믿음의 간증을 남긴 사람들1 · 2' '장경동 목사의 느낌이 있는 가정 만들기' '장경동 목사의 아주 특별한 행복' '장경동 목사가 말하는 크리스천 삶의 본질과 기본' '나를 팔아 천국을 사라' [종]기독교

장경미(張卿美 · 女) Chang Kyung Mee

[생]1967 · 12 · 4 [출]서울 [주]대전 유성구 대덕대로755 정부통합전산센터 정보자원관리과(042-250-5900) [학]1985년 서울 명지여고졸 1989년 이화여대 수학과졸 2003년 연세대 공학대학원 산업정보경영학과졸 2014년 同대학원 정보산업공학박사과정 수료 [경]1989~2002년 총무처 정부전자계산소 · 행정자치부 정부전산정보관리소 근무 2003년 자치정보화조합 파견 2005년 행정자치부 성과관리팀 근무 2006년 同전자정부표준화팀 근무 2008년 행정안전부 정보표준과 · 정보자원정책과 근무 2010년 同정보화총괄과 근무 2011년 同정보화지원과 근무 2012년 同행정정보공유 및 민원선진화추진단 행정협업팀장 2012~2014년 한국지역정보개발원 파견 2014년 행정자치부 정부통합전산센터 정보자원관리과장(현) [상]근정포장(2002)

장경석(張景錫)

[생]1964 · 3 · 3 [출]경북 [주]서울 종로구 사직로8길31 서울지방경찰청 수사부(02-700-2242) [학]1986년 경찰대 법학과졸(2기) 2003년 성균관대 행정대학원졸 [경]1986년 경위 임관 1995년 경찰청 정보4과 근무 1997년 대구 달서경찰서 경비과장 1998년 대구 중부경찰서 방범과장 1998년 서울 중랑경찰서 수사과장 2000년 서울 관악경찰서 경비교통과장 2000년 서울 동대문경찰서 형사과장 2003년 서울 노량진경찰서 형사과장 2005년 서울 양천경찰서 형사과장 2005년 경찰청 혁신기획단 수사시스템개편TF팀 2006년 서울 용산경찰서 형사과장 2007년 총경 승진 2007년 국가청렴위원회 사정팀장 2008년 駐태국대사관 주재관 2011년 경찰교육원 운영지원과장 2011년 경찰청 생활질서과장 2011년 서울 강서경찰서장 2012년 서울지방경찰청 경무과장 2014년 경무관 승진 2014년 대전지방경찰청 제2부장 2015년 서울지방경찰청 수사부장(현)

장경순(張坰淳) CHANG Kyung Soon (단원)

[생]1923·3·23 [본]안동(安東) [출]전북 김제 [주]서울 중구 남대문로9길12 (사)자유수호국민운동(02-757-3149) [학]배재중학교졸 1943년 일본 도요대(東洋大) 전문부 척식과졸 1956년 육군대학졸 1962년 명예 농학박사(전북대) 1979년 명예 법학박사(경희대) [경]1956년 육군사관학교 참모장 1958년 정보학교 교장 1960년 육군본부 교육처장 1961년 최고회의 최고위원 1961~1963년 농림부 장관 1963년 최고회의 운영기획분과 위원장 1963년 예편(육군 중장) 1963년 민주공화당(공화당) 사무총장 1963~1973년 제6·7·8대 국회의원(김제, 공화당) 1963~1973년 국회 부의장 1964~1983년 유도원 이사장 1967~1973년 유도연맹 회장 겸 세계유도연맹 부회장 1970년 공화당 당무위원 1973년 제9대 국회의원(정읍·김제, 공화당) 1973년 공화당 중앙위원회 의장 1974년 통일부 고문 1976년 제1무임소 장관 1979년 제10대 국회의원(정읍·김제, 공화당) 1984년 (주)코리아내추럴미네랄워터즈 회장 1990~2003년 삼호실업 회장 1995~1997년 대한민국헌정회 부회장 2002년 자유수호국민운동 초대 상임의장 2003년 同명예의장 2003~2005년 대한민국헌정회 회장 2004년 유도10단 명예승단 2006년 대한민국헌정회 원로위원(현) 2009년 안동장씨대종회 회장 2009년 (사)자유수호국민운동 총재(현) [상]을지·충무·화랑무공훈장, 청조근정훈장, 보국훈장 통일장 [저]'농업협동조합론' '새역사의 모색'

장경순(張景淳) JANG Kyung Soon

[생]1960·6·6 [출]경기 안양 [주]경기 수원시 장안구 정조로944 새누리당 경기도당(031-469-4000) [학]양명고졸, 성결대졸, 同대학원 행정학과졸 2011년 경영학박사(안양대) [경]한나라당 만안지구당 부위원장 1995·1998·2002~2004년 경기 안양시의회 의원, 同총무경제위원장, 同부의장, 경기도수중협회 회장, 국민생활체육 안양시스킨스쿠버연합회 회장, 경기도건설본부 설계자문위원, 경기도양궁협회 부회장, 성결대 행정학부 객원교수, 안양베데스타 운영위원, 율목사회복지관 운영위원 2004·2006~2010년 경기도의회 의원(한나라당) 2008년 同부의장 2010년 경기도의원선거 출마(한나라당) 2011년 성결대 객원교수 2013년 새누리당 안양시만안구당원협의회 운영위원장(현) 2016년 제20대 국회의원선거 출마(안양시 만안구, 새누리당) [종]천주교

장경순(張京順·女) CHANG Kyung Soon

[생]1964·10·23 [출]서울 [주]서울 서초구 반포대로217 서울지방조달청 청장실(070-4056-8700) [학]1983년 숭의여고졸 1987년 서울대 건축학과졸 2001년 미국 콜로라도대 대학원졸 2004년 공학박사(미국 콜로라도대) [경]1986년 기술고시 합격(22회) 1987년 조달청 사무관 1987~1999년 同공사관리과·기술심사과·건축과·계약과 근무 1992년 외무부 파견 2004년 제주지방조달청장 2006년 조달청 시설사업본부 공사관리팀장 2007년 同전자조달본부 고객지원센터팀장 2008년 同국제물자국 원자재비축과장 2008년 同국제협력과장(서기관) 2008년 同국제협력과장(부이사관) 2009년 同기획조정관실 기획재정담당관 2009년 인천지방조달청장(고위공무원) 2010년 중앙공무원교육원 교육파견(고위공무원) 2011년 조달청 국제물자국장 2014년 同기획조정관 2015년 서울지방조달청장(현) 2015년 중소기업기술혁신협회 자문위원(현) [상]홍조근정훈장(2014)

장경식(張敬植) Kyoung Sik JANG

[생]1958·1·1 [본]인동(仁同) [출]경북 영덕 [주]경북 안동시 풍천면 도청대로455 경상북도의회(054-880-5020) [학]포항제철공고졸, 포항실업전문대학 금속학과졸, 영남대 행정대학원졸 [경]포철공고 총학생 대표, 현대제철새마을금고 이사장, 전국금속노조 정치국장 2006·2010년 경북도의회 의원(한나라당·새누리당) 2008년 포항생명의숲 공동대표 2008년 한나라당 이명박 대통령후보 자치특보 2010~2012년 경북도의회 기획경제위원장 2010년 同국제과학비즈니스벨트유치위원장 2010~2012년 대구·경북경제자유구역청 조합회의 의장 2012년 경북도의회 문화환경위원회 위원 2012년 同독도수호특별위원회 위원장 2012년 同예산결산특별위원회 위원 2012년 경북생명의숲 공동대표(현), 새누리당 경북도당 일자리특별위원회 위원장, 한국유네스코 경북협회 이사 2014년 경북도의회 의원(새누리당)(현) 2014~2016년 同부의장 2014년 同교육위원회 위원 2015년 새누리당 경북도당 경북민생119본부 수석본부장(현) 2016년 경북도의회 기획경제위원회 위원(현) [상]국무총리표창, 전국지역신문협회 의정대상(2014), 대한민국위민의정대상(2016)

장경우(張慶宇) CHANG Kyung Woo

[생]1942·4·12 [출]경기 시흥 [주]서울 강남구 강남대로84길23 (사)한국캠핑캐라바닝연맹(02-579-7766) [학]1961년 경기고졸 1965년 고려대 경영학과졸 1994년 서울대 행정대학원 국가전략과정 수료 1995년 同최고산업전략과정 수료 [경]1968년 미국 제일은행(Citi Bank) 서울지점 근무 1974년 대우그룹 상무이사 1980년 민주정의당(민정당) 창당발기인 1981년 同대표위원 보좌역 1981년 서울시축구협회 부회장 1982년 제11대 국회의원(전국구, 민정당) 1983년 대한축구협회 부회장 1983년 민정당 부대변인 1985~1986년 동서증권 사장 1987년 중소도시발전연구회 이사장 1988년 제13대 국회의원(안산·옹진, 민정당·민자당) 1988년 민정당 원내부총무 1988년 同의원실장 1990년 민자당 제3사무부총장 1991년 同제1사무부총장 1992년 제14대 국회의원(안산·옹진, 민자당·새한국당·민주당) 1992년 새한국당 사무총장 1994년 국회 체신과학기술위원장 1995년 국회 통신과학기술위원장 1995년 민주당 최고위원 1996년 同부총재 1996년 同안산乙지구당 위원장 1996년 (사)한국캠핑캐라바닝연맹 총재(현) 1997년 민주당 대선기획단장 1998년 한나라당 안산乙지구당 위원장 1998~2000년 同홍보위원장 1998~2000년 同부총재 1998년 同시흥지구당 위원장 2002년 세계캠핑캐라바닝 아·태지역 의장(현) 2002년 한나라당 제16대 대통령선거 경기도총괄본부장 2004년 제17대 국회의원선거 출마(시흥甲, 한나라당) 2006년 (사)2008FICC가평세계캠핑대회 조직위원장 2008년 한국수영연맹 명예회장 2015년 (사)FICC완주세계캠핑캐라바닝대회 조직위원장 [상]국민훈장 모란장 [저]'내가 만난 곡예사들' [종]기독교

장경준(張慶俊) JANG Kyung-Joon

[생]1956·1·16 [출]서울 [주]서울 용산구 한강대로92 LS용산타워 삼일회계법인(02-709-0613) [학]경기고졸 1978년 서울대 경영학과졸 1987년 연세대 경영대학원 경영학과졸 2009년 경영학박사(홍익대) [경]1977년 공인회계사시험 합격 1980년 삼일회계법인 입사 1982~1984년 미국 Coopers & Lybrand LA Office 근무 1994~1999년 한국공인회계사회 홍보출판위원회 간사편집위원 1994~1995년 감사원 성과감사자문위원 1994~1995년 한국환경민간단체진흥회 이사 1998~1999년 금융감독위원회 구조개혁기획단 은행팀 자문위원 2001~2004년 금융발전심의위원회 은행분과 위원 2001년 재정경제부 국고국 전문위원 2001~2003년 예금보험공사 MOU심의위원회 위원, 한국공인회계사회 회계신인도개선위원회 위원, 아름다운재단 이사 2008~2014년 삼일회계법인 대표 2008년 서울장학재단 감사(현) 2009~2013년 채권금융조정위원회 감사 2009~2013년 세계미래포럼 감사 2010년 청정금융포럼 이사 2011년 한국공인회계사회(KICPA) 회계신인도개선위원회 위원 2011년 대학구조개혁위원회 위원 2011년 금융발전심의회 위원 2014년 삼일회계법인 부회장(현) [상]국민포장(2014)

장경태(張景台) JANG Kyung Tae

[생]1955·8·22 [주]서울 송파구 양재대로1239 한국체육대학교 생활체육대학 운동건강관리학과(02-410-6862) [학]경북대졸, 영남대 대학원졸, 체육학박사(미국 펜실베이니아대) [경]한국체육대 운동생리학과 교수, 同건강관리학과 교수, 同생활체육대학 운동건강관리학과 교수(현) 2015년 同대학원장(현) [저]'웰빙 스트레치'(2004, 대한미디어) '건강한 삶을 위한 운동처방기초'(2005, 대한미디어) '체력평가와 운동처방'(2005, 한미의학) '달리기의 제왕'(2005, 지식공작소) '스포츠영양학'(2006, 한미의학) '운동생리학(3판)'(2006, 대한미디어) '노인체육'(2006, 대한미디어) '웨이트 트레이닝'(2007, 대한미디어) '트레이닝 방법론'(2007, 대한미디어) '관절염 예방과 치료를 위한 실천계획'(2010, 대한미디어) '스포츠영양학'(2010, 대한미디어) '러닝 아타토미'(2011, 푸른솔) '운동과 스포츠 생리학'(2011, 대한미디어) '노화와 건강'(2011, 대한미디어) '경기력 향상을 위한 영양전략 (Performance Nutrition)'(2013, 대한미디어) '운동과 스포츠 생리학'(2014, 대한미디어) '노화 곡선과 운동'(2015, 대한미디어) '건강한 삶을 위한 운동처방 기초'(2016, 대한미디어)

장경호(張慶浩) CHANG Kyung Ho (野軒)

[생]1936·9·19 [출]서울 [주]경기 수원시 장안구 파장천로31 한오름빌딩 (재)한울문화재연구원(031-271-5191) [학]1961년 한양대 건축학과졸 1976년 홍익대 대학원졸 1988년 공학박사(홍익대) [경]1970년 문화공보부 문화재관리국연구실 건축기좌 1973년 국제문화재보존로마센터 건조물문화재 보존연수 1975년 문화공보부 문화재연구소 미술공예연구실장 1979년 덴마크 Royal Academy건축문화재 연구 1980년 일본 도쿄국립문화재연구소 건축사 연구 1986년 同문화재보존 연구 1987~1996년 국립문화재연구소 소

장 1989~1999년 문화재위원 1996~1999년 경기도립박물관 관장 1996년 경기도 문화재위원 1999~2006년 경기문화재단부설 기전문화재연구원장 2001~2003 · 2005~2009년 문화재위원회 건축문화분과 위원 2005년 경기도 문화재위원회 위원 2006년 (재)한울문화재연구원 이사장(현) [상]근정포장, 건축학회 특별상, 홍조근정훈장, 우현 고유섭상 [저]'백제사찰건축' '한국의 전통건축' '아름다운 백제건축'

장경환(張敬煥) CHANG Kyung Whan

[생]1954 · 10 · 7 [출]인천 [주]서울 동대문구 경희대로26의6 경희대학교 법학전문대학원(02-961-0401) [학]1973년 제물포고졸 1978년 서울대 법학과졸 1982년 同대학원 법학과졸 1990년 법학박사(서울대) [경]1983~1995년 충북대 전임강사 · 조교수 · 부교수 · 교수 1993년 보험계리인 · 손해사정인시험 출제위원 1995 · 1998 · 2000년 사법시험 출제위원 1995~2009년 경희대 법학과 교수 1998년 농업협동조합중앙회 공제분쟁심의위원 1998년 경희대 경희법학연구소장 1999~2003년 금융감독원 금융분쟁조정위원(증권분야) 1999년 공정거래위원회 약관심사자문위원 1999년 행정고시 출제위원 2001년 새마을금고연합회 공제분쟁심의위원 2003 · 2005년 입법고시 출제위원 2007년 금융감독원 금융분쟁조정위원 2007~2008년 법무부 상법보험편개정특별분과위원회 위원 2009년 경희대 법학전문대학원 교수(현) 2013~2015년 한국보험법학회 회장 2014년 공정거래위원회 약관심사자문위원회 위원장(현) [상]근정포장(2003), 경희대 대학원 최우수강의상(2006) [저]'어음 · 수표법(共)'(1990, 한국방송통신대학 출판부) '주석 상법(Ⅶ 보험)(共)'(2001, 한국사법행정학회) '주석 금융법(Ⅱ 보험업법2)(共)'(2007, 한국사법행정학회) '보험기초이론'(2012, 생명보험협회)

장경훈(張景勳) JANG Kyung Hoon

[생]1945 · 8 · 3 [출]대구 [주]대구 북구 칠성남로198 대구북구새마을금고(053-428-2500) [학]1961년 대건고졸 1968년 동국대 경영학과졸 [경]1971년 수창상사 대표 1989년 대구시 북구새마을금고 감사 1991년 민주평통 자문위원 1991년 대구시 북구의회 의원 1991년 同부의장 1995년 대구 · 경북지방자치학회 이사 1997년 칠성종합시장 발전위원장 1998년 대구시 북구의회 의원 1998년 同의장 2002년 한나라당 대구北甲지구당 부위원장 2002 · 2006 · 2010~2014년 대구시의회 의원(한나라당 · 새누리당) 2002~2004년 同경제교통위원장 2006~2008년 同의장 2008~2010년 한나라당 대구시의원협의회 회장 2010년 대구시의회 건설환경위원회 위원, 대구시 칠성시장연합회 회장(현) 2016년 대구북구새마을금고 이사장(현) [상]대통령표창

장공자(張公子 · 女) CHANG Kong Ja

[생]1946 · 5 · 31 [본]인동(仁同) [출]서울 [주]서울 강동구 천호대로1107 SKHub810호 중국연구실(02-476-8122) [학]1964년 서울사대부고졸 1968년 이화여대 법정대학 정치외교학과졸 1971년 대만 중국문화대 대학원 정치학과졸 1976년 정치학박사(대만 중국문화대) 1979년 타이완중화민국 국가박사 [경]1975~1979년 대만 중국문화대 정치학과 전임강사 · 조교수 · 부교수 1980년 국제문제조사연구소 상임연구위원 1983년 충북대 정치외교학과 부교수 1986~2011년 同정치외교학과 교수 1989년 同국제관계연구소장 1989년 한국정치학회 상임연구위원 · 부회장 1991년 일본 쓰쿠바대 객원교수 1995년 민주평통 여성분과위원장 1998년 한국국제정치학회 부회장 1998년 대통령자문 정책기획위원 1998~2003년 충청일보 객원논설위원 1998~2001년 정부공직자윤리위원회 위원 1999~2005년 언론중재위원회 위원 1999~2001년 민주평통 신문사 편집위원 1999년 교육부 두뇌21심의평가위원 2000년 충북도선거관리위원회 위원 2000년 중국 북경대 객원교수 2000년 21세기정치학회 부회장 2000년 세계지역연구학회 부회장 2000년 통일부 남북회담분과 정책자문위원 2003년 한국정치학회 충청지회장 2003~2009년 충북도 도정평가위원 2004년 충북대 도서관장 2004년 한국세계지역학회 회장 2007년 민주평통 상임위원 2008년 한국국제정치학회 회장 2008~2011년 한국여성정책연구원 자문위원, 평통여성장학재단 상임이사, 세계평화여성포럼 고문(현), 중국연구실 대표(현), 도서출판 여락 대표(현) 2011년 충북대 명예교수(현) 2014년 여성북한연구회 고문(현) [상]국민훈장 동백장(1986), 충북도 공로상(1987), 민주평통 공로상(2007) [저]'정치학산고'(1982) '현대중국론'(1986) '동양사회와 정신세계'(1987) '부부교수의 세상이야기'(1992) '부부교수의 정치학강의'(1992) '여성, 여성학'(1996) '새로운 정치학-Gender Politics'(1997) '신북한개론'(1999) '정치학강의'(1999) '동아시아의 문화전통과 21세기'(2002) '21세기 동북아질서와 한반도'(2004) [역]'중국 국민당과 공산당의 투쟁'(1975, 성일문화사) [종]기독교

장 광(張 光) JANG Kwang

[생]1957 · 8 · 3 [출]전남 영암 [주]경기 용인시 기흥구 용구대로2267 용인운전면허시험장 시험장장실(031-289-0103) [학]광주고졸, 전남대 법학과졸 [경]경찰청 상훈 · 인사계장, 同개혁추진단 근무, 강원지방경찰청 방범과장, 평창경찰서장, 경찰대학 교무과장, 경찰청 정보국 정보4과장 2007~2008년 서울 용산경찰서장 2008년 서울지방경찰청 지하철경찰대장 2009~2010년 경찰청 미래발전담당 2011년 도로교통공단 용인운전면허시험장장 2011년 同경영기획실장 2012년 同서울지부장 2015년 同용인운전면허시험장장(현)

장광근(張光根) CHANG Kwang Keun (白山)

[생]1954 · 1 · 8 [본]단양(丹陽) [출]경기 양평 [학]1973년 경동고졸 1986년 연세대 정치외교학과졸 [경]1986~1997년 두원산업상사 대표 1987년 민주주의와민족통일을위한사회운동 운영위원 1988년 한국사회문제연구소 이사장 1988년 한겨레민주당 서울동대문甲지구당 위원장 1991년 서울청년회의소 회장 1991년 한국청년회의소 통일관계전문위원장 1991년 경제정의실천시민연합 중소상공인회 부위원장 1991년 민주연합 이사 1991년 민주당 서울동대문甲지구당 위원장 1992년 同총재비서실 차장 1996년 제14대 국회의원(전국구 승계, 민주당) 1996년 민주당 부대변인 1997년 同수석부대변인 1998년 한나라당 부대변인 2000년 同수석부대변인 2002년 同서울동대문甲지구당 위원장 2002년 同16대 총선 선거대책위원회 대변인 2003~2004년 제16대 국회의원(전국구 승계, 한나라당) 2003년 한나라당 운영위원 2006년 同중앙당 윤리위원 2006년 同서울동대문甲당원협의회 운영위원장 2007년 同이명박 대통령후보 대변인 2008~2012년 제18대 국회의원(서울 동대문구甲, 한나라당 · 새누리당) 2008년 한나라당 서울시당 위원장 2009~2010년 同사무총장 2010년 同인재영입위원장 2010년 국회 CM포럼 대표 2011년 국회 국토해양위원장 [상]국민훈장 모란장, 자랑스러운 경동인(2008) [종]천주교

장광호(張光昊) CHANG Kwang Ho

[생]1957 · 7 · 13 [출]서울 [주]서울 양천구 목동서로161 SBS(02-2061-0006) [학]1976년 보성고졸 1983년 경희대 신문방송학과졸 [경]1983~1991년 KBS 기획제작국 근무 1991년 SBS TV제작국 기획특집부 차장대우 1998년 同제작본부 차장 2001년 同제작본부 교양3CP 2001년 同제작본부 교양3CP(부장급) 2005년 同제작본부 교양1CP 2007년 同제작본부 교양총괄CP(부국장급) 2008년 同라디오총괄 국장 2010년 同제작본부 제작총괄(국장급) 2011년 同편성실장 2011년 同편성실장(이사대우) 2012년 同편성전략본부장 2012년 SBS미디어홀딩스 브랜드커뮤니케이션담당 이사대우 2013년 SBS 제작본부장(이사) 2014년 同상임상담역(이사)(현)

장귀석(張貴錫) Jang, Kwee Suk

[생]1954 · 2 · 26 [주]광주 북구 무등로272 새누리당 전남도당(062-525-8747) [학]서울 마포고졸 2005년 광주대 산업대학원 법학과졸 [경]순천시 행정규제위원, 민주평통 자문위원 2007년 한나라당 제17대 대통령선거 전남도 선거대책위원회 종교대책위원장, 보성군 녹차홍보대사, 전남 · 광주선진연대 공동위원장, 법무부 교정위원회 부위원장 2008년 제18대 국회의원선거 출마(전남 고흥 · 보성, 한나라당), 한국경영자협회 전남지사 부회장 2012년 제19대 국회의원선거 출마(전남 고흥 · 보성, 새누리당) 2012년 새누리당 전남고흥 · 보성당원협의회 운영위원장, 광주전남지방노동위원회 위원(현), 청암대 무도보안과 특임교수(현) 2016년 새누리당 전남고흥 · 보성 · 장흥 · 강진당원협의회 운영위원장(현) 2016년 제20회 국회의원선거 출마(전남 고흥군 · 보성군 · 장흥군 · 강진군, 새누리당)

장균식(張均植) CHANG Kyun Sick

[생]1958 · 9 · 25 [출]대전 [주]경기 성남시 분당구 판교역로146번길20 한성PC건설(주) 임원실(031-5171-0700) [학]1976년 대성고졸 1980년 숭전대 경영학과졸 [경]1982년 극동도시가스(주) 입사 1995년 同부장 1998년 同총무팀장 2004년 同경영지원실장 2005년 同재경부문 이사 2006년 (주)예스코 재경부문 이사 2008년 同재경부문장(상무) 2010년 同전무 2011년 同사내이사(전무) 2012년 同사업지원본부장 2012년 同에너지사업본부장 2013~2014년 同사업지원부문장(전무) 2015년 한성PC건설(주) 대표이사 부사장(CEO)(현)

장근섭(張根燮) Chang Keun Sop

ⓢ1970 · 5 · 13 ⓞ전남 곡성 ⓙ경기 수원시 장안구 서부로2139 경기지방노동위원회 상임위원실(031-259-5052) ⓗ1988년 부산 혜광고졸 1992년 서울대 사회복지학과졸 1999년 미국 조지아주립대 대학원 경영학과졸 ⓖ1991년 행정고등고시 합격(35회) 2001년 노동부 기획관리실 기획예산담당관실 서기관 2002년 同고용정책실 능력개발심의관실 훈련정책과 서기관 2004년 사람입국신경쟁력특별위원회 서기관(파견), 駐호치민총영사관 노무관 2009년 노동부 기획조정실 국제협력담당관 2010년 고용노동부 기획조정실 국제협력담당관 2010년 同노사정책실 산업안전과장 2011년 同노사정책실 산업안전과장(부이사관) 2011년 중부지방고용노동청 강원지청장 2012년 통일교육원 교육파견(부이사관) 2013년 고용노동부 기획조정실 국제협력담당관 2014년 중앙노동위원회 경기지방노동위원회 상임위원(현) ⓩ'말하기 영작문 트레이닝'(2013, 다락원)

장근수(張根洙) JHANG Keun Soo

ⓢ1958 · 12 · 9 ⓑ안동(安東) ⓞ부산 ⓙ서울 마포구 성암로267 문화방송 드라마본부(02-789-3021) ⓗ서울대 영어영문학과졸 ⓖ1990년 MBC TV제작국 근무 1991년 同종합특집극담당 1992년 同연속극담당 1994년 同TV제작국 종합특집극담당 1994년 同TV심의부 근무 1995년 同심의국 TV심의팀 근무 1995년 同TV제작국 종합특집극팀 근무 1996년 同종합특집극팀 차장대우 1996년 同연속극팀 차장대우 1997년 同드라마국 드라마2팀 근무 1998년 同드라마2차장 2000년 同드라마1차장 2001년 同프로듀서1 부장대우 2002년 同TV제작1국 프로듀서4 전문프로듀서 2005년 同드라마국 2CP 2010년 同드라마국 드라마2부장 2010년 同드라마1국장 2011년 同드라마본부본부장 2013년 同글로벌사업본부 특임국장 2014년 同드라마본부장(현)

장근호(張根鎬) Jang, Keun-ho

ⓢ1961 · 6 · 16 ⓑ인동(仁同) ⓞ대전 ⓙ서울 종로구 사직로8길60 외교부 인사운영팀(02-2100-7857) ⓗ1983년 고려대 법학과졸 ⓖ1983년 외무고시 합격(17회) 1983년 외무부 입부 1991년 駐아르헨티나 2등서기관 1992년 駐자이레 1등서기관 1998년 駐휴스턴 영사 2002년 외교통상부 중미과장 2004년 駐브라질 참사관 2005년 駐스페인 공사참사관 2008년 駐에콰도르 대사 2011년 외교통상부 중남미국장 2013년 외교부 중남미국장 2013년 국립외교원 글로벌리더십과정 교육파견 2014년 駐페루 대사(현) ⓢ외무부장관표창(1988), 에콰도르 바스케스 영예대십자 국가훈장(2011)

장근호(張根豪)

ⓢ1967 · 11 · 15 ⓞ경북 의성 ⓙ울산 남구 삼산로35번길25 울산남부경찰서(052-208-0333) ⓗ대구 계성고졸 1990년 경찰대 법학과졸(6기), 중국인민공안대 대학원 형사소송법학과졸 ⓖ1990년 경위 임용 2006년 울산동부경찰서 경비교통과장 2007년 同정보과장 2007년 駐선양총영사관 주재관 2011년 울산중부경찰서 경비교통과장 2012년 울산지방경찰청 경무계장 2015년 同보안과장 2016년 울산남부경찰서장(현) ⓢ행정자치부장관표창(2007), 국무총리표창(2009)

장금영(張金永 · 女) Chang, Keum Young

ⓢ1968 · 5 ⓑ인동(仁同) ⓞ대구 ⓙ세종특별자치시 한누리대로402 산업통상자원부 경제자유구역기획단 정책기획팀(044-203-4610) ⓗ1987년 한양여고졸 1991년 연세대 정치외교학과졸 2001년 미국 워싱턴대 대학원 경영학과졸(MBA) 2010년 경영학박사(서울대) ⓖ1991년 행정고시 합격(35회) 2002년 산업자원부 무역정책과 서기관 2002년 同원자력산업과 서기관 2005년 同국제협력과장 2007년 同불공정무역조사팀장 2008년 외교안보연구원 교육파견 2009년 지식경제부 산업기술정보협력과장 2010년 同지식서비스과장 2012년 同기술표준원 제품안전조사과장(부이사관) 2013년 산업통상자원부 국가기술표준원 제품안전조사과장 2013년 同국가기술표준원 제품시장관리과장 2015년 同산업분석과장 2016년 同경제자유구역기획단 정책기획팀장(현)

장기돈(張基燉) CHANG Ki Don

ⓢ1959 · 4 · 27 ⓙ울산 동구 방어진순환도로1000 현대중공업(주) 임원실(052-202-2114) ⓗ서울공고졸, 아주대 기계과졸 ⓖ현대중공업(주) 상무보 2008년 同엔진기계사업부 상무, 同엔진기계사업본부 상무, 同전무 2016년 同엔진기계사업 대표(부사장)(현)

장기범(張基範) Ki-Beom Jang

ⓢ1954 · 6 · 15 ⓑ안동(仁同) ⓞ서울 ⓙ서울 서초구 서초중앙로96 서울교육대학교 음악교육과(02-3475-2484) ⓗ1973년 성남고졸 1978년 서울대 기악과졸 1984년 미국 Eastern Michigan대 대학원 기악과졸 1988년 음악교육학박사(미국 미시간대) ⓖ1993년 청주교육대 전임강사 1994년 이화여대 음대 조교수 1997년 한국교육개발원 음악교육연구실 연구원 1998년 한국교육과정평가원 책임연구원 1998년 서울교대 음악교육과 교수(현) 2005~2015년 한국음악교육공학회 회장 2012~2015년 세종문화회관 이사 ⓢ아산상(재능 나눔)(2011) ⓩ'창의성 개발을 위한 음악적 접근'(2000) '음악교과학 연구'(2000) '음악교육의 이론과 실제'(2002) '초등기악교육론'(2005) 'ICT활용 음악만들기'(2006) '시창 청음 + 창작의 세계'(2007) '음악교육학 총론'(2012) ⓔ'현대음악교육' ⓐ'Arirang Fantasy for Trumpet and Organ' ⓒ기독교

장기석(張基錫) JANG Ki Suk

ⓢ1971 · 1 · 1 ⓞ서울 ⓙ경기 의정부시 녹양로34번길23 의정부지방검찰청 형사1부(031-820-4397) ⓗ1989년 단국대사대부고졸 1994년 고려대 법학과졸 ⓖ1994년 사법시험 합격(36회) 1997년 사법연수원 수료(26기) 2000년 서울지검 검사 2002년 대전지검 서산지청 검사 2003년 대전지검 검사 2003~2004년 중국 상해 화동정법학원 연수 2006년 법무부 특수법령과 검사 2009년 수원지검 안양지청 검사 2009년 서울중앙지검 부부장검사 2011년 사법연수원 교수 2013년 전주지검 부장검사 2014년 서울중앙지검 조사부장 2015년 수원지검 안양지청 부장검사 2016년 의정부지검 형사1부장(현)

장기수(張淇秀) CHANG Ki Soo

ⓢ1958 · 7 · 12 ⓞ서울 ⓙ충남 아산시 음봉면 음봉면로243 (주)뉴인텍 사장실(041-913-0055) ⓗ1977년 경복고졸 1981년 성균관대 물리학과졸 1983년 同경영 · 행정대학원 수료 1987년 미국 서던캘리포니아대 대학원 경영과학과졸 ⓖ1981~1993년 극광전기(주) 입사 · 전무이사, 필름캐패시터연구조합 부회장 1993년 (주)뉴인텍 대표이사 사장(현) 2008년 필름콘덴서연구조합 회장 겸 이사장(현) ⓢ국무총리표창(2013) ⓒ불교

장기승(張基承) JANG Ki Seung

ⓢ1961 · 4 · 14 ⓞ충남 예산군 삽교읍 도청대로600 충청남도의회(041-635-5326) ⓗ순천향대 생물학과졸, 선문대 대학원 사회복지학과졸 ⓖ대전도시공사 근무, 온양문화원 사무국장, 자유선진당 충남도당 대변인 2010년 충남도의회 의원(자유선진당 · 선진통일당 · 새누리당) 2011년 同문화복지위원회 부위원장 2012년 同문화복지위원회 위원장 2014년 충남도의회 의원(새누리당)(현) 2014년 同교육위원회 위원 2014년 同예산결산특별위원회 위원장 2016년 同교육위원회 위원장(현) ⓢ대통령표창, 전국시 · 도의회의장협의회 우수의정 대상(2016)

장기원(張基元) Jang Ki-won

ⓢ1957 · 11 · 19 ⓞ서울 ⓙ경기 평택시 장안웃길56 국제대학교 총장실(031-610-8735) ⓗ1975년 중앙고졸 1979년 서울대 식물학과졸 1981년 同행정대학원졸 1990년 영국 런던대 대학원 교육학과졸 2001년 농업교육학박사(서울대) ⓖ1979년 행정고시 합격(23회) 1981년 강원대 학적과장 1983년 同자연대학 서무과장 1984년 인천시교육위원회 시설기획계장 1988년 문교부 산업교육과 사무관 1991년 교육부 교육협력과 사무관 1993년 부산수산대 총무과장 1993년 同사무국장 직대 1993년 유네스코본부 사무국 파견 1996년 교육부 평생교육관리과장 1997년 同장관비서관 1997년 同총무과장 1999년 인천시교육청 부교육감 2001년 경기도교육청 부교육감 2002년 교육인적자원부 대학지원국장 2004년 홍익대 교육경영관리대학원 교수 2004년 駐미국대사관 참사관 2007년 부산대 사무국장 2008년 교육과학기술부 기획조정실장 2010~2012년 駐유네스코대표부 대사 2013년 국제대 총장(현) ⓢ대통령표창

장기주(張基柱) Kee Joo CHANG

ⓢ1953 · 8 · 9 ⓑ결성(結城) ⓞ부산 ⓙ대전 유성구 대학로291 한국과학기술원 물리학과(042-350-2531) ⓗ1972년 경남고졸 1976년 서울대 물리학과졸 1978년 同대학원 물리학과졸 1986년 이학박사(미국 캘리포니아대 버클리교) ⓖ1978~1981년 육군제3사관학교 물리학과 전임강사 1986~1987년 미국 캘리포니아대 버클리교 Post-Doc. 1987~1989년 미국 Xerox Palo Alto연

구소 Research Associate 1989년 미국 물리학회 정회원(현) 1989~1996년 한국과학기술원(KAIST) 물리학과 조교수·부교수 1996~2007년 同물리학과 교수 1999년 한국과학기술한림원 정회원(현) 2006년 '2005 국가석학지원사업' 대상자(물리학분야) 선정 2007년 한국과학기술원(KAIST) 물리학과 특훈교수(현) 2009년 미국 물리학회(American Physics Society) Fellow [상]서울대총장표창(1976), 한국과학기술원 학술상(1995·1997), 한국과학기술단체총연합회 과학기술우수논문상(1996), 한국물리학회 우수논문상(1999·2003·2009·2010·2011), 과학기술부 한국과학상 물리부문(2000), 한국과학기술원 학술대상(2006), 과학기술훈장 웅비장(2015) [종]천주교

장기주(張琪柱) JANG Kee Ju

[생]1957·3·20 [출]서울 [주]서울 마포구 월드컵로240 월드컵경기장內 GS스포츠(02-376-3253) [학]1977년 서울 대신고졸 1981년 고려대 영어영문학과졸 1996년 미국 샌프란시스코대 대학원 경영학과졸 [경]1983년 LG화학 입사 2000년 LG텔레콤 상무, (주)LG 통신사업단 상무 2004년 LG건설(주) 업무홍보담당 상무 2005년 GS건설(주) 업무홍보담당 상무 2007년 同주택개발담당 상무 2008년 同공무·구매실장 겸 해외구매담당 전무 2009년 同공무·구매실장(전무) 2012년 同인재개발실장 2012년 GS스포츠 대표이사 부사장(현) [상]대통령표창(2000)

장기천(張起天) JANG GI CHUN

[생]1958·6·7 [본]인동(仁同) [출]강원 원주 [주]강원 동해시 공단1로177 동해자유무역지역관리원(033-522-6111) [학]1976년 강원 대성고졸 1984년 숭실대 산업공학과졸 1990년 성균관대 행정대학원 수료 [경]2002년 산업자원부 산업구조과·투자정책과 사무관 2008년 지식경제부 소프트웨어산업과·지식서비스과 사무관 2013년 산업통상자원부 원전환경과 사무관 2014~2015년 국민안전처 파견(사무관) 2016년 산업통상자원부 동해자유무역지역관리원장(현)

장기표(張琪杓) CHANG Ki Pyo

[생]1945·12·27 [본]창녕(昌寧) [출]경남 김해 [주]서울 영등포구 여의대방로65길13 유창빌딩701호 신문명정책연구원(02-2277-5253) [학]1964년 마산공고졸 1995년 서울대 법학과졸 1997년 고려대 노동대학원 고위지도자과정 수료 1998년 경남대 대학원 고위정책과정 수료 2002년 고려대 언론대학원 최고지도자과정 수료 [경]1970년 서울대 법대 학생운동신문 '자유의 종' 발행 1971년 서울대생 내란음모사건으로 복역 1973년 김대중납치사건 규탄·유신독재철폐투쟁사건으로 복역 1974년 민청학련사건으로 수배 1977년 긴급조치9호 및 청계피복노조사건으로 구속 1980~1983년 김대중 내란음모사건 관련으로 수배 1985~1988년 민통련 사무차장·정책연구실장 1986년 5.3인천시위 주도혐의로 복역 1989년 전민련 사무처장 1989년 민중당 창당선언 1990~1992년 同정책위원장 1990~1992년 同동작甲지구당 위원장 1991년 공안통치종식을위한범국민대책회의 공동대표 1991년 동작문화센터 이사장 1994년 21세기사회발전연구회 회장 1995년 정치개혁시민연합 부위원장 1995년 개혁신당 부대표 1995년 同통합추진특위 위원장 1996년 통합민주당 당무위원 1996년 민주당 동작甲지구당 위원장 1997년 신문명정책연구원 이사장(현) 2000년 새시대개혁당 대표 2000~2001년 민주국민당 최고위원 2001~2002년 푸른정치연합 창당·대표 2002~2003년 새천년민주당 서울영등포乙지구당 위원장 2003년 한국사회민주당 대표 2004년 녹색사민당 대표최고위원 2004년 同서울동작甲지구당 위원장 2004년 나라구하기국민운동추진본부 대표 2006년 새정치연대 대표 2009년 전태일기념사업회 이사장, 同이사 2013년 뉴스바로 발행인(현) [상]평등부부상(2000) [저]'우리 사랑이란 이름으로 만날때' '해방의 논리와 자주사상' '새벽노래' '사랑의 정치를 위한 나의 구상' '지구촌시대 민족발전전략' '사랑의 원리' '문명의 전환' '국가위기 극복을 위한 구국선언' '대통령님, 나라 팔리는 소리가 들립니다' '신문명 국가비전' '대통령 대 국민' '신문명 경제시론' '한국경제 이래야 산다' '북한위기의 본질과 올바른 대북정책' '부부사랑, 그 지혜로운 행복' '청년의 비전, 청년의 도전-청년에게 고함' '지못미 정치' '지못미 경제' [종]불교

장길환(張吉煥) JANG Kil Hwan

[생]1946·10·29 [본]인동(仁同) [출]강원 강릉 [주]강원 강릉시 한밭골길76의29 환희컵박물관(033-661-3413) [학]1975년 계명대 응용미술과졸 1979년 同대학원 미술교육과졸, 일본 고베대 대학원 문화학 예술과·예술구조학 연구 [경]개인전 5회, 신미술초대작가전, 서울국제뉴살롱전, 부산미술50년전, 한국미술문화대상전 1976~1978년 세종중 교사 1979~1980년 데레사여고 교사, 동명대 디자인대학 산업디자인과 교수(2012년 퇴직), 한국색채조형학회 회장, 부산가톨릭미술인회 회장 2013년 환희컵박물관 관장(현) [상]한국미술문화대상전 초대작가상(1997), 타슈켄트국제비엔날레 특별상(2003), 타슈켄트국제비엔날레 은상(2005), 동명대 30년 근속상(2010) [저]'디자이너 지망생을 위한 제품디자인 기사문제집'(1985) '그림, 그 자유와 신비'(1991) '신발디자인'(1993) [종]가톨릭

장낙인(張樂仁) Chang Nac-in

[생]1952·2·2 [본]인동(仁同) [출]서울 [주]서울 양천구 목동동로233 방송회관 방송통신심의위원회(02-3219-5114) [학]1970년 경기고졸 1979년 한양대 신문방송학과졸 1982년 同대학원졸 1991년 문학박사(한양대) [경]1985~2013년 우석대 신문방송학과 교수 1988년 同신문사 주간 1997~1999년 호남언론학회 회장 1993년 우석대 지역언론연구소장 2000~2001년 同학생처장 2001~2005년 同교수협의회 회장 2003년 대통령직인수위원회 자문위원 2003~2004년 교육인적자원부 정책자문위원 2004~2006년 대통령직속 정보공개위원회 위원 2004~2006년 방송위원회 연예오락심의위원 2004년 同규제심사위원 2005년 전주시민미디어센터 소장 2005년 전북민주언론시민연합 공동대표 2006년 한국언론학회 이사(제도개선위원장) 2006년 한국방송학회 이사 2007년 KBS 시청자위원 2010년 미디어공공성포럼 공동대표 2011~2014년 방송통신심의위원회 위원 2013~2014년 전북대 신문방송학과 초빙교수 2014년 방송통신심의위원회 상임위원(현) 2014년 同통신심의소위원회 위원장 겸임(현)

장난주(張蘭珠·女) NANJOO JANG

[생]1971·5·14 [본]인동(仁同) [출]경남 창원 [주]서울 종로구 북촌로112 감사원 사회·복지감사국 제4과(02-2011-2441) [학]1990년 진주제일여고졸 1995년 서울대 사회학과졸 1999년 同대학원 행정학과졸 2008년 미국 메릴랜드대 경영대학원 경영학과졸 [경]1996년 행정고시 합격(39회) 1997년 정무2장관실 제1조정관실·제3조정관실 근무 1998년 여성특별위원회 사무처 협력조정관실 근무 1998년 감사원 6국1과·환경문화감사단·국가전략사업평가단 부감사관 2005년 同심의실·품질관리담당관실·공공기관감사국 감사관 2009~2012년 同성과관리담당관·사회복지감사국 제3과장 2013년 同행정안전감사국 제1과장(부이사관) 2015년 同산업금융감사국 제1과장 2016년 同사회·복지감사국 제4과장(현)

장남수(張南秀) Jang Nam Su

[생]1949·11·24 [본]덕수(德水) [출]충북 청주 [주]충북 청주시 상당구 상당로69번길12의6 우신빌딩4층 씨어터제이(043-256-3338) [학]1968년 서라벌고졸 1970년 중앙대 연극영화과 중퇴 [경]1970년 극단 '시민극장'상임연출 1974~1997년 충청일보 기자·체육부장·문화부장·제2사회부장·편집부장·편집부국장 1975~1978년 충북도연극협회 부지부장 1975~1978년 同이사 1980~1984·2002년 극단 '시민극장' 대표(현) 1991~1992년 한국기자협회 충북지부장 1991~1993년 한국예술문화단체총연합회 충북지회 부회장 1998~1999년 충청일보 편집국장 1999년 한국미디어교육센터 교수 2001~2002년 한국예술문화단체총연합회 충북지회장 2001~2009년 同충북도연합회장 2001년 대한적십자사 충북지회 대의원 2003~2009년 한국예술문화단체총연합회 이사 2004년 두진문화재단 이사(현) 2004년 CBi뉴스 이사 2004년 씨어터제이 공동대표(현) 2004년 제이플랜 대표(현) 2005~2007년 충청투데이 충북본사 사장 2007~2009년 충북지역개발회 이사 [상]전국소인극 경연대상(제1회·제5회), 청주시 문화상(1977), 전국연극경연대회 진주시 대상(1981), 충북체육상 공로상(1990), 한국신문협회장표창(1995), 한국예술문화단체총연합회장표창(2002), 한국엔터테인먼트산업학회 예술대상(2006), 한국예술문화단체총연합회 예술문화상 대상(2009), 한국예술문화단체총연합회 예술문화상 문화체육부문, 충북도민대상(2011) [종]가톨릭

장남식(張南植) JANG Nam Sik

[생]1954·11·17 [출]부산 [주]서울 종로구 종로5길68 코리안리빌딩 손해보험협회(02-3702-8500) [학]1973년 부산고졸 1977년 서울대 사회학과졸 2000년 캐나다 맥길대 대학원 경영학과졸 [경]1980년 범한해상화재(現LIG손해보험) 입사 1991년 同미국지점장 1996년 同업무담당 이사대우 1998년 同법인업무담당 2001년 럭키생명보험 부사장 2002년 同대표이사 2003년 LG화재해상보험 자문역 2004년 同업무지원총괄 전무 2006년 LIG손해보험 업무보상총괄 부사장 2007년 同법인영업총괄 부사장 2009년 同영업총괄 사장 2012년 同경영관리총괄 사장 2013년 同고문 2014년 손해보험협회 회장(현) 2016년 서민금융진흥원 휴면예금관리위원회 위원(현) [종]불교

장달중(張達重) CHANG Dal Joong

ⓢ1948·4·2 ⓞ경북 울진 ⓙ서울 관악구 관악로1 서울대학교 정치외교학부(02-880-6341) ⓗ중앙고졸 1969년 서울대 정치학과졸 1971년 同대학원졸 1982년 정치학박사(미국 Univ. of California at Berkeley) ⓖ1974년 육군사관학교 교수부 강사 1977년 미국 Univ. of California, Berkeley T.A. 1978년 일본 東京大 사회과학연구소 객원연구원 1982년 미국 San Francisco State Univ. 강사 1982~1990년 서강대 정치외교학과 조교수·부교수 1990~2013년 서울대 정치학과 조교수·부교수·교수 1994~1998년 언론중재위원회 위원 1995~1996년 서울대 사회과학대학 정치학과장 1996~1998년 同기획실장 1997년 통일부 정책자문위원 2000~2002년 외교통상부 산하 일본역사교과서왜곡대책반 자문위원 2000~2004년 국방부 정책자문위원 2003년 한민족복지재단 법인이사 2005년 한민족어린이돕기네트워크 공동대표 2006년 통일부 정책평가위원회 위원장 2011년 한반도포럼 회원 2013년 서울대 정치외교학부 명예교수(현) 2013년 대림산업(주) 사외이사(현) 2014년 대통령직속 통일준비위원회 정치·법제도분과위원회 민간위원 2014~2015년 제일모직 사외이사 2015년 삼성물산 사외이사(현) ⓢFulbright Fellowship(1974~1979), Japan Foundation Fellowship(1978~1979), 봉래출판문화재단 봉래상(2011), 옥조근정훈장(2013) ⓩ'분단 반세기 남북한의 정치와 경제(共)'(1999) '세계화와 일본의 구조전환(共)'(2002) '東北アジア 時代への 提言 : 戰争危機에서 平和構築으로(共)'(2003) '일본은 회생하는가?(共)'(2003) '김정일 체제의 북한 : 정치·외교·경제·사상(共·編)'(2004) '북미 대립 : 탈냉전 속의 냉전 대립(共)'(2011) ⓔ'왜 일본은 몰락하는가(共)'(1999)

장대련(張大鍊) CHANG Dae Ryun

ⓢ1956·9·13 ⓞ서울 ⓙ서울 서대문구 연세로50 연세대학교 경영대학 경영학과(02-2123-2516) ⓗ1979년 캐나다 브리티시컬럼비아대 경영학과졸 1981년 미국 컬럼비아대 대학원 경영학과졸 1986년 경영학박사(미국 하버드대) ⓖ1980년 미국 Honeywell Bull 연구원 1987년 연세대 경영학과 교수(현) 1989~1991년 핀란드 Helsinki School of Economics 초빙교수 1992년 연세대 국제학대학원 교학과장 1994~1995년 Hong Kong Univ. of Science & Technology 초빙교수 1994~1997년 호주 Australian National Univ. 초빙교수 1995년 연세대 경영연구소 부소장 1996~2000년 同국제교육부장 1997년 한국마케팅학회 마케팅연구편집위원장 2000~2002년 연세대 경영전문대학원 부원장 2002년 한국마케팅학회 부회장 2003~2004년 미국 Columbia Univ. 교환교수 2003~2008·2010~2011년 Singapore Management Univ. 객원교수 2005~2006년 연세대 경영연구소장 2006~2008년 同국제학대학원장 2012~2016년 서울반도체(주) 사외이사 2014년 쌍용자동차(주) 사외이사 겸 감사위원(현) 2016년 (사)한국마케팅학회 회장(현) ⓢ연세대 경영대학 우수강의상(2006) ⓩ'2B Marketing'(1997, 일송 출판사) '국제마케팅(共)'(1998, 학현사) 'integrated 광고론(共)'(2000, 학현사) 'More Advertising Worldwide'(2002, Springer) '경영학 뉴패러다임 : 중소,벤처기업 마케팅'(2002, 박영사) '글로벌시대의 국제마케팅'(2006, 학현사) '광고론'(2006, 학현사) '마케팅전략(共)'(2007, 박영사) '글로벌 시대의 기업경쟁 전략(共)'(2008, 연세대 출판부) 'B2B MARKETING(비투비 마케팅)'(2009, 북넷) '마케팅 서바이벌 1'(2011, 명인문화사) '마케팅 서바이벌 2'(2013, 명인문화사) '트랜스 시대의 트랜스 브랜딩(共)'(2014, 이야기나무) ⓔ'광고경영론'(1994, 학현사) ⓨ천주교

장대섭(張大燮) Jang Dae Sub

ⓢ1964·9·20 ⓞ서울 영등포구 의사당대로1 국회사무처 기획조정실(02-788-2335) ⓗ1983년 익산 남성고졸 1991년 경희대 정치외교학과졸 2005년 미국 오리건주립대 대학원졸 ⓖ1994년 입법고등고시 합격(12회) 1994년 국회사무처 건설교통위원회 입법조사관 2005년 同홍보관실 홍보담당관 2007년 同의사국 의사과장 2013년 同예산결산특별위원회 입법심의관 2014년 同의사국장 2016년 同기획조정실장(현)

장대순(張大淳)

ⓢ1959·8·26 ⓙ강원 춘천시 중앙로1 강원도청 경제정책과(033-249-3210) ⓗ관동대 행정학과졸, 강원대 행정대학원 행정학과졸 ⓖ1980년 지방공무원 임용 1991~2005년 강원도 근무 2005년 홍천군 체전준비상황실장(행정사무관) 2005년 同자치혁신기획단장 2006년 강원도 환경관광문화국 관광개발담당 2008년 同기획관리실 예산담당실 투자심사담당 2008년 同기획관리실 예산담당관실 재정심사담당 2009년 同기획관리실 예산담당관실 재정지원담당 2012년 同녹색자원과 환경정책과 환경정책담당 2014년 同환동해본부 기획총괄과장 직대 2014년 강원 정선군 부군수 2016년 강원도 경제진흥국 경제정책과장(현)

장대익(張大翼) JANG Dae Ik

ⓢ1952·2·5 ⓙ경기 성남시 분당구 분당수서로501 한국잡월드(031-696-8300) ⓗ1969년 조선대부속고졸 1978년 조선대 공대 화학공학과졸 1987년 한양대 환경과학대학원졸 1996년 한국노동연구원 노사관계고위지도자과정 수료 2002년 고려대 노동대학원 최고지도자과정 수료 ⓖ1978년 대한주택공사 입사 1993~2002년 同노조위원장 1996년 공공부문노조대표자회의 공동대표 1997년 정부투자기관노동조합연맹 위원장 1999년 한국노동조합총연맹 상임부위원장 1999년 노동일보 이사 1999~2003년 중앙노동위원회 근로자위원 1999년 노사정위원회 공공부문 특별위원 1999년 한국노동사회연구소 이사 2000년 국민건강보험 재정운영위원 2001년 한국비정규노동센터 이사 2003년 대통령자문 국가균형발전위원회 자문위원 2004년 전국공공노동조합연맹 위원장 2005~2007년 한국노동조합총연맹 상임부위원장 2005년 장애인고용촉진위원회 위원 2005년 서울중앙지법 노동전문 조정위원 2005년 민주평통 자문위원 2006년 혁신도시위원회 위원 2006~2008년 저출산고령화연석회의 위원 2006년 국민연금관리공단 비상임이사 2006년 한국노동조합총연맹 중앙교육원장 2007년 노동복지센터 이사 2008~2009년 노사발전재단 이사 2008년 노인장기요양보험 자문위원 2008년 근로복지공단 비상임이사 2008년 한국산업인력공단 비상임이사 2008년 (주)펜타포트 대표이사 2009년 퇴직연금심의위원회 위원 2015년 한국잡월드 이사장(현) ⓢ동탑산업훈장

장대진(張大鎭) JANG Dae Jin (慧祿)

ⓢ1960·2·15 ⓞ경북 안동시 풍천면 도청대로455 경상북도의회(054-880-5000) ⓗ경안고졸, 경북공업전문대학 공업경영과졸, 동양대 경영학과졸, 경북대 행정대학원 지방자치학과졸 ⓖ(주)배광산업 대표이사(현), 안동정보대 겸임교수, (사)경북도지적장애인복지협회 회장, (사)한국지적장애인복지협회 수석부회장, 경북장애인복지단체협의회 회장 1999·2002·2006년 경북도의회 의원(한나라당) 2002년 同예산결산특별위원회 위원장 2006년 同교육환경위원회 위원장 2008년 제18대 국회의원선거 출마(안동, 친박연대) 2012년 새누리당 제18대 박근혜 대통령후보 경북지역본부장 2014년 경북도의회 의원(새누리당)(현) 2014~2016년 同의장 2014~2016년 전국시·도의회의장협의회 정책위원장 2016년 경북도의회 문화환경위원회 위원(현) ⓢ대한민국의정대상 최고의장상(2015), 대한민국혁신인물대상 우수의정활동대상(2016)

장대창(張大昌) JANG Dae Chang

ⓢ1956·4·2 ⓞ인동(仁同) ⓞ전북 익산 ⓙ경기 고양시 일산서구 고양대로283 한국건설기술연구원 건설정책연구소(031-910-0530) ⓗ1975년 수도공고 전기과졸 1977년 신구대학 토목과졸 1993년 서울산업대 토목과졸 1998년 서울시립대 대학원 토목과졸 2010년 2010년 광운대 환경대학원졸(공학박사) ⓖ2001년 건설교통부 고속철도건설기획단 고속철도과 사무관 2002년 同고속철도건설기획단 고속철도과 시설서기관 2004년 同철도정책국 고속철도과 시설서기관 2004년 부산지방국토관리청 진영국도유지건설사무소장 2006년 익산지방국토관리청 하천국장 2008년 同도로시설국장 2009년 서울지방국토관리청 하천국장 2010년 서울지방항공청 공항시설국장 2012년 국토해양부 금강홍수통제소장 2013년 한국건설기술연구원 건설정책연구소장(현) ⓢ근정포장(1999), 녹조근정훈장(2012), 홍조근정훈장(2013)

장대환(張大煥) CHANG Dae Whan

ⓢ1952·3·21 ⓞ서울 ⓙ서울 중구 퇴계로190 매일경제신문 비서실(02-2000-2100) ⓗ1970년 경기고졸 1973년 미국 Univ. of Rochester 정치학과졸 1976년 미국 조지워싱턴대 대학원 국제정치학과졸 1985년 미국 뉴욕대 대학원 국제경영학과졸 1987년 국제경영학박사(미국 뉴욕대) 2015년 명예 경제학박사(세종대) ⓖ1977년 미국 뉴욕대 국제경영학 연구조교 1977년 서울대 대학원·고려대 대학원 강사 1979~1983년 예편(공군 대위) 1979~1983년 공군사관학교 교수부 정치학·경영학 교관·생도전대 상담교관 전임강사 1986년 매일경제신문 기획실장 1986년 同업무개발본부장(이사) 1987년 同상무이사 1988년 同전무이사 1988~2003년 同대표이사 사장 겸 발행인 1988년 한국신문협회 이사 1988년 국제언론인협회(IPI) 한국위원회 감사 1988년 아세아신문재단(PFA) 한국위원회 감사 1988~1997년 서울대 경영대학 국제경영학 강사 1992년 한미우호협회 공보분과위원장 1992년 세계경제포럼 차세대지도자 1993~2002년 (주)매일경제TV 대표이사 회장 1997~2003년 한국신문협회 감사 1997년 김영삼대통령 비상경제대책자문위원회 위원 1998년 세계지식포럼 집행위원장 1999년 한국ERP협회 회장 2000~2002년 한국마케팅연구원 회장 2000년 한국공학한림원 정회원(현) 2002년 서울대 공대 겸임교수 2002년 국무총리 서리 2003년 이화여대 경영대학 겸임교수 2003년 한국신문협회 부회장 2003년 미국 아칸소주

명예대사 2003년 매일경제신문·MBN(매일방송) 대표이사 회장(현) 2004년 세계신문협회 이사(현) 2005~2010년 한국신문협회 회장 2005년 한국언론재단 비상임이사 2006년 한미FTA체결지원위원회 위원 2007년 자유무역협정국내대책위원회 위원 2007년 2011대구세계육상선수권대회조직위원회 집행위원 2008년 국가경쟁력강화위원회 위원 2008년 대한민국건국60년기념사업위원회 위원 2008~2009년 한국방문의해 추진위원회 위원 2008년 한국태평양경제협력위원회 자문위원(현) 2008~2011년 (재)세종문화회관 이사장 2008~2010년 국무총리실 재외동포정책위원회 민간위원 2009~2013년 통일부 통일고문회의 고문 2009~2012년 국립대한민국관건립위원회 위원 2009년 북한정책포럼 공동의장(현) 2009~2010년 한국언론진흥재단 이사, 거버넌스21클럽 공동대표 2010~2014년 한국신문협회 고문 2010년 (재)더푸른미래재단 발기인 2010~2012년 세계자연보전총회조직위원회 위원 2012년 홍릉포럼 위원장(현) 2012년 서울시 시정고문단 고문(현) 2014년 한국신문협회 이사(현) 2016년 同고문 겸임(현) ⓢ국민훈장 동백장, 한국컨벤션대상(2007), 자랑스러운 NYU동문상(2012), 자랑스런 한국인대상 최고대상(2012), 이탈리아 국가공로훈장(2016) ⓦ'국제기업협상' '신제품 밀레니움'(共) 'Knowledge Driver' '원아시아모멘텀' ⓨ'21세기 예측' ⓩ불교

장덕인(張德仁) CHANG Duk In

ⓢ1940·2·21 ⓒ서울 ⓙ서울 강남구 언주로430 에너토크(주) 임원실(02-555-0883) ⓗ경기기계공고졸 1965년 서울대 토목공학과졸 ⓚ1966~1972년 대한석유공사 근무 1972~1974년 삼환기업(주) 근무 1974~1987년 범진기공(주) 대표이사 1987~2003년 에너토크(주) 대표이사 사장 2006년 同회장(현)

장덕준(張惠俊) Duckjoon Chang

ⓢ1959·8·16 ⓑ창녕(昌寧) ⓒ경남 창녕 ⓙ서울 성북구 정릉로77 국민대학교 국제학부(02-910-4478) ⓗ1983년 서울대 정치학과졸 1985년 同대학원 정치학과졸 1996년 정치학박사(미국 뉴욕주립대 버펄로교) ⓚ1996~1997년 서울대 지역종합연구소 특별연구원 1997~1998년 인천대 동북아발전연구원 상임연구위원 1998년 국민대 국제학부 러시아전공 전임강사·조교수·부교수·교수(현) 2002~2003년 한국슬라브학회 총무이사 2005년 국민대 유라시아연구소장 2008년 同대외교류처장 2012~2014년 同사회과학대학장 ⓦ'러시아의 선택 : 탈소비에트 체제전환과 국가·시장·사회의 변화(共)'(2006)

장덕진(張德鎭) Jang, Deok Jin

ⓢ1961·8·31 ⓙ경기 용인시 처인구 명지로116 명지대학교 환경에너지공학과(031-330-6690) ⓗ1980년 대전고졸 1985년 서울대 미생물공학과졸 1992년 연세대 산업대학원 화학공학과졸 1995년 공학박사(미국 캘리포니아대) ⓚ1996~1998년 명지대 화학공학과 조교수 1999년 同환경·생명공학부 교수, 同환경에너지공학과 교수(현) 2001년 환경친화기업 심사위원 2001년 (주)이디아이티 대표이사 2002~2003년 미국 콜로라도광업대 Division of Environmental Science and Engineering 연구부교수 2003~2005년 경기지역환경기술개발센터 센터장 2006년 명지대 산학협력처장 2007~2012년 同산학협력단장 2009년 한국물환경학회 부회장 2010년 명지대 에너지자립형초고도물재생기술연구센터 소장(현) 2013년 한국물환경학회 회장 2015년 同명예회장(현) ⓢ우수학위논문상(2003), 학술연구발표회 논문상(2004) ⓦ'슬러지벌킹 제어 지침서'(2006)

장덕진(張德鎭) JANG Duck Jin

ⓢ1962·9·14 ⓒ서울 ⓙ세종특별자치시 다솜3로95 공정거래위원회 소비자정책국(044-200-4401) ⓗ1981년 우신고졸 1985년 서울대 경제학과졸 1988년 同행정대학원 행정학과졸 2002년 미국 캘리포니아주립대 대학원 경제학과졸 ⓚ1995년 재정경제원 세제실 근무 1997년 금융개혁위원회 파견 1997년 공정거래위원회 정책국 지도개선과 근무 1999년 同독점국 기업결합과 근무 2002년 同심판관리실 1담당관실 근무 2003년 同광주사무소장 2005년 국민건강을위한제도개선특별대책팀 파견 2005년 공정거래위원회 기업협력단 가맹유통팀장 2007년 同서울지방공정거래사무소 경쟁과장 2007년 同서울지방공정거래사무소 총괄과장 2008년 대통령직속 국가경쟁력강화위원회 규제개혁팀 과장 2009년 공정거래위원회 하도급총괄과장 2009년 同경쟁정책과장 2010년 同서울지방공정거래사무소장(고위공무원) 2011년 국방대학원 교육파견(고위공무원) 2012년 공정거래위원회 기획조정관 2014년 同소비자정책국장(현) ⓢ재무부장관표창(1994)

장덕현(張惠鉉)

ⓢ1964·2·13 ⓙ경기 수원시 영통구 삼성로129 삼성전자(주) 메모리사업부 시스템LSI LSI개발실(031-279-3300) ⓗ전자공학박사(미국 플로리다대) ⓚ삼성전자(주) System LSI C&M 개발팀 담당임원, 同메모리Flash Solution개발팀 연구위원 2012년 同메모리Flash Solution개발팀 연구위원(전무) 2015년 同메모리사업부 솔루션개발실장(부사장) 2016년 同메모리사업부 시스템LSI LSI개발실장(부사장)(현)

장도영(張渡永) Jang Doyung

ⓢ1959·7·25 ⓒ서울 ⓙ서울 강남구 논현로508 GS타워32층 GS칼텍스 임원실(02-2005-1114) ⓗ1978년 경희고졸 1987년 연세대 화학공학과졸 ⓚ1987년 GS칼텍스(주) 입사 1995년 同방향족기획팀 과장 2000년 同방향족팀장(부장) 2001년 同용제팀장 2003년 同방향족영업팀장 2007년 同석유화학개발실장 2007년 同방향족사업부문장(상무) 2012년 同베이징법인장(전무), 同전략구매부문장(전무)(현)

장동경(張東經) Chang, Dong Kyung

ⓢ1964·10·9 ⓙ서울 강남구 일원로81 삼성서울병원 소화기내과(02-3410-3409) ⓗ1990년 서울대 의대졸 1998년 同대학원 의학석사 2001년 의학박사(서울대) ⓚ1990~2005년 서울대병원 인턴·레지던트 1995~1996년 제주한라병원 내과 과장 1996~1998년 서울대병원 소화기내과 전임의 1998~2001년 미국 캘리포니아대 샌디에이고캠퍼스 연구원 2001~2002년 국립암센터 선임연구관 2002~2004년 서울대 의대 임상조교수 2004~2005년 미국 베일러대 메디컬센터 선임연구원 2005년 성균관대 의과대학 내과학교실 부교수·교수(현) 2012~2014년 삼성서울병원 건강의학센터 기획팀장 2014~2015년 同미래혁신센터 부센터장 2015년 同미래혁신센터장 2016년 同미래혁신팀장(현) 2016년 同디지털헬스케어연구센터장 겸임(현)

장동국(張東國) CHANG Dong Kook

ⓢ1944·9·10 ⓒ경기 가평 ⓙ서울 성동구 성수일로4길25 서울숲코오롱디지털타워1차1508호 현대그린테크(주) 회장실(02-2115-8815) ⓗ1964년 춘천고졸 1971년 서강대 경제학과졸 ⓚ1970년 현대건설(주) 입사·이사 1992년 현대상선(주) 상무이사 1994년 同전무이사 1996년 현대전자산업(주) 부사장 2001년 현대건설(주) 부사장 2004년 현대디지텍 대표이사 사장 2007년 현대그린테크(주) 회장(현) ⓢ노동부장관표창, 동탑산업훈장 ⓩ기독교

장동길(張東吉) Jang Dong Gil

ⓢ1958·4·9 ⓙ경기 수원시 팔달구 효원로1 경기도의회(031-8008-7000) ⓗ양영고졸, 호원대 관광경영학과졸 ⓚ양영고총동문회 회장(현), 경기 광주시 오포읍이장협의회 회장, 광주시체육회 이사, 민주평통 경기 광주시 간사 2006년 경기 광주시의원선거 출마 2014년 경기도의회 의원(새누리당)(현) 2014년 同문화체육관광위원회 위원 2014년 同교육재정특별위원회 위원 2014~2015년 同혁신및지방분권특별위원회 새누리당 간사 2015년 同예산결산특별위원회 위원 2015년 경기도 세계유산남한산성관리위원회 위원(현) 2016년 경기도의회 건설교통위원회 위원(현) 2016년 同선감학원진상조사및지원대책마련특별위원회 간사(현)

장동덕(張東德) JANG Dong Deuk

ⓢ1958·9·7 ⓑ인동(仁同) ⓒ충남 서천 ⓙ경기구리시 동구릉로189 (주)노터스(031-572-8899) ⓗ1975년 경복고졸 1979년 서울대 수의학과졸 1984년 同대학원 수의학과졸 1990년 수의학박사(서울대) ⓚ1983~1990년 국립보건원·국립보건안전연구원 보건연구사 1986~1987년 미국 국립독성연구소 방문연구원 1990~1998년 식품의약품안전본부 보건연구관 1994~1995년 독일 FHG독성연구소 방문연구원 1998년 식품의약품안전청 보건연구관 1998년 국립독성연구소 조직병리과장, 同일반독성과장 2006년 同위해평가연구부장 2009년 식품의약품안전청 의약품안전국 의약품심사부장 2009년 대전지방식품의약품안전청장 2011년 식품의약품안전청 보건연구관(고위공무원) 2012~2015년 국군의무사령부 국군의학연구소장 2015년 (주)노터스 이사(현) ⓦ'독성병리학' '독성병리진단기준해설' '독성병리학도감' ⓩ천주교

장동식(張東植) JANG Dong Sik (同安)

ⓢ1950·7·15 ⓑ인동(仁同) ⓒ서울 ⓙ서울 중구 창경궁로6 부성빌딩10층 약업경제연구소 ⓗ1969년 대동상고졸 1973년 동국대 공업경영학과졸 1992년 경희대 경영대학원졸 2002년 중앙승가대 국역원졸 ⓚ일양약품(주) 이사

1998년 同상무이사 2003년 동방FTL(주) 상임감사, 한국의약경제연구소 소장 2013년 약업경제연구소 소장(현) [저]'현담'(2002) [종]불교

장동식(張東植) JANG Dong Sik

[생]1956·12·16 [본]인동(仁同) [출]경북 영주 [주]서울 성북구 안암로145 고려대학교 공과대학 산업경영공학부(02-3290-3387) [학]1979년 고려대 산업공학과졸 1984년 미국 텍사스주립대 대학원 산업공학과졸 1988년 공학박사(미국 텍사스A&M대) [경]1989년 고려대 산업공학과 교수 1995년 미국 워싱턴주립대 객원교수 1997년 대한산업공학회 CIM/FMS분과위원장 2000년 고려대 공과대학 부학장 2002~2006년 同관리처장 2006~2011년 同정보경영공학부 교수 2006~2008년 대한산업공학회 대외부회장 2008년 고려대 공과대학장 2008년 한국산학원 원장 2009년 고려대 그린스쿨 에너지환경정책기술대학원장 2010년 同공학교육혁신센터장(현) 2011년 同산업경영공학부 교수(현) 2014년 공학교육혁신협의회 회장(현) [상]대통령표창(2012), 산업자원부장관표창(2014) [저]'공학개론'

장동익(張東翼) CHANG Dong Ik

[생]1951·12·13 [본]인동(仁同) [출]경북 칠곡 [주]대구 북구 대학로80 경북대학교 사범대학 사회교육학부(053-950-5855) [학]1974년 경북대 사범대학 역사교육학과졸 1976년 同대학원 사학과졸 1992년 문학박사(부산대) [경]1976년 육군제3사관학교 전임강사 1978년 울산공업전문대학 조교수 1981년 경북대 사범대학 사회교육학부 역사교육과 전임강사·조교수·부교수·교수(현) 1996년 同학생부처장 1999년 일본 교토대 인문과학연구소 초빙교수 2002년 경북대 학생기숙사 사감장 2003년 일본 교토대 대학원 문학연구과 초빙교수 2006~2007년 경북대 학생처장 2012~2015년 국사편찬위원회 위원 [저]'고려후기의 교사연구'(1994) '원대여사자료집록'(1997) '송대여사자료집록'(2000) '충렬공 김방경'(2007) '한중일의 해양인식과 해방'(2007)

장동일(張東一) JANG Dong Il

[생]1958·8·23 [출]전남 고흥 [주]경기 수원시 팔달구 효원로1 경기도의회(031-8008-7393) [학]강남대 사회복지학과졸, 연세대 행정대학원 지방자치·도시행정전공 석사과정 재학 중 [경]김영환 국회의원 정책특보, 민주당 경기도당 환경도시개발특별위원장, 민주당 안산상록乙지역위원회 부위원장, 안산시청소년쉼터 운영이사, 안산시 선부·어울아동센터 후원회장 2005년 (주)대양이엔지 대표이사(현) 2010~2014년 경기도의회 의원(민주당·민주통합당·민주당·새정치민주연합) 2012년 同행정자치위원회 위원 2014년 경기도의회 의원(새정치민주연합·더불어민주당)(현) 2014·2016년 同기획재정위원회 위원(현)

장동진(張東震) JANG, Dong-Jin

[생]1953·8·8 [주]서울 서대문구 연세로50 연세대학교 정치외교학과(02-2123-2950) [학]1979년 연세대 정치외교학과졸 1982년 同대학원 정치학과졸 1990년 정치학박사(미국 텍사스주립대) [경]1993년 연세대 정치외교학과 부교수 1994~1998년 同사회과학연구소 부소장 1995~1996년 同행정대학원 교학부장 1996~1998년 同정치외교학과장 2000~2001년 일본 동북대학 학제과학연구센터 방문연구교수 2002년 연세대 정치외교학과 교수(현) 2003~2005년 한국정치사상학회 회장 2004년 연세대 사회과학연구소장 2012~2014년 同사회과학대학장 겸 행정대학원장 [상]교육인적자원부장관표창(2005) [저]'미국정치의 과정과 정책(共)'(1994) '국가, 시민사회, 정치민주화(共)'(1995) '전환기의 국제정치이론과 한반도(共)'(1996) '한국정치 동태론(共)'(1996) '시민사회운동(共)'(1999) '현대자유주의 정치철학의 이해'(2001) '이상국가론'(2004) '정치학이해의 길잡이 : 정치사(共)'(2008, 법무사) [역]'정치적 자유주의'(1998) '민주주의(共)'(1999) '직관과 구성 : 규범이론의 근거(共)'(1999) '리더십 강의(共)'(2000) '부패와 정부(共)'(2000) '만민법(共)'(2000) '현대 정치철학 이해'(2006)

장동철(張東哲) Jang, Dong-Cheol

[생]1968·10·10 [본]인동(仁同) [출]충남 보령 [주]부산 강서구 공항진입로42번길54 부산지방항공청 안전운항국(051-974-2103) [학]1988년 양명고졸 1995년 한국항공대 항공교통학과졸 2003년 同대학원 항공우주법학과졸 [경]1994년 건설교통부 항공안전본부 근무 2008년 캐나다 국제민간항공기구(ICAO) 항공안전평가과 근무 2011년 국토해양부 항공정책실 근무 2013년 국토교통부 항공정책실 근무 2015년 부산지방항공청 안전운항국장(현) [상]국무총리표창, 국토교통부장관표창

장동한(張東漢) CHANG Dong Han

[생]1959·2·8 [출]서울 [주]서울 광진구 능동로120 건국대학교 경상학부(02-450-3650) [학]1982년 한국외국어대 영어과졸 1983년 미국 미시간대 경제학과졸 1987년 미국 펜실베이니아대 대학원 경제학석사 1991년 보험경영학박사(미국 펜실베이니아대 와튼스쿨) [경]1990~1994년 미국 펜실베이니아주립대 보험경영학과 조교수 1994~1995년 한국금융연구원 연구위원 1995~2004년 노동부 산재보험·임금채권보장기금 심의위원 1995년 건국대 국제무역학과 교수, 同경상학부 국제무역학전공 교수(현) 2008년 同국제학부장 2010~2012년 同상경대학장 2016년 한국리스크관리학회 차기(2017년) 회장(현) [상]건국대 강의평가 최우수교수상(2005), Outstanding Course Leader(2006) [저]'이야기로 배우는 경제공부'(1999, KDI경제정보센터) '국제금융과 대한민국'(2004, 유인출판사) '개인구좌제도의 도입을 통한 우리나라 연금시스템의 발전 방안'(2005, 한국금융연구원) '지속 가능 성장을 위한 보험과 리스크 관리'(2014, 율곡출판사) [역]'리스크관리'(2002, 한국보험교육위원회) '상업재산보험'(2004, 한국보험교육위원회) '상업보험총론'(2005, 한국보험교육위원회) [종]기독교

장동헌(張東憲) JANG Dong Hun

[생]1962·5·25 [본]인동(仁同) [출]서울 [주]서울 용산구 한강대로140 지방행정회관 행정공제회 임원실(02-3781-0993) [학]1981년 경희고졸 1987년 동국대 무역학과졸 1994년 미국 아이오와대 대학원 경영학과졸(MBA) 2005년 경영학박사(동국대) [경]1988~2000년 한국투자신탁 입사·주식운용팀장 2000~2004년 SK투자신탁운용 주식운용본부장 2004~2005년 우리투자증권 고객자산운용팀장 2005년 금융감독원 거시감독국 수석조사역 2006년 同자산운용감독국 자산운용분석팀 수석조사역 2007~2008년 同조사연구실 증권연구팀장 2008년 얼라이언스번스타인자산운용 대표이사, 한국거래소 유가증권시장 상장심사위원 2010~2012년 우리자산운용 운용본부총괄 전무 2010~2014년 한국거래소 파생상품시장발전위원회 심의위원 2012~2014년 우리자산운용 신성장본부총괄 전무 2012~2014년 한국예탁결제원 자산운용인프라발전자문위원 2015년 행정공제회 사업부이사장(CIO)(현)

장동현(張東鉉) JANG Dong Hyun

[생]1963·8·20 [출]대구 [주]서울 중구 을지로65 SK텔레콤(주) 임원실(02-6100-2114) [학]1980년 경북사대부고졸 1987년 서울대 산업공학과졸 1989년 同대학원 산업공학과졸 [경]1989년 한국과학기술원 근무 1991년 SK(주) 구조조정추진본부 근무 1997년 태광멀티애드 SP2팀 및 인사총무팀장 1999년 SK텔레콤(주) 인력관리실 근무 2000년 同재무관리실 재무기획팀장 2003년 同재무관리실 재무기획팀장(상무) 2004년 同경영기획실장 2006년 同경영관리실장 겸 이사회 사무국장 2007년 同Corporate Center 전략기획실장 2009년 同Corporate Center 전략조정실장(전무) 2010년 同전략기획부문장 2011년 同마케팅부문장 2013년 同마케팅부문장(부사장) 2013~2014년 SK플래닛 최고운영책임자(COO) 2015년 SK텔레콤 대표이사 사장(현) 2015년 SK그룹 SUPEX(Super Excellent)추구협의회 창조경제혁신추진단장(현) 2015년 세계이동통신사업자협회(GSMA) 이사회 멤버(현) 2015년 서울 SK나이츠 프로농구단 구단주(현) 2015년 한국정보통신진흥협회(KAIT) 회장(현)

장동화(張東和) Jang Donghwa

[생]1963·4·5 [출]경남 창원 [주]경남 창원시 의창구 상남로290 경상남도의회(055-211-7366) [학]경상고졸, 경상대 수의과대학 수의학과졸, 同대학원 수의학과졸, 창원대 대학원 행정학과졸, 同대학원 행정학 박사과정 수료 [경]경상동물병원 원장, 창원시재향군인회 이사, 창원문성대 겸임교수, 경상대수의과대학학생회 회장, 의창동재향군인회 회장, 창원초등학교 체육진흥회장, 창원여중 운영위원회 부위원장, 경남도사격연맹 이사, 경남정보사회연구소 이사 2002·2006·2010~2014년 경남 창원시의회 의원(한나라당·새누리당) 2008~2010년 同부의장 2010년 창원·마산· 진해통합준비위원회 위원장 2012~2014년 경남 창원시의회 기획행정위원장 2014년 경남도의회 의원(새누리당)(현) 2014·2016년 同농해양수산위원회 위원(현) 2014년 同예산결산특별위원회 위원 2016년 同운영위원회 위원(현) [상]대한민국재향군인회장표창, 경상남도 도지사표창, 창원시장표창, 서부경찰서장표창 [종]불교

장동훈(張東勳) JANG Dong Hoon

[생]1955 · 3 · 15 [본]덕수(德水) [출]경남 마산 [학]1973년 마산고졸 1978년 고려대 법과대학 행정학과졸, 성균관대 국정관리대학원 1년 수료 [경]1981~1982년 전국경제인연합회 산하 민간기술연구소협회 연구원 1982~1991년 MBC 정치부 · 스포츠국 · 국제부 · 올림픽특집국 기자 1984~1985년 서울시배드민턴협회 홍보이사 1991~1998년 SBS 정치부 · 편집부 · 국제부 기자 1995~1998년 同베이징특파원 2002년 새천년민주당 노무현 대통령후보 언론특보 2003년 국립영상간행물제작소 소장 2003~2005년 영상홍보원(KTV) 원장 2005~2007년 YTN DMB 사외이사 2005~2006년 한국행정학회 이사 2005~2008년 뉴스통신진흥회 이사 2007년 고려대총동창회 상임이사(현) 2007년 민주평통 자문위원 2008년 경남도빙상연맹 부회장 2009~2010년 여수세계박람회조직위원회 홍보자문위원 2012~2014년 YTN 사외이사 [종]기독교

장동훈(張東薰) CHANG Dong Hoon

[생]1958 · 2 · 1 [주]서울 강남구 언주로147길9의11 보전빌딩서관2층 삼성디자인학교 학장실(02-3438-0300) [학]1980년 서울대 시각디자인학과졸 1984년 同대학원 시각디자인학과졸 1991년 미국 시카고미술대 대학원 영상제작전공졸 [경]1987~1989년 울산대 시각디자인과 전임강사 1988년 서울올림픽페이져쇼 기획 및 연출 1993년 대전엑스포자원활용화 영상제작 1994년 국립민속박물관 멀티미디어안내시스템 개발, 이화여대 정보디자인과 교수 2002년 同대학원 디지털미디어학부장 2006년 삼성전자(주) 디자인팀 UX파트장(상무) 2010년 同무선상품전략팀 전무 2013년 同디자인경영센터 디자인전략팀장(부사장대우) 2013~2014년 同무선사업부 디자인팀장 겸임 2014년 한국공예디자인문화진흥원 비상임이사(현) 2016년 삼성디자인학교(SADI) 학장(현) [상]올해의 디자인상(1995), 석탑훈장(1999), 동탑훈장(2011), 미국 패스트컴퍼니 선정 '가장 창조적인 인물 2위'(2013)

장동희(張東熙) Chang Dong-hee

[생]1956 · 4 · 23 [출]경북 칠곡 [주]대구 북구 대학로80 경북대학교(053-950-5114) [학]1973년 대구고졸 1977년 경북대 행정학과졸 1982년 서울대 행정대학원 수료 1983년 프랑스 파리국제행정대학원졸 1994년 미국 휴스턴대 로스쿨(LL. M.)졸 2005년 법학박사(고려대) [경]1977년 외무고시 합격(11회) 1977년 외무부 입부 1985년 駐자이르 2등서기관 1992년 駐휴스턴 영사 1995년 외무부 국제협약과장 1997년 駐오스트리아 참사관 2000년 외교통상부 조약국 심의관 2002년 駐벨기에 · 구주연합 공사 2004년 대법원 파견 2005년 외교사료관 관장 2006년 외교안보연구원 교수 2006년 駐제네바대표부 차석대사 2008년 駐리비아 대사 2010년 외교통상부 본부대사 2011년 동북아역사재단 국제표기명칭대사(파견) 2013년 駐핀란드 대사 2016년 경북대 초빙교수(현) [저]'현대국제법질서(共)'(2001, 박영사)

장동희(張東禧) JANG DONG HEE

[생]1965·1·10 [본]인동(仁同) [출]강원 평창 [주]세종특별자치시 노을6로8의14 국세청 납세자보호담당관실(044-204-2701) [학]1982년 강릉고졸 1984년 세무대졸 2009년 성균관대 대학원 경영학과졸 [경]1984년 국세공무원 임용 2007년 성남세무서 부가가치세과장 2009년 국세청 차장실 사무관 2010년 同소비세과 계장 2011~2012년 대통령 공직기강비서관실 근무 2012년 국세청 조사국 세원정보과 계장 2013년 울산세무서장 2014년 서울지방국세청 조사2국 1과장 2014년 서울 마포세무서장 2015년 국세청 납세자보호관실 납세자보호담당관(현)

장두욱(張斗旭) JANG Doo Wook

[생]1953 · 10 · 18 [본]인동(仁同) [출]경북 포항 [주]경북 안동시 풍천면 도청대로455 경상북도의회(054-880-5020) [학]포항고졸, 경주대 국제무역학과졸 [경]포항시자율방범연합회 회장, 동빈동새마을금고 이사, 대한민국재향군인회 동빈동회장, 포항시역도연맹 감사, 포항시중앙로타리클럽 총무, 신한국당 중앙상무위원, 범양냉난방 대표, 포항시의정회 이사(현), 학산종합사회복지관 운영위원(현), 국민건강보험공단 포항북부지사 자문위원(현) 1995~1998년 경북 포항시의회 의원 2006 · 2010년 경북도의회 의원(한나라당 · 새누리당) 2012년 同건설소방위원회 위원장 2013년 同예산결산특별위원회 위원 2014년 경북도의회 의원(새누리당)(현) 2014~2016년 同기획경제위원회 위원 2016년 同제2부의장(현) 2016년 同행정보건복지위원회 위원(현) 2016년 同원자력안전특별위원회 위원(현) [종]불교

장두원(張斗遠) CHANG Du Won (竹軒)

[생]1939 · 12 · 10 [출]전북 김제 [주]서울 영등포구 의사당대로1길34 인영빌딩 아시아투데이 주필실(02-769-5018) [학]1958년 신흥고졸 1964년 한양대 원자력학과졸 1990년 고려대 자연과학대학원 수료 [경]1966~1973년 대한일보 기자 1973~1980년 KBS 보도국 기자 1980년 해직 1985~1988년 아시안게임 · 올림픽개막식 국제민속공연관계 상황실장 1988~1993년 KBS 복직 · 정치부 부장대우 · 문화부장 · 해설위원 · 보도본부 주간 1993년 同전주방송총국장 1995년 KBS아트비전 감사 1999년 한국국제언론정보연구원 원장 2000년 세종대 신문방송학과 겸임교수 2000년 한국문학번역금고 상임이사 겸 사무총장 2000년 영상물등급위원회 심의위원 2001~2005년 한국간행물윤리위원회 제1심의위원회 심의위원 2007~2015년 아시아투데이 부회장 2015년 同주필(현) [상]전주시문화상, 사선문화상 [저]'한국방송 70년사' [종]천주교

장두이(張斗伊) CHANG Du Yee

[생]1952 · 1 · 9 [본]인동(仁同) [출]경기 고양 [주]서울 강남구 언주로174길30 한국국제예술원 연기영상예술계열 연기영상과(02-2055-1983) [학]1970년 신일고졸 1974년 고려대 국어국문학과졸 1977년 서울예술전문대 연극과졸 1978년 同무용과졸 1978년 동국대 대학원 연극영화과 1년 수료 1979년 미국 뉴욕 New school 뮤지컬과 수료 1981년 미국 뉴욕 멀스커닝햄(Merce Cunningham) 무용학교 수료 1983년 미국 뉴욕시티대 브루클린대학원 연극과 석사과정 이수 1983년 미국 뉴욕 Actor's studio 수료 1984년 미국 뉴욕 H.B Studio 수료 [경]1978년 미국 뉴욕 La Mama극단 초청으로 도미 1978~1994년 알댄스디어터사운드공연단체 설립 · 50여편의 연극과 무용 공연 1980~1992년 미국 뉴욕 코리안퍼레이드 예술감독 1983년 파리 피터브룩극단에서 배우로 활동 1983~1986년 그로토우스키극단 수석배우 1987~1993년 Koo댄스컴퍼니 수석무용수 1989~1994년 Lo Lan댄스컴퍼니 수석안무자 1992년 미국 뉴욕 극단 코리스플레이어즈 창단 · 대표 1996~2003년 대경대학 연극영화과 조교수 2004~2009년 인덕대학 방송연예과 교수 2010~2014년 서울예술대 연기과 교수 2014년 한국국제예술원 연기영상예술학부 방송영상과 교수, 同연기영상예술계열 연기영상과 교수(현) 2014년 同연기영상예술학부장 [상]TBC대학방송경연대회 최우수연기상(1972), 미국 OBIE 연극상(1979 · 1983), 미국 뉴욕 아시아소수민족 예술가상(1989), 백상예술대상 남자연기상(1995), 뉴욕드라마 클럽특별상(2003), 한국희곡문학대상(2006 · 2008) [저]시집 '삶의 노래'(1992) '0의 노래'(1996) 장편소설 '아메리카 꿈나무'(1992) 자전적 에세이 '공연되지 않을 내 인생'(1996) 희곡집 '장두이 희곡집'(1998) '장두이의 연기실습론'(2000) '장두이의 장면연기실습'(2002) '장두이 두번째 희곡집'(2005) '인생이 연극이야'(2005) '장두이의 한국연기실습'(2006) 'Y의 노래'(2006) '장두이 뉴 희곡집'(2009) '그로토프스키 두이 장'(2011) '장두이의 연극상식'(2012) '입시 연기론'(2014) [역]'19&80' '잔디와 반딧불' '무지개가 뜨면 자살을 꿈꾸는 여자들' '춤추는 원숭이 빨간피터' '유리동물원' [작]출연작 '첼로' '청바지를 입은 파우스트' 뮤지컬 '고래사냥' '세종32년' '맨하탄 일번지' '빗데리' '천상 시인의 노래' '바다의 여인' 연출 '11월의 왈츠' '콜라 시간밖의 여자들' '아시나마리' '물고기가 날으는 재즈카페' '발칙한 녀석들' '한마리 새가 되어' '라이프스토리' '그림그리기' '누에보 카르멘' '19&80' '오늘 또 오늘' '리어왕' '벚꽃동산' 등 다수

장래혁(張來赫) NAEHYUCK CHANG

[생]1967 [주]대전 유성구 과학로335 한국과학기술원 전기 및 전자공학부(042-350-7534) [학]1989년 서울대 제어계측공학과졸 1992년 同대학원 제어계측공학과졸 1996년 제어계측공학박사(서울대) [경]서울대 공과대학 컴퓨터공학부 교수 2001년 신도리코 기술자문 2005년 미국 애리조나주립대 방문교수 2012년 미국 전기전자공학회(IEEE) 회원(현) 2014년 미국 컴퓨터학회 저널 Transactions on Design Automation of Electronics Systems(TODAES) 편집장(현) 2014년 한국과학기술원(KAIST) 전기 및 전자공학부 교수(현) 2015년 반도체설계자동화학술대회(DAC, Design Automation Conference) 집행위원(현) 2015년 同프로그램위원장(Technical Program Chair) 2015년 국제컴퓨터학회(ACM) 석학회원(현)

장 만(張 晩) CHANG MAN

[생]1954 · 10 · 6 [주]서울 송파구 송파대로28길28 해양환경관리공단(02-3498-8501) [학]1973년 서울 중동고졸 1978년 연세대 생물학과졸 1985년 서울대 대학원 해양학과졸 1990년 해양학박사(서울대) [경]1978년 국방과학연구소 연구원 1983년 한국과학기술연구원 부설 해양연구소 연구원 1988년 한국해양연구원 선임연구원 1992년 미국 뉴욕주립대 대학원 Post Doctor 1994년 한국해양

과학기술원 책임연구원 1995년 同생물연구그룹장 1997년 同표영생물연구실장 1998년 同연안생태연구실장 2002년 同장목분원장 2002년 同남해연구소장 2008년 同정책본부장 2008년 한국환경생물학회 회장 2010년 한국해양과학기술진흥원 전문위원 2012년 한국해양과학기술원 책임연구원 2013년 한국유해조류연구회(KORHAB) 부회장 2014년 과학기술연합대학원대(UST) 겸임교수 2015년 한국해양과학기술원 해양생태연구부 영년직연구원 2015년 해양환경관리공단 이사장(현) [상]해양수산부장관표창(1997), 과학기술훈장 웅비장(2012), 대한민국경제리더대상 R&D경영부문 대상(2015)

장만기(張萬基) CHANG Man Key

[생]1937·8·8 [본]인동(仁同) [출]전남 고흥 [주]서울 서초구 논현로139 대흥빌딩7층 한국인간개발연구원(02-2203-3500) [학]1960년 순천 매산고졸 1968년 서울대 대학원 경영학과졸 1985년 미국 캘리포니아대 로스엔젤레스교(UCLA) 경영대학원 국제경영자과정 수료 1994년 명예 환경학박사(미국 지구환경대학원) [경]1968년 명지대 경영학과 교수 1969년 (주)코리아애드 이사 1970년 (주)코리아마케팅 대표이사 1972년 (사)한국기독실업인회 총무 1972년 제1차 성서공회대회 한국대표·CBMC대회 한국대표 1975년 (사)한국인간개발연구원 창립·원장 1975~1995년 경기대 관광경영학과·세종대 경영대학원·연세대 교육대학원·한남대 경영학과·중앙대 사회개발대학원·건국대 경영학과·국민대 경영학과·고려대 국제대학원 및 기독대학원 강사 1985년 행정자치부 지방행정연수원 강사 1985년 한국정보문화협의회 위원 1990년 한국엘엠아이(주) 대표이사 회장 1992년 (사)한미우호협회 이사 1993년 (사)한국지역정책연구원 상임위원 1993~2002년 한·러친선협력회 부회장 겸 회장 직대 2001년 (사)한국인간개발연구원 회장(현) 2002년 중국 연변과학기술대 명예교수 2002년 녹색교통운동 이사장 2003년 한·러친선협력회 이사장 2003년 한빛누리재단 이사 2003년 (재)숭실공생문화재단 이사(현) 2003년 서울대경영대학원동창회 부회장, 同고문(현) 2003년 Peter Drucker Society Korea 고문(현) 2003년 한·러친선협회 이사장(현) 2004년 중국 동북사범대 객원교수 2004년 중국 길림대학 고문교수 2005년 중앙인사위원회 인사정책자문위원 2006년 중국 길림시 경제고문 2008년 현대자동차그룹 인사정책자문위원 2009년 (사)나봄문화 이사 2009년 (사)한국씨니어연합 고문 2009년 녹색교통운동 고문 2010년 대한노인회 고문 2010년 문화저널21 자문위원 2011년 대통령직속 사회통합위원회 기획위원 2011년 국제한국문화교류운동본부 이사(현) 2011년 전문경영자학회 고문(현) 2011년 한국방송통신대 운영위원(현) [상]대통령표창 산업교육부문(1997), 서울대 경영인대상(2004), 한국CEO연구포럼 대한민국CEO그랑프리 특별상(2010), 환경재단 2014 '세상을 밝게 만드는 사람들' 수상 [저]'인간경영학' '기업과 인간'(編) '한국적 노사관계'(編) '간부의 자기혁명'(編) '대한민국 파워엘리트 101인이 들려주는 성공비결 101가지' [역]'간부와 자기관리' '경영지침' '활력경영' '폴마이어와 베풂의 기술' '폴J.마이어의 리더십 실천계획 5단계' '기적을 부르는 사람'(日文·共) '자조론, 인격론'(사무엘 스마일스 작) [종]기독교

장만채(張萬彩) CHANG Man Chae

[생]1958·3·26 [본]인동(仁同) [출]전남 영암 [주]전남 무안군 삼향읍 어진누리길10 전라남도교육청 교육감실(061-260-0200) [학]1976년 광주제일고졸 1980년 서울대 화학과졸 1982년 한국과학기술원(KAIST) 화학과졸(석사) 1985년 이학박사(한국과학기술원) [경]1985~1994년 순천대 자연과학대학 기초과학부 화학전공 조교수·부교수 1985년 일본 분자과학연구소 객원연구원 1987년 미국 Univ. of Florida Post-Doc. 1993년 순천대 전자계산소장 1994~2006년 同교수 1997년 미국 Brigham Young Univ. 객원연구원 1999~2001년 순천대 자연과학대학장 2006~2010년 同총장 2010·2014년 전남도 교육감(현) [상]전남도 문화상(2008), 대한민국 글로벌경영인대상 대학교육국공립대부문(2008), KAIST 올해의 동문상(2009), 청조근정훈장(2011), 부패방지국민운동총연합 선정 부패방지청렴공직인(2015) [저]'물리화학(共)'(2002, 탐구당) [역]'일반화학(共)'(2006, 사이플러스)

장만희(張萬熙) JANG Man Hee

[생]1958·9·9 [출]경북 칠곡 [주]세종특별자치시 조치원읍 군청로87의16 세종특별자치시의회 사무처(044-300-7200) [학]1976년 대구공고졸 1983년 한국방송통신대 행정학과졸 1990년 동국대 대학원 행정학과졸 [경]1996년 내무부 지방행정국 자치기획과 근무 2003년 행정자치부 자치행정국 자치제도과 서기관 2006년 同지방혁신인력개발원 행정지원팀장 2007년 同지방혁신인력개발원 혁신교육팀장 2008년 지방행정연수원 혁신교육과장 2008년 同국제교육협력과장 2009년 행정안전부 안전정책협력과장 2009년 同지방행정국 민간협력과장 2010년 지방행정체제개편추진위원회 파견 2014년 세종특별자치시 안전행정복지국장 2015년 同의회 사무처장(현)

장명국(張明國) JANG Myung Gook

[생]1947·11·15 [출]경기 수원 [주]서울 중구 통일로92 에이스타워13층 내일신문(02-2287-2100) [학]1966년 경기고졸 1970년 서울대 상과대학 경제학과졸 [경]1978년 삼선인삼(주) 사장 1981년 석탑출판사 경영 1987년 석탑노동연구원 원장 1993년 (주)내일신문 운영위원장 1998~1999년 YTN 사장 1999~2004년 동국대 행정학과 겸임교수 1999~2000년 경희대 언론정보대학원 겸임교수 2000~2001년 자연보호중앙협의회 회장 2002년 (주)내일신문 대표이사 겸 발행인(현) 2003~2004년 건국대 행정학과 겸임교수 2004년 한국외국어대 이사 2005~2007년 법무부 감찰위원회 부위원장 2006~2008년 학교법인 영남학원 이사 2006~2008년 한국학술진흥재단 이사 2007~2010년 한국녹색문화재단 이사장 2011~2014·2015년 한국신문윤리위원회 위원(현) 2012년 한국신문협회 이사(현) [상]국민훈장 모란장(2009) [저]'노동법해설' '산업재해와 직업병' '노동조합일상활동' '장명국의 세상읽기' '셋이 모여 삶이 된다' '혼돈과 창조의 역사' '노동조합 간부를 위한 한국노동운동론' '노동운동과 민족문제' '정권교체냐 정권재창출이냐' [역]'세계사편력' '사회과학강의'

장명근(張明根) Myung-Keun Chang

[생]1959·1·2 [본]인동(仁同) [출]서울 [주]서울 마포구 양화로7길6의16 (주)네이머스컨설턴트(02-338-1045) [학]서울고졸 1984년 한양대 토목공학과졸 1986년 미국 미시간주립대 대학원 환경공학졸 1994년 환경공학박사(미국 미시간주립대) [경]1986~1992년 미국 미시간주립대 도시환경공학과 Research Assistant 1992년 삼성종합건설(주) 환경사업부 과장 1993~1996년 삼양정수공업(주) 기술부장 1995년 한미발전설비기술협력단 한국측 위원 1996~1998년 삼양정수공업(주) 상무이사 겸 환경기술연구소장 1998~2008년 同대표이사 사장 1998년 과학기술부 선도기술개발사업2단계종합평가 평가위원 1999년 제18회 한일산업설비수출협력회의 한국측 위원 1999년 한미기업협력위원회(CBC) 한국측 위원 1999년 제24회 한일기계공업위원회 한국측 위원 2001~2003년 국립환경연구원 환경기술개발사업추진심사위원회 심의위원 2008~2011년 KC삼양정수(주) 대표이사 사장 2008년 경기도 전략산업기술개발사업RFP심의조정위원회 공공기술분야 평가위원 2011년 한국산업기술평가관리원 산업기술혁신평가단 위원(현) 2011~2012년 삼양정수(주) 대표이사 2013년 (주)네이머스컨설턴트 대표컨설턴트(현) 2013년 미국 수도협회 회원(현) 2014년 한국환경한림원 정회원(현) 2014년 한국공학한림원 건설환경공학분과 정회원(현) 2014년 국토교통과학기술진흥원 국토교통R&D평가위원(현) 2015년 한국중재학회 이사(현) 2015년 대한상사중재원 중재인(현) [상]미국 미시간주립대 Best Graduate Student Award(1988), 인천경기기계공업협동조합 500만불 수출달성상(1998), 국세청장표창(2000), 환경부 마을하수도운영제안공모 우수상(2002), IGM세계경영연구원 CEO과정 최우등상(2010) [종]기독교

장명수(張明秀·女) CHANG Myong Sue

[생]1942·3·31 [출]충남 천안 [주]서울 서대문구 북아현로140 학교법인 이화학당 이사장실(02-3277-2003) [학]1960년 이화여고졸 1964년 이화여대 신문방송학과졸 2001년 명예 문학박사(미국 메릴랜드대) [경]1963년 한국일보 입사 1984년 同편집국 문화부장 1988년 同편집국 부국장 1990년 同편집국 차장·생활부장 1993년 同심의실장 겸 편집위원 1995~1997년 同이사대우 편집위원 1995~1996년 삼성언론재단 이사 1997년 한국일보 이사 겸 편집위원 1998년 同이사 겸 주필 1998년 기획예산위원회 비상임위원 1999년 한국신문방송편집인협회 부회장 1999~2002년 한국일보 대표이사 사장 2001~2002년 한국신문협회 부회장 2002~2007년 한국일보 이사 2004년 대검찰청 공안자문위원회 위원 2005년 사법제도개혁추진위원회 민간위원 2006년 이화여고총동창회 회장 2007년 한국일보 고문 2009~2013년 대통령자문 통일고문회의 고문 2009년 대법원 사법정책자문위원회 위원 2010년 同대법관제청 자문위원 2011년 학교법인 이화학당 이사장(현) [상]최은희 여기자상(1985), 여성동아 대상, 오늘의 여성상(학원사), 관훈언론상(1991), 위암 장지연언론상(2000), 한국언론학회 언론상, 춘강상 여성지도부문, 미디어발전공헌상 저널리즘부문(2010), 이화언론인상(2015) [종]천주교

장명수(張明秀) Jang, Myung Soo

[생]1961·11·30 [주]서울 종로구 사직로8길60 외교부 인사운영팀(02-2100-7139) [학]1987년 한국외국어대 스페인어과졸 [경]1987년 외무고시 합격(21회) 1992년 駐뉴욕 영사 1995년 駐칠레 2등서기관 2002년 경제협력개발기구(OECD) 사무국 근무 2003년 외교통상부 경제기구과장 2005년 駐헝가리 참사관 2008년 駐칠레 공사참사관 2011년 외교통상부 중남미국 심의관 2013년 외교부 중남미국장 2014년 駐콜롬비아 대사(현) [상]근정포장(2012)

장명식(張明植) CHANG Myung Shik

📅1953·12·18 📍안동(安東) 🏠서울 📮경기 화성시 동탄면 동탄산단6길15의23 (주)FST 비서실(031-370-0700) 🎓1971년 보성고졸 1976년 서강대 물리학과졸 💼1976~1980년 삼미상사 근무 1981~1982년 신한과학(주) 영업부 근무 1983~1986년 서울일렉트론 반도체사업부 근무 1987~2014년 (주)FST 대표이사 1989~1997년 한국램리서치(주) 대표이사 2013~2016년 한국반도체산업협회 감사 2014년 (주)FST 각자대표이사(현) 🏅과학기술처 벤처기업상(1994), 삼성전자 특별공로상(1999) ✝천주교

장명식(張銘植) Jang Myeong-sik

📅1958·2·10 📍전북 전주시 완산구 효자로225 전라북도의회(063-280-4526) 🎓고창고졸 💼1996년 미래콘크리트 대표(현) 2005~2010년 서해안해등고추 대표 2014년 전북도의회 의원(새정치민주연합·더불어민주당)(현) 2014년 同운영위원회 위원 2014년 同문화관광건설위원회 부위원장 2014년 同교육위원회 위원 2015년 새정치민주연합 전북도당 문화예술특별위원회 위원장 2015년 더불어민주당 전북도당 문화예술특별위원회 위원장(현) 2016년 전북도의회 교육위원회 위원장(현) 🏅전국시·도의회의장협의회 우수의정 대상(2016)

장명진(張明鎭) Chang, Myoung-jin

📅1952 📍충남 연기 📮서울 용산구 두텁바위로54의99 방위사업청 청장실(02-2079-6000) 🎓대전고졸 1974년 서강대 전자공학과졸, 충남대 대학원 전자공학과졸 🎖ROTC 12기(중위 전역) 💼1976~1978년 국방과학연구소(ADD) 근무 1978~1982년 한국태양에너지연구소 근무 2007년 국방과학연구소(ADD) 종합시험단장 2010~2013년 同1본부 대지유도탄사업과 특별감사담당관·수석연구원 2013~2014년 同대지유도무기체계개발단 유도탄사업담당 전문연구위원 2014년 방위사업청장(현) 🏅보국포장, 보국훈장 삼일장

장명환(張明桓)

📅1961·8·2 📮세종특별자치시 정부2청사로10 국민안전처 교육연구단지등건립추진단(044-205-8357) 🎓1979년 광주 송원고졸 1986년 조선대 화학공학과졸 💼2002년 비상기획위원회 사무처 기획평가관실 평가관리담당관실 서기관 2007년 同동원기획국 재정산업동원과장 2008년 행정안전부 자원관리과장 2009년 국가기록원 표준협력과장 2013년 안전행정부 국가기록원 기록관리교육과장 2013~2014년 同비상대비기획국 자원관리과장 2014년 국민안전처 안전정책실 비상대비자원과장 2016년 同교육연구단지등건립추진단장(현)

장명희(張明熙) CHANG MYONG HI

📅1932·11·14 📍결성(結城) 🏠경기 개성 📮서울 강남구 테헤란로 313 성지하이츠1동716호 (주)셀코(02-554-4361) 🎓1950년 개성 송도고졸 1955년 동국대 문리대졸 💼1987년 (주)빠띠네인터내쇼날코리아 사장·회장 1989년 아시아빙상경기연맹 이사 겸 감사 1990년 (주)이테크건설 감사 1993년 대한체육회 감사 1993~2004년 아시아빙상경기연맹 부회장 1993~1995년 대한빙상경기연맹 회장 1994년 국제빙상경기연맹 집행위원 1994년 97동계유니버시아드조직위원회 부위원장 1994년 제17회 동계올림픽한국선수단 단장 1995년 대한빙상경기연맹 명예회장 2002년 (재)개성시민회 회장 2002년 제19회 동계올림픽빙상경기단 기술대표 2003년 (주)셀코 회장(현) 2004~2006·2013년 민주평통 자문위원(현) 2004년 아시아빙상연맹 회장(현) 2004년 대한올림픽위원회(KOC) 남북체육교류위원회 부위원장, 同국제위원회 위원(현), 송도학원 이사(현), (재)송암문화재단 감사 2009년 OCI미술관 감사 2010년 2018평창동계올림픽유치위원회 위원 2010년 同기술위원장 2012년 국제빙상연맹 명예위원 겸 상임고문(현) 2013년 개성시 명예시장(현) 2013년 대한올림픽위원회 및 대한체육회 자문위원(현) 2013년 2018평창동계올림픽대회조직위원회 위원 겸 자문위원(현) 🏅체육훈장 기린장(1988), 대통령표창(1990), 체육훈장 백마장(1991), 체육훈장 맹호장(1992), 체육훈장 청룡장(1997), 국민훈장 동백장(2004) ☸불교

장무환(張武煥) CHANG Moo Hwan

📅1954·2·18 📍인동(仁同) 🏠대구 📮충남 천안시 동남구 단대로119 단국대학교 의과대학 안과학교실(041-550-3970) 🎓1982년 서울대 의대졸 1987년 同대학원졸 1989년 의학박사(서울대) 💼1982~1983년 서울대병원 인턴 1983~1986년 同레지던트 1986~1988년 강서병원 안과 과장 1988~1990년 동국대병원 대우교수 1990~1994년 동국대 의대 조교수 1994~1999년 단국대 의대 안과학교실 부교수 1999년 同의대 안과학교실 교수(현) 2001~2005년 同의대 부속병원 기획조정실장 2006~2007년 同의대 부속병원장 2007~2011년 同의무부총장 겸 의료원장, 대한병원협회 이사 2011~2014년 단국대 의대 안과학교실 주임교수 📖'안과학' '망막박리' '망막'

장문영(張文英) CHANG Moon-Young

📅1940·11·16 📍인동(仁同) 🏠서울 📮서울 마포구 동교로161 이건산업(02-2007-2211) 🎓1959년 경기고졸 1965년 서울대 문리대 화학과졸 1984년 同경영대학원 최고경영자과정 수료 1995년 한국과학기술원(KAIST) 최고정보경영자과정(AIM) 수료 💼1976년 광명목재(주) 전무이사 1978년 이건산업(주) 전무이사 1993~2002년 同대표이사 사장 1996년 한국파레트협회 회장 1997년 인천경영자협회 회장 1997년 인천시 기능경기위원장 2005년 이건산업(주) 부회장 2009년 同고문(현) 🏅국무총리표창(1998), 대한상공회의소회장표창, 철탑산업훈장(2004) ✝기독교

장문정(張文禎·女) CHANG Moon Jeong

📅1958·8·9 📮서울 성북구 정릉로77 국민대학교 자연과학대학 식품영양학과(02-910-4776) 🎓1981년 이화여대 식품영양학과졸 1983년 同대학원졸 1988년 박사(미국 조지아대) 💼1983년 아세아식품영양연구소 연구원 1994~1998년 국민대 가정교육과 전임강사·조교수 1998~1999년 한국영양학회 편집위원 1999년 아시아영양학회 총무간사 2000~2001년 한국식생활문화학회 편집이사 2000년 국민대 자연과학대학 식품영양학과 부교수·교수(현) 2014~2016년 同자연과학대학장 2014년 同Creative Health Care 융합인재양성사업단장(현)

장문호(張文鎬) CHANG Moon-Ho (金陽)

📅1945·7·13 📍인동(仁同) 🏠서울 📮서울 성북구 화랑로14길5 한국과학기술연구원 H1-901A(02-958-5136) 🎓1964년 경기고졸 1972년 서울대 화학과졸 1980년 이학박사(캐나다 앨버타대) 💼1980~1983년 미국 캘리포니아공대(Caltech) Research Fellow 1983~1992년 한국과학기술연구원(KIST) 책임연구원(의약·유기화학 연구실장) 1989~1993년 한국과학기술원 화학과 겸임교수 1992~1995년 과학기술정책관리연구소(STEPI) 전문위원 1995~1996년 과학기술처 화공생물연구조정관 1996~1998년 한국과학기술연구원 책임연구원 1997~1998년 과학기술부 창의적연구진흥사업추진기획위원장 1998~1999년 과학기술정책관리연구소 소장 1999~2001년 한국과학기술기획평가원(KISTEP) 원장 2001~2008년 (주)종근당바이오 사외이사 2001~2006년 한국과학기술연구원 책임연구원 2007~2010년 同초빙연구위원 2007~2011년 포항공대 이사 2011~2013년 민주평통 자문위원 2011년 한국과학기술연구원(KIST) 명예연구원(현) 🏅국민훈장 석류장(1995), 과학기술훈장 혁신장(2007) ✝기독교

장미경(張美敬·女) Jang, Mee Kyung

📅1961·7·14 📍인동(仁同) 🏠서울 📮경기 용인시 기흥구 덕영대로1732 경희대학교 시각정보디자인학과(031-201-2647) 🎓1980년 서울예술고졸 1984년 미국 메릴랜드예술대(Maryland Institute College of Art-MICA)졸 1987년 미국 시라큐스대(Syracuse Univ.) 대학원졸 2007년 디자인학박사(서울대) 💼2001~2012년 한국장애인고용촉진공단 전국장애인기능경기대회 시각디자인심사장 2003~2005년 한국산업인력관리공단 국가인증컬러리스트기사자격증 심사위원 2003~2005년 한국산업인력공단 국가인증시각디자인기사자격증 문제검토위원 2006년 경희대 시각정보디자인학과 교수(현) 2007년 서울시 디자인위원(현) 2008년 서울디자인올림피아드 디자인평가위원 2008년 서울시 웹디자인평가위원 2008년 인천국제공항 인천공항유니폼디자인 자문위원 2008~2009년 교육부·한국진흥재단 BK21 연차평가위원 2010년 서울시·우정사업본부 별정직공무원채용 심사위원 2011년 서울시도시철도공사 도시철도디자인 심의위원 2014년 서울시 디자인자문단 자문위원(현) 2014년 경희대 아트퓨전디자인대학원장 겸 예술·디자인대학장(현) 🏅근정훈장(2003), 한국디자인학회 최우수논문상(2006), 옥조근정훈장(2012) 📖'디자이너의 문화읽기'(2004) '디자인으로 세상을 바꾸는 법'(2013) 📝'매체환경의 변화와 그래픽 디자인의 현시점' '1900~1945년 상해광고포스터에 수용된 서양문화와 여성이미지' '일러스트레이션과 광고 사회학의 관계' '브랜드아파트 광고이미지의 기호학적 해석을 통한 광고커뮤니케이션의 효율성에 대한연구' '포스트모던 문화콘테츠에서 패러디화된 일러스트레이션에 관한 고찰' '국내 온라인상의 슈팅게임캐릭터에 디자인에 관한 비교분석 : 서든어택, 버블파이터를 중심으로' '디자인 수사학적 관점에서 본 유아·어린이 그림책 일러스트레이션의 상징성에 관한 연구'

장미란(張美蘭 · 女) JANG Mi Ran

⊛1983·10·9 ⊛강원 원주 ㈜경기 고양시 덕양구 화신로190 장미란체육관2층 장미란재단(031-978-2012) ⊛2001년 원주공고졸 2010년 고려대 사범대학 체육교육학과졸 2012년 성신여대 대학원 체육학과졸 2015년 용인대 대학원졸(체육학박사) ㉕1999년 역도 입문 2002년 부산아시안게임 은메달 2003년 세계선수권대회 용상 동메달 2004년 그리스 아테네올림픽 75kg이상급 은메달 2005년 카타르 도하 세계여자역도선수권대회 75kg급 용상 금메달·인상 은메달 2006년 한·중·일국제초청역도대회 세계신기록(인상 138kg·용상 180kg, 합계 318kg) 2006년 도미니카공화국 산토도밍고 세계여자역도선수권대회 75kg급 용상 금메달·합계(314kg) 금메달 2006년 도하아시안게임 75kg급 은메달 2007~2013년 경기 고양시청 소속 2007년 태국 치앙마이 세계여자역도선수권대회 75kg급 용상(181kg) 금메달·합계(319kg) 금메달(세계선수권대회 3연패)·인상(138kg) 은메달 2008년 제29회 베이징올림픽 75kg급 금메달(합계 세계신기록 326kg : 인상 140kg·용상186kg) 2008년 제89회 여수전국체전 3관왕 2008년 아시아클럽역도선수권대회 75kg급이상 3관왕(인상120kg·용상160kg·합계280kg) 2009년 한·중·일국제역도경기대회 최중량급 3관왕(인상·용상·합계) 2009년 고양세계역도선수권대회 최중량급 인상(136kg) 은메달·용상(187kg) 금메달·합계(323kg) 금메달(세계선수권대회 4연패) 2010년 국제역도연맹 '2009 최고의 여자 선수(Best Female Lifter of 2009)' 선정 2010년 세계역도선수권대회 최중량급 인상(130kg) 동메달·용상(179kg) 은메달·합계(309kg) 동메달 2010년 광저우아시안게임 75kg초과급 인상(130kg)·용상(181kg)·합계(311kg) 금메달(그랜드슬램 달성) 2012년 제30회 런던올림픽 여자역도 국가대표 2012년까지 전국체전 10년 연속 3관왕 2012년 장미란재단 설립·이사장(현) 2013년 현역 은퇴 2013년 대통령직속 청년위원회 소통분과 위원, 同인재양성·문화분과 위원 2013년 국제역도연맹(IWF) 선수위원(현) 2013년 대한체육회 선수위원회 위원(현) 2016년 용인대 체육학과 교수(현) ㉝대한역도연맹 여자 최우수선수상(2001·2002·2003·2004·2005·2006·2007·2008·2009·2010), 대한민국 체육상 경기분야(2005), 한국여성스포츠회 윤곡상 최우수상(2005), 대한역도연맹 대상(2008), 대한체육회 2007 체육대상(2008), 한국이미지 디딤돌상(2009), 코카콜라 체육대상 특별상(2009), 체육훈장 청룡장(2009), 고양세계역도선수권대회 '베스트 리프터(Best Lifter)'로 선정(2009), 경기도 스포츠스타상(2009·2010), 자랑스런 한국인대상 스포츠발전부문(2009), 대한역도연맹 특별상(2013), 제5회 도전한국인상 스포츠부문(2013), 보건복지부장관표창(2013), MBN 여성스포츠대상 특별상(2013) ㉯기독교

장미승(張美承 · 女)

⊛1962·8·11 ⊛서울 ㈜강원 원주시 건강로32 국민건강보험공단 급여상임이사실(033-736-1529) ⊛1981년 한양여고졸 1985년 이화여대 정치외교학과졸 1987년 同대학원 정치학과졸 2012년 동국대 대학원 행정학(복지행정 전공) 박사과정 수료 ㉕1988~1990년 통일민주당 전문위원 1990~1993년 민주자유당 중앙사무처 여성1부장 1993~1998년 대통령 교육문화수석비서관실·정무수석비서관실 행정관 2007~2010년 송파여성문화회관 관장 2011~2012년 서울시 자원봉사센터장 2013~2015년 (재)여의도연구원 정책자문위원 2014~2016년 (사)한국여성유권자연맹 부회장 겸 서울연맹 회장 2016년 국민건강보험공단 급여상임이사(현) ㉝대통령표창(1998)

장미연(張美燕 · 女) JANG Mee Yeon

⊛1956·9·10 ⊛서울 ㈜서울 성북구 화랑로13길60 동덕여자대학교 예술대학 디지털공예과(02-940-4544) ⊛1979년 이화여대 장식미술학과졸 1981년 홍익대 대학원 금속학과졸 2007년 同대학원 금속전공 박사과정 수료 ㉕1987년 동덕여대 예술대학 디지털공예과 조교수·부교수·교수(현) 1989년 한국현대금속과섬유예술 캐나다 미술순회 초대전 1993년 예술의전당 전관기념 초대전 1994년 독일 포츠 하임장신구박물관 초대 독일순회전 1995년 서울공예대전 초대작가, 청주국제공예비엔날레 초대작가, 한국공예가협회 부이사장, 대한민국디자인전람회 초대작가, 한국칠보작가회 회장, 개인전 6회 2006~2010년 동덕여대 Art & Craft연구소장 2016년 同예술대학장(현) ㉝대한민국 산업디자인전 무역협회장표창, 국무총리표창 ㉯기독교

장미희(張美姬 · 女) CHANG Mi Heui

⊛1957·12·8 ⊛서울 ㈜서울 서대문구 가좌로134 명지전문대학 연극영상과(02-300-1328) ⊛명지대 교육대학원졸 ㉕탤런트 겸 영화배우(현) 1975년 TBC 탤런트 데뷔 1976년 영화 '성춘향'으로 데뷔 1977년 영화 '겨울여자'에서 이화역을 맡아 대스타로 발돋움 1982년 조계사 합창단장, 한국영화배우협회 부회장 1989년 명지전문대학 강사 1998년 同연극영상과 부교수·교수(현) 1998년 同연극

영상과 학과장 1999년 영상물등급위원회 영화심의위원 2001년 서울영상위원회 부위원장 2002년 국제영상자료원연맹(FIAF) 서울총회 홍보대사 2002년 영화진흥위원회 비상임부위원장 2005년 문화관광부 영화진흥위원 2006년 고양국제어린이영화제 집행위원장 2007년 사회복지공동모금회 홍보대사 2011년 2011광주디자인비엔날레 명예홍보대사 2012년 제10회 서울환경영화제 공동집행위원장 ㉝제27회 베를린국제영화제 은곰상 여우주연상(1977), 동양방송 연기대상 최우수 여자연기상(1979), 제1회 영화평론가협회상 여우주연상(1980), 제37회 아시아태평양영화제 여우주연상(1992), 대종상 여우주연상(1992), 제12회 청룡영화상 여우주연상(1992), KBS 연기대상 인기상·베스트 커플상(2008), 한국최고경영자회의 문화경영 연예인부문 대상(2009) ㉜'내 삶은 아름다워질 권리가 있다'(1998) ㉗영화 '애인'(1982) '적도의 꽃'(1984) '사의 찬미'(1987) '불의 나라'(1989) '애니깽'(1994) '아버지'(1997) '보리울의 여름'(2002) 드라마 'KBS2 타인'(1987) '잠들지 않은 나무'(1989) 'MBC 엄마야 누나야'(2000) 'SBS 흥부네 박터졌네'(2003) 'MBC 황태자의 첫사랑'(2004) 'SBS 그 여름의 태풍'(2005) 'KBS2 엄마가 뿔났다'(2008) 'SBS 인생은 아름다워'(2010) 'SBS 패션왕'(2012) 'MBC 오자룡이간다'(2012~2013) 'JTBC 맏이'(2013) 'JTBC 귀부인'(2014) 'MBC 장미빛 연인들'(2014) 'KBS2 착하지 않은 여자들'(2015) 'JTBC 마담앙트완'(2016)

장 민(張 珉) Chang, Min

⊛1965·1·24 ⊛경남 사천 ㈜서울 중구 남대문로39 한국은행 조사국(02-759-4161) ⊛1983년 경복고졸 1988년 서울대 경제학과졸 1997년 경제학박사(미국 미시간주립대) ㉕1990~1993년 한국은행 저축부 저축기획과·외환관리부 외환기획과 근무 1998년 同조사국 금융제도팀 조사역 1999년 同조사국 통화분석팀 과장 2000년 국제결제은행(BIS) 통화경제국 Visiting Fellow 2000년 금융통화위원회 위원보좌역 2001년 한국은행 조사국 통화분석팀 과장 2003년 同조사국 조사총괄팀 차장 2004년 同뉴욕사무소 워싱턴주재원 2007~2008년 同정책기획국 정책총괄팀 차장 2009년 한국금융연구원 거시경제연구실 연구위원 2009년 G20 3&4분과 민간전문위원 2009년 한국금융연구원 거시경제연구실장 2010년 同국제거시금융실장 2011년 同국제거시금융연구실 선임연구위원 2011~2013년 금융위원회 위원장 자문관 2013~2015년 우리은행 사외이사 2013~2015년 한국금융연구원 연구조정실장 2014~2015년 우리금융지주 사외이사 2015년 한국은행 조사국장(현) ㉜'우리나라 은행산업의 진로(共)'(1999, 지식산업사) '금융환경 변화와 통화정책(共)'(2000, 지식산업사)

장민상(張旻相) CHANG MIN SANG

⊛1952·7·8 ⊛인동(仁同) ⊛경북 상주 ㈜서울 동작구 여의대방로112 (주)농심 임원실(02-820-7200) ⊛상주고졸 1980년 명지대 경영학과졸 ㉕2001년 (주)농심 영업기획담당 상무보 2005년 同SCM본부장 겸 영업기획담당 상무 2006년 同영업본부장 2008년 同마케팅본부장 2009년 同제품마켓총괄 전무이사 2014년 同영업부문장(부사장) 2016년 同자문(부사장)(현)

장범식(張汎植) JANG Beom Sik

⊛1957 ㈜서울 동작구 상도로369 숭실대학교 경영학부(02-820-0599) ⊛1975년 전주고졸 1980년 서울대 영어과졸 1982년 同대학원 경영학과졸 1993년 경영학박사(미국 Univ. of Texas at Austin) ㉕1982~1987년 한국산업은행 근무 1993~1995년 한국증권연구원 정책실 연구위원 1995년 숭실대 경영학부 교수(현) 1998~2005년 한국코스닥위원회 위원 1999~2003년 한국증권거래소 시장운영위원 2000년 코스닥협회 자문위원(현) 2001~2002년 노동부 기금관리자문위원 2002~2003년 소프트웨어진흥연구원 자문위원 2003년 금융감독위원회 규제개혁심사위원 2003년 벤처기업협회 자문위원 2003~2007년 한국소기업학회 수석부회장 2005년 한국거래소 초대 시장감시위원 2005~2008년 금융감독위원회 비상임위원 2006~2008년 기획예산처 기금정책심의회 위원 2007~2009년 숭실대 경영대학원장 2007년 코스닥CEO아카데미 공동회장 2007~2009년 판매인력관리위원회 위원장 2008~2009년 한국증권학회 회장 2008년 숭실대 노사관계대학원장 2008년 금융발전심의위원회 위원 2008년 한국예탁결제원 해외부문자문위원 2008년 은행산업·증권업지속가능지수기획위원회 위원장(현) 2009년 한국거래소 파생상품자문위원 2010~2011년 키움증권(주) 사외이사 2010년 금융감독원 금융감독평가위원(현) 2010~2012년 주식백지신탁위원회 위원 2010~2012년 금융투자협회 집합투자위원회 위원 2011~2013년 한국거래소 공익대표 비상임이사·감사위원장 2012년 금융감독원 자본시장분과 자문위원(현) 2012년 금융투자협회 자율규제위원회 위원(현) 2012년 국회입법조사처 조사분석지원위원(현) 2013년 보건산업진흥원 글로벌제약산업육성펀드 운용위원 2013년 금융위원회 금융발전심의회 자본시장분과 위원장 2014년 동부증권(주) 사외이사(현) 2014년 금융감독원 자본시장부문 금융감독자문위원장 2014년 숭실대 학사부총장(현) 2015년 금융위원회 금융개혁회의 위원 2016년 同금융발전심의

회 위원장(현) 2016년 同금융개혁추진위원회 위원장 겸임(현) 2016년 중소기업진흥공단 청렴·윤리경영위원회 외부위원(현) [상]코스닥협회 10주년 공로상 [저]'한국증권시장론' '이사회대변혁' '한국자본시장론'(2014) [종]기독교

장병규(張炳圭) CHANG Byong Kyu

[생]1935·10·12 [본]인동(仁同) [출]평북 박천 [주]서울 종로구 비봉길64 이북5도위원회 평안북도청(02-2287-2510) [학]1953년 중앙고졸 1957년 서울대 법대졸 1986년 단국대 교육대학원졸 1994년 명예 법학박사(경기대) [경]1960~1968년 서울시교육위원회 근무 1968~1974년 문교부 근무 1974년 경남도교육위원회 관리국장 1976~1980년 문교부 대학학무과장·총무과장 1980년 서울대 시설관리국장 1981년 문교부 교육정책실 제3조정관 1983년 同사회직업교육국장·대학국장 1985년 同교육정책실장 1986년 同대학정책실장 1987년 同기획관리실장 1988년 同차관 1989년 한국장학회 이사장 1989년 사학진흥재단 이사장 1991년 국정교과서 사장 1993년 민주평통 자문위원 1993~1997년 두원공업전문대학 학장 1994년 단국대 이사장 1997~2001년 중부대 총장 2002년 강원관광대학 이사장 2007년 한국대학총장협회 사무총장 2013년 이북5도위원회 평안북도 행정자문위원(현) [상]모범공무원상, 홍조·황조·청조근정훈장, 체육훈장 맹호장 [종]가톨릭

장병기(張炳基) Jang Byung Ki

[생]1950·6·3 [출]경남 진주 [주]서울 강남구 도곡로150 대광빌딩8층 BHI(주) 회장실(02-570-8600) [학]진주고졸, 경희대 경제학과졸 [경]2002년 (주)포스코 자재구매실장 2004년 同자재·설비·외주구매담당 임원 2006~2010년 삼정피엔에이 대표이사 사장 2010년 同상임고문 2011년 BHI(주) 부회장 2012년 同회장(현) [종]천주교

장병기(張炳基) Chang Byoung Ki

[생]1953·1·26 [출]인천 [주]강원 춘천시 공지로126 춘천교육대학교 과학교육과(033-260-6467) [학]1971년 제물포고졸 1975년 서울대 물리교육학과졸 1986년 同대학원졸 1994년 교육학박사(서울대) [경]1977년 서울 동대문여중 교사 1982년 윤중중 교사 1984년 성동기계공고 교사 1990년 서울과학고 교사 1994년 춘천교육대 과학교육과 교수(현) 1997년 同과학교육학과장 2001년 同도서관장 2005년 同과학교육연구소장 2015년 同교육대학원장(현) [저]'물리교육학 연구-이론과 동향(共)'(2000, 교육과학사) '과학 수업시간에 해보는 과학연극(共)'(2005, 드림웍스21) '과학교육학 용어 해설(共)'(2005, 교육과학사) '자석과 전자석, 춘천가는 기차를 타다'(2006, 도서출판 디딤돌) '초등 과학교육에 뛰어들기(共)'(2011, 북스힐) [종]기독교

장병만(張炳晩) CHANG Byung Man

[생]1952·1·2 [본]인동(仁同) [출]부산 [주]서울 노원구 공릉로232 서울과학기술대학교 기술경영융합대학 산업정보시스템공학과(02-970-6467) [학]1969년 검정고시 1974년 서울대 산업공학과졸 1984년 同대학원졸 1989년 공학박사(서울대) [경]1977~1980년 대우중공업(주) 근무 1980~1985년 경원전문대 공업경영학과 조교수 1984~1988년 고려대 경영대학 경영학과 강사 1985년 서울산업대 부교수, 同산업정보시스템공학과 교수 1991년 독일 Stuttgart대 프라운호프IAO연구소 초청과학자 1993년 물류관리학회 이사 1993년 한국경영과학회 정보기술연구회 부위원장 1993~2001년 Intelog(주) 전문물류컨설턴트 1995년 독일 Dortmund대 초청과학자 1997년 미국물류관리협회 정회원 1999년 미국 Univ. of Florida 방문교수 1999년 미국 INFORMS 정회원 2000년 미국 CSCMP 회원 2004~2007년 한국경영과학회 부회장 2010년 한국SCM학회 자문위원(현) 2010년 서울과학기술대 산업정보시스템공학과 교수(현) 2012년 한국경영학회 이사 2012년 한국경영과학회 회장 2013년 同명예회장(현) [저]'설비계획'(1991) '신물류경영'(2002) [종]기독교

장병옥(張炳玉) Jang Byung Ok (蓮坡)

[생]1935·8·26 [본]인동(仁同) [출]전남 구례 [주]경기 용인시 처인구 명지로116번길9의70 명지엘펜하임103동 501호 한국차생활문화원(031-328-0077) [학]1956년 광주고졸 1960년 육군사관학교졸 1975년 육군대학졸 1982년 성균관대 경영대학원졸 [경]1967년 파월 맹호사단 혜산진연대 작전장교·중대장 1968년 대한불교청년회 교화부장 1978년 부산수산대 학군단장 1979년 국방대학원 전략론 교수 1980~1996년 한국국방연구원 책임연구원(연구실장·교수) 1986년 대한불교청년회 사무총장·수석부회장 1990년 한일불교문화교류협의회 이사 1996년 (사)한국차생활문화원 부원장·원장(현) 1996년 국방부 정책자문위원(현) 2000년 대한불교청년회 고문(현) 2004~2005년 국방연구원 Fellowship [상]인헌무공훈장(1967), 월남무공훈장(1967), 예비군포장(1992) [저]'임진전란을 통하여 본 의병항쟁사'(1991) '향토방위 뿌리로서의 의병활동 고찰'(1992) '통일한국의 동원체제'(1995) '국방동원의 과제와 전망'(1996) [작]육사16기작품전 출품전시-文人畵 2점(2010), 제24회 대한민국書藝 美術大展 特選-文人畵(2011), 명지엘펜하임작품전 출품전시-한자서도 1점·文人畵 2점(2011) [종]불교

장병옥(張炳玉) Chang Byung-Ock

[생]1949·2·9 [주]서울 동대문구 이문로107 한국외국어대학교 이란어과(02-2173-3141) [학]1980년 한국외국어대 이란어과졸 1982년 同대학원 중동지역학과졸 1991년 정치학박사(한국외국어대) [경]한국외국어대 이란어과 교수 1995~1996년 이란 테헤란대 교환교수 1996~2010년 서울지방경찰청 국가대테러협상위원 2000~2010년 서울평화상 후보추천위원 2002~2004년 미국 텍사스대 오스틴교 중동연구소 객원교수 2003~2004년 일본 히로시마국립대 국제관계대학원 문부성 초빙교수 2004~2008년 한국외국어대 대학원 국제관계학과 주임교수 2009년 국방부 육군군사연구소 자문위원(현) 2009년 한국무역협회 전문위원 2009년 국군 기무사령부 대테러위원장(현) 2009년 한국외국어대 이란어과 학과장 2009년 同중동연구소장 2009년 同평생교육원장 2009년 同외국어연수평가원장 2009년 한국외대일반대학원총동문회 회장(현) 2014년 한국외국어대 이란어과 명예교수(현) [저]'국제정치와 이슬람원리주의'(1994, 민맥) '이란어(페르시아)회화'(1995, 한국외국어대 출판부) '지역학의 현황과 과제'(1996, 한국외국어대 출판부) '세계인의 의식구조II'(1997, 한국외국어대 출판부) '이슬람세계의 정치와 국제관계'(1999, 오름) '중앙아시아 국제정치의 이해'(2001, 한국외국어대 출판부) '이란어문법'(2002, 한국외국어대 출판부) '현대 이란정치'(2004, 한국외국어대 출판부) '쿠르드족-좌절과 배반의 역사 500년'(2005, 한국외국어대 출판부) '이란외교정책론'(2006, 한국외국어대 출판부) '중동종교운동의 이해'(2006, 한울아카데미) '이슬람 원리주의와 중동정치'(2008, 한국외국어대 출판부) '미국의 대중동-중앙아시아 외교정책'(2009, 한국외국어대 출판부) '중동분쟁과 이슬람'(2009, 한국외국어대 출판부) 'The Middle East Embracing Change'(2010, Changmoon) '중앙아시아 분쟁과 이슬람'(2012, 한국학술정보) '1400년 이슬람 문명의 길을 걷다'(2012, 프라하) [역]'젊은이여 사랑이 가기전에'(1983, 명지사) '이슬람과 미패권주의'(2001, 명지사) '이슬람'(2003, 을유문화사) '베이루터에서 예루살렘까지'(2003, 창해) '이란현대사'(2012, 한국외국어대 출판부)

장병완(張秉浣) CHANG Byoung Wan

[생]1952·5·5 [출]전남 나주 [주]서울 영등포구 의사당대로 1 국회 의원회관920호(02-784-5270) [학]1971년 광주제일고졸 1975년 서울대 무역학과졸 1992년 미국 위스콘신대 대학원 공공정책학과졸 2008년 행정학박사(중앙대) [경]1975년 행정고시 합격(17회) 1975년 총무처 수습행정관 1976년 체신부 사무관 1981년 경제기획원 관리총괄과 사무관 1992년 同사회개발계획과장 1992년 同인력개발계획과장 1993년 同예산관리과장 1994년 同농수산예산담당관 1996년 재정경제원 생활물가과장 1998년 기획예산위원회 재정기획과장 1998년 同총무과장 1999년 기획예산처 총무과장 1999년 한국개발연구원(KDI) 파견 2000년 기획예산처 경제예산심의관 2002년 同기금정책국장 2003년 새천년민주당 수석전문위원 2003년 열린우리당 수석전문위원 2004년 기획예산처 예산실장 2004년 국세청 세정혁신추진위원 2005년 기획예산처 차관 2006~2008년 同장관 2008~2010년 호남대 총장 2009~2010년 헌법재판소 자문위원 2010년 제18대 국회의원(광주시 남구 재보선 당선, 민주당·민주통합당) 2010년 국회 예산결산특별위원회 계수조정소위원 2011년 민주당 제4정책조정위원장 2012~2013년 민주통합당 광주시당 위원장 2012년 제19대 국회의원(광주시 남구, 민주통합당·민주당·새정치민주연합·더불어민주당·국민의당) 2012년 국회 문화체육관광방송통신위원회 위원 2012년 국회 지방재정특별위원회 간사 2013년 국회 미래창조과학방송통신위원회 위원 2013년 국회 예산·재정개혁특별위원회 간사 2013년 민주당 정책위원회 의장 2014년 새정치민주연합 정책위원회 의장 2014년 同예산결산위원장 2014~2015년 국회 예산결산특별위원회 위원 2015년 국회 공적연금강화와노후빈곤해소를위한특별위원회 위원 2015~2016년 더불어민주당 예산결산위원장 2016년 국민의당 정책위원회 의장 2016년 同민생경제위원장(현) 2016년 同총선공약책임자 2016년 제20대 국회의원(광주시 동구·남구甲, 국민의당)(현) 2016년 국회 산업통상자원위원회 위원장(현) 2016년 국회 예산결산특별위원회 위원(현) 2016년 국민의당 광주시동구·남구甲지역위원회 위원장(현) [상]홍조근정훈장(2001), 한국효도회 효행상(2011), (사)전국지역신문협회 의정대상(2015), 원자력안전과미래 선정 원자력안전 의정활동 최우수의원(2015), 글로벌 자랑스러운 인물대상 정치혁신부문(2016) [저]'한국재정개혁 정책특성에 관한 연구' [종]천주교

ㅈ

장병우(張炳宇) JANG Byung Woo

[생]1946·11·10 [본]결성(結城) [출]평남 진남포 [주]경기 이천시 부발읍 경충대로2091 현대엘리베이터(주)(031-644-5114) [학]1965년 서울사대부고졸 1973년 서울대 영어영문학과졸 [경]1973~1980년 럭키 수출부(現 LG화학) 근무·뉴욕지사장 1980년 금성사(現 LG전자) 심사2과장 1980년 同수출부장 1984년 同미국법인 본부장 1987년 同이사대우 1988년 同이사 1991년 同해외영업담당 상무 1994년 럭키금성상사(주)(現 LG상사) 전무 1995년 LG상사(주) 전무 1996년 LG산전 해외사업그룹장(전무) 1997년 同빌딩설비사업본부장(부사장) 2001년 LG-OTIS Elevator 대표이사 사장 2006~2008년 OTIS 엘리베이터코리아 대표이사 사장 2014년 현대엘리베이터(주) 고문 2016년 同대표이사 사장(현) [상]Global CEO상(2002), 글로벌비지니스 경영대상(2004), 은탑산업훈장(2005), 대한민국 미래창조 경영대상(2016) [저]'밥장 톡(Bob Jang Talk)'(2015, 좋은땅) [종]천주교

장병욱(張秉郁) CHANG Pyoung Wuck

[생]1945·1·1 [본]옥구(沃溝) [출]충남 천안 [주]서울 관악구 관악로1 서울대학교 농업생명과학대학(02-880-4585) [학]1963년 성남고졸 1969년 서울대 농공학과졸 1977년 미국 럿거스(Rutgers)대 대학원 토목공학과졸 1982년 공학박사(미국 럿거스대) [경]1969년 건설부 근무 1971년 교통부 서울지방항공국 근무 1975년 미국 Rutgers대 Research Fellow 1981년 미국 New Jersey 교통성 책임연구원 1986~2010년 서울대 조경·지역시스템공학부 지역시스템공학과 교수 1990~1998년 건설교통부 중앙건설심의위원회 위원 1998년 서울대 농생대부설 농업개발연구소 상임연구부장 1999~2001년 同생물자원공학부 학부장 2003~2004년 한국농촌계획학회 회장 2010년 서울대 농업생명과학대학 명예교수(현) [상]한국농공학회 학술상 [저]'토질역학' '최신건설시공학' '농공학개론'

장병윤(張秉允) JANG Byoung Yoon

[생]1959·4·20 [본]인동(仁同) [출]경북 영양 [주]부산 중구 민주공원길19 (사)부산민주항쟁기념사업회(051-790-7477) [학]1976년 대륜고졸 1981년 영남대 행정학과졸 1986년 同대학원 한국현대사과 수료 [경]1988년 국제신문 편집부 기자 1997년 同문화부 차장 1998년 同편집부 차장 1998년 同편집부장 직대 2001년 同생활과학부장 직대 2002년 同문화부장 2004년 同편집1부장 2006년 同총괄데스크 겸 편집1팀장 2007년 同편집1부장(부국장) 2008년 同편집국 부국장 2008년 同수석논설위원 2008년 同논설실장 2011년 한국신문방송편집인협회 이사 2012년 국제신문 논설고문 2014년 (사)부산민주항쟁기념사업회 부이사장·이사(현) [상]부산시문화상(2013) [저]'문명의 그늘'(2013) '미래를 여는 18가지 대안적 실험'(2013)

장병주(張炳珠) CHANG Byung Ju

[생]1945·9·18 [출]서울 [주]서울 중구 퇴계로18 대우재단빌딩8층 대우세계경영연구회 회장실(02-6366-0061) [학]1964년 경기고졸 1968년 서울대 섬유공학과졸 1993년 同경영대 최고경영자과정수료 [경]1972~1974년 상공부 근무 1974년 대통령비서실 파견 1974~1979년 재무부 과장 1979년(주)대우 화학부장 1982년 同이사 1989년 同상무이사 1990년 대우그룹 기획조정실 상무 1992년 同전무 1995~1997년 (주)대우 부사장 1998년 同사장 1998년 한·몽골경제협력위원회 위원장 1998년 남북경제협력위원회 부위원장 1999년 (주)대우 무역부문 사장 1999년 同고문, 대우세계경영연구회 회장(현) 2008년 SK네트웍스(주) 사외이사 2011년 대우자동차판매(주) 감사위원 [상]금탑산업훈장

장병집(張炳輯) JANG Byung Jib (中民)

[생]1953·1·14 [본]인동(仁同) [출]충북 괴산 [주]충북 충주시 대소원면 대학로50 한국교통대학교(043-841-5114) [학]1971년 서울 광운전자공고졸 1974년 육군3사관학교졸 1984년 청주대 무역학과졸 1986년 同대학원 경영학과졸 1992년 경영학박사(청주대) [경]1971~1981년 육군 복무(육군 소령) 1981~1986년 충주공업전문대학 군사교육요원(별정직 5급) 1986~1993년 同공업경영과 전임강사·조교수·부교수 1987년 청주대 강사 1988~2001년 중앙경찰학교 외래교수 1990~1995년 현대전자산업(주) 사내기술대학 생산공학과 주임교수 1996~2009년 충주대 경영학과 교수 2000~2002년 同인문사회과학대학장 2001년 同지역발전연구소장 2002~2003년 미국 유타주립대 교환교수 2003~2006년 한국산업경제학회 부회장 2003년 충주대 글로벌경영대학원 주임교수 2003년 同Eco-Techno Park 조성사업단장 2004년 同산학협력단장 2004~2008년 (사)대한경영학회 부회장 2004~2005년 충북테크노파크 충주지원센터장 2004~2005년 단양석회석신소재연구재단 운영위원장 2007~2009년 괴산군지역혁신협의회 의장 2007~2009년 괴산혁신발전포럼 대표 2007~2009년 충주대 지역발전연구소장 2007~2010년 충주시선거방송토론위원회 위원장 2007~2008년 한국전문경영인학회 부회장 2007~2009년 국가품질경영대회 유공자심사위원 2008~2010년 충북지역혁신협의회 위원 2009~2010년 대통령직속 미래기획위원회 교육선진화자문위원 2009년 세종시 민관합동위원회 민간위원 2009~2012년 충주대 총장 2010년 충주MBC 시청자위원회 위원장 2011년 대통령소속 사회통합위원회 충북지역협의회 위원 2012~2013년 한국교통대 총장 2013년 同명예교수(현) [상]혁신교육대상(2010), 일본 SOKA UNIVERSITY AWARD OF HIGHEST HONOR(2011), 청조근정훈장(2013) 외 다수 [저]'현대경영학'(1999, 상조사) '생산운영론'(2000, 교우사) '글로벌시대의 생산운영론'(2004, 명경사) '경영학원론'(2005, 신영사) '경영과 CEO'(2005, 명경사) '전략적 생산운영관리'(2006, 명경사) '글로벌시대의 경영학'(2007, 신영사) '경영학개론(共)'(2008, 신영사) '중민칼럼 I·II집'(2008, 신영사) '미래를 여는 희망 교육'(2014)

장병채(張秉埰) JANG BYEONG CHAE

[생]1969·10·22 [출]전남 곡성 [주]충남 천안시 동남구 청수14로80 천안세무서(041-559-8200) [학]1987년 광주 서강고졸 1989년 국립세무대졸(7기) 1997년 성균관대 영문학과졸 2002년 同경영대학원졸 [경]1989년 특별채용(8급) 2008년 기획재정부 세제실 행정사무관 2010년 서울 금천세무서 조사과장 2012년 국세청 재산세국 부동산거래관리과 행정사무관 2013년 同자산과세국 상속증여세과 행정사무관 2015년 국무조정실 부패척결추진단 과장(서기관) 2016년 천안세무서장(현) [저]'양도소득세의 이론과 실무'(2014, 더존테크윌)

장병철(張炳喆) JANG Byung Cheol

[생]1953·4·7 [출]대구 [주]서울 서대문구 연세로50의1 세브란스병원 심장혈관외과(02-2228-8483) [학]1971년 대광고졸 1977년 연세대 의대졸 1981년 同대학원졸 1991년 의학박사(연세대) [경]1978년 연세대 세브란스병원 흉부외과 전공의 1982년 국군 춘천병원 외래과장 1983년 同수도통합병원 흉부외과 軍의관 1985~1999년 연세대 의대 흉부외과학교실 연구강사·조교수·부교수, 한국조직은행연합회 부회장, 대한흉부외과학회 고시위원장 1988~1989년 미국 Washington Univ. School of Med. Research Fellow 1997~2004년 심장혈관병원 심장혈관외과장 1999년 연세대 의대 흉부외과학교실 교수(현) 2003~2005년 同의대 흉부외과학교실 주임교수 2004~2008년 同의료원 의료정보실장 2005년 의료산업선진화위원회 E-health위원회 위원 2007년 보건복지가족부 보건의료기술정책실무위원회 전문위원(현) 2008~2012년 연세대의료원 심장혈관병원장 2009년 세브란스병원 뇌심혈관질환융합연구사업단 자문위원(현) 2010년 대한민국의학한림원 정회원(현) 2011~2013년 WHO 몽골컨설턴트 [상]군진의학 장려상(1984), 동신 Smith-Kline Bicham 학술상(1996), 메디슨 의공학상(1998), 이영균 학술상(1998), 지석영 의학상(2000) [저]'최신 흉부외과'(1992) '장기이식-원리와 실제'(1998) '심장부정맥-진단과 치료'(1998) '사비스톤 외과학'(2003) [종]기독교

장병학(張秉學) Jang Byeong Hak (청송)

[생]1946·6·17 [본]옥구(沃溝) [출]충북 음성 [주]서울 영등포구 국회대로76길18 국제펜클럽 한국본부(02-782-1337) [학]청주교육대졸 1993년 경희대 교육대학원 국어교육학과졸 [경]1968년 의풍초 교사 1968~1971년 군복무 1971~1972년 옥동초 교사 1972~1976년 학성초 교사 1976~1981년 옥동초 교사 1981~1984년 진천상산초 교사 1984~1988년 청주교대부속초 교사 1988~1991년 낭성초 교사 1991~1992년 기암초 교사 1992~1994년 미원초 교사 1994~1996년 삼성초 교감 1996~1997년 수봉초 교감 1997~1998년 충북 음성교육청 장학사 1998~2000년 충북교육청 장학사 2000~2002년 백곡초 교장 2002~2004년 진천 삼수초 교장 2004~2006년 충북 괴산증평교육청 교육과장(장학관) 2004~2005년 충북글짓기지도회 회장 2005년 충북 괴산증평교육청 교육장 직대(장학관) 2005~2012년 한국아동문학연구회 부회장 2006~2008년 풍광초 교장 2007년 청주교육대총동문회 부회장 2008~2010년 청주문인협회 회장 2008~2010년 충북문인협회 수석부회장 2009년 아름다운학교운동본부 공동대표 2009년 충청일보 논설위원 2009~2010년 충북문화포럼 자문위원 2010~2014년 충북도의회 교육위원회 교육의원 2010~2012년 同교육위원회 부위원장 2010~2012년 同운영위원회 위원 2011~2013년 민주평통 자문위원 2011년 청주지검 범죄예방위원 2011년 충북교육박람회 조직위원회 상임대표 2011년 충북도예술문화정책 자문위원 2011년 충북생명의 숲 이사(현) 2012년 국제펜클럽 한국본부 충북위원회 회장(현) 2013년 충북도의회 청원·청주통합지원특별위원회 위원 2013년 同예산결산특별위원회 위원 2014년 충북도 교육감선거 출마 [상]교육부장관표창(1976·1978), 청주교대총장표창(1988·2011), 국무총리표창(1989), 한

국교육자대상(1991), 단재교육상(2007), 황조근정훈장(2008), 도의원 베스트 의정상(2011), 충북문학상(2013) [저]수필집 '늘 처음처럼'(2002) 동시집 '꿈을 주는 동시'(2008) 칼럼집 '함께가는 미래융합사회'(2014) [종]기독교

장병화

[생]1947·9·14 [주]경기 성남시 분당구 성남대로331번길8 킨스타워7층 성남산업진흥재단(031-782-3001) [학]1970년 광운대 전자공학과졸 [경]1977~1995년 경일엔터프라이즈(주) 대표이사 1995~2015년 가락전자(주) 대표이사 회장, 대한민국임시정부기념사업회 부회장, 임종국선생기념사업회 회장 2008년 통합민주당 공천심사위원 2009~2012년 부천벤처협회 회장 2012~2013년 관동대 벤처창업 겸임교수 2012~2015년 방송음향산업협의회 회장 2014년 한국무역협회 이사(현) 2015년 광복회 이사(현) 2015년 성남산업진흥재단 대표이사(현)

장병화(張炳和) JANG Byung Wha

[생]1954·7·8 [출]대구 [주]서울 중구 남대문로39 한국은행 부총재실(02-759-4114) [학]1973년 경북고졸 1977년 서울대 경제학과졸 1989년 미국 인디애나대 대학원 경제학과졸 [경]1977년 한국은행 입행 1977년 同자금부·비서실·조사제1부 근무 1992년 同대구지점 기획조사과장 1993년 同조사제1부 금융제도과장·통화금융과장 1997년 同조사제1부 부부장(2급) 1998년 同조사부 경제조사실장 1999년 同조사국 경제예측팀장 2002년 同조사국 부국장(1급) 2003년 同비서실장 2005년 同런던사무소장 2006년 同금융시장국장 2007년 同정책기획국장 2009~2012년 同부총재보 2012~2014년 서울외국환중개(주) 대표이사 사장 2014년 한국은행 부총재(현) 2014년 금융통화위원회 위원 겸임(현)

장보영(張寶榮·女)

[생]1975·7·19 [주]세종특별자치시 갈매로477 기획재정부 예산관리과(044-215-7190) [학]1994년 주례여고졸 2000년 서울대 경제학과졸 [경]2001년 재정경제부 경제정책국 조정2과 근무 2004년 同금융정보분석원 기획행정실 행정사무관 2006년 同국제금융국 외환제도혁신팀 행정사무관 2009년 기획재정부 대외경제국 대외경제총괄과 서기관 2014년 同통일경제기획팀장 2016년 同예산실 예산관리과장(현)

장보현(張普鉉)

[생]1968·7·1 [주]경기 과천시 관문로47 미래창조과학부 연구예산총괄과(02-2110-2640) [학]1988년 대원외고졸 1995년 서울시립대 행정학과졸 2009년 미국 플로리다주립대 대학원 정책분석학과졸(석사) [경]1995년 행정고시 합격(39회) 1996년 수습행정관(행정사무관) 2005년 과학기술부 기초연구정책과 서기관 2005년 同한국최초우주인배출사업팀장 2006년 同부총리겸장관 보좌관 2007년 同원자력국 핵상황대응팀장 2007년 미국 플로리다주립대 교육파견 2009년 교육과학기술부 정책기획조정관실 과학기술기반과장 2010년 미래기획위원회 신성장동력국 과장 2010년 교육과학기술부 인재정책실 글로벌인재육성과장 2011년 同대학지원실 국립대학제도과장 2013년 미래창조과학부 창조경제기반과장 2014년 同미래성장조정과장 2015년 同기계정보통신조정과장 2016년 同기계정보통신조정과장(부이사관) 2016년 同연구예산총괄과장(현)

장복만(張福萬) JANG Bok Man

[생]1942·8·8 [출]경남 통영 [주]부산 동구 조방로39 (주)동원개발 회장실(051-630-4100) [학]1960년 통영상고졸 1965년 동아대 법학과 3년 수료 1982년 부산대 경영대학원 최고경영자과정 수료 1983년 미국 UCLA 경영대학원 최고경영자과정 수료 2000년 부산외국어대 국제경영지역대학원 최고국제경영자과정 수료 2001년 명예교육학박사(경남대) [경]1975년 (주)동원개발 설립·회장(현) 1978년 통일주체국민회의 대의원 1989년 부산시체육회 이사 1989년 (주)동진주택 회장 1993년 (주)동원종합건설 회장(현) 1993년 경남제일상호저축은행 회장 1994년 동원교육재단(동원과학기술대) 이사장(현) 1999년 부산시체육회 부회장 2000~2003년 대한건설협회 부산시회장 2000년 동원학당 이사장(현) 2014년 동원제일저축은행 회장(현) [상]금탑산업훈장(1995), 법무부장관표창, 건설교통부장관표창, 내무부장관표창, 국가보훈처장표창, 부총리 겸 재정경제원장관표창, 국무총리표창, 보건복지부장관표창, 체육훈장 기린장(2002), 한국회계정보학회 최고경영자대상(2007), 제44회 납세자의날 대통령표창(2010), 경남교육상(2012), 국민훈장 모란장(2014), 부산문화대상 경영부문수상(2015) [종]불교

장복상(張福相) CHANG Bok Sang (碩泰)

[생]1961·1·10 [주]서울 중구 소월로2길12 CJ(주) 임원실(02-726-8114) [학]신일고졸, 한양대 무역학과졸, 서강대 대학원 금호MBA과정 수료, 베트남 호치민경제대 대학원 e-MBA과정 수료 [경]아시아나항공(주) 근무, 한국복합물류 이사, 금호아시아나플라자 법인장(상무), 금호아시아나그룹 베트남지역본부장, 금호건설(주) 경영관리본부장 2010~2011년 同경영관리본부장 겸 영업본부장(전무) 2012년 CJ그룹 베트남지역본부장(부사장)(현) [상]베트남 국가주석우호기념장(2015)

장봉문(張鳳文) Jang, Bong-Mon

[생]1967·10·17 [출]경남 남해 [주]강원 춘천시 공지로288 춘천지방검찰청(033-240-4000) [학]1986년 부산동고졸 1992년 동아대 법학과졸 [경]1995년 사법시험 합격(37회) 1998년 사법연수원 수료(27기) 1998년 수원지검 검사 2000년 대구지검 김천지청 검사 2002년 창원지검 검사 2004년 의정부지검 검사 2007년 서울동부지검 검사 2010년 광주지검 검사 2010년 同부부장검사 2011년 부산지검 공판부장 2012년 광주지검 순천지청 부장검사 2013년 수원지검 강력부장 2014년 同안양지청 부장검사 2015년 서울동부지검 형사5부장 2016년 춘천지검 부장검사(현)

장봉훈(張奉勳) CHANG Bong Hun

[생]1947·1·4 [본]안동(安東) [출]충북 음성 [주]충북 청주시 상당구 주성로135의35 청주교구청(043-210-1710) [학]1966년 성신고졸 1974년 광주가톨릭대 신학과졸 1976년 同대학원 신학과졸 [경]1976년 진천천주교회 주임신부 1979년 보은천주교회 주임신부 1984년 청주 주교좌천주교회 주임신부 1986년 미국 LA 성토마스 한인천주교회 주임신부 1992년 청주 신봉동천주교회 주임신부 1993년 진천배티성지 담임신부 1999년 천주교 청주교구장(현) 1999년 주교 서품·착좌 1999년 학교법인 청주가톨릭학원 이사장(현) 1999년 (재)청주교구천주교회유지재단 이사장(현) 2004~2008년 한국천주교주교회의 교리교육위원장 2008~2014년 同생명윤리위원장 2008~2015년 同생명운동본부 위원장 2009~2014년 同상임위원회 총무 2014년 同부의장(현) 2015년 同문화위원회 위원장(현) 2015년 천주교 청주교구 사제야구단 트리니타스 구단주(현) [저]'최양업 신부의 서한'(1996) [종]천주교

장사범(張師範) CHANG Sabom

[생]1965·10·15 [출]충남 서산 [주]서울 서초구 강남대로465 교보타워18층 SKC(주) 임원실(02-3787-1234) [학]1984년 용산고졸 1988년 서울대 경영학과졸 1990년 同행정대학원졸 2000년 경제학박사(미국 인디애나대) [경]행정고시 합격(32회), 산업자원부 서기관, McKinseny 컨설턴트, SK네트웍스(주) 상무 2008년 SKC(주) 화학사업전략본부장(전무) 2010년 同경영혁신전략본부장(전무) 2011년 同경영지원부문장(전무) 2012년 SKC솔믹스 총괄부사장 2012~2014년 同대표이사 2014년 SKC(주) 미래사업부문장(전무)(현) [상]대통령표창(2000)

장사익(張思翼)

[생]1949 [출]충남 홍성 [학]1962년 선린상고졸 1978년 명지대졸 [경]1967년 고려생명 입사 1980년 국악 입문 1981년 강영근에게 정악 피리 사사 1986년 원장현에게 산조대금·태평소 사사 1993년 연세대 백주년기념관 김용배추모공연 기획, 태평소 연주 1994년 장사익 소리판 '하늘가는 길' 초연 1996년 장사익소리판 세종문화회관 단독 콘서트 1996년 타이페이 난잉 국제민속축제 금산농악 태평소 연주 1997년 로열심포니오케스트라 협연(예술의전당 콘서트홀) 1997년 예술의전당 제야음악회 서울심포니오케스트라 협연 1998년 예술의전당 신년음악회 KBS교향악단 협연 1999년 살타첼로 협연(예술의전당 콘서트홀) 1999년 재즈콘서트(세종문화회관 대극장) 2000년 헝가리국립오케스트라 협연(예술의전당 콘서트홀) 2001년 로버트 김 석방을 위한 자선콘서트(광주, 부산) 2001년 국립국악관현악단 협연(국립극장 하늘극장) 2001년 보스턴팝스오케스트라 협연(세종문화회관 대극장) 2002년 세계무용축제 개막식 공연(예술의전당 오페라하우스) 2003년 제헌절경축음악회 공연(KBS홀) 2003년 프라임 필하모닉오케스트라 협연 2005년 세계환경영화제 초청공연 2005년 한일수교40주년기념 소지로&장사익의 삶과 꿈 2007년 유니세프 한국위원회 특별대표 2014년 세종문화회관 신년음악회 '세상, 함께 즐기자' 개최 2015년 유니세프 한국위원회 친선대사(현) [상]전주대사습놀이 '공주농악' 장원(1993), 전국민속공연경연대회 '결성농요' 대통령상(1993), 전주대사습놀이 '금산농악' 장원(1994), KBS 국악대상 '뜬쇠사물놀이' 대통령상(1995), KBS 국악대상 '뿌리

ㅈ

패사물놀이' 금상(1996), 국회 대중문화 미디어대상 국악상(2006) [작]1집음반 '하늘가는 길'(1995), 2집음반 '기침'(1997), 4집음반 '꿈꾸는 세상'(2003) 장사익 소리판 '하늘가는 길'(1997) '허허바다'(1999) '낙엽'(1999) '봄비람'(2001) '꿈꾸는 세상'(2003) '희망 한 단'(2005), 7집음반 '역(驛)'(2012)

장 상(張 裳·女) CHANG Sang

[생]1939·10·3 [본]인동(仁同) [출]평북 용천 [학]1958년 숙명여고졸 1962년 이화여대 수학과졸 1966년 연세대 신학과졸 1970년 미국 예일(Yale)대 신학대학원졸 1977년 철학박사(미국 프린스턴신학교) 2003년 명예 신학박사(미국 세넌도대) [경]1962~1964년 이화여대 기숙사 사감 1966~1967년 다락방전도협회 총무 1977~2005년 이화여대 기독교학과 교수 1979~1997년 대한YWCA연합회 실행위원·부회장 1980~1985년 이화여대 대학원 교학과장 1982~1997년 세계개혁교회연맹(WARC) 실행위원·협력과증언위원회 위원장 1987~1990년 동북아시아신학교협의회 실행위원 1987~1991년 세계YWCA 실행위원 1988~1989년 이화여대 기독교학과장 1988년 한국기독교장로회 목사 안수 1989~1993년 이화여대동창회 부회장 1989~1990년 이화여대 한국문화연구원장 1990~1993년 同학생처장 1990~1996년 한국기독교교회협의회 국제위원회 위원 1993~1996년 이화여대 인문과학대학장 1995~1996년 同정보과학대학원장 1995~2002년 아시아기독교고등교육연합재단(United Board for Christian Higher Education in Asia) 이사 1996년 이화여대 부총장 1996~2002년 同총장 1996~2000년 성곡학술문화재단 이사 1997~1999년 한국사립대학교총장협의회 부회장 1997~1999년 공직자윤리위원회 위원 1997~2002년 한국대학사회봉사협의회 부회장 1997~2002년 여성정책심의위원회 위원 1998~2000년 제2의건국범국민추진위원회 위원 1998~2001년 민주평통 부의장 1998~2002년 통일고문회의 통일고문 1998~2002년 (사)사랑의친구들 이사 1999~2001년 한국기독교교회협의회(NCC) 발전협력위원회 부회장 1999~2002년 한국사립대학교총장협의회 회장 2000년 남북정상회담 특별수행원(방북) 2000~2002년 독일 국제여자대학(International Women's Univ.) 이사 2001~2002년 한국기독교학교연맹 부이사장 2002년 국무총리 서리 2003~2007년 과학기술인명예의전당 인물선정위원회 위원 2005년 이화여대 명예교수(현) 2005~2007년 포항공대 이사 2006년 민주당 공동 대표최고위원 2006~2007년 同대표최고위원 2007~2008년 同상임고문 2007년 통합과창조포럼 대표 2007년 세계한인교류협력기구(W-KICA) 상임고문(현) 2008~2010년 민주당 최고위원 2010년 同선거대책위원장 2010~2015년 미국 프린스턴(Princeton)신학대학원 재단이사 2010년 21세기한중교류협회 특별고문(현) 2011~2013년 민주통합당·민주당 상임고문 2013년 세계교회협의회(WCC) 공동회장(아시아 대표)(현) 2016년 지구촌구호개발연대 이사(현) [상]국민훈장 모란장(1999), 대숙명인상(2002), 미국 프린스턴신학대학원 자랑스런 동창상(2003), 미국 예일대 신학대학원 자랑스런 동창상(2003), 이화여대 수학과 자랑스런 동문 특별상(2003), 청조근정훈장(2005), 제26회 평안북도 문화상 학술부문(2005), 국제사랑재단 영곡봉사대상(2011) [저]'한국문화와 기독교 윤리'(共) '전환기에 선 한국교회와 신학'(共) '한국여성연구 : 종교와 가부장제(共)'(1988) '기독교와 세계(共)'(1996) '바울의 역사의식과 복음'(1996) 자서전 '지금도 나는 꿈을 꾼다'(2003) '말씀과 함께 하는 여성'(2005) '사랑을 열며 새날을 열며'(2010) [역]'현대신약신학의 동향'(1982) '인간화'(1985) '바울의 묵시사상적 복음'(1987) '사도 바울'(1991) '함께 걷자, 나의 자매여'(1995) [종]기독교

장상건(張相建) CHANG Sang Kun

[생]1935·12·2 [출]부산 [주]서울 중구 다동길46 동국산업(주) 회장실(02-316-7525) [학]1954년 부산상고졸 1958년 동국대 임학과졸 [경]1960년 동국제강(주) 감사 1974년 同부사장 1977년 동국산업(주) 사장, 同회장(현) 1997년 대한불교진흥원 이사 [종]불교

장상균(蔣尙均) JANG Sang Gyun

[생]1965·7·5 [출]대구 [주]서울 강남구 테헤란로133 법무법인(유) 태평양(02-3404-0198) [학]1984년 경기고졸 1988년 서울대 법학과졸 1989년 同대학원졸 2000년 미국 미시간대 법과대학원졸 [경]1987년 사법시험 합격(29회) 1990년 사법연수원 수료(19기) 1990년 軍법무관 1993년 변호사 개업 1994년 서울지법 북부지원 판사 1996년 서울지법 판사 1998년 창원지법 판사 2000년 수원지법 판사 2002년 서울고법 판사 2003년 대법원 재판연구관 2008년 인천지법 부장판사 2009~2012년 서울행정법원 부장판사 2012년 법무법인(유) 태평양 변호사(현) 2013~2015년 서울시 행정심판위원회 위원 2015년 중앙선거관리위원회 행정심판위원회 위원(현)

장상길(張相吉) Jang, Sang-gil

[생]1967·7·2 [본]울진(蔚珍) [출]경북 울진 [주]경북 안동시 풍천면 도청대로455 경상북도청 일자리민생본부(054-880-2600) [학]고려대 경제학과졸 [경]2009년 경북도 신성장산업과장 2011년 미국 미주리주립대 객원연구원 2013년 경북도 일자리창출단장 2014년 同경북개혁추진단장 2014년 同세계물포럼지원단장 겸임 2015년 同도청신도시본부장 2015년 同일자리민생본부장(현)

장상돈(張相敦) CHANG Sang Don

[생]1937·10·1 [출]부산 [주]서울 마포구 마포대로20 다보빌딩9층 한국철강 회장실(02-705-4501) [학]1957년 경복고졸 1962년 동국대 경제학과졸 [경]1962년 조선선재 근무 1963~1974년 동국제강 근무 1982년 한국철강 사장 1985~1998년 동국제강 사장 2000년 한국철강 대표이사 회장 2013년 同회장(현) [종]불교

장상만(張相萬) JANG Sang Man

[생]1947·8·7 [본]인동(仁同) [출]경남 [주]부산 동구 중앙대로267 부산기독교총연합회(051-464-0112) [학]1977년 부산성경신학원졸 1995년 부산대 산업대학원 정보기술과정 수료 [경]1984~1989년 부산청십자의료보험조합 동래지부장 1994~2005년 청십자신용협동조합 전무 1999~2014년 (사)부산시장애인재활협회 이사 2001~2008년 기독신문 이사 겸 실행이사 2003~2004년 대한예수교장로회(합동)총회 제88회기 회계 2003~2005년 신용협동조합 부산실무책임자협의회 회장 2003년 한국경로복지회 제9·10대 이사(현) 2005~2008년 (사)대한예수교장로회(합동)총회 복지재단 이사 2005년 부산CBS 운영이사 및 운영부이사장(현) 2006~2007년 부산기독교장로총연합회 대표회장 2006년 (사)부산기독교총연합회 사무총장·공동회장(현) 2006~2010년 (사)청십자사회복지회 이사 2006~2014년 청십자신용협동조합 제12·13대 상임이사장 2008~2014년 신용협동조합중앙회 대의원 2008~2010년 신용협동조합 부산중부평의회 회장 2008~2014년 부산동구희망의사다리운동본부 설립·공동대표 2011~2015년 부산교도소교정협의회 회장 2011~2015년 대구지방교정청교정연합회 부회장 2016년 부산성경신학원 총동문회 회장(현) 2016년 (재)송계복지재단 감사(현) [상]저축추진중앙위원회장표창, 세계신협협의회 회장 감사패, 경찰청장 감사장, 부산시교육감 감사장, 부총리 겸 재정경제부장관표창, 법무부장관표창, 국무총리표창 [종]기독교

장상빈(張尙彬) CHANG Sang Bin

[생]1943·7·8 [출]충남 [주]경기 부천시 오정구 오정로163 모텍스 비서실(032-673-5005) [학]덕수상고졸 1964년 성균관대 경영학과졸 [경]1999년 코라 대표이사(현) 2000년 모텍스 회장(현) 2001~2013년 대한상공회의소 중소기업위원회 부위원장 2003~2012년 부천상공회의소 회장, 부천·김포범죄피해자지원센터 이사장 [종]기독교

장상수(張相秀) Jang Sang Su

[생]1950·3·5 [주]대구 중구 공평로88 대구광역시의회(053-803-5092) [학]한국방송통신대 행정학과졸, 경북대 행정대학원 지방자치석사과정 수료 [경]민주평통 대구동구협의회 간사, 대구시 동구 구정평가위원회 심의위원 1998·2002·2006~2010년 대구시 동구의회 의원 2002년 同부의장 2008~2010년 同의장 2008년 대구시구군의회의장협의회 회장 2008년 지역균형발전지방의회협의회 공동회장, 대한주택관리사협회 대구시 자문위원, 대구시 동구 법질서확립추진위원회 위원 2012년 새누리당 제18대 대통령선거 대구시 동구甲 행복실천본부장 2014년 대구시의회 의원(새누리당)(현) 2014·2016년 同경제환경위원회 위원(현) 2014년 同예산결산특별위원회 위원 2014년 同남부권신공항유치특별위원회 위원장 2016년 同대구국제공항통합이전추진특별위원회 위원(현)

장상용(張祥容) CHANG Sang Yong

[생]1955·6·29 [본]안동(安東) [출]서울 [주]서울 중구 삼일대로358 신한생명보험(주) 임원실(02-3455-4000) [학]중동고졸 1980년 동국대 통계학과졸 1983년 성균관대 경영대학원 경영학과졸 [경]1980년 보험감독원 입사, 금융감독원 보험검사국 부국장 2000년 同보험검사2국 팀장 2005년 同보험검사1국 보험조사실장 2006년 한국보험계리사회 이사 2007년 금융감독원 소비자보호센터 분쟁조정실장 2008년 同감사실 국장 2012~2015년 손해보험협회 부회장 2014~2015년 同회장 직대 2015년 신한생명보험(주) 상근감사위원(현)

장상윤(張商允)

[생]1970·7·1 [출]전북 전주 [주]세종특별자치시 다솜로 261 국무조정실 기획총괄정책관실(044-200-2046) [학]1988년 성남고졸 1992년 연세대 행정학과졸 1999년 同행정대학원 도시행정학과졸 2005년 미국 텍사스대 오스틴교 대학원 정책학과졸 [경]1992년 행정고시 합격(36회) 2002년 국무조정실 심사평가조정관실 서기관 2005년 同농수산건설심의관실 과장 2005년 대통령 혁신관리수석비서관실 행정관 2007년 민간근무 휴직(SK에너지) 2011년 국무총리실 기획총괄과장(부이사관) 2014년 국무조정실 사회규제관리관(고위공무원) 2014년 同사회복지정책관 2015년 同국정운영실 기획총괄정책관(현) [상]대통령표창(2003), 홍조근정훈장(2015)

장상인(張相仁) Jang Sang In

[생]1950·6·6 [본]인동(仁同) [출]서울 [주]서울 영등포구 국제금융로6길33 맨하탄빌딩 부동산신문(02-786-7001) [학]1973년 동국대 행정학과졸, 연세대 언론홍보대학원졸, 인하대 대학원 언론정보학 박사과정 수료 [경]한국전력 근무, 대우건설 문화홍보실장 2002~2007년 팬택계열 기획홍보실장(전무) 2006~2013년 월간조선 칼럼니스트 2007~2008년 경희대 언론학부 겸임교수 2008년 JSI파트너스 설립·대표이사(현) 2008년 부동산신문 대표이사 발행인(현) 2009년 '문학저널'에 단편 '귀천'으로 등단 2013년 조선일보 조선pub 칼럼니스트(현) 2015년 중앙일보 J플러스 칼럼니스트(현) [저]'현해탄 波高 저편에'(2008) '홍보는 위기관리다'(2013) 단편소설 '귀천'(2009) 장편소설 '커피, 검은 악마의 유혹'(2016, 티핑포인트) [역]'홍보 머리로 뛰어라'(2004) [종]기독교

장상헌(張相憲) JANG Sang Heon

[생]1954·8·16 [출]경북 구미 [주]서울 중구 을지로11길15 동화빌딩2층 법무법인 푸른(02-725-8000) [학]1973년 대구 계성고졸 1982년 영남대 법학과졸 [경]2001년 중소기업은행 상록수지점장 2002년 同무역센터지점장 2002년 同여신기획부장 2003년 同여신관리부장 2005년 同경영관리부장 2007년 同신탁사업단장 2007년 同여신지원본부장 겸 리스크관리본부장 2008년 同리스크관리본부장 2009년 同마케팅본부장(부행장) 2010년 IBK투자증권 경영기획본부장(부사장) 2011년 同시너지추진위원회 위원장(부사장) 2012년 법무법인 푸른 전무이사(현) [상]은탑산업훈장(2009)

장 석(張 碩) JANG Suk

[생]1957·8·19 [출]부산 [주]서울 강남구 논현로28길 41 경인빌딩3층 중앙씨푸드(주) 대표이사실(02-576-3072) [학]1976년 경기고졸 1985년 서울대 인문대학 국어국문학과졸 [경]1985년 중앙수산(주) 입사 1998년 중앙씨푸드(주) 전무이사, 同대표이사(현) 2001년 이우학교 설립추진위원회 추진위원 2002~2014년 학교법인 이우학원 이사장 2003년 인터넷신문 프레시안 이사

장석권(張錫權) Suk-Gwon Chang

[생]1956·2·21 [본]인동(仁同) [출]서울 [주]서울 성동구 왕십리로222 한양대학교 경영학과(02-2220-1049) [학]1975년 경기고졸 1979년 서울대 공과대학 산업공학과졸 1981년 한국과학기술원(KAIST) 산업공학과졸(석사) 1984년 경영과학박사(한국과학기술원) [경]1984년 한양대 경영학과 조교수·부교수·교수(현) 1990~1991년 미국 밴더빌트대 교환교수 1991~2004년 Int'l Journal Telecommunication Systems Associate Editor 1992년 한국경영과학회 최적화분야 편집위원 1994년 同총무이사 1994~1996년 한국통신학회 논문지 편집위원 1995~1998년 同통신경영연구회 위원장 1996년 한국경영정보학회 정보통신연구회장 1996~1997년 정보통신부 초고속전문위원 1998년 同정보화사업 평가위원 1998년 산업자원부 신산업발전위원회 전자정보산업분과 위원장 1999~2000년 한국경영과학회 정보기술연구회장 1999~2000년 한양대 창업보육센터 소장 1999~2000년 한국과학기술원 테크노경영대학원 총동창회장 2000~2001년 미국 스탠퍼드대 교환교수 2002~2003년 한국경영정보학회 부회장 2002~2006년 한양대 정보통신원장·정보통신처장 2004~2005년 한국경영과학회 편집부장·편집위원장 2004년 (사)디지털융합연구원 원장 2005~2008년 한양대 기획조정처장 2006년 정보통신부 컨버전스신산업전략위원회 위원 및 서비스분과 위원장 2007~2008년 정보통신정책학회 정보통신정책연구 편집위원장 2007~2009년 한국정보통신대학원대(ICU) 법인이사 2007년 미국 ITIF(IT and Innovation Foundation) Affiliated Expert(외부전문가)(현) 2008~2010년 국회예산정책처 예산분석실 자문위원 2008~2009년 World Economic Forum(Future of Mobile Communications분야) Global Agenda Council Member 2009년 정보통신정책학회 부회장 2009년 미디어경영학회 회장 2009년 미래네트워크포럼 비전정책위원회 위원장 2010년 방송통신위원회 방송통신기술자문단 위원 2010~2011년 정보통신정책학회 회장 2010~2011년 한양사이버대 대학원장 2010년 감사원 정책자문위원 2011년 한국인터넷진흥원(KISA) 이사 2011년 同학술지(IIS) 편집위원장 2011년 방송통신위원회 클라우드서비스 정책연구센터장 2012년 클라우드서비스인증위원회 위원장(현) 2014~2015년 한국경영과학회 회장 2014년 KT 사외이사(현) 2014년 한국인터넷진흥원(KISA) 원장 직대(비상임이사) 2014~2016년 한양대 경영대학장 겸 경영전문대학원장 2014년 정부3.0추진위원회 추진위원 겸 클라우드전문위원회 위원장(현) [상]Fulbright Commission Senior Research Grant(1990), 근정포장(2003), 한국IT서비스학회 연구부문 공로상(2008) [저]'인터넷 산업 분석'(2002, 한양대 출판부) '디지털 컨버전스 전략'(2005, 교보문고)

장석민(張錫敏) Chang, Suk Min (仁山·霞庭)

[생]1945·5·17 [본]인동(仁同) [출]충남 공주 [주]서울 관악구 관악로144 우남빌딩203호 한국교육연구소 이사장실(070-7006-8912) [학]1963년 공주사대부고졸 1965년 공주교대 초등교육과졸 1970년 공주사대 교육학과졸 1972년 서울대 교육대학원졸 1984년 교육학박사(미국 오하이오주립대) [경]1975~1980년 한국교육개발원 연구원 1982~1984년 미국 국립직업교육연구소(NCRVE) 연구원 1984~1997년 한국교육개발원 연구위원 1989~1991년 대통령 교육정책자문회의 전문위원 1994년 노동부 직업안정전문위원회 위원 1994~1996년 한국교육개발원 직업기술교육연구본부장 1996~1999년 한국진로교육학회 회장 1996~1999년 UNESCO 파리본부 직업교육부문(UNEVOC) 국제자문위원 1997~2004년 한국직업능력개발원 정책연구부장·직업진로정보센터 소장 2001~2002년 미국 직업교육연구소 자문위원 2001~2003년 한국직업교육학회 회장 2003년 독일 연방직업교육연구소(BIBB) 초빙연구교수 2004~2008년 한국복지대학 총장, 한국직업능력개발원 연구자문위원(현), 한국인성문화원 회장(현), 연세대 교육대학원 겸임교수, Chief Advisor for HRD Consulting Korea(현), 서울대 대학원 강사(현) 2015년 한국교육연구소 이사장(현) [상]대통령표창(1988), 교육부장관표창(1992), 내무부장관표창(1998) [저]'기술교육의 교육과정 모형연구'(1985) '나의 뜻 나의 길(共)'(1985) '자녀의 길, 부모의 지혜(共)'(1986) '진로교육의 이론과 실제(共)'(1986) '진학과 직업선택을 위한 고등학교 진로교육 지도안(共)'(1988) '기술-중학교 교과서(共)'(1993) '기술·산업과 교육과정 해설(共)'(1994) '과학기술과 안전문화(共)'(1996) '기술교과학연구(共)'(1997) '진로교육의 이론과 실제(共)'(1998) '공업입문(共)'(2001) '도덕-중학교3학년교과서(共)'(2003) '진로와 직업-고등학교교과서(共)'(2003) 산문집 '행복과 성공을 만드는 삶의 지혜'(2007) '행복과 성공을 만드는 삶의 지혜(수정판)'(2010) '진로교육의 이론과 실제'(2011) [종]천주교

장석삼(張錫三) Jang Seok Sam

[생]1969·12·20 [주]강원 춘천시 중앙로1 강원도의회(033-256-8035) [학]양양고졸, 관동대 관광경영학과졸 [경]굿모닝INC 대표이사(현), 양양중·고총동문회 부회장(현), 강원도사이클연맹 이사(현), 동아시아관광포럼(EATOF) 자문위원(현), 동해안4개광역도시 관광위원(현), 전국지방공항활성화협의회 전문위원(현), 양양군생태관광협회 회장(현), 강원도공항활성화협의회 회장, 새누리당 국민소통위원회 부위원장(현), 同전국위원회 위원(현) 2014년 강원도의회 의원(새누리당)(현) 2014~2015년 同예산결산특별위원회 위원 2014·2016년 同운영위원회 위원(현) 2014년 同농림수산위원회 부위원장 2016년 同새누리당 대변인(현) 2016년 同사회문화위원회 위원(현) [상]전국시·도의회의장협의회 우수의정 대상(2016)

장석영(張錫永) JANG Seok Young

[생]1967·4·11 [출]대구 [주]경기 과천시 관문로47 미래창조과학부 인터넷융합정책관실(02-2110-2810) [학]1984년 능인고졸 1988년 고려대 법학과졸 1990년 서울대 대학원 행정학과졸 [경]1999년 정보통신부 정책총괄과 서기관, 정보통신공무원교육원 교학과장 2004~2006년 한국정보보호진흥원 파견 2006년 정보통신부 유비쿼터스정책팀장 2007년 同통신전파방송정책본부 통신이용제도팀장 2008년 방송통신위원회 방송통신융합정책실 정책총괄과장(서기관) 2009년 同방송통신융합정책실 정책총괄과장(부이사관) 2010년 同국제협력관 2010년 駐중국대사관 공사참사관 2013년 미래창조과학부 과학기술인재관 2013년 同정보통신방송정책실 미래인재정책국장 2014년 同공과대학혁신위원회 간사 2014년 同기획조정실 정책기획관 2015년 대통령비서실 정보방송통신 선임행정관 2016년 미래창조과학부 정보통신정책실 인터넷융합정책관(현)

장석용(張錫龍) CHANG Seok Yong (雲相·雲木)

(생)1955·8·23 (본)인동(仁同) (출)경북 예천 (학)1978년 중앙대 외국어교육과졸 1993년 同신문방송대학원 연극영화과졸 1999년 동국대 대학원 연극영화학박사과정 수료 (경)1986~1987년 프레임영화학교 강사 1990~2000년 한국영화평론가협회 학술이사 1995년 제33회 대종상 심사위원 1995년 이태리황금배상 심사위원 1995~1997년 코리아헤럴드 영화평론 1995~2000년 국제영화비평가연맹 사무국장 1996~2002년 한국영화학회 총무이사·학술이사·재무이사 1997년 제35회 대종상 심사위원 1997~1998년 연세춘추 영화평론 1998~1999년 동국대 문화예술대학원 강사 2000~2005년 인하대 강사 2000~2005년 한국시나리오작가협회 심사위원 2001~2003년 경희대 강사 2003년 국제청소년영화제 심사위원 2004년 국제영화비평가연맹 국제이사 2004년 한국영상예술협회 국제이사 2004년 한국영화학회 대외정책이사 2005년 성공회대 강사, 백제검술협회(삼국무술) 이사장 2007~2008년 대종상 집행위원 2007~2008년 한국영화평론가협회 회장 2008년 전주국제영화제 집행위원 2008년 교보문고 북멘토 2009년 국제영화비평가연맹 한국본부 회장 2009년 제1회 타임아일랜드문화예술제 집행위원장 2009년 오프앤프리영화제 부집행위원장 2009~2015년 신일고 교사 2011년 광저우 모던댄스페스티벌 초청게스트, 한국영화평론가협회 감사, '전문무용인의 날' 운영위원회 부위원장, 부산국제영화제 자문위원, 한국영상작가협회 자문위원(현) 2012년 한국예술평론가협의회 회장(현) (상)PFA 비평상(2000), 올해의 최우수예술인(2002), 교육인적자원부장관표창(2005), 한국문화예술상(2008) (저)'코리언 뉴웨이브의 징후를 찾아서'(2000) '가슴으로 읽는 영화이야기'(2009) (역)'웨스트사이드스토리'(1978) '꽃은 나비를 원한다'(1979) '영화연구(共)'(2002) (작)'황토청천' '태양새 고원을 다시 날다' '물에 비친 바람' '로만틱가도' '달의 사나이' (종)천주교

장석원(張錫源) Jang Suk Weon

(생)1952·11·13 (출)전북 완주군 구이면 모악산길111의6 전북도립미술관(063-290-6888) (학)1975년 홍익대 회화과졸 1977년 同대학원 회화과졸 (경)1983~1984년 공간사 편집장 1984년 한국미술평론가협회 회원(현) 1984~2015년 전남대 미술학과 교수 1992~1993년 미국 아이오와대 객원교수 1998~2000년 광주시립미술관 학예연구실장 2000년 광주비엔날레 전시기획실장 2003~2004년 同국내예술감독 2014년 전북도립미술관 관장(현) (상)홍익대 학술예술상, 삼일로창고극장상 (저)'대인시장 들여다보기 Ⅱ: 대인예술시장 프로젝트'(2009)

장석일(張錫日) CHANG Suk Il

(생)1956·10·24 (출)부산 (주)서울 영등포구 여의대방로53길22 성애병원(02-840-7204) (학)경남고졸, 중앙대 의대졸, 同대학원졸, 의학박사(중앙대) (경)성애병원 내과 과장, 同부원장 1998~2002년 대통령 의무실장 1998년 연세대 의대 초빙교수 2002년 김대중대통령 주치의, 성애병원 원장 2007년 同의료원장(현) 2007년 광명성애병원 의료원장(현), (사)한국천식알레르기협회 사무총장(현) 2014년 서울시 영등포구 인권위원회 초대위원장(현) (상)대통령표창(1999), 국민훈장 모란장(2003), 몽골 건국기념훈장(2011)

장석재(張錫載) JANG Seok Jae

(생)1935·8·22 (본)소주(蘇州) (출)경기 이천 (주)서울 중구 소월로10 ㈜대한제분(02-3455-0203) (학)1958년 성균관대 심리학과졸 (경)1959년 대한제분(주) 입사 1978년 同이사 1981년 同상무이사 1988년 同전무이사 1992년 同부사장 1997년 同대표이사 사장 2003년 同고문(현)

장석정(張錫靖) CHANG Seok Jung

(생)1941·1·5 (출)경기 평택 (주)서울 구로구 경인로662 디큐브시티16층 대성산업 서울석유가스사업부(02-2170-2200) (학)1959년 평택고졸 1965년 서울대 상대 경제학과졸 1976년 경제학박사(미국 노스캐롤라이나주립대) (경)1965~1971년 제일제당 입사·과장 1977년 과학기술처 심의관 1980년 동력자원부 기획국장 1981년 同자원개발국장 1988년 同광무국장 1988년 同자원정책실장 1991년 同기획관리실장 1993~1998년 한국석유개발공사 사장 1994년 한국자원연구소 이사장 1995년 해외석유개발협회 회장 1996년 세계석유회의(WPC) 한국위원회장 1998년 대성그룹 에너지사업본부 사장 1999년 서울에너지 대표이사 2000년 S-OiL(주) 국외현지법인 S인터내셔널 사장 2002~2004년 同고문 2005~2015년 대성산업(주) 서울석유가스사업부 사장, 同해외자원개발부 사장 겸임 2016년 同고문(현) (상)홍조근정훈장

장석조(張晢朝) CHANG Seok Jo

(생)1961·5·16 (출)서울 (주)전북 전주시 덕진구 사평로25 전주지방법원 법원장실(063-259-5400) (학)1980년 휘문고졸 1984년 고려대 법대졸 1991년 同대학원졸 1994년 독일 본대 대학원졸 2003년 법학박사(독일 본대) (경)1983년 사법시험 합격(25회) 1985년 사법연수원 수료(15기) 1986년 軍법무관 1989년 서울민사지법 판사 1991년 서울지법 동부지원 판사 1994년 대전지법 홍성지원 판사 1996년 대전고법 판사 1997년 서울고법 판사 겸 헌법재판소 헌법연구관 1999년 대법원 재판연구관 2001년 대전지법 천안지원 부장판사 2003년 대전지법 부장판사 2004년 헌법재판소 선임헌법연구관·헌법연구부장 2007년 同수석헌법연구관 겸 서울중앙지법 부장판사 2008년 대전고법 부장판사 2009년 同수석부장판사 2010년 서울고법 부장판사 2016년 전주지법원장(현) (상)한국법학원 법학논문상(2008)

장석준(張錫準) CHANG Suk June

(생)1945·11·25 (출)충북 청주 (주)서울 용산구 한강대로393 동산빌딩3층 (사)한국자원봉사포럼(02-737-1082) (학)1964년 청주고졸 1968년 서울대 사회학과졸 1987년 캐나다 몬트리올대 수료 (경)1973년 행정고시 합격(14회) 1975년 경제기획원 사무관 1983년 국회 예산결산위원회 파견 1983년 해외협력위원회 기획단 서기관 1987년 경제기획원 서기관 1992년 대통령 외교안보 비서관 1994년 중앙공무원교육원 파견 1994년 재정경제원 예산실 제3심의관 1996년 同감사관 1997년 同사회교육예산심의관 1997년 同예산총괄심의관 1998년 국회 예산결산특별위원회 수석전문위원 1999년 기획예산처 예산실장 2000~2001년 보건복지부 차관 2001년 대한적십자사 총재특보 2001년 한국전력공사 비상임이사 2002년 국민연금관리공단 이사장 2005~2008년 대한적십자사 사무총장 2008~2016년 한서대 부총장 2009~2013년 (사)한국자원봉사포럼 수석부회장 2013년 同회장(현) 2014~2015년 한국자원봉사협의회 상임대표 (상)근정포장(1981), 황조근정훈장(2003) (종)기독교

장석진(張奭鎭) CHANG Suk Jin (智山)

(생)1929·8·23 (본)결성(結城) (출)황해 해주 (주)서울 서초구 반포대로37길59 대한민국학술원(02-3400-5220) (학)1948년 서울대 문리대학 예과 수료 1955년 同문리대학 영문학과졸 1958년 同대학원 영어학과졸 1964년 미국 하와이대 대학원 언어학과졸 1972년 언어학박사(미국 일리노이대) (경)1956년 덕수상고 교사 1961~1975년 서울대 전임강사·조교수·부교수 1975~1994년 同인문대학 언어학과 교수 1975년 한국언어학회 회장 1976년 서울대 어학연구소장 1982년 미국 하버드대 객원교수 1989년 미국 스탠퍼드대 객원교수 1994년 서울대 명예교수(현) 1998년 대한민국학술원 회원(언어학·현) (상)국민훈장 석류장 (저)'현대영어학' '話用論研究' '오스틴화행론'(1987, 서울대 출판부) '정보기반 한국어문법'(1993, 한신문화사) '계산의미론과 그 응용' '문법과 화용' '통합문법론: 담화와 화용'(1994, 서울대 출판부) '현대언어학 지금여기로(編)'(1994, 한신문화사) 'KOREAN'(1996, Benjamins출판사) '생성문법'(共) '韓日語 對照分析'(共) (역)'전산언어학의 기초(Foundations of Computational Linguistics)'(共)'(2002) (종)천주교

장석춘(張錫春) JANG SEOKCHUN

(생)1957·8·18 (출)경북 예천 (주)서울 영등포구 의사당대로1 국회 의원회관637호(02-784-7380) (학)1977년 경북 청암고졸 2000년 고려대 대학원 노사관계고위지도자과정 수료 (경)1981년 LG전자(舊 금성사) 입사 1992년 同노동조합 구미2지부장 1993년 同노동조합 부위원장 1998년 同노동조합 구미2지부장 1999·2002·2006·2007·2008년 同노조위원장 1999년 한국노동조합총연맹 부위원장 1999년 전국금속노조연맹 부위원장 2006~2008년 同위원장 2007~2009년 노동부 최저임금위원회 위원 2008~2011년 한국노동조합총연맹 위원장 2008~2010년 중앙노동위원회 근로자위원 2008년 경제사회발전노사정위원회 상무위원 2008년 노사발전재단 공동이사장 2008년 민족화해협력범국민협의회 상임의장 2010~2011년 유엔글로벌콤팩트 한국협회 이사 2012~2013년 대통령 고용노동특별보좌관 2013년 (사)사랑사회 이사장 2015년 배려문화포럼 고문(현) 2016년 새누리당 경북구미시乙당원협의회 운영위원장(현) 2016년 제20대 국회의원(경북 구미시乙, 새누리당)(현) 2016년 국회 환경노동위원회 위원(현) 2016년 국회 예산결산특별위원회 위원(현) (상)국무총리표창(1996), 은탑산업훈장(2002), 금탑산업훈장(2012) (종)불교

장석현(張碩鉉) Seok-hyeon Jang

[생]1955·9·8 [출]충북 음성 [주]인천 남동구 소래로633 남동구청 구청장실(032-453-2001) [학]용산공고졸, 경기공업전문학교졸, 남서울대 산업공학과졸, 인하대 행정대학원 정책학과졸 [경](사)국민희망포럼 봉사단장, 바르게살기중앙협의회 부회장, 남동공단경영자협의회 부회장, 남서울대 산업공학과 겸임교수 2012년 새누리당 제18대 대통령중앙선거대책위원회 국민소통본부 희망네트워크본부장, 同인천시당 부위원장 2014년 인천시 남동구청장(새누리당)(현)

장석화(張石和) CHANG Suk Hwa

[생]1945·11·10 [본]인동(仁同) [출]충남 홍성 [주]서울 양천구 신월로385 동진빌딩202호 법무법인 효민(02-2693-0600) [학]1964년 서울대사대부고졸 1968년 서울대 법대졸 1971년 同사법대학원졸 [경]1969년 사법시험 합격(11회) 1971년 해군 법무관 1974년 서울지법 남부지원 판사 1977년 서울민사지법 판사 1978년 춘천지법 속초지원장 1980년 변호사 개업 1985년 정치범동지회인권문제연구소 소장 1987년 통일민주당 발기인 1987년 민주화추진협의회 상임운영위원·민족문제연구소 인권특별위원회 위원장 1987년 통일민주당 총재특별보좌역·민자당 인권옹호위원회 부위원장 1988년 제13대 국회의원(서울 영등포甲, 통일민주당) 1988년 통일민주당 원내부총무 1990년 同대변인 1992년 제14대 국회의원(서울 영등포甲, 민주당·국민회의) 1992년 국회 노동위원장 1995년 국민회의 지방자치위원장 1996년 同충남도지부장 2000년 자민련 서울영등포甲지구당 위원장 2013년 법무법인 효민 대표변호사(현) 2015년 대한민국헌정회 법률고문(현) [저]'깨끗한 정치 공평한 사회' '하늘이 무너져도 정의를 세워라' [역]'자유의 철학' [종]기독교

장선배(張善培) CHANG Sun Bae

[생]1962·5·21 [주]충북 청주시 상당구 상당로82 충청북도의회(043-220-5074) [학]청주 신흥고졸 1988년 충북대 경제학과졸 2009년 청주대 대학원 사회복지학과졸 [경]1988년 충청일보 기자 1997년 同제2사회부 차장 2000년 同정경부 차장, 김종률 前국회의원 보좌관 2010년 충북도의회 의원(민주당·민주통합당·민주당·새정치민주연합) 2012년 同정책복지위원회 위원장 2014년 충북도의회 의원(새정치민주연합·더불어민주당)(현) 2014년 同정책복지위원회 위원 2014~2015년 同예산결산특별위원회 위원 2016년 同부의장(현) 2016년 同건설소방위원회 위원(현) 2016년 同예산결산특별위원회 위원(현) 2016년 더불어민주당 충북도당 지방자치위원회 위원장(현) [상]대한민국 위민의정대상 우수상(2014·2016), 한국여성유권자충북연맹 '베스트 의정상'(2015)

장선욱(張善郁) JANG Sun Wook

[생]1958·1·3 [본]안동(安東) [출]서울 [주]서울 중구 을지로30 롯데면세점 임원실(02-759-6310) [학]대신고졸, 고려대 교육학과졸 [경]1986년 (주)호텔롯데 총무부 근무 1992년 同기획실 근무 1998년 同총무부장 2003년 同관리부장 2005~2010년 同기획부문장(이사) 2010~2014년 롯데그룹 정책본부 운영2팀 상무 2014년 (주)대홍기획 대표이사 전무 2016년 (주)호텔롯데 롯데면세점 대표이사 부사장(현) 2016년 한국면세점협회 회장(현) [종]천주교

장선희(張善姬·女) JANG Seon Hee

[생]1960·3·1 [출]경남 진주 [주]서울 광진구 능동로209 세종대학교 예체능대학 무용과(02-3408-3280) [학]1982년 세종대 무용과졸 1985년 同대학원 체육과졸 1991년 심리학박사(연세대) [경]세종대 예체능대학 무용과 교수(현), 同입학홍보처장, 국립발레단 운영위원·이사(현), 한국무용학회 상임이사·부회장, 한국발레협회 상임이사, 同이사, 同운영위원(현), 세종대 무용학과장, 무용문화포럼 상임이사 2011~2014년 세종대 홍보실장 2014년 불가리아 바르나(Varna) 국제발레콩쿠르 심사위원, 대한민국발레축제 조직위원(현) [작]문예진흥원 지원작 '안녕하세요. 발레입니다'(1995) '장선희창작발레'(1999) 문예진흥원 우수레파토리 지원작 '파우스트2002'(2002) 서울공연예술제 참가작 '잃어버린 시간을 찾아서'(2002) 서울시창작활성화 지원작 '수묵'(2004) '사랑에 관한 일곱개의 변주'(2006) 서울문화재단 지원작 '시읽는 시간'(2006)

장성관(張成寬)

[생]1960·4·28 [출]서울 [주]인천 남구 소성로185번길28 명인빌딩303호 법무법인 명문(032-861-7010) [학]1979년 신일고졸 1985년 서울대 외교학과졸 [경]1996년 사법시험 합격(38회) 1999년 사법연수원 수료(28기) 1999년 인천지법 판사 2001년 서울지법 남부지원 판사 2003년 전주지법 판사 2006년 인천지법 판사 2009년 서울남부지법 판사 2013년 서울중앙지법 판사 2014~2016년 대전지법 부장판사 2016년 법무법인 명문 변호사(현)

장성구(張聲九) Chang, Sung-Goo (鳴皐·仁齋)

[생]1952·11·23 [본]단양(丹陽) [출]경기 여주 [주]서울 동대문구 경희대로23 경희대학교병원 비뇨기과(02-958-8533) [학]1971년 대광고졸 1977년 경희대 의대졸 1981년 同대학원졸(의학석사) 1991년 의학박사(인제대) 1994년 한양대 행정대학원졸(행정학석사) 2009년 경희대 경영대학원 최고위과정 수료 [경]1985~1986년 한림대 의대 전임강사 1986년 경희대 의대 비뇨기과 교수(현) 1989~1990년 미국 Roswell Park Cancer Inst. 연수 1995년 (사)경희국제의료협력회 상임이사(현) 1996~2004년 대한비뇨기과학회 상임이사(재무·총무·수련·편집) 2000~2009년 대한암학회 상임이사(총무·재무·기획·감사·부회장) 2000~2001년 행정자치부 지방공사의료원 경영평가위원 2002년 경희대 의대 비뇨기과학교실 주임교수 2002~2005년 同대학병원 비뇨기과장 2003~2006년 서울지검 의료자문위원 2004년 대한민국의학한림원 정회원(현) 2004~2015년 한국병원경영학회 이사 2004년 고용노동부 산업재해보상보험심사위원회 자문위원(현) 2005~2008년 경희의료원 종합기획조정실장 2007~2008년 한국학술진흥재단 프로그램매니저 2008~2010년 경희대병원 병원장(21대) 2008~2010년 대한비뇨기종양학회 회장 2009~2011년 대한의사협회 부회장 2009~2011년 한국의학교육평가원 이사 2009~2011년 KBS 의료자문위원 2010~2012년 식품의약품안전청 중앙약사심의위원 2010~2012년 보건복지부 공표심의위원회 위원 2011년 Open Journal of Urology 편집위원(현) 2011년 ISRN Urology 편집위원(현) 2012~2013년 대한암학회 회장 2012~2015년 대한의사협회 감사 2012~2015년 대한의학회 운영위원 2012~2015년 근거창출임상연구국가사업단 운영위원 2013~2015년 한국보건의료연구원 보건의료안전자문위원회 위원장 2013년 대한의학회 임상진료지침연구사업단장(현) 2013년 한국보건의료연구원 비상임이사(현) 2014년 (사)화서학회 부회장(현) 2015년 (사)대한의학회 부회장(현) 2016년 대한비뇨기과학회 명예회장(현) [상]과학기술우수논문상, 경희대총장표창(1999), 고황의학상(금상), 교육부장관표창(2000), 여주문화상 학술상(2000), 대한암학회 공로패(2003), 한독학술상(2007), 의사평론가상(2008), 국세청장표창(2009), 바른사회시민회의 공로패(2012), 키르키즈공화국 보건부장관표창(2012), 문학시대 제102회 신인문학상(2014), 대한의사협회 보령의료봉사대상(단체)(2015), 대한비뇨기과학회 대외공로상(2015) [저]'내분비학'(共) '방광종양의 진료규약'(共) '비뇨기과학'(共) '임상 신장학'(共) '만락헌문집 국역'(1999) '전립선암 진료지침(共)'(2004) '요로감염(共)'(2005) '만락헌 문집'(2006) '필향(共)'(2008) '한국의약평론가회문집 제2권(共)'(2009) '한국의약평론가회 문집 제3권(共)'(2011) '만락헌 장석인 평전'(2013) 시집 '여강의 꿈'(2015, 마을) [역]'약물유전체학(共)'(2004) [작]수필 발표(다수), 장성구 작시/김동진 작곡 가곡(12편), 장성구 작시/장덕산 작곡(1편) [종]유교

장성근(張成根) CHANG SANG KEUN

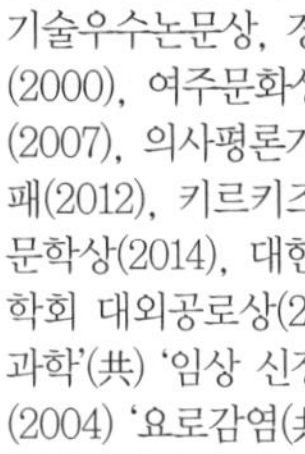

[생]1961·1·15 [주]경기 수원시 영통구 중부대로345번길20 대산프라자302호 장성근법률사무소(031-211-3311) [학]1979년 충주고졸 1983년 건국대 법학과졸 [경]1982년 사법시험 합격(24회) 1984년 사법연수원 수료(14기) 1985년 軍법무관 1988년 수원지검 검사 1990년 변호사 개업(현) 2011~2012년 경기중앙지방변호사회 제1부회장 2013년 同회장(현) 2016년 전국지방변호사회장협의회 회장(현)

장성민(張誠珉) JANG, Sung Min

[생]1963·9·5 [본]인동(仁同) [출]전남 고흥 [주]서울 마포구 마포대로68 아크로타워707호 세계와동북아평화포럼(02-703-2232) [학]서울 영일고졸 1991년 서강대 정치외교학과졸 1996년 同대학원 국제정치학과졸 [경]1987년 평민당 김대중 대통령후보 중앙선거대책본부 총무비서 1991년 신민당 김대중 총재 비서 1992년 민주당 김대중 총재 비서 1993년 아·태평화재단 김대중 이사장 공보비서 1996년 새정치국민회의 대변인실 전문위원 1997년 同부대변인 1998년 대통령 정무비서관 1999년 대통령 초대 국정상황실장 2000~2002년 제16대 국회의원(서울 금천구, 새천년민주당) 2002년 미국

ㅈ

듀크대 국제문제연구소 객원연구원 2004년 세계와동북아평화포럼 대표(현) 2005~2007년 평화방송(PBC) 라디오시사프로그램 '열린 세상 오늘 장성민입니다' 진행 2005년 한국국제정치학회 이사(현) 2012년 TV조선 '장성민의 시사탱크' 진행 2012년 (재)김대중기념사업회 이사(현) ④국정감사 시민연대 선정 통일외교통상 베스트의원(2000), 국정감사 NGO모니터단 선정 국정감사 우수국회의원(2001), 경실련 선정 의정활동 우수국회의원(2001), 한·중·일 3국정부 공동선정 '동북아 차세대 지도자'(2002), 유럽의회·유럽집행위원회 공동선정 '한국정치분야 유망주(Potential Leader)'(2003), 서울언론인클럽 앵커상(2014), 한국언론인연합회 한국참언론인대상(2015) ㉫'강대국의 유혹'(1995, 한울출판사) '지도력의 원칙'(1999, 김영사) '부시행정부의 한반도 리포트'(2001, 김영사) '9.11 테러이후 부시행정부의 한반도 정책'(2002, 김영사) '성공하는 대통령의 조건'(2002, 김영사) '전환기 한반도의 딜레마와 선택'(2004, 나남) '미국 외교정책의 대반격'(2005, 김영사) '통합의 리더, 대통령 링컨'(2007, 광문각) '전쟁과 평화 : 김정일 이후, 북한은 어디로 가는가'(2009, 김영사) '김정일 최후의 도박(전쟁과 평화 일본어판)'(2009) ⑧기독교

장성섭(張聖燮) JANG Sung Sub

⑱1954·10·13 ⑧인천 강화 ㉧경남 사천시 사남면 공단1로78 한국항공우주산업 임원실(055-851-1000) ㉭1973년 서울고졸 1977년 서울대 공대 항공공학과졸 1986년 영국 크랜필드대 대학원 항공공학과졸 ㉢1979년 삼성항공 생산계획부 입사, 삼성테크윈 부품제조담당 임원 1997년 삼성항공 초음속고등훈련기 T-50관련 총괄 1999년 同KTX-2개발센터 C.E 임원 1999년 한국항공우주산업(주) KTX-2 C.E담당 2000년 同T-50시험평가담당 2002년 同T-50개발센터장(T-50체계종합담당 이사) 2005년 同T-50개발본부장(상무), 한국공학한림원 정회원(현) 2008년 한국항공우주산업(주) 개발본부장(전무) 2011년 同개발본부장(부사장) 2012년 同운영부문장(부사장) 2013년 同고정익마케팅본부장(부사장) 2014년 同KFX사업추진본부장(부사장) 2016년 同개발부문장(부사장)(현) ㉦서울대·한국공학한림원 '한국을 일으킨 엔지니어 60인' 선정(2006), 과학기술훈장 도약장(2007)

장성영(張成榮) CHANG Sung Yung (正立)

⑱1946·12·29 ⑧인동(仁同) ⑧충남 보령 ㉧인천 서구 가경주로24번길4 경인그리스도의교회(032-575-0091) ㉭1966년 대천고졸 1975년 서울기독대 신학과졸 1979년 미국 Immanuel Baptist Seminary졸 1992년 신학박사(미국 Immanuel Baptist Seminary) 1993년 미국 San Jose Christian College졸 2003년 목회학박사(미국 Philadelphia Mission & Theological Institute) ㉢1966~1970년 충남 보령군 근무 1973년 서울기독대 총학생회장 1974년 돈암그리스도의교회 전도사 1977~1982년 숭의그리스도의교회 부목사 1980년 그리스도의교회협의회 서기 1982~1991년 한성신학교 강사 1982년 경인그리스도의교회 목사(현) 1984~1991년 대한기독교신학대 강사 1991~2012년 서울기독대 신학과 부교수·교수 1997년 그리스도의교회협의회 협력총무 1999년 그리스도의교회 경인지방회장 2002년 서울기독대 학생복지처장 2006년 同신학과 학과장 2007년 同학술정보관장 2007~2008년 그리스도의교회협의회 부총회장 2008~2010년 서울기독대 교목실장 2008~2009년 同평생교육원장 2011년 그리스도의교회 환원연구원장 2011~2012년 그리스도의교회협의회 총회장 ㉦그리스도의교회협의회 공로상(1988), 환원학원 10년근속표창(2001), 인천서구청장 공로표창(2002), 우수교원표창(2004) ㉫'구약개론강의'(1987) '그리스도교 신학개론'(1988) '그리스도교예배와 성례전'(1994) '그리스도교 예배의 원리'(1995) '환원운동론'(2005) '환원예배의 원리'(2005) '하나님께 드리는 큰절'(2006) '환원신학'(2010) '예배의 원리'(2014) ⑧기독교

장성욱(蔣盛旭) Chang Sung Wook

⑱1966·1·8 ⑧경북 경산 ㉧인천 남구 소성로171 로시스빌딩404호 장성욱법률사무소(032-863-5300) ㉭1984년 대구 능인고졸 1988년 서울대 법학과졸 1991년 同대학원졸 ㉢1990년 사법시험 합격(32회) 1993년 사법연수원 수료(22기) 1993년 부산지법 울산지원 판사 1995년 부산지법 판사 1996년 대구지법 판사 1997년 서울지법 의정부지원 판사 1998년 인천지법 판사 2000년 대구지법 포항지원 판사 2002년 대구지법 판사 2004년 서울고법 판사 2006년 서울중앙지법 판사 2008년 부산지법 부장판사 2009~2010년 인천지법 부장판사 2010년 변호사 개업(현)

장성웅(張性雄) JANG Sung Woong

⑱1953·11·16 ⑧부산 ㉧경북 군위군 효령면 효령공단길14의5 (주)남선(054-380-2300) ㉭1972년 계성고졸 1976년 고려대 사회학과졸 ㉢유일무역 대표이사, 일월 대표이사, (주)엘앤씨 대표이사, (주)태일금속 이사, (주)남선혼웨어 대표이사 사장 2006년 제로원인터랙티브 대표이사 사장, (주)태일금속 대표이사 사장(현), (주)남선 대표이사 사장(현) ㉦천만불 수출의탑, 대통령표창(2004) ⑧불교

장성원(張誠源) CHANG Sung Won

⑱1939·10·14 ⑧인동(仁同) ⑧전북 김제 ㉧서울 마포구 마포대로68 마포아크로타워708호 김대중기념사업회(02-715-6150) ㉭1957년 전주고졸 1961년 서울대 사범대 영어교육학과졸 1984년 미국 하와이대 제퍼슨펠로우십 수료 ㉢1966년 예편(공군 중위) 1966~1975년 동아일보 기자 1975년 자유언론실천운동관련 퇴직 1981년 동아일보 복직 1981년 同경제부 차장 1984년 同도쿄특파원 1988년 同경제부장 1990년 同논설위원 1993년 同편집국 부국장 1994년 同조사연구실장 1995년 국민회의 창당발기인 1995년 同당무위원 1996년 제15대 국회의원(김제, 국민회의·새천년민주당) 1997년 국민회의 기획조정실장 1999년 同SOHO 위원장 1999년 同제2정책조정위원장 2000년 새천년민주당 정책위원회 부의장 겸 총재특보 2000~2004년 제16대 국회의원(김제, 새천년민주당) 2003~2004년 새천년민주당 정책위 의장 2007년 민주당 전북도당 위원장 2007년 同최고위원 2010년 同고문 2010년 김대중기념사업회 이사(현) 2011년 민주통합당 고문 2013년 민주당 고문 2014~2015년 새정치민주연합 고문 ㉦NGO연대 국정감사최우수 의원상 ⑧기독교

장성원(張誠元) CHANG Seong Won

⑱1962·11·28 ⑧인동(仁同) ⑧서울 ㉧서울 중구 남대문로63 한진빌딩 법무법인 광장(02-2191-4900) ㉭1980년 우신고졸 1984년 서울대 법대졸 ㉢1983년 사법시험 합격(25회) 1985년 사법연수원 수료(15기) 1986년 軍법무관 1989년 서울민사지법 판사 1991년 서울가정법원 판사 1993년 대전지법 판사 1993년 미국 스탠퍼드대 연수 1994년 대전지법 홍성지원 판사 1996년 수원지법 성남지원 판사 1997년 서울고법 판사 겸 법원행정처 사법정책연구심의관 1998년 서울고법 판사 2001년 대전지법 천안지원 부장판사 2002년 사법연수원 교수 2005년 서울중앙지법 부장판사 2007년 부산고법 부장판사 2009~2012년 서울고법 부장판사 2012년 법무법인 광장 변호사(현) ㉫'가처분의 연구(共)'(1994) ⑧기독교

장성익(張成翼)

⑱1957·10·2 ⑧충북 충주 ㉧충남 보령시 보령북로160 한국중부발전(주) 기획관리본부(070-7511-1003) ㉭1976년 경동고졸 1981년 연세대 행정학과졸 ㉢1981년 한국전력공사 입사 2007년 한국중부발전(주) 감사실장 2009년 同기획처장 2011년 同경영지원처장 2011년 同제주화력발전소장 2012년 同조달협력그룹장 2014년 同감사실장 2016년 同기획관리본부장(현) ㉦산업자원부장관표창(2002), 대통령표창(2013)

장성철(張成哲)

⑱1967·7·5 ⑧경기 안양 ㉧광주 동구 준법로7의12 광주지방검찰청 공판부(062-231-4317) ㉭1986년 숭문고졸 1991년 서울대 조선해양공학과졸 ㉢1998년 사법시험 합격(40회) 2001년 사법연수원 수료(30기) 2001년 수원지검 검사 2003년 전주지검 정읍지청 검사 2004년 광주지검 검사 2006년 춘천지검 검사 2008년 부산지검 검사 2010년 서울북부지검 검사 2014년 광주지검 순천지청 검사 2015년 광주지검 순천지청 부부장검사 2016년 광주지검 공판부장(현)

장성철(張性哲)

⑱1968·8·24 ⑧인동(仁同) ⑧제주 ㉧제주특별자치도 제주시 첨단로7길23 (주)제주팜플러스(064-753-8953) ㉭1986년 제주 오현고졸 1992년 연세대 정치외교학과졸 1994년 경희대 평화복지대학원 공공정책학과졸 2008년 제주대 대학원 농업경제학 박사과정 수료 ㉢1994~1998년 제주경실련 사무국장 2010~2011년 제주특별자치도지사 정책보좌관 2011~2012년 제주특별자치도 정책기획관 2012년 농업회사법인 (주)제주팜플러스 대표이사(현) 2016년 국민의당 제주도당 창당준비단 집행위원장 2016년 제20대 국회의원선거 출마(제주시甲, 국민의당) 2016년 국민의당 제4정책조정위원회 부위원장(현) 2016년 同제주시甲지역위원회 위원장(현) 2016년 同제주도당 위원장 직대(현)

장성호(張成浩) JANG Sung Ho

생1941 · 1 · 1 출경북 포항 주경북 포항시 북구 중흥로 225번길7의7 동신해운(주) 비서실(054-244-3377) 학1960년 포항고졸 1963년 포항수산초급대졸 1998년 동국대 국제관계학과졸 2002년 同사회과학대학원 정치학과졸, 고려대 자연자원대학원 수료 경1972년 동신해운(주) 대표이사(현) 1985~1992년 새마을운동중앙본부 포항시지회장 1987년 포항지역발전연구소 이사장 1991 · 1995 · 1998~2002년 경북도의회 의원(한나라당) 1993년 同기획위원장 1994년 포항로타리클럽 회장 1996년 경북도의회 부의장 1998~2000년 同의장 1998년 전국시 · 도의회의장협의회 감사 2001~2002년 한나라당 경북후원회장 2002년 同경북도지부 수석부위원장 2003년 同중앙위원회 보건위생분과 부위원장 2003년 同대표특보 2003년 동신의료재단 이사장(현) 2013년 한국해양구조협회 부총재(현) 상대통령표창, 해양수산부장관표창 종천주교

장성호(張聖鎬) CHANG Seong Ho

생1947 · 7 · 22 본인동(仁同) 출충남 천안 주서울 용산구 이촌로46길33 대한민국의학한림원(02-795-4030) 학1966년 대전고졸 1972년 서울대 의대졸 1979년 同대학원졸 1985년 의학박사(고려대) 경1978년 제주도립병원 마취과장 1980년 아산재단 보령병원 마취과장 1982~1992년 고려대 의대 전임강사 · 조교수 · 부교수 1988년 同안암병원 중환자실장 1991~1997년 同안암병원 마취과장 1993~2013년 同의대 마취통증의학교실 교수 1994~1999년 同안암병원 구급소생위원장 1994~1999년 同안암병원 수술실장 1995~1999년 의료보험연합회 진료비심사위원 1996~2000년 대한마취과학회 고시이사 1999~2001년 고려대의료원 기획조정실장 2000~2001년 同정보실장 겸임 2000~2005년 한국과학기술총연맹 이사 2000~2002년 대한마취과학회 이사장 2004년 대한민국의학한림원 회원(현) 2004년 고려대 안암병원 장기이식센터장 2004~2006년 대한마취과학회 통합학술지 준비위원장 2005~2006년 同50년사편찬위원회 실무위원장 2005년 고려대 안암병원 의료장비도입심의위원장 2006년 자동차보험진료수가분쟁심의회 전문위원 2006년 대한마취과학회 임상진료지침개발연구위원장 2006~2007년 同APM 학술지간행위원장 2006년 고려대 안암병원 장기이식평가위원장 2008년 호의아카데미 교장 2008~2011년 '마취과학' 편찬위원회 2010년 '마취통증의학' 편찬위원장 2012년 자동차보험진료수가분쟁심의회 전문위원 2013년 대한민국의학한림원 제6분회장(현) 상근정포장(2013) 저'마취과학'(共) '통증의학'(共) '임상실습오리엔테이션'(共) '마취와 약물상호작용'(共) '임상소아마취'(共) '마취통증의학'(共) '췌장암'(共) 역'저유량마취'

장성훈(張聖薰) CHANG Soung Hoon

생1954 · 2 · 2 주충북 충주시 충원대로268 건국대학교 의학전문대학원 예방의학교실(043-840-3747) 학1979년 고려대 의대졸 1988년 同대학원 의학석사 1994년 의학박사(고려대) 경1990년 건국대 의학전문대학원 예방의학교실 교수(현) 1993~1995년 同의학과장 1994~2007년 同충주병원 산업의학과장 1995~1997년 同교학부장 1998년 미국 하버드대 보건대학원 교환교수 1999년 미국 사우스 캐롤라이나 의대 교환교수 2000~2002년 건국대 의대 교학부장 2005년 대한산업보건협회 이사 2015년 대한예방의학회 회장(현) 저'예방의학과 공중보건'(共)

장성훈(張成勳)

생1972 · 8 · 28 출부산 주부산 연제구 법원로31 부산지방법원(051-590-1114) 학1991년 부산 혜광고졸 1999년 고려대 법학과졸 경1998년 사법시험 합격(40회) 2001년 사법연수원 수료(30기) 2001년 서울지법 북부지원 판사 2002년 서울고법 판사 2003년 서울지법 판사 2004년 서울중앙지법 판사 2005년 부산지법 판사 2008년 인천지법 판사 2010년 서울가정법원 판사 2012년 서울남부지법 판사 2014년 대법원 재판연구관 2016년 부산지법 부장판사(현)

장세경(張世慶) CHANG Sae Kyung (世林堂)

생1953 · 8 · 4 본인동(仁同) 출경남 마산 주서울 동작구 흑석로102 중앙대학교병원 소화기내과(02-6299-1406) 학1979년 중앙대 의과대학졸 1982년 同대학원졸 1985년 의학박사(중앙대) 경1979~1983년 중앙대 의과대학 인턴 · 내과 전공의 1983년 서울대병원 내과 전임의사 1985~1997년 중앙대 의과대학 내과학교실 전임강사 · 조교수 · 부교수 1991~1993년 미국 캘리포니아대 샌프란시스코교(UCSF) 교환교수 1997년 중앙대 의과대학 내과학교실 교수(현) 1999~2001년 同용산병원 진료부장 2001~2002년 同의료원 기획실장

2006~2009년 同부속병원장 2006년 전국사립대학병원장협의회 총무이사 2008년 서울시병원회 이사, 대한병원협회 신임평가위원 2009~2010년 중앙대 의학전문대학원장 2015년 同의료보안연구소장(현) 저'면역학통합강의' '대장암총서' 종불교

장세국(張世國) Jang, Se Guk

생1946 · 7 · 24 본인동(仁同) 출강원 화천 주강원 춘천시 중앙로1 강원도의회(033-442-2379) 학화천실업고졸, 강원대학교 행정대학원 수료 경1971년 지방직 9급 공무원 임용 1991년 화천읍 부읍장, 화천군 민방위과장 · 사회과장 · 재무과장 · 자치행정과장 · 의회사무처 사무과장 2002년 同기획감사실장, 同농업기술센터 소장, 화천군재향군인회 회장 · 부회장(현), 강원도새마을회 이사, 화천군체육회 이사, 화천향교 장의(현), 성균관유도회 강원지부운영위원(현) 2006~2010년 강원도의회 의원(한나라당) 2007~2010년 同산업경제위원회 위원, 同관광건설위원회 위원, 同예산결산특별위원회 위원, 同댐주변피해대책특별위원회 위원, 同운영위원회 위원 2014년 강원도의회 의원(새누리당)(현) 2014년 同기획행정위원회 위원 2014년 同접경지역발전특별위원회 위원장 2014~2015년 同예산결산특별위원회 위원 2016년 同기획행정위원장(현) 상내무부장관표창(1972), 강원도지사표창(3회), 황조근정훈장(2006) 종불교

장세석(張世石) Se Seog Jang

생1960 · 3 · 5 본인동(仁同) 출전남 여수 주서울 강서구 화곡로14길13의3 강한친구들빌딩4층 한국민간조사협회(0502-707-7007) 학1979년 성일고졸 1995년 연세대 대학원 법학과졸 2011년 형사법박사(경상대) 경1995~1996년 민주당 편집부장 2001년 한국산업인력관리공단 범죄학검토위원, 성균관대법대총동창회 제14대 집행부 상임이사 2002년 한국민간조사협회 범죄심리학 교수(현) 2003~2008년 한영대학 경찰행정학과 교수 2004년 한국노총 총선 후보 2005년 한국경찰복지학회 회장(현) 2005년 통일부 통일교육위원 2005년 한국부패학회 일반이사 2006~2015년 한국교정복지학회 이사 2006년 극동대 글로벌대학원 사회복지학과 외래교수 2007년 한라대 경찰행정학과 겸임교수 저'한국교정발전론' '장세석박사의 산사산, 인시인'(도서출판 성심) '형사소송법개론'(2006, 서울고시각) '포커스경찰학개론'(2007, 서울고시각) '교정학개론'(2008, 서울고시각)

장세영(張世英)

생1973 · 2 · 25 출서울 주인천 남구 소성로163번길17 인천지방법원(032-860-1113) 학1991년 광주 문성고졸 1996년 서울대 공법학과졸 경1996년 사법시험 합격(38회) 1999년 사법연수원 수료(28기) 1999년 공군 법무관 2002년 서울지법 동부지원 판사 2004년 서울중앙지법 판사 2006년 광주지법 판사 2007년 同순천지원 판사 2010년 수원지법 판사 2011년 서울동부지법 판사 2012년 대법원 재판연구관 2014년 춘천지법 강릉지원 부장판사 2016년 인천지법 부장판사(현)

장세영(女)

생1974 · 9 주경기 수원시 영통구 삼성로129 삼성전자(주) 무선사업부 혁신제품개발팀(031-200-1114) 학1992년 경기과학고졸 1996년 한국과학기술원(KAIST) 재료공학과졸 1998년 同대학원 재료공학과졸 2002년 재료공학박사(KAIST) 경2002년 삼성전자(주) 메카트로닉스연구소 MicroNano기술연구팀 책임연구원 2006년 同생산기술연구소 기반기술팀 책임연구원 2008년 同무선사업부 선행H/W개발그룹 수석 2011년 同무선사업부 선행요소기술Lab 수석 2011년 同무선사업부 선행요소기술그룹장 2014년 同무선사업부 개발실 연구위원(상무), 同무선사업부 혁신제품개발팀 상무(현)

장세욱(張世郁) JANG Sae Wook

생1962 · 12 · 15 출서울 주서울 중구 을지로5길19 페럼타워 동국제강(주) 임원실(02-2222-0070) 학1981년 환일고졸 1985년 육군사관학교졸 1995년 전남대 경영대학원졸 1998년 미국 서던캘리포니아대 경영대학원졸(MBA) 경1994년 예편(소령) 1996년 동국제강(주) 기획조정실 경영관리팀 과장 1997년 同미국 LA지사 근무 1999년 同포항제강소 지원실장(부장) 2000년 同포항제강소 지원실장(이사) 2001년 同포항제강소 관리담당 부소장(상무) 2003년 同포항제강소 관리담당 부소장 겸 품질담당 상무 2004년 同전략경영실장(상무) 2005년 同전략경영실장(전무이사) 2005년 유니온스틸(주) 비상근이

사 2005~2011년 디케이유앤씨 비상임이사 2007년 동국제강(주) 전략경영실장(부사장) 2010년 유니온스틸(주) 사장 2010~2014년 동국제강(주) 전략경영실장(사장) 2011~2014년 유니온스틸(주) 총괄대표이사 사장 2015년 동국제강(주) 대표이사 부회장(현) [상]은탑산업훈장(2015)

장세주(張世宙) CHANG Sae Joo

[생]1953·11·8 [출]부산 [주]서울 중구 을지로5길19 동국제강(주) 회장실(02-317-1114) [학]1972년 중앙고졸 1976년 연세대 이공대졸 1981년 미국 타우슨대 경제학부졸 2006년 명예 인문학박사(미국 타우슨주립대) [경]1978년 예편(육군 중위) 1978년 동국제강(주) 입사 1982년 同일본지사 근무 1985년 동국중기공업(주) 상무이사 1986년 한국철강(주) 상무이사 1987년 동국제강(주) 상무이사 1988년 천양항운(주) 사장 1991년 동국제강(주) 인천공장 건설본부장 1992년 同인천제강소장 1993년 同전무이사 1998년 同부사장 1999년 同대표이사 사장 2001~2015년 同대표이사 회장 2004~2011년 유니온스틸(주) 대표이사 회장 2012년 한국철강협회 부회장 2013년 전국경제인연합회 부회장(현) 2015년 동국제강(주) 회장(현) [상]금탑산업훈장, 제12회 상공대상 노사협조부문 [종]불교

장세창(張世昌) Sechang Chang

[생]1947·5·15 [출]서울 [주]서울 강남구 봉은사로49길22 파워아트센터1층 (주)파워맥스 회장실(02-569-2467) [학]1965년 경기고졸 1969년 서울대 전기공학과졸 1972년 미국 일리노이대 대학원졸 [경]1969년 이천전기 입사 1981년 대한전기협회 기술정보위원회 부위원장 1983년 이천전기 전무이사 1986년 기계공업진흥회 부회장 1986년 이천전기 사장 1989년 전기공업진흥회 부회장 1990년 공업표준협회 이사 1992년 전기학회 감사 1995~1997년 이천전기 회장 1997년 한기重電(주) 회장 1997년 다남전원(주) 회장 1997년 (주)한사 회장(현) 1997년 강남지역경제인협의회 초대회장 2000년 (주)파워맥스 회장(현) 2000년 국립오페라단후원회 부회장(현) 2001년 민주평통 상임위원 2002년 신도리코장학회 이사(현) 2002년 헤이리프라자 이사(현) 2005년 한국전기산업진흥회 부회장 2005년 한국엔지니어스클럽 이사(현) 2006년 대한전기학회 부회장 2006년 한국전력공사 경영혁신위원 2009년 서울대 공과대학 전기공학부 총동창회 회장(현) 2009년 울산대 전기전자정보시스템공학부 겸임교수(현) 2011년 한국전기산업진흥회 회장(현) 2011년 한국전기산업기술연구조합 이사장 2011년 동반성장전기전자업종 공동위원장(현) 2012년 한국서부변압기사업협동조합 이사(현) 2012년 대한전기협회 이사(현) 2013년 기초전력연구원 비상임이사(현) 2014년 한국전기산업진흥회 회장(현) 2014년 한국전기산업기술연구조합 이사장(현) 2014년 전기관련단체협의회 회장(현) 2014년 대한전기학회 특별·기관 평의원(현) 2016년 한국중전기사업협동조합 이사 [상]대통령표창, 3·1문화상, 동탑산업훈장, 무역의 날 1천만달러 수출탑(2013) [종]불교

장세헌(張世憲) CHANG Sei Hun (立齊)

[생]1923·12·18 [본]인동(仁同) [출]서울 [주]서울 서초구 반포대로37길59 대한민국학술원(02-3400-5220) [학]양정고졸 1946년 경성대 화학과졸 1960년 이학박사(미국 유타대) [경]1946년 서울대 문리대 조교수·부교수·교수 1975~1989년 同자연과학대학 화학과 교수 1980년 한국화학회 회장 1981년 대한민국학술원 회원(화학·현) 1989년 서울대 명예교수(현) 1994년 한국과학기술한림원 원로회원(현) [상]녹조소성훈장(1960), 대한민국 과학상 대통령표창(1971), 국민훈장 동백장(1972), 국민훈장 모란장(1988), 성곡학술상(1989) [저]'일반화학' '물리화학' '일반화학실험서' '화학열역학'

장세헌(張世憲) Jang Seheon

[생]1959 [출]강원 영월 [주]경기 김포시 북변중로23 김포세무서(031-980-3201) [학]강릉고졸, 경영학 독학사 2012년 경희대 대학원 글로벌경영학과졸 [경]1986년 국세공무원 임용(7급 공채), 중부지방국세청 조사1국 2과 4팀장, 평택세무서 법인세과장, 중부지방국세청 인사계장 2013년 同운영지원과 서기관 2014년 충주세무서장 2015년 김포세무서장(현)

장세호(張世浩) CHANG Se Ho (虛舟)

[생]1954·10·22 [본]인동(仁同) [출]대구 [주]부산 남구 수영로309 경성대학교 문과대학 윤리교육과(051-663-4340) [학]고려대 문과대학 철학과졸, 同대학원 동양철학과졸, 철학박사(고려대) [경]고려대·경희대·경원대·강원대 강사, 경성대 윤리교육과 교수(현), (사)부산포럼 상임이사 2009년 (사)독도중앙연맹 상임이사(현) 2009년 (사)사월회 회원(현) [상]대한민국학술원 기초학문육성 '우수학술도서' 선정(사계 김장생의 예학사상)(2007) [저]'동양의 인간이해'(共) '사단칠정론'(共) '사계 김장생의 예학사상' [역]'자치통감'(共)

장세호(張世昊) CHANG Se Ho

[생]1963·3·16 [출]경남 산청 [주]경남 진주시 강남로79 경상대병원 신장내과(055-750-9477) [학]경상대 의과대학졸, 同대학원졸 1998년 의학박사(경상대) [경]1988년 경상대학병원 내과 레지던트 1991년 軍의관 1994년 진주윤양병원 내과 과장 1995년 삼성서울병원 신장내과 전임의 1996년 경상대 의학전문대학원 내과학교실 전임강사·조교수·부교수·교수(현) 2013~2016년 同병원장 [상]American Fedration for Medical Research Trainee Travel Award(2002)

장세홍(張世洪) Jang Se Hong

[생]1961·3·11 [주]부산 사상구 학장로187 IBK기업은행 부산·울산·경남그룹(051-254-2100) [학]1980년 거창고졸 1988년 동아대 경제학과졸 [경]1989년 IBK기업은행 입행 2009년 同마산내서지점장 2010년 同웅상공단지점장 2011년 同녹산공단지점장 2013년 同부산지점장 2014년 同부산지역본부장 2015년 同부산·울산지역본부장 2015년 同부산·울산·경남그룹장(부행장)(현)

장세환(張世煥) JANG Sae Hwan

[생]1953·1·14 [본]인동(仁同) [출]전북 부안 [학]1971년 전주고졸 1979년 전북대 법학과졸 1998년 연세대 행정대학원졸 2001년 미국 미시간주립대 고위정책과정 수료 2003년 서울대 행정대학원 국가정책과정 수료 [경]1979년 전북일보 사회부 기자 1981년 同정치부 차장 1988년 한겨레신문 기자 1994년 同민원사회2부 차장 1996년 同정치부 차장 1997년 同정치부 부장대우 1998~1999년 전라매일 편집국장·논설주간 2000~2001년 전북도 정무부지사 2001년 새천년민주당 김근태의원 언론특보 2002년 同노무현 대통령후보 언론특보 2003년 국민참여통합신당 원내대표 정치특보 2003년 열린우리당 전북도지부 정책위원 2003년 전북중흥포럼 상임대표 2006~2008년 전북대병원 상임감사 2007년 대통합민주신당 제17대 대통령선거 전북선거대책본부장 2008년 제18대 국회의원(전주 완산乙, 통합민주당·민주당·민주통합당) 2009년 민주당 기획담당 원내부대표 2010년 한국신문윤리위원회 위원 2010년 국회 윤리특별위원회 간사 2010년 국회 행정안전위원회 위원 2010년 국회 독도영토수호대책특별위원회 간사 2010년 민주당 홍보미디어위원장 2011년 同제1정책조정위원장 2011년 同민주희망2012 사무총장 2011년 同주한미군고엽제매립진상규명특별위원회 위원장 2011년 국회 예산결산특별위원회 위원 2015년 새정치민주연합 전북도당 상임고문 2015년 전북희망연대 대표 2016년 제20대 국회의원선거 출마(전주시乙, 국민의당) [저]칼럼집 '펜으로 읽는 세상풍경' [종]천주교

장세희(張世憙) CHANG Se Hee

[생]1968·3·12 [출]서울 [주]서울 중구 다동길46 동국산업(주) 비서실(02-316-7500) [학]1987년 한양공고졸 1991년 고려대 경영학과졸 1999년 연세대 대학원 경제학과졸 [경]1993~1996년 국제종합기계(주) 근무 1996년 동국산업(주) 입사 1999년 同경영기획실장 2000년 同상무이사 2004년 同관리본부장(전무) 2005년 同경영관리본부장(전무), 동국내화(주) 이사(비상근), 대원스틸(주) 이사(비상근) 2007~2011년 동국산업(주) 대표이사 사장 2007년 (주)동국알앤에스 부사장 2011년 동국산업(주) 대표이사 부회장 2014년 同각자대표이사 부회장(현) [종]불교

장소원(張素媛·女) CHANG So Won

[생]1961·7·8 [출]서울 [주]서울 관악구 관악로1 서울대학교 국어국문학과(02-880-6032) [학]1980년 명지여고졸 1984년 서울대 국어국문학과졸 1986년 同대학원 국어학과졸 1991년 언어학박사(프랑스 파리제5대) [경]한국방송통신대 국어국문학과 조교수·부교수·교수 2002년 서울대 국어국문학과 부교수 2005년 同국어국문학과 교수(현) 2009~2011년 방송통신심의위원회 방송언어특별위원회 위원 2012~2016년 서울대 평생교육원장 2013년 문화체육관광부 국어심의회 위원(현) 2014년 재외동포재단 자문위원(현) 2014년 국방부 민관군병영문화혁신위원회 부위원장(현) 2015년 서울대 한국어문학연구소장(현) [저]'말의 세상, 세상의 말'(共) '국어학개론'(共) '글쓰기의 기초'(共) '언어예절'(共) 외 [역]'라퐁텐 우화집' '어린왕자' [종]기독교

장수래(蔣壽來)

⬥1958 · 3 · 5 ⬥울산 ㈜울산 남구 중앙로201 울산광역시청 창조경제본부(052-229-2400) ⬥1974년 학성고졸 ⬥1978년 지방공무원 임용 2004년 울산시 기획담당 2007년 同관광과장 2009년 同동구 총무국장 2011년 同문화예술과장 2015년 지방행정연수원 교육파견 2016년 울산시 창조경제본부장(현)

장수영(張秀英) JANG Soo Young

⬥1952 · 9 · 17 ⬥인천 ㈜서울 성동구 마장로210 한국기원 홍보팀(02-3407-3870) ⬥1971년 남산공고졸 ⬥1971년 프로바둑 입단 1971년 2단 승단 1973년 3단 승단 1975년 4단 승단 1977 · 1982 · 1986년 최고위전 준우승 1979년 5단 승단 1981년 6단 승단 1983년 왕위전 · 제왕전 준우승 1984년 7단 승단 1986년 최고위전 준우승 1987년 8단 승단 1989년 박카스배 준우승 1990년 패왕전 · 동양증권배 준우승 1992년 9단 승단(현) 1993년 연승바둑 최강전 준우승 2000년 장수영바둑연구실 대표 2004년 돌씨앗배 우승, 하이텔 전속해설위원 2007년 월드메르디앙 감독, 장수영바둑도장 대표(현) ⬥기도문화상 신예기사상(1981), 기도문화상 수훈상(1983)

장수완(張洙完) CHANG Soo Wan

⬥1963 · 1 · 3 ㈜서울 종로구 세종대로209 행정자치부 공공서비스정책관실(02-2100-4060) ⬥1982년 능인고졸 1988년 연세대 행정학과졸 2002년 서울대 대학원 행정학과졸 ⬥2002년 행정자치부 행정관리국 조직정책과 서기관 2004~2006년 수질개선기획단 파견(서기관) 2007년 행정자치부 부내정보화팀장 2007년 同진단기획팀장 2008년 행정안전부 진단컨설팅기획과장 2008년 同규제개혁법무담당관 2009년 同기획재정담당관 2010년 사회통합위원회 파견(부이사관) 2014년 행정자치부 개인정보보호위원회 사무국장 2015년 同창조정부조직실 공공서비스정책관(현)

장수철(張洙哲)

⬥1963 · 1 · 11 ⬥전북 전주 ㈜세종특별자치시 정부2청사로13 국민안전처 산업협업담당관실(044-204-5960) ⬥1981년 전주상업고졸 1988년 원광대 무역학과졸 2008년 스페인 국립콤플루텐스대 대학원 국제통상학과졸 ⬥1991년 공무원 임용(7급 공채) 1991~1994년 상공부 상역국 무역정책과 근무 1994~1997년 통상산업부 산업정책국 유통산업과 근무 2003~2005년 산업자원부 무역위원회 무역조사실 근무 2006~2008년 해외 교육파견(스페인 국립콤플루텐스대) 2008~2011년 지식경제부 통상협력정책관실 구미협력과 근무 2011~2014년 駐멕시코대사관 상무관 2014~2015년 산업통상자원부 무역투자실 해외투자과 근무 2015년 전남도 경제과학국 국제통상과장 2015~2016년 同국제협력관 2016년 국민안전처 특수재난실 산업협업담당관(현) ⬥기독교

장숙환(張淑煥 · 女) CHANG Sook Hwan

⬥1940 · 6 · 11 ⬥서울 ㈜서울 서대문구 이화여대길52 이화여자대학교 조형예술대학 섬유패션학부(02-3277-3752) ⬥1960년 경기여고졸 1963년 이화여대 사학과졸 1989년 同대학원 가정학과졸 2006년 이학박사(서울여대) ⬥1978~2002년 국내외 문화재특별전 8회 개최 1978~1983년 국립민속박물관 연구원 1991~1997년 경원대 섬유미술학과 조교수 1998~2005년 이화여대 의류직물학과 교수 1999년 同담인복식미술관장(현) 2003년 국립민속박물관 유물구입심사위원 2004년 한국의상디자인학회 이사 2005년 대한가정학회 평이사(현) 2005~2007년 국립고궁박물관 유물구입심사위원 2005년 이화여대 조형예술대학 의류학과 특임교수, 同섬유패션학부 의류학전공 특임교수(현) ⬥일본문화복장학원裝苑賞(1965), 올림픽기장 문화장(1988), 영애대상(2006) ⬦'전통 장신구'(2002, 대원사) '전통 남자장신구'(2003, 대원사) '우리 옷과 장신구 : 韓國傳統服飾, 그 原形의 美學과 實際(共)'(2003, 열화당) '조선 양반생활의 멋과 미(共)'(2003, 국립민속박물관) 'Traditional Korean Costume(共)'(2005, Global Oriental) '歲寒三友(소나무 · 대나무 · 매화)(共)'(2005, 종이나라) '최원립 장군 묘 출토복식을 통해 본 17세기 조선 무관의 차림새(共)'(2006, 이화여자대학교박물관 담인복식미술관) '조선왕조의 의상과 장신구(共)'(2007, 淡交社) '조선시대 궁궐용어 해설집(共)'(2009, 문화재청)

장순욱(張淳旭) JANG Soon Wook

⬥1965 · 10 · 27 ⬥대구 ㈜서울 서초구 강남대로193 서울행정법원(02-2055-8114) ⬥1984년 대구 영신고졸 1988년 서울대 법대졸 1993년 同대학원 법학과졸 ⬥1993년 사법시험 합격(35회) 1996년 사법연수원 수료(25기) 1996년 대구지법 판사 1999년 同포항지원 판사 2002년 수원지법 판사 2007년 서울고법 판사 2008년 헌법재판소 파견 2011년 청주지법 영동지원장 2013년 수원지법 부장판사 2016년 서울행정법원 부장판사(현)

장순흥(張舜興) Chang Soon Heung

⬥1954 · 5 · 6 ⬥서울 ㈜경북 포항시 북구 흥해읍 한동로558 한동대학교 총장실(054-260-1001) ⬥1972년 경복고졸 1976년 서울대 핵공학과졸 1979년 미국 매사추세츠공과대 대학원 핵공학과졸 1981년 핵공학박사(미국 매사추세츠공과대) ⬥1981년 Bechtel Power Corporation 핵공학부 안전해석 Staff 1982~2014년 한국과학기술원 원자력 및 양자공학과 교수 1982년 원자력안전기술원 자문위원 · 안전심의위원 1987년 Chalk River Nuclear Lab. 초청연구원 1988~1990년 한국과학기술원 원자력공학과 주임교수 1992~1999년 국제원자력기구(IAEA) 안전자문단(INSAG) 위원 1993~1997년 원자력위원회 안전전문위원 1994년 OECD · NEA 원자력기구 안전위원 1998~1999년 국가과학기술자문회의 자문위원 2001년 원자력안전자문위원회 위원장 2001~2003년 한국과학기술원 기획처장 2003~2004년 同교무처장 2004년 한국공학한림원 정회원(현) 2005~2006년 한국과학기술원 대외부총장 2005~2008년 미국 원자력학회(The American Nuclear Society) Fellow 2006~2010년 한국과학기술원 교학부총장 2010~2011년 한동대 이사장 2011~2012년 한국원자력학회 회장 2011~2012년 일본 후쿠시마원전사고조사위원회 국제자문위원 2012~2013년 한국원자력안전기술원 이사회 의장 2012년 한동대 이사 2013년 제18대 대통령직인수위원회 교육과학분과 위원 2013~2015년 한국원자력안전전문위원회 위원장 2013~2015년 한국과학창의재단 비상임이사 2014년 한동대 총장(현) 2014년 駐韓피지 명예총영사(현) 2014년 대통령직속 통일준비위원회 통일교육자문단 자문위원(현) 2014년 경북창조경제혁신센터 이사장(현) 2016년 유엔(UN) DPI · NGO컨퍼런스 조직위원장(현) ⬥제1회 원자력열수력학 및 운전에 관한 학술상(1989), 미국 원자력학회 우수논문상(1994), 한국과학기술단체총연합회 과학기술우수논문상(1995), 한국과학기술원 연구창의상 및 우수연구교수상(1996), 홍조근정훈장(2003), ANS 학술상(2003), KNS 우수논문상(2004 · 2011 · 2013), 과학기술훈장 창조장(2014), 동아일보 한국의최고경영인상 미래경영부문(2015), 포스코 청암상 교육부문(2015), TV조선 참교육 경영대상(2016) ⬦'임계열유속'(1997) '원자력안전'(1998) 'Nuclear Power Plant(共)'(2012) '공학이란 무엇인가(共)'(2013) ⬥기독교

장승업(張丞業) JANG Seung Eob

⬥1956 · 2 · 16 ㈜세종특별자치시 조치원읍 군청로87의16 세종특별자치시의회(044-300-7176) ⬥조치원고졸, 한밭대 복지경영공학과졸, 공주대 대학원 재학中 ⬥내판주유소 대표, 연기군청 공무원, 조치원고 운영위원, 同학부모회장, 연기군주유소협회 회장, 연기군 배구협회 회장, 연기군 · 세종시주민지원협의체 위원장 2006 · 2010~2012년 충남 연기군의회 의원(자유선진당 · 선진통일당) 2008~2010년 同부의장 2010년 同윤리특별위원회 위원장 2012년 세종특별자치시의회 의원(선진통일당 · 새누리당) 2012년 同행정복지위원회 위원장 2014년 세종특별자치시의회 의원(새누리당)(현) 2014년 同부의장 2014년 同행정복지위원회 위원 2014 · 2016년 同운영위원회 위원(현) 2015년 同예산결산특별위원회 위원 2015년 同공공시설물인수점검특별위원회 위원 2015년 同대중교통운영개선특별위원회 위원 2016년 同산업건설위원회 부위원장(현) ⬥자랑스런대한국민대상 지방자치의정대상(2015)

장승익(張昇翼) CHANG Seung Ick

⬥1944 · 1 · 13 ⬥인동(仁同) ⬥경북 칠곡 ㈜서울 강남구 선릉로158길14의2 보성통신기술㈜ 대표이사실(02-545-0041) ⬥1962년 대구상고졸 1972년 명지대 경영학과졸 1998년 서울대 행정대학원 정보통신방송정책과정 수료 ⬥1964년 중소기업은행 입행 1975년 보성전기통신 부사장 1988년 보성통신기술㈜ 대표이사(현) 1992년 국제라이온스협회 서울중앙라이온스클럽 회장 1994년 한국정보통신공사협회 서울시회 대표회원 1996~1997년 同중앙회 감사 1997년 국제라이온스클럽 354-A지구 지역부총재 1998~1999년 정보통신공제조합 감사 2006~2009년 한국정보통신공사협회 회장 2006~2009년 한국정보통신기능대학 이사장 ⬥국제라이온스협회장 감사장(3회), 국제라이온스협회 354-A지구 무궁화사장대상(8회), 한국정보통신공사협회장표창(1993), 정보통신부장관표창(1998), 서울시장표창(2010) ⬥불교

장승재(張承宰)

[생]1960·3·29 [주]부산 사상구 백양대로700번길140 신라대학교 건축학부 건축공학과(051-309-5621) [학]1986년 동아대 건축학과졸 1988년 同대학원 건축학과졸 1997년 건축학박사(동아대) [경]1993~1998년 동명대 건축학과 전임강사·조교수 1998년 신라대 건축학부 건축공학과 교수(현), 좋은화장실문화만들기 특별위원, 부산시 연제구건축위원회 위원, 한국건축가협회 부산지회 간사, 제18회 부산건축대전 운영위원 2006년 신라대 공과대학 부학장 2013년 同평생교육원장 겸 요양보호사교육원장 2015년 同공과대학장(현)

장승준(張升準) CHANG Seung Joon

[생]1981·6·13 [출]서울 [주]서울 중구 퇴계로190 MBN(매일방송) 사장실(02-2000-3114) [학]미국 미시간대졸, 미국 뉴욕대 대학원 경제학과졸 [경]2007년 매일경제신문 경영기획실 연구원 2010년 同신문기획담당 이사, MBN 기획담당 이사 2012년 매일경제신문 상무이사 2012년 同기획담당 전무이사 2014년 同부사장(현) 2014년 MBN(매일방송) 부사장 2015년 同사장 2016년 同대표이사 사장(현)

장승진(張承鎭) CHANG Seung Jin

[생]1956·8·7 [본]인동(仁同) [출]강원 홍천 [주]강원 홍천군 홍천읍 꽃뫼로71 홍천여자고등학교 교장실(033-439-8800) [학]춘천고졸, 강원대 영어교육학과졸, 同교육대학원졸, 同대학원 박사과정 수료 [경]설악중·속초고·동광농공고 교사, 말레이시아 마라공대 한국어교관, 양구여중·해안중·춘천기계공고 교사, 평창교육청 중등교육 장학사, 同중등교육담당, 강원도교육청 중등교육과 장학사, 김화공고 교감, 창촌중 교감 2013년 강원도교육청 교육진흥과 국제교육담당 장학관 2014년 홍천여고 교장(현) [상]교육부장관표창(1996), 교육부총리표창(2002·2007), 대통령표창(2015) [저]시집 '한계령정상까지 난 바다를 끌고갈 수 없다'(1997) [종]기독교

장승철(張勝哲) CHANG Seung Chul

[생]1954·10·9 [출]서울 [학]1973년 양정고졸 1980년 고려대 경영학과졸 1992년 연세대 국제대학원 수료 2006년 고려대 최고경영자과정(AMP)과정 수료 2007년 미국 펜실베이니아대 와튼스쿨 M&A과정 수료 [경]현대건설 근무 1980년 현대산업개발(주) 근무 1987년 현대증권(주) 조사부 입사, 同국제영업부 근무 1997년 同홍콩현지법인장 2001년 同이사대우 2003년 同상무보 2005년 同국제영업본부장(상무) 2005년 同리서치센터장(상무) 2006년 同IB본부장(상무) 2008년 同연금신탁본부장(상무) 2008~2009년 부산은행 자본시장본부장 겸 서울영업본부장(부행장) 2009년 하나대투증권 투자은행(IB)부문 사장 2010년 同IB부문 총괄사장 2014~2015년 同대표이사 사장(CEO) 2014~2016년 하나금융지주 부회장 2014~2016년 부천 하나외환 여자농구단 구단주 2015~2016년 하나금융투자 대표이사 사장(CEO) [종]천주교

장승태(張承台) CHANG Sung Tae

[생]1924·1·23 [본]인동(仁同) [출]강원 영월 [학]1943년 춘천고졸 1950년 국민대 경제학과졸 1961년 서울대 행정대학원졸 1984년 명예 행정학박사(명지대) [경]1949년 체신부 근무 1959년 서울중앙전화국 국장 1964년 체신공무원교육원 원장 1967~1973년 제7·8대 국회의원(영월·정선, 민주공화당) 1971년 국회 교통체신위원장 1973년 제9대 국회의원(영월·평창·정선, 민주공화당) 1974년 체신부 장관 1976년 민주공화당(공화당) 정책위원회 부위원장 1976년 국회 예산결산특별위원장 1979년 제10대 국회의원(영월·평창·정선, 공화당) 1979년 국회 재무위원장 1980년 입법회의 내무위원장 1981~1987년 생명보험협회 회장 1981~1986년 한·일협력위원회 사무총장 1981~2003년 영월 석정여고 이사장 1981~1990년 홀트아동복지회 이사장 1984~2003년 체우회 회장 1987년 우전석유 회장 1995~1998년 同고문 [저]'국회발언선집' '自生組織' [종]불교

장승필(張丞弼) CHANG Sung Pil

[생]1943·6·18 [출]부산 [주]서울 관악구 관악로1 서울대학교 공과대학 토목공학과(02-880-5114) [학]1965년 서울대 토목공학과졸 1971년 독일 슈투트가르트대 대학원 구조공학과졸 1976년 구조공학박사(독일 슈투트가르트대) [경]1969~1975년 독일 Stuttgart대 공과대학 연구원 1976~1986년 서울대 공과대학 토목공학과 강사·조교수·부교수 1981년 독일 Muechen공대 연구교수 1985년 서울대 교무부처장 1986~2008년 同공과대학 토목공학과 교수 1996년 同지구환경시스템공학부장 1996~2001년 포항종합제철(주) 석좌연구교수 1996~2001년 한국지진공학회(EESK) 회장 1996년 IABSE 본회 부회장 겸 한국지회장 1996년 한국공학한림원 정회원, 同원로회원(현) 1997년 국제원자로구조역학학회(IASMiRT) 위원장 1997~2006년 서울대 한국과학재단지정 지진공학연구센터 소장 2001~2002년 대한토목학회 회장 2001~2003년 ANCER(Asian-Pacific Network of Centers for Earthquake Engineering Research) Presidnt 2004년 한국과학기술한림원 회원, 同종신회원(현) 2005년 서울대 건설환경종합연구소장 2005년 IABSE Executive Committee Vice President, (사)건설산업비전포럼 공동대표 2007~2010년 (주)유신 사외이사 2008년 서울대 명예교수(현) 2013년 국무조정실산하 '4대강사업 조사·평가위원회' 위원장 2014~2016년 (사)한국산악회 회장 2015년 서울시 건설정책총괄자문단장(현) [상]대한토목학회 논문상(1983), 대한토목학회 학술상(1995), 한국강구조학회 학술상(1995), 대통령표창(1999), 옥조근정훈장(2008) [저]'구조진동론' '강구조공학' '구조안정론' [역]'강구조설계'

장승현(張勝鉉) CHANG Seung Hyun

[생]1952·3·13 [출]충남 [주]경북 경산시 진량읍 대구대로201 대구대학교 자연과학대학 화학·응용학과(053-850-6442) [학]1976년 동국대 화학공학과졸 1979년 同대학원졸 1990년 공학박사(동국대) [경]1981년 대구대 자연과학대학 화학·응용학과 전임강사·조교수·부교수·교수(현) 1986년 同화학과장 1986년 미국 일리노이대 교환교수 1987년 미국 뉴욕주립대 교환교수 1997년 미국 노스웨스턴대 교환교수 1998년 대구대 중앙기기센터 소장 2002~2005년 同자연과학대학장 2002년 同중앙기기원장 2002~2005년 同기초과학연구소장 2012년 同DU문화원 리더십개발센터 소장 2014~2016년 同대학원장 2015년 한국환경과학회 회장(현) [저]'유기화학(共)'(1990) '유기화학실험(共)'(2000) '전기화학(共)'(2000) '정밀유기합성 실험 매뉴얼(共)'(2002) '유기화합물의 구조이해(共)'(2003) '유기화학 구조와 기능(共)'(2004) '일반화학실험'(2009) [역]'유기화학' '일반화학'(2009) [종]기독교

장승화(張勝和) CHANG Sung Hwa

[생]1963·6·5 [출]서울 [주]서울 관악구 관악로1 서울대학교 법학부 서암관613호(02-880-7560) [학]1985년 서울대 법학과졸 1991년 同대학원 법학과졸 1992년 미국 하버드대 대학원 법학과졸 1994년 법학박사(미국 하버드대) [경]1988~1991년 서울민사지법·서울형사지법 판사 1994년 미국 조지타운대 외래교수 1994년 미국 워싱턴 Covington&Burling 법률회사 변호사 1995년 서울대 법대 법학부 전임강사 1995~1997년 同법학연구소 법률상담실장 1998년 同법학부 조교수·부교수·교수(현) 1999년 미국 스탠퍼드대 법대 방문조교수 2004년 미국 듀크대 법대 방문교수 2004년 일본 동경대 법대 방문교수 2005년 세계무역기구(WTO) 분쟁해결기구 패널위원 2009~2011년 아시아태평양지역중재그룹(APRAG) 공동의장 2010년 2013스페셜올림픽세계동계대회 준비위원회 위원 2012~2016년 세계무역기구(WTO) 상소기구 위원 [저]'법률가의 윤리와 책임 : 열린 법학과 열린 법조계'(2003, 박영사) '절차적 정의와 법의 지배'(2003, 서울대 법의지배센터) '국제기준과 법의지배'(2004, 서울대 법의지배센터)

장시권(張時權) CHANG Si Kwon

[생]1959·1·8 [주]서울 중구 청계천로86 한화탈레스(주) 임원실(02-729-3030) [학]1977년 청주고졸 1981년 서울대 공업화학과졸 [경]1997년 (주)한화 화약부문 대전공장 운영실장 2003년 同화약부문 대전공장 생산1부장(상무보) 2005년 同화약부문 창원공장장(상무보) 2008년 同화약부문 창원공장장(상무) 2008년 同특수중장기전략담당 상무 2010년 同양산사업담당 사업1부장 2012년 同방산사업본부장(전무) 2015년 한화탈레스(주) 대표이사(현)

장시원(張矢遠) CHANG See Won

[생]1952·2·9 [본]인동(仁同) [출]경북 청도 [주]서울 종로구 대학로86 한국방송통신대학교 경제학과(02-3668-4614) [학]1970년 경북고졸 1974년 서울대 경제학과졸 1980년 同대학원 경제학과졸 1989년 경제학박사(서울대) [경]1982~1994년 한국방송통신대 경제학과 전임강사·조교수·부교수 1991년 일본 東京大 객원연구원 1994년 한국방송통신대 경제학과 교수(현) 2005~2006년 同사회과학대학장 2005년 경제사학회 부회장 2006년 同회장 2006년 한국사회과학연구협의회 운영위원 겸 감사 2006~2010년 한국방송통신대 총장 [저]'경제학개론(編)'(1983) '植民地半封建社會論(編)'(1986) '한국근대농촌사회와 농민운동(編)'(1988) '韓國經濟史(共)'(1991) '近代朝鮮水利組合の研究(共)'(1992) '韓國經濟史(共)'(2002) '일제하 지주의 유형과 성격'(2003) '근현대 농업의 성장과 구조변동'(2005) '해방후 한국농업의 구조변동'(2006)

장시정(張時湞) Chang See-jeong

[생]1957·8·15 [본]인동(仁同) [출]서울 [주]서울 종로구 사직로8길60 외교부 인사운영팀(02-2100-7136) [학]1976년 용산고졸 1981년 서울대 사범대학 독어교육과졸 1983년 同법과대학원 법학과졸 [경]1981년 외무고시 합격(15회) 1981년 외무부 입부 1985년 駐케냐 2등서기관 1992년 駐독일 1등서기관 1996년 駐헝가리 1등서기관 1999년 외교통상부 중구과장 2000년 駐인도네시아 참사관 2002년 駐몬트리올 총영사 겸 ICAO대표부 참사관 겸 부총영사 2005년 駐독일 공사참사관 2007년 제주평화연구원 파견 2007년 한국국제협력단 이사(파견) 2009년 駐카타르 대사 2012년 駐오스트리아 차석대사 2014년 駐함부르크 총영사(현) [종]천주교

장시호(張時鎬) JANG SI HO

[생]1961·7·10 [주]경기 수원시 영통구 삼성로129 삼성전자(주) 임원실(031-200-1114) [학]경북공고졸 1985년 한양대 전자공학과졸 [경]삼성전자(주) 영상디스플레이사업부 Global운영팀 부장 2007년 同디지털미디어커뮤니케이션(DMC)연구소 제조기술센터장(상무보) 2008년 同디지털미디어커뮤니케이션(DMC)연구소 제조기술센터장(상무) 2009년 同SEH-P법인장(상무) 2012년 同생활가전사업부 Global제조팀장(전무) 2013년 同생활가전사업부 Global제조센터장(전무) 2016년 同무선사업부 Global기술센터장(부사장)(현) [상]자랑스런 삼성인상 공적상(2015)

장신철(張信喆) JANG Sin Chul

[생]1964·11·1 [주]세종특별자치시 한누리대로422 고용노동부 고용서비스정책관실(044-202-7203) [학]1983년 서울 성남고졸 1991년 서울대 사회복지학과졸 1998년 미국 일리노이대 대학원 노사관계학과졸 2014년 고용정책학박사(한국기술교육대) [경]1990년 행정고시 합격(34회) 1991~2000년 노동부 고용정책과·인력수급과·고용보험과 사무관 2000~2001년 국무조정실 파견(서기관) 2001년 노동부 공보팀장 2002년 부산지방노동청 관리과장 2002년 노동부 여성고용과장 2003년 공인노무사 합격(12회) 2003~2004년 노동부 강릉지방노동사무소장 2004~2006년 대통령비서실 빈부격차차별시정팀 행정관 2006~2009년 駐OECD대표부 참사관 2009년 고용노동부 고용정책실 고용서비스정책과장(부이사관) 2010년 서울지방노동위원회 사무국장 2010~2014년 同상임위원(고위공무원) 2014년 대통령 고용노동비서관실 선임행정관 2016년 고용노동부 고용정책실 고용서비스정책관(현) [상]한국고용노사관계학회 최우수논문상(2015) [저]'Employment Insurance in Korea(共)'(1994, 노동부) '사회보험 적용·징수 일원화와 과제'(2006, 한국노동연구원) 'THE UNIFICATION OF THE SOCIAL INSURANCE CONTRIBUTION COLLECTION SYSTEM IN KOREA (OECD SOCIAL, EMPLOYMENT AND MIGRATION WORKING PAPERS NO. 55)'(2007, OECD) 'OECD의 한국노동법 모니터링 ; 시작에서 종료까지'(2008, 한국노동연구원) 'OECD 국가의 노동시장정책'(2011, 한국고용정보원) '민간고용서비스의 선진화를 위한 과제'(2013, 한국노동연구원)

장안호(張安昊) Jang An-ho

[생]1960·10·9 [출]서울 [주]서울 중구 소공로51 17층 우리은행 HR지원단(02-2002-3825) [학]1978년 전주 해성고졸 1982년 전북대 불어불문학과졸 [경]1985년 한일은행 입행 2004년 우리은행 여신감리팀 수석부부장 2005년 同경수기업영업본부 기업영업지점장 2007년 同프로젝트금융팀 부장 2007년 同IB심사팀 부장 2009년 同특수금융심사부 부장 2010년 同남역삼동지점장 2011년 同기업개선2부 부장대우 2011년 同기업금융부장 2012년 同기업금융부 영업본부장대우 2014년 同기업금융단 상무 2015년 同HR지원단 상무(현) [종]기독교

장양수(張楊洙) JANG Yang Soo

[생]1957·12·12 [출]서울 [주]서울 서대문구 연세로50의1 세브란스심장혈관병원 심장내과(02-2228-8210) [학]1982년 연세대 의대졸 1985년 同대학원졸 1991년 의학박사(연세대) [경]1991~2004년 연세대 의대 내과학교실 전임강사·조교수·부교수 1993~1995년 미국 미국 Cleveland Clinic 심장내과 Fellow 1997~2001년 연세대 의대 심장혈관병원 중환자실장 1998~1999년 대한내과학회 간행위원회 심사위원 1998~2004년 同순환기분과위원회 위원 2000년 연세대의료원 심혈관계질환유전체연구센터 소장(현) 2001~2008년 세브란스심장혈관병원 심장혈관중재술실장 2001~2008년 연세대 노화과학연구소장 2004년 同의과대학 내과학교실(심장내과) 교수(현) 2004~2012년 세브란스심장혈관병원 진료부장 2005~2006년 한국지질·동맥경화학회 연구위원회 감사 2007~2013년 (사)심혈관연구원 회장 2008~2013년 세브란스심장혈관병원 심장내과장 2008~2016년 연세대 의과대학 심혈관연구소장 2008~2010년 대한심장학회 홍보이사 2009~2010년 한국지질·동맥경화학회 임상연구위원장 2010년 연세대 의과대학 심혈관제품유효성평가센터 소장(현) 2010~2014년 대한심장학회 무임소이사 2012년 대한민국의학한림원 정회원(현) 2012~2014년 대한심혈관중재학회 이사장 2013년 연세대 노화과학협동과정 주임교수(현) 2014~2016년 同의과대학 심혈관연구소장 2014년 한국과학기술한림원 정회원(현) 2015년 한국스텐트연구학회 제2대 회장(현) 2015년 건강보험심사평가원 중앙심사위원회 상근심사위원(현) [상]보건복지부 지정 심혈관질환유전체연구센터 개설 공로상(2001), 대한민국특허기술상 세종대왕상(관상동맥용 스텐트 : 특허출원 제98-28444호)(2002), 대한의사협회 한국의과학신기술개발 및 발명품선정상(2005), 연세대 의대 내과학교실 논문상 최다점상(SCI Impact Score)(2010), 대한의사협회 에밀폰 베링 의학대상(2011), 연세대 연구비 공헌 우수교수선정(2012), 연세대 우수연구실적표창(2013)

장연주(張連珠·女) Chang Yeonju

[생]1966·1·15 [출]대구 [주]서울 종로구 사직로8길60 외교부 인사운영팀(02-2100-7138) [학]미국 뉴욕주립대 올바니교 대학원 정치경제학과졸 [경]2000년 외교통상부 중동과 외무사무관 2001년 同경협과 외무사무관 2002년 駐홍콩 영사 2007년 외교통상부 중남미협력과장 2010년 同외교안보연구원 외국어교육과장 2012년 同국립외교원 외국어교육과장 2013~2016년 駐싱가포르 참사관 2016년 교육훈련 파견(현)

장영건(張永建) Young Gun Jang

[생]1957·4·28 [출]서울 [주]충북 청주시 상당구 대성로298 청주대학교 이공대학 컴퓨터정보공학과(043-229-8494) [학]1976년 경복고졸 1980년 인하대 전자공학과졸 1991년 同대학원 전자공학과졸 1995년 전자공학박사(인하대) [경]1979~1983년 국방과학연구소 연구원 1983~1994년 대우중공업 책임연구원 1995~1996년 고등기술연구원 책임연구원 1996년 청주대 이공대학 컴퓨터정보공학과 부교수·교수(현) 2009년 미국 세계인명사전 '마르퀴즈 후즈 후 인더월드' 2010년판에 등재 2010~2013년 청주대 전산정보원장 2010년 영국 국제인명사전(IBC) '2010 세계 100대 공학자'로 선정 2016년 청주대 전산정보원장(현) [저]'비쥬얼베이직'(2007) 'AVR ATmega128 마이크로컨트롤러 프로그래밍과 인터페이싱'(2009) 'Intelligent Agent'(2011)

장영광(張榮光) CHANG Young Kwang

[생]1948·6·27 [출]전북 군산 [주]서울 종로구 성균관로25의2 성균관대학교 경영학과(02-760-0446) [학]1975년 성균관대 경영학과졸 1979년 미국 미시간대 대학원졸 1985년 경영학박사(고려대) [경]1980년 한양대 경영학과 조교수 1981~2013년 성균관대 경영학부 교수 1998년 한국증권학회 회장 1999년 성균관대 경영대학원장 1999~2001년 同경영학부장 겸 경영전문대학원장 2005~2007년 同경영학부장 2005~2007년 同경영전문대학원장 겸 경영대학원(iMBA)장 2009~2013년 한국거래소 유가증권시장위원회 위원장 2009년 (주)오로라월드 사외이사(현) 2013년 성균관대 경영학과 명예교수(현) [상]녹조근정훈장(2013) [저]'현대투자론'(2008) '현대재무관리'(2011) '경영분석'(2012) '증권투자론'(2012) [종]기독교

장영근(張泳根) CHANG Young Keun

[생]1957·10·27 [본]안동(安東) [출]서울 [주]경기 고양시 덕양구 항공대학로76 한국항공대학교 항공우주 및 기계공학부(02-300-0428) [학]1981년 한국항공대 항공기계공학과졸 1983년 서울대 기계공학과졸 1988년 미국 버지니아폴리테크닉주립대 대학원 항공우주학과졸 1991년 항공우주학박사(미국 테네시대) [경]1984~1986년 대우자동차 기술연구소 연구원 1992~2000년 한국항공우주연구원 책임연구원 2000년 한국항공대 항공우주 및 기계공학부 교수(현) 2006년 중량1kg의 극소형 연구용 인공위성 '한누리 1호' 개발 2007~2009년 한국과학재단 국책연구본부 우주단장, 우주개발진흥실무위원회 위원 2010년 한국항공대 국방광역감시특화연구센터장(현), 국방부 정책자문위원(현), 방위사업청 정책자문위원 겸 사업자문위원(현) [상]미국항공우주학회 우수논문상(1991), 항공우주연구소장상(1997), 대통령표창(2000), 과학기술포장(2013) [저]'인공위성시스템-설계공학(共)'(1997) '인공위성과 우주(共)'(2000) '미래산업리포트21'(2001) '인공위성-21세기의 눈과 귀'(2012)

장영근(張榮根) Jang Young Keun

[생]1965·3·3 [주]경기 안성시 시청길25 안성시청 부시장실(031-678-2010) [학]1993년 경희대 무역학과졸 2005년 영국 요크대 대학원 수도권정책과졸 [경]1996년 지방행정고시 합격(1회), 경기도 경제투자관리실 무역진흥과 무역진흥담당, 同정책기획관실 의회정책담당, 同교통국 대중교통과 버스정책담당, 同정책기획심의관실 기획담당 2007년 同경제투자관리실 과학기술과장 2009년 同비전기획관실 비전담당관 2012년 同경제기획관실 기업정책과장 2013년 경기 동두천시 부시장 2015년 경기 안성시 부시장(현)

장영달(張永達) CHANG Young Dal

[생]1948·8·24 [본]흥덕(興德) [출]전북 남원 [주]서울 종로구 자하문로10길14 국민대학교총동문회(02-734-7766) [학]1968년 전주고졸 1988년 국민대 행정학과졸 1991년 同대학원 법학과졸 1993년 고려대 정책과학대학원 수료 2003년 명예 정치학박사(전북대) 2006년 행정학박사(한양대) [경]1973년 한국기독학생총연맹 기획부장 1974~1981년 민청학련사건으로 7년 복역 1982년 풀무원식품 여의도영업소장 1983년 민주화운동청년연합 부의장 1985년 민주통일민중운동인연합 총무국장 1987년 민주쟁취국민운동연합 집행위원 1988년 평민당 총선대책본부 기획실장 1988년 同기획조정실장 1989년 同수석부대변인 1991년 신민당 대외협력위원회 부위원장 1991년 민주당 통일국제위원회 부위원장 1991년 민주개혁정치모임 사무처장 1992년 제14대 국회의원(전주 완산구, 민주당·국민회의) 1996년 제15대 국회의원(전주 완산구, 국민회의·새천년민주당) 1996년 국회 열린정치포럼 홍보간사·운영위원 1997년 한국컴퓨터자격진흥협회 이사장 1998년 새정치국민회의 제2정책조정위원장 1998년 同원내수석부총무 1998~1999년 21세기경제경영전략연구소 이사장 1998~2004년 21세기정책정보연구원 이사장 1998년 범국민교육정보화추진위원회 회장 1998년 대한축구협회 부회장 1998년 한국컴퓨터게임학회 회장 1999~2001년 국가보훈문화예술협회 회장 1999년 국민회의 안보특별위원장 2000~2004년 제16대 국회의원(전주 완산구, 새천년민주당·열린우리당) 2002년 국회 국방위원장 2003년 열린우리당 조직위원장 2003년 노무현 대통령당선자 러시아특사 2004년 제17대 국회의원(전주 완산구甲, 열린우리당·대통합민주신당·통합민주당) 2004년 국회 정보위원장 2004~2005년 국민정치연구회 이사장 2005년 열린우리당 상임중앙위원 2005년 同최고위원 2005~2008년 대한배구협회 회장 2005년 열린우리당 진실과화해를위한당정공동특별위원회 공동위원장 2006년 同자문위원장 2006~2009년 국민대 총동문회장 2007년 열린우리당 원내대표 2007년 국회 운영위원장 2007년 대통합민주신당 제17대 대통령중앙선거대책위원회 상임고문 2008년 통합민주당 제18대 총선 전북선거대책위원장 2008년 민주당 전주완산甲지역위원회 위원장 2008년 同당무위원 2008년 한양대 공공정책대학원 초빙교수, 전국생활체육협의회 대구연합회장 2009년 한양대 공공정책대학원 특임교수 2010년 우석대 행정학과 초빙교수 2010년 국민대총동문회 명예회장(현) 2011년 민주통합당 당무위원 2012~2013년 同경남도당 위원장 2015년 새정치민주연합 고문 2015년 더불어민주당 고문(현) [상]보국훈장 삼일장, 홍조근정훈장 [저]'새벽부터 새벽까지'(1985) '참과 거짓이 싸울때에 어느편에 설건가'(1989) '거짓은 정의를 이길수 없습니다'(1992) 'IMF경제위기를 넘어서'(1998) '길'(2007) '장영달의 희망노래, 어머니의 땅에서'(2011) '전라도 정치, 경상도 정치'(2013) [종]기독교

장영돈(張泳敦) CHANG Young Don

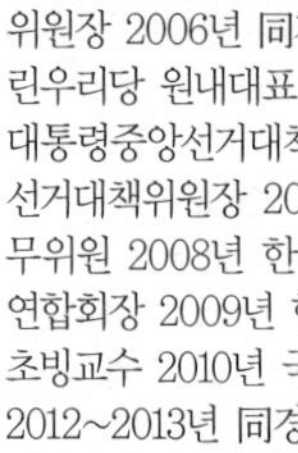

[생]1965·4·25 [출]서울 [주]서울 서초구 법원로15 정곡빌딩 서관504호 법무법인(유) 세한 서초사무소(02-592-9300) [학]1983년 상문고졸 1987년 서울대 법대졸 1990년 同대학원 법학과졸 [경]1990년 사법시험 합격(32회) 1993년 사법연수원 수료(22기) 1993년 육군 법무관 1996년 서울지검 검사 1998년 춘천지검 강릉지청 검사 2000년 부산지검 검사 2003년 서울지검 동부지청 검사 2004년 서울동부지검 검사 2005년 수원지검 안산지청 부부장검사 2006년 서울중앙지검 부부장검사 2007년 부산지검 형사5부장 2008년 대구지검 형사4부장 2009년 서울고검 검사 2009년 수원지검 안양지청 형사2부장 2010년 서울고검 검사 2011년 서울서부지검 형사2부장 2012년 서울고검 검사 2012~2015년 신유(信有)법률사무소 대표변호사 2015년 법무법인(유) 세한 변호사(현)

장영란(張永蘭·女) Chang, Young Ran (草里)

[생]1956·10·22 [본]인동(仁同) [출]부산 [주]경기 성남시 수정구 성남대로1342 가천대학교 경영대학 경영학과(031-750-5114) [학]1975년 울산여고졸 1980년 서울대 음악대학 국악과(작곡)졸 2002년 경남대 북한대학원 민족공동체지도자과정 수료 2007년 중앙대 예술대학원 미술관박물관학과졸(예술학석사) 2007년 서울대 행정대학원 국가정책과정 수료 2007년 중앙대 예술대학원 한류최고위과정 수료 2012년 경영학박사(가천대) [경]1994년 (주)조원F&I 대표이사(현) 2004년 통일부 통일교육위원 2004~2014년 과천시선거관리위원회 부위원장 2004년 크리스천문학 수필부문 신인상으로 등단·수필가(현) 2005~2008년 통일부 통일정책자문위원 2005년 동국대 사회교육원 강사 2005~2015년 민주평통 과천시협의회장 2006년 국민일보 '에세이' 고정집필 2010~2014년 CBS 정책자문위원 2011년 수원지법 안양지원 조정위원(현) 2011년 국방일보 칼럼니스트('병영칼럼' 고정집필) 2011~2013년 가천대 경영대학 회계세무학과 겸임교수 2011년 (사)한국회계정보학회 부회장(현) 2013년 (사)상업교육학회 상임이사(현) 2013년 가천대 경영대학 경영학과 겸임교수(현) 2014~2015년 건국대 의학전문대학원 최고위과정 주임교수 2014년 상록수국재단편영화제 대회장(현) 2015년 (재)여의도연구원 정책자문위원·행정개혁위원장(현) 2015년 민주평통 상임위원(현) 2015년 同경기지역회의 부회장(현) [상]대통령표창(2000), 국민훈장 석류장(2004), 서울대 행정대학원 국가정책인 대상(2010), 동아일보 선정 '2013 글로벌 리더', 조선일보 선정 '2014 자랑스러운 창조 한국인' [저]'기업과 회계(共)'(2012, 도서출판 두남) '회계사상 및 제도사(共)'(2013, 도서출판 두남) '노래로 돌아보는 통일이야기'(2014, 조원F&I) [종]기독교

장영석(張泳錫) CHANG Young Suk

[생]1960·6·28 [출]경북 구미 [주]경북 안동시 풍천면 도청대로455 경상북도의회(054-880-5427) [학]1978년 대구 계성고졸 1991년 경북대 치과대학 치의학과졸 [경]장영석치과의원 원장(현), 구미시새마을회 이사 2010년 경북도의회 의원(한나라당·새누리당), 한나라당 경북도당 홍보위원회 부위원장, 구미경찰서 생활안전협의회 위원(현), 대구지검 김천지청 범죄피해자지원센터 운영이사(현) 2012년 새누리당 경북도당 홍보위원회 부위원장 2012년 경북도의회 운영위원회 위원 2012년 同건설소방위원회 위원 2012년 同도청이전지원특별위원회 위원 2014년 경북도의회 의원(새누리당)(현) 2014년 同윤리특별위원회 위원 2014·2016년 同건설소방위원회 위원(현)

장영섭(張永燮) CHANG Young Sup

[생]1949·1·21 [출]인천 강화 [주]서울 강남구 개포로623 대청타워2615호 중동고총동문회 백농포럼(02-2226-2584) [학]1967년 중동고졸 1975년 서울대 외교학과졸 1986년 미국 서던일리노이대 수학 [경]1975년 동양통신 외신부 기자 1981~1990년 연합통신 정치부·해외부·특집부 기자 1991년 同정치부 차장 1993~1996년 同워싱턴 특파원 겸 워싱턴지사장 1996년 同정치부장 1998년 同논설위원 1998년 외교통상부 정책자문위원 1998년 연합뉴스 논설위원실 간사 1999년 同수도권취재본부장 2000년 同편집국장 직대 2002년 同편집국장 2003~2006년 同대표이사 사장 2003~2006년 연합인포맥스 대표이사 회장 2003~2006년 연합P&M 사장 2003년 한국신문협회 감사 2004년 대법관 제청자문위원 2005년 국가이미지개발위원회 위원 2005~2006년 연합M&B 사장 2006~2014년 (주)포랑 부회장 2008년 백농포럼 회장(현) 2012년 에코플라스틱 사외이사(현) 2013년 (주)원익큐브 사외이사 [상]자랑스러운 중동인상(2005)

장영섭(張榮燮) JANG Young Sub

[생]1966·8·15 [출]경북 영주 [주]서울 중구 남대문로63 한진빌딩 법무법인 광장(02-772-4845) [학]1984년 영주 영광고졸 1992년 연세대 법학과졸 [경]1993년 사법시험 합격(35회) 1996년 사법연수원 수료(25기) 1996년 서울지검 남부지청 검사 1998년 대구지검 김천지청 검사 2000년 수원지검 검사 2002년 광주지검 순천지청 검사 2003년 법무부 검찰2과 검사 2005년 서울중앙지검 검사 2008~2009년 대통령 민정2비서관실 행정관 2009년 서울북부지검 부부장검사(정부법무공단 파견) 2010년 전주지검 남원지청장 2011년 법무부 정책기획단 부장검사 2011년 부산고검 검사 2012년 법무부 법무과장 2013년 同법무심의관 2014~2015년 서울중앙지검 금융조세조사1부장 2015년 법무법인 광장 변호사(현)

장영수(張永壽) CHANG Young Soo (世湖)

[생]1935·10·25 [본]안동(安東) [출]평북 의주 [주]서울 영등포구 의사당대로1길34 인영빌딩 아시아투데이(02-769-5015) [학]1955년 숭문고졸 1959년 서울대 건축학과졸 1989년 同최고경영자과정 수료 1996년 연세대 언론홍보최고위과정 수료 2001년 명예 체육학박사(한국체육대) 2002년 고려대 최고위정보통신과정 수료 2003년 단국대 문화예술최고경영자과정 수료 [경]1959~1967년 한국산업은행 근무 1967~1969년 한국주택은행 기술역 1970~1975년 영림산업 상무이사 1975년 태영개발 부사장 1977년 한국원예건설 부사장 1978~1984

년 (주)대우 상무이사 1984~1987년 경남기업 전무 겸 중동본부장 및 대표이사 사장 1987~1995년 (주)대우 건설부문 사장 1988년 서울시펜싱협회 회장 1992~2002년 駐韓지브티공화국 명예영사 1995~1997년 (주)대우건설 회장 1995년 한국건설업체연합회 회장 1995년 대한건축학회 부회장 1995~2001년 (사)대한펜싱협회 회장 1996년 대한건설협회 수석부회장 1997~2004년 아시아펜싱연맹 회장 1997~2001년 대한올림픽위원회(KOC) 부위원장 1998년 대우그룹 베트남지역본사 사장 1998년 (주)대우 건설부문 총괄사장 1999년 (사)백범김구선생기념사업회 이사 1999~2002년 대한건설협회 회장, 대한건설단체총연합회 회장 2000년 한국건설CALS협회 이사장 2001년 대한펜싱협회 명예회장 2003년 (재)세호재단 이사장 2004~2010년 (사)한국건설문화원 이사장·명예이사장 2006년 서울대·한국공학한림원 '한국을 일으킨 엔지니어 60인'에 선정 2007년 아시아투데이 상임고문(현) [상]금탑산업훈장, 대한민국과학기술상, 한국의 경영자상, 대한민국 건설경영대상, 한국건축문화대상, 체육진흥 공로상, 라오스정부 국가개발유공훈장 [종]기독교

장영수(張英洙)

[생]1958 [출]전남 곡성 [주]광주 동구 예술길33 광주동부경찰서(062-609-4321) [학]순천고졸, 조선대 법학과졸 [경]1988년 경찰 임용(경찰간부후보 36기) 2014년 총경 승진 2014년 광주지방경찰청 수사과장 2014년 전남 구례경찰서장 2015년 광주지방경찰청 보안과장 2016년 광주동부경찰서장(현)

장영수(張永洙) CHANG Young Soo

[생]1960·6·12 [본]인동(仁同) [출]충북 충주 [주]서울 성북구 안암로145 고려대학교 법학전문대학원(02-3290-1888) [학]1978년 대광고졸 1982년 고려대 법학과졸 1984년 同대학원 법학과졸 1990년 헌법학박사(독일 프랑크푸르트대) [경]1991년 한국공법학회 상임이사 1992~1994년 安岩법학회 간사장 1994~2002년 고려대 법학과 조교수·부교수 1996년 한국헌법학회 상임이사·학술이사 2000·2002·2004·2005년 입법고등고시 출제위원 2000년 한국헌법학회 부회장 2000~2001년 미국 Wisconsin주립대 Law School Visiting Professor 2002~2009년 고려대 법학과 교수 2002년 同법학과장 2002년 한국언론법학회 이사 2003년 한·독법률학회 연구이사 2004년 고려대 법무대학원 부원장 2007년 학교법인 상지학원(상지대) 임시이사 2007년 국회 입법지원위원 2007년 국회 행정심판위원 2007~2009년 국회 헌법연구자문위원 2008년 감사원 행정심판위원 2008년 헌법재판소 법개정자문위원 2009년 고려대 자유전공학부장 2009년 同법학전문대학원 교수(현) 2009년 同법학연구원장 2009년 헌법재판소 연구위원 2011년 同제도개선위원회 위원, 대법원 사법정책연구원 운영위원(현), 경찰청 집회시위 자문위원(현) [상]학술장려상(1998), 근정포장(2013) [저]'민주헌법과 국가질서'(1997, 홍문사) '헌법사례연습'(1998, 홍문사) '헌법학I-헌법총론'(2002, 홍문사) '헌법학II-기본권론'(2003, 홍문사) '헌법학III-국가조직론'(2005, 홍문사) '헌법학'(2006, 홍문사)

장영수(張永秀) Jang, Yeong Soo

[생]1961·4·8 [출]전북 정읍 [주]세종특별자치시 도움6로 11 국토교통부 종합교통정책관실(044-201-3802) [학]1979년 신흥고졸 1984년 서울대 자원공학과 1986년 同대학원 토목학과졸 2001년 토목학박사(2001) [경]1990년 기술고시 합격(26회) 1991년 공무원 임용 2000년 서울지방국토관리청 도로계획과장 2001년 건설교통부 순천국도유지소장 2002년 同민자도로사업팀장 2003년 서울지방국토관리청 건설관리실장 2004년 건설교통부 광역도로과장 2004년 익산지방국토관리청 도로시설국장 2006년 駐인도네시아대사관 1등서기관·참사관 2009년 국토해양부 도시광역교통과장 2009년 同간선철도과장 2011년 同광역도시철도과장 2012년 同자동차정책기획단장(부이사관) 2013년 국토교통부 항공정책실 공항항행정책관 2015년 중앙공무원교육원 고위정책과정 교육파견 2016년 국토교통부 종합교통정책관(현) [상]근정포장(2002), 건설교통부장관표창(2005), 외교통상부장관표창(2008)

장영수(張瑛洙) JANG Yung Soo

[생]1967·1·3 [출]경북 칠곡 [주]대구 달서구 장산남로40 대구지방검찰청 서부지청 지청장실(053-570-4200) [학]1985년 대원고졸 1990년 고려대 법학과졸 [경]1992년 사법시험 합격(34회) 1995년 사법연수원 수료(24기) 1998년 청주지검 검사 2000년 대구지검 김천지청 검사 2002년 수원지검 검사 2004년 법무부 보호과 검사 2006년 서울중앙지검 검사 2007년 대전지검 부부장검사(해외 파견) 2009년 서울중앙지검 부부장검사 2009년 법무부 정책기획단 파견 2010년 청주지검 제천지청장 2011년 법무부 법무과장 2012년 同법무심의관 2013년 서울중앙지검 형사3부장 2014년 광주지검 형사1부장 2015년 대검찰청 감찰1과장 2016년 대구지검 서부지청장(현)

장영신(張英信·女) CHANG Young Shin

[생]1936·7·22 [출]서울 [주]서울 구로구 공원로7 애경그룹 회장실(02-850-2009) [학]1955년 경기여고졸 1959년 미국 체스트넛힐대학(Chestnut Hill College)졸 1985년 명예 법학박사(미국 Chestnut Hill College) 1994년 명예 경영학박사(한국외국어대) 2011년 명예 경영학박사(한국과학기술원) [경]1969년 애경유지공업(주) 이사 1972년 同대표이사 1972년 삼경화성(주) 대표이사 1979년 애경화학(주) 대표이사 1981년 전국경제인연합회 회원(현) 1982년 애경Shell(주) 공동대표이사 1985년 애경산업(주) 공동대표이사 1985년 애경공업(주) 대표이사 1985년 애경그룹 회장(현) 1993년 국립발레단 후원회 이사 1997~1999년 한국여성경제인협회 초대회장 1998년 한국능률협회 부회장 1999년 전국경제인연합회 부회장 1999~2000년 同사회공헌위원회 위원장 1999년 매일경제·전국경제인연합회 선정 '20세기 한국을 빛낸 30대기업인' 1999년 새천년민주당 창당준비위원회 공동위원장 2000년 同지도위원 2000~2001년 제16대 국회의원(서울 구로구乙, 새천년민주당) 2001년 애경복지재단 이사장 2001~2002년 새천년민주당 상임고문 2005~2006년 한국무역협회 부회장 2007~2010년 한국과학기술원(KAIST) 이사 [상]철탑산업훈장(1981), 1천만불 수출탑(1981), 대통령표창, 새마을훈장(1986), 5천만불 수출탑(1990), 1억불 수출탑(1991), 자랑스러운 경기인상(1994), 국민훈장, 은탑산업훈장(1995), 한국능률협회 한국의 경영자상(1999), 한국경제신문 다산경영상(1999), 한국경영사학회 제11회 창업대상(2004), 미국 체스넛힐대학 '남다른 업적을 남긴 졸업자상(Distinguished Achievement Award)'(2009), 한국의 여성 최고경영인상(2013) [저]자서전 '밀알 심는 마음으로'(1994, 동아일보) 자기계발서 'Stick to it'(2010) [종]천주교

장영우(章煐右) CHANG Young Woo

[생]1961·10·11 [주]서울 중구 세종대로136 파이낸스빌딩22층 UBS증권 임원실(02-3702-8888) [학]1985년 연세대 경영학과졸 1987년 미국 조지워싱턴대 대학원졸(MBA) [경]1994~1995년 법무법인 Kim&Chang Tax Specialist 1996~1997년 Deutche Morgan Grenfull Research Analyst 1997~1999년 Merill Lynch Research Analyst 1997년 홍콩 UBS 입사·근무 1999~2003년 Goldman Sachs Research Analyst 2000~2002년 UBS 아시아주식영업본부장·UBS증권 서울지점 상무(리서치헤드)·UBS증권 서울지점 전무(리서치헤드) 2003~2005년 UBS증권 Head of Research 2005년 同서울지점 공동대표 겸 한국주식부문 책임자(현)

장영욱(張永旭)

[생]1958 [주]서울 강남구 영동대로417 오토웨이타워 현대오토에버(주) 비서실(02-6296-6002) [학]중앙대 경제학과졸 [경]현대기아차 판매정보화지원실장(이사), 同정보기획실장(이사), 同정보화추진사업부장(상무), 同정보기술본부장(전무) 2015년 현대오토에버 대표이사 부사장(현)

장영운(張英雲) CHANG Young Woon

[생]1954·8·22 [주]서울 동대문구 경희대로23 경희대학교병원 소화기내과(02-958-9994) [학]경희대 의대졸, 同대학원졸, 의학박사(경희대) [경]경희대 의과대학 내과학교실 교수(현) 2003년 同의료원 감염관리부장 2008년 同소화기내과장, 同진료부원장 2011년 미국 세계인명사전 마르퀴즈 후즈 후 보건의료인명사전 2011·2012년판에 등재 2014년 대한소화기학회 회장·평의원회(현) [상]대한소화기학회 학술상

장영일(張英一) CHANG Young Il (麗南)

[생]1945·9·10 [출]전남 [주]서울 중구 후암로110 서울시티타워20층 한국의료분쟁조정중재원 감정부(02-6210-0213) [학]1970년 서울대 치의학과졸 1973년 同대학원 치의학석사 1980년 치의학박사(서울대) [경]1973~1976년 육군 군의관(소령 예편) 1976~2011년 서울대 치과대학 치과교정학교실 조교·조교수·부교수·교수 1982년 미국 Boston Tufts 치과대학 교정과 연구교수 1987년 미국 Rochester Univ. Eastman Dental Center 연구교수 1989년 대한치과의사협회 학술이사 1993~1995년 서울대 치과대학 학생부학장 1994~1996년 대한치과교정학회 회장 1995~1996년 의료개혁위원회 위원 1996~1998년

서울대병원 치과진료부 진료지원실장 1998~2002년 同치과진료부 교정과장 1998년 서울대 대학원위원회 위원 1999~2008년 대한치과의사협회 전문의제도시행위원회 위원 1999~2001년 대한치과교정학회 인정의위원회 위원장 2000~2003년 전국치과대학교육협의회 회장 2001~2003년 서울대 치과대학 교정학교실 주임교수 2002~2004년 서울대병원 치과진료부원장 2003년 서울대 치과병원설립위원회 준비본부장 2003~2007년 대한치과병원협회 회장 2004~2010년 서울대 치과병원장 2004년 同치과병원 이사 2006년 대한치과교정학회 교수협의회장 2008년 대한치과병원협회 회장 2008년 대한치과교정학회 평의원회 의장 2010년 의료기관평가인증원 이사 2011년 서울대 명예교수(현) 2012년 한국의료분쟁조정중재원 감정부 상임감정위원(현) [상]한국과학기술단체총연합회 과학기술우수논문상(2000), 서울대 치의학대학원 30년 근속공로표창(2005), 대한치과의사협회 올해의 치과인상(2006), 중앙교우회 올해를 빛낸 중앙동문상(2007), 서울대 치의학대학원 교정학교실 자랑스런 동문상(2008), 대한치과의사협회대상 학술상(2011) [저]'어린이 치과관리(編)'(1989) '치과교정학 실습'(1994) '치과교정학(共)'(1998) '치과대학 교육현황 제5집'(2000) 'Cutting Edge in Orthodontic Techniques'(2004) [역]'최신 치과교정학'(1994) '고정식 교정장치'(1996) '치과교정학 : 최신원리와 기법'(1996) '최신 치과교정학'(2000) '골유착 임플란트의 교정적 적용'(2000) [종]천주교

장영일(張永日) CHANG Young Ihl

[생]1947·5·7 [출]충남 예산 [학]한남대 영어영문학과졸, 장로회신학대 신학대학원졸, 미국 Columbia신학교 대학원졸, 구약학박사(미국 Emory대) [경]1988~2009년 장로회신학대 구약학과 교수, 同목회전문대학원장 2009~2012년 同총장 2012~2015년 명성교회 협동목사 2015년 조지아크리스찬대 성령사관아카데미 원장(현) [상]청조근정훈장(2013) [저]'이스라엘의 경건과 학문'(2000) '구약신학의 역사적 기초'(2001) '사랑의 빚을 갚으련다 : 정성균선교사 일대기' [종]기독교

장영일(張榮日)

[생]1962·7·5 [주]서울 강서구 오정로443의83 아시아나항공(주) 임원실(02-2669-3848) [학]1981년 휘문고졸 1985년 인하대 무기재료학과졸 1994년 연세대 대학원 금호 MBA(경영학전공) 수료 [경]1985년 공군 제16전투비행단 F-5E/F 정비중대장 1986년 同제5전술비행단 C-54 정비중대장 1988~2004년 아시아나항공 정비기획팀 기획담당·인사담당 2004년 同인천안전정비팀 라인정비파트장 2005년 同안전정비운영팀 기술지원파트장 2007년 同정비지원팀장 2010년 同기체정비1팀장 2014년 同안전정비담당 상무보 2014년 同정비기획담당 상무 2016년 同정비본부장(전무)(현)

장영주(張永宙·女) Sarah CHANG

[생]1980·12·10 [출]미국 [학]미국 줄리어드예비학교졸, 미국 줄리어드음대졸 [경]1984년 4세부터 도로시 딜레이 교수·강효 교수에게 바이올린 사사, 바이올리니스트(현) 1985년 데이빗번드오케스트라와 협연(필라델피아오케스트라홀) 1990년 아스펜 뮤직페스티벌 데뷔연주회 1990년 뉴욕필과 협연 1992년 EMI에서 세계 최연소로 음반 발매 1993년 게반트하우스오케스트라와 협연(라이프치히) 1993년 미국 뉴스위크誌 '금세기10대 천재'에 선정 1994년 KBS교향악단과 협연(예술의 전당) 1995년 뉴욕필과 협연(뉴욕 링컨센터) 1995년 세계를 빛낸 한국음악인 대향연(올림픽주경기장) 1996년 뉴욕메트로폴리탄오페라단과 협연(카네기홀) 1996년 빈필과 협연(세종문화회관) 1996년 베를린필과 협연 1996년 몬트리올심포니오케스트라와 협연(홍콩 컬처센터) 1997년 몬트리올심포니오케스트라와 협연(세종문화회관·일본 후쿠오카심포니홀) 1997년 아시아평화와 화합을 위한 갈라콘서트(세종문화회관) 1997년 미주횡단 리사이틀(밴쿠버·LA·시카고·워싱턴·보스턴·뉴욕) 1997년 미국 카네기홀 데뷔 리사이틀 1998년 이스라엘 건국50주년기념콘서트(필라델피아) 1998년 뉴욕필과 협연(뉴욕 링컨센터) 2004년 미국 할리우드볼 '명예의 전당'에 등재 2006년 미국 뉴스위크誌 '차세대 여성지도자 20명'에 선정 2008년 LA필과 협연 2010년 2011대구세계육상선수권대회 홍보대사 [상]난파음악상, 에이버리 피셔 커리어 그랜트상(1992), 영국 그라머폰 신인 아티스트부문상(1993), 영국 BBC방송 인디펜던트주최 클래식 뮤직상 신인상(1994), 에코 음악상(1994), 대통령표창(1995), 에이버리 피셔 프라이즈상(1999), 시기아나 음악 아카데미상(2005) [작]앨범 'EMI 100주년' '심플리 사라' '나라사랑' 'Sweet Sorrow' '파가니니 바이올린협주곡 1번' '프렌치 바이올린소나타(프랑크, 라벨, 생상)' '차이코프스키 바이올린협주곡&브람스 헝가리무곡'(1993) 'Lalo : Symphonie Espagnole, etc/Dutoit'(1996) 'R. Strauss : Violin Concerto & Sonata/Sawallisch'(1999) 'Fire and Ice' 'Korean Virtuoso Series'(2000) 'Goldmark : Violin Concerto'(2000) 'Fire & Ice (Repackage)/Chang, Domingo'(2002) 'String Sextet-Dvorak, Tchaikovsky Souvenir De Florence'(2002) 'Debut'(2003) 'Dvorak : Violin Concerto/Piano Quintet'(2003) 'Tchaikovsky : Souvenir de Florence/Dvorak : Sextet'(2003) 'Symphony No.5/The Lark Ascending'(2003) 'Concertos'(2003) 'Phantasia'(2005) '비발디 : 사계'(2007) '차이코프스키/브람스-Violin Works'(2007) 'Sarah Chang Selections'(2009, EMI) '브람스, 브루흐 바이올린 협주곡집'(2009, EMI) 'Dvorak-Violin Concerto & Piano Quintet'(2014, Warner) 등

장영진(張瑛眞)

[생]1966·12·20 [주]세종특별자치시 한누리대로402 산업통상자원부 에너지자원정책관실(044-203-5110) [학]1984년 대구 달성고졸 1992년 경희대 경제학과졸 2002년 미국 뉴욕주립대 대학원 경제학과졸 [경]행정고시 합격(35회) 1992년 공직 입문(사무관), 상공자원부 지도과·기업규제심의담당관실 사무관, 통상산업부 수출과 사무관 1995년 산업자원부 수출과 사무관 1999~2001년 미국 뉴욕주립대 교육훈련 2002년 산업자원부 공보관실 서기관 2003년 同투자진흥과 서기관 2004년 駐시카고 한국무역관 근무(서기관) 2007년 지식경제부 디자인브랜드팀장 2008년 대통령실 인사비서관실 파견 2009년 지식경제부 가스산업과장(부이사관) 2010년 同운영지원과장 2012년 駐미국대사관 근무(고위공무원) 2015년 산업통상자원부 에너지자원실 에너지자원정책관(고위공무원)(현)

장영철(張永喆) CHANG Yung Chul

[생]1936·9·14 [본]인동(仁同) [출]경북 칠곡 [주]서울 강남구 언주로735 관세개발원빌딩5층 관세동우회(02-3416-5011) [학]1955년 계성고졸 1971년 명지대 행정학과졸 1983년 서울대 행정대학원 수료 1987년 연세대 경영대학원 수료 [경]1974년 국회사무처 근무 1976년 보건사회부 장관비서관 1978년 경제기획원 장관비서관 1979년 국무총리 의전비서관 1980년 노동청 차장 1981년 관세청 차장 1986년 관세청장 1988년 제13대 국회의원(성주·칠곡, 민주정의당·민주자유당) 1988년 노동부 장관 1992년 제14대 국회의원(성주·칠곡, 민자당·신한국당) 1992년 민자당 경북도지부장 1995년 同재정위원장 1996년 제15대 국회의원(군위·칠곡, 신한국당·한나라당·국민회의·새천년민주당) 1997~1999년 국회 예산결산특별위원회 위원장 1999년 국민회의 정책위원회 의장 1999~2006년 관우회 회장 2000년 새천년민주당 당무위원 2000년 同경북칠곡지구당 위원장 2000~2002년 노사정위원회 위원장 2005년 영진전문대학 석좌교수 2006~2010년 관세동우회 회장 2008~2012년 영진전문대학 총장 2008~2012년 영진사이버대 총장 겸임 2010년 관세동우회 명예회장(현) 2014년 한국자유총연맹 고문(현) [상]청조근정훈장(1990) [종]천주교

장영철(張榮哲) CHANG Young Chul

[생]1954·5·21 [주]서울 동대문구 경희대로26 경희대학교 경영대학 경영학부(02-961-9209) [학]1972년 서울고졸 1976년 한국외국어대 무역학과졸 1978년 서울대 대학원 경영학과졸 1988년 미국 펜실베이니아주립대 대학원 경영학과졸 1992년 경영학박사(캐나다 토론토대) [경]1981~1982년 국방관리연구소 연구원 1992~1996년 싱가포르국립대 경영대학 교수 1996~1997년 한국노동연구원 연구위원 1997~1998년 LG경영개발원 인화원 HR연구소 전문위원(상무급) 1998~1999년 싱가포르국립대 경영대학 교수(복직) 1999년 경희대 경영대학 경영학부 교수(현) 2001~2002년 同대학원 경영전공 주임교수 2003~2005년 同교수협의회 총무 2003~2007년 노사정위원회 경제소위원회 공익위원 2004~2006년 경희대 경영대학 패러다임연구센터 소장 2004~2006년 한국기업윤리학회 회장 2004~2007년 대통령자문 일자리위원회 위원 2004~2006년 평생학습대상 심사위원 2005년 경희대 취업진로지원처장 2005~2006년 同국제교류처장 2006~2007년 한국중부발전 경영혁신(윤리경영) 자문교수 2006~2008년 한국전력공사 열린경영위원회 자문위원 2006년 노동부 Best HRD 인증심의위원회 위원장 2007년 중앙노동위원회 조정분과 공익위원(현) 2008년 한국조직경영개발학회 회장(현) 2008년 피터드러커소사이어티 공동대표(현) 2009~2010년 한국동서발전녹색경영 자문교수 2012년 풀무원재단 이사(현) 2013~2015년 인천공항공사 감사자문위원 겸 옴부즈맨 [상]제8회 매경비트학술상 최우수상(2010), 중앙노동위원회 올해의 위원상(2014) [저]'인적자원회계제도 도입방안에 관한 연구'(1999) '신노사문화 창출을 위한 지식공동체 모델 개발'(2000) '지식경영을 위한 인적자원개발 및 관리체계'(2001) [역]'미국의 성공적인 직업훈련 전략과 프로그램'(1998) '클리어리더십'(2013) [종]기독교

장영철(張永喆) CHANG Young Chul

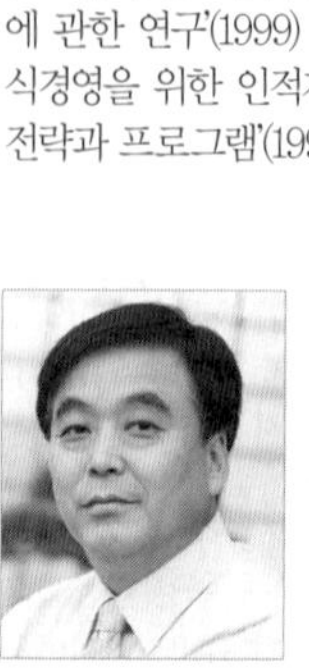

[생]1956·1·6 [본]안동(安東) [출]서울 [주]서울 동작구 상도로369 숭실대학교 경제통상대학 글로벌통상학과(02-828-7090) [학]1974년 대광고졸 1980년 서울대 경영학과졸 1993년 미국 밴더빌트대 대학원 경제학과졸 2013년 경영학박사(중앙대) [경]1980년 행정고시 합격(24회) 1995년 재정경제원 근무 1996년 전남도 경제협력관 파견 1999년 국무총리실 수질개선기획단 파견 2000년 기획예산처

기획관리실 감사법무담당관 2002년 同예산실 복지노동예산과장 2003년 同재정개혁국 재정개혁1과장(부이사관) 2004년 국가과학기술자문회의 국정과제1국장(국장급파견) 2005년 국방대 안보대학원 파견(국장급) 2006년 국방부 계획예산관(파견) 2007년 기획예산처 대변인 겸 홍보관리관 2008년 기획재정부 공공정책국장 2009~2010년 대통령직속 미래기획위원회 미래기획단장(고위공무원) 2010~2013년 한국자산관리공사 사장 2013년 국민행복기금 이사 2014년 숭실대 경제통상대학 글로벌통상학과 교수(현) [상]대통령표창(2002), 홍조근정훈장(2008), 적십자회원유공장 최고명예대장(2011) [종]기독교

장영현(張榮峴) JANG Young Hyun

[생]1967·5·3 [출]전북 남원 [주]세종특별자치시 다솜로261 국무조정실 재정금융기후정책관실 경제총괄과(044-200-2178) [학]1986년 완산고졸 1994년 고려대 경영학과졸 [경]2000~2003년 국무조정실 심사평가조정관실 심사평가1심의관실 사무관·서기관 2006년 同국제협력과장 2008년 국무총리실 국정운영실 외교안보정책관실 자원협력과장 2008년 同경제정책관실 재정금융정책과장 2008년 同국정운영실 재정정책과장 2009년 同경제규제관리관실 경제규제심사1과장 2010년 同국정운영실 의정과장 2010년 同정무기획비서관실 기획총괄행정관 2012년 同정무기획비서관실 정무총괄행정관(부이사관) 2013년 국무총리비서실 정무기획비서관실 정무총괄행정관 2014년 국무조정실 공직복무관리관실 기획총괄과장 2015년 同경제조정실 재정금융기후정책관실 경제총괄과장(현)

장영환(張永煥) JANG Young Hwan

[생]1959·6·28 [출]전남 화순 [주]서울 종로구 세종대로209 행정자치부 개인정보보호정책관실(02-2100-3960) [학]1978년 광주고졸 1986년 전남대 계산통계학과졸 2003년 고려대 대학원 정보공학과졸 [경]1999년 행정자치부 자치행정국 주민과 사무관 2000년 同행정정보화계획관실 자치정보화담당관실 사무관 2003년 同행정정보화계획관실 자치정보화담당관실 전산서기관 2007년 同전자정부본부 보안관리팀장 2008년 행정안전부 보안정책과장 2008년 同정보보호정책과장 2010년 同정보화전략실 정보기반정책관실 정보자원정책과장 2011년 同정부통합전산센터 운영총괄과장(부이사관) 2012년 행정정보공동이용센터 파견(부이사관) 2013년 안전행정부 전자정부국 정보기반보호과장 2014년 한국지역정보개발원 기획조정실장(고위공무원) 2014년 안전행정부 광주정부통합전산센터장 2014년 행정자치부 광주정부통합전산센터장 2016년 同개인정보보호정책관(현)

장영훈(張永勳) Chang Young-Hoon

[생]1960·11·27 [출]서울 [주]서울 영등포구 은행로38 한국수출입은행 경협사업본부(02-3779-6013) [학]1979년 양정고졸 1983년 고려대 법학과졸 [경]1989년 한국수출입은행 입행 1998년 同산업설비수출금융부 심사역 2000년 同인사서무부과장 2003년 同경제협력2부 선임심사역 2004년 同기획부 선임조사역 2006년 同경협사업부 EDCF 베트남 주재원 2009년 同경협사업부 아시아1팀장 2011년 同경협지원실장 2011년 同경협기획실장 2013년 同법무실장 2014년 同국별전략실장 2016년 同경협사업본부장(부행장)(현) [상]베트남 투자기획부장관표창(2014), 베트남 재무부장관표창(2014)

장오봉(張梧鳳) JANG Oh Bong

[생]1958·10·24 [출]충북 단양 [주]서울 강남구 강남대로330 우덕빌딩 한일시멘트(주) 임원실(02-531-7194) [학]1976년 제천고졸 1985년 청주대 경영학과졸 [경]한일시멘트(주) 상무보 2008년 同레미콘·레미탈담당 상무 2012년 同레미콘영업담당 전무, 同영업본부장(전무) 2016년 同부사장(현)

장옥주(張玉珠·女) CHANG Okju

[생]1959·1·6 [본]단양(丹陽) [출]서울 [학]1977년 서문여고졸 1981년 이화여대 법학과졸 1983년 同대학원 법학석사 1987년 네덜란드 사회과학연구소 여성학석사 2010년 사회복지학박사(이화여대) [경]1981년 행정고시 합격(25회) 1984~1994년 보건사회부 기획관리실 법무담당관실·사회국 사회과·보건국 가족보건과·가정복지국 아동복지과·사회복지정책실 가정복지과·사회복지정책실 노인복지과 행정사무관 1994년 同국민연금국 연금정책과 서기관 1994년 보건복지부 연금보험국 연금제도과 서기관 1996년 同기획관리실 법무담당관 1997년 同사회복지정책실 복지자원과장 1998년 同연금보험국 연금재정과장 2000년 同사회복지정책실 아동보건복지과장 2002년 同건강증진국 건강정책과장 2002년 同사회복지정책실 노인복지정책과장 2003년 同사회복지정책실 보육과장 2003년 同한방정책관 2005년 同사회복지정책실 장애인복지심의관 2005년 노동부 고용정책본부 노동보험심의관 2006년 보건복지부 저출산고령사회정책본부 인구아동정책관 2007년 同저출산고령사회정책본부 정책총괄관 2008년 보건복지가족부 아동청소년정책실장 2009년 同아동청소년가족정책실장 2010년 보건복지부 저출산고령사회정책실장 2010~2011년 同사회복지정책실장 2011~2012년 한국노인인력개발원 원장 2012년 새누리당 국민행복추진위원회 위원 2013년 대통령 보건복지비서관 2014~2015년 보건복지부 차관 2014~2015년 국무총리산하 경제·인문사회연구회 비상임이사 [상]우수공무원 대통령표창(1991)

장옥환(張玉煥) JANG Ok Hwan

[생]1947·3·30 [출]서울 [주]서울 서초구 고무래로6의10 교통신문(02-595-2988) [학]1966년 경기상고졸 1970년 경희대 경영학과졸 1979년 연세대 경영대학원 수료 [경]1970년 삼홍상사 근무 1974~1978년 同대표이사 1977년 영진문화사 대표 1978년 교통신문 부사장 1986~1997년 同발행인 겸 대표이사 1989년 한국전문신문협회 부회장 1995년 한국잡지협회 감사 1996년 대한출판문화협회 이사 1998~2004년 교통신문 대표이사 회장 2001~2004년 한국전문신문협회 회장 2001~2004년 한국간행물윤리위원회 심의위원 2001년 정기간행물등록취소심의위원회 심의위원 2002년 (재)백악장학회 이사(현) 2004년 교통신문 회장(현) [상]대통령표창, 한국잡지언론상, 보관문화훈장(2004)

장완수(張完洙) CHANG Woan Soo

[생]1954·6·5 [출]전남 [주]서울 용산구 한강대로72길3 (주)크라운제과 대표이사실(02-791-9133) [학]1974년 청량고졸 1986년 서울산업대 기계공학과졸 [경](주)크라운제과 부장, 同이사, 同상무이사 2000년 (주)크라운엔지니어링 상무 2006년 (주)크라운제과 대표이사 사장(현) 2012년 한국BMX연맹 초대회장(현)

장완수(張完秀) WAN SOO, JANG

[생]1974·1·25 [본]인동(仁同) [출]서울 [주]경기 안양시 동안구 벌말로123 평촌스마트베이209호 이안국제특허(031-8069-2345) [학]1992년 대광고졸 1999년 서강대 전자공학과졸 [경]1999~2005년 한국후지쯔(주) 연구개발부 과장 2008~2009년 로이터코리아(주) 과장 2009년 변리사시험 합격, 대한변리사회(KPAA) 정회원 2013~2014년 대한민국발명대전 서울국제발명전시회 심사위원, 안양창조산업진흥원 사업과제 심사위원, 인천정보산업진흥원 사업과제 심사위원, 연세대 경영대학원 지식재산분야 전문강사 2014년 이안국제특허 대표변리사(현)

장완익(張完翼) CHANG Wan Ick

[생]1963·1·6 [출]대구 [주]서울 서초구 서초중앙로148 김영빌딩8층 법무법인 해마루(02-536-5437) [학]1981년 서울 대원고졸 1985년 서울대 언어학과졸 1987년 한양대 경영대학원졸 [경]1987년 사법시험 합격(29회) 1990년 사법연수원 수료(19기) 1990년 軍법무관 1993년 변호사 개업 2001년 법무법인 해마루 구성원변호사 2004·2013년 同대표변호사(현) 2006년 대통령소속 친일반민족행위자재산조사위원회 상임위원 겸 사무처장 2014년 4.16세월호참사특별조사위원회 비상임위원(현) [상]대한변호사협회 '변호사 공익대상'(2014)

장완호(張完豪) Jang Wan Ho

[생]1965·9·4 [출]경기 하남 [주]대전 서구 청사로189 특허청 특허심사기획국(042-481-5638) [학]1984년 대신고졸 1990년 한양대 전기공학과졸 1998년 서울대 대학원 정책학과졸 2004년 미국 피츠버그대(Univ. of Pittsburgh) 대학원 정책경영학과졸 [경]기술고시 합격(25회) 1990년 노동부 직업능력개발국 사무관 1992~2000년 특허청 심사관 1999년 조달청 우수제품선정 심사위원 2001년 특허청 컴퓨터심사담당관 2001년 국가전문행정연수원 국제특허연수부 겸임교수 2003년 미국 피츠버그대 교육훈련, 특허심판원 심판관 2006년 특허법원 기술심리관 2008년 특허청 전기전자심사본부 전자심사과장(서기관) 2010년 同전기전자심사국 전자심사과장(부이사관) 2011년 同심사품질담당관 2014년 특허심판원 심판5부 심판장(고위공무원) 2015년 특허청 정보고객지원국장 2015년 同특허심사기획국장(현) [상]특허청 최우수심사관(1995), 근정포장(2013) [역]'특허전쟁'(共)

장용기(張容基)

ⓢ1965·3·24 ⓞ전북 남원 ㈜전남 목포시 정의로29 광주지방법원 목포지원(061-270-6600) ⓗ1983년 금호고졸 1991년 서울대 공법학과졸 ⓖ1992년 사법시험 합격(34회) 1995년 사법연수원 수료(24기) 1995년 서울지검 검사 1997년 광주지검 목포지청 검사 1999년 전주지검 검사 2000년 변호사 개업 2004년 전주지법 판사 2005년 광주고법 판사 2008년 광주지법 판사 2011년 同해남지원장 2013년 同부장판사 2016년 광주지법·광주가정법원 목포지원장(현)

장용석(張容碩) JANG, YONG-SEOG (基鐵)

ⓢ1957·8·14 ⓑ안동(安東) ⓞ강원 춘천 ㈜서울 중랑구 신내로156 서울의료원 외과(02-2276-7871) ⓗ1976년 경기고졸 1983년 한양대 의대졸 1987년 同대학원졸(의학석사) 1993년 의학박사(한양대) ⓖ1991~2007년 순천향대 의대 외과학교실 전임강사·조교수·부교수·교수 1994~1995년 미국 마운트사이나이병원 외과 방문연구원 1997년 일본 게이오대학병원 외과 방문연구원 1999~2006년 순천향대 외국인진료소장, 대한의사협회 편집위원·교육위원, 대한한개원의협의회 학술이사, 대한외과개원의협의회 학술이사·학술부회장, 대한외과학회 기획위원(간사)·이사(개원봉직위원장), 대한대장항문학회 상임이사(정보기술위원장) 2003년 대한외과학회 평의원(현) 2003년 독일항공사(Lufthansa) 한국주치의(현) 2006년 대한의사협회 공제조합 심사위원(현) 2007~2012년 장용석외과의원 원장 2009~2016년 대한의사협회 의료광고심의위원 2010년 대한검진의학회 학술부회장(현) 2013년 서울의료원 외과 주임과장·과장(현) 2013~2014년 대한대장항문학회 부회장 2014~2015년 대한외과학회 부회장 2014~2016년 대한외과의사회 회장 2015년 한국의사서화회 부회장(현) 2015년 대한개원의협의회 부회장(현) 2016년 건강보험심사평가원 자문위원(현) 2016년 대한외과의사회 명예회장(현) ⓢ미국뉴욕대장항문학회 구연상(2등)(1995), 대한대장항문학회 우수포스터학술상(2002), 사노피학술상(2004), 제10회 화흥서예문인화대전 임서부 입선(2007), 대한의사협회 의인미전 서예부 입선(2011), 서예부 특선(2014) ⓩ'계통별 강의를 중심으로 한 소화기학'(2004) ⓥ'사비스톤 외과학'(2003) ⓦ〈월정묵연전〉〈국제난정필회〉〈한국의사서화회〉 등 서예작 출품 ⓩ불교

장용석(張容碩) JANG Yong Suk

ⓢ1962·8·24 ⓞ서울 ㈜서울 강남구 테헤란로92길 7 법무법인(유) 바른(02-3479-2401) ⓗ1981년 여의도고졸 1985년 서울대 법학과졸 1997년 미국 워싱턴주립대 연수 2013년 연세대 법무대학원졸 ⓖ1984년 사법시험 합격(26회) 1987년 사법연수원 수료(16기) 1990년 부산지검 검사 1992년 춘천지검 강릉지청 검사 1993년 법무부 검찰1과 검사 1996년 서울지검 검사 1998년 대검찰청 연구관 1999년 대전지검 서산지청장 2000년 서울지검 특수2부 부부장검사 2001년 헌법재판소 헌법연구관(파견) 2003년 김앤장법률사무소 변호사 2004년 張·韓법률사무소 변호사 2004년 법무부 정책위원 2004년 동아일보 독자인권위원 2005년 서울지방변호사회 제2부회장 2005년 법무법인 장한 변호사 2006년 법무법인 두라 대표변호사 2007년 서울시노사정위원회 위원 2008년 대통령 민정1비서관 2008~2009년 법무법인 서린 고문변호사 2009~2012년 공정거래위원회 상임위원 2012년 법무법인(유) 바른 변호사(현) ⓩ가톨릭

장용석(張容碩)

ⓢ1962·9·27 ⓞ대구 ㈜세종특별자치시 시청대로 370 과학기술정책연구원 글로벌정책연구센터(044-287-2118) ⓗ1985년 경북대 행정학과졸 1987년 同대학원 행정학과졸 2002년 정책학박사(미국 조지워싱턴대) ⓖ2000~2008년 미국 조지워싱턴대 국제과학기술정책연구소(CISTP) Senior Research Scientist 2007년 미평가저널(AJE) 논문심사위원(현) 2007년 미동부평가학회(EERS) 회원(현) 2008년 전미평가학회(AEA) 연구기술개발 분과위원회 운영위원 겸 논문심사위원(현) 2008년 과학기술정책연구원 선임연구위원(현) 2008년 APEC Research and Technology(ART) 프로그램 디렉터(현) 2008년 OECD CSTP(경제협력개발기구 과학기술정책위원회) 한국대표(현) 2009년 기술경영경제학회 회원(현) 2010년 STI Policy Review 편집간사(Managing Editor)(현) 2010·2016년 과학기술정책연구원 글로벌정책연구센터장(현) 2015년 OECD CSTP(경제협력개발기구 과학기술정책위원회) 부의장(현) ⓢ미래창조과학부장관표창(2013), 과학기술포장(2016)

장용성(張容誠) JANG Yong Sung

ⓢ1953·10·8 ⓞ광주 ㈜서울 성동구 왕십리로222 한양대학교 경영대학 경영학부(02-2220-1169) ⓗ1976년 전남대 행정학과졸 1996년 미국 오클라호마대 대학원 행정학과졸 2001년 경영학박사(한성대) ⓖ1981년 매일경제신문 입사 1988~1991년 同워싱턴특파원 1994년 同경제부장 직대 1995년 同금융부장 1997년 同증권부장 1999년 同경제담당 부국장대우 겸 인터넷부장 2000년 同부국장 겸 경제부장 2002년 同편집국 국차장 겸 문화부장 2002년 同편집국장 2003년 同이사대우 편집국장 2004년 同이사 편집국장 2004년 同편집이사 겸 뉴스센터장(상무이사) 2005~2007년 한국신문방송편집인협회 감사 2006년 대통령직속 지방이양추진위원회 위원 2006년 산업자원부 전력정책심의회 위원 2006년 사회복지법인 하나금융공익재단 이사 2006년 정보통신부 미래전략위원회 위원 2007~2011년 한국신문방송편집인협회 부회장 2007~2012년 매일경제신문 주필(전무이사) 2009년 국무총리직속 교육개혁협의회 위원 2012년 매일경제신문 대표이사 부사장 2012~2014년 MBN 대표이사 부사장 2014년 매경닷컴 대표이사 사장 2015년 한양대 경영대학 경영학부 특훈교수(현) 2015년 금융위원회 금융개혁회의 위원 2015~2016년 ㈜셀트리온제약 사외이사 2015년 한국금융투자자보호재단 이사장(현) 2016년 금융위원회 옴부즈만 위원장(현) ⓢ매경인상, 국세청장표창, 철탑산업훈장, 자랑스러운 전남대인상(2010) ⓥ'월가의 황제 블룸버그' ⓩ기독교

장용성(張鏞成) Yongsung Chang

ⓢ1966·1·19 ㈜서울 서대문구 연세로50 연세대학교 경제학부(02-2123-5492) ⓗ1989년 서울대 경제학과졸 1991년 同대학원 경제학과졸 1997년 경제학박사(미국 로체스터대) ⓖ1997~2003년 미국 Univ. of Pennsylvania 조교수 2003~2004년 미국 연방은행 Senior Economist 2004~2007년 서울대 사회과학대학 경제학부 부교수 2005년 한국경제학회 KER편집위원회 편집위원 2007년 미국 로체스터대 교수(현) 2007년 미국 연방은행 자문교수 2007년 Journal of Monetary Economics 부편집장 2007년 American Economic Journal-Macroeconomics 편집위원 2007년 Carnegie-Rochester Conference Series on Public Policy 자문위원 2008년 연세대 경제학부 교수(현) 2008년 同언더우드 특훈교수 ⓢ한국계량경제학회 김태성학술상(2005), 서울대 경제학부 우수연구교수(2007), 연세학술상(2009)

장용수(張容秀) JANG YONG SOO

ⓢ1962·10·21 ⓑ덕수(德水) ⓞ전남 장흥 ㈜서울 중구 퇴계로190 매경미디어센터8층 매경비즈 콘텐츠개발본부(02-2000-2114) ⓗ1980년 영동고졸 1988년 세종대 영어영문학과졸 1995년 연세대 경영대학원졸 2003년 세종대 최고경영자과정(AGMP) 수료 2010년 건국대 생명자원최고위과정 수료 ⓖ2000년 매일경제TV 보도국 증권부 차장대우 2001년 同산업부장 직대 2002년 同뉴스총괄부장 겸 제작부장 2002년 同증권부장 2004년 同사회생활부장 2006년 同경제부장 2007년 同보도국 경제부장(부국장대우) 2008년 同보도국 정치부장(부국장급) 2009~2011년 한국기자협회 '이달의 기자상' 심사위원 2009년 매일경제신문 뉴스속보국장 2010년 매일경제TV 경제1부장 2010년 농촌진흥청 차세대바이오그린21 운영위원(현) 2011년 매일경제TV 산업부장(국장대우) 2011년 MBN매일방송 보도국장 2013년 同미디어사업국장 2013년 매경닷컴 디지털영상국장 2013년 한국개인정보보호협의회 자문위원(현) 2014년 한국정보기술연구원 이사(현) 2016년 매경비즈 콘텐츠개발본부장(현) ⓢ행정자치부장관표창(2005) ⓩ기독교

장용웅(張龍雄) CHANG Young Woong

ⓢ1941·3·15 ⓞ전북 전주 ㈜전북 전주시 덕진구 벚꽃로54 전북도민일보(063-259-2190) ⓗ1958년 전주상고졸 1963년 성균관대 독어독문학과졸 ⓖ1969년 전북일보 기자 1978년 同편집국 차장 1987년 同특집부장 1988년 전라일보 편집부국장 1991년 同편집국장 1993년 同논설위원 1994년 전북도민일보 논설위원 1998년 同수석논설위원 2004년 同주필(현) ⓢ신문협회상 ⓩ가톨릭

장용주(張庸柱) JANG, Yong Ju

ⓢ1963·3·3 ⓞ서울 ㈜서울 송파구 올림픽로43길 88 서울아산병원 이비인후과(02-3010-3712) ⓗ1981년 영일고졸 1987년 서울대 의과대학졸 1995년 同대학원 의학석사 1999년 의학박사(서울대) ⓖ1991~1995년 서울대병원 이비인후과 레지던트 1995년 同전임의 1996~2002년 단국대 의과대학 이비인후과학교실 교수 2001년 미국 UC Davis 교환교수 2002년 미국 캘리

포니아 바이러스연구소 초빙연구원 2002~2009년 울산대 의과대학 이비인후과학교실 부교수 2004년 미국 비과학회(American Rhinologic Society Meeting)에서 한국인 최초로 '국제연구논문상(International Research Award)' 수상 2004~2011년 대한비과학회지 편집장 2009년 울산대 의과대학 이비인후과학교실 교수(현) 2009년 서울아산병원 이비인후과 전문의(현) 2011~2013년 대한비과학회 학술이사 [상]대한이비인후과학회 학술상(1996), Best Free Paper Award(2000), 단국대 연구업적상(2001), International Research Award(2004), 유럽안면성형재건학회 조셉메달(2015) [저]'이비인후과학'(共) '두경부외과학'(共) '임상비과학'(共) '어지러움'(共) 'Practical Rhinoplasty(共)'(군자출판사)

장용현(張龍鉉) CHANG Yong Hyun

[생]1954 · 3 · 20 [출]경북 칠곡 [주]대구 달성군 구지면 달성2차2로91 (주)아이디에이치 임원실(053-589-7240) [학]1969년 경북공고졸 1986년 영남대 경영대학원졸 1995년 서울대 최고산업전략과정 수료 [경]1979~2007년 (주)대현테크 대표이사 사장 1995년 대구성서산업단지관리공단 이사 2001년 대구경북기계공업협동조합 이사 2003년 대구상공회의소 상임의원, 중소기업중앙회 정책위원, 대구경북벤처기업협회 수석부회장, 대구경북지방중소기업청 중소기업CEO 초빙교수 2007년 (주)아이디에이치 대표이사 사장(현) 2008~2012년 대구성서산업단지관리공단 부이사장 2011년 한국섬유기계연구원 이사장(현) [상]국세청장표창, 산업포장, 노동부장관표창(2003), 2천만불 수출탑의 상(2004), 금탑산업훈장(2005) [종]불교

장용호

[생]1964 · 4 [주]서울 종로구 종로26 SK(주) PM2부문(02-2121-0114) [학]서울대 경제학과졸 [경]2010년 SK(주) 사업지원1실 팀장 2011년 同LNG사업추진담당 상무 2014년 同Portfolio2실장(상무) 2015년 同PM2부문장(상무) 2016년 同PM2부문장(전무)(현)

장용훈(張容勛) JANG Yong Hoon

[생]1961 · 6 · 13 [출]경북 울진 [주]경북 안동시 풍천면 도청대로455 경상북도의회(054-880-5407) [학]1985년 영남대 공과대학 공업화학과졸 [경](주)삼아관광 대표(현), 울진군사격협회 회장, 울진군교통장애인협회 후원회장, 울진중축구부후원회 회장, 울진지역아동센터 후원회장, 울진군체육회 사무국장, 영남대동창회 이사, 울진고 운영위원장, 울진군새마을회 이사(현), 경북북부지역혁신협의회 위원, 울진청년회의소 회장 2006 · 2010년 경북 울진군의회 의원(한나라당 · 새누리당) 2012년 同의장, 울진군교통장애인협회 후원회장(현) 2014년 경북도의회 의원(새누리당)(현) 2014년 同농수산위원회 위원 2014 · 2016년 同원자력안전특별위원회 부위원장(현) 2015년 同조례정비특별위원회 위원 2016년 同문화환경위원회 위원(현) 2016년 同경상북도의회 조례정비특별위원회 위원(현)

장우성(張宇盛)

[생]1972 [출]서울 [주]경기 시흥시 황고개로513 시흥경찰서 서장실(031-310-9225) [학]개포고졸, 한양대 철학과졸, 고려대 노동대학원 법학과졸 [경]2005년 경정 임용(고시특채), 서울지방경찰청 수사과 · 경무과 근무 2014년 경북지방경찰청 정보화장비담당관(총경) 2015년 同형사과장 2015년 同수사과장 2016년 경기 시흥경찰서장(현)

장우식(張宇植) JANG Woo Sik

[생]1968 · 5 · 8 [본]인동(仁同) [출]충북 청주 [주]인천 남구 경인로229 인천N방송센터(032-250-2145) [학]1992년 한국외국어대 불어과 1997년 서강대 언론대학원졸 [경]1991~1993년 극동방송 PD 1993년 매일경제TV 근무 1994~1996년 대전방송 근무 1997년 경인방송 보도국 정치부 기자 2003년 同보도국 편집제작팀장 2004년 同보도국 사회문화팀장(차장대우) 2006년 경인방송(iTVFM) 방송본부 보도팀장 2007년 同방송본부장 2011년 同방송본부장(이사) 2014년 인천정보산업진흥원 인천N방송센터장(현) [상]한국방송대상 해외방송부문 우수작품상(1993), 한국방송기자클럽 BJ보도상 TV부문 보도제작상(1997)

장우양(張禹煬) JANG Woo Yang

[생]1952 · 10 · 14 [출]전남 목포 [주]광주 동구 필문대로309 조선대학교 공과대학 재료공학과(062-230-7164) [학]1971년 목포고졸 1979년 조선대 금속공학과졸 1981년 同대학원 금속공학과졸 1991년 공학박사(고려대) [경]1984~1996년 조선대 금속공학과 조교 · 전임강사 · 조교수 · 부교수 1985~1986년 미국 일리노이대 객원연구원 1992년 벨기에 루뱅대 객원연구원 1994~1999년 한국열처리공학회 기술편집이사 1995~1998년 미국 금속학회 정회원 1996~2014년 조선대 금속재료공학과 교수 1996~1998년 뉴욕과학아카데미 정회원 1996~1998년 미국과학진흥협회 정회원 1996년 한국생산기술연구원 조선대 지역센터 소장 1997년 (사)전남광주부품산업테크노센터 부소장 1997~1999년 한국생산기술연구원 전남광주지역센터장 1997~1999년 산업자원부 전국신기술창업보육사업 운영위원 1998~1999년 (사)전국산학연컨소시엄협의회 이사 1998~1999년 광주시 산학연컨소시엄협의회장 1998~1999년 同중소기업종합센터 기술자문위원 2000~2005년 대한금속재료학회 기술위원 2001~2003년 조선대 공과대학부장 2002~2004년 광주시 산업정책연구회 연구위원 2003~2004년 조선대 산학협력원장 2003~2005년 전남도 신소재산업화센터 운영위원 2004년 한국산업기술평가원 부품소재사업 평가위원 2006~2007년 조선대 산학협력단장 2014~2015년 한국열처리공학회 회장 2014년 조선대 재료공학과 교수(현) [상]과학기술우수논문상(1996), 통상산업부장관표창(1997), 산업자원부장관표창(1999) [저]'생활속의 신소재'

장우윤(張又允 · 女) CHANG Woo Yoon

[생]1974 · 7 · 18 [주]서울 중구 덕수궁길15 서울특별시의회(02-3783-1731) [학]이화여대 정치외교학과졸, 同대학원 법학과졸 [경]국회의원 정성호 정책비서관(5급), 열린우리당 제17대 국회의원 서울은평구乙선거본부 기획팀장, 민주평통 자문위원, 참여자치연구포럼 정책위원장, 이화여대 젠더법학연구센터 연구원 2006 · 2010년 서울시 은평구의회 의원(민주당 · 민주통합당 · 민주당 · 새정치민주연합) 2010~2012년 同행정복지위원회 위원장 2012년 同행정복지위원회 위원 2014년 서울시의회 의원(새정치민주연합 · 더불어민주당)(현) 2014~2016년 同교육위원회 위원 2014 · 2016년 同남북교류협력지원특별위원회 위원(현) 2015년 同지역균형발전지원특별위원회 위원(현) 2015년 同예산결산특별위원회 위원(현) 2015~2016년 同한옥지원특별위원회 위원 2015년 同청년발전특별위원회 위원(현) 2016년 同교통위원회 위원(현) 2016년 同서부지역광역철도건설특별위원회 위원(현) 2016년 同운영위원회 위원(현)

장우정(張宇晸) Chang Woo Jung

[생]1974 [출]충북 청주 [주]경기 수원시 장안구 경수대로1110의17 중부지방국세청 조사2국 조사관리과(031-888-4483) [학]청주 금천고졸, 서강대졸 [경]행정고시 합격(46회), 서울 역삼세무서 총무과장, 국세청 원천세과 근무, 서울지방국세청 창의혁신담당관실 근무, 네덜란드 유학 2013년 국세청 국제협력담당관실 서기관 2014년 경북 안동세무서장 2015년 중부지방국세청 조사2국 조사관리과장(현)

장우철(張禹哲)

[생]1963 · 5 [주]서울 영등포구 국제금융로8길16 대신증권 임원실(02-769-2000) [학]전남대 경영학과졸, 한국외국대 경영대학원졸(석사) [경]1992년 대신증권(주) 인수부 근무 2000년 同분당지점장 2004년 同선릉역지점장 2008년 同선릉역지점장(이사대우) 2009년 同영업부장(이사대우) 2010년 同금융주치의추진부장(이사대우) 2011년 同강북지역본부장(상무) 2013년 同IB부문장(상무) 2015년 同IB1부문장(전무)(현)

장욱현(張彧鉉) JANG Wook Hyeon

[생]1956 · 8 · 14 [출]경북 영주 [주]경북 영주시 시청로1 영주시청 시장실(054-634-3100) [학]1974년 영주종합고졸 1978년 경북대 행정학과졸 1985년 미국 인디애나대 행정환경대학원 행정학과졸 [경]1977년 행정고시 합격(21회) 1979년 총무처 근무 1979~1993년 상공부 근무 · 대통령비서실 파견 1993년 상공부 산업피해조사과장 1995년 통상산업부 다자협상담당관 1997년 산업자원부 산업환경과장 1999년 同구아협력과장 1999년 同섬유패션산업과장 2002년 대구 · 경북지방중소기업청장 2003년 중소기업청 기획관리관 2004~2006년 同기업성장지원국장, 대구테크노파크원 원장 2010년 경북 영주시장선거 출마(한나라당) 2014년 경북 영주시장(새누리당)(현) 2014년 세계유교문화재단 이사(현) 2015년 제일고 일일 명예교장 2016년 전국고려인삼시군협의회 회장(현) [상]근정포장(1992)

장원규(張元圭) CHANG Won Gyu

[생]1962·11·2 [출]대구 [주]대구 서구 팔달로2길29 (주)화성 비서실(053-353-5789) [학]1986년 미국 인디애나대(Indiana Univ.) 경영학과졸 1988년 미국 메릴랜드대(Univ. of Maryland) 경영대학원졸, 서울대 최고경영자과정(AMP) 수료(56기) [경]1989~1990년 동양증권 국제금융부 근무 1990~1993년 금성사 해외영업부 근무 1996~2000년 화성금속 대표 2000년 (주)화성 대표이사 사장(현) [상]동탑산업훈장(2013) [종]천주교

장원기(張元起) Chang Won Ki

[생]1953·2·7 [출]전남 진도 [주]인천 연수구 봉재산로132 흥광교회(032-817-5367) [학]기독신학교졸, 천안대 기독신학대학원졸, 한남대 대학원졸, 연세대 연합신학대학원졸, 목회신학박사(미국 미드웨스트신학대) [경]1983년 인천 흥광교회 설립·당회장 목사(현), 기독교연합신문 이사, 러시아 극동기술대 이사, 기아대책인천본부 회장, 아시아부흥선교협의회 부총재, 세계기독교선교협의회 실무부총재, 민족복음화운동본부 인천본부장, 대성신용협동조합 감사·이사·부이사장, 인천시기독교보수교단연합회 총회장, 필리핀크리스찬대 유니온신학대학 명예교수, 인천국제공항 세목·경목위원, 대한예수교장로회총회(합동정통) 부흥사회 상임회장, 同인천노회장, 同청년국장, 同선교국장, 同세계선교위원장, 同고시위원회 서기, 同부서기, 同서기 2007년 同부총회장 2008~2009년 同총회장, 국제기아대책대북법인 이사, 기독교연합신문 운영이사(현), 터미널선교회 대표회장(현), 서울지방경찰청 중앙위원, 인천국제공항 선교위원회 위원, 대한예수교장로회(백석) 연금재단 이사장(현) [저]'성막'(1998) '흥광의 목장'(2003) '성장을 향한 첫걸음'(2009) '회복으로 가는 길'(2009) '기도의 힘'(2009) '십일조, 7일간의 기적'(2009) '알고 믿는 신앙생활'(2009) '성막'(2010) '생수로 가득 채우라'(2011) [종]기독교

장원기(張元基) CHANG Won Kie

[생]1955·2·2 [출]대구 [주]경기 수원시 영통구 삼성로129 삼성전자(주) 인사팀(031-200-1114) [학]1974년 경북고졸 1981년 연세대 화학공학과졸 1992년 同대학원 공업경영학과졸 2007년 서울대 최고경영자과정 수료 [경]1981년 삼성전자(주) 입사 1996년 同반도체총괄 LCD사업부 담당임원(이사보) 1997년 同반도체총괄 LCD사업부 천안사업장(이사보) 1998년 同반도체총괄 LCD사업부 천안사업장(이사) 2000년 同반도체총괄 LCD사업부 천안사업장(상무) 2002년 同반도체총괄 LCD사업부 천안사업장(전무) 2004년 同반도체총괄 Display Device 센터장(부사장) 2004년 同LCD총괄 HD Display센터장(부사장) 2004년 S-LCD 대표이사 사장 2007년 삼성전자(주) LCD총괄 HD LCD사업부장(부사장) 2009년 同디바이스솔루션부문 LCD사업부장(사장) 2009~2012년 한국디스플레이산업협회 수석부회장 2011년 삼성전자(주) CEO 보좌역(사장) 2011년 同중국본사 사장 2013~2015년 중국한국상회 회장, 삼성전자(주) 중국전략협력실장(사장)(현) [상]자랑스런 삼성인상(2000), 매일경제신문 안전경영대상(2001), 제15회 세계TPM대회 사업장 대상 및 경영자상(2002), 은탑산업훈장(2004) [종]기독교

장원덕(張元德) JANG Won Duek

[생]1951·5·24 [본]인동(仁同) [출]대구 [주]대구 달서구 월배로5길19 (주)지오팜 임원실(053-644-3399) [학]1979년 영남대 정치외교학과졸 [경]1990년 보건약품 대표이사 1994년 신진약품 대표이사, 동원약품 사장, 진주동원약품·대전동원약품 대표이사, 동보약품 대표이사, (주)지오팜 대표이사 회장(현) 2015년 한국의약품유통협회 부회장(현)

장원삼(張元三) Chang Won-sam

[생]1959·11·11 [주]서울 종로구 사직로8길60 외교부 인사운영팀(02-2100-7136) [학]1982년 서울대 법학과졸 1984년 同대학원 법학과졸 [경]1981년 외무고시 합격(15회) 1984년 외무부 입부 1990년 駐미국 2등서기관 1992년 駐방글라데시 1등서기관 1998년 駐일본 1등서기관 2001년 외교통상부 통상정책기획과장 2002년 同아·태통상과장 2003년 駐중국 참사관 2006년 대통령비서실 파견 2007년 외교통상부 지역통상협력관 2007년 同장관보좌관 2008년 同인사과장 2009년 同인사기획관 2009~2011년 同동북아시아국장 2010년 국가보훈처 안중근의사유해발굴추진단 정부위원 2011년 중국외교학원 파견 2012년 駐중국 공사 2014년 駐스리랑카 대사(현)

장원석(張原碩) CHANG Won Suk

[생]1947·2·28 [본]인동(仁同) [출]경기 안성 [주]충남 천안시 동남구 단대로119 단국대학교 환경자원경제학과(041-550-3610) [학]1966년 안법고졸 1971년 고려대 농업경제학과졸 1975년 同대학원 농업경제학과졸 1982년 농업경제학박사(오스트리아 비엔나시립대) [경]1972~1976년 농업협동조합중앙회 및 총리직속 장기자원대책위원회 근무 1981년 영국 옥스퍼드대 농업경제연구소 연구원 1982년 한국산업경제연구원 초청연구위원 1982~2012년 단국대 환경자원경제학과 교수 1989~2007년 농업협동조합중앙회 운영자문위원 1989년 경제정의실천시민연합 창립임원·농업개혁위원장·UR대책위원장·정책위 부위원장 상임집행위원 1994~1995년 우리농업지키기국민운동본부 상임집행위원장 1997~2001년 흥사단 민족통일운동본부 창립본부장·중앙위 의장 1998~2000년 한국협동조합학회 회장 1998~2003년 농림부 농정기획단장·통상정책협의회 의장·심사평가위원장·장관자문관 1998년 농협중앙회 농협개혁위원장 1998~2000년 단국대 농과대학장 1998~1999년 농어촌진흥공사 이사·비상임이사 1999~2002년 WTO협상국민연대 상임집행위원장 2000~2004년 국회 평화통일포럼 자문위원 2000~2001년 국무총리 정책평가위원 2000~2001년 한국농업정책학회 회장 2002~2005년 대통령직속 농어업·농어촌특별대책위원회 위원·위원장 2004~2005년 대통령자문 정책기획위원회 위원 2005~2008년 단국대 정책경영대학원장 2008년 기획재정부 FTA국내대책위원회 위원 2008~2009년 여의도연구소 경제분과 부위원장 2008년 한국산업기술시험원 감사 2010년 한나라당 국민공천배심원단 위원장 2012~2015년 농업기술실용화재단 이사장 2012년 단국대 환경자원경제학과 명예교수(현) [상]고려대총장표창(1970), 이희승 학술상(1987) [저]'21C 통일시대의 농림해양수산정책(編)'(1977) '협동조합연구'(1990) '우리사회 이렇게 바꾸자' '한·몽골 교류 천년' 'WTO와 한국농업' '국제화시대의 농업정책' '동북아경제권과 한반도 발전전략' '쌀개방과 우루과이라운드' '농촌을 살리는 길 52가지'(1992) '국제선진화를 위한 과제(共)'(1994) '한국농업문제의 이해' '현대농업정책론' '농업경제학' '통일과 글로벌농정'(1999) '북한의 농림축수산업'(1999) '농업농촌살리기'(2008)

장원신(張元新)

[생]1958·3·8 [주]서울 서초구 헌릉로12 현대자동차(주) 인사팀(02-3464-1272) [학]고려대 경제학과졸 [경]2007년 현대자동차 수출1실장(이사대우), 同수출지원실장(이사), 同스페인법인장(상무) 2013년 同터키법인장(전무), 同해외판매사업부장(전무) 2015년 同해외영업본부장(부사장) 2016년 중국 북경현대기아자동차 총경리(부사장)(현)

장원직(張元稷) JANG Won Jik

[생]1939·10·1 [본]인동(仁同) [출]평북 신의주 [주]서울 종로구 평창6길54 차범근축구교실(02-796-7979) [학]1958년 대광고졸 1965년 고려대 임학과졸 [경]1970~1973년 고려대 축구팀 코치 1974~1978년 우신고 축구팀 감독 1975년 청소년대표팀 코치 1978·1997~2002년 대한축구협회 이사 1981~1988년 대우축구단 코치·감독 1997~2004년 아시아축구연맹·대한축구협회 교육강사 겸 경기감독관 2002년 한국월드컵조직위원회(KOWOC) 서울운용본부 경기조정관 2002년 대한축구협회 경기위원장 2005~2009년 同부회장 2007년 K3리그위원회 위원장 2008년 U리그위원회 위원장 2009~2010년 대한축구협회 고문 2010년 성남일화 고문 2014년 성남FC 고문, (사)차범근 축구교실 감사(현), 차범근축구상 심사위원회 위원장(현) [종]기독교

장원철(張源哲) JANG Won Cheoul

[생]1961·1·22 [주]충남 천안시 동남구 단대로119 단국대학교 자연과학대학 화학과(041-550-3433) [학]1985년 단국대 문리과대학 화학과졸 1990년 생화학박사(미국 서던미시시피대) [경]1995년 단국대 자연과학대학 화학과 교수(현) 1999~2001년 (사)산학기술성공학회 편집이사 2000년 단국대 생명공학창업보육센터 소장 2002년 한국창업보육센터협의회 교육이사·부회장 2003~2004년 충남창업보육센터협의회 회장 2003년 단국대 천안캠퍼스 산학협력단 부단장 2004년 중소기업청 신벤처정책연구위원 2004~2007년 (사)한국창업보육협회 부회장 2004년 충남지역혁신협의회 과학산업분과 위원 2006~2007년 충남산학협력단협의회 회장 2007년 충남도 지역경제협의회 위원 2007년 충남벤처협의회 자문위원 2007~2009년 충청권경제협의회 위원 2008~2010년 충남테크노파크 운영위원회 위원 2008~2010년 同부서장평가위원회 위원 2010~2013년 (재)충남테크노파크 원장 2010~2011년

순천향대 의약바이오인재양성센터 사업추진위원 2010~2012년 충남대 의약바이오인재양성센터 사업추진위원 2010년 충남도 노·사·민·정협의회 위원 2011년 충청권국제과학비즈니스벨트조성추진협의회 위원 2011~2013년 충청권광역경제발전위원회 위원 2011~2012년 한국산학기술학회 기획이사 2012~2013년 (사)한국테크노파크협의회 회장 2012~2013년 충남도 과학기술위원회 위원(부위원장) 2012년 (사)한국여성벤처협회 대전·충청지회 서포터즈 2014년 단국대 천안캠퍼스 교무처장 겸 교양기초교육원장(현) 2015년 同교양교육대학장(현) [상]교육인적자원부장관표창(2005), 중소기업청장표창(2007) [저]'이야기 화학'(2003) '일반화학(제4판)'(2006) '기초생화학 : 분자수준의 생명'(2007) '일반화학(제5판)' [종]기독교

장유택 CHANG YOO TAEK

[생]1963·6·5 [주]서울 강남구 강남대로372 화인타워 10층 OB맥주 임원실(02-2149-5033) [학]1982년 휘문고졸 1988년 서강대 영문학과졸 1996년 연세대 대학원 언론홍보과졸(석사) 2006년 영국 옥스퍼드대 경영대학원졸(MBA) [경]1990~2007년 한국경제신문 기자 2007~2013년 디아지오코리아 마케팅·대외정책담당 이사 2013년 British American Tabacco 기업정책·홍보담당 상무 2014년 OB맥주(주) 정책·홍보부문 전무(현)

장윤경(張潤慶) JANG Yoon Kyung

[생]1960·7·29 [출]대구 [주]서울 강남구 테헤란로203 현대모비스(주) 홍보실(02-2018-5170) [학]1979년 경북대사대부고졸 1985년 경북대 경영학과졸 2004년 고려대 언론대학원 최고경영자과정 수료 2006년 서강대 경제대학원 OLP과정 수료 [경]1985년 현대모비스(주) 입사·생산지원본부 근무 2002년 同홍보실 경영지원본부 홍보부장 2005년 同홍보실장(이사대우) 2007년 同홍보실장(이사) 2010년 同홍보실장(상무)(현) [상]서울석세스어워즈 경제부문상(2009), 올해의 광고인상 대상(2011), 경북대 공로상(2012) [종]불교

장윤근

[생]1960 [주]경남 창원시 진해구 명제로60 STX조선해양 임원실(055-548-1018) [학]서울대 조선공학과졸 [경]1986년 대우조선해양 입사, 同유럽사업담당, 同선박영업팀장, 同망갈리아조선소장 2015년 STX조선해양 전무 2016년 同대표이사(관리인)(현)

장윤기(張潤基) CHANG Yun Ki (眞山)

[생]1951·1·6 [본]인동(仁同) [출]경북 칠곡 [주]대구 서구 달구벌대로1669 대진빌딩동관3층 장윤기법률사무소(053-551-4100) [학]1969년 경북고졸 1973년 서울대 법과대학졸 [경]1973년 사법시험 합격(15회) 1975년 사법연수원 수료(5기) 1975년 부산지법 판사 1977년 공군 법무관 1980년 부산지법 판사 1981년 同진주지원 판사 1983년 대구지법 판사 1984년 同의성지원장 1986년 대구고법 판사 1989년 대법원 재판연구관 1990년 대구지법 부장판사 1997년 부산고법 부장판사 1997년 대구고법 부장판사 2001년 대구지법 수석부장판사 2003년 대구고법 부장판사 2004년 同수석부장판사 2005년 창원지법원장 2005~2007년 법원행정처장 2008년 변호사 개업(현) 2008~2009년 영남학원 임시이사장

장윤석(張潤錫) CHANG Yoon Seok (東園)

[생]1931·2·17 [본]인동(仁同) [출]강원 양구 [주]서울 동대문구 천호대로20 마리아병원 명예원장실(02-2250-5625) [학]1949년 춘천고졸 1955년 서울대 의과대학졸 1964년 의학박사(서울대) [경]1962~1978년 서울대 의대 전임강사·조교수·부교수 1975년 국군 의무자문관 1978~1996년 서울대 의과대학 산부인과학교실 교수 1982년 同주임교수 겸 산부인과장 1983년 레이저의학회 부회장 1983년 미국 존스홉킨스대 국제산부인과교육원 아시아지역 고문관 1985년 세계인간생식학회 학술위원 1985년 유전의학회 회장 1986년 불임학회 회장 1986년 미세수술학회 회장 1987년 산부인과학회 이사장 1988년 부인과내시경학회 회장 1988년 국제산부인과연맹 이사 1988년 초음파의학회 부회장 1989년 국제부인과내시경학회 조직위원장 1989년 아세아대양주산부인과연맹 생식의학위원장 1989년 한·일산부인과학회 회장 1990~1996년 서울대 의학연구원장 1991년 세계인간생식학회·세계체외수정학회 학술위원 1994~1995년 국제키비탄 한국본부 총재 1994년 일본산부인과학회 원로명예회원(현) 1995년 아세아대양주산부인과연맹 원로회원(현) 1995년 한국과학기술한림원 종신회원 1996년 서울대 명예교수(현) 1996년 서울중앙병원 자문교수 2001년 한국과학기술한림원 원로회원(현) 2001년 아시아대양주산부인과연맹 부회장 2001년 마리아병원 명예원장(현) 2005년 제19차 아시아·오세아니아산부인과연맹 학술대회 명예대회장 2007년 아시아·오세아니아산부인과연맹 회장 2008년 제9차 아세아·태평양부인과내시경학회 학술대회 명예대회장 2009년 대만산부인과학회 명예회원(현) [상]동아일보 올해의人物(1985), 국민훈장 목련장(1986), 서울시 문화상(1987), 자랑스러운 서울의대 동창상(1995), 자랑스러운 춘고인(2000), 함춘대상(2004) [종]기독교

장윤석(張倫碩) CHANG Yoon Seok (琅山)

[생]1950·1·5 [본]인동(仁同) [출]경북 영주 [주]서울 서초구 법원로15 서관4층 법무법인 동북아(02-596-8111) [학]1968년 경복고졸 1972년 서울대 법과대학졸 1983년 미국 서던메소디스트대(Southern Methodist Univ.) 법과대학원졸 1992년 법학박사(한양대) [경]1972년 사법시험 합격(14회) 1974년 변호사 개업 1975년 軍법무관 1977년 서울지검 영등포지청 검사 1980년 부산지검 검사 1981년 법무부 인권과 검사 1985년 서울지검 검사 1986년 대구지검 의성지청장 1987년 대검찰청 검찰연구관 1989년 법무부 검찰3과장 1991년 부산지검 공안부장 1992년 대검찰청 공안기획담당관 1993년 서울지검 공안1부장 1995년 인천지검 차장검사 1996년 부산지검 울산지청장 1998년 서울고검 검사 1999년 춘천지검장 2000년 법무부 기획관리실장 2001년 창원지검장 2002년 법무부 법무실장 2002년 同검찰국장 2003년 변호사 개업 2003년 (사)국제인권옹호한국연맹 이사 2004년 제17대 국회의원(영주, 한나라당) 2004년 국회 법제사법위원회 간사 2004년 한나라당 법률지원단장 2004년 국회 대법관인사청문특별위원회 간사 2006년 한나라당 인권위원장 2007년 同중앙윤리위원회 부위원장 2008년 제18대 국회의원(영주, 한나라당·새누리당) 2008~2009년 한나라당 제1정책조정위원장 2008년 국회 가축전염병예방법개정특별위원회 간사 2008년 국회 법제사법위원회 간사 2009년 국회 정치개혁특별위원회 간사 2010년 세계유교문화축전 고문 2010년 한나라당 정책위원회 사회분야 부의장 2012~2016년 제19대 국회의원(영주, 새누리당) 2012년 새누리당 제18대 대통령후보선거관리위원회 부위원장 2012년 국회 예산결산특별위원회 위원 2012년 국회 농림수산식품위원회 위원 2012년 새누리당 불자회 회장 2013년 한·노르웨이의원친선협회 회장 2013~2016년 대한복싱협회(BAK) 회장 2013년 국회 농림축산식품해양수산위원회 위원 2013~2014년 국회 윤리특별위원회 위원장 2013년 국회 사법개혁특별위원회 위원 2013년 국제복싱협회(AIBA) 집행위원(현) 2013년 국회 정치개혁특별위원회 위원 2014년 새누리당 비상대책위원 2014년 국회 산업통상자원위원회 위원 2014년 새누리당 재외국민위원회 북미주동·중부지역위원회 위원장 2016년 법무법인 동북아 변호사(현) [상]홍조근정훈장(1991), 대한민국오페라단연합회 최고문화국회의원상(2013), 법률소비자연맹 선정 국회헌정대상(2013), 전국NGO단체연대 선정 '올해의 닮고 싶은 인물'(2015), 민주신문·한국인상준비위원회 선정 '제18회 대한민국을 빛낸 한국인물' 정치부문대상(2015), 대한민국 최고국민대상 의정부문대상(2015), 대한민국 반부패청렴대상 정치부문 대상(2016) [저]'객관식 형사소송법'(1983, 대명출판사) '이른바 재청약식 시범 시행기'(1998, 월간 법조) '장윤석의 영주 그리고 여의도 이야기'(2008) '영주 잘되고 있지요?'(2011) [종]불교

장윤우(張潤宇) CHANG Yoon Woo (木薰)

[생]1937·12·1 [본]인동(仁同) [출]서울 [주]서울 성북구 보문로34다길2 성신여자대학교 공예과(02-920-7264) [학]1956년 서울고졸 1962년 서울대 응용미술학과졸 1965년 同교육대학원졸 [경]1968년 경기공업전문대 조교수 1970~1985년 성신여대 미술대학 전임강사·조교수·부교수 1976~1981년 同산업미술연구소장·박물관장 1982년 국전 초대작가 심사위원장 1985년 귀금속공예가협회 회장 1985~2003년 성신여대 공예과 교수 1986년 기능올림픽 한국대회 심사위원장 1988년 성신여대 산업대학원장 1989년 한국미술협회 부이사장·감사·고문(현) 1992년 미국 캘리포니아주립대 교환교수 1993년 한국디자이너협의회 이사장·고문(현) 1995년 한국문인협회 詩분과 회장 1999~2013년 양천문화원 수석부원장 2003년 한국문인협회 부이사장·자문위원(현) 2003~2005년 한국공예문화진흥원 이사장 2003년 성신여대 공예과 명예교수(현) 2004년 한국종이접기협회 회장 2004년 한국종이문화원장 2004년 한국종이박물관 관장 2005년 한국공예문화진흥원 자문위원장 2016년까지 개인전 40회, 국내외 초대전 120여회 [상]현대시인상, 동포문학상, 시와 시론상, 순수문학대상, 국무총리표창, 서울시 문화상(1998), 영랑문학대상, 한국예술문화단체총연합회 예술문화대상, 황조근정훈장(2003) [저]'공예재료학' '도학 및 제도' '張潤宇예술시평집' '교육부검정 중1·2·3미술 교과서' [역]'로뎅의 예술과 인생' [작]시집 '겨울동양화' '그 겨울 전차의 포신이 느린 그림자' '시인과 기계' '그림자들의 무도회' '誤字인생' '화가, 슬픈 城主의 손' '세번의 종' '이름 없는 것들을 생각한다' '두사람의 풍경과 리삼월' '그림과 시의 팡세' '形骸의 삶' '뚜벅이반추' '종이로만든여자' '장윤우예술시평집' 등 [종]기독교

장윤종(張允鍾) JANG Yoon Jong

[생]1958·2·14 [본]안동(安東) [출]서울 [주]세종특별자치시 시청대로370 산업연구원 국제산업협력실(044-287-3290) [학]1976년 서울고졸 1982년 서울대 경제학과졸 1992년 경제학박사(프랑스 파리제10대) [경]1982년 한국개발연구원 연구원 1983년 산업연구원 연구원 1994~1997년 대통령비서실 국가경쟁력강화기획단 파견 1997년 공정거래위원회 경제규제개혁위원 1998년 대통령비서실 경제구조조정기획단 파견 1998년 외교통상부 통상교섭자문위원 1998~1999년 서울시 산업진흥대책위원 2000~2002년 산업연구원 디지털경제실장 2002~2005년 (주)하이닉스반도체 사외이사 2002~2003년 산업연구원 부원장 2003년 同국제산업협력실 선임연구위원 2003~2004년 국제경제학회 운영이사 2003~2005년 국무조정실 정책평가위원 2003~2004년 과학기술부 과학기술중심사회 기획위원 2003~2005년 대통령자문 동북아경제중심추진위원회 전문위원 2003년 산업자원부 국제협력투자정책 평가위원 2003년 경기도 경제정책자문위원 2004~2005년 과학기술자문회의 전문위원 2005년 同전문위원회 위원장 2005~2007년 대통령자문 국민경제자문회의 대외경제위원회 전문위원 2006년 감사원 자문위원 2007년 공정거래위원회 자체평가위원 2008년 대통령직인수위원회 자문위원 2008년 지식경제부 자체평가위원 2009년 산업연구원 산업경제연구실 선임연구위원 2010년 행정안전부 지방자치단체합동평가위원회 위원 2011~2013년 산업연구원 성장동력산업연구센터장 2012년 녹색인증심의위원회 위원장 2013년 산업연구원 국제산업협력실 선임연구위원(현) 2015~2016년 한국국제통상학회 회장 2015년 국가과학기술자문회의 자문위원(현) 2016년 국무조정실 신산업투자위원회 위원(현) 2016년 기획재정부 재정사업평가자문위원(현) 2016년 산업통상자원부 경제자유구역자문회의 자문위원(현) 2016년 코트라 외국인투자옴부즈만 자문위원(현) [상]국민훈장 동백장(2005) [저]'경쟁정책의 국제규범화와 우리의 대응전략'(1992) '세계화와 한국경제'(1994) '21세기 기업세계화의 장기비전 및 전략(共)'(1994) '물류정책 메뉴얼(共)'(1997) '광주 광산업육성 및 집적화계획(共)'(2000) '글로벌경제의 외국인직접투자정책(共)'(2000) '외국인 직접투자의 일석오조 효과분석(共)'(2001) '중소기업의 업종별 정보화 실태분석 및 개선방안(共)'(2001) '2010년 산업발전 비전(共)'(2001) '한중일 3국의 외국인직접투자 비교분석(共)'(2004) '2004년 외국인투자기업 경영실태 조사분석(共)'(2005) '해외 첨단제조업 및 연구개발센터 유치방안(共)'(2005) '외국기업의 R&D센터 유치를 통한 차세대 성장산업 기술인력 양성방안(共)'(2005) '한미 FTA를 통한 외국인투자 유치전략'(2006) '산업정책과 연계한 외국인투자 비전과 전략(共)'(2006) '산업의 세계화와 글로벌 네트워킹(共)'(2006) 'R&D 글로벌화 시대의 해외 R&D센터 유치·활용 전략 재조명'(2007) '한미·한EU FTA발효와 제조업의 대응(共)'(2010) '2020년 무역발전 비전과 전략(共)'(2012) [종]불교

장윤주(張允柱)

[생]1962·12·27 [출]서울 [주]서울 종로구 율곡로2길25 연합뉴스 편집국 선임데스크팀(02-398-3114) [학]1981년 여의도고졸 1985년 연세대 사회학과졸 [경]1986년 연합통신 입사 2000년 연합뉴스 국제경제부 차장 2002년 同국제경제부 부장대우 2004년 同특신부장 2006년 同멀티미디어본부 영상취재부장 2006년 同외국어뉴스2부장 2008년 同외국어뉴스2부장(부국장대우) 2009년 同편집국 국제분야 에디터 2011년 同논설위원 2011년 同국제국장(부국장급) 2012년 同논설위원 2014년 同논설위원(국장대우) 2015년 同편집국 국제뉴스 선임데스크팀 근무(국장대우)(현)

장윤택(張允澤) CHANG Youn Taik

[생]1949·4·20 [출]평남 평양 [주]서울 광진구 능동로209 세종대학교(02-3408-3114) [학]1967년 서울고졸 1974년 서강대 신문방송학과졸 1981년 미국 시라큐스대 대학원 수료 2007년 서강대 언론대학원 방송학과졸 [경]1973년 TBC 입사 1981년 KBS 교육국 근무 1981년 同다큐멘터리제작팀장 1983년 同추적60분팀장 1990년 同편성운영국 부주간 1991년 同기획제작국 부주간 1992년 同보도국 뉴스기획부장 1993년 同보도제작국 제작3부 부주간 1995년 同TV1국 부주간 1996년 同교양주간 1998년 同TV1국장 1999년 同위성방송주간 2000년 同뉴미디어센터 주간 2000년 同뉴미디어센터 전문위원 2001년 (주)한국디지털위성방송 방송본부장 2001년 同컨텐츠사업단장 2002년 KBS 기획제작국 제작위원(국장급) 2003년 同제작본부장 2004년 同TV제작본부장 2005년 同편성본부장 2005~2008년 KBS미디어 감사 2009년 조선일보 방송사업담당 자문역, 강원대 신문방송학과 초빙교수 2011년 CSTV 전무 2011년 TV조선 전무 2013년 세종대 석좌교수(현) [상]방송대상 작품상(1978), 언론학회 기획보도부문상(1996), 대통령표창(1997), 서강언론인상(2007) [작]'인간만세-어느 복역수의 영광'(1977, 동양TV) '추적 60분'(1983, KBS 첫회 연출) 'KBS 일요스페셜'(1995~1998) [종]천주교

장은수(張銀洙) JANG Eun Su

[생]1968·2·21 [출]서울 [주]서울 강남구 도산대로1길 62 도서출판 민음사(02-515-2000) [학]1985년 장충고졸 1991년 서울대 국어국문학과졸 [경]1993년 (주)민음사 입사 1996년 同편집장 1996년 (주)황금가지 편집부장 2005년 同편집이사 2005년 同대표이사 편집인 2006~2014년 도서출판 민음사 대표편집인 2012년 한국문학번역원 이사(현) 2014년 도서출판 민음사 고문(현) 2014년 편집문화실험실 대표(현)

장응철(張應哲) JANG Eung Chul (耕牛)

[생]1940·9·8 [본]인동(仁同) [출]전남 신안 [주]전북 익산시 익산대로501 원불교 중앙총부(063-850-3101) [학]1968년 원광대 원불교학과졸 [경]1968년 출가 1968년 영산선원 교사 1973년 원불교 총무부 과장 1977년 同서울사무소 사무장 1982년 同총무부장 1988년 同청주교구장 1991년 同영산선학대학 학장 1994년 同서울교구장 2000년 同종사 2000년 同수위단회 단원 2000~2003년 同교정원장 2000년 (재)원불교 이사장 2000년 원불교 은혜심기운동본부 총재 2000년 학교법인 원창학원·영산학원·원불교대학원 이사장 2000년 원음방송 이사장, 우리민족서로돕기운동 공동대표, 한국종교지도자협의회 공동대표 2003년 원불교 중앙중도훈련원장 2006년 同종법사(宗法師)(현) [저]'노자의 세계' '부처님의 마음작용' '마음소 길들이기' '자유의 언덕' '마음달 허공에 뜨다' '죄업으로부터 자유' '육조단경' '중도의길 성인의길' '마음을 깨달아 닦는 길' [종]원불교

장의동

[생]1963·10 [주]경기 성남시 분당구 성남대로343번길 9 SK주식회사 C&C 임원실(02-6400-0114) [학]경북대 경영학과졸 [경]2006년 SK C&C IT서비스사업기획팀장 2010년 同OS혁신본부장 2012년 同SKMS본부장(상무) 2013~2015년 同재무본부장 2015년 SK주식회사 C&C 재무본부장 2016년 同CPR본부장(현)

장의성(張義成) JANG, Eui-sung

[생]1958·7·7 [본]인동(仁同) [출]서울 [주]서울 종로구 종로6 광화문우체국6층 청년희망재단 사무국장실(02-6731-2600) [학]1977년 장충고졸 1981년 고려대 행정학과졸 1983년 서울대 행정대학원졸 2006년 법학박사(고려대) [경]1981년 행정고시 합격(25회) 1986년 태백지방노동사무소 관리과장 1988~1990년 노동부 공보관실·근로기준국사무관 1990년 의정부지방노동사무소 근로감독과장 1992~1994년 노동부 기획관리실·근로기준국 사무관 1994년 同서기관 1994년 광주지방노동청 관리과장 1995년 노동부 법무담당관 1995년 同장관 비서관 1997년 수원지방노동사무소장 1998년 노동부 행정관리담당관 1999년 同근로기준과장 2001년 同노동경제담당관 2001년 同안전정책과장 2002년 同최저임금위원회 상임위원 2003년 노사정위원회 운영국장 2004년 고려대 박사과정 교육파견 2006년 노동부 정책홍보관리본부 홍보관리관 2007년 同근로기준국장(고위공무원) 2008년 서울지방노동청장 2009년 노동부 고용정책실 고용서비스정책관 2010년 고용노동부 고용정책실 고용서비스정책관 2010~2011년 서울지방노동위원회 위원장 2012~2015년 한국잡월드 이사장 2015년 한성대 IPP사업단 부단장 2015년 청년희망재단 사무국장 겸 상임이사(현) [상]국무총리표창(1990), 대통령표창(2012) [저]'최신 근로기준법 노동부 행정해석모음 제1판·2판'(2001) 'EV 국가 정규직 비정규직 대비 동일노동동일임금 차별금지개념의 올바른 이해'(2004) '최신 근로기준법 노동부 행정해석모음 제3판(共)'(2004) '최신 근로기준법 노동부 행정해석모음 제4판(共)'(2005)

장의식(張義植) Ui-Shik Chang

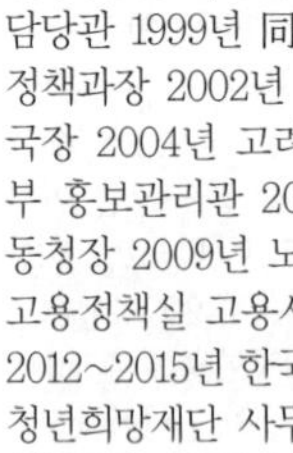

[생]1953·12·6 [주]경북 경산시 진량읍 대구대로201 대구대학교 사범대학 사회교육학부(053-850-4135) [학]1979년 계명대 역사학과졸 1983년 同대학원 중국사학과졸 1990년 중국사학박사(고려대) [경]1990년 대구대 사범대학 사회교육학부 역사교육전공 교수(현) 1990~1994년 同대학원 사학과 교수 1993~1994년 同교육대학원 역사교육전공 주임 1996년 명청사연구회 기획이사 1998년 중국근대사연구회 영남지역 이사 1998년 대학사연구회 이사 2000~2001년 대구대 사범대학 부학장 2000~2002년 同교양교육운영위원회 위원장 2000~2002년 同교양교직부장 2001년 전국대학교교양과정부장협의회 회장 2002~2003년 미국 미시간대 교환교수 2004년 중국근현대사학회 연구이사 2007~2010년 대구대 입학처장 2011년 同사범대학장 2015년 同교육대학원장 겸 특수교육대학원장(현) 2016년 대구사학회 회

장(현) [저]'특수학교 교육과정 해설(共)'(1999) '기본교육과정 사회 1,2,3(共)'(2000) '특수학교 기본교육과정 교사용 지도서(사회)'(2000) '19세기 중국사회'(2000) '전환의 시대, 대학은 무엇인가'(2000) '특수학교 1종 도서 멀티미디어 교재 사회 1,2,3(共)'(2001) '대학생활의 설계(共)'(2002) '함께하는 장애탐험(共)'(2003) '역사 이야기'(2005) [역]'미국의 중국 근대사 연구(共)'(1995)

장 익(張 益) CHANG Yik (一環)

[생]1933·11·20 [본]인동(仁同) [출]서울 [주]서울 중구 명동길 74 사회복지법인 김남호복지재단(02-773-5776) [학]1952년 경기고졸 1956년 미국 메리놀대학 인문학과졸 1959년 벨기에 루뱅(Louvain)대 대학원 철학박사과정 수료 1963년 오스트리아 인스브루크(Innsbruck)대 대학원 신학과졸 1974년 국립대만대 중문계연구소 석사반 수학 1982년 이탈리아 그레고리안대 대학원 철학박사과정 수료 2000년 명예 철학박사(한림대) [경]1963년 사제서품 1967년 천주교 서울대교구장 비서 1970년 정릉성당 주임사제 1972년 천주교 사목연구원 1976년 서울대교구 공보·비서실장 1978~1985년 교황청 종교대화평의회 자문위원 1978~1993년 서강대 종교·신학과 부교수 1986년 천주교 서울대교구 사목연구실장 1990~1994년 세종로성당 주임신부 1993~1996년 가톨릭대 부교수 1994~2010년 천주교 춘천교구장 1995년 주교회의 문화위원장 1995년 대희년중앙위원회 한국대의원 1995~2000년 교황청 종교간대화평의회 위원 1996~1999년 한국천주교주교회의 교리주교위원·성서위원장 2001년 사회복지법인 김남호복지재단 이사장(현) 2002~2006년 한국천주교주교회의 총무 2002~2008년 한국천주교중앙위원회 상임이사 2002~2008년 한국천주교주교회의 천주교용어위원회 위원장 2005~2016년 한·일주교교류회 추진위원 2006~2010년 천주교 함흥교구장 서리 2006~2008년 한국천주교주교회의 의장 2006~2008년 한국천주교중앙협의회 이사장 2008년 학교법인 일송학원 이사(현) [상]DMZ평화상 대상(2005), 一松상(2009) [저]'구세주 강생 2000년 대희년을 맞이하며'(1996) '생명의 샘'(1999) '마음과 모습'(2005) [역]'그리스도 신앙 어제와 오늘'(1974·2007) '구원신학'(1977) '세상에 열린 신앙'(1977) '프란치스꼬 저는'(2004) [종]천주교

장익상(張翼相) JANG Ik Sang

[생]1959·6·2 [본]인동(仁同) [출]충남 금산 [학]1978년 충남고졸 1985년 충남대 행정학과졸 [경]1995~1996년 연합통신 노동조합 위원장 1999~2000년 미국 UCLA 연수 2000년 연합뉴스 스포츠레저부 차장 2001년 同스포츠레저부 부장대우 2003년 同스포츠레저부장 직대 2003년 한국체육기자연맹 부회장 2004년 연합뉴스 스포츠레저부장 2005년 同국제뉴스국장석 부장급 2005년 同국제뉴스부 부장급 2005년 同LA특파원 2006년 同LA특파원(부국장대우) 2008년 同전국부 부국장대우 2009년 同경영기획실장(부국장급) 2010년 한국신문협회 기조협의회 이사 2011년 연합뉴스 관리국장 겸 신사옥사업단장 2012~2013년 同기획·총무담당 상무이사 2013~2014년 同고문 [상]제16회 이길용 체육기자상(2004) [종]가톨릭

장익현(張益鉉) CHANG Ik Hyun

[생]1957·7·17 [출]경북 예천 [주]대구 수성구 동대구로351 법무빌딩506호 장익현법률사무소(053-742-2512) [학]1975년 경북고졸 1979년 경북대 법학과졸 1981년 同대학원 행정학과졸 [경]1982년 공군 정훈장교 1991년 사법시험 합격(33회) 1994년 사법연수원 수료(23기) 1994년 변호사 개업(현) 2001년 대구시 행정심판위원 2001년 대구지방변호사회 총무이사 2005년 同부회장 2007~2008년 국제로타리3700지구 총재 2009~2010년 대구지방변호사회 회장 2010~2015년 대구은행 사외이사 2011년 대한변호사협회 인권재단 감사(현) 2013년 (사)대구국제뮤지컬페스티벌(DIMF) 이사장(현) 2014년 학교법인 배영학숙 이사장(현) 2015년 대구가정법률사무소 이사장(현) [상]공군참모총장표창

장인남(張仁南) TSCHANG In Nam (바오로)

[생]1949·10·30 [본]인동(仁同) [출]서울 [주]충북 청주시 상당구 북문로3가59 천주교 청주교구청 사무처(043-253-8161) [학]1976년 광주가톨릭대졸 1985년 이탈리아 로마교황청외교관학교 대학원 교회법학과졸 1985년 교의신학박사(이탈리아 라테라노대) [경]1976년 사제 서품 1976년 충주 교현동성당 보좌신부 1978년 한국천주교중앙협의회 사무차장 1985년 엘살바도르 교황대사관 2등서기관 1988년 에디오피아 교황대사관 1등서기관(몬시뇰 임명) 1991년 시리아 교황대사관 1등서기관(우디토레) 1994년 프랑스 교황대사관 2등참사 1997년 그리스 교황대사관 1등참사 2000년 벨기에 교황대사관 1등참사 2002년 대주교(현) 2002년 방글라데시 교황대사 2007년 아프리카 우간다 교황대사 2012년 태국 교황대사(현) [종]가톨릭

장인수(張仁洙)

[생]1962·6·30 [주]경기 성남시 분당구 정자일로45 (주)티맥스소프트 임원실(031-8018-1000) [학]1992년 성균관대 무역학과졸 [경]1992~2007년 한국오라클(주) 입사·Sales Director 2008~2014년 (주)티맥스데이터 CEO 2015년 (주)티맥스소프트 대표이사 사장(CEO)(현)

장인우(張仁宇) IN WOO PETER CHANG

[생]1971·8·23 [출]미국 뉴욕 [주]서울 성동구 가람길 283 선인자동차(주) 비서실(02-2216-1100) [학]미국 하버드대 경제학과졸 [경]2005~2008년 선인자동차 전무 2008~2010년 (주)YNK코리아 대표이사 2010~2011년 근화제약(주) 전무이사 2011~2012년 同대표이사 부사장 2011~2013년 선인자동차(주) 부사장 2013년 同대표이사(현) 2013년 (주)선진모터스 대표이사(현) 2014년 고진모터스(주) 대표이사(현)

장인재(張仁才) CHANG In Jae

[생]1962·8·22 [본]인동(仁同) [출]전남 신안 [주]서울 양천구 목동중앙로212 서울식약청 별관3층 위해사범중앙조사단(02-2640-5054) [학]1981년 목포 문태고졸 1989년 광주대 법학과졸 1992년 단국대 대학원 행정학과졸 2006년 선문대 대학원 행정학 박사과정 수료 [경]1992~2000년 보건사회부 국립서울검역소·서울지방식품의약품안전청 근무 2000~2009년 서울중앙지검 특수2부·특수3부·형사2부 식품의약 전문수사관 2009~2012년 식품의약품안전처 위해사범중앙조사단 수사팀장 2012~2014년 서울중앙지검 정부합동의약품리베이트전담수사팀장 2014년 경인지방식품의약품안전청 식품관리과장 2015년 식품의약품안전처 불량식품근절추진단 현장조사팀장 겸 위해사범중앙조사단장(현) [상]보건복지부장관표창, 농림부장관표창, 검찰총장표창, 국무총리표창, 대통령표창

장인종(張仁鍾) CHANG, In Jong

[생]1963·2·1 [출]서울 [주]경기 과천시 관문로47 법무부 감찰관실(02-2110-3013) [학]1981년 숭실고졸 1986년 서울대 법학과졸 [경]1986년 사법시험 합격(28회) 1989년 사법연수원 수료(18기) 1989년 대구지검 검사 1991년 청주지검 충주지청 검사 1992년 서울지검 검사 1994년 해외장기연수(미국 Stanford Law School·북캘리포니아 연방검찰청) 1996년 법무부 국제법무심의관실 검사 1998년 서울지검 동부지청 검사 2000년 대전지검 검사 2001년 同부부장검사 2001년 부산고검 검사 2002년 인천지검 부부장검사 2003년 대구지검 총무부장검사 2004년 인천지검 형사5부 부장검사 2005년 사법시험 2차 출제위원 2005년 사법연수원 교수 2005년 법무부 통일법무지원단 위원 2007년 서울중앙지검 외사부장 2008년 대구지검 경주지청장 2009년 同서부지청 차장검사 2009~2015년 법무법인 화우 변호사 2015년 법무부 감찰관(검사장급)(현)

장인출(張寅出) JANG In Chul

[생]1959·11·12 [주]서울 종로구 대학로101 서울대학교병원 감사실(02-2072-2110) [학]1977년 금산고졸 1989년 서울대 경영학과졸 [경]2003년 감사원 결산담당관실 감사관 2003년 同감사관 2007년 同특별조사본부 감찰정보팀장 2009년 同국책과제감사단 제3과장 2010년 同행정·안보감사국 제1과장(부이사관) 2011년 대통령실 파견(고위공무원) 2012년 감사원 심의실장 2013년 同공보관 2014년 同행정·안전감사국장 2015~2016년 同국토·해양감사국장 2016년 서울대병원 감사(현)

장인현(張仁鉉) CHANG In Hyun (효송)

[생]1951·11·19 [본]인동(仁同) [출]경북 포항 [주]경북 경산시 하양읍 하양로13의13 대구가톨릭대학교 체육교육과(053-850-3794) [학]1974년 경북대 사범대학 체육교육과졸 1977년 경희대 교육대학원 체육교육과졸 1999년 이학박사(계명대) [경]1974~1977년 육군사관학교 체육학처 교관 1977~1980년 서울금호여중 교사 1978~1979년 대림공업전문대학 시간강사 1980~1992년 효성여대 부교수 1992년 대구가톨릭대 체육교육과 교수(현) 1995년 대구·경북여가레크레이션학회 이사 1998년 한국운동과학회 이사 1998년 경북대학스키연맹 회장 1999년 한국운동생리학회 회장·부회장·명예회장(현), (사)세계합기도총연맹 이사·대학본부장(현), 대구경북체육학회 회장, 한국체육학회 부회장, 한국코칭능력개발원 이사(현), 경상북도체육회 이사, ROTC12기총동기회 이사(현) 2012년 대구가톨릭대 사범대학장 2016년 同교육대학원장(현)

[상]경상북도 최고체육상, 경상북도 문화상 [저]'陸上競技의 力學(The Mechanics of Athletics)'(1984) '기초스포츠생체역학(Fundamentals of Sports Biomechanics)'(1986) '합기도'(2007, 대구가톨릭대) '웰빙시대의 맞춤운동과 건강'(2008, 도서출판 한미의학) [종]가톨릭

장인홍(張寅洪) JANG In Hong

[생]1966 · 11 · 26 [주]서울 중구 덕수궁길15 서울특별시의회(02-3705-1135) [학]서강대 경영학과졸 [경]시민운동가, 구로시민센터 지방자치위원장, 구로남초 운영위원장 2006년 서울시 구로구의원선거 출마, 구로고총동창회 회장, 박영선 국회의원 정무특보(현) 2014년 서울시의회 의원(새정치민주연합 · 더불어민주당)(현) 2014년 同교육위원회 위원 2014~2015년 同의회개혁특별위원회 위원 2014 · 2016년 同남북교류협력지원특별위원회 위원(현) 2015년 同서소문밖역사유적지관광자원화사업지원특별위원회 위원(현) 2015년 同항공기소음특별위원회 위원(현) 2015년 同하나고특혜의혹진상규명을위한행정사무조사특별위원회 위원(현) 2015~2016년 同인권특별위원회 위원 2015~2016년 同운영위원회 위원 2015년 同예산결산특별위원회 위원(현) 2016년 同교육위원회 부위원장(현)

장인화(張仁華) JANG In Hwa

[생]1963·1·1 [출]부산 [주]부산 사상구 가야대로46 동일철강(주)(051-796-7000) [학]1990년 동아대 무역학과졸 [경]동일철강(주) 관리이사 1993년 同대표이사 사장, 同대표이사 회장(현) 1996년 (주)화인인터내셔날 대표이사, 同회장(현) 2001년 (주)화인스틸 대표이사 2002년 한국철강공업협동조합 이사장 2003년 대한장애인사격연맹 회장 2004년 중소기업중앙회 부회장 2005년 대통령직속 중소기업특별위원회 위원 2006년 부산상공회의소 상임의원 2007년(주)화인베스틸 대표이사(현) 2007년 국제교류포럼 회장(현) 2011년 대통령직속 지역발전위원회 민간위원 2012~2015년 부산상공회의소 부회장 2013년 대한수상스키·웨이크보드협회 회장(현) [상]500만불 수출상(1993·2004), 재정경제원장관표창(1996·2004), 산업자원부장관표창(2003), 부산상공회의소 제24회 부산산업대상 경영대상(2006), 체육훈장 기린장(2010)

장일(張逸) JANG Il

[생]1956·8·19 [출]전남 진도 [주]전남 무안군 삼향읍 오룡길1 전라남도의회(061-544-3714) [학]광주공고졸, 동신전문대 건축과 중퇴, 전남대 행정대학원 최고지도자과정 수료, 목포과학대 사회복지학과졸 [경]1980~2000년 중앙택시·옥주택시 전무이사 1982~1990년 옥주예식장 대표 1990년 진도군체육회 사무국장 1990년 진도군청년회의소 회장 1993~1998년 전남도배구협회 부회장 1995~1998년 기아자동차 옥주대리점 대표 1998~2003년 신세계건설 대표 2005년 민주당 전남진도지역위원회 조직부장 2006년 진도군배구협회 회장 2006·2010년 전남도의회 의원(민주당·열린우리당·통합민주당·민주당·민주통합당·민주당·새정치민주연합) 2010년 同예산결산특별위원회 위원 2010년 同2010 F1국제자동차경주대회지원특별위원회 간사 2010년 同경제관광문화위원회 간사 2010년 同운영위원회 위원 2010~2012년 同경제관광문화위원회 위원장 2012년 同기획사회위원회 위원 2012년 同예산결산특별위원회 위원 2014년 전남도의회 의원(새정치민주연합·더불어민주당·국민의당)(현) 2014~2016년 同부의장 2014년 同기획사회위원회 위원 2016년 同교육위원회 위원(현) 2016년 同예산결산특별위원회 위원(현) [상]진도경찰서장표창(1990), 진도군수표창(1991), 전남도지사표창(1991), 장한 한국인상 정계인부문 금상(2009), DBS광주동아방송대상 우수의정대상(2015)

장일무(張日武) CHANG Il Moo (문겸)

[생]1943 · 12 · 11 [출]서울 [주]대전 유성구 가정로30 한국인삼연구원 원장실(042-870-3000) [학]1962년 서울고졸 1966년 서울대 약학대학졸 1969년 同대학원졸 1972년 생물물리학박사(미국 휴스턴대) [경]1972~1974년 미국 휴스턴대 화학과 연구원 1974~1976년 한국원자력연구소 선임연구원 1976~2001년 서울대 천연물과학연구소 전임강사 · 조교수 · 부교수 · 교수 1992~1997년 과학기술부 G-7국책사업 총괄연구책임자 1992~1998년 서울대 천연물과학연구소장 1994~1996년 한국독성학회 회장 겸 환경성돌연변이학회 회장 1995년 중국 연변대 의학원 명예교수(현) 1996~1998년 보건복지부 보건의료기술정책심의위원회 부위원장 1997~2000년 아시아독성학회(The Asian Society of Toxicology) 회장 1998~2001년 국제독성학회(IUTOX) 위원 1998~1999년 서태평양지구(W.H.O.) 연구자문위원 1998~2000년 보건복지부 중앙약사심의위원 2000년 서태평양지구(W.H.O.) 전통의약협력연구센터장 2000년 한국보건산업진흥원 기술평가심의위원 2001~2009년 서울대 약학대학 제약학과 교수 2001년 한국독성학회 감사 2002년 한약 · 생약규격국제화포럼(FHH) 제2기술위원장 2002년 한국한약 · 생약규격국제화포럼(KFHH) 회장 2003년 (사)천연물신약 · 한약제제개발센터 소장 2007 · 2011 · 2015년 세계보건기구(WHO) 전통의학 · 대체보완의학분야 전문가패널회원(Expert Panel Member)(현) 2009~2011년 경희대 한의과대학 석좌교수 2009년 서울대 명예교수(현) 2011~2012년 부산대 한의전문대학원 석좌교수 2012년 한국인삼공사(KGC) 한국인삼연구원장 · 글로벌기술총괄CTO(현) 2014년 미국 약용식물협의회(ABC) 국제자문위원(현) [상]한국생약학회 학술장려상(1983), 한국생약학회 학술대상(1990) [저]'한국천연물연구50년' '전통동양약물 데이타베이스' '동양의약과학 대전' 등 [역]'고사촬요' '마과회통' '수민묘전' '심시요함' '단계심법' 등 [종]불교

장일혁(張日赫)

[생]1961 · 9 · 18 [출]전남 강진 [주]서울 서초구 서초중앙로157 서울중앙지방법원(02-530-1114) [학]1980년 경성고졸 1985년 고려대 법과대학졸 [경]1992년 사법시험 합격(34회) 1995년 사법연수원 수료(24기) 1995년 전주지법 판사 1998년 同정읍지원 판사 1999년 서울지법 의정부지원 판사 2002년 서울지법 판사 2004년 서울북부지법 판사 2006년 서울고법 판사 2008년 서울가정법원 판사 2009년 사법연수원 교수 2010년 청주지법 제천지원장 2012년 인천지법 부장판사 2015년 서울중앙지법 부장판사(현)

장일환

[생]1960 · 9 [주]경기 성남시 분당구 판교역로145 타워2동 삼성물산 건설부문 RM팀(02-2145-2114) [학]성광고졸, 경북대 농업공학과졸, 同대학원 토목학과졸 [경]2008년 삼성물산 Civil사업부 견적팀장(상무) 2011년 同Civil사업부 사업관리팀장 2014년 同건설부문 RM팀장(전무) 2015년 同건설부문 RM팀장(부사장)(현)

장임원(張任源) CHANG Im Won

[생]1942 · 7 · 6 [출]전북 김제 [주]서울 서대문구 통일로107의39 사조빌딩별관221호 (사)민주화운동공제회 고문실(02-712-5811) [학]1960년 전주고졸 1967년 가톨릭대 의과대학졸 1972년 同대학원졸 1976년 의학박사(가톨릭대) [경]1973~1999년 중앙대 의과대학 예방의학교실 교수 1988~1990년 전국사립대학교수협의회연합회 회장 1991~1994년 민주화를위한전국교수협의회 의장 1995~1997년 중앙대 의과대학장 1998년 참여연대 고문(현) 1999년 농어촌보건의료기술지원단 단장 1999~2003년 한국보건산업진흥원 원장 2001년 국가과학기술기본계획추진위원회 위원 2005~2006년 학교법인 세방학원 이사장 2005~2009년 겨레하나남북교육협력추진위원회 위원장 2006~2011년 (사)민주화운동공제회 이사장 2007년 민주화운동기념사업회 이사 2011년 (사)민주화운동공제회 고문(현) [상]국민훈장 석류장 [저]'대학보건학' '예방의학과 공중보건' [종]천주교

장자준(張子俊) Ja June Jang

[생]1951 · 10 · 9 [본]인동(仁同) [출]부산 [주]서울 종로구 대학로101 서울대학교병원 병리과(02-2072-2788) [학]1970년 부산고졸 1977년 서울대 의대졸 1980년 同대학원 의학석사 1983년 의학박사(서울대) [경]1978년 서울대병원 인턴 1982년 同병리과 레지던트 1982~1994년 원자력병원 병리과장 1986~1987년 일본 국립보건원 Research Fellow 1990~1991년 미국 국립암연구소 Research Fellow 1994년 서울대 의과대학 병리학교실 조교수 · 부교수 · 교수(현) 2000~2002년 미국 국립암연구소 초빙연구원 2002~2004년 한국독성학회 부회장 2003~2005년 한국실험동물학회 회장 2014~2015년 대한간학회 회장 [상]대통령표창(1994) [저]'독성병리학(共)'(1998, 샤론출판사) '간담췌외과학(共)'(2000, 의학문화사) '병리학(共)'(2003, 대한병리학회) '화학적 암예방'

장재구(張在九) CHANG Jae Ku

[생]1947 · 8 · 7 [출]서울 [학]1965년 이대부고졸 [경]1968년 한국일보 입사 1969년 同LA특파원 겸 미주지사장 1978년 同이사 1981~1986년 同사장 1986년 同이사 1993년 同명예회장 1997~1998년 同대표이사 회장 1998~2016년 서울경제신문 대표이사 회장 2002년 한국일보 대표이사 회장 2002년 아시아신문재단(PFA) 한국위원회 이사 2002년 국제언론인협회(IPI) 한국위원회 이사 2009년 인터넷한국일보 이사(현) [작]사진집 '장재구 사진 모음'(2007) [종]불교

장재권(張在權) Jang, Jae Kwon

[생]1960·11·3 [주]서울 종로구 자하문로77 유남빌딩 대한유화공업(주) 임원실(02-2122-1510) [학]1977년 경북대사대부고졸 1981년 경북대 고분자공학과졸 1985년 同대학원 고분자공학과졸 2001년 공학박사(경북대) [경]1986년 대한유화(주) 기술연구소 근무 2004년 同기술연구소장 2005년 同내수영업부장 2007년 同영업담당 이사 2010년 同영업담당 상무 2015년 同영업담당 전무(현)

장재룡(張在龍) JANG Jai Ryong

[생]1946·6·16 [본]인동(仁同) [출]서울 [주]서울 종로구 자하문로40길63 환기미술관(02-391-7701) [학]1965년 경기고졸 1969년 서울대 외교학과졸 1973년 영국 옥스퍼드대 국제정치학과 수료 [경]외무고시 합격(3회) 1970년 외무부 입부 1973년 駐영국 2등서기관 1977년 외무부 법무담당관 1978년 同아주총괄과장 1979년 駐미국 1등서기관 1981년 駐튀니지 참사관 1983년 외무부 북미과장 1985년 駐미국 참사관 1987년 駐멕시코 공사 1991년 대통령의전비서관 1993년 외무부 미주국장 1995년 駐미국 공사 1996년 駐베네수엘라 대사 1999~2001년 외교통상부 차관보 1999년 남·북·미·중 4자회담 한국수석대표 겸임 2001년 駐프랑스 대사 2003~2006년 외교안보연구원 연구위원 2007~2009년 명지대 객원교수 2009년 2018평창동계올림픽유치위원회 부위원장 2013년 환기미술관·환기재단 이사장(현) [상]녹조근정훈장(1978), 홍조근정훈장(1992), 칠레 공로대십자훈장(1993), 베네수엘라 Francisco De Miranda 1등급훈장(1999), 프랑스 국가공로훈장(2003)

장재복(張宰福) Chang Jae-bok

[생]1964·12·18 [출]서울 [주]서울 종로구 사직로8길60 외교부 인사운영팀(02-2100-7146) [학]1988년 서울대 불어불문학과졸 1993년 프랑스 까빌랑어학원 연수 1994년 미국 샌디에이고대 연수 [경]1988년 외무고시 합격(22회) 1988년 외무부 입부 1997년 駐UN 2등서기관 2000년 駐가나 1등서기관 2002년 駐스위스 참사관 2005년 외교통상부 의전장실 의전2담당관 2007년 同국제기구협력관실 인권사회과장 2008년 駐프랑스 참사관 2009년 駐유네스코대표부 공사참사관 2012년 외교통상부 의전기획관 2013년 외교부 의전기획관 2014년 駐밀라노 총영사(현)

장재선(張在先) JANG Jae Sun

[생]1966·1·21 [본]흥덕(興德) [주]서울 중구 새문안로22 문화일보 편집국 문화부(02-3701-5210) [학]1984년 전주 전라고졸 1991년 고려대 정치외교학과졸 2008년 한양대 언론정보대학원졸 [경]1991~1996년 서울경제신문 기자 1996~2004년 문화일보 편집국 기자 2002~2003년 同노조위원장 2002년 한국기자협회 대선공정보도위원 2002년 한국소설가협회 중앙위원 2004~2006년 한국신문윤리위원회 윤리위원 2007년 문화일보 편집국 전국부 차장대우 2008년 同편집국 경제산업부 차장 2011년 同편집국 문화부 차장 2012년 同편집국 문화부 부장대우 2012년 同편집국 전국부장 2014년 同편집국 문화부장 2015년 同편집국 사회부장 2016년 同편집국 문화부장(현) [상]'예술세계' 소설 신인상(1998), 가톨릭매스컴상 신문부문 본상(2004), 한국언론정보학회 올해의 기획상(2004), 한국언론재단 올해의 홈페이지대상(2004), 임승준자유언론상(2007) [저]'아빠뭐해'(2001) '영화로 보는 세상'(2002) 'am7이 만난 사랑의 시'(2005) '아빠와 함께하는 책읽기와 글쓰기'(2007) '우리아이 책읽기와 글쓰기'(2007)

장재성(張在盛) Chang, Chae-Seong

[생]1956·12·4 [출]서울 [주]서울 관악구 관악로1 서울대학교 인문대학 불어불문학과(02-880-6125) [학]서울대 불어불문학과졸, 同대학원졸 1995년 언어학박사(프랑스 파리제7대) [경]1985~2001년 서울대 불어불문학과 전임강사·조교수·부교수 1988~1990년 프랑스 파리제4대 외국인전임강사 1997~2001년 서울대 불어불문학과장 2001년 同불어불문학과 교수(현) 2003년 문화관광부 표기분과위원 2005년 서울대 인문대학 학생부학장 2008~2010년 同학생처장 2014~2016년 同인문대학장 [저]'동아프라임 불한사전(共)'(1998, 두산동아) '변혁의 시대와 문학'(2000) [역]'페르디낭 드 소쉬르 연구 제1권- 비판과 수용 : 언어학사적 관점(共)'(2002, 역락)

장재식(張在植) CHANG Che Shik (仁山)

[생]1935·1·19 [본]인동(仁同) [출]광주 [학]1952년 광주고졸 1956년 서울대 법대졸 1959년 미국 하버드대 International Tax Program과정 수료 1976년 경제학박사(중앙대) 2001년 명예 법학박사(제주대) [경]1956년 고등고시 행정과 합격(7회) 1965년 재무부 세제과장 1967~1970년 국세청 징세국장·중부지방국세청장·국세청 직세국장 1970년 서울지방국세청장·국세청 간세국장 1971년 대한태권도협회 부회장 1971~1973년 전매청 제조담당관·업무국장 1973년 국세청 차장 1979년 한국주택은행장 1982년 한국조세문제연구소 소장 1985~1995년 서울대 법대 강사 1987년 한국국제재정협회 이사장 1988~1993년 한국기원 이사장 1992년 제14대 국회의원(전국구, 민주당·국민회의) 1992년 민주당 서울서대문乙지구당 위원장 1992년 同정책위 의장 1996년 제15대 국회의원(서울 서대문乙, 국민회의·새천년민주당) 1996년 국회 국제경쟁력강화특위 위원장 1996년 한·일의원연맹 안보외교위원장 1996년 국회 조세정책연구회장 1998년 국회 실업대책및경제구조개혁특위 위원장 2000년 제16대 국회의원(서울 서대문乙, 새천년민주당·자민련) 2000년 국회 예산결산특별위원회 위원장 2000년 새천년민주당 예산재정위원장 2000년 한·일의원연맹 부회장 2001년 자민련 부총재 2001~2002년 산업자원부 장관 2002년 새천년민주당 21세기국정자문위원회 위원장 2003년 同사무총장 2003년 同상임중앙위원 2008년 민주당 상임고문 2013년 同고문 2014~2015년 새정치민주연합 고문 [상]녹조근정훈장 [저]'법인세법' '법인소득과세론' '알기쉬운 세금' '조세법' '시속180km' '때론 치열하게 때로는 나지막이'

장재연(張栽然) JANG Jae Yeon

[생]1957·8·17 [출]서울 [주]경기 수원시 영통구 월드컵로164 아주대학교 의과대학 예방의학교실(031-219-5293) [학]1976년 중앙고졸 1981년 서울대 제약학과졸 1983년 同대학원 약학과졸 1988년 약학박사(서울대) [경]1984~1989년 연세대 환경공해연구소 연구원 1984~1985년 온산병대책위원회 위원 1989~1991년 근로복지공단 직업병연구소 책임연구원 1992년 한국산업안전공단 산업보건연구원 책임연구원 1993~1994년 스위스 로잔의대 산업보건연구소 책임연구원 1995년 아주대 의대 예방의학교실 교수(현) 1995년 월간 '함께 사는 길' 편집위원 1995년 환경운동연합 지도위원·연구위원·정책위원 2002년 同부설시민환경연구소장 2002년 同중앙집행위원 2003년 중앙환경분쟁조정위원회 위원 2006년 서울시장(오세훈)직무인수위원회 환경교통분과위원장 2006~2009년 한국광해관리공단 비상임이사 2007년 아주대 의대 예방의학교실 주임교수, 서울환경운동연합 공동의장 2015년 환경운동연합 공동대표(현) 2014년 SK하이닉스 산업보건검증위원회 위원장(현)

장재영(張宰榮) JANG Jai Yeong

[생]1960·11·24 [출]부산 [주]서울 중구 소공로63 (주)신세계 임원실(02-727-1008) [학]1979년 부산진고졸 1984년 성균관대 신문방송학과졸 [경]1984년 (주)신세계 판매촉진과 근무 1992년 同본점 판촉팀 과장 1994년 同마케팅총괄 판촉팀 과장 1997년 同백화점부문 인천점 MD팀 부장 1999년 同백화점부문 영등포점 영업2팀장(부장) 2001년 同백화점부문 영등포점 영업2팀장 2002년 同백화점부문 강남점 영업2팀장 2004년 同백화점부문 미아점장 2005년 同백화점부문 마케팅담당 상무보 2007년 同백화점부문 마케팅담당 상무 2009년 同백화점부문 고객서비스본부장(부사장보) 2011년 同고객전략본부장 2011년 同판매본부장 2012~2015년 (주)신세계백화점 대표이사 2013~2015년 (사)한국백화점협회 회장 2015년 (주)신세계백화점 영업전략실장 겸임 2015년 (사)한국메세나협회 이사(현) 2015년 (주)신세계 대표이사 사장 겸 상품본부장(현) [상]한국서비스대상 최고경영자상(2013), 동탑산업훈장(2015)

장재옥(張在玉) CHANG Jae Ok

[생]1960·2·25 [본]인동(仁同) [주]서울 동작구 흑석로84 중앙대학교 법학과(02-820-5438) [학]1978년 대일고졸 1982년 중앙대 법학과졸 1984년 同대학원졸 1989년 법학박사(독일 Regensburg대) [경]1990~1994년 강원대 법대 전임강사·조교수 1993~1994년 同법대 사법학과장 1994~2002년 중앙대 법대 법학과 조교수·부교수 1998~2000년 同법대 법학과장 1999~2009년 한국스포츠법학회 사무총장·부회장 2001~2003년 중앙대 학생생활연구소장 2002년 同법학과 교수(현) 2003~2004년 미국 펜실베이니아주립대 교환교수 2005년 한국법제연구원 자문위원(현) 2007년 아시아스포츠법학회 부회장(현) 2007~2008년 전국법과대학장협의회 회장 2007·2009~2010년 중앙대 법과대학장 2008~2009년 국민체육진흥공단 비상임이사 2009~2010년 중앙대 법학전문대학원장 2009~2010년 한국법학교수회 사무총장 2009년 한국민사법학회 부회장 2010~2016년 한국전자거래분쟁조정위원회 조정위원 2011년 국회 공직자윤리

위원회 위원 2011~2015년 한국컨텐츠분쟁조정위원회 조정위원 2011~2012년 한국법학교수회 부회장 2013년 한국스포츠엔터테인먼트법학회 회장(현) 2015년 중앙대 법학연구원장(현) 2016년 同대외협력처장(현) [종]천주교

장재욱(章在郁) JANG, JAI-UK

[생]1958 · 1 · 7 [본]거창(居昌) [출]경북 영천 [주]세종특별자치시 도움4로9 국가보훈처 보훈심사위원회(044-202-5812) [학]1976년 영천고졸 1985년 계명대 건축공학과졸 2008년 성균관대 대학원 국정관리학과졸 [경]2010년 의정부보훈지청장 2014년 국가보훈처 복지정책과장 2015년 同대변인 2016년 同보훈심사위원회 상임위원(고위공무원)(현) [상]국무총리표창(2006)

장재원(蔣在元) CHANG JAE WON

[생]1959·3·28 [본]아산(牙山) [출]경북 청도 [주]경남 진주시 사들로123번길32 한국남동발전(주) 비서실(070-8898-1000) [학]1975년 경북고졸 1980년 서울대 전기공학과졸 1989년 同대학원 전기공학과졸 1996년 전기공학박사(미국 랜실레어폴리테크닉대) [경]2009년 국방대 교육요원 파견 2009년 한국전력공사 계통기획실장 2011년 同전력연구원장 2012년 同전력계통본부 송변전운영처장 2013년 同인천지역본부장 2014년 同전력계통본부 송변전건설처장 2015년 同전력계통본부장(상임이사) 2016년 한국남동발전(주) 대표이사 사장(현)

장재원(張才媛 · 女) CHANG Jae Won

[생]1974 · 10 · 19 [주]세종특별자치시 도움4로13 보건복지부 인구정책실 보육사업기획과(044-202-3560) [학]서울대 대학원 행정학과졸 [경]2004년 보건복지부 장애인정책과 사무관 2005년 同보험연금정책본부 연금급여팀 사무관 2007년 同건강정책관실 건강투자기획팀 사무관 2008년 보건복지가족부 건강정책과 사무관 2009년 同보험정책과 서기관 2010년 보건복지부 보험정책과 서기관 2014년 同사회복지정책실 사회보장조정과 서기관 2015년 同인구정책실 보육사업기획과장(현)

장재윤(張在潤)

[생]1963 · 5 · 27 [출]대구 [주]광주 서구 상무번영로85 광주가정법원 법원장실(062-608-1002) [학]1982년 경북고졸 1986년 서울대 공법학과졸 1999년 미국 인디애나대 Law School 비교법학과졸 [경]1986년 사법시험 합격(28회) 1989년 사법연수원 수료(18기) 1989년 軍법무관 1992년 변호사 개업 1997년 미국 워싱턴대 Law School 객원연구원 1999년 미국 뉴욕주 변호사시험 합격 2000년 부산지법 판사 2004년 수원지법 판사 2005년 부산지법 부장판사 2007년 수원지법 부장판사 2009~2012년 서울중앙지법 부장판사 2011년 언론중재위원회 위원 2012년 서울서부지법 부장판사 2013년 서울남부지법 수석부장판사 2016년 광주가정법원장(현)

장재진(張在軫) JANG Jae Jin

[생]1961 · 3 · 16 [출]경북 포항 [주]경기 성남시 중원구 갈마치로322 (주)오리엔트바이오(031-730-6001) [학]1978년 포항고졸 1992년 한국방송통신대 경제학과졸 2002년 전국경제인연합회 국제경영원 바이오산업경영자과정 수료 2003년 서울대 자연대학 과학 및 정책최고연구과정 수료 2003년 건국대 농축대학원 수의학과졸 2006년 서강대 경제대학원 의회정책전문가과정(OLP) 수료 2007년 강원대 수의과대학원 수의학 박사과정 수료 2008년 서강대 경제대학원 의회최고과정 수료 2009년 홍익대 스탠포드디자인과정 수료 2010년 수의학박사(강원대) [경]1991~2003년 (주)바이오제노믹스 대표이사 1998년 한국실험동물산업협의회 회장 1998년 한국실험동물학회 간사 2003년 (주)오리엔트 대표이사 2005년 (주)오리엔트바이오 대표이사 회장(현) 2005년 대한독성유전단백체학회 부회장 2006년 (주)화인썬트로닉스 대표이사 2006년 (주)오리엔트신소재 대표이사 2006년 (주)오리엔트바이오NHP 대표이사 2006년 (주)오리엔트젠(HK) 대표이사 2006년 학교법인 해은학원 이사장 2007년 (주)오리엔트파마시아 대표이사 2008년 대한환경위해성보건과학회 부회장 2009년 (주)오리엔트GS 대표이사 2009년 전경련 국제경영원 바이오산업최고과정 동창회장 2009년 한국군사학회 부회장 2010년 (재)글로벌네트워크 이사(현) 2010년 한국무역협회 이사 2010년 농림수산식품부 과학기술위원 2010년 오리엔트전자 대표이사(현), (사)한국시계공업협동조합 이사, (주)오리엔트씨알오 대표이사, (주)오리엔트플라스틱 대표이사, (주)오리엔트첨단소재 대표이사 2011년 (주)오리엔트정공 대표이사 회장(현) 2012년 (주)베니아 회장(현) [상]대한민국기술대전 특별상, 신지식인 특허인상, 지식경제부장관표창(2009), 창조경영인대상(2009), 과학기술훈장 진보장(2010), 대한민국경제리더 대상(2010), 장영실국제문화과학대상(2011), 대한민국 세종대왕 나눔봉사대상(2013), 검찰총장표창(2015)

장재혁(張宰赫) CHANG Jae Hyuk

[생]1964 · 1 · 2 [출]경북 영주 [주]세종특별자치시 도움4로13 보건복지부 연금정책국(044-202-3700) [학]대륜고졸, 성균관대 행정학과졸 [경]1990년 행정고시 합격(34회) 2002년 보건복지부 총무과 서기관 2003년 同기획관리실 행정관리담당관 2004년 同보건정책국 약무식품정책과장, 세계보건기구(WHO) 파견 2006년 보건복지부 노인요양제도팀장 2008년 보건복지가족부 요양보험제도과장 2009년 同국민연금정책과장(부이사관) 2009년 同기획조정실 국제협력관 2010년 보건복지부 기획조정실 국제협력관 2010년 同저출산고령사회정책실 노인정책관(고위공무원) 2011년 교육 파견(고위공무원) 2013년 보건복지부 기획조정실 정책기획관 2014년 駐멕시코 공사참사관 2016년 보건복지부 연금정책국장(현)

장재현(張在賢) CHANG Jae Hyoun

[생]1949 · 7 · 9 [출]충북 진천 [주]경북 칠곡군 기산면 지산로634 경북과학대학교 총장실(054-979-9001) [학]1967년 경북고졸 1972년 서울대 법대졸 1974년 경북대 대학원졸 1991년 법학박사(성균관대) [경]1982~1987년 동국대 법경대 전임강사 · 조교수 1987~2014년 경북대 법대 조교수 · 부교수 · 교수 1991년 스위스 프리브르그대 객원교수 1995년 경북대 법과대학장 1995년 同행정대학원장 겸임 2007~2008년 同법과대학장 겸 법학전문대학원설립추진위원장 2009~2011년 同법학전문대학원장 2014년 同법대 법학부 명예교수(현) 2015년 경북과학대 총장(현) [상]저서 '계약법의 현대적 과제' 학술진흥재단우수학술도서 선정(2009), 옥조근정훈장(2014) [저]'채권법총론'(2006, 경북대 출판부) '채권법각론'(2007, 경북대 출판부) '계약법의 현대적 과제'(2007, 경북대 출판부) '주석민법'(2010, 정림사)

장재호(張宰豪) Jang, Jae-Ho

[생]1964 · 6 · 20 [주]대구 수성구 청수로43 대구경북연구원 기획경영실(053-770-5071) [학]계명대 전자계산학과졸, 경북대 대학원 컴퓨터공학과졸, 지역정보학박사(경북대) [경]대구경북경제통합추진위원회 위원, 경북RFID혁신기반사업단 운영위원, 의료텔레매틱스사업단 운영위원, 대한지리정보학회 이사, u-경북협의회 간사, 대구시 남구 · 동구지역정보화촉진위원회 위원, 대구경북연구원 첨단산업연구실장, 同지식산업연구실장, 同녹색산업연구실 연구위원 2011년 同기획경영실장 2013년 同창조산업연구실장 겸 연구심의위원장 2014년 同창조경제연구실장 2015년 同대구연구본부장 2016년 同기획경영실장(현)

장정석

[생]1973 · 4 · 12 [주]서울 구로구 경인로431 고척스카이돔구장內 넥센히어로즈(02-3660-1000) [학]덕수상고졸, 중앙대졸 [경]1996~2001년 프로야구 현대 유니콘스 소속 2002~2004년 프로야구 기아 타이거즈 소속 2004년 현역 은퇴 2005년 프로야구 현대 유니콘스 전력분석팀장 2009년 프로야구 넥센 히어로즈 매니저 2016년 同운영팀장 2016년 同감독(계약기간 3년 · 계약금 2억원 · 연봉 2억원 등 총액 8억원)(현)

장정숙(張貞淑 · 女) Chang Jung Sook (和元)

[생]1952 · 1 · 17 [출]대전 [주]서울 영등포구 의사당대로1 국회 의원회관902호(02-784-1530) [학]경기여고졸 1976년 서울대 음대졸 1984년 연세대 교육대학원 음악교육학과졸 [경]아침을여는여성들의평화모임 공동대표, 민주평화국민회의 공동대표 2010~2014년 서울시의회 의원(비례대표, 민주당 · 민주통합당 · 민주당 · 새정치민주연합) 2010년 同문화관광위원회 위원 2010~2011년 同윤리특별위원회 위원 2010~2012년 同여성특별위원회 위원 2010년 同해외문화재찾기특별위원회 위원 2010년 (사)한국투명성기구 자문위원, (사)녹색환경운동 이사 2011년 서울시의회 한강르네상스특혜비리규명행정사무조사특별위원회 위원 2012년 同지하철9호선및우면산터널등민간투자사업진상규명특위 부위원장 2012년 同문화체육관광위원회 위원 2012년 同예산결산특별위원회 위원 2013년 同남북교류협력지원특별위원회 위원 2013년 同여성특별위원회 위원장 2013년 同사립학교투명성강화특별위원회 위원 2013년 민주당 서울시당 윤리위원회 위원 2014년 서울시의원선거 출마(새정치민주연합) 2016년 제20대 국회의원(비례대표, 국민의당)(현) 2016년 국민의당 원내대변인 겸 공보담당 원내부대표(현) 2016년 국회 운영위원회 위원(현) 2016년 국회 안전행정위원회 위원(현) 2016년 국회 지방재정 · 분권특별위원회 간사(현)

장정숙(張正淑·女) JANG Jung Suk

ⓢ1961·8·21 ⓞ대구 ⓙ대전 서구 청사로189 특허심판원 심판6부(042-481-5561) ⓗ1984년 연세대 화학과졸 1990년 광화학박사(미국 오리건대) ⓔ1990~1992년 미국 미시건주립대 박사 후 과정 1992~1993년 미국 보스턴대 박사 후 과정 1993~1997년 한국화학연구소 분석실 선임연구원 1997년 특허청 심사3국 무기화학과 심사관 2006년 同화학생명공학심사본부 정밀화학심사팀 서기관 2007년 특허심판원 심판관 2011~2012년 특허청 국제특허심사팀장 2013년 고용휴직(과장급) 2016년 특허심판원 심판6부 심판관(현)

장정순(張正淳) CHANG, Chung-Soon

ⓢ1942·9·18 ⓑ결성(結城) ⓞ서울 ⓙ인천 연수구 송도미래로30 송도BRC 스마트밸리B동103호 (주)펄자임(032-260-3150) ⓗ1961년 보성고졸 1965년 서울대 문리대 동물학과졸 1975년 同대학원 동물학과졸 1980년 의학박사(일본 昭和大學) ⓔ1968년 원자력청 원자력연구소 생물학연구실 원자력연구사 1972~1978년 한국원자력연구소 방사선생물학연구실 선임연구원 1978~1988년 인하대 이과대학 생물학과 조교수·부교수 1982년 同교학부장 1988~2008년 同의대 생화학교실 교수 1989~1991년 한국과학재단 기초과학연구지원센터 부장 1995~2000년 한국기초과학연구원 생물분야 전문위원 1998년 인하대 연구처장 2000년 同연구교류처장 2001년 同의과학연구소장 2003년 한국과학기술단체총연합회 인천과총 감사(현) 2004년 한국과학문화재단 동아일보사 동아Science 과학기술앰배서더(현) 2004~2007년 국제황해학회(ISYSR) 한국측 본부이사 2005년 송도테크노파크 인천시바이오산업발전협의회장 2008년 인하대 명예교수(현) 2008년 인천테크노파크 생물공학실 석좌연구원 2008년 (주)펄자임 대표이사(현) ⓢ인천시과학기술상 과학부문 금상(2005), 인천시교원단체총연합회 교육공로상(2007), 녹조근정훈장(2008) ⓩ특허 '갯지렁이로부터 프로테아제의 분리 및 정제 방법' ⓡ불교

장정욱(張正郁)

ⓢ1962·10·27 ⓙ서울 영등포구 여의대로66 KTB빌딩 6층 KTB투자증권 커뮤니케이션실(02-2184-2016) ⓔ1989년 럭키증권 입사 1998년 LG증권 홍보팀 근무 1999년 LG투자증권 홍보팀장 2005년 우리투자증권 홍보실장 2009년 우리금융지주 홍보실장 2011년 同상무 2014년 우리투자증권 우리인재원장 2016년 KTB투자증권 커뮤니케이션실장(전무)(현)

장정은(張廷銀·女) JANG Jung Eun

ⓢ1967·6·21 ⓑ인동(仁同) ⓞ부산 ⓙ경기 수원시 장안구 정조로944 새누리당 경기도당(031-248-1011) ⓗ1986년 서울예술고졸 1990년 경원대 응용미술학과졸 2003년 同대학원 의료정보경영학과졸 2011년 보건학박사(경원대) ⓔ1990~2000년 전일테크노스 감사 2000년 성남병원 행정부원장 2001년 성남시민포럼 감사 2002년 同공동대표 2002년 경기도의회 의원(비례대표, 한나라당) 2004년 한나라당 경기도당 여성위원장 2004년 연세모두병원 부원장 2006·2010~2012년 경기도의회 의원(한나라당) 2006~2008년 同부의장 2012년 새누리당 부대변인 2015~2016년 제19대 국회의원(비례대표 승계, 새누리당) 2015년 국회 여성가족위원회 위원 2016년 새누리당 경기도당 부위원장(현) ⓢ의정대상(2005), 중부율곡대상(2007), 의정대상 최우수상(2009)

장정자(張貞子·女) CHANG Chung Ja

ⓢ1935·10·11 ⓞ서울 ⓙ서울 강남구 압구정로127 현대고등학교 이사장실(02-546-9272) ⓗ1956년 서울대 음대졸 1959년 독일 뮌헨국립음악대졸 1961년 독일 함부르크국립음악대졸 ⓔ1977년 관훈클럽 신영연구기금 이사(현) 1983~1995년 대한적십자사 여성봉사특별자문위원·자문위원장 1985년 서울현대학원 이사장(현) 1995년 대한적십자사 서울지사 상임위원 1998~2002년 同부총재 2015년 同박애문화위원회 전문위원(현)

장정자(張貞子·女) Joan Chang

ⓢ1952·5·27 ⓞ광주 ⓙ서울 종로구 사직로8길39 세양빌딩 김앤장법률사무소(02-3703-1831) ⓗ1974년 이화여대 영어영문학과졸 1980년 미국 피츠버그대 대학원졸(MBA) ⓔ1974~1976년 체이스맨하탄 은행(서울) 근무 1980년 미국 ABN AMRO 피츠버그지점 근무 1983년 미국 Mellon Bank 피츠버그본점 근무 1990~2001년 미국 센트럴텍사스칼리지 경영학과 교수 1998~1999

년 미국 The Boston Company 자산관리 근무 1999년 우리은행 여신감리부장 2000~2005년 주한미국상공회의소(AMCHAM) 금융서비스위원회 공동위원장 2005년 금융감독원 국제협력실장 2008년 同국제협력국장 2008~2010년 국제보험감독자총회 집행위원 2010년 금융감독원 국제보좌관 2010년 김앤장법률사무소 고문(현) 2010년 駐韓미국상공회의소 자본시장및금융서비스위원회 공동위원장(현) 2012년 영국상공회의소 집행위원(현) ⓩ'금융기관론(共)'(2011, 율곡출판사)

장정진(張程進) Joung Jin JANG

ⓢ1974·2·20 ⓑ흥성(興城) ⓞ서울 ⓙ세종특별자치시 갈매로477 기획재정부 재정기획국(044-215-5740) ⓗ경기고졸, 서울대 정치학과졸 ⓔ2004년 기획예산처 균형발전지원2과 서기관 2005년 미국 하버드대 케네디스쿨 석사과정 파견(교육훈련) 2008년 기획재정부 교육과학예산과 서기관 2009년 녹색성장위원회 파견 2014년 기획재정부 재정기획국 중기재정전략과장 2016년 同재정기획국 재정건전성관리과장(현)

장정호(張晶皓) Cheong-Ho, Chang

ⓢ1965·7·29 ⓞ광주 ⓙ서울 영등포구 의사당대로83 세원셀론텍(주) 임원실(02-2167-9010) ⓗ1984년 중동고졸 1991년 가톨릭대 의과대학졸 ⓔ1997~2000년 가톨릭대 의과대학 전임강사·가톨릭정형외과연구소 부실장 2000~2003년 (주)셀론텍 연구소장 2001년 보건복지부 중앙약사심의위원 2002년 식품의약품안전청 세포치료제전문위원 2003~2005년 (주)셀론텍 대표이사 2005년 세원셀론텍(주) 회장(현) 2006~2012년 에쓰씨엔지니어링(주) 대표이사 2012년 同공동대표이사(현) ⓢ대통령표창(2014)

장제국(張濟國) Jekuk Chang

ⓢ1964·8·12 ⓙ부산 사상구 주례로47 동서대학교 총장실(051-320-1500) ⓗ미국 조지워싱턴대 정치학과졸, 同국제관계대학원졸 1993년 법학박사(미국 시라큐스대) 2001년 정치학박사(일본 게이오대) 2013년 명예박사(리투아니아 미콜라스로메리스대) ⓔ미국 변호사, 일본 이토추종합상사 정치경제연구소 특별자문역, 미국 몰렉스(주) 동북아시아지역본부 감사변호사, 일본 게이오대 객원연구원, 동서대 국제관계학과 교수, 同일본연구센터 소장, 同국제협력위원장 2007~2011년 同제1부총장, 외교통상부 정책자문위원, 한일포럼 운영위원(현), 한일차세대대학술포럼 대표(현) 2011년 동서대 총장(현) 2013년 외교부 정책자문위원(현) 2016년 駐부산 헝가리 명예영사(현) ⓢ일한문화교류기금상(2010), 중국 국가한판·공자아카데미 총본부 선진개인상(2012)

장제원(張濟元) Chang Je Won

ⓢ1967·4·13 ⓑ인동(仁同) ⓞ부산 ⓙ서울 영등포구 의사당대로1 국회 의원회관607호(02-784-3851) ⓗ여의도고졸, 중앙대 신문방송학과졸 2001년 同신문방송대학원 신문학과졸 ⓔ1999~2001년 동서대 동서미디어센터장 2000년 (주)iKNN(KNN 인터넷방송국) 이사 2001년 경남정보대학 방송영상계열 교수 2001~2003년 KNN영상문화원 원장 2002~2005년 경남정보대학 부학장 2002년 부산디지털대 개교준비위원장 2002~2005년 부산영상위원회(BFC) 운영위원 2002~2005년 부산청년연합회 고문 2002~2005년 부산사상기업발전협의회 자문위원 2003년 부산국제영화제 집행위원 2004~2005년 한나라당 청년위원회 부위원장 2004년 부산시양궁협회 회장 2005~2007년 경남정보대학 수석부학장 2005년 同대학발전전략본부장 2005년 부산국제영화제 주관 AFA(Asian Film Academy) 운영위원 2006~2007년 경남정보대학 KIT사랑의봉사센터장 2007년 同학장 직대 2007년 선진국민연대 교육문화위원장 2007년 (사)부산시산업장애인협회 상임고문 2008년 대통령직인수위원회 사회교육문화분과 상임자문위원 2008년 제18대 국회의원(부산시 사상구, 한나라당·새누리당) 2009~2010년 한나라당 원내부대표, 同제1정책조정위원회 부위원장 2010년 同부산시당 일자리만들기나누기지키기특별위원장 2010년 同대표특보 2010년 同2010지방선거 공천심사위원, 同부산시당 대외협력위원장 2016년 제20대 국회의원(부산시 사상구, 무소속·새누리당)(현) 2016년 국회 예산결산특별위원회 위원(현) 2016년 국회 안전행정위원회 위원(현) 2016년 국회 저출산·고령화대책특별위원회 간사(현) 2016년 새누리당 부산시사상구당원협의회 조직위원장(현) ⓢ교육인적자원부장관표창(2005), 부산시장표창(2007), 노동부장관표창(2008), 국정감사 NGO모니터단 선정 우수의원(2008·2009·2011), 국회사무처 선정 입법우수의원(2011) ⓩ'사람과 미디어'(2006) ⓡ기독교

장종산(張鍾山) CHANG Jong San

[생]1964·12·13 [출]광주 [주]대전 유성구 가정로141 한국화학연구원 CCP융합연구단 올레핀분리팀(042-860-7673) [학]1986년 서울대 화학교육과졸 1988년 한국과학기술원(KAIST) 화학과졸(석사) 1996년 이학박사(한국과학기술원) [경]1988년 한국화학연구원 신화학연구단 바이오리파이너리연구센터 책임연구원 1999년 미국 캘리포니아대 산타바바라교(UCSB) Materials Research Laboratory 초빙연구원 2003~2005년 과학기술부 나노촉매사업단장 2004년 同나노기술연감편찬위원회 편찬위원 2004년 제5차 Joint Symposium of Nanocomposites and Nanoporous Materials 공동조직위원장 2005년 산업자원부 핵심기술개발사업나노촉매산업단장 2007년 한국화학연구원 바이오리파이너리연구센터장 2011년 同그린화학공정연구본부 바이오리파이너리연구그룹장 2013년 성균관대 화학과 학연교수(현) 2014년 한국화학연구원 그린화학공정연구본부 나노촉매연구센터장 2015년 同CCP융합연구단 올레핀분리팀장(현) [상]미국 화학회 'Nanotechnology in Catalysis' 심포지움 최우수논문상 및 최우수발표상(2001), 한국화학연구원 채영복논문상(2004), 한국과학기술단체총연합회 우수논문상(2005), 대한화학회 학술진보상(2006), 대한화학회 재료화학분과 우수연구자상(2007) [저]'나노세공체와 나노촉매(共)'(2002) [역]'메조구조물질내에서의 나노기술'(2003) '마이크로파를 이용한 나노세공물질의 합성 및 조립(共)'(2003) [종]가톨릭

장종수(張鍾洙) CHANG Jong-Soo

[생]1962·9·27 [본]안동(安東) [출]경북 예천 [주]경기 포천시 호국로1007 대진대학교 생명화학부(031-539-1853) [학]1980년 달성고졸 1984년 경북대 생물교육과졸 1986년 同대학원 생물학과졸 1991년 이학박사(경북대) [경]1991년 경북대 강사 1992~1994년 미쓰비시화학 생명과학연구소 특별연구원 1994~1995년 생명공학연구소 응용미생물연구그룹 연구원 1995~1997년 포항공대 생물공학연구소 연구원 1997년 대진대 생명화학부 전임강사·조교수·부교수·교수(현) 2005~2006년 포항공대 분자생명과학부 교환교수 2006~2008년 대진대 대학특성화사업단장 2012~2014년 同정보전산원장 2015년 同생명화학부장 [역]'필수유전학'(2007, 월드사이언스) '기초생화학'(2007, 자유아카데미) '왓슨분자생물'(2010, 바이오사이언스) '인체생리학'(2012, 라이프사이언스) [작]'Over-expression of phospholipase C-gamma1 leads to malignant transformation in rat 3Y1 fibroblast'(1997, Cancer research 57권 5465-5468)

장종욱(張鍾旭) Jang Jong Wook

[생]1961·2·24 [출]부산 [주]부산 부산진구 엄광로176 동의대학교 컴퓨터공학과(051-890-1709) [학]1987년 부산대 계산통계학과졸 1991년 충남대 대학원졸 1995년 공학박사(부산대) [경]1987~1995년 한국전자통신연구소 통신연구단 연구원 1995년 동의대 컴퓨터공학과 교수(현) 1996년 파키스탄 전자연구소 자문위원 1997년 한국전자통신연구원 표준센터 초빙연구원 1999~2000년 미국 미주리주립대 방문교수 2007년 동의대 전산정보원장 2011년 同스마트IT연구소장(현) 2014~2016년 同ICT공과대학장 겸 영상정보대학원장 2015년 同국제협력센터 소장(현) [저]'정보와 컴퓨터'(1996) '인터넷 정보'(1996) '파일처리'(1997) '운영체제'(1997) '전산정보'(1998) '파일처리론'(1998) '인터넷 이론 및 실습'(1998) 'ATM-LAN'(1999) '데이타통신과 네트워크통신'(2001) '초고속통신망과 LAN기술'(2001) '컴퓨터활용 홈페이지 제작'(2003) '컴퓨터활용 엑셀2002'(2003, 두양사) '컴퓨터활용시리즈 문서작성'(2003, 두양사) '지적인 과학기술문장 쓰기'(2005, 북스힐) 'SNS와 스마트 세상 이해'(2011, 한산)

장종준(蔣種準) JANG Jong Jun

[생]1961·12·17 [주]서울 영등포구 국제금융로2길25 유수홀딩스빌딩21층 펜타시스템테크놀러지(주) 비서실(02-769-9700) [학]1980년 보성고졸 1984년 경희대 경영학과졸 2000년 고려대 경영정보대학원졸 [경]쌍용정보통신(주) 근무 1999~2003년 펜타시스템테크놀러지(주) 상무이사 2003년 同대표이사 사장(현) [상]하이테크어워드 경영대상, 철탑산업훈장(2015)

장종태(張鍾泰) Chang Jong-tae

[생]1953·2·8 [본]인동(仁同) [출]전남 영광 [주]대전 서구 둔산서로100 서구청 3층 구청장실(042-611-6001) [학]고졸검정고시 합격, 목원대졸, 同대학원 행정학과졸 2007년 행정학박사(대전대) [경]대전시 서구 생활지원국장, 배재대 행정학과 겸임교수 2010년 대전시 서구청장 선거 출마(민주당), 충남도 감사위원회 수석감사위원, (사)한국소아당뇨인협회 대전·충남지부장(현), (사)한국공공행정연구원 이사(현) 2014년 새정치민주연합 중앙위원 2014년 대전시 서구청장(새정치민주연합·더불어민주당)(현) 2015년 더불어민주당 중앙위원(현) [상]내무부장관표창(1984), 문화체육관광부장관표창(1995), 행정자치부장관표창(2000), 국무총리표창(2003), (사)한국공공행정학회 올해의 으뜸공무원(2005), 홍조근정훈장(2010), 자랑스런 목원인상 사회봉사부문(2014), 유권자시민행동 대한민국유권자대상(2015), (사)부패방지국민운동총연합회 부패방지 청렴공직인(2016) [저]'활짝 웃는 내일로 함께 가자'(2014) [종]기독교

장종현(張鍾賢) CHANG Jong Hyun

[생]1948·9·30 [출]인천 [주]서울 중구 퇴계로97 고려대연각센터빌딩20층 (주)리마 사장실(02-6959-9282) [학]1967년 제물포고졸 1975년 서강대 상과대졸 1984년 미국 펜실베니아 와튼스쿨 경영대학원졸 [경]국제경영전략개발원 대표이사, 비상경제대책위원회 자문위원, Booz Allen & Hamilton코리아 사장, (주)LG화학 사외이사, 한국유리공업(주) 사외이사 2004년 대통령자문 국민경제자문회의 위원 2008년 부즈앤컴퍼니 사장 2014년 비앤엠씨코리아 사장 2015년 (주)리마 대표(현)

장종호(張宗鎬) CHANG Jong Ho

[생]1944·11·16 [본]인동(仁同) [출]평남 평양 [주]서울 강동구 올림픽로682 장종호정형외과(02-472-0002) [학]1962년 경북사대부고졸 1968년 가톨릭대 의대졸 1977년 의학박사(가톨릭대) 1982년 건국대 행정대학원 도시개발학과 수료 2000년 고려대 정책대학원 수료 [경]1973~1979년 가톨릭대 의대 정형외과학교실 전임강사·조교수·부교수 1977년 同의대 부속 성빈센트병원 정형외과장 1978년 同의대 부속 성바오로병원 정형외과장 1979년 同의대 부속 성모병원 정형외과 교수 1980년 동부병원 원장 1985년 강동가톨릭병원 부원장 1985~1995년 강동구노인대학 이사장 1987~2009년 의료법인 백산의료재단 강동가톨릭병원 이사장 1992~2008년 同원장 1993~1995년 강동경찰서 행정자문위원장 1995~1998년 가톨릭대 총동창회장 1995년 강화지역사회의료재단 강화병원 이사장 1996~2002년 한국체육대 대학원 겸임교수 1997~1999년 가톨릭대 부총장 1997년 한국체육대 대학원 외래교수 1998~2002년 서울시중소병원협회 회장 1998년 서울지법 동부지원 조정위원(현) 2000~2002년 민주평통자문회의 강동구협의회장 2001년 바르게살기운동본부중앙회 부회장 2005~2008년 한국의료재단연합회 회장 2006~2009년 의료법인 백산의료재단 강동가톨릭병원 원장 2008년 건강보험심사평가원 원장 2009년 강동가톨릭병원 전문의 2010~2011년 친구병원 전문의 2011년 장종호정형외과 원장(현) [상]내무부장관표창, 노동부장관표창 [저]'요통의 치료'(1986) '통풍'(1990) '병을 알면 장수한다'(1994) '물 알고 마시자'(1996) '류마티스성 관절염'(1997) '당신도 120세까지 살 수 있다'(1999) '골프스윙200'(2001) '무릎이 아프다'(2005) [종]가톨릭

장종환(張宗煥) CHANG Chong Hwan

[생]1950·11·7 [출]서울 [주]서울 노원구 노원로75 한국원자력의학원(02-970-2053) [학]1973년 서울대 화학과졸 1975년 同대학원 물리화학과졸 1982년 구조결정학박사(미국 피츠버그대) [경]1982~1991년 미국 아르곤국립연구소 연구원 1985~1991년 미국 일리노이대 약학대학 겸임교수 1991~2001년 미국 듀폰제약社 단백질구조결정학연구그룹 책임자 2001년 미국 브리스톨마이어스스퀴브社 단백질구조결정학 및 분자설계연구그룹 책임자 2003년 同리서치펠로우 2005년 (주)녹십자 부사장(CTO) 2010년 보건산업진흥원 식의약산업본부장 2011~2014년 오송첨단의료산업진흥재단 신약개발지원센터장 2013년 한국원자력의학원 비상임이사(현) [상]대한민국 과학기술포장(2009) [종]기독교

장종훈(張宗勳) JANG Jong Hoon

[생]1953·11·13 [본]인동(仁同) [출]경남 김해 [주]울산 남구 대학로93 울산대학교 공과대학 기계공학부(052-259-2589) [학]1979년 울산대 기계공학과졸 1983년 미국 미네소타대 대학원졸 1988년 기계공학박사(미국 Georgia Institute of Technology) [경]1979~1981년 국방과학연구소 연구원 1988~1989년 미국 Wright State Univ. 연구원 1989~1993년 미국 NASA Glenn Research Center 근무 1993년 울산대 기계자동차공학부 교수, 同공과대학 기계공학부 기계자동차공학전공 교수(현) 2001~2003년 同연구교류처장 겸 산학협동본부장 2010년 同외국어교육원장 2014년 同대학원장(현) [저]'풍력터빈의 기초'(2010, 도서출판 GS인터비전) '신재생에너지 입문'(2012, 도서출판 GS인터비전)

장주석(張周錫) Chang Chu Seock

[생]1954·7·13 [본]인동(仁同) [출]경북 [주]경북 구미시 산동면 강동로730 경운대학교 총장실(054-479-1100) [학]1982년 영남대 전자공학과졸 1984년 同대학원졸 1997년 공학박사(영남대) [경]민주평통 자문위원, 한국대학교육협의회 종합평가위원 1984년 대구전문대학 전임강사·조교수·부교수·교수 1997년 경운대 교수·교무처장 1998년 同모바일공학과 교수(현) 1999년 학교법인 한별학숙 이사 2000년 경운대 부총장 2000년 한국정보과학회 논문지심사위원 2011년 경운대 IT멀티미디어대학장 2012년 同부총장 2015년 同총장(현) [상]부총리 겸 교육인적자원부장관표창(2003) [저]'전산학개론 디지털회로 실험 컴퓨터활용'

장주성(張周成) Jang Joo Seong

[생]1959·1·3 [출]경남 남해 [주]서울 중구 을지로79 IBK기업은행 임원실(02-729-6226) [학]부산 금성고졸, 경상대 경영학과졸 [경]1982년 IBK기업은행 입행 2005년 同동수원드림기업지점장 2006년 同화성봉담지점장 2008년 同직원만족부장 2009년 同파주지점장 2011년 同기관고객부장 2012년 同검사부장 2013년 同경수지역본부장 2014년 同신탁연금본부 겸 카드사업본부 부행장 2015년 同기업고객본부 부행장 2015년 同기업고객그룹장(부행장) 2016년 同경영지원그룹장(부행장)(현)

장주영(張朱煐) CHANG Chu Young

[생]1963·9·1 [출]전남 신안 [주]서울 서초구 서초중앙로24길12 영생빌딩4층 법무법인 상록(02-3482-3322) [학]1982년 목포고졸 1986년 서울대 공법학과졸 2001년 미국 워싱턴대 법학전문대학원졸(LL. M.) [경]1985년 사법시험 합격(27회) 1988년 사법연수원 수료(17기) 1988년 육군 중위 1991년 변호사 개업 1998년 법무법인 상록 대표변호사(현) 2002년 미국 뉴욕주 변호사자격 취득 2002~2004년 대한변호사협회 인권위원 2003~2005년 학교법인 상지학원 감사 2003~2004년 대법원 사법개혁위원회 전문위원 2004~2005년 국가인권위원회 국가인권정책기본계획추진기획단 위원 2004~2006년 민주사회를위한변호사모임 사무총장 2005~2007년 학교법인 상지학원 이사 2006~2008년 KBS 시청자위원 2006~2007년 사법연수원 저작권법 강사 2007년 고려대 법무대학원 미국저작권법 강사 2007년 국가인권위원회 행정심판위원회 위원 2008년 민주사회를위한변호사모임 부회장 2009년 국가인권위원회 위원 2011년 KAIST 지식재산대학원 글로벌저작권법 강사(현) 2012~2014년 민주사회를위한변호사모임 회장 2015년 한국방송공사(KBS) 이사(현) [저]'증보판 미국 저작권 판례'(2012) [역]'미국수정헌법 제1조와 표현의 자유 판결'(2015, 육법사) [종]가톨릭

장주원(張周元) JANG Ju Won (刻道人)

[생]1937·10·5 [본]인동(仁同) [출]전남 목포 [주]경기 수원시 영통구 광교산로154의42 경기대학교 호연관9202호 (주)제이맥(031-243-2157) [학]1956년 목포 문태고졸 2001년 명예 미술학박사(경기대) [경]1964년 옥공예 입문 1982년 일본 도쿄 세계공예인전 옥공예작품 출품 1984년 동아일보 초대전 1986년 중요무형문화재 제100호 옥장(玉匠) 기능보유자 지정(현) 1995년 전통공예가회 부회장 1999년 한국중요무형문화재총연합회 이사장 1999~2005년 경기대 석좌교수 2000년 (주)제이맥 고문(현) 2002년 미국 뉴욕 롱아일랜드전 초대전 출품 2004년 광주 명예시민 위촉 [상]한국정승공예전 입상(1980), 전국공예품경진대회 전남예선 최우수상·우수상(1981·1983), 전국공예품경진대회 상공부장관표창(1982), 세계대학총장회의 평화문화상(1986), 성옥문화상 예술대상(1988), 목포시민의상 문화예술대상(1994), 화관문화훈장(2006) [종]기독교

장주호(張周鎬) CHANG Ju Ho (滄海)

[생]1937·2·8 [출]충북 단양 [주]서울 송파구 올림픽로424 올림픽공원內 올림픽회관401호 한국체육인회(02-2144-8156) [학]1957년 단양고졸 1967년 국민대 행정학과졸 1969년 서울대 행정대학원졸 1973년 미국 스프링필드대 체육대학원 박사과정 수료 1980년 감리교신학대 선교대학원졸 1982년 행정학박사(단국대) [경]1966년 대한유도회 이사 1974년 대한체조협회 부회장 1974~1983년 서울YMCA 부총무 1975년 대한유도회 전무이사 1976년 라운드테이블연맹 총회장 1977년 대한체육회 감사 1979년 대한유도회 부회장 1980~1982년 同회장·KOC 상임위원 1981년 대한올림픽아카데미 회장 1983~2002년 경희대 체육학과 교수 1983년 사회체육센터 회장 1984년 경희대 체육부장 1985년 서울올림픽스포츠과학학술회의조직위원회 부위원장 1986년 SLOOC 사무차장 1986년 同경기담당 사무차장 1989년 국제건강체육레크리에이션학회 부회장 1989년 IOC 생활체육분과위원 1993년 경희대 체육과학대학장 1993~2001년 대한올림픽위원회 부위원장 1996년 同사무총장 1997년 한국사회체육센터 이사장 1997~2001년 국제사회체육연맹 부회장 1999~2002년 한국체육과학연구원 원장 2000년 국제올림픽박람회조직위원회 부위원장 2002~2005년 대한올림픽위원회 부위원장 2002년 경희대 명예교수 2005년 KOC 고문 2006년 (사)한국체육인동우회 회장 2006년 세계태권도연맹 자문위원장 2006년 (사)한국체육인회 이사장(현) 2013년 세계생활체육연맹(TAFISA) 총재(현) 2015년 한국선진문화체육연합 총재(현) [상]체육훈장 맹호장, IOC 올림픽훈장 은장 [저]'신체적성운동' '현대인과 체력증진' '비교체육론' '현대체육원리' '올림피즘의 교육학' [역]'현대인을 위한 신체적성운동' [종]기독교

장준규(張駿圭)

[생]1957 [출]충남 서산 [주]충남 계룡시 남선면 부남리 사서함57호 육군본부(02-505-6000) [학]서울 경동고졸 1980년 육군사관학교졸(36기) [경]육군 제2작전사령부 교육훈련처장, 육군 특전교육단장, 이라크 평화재건사단 민사여단장, 육군 9사단 보병연대장, 육군 제2작전사령부 작전처장 2009년 육군 21사단장(소장) 2011년 육군본부 정보작전참모부장 2012년 육군 특수전사령관(중장) 2013년 제1야전군사령부 부사령관 2014년 제1야전군사령관(대장) 2015년 육군 참모총장(대장)(현)

장준동(張浚東) CHANG Jun Dong

[생]1955·7·9 [출]서울 [주]경기 화성시 큰재봉길7 동탄성심병원 정형외과(031-8086-2025) [학]1973년 휘문고졸 1979년 연세대 의대졸 1992년 의학박사(고려대) [경]1988년 한림대 의대 동산성심병원 과장 1991년 대한정형외과학회 선발 해외순환연수 1993년 미국 코넬대 의대 연구원 1994년 미국 하버드대 의대 연구원 1995년 한림대 의대 정형외과학교실 교수(현) 1997년 미국정형외과학회(ORS) 정회원(현) 1998년 한림대 한강성심병원 정형외과장 2000년 대한정형외과학회지 편집위원 2012년 한림대 동탄성심병원 인공관절센터장(현) 2013년 대한정형외과컴퓨터수술학회 회장 2014년 同이사(현) [상]한림의료원 한림대학학술상(1989), 한림의료원 한림대학학술상(1991), 인도 인공관절학회(Indian Arthroplasty Association) 공로상(2013), 아시아 인공관절학회(Arthroplasty Society in Asia) 공로상(2015) [저]'인공관절재수술' '고관절외과학-인공고관절 전치환술 후 발생하는 비구부 골 용해의 치료'(2008, 군자출판사)

장준봉(張峻峰) CHANG Joon Bong

[생]1937·12·14 [본]인동(仁同) [출]서울 [주]서울 강남구 봉은사로317 우진빌딩8층 국학원(02-2016-3260) [학]1955년 숭문고졸 1960년 서울대 법대 법학과졸 1981년 同행정대학원 국가정책과정 수료 [경]1965~1969년 경향신문 외신부·경제부·정치부 기자 1969~1977년 同경제부 기자·경제부장 1977년 재무부 대변인 1984년 한국외환은행 이사 1989년 외환리스금융 사장 1993년 외환투자자문 사장 1994년 충북투자금융 대표이사 사장 1995년 同부회장 1995년 서울할부금융 사장 1998~1999년 고려석유화학 부회장·상임고문 1999년 한국과학기술원 테크노경영대학원 금융공학연구센터 연구위원, 애스크솔루션즈(주) 사장 2000~2002년 경향신문 사장 겸 발행인 2000년 국제언론인협회(IPI) 한국위원회 이사 2002년 아시아신문재단(PFA) 한국위원회 이사 2002~2005년 국학원 원장 2003~2010년 신문공정경쟁위원회 위원장 2006년 국학원 상임고문(현) 2008~2011년 뉴스통신진흥회 이사 2008~2011년 (재)숭문장학재단 이사장 2013년 한민족원로회 운영위원장(현) [상]저축추진중앙위원회 금나무상 [종]기독교

장준익(張浚翼) JANG Joon Ik

[생]1935·5·21 [본]인동(仁同) [출]경북 포항 [주]서울 노원구 화랑로51가길11의46 한국안보전략연구소(02-975-4071) [학]1954년 포항고졸 1958년 육군사관학교졸(14기) 1991년 한양대 행정대학원졸 [경]1966년 파월 맹호사단 중대장 1969년 육군 제21사단 대대장 1971년 육군대학 전술학교관 1975년 수도군단 정보참모 1977년 육군 제17사단 연대장 1979년 육군 제3군사령부 전술연구실장 1980년 육군사관학교 생도대장 1982년 육군 제30사단장 1984년 육군 제3군사령부 참모장 1985년 육군 제5군단장 1987년 육군사관학교 교장 1988년 예편(중장) 1992년 제14대 국회의원(전국구, 민주당) 1996년 한국안보전략연구소 소장(현), 대한민국헌정회 북핵대책특별위원회 위원장(현) [상]충무무공훈장, 월남은성무공훈장, 보국훈장 국선장·천수장·삼일장, 태극백상훈장, 중국 황색대훈장, 미국 근무공로훈장 [저]'북한 인민군대사' '북한 핵미사일 전쟁'(1999) '북한 핵위협 대비책'(2015, 서문당) [종]천주교

장준현(張準顯) June-Hyun JANG

[생]1964 · 11 · 13 [출]경기 파주 [주]전남 순천시 왕지로21 광주지방법원 순천지원(061-729-5114) [학]1983년 우신고졸 1987년 서울대 법학과졸 [경]1990년 사법시험 합격(32회) 1993년 사법연수원 수료(22기) 1993년 부산지법 판사 1996년 同울산지원 판사 1997년 수원지법 판사 2000년 서울지법 판사 2003년 同남부지원 판사 2004년 서울고법 판사 2006년 대법원 재판연구관 2008년 부산지법 부장판사 2009년 대법원 재판연구관 2011년 수원지법 부장판사 2013년 서울중앙지법 부장판사 2016년 광주지법 · 광주가정법원 순천지원장(현)

장중순(張重淳) Jang, Joong-Soon

[생]1957·5·27 [출]서울 [주]경기 수원시 영통구 월드컵로 206 아주대학교 공과대학 산업공학과(031-219-2423) [학]1979년 서울대 산업공학과졸 1981년 한국과학기술원 응용통계학과졸(석사) 1986년 공학박사(한국과학기술원) [경]1984~2012년 아주대 공과대학 산업정보시스템공학부 교수 1993~1995년 LG 생산기술원 자문교수 1994년 아주대 산업대학원 부원장 1999년 대한산업공학회 총무이사 2007~2011년 아주대 대학원 공학계열장 겸 공학연구소장 2008~2010년 同공학교육혁신센터장 2009~2011년 同공과대학장 2012년 同산업공학과 교수(현) 2014~2015년 同중소기업인력개발센터장 2015년 同기업지원센터장(현) 2015년 同대학원장(현) [상]부품소재기술상 대통령표창(2009)

장지상(張志祥) CHANG Ji Sang

[생]1956 · 3 · 18 [주]대구 북구 대학로80 경북대학교 경제통상학부(053-950-5415) [학]1978년 서울대 경제학과졸 1984년 同대학원졸 1992년 경제학박사(서울대) [경]1986~1998년 경북대 경제학과 전임강사 · 조교수 · 부교수 1989~1990년 연세대 상경대학 교류교수 1997~1998년 미국 하버드대 옌칭연구소 객원연구원 1998년 경북대 경제통상학부 교수(현) 1998~2001년 同기획부실장 2002~2004년 (재)대구테크노파크 부단장 2004~2005년 경북대 기획처장 2006~2009년 한국학술진흥재단 사회과학단장 2007~2008년 (사)한국산업조직학회 회장 2009~2010년 한국경제발전학회 회장 2011~2013년 경북대 경상대학장 겸 경영대학원장 2014년 공정거래위원회 민간심사위원(현) [저]'국가와 기업의 민주적 발전(共)'(2001) '혁신클러스터(共)'(2007) [역]'기업시스템의 비교경제학(共)'(1998)

장지영(張志永) CHANG Ji Young

[생]1956 · 5 · 20 [출]충남 [주]서울 관악구 관악로1 서울대학교 공과대학 재료공학부(02-880-7190) [학]1979년 서울대 섬유공학과졸 1981년 同대학원졸 1988년 이학박사(미국 미시간대) [경]1988년 미국 펜실베이니아주립대 Post-Doc. 1989~1992년 한국화학연구소 고분자연구부 선임연구원 1992~1998년 아주대 공과대학 공업화학과 조교수 · 부교수 1998년 서울대 공과대학 섬유고분자공학과 부교수 2001년 同공과대학 재료공학부 교수(현) 2004년 한국고분자학회 이사 · 전무 · 감사 [상]대한화학회 학술진보상(1998)

장지인(張志仁) JANG JEE IN

[생]1952 · 7 · 14 [본]인동(仁同) [출]경북 [주]서울 중구 세종대로39 대한상공회의소빌딩4층 한국회계기준원 원장실(02-6050-0151) [학]1975년 중앙대 경영학과졸 1978년 서울대 대학원졸 1988년 회계학박사(미국 뉴욕주립대) [경]1975~1979년 국방과학연구소 경제분석실 연구원 1979~1982년 한국국방연구원 선임연구원 1988~1990년 미국 시라큐스대 조교수 1990년 중앙대 경영학부 교수(현) 1993~2000년 정보통신정책학회 이사 1995년 한국회계학회 이사 1998~2000년 한국공기업학회 상임이사 2001~2005년 중앙대 국제경영대학원장 겸 경영대학장 2002년 한국공기업학회 부회장 2003년 한국경영학회 감사 2004~2005년 한국회계학회 부회장 2004~2006년 기획예산처 정부투자기관경영평가단장 2004~2010년 국무조정실 복권위원회 위원 2005~2006년 행정자치부 정부혁신관리평가단장 2005~2009년 YTN 사외이사 2007~2010년 대한경영학회 부회장 2007~2011년 한국공기업학회 회장 2008~2011년 한국공항공사 비상임이사 2008~2011년 同감사위원회 위원장 2009~2010년 한국회계학회 회장, 기업지배구조원 지배구조위원회 위원, 감사원 국민감사청구심사위원회 위원장 2009~2010년 국세청 국세행정위원회 위원 2010년 탄소정보공개프로젝트(CDP) 한국위원회 위원장(현) 2010년 중앙대 경영경제계열 부총장 2014년 한국회계기준원 원장 겸 회계기준위원회 위원장(현) [상]한국회계학회 학술상(1992), Distinguished Research Award(2002), 한국회계학회 회계학이론연구상(2004), 근정포장(2006) [저]'SAS/PC를 이용한 통계자료분석'(1995) '회계정보의 이해'(1995) '중급회계'(1999) '재무제표의 이해'(2000) '원가관리회계'(2001) '기업신용평가'(2006) '신용위험평가'(2006) [종]기독교

장지종(張志鍾) CHANG Ji Jong

[생]1950·7·18 [출]경북 칠곡 [주]서울 강동구 상일로6길26 삼성엔지니어링(주) 임원실(02-2053-3000) [학]1969년 경주고졸 1973년 영남대 법정대학 행정학과졸 1991년 미국 캔자스대 대학원 경제학과졸 [경]1973년 행정고시 합격(14회) 1975~1984년 상공부 행정관리담당관실·이리관리소·미주통상과·기업과·중소기업정책과 행정사무관 1985~1993년 駐이란 상무관·상공부 법무담당관·해외유학 1993년 상공부 통상협력과장 1994년 同중소기업정책과장 1996년 중소기업청 지원총괄국장 1997년 미국 위스콘신대 메디슨교 파견 1999년 중소기업청 중소기업정책국장 2001년 중소기업특별위원회 사무국장 2001~2003년 중소기업청 차장 2003~2006년 중소기업협동조합중앙회 부회장 2005년 한국노동교육원 비상임이사 2006~2009년 중소기업중앙회 상근부회장 2008년 대통령직속 규제개혁위원회 민간위원 2008년 근로복지공단 비상임이사 2009~2012년 중소기업연구원 원장 2010년 국민경제자문회의 민간위원 2012년 한남대 대외협력부총장 2013~2016년 同산학협력부총장 2014년 삼성엔지니어링(주) 사외이사 겸 감사위원(현) 2014년 중소기업사랑나눔재단 이사(현) [상]상공부장관표창(1983), 근정포장(1987), 홍조근정훈장(1994)

장지학(張志學) CHANG, JI HAK

[생]1961·3·31 [주]서울 중구 통일로10 연세빌딩 현대오일뱅크 Global사업본부 임원실(02-2004-3000) [학]2006년 고려대 대학원 국제경영학과졸 [경]2009년 현대오일뱅크 S&T본부 원유팀장(상무B) 2011년 同상무 2013년 同전무 2013년 현대코스모오일 대표이사(현) 2016년 현대오일뱅크 Global사업본부장(부사장) 겸임(현)

장 진(張 震) JANG Jin

[생]1954·11·28 [출]전남 [주]서울 동대문구 경희대로26 경희대학교 정보디스플레이학과(02-961-9153) [학]1977년 서울대 물리학과졸 1979년 한국과학기술원 물리학과졸(석사) 1982년 물리학박사(한국과학기술원) [경]1982~1985년 한국과학기술원 선임연구원 1982~2007년 경희대 물리학과 조교수·부교수·교수 1987년 한국과학기술원 물리학과 대우교수 1994년 경희대 LCD기반기술사업(디스플레이연구조합) 위원장 1996년 同차세대평판표시소자(G-7)사업부장 1998~2001년 同LCD거점연구단장 1999년 同TFT-LCD 국가지정연구실장 2001년 同차세대디스플레이연구센터 소장 2001년 DYA위원회 위원장 2003년 ISPSA 재정위원장 2004년 한국정보디스플레이학회 부회장 2005년 Journal of SID 편집위원 2005년 Journal of Display Technology 편집위원 2007년 SID 학술위원장 2007년 경희대 물리학과 겸임교수, 同정보디스플레이학과 석학교수(현) 2012~2013년 한국정보디스플레이학회 회장 [상]한국물리학회 장려상(1983), 한국물리학회 우수논문상(1988), 한국과학기술연합회 우수논문상(1996), 한국물리학회 학술상(1998), Outstanding Poster Paper Award(IDW)(2002), Special Recogniti on Award(SID)(2003), Outstanding Poster Paper Award(IDW)(2004), 인촌상 자연과학부문(2006) [저]'Display공학'(2000) '박막트랜지스터'(2003) 'Flexible Electronics-Matierials and Device Tehcnology'(2003) '정보디스플레이개론'(2005)

장 진(張 鎭) JANG Jin

[생]1971 · 2 · 24 [출]서울 [주]서울 종로구 동숭길130의5 무애빌딩4층 필름있수다(02-744-0414) [학]1994년 서울예술대학 연극과졸 [경]1995년 제이콤 입사 1995년 조선일보 신춘문예 희곡부문 '천호동 구사거리' 당선 1998년 '기막힌 사내들'로 영화감독 데뷔 · 영화감독(현) 1999년 문화창작집단 '수다' 결성 2000년 '필름있수다' 대표(현) 2008~2010년 KBS라디오 '북클럽' DJ 2010년 장애인문화예술국민대축제 홍보대사 2011~2012년 tvN '코리아 갓 탤런트' 심사위원 2012년 2014인천아시아경기대회조직위원회 자문위원 2014년 2014인천아시아경기대회 개 · 폐회식 총연출 [상]조선일보 신춘문예 당선(1995), 예장문학상(1995), 연극평론가협회 올해의 연극상(1998), 백상예술대상 시나리오상(2000), 부산영화평론가협회 각본상(2004), 대한민국영화대상 각본상(2005), 맥스무비 최고의영화상 최고의작품상(2006), MBC 연기대상 특별상 라디오부문(2009) [저]'킬러들의 수다'(2001) '장진 희곡집 · 장진 시나리오집'(2008) [작]연극연출 '허탕' '택시 드리벌' '매직 타임' 영화각본및연출 '개 같은 날의 오후'(1995, 각본) '너희가 재즈를 믿느냐?'(1996, 각본) '기막힌 사내들'(1998, 연출 · 각본) '간첩 리철진'(1999, 연출 · 각본) '동감'(2000, 각본)

'킬러들의 수다'(2001, 연출·각본) '묻지마 패밀리'(2002, 각본) '화성으로 간 사나이'(2003, 각본) '아는 여자'(2004, 연출·각본) '웰컴투 동막골'(2005 각본) '다섯개의 시선'(2005, 연출) '박수칠 때 떠나라'(2005, 연출) '거룩한 계보'(2006, 연출·각본) '바르게살자'(2007, 각본) '아들'(2007, 연출·각본) '강철중 : 공공의적 1-1'(2008, 각본) '굿모닝 프레지던트'(2009, 연출·각본) '퀴즈왕'(2010, 연출·각본) '로맨틱 헤븐'(2011, 연출·각본) '하이힐'(2013, 편집·제작·연출·각본) 뮤지컬 '디셈버'(2013, 연출·각본) '우리는 형제입니다'(2014, 연출·각색) '바라던 바다'(2015, 편집·제작·연출)

장진규(張眞圭) JANG Jin Gyu

[생]1962·2·8 [출]충남 [주]세종특별자치시 시청대로370 세종국책연구단지 과학인프라동 과학기술정책연구원(044-287-2114) [학]남강고졸 1985년 서울대 경제학과졸 1988년 미국 뉴욕주립대 대학원 경제학과졸 1991년 경제학박사(미국 뉴욕주립대) [경]1986~1989년 미국 뉴욕주립대 경제학과 연구조교 1992~1998년 한국과학기술연구원 과학기술정책관리연구소 선임연구원 1993~1995년 성균관대·동덕여대 경제학과 강사 1994~1999년 CSTP/OECD 산하 NESTI(National Expertson S&T Indicators)Group 한국대표 1998년 과학기술정책연구원 기술경제연구부 연구위원 1999~2000년 同기술경제연구부장 2002~2004년 기획예산처 기금운용평가단 위원 2004~2005년 과학기술정책연구원 기술경제팀장 2005~2007년 정보통신부 평가자문단 위원 2005~2008년 국가연구개발사업 예산조정전문위원회 위원 2007년 과학기술정책연구원 기술경제연구센터 소장 2008년 同신성장동력센터 소장 2008~2009년 기획재정부 공공기관 경영평가단 위원 2008년 지식경제부 자체평가위원회 위원 2010년 과학기술정책연구원 녹색성장팀장 2010년 同부원장 2011년 국가과학기술위원회 과학기술정책국장 2013년 제18대 대통령직인수위원회 교육과학분과 전문위원 2013년 대통령 미래전략수석비서관실 과학기술비서관 2013년 과학기술정책연구원 선임연구위원(현)

장진균(張珍均) Jang Jin Kyun

[생]1962·1·16 [출]광주 [주]광주 서구 무진대로904 금호고속(주) 임원실(062-360-8008) [학]1980년 광주 인성고졸 1987년 전남대 경영학과졸 1990년 同대학원 경영학과졸 [경]1986년 금호고속(주) 입사 2004~2006년 중국 무한 한광 총경리 2007년 금호고속(주) 인재경영2팀장 2007년 同영업2팀장 2010년 同직행영업부문 상무 2012년 전남지방노동위원회 위원(현) 2013년 광주·전남사회적기업 심의위원(현) 2013~2015년 금호고속(주) 직행지원부문 상무 2014년 전남대 경영대학 자문위원(현) 2015년 금호고속(주) 직행총괄담당 전무(현) 2015년 광주시 서구 노사민정협의회 위원(현) [상]대통령표창(2016)

장진복(張鎭福) JANG Jin Bok

[생]1957·12·10 [주]세종특별자치시 연기면 원수산로36 세종특별자치시청 별관 감사위원회(044-300-7800) [학]1977년 전주 해성고졸 1987년 한국방송통신대 행정학과졸 [경]1982~1996년 총무처 행정관리담당관실·소청심사위원회 근무 1998~2006년 행정자치부 인사국 고시과·복지과 서기관 2004년 정부혁신기능분석단 파견 2005년 한·일수교회담문서공개 등 대책지원단 파견 2006년 행정중심복합도시건설청 기반시설본부 문화복지팀장 2009년 통일교육원 파견 2010년 행정중심복합도시건설청 지역개발과장 2011년 同도시계획국 도시관리과장 2012년 세종특별자치시 건설도시국 도로교통과장 2014년 同의회 사무처장 2015년 同감사위원장(현)

장진성(張珍成) CHANG Chin Sung

[생]1959·10·30 [본]인동(仁同) [출]인천 [주]서울 관악구 관악로1 서울대학교 산림과학부(02-880-4758) [학]1982년 서울대 임학과졸 1984년 同대학원 수목학과졸 1989년 식물분류학박사(미국 조지아대) 1993년 미국 조지아대 대학원 산림과학부졸 [경]1982~1984년 서울대 농대 임학과·관악수목원 조교 1985~1989년 미국 조지아대 식물학과 실험조교 1989년 미국 뉴욕식물원 Botanic Garden 연구원 1990~1994년 미국 조지아대 산림자원학과 조교 1994년 수원대 생물학과 전임강사·조교수 1998~2006년 서울대 산림과학부 산림환경학과 조교수·부교수 2006년 同산림과학부 산림환경학전공 교수(현), 同농업생명과학대학 표본관장 2016년 한국임학회 부회장(현) [상]한국과학기술단체총연합회 제14회 과학기술우수논문상(2004) [저]'경기도의 생물자원'(2004) '한반도 관속식물 분포도'(2004) [역]'식물원운영지침서'(2000) '한국동식물도감 제43권 식물편(수목)(共)'(2011) '한반도 수목필드가이드(共)'(2012) '한반도 식물 지명 사전(共)'(2015) 'The Red List of Selected Vascular Plants in Korea(共)'(2016, Korea National Arboretum and Korean Plant Specialist Group)

장진영(張眞榮) CHANG Jin Young

[생]1971·6·30 [본]목천(木川) [출]서울 [주]서울 서초구 서초대로46길38 센트라빌딩3층 법무법인 강호(02-598-7474) [학]1990년 성보고졸 1995년 서강대 법학과졸 2011년 세종문화회관 최고경영자과정 세종르네상스 수료 [경]1996~2000년 (주)아시아나항공 입사·법무팀 대리 2004년 (주)코오롱 법무팀 대리 2004년 사법시험 합격(46회) 2007년 사법연수원 수료(36기) 2007년 법무법인 서린 변호사 2008~2009년 SBS TV로펌 '솔로몬의 선택' 변호사단 2008~2009년 KBS 2라디오 '박경철의 경제포커스 경제와 법률' 진행 2009년 한국소비자단체협의회 자율분쟁조정위원(현) 2009년 한국소비자원 자문변호사단(현) 2009~2012년 대한변호사협회 대변인(제45·46대) 2009년 KBS1TV '오천만의 아이디어로' 전문가패널 출연 2009년 인터넷광고분쟁조정위원회 조정위원(현) 2009년 서일법률사무소 변호사 2010년 MBC 무한도전 '죄와 길' 출연 2010년 법무법인 강호 파트너변호사(현) 2011년 한국거래소 분쟁조정심의위원회 위원(현) 2011년 同시장감시위원회 소송지원변호인단 변호사(현) 2011년 대한변호사협회 공익소송특별위원회 간사(현) 2011년 하반기재보궐선거방송심의위원회 위원 2011~2012년 KBS 2TV '의뢰인 K' 진행자 2011년 同퀴즈쇼 '1대100' 최종우승 2011년 채널A 시청자위원(현) 2011~2012년 MBC '생방송 오늘아침' 고정패널 2012년 '중앙선관위원회 및 서울시장후보홈페이지 사이버테러' 특별검사(3급 특별수사관) 2012년 서강대 법학전문대학원 겸임교수(현) 2012년 경제정의실천시민연합 소비자정의센터 운영위원장(현) 2012~2013년 국회방송 '생생토크' 진행 2013년 MBN '소비자X파일' 진행 2013~2014년 한국일보 '아침을 열며' 필진 2013~2014년 MBN '신세계' 패널 2014년 법률신문 객원기자(현) 2014년 대한변호사협회 이사(현) 2014년 식품의약품안전처 식품위생심의위원회 위원(현) 2014년 뉴스Y 시사토크 '이슈토크 짠' 출연 2014년 MBC 시사토크 '이슈를 말한다' 패널 2014년 TV조선 '법대법' 변호사단 2014년 MBN '뉴스파이터' 패널(현) 2014년 국토교통부 항공고객위원회 위원(현) 2015년 인터넷신문기사심의위원회 심의위원(현) 2016년 국민의당 대변인(현) 2016년 제20대 국회의원선거 출마(서울 동작구乙, 국민의당) 2016년 국민의당 서울동작구乙지역위원회 위원장(현) [저]'소비자단체 소송에 관한 소고'(2007, 법률신문) '법은 밥이다'(2010, 도서출판 끌레마) [종]기독교

장진우(張振友) CHANG Jin Woo

[생]1959·1·1 [출]인천 [주]서울 서대문구 연세로50 세브란스병원 신경외과(02-2228-2159) [학]1983년 연세대 의대졸 1986년 同대학원졸 1994년 의학박사(연세대) [경]1983~1984년 연세대 세브란스병원 인턴 1984~1988년 同세브란스병원 신경외과 전공의 1988~1989년 해병 1사단 의무대대 신경외과 군의관 1988~1991년 국군 수도통합병원 신경외과 군의관 1991~2005년 연세대 의대 신경외과학교실 강사·조교수·부교수 1996~1998년 미국 시카고대 의대 연구원 2005년 연세대 의과대학 신경외과학교실 교수(현) 2007년 국제복원신경외과학회 회장 2008년 연세대 의과대학 임상의학연구센터 소장 2008~2010년 同세브란스병원 기획관리실장 2011년 同세브란스병원 신경외과 과장(현) 2012년 同의대 뇌연구소장(현) 2013년 세계정위기능신경외과학회(WSSFN) 재무이사 겸 사무총장(현) 2016년 대한신경외과학회 이사장(현)

장진훈(張鎭勳) CHANG Jin Hoon

[생]1961·12·7 [출]인천 [주]대전 서구 둔산중로78번길 45 대전지방법원(042-470-1731) [학]1979년 보성고졸 1984년 서울대 법대졸 1986년 同대학원졸 [경]1985년 사법시험 합격(27회) 1988년 사법연수원 수료(17기) 1988년 육군 법무관 1991년 전주지법 판사 1993년 同정주지원 판사 1995년 인천지법 판사 1996년 변호사 개업 2000년 대전고법 판사 2002년 서울지법 남부지원 판사 2003년 전주지법 부장판사 2005년 의정부지법 고양지원 부장판사 2006년 해외 연수 2007년 서울서부지법 부장판사 2010년 서울중앙지법 부장판사 2011~2015년 언론중재위원회 위원(중재부장) 2013년 서울남부지법 부장판사 2015년 대전지법 부장판사(현)

장 찬(張 璨)

[생]1966·4·1 [출]서울 [주]전북 전주시 덕진구 사평로25 전주지방법원(063-259-5540) [학]1985년 서울 영동고졸 1990년 서울대 공법학과졸 [경]1997년 사법시험 합격(39회) 2000년 사법연수원 수료(29기) 2000년 창원지법 진주지원 판사 2004년 의정부지법 판사 2007년 서울행정법원 판사 2009년 서울동부지법 판사 2012년 서울고법 판사 2014년 서울중앙지법 판사 2016년 전주지법 부장판사(현)

장창덕(張昌德) CHANG CHANGDUK

[생]1962·3·3 [본]인동(仁同) [출]서울 [주]서울 마포구 효창목길6 한겨레신문 임원실(02-710-0114) [학]1981년 의정부고졸 1988년 고려대 영어교육학과졸 [경]1988년 한겨레신문 입사 1999년 同출판지원부장 2000년 同관재부장 2001년 同출판기획관리부장 2003년 同미디어사업기획부장 2003년 同경영기획부장 2004년 同경영지원부장 2005년 同사업기획국장 2005년 同경영기획실장 2006년 同경영지원실장(이사대우) 2007년 同미디어사업국장 2008년 同경영지원실장 2012년 同경영기획실장 2014년 한겨레신문 감사(현) 2014년 한겨레출판(주) 비상임감사(현) 2014년 한겨레교육(주) 비상임감사(현) 2014년 씨네21(주) 비상임감사(현) 2014년 한겨레미디어마케팅(주) 비상임감사(현) 2014년 한겨레에스앤씨(주) 비상임감사(현) 2015년 (주)롤링스토리 비상임감사(현)

장창선(張昌宣) JANG Chang Sun

[생]1943·2·27 [본]인동(仁同) [출]인천 [학]1960년 인창고졸 1970년 한양대 체육학과졸 [경]1962년 제4회 아시아경기대회 레슬링 은메달 1964년 제18회 동경올림픽 레슬링 은메달 1966년 세계레슬링선수권대회 금메달 1979년 대한레슬링협회 전무이사 1983년 삼성생명 레슬링선수단 감독 1989년 同총감독 1993년 대한레슬링협회 부회장 1997~1998년 삼성생명 상무이사 겸 레슬링 총감독 2000~2003년 태릉선수촌장 2005~2008년 인천청소년스포츠클럽 운영위원장 2008~2014년 2014인천아시아경기대회 조직위원회 집행위원 [상]대한민국 체육상, 국민훈장 목련장, 체육훈장 백마장, 대통령표창, 대한체육회 스포츠영웅 선정·명예의 전당에 헌액(2014) [저]'영광에 뒤안길(나의 금메달을 말한다)'(1966) [종]천주교

장철민(張哲民) CHUL-MIN, JANG

[생]1965·1·23 [본]인동(仁同) [출]서울 [주]서울 종로구 종로5길68 11층 코리안리재보험(주) 임원실(02-3702-6007) [학]1991년 중앙대 경영학과졸 [경]1990년 코리안리재보험(주) 입사 1999년 同해상보험부 특수선박과장 2005년 同화재보험부 재물1과 차장 2011년 同해상보험부장 2015년 同총무부·해상보험부·외국업무부총괄 상무대우 2016년 재물보험2팀·해상보험팀·장기자동차보험팀총괄 상무대우(현) [종]기독교

장철익(張哲翼) Chang Cheol Ik

[생]1971·2·2 [출]서울 [주]서울 서초구 서초중앙로157 서울고등법원(02-530-1114) [학]1989년 한영고졸 1994년 서울대 법학과졸 [경]1994년 사법시험 합격(36회) 1997년 사법연수원 수료(26기) 1997년 軍법무관 2000년 서울지법 판사 2002년 同동부지원 판사 2004년 춘천지법 원주지원 판사 2007년 同판사 2008년 의정부지법 판사 2009년 사법연수원 교수 2011년 서울고법 판사 2012년 광주지법 부장판사 2013년 서울고법 판사(현)

장철헌(張哲憲) JANG Cheol Heon

[생]1952·11·3 [본]단양(丹陽) [출]서울 [주]세종특별자치시 연서면 공단로117 코아비스 임원실(044-860-6000) [학]1971년 양정고졸 1976년 고려대 금속공학과졸 [경]2000년 현대자동차(주) 소재생산실장(이사) 2005년 同소재공장장(상무) 2008년 同2공장장(상무) 2009년 현대성우오토모티브코리아(주) 포항공장장(부사장) 2010년 同포항공장장(사장) 2011~2013년 同생산기술총괄 사장(CTO) 2013년 코아비스 부사장(현) [종]기독교

장철호(張哲浩) Chul Ho Chang

[생]1956·7·15 [주]서울 강서구 공항대로58가길8 한국전기공사협회(02-3219-0411) [학]1978년 국립삼척공업고등전문학교 전기과졸(5년제) 1982년 홍익대 전기공학과졸 1994년 광운대 대학원 전기공학과졸 2008년 공학박사(명지대) 2014년 서울대 경영대학 최고경영자과정(AMP) 과정 수료 [경]1995년 대조전설(주) 대표이사(현) 1999년 대한배구협회 9인제 배구연맹 회장 2004년 한국자유총연맹 제5기 글로벌봉사단장 2005년 홍익대장학재단 이사(현) 2007년 서울중앙지검 KCVC재단 이사 2011년 서울상공회의소 마포구상공회장(현) 2014년 (주)한국전기신문사 회장(현) 2014년 한국전기산업연구원 이사장(현) 2014년 한국전기공사협회 회장(현) 2014년 아·태전기공사협회연합회 회장 2014년 전기분야통일위원회 위원장(현) 2015년 제17기 민주평통 상임위원(현) [상]산업자원부장관표창(2000), 교육부총리표창(2002), 산업포장(2008)

장철호

[생]1970 [주]충남 아산시 탕정면 만전당길30 코닝정밀소재(주) 임원실(041-520-1114) [학]1994년 미국 조지타운대 경영학과졸 1996년 미국 조지아공과대 대학원 경제학과졸 2001년 미국 시러큐스대 대학원 법학석사·경영학석사 [경]2005~2009년 삼성전자(주) 법무팀 수석변호사 2009~2010년 충북대 법학대학원 교수 2010~2012년 디아지오코리아 법무담당 이사 2013년 삼성코닝정밀소재(주) 법무그룹장 2014년 코닝정밀소재(주) 법무그룹장 2015년 同법무그룹장(상무)(현)

장청수(張淸洙) JANG Cheung Soo

[생]1939·2·15 [출]충북 음성 [주]서울 종로구 율곡로237 한국정책개발원 원장실(02-764-0303) [학]1985년 서울대 행정대학원 행정학과졸 1996년 정치학박사(명지대) [경]1985~1987년 한국사회교육학회장 1994~2007년 명지대 객원교수 1996년 한국정책개발원 원장(현) 1996~1998년 국민일보 객원논설위원 1999~2003년 서울신문 논설위원 2000~2002년 한국방송공사(KBS) 객원해설위원 2000년 CBS 객원해설위원 2002~2005년 통일부 통일정책평가위원 2005년 통일교육위원협의회 중앙의장 2005~2008년 통일신문 편집인·주필 2006·2009~2011년 대통령자문 통일고문회의 고문 2007~2009년 민주평통 운영위원 2008년 통일신문 발행인 겸 회장, 시사평론가(현) 2016년 (사)한국사회교육진흥원 원장(현) [상]국민훈장 목련장(1985), 국민훈장 동백장(1999) [저]'한반도 신질서와 통일전망'(1999, 범우사) '남과 북 하나가 되는 길'(2000, 서울신문) [종]기독교

장충구(張忠求) CHANG Choong Ku

[생]1952·1·1 [출]서울 [주]서울 송파구 올림픽로289 한라그룹(02-3434-5055) [학]1970년 덕수상고졸 1975년 고려대 경영학과졸 [경]1978년 현대중공업 입사, 한라자원(주) 차장, 한라건설(주) 이사, 同비상임감사, 만도기계(주) 상무이사 1999년 한라건설(주) 경영기획실장 2005~2010년 한라I&C(주) 대표이사 사장 2008~2009년 (주)마이스터 대표이사 사장 겸임 2010년 한라그룹 신규사업실장 2010년 同건설부문 총괄사장 2011년 同상임고문 2013~2014년 학교법인 배달학원(한라대) 이사장 2015년 한라그룹 비상임고문(현)

장충기(張忠基) CHANG Choong-Ki

[생]1954·1·13 [출]경남 밀양 [주]서울 서초구 서초대로74길11 삼성전자빌딩40층 삼성 미래전략실(02-2255-3022) [학]1972년 부산고졸 1976년 서울대 무역학과졸 [경]1978년 삼성물산(주) 입사 1985년 同완구팀 담당과장 1988년 同경공품개발상품팀 담당과장 1989년 同전략경영팀 담당차장 1990년 同부장 1994년 同회장비서실 기획담당 이사보 1996년 同비서실 기획이사 1999년 同상무 1999년 삼성 기업구조조정본부 기획담당 상무·전무 2003년 同기업구조조정본부 기획팀장(부사장) 2006년 同전략기획실 기획홍보팀 기획담당 부사장 2006년 同전략기획위원회 위원 2008년 삼성물산(주) 사장 보좌역 2009년 同삼성브랜드관리위원장(사장) 2010년 삼성 미래전략실 커뮤니케이션팀장(사장) 2011년 同미래전략실 차장(사장)(현) [종]기독교

장충식(張忠植) CHANG Choong Sik (中齊)

[생]1932·7·25 [본]인동(仁同) [출]중국 천진 [주]경기 용인시 수지구 죽전로152 단국대학교 부속실(031-8005-2902) [학]1951년 휘문고졸 1956년 서울대 사범대학 사학과졸 1960년 고려대 대학원졸 1963년 정치학박사(미국 브리검영대) 1967년 명예 문학박사(부산대) 1971년 명예 문학박사(대만 문화학술원) 1971년 명예박사(몽골 울란바토르국립대) 1973년 명예 법학박사(미국 오하이오대) 1985년 명예 박사(프랑스 몽벨리어대) 1995년 명예 박사(러시아 레닌그라드공과대) 2016년 명예 음악학박사(카자흐스탄 National Univ. of Arts) [경]1962~1999년 단국대재단 이사 1965년 대학배드민턴협회 회장 1966년 단국대 학장 1967~1993년 同총장 1970년 대학스키연맹 회장 1977년 대학축구연맹 회장 1977년 한성로타리클럽 회장 1978년 대학태권도연맹 회장 1979년 대학농구연맹 회장·대한체육회 이사 1981년 대학테니스연맹 회장 1981년 SLOOC 위원 1982~1991년 에스페란토협회 회장 1982년 一石학술상 제정 1983~1997년 KOC 부위원장 1984~1986년 대학교육협의회 회장 1985~1988년 올림픽스포츠과학학술대회 조직위원장 1986년 국제退溪학회 회장 1986년 KBS 올림픽방송자문위원장 1989년 남북체육회담 한국측 수석대표 1990년 장애인문인협회 이사장 1990~1992년 한국·중국·소련협회 회장 1991~1998년 白凡金九선생기념사업협회

회장 1995~2002년 충남포럼 이사장 1996~2004년 단국대 이사장 2000년 대한적십자사 총재 2003~2004년 세종문화회관 이사장 2003년 국제로타리3650지구 총재 2004년 범은장학재단 이사장(현) 2008~2013년 단국대 명예총장 겸 학교법인 단국학원장 2013년 뉴코리아필하모닉오케스트라 단장 2013년 학교법인 단국대 이사장(현) [상]국민훈장 모란장, 대한민국 체육상, 체육훈장 청룡장, IOC훈장, 몽골 북극성훈장, 청관대상 공로상(2009), 국제로타리 초아의 봉사상(2011), 한국상록회 인간상록수 교육사회운동부문(2012) [저]'세계문화사' 수필집 '위대한 유산을 위하여' '착한이들의 땅' '한국 한자어사전' '明태조의 농업정책' '동서양문화사' 자전적 대하소설 '그래도 강물은 흐른다' '다시 태어나도 오늘처럼'(2015, 노스보스) [역]'십팔사략' [종]기독교

장충식(張忠植) JANG Choong Sik

[생]1956·6·7 [주]경남 통영시 천대국치길38 경상대학교 해양과학대학 해양경찰시스템학과(055-772-9181) [학]1981년 부산수산대 어업학과졸 1983년 同대학원 어업학과졸 1996년 수산물리학박사(부산수산대) [경]1981~1984년 부산수산대 어업학과 조교 1984년 통영수산전문대 어업과 전임강사·조교수·부교수·교수 1996~2006년 경상대 해양생산학과 교수 2000~2002년 同실습선센터장 2004~2006년 同해양과학대학 부학장 2006년 同해양과학대학 해양경찰시스템학과 교수(현) 2008~2009년 同해양과학대학장 2013~2015년 한국어업기술학회 회장 2015년 한국수산과학총연합회 회장 [저]'어로종합문제집'(1986, 태화출판사) '수산업(교사용지도서)'(1991, 대한교과서) '종합실습(어업)'(1992, 대한교과서)

장태규(張泰奎) Chang, Tae Gyu

[생]1955·11·13 [출]충남 [주]서울 동작구 흑석로84 중앙대학교 전자전기공학부(02-820-5318) [학]1979년 서울대 전기공학과졸 1981년 한국과학기술원 전기전자과졸(석사) 1987년 공학박사(미국 플로리다대) [경]1980~1982년 현대엔지니어링(주) 대리 1983~1984년 현대전자산업(주) 대리 1984~1987년 미국 플로리다대 연구조교 1987~1990년 미국 테네시주립대 조교수 1990년 중앙대 전자전기공학부 교수(현) 2007~2009년 同제1캠퍼스 연구지원처장 겸 산학협력단장 2014년 同연구부총장

장태범(張泰範) JANG Tae Bum

[생]1954·1·13 [출]경기 [주]경기 수원시 팔달구 효원로 1 경기도청 조사담당관실 옴부즈만지원팀(031-8008-4910) [학]1971년 철도고졸 1980년 고려대 전자공학과졸 [경]1998년 감사원 총무과 서기관 2005년 同감사교육원 행정과장 2006년 同기획홍보관리실 홍보담당관(서기관) 2007년 同기획홍보관리실 홍보담당관(부이사관) 2007년 한국건설기술연구원 파견(부이사관) 2008년 경기도 감사관 2009년 감사원 감사교육원 행정과장 2010년 同자치행정감사국 제6과장 2010년 同감사교육원 전문위원(고위감사공무원) 2011~2014년 한국건설관리공사 감사 2015년 경기도 옴부즈만(현)

장태상(張泰相) JANG Tae Sang

[생]1959·8·28 [주]경기 용인시 처인구 모현면 외대로81 한국외국어대학교 어문대학 아프리카학부(031-330-4322) [학]1987년 한국외국어대 아프리카어과졸 1991년 영국 런던대 대학원졸 1994년 문학박사(영국 런던대) [경]1995~2006년 한국외국어대 아프리카어과 전임강사·조교수·부교수 2002~2003년 학술진흥재단 인문학분야 심사위원 2004년 한국아프리카학회 부회장 2005~2007년 세계문학비교학회 편집이사 2006년 한국외국어대 어문대학 아프리카학부 교수, 同국제지역대학 아프리카학부 교수(현) 2007~2009년 同기획조정처장 2012년 同어문대학장 2013년 同국제지역대학장 2014년 同대학원 아프리카어문학과 주임교수(현), 한국아프리카학회 회장, 同고문(현)

장태순(張泰淳) JANG Tae Soon (고봉)

[생]1958·1·21 [출]충북 청주 [주]서울 종로구 새문안로 92 광화문오피시아빌딩306호 (주)보스킨피부과학(02-2055-0101) [학]1987년 청주대 행정학과졸 1992년 연세대 경영대학원졸 2003년 고려대 언론대학원 수료 [경]1988~1999년 한국일보 광고국 부장 2000년 (주)자광인터내셔널 대표이사 2001~2009년 키토일오삼(주) 대표 2001년 (주)보스킨피부과학 대표(현) 2008년 한국일보 성공TV 광고본부장 [상]중소기업청 아이디어상업화 최우수상(2009), 피츠버그 세계발명대회 금상(2011), 대한민국 경제리더 대상(2011), 독일 뉘렌베르그 발명대회 특별상(2013), 발명의 날 특허청장상(2014), 무역의 날 100만불 수출 탑(2014), 산업통상자원부장관표창(2014), 한중FTA 헬스케어 대표회사 선정(2015), 세계발명가대상 토마스 에디슨상 외 3개부문상(2015) [저]'고분자 수용성 키토산의 비밀' [종]기독교

장태평(張太平) Chang Tae Pyong

[생]1949·3·3 [출]전남 무안 [주]서울 용산구 한강대로 393 한국혈액암협회 회장실(02-3432-0807) [학]1969년 경기고졸 1977년 서울대 사회학과졸 1979년 同행정대학원졸 1993년 미국 오리건대 대학원 경제학과졸 2011년 세무학박사(강남대) [경]1977년 행정고시 합격(20회) 1990년 경제기획원 장관비서관(서기관) 1993년 同법무담당관 1994년 同소비자정책과장 1995년 재정경제원 국제조세과장 1996년 同법인세제과장 1998년 재정경제부 법인세제과장 1999년 同재산세제과장(부이사관) 2000년 아시아·유럽정상회의(ASEM) 준비기획단 파견 2001년 국방대학원 파견 2002년 재정경제부 국세심판원 상임심판관(이사관) 2004년 농림부 농업정책국장 2004년 同농업구조정책국장 2005~2006년 재정경제부 정책홍보관리실장(관리관) 2006~2008년 국가청렴위원회 사무처장 2008~2010년 농림수산식품부 장관 2009~2010년 한식세계화추진단 공동단장 2010년 솔로몬저축은행 감사위원(사외이사) 2010년 (사)천일염세계화포럼 대표(현) 2011년 더푸른미래재단 이사장(현) 2011년 미래농수산실천포럼 회장 2011~2013년 한국마사회 회장 2012년 한국혈액암협회 회장(현) 2014년 한국자유총연맹 고문(현) 2014년 더푸른미래재단 '한국영파머스클럽(YFC)' 창립·대표(현) [상]국무총리표창(1989), 녹조근정훈장(1997), 대통령표창(2000), 황조근정훈장(2008), 청조근정훈장(2012), 한국문학예술상 본상(2013), 한국CEO대상 특별상(2013) [저]'기업구조조정과 세제지원' 시집 '강물은 바람따라 길을 바꾸지 않는다'

장태현(張台鉉) CHANG Taihyun

[생]1953·7·27 [본]인동(仁同) [출]서울 [주]경북 포항시 남구 청암로77 포항공과대학교 화학과(054-279-2109) [학]1975년 서울대 화학과졸 1984년 이학박사(미국 위스콘신대) [경]1980~1985년 미국 표준국 고분자연구부 객원연구원 1986년 한국화학연구원 선임연구원 1988년 포항공과대 화학과 교수(현) 1994~1996년 同학생처장 2000년 J. Polym. Sci. Polym. Phys. Ed. 편집자문위원(현) 2001~2004년 고분자학회 편집인 2002년 한국과학기술한림원 정회원(현) 2003·2008~2011년 포항공과대 화학과 주임교수 2004~2008년 同기초과학연구소장 2004년 Eur. Polym. J. 편집자문위원(현) 2008년 Polym. Bull. 편집자문위원(현) 2010년 미국물리학회 석학회원(Fellow)(현) 2011~2015년 포항공과대 부총장 겸 대학원장 2011년 Prog. Polym. Sci. 편집자문위원(현) 2012년 한국고분자학회 회장 [상]고분자화학학술진보상(1994), 한국과학기술단체총연합회 우수논문상(2001), 고분자학술상(2002), 우수선도연구자상(2004), 이태규 학술상(2005), 교육부총리표창(2005), 포항공대 화학과 우수강의상(2006), 한국고분자학회 상암고분자상(2009), 이달의과학자상(2009), 일본고분자학회 SPSJ 인터내셔널 어워드(2015)

장태현(張台鉉)

[생]1962·1·15 [출]서울 [주]강원 춘천시 퇴계로93번길3 아이씨티빌딩 한국수자원공사 강원지역본부 본부장실(033-260-3700) [학]1979년 홍익대사대부고졸 1984년 숭실대 전기공학과졸 2005년 충북대 대학원 공정공학과졸 [경]1987년 한국수자원공사(K-water) 입사 1999년 同팔당권관리단 근무 2002년 同감사실 부패방지팀 근무 2006년 同수자원사업본부 에너지사업팀 근무 2007년 同보령권관리단 팀장 2009년 同녹색사업처 CDM사업팀장 2009년 同함평수도서비스센터장 2013년 同파주수도관리단장 2014년 同에너지처장 2015년 同강원지역본부장(현)

장택이(張澤以) Jang Taeki

[생]1959·10·28 [출]전남 여수 [주]경남 사천시 남일로 29 사천소방서 서장실(055-830-9213) [학]1978년 여수고졸 1988년 부산공업대학 화학공학과졸 2005년 경상대 행정대학원 수료 [경]1989년 소방간부 임용(지방소방위), 부산 항만소방서·동래소방서·금정소방서 소장 1995년 해운대소방서·부산진소방서·금정소방서·부산남부소방서 예방·소방·구조구급계장(소방경) 2003년 해운대소방서 방호과장(소방령), 소방방재청 중앙119구조단 현장지휘팀장 2009년 합천소방서장(소방정) 2011년 경남도소방본부 상황실장 2011년 경남 양산소방서장 2013년 경남 김해소방서장 2015년 경남 고성소방서장 2016년 경남 사천소방서장(현) [상]문화체육부장관표창(1998), 국무총리표창(2002), 대통령표창(2005)

장평순(張平淳) CHANG Pyung Soon
[생]1951·1·3 [출]충남 당진 [주]서울 종로구 청계천로51의1 구몬빌딩 (주)교원 비서실(02-397-9002) [학]1968년 인천고졸 1980년 연세대 경영대학원졸 [경]1985년 (주)교원 설립·대표이사 회장(현) 1990~2008년 공문교육연구원 대표이사 [상]국무총리표창(1999), 대통령표창(2004), 대한민국 마케팅대상 명품상(2005), 옥관문화훈장(2007), 여성소비자가 뽑은 좋은 기업인상(2008)

장평훈(張平勳) CHANG Pyung Hun
[생]1951·10·30 [출]부산 [주]대구 달성군 현풍면 테크노중앙대로333 대구경북과학기술원 대학원(053-785-5000) [학]1974년 서울대 기계공학과졸 1977년 同대학원 기계공학과졸 1987년 기계공학박사(미국 MIT) [경]1976년 동양공업전문대 기계과 전임강사 1979년 홍익대 기계공학과 전임강사 1980년 미국 MIT 연구조교 1987년 한국과학기술원(KAIST) 기계재료공학부 조교수 1989년 同기계공학과 조교수·부교수·교수 2011~2015년 대구경북과학기술원 대학원 로봇공학전공 책임교수 2011~2015년 同대학원장 2015년 同대학원 로봇공학전공 교수(현) 2015년 同교학부총장(현) [상]근정포장(2015) [역]'Introduction to Robotics : Mechanics and Control 3rd ed.(共)'(2005)

장하나(張하나·女) JANG Ha Na
[생]1992·5·2 [학]2011년 대원외국어고졸 2015년 연세대 체육교육과졸 [경]스포티즌 소속(현), BC카드 후원 계약(현) 2009년 골프 국가대표 2010년 한국여자프로골프협회(KLPGA) 입회 2011년 KT 골프단 입단 2011년 S-OIL 챔피언스 인비테이셔널 3위 2012년 KB금융 스타 챔피언십 우승 2013년 현대차 차이나 레이디스오픈 3위 2013년 제6회 롯데마트 여자오픈 2위 2013년 제3회 KG·이데일리 레이디스오픈 2위 2013년 우리투자증권 레이디스 챔피언십 2위 2013년 두산 매치플레이 챔피언십 우승 2013년 러시앤캐시 행복나눔클래식 우승 2013년 하이트진로 챔피언십 우승 2013년 ADT캡스 챔피언십 2위 2013년 KLPGA투어 현대차 중국여자오픈 우승 2014년 KLPGA투어 E1 채리티오픈 공동 3위 2014년 KLPGA투어 제4회 롯데 칸타타 여자오픈 2위 2014년 KLPGA투어 채리티 하이원 리조트오픈 우승 2014년 LPGA투어 에비앙 챔피언십 공동3위 2014년 KLPGA투어 하이트진로 챔피언십 3위 2014년 KLPGA투어 현대차 중국여자오픈 공동3위 2015년 미국여자프로골프(LPGA)투어 데뷔 2015년 LPGA투어 코츠 골프 챔피언십 공동2위 2015년 KLPGA투어 비씨카드·한경 레이디스컵 우승 2015년 LPGA투어 마라톤 클래식 2위 2015년 LPGA투어 캠비아 포틀랜드 클래식 공동2위 2015년 KLPGA투어 YTN·볼빅여자오픈 우승 2015년 LPGA투어 CME그룹 투어 챔피언십 공동2위 2016년 LPGA투어 코츠 챔피언십 우승 2016년 LPGA투어 HSBC 위민스 챔피언스 우승 2016년 LPGA투어 푸본 대만 챔피언십 우승 2016년 LPGA투어 토토 재팬 클래식 2위 [상]한국여자프로골프(KLPGA)투어 상금왕·대상·공동 다승왕(2013), KLPGA투어 국내특별상(2015)

장하성(張夏成) CHANG Ha Sung
[생]1953·9·19 [출]광주 [주]서울 성북구 안암로145 고려대학교 경영대학 경영학과(02-3290-1929) [학]1978년 고려대 경영학과졸 1982년 미국 뉴욕주립대 대학원졸 1987년 경영학박사(미국 펜실베이니아대) [경]1986~1987년 미국 펜실베이니아대 Wharton School 강사 1987~1990년 미국 휴스턴대 조교수 1990년 고려대 경영대학 경영학과 조교수·부교수·교수(현) 1995년 同경영학과장 1996년 미국 워싱턴대 경영대학 객원교수 1997년 금융개혁위원회 자문위원 1997년 참여연대 경제민주화위원장 1997년 고려대 기업경영연구소 부설 재무금융센터장 1998년 금융발전심의위원회 위원 1999년 미국 비즈니스위크지 선정 '올해의 아시아스타50인' 2001년 고려대 부설 기업지배구조연구소장(현) 2002년 한국재무학회 부회장 2004년 Financial Times '세계 5대 기업개혁가'에 선정 2005년 한겨레신문 사외이사 2005~2010년 고려대 경영대학장 겸 경영전문대학원장 2006년 국제지배구조네트워크(ICGN) 이사 2008년 한국재무학회 회장 2012년 무소속 안철수 대통령후보 캠프 국민정책본부장 2013~2014년 정책네트워크 '내일' 소장 2014년 새정치연합 창당준비위원회 정강정책기초위원회 공동위원장, 한국금융학회 부회장, 한국증권거래소 자문위원, 한국증권학회 이사·부회장 2015~2016년 한국금융학회 회장 [상]미국투자자협회 우수논문상(1995), 고려대 올해의 교수상(1998), 경제정의실천시민상(1998), 국제기업지배구조네트워크(ICGN) 올해의 상(2001), 고려대 우수강의상(2003), 고려대 석탑강의상(2004), 매일경영논문우수상(2005), 매일경제신문 제37회 이코노미스트상 [저]'주가변동과 이례현상(共)'(1994) '한국재벌개혁론(共)'(1999) '재무학원론(共)'(2001) '한국자본주의'(2014, 헤이북스) '왜 분노해야 하는가'(2015, 헤이북스)

장하연(張夏淵) JANG Ha Yeon
[생]1966·1·31 [출]서울 [주]전북 전주시 완산구 전라감영로66 전주완산경찰서 서장실(063-280-0231) [학]문태고졸, 경찰대 법학과졸, 연세대 대학원 행정학과졸 [경]대통령 치안비서관실 근무, 춘천경찰서 보안과장, 경찰청 정보2과 근무, 同정보국 정보3과 경정 2009년 同총경(교육파견) 2010년 전남 곡성경찰서장 2011년 경찰청 수사과장 2011년 同정보국 정보4과장 2012년 同청장 보좌관 2013년 서울 성동경찰서장 2014년 경찰청 정보국 정보4과장 2015년 同정보국 정보4과장(경무관) 2015년 전북 전주완산경찰서장(경무관)(현)

장하용(張夏熔) Jang Ha-Yong
[생]1962·9·15 [출]충남 서산 [주]서울 중구 필동로1길30 동국대학교 신문방송학과(02-2260-3804) [학]1980년 대일고졸 1985년 서울대 사회교육과졸 1987년 同대학원 언론정보학과졸 1995년 신문방송학박사(미국 뉴욕주립대) [경]1993~1995년 미국 뉴욕주립대 Counseling Center 연구원 1995~1998년 한국언론학회 이사 1996년 동국대 신문방송학과 조교수·부교수·교수(현) 1999~2001년 한국언론정보학회 이사 2000~2001년 YTN 고정칼럼진행자 2001~2005년 MBC 'TV속의 TV' 진행자 2002~2003년 한국방송학회 이사 2003~2005년 민주평통 자문위원 2005~2006년 서울시 중구선거방송위원회 위원장 2007~2008년 방송위원회 미래의방송 특별연구위원 2008년 KTV 'TV 권익위원회' 진행 2008년 언론중재위원회 중재위원 2015년 동국대 언론정보대학원장 겸 국제정보대학원장(현) [저]'신문보도와 비평'(1998) '한국 포토저널리즘의 현황과 발전방향'(2003) '로동신문을 통해 본 북한 변화(共)'(2006, 선인) '한국 신문의 외부 칼럼, 칼럼니스트: 여론형성의 지형도 분석(共)'(2007, 한국언론재단) '방송저널리즘 혁신: 지속과 파괴의 현장(共)'(2015, 커뮤니케이션북스) [역]'커뮤니케이션과 과학'(1997, 나남) '언론윤리 : 이론과 실제'(2000, 동서학술서적)

장하준(張夏準) Ha-Joon Chang
[생]1963·10·7 [본]인동(仁同) [출]서울 [학]1986년 서울대 경제학과졸 1988년 영국 케임브리지대 대학원 경제학과졸 1991년 제도경제학박사(영국 케임브리지대) [경]1990년 영국 케임브리지대 경제학부 교수(현) 1995년 국제연합 무역개발기구(UNCTAD) 연구주임, 세계은행·아시아개발은행·유럽투자은행 자문위원 2003년 고려대 BK21 경제학전공 교환교수 2003년 동아일보 '수요프리즘' 필진, 조선일보 '아침논단' 필진 2005년 대통령자문 정책기획위원회 위원 [상]경제학상(2002), 유럽진보정치경제학회 뮈르달상 한국인 최초 수상(2003), 미국 터프츠대 레온티예프상(최연소 수상)(2005), 한국출판문화상 교양부문(2005·2007), 포니정(PONY鄭) 혁신상(2011) [저]'사다리 걷어차기(Kicking away the ladder)'(2002) 'Reclaiming Development-An Alternative Economic Policy Manual(共)'(2004, Zed Press) '개혁의 덫'(2004) '주식회사 한국의 구조조정 무엇이 문제인가'(2004) '쾌도난마 한국경제(共)'(2005) '국가의 역할'(2006) '나쁜 사마리아인들(Bad Samaritans)'(2007) '다시 발전을 요구한다(共)'(2008) '경제학이 말하지 않은 23가지'(2010) '불량사회와 그 적들(共)'(2011) '무엇을 선택할 것인가(共)'(2012, 부키) '장하준의 경제학 강의'(2014, 부키)

장하진(張夏眞·女) JANG Ha Jin
[생]1951·12·20 [본]인동(仁同) [출]광주 [주]서울 마포구 잔다리로32 서문빌딩6층 한국미래발전연구원(02-735-7760) [학]1969년 전남여고졸 1972년 이화여대 사회학과졸 1975년 同대학원 사회학과졸 1985년 문학박사(이화여대) [경]1981~2005년 충남대 사회학과 교수 1986~2000년 한국여성연구소 소장 1987년 독일 베를린자유대 연구교수 1987년 미국 Davis&Elkins College 초빙교수 1997~2001년 대전고법 민사조정위원 1998년 국민회의 정치개혁특별위원회 국회제도분과위원 1999~2001년 여성정치세력시민연대 대표 2000년 대통령 교육인적자원정책위원회 선임위원 2001~2004년 한국여성개발원 원장 2001년 대통령자문 정책기획위원 2001년 유네스코 한국위원회 사회분과위원 2001년 민주평통 상임위원 2002년 대통령자문 국민경제자문위원회 위원 2002년 한국외국어대 이사 2003년 정부혁신 및 지방분권위원회 위원 2003년 한국간행물윤리위원회 위원 2004년 대검찰청 감찰위원회 위원 2004년 열린우리당 열린우리정책연구원 이사 2005년 여성부 장관 2005~2008년 여성가족부 장관 2009~2010년 한국미래발전연구원 원장 2011년 同이사(현) 2014년 (사)장병준기념사업회 회장(현) 2015년 새정치민주연합 국정자문회의 자문위원 [상]자랑스런 광주·전남 향우인상(2002), 자랑스런 전남여고인상(2007), 청조근정훈장(2009), 올해의 명가상(2011) [저]'여성노동론' '산업구조 조정과 여성 노동시장의 변화: 금융산업을 중심으로' '노동자 가족의 노동력 재생산' '여성노동정책 50년사' [역]'사회계층론' '사회학' '현대 사상사'

장하현(張夏鉉) JANG Ha Hyun

[생]1930·6·30 [본]인동(仁同) [출]서울 [주]서울 강남구 학동로314 영남전기통신(주) 회장실(02-540-2400) [학]1983년 한양대 경영대학원졸 [경]1975년 영남통신공업(주) 대표이사 1977년 한국전기통신공사협회 이사 1988년 同회장 1990~1994년 전기통신공제조합 이사장 1995년 영남전기통신(주) 회장(현) [상]화랑무공훈장, 국민포장(1989)

장학수(張鶴秀) JANG Hak Soo

[생]1965·8·26 [본]울진(蔚珍) [출]전북 정읍 [주]전북 전주시 완산구 효자로225 전라북도의회(063-280-4525) [학]호남고졸, 인천전문대학 경영학과졸 2007년 전주대 공과대학 건축공학과졸 [경]소성농업협동조합 감사, 대한전문건설협회 운영위원, KTX고속철도 정읍역세권개발 자문위원, 정읍시 도시계획위원, 同건축심의위원, 전북도 미술관박물관진흥위원회 위원, 同세계유산위원회 위원, 同10대건축·경관통합위원회 위원, 同제16대 건축문화상 심사위원 2006·2010~2014년 전북 정읍시의회 의원(열린우리당·민주당·민주통합당·민주당) 2010~2012년 同경제건설위원장 2012년 同자치행정위원장 2014년 전북도의회 의원(새정치민주연합·더불어민주당·무소속·국민의당)(현) 2014년 同문화관광건설위원회 위원 2014년 同윤리특별위원회 위원 2016년 同예산결산특별위원회 부위원장(현) 2016년 同문화관광건설위원회 부위원장(현) [종]유교

장학철(張學哲) JANG Hak Chul

[생]1957·12·2 [주]경기 성남시 분당구 173번길82 분당서울대학교병원 내분비내과(031-787-7005) [학]1983년 서울대 의대졸 1992년 同대학원 의학과졸 1994년 의학박사(서울대) [경]2001~2003년 성균관대 의대 내과 교수 2003년 서울대 의대 내과학교실 교수(현) 2006년 同교육연구실 의학연구소장 2011년 同공공의료사업단 부단장 2011년 분당서울대병원 내과 과장 [상]설원학술상(2015)

장 한(張 한)

[생]1968·5·9 [출]강원 속초 [주]서울 종로구 세종대로209 행정자치부 전자정부국 개인정보보호정책과(02-2100-4090) [학]강릉고졸, 연세대 사회학과졸 [경]행정고시 합격(40회), 정보통신부 정보보호정책팀 근무, 국외훈련(미국 카네기멜론대) 2008년 행정안전부 광주정부통합전산센터 사회산업과장 2009년 同정부통합전산센터 기획전략과장(서기관) 2010년 同기획조정실 행정선진화기획관실 선진화담당관 2013년 안전행정부 재난안전통신망구축기획단 서기관 2013년 同행정정보공유과장 2014년 同전자정부국 스마트서비스과장 2014년 행정자치부 전자정부국 스마트서비스과장 2015년 同전자정부국 개인정보보호정책과장(현)

장한나(女) CHANG Han Na

[생]1982·12·23 [출]경기 수원 [학]미국 줄리어드예비학교졸, 미국 하버드대 철학과 휴학中 [경]첼리스트(현) 1992년 서울시립교향악단과 협연(세종문화회관) 1995년 독일 드레스덴슈타츠카펠레교향악단과 협연(세종문화회관) 1995년 EMI 소속 1995년 몬트리올심포니와 협연(카네기홀) 1996년 라스칼라오케스트라와 협연(예술의 전당) 1996년 뉴욕필과 협연(뉴욕 링컨센터) 1997년 미국 줄리어드예비학교에서 일도 파라소트교수에게 사사 1997년 이스라엘필과 협연(세종문화회관) 2000년 베를린필과 협연(베를린필하모니홀) 2007년 제1회 성남 국제청소년관현악축제 한·중·독연합 오케스트라 지휘 2007년 여수엑스포 홍보대사 2008년 대한적십자사 친선대사, EMI 클래식 소속, 해리슨패럿 소속(현) 2009~2014년 성남아트센터 앱솔루트클래식페스티벌오케스트라 음악감독 겸 지휘자 2011년 성남시 명예시민(현) 2013~2014년 카타르 필하모닉오케스트라 음악감독 2016년 노르웨이 트론헤임심포니오케스트라(TSO) 예술감독 겸 상임지휘자 임명(취임은 2017~2018시즌) [상]로스트로포비치 첼로콩쿨 최우수상, 현대음악상, 월간음악콩쿠르 우승, 줄리어드콩쿠르 우승, 난파음악상, 뉴욕시 문화공헌상, 시기아나아카데미 국제음악상, 독일음반협회 ECHO상(올해의 영아티스트), 영국 그라모폰誌 제정 최고의 협주곡 음반에 선정(2003), 제10회 칸 클래식 음반상 협주곡 부문 수상(2004), 클래식음악전문지 그라모폰 선정 내일의 클래식 슈퍼스타 20인에 선정(2006), 세종문화상(2012) [작]음반 '런던 심포니와의 데뷔' '나라사랑' '백조' 정규 앨범 'CELLO CONCERTO SAINT SAENS HAYDN TCHAIKOVSKY'(1999) 'Korean Virtuoso Series'(2000) 'Swan'(2000) 'Prokofiev : Sinfonia Concertante/Antonio Pappano'(2003) 'Prokofiev : Sinfonia Concertante/Sonata for Cello'(2003) 'The Best Of Han-Na Chang'(2004) 'Haydn: Cello Concerto (하이든 : 첼로협주곡)'(2005) 'Romance'(2007) '에센셜 장한나'(2009, EMI클래식스)

장한룡(章漢龍) JANG Han Ryong

[생]1967·2·15 [출]경남 거창 [주]부산 금정구 금샘로571 2층 (주)용두 회장실(051-514-6433) [학]1985년 김해건설공고졸 1991년 동의공업대 토목과졸 1998년 인제대 토목공학과졸 2002년 동의대 대학원 토목공학과졸 2005년 토목공학박사(동의대) [경]1991년 (주)혜성이엔씨 설립 1993~2000년 한국청년회의소 활동·상임부회장 1993년 한국자유총연맹 금정구지부 활동·감사 2001~2004년 부산시배구협회 회장 2002년 부산아시아경기대회 배구종목운영위원장 2002년 금정경찰서 행정발전위원 2003년 금정구체육회 이사 2004년 (주)혜성이엔씨 대표이사 회장 2005년 부산시보디빌딩협회 회장 2005년 한국자유총연맹 중앙청년회장 2007년 (주)천지인건설기술공사 대표이사 회장, (주)용두 대표이사 회장(현)

장한성(章翰成) CHANG Han Sung (河松)

[생]1937·2·2 [본]거창(居昌) [출]경남 거창 [주]서울 종로구 동숭4길9 (사)한국방송인회(02-545-8899) [학]1956년 계성고졸 1964년 한국외국어대 영어학과졸 1995년 서강대 언론대학원졸 [경]1964년 공보부 근무 1968년 동아방송 근무 1971년 중앙방송국 TV부 근무 1973년 한국방송공사 영화부 차장 1980년 同편성국장 1985년 同TV센터 주간 1986년 同부산방송본부장 1986~1988년 同편성실장·교양국장 1988년 同TV본부장 1990년 (서)여의도클럽 회장 1991년 KBS영상사업단 사장 1993년 프리미디어 사장 1995~1997년 (주)파라비전 사장 1996년 국제방송교류재단 제작고문 1997년 (주)파라비전 상임고문 1997년 DSM 상임고문 1999년 KBS제작단 회장 1999~2000년 한국방송제작단 회장 2002년 대구하계유니버시아드대회조직위원회 홍보보도본부장, 진해개발(주) 상임고문 2003년 (사)한국방송인회 회장(현) 2004년 (주)주은테크 고문, 2006~2009년 (사)코리아드라마페스티벌 조직위원회 집행위원장 겸 부위원장 2009년 同조직위원장 겸 집행위원장(현) [상]옥관문화훈장 [저]'한국TV 40년의 발자취' '한국의 방송인'

장항석(張恒錫) CHANG Hang Seok

[생]1963·10·11 [본]덕수(德水) [출]강원 철원 [주]서울 강남구 언주로211 연세대학교 강남세브란스병원 갑상선내분비외과(02-2019-3376) [학]1982년 부산동고졸 1989년 연세대 의대졸 1995년 同대학원졸 1999년 의학박사(연세대) [경]1989년 연세대의료원 인턴 1993~1997년 신촌세브란스병원 외과 레지던트 1997년 삼성의료원 혈관외과 전임의 2000~2003년 포천중문의과대 외과학과 조교수 2003년 연세대 의과대학 외과학교실 조교수·부교수·교수(현) 2006~2007년 미국 Memorial Sloan-Kettering Cancer Center 연수 2010년 강남세브란스병원 암병원 갑상선암센터 소장(현) 2015년 同갑상선내분비외과장(현) [종]천주교

장해석(張海錫) JANG Hae Seog

[생]1954·7·2 [본]결성(結城) [출]서울 [주]제주특별자치도 서귀포시 산록남로2847의37 상효원수목원(064-733-2200) [학]양정고졸, 서울대 임학과졸, 고려대 AMP과정 수료 [경]삼성 근무, 삼성에버랜드 근무, 한솔개발(주) 마케팅이사, 同영업본부장(상무) 2006년 무주리조트 부사장 2007~2011년 同대표이사 사장 2009년 한국스키장경영협회 회장 2011년 파인스톤컨트리클럽 대표이사 2013년 상효원수목원 대표(현) [종]천주교

장행훈(張幸勳) CHANG Heng Hoon (無垣)

[생]1937·11·3 [본]인동(仁同) [출]전남 함평 [주]서울 종로구 새문안로5가길4 아세아빌딩6층 언론광장(02-720-3721) [학]1954년 목포고졸 1958년 서울대 법대졸 1966년 영국 웨일스대 국제정치디플로마 취득 1978년 정치학박사(프랑스 파리제1대) [경]1959년 동아일보 입사 1969년 同외신부 차장 1969~1973년 同프랑스특파원 1974년 同비서부장 1976년 동아방송 해설위원 1979년 동아일보 외신부장 1980년 同논설위원 1982년 同프랑스특파원 1986년 同이사대우 연구실장 1987년 同이사대우 출판국장 1989년 同이사 1989년 同편집국장 1990년 同유럽총국장 1994년 同문화사업국장 1995년 아·태평화재단 민족통일문제연구소장 1995년 同이사 1995년 아태지역민주지도자회의 집행위원회 부위원장 1996년 호남대 겸임교수

1999년 경원대 겸임교수 2000년 한양대 겸임교수 2000~2002년 아·태평화재단 사무총장 2002년 경기대 정치전문대학원 겸임교수 2005년 언론광장 공동대표(현) 2005~2008년 신문발전위원회 초대위원장 [상]프랑스 메리트나쇼날훈장(1992) [저]'사회주의국가의 언론'(共) '미디어 독점-시민 케인에게 언론을 맡길 수 없다'(2009, 한울) [역]'지하작가' '바웬사' '인간 닉슨' '금환식'

장향진(張鄕鎭) Jang Hyang Jin

[생]1963·12·22 [출]경북 의성 [주]충남 예산군 삽교읍 청사로201 충남지방경찰청 청장실(041-336-2414) [학]명지고졸, 경찰대 법학과졸 [경]1997년 경기 분당경찰서 경비과장 1998년 경기 화성경찰서 방범과장 1999년 서울 동대문경찰서 경비과장 2002년 서울 영등포경찰서 경비과장 2004년 경북지방경찰청 생활안전과장(총경) 2005년 경북 상주경찰서장 2006년 경찰대학 교무과장 2007년 경기 과천경찰서장 2008년 서울지방경찰청 제4기동대장 2009년 서울 종로경찰서장 2010년 경찰청 생활질서과장 2011년 서울지방경찰청 1기동단장 2011년 同기동본부장(경무관) 2012년 부산지방경찰청 제2부장 2014년 서울지방경찰청 기동단장 2014년 경찰청 경무인사기획관(치안감) 2014년 서울지방경찰청 차장(치안감) 2015년 충남지방경찰청장(치안감)(현) [상]국무총리표창(2002), 대통령표창(2006), 홍조근정훈장(2015)

장헌서(張憲瑞)

[생]1967·4·5 [출]충북 청주 [주]광주 동구 양림로119번길8 광주·전남지방병무청(062-230-4203) [학]성균관대 행정학과졸, 同대학원 감사행정학과졸 [경]1990년 행정고시 합격(34회) 1991년 병무청 사무관 임용 2003년 전북지방병무청 징병관(서기관) 2004년 국방대 교육파견 2005년 병무청 비서관 2005년 同정책홍보관리관실 행정법무담당관 2006년 同현역입영본부 국외자원팀장 2008년 同현역입영국 국외자원과장 2008년 同현역입영국 현역입영과장 2009년 同현역입영국 현역입영과장(부이사관) 2011년 同입영동원국 동원관리과장 2012년 同사회복무국 사회복무정책과장 2013년 전북지방병무청장 2014년 대구·경북지방병무청장 2015년 중앙공무원교육원 교육파견(국장급) 2016년 광주·전남지방병무청장(현)

장 혁(張 赫) Jang Hyuk

[생]1960·11·15 [출]강원 철원 [주]서울 종로구 청와대로1 대통령 국방비서관실(02-770-0011) [학]1979년 서울 영동고졸 1983년 육군사관학교졸(39기) [경]1983년 육군 소위 임관 1993~1995년 육군대학 한국전쟁사교관 1997~2001년 육군 제28사단 대대장·작전참모 2004~2005년 대통령비서실 안보정책담당 2005년 육군 제26사단 참모장 2006년 육군 제17사단 연대장 2010년 합동참모본부 전략본부 전작권추진단 기획팀장 2012년 同작전본부 연습훈련차장 2013년 국방부 정책기획관(소장) 2014년 대통령 국방비서관(현) [상]대통령표창(2007), 자랑스러운 영동인상(2012), 보국훈장 천수장(2013)

장 혁(張 琳) CHANG Hyuk

[생]1962·12·6 [출]서울 [주]경기 수원시 영통구 삼성로130 삼성전자 종합기술원 Material연구센터(031-280-8153) [학]마포고졸, 인하대 금속공학과졸, 미국 유타대 대학원 금속공학과졸, 금속공학박사(미국 유타대) [경]미국 일리노이대 Post-Doc. 2006~2011년 삼성전자 종합기술원 Energy Lab장(상무) 2011년 삼성 펠로우(Fellow) 2012년 삼성전자 종합기술원 전무 2014년 同종합기술원 Material연구센터장(전무) 2015년 同종합기술원 Material연구센터장(부사장)(현) [상]삼성기술상(2002), 삼성 펠로우(2011)

장혁재(張爀載)

[출]경기 포천 [주]서울 중구 세종대로110 서울특별시청 기획조정실(02-2133-6600) [학]고려대 사회학과졸 [경]행정고시 합격(30회) 2006년 서울시 홍보담당관(서기관) 2007년 同정보화기획담당관 2009년 同가로환경개선추진단장 직대(부이사관) 2010~2012년 同가로환경개선추진단장 2012년 서울시립대 사무처장(부이사관) 2013년 서울시 고용노동정책관 2013년 同일자리기획단장 2014년 同기후환경본부장 직대 2014년 同기후환경본부장(이사관) 2015년 同기획조정실장(현)

장혁표(張赫杓) CHANG Hyuk Pyo (曉丁)

[생]1935·1·18 [출]경남 창녕 [주]부산 동구 중앙대로166 청소년교육문화재단(051-465-8110) [학]1954년 경남고졸 1959년 부산대 교육학과졸 1961년 同대학원 교육학과졸 1981년 철학박사(동아대) [경]1959~1967년 부산 대양중·대양공고 교사 1967~1980년 부산대 사범대 교육학과 전임강사·조교수·부교수 1976년 同학생생활연구소장 1980~2000년 同교수 1987년 同학생처장 1988년 한국대학상담학회 회장 1989년 부산대 교육연구소장 1991~1995년 同총장 1992~1994년 한국대학교육협의회 부회장 1992~1995년 전국국·공립대학교총장협의회 부회장·회장 1996~1999년 한국카운슬러협회 회장 1997~2000년 대한적십자사 중앙위원 1998년 우포늪자연사박물관유치위원회 광역위원장 2000년 부산대 명예교수(현) 2000년 청소년교육문화재단 이사장(현) 2001~2002년 아이셋 대표 2004년 학교법인 성모학원 이사(현) 2006년 (재)부산복지개발원 이사장(현) [상]국민훈장 목련장, 청조근정훈장, 일맥문화대상, 적십자광무장 금장, 동명대상 교육·연구부문(2010) [저]'청년과 정신위생' '녹원의 대화'(共) '생활지도'(共) '전환기의 지성' '상담심리의 이론과 실제'(共) '상담의 새로운 접근'(共) '부모교육학'(共) [역]'학교상담심리학' '감수성 훈련의 이론 및 실제' '상담과 심리치료의 이론과 실제' '가족치료' '행복은 당신의 마음속에' [종]천주교

장 현(張 顯) JANG Hyun (臥龍)

[생]1956·12·23 [본]인동(仁同) [출]전남 영광 [주]광주 남구 덕남길7 (재)광주복지재단(062-603-8300) [학]1976년 광주고졸 1984년 고려대 수학교육학과졸 1987년 미국 미시시피대 대학원졸 1994년 정치학박사(미국 플로리다주립대) [경]1982년 고려대 총학생회장 1988년 평민당 서울서초甲지구당 위원장 1995~2014년 호남대 사회복지학과 조교수·부교수·교수 1997년 同사회봉사센터 소장 1998년 광주흥사단 민족통일위원장 1998년 기독교광주방송 '시사포커스' 앵커 1999년 KBS 광주방송총국 객원해설위원 1999년 민주평통 자문위원 2000년 호남대 평생교육원장 2004년 열린우리당 전남영광·함평지구당 위원장, 한국복지네트워크 상임대표, 광주북부하나센터 센터장 2014~2015년 광주시 정무특보 2016년 (재)광주복지재단 대표이사(현) [상]청소년지원봉사 지도자상(1999), 대한적십자사 총재 공로상(2007) [저]'누구나 할 수 있는 통계분석'(1997) '대학사회봉사론'(1998) '더불어 사는 복지사회를 위하여'(2000) '희망의 시작은 당신입니다'(2003) '사회보장론(共)'(2007) [종]기독교

장현갑(張鉉甲) CHANG Hyoun Kab

[생]1942·4·14 [출]경북 칠곡 [주]경북 경산시 대학로280 영남대학교 심리학과(053-810-2231) [학]1960년 경북사대부고졸 1965년 서울대 심리학과졸 1967년 고려대 대학원 심리학과졸 1984년 문학박사(서울대) [경]1965년 가톨릭대 의과대학 생리학교실 연구원 1970~1979년 서울대 전임강사·조교수 1979년 영남대 문과대학 심리학과 부교수 1984~2007년 同교수 1986년 미국 뉴욕주립대 객원연구원 1986년 한국심리학회 간사장 및 연구위원장 1988년 영남대 학생생활연구소장 1991년 한국신경생물학회 부회장 1993년 영남대 학생처장 1996년 세계적과학저널 'Science'지 발행처 미국고등과학진흥협회(American Association Advanced of Science: AAAS)와 뉴욕과학아카데미(New York Academy of Science)로부터 멤버십 인정 1997년 미국 아리조나대 객원교수 2001년 한국심리학회 회장 2001~2003년 영남대 문과대학장 2001~2007년 7년연속 3개분야 미국 세계인명사전(Who's Who in the World·Who's Who in Medicine & Healthcare·Who's Who in Science & Engineering)에 등재 2007년 영국 케임브리지 국제인명센터(IBC) '명예의 전당(Hall of Fame)'에 영구 헌정 2007년 영남대 명예교수(현), 한국명상치유학회 명예회장 2014년 (사)한국명상학회 명예회장, 마인드플러스 스트레스대처연구소 소장(현) [상]IBC 생애의 업적상 및 100인의 위대한 스승상, 홍조근정훈장(2007), 미국인명연구소(ABI) 'Men of the year'(2009), 한국심리학회 공로상(2012) [저]'생물심리학'(1986) '동물행동학' '스트레스와 정신건강'(1996) '격리성장과 행동장애' '명상과 자기치유'(1998) '몸의 병을 고치려면 마음을 먼저 다스려라'(2005) '이완과 명상(만성병의 예방과 치유를 위한)'(2007) '마음챙김'(2007) '마음vs뇌'(2009) '스트레스는 나의 힘'(2010) '명상에 답이있다'(2013) '생각정원'(2014) '심리학 시간여행'(2015) [역]'붓다브레인'(2010) [종]불교

장현국(張賢國) JANG Hyun Kuk

[생]1963·5·5 [본]인동(仁同) [출]경기 수원 [주]경기 수원시 팔달구 효원로1 경기도의회(031-8008-7000) [학]비봉고졸, 아주대 공공정책대학원 수료 [경]수원시 근로자종합복지관장, (재)수원노총장학회 이사장, 수원시 정책자문위원회 위원, 同소비자정책심의위원회 위원, 한국노총 수원지역지부 의장, 민주평통 자문위원 2010년 경기도의회 의원(민주당·민주통합당·민주당·새정치민

주연합) 2012년 同김문수도지사도정공백방지특별위원회 위원장 2012년 (재)수원노총장학회 이사 2012년 경기도의회 건설교통위원회 위원 2014년 경기도의회 의원(새정치민주연합·더불어민주당)(현) 2014년 同예산결산특별위원회 위원 2014·2016년 同건설교통위원회 위원(현)

장현규(張炫奎) JANG Hyeon Kyu

⓰1962·2·10 ⓞ경북 ⓟ서울 양천구 목동서로161 SBS 보도본부 보도전략부(02-2061-0006) ⓗ1981년 고려고졸 1987년 한국외국어대 서반아어과졸 ⓖ1995년 SBS 입사 1999년 同보도본부 차장대우 2000년 同파리특파원 2004년 同보도본부 차장 2005년 同보도본부 문화과학부장 2007년 同보도본부 부장 2008년 同보도본부 특임부장 2009년 同보도본부 사회1부장(부장급) 2011년 同방송지원본부 근무 2015년 同보도본부 논설위원실장(부국장급) 2016년 同보도본부 보도전략부장(현) 2016년 同남북교류협력단장 겸임(현)

장현명(張鉉明) JANG, Hyun Myung

⓰1953·1·21 ⓫인동(仁同) ⓞ경북 ⓟ경북 포항시 남구 청암로77 포항공과대학교 신소재공학과(054-279-2138) ⓗ1976년 서울대 화학과졸 1980년 미국 워싱턴대 세인트루이스교 대학원 물리화학과졸 1985년 이공학박사(미국 캘리포니아대 버클리교) ⓖ1981~1985년 미국 로렌스버클리국립연구소 연구원 1986~1987년 미국 MIT 연구원 1987~1998년 포항공대 재료공학과 조교수·부교수 1988~1994년 산업과학기술연구소 겸직연구원·그룹장 1996~2000년 WCC 국제위원 1996~1998년 PacRim Ceram위원회 학술위원장 1996년 WCC에서 '세계의 지도과학자'로 선정 1997년 한국공학한림원 정회원 1998년 포항공대 신소재공학과 교수(현) 1998년 미국 세계인명사전 'Marquis Who's Who in the World'에 등재 1999년 한국과학기술한림원 정회원(현) 1999~2004년 강유전재료상전이연구실 책임자 2000년 미국 세계인명사전 'Marquis Who's Who in Science and Engineering'에 등재 2001년 국제세라믹스평의회(ICC) '세계대표과학자 32인'에 선정 2008~2011년 포항공대 세아석좌교수, 同대학원 첨단재료과학부 교수(현) 2010년 스웨덴 왕립과학한림원 노벨물리학상 추천위원 ⓢ자랑스런 경북인대상(1997), 포항공대 우수연구교수 특별포상(1998·2002), "1000 Great Scientists, Gold Medal"(2002, 영국 IBC캠브리지) ⓔ'강유전 재료의 기초과학'(2000) ⓩ불교

장현석(張鉉錫) Jang Hyun-Suk

⓰1970·2·23 ⓟ경기 부천시 원미구 석천로207 부천고용노동지청(032-714-8700) ⓗ1988년 천안중앙고졸 1998년 서울시립대 경제학과졸 ⓖ2001~2009년 노동부 재정기획관실 재정기획팀·근로기준국 및 비정규대책팀·근로기준국 차별개선과 서기관 2009~2014년 同고용평등정책과·인력수급정책과·외국인력정책과 서기관 2014~2016년 고용노동부 고용정책실 노동시장조사과·노동시장분석과장(서기관) 2016년 중부지방고용노동청 부천고용노동지청장(현) ⓢ대통령표창(2012)

장현식(張鉉植) Chang hyun-sik

⓰1956·5·10 ⓫인동(仁同) ⓞ경북 포항 ⓟ인천 연수구 갯벌로12 인천대학교 미추홀캠퍼스 B동406호 인천국제개발협력센터(032-835-9744) ⓗ1975년 경북고졸 1980년 한국외국어대 영어학과졸 1982년 고려대 대학원 행정학과졸 1991년 정치학박사(미국 Pennsylvania State Univ.) ⓖ1991~2008년 한국국제협력단 선임연구원·기획부장·연수사업부장·협력정책실장·정책연구실장·중국사무소장 1997~1998년 OECD 사무국 Visiting Expert 2006년 이화여대 사회복지전문대학원 겸임교수 2006년 외교통상부 정책연구용역 심의위원 2008~2014년 한국국제협력단 상임이사 2008~2009년 (사)국제개발협력학회 연구위원 2010~2013년 同특임이사 2013년 외교부 정책연구용역 심의위원(현) 2013년 여성가족부 자문위원(현) 2014~2015년 유네스코한국위원회 후원개발특별위원 2014년 (사)국제개발협력학회 무임소이사 2016년 同부회장(현) 2016년 행정자치부 자문위원(현) 2016년 인천국제개발협력센터 센터장(현) 2016년 인천대 초빙교수(현) ⓩ'KOICA의 대중국 원조정책'(1992, 한국국제협력단) '일본의 ODA정책'(1993, 한국국제협력단) 'KOICA의 중·장기 발전방향'(1994, 한국국제협력단) 'OECD/DAC 회원국의 원조체제 비교분석 및 우리의 국제협력방향'(1999, 한국국제협력단) 'A Comparison of Management System for Development in OECD/DAC Members(共)'(1999, OECD) '아국의 OECD/DAC 가입 시 기대효과 및 향후 추진방향'(2000, 한국국제협력단) '국제협력사업의 프로젝트 사이클과 심사 : 원조기관과의 비교분석'(2001, 한국국제협력단)

장현준(張鉉俊) CHANG Hyun Joon

⓰1952·12·23 ⓞ서울 ⓟ대전 유성구 과학로291 한국과학기술원 기술경영전문대학원(042-350-4338) ⓗ1971년 서울고졸 1975년 서울대 경제학과졸 1981년 미국 일리노이주립대 대학원 경제학과졸 1985년 경제학박사(미국 코넬대) ⓖ1976년 중앙일보 기자 1985년 한국개발연구원 연구위원 1988년 중앙경제신문 논설위원 1993년 중앙일보 논설위원 1994년 同국제경제부장 1995년 同논설위원 1998~2001년 에너지경제연구원 원장 1999년 한빛은행 사외이사 2001년 포항공대 초빙교수 2002년 (주)KT 감사위원장, 이화여대 경영학과 초빙교수 2004년 한국남동발전(주) 사외이사 2004년 한국전력공사 사외이사 2004년 한국산업기술재단 연구위원, 한국과학기술원(KAIST) 기술경영전문대학원 교수(현) 2006년 SK증권 사외이사 2007년 대통합민주신당 정동영 대선후보 정책자문 ⓩ기독교

장현태(張玹泰)

⓰1958·11·22 ⓟ서울 구로구 경인로408 구로소방서 서장실(02-2617-0119) ⓗ1976년 효명종합고졸 2003년 서울시립대 대학원 방재공학과졸 ⓖ1984년 소방공무원 임용(공채) 1998년 서울 용산소방서·서울 구로소방서 예방팀장 2008년 서울 종로소방서 현장지휘대장 2010년 서울 강서소방서 예방과장 2010년 국무총리 정부합동점검단 파견 2011년 서울시 소방재난본부 예방과 검사지도팀장 2014년 同소방재난본부 예방과 예방팀장 2015년 서울 서대문소방서장(소방정) 2016년 서울 구로소방서장(현)

장혜경(張惠敬·女) Hyekyung Chang

⓰1958·10·25 ⓞ대구 ⓟ서울 은평구 진흥로225 한국여성정책연구원 기획조정본부(02-3156-7141) ⓗ1981년 이화여대 정치외교학과졸 1983년 同대학원 정치외교학과졸(문학석사) 1990년 미국 UCLA 대학원 사회학과졸(문학석사) 1995년 同대학원 사회학과졸(철학박사) ⓖ1983년 한국여성개발원 연구원 1995~2005년 同연구위원 2000~2013년 서울지방경찰청 여성아동대책지원위원회 위원 2002~2005년 한국여성개발원 가족보건복지연구부장 2006년 한국여성정책연구원 선임연구위원 2008~2009년 경제사회발전노사정위원회 일가정양립및여성고용촉진위원회 위원 2008~2010년 한국여성정책연구원 기획조정본부장 2011~2015년 同가족·사회통합정책연구실장 2013년 여성가족부 자체평가위원회 위원 2013~2015년 사회보장위원회 실무위원회 위원 2014~2015년 同제도조정소위원회 위원 2014년 서울지방경찰청 4대악근절정책자문위원회 위원(현) 2015년 한국여성정책연구원 가족·평등사회연구실장 2016년 同기획조정본부장(현) ⓢ한국여성개발원 우수연구원상(1985), 국무총리산하 인문사회연구회 우수연구자상(2000), 여성발전공로 여성부장관표창(2003), 국무총리산하 경제인문사회연구회 우수연구자상(2008), 정부출연연구기관 우수연구자 대통령표창(2011) ⓩ'외국의 가족정책과 한국의 가족정책 및 전담부서의 체계화 방안연구(共)'(2002) '당당하게 재혼합시다(共)'(2002) '저출산시대 여성과 국가대응전략(共)'(2004) '일가족양립정책의 활성화 방안연구(共)'(2007) '가족정책론(共)'(2007) '성평등정책론(共)'(2007) '정보화로 인한 가족관계와 가족역할의 미래변화(共)'(2007) '돌봄노동의 분야별 제도화방안연구 I(共)'(2008) '공정사회실현을 위한 양성평등정책발굴연구(共)'(2010, 한국여성정책연구원) '100세 투자사회대비 가족정책과제연구(共)'(2011, 한국여성정책연구원) '여성·청소년·가족정책 효율화 및 연계기반구축(共)'(2011, 한국여성정책연구원) '사회서비스정책론(共)'(2011, 나눔의 집) '가족의 미래와 여성가족정책전망 I~IV(共)'(2011·2012·2013·2014, 한국여성정책연구원) '가족정책전략연구(共)'(2012, 여성가족부) '가족변화관련 여성가족정책현황과 과제(共)'(2013, 한국여성정책연구원) '북한이탈주민지원사업 심층분석평가에 관한 연구(共)'(2014, 보건복지부) '제3차가족실태조사 분석연구(共)'(2015, 여성가족부) '통일대비 효과적인 가족정책지원방안(共)'(2014, 한국여성정책연구원) '통일대비 여성가족정책 추진전략과 통일한국 사회통합전망연구(I)(共)'(2015, 한국여성정책연구원) 등 90여편 ⓩ기독교

장혜숙(張惠淑·女) JANG HYE SOOK

⓰1947·10·6 ⓫인동(仁同) ⓞ전남 진도 ⓟ광주 동구 천변우로369 광주여성재단(062-670-0510) ⓗ1970년 조선대 사범대학 가정교육학과졸 2007년 호남신학대 대학원 기독교상담학과졸 ⓖ1970~1983년 구림중·신북중·동강중·수피아여중 교사 1995년 광주가정법원 가사조정위원회 위원(현) 1997~2001년 광주YWCA 회장 2002~2004년 전남도 복지여성국장 2007년 장기기증재단 부이사장 2014~2015년 광주가정법원 가사조정위원회 위원장 2015년 광주여성재단 대표이사(현) ⓢ한국YMCA 공로상(1997), 재정경제부장관표창(2000), 여성신문사 평등부부상(2001), 대법원 감사장(2013) ⓩ기독교

장혜원(張惠園 · 女) CHANG Hae Won

(생)1939 · 10 · 30 (본)인동(仁同) (출)서울 (주)충남 천안시 서북구 성거읍 천흥7길17 이원문화원 비서실(02-6356-2121) (학)1958년 숙명여고졸, 이화여대 음대 피아노학과졸, 同대학원졸(음악석사), 독일 프랑크푸르트국립음대 대학원 피아노과졸(최고연주자학위「Konzertexamen」한국인 최초 취득) (경)1968~2005년 이화여대 음대 피아노과 교수 1988년 이원문화원 설립(천안 · 대표(현) 1991년 한국피아노학회 창설 1994~1998년 한국음악학회 회장 1995~1999년 이화여대 음악대학장 1995~1999년 同음악연구소 설립 · 초대소장 1998년 한국피아노학회 회장 · 명예회장 · 이사장(현) 1998~2001년 예술의전당 이사 2000년 이원문화센터(서울) 건립 · 대표(현) 2004~2012년 금호문화재단 이사 2005년 이화여대 명예교수(현) 2010년 서울종합예술학교 고문 겸 석좌교수 2011~2012년 同학장 2011년 대한민국예술원 회원(피아노 · 현) (상)대한민국문화예술상(1988), 한국예술평론가협의회 최우수예술인상(1997), 한국음악대상 본상(1999), 녹조근정훈장(2005), 3 · 1문화상 예술상, 大숙명인상(2006), 독일 십자공로훈장(2010) 등 (저)'개인 및 그룹지도를 위한 피아노 입문' '훌륭한 인성을 길러주는 음악교육' '음악문화상품의 수출전략' (역)'D.SCARLATTI 33개의 피아노 소나타곡집 I · II'(1982) 'J.N.Hummel 피아노 협주곡집'(1988) 'G Pierne 피아노집'(1989) 'J.Ibert 피아노집'(1991) 'J.S.Bach 7개의 피아노 협주곡 전곡 I · II'(1992) 'J.Haydn 4개의 피아노 협주곡'(1994) 'J.N.Hummel 피아노 소나타집 I · II · III'(2004) (종)기독교

장혜진(女) CHANG Hyejin

(생)1987 · 5 · 13 (주)경남 진주시 충의로19 한국토지주택공사 LH스포츠단(031-738-4833) (학)대구체육고졸, 계명대 체육학과졸 (경)2010년 LH스포츠단 소속(현) 2010년 전국남녀양궁종별선수권대회 단체전 1위 2011년 전국남녀양궁종별선수권대회 단체전 1위 2011년 전국남녀양궁종별선수권대회 개인전 2위 2012년 세계양궁연맹 1차월드컵 단체전 1위 2012년 전국남녀양궁종별선수권대회 개인전 1위 2013년 세계양궁선수권대회 단체전 1위 2014년 세계양궁연맹 3차월드컵 개인전 금메달 2014년 제17회 인천아시안게임 리커브 단체전 금메달 · 개인전 은메달 2016년 콜롬비아 메데인 세계양궁연맹(WA) 월드컵 2차대회 리커브 여자단체전 금메달 2016년 터키 안탈리아 현대 양궁월드컵 3차대회 리커브 여자단체전 금메달 2016년 제31회 리우데자네이루올림픽 여자양궁 단체전 금메달 · 개인전 금메달(2관왕)

장호근(張浩根) CHANG Ho Guen

(생)1956 · 10 · 23 (출)경기 안양시 동안구 관평로170번길 22 한림대학교성심병원 척추센터(031-380-6000) (학)1981년 중앙대 의대졸 1985년 同대학원졸 1994년 의학박사(중앙대) (경)1989년 한림대 의대 정형외과학교실 교수(현), 同성심병원 정형외과장, 同성심병원 척추센터소장, 대한정형외과학회 총무, 同전산정보위원회, 同편집위원, 척추외과학회 학술위원 2008~2012년 한림대한강성심병원장 2010년 대한병원협회 보험이사 2012~2014년 한림대 동탄성심병원장 2012~2014년 同동탄성심병원 근골격센터장 2013년 척추외과학회 경인지회 초대 회장, 한림대의료원 부의료원장(현), 同성심병원 척추센터장(현)

장호남(張虎男) CHANG Ho Nam

(생)1944 · 10 · 9 (출)경남 남해 (주)대전 유성구 대학로291 한국과학기술원(042-350-2155) (학)1963년 경남고졸 1967년 서울대 공과대학 화학공학과졸 1971년 미국 스탠퍼드대 대학원 화학공학과졸 1975년 화학공학박사(미국 스탠퍼드대) (경)1971~1975년 미국 스탠퍼드대 화학공학과 연구조교 1975~1976년 미국 아이오와주립대 연구원 1976~1982년 한국과학기술원 조교수 · 부교수 1980~1981년 독일 Erlangen-Nurnberg대 교환교수 1982~1983년 아시아 · 태평양제3차화공회의 사무총장 1982년 한국과학기술원 생명화학공학과 교수 · 명예교수(현) 1984~1985년 同주임교수 1985~1986년 캐나다 Waterloo대 화학공학과 교환교수 1988~1991년 한국화학공학회 생물화공부문 위원장 1990~2000년 한국과학기술원 생물공정연구센터 소장 1992~1993년 同교수협의회장 1994년 한국과학기술한림원 공학부 종신회원(현) 1994~1995년 한국생물공학회 회장 1994~1996년 한국과학기술원 응용공학부장 1995~1998년 同학장 1995년 同연구처장 1995~1997년 국가과학기술자문회의 위원(차관급) 1998년 한국과학기술원 교무처장 1999~2000년 同생물공정연구센터 소장 1999~2006년 기초기술연구회 이사 2000년 在韓스탠퍼드대 동문회장 2012년 아시아생물공학연합체(Asian Federation of Biotechnology) 회장(현) 2012~2014년 산업기술연구회 이사

장 (상)한국화학공학회 학술상(1979), 한국화학공학회 공로상(1983), 과학기술부 연구개발상(1989), 국민훈장 목련장(1990), KAIST 설립20주년 학술상(1991), 상허학술대상(1994), KAIST 연구발전상(1996), 한국공학상(1997), 아시아 · 태평양생물화공상(1997), ERC-생물공정연구센터 최우수평가상(2000), 한국생물공학회 학술상(2000) (저)'생물화학 공학'(1988 · 2001) '21세기를 지배하는 10대 공학기술'(2002)

장호상(張虎相)

(생)1964 · 2 · 3 (주)서울 강서구 하늘길78 한국공항공사 항공기술훈련원(02-2660-2241) (학)충남기계공고졸, 한남대 영어영문학과졸, 한국항공대 대학원 항공교통학과졸 (경)2004년 한국공항공사 부산지역본부 항무팀장 2006년 同운영지원본부 서비스개발팀장(2급) 2009년 同인사관리실 인적자원팀장 2010년 同기획조정실장 2016년 同항공기술훈련원장(현)

장호성(張澔星) CHANG Ho Sung

(생)1955 · 3 · 28 (출)서울 (주)경기 용인시 기흥구 죽전로152 단국대학교 총장실(031-8005-2000) (학)1978년 서강대 공과대학 전자공학과졸 1985년 미국 오리건주립대 대학원 전자공학과졸 1993년 공학박사(미국 오리건주립대) (경)1987년 미국 Nait 선임연구원 1989년 명지대 강사 1993년 숙명여대 전자공학과 강사 1994~2000년 한양대 공과대학 전자전기공학부 전임강사 · 조교수 · 부교수 2000년 단국대 전자컴퓨터공학부 부교수, 同전자전기공학부 교수(현) 2002년 남북체육교류협력위원회 부위원장 2002년 단국대 기획부총장 2003년 이탈리아동계유니버시아드 한국선수단장 2003년 대한대학스포츠위원회(KUSB) 상임위원 · 부위원장(현) 2004년 미국 오리건주립대 한국총동창회장 2004년 단국대 퇴계기념도서관장 2005년 同천안캠퍼스 부총장 2005년 대한올림픽위원회 동계U대회본부 단장 2005년 오스트리아동계유니버시아드 한국선수단장 2006~2007년 단국대 의무부총장 겸 의료원장 2007년 同천안캠퍼스 부총장 2008년 同총장(현) 2010년 청소년올림픽 한국대표팀선수단장 2010년 아시아대학스포츠연맹(AUSF) 부위원장 · 부회장(현) 2011년 콘텐츠산업진흥위원회 민간위원 2011년 제26회 하계유니버시아드대회 선수단장 2011년 한국대학스포츠총장협의회(KUSF) 회장(현) 2012~2014년 한국사학진흥재단 비상임이사 2014년 태평양아시아협회 이사(현) 2016년 대한체육회장 선거 후보자 (상)중앙일보 2010 한국을 빛낸 창조경영대상(2010), 미국 오리건주립대 우수공학자상(2011), 몽골 북극성훈장(2014), 서울석세스대상 교육부문(2015), 헝가리정부 최고 훈장 '십자공로훈장'(2016) (저)'인터넷 기술과 응용' (종)기독교

장호영(張鎬榮) JANG Ho Young

(생)1959 · 1 · 19 (주)전북 군산시 대학로558 군산대학교 해양과학대학 해양생산학과(063-469-1819) (학)1981년 부산수산대 어업학과졸 1985년 同대학원 수산학과졸 1997년 수산학박사(부경대) (경)1983년 한국수산해양교육학회 편집위원 1990년 군산수산전문대 전임강사 1992~2004년 군산대 전임강사 · 조교수 · 부교수 2000~2015년 한국어업기술학회 이사 · 부회장 2004년 군산대 해양과학대학 해양생산학과 교수(현) 2013~2015년 同선박실습운영센터장 2013년 同해양과학대학 해양생산학과장 2015년 한국어업기술학회 회장(현) 2016년 군산대 해양과학대학장 겸 해양수산실습원장(현) (저)'어업정보학개론'(2003) '어획물 취급 및 관리'(2007) '수산학개론'(2008, 바이오사이언스) (종)천주교

장호완(張浩完) Ho-Wan Chang

(생)1943 · 3 · 7 (출)대구 (주)서울 관악구 관악로1 서울대학교 지구환경과학(02-880-1366) (학)1969년 서울대 지질학과졸, 벨기에 루뱅가톨릭대 대학원졸 1979년 이학박사(벨기에 루뱅가톨릭대) (경)1982~1992년 서울대 자연과학대학 지질과학과 조교수 · 부교수 1992~2008년 同지구환경과학부 교수 1995~1999년 同자연과학대학장 1996~1999년 과학기술부 기초과학정책심의위원 1996~1999년 전국자연과학대학장협의회 회장 1997~1998년 교육부 교육개혁추진자문위원 1999~2003년 기초기술연합회 이사 2000년 한국지질학협의회 회장 2000~2001년 교육부 고등교육정책자문위원 2003~2007년 서울대 교수협의회장 2003년 원자력위원회 위원 2005~2010년 한국과학기술단체총연합회 부회장 2006~2007년 서울대 장기발전위원장 2008년 교육강국실천연합 상임대표 2008~2011년 한국지질자원연구원 원장 2008년 서울대 명예교수(현) 2011년 대한민국학술원 회원(지구과학 · 현) 2013~2016년 한국과학기술한림원 이사 (상)과학기술훈장 웅비장(2002) (종)가톨릭

장호주(張鎬朱) CHANG Ho Joo
[생]1960·8·14 [주]서울 중구 남대문로81 롯데쇼핑(주) 임원실(02-750-7186) [학]중동고졸, 고려대 경영학과졸 [경]롯데쇼핑(주) 재경부문장, (주)호텔롯데 재경부문장(이사) 2012년 롯데쇼핑(주) 정책본부지원실 재무팀 이사 2013년 同정책본부지원실 재무팀 상무 2014년 同백화점사업본부(롯데백화점) 재무부문장(상무) 2016년 同백화점사업본부(롯데백화점) 재무부문장(전무)(현) [종]천주교

장호중(張鎬仲) CHANG Ho Joong

[생]1967·2·18 [출]서울 [주]전북 전주시 덕진구 사평로 25 전주지방검찰청 검사장실(063-259-4301) [학]1985년 장충고졸 1989년 서울대 법과대학졸 2000년 미국 조지워싱턴대 로스쿨 연수 [경]1989년 사법시험 합격(31회) 1992년 사법연수원 수료(21기) 1992년 軍법무관 1995년 서울지검 서부지청 검사 1997년 대구지검 경주지청 검사 1999년 부산지검 검사 2001년 법무부 기획관리실 검사 2003년 서울지검 검사 2004년 인천지검 부부장검사 2005년 대검찰청 검찰연구관 2007년 대구지검 안동지청장 2008년 대검찰청 정보통신과장 2009년 同정책기획과장 2009년 서울중앙지검 형사6부장 2010년 부산지검 형사2부장 2011년 춘천지검 강릉지청장 2012~2013년 법무부 감찰담당관 2013년 국가정보원 감찰실장 파견 2014년 부산고검 검사 2015년 수원지검 안산지청장 2015년 전주지검장(현)

장호진(張虎鎭) CHANG Ho Jin

[생]1961·8·10 [출]서울 [주]세종특별자치시 다솜로261 국무총리 외교보좌관실(044-200-2140) [학]성동고졸 1984년 서울대 외교학과졸 1987년 同행정대학원졸 1990년 영국 케임브리지대 대학원 국제정치학과졸 [경]외무고시 합격(16회), 외교통상부 사무관, 경수로사업지원기획단 파견 1998년 외교통상부 서기관 2000년 駐러시아 참사관, 외교통상부 북핵외교기획단 심의관, 同북핵외교기획단 부단장 2007년 同북미국 심의관 2008년 同북미국장 2010년 駐캄보디아 대사 2012~2013년 대통령 외교비서관 2013년 외교부 장관특별보좌관 2014년 국무총리 외교보좌관(실장급)(현)

장호진(張豪眞) JANG Ho Jin

[생]1962·7·28 [본]인동(仁同) [출]부산 [주]서울 강남구 압구정로165 (주)현대백화점 임원실(02-3416-5370) [학]동인고졸, 서울대 경영학과졸 [경](주)현대백화점 신촌점 지원팀장, 현대홈쇼핑 경영지원본부 회계·재무팀장 2006년 同관리담당 이사대우 2006년 (주)현대백화점 관리담당 이사대우 2007년 同관리담당 상무(乙) 2009년 同관리담당 상무(甲) 2010년 (주)현대F&G 공동대표이사 2010년 (주)현대그린푸드 공동대표이사 2011년 同대표이사 전무 2012년 同대표이사 부사장 2013년 (주)현대백화점 경영지원본부장(부사장) 2015년 同기획조정본부 부본부장(부사장)(현)

장호현(張浩鉉) JANG Ho Hyun

[생]1959·4·5 [출]대구 [주]세종특별자치시 갈매로477 기획재정부 인사과(044-215-2252) [학]1977년 경북고졸 1981년 고려대 경제학과졸 1984년 서울대 행정대학원졸 1995년 미국 밴더빌트대 대학원 경제학과졸 [경]1986년 행정고시 합격(30회) 1993년 재무부 국제금융국 사무관 1999년 재정경제부 기획관리실 기획예산담당관실 서기관 2004년 同APEC재무장관회의기획단 파견(과장급) 2005년 同경제정책국 정책기획과장 2006년 同정책조정국 산업경제과장 2007년 同정책조정국 정책조정총괄과장 2008년 기획재정부 대외경제국 대외경제총괄과장(서기관) 2009년 同대외경제국 대외경제총괄과장(부이사관) 2009년 대통령직속 G20기획조정위원회 기획조정관 2011년 기획재정부 성장기반정책관 2012년 同정책조정국 정책조정기획관 2013년 同국제금융심의관 2014년 同대외경제국장 2015년 駐미국대사관 경제공사(현)

장홍균(張弘均) CHANG Hong Kyun

[생]1958·7·13 [주]강원 정선군 사북읍 하이원길265 (주)강원랜드 시설관리실(1588-7789) [학]춘천고졸, 강원대 경영학과졸, 울산대 대학원 건설관리학과졸 [경]1985년 현대그룹 입사, 현대산업개발 영업기획팀장, 同개발담당 상무보, 同마케팅담당 임원, 同서울지사장, 서울성북구 분양가심의위원 2013~2014년 서울춘천고속도로(주) 대표이사 2014~2015년 과천시시설관리공단 이사장 2015년 (주)강원랜드 시설관리실장(현) [종]천주교

장홍선(張洪宣) CHANG Hong Sun

[생]1940·12·3 [본]인동(仁同) [출]서울 [주]서울 종로구 새문안로3길30 극동유화(02-723-2440) [학]1958년 서울고졸 1964년 연세대 상경대 경영학과졸 1969년 미국 뉴욕대 경영대학원졸(MBA) [경]1971년 영국 런던 Shell 기획실 근무 1973년 극동정유(주) 이사 1977년 同부사장 1980~1991년 同대표이사 사장 1981~1991년 극동도시가스(주) 대표이사 사장 1989년 대한석유협회 회장 1990~1997년 극동도시가스(주) 대표이사 회장 1993~1998년 한국마크로(주) 대표이사 회장 1996년 선인자동차(주) 대표이사 회장, 同회장 1999년 극동유화(주) 대표이사 회장, 同회장(현) 1999~2010년 근화제약(주) 대표이사 회장 1999~2006년 진산애셋 H&M 대표이사 회장 2002~2004년 그린화재해상보험(주) 회장 2003~2005년 서울고총동창회 회장 [상]대통령표창(1977·1982·1983·1987·1989), 산업포장(1987), 철탑산업훈장(1990), 한국능률협회 가치경영최우수기업상(2001)

장홍순(張弘淳) CHANG Hong Soon
[생]1956·5·24 [출]서울 [주]서울 마포구 와우산로121 삼진제약(주) 임원실(02-3140-0700) [학]1976년 경신고졸 1986년 고려대 경영학과졸 [경]삼진제약(주) 부장 2003년 同경리·회계담당(이사) 2004년 同경리담당 이사 2005년 同경리·재무회계담당 이사 2011년 同경리·재무회계담당 상무 2016년 同경리·재무회계담당 전무(현)

장홍열(張洪烈) CHANG Hong Yul (丹谷)

[생]1940·1·3 [본]울진(蔚珍) [출]강원 동해 [주]서울 강남구 논현로81길9 한국기업평가원(02-508-7002) [학]1958년 북평고졸 1965년 서울대 문리대학졸 1972년 인도 마드라스대 수료 1977년 미국 워싱턴대 시애틀교 수료 1990년 단국대 경영대학원졸 1995년 서울대 경영대 최고경영자과정 수료 1998년 고려대 언론대학원 최고위과정 수료 1999년 한국과학기술원 최고정보경영자과정 수료 [경]1966~1983년 재무부 근무 1984년 同행정관리담당관 1985년 駐독일대사관 재무관 1988년 재무부 국제금융과장 1989년 同기획예산담당관 1994~1999년 한국신용정보(주) 사장 1999년 경기중소기업종합지원센터 대표이사 2001년 경기지방공사 사장 2002~2008년 한국기업평가원 원장 2005년 강원도민회 이사, 골프 칼럼니스트(현) 2008~2013년 (사)한국기업평가원 이사회 회장 2013년 同원장·회장(현) [상]황조근정훈장(1982) [저]'원화의 국제화추진' '국제회의참가편람' '골프칼럼집-캐디보고 여보 아내보고 언니'

장화진(張和鎭)

[생]1957·8·30 [출]충북 충주 [주]충북 단양군 단양읍 중앙1로10 단양군청 부군수실(043-420-2010) [학]충주고졸, 충남대 경제학과졸, 충북대 대학원 행정학과졸 [경]1985년 충북 중원군 이류면사무소 주사보 2003년 충청북도 경제통상국 첨단산업과 BIT팀장 2011년 同청남대관리사업소장(서기관) 2013년 同문화관광환경국 문화예술과장 2014년 同경제통상국 일자리기업과장 2016년 충북 단양군 부군수(현) [상]지식경제부장관표창(2009)

장환빈(張桓彬) JANG Whan Bin

[생]1954·4·16 [출]광주 [주]서울 동작구 흑석로112 중앙타워빌402호 (사)한반도개발협력연구소(02-812-8120) [학]1973년 경기고졸 1977년 서울대 무역학과졸 1984년 미국 인디애나대 블루밍턴교 대학원 경제학과졸 2014년 북한학(경제)박사(북한대학원대) [경]1977년 외환은행 입행 1979년 同조사부 근무 1990년 同국제기획부 과장 1991년 금호아시아나그룹 회장실 국제금융팀장 1994년 同회장실 국제금융담당 이사 1995년 同한아금융유한공사 대표이사(홍콩 파견) 1999년 현대아산(주) 금융부 이사 2003년 同기획본부 상무보 2005년 同기획본부장(상무) 2006년 同해외사업본부장 2008년 同기획실장 2009년 同경영지원본부장(전무) 2010년 同관광경협본부장 2011년 同비상근자문역 2013년 (사)한반도개발협력연구소 상임이사 2015년 同소장(현) 2015년 민주평화통일자문회의 동작구 자문위원(현) 2015년 민족화해협력범국민협의회 정책위원(현)

장환일(張煥一) CHANG, Hwan-Il (瑞原)

[생]1942·11·20 [본]인동(仁同) [출]황해 서흥 [주]경기 여주시 가남읍 경충대로924 여주세민병원 진료원장실(031-883-7585) [학]1961년 서울고졸 1968년 同의과대학졸 1970년 同대학원졸 1976년 의학박사(서울대) [경]1968~1973년 서울대병원 인턴·레지던트 1973~1983년 경희대 의과대학 전임강사·조교수·부교수 1983~2008년 同의과대학 신경정신과 교수 1983년 미국 하

와이 East-West센터 전문연구원 1987~1989년 경희대병원 교육연구부장 1989~2012년 동아세아문화정신의학회 간사 1991~1992년 경희대병원 진료부장 1993~1995년 경희대 의과대학장 1994~2002년 대한생물정신의학회 회장 2002~2007년 대한신경정신의학연구재단 이사장 2005~2006년 대한신경정신의학회 회장 2007~2009년 대한임상댄스치료학회 회장 2008년 경희대 의과대학 명예교수(현) 2008년 여주세민병원 진료원장(현) [상]대한신경정신의학회 최신해학술상(2002), 옥조근정훈장(2008)

장효익(張孝翼) Jang Hyo Ik

[생]1950 · 9 · 4 [출]경남 마산 [주]경남 창원시 의창구 용지로248 (재)경남문화예술진흥원 원장실(055-213-8000) [학]1977년 경남대 사범대학 체육교육학과졸 2001년 同대학원 언론홍보학과졸 [경]1977년 마산MBC 보도국 기자 1995년 同보도국 보도제작팀장 1996년 同보도국 취재팀장 1999년 同경영국 광고사업팀장 2000년 同기획심의실장 2002년 同편성국장 2003년 同기획심의실 심의위원 2006~2008년 同사업국 대외협력담당(국장급) 2009~2014년 경남대 신문방송학과 초빙교수 2015년 (재)경남문화예술진흥원 원장(현) 2016년 한국광역문화재단연합회 이사(현) [상]한국방송보도상 장려상(1996), 방송위원회대상 프로그램기획부문 대상(2001) [작]다큐멘터리 '베트남 한인2세 <라이따이한>'(1996) '애수의 소야곡, 박시춘'(2001)

장효현(張孝鉉) Chang hyo-hyun (毅訥)

[생]1955 · 1 · 2 [출]서울 [주]서울 성북구 안암로145 고려대학교 문과대학 국어국문학과(02-3290-1970) [학]1975년 경기고졸 1979년 고려대 국어국문학과졸 1981년 同대학원 국어국문학과졸 1988년 문학박사(고려대) [경]1982~1984년 고려대 · 건국대 강사 1985~1992년 호서대 국어국문학과 조교수 · 부교수 1990년 한국정신문화연구원 파견교수 1993년 고려대 국어국문학과 부교수 · 교수(현) 1994~1995년 민족문학사연구소 감사 1998~2005년 한국고소설학회 편집위원 · 출판이사 · 총무이사 · 상임부회장 1999년 미국 뉴욕주립대 스토니브룩교 방문연구교수 2001~2003년 한국어문학회 이사 · 전공이사 2001~2003년 민족문학사연구소 상임편집위원 2005~2006년 한국고소설학회 회장 2006~2007년 고려대 국어소통능력연구센터 소장 2007~2008년 영국 런던대 SOAS 방문연구교수 2011년 일본 메이지대 객원교수 2012~2014년 민족어문학회 회장 2013~2015년 동방문학비교연구회 회장 [상]도남국문학상(1991), 성산학술상(2003) [저]'徐有英文學의 硏究'(1988) '六美堂記(編)'(1992) '韓國古典小說史硏究'(2002) '韓國 古典文學의 視角'(2010) [역]'六美堂記'(1995) '구운몽'(2008) [종]기독교

장 훈(張 勳) JAUNG Hoon

[생]1962·12·16 [출]서울 [주]서울 동작구 흑석로84 중앙대학교 정치국제학과(02-820-5511) [학]1985년 서울대 정치학과졸 1987년 同대학원 정치학과졸 1992년 정치학박사(미국 Northwestern Univ.) [경]1993년 한국정치학회 연구위원 1993년 서울대·서강대·성균관대·이화여대 강사 1993~1996년 한림대 정치외교학과 조교수 1996~2011년 중앙대 정치외교학과 교수 2007년 同입학처장 2008년 한국정당학회 부회장·회장 2011년 중앙대 정치국제학과 교수(현) 2011~2013년 同사회과학대학장 2012~2015년 국회 한국의회발전연구회 이사장 2012년 새누리당 정치쇄신특별위원회 위원 2013년 제18대 대통령직인수위원회 정무분과 인수위원 2014~2015년 방송통신심의위원회 보도교양방송특별위원회 위원 [저]'한국정당정치론(共)' '세계화와 민주주의'(共) '정보정책론(共)' '한국사회와 민주주의'(共) '우리가 바로잡아야 할 39가지 개혁과제'(共) '현대 미국정치의 새로운 도전'(共) '사회복지제도의 쟁점과 과제'(共) '비례대표 선거제도(共)'(2000, 박영사) '현대 정당정치의 이해(共)'(2003, 백산서당) '한국적 싱크탱크의 가능성(共)'(2006, 삼성경제연구소) '경제를 살리는 민주주의(共)'(2006, 동아시아연구원) '20년의 실험'(2010, 나남) [역]'사회적 자본과 민주주의'(2006)

장훈욱(張勳勖)

[생]1956 · 8 · 21 [본]안동(安東) [출]경북 의성 [주]경북 영천시 호국로187 영천소방서(054-339-6814) [학]안동농림고졸, 대구미래대졸, 경운대 대학원 석사과정 수료 [경]1979년 지방소방사 임용(공채) 1990년 경북 청도119파출소장(지방소방위) 1995년 경북 구미소방서 소방계장(지방소방경) 1999년 경북 상주소방서 소방과장 · 방호과장 2002년 경북 영천소방서 소방과장 · 방호과장 2004년 경북 안동소방서 소방행정과장(지방소방령) 2007년 경북 구미소방서 방호구조과장 2009년 경북 경산소방서 소방행정과장 2011년 경북 영천소방서 예방안전과장 2013년 경북 영덕소방서장(지방소방정) 2014년 경북 울진소방서장 2016년 경북 영천소방서장(현) [상]국무총리표창(2010)

장훈태(張勳泰) Chang Huntae (玄岩)

[생]1955 · 7 · 4 [출]충남 [주]충남 천안시 동남구 문암로76 백석대학교 기독교학부(041-550-2051) [학]2002년 신학박사(아세아연합신학대) [경]1982~1991년 신현교회 담임목사 1992년 총신보육교사교육원 및 기독신학원 전임강사 1994년 기독신학교 교학과장 1996~2006년 천안대 기독교학부 교수 2006년 백석대 기독교학부 교수(현), 백석선교문화원 원장, 백석정신아카데미 사무본부장 2009~2010년 한국복음주의선교신학회 회장 2010~2014년 한국연합선교회 수석부회장, 한국기독교학술원 정회원, 同수석연구원 2010년 한국기독교통일학회 이사(현) 2010년 한국복음주의선교신학회 복음과선교 편집위원장(현) 2012~2014년 한국복음주의신학회 총무역임 2012~2013년 한국로잔연구교수회 회장역임 2013년 同편집위원장(현), 한국로잔위원회 중앙위원(현), 한국개혁신학회 선교학분과장 2013년 백석정신아카데미 실천본부장, 국제WEC선교회 동원이사 2014년 개혁주의생명신학회 회장(현) 2016년 백석대 기독교박물관장(현) [상]한국복음주의선교신학회 한국선교신학자상(2008), 백석대 신학대학원 자랑스런 신학자상(2008), 한국기독교출판협회 목회자부분 우수상(2013), 백석대 논문업적우수상(2014), 대한예수교장로회총회 선교부분 공로패(2014 · 2016), 한국복음주의선교신학회 중견교수 논문우수상(2015), 한국복음주의선교신학회 다논문 우수상(2015) [저]'유대인의 풍습'(1992) '선교학의 이론과 실제'(1995) '초대교회선교'(1996) '아시아선교전략'(1998) '칼빈신학해설(共)'(1998) '최근의 칼빈연구(共)'(2001, 대한기독교서회) '북서아프리카선교기행'(2004) '북경에서 티벳까지'(2005) '이슬람선교여행 : 파키스탄편'(2005) '북경에서 내몽고까지'(2006) '우루무치에서 카스까지'(2007) '선교를 위한 문화인류학' '최근 이슬람의 상황과 선교의 이슈'(2011, 도서출판 대서) '선교적 관점에서 본 다문화 사회'(2011, 도서출판 대서) '한국교회와 선교의 미래'(2012, 도서출판 대서) '성경으로 읽는 북한선교(共)'(2013, 올리브나무) '로잔운동과 선교(共)'(2014, 한국로잔위원회) '국제정치 변화속의 선교'(2014) 등 [역]'가난한 자와 함께하는 선교'(2001) '당신의 은사를 교회에서 활용하라'(2003) '타문화상담과 선교'(2004) '선교학대전'(共) '변화하고 있는 선교'(2010) [작]장훈태교수의 에티오피아사진전(2014), 장훈태교수의 난민사진전(2015) [종]기독교

장휘국(張輝國) Jang Hwi-guk

[생]1950·8·2 [본]인동(仁同) [출]충북 단양 [주]광주 서구 화운로93 광주광역시교육청 교육감실(062-380-4201) [학]1968년 광주고졸 1970년 광주교대졸 1987년 한국방송통신대졸 1989년 조선대 대학원 사학과졸 [경]1970~1978년 백수서초·모도초·중앙초 교사 1978~1989년 노화중·담양여고·광주과학고 교사 1987년 광주교사협의회 재정부장·사무국장 1989년 광주교사협의회 사무국장 1989년 전국교직원노동조합 광주지부 사무국장 1989년 전국교직원노동조합 결성 관련 해직(1994년 복직) 1990~1993년 전국교직원노동조합 광주지부 국·공립중등지회 사무장 1991·1996년 同광주지부 국·공립중등지회장 1992년 同광주지부 4대 지부장 1992~1997년 조선대 인문대학 강사 1994~2002년 충장중·광주공고·광주고 교사 1997~2010년 광주환경교원협의회 대표 1999~2000년 전국교직원노동조합 8대 광주지부장 1999~2000년 광주언론개혁시민연대 공동대표 1999~2000년 반부패국민운동 광주본부 공동대표 1999~2000년 광주전남언론개혁시민연대 공동대표 1999~2000년 새교육공동체 광주시민모임 공동대표 2000~2001년 민주노총 광주전남지역본부 부본부장 2001~2010년 무등산사랑청소년환경학교 교장 2002~2010년 전국교직원노동조합 광주지부 교육자치위원장 2002~2010년 광주시교육위원회 교육위원 2002~2010년 충장중·광주공고·광주고·경양초교·문산중·광주정보고 운영위원회 운영위원 2005~2008년 지역문화교류호남재단 이사 2005~2010년 (사)광주장애우권익문제연구소 이사 2005~2010년 (사)광주교육문제연구소 이사학생인권조례추진위원회 대표 2006~2010년 (사)무등산보호단체협의회 공동의장 2008~2010년 (사)우리겨레하나되기 광주전남운동본부 공동대표 2008~2010년 (사)북구자활후견센터 일하는사람들 이사 2008~2010년 지역아동센터(공부방) 큰솔학교 운영위원장 2009~2010년 (재)지역문화교류호남재단 상임위원 2010·2014년 광주광역시 교육감(현) 2014~2016년 전국시도교육감협의회 제5대 회장 [상]자랑스러운 조대인 상 정치·행정부문(2015) [저]'경쟁의 사막에서 상생의 숲을 발견하다'(2010, 심미안) '상생의 숲2-상생의 숲에 불어오는 희망의 바람'(2014, 심미안) [종]기독교

장흥순(張興淳) CHANG Heung Soon

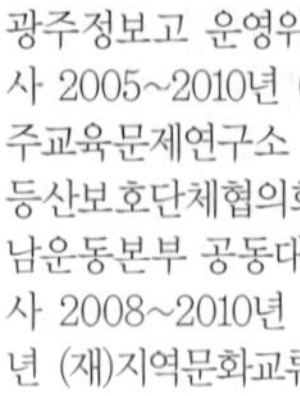

[생]1960 · 10 · 26 [출]충북 괴산 [주]서울 마포구 백범로35 서강대학교 기술경영전문대학원(02-705-4783) [학]1978년 충북고졸 1982년 서강대 전자공학과졸 1985년 한국과학기술원(KAIST) 전기전자공학과졸(석사) 1988년 공학박사(한국과학기술원) 1994년 서울대 최고경영자과정 수료 [경]1988~2005년 (주)터보테크 창업 · 대표이사 사장 1999년 (사)벤처기업협회 부회장 1999년 코스

당상장위원회 상장위원 1999년 코스닥상장법인협의회 부회장 1999년 NC공작기계연구조합 이사장 2000~2005년 (사)벤처기업협회 회장 2000년 한국주택은행 사외이사 2000년 대통령직속 중소기업특별위원 2000년 벤처활성화위원 2000년 서울 DMC기획위원 2000년 사회복지공동모금회 이사 2000년 한국기술거래소 이사 2001년 한국산업기술재단 이사 2001년 국민경제자문회의 위원 2002년 감사원 IT감사 자문위원 2002년 한국생산성본부 이사 2003년 국가균형발전추진위원회 위원 2004년 한국과학기술기획평가원 이사 2004년 중소기업연구원 이사 2004년 대중소기업협력재단 이사 2004년 한국여성재단 미래포럼 운영위원 2005년 (사)벤처기업협회 공동회장 2005년 국무총리실 BK21 평가위원 2005년 한국무역협회 부회장 2005년 테크노포럼21 위원 2008년 서강대 기술경영전문대학원 교수(현) 2008~2014년 同서강미래기술연구원(SIAT) 원장 2008년 同서강미래클러스터대학원장 2012년 새누리당 박근혜 대통령후보 벤처특보, 대통령직속 국가과학기술위원회 위원 2014년 서강대 스타트업연계전공 주임교수 2014년 (주)블루카이트 대표이사(현) ❸국무총리표창(1997), 산업포장(1999), 대통령표창(2000), 한국경영학회 한국경영자대상(2001), 한국산업기술진흥협회 테크노CEO상(2002), 제40회무역의날 1천만불 수출의탑(2003)

장흥순(張興淳) JANG Heung Sun

❸1962·10·15 ❷인동(仁同) ❸충북 청원 ㈜서울 중구 덕수궁길15 서울특별시의회(02-3783-1936) ❸한양대 공공정책대학원 지방자치학과졸 ❷한양대 공공정책대학원 총학생회장, 서울 동대문구생활체육회 수석부회장(현), 민주평통 동대문구 자문위원, 한양대행정대학원동문회 부회장, 국제라이온스협회 354-D지구 시력보조존밎장애인위원회 위원 2014년 서울시의회 의원(새정치민주연합·더불어민주당)(현) 2014~2016년 同환경수자원위원회 위원 2014~2015년 同예산결산특별위원회 위원 2016년 同도시안전건설위원회 위원(현) ❸서울사회복지대상 대회장상(2016) ❸천주교

장희구(張喜九) JANG Hee Gu

❸1959·2·2 ㈜경북 김천시 공단3길64 코오롱플라스틱(주) 대표이사실(054-420-8371) ❸경북고졸, 서울대 국사학과졸 ❷코오롱 구매팀장, 同동경사무소장(상무보), 同오사카사무소장(상무보) 2011년 코오롱인더스트리 오사카사무소장(상무) 2012년 코오롱플라스틱(주) 사업본부장(상무) 2014년 同대표이사 전무 2015년 同대표이사 부사장(현) ❸불교

전갑길(全甲吉) JEON Kab Kil (河南)

❸1957·10·10 ❷천안(天安) ❸광주 ㈜광주 광산구 하남산단8번길172 빛고을시민포럼(062-956-0021) ❸1975년 광주농고졸 1985년 조선대 체육학과졸 1994년 同대학원 정치외교학과졸 1999년 정치학박사(조선대) 2001년 고려대 정책대학원 최고정책과정 수료 2002년 경희대 국제법무지도자과정 수료 2002년 성균관대 경제학과졸 2007년 한국방송통신대 중어중문학과 재학中 2008년 전남대 행정대학원 최고정책과정 수료 2009년 同행정대학원 석사과정 재학中 ❷1986년 민주화추진협의회 회기부장·편집부장 1986년 평민당 김대중총재 비서 1987년 신민당 김대중총재 비서 1991·1995·1998~2000년 광주시의회 의원(국민회의) 1991년 광주시체육회 이사 1992년 조선대동창회 부회장 1993년 광주시의회 예결위원장 1995년 同운영위원장 1997년 국민회의 광주시지부 대변인 1998~2000년 광주시의회 부의장 1998년 21세기지역사회발전연구소 이사장 1999년 광주대·동신대 겸임교수 2000~2004년 제16대 국회의원(광주 광산, 새천년민주당) 2000년 호남대 겸임교수 2001년 새천년민주당 원내부총무 2001년 광주여대 객원교수 2002년 민주화추진협의회 사무총장 2003년 새천년민주당 조직위원장 2005년 同광주시당 위원장 직대 2005년 민주당 광주시당 위원장 2005년 同광주광산지역운영위원회 위원장 2006~2010년 광주시 광산구청장(민주당·통합민주당·민주당) 2007년 한국거버넌스학회 운영담당 부회장 2009년 조선대 초빙교수 2010년 빛고을시민포럼 이사장(현) 2015년 새정치민주연합 광주시당 상임고문 ❸대통령표창(1995), 전국광역의원 베스트15 선정(1997), 풀뿌리민주의원 대상(2000), 국정감사 우수국회의원상(2000·2001·2002), 풀뿌리경영대상 최우수상(2007), 광주시체육회장 감사패(2007), 헤럴드경제 올해를 빛낸 혁신경영인 대상(2007), 한국일보 존경받는 대한민국CEO대상 열린경영부문(2008), 산림청 최고리더십상·기후변화대응실천상(2008), 한국여성단체협의회 우수지방자치단체장상(2008), 광주전남지방자치경영대상(2008), 최우수자치단체장(2010), 대한민국나눔대상 특별상(2010) ❷'지방자치와 함께 미래를 연다' '비전 광주 21세기를 말한다' '미스터 광산의 시대정신 행복 더하기'(2011) ❸기독교

전갑수(田甲秀) Jeon Gab Su

❸1962·7·2 ❷담양(潭陽) ❸경남 ㈜경기 성남시 분당구 성남대로906 KB국민은행 야탑역지점(031-709-2985) ❸1980년 경상고졸 1989년 고려대 법학과졸 2009년 同정책대학원 부동산금융최고위과정 수료 2015년 연세대 법무대학원졸 ❷1990년 KB국민은행 입행 2009년 同신도봉지점장 2012년 同구리역지점장 2012년 同법무실장 2015년 同야탑역지점장(현)

전강진(全康鎭) JEON Gang Jin

❸1969·1·21 ❸대구 ㈜경기 평택시 평남로1040 수원지방검찰청 평택지청(031-8053-4200) ❸1987년 경북대사대부고졸 1992년 고려대 법과대학졸 ❷1991년 사법시험 합격(33회) 1994년 사법연수원 수료(23기) 1994년 서울지검 검사 1996년 대전지검 천안지청 검사 1998년 서울지검 남부지청 검사 2000년 대구지검 검사 2003년 서울지검 검사 2004년 서울중앙지검 검사 2004~2009년 駐일본 법무협력관 파견 2006년 광주지검 부부장검사 2009년 법무부 형사법제과장 2010년 서울중앙지검 총무부장 2011년 同형사6부장 2012년 광주지검 형사2부장 2013년 서울북부지검 형사2부장 2014년 전주지검 차장검사 2015년 대구지검 김천지청장 2016년 수원지검 평택지청장(현) ❸새마을포장 ❷'판결경정제도에 관하여'

전경남(全庚楠) JUN Kyong Nam

❸1968·10·28 ㈜서울 영등포구 국제금융로56 미래에셋대우 파생솔루션본부(02-768-3355) ❸관악고졸, 연세대 행정학과졸, 한국과학기술원(KAIST) 금융학과졸(석사) ❷SK증권 근무, 신한증권 근무, 미래에셋증권 상품운용1팀 팀장(이사) 2010년 同Equity Trading본부장(상무보) 2013년 同파생상품본부장(상무보) 2015년 同파생상품본부장(상무) 2016년 미래에셋대우 파생솔루션본부장(현)

전경돈(全庚暾) Jeon, Kyung Don

❸1968·6·5 ❸서울 ㈜서울 중구 세종대로136 파이낸스센터13층 세빌스코리아(02-2124-4268) ❸1995년 한국외국어대 마인어학과졸 2009년 건국대 부동산대학원 경영관리학과졸 ❷1992~1993년 삼성전자(주) 인도네시아현지법인 근무 1995~1999년 벽산건설 해외사업부·기획조정실·자산관리팀 근무 1999~2000년 BHP코리아 투자자문팀 근무 2000년 코리아에셋어드바이저즈(KAA) 임대마케팅부문 팀장 2004~2005년 同임대마케팅부문 상무 2005년 ING Real Estate Investment Management(REIM) Ltd. 로담코플라자 총괄운영담당자(COO) 2007년 同자산관리부문 상무 2010~2011년 ING리얼에스테이트자산운용(주) 국내투자부문 총괄담당 전무 2012~2013년 CRBE글로벌인베스터스자산운용(주) 펀드매니저(전무) 2013년 세빌스코리아 대표(현)

전경수(全庚秀) Kyung-Soo JUN

❸1961·1·20 ㈜경기 수원시 장안구 서부로2066 성균관대학교 공과대학 건설환경공학부(031-290-7515) ❸1983년 서울대 토목공학과졸 1989년 미국 캘리포니아공과대 대학원 토목공학과졸 1991년 토목환경공학박사(미국 아이오와대) ❷1992~1994년 서울대 박사 후 연구원 1994년 성균관대 토목공학과 조교수 1998년 同부교수·교수 2005년 同공과대학 토목환경공학과 교수 2007년 同공과대학 사회환경시스템공학과 교수 2013년 同공과대학 건설환경공학부 교수(현) 2013년 同수자원전문대학원장(현)

전경옥(全敬玉·女) CHUN Kyung Ock

❸1954·8·24 ❸서울 ㈜서울 용산구 청파로47길100 숙명여자대학교 교수회관715호(02-710-9487) ❸1973년 서울여상졸 1977년 숙명여대 정치외교학과졸 1982년 미국 테네시대 정치학과졸 1987년 同대학원졸 1988년 정치학박사(미국 테네시대) ❷1983~1986년 미국 테네시대 에너지환경자원연구소 연구원 1988~1992년 숙명여대·성신여대 강사 1992~2001년 숙명여대 정치외교학과 조교수·부교수 1999년 영국 Univ. of London 방문교수 2000년 네덜란드 Univ. of Leiden 방문교수 2001년 숙명여대 정치외교학과 교수(현) 2002~2006년 同아시아여성연구소장 2003~2005년 同정법대학장 2005년 同사회과학대학장 2005년 경찰위원회 비상임위원 2010~2013년 숙명여대 다문화통합연구소장 2011년 한국다문화학회 회장 2012년 국제앰네스티 한국지부 이사장 ❷'정치·문화·이데올로기'(1997) '한국의 정치학(共)'(1997) '열린 중국, 닫힌 중국 : 차이나 리포트' '세계의 여성리더' '문화와 정치' '한국여성근현대사 시리즈' ❷'현대미국 정치의 새로운 도전'(共) '미디어와 미국선거'(共) ❸천주교

전경욱(田耕旭) JEON Kyung Wook

[생]1959·4·8 [본]담양(潭陽) [출]서울 [주]서울 성북구 안암로145 고려대학교 사범대학 국어교육과(02-3290-2346) [학]1978년 동국대부고졸 1982년 고려대 국어교육과졸 1984년 한국정신문화연구원 한국학대학원 국문학과졸 1989년 문학박사(고려대) [경]1986년 창문여고 교사 1989년 고려대 사범대학 국어교육과 교수(현) 1997~1998년 미국 인디애나대 민속학과 교환교수 1999년 고려대 민족문화연구원 민속학센터 센터장(현) 1999년 문화재청 문화재위원회 문화재위원(현), 고려대 한국어문교육연구소장 2003년 경기도 문화재위원(현) 2003년 서울시 문화재위원(현) 2006년 한국교육개발원 학점인정심의위원회 분과위원 2012~2015년 한국문화예술교육진흥원 비상임이사 2013~2015년 한국민속학회 회장 2016년 고려대 박물관장(현) [상]'북청사자놀이연구'(태학사) 문화관광부 우수도서(1997), '한국 가면극 그 역사와 원리'(열화당) 문화관광부 우수도서(1999), '함경도의 민속'(고려대 출판부) 문화관광부 우수도서(2000), '한국의 전통연희'(학고재) 문화관광부 우수도서(2004), 월산민속학술상 저술상(2008), 대통령표창(2015) [저]'북한의 민속예술'(1990, 고려원) '춘향전의 사설형성원리'(1990, 고려대 민족문화연구소) '한국가면극 그 역사와 원리'(1998, 열화당) '함경도의 민속'(1999, 고려대출판부) '한국의 전통연희'(2004, 학고재) '韓國假面劇'(2004, 東京 : 法政大學出版局) 'Korean Mask Dance Dramas'(2005, youlhwadang) '한국의 가면극'(2007, 열화당) '한국 가면극과 그 주변 문화'(2007, 월인) '법성포단오제(共)'(2007, 월인) '한국전통연희사전'(2014, 민속원)

전경재(田京在) JUN, Gyung-Jae

[생]1958·1·25 [출]서울 [주]서울 성동구 왕십리로222 한양대학교 인문과학대학 독어독문학과(02-2220-0762) [학]1976년 경남고졸 1985년 서울대 독어독문학과졸 1987년 同대학원 독어독문학과졸 1992년 독어학박사(독일 뒤셀도르프대) [경]1995년 한국독어독문학회 편집·출판이사 1996년 同연구이사 1996년 한양대 인문과학대학 독어독문학과 조교수·부교수·교수(현) 1998년 국립중앙도서관 외국도서 선정위원(현) 2005~2007년 한국독일어교육학회 부회장 2006년 한국독어독문학회 편집출판상임이사 2006~2007년 '아시아의 문화학과 독어독문학' 간행위원장 2007~2008년 한국독일어교육학회 편집위원장 2009년 同연구이사 2009·2010·2011년 미국 세계인명사전 '마르퀴즈 후즈 후' 2010·2011·2012년판에 등재 2010년 국가평생교육진흥원 선제위원 겸 채점위원(현) 2011년 한국연구재단 전문위원(Program Manager)(현) 2011년 한국독일어교육학회 회장 2013년 同감사 [상]전국대학생외국어경시대회 독일어부문 최우수상 문교부장관표창(1982·1983), 한양대 우수교수상(1998), 한양대 베스트티처(2004·2005·2006·2015), 영국 국제인명센터(IBC) 플라톤 국제교육자상(2010), 영국 국제인명센터(IBC) '세계 100대 교육자' 선정(2010)

전광민(全光珉) CHUN Kwang Min

[생]1955·6·20 [주]서울 서대문구 연세로50 연세대학교 공과대학 기계공학부(02-2123-2819) [학]1978년 서울대 기계공학과졸 1980년 한국과학기술원 대학원졸 1988년 공학박사(미국 매사추세츠공대) [경]1989년 연세대 기계공학부 교수(현) 1998년 同자동차기술연구소장(현) 2000~2002년 (주)블루플래닛 대표이사 겸임 2004~2011년 연세대 배기제로화연구센터장 2010년 한국자동차공학회 부회장 2013년 同회장 2016년 FISITA 2016 World Automotive Congress 조직위원장 [상]대통령표창(2009), FISITA Service Awards(2012)

전광삼(田光三)

[생]1967·7·9 [출]경북 울진 [학]중앙대 신문방송학과졸 [경]1999년 대한매일 사회문화부 기자 2000년 서울신문 디지털팀 기자 2002년 同산업팀 기자 2003년 同정치부 기자 2009년 同사회2부 차장 2012년 새누리당 수석부대변인 2013년 제18대 대통령직인수위원회 대변인실 실무위원 2013년 대통령 국정홍보비서관실 선임행정관 2015년 대통령 홍보수석비서관실 춘추관장

전광석(全光錫) CHEON Kwang Seok

[생]1958·7·28 [본]천안(天安) [출]서울 [주]서울 중구 청계천로30 헌법재판연구원 원장실(02-317-8103) [학]1981년 연세대 법학과졸 1983년 同대학원 법학과졸 1988년 법학박사(독일 Munchen대) [경]1988~2001년 한림대 법학과 조교수·부교수·교수 1994년 한국사회정책학회 이사 1995~1996년 한림대 법학연구소장 1996년 한국사회보장학회 이사 1999년 한국의료법학회 이사 1999년 한림대 교무부처장 2000~2001년 同법학연구소장 2001~2015년 연세대 법학과 부교수·교수·법학전문대학원 교수 2004~2005년 한국헌법학회 학술이사 2005년 연세대 법과대학 부학장 2005~2007년 한국장애인고용촉진공단 자문교수 2005~2007년 근로복지공단 근로복지자문단 자문위원 2006~2008년 국가보훈처 보상정책실무위원회 위원 2006~2010년 한국법학교수회 이사 2006~2008년 한국헌법학회 상임이사 2008~2010년 대한변호사협회 징계위원회 예비위원 2008~2009년 헌법재판소 연구위원 2008~2010년 근로복지공단 정책자문위원 2008~2009년 한국사회정책학회 부회장 2009~2010년 헌법재판소 헌법연구위원 2009~2010년 한국사회정책학회 회장 2009~2010년 한국공법학회 부회장 2009~2010년 한국헌법학회 부회장 2010년 한국대학교육협의회 정책자문위원회 위원 2011년 한국사회보장법학회 초대회장 2012~2013년 한국헌법학회 회장 2015년 헌법재판연구원 원장(현) [상]학술장려상 [저]'한국가족정책의 이해(共)'(1996, 학지사) '한국사회보장법론(共)'(2007) '독일 사회보장법과 사회정책(共)'(2008, 박영사) '사회변화와 입법(共)'(2008) '법학개론(共)'(2010, 박영사) '로스쿨 사회보장법(共)'(2010, 한국연구재단) [역]'독일의 진료비심사제도(共)'(1994, 의료보험연합회) '복지국가의 기원(共)'(2005, 법문사)

전광수(田光洙) Kwang Soo CHUN

[생]1957·11·3 [주]서울 종로구 사직로8길39 김앤장법률사무소(02-3703-1839) [학]1981년 서울대 경영학과졸 1995년 미국 오레곤대 경영대학원 경영학과졸 [경]1982~2000년 한국은행 자금부·조사제1부·인사부·국제부·금융통화위원회실 근무 2003년 금융감독원 국제업무국 실장급, 同은행검사1국 은행6팀장, 同은행검사1국 팀장, 同감사실 부국장 2007년 同비서실장 2008년 同뉴욕사무소장 2010년 同소비자서비스국장 2010년 김앤장법률사무소 고문(현) 2014년 메리츠금융지주 사외이사 겸 감사위원(현) [상]재무부장관표창(1983), 금융감독위원장표창(2002)

전광식(全光植) CHON Koang Sik

[생]1957·10·10 [출]경남 함양 [주]부산 영도구 와치로194 고신대학교 총장실(051-990-2202) [학]1975년 안의고졸 1981년 고신대 신학과졸 1990년 철학박사(독일 레겐스부르크대) [경]1990~1996년 고신대 철학과 전임강사·조교수 1996~2014년 同신학대학 신학과 부교수·교수 2000년 미국 하버드대 고전학부 객원교수 2001년 고신대 교무처장 2003~2005년 同부총장 2004년 독수리중·고교 이사장 2014년 고신대 총장(현) [저]'서구의 황혼에 대한 세가지 생각'(1987) '마르크스주의 이후의 철학'(1995) '배움과 믿음으로 도전하는 삶'(1997) '학문의 숲길을 걷는 기쁨'(1998) '고향 : 그 철학적 반성'(1999) '신플라톤주의의 역사'(2002) '가난과 부요의 저편'(2004) '문명의 황혼과 소망의 그리스도'(2005) '경건의 길'(2006) '성경적 환경론'(2006) '기독교대안교육과 대안학교'(2006) [종]기독교

전광우(全光宇) JUN Kwang Woo

[생]1949·5·7 [출]서울 [주]서울 서대문구 연세로50 연세대학교 경제대학원(02-2123-4174) [학]1969년 서울사대부고졸 1973년 서울대 상과대학 경제학과졸 1977년 미국 인디애나대 대학원 경제학과졸 1979년 同대학원 경영학과졸(MBA) 1981년 경영학박사(미국 인디애나대) 2004년 미국 하버드대 비즈니스스쿨 최고경영자과정 수료 2006년 미국 펜실베이니아대 와튼스쿨 최고경영자과정(AMP) 수료 [경]1972~1975년 한국개발금융(KDFC) 근무 1979년 미국 인디애나대 강사 1981년 同조교수 1982~1986년 미국 미시간주립대 경영대학 교수 1984년 미국 메릴린치투자은행 자문역 1986~1998년 세계은행(IBRD) 선임애널리스트·금융담당 수석이코노미스트·국제금융팀장 1989년 한·미경제학회 사무총장 1990년 미국 아메리칸대 객원교수 1991년 Korea Economic Society 회장 1995~1997년 파리클럽 세계은행수석대표 1998~2000년 부총리 겸 재정경제부장관 특보 1999~2001년 연세대 경제대학원 객원교수 1999~2002년 코스닥 자문위원 2000~2001년 국제금융센터 소장 2001~2004년 우리금융지주(주) 총괄부회장 2001~2004년 금융발전심의회 위원 2002~2003년 국가신용평가대책협의회 위원 2002~2004년 우리투자신탁운용(주) 이사회 의장 2002~2004년 우리금융정보시스템(주) 이사회 의장 2002년 한국CEO포럼 회원 2002~2003년 한국경제학회 이사 2003년 이화여대 경영대학 겸임교수 2004~2008년 (주)포스코 사외이사 2004~2008년 딜로이트코리아 회장 2006년 부총리 겸 재정경제부 장관 국제금융담당 고문 2007년 대한민국 국제금융대사 2008년 (주)포스코 이사회 의장 2008~2009년 금융위원회 위원장(장관급) 2008년 국제증권감독기구(IOSCO) 아·태지역위원회(APRC) 의장 2009년 연세대 경제대학원 석좌교수 2009~2013년 국민연금공단 이사장 2013년 연세대 경제대학

원 석좌교수 2015년 同경제대학원 특임교수(현) 2016년 코리안리재보험(주) 사외이사(현) [상]서울사대부고총동창회 자랑스런부고인상(2008), 홍콩 금융 전문지 아시아에셋매니지먼트 선정 2011 아시아지역 올해의 CEO상(2012), 청조근정훈장(2012), 미국 인디애나대 선정 'IU를 빛낸 국제 동문상'(2013) [저]'The Asian Bond Market'(1996) 'China's Emerging Capital Market'(1997) '왕도는 없고 정도만 있다'(2004) 'Beyond The Crisis'(2010) 등 다수 [종]기독교

전광우(全光雨) Jeon Kwang Woo

[생]1959 · 9 · 25 [주]부산 동래구 명륜로94번길55 동래구청 구청장실(051-550-4001) [학]한국방송통신대 행정학과졸, 동아대 경영대학원졸(경영학석사) [경]이진복 국회의원 사무국장, 박관용 국회의원 비서, 한나라당 부산동래구지구당 조직부장, 同중앙위원회 해양수산분과 부위원장, (사)해오름청소년육성회 사무총장, 동아대 경영대학원 원우회 감사(현) 2014년 부산시 동래구청장(새누리당)(현)

전광춘(全光春) JEON Kwang Chun

[생]1968 · 8 · 28 [주]서울 종로구 북촌로112 감사원 대변인실(02-2011-2803) [학]1987년 관악고졸 1994년 서울대 경영학과졸 2003년 미국 뉴욕주립대 올바니교 대학원 행정학과졸 [경]1994년 행정고시 합격(37회) 2003년 감사원 국책사업감사단 국책사업제1과 감사관 2003년 同기획담당관실 감사관 2007년 同기획홍보관리실 국제업무조사팀장 2009년 同국책과제감사단 제2과장 2010년 同감사교육원 감사교육과장(부이사관) 2010년 해외파견(부이사관) 2011년 감사원 교육감사단 제2과장 2011년 외교통상부 감사관(고위감사공무원) 2013년 외교부 감사관 2014년 감사원 전략감사단장 2015년 국립외교원 파견 2016년 감사원 대변인(현)

전광표(全光杓) CHUN Kwang Pyo

[생]1941 · 9 · 15 [본]옥천(沃川) [출]충남 논산 [학]1971년 구세군사관학교졸 1989년 서울신학대 목회대학원 수료 1990년 영국 구세군국제사관학교졸 1995년 동양사관대졸 2004년 호주 멜버른 국제지도자코스 수료 [경]1971년 서울 천연구세군 교회 · 삼성구세군 교회 담임사관 1983년 영등포구세군 교회 담임사관 1985년 영등포구교경협의회 부회장 1988년 과천구세군 교회 담임사관 1995년 구세군 전라지방장관 1997년 同충서지방장관 1998년 同서울지방장관 1999년 구세군사관학교 강사 및 감사 1999년 한국기독교협의회(NCC) 실행위원 2000년 대한기독교서회 이사 2000년 구세군유지재단 감사 2003년 국제종합장기기증센터 부총재 2004년 구세군 副서기장관 2004년 同서기장관 2004년 한국기독교교회협의회 부회장 2005~2010년 구세군대한본영 사령관 2005년 (재)대한구세군유지법인 이사장 2005년 (사)구세군복지재단 이사장 2005년 학교법인 구세군학원 이사장 2005~2008년 CBS 이사 2005년 한국기독교연합재단 이사 2005년 열린기독포럼 상임고문 2006~2007년 한국기독교교회협의회 회장 2006년 한국에이즈예방재단 이사 2007년 한국DMZ평화포럼 원로자문위원 2007년 한국교회부흥100주년 상임회장 2008년 남북장애인걷기운동본부 고문 [종]구세군

전광현(全光顯) JEON KWANG HYUN

[생]1964 · 12 · 14 [본]평강(平康) [출]충북 음성 [주]경기 성남시 분당구 판교로310 SK케미칼(주) LS마케팅부문(02-2008-2806) [학]1983년 청석고졸 1990년 고려대 경영학과졸 2006년 미국 캘리포니아대 버클리교 대학원 경영학과졸(EMBA) [경]1990~2000년 SK케미칼(舊 선경합섬) 입사 및 근무 2000년 (주)인투젠 근무 2000년 (주)코닉테크 사외이사 2001년 (주)SK케미칼 전략팀장 2006년 (주)SK D&D 건축사업본부장 2007년 (주)인투젠 재무이사 2008년 (주)SK D&D 리빙사업본부장(상무), SK건설(주) 상무, (주)SK D&D 스카이홈사업본부장(상무) 2012년 (주)SK케미칼 LS전략기획실장 2014년 同마케팅기획실장 2015년 同마케팅기획실장 겸 LS경영지원실장 2016년 同LS마케팅부문장 겸 마케팅기획실장(전무)(현)

전구석(田龜錫) JEON Gu Seok

[생]1953 · 10 · 10 [출]경북 [주]서울 서초구 바우뫼로27길2 일동제약(주) 임원실(02-526-3511) [학]1972년 원주고졸 1981년 중앙대 약학과졸 1988년 同약학대학원졸 [경]1981년 일동제약(주) 입사 1997년 同부장 2001년 同이사대우 2005년 同PM팀장(상무) 2007년 同메디칼담당 상무 2011년 同개발부문장(상무) 2014년 同개발부문장(전무)(현)

전국진(全國鎭) Chun, Kukjin

[생]1955 · 3 · 24 [출]서울 [주]서울 관악구 관악로1 서울대학교 공과대학 전기정보공학부(02-880-1811) [학]1977년 서울대 전자공학과졸 1981년 미국 미시간대 대학원졸 1986년 공학박사(미국 미시간대) [경]1986~1989년 미국 워싱턴주립대 조교수 1989~1999년 서울대 조교수 · 부교수 1997~2002년 同마이크로시스템기술센터장 1999년 同전기전자공학부 교수, 同전기정보공학부 교수(현) 2001년 차세대신기술개발사업단 단장 2004년 한국센서학회 부회장 2005년 서울대 반도체공동연구소장 2005년 대한전자공학회 학술위원장 · 국제협력위원장 2005년 同영문논문지 편집장 2009~2011년 同부회장 2011년 한국공학한림원 전기전자정보공학분과 정회원(현) 2012년 대한전자공학회 회장 [상]서울대 전자동문회 자랑스런 전자동문상(2009), 대한전자공학회 해동학술상(2013)

전국진(全國鎭)

[생]1967 · 10 · 30 [출]서울 [주]부산 연제구 법원로31 부산지방법원(051-590-1114) [학]1986년 서울고졸 1990년 고려대 법학과졸 [경]1997년 사법고시 합격(39회) 2000년 사법연수원 수료 (29기) 2000년 서울지법 북부지청 검사 2002년 춘천지검 속초지청 검사 2003년 부산지검 검사 2006~2007년 인천지검 검사 2007년 부산지법 판사 2010년 인천지법 부천지원 판사 2013년 서울중앙지법 판사 2015년 서울서부지법 판사 2016년 부산지법 부장판사(현)

전국환(全國煥)

[생]1958 · 9 · 4 [주]인천 연수구 컨벤시아대로165 (주)포스코대우 경영지원본부(02-759-2114) [학]1977년 대구 대륜고졸, 경북대 회계학과졸 [경]1985년 (주)포스코 입사, 同세무그룹리더(상무보) 2011년 (주)포스코ICT 경영기획실장(CFO · 상무이사) 2014년 同경영기획실장(전무) 2014년 同대표이사 2015년 포스코P&S 정도경영실장(전무) 2016년 (주)포스코대우 경영지원본부장(부사장)(현)

전귀상(全貴祥)

[생]1960 · 7 · 13 [주]서울 중구 남대문로84 KB국민은행 임원실(02-2073-7164) [학]동성고졸, 부산대 경제학과졸, 핀란드 헬싱키대 경제경영대학원 석사(MBA) [경]2004년 KB국민은행 구리기업금융지점장 2005년 同대치동기업금융지점장 2006년 同수탁업무부장 2008년 同개인영업기획부장, 同영업기획부장 2010년 同서여의도법인영업부장 2011년 同대기업영업본부장 2013년 同강남지역본부장 2014년 同기업금융그룹 전무 2015년 同CIB그룹 부행장(현)

전귀영(田貴永) JEON GWI-YOUNG

[생]1958 · 6 · 10 [본]담양(潭陽) [출]경북 문경 [주]경북 안동시 풍천면 도청대로455 경상북도청 농축산유통국 농촌개발과(054-880-3390) [학]1976년 문경종합고졸 1989년 경북산업대 토목과졸 2002년 경북대 대학원 토목과졸 [경]2007~2013년 경북도 도로정비계장 · 광역개발계장 · 농촌개발계장 · 도시개발계장(사무관) 2014년 同신도시지원과장(서기관) 2015년 同재난대응과장 2016년 同농축산유통국 농촌개발과장(현) [종]기독교

전규찬(全圭燦) JEON Gyu Chan

[생]1962 · 2 · 2 [출]경북 의성 [주]서울 성북구 화랑로32길 146의37 한국예술종합학교 방송영상과(02-746-9552) [학]1985년 계명대 영어영문학과졸 1988년 미국 일리노이대 대학원 커뮤니케이션학과졸 1993년 신문방송학박사(미국 위스콘신대) [경]1993~1997년 한국방송개발원 책임연구원 1993년 강원대 · 동덕여대 강사 1997~2004년 강원대 신문방송학과 조교수 · 부교수 1999년 同신문방송학과장 2004년 한국예술종합학교 방송영상과 교수(현) 2011년 언론개혁시민연대 대표(현) 2012년 방송통신심의위원회 제18대 대통령선거방송심의위원회 심의위원 2015년 한국예술종합학교 영상원 방송영상과장(현) [저]'국제정치커뮤니케이션론(編)'(1996, 법문사) '애인 : TV드라마, 문화 그리고 사회(編)'(1997, 한나래) '뉴미디어 시대의 새로운 시청자 교육(編)'(1997, 방송문화진흥회) '문화연구 이론(編)'(1998, 한나래) '포스트시대의 문화정치'(1998) '현대 대중문화의 형성(共)'(1998) '텔레비전 문화연구(編)'(1999, 한나래) '현대 사회와 매스커뮤니케이션(編)'(2000, 한울아카데미) '세계화와 한국사회의 미래(編)'(2000, 백의) 'TV오락의 문화정치학(共)'(2003) '다큐멘터리와 역사(共)'(2003) '세계화와 사회변동(編)'(2003, 강원대 출판부) [역]'드라마구성론'(1995) '글로벌미디어와 자본주의(共)'(1999)

ㅈ

전근식(全勤植) Jeon, Gun Sik
[생]1965·7·12 [본]천안(天安) [출]충북 옥천 [주]서울 강남구 강남대로330 우덕빌딩 한일시멘트(주) 임원실(02-531-7201) [학]1984년 옥천고졸 1991년 한양대 자원공학과졸 [경]1991년 한일시멘트(주) 입사 2003년 同단양공장 자원팀장 겸 생산기획팀장 2006년 同경영관리팀장(부장) 2008년 同단양공장 부공장장(상무) 2012년 同경영기획실장(상무) 2012년 한일네트웍스(주) 대표이사 겸임(현) 2014년 한일시멘트(주) 경영기획실장(전무) 2015년 同재경본부장(전무)(현) [상]산업자원부장관표창(2004), 경제정의실천시민연합 경제정의기업상 최우수상(2007), 충북도 품질대상(2008)

전긍렬(全兢烈) CHON Kern Nyol
[생]1926·5·3 [출]평남 평양 [주]서울 강남구 역삼로4길 8 (주)유신 회장실(02-6202-0007) [학]1946년 경성공고졸 1948년 서울대 토목공학과졸 [경]1954~1963년 건설교통부 설계담임관 1963~1964년 철도청 시설국 건설과장 1965년 토목기술사(철도) 1969년 대한토목학회 이사 1970년 서울교통위원회 자문위원 1973년 (주)유신설계공단 대표이사 1979년 한국기술용역협회 이사 1984년 同부회장 1988년 (주)유신설계공단 회장, (주)유니시스템코리아 회장 1996년 (주)유신코퍼레이션 회장 2006년 서울대·한국공학한림원 선정 '한국을 일으킨 엔지니어 60인' 2010년 (주)유신 회장(현) [상]건설교통부장관표창(1996), 대통령표창(1998), 과학기술훈장(2004), 은탑산업훈장(2010)

전기식(全起植) CHUN Ki Sik
[생]1960·2·7 [출]인천 [주]인천 남구 인중로5 정산빌딩9층 기호일보 디지털미디어국(032-761-0007) [학]1978년 인천 동산고졸 1988년 계명대 교육학과졸 [경]1988년 기호일보 입사 1999년 同편집국 부국장 2014년 同편집국 국장대우 2014년 同편집국장 2016년 同디지털미디어국장(현)

전기완(全基完) CHEON Ki Wan
[생]1962·3·10 [출]서울 [주]경기 포천시 군내면 호국로 1570 포천경찰서(031-539-8321) [학]1981년 경동고졸 1985년 경찰대졸 [경]1996년 부산 영도경찰서 경비과장 직대 1997년 同보안과장 1998년 서울 성북경찰서 수사과장, 국무총리실 파견, 서울지방경찰청 정보5계장, 서울 종로경찰서 정보과장 2006년 중앙경찰학교 총무과장(총경) 2007년 경북 영주경찰서장 2008년 경찰청 수사국 마약수사과장 2008년 同운영지원과 총경(교육) 2009년 서울지방경찰청 정보2과장 2010년 서울 마포경찰서장 2011년 경찰청 보안1과장 2013년 서울지방경찰청 정보화장비과장 2014년 경찰대학 경찰학과장 2015년 同학생지도부 학생과장 2015년 경기 포천경찰서장(현) [상]대통령표창(2006)

전기원(全基元) JUN Ki Won
[생]1958·5·20 [본]천안(天安) [출]강원 [주]대전 유성구 가정로141 한국화학연구원 탄소자원화연구소(042-860-7671) [학]1976년 광주제일고졸 1980년 서강대 화학과졸 1982년 한국과학기술원(KAIST) 화학과졸(석사) 1990년 공학박사(한국과학기술원) [경]1982년 국방과학연구소 연구원 1983년 한국화학연구원 연구원 1988년 同선임연구원 1995년 同화학기술연구부 미세화학기술연구팀 책임연구원 1993~1994년 미국 SRI International Int. Fellow, 한국화학연구원 신화학연구단 책임연구원, 同석유대체기술연구센터장 2011년 同그린화학공정연구본부 그린화학촉매연구센터장 2014년 同그린화학공정연구본부장 2016년 同탄소자원화연구소장(현) [상]한국공업화학상(2009), 과학기술훈장(2010) [종]천주교

전기정(田基整) JEON Ki Jong
[생]1965·10·2 [출]충남 천안 [주]세종특별자치시 다솜2로94 중앙해양안전심판원 원장실(044-200-6100) [학]천안북일고졸 1987년 고려대 행정학과졸 1997년 미국 시라큐스대 대학원졸 [경]1988년 행정고시 합격(32회) 1989년 행정사무관 임용 1991년 해운항만청 항만운영과 근무 1997년 해양수산부 서기관 1998년 同행정관리담당관실 서기관 2001년 부산지방해양수산청 선원선박과장 2001~2004년 駐OECD대표부 파견 2004년 해양수산부 해양정책과장 2005년 대통령비서실 산업정책행정관(파견) 2006년 해양수산부 수산정책과장 2007년 同재정기획관 2008년 국토해양부 정책기획관 2009년 호주 퀸즈랜드대 교통전략연구소 교육 파견(고위공무원) 2010년 국토해양부 해운정책관 2013년 해양수산부 해운물류국장 2015년 부산지방해양수산청장 2016년 중앙해양안전심판원장(현)

전기철(全基喆)
[생]1971·12·8 [출]부산 [주]광주 동구 준법로7의12 광주지방법원(062-239-1114) [학]1990년 내성고졸 1995년 서울대 공법학과졸 [경]1998년 사법시험 합격(40회) 2001년 사법연수원 수료(30기) 2001년 軍법무관 2004년 부산지법 판사 2007년 수원지법 판사 2011년 서울중앙지법 판사 2013년 서울서부지법 판사 2013~2015년 헌법재판소 파견 2015년 서울중앙지법 판사 2016년 광주지법 부장판사(현)

전기홍(全起弘) JEON Ki Hong
[생]1956·2·11 [주]경기 수원시 영통구 월드컵로164 아주대학교 의과대학 예방의학교실(031-219-5802) [학]1981년 한양대 의대졸 1987년 연세대 대학원졸 1990년 보건학박사(연세대), 한국과학기술원 정보공학과 박사과정 수료 [경]아주대 의과대학 예방의학교실 교수(현), 同의대부속병원 건립추진본부 전산개발부장, 대한의사협회 전산발전위원회 위원, 경기건강실천협의회 위원 2004년 아주대 보건대학원장(현) 2013년 한국보건행정학회 부회장 2014년 同회장

전길수(全吉洙) JEON Kil Soo
[생]1956·2·11 [출]인천 [주]서울 중구 세종대로136 서울파이낸스센터26층 슈로더투자신탁운용 비서실(02-3783-0501) [학]1981년 한국외국어대 일본어과졸 [경]1980년 한국투자신탁 입사 1983년 同국제부 조사역 1987년 同런던사무소 조사역 1990년 同국제부 국제업무과장 1992년 同해외투자팀장 1994년 슈로더투자신탁운용 서울사무소장 2001년 同사장(현)

전길자(錢吉子·女) JHON Gil Ja
[생]1953·11·21 [본]문경(聞慶) [출]충북 진천 [주]서울 서대문구 이화여대길52 이화여자대학교 분자생명과학학부(02-3277-2348) [학]1976년 이화여대 화학과졸 1978년 同대학원 생화학과졸 1982년 이학박사(이화여대) [경]1982~1984년 미국 템플대 박사후연구원 1985년 이화여대 화학과 조교수·부교수·교수, 同자연과학대학 분자생명과학부 화학·나노과학전공 교수(현) 1999년 同학생처장 2001년 대통령자문 정책기획위원회 위원 2002년 이화여대 기초과학연구소장 2004년 국가과학기술위원회 민간위원 2004년 과학기술부 평가위원회 위원, 전국여성과학기술인지원센터 원장 2005~2008년 국방과학연구소 이사 2008년 바른과학기술사회실현을위한국민연합 공동대표 2010년 한국여성과학기술단체총연합회 회장 [상]아모레퍼시픽 여성과학자상 '진흥상'(2007), 올해의 여성과학기술자상 진흥부문(2013) [종]기독교

전낙운(田洛云) Chun Nakwoon
[생]1955·7·3 [주]충남 예산군 삽교읍 도청대로600 충청남도의회(041-635-5317) [학]논산 대건고졸, 육군사관학교 전사학과졸 [경]예편(육군 대령), 논산 대건고총동창회 회장 2010년 충남도의원선거 출마(자유선진당), (사)사회복지협의회 논산시지회 이사(현), 훈련병면회부활추진위원회 위원장(현) 2014년 충남도의회 의원(새누리당)(현) 2014년 同농업경제환경위원회 위원 2014~2015년 同충청권상생발전특별위원회 부위원장 2015년 同도정 및 교육행정주요정책특별위원회 위원 2015~2016년 同3농혁신등정책특별위원회 위원장 2015년 同예산결산특별위원회 위원 2016년 同안전건설해양소방위원회 위원(현) [상]전국시·도의회의장협의회 우수의정 대상(2016)

전남식(全南植) JEON Nam Sik
[생]1956·6·16 [출]대전 [주]서울 강남구 강남대로354 혜천빌딩15층 (주)영림카디널 사장실(02-555-3200) [학]1975년 대전고졸 1980년 서울대 인문대 언어학과졸 2000년 同대학원 정치학과졸 2004년 언론학박사(경희대) [경]1982~1984년 경향신문 사회부·정치부·경제부 기자 1998년 同경제2부장 2000년 同논설위원 2001년 同뉴스메이커팀 주간 2002년 同출판국 기획위원 2002년 同논설위원 2004년 同편집국 경제담당 부국장 2006년 同출판본부장 2007년 同사옥재개발추진본부장 2007~2009년 시사저널 편집인 겸 편집국장 2010~2012년 포커스신문 편집국장 2013년 (주)영림카디널 사장(현) [저]'대통령과 언론통제'(2006) [종]천주교

전달영(全達英)

[생]1957·4·1 [주]충북 청주시 서원구 충대로1 충북대학교 경영대학 경영학부(043-261-3154) [학]고려대 경영학과졸, 미국 뉴욕주립대 대학원 경영학과졸, 경영학박사(미국 Alabama대) [경]포철경영연구소 경영전략팀장, 현대경제사회연구원 마케팅팀장 1994년 충북대 경영대학 경영학부 교수(현) 2005~2007년 同산업경영연구소장 2013~2014년 한국마케팅관리학회 회장 2015년 충북대 경영대학장(현) 2016년 한국유통학회 회장(현) [저]'중소 소매점의 경쟁력과 소매성과'(2002, 집문당)

전대규(全大圭) Jeon, Dae Kyu

[생]1968·8·3 [출]전남 보성 [주]경기 수원시 영통구 월드컵로120 수원지방법원(031-210-1114) [학]1987년 광주 진흥고졸 1991년 서울대 경영학과졸 [경]1996년 사법시험 합격(38회) 1999년 사법연수원 수료(28기) 1999년 서울지법 서부지원 판사 2006년 의정부지법 고양지원 판사 2009년 서울행정법원 판사 2011년 서울고법 판사 2012년 사법연수원 교수 2014년 창원지법 부장판사 2016년 수원지법 부장판사(현)

전대근(全大根) Jeon Daegeun

[생]1961·3·13 [본]용궁(龍宮) [출]서울 [주]서울 영등포구 여의나루로76 (주)코스콤 임원실(02-767-8003) [학]1980년 성남고졸 1984년 홍익대 금속공학과졸 [경]1986년 (주)코스콤(舊한국증권전산) 입사 1997년 同BASE21 증권업무팀장 2007년 우리투자증권 차세대시스템개발 프로젝트 총괄본부장 2008년 (주)코스콤 증권·정보본부장 2009년 同금융본부장 2011년 同경영전략본부장 2014년 同전무이사(현)

전대식(全大植) Jeon Dae Sik

[생]1964·8·2 [본]천안(天安) [출]전북 익산 [주]전북 전주시 완산구 효자로225 전라북도청 탄소산업과(063-280-2150) [학]1983년 이리고졸 2005년 한국방송통신대 법학과졸 [경]2010~2011년 전북도 인쇄전자담당·광역유통담당(사무관) 2012~2013년 익산시 문화재고도정책과장·지식정보과장·여산면장 2014~2015년 전북도 탄소정책팀장 2016년 同탄소산업과장(현) [상]내무부장관표창(1994), 국무총리표창(2001), 문화관광부장관표창(2004) [종]기독교

전대완(全大完) Jun Dae-wan

[생]1954·6·8 [출]대구 달성 [주]대구 달서구 달구벌대로1095 계명대학교 사회과학대학(053-580-5309) [학]1978년 서울대 불어불문학과졸 [경]1978년 외무고시 합격(12회) 1978년 외무부 입부 1982년 駐핀란드 2등서기관 1991년 駐러시아 1등서기관 1992년 駐우크라이나 참사관 1994년 외무부 동구1과장 1994년 同중구과장 1996년 유엔한국협회 사무국장 1997년 駐뉴욕 부총영사 2000년 駐태국 공사 2004년 중앙공무원교육원 파견 2005년 駐블라디보스톡 총영사 2007년 한국지방자치단체국제화재단 총괄기획실장 2010~2013년 駐우즈베키스탄 대사 2013년 계명대 사회과학대학 정치외교학전공 특임교수 2015년 同사회과학대학 정치외교학전공 초빙교수(현) [상]'뉴욕 이야기' '방콕 이야기' '극동 이야기'(2008)

전덕빈(全德彬) JEON Deok Bin

[생]1959·1·6 [출]서울 [주]서울 동대문구 회기로85 한국과학기술원 테크노경영대학원(02-958-3634) [학]1981년 서울대 산업공학과졸 1985년 공학박사(미국 캘리포니아대 버클리교) [경]1983~1985년 미국 캘리포니아대 버클리교 연구원 1985~1989년 경희대 산업공학과 교수 1989년 한국과학기술원 테크노경영대학원 부교수·교수(현) 1991~1992년 미국 캘리포니아대 객원연구원 1999~2001년 한국과학기술원 테크노경영대학원 통신경영·정책MBA과정 책임교수 2000년 포스코경영연구소 자문교수 2002년 한국과학기술원 테크노경영대학원 통신경영·정책연구센터장 2006년 한국경영과학회 학회지 편집위원장 2008년 同부회장 2008년 예측저널(Journal of Forecasting) 종신편집위원(현) 2016년 한국경영과학회 회장(현) [상]ANBAR가 선정한 경영분야 최고인용논문상(1998)

전도봉(全道奉) Do Bong JUN

[생]1942·10·10 [출]경남 거제 [주]서울 종로구 새문안로5길13 6층 늘푸른한국당 창당준비위원회(02-739-5207) [학]부산 경남고졸 1966년 연세대 정치외교학과졸 1976년 미국 해병대 상륙전학교 수료 1979년 해군대학 수료 1982년 미국 해군상륙전학교 수료 1987년 연세대 행정대학원졸 [경]1966년 해병대 소위 임관 1968년 청룡부대 소대장 1974년 해병대 연평부대 21중대장 1981년 同제2사단 51대대장 1987년 同참모장 1991년 同교육훈련단장 1994년 同제1사단장 1996년 同부사령관 1996년 해병대 사령관(22대) 1998년 예편(해병 중장), 아시아태평양정책연구원 상임이사, 아세아방송 운영위원 2000~2015년 (사)한국그린피플연맹 총재, 극동방송 운영위원 2008년 한나라당 대통령취임준비위원회 자문위원 2008~2011년 한전KDN(주) 사장 2010년 사랑의장기기증운동본부 생명나눔 친선대사 2016년 늘푸른한국당 창당준비위원회 공동위원장(현) [상]화랑무공훈장(1968), 보국포장(1980), 보국훈장 삼일장(1987), 보국훈장 천수장(1995), 미국 정부공로훈장(1998)

전도영(全度泳) CHON, Do Young (石松)

[생]1939·2·18 [본]천안(天安) [출]전북 전주 [주]광주 동구 지산로78번길11 종합법률사무소 장원(062-224-7373) [학]1957년 전주고졸 1961년 전북대 법정대학졸 1969년 서울대 사법대학원 수료 1982년 미국 맥조지 로스쿨 수료 [경]1967년 사법시험 합격(8회) 1970년 육군 법무관 1971년 광주지법 판사 1980년 광주고법 판사 1983년 대법원 재판연구관 1984년 전주지법 부장판사 1985년 광주지법 부장판사 1988년 同목포지원장 1990년 同부장판사 1990년 언론중재위원회 위원 1992년 광주고법 부장판사 1993년 광주지법 수석부장판사 1993년 전남도 선거관리위원장 1996년 광주고법 부장판사 1997년 전남도 공직자윤리위원장 2000~2002년 광주지법원장 2000년 광주시 선거관리위원장 2000년 법관인사위원회 위원·법관징계위원회 위원 2002년 변호사 개업 2004년 조선대 이사 2004~2008년 법무법인 장원 대표변호사 2006년 광주상공회의소 회장 직대, 전남대·목포시·(주)대주건설 법률고문, (주)금광기업 법률고문 2008년 법무법인 장원 고문변호사 2010년 종합법률사무소 장원 변호사(현)

전동석(全東錫) JEON Dong Seok (평강)

[생]1954·10·8 [출]경북 안동 [주]대구 중구 달성로56 계명대학교 동산병원 진단검사의학과(053-250-7222) [학]1973년 대륜고졸 1979년 경북대 의과대학졸 1987년 同대학원졸 1990년 의학박사(경북대) [경]1986~1997년 계명대 의과대학 임상병리학과 전임강사·조교수·부교수 1997년 同의과대학 진단검사의학과 교수(현) 2009년 同의과대학 의과학연구소장, 대구시의사회 부회장 2009년 대한수혈학회 회장 2012~2013년 대한진단혈액학회 회장 2013년 대한진단검사의학회 회장 [상]계명대 특별공로상(2014), 보건복지부장관표창(2015) [저]'임상병리학'(共) '진단검사의학' [역]'핵심혈액학(4판)' [종]불교

전동석(全東錫) Chun, Dong Suk

[생]1964·10·22 [주]서울 강남구 영동대로513 코엑스 전시컨벤션본부(02-6000-1005) [학]1983년 대광고졸 1990년 한국외국어대 아랍어과졸 2008년 한양대 경영대학원 마케팅과졸 [경]1990년 코엑스 전시2과 입사(5급) 1995년 同임대사업부 근무(4급) 2000년 同관리팀장(3급) 2001년 同코엑스몰팀장 2004년 同전시1팀장(2급) 2005년 캐나다 전시컨벤션전문가과정 연수 2006년 코엑스 경영지원팀장 2007년 同신사업개발팀장·경영지원팀장 2008년 1급 승진 2011년 코엑스 경영기획팀장 2012년 同경영지원본부장(상무보) 2015년 同전시컨벤션본부장(상무)(현)

전동수(全東守) Jun Dong Soo

[생]1958·8·1 [출]대구 [주]서울 강남구 테헤란로108길42 삼성메디슨 대표이사실(02-2194-1000) [학]1977년 대륜고졸 1981년 경북대 전자공학과졸 1983년 同대학원 전자공학과졸 [경]1983년 삼성전자(주) 입사 2003년 同System LSI 전략마케팅팀장(전무) 2006년 同디지털미디어총괄 디지털오디오비디오사업부장(전무) 2007년 同디지털미디어총괄 디지털오디오비디오사업부장(부사장) 2008년 同메모리사업부 전략마케팅팀장(부사장) 2010년 同반도체사업부 메모리담당 사장 2010년 同DS총괄 메모리사업부 사장 2012년 同DS부문 메모리사업부장(사장) 2013년 한국반도체산업협회 회장 2013년 삼성SDS(주) 대표이사 사장 2015~2016년 삼성전자(주) CE부문 의료기기사업부장(사장) 2016년 한국공학한림원 정회원(전기전자정보공학분과·현) 2016년 삼성메디슨 대표이사(현) [상]국무총리표창(1993), 금탑산업훈장(2014)

ㅈ

전동평(田東平) JOUN Dong Pyoung

[생]1961·2·7 [출]전남 영암 [주]전남 영암군 영암읍 군청로1 영암군청 군수실(061-470-2201) [학]1980년 목포공고졸 1988년 전남대 산업공학과졸 2002년 同행정대학원 행정학과졸 2016년 명예 행정학박사(세한대) [경]1989년 평민당 영암지구당 교육부장 1991·1995·1998·2002~2006년 전남도의회 의원(국민회의·새천년민주당·열린우리당) 1994년 민주당 전남도지부 편집실장 1997년 전남도의회 문화교육사회위원장, 알파중공업 사장 2014년 전남 영암군수(새정치민주연합·더불어민주당)(현) [상]풀뿌리 자치대상(2015) [저]'사람 속에서 꿈을 찾다'(2010) '군민과 함께 꾸는 꿈'(2014)

전동흔(田東欣) JUN Dong Heun

[생]1946·3·6 [출]경남 [주]대구 수성구 달구벌대로528길 15 수성대학교(053-749-7000) [학]대구고졸, 영남대 정치외교학과졸, 同대학원 정치외교학과졸, 행정학박사(대구대) [경]대구미래대 경찰행정학과 교수 1987년 대구경북윤리학회 부회장 1991년 대구미래대 고시원장 1992년 同행정학과장, 同교무과장 1995년 대구경북정치학회 부회장 1996년 국민교육협의회 부회장 1999년 한국정치학회 이사, 대한정치학회 회장 2000년 대구미래대 정년보장심사위원장 2002년 同교무운영과 처장 2006년 경북과학대학 학장 2009~2010년 同총장 2011년 대구산업정보대학 명예총장 2012년 수성대 명예총장(현) [상]문화체육훈장(2006), 몽골훈장(2008) [저]'사상과 윤리' '사회와 사상' '정책론'

전두환(全斗煥) CHUN Doo Hwan (日海)

[생]1931·1·18 [본]전주(全州) [출]경남 합천 [학]1951년 대구공고졸 1955년 육군사관학교졸(11기) 1959년 부관학교졸 1960년 미국 보병학교 수료 1965년 육군대졸 1984년 명예 정치학박사(미국 페퍼다인대) [경]1955년 육군소위 임관 1961년 육군본부 특전감실 기획과장 대리·최고회의 의장실 민원비서관 1963년 중앙정보부 인사과장·육군본부 인사참모부 근무 1966년 제1공수특전단 부단장 1967년 수도경비사령부 30대대장 1969년 육군 참모총장실 수석부관 1970년 9사단 29연대장(駐베트남 백마부대) 1971년 제1공수특전단장 1973년 육군 준장 1976년 대통령경호실 차장보 1977년 육군 소장 1978년 육군 제1사단장 1979년 국군 보안사령관 1980년 육군 중장 1980년 중앙정보부 부장서리 1980년 국가보위비상대책위원회 상임위원장 1980년 예편(육군 대장) 1980년 제11대 대한민국 대통령 당선 1980년 제11대 대한민국 대통령 1981~1987년 민정당 총재 1981~1988년 제12대 대한민국 대통령 1987~1988년 민정당 명예총재 1988년 국가원로자문회의 의장 [상]베트남 엽성무공훈장, 미국 동성훈장, 대통령공로표창, 5·16민족상, 무궁화대훈장 [종]불교

전득환(全得煥)

[생]1959·10·18 [주]서울 종로구 북촌로15 헌법재판소 심판민원과(02-708-3453) [학]성균관대 대학원 행정학과졸 [경]2006년 헌법재판소 심판사무2과장 2009년 同정보화기획과장 2011년 同제도기획과장 2013년 同심판자료과장 2015년 同심판사무과장(부이사관) 2016년 同심판민원과장(현)

전라옥(全羅玉·女) JEON Ra Ok

[생]1965·3·25 [주]서울 용산구 청파로47길100 숙명여자대학교 약학대학(02-710-9571) [학]1987년 숙명여대 약대졸 1989년 同대학원 약학과졸 1994년 약학박사(서울대) [경]1989년 녹십자의료공업(주) 연구원 1996~1998년 미국 스탠퍼드대 박사후 연구원 1998~2000년 미국 엘러간社 연구원 2000년 숙명여대 약학대학 조교수·부교수·교수(현), 同약학부장 2000년 한국응용약물학회 간사 2007~2008년 미국 코넬대 방문연구원 2012~2014년 숙명여대 학생처장 2012년 同르꼬르동블루숙명아카데미원장 [저]'실험유기의약품화학'(2000, 청문각) '의약화학'(2001, 신일상사) '가족건강'(2005, 신일상사)

전뢰진(田礌鎭) JEUN Loi Jin

[생]1929·8·23 [본]담양(潭陽) [출]서울 [주]서울 서초구 반포대로37길59 대한민국예술원(02-3479-7224) [학]1947년 경기사범학교 강습과 수료 1950년 서울대 미대 수료 1956년 홍익대 조각과졸 2000년 명예 미술학박사(홍익대) [경]제4·5·6회 국전 특선, 제14·15·16·18·20·21·25·26·27·28회 국전 심사위원 1966~1975년 홍익대 조교수·부교수 1975~1994년 同조각과 교수 1975·1980·1984·1990·1994·1999년 개인전 개최 1982년 미국 뉴욕서 개인전 1985년 조각가협회 감사 1985년 목우회 부회장 1987년 서울미술대전 심사위원장 1989년 대한민국미술대전 조각부 심사위원장 1990년 전국대학미술대전 심사위원장 1990년 대한민국예술원 회원(조각·현) 1991년 춘천MBC 현대조각전 운영위원장 1994~2000년 홍익대 명예교수 1996~1997년 대한민국예술원 미술분과 회장 1997년 (사)목우회 이사장 [상]국전 문교부장관표창·초대작가상, 석탑산업훈장, 목우회 본상, 화관문화훈장, 예술원상, 철탑산업훈장, 미술세계상(2003) [작]'김대건신부像' '遊泳' '태종대 母子像' '산과 가족' '樂園가족' '현충탑' '仙境가족' '한글탑' [종]유교

전만경(全萬敬) Man Kyung Perry JUN

[생]1960·10·12 [본]정선(旌膳) [출]강원 영월 [주]강원 원주시 북원로2236 원주지방국토관리청(033-749-8204) [학]배문고졸, 서울시립대 도시행정학과졸, 인하대 교통대학원 경제학과졸, 호주 울렁공대 수료, 한국과학기술원(KAIST) 미래전략대학원 국가미래전략고위과정(ASP) 수료 [경]건설교통부 공항개발과·신국제공항건설기획단 근무, 세종연구소 파견, 서울지방국토관리청 근무, 호주 울렁공대 국외훈련, 건설교통부 물류시설과 근무, 同기획관리실 예산계장 2002년 同총무과 인사계장(서기관), 강원도 건설교통협력관 2005년 동북아시대위원회 파견 2006년 건설교통부 장관비서관 2007년 同해외건설팀장 2007년 駐사우디아라비아 주재관·참사관 2010년 국토해양부 도로운영과장 2012년 同교통정책실 도로운영과장(부이사관) 2012년 同지적재조사기획단 부단장 2013년 국토교통부 지적재조사기획단 기획관 2015년 원주지방국토관리청장(현) [상]모범공무원 훈장, 우수공무원 표창 [저]'토지정책론(共)'(2015) [종]천주교

전만복(全萬福) JEON Man Bok

[생]1961·6·20 [본]정선(旌善) [출]강원 홍천 [주]서울 종로구 사직로8길39 김앤장법률사무소(02-3703-4859) [학]1980년 춘천고졸 1984년 강원대 행정학과졸 1988년 서울대 행정대학원졸 1999년 미국 위스콘신대 대학원졸, 행정학박사(경희대) [경]1983년 행정고시 합격(27회), 보건사회부 국민연금제도과 담당, 同보험정책과·식품정책과 담당, 재정경제원 국제협력담당관실 서기관, 보건복지부 장관비서관 2000년 同국제협력담당관 2002년 세계보건기구(WHO) 파견 2005년 대통령비서실 사회정책담당 행정관 2005년 보건복지부 연금보험국 보험정책과장 2005년 同보험연금정책본부 보험정책팀장 2006년 同한방정책관 겸 한미FTA TF국장 2007년 駐미국대사관 공사참사관(고위공무원) 2011년 보건복지부 건강정책국장 2012년 同저출산고령사회정책실장 2012~2014년 同기획조정실장 2013~2015년 세계보건기구(WHO) 집행이사 2014~2016년 가톨릭관동대 대외협력부총장 2015~2016년 세계보건기구(WHO) 집행이사회 부의장 겸 행정예산위원회(PBAC) 위원 2016년 김앤장법률사무소 제약·의료기기·식품·화장품분야 고문(현) [상]대통령표창(1993), 홍조근정훈장(2013) [저]'실버산업의 활성화정책에 관한 연구(共)'(2004) [종]기독교

전명석(全明錫) Myung-Suk CHUN

[생]1963·8·30 [출]서울 [주]서울 성북구 화랑로14길5 한국과학기술연구원 국가기반기술연구본부 센서시스템연구센터(02-958-5363) [학]1987년 서울대 화학공학과졸 1990년 한국과학기술원(KAIST) 화학공학과졸(석사) 1994년 공학박사(한국과학기술원) [경]1995~1996년 미국 캘리포니아주립대(UC Davis) Post-Doc. 1996~2011년 한국과학기술연구원 에너지연구본부 책임연구원 1999년 독일 막스-플랑크연구소(마인츠) 방문과학자 2011년 한국과학기술연구원 국가기반기술연구본부 책임연구원 2015년 同국가기반기술연구본부 센서시스템연구센터 책임연구원(현) [상]KIST 우수연구팀상(1997), 화학공학회 범석논문상(2001), 유변학 신진학술상(2007), 한국과학기술단체총연합회 과학기술우수논문상(2013)

전명식(全明植) JHON Myong Sik

[생]1947·10·5 [출]서울 [주]서울 서초구 방배로143 정진빌딩 (주)해외어패럴 비서실(02-521-7747) [학]1966년 용산고졸 1974년 연세대 경영학과졸 [경]1974년 (주)삼도물산 근무 1977~1980년 카이람 한국사무소 대표이사, (주)우모콜렉션 대표이사, (주)해외무역 대표이사 사장, 同회장 2007년 (주)해외어패럴 회장(현)

전명식(田明植) JHUN Myoungshic

[생]1952 · 9 · 10 [주]서울 성북구 안암로145 고려대학교 정경대학 통계학과(02-3290-2236) [학]1976년 서울대 수학과졸 1980년 미국 Michigan State Univ. 대학원 통계학과졸(석사) 1985년 통계학박사(미국 UC Berkeley) [경]1985~1988년 미국 Univ. of Michigan(Ann Arbor) 조교수 1988년 고려대 통계학과 교수(현) 1992~1994년 보건사회부 국민연금기금수리추계전문위원 1993~1994년 고려대 통계학과장 1994~1995년 한국통계학회 논문집 편집위원 1994년 국비파견 해외연구교수(UC Berkeley) 1995년 국제통계기구(ISI) 정회원(현) 1995~1999년 고려대 통계연구소장 1996~2002년 농촌진흥청 농업경영관실 전문위원 1997~2006년 통계청 통계위원회 전문위원 1998~1999년 JKSS 편집위원장 1999년 독일파견 연구교수(Heidelberg Univ.) 2004~2005년 한국통계학회 사업이사 2005~2007년 국가통계인프라강화특위 위원장 2005~2007년 고려대 정책대학원 통계조사학과 주임교수 2006~2007년 행정정보공유추진위원회 자문위원 2008~2012년 기획재정부 국가통계위원회 위원 · 정책분과위원장 2010~2012년 고려대 정경대학장 2011~2013년 한국은행 통계자문위원장 2013~2015년 고려대 대학원장 [상]옥조근정훈장(2006) [저]'수리통계학'(2006) [종]기독교

전명우(田明祐) CHUN Myung Woo

[생]1960 · 7 · 22 [주]서울 영등포구 여의대로128 트윈타워 LG전자(주) 홍보실(02-3777-3621) [학]부산중앙고졸, 서강대 신문방송학과졸 [경]1983년 럭키금성 기조실 입사 2003년 LG전자(주) 홍보팀 상무, 同홍보팀장(상무) 2012년 同홍보담당 상무 2012년 同홍보담당 전무 2015년 同홍보FD 전무(현)

전무수(田武秀) Jun Moo Soo

[생]1961·11·30 [본]담양(潭陽) [출]충남 홍성 [주]인천 남동구 정각로29 인천광역시청 자치행정과(032-440-5011) [학]1979년 선인고졸 2014년 서울디지털대 부동산학과졸 2016년 인하대 경영대학원 경영학과졸 [경]2003년 인천 서구 가좌2동장 2005년 同기획감사실장 2007년 인천시 과학기술과 지식정보산업팀장 2010년 同경제수도정책관실 경제수도정책팀장 2013년 同일자리정책과장 2014년 同경제정책과장 2015년 同자치행정과장(현) [상]대통령표창(2015)

전문학(全文學) JUN Mun Hak

[생]1971·2·8 [주]대전 서구 둔산로100 대전광역시의회(042-270-5088) [학]서대전고졸 1993년 한남대 행정학과졸 [경]현대자동차 카마스터(현), 한남대 민주동문회 부회장, 열린우리당 대전시당 청년위원회 부위원장, 민주당 대전시당 교육연수국장 2010년 대전시 서구의회 의원(민주당·민주통합당·새정치민주연합) 2011년 민주통합당 대전시당 교육연수국장, 서대전고총동창회 이사(현) 2014년 대전시의회 의원(새정치민주연합·더불어민주당)(현) 2014년 同산업건설위원회 위원 2014년 同예산결산특별위원회 부위원장 2014·2016년 同대전의료원설립추진특별위원회 위원(현) 2014년 同시민안전특별위원회 위원 2016년 同산업건설위원장(현) 2016년 同운영위원회 위원(현) 2016년 同예산결산특별위원회 위원(현) 2016년 同대전예지중·고등학교정상화추진특별위원회 위원(현) [상]지방의원 매니페스토 약속대상(2015)

전미선(全美善 · 女) Mison Chun

[생]1956 · 12 · 10 [출]서울 [주]경기 수원시 영통구 월드컵로206 아주대학교 의과대학 방사선종양학교실(031-219-5884) [학]1974년 경기여고졸 1980년 연세대 의대졸 2002년 부산대 대학원졸 2004년 의학박사(울산대) [경]1981~1985년 미국 Buffalo General Hospital 인턴 · Tufts Univ. New England Medical Center 치료방사선과 전공의 1985년 미국 보스턴 Tufts Univ. New England Medical Center 치료방사선과 조교수 1987년 同산부인과 조교수 1988년 同치료방사선과 조교수 1989년 미국 Johns Hopkins Hospital, Baltimore 치료방사선과 조교수 1993~1999년 아주대 의과대학 조교수 · 부교수 1994년 同의과대학 치료방사선과장 1999년 同의과대학 방사선종양학교실 교수(현) 2005~2011년 아주대의료원 방사선종양학과장 2008년 아주대병원 통합의학센터장(현) 2008~2014년 同유방암센터장 2009~2015년 同기관연구윤리심의실장 2012~2015년 同경기지역암센터장 [상]Clinician Scientist Award(미국 Cancer Society) [저]'현대의학의 위기(공)'(2001, 사이언스북스) '통합의학으로 가는길(共)'(2004, 이한출판사) '내분비외과학, 갑상선 · 부갑상선 · 부신 · 내분비췌장(共)'(2012, 군자출판)

전미옥(田美玉 · 女) JEON Mi Ok

[생]1968·8·18 [본]담양(潭陽) [출]서울 [주]서울 종로구 삼봉로81 두산위브파빌리온541호 CMI연구소(02-3147-2223) [학]1987년 정의여고졸 1989년 서울예술대학 문예창작과졸 [경]1991년 대우중공업(주) 사보편집장 1999년 사보전문커뮤니티 사보PR닷컴 대표 2000~2011년 (사)한국사보협회 부회장 2000~2001년 서울경제신문 어린이서울경제 편집장 2002년 전미옥컨설팅 대표 2002년 한국원자력문화재단 편집자문위원 2002년 세종문화회관 편집자문위원 2002년 CMI연구소 대표(현) 2002년 사회복지공동모금회 홍보위원(현) 2003년 한국커리어컨설팅협회 홍보전문위원 2004년 한국경제신문 한경닷컴 칼럼니스트(현) 2005년 부천시 홍보자문위원 2007년 서울여성가족재단 운영위원(현) 2007~2008년 민주평통 자문위원 2014년 여성가족부 사이버멘토링 컨설팅·교육분야 대표멘토(현) 2016년 중부대 겸임교수(현) [상]대한민국 기업커뮤니케이션대상 문화관광부장관표창(2004), 여성가족부 멘토링-우수멘토 여성가족부장관표창(2005), 한경닷컴 올해의 칼럼니스트상(2005·2007), IBA(The International Business Awards) Best Customer Service Executive부문·Finalist, Best Executive in Asia부문 수상(2008), 여성가족부 사이버멘토링 대표멘토 선정(2013) [저]'성공하는 여성의 자기경영노트'(2003) '강하고 부드러운 21C형 여성리더십'(2004) '성공하는 여자에겐 이유가 있다'(2004) 'I am Brand'(2004) '경제수명 2050시대-30대 반드시 승부를 걸어라'(2005) '잘나가는 허생팀장에게는 뭔가 특별한 성공법칙이 있다'(2006) '일하면서 책쓰기'(2006) '팀장 브랜드'(2007) '글쓰기 비법열전'(2007) '위대한 리더처럼 말하라'(2007) '27살 여자가 회사에서 일한다는 것'(2008) '대한민국 20대, 말이 통하는 사람이 돼라'(2009) '스무살 때보다 지금 더 꿈꿔라'(2010) '여자의 언어로 세일즈하라'(2011) '회사 돈 내 돈처럼 생각하라'(2011) '맡기는 기술'(2011) '오래 뜨겁게 일한다'(2012) '상사 동료 후배 내 편으로 만드는 51가지'(2013) '취업 필승 전략 119'(2013) '通하는 사람이 이긴다'(2014) [역]'피터 드러커의 위대한 혁신'(2006) '자신감 UP 노트'(2006)

전미정(全美貞 · 女) Jeon Mi Jeong

[생]1982 · 11 · 1 [주]서울 강남구 영동대로714 하이트빌딩 하이트진로(080-210-0150) [학]유성여고졸 [경]2001년 프로 데뷔, 테일러메이드 소속 2002년 신세계배 우승 2003년 파라다이스인비테이셔블 우승 2003년 한국여자오픈골프대회 3위 2003년 하이마트여자프로골프대회 준우승 2004년 한솔레이디스오픈 준우승 2006년 JLPGA(일본여자프로골프)투어 필란트로피 플레이어스 챔피언십 우승 2007년 투어스테이지 소속 2007년 JLPGA투어 야시마퀸스골프대회 우승 2007년 JLPGA투어 살롱파스 월드레이디스 골프토너먼트 우승 2007년 JLPGA투어 버널 레이디스골프대회 우승 2008년 (주)진로재팬(하이트진로그룹 계열 일본 현지법인) 후원 계약(현) 2008년 JLPGA투어 리조트 트러스트 레이디스대회 우승 2008년 JLPGA투어 플레이어스챔피언십 우승 2008년 JLPGA투어 리코컵 투어챔피언십 2위 2009년 JLPGA투어 스튜디오 앨리스오픈 2위 2009년 JLPGA투어 스튜디오 앨리스 여자오픈 준우승 2009년 JLPGA투어 리조트 트러스트 레이디스 우승 2009년 JLPGA투어 메이지초콜릿컵 우승 2009년 JLPGA투어 요넥스 레이디스골프 토너먼트 우승 2009년 JLPGA투어 IDC 오츠카 레이디스 우승 2010년 JLPGA투어 요넥스레이디스 우승 2010년 JLPGA투어 니치레이 레이디스 우승 2010년 JLPGA투어 먼싱웨어레이디스 도카이클래식 우승 2011년 JLPGA투어 산쿄 레이디스오픈 공동2위 2012년 JLPGA투어 리조트 트러스트 레이디스 우승 2012년 JLPGA투어 니치이코 레이디스 우승 2012년 JLPGA투어 사반사 타바사 레이디스 2위 2012년 JLPGA투어 CAT 레이디스 우승 2012년 JLPGA투어 니토리 레이디스 2위 2013년 JLPGA투어 요코하마 PRGR 레이디스컵 우승 2013년 JLPGA투어 티포인트 레이디스 3위 2013년 JLPGA투어 사이버 에이전트 레이디스 공동2위 2014년 JLPGA투어 호켄 마도구치 레이디스 공동2위 2016년 JLPGA투어 사만사타바사걸즈콜렉션 레이디스 우승 2016년 JLPGA투어 먼싱웨어 레이디스 도카이클래식 2위 2016년 JLPGA투어 노부타그룹 마스터스GC 레이디스 우승(일본투어 24승으로 한국인 최다승 기록 달성) [상]한국여자프로골프(KLPGA) 국외선수부문 대상(2006 · 2009)

전민제(全民濟) CHON Min Che (怡堂)

[생]1922 · 3 · 15 [출]서울 [주]서울 강남구 테헤란로 435 대종빌딩 한국재료학회(02-566-4496) [학]1939년 경기고졸 1950년 서울대 대학원 화학공학과졸 1996년 명예 이학박사(미국 Clarkson대) 1998년 명예 이학박사(러시아과학원 무기화학연구소) [경]1946년 조선종합공업 사장 1954년 조선석유 관리인 1959년 한국석유 상무이사 1962년 유공 이사 1968~1970년 同부사장 1971~1979년 대한화학회 부회장 1971~1985년 全엔지니어링 사장 · 회장 1971~1987년 부식학회 회장 1972~1983년 이수화학 사장 1973~1983년 신한기공건설 사장 1974~1983년 한 · 사우디아라비아경제협력위원회 부회장 1977~1984

년 기술용역협회 회장 1979~1984년 한국과학기술단체총연합회 부회장 1984년 同고문 1985~2015년 金인터내셔널(주) 사장·회장 1986년 대한화학회 회장 1987년 부식학회 명예회장 1989년 화학회관 이사장(현) 1990년 한국재료학회 회장 1994년 同명예회장(현) 1994년 국제순수응용화학연맹(IUPAC) CHEMRAWN조직위원장 1995년 IUPAC Committee of Chemical Industry 위원 1995~2003년 同Chemrawn Committee 위원 1997년 ASIA-PACIFIC ACADEMY OF ADVANCED MATERIAL 부위원장 1999년 화학관련학회연합회 고문(현) [상]서울시문화상, 석탑산업훈장, 국민훈장 동백장, 서울대·한국공학한림원 선정 '한국을 일으킨 엔지니어 60인'(2006) [저]'암모니아 합성공업'

전방욱(全芳郁) Jun Bang-ook

[생]1956·2·23 [출]서울 [주]강원 강릉시 죽헌길7 강릉원주대학교 생물학과(033-640-2315) [학]1974년 인천 제물포고졸 1979년 서울대 식물학과졸 1981년 同대학원 식물학과졸 1986년 이학박사(서울대) [경]1986년 강릉대 생물학과 교수 1991~1992년 미국 플로리다대 방문교수 1992~1994년 강릉대 동해안지역연구소장 1995~1997년 同생물학과장 1998~2001년 同교수회 9대·10대 회장 2001년 지역국립대학교 교수(협의)회 회장 2004~2005년 캐나다 캘거리대 커뮤니케이션 문화학부 방문교수 2006~2008년 강릉대 자연과학대학장 2006~2007년 전국국공립대학교 자연과학대학장협의회 회장 2008~2009년 한국생명윤리학회 회장 2009·2015년 강릉원주대 생물학과 교수(현) 2010~2014년 아시아생명윤리학회 부회장 한국대표 2012~2015년 강릉원주대 총장 2013~2015년 강원지역대학총장협의회 회장 2015년 지역중심국공립대학교총장협의회 회장 2015년 한국대학교육협의회 부회장 [상]제1회 한국생명윤리학회 논문상(2006), 강원도지사표창(2009) [저]'진화의 패턴'(2002, 사이언스북스) '수상한과학'(2004, 풀빛) '생명의 미래'(2005, 사이언스북스) '과학의 발전과 윤리적 고민(共)'(2007, 라이프사이언스) '식물생리학(제4판)'(2009, 라이프사이언스) '생명과학-개념과 탐구(共)'(2010, 라이프사이언스) [역]'진화의 패턴' '공생 그 아름다운 공존' [종]기독교

전백근(田百根) Jeon Baek Geun

[생]1958·1·22 [출]서울 [주]부산 연제구 연제로24 동남지방통계청 청장실(051-850-3301) [학]1976년 중동고졸 1982년 강원대 통계학과졸 1984년 중앙대 대학원 통계학과졸 2001년 경제학박사(중앙대) [경]1983년 통계청 근무 2004~2010년 한남대 행정복지대학원 겸임교수 2007~2008년 통계교육원 교육기획과장 2008년 통계청 사회통계국 인구동향과장 2008년 통계교육원 겸임교수 2010년 통계청 통계정책국 품질관리과장 2011년 同경제통계국 산업동향과장 2014년 同경제통계국 산업동향과장(부이사관) 2015년 同통계교육원 교육기획과장 2016년 동남지방통계청장(현) [종]천주교

전범권(全凡權) CHUN Bom Kwon

[생]1962·12·28 [출]충북 영동 [주]대전 서구 청사로189 산림청 운영지원과(033-640-8500) [학]1982년 대전 동일고졸 1986년 고려대 임학과졸 1993년 국방대학원졸 2003년 미국 미주리주립대 대학원 임학과졸 2007년 침례신학대 대학원 신학과졸 2012년 북한대학원대 박사과정 수료 [경]1991년 산림청 임업기좌 1991년 同임정과 통계조사담당 1994년 同임업사무관 1994년 同남원영림서 사업과장 1995년 同산림경영국 산지계획과 임업사무관 1996~1999년 同산림경영과 임업사무관·임업서기관 1999년 同임업정책국 산지관리과 임업서기관 2000~2001년 한국농촌경제연구원 파견 2004년 산림청 산림보호과장 직대 2005년 중부지방산림관리청장 2006년 산림청 산림자원과장 2006년 同산림자원팀장(서기관) 2007년 同산림자원팀장(부이사관) 2008년 同산림자원국 자원육성과장 2009년 同산림자원과장 2010년 同산림정책과장 2011년 同산림이용국장(고위공무원) 2013년 동부지방산림청장 2014년 국제연합식량농업기구 파견(고위공무원)(현) [상]산림청장표창(1994), 국무총리표창(1997), 근정포장(2006) [종]기독교

전범재(全範宰)

[생]1971·7·7 [주]대전 서구 청사로189 통계청 운영지원과(042-481-5110) [학]1989년 충북 제천고졸 1995년 한양대 전기공학과졸 [경]1995년 총무처 5급 공채 합격 1996년 특허청 심사4국 영상기기심사담당관실 사무관 2002년 同전기심사담당관실 사무관 2003년 同반도체2심사담당관실 서기관 2004년 同전기전자심사국 응용소자심사담당관실 서기관 2006~2008년 특허심판원 심판8부 심판관 2008년 특허청 정보통신심사국 심사관 2011년 특허심판원 심판관 2013년 특허청 유비쿼터스심사팀장 2013년 同특허심사3국 멀티미디어방송심사팀장 2015년 특허심판원 심판8부 심판관 2016년 특허청 국외훈련(현)

전병관(全炳寬) CHUN Byung Kwan

[생]1964·8·1 [본]용궁(龍宮) [출]대구 [주]서울 서초구 서초대로265 법무법인 율전(02-534-8300) [학]1983년 대륜고졸 1988년 서울대 사법학과졸 [경]1990년 사법시험 합격(32회) 1993년 사법연수원 수료(22기) 1993년 육군 법무관 1996년 부산지법 판사 1999년 창원지법 판사 2000년 수원지법 판사 2001년 미국 펜실베이니아대 로스쿨 연수 2002년 수원지법 판사 2004년 서울고법 판사 2005년 헌법재판소 파견 2008년 청주지법 충주지원장 2010년 수원지법 부장판사 2010~2012년 헌법재판소 부장연구관(파견) 2012~2013년 서울남부지법 부장판사 2013년 변호사 개업 2015년 법무법인 율전 대표변호사(현)

전병관(全炳寬) Byung-Kwan CHUN

[생]1969·11·4 [출]전북 진안 [주]서울 송파구 올림픽로424 올림픽회관610호 대한역도연맹(02-420-4260) [학]1993년 고려대 체육학과졸 1995년 同대학원졸 2007년 이학박사(한국체육대) [경]1982년 제2회 소년역도선수권대회 인상 금메달·용상 은메달·합계 금메달 1985년 제17회 아시아역도선수권대회 인상 5위·용상 동메달·합계 동메달 1985년 제11회 세계주니어역도선수권대회 용상 은메달·합계 은메달 1986년 제13회 판노피아컵국제역도대회 합계 은메달 1986년 제60회 불가리아 소피아 세계역도선수권대회 인상 6위·용상 6위·합계 은메달 1987년 제19회 아시아역도선수권대회 인상 은메달·용상 4위·합계 은메달 1987년 제61회 체코·오스트리아 세계역도선수권대회 인상 6위·용상 3위·합계 4위 1992년 제24회 아시아역도선수권대회 인상 금메달·용상 금메달·합계 금메달 1992년 제25회 바르셀로나올림픽경기대회 56kg급 금메달 1994년 제12회 히로시마아시아경기대회 59kg급 금메달 1995년 제27회 아시아역도선수권대회 인상 은메달·용상 금메달·합계 금메달 1995년 해태음료 역도팀 소속 2001년 역도국가대표팀 상비군 감독 2009년 국제역도연맹(IWF) 명예의전당 헌액 2013년 국제역도연맹(IWF) 지도·연구위원(현) 2014년 대한역도연맹 이사(현) [상]체육훈장 청룡장·기린장, 국민포장

전병석(田炳晳) CHUN Byung Suk (一松)

[생]1937·9·1 [본]담양(潭陽) [출]충남 홍성 [주]서울 마포구 월드컵북로6길30 신원빌딩401호 (주)문예출판사(02-393-5681) [학]1956년 홍성고졸 1960년 고려대 경제학과졸 [경]1960~1966년 진명문화사 근무 1966~2015년 (주)문예출판사 대표 1974~1998년 대한출판문화협회 이사 1982~1998년 한국출판협동조합 이사 1986~1989년 대한출판문화협회 부회장 1986~1987년 한국도서유통협의회 부회장 1986년 범민족올림픽추진중앙위원회 위원 1988~1989년 한국과학기술상 언론출판부문 심사위원 1988년 한국도서잡지·주간신문 윤리위원 1991~2004년 한국출판연구소 이사 1991년 파주출판문화산업단지사업협동조합 이사 1993년 고려대교우회 상임이사(현) 1994~2002년 한국출판금고 이사 1994~1998년 출판저널 편집인 1995·1998년 인촌상 언론출판부문 심사위원 1996년 고려대경제인회 이사 1999~2010년 미국 세계인명사전 'Marquis Who's Who in the World'에 등재 2000년 미국 인명연구소(ABI) '500 Great Asians of 21st Century'에 선정 2001년 영국 국제인명센터(IBC) '2000 Outstanding Intellectuals of the 21st Century'에 선정 2002년 서울시문화상 출판부문 심사위원 2014년 영국 국제인명센터(IBC) 명예문학박사학위 수여 2015년 (주)문예출판사 회장(현) [상]문화공보부장관표창(1982), 국무총리표창(1988), 옥관문화훈장(1993), 간행물윤리상(1994), 한국출판학회상(1996), 중앙언론문화상(1997), 한국번역출판상(1997), 서울시 문화상(1999), 대한민국 문화예술상 문화부문(2002), 간행물윤리상 대상(2003), 한국가톨릭매스컴상 출판부문(2008)

전병성(全炳成) JEON Byung Sung

[생]1955·1·2 [본]천안(天安) [출]충남 예산 [주]인천 서구 환경로42 한국환경공단 이사장실(032-590-3000) [학]1973년 영등포고졸 1978년 건국대 법학과졸 1985년 서울대 환경대학원졸 1994년 미국 일리노이주립대 대학원졸 2003년 법학박사(건국대) [경]행정고시 합격(21회) 1979~1991년 경제기획원 공보관실·농수산예산담당관실·환경처 법무담당관실 근무 1991년 환경부 평가제도과장·대기정책과장 1995~1998년 駐OECD대표부 참사관·환경부 정책총괄과장 1999년 환경부 총무과장 1999년 同공보관 2000년 同자연보전국장 2001년 同국제협력관 2002년 중앙공무원교육원 파견 2002년 한강유역환경청장 2003년 환경부 수질보전국장 2004년 건설교통부 수자원국장 2005년 同수자원기획관 2006년 환경부 자원순환국장 2008년 同환경전략실장 2008년 대통령 사회정책수석비서관실 환경비서관 2009~2011년 기상청장 2009년 세계기상기구(WMO) 집행이사 2012년 경북대 대기원격탐사연구소 초빙교수 2016년 한국환경공단 이사장(현) [상]대통령표창 [종]천주교

전병순(田炳淳) JEON BYUNG SOON

(생)1959·10·24 (출)충남 공주 (주)대전 서구 둔산로100 대전광역시소방본부 본부장실(042-270-6100) (학)1992년 호서대졸 1998년 일본 교토대 대학원 법학과졸 (경)1985년 소방간부후보생(4기) 임용 1985~1987년 경기 안양소방서 근무 1987~1993년 중앙소방학교 근무 2004~2006년 대전 중부소방서장·동부소방서장 2010년 소방방재청 화재조사감찰팀장 2011년 충북도소방본부장 2012년 전북도소방안전본부장 2013년 대전시소방본부장(현)

전병왕(全炳王) Jun Byung Wang

(생)1965·2·21 (출)경북 예천 (주)세종특별자치시 도움4로13 보건복지부 장애인정책국(044-202-3300) (학)1991년 서울대 사회학과졸 1995년 同대학원 보건학 석사과정 수료 2003년 미국 콜로라도대 덴버교 행정대학원 행정학과졸 (경)1994년 행정고시 합격(38회) 2007년 보건복지부 기초의료보장팀장 2008년 同의료제도과장 2009년 同보육정책과장 2010년 同인사과장 2012~2013년 국립외교원 파견 2013년 보건복지부 보험정책과장 2014년 同보건의료정책과장 2014년 同사회복지정책실 사회서비스정책관 2015년 국방대 안보과정 교육파견 2016년 보건복지부 장애인정책국장(현)

전병용(全秉龍)

(생)1959·2·2 (출)충북 보은 (주)경기 의정부시 금오로23번길22의49 경기북부지방경찰청 생활안전과(031-961-2246) (학)1976년 청주고졸 1984년 동국대 경찰행정학과졸 2005년 한양대 행정대학원졸 (경)1983년 경위 임용(경찰간부 후보 31기) 1990년 경감 승진 1999년 경정 승진 2008년 충북지방경찰청 생활안전교통과장(총경) 2008년 충북 단양경찰서장 2010년 경찰청 외사정보과장 2011년 경기 수원서부경찰서장 2011년 경찰청 경비국 위기관리센터장 2013년 서울 도봉경찰서장 2014년 서울지방경찰청 보안1과장 2015년 경기 양주경찰서장 2016년 경기지방경찰청 제2청 생활안전과장 2016년 경기북부지방경찰청 생활안전과장(현)

전병욱(全炳旭) JUN Byoung Wook

(생)1959·2·24 (출)충북 옥천 (주)충남 홍성군 홍북면 충남대로21 충남도청 재난안전실(041-635-4701) (학)1978년 대전공고졸 1984년 한양대 토목공학과졸 2002년 미국 오레곤대 대학원 도시계획학과졸 (경)1986년 기술고등고시 합격(22회) 1999년 충남도 건설교통국 건설정책과장 2001년 同건설교통국 도로교통과장 2003년 미국 오레곤대 국외훈련 파견 2006년 충남도 종합건설사업소장 2007년 同건설교통국장(지방부이사관) 2010년 同도청이전추진본부장 2011년 미국 미주리대 국외훈련 파견 2012년 충남도 자치행정국장 2013년 천안시 부시장 2015년 충남도 재난안전실장(이사관)(현) (상)충청남도 교관강의연찬대회 최우수상(1994), 공주대학교발전 유공공무원 공로패(1998), 근정포장(2005)

전병욱(全炳昱) CHUN Byung Wook

(생)1964·2·22 (출)인천 (주)서울 용산구 한강대로32 (주)LG유플러스 고객서비스실(1544-0010) (학)1982년 제물포고졸 1986년 서울대 경영학과졸 1988년 同경영대학원졸 (경)1988년 LG생활건강 마케팅부 대리 1994년 LG회장실 경영혁신추진본부 차장 2000년 LG텔레콤(주) Corporate팀장 2001년 同Corporate Audit담당 상무 2002년 同전략개발실장 겸 Corporate Audit담당 상무 2004년 同전략개발실장 2006년 同법인사업부장(상무) 2008년 同강남사업부장(상무) 2010년 (주)LG유플러스 CV추진실장(상무) 2011년 同유통전략실장(상무) 2011년 同SC본부 서비스플랫폼사업부장(전무) 2013년 同고객서비스실 전무(CCO)(현)

전병율(全柄律) Byungyool Jun

(생)1960·5·1 (본)정선(旌善) (출)서울 (주)경기 성남시 분당구 야탑로59 분당차병원 예방의학과(031-881-7990) (학)홍익대사대부고졸, 연세대 의대졸, 同대학원 보건학과졸, 보건학박사(연세대) (경)1989년 공무원 특채임용 2004년 국립마산병원 원장 직대 2006년 보건복지부 보건정책팀장(부이사관) 2007년 同보험연금정책본부 보험급여평가팀장 2007년 同질병관리본부 전염병대응센터장 2010년 同대변인 2010년 同공공보건정책관(고위공무원) 2011~2013년 同질병관리본부장 2013~2015년 연세대 보건대학원 국제보건학과 교수 2014~2015년 同의료원 국민고혈압사업단 의료사업부 부단장 2014년 한국

건강증진개발원 비상임이사(현) 2015년 국민안전처 정책자문위원(현) 2015년 차의과학대 예방의학과 교수(현) 2015년 차병원그룹 대외협력본부장(현) (상)근정포장(2007)

전병일(全炳日) JEON Byeong Eal

(생)1955·3·1 (출)경북 고령 (주)서울 강남구 테헤란로440 (주)포스코 임원실(02-3457-0069) (학)대구고졸, 서울대졸 (경)대우인터내셔널 폴란드무역법인대표, 同프랑크푸르트법인대표, 同섬유·경공업본부장(상무) 2007년 同타시켄트지사장겸 중앙아 총괄전무 2010년 同영업2부문장(부사장) 2012년 同영업2부문장(사장) 2014~2015년 同대표이사 사장 2015년 한국무역협회 부회장(현) 2015년 (주)포스코 비상경영쇄신위원회 위원(현) 2015년 同회장 보좌역(사장급) 2015년 同고문(현) (상)동탑산업훈장(2010) (종)불교

전병조(田炳祚) Chun Byoung Jo

(생)1964·1·10 (출)대구 (주)서울 영등포구 국제금융로2길28 KB금융타워 비서실(1544-6000) (학)1982년 대구고졸 1986년 서울대 경제학과졸 1988년 同행정대학원졸 1994년 경영학박사(미국 아이오와대) (경)1985년 행정고시 합격(29회) 1986년 총무처 수습사무관 1987년 재무부 조세정책과 사무관 1989년 同국제금융과 사무관 1990년 재무부 장관비서관 1991년 미국 아이오와대 유학 1995년 재정경제원 금융협력과 사무관 1996년 同금융정책과 서기관 2000년 아시아개발은행(ADB) 캄보디아·베트남팀장(Financial Economist) 2003년 대통령비서실 행정관(부이사관) 2005년 재정경제부 지역경제정책과장 2006년 해양수산부 안전관리관(고위공무원) 2008년 기획재정부 고위공무원 2008년 NH투자증권(주) Wholesale총괄 전무 2009년 同IB부문총괄 전무 2012년 NH농협증권(주) IB부문총괄 전무 2012년 KDB대우증권 IB사업부문 대표(부사장) 2013년 KB투자증권 부사장 2015~2016년 同대표이사 사장 2016년 통합KB증권(2017년 1월 1일 출범) 공동대표이사 사장 내정(현)

전병준(全炳俊)

(생)1960·10 (주)서울 중구 퇴계로190 매일경제신문(02-2000-2114) (학)고려대 경제학과졸, 환경경영학박사(미국 밴더빌트대) (경)2000년 매일경제신문 경제부 차장대우 2002년 同산업부 차장 2002년 同뉴욕특파원 2003년 同산업부 차장 2004년 同뉴욕특파원(부장대우) 2006년 同정치부장 2008년 同금융부장 2008년 同경제부장 2009년 同산업부장(부국장대우) 2011년 同편집국 산업부장 겸 지식부장(부국장) 2011년 同편집국 국차장 겸 지식부장 2014년 同논설위원실장 2015년 (주)한라 사외이사(현) 2015년 매일경제신문 논설위원실장(이사) 2015년 대통령직속 규제개혁위원회 행정사회분과 민간위원(현) 2016년 대통령직속 국가건축정책위원회 위원(현) 2016년 매일경제신문 주간·월간지담당 이사(현) (상)장한 고대언론인상(2016)

전병찬(全丙燦) Bernard Jeon

(생)1955·8·15 (본)천안(天安) (출)충북 청원 (주)서울 금천구 가산디지털1로2 우림라이온스밸리2차1203호 (주)에버다임 사장실(02-801-0700) (학)청주공고졸, 청주대 행정학과졸, 연세대 행정대학원졸, 서울대 최고경영자과정 수료 (경)대우중공업(주) 근무, (주)한우티엔씨 관리·ATT사업총괄 전무이사 2005년 同경영총괄 전무이사 2006~2008년 同대표이사 사장 2008년 (주)에버다임 대표이사 사장(현) 2012~2016년 코스닥협회 부회장 2012년 한국무역협회 충북기업협의회 회장(현) 2015년 同비상근부회장(현) (상)충청북도 일류벤처기업인상(2006), 충북지방중소기업청 우수중소기업인상(2006), 국무총리표창(2006), 충청북도 기업대상(2007), 4월의 자랑스러운 중소기업인(2009), 지식경제부장관 표창(2013), 언스트앤영 산업재부문 최우수기업가상(2014)

전병찬(田丙燦) JEON Byeong Chan

(생)1960·3·24 (출)서울 (주)경기 용인시 기흥구 강남로40 강남대학교 경영학부(031-280-3746) (학)1978년 휘문고졸 1983년 동국대 경영학과졸 1985년 同대학원졸 1992년 경영학박사(고려대) (경)1988년 성심여대·강남대·동국대 강사 1990년 강남대 경영학부 교수(현) 2001년 同사무처장 2002년 同기획처장 2003년 同도시연구원장 2005년 同정책기획조정실장 겸 대학정책사업개발센터장 2006년 同특성화사업단장 2007년 同대외사업운영본부장, 同강남실버산업특성화사업단장(TFT), 同대학전략기획운영단(TFT) 본부장 2010~2011년 同실버산업학부장 2010~2014년 同경영학부장 2015년 同전략지원조정실장 2015년 同특임부총장(현)

전병태(全炳台) JEON Byong Tae

[생]1952·1·1 [출]충북 옥천 [주]충북 충주시 충원대로268 건국대학교 자연과학대학 식품생명과학부(043-840-3523) [학]1970년 경기상고졸 1974년 건국대 사료학과졸 1976년 同대학원 사료영양학과졸 1980년 일본 東北大 대학원 축산학과졸 1983년 축산학박사(일본 東北大) [경]1985~2011년 건국대 자연과학대학 생명자원환경과학부 축산학전공 조교수·부교수·교수 1985~2011년 同자연과학대학 실습농장장 1985~1993년 한국초지학회 이사·편집위원 1987~1990년 하나사슴연구소 소장 1988~1990년 건국대 자연과학대학 축산학과장 1991~1993년 同충주캠퍼스 학생처장 1995~1998년 同충주캠퍼스 교무처장 1999~2001년 同자연과학대학장 2000년 同녹용연구센터소장(현) 2000~2002년 한국초지학회 부회장·상임이사 2004~2008년 한국양록협회 연구위원장 2007년 同우수사슴심사위원회 위원장 2009~2011년 건국대 충주캠퍼스 부총장 2009~2013년 在韓일본도호쿠대총동문회 회장 2011년 건국대 자연과학대학 식품생명과학부 교수(현) 2011년 길림성 중·한동물과학연구원 한국측 원장(현) 2012~2013년 (사)한국초지조사료학회 회장 2013년 중국 장춘과기학원 명예총장(현) 2014년 한국녹용학회 회장(현) 2014년 일본 로타리요네야마장학회 한국학우회 회장(현) [상]제8회 과학기술우수논문상(1998), 제11회 중소기업기술혁신대전 산학연 공로분야 교육부장관표창(2010), 지식경영인상(2012), 환경부장관상(2012), The International Science and Technological Cooperation Award of Jilin Province CHINA(2014) [저]'초지학'(2001, 선진문화사) 'Antler Science and Preduct Technology'(2001, ASPTRC) '가축행동학'(2003, 건국대 출판부) '녹용을 아십니까'(2008, 유한문화사) [종]기독교

전병헌(田炳憲) JUN Byung Hun

[생]1958·3·17 [출]충남 홍성 [주]서울 용산구 청파로 109 국제e스포츠연맹(02-715-6661) [학]1976년 휘문고졸 1981년 고려대 정치외교학과졸 1989년 미국 하버드대 대학원 SEP과정 수료 2000년 고려대 정책대학원 경제학과졸 2001년 서울대 행정대학원 고위국가정책과정 수료 [경]1987년 평민당 전문위원 1988~1992년 평민당·신민당·민주당 편집국장 1993년 민주당 조직국장 1995년 국민회의 홍보수석부위원장 1996년 同4.11총선기획단 부단장 1997년 同대선기획단 기획위원 1997년 제15대 대통령직인수위원회 전문위원 1998년 대통령 정무비서관 1999년 대통령 정책기획비서관 2001년 대통령 국정상황실장 2002~2003년 국정홍보처 차장 2003년 새천년민주당 정책위원회 상임부의장 2003년 열린우리당 정책위원회 상임부의장 2003년 열린정책포럼 대표 2004년 제17대 국회의원(서울 동작구甲, 열린우리당·대통합민주신당·통합민주당) 2004년 열린우리당 원내부대표 2005~2007년 同서울시당 중앙위원 2005~2006년 同대변인 2007년 중도개혁통합신당추진모임 전략기획위원장 2007년 대통합민주신당 정동영 대통령후보 중앙선거대책위원회 홍보기획실장 2008년 제18대 국회의원(서울 동작구甲, 통합민주당·민주당·민주통합당) 2008년 한국신문윤리위원회 윤리위원 2009년 민주당 정세균당대표 특보단장 2009년 同전략기획위원장 2010~2011년 同정책위원회 의장 2010년 국회 예산결산특별위원회 계수조정소위원 2011년 한국정학연구소 이사장 2012~2016년 제19대 국회의원(서울 동작구甲, 민주통합당·민주당·새정치민주연합·더불어민주당) 2012년 국회 문화체육관광방송통신위원회 위원 2012년 국회 여성가족위원회 위원 2012년 국회 지방재정특별위원회 위원 2013년 민주통합당 비상대책위원회 대선평가특별위원회 부위원장 2013~2014년 한국e스포츠협회(KeSPA) 회장 2013년 국제e스포츠연맹(IeSF) 회장(현) 2013·2014년 국회 미래창조과학방송통신위원회 위원 2013년 국회 방송공정성특별위원회 위원장 2013년 민주당 원내대표 겸 최고위원 2014·2016년 한국e스포츠협회(KeSPA) 회장(현) 2014년 새정치민주연합 원내대표 겸 최고위원 2014년 국회 국민안전혁신특별위원회 위원장 2015년 새정치민주연합 최고위원 2015년 同민주당60주년기념사업추진위원회 위원장 2015년 대한적십자사 박애문화위원(현) 2015~2016년 더불어민주당 최고위원 2015년 同민주당60주년기념사업추진위원회 위원장 2016년 同더불어경제선거대책위원회 공동부위원장 겸 서울시선거대책위원회 공동위원장 [상]황조근정훈장(2001), 의정행정대상 국회의원부문(2010), 희망·사랑나눔재단 선정 모범국회의원(2013), 대한민국 국회의원 의정대상(2013), 경제정의실천시민연합 국정감사 우수의원(2014), 서울신문 서울석세스대상 정치대상(2014), 한국언론사협회 대한민국우수국회의원대상 특별대상(2014), 시민일보 의정·행정대상(2015) [저]'승리로 가는 길'(1992) '일류가 아니면 포기하라'(1993) '민주에서 통일로'(1994) '생활과 정책'(2004) '전병헌 비타민 정치'(2007) '전병헌의 비타민발전소'(2010) '전병헌의 비타민복지'(2011) [종]기독교

전병현(田炳玹) JUN Byung Hyun

[생]1953·3·8 [본]담양(潭陽) [출]경남 함양 [주]충남 천안시 동남구 만남로76 (주)윌비스 회장실(041-529-5700) [학]1971년 경북고졸 1975년 고려대 법학과졸 1977년 同대학원 법학과졸 1989년 미국 하버드대 법학전문대학원졸 [경]1981~1995년 법무법인 세종(Shin&Kim) 근무 1989년 미국 Paul·Weiss·Rifkind·Wharton & Garrison 법률사무소 근무 1990년 미국 Milbank·Tweed·Hadley & McCloy 법률사무소 근무 1990년 미국 Thelen·Marrin·Johnson & Brides 법률사무소 근무 1993~1995년 미국 하버드대 Law School 객원연구원 1995~1999년 한국M&A(주) 대표이사 부사장 1996년 영우통상(주) 전무이사 1996~2009년 (주)미래와사람 대표이사 부사장·사장 1997년 건국대 국제대학원 강사 2001년 (주)미래넷 대표이사 사장 2003년 서울가정법원 조정위원(현) 2004년 駐韓도미니카공화국 명예총영사(현) 2009년 (주)윌비스 대표이사 사장 2015년 同대표이사 회장(현) 2016년 고려대 법과대학교우회 회장(현) [상]한국무역협회 이달의 무역인상(1999), 도미니카공화국 3인국부공로훈장, 대통령표창 [종]천주교

전병현(田炳賢)

[생]1957·11·12 [출]경남 의령 [주]경남 김해시 김해대로 2307 김해중부경찰서 서장실(055-344-8321) [학]마산고졸, 동국대 경찰행정학과졸 [경]1987년 경위 임용(경찰간부후보 35기) 2003년 부산 사하경찰서 생활안전과장 2004년 서울 남부경찰서 정보과장 2005년 서울지방경찰청 정보관리부 정보1과 정보1계 근무 2007년 경찰청 감사관실 감찰담당 2009년 同감사관실 감찰기획담당 2010년 경남지방경찰청 생활안전과장(총경) 2011년 경남 사천경찰서장 2012년 경남지방경찰청 청문감사담당관 2013년 경남 김해서부경찰서장 2015년 경남지방경찰청 제1부 경무과장 2016년 경남 김해중부경찰서장(현) [상]국무총리표창, 대통령표창(2011), 녹조근정훈장(2015)

전병호(全炳昊) JUN Byoung Ho

[생]1944·4·20 [출]서울 [주]서울 종로구 율곡로264 기독교대한복음교회총회 신학교(02-762-7592) [학]1962년 배재고졸 1967년 연세대 신학과졸 1972년 同연합신학대학원졸 [경]1972년 남천중앙교회 목사 1974년 전주 영생학원(영생고·영생여고) 교목 1977년 기독교대한복음교회 사무국장 1979년 제주복음교회 목사 1980~1982·1990~1992년 한국기독교사회봉사회 부회장 1982~1984년 제주대·제주전문대 강사 1990년 부산기독교교회협의회 회장 1992~2002년 군산환경운동시민연합 대표 1992년 군산 신풍복음교회 목사 1995년 한국복음신학교 교장 2000년 군산기독교연합회 총무 2000~2001년 한국기독교교회협의회(NCCK) 부회장 2002년 同회장 2003년 기독교대한복음교회 부총회장 2004~2014년 군산 나운복음교회 담임목사 2007년 기독교대한복음교회 총회장 2007~2009년 한국기독교교회협의회(NCCK) 생명윤리위원회 위원장 2009~2014년 대한기독교서회(CLS) 이사 2009~2010년 한국기독교교회협의회(NCCK) 회장 2010년 同화해통일위원회 위원장 겸임 2012년 기독교대한복음교회총회 신학교 총장(현) 2012년 군산기독교연합회 회장 2015년 전북교회역사문화연구원 원장(현) [저]'최래용 목사의 생애와 사역' '제주방언 마가복음' '복음교회50년사' [종]기독교

전병호(全炳昊) JEON Byeong Ho

[생]1953·9·16 [출]충북 청주 [주]서울 양천구 목동서로 225 대한민국예술인센터1017호(02-744-8046) [학]청주교육대졸, 중앙대 교육대학원졸 [경]1981년 소년중앙에 '내가 타고 온 밤기차'로 아동문학가 등단 1982년 동아일보 신춘문예에 '비닐우산' 당선, 한국문인협회 회원(현), 아동문학가(현), 보개초 교장 2013~2015년 군문초 교장 [상]세종아동문학상(2004), 방정환문학상(2011), 소천문학상(2013) [저]동시집 '꽃봉오리는 꿈으로 큰다' '소금 얻으러 간날' '꽃 속의 작은 촛불' '봄으로 가는 버스'(2009, 푸른책들) '아, 명량대첩!'(2012, 아평)

전보삼(全寶三) CHON Bo Sam

[생]1950·5·25 [본]정선(旌膳) [출]강원 강릉 [주]경기 용인시 기흥구 상갈로6 경기도박물관(031-288-5300) [학]강릉고졸, 한양대 화학공학과졸, 同교육대학원졸, 철학박사(동국대) [경]신구대 사진영상미디어과 교수, 同미디어콘텐츠과 교수, 만해기념관 관장, 성남문화원 부설 향토문화연구소 부소장, 성남 우리신문사 객원논설위원, 만해사상연구회 대표, 철학연구회 종신회원 2009년 한국박물관협회 회장 2015년 경기도박물관 관장(현) [상]한양대총장표창 [저]'만해시이론' '푸른 산빛을 깨치고' '한용운의 민족주의 사상연구' [종]불교

전보성(全甫晟)
[생]1973 · 7 · 25 [출]서울 [주]전남 목포시 정의로29 광주지방법원 목포지원(061-270-6600) [학]1992년 중화고졸 1998년 서울대 사법학과졸 [경]1997년 사법시험 합격(39회) 2000년 사법연수원 수료(29기) 2000년 육군 법무관 2003년 서울지법 판사 2004년 서울중앙지법 판사 2005년 서울가정법원 판사 2007년 대구지법 김천지원 판사 2008년 同포항지원 판사 2011년 수원지법 판사 2011년 법원행정처 가사소년심의관 2013년 제주지법 판사 2016년 광주지법 · 광주가정법원 목포지원 부장판사(현)

전본희(全本熙) Jeon Bon Hee

[생]1964 · 12 · 4 [본]천안(天安) [출]전남 보성 [주]서울 종로구 북촌로112 감사원 지방행정감사1국 1과(02-2011-2611) [학]1982년 광주 서석고졸 1991년 목포대 경제학과졸 1995년 서울대 대학원 행정학과졸 2009년 미국 듀크대 정책대학원 정책학과졸 [경]1994년 행정고시(재경직) 합격(38회) 1995~2005년 감사원 국책사업제1과 등 근무(부감사관 · 5급) 2006~2010년 同감사청구조사국 총괄과 등 근무(감사관 · 4급) 2010~2013년 同전략과제감사단 제3과장 2013년 경기도 감사관 2016년 감사원 지방행정감사1국1과장(부이사관)(현) [상]감사원장표창(1998 · 2003), 대통령표창(2005 · 2015)

전봉근(田奉根) JUN Bong Geun

[생]1958 · 5 · 7 [출]부산 [주]서울 서초구 남부순환로2572 국립외교원 안보통일연구부(02-3497-7654) [학]1977년 경북고졸 1982년 서울대 외교학과졸 1984년 同대학원졸 1992년 정치학박사(미국 오리건주립대) [경]1984년 부산외국어대 · 동의대 강사 1985년 한외종합금융 근무 1993년 서울대 강사 1993년 대통령 외교안보비서관 1997년 한반도에너지개발기구(KEDO) 전문위원 2002년 한나라당 이회창대통령후보 외교특보 2003년 통일부 장관 정책보좌관 2005년 외교안보연구원 안보 · 통일연구부장 2007년 同교수 2011년 외교통상부 핵안보정상회의 자문위원 2011년 한반도포럼 회원(현) 2012년 국립외교원 안보통일연구부장(현)

전봉민(田奉珉) Jeon Bong Min

[생]1972 · 10 · 21 [출]경남 합천 [주]부산 연제구 중앙대로1001 부산광역시의회(051-888-8030) [학]대연고졸, 동명대 대학원졸 2008년 동의대 대학원 건축공학 박사과정 수료 [경]수미초 운영위원장(현), 이진종합건설(주) 감사, 부산시수영구족구연합회 고문(현), 대연고동문회 회장(현), 부산시 수영구리틀야구단 단장(현), 同수영구새마을지도자후원회 고문, 同인구보건복지협회 위원, 同사회복지위원회 위원, 同도시공원위원회 위원, 同지하수관리위원회 위원 2008~2010년 부산시의회 의원(재보선 당선, 한나라당) 2010년 부산시의회 의원(한나라당 · 새누리당) 2010년 同늘푸른연구모임 회장 2012년 同보사환경위원장, 새누리당 부산시당 부대변인 2014년 부산시의회 의원(새누리당)(현) 2014 · 2016년 同운영위원회 위원장(현) 2014 · 2016년 同교육위원회 위원(현) 2014~2015년 전국시 · 도의회운영위원장협의회 회장

전봉준(全奉俊) Chun Bong Jun

[생]1953 · 10 · 3 [출]대전 [주]인천 부평구 무네미로448번길56 한국폴리텍Ⅱ대학 자동차과(032-510-2267) [학]충남기계공고졸 1992년 대전산업대 기계공학과졸 1995년 서울산업대 대학원 기계공학과졸 2003년 공학박사(강원대) [경]1973~1975년 농어촌진흥공사 근무 1978년 (주)대우중공업 근무 1978~1991년 (주)삼환기업 근무 1996~1997년 서울정수기능대학 교수 1997~2002년 인천기능대학 교수 2003~2006년 제천기능대학 교수 · 교학처장 2006년 한국폴리텍Ⅳ대학 홍성캠퍼스 학장 2009년 同제천캠퍼스 학장 2010년 同아산캠퍼스 자동차금형과 교수 2010년 한국폴리텍Ⅱ대학 자동차과 교수(현) [상]노동부장관표창 [종]기독교

전비호(全飛虎) Chun Bee-ho

[생]1957·10·28 [본]정선(旌膳) [출]서울 [주]서울 종로구 사직로8길60 외교부 인사운영팀(02-2100-7136) [학]1976년 서울고졸 1981년 성균관대 정치외교학과졸 1990년 스페인 마드리드공대 대학원 유럽공동체학과졸 2001년 정치사회학박사(스페인 국립마드리드대) 2006년 연세대 언론홍보대학원 최고위과정 수료 2012년 명예 정치학박사(불가리아 국가과학원) 2013년 명예 언어학박사(불가리아 소피아대) [경]1980년 외무고시 합격(14회) 1980년 외무부 입부 1985년 駐코스타리카 3등서기관 1992년 駐멕시코 1등서기관 1995년 駐EU대표부 1등서기관 1998년 외교통상부 기획관리실 행정법무담당관 1999년 同유럽통상팀장 1999년 同통상교섭본부 구주통상과장 2000년 駐멕시코 참사관 2002년 駐프랑스 참사관 2003~2005년 세계박람회기구(BIE) 한국대표 2005년 외교통상부 통상교섭본부 통상기획홍보팀장 2005년 同통상교섭본부 통상홍보기획관 2005년 同아태통상업무지원심의관 2005~2006년 인천경제자유구역청 투자유치자문위원회 위원 2006년 외교안보연구원 외교역량평가센터 협력관 2006년 성균관대 국가전략대학원 겸임교수 2006년 외교통상부 외교역량평가개발센터 지원대사 2007년 외교안보연구원 외교역량평가단장 2008년 행정안전부 중앙공무원교육원 인재양성부장 2008년 同중앙공무원교육원 교수부장 2010~2013년 駐불가리아 대사 2013~2015년 강원도 국제관계대사 2015년 駐멕시코 대사(현) [상]민주평통사무총장표창(1984), 외무부장관표창(1994), 근정포장(2007), 불가리아 최고훈장 발칸훈장(2013) [저]'한-EU 조선협상자료집'(2000) '한국-불가리아 정책 포럼'(2012) [종]가톨릭

전삼현(全三鉉) CHUN Sam Hyun

[생]1962 · 10 · 15 [본]천안(天安) [출]강원 횡성 [주]서울 동작구 상도로369 숭실대학교 법과대학 법학과(02-820-0478) [학]1981년 장훈고졸 1986년 숭실대 법학과졸 1988년 同대학원졸 1992년 법학박사(독일 Frankfurt Univ.) [경]1989~1992년 독일 Kohrad-Adenauer재단 초청장학생 1993~2004년 숭실대 법학과 조교수 · 부교수 1995년 한국항공우주법학회 상임이사 1996년 독일 Frankfurt대 연구교수 1999년 한국은행 객원연구원 1999~2002년 대한상사중재원 중재인 1999~2002년 숭실대 생활협동조합 부이사장 1999년 중앙이코노미스트 칼럼니스트 2000년 한국경영자총협회 인증센터 운영위원 2001년 숭실대 2부대학장 2003년 기업소송연구회 초대회장(현) 2004년 숭실대 법학과 교수(현) 2006년 同소비자생활협동조합 이사장 2007~2009년 국세청 국세공무원교육원 초빙교수 2008~2009년 숭실대 교양 · 특성화대학장 2008년 방송통신위원회 자체평가위원 2009년 한국전문경영인학회 부회장 2009년 기업법률포럼 상임대표 2010년 국방부 정보공개심의위원 2011년 법무부 상법제정특별위원 2012~2014년 한국자산관리공사 비상임이사 2012년 삼성증권 사외이사(현) [상]문교부장관표창(1988) [저]'은행진입규제와 법'(1997) '은행자율과 법'(1998) '회사법의 쟁점'(1999) '사외이사와 감사위원회'(1999) '금융지주회사법의 문제와 대안'(2002) '단독전환사채제도의 개선방안'(2003) '독일의 감사회와 근로자경영참여'(2004) '증권사설립 및 업무영역규제 개선방안'(2004) [종]기독교

전상국(全商國) JEON Sang Guk (洪雲)

[생]1940·3·24 [본]정선(旌善) [출]강원 홍천 [주]강원 춘천시 신동면 실레길25 (사)김유정기념사업회(033-261-4650) [학]1960년 춘천고졸 1963년 경희대 국어국문학과졸 1985년 同대학원졸 [경]1963년 조선일보 신춘문예에 소설 당선, 소설가(현) 1972~1984년 경희고 교사 1985~2005년 강원대 국어국문학과 교수 1990년 한국소설가협회 운영위원 1995년 한국문인협회 이사 2002년 김유정문학촌 촌장(현) 2002년 민족문학작가회의 자문위원 2005년 강원대 명예교수(현) 2010년 同외부입학사정관, (사)김유정기념사업회 이사장(현) [상]현대문학상(1977), 한국문학작가상(1979), 대한민국문학상(1980), 동인문학상(1980), 윤동주문학상(1988), 김유정문학상(1990), 한국문학상(1996), 후광문학상(2000), 이상문학상특별상(2003), 현대불교문학상(2004), 황조근정훈장, 동곡사회복지재단 제8회 동곡상 문화예술부문(2013), 제27회 경희문학상(2014), 이병주국제문학상(2015) [저]'바람난 마을'(1977) '하늘 아래 그 자리'(1979), '늪에서 바람이'(1980), '길'(1985), '불타는 산'(1984), '아베의 가족'(1980), '외등'(1980), '우상의 눈물'(1980), '식인의 나라'(1981), '우리들의 날개'(1981), '늪에서는 바람이'(1986) '당신도 소설을 쓸 수 있다'(1991) '외딴길'(1993), '유정의 사랑'(1993), '김유정'(1995) '투석'(1995), '참 예쁘다'(1996), '사이코'(1996), '우리 때는'(1997), '온 생애의 한순간'(2005) '길 위에서 만난 사람들'(2005) '물은 스스로 길을 낸다'(2005) '남이섬'(2011) '전상국의 즐거운 마음으로 글쓰기'(2012) '춘천산 이야기'(2014, 조선뉴스프레스)

전상수(全尙洙)

[출]강원 삼척 [주]서울 영등포구 의사당대로1 국회사무처 정무위원회(02-788-2073) [학]강릉고졸, 한국외국어대 행정학과졸 2002년 법학박사(미국 듀크대) [경]1992년 입법고시 수석합격(제11회), 국회사무처 법제사법위원회 입법조사관 2004년 국회예산정책처 기획관리관실 기획협력팀장 2005년 국회사무처 의사국 의사과장 2010년 同행정안전위원회 입법조사관 2011년 同경제법제심의관(부이사관) 2012년 同법제사법위원회 전문위원(이사관) 2013년 同의사국장 2014년 同기획조정실장(이사관) 2015년 同기획조정실장(관리관) 2016년 同정보화추진위원회 위원 2016년 同정무위원회 수석전문위원(차관보급)(현) [상]근정포장(2014)

전상인(全相仁) JUN Sang In

[생]1958·1·4 [출]대구 [주]서울 관악구 관악로1 서울대학교 환경대학원 환경계획학과(02-880-9390) [학]1976년 대륜고졸 1980년 연세대 정치외교학과졸 1982년 同대학원 정치학과졸 1987년 미국 브라운대 대학원 사회학과졸 1991년 사회학박사(미국 브라운대) [경]1990~1991년 연세대·한양대·숙명여대 강사 1992년 민족통일연구원 책임연구원 1995년 한림대 사회학과 조교수 1996년 同사회조사연구소장 1998년 同사회교육원장 1998~1999년 同기획처 부처장 1998~2005년 同부교수·교수 2004년 同대외협력처장 2005년 서울대 환경대학원 환경계획학과 교수(현) 2005~2012년 한국미래학회 회장 2010~2011년 서울대 환경대학원 부원장 2010~2012년 대통령직속 미래기획위원회 위원 2012년 서울스프링실내악축제 대표(현) 2013~2015년 서울대 환경계획연구소장 [저]'이승만연구-독립운동과 대한민국 건국'(2000) '고개숙인 수정주의'(2001) '세상과 사람사이'(2001) '농지개혁연구'(2001) '한국과 6.25전쟁'(2002) '우리 시대의 지식인을 말한다'(2006) '아파트에 미치다-현대한국의 주거사회학'(2009) '10년후 세상-개인의 삶과 사회를 바꿀 33가지 미래상'(2011) '인문학자 과학기술을 탐하다-인문학과 과학기술의 융합은 어떻게 이루어지는가'(2012) '강과 한국인의 삶'(2012) '옥상의 공간사회학'(2013) '편의점 사회학'(2014) [역]'국가처럼 보기'(2010)

전상주(全祥柱) JEON Sang Ju

[생]1957·4·27 [본]천안(天安) [출]전남 목포 [주]인천 남동구 인주대로914번길42 인천도시공사 임원실(032-260-5000) [학]2000년 인하대 대학원 환경공학과졸(공학석사) 2013년 국방대 안보과정 수료 [경]1983년 인천시 임용(7급) 1993년 同남동구 환경보호과장 1994년 同인천시폐기물시설계장 1997년 同대기보전계장 2000~2002년 同물관리과장 2000년 시립인천전문대·가천길대학 외래강사 2003년 인천시 가좌환경사업소장 2008년 인천도시축전조직위원회 친환경엑스포본부장 2009년 인천경제자유구역청 기획조정본부장(부이사관) 2010년 인천서구청 부구청장 2012년 인천시 문화관광체육국장 2014년 同상수도사업본부장 2015년 인천도시공사 상임이사 겸 투자유치본부장(현) [상]인천시장표창, 환경부장관표창, 국무총리표창, 대통령표창, 홍조근정훈장(2014) [종]천주교

전상직(全商直) Sangjick JUN

[생]1963·10·23 [출]강원 홍천 [주]서울 관악구 관악로1 서울대학교 작곡과(02-880-7953) [학]1982년 춘천제일고졸 1986년 서울대 작곡과졸 1992년 同대학원 음악과졸 1995년 오스트리아 Univ. Mozarteum in Salzburg 대학원 작곡과졸 [경]2000~2011년 서울대 작곡과 전임강사·조교수·부교수 2011년 同작곡과 교수(현) 2011~2013·2015~2016년 同음악대학 부학장 2016년 同음악대학장(현) [상]동아음악콩쿠르 작곡부문 1위, 대한민국작곡상 실내악부문(2006·2010·2012·2014), 교육부장관표창(2013) [저]'백병동 화성학 해제집'(1993) '바르톡 작곡기법 입문'(2002) '메시앙 작곡기법'(2005) '음악의 원리'(2014) [종]기독교

전상헌(田尙憲) JEON Sang Hwon

[생]1955·12·21 [본]담양(潭陽) [출]서울 [주]충북 청주시 흥덕구 오송읍 오송생명1로194의41 충북경제자유구역청(043-220-8300) [학]1975년 경동고졸 1980년 성균관대 법학과졸 1986년 서울대 행정대학원졸 1988년 일본 사이타마대 대학원졸, 행정학박사(성균관대) [경]1980년 행정고시 합격(24회) 1981~1994년 상공자원부 아주통상과·수출1과·창업지원과·중소기업정책과 행정사무관 1994년 同서기관 1995년 대통령 민정비서관실 근무 1998년 산업자원부 공보담당관 1999년 駐OECD대표부 1등서기관 2001년 駐OECD대표부 참사관 2004년 산업자원부 수송기계산업과장 2005년 同수송기계산업과장(부이사관) 2006년 同균형발전정책담당관 2006년 대통령자문 국가균형발전위원회 클러스터국장(고위공무원) 2007년 과학기술부 기술혁신평가국장 2008년 지식경제부 감사관 2009~2010년 同정보통신산업정책관 2010~2013년 한국전자정보통신산업진흥회 상근부회장 2010년 지식경제부 3D융합산업협회 상근부회장 2013년 충북경제자유구역청 청장(현) [상]근정포장(1992) [종]천주교

전상혁(全相赫) Jun sang-hyuk

[생]1959·8·14 [본]정선(旌善) [출]충북 제천 [주]서울 종로구 세종대로209 여성가족부 권익지원과(02-2100-6451) [학]1976년 제천고졸 1993년 한국방송통신대 행정학과졸 2001년 명지대 대학원 청소년지도학과 수료 2005년 연세대 대학원 사회복지학과졸 [경]1990~1998년 문화공보부 문화재관리국 근무(행정주사) 1999~2006년 국무총리실 국가청소년위원회 근무(행정사무관) 2007~2011년 보건복지부 사회복지정책실·여성가족부 권익증진국 근무(서기관) 2012년 여성가족부 인권보호점검팀장 2013년 同다문화가족지원과장 2015년 同인권보호점검팀장, 同권익지원과 인권보호점검팀장(현) [상]문화재관리유공 문화공보부장관표창(1986), 국무총리표창(1992), 대통령표창(2006) [종]불교

전상호(全祥昊) CHYUN Sang Ho

[생]1952·9·5 [출]서울 [주]서울 강남구 논현로508 GS타워 GS칼텍스 고문실(02-2005-1114) [학]연세대 화학공학과졸 [경]1991년 호남정유 싱가포르지점장 1994년 LG칼텍스정유 이사(싱가포르현지법인장) 1998년 同상무 2002년 同싱가포르현지법인장(부사장) 2004년 同원유수급본부장(부사장) 2005년 GS칼텍스(주) 원유수급운영본부장(부사장) 2009년 同생산본부장(부사장) 2010~2014년 同생산본부장(사장) 2013년 한국위험물학회 초대회장 2014년 GS칼텍스(주) 고문(현) [상]수출유공 산업포장

전상훈(錢相勳) JHEON Sang Hoon

[생]1959·11·14 [주]경기 성남시 분당구 구미로173번길82 분당서울대병원(031-787-2102) [학]1984년 경북대 의대졸 1990년 계명대 대학원졸 1994년 의학박사(계명대) [경]1996~2000년 경북대 의대 흉부외과학교실 조교수·부교수 2000~2003년 대구가톨릭대 의대 흉부외과학교실 부교수, 일본 국립암센터 폐외과 연구원, 미국 하버드의대 매사추세츠병원 흉부외과 연구원 2003년 서울대 의대 흉부외과학교실 부교수· 교수(현) 2009~2012년 분당서울대병원 폐센터장 2010년 同의료기기시험센터장 2010년 同흉부외과장 2010년 同홍보대외정책실장 2012년 서울대 의대 흉부외과학교실 주임교수 2012년 대한민국의학한림원 정회원(현) 2012년 아시아흉강경수술교육단 회장(현) 2013년 분당서울대병원 기획조정실장 2016년 同병원장(현), 同공공의료사업단장(현) [상]산업통상자원부장관표창 [저]'흉강경수술아틀라스' '생체페이식'

전상훈(田尙勳) JUN Sang Hun

[생]1965·11·23 [본]담양(潭陽) [출]경남 창원 [주]경남 창원시 마산합포구 완월동7길16 창원지방법원 마산지원(055-240-9300) [학]1984년 마산고졸 1988년 부산대 법학과졸 1990년 同대학원졸 [경]1990년 사법시험 합격(32회) 1993년 사법연수원 수료(22기) 1996년 서울지검 동부지청 검사 1998년 창원지검 밀양지청 검사 1999년 울산지검 검사 2000년 변호사 개업 2001년 부산지법 판사 2004년 부산고법 판사 2007년 부산지법 동부지원 판사 2009년 창원지법 부장판사 2011년 부산지법 부장판사 2011년 사법연수원 사법연구원 2015년 창원지법 마산지원장(현)

전석수(全錫洙) JEON Seok Soo

[생]1962·2·28 [출]충북 청원 [주]서울 서초구 반포대로158 서울고등검찰청(02-530-3114) [학]1982년 대광고졸 1988년 서울대 사회학과졸 1998년 건국대 법학대학원졸 [경]1992년 사법시험 합격(34회) 1995년 사법연수원 수료(24기) 1998년 제주지검 검사 1999년 대전지검 홍성지청 검사 2001년 창원지검 검사 2003년 법무부 법무과 검사 2005년 서울중앙지검 검사 2007년 대구지검 서부지청 부부장검사 2009년 同경주지청 부장검사 2009년 의정부지검 공판송무부장 2010년 사법연수원 검찰교수실 교수 2012년 청주지검 부장검사 2013년 서울서부지검 형사3부장 2014년 수원지검 안양지청 부장검사 2015년 서울고검 검사 2015년 법무연수원 교수 2016년 서울고검 검사(현)

전성규(全星圭) JEON Seong Gyu

[생]1964·11·15 [본]옥천(沃川) [출]강원 평창 [주]서울 중구 세종대로39 대한상공회의소 인력개발사업단 HR사업실(02-6050-3590) [학]검정고시 합격, 강원대 사회학과졸, 同경영행정대학원 부동산학과졸 [경]한국산업인력공단 관리부 근무, 대한상공회의소 운영관리팀 근무, 同강원인력개발원 행정지원실 근무, 同강원인력개발원 경리과장, 同인력개발사업단 운영실 기획예산팀장 2009년 同강원인력개발원 행정처장 2011년 同인력개발사업단 기획예산팀장 2012년 同인력개발사업단 능력개발실장 2014년 同인력개발사업단 강원인력개발원장 2015년 同인력개발사업단 HR사업실장(현) [상]국무총리표창, 신인문학상(시인정신), 강원일보 박건호노랫말공모전 대상, 강원일보 김유정탄생100주년기념전국문예작품공모전 당선, 강원문학작가상, 근로자문화예술상, 제1회 홍완기문학상 대상(2014), 경북일보 문학대전 당선(2014) [저]시집 '고향.com'(2003) '그리움만 남겨두고'(2006) '그리움.com'(2008) '빗방울을 열

다(共)'(2010) '어떤 슬픔'(2011) '상처에 피어나는 것들'(2012) 산문집 '시골길과 완행버스'(2012)

전성기(田聖淇) JON Sung-Gi

[생]1947·8·14 [출]서울 [주]서울 성북구 안암로145 고려대학교 불어불문학과(02-3290-1114) [학]1972년 고려대 불어불문학과졸 1975년 프랑스 Paul Valery대 대학원 언어학과졸 1981년 언어학박사(프랑스 Univ. of Lumiere Lyon II) [경]1981년 서울대·연세대·서강대·이화여대·한국외국어대 강사 1982~2012년 고려대 불어불문학과 조교수·부교수·교수 1988년 한국불어불문학회 총무이사 1990~1999년 한국교원대 종합교원연수원 제2외국어연수과정 강사 1999년 한국기호학회 회장 1999년 한국번역학회 부회장 2003년 한국수사학회 회장 2005년 한국기호학회 회장 2005년 고려대 레토릭연구소장 2007~2011년 同도서관장 2010년 한국불어불문학회 회장 2010년 한국번역비평학회 회장 2012년 고려대 명예교수(현) [상]프랑스 교육공로훈장 기사장(2009), 옥조근정훈장(2012) [저]'불어학개론' '불어학강독' '고급불문법' '불문법의 이해' '불한번역 대조분석' '메타언어·언어학·메타언어학' '의미번역문법' '텍스트분석방법으로서의 수사학'

전성무(田成茂) JUN Sung Moo

[생]1959·7·7 [출]서울 [주]제주특별자치도 제주시 청사로59 제주지방우정청 청장실(064-728-5961) [학]1978년 경동고졸 1982년 한국외국어대 정치외교학과졸 1999년 미국 오하이오대 대학원 행정학과졸 [경]2001년 정보통신부 협력기획담당관실 서기관 2002년 대구 수성우체국장 2004년 서울국제우체국장 2005년 정보통신부 우정사업본부 우편사업단 우편물류과장 2005년 同물류기획과장 2007년 同경영기획실 재정관리팀장 2008년 지식경제부 우정사업본부 경영기획실 재정관리팀장 2010년 同우정사업본부 경영기획실 경영총괄팀장 2011년 同우정사업본부 경영총괄팀장(부이사관) 2011년 同우정사업본부 우편사업단 우편사업팀장 2012년 통일교육원 파견 2013년 미래창조과학부 우정사업본부 홍보담당관 2016년 同우정사업본부 제주지방우정청장(현)

전성배(田成培) JUN Sung Bae

[생]1965·2·15 [출]전북 군산 [주]경기 과천시 관문로47 미래창조과학부 대변인실(02-2110-2040) [학]1983년 군산동고졸 1990년 연세대 행정학과졸 1992년 서울대 행정대학원 수료 1998년 미국 콜로라도주립대 대학원 정보통신공학과졸 [경]정보통신부 사무관 1993년 스위스 만국우편연합(UPU) 파견 1994년 정보통신부 우정국 근무 1998년 同정보화기획실 정보보호기획과 근무 2001년 유엔 아·태경제사회위원회(UNESCAP) IT전문가 파견 2003년 남부산우체국장 2004년 한국전산원 파견 2004년 정보통신부 정보화기획실 개인정보보호전담팀장, 同정책홍보관리실 법무담당관 2006년 同정책홍보관리본부 법무팀장 2007년 同전파방송기획단 전파방송산업팀장 2008년 방송통신위원회 방송통신융합정책실 전파감리정책과장(서기관) 2009년 同통신이용제도과장 2010년 同전파정책기획과장 2010년 同정책총괄과장(부이사관) 2012년 同국제협력관 2013년 중앙공무원교육원 교육파견(국장급) 2014년 미래창조과학부 전파정책국장 2016년 同대변인(현) [상]체신부장관표창(1994), 국가정보원장표창(2001), 홍조근정훈장(2015)

전성빈(全成彬·女) CHUN Sung Bin

[생]1953·1·21 [본]정선(旌善) [출]서울 [주]서울 마포구 백범로35 서강대학교 경영학부(02-705-8539) [학]1971년 경기여고졸 1975년 서강대 문과대 영어영문학과졸 1984년 회계학박사(미국 캘리포니아대 버클리교) [경]1975~1977년 Chase Manhattan Bank 근무 1977~1983년 미국 캘리포니아대 버클리교 경영대학원 강의조교·강사 1983~1985년 미국 뉴욕대 경영대학원 조교수 1985~1991년 서강대 경영학과 조교수·부교수 1991년 同경영학과 교수, 同경영학부 교수(현) 1991~1993·1997~1998년 서강 하바드 편집위원 1996~1998년 서강대 경영학과 대학원 주임교수 1998~1999년 기획예산처 경영진단조정위원 1998~2000년 同행정개혁위원 1998~2000년 서강대 경영대학원 관리자과정 주임교수 1999~2002년 기획예산처 정부투자기관경영평가단 평가위원 2000~2002년 대통령자문 정부혁신위원회 위원 2000~2002년 국세청 세무사자격심의위원회 위원 2000~2002년 기획예산처 공기업고객만족도평가위원회 위원장 2000~2002년 同기금운영위원회 위원 2000~2003년 대통령자문 정부혁신추진위원회 민간위원 2000~2002년 기획예산처 공기업고객만족도평가위원회 위원장 2000년 한국회계학회 부회장 2000년 금융감독원 은행경영평가위원회 위원 2000~2005년 행정자치부 책임운영기관평가위원회 위원 2001년 同우리금융지주회사 최고경영자인선위원회 위원 2001~2004년 금융감독원 회계제도자문위원 2002년 문화방송 경영평가위원 2002년 정보통신부 우정사업평가단 단원 2003~2006년 서강대 경영학연구소 원장 2003~2006년 재정경제부 세제발전심의위원회 위원 2004~2005년 同정책자문위원 2004~2007년 중앙인사위원회 자체평가위원회 위원 2004~2007년 금융감독위원회 비상임위원 2005~2007년 대통령직속 국민경제자문회의 자문위원 2005~2008년 대통령자문 정부혁신지방분권위원회 위원 2007~2009년 서강대 경영학부 학장 2007년 국무총리실 정부업무평가위원회 위원 2007년 중소기업청 모태조합운용위원회 위원 2008년 금융감독원 국제회계기준자문단 위원 2010~2011년 신한금융지주 이사회 의장 2010~2013년 LG유플러스 사외이사 2013년 한국금융투자협회 자율규제위원(현) 2014년 제일모직 사외이사(현) [저]'회계원리' '기업도산의 실제와 이론'(共) [종]천주교

전성수(全聖洙)

[생]1961·11·13 [주]인천 남동구 정각로29 인천광역시청 행정부시장실(032-440-2010) [학]1980년 해동고졸 1985년 서울대 법학과졸 1996년 同대학원 행정학과졸 2004년 미국 캘리포니아대 샌디에이고교(UCSD) ICAP과정 수료 [경]1988년 행정고시 합격(31회) 1988~2000년 행정자치부 문화관광국 문화과·공보관실 홍보담당관 2000~2008년 同투자유치담당관·행정국 행정과장 2008년 행정안전부 기획조정비서관실 행정관·기획관리비서관실 행정관 2009년 同기획관리실 선임행정관 2012년 행정안전부 대변인 2013~2015년 駐태국 총영사 2015년 인천시 행정부시장(현)

전성오(田成五) JEON Seong Oh

[생]1960·4·2 [출]전북 진안 [주]세종특별자치시 갈매로388 문화체육관광부 재정담당관실(044-203-2244) [학]1978년 전주고졸 1988년 성균관대 경영학과졸 [경]1991년 행정고시 합격(35회) 1992~1996년 공보처 해외공보관·여론국 근무 1997년 국무총리실 공보실 근무 1999~2001년 국정홍보처 홍보기획국·국정홍보국 근무 2002년 국립영상간행물제작소 국정자료과장 2002년 해외 연수 2004년 국립영상간행물제작소 기획편성과장 2004년 대통령비서실 파견(홍보기획과장) 2006년 駐싱가포르 1등서기관(홍보관) 2009년 문화체육관광부 대변인실 홍보담당관 2011년 同대변인실 홍보담당관(부이사관) 2011~2014년 駐뉴욕 영사(문화홍보관) 2014년 문화체육관광부 아시아문화중심도시추진단 문화도시정책과장 2015년 同국립아시아문화전당 기획운영과장 2016년 同기획조정실 정책기획관실 재정담당관(현) [상]대통령표창 [종]기독교

전성옥(全成鈺) Sung-Ok Chun

[생]1960·4·25 [출]전북 정읍 [주]전북 전주시 완산구 온고을로1 대한교원공제회관11층 연합뉴스 전북취재본부(063-275-5511) [학]1977년 이리고졸 1985년 고려대 영어영문학과졸 [경]연합뉴스 익산·군산주재 기자 1997년 同전주지사 차장대우 2000년 同익산주재·군산주재 차장 2002년 同군산주재 부장대우 2005년 同국제뉴스2부 부장급 2006년 同방콕특파원(부장급) 2008년 同방콕특파원(부국장대우) 2009년 同전국부 부국장대우 2011년 同기사심의실 기사심의위원 2011년 同전북취재본부장 2014년 同전국부 기획위원(부국장급) 2015년 同콘텐츠평가실 콘텐츠평가위원 2015년 同전북취재본부 정읍주재기자(부국장급)(현) [저]'역주본 춘향가' '관소리기행'

전성우(全晟雨) CHUN Sung Woo (雨松)

[생]1934·6·2 [본]정선(旌善) [출]서울 [주]서울 송파구 양재대로1278 보성고등학교 이사장실(02-406-1341) [학]1953년 보성고졸 1958년 미국 샌프란시스코미술대학졸 1960년 미국 밀스대 대학원졸 1963년 미국 오하이오주립대 대학원 박사과정 수료 [경]1963년 미국 리치먼드대 교수 1966~1968년 이화여대 미대 출강 1968~1971년 서울대 미대 교수 1970년 간송미술관 관장 1971~1997년 보성고 교장 1974년 한국미술대상전 심사위원 1986년 한국미전 심사위원 1994년까지 개인전 9회 1996~1999년 동양전통과 추상표현주의 초대순회전 1996년 한국일보사 한국미술대상전 심사위원 1997년 학교법인 동성학원(보성고) 이사장(현) 1998~1999년 한양로타리클럽 회장 1999년 개인전(일본福岡시미술관)·청화만다라개인전(일본대학미술관) 2000년 인사아트센터(가나회장) 개관기념 개인전 2002~2003년 '兩洋의 眼' 일본 전국순회전 2002년 한국미술 마에스트로(금호미술관) 2002년 서울시립미술관 개관전 2004년 한일현대미술전시(인사아트) 2004년 고난속에피어난추상(미아미술관) 2005년 서울미술대전(서울시립미술관) 2005년 전성우50년의발자취(가나아트) 2013년 간송미술문화재단 이사장(현) 2016년 '한국 근현대사 예술사 구술채록사업' 원로예술인 생애사 구술자 선정 [상]샌프란시스코 현대미술관 Purchase Award, 샌프란시스코예술제 최고명예상 [저]'전성우화집' '청화만다라화집' '만다라 40년의 오늘'

전성원(田盛元) JEON Song Won

[생]1971·8·4 [본]담양(潭陽) [출]서울 [주]대전 서구 둔산중로78번길15 대전지방검찰청 형사2부(042-470-3000) [학]1990년 휘문고졸 1995년 서울대 사법학과졸, 同대학원 법학과졸 [경]1995년 사법시험 합격(37회) 1998년 사법연수원 수료(27기) 1998년 軍법무관 2001년 서울지검 서부지청 검사 2003년 대전지검 천안지청 검사 2005년 법무부 검찰4과 검사 2006년 同검찰국 국제형사과 검사 2008년 서울중앙지검 검사 2010년 부산지검 부부장검사 2011년 대검찰청 연구관 2013년 춘천지검 속초지청장 2014년 법무부 법무과장 2015년 서울중앙지검 외사부장 2016년 대전지검 형사2부장(현) [상]대검찰청 모범검사상, 검찰유공 법무부장관표창, 매일경제 경제검사상(2011) [저]'군사법판례해석집'(2000) '국제수형자이송실무'(2008) [종]천주교

전성진(全成辰)

[생]1958·1·7 [출]전북 전주 [주]전북 전주시 덕진구 소리로31 한국소리문화의전당(063-270-7810) [학]1977년 전주고졸 1982년 한양대 신문학과졸 2003년 전북대 행정대학원 언론홍보학과졸 [경]1985년 전주MBC TV편성부 근무 1995년 同편성국 TV제작팀 근무 1998년 同방송제작국 편성제작부 차장대우 2000년 同방송제작국 편성제작부 차장 2003년 同편성국 TV제작부 부장대우 2004년 언론노조 전주MBC지부 위원장 2007년 전주MBC 기획심의실장 2008년 同편성국 TV제작부 부장대우 2008년 同TV제작국장 2009년 同뉴스프로그램국장 2011년 同보도제작국장 2012~2015년 同대표이사 사장 2016년 한국소리문화의전당 대표(CEO)(현)

전성철(全聖喆) JUNN Sung Chull

[생]1949·6·15 [본]정선(旌善) [출]대구 [주]서울 중구 장충단로8길11의16 세계경영연구원 회장실(02-2036-8387) [학]대구 경북고졸 1973년 서울대 문리대학 정치학과졸 1983년 미국 미네소타주립대 대학원 경영학과졸 1983년 법학박사(미국 미네소타주립대) [경]1983년 미국 뉴욕주 변호사 1983~1990년 미국 Reid & Priest법률사무소 통상담당 선임변호사 1991~1995년 김앤장법률사무소 국제변호사 1993년 미국 뉴욕주변호사회 회원(현) 1993년 상공부장관 통상정책자문위원 1993~1994년 조선일보 비상임논설위원 1995~1996년 대통령 정책기획비서관 1996년 신한국당 대표특보 1997~1999년 김앤장법률사무소 국제변호사 1998~1999년 MBC 경제프로 '경제를 푼다' 진행자 1999년 同경제매거진 진행자 1999~2003년 부드러운사회연구원 원장 1999년 다목적기업최고경영자협회 회장 2000년 새천년민주당 서울강남甲지구당 위원장 2000~2002년 세종대 경영전문대학원 교수 2000~2002년 同경영대학원장 2001~2002년 同부총장 2001년 KBS '전성철의 시사토크' 진행 2001~2002년 산업자원부 무역위원회 위원장 2002년 KTF 사외이사 2002년 여가·문화학회 회장 2002년 同고문 2002년 국민통합21 정책위원회 의장 2002년 同중앙선거대책위원회 정책본부장 2003~2011년 세계경영연구원(IGM) 설립·원장 겸 이사장 2004년 새천년민주당 대표 정책기획특보 2006년 국제줄기세포연구협의회(ISSCR) '국제 윤리장전' 제정을위한태스크포스 한국대표 2007년 태광산업(주) 사외이사 2010년 한국경제글로벌인재포럼 자문위원(현) 2011년 세계경영연구원 대표이사 회장(현) [저]'對美 투자의 방향과 방법론' '미국법하에서의 채권자 권리보호' '미국시장을 향한 도전'(1985) '안녕하십니까 전성철입니다'(1999) '전성철의 경제를 푼다'(1999) '청와대가 보인다 대통령이 보인다'(2001) '꿈꾸는 자는 멈추지 않는다'(2002) '변화의 코드를 읽어라'(2003) [종]기독교

전성태(全聖泰) CHUN Sung Tae

[생]1962·5·1 [출]제주 [주]서울 종로구 세종대로209 행정자치부 창조정부조직실(02-2100-3400) [학]대일고졸, 고려대졸, 미국 시라큐스대 대학원 행정학과졸 [경]1987년 행정고시 합격(32회) 1988~1992년 대전시 총무과·법무담당관실 근무 1992년 정부전자계산소 기획과 근무 1995년 총무처 윤리담당관실·조직과 근무 1998년 행정자치부 조직관리과·조직정책과 근무 2001년 국외 훈련(미국 워싱턴주정부) 2003년 국가재난관리시스템기획단 근무 2003년 대통령자문 정책기획위원회 행정과장 2004년 행정자치부 복무과장 2005년 同정책홍보관리본부 공무원단체복무팀장 2006년 同재정기획팀장 2007년 同재정기획관 2007~2009년 국외 파견 2009년 행정안전부 윤리복무관 2010년 경기도 경제투자실장 2011년 국방대 파견(이사관) 2012년 경기도 경제투자실장 2013~2014년 안전행정부 조직정책관 2014년 행정자치부 창조정부조직실 조직정책관 2015년 同기획조정실장 2016년 同창조정부조직실장(현)

전성호(全成浩) JUN Sung Ho

[생]1959·7·17 [출]서울 [주]경기 수원시 영통구 매영로150 B3건물4층 (주)솔루엠(031-210-5114) [학]서울고졸, 홍익대 전자공학과졸 [경]삼성전자(주) 영상디스플레이개발팀 수석연구원 2003년 同영상디스플레이사업부 제품마케팅담당 상무보 2006년 同영상전략마케팅담당 상무 2010년 同상품전략팀 전무 2011년 同독립국가연합(CIS)총괄 전무 2012년 同독립국가연합(CIS)총괄 부사장 2014년 해외 연수(부사장급) 2014년 삼성전기(주) DM사업부장(부사장) 2015년 (주)솔루엠 대표이사(현)

전성훈(全聖薰) JEON Seong Hoon

[생]1959·11·5 [출]서울 [주]서울 마포구 백범로35 서강대학교 경제학부(02-705-8517) [학]1982년 서울대 경제학과졸 1984년 同대학원 경제학과졸 1991년 경제학박사(미국 예일대) [경]1991~1993년 한국개발연구원 전문연구원 1993~1995년 한국산업조직학회 학술편집위원 1993~2002년 서강대 경상대학 경제학과 조교수·부교수 1994~1995년 한국금융연구원 비상임연구위원 1996~1998년 한국산업조직학회 사무국장, 공정거래위원회 카르텔연구회 간사연구위원 1997~1999년 한국경제학회 학술편집위원 1998~1999년 서강대 기술관리연구소장 1999년 공정거래위원회 경쟁정책자문위원 1999~2000년 미국 미시간대 방문교수 2001~2003년 서강대 경제대학원 부원장 2001~2004년 한국산업조직학회 부편집위원장 2002년 서강대 경제학부 교수(현) 2003~2005년 同경제학과장 2004년 한국산업조직학회 편집위원장 2009~2012년 공정거래위원회 비상임위원 2009년 한국기술평가관리원 비상임이사 2009년 한국산업조직학회 회장 2010년 서강대 경제학부장 2010~2012년 同경제대학원장 2015년 현대카드 사외이사(현) [상]홍조근정훈장(2013), 서강경제대상 교수부문(2013) [종]기독교

전성훈(全星勳) CHEON Seong Whun

[생]1962·4·28 [주]서울 종로구 청와대로1 국가안보실 안보전략비서관실(02-770-0011) [학]1984년 고려대 산업공학과졸 1985년 미국 스탠퍼드대 대학원 공업경제학과졸 1989년 경영과학박사(캐나다 워털루대) [경]1990~1991년 국방부 군비통제관실 근무, 미국 샌디아국립연구소 초청연구위원, 미국 렌드연구소 초청연구위원, 통일연구원 평화협력기획실 선임연구위원, 同통일정책연구실 선임연구위원 2013년 同북한연구센터 소장 2013년 제18대 대통령직인수위원회 외교·국방·통일분과 전문위원 2013년 통일연구원 원장 2014년 국가안보실 안보전략비서관(현) [상]통일원장관표창

전세기(全世基) JUN Sae Kee

[생]1941·11·8 [출]강원 원주 [주]서울 강남구 논현로28길29 (주)토펙엔지니어링 비서실(070-7609-4000) [학]원주고졸 1969년 한양대 건축공학과졸 1999년 서울대 경영대학원 건설최고경영자과정 수료 2000년 국제산업디자인대학원 뉴밀레니엄디자인혁신정책과정 수료 2005년 한양대 경영대학원 최고경영자과정 수료 [경]현대건설(주) 부장·이사·상무이사 1993년 (주)토펙엔지니어링 회장(현) 1999~2000년 한국CM협회 회장 직대 1999년 자유민주연합 건설교통정책위원회 부위원장 2000~2009년 한국CM협회 회장 [상]건설교통부장관표창 [저]'한국건설발전의 문제점' '부실공사 방지대책' '감리제도의 문제점과 대책' 'CM제도의 올바른 이해와 제도화 지침'

전세봉(全世鳳) CHUN Se Bong

[생]1942·1·18 [출]대구 [주]서울 중구 퇴계로100 스테이트타워남산8층 법무법인 세종(02-316-4270) [학]1959년 경복고졸 1963년 서울대 법학과졸 1987년 연세대 행정대학원 고위정책결정자과정 수료 1991년 서울대 경영대 최고경영자과정 수료 [경]軍법무관시험 합격(1회) 1968년 해군 법무관 1973년 同본부 검찰부장 1974년 同본부 심판부장 1978년 변호사 등록 1981년 유엔해양법회의 자문위원 1986년 同대표위원 1986년 해군본부 법무감 1987년 예편(해군 준장) 1987년 대통령 사정비서관 1988년 대통령 민정비서관 1988년 조달청 차장 1993~1994년 同청장 1995~1997년 감사원 감사위원 1997년 법무법인 세종 변호사(현) 2003~2009년 언론중재위원회 제4중재부 중재위원 2005·2006년 同감사 [상]보국훈장 천수장, 대통령표창

전세일(全世一) CHUN Sae Il (宇光)

[생]1936·9·25 [본]천안(天安) [출]황해 서흥 [주]경기 성남시 분당구 벌말로30번길43 차의과학대학교 미술치료대학원(031-725-8288) [학]1955년 경복고졸 1961년 연세대 의대졸 1972년 미국 펜실베이니아대 대학원 재활의학과졸 1975년 의학박사(미국 펜실베이니아대) [경]1964년 논산육군병원 방사선과장·내과부장 1973년 미국 델라웨어재활병원장 1974년 미국 펜실베이니아대 의대부속병원 침술치료실장 1974~1988년 同재활의학과 교수 1977년 Directory of Medical Specialties에 수록 1978~1980년 미국 국제의사회 이사 1979년 Who's Who in the East에 수록 1979~1987년 국제침술학회 회장 1980년 Men of Achievement에 수록 1982년 International Register of Profiles에 수록 1983년 Two thousand Notable Americans에 수록 1983년 The Directory of Distinguished Americans에 수록 1983~1985년 미국 뉴저지 한인회 회장 1986~1988년 한·미 음악재단(Korea-America Music Foundation) 회장 1988~1994년 연세대 의대 재활의학교실 주임교수 1989~2008년 생명경외클럽 중앙위원장 1991년 동서의학비교연구회 회장 1992~2000년 연세대 의대 재활병원장 1992년 대한재활의학회 이사장 1994~2001년 연세대 의대 동서의학연구소장 1995년 서재필기념사업회 상임부이사장(현) 1998~2003년 대통령 자문의 1998~2000년 대한재활의학회 회장 1999~2002년 한국정신과학회 회장 1999~2006년 영나-세빈치재단(우즈베키스탄) 부이사장 1999~2002년 세계재활의학회(IRMA) 부회장 1999~2004년 한국대체의학회 회장 1999년 미국 세계인명사전 'Who's Who in the World'에 등재 2001년 포천중문의대 대체의학대학원 교수 2001년 同대체의학대학원장 2001~2005년 의료대사봉사회(MAK) 이사장 2002년 '21 Century Intellectuals in the World'에 수록 2002년 국제재활의학회(IS-PRM) 집행이사 2002년 국제생명정보학회(ISLIS) 부회장(현) 2002~2005년 국제CIVITAN 한국총재 2002~2006년 대체의학전문위성방송(NHB TV) 회장 2003년 국제자연치유의학연맹 한국총본부 초대총재(현) 2004~2009년 차바이오메디컬센터 원장 2004~2006년 국제재활의학회(ISPRM) 부회장 2004년 한국통합의학학회 회장(현) 2005~2007년 WELL(Well of Eternal Light and Life) 이사장 2009~2012년 차의과학대 의학전문대학원 재활의학교실 교수 2009년 한국메디컬스파연합회 이사장(현) 2009년 통합의학박람회조직위원회 위원장·고문(현) 2009~2010년 차의과학대 대체의학대학원장 2009~2012년 CHA Anti-aging Institute 원장 2010년 한국통합의학진흥연구원 이사장(현) 2010년 Chaum(CHA Power-Aging Center) 명예원장(현) 2010·2012~2014년 차의과학대 통합의학대학원장 2011년 한국휘트니스협회 회장(현) 2012년 한국통합물리학회 회장(현) 2012년 한국물심학회 회장(현) 2012년 한국싸나톨로지협회 회장(현) 2012~2015년 SDL의료재단 병원장 2015년 전일의료재단 병원장 2015년 同명예이사장(현), 차의과학대 미술치료대학원 석좌교수(현) 2015년 석정웰파크병원 병원장(현) [상]비율빈침술학회 공로상, 미국 필라델피아 쎈 아그네스의료원 우수임상의사상, 연세대 의대 올해의 교수상 [저]'뇌졸중 백과' '재활 치료학' '한방으로 갈까, 양방으로 갈까' '제대로 건강법' '내 몸이 의사다' '보완대체의학' '침술의학' '보완대체의학의 임상과 실제' '새로운의학, 새로운 삶'(共) '현대과학의 쟁점'(共) '나의 건강비결'(共) '음악이 건강에 미치는 영향'(共) 외 40여권 [종]기독교

전수식(田壽式) JEON Soo Sik

[생]1956·9·10 [출]경남 합천 [주]경남 창원시 의창구 사화로18번길30 경남이주민노동복지센터(055-277-8779) [학]1980년 경남대 경영학과졸, 同행정대학원 박사과정 수료 [경]1991년 경남도 기획계장 1992년 同법무담당관 1994년 同세정·지방과장 1995년 同기획관 1997년 同비서실장 1999년 同경제통상국장 2002년 同자치행정국장 2003년 경남도공무원교육원 원장 2003~2006년 마산시 부시장 2010년 경남 창원시장선거 출마(무소속) 2010~2012년 경남신용보증재단 이사장, 국제이주무역협동조합 초대 이사장 2016년 (사)경남이주민노동복지센터 센터장(현) [상]대통령표창

전수안(田秀安·女) CHON Soo An

[생]1952·8·12 [출]부산 [주]서울 서초구 강남대로343 사단법인 선 임원실(02-3019-3900) [학]1971년 경기여고졸 1975년 서울대 법대졸 [경]1976년 사법시험 합격(18회) 1978년 사법연수원 수료(8기) 1978년 서울민사지법 판사 1981년 서울형사지법 판사 1983년 수원지법 판사 1985년 서울지법 남부지원 판사 1987년 서울가정법원 판사 1988년 서울고법 판사 1991년 대법원 재판연구관 1992년 춘천지법 부장판사(대법원 재판연구관) 1994년 수원지법 부장판사 1996년 서울지법 남부지원 부장판사 1997년 사법연수원 교수 2000년 대전고법 부장판사 2001년 서울고법 부장판사 2005년 同수석부장판사 2006년 광주지법원장 2006~2012년 대법원 대법관 2014년 사단법인 선 고문(현) [상]청조근정훈장(2012)

전수용(全洙鏞) JEON Soo Yong (夢月)

[생]1964·11·24 [출]전북 고창 [주]경기 성남시 분당구 대왕판교로645번길16 플레이뮤지엄 NHN엔터테인먼트(031-8038-2405) [학]중앙대 회계학과졸, 서울대 CFO 전략과정 수료, 호서대 대학원 벤처경영학과졸, 서울대 최고경영자과정 수료, 호서대 벤처경영학 박사과정 수료 [경]1990년 에스지위카스 근무 1998년 영창실업 근무 1999년 에스까다코리아 근무 2000년 이니시스 상무 2004년 FDIK 이사 2004년 한국버추얼페이먼트 감사 2005년 이니시스 대표이사 사장 2008년 전자지급결제대행협의회(PG협의회) 회장 2008년 한국전자지불산업협회 부회장 2008~2012년 이니시스 및 모빌리언스 대표이사 2008년 밥상공동체복지재단 이사 2008년 한국벤처창업학회 이사 2013년 고도소프트 대표이사 2016년 NHN엔터테인먼트 제휴협력본부(PAYCO) 총괄이사(현) [상]올해의 인터넷기업상(2006·2008), 디지털타임즈 브랜드파워대상(2010), 대한민국 신뢰기업 대상(2010)

전수일(田秀一) JEON Soo Il (白壺)

[생]1939·3·31 [본]담양(潭陽) [출]일본 오사카 [주]서울 노원구 광운로20 광운대학교(02-940-5330) [학]1958년 부산고졸 1962년 서울대 법대 행정학과졸 1964년 同대학원 행정학과졸 1983년 행정학박사(고려대) [경]1965~1976년 광운대 전임강사·조교수·부교수 1976~2004년 同행정학과 교수 1979년 미국 뉴욕대 행정대학원 객원교수 1984년 광운대 교무처장 1985년 同기획관리실장 1988년 同중앙도서관장 1988년 同산업정보대학원장 1990년 同인문사회과학대학장 1992년 同사회과학연구소장 1993년 同경영대학원장 겸 인문사회과학대학장 1993년 同대학원장 1995년 同인문사회과학연구소장 1995년 서울시 노원구 인사위원 1996년 감사원 부정방지대책위원 1997년 (사)공동체사회포럼 총무이사 1997년 서울시 노원구 공직윤리위원 1999년 광운대 교수협의회장 2001~2004년 한국부패학회 회장 2002년 부패방지위원회 정책자문위원 2009년 광운대 명예교수(현) 2011~2013년 한국행정학회 윤리위원회 위원장 [상]문교부장관표창(1972·1988), 화도문화상(1986), 대통령표창(1990), 화도교육상(2000), 홍조근정훈장(2004) [저]'지방자치와 복지행정(共)'(1995) '관료부패론'(1999) '지방복지행정론(共)'(1999) '공무원관리론(共)'(1999) '부정부패의 논리와 행정윤리(共)'(2004) [종]기독교

전수혜(全水惠·女) JUN Soo Hai

[생]1947·7·22 [주]부산 중구 중앙대로46번길7 오리엔트물류빌딩 (주)오리엔트마린 비서실(051-463-5155) [학]1966년 부산 남성여고졸 1972년 동아대 영어영문학과졸 1997년 한국해양대 해사산업대학원 AMP(최고경영자과정) 수료 2002년 이화여대 과학정보대학원 여성최고지도자과정(ALPS) 수료(15기) 2004년 신라대 21세기여성지도자과정(AMP) 수료 2008년 중소기업연구원 SB-CEO School 가업승계과정 수료 2014년 부산대 행정대학원 APMP(최고관리자과정) 53기 수료 2015년 同인문학최고과정 1기 수료 2016년 同행정대학원 행정학전공 석사과정 중 [경]1987년 (주)오리엔트마린 이사 1996년 (주)오리엔트조선 대표이사 사장, 同부회장(현) 1996년 (주)오리엔트마린 회장(현), 한국여객선면세(주) 부회장, 同회장(현) 2002년 이화여대 과학정보대학원 ALPS 15기 동기회장 2004년 국제소롭티미스트모임 부회장 2004년 신라대 21세기여성지도자과정(AMP) 동기회장 2005년 남성여고총동창회 회장 2006년 (주)오리엔트중공업 대표이사 사장 2007~2009년 한국여성경제인협회 부산지회장 2007~2009년 同수석부회장 2007~2008년 이화여대 과학정보대학원 ALPS총동창회 회장 2008년 부산고법 조정위원 2008년 중앙노동위원회 사용자위원 2009년 동아대총동문회 부회장 2009년 부산상공회의소 특별의원 2009년 민주평통 부산남구협의회 부회장 2009년 G20 부산유치위원 2010~2012년 한국여성경제인협회 회장 2010~2012년 (재)여성기업종합지원센터 이사장 2010~2012년 공정거래위원회 경제정책자문위원 2010~2012년 국가경쟁력강화위원회 위원 2010~2011년 국립국악원 국악지음후원회 부회장 2010~2012년 사랑의바자한마당 준비위원장 2010~2011년 대한상공회의소 부회장 2010~2012년 FTA국내대책위원회 위원 2010~2012년 관세청 관세행정발전심의위원회 위원 2010~2012년 기획재정부 세제발전심의위원회 위원 2010~2012년 중소기업청 금융지원위원회 위원 2010~2012년 지식경제부 부품소재발전위원회 위원 2011~2012년 중소기업동반성장추진위원회 부위원장 2011~2012년 여성가족부 정책자문위원 2011년 세계여성경제인협회(FCEM) 아시아지역담당 부회장 2011~2012년 한국생산성본부 이사 2011~2012년 행정안전부 기부심사위원회 위원 2011년 한국대학교육협의회 대학평가인증위원회 위원 2011~2014년 지식경제부 지역특구위원회 위원 2011년 대통령직속 국가브랜드위원회 위원 2011년 국제소롭티미스트 부산클럽 회장 2012년 중소기업사랑나눔재단 이사·부회장 2013년 한

국여성경제인협회 명예회장 2013~2014년 부산대 행정대학원 APMP 회장 2013년 미래지식위원회 위원장(현) 2014년 부산대 행정대학원 행정학전공 석사과정 원우회장 2014년 아너소사이어티 회원(현) 2015년 부산대 행정대학원 APMP 동문회 3대 회장 2015년 同행정대학원 행정학전공 석사과정 총원우회장 2015년 부산상공회의소 제22대 의원(현) [상]부산시장표창(2004 · 2008), 국무총리표창(2005), 부산시 선정 우수기업(2005), 부산지방국세청장표창(2006), 대통령표창(2009), 기획재정부장관표창(2011), 대한적십자사 회원유공자 명예장 포장(2011), APEC · WLN혁신기업가상(2011), 지식경영인 대상(2012) [종]기독교

전순득(全順得 · 女) CHUN Soon Deug

[생]1954 · 7 · 2 [출]전남 순천 [주]경기 과천시 새술막길38 21세기정보통신 비서실(031-422-0900) [학]1973년 순천여고졸 1977년 덕성여대 경영학과졸 1984년 이화여대 대학원 기독교학과졸 1989년 미국 보스턴대 대학원 사회윤리학과 수료 1990년 미국 예일대 대학원 사회윤리학과졸 [경]동아정경연구회 상임이사, 서린포럼 발기인 · 이사, 전국연합 운영위원, 한국사회연구소 소장, 아시아여성자료센터 운영위원 1987년 21세기문화사 대표(현) 2000년 (주)21세기정보통신 대표이사 회장(현) 2001~2013년 21세기프로세스 대표 2003년 (사)한국인터넷기업협회 부회장 2003~2004년 (사)경기벤처협회 회장 2004년 同명예회장 [상]문화관광부장관표창(2000), 경기지방중소기업청장표창(2001), 산업자원부장관표창(2002), 이달의 여성CEO(2002), 2002년 하반기 중소기업신지식인 선정(2002), 올해의 인터넷기업상 특별공로상(2002) [종]기독교

전순옥(全順玉 · 女) Chun, Soon Ok

[생]1953 · 5 · 5 [출]부산 [주]서울 영등포구 국회대로68길 14 더불어민주당(1577-7677) [학]영국 워릭대 대학원졸 2002년 사회학박사(영국 워릭대) [경](사)참여성노동복지터 대표, (주)참신나는옷 대표이사 2012~2016년 제19대 국회의원(비례대표, 민주통합당 · 민주당 · 새정치민주연합 · 더불어민주당) 2012년 국회 헌법재판소 재판관인사청문특별위원회 청문위원 2012년 민주통합당 제18대 대통령중앙선거대책위원회 공동선거대책위원장 2013년 민주당 정책위원회 원내부의장 2013년 국회 산업통상자원위원회 위원 2013년 민주당 당무위원 2014년 민주정책연구소 부설 소상공인정책연구소장(현) 2014년 새정치민주연합 수석사무총장 2015년 同소상공인특별위원회 위원장 2015년 더불어민주당 소상공인특별위원회 위원장 2016년 同더불어경제선거대책위원회 공동부위원장 2016년 同소상공인위원회 위원장 2016년 더불어민주당 서울중구 · 성동구乙지역위원회 위원장(현) [상]삼우당 섬유패션대상 특별공로상(2014), 시민일보 의정 · 행정대상(2015), 전국청소년선플SNS기자단 선정 '국회의원 아름다운 말 선플상'(2015)

전순표(全淳杓) CHYUN Soon Pyo

[생]1935 · 2 · 18 [본]정선(旌善) [출]강원 정선 [주]서울 강동구 양재대로1416 (주)세스코 회장실(02-487-4110) [학]1957년 동국대 농대졸 1960년 同대학원 농학과졸 1964년 영국 런던대 연수 1971년 미국 캔자스주립대 연수 1973년 농학박사(동국대) 1976년 국방대학원졸 2011년 명예 경영학박사(동국대) [경]1957년 농업시험장 기초연구과 연구원 1961년 농림부 식물방역과 농림기좌 1971~1985년 동국대 농과대학 강사 1974~1978년 농촌경제연구소 농촌개발과장 1976~2000년 (주)전우방제 대표이사 회장 1978년 농업자재검사소 생물검사과장 1989~2002년 (주)전우약품 창립 · 대표이사 회장 1990~1996년 (사)한국방역협회 회장 1993~1995년 (사)아시아 · 태평양방역협회(FAOPMA) 회장 1995~1996년 서울남대문로타리클럽 회장 1997년 아시아 · 태평양방역협회(FAOPMA) 종신명예회장(현) 1998~2002년 (사)한국수출입식물방제협회 회장 1999년 (주)전우훈증 창립 · 대표이사 2000년 (주)세스코 대표이사 회장(현) 2002년 (주)팜클 대표이사 회장 2002~2015년 서울상공회의소 강동구상공회장 2003~2011년 서울지역경제위원회 위원장 2006~2007년 국제로타리3650지구 총재 2007년 동국대 총동창회 회장 2007~2011년 학교법인 동국대 이사 2011~2016년 국제오퍼레이션스마일코리아 이사장 2014년 (사)강원도민회중앙회 회장(현) 2014년 (주)잡스 대표이사 회장 [상]서울시장표창(1985), 국세청장표창(1987), 국민훈장 모란장(1993), 상공부장관표창(1994), 서울시장표창(2005), 수원시장표창(2007), 자랑스러운 동국가족상(2012), 국제로타리 초아의 봉사상(2014), 금탑산업훈장(2016) [저]'쥐 방제론'(1981) '해충방제학 요람'(1987) '설치류 구제의 종합대책' '작물보호 사전' '쥐의 생태와 방제'(1989) '해충방제학 요론'

전승민(全承敏) Jeon Seung-min

[생]1958 · 12 · 5 [주]서울 종로구 사직로8길60 외교부 인사운영팀(02-2100-7136) [학]1986년 한국외국어대 독어교육과졸 [경]1986년 외무부 입부 1992년 駐싱가포르 부영사 1996년 2002월드컵축구대회조직위원회 국제협력과장 1998년 駐함부르크 영사 1998년 駐베를린 영사 1999년 駐독일 2등서기관 2004년 駐하갓냐출장소 영사 2008년 외교통상부 경리계장 2009년 同감사팀장 2010년 駐아제르바이잔 공사참사관 2013년 駐앵커리지 출장소장 겸 부총영사 2015년 駐알마티 총영사(현)

전승수(全承秀) JUN Seung Soo

[생]1969 · 10 · 4 [출]전북 정읍 [주]광주 동구 준법로7의12 광주지방검찰청 형사1부(062-231-4308) [학]1987년 호남고졸 1992년 서울대 경영학과졸 [경]1994년 사법시험 합격(36회) 1997년 사법연수원 수료(26기) 1997년 軍법무관 2000년 서울지검 검사 2002년 수원지검 평택지청 검사 2004년 울산지검 검사 2007년 대검찰청 검찰연구관 2009년 서울남부지검 검사 2009년 同부부장검사 2010년 춘천지검 원주지청 부장검사 2011년 인천지검 강력부장 2012년 대전지검 논산지청장 2013년 법무부 국제법무과장 2014년 서울동부지검 형사4부장 2015년 서울중앙지검 형사5부장 2016년 광주지검 형사1부장(현)

전승준(田勝駿) JEON Seung Joon

[생]1954·7·18 [출]서울 [주]서울 성북구 안암로145 고려대학교 화학과(02-3290-3130) [학]1978년 서울대 화학과졸 1984년 미국 코넬대 대학원 물리화학과졸 1987년 물리화학박사(미국 코넬대) [경]1986~1988년 미국 하버드대 물리학과 연구원 1989년 고려대 화학과 조교수·부교수·교수(현) 1993~1994년 대한화학회 기획간사 1998~1999년 미국 버클리대 화학과 방문연구원 2000~2001년 과학기술부 국가연구개발사업 조사분석평가위원 2000~2001년 교육부 학술연구심사평가위원 2001년 과학기술기본계획 추진위원 및 과학기술인력부문 위원장 2002년 대한화학회 기획부회장 2003~2004년 고려대 이과대학 부학장 2003~2006년 대한화학회 정보화사업위원회 위원장 2004년 한국대학교육협의회 대학종합평가위원 2004~2005년 교육인적자원부 제3기 기초학문육성위원 2004~2006년 한국기초과학지원연구원(KBSI) 서울센터 소장 2005년 2단계 BK사업 기초과학분과 전문위원 2007~2008년 대통령직 인수위원회 경제2분과 전문위원(과학기술담당) 2008~2009년 고려대 정보전산처장 2008~2009년 교육과학기술부 연구윤리위원회 위원 2008~2010년 同정책자문위원회 과학기술정책분과 위원 2008~2010년 국가과학기술위원회 운영위원·정책전문위원 2008~2011년 한국과학기술단체총연합회 이사 2008년 고려대 정보전산처장 2008년 국가과학기술위원회 정책전문위원회 간사 2009~2011년 한국연구재단 전략기획홍보센터장 2009~2012년 한국생명공학연구원 경영정책자문위원 2009~2013년 국가연구시설장비진흥센터 운영위원 2009~2013년 서울시 산학연정책위원회 위원 2010~2011년 지식경제부 연구장비관리전문기관 설립준비위원회 위원 2012~2014년 기초과학연구원 연구장비심의위원회 위원장 2012~2014년 대한화학회 기금위원회 위원장

전승철(田勝澈)

[생]1960 · 10 · 3 [주]서울 중구 남대문로39 한국은행 부총재보실(02-759-4015) [학]1980년 청주고졸 1988년 서울대 경제학과졸 1997년 미국 캘리포니아대 데이비스교 대학원 경제학과졸 2002년 경제학박사(미국 캘리포니아대 데이비스교) [경]1988년 한국은행 입행 1990년 同자금부 공개시장조작실 행원 1993년 同조사제2부 금융통계과 행원 1998년 同조사부 해외조사실 조사역 2002년 同경제연구원 통화연구팀 차장 2004년 同경제연구원 국제경제팀장 2006년 同정책기획국 정책분석팀장 2009년 한국금융연수원 교수 2010년 한국은행 정책기획국 정책조사 · 정책총괄팀장 2012년 同경제연구원 부원장 2013년 한국금융연구원 파견 2013년 한국은행 금융통화위원회실장 2015년 同경제통계국장 2016년 同부총재보(현)

전시영(全時瑛) JEON Si Young

[생]1953 · 4 · 30 [출]부산 [주]경남 진주시 강남로79 경상대학교병원 이비인후과(055-750-8000) [학]1977년 서울대 의과대학졸 1981년 同대학원졸 1988년 의학박사(서울대) [경]1982년 서울대 이비인후과 전공의 수료 1985년 경상대 의과대학 이비인후과학교실 교수(현) 1987년 경상대병원 이비인후과장 1988년 경상대 의과대학 이비인후과학교실 주임교수 1991년 일본 미에대학 의학부서 연수 · 다케다 과학진흥재단 펠로십 1994년 캐나다 맥마스터의대 연수 · 세

계보건기구 펠로십 2004~2006년 대한비과학회 회장 2009년 이비인후과종합학술대회장 2011~2013년 경상대병원 원장 [상]제8회 과학기술우수논문상(1998), 제9차 세계비과학회 비디오경연 은상(2000), 대한비과학회 우수논문상(2001), 석당 우수논문상(2003), 대한비과학회 우수논문상(2006), 대한비과학회 학술상(2010)

전신수(全信秀) JEON Sin Soo

[생]1960·4·25 [주]서울 서초구 반포대로222 서울성모병원 신경외과(1588-1511) [학]1985년 가톨릭대 의대졸 1994년 同대학원졸 1997년 의학박사(가톨릭대) [경]가톨릭대 의대 신경외과학교실 교수(현) 1993년 대한신경외과학회 학술위원 1996년 대한두개저학회 이사 1996년 대한소아신경학회 감사 2003년 한국뇌학회 재무이사 2010년 가톨릭대 서울성모병원 중환자실장 2011년 同서울성모병원 신경외과장 2011~2014년 대한두개저외과학회 학술이사, 同특별이사 2011년 대한소아신경학회 상임이사 2011년 대한뇌종양학회 상임이사·상임특별위원장(현) 2012년 가톨릭대 의대 신경외과학교실 주임교수(현) 2013년 同의생명산업연구원장(현) 2013년 同연구처장(현) 2013년 同산학협력단장(현) 2016년 대한두개저외과학회 회장(현) [저]'두개저외과학'(2006)

전애리(全愛里·女)

[생]1960·4·29 [주]경기 수원시 장안구 정조로989 (사)수원예술단체총연합회(031-257-2966) [학]미국 세난도아대학원졸(음악연주·음악교육) [경]수원여대 음악과 교수, 同음악과장, 안양대 음악대학 외래교수, (사)수원시예술단체총연합회 부회장 2010~2014년 경기 수원시의회 의원(비례대표, 한나라당·새누리당) 2012년 同새누리당 대변인 2015년 (사)수원예술단체총연합회 회장(현)

전애진(田愛眞·女) Chun, Aejin

[생]1978 [출]서울 [주]경기 안양 만안구 냉천로83 안양세무서(031-467-1201) [학]1996년 금천고졸 2000년 이화여대 행정학과졸 2011년 미국 에모리대 대학원 경영학과졸 [경]행정고시 합격(46회) 2007년 국세청 법무과 근무 2011년 同조사국 조사1과 근무 2012년 同조사국 국제조사과 근무 2014년 중부산세무서장 2015년 중부지방국세청 조사1국 국제거래조사과장 2016년 경기 안양세무서장(현) [상]행정자치부장관표창(2007)

전양근(全亮根) Jeon Yang Geun

[생]1959·12·15 [본]옥천(沃川) [출]충남 홍성 [주]서울 마포구 마포대로15 현대빌딩 대한병원협회 대외협력국(02-705-9240) [학]1977년 대전고졸 1984년 충남대 물리학과졸 1987년 중앙대 국제경영대학원 건설경영학과 수료 [경]1987년 의학신문 취재부 기자 1988년 보건환경신문 취재부 기자 1989~1994년 후생신문 취재부 기자·부장 1995년 문창모 국회의원 비서관 1996년 자민련 군포시지구당 기획실장 1996~2013년 대한병원협회 홍보팀장·신문국 취재팀장 2013년 同홍보실장 2013~2016년 한국보건의약계단체홍보인협의회 회장 2014~2016년 대한병원협회 대외협력국장 2014~2016년 同신문국 부주간 겸임 2016년 同병원신임평가센터 국장(현) [상]서울대병원장 감사패(1993), 서울시의사회 언론상 '사랑의 금십자상'(1994), 보건복지부장관표창(2007), 서울시병원회 언론상(2011) [종]기독교

전양석(全陽碩)

[생]1975·3·18 [출]강원 화천 [주]충북 영동군 영동읍 영동황간로77 청주지방검찰청 영동지청(043-740-4200) [학]1994년 서울 우신고졸 1999년 서울대 사법학과졸 [경]1998년 사법시험 합격(40회) 2001년 사법연수원 수료(30기) 2001년 육군 법무관 2004년 서울중앙지검 검사 2006년 춘천지검 강릉지청 검사 2008년 부산지검 동부지청 검사, 대통령 법무비서관실 행정관 2015년 수원지검 부부장검사 2016년 청주지검 영동지청장(현)

전여옥(田麗玉·女) CHUN Yu Ok

[생]1959·4·19 [출]서울 [주]서울 영등포구 국제금융로106 행진빌딩 한국여자야구연맹(02-784-2359) [학]중앙여고졸 1981년 이화여대 사회학과졸 1997년 서강대 행정대학원졸 [경]1981~1994년 KBS 기자(9기) 1990년 同뉴스700 앵커 1991년 同도쿄특파원 1991년 MY-TV 주간 1996년 리마주프로덕션 대표 1996년 KBS 라디오 '생방송 오늘' 진행 1997년 同다큐 '법정추적' 진행 2000년 인류사회 대표 2004년 한나라당 공동대변인 2004년 제17대 국회의원(비례대표, 한나라당) 2005년 한나라당 대변인 2006~2007년 同최고위원 2007년 同제17대 대통령중앙선거대책위원회 부위원장 2008년 제18대 국회의원(서울 영등포甲, 한나라당·새누리당·국민생각) 2008~2009년 한나라당 국제위원장 2008년 한·일의원연맹 간사장 대리 2009~2010년 한나라당 전략기획본부장 2009~2012년 한국여자야구연맹 회장 2010~2013년 음주운전예방재단 이사장 2012년 국민생각 공동대변인 겸 최고위원 2012년 한국여자야구연맹 고문(현) [저]'일본은 없다1' '일본은 없다2' '여성들이여 테러리스트가 돼라' '여성이여, 느껴라 탐험하라' '간절히 두려움없이' '대한민국은 있다' '삿포로에서 맥주를 마시다'(2003, 해냄출판사) 에세이 'i 전여옥(전여옥의 私(사), 생활을 말하다)'(2012, 현문미디어)

전연숙(全延淑·女)

[생]1970·3·5 [출]제주 [주]울산 남구 법대로55 울산지방법원(052-216-8000) [학]1989년 제주 신성여고졸 1994년 서울대 공법학과졸 [경]1996년 사법시험 합격(38회) 1999년 사법연수원 수료(28기) 1999년 서울지법 남부지원 판사 2006년 서울가정법원 판사 2014년 서울중앙지법 판사 2015년 울산지법 부장판사(현)

전영경(全永卿)

[생]1956 [출]경남 진주 [주]경남 진주시 공단로46 한국실크연구원 원장실(055-761-0212) [학]진주농림고졸, 한국방송통신대졸, 경상대 경영행정대학원 행정학과졸 [경]1975년 진양군 근무 2007년 경남도의회 사무처 전문위원 2008년 지방행정연수원 고급리더과정 교육파견 2009년 경남도 행정안전국 회계과장 2011년 同기획조정실 예산담당관 2012년 밀양시 부시장 2013년 경남도 환경산림국장(부이사관) 2013~2014년 진주시 부시장 2015년 한국실크연구원 원장(현)

전영구(田永球) JEON Young Koo

[생]1948·8·21 [주]서울 송파구 위례성대로14 한미약품(주)(02-410-9114) [학]1971년 성균관대 약대졸 [경]1973년 유한양행 근무 1977년 약국개설 1978년 장안장학회 설립 1984년 서울시 동대문구약사회 총무위원장 1987년 보건당약국 약사 1988년 서울시약사회 의료보험위원장 1989년 의료보험연합회 진료비심사위원 1994년 서울시 송파구약사회 회장 1998년 서울시약사회 부회장 2001~2004년 同회장 2001년 한국마약퇴치운동본부 이사 2002년 정수장학회 상청회 회장 2009년 민주평통 송파협의회장 2014~2016년 한국마약퇴치운동본부 이사장 2015년 한국지역약국학회 명예회장(현) 2016년 성균관대 약학대학 동문회장(현) 2016년 한미약품(주) 고문(현) [상]동대문구청장표창(1979), 청량리경찰서장표창(1981), 서울시장표창(1982), 대한약사회장표창(1989), 체육부장관표창(1989), 동암약의상 약사발전부문(2010)

전영기(全永基) CHON, YOUNG-KEE

[생]1953·11·9 [주]경남 거제시 마전1길91 거제대학교 총장실(055-680-1501) [학]1972년 서울 경복고졸 1976년 서울대 조선공학과졸 1984년 미국 스티븐스대 대학원 조선공학과졸 1987년 조선공학박사(미국 스티븐스대) [경]1980~1981년 국방부 해군 공창설계과 수리선설계 1981년 (사)한국선급 입사 1987~1994년 同기술연구소 유체연구실장 1997~2001년 同런던지부장 2001~2004년 同국제협력부장, 同기술연구소장 2007~2013년 同기술지원본부장(전무) 2013~2014년 同회장 2016년 거제대 총장(현) [상]대통령표창(2011), 산업통상자원부장관표창(2013), 매일경제 선정 '대한민국 글로벌리더'(2014)

전영길(全泳吉) CHUN Young Gil

[생]1952·9·7 [본]천안(天安) [출]전남 [주]서울 영등포구 국제금융로6길38 한국화재보험협회15층 프리스닥(주) 회장실(02-783-9016) [학]1969년 광주고졸 1978년 전남대 경제학과졸 2003년 미국 미시간주립대 VITP과정 수료 2006년 서강대 대학원 최고경영자과정 수료 2009년 건국대 대학원 그린경영임원과정 수료 2010년 서울대 자연과학대학 과학기술혁신최고전략과정 수료 [경]1977년 한국증권거래소 입사 1982~1990년 同시장부·조사부 과장대리 1990년 同과장 1995~2001년 同건물신축부·총무부·홍보부 차장 2001년 同감사실 부장 2004년 同총무부장 2005~2008년 한국증권선물거래소 시장감시본부 상무이사 2008~2010년 한국기업지배구조개선지원센터(CGS) 원장 직대 2010년 한국기업지배구조원 부원장 2011년 프리스닥(주) 회장(현) [종]천주교

전영도(全英道) Chun Young Do

[생]1953 · 2 · 7 [주]울산 남구 돋질로97 울산상공회의소 회장실(052-228-3115) [학]한양대 기계공학과졸 [경]일진에이테크(주) 사장, 일진기계 대표이사(현) 2001년 '탄성사 권취장치 및 방법' 특허 등록 2004년 부산은행 지정 '모범 중소기업' 2005년 '탄성사의 권취장치 · 권취기의 사인도 장치 · 트래버스 캠공운전 장치' 특허 등록 2005년 기술표준원 선정 우수품질인증(EM) 2012년 울산시새마을회 회장(현) 2014년 법무부 법사랑위원 울산지역연합회 회장(현) 2015년 울산상공회의소 회장(현) 2015년 대한상공회의소 부회장(현) [상]부산지방국세청장표창(2003 · 2004), 자랑스런 중소기업인상 금상(2005)

전영만(全永萬) JUN Yung Man

[생]1965 · 8 · 27 [출]경기 수원 [주]인천 연수구 아트센터대로175 UN 아시아태평양정보통신교육원(032-458-6650) [학]1991년 서울대 외교학과졸 1994년 同행정대학원 행정학과졸 2000년 미국 듀크대 대학원 국제발전정책학과졸 2008년 경제학박사(서울대) [경]1992년 행정고시 합격(36회) 1994~2001년 정보통신부 사무관 2001년 同총무과 서기관 2002~2004년 대전우편집중국장 2004년 공주우체국장 2007년 국무조정실 파견(서기관) 2008년 방송통신위원회 감사팀장 2008년 同이용자네트워크국 인터넷정책과장 2009년 同이용자네트워크국 네트워크안전과장 2009년 同국제기구담당관 2011년 同시장조사과장 2012년 同이용자정책국 통신시장조사과장 2013년 同이용자정책국 통신시장조사과장(부이사관) 2013년 同이용자정책국 이용자정책총괄과장 2015년 同방송정책국장 2016년 미래창조과학부 서울전파관리소장 2016년 UN 아시아태평양정보통신교육원 Senior Project Advisor(현) [저]'방송통신법 해설'(2014)

전영묵

[생]1964 [주]서울 중구 세종대로67 삼성증권(주) 경영지원실(02-2020-8000) [학]원주고졸, 연세대 경영학과졸, 미국 펜실베이니아대 대학원 경영학과졸 [경]1986년 삼성생명보험(주) 입사 2012년 同전무 2014년 同자산PF운용팀장 겸 투자사업부장(전무), 同자산운용본부장 2015년 삼성증권(주) 경영지원실장(부사장)(현)

전영배(田營培) JUN Young Bae

[생]1951 · 10 · 24 [출]대구 [주]대구 달서구 성서동로163 삼일THK 사장실(1588-9931) [학]경북대사대부고졸, 경북대 정치외교과 중퇴, 계명대 무역대학원 최고경영자과정 수료 [경]삼익공업(주) 내가이드공장장 · 이사 · 상무이사 1998년 同전무이사 2001~2003년 (주)삼익LMS 전무이사 2004~2006년 同부사장 2006~2012년 (주)삼익THK 부사장 2012년 同사장(현) 2013년 (주)삼익SDT 대표이사 사장 [상]상공자원부장관표창 [종]불교

전영배(田榮培)

[생]1958 · 7 · 30 [출]전북 [주]서울 영등포구 의사당대로82 하나금융투자 PIB부문(02-3771-7114) [학]군산고졸, 전북대 무역학과졸, 同대학원 경영학과졸 [경]국민은행 근무, 고려증권 지점장, 한남투자신탁증권 지점장 1999년 현대증권 덕진지점장(차장) 2002년 同전주지점장 2006년 同서부지역본부장(이사보) 2008년 同서부지역본부장(상무보대우), 하나대투증권 서부지역본부장 2014년 同재경2본부장(전무) 2014년 同중앙지역본부장(전무) 2015년 同충청호남지역본부장(전무) 2015년 하나금융투자 충청호남지역본부장(전무) 2016년 同PIB부문장(전무)(현) [종]기독교

전영삼(全永三) Jun Youngsam

[생]1962 · 1 · 27 [주]서울 영등포구 은행로14 KDB산업은행 부행장실(02-787-4000) [학]1980년 서울 한성고졸 1984년 한국외국어대 경제학과졸 1989년 同대학원 경제학과졸 [경]1989년 한국산업은행 입행 2001년 同투자금융실 과장 2002년 同자본시장실 차장 2005년 同종합기획부팀장 2007년 同발행시장실 팀장 2010년 同기업금융2실 총괄팀장 2012년 同BRS(Business Renovation Service)사업실장 2013년 同발행시장실장 2014년 同기획조정부장 2016년 同자본시장부문장(부행장)(현)

전영섭(錢英燮) CHUN Young Sub

[생]1957 · 10 · 30 [출]부산 [주]서울 관악구 관악로1 서울대학교 경제학부(02-880-6382) [학]1976년 부산고졸 1980년 서울대 경제학과졸 1982년 同대학원 경제학과졸 1986년 경제학박사(미국 Rochester대) [경]1986~1989년 미국 남일리노이주립대 경제학과 조교수 1989~1990년 미국 반드빌트대 경제학과 조교수 1990~1999년 서울대 경제학과 조교수 · 부교수 1997~1998년 미국 로체스터대 경제학과 객원교수 1999년 서울대 경제학부 교수(현) 2007~2011년 同경제연구소장 2011~2014년 에너지경제연구원 비상임감사 2012년 방송통신위원회 방송시장경쟁상황평가위원회 위원 2014년 한국자원경제학회 회장 [상]청람상, 매경이코노미스트상(2015), 근정포장(2016) [저]'환경의 경제적 가치(共)'(1995) '공공경제학(共)'(1995) '경제수학(共)'(1997) '정보통신산업의 공정경쟁과 규제정책(共)'(1999) [종]불교

전영수

[생]1970 · 3 · 28 [출]경북 경산 [주]경기 과천시 관문로47 미래창조과학부 통신정책국 통신이용제도과(02-2110-1930) [학]1989년 경북 무학고졸 1994년 서울대 외교학과졸 [경]1995년 행정고시 합격(제39회) 1998년 정보통신부 사무관 2005년 同서기관 2011년 방송통신위원회 전파기반팀장 2014년 미래창조과학부 구주아프리카협력담당관 2016년 同통신정책국 통신이용제도과장(현) [상]대통령표창(2014)

전영신(全映信 · 女) Youngsin CHUN

[생]1963 · 3 · 8 [본]정선(旌善) [출]서울 [주]제주특별자치도 서귀포시 남원읍 서성로810번길2 국가태풍센터(070-7850-6351) [학]1982년 동일여고졸 1986년 서울대 기상학과졸 1990년 同대학원 기상학과졸 1997년 이학박사(서울대) [경]1986~1988년 국립기상연구소 미기상연구실 기상연구사 1993~1994년 일본 기상연구소 응용기상연구부 객원연구원 2006년 기상청 황사연구팀장 2007년 同태풍황사연구팀장 2007~2009년 미국 지구시스템연구소 객원연구원 2009~2014년 국립기상연구소 황사연구과장 2014~2015년 통일교육원 교육파견 2015년 기상청 연구개발담당관 2016년 同국가태풍센터장(현) [상]국무총리표창(2000), 제1회 한 · 중 · 일 환경장관회의(TEMM) 환경상(2013) [저]'황사-21세기평화연구소편(共)'(2004, 동아일보) '독도! 울릉도에서는 보인다(共)'(2010, 동북아역사재단)

전영안(全永安) JUN Young Ahn (侊村)

[생]1957 · 2 · 25 [본]천안(天安) [출]전남 장성 [주]서울 영등포구 선유서로117 월드프라자빌딩6층 (주)휴먼아이티(070-7734-2277) [학]1975년 광주제일고졸 1983년 고려대 재료공학과졸 [경]1983년 (주)청호컴넷 입사 2005~2009년 同대표이사 2008년 (주)안테코 대표이사(현) 2016년 (주)휴먼아이티 대표이사 부회장(현) 2016년 (주)유니디아 부회장(현) [종]천주교

전영우(全永宇) CHUN Young Woo

[생]1930 · 11 · 20 [출]충남 서천 [주]충북 청주시 흥덕구 직지대로435번길15 (주)대원(043-264-1115) [학]군산고졸 1955년 서울대 공대 섬유공학과졸 2005년 명예 경영학박사(충북대) [경]1957~1963년 마산 대명모방(주) 근무 1963~1971년 태광산업(주) 상무이사 · 공장장 1972년 대원모방(주) 창립 · 대표이사 1982년 대원종합개발(주) 설립 1985년 (주)대원 대표이사(현) 2000~2015년 청주산업단지관리공단 이사장, (주)아이비클럽 사장(현), (주)자영 회장(현), Daewon Textile Vietnam Co. 사장(현), Daewon Vina Co. 사장(현), Daewon Thuduc Housing Development Joint Venture Co. 사장, 한국소모방협회 부회장, 충북도바둑협회 회장, 청주지법 민사 · 가사조정위원장, 한국주택협회 이사(현) [상]1천만불 수출의 탑, 상공부장관표창, 대통령표창, 법무부장관표창, 산업포장, 은탑산업훈장

전영욱(全永旭) Chun Young-wook

[생]1961 · 5 · 28 [주]서울 종로구 사직로8길60 외교부 인사운영팀(02-2100-7136) [학]1984년 한국외국어대 정치외교학과졸 1986년 同대학원 경제학과졸 1991년 스페인 Pontificia Comillas대 유럽공동체과정 석사 [경]1986년 외무고시 합격(20회) 1986년 외무부 입부 1992년 駐그리스 2등서기관 1994년 駐스웨덴 2등서기관 2000년 駐베네수엘라 참사관 2002년 외교통상부 영사과장 2003년 同구주통상과장 2005년 駐로스엔젤레스 영사 2008년 駐콜롬비아 공사참사관 2009년 외교통상부 중남미국 심의관 2011년 駐볼리비아 대사 2015년 駐코스타리카 대사(현)

전영웅(全永雄) JUN YOUNG WOONG

[생]1960·12·7 [출]충남 서천 [주]세종특별자치시 갈매로388 문화체육관광부 문화예술정책실 박물관정책과(044-203-2641) [학]서울대 행정대학원졸 [경]문화관광부 문화산업정책과 사무관 2004년 同문화산업국 문화산업정책과 서기관 2006년 同문화중심도시조성추진기획단 문화산업팀장 2007년 同문화정책국 지역문화팀장 2008년 문화체육관광부 문화정책국 지역문화과장 2010년 同아시아문화중심도시추진단 문화도시정책과장 2011년 同기획조정실 정책기획관실 재정담당관(부이사관) 2012년 대통령직속 국가브랜드위원회 파견(부이사관) 2013년 문화체육관광부 도서관박물관정책기획단 도서관정책과장 2014년 국립국악원 기획관리과장 2016년 문화체육관광부 문화예술정책실 박물관정책과장(현)

전영재(田英載) JEON Young Jae

[생]1958·9·5 [출]서울 [주]서울 광진구 능동로120 건국대학교 화학과(02-450-3379) [학]1982년 건국대 화학과졸 1984년 同대학원졸 1991년 이학박사(건국대) [경]1988~1992년 삼성전관 종합연구소 선임연구원 1992~1995년 삼성종합기술원 신소재응용연구소 선임연구원 1995년 경원전문대 전임강사 1995~2006년 건국대 화학과 조교수·부교수 2002~2003년 (주)디엠디스플레이연구소 소장 2004~2005년 호주 Ballarat Univ. 방문교수 2005~2007년 산업자원부 차세대성장동력(디스플레이분야) 사업부장 2006년 건국대 화학과 교수(현) 2006년 호주 Ballarat Univ. 명예교수(현) 2007~2010·2012~2013년 건국대 대외협력처장 2012년 영국 케임브리지 국제인명센터(IBC) '세계 100대 과학자'에 선정 [상]최다특허상, 우수특허 출원상 [저]'기초일반화학' '일반화학실험' '일반화학' '화학실험'

전영준(全泳俊) JEON Young Joon

[생]1951·2·1 [출]경북 [주]대구 달서구 달구벌대로1095 계명대학교 성서캠퍼스(053-580-3712) [학]경북대 의대졸, 同대학원졸, 의학박사(경북대) [경]1982~1985년 군의관(공군 대위) 1985~1996년 계명대 동산병원 호흡기내과 전임강사·조교수·부교수 1991~1992년 미국 에모리의대 연수 1995~2002년 계명대 동산병원 호흡기내과 분과장 1996~2016년 同의과대학 호흡기내과학교실 교수 2000~2002년 同동산병원 내과 과장 2010년 대한결핵및호흡기학회 부회장 2014년 同회장 2016년 계명대 의과대학 명예교수(현) [상]결핵예방의날 보건복지부장관표창(2013), 결핵예방의날 국무총리표창(2014) [저]'천식치료와 예방을 위한 포켓가이드(共)'(2007, 성문기획인쇄소) '만성기침의 원인 및 치료' '전신성 질환의 폐발현(호흡기학)'

전영준(全映俊)

[생]1967·6·19 [출]부산 [주]강원 춘천시 공지로288 춘천지방검찰청(033-240-4000) [학]1986년 금성고졸 1991년 서울대 법학과졸 [경]1997년 사법시험 합격(39회) 2000년 사법연수원 수료(29기) 2000년 인천지검 검사 2002년 전주지검 군산지청 검사 2004년 창원지검 검사 2006년 광주지검 검사 2008년 대구지검 경주지청 검사 2010년 대구지검 검사 2012년 서울중앙지검 검사 2013년 同부부장검사 2014년 부산지검 부부장검사(금융부실책임조사본부 파견) 2015년 창원지검 형사2부장 2016년 춘천지검 부장검사(현)

전영창(全榮昌) JEON YOUNG CHANG

[생]1960·1·27 [주]세종특별자치시 다솜로261 국무총리 정무기획비서관실(044-200-2650) [학]1978년 청주고졸 1984년 서울대 조경학과졸 1997년 경희대 언론정보대학원 토론스피치과정 수료 [경]1997~1998년 국회 정책연구위원 2000년 새누리당 홍보국장 2001~2004년 同건설교통위원회 수석전문위원 2004년 (주)씨드텍코리아 사장 2005~2012년 국회의원 보좌관 2013~2014년 민주평통 자문위원 2014~2016년 코레일로지스(주) 관리본부장(상임이사) 2016년 국무총리 정무기획비서관(현)

전영택

[생]1959·5·12 [출]부산 [주]경북 경주시 양북면 불국로1655 한국수력원자력(주) 기획본부(054-704-2034) [학]부산진고졸, 서울대 천문학과졸, 同대학원 원자핵공학과졸 [경]기술고시 합격(25회), 동력자원부 원자력산업과 사무관, 산업자원부 자원정책과 서기관, 한국수력원자력 경영혁신실장 2014년 同수력양수본부장 2015년 同그린에너지본부장 2016년 同기획본부장(상임이사)(현)

전영표(全泳杓) JEON Young Pyo (鳳平)

[생]1937·3·20 [본]정선(旌善) [출]강원 정선 [주]경기 김포시 걸포1로39 오스타파라곤302동101호 상록문화정보연구소(SMRCI)(070-4255-3168) [학]1955년 정선농고졸 1960년 서울대 언어학과졸 1982년 중앙대 대학원 신문학과졸(정치학석사) 1992년 문학박사(한양대) [경]1960년 과학사·동양출판사 편집부장 1961~1963년 육군 복무 1965년 엽연초생산조합연합회 편집실장 1972년 대한공론사 편집부장 1976년 코리아헤럴드 월간 '새마을' 편집부국장 1978년 내외경제·코리아 헤럴드 새마을편집부장 1980~2002년 신구대 인쇄학과·출판미디어학과 교수 1986년 민족문화대백과사전 실무편집위원 1987~1995년 중앙대 신문방송대학원 강사 1990년 출판문화학회 회장·명예회장(현) 1990년 국제펜클럽 회원·국제펜클럽한국본부 감사 1992년 출판문화학회지 '출판잡지연구' 발행인 1993년 한국언론학회 '저널리즘비평'주간 1996~2000년 경희대·동국대·서강대·연세대 언론정보대학원 강사 1999년 일본 東京大 사회정보연구소 객원연구원 2000년 (사)한국문예학술저작권협의회 감사·이사 2000~2007년 성균관대 언론정보대학원 강사 2001~2004년 한국언론학회 이사 2002년 신구대 명예교수 2002년 문화관광부 규제개혁위원회 위원 2002~2008년 한국사회발전시민실천협의회 중앙위원 겸 '개혁시대' 편집위원장 2003년 서울신문 명예논설위원 2003년 상록문화정보연구소(SMRCI) 대표 이사장(현) 2004년 산업자원부 기술표준원 문화표준위원장 2008~2016년 (사)한국문예학술저작권협회 선임부회장 2009년 민주평통 자문위원(13·14·15기) [상]대통령표창(1979), 한국출판학회상(1994), 한국잡지언론상(2004), 대한민국학술원 우수도서 선정-'근대 유럽의 인쇄 미디어 혁명'(2008) [저]'한국출판론'(1987) '세계의 출판(共)'(1991) '정보사회와 저작권'(1993) '편집체재와 글의 읽기 쉬움(共)'(1993) '출판문화와 잡지저널리즘'(1995) '한국언론산업구조론(共)'(1995) '출판학원론(共)'(1995) '한국잡지100년(共)'(1995) '뉴미디어와 저작권(共)'(1996) '교양언론학강의(共)'(1996) '잡지예찬(共)'(1996) '출판정보미디어론'(2005) '새국어표기법 제3개정판'(2007) '국어 표준 규정과 편집 기호 콘텐츠'(2010) [역]'출판경영학'(1995) '미국잡지경영전략(編)'(1996) '근대 유럽의 인쇄미디어 혁명'(2008) [종]불교

전영하(全永河) CHUN Young Ha

[생]1963·9·6 [출]경북 김천 [주]서울 강남구 삼성로518 A+타워 (주)에이플러스에셋 기획관리팀(1577-1713) [학]1982년 대구영남고졸 1986년 서울대 국제경제학과졸 1988년 同대학원 경영학과졸 [경]1990년 삼성생명보험 재무기획실 근무 1997년 同증권사업부 근무 1998년 삼성투자신탁운용 운용기획팀 근무 2001년 同경영지원팀장 2002년 同상품전략팀장 2007년 同마케팅전략실장 2009년 삼성자산운용 상무 2010년 삼성투자신탁운용 리테일채널1본부장 2015년 (주)에이플러스에셋 기획관리팀장(전무)(현) [종]천주교

전영현(全永鉉) Jun Young-Hyun

[생]1960·12·20 [주]경기 수원시 영통구 삼성로129 삼성전자(주) 임원실(02-2255-0114) [학]1979년 배재고졸 1984년 한양대 전자공학과졸, 전자공학박사(한국과학기술원) [경]2000년 삼성전자(주) 입사 2002년 同디바이스솔루션총괄 반도체D램5팀장(상무) 2006년 同메모리 DRAM2팀장(전무) 2010년 同반도체사업부 메모리담당 DRAM개발실장(부사장) 2010년 同반도체사업부 메모리담당 Flash개발실장 2012년 同DS부문 메모리사업부 전략마케팅팀장(부사장) 2014년 同DS부문 메모리사업부장(부사장) 2015년 同DS부문 메모리사업부장(사장)(현) [상]과학기술훈장 웅비장(2011)

전오성 Jeon Oh Seong

[주]울산 중구 성안로112 울산지방경찰청 수사과(052-292-0112) [학]울산 학성고졸 1989년 경찰대 법학과졸(5기) [경]2008년 울산지방경찰청 경무과 교육계장(경정) 2012년 同경비교통과장 2013년 총경 승진 2014년 울산지방경찰청 홍보담당관 2014년 제주지방경찰청 홍보담당관 2015년 경북 상주경찰서장 2016년 울산지방경찰청 수사과장(현)

전용기(全龍基) Yong-Kee Jun

[생]1957·11·18 [본]정선(旌善) [출]대구 [주]경남 진주시 진주대로501 경상대학교 항공우주 및 소프트웨어공학전공(055-772-1371) [학]1980년 경북대 컴퓨터공학과졸 1982년 서울대 대학원 컴퓨터공학과졸 1993년 공학박사(서울대) [경]1982~1985년 한국전자통신 연구원 1985년 경상대 전산통계학과 강사 1987년 同전산통계학과 조교수 1987년 同컴퓨터과학과 부교수 1995~1996년 미국

캘리포니아대 산타크루스교 방문교수 1996년 경상대 자연과학대학 정보과학과, 同항공우주및소프트웨어공학전공 교수(현) 2009~2010년 同컴퓨터정보통신연구소장 2009~2013년 지식경제부 대학정보통신연구센터(항공임베디드SW연구센터) 센터장 2013년 경상대 교육정보전산원장 2013년 교육부 정보보호사이버교육센터장 2013년 同부산울산경남권역 이러닝지원센터장, 경상대 항공우주 및 소프트웨어공학과장(현)

전용배(田溶裵)

생1961 · 11 · 6 ㈜서울 중구 을지로29 삼성화재해상보험 경영지원실(02-758-7821) 학1980년 한광고졸 1986년 서울대 경영학과졸 1988년 同대학원 경영학과졸 경1988~1995년 삼성생명 투융자본부 재무기획담당 과장 1995년 同미국지역전문가 1996년 同자산본부 재무기획실 담당과장 1997년 同전략기획실 담당과장 1998년 同재무기획팀 담당과장 1998년 同채권팀 담당과장 2000~2004년 삼성 구조조정본부 재무팀 담당부장 2004년 삼성전자㈜ 회장실2팀 담당임원 2008년 同경영전략팀 전무 2010~2011년 삼성미래전략실 경영지원팀장(전무) 2011년 삼성화재해상보험 부사장 2012년 同경영지원실장(사내이사)(현) 2012~2015년 대전 삼성화재 블루팡스 프로배구단장

전용빈(全容彬)

생1959 · 8 · 29 ㈜서울 서초구 서초중앙로157 서울중앙지방법원(02-530-2692) 경2006~2007년 서울고법 총무과 사무관 2008년 서울중앙지법 형사과 사무관 2008~2009년 同성북등기소장 2010~2011년 서울가정법원 조사관 2012~2013년 서울남부지법 총무과 사무관 2014년 법원공무원교육원 교수(법원서기관) 2015~2016년 서울중앙지법 법원서기관 2016년 同법원부이사관(현) 상대법원장표창(2011)

전용성(全勇成) Juhnn, Yong Sung

생1956 · 2 출충남 공주 ㈜서울 종로구 대학로103 서울대학교 의과대학 생화학교실(02-740-8247) 학1980년 서울대 의학과졸 1982년 同대학원 생화학과졸(의학석사) 1984년 의학박사(서울대) 경1984~1987년 국군서울지구병원 생화학과장(군의관) 1987년 서울대 의대 생화학교실 전임강사 1989~1995년 同의대 생화학교실 조교수 1989~1991년 미국 국립보건원 객원연구원 1995~2001년 서울대 의대 생화학교실 부교수 2000~2004년 同의과대학 생화학교실 주임교수 2001년 同의과대학 생화학교실 교수(현) 2006~2009년 同암연구소장 2009~2011년 한국연구재단 의약학단장

전용수(全鎔秀) Chun, Yong Soo (智山)

생1943 · 10 · 1 본경산(慶山) 출경남 마산 ㈜서울 서초구 논현로79 윈드스톤오피스텔1707호 ㈜지엔에프(02-578-0044) 학1961년 마산고졸 1966년 서울대 상대졸 1968년 同대학원졸 1985년 경영학박사(동국대) 경1969~1978년 경남대 강사 · 전임강사 · 조교수 1978년 인하대 경영학부 교수 1979년 경기도 건설종합계획심의위원 1981년 경제기획원 정책자문위원 1984~1997년 한국경영학회 이사 · 상임이사 · 부회장 1985~1988년 인하대 기획관리실장 1990~1995년 한국금융학회 이사 · 부회장 · 감사 1990년 한국재무관리학회 부회장 1991~1993년 인하대 경상대학장 1992~1996년 한국증권학회 이사 1995년 인하대 경영대학원장 1996~1998년 同부총장 1996~1998년 한국재무관리학회 회장 1998~2004년 GS건설 사외이사 2006~2012년 삼성카드 사외이사 2009년 인하대 명예교수(현) 2012년 ㈜지엔에프 회장(현) 상녹조근정훈장(2009) 전'新재무관리론'(共) '현대경영학'(共) '현대경영학의 이해'(共) '현대경영학의 개관'(共) '아드폰테스'(2013, 다사원) 역'마음의 경영' '정상의 자리는 넓지만 거기에는 앉을데가 없다' 종불교

전용식(全勇植) JEON YONGSIK

생1958 · 12 · 25 본정선(旌膳) 출경기 부천 ㈜인천 서구 환경로42 국립환경과학원 연구지원과(032-560-7005) 학1992년 청주대 대학원 환경공학과졸(석사) 경2002~2011년 환경부 기획조정실 기획예산과 · 수도정책과 등 환경사무관 2011년 同환경정책실 환경산업과 기술서기관 2012년 수도권대기환경청 기획과장 2012년 환경부 부대변인(정책홍보팀장) 2014년 同환경정책실 환경협력과장 2016년 국립환경과학원 연구지원과장(현) 전'먹는 물 관리 포켓북(Drinking Water Pocket Guide)(共)'(2004, 환경부)

전용신

생1954 · 4 · 16 ㈜서울 강남구 봉은사로120 호텔리츠칼튼서울 임원실(02-3451-8330) 학선린상고졸 1983년 경기대 경영학과졸 2011년 한양대 사이버대학원 MBA과정 수료 경1978~2004년 조선호텔 지원담당 2005년 同베이커리(現 신세계푸드) 지원총괄 상무 2006~2007년 호텔리츠칼튼서울 재경이사 2008~2011년 同경영지원실장(상무) 2011~2015년 同경영지원실장(전무) 2015년 同대표이사(현)

전용우(田溶宇) JEON Yong Woo

생1952 · 6 · 25 본담양(潭陽) 출경남 의령 ㈜경기 성남시 분당구 돌마로48 후성빌딩4층 퍼스텍㈜ 임원실(031-627-4501) 학1970년 중동고졸 1974년 고려대 기계공학과졸 2003년 同경영대학원 최고경영자과정 수료 2006년 명지대 대학원 산업공학 석사과정 수료 2008년 서울대 최고경영자과정(AMP) 수료 2015년 산업경영공학박사(명지대) 경1974~1979년 국방부 조병창(연구소) 근무 1980~1999년 삼성테크윈(舊 삼성항공산업) 항공기생산총괄이사 1999~2001년 한국항공우주산업㈜ 항공기해외영업총괄 2002년 퍼스텍㈜ 대표이사(현), 한국방위산업학회 이사, 同부회장(현), 한국항공우주협회 이사(현), 국가기술자격시험 기사1급 · 2급 출제위원(현), 산업자원부 규제심사위원회 심사위원, 국가과학기술심의회 민군기술협력특별위원(현), 방위사업청 방위산업발전위원회 위원(현), 미래국방포럼 부회장(현), 고려대 공과대학 기계공학과 겸임교수(현), 방위산업진흥회 중소 · 중견기업발전위원회 위원장(현) 상국방부장관표창(1976), 일본능률협회컨설팅 2003 글로벌경영대상 최고경영자대상(2003), 제35회 국가품질경영대회 동탑산업훈장(2009), 제37회 국가생산성대상 산업통상자원부장관표창(2013), 한국방위산업학회 방산기술상(2013), 제38회 국가생산성대상 대통령표창(2014)

전용욱(全龍昱) JUN Yong Wook

생1951 · 7 · 23 본정선(旌善) 출부산 ㈜서울 광진구 능동로209 세종대학교 경영전문대학원(02-3408-3502) 학1971년 경기고졸 1975년 서울대 경영학과졸 1980년 미국 노스웨스턴대 경영대학원 회계학과졸 1985년 국제경영학박사(미국 MIT Sloan School of Management) 경1976~1980년 대영상사 시카고지사장 1985~1986년 미국 Univ. of Maryland 한국분교 Adjunct Professor 1986년 산업연구원 초청연구원 1988~2010년 중앙대 경영학부 무역학전공 교수 1989~1990년 삼성코닝 경영고문 1990년 미국 MIT 방문연구원 1992~1994년 경제기획원 정부투자기관 경영평가위원 1997~1999년 중앙대 경영연구소장 1998년 일본 나고야국립대 방문연구원 1998년 외교통상부 통상교섭전문위원 1999년 ㈜쌍용 사외이사 1999년 Monitor & Co. 경영고문 1999~2002년 한국국제경영학회 부회장 · 회장 2000~2004년 ㈜하이닉스반도체 사외이사 · 이사장 2002년 플레러스 사외이사 2003년 ㈜하이닉스반도체 감사위원 2003년 한국경영연구원 원장 2004년 대교네트워크 사외감사 2005~2007년 중앙대 국제경영대학원장 2005~2007년 同경영대학장 2007년 同경영전문대학원장 2007년 신용보증기금 사외이사 2008년 신성ENG 사외이사(현) 2008~2011년 국방부 자문위원 2008년 동부CNI 사외이사 2010~2011년 한국경영학회 회장 2010년 우송대 부총장 겸 솔브릿지경영대학장 2011년 현대스위스저축은행 사외이사 2013년 세종대 경영전문대학원 교수(현) 2013년 同특임부총장 2013년 同대외부총장(현) 2013년 同경영전문대학원장 · 경영대학장 겸임(현) 상Beta Gamma Sigma(Northwestern F) 전'초일류기업으로 가는 길 : 삼성의 성장' '글로벌시대의 국제경영' 역'국제화시대의 세계경영전략' 종기독교

전용원(田瑢源) JUN Yong Won (九里)

생1944 · 4 · 24 본담양(潭陽) 출경기 구리 ㈜경기 구리시 교문동 세종사회문제연구소 학1962년 경기상고졸 1966년 경희대 정치외교학과졸 1983년 同경영대학원졸 경1984년 경기도승마협회 회장 1988년 제13대 국회의원(구리, 민주정의당 · 민주자유당 · 신한국당) 1994년 국책자문위원 1996년 제15대 국회의원(구리, 신한국당 · 한나라당) 1996년 한나라당 직능위원장 1997년 同경기도지부 위원장 2000~2004년 제16대 국회의원(구리, 한나라당) 2000~2002년 국회 보건복지위원회 위원장 2003~2004년 한나라당 인사위원장 2006~2007년 同재정위원장, 세종사회문제연구소 이사장(현) 2013~2016년 대한석유협회 회장 상산업포장, 1천만불 수출의탑 종불교

전용주(田龍宙) Yong Ju Jeon

[생]1967 · 2 · 5 [출]경남 창원 [주]서울 강남구 선릉로 629 (주)아이에이치큐 대표이사실(02-6005-6666) [학]부산 동아고졸 1990년 서울대 경영학과졸 1994년 同대학원 경영학과졸 [경]1993~1996년 안건회계법인 공인회계사 1996~2000년 김앤장법률사무소 공인회계사 2000~2003년 CJ인터넷 전략담당 상무이사 2003~2004년 싸이더스HQ 사외이사 2003~2004년 김앤장법률사무소 공인회계사 2004~2007년 동국대 경영대학 겸임교수 2004~2007년 아이에이치큐 부사장 2007~2009년 YTN미디어 대표이사 2009년 CU미디어 대표이사 2009년 한국케이블TV방송협회 감사 2009~2013년 PP협의회 감사 2009~2013년 한국콘텐츠진흥원 방송진흥기금운영위원 2011~2013년 (주)C&M 미디어전략부문 전무이사 2013년 (주)아이에이치큐 대표이사(현) 2015~2016년 (주)C&M 대표이사 사장 2016년 (주)딜라이브 대표이사 사장 겸임(현)

전용준(全龍埈) CHUN Yong Joon

[생]1954 · 8 · 21 [출]전북 전주 [주]광주 남구 월산로 154 목우빌딩 광남일보 비서실(062-370-7000) [학]1971년 전주 해성고졸 1983년 조선대 회계학과졸 [경]1988~2004년 서울신문 국민체육진흥사업부 광주지사장 1989~2001년 (유)덕림 대표이사 1995~1999년 (주)광남 대표이사 1997~2003년 (주)화이트하임 대표이사 1999년 (주)애드하임 대표이사(현) 2002~2004년 (주)호남테크노티 대표이사 2002~2006년 (주)나노피아 대표이사 2006~2013년 무등일보 대표이사 사장 2011년 컬쳐인 사장 2013년 광남일보 회장(현)

전용진(全勇進)

[생]1959·1·17 [출]경남 진주 [주]경남 창원시 마산합포구 제2부두로10호 경남동부보훈지청 지청장실(055-981-5601) [학]1977년 광주 사레지오고졸 1994년 한국방송통신대 행정학과졸 1998년 고려대 정책대학원졸(행정학석사) 2005년 미국 콜로라도주립대 행정대학원졸(행정학석사) [경]1980~1997년 부산지방보훈청·서울지방보훈청·보훈심사위원회 근무 1998년 국가보훈처 기획관리관실 행정관리담당관실 근무 2000년 미국 보훈부 오클랜드지방보훈청 근무 2001~2009년 국가보훈처 기획관리관실 행정법무담당관실·국제협력팀 근무 2009~2013년 6·25전쟁 60주년사업위원회 사업추진단 국제협력팀장 2014년 국가보훈처 국제보훈과장(팀장) 2016년 경남동부보훈지청장(현) [상]국무총리표창(1999·2000), 캐나다 보훈부장관·유엔군사령관표창(2013), 국민포장(2014)

전용찬(全容燦) Jeon yong chan

[생]1967 · 8 · 25 [출]대구 [주]충남 아산시 무궁화로111 경찰수사연수원 교무과(041-538-0651) [학]영남고 1990년 경찰대 행정학과졸(6기), 서울대 대학원졸 [경]1990년 경위 임관 2000년 경감 승진 2005년 경정 승진 2005년 수원남부경찰서 교통과장 2006~2009년 駐독일 주재관 2009년 서울 수서경찰서 정보보안과장 2011년 경찰청 기본과원칙구현추진단 근무 2012년 경북지방경찰청 청문감사담당관 2012년 同보안과장 직대 2013년 대전지방경찰청 홍보담당관 2013~2014년 강원 화천경찰서장(총경) 2014년 강원지방경찰청 청문감사담당관 2015년 경찰대 교무과장 2015년 경기 가평경찰서장 2016년 경찰수사연구원 교무과장(현)

전용태(田溶泰) JUN Yong Tae (雲山)

[생]1940 · 11 · 15 [본]담양(潭陽) [출]충남 홍성 [주]서울 강남구 테헤란로87길36 도심공항타워14층 법무법인 로고스(02-2188-1000) [학]1959년 경동고졸 1964년 서울대 법대졸 1969년 同사법대학원졸 [경]1967년 행정고시 수석합격(5회) 1967년 사법시험 합격(8회) 1973년 노동청 행정사무관 1973년 천안지청 검사 1975년 수원지청 검사 1978년 대구지검 검사 1978년 同상주지청 검사 1979년 서울지검 검사 1982년 同의정부지청 검사 1983년 광주지검 부장검사 1986년 서울지검 의정부지청 부장검사 1987년 인천지검 부장검사 1988년 서울지검 동부지청 부장검사 1990년 춘천지검 차장검사 1991년 인천지검 차장검사 1992년 수원지검 차장검사 1993년 법무연수원 연구위원 1994년 대검찰청 공판송무부장 1995년 춘천지검장 1997년 청주지검장 1998년 인천지검장 1999년 대구지검장 1999년 법무법인 백두 대표변호사 2000년 법무법인 로고스 공동대표변호사 2001년 대통령직속 부패방지특별위원회 위원 2002년 법무법인 로고스 고문변호사(현) 2002~2008년 중앙선거관리위원회 위원 2002년 한국성시화운동 대표본부장 2009년 안산시 민원즉심관(사무관급) 2014년 새누리당 클린공천감시단장 [상]국민훈장 모란장 [종]기독교

전용학(田溶鶴) JEON Yong Hak

[생]1952 · 11 · 28 [본]담양(潭陽) [출]충남 아산 [학]1972년 천안고졸 1977년 서울대 법학과졸 [경]1989년 MBC 기자 1989년 세계일보 정치부 차장대우 1992년 SBS 편성제작부 차장대우 1994년 同정치부 차장 1995년 同정치부 부장대우 1997년 同부장대우 해설위원 1998년 同부장급 해설위원 1998년 同국제부장 2000~2004년 제16대 국회의원(천안甲, 새천년민주당 · 한나라당) 2000년 새천년민주당 수석부대변인 2001년 同충남도지부장 직대 2001년 同대변인 2002년 同홍보위원장 2003년 한나라당 대표특보 2004년 제17대 국회의원선거 출마(천안甲, 한나라당) 2006~2007년 한나라당 제2사무부총장 2008년 제18대 국회의원선거 출마(천안甲, 한나라당) 2008~2011년 한국조폐공사 사장 2010년 2010세계대백제전 명예홍보대사 2010~2011년 천안고총동창회 회장(39대) 2011년 한나라당 천안甲당원협의회 운영위원장 2012~2015년 새누리당 천안甲당원협의회 운영위원장 2012년 제19대 국회의원선거 출마(천안甲, 새누리당) 2012년 휴먼벤처연구소 대표(현) [상]국회백봉신사상(2001), 제46회 무역의 날 동탑산업훈장(2009), 국회의원 디딤돌상(2001) [저]'코인(KOIN)에게 길을 묻다'(2011) [종]기독교

전용화(田溶和)

[생]1964 · 3 · 10 [본]담양(潭陽) [출]경남 남해 [주]서울 마포구 상암산로76 YTN 기술국(02-398-8000) [학]1988년 동아대 전자공학과졸 [경]1987년 KBS 진주방송국 입사 1994년 YTN 입사 1999년 同기술본부 기술총괄부 차장대우 2000년 同기술관리부 차장 2003년 同기술국 기술관리부 디지털기획부 부장(직대) 2004년 同기술국 디지털기획부 부장(부장대우) 2005년 同기획조정실 디지털기획팀 팀장 2006년 同경영기획실 디지털기획팀장 2010년 同기술국 제작기술부장 2011년 同기술국 중계부장 2013년 同기술연구소장(부국장급) 2014년 同기술국장(현)

전용환(全龍煥)

[생]1958 · 8 · 5 [주]대구 동구 팔공로227 대구경북경제자유구역청 경북본부 유치2부(053-550-1903) [학]경북 김천고졸, 영남대 행정학과졸, 고려대 정책대학원 도시 및 지방행정학과졸 [경]1986년 대구시 근무, 국민고충처리위원회 근무, 2003년 대구하계U대회조직위원회 파견 2007년 행정자치부 재정정책과 · 지방혁신전략팀 서기관 2008년 행정안전부 기획재정담당관실 서기관 2010년 이북5도위원회 평안남도 사무국장 2013년 경북도의회 전문위원 2013년 청도군 부군수 2015년 경북도 일자리민생본부 일자리창출단장 2016년 대구경북경제자유구역청 경북본부 유치2부장(현)

전우벽(全遇璧) JUN Woo Byuk (灘邨·海朝·木里)

[생]1946 · 3 · 4 [본]옥천(沃川) [출]경북 영주 [주]서울 종로구 삼일대로461 SK허브102동403호 (사)한국차인연합회(02-734-5866) [학]1968년 건국대 임학과졸 [경]1970년 ROTC(6기) 중위 1970~1980년 CBS 아나운서실 차장 1980~2004년 KBS 아나운서 1980년 同아나운서실 차장 1995년 同대구방송총국 아나운서부장 1999년 同전문아나운서 2000~2004년 同아나운서실 방송위원 2004년 (사)한국차인연합회 사무국장 겸 상임이사(현) [상]서울올림픽공로상(1988), 프로야구 윤길구상(1991), 24회 방송의날 공로상(1997), 한국차인연합회 공로상(1997), 한국야구위원회 프로야구20년 공로상(2001), 한국방송공사 30년 근속상(2003) [저]'스포츠핸드북' '월간『영지(young)』24권' '방송실무언어' '격월간『茶人』' '한국다도대학원 문집' '전국차생활지도자 교재' '한국다도대학원 강의집' [종]기독교

전우수(田尤秀) JEON Woo Soo

[생]1949 · 10 · 9 [본]담양(潭陽) [출]충남 [주]충남 공주시 웅진로27 공주교육대학교(041-850-1114) [학]1973년 서울대 사범대 물리학과졸 1975년 同대학원졸 1989년 물리학박사(고려대) [경]1976년 도봉여중 교사 1981년 한국교육개발원 연구원 1981년 서울사대부속중 교사 1982~1994년 공주교육대 과학교육과 전임강사 · 조교수 · 부교수 1994년 同과학교육과 교수, 同초등과학교육과 교수 1994~1995 · 2002~2004년 同교무처장 2004~2005년 同교육대학원장 2007~2012년 同총장 2014년 同명예교수(현) [상]공주교육대 20년 근속상(2003), 근정포장(2007), 황조근정훈장(2014) [저]'탐구 활동을 통한 과학 교수법(共)'(전파과학사) 외 3권

전우윤(全遇潤) JUN Woo Yoon (유담)

[생]1954 · 7 · 15 [본]옥천(沃川) [출]경북 예천 [주]서울 용산구 한강대로71길4 (주)한진중공업(02-450-8060) [학]덕수상고졸, 건국대 경영학과졸 2006년

서울대 경영대학 최고경영자과정 수료 [경](주)한진중공업 건설부문 비서2팀장, 同경영기획2실장, 同감사실장(상무) 2011년 同경영지원실장(상무) 2013년 同경영지원실장(전무) 2014년 同수빅조선소 관리본부장(전무)(현) [상]대통령표창(2000) [종]기독교

전우진(全友眞)

[생]1961·12·24 [출]서울 [주]서울 영등포구 국제금융로8길11 대영빌딩2층 HDC자산운용 국제사업본부(02-3215-3000) [학]미국 시라큐스대 경제학과졸 [경]1987~1990년 일본 야마이치증권 뉴욕법인 채권트레이더 1990~1993년 미국 Smith Barney증권 채권A/C Trader 1993년 LG증권 해외투자담당 1995년 Interlink Capital Partner 1997~2003년 Appaloosa Management 이사 2003~2006년 삼성생명보험 뉴욕현지법인 CIO(상무) 2006년 아이투자신탁운용(주) 국제사업본부장 2007년 同전무 2012년 HDC자산운용(주) 국제사업본부장(전무)(현)

전우택(全宇鐸) JEON Woo Taek

[생]1961·1·9 [주]서울 서대문구 연세로50의1 연세대학교 의과대학 의학교육학과(02-2228-2510) [학]1985년 연세대 의대졸 1988년 同대학원졸 1994년 의학박사(연세대) [경]1994~2005년 연세대 의과대학 정신과학교실 전임강사·조교수·부교수 1997~1999년 미국 Harvard Medical School Department of Social Medicine Research Fellow 1998~1999년 同Harvard Program in Refugee Trauma Research Fellow 2002~2004년 연세대 세브란스병원 정신과장 2005년 同의과대학 의학교육학과장 2005년 同의과대학 정신과학교실 교수(현), 同통일연구원 보건의료연구부장, 대한신경정신의학회 편집위원·총무이사 2008년 연세대 의과대학 학생부학장 2012년 同의과대학 교무부학장 2013년 同의과대학 의학교육학과장(현) 2013년 한반도평화연구원 원장(현) 2013년 민주평통 자문위원(현) 2013년 동아일보 '10년 뒤 한국을 빛낼 100인' 선정 2014년 대통령직속 통일준비위원회 사회문화분과위원회 민간위원(현), 연세대의료원 통일보건의료센터 소장(현), 국무총리실 산하 광복70주년기념사업추진위원회 민간위원(현) 2016년 한국자살예방협회 이사장(현) [상]환인정신의학상 저술부문 [저]'사람의 통일을 위하여' '의료선교학' '사회의학연구방법론'(1999) '의료의 문화사회학(共)'(2002, 몸과마음) '탈북자와 통일 준비(共)'(2003, 연세대 출판부) '웰컴투 코리아(共)'(2006, 한양대 출판부) '인문사회의학'(2010, 청년의사) '의학적 상상력의 힘'(2010, 21세기북스) [역]'통일에 대한 기독교적 성찰'(2014, 새물결플러스) [종]기독교

전우홍(全遇弘) Woo Hong Jun

[생]1961·8·1 [주]제주특별자치도 제주시 문연로5 제주특별자치도교육청 부교육감실(064-710-0111) [학]1998년 교육행정학박사(미국 오리건대) [경]성균관대 강사 1991년 행정고시 합격(35회) 1993년 고척고 서무과장 1994년 서울강서교육청 재무과장 1996년 서울강서도서관 서무과장 2001년 교육인적자원부 정책총괄과 서기관, 同재외동포교육과장 2007년 同평가지원과장 2007년 同국제교육정보화국 지식정보정책과장 2008년 교육과학기술부 이러닝지원과장 2009년 同교육복지국 교육복지정책과장(부이사관) 2011년 안동대 사무국장(고위공무원) 2012~2014년 세종특별자치시교육청 부교육감 2013~2014년 同교육감 권한대행 2014년 교육부 교육정책실 학생복지안전관 2015년 同학교정책실 학생복지정책관 2016년 제주특별자치도교육청 부교육감(현) [상]홍조근정훈장(2014)

전운기(全云基) JEON Un Ki

[생]1954·6·21 [본]천안(天安) [출]충북 청원 [주]충북 음성군 감곡면 대학길76의32 극동대학교 경찰행정학과(043-879-3783) [학]1979년 고려대 법대 행정학과졸 1983년 서울대 대학원 행정학과졸 1986년 미국 오하이오주립대 대학원졸 2003년 산업공학박사(명지대) [경]1979년 행정고시 합격(23회) 1989년 대통령경제수석비서관실 행정관 1990년 국무총리실 근무 1994년 노동부 법무담당관·장관비서관 1995년 同수원노동사무소장 1997년 同안전정책과장 1998년 同기획예산과장 1999년 국무총리 실업대책평가심의관 2000년 경기지방노동청장 2000년 노동부 중앙고용정보관리소장 2001년 한국노동교육원 파견 2003년 중앙공무원교육원 파견 2004년 노동부 감사관 2005년 중앙노동위원회 사무국장 2007년 노동부 산업안전보건국장 2007년 서울지방노동위원회 위원장 2008~2012년 한국기술교육대 총장 2013년 극동대 경찰행정학과 석좌교수(현) [상]대통령표창, 근정포장 [저]에세이 'POP(밥) 퍼주는 총장'(2012, 홍익문화) [종]기독교

전원건(全元健) Jun Wun-gun

[생]1959·8·26 [주]충북 청주시 상당구 상당로82 충청북도청 농정국(043-220-3500) [학]1978년 운호고졸 1985년 청주대 행정학과졸 [경]1984년 충주시 교현동사무소 근무(7급 공채) 1991년 충북도 지역경제국 관광과 근무 2004년 同관광홍보담당(지방행정사무관) 2011년 충주시 농업정책국장(지방서기관) 2015년 충북도 비서실장 2015년 同공보관 2015년 충북 진천군 부군수 2015~2016년 同군수 권한대행 2016년 충북도 농정국장(현)

전원근(全元根) WonGun Jun

[생]1953·9·10 [출]충북 제천 [주]서울 영등포구 영신로166 더불어민주당 서울시당(02-3667-3700) [학]1972년 충주고졸 1981년 성균관대 법학과졸 1985년 同대학원졸 1995년 국방대 대학원 안전보장학과졸 2000년 정치학박사(경희대) [경]국방교육원 겸임교수, 성균관대 강사, 경희대 행정대학원 겸임교수, 용인대 외래교수 2014~2015년 새정치민주연합 서울강남구甲지역위원회 위원장 2015년 同서울시당 재보궐선거공직선거후보자추천관리위원회 위원 2015년 同정책위원회 부의장 2016년 더불어민주당 서울강남구丙지역위원회 위원장(현) 2016년 제20대 국회의원선거 출마(서울 강남구丙, 더불어민주당) 2016년 더불어민주당 서울특별시당 상무위원(현) [저]'조선노동당'(2007, 한국학술정보) '권력의 역사와 파벌'(2015, 한국학술정보) [종]천주교

전원열(全元烈) JON Won Yol

[생]1966·2·2 [출]부산 [주]서울 광진구 능동로120 건국대학교 법학전문대학원(02-450-4096) [학]1984년 해운대고졸 1988년 서울대 법대 사법학과졸 1994년 同법과대학원졸 1998년 미국 하버드대 Law School졸 2001년 법학박사(서울대) [경]1987년 사법시험 합격(29회) 1990년 사법연수원 수료(19기) 1990~1993년 공군 법무관 1993~1995년 서울민사지법 판사 1995~1997년 서울지법 남부지원 판사 1997~1998년 대전지법 판사 1999~2000년 부산고법 판사 2000~2001년 인천지법 부천지원 판사 2001~2003년 법원행정처 정보화담당관 겸임 2003~2004년 서울고법 판사 2004~2005년 서울중앙지법 판사 2005~2006년 청주지법 영동지원장 2006~2008년 대법원 재판연구관 2008~2015년 김앤장법률사무소 변호사 2008년 조선일보 독자권익보호위원회 위원 2010년 서울대 법학전문대학원 외래교수 2010~2011년 법무부 민법개정위원회 위원 2011~2014년 사법연수원 민사실무 교수 2015년 건국대 법학전문대학원 교수(현) 2016년 민사법학회 편집위원(현) 2016년 대법원 사법등기제도개선위원회 위원(현) 2016년 同법관임용절차개선위원회 위원(현) [저]'한국언론과 명예훼손소송(共)'(2002, 나남출판) '민주주의와 법원의 위헌심사'(2006) [역]'대륙법 입문(共)'(1993) '민주주의와 법원의 위헌심사'(2006, 나남출판)

전원책(全元策) Jun, Won Tchack (農堂)

[생]1955·1·8 [본]정선(旌善) [출]울산 [주]서울 서초구 서초중앙로154 전원책법률사무소(02-595-5051) [학]1972년 부산고졸 1978년 경희대 법대 법률학과졸 [경]1977년 백만원고료한국문학 신인상 '동해단장(東海斷章)'으로 등단 1980년 軍법무관시험 합격(4회) 1982년 사법연수원 수료 1982년 軍법무관(대위), 보병 제30사단 법무참모 1985년 제3군사령부 법무과장 1986년 제2군수지원사령부 법무참모(소령) 1987년 제11군단 법무참모(중령) 1989년 제6군단 법무참모 1990년 조선일보 신춘문예에 詩부문 당선 1991년 변호사 개업(현) 1993년 정보통신윤리위원회 심의위원 1996년 월간 '시민과 변호사' 편집주간·SBS 자문변호사 1996년 경희대 법대 강사·겸임교수 2005년 시민과함께하는변호사들(시변) 발기인 2006년 대한변호사협회 신문편집위원, 同100주년대국민서비스위원장 2012년 자유기업원 원장 2012~2014년 (재)자유경제원 원장 2013~2014년 YTN 라디오 '전원책의 출발 새아침' 진행 2016년 JTBC '썰전' 출연(현) [상]담배소비자보호대상 [저]시집 '수련(睡蓮)의 집' 시집 '슬픔에 관한 견해'(1991, 청하) '바다도 비에 젖는다'(2009, 엘도라도) '자유의 적들'(2011, 중앙북스) '진실의 적들'(2013, 중앙북스) '전원책의 신군주론'(2014, 중앙북스) '잡초와 우상'(2016, 부래) [종]불교

전월남(全月男) JEON Wol Nam

[생]1969·7·21 [본]옥천(沃川) [출]서울 [주]서울 동대문구 천호대로12길19 영한빌딩5층 (사)한국애견연맹(02-2278-0661) [학]1988년 우성고졸 1993년 수원대 유전공학과졸 1997년 성균관대 대학원 생물교육 수료(1년) [경]1993~2000년 육군 학사장교 소위 임관·제5군단 305연대 작전과장 2000~2002년 서울시교통연수원 연수팀교관 2002년 (사)한국애견연맹 사무국장(현) 2007년 국

립수의과학검역원 동물보호자문위원 2008년 한국직업능력개발원 ETPL심사위원 2011년 서정대 실험동물윤리위원(현) 2014년 관세청 탐지견센터 탐지견처분위원(현) [상]5군단장표창(2회), 관세국경관리연수원장표창(2011) [저]'KKF 견종표준서'(2006, 한국애견연맹)

전윤수(田允秀) Jeon Youn Soo (碩人)

[생]1961·11·22 [본]담양(潭陽) [출]대전 [주]충남 천안시 동남구 순천향6길31 순천향대학교 천안병원 비뇨기과(041-570-2275) [학]순천향대 의대졸, 同대학원졸, 의학박사(전남대) [경]1994년 순천향대 의대 전임의 1995년 同의대 비뇨기과학교실 전임강사 1997년 同의대 비뇨기과학교실 조교수 2001년 同의대 비뇨기과학교실 부교수 2006년 同의대 비뇨기과학교실 교수(현) 2008년 근로복지공단 자문의(현) 2010년 순천향대학교 천안병원 비뇨기과장(현) 2010년 同천안병원 최소침습수술센터 소장(현) 2014년 同의대 비뇨기과학교실 주임교수(현)

전윤식(全允植) CHUN Youn Sic

[생]1955·3·18 [출]경기 [주]서울 서대문구 이화여대길52 이화여자대학교 의학전문대학원 치과학교실(02-2650-5021) [학]1979년 연세대 치의학과졸 1982년 同대학원졸 1988년 치의학박사(연세대) [경]1987년 이화여대 의과대학 전임강사·조교수·부교수 1993~2001년 同의료원 동대문병원 치과과장 1999~2001년 대한치과교정학회 교육·기획이사 2004년 이화여대 의학전문대학원 치과학교실 교수(현) 2007~2010년 同목동병원 치과진료부 과장 2011년 同임상치의학대학원장(현) [저]'성장기 아동을 위한 두부방사선 계측학' '간접골성고정원을 이용한 최신 교정치료'(2009) [종]기독교

전윤종(田允鍾) CHUN, Yoon-Jong (時園)

[생]1968·9·15 [출]전북 군산 [주]세종특별자치시 한누리대로402 산업통상자원부 통상정책국 통상정책총괄과(044-203-5620) [학]1986년 군산제일고졸 1991년 서울대 경제학과졸 2001년 경영학박사(영국 리즈대) [경]1993년 상공부 아주통상2과 사무관 1998년 산업자원부 무역정책과 사무관 2001년 영국 리즈대 유학 2004년 산업자원부 생물화학산업과·혁신기획관실 사무관 2005년 同생물화학산업과 서기관 2005년 同혁신기획관실 서기관 2006년 同남북산업자원총괄팀장 2007년 同중국협력팀장 2008년 지식경제부 지역투자과장 2009년 駐벨기에 참사관 2012년 지식경제부 투자유치과장 2013년 산업통상자원부 무역투자실 투자유치과장 2014년 세종연구소 교육파견 2014년 산업통상자원부 경제자유구역기획단 정책기획팀장 2016년 同통상정책국 통상정책총괄과장(부이사관)(현) [저]'EU정책브리핑'(2010) '유럽을 보면 한국의 미래가 보인다'(2012) [종]기독교

전윤철(田允喆) JEON Yun Churl (逸民)

[생]1939·6·15 [본]담양(潭陽) [출]전남 목포 [주]전남 목포시 삼학로92번길68 (재)김대중노벨평화상기념관(061-245-5660) [학]1959년 서울고졸 1964년 서울대 법학과졸 1989년 국방대학원졸 1991년 서울대 대학원 최고산업과정 수료 1998년 명예 법학박사(광운대) 1999년 명예 경영학박사(순천향대) 1999년 명예 경제학박사(목포대) [경]1966년 행정고시 합격(4회) 1976년 경제기획원 법무담당관 1976년 同예산국 보건사회예산담당관 1983년 同공정거래실 정책국장 1985년 同예산실 사회예산국장 1989년 同예산실 예산총괄국장 1990년 同물가정책국장 1994년 同기획관리실장 1995년 공정거래위원회 부위원장 1995년 수산청장 1997년 공정거래위원회 위원장 2000년 기획예산처 장관 2002년 대통령 비서실장 2002~2003년 부총리 겸 재정경제부 장관 2003년 제주대 석좌교수 2003~2008년 감사원장(19대·20대) 2009~2012년 경원대 경상대학 경제학과 석좌교수 2010~2012년 조선대 법학대학 석좌교수 2012년 (사)한국프로골프협회(KPGA) 회장 2012~2014년 가천대 경상대학 경제학과 석좌교수 2013년 (재)김대중노벨평화상기념관 이사장(현) 2014년 가천대 사회과학대학 글로벌경제학과 석좌교수(현) 2014~2015년 킨텍스(KINTEX) 고문 2014~2015년 (재)광주비엔날레 이사장 2015년 새정치민주연합 국정자문회의 자문위원 2015년 산학연종합센터 CEO정책과정·산학정책과정 상임고문 2016년 국민의당 공직후보자격심사위원회 위원장 2016년 同윤리위원장 2016년 同공천관리위원회 위원장 [상]홍조근정훈장(1983), 황조근정훈장(1996), 청조근정훈장(2009) [저]'경쟁이 꽃피는 시장경제'(1999) '시장경제의 어제, 오늘 그리고 내일'(2000) [종]천주교

전은석(全殷奭) JEON Eun Seok

[생]1957·11·7 [주]서울 강남구 일원로81 삼성서울병원 심장뇌혈관병원(02-3410-3448) [학]1983년 서울대 의대졸 1990년 同대학원졸 1993년 의학박사(서울대) [경]1983~1987년 서울대병원 인턴·레지던트 1987~1988년 同순환기내과 전임의 1988~2001년 충남대 의대 전임강사·조교수·부교수·교수 1994~1996년 미국 UC San Diego Medical Center Post-Doc. Fellow 2001~2002년 순천향대 부천병원 교수 2002년 성균관대 의대 내과학교실 교수(현) 2005년 삼성서울병원 세포치료센터장 2007년 同심장혈관센터 초진클리닉팀장 2009~2011년 同순환기내과장 2011~2014년 同심장혈관센터 부센터장 2012년 한올바이오파마 사외이사 2015년 삼성서울병원 심장뇌혈관병원 심장센터장 2016년 同심장뇌혈관병원 병원장 대행(현)

전은환(女)

[생]1972·2 [주]경기 수원시 영통구 삼성로129 삼성전자(주) 무선사업부 전략마케팅실(031-200-1114) [학]연세대 영어영문학과졸, 미국 퍼듀대 대학원 MBA [경]2001년 삼성전자(주) 글로벌마케팅실 브랜드전략그룹 과장 2002년 同무선사업부 유럽수출그룹 차장 2008년 同무선사업부 상품전략팀 부장 2015년 同무선사업부 전략마케팅실 상무(현)

전을수(田乙秀) Jeoun Eoul Su

[생]1962·12·4 [본]담양(潭陽) [출]경남 의령 [주]서울 영등포구 선유동1로38 영등포세무서(02-2630-9200) [학]1980년 삼가고졸 1984년 세무대학졸 [경]1984년 국세청 공무원 임용 1984년 서울 북부세무서·동작세무서·구로세무서·관악세무서 근무 1992년 서울 삼성세무서·양천세무서·서울지방국세청 조사2국·조사4국 근무 1999년 서울 삼성세무서 근무 2002년 국세청 조사국 세원정보과 근무 2007년 서울지방국세청 조사4국 조사2과 팀장 2008년 국세청 조사국 세원정보과 계장 2009년 서울 양천세무서 법인세과장 2010년 국세청 자산과세국 자본거래관리과 계장 2014년 부산 수영세무서장 2015년 서울지방국세청 조사3국 조사3과장 2016년 서울 영등포세무서장(현) [상]국무총리표창(2005), 대통령표창(2012) [종]불교

전의진(全義進) JUN EUI JIN (南石)

[생]1946·7·19 [본]정선(旌善) [출]경북 영덕 [주]서울 성북구 화랑로14길5 한국과학기술연구원 감사실(02-958-5021) [학]경기고졸 1969년 서울대 공대 공업교육학과졸 1974년 同대학원 기계과졸 1978년 공학박사(서독 하노버공대) [경]1980~1992년 한국기계연구원 재료기술연구부장 1986~1990년 미국 금속학회(ASM) 한국지부장 1990년 미국 SAMPE학회 한국지부 부회장 1990~1994년 충남대 겸임교수 1992년 한국기계연구원 선임연구부장 1994년 과학기술처 기계소재연구조정관 1994년 한국과학기술한림원 정회원(현) 1996년 과학기술처 연구기획조정관 1998년 과학기술부 과학기술협력국장 1999년 同연구개발정책실장 1999년 同과학기술정책실장 2000~2002년 한국과학문화재단 이사장 2001~2002년 국가과학기술자문회의 자문위원 2003~2009년 인천정보산업진흥원 원장 2009~2010년 인천로봇랜드 초대대표이사 2011년 지식경제부 범부처로봇시범사업추진단장 2013년 대전테크노파크 IT융합산업본부장 2013~2014년 同원장 2014년 한국과학기술연구원 상임감사(현) [상]과학기술처장관표창, 국민훈장 석류장, IR-52 장영실상, 한국공학한림원 일진상 공학한림원발전부문(2011) [저]'금속재료시험 및 응용' '최신복합재료' [종]기독교

전의찬(全儀燦) JEON Eui Chan

[생]1955·1·18 [출]충북 제천 [주]서울 광진구 능동로209 세종대학교 공과대학 환경에너지융합학과(02-3408-4353) [학]1973년 보성고졸 1980년 서울대 기계공학과졸 1987년 同대학원 환경계획학과졸 1996년 이학박사(서울대) [경]1980~1988년 현대엔지니어링(주) 기전사업부 과장 겸 기술연구소 선임연구원 1990~2003년 동신대 환경공학과 교수 1994~1995년 서울시정개발연구원 수석연구원 2002~2014년 환경부 자체평가위원회 위원 2003년 세종대 공과대학 환경에너지융합학과 교수(현) 2005~2006년 同대학원 교학처장 2006~2008년 同대외협력처장 2006~2014년 녹색서울시민위원회 지속가능분과위원장 2007년 국회 기후변화포럼 운영위원장·공동대표·고문(현) 2009~2015년 국가통계위원회 위원 2009~2010년 서울시 녹색성장위원회 기후변화에너지분과위원장 2009~2010년 대통령직속 녹색성장위원회 위원 2010~2012년 한국대기환경학회 회장 2011~2015년 세종대 대학원장 2012년 한국환경한림원 부회장 겸 학술위원장(현) 2013년 녹색성장위원회 기후

변화분과위원장(현) 2013~2014년 한국기후변화학회 회장 2013년 한국대기환경학회 고문(현) 2014년 대통령직속 규제개혁위원회 행정사회분과장(현) 2014년 한국에너지공단 온실가스검증원 운영위원장(현) 2015년 송파구 녹색송파위원회 공동위원장(현) 2015년 강동구 지속가능발전협의회 대표회장(현) 2015년 한국천주교주교회의 생태환경위원회 위원(현) 2015년 한국기후변화학회 명예회장(현) [상]환경부장관표창(1997), 근정포장(2005), 대통령표창(2013) [저]'에너지와 환경'(2005, 녹문당) '지구를 살리는 환경과학'(2005, 청문각) '지구환경과학'(2006, 북스힐) '기후변화, 25인의 전문가가 답하다'(2012, 지오북) '온실가스관리'(2014,동화기술) '온실가스 배출과 통계'(2014, 동화기술) '전환기 한국, 지속가능발전 종합전략'(2015, 한울아카데미) '라틴아메리카 환경이슈와 국제협력'(2015, 한국외국어대 지식출판원) '기후변화 · 에너지 · 산업'(2015, 동화기술) '신기후체제와 도시의 기후변화 대응'(2016, 동화기술) '기후변화, 27인의 전문가가 답하다'(2016, 지오북)

전의천(全義天) JUN Eui Cheon

[생]1954·6·23 [출]광주 [주]광주 동구 필문대로309 조선대학교 무역학과(062-230-6826) [학]1974년 광주상고졸 1978년 조선대 무역학과졸 1983년 同대학원 무역학과졸 1993년 경영학박사(원광대) [경]1987~1998년 조선대 무역학과 전임강사·조교수·부교수 1994년 同무역학과장 1994년 한국항만경제학회 상임이사 1995년 대한산악연맹 광주·전남연맹 이사 1996년 한국국제경영학회 이사, 한국국제상학회 상임이사 1998년 조선대 무역학과 교수(현) 2000년 同경영대학원 부원장 2000년 同지역사회발전연구원장 2004년 同중국비즈니스전문인력(MCB)양성사업단장 2006년 국제지역학회 부회장 2011년 조선대 FTA활용교육센터장 2011년 同기획조정실장 2012~2015년 同경영대학원장 2013년 국제지역학회 회장 2016년 조선대 기획조정실장(현) [상]대통령표창, 광주광역시장표창(2013) [저]'국제무역의 이해' '21C 전남도서발전전략'

전이수(全利秀) JEON Yie Soo

[생]1951 · 3 · 20 [본]천안(天安) [출]경북 경산 [학]1970년 대구상고졸 1975년 경북대 행정학과졸 1982년 건국대 대학원 도시계획학과졸 2003년 서울대 경영대학원 최고경영자과정 수료 [경]1998년 한국석유공사 경리처장 1998년 同기획실장 1999년 同감사실장 2001~2004년 同비축본부장(상임이사) 2001년 한국해양오염방제조합 운영위원 2004년 삼정유관(주) 대표이사, 대유시스텍(주) 대표이사(현)

전익기(田翼基) JEON Ik Ki (일학)

[생]1958 · 5 · 27 [출]대구 [주]경기 용인시 기흥구 덕영대로1732 경희대학교 체육대학 태권도학과(031-201-2726) [학]1977년 대성고졸 1987년 경희대졸 1991년 미국 오리건대 대학원졸 1996년 체육학박사(미국 뉴멕시코대) [경]1993년 경희대 사회체육학과 조교수 · 부교수, 同체육대학 태권도학과 교수(현) 1993년 한국스포츠산업경영학회 상임이사 1995년 세계태권도연맹 기술위원 1995년 한국스포츠교육학회 이사 1996년 대한태권도협회 연구분과 부위원장, 同연구분과 위원장 1997~2001년 세계태권도연맹 기술분과 위원 1998년 한국스포츠산업경영학회 섭외이사 2001년 (사)한국태권도문화연구원 원장(현) 2012년 한국스포츠산업경영학회 회장 2013년 경희대 체육대학장(현) 2016년 국민체육진흥공단 비상임이사(현) [상]체육훈장 거상장(2009) [저]'스포츠경영론' '장단발놀림'(2004) [역]'스포츠 경영학 개론'(2003) [종]기독교

전익현(全益賢) JUN Ik Hyun

[생]1950 · 9 · 10 [출]경북 군위 [주]경북 포항시 남구 장흥로197번길35 TCC메탈 임원실(054-278-5921) [학]1968년 경북고졸 1972년 영남대 상학과졸, 동국대 대학원 수료 [경]동화섬유공업사 근무, 동양석판(주) 이사, 同상무이사, 同총무본부장(전무이사), 동양강재(주) 대표이사 사장, 우석강판(주) 감사, 동양석판(주) 부사장 2010년 (주)TCC동양 대표이사 부사장 2012~2015년 同대표이사 사장, TCC강판 이사, TCC벤드코리아 대표이사, TCC한진 대표이사 2015년 (주)TCC동양 각자대표이사 부회장 2015년 TCC메탈 부회장(현) [상]산업포장(2012)

전인구(全仁九) CHUN In Koo

[생]1952 · 3 · 30 [본]옥천(沃川) [출]충북 영동 [주]서울 성북구 화랑로13길60 동덕여자대학교 약학과(02-940-4523) [학]1973년 서울대 약학과졸 1976년 同대학원 약학과졸 1984년 약학박사(서울대) [경]1973년 한국베링거인겔하임 주임연구원 1977년 태평양화학(주) 기술연구소 실장 1985년 동덕여대 약학과 조교수 · 부교수 · 교수(현) 1985년 同약학과장 1988년 同종합기기분석실장 1989~1991년 미국 뉴저지주립대 약학대학 객원연구원 1992년 동덕여대 보건소장 1993~1995년 同약학대학원 주임교수 1994년 한국약제학회 편집위원장 1995년 동덕여대 종합약학연구소장 1996년 在美한인약학자협회(KAPSA) 부회장 1998년 한국약제학회 부회장 · 회장 1998년 KAPSA 회장 2000년 한국응용약물학회 부회장 2003~2006년 동덕여대 약학대학장 2005년 한국응용약물학회 회장 2007~2008년 대한약학회 회장 2007년 한국의약품법규학회 수석부회장 2008년 (사)대한약학회 약제학분과학회 회장 2009년 同회장 2009년 (사)한국에프디시법제학회 회장 2010년 (사)한국약학교육협의회 감사 겸 품질과학분과회 회장 2011년 한국약학교육평가원 이사장(현) 2012~2014년 동덕여대 대학원장 겸 특수대학원장 [상]한국약제학회 학술연구장려상(1987), 한국과학기술단체총연합회 과학기술우수논문상(1992), 한국약제학회 학술상(1997), 동덕여대 교육 및 봉사상(1999) [저]'약제학'(1986) '藥事總法'(1986) 'Experimental Pharmaceutics'(1986) '의약품 첨가제와 제제개발'(1988) 'Advances in Pharmaceutical Dosage Forms Design'(1991) '약사법규(共)'(2002) '약사법규연습(共)'(2002) '대한약전 제8개정 해설서(통칙, 제제총칙, 일반시험법)(共)'(2003) '대한약전 제8개정 해설서(의약품각조)(共)'(2003) '약전실습서(共)'(2003) '약전연습'(2003) '약제학실습서(共)'(2004) '약사법규 개정판(共)'(2004) '조제와 복약지도(共)'(2005) '생물약제학과 약물속도론(共)'(2005) [역]'대한약전 제8개정 영문판'(2003)

전인범(全仁釩) CHUN IN BUM

[생]1958 · 9 · 6 [본]정선(旌膳) [출]서울 [학]1977년 경기고졸 1981년 육군사관학교졸(37기) 2006년 서울대 대학원 행정학과졸 2010년 정치외교학박사(경남대) [경]2007년 준장 진급 2008년 합동참모본부 전작권전환추진단장 2009년 제27사단장(소장) 2011년 한미연합사령부 작전참모차장 2013년 유엔군사령부 군사정전위원회 제16대 한국군 수석대표 겸 한미연합군사령부 부참모장 · 지상구성군사령부 참모장 겸임 2013년 육군 특수전사령관(중장) 2015~2016년 육군 제1야전군사령부 부사령관(중장) 2016년 미국 브루킹연구소 및 존스홉킨스대 국제대학원 수학 중(현) [상]보국훈장 광복장(1983), 美동성훈장(2005), 화랑무공훈장(2005), 대통령표창(2007), 美공로훈장(The Legion of Merit)(2011 · 2013) [종]기독교

전인성(全寅星) JUN In Sung

[생]1958 · 10 · 9 [본]정선(旌善) [출]강원 강릉 [주]서울 종로구 세종대로178 (주)KT 광화문빌딩 희망나눔재단실(02-735-2600) [학]1977년 보성고졸 1981년 한양대 전자공학과졸 1989년 벨기에 브뤼셀프라이대 대학원 전자계산학과졸 2000년 전자공학박사(영국 킹스칼리지런던대) [경]1980년 강원체신청 강원전신전화건설국 기계과장 1980~1981년 同전무과 기계계장 1982년 한국전기통신공사 원주지사 기술부 기계과장 1984년 同성남전화국 기계과장 1985년 同통신시설사무소 특수시설부 교환과장 1986년 同전자교환통제국 전자교환4과장 1987년 同해외파견 1989년 한국통신 전산사업단 전산시설국 전산망계획부장 1992년 同목포전화국장 1993년 同전산사업단 영업전산국장 1994년 同전산사업단 영업시스템국장 직대 1994년 체신부 초고속정보통신망구축기획단 망운용반장 1996년 한국통신 전략영업본부 기업고객지원국장 2000년 同정보시스템본부 ICIS통합팀장 2002년 (주)KT 비서실장 2003년 同비서실장(상무보) 2003년 同기간망시설단장 2003년 同사업협력실장 2004년 同정보화신도시사업협력단장 2006년 KT링커스(주) 경영지원부문장(전무) 2006년 同대표이사 2007년 (주)KT NIT추진TFT장(상무) 2009년 同GSS부문 자산경영실장(전무) 2010년 同GSS부문장(전무) 2010년 同GSS부문장(부사장) 2012년 同시너지경영실 출자경영담당 부사장 2012년 (주)KTIS(케이티스) 대표이사 사장 2014~2015년 (주)KT CR부문장(부사장) 2015년 방송통신위원회 인터넷문화정책자문위원회 위원(현) 2015년 KT 희망나눔재단 이사장(현) [상]체신부장관표창(1985), 대통령표창(1996), 석탑산업훈장(2015) [종]기독교

전인옥(田仁玉 · 女) CHUN In Ok

[생]1955 · 11 · 8 [주]서울 종로구 대학로86 한국방송통신대학교 교육과학대학 유아교육과(02-3668-4676) [학]1978년 서울대 아동학과졸 1988년 미국 캘리포니아주립대 노스리지교 대학원 아동학과졸 1991년 유아교육학박사(미국 캘리포니아주립대) [경]1992년 한국아동학회 · 한국유아교육학회 회원 1993~1997년 한국방송통신대 조교수 1997년 한국영유아보육학회 이사 2002년 한국방송통신대 교육과학대학 유아교육과 부교수 · 교수(현) 2016년 同교육과학대학장(현)

전인장(全寅壯) CHUN In Chang

[생]1963·8·10 [본]정선(旌善) [출]서울 [주]서울 성북구 오패산로3길104 삼양식품(주) 회장실(02-940-3000) [학]1982년 양정고졸 1986년 한국외국어대 경영학과졸 1990년 미국 페퍼다인대 경영대학원졸 [경]1990~1992년 삼양USA 이사 1993년 삼양식품(주) 경영관리실 사장 1995년 同기획조정실 사장 1997~2003년 同대표이사 사장 2003년 同부회장 2003년 삼양판지공업 대표이사 사장 겸임 2009년 삼양식품(주) 대표이사 부회장 2010년 同대표이사 회장(현)

전인지(田仁智·女) In Gee, Chun

[생]1994·8·10 [출]전북 군산 [학]2013년 전남 함평골프고졸 2016년 고려대 국제스포츠학과 재학 중(4년) [경]스포티즌 소속(현) 2011년 골프 국가대표 2011년 대한골프협회 회원(현) 2011년 제12회 KLPGA 투어 하이트진로 챔피언십 3위 2012년 하이트진로 후원 계약(현) 2012년 한국여자프로골프협회(KLPGA) 회원(현) 2012년 KLPGA Kangsan 드림투어 3차전 2위 2012년 KLPGA Kangsan 드림투어 4차전 3위 2012년 KLPGA Kangsan 드림투어 5차전 3위 2012년 KLPGA 그랜드 드림투어 7차전 2위 2012년 KLPGA 무안CC컵 드림투어 12차전 우승 2013년 KLPGA 1부 투어 데뷔 2013년 우리투자증권 레이디스 챔피언십 5위 2013년 두산 매치플레이 챔피언십 2위 2013년 KLPGA투어 기아자동차 한국여자오픈 우승 2013년 MBN·김영주골프 여자오픈 6위 2013년 메트라이프·한국경제 제35회 KLPGA 챔피언십 2위 2013년 러시앤캐시 행복나눔 클래식 2위 2014년 KLPGA투어 에쓰오일 챔피언스 인비테이셔널 우승 2014년 KLPGA투어 채리티 하이원 리조트오픈 2위 2014년 KLPGA투어 KDB대우증권 클래식 우승 2014년 LPGA투어 하나외환 챔피언십 공동2위 2014년 KLPGA투어 조선일보-포스코 챔피언십 우승 2014년 KLPGA투어 현대차 중국여자오픈 2위 2015년 KLPGA투어 삼천리 투게더 오픈 초대 우승 2015년 일본여자프로골프(JLPGA)투어 월드레이디스 챔피언십 살롱파스컵 우승 2015년 KLPGA투어 두산 매치플레이 챔피언십 우승 2015년 KLPGA투어 에쓰오일 챔피언스 인비테이셔널 우승 2015년 LPGA투어 US여자오픈 우승 2015년 KLPGA투어 하이트진로 챔피언십 우승(한 시즌 한·미·일 3대 골프투어 메이저대회 우승) 2015년 JLPGA투어 일본여자오픈 우승 2015년 KLPGA투어 KB금융스타챔피언십 우승 2016년 LPGA투어 혼다 타일랜드 2위 2016년 LPGA투어 롯데 챔피언십 공동2위 2016년 LPGA투어 에비앙 챔피언십 우승(역대 메이저대회 최소타 신기록-합계 21언더파 263타) [상]동아스포츠대상 여자프로골프 올해의 선수상(2015), KLPGA투어 대상·상금왕·다승왕·최저타수상·해외특별상(2015), 한국골프기자단 선정 'KLPGA Best Player Trophy'(2015)

전인평(全仁平) CHUN In Pyong

[생]1945·5·23 [본]옥천(沃川) [출]충북 영동 [주]경기 안성시 대덕면 서동대로4726 중앙대학교 예술대학 전통예술학부(031-670-4813) [학]1964년 대전사범학교졸 1970년 서울대 음대 국악과졸 1972년 同대학원 국악과졸 1985년 인도 간다르바음악학교 수학 1994년 문학박사(한국정신문화연구원) [경]1970년 상명사대부고 교사 1978년 서울대 음대 강사 1983~1995년 중앙대 조교수·부교수 1986~2004년 인도음악연구회 회장 1989년 동양음악연구회 회장 1995~2010년 중앙대 예술대학 전통예술학부 음악예술전공 교수 1999년 아시아음악학회 회장(현) 2003~2005년 중앙대 국악대학장 2009~2010년 유네스코 세계문화유산 심사위원 2010년 중앙대 예술대학 전통예술학부 음악예술전공 명예교수(현) [상]동아음악콩쿠르 입상(1970·1972), 대한민국작곡상(1983), KBS국악대상 작곡상(1996), 난계악학대상(2003), 기독문화대상(2004) [저]'어린이나라' '겨레음악' '정읍후사' '국악작곡입문' '가야고작품집' '동양음악' '국악감상' '비단길음악과 한국음악' '새로운 한국음악사' '아시아음악연구' '한국음악의 멋' '실크로드 길 위의 노래' '정말 알아야 할 우리음악'(2007) [역]'인도음악의 라가와 딸라의 역사' '아시아음악연구' [작]'거문고협주곡-왕산악, 신고산' '알타이춤곡' [종]기독교

전장수(田長秀) JEON Jang Soo

[생]1960·3·17 [주]광주 북구 첨단과기로123 광주과학기술원 대학원 생명과학부(062-715-2497) [학]1986년 부산대 생물학과졸 1988년 同대학원 생물학과졸 1992년 이학박사(미국 매사추세츠대) [경]1992~1994년 미국 하버드대 의과대학 박사 후 연구원 1994~2000년 경북대 생물학과 조교수·부교수 2000년 광주과학기술원 대학원 생명과학부 부교수·교수(현) 2015년 同대학원장 겸 교학처장(현) [상]광주과학기술원 우수연구상(2005·2008·2011), 보건복지부장관표창(2012), 한국분자세포생물학회 학술상(2013), 제10회 경암학술상 생명과학부문(2014)

전장열(全長烈) JEON Jang Youl

[생]1952·8·18 [출]부산 [주]서울 서초구 효령로60길 16 금강공업빌딩6층 금강공업(주) 회장실(02-3415-4010) [학]1971년 경신고졸 1977년 미국 서던캘리포니아대(USC)졸 1984년 부산대 경영대학원 수료 [경]1981년 동서화학공업(주) 회장 1982년 한국주철관공업(주) 이사 1982년 금강공업(주) 대표이사 사장 1991년 금강정공(주) 대표이사 사장 1995년 금강렌탈(주) 이사 1997년 금강공업(주) 대표이사 부회장 1997년 금강정공(주) 부회장 1998년 부산방송(주) 이사 1998년 금강공업(주) 회장(현) 1998~2003년 금강정공(주) 회장 겸임 2005년 고려산업(주) 대표이사 회장 겸임(현) [상]상공부장관표창, 국무총리표창 [종]불교

전재경(全在敬)

[생]1960·12·27 [출]대구 [주]대구 중구 공평로88 대구광역시청 자치행정국(053-803-2080) [학]성광고졸, 영남대 지역개발학과졸, 대구대 대학원 산업복지학과졸 [경]2001년 달성군 문화공보실장 2002년 同기획감사담당관, 同화원읍장 2008년 同행정지원과장 2009년 同행정관리국장(서기관) 2010년 대구시 도시철도건설본부 관리부장 2011년 대구시의회 사무처 전문위원 2013년 대구시 대변인 2015년 세종연구소 교육파견 2016년 대구시 자치행정국장(현)

전재광 J. K. Chun

[생]1962·10·22 [주]서울 서초구 남부순환로2477 JW홀딩스 임원실(02-840-6777) [학]1981년 서울고졸 1985년 성균관대 약학과졸 1987년 同대학원 약학과졸 2004년 약학박사(성균관대) [경]1975~1987년 국립경찰병원 약제부 근무 1987~1997년 영진약품공업(주) 근무 1998년 JW중외제약 개발부 개발팀장(차장) 2000년 同개발실장(부장대우) 2004년 同기획조정실 총괄부장 2005년 同기획조정실장(이사대우) 2008년 同경영기획실장(상무) 2009년 同마케팅전략실장(상무) 2010년 同대외업무실장(수석상무) 2011년 同사업개발실장(수석상무) 2013년 同개발임상부문장(전무) 2014~2015년 JW홀딩스 관장임원(전무) 2014~2015년 JW크레아젠 대표이사 전무 2015년 JW중외제약 C&C신약연구소 대표이사 전무 2015년 JW홀딩스 대표이사 전무 2015년 同대표이사 부사장(현) 2015년 JW중외제약 C&C신약연구소 대표이사 부사장 겸임(현)

전재국(全宰國) Chun Jae-kook (文丁)

[생]1959·10·27 [본]전주(全州) [출]서울 [주]서울 서초구 사임당로82 (주)시공사 비서실(02-3486-6877) [학]1978년 동국대사대부고졸 1983년 연세대 경영학과졸 1990년 미국 펜실베이니아대 대학원 경영학과졸(경영학석사), 同대학원 정책학박사과정 수료 [경]1991년 (주)시공사 대표이사 회장(현) 1993년 도서출판 음악세계 대표·회장(현) 1994년 (주)리브로 회장 [상]문화관광부장관표창(1998), 산업자원부장관표창(2001), 국무총리표창(2006) [종]불교

전재규(全在奎) CHEUN Jae Kyu (白岩)

[생]1938·3·10 [출]경북 칠곡 [주]대구 중구 달성로56 계명대학교 의과대학(053-250-7457) [학]1956년 대구 계성고졸 1962년 경북대 의과대학졸 1977년 同대학원졸 1981년 의학박사(경북대) [경]1967~1971년 미국 의사면허 및 마취과 전문의 취득(미국 Cleveland Clinic 병원) 1973년 대구동산병원 마취과장 1978년 미국 Temple대 의과대학 조교수 1981~2003년 계명대 의과대학 마취과 교수 1981년 同의대 주임교수·마취과장 1985년 경주기독병원 이사 1990년 대한마취과학회 회장 1994년 대한통증학회 회장 1996년 계명대 의과대학장 1999년 한국의료윤리교육학회 회장 2000년 한국호스피스협회 이사장·상임고문 2002년 동산의료원 박물관장 2002년 대구3.1운동재현운동 위원장 2003년 계명대 의과대학 명예교수(현) 2003년 동산의료원 의료선교박물관 명예관장(현) 2009년 건양대 대학원 치유선교학과 외래교수, 대신대 대학원 치유선교학과 석좌교수 2009~2013년 同총장 [상]동아의료문화상(대한의학협회), 국무총리표창, 국가보훈처장표창, 대구시장표창(2013) [저]'임상산과마취'(1994, 계명대학교출판부) '순환호흡생리'(1996, 군자출판사) '수액요법의 실제'(1999, 군자출판사) '통증의학' '호스피스총론' '임상의를 위한 척추마취'(2001, 군자출판사) '동산에서의 30년'(2003, Timebook) '동산병원과 대구3.1독립운동의 정체성'(2003, Timebook) '의사의 눈으로 본 십계명 주기도 팔복'(2003, 생명의말씀사) '대구 3·1독립운동의 정체성 (II)'(2010, NEWLOOKS) '대구는 제2의 예루살렘'(2012, NEWLOOKS) '전인치유, 현대과학 그리고 성경(共)'(2015, 이레서원) '구원을 이루시는 약속의 도피성'(2015, NEWLOOKS) [종]기독교

전재기(全在基) JEON JAE KI (五孔)

[생]1949·5·17 [본]옥산(玉山) [출]경북 경주 [주]울산 중구 학성로94의1 전재기이비인후과의원(052-243-6727) [학]1968년 경주고졸 1975년 부산대 의대졸 1992년 同대학원졸 1995년 의학박사(부산대) [경]1975~1980년 부산대병원 인턴·이비인후과 레지던트 1980년 이비인후과전문의자격 취득 1980~1981년 국군106야전병원 이비인후과장(대위) 1981~1983년 국군마산통합병원 이비인후과장(소령) 1983~1984년 울산동강병원 이비인후과장 1984년 전재기이비인후과의원 원장(현) 1992~1998년 울산시 중구선거관리위원회 위원 1995년 부산대 의과대학 이비인후과 외래교수 1998년 법무부 범죄예방위원회 의료지원분과 위원 1998~1999년 北울산로타리클럽 회장 1998~2000년 의료보험연합회 경남지부 비상근심사위원 1999년 중울산팔각회 회장 2000년 GCS밝은사회 울산클럽 회장 2000~2001년 울산시의사회 총무이사 2000년 울산시 중구의사회 부회장 2001~2004년 건강보험심사평가원 창원지원 비상근심사위원 2002~2004년 울산시이비인후과개원의협의회 회장 2003~2004년 대한이비인후과개원의협의회 부산·울산·경남지회장 2003~2004년 同부회장 2003~2006년 울산시 중구의사회 회장 2003~2006년 울산시의사회 부회장 2003~2005년 울산지검 의료자문위원회 부위원장 2003~2004년 국제로타리 3720지구 총재보좌역 2004~2006년 대한이비인후과개원의협의회 감사 2004년 대한의사협회 중앙대의원 2005년 울산지검 범죄피해자지원센터 운영위원 겸 의료전문위원장 2006~2009년 (사)울산양산범죄피해자지원센터 부이사장 2006~2009년 울산시의사회 회장 2006년 부산대 의학전문대학원 외래교수(현) 2007~2014년 울산그린닥터스 국제의료봉사단 단장 2007~2011년 민주평통 자문위원 2007~2013년 울산그린닥터스 수석대표 2007년 (재)그린닥터스 공동대표 이사(현) 2010년 대한의사협회 자문단 위원(현) 2010~2013년 (사)울산범죄피해자지원센터 부이사장 2012~2014년 울산지검 의료자문위원회 위원장 2012~2016년 대한의사협회 남북한의료협력위원회 위원장 2014년 (사)울산범죄피해자지원센터 이사장 2014년 대한이비인후과개원의사회 고문(현) 2014년 (사)울산그린닥터스 이사장(현) 2015년 대한의사협회 고문(현) [상]보건복지부장관표창(1999), 대한이비인후과학회 사회봉사상(2006), 문화관광부장관표창(2007), 울산광역시장표창(2008), 법무부장관표창(2008)

전재명(全在明) Jeon jae myung

[생]1958·2·7 [출]경북 군위 [주]대전 유성구 과학로80의67 한국조폐공사 임원실(042-870-1003) [학]1976년 영남고졸 1982년 영남대 경영학과졸 [경]1982년 한국조폐공사 입사 2006년 同비서실장 2008년 同인력관리팀장 2009년 同ID본부 생산처장 2009년 同관리처장 2011년 同홍보실장 2012년 同ID사업단장 2012년 同노사협력실장 2012년 同화폐본부장 2014년 同부사장 겸 기획이사(현)

전재성(全宰成·女) CHUN Jae Sung

[생]1959·7·28 [본]평강(平康) [출]충북 청주 [주]서울 종로구 자하문로17길12의10 (주)매거진플러스(02-320-6000) [학]1983년 이화여대 불어교육과졸 [경]1985년 여원 근무 1990년 서울신문사 퀸부 기자 1996년 同퀸부 차장 1999년 同퀸부 팀장 1999년 同파르베부 팀장 2000년 스포츠서울21 매거진국장 2002년 (주)매거진플러스 대표이사(현) 2013년 제40대 한국잡지협회 부회장 2015년 한국양성평등교육진흥원 초빙교수(현) [상]서울시장표창(2009) 문화체육관광부장관표창(2009)

전재성(全在晟) CHUN Chae Sung

[생]1965·2·15 [주]서울 관악구 관악로1 서울대학교 사회과학대학 정치외교학부(02-880-9004) [학]1987년 서울대 외교학과졸 1989년 同대학원 외교학과졸 1997년 정치학박사(미국 노스웨스턴대) [경]1998년 한국정치학회 회원 1998년 한국국제정치학회 회원 2001년 숙명여대 정법대학 정치외교학과 조교수 2003년 서울대 사회과학대학 외교학과 조교수·부교수·교수, 同정치외교학부 외교학전공 교수(현) 2008년 대통령직속 미래기획위원회 미래외교·안보분과 위원 2009~2010년 서울대 사회과학대학 학생부학장 2011년 외교통상부 핵안보정상회의 자문위원 2014년 대통령직속 통일준비위원회 외교안보분과위원회 전문위원(현) [저]'소프트파워와 21세기 권력'(共) '북핵문제 한반도 평화정착'(共) '지식질서와 동아시아'(共) '한국의 스마트파워 외교전략(共)'(2009, 한울)

전재수(田載秀) JUN Jae Soo

[생]1971·4·20 [출]경남 의령 [주]서울 영등포구 의사당대로1 국회 의원회관735호(02-784-7431) [학]부산 구덕고졸, 동국대 사범대학 역사교육과졸, 同대학원 정치학과졸 [경]2000~2003년 국회의원 수석보좌관 2003년 제16대 대통령직인수위원회 경제1분과 행정관 2003년 재정경제부 장관 정책보좌관 2004년 대통령비서실 국정상황실 행정관 2005년 대통령 경제정책수석비서관실 행정관 2006년 대통령자문 동북아시대위원회 자문위원 2006년 부산시 북구청장선거 출마(열린우리당) 2006~2007년 대통령 제2부속실장 2008년 제18대 국회의원선거 출마(부산시 북구·강서구甲, 통합민주당) 2008년 민주당 부산시북구·강서구甲지역위원회 위원장 2008년 同부대변인 2012년 제19대 국회의원선거 출마(부산시 북구·강서구甲, 민주통합당) 2015년 더불어민주당 부산시북구·강서구甲지역위원회 위원장(현) 2016년 제20대 국회의원(부산시 북구·강서구甲, 더불어민주당)(현) 2016년 더불어민주당 조직강화특별위원회 위원(현) 2016년 국회 교육문화체육관광위원회 위원(현) 2016년 국회 예산결산특별위원회 위원(현) 2016년 국회 민생경제특별위원회 위원(현) 2016년 한국아동인구환경의원연맹(CPE) 회원(현)

전재순(田在淳) JEON Jae Soon (笠巖)

[생]1959·9·16 [본]담양(潭陽) [주]충남 서천군 서면 서인로 235번길85 한국중부발전 서천화력본부(070-7511-6000) [학]목포공고졸, 광주대 건축공학과졸, 성균관대 국정관리대학원 공공기관관리자과정 수료, 서울대 경영대학원 공기업고급경영자과정 수료 [경]한국전력공사 호남화력발전소 과장, 同서인천복합건설사무소 과장, 同발전처 과장, 한국중부발전(주) 양양양수건설사무소 토목건축팀장, 同보령화력발전본부 건축팀장 2012년 同사옥건설TF실장 2012년 同서울화력발전소 서울복합건설관리실장 2012년 同세종열병합건설소장 2013년 同제주화력발전소장 2014년 同서천화력발전소장 2015년 同서천화력본부장(현) [상]산업자원부장관표창(2002), 대통령표창(2009), 전국품질경영상 대통령상 금상(2011) [저]'발전소유지관리지침서'(2004) [종]기독교

전재열(全在烈) CHUN Jae Youl

[생]1958·7·10 [출]경북 예천 [주]경기 용인시 수지구 죽전로152 단국대학교 건축공학과(031-8005-3736) [학]1981년 서울대 건축학과졸 1983년 同대학원 건축학과졸 1993년 공학박사(서울대) [경]1983년 한국환경건축연구소 연구원 1984년 (주)선진엔지니어링 대리 1997년 단국대 건축공학과 조교수·부교수·교수(현) 2011년 한국건설VE연구원 원장 2013년 한국퍼실리티매니지먼트학회 회장 2014년 단국대 리모델링연구소장(현) 2015년 한국건설관리학회 회장(현) [저]'건설경영공학'(共) '건축학요설'(共) '건축공사표준시방서'(共)

전재우(全宰佑) JUN Jae Woo

[생]1968·9·20 [출]대구 [주]세종특별자치시 다솜2로94 해양수산부 해운물류국 해운정책과(044-200-5710) [학]검정고시 합격 1992년 경북대 행정학과졸 2001년 영국 카디프대 대학원 해양정책학과졸 [경]1994년 행정고시 합격(38회) 1996년 마산지방해양수산청 항무과 사무관 1997~1999년 해양수산부 항만정책국 항만유통과·항만물류과·항만운영개선과 사무관 2002년 同해양정책국 해양정책과 사무관 2003년 同기획관리실 기획예산담당관실 서기관 2005년 同해운물류국 항만운영과장 2007년 同해운물류본부 항만운영팀장 2007년 駐미국대사관 1등서기관 2010년 국토해양부 항공산업과장 2011년 평택지방해양항만청장 2013년 해양수산부 수산정책실 양식산업과장 2014년 同수산정책실 수산정책과장(서기관) 2015년 同수산정책실 수산정책과장(부이사관) 2016년 同해운물류국 해운정책과장(현)

전재원(全哉垣) JUN Jae-won

[생]1955·5·15 [본]용궁(龍宮) [출]경북 구미 [주]경북 포항시 남구 지곡로394 포항테크노파크 본부동 동북아시아지역자치단체연합 사무국(054-223-2311) [학]1973년 대구고졸 1977년 한국외국어대 중국어과졸 1990년 대만 국립정치대 대학원졸 1997년 정치학박사(중국 베이징대) [경]1978년 외무부 입부 1984년 駐아가나총영사관 부영사 1988년 해외 유학(대만국립정치대) 1992년 駐중국 2등서기관 겸 영사 1998년 駐뉴질랜드 1등서기관 겸 영사 2001년 외교통상부 홍보과장 2002년 駐밴쿠버총영사관 영사·부총영사 2006년 駐상하이영사 2009년 駐선양 부총영사 2011년 駐시안 총영사 2015년 동북아시아지역자치단체연합 사무국 사무총장(현) [상]근정포장(2002), 베스트 공관장상(2013), 홍조근정훈장(2015) [종]기독교

전재철(全載哲) JEON Jae Cheol

[생]1952·8·7 [출]충남 서천 [학]광운전자공고졸, 경기대 교정학과졸 [경]1981년 경찰간부후보 29기(경위 임용) 1991년 경감 승진 1998년 경정 승진 1998년 경기지방경찰청 경비 근무 1998년 의정부경찰서 정보과장 2001년 부천남부경찰서 정보보안과장 2003년 경기지방경찰청 3부 정보2계장 2005년 제주지방경찰청 보안과장 2006년 강원지방경찰청 보안과장 2006년 전남지방경찰청 보안과장 2007년 충남 서천경찰서장 2008년 대전지방경찰청 청문감사담당관 2009년 충남 부여경찰서장 2010년 경기지방경찰청 제2부 생활안전과장 2011년 충남 보령경찰서장 2013년 충남일보 대표이사 사장 2015~2016년 同대표이사 회장(발행인·인쇄인) [종]불교

전재호(全在浩) JEON Jae Ho

[생]1948·1·27 [출]경남 거창 [주]서울 영등포구 여의나루로81 파이낸셜뉴스 비서실(02-2003-7100) [학]1967년 경남고졸 1969년 동아대 법학과 중퇴 [경]1973년 대한항공 입사 1980년 同다란지점장 1987년 同운송부 관리차장 1988년 국민일보 비서실장 1989년 同총무국 총무부장 겸 전산부장 겸 수송부장(부국장대우) 1989년 同총무국 부국장 1993년 同공무국장 1997년 同의전실장(이사) 1998년 同광고홍보국장(이사) 1999년 同광고홍보총괄담당 이사 1999년 同비서실장 겸 광고담당 상무이사 1999년 스포츠투데이 상무이사 겸임 2000년 넥스트미디어신문 광고담당 상무이사 2000년 국민일보 부사장 2001년 네트워크티브이(주) 대표이사 사장 2002년 파이낸셜뉴스 대표이사 사장 2010년 同대표이사 회장(현) 2010년 덕형포럼 회장 [종]기독교

전재호(全在昊) JEON Jae Ho

[생]1961·3·22 [본]옥천(沃川) [출]부산 [주]경남 창원시 성산구 창원대로797 한국기계연구원 부설 재료연구소 나노기능분말연구실(055-280-3531) [학]1984년 부산대 금속재료공학과졸 1989년 한국과학기술원(KAIST) 재료공학과졸(석사) 1994년 재료공학박사(한국과학기술원) [경]1995년 한국기계연구원 부설 재료연구소 나노기능분말연구실 책임연구원(현) 1996~1998년 영국 버밍엄대 IRC 방문연구원 2003년 국제경사기능재료연구회 평의원(현) 2005년 슬로베니아 Jozef Stefan Institute 방문연구원 2007~2011년 창원대 공과대학 겸임교수 2011~2012년 EU-FP(유럽연합 연구개발사업) 나노분야 국가조정관

전재희(全在姬·女) JEON Jae Hee

[생]1949·9·6 [본]용궁(龍宮) [출]경북 영천 [학]1967년 대구여고졸 1972년 영남대 행정학과졸 1991년 미국 미네소타주립대 수료 1999년 고려대 노동대학원 수료 [경]1973년 행정고시 합격(13회) 1973년 문화공보부 방송관리국 지도과 사무관 1982년 노동부 부녀소년과장 1985년 同재해보상과장 1986년 同공공훈련과장 1988년 同임금복지과장 1989년 同훈련기획과장 1991년 同부녀지도관 1992년 同노동보험국장 1993년 同직업훈련국장 1994~1995년 경기 광명시장 1995~1998년 경기 광명시장(민자당·신한국당·한나라당) 2000~2002년 제16대 국회의원(전국구, 한나라당) 2000년 한나라당 부대변인 2001~2002년 同제3정책조정위원장 2002년 제16대 국회의원(광명 보궐선거, 한나라당) 2003년 한나라당 정책위 부의장 2004년 제17대 국회의원(광명乙, 한나라당) 2004년 한나라당 전당대회 부의장 2006~2007년 同정책위 의장 2007~2008년 同최고위원 2008년 제18대 국회의원(광명乙, 한나라당·새누리당) 2008년 보건복지가족부 장관 2010년 보건복지부 장관 2011년 국회 문화체육관광방송통신위원장 2012년 제19대 국회의원선거 출마(광명乙, 새누리당) [상]노동부장관표창, 내무부장관표창, 소롭티미스트한국협회 탁월한 여성상, 영남대총동창회 자랑스러운 영대인상(2009) [종]천주교

전정구(全絃九) JEON Jeong Goo (阮村)

[생]1932·5·15 [본]옥천(沃川) [출]전북 장수 [주]서울 서초구 논현로83 삼호물산빌딩A동1801호 전정구법률사무소(02-589-5041) [학]1951년 전주중(6년제)졸 1956년 서울대 상과대학 경제학과졸 1958년 미국 조지워싱턴대 대학원 재정정책과정 수학 [경]1953년 고등고시 행정과 합격(5회) 1955년 재무부 수습행정관 1957년 同사무관 1958년 고등고시 사법과 합격(9회) 1960년 軍법무관 1961년 법무부 장관보좌관 1961년 재무부 기획관 1963년 변호사 개업(현) 1965년 행정개혁위원회 전문위원 1971년 제8대 국회의원(전국구, 민주공화당) 1971년 한국조세법학회 회장 1974년 재무부 세제심의위원회 위원 1979년 제10대 국회의원(유신정우회) 1985~1987년 한국국제조세협회(IFA) 이사장 1995~1999년 한·일변호사협의회 회장 [저]'체계 조세판례집' '한국조세법의 제문제' 문집 '조세정의는 살아서 기능하고 있는가' 고희기념 자전적수필집 '삼가하는 마음으로 부지런하게' [역]'新의회운영의 지향' '정부예산의 이론과 실제'

전정애(全正愛·女) Jeon Jeong Ae

[생]1963·2·8 [본]옥천(沃川) [출]충북 영동 [주]충북 청주시 상당구 목련로27 충청북도여성발전센터(043-220-6450) [학]1981년 충북여고졸 1985년 청주대 사회복지학과졸 1996년 이화여대 사회복지전문대학원 사회복지학과졸 2008년 사회복지학박사(청주대) [경]1991~2002년 청주시 지방사회복지주사보 2002~2005·2007~2010년 충북도 복지정책과 지방사회복지주사 2005년 충북도 여성발전센터 교육운영팀장 2010년 충북도 여성정책관(지방사무관) 2012년 同복지정책과 지방사무관 2015년 충북도여성발전센터 소장(현) [상]대통령표창(2013) [저]'충북복지론(共)'(2006, 충북개발연구원) [종]기독교

전정우(全鋌祐) JEON Jeong Woo

[생]1963·7·21 [출]대구 [주]서울 영등포구 여의대로66 KTB빌딩13층 KTB자산운용(주) 주식운용본부(02-788-8520) [학]연세대 경제학과졸 [경]1989~1996년 대한투자신탁 리서치 애널리스트·주식펀드매니저, 삼성자산운용 주식운용총괄본부장 2014년 KTB자산운용(주) 주식운용본부장(CIO·전무)(현)

전정진(田正進) CHUN Jung Jin

[생]1954·9·24 [주]경기 안양시 만안구 성결대학로53 성결대학교 신학부(031-467-8177) [학]1978년 아주대 전자공학과졸 1980년 연세대 대학원졸 1988년 성결대 신학과졸 1993년 미국 고든콘웰신학대 대학원졸 2001년 신학박사(영국 브리스톨대) [경]1997년 성결대 신학대학 신학부 전임강사·조교수·부교수·교수(현) 2006·2009~2013년 同신학대학장 2012년 同성결신학연구소장 2013~2015년 同교목실장

전정철(全貞喆) JEON Jung Chul

[생]1957·9·15 [출]전남 담양 [주]전남 무안군 삼향읍 오룡길1 전라남도의회(061-286-8186) [학]조선이공대 전기과졸, 호남대 전기공학과졸, 同경영대학원 경영학과졸 [경]대우건설 전기부 근무, 한국전기안전공사 근무, (주)전광 대표이사, (주)한신엔지니어링 대표이사, (사)한국청소년육성회 담양지구 부회장, 한국자유총연맹 지도위원장, 담양군볼링협회 회장, 새천년민주당 담양지구당 정책실장, 민주평통 자문위원 2006·2010~2014년 전남 담양군의회 의원(민주당·민주통합당·민주당) 2006~2008년 同부의장 2010년 同의장 2012년 전남시·군의회의장협의회 부회장 2014년 전남도의회 의원(새정치민주연합·더불어민주당)(현) 2014년 同건설소방위원회 위원 2015·2016년 同예산결산특별위원회 위원(현) 2016년 同안전건설소방위원회 위원(현)

전정환(全定煥) JEON JEONG HWAN

[생]1957·8·20 [출]강원 정선 [주]강원 정선군 정선읍 봉양3길21 정선군청 군수실(033-560-2201) [학]정선종합고졸 [경]1976~1995년 정선군 북면사무소·기획계장·감사계장·행정계장 1995~2006년 지방행정사무관(정선군의회 전문위원·정선군 산업진흥과장·자치행정과장) 2006년 정선군 기획감사실장(지방서기관) 2008년 同부군수 2010년 강원도인재개발원 교육연구실장 2011년 통일부 파견 2012년 강원도 문화관광체육국 문화예술과장 2013년 정선군 부군수 2014년 강원 정선군수(새누리당)(현) [상]전국여성대회 우수지방자치단체장상(2015)

전정희(全正姬·女) Jeong Hee Jeon

[생]1960·10·24 [출]전북 익산 [주]서울 마포구 마포대로38 국민의당(02-715-2000) [학]1979년 전주여고졸 1983년 이화여대 정치외교학과졸 1985년 同대학원 정치학과졸 1992년 정치학박사(전북대) [경]전북대 겸임교수, 전북여성정치발전센터 소장, 전북발전연구원 여성정책연구소장 2012년 민주통합당 부대변인 2012년 제19대 국회의원(익산乙, 민주통합당·민주당·새정치민주연합·더불어민주당·국민의당) 2012년 국회 지식경제위원회 위원 2013년 국회 산업통상자원위원회 위원 2013년 국회 여성가족위원회 위원 2013년 민주당 부대변인 2013년 同당무위원 2014년 새정치민주연합 6.4지방선거 공직선거후보자추천관리위원회 위원 2014년 同수석사무부총장 2014년 同혁신실천위원회 위원

2014~2015년 同원내부대표 2014년 국회 국민안전혁신특별위원회 위원 2015년 여성소비자신문 자문위원(현) 2015~2016년 더불어민주당 혁신실천위원회 위원 2016년 국민의당 여성위원회 공동위원장(현) 2016년 同익산甲지역위원회 위원장(현) [상]한국입법학회 대한민국 입법대상(2014), 국정감사 NGO모니터단 선정 국감우수의원(2013·2014), 전국청소년선플SNS기자단 선정 '국회의원 아름다운 말 선플상'(2015), 원자력안전과미래 선정 '원자력 안전상'(2015), 법률소비자연맹 선정 '국회의원 종합헌정대상'(2016) [저]'행복한 동행, 함께 꿈꾸는 익산'(2012) '시장이 살아있네'(2013) [종]원불교

전제경(全濟京) JEON Je Kyung

[생]1961·9·5 [본]죽산(竹山) [출]서울 [주]전남 나주시 빛가람로760 한국방송통신전파진흥원 방송통신진흥본부(061-350-1380) [학]1981년 경기고졸 1988년 한양대 신문방송학과졸 2005년 성균관대 국정대학원 갈등관리과정 이수 [경]1988년 쌍용정보통신(주) 입사 1997년 同홍보마케팅팀장 1998년 同홍보팀장(부장) 1999년 同홍보팀장 겸 인사총무팀장 2000년 同홍보팀장 2001년 (주)커뮤니케이션즈코리아 기획관리담당 이사 2004년 (주)에이컴 대표컨설턴트 2005년 정보통신부 홍보담당관 2006년 同정책홍보관리본부 홍보팀장 2008년 방송통신위원회 대변인실 근무(과장급) 2008년 전국경제인연합회 홍보실장 2011년 한국방송통신전파진흥원 대외협력부장 2013년 미래창조과학부 홍보자문관(파견) 2015년 한국방송통신전파진흥원 방송통신진흥본부장(현) [종]천주교

전종갑(田鍾甲)

[생]1959·11·15 [출]경북 [주]강원 원주시 건강로32 국민건강보험공단 임원실(033-736-1410) [학]1977년 죽변종합고졸 1984년 동양공업전문대 기계설계과졸 1999년 한국방송통신대 행정학과졸 2008년 대경대 사회복지학과졸 2010년 연세대 보건대학원 보건정보학과졸 [경]1987년 울진군의료보험조합 공채(4급) 입사 2004년 국민건강보험공단 포항남부지사 부장 2005~2007년 同영덕·삼척지사장 2007~2009년 同자금운용·재정관리부장 2010년 同재정관리실장 2011년 同보험급여실장 2012년 同감사실장 2013년 同인력지원실본부장 2016년 同부산지역본부장 2016년 同징수상임이사(현) [상]보건복지부장관표창(2001), 대통령표창(2009)

전종구(全鍾九) JUN Chong Ku

[생]1954·11·28 [출]충북 영동 [주]대전 중구 충무로112의1 (주)맥스SNI(042-255-7036) [학]1973년 대전고졸 1978년 성균관대 신문방송학과졸 2005년 대전대 경영행정대학원 통일안보학과졸 [경]1977년 중앙일보 입사 1978~1983년 同사회부·체육부 기자 1983년 同싱가포르특파원 1993년 同전국부 차장 1994년 同체육부 차장 1997년 同충청취재반장 1999년 同중부사업본부장(부장) 1999년 목요언론인클럽 사무총장·부회장·회장·고문(현) 2000년 학교법인 한빛학원 이사 2001년 중앙일보 중부사업본부장(부장급) 2002~2006년 同중부취재본부장(부국장) 2005년 서울평양학회 자문위원 2006년 중앙일보 중부사업본부 고문 2006년 대전대 정치외교학과 겸임교수 2006년 열린우리당 원도심활성화추진특별위원회 위원장 2006년 同대전 중구청장 후보 2007년 (주)맥스SNI 대표(현) 2012~2013년 대전시티즌 대표이사 사장 2012년 한국체육언론인회 이사(현) 2013~2014년 한국프로축구연맹 이사 [상]이길용 체육기자상(1992) [저]'네가 휴머니스트냐!'(2006) [종]기독교

전종근(全鍾根) Jong Kun Jun

[생]1968·8·12 [주]경기 용인시 처인구 모현면 외대로81 한국외국어대학교 경상대학 국제경영학과(031-330-4937) [학]1992년 서울대 해양학과졸 1995년 同대학원 경영학과졸 2005년 경영학박사(서울대) [경]2000년 (주)베스트케이씨 이사 2000~2003년 동의대 인터넷비즈니스학과 조교수 2003년 한국외국어대 경상대학 국제경영학과 조교수·부교수·교수(현) 2006년 同경상대학 부학장 2007년 同경제개발센터장 2011~2013년 同교양학부장 2012~2016년 同창업보육센터소장 2016년 同경상대학장(현) [상]The best paper award(2002)

전종민(全鐘敏) JEON, Jongmin

[생]1959·10·8 [본]정선(旌膳) [출]서울 [주]경기 과천시 관문로47 경인지방식품의약품안전청(02-2110-8004) [학]1986년 건국대 수의학과졸 [경]1987~1990년 국립동물검역소 주무관 1990~2009년 농림수산식품부 주무관·사무관·서기관 2009년 同농림수산검역검사본부 과장 2011년 同검역정책과장 2013년 식품의약품안전처 농축수산물안전국 농축수산물정책과장 2014년 同국제협력담당관실 통상협력(T/F)팀장 2015년 同식품안전정책국 수입식품정책과장 2015년 同식품안전정책국 수입식품정책과장(부이사관) 2016년 경인지방식품의약품안전청장(현)

전종성(田鍾成)

[생]1961·1·13 [출]경남 의령 [주]경남 창녕군 대지면 우포2로1097 창녕소방서(055-259-9200) [학]마산상고졸, 계명대 일본학과졸 [경]1990년 소방공무원 임용(소방간부후보생 6기) 1999년 경남도 소방본부 구조계장(지방소방령) 2001년 경남 창원소방서 방호과장 2003년 경남 양산소방서 소방행정·방호과장 2004년 경남도 소방본부 예방소방·행정계장 2007년 경남 동마산소방서장(지방소방정) 2008년 경남 마산소방서장 2010년 경남 함안소방서장 2011년 경남 김해소방서장 2012년 경남 밀양소방서장 2014년 경남 산청소방서장 2016년 경남 창녕소방서장(현) [상]국무총리표창(2003), 대통령표창(2010)

전종순(全鍾淳) CHUN Jong Soon

[생]1949·4·15 [본]정선(旌善) [출]경기 개성 [주]경기 성남시 분당구 판교역로109 SK허브B동437호 (사)한국재도전중소기업협회 비서실(02-2068-6770) [학]1968년 경기고졸 1973년 고려대 법학과졸 [경]1979~1990년 신용보증기금 근무 1990년 기술신용보증기금 근무 1996년 同파주지점장 1997년 同기술평가센터소장 1999년 同강동지점장 2000년 同기획부장 2000년 同기술평가사업본부장 2001년 同이사 2004~2005년 (주)기보캐피탈 대표이사 2005년 JS경영연구원 원장 2006년 호서대 창업대학원 겸임교수 2007~2013년 건국대 일반대학원 벤처전문기술학과 겸임교수 2007~2008년 서울시각장애인복지관 관장, 지음경영연구원 원장(현), (사)한국재도전중소기업협회 명예회장(현), 행복나눔센터 회장(현) [상]국무총리표창 [종]기독교

전종화(全鍾華)

[생]1959·8·27 [출]전남 강진 [주]전남 무안군 삼향읍 오룡길1 전라남도청 농림축산식품국(061-286-6200) [학]1990년 전남대 행정대학원 행정학과졸 2011년 원예학박사(전남대) [경]1980년 공무원 임용(7급 공채) 1980~2000년 전남도 농정과·감사실·양정과 근무 2000년 전남 광양시 농정과장(사무관) 2002년 전남도 경제통상국 농수산물수출계장 2003~2005년 同농산정책과 근무·친환경농업과 원예특작계장 2005년 同농산물유통과 가공산업계장 2007년 전남도농업기술원 친환경교육과장·농업자원관리소장(서기관) 2010년 전남도 농업정책과장 2011년 同친환경농업과장 2014년 방행정연수원 고위정책과정 교육파견(지방부이사관) 2015년 광양만권경제자유구역청 행정개발본부장 2016년 전남도 농림축산식품국장(현) [상]국무총리표창(1998), 대통령표창(2005), 근정포장(2013)

전주성(全周省) JUN Joo Sung

[생]1957·3·14 [주]서울 서대문구 이화여대길52 이화여자대학교 사회과학대학 경제학과 인문관410호(02-3277-2796) [학]1979년 서울대 경제학과졸 1985년 미국 하버드대 대학원 경제학과졸 1988년 경제학박사(미국 하버드대) [경]1988~1994년 미국 Yale Univ. 조교수 1989년 미국 National Bureau of Economic Research 연구위원 1992~1993년 미국 Tax Foundation 기금교수 1994년 이화여대 사회과학대학 경제학과 교수(현) 1997년 재정정책포럼 회장 1997년 IMF 방문교수 1999년 세제발전심의위원회 위원 1999~2004년 BK21거버넌스사업단 총괄간사 2000년 산업자원부 산업발전심의위원 2002년 한국재정공공경제학회 편집위원장 2002년 KBS 객원해설위원 2002년 미국 Univ. of California San Diego 방문교수 2002년 국무총리실 경제사회연구회 이사 2002년 외교통상부 통상교섭자문위원 2002년 미국 National Bureau of Economic Research 방문연구원 2003년 산업자원부 산업발전심의위원회 위원 2003년 기획예산처 자체평가위원 2004년 BK21거버넌스사업단장 2004년 한국재정공공경제학회 감사 2005년 동아일보 '동아광장' 필진 2006년 한국재정공공경제학회 회장 2008년 국민경제자문회의 자문위원 [상]한국재정학상(2회), 홍조근정훈장(2006) [저]'경제학의 이해(한국경제의 발전과 과제)' '시장경제로 가는 길-한국의 시장경제 발전을 위한 제언' 'Multinational Investment: Incentives and Effects' 'The Korea Economy: Beyond the Crisis-Fiscal Response to the Financial Crisis' '사회과학의 이해-한국경제의 발전과 과제'

전주수(全周琇) JEON Ju Su

[생]1955·1·24 [본]정선(旌善) [출]강원 정선 [주]강원 춘천시 소양강로32 (재)춘천바이오산업진흥원(033-258-6910) [학]춘천고졸, 한국방송통신대 법학과졸, 강원대 경영행정대학원 행정학과졸 [경]강원도 기획관리실·기획관실·국제통상협력실 근무, 양양군 문화공보실장, 춘천시 효자2동장·정책담당관·미래산업담당관·영상산업지원과장·생물산업지원과장·하이테크벤처지원사업단장, 강원도 여성정책담당·지식산업담당 2004년 同환동해출장소 기획총괄과장 2004년 同총무과 근무 2005년 同환경관광문화국 관광사업추진단장 2007년 同미래기획단 혁신분권과장 2007년 同미래개발과장 2008년 同기업유치과장 2008년 同기획관 2010년 교육 입교 2010~2013년 춘천시 부시장 2014년 강원 춘천시장 예비후보(새누리당) 2016년 (재)춘천바이오산업진흥원 원장(현) [상]내무부장관표창, 강원도지사표창, 홍조근정훈장 [종]기독교

전주혜(全珠惠·女) Jun, Joo-Hyae

[생]1966·7·15 [출]광주 [주]서울 강남구 테헤란로133 한국타이어빌딩 법무법인 태평양(02-3404-0153) [학]1985년 은광여고졸 1989년 서울대 법과대학졸 [경]1989년 사법시험 합격(31회) 1992년 사법연수원 수료(21기) 1992년 서울지법 동부지원 판사 1994년 서울형사지법 판사 1995년 서울지법 판사 1996년 대전지법 판사 1999년 서울지법 판사 2001년 同동부지원 판사 2004년 서울고법 판사 2006년 서울가정법원 판사 2007년 광주지법 부장판사 2008년 사법연수원 교수(부장판사) 2010년 수원지법 부장판사 2011년 서울동부지법 부장판사 2013~2014년 서울중앙지법 형사1부 부장판사 2014년 법무법인 태평양 변호사(현) 2014년 여성가족부 사이버멘토링 대표멘토(현) 2014년 새누리당 7.30재보궐선거 공천관리위원회 위원 2015년 방송통신심의위원회 규제심사위원회 위원(현) 2015년 고려대 법학전문대학원 겸임교수(현) 2015년 국가인권위원회 자유권 제1전문위원회 위원(현) 2016년 새누리당 중앙윤리위원회 위원(현) 2016년 한국여성변호사회 부회장(현) 2016년 여성가족부 청년여성 멘토링 대표멘토(현) [저]'사법연수원 비밀 강의'(2011, 웅진지식하우스) '버텨라, 언니들'(2016, 북오션)

전주호(全周昊) JEON Ju Ho

[생]1947·3·3 [본]성주(星州) [출]경북 고령 [주]대구 남구 현충로146 보선빌딩5층 보선건설(주) 비서실(053-656-3000) [학]1965년 대구 계성고졸 1966년 경북대 법학과 중퇴 1977년 영남대 법학과 수료 1986년 영국 런던대 대학원 건설행정학과 수료 [경]1985년 대한전문건설협회 대구지회장 1989년 대구 서북로타리클럽 회장 1992~2014년 보선건설(주) 대표이사 회장 1997년 새마을운동 대구중구협의회장 2014년 보선건설(주) 회장(현) [상]행정자치부장관표창(1997), 건설교통부장관표창(2000), 노동부장관표창(2000)

전준수(全埈秀) JON Joon Soo

[생]1948·7·13 [본]천안(天安) [출]광주 [주]서울 마포구 백범로35 서강대학교 경영학부(02-705-8540) [학]1971년 서강대 영어영문학과졸 1977년 캐나다 오타와대 경영대학원 마케팅학과 수료 1979년 미국 뉴욕주립대 대학원 운송경영학과졸 1986년 해상운송경영학박사(영국 카디프대) [경]1987~1989년 한국해운산업연구원 연구실장 1989~2013년 서강대 경영대학 경영학과 교수 1991~1993년 同학생처장 1992~1993년 同대학원 무역학과 학과장 1993~1995년 同경영대학원 원장보 1997~1998년 同발전후원실장 1998년 아시아태평양경제위원회 위원 1998~1999년 서강대 학생처장 겸 취업정보처장 1999년 同총무처장 2000~2002년 同최고경영자과정 주임교수 2002~2003년 영국 런던씨티 비즈니스스쿨 Teaching Professor 2005~2007년 서강대 경영대학장 2005~2007년 전국대학학장협의회 이사 2005~2011년 경영대학교육인증원 이사 2006년 현대상선(주) 사외이사 겸 감사위원 2012~2014년 한국해양과학기술원 비상임이사 2013~2014년 서강대 대외협력부총장 2013년 同경영학부 명예교수 2014년 同경영학부 석좌교수(현) 2014년 부산항만공사 항만위원회 위원장(현) 2015년 해양수산부 총괄자문위원장(현), 현대상선 사외이사 겸 감사위원장(현) [상]서울시장표창(1992), 근정포장(2000), 제7회 한국로지스틱스대상 학술상(2004), 쉬핑가제트 40주년기념 공로감사패(2011), 황조근정훈장(2015) [저]'장기운송계약' '세계해운시장의 변화와 해운기업의 경쟁력 강화에 관한 연구'(共) '해양 21세기'(1998, 나남출판사) '글로벌 경쟁시대의 국제해상운송 실무'(2000, 박영사) '로지스틱스 21세기'(2002, 한국로지스틱스학회) 'The Handbook of Maritime Economics & Business'(2002, LLP) '종합물류의 이해'(2004, 박영사) '북한 젊은이들을 위한 경영학원론(共)'(2008) 'The Changing Face of Korean Management'(2009, Routledge) '해양의 국제법과 정치'(2011, 한국해로연구회) [종]천주교

전준식(全駿植) CHUN Joon Shik

[생]1925·1·7 [본]완산(完山) [출]경남 밀양 [주]서울 영등포구 국회대로750 금산빌딩311호 동아특수화학(주) 비서실(02-780-7651) [학]1943년 중국 통화성립유화고졸 1953년 경희대 중어중문과졸 [경]1967년 예편(육군 소령) 1969년 삼풍무역상사 창업·대표 1973년 동아특수화학(주) 설립·대표이사 회장(현) 1983년 중국 심양다스코화학유한공사 동사장(현) 1987년 동아특수정밀(주) 설립·대표이사 회장(현) 1988~2009년 한국윤활유공업협동조합 이사장 1990년 한국자동차공업협동조합 감사·이사(현) 1990년 경희대 문리과대학동문회 회장 1993년 중국 심양 다스코화학유한공사 합자회사 설립 1998~2015년 한국윤활유공업협회 이사·감사·부회장·이사 1998년 호주 DAS-CO-SANSHIN AUSTRALIA PTY. LTD. 대표이사 1998년 (주)기협기술금융 이사(현) 1998년 중소기업협동조합중앙회 수석부회장 2000년 同회장 직대 2000년 제27회 세계중소기업인대회(ISBC) 조직위원장 2001년 중소기업협동조합중앙회 고문 2006년 중소기업중앙회 고문(현) 2006년 (주)다스론 설립·대표이사 회장(현) 2007년 한국소비자보호교육원 평생자문위원 [상]화랑무공훈장(1964), 국군의날 대통령표창(1966), 산업포장(1988), 자동차공업발전공로 상공부장관표창(1992), 국가발전공로 대통령표창(1992), 경희인상(1994), 중소기업진흥공로 철탑산업훈장(1998), 산업표준화대상 대통령표창(2003), 중부지방국세청장표창(2005), 동탑산업훈장(2009) [종]기독교

전준열(全俊烈)

[생]1959·7·11 [출]전북 임실 [주]충남 서천군 장항읍 신창동로15 서천경찰서 서장실(041-955-5321) [학]전북 신흥고졸, 용인대 체육학과졸, 동국대 대학원 경찰행정학과졸 [경]1989년 경위 임용(경찰간부후보 37기) 1999년 전북 진안경찰서 수사과장(경감) 2006년 경기 부천중부경찰서 형사과장(경정) 2008년 경기 부천남부경찰서 수사과장 2012년 경기 부천소사경찰서 수사과장 2014년 경기 부천원미경찰서 수사과장 2015년 경기지방경찰청 제1부 경무과 근무(총경) 2015년 충남지방경찰청 형사과장 2016년 충남 서천경찰서장(현)

전준영(全峻永)

[생]1962·5·16 [출]서울 [주]경기 화성시 삼성전자로1 삼성전자(주) System LSI 기획팀(031-209-7114) [학]충암고졸, 성균관대 전자공학과졸 [경]삼성전자(주) 종합기술원 연구전략팀 담당임원, 同기술·혁신T/F장(상무) 2009년 同메모리사업부 상품기획팀 상무 2010년 한국컴퓨터정보학회 부회장 2011년 삼성전자(주) 메모리사업부 상품기획팀 전무 2012년 同메모리사업부 Global운영팀장(전무) 2013년 同메모리사업부 기획팀장(전무), 同System LSI 기획팀장(전무)(현)

전중규(全重圭) JHUN Joong Gyu

[생]1951·9·27 [본]천안(天安) [출]전남 보성 [주]서울 강남구 강남대로310 (주)호반건설 임원실(02-2007-7171) [학]1971년 광주상고졸 1977년 국제대 영어영문학과졸 2012년 서울대 경영대학 최고경영자과정 수료 [경]1981년 외환은행 미국 시카고지점 근무, 同을지로지점 근무 1989년 同여신심사부 근무, 同영업부 근무 1992년 同해외여신부 차장, 同부천지점 근무 1996년 캐나다 한국외환은행 심사부장 겸 관리부장 1999년 한국외환은행 춘천지점장 2000년 同여신관리부 부부장(대우계열 총괄) 2002년 同여신기획부장 2004년 同여신관리본부장 2006년 同여신관리본부장(상무) 2010~2011년 同여신본부 부행장(CCO) 2011년 同고문 2012년 법무법인 태평양 고문, (주)호반건설 상임감사 2014년 同대표이사(현) [종]기독교

전중옥(全中玉) JEON Jung Ok

[생]1957·7·17 [출]부산 [주]부산 남구 용소로45 부경대학교 경영대학 경영학부(051-629-5730) [학]1981년 성균관대 응용생물학과졸 1983년 부산대 대학원 경영학과졸 1990년 마케팅박사(미국 앨라배마대) [경]1983년 영국 스탠다드차타드은행 대리 1987년 미국 사회과학연구소 마케팅컨설턴트 1989년 同연구컨설팅실장 1990~2001년 올커뮤니케이션 연구위원(마케팅 디렉터) 1992년 부경대 경영대학 경영학부 교수(현) 1998년 미국 앨라배마대 교환교수 1998년 미국 일리노이대 교환교수 2003~2004년 전략경영연구소 소장 2005년 미국 롤린스대 크라머경영대학원 초빙교수 2009~2010년 한국마케팅관리학회 회장 2010~2011년 한국마케팅학회 회장 2010~2012년 부경대 경영대학장 2010년 同경영대학원장 2014~2015년 한국경영학회 부회장 [상]한국마케팅관리학회 최우수논문상(2007), 한국소비자학회 최우수논문상(2009),

ㅈ

한국경제신문 학술상(2010), 미국경영학통합학회(MBAA) 최우수논문상 (2012), 한국CRM협회 고객관계관리연구대상 고객경험연구부문(2013) 沙 '마케팅'(2011, 이프레스) 종천주교

전지원(田智媛·女) JEON Ji Won

(생)1967·9·18 (출)서울 (주)서울 서초구 서초중앙로157 서울중앙지방법원 민사22부(02-530-2796) (학)1986년 은광여고졸 1991년 서울대 법학과졸 (경)1992년 사법시 험 합격(34회) 1995년 사법연수원 수료(24기) 1995년 서 울지법 동부지원 판사 1997년 서울지법 판사 1999년 청 주지법 판사 2001년 서울지법 의정부지원 판사 2003년 서울지법 북부지원 판사 2006년 서울고법 판사 2008년 대법원 재판연구관 2013년 수원지법 부장판사 2013년 법원행정처 사법지원 총괄심의관 겸임 2015년 서울중앙지법 민사22부 부장판사(현)

전지환(全智煥) JEON Ji Hwan

(생)1965·10·11 (출)경남 밀양 (주)부산 해운대구 재반로 112번길20 부산지방법원 동부지원(051-780-1114) (학) 1984년 대동고졸 1988년 고려대 법학과졸 1995년 동의 대 대학원 부동산학과졸 (경)1996년 사법시험 합격(38회) 1999년 사법연수원 수료(28기) 1999년 창원지법 예비판 사 2001년 同판사 2002년 부산지법 판사 2006년 同동 부지원 판사 2008년 부산고법 판사 2011년 부산지법 판 사 2014년 창원지법 부장판사 2014년 同거창지원장 2016년 부산지법 동부 지원 부장판사(현)

전진국(全瑨國) CHUN Jin Kuk

(생)1957·4·3 (출)대구 (주)서울 영등포구 여의공원로13 한국방송공사 부사장실(02-781-2017) (학)1975년 대구 계성고졸 1982년 고려대 영어영문학과졸 2000년 同언 론대학원 석사 2015년 국민대 대학원 언론정보학 박사 과정 수료 (경)1985년 한국방송공사(KBS) 프로듀서 입사 (공채 11기) 1998년 同TV2국 차장 2000년 同예능국 차 장 2002년 同대구방송총국 편성제작국장 2004년 同예 능국 부주간(제작) 2004년 同TV제작본부 예능2팀장 2007년 同창원방송총 국장 2010년 同콘텐츠본부 예능국장 2012년 同편성센터장 2013~2014년 同편성본부장 2014년 (주)KBS아트비전 사장 2015년 한국방송공사(KBS) 부사장(현) (상)보건사회부장관표창(1994), 불우아동결연사업유공 보건복지 부장관표창(1998), 사회발전아동복지유공 국민포장(1998), 대한민국연예예 술대상 문화부장관표창(2001), 제12회 대한민국전통가요대상 방송부문 대 상(2012) 沙'콘텐츠로 세상을 지배하라'(2013, 쌤앤파커스)

전진석

(생)1969·2·25 (주)경기 수원시 장안구 조원로18 경기도교 육청 기획조정실(031-249-0015) (학)1994년 고려대 교육 학과졸 2002년 서울대 대학원 행정학과졸 2006년 미국 인디애나대 대학원 행정학과졸 (경)1994년 행정고시 합격 (37회) 2010년 교육과학기술부 정책보좌관실 근무 2012 년 대구경북과학기술원건설추진단 기획과장 2014년 세 종특별자치시교육청 정책기획관 2015년 교육부 대학장학 과장 2015년 제주대 사무국장 2016년 경기도교육청 기획조정실장(현)

전진선(全振先)

(생)1959 (출)경기 양평 (주)인천 남동구 예술로152번길9 인 천지방경찰청 경무과(032-455-2326) (학)인하대사범 대학부속고졸, 동국대 경찰행정학과졸, 同행정대학원졸 (경)1986년 경위 임관(경찰간부후보 34기) 1997년 경감 승진 1998년 서울 송파경찰서 정보2계장 2003년 인천 지방경찰청 보안1계장 2004년 경정 승진 2005년 서울 지방경찰청 기동단 행정과장 2006년 경찰청 외사기획 계장 2012년 충북 영동경찰서장(총경) 2014년 인천국제공항경찰대장 2015 년 경기 양평경찰서장 2016년 인천지방경찰청 경무과장(현)

전진숙(全眞淑·女) JEON Jin Sook

(생)1969·2·5 (주)광주 서구 내방로111 광주광역시의회 (062-613-5011) (학)동신여고졸, 전남대 자연과학대학 화학과졸, 同대학원 사회학과 수료 (경)전남대총동창회 부회장(현), 참언론협동조합 이사(현), 한국여성단체연 합 이사, 광주시민단체협의회 운영위원, 노무현재단 광 주운영위원(현), 시민의힘 사회적경제활성화위원회 위 원장(현) 2010~2014년 광주시 북구의회 의원(비례대표, 민주당·민주통합당·민주당·새정치민주연합) 2012년 민주통합당 제18대

대통령중앙선거대책위원회 광주시선거대책위원회 대변인 2014년 새정치 민주연합 전국여성위원회 부위원장 2014년 광주시의회 의원(새정치민주연 합·더불어민주당) (현) 2014년 同환경복지위원회 위원 2014년 同예산결산 특별위원회 위원 2015년 同윤리특별위원회 위원장 2014년 同도시재생특별 위원회 위원 2015년 同광주복지재단대표이사인사청문특별위원회 부위원장 2015년 더불어민주당 전국여성위원회 부위원장(현) 2016년 광주시의회 환 경복지위원장(현) (상)2015 지방의원 매니페스토 약속대상(2015), 한국지방 자치학회 우수조례상 개인부문 대상(2016)

전진영(全眞英·女) JON Jin Young

(생)1972·1·20 (주)부산 연제구 중앙대로1001 부산광역 시의회(051-888-8251) (학)부산 이사벨여고, 동아대 독 어독문학과졸 (경)KNN라디오 PD, KBS 작가, 새정치민 주연합 부산시당 대변인 2014년 부산시의회 의원(비례 대표, 새정치민주연합·더불어민주당)(현) 2014년 同기 획재경위원회 위원 2014년 同운영위원회 위원 2015년 同기획행정위원회 위원(현) 2015년 同예산결산특별위원 회 위원 2016년 同윤리특별위원회 위원(현)

전진옥(全珍玉) JEON Jin Ok

(생)1959·6·12 (출)경북 김천 (주)서울 서초구 서초대로74 길33 (주)비트컴퓨터 비서실(02-3486-1234) (학)1977년 경동고졸 1984년 한국외국어대 교육학과졸 1987년 미국 조지아주립대 대학원 정보시스템졸 1995년 경영정보학 박사(한국외국어대) (경)1987년 한국과학기술연구원 시스 템공학연구소 연구원 1990년 同시스템공학연구소 책임 연구원, 同시스템공학연구소 소프트웨어공학연구부장 한국전자통신연구원 책임연구원, 同실시간컴퓨팅연구부장 1998년 한국정보 처리학회 소프트웨어공학연구회 부위원장(현) 1999년 한국정보과학회 부회 장·이사 2000년 (주)비트컴퓨터 기술연구소장·상무이사 2005년 同대표이사 사장(현), 아주대 경영대학원 겸임교수, 서울여대 정보통신대학원 겸임교수, 소프트웨어전문위원회 위원(현) 2010년 한국정보시스템학회 산학부회장(현), 행정안전부 정책자문위원, 한국정보처리학회 부회장, 同이사(현) 2013년 안 전행정부 정책자문위원(현) (상)대전EXPO조직위원장표창(1993), 시스템공학 연구소장표창(1994), 정보통신부장관표창(1997), ISO/IEC JTC1 SC7 의장표 창(1999), 대통령표창(1999), 산업포장(2007) 종기독교

전진우(全津雨) JEON JIN WOO

(생)1949·8·22 (본)정선(旌善) (출)서울 (학)1968년 보성고 졸 1977년 고려대 국어국문학과졸 2003년 서강대 언론 대학원졸 (경)1976~1980년 동아방송 사회부 기자 1985 년 '실천문학' 신인추천 등단 1987년 '한국일보'에 신춘문 예 등단 1988년 조선일보 월간조선부 기자 1988년 동아 일보 신동아부 기자 1994년 同신동아부 편집위원 1995 년 同기획위원 1996년 同신동아 편집장 1999~2003년 同논설위원(부국장급) 2003~2005년 同논설위원실장(국장급) 2005~2006 년 同논설위원(국장급) 2006년 同대기자(국장급) 2007~2008년 한성대 초 빙교수 2009~2011년 경원대 초빙교수 2011~2014년 뉴스통신진흥회 이사 2015~2016년 언론중재위원회 상반기 재·보궐선거 선거기사심의위원회 위원 2015~2016년 同제20대 국회의원선거 선거기사심의위원회 위원 (상)한 국일보 신춘문예 단편소설부문 당선, 올해의 문장상 신문칼럼부문(2002), 서울언론인클럽 언론상, 한국언론인연합회 참언론인대상 신문칼럼부문 (2005) 沙칼럼집 '60점 공화국'(1992, 미문) '역사에 대한 예의'(2007, 나남) 소설집 '하얀 행렬'(1989, 현암사) '서울의 땀'(1994, 푸른숲) '유쾌한 인생' (2015, 문예바다) 장편역사소설 '동백'(2014, 나남)

전찬기(全贊基) Jeon Chan Ki

(생)1953·2·22 (본)천안(天安) (출)대전 (주)인천 연수구 아카데미로119 인천대학교 도시과학대학 도시환경공 학부 도시건설공학과(032-835-8776) (학)1979년 성 균관대 토목공학과졸 1981년 同대학원 토목공학과졸 1988년 구조공학박사(성균관대) (경)1981~1994년 부천 대 토목공학과 전임강사·조교수·부교수 1981~1985 년 성균관대·수원대·서울산업대 강사, 한국건설안 전기술연구원 자문위원 1994~2010년 인천전문대 토목공학과 부교수·교 수 2004~2005년 미국 North Carolina Univ. 교환교수, (사)인천아카데 미 원장(현), (사)자유경제실천연합 공동대표(현) 2008~2012년 인천시 도 시계획위원회 위원, 同건설기술심의위원회 위원(현), 서울시 안전자문위원 (현), 부천시 도시계획위원 2008~2012년 한국재난정보학회 부회장 2009 년 국토해양부 중앙건설심의위원 2010년 인천대 도시과학대학 도시환경 공학부 도시건설공학과 교수(현) 2010년 인천경제자유구역청 자문위원 (현) 2011~2013년 인천대 대학건설본부장 2013년 (사)한국재난정보학회 회

장(현) 2013~2015년 국토교통부 중앙건설기술심의위원 2014~2015년 국방부 BTL사업평가위원, 경인방송 방송위원(현) 2015년 미국 세계인명사전 'Marquis Who's Who in the World'에 등재 2015년 인천시 안전관리민관협력위원회 공동위원장(현), 인천시 안전관리자문단 위원(현), 인천해양항만청 기술자문위원(현) 2016년 영국 국제인명센터(IBC) '2000 Outstanding Intellectuals of the 21st Century, 9th edition'에 등재, 성균관대총동창회 운영위원, 同인천지역총동문회장 (상)대한토목학회장표창, 건설교통부장관표창, 성균관대총동창회 공로상(2006 · 2013) (저)'철근콘크리트' '신편응용역학' '비파괴실험' '구조재료실험법' '건설재료학' '도시재난 및 안전관리' (역)'유한요소해석' (종)천주교

전찬용(全燦鎔) JEON Chan Yong

(생)1965 · 5 · 29 (주)인천 중구 큰우물로21 길한방병원 중풍내상센터(031-750-5401) (학)1989년 경희대 한의학과졸 1991년 同대학원졸 1994년 한의학박사(경희대) (경)1989~1992년 경희의료원 일반수련의 · 전공수련의 1992년 천생원한의원 원장 1992년 경원대부속 한방병원 내과 과장 1994~2012년 경원대 한의과대학 교수 2005년 경원인천한방병원 원장 2011~2012년 경원대부속 길한방병원 원장 2012년 가천대 글로벌캠퍼스 한의과대학 교수(현) 2012~2014년 가천대부속 길한방병원장

전찬환(全燦桓) JEON Chan Hwan

(생)1957 · 11 · 17 (본)정선(旌善) (출)강원 정선 (주)서울 금천구 서부샛길606 한국대학교육협의회 사무총장실(02-6919-3803) (학)정선종합고졸 1980년 강원대 행정학과졸, 서울대 행정대학원졸 1989년 미국 오하이오주립대 대학원 교육행정학과졸 1999년 인력개발학박사(미국 오하이오주립대) (경)1979년 행정고시 합격(23회) 1995년 교육부 교육기획정책관실 서기관 1996년 同교육정보자료담당관실 서기관 2000년 同교육정책담당관 2000년 同평생학습정책과장 2001년 교육인적자원부 조정1과장 2001년 군산대 사무국장(부이사관) 2003년 강원도교육청 부교육감 2004~2005년 同부교육감(이사관) 2005년 서울시교육청 기획관리실장 2007년 교육인적자원부 재정기획관 2008년 국방대학원 파견 2009년 교육과학기술부 정책조정기획관 2009년 경기도교육청 제1부교육감 2012년 강원대 사무국장 2013년 충남도교육청 부교육감 2015년 한국교원대 사무국장 2015년 한국대학교육협의회 사무총장(현) (상)법제처장표창(1985), 대통령표창(1994), 홍조근정훈장(2007) (종)기독교

전창덕(全昌德) JEON Chang Duk

(생)1960 · 9 · 11 (출)서울 (주)충북 충주시 대소원면 대학로50 한국교통대학교 공과대학 기계공학과(043-841-5134) (학)1983년 홍익대 공대 정밀기계공학과졸 1985년 연세대 대학원 기계공학과졸 1995년 공학박사(연세대) (경)1985~1992년 현대모비스 마북리연구소 주임연구원 1992~1995년 연세대 산업기술연구소 연구원 1995년 同기계공학과 강사 1995년 충주산업대 기계공학과 전임강사 1999년 충주대 기계공학과 부교수 2002~2004년 同기계공학과 학과장 2003~2005년 대한기계학회 운영위원 2005년 충주대 기계공학과 NURI사업단장 2006~2012년 同기계공학과 교수 2012년 한국교통대 공과대학 기계공학과 교수(현) (역)'열전달(共)'(2002) '열전달(共)'(2004)

전창범(全昌範) JOUN Chang Boum

(생)1953 · 1 · 19 (본)천안(天安) (출)강원 양구 (주)강원 양구군 양구읍 관공서로38 양구군청 군수실(033-480-2201) (학)1970년 양구종합고졸 2006년 한국방송통신대 법학과졸, 한림대 사회교육원 지방자치고위과정 수료 (경)1971년 양구군 근무 1978~1987년 同계장 · 양구읍 부읍장 1988~1993년 同문화공보실장 · 산업과장 · 새마을과장 · 기획실장 1993~1996년 춘천시 예술회관장 · 관광문화과장 · 관광과장 1996~1997년 양구군 내무과장 · 기획감사실장 1998년 강원도 동계아시아경기대회조직위원회 행사과장 1999년 국가전문행정연수원 파견 2000년 강원도의회 산업경제전문위원 2001년 강원도 지역계획과장 2001년 同지역지원과장 2003년 同자치행정과장 2003년 同국제스포츠단장 2005~2006년 강원 양구군 부군수 2006 · 2010년 강원 양구군수(한나라당 · 새누리당) 2010년 대한실용무용총연맹 초대회장(현) 2011년 한국실업역도연맹 회장(현) 2012년 전국농어촌지역군수협의회 간사 2014년 강원 양구군수(새누리당)(현) (상)홍조근정훈장, 대통령표창, 내무부장관표창, 강원도지사표창(4회), 한국지방자치경영대상 문화관광부문 대상(2009), 한국문화예술교육총연합회 공로상(2010), CEO대상 미래경영공공부문대상(2011), 한국경제를 빛낸 포브스 최고경영자대상 친환경정부문대상(2015) (종)기독교

전창영(全昌鍈) JUN Chang Young

(생)1956 · 12 · 27 (출)경북 의성 (주)서울 강남구 영동대로517 아셈타워23층 법무법인 화우(02-6003-7534) (학)1974년 경북고졸 1978년 서울대 법학과졸 1988년 미국 조지워싱턴대 법학대학원졸 (경)1978년 사법시험 합격(20회) 1980년 사법연수원 수료(10기) 1980년 軍법무관 1983년 서울지검 검사 1986년 제주지검 검사 1987년 서울지검 북부지청 검사 1989년 법무부 검찰1과 검사 1991년 서울지검 검사(고등검찰관) 1991년 대검찰청 검찰연구관 1992년 수원지검 여주지청장 1992년 미국 버클리대 법대 방문학자 1993년 부산지검 울산지청 부장검사 1993년 대구지검 특수부장 1994년 인천지검 공안부장 1995년 대검찰청 형사과장 1997년 서울지검 동부지청 형사5부장 1997년 同동부지청 형사4부장 1998년 수원지검 형사1부장 1999년 춘천지검 강릉지청장 2000년 청주지검 차장검사 2001년 서울고검 검사 2002년 대구지검 제1차장검사 2003년 서울고검 검사 2004년 부산고검 검사 2005~2016년 법무법인 화우 변호사 2009~2011년 우리은행 사외이사 2011년 봉은사복지재단 감사(현) 2016년 법무법인 화우 대표변호사(현)

전창원(全昌元) JEON Chang Won

(생)1961 · 9 · 25 (본)죽산(竹山) (주)서울 중구 서소문로11길19 배재정동빌딩B동 (주)빙그레 임원실(02-2022-6260) (학)거창고졸, 부산대 경영학과졸, 서강대 최고경영자과정 수료, 연세대 대학원 경영학과졸 (경)1985년 (주)빙그레 입사 2000년 同인재개발센터장 2004년 同관리담당 상무보 2006년 同관리담당 상무 2011년 同관리담당 전무 2016년 同경영관리담당 부사장(현)

전창학(全昌鶴)

(생)1959 · 12 · 1 (출)부산 (주)경남 창원시 의창구 상남로289 경남지방경찰청 제1부장실(055-233-2213) (학)부산 배정고졸, 동국대졸, 동아대 대학원 법학과졸 (경)1987년 경위 임용(경찰간부후보 35기) 2007년 부산지방경찰청 정보통신담당관 2007년 同생활안전과장 2008년 경남 창녕경찰서장 2009년 경남 밀양경찰서장 2010년 부산지방경찰청 보안과장 2011년 부산 남부경찰서장 2012년 부산지방경찰청 정보과장 2013년 부산 해운대경찰서장 2014년 부산지방경찰청 제3부장 겸 제1부장 2014년 同제2부장 2015년 경남지방경찰청 제1부장(현) (상)녹조근정훈장(2005), 대통령표창(2010)

전 철(全 哲) JEON Cheol (平山)

(생)1955 · 4 · 23 (본)천안(天安) (출)전북 진안 (주)전북 전주시 완산구 천잠로303 전주대학교 일반대학원 생명자원융합과학과(063-220-3086) (학)1975년 중동고졸 1982년 원광대 임학과졸 1984년 同대학원졸 1988년 농학박사(동국대) (경)원광대 생명자원과학대학 교수, 同교학과장, 同교학부장, 同생명환경과학부 학부장 1995년 한국목재공학회 상임이사 1996년 한국한지문화연구회 총무 1997년 한국예술문화단체총연합회 전국한지공예대전 운영위원장 1998년 한국임학회 상임이사, 한국포장개발연구원 지도위원(현), 한국펄프종이공학회 감사 · 이사(현) 1999년 문화관광부 문화재전문위원, 한국문화재단 전승공예대전 심사위원 2005~2007년 원광대 생명자원과학대학장 · 생명자원연구소장 · 자연식물원장 겸임 2006년 한국한지공예인연합회 이사 2007년 同회장(현) 2007~2014년 전주대 한지문화산업학과 교수 2007~2014년 同한지문화산업학과장 2007년 同한지산업기술연구소장(현) 2013년 (사)아트프로비전 고문(현) 2014년 한지패션디자인협회 회장(현) 2015년 전주대 일반대학원 생명자원융합과학과 교수(현) 2015년 한국한지문화산업진흥원 원장(현) 2016년 한국닥나무협회 회장(현) (저)'한지 제조이론과 실제' '전북예술사' '한지' '산과 우리문화'(2002) '한지-역사와 제조'(2003) '최신 목재화학'(2005) '한지제조학'(2007) '한지산업백서'(2008) '한지의 이해'(2012) '한지, 한지공예, 천연염색 전문용어집'(2015)

전철수(田鐵秀) JEON Cheul Soo

(생)1963 · 5 · 25 (본)담양(潭陽) (출)충남 홍성 (주)서울 중구 덕수궁길15 서울특별시의회(02-3783-1581) (학)2007년 명지전문대학 사회복지학과졸, 한국외국어대 정치행정언론대학원 공공정책학과 재학 중 (경)명가주택 대표, 한국자유총연맹 서울동대문지부 부지부장, 동대문구유권자백인위원회 사무국장, 동대문신문 부사장, 열린우리당 서울시당 지역균형발전위원회 부위원장, 同서울동대문지역위원회 사무국장, 서울시 동대문구도시계획위원회 심의위원, 민주평통 자문위원, 동대문구정보화도서관 운영위원, (사)충청포럼 서울북부지부 동대문구지회장 2002 · 2006~2010년 서울 동대문구의회 의원

2006~2008년 同부의장 2010년 서울시의회 의원(민주당·민주통합당·민주당·새정치민주연합) 2010~2012년 同운영위원회 위원 2010~2012년 同교통위원회 위원 2010~2011년 同CNG버스안전운행지원특별위원회 위원 2010~2011년 同독도수호특별위원회 부위원장 2011년 同윤리특별위원회 위원 2011~2012년 同정책연구위원회 위원 2012년 同재정경제위원회 위원 2012년 同예산결산특별위원회 위원 2012년 同경전철민간투자사업조속추진지원을위한특별위원회 위원 2013~2014년 同서소문역사공원조성특별위원회 위원 2013년 同강남·북교육격차해소특별위원회 위원장 2014년 박원순 서울시장후보 동대문구 공동선대위원장 2014년 서울시의회 의원(새정치민주연합·더불어민주당)(현) 2014년 同환경수자원위원회 위원장 2016년 同도시계획관리위원회 위원(현) [상]대한민국 위민의정대상 우수상(2016) [종]천주교

전춘식(全春植) JEON Choon Sik

[생]1956·11·28 [출]부산 [주]서울 금천구 가산디지털1로 168 우림라이온스밸리C동706호 (주)에코파트너즈 회장실(1800-6707) [학]경남상고졸 [경]1982~1988년 교통안전공단 기획예산담당 과장, (주)루보 업무부 차장, 同상무이사, (주)에코파트너즈 회장(현) [상]2014 한국의 영향력 있는 CEO 녹색경영부문대상(2014), TV조선 '한국의 영향력 있는 CEO'(2015)

전충렬(全忠烈) JEON Choong Ryul

[생]1954·2·11 [출]경북 경주 [주]서울 영등포구 의사당대로1 국회 부의장비서실(02-784-5275) [학]경주고졸, 경희대 행정학과졸 [경]1983년 행정고시 합격(27회) 2001년 중앙공무원교육원 과장 2002년 행정자치부 복무과장 2003년 同인사과장(서기관) 2004년 同인사과장(부이사관), 대통령 공직기강비서관실 근무 2005년 駐미국대사관 공사참사관(파견) 2008년 중앙공무원교육원 교수 2008년 행정안전부 인사실 인사정책관 2009년 울산시 행정부시장 2010년 외교통상부 기획조정실장 2012년 행정안전부 인사실장 2013년 안전행정부 인사실장 2013~2015년 대통령직속 개인정보보호위원회 상임위원(차관급) 2016년 국회 부의장 비서실장(현) 2016년 대한체육회 미래기획위원회 위원(현)

전치혁(全治赫) JUN Chi Hyuck

[생]1954·3·23 [출]서울 [주]경북 포항시 남구 청암로77 포항공과대학교 산업경영공학과(054-279-2197) [학]1977년 서울대 자원공학과졸 1979년 한국과학기술원(KAIST) 산업공학과졸(공학석사) 1986년 공학박사(미국 캘리포니아대 버클리교) [경]1979~1982년 한국동력자원연구소 연구원 1984년 미국 Lawrence Berkeley Laboratory Research Associate 1987~2000년 포항공과대 산업공학과 조교수·부교수 1990년 미국 UC Berkeley 객원교수 2000년 포항공과대 산업공학과 교수, 同산업경영공학과 교수(현) 2000~2006년 同산업경영공학과 주임교수 2007년 미국 워싱턴대 시애틀교 방문교수 2014년 아시아·태평양산업공학경영시스템학회 차기(2017년) 회장(현) 2014년 포항공과대 최고경영자과정 주임교수(현) 2016년 한국과학기술한림원 정회원(공학부·현)

전태연(全泰淵) Tae-Youn Jun

[생]1954·1·9 [본]홍주(洪州) [출]경남 진해 [주]서울 영등포구 63로10 가톨릭대학교 여의도성모병원 정신건강의학과(02-3779-1250) [학]1978년 가톨릭대 의대졸 1983년 同대학원 의학과졸 1990년 의학박사(가톨릭대) [경]1986~1999년 가톨릭대 의정부성모병원 정신과장 1992~1993년 미국 Memorial Sloan-Kettering Cancer Center Lab. of Immunogenetics 교환교수 1993~1994년 가톨릭대 의정부성모병원 수련교육부장 1999년 同여의도성모병원 정신과 의사(현) 2000년 법무부 치료감호소 자문위원 2001년 가톨릭대 의과대학 정신과 교수, 同의과대학 정신과학교실 교수(현) 2001~2009년 同여의도성모병원 정신과장 2003~2005년 대한신경정신의학회 학술이사 2005~2011년 가톨릭뇌신경센터 진료부장 2005~2014년 보건복지부 지정 우울증임상연구센터 센터장(책임연구자) 2006~2011년 영등포구 정신보건센터 소장 2006년 대한민국의학한림원 정회원(현) 2007~2010년 사행산업통합감독위원회 민간위원(차관급) 2014~2015년 우울증임상연구네트워크구축사업 책임연구자 [상]대한신경정신의학회 폴얀센박사 정신분열병연구학술상(2004), WFSBP Research Prize(2007), 대한신경정신의학회 GSK학술상(2009) [저]'임상정신약물학(共)'(2009) [역]'최신여성의학(共)'(2006)

전태원(全泰源) JUN Tae Won

[생]1951·7·17 [주]서울 관악구 관악로1 서울대학교 체육교육과(02-880-7788) [학]1970년 제물포고졸 1979년 서울대 체육교육과졸 1984년 미국 Oregon State Univ. 대학원 운동생리학과졸 1986년 운동생리학박사(미국 Oregon State Univ.) [경]1979~1980년 동양통신 기자 1986~1988년 한국스포츠과학연구소 책임연구원 1988~2016년 서울대 사범대학 체육교육과 교수 1999년 한국운동과학회 상임부회장·명예회장(현) 2000~2002년 서울대 체육교육학과장 2001~2002년 同체육연구소장 2001~2002년 생활체육지도자연수원 원장 2001~2005년 아시아운동과학회 회장 2002년 서울대 체육부장 2002~2009년 대한대학스포츠위원회 상임위원 2014~2016년 서울대 사범대학장 2016년 同명예교수(현) [상]대한민국체육상 연구상(2015) [저]'운동생리학' 'Power 운동생리학' '운동검사와 처방' '현대사회와 건강' [역]'Body for LIFE'

전태일

[생]1958 [출]인천 [주]인천 강화군 불은면 중앙로607 강화교육지원청 교육장실(032-930-7700) [학]경인교대졸, 인하대 교육대학원졸 [경]인천동부초 교장 2012년 인천시교육청 창의인성교육과 장학관 2014년 인천청학초 교장 2016년 인천시교육청 강화교육지원청 교육장(현)

전태헌(全泰憲) JEON Tai-Heon

[생]1958·1·7 [출]서울 [주]경기 평택시 포승읍 평택항만로73 황해경제자유구역청 청장실(031-8008-8600) [학]1981년 한국외국어대 행정학과졸 1983년 연세대 대학원 행정학과졸 2000년 미국 뉴욕대 대학원 행정관리학과졸 [경]1983년 행정고시 합격(26회) 2000년 경기도 경제항만과 투자진흥관 2002년 同환경국장 2003년 파주시 부시장 2004년 행정자치부 국가전문행정연수원 총무과장 2004년 同민방위안전정책담당관 2005년 同자치제도팀장 2006년 거창사건처리지원단 파견(국장급) 2006년 경기도 경제투자관리실장 2008년 안산시 부시장 2010년 중앙공무원교육원 교육파견(지방이사관) 2011년 경기도 경제투자실장 2012년 부천시 부시장 2014년 수원시 제1부시장 2015년 황해경제자유구역청장(현) [상]근정포장(1996), 홍조근정훈장(2001)

전태흥(全泰興) JEON Tae Heung

[생]1958·2·2 [주]서울 서초구 서초대로74길4 삼성중공업(주) 임원실(02-3458-7000) [학]동아고졸, 부산대 경영학과졸 [경]2002년 삼성중공업(주) 건설사업부 경영기획팀장(상무보) 2005년 同경영기획팀장 겸 경영관리팀장(상무) 2010~2012년 同건설사업부장(전무) 2012~2014년 삼성에버랜드 건설사업부장(부사장) 2014년 삼성중공업(주) 경영지원실장(CFO·부사장)(현)

전택수(田宅秀) Taeck-Soo Chun

[생]1951·3·29 [본]담양(潭陽) [출]경남 의령 [주]경기 성남시 분당구 하오개로323 한국학중앙연구원 한국학대학원 사회과학부(031-709-5935) [학]1971년 용산고졸 1978년 서울대 사범대학 사회교육학과졸 1981년 同대학원 경제학과졸 1987년 경제학박사(미국 뉴욕주립대 올바니교) [경]1982~1991년 부산수산대 자원경제학과 조교수 1991~2005년 한국정신문화연구원 경제학과 교수 1993년 同연구협력실장 1996년 同국제협력실장 1996년 미국 버클리대 교환교수 1998~2000년 한국정신문화연구원 한국학정보센터 소장 2001년 同기획실장 2003~2004년 同한국학정보센터 소장 2005년 한국학중앙연구원 한국학대학원 사회과학부 교수(현) 2005년 同기획처장 2007년 한국경제교육학회 회장 2007~2008년 한국문화경제학회 회장 2008~2012년 유네스코 한국위원회 사무총장 2014년 한국학중앙연구원 한국학진흥사업단장 2015~2016년 同부원장 [저]'현대 한국사회의 윤리문제와 교육' '문화경제학 만나기' '법치사회와 전통문화' [역]'당신의 이름도 명품이 될 수 있다' [종]기독교

전 평(全 平) JUN Pyung

[생]1951·3·3 [출]경남 마산 [주]서울 영등포구 국제금융로6길17 부국증권(주) 비서실(02-368-9203) [학]1969년 마산고졸 1975년 한양대 무역학과졸 [경]부국증권(주) 부장·이사 1998년 同상무이사 2003년 同전무이사 2010년 同부사장 2012년 同대표이사 사장(현)

전필립(田必立) CHUN Phil Lip

[생]1961 · 11 · 10 [본]담양(潭陽) [출]서울 [주]서울 중구 동호로268 파라다이스그룹 회장실(02-2271-2121) [학]미국 버클리음대졸 [경]1993년 (주)파라다이스 이사 1995년 同상무이사 1996년 同전무이사 1997년 同대표이사 부사장 2002년 同대표이사 사장 2004~2005년 同대표이사 부회장 2005년 파라다이스그룹 회장(현), 엄홍길휴먼재단 부이사장(현), 한국메세나협의회 이사(현) [종]기독교

전하성(全夏成) CHUN Ha Sung

[생]1957 · 3 · 1 [본]성산(星山) [출]경남 마산 [주]경남 창원시 마산합포구 경남대학로7 경남대학교 경영학부(055-249-2452) [학]1975년 마산고졸 1981년 홍익대 경영학과졸 1983년 同대학원졸 1989년 경영학박사(홍익대) [경]1981~1989년 홍익대 상경대 경영학과 조교 · 연구조교 1989년 대유투자자문(주) 자문역 1989~1995년 경남대 회계학과 교수 1995년 同경영학부 회계학전공 교수(현) 1997~1999년 국제종합경영연구원 부원장 1999~2001년 경남대 마산시창업보육센터장 2000년 (사)한국회계정보학회 이사 · 부회장 2000~2001년 경남대 창업보육관장 2000~2001년 한국창업보육센터협의회 이사 2000~2001년 한국회계학회 이사 2003~2004년 경남대 기획정보처장 2004년 경남도지역혁신협의회 기획조정분과위원 2004~2005년 마산시발전실무연구모임 공동대표 2004년 마산시지역혁신분권협의회 의장 2004년 전국대학교기획실(처)장협의회 부회장 2005년 경남발전연구원 이사 2005년 국가균형발전위원회 제도운영전문위원 2005년 경남대 기획처장 2006~2009년 同경영대학원장 겸 산업대학원장 2006년 경남도 재정공시심의위원회 위원 2006년 同중소기업대상 심사위원(심사위원장) 2010년 경남대 평생교육원장 2011년 同대외부총장 2011~2014년 창원시시설관리공단 이사 2011년 (사)중소기업융합경남연합회 자문교수(현) 2011~2013년 同자문교수협의회 의장 2011년 경남사회복지공동모금회 운영위원(현) 2014년 창원시균형발전위원회 총괄간사 겸 지역협력소위 위원장(현) [상]산업자원부장관표창(2005), 교육인적자원부장관표창(2007), 산업통상자원부장관표창(2013) [저]'효과성 경영을 중심으로 한 관리회계'(1998) '경영활동과 회계'(1999) '관리회계' '실시간회계'(2000) '기본에 충실한 회계원리'(2015) '기본에 충실한 관리회계'(2016) '기본에 충실한 원가회계'(2016) [종]불교

전하진(田夏鎭) Jhun Ha Jin

[생]1958·9·2 [출]서울 [학]1977년 서라벌고졸 1984년 인하대 산업공학과졸 1996년 연세대 경영대학원졸, 미국 스탠퍼드대 SEIT(정보통신경영자과정) 수료 [경]1984년 금성사 컴퓨터사업부 시스템Engineer 1985년 일본 벤처기업 DYNAX 기술연수 1986년 금성사 컴퓨터사업부 마케팅담당 1988~1997년 (주)픽셀시스템 설립·대표이사 1994년 (주)레가시 설립·대표이사 1996년 캐나다 ZOI Corp. 설립·이사 1997년 (주)지오이네트·지오이월드 대표이사 1997년 미국 ZOI World Corp. 설립·대표이사 1998~2000·2001년 (주)한글과컴퓨터 사장 1999년 인하대 강사 1999~2004년 네띠앙 대표이사 사장 2000~2001년 한소프트 대표이사 사장 2000~2004년 한국인터넷기업협회 부회장 2000년 한국소프트웨어산업협회 부회장 2002년 한민족글로벌벤처네트워크(INKE) 의장, 이화여대·아주대·인하대 겸임교수 2005년 (주)인케코퍼레이션 대표이사, 서강대 기술경영전문대학원 겸임교수, SERA인재개발원 대표, (사)아시아디자인센터 고문 2012~2016년 제19대 국회의원(성남시 분당구乙, 새누리당) 2012~2015년 새누리당 디지털정당위원장 2012년 同인재영입위원회 위원 2012년 同제18대 대선기획단 위원(기획담당) 2012년 국회 미래인재육성포럼 대표 2013·2015년 국회 산업통상자원위원회 위원 2013년 스마트에너지포럼 대표(현) 2013년 K-Valley포럼 대표(현) 2013년 새누리당 창조경제일자리창출특별위원회 부위원장 2013년 同온라인포털시장정상화를위한태스크포스(TF)팀장 2014~2015년 국회 창조경제활성화특별위원회 여당 간사 2014~2015년 새누리당 원내부대표 2014~2015년 국회 운영위원회 위원 2015년 새누리당 핀테크특별위원회 위원 2016년 제20대 국회의원선거 출마(성남시 분당구乙, 새누리당) [상]정보통신부장관표창, 대통령표창, 국무총리표창 [저]'인터넷에서 돈 버는 이야기'(1999) '전하진의 e-비지니스 성공전략'(2000) '대한민국을 버려라'(2006) '비즈엘리트의 시대가 온다'(2009) '청춘, 너는 미래를 가질 자격이 있다'(2011) '세라형 인재가 미래를 지배한다'(2012) '즐기다보니 내 세상'(2015) [종]천주교

전한백(全漢佰) CHUN Han Baek

[생]1954 · 6 · 10 [출]서울 [주]서울 서초구 강남대로351 아주캐피탈 임원실(1544-8600) [학]1973년 서울대사대부고졸 1978년 서울대 경제학과졸 1991년 미국 오리건대 대학원 경제학과졸 [경]1978년 한국은행 입행 1986년 同조사제1부 해외조사과 · 통화금융1과 조사역 1989년 해외학술연수원 파견 1991년 한국은행 자금부 금융기획과 조사역 1994년 同자금부 자금과장 · 금융시장실 과장 · 통화운영과장 · 금융기획과장 1998년 同정책기획국 정책총괄팀장 · 정책협력팀장 1999년 駐OECD대표부 파견 2002년 한국은행 정책기획국 정책분석팀장 · 정책총괄팀장 2004년 同금융시장국 부국장 2005년 同대구경북본부 기획조사실장 2006년 同금융시장국 부국장 2006년 同국제국 국제협력실장 2008년 同경제교육센터 원장 겸 박물관장 2008~2010년 同금융결제국장 2010~2013년 전국은행연합회 상무이사 2014년 아주캐피탈 고문 2016년 同내부감사총괄(현)

전한영(全漢英) JEON Han Young

[생]1970 · 3 · 19 [본]정선(旌膳) [출]강원 강릉 [주]세종특별자치시 다솜2로94 농림축산식품부 식량정책과(044-201-1811) [학]1989년 강릉 명륜고졸 2005년 서울대 농학과졸 [경]2000년 농림부 수습사무관 2001년 同종자관리소 품종심사과 사무관 2003년 同농업협상과 사무관 2006년 同식품산업과 사무관 2008년 농림수산식품부 식품산업정책과 사무관 2009년 同식품산업정책팀 서기관 2010년 同식품산업진흥과장 2012년 농수산식품연수원 전문교육과장 2012년 농림수산식품부 재해보험팀장 2013년 농림축산식품부 농업정책국 재해보험팀장 2014년 同식량정책관실 식량산업과장 2016년 同식품산업정책관실 수출진흥과장(부이사관) 2016년 同식량정책과장(부이사관)(현) [상]대통령표창(2007) [종]기독교

전한용(全漢容) JEON Han Yong

[생]1955 · 9 · 4 [본]천안(天安) [출]전북 전주 [주]인천 남구 인하로100 인하대학교 공과대학 유기응용재료공학과(032-860-7492) [학]1974년 전라고졸 1979년 한양대 섬유공학과졸 1981년 同대학원 섬유공학과졸 1989년 공학박사(한양대) [경]1979~1981년 한양대 대학원 섬유공학과 조교 1982~1990년 혜전전문대학 섬유과 부교수 1990~1992년 호원대 의류학과 조교수 1992년 교육부 제1종도서편찬심의위원 1992년 同교육과정심의회 소위원 1992~2005년 전남대 공대 응용화학공학부 교수 2004~2007년 미국 세계인명사전 'Marquis Who's Who in the World'에 등재 2005년 인하대 공과대학 나노시스템공학부 교수, 同유기응용재료공학과 교수(현), 한국과학재단 토목용고분자재료연구회장, 한국지반공학회 토목섬유기술위원장, 한국토목섬유학회 부회장 2015년 한국섬유공학회 회장 2015년 인하대 산학협력단장(현) [상]중소기업청 우수기술지도상(1996), 한국섬유공학회 정헌논문상(1999), 한국섬유공학회 우수연구자상(2003), 제32회 한국섬유공학회 학술상(2006), 영국최고과학자상(2006), 미국 ABI Great Mind of 2006(2006) [저]'토목건설용고분자재료'(1998) '섬유재료역학(共)'(2001) '토목합성보강재료(共)'(2002) '하이테크섬유세계(共)'(2003) '토목합성재료연습(共)'(2004) '지반환경-폐기물매립 및 토양환경(共)'(2004) '폐기물매립공학(共)'(2006) '지오신세틱스(共)'(2006) '산업섬유소재(共)'(2006) [종]기독교

전해명(田海明) JEON Hae Myung

[생]1955 · 4 · 12 [주]경기 의정부시 천보로271 의정부성모병원 원장실(031-820-3004) [학]1978년 가톨릭대 의과대학졸 1987년 同대학원졸 1992년 의학박사(가톨릭대) [경]1988~1999년 가톨릭대 의과대학 외과학교실 전임강사 · 조교수 · 부교수 1993~1995년 미국 텍사스대 MD 앤더슨 암센터, GI Oncology Fellow 1995~1999년 가톨릭대 의정부성모병원 수련교육부장 · 외과 과장 · 응급의료센터장 1999년 同의과대학 외과학교실 교수(현) 2001~2009년 同성모병원 외과 과장 2001~2003년 同성모병원 중환자실장 2001년 대한임상종양학회 학술이사 · 부회장 · 회장 2002~2006년 대한위암학회 기획위원 2003~2012년 대한병원협회 고시위원 2003~2005년 가톨릭대 성모병원 수련교육부장 2006~2008년 국방부 의무자문관 2007년 가톨릭대 성모병원 의료협력센터 소장 2007년 同서울성모병원 암센터 준비위원장 2008년 대한외과학회 고시위원 2008년 대한의사협회 국민권익특별위원회 위원 2009년 가톨릭대 서울성모병원 암병원 진료부장 2009년 대한의사협회 공제회 심사위원 2009~2012년 가톨릭대 성의교정 기획실장 2010년 대한외과대사영양학회 부회장 2010년 고용노동부 산업재해보상보험 및 예방심의위원회 위원 2012~2013년 가톨릭중앙의료원 연구처장 겸 산학협력단장 2012년 대한외과대사영양학회 회장 2012~2014년 대한외과학회 총무이사 2013년 대한임상종양학회 회장 2013년 가톨릭대 의정부성모병원장(현) [상]대한위암학회 로슈 종양학술상(2005 · 2006), 대한병원협회 공로상(2005), 대한위암학회 사노피 아벤티스 최다논문상(2007), 대한위암학회 존슨&존슨 최다논문상(2008 · 2009), 춘계함학회 학술상(2011) [저]'제3차년도 병원군별 총정원제 시범사업'(2006, 보건복지부) [역]잡지 '위와 장'(한서의학사)

ㅈ

전해상(田海尙) JEON Hae Sang

[생]1960·8·1 [주]서울 마포구 마포대로155 LG마포빌딩 도레이첨단소재(주) 대표이사 부사장실(02-3279-1000) [학]1983년 한양대 화학공학과졸 1987년 한국과학기술원 화학공학과졸(석사) 1994년 화학공학박사(한국과학기술원) [경]1993년 제일합섬 입사 2006년 도레이새한(주) 첨단재료연구센터장(이사) 2008년 同IT소재사업부문장(상무보) 2010년 도레이첨단소재(주) IT소재사업본부장(상무) 2012년 同필름판매담당 상무 2013년 同기술연구소장 겸 필름연구센터장(상무) 2014년 同수지·케미칼사업본부장(전무) 2015년 同대표이사 부사장(현) [종]천주교

전해선(全海仙) Jun Haesun

[생]1957·6·25 [본]천안(天安) [출]전북 진안 [주]전북 익산시 하나로478 익산고용노동지청(063-839-0078) [학]1976년 전주 신흥고졸 1982년 전북대 행정학과졸 1995년 서강대 공공정책대학원 중국경제학과졸 1998년 경제학박사(중국 복단대) [경]1988년 노동부 근로감독관 1995년 국외훈련(중국 복단대) 1998년 노동부 근로감독관 2003~2011년 중앙노동위원회 심사관·노동부 노사정책과 근무·의정부지방노동사무소 산업안전과장·노동부 여성고용과·근로개선정책과 근무(사무관) 2011년 고용노동부 근로개선정책과 서기관 2011년 최저임금위원회 사무국장 2012년 서울동부고용센터소장 2013년 서울지방고용노동청 근로개선지도1과장 2015년 광주지방고용노동청 익산고용노동지청장(현)

전해웅(田海雄) JOHN Hae Oung

[생]1962·5·9 [본]담양(潭陽) [출]전북 군산 [주]서울 서초구 남부순환로2406 예술의전당 예술사업본부(02-580-1488) [학]1980년 서울 명지고졸 1984년 서울대 불어교육과졸 1986년 아주대 대학원 불어불문학과졸 1993년 프랑스 부르고뉴대 대학원 예술경영학과졸(DESS) 2013년 성균관대 대학원 예술학 박사과정 수료 [경]1987~1999년 예술의전당 공연담당·공연1부 과장 1999년 同공연장운영팀장 2001년 同경영지원팀장 2004년 同공연장운영팀장 2005년 同음악기획팀장 2006년 同공연기획팀장 2007년 同예술사업국장 2009년 同사업본부장 2010년 同지원본부장 2012년 同기획운영본부장 2013년 同고객서비스사업단장 2014년 同사업본부장 2016년 同예술사업본부장(현) [저]'문예회관 운영 표준모델 연구(共)'(2000) [작]오페라 '돈 지오반니' '피가로의 결혼' '돈 카를로' '살로메' 연극 '시련' '사랑과 우연의 장난' '서푼짜리 오페라' '야끼니꾸드래곤' '갈매기' '트로이의 여인들'

전해종(全海宗) CHUN Hae Jong (于湖)

[생]1919·7·2 [본]정선(旌善) [출]서울 [주]서울 서초구 반포대로37길59 대한민국학술원(02-3400-5220) [학]신경상고졸 1943년 일본 도쿄(東京)대 법학부 중퇴 1947년 서울대 문리과대학 동양사학과졸 1955년 미국 하버드대 대학원 동양사학과 수료 1968년 문학박사(서울대) [경]1947~1968년 서울대 문리과대학 조교수·부교수·교수 1952년 한국역사학회 창립발기인 1960~1962년 同회장 1960년 문교부 이사관·편수국장 1965~1968년 동양사학회 창립발기인 겸 회장 1966년 서울대 문학부장 1968~1985년 서강대 문과대학 교수, 同명예교수(현) 1971~1973년 동양사학회 회장 1972~1974년 서강대 문과대학장 1976~1999년 국제역사학회 한국위원장 1977~1985년 국사편찬위원회 위원 1977년 대한민국학술원 회원(동양사·현) 1981년 한국진단학회 대표간사 1982년 서강대 동아연구소장 1984년 同대학원장 1985년 同객원교수 1985~1991년 인하대 객원교수 1985년 백산학회 회장 1991~1993·1996~1998년 정신문화연구원 객원교수 1997년 중국 절강대 명예교수(현) [상]녹조근정훈장, 학술원상, 국민훈장 모란장, 국민훈장 동백장, 용재상, 국민훈장 무궁화장(2014) [저]'韓中관계사연구' '한국과 동양' '한국과 중국' '東夷傳의 문헌적 연구' '역사의 이론과 서술(共)' [역]'동양문화사' '明夷待訪錄' '中韓관계론집'

전해철(全海澈) Jeon Hae Cheol

[생]1962·5·18 [출]전남 목포 [주]서울 영등포구 의사당대로1 국회 의원회관930호(02-784-8901) [학]1981년 마산중앙고졸 1985년 고려대 법학과졸 1998년 同언론대학원 석사과정 수료 [경]1987년 사법시험 합격(29회) 1990년 사법연수원 수료(19기) 1990년 육군 검찰관(중위) 1993년 법무법인 해마루종합법률사무소(안산) 설립 1993년 민주사회를위한변호사모임 회원 1995년 민주주의민족통일전국연합 인권위원·감사 1995년 인권운동사랑방 자문위원 1996년 고려대 법대교우회 이사 1996년 대한변호사협회 인권위원 1996년 민주사회를위한변호사모임 대외협력위원장 1998년 걷고싶은도시연대 법률연구센터 소장 1999년 민주사회를위한변호사모임 언론위원장 2001~2002년 미국 워싱턴대 잭슨스쿨 객원연구원 2002년 노무현 대통령후보 선거대책위원회 법률지원단 간사 2003년 대통령소속 의문사진상규명위원회 위원 2003년 KBS 시청자위원회 위원 2004년 대통령 민정비서관 2006~2007년 대통령 민정수석비서관 2007년 대통령 정무특보 2008년 법무법인 해마루 대표변호사 2008년 민주통합당 안산시상록구甲지역위원회 위원장 2008년 제18대 국회의원선거 출마(안산시 상록구甲, 통합민주당) 2012년 제19대 국회의원(안산시 상록구甲, 민주통합당·민주당·새정치민주연합·더불어민주당) 2012년 민주통합당 정책위원회 부의장 2012~2014년 국회 법제사법위원회 위원 2012년 민주통합당 제18대 대통령중앙선거대책위원회 기획본부 부본부장 2012년 민간인불법사찰국정조사특별위원회 위원 2013년 국회 사법제도개혁특별위원회 위원 2013년 민주당 법률담당 원내부대표 2013년 국회 국가정보원댓글의혹사건등의진상규명을위한국정조사특별위원회 위원 2013년 국회 국가정보원개혁특별위원회 위원 2013년 개헌추진국회의원모임 운영위원 2013년 민주당 대통령기록물 열람위원 2014~2015년 새정치민주연합 제1정책조정위원회 위원장 2014년 同여객선침몰사고대책위원회 부위원장 2014년 同세월호특별법준비위원회 간사 2014년 국회 법제사법위원회 야당간사 2015년 국회 서민주거복지특별위원회 위원 2015년 국회 대법관인사청문특별위원회 간사위원 2015년 새정치민주연합 4.29재보궐선거 선거관리위원 2015년 同4.16세월호특별조사위원회 위원 2015년 同사회적경제위원회 위원 2015년 同메르스대책특별위원회 위원 2015년 同동북아평화협력특별위원회 위원 2015년 同창당60년기념사업추진위원회 위원 2015년 더불어민주당 사회적경제위원회 위원 2015년 同동북아평화협력특별위원회 위원 2015년 同창당60년기념사업추진위원회 위원 2016년 제20대 국회의원(안산시 상록구甲, 더불어민주당)(현) 2016년 국회 정무위원회 위원(현) 2016년 국회 남북관계개선특별위원회 위원(현) 2016년 더불어민주당 경기안산시상록구甲지역위원회 위원장(현) 2016년 同경기도당 위원장(현) 2016년 同최고위원(현) 2016년 同최순실게이트편파기소대책위원회 위원장(현)

전현숙(全賢淑·女) Jun Hyeonsuk

[생]1971·1·21 [주]경남 창원시 의창구 상남로290 경상남도의회(055-211-7422) [학]삼현여고졸, 경상대 생화학과졸, 계명대 정책대학원 여성학과졸 [경]경남도민일보 지면평가위원회 부위원장, 정책네트워크 '내일' 실행위원, 진해여성의전화 회장, 한국양성평등진흥원 전문강사 2014년 새정치민주연합 경남도당 여성능력개발특별위원장 2014년 경남도의회 의원(비례대표, 새정치민주연합·더불어민주당·국민의당)(현) 2014·2016년 同운영위원회 위원(현) 2014년 同문화복지위원회 위원 2014~2016년 同예산결산특별위원회 부위원장 2016년 同예산결산특별위원회 위원 2016년 同기획재정위원회 위원(현)

전현준(全賢埈) JUN Hyun Joon

[생]1965·11·12 [본]정선(旌善) [출]서울 [주]대구 수성구 동대구로364 대구지방검찰청 검사장실(053-740-3300) [학]1984년 화곡고졸 1988년 서울대 법과대학졸 2000년 미국 컬럼비아(Columbia)대 법과대학 연수 [경]1988년 사법시험 합격(30회) 1991년 사법연수원 수료(20기) 1991년 軍법무관 1994년 서울지검 서부지청 검사 1996년 대구지검 경주지청 검사 1998년 법무부 특수법령과 검사 2000년 서울지검 검사 2003년 대전지검 부부장검사 2004년 제주지검 부장검사 2005년 대검찰청 연구관 2006년 통일부 법률자문관(파견) 2007년 법무부 특수법령과장 2008년 同통일법무과장 2009년 서울중앙지검 형사6부장 2009년 同금융조세조사1부장 2010년 대검찰청 범죄정보기획관 2012년 서울중앙지검 제3차장검사 2013년 대전지검 차장검사 2014년 수원지검 안산지청장 2015년 서울중앙지검 제1차장검사(검사장급) 2015년 대구지검장(현) [상]검찰총장표창, 대통령표창, 법무부장관표창, 근정포장

전현진(全炫鎭) JEON Hyeon Jin

[생]1969·8·30 [본]천안(天安) [주]대전 서구 청사로189 특허청 산업재산보호협력국 산업재산보호정책과(042-481-5213) [학]1988년 천안중앙고졸 1995년 연세대 이학과졸 [경]1993년 기술고시 합격 1996년 특허청 심사4국 정보심사담당관실 사무관 1998년 同정보자료관실 정보기획개발담당관실 사무관 2002년 同심사2국 심사조정과 서기관 2003년 同심사4국 반도체2심사담당관실 서기관 2004년 同전기전자심사국 응용소자심사담당관실 서기관 2006년 同전기전자심사본부 유비쿼터스심사팀장 2008년 특허심판원 심판관, 국외 훈련 2011년 특허심판원 심판관 2012년 특허청 정보통신심사국 정보심사과장 2013년 특허법원 사무국 기술심리서기관 2015년 특허심판원 심판6부 심판관 2016년 특허청 산업재산보호협력국 산업재산보호정책과장(현)

전현희(全賢姬 · 女) JEON Hyun Hee

[생]1964 · 11 · 4 [출]경남 통영 [주]서울 영등포구 의사당대로1 국회 의원회관315호(02-784-6950) [학]1983년 데레사여고졸 1990년 서울대 치의학과졸 2004년 고려대 법무대학원 의료법학과졸(석사) [경]1990년 치과의사 국가고시 합격 1990~1993년 임상 치과의사 근무 1996년 사법시험 합격(38회) 1999년 사법연수원 수료(28기) 1999년 미국 워싱턴 국제환경단체 Friends of the Earth 인턴 근무 1999년 미국 워싱턴 국제로펌 Carter Ledyard & Milburn 근무 1999~2001년 외교통상부 한 · 칠레자유무역협정(FTA) 자문변호사 1999년 대한의료법학회 총무이사 2000년 대한의사협회 법제이사 2000년 변리사자격 취득 2001~2003년 보건복지부 국민건강증진기금운용심의회 위원 2001년 연세대 의과대학 · 고려대 의과대학 · 가톨릭대 보건대학원 외래교수 2001~2005년 대한피부과학회 및 개원의협의회 고문변호사 2001년 대한가정의학회 및 개원의협의회 고문변호사 2002년 전남대 치과대학 외래교수 2002년 대한의사협회 자문변호사 2003년 산업자원부 통상고문변호사 2003~2008년 同무역위원회 무역정책위원 2003년 농림부 농업통상정책협의회 위원 2003년 녹색소비자연대 상임위원 · 이사(현) 2003년 대한변호사협회 여성위원 2004년 열린우리당 공직후보자자격심사위원 2004~2006년 서울시 건설기술심의위원회 위원 2004~2006년 同공익사업선정위원회 위원 2005년 농협중앙회 고문변호사 2006~2008년 보건복지부 의료법개정위원 2008년 제18대 국회의원(비례대표, 통합민주당 · 민주당 · 민주통합당) 2008년 민주당 원내부대표 2008년 同대표특보 2008년 국회 국민건강복지포럼 대표의원 2010~2011년 민주당 공동대변인 2010년 同대학생정책지원단장 2010년 국회 운영위원회 위원 2013년 민주당 인재영입위원회 부위원장 2013~2014년 인천아시안게임조직위원회 저탄소친환경위원회 위원장 2015년 (사)한국줄넘기협회 총재(현) 2016년 더불어민주당 서울강남구乙지역위원회 위원장(현) 2016년 제20대 국회의원(서울 강남구乙, 더불어민주당)(현) 2016년 더불어민주당 조직강화특별위원회 위원 2016년 同청년일자리TF 위원 2016년 同전국직능대표자회의 총괄본부장(현) 2016년 국회 국토교통위원회 위원(현) 2016년 국회 예산결산특별위원회 위원(현) 2016년 한국아동인구환경의원연맹(CPE) 회원(현) 2016년 국회 문화 · 관광산업연구포럼 책임연구위원(현) 2016년 국회 신 · 재생에너지포럼 공동대표(현) [상]대통령표창(2006), 국정감사NGO모니터단 우수국회의원상(2008 · 2009 · 2010 · 2011), 최우수국회의원연구단체상(2008 · 2009 · 2010 · 2011), 제1회 메니페스토 약속대상(2009 · 2010), 공동선의정활동상(2009), 백봉신사상 올해의 신사의원 베스트11(2010), 국회헌정 우수상(2011), 올해의 여성대상(2015), 대한민국최고국민대상 정치 · 외교부문 정치혁신공로대상(2016) [저]'의사들을 위한 법률강좌' '도전, 너무도 매혹적인'(2011)

전형근(全亨根) JEON Hyung Geun

[생]1971 · 1 · 19 [출]인천 [주]경기 안양시 동안구 관평로212번길52 수원지방검찰청 안양지청(031-470-4200) [학]1989년 인천 제물포고졸 1994년 서울대 사법학과졸 [경]1993년 사법시험 합격(35회) 1996년 사법연수원 수료(25기) 1996년 인천지검 공익법무관 1999년 수원지검 검사 2000년 춘천지검 속초지청 검사 2001년 부산지검 동부지청 검사 2003년 서울지검 검사 2004년 서울중앙지검 검사 2006년 인천지검 검사 2007년 법무부 형사사법통합정보체계추진단 파견 2009년 서울중앙지검 부부장검사 2009년 수원지검 평택지청 부장검사 2010년 대구지검 의성지청장 2011년 서울남부지검 형사6부장 2012년 서울중앙지검 총무부장 2013년 同형사2부장 2014년 청주지검 부장검사 2015년 법무부 형사사법공통시스템운영단장 2016년 수원지검 안양지청 차장검사(현)

전형수(田迥秀) CHON Hyong Soo

[생]1953 · 4 · 27 [출]충남 보령 [주]서울 종로구 사직로8길 39 세양빌딩 김앤장법률사무소(02-3703-1159) [학]대신고졸 1975년 연세대 수학과졸 1982년 서울대 대학원졸 2002년 법학박사(건국대) [경]1974년 행정고시 합격(16회), 영동세무서장, 평택세무서장, 駐LA총영사관 세무관, 국세청 국세통합전산망개발담당 과장 1997년 국세청 기획예산담당관 1998년 同총무과장 1999년 同기획관리관 2000년 대전지방국세청장 2001년 국세청 전산정보관리관 2002년 중앙공무원교육원 파견 2002년 국세청 감사관 2003년 재정경제부 국세심판원장 2003~2007년 건국대 행정대학원 겸임교수 2004~2005년 서울지방국세청장 2005년 김앤장법률사무소 고문(현) 2006~2015년 현대제철(주) 사외이사 겸 감사위원 2006년 한국조세재정연구원 연구자문위원(현) 2007년 국세공무원교육원 명예교수 2007년 경남기업 사외이사 2008년 한국공항 사외이사 2008년 연세대 경제대학원 겸임교수(현) 2009년 서울시립대 세무전문대학원 겸임교수 2010년 건국대 행정대학원 겸임교수 2013년 이마트 사외이사(현) 2015년 GS글로벌 사외이사(현) [상]대통령표창(1986), 근정포장(1987), 녹조근정훈장(1996) [저]'한국의 세무행정발전방향에 관한 연구'(1995) '세무조사의 개선방안에 관한 연구'(2002)

전형식(全亨植)

[생]1968 · 9 · 30 [주]세종특별자치시 갈매로477 기획재정부 국고과(044-215-5110) [학]1985년 대전 동산고졸 1991년 서울대 공법학과졸 [경]1994년 행정고시 합격(38회) 1995년 총무처 수습행정관 1996년 통일원 교류협력국 총괄과 사무관 1998년 국가안전보장회의 사무처 사무관 2001년 통일부 교류협력국 교류1과 사무관 2002년 기획예산처 예산실 예산총괄과 사무관 2003년 同예산실 과학환경예산과 사무관 2004년 서기관 승진 2005년 기획예산처 재정기획실 산업재정3과 서기관 2005년 同정책홍보관리실 법령분석과 서기관 2006년 공공부문비정규직실무추진단 파견 2009년 경제자유구역기획단 파견 2009년 기획재정부 대변인실 홍보담당관 2012년 同예산실 행정예산심의관실 법사예산과장 2013년 同예산실 예산총괄심의관실 기금운용계획과장 2014년 同예산실 경제예산심의관실 연구개발예산과장 2015년 同재정관리국 타당성심사과장 2016년 同국고국 국고과장(부이사관)(현)

전혜숙(全惠淑 · 女) JEAN Hae Sook

[생]1955 · 5 · 5 [출]경북 칠곡 [주]서울 영등포구 의사당대로1 국회 의원회관927호(02-784-8340) [학]1973년 경북사대부고졸 1977년 영남대 약학과졸 1998년 서울대 대학원 보건의료정책지도자과정 수료 2005년 중앙대 사회개발대학원 사회복지학과 수료 2006년 서울대 행정대학원졸 2009년 성균관대 임상약학대학원 사회약학과졸 [경]1998~2003년 경북도약사회 회장 2000년 매일신문 칼럼니스트 2002년 보건의료약사발전특별위원회 국정자문위원 2002년 대한약사회 정책기획단장 2002년 보건의료개혁시민연대 위원 2003년 대통령직인수위원회 사회문화여성분야 자문위원 2003년 한국마약퇴치운동본부 이사 2003년 YMCA 부패신고센터 운영위원 2003년 민주평통 자문위원 2004년 열린우리당 국민참여운동본부 상근본부장 2004년 同경북도당 여성위원장 2005년 대한약사통신 대표 2006~2008년 건강보험심사평가원 상임감사 2008~2012년 제18대 국회의원(비례대표, 통합민주당 · 민주당 · 민주통합당) 2009~2016년 (사)지구촌보건복지 공동대표 2010년 민주당 서울광진구甲지역위원회 위원장 2010~2011년 同대외담당 원내부대표 2011년 박원순 서울시장후보 서울광진구甲선거대책본부장 2015년 새정치민주연합 사회복지특별위원회 위원장 2016년 더불어민주당 사회복지특별위원회 위원장(현) 2016년 同서울광진구甲지역위원회 위원장(현) 2016년 제20대 국회의원(서울 광진구甲, 더불어민주당)(현) 2016년 국회 보건복지위원회 위원(현) 2016년 국회 윤리특별위원회 간사(현) 2016년 국회 예산결산특별위원회 위원(현) [상]대통령표창(2000), 국민훈장 석류장(2002), INAK(Internet Newspaper Association of Korea) 보건복지상(2015) [저]'오바마도 부러워하는 대한민국 국민건강보험(共)'(2011, 밈) '잘 지내시지요?'(2015, 올벼)

전혜정(全惠貞 · 女) CHUN Hye Jung

[생]1949 · 9 · 12 [출]서울 [주]서울 노원구 화랑로621 서울여자대학교 총장실(02-970-5213) [학]1972년 서울여대 의류학과졸 1985년 이화여대 대학원 의류학과졸 1994년 이학박사(서울여대) [경]1983년 한국의류학회 · 한국복식학회 평생회원(현) 1992~2003년 서울여대 전임강사 · 조교수 · 부교수 1992년 소비자문제시민모임 평생회원(현) 1994~1997년 서울여대 기숙사감 1996~1998년 패션비지니스학회 이사 겸 편집위원 1997~1998년 서울여대 대외협력처장 1998년 同사무처장 2001~2003년 한국의류학회 이사 2003년 서울여대 자연과학대학 의류학과 교수 2003~2005년 同의류학과장 2007~2008년 同학생처장 2011~2013년 한국복식학회 부회장 2013년 한국인터넷윤리학회 고문(현) 2013년 서울여대 총장(현) 2015년 同박물관장 겸임(현) [상]한국복식학회 우수논문상(2009 · 2011), 자랑스러운 숙명인상(2014)

전혜정(全惠廷 · 女) JUN Hae Jeong

[생]1955 · 11 · 13 [주]서울 광진구 능동로120의1 건국대병원 영상의학과(02-2030-5544) [학]1981년 고려대 의과대학졸 1984년 同대학원졸 1987년 의학박사(고려대) [경]구로병원 연구원, 영등포병원 진단방사선과장, 청주리라병원 진단방사선과장, 미국 노스캐롤라이나대 연수 1990~2005년 건국대 의대 방사선과학교실 조교수 · 부교수 2005년 同의학전문대학원 영상의학과 교수(현) 2015년 대한초음파의학회 부회장 2016년 同회장(현) [저]'증례로 보는 복부영상진단'

전호겸(田豪謙) JUN, HO KYEOM (京濟)

[생]1977·2·10 [주]서울 종로구 인사동7길32 SK건설 법무실(02-3700-7134) [학]1995년 여의도고졸 2002년 인하대 법학과졸 2003년 호주 시드니대 Centre for English Teaching과정 수료 2008년 고려대 대학원 국제거래법학과졸(법학석사) 2011년 중국 칭화대 법학석사(LL. M.)과정 중퇴 2014년 고려대 대학원 법학박사과정 재학中 [경]1998년 MBC 특별기획 '신세대를 알면 21세기가 보인다' 출연 1998~2000년 국회도서관 옴부즈맨 2000년 경제정의실천시민연합 의정감시단원 2001년 대학내일신문 전국대학생기자회장 2002년 SK텔레콤 글로벌인턴십 발대식 및 수료식 대표(호주 시드니 근무) 2002~2005년 여의도고총동문회 연합위원 2003년 SK그룹 입사 2008~2009년 고려대교우회 상임이사 2010년 SK건설 법무실 과장(현) 2010~2014년 同17·18·19기 경영발전협의회 회장 2011년 중국 칭화대(淸華大) 로스쿨 LL. M.(법학석사과정) 중국시정부 장학생 선정 2013년 서울시 청년정책네트워크 청년정책위원 2013년 민주평통 자문위원(현) 2014년 서울시 인터넷시민감시단 2014년 법무부 법교육 출장강사(현) 2014년 국세청 국민탈세감시단(현) 2014년 서울남부지검 검찰시민위원(현) 2014년 고려대 법학연구원 연구원(현) 2015년 서울시 청년의회 청년의원(현) [상]서울시 서부교육청장배 수영대회 금상·은상(1989), 국회 표창(2000), 호주 시드니대 그룹마케팅상(2002), 종로경찰서장표창(2003), 고려대 대학원장표창(2008)

전호경(全浩景) Chun Ho-Kyung

[생]1955·3·1 [주]서울 종로구 새문안로29 강북삼성병원 외과(02-2001-2011) [학]1979년 서울대 의과대학졸 1983년 同대학원 의학석사 1990년 의학박사(서울대) [경]1979~1980년 서울대병원 인턴 1980~1984년 同외과 레지던트 1984~1987년 육군 군의관(대위 예편) 1987~1992년 지방공사 강남병원 외과장·건강관리과장 1991~1992년 한림대 의과대학 외과 외래부교수 1994~2012년 삼성서울병원 외과 전문의 1996년 서울대 의과대학 외과 외래조교수 1996년 한림대 의과대학 외과 외래교수 1997~2002년 성균관대 의과대학 외과학교실 부교수 1997~2007년 삼성서울병원 소화기외과장 2002년 성균관대 의과대학 외과학교실 교수(현) 2002~2003년 삼성서울병원 소화기센터 소장 2003~2005년 同응급진료부장 2003년 同대장암센터장 2005~2009년 同입원부장 2005~2011년 성균관대 의과대학 외과학교실 주임교수·삼성서울병원 외과 과장 2006~2008년 대한외과학회 의료심사이사 2008~2010년 同기획이사 2011~2013년 ECTA 부회장 2011~2013년 K-Notes 회장 2011년 삼성서울병원 건강의학센터장 2011~2012년 대한외과학회 학회지 심사위원 2011~2012년 同교과서편찬위원회 위원 2012~2016년 강북삼성병원 진료부원장 2012~2014년 대한임상종양학회 부회장 2012년 의료사고감정단 자문위원(현) 2012년 진료심사평가위원회 비상근심사위원 2012년 중앙약사심의위원회 전문가(현) 2012~2013년 대한대장항문학회 회장 2014~2015년 대한임상종양학회 회장 2015년 APF-CP·ECTA·ASSR 차기(2017년) 회장(현) [저]'치질의 예방과 치료'(1999)

전호림(全虎林) Jeon Horim

[생]1957·9·16 [출]경북 영천 [주]서울 중구 퇴계로190 매경미디어센터9층 매경출판(02-2000-2606) [학]1985년 한국외국어대 일본어과졸 1991년 일본 히토쓰바시대 대학원 경영학과졸 [경]1999년 매일경제신문 동경특파원 2002년 同국제부 차장대우 2002년 同기획실 차장대우 2004년 同산업부 차장 2004년 同산업부 부장대우 2006년 同산업부 기획팀장(부장대우급) 2007년 同유통경제부장 2008년 同중소기업부장 2010년 同과학기술부장 2011년 同주간국 주간부장(부국장대우) 2011년 同주간국장 직대(부국장대우) 2014년 매경출판 대표(현) [상]벤처코리아2010 특별공로상(2010) [저]'디지털 정복자 삼성전자(共)'(2005, 매경출판) '시간의 뒤뜰을 거닐다'(2015, 매경출판) [역]'IMF시대의 소액주주대표소송'(1998)

전호종(田浩淙) Jeon, Ho-Jong

[생]1954·4·8 [본]담양(潭陽) [출]광주 [주]광주 동구 필문대로309 조선대학교 의과대학 병리학교실(062-230-6341) [학]1978년 조선대 의대졸 1980년 同대학원 의학석사 1986년 의학박사(조선대) [경]1986년 조선대병원 해부병리과 의사 1990~1992년 일본 오카야마대 의학부 제2병리학교실 조수 1992~1997년 조선대 의대 병리학교실 부교수 1997년 미국 Univ. of Connecticut Health Center 방문교수 1997년 조선대 의대 병리학교실 교수(현) 1998년 同부속병원 부원장 1999년 同의학연구소장 2001~2003년 同의과대학장 2007~2011년 同총장 [상]국방부 군진의학 학술상(1985), 대한내과협회 우수논문 학술상(1994), 광주시의사회 무등의림대상(1997), 대한적십자사 포장증은장(2010) [저]'일반병리학'(2001) '암이란 무엇인가'(2004) [역]'독성병리학'(1998) [종]기독교

전호환(全虎煥) Ho-Hwan Chun (得雲)

[생]1958·6·13 [본]완산(完山) [출]경남 합천 [주]부산 금정구 부산대학로63번길2 부산대학교 총장실(051-510-1101) [학]1977년 진주고졸 1983년 부산대 조선해양공학과졸 1985년 同대학원 조선공학과졸 1988년 공학박사(영국 글래스고대) [경]1988~1989년 영국 글래스고대 연구원 1988년 영국조선학회 Fellow(현) 1991~1994년 현대중공업 선박해양연구소 책임연구원 1994~2016년 부산대 조선해양공학과 조교수·부교수·교수 1996~1999년 국제수조회의 고속선안정성분과 Asia대표 1996년 대한조선학회 논문집 편집위원 2001~2002년 부산대 조선해양공학과장 2002년 同첨단조선공학연구센터 소장 2002년 부산시 조선기자재산업육성 자문위원 2002년 국제수조회의(ITTC) 워트제트분과 위원(아시아지역대표) 2003년 과학기술부·산업자원부 차세대성장동력 조선분과 기획위원 2004년 한국학술진흥재단 학술연구심사평가위원회 위원 2004년 부산시 지역혁신협의회 위원 2004년 부산산업클러스터 산학협의회 기획운영위원 2005년 부산시 MT산업육성추진위원회 위원 2006년 한국공학한림원 회원(현) 2006년 대한조선학회 국제이사 2007년 (사)부산산업클러스터산학관협의회 부회장 2007년 부산대 산학협력단 운영위원 2010년 대한조선학회 사업이사(현) 2012년 부산대 조선해양플랜트글로벌핵심연구센터 소장 2013년 (재)부산대학교발전기금 상임이사 2013~2014년 부산대 대외협력부총장 2016년 同총장(현) [상]효원논문상(2004), 부산과학기술상(2005), 부산대 공과대학상(2005), 한국과학재단 우수연구성과 50선(2006), 제2회 부산해양과학기술상 학술부문(2008), 대한조선학회 학술상(2010), 제2회 국가녹색기술대상(2010), 대한조선학회 논문상(2011), 한국공업화학회 우수논문상(2011) [저]'행글라이딩-비행에서 제작까지'(1980) '배 이야기'(2008) 'Boundary Layer Flow over Elastic Surface'(2012) [종]기독교

전홍건(全弘健) CHUN Hong Kun

[생]1950·7·2 [출]서울 [주]경기 김포시 월곶면 김포대학로97 김포대학교 이사장실(031-999-4203) [학]1973년 미국 포틀랜드주립대 전기공학 및 수학과졸 1976년 미국 미네소타대 대학원 통계학과졸(석사) 1989년 미국 시카고대 대학원 경제학과졸(석사) 1993년 미국 위스콘신대 메디슨교 대학원 경영학과졸(석사) 1996년 경영학박사(미국 위스콘신대 메디슨교) [경]1979~1983년 미국 MIT 슬로언스쿨 경제경영연구소 연구교수 1987~1998년 HKC Financials 대표 1996~1999년 미국 위스콘신대 메디슨교 경영학부 교수 1999~2004년 김포대학 학장 2013년 학교법인 김포대 이사장(현) [종]천주교

전홍구(全洪九) JEON Hong Gu

[생]1956·5·15 [출]경북 영주 [주]서울 영등포구 여의공원로13 한국방송공사 감사실(02-781-1000) [학]1974년 국립철도고졸 1979년 건국대 법학과졸 1986년 同대학원졸 [경]1981년 한국방송공사(KBS) 입사(9기) 1993년 同춘천방송총국 총무부장 1995년 同감사실 감사기획부 차장 1997년 同신경영기획단 차장 1999년 同인력관리국 인사관리부 부주간 2003년 同총무국장 2004년 同경영본부 총무팀장 2006년 同관재팀장 2009년 同경영본부 총무국장 2009년 同방송문화연구소 연구위원 2013~2014년 同경영담당 부사장 2015년 同감사(현) 2015년 한국지상파디지털방송추진협회 감사(현) [상]국민포장(2009), 자랑스러운 건국언론인상(2014)

전홍균(全弘均) CHUN Hong Kyoon

[생]1958·6·25 [출]부산 [주]서울 강남구 도산대로524 청담빌딩8층 효성인포메이션시스템(02-510-0300) [학]1983년 한양대 전자공학과졸, 서울대 경영대학원 정보통신정책과정 수료 [경]1986년 삼성전자(주) 정보시스템실 근무 1991년 삼성SDS 전자IS실 근무 1993년 同NW기술팀장 1997년 同기업통신사업팀장 2000년 유니텔 전자통신본부장 2002년 삼성네트웍스 인프라사업부 상무보 2005년 同인프라사업부장(상무) 2010년 同ICT인프라운영사업부장(상무) 2010년 삼성SDS(주) ICT인프라본부 ICT인프라운영사업부장(전무) 2011년 同ICT인프라운영사업부 본부장(전무), 同고문 2014년 효성인포메이션시스템(주) 대표이사(현) [종]기독교

전홍렬(全弘烈) JEON Hong Yul

[생]1948·10·13 [출]전남 영암 [주]서울 종로구 새문안로5길55 김앤장법률사무소(02-3703-1658) [학]1967년 배문고졸 1972년 연세대 행정학과졸 1978년 서울대 행정대학원졸 [경]1978년 재무부 이재국 근무 1983년 국회 재무위원회 입법조사관 1985년 재무부 증권국 근무 1997년 국무총리실 규제개혁담당 과장 1998~2005년 코스닥위원회 위원 1999~2003년 금융감독위원회 규제심사위

원회 위원 2001~2005년 (사)자산유동화연구회 회장, 기획재경부 투자풀위원회 위원 2003년 한국주택금융공사 설립위원 2005~2008년 금융감독원 부원장 2008~2016년 한국M&A협회 회장 2008년 기업지배구조개선위원회 위원(현) 2008년 김앤장법률사무소 상임고문(현) 2015년 NH농협금융지주(주) 사외이사(현) [저]'증권거래법 해설'(1997, 도서출판 넥서스)

전홍범(全洪範) JUN Hong Bum

[생]1959·5·6 [출]서울 [주]부산 중구 중앙대로148번길13 부산지방보훈청 청장실(051-660-6302) [학]경신고졸, 육군사관학교 중국어과졸 [경]의정부보훈지청장 2004년 국가보훈처 제대군인국 취업과장 2005년 동북아평화를위한바른역사기획단 파견 2006년 국가보훈처 정책홍보관리실 정책홍보담당관(과장대우) 2007년 同정책홍보담당관(부이사관) 2008년 충북지방병무청장(고위공무원) 2010년 국방대 교육파견 2011년 국가보훈처 보상정책국장 2012년 同복지증진국장 2013년 광주지방보훈청장 2015년 부산지방보훈청장(현)

전홍조(田弘祚) Chun Hong-jo

[생]1961·3·25 [주]경기 과천시 교육원로118 국가공무원인재개발원 글로벌교육부(02-500-8580) [학]1984년 한국외국어대 영어과졸 1991년 미국 윌리엄스대 연수 [경]1983년 외무고시 합격(17회) 1984년 외무부 입부 1992년 駐캐나다 2등서기관 1995년 駐엘살바도르 1등서기관 1998년 경수로사업지원기획단 파견 2001년 외교통상부 주한공관 담당관 2002년 同남미과장 2003년 駐리비아 공사 참사관 2005년 駐칠레공사 참사관 2008년 외교통상부 중남미국 심의관 2010년 국회사무처 파견 2012년 駐코스타리카 대사 2015년 국방대 교육파견 2016년 국가공무원인재개발원 글로벌교육부장(현)

전홍태(全洪兌) JEON Hong Tae

[생]1955·11·27 [출]대전 [주]서울 동작구 흑석로84 중앙대학교 공과대학 전자전기공학부 봅스트홀207동627호(02-820-5297) [학]1976년 서울대 전자공학과졸 1982년 미국 뉴욕주립대 대학원졸 1986년 공학박사(미국 뉴욕주립대) [경]1976년 국방과학연구소 연구원 1979년 한국전기통신연구소 연구원 1986년 중앙대 공대 전자전기공학부 교수(현) 1991년 한국퍼지및지능시스템학회 총무이사 1992년 삼성그룹 첨단기술연구소 자문교수 1993년 삼성전자 기술대학원 초빙교수 1993년 대한전자공학회 제어계측연구회 전문위원장 2000년 한국퍼지및지능시스템학회 부회장 2001년 중앙대 교무처장 2002년 한국퍼지및지능시스템학회 회장 2005~2007년 중앙대 정보대학원장 2005년 대한전자공학회 부회장 2007년 중앙대 제1캠퍼스 부총장 2009년 대한전자공학회 수석부회장 2010~2011년 同회장

전홍택(全洪澤) CHUN Hong Tack

[생]1954·4·3 [출]서울 [주]세종특별자치시 남세종로263 한국개발연구원 국제정책대학원(044-550-1601) [학]1972년 경기고졸 1976년 서울대 경제학과졸 1985년 경제학박사(미국 코넬대) [경]1985~1987년 한국은행 조사역 1987~1990년 전국은행연합회 금융경제연구소 연구위원 1990년 한국개발연구원(KDI) 연구위원 1994~1997년 同북한경제팀장 1997년 同북한경제연구팀 선임연구위원 1997~1999년 同연구조정실장 2000년 同금융팀장 2001~2004년 同부원장 2005년 同공공투자관리센터 소장 2006~2008년 同경제정보센터 소장 2010~2011년 同연구본부장 2013~2014년 同국제개발협력센터 소장 2015년 同국제정책대학원장(현) [상]부총리표창 [저]'북한의 외국인 투자제도와 대북투자 추진방안'(1995) '한반도 통일시의 경제통합 전략(編)'(1997) '남북한 화폐·금융통합에 관한 연구(共)'(2002) '한국경제개혁 사례연구(編)'(2002) '동아시아 통합전략 : 성장-안정-연대의 공동체 구축(共·編)'(2010) '100세 시대, 어떻게 행복하게 살 것인가?(共)'(2011) '동아시아 통합전략(Ⅱ): 한·중·일을 중심으로(共·編)'(2011) '남북한 경제통합연구: 북한경제의 한시적 분리 운영방안(共)'(2012) '동아시아 통합전략(Ⅲ): 협력의 심화·확대와 새로운 도전(共·編)'(2012)

전화식(全和植) JEON HWA SIK (如山)

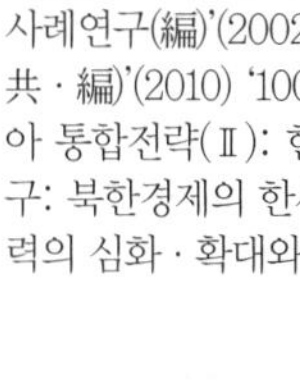

[생]1957·9·25 [본]죽산(竹山) [출]경북 성주 [주]경북 구미시 금오산로336의97 경상북도환경연수원(054-452-4509) [학]1975년 성주농업고졸 1983년 영남대 지역사회개발학과졸 2001년 同대학원 환경관리학과졸 [경]1984년 고령군 7급 행정직 공직입문 2003~2004년 경북도립대 행정지원과장 2004년 지방행정연수원 교육파견(사무관) 2005~2006년 경북도 사회복지과 장애인담당 사무관 2006~2007년 경북도의회 공보담당 사무관 2007~2009년 경북도 공보관실 보도담당 사무관 2010년 국토해양부 해양정책과 파견(서기관) 2010년 경북도 해양정책과장 2011년 통일교육원 파견(서기관) 2012년 경북도 관광진흥과장 2012~2013년 同문화예술과장 2014년 성주군 부군수 2015년 경북도의회 사무처 의사담당관 2015~2016년 경북도 문화관광체육국장 2016년 경북도환경연수원 원장(현) 2016년 전국환경교육연합(KEEU) 공동대표(현) [상]내무부장관표창(1993), 행정자치부장관표창(1999), 근정포장(2009)

전효관(全烋寬) JUN HYO KWAN

[생]1964·5·26 [주]서울 중구 세종대로110 서울특별시청 서울혁신기획관실(02-2133-6300) [학]1981년 전주고졸 1985년 연세대 천문기상학과졸, 同대학원 사회학과졸 1998년 사회학박사(연세대) [경]1999년 서울시 하자센터 부센터장 2004년 사회적기업 '티팟' 대표 2005년 전남대 신문방송학과·문화전문대학원 조교수 2010년 서울시 하자센터장 2013년 同청년일자리허브센터장 2014년 同서울혁신기획관(현)

전효숙(全孝淑·女) CHON Hyo Suk

[생]1951·2·28 [출]전남 승주 [주]서울 서대문구 이화여대길52 이화여자대학교 법과대학(02-3277-2733) [학]1969년 순천여고졸 1973년 이화여대 법정대학 법학과졸 1978년 同대학원 수료 [경]1975년 사법시험 합격(17회) 1977년 사법연수원 수료(7기) 1977년 서울가정법원 판사 1977년 서울민사지법 판사 1980년 서울형사지법 판사 1982년 서울가정법원 판사 1983년 수원지법 성남지원 판사 1985년 서울지법 동부지원 판사 1988년 서울고법 판사 1990년 대법원 재판연구관 1994년 수원지법 부장판사 1994년 사법연수원 교수 1997년 서울지법 부장판사 1999년 특허법원 부장판사 2001년 서울고법 부장판사 2003~2006년 헌법재판소 재판관 2007년 미국 School of Law Univ. of Emory 객원연구원 2007년 이화여대 법과대학 교수 2012년 同법학전문대학원장 겸 법과대학장 2013~2015년 대법원 양형위원회 위원장, 이화여대 법과대학 초빙석좌교수(현) [상]제10회 자랑스러운 이화인(2004) [종]천주교

전효중(全孝重) JEON Hyo Joong (何石)

[생]1932·11·7 [본]천안(天安) [출]전남 승주 [주]부산 영도구 태종로727 한국해양대학교(051-410-4114) [학]1952년 순천고졸 1956년 한국해양대 기관학과졸 1970년 공학박사(일본 도쿄대) [경]1965~1992년 한국해양대 교수 1976·1982년 同대학원장 1984년 박용(舶用)기관학회 회장 1989년 한국해양대 이공학부장 1992~1996년 同총장 1996년 同명예교수(현) [상]부산시 문화상, 국민훈장 목련장, 국민훈장 무궁화장 [저]'진동공학' '내연기관강의' '응용열역학' '선박기계의 안전 및 보수관리' [역]'선박용디젤엔진 및 가스터빈'(2005, 동명사)

전효택(全孝澤) CHON Hyo Taek

[본]정선(旌善) [출]평남 평양 [주]서울 관악구 관악로1 서울대학교(02-880-5114) [학]1966년 성동고졸 1971년 서울대 공대 자원공학과졸 1973년 同대학원 자원공학과졸 1979년 공학박사(서울대) [경]1980~1991년 서울대 공대 자원공학과 조교수·부교수 1980년 일본 東京大 이학부 지질학교실 객원연구원(Post-Doc.) 1982~1983년 영국 런던대 Imperial College 응용지구화학연구그룹 객원연구원(Post-Doc.) 1987년 서울대 자원공학과장 1991~2012년 同공과대학 지구환경시스템공학부 교수 1995년 한국자원공학회 총무이사 1996년 대한자원환경지질학회 부회장 1996년 대한지하수환경학회 부회장 1999~2002년 대한광업진흥공사 사외이사 2000~2002년 한국자원공학회 부회장 2000~2006년 기술사검정심의위원회 심의위원 2001~2003년 서울대 공학연구소장 2001~2002년 한국자원공학회 회장 2002년 Society of Trace Elements Biogeochemistry 국제위원 2002년 한국과학기술단체총연합회 대의원 2003~2006년 국무총리국무조정실 공공기술연구회 이사 2005년 대한자원환경지질학회 회장 2005년 The Society for Environmental Geochemistry and Health(SEGH) 집행위원 겸 아·태지역 회장 2007년 한국공학한림원 정회원·원로회원(현) 2007년 현대하이스코(주) 고문 2007~2013년 (재)신양문화재단 감사 2012년 서울대 명예교수(현) 2014년 국제응용지구화학회(AAG) 석학회원(현) 2014년 수필가(현) [상]한국자원공학회 학술상(1989), 한국과학기술단체총연합회 과학기술우수논문상(1991), 대한자원환경지질학회 학술논문상(1996), 대통령표창(1999), 20년근속 서울대총장표창(1999), 대한자원환경지질학회 김옥준상(2006), 한국지구시스템공학회 서암상(2007), 한국지구시스템공학회 젊은공학자상 제정 감사패(2008), 30년근속 서울대총장표창(2009), 자랑스런 성동인상(2009), 서울대 학술연구상(2011), 옥조근정훈장(2012) [저]'응용지구화학(共)'(1993) '환

경지구화학과 건강'(1993) '지구자원과 환경(共)'(1997) '환경지질학'(1998) '남북한 환경정책 비교연구(共)'(2008) 圉'광물탐사를 위한 암석지구화학'(1991) '희토류원소지구화학(共)'(2000) 㬂기독교

전훈일(全焄壹) JEON Hun Il

㳉1967·12·18 屷천안(天安) 㒓전북 진안 㑇인천 남구 학익소로29 전훈일변호사사무실(032-866-1218) 㐀1986년 전주 영생고졸 1990년 서울대 법대 사법학과졸 㲵1992년 사법시험 합격(34회) 1995년 사법연수원 수료(24기) 1998년 특전사 軍법무관 대위전역 1998년 서울지검 남부지청 검사 2000년 대전지검 논산지청 검사 2001년 청주지검 검사 2002년 북경대 검사 장기 해외연수 2003년 변호사 개업 2005년 법무법인 굿모닝코리아 변호사 2006년 법무법인 대륙아주 파트너변호사 2011~2013년 해양경찰청 감사담당관 2013~2015년 충남도교육청 감사관 2015년 변호사 개업(현) 圉'중국검찰제도 고론' '미국과 중국' '중국의 관찰' '중국상도' '중국의 지혜' '품인록' '거시중국사' '중국의 남자와 여자' '선진제자백가쟁명' 㬂천주교

전휘수(田徽秀) Hweesoo JUN

㳉1959·12·29 屷담양(潭陽) 㒓서울 㑇경북 경주시 양남면 동해안로696의13 한국수력원자력 월성원자력본부(054-779-2114) 㐀1978년 서울 오산고졸 1985년 한양대 원자력공학과졸 㲵1985년 한국전력공사 입사 2005년 한국수력원자력 뉴욕사무소 부장(INPO 파견) 2012년 同고리원자력본부 제1발전소장 2014년 同품질안전본부 안전처장 2015년 同월성원자력본부장(현) 㑺과학기술부장관표창(2003), 석탑산업훈장(2015) 㬂기독교

전휴재(全休在)

㳉1974·12·15 㒓서울 㑇서울 서초구 서초중앙로157 서울고등법원(02-530-1114) 㐀1993년 서울고졸 1997년 서울대 법학과졸 㲵1996년 사법시험 합격(38회) 1999년 사법연수원 수료(28기) 1999년 육군 법무관 2002년 서울지법 북부지원 판사 2004년 서울중앙지법 판사 2006년 대구지법 상주지원 판사 2010년 서울고법 판사 2011년 법원행정처 민사심의관 겸임 2013년 서울중앙지법 판사 2014년 광주지법·광주가정법원 순천지원 부장판사 2015년 서울고법 판사(현)

전흥수(田興秀) JEON Heung Soo (巨巖)

㳉1938·11·5 㒓충남 예산 㑇충남 예산군 덕산면 홍덕서로543 한국고건축박물관 관장실(041-337-5877) 㲵1953년 부친인 대목 전병석선생 문하생 1955~1959년 대목 金重熙선생 문하생 1998년 동국대 불교대학원 사회복지학과 수료 㲵1960년 50여년간 문화재 복원수리 및 신축·사찰(법당·요사채·종각)건축 및 불사에 봉직(현) 1983년 문화재 수리기능 목공 제608호 1990~1999년 (재)한국문화재기능인협회 회장 1993~2003년 한국고건축 대표 1993~1998년 문화재기능인 작품전(4회 개최) 1993년 대전세계박람회(EXPO'93) 조직위원장 1998년 한국고건축박물관 건립·관장(현) 2000년 중요무형문화재 제74호 대목장 기능보유자 지정(현) 2000년 충남 전통문화(고건축)의 집 선정 2001년 신지식인 선정(고건축) 2001년 (재)한국문화재기능인협회 명예이사장(현) 2002년 거암고건축 대표 2004년 국립한국전통문화학교 초빙교수 㑺대한불교조계종 총무원장표창(1992), 문화체육부장관표창(1996), 허균문화상(1998), 자랑스런 충남인상(1998), MBC 좋은한국인상대상(1999), 충남도 문화상(2000), 문화재청장표창(2000), 행정자치부장관표창(2002), 대한민국문화유산 대통령표창(2004) 㬂불교

전희경(全希卿·女) JUN HEEKYUNG

㳉1975·10·9 㑇서울 영등포구 의사당대로1 국회 의원회관629호(02-784-4630) 㐀이화여대 행정학과졸 2001년 同대학원 행정학과졸 㲵2003년 바른사회시민회의 모니터국장 2006년 同정책실장, 한국경제연구원 사회통합센터 정책팀장 2013년 자유경제원 사무총장, 새누리당 역사교과서개선특별위원회 위원 2016년 제20대 국회의원(비례대표, 새누리당)(현) 2016년 국회 교육문화체육관광위원회 위원(현) 2016년 국회 윤리특별위원회 위원(현) 2016년 한국아동인구환경의원연맹(CPE) 회원(현) 2016년 국회 가습기살균제사고 진상규명과피해구제 및 재발방지대책마련을위한국정조사특별위원회 위원(현) 2016년 국회 정치발전특별위원회 위원(현) 2016년 국회 대법관(김재형)임명동의에관한인사청문특별위원회 위원

전희동(田熙東)

㳉1957·11·28 㑇경북 포항시 남구 청암로67 포항산업과학연구원 에너지환경연구소(054-279-6003) 㐀1979년 서울대 공과대학 공업화학과졸 1981년 同대학원 환경공학과졸 1986년 환경공학박사(서울대) 㲵1986~2012년 (재)포항산업과학연구원 책임연구원·실장·연구단장 1992~1993년 미국 Univ. of Wisconsin-Madison College of Engineering Honored Fellow 2005~2010년 생태산업단지구축사업단 경북지역단장 2010년 포항공과대(POSTECH) 화학공학과 겸임교수 2012년 (재)포항산업과학연구원 에너지환경연구소장(전무)(현) 㑺국무총리표창(1998·1999), 지식경제부 '국가10대 Green Energy Award' CO2부문(2012), 과학기술훈장 혁신장(2016)

전희두(全熙斗) JEON Hee Du

㳉1959·12·15 㒓경남 남해 㑇경남 창원시 의창구 중앙대로241 경상남도교육청 부교육감실(055-268-1011) 㐀1989년 동아대 법학과졸 1994년 同법학대학원졸 2004년 미국 미네소타주립대 대학원 교육행정학과졸 㲵1989년 행정고시 합격(33회) 1999년 교육부 감사관실 서기관 2000년 부산시교원연수원 총무부장 2002년 부산시교육청 교육훈련파견, 교육인적자원부 지역인적자원팀장 2005년 同법무감사기획팀장 2006년 同민원조사담당관 2007년 同감사총괄담당관(부이사관) 2008년 교육과학기술부 감사총괄담당관 2008년 부산시교육청 기획관리국장 2010년 국립국제교육원 부이사관 2011년 서울시교육청 기획조정실장(고위공무원) 2012~2014년 부산시교육청 부교육감 2015년 경남도교육청 부교육감(현)

전희섭(全熙燮) Michael H. Jun (綠山)

㳉1946·12·8 屷천안(天安) 㒓전북 군산 㑇경기 포천시 신북면 청신로2139 (사)열린사회복지교육재단 메디힐포천요양병원(031-531-2641) 㐀1974년 중앙대 신문방송학과졸 1987년 미국 서던일리노이대(SIU) 대학원 저널리즘특별과정 수료 㲵1974년 동양통신 외신부 기자 1975년 同정치부 기자 1981년 연합통신 경제부 기자 1990년 同경제2부 차장 1992년 同YTN기획단 단장 1994년 同경제1부장 1995년 同국제경제부장 1996년 同워싱턴지사장 1998년 연합뉴스 워싱턴지사장 1999년 同경제국 부국장 1999년 同매체혁신위원장 1999년 현대투신운용 자문위원 1999년 인터넷신문 넷피니언 설립·운영 2000년 연합뉴스 경제국장 2000~2003년 同인터넷본부장 2001년 한국컨벤션학회 부회장 2002년 녹색연합 평생회원 2003년 연합뉴스 논설위원실장 2004~2005년 同논설위원실 고문 2007~2010년 에코폴라Co. 대표 2010~2012년 (주)KTI 고문 2011~2015년 (주)O&P 감사 2011~2012년 이란 Gita Darya Co. 이사장 2012년 (주)골드리치 대표이사(현) 2014년 (사)열린사회복지교육재단 이사장(현) 㬂천주교

전희숙(女) Jeon Heesook

㳉1984·6·16 㒓서울시 중구 세종대로110 서울특별시청 㑇중경고졸, 한국체육대졸 㲵서울시청 펜싱선수단 소속(현) 2006년 도하아시안게임 플뢰레 단체전 금메달 2007년 세계펜싱선수권대회 플뢰레 은메달 2009년 아시아펜싱선수권대회 플뢰레 단체전 금메달 2010년 폴란드 펜싱그랑프리 플뢰레 동메달 2010년 국제펜싱연맹 월드컵 플뢰레 우승 2010년 SK텔레콤 국제그랑프리선수권대회 플뢰레 단체전 2위 2010년 광저우아시안게임 플뢰레 개인전 동메달·플뢰레 단체전 금메달 2011년 국제펜싱연맹월드컵대회 플뢰레 동메달 2011년 여자플뢰레월드컵A급대회 단체전 은메달 2011년 아시아펜싱선수권대회 플뢰레 단체전 우승 2011년 세계펜싱선수권대회 플뢰레 단체전 동메달 2012년 런던올림픽 플뢰레 단체전 동메달 2014년 제17회 인천아시안게임 플뢰레 개인전 금메달·단체전 금메달 2015년 국제펜싱연맹(PIE) 월드컵대회 플뢰레 개인전 은메달 2015년 아시아펜싱선수권대회 여자 플뢰레 개인전 금메달·단체전 금메달 㑺대한체육회체육상 장려상(2011)

전희영(田喜永)

㳉1965·1·6 㒓서울 마포구 성암로267 문화방송 특임사업국(02-789-0011) 㐀경북대졸 2002년 통신학박사(연세대) 㲵1999년 문화방송 방송기술국 기술연구소 차장대우 2004년 同방송인프라국 DTV전환팀 차장 2005년 同방송인프라국 DTV전환팀장(부장) 2008년 同기술관리국 기술연구센터장 2009년 同디지털기술국 기술연구부장 2011년 同뉴미디어사업1부장 2012년 同뉴미디어사업부장 2013년 同제작기술국 부국장 2014년 同뉴미디어사업국장 2014년 同미디어환경변화대응팀장(부국장급) 2014년 同특임사업국장(현)

전희재(全熙宰) CHUN Hee Jae

[생]1950·8·16 [출]전북 진안 [주]전북 전주시 완산구 충경로102 새누리당 전북도당(063-287-2171) [학]1971년 전주공고졸 1978년 전북대 철학과졸 1980년 서울대 행정대학원졸 1986년 미국 시라큐스대 행정대학원졸 2000년 행정학박사(전북대) [경]1978년 행정고시 합격(22회), 전북도 내무국 세정과 평가계장 1988년 同기획관리실 법무담당관 1989년 국무총리행정조정실 근무 1993년 국무총리 비서관 1994년 전북 장수군수 1995년 전북 진안군수 1996년 미국 워싱턴대 객원연구원 1997년 전북도 경제통상국장 1997년 同서울사무소장 1999년 同기획관리실장 1999년 전주시 부시장 2004년 국방대 파견 2005년 한국지방행정연구원 행정실장(이사관) 2006년 행정자치부 자치경찰제실무추진단장 2006년 전북도 행정부지사 2007~2009년 한국지방자치단체국제화재단 상임이사 2009년 전북대 교양교육원 초빙교수 2009년 4.29재보선 국회의원선거 출마(전주 덕진, 한나라당) 2009년 한나라당 전주덕진구당원협의회 운영위원장 2010년 同인재영입위원회 위원 2010년 同지방선거기획위원회 위원 2010년 국민체육진흥공단 경주사업본부장 2011~2012년 同경륜·경정사업본부장 2012~2016년 새누리당 전북무주·진안·장수·임실당원협의회 운영위원장 2013~2014년 同제2사무부총장 2014년 同7.30재보궐선거공천관리위원회 위원 2016년 새누리당 전주시甲당원협의회 운영위원장(현) 2016년 제20대 국회의원선거 출마(전북 전주시甲, 새누리당) 2016년 새누리당 전국위원회 부의장(현)

정갑생(鄭甲生·女) Jung Kab-Seang

[생]1964·8·20 [본]해주(海州) [출]경남 함양 [주]대전 서구 둔산중로78번길26 민석타워3층 법무법인 내일(042-483-5555) [학]1982년 진주여고졸 1986년 한양대 법학과졸 [경]1986년 사법시험 합격(28회) 1989년 사법연수원 수료(18기) 1989년 변호사 개업 2000년 청주지법 판사 2001년 대전고법 판사 2004년 대전지법 판사 2005년 同부장판사 2008년 同천안지원 부장판사 2010년 대전지법 부장판사 2011~2012년 同가정지원장 2012~2013년 대전가정법원 부장판사 2013년 법무법인 내일 변호사(현) 2014년 국민권익위원회 비상임위원(현) 2015년 대전지방변호사회 감사(현) 2015년 대법원 사실심충실화사법제도개선위원회 위원(현)

정갑식(鄭甲植) Jeong, Kap-Sik

[생]1957·2·20 [본]초계(草溪) [출]전남 담양 [주]경기 안산시 상록구 해안로787 한국해양과학기술원 해저환경자원연구본부(031-400-6267) [학]해양지질학박사(서울대) [경]2004년 한국해양연구원 해저환경자원연구본부 연구원 2009년 同해양위성관측기술연구부 책임연구원 2013년 한국해양과학기술원 관할해역지질연구단장 2014년 同특성화연구본부장 2014년 同지질·지구물리연구본부장 2015년 同해저환경자원연구본부 관할해역지질연구센터 책임연구원(현) [종]천주교

정갑영(鄭甲永) CHYOUNG Kap-Young

[생]1954·10·15 [본]온양(溫陽) [출]서울 [주]서울 동대문구 경희대로26 경희대학교 경영대학원 문화예술경영학과(02-961-0127) [학]1973년 서울 중앙고졸 1978년 한국외국어대 이탈리아어과졸 1980년 연세대 대학원 사회학과졸 1991년 사회학박사(독일 튀빙겐대) [경]1994~2002년 한국문화정책개발원 연구위원 및 연구실장 2002년 한국문화관광연구원 문화예술연구실 선임연구위원 2002~2005년 同연구실장 2005~2006년 부천문화재단 이사 2006년 사회운동학회장 2007년 강원도 강원복지포럼 문화관광자문위원 2007년 경북도 새경북위원회 문화관광자문위원 2008년 문화체육관광부 규제개혁분야 정책위원 2008~2012년 경희대 경영대학원 문화예술경영학과 겸임교수 2008~2012년 한국문화관광연구원 원장 2009~2013년 사회이론학회 회장 2009년 국립중앙박물관 운영자문위원 2009년 '한국 방문의 해' 위원 2009년 국가경쟁력강화위원회 위원 2010년 국립국악원 운영자문위원 2010년 연세대 행정대학원 겸임교수 2012~2015년 청운대 공연기획경영학과 초빙교수 2014년 문화재정책연구원 이사(현) 2014년 경기문화재단 이사(현) 2015~2016년 안양대 교양대학 교수, 경희대 경영대학원 문화예술경영학과 외래교수(현) [상]문화관광부장관표창(2001·2006), 외대인상 공직인상(2010) [저]'문화예술경영 이론과 실제(共)'(2002) '국민 창의력을 위한 문화봉사(共)'(2003)

정갑윤(鄭甲潤) JEONG Kab Yoon (平江)

[생]1950·11·8 [본]온양(溫陽) [출]울산 [주]서울 영등포구 의사당대로1 국회 의원회관1006호(02-784-5275) [학]1969년 경남고졸 1974년 울산대 공대 화학공학과졸 1981년 부산대 경영대학원 최고경영자과정 수료 1992년 울산대 산업경영대학원 산업관리공학과졸 2014년 명예 법학박사(조선대) [경]1970년 울산대 총학생회장 1971~1995년 해성목재공업 설립·대표 1976~1995년 울산대동창회 창립·초대회장 1983년 울산청년회의소(JC) 회장 1984년 경남지구청년회의소 회장 1991년 경남도의회 의원 1995~2003년 (주)해성법인 설립·대표이사 1996년 대한산악연맹 울산지부 회장 2001년 한나라당 울산시지부 부위원장 2002년 同울산中지구당 위원장 2002년 제16대 국회의원(울산시 중구 보궐선거 당선, 한나라당) 2004년 제17대 국회의원(울산시 중구, 한나라당) 2005년 한나라당 재해대책위원장 2006~2007년 同울산시당 위원장 2008년 제18대 국회의원(울산시 중구, 한나라당·새누리당) 2008년 한나라당 중소기업활력화위원장 2009년 한·케냐의원친선협회 회장 2009년 국회 JC동우회 회장 2010년 국회 윤리특별위원회 위원장 2011년 국회 예산결산특별위원회 위원장 2012년 제19대 국회의원(울산시 중구, 새누리당) 2012년 새누리당 상임전국위원 2012년 국회의원불자모임 '정각회' 회장 2012년 한·인도의원친선협회 회장(현) 2012년 한국장애인정보화협회 자문위원장(현) 2013년 새누리당 통합선거관리위원회 위원장 2013년 대한민국특허(IP)허브추진위원회 공동대표(현) 2013년 한국웅변인협회 총재(현) 2013년 (사)전국야학협의회 고문(현), 한·일의원연맹 부회장(현), 국회 JC동우회 회장(현) 2014년 대한요가연맹 초대 회장(현) 2014년 국회의원불자모임 '정각회' 명예회장(현) 2014년 국회 부의장 2014년 (사)한국음악저작권협회 명예고문(현) 2016년 새누리당 제20대 총선 울산권선거대책위원장 2016년 제20대 국회의원(울산시 중구, 새누리당)(현) 2016년 새누리당 전국위원회 의장(현) 2016년 국회 법제사법위원회 위원(현) 2016년 새누리당 대북결재요청사건진상조사위원회 위원장(현) [상]대한민국 헌정상(2011), 자랑스러운 국회의원상(2011), 전국소상공인단체연합회 최우수국회의원상(2011), 대한민국오페라단연합회 최고문화국회의원상(2013), 제주특별자치도 명예도민(2013), 지식재산대상(2015), 전국청소년선플SNS기자단 선정 '국회의원 아름다운 말 선플상 대상'(2015) [종]불교

정갑주(鄭甲柱) CHUNG Kap Joo (德谷)

[생]1954·12·31 [본]하동(河東) [출]전남 강진 [주]광주 서구 상무중앙로80 전문건설회관 법무법인 바른길(062-232-0050) [학]1973년 광주제일고졸 1977년 서울대 법학과졸 2006년 전남대 대학원 법학과졸 [경]1977년 사법시험 합격(19회) 1979년 사법연수원 수료(9기) 1979년 육군 법무관 1982년 광주지법 판사 1984년 同순천지원 판사 1986년 미국 산타클라라대 연수 1987년 광주지법 판사 1989년 광주고법 판사 1993년 대법원 재판연구관 1995년 광주지법 부장판사 1996년 同목포지원장 1998년 同부장판사 2001년 대전고법 수석부장판사 2002년 광주고법 부장판사 2005년 광주지법 수석부장판사 2005년 광주고법 부장판사 2006년 제주지법원장 2008년 전주지법원장 2009년 광주지법원장 2010~2011년 광주고법원장 2011년 변호사 개업 2013년 법무법인 바른길 대표변호사(현) [상]황조근정훈장(2011) [저]'조건과 기한의 증명책임' '미국법원에 있어서 ADR의 제도화' [역]'지적재산권법의 경제구조(共)' [종]기독교

정 강(鄭 剛) JUNG Kang

[생]1960·5·19 [주]전남 여수시 대학로50 전남대학교 공학대학 기계설계공학부(061-659-7283) [학]1981년 홍익대 공업교육과졸 1983년 同대학원 기계공학과졸 1990년 공학박사(홍익대) [경]1986~1992년 서울산업대 강사 1987~1990년 홍익대 강사 1990~1991년 인덕공업전문대 기계과 겸임교수 1992~2003년 여수대 기계공학과 전임강사·조교수·부교수 2003~2006년 同교수 2006년 전남대 공학대학 기계·자동차공학부 교수, 同공학대학 기계설계공학부 교수(현) 2014~2016년 同공학대학장 [저]'파괴특성 및 피로해석'(2009)

정강자(鄭康子·女) CHUNG Kang Ja

[생]1953·8·12 [출]광주 [주]서울 종로구 자하문로9길16 참여연대(02-723-5300) [학]1972년 전남여고졸 1976년 이화여대 도서관학과졸 [경]1980년 민중교육연구소 연구원 1983년 석탑노동연구원 상담원 1987년 한국여성민우회 상담부장 1988~1992년 전국사무금융노동조합 전문위원·여성국장 1993년 한국여성민우회 부회장 1994·2001~2004년 同공동대표 1995~2000년 한국여성단체연합 노동위원장 1995년 서울대 우조교성희롱 공동대책위원회 공동대표 1999년 한국여성민우회 상임대표 2000년 총선시민연대 공동대표·ASEM민간포럼 공동집행위원장·여성부 차별개선위원 2000~2003년

의문사진상규명위원회 자문위원 2001~2004년 국가인권위원회 비상임위원 2003년 대통령선거 방송심의위원 2004년 빈부격차차별시정위원회 민간위원 2004~2008년 국가인권위원회 상임위원(차관급), 인하대 법학전문대학원 초빙교수(현), 한국젠더법학회 이사, 참여연대 공동대표(현)

정강찬(丁康讚) JEONG Kang Chan

[생]1966·2·11 [출]서울 [주]서울 서초구 서초대로356 서초지웰타워10층 법무법인(유) 푸르메(02-591-0800) [학]1984년 숭실고졸 1988년 서울대 공법학과졸 1991년 전남대 법과대학원 석사 [경]1991년 사법시험 합격(33회) 1994년 사법연수원 수료(23기) 1994년 軍법무관 1997~1999년 인천지법 판사 1999년 서울지법 남부지원 판사 2001년 울산지법 판사 2004년 서울중앙지법 판사 2006년 서울고법 판사 2006년 헌법재판소 파견 2009년 춘천지법 부장판사 2011~2012년 수원지법 부장판사 2012년 법무법인 푸르메 대표변호사 2013년 법무법인(유) 푸르메 대표변호사(현)

정강환(鄭鋼煥) JUNG Kang Hwan

[생]1964·10·17 [본]진주(眞州) [출]서울 [주]대전 서구 배재로155의40 배재대학교 김소월대학 관광·이벤트경영학과(042-520-5717) [학]1986년 한국외국어대 영어과졸 1987년 미국 위스콘신대 대학원 관광학과졸 1992년 관광학박사(미국 미네소타대) [경]1993~1998년 배재대 관광경영대학 관광학부 부교수 1994~1996년 국제저널 「Festival Management & Event Tourism」 아시아지역담당 편집장 1998년 배재대 김소월대학 관광·이벤트경영학과 교수(현) 2000~2004년 同관광경영대학장 2000년 문화관광부 문화예술기획추진위원 2002년 안면도국제꽃박람회 총평가책임연구원 2003년 배재대 관광경영대학원장 2008년 세계축제협회(IFEA world) 한국지부장(현) 2009년 배재대 관광축제호텔대학원장(현) 2011년 同관광이벤트연구소장(현) 2011~2014년 (사)한국관광학회 부회장 2012년 국제농업박람회협회(IAFE) 한국담당이사(현) 2012년 진주시 명예시민 2013~2015년 문화체육관광부 관광평가위원장 2015년 국제가든관광네트워크(IGTN) 한국지부장(현) 2015년 한국상품학회 부회장(현) [상]최우수 석사연구논문상(1988), 대통령표창(2001) [저]'이벤트관광전략 : 축제와 지역활성화'(1996) '한국의 지역축제'(1996) '세계화시대의 관광산업(이벤트관광전략과 발전)'(1996) '21세기 지역개발형축제로의 선택 : 관광이벤트'(2004)

정건수(鄭建壽) JUNG Gun Soo

[생]1945·5·10 [출]경북 [주]경기 안산시 단원구 별망로459번길106 (주)대득스틸 회장실(031-493-0770) [학]1964년 문경공고졸 1971년 건국대 상학과졸 2004년 同평생교육원 수료 2006년 명예 경영학박사(건국대) [경](주)대득스틸 회장(현) 1971년 문경고동문회 회장 2003년 在京문경시향우회 부회장 2003년 (사)한국환경진흥연구소 이사 2005년 경북 점촌초등학교총동문회 회장 2005년 대구·경북도민회 부회장 2005년 국제풍수지리감정사연맹 부총재 2006년 건국대 상경대학 동문회장 2006년 (사)한국도덕운동협회 부총재 2007년 해공신익희선생기념사업회 회장 2007년 건국대 경영대학원 겸임교수 2007~2011년 건국대총동문회 회장 2007년 국민연대 공동의장 2007년 희망세상21 산악회 서울시연합회장 2007년 한나라당 제17대 대통령중앙선거대책위원회 직능정책본부 특별위원장 2007년 同이명박대통령후보 상임특보 2013년 건국대총동문회 회장(현) [상]기술개발공로상(1982), 건국대 평생교육원 공로상(2005), 국제풍수지리감정사연맹 공로상(2005) [종]불교

정건수(鄭鍵守) Gun-Soo JUNG

[생]1960·1·9 [출]경남 마산 [주]서울 마포구 마포대로20 다보빌딩7층 하쿠호도제일 비서실(02-2021-3544) [학]마산고졸, 성균관대 정치외교학과졸 [경]1986년 (주)제일기획 입사 2000년 同영업기획팀장, 同광고8팀장, 同광고4팀장 2005년 同경영지원팀장 2007년 同인사팀장 2008년 同전략기획그룹장(상무) 2009년 同The i본부장(상무) 2010년 同경영지원실 인사담당(상무) 2013년 하쿠호도제일 대표이사 부사장(현)

정건용(鄭健溶) JUNG Keun Yong

[생]1947·8·1 [본]연일(延日) [출]서울 [주]서울 영등포구 은행로17 나이스그룹 임원실(02-3771-1200) [학]1966년 경기고졸 1973년 서울대 법대 행정학과졸 1994년 서강대 경제정책대학원졸 [경]1973년 행정고시 합격(14회) 1975~1984년 재무부 이재국 사무관 1984년 올림픽조직위원회·KDI 파견 1987년 재무부 증권발행과장 1988년 同산업금융과장 1990년 同증권정책과장 1992년 同금융정책과장 1993년 부이사관 승진 1996년 관세청 기획관리관 1997년 국세심판소 상임심판관 1997년 재정경제원 금융총괄심의관 1998년 재정경제부 금융정책국장 1999년 ASEM준비기획단 사업추진본부장 2000년 금융감독위원회 부위원장·증권선물위원회 위원장 겸임 2001~2003년 한국산업은행 총재 2005년 J&A FAS(Jung & Asociates Financial Advisory Services) 설립·회장 2011~2013년 (사)한국금융연구센터 이사장 2011년 아시아나항공(주) 사외이사(현) 2011년 나이스그룹 금융부문 회장(현) [상]근정포장, 황조근정훈장 [저]'우리나라 금융정책 운영현황과 개선방안'(1987) [종]천주교

정건용(鄭建溶) CHUNG Gun Yong

[생]1958·3·25 [본]연일(延日) [출]충북 충주 [주]세종특별자치시 갈매로477 기획재정부 재정기획국 재정기획총괄과(044-215-3670) [학]1976년 충주고졸 1987년 성균관대 경제학과졸 1996년 일본 요코하마국립대 대학원 국제경제법학연구과졸 [경]2000년 기획예산처 정부개혁실 공공1팀 서기관 2001년 同예산관리국 제도관리과 서기관 2002년 同공보관실 서기관 2003년 일본 아시아경제연구소 객원연구원 2007년 기획예산처 민자사업지원팀장 2008년 기획재정부 예산실 민자사업관리과장 2009년 同공공정책국 인재경영과장 2010년 同본부 부이사관 2013년 同재정관리국 재정정보원설립추진단장 2015년 同재정기획국 재정기획총괄과 부이사관(현)

정경균(鄭慶均) CHUNG Kyung Kyoon (云德)

[생]1934·4·20 [본]해주(海州) [출]중국 심양 [주]서울 종로구 율곡로190 여전도회관1112호 (사)한국장묘문화개혁범국민협의회(02-765-8111) [학]1954년 대광고졸 1958년 서울대 사회학과졸 1969년 미국 시카고대 대학원 사회학과졸 1982년 보건사회학박사(일본 도쿄대) [경]1964~1970년 대한가족계획협회 지도부장 1970년 보건사회부 국립가족계획연구소 조사연구부장 1972~1984년 서울대 보건대학원 전임강사·조교수·부교수 1980년 한국인구학회 부회장 1984~1999년 서울대 보건대학원 교수 1985~1990년 국제보건교육연맹(IUHE) 극동지역 사무총장 1988년 APACPH 집행이사 1988년 한국보건사회학회 회장 1988년 미국 하와이대 보건대학원 교환교수 1989년 同보건대학원 초빙교수 1993~1996년 한국에이즈퇴치연맹 초대회장 1994년 대학로문화의거리추진위원회 위원장 1996~1998년 서울대 보건대학원장 1998년 (사)한국葬墓문화개혁범국민협의회 공동의장 1999년 同상임이사·이사장(현) 2001년 서울대 명예교수(현) [상]국민훈장 동백장, 국무총리표창 [저]'어머니회 연구' '보건사회학'

정경근(鄭鏡根)

[생]1971·6·18 [출]전남 함평 [주]충북 청주시 서원구 산남로62번길51 청주지방법원(043-249-7114) [학]1991년 조선대부고졸 1995년 고려대 법학과졸 1998년 同대학원 수료 [경]1997년 사법시험 합격(39회) 2000년 사법연수원 수료(29기), 공익 법무관 2003년 광주지법 판사 2005년 同목포지원 판사 2007년 수원지법 평택지원 판사 2010년 서울북부지법 판사 2012년 서울중앙지법 판사 2014년 서울동부지법 판사 2015년 청주지법 부장판사(현)

정경남(鄭慶男) JUNG Kyung Nam

[생]1957·8·7 [본]동래(東萊) [출]경북 김천 [주]경기 수원시 장안구 정자천로189번길12 수원소방서 서장실(031-8012-9320) [학]1976년 김천중앙고졸 1979년 육군 제3사관학교 졸(16기) 1989년 서울산업대 산업디자인과졸 1991년 한양대 행정대학원 행정학과졸 [경]지방소방위 임명, 서울 종로·도봉소방서 119구조대장, 마포소방서 구조구급과 구조구급계 근무, 중앙119구조대 긴급기동팀장, 강원도 소방본부 방호구조과장, 철원소방서장 2006년 영월소방서장 2008~2009년 삼척소방서장 2009년 경기도소방학교 교수운영과장 2010년 하남소방서장 2013년 성남소방서장 2014년 경기도 재난안전본부 재난대응과장(소방준감) 2016년 경기 수원소방서장(현) [상]국무총리표창(2회) [종]불교

정경덕(鄭炅德) JEONG Gyeong Deok

[생]1961·10·22 [주]대전 서구 청사로189 특허청 특허심판원 심판10부(042-481-5852) [학]한양대 전기공학과졸 [경]1994년 특허청 심사4국 반도체심사담당관실 사무관 2000년 同심사4국 반도체1심사담당관실 서기관 2004년 同전기전자심사국 전자심사담당관실 서기관 2007년 同심판9부 심판관 2008년 同복합기술심사2팀장 2010년 특허심판원 심판관 2011년 특허법원 파견(과장급) 2013년 특허청 전기전자심사국 전자상거래심사과장 2013년 同특허심사기획국 정보기술융합심사과장 2014년 同특허심사2국 가공시스템심사과장 2015년 교육파견(과장급) 2016년 특허청 특허심판원 심판10부 심판관(부이사관)(현)

정경두(鄭景斗)

생1960 · 9 · 13 출경남 진주 주충남 계룡시 신도안면 사서함501의301 공군 1호공관(042-552-6002) 학1978년 진주 대아고졸 1982년 공군사관학교졸(30기) 1995년 일본 항공자위대 간부학교 지휘막료과정(CSC) 수료 2002년 한남대 대학원 경영학 석사과정 수료 2005년 일본 항공자위대 간부학교 A.W.C과정 수료 경공군본부 방위사업협력과장 2006년 공군 전력기획참모부 전력소요처장(대령) 2008년 공군사관학교 생도대장(준장) 2009년 공군 제1전투비행단장 2011년 광주시 명예시민 2011년 계룡대 근무지원단장(소장) 2001년 공군본부 전력기획참모부장 2013년 공군 남부전투사령관 2014년 공군 참모차장(중장) 2014년 전쟁기념사업회 부회장(현) 2015년 합동참모본부 전략기획본부장(중장) 2015년 제34대 공군 참모총장(대장)(현) 상대통령공로표창(2004), 보국훈장 천수장(2010)

정경득(鄭景得)

생1963 · 1 · 9 주서울 영등포구 여의대로128 LG트윈타워 LG디스플레이(주) IT 사업부(02-3777-1114) 학포항고졸, 경북대 물리학과졸, 同대학원 물리학과졸 경LG필립스LCD 구미4공장장(부장) 2005년 同구미4공장장(상무) 2008년 LG디스플레이(주) P6공장장(상무), 同P8공장장(상무) 2011년 同패널센터장(전무) 2014년 同IT/Mobile 사업부장(전무) 2015년 同IT/Mobile 사업부장(부사장), 同IT 사업부장(부사장)(현)

정경량(鄭敬亮) CHEONG Kyung Yang

생1955 · 9 · 12 출전북 전주 주대전 서구 도안북로88 목원대학교 인문대학 독일언어문화학과(042-829-7474) 학1974년 전주고졸 1981년 서강대 독어독문학과졸 1983년 同대학원 독어독문학과졸 1986년 同대학원 독어독문학박사과정 수료 1990년 문학박사(독일 뮌헨대) 경1981~1983년 KBS 국제부 해외방송부 독일어반 아나운서 겸 PD 1983~1987년 목원대 독어독문학과 시간강사 · 전임강사 1987~1990년 독일 학술교류처(DAAD) 연구교수(독일 뮌헨대) 1987~1997년 목원대 독어독문학과 조교수 · 부교수 1994~1996년 독일 훔볼트재단 연구교수(독일 아우그스부르크대) 1997년 목원대 독어독문학과 교수, 同인문대학 독일언어문화학과 교수(현) 1997~1999년 同인문대학장 1999년 캐나다 맥길대 연구교수 2009년 한국헤세학회 회장 · 감사 · 편집위원(현) 2011년 목원대 독일언어문화학과장 상목원대 우수논문 Best5 교수상(2002) 저'헤세와 신비주의'(1997, 한국 문학사) '세계문학 속의 한국문학(共)'(1998) '노래로 배우는 독일어'(1998 · 1999, 문예림) '성경으로 배우는 독일어'(2001, 문예림) '한국 근대문학의 비교문학적 연구(共)'(2004, 한국학술정보) '노래로 배우는 독일어 사이버강의'(2004, 목원대 출판부) '노래로 배우는 독일어 개정판'(2005, 문예림) '현대 시의 이해'(2006, 한남대 출판부) '인문학 노래로 쓰다'(2012, 태학사) 역'헤세의 명시' 종기독교

정경렬(鄭京烈) CHUNG Kyung Ryul (洸洸)

생1958 · 4 · 11 본진주(晉州) 출광주 주경기 안산시 상록구 항가울로143 한국생산기술연구원 휴먼문화융합그룹(031-8040-6871) 학1976년 광주제일고졸 1981년 서울대 기계공학과졸 1983년 한국과학기술원(KAIST) 기계공학과졸(석사) 1987년 공학박사(한국과학기술원) 경1986년 한국과학기술원(KAIST) 기계시스템실 연구원 1987년 同선임연구원 1989년 한국생산기술연구원 생산시스템개발센터 선임 · 수석연구원 1996년 同고속전철기술개발사업단 실장 1997년 同자본재기술개발센터 수석연구원 1999년 同수송기기연구팀장 2001년 同생산시스템개발본부 시스템엔지니어링팀장 2003년 同광주지역본부장 2003년 同생산시스템본부 시스템엔지니어링팀 수석연구원 2003년 同고속전철기술개발사업단장 2005년 同융합기술개발단 웰니스기팀장 2006년 同융합기술개발단장 2007년 同경기지역본부 융복합연구부문 웰니스융합연구그룹장 2014년 同웰니스융합기술개발단장 2016년 同휴먼문화융합그룹 수석연구원(현) 상한국생산기술연구원장표창(1990 · 1999 · 2003 · 2006), 대한민국산업디자인전람회 제품디자인부문 한국무역협회장표창(2003), 건설교통부장관표창(2004), 대한기계학회 기술상(2005), 한국철도학회 논문우수발표상(2005), 문화체육관광부장관표창(2008), 대한민국100대기술주역 선정- 350km/h급 한국형 고속전철시스템 기술(2010), 대통령표창(2016) 종불교

정경문(鄭景文) JUNG Kyung Moon

생1963 · 4 · 9 출전남 화순 주서울 마포구 상암산로48의6 18층 드라마하우스앤드제이콘텐트허브(02-751-6467) 학서울대 국사학과졸 경1988년 일간스포츠 입사 1999년 同야구부 기자 2000년 同연예부 기자 2001년 同연예부 차장 2002년 同연예부장 직대 2003년 同연예부 부장대우 2003년 同판매기획부장 2004년 同기획조정실 뉴미디어전략팀장 2004년 同경영전략실장 직대 겸 뉴미디어전략팀장 2006년 중앙일보 중앙엔터테인먼트&스포츠(JES)부문 대표이사 2007년 일간스포츠 신사업본부장 2007년 팬텀엔터테인먼트그룹 공동대표이사 사장 2009년 아이에스플러스코프 신문부문 총괄 겸 경영부문 대표 2009년 일간스포츠 총괄대표 2015년 중앙방송 대표이사 2015년 JTBC 골프 대표이사 2015년 JTBC플러스 스포츠부문 대표이사 2015년 同JTBC3 & 골프부문 · 뉴스부문 대표이사 겸임 2016년 JTBC DH&JCH(드라마하우스앤드제이콘텐트허브) 콘텐츠허브 총괄대표(현)

정경배(鄭璟培) Jung Kyeong Bae

생1962 · 10 · 23 본하동(河東) 출전남 신안 주광주 북구 태봉로15 북광주우체국 국장실(062-510-9000) 학1980년 전남고졸 1982년 성균관대 이과대학 중퇴 2003년 한국방송통신대 행정학과졸 경1991~2004년 행정주사(동력자원부 · 상공자원부 · 통상산업부 · 산업자원부) 2004~2014년 행정사무관(산업자원부 · 지식경제부 · 우정사업본부) 2014~2015년 우정사업본부 서기관 · 전남지방우정청 금융영업실장 2015년 북광주우체국장(현)

정경석(鄭景石) JUNG Kyung Suk

생1958 · 6 · 8 본하동(河東) 출전남 완도 주서울 서대문구 충정로73 2층 (사)남북청소년교류연맹(02-757-2248) 학1991년 성균관대 경영대학원 최고경영자과정 수료 경1981~2000년 한국BBS중앙연맹 사무처장 1994~1996년 전국장한청소년 생활수기상작 모음집 편집장 1995년 민주평통 자문위원(현), 同15기 상임위원2000~2003년 법무부 범죄예방위원 2000년 (사)남북청소년교류연맹 설립 · 총재(현) 2002년 통일교육교재 '통일염원을 담아' 발행인(현) 2004년 (사)아시아예술교류협회 고문(현) 2004년 남북경협국민운동본부 공동대표 2004~2008년 국가청소년위원회 미래포럼 자문위원 2004년 남북청소년회관 건립추진위원회 위원장(현) 2005년 통일한반도교육원 이사장(현) 2005~2014년 통일부 통일교육위원서울협의회 운영위원 · 감사 · 부회장 2006년 '북한청소년들의 생활과 문화' 발행인(현) 2006~2013년 한국청소년단체협의회 이사 2007년 통일유공자협의회 상임대표(현) 2009~2013년 통일교육협의회 이사 겸 청소년분과 위원장 2011년 청소년통일백일장 전국대회장 2013~2015년 통일교육협의회 공동의장 2013년 국무총리실 시민사회단체해외연수단 대표회장(현) 2014년 통일부 통일교육위원중앙협의회 감사(현) 2014년 통일준비위원회 시민자문단(현) 상치안본부장표창(1988), 국무총리표창(1996), 통일부장관최고대상(2006), 국민훈장 목련장(2007), 통일부장관표창(2011), 통일교육 유공단체 국무총리표창(2013), 청소년주간기념 유공단체 보건복지가족부장관표창, 제1회 통일박람회 우수단체 통일부장관표창(2015), 제2회 통일박람회 우수단체 통일부장관표창(2016) 저'전국 장한 청소년 생활수기 모음집' '북한 청소년들의 생활과 문화' '남북청소년교류 편지쓰기 모음집' '통일염원을 담아…'

정경선(鄭炅銑) Chung, Kyung Sun

생1959 · 10 · 26 출서울 주서울 중구 다동길43 한외빌딩 하나에프앤아이(주) 임원실(02-3708-2114) 학1978년 광주상고졸 1985년 한양대 회계학과졸 경1978년 외환은행 입행 1991년 同영업부 과장 1993년 同광주지점 과장 1996년 同호남본부 심사역(차장대우) 1999년 同호남지역본부 차장대우 2002년 同여신심사부 선임심사역(차장) 2005년 同여신심사부 수석심사역(팀장) 2007년 同태평로지점장 2009년 同기업마케팅부 마케팅지원팀장 2010년 同구로디지털단지지점장 2012년 同강서영업본부장 2013년 同동부영업본부장 2014년 同중앙영업본부장 2015년 同리스크관리그룹 전무 2015년 KEB하나은행 서울동영업그룹장(전무) 2016년 하나에프앤아이(주) 대표이사 사장(현)

정경수(鄭敬洙) Jung Kyung-Soo

생1957 주서울 양천구 목동동로233 MBC NET(02-3219-6208) 학연세대 중어중문학과졸 경1984년 MBC 입사 2000~2003년 同베이징특파원 2003년 同보도국 기획취재센터 전문기자(부장대우) 2005년 同중국지사장 2005년 同글로벌사업본부 콘텐츠사업팀 상하이지사장 2010년 同비서실장 2011년 同글로벌사업본부장 2012~2013년 MBC경남 사장 2014년 MBC NET 대표이사(현) 상서

울시의사협회 제23회 사람의 금십자상(1991), 대한의사협회 녹십자언론문화상(1992), 제36회 한국방송대상 라디오뉴스부문(2009)

정경수(鄭景秀) CHUNG Kyoung Soo

[생]1959 · 12 · 25 [출]서울 [주]서울 영등포구 국제금융로2길17 동부화재해상보험(주) 자산운용부문장실(02-331-5400) [학]1981년 서울대 경영학과졸 1984년 한국과학기술원 경영과학과졸(석사) [경]1981년 삼성생명보험 입사 1984년 同심사과 근무 1986~1989년 同해외투자팀 과장 · 주식운용부 과장 · 투자분석부 과장 1989년 同런던현지법인사무소장 1990년 영국 런던 Mercury Asset Management 연수 1994년 삼성생명보험 해외투자담당 차장 1995년 同펀드팀장 1995년 同투자지원부장 1997년 同주식운용부장 2001년 同해외투자팀장(상무) 2001년 同투자사업부장(상무) 2002년 삼성선물 금융공학실장(상무) 2002년 STIC IT 벤처투자 상무 2003년 새마을금고연합회 자금운용본부장 2006~2009년 우리CS자산운용 주식운용본부장(전무) 2009년 공무원연금공단 자금운용본부장 2010~2013년 에이티넘파트너스 대표이사 사장 2012년 한국투자공사 운영위원(현) 2013년 동부화재해상보험(주) 자산운용부문장(부사장)(현)

정경식(鄭京植) CHUNG Kyong Sik

[생]1937 · 3 · 21 [본]동래(東萊) [출]경북 고령 [주]서울 서초구 서초중앙로160 법률센터705호 법무법인 청목(02-533-8800) [학]1957년 경북고졸 1961년 고려대 법대졸 1965년 서울대 사법대학원졸 1971년 연세대 경영대학원졸 1978년 서울대 경영대학원 최고경영자과정 수료 1980년 법학박사(건국대) [경]1963년 사법시험 합격(1회) 1966년 부산지검 검사 1969년 서울지검 검사 1980년 대검찰청 특수부3과장 1980년 사회정화위원 겸 서울지검 특수2부장 1983년 서울지검 제3차장검사 1986년 법무연수원 기획부장 1987년 대검찰청 공안부장 1989년 청주지검장 1990년 (사)오송수영장학회 초대 이사장 1991년 대구지검장 1992년 부산지검장 1993년 대검찰청 공판송무부장 1993년 대구고검장 1994~2000년 헌법재판소 재판관 2000년 법무법인 김신앤드유 고문변호사 2005년 법무법인 청목 고문변호사(현) 2016년 중소기업중앙회 소기업 · 소상공인경영지원단 초대 자문위원장(현) [상]5 · 16민족상, 보국훈장 천수장(1980), 국민훈장 동백장(1982), 황조근정훈장(1992), 청조근정훈장(2000) [저]'요점 형사소송법' '수사구조론' '수험총서 형사소송법' '新국가보안법' '형사소송법 강의' 등 [종]불교

정경실(鄭京實 · 女) JEONG Kyung Sil

[생]1972·1·8 [주]세종특별자치시 도움4로13 보건복지부 인사과(044-202-2160) [학]서울대 대학원 행정학과졸 [경]1996년 행정고시 합격(40회) 2005년 보건복지부 식품정책과 사회복지사무관 2006년 同저출산고령사회정책본부 기획총괄팀 서기관 2006년 同사회복지정책본부 기초생활보장팀장 2008년 보건복지가족부 규제개혁점검단 총괄팀장, 국외훈련 파견(서기관) 2010년 보건복지부 노인정책관실 요양보험제도과장 2010년 同사회정책선진화기획관실 사회정책선진화담당관 2012년 同보건의료정책실 의약품정책과장 2013년 대통령 보건복지비서관실 행정관 2015년 보건복지부 인사과장(부이사관)(현)

정경연(鄭璟娟 · 女) CHUNG Kyoung-yeon (오원)

[생]1955 · 5 · 23 [출]부산 [주]서울 마포구 와우산로94 홍익대학교 미술대학 섬유미술 · 패션디자인학과(02-320-1225) [학]1975년 홍익대 미대 수료 1978년 미국 매사추세츠대 미술학과졸 1979년 미국 로드아일랜드대 대학원졸(미술교육학석사) 1996년 명예박사(러시아 모스크바국립산업미술대) [경]1980년 홍익대 미대 섬유미술 · 패션디자인학과 교수(현) 1981년 백상기념관 개인전이후 국내외 개인전 및 단체전 42회(한국, 대만, 미국, 프랑스, 일본, 러시아, 이탈리아 등) 1982년 인도네시아 인스티튜트 크스니안 쟈카르타 대학 연수 1992~1995년 (사)텍스타일디자인협회 회장 1996년 로드아일랜드 스쿨 오브 디자인 Senior Researcher(FULBRIGHT 교환교수) 2007년 한국디자인진흥원 사외이사 2008년 정경연30년기념전 개최(세오갤러리) 2008년 이중섭미술상 20년의 발자취-역대 수상작가 20인展 2008년 (사)전국여교수연합회 회장, (사)한국텍스타일디자인협회 명예회장(현), (사)한국니트패션산 · 학협회 명예회장(현), 국립현대미술관 작품수집심사위원, 대한민국산업디자인전람회 초대작가(현), (재)석주문화재단 상임이사(현) 2012~2014년 홍익대 산업미술대학원장 2012~2014년 불교여성개발원 원장 2012년 (사)지혜로운여성 이사장(현), 홍익섬유조형회 회장(현), (사)한국미술협회 상임자문위원(현), 인도박물관 부관장(현), (사)서울미술협회 자문위원(현), (재)서울디자인센터 이사(현), (재)유암문화재단 이사(현), (재)한영장학재단 이사(현), (사)지혜로운여성 이사장(현), 세계여성미술가협회 부회장(현) [상]바그다드 세계미술대회 동상 수상(1986), 미술기자상(1988), 제1회 석주미술상(1990), 제1회 오사카 트리엔날레 회화부문 특별상(1990), MANIF11!05 서울국제아트페어 초대작가 대상(2005), 제4회 국제섬유비엔날레 '로잔느에서 베이징까지' 은상(2006), 대한민국 디자인 대상 근정포장(2006), 풀브라이트 자랑스러운 동문상 수상(2008), 이중섭 미술상(2008), 홍익대 30년 장기근속 표창(2011), 제7회 국제섬유비엔날레 '로잔느에서 베이징까지' 특별상(2012), 대한민국미술인상 여성작가상(2012), 제25회 목양공예상(2014), 올해의 최우수예술가상(2014) 등 [저]'아르비방 4'(1994, 시공사) 'CONTEMPORARY FIBER ART KOREA'(1997, 도서출판 창미) 'ART WORLD OF CHUNG KYOUNG YEON'(2009, 아트프라이스) [역]'SILK PAINTING'

정경원(鄭慶源) CHUNG Kyung Won (平山)

[생]1950 · 3 · 28 [본]연일(延日) [출]서울 [주]대전 유성구 대학로291 한국과학기술원(KAIST) 산업디자인학과(042-350-4512) [학]1975년 서울대 산업디자인학과졸 1980년 同대학원졸 1982년 미국 시라큐스대 대학원 산업디자인과졸 1989년 디자인학박사(영국 맨체스터메트로폴리탄대) [경]1979~1984년 한국산업디자인진흥원 주임연구원 1984~2009년 한국과학기술원(KAIST) 산업디자인학과 교수 1995~1999년 세계산업디자인단체협의회 집행위원 1997년 미국 일리노이공과대 객원교수 2000년 세계산업디자인단체협의회 지역고문 2000~2003년 한국디자인진흥원 원장 2000년 세계디자인대회 조직위원장 2003~2012년 미국 Design Management Institute(디자인경영협회) 고문 2004년 한국과학기술원 대외협력처장 2004년 삼성전자 글로벌디자인 고문 2007년 (주)현대카드 사외이사 2009~2011년 서울시 디자인서울총괄본부장 · 문화관광디자인본부장 2010년 한국디자인경영학회 회장 2011~2015년 한국과학기술원(KAIST) 산업디자인학과 교수 2011~2014년 同산업디자인학과장 2015년 同산업디자인학과 명예교수(현) 2015년 세종대 산업디자인학과 석좌교수(현) [상]대한상공회의소회장표창(1973), 대통령표창(1999), 은탑산업훈장(2003), 디자인가치상 1위(2015), 근정포장(2015) [저]'디자인의 발견'(1986) '미래의 경영, 디자인에 달려있다'(1993) '디자인이 경쟁력이다'(1994) '세계디자인 기행'(1996) '디자인 경영'(1999) '디자인과 브랜드, 그리고 경쟁력'(2003) '디자인경영'(2006) '정경원의 디자인경영 이야기'(2010, 브랜드아큐멘) '욕망을 디자인하라'(2013, 청림출판)

정경원(鄭京源) CHUNG Kyung Won

[생]1955 · 10 · 12 [본]청주(淸州) [출]대전 [주]서울 동대문구 이문로107 한국외국어대학교 대학원 스페인어문학과(02-2173-3096) [학]1979년 한국외국어대 서반아어과졸 1990년 멕시코 국립멕시코대 대학원 중남미문학과졸 1992년 중남미문학박사(국립멕시코대) [경]1994~2015년 한국외국어대 스페인어과 전임강사 · 조교수 · 부교수 · 교수 1999~2001년 한국라틴아메리카학회 감사 2001~2005년 한국세계문학비교학회 부회장 2005~2007년 세계문화비교학회 회장 2006~2008년 한국외국어대 교무처장 2008년 同중남미연구소장(현) 2009~2011년 한국스페인어문학회 회장 2010년 한국외국어대 국제지역연구센터장(현) 2010년 同한 · 중남미녹색융합센터장(현) 2011~2013년 同대외부총장 2013년 호세마르티문화원장(현) 2015년 한국외국어대 대학원 스페인어문학과 교수(현) 2016년 호세마르티국제연대프로젝트세계위원회 특별상임위원회 회원(현) [상]대통령표창(2014) [저]'라틴아메리카 문화의 이해'(2000) '라틴아메리카 문학사 Ⅰ · Ⅱ'(2001, 태학사) '라틴 아메리카의 역사와 문화'(2003) '서양문학의 이해(共)'(2004) '환멸의 세계와 매혹의 언어(共)'(2004) '멕시코 쿠바 한인 이민사(共)'(2005) [역]'쿠바의 한국인들(共)'(2004) '만리장성과 책들'(2009) [종]천주교

정경원(鄭卿元) JUNG Kyung Won

[생]1957 · 10 · 21 [본]청주(淸州) [출]제주 [주]대구 북구 노원로77 한국로봇산업진흥원 원장실(053-940-9500) [학]1976년 제주제일고졸 1980년 한양대 법학과졸 [경]1979년 행정고시 합격(23회) 1983년 제주우체국 지도과장 1984년 체신부 통신정책국 행정사무관 1991년 同체신금융국 기획과 행정사무관 1992년 대전세계박람회조직위원회 파견 1994년 체신부 전산관리소 전산운용과장 1995년 정보통신부 장관비서관 1995년 同정보통신정책실 정보정책과장 1996년 同정보화기획실 정보화지원과장 1998년 同우정국 영업과장 1998년 同우정국 우정기획과장 1999년 同기획관리실 기획예산담당관 2002년 同정보화기획실 정보기반심의관 2004년 同우정사업본부 충청체신청장 2005년 국방대 파견 2005년 정보통신부 우정사업본부 우편사업단장 2007년 同우정사업본부장 2008~2009년 지식경제부 우정사업본부장 2009년 정보통신산업진흥원 원장 2013년 한국로봇산업진흥원 원장(현) [상]근정포장(1994),

홍조근정훈장(2007), 대한민국글로벌경영인대상 공공서비스부문(2008), 몽골 대통령훈장(2011) [종]불교

정경은(女) JUNG Kyungeun

[생]1990·3·20 [학]2009년 성지여고졸 [경]2008년 독일주니어배드민턴선수권대회 여자복식 1위·혼합복식 1위 2008년 전국봄철종별배드민턴리그전 여자고등부 단체1위 2008년 제89회 전국체육대회 단체전 1위, KGC인삼공사 배드민턴단 소속(현) 2010년 빅터 코리아 그랑프리 국제배드민턴선수권대회 여자복식 우승 2011년 마카오오픈 배드민턴 그랑프리골드 여자복식 금메달 2012년 독일오픈 배드민턴 그랑프리골드 여자복식 은메달 2012년 인도오픈 배드민턴 슈퍼시리즈 여자복식 우승 2012년 제30회 런던올림픽 배드민턴 국가대표 2013년 스위스오픈 배드민턴그랑프리골드 여자복식 우승 2014년 제17회 인천아시안게임 배드민턴 여자단체전 은메달 2016년 제31회 리우데자네이루올림픽 배드민턴 여자복식 동메달

정경진(鄭京鎭) Jung, Gyung-Jin

[생]1959·4·8 [출]경남 남해 [주]부산 연제구 중앙대로 1001 부산광역시청 행정부시장실(051-888-1010) [학]1978년 부산상업고졸 1982년 동아대 경영학과졸 2006년 同대학원 행정학과졸(행정학박사) [경]1982년 행정고시 합격(26회) 1983년 행정사무관 임용 1983년 경남도·국무총리실 근무 1996~2003년 부산시 비상대책과장·국제통상과장·총무과장·예산담당관(서기관) 2003~2004년 同재정관·공보관(부이사관) 2004년 대통령비서실 정책실 행정관 2005~2006년 행정자치부 공직윤리팀장·재정정책팀장 2006년 한국지방자치단체국제화재단 북경사무소장 2009년 부산시 해양농수산국장 2010년 同행정자치국장 2011년 同경제산업본부장 2011년 同정책기획실장(고위공무원) 2014년 同행정부시장(현) [상]홍조근정훈장(2011)

정경채(鄭京采) Jeong Gyung Chai

[생]1960 [출]전남 나주 [주]광주 광산구 용아로112 광주지방경찰청 경비교통과(062-609-2156) [학]광주상고졸, 한국방송통신대 법학과졸, 조선대 행정대학원 법학과졸 [경]1982년 순경 임관 2010년 광주지방경찰청 강력계장 2014년 광주 동부경찰서장(총경) 2014년 광주지방경찰청 치안지도관 2015년 전남 화순경찰서장 2016년 광주지방경찰청 경비교통과장(현)

정경택(鄭京澤) CHUNG Kyung Tack

[생]1957·1·14 [주]대전 유성구 유성대로1689번길70 기초과학연구원(042-878-8100) [학]1993년 중앙대 국제경영대학원 기술경영학과졸 2015년 경영학박사(대전대) [경]1999년 과학기술부 연구개발정책실 연구개발2담당관 2002년 同과학기술정책실 과학기술문화과장 2005년 駐일본대사관 과학참사관 2008년 교육과학기술부 거대과학협력과장 2009년 대통령직속 녹색성장기획단 녹색기술산업국장 2010년 교육과학기술부 정책조정기획관(고위공무원) 2011년 同국제과학비지니스벨트 기획단장 2011년 기초과학연구원 정책위원(현) [상]홍조근정훈장(2012) [역]'일본 과학기술의 사회사'(2000) '실천 R&D 매니지먼트'(2002) [종]기독교

정경택(鄭璟澤)

[생]1957·2·21 [출]제주 [주]경기 하남시 검단로27 하남경찰서 서장실(031-790-0321) [학]대한유도대학 유도학과졸(7단) [경]서울 용산경찰서 형사과장 2013년 서울 강동경찰서 형사과장 2014년 서울 서초경찰서 형사과장 2015년 강원 정선경찰서장(총경) 2015년 제주지방경찰청 수사1과장 2016년 경기 하남경찰서장(현)

정경호(鄭京浩) Kyeong-Ho Jeong

[생]1958·2·10 [출]서울 [주]경기 성남시 분당구판교로255번길21 (주)만도 임원실(02-6244-2114) [학]1976년 경기고졸 1981년 한양대 정밀기계공학과졸 [경]2001년 (주)만도 평택사업본부 ABS공장장 2005년 同CBS2공장장(상무보) 2009년 同SD사업본부 조향공장장(상무) 2010년 同SD사업본부 조향공장장(전무) 2010년 同조향사업본부장(전무), 만도코리아(MDK) 총괄부사장(COO) 겸 브레이크본부장 2015년 (주)만도 각자대표이사(현)

정경화(鄭京和·女) CHUNG Kyung Wha

[생]1948·3·26 [출]서울 [주]서울 서대문구 이화여대길52 이화여자대학교 음악대학(02-3277-2417) [학]1967년 미국 줄리어드음대졸 [경]바이올리니스트(현) 1968년 뉴욕필과 협연 1970년 영국 데뷔공연(런던 로열페스티벌홀) 1973년 미국 클리블랜드오케스트라와 협연 1980년 엘리자베스콩쿨 심사위원 1982년 영국 '선데이 타임즈' 지난 20년간 가장 뛰어난 기악인 선정 1988년 정트리오 국제투어공연 1988년 EMI 전속 1993~1994년 피아니스트 피터 프랭클과 카네기홀 공연(유럽·도쿄) 1995년 서울필하모닉과 정명훈의 환경음악제 협연(세종문화회관) 1995년 세계를 빛낸 한국음악인 대향연(올림픽주경기장) 1996·1997년 잉글리시체임버와 협연(런던·헬싱키) 1997년 국제무대 30주년기념 정경화페스티벌(예술의 전당) 1998년 보스턴심포니와 협연(보스턴 심포니홀) 1998년 독주회(시애틀·뉴욕 링컨센터) 1999년 20세기를 빛낸 한국의 예술인 선정 2004년 정트리오 연주회(한국·일본) 2007년 미국 뉴욕줄리아드음악원 교수(바이올린 실기강의)(현) 2010년 대관령국제음악제 공동예술감독 2012년 이화여대 음악대학 석좌교수(현) 2013~2015년 대통령소속 문화융성위원회 위원 2016년 평창대관령음악제 공동예술감독(현) [상]메리웨더포스트 콩쿨 2위, 레벤트리트 국제콩쿨 1위(1967), 난파음악상, 제네바 콩쿨 1위(1971), 도이치그라모폰 어워드, 프랑스 디아파종 황금상, 미국 엑설런스2000상(1992), 그라모폰상(1994), 아시아위크 '위대한 아시아인 20인' 선정(1995), 영국 엑설런스2000상, 경암학술상(2005), 호암상 예술상(2011), 대원음악상 대상(2014) [작]음반 '멘델스존 & 브람스 피아노 트리오' '브람스 소나타집' '정트리오의 선물' 소품집 '콘 아모레' '추억의 선물' '사계' '드보르작, 바르토크 바이올린 협주곡' '베토벤, 브루흐 바이올린 협주곡' [종]기독교

정경화(鄭景和) JEONG Kyeong Hwa (雲岩)

[생]1954·5·13 [본]영일(迎日) [출]충북 충주 [주]충북 충주시 중원대로3324 택견원(043-850-7304) [학]1973년 충주고졸 1995년 한남대 지역개발대학원 최고지도자과정 수료 2005년 경희대 대학원졸 [경]1983년 한국전통택견계승 회장 1987~1998년 전국택견총전수관 관장 1987년 중요무형문화재 제76호 택견 조교 1990년 중요무형문화재 제76호 택견 예능보유자 후보 1995년 중요무형문화재 제76호 택견 예능보유자(현) 1995~1998년 공군사관학교 택견 강사 1999년 덴마크 특별초청 택견 공연 및 연수지도 2003년 한국택견학회 회장 2003~2007년 경찰수사보안연수소 택견 강사 2003~2008년 육군사관학교 택견 강사 2004년 미국 일리노이주 택견 해외공연 및 지도자 연수지도 2009년 경희대 객원교수 2009년 서울대 강사(현) 2009년 택견원 원장(현) [상]충주시민상 [저]'택견 원론' [작]'택견 영상물제작(보존용)' [종]기독교

정경회(鄭慶會) JEONG GYEONGHOE

[생]1966·1·6 [본]진주(晋州) [출]경남 진양 [주]세종특별자치시 한누리대로402 산업통상자원부 무역위원회 무역구제정책과(044-203-5850) [학]1984년 창원 경상고졸 1988년 서울대 경제학과졸 1992년 同환경대학원 환경계획학과 수료 2003년 네덜란드 에라스무스대 로테르담경영대학원(Rotterdam School of Management) MBA [경]1996년 총무처 행정사무관 시보 1997~1999년 중소기업청 시장도매업과·유통개선과·서울지방중소기업청 사무관 1999~2001년 기획예산처 감사법무담당관실·재정기획총괄과·사회재정과 사무관 2001~2003년 국외 장기훈련(네덜란드 에라스무스대 로테르담경영대학원) 2003년 기획예산처 예산실 국방예산과 사무관 2004~2006년 同예산실 국방예산과·교육문화예산과 서기관 2006년 국가청렴위원회 정책기획실 평가조사팀장 2008년 기획재정부 디지털예산회계기획단 기획총괄팀장 2009년 駐러시아 재경관(1등서기관·참사관) 2012년 기획재정부 무역협정국내대책본부 조사분석팀장 2013~2014년 산업통상자원부 활용촉진과장·중동아프리카통상과장 2014년 미래창조과학부 중앙전파관리소 전파관리과장 2015년 산업통상자원부 무역위원회 무역구제정책과장(현) [종]천주교

정경훈(鄭京薰)

[생]1967·11·5 [본]동래(東萊) [주]세종특별자치시 도움6로11 국토교통부 운영지원과(044-201-3158) [학]1985년 전주 영생고졸 1989년 서울대 국제경제학과졸 1991년 同행정대학원졸 [경]2002년 건설교통부 기획관리실 사무관 2002년 同기획관리실 서기관 2004년 同국토정책국 수도권계획과 서기관 2005년 同정책조정팀장 2006년 同혁신정책조정관실 혁신팀장 2007년 同장관비서관 2008년 국토해양부 주택기금과장 2009년 국무총리실 새만금사업추진기획단 파견(서기관) 2010년 국토해양부 녹색미래전략담당관 2010년 同국토정책과장 2011년 同국토정책과장(부이사관) 2013년 국토교통부 국토도시실 국토정책과장 2013년 同중앙토지수용위원회 사무국장 2014년 同기술안전정책관 2016년 국가공무원인재개발원 고위정책과정 파견(고위공무원)(현) [상]근정포장(2013)

정경훈(鄭慶薰) JEONG Kyeong Hoon
[생]1969·9·27 [주]대전 서구 청사로189 특허청 특허심사기획국 계측분석심사팀(042-481-5076) [학]1987년 이리고졸 1993년 전북대 기계과졸 [경]1994년 총무처 5급 공채 1995년 공업진흥청 사무관 1996년 특허청 심사2국 운반기계심사담당관실 사무관 2002년 同심사2국 금속심사담당관실 서기관 2005년 同기계금속건설심사국 원동기계심사담당관실 서기관 2007년 특허심판원 제4부 심판관, 특허청 기계금속건설심사국 정밀기계심사과 기술서기관 2011년 특허심판원 심판관 2012년 특허청 상표디자인심사국 상표심사정책과 서기관 2012년 同운영지원과 서기관 2014년 同특허심판원 심판1부 심판관 2015년 同청장 비서관 2016년 同특허심사기획국 계측분석심사팀장(현)

정 관(正 觀)

[생]1933·1·4 [출]경북 경주 [주]부산 수영구 망미배산로76번나길15 대한불교조계종 영주암(051-754-2210) [학]1950년 경주 문화중졸 1958년 범어사강원졸 [경]범어사에서 득도(은사 하동산) 1954년 범어사에서 사미계 수지(계사 하동산) 1957년 범어사에서 비구계·보살계 수지(계사 하동산) 1961년 대한불교조계종 제13교구본사 쌍계사 주지 1963년 운수사 주지 1971년 영주암 주지 1972~1976년 대한불교조계종 제14교구본사 범어사 주지 1981년 한국뇌성마비복지회 부산지회장·고문 1984~1992년 부산불교어린이지도자 초대회장 1985~1995년 영주암유치원 원장 1986~2005년 대한불교어린이지도자연합회 초대회장 겸 총재 1989년 (주)대한불교신문 이사 1990~1997년 불심홍법원 이사장 1991년~1994년 (주)대한불교신문 이사장 1992~1996년 선찰대본산 범어사 주지 1992년 어린이불교교육연구소 이사장 1993년 불교어린이포교후원회 회장, 영주암 회주(현) 1994~2014년 (사)불국토 이사장 2000년 불국토선원장 2011년 대한불교조계종 원로의원(현) [작]'여유' [종]불교

정관수(丁觀洙) CHUNG Kwansoo

[생]1952·6·23 [출]전남 나주 [주]서울 관악구 관악로1 서울대학교 공과대학 재료공학부(02-880-7189) [학]1971년 경기고졸 1977년 서울대 섬유고분자공학과졸 1979년 同대학원 섬유고분자공학과졸 1981년 미국 스탠퍼드대 대학원 기계공학과졸 1984년 기계공학박사(미국 스탠퍼드대) [경]1984~1987년 미국 Ohio State Univ. Researcher 1987~1996년 Alcoa Technical Center Researcher 1996년 서울대 공과대학 재료공학부 교수(현) [상]Sigma Xi(Alcoa Chapter) Runner Up Technical Paper Award(1993·1994), Alcoa Laboratories Merit Award(1994), ASM Henry Marion Howe Medal(1995), Sigma Xi (Alcoa Chapter) Best Technical Paper Award(1997), 서울대 재료공학부 우수연구상(2004), 한국섬유공학회 학술상(2007), 제1회 현대·기아 우수산학연구상(2008)

정관영(丁寬榮) JUNG Kwan Young

[생]1972·8·29 [출]서울 [주]인천 서구 가재울로32번길 27 (주)디비케이 비서실(032-585-2556) [학]호주 그리피스대 국제경영학과졸 [경]호주 그리피스대 기획실장 1999년 (주)해정 입사 2002년 듀오백코리아(주) 임원 2003년 同부사장 2004년 同대표이사 사장 2014년 (주)디비케이 대표이사 사장(현)

정관용(鄭寬溶) CHUNG Kwan Yong

[생]1935·7·26 [본]영일(迎日) [출]서울 [학]1954년 양정고졸 1958년 동국대 법정대졸 1980년 同대학원졸 [경]1966~1972년 총무처 관리·의정·인사국 인사과장 1972~1978년 同총무·인사·행정관리국장 1979년 중앙공무원교육원 부원장 1980년 국가보위비상대책위원회 사무처장 1980년 중앙선거관리위원회 사무처장 1982년 대통령 사정수석비서관 1986년 총무처 장관 1987년 내무부 장관 1988년 대한석탄공사 이사장 1991~1993년 농수산물유통공사 이사장 1993년 한국경영지도연구소 이사장 [상]홍조·청조근정훈장, 보국훈장 국선장, 대통령표창, 근정포장

정관용(鄭寬容) CHUNG Kwan Yong

[생]1962·10·10 [출]충남 천안 [주]서울 강남구 역삼로 405 한림국제대학원대학교 미국법학과(02-557-4667) [학]1981년 숭실고졸 1985년 서울대 사회학과졸 1987년 국민대 대학원 정치외교학과졸 [경]1986년 현대사회연구소 연구원 1989년 한국사회과학연구소 편집실장·정책실장 1991년 나라정책연구원 기획실장 1993년 대통령비서실 행정관(교문사회·정무) 1995~1996년 여의도연구소 기획위원 1996년 방송인·시사평론가(현) 2001년 인터넷신문 프레시안 정치에디터 2004년 同상임편집위원 2004~2008년 KBS 생방송 '심야토론' 진행자 2005년 인터넷신문 프레시안 이사 2006년 경희대 언론정보학부 겸임교수 2010년 한림국제대학원대 미국법학과 교수(현) 2010년 CBS라디오 '시사자키 정관용입니다' 진행자(현) 2013년 JTBC '정관용 라이브' 진행자 2013년 'MBC 100분토론' 진행자 2013~2014년 'JTBC 정관용 라이브' 진행자 2015년 법무부 정책위원회 위원 2016년 'tvN 대학토론배틀 시즌6' 심사위원 [상]한국방송대상 진행자상(2007), 한국프로듀서상-라디오진행자부문(2007) [저]'한국정치의 구조와 진로'(共) '대중정당'(共) '정치개혁 시민운동론'(共) '우울한 세상과의 따뜻한 대화'(1999) '나는 당신의 말할 권리를 지지한다'(2009, 위즈덤하우스) '문제는 리더다'(2010, 메디치미디어)

정관주(鄭官珠)

[생]1964·2·7 [출]광주 [주]세종특별자치시 갈매로388 문화체육관광부 제1차관실(044-203-2010) [학]1982년 광주동신고졸 1989년 서울대 외교학과졸 1996년 연세대 언론홍보대학원 수료 [경]1993~1996년 공보처 종합홍보실 전문위원 1996~1997년 대통령 정무수석비서관실 행정관 2002년 사법시험 합격(44회) 2005년 사법연수원 수료(34기) 2005~2006년 청목법률사무소 변호사 2006~2014년 법무법인 청목 변호사 2009~2011년 식품의약품안전청 민원조정위원 2010~2012년 서울신문 감사 2011년 한국외국어대 법학전문대학원 멘토교수 2012년 대한석탄공사 감사자문위원 2012~2014년 새누리당 법률지원단 부단장 2014년 네이버(주) 뉴스편집자문위원회 위원 2014년 대통령 정무수석비서관실 국민소통비서관 2016년 문화체육관광부 제1차관(현)

정광균(鄭光均) Chung Kwang-kyun

[생]1956·3·8 [주]서울 종로구 사직로8길60 외교부 인사운영팀(02-2100-7141) [학]1982년 연세대 정치외교학과졸 1989년 대만 국립정치대 대학원 법학과졸 2002년 미국 조지타운대 대학원 수료 [경]1985년 외무고시 합격(19회) 1985년 외무부 입부 1991년 駐로스앤젤레스 영사 1994년 駐싱가포르 1등서기관 1998년 駐중국 1등서기관 2002년 통일부 경수로사업지원기획단 파견 2003년 외교통상부 서남아대양주과장 2004년 同동북아2과장 2005년 駐일본 공사참사관 2008년 외교통상부 동북아시아국 심의관 2010년 국무총리실 외교안보정책관 2011년 駐토론토 총영사 2014년 駐이집트 대사(현)

정광선(鄭光善) CHUNG Kwang Suon

[생]1945·3·27 [본]경주(慶州) [출]전남 완도 [주]서울 동작구 흑석로84 중앙대학교 경영경제대학(02-820-5524) [학]1963년 용산고졸 1971년 서울대 외교학과졸 1977년 미국 UCLA 경영대학원졸 1982년 경영학박사(미국 UCLA) [경]1981~1983년 미국 Rutgers대 조교수 1983~1988년 중앙대 경영대학 부교수 1985~1991년 쌍용경제연구소 초빙연구위원·위원장 1988~2010년 중앙대 경영학과 교수 1988년 미국 UCLA 객원연구교수 1991년 한국증권거래소 공시제도자문위원장 1992년 상공부 산업조직민간협의회 위원장 1994년 한국재무학회 회장 1994년 중앙대 경영연구소장 1996~1998년 同경영대학장 1999년 금융감독위원회 증권선물위원 2001~2003년 한국최고경영자포럼 공동대표 2002년 우리금융 사외이사 2002~2005년 기업지배구조개선지원센터 초대원장 2002~2004년 공적자금관리위원회 민간위원 2003~2004년 同매각소위원회 위원장 2004년 통합증권선물거래소 이사장 추천위원장 2005~2008년 기업은행 사외이사 2005~2006년 한국증권선물거래소 사외이사·감사위원장 2005~2009년 한국투자금융지주(주) 사외이사(감사위원) 2009~2010년 미국 UCLA 한국동창회 회장 2009년 한국IR협의회 자문위원회 위원장 2010~2011·2013년 하나금융지주(주) 사외이사 2010년 중앙대 경영경제대학 명예교수(현) 2010~2011년 삼정KPMG경제연구원 고문 2011년 하나대투증권 사외이사 2014~2015년 하나금융지주(주) 이사회 의장 2015년 하나·외환은행 통합추진위원회 위원장 [상]미국 경영경제학회(NABE) 논문상(1990) [저]'Mergers, Restructuring, and Corporate Control(共)'(1990) '자산부채 종합관리'(1993) '기업경쟁력과 지배구조'(1994) '21세기 한국기업의 통합체제(編)'(1995) '이사회 활성화 방안'(1999) [종]천주교

정광섭(鄭光燮) CHUNG Kwang Seop (松恩)

[생]1952·2·15 [본]봉화(奉化) [출]강원 고성 [주]서울 노원구 공릉로232 서울과학기술대학교 건축학부(02-970-6561) [학]1974년 한양대 건축공학과졸 1976년 서울대 환경대학원 환경계획학과졸 1991년 공학박사(한양대) [경]1979년 한국과학기술연구소 지역개발연구소 연구원 1981~1988년 경기공업전문대학 건축공학과 전임강사·조교수 1988년 서울산업대 건축공학과 부교수·

교수 1988 · 1990년 同건축공학과장 1995년 同산업대학원 건축공학과 주임교수 1995 · 1997년 同건축공학과장 1997~1999년 환경부 환경보전자문위원회 환경영향평가분과 위원 2000~2002년 서울산업대 산업기술연구소 센터장 2001년 同건축기술연구소장 2002년 한국설비기술협회 부회장 2002년 대한건축학회 건축설비위원장 2004~2008년 한국지열에너지학회 초대 · 2대 회장 2005년 서울산업대 주택대학원장 2006년 대한설비공학회 수석부회장 2007년 同회장 2007~2008년 서울산업대 공과대학장 2008년 同건축기계설비연구소장 2010년 서울과학기술대 건축학부 건축공학전공 교수(현) 2010년 同건축기계설비연구소장(현) 2015년 (사)한국녹색도시협회 이사장(현) [상]서울특별시장표창, 시민봉사상(2001), 대한건축학회 학술상(2007), 대한설비공학회 학송상(2012) [저]'건축급배수설비'(1986) '건축공기조화설비'(1993) '건축전기설비'(2002) '건축설비'(2005) '건축환경공학'(2005) '건물에너지관리'(2007) '그린빌딩과 설비시스템'(2008) [역]'건축환경설비계획'(2011) [종]천주교

정광섭(丁光燮) Chung Gwangsub

[생]1959 · 10 · 20 [주]충남 예산군 삽교읍 도청대로600 충청남도의회(041-635-5315) [학]홍성고부설방송통신고졸, 청양대학 자치행정과졸 [경]안면택시 대표, 안면청소년회의소 회장, 안면초등학교운영위원회 위원장, (사)안면발전협의회 운영이사, 안면고 운영위원장 2006 · 2010년 충남 태안군의회 의원(국민중심당 · 자유선진당 · 선진통일당 · 새누리당) 2010~2012년 同의장 2010년 충남시 · 군의장협의회 감사 2014년 충남도의회 의원(새누리당)(현) 2014~2015년 同건설해양소방위원회 위원 2014~2015년 同예산결산특별위원회 부위원장 2014~2015년 同서해안살리기특별위원회 부위원장 2015 · 2016년 同안전건설해양소방위원회 부위원장(현) 2015년 同3농혁신등정책특별위원회 부위원장 2016년 同운영위원회 위원(현) [종]불교

정광식(鄭光植) Jung Gwangsik

[생]1954 · 8 · 28 [출]경남 마산 [주]경남 창원시 의창구 상남로290 경상남도의회(055-211-7370) [학]창신공고졸, 경남대 경영학과졸 2005년 同행정대학원 일반행정학과졸 [경]1998 · 2002 · 2006~2010년 경남 마산시의회 의원, 同건설상하수위원장 2006~2010년 同의장, 마산시자연보호협의회 회장, 마산공고 법인감사, 마산시3 · 15기념사업회 운영위원장, 대한검도총연맹 경남도협회장, 경남대총동창회 수석부회장 2010~2014년 경남 창원시의회 의원(한나라당 · 새누리당), 새누리당 중앙위원 2014년 경남도의회 의원(새누리당)(현) 2014년 同경제환경위원회 위원 2016년 同경제환경위원회 위원장(현) [상]전국시 · 도의회의장협의회 우수의정 대상(2016)

정광식(鄭光植) JUNG Kwang Sik

[생]1959 · 9 · 18 [출]전북 정읍 [주]서울 강남구 광평로280 로즈데일빌딩6층 대보건설(주) 사장실(02-3016-9020) [학]이리고졸, 전북대 건축학과졸, 한양대 대학원 건축학과졸, 건축공학박사(단국대) [경]1988년 금호그룹 입사, 금호건설 건축공사팀장, 금호산업(주) 건설사업부 상무대우 2004년 同건설사업부 상무 2008~2013년 금호건설 건축사업본부장(전무) 2009년 대한민국ROTC 20기총동창회 수석부회장 · 회장 2014년 금호건설 부사장 2016년 대보건설 대표이사 사장(현) [상]국무총리표창 [종]기독교

정광영(鄭光永)

[생]1960 [출]경남 하동 [주]인천 중구 서해대로339 인천본부세관 특송통관4과(032-722-4310) [학]1979년 진주대아고졸 2000년 인천대졸 [경]1979년 관세청 공무원 임용(9급 공채) 2005년 관세주사 승진 2015년 고성세관장 2015년 진주세관장 2016년 인천본부세관 특송통관4과장(현)

정광영(鄭光泳)

[생]1960 · 5 · 4 [출]전남 화순 [주]서울 서초구 헌릉로13 대한무역투자진흥공사 인재경영실(02-3460-7038) [학]1979년 송원고졸 1985년 전남대 경영학과졸 2003년 미국 페퍼다인대 LBA 수료 2007년 미국 뉴욕주립대 스토니브룩교 대학원 테크노경영학과졸 [경]1990년 대한무역투자진흥공사(KOTRA) 테헤란무역관 근무 1993년 同홍보출판부 근무 1995년 同홍보출판처 근무 1996년 同홍보실 근무 1996년 同시드니무역관 근무 1999년 同홍보팀 근무 2002년 同로스엔젤레스한국무역관 근무 2005년 同홍보팀장 2007년 同주력산업팀장 2008년 同홍보팀장 2009년 同런던 코리아비즈니스센터장 2012년 同투자유치실장 2013년 同투자기획실장 2015년 同중국지역본부장 겸 베이징무역관장(상임이사) 2016년 同중국지역본부장(상임이사)(현) [상]산업자원부장관표창(2007)

정광우(鄭光宇) CHONG Kwang Woo

[생]1942 · 10 · 10 [출]충남 예산 [주]서울 구로구 경인로662 디큐브시티11층 대성산업(주) 사장실(02-2170-2115) [학]1961년 중동고졸 1965년 서울대 법학과졸 [경]1974년 삼양항해(주) 런던사무소장 1977년 제일은행 런던지점 과장 1986년 同서초南지점장 1987년 同논현동지점장 1989년 同런던지점장 1993년 同국제금융부장 1997년 同상무이사 2000년 同부행장 겸 영업추진본부장 2002년 대성산소 고문 2003년 (주)오산에너지 대표이사 사장 2004년 대성산업(주) 대표이사 사장(현) 2004년 대성쎌틱(주) 이사 [상]국민포장 [종]기독교

정광윤(鄭廣鈗) JUNG Kwang Yoon

[생]1959 · 10 · 18 [주]서울 성북구 인촌로73 고려대학교 안암병원 이비인후과(02-920-5536) [학]1984년 고려대 의과대학졸 1990년 同대학원졸 1993년 의학박사(고려대) [경]1991년 고려대 혜화병원 이비인후과 임상강사 1993년 同의과대학 이비인후과학교실 조교수 · 부교수 · 교수(현) 1996~1998년 미국 미시간대 암센터 연수 2003년 대한이비인후과학회 총무이사, 同간행이사, 同대외공보이사 2007~2008년 미국 노스캐롤라이나대 이비인후과 교환교수 2008년 대한두경부종양학회 수련이사 2009년 대한음성언어학회 감사 2009~2015년 고려대 안암병원 진료부원장 2013~2015년 대한두경부외과학회 회장 [저]'두경부외과학'(2000) '이비인후과– 두경부외과학'(2009)

정광중(鄭光中) JEONG Kwang Joong (聖堂)

[생]1960 · 1 · 18 [본]동래(東萊) [출]제주 제주시 [주]제주특별자치도 제주시 일주동로61 제주대학교 교육대학 초등사회과교육과(064-754-4823) [학]1978년 오현고졸 1986년 동국대 지리교육학과졸 1990년 일본 도쿄학예대 대학원 사회과교육과졸 1994년 이학박사(일본 니혼대) [경]1994~1996년 동국대 · 경희대 시간강사 1996~2007년 제주교육대 사회과교육과 전임강사 · 조교수 · 부교수 2000~2001년 同제주지역사회연구소장 2001년 제주신보 논설위원(현) 2003~2007년 한라일보 탐사전문위원 2004~2006년 (사)한라산생태문화연구소 소장 2004~2006년 제주교육대 초등교육연구원장 2004~2005년 同학생처장 2007년 同사회과교육과 교수 2008년 제주대 교육대학 초등사회과교육과 교수(현) 2009년 同교학처장 2014년 제주도 문화재위원(현) 2015년 제주대 부총장 겸 교육대학장(현) [상]제주교대 10년 근속상 [저]'사진과 지리(共)'(1999) '지리학강의(共)'(1999) '지리학을 빛낸 24인의 거장들(共)'(2003) '한라산의 인문지리(共)'(2006) '한라산 개설서(共)'(2006) '제주여성의 삶과 공간(共)'(2007) [역]'바다를 건넌 조선의 해녀들'(2004) [종]불교

정광철(鄭光徹) CHUNG Kwang Chul

[생]1963 · 8 · 14 [출]서울 [주]서울 서대문구 연세로50 연세대학교 생명시스템대학 시스템생물학과(02-2123-2653) [학]1982년 양정고졸 1986년 서울대 화학과졸 1988년 同대학원졸 1994년 이학박사(미국 노스웨스턴대) [경]1995~1997년 미국 시카고대 박사후연구과정 1997년 연세대 의대 약리학교실 조교수 2002~2005년 同생명시스템대학 생물학과 부교수 2005년 同생명시스템대학 생물학과 교수 2011년 同시스템생물학과 교수(현) [저]'나의 뇌를 알자 : 내부모는 예외일 수 있을까?'(2004) [종]기독교

정광춘(鄭光春) CHUNG Kwang Choon (해은)

[생]1953 · 1 · 24 [출]경기 용인 [주]경기 안산시 단원구 능안로98의12 (주)잉크테크 비서실(031-496-5454) [학]1971년 보성고졸 1976년 한양대 공과대학 화학공학과졸 1978년 한국과학원 대학원 응용화학과졸 1985년 이학박사(한국과학기술원) [경]1978~1981년 한국화학연구소 연구원 1981~1983년 (주)대룡 기술부장 1985년 해은화학연구소 설립 1992년 (주)잉크테크 설립 · 대표이사 사장(현) 2000년 (주)해은켐텍 설립 2004~2011년 우수제조기술연구센터(ATC) 부회장 2008년 KAIST 기업인협회 회장 2012년 (사)한국공업화학회 회장 [상]장영실상(1996), 대통령표창(1998), 환경부장관표창(1999), 은탑산업훈장(2001), KAIST 올해의 동문상(2002), 나노산업기술상 산업자원부장관표창(2006), IR52 장영실상(2007), IR52 장영실상 국무총리표창(2008), 특허기술상 세종대왕상(2009)

정광하(鄭光夏) Gwang-Ha Chung

[생]1966·5·22 [출]전남 순천 [주]서울 서초구 헌릉로12 현대기아차빌딩 서관7층 현대제철(주) 대외협력실(02-3464-6191) [학]1985년 순천고졸 1990년 고려대 경영학과졸 1992년 同대학원 경영학과졸 2000년 경영학박사(고려대) [경]1996년 한국외환은행 경제연구소 연구원 1996~2002년 국회사무처 근무(서기관급) 2003~2005년 대통령직인수위원회 행정관 2005년 현대제철(주) 대외협력실 근무 2014년 同대외협력실장(이사대우)(현)

정광현(鄭旼鉉) JUNG Gwang Hyeun

[생]1961·10·24 [본]초계(草溪) [출]강원 춘천 [주]강원 평창군 평창읍 살구실길10 평창소방서(033-333-9118) [학]춘천고졸, 강원대 물리학과졸 [경]춘천소방서 소방과 근무, 홍천소방서 소방과 근무, 강원도 소방본부 방호구조과 근무, 춘천소방서 화천파출소장, 강원도 소방본부 소방행정과 근무, 同소방행정과 장비관리계 근무 2009년 영월소방서 예방안전과장(소방령) 2010년 강원도 소방학교 교육운영과장 2011년 同소방본부 소방행정과 지도감찰계장 2015년 강원 평창소방서장(현)

정광호(丁光浩) JUNG Kwang Ho (山草)

[생]1956·11·19 [출]전북 완주 [주]서울 영등포구 여의대방로69길7 충무빌딩8층 한국사립초중고등학교법인협의회(02-783-3337) [학]1984년 서울산업대 전자공학과졸 1986년 건국대 대학원 전자계산학과졸 2000년 이학박사(동국대) 2008년 고려대 정책대학원 정치학과졸 [경]중부대 컴퓨터공학부 게임공학전공 교수 1993년 同전자계산소장 1995년 同컴퓨터과학부장 1997년 同학생처장 1999년 同사회교육원장 2001년 同대학원장 2001년 한국게임학회 회장 2003년 한세대 IT학부 교수 2003년 同일반대학원장 2003년 한국게임과학고 설립·교장 2013년 전북사립중고등학교장회 회장·부회장(현) 2015년 在京완주군민회 회장(현) [저]'게임제작 프로그래밍' '컴퓨터 게임' [종]기독교

정광회(鄭光會) CHUNG Kwang Hoe

[생]1960·4·22 [출]충남 논산 [주]경기 성남시 분당구 판교로335 차바이오컴플렉스B106 차의과학대학교 바이오공학과(031-881-7017) [학]연세대 생화학과졸, 同대학원졸, 이학박사(연세대) [경]1984~1997년 목암생명공학연구소 연구원·선임연구원·연구부장 1997~2006년 연세대 의대 심혈관연구소 조교수·부교수 1999~2012년 한국지혈혈전학회 이사장 2001~2006년 (주)바이오버드 대표이사 2006년 차의과학대 바이오공학과 교수(현) 2009~2012년 同연구처장 겸 산학협력부단장 2012년 同기획처장(현) [상]연세대 의대 우수교수상 [종]기독교

정광훈(鄭光勳) CHUNG Kwang Hoon

[생]1947·4·20 [출]전남 나주 [주]경기 화성시 동탄면 동탄산단8길15의20 제이엠아이(주) 비서실(031-376-9494) [학]1988년 숭실대 중소기업대학원졸 1999년 서울대 경영대학원 최고경영자과정 수료 2004년 명예 경영학박사(동신대) [경]1976년 정문출판(주) 창업·대표 1993년 정문정보(주) 창업·대표이사 사장·회장 2004년 제이엠아이(주) 회장·대표이사 회장(현) [상]문화체육부장관표창(1997), 보건복지부장관표창, 대통령표창(2000), 산업자원부장관표창(2001·2002·2003, 5회) [종]기독교

정광훈(鄭光勳) Kwang-Hoon Jung

[생]1959·3·9 [본]동래(東萊) [출]인천 강화 [주]서울 종로구 율곡로2길25 연합뉴스 콘텐츠평가실(02-398-3114) [학]1978년 인천고졸 1986년 성균관대 영어영문학과졸 [경]1995년 연합뉴스 카이로특파원 2000년 同특신부 차장대우 2001년 同특신부 차장 2002년 同카이로특파원(부장대우) 2005년 同특신부 근무(부장대우급) 2005년 同특신부 근무(부장급) 2006년 同국제뉴스1부장 2008년 同편집국 국제분야 에디터(부국장대우) 2009년 同인천취재본부 부국장대우 2011년 同인천취재본부장(부국장급) 2014년 同전국부 기획위원(국장대우) 2015년 同논설위원 2015년 同콘텐츠평가실 콘텐츠평가위원(현) [상]삼성언론상(1997), 최병국기념 국제보도상(1997), 한국기자협회 이달의 기자상(1997)

정교선(鄭敎宣) CHUNG Kyo Sun

[생]1974·10·31 [출]서울 [주]서울 강남구 압구정로201 현대백화점 부회장실(02-3416-5270) [학]1993년 경복고졸 1997년 한국외국어대 무역학과졸, 미국 뉴욕아델파이대 경영학과졸(MBA) [경]2004년 (주)현대백화점 경영관리팀장(부장) 2004년 同기획조정본부 기획담당 이사 2006년 同기획담당 상무 2007년 同전무 2008년 同기획조정본부 부사장 2007년 (주)현대그린푸드 이사(현) 2008년 (주)현대홈쇼핑 부사장 2009년 同각자대표이사 사장(현) 2011년 현대백화점 부회장(현) [상]한국외국어대총동문회 공로상(2012)

정교순(鄭敎淳) JUNG Gyo Soon

[생]1956·9·3 [본]진주(晉州) [출]충남 연기 [주]대전 서구 둔산중로74 인곡타워3층 법무법인 유엔아이(042-472-0041) [학]1974년 충남고졸 1982년 고려대 법대졸 [경]1983년 사법시험 합격(25회) 1986년 사법연수원 수료(15기) 1986년 대구지검 검사 1988년 대전지검 공주지청 검사 1989년 서울지검 의정부지청 검사 1991년 서울지검 검사 1994년 대전지검 검사 1996년 서울지검 북부지청 검사 1997년 同북부지청 부부장검사 1998년 대전고검 검사 1999년 변호사 개업 2008년 정&양합동법률사무소 변호사 2011년 충남고총동창회 회장 2011~2013년 대전지방변호사회 회장 2013년 법무법인 유앤아이 대표변호사(현) 2014년 충남도 소청심사위원장(현) 2014년 대전사랑시민협의회 회장(현), 세종특별자치시 고문변호사(현), 중앙분쟁조정위원회 위원, 언론중재위원회 위원(현), 고려대 대전·세종·충남교우회 회장(현) 2015년 세종특별자치시 감사위원회 위원 2015년 同시민권익위원회 위원장

정교중(鄭敎重) JUNG Kyo Joong

[생]1960·7·28 [출]서울 [주]서울 강남구 테헤란로152 파이낸스센터18층 한국EMC(주) 임원실(02-2125-7158) [학]서울대 컴퓨터공학과졸, 한국과학기술원 전산학과졸 [경]현대전자 근무, 가인시스템 & 오픈테크 근무, 한국실리콘그래픽스 근무 1999년 한국EMC(주) 영업이사 2004년 同전무이사 2007년 同필드영업총괄 부사장(현)

정구복(鄭求福) CHUNG Ku Bok (樂庵)

[생]1943·3·17 [본]영일(迎日) [출]충남 청양 [주]경기 성남시 분당구 하오개로323 한국학중앙연구원(031-709-8111) [학]1961년 공주고졸 1966년 서울대 사범대졸 1969년 同대학원졸 1984년 문학박사(서강대) [경]1969년 육군사관학교 교관 1973~1980년 전북대 사학과 조교수 1973~1980년 同박물관 민속부·고고부 부장 1980년 충남대 사학과 부교수 1985~1999년 한국정신문화연구원 역사연구실 교수 1985~2008년 한국학중앙연구원 한국학대학원 교수, 同한국학정보센터소장 1993~1998년 교육부 국학기능연구사업 총괄책임자 1995년 한국정신문화연구원 도서관 자료조사실장 1995~1998년 교육부 국학진흥연구사업추진위원장 1996년 한국정신문화연구원 도서관장 1997~2003년 한국고문서학회 부회장·회장 2000~2001년 한국학중앙연구원 편수출판실장 2002년 한일역사공동연구위원회 위원 2003~2005년 한국학중앙연구원 한국학대학원장 2003년 한국고문서학회 명예회장(현) 2006~2008년 한국사학사학회 회장 2008년 同명예회장(현) 2008년 한국학중앙연구원 명예교수(현) 2009년 임진왜란사연구회 명예회장(현) [상]홍조근정훈장(2008) [저]'한국인의 역사의식'(1989, 고려원) '장평초등학교 60년사'(1995, 한일상사) '역주 삼국사기(전5권)(共)'(1996, 한국학중앙연구원) '한국중세사학사1'(1999, 집문당) '한국중세사학사2'(2002, 경인문화사) '고문서와 양반사회'(2002, 일조각) '삼국사기의 현대적 이해'(2004, 서울대 출판부) '인물로보는 삼국사'(2006, 시아출판사) '한국근세사학사'(2008, 경인문화사) '한국고대사학사'(2008, 경인문화사) '우리 어머님'(2008, 지식출판사) [종]불교

정구선(鄭求善) JEONG GU-SEON (無下)

[생]1939·7·6 [본]영일(迎日) [출]전남 담양 [주]광주 서구 상무중앙로43 BYC빌딩7층 (사)광주NGO시민재단(062-381-1133) [학]1958년 광주제일고졸 1964년 전남대 농과대학 임학과졸 1980년 同경영대학원 수료 1995년 同행정대학원 고위정책과정 수료 [경]1958년 밀알회 창립 1962~1963년 同회장 1964~1984년 同중앙회 총무·회장 1964~1968년 곡성농촌지도소·화순군청 근무 1971~1977년 밀알신용협동조합 설립·이사장 1972~1973년 구본식품 총무과장·영업과장 1973~1976년 전남매일 광고국장 1975~1983년 신용협동조합연합회 감사·이사·수석감사 1976~1980년 同전남지구평의회 회장 1976~1983년 삼보증권 지점장 겸 호남지역업무추진본부장 1983~1984

년 (주)천일 대표이사 1987~1989년 밀알회 사무총장 1987~1988년 한국클로바동지회 부회장 1988~1989년 고려증권 고문 1988~1997년 한국4-H연맹 부총재 1989~1993년 한신증권 호남지역본부장(이사) 1989~2000년 밀알회 상임부총재 1992~2010년 광주시4-H후원회 회장 · 광주시4-H본부 회장 1993~1995년 일신상호신용금고 대표이사 1993~2013년 (사)무등산보호단체협의회 공동의장 · 상임의장 · 상임고문 1993~2010년 광주지법 민사가사조정위원 1993년 광주전남환경운동연합 상임의장 · 고문(현) 1994년 전국반핵운동본부 상임의장 1995~1996년 5.18기념재단 상임이사 1996년 제16회 5.18기념행사추진위원회 집행위원장 1997~1998년 동원증권 VIP전문위원 1998~2001년 광주시중소기업종합지원센터 초대본부장 2000년 밀알중앙회 총재 2001년 同고문(현) 2002년 광주광역시장 후보(무소속) 2003년 한국가사문학학술진흥위원회 위원(현) 2005~2008년 광주시환경시설공단 이사장(2대) 2006~2010년 광주전남신협발전기금 회장 2006~2009년 담양대나무축제 추진위원장 2007~2010년 광주시 담양군추진위원회 회장 2007~2013년 신용협동조합포럼 부회장 2007년 자연환경국민신탁 평의원(현) 2008~2012년 푸른광주21협의회 공동회장 2008~2013년 (사)광주NGO시민재단 이사 2009~2011년 (사)녹색성장포럼 상임부이사장 2010~2015년 광주시 시민참여예산위원회 위원장 2012년 한국의문화유산추진위원회 위원장(현) 2014년 (사)광주NGO시민재단 이사장(현) 2015년 5.18기념재단 후원회 회장(현) 2015년 광주원로회의 의장(현) 2016년 5.18민주화항쟁기념행사 상임위원장(현) [상]대통령표창(1996), 법원행정처장 감사장(2001), 국민포장(2007) [종]기독교

정구열(鄭求烈)

[생]1960 [출]충북 옥천 [주]경남 진주시 내동면 삼계로413 한국수자원공사 남강댐관리단 단장실(055-760-1200) [학]1978년 대전 대성고졸 1985년 충북대 토목공학과졸 1994년 미국 아이오와주립대 대학원졸(석사) [경]2007년 한국수자원공사(K-water) 물관리센터 물관리팀장 2010년 同낙동강통합물관리센터장 2012년 同물관리센터장 2012년 한국방재협회 이사 2012년 한국수자원학회 감사 2012년 한국대댐회 기획위원회 부위원장 2014년 한국수자원공사 미래기술본부장 2015년 同남강댐관리단장(현) [상]장관표창(1997), 국무총리표창(2005)

정구영(鄭銶永) JEONG Ku Yeong

[생]1938 · 11 · 12 [본]영일(迎日) [출]경남 하동 [학]1957년 부산고졸 1961년 서울대 법대졸 1973년 연세대 경영대학원 경영학과졸 [경]1962년 육군 법무관 1965년 서울지검 검사 1975년 대검찰청 검찰연구관 1977~1980년 법무부 송무 및 검찰제1과장 1980년 서울지검 특수제3부장 1981년 법무부 송무담당관 · 출입국관리국장 1982년 同검찰국장 1985년 부산지검 검사장 · 서울지검 검사장 1987년 광주고검 검사장 1989년 대통령 민정수석비서관 1990~1992년 검찰총장 1993년 변호사 개업(현), 신아시아연구소 이사장(현), 이병주기념사업회 공동대표(현) [상]청조근정훈장, 홍조근정훈장, 황조근정훈장 [종]기독교

정구용(鄭求龍) JUNG Koo Ryong

[생]1945 · 7 · 22 [출]충북 옥천 [주]경기 시흥시 군자천로 171 인지컨트롤스(주) 대표이사실(031-496-1791) [학]1963년 옥천상고졸 1999년 서울대 최고경영자과정 수료 2004년 명예 경영학박사(한국산업기술대) 2008년 서울디지털대 e-비즈니스학과졸 [경]1979~1996년 공화금속공업(주) 대표이사 1996~2001년 (주)공화 대표이사 2001년 인지컨트롤스(주) 대표이사(현) 2003~2014년 한국상장사협의회 부회장 2009~2015년 시흥상공회의소 회장 2011년 (주)인지디스플레이 회장(현) 2012~2015년 한국무역협회 부회장 2014년 한국상장회사협의회 회장(현) [상]경제기획원장관표창(1987), 산업포장(1991), 석탑산업훈장(1997), 산업자원부장관표창(2003), 동탑산업훈장(2005), 재정경제부장관표창(2006), 기업은행 '명예의 전당' 헌정(2006), 국무총리표창(2011), 금탑산업훈장(2014), 자랑스런 삼성인상 특별상(2015) [종]천주교

정구운(鄭求運) CHUNG Ku Un (靑濟)

[생]1944 · 5 · 15 [본]영일(迎日) [출]인천 [주]인천 연수구 인천타워대로323 송도센트로드B동7층 폭스우드스카이웨이(032-719-2358) [학]1962년 인천 동산고졸 1969년 연세대 정치외교학과졸 2003년 인천대 행정대학원 수료 [경]1969년 동화통신 기자 1972년 동양통신 기자 1981년 연합통신 사회부 기자 1983년 同사회부 차장 1985~1987년 한국기자협회 회장 1987년 同고문 1988~1994년 국민일보 전국부장 · 사회부장 1994~1995년 同편집부국장 · 편집국장 1995년 同심의실장 1995년 민주평통 자문위원 1995년 국민회의 인천연수지구당 위원장 1996~1998년 (주)아낌없이주는나무 회장 1998년 동력산업(주) 대표이사 2000년 한나라당 중앙위원 2001~2002년 드림산업(주) 대표이사 2002년 코리아정보기술(주) 회장 2002~2006년 인천시 연수구청장(한나라당) 2004년 인천시군수 · 구청장협의회 회장 2004년 전국시장군수구청장협의회 대변인 2005년 인천기업사랑협의회 공동대표 2006년 (주)코로텍 상임고문 2006년 同회장 2007년 (주)서해씨엔씨 상임고문 2008년 (주)맥도 대표이사 2009년 (주)홀리킹덤 회장 2010년 동원도시산업개발 상임고문 2012년 (주)디케이케이 대표이사 2013년 (주)킹덤시티 상임고문 2015년 썬시티리조트그룹 회장 2016년 (주)폭스우드스카이웨이 회장(현) [상]대통령표창(1994)

정구정(鄭求政) CHUNG Ku Chung

[생]1955 · 2 [본]연일(延日) [출]충북 충주 [주]서울 서초구 서초중앙로87, 예성BD7층 정구정세무사무소(02-588-8744) [경]1975년 제12회 세무사시험 합격(최연소), 서초구청 자문위원, 서초세무서 과세전적부심사위원 2003~2005 · 2011~2015년 한국세무사회 회장(제23대 · 제27대 · 제28대) 2003~2005년 대통령자문 조세개혁특별위원회 위원 2003~2005년 재정경제부 세제발전심의위원 2003~2005년 국세청 세정혁신위원 2003~2005년 한국조세연구소 소장, 불교환경연대 감사, 대한불교조계종 중앙신도회 지도위원(현), 同불교포럼 감사(현), 아름다운재단 위원(현), 명지대총동문회 부회장(현) 2011~2015년 행정안전부 정책자문위원 2011~2015년 국세청 국세행정개혁위원회 위원 2011~2015년 한국조세연구소 소장 2011~2015년 법제처 국민법제관, 기획재정부 조세법령개혁추진위원 2011~2015년 同세제발전심의위원, (재)Kbiz사랑나눔재단 감사, (재)중소기업연구원 이사, 한국조세재정연구원 연구자문위원(현), 세금바로쓰기납세자운동본부 공동대표, (사)한국조세연구회 이사장(현) 2012~2016년 (재)한국세무사회공익재단 이사장 2014년 아시아오세아니아세무사협회(AOTCA) 수석부회장(현) 2015년 한국세무사회 고문(현) [상]동탑산업훈장(2005), 은탑산업훈장(2012), 대통령표창(2015) [종]불교

정구종(鄭求宗) CHUNG Ku Chong

[생]1944 · 11 · 4 [본]영일(迎日) [출]충북 영동 [주]부산 사상구 가야대로360번길15 동서대학교 국제협력관8층 일본연구센터(051-320-1900) [학]1962년 대전고졸 1967년 연세대 국어국문학과졸 1989년 同행정대학원 외교안보학과졸 1995년 일본 게이오대 대학원 정치학 박사과정 수료 [경]1967~1981년 동아일보 기자 · 사회부 차장 1981년 同일본특파원 1985년 同사회부장 1989년 同편집국 편집위원 1991년 同도쿄지사장 1992년 일본정치학회 회원(현) 1994년 동아일보 기획실 부실장 1995년 同출판국장 1997년 同편집국장 1998년 同이사대우 편집국장 1998~2014년 한일포럼 대표간사 1999~2001년 동아일보 출판담당 이사 2001~2009년 (주)동아닷컴 대표이사 사장 2001~2010년 금호산업 사외이사 2002년 연세춘추동인회 회장 2003년 한국온라인신문협회 회장 2004~2005년 연세언론인회 회장 2005~2008년 한일미래포럼 대표 2009년 동서대 국제학부 석좌교수(현) 2009~2015년 同일본연구센터 소장 2009년 동아닷컴 고문(현) 2009년 한일문화교류회의 위원장(현) 2010년 밀레니엄금강포럼 공동대표 2012년 연세대문과대학동창회 회장(현) 2015년 동서대 일본연구센터 고문(현), 한중일문화교류회의 대표(현) [상]2007 연세언론인상(2006), 연세대 연문인상(2011) [저]'냉전 후의 세계와 일본(共)'(1989) '이설 세계경제(共)'(1993) '21세기 일본의 국가전략'(1993) '해외저명신문사의 세계화 경영전략'(1995) [종]기독교

정구철(鄭玖撤) JUNG Goo Chul

[생]1953 · 6 · 16 [주]서울 강남구 논현로98 STX건설 임원실(02-6960-3707) [학]수원고졸, 홍익대 건축공학과졸, 서강대 대학원 사회정책학과졸 [경]현대건설(주) 입사, 同건축사업부장, 同상무보 2005~2006년 同상무 2007년 도원디테크건설 사장 2010년 STX건설 부사장 2013년 同대표이사 부사장 2013년 同대표이사 사장(현) [종]기독교

정구현(鄭求鉉) JUNG Ku Hyun

[생]1947 · 12 · 28 [본]영일(迎日) [출]서울 [주]서울 영등포구 여의대방로69길23 KB저축은행빌딩7층 자유경제원(02-3774-5000) [학]1965년 경복고졸 1969년 서울대 상대 경영학과졸 1973년 미국 뉴욕주립대 올바니교 대학원졸(MBA) 1976년 경영학박사(미국 미시간대) [경]1971년 육군 중위 예편(ROTC) 1977년 미국 미시간대 경영대학원 객원교수 1978~1986년 연세대 경영학과 조교수 · 부교수 1980년 미국 하와이대 경영대 초빙교수 1981년 일본 도

코아시아경제연구소 객원연구원 1982년 한국경영학회 상임이사 1984년 미국 워싱턴대 초빙교수 1986~2003년 연세대 경영학과 교수 1989~1991년 同경영학과장 1989~1991년 한국마케팅학회 상임이사 1989~1994년 대통령자문 21세기위원회 위원·부위원장 1990~1996년 한국가스공사 비상임이사 1992~1998년 연세대 동서문제연구원장 1993년 한국국제경영학회 회장 1994년 한국경영연구원 부원장 1996년 금융개혁위원회 위원 1996년 대외경제정책연구원 감사 1997년 연세대 경영대학원장 1998년 현대건설 사외이사 1998년 코오롱상사·코오롱FnC 사외이사 1998년 국방부 국방개혁추진위원회 심의위원 1998년 한국경영사례연구원 원장 2000년 한국비영리학회 회장 2000년 삼성경제연구소 자문교수 2000년 현대자동차(주) 자문교수 2001년 한국디지털위성방송(주) 사외이사 2001년 LG전선 사외이사 2001년 한국경영연구원 원장 2002~2005년 사회복지공동모금회 이사 2002~2003년 연세대 상경대학장 2003~2008년 삼성경제연구소 소장 2004년 한국경영학회 회장 2006~2008년 한국학술진흥재단 비상임이사 2008~2013년 한국경영교육인증원 원장 2009년 삼성경제연구소 상근고문 2011년 한국과학기술원(KAIST) 테크노경영대학원 초빙교수(현) 2011~2013년 경기도 선진화위원회 위원장 2011~2013년 KB국민카드 사외이사 2012년 자유기업원 이사장 2012년 자유경제원 이사장(현) 2012년 (사)서울국제포럼 회장(현) 2013~2015년 경기개발연구원 이사장 [상]연세학술상(1989), 전경련 자유경제출판문화상(1997), 정진기언론문화상 대상 경제경영도서부문(2008) [저]'국제경영학(共)'(1982) '마케팅 전략'(1983) '한국기업의 성장전략과 경영구조(共)'(1986) '마케팅 원론(共)'(1987) '한국기업의 성장전략과 경영구조'(1987) '다국적기업의 실체'(1988) '21세기 한국의 사회발전 전략 : 성장·복지·환경의 조화(共)'(1995) '민영화와 기업구조(共)'(1996) '글로벌화와 한국경제의 선택(共)'(2002) '우리는 어디로 가고있는가'(2013, 청림출판) [종]기독교

정구현(鄭求現) Jung Goo-Hyun

[생]1967·8·15 [본]경주(慶州) [출]전남 완도 [주]대전 서구 청사로189 통계청 조사관리국 표본과(042-481-3790) [학]1985년 광주서석고졸 1994년 성균관대 통계학과졸 2014년 통계학박사(충남대) [경]2009년 통계청 복지통계과 서기관 2015년 同조사관리국 표본과장(현)

정구호(鄭求昊) JUNG Ku Ho

[생]1965·2·7 [출]서울 [주]서울 종로구 율곡로283 서울디자인재단(02-2096-6000) [학]대신고졸, 미국 Parsons School of Design Communication Design졸 [경]제일모직(주) 구호사업팀장 2003년 同구호사업팀장 겸 WISH컴퍼니 여성복사업부 크리에이티브 디렉터(상무), 구호(KUHO) 크리에이티브 디자인디렉터, 제일모직(주) 패션부문 레이디스사업부 상무 2010~2013년 同패션부문 레이디스사업부 전무 2015년 서울디자인재단 서울패션위크 총감독(현) 2015년 대통령소속 문화융성위원회 위원(현) 2015~2016년 휠라코리아(주) CD(크리에이티브 디렉터·부사장)

정구훈(鄭求勳) JUNG Ku Hun

[생]1946·4·13 [주]서울 마포구 만리재로14 한국사회복지회관5층 한국사회복지협의회 부회장실(02-2077-3904) [학]1964년 청주고졸 1970년 서울대 문리과대학 사회복지학과졸 1993년 충북대 행정대학원 고위지도자과정 수료(1기) 1994년 청주대 행정대학원 고위과정 수료(10기) 2002년 가톨릭대 사회복지대학원졸(석사) [경]1965년 대학적십자 창립회원 1965~1966년 서울대 대학적십자회 회장 1965~1966년 대학적십자단전국연합회 회장 1971~1987년 (주)에넥스 상무이사·유정산업(주) 대표이사 1987~1990년 민주정의당 서울지부 부국장 1990~1995년 同충청도지부 사무처장 1995~1997년 신한국당 중앙당 정책평가위원회 상근위원·중앙당 직업능력개발위원회 상근위원 1997~1998년 한나라당 제1정책조정실 수석전문위원 1998~2008년 (사)신사회공동선운동연합 운영위원 1999~2002년 (사)한국사회복지사협회 사무총장 2000~2002년 여성가족부 청소년보호위원회 정책위원 2000~2002년 KBS '사랑의 리퀘스트' 운영위원 2001~2004년 서울대사회복지학과총동창회 회장 2001~2004년 (사)사천재단 소망의집 운영위원 2001~2014년 (사)자광재단 이사장 2002~2003년 한국아동복지학회 이사 2002~2003·2006~2007·2012년 한국노년학회 이사(현) 2003~2008년 가톨릭대 평생교육원 겸임교수 2003~2004년 면목사회복지관 관장 2004~2005년 한국사회복지학회 부회장 2004~2005년 서울시립금천청소년수련관 관장 2005~2009년 사회복지공동모금회 이사 2005년 제20차 세계노년학대회 한국대회유치단 위원 2005~2013년 제20차 세계노년학대회 조직위원회 전시분과위원장 2006년 서울대총동창회 이사(현) 2007년 우천사회복지재단 이사(현) 2008년 한국자원봉사포럼 이사(현) 2008~2010년 한국노년학회 감사 2008~2010년 한국자원봉사협의회 사무총장 2009년 한국고령사회비전21 이사(현) 2010~2012년 한국자원봉사협의회 감사 2010~2013년 (사)코피온 이사 2010년 한국자원봉사학회 이사(현) 2013년 International Association of Gerontology and Geriatrics2013 사무총장 직대 2015년 한국사회복지협의회 상근부회장(현) 2015년 한국사회복지공제회 이사(현)

정국현(丁局鉉) JEONG Kook Hyun

[생]1962·3·12 [출]전남 무안 [주]서울 송파구 양재대로1239 한국체육대학교 생활체육대학 태권도학과(02-410-6922) [학]1984년 한국체육대졸 1989년 同대학원졸 2004년 스포츠심리학박사(명지대) [경]1982년 제5회 구아야킬 세계태권도선수권대회 라이트미들급 금메달 1983년 제6회 코펜하겐 세계태권도선수권대회 라이트미들급 금메달 1985년 제7회 서울 세계태권도선수권대회 웰터급 금메달 1987년 바르셀로나 세계태권도선수권대회 금메달 1987년 지하철공사 태권도팀 선수 겸 코치 1988년 서울올림픽대회 웰터급 금메달 1991년 경남태권도협회 전임코치 1999년 한국체육대 생활체육대학 태권도학과 강사·조교수·부교수·교수(현) 2007년 同태권도학과장 2013년 대한태권도협회 이사(현) 2013년 세계태권도연맹(WTF) 집행위원 2015년 同기술위원장(현) [상]체육훈장 백마장·거상장 [저]'태권도 겨루기'

정규남(丁圭男) JUNG Kyu Nam

[생]1944·8·5 [본]영광(靈光) [출]전남 고흥 [주]광주 북구 양산택지소로36 광신대학교 총장실(062-605-1000) [학]1965년 연세대 철학과졸 1968년 同대학원졸 1975년 미국 웨스트민스터신학교 대학원졸 1979년 철학박사(미국 드류대) [경]1979년 목사 안수 1979~1980년 광주신학교 교수·교무처장 1980년 총회신학교 교수 1980년 아세아연합신학원 교수 1982년 이스라엘 Tantur Ecumenical Inst. 교환교수 1982~1997년 아세아연합신학대 교수 1986년 영국 옥스퍼드대 교환교수 1994~1997년 아세아연합신학대 부총장 1997년 광신대 총장(현) 1997년 광주 중앙교회 협동목사 [저]'구약개론' '구약신학' '고린도전서강해' '고린도후서강해' [종]기독교

정규남(鄭圭南) Jung, Kyu Nam

[생]1959·2·20 [출]서울 [주]대전 서구 청사로189 통계청 차장실(042-481-2520) [학]1977년 용산고졸 1983년 성균관대 통계학과졸 1985년 同대학원 통계학과졸 2013년 통계학박사(성균관대) [경]1986년 통계석사 5급 특채 1986년 경제기획원 조사통계국 사무관 1996년 통계청 유통통계과 서기관 1999년 同물가통계과 서기관 2000년 同물가통계과장 2001년 同경제통계국 산업동향과장 2002년 同경기통계사무소장 2005년 同통계정책국 통계정책과장 2007년 同혁신기획관 2008년 同통계정책국장(고위공무원) 2010년 중앙공무원교육원 파견(고위공무원) 2011년 통계청 기획조정관 2011년 同사회통계국장 2013년 同차장(현) [상]대통령표창(1999), 녹조근정훈장(2012)

정규돈(鄭圭敦) Jung Gyu-don

[생]1962·8·15 [출]경남 거창 [주]서울 중구 명동11길19 은행회관3층 국제금융센터(02-3705-6201) [학]1981년 동북고졸 1985년 서울대 경제학과졸 1987년 同대학원 행정학과졸(석사) 1997년 미국 펜실베이니아주립대 대학원 경제학과졸(석사) 2013년 경제학박사(한남대) [경]1987년 행정고시 합격(31회) 2007년 기획예산처 공공혁신본부 경영지원1팀장(서기관·부이사관) 2008~2009년 캐나다 British Columbia주 재무성 교육파견 2010년 기획재정부 성장전략심의관 2014년 국방대 교육파견(고위공무원) 2015년 국회 기획재정위원회 파견(고위공무원) 2015년 기획재정부 대외경제국장 2016년 대통령직속 지역발전위원회 지역발전기획단장 2016년 국제금융센터 원장(현) [상]장관급 표창(1994), 근정포장(2011)

정규동(鄭圭東) JEONG Kyu Dong

[생]1948·8·25 [본]진양(晋陽) [출]경남 진주 [주]서울 서초구 서초중앙로62 우일빌딩6층 (주)삼보아이에스(02-515-8633) [학]1975년 서울대 자원공학과졸 1998년 서강대 최고경영자과정 수료 2000년 전경련국제경영원 글로벌최고경영자과정 수료 2002년 서울대 정보통신정책과정 수료 [경]1975~1978년 한국과학기술연구소 근무 1979~1984년 현대그룹 경영정보시스템담당 1985년 삼보컴퓨터 입사 1992년 同기획실·전산실 이사 1994년 同기술연구소 및 마케팅담당 상무이사 1996년 同구매담당 상무이사 1997~1999년 (주)삼보정보컨설팅 사장 1999~2014년 (주)삼보정보기술 대표이사 2014년 (주)삼보아이에스 대표이사(현)

정규득(丁奎得) Jung Kyoodeuk

[생]1966·12·29 [본]나주(羅州) [출]대구 [주]서울 종로구 율곡로2길25 연합뉴스 한민족뉴스부(02-398-3114) [학]1985년 성광고졸 1992년 경북대졸 [경]1993년 연합뉴스 입사(14기) 2004년 同뉴델리특파원(차장대우) 2007년 同국제뉴스3부 차장 2008년 同사회부 차장 2011년 同뉴욕특파원(부장대우) 2014년 同국제뉴스1부 부장대우 2015년 同통일외교부 부장급 2016년 同한민족뉴스부장(현)

정규봉(丁奎鳳)

[생]1947·2·20 [출]경북 의성 [주]서울 서초구 동광로18길20 한국정수기공업협동조합(02-792-0050) [학]1965년 영남고졸 1970년 상주잠업초급대졸 1975년 충남대 경영대학원졸 [경]1974년 고려인삼 근무 1978년 동일신약공업 차장 1981년 불이산업 대표(현) 1989년 한국정수기공업협회 부회장 1992년 토산에엔지니어링 대표이사(현) 1993년 한국정수기공업협동조합 이사장(현) 2016년 중소기업중앙회 부회장(현)

정규상(鄭圭相) CHUNG Kyu Sang

[생]1952·4·10 [출]경남 함양 [주]서울 종로구 성균관로25의2 성균관대학교 총장실(02-760-1002) [학]1971년 서울고졸 1976년 성균관대 법률학과졸 1978년 同대학원 법학과졸 1989년 법학박사(성균관대) [경]1983년 사법시험 합격(25회) 1985년 사법연수원 수료(15기) 1986년 인천대 법정대학 강사·전임강사대우·전임강사 1989~1999년 성균관대 법학과 전임강사·조교수·부교수·교수, 同교학부처장 1991~1996년 법무부 민사특별법제정특별분과위원회 위원 2002년 성균관대 학생복지처장 2003년 同법과대학장 겸 양현관장 2006~2009년 한국민사소송법학회 제2부회장 2006~2009년 한국민사집행법학회 부회장 2009년 성균관대 법학전문대학원 교수(현) 2009~2012년 한국민사소송법학회 회장 2010~2012년 한국민사집행법학회 회장 2013~2014년 성균관대 인문사회과학캠퍼스 부총장 겸 스포츠단장 2013년 한화투자증권 사외이사(현) 2014년 同감사위원(현) 2015년 성균관대 총장(현) [저]'한국법의 이해'(共)

정규섭(鄭奎燮) JEONG Gyu Seop

[생]1953·2·13 [출]경남 진주 [주]경남 창원시 의창구 의안로8번길23 범한엔지니어링 부회장실(055-297-9771) [학]1974년 진주농림고등전문학교 농공학과졸 1989년 경북산업대 토목공학과졸 2005년 경남대 행정학과졸 [경]1973~1980년 대구시·서울시·(주)LG 근무 1980년 마산시 수도과 근무 1986년 同칠서수원관리사무소 시설계장 1991년 同도시계획계장 1994년 同칠서수원관리사무소 기술담당관 1996년 同도시계획과장 2003년 同건설도시국장 2004년 同도시주택국장 2007년 同비전사업본부장 2010~2011년 창원시 초대 마산회원구청장 2012년 (주)범한엔지니어링 부회장(현) [상]건설교통부장관표창(1985·1997), 경남도지사표창(1992)

정규성(鄭圭成) JEONG Kyu Sung

[생]1960·8·12 [본]동래(東萊) [출]경남 함양 [주]서울 서대문구 연세로50 연세대학교 이과대학 화학과(02-2123-2643) [학]1983년 연세대 화학과졸 1985년 同대학원 유기화학과졸 1991년 유기화학박사(미국 매사추세츠공과대) [경]1991년 미국 매사추세츠공과대 박사 후 연구원 1991~1992년 미국 스크립연구소 박사 후 연구원 1992년 연세대 이과대학 화학과 조교수·부교수·교수(현) 2016년 同이과대학장(현) [상]장세희유기화학 학술상(2001), 연세학술상(2001), 연세대 우수업적교수상(2008)

정규성(鄭圭晟)

[생]1965·4·1 [출]경북 안동 [주]서울 중구 세종대로124 프레스센터13층 한국기자협회(02-734-9321) [학]1983년 안동고졸 1996년 대구대 법학과졸 2001년 중앙대 대학원 법학과 수료 [경]1999년 대구일보 북부지역취재반 기자 2000년 同편집국 사회1부 팀장 2004년 한국기자협회 대구일보지회장 2004~2005년 대구·경북기자협회 부회장 2006~2009년 대구일보 사회1부 차장대우·사회2팀장 2007년 국제기자연맹 특별총회 준비위원 2008년 대구·경북기자협회 회장 2009년 대구일보 정치팀장 2010년 同정치팀장(서울) 2012~2013년 한국기자협회 부회장 2013년 청와대 출입기자단 지역기자실 간사 2014~2015년 한국기자협회 수석부회장 2015년 대구일보 편집국 서울정치부장(부국장대우) 2016년 한국기자협회 회장(현) 2016년 한국신문윤리위원회 이사(현) 2016년 민족화해협력범국민협의회 공동의장(현)

정규수(丁圭守) JUNG Kyu Soo

[생]1943·9·21 [출]전남 무안 [주]경기 고양시 일산동구 통일로1267번길143의70 (주)삼우이엠씨 회장실(031-967-5651) [학]1965년 배명고졸 1969년 한양대 공대 건축공학과졸 1984년 전경련 국제경영원 최고경영자과정 수료 1995년 연세대 행정대학원 고위정책과정 수료 1997년 서강대 경영회계연수원 1년과정 수료 1999년 고려대 대학원 ICP최고경영자과정 수료 2000년 국제산업디자인대학원대 수료 2000년 고려대 산업정보대학원 반도체최고위과정 수료 2002년 명예 공학박사(금오공과대) 2005년 고려대 정책대학원 최고위정책과정 수료 [경]1977~2001년 (주)삼우이엠씨 설립·대표이사 사장 1985~1989년 한국중·고등학교사격연맹 회장 1989~1997년 대한사격연맹 이사 1992~1995년 한국대학교사격연맹 회장 1993년 학교법인 다산학원 설립·이천여자정보고 설립·재단이사장 2001~2011년 (주)삼우이엠씨 대표이사 회장 2003년 휴먼텍코리아 대표이사·회장 2004년 다산고 재단이사장, 세원반도체 대표이사 회장 2006년 코스닥상장법인협의회 부회장, (주)인프니스 회장, (주)삼우 CHINA 회장, (주)휴먼텍 CHINA 회장 2010년 한양대총동문회 회장 직대 2013년 (주)삼우이엠씨 대표이사 회장(현) [상]중부기업경영대상(1996), 금탑산업훈장(1996), 다산경영대상(2001), 전경련 최우수 글로벌경영인상(2001), 자랑스러운 연세행정최고위인상(2004), 국민훈장 동백장(2007), 대한건축학회 기술상(2008) [종]기독교

정규언(鄭奎彦) JUNG Kyu Eon

[생]1962·1·1 [주]세종특별자치시 세종로2511 고려대학교 경상대학 경영학부(044-860-1526) [학]1984년 고려대 경영학과졸 1986년 同경영대학원졸 1991년 경영학박사(고려대) [경]1983년 삼일회계법인 공인회계사 1988년 신한회계법인 공인회계사 1992년 부산외국어대 조교수 1995년 고려대 경영학과 교수, 同경상대학 경영학부 교수(현) 1997~1998년 한국공인회계사회 조세정책연구위원 1997~1998년 한국회계학회 회계학연구 편집위원 1998~2005년 한국공인회계사회 국세연구위원 1999년 한국세무학회 연구상임이사 2001~2004년 同세무학연구 편집위원 2001~2002년 미국 노던캘리포니아대 Visiting Scholar 2002년 한국회계학회 상임이사 겸 세무회계분과 위원장 2003년 同세무회계분과 위원 2003~2004년 세무사·공인회계사시험 출제위원 2003년 한국세무학회 세무학연구·세무와회계저널 편집위원 2004~2005년 한국회계학회 상임이사 2005~2007년 고려대 경상대학 부학장 2005년 한국세무학회 세무회계연구위원장 2005~2007년 고려대 경영정보대학원 부원장 2006년 한국금융연수원 자문교수 2007년 한국회계정보학회 부회장 2007~2008년 한국회계학회 부회장 2013년 고려대 세종캠퍼스 기획처장 2014년 한국세무학회 회장 [상]한국공인회계사회 우수논문상(2001), 홍조근정훈장(2015) [저]'세무회계'(1995, 법문사) '세무회계 개정판'(1996, 법문사) '세법1'(2000, 광교TNS) '세무관리사연습1'(2001, 세학사) '세법2'(2002, 세학사) '백화점의 수익인식기준에 관한 연구'(2003, 한국회계학회) '제법개론 제6판'(2006, 새학사) '기업세무1'(2007, 한국금융연수원) '기업세무기초1'(2008) '기업세무기초4'(2009)

정규열(鄭奎烈)

[생]1966 [출]울산 울주 [주]부산 동구 중앙대로387 동부경찰서(051-409-0210) [학]1985년 울산 학성고졸 1989년 경찰대학졸(5기) 2004년 부산대 대학원 행정학박사과정 수료 [경]1989년 경위 임관 1994년 경남지방경찰청 기동5중대장(경감) 1995년 부산 동부경찰서 방범순찰대장 1997년 부산 북부경찰서 조사계장 2000년 부산 서부경찰서 청문감사관 2001년 부산 중부경찰서 생활안전과장(경정) 2004년 부산 동래경찰서 생활안전과장 2009년 부산지방경찰청 생활안전계장 2012년 同정보통신담당관(총경) 2014년 부산 강서경찰서장 2015년 부산지방경찰청 생활안전과장 2016년 부산 동부경찰서장(현) [상]국무총리표창(2004), 근정포장(2011)

정규영(鄭圭永)

[생]1963·1·19 [출]서울 [주]서울 광진구 아차산로404 서울동부지방검찰청 공판부(02-2204-4403) [학]1982년 경성고졸 1986년 성균관대 법학과졸 1988년 同대학원졸 [경]1996년 사법시험 합격(38회) 1999년 사법연수원 수료(28기) 1999년 대전지검 검사 2001년 창원지검 통영지청 검사 2003년 광주지검 검사 2005년 서울중앙지검 검사 2008년 제주지검 검사 2011년 인천지검 검사 2011년 同부부장검사 2012년 광주지검 공판부장 2014년 인천지검 강력부장 2015년 의정부지검 고양지청 부장검사 2016년 서울동부지검 공판부장(현)

정규원(丁奎源) JUNG Gyu Won

(생)1959·1·2 (주)인천 강화군 강화읍 강화대로394 강화군청 부군수실(032-930-3205) (학)1977년 광성고졸 (경)1979년 공무원 임용(9급 공채) 2000년 인천시 부평구 산곡4동장 2003년 同부평구 교통행정과장 2005년 인천시경제자유구역청 기획정보과 근무 2005년 同건설계획과 근무 2006년 同연종관리과 근무 2007년 인천시보건환경연구원 총무과장 2009년 인천시 여성복지보건국 사회복지봉사과 근무 2012년 인천시경제자유구역청 운영지원과 근무 2013년 同공보문화과장(서기관) 2013년 同운영지원과장 2015년 인천시 여성가족국 아동청소년과장 2016년 인천시 강화군 부군수(현) (상)물가관리유공 대통령표창

정규재(鄭奎載) JEONG Kyu Jae

(생)1957·1·12 (본)부산 (주)서울 중구 청파로463 한국경제신문 논설위원실(02-360-4126) (학)1975년 동아고졸 1982년 고려대 철학과졸 2002년 同경영대학원 재무학과졸 (경)2000년 한국경제신문 논설위원 2001년 同경제부장 2002년 同논설위원(부국장대우) 2003년 同편집부국장 2005년 同경제교육연구소장 겸 논설위원 2006년 (주)에듀한경 생글생글 대표이사 2009년 문화재위원회 매장문화재분과 위원, 한국관광공사 비상임이사 2011년 한국경제신문 논설위원실장(이사대우) 2012년 同논설위원실장(이사) 2012년 삼성물산(주) 사외이사 겸 감사위원(현) 2013년 대통령자문 국민경제자문회의 공정경제분과 민간위원 2013년 한국금융투자협회 공익이사(현) 2014년 한국경제신문 논설실장(상무이사) 2014년 대통령직속 통일준비위원회 언론자문단 자문위원(현) 2014년 2017몽펠르랑소사이어티(MPS) 서울총회준비위원회 조직위원장(현) 2015년 한국경제신문 논설위원실장 겸 주필(현) 2015년 대통령직속 국민경제자문회의 균형경제분과 자문위원(현) (상)이달의 기자상(2001), 전국경제인연합회 올해의 칼럼상(2008) (저)'주식 이야기'(1991) '기업 최후의 전쟁 M&A'(1997) '실록 외환대란-이 사람들 정말 큰일내겠군(共)'(1998) '주식 살 때와 팔 때(1999) '대우 자살인가 타살인가(共)'(2002) '실록외환대란- 이 사람들 정말 큰일내겠군'(2013) (역)'래디컬 이노베이션'(2001) (종)천주교

정규혁(鄭奎赫) CHUNG Kyu Hyuck

(생)1958·9·5 (본)부산 (주)경기 수원시 장안구 서부로2066 성균관대학교 약학대학 약학과(031-290-7714) (학)1981년 성균관대 약학과졸 1983년 同대학원 약학과졸 1989년 약학박사(성균관대) (경)1987년 성균관대 약학과 강사 1989년 우석대 강사 1990~1995년 국립과학수사연구소 보건연구관 1995~2004년 성균관대 약학대학 제약학과 조교수·부교수 2004년 同약학대학 약학과 교수(현) 2004년 대한약사회 정책기획단 정책위원 2006~2008년 성균관대 약학부장 겸 임상약학대학원장 2011년 同약학대학장 겸 임상약학대학원장(현) 2013~2015년 JW중외제약 사외이사 2016년 (사)한국약학교육협의회 이사장(현) (상)보건복지가족부장관표창(2009)

정규형

(생)1953 (본)경남 창원 (주)인천 부평구 부평대로35 한길안과병원(032-717-5709) (학)가톨릭대 의대졸, 의학박사(가톨릭대) (경)가톨릭대 의대부속 성모병원 교수, 대한안과학회 부회장, 가톨릭대 의과대학동창회 회장(26대), 의료법인 한길안과병원 이사장(현), 사회복지법인 한길재단 이사장(현), 대한병원협회 총무위원장 2015년 대한전문병원협의회 회장(현) 2016년 대한병원협회 부회장(현) (상)아산상 대상(2007), 인천사회복지상 대상(2012), 제21회 JW중외박애상(2013)

정균승(鄭均勝) CHONG Kyun Sung

(생)1960·3·3 (본)진주(晉州) (출)전남 영광 (주)전북 군산시 대학로558 군산대학교 경제학과(063-469-4473) (학)1978년 남성고졸 1983년 원광대 경제학과졸 1985년 同대학원 경제학과졸 1989년 경제학박사(원광대) (경)1991년 군산대 경제학과 조교수·부교수·교수(현) 1997년 同사회과학대학 교학부장 2003년 同평생교육원장 2008~2009년 미국 플로리다 애틀랜틱대 파견교수 2011년 미국 세계인명사전 Marquis Who's Who in the World에 등재 2012년 국제인명센터(IBC) '2012년 올해의 세계적 교육자(International Educator of the Year 2012)'에 선정 2012년 한국천직발견교육개발원 원장(현) 2015년 군산대 사회과학대학장 겸 경영행정대학원장(현) (상)대한민국 인물대상 경제학부문(2015) (저)'이야기로 풀어쓴 일상생활의 경제학'(1996) '경제학자가 말하는 프로슈머 마케팅'(2003) '유비쿼터스 혁명과 프로슈머 마케팅'(2004) '내 인생을 최고로 만드는 시간관리 자기관리'(2004) '당신의 인생을 낭비하지 마라'(2005) '돈을 쓰면서 돈을 버는 프로슈머 마케팅'(2005) '아

하 유비쿼터스가 이런 거구나'(2006) '카멜레온형 소비자, 그들의 세상을 바꾼다! : 이제는 돈버는 소비를 하는 시대이다'(2009) '프로슈머마케팅 201'(2009) '돈버는 소비자, 프로슈머의 시대 : 유통혁명을 선도하는 프로슈머 필독서'(2010) '천직, 내 가슴이 시키는일'(2013) (역)'노동경제학과 노사관계론'(1989) '인터넷 혁명의 미래 퀵스타닷컴'(2004)

정균환(鄭均桓) CHUNG Kyun Hwan

(생)1943·7·23 (본)진주(晉州) (출)전북 고창 (학)1962년 고창고졸 1969년 성균관대 정치외교학과졸 1972년 同대학원졸 1998년 명예 정치학박사(충북대) 1999년 정치외교학박사(성균관대), 연세대 대학원 최고경영자과정 수료, 서울대 고위경영자과정 수료, 고려대 ICP과정 수료 (경)1985년 민주화추진협의회 농어민국장 1985년 신민당 조직부국장 1987년 민주당 편집국장 1987년 평민당 창당발기인 1988년 제13대 국회의원(고창, 평화민주당·신민당·민주당) 1988년 민주연합청년동지회 중앙회장 1992년 제14대 국회의원(고창, 민주당·국민회의) 1992년 한·그리스친선협회 부회장 1996년 제15대 국회의원(고창, 국민회의·새천년민주당) 1996년 국민회의 지방자치위원장 1998년 同사무총장 1998년 同전북도지부장 1998년 同조직강화특별위원장 1999년 同총재특보단장 2000년 새천년민주당 총재특보단장 2000년 同전북도지부장 2000~2004년 제16대 국회의원(고창·부안, 새천년민주당) 2000년 새천년민주당 원내총무 2000년 국회 운영위원장 2001년 새천년민주당 총재특보단장 2001년 同중앙당 후원회장 2001년 태권도청소년연맹 초대총재 2002년 새천년민주당 원내총무 2002년 국회 운영위원장 2002년 새천년민주당 최고위원 2003년 同상임고문 2005년 민주당 전북도당 위원장 2006년 同고창·부안지역운영위원회 위원장 2006년 同부대표 2007년 대통합민주신당 최고위원 2007년 同전북도당 위원장 2008년 통합민주당 최고위원 2008년 민주당 당무위원 2012년 민주통합당 서울송파丙지역위원회 위원장 2012년 제19대 국회의원선거 출마(서울 송파구丙, 민주통합당) 2013년 민주당 서울송파丙지역위원회 위원장 2014년 同최고위원 2014년 새정치민주연합 최고위원 2015년 同고문 (저)'지방자치의 완성을 위한 경찰개혁'(1998) (종)기독교

정　근(鄭　根) JUNG Geun (행림)

(생)1960·9·8 (출)경남 산청 (주)부산 부산진구 가야대로767 정근안과병원(051-668-8001) (학)1978년 진주고졸 1985년 부산대 의과대학졸 1988년 同대학원졸 1994년 의학박사(부산대) 1997년 미국 텍사스 Presby eye institute 연수 2007년 부산대 국제대학원 국제학과졸 (경)1990년 국군통합병원 안과 과장 1992년 메릴놀병원 안과 과장 1992년 미국 안과학회 정회원 1992~1994년 부산대 의과대학 안과학교실 교수 1994년 서면메디칼정근안과 대표원장 1995년 부산대 의과대학 안과학교실 외래교수(현) 2000년 부산진경찰서 행정발전위원회 부위원장(현) 2002년 국제와이즈멘 동부지구 총재 2004년 부산지검 의료자문위원(현) 2004~2011년 (재)그린닥터스 상임대표 2006년 학교법인 브니엘학원 이사장 2006년 브니엘의료재단 이사장 2006년 대한의사협회 중앙이사 2006년 한국의정회 사무총장 2007년 대한결핵협회 이사 2007년 부산시의사회 총무부회장 2007년 부산YMCA 이사장 2007년 부산시민사회총연합 상임대표(현) 2009년 부산시의사회 회장 2009년 국제와이즈멘 한국동부지구 총재 2010년 부산시의료원 이사 2011년 (재)그린닥터스 이사장(현) 2012년 제19대 국회의원선거 출마(부산 부산진구甲, 무소속) 2012년 온종합병원 원장(현) 2012년 정근안과병원 원장(현) 2013~2015년 대한결핵협회 회장 2015년 경상대병원 비상임이사(현) (상)부산시장표창, 부산지방국세청장표창, 부총리 겸 재정경제부장관표창(2006), 대통령표창(2007), 장애인의 날 공로패(2010), 보령의료봉사상(2011), 대한노인회장표창(2011) (저)'잘 보이는 안과클리닉' '나도 안과의사가 될 수 있다' (종)기독교

정근모(鄭根謨) CHUNG Kun Mo (聖村)

(생)1939·12·30 (본)동래(東萊) (출)서울 (주)서울 서초구 효령로72길60 한전아트센터13층 한국전력공사(02-3456-5042) (학)1955년 경기고 1년 수료 1959년 서울대 물리학과졸 1960년 同행정대학원 수료 1963년 이학박사(미국 미시간주립대) 1994년 명예 공학박사(미국 미시간주립대) 1995년 명예 공학박사(미국 뉴욕 폴리테크닉대) 2004년 명예 인문학박사(미국 헌팅턴대) 2006년 명예 리더십박사(미국 미드웨스트대) 2014년 명예 과학기술학박사(한국과학기술원) (경)1959~1960년 원자력연구원 원장 보좌역 1962~1963년 미국 미시간주립대 강사 1963~1966년 미국 남플로리다대 물리학과 조교수 1964~1967년 미국 프린스턴대·MIT 핵공학과 연구원 1967~1971년 미국 뉴욕공대 전기물리학과 부교수 1971~1975년 한국과학원(KAIS) 전기 및 전자공학과 교수 겸 부원장 1971~1975년 同기술사회연구실장 1975~1982년 미국 뉴욕공대 핵공학과·전기공학과 교수 1975~1985년 프라즈마연구소 소장 1976~1977년 세계은행 에너지정책 자문위원 1976~1979년 미국 부룩헤븐국립연구소 연구위

원 1977~1980년 한국표준연구소 특별고문 1979~1980년 미국 국무성 국제개발처(AID) 자문위원 1979~1982년 미국 과학재단 에너지분야 수석정책심의관 1982~1986년 (주)한국전력기술 사장 1983~1986년 한국원자력산업회의 부회장 1983~1986년 한국기술용역협회 부회장 1984~1985년 한국기술경제연구회 회장 1984~1986년 한국엔지니어클럽 부회장 1985년 세계에너지회의 국제집행위원회 부의장·명예 부의장(현) 1985~1986년 제6차 5개년계획 과학기술반 반장 1985~1990년 한국에너지협의회 기술자문위원장 1985~1986년 미국 원자력학회 한국지부 회장 1985~1988년 태평양연안원자력협력위원회 공동의장 1985~1989년 교육개혁심의위원 1985~1990년 국제원자력기구(IAEA) 안전자문위원회 이사·총회의장 1986년 미국 원자력학회 Fellow 겸 이사(현) 1987~2000년 아주대 에너지연구소·에너지학과 소장 겸 석좌교수 1988~1990년 한국과학재단 이사장 1989년 국제원자력기구 의장 1990년 스웨덴 왕립공학한림원(IVA) 외국인회원(현) 1990~1992년 남북민간과학기술교류 추진협의회 고문 1990년 과학기술처 장관 1992~1993·1996~1997년 원자력협력담당 대사 1992년 한국에너지공학회 초대 회장·명예회장(현) 1992~1994·1996~1997년 대한민국원자력위원회 위원 1992~1994·1998년 고등기술연구원 원장 1993년 한백연구재단 자문위원 1993~1995년 한모음회 회장 1993~1996년 청소년적십자(RCY) 초대동문회장 1993~1996년 국제재활교육교류재단 이사장 1994년 한국과학기술단체총연합회 고문(현) 1994년 국제원자력한림원(INEA) 회장·종신회원(현) 1994년 한국과학기술한림원 종신회원(현) 1994년 한국해비타트(사랑의집짓기운동연합회) 이사장·명예이사장 1994~1996년 미국 미시간주립대 한국총동문회장 1994~1996년 과학기술처 장관 1994~2000년 신사회공동선운동연합 공동대표 1996년 영국 왕립물리학회 Fellow(현) 1996년 도산안창호기념사업회 이사·회장·고문(현) 1997~2000년 사랑의장기기증운동본부 이사장 1997~2007년 서암학술재단 이사 1998년 미국 공학한림원(NAE) 외국인회원(현) 1998년 한국과학기술한림원 원장·이사·종신회원(현) 1998년 고등기술연구원 원장 1998년 대성산업(주) 사외이사 1999~2000년 스위스 로잔공과대 초빙교수 1999~2000·2008년 미국 조지메이슨대 초빙석학교수(현) 2000년 대성과학문화재단 이사(현) 2000~2004년 호서대 총장 2001년 한국위험통제학회 회장·명예회장(현) 2002~2006년 장영실기념사업회 회장 2003년 라이즈업코리아운동협의회 설립자·이사장 2004년 대구경북과학기술연구원 설립위원 2004년 (사)대한민국국가조찬기도회 회장·고문·이사(현) 2004~2007년 명지대 총장 2004~2007년 한국과학기술한림원 원장 2006년 MBC꿈나무축구재단 이사장 2007년 참주인연합 대통령후보 선출 2007~2008년 한국에너지재단(WEC)세계총회 유치위원회 위원장·명예위원장·고문 2008~2015년 한국해비타트(사랑의집짓기운동연합회) 이사장 2009년 케냐 경제사회 자문위원(현) 2009년 한국전력공사 고문(현) 2010년 아랍에미리트연합(UAE) 원자력국제자문위원(현) 2010년 말레이시아 과학기술자문위원(현) 2010년 국제원자력대학원대 설립추진위원장·국제자문위원장(현) 2010년 2013대구세계에너지총회 조직위원회 고문 2011년 서울시자원봉사센터 이사장 2012~2014년 아주대 에너지연구소장 2012~2014년 同초빙석학교수 2014년 한국과학기술원(KAIST) 석좌교수(현) [상]은탑산업훈장(1987), 청조근정훈장(1991), 세계성령봉사상 국내부문(1991), 캐나다원자력협회 국제공로상(1998), 세계원자력한림원 공로상(1998), 장영실 과학문화상(2001), 늘푸른에너지대상(2003), 한국기독교학술상(2004), 전문인선교대상(2010), 한국과학기술한림원상 공로부문(2011) [저]'엔지니어링 산업육성을 위한 정책방향연구'(1984) '원자력기술의 자립정책'(1985) '2000년대를 향한 과학기술 예측과 장기개발전략'(1985) '원자력발전소의 기술경제성'(1987) '과학기술– 미래를 개척하는 열쇠'(1989) '21세기로 가는 길'(1994) '중간진입전략'(1996) '과학기술위험과 통제시스템'(2001) '나는 위대한 과학자보다 신실한 크리스천이고 싶다'(2001) '소박하고 튼튼한 집'(2002) 자서전 '정근모의 삶과 비전, 헌신'(2007) '소명 앞에 무릎꿇은 신실한 크리스천들'(2013) 등 [역]'일본이 힘있는 나라가 된 이유'(1993) [종]기독교

정근홍(鄭根洪) Jung Keun Hong

[생]1960 · 12 · 11 [본]진주(晋州) [출]충남 서천 [주]서울 서초구 잠원로14길29 롯데건설 홍보부문장실(02-3480-4066) [학]1978년 공주대사대부고졸 1982년 충남대 사회학과졸 2002년 고려대 언론대학원졸 [경]1984년 삼성SDI 입사 1986~1993년 同홍보팀 과장 1993~2001년 삼성물산 건설부문 홍보팀 과장 · 차장 2001~2003년 삼성SDS 홍보그룹장(부장) 2010년 롯데건설 홍보부문장(상무)(현) [상]국민광고인상(2015)

정금순(鄭今順 · 女) CHUNG Keum Soon (난정)

[생]1930·1·2 [출]경남 진주 [주]경남 진주시 남강로1번길 126 진주시전통예술회관 진주검무보존회(055-746-6282) [경]1968년 중요무형문화재 제12호 진주검무 전수 1977년 진주검무 이수자 선정 1985년 진주검무 전수조교 선정 2001년 중요무형문화재 제12호 진주검무(검무·장고) 예능보유자 지정, 중요무형문화재 제12호 진주검무(검무·장고) 명예보유자(현) [상]서울무용콩쿨입상 [종]천주교

정금용(鄭金勇)

[생]1962 · 6 · 9 [주]경기 수원시 영통구 삼성로129 삼성전자(주)(031-200-1114) [학]서대전고졸, 충남대 법학과졸 [경]삼성전자(주) 북미인사팀장(상무보) 2007년 同상무(해외근무), 同인사팀 담당임원, 同DMC인사팀 상무, 同인사팀 상무 2010년 同인사팀 전무 2011년 삼성 미래전략실 인사지원팀장(전무) 2012~2014년 同미래전략실 인사지원팀장(부사장) 2014년 삼성전자(주) 인사팀장(부사장), 同교육파견(부사장)(현)

정기로(鄭基鷺) JUNG Ki Ro

[생]1963 · 5 · 27 [출]인천 [주]경기 화성시 동탄산단8길15의5 AP시스템 비서실(031-379-2700) [학]1986년 서울대 제어계측공학과졸, 한국과학기술원(KAIST) 전기전자공학과졸 [경]1986년 한국전자통신연구소 반도체연구단 선임연구원 1994~2009년 코닉시스템(주) 대표이사 사장 2003년 (주)앤콤정보시스템 대표이사 2009년 AP시스템 대표이사 사장(현) 2015~2016년 (주)디이엔티 각자대표이사 [상]특허청장표창(2010) [종]기독교

정기석(鄭錡碩) JUNG Ki Suck (취송)

[생]1958·8·17 [본]동래(東萊) [출]대구 [주]충북 청주시 흥덕구 오송읍 오송생명2로187 보건복지부 질병관리본부(043-719-7000) [학]1977년 경북고졸 1983년 서울대 의과대학졸 1991년 同대학원졸 1993년 의학박사(서울대) [경]1983~1987년 서울대병원 수련의·전공의 1987~1988년 공군 군의관 1988~1990년 국군서울지구병원 내과 부장 1990~2003년 한림대 의대 호흡기내과 조교수·부교수 1993~1994년 영국 사우댐프턴대 의대 연구원 1999년 한림대의료원 호흡기내과 분과장 1999년 대한결핵 및 호흡기학회 학술위원·고시위원·정보위원 2003~2016년 한림대 의과대학 내과학교실 교수 2003~2005년 同성심병원 수련교육부장 2006년 대한결핵 및 호흡기학회 정보이사, 한림대의료원 학술연구위원장 2006년 한림대 성심병원 내과 과장, 同의료원 중앙약사위원장, 同성심병원 폐센터장, 대한내과학회 교육이사, COPD연구회 총무, 천식연구회 운영위원, 보건복지부 질병관리본부 성인예방접종위원회 위원 2011~2016년 한림대부속 성심병원장 2011~2012년 대한결핵 및 호흡기학회 국제협력이사 2012년 同진료지침이사 2016년 보건복지부 질병관리본부장(차관급)(현) [상]대한내과학회 우수논문상 [저]'임상호흡기매뉴얼'(2003·2008) [종]천주교

정기선(鄭基宣) Chung Ki Sun

[생]1982·5·3 [본]하동(河東) [주]울산 동구 방어진순환도로1000 현대중공업 임원실(052-202-2114) [학]2001년 대일외고졸 2005년 연세대 경제학과졸 2011년 미국 스탠퍼드대 경영대학원졸(MBA) [경]현대중공업 입사 2009년 同재무팀 대리 2011~2013년 보스턴컨설팅그룹(BCG) 근무 2015년 현대중공업 기획·재무부문장(상무) 2015년 同기획실 총괄부문장 겸 영업본부 총괄부문장(전무)(현)

정기섭(鄭起燮) JEONG Ki Seop

[생]1961·10·4 [주]경북 포항시 남구 동해안로6261 (주)포스코 가치경영센터 국내사업관리실(054-220-0114) [학]영훈고졸, 연세대 경영학과졸 [경]대우인터내셔널 페르가나면방법인 대표(상무) 2012년 同경영기획총괄 해외관리팀장(상무) 2014년 同경영기획실장(상무) 2015년 (주)포스코 가치경영실 재무위원(사업관리담당 상무) 2016년 同가치경영센터 국내사업관리실장(상무)(현)

정기성(鄭基成) Kisung Chung (松堂)

[생]1950·3·20 [본]경주(慶州) [출]경기 광주 [주]강원 강릉시 죽헌길7 강릉원주대학교 사회과학대학 경영학과(033-640-2176) [학]1968년 대입검정고시 합격 1973년 숭실대 법경대학 경영학과졸 1980년 서울대 대학원 경영학과졸 1990년 경영학박사(경희대) [경]1973~1981년 기업은행 업무부·전산실·안양지점·국제영업부 대리 1979년 미국 유니온은행 파견(대리) 1980년 숭실대 경영학과 강사 1981~1992년 강릉대 경영학과 전임강사·조교수·부교수 1984~1985년 미국 서던캘리포니아대 객원교수 1986~1987년 미국 뉴욕주립대 교환교수 1989년 강릉대 사회과학연구소장 1992년 同신문사 주간 1992년 同경영·정책과학대학원장 1992~2009년 同경영학과 교수 1992년 한국경영학회 강원지회장 1995년 강릉대 경영학과장 1996년 同사회과학대학장 겸 경영·정책과학대학원장 2000~2001년 미국 몬타나대 연구교수 2001년 한국국제경영학회 부회장 2001~2013년 국제와이즈맨 한국중부지구 총재·PICM·아시아사무총장 2003~2005년 강릉대 경영학과장 2007~2008년 同사회봉사센터 소장 2008~2009년 同종합인력개발원장 2009~2015년 강릉원주대 사회과

학대학 경영학과 교수 2011년 국가미래연구원 강원본부장 2012년 국회의원 노철래 자문위원장 2015년 강릉원주대 사회과학대학 경영학과 명예교수(현) [상]엘마크라우상, 국제와이즈맨 최우수지방장상(1994), 한국서민연합회 서민봉사상(2011) [저]'경영의 이해'(2011, 대명출판사) [종]기독교

정기승(鄭起勝) CHUNG Ki Seung

[생]1928 · 7 · 23 [본]진주(晉州) [출]충남 공주 [주]서울 서초구 서초중앙로63, 901호 국가정상화추진위원회(02-445-5200) [학]1953년 공주고졸 1957년 서울대 법학과졸 [경]1956년 고등고시 사법과 합격(8회) 1958년 대전지법 판사 1961년 軍법무관 1963년 대전지법 판사 1965년 同홍성지원장 1966년 대법원 재판연구관 1971년 서울형사지법 부장판사 1972년 서울민사지법 부장판사 1974년 서울고법 부장판사 1980년 사법연수원 부원장 1981년 서울민사지법원장 1984년 서울형사지법원장 1985년 대법원 판사 1988년 한남합동법률사무소 대표변호사 1998년 헌법을생각하는변호사모임 회장, 同명예회장(현), 자유시민연대 공동의장, 同상임고문 2015년 국가정상화추진위원회 제2대 위원장(현) [상]청조근정훈장(1988), 자랑스러운 서울법대인상(2009), 자랑스러운 충청인 특별대상 법조부문(2016) [종]기독교

정기애(鄭麒愛 · 女) Jeong Ki-Ae

[생]1959 · 1 · 12 [본]청주(淸州) [출]전북 전주 [주]대전 서구 청사로189 국가기록원 기록정책부(042-481-6205) [학]1978년 창덕여고졸 1983년 숙명여대 문헌정보학과졸 2008년 중앙대 대학원 기록관리학과졸 2010년 기록관리학박사(중앙대) [경]1982년 한국전력기술(주) 입사, 同기술정보자료팀장 2007년 산업자원부 기술표준원 ISO/TC46 SC11 전문위원 2013년 국가기록관리위원회 위원 2013년 행정자치부 국가기록원 기록관리표준화위원회 전문위원 2014~2015년 한국전력기술(주) 인재개발교육원장 2015년 행정자치부 국가기록원 기록정책부장(현) [종]기독교

정기열(鄭基烈) JUNG Ki Youl

[생]1971·11·15 [본]해주(海州) [출]충남 아산 [주]경기 수원시 팔달구 효원로1 경기도의회(031-8008-7000) [학]혜전대학 관광학과졸, 한국방송통신대 경제학과졸, 성균관대 경영대학원졸(EMBA) [경]금속노조 현자지부 경기지회 상집위원, 경기도의회 의원(7·8대), 同민주통합당 원내대표, 同경기항만발전추진특별위원회 간사, 同주민기피시설대책특별위원회 위원, 同중소기업지속발전특별위원회 위원장, 민주통합당 경기도 청년위원장, 국회의원 이석현 정책보좌역 2008~2010년 경기도의회 의원(재보선 당선, 민주당) 2008년 同예산결산특별위원회 위원 2008년 同경제투자위원회 간사 2010~2014년 경기도의회 의원(민주당·민주통합당·민주당·새정치민주연합) 2010~2011년 同민주당 수석부대표 2010~2012년 同운영위원회 위원장 2011년 同중소기업지속발전특별위원회 위원장 2012년 同보건복지공보위원회 위원 2012년 同민주통합당 대표의원 2014년 경기도의회 의원(새정치민주연합·더불어민주당)(현) 2014년 同문화체육관광위원회 위원 2014년 同의정포럼연구회 회장(현) 2014년 同문화정책연구포럼 회장(현) 2016년 더불어민주당 조직본부 부본부장 2016년 경기도의회 의장(현) 2016년 안양소방서 명예소방서장(현) [상]한국전문인대상 의정부문대상(2016)

정기영(鄭琪榮) CHUNG Ki Young

[생]1954·3·15 [본]경주(慶州) [출]경남 마산 [주]서울 서초구 서초대로74길4 삼성경제연구소 임원실(02-3780-8500) [학]1972년 경기고졸 1976년 서울대 상대 경영학과졸 1981년 미국 위스콘신대 경영대학원졸 1986년 경영학박사(미국 캘리포니아대 버클리교) [경]1978년 국제경제연구원 연구원 1988년 한국금융연구원 연구위원 1989년 금융연수원 강사 1989년 서울대·한양대 강사 1992년 대통령 경제수석비서관실 파견 1993~1996년 한국금융연구원 선임연구위원·국제거시팀장 1994년 한국개발연구원 경제정책모니터 1996년 한국금융연구원 연구위원장 1997년 삼성금융연구소 소장(상무) 1998년 재정경제부 금융발전심의위원 2003년 삼성생명보험(주) 금융연구소장(부사장) 2007년 同경영전략실장(부사장) 2007~2008년 삼성경제연구소 연구조정실장(부사장) 2008~2009년 한국경영학회 부회장 2009년 삼성경제연구소 소장 2009년 同대표이사 부사장 2009~2012년 국가경쟁력강화위원회 민간위원2009년 지식경제부 정책자문위원 2009~2012년 공정거래위원회 경제정책자문위원 2009~2012년 기획재정부 정책자문위원 2010~2015년 삼성경제연구소 대표이사 사장 2010년 G20정상회의준비위원회 민간위원 2014년 기획재정부 세제발전심의위원회 위원 2015년 삼성경제연구소 상담역 2016년 同고문(현) [상]재무부장관표창(1994) [저]'환율결정에 관한 기간間 일반균형이론' '금융개방과 정책대응'(1994) '외환제도 개혁방안'(1995) '국제금융론(共)'(1996) [종]기독교

정기영(鄭基泳) CHUNG Ki Young

[생]1960·6·10 [본]동래(東萊) [출]경기 수원 [주]대전 중구 목중로7 대전튼튼병원 내과(042-220-2376) [학]1977년 중경고졸 1982년 공군사관학교졸 1987년 서울대 의대졸 2000년 미국 라이트주립대 대학원 항공우주의학과졸 [경]1991년 한국내과학회 종신회원(현) 1991년 한국항공우주의학협회 종신회원(현) 1992년 국제항공우주의학회 회원(현) 2001년 한국항공우주의학협회 편집위원(현), 대한심장학회 정회원(현) 2003~2005년 의무사령부 국군부산병원장 2004년 한국우주인의료선발소위원회 위원장 2005년 공군항공우주의료원 원장(대령) 2005년 한국우주인배출사업추진위원회 위원(현) 2005년 부산APEC 의료단장 2006년 국제항공우주의학협회 Fellow(현) 2007년 한국 최초 우주인 전담의사(Empowered Surgeon) 2008년 한국항공우주의학협회 부회장 2009~2012년 국군의무학교장(준장) 2012년 대전 튼튼병원 내과 원장(현) 2013년 공군 중앙의무자문관(현) 2013년 세계인명사전 마르퀴스후즈후 등재 [상]공군참모총장 공로표창(1994), 국방부장관 공로표창(1996), 대한군진의학협회 우수학술상(1996), 미국 라이트주립대 항공우주의학석사과정 우등상(2000), 대한군진의학협회 최우수학술상(2002), 국무총리표창(2003), 대통령표창(2005), 장덕승 항공우주의학상(2006), 과학기술부장관표창(2007), 보국훈장 삼일장(2010) [종]천주교

정기오(鄭冀五) JEONG Ki Oh

[생]1954·6·5 [본]하동(河東) [출]서울 [주]충북 청원군 강내면 태성탑연로250 한국교원대학교 교육정책전문대학원(043-230-3420) [학]1973년 경기고졸 1977년 서울대 사범대 사회교육과졸 1979년 同대학원 사회교육과졸 1985년 미국 오하이오주립대 대학원 정치학과졸 2001년 교육학박사(서울대) [경]1980~1986년 강원도교육청 민원계장·관재계장 1987~1992년 교육부 감사실·외자사업과·교육협력과 근무 1992~1998년 OECD 교육연구혁신센터·교육노동사회국 자문관, 한국교원대 경리과장, 교육부 국제교육협력과장, 대통령 교육비서관실 행정관, 교육부 산업교육총괄과장·정책과장 1998년 홍익대 교육경영관리대학원 초빙교수 2000년 한국교원대 사무국장 2001년 교육인적자원부 인적자원정책국장 2003년 한국교원대 교육정책대학원 교수 2008년 국무총리산하 정부업무평가위원회 민간위원 2009년 한국교원대 교육정책전문대학원 교수(현) 2010년 同종합교육연수원장 2012년 同대학원장 [상]중앙일보 21세기중앙논문상(1986) [저]'지식경제를 위한 교육혁명'(共)(1998, 삼성경제연구소) '학교를 위한 협상론'(共)(2001, 교원대학교출판부) '대학이란 무엇인가'(2006, 한국학술정보사) '시험성적과 민주주의'(2006, 한국학술정보사) [종]기독교

정기원(鄭起源) CHONG Ki Won

[생]1945·4·8 [출]경북 영천 [주]서울 동작구 상도로369 숭실대학교 컴퓨터학부(02-820-0670) [학]1963년 경북고졸 1967년 서울대 전기공학과졸 1982년 미국 앨라배마주립대 대학원 전산학과졸 1983년 전산학박사(미국 텍사스주립대) [경]1969년 대한전자공업(주) 자료처리과장 1971~1990년 한국과학기술연구소 연구원 1975~1990년 국방과학연구소 책임연구원 1984~1990년 서울대 컴퓨터공학과 강사 1990~2010년 숭실대 컴퓨터학부 교수 1994~1998년 同정보과학대학원장 1994년 한국정보시스템감리인협회 부회장 1994년 한국정보과학회 소프트웨어공학연구회 운영위원장 1995년 한국정보과학회 부회장 1996년 한국전자거래학회 부회장 1998년 한국공학한림원 정회원·원로회원(현) 2000년 한국정보시스템감리인협회 회장 2001~2005년 IT감리포럼 회장 2002년 숭실대 정보과학대학장 2002~2003년 한국전자거래학회 회장, 한국프로젝트관리기술회 부회장 2004년 숭실대 전자계산원장 2006년 한국프로젝트경영협회 부회장, 회장 직대 2007~2013년 소프트웨어사업선진화포럼 회장 2008년 한국소프트웨어세계화위원회 위원 2010년 숭실대 컴퓨터학부 명예교수(현) 2014년 한국소프트웨어세계화연구원 위원(현) [상]대통령표창(1979), 정보통신부장관표창(2004), 한국정보과학회 논문상(2005), 근정포장(2008), 한국전자거래학회 학술상(2008), 소남PM상(2011) [저]'소프트웨어프로세스와 품질' [종]기독교

정기정(鄭基正) JUNG Ki Jung

[생]1951 · 8 · 25 [출]전남 광양 [주]대전 유성구 과학로169의148 국가핵융합연구소 본관동4층 ITER한국사업단(042-879-5508) [학]1977년 아주대 화학공학과졸 1983년 프랑스 국립툴루즈공과대 대학원 화학공학과졸(석사) 1985년 공학박사(프랑스 국립툴루즈공과대) [경]1977~1978년 아주대 조교 1982년 프랑스 국립응용과학원 국가엔지니어 1985~1986년 프랑스 국립공과대학 엔지니어 1986~1993년 한국원자력연구소 선임연구원 · 책임연구원 · 실장 1993~1997년 경제협력개발기구(OECD) · 원자력기구(NEA) 파견 1997년 한국원자력연구소 책임연구원 1999년 同핵연료주기기술개발단 TRIGA

연구로폐로사업부장 2002년 同기획부장 2005년 同사용후핵연료기술개발부장 2006년 한국기초과학지원연구원 부설 국가핵융합연구소 ITER사업단장 2007년 同ITER한국사업단 본부장 2008년 同ITER한국사업단장(현) [상]한국원자력연구소장상 3회(1990 · 1991), 과학기술부장관표창(2002), 프랑스 국가공로훈장(2003), 과학기술훈장 혁신장(2013)

정기준(鄭錡駿) JUNG, Ki-Joon

[생]1965 · 2 · 27 [본]동래(東萊) [출]대구 [주]세종특별자치시 갈매로477 기획재정부 공공정책국(044-215-5509) [학]1983년 대륜고졸 1987년 서울대 공법학과졸 1989년 同행정대학원 수료, 미국 피츠버그대 대학원졸(경제학석사) 1998년 경제학박사(미국 피츠버그대) [경]1988년 행정고시 합격(32회) 1991~1994년 과학기술처 인력개발담당관실 · 기획총괄과 행정사무관 1994~1998년 국외 훈련(미국 피츠버그대 조교 · 강사) 1998년 과학기술처 법무담당관실 행정사무관 1999년 과학기술부 기술협력총괄과 서기관 2000년 OECD 사무국 Project Manager 2003년 과학기술부 과학기술정책실 정책총괄과 서기관 2003년 同과학기술협력국 구주기술협력과장 2005년 同연구개발예산담당관 2005년 기획예산처 산업재정기획단 과학환경재정과장 2007년 同균형발전정책팀장 2008년 기획재정부 재정정책국 재정기획과장 2009년 同예산실 국토해양예산과장 2009년 同예산실 국토해양예산과장(부이사관) 2010년 同재정정책국 재정정책과장 2011년 국회사무처 기획재정위원회 전문위원(고위공무원) 2013~2015년 駐OECD 주재관 2015년 대통령소속 국민대통합위원회 국민통합기획단 파견(고위공무원) 2016년 기획재정부 공공정책국장(현) [상]미국 피츠버그대 Mellon Fellow Award(1997)

정기창(鄭基昌) CHUNG Key Chang

[생]1953·8·12 [본]동래(東萊) [출]경북 고령 [주]서울 중구 청계천로8 프리미어플레이스빌딩 서울특별시청 시민감사옴부즈만위원회(02-2133-3120) [학]1976년 영남대 행정학과졸 1989년 경북대 행정대학원 행정학과졸 1998년 뉴질랜드 와이카토대 대학원 공공정책학과졸 [경]1983년 행정고시 합격(27회) 1984년 대구시 청소년계장 1986년 同경제분석계장 1988년 同시정연구계장 1990년 국무총리행정조정실 제2행정조정관실 사무관 1994년 同제3행정조정관실 과장(서기관) 1999년 국무총리국무조정실 외교안보·의정심의관실 과장 2002년 부패방지위원회 정책담당관(서기관) 2003년 同정책담당관(부이사관) 2005년 同기획조정심의관 2005년 국가청렴위원회 정책기획실 기획조정심의관 2005년 同정책기획실 제도개선심의관 2006년 同제도개선단장(이사관) 2008년 국민권익위원회 부패방지부장(고위공무원) 2009년 同부패방지국장 2010년 同기획조정실장 2011~2013년 同상임위원 2014~2016년 영남대 초빙교수 2016년 서울시 시민감사옴부즈만위원장(현) [상]대통령표창, 황조근정훈장(2004) [저]'희망 대한민국, 신뢰와 청렴에 답이 있다'(2012, 도서출판 천우) [종]불교

정기철(鄭琪澈)

[생]1962·10·11 [출]대구 [주]대구 동구 동대구로415 더불어민주당 대구시당(053-217-0700) [학]1981년 대구 계성고졸 1996년 서울대 인류학과졸 [경]1988년 민중의당 정책실장 1989년 진보정치연합 민생민권국장 1991년 감정평가사(현) 2000년 대구 범일초 운영위원장 2001년 대구참여연대 운영위원 2001년 대구 수성구초등학교운영위원장협의회 회장 2001년 대구학교운영위원협의회 공동대표 2002년 대구사회연구소 연구위원 2002년 아파트생활문화연구소 운영위원 2002년 대구시의원선거 출마(대구 수성구, 무소속) 2007년 민주평통 자문위원 2010년 수성고 운영위원장 2012년 민주통합당 제18대 문재인 대통령후보 선거대책위원회 대구시당 시민캠프 공동대표 2013년 동평중 운영위원장 2014년 김부겸 대구시장후보 선거대책본부 정책팀장 2014년 새정치민주연합 대구시당 노동위원장 2015년 더불어민주당 대구시당 노동위원장(현) 2016년 同대구수성구乙지역위원회 위원장(현) 2016년 제20대 국회의원선거 출마(대구 수성구乙, 더불어민주당) 2016년 더불어민주당 조직강화특별위원회 위원(현)

정기택(鄭起澤) Kee Taig Jung

[생]1963 · 1 · 28 [출]서울 [주]서울 동대문구 경희대로26 경희대학교 경영대학 경영학과(02-961-0489) [학]1986년 서울대 인문대학 영문학과졸 1988년 미국 코넬대 경영대학원 경영학석사 1992년 경영학박사(미국 펜실베이니아대 와튼스쿨) [경]1994년 경희대 경영대 경영학부 교수(현) 1997년 병원경영학회 정책부회장 · 이사 · 자문이사(현) 2001~2002년 미국 스탠퍼드대 교환교수 · 펜실베이니아대 와튼스쿨 교환교수 2008~2010년 대통령직속 미래기획위원회 위원 2011~2013년 국가과학기술위원회 전문위원 2011~2012년 보건복지부 보건의료미래위원회 의료산업분과 위원장 2014~2015년 한국보건산업진흥원 원장 2015년 국립중앙의료원 비상임이사(현) [상]미국 Merck 장학 재단 Doctoral Dissertation Fellowship(1991 · 1992), 한국보건행정학회 우수논문상(2001), 경희대 경영대학 최우수강의평가교수(2005), 제주특별자치도 명예도민(2007), 경희대 대학원 최우수강의상(2008), 보건복지부장관표창(2011)

정기현(鄭琦賢 · 女) CHUNG Ki Hyun

[생]1955 · 12 · 19 [출]서울 [주]경기 오산시 한신대길137 한신대학교 미디어영상광고홍보학부(031-379-0582) [학]1974년 경기여고졸 1978년 서강대 신문방송학과졸 1982년 미국 미네소타대 대학원졸 1990년 신문방송학박사(미국 미네소타대) [경]1993~1995년 종합유선방송위원회 연구위원 1994년 선진방송정책기획위원회 위원 1995년 한국언론학회 편집이사 1995년 한국방송학회 감사 1995년 한신대 광고홍보학과 교수, 同미디어영상광고홍보학부 교수(현) 1997~2000년 종합유선방송위원회 고충처리위원 2003~2004년 한국여성커뮤니케이션학회 회장 2006~2007년 한국광고자율심의기구 제3광고심의위원회 위원 2009 · 2015년 한신대 교무처장(현) 2011년 방송통신발전기금 운용심의회 방송 · 광고 위원(현) 2015년 同부총장 겸 교수학습지원센터장(현) [저]'정보화시대의 문화, 여성'(1996, 나남출판사) '현대광고의 이해'(1998, 나남출판사) '대중매체와 성의정치학'(1999, 나남출판사) '글로벌시대의 광고와 사회'(2002, 한울아카데미) '방송광고과 광고비평'(2006, 나남) '한국의 광고2(共)'(2008, 나남) [역]'성, 미디어, 문화'(1994, 나남출판사) '현대광고의 전략'(1996, 나남출판사) '프로파간다 시대의 설득전략'(2005, 커뮤니케이션북스) '스티그마(共)'(2009, 한신대출판사)

정기현(鄭基鉉) Jeong Gi-hyeon

[생]1960·11·19 [주]대전 서구 둔산로100 대전광역시의회(042-270-5087) [학]대구 영신고졸, 경북대 전자공학과졸, 목원대 대학원 행정학과졸 [경]한국전자통신연구원 책임연구원, 대전학부모연대 대표, 한국전자통신연구원 동문장학회 상임이사(현), icoop 대전소비자생활협동조합 감사(현) 2014년 대전시의회 의원(새정치민주연합·더불어민주당)(현) 2014년 同교육위원회 위원 2014년 同윤리특별위원회 위원 2014·2016년 同예산결산특별위원회 위원(현) 2014·2016년 同대전의료원설립추진위원회 위원(현) 2015·2016년 同윤리특별위원회 부위원장(현) 2016년 同운영위원회 위원(현) 2016년 同복지환경위원회 부위원장(현) 2016년 同대전예지중·고등학교정상화추진특별위원회 부위원장(현)

정기혜(鄭基惠 · 女)

[생]1955 · 3 · 21 [출]서울 [주]서울 중구 퇴계로173 남산스퀘어빌딩24층 한국건강증진개발원(02-3781-3500) [학]1974년 계성여고졸 1978년 서울대 식품영양학과졸 1983년 同보건대학원 보건학과졸 2006년 교육학박사(서울대) [경]1985~2009년 한국보건사회연구원 보건연구실 연구원 2009~2010년 同건강증진실장 2009~2012년 Health Plan 2020 수립연구단 분과위원장 2010~2012년 한국보건사회연구원 연구기획실장 2012년 同원장 직무대행 2012~2015년 同식품정책연구센터장 2012년 국가통계위원회 위원 겸 사회1분과 위원장(현) 2016년 한국건강증진개발원 원장(현)

정기호(鄭堪鎬)

[생]1955·11·27 [주]충북 청주시 상당구 무농정로32 (주)농협충북유통 대표이사실(043-290-0114) [학]청주고졸, 서울대 농학과졸 [경]1981년 농협중앙회 입회 2001년 同평촌북지점장, 同수원시지부 부지부장 2002년 同군포남지점장 2004년 同공판사업부 부부장 2005년 同양곡부 부부장 2007년 同충북지역본부 경제부본부장 2009년 同농업경제기획부장 2011년 同기획실장 2012년 同감사위원회 사무처장 2013년 (주)농협물류 사장 2015년 (주)농협충북유통 대표이사(현) [상]양정시책유공 장관표창(1989), 대통령표창(1998), 국무총리표창(2006)

정기호(鄭冀浩) Kenny Chung

[생]1960 · 3 · 6 [본]온양(溫陽) [주]서울 강남구 강남대로292 대신증권빌딩4층 (주)나스미디어 비서실(02-2188-7301) [학]우신고졸, 연세대 경영학과졸, 미국 미시간주립대 대학원졸(MBA) [경]현대자동차(주) 해외사업부 근무, 오리온프리토레이 마케팅과장, (주)키노피아 대표이사 2002년 (주)나스미디어 대표이사(현), (사)한국인터넷마케팅협회 부회장 2007년 한국인터넷광고심의기구 이사 2011년 한국온라인광고협회(KOA) 초대회장 [상]문화관광부장관표창(2005) [종]기독교

정기화(鄭淇化·女) JUNG, Ki-Hwa (南熹)

[생]1946·6·26 [본]해주(海州) [출]경남 진주 [주]서울 도봉구 삼양로144길33 덕성여자대학교 약학대학(02-901-8475) [학]1964년 진주여고졸 1969년 덕성여대 약학과졸 1971년 서울대 대학원 약제학과졸 1980년 위생화학박사(경희대) [경]1976~2011년 덕성여대 약학과 전임강사·조교수·부교수·교수 1988~1989년 미국 럿거스대 약대 Visiting Scholar 1993년 덕성여대 기획실장 1993~1998년 同약학대학장 1993년 同학생처장 1995~1998년 同약학연구소장 1995년 대한약학회 위생약학분과 회장 1995년 유네스코 서울협회 부회장 1995년 일본 생체과학연구소 초청연구자 1995년 중앙약사심의위원회 위원, 同전문가(현) 1996~2002년 한국식품위생안전성학회 부회장 1996~1997년 덕성여대 기획실장 1996~2000년 同대학발전위원회 본부장 1997년 同학생처장 1997년 한국응용약물학회 편집위원장 1998년 통일여성지도자회 부회장 1999년 일본 오사카대 약대 미생물동태학교실 객원연구원 1999년 한국응용약물학회 부회장 2000~2005년 한국환경독성학회 부회장·수석부회장·회장 2000년 통일준비여성지도자회 회장 2000년 한국응용약물학회 수석부회장 2001년 덕성여대 기획실장·발전처장 2002년 한국응용약물학회 회장 2002~2003년 미국 일리노이대 Visiting Scholar 2003~2004년 한국식품위생안전성학회 회장 2003년 한국응용약물학회 감사 2004년 한국환경독성학회 회장 2004~2006년 대한약학회 부회장 겸 이사 2004년 건강기능식품심의위원회 위원 2006~2008년 대한약학회 이사 2006~2008년 규제개혁위원회 위원 2006년 한국응용약물학회 고문(현) 2006년 환경독성학회 고문(현) 2007년 독성물질연구협의체 위원 2007년 동물약사심의위원회 위원, 同부위원장(현) 2007년 약사시험위원회 위원 2007년 식품위생안전성학회 자문위원(현) 2008년 식품위생심의위원회 위원 2008년 중앙환경보전자문회의 환경정책분과위원회 위원 2009~2016년 보건의료인국가시험원 약사외국대학인정심의위원장 2010년 한국응용약물학회 편집위원 2010년 보건복지부 식품위생심의위원회 유해오염물질분과 위원장 2011년 덕성여대 약학대학 명예교수(현) [상]의학신문사 의약사평론가상(1994), 식품위생안전성학회 학술상(2000), 대한약학회 약학교육상(2010), 덕성여대 40년근속상(2011), 홍조근정훈장(2011), 약사금탑상 약학연구부문(2013) [저]'Nutritional Basisin Health and Disease'(1990) '대한약전 제6개정 해설서'(1992) '최신위생약학'(1996) '약학개론'(1996) '위생약학'(1997·1999·2001) '대한약전 제7개정 해설서'(1998) '새천년에 산다'(2000) '약학개론'(2001) '실험위생 약학'(2001) '나의 영혼의 꽝세' '새천년에 산다'(2002) '대한약전 제8개정 해설서'(2003) '예방약학'(2003·2006·2008·2009) '건강기능식품'(2004·2012) '질환별로 본 건강기능식품학'(2005) '약학입문'(2006) '대한약전 제9개정해설서'(2008) '건강과 행복을 염려하는 사람들'(2009) '인생의 사계절'(2011) '예방약학'(2011) '보건약학'(2014) [역]'독성학-생명·환경·생태계'(2008) '임상독성학/기본원리에서 응급치료 및 사고예방까지'(2015) [작]'덕성여자대학교 46년-정년기념문집'(2011) [종]기독교

정기화(鄭基和) Jung Ki Hwa

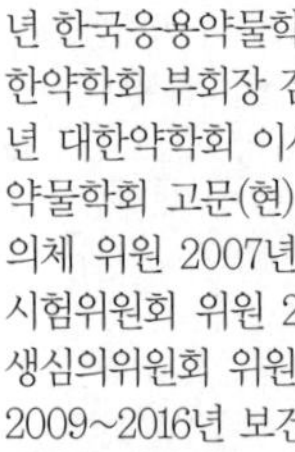

[생]1959·11·11 [출]경북 경산 [주]서울 중구 명동길42 6층 우리종합금융(주) 사장실(02-2000-6670) [학]1978년 성광고졸 1986년 고려대 행정학과졸 [경]1986년 우리은행 입행 1988년 同인재개발부 근무 1994년 同종합기획부 근무 1998년 同L.A지점 근무 2002년 同전략기획단 근무 2004년 同아크로비스타지점장 2007년 同전략기획부장 2009년 우리금융지주 상무대우 2011년 우리은행 관악동작영업본부장 2012년 同업무지원단 상무 2013~2014년 同HR본부장(부행장) 2015년 우리종합금융(주) 대표이사 사장(현) [상]산업포장(2014)

정길근(鄭吉根) Jung, Kil Geun

[생]1969·2·27 [본]해주(海州) [출]경남 진주 [주]서울 중구 동호로330 CJ제일제당 경영개발센터 홍보실(02-6740-1114) [학]1987년 진주 동명고졸 1995년 연세대 정치외교학과졸 [경]1995~2006년 경향신문 기자 2006년 CJ그룹 홍보부장 2011년 同홍보담당 상무, CJ제일제당 경영개발센터 홍보2담당 상무(현)

정길생(鄭吉生) Kil Saeng Chung (輝齊)

[생]1941·5·17 [본]경주(慶州) [출]경남 산청 [주]서울 광진구 능동로120 건국대학교(02-450-3953) [학]1965년 건국대 축산대학 축산학과졸 1970년 일본 京都大 대학원 농학연구과졸 1973년 농학박사(일본 京都大) 2005년 명예 경영학박사(몽골 과학기술대) [경]1973~2006년 건국대 축산대학 조교수·부교수·교수 1981년 미국 위스콘신대 교환교수 1982~1988년 농촌진흥청 축산시험장 겸직연구관 1985~1987년 건국대 기획조정처장 1987~1988년 同교무처장 1988~1990년 대한생식의학회 회장 1988~1989년 과학기술처 해양연구소 자문위원 1988~1993년 同생명공학위원회 위원 1991~1992년 교육부 학술진흥위원회 위원 1991~1993년 한국가축번식학회 회장 1992~1996년 과학기술부 한일기초과학교류위원회 위원 1993년 건국대 축산대학장 1993년 전국농과대학장협의회 회장 1993~1998년 세계축산학회 제8회 학술대회장 1993~1996년 교육부 환경연구자문위원회 위원장 1995~1996년 건국대 생명과학연구원장 1995~1997년 뉴욕과학기술아카데미 회원 1995~1997년 국가과학기술자문회의 위원 1995~1996년 감사원 명예감사관 1995~1996년 과학기술부 생명공학정책심의위원회 위원 1996~2005년 세계가축번식학회 평의원 1996~1998년 건국대 부총장 1996~1997년 한국축산분야학회협의회 회장 1996~1998년 과학기술처 생명공학연구기획단장 1997년 한국축산학회 회장 1997~1998년 아시아 동물생물공학회 회장 1998~2004년 세계축산학회 이사 2001~2003년 21세기국정자문위원회 위원 2002~2006년 건국대 총장 2002~2006년 학교법인 건국대 이사 2005~2010년 한국과학기술한림원 회원심사위원장·부원장 2005년 중국 연변과학기술대 명예교수(현) 2005~2008년 한국바이오산업협회 부회장 2006년 건국대 명예교수(현) 2007~2008년 한우리공동선 실천연대 상임대표 2008년 학교법인 성광학원 이사(현) 2010~2013년 한국과학기술한림원 원장 2010년 국회·한림원 과학기술혁신연구회 공동의장 2011~2016년 건국대 동물생명과학대학 동물생명공학과 석좌교수 2012년 한국과학기술원(KAIST) 이사(현) 2013~2016년 한국과학기술한림원 이사장 [상]한국축산학회 학술상(1979), 건국대 학술상(1984), 한국축산학회 연구공적상(1991), 건국대 학술공로상(1994), 한국과학기술단체총연합회 과학기술우수논문상(1995), 한국가축번식학회 학술상(1995), 국무총리표창(1998), 청조근정훈장(2006), 건국대총동문회 자랑스런 건국인(2011), 과학기술훈장 혁신장(2015) [저]'어둠이 깊을수록 등불은 더욱 빛난다'(1994) '수정란 이식'(1995) '가축번식 생리학'(1995) '알고싶은 성 알아야 할 성' '가축생리학 연구' 등 22권 [종]기독교

정길수(鄭吉秀) CHUNG Kil Su

[생]1943·2·26 [출]서울 [주]인천 남동구 승기천로388 남동공단1단지4B7L (주)세화공업 비서실(032-812-3668) [학]1961년 경남고졸 1967년 서울대 경제학과졸 [경]한국산업은행 근무, 대우중공업(주) 근무, (주)대우 이사·상무이사, 대우조선공업(주) 상무이사, 신아조선공업(주) 상무이사, 대우자동차 정비부품 및 구매총괄담당 전무이사 1995년 同체코주재 부사장, 대우중공업(주) 상용차부문 체코파견 부사장 1998년 대우그룹 체코지역본사 사장 2000년 (주)세화공업 대표이사 2015년 同회장(현)

정길영(鄭吉泳) JUNG Gil Young

[생]1949·8·3 [본]하동(河東) [출]충남 금산 [주]충남 논산시 부적면 감곡1길7의24 길산파이프(주) 임원실(041-732-9994) [학]1968년 대전 대성고졸 2000년 고려대 경영대학원 수료 2016년 명예 경영학박사(한남대) [경]1991년 길산정밀 설립·대표 1997~2004년 길산특수강(주) 설립·대표이사 1998~2006년 길산정밀(주) 설립·대표이사 1999년 同의정부공장 설립·대표이사 2002년 대전 대성고총동문회 회장 2003년 (주)길산특수강 광주영업소 설립 2004년 길산스틸(주) 대표이사(현) 2005년 (주)길산골프클럽 설립·대표이사(현) 2005년 길산에스티(주) 설립·대표이사(현) 2006년 길산파이프(주) 대표이사(현) 2006년 同PE사업부 설립 2006년 중소기업중앙회 금강CEO포럼 회장 2007년 논산시기업인협의회 회장 2007년 한국철강협회 스테인리스스틸클럽 회장 2009년 길산에스티(주) 시흥지점 설립 2009년 법무부 범죄예방논산지역협의회장 2010년 길산파이프(주) 계룡공장 설립 2010년 길산스틸(주) 대전지점 설립 2010년 길산에스에스티(주) 설립·대표이사(현) 2012년 길산에스티(주) 코일센터 설립 [상]재정경제부장관표창(1998), 대전지검장표창(2003), 부총리 겸 재정경제부장관표창(2005), 산업자원부장관표창(2006), 법무부장관표창(2006), 석탑산업훈장(2007), 한국무역협회 1백만불 수출의 탑(2012), 한빛대상 지역경제발전부문상(2015) [종]기독교

정길영(鄭吉永) CHUNG Kil Young

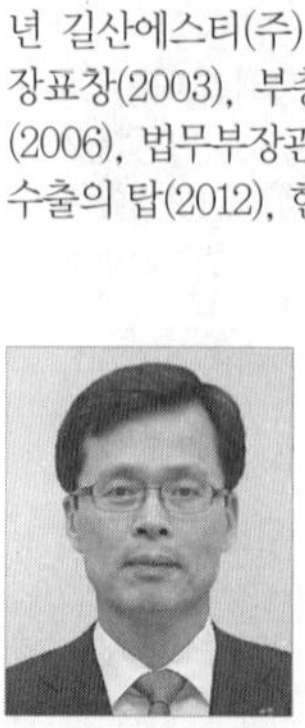

[생]1962·6·30 [본]연일(延日) [출]충북 영동 [주]서울 종로구 북촌로112 감사원 감사위원실(02-2011-2050) [학]1980년 대전고졸 1984년 서울대 불어불문학과졸 1986년 同대학원 행정학과졸 1995년 일본 사이타마대 대학원 정책학과졸 [경]1984년 행정고시 합격(28회) 1996년 감사원 제5국 제6과 감사관(서기관) 2005년 同국가전략사업평가단 제1과장 2006년 同건설물류감사국 제4과장 2007년 同산업환경감사국 총괄과장(부이사관) 2007년 同사회복지감사국 총괄과장 2009년 同재정·조세감사국 제1과장 2009년 同행정지원실장 2010년 同특별조사국장(고위감사공무원) 2011년 국방대 파견 2011년 감사원 지방행정감사국장 2012년 同재정경제감사국장 2012년 同기획관리실장 2013년 同제2사무차장 2014년 同제1사무차장 2015년 同감사위원(현) [상]대통령표창(1996), 홍조근정훈장

정길현(鄭吉賢) Jung, Kil Hyun

㉮1956 · 2 · 20 ㉯진주(晉州) ㉰광주 ㉱세종특별자치시 한누리대로402 산업통상자원부 비상안전기획관실(044-203-5570) ㉲살레시오고졸 1979년 육군사관학교졸(35기) 1991년 연세대 행정대학원졸(석사) 2014년 박사(북한대학원대) ㉳1989~1991년 육군 수도방위사령부 33경비단 인사과장 · 작전과장 2004~2006년 육군 1군사령부 작전과장 · 계편과장 · 감찰참모 2007~2011년 국방대 교수 · 기획조정실장 2012년 지식경제부 비상안전기획관 2013년 산업통상자원부 기획조정실 비상안전기획관(국장)(현) ㉴육군참모총장표창(1997), 대통령표창(2005), 보국훈장 삼일장(2012) ㉵'미국의 6.25 전쟁사'(2015, 북코리아) ㉶'패전분석'(2000, 삼우사) ㉷기독교

정길현(鄭吉鉉 · 女) JEONG Kil Hyun

㉮1960 · 12 · 22 ㉰서울 ㉱경기 화성시 봉담읍 삼천병마로1182 장안대학교 IT학부 인터넷정보통신과(031-299-3028) ㉲한양대 전자통신공학과졸, 同대학원졸 2001년 공학박사(한양대) ㉳1982년 한국전자통신연구소 전송기기연구실 위촉연구원 1990년 장안대 IT학부 인터넷정보통신과 교수(현) 2000년 경기도 화성시 지역정보화촉진협의회 위원 2003년 산업자원부 기술표준원 산업표준심의회 위원 2004년 한국인터넷정보학회 이사 2006년 한국통신학회 산업기술위원회 운영위원 2007년 同여성위원회 위원 2007년 서울지방항공청 신공항건설심의위원회 위원 2008년 한국컴퓨터정보학회 이사 2008년 경기도 콜센터 운영위원 2008년 한국정보전자통신기술학회 이사 2009~2010년 한국여성과학기술단체총연합회 편집위원 2011년 同출판위원 2014년 장안대 IT학부 인터넷정보통신과 학과장(현)

정길호(丁吉鎬) Jung, Kil-Ho (文峰)

㉮1953 · 8 · 23 ㉯창원(昌原) ㉰전북 남원 ㉱서울 광진구 능동로120 건국대학교 행정대학원(02-450-3114) ㉲1975년 건국대 정법대 행정학과졸 1985년 고려대 대학원 행정학과졸(행정학석사) 1998년 행정학박사(건국대) ㉳1978~2014년 한국국방연구원 책임연구위원 1995~2003년 건국대 · 상명대 · 서울시립대 · 국방대 강사 1996년 미국 Santa Monica RAND연구소 초빙연구원 1997년 한국행정학회 운영이사 1999~2003년 국방부 규제개혁심의위원 2000~2003년 한국정책학회 운영이사 2001년 국군방송 시사프로 패널리스트 2003~2010년 국가보훈처 자체평가위원 및 정책자문위원 2004~2010년 한국행정학회 · 한국인사행정학회 · 한국조직학회 상임이사 2005~2012년 국방부 자체평가위원 2008년 同자체평가위원장 2007년 한국행정학회 감사 2007~2012년 북한사회행정연구회 회장 2009년 국방대 겸임교수 2011년 통일부 정책자문위원 2015년 건국대 행정대학원 초빙교수(현) 2015년 한국국방연구원 명예연구위원(현) 2016년 더불어민주당 한반도경제통일특별위원회 위원(현) ㉴국방부장관표창(1991 · 1993 · 1995), 환경부장관표창(2005), 국무총리표창(2007) ㉵'정부조직진단(共)'(2002) '한국의 예산과 정책(共)'(2002) '지식정보시대의 국방인력 발전방향(共)'(2003) '국방행정(共)'(2005) '함께 가꾸는 푸른세상(共)'(2005) ㉷기독교

정길호(鄭吉鎬) JUNG KIL HO

㉮1967 · 1 · 14 ㉰서울 중구 남대문로4가45 OK저축은행 대표이사실(1899-7979) ㉲서울대 경제학과졸 ㉳한미은행 인사부 근무, 왓슨와이어트코리아(Watson Wyatt Korea) 컨설턴트, 휴먼컨설팅그룹(HCG) 부사장, OK저축은행 경영지원본부장, 同소비자금융본부장, 아프로파이낸셜 인사담당관(전무) 2010년 아프로파이낸셜그룹 · 아프로서비스그룹 부사장(현) 2013년 OK저축은행 러시앤캐시 프로배구단 단장(현) 2014년 OK저축은행 부사장 2016년 同대표이사(현)

정길화(鄭吉和) Jung Kil Hwa

㉮1959 · 10 · 11 ㉯연일(延日) ㉰경남 마산 ㉱서울 마포구 성암로267 문화방송 시사제작국 시사제작4부(02-789-0011) ㉲1977년 마산고졸 1982년 한국외국어대 스페인어과졸 2002년 同정책과학대학원 신문방송학과졸 2010년 同대학원 신문방송학과 수료 ㉳1984년 MBC 입사 1998~1999년 한국방송프로듀서연합회 회장 1998~1999년 언론개혁시민연대 공동대표 2000년 MBC 교양제작국 특임CP 2005년 同홍보심의국장 2005~2006년 한국방송학회 대외협력이사 2006년 MBC 특보 겸 창사기획단 사무국장 2007년 同기획조정실 대외협력팀장 2010년 同특보 2011년 同중남미지사장 겸 상파울루 특파원 2014년 同시사제작국 시사제작4부 책임프로듀서(현) ㉴이 달의 좋은 프로그램상(6회), 통일언론상(1996), YWCA 올해의 좋은 프로그램상(1996), 앰네스티언론상(1997), 한국기자상 특별상(1998), 삼성언론상(1998), 한국

청년대상(2000), 한국방송대상 작품상(2001), 한국언론대상(2002), 안종필자유언론상 특별상(2004), 임종국상 언론 부문(2005), 외대언론인상(2006), 한국PD상 공로상(2008) ㉵'거꾸로 선 세상에도 카메라는 돌아간다(共)'(1997) '이제는 말할 수 있다(共)'(2002) '3인 3색 중국기(共)'(2004) '우리들의 현대침묵사(共)'(2006) '기록의 힘, 증언의 힘'(2009)

정낙균(鄭樂鈞) JEONG Nak Gyun

㉮1952 · 1 · 24 ㉯온양(溫陽) ㉰충남 홍성 ㉱경기 양주시 경동대학로27 경동대학교 행정학과(031-869-9500) ㉲1971년 서울공고졸 1976년 성균관대 행정학과졸 1991년 미국 서던캘리포니아대 행정대학원졸, 성균관대 대학원 행정학과졸(행정학박사) ㉳1975년 행정고시 합격(17회) 1980년 서울시 교통국 근무 1982~1991년 감사원 제3국 · 제2국 · 교육실 근무 1991년 同기술국 근무 1993년 同기획관리실 자료담당관 1993년 同제1국 5과장 1995년 同제7국 6과장 1997년 同제7국 2과장 1998년 同심사2담당관 1998년 同금융심의관 1999년 同조정제1심의관 1999년 同대전사무소장 2000년 同국책사업감사단장 2001년 중앙공무원교육원 파견 2002년 감사교육원 교수부장 2002년 감사원 제7국장 2003년 同산업 · 환경감사국장 2004~2006년 同제2사무차장 2007년 한국교직원공제회 상임감사 2010~2013년 한국정책금융공사 상임감사 2012~2014년 한국감사협회 회장, 원영건업(주) 감사 2015년 나이스정보통신(주) 사외이사 겸 감사위원(현) 2015년 경동대 행정학과 교수(현) ㉴근정포장(1987), 서울시장표창, 감사원장표창, 황조근정훈장(2006), 대한민국을 빛낸 한국인물대상 창조리더십 공로부문(2015) ㉷기독교

정낙형(鄭樂亨) JEONG Lak Hyeong

㉮1954 · 4 · 24 ㉯온양(溫陽) ㉰충북 진천 ㉱서울 서초구 방배로48 한국부동산연구원(02-520-5000) ㉲1971년 청주고졸 1973년 서울대 섬유공학과 중퇴 1978년 同경제학과졸 1993년 영국 버밍엄대 대학원 도시지역학과졸 2005년 공학박사(경원대) ㉳1976년 행정고시 합격(19회) 1977~1979년 진천군청 근무 · 전북국토관리청 사무관 1981~1991년 건설부 사무관 1991년 同지가전산과장 1993년 건설교통부 건설경제과장 1997~1998년 국가교통연구원 파견 1998년 건설교통부 도시건축심의관 1999년 同주택도시국장 2000년 同건설경제국장 2001~2003년 세계은행 산하 국제금융공사 선임투자관 2003년 건설교통부 도시국장 2004년 同중앙토지수용위원회 상임위원 2004년 同신행정수도특별법후속대책지원단장 · 행정복합도시지원단장 겸임 2005년 한국건설기술연구원 원장 2008년 부산시 정무부시장 2010년 同경제보좌관 2010~2014년 충북발전연구원 원장 2013~2014년 시도연구원협의회 회장 2014년 한국부동산연구원 원장(현) ㉴국무총리표창(1987), 홍조근정훈장(1999), 건설부장관표창(1997) ㉵'건설산업기본법 해설'(1997) '파이는 키울 수 없다'(2004) '주택저당채권유동화증권'(2004) ㉷기독교

정남기(鄭南基) CHUNG Nam Kee

㉮1943 · 3 · 1 ㉯진주(晉州) ㉰전북 고창 ㉱서울 종로구 삼일대로30길21 종로오피스텔1022호 진주정씨대종회(02-744-7733) ㉲1962년 고창고졸 1968년 동국대 경제학과졸 ㉳1970년 현대경제일보 입사 1972~1980년 합동통신 기자 1983년 전자시보 편집국장 1988년 연합통신 복직 1990년 同조사부 차장 · 부장대우 1994년 同부장대우 조사부장 1997년 同부국장대우 편집부장 겸 교정부장 1998년 同부국장대우 편집부장 1998년 同논설위원실장 직대 1999년 연합뉴스 민족뉴스취재본부장 직대 2000~2010년 동학농민혁명유족회 회장 2000년 연합뉴스 민족뉴스취재본부장 2001년 同민족뉴스취재본부 고문 2001~2003년 同동북아정보문화센터 상임이사 겸 소장 2004년 한국편집미디어협회 부회장 2005~2007년 한국언론재단 이사장 2011년 동학농민혁명유족회 상임고문(현) 2012~2014년 진주정씨대종회 회장 2013~2015년 동학농민혁명기념재단 감사 2014년 진주정씨대종회 고문(현)

정남기(鄭南基) CHUNG Nam Ki (윤석)

㉮1950 · 8 · 15 ㉯하동(河東) ㉰충북 ㉱서울 강남구 언주로129길20 (사)무역관련지식재산권보호협회(02-3445-3761) ㉲태백기계공고졸, 국민대 경제학과졸, 서울대 행정대학원 국가정책과정 수료 ㉳1977년 현대자동차서비스 입사 1997년 同이사대우 1999년 同김해사업소장(이사) 1999년 현대자동차(주) 부품물류실장(이사) 2001년 현대모비스(주) 기아부품판매본부장(상무) 2003년 同부품영업본부장(전무) 2005년 同부품영업본부장(부사장), 同구매본부장(부사장) 2006년 한국지식재산보호협회(KOIPA) 초대회장 2007년 (사)무역관련지식재산권보호협회(TIPA) 회장(현) 2010년 범국민지식재산권보호연합회 회장 ㉴자랑스런 국민인의 상(2013)

정남성(丁南聲) JUNG Nam Sung

[생]1962 · 11 · 9 [본]영성(靈城) [출]서울 [주]서울 영등포구 국제금융로6길15 5층 메리츠종합금융증권(주) 임원실(02-6309-4685) [학]1981년 배문고졸 1988년 서울대 사법학과졸 1999년 국민대 대학원 법학과졸 [경]1987~1999년 금융감독원 과장 1999~2005년 김앤장법률사무소 전문위원 2005~2008년 재정경제부 자본시장법TF팀장 2008~2010년 김앤장법률사무소 자문위원 2010년 한국거래소 시장감시본부장보(상무) 2012년 메리츠종합금융증권(주) 전무 2015년 同부사장(현)

정남준(鄭男埈) Nam-Joon Chung (無碍)

[생]1956 · 12 · 12 [본]광주(光州) [출]광주 [주]서울 영등포구 선유로49길23 아이에스비즈타워2차1412호 NCI(창조혁신네트워크)(070-4223-6464) [학]1975년 광주제일고졸 1980년 한양대 정치외교학과졸 1986년 서울대 행정대학원 행정학과졸 1989년 미국 서던캘리포니아대 대학원 행정학과졸 1996년 행정학박사(미국 서던캘리포니아대) [경]1980년 행정고시 합격(23회) 1980~1991년 총무처 행정사무관 1992년 同소청심사위원회 심사과장 1994년 미국 연방정부 객원연구원 1996년 중앙공무원교육원 교육총괄과장 1996~2001년 한양대 · 성균관대 · 이화여대 · 한국외국어대 강사 1997년 총무처 국외훈련과장 1998년 행정자치부 교육훈련과장 1999년 대통령비서실 행정관(부이사관) 2002년 대통령자문 정책기획위원회 사무국장 2003년 중앙공무원교육원 기획지원부장(이사관) 2004년 행정자치부 공보관 2004년 광주시 행정부시장(관리관) 2006년 행정자치부 정부혁신본부장 2008~2009년 행정안전부 제2차관 2009~2011년 서울산업대 IT정책전문대학원 초빙교수 2009년 한국외국어대 · 명지대 · 중앙대 · 이화여대 강사 2011~2012년 한국외국어대 강사 2011~2012년 조선대 행정복지학부 초빙교수 2012년 행정개혁시민연합 상임집행위원 2013년 미래정책연구원 원장(현) 2014년 행정개혁시민연합 공동대표 2016년 창조혁신네트워크(NCI) 대표(현) [상]대통령표창(1990), 황조근정훈장(2005) [저]'새 풀이 헌 풀을 이긴다'(2011) '열린 생각 열린 공간-검지로 건네는 세상 이야기'(2016)

정내권(丁來權) JUNG Nae Kwon

[생]1967 · 10 · 22 [출]전남 보성 [주]서울 강남구 논현로136길7 (주)엠트레이스테크놀로지 비서실(02-501-6026) [학]동양대졸 [경]1990~1999년 (주)한글과컴퓨터 개발부문 이사 겸 CTO 1991년 아래아한글1.52 개발 1992년 아래아한글2.0 한글맞춤법검사기 개발 1994년 아래아한글 윈도우버전3.0 개발 1995년 아래아한글 윈도우버전 3.0b 개발 1996년 아래아한글96 개발 1997년 아래아한글97 개발 1998년 아래아한글815버전 개발 1999년 (주)드림위즈 부사장 겸 CTO 2001년 아래아한글워디안 개발 2000년 (주)드림어플라이언스 대표이사 2002년 (주)엠트레이스테크놀로지 대표이사(현)

정내삼(鄭乃三) CHUNG Nae Sam

[생]1957 · 12 · 27 [본]하동(河東) [출]전북 완주 [주]서울 강남구 언주로711 대한건설협회 임원실(02-3485-8202) [학]1976년 중동고졸 1980년 연세대 토목공학과졸 1986년 同대학원 토목공학과졸 [경]기술고시 합격(15회) 1997년 서울지방국토관리청 도로계획과장 1998년 한국고속철도건설공단 홍보팀장 1999년 건설교통부 금강홍수통제소장 1999년 대전지방국토관리청 도로시설국장 2001년 건설교통부 도로건설과장 2001년 同예산담당관 2002년 同도로건설과장 2005년 同일반철도과장 2005년 同혁신기획관(부이사관) 2005년 同정보화국제협력관 2006년 부산지방항공청장 2007년 기획예산처 민간투자기획관 2008년 국토해양부 대변인 2010년 同기술안전정책관(고위공무원) 2010년 同공공기관지방이전추진단 부단장 2011년 同건설수자원정책실장 2011~2013년 대통령 국정과제2비서관 2014년 대한건설협회 상근부회장(현)

정달영(鄭達永) JEONG Dal Young

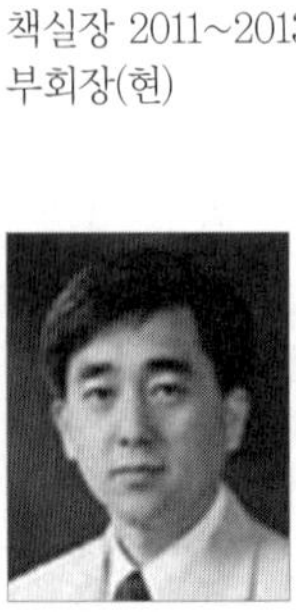

[생]1957 · 1 · 25 [출]서울 [주]서울 동작구 상도로369 숭실대학교 자연과학대학 수학과(02-820-0419) [학]1979년 서울대 수학교육과졸 1981년 同대학원졸 1992년 이학박사(미국 뉴욕주립대)77 [경]서울대 대역해석학연구소 연구원 1983 · 1990년 연암공업전문대학 전임강사 · 조교수 1986년 경상대 수학과 강사 1988~1992년 미국 Hunter College 연구원 1992년 서울대 대역해석학연구센터 연구원 1993년 숭실대 수학과 교수(현) 2006년 同교수학습센터장 2013년 同베어드학부대학장 2015년 同교무처장(현)

정달호(鄭達鎬) CHUNG Dal Ho

[생]1949 · 2 · 1 [출]경북 안동 [학]1967년 경복고졸 1971년 서울대 정치학과졸 1978년 영국 옥스퍼드대 외교관과정 연수 1990년 미국 뉴욕대 대학원 국제정치학과졸 1997년 미국 하버드대 CFIA 수료 [경]1976년 외무고시 합격(10회) 1977년 외무부 입부 1979년 駐노르웨이 3등서기관 1981년 駐바그다드총영사관 영사 1987년 駐유엔대표부 1등서기관 1990년 외무부 법무담당관 1991년 同국제연합2과장 1993년 駐프랑스 참사관 1997년 駐오스트리아 공사 겸 참사관 2000년 외교통상부 기획심의관 2001년 同국제기구정책관 2002년 駐파나마 대사 2004년 경기도 국제관계자문대사 2005년 외교통상부 재외동포영사대사 2006~2009년 駐이집트 대사 2009년 외교통상부 본부대사 2010년 국제평화재단 부설 제주국제훈련센터(JITC : Jeju International Training Centers for Local Authorities and Actors) 소장 2012~2014년 제주도 외국인자문위원회 위원장 2013년 국제평화재단 부설 제주국제연수센터(JITC) 소장 2015년 제주국제감귤박람회조직위원회 공동조직위원장

정대경(鄭大經) Jung Dae Kyung

[생]1959 · 8 · 20 [본]동래(東萊) [출]전북 전주 [주]서울 종로구 대학로9길12 3층 한국연극협회(02-744-8045) [학]전주대 음악과졸, 성균관대 대학원 공연예술협동과정졸, 공연예술경영학박사(상명대) [경]2003년 삼일로창고극장 대표(현) 2004년 (사)한국연극협회 이사 2009년 중구구립극단 예술감독 2009년 백제예술대학 극작가 겸임교수 2010~2016년 (사)한국소극장협회 이사장 2012년 한국문화예술위원회 위원(현) 2016년 (사)한국연극협회 이사장(현) [상]국무총리표창(2014)

정대상(鄭大相) Jeong Daesang

[생]1957 · 9 · 8 [출]서울 [주]서울 성동구 마장로210 한국기원 홍보팀(02-3407-3850) [경]1982년 입단 1985년 2단 승단 1986년 3단 승단 1989년 4단 승단 1991년 5단 승단 1994년 6단 승단 1996년 7단 승단 1999년 8단 승단 2004년 자양바둑기실 지도사범 2005년 9단 승단(현) 2005년 강동명인도장 지도사범

정대선(鄭大宣) JUNG Dea Sun

[생]1977·12·17 [본]하동(河東) [주]서울 중구 퇴계로272 아도라타워 현대BS&C 임원실(070-8277-7995) [학]미국 캘리포니아대 버클리교 회계학과졸 2008년 미국 매사추세츠공과대(MIT) 대학원 경제학과졸 [경]2004년 BNG스틸(주) 창원공장 공장품질팀·수출팀 대리, 同이사 2008년 현대BS&C(주) 대표이사 사장 2014년 同사장(현)

정대수(鄭大樹) JUNG DAE SOO

[생]1956 · 1 · 6 [주]부산 서구 구덕로179 부산대병원 신경과(051-240-7000) [학]1975년 부산고졸 1983년 부산대 의대졸, 同대학원 의학석사 1994년 의학박사(부산대) [경]1994년 부산대 의과대학 신경과학교실 교수 · 同의학전문대학원 신경과학교실 교수(현) 1998~2000년 부산대병원 전산홍보실장 겸 기획부실장 1999년 대한뇌졸중학회 평의원(현) 2001~2007년 부산대병원 신경과장 2001~2004년 대한수면연구학회 국제이사 2003년 부산대병원 교육연구실장 2004~2006년 대한신경과학회 이사 2008~2012년 대한뇌전증학회 상임운영위원 2008~2010년 대한수면연구학회 감사 2012~2013년 대한신경과학회 회장 2012년 부산대 의무부총장 2013~2016년 부산대병원 병원장 2014년 (재)APEC기후센터 비상임이사(현)

정대순(鄭大淳) Chung Daisoon

[생]1958 · 11 · 3 [주]경기 성남시 분당구 구미로173번길59 한국장애인고용공단 기획관리이사실(031-728-7001) [학]1977년 서울 동성고졸 1985년 조선대 자원공학과졸 2006년 서울시립대 대학원 경영학과졸 [경]1990년 한국장애인고용공단 설립추진반 입사 2004년 同직업재활국장 2006년 同경기지사장 2007년 同기획관리실장 2009년 同부산지사장 2011년 同기획관리실장 2014년 同감사실장 2015년 同기획관리이사(상임이사)(현)

정대연(鄭大然) JEONG Dae Yun

[생]1947·2·10 [본]영일(迎日) [출]경북 청도 [주]제주특별자치도 제주시 제주대학로102 제주대학교 사회학과(064-754-2114) [학]1966년 부산고졸 1974년 고려대 사회학과졸 1976년 同대학원 사회학과졸 1984년 호주 퀸즈랜드대 대학원 사회학과졸 1988년 사회학박사(호주 퀸즈랜드대) [경]1974년 고려대 사학과 조교 1976~1981년 한국리서치 연구원 1977~1980년 강남대 강사 1981~2012년 제주대 사회학과 교수 1991년 전국국공립대대학신문주간교수협의회 부회장 1994년 국가5급공무원시험 출제위원 1996~2000년 아시아·태평양사회학회 이사 1996년 대학종합평가위원회 위원 1997~2000년 제주도 환경보전자문위원회 위원 1998년 KBS 제주방송총국 객원해설위원 1999년 제주도 국제자유도시추진실무위원회 위원 1999년 Asian Opinion Network 한국대표 전문위원 2000년 영국 Sheffield대 강의교수 2001~2002년 제주도 환경·교통·재해통합영향평가심의위원회 부위원장 2002·2004년 세계사회학대회 환경분과 조직위원장 2003·2004년 기후변화협약당사국 제9차유엔총회 한국정부 대표 2003년 대통령자문 지속가능발전위원회 위원 2004년 신행정수도후보지평가위원회 위원장 2004~2005년 대통령자문 교육혁신위원회 자문위원 2005년 생물권보전지역국제기구유치위원회 위원장 2005년 OECD 지속가능발전전문가회의 한국정부 대표 2011년 아시아기후변화교육센터장(현) 2012년 제주대 사회학과 명예교수(현) [저]'사회통계학'(1992) '제주사회론1·2(共)'(1995) '기초사회통계학'(1996) '사회과학방법론사전'(1997) '현대사회의 계급연구(共)'(1999) '현대사회학의 이해(共)'(2000) '환경사회학'(2001) '환경주의와 지속가능한 발전'(2004) '한국 지속가능발전의 구조와 변동'(2010)

정대열(鄭大悅) JEONG, DAI-YEOL

[생]1949·9·23 [출]부산 [주]서울 마포구 월드컵북로396 누리꿈스퀘어 (주)자연과환경(02-557-9830) [학]1977년 숭실대 섬유공학과졸 [경]1977~2003년 경남공고 교사 2003~2004년 둘로스엔지니어링 대표이사 2004~2007년 (주)피에스피 대표이사 2007~2008년 (주)자연과환경 철강사업부 대표 2008~2015년 同대표이사 2015년 同각자대표이사(현) [상]부총리 겸 교육인적자원부장관표창(2002), 대통령표창(2003) [종]기독교

정대용(鄭大用) CHUNG Dae Yong

[생]1953·4·1 [본]경주(慶州) [출]서울 [주]서울 동작구 상도로369 숭실대학교 벤처중소기업학과(02-820-0566) [학]1975년 한양대 화학공학과졸 1977년 고려대 대학원 경영학과졸 1989년 경영학박사(고려대) [경]1983~1998년 숭실대 경영학부 교수 1993~1995년 미국 펜실베이니아대 와튼스쿨 방문연구원 1993~1995년 아시아문화개발기구 이사 1995~1998년 전문인국제협력단 이사 1996~2001년 숭실대 중소기업대학원 교학부장 1998~2001년 同경영경제전략 연구소장 1998년 同벤처중소기업학과 교수(현) 2001~2001년 미국 케네소주립대 방문교수 2006~2008년 숭실대 벤처창업보육센터 위원 2006년 한국창업학회 회장 2008년 한국생산성학회 상임이사 2012~2013년 숭실대 정주영창업캠퍼스담당 특임부총장 2014년 세계미래포럼 특강 연사(현) 2016년 한국경영교육학회 회장(현) [저]'창업스쿨'(1997) '차업경영'(1997) '창업경영전략'(1998) 'CD-ROM을 이용한 중소-벤처경영론'(2001) '창업계획서와 컨설팅사례'(2003) [종]기독교

정대운(鄭大薀) JEONG Dae Woon

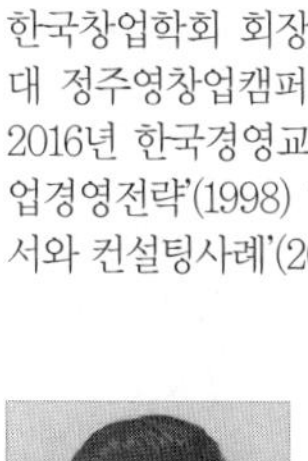

[생]1966·2·25 [본]나주(羅州) [출]전남 무안 [주]경기 수원시 팔달구 효원로1 경기도의회(031-8008-7000) [학]무안종합고졸 2007년 초당대 경찰행정학과졸, 경기대 교육대학원 교육학과졸 [경]1997년 광명소방서 의용소방대 대원, 열린우리당 광명시당원협의회 청년위원장 2003~2010년 (사)대한청소년육성회 광명지회장, 아시아일보 국회정치부 차장 2006년 경기도의원선거 출마(열린우리당), 광명경찰서 성폭력예방공동추진협의회 위원 2010년 경기도의회 의원(민주당·민주통합당·민주당·새정치민주연합) 2010년 同가족여성위원회 간사 2010년 민주당 경기도당 청소년보호특별위원회 위원장 2012년 경기도의회 정보위원장 2012년 同친환경농산물유통체계및혁신학교개선추진특별위원회 간사, 同예산결산특별위원회 위원 2013년 同뉴타운대책특별위원회 위원 2013년 同남북교류특별위원회 위원 2014년 경기도의회 의원(새정치민주연합·더불어민주당)(현) 2014년 同여성가족평생교육위원회 간사 2014~2015년 同친환경농축산물유통체계및혁신학교개선추진특별위원회 위원장 2015년 同예산결산특별위원회 위원장 2016년 同여성가족교육협력위원회 위원(현) [상]서민과직능소상공인을위한유권자시민행동 선정 유권자대상(2013), 경기도청공무원노동조합 선정 '의정활동 우수 도의원'(2015), 올해의 사회공헌대상 지역복지부문 대상(2016), 광명시 양성평등감사패(2016)

정대율(鄭大栗) CHONG DAE-YUL

[생]1965·10·29 [본]경주(慶州) [출]전남 나주 [주]세종특별자치시 다솜2로94 중앙해양안전심판원 심판관실(044-200-6113) [학]1984년 봉황고졸 1989년 한국해양대 항해학과졸 2005년 同대학원 해사법학과졸 2012년 해사법학박사(한국해양대) [경]1990~1999년 호유해운 항해사·대리 1999~2002년 현대오일뱅크 SBM선장(Loading Master) 2002~2008년 한국해양수산연수원 조교수 2008~2009년 인천지방해양안전심판원 심판관 2009~2011년 부산지방해양안전심판원 심판관 2011~2014년 동해지방해양안전심판원 심판관 2012년 한국해양대 해사산업연구소 해사법률지원연구실 자문위원(현) 2013년 해양환경안전학회 교육정책분과위원장(현) 2014년 목포선원노동위원회 공익위원·위원장 2014년 목포지방해양안전심판원 심판관 2016년 중앙해양안전심판원 심판관(현) 2016년 한국해사법학회 이사(현) [역]'선원신분증명서에 관한 협약(개정) 제185호(共)'(2003, 해양수산부) '해상 및 항내에서의 선장 사고방지(共)'(2004, 한국해기사협회) '2006년 해사노동협약(共)'(2007, 해인출판사) '2007년 어선원노동협약 및 권고(共)'(2007, 다솜출판사) [종]기독교

정대정(鄭大正)

[생]1971·4·3 [출]부산 [주]인천 남구 소성로163번길49 인천지방검찰청 형사5부(032-860-4314) [학]1989년 진주고졸 1998년 연세대 경영학과졸 [경]1997년 사법시험 합격(39회) 2000년 사법연수원 수료(29기) 2000년 광주지검 검사 2002년 同순천지청 검사 2004년 의정부지검 검사 2006년 대구지검 포항지청 검사 2009년 서울중앙지검 검사 2012년 수원지검 검사 2013년 同부부장검사 2014년 창원지검 공판송무부장 2015년 부산지검 동부지청 형사3부장 2016년 인천지검 형사5부장(현)

정대종(鄭大鍾) Jung Dae Jong (禮村)

[생]1952·9·9 [본]동래(東萊) [출]제주 [주]경기 과천시 경마공원대로107 한국마사회 감사위원실(02-509-1001) [학]1976년 연세대 법학과졸 1993년 숭실대 정보과학대학원졸 2000년 서울대 최고산업전략과정 수료 2005년 同최고경영자과정 수료 2010년 공학박사(숭실대) [경]1994년 (주)한강케이블TV 이사 1998~2002년 同대표이사 2001년 (주)우리홈쇼핑 등기이사 2003~2008년 (주)롯데홈쇼핑 대표이사 사장 2011~2014년 코레일유통(주) 대표이사 사장 2014년 한국마사회 상임감사위원(현) [상]한국의 CEO대상(2005), 제1회 아름다운 기업인상(2005), 국무총리표창(2006), 포브스경영품질대상(2007) [저]'사람과 꿈 그리고 성공이야기'(2012) [종]천주교

정대진(鄭大鎭) Jeong Daejin

[생]1969·4·5 [출]전북 고창 [주]세종특별자치시 한누리대로402 산업통상자원부 산업기반실(044-203-4350) [학]전주 완산고졸, 서울대 경제학과졸 [경]1993년 행정고시 합격(37회) 2003년 산업자원부 자본재산업총괄과 서기관 2007년 同산업정책본부 산업기술협력팀장 2008년 지식경제부 산업기술정보협력과장 2009년 同투자유치과장 2010년 同소프트웨어산업과장 2012년 同산업경제정책과장 2013년 산업통상자원부 산업정책실 산업정책과장 2014년 同산업정책실 산업정책과장(부이사관) 2015년 同산업기반실 창의산업정책관(고위공무원)(현)

정대철(鄭大哲) CHYUNG Dai Chul (萬初)

[생]1944·1·4 [본]진주(晉州) [출]서울 [주]서울 마포구 마포대로38 일신빌딩16층 국민의당(02-715-2000) [학]1962년 경기고졸 1966년 서울대 법대졸 1969년 同대학원 법학과졸 1975년 미국 미주리주립대 대학원 정치학과졸 1984년 정치학박사(미국 미주리주립대) 2003년 명예 법학박사(건국대) [경]1971~1972년 한양대 전임강사·조교수 1975~1977년 미국 미주리대 강사 1977년 제9대 국회의원(서울 종로구·중구 보궐선거, 무소속) 1978년 제10대 국회의원(서울 종로구·중구, 신민당) 1979년 신민당 정책위원회 부의장 1985년 현실문제연구소 이사장 1985년 민주화추진협의회 통일문제특위위원장 1987년 평민당 대변인 1988년 同정책위원회 의장 1988년 제13대 국회의원(서울 중구, 평민당·신민당·민주당) 1988년 국회 문화공보위원장 1990년 평민당 총재사회담당특보 1991년 신민당 당무위원 1992년 제14대 국회의원(서울 중구, 민주당·새정치국민회의) 1992년 민주당 최고위원 1993년 同상임고문 1995~2000년 새정치국민회의 부총재 1996년 同선거대책위원회 공동의장 1996년 同서울中지구당위원장 1998년 한국야구위원회(KBO) 총재 2000~2004년 제16대 국회의원(서울 중구, 새천년민주당·열린우리당) 2000년 새천년민주당 최고위원 2001년 同상임고문 2002년 同최고위원 2002년 국민정치연구회 이사장 2002년 새천년민주당 중앙선거대책위원장 겸 집행위원장 2003년 同대표최고위원 2003년 한국장기협회 총재 2003년 열린우리당 상임고문 2005년 세계중소기업연

맹(WASEM) 제17차 세계대회조직위원회 대회장 2005년 미국 스탠퍼드대 아시아태평양연구소 객원연구원 2007년 열린우리당 상임고문 2007년 대통합민주신당 정동영 대통령후보 중앙선거대책위원회 최고고문 2008~2011년 민주당 상임고문 2010년 극동정보대학 석좌교수 2011년 민주통합당 상임고문 2013년 민주당 상임고문 2014년 새정치민주연합 상임고문 2015년 더불어민주당 상임고문 2016년 국민의당 상임고문(현) 2016년 필룩스 사외이사(현) ⓢ미국 미주리주립대 올해의 동문상·총동문회상 '북한의 통일전략연구' '암탉이 울어야 새벽이 온다' ㉲수필 '열린정치 열린생각' '새벽을 여는 젊은 정치' '유난히 큰 배꼽' '장면은 왜 수녀원에 숨었나' '21세기 희망의 프로젝트' ⓜ기독교

정대표(鄭大杓) JUNG Dae Pyo

ⓢ1956·6·27 ⓞ대구 ⓙ서울 서초구 법원로1길 402호 법무법인 심연(02-592-7200) ⓗ1975년 경북고졸 1979년 성균관대 법학과졸 1983년 同경영대학원졸 1985년 同대학원 법학과졸 ㉩1985년 사법시험 합격(27회) 1988년 사법연수원 수료(17기) 1988년 서울지검 동부지청 검사 1990년 마산지검 거창지청 검사 1992년 서울지검 남부지청 검사 1994년 부산지검 검사 1996년 수원지검 검사 1997~1998년 미국 스탠퍼드대 연수 1999년 서울지검 검사 2000년 인천지검 부부장검사 2000년 부산고검 검사 2001년 대전지검 천안지청 부장검사 2002년 대구지검 총무부장 2003년 인천지검 강력부장 2004년 대검찰청 마약과장 2005년 서울남부지검 형사4부장 2006년 서울북부지검 형사부장 2007년 부산지검 동부지청 차장검사 2008년 수원지검 성남지청 차장검사 2009년 울산지검 차장검사 2009년 부산지검 동부지청장 2010년 서울고검 형사부 검사 2011년 同송무부 검사 2012~2015년 한국소비자원 원장 2015년 법무법인 심연 대표변호사(현) 2015년 베리타스 사외이사(현) ⓢ대통령표창, 홍조근정훈장(2010)

정덕구(鄭德龜) CHUNG Duck Koo

ⓢ1948·11·1 ⓑ하동(河東) ⓞ충남 당진 ⓙ서울 영등포구 여의나루로53의2 원창빌딩801호 니어재단(02-783-7409) ⓗ1967년 배재고졸 1971년 고려대 경영학과졸 1983년 미국 위스콘신대 경영대학원졸 ㉩행정고시 합격(10회) 1972~1975년 국세청 행정사무관 1979~1987년 재무부 조세법규·재산세제·조세정책과장 1987~1989년 同자본시장·증권정책과장 1989년 駐영국 재무관 1992년 재무부 저축심의관·국제금융국장 1993년 同경제협력국장(이사관) 1994년 同금융실명단 부단장 1994년 同국제금융국장 1994년 재정경제원 대외경제국장 1996년 아시아유럽정상회의(ASEM)준비기획단 사업추진본부장 1996년 재정경제원 기획관리실장 1997년 同제2차관보, 同IMF협상 수석대표 1998년 재정경제부 차관 1998년 금융통화위원회 위원 1999~2000년 산업자원부 장관 2000년 새천년민주당 총재경제특보 2000~2004년 서울대 국제대학원 초빙교수 2001~2004년 同국제금융연구센터 소장 2003년 중국 베이징대 초빙교수 2003년 중국 인민대 객좌교수 2004년 열린우리당 민생경제특별대책위원장 2004~2007년 제17대 국회의원(비례대표, 열린우리당) 2005년 '한·중·일 3국간 환율협력 국제세미나' 조직위원장 2005~2008년 중국 인민대학 재정금융대학원 초빙교수 2006~2007년 국회 2014평창동계올림픽유치특별위원회 위원장 2007년 니어(NEAR)재단 이사장(현) 2007년 고려대 경영대학 초빙교수 2008년 제18대 국회의원선거 출마(당진, 한나라당) 2010년 국제회계기준(IFRS)재단 이사(현) 2013년 중국 사회과학원 정책고문 ⓢ홍조근정훈장(1993), 청조근정훈장(2002) ㉲'97년 이후의 한국경제' '키움과 나눔을 넘어서-한국경제의 미래설계' '한국을 보는 중국의 본심'(2010) '한국의 외교안보 퍼즐'(2013) '한국 경제, 벽을 넘어서'(2014) '한·일관계, 이렇게 풀어라'(2015) ⓜ기독교

정덕기(鄭德基) JUNG Duck Kee (重山)

ⓢ1936·3·18 ⓑ하동(河東) ⓞ충북 옥천 ⓙ대전 유성구 대학로99 충남대학교 국사학과(042-821-6311) ⓗ1954년 대전고졸 1963년 충남대 문리대 사학과졸 1966년 同대학원졸 1982년 문학박사(경희대) ㉩1958~1960년 공군사관학교 교관 1969~2001년 충남대 문과대 국사학과 교수 1976년 고려대 교환교수 1977년 충남대 신문사 주간 1982년 同새마을연구소장 1983년 同학생처장 1987년 호서사학회 회장 1989년 충남대 문과대학장 1993~1997년 同총장 1993~1997년 대전·충남지역총장협의회 회장 1994년 전국국립대총장협의회 부회장 1994년 한국대학교육협의회 수석부회장 1995년 同회장 1995년 충남대병원 이사장 1997년 충남사학회 회장 1997년 서울대 국사학과 교환교수 2000년 학교법인 혜정학원 이사장 2001년 충남대 명예교수(현) 2004년 충남역사문화원 원장 2007~2008년 충남역사문화연구원 원장 2008~2009년 전국鄭씨연합회 수석부총재 2008~2010년 하동鄭씨대종회 회장 2009년 대전시효실천운동본부 총재 ⓢ호서사학회 공로표창, 대전시 문화상, 교육부장관표창, 청조근정훈장, 한국교총회장표창 ㉲'한국근대농정사연구'(1982) '한국사회경제사연구'(1987) '한국사의 이해(共)'(1996) '한국사회경제사의 연구사적 고찰'(1998) ⓜ천주교

정덕모(鄭德謨) JUNG Deok Mo

ⓢ1957·9·12 ⓞ대구 ⓙ서울 강남구 영동대로517 아셈타워22층 법무법인 화우(02-6182-8301) ⓗ1975년 경북고졸 1979년 서울대 법과졸 ㉩1981년 사법시험 합격(23회) 1983년 사법연수원 수료(13기) 1983년 공군 법무관 1986년 서울형사지법 판사 1989년 서울민사지법 판사 1991년 대구지법 경주지원 판사 1993년 서울지법 동부지원 판사 1994년 서울고법 판사 1996년 대법원 재판연구관 2000년 수원지법 부장판사 2001년 미국 컬럼비아 로스쿨 객원연구원 2003년 서울중앙지법 부장판사 2005년 대전고법 부장판사 2006~2010년 서울고법 부장판사 2010년 법무법인 화우 파트너변호사(현) 2011년 디피씨㈜ 사외이사

정덕애(鄭德愛·女) CHUNG, DUK-AE

ⓢ1952·8·24 ⓙ서울 서대문구 이화여대길52 이화여자대학교 인문과학대학 영어영문학과(02-3277-2173) ⓗ1974년 이화여대 영어영문학과졸 1977년 同대학원 영어영문학과졸 1985년 문학박사(미국 뉴욕대) ㉩1985년 미국 Univ. of Wisconsin-river Falls 조교수 1986년 덕성여대 조교수·부교수 1998년 이화여대 인문과학대학 영어영문학과 교수(현) 2002~2004년 同인문과학대학장 2003년 법관임용심사위원회 위원 2014~2016년 이화여대 대학원장 2015년 대법원 감사위원회 초대위원장(현)

정덕준(鄭德俊) CHUNG Duk Joon

ⓢ1944·2·23 ⓑ동래(東萊) ⓞ전북 김제 ⓙ서울 성동구 광나루로130 서울숲IT캐슬1310호 (사)한민족문화교류협회(02-464-7708) ⓗ1964년 남성고졸 1968년 고려대 국어국문학과졸 1977년 同대학원졸 1984년 문학박사(고려대) ㉩1978년 고려대 강사 1979~1986년 우석대 전임강사·조교수·부교수 1986~2008년 한림대 국어국문학과 부교수·교수 1989년 미국 플로리다주립대 객원교수 1997년 안암어문학회 회장 1998년 한림대 교양교육부장 1999년 同인문대학장 2000년 한국문학이론과비평학회 회장 2001년 (사)한민족문화교류협회 회장(현) 2002년 한국언어문학회 회장 2004년 한국서사학회 회장 2006년 중국 요동대 교환교수 2008~2010년 중국 연태대 특임교수 2015년 카자흐스탄 국립대 초빙교수(현) ㉲'문학의 이해' '한국 현대소설 연구' '우리소설 어떻게 읽을 것인가' '조명희' '한국의 대중문학' '고교에서의 문학교육 어떻게 할 것인가' '중국조선족문학의 어제와 오늘' 'CIS 고려인문학사와 론' ⓜ천주교

정덕화(鄭德和) DUCK HWA CHUNG

ⓢ1950·7·16 ⓞ경남 ⓙ세종특별자치시 다솜로261 국무총리소속 식품안전정책위원회(044-200-2114) ⓗ1977년 경상대 농학과졸 1979년 同대학원졸 1986년 농학박사(충남대) ㉩1979~2015년 경상대 농업생명과학대학 식품공학과 부교수·교수·농업생명과학대학 농화학식품공학과 교수 1986~1988년 미국 미시간주립대 Post-Doc. 1989년 미국 위스콘신대 방문연구원 1990년 영국 요크대 방문연구원 1993·1995년 일본 동경이과대 생명과학연구소 방문연구원 2003년 한국식중독세균연구회 회장(현) 2005년 한국GAP연구회 회장(현) 2007~2009년 경상대 공동실험실습관장 2009년 同대학원장 2011년 전국GAP연합회 초대회장(현) 2014년 한국식품안전관리인증원 원장추천위원회 위원장 2015년 국무총리소속 식품안전정책위원회 민간위원협의회장(국무위원급)(현) ⓢ한국과학기술단체총연합회 우수논문상(1996), 한국식품안전성학회 학술상(2004), 식품의약품안전청장표창(2004), 국민포장(2005), 녹조근정훈장(2015)

정덕환(鄭德煥) JUNG Duk Hwan (형원)

ⓢ1946·2·5 ⓑ초계(草溪) ⓙ서울 ⓙ경기 파주시 소라지로195번길47의30 에덴복지재단 에덴하우스(031-946-7030) ⓗ1966년 성남고졸 1966년 연세대 입학 2000년 나사렛대 인간재활학과졸 2002년 연세대 명예졸업 2004년 同경영대학원 최고경영자과정(AMP) 수료 2010년 나사렛대 재활대학원 직업재활학과졸(석사) ㉩1965~1972년 유도 국가대표 1983년 사회복지법인 에덴복지재단 설립·이사장(현) 1996년 '장애인 먼저' 실천중앙협의회 자문위원(현) 1999년 RI KOREA(국제재활협회) 직업재활분과위원(현) 2003년 한국장애인고용촉진공단 자문위원(현) 2005년 한국사회복지법인대표이사협의회 이사(현) 2006년 WI(Workablility-International) ASIA 부회장 겸 WI KOREA 회장(현) 2008년 사랑의쌀나눔운동본부 자문위원(현) 2008년 한국보조기기산업협회 자문위원(현) 2009~2015년 한국장애인직업재활시설협회 회장 2009년 사회복지정치참여네트워크추진단 장애인복지지책위원(현) 2009년 경기북부사회적기업협회 고문·부회장(현) 2010년 한우리공동선실천연대 이사(현) 2010~2015년 보건복지부 중증장애인생산

품우선구매촉진위원회 위원 2012 고양시체육회 이사(현) 2012년 서울시구로구 장애인복지기금운영심의위원(현) 2014년 한국사회복지협의회 비상임이사(현) 2015년 (사)한국신체장애인복지 상임고문(현) 2015년 사랑의끈연결 국민운동본부 총재(현) 2016년 경기도장애인체육회 고문(현) [상]보건사회부장관표창(1981), 국민포장(1991), 「신 한국인」 선정(1993), 자랑스런 서울시민상(1994), 통일기반조성위원회 통일기반조성상(1996), 국민훈장 석류장(2000), 자랑스런 연세 사회복지인상(2001), 세계복음화협의회 자랑스런 장애인상(2001), 자랑스런 성남인상(2002), 제7회 일본 KAZUO ITOGA 재단 기념상(2003), 한국언론인협회 특별공로상(2007), 도산아카데미 도산봉사상(2008), 2009자랑스런 한국장애인상(2009) MBC사회봉사대상 본상(2010) 2011년을빛낸도전한국인상(2012) 우봉봉사상(2013) [저]'절망이 나를 흔들어도'(1986) '절망을 넘어서'(1989) '에덴21세기 글로벌전략과제'(2006) '자서전 행복공장이야기'(2014)

정덕흥(鄭德興) CHEONG Deok Heung

[생]1948·9·26 [출]경북 의성 [주]서울 강남구 영동대로517 아셈타워22층 법무법인 화우(02-6003-7117) [학]1967년 경북고졸 1972년 서울대 법대졸 1976년 同대학원 법학과 수료 [경]1974년 사법시험 합격(16회) 1976년 사법연수원 수료(6기) 1976~1979년 육군 법무관 1979년 청주지법 판사 1982년 인천지법 판사 1984년 서울지법 북부지원 판사 1986년 서울형사지법 판사 1986년 서울고법 판사 1990년 대법원 재판연구관 1991년 대구지법 부장판사 1993년 서울가정법원 수석부장판사 1996년 서울지법 부장판사 1998년 부산고법 부장판사 2000년 서울고법 부장판사 2001~2003년 법무법인 화백 변호사 2002~2005년 행정자치부 경찰위원회 위원 2002~2010년 금융감독원 금융분쟁조정위원 2002~2008년 서울중앙지법 조정위원 2002년 교육인적자원부 사립학교교직원급여재심위원회 위원장 2003~2012년 법무법인 화우 변호사 2005년 부패방지위원회 비상임위원 2005~2008년 국가청렴위원회 비상임위원 2012년 법무법인 화우 고문변호사(현) [저]'상법판례집'(1998) [종]천주교

정도성(鄭道成) CHUNG Do Sung

[생]1957·8·24 [주]서울 성북구 정릉로77 국민대학교 조형대학 공업디자인학과(02-910-4603) [학]국민대 조형대학 산업디자인학과졸, 일본 규슈토카이대 대학원 조형예술학과졸, 디자인학박사(동서대) [경]일본 도요구치 디자인연구소 근무, 울산대 전임강사, 국민대 산업디자인과 전임강사·조교수·부교수, 同조형대학 공업디자인학과 교수(현) 2006년 同조형대학장 2008~2011년 한국산업디자이너협회 부회장 2010~2014년 국민대 테크노디자인전문대학원장 2012년 同교무위원 2014년 (사)한국산업디자이너협회 회장(현)

정도성(鄭道成)

[생]1973·6·13 [출]서울 [주]제주특별자치도 제주시 남광북5길3 제주지방법원(064-729-2000) [학]1992년 용산고졸 1998년 서울대 사법학과졸 [경]1997년 사법시험 합격(39회) 2000년 사법연수원 수료(29기) 2000년 육군 법무관 2003년 서울지법 의정부지원 판사 2004년 의정부지법 판사 2005년 서울중앙지법 판사 2007년 광주지법 목포지원 판사 2009년 광주고법 판사 2012년 인천지법 판사 2013년 대법원 재판연구관 2015년 제주지법 부장판사(현)

정도언(鄭度彦) CHUNG Do Oen

[생]1948·2·7 [본]경주(慶州) [출]서울 [주]서울 강남구 도곡로194 일양약품(주) 회장실(02-570-3700) [학]1966년 삼선고졸 1970년 중앙대 약학과졸 1975년 고려대 경영대학원 수료 1990년 서울대 경영대학원 최고경영자과정 수료 1990년 연세대 경영대학원 최고경영자과정 수료 1991년 同행정대학원 고위정책과정 수료 [경]1974년 일양약품(주) 입사 1976년 同생산관리부장 1978년 同기획담당이사 1983년 同상무이사 1986년 同전무이사 1991년 同부사장 1994년 同대표이사 사장 1997년 同부회장 1997년 한국제약협회 부회장 1998년 일양약품(주) 대표이사 사장 2001년 同대표이사 회장 2013년 同회장(현) [상]농림수산부장관표창(1982), 보건복지부장관표창(1987), 산업포장(1995), 東巖藥의 賞 제약부문(2012) [종]불교

정도언(鄭道彦) JEONG Do Un

[생]1951·12·27 [출]대구 [학]1970년 경기고졸 1976년 서울대 의대졸 1983년 同대학원졸 1988년 의학박사(서울대) [경]1976년 해군 군의관 1979~1984년 서울대병원 인턴·레지던트 1984년 국립서울정신병원 과장 1985~1999년 서울대 의대 정신과학교실 전임강사·조교수·부교수 1991~2016년 서울대병원 수면의학센터장 1999~2016년 서울대 의대 정신과학교실 교수 1999~2003년 대한수면정신생리학회 회장 1999~2003년 한국정신분석학회 회장 1999~2003년 대한수면의학회 회장 2000~2002년 서울대병원 의학박물관장 2001년 同홍보실장 2002년 同병원보 편집인 2004~2016년 국제정신분석학회 정회원(국제공인정신분석가) 2004년 한국정신신체의학회 회장 2004년 국제정신분석학회 협력센터위원회 위원·아시아위원장 2007~2011년 서울대병원 역사문화센터 소장 2010~2011년 대한의용생체공학회 회장, 한국정신분석스터디그룹 회장 2013~2016년 국제정신분석학회 정신분석·정신건강분야위원회 위원 [상]정신의학학술상, 정신분석학회 학술상(2012), 의용생체공학상(2012) [저]'프로이트의 의자'(2009)

정도영(鄭濤泳)

[생]1967·8·12 [출]강원 원주 [주]경기 의정부시 녹양로34번길23 의정부지방법원(031-828-0114) [학]1986년 원주 대성고졸 1994년 서울대 공법학과졸 [경]1994년 사법시험 합격(36회) 1997년 사법연수원 수료(26기) 1997년 광주지법 판사 1999년 同순천지원 판사 2001년 수원지법 여주지원 판사 2004년 서울중앙지법 판사 2007년 서울북부지법 판사 2009년 서울고법 판사 2010년 서울중앙지법 판사 2012년 서울가정법원 판사 2014년 청주지법 부장판사 2016년 의정부지법 부장판사(현)

정도원(鄭道源) CHUNG Do Won

[생]1947·3·22 [출]서울 [주]서울 종로구 종로1길42 이마빌딩15층 (주)삼표 회장실(02-460-7026) [학]1965년 경복고졸 1970년 미국 위스콘신주립대 금속학과졸 [경]1975년 강원산업 이사 1977년 同상무이사 1981년 同전무이사 1982년 同부사장 1989~1995년 同사장 1990~2000년 同부회장 1993년 정인욱학술장학재단 이사장(현) 2000년 (주)삼표 회장(현) 2001~2004년 한국골재협회 회장 [종]기독교

정도현(鄭道憲) JUNG Do Heon (周峰)

[생]1944·10·17 [출]충북 제천 [주]서울 중구 장충단로166 종이나라빌딩7층 (주)종이나라(02-2267-9300) [학]1983년 한국방송통신대졸 1992년 서울대 공대 최고산업전략과정 수료 1999년 명예 경영학박사(미국 Lincoln대) 2001년 서울대 경영대학원 최고경영자과정 수료 [경]1972년 한국색채사 설립·대표 1989년 한국종이접기협회 설립·이사장 1992~2001년 同회장 1995년 국제로타리 3650지구 서울성동로타리클럽 회장 1995~2001년 한국문구성실신고회원조합장 1996년 도서출판 종이나라 회장 1996년 유망중소기업 선정 1996년 국민은행 비상임이사 1997년 서울핸즈 대표 1997년 (주)종이나라 대표이사 회장(현) [상]대통령표창(1993), 철탑산업훈장(1999), 국제문구전시회 신제품경진대회 대상(2000) [종]기독교

정도현(鄭道鉉) JUNG Do Hyun

[생]1957·4·9 [출]부산 [주]서울 영등포구 여의대로128 LG트윈타워 서관12층 LG전자(주) 임원실(02-3777-3434) [학]1976년 경남고졸 1981년 서울대 경영학과졸 [경]1983년 (주)LG 기획조정실 입사 1992년 LG상사(주) LA지점 근무 1997년 (주)LG 회장실 재무팀 근무 2000년 同구조조정본부 상무보 2003년 同사업개발팀장(상무) 2004년 同최고재무책임자(상무) 2005년 同재경팀장(부사장) 2008년 LG전자(주) 최고재무책임자(CFO·부사장) 2014년 同최고재무책임자(CFO·사장) 2014년 同재무·회계부문 각자대표이사 사장(현) 2015년 同경영지원총괄 및 CFO 겸임(현) [상]금탑산업훈장(2016)

정도현

[생]1976·7·11 [출]서울 [주]세종특별자치시 다솜2로94 해양수산부 창조행정담당관실(044-200-5013) [학]1995년 반포고졸 2000년 연세대 행정학과졸 2008년 미국 피츠버그대 국제관계·공공정책대학원 공공정책 및 행정학과졸(MPPM) [경]2001~2006년 해양수산부 해양정책과·해양환경과·수산정책과 사무관 2006~2008년 미국 피츠버그대학교 국제관계·공공정책대학원 연수 2008~2010년 국토교통부 항만운영과·종합교통정책과 서기관 2010~2011년 대통령직속 녹색성장위원회 기후변화정책과장 2011~2015년 駐알제리대사관 참사관(국토해양관) 2015년 해양수산부 해양물류국 항만운영과장 2016년 同창조행정담당관(현) [상]대통령표창(2009), 외교부장관표창(2014), 해외건설협회 자랑스러운 해외건설 외교관상(2014) [저]'탄소, 사고팔 준비가 되었나요?(共)'(2012, 도요새)

정동교(鄭東敎) JUNG Dong Gyo

⊛1958·5·15 ⊜강원 삼척 ㈜강원 원주시 세계로2 한국광해관리공단 광해사업본부(033-902-6400) ⓗ삼척공고졸, 청주대 자원공학과졸 ⊘산업자원부 자원정책실 사무관, 同강원도탄광지역개발과 개발사업담당 2006년 광해방지사업단 광해관리본부 수질개선팀장 2007년 同강원지역본부장 2008년 한국광해관리공단 강원지역본부장 2008년 同경인지역본부장 2008년 同광해사업본부 사업기획실장 2009년 同영남지사장 2012년 同정책지원실장 2013년 同강원지사장 2015년 同광해사업본부장(상임이사)(현)

정동구(鄭東求) CHUNG Tong Gu (靑雲)

⊛1942·3·20 ⓑ경주(慶州) ⊜충남 홍성 ㈜서울 송파구 오금로36길38 (사)태평양아시아협회(02-563-4123) ⓗ1962년 성북고졸 1966년 중앙대 문리대학 체육학과졸 1977년 단국대 대학원 체육학과졸 1991년 명예 체육학박사(러시아 모스크바 레닌중앙체육대) 1992년 이학박사(명지대) 1992년 명예 체육학박사(멕시코 과달라하라대) ⊘1974~1977년 레슬링 국가대표팀 전임코치 및 몬트리올올림픽 코치 1977~2007년 한국체육대 체육학과 교수 1983년 미국 펜실베이니아주립대 연구교수 1988~1992년 한국체육대 총장 1989년 두이스브르크 유니버시아드대회 한국선수단장 1989~1993년 대한체육회 이사·KOC 상임이사 1990~1997년 한국대학아마추어레슬링연맹 회장 1991년 서울올림픽기념체육진흥공단 이사 1991년 아시아대학스포츠연맹 수석부회장 1993년 중국 북경체육대 객원교수 2000~2003년 한국올림픽성화회 회장 2000년 한국체육단체연합 공동대표 2000년 아시아대학스포츠연맹 회장 2000~2004년 국민생활체육전국우드볼연합회 회장 2002년 서울시장직인수위원회 위원 2002년 한나라당 국체자문위원 2003년 서울시체육회 부회장 2007년 한국체육대 명예교수(현) 2008년 (사)태평양아시아협회 회장(현) 2010~2013년 (재)체육인재육성재단 이사장 2016년 (재)K스포츠재단 이사장 ⊛체육훈장 기린장(1976), 체육훈장 거상장(1977), 서울시문화상(1992), 황조근정훈장(2007), 대한민국체육상 공로상(2014) ㉠'레슬링'(1981) '투기' '스포츠를 위한 인간승리'(1999) ⊛기독교

정동권(鄭東權) JEONG Dong Gweon

⊛1953·8·30 ⊜경남 남해 ㈜경기 안양시 만안구 삼막로155 경인교육대학교 수학교육과(031-470-6231) ⓗ1981년 건국대 수학과졸 1983년 同대학원 수학과졸 1992년 이학박사(건국대) ⊘1984년 인천교육대·건국대 강사 1985~2003년 인천교육대 수학교육과 전임강사·조교수·부교수·교수 1995~1997년 同신문방송센터 소장 1998~2001년 국정도서편찬위원회 위원 1998~2008년 대한수학교육학회 경인지회장 1999~2001년 인천교육대 과학교육연구소장 1999~2001년 전국교육대학교과학교육연구소장협의회 회장 2003년 경인교육대 수학교육과 교수(현) 2003~2005년 同교무처장 2003~2005년 전국교육대학교교무처장협의회 회장 2003년 경기도교육청 자문위원 2004~2006년 인천시교육청 자문위원 2004년 한국수학교육학회 부회장 2005~2007년 한국초등수학교육학회 회장 2007~2009년 국정도서편찬위원회 위원 2008~2010년 대한수학교육학회 부회장 2009~2013년 경인교육대 총장 2010~2011년 전국교육대학교총장협의회 부회장

정동기(鄭東基) CHUNG Tong Gi (志山)

⊛1953·8·17 ⓑ하동(河東) ⊜서울 ㈜서울 강남구 테헤란로92길7 바른빌딩 법무법인 바른(02-3479-2423) ⓗ1972년 경동고졸 1976년 한양대 법대졸 1978년 同대학원 법학과졸 1998년 법학박사(한양대) ⊘1976년 사법시험 합격(18회) 1978년 사법연수원 수료(8기) 1978년 공군 법무관 1981년 서울지검 북부지청 검사 1981년 전주대 강사 1983년 부산지검 울산지청 검사 1985년 일본 UNAFEI 연수 1986년 대구지검 검사 1987년 법무부 검사 1989년 영국 케임브리지대 수학 1989년 서울지검 고등검찰관 1990년 청주지검 영동지청장 1991년 대구지검 경주지청 부장검사 1992년 창원지검 형사2부장 1993년 대구지검 특수부장 1993년 법무부 검찰4과장 1995년 同국제법무심의관 1996년 부산지검 형사부장 1997년 서울지검 공판부장 1998년 同형사5부장 1998년 同형사3부장 1999년 同동부지청 차장검사 2000년 인천지검 제1차장검사 2001년 서울고검 공판부장 2002년 同형사부장 2003년 법무부 보호국장 2004년 대구지검장 2005년 인천지검장 2006년 대구고검장 2006년 법무부 차관 2007년 대검찰청 차장검사 2007~2008년 제17대 대통령직인수위원회 법무행정분과위원회 간사 2008년 법무법인 바른 공동대표변호사 2008~2009년 대통령 민정수석비서관 2009~2011년 정부법무공단 이사장 2011년 법무법인 바른 고문변호사(현) 2013년 한양대 정책학과 석좌교수·특훈교수(현) 2014~2016년 롯데케미칼 사외이사 2016년 대원전선 사외이사(현) ⊛홍조근정훈장(2002), 자랑스러운 한양인(2006), 황조근정훈장(2007) ㉠'보안처분제도론'(2000) ⊛천주교

정동기(鄭東畚) JUNG Dong Kee

⊛1960·2·17 ⊜강원 원주 ㈜강원 원주시 지정면 질마재로65 동진건설(주)(033-747-7784) ⓗ대성고졸, 강원대 건축공학과졸 ⊘동신중공업 근무, 동진건설(주) 대표이사(현), 대한건설협회 강원도회 간사, 同강원도회 대표회원(현) 2012~2015년 同강원도회 회장 2012년 강원도육상경기연맹 회장 ⊛불교

정동만(鄭東萬)

⊛1965·7·18 ㈜부산 연제구 중앙대로1001 부산광역시의회(051-888-8155) ⓗ부산사대부고졸, 대구대 산업복지학과졸, 부산대 대학원 경영학과졸 ⊘부산기장청년회의소(JC) 회장, 민주평통 기장군협의회 자문위원(현) 2007~2010년 기장문화원 이사 2009~2010년 기장군축구연합회 회장, 同고문(현) 2010~2014년 부산시 기장군의회 의원(무소속) 2014년 새누리당 부산시당 부대변인(현) 2015년 부산시의회 의원(재선거 당선, 새누리당)(현) 2016년 同기획행정위원회 위원(현) 2016년 同예산결산위원회 위원(현)

정동명(鄭東明) Jeong Dong Myeong

⊛1963·7·20 ⓑ동래(東萊) ⊜부산 ㈜대전 서구 한밭대로713 통계개발원 연구기획실(042-366-7101) ⓗ1982년 대구 대건고졸 1988년 경북대 통계학과졸 1991년 同대학원 통계학과졸 1996년 이학박사(경북대) ⊘1998~2008년 통계청 사무관 2009년 同농어촌통계과장 2010년 同통계심사과장 2011~2012년 同사회통계기획과장 2013년 同대변인 2015년 同통계정책국 통계정책과장 2016년 同통계정책국 통계정책과장(부이사관) 2016년 同통계개발원 연구기획실장(현)

정동민(鄭東敏) CHONG Dong Min

⊛1960·6·10 ⊜부산 ㈜서울 강남구 테헤란로92길7 법무법인 바른(02-3479-2695) ⓗ1979년 부산 금성고졸 1983년 고려대 법학과졸 ⊘1984년 사법시험 합격(26회) 1987년 사법연수원 수료(16기) 1990년 부산지검 검사 1992년 창원지검 충무지청 검사 1993년 대검찰청 검찰연구관 1995년 서울지검 검사 1999년 울산지검 부부장검사 1999년 대구지검 영덕지청장 2000년 서울지검 남부지청 부부장검사 2001년 제주지검 부장검사 2002년 청주지검 부장검사 2002년 대구지검 공안부장 2003년 수원지검 공안부장 2004년 대검찰청 공보담당관 2005년 서울중앙지검 금융조사부장 2006년 광주지검 순천지청 차장검사 2007년 부산지검 2차장검사 2008년 서울동부지검 차장검사 2009년 광주지검 차장검사 2009년 대검찰청 공판송무부장 2010년 전주지검장 2011년 대전지검장 2012년 서울서부지검장 2013년 법무부 출입국·외국인정책본부장 2014년 법무법인 바른 변호사(현) 2015년 IOM이민정책연구원 비상임이사(현) 2016년 (주)동양 사외이사(현)

정동선(鄭東善) CHEONG Dong Seon

⊛1958·11·4 ⓑ진주(晋州) ⊜전북 장수 ㈜경기 수원시 권선구 권중로46 경기도시공사 주거복지본부(031-220-3227) ⓗ1977년 전주 해성고졸 1986년 전북대 건축공학과졸 1999년 서울대 경영대학원 EC전문가과정 수료 2000년 연세대 공학대학원 건축공학과졸 2003년 한양대 환경대학원 환경경영정책과정 수료 2005년 연세대 공학대학원 테크노경영최고위과정 수료 2006년 미국 스탠퍼드대 전략경영과정(SAPM) 수료 2009년 아주대 산업대학원 최고지식경영자과정 수료 2010년 서울대 경영대학원 공기업고급경영자과정 수료 2012년 아주대 대학원 도시개발학과 박사과정 수료 ⊘1986~1994년 한국전기통신공사 입사·과장 1994~1997년 (주)신세기통신 차장 1997년 경기지방공사 사업계획팀장 2004년 同감사팀장 2005년 同택지사업처장 2006년 同뉴타운사업처장 2007년 경기도시공사 주택사업처장 2010년 同지역협력처장 2012년 同주택사업처장(2급) 2014년 同주택사업처장(1급) 2015년 同주거복지본부장(현) ⊛행정자치부장관표창(2004·2005), 경기도의회 의장표창(2006) ⊛천주교

정동수(鄭東洙) CHUNG Dong Soo

⊛1945·9·24 ⓑ동래(東萊) ⊜서울 ⓗ1963년 서울고졸 1970년 서울대 상과대학졸 1985년 미국 위스콘신대 대학원 공공정책학과졸 ⊘1972년 행정고시 합격(11회) 1981년 재무부 기획예산담당관 1982년 경제기획원 투자심사2과장 1986년 同문교예산담당관 1987년 재무부 외자정책과장 1989년 同외환정책과장 1990년 국무총리행정조정실 재경심의관 1991년 재무부 공보관 1992

년 同보험국장 1993년 同감사관 1994년 同경제협력국장 1994년 재정경제원 예산실 총괄심의관 1996년 중앙공무원교육원 파견 1997년 한나라당 정책위원회 재경전문위원 1998년 예산청 차장 1999년 기획예산처 기획관리실장 2000~2002년 환경부 차관 2003~2014년 상명대 경영대학 금융경제학과 석좌교수 2003~2007년 금융발전심의회 위원 2004~2008년 한국정보통신기술협회 이사장 2004~2008년 대한무역투자진흥공사(KOTRA) 비상임이사 2005~2008년 국민은행 이사회 의장 2009~2014년 환경부 정책평가위원회 위원장 2009~2015년 교보증권(주) 사외이사 겸 감사위원 2010년 국가경영전략연구원(NSI) 수요정책포럼 대표 2011~2014년 同원장 2014~2016년 한국환경공단 비상임이사 [상]황조근정훈장(2003)

정동수(鄭東洙) CHUNG Tong Soo

[생]1955·8·31 [출]서울 [주]서울 강남구 테헤란로518 섬유센터12층 법무법인 율촌(02-528-5216) [학]1972년 미국 헐리우드고졸 1973년 미국 필립스아카데미 앤도버졸 1977년 미국 하버드대(Harvard Univ.) 사회학과졸 1980년 미국 프린스턴대(Princeton Univ.) 우드로윌슨국제행정대학원 국제행정학과졸 1984년 법학박사(미국 UCLA) [경]1979년 세계은행 방글라데시담당 경제분석가 1980년 미국 Exxon Corp. 금융분석가 1983년 미국 한미연합회 창립회장 1984~1986년 미국 'Whitman & Ransom' 법률사무소 변호사 1986~1993년 'Kim, Chung & Lim' 법률사무소 파트너변호사 1988년 미국 로스앤젤레스 군(country)기업위원회 위원 1989년 미국 캘리포니아주 경제발전위원회 아시아담당 자문위원 1991년 미국 로스앤젤레스시 소방경찰연기금운영위원회 이사 1992년 同산하 투자소위원회 위원장 1992년 미국 캘리포니아주 고등교육위원회 위원 1994년 미국 국제무역청 수출지원조정국장 1995년 同전략수출지원실장 2000~2001년 同금융및서비스업담당 부차관보(서리) 2001년 미국 메릴랜드토탈솔루션컨설팅 사장 2001년 미국 한미연합회 Washington D.C.지부 이사장 2001~2004년 맥스텔레콤 감사·이사·고문 2003~2004년 법무법인 일신 외국고문변호사 2003~2004년 서울시 서울국제금융센터 자문위원 2003년 USO(United Service Organization) 이사 2003년 미국 'Lim, Ruger & Kim' 법률사무소 고문 2004~2006년 대구시 투자유치자문관 2004~2006년 법무법인 율촌 상임고문 2005년 대한상사중재원 중재인(현) 2006~2010년 대한무역투자진흥공사(KOTRA) 인베스트코리아단장 2010년 법무법인 율촌 고문(현) 2012년 라이나생명 사외이사(현) 2014년 한국광물자원공사 비상임이사(현) 2015년 경기도 투자유치자문단장(현) [상]국무총리표창(1988) [종]기독교

정동식(鄭東植)

[생]1957·4·30 [출]부산 [주]대구 달서구 달구벌대로259길15 성서경찰서 서장실(053-580-0210) [학]1986년 부산대 행정학과졸 2007년 영남대 대학원 법무행정학과졸 [경]1987년 경위 임용(경찰간부후보 35기) 2010년 경북지방경찰청 홍보담당관(총경) 2011년 경북 의성경찰서장 2013년 경북지방경찰청 경비교통과장 2014년 경북 고령경찰서장 2015년 대구지방경찰청 청문감사담당관 2016년 대구 성서경찰서장(현)

정동영(鄭東泳) Chung, Dong-Young

[생]1953·7·27 [본]동래(東萊) [출]전북 순창 [주]서울 영등포구 의사당대로1 국회 의원회관906호(02-784-9540) [학]1971년 전주고졸 1979년 서울대 국사학과졸 1988년 영국 웨일즈대 대학원 저널리즘학과졸 [경]1974년 유신반대 긴급조치 위반으로 구속 1978년 문화방송 입사 1980년 同정치부 기자 1983년 同뉴스데스크 보조앵커 1986년 同0시뉴스 앵커 1989년 同LA특파원 1993년 同통일전망대 앵커 1994년 同뉴스데스크 앵커 1996년 국민회의 당무위원 1996년 제15대 국회의원(전주시 덕진구, 국민회의·새천년민주당) 1996·1998~1999년 국민회의 대변인 2000년 새천년민주당 대변인 2000~2004년 제16대 국회의원(전주시 덕진구, 새천년민주당·열린우리당) 2000년 한국인터넷정보학회 초대회장 2000년 새천년민주당 최고위원 2001년 同상임고문 2002년 同중앙선거대책위원회 공동위원장 2003년 다보스포럼 노무현대통령당선자 특사 2003년 열린우리당 영입추진위원장 2004년 同의장 2004년 同선거대책위원회 공동위원장 2004~2005년 통일부 장관 2004~2005년 국가안전보장회의(NSC) 상임위원장 겸임 2005년 광복60주년기념사업추진위원회 정부위원 2005년 열린우리당 상임고문 2006년 건국대 언론홍보대학원 겸임교수 2006년 열린우리당 의장 2006~2007년 同상임고문 2007년 대통합민주신당 제17대 대통령 후보 2008년 민주당 서울동작구乙지역위원회 위원장 2008년 同상임고문 2008년 미국 듀크대 연수 2009년 제18대 국회의원(전주시 덕진구, 무소속·민주당·민주통합당) 2010~2011년 민주당 상임고문 2010~2011년 同최고위원 2011년 민주통합당 상임고문 2012년 제19대 국회의원선거 출마(서울 강남구乙, 민주통합당) 2012년 민주통합당 문재인 대통령후보 선거대책위원회 '미래캠프' 산하 남북경제연합위원회 위원장 2013년 민주당 상임고문 2014~2015년 새정치민주연합 상임고문 2014년 同6.4지방선거대책위원회 공동위원장 2015년 4.29재보선 국회의원선거 출마(서울 관악구乙, 무소속) 2016년 제20대 국회의원(전주시丙, 국민의당)(현) 2016년 국민의당 전주시丙지역위원회 위원장(현) 2016년 국회 국토교통위원회 위원(현) 2016년 한국아동인구환경의원연맹(CPE) 부회장(현) 2016년 국회 미래일자리특별위원회 위원장(현) 2016년 국회 동북아평화·협력의원외교단 단장(현) [상]백봉라용균선생기념사업회 백봉신사상(2000), 한국언론인연합회 올해의 정치인(2001) [저]에세이 '개나리 아저씨' '개성역에서 파리행 기차표를'(2007) '중산층 나라를 만들겠습니다'(2007) '트위터는 막걸리다'(2010, 리북) '10년 후 통일'(2013) '정동영 아저씨의 한반도 통일 이야기'(2014, 청년사) [종]천주교

정동우(鄭東祐) CHUNG Dong Woo

[생]1953·6·25 [본]진양(晋陽) [출]경남 마산 [주]서울 광진구 능동로120 건국대학교 문과대학 미디어커뮤니케이션학과(02-450-4189) [학]1978년 경북대 국어국문학과졸 1981년 연세대 대학원졸 1993년 미국 미주리대 연수 2001년 동국대 언론정보대학원졸 2007년 언론학박사(한국외국어대) [경]동아일보 입사 1981년 同사회부 기자 1994년 同국제부 기자 1996년 同홍콩특파원 1998년 同사회부 차장 2000년 同사회부 부장대우 2001년 同이슈부장 2001년 同사회2부장 2002년 同사회1부장 2004년 同편집국 부국장 2005~2008년 同편집국 전문기자 2008~2013년 건국대 언론홍보대학원 교수 2010~2012년 同KU미디어센터장 2011~2012년 同언론홍보대학원장 2013년 同문과대학 미디어커뮤니케이션학과 교수(현) 2015년 언론중재위원회 상반기 재·보궐선거 기사심의위원회 위원 2015년 포털뉴스제휴평가위원회 위원(현) [상]한국기자상(1986·1988), 삼성언론상(1996) [저]'한달에 200만원으로 해외에서 귀족으로 사는 법'(2005, 이지북) [종]천주교

정동욱(鄭東旭) CHUNG Dong Wook (廷山)

[생]1949·8·22 [본]경주(慶州) [출]충북 충주 [주]서울 종로구 종로5길58 석탄회관6층 법무법인 케이씨엘(02-721-4471) [학]1967년 경기고졸 1971년 서울대 법대졸 1973년 同대학원 법학과졸 2004년 성균관대 대학원 법학 박사과정 수료 [경]1972년 사법시험 합격(14회) 1974년 사법연수원 수료(4기) 1974~1976년 공군 법무관 1975년 숭전대 법경대학 강사 1977~1986년 부산지검·전주지검 군산지청·수원지검 인천지청·법무부 법무심의관실 검사 1986년 청주지검 제천지청장 1987년 부산지검 총무부장 1988년 대검찰청 검찰연구관 1989년 同공안3과장 1990년 同공안2과장 1990년 同공안1과장 1991년 법무부 법무과장 1993년 서울지검 동부지청 형사3부장 1993년 법무부 법무심의관 1994년 창원지검 진주지청장 1995년 부산지검 동부지청 차장검사 1996년 서울지검 동부지청 차장검사 1997년 인천지검 부천지청장 1998~2002년 서울고검 검사 2003~2013년 삼성전자·중소기업중앙회 법률고문 2003~2005년 김장리법률사무소 변호사 2004년 여성부·서울시의회·로만손·벽산건설 고문 2005년 법무법인 케이씨엘 고문변호사(현) [상]홍조근정훈장(1992) [저]'민법총칙'(1972, 삼영사) '민법(상·하)'(1973, 삼영사) '민사소송법'(1975, 삼영사) '법학의 이해'(1997, 세경사) [작]계간 '경영법무' 시평 고정집필 [종]기독교

정동윤(鄭東允) CHUNG Dong Yun (鶴雲)

[생]1937·12·7 [본]영일(迎日) [출]경북 영천 [학]1956년 경주고졸 1961년 고려대 법대졸 1971년 同대학원졸 1985년 경영학박사(명지대) [경]1966년 예편(공군 중위) 1966~1978년 보험공사 해외지사장·사업부장 1978년 안국화재해상보험 상무이사 1980~1985년 대한해운공사 부사장 겸 대한선주콘테이너(주) 대표이사 1980~1987년 손해사정사회 회장 1986년 배재대 교수 1987년 제12대 국회의원(전국구, 민주정의당) 1988년 제13대 국회의원(영천, 민주정의당·민주자유당) 1990년 민자당 제1정책조정실장 1990년 同영천지구당 위원장·정책위원회 부의장 1992~2002년 배재대 경영학과 교수 1992년 세정연구소 대표 1996년 무당파국민연합 최고위원 1996년 同영천지구당 위원장 1998~2000년 배재대 사회대학장, 한국보험공사 보험사업본부장, 대한해운공사 부사장 2002~2005년 한국지역난방공사 사장 2005년 4.30재보궐 국회의원선거 출마(경북 영천, 열린우리당) 2008~2012년 극동대 석좌교수 2013~2014년 학교법인 동북학원 이사장 [상]재무부장관표창, 과학기술부장관표창, 한국경영대상(2003), 고객만족경영대상 최고경영자상(2004) [저]'해운기법 수익성 분석론' '배상책임보험해설' '기업의 국제화와 그 대응전략' '두 물이 하나되어 정책론집' '보험회사의 투자관리방안' [종]기독교

정동윤(鄭東潤) Chung Dong Yoon (荷邨)

[생]1939 · 4 · 3 [본]경주(慶州) [출]충북 충주 [주]서울 중구 세종대로9길42 (주)부영(02-3374-5546) [학]1957년 청주고졸 1963년 서울대 법대 법학과졸 1971년 同대학원 법학과졸 1977년 법학박사(서울대) [경]1959년 고등고시 행정과 합격(11회) 1962년 고등고시 사법과 합격(14회) 1964~1975년 서울민사지법 · 서울형사지법 판사 1972~1973년 대전지법 판사 1975~1978년 대법원 재판연구관 1978~1980년 서울고법 판사 1979~1980년 광주지법 장흥지원장 1980년 사법시험 · 행정고등고시 · 변리사시험 시험위원 1981년 변호사 개업 1982~2004년 고려대 법학과 교수 1994~1996년 한국상사법학회 회장 · 고려대 법학연구소장 1994~2005년 법무법인 티엘비에스 대표변호사 1996~2000년 KBS 이사 1997~2001년 서울시 도시계획위원 1998년 한국민사소송법학회 회장 1999~2008년 공정거래위원회 약관심사자문위원회 위원 1999년 한국기업지배구조개선위원회 위원 2000~2002년 고려대 법과대학장 겸 법무대학원장 2001~2002년 전국법과대학장협의회 회장 2002~2004년 법무부 사법시험관리위원회 위원 2004년 학교법인 국제법률경영대학원대(TLBU) 이사(현) 2004년 인촌상 심사위원 2005년 고려대 명예교수(현) 2005~2014년 법무법인 충정 변호사 · 고문변호사 2005~2006년 법무부 회사법개정위원회 위원장 2006~2008년 한국민사집행법학회 회장 2006년 대한민국학술원 회원(법학 · 현) 2006~2011년 서울시인사위원회 위원(부위원장) 2008~2014년 한국상장회사협의회 감사업무자문위원회 위원장 2008~2014년 공정거래위원회 약관심사자문위원회 위원장 2008년 (주)부영 법률고문(현) 2010년 서울사이버대 석좌교수(현) [상]녹조근정훈장(2004), 국민훈장 모란장(2014) [저]'폐쇄회사의 법리'(1982) '민사소송법'(1995) '상법 총칙 · 상행위법'(1996) '회사법'(2001) '상법上 · 下'(2003) '어음수표법'(2004) [종]천주교

정동준(鄭東俊) CHUNG Dong Joon (安岩)

[생]1932·2·1 [본]경주(慶州) [출]경기 안성 [주]서울 서초구 서초대로54길9의10 인사관리회관402호 전국한자교육추진총연합회 서초구지회(02-598-7575) [학]1960년 미국 매릴랜드대 미국문학과 수학 1961년 국민대졸 1967년 서울대 행정대학원졸 1971년 同경영대학원 경영자과정 수료 1974년 건국대 대학원 행정학 박사과정 수료 1980년 서울대 행정대학원 국가정책과정 수료 1981년 행정학박사(건국대) 1990년 숭실대 노사관계대학원 중퇴 [경]1953~1967년 육군본부·국방부 인사국 인사장교·국제체육계장·국제군인체육회 한국대표 1959년 미국 육군행정학교 인사관리 교관 1967년 예편(육군 소령) 1967~1990년 모토로라코리아(주) 전무·직업훈련원장·의료보험조합 대표이사 1974~1991년 한양대 행정대학원·사범대학·연세대 교육대학원·중앙대 평생교육원·국민대 강사 1974년 한국인사관리자협회 회장(현) 1978~1998년 미국 인적자원관리협회(SHRM) 한국지회장 1990~1994년 한국윌리암엠머서(주) 대표이사 사장 1993년 서울지방노동위원회 사용자위원 1995년 에치알센터(인사원) 대표·사무총장(현) 1996년 (주)포스코휼스 부사장 1997년 한국노동교육원 객원교수 1998년 (주)퍼소나코리아 고문 1998년 홍익인간교육원 교수 1999년 한국롱프랑로라제약(주) 수석부사장 1999~2007년 중앙노동위원회 사용자위원 2001년 동환산업(주) 부사장 겸 상임지식고문(현) 2003~2005년 한국청소년인성문화추진회 상임고문 2004년 동작노인종합복지관 공익강사 2005~2009년 서초노인종합복지관 한문강사 2007~2008년 한국노동교육원 초빙교수 2009년 (사)전국한자교육추진연합회 서초구지회장(현) 2009년 한국마이크로소프트 어르신온라인창업아카데미 이수 2010~2011년 한우리정보문화센터 한우리문화대학 교수 2010년 서울행정법원 통역자원봉사자(현) [상]경기도지사표창(1949), 육군 제5군단장표창(1956), 수도사단장표창(1956), 육군참모총장표창(1957·1958), 월남 제1등명예훈장(1965), 국무총리표창(1966), 보건사회부장관표창(1971·1974), 성동구청장표창(1971·1977), 대통령표창(1975), 서울시장표창(1978), 미국 모토로라회장표창(1983), 노동부 노동연수원장표창(1987), 한국일보사장상(1987), 노동부장관표창(1988), 한국노동연구원장표창(2000), 한국노동조합총연맹위원장표창(2000) [저]'국제군인체육회와 한국'(1966) '직무관리' '직무평가훈련교범'(1967) '중소기업을 위한 인사관리'(1980) '인사관리비교연구'(1981) 'Globalization of Human Resources Management'(1992) '常用漢字－ 韓·中·日 通用漢字 8008字'(2014) [역]'창업에의 길'(1982) '인사시스템체계 매뉴얼'(1989) [작]'통역장교5기 임관 제60주년기념 회고록' [종]기독교

정동창(鄭東昌) JEONG Dong Chang

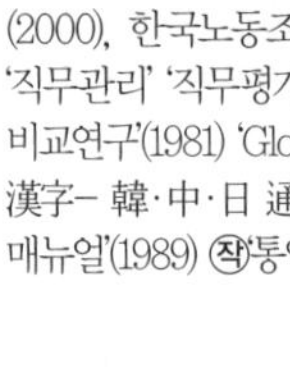

[생]1959·3·13 [출]경북 영덕 [주]서울 구로구 경인로46길51 귀뚜라미에너지 사장실(02-2680-4701) [학]1977년 대륜고졸 1982년 고려대 경영학과졸 1983년 同대학원 행정학과졸 2001년 영국 서리대 경영대학원졸(MBA) [경]1991년 행정고시 합격(34회) 1997년 중소기업청 자금지원과 서기관 2002년 同대전충남지방사무소장 2003년 同판로지원과장 2004년 同해외시장과장 2005년 同인력지원과장 2005년 산업자원부 유통물류과장 2006년 同산업환경팀장 2007년 同섬유생활팀장 2008년 지식경제부 미래생활섬유과장 2009년 同기획재정담당관(부이사관) 2011년 同방산물자교육지원센터장(파견) 2013~2014년 산업통상자원부 산업기반실 지역경제정책관 2014년 포스코 ER실장(전무) 2016년 강남도시가스 대표이사 사장 2016년 귀뚜라미에너지 대표이사 사장(현)

정동채(鄭東采) CHUNG Dong Chea

[생]1950·5·29 [본]하동(河東) [출]광주 [학]1969년 광주 살레시오고졸 1977년 경희대 국어국문학과졸 1982년 미국 템플대 신문대학원 수료 [경]1976~1980년 합동통신 기자 1981~1983년 미국 필라델피아 자유신문 기자 1983~1987년 미국 워싱턴 한국인권문제연구소 김대중이사장 공보비서 1988~1993년 한겨레신문 정치부 차장·여론매체부장·생활환경부장·논설위원 1993~1995년 아·태평화재단 김대중이사장 비서실장 1995년 국민회의 총재비서실장 1996년 제15대 국회의원(광주 西, 국민회의·새천년민주당) 1999년 국민회의 기획조정위원장 1999년 제7차 아시아·태평양의회포럼(APPF) 한국대표단장 2000년 새천년민주당 대표비서실장 2000~2004년 제16대 국회의원(광주 西, 새천년민주당·열린우리당) 2000년 새천년민주당 기획조정실장 2000년 同광주시지부장 2002년 同노무현 대통령후보 비서실장 2002년 同노무현 대통령후보 정무특보 2003년 열린우리당 홍보위원장 2004년 同홍보기획단장 2004~2008년 제17대 국회의원(광주 西乙, 열린우리당·대통합민주신당·통합민주당) 2004년 열린우리당 윤리위원장 2004~2006년 문화관광부 장관 2006년 열린우리당 비상대책위원회 상임위원 2007년 同광주시당 위원장 2007~2008년 대통합민주신당 사무총장 2007년 同정동영 대통령후보 중앙선거대책위원회 상임선거대책본부장 2008년 민주당 당무위원 2012년 민주통합당 문재인 대통령후보 중앙선거대책위원회 인재영입위원장 2013~2015년 한국관광협회중앙회 고문 2013~2015년 (재)동아시아문화도시 추진위원회 위원장 2013~2015년 광주국제영화제 조직위원회 집행위원장 2013~2015년 아시아문화중심도시조성지원포럼 위원장 2013~2015년 광주에이스페어 추진위원장 2015년 충장축제추진위원회 위원장 2014~2015년 (재)광주비엔날레 대표이사 2015년 새정치민주연합 고문 [상]제1회 청소년보호대상 특별공로상(1998), 한국여성유권자연맹 남녀평등정치인상(2002) [저]'열린가슴끼리 정다운 만남-鄭東采 사랑방 이야기 1·2'(1998·1999) [종]가톨릭

정동철(鄭東哲) Chung Dong Chul

[생]1964 · 12 · 9 [본]진양(晋陽) [출]서울 [주]서울 강남구 광평로47길28 KT수서전화국3층 (주)다우데이타 비서실(02-3410-5102) [학]1983년 영일고졸 1991년 숭실대 전자계산학과졸 2001년 同정보과학대학원 정보산업학졸(석사) 2007년 미국 UC버클리 IDP Finance과정 수료 [경]1990~1992년 (주)다우기술 입사 · 근무 1992년 (주)다우데이타시스템 영업대리 1995~1996년 시놉시스코리아 영업과장 1997~2000년 (주)다반테크 차장 · 부장 2000년 (주)한국IT벤처 심사역 2002~2005년 KIS정보통신 이사 · 상무(본부장) 2005~2006년 (주)다반테크 사업총괄담당 상무 2008년 (주)이토마토 마케팅본부장(상무) 2009년 (주)다우 엑실리콘 상무 2009년 (주)이토마토 마케팅본부장(전무) 2010~2012년 뉴스토마토 대표이사 2011~2012년 (주)토마토투자자문 대표이사 2012년 (주)다우데이타 대표이사 전무 2014년 同대표이사 부사장 2015년 同각자대표이사 부사장(현)

정동희(鄭東熙) Jung Dong-Hee

[생]1962 · 2 · 11 [주]세종특별자치시 한누리대로402 산업통상자원부 원전산업정책관실(044-203-5310) [경]1991년 기술고시 합격(27회) 1992년 노동부 사무관 1994년 공업진흥청 사무관 1995년 산업자원부 사무관 2001년 同가스산업과 서기관 2002년 국방대학원 파견 2003년 산업자원부 한국형다목적헬기개발사업단 서기관 2004년 同산업기계과장 2006년 同디지털전략팀장 2007년 同디지털혁신팀장 2007년 대통령 정보과학기술보좌관실 행정관 2008년 지식경제부 산업환경과장 2009년 同산업기술개발과장 2010년 同산업기술개발과장(부이사관) 2010년 同산업기술정책과장 2011년 同녹색성장기획단 에너지정책팀장(고위공무원) 2013년 산업통상자원부 기술표준원 적합성정책국장 2013년 국무조정실 경제조정실 산업통상미래정책관 2014년 산업통상자원부 에너지자원실 원전산업정책관(국장)(현)

정두련(鄭斗鍊) Doo Ryeon Chung

[생]1967 [주]서울 강남구 일원로81 삼성서울병원 감염내과분과실(1599-3114) [학]1991년 서울대 의대졸 1993년 울산대 대학원 의학석사 2005년 의학박사(서울대) [경]1991~1992년 서울대병원 수련의 1992~1997년 서울아산병원 내과 전공의 1997~1999년 同감염내과 전임의 1999~2002년 미국 Harvard Medical School Research Fellow 2002~2006년 한림대 성심병원 감염관리실장,

同성심병원 항생제위원회 위원장 2002~2006년 同성심병원 감염내과장 2002~2006년 한림대 의대 내과학교실 조교수·부교수 2004년 미국 Columbia 의대 New York Presbyterian Hospital 연수 2007년 삼성서울병원 감염내과 임상부교수 2007년 성균관대 의대 내과학교실 감염내과분과 부교수 2007년 삼성서울병원 감염관리실장 2012년 성균관대 의대 내과학교실 감염내과분과 교수(현) 2015년 삼성서울병원 감염내과장(현) 2016년 同감염병대응센터장(현)

정두석

⊛1974 ㈜서울 종로구 세종대로209 행정자치부 지방행정실 선거의회과(02-2100-3850) ⓗ서울시립대 도시행정학과졸 ⓖ행정고시 합격(44회), 행정안전부 혁신과 재상황관리팀장, 경기도 보육정책과장, 국민대통합위원회 파견, 행정안전부 창조정부전략실 근무, 대통령실 파견 2015년 행정자치부 정책평가담당관 2016년 同지방행정실 선거의회과장(현) ⓢ근정포장(2015)

정두성

⊛1957 ⓒ전북 남원 ㈜경기 가평군 가평읍 가화로61 가평경찰서(031-580-1215) ⓗ한국방송통신대 행정학과졸 ⓖ1980년 경찰 공채 2005년 서울 금천경찰서 수사과장 2006년 서울지방경찰청 마약수사대장·폭력계장 2009년 서울 수서경찰서 형사과장 2010년 서울 광진경찰서 형사과장 2011년 제주지방경찰청 홍보담당관(총경) 2012년 충북 단양경찰서장 2013년 충남지방경찰청 청문감사담당관 2014년 경기 동두천경찰서장 2015년 경기북부지방경찰청 112종합상황실장 2016년 경기 가평경찰서장(현)

정두언(鄭斗彦) CHUNG Doo Un

⊛1957·3·6 ⓑ하동(河東) ⓒ서울 ㈜서울 중구 세종대로 21길40 조선일보씨스퀘어빌딩 이것이정치다(1661-0190) ⓗ1975년 경기고졸 1980년 서울대 무역학과졸 1993년 미국 조지타운대 공공정책대학원 정책학과졸 2004년 행정학박사(국민대) 2004년 한국방송통신대 영어영문학과 재학中 ⓖ1980년 행정고시 합격(24회) 1981~1982년 총무처·서울시·정무1장관실 실무수습 1982년 체육부 체육과학국 행정사무관 1982~1984년 보병 제2사단 복무 1984년 체육부 국제체육국 행정사무관 1985년 국무총리행정조정실 제2행정조정관실 행정사무관 1988년 同실장비서관 1993년 同제3행정조정관실 서기관 1994년 국무총리 정무비서관실 서기관 1996년 국무총리 정무비서관실 부이사관 1999년 국무총리 정보비서관 1999년 국무총리 공보비서관 2000년 한나라당 대변인 2000년 同서울서대문乙지구당 위원장 2002년 同이명박 서울시장후보 비서실장 2002년 서울시장직인수위원회 위원 2002~2003년 서울시 정무부시장 2003년 한나라당 서울서대문乙지구당 위원장 2003년 서강대 겸임교수 2003년 국제디지털대 초빙교수 2004년 제17대 국회의원(서울 서대문乙, 한나라당) 2006년 한나라당 문화예술특별위원회 위원장 2007년 同이명박 대통령후보 기획본부장 2007년 同제17대 대통령중앙선거대책위원회 전략기획총괄팀장 2007년 이명박 대통령당선자 보좌역 2008년 제18대 국회의원(서울 서대문乙, 한나라당·새누리당) 2008~2012년 한나라당 국민소통위원장 2010년 同지방선거기획위원 2010~2011년 同최고위원 2010~2012년 同문화예술체육특별위원장 2011년 여의도연구소 소장 2012~2016년 제19대 국회의원(서울 서대문乙, 새누리당) 2014~2015년 국회 산업통상자원위원회 위원 2015년 국회 국방위원회 위원장 2016년 제20대 국회의원선거 출마(서울 서대문구乙, 새누리당) 2016년 TV조선 이것이 정치다 진행(현) ⓢ올해의 자전거대상(2003), 가수의 날 특별상, 어린이가 행복한 나라만들기 수호천사상, 대한민국문화연예대상 대한민국문화대상(2010) ⓩ'최고의 총리 최악의 총리' ⓧ음반 '정두언과 함께 하는 추억의 팝송여행-Honesty'(2003) '두 바퀴로 가는 행복'(2005) 'Best Album'(2006) ⓒ기독교

정두용(鄭斗溶) CHUNG Doo Yong

⊛1954·9·14 ⓑ연일(延日) ⓒ서울 ㈜충북 충주시 국원대로82 건국대학교 충주병원 산부인과(043-840-8310) ⓗ1973년 신일고졸 1979년 서울대 의대졸 1987년 고려대 대학원졸 1990년 의학박사(고려대) ⓖ1984년 보은성모병원 산부인과장 1986년 수원광제병원 산부인과장 1991~2000년 건국대 의대 산부인과 조교수·부교수 1997년 미국 UCLA 생식내분비 및 불임학분야 연구교수 1998년 건국대 충주병원 수술실장 1998년 同충주병원 진료부장 2000년 同의대 산부인과학교실 교수(현) 2002~2007년 同충주병원장 2002년 대한병원협회 이사 2012년 건국대 충주병원장 ⓩ'산과학'(1997, 대한산부인과학회) '부인과학'(1997, 대한산부인과학회) '알고 싶은 성, 알아야 할 성'(2000, 건국대 출판부) '의학지식 제대로 알기'(2004, 건국대 출판부)

정두호(丁斗鎬) CHUNG Doo Ho

⊛1944·10·28 ⓒ나주(羅州) ⓒ일본 ㈜서울 서초구 서초대로78길44 나산스위트402호 위키테리어㈜(02-532-2024) ⓗ1963년 경남고졸 1970년 부산대 화학공학과졸 1988년 영국 런던비지니스스쿨 최고경영자과정 수료 1990년 울산대 산업컨설팅대학원 수료 1991년 연세대 대학원 최고경영자과정 수료 2003년 한국과학기술원 정보최고경영자과정 수료 ⓖ1970년 ㈜럭키 입사 1988년 同청주공장 생산담당 이사 1993년 同산업재사업부장(상무) 1996년 ㈜LG화학 화학CU 건강재사업본부장(전무) 2000년 同산업재사업본부장(부사장) 2001~2003년 ㈜LG실트론 대표이사 사장 2004~2005년 서울시립대 경영학부 겸임교수, HCI서비스 대표이사 2007년 위키테리어㈜ 대표이사(현) ⓢ노동부장관표창(2001), 신노사문화대상 대기업부문(2001), 동탑산업훈장(2002), 한국능률협회 CEO LEADERSHIP AWARD·e-Business 대상(2003), 납세자의 날 재정경제부장관표창(2003) ⓩ'e-트랜스포메이션'(2003) '3세대 지식경영'(2003)

정두환(鄭斗煥) CHUNG Doo Hwan

⊛1961·4·5 ⓒ하동(河東) ⓒ전남 순천 ㈜서울 마포구 마포대로38 일신빌딩 국민의당(02-715-2000) ⓗ1980년 대광고졸 1985년 연세대 사회학과졸 1998년 同행정대학원 외교안보학과졸 ⓖ1985년 민주화추진협의회 기획홍보실 편집위원 1986년 국회의원 비서 1989년 통일민주당 기획조정실 기획위원 1990년 민주당 창당준비위원회 기획위원 1990~1996년 민주당·평민당 정책위원회 전문위원 1994년 국회 정책연구위원 1995년 조순 서울시장만들기운동본부 정책부실장 1996년 한국사회과학연구소 연구위원 1994년 국회도서관 자료선정위원 1996년 국회 산업자원위원장 보좌관 1998년 한국정당정치연구소 연구위원 2000년 KPMG 컨설팅본부장 2001년 HS Teliann 부사장 2002년 새천년민주당 노무현 대통령후보 대선기획단 전략기획실 부실장 겸 정세분석팀장·기획본부 기획협력실장 2003년 同국가전략연구소 부소장 2003년 同신당추진모임 e-Party위원회 팀장 2003년 차세대전략연구소 소장 2003년 국민참여통합신당 창당준비위원회 당헌당규소위원회 위원 2003년 대통령 정책실 정부혁신지방분권위원회 대외협력위원 2003년 국무총리 개인정보보호심의위원 2005년 한국가스안전공사 기획관리이사 2006년 同부사장 겸 기획관리이사 2007년 극동대 교양학과 겸임교수 2012년 제19대 국회의원선거 출마(서울 금천구, 무소속) 2016년 국민의당 정치혁신특별위원회 상임위원(현) 2016년 제20대 국회의원선거 출마(서울 금천구, 국민의당) 2016년 국민의당 서울금천구지역위원회 위원장(현) ⓩ'꿈의사회 이야기' ⓒ불교

정 락(鄭 樂) CHUNG Rak

⊛1954·12·1 ㈜경기 화성시 현대연구소로150 현대자동차㈜ 임원실(031-386-5114) ⓗ성균관대 기계공학과졸 ⓖ현대자동차㈜ 제품기획팀장(이사), 同제품기획실장(상무) 2010년 同제품기획실장(전무), 同중대형PM센터장(전무), 同소형PM센터장(전무) 2015년 同소형PM센터장(부사장) 2015년 同총괄PM담당 부사장(현)

정 란(鄭 欒) CHUNG Lan

⊛1952·7·13 ⓑ진주(晉州) ⓒ전남 함평 ㈜경기 용인시 수지구 죽전로152 단국대학교 건축공학과(031-8005-3737) ⓗ광주제일고졸 1976년 서울대 건축공학과졸 1978년 同대학원 건축공학과졸 1987년 토목공학박사(미국 노스웨스턴대) ⓖ1980년 단국대 건축대학 건축공학과 교수(현) 1983년 미국 Northwestern Univ. 연구원 1995년 법무부 삼풍백화점붕괴사고원인규명감정단 감정위원 및 감사 1995~1997년 단국대 건축공학과장 1996년 건설교통부 중앙건설기술심의위원 1998~1999년 대한건축학회 구조표준분과위원장 1998~2002년 서울시 건축위원회 심의위원 2002~2004년 한국전산구조공학회 부회장 2003~2005년 한국구조물진단학회 부회장 2004년 건설교통부 중앙건설기술심의위원 2004년 대한건축학회 학술발표대회 운영위원장 2005~2006년 한국공학한림원 일진상·해동상 추천위원 2005~2007년 단국대 건축대학장, 同리모델링연구소장 2006년 同초고층빌딩글로벌R&BD센터장(현) 2007년 대한주택공사 주택도시자문위원 2007~2008년 한국콘크리트학회 부회장 2012~2013년 단국대 죽전캠퍼스 대학원장 2013~2015년 同교학부총장 2013~2014년 한국콘크리트학회 회장 2013년 전남개발공사 설계자문위원(현) 2013년 한국토지주택공사 행복주택기술자문위원장(현) 2013년 한국건설안전기술단체총연합회 초대 회장(현) ⓢ한국콘크리트학회 논문상(1996·2010), 단국대 범은학술상(2005·2011), 건설교통부장관표창(2006), 한국과학기술단체총연합회 과학기술우수논문상(2006), 한국전산구조공학회 학술상(2007), 대한건축학회 학술상(2007), 해럴드경제 대한민국 건설산

업대상(2007) [저]'프리케스트 콘크리트 조립식구조 설계기준'(1992) '철근콘크리트 구조설계 預題집'(1992) '주택품질 향상을 위한 우수주택 시공업체 육성방안'(1994) '철근콘크리트 구조계산기준 및 해설'(2000) '콘크리트구조설계기준 해설'(2003) '공동주택의 리모델링을 위한 구조설계 및 보강지침'(2003) '콘크리트 표준시방서(내구성편)'(2004) '콘크리트 구조물의 보수설계 시공요령'(2004) '해법중심 구조역학'(2005) '건축물 리모델링 기술'(2005) '콘크리트의 제조 · 시공 · 품질관리 및 유지관리'(2005) '시설물 리모델링의 이해와 실제'(2005) '콘크리트 표준시방서(유지관리편)'(2005) '콘크리트 구조설계'(2005) '리모델링을 위한 구조보강시스템, 동조 및 마찰 감쇠기의 제진성능'(2006) '해설중심 탄성론'(2006) '건축구조용어사전'(2008) '구조역학'(2009) '구조물의 행렬 해석'(2009) [역]'철근콘크리트 구조계산 규준'(1991) '콘크리트 공학'(2000)

정래혁(丁來赫) JUNG Nae Hiuk (石淵)

[생]1926 · 1 · 17 [본]나주(羅州) [출]광주 [학]광주서중 4년 수료 1945년 일본 육군사관학교졸 1948년 육군사관학교졸(7기) 1953년 미국 육군지휘참모대졸 1961년 국방대학원졸 [경]1950년 육군 사단 참모장 1951년 군단 작전참모 1951년 육군본부 작전과장 · 차장 1952년 同비서실장 1954년 육군보병학교장 · 사단장 1956년 육군본부 작전교육국장 1958년 同군수참모부 차장 1959년 국방부 총무국장 1961~1962년 상공부 장관 1962년 군사령부 부사령관 · 군단장 1964년 육군사관학교장 1966년 군사령관 1968년 예편(육군 중장) 1968~1970년 한국전력공사 사장 1970~1971년 국방부 장관 1973년 제9대 국회의원(서울 성북 · 도봉, 민주공화당) 1976년 국회 국방위원장 1979년 제10대 국회의원(서울 성북, 민주공화당) 1980년 민주공화당 중앙위원회 의장 1980년 입법회의 부의장 1981년 민주정의당 전남지부장 1981~1984년 제11대 국회의원(담양 · 곡성 · 화순, 민주정의당) 1981~1983년 국회 의장 1983~1984년 민정당 대표위원 [상]충무무공훈장, 화랑무공훈장, 금성무공훈장, 방위포장, 보국훈장 통일장, 에티오피아훈장, 엘살바도르훈장, 페루대훈장, 일본 욱일대수장 [저]'격변의 생애를 돌아보며'(2002) [종]기독교

정량부(鄭良夫) Yang Boo Chung

[생]1945 · 2 · 3 [본]동래(東萊) [출]부산 [주]부산 부산진구 엄광로 176 동의대학교 공과대학 건축학과(051-890-1606) [학]1963년 경남고졸 1968년 한양대 건축과졸 1979년 부산대 대학원 건축공학과졸 1989년 프랑스 소르본대 대학원졸 1991년 공학박사(한양대) [경]1974~1990년 동의대 공대 건축학과 전임강사 · 조교수 · 부교수 1988~1989년 프랑스 파리 제4소르본대 교환교수 1989년 부산시 건축위원 1989년 동의대 산업기술개발연구소장 1990~2010년 同공대 건축학과 교수 1991년 同공과대학장 1993년 부산시 문화재위원 1995년 동의대 학생처장 1996년 부산시 도시공원위원 1997년 동의대 교무처장 2008년 同대학원장 2010년 同명예교수(현) 2010~2013년 同총장 2010년 (재)부산테크노파크 이사 2012년 대학입시전형위원회 위원 2012년 한국대학교육협의회 이사 2012년 한국대학사회봉사협의회 부회장 2012~2013년 부산 · 울산 · 경남 · 제주지역총장협의회 회장 2012년 (사)부산과학기술협의회 공동이사장 2012년 부산시 문화재위원장(현) 2013년 부산오페라하우스 민관학협의체창립회의 초대위원장(현) 2014년 (사)부산녹색도시포럼 상임대표(현) 2014년 일제강제동원피해자지원재단 이사(현) [상]교육부장관표창(1985), 대한건축학회상(2006), 부산시장표창(2007), 홍조근정훈장(2010), 부산시문화상(2015) [저]'건축계획학'(2006, 동문출판) '서양건축사'(2007, 동문출판) '건축이 사람을 만든다'(2015, 비움) [역]'건축양식사'(1988, 기문당) [작]'부산어린이회관'

정 련(定 鍊)

[생]1942 · 2 · 20 [본]안동(安東) [출]경북 예천 [주]부산 서구 엄광산로40번길80 대한불교조계종 내원정사(051-242-0691) [학]1973년 동아대 철학과졸 1992년 부산대 행정대학원 수료 2001년 동국대 불교대학원 불교사회복지학과졸 [경]1958년 부산 선암사에서 석암스님을 계사로 사미계 수지 1968년 부산 범어사에서 석암스님을 계사로 비구계 수지 1973년 대한불교조계종 내원정사 주지(현) 1985년 同유치원 설립 · 원장 · 이사장 1990년 부산지방경찰청 경승 1998년 사회복지법인 내원 대표이사(현) 1998년 (재)내원청소년단 이사장(현) 1998년 대한불교조계종 총무원 총무부장 1999~2001년 同포교원장 2000~2004년 同민족공동체추진본부장 2000~2006년 우리민족서로돕기 상임위원 2001~2003년 경제정의실천시민추진협의회 공동대표 2002년 동아대총동문회 부회장 2007년 (사)마하병원 이사장(현) 2009~2015년 학교법인 동국대 이사장 2012년 대한불교조계종 원로의원(현) [상]문교부장관표창(1986), 교육부장관표창(1992), 대한불교조계종 포교대상(1997), 국무총리표창(2002), 일맥문화대상 사회봉사상(2011), 협성문화재단 제3회 협성사회공헌상 교육 · 문화 · 예술부문(2013) [저]'유아언어 교육자료집' '유아를 위한 불교교육의 이론과 실천' [종]불교

정례헌(鄭禮憲) Jeong, Rye Heon

[생]1958 · 5 · 4 [출]충북 음성 [주]세종특별자치시 도움4로 13 보건복지부 감사담당관실(044-202-2060) [학]1975년 장충고졸 1998년 한국방송통신대 경제학과 · 행정학과졸 2003년 일본 도호쿠대 대학원 경제학연구과졸 [경]1976~1983년 충북 보은군 내무과 근무 1983~2000년 국립의료원 기획실 · 보건사회부 위생국 · 보건산업담당관실 · 식품의약품진흥과 근무 2000~2003년 일본 도호쿠대 파견(국외훈련) 2003년 보건복지부 혈액장기팀 · 재정운용담당관실 근무 · 국립인천검역소 평택지소장 2011년 국립여수검역소장, 국립보건연구원 연구기획과장 2014년 질병관리본부 총무과장 2016년 보건복지부 감사관실 감사담당관(현) [상]근정포장(2012)

정만기(鄭晩基) Jeong Marn Ki

[생]1959 [본]연일(延日) [출]강원 춘천 [주]세종특별자치시 한누리대로402 산업통상자원부 제1차관실(044-203-5001) [학]중앙고졸, 서울대 국민윤리교육학과졸, 同행정대학원졸, 경제학박사(프랑스 파리10낭테르대) [경]1983년 행정고시 합격(27회) 1996년 통상산업부 구주통상담당관실 서기관 2001년 산업자원부 무역진흥과장 2003년 同산업기술개발과장 2004년 대통령비서실 경제보좌관실 행정관 2006년 산업자원부 총무과장 · 총무팀장 2007년 국방대 교육파견 2008년 산업자원부 산업통상기획관 2009년 지식경제부 무역정책관 2010년 同정보통신산업정책관 2011년 同대변인 2011년 同기획조정실장 2013년 산업통상자원부 산업기반실장 2014~2016년 대통령 산업통상자원비서관 2016년 산업통상자원부 제1차관(현) 2016년 산업통상자원부 기업활력제고를위한특별법(기활법)관련 사업재편계획심의위원회 공동위원장(현)

정만길(鄭晩吉) JUNG Mankil (靑荷)

[본]연일(延日) [출]황해 옹진 [주]서울 서대문구 연세로50 연세대학교 화학과(02-2123-2648) [학]1974년 연세대 화학과졸 1978년 미국 MIT 대학원 화학과졸(이학석사) 1981년 이학박사(영국 옥스포드대) [경]1981년 미국 하버드대 화학과 박사 후 연구원 1984~1996년 미국 미시시피대 약대 조교수 · 부교수 1992년 미국 세계인명사전 'Marquis Who's Who Science and Engineering'에 등재 1996~2016년 연세대 화학과 교수 1997년 한국가스학회 이사 1998년 한국생약학회 이사 1999년 미국 세계인명사전 'Marquis Who's Who in the World'에 등재 2001~2002년 한국가스학회 부회장, 연세대 화학과 학과장 겸 치의예과장 2006년 미국 세계인명사전 'Marquis Who's Who in Asia'에 등재 2016년 연세대 화학과 명예교수(현) [상]보건복지부장관표창(2002), 연세대 우수업적교수상(2005), 연세대 네이처논문상(2005) [저]'일반화학'(2006) '생체촉매화학'(2008)

정만복(鄭滿福) Cheong Man Bok

[생]1958 · 1 · 15 [출]경북 상주 [주]경북 안동시 풍천면 도청대로455 경상북도청 자치행정국(054-880-2800) [학]1988년 한국방송통신대 행정과졸 1992년 영남대 행정대학원졸 [경]1978년 공무원 임용(7급 공채) · 상주군 근무 1987년 경북도 공무원교육원 근무 1988년 同관광과 · 지역경제과 근무(지방행정주사) 1995년 봉화군 민방위과장 직대 1995년 同민방위과장(지방행정사무관) 1996년 의성군 전문위원 · 지역경제과장 · 춘산면장 1998년 경북도 공무원교육원 · 문화예술산업과 근무 2006년 同문화체육예술과 · 자치행정과 파견(지방서기관), 同농촌개발과장 · 도시계획과장 · 예산담당관 2012년 상주시 부시장 2014년 국내 훈련파견 2015년 김천시 부시장 2016년 경북도 자치행정국장(현) [상]국무총리표창(1994), 대통령표창(2001 · 2011)

정만석(鄭萬石) JUNG Man Suk

[생]1963 · 3 · 16 [출]전북 익산 [주]세종특별자치시 절재로 180 인사혁신처 윤리복무국(044-201-8430) [학]군산제일고졸, 서울대 사회교육과졸, 同행정대학원 행정학과졸 [경]행정고시 합격(36회) 2001년 중앙인사위원회 인사정책과 임용담당 서기관 2004년 同인사정책국 정책총괄과 서기관 2004~2006년 同소청심사위원회 행정과장 2008년 행정안전부 인력개발기획과장 2009년 同인사실 인사정책과장 2010년 同인사실 인사정책과장(부이사관) 2012년 개인정보보호위원회 사무국장(고위공무원) 2013년 지역발전위원회 연계협력국장 2014~2015년 대통령 행정자치비서관실 파견(고위공무원) 2015년 인사혁신처 윤리복무국장(현) [상]홍조근정훈장(2016)

정만순(鄭萬淳) Jeong Man Soon

[생]1945·1·3 [출]충북 청주 [주]충북 청주시 청원구 대성로298 청주대학교(043-229-8114) [학]1975년 청주대 상학과졸 1982년 경희대 대학원 체육학과졸 [경]1970년 엘살바도르 태권도 국제사범 1976년 제2회 아시아태권도대회 국제심판 1977년 제3회 세계태권도대회 국가대표팀 코치 1983~2010년 청주대 체육교육과 교수 1992년 제10회 아시아태권도대회 국가대표팀 감독 1994년 히로시마아시안게임 경기위원장 1996년 제5회 세계대학태권도대회 국가대표팀 감독 1997년 아시아태권도연맹 기술위원장 1997년 충북도체육회 상임이사 2002~2003년 청주대 사범대학장 2002년 제14회 부산아시안게임 태권도 국가대표팀 총감독관 2002년 대한태권도협회 운영이사 2008년 청주대 학생복지처장 2009년 충북도태권도협회 회장 2010년 청주대 명예교수(현) 2010년 문화체육관광부 국기원특수법인설립준비위원 2010년 국기원 운영이사 2011년 경주 세계태권도선수권대회 한국대표팀 단장 2012년 런던 페럴림픽 시범단장 2013년 인도네시아 한국홍보사절단장 2014~2016년 국기원 원장 [상]체육훈장 백마장(1977), 대통령표창(1986)

정만진(丁滿鎭) JEONG Man Jin

[생]1955·12·13 [출]서울 [주]대구 수성구 동대구로364 대구고등검찰청(053-740-3300) [학]1974년 한성고졸 1978년 동국대 법학과졸 [경]1982년 사법시험 합격(24회) 1984년 사법연수원 수료(14기) 1985년 서울지검 검사 1987년 수원지검 여주지청 검사 1988년 대구지검 검사 1990년 부산지검 동부지청 검사 1993년 서울지검 서부지청 검사 1995년 인천지검 검사 1997년 서울고검 검사 1998년 대구지검 안동지청장 1999년 서울지검 부부장검사 2000년 수원지검 조사부장 2001년 사법연수원 교수 2003년 서울지검 북부지청 형사2부장 2003년 同북부지청 형사1부장 2004년 서울고검 검사 2005년 부산고검 검사 2007년 서울고검 검사 2009년 대구고검 검사 2010년 서울고검 검사 2012년 광주고검 검사 2015년 대전고검 검사 2016년 대구고검 검사(현)

정만화(鄭萬和) CHUNG Man Wha

[생]1951·5·18 [본]영일(迎日) [출]경북 칠곡 [주]서울 강남구 논현로336 (주)건일엔지니어링 회장실(02-3420-8888) [학]1970년 경북고졸 1974년 육군사관학교졸(30기) 1980년 영남대 대학원 수료 1997년 국민대 대학원 석사(토목구조전공) [경]1980~1994년 부산항건설사무소·해운항만청 개발국 근무 1994년 부산지방해운항만청 조사시험과장 1995년 국외 훈련(미국 Delaware대) 1996년 부산지방해양수산청 시설과장 1997~2000년 해양수산부 신항만기획관실 기획1담당·기술안전과장·항만개발과장 2000년 同항만건설과장 2001년 同항만정책과장 2002년 울산지방해양수산청장 2004년 부산지방해양수산청 부산항건설사무소장 2004~2006년 해양수산부 항만국장 2006년 (주)알덱스 건설본부 부사장 2007년 同사장 2007년 온세텔레콤 사장 2008~2010년 남광토건 토목사업본부장(사장) 2010~2011년 同고문 2011년 (주)건일엔지니어링 회장(현) 2012~2014년 부산항만공사 항만위원장·위원 2013년 해양수산부 정책자문위원(현) [상]대통령표창(1991), 홍조근정훈장(2006)

정만회(鄭滿會) JUNG Mane Hue

[생]1962·11·13 [출]충남 [주]서울 강남구 테헤란로522 홍우빌딩14층 우리기술투자(주) 비서실(02-2008-3100) [학]1988년 충남대 경영학과졸 2005년 연세대 경영대학원졸 [경]1988년 신용보증기금 근무 1988~1995년 신보창업투자 근무 1996년 SK증권 기업금융부 근무 1997년 우리기술투자(주) 이사 2005년 同대표이사 사장 2007년 同부사장 2009년 同대표이사 사장(현) [종]기독교

정명금(鄭命今·女) JUNG Myung Kum

[생]1947·5·8 [출]대구 [주]대구 북구 칠성시장로34 대구청과시장(주) 대표이사실(053-312-9115) [학]1965년 경북여고졸 1969년 이화여대 의류직물학과졸 [경]1988~1996년 대구중앙청과(주) 이사 1991년 중앙농산대표(현) 1992~1999년 민주평통 자문위원 1993년 홀트아동복지회 대구후원회장 1996년 대구청과시장(주) 대표이사(현) 1997년 한국BBS 대구시연맹 이사(현) 2000년 대구상공회의소 제17·18·19대 상임의원 2000년 대구중앙청과(주) 대표이사(현) 2000년 한국여성경제인협회 대구·경북지회장 2001년 민주평통 자문위원 2002년 대구지법 가정지원 가사조정위원(현) 2004~2006년 한국여성경제인협회 회장 2006년 세계여성경제인서울총회의 조직위원장 2006년 한국여성경제인협회 명예회장(현) [상]대한적십자사 유공 은장·금장, 산업포장 [종]불교

정명생(鄭明生)

[생]1963·1·15 [주]부산 영도구 해양로301번길26 한국해양수산개발원(051-797-4302) [학]1989년 성균관대 경제학과졸, 同대학원 경제학과졸 2002년 경제학박사(성균관대) [경]1992~1997년 한국농촌경제연구원 근무 1997년 한국해양수산개발원 근무 2004~2009년 해양수산부 WTO-FTA 수산분야 협상대책단 2005~2008년 同수산정책국 및 국제협력관실 정책심의위원 2006~2007년 외교통상부 한·미FTA 민간자문위원 2006~2007년 한·미FTA협상 수산부문 협상대표단 2006~2010년 한국식품유통학회 이사 2007~2009년 외교통상부 한·EU FTA 민간자문위원 2007~2009년 한·중FTA 산관학 공동연구 참가(수산부문) 2008~2013년 농림수산식품부 원양협력관실 정책심의위원 2008~2013년 同정책 자체평가위원 2008~2013년 同재정사업 자체평가위원 2009년 한국수산경영학회 이사(현) 2009년 농어업·농어촌특별대책위원회 위원 2012~2013년 농림수산식품부 정책연구용역심의위원회 위원 2013년 수협중앙회 기금관리위원회 위원(현) 2013년 해양수산부 규제심사위원회 위원(현) 2013년 同자체평가위원회 위원(현) 2013년 同해양수산미래기술위원회 위원(현) 2016년 수산경영학회 부회장(현) 2016년 해양수산부 정책연구심의위원회 위원(현) 2016년 한국수산회 회장추천위원회 위원 2016년 한국해양수산개발원 부원장(현) [상]대통령표창(2007)

정명섭(鄭明燮) JUNG Myung Sub

[생]1958·3·10 [출]경북 청송 [주]대구 중구 공평로88 대구광역시청 재난안전실(053-803-2150) [학]1980년 서울대 토목공학과졸 [경]1987년 총무처 토목기좌 1995년 대구시 건설주택국 치수과장 1996년 同민방위재난관리국 재난관리과장 1998년 同지하철건설본부 안전관리실장 1998년 同지하철건설본부 공사부장 2001년 同총무과 근무 2002년 국방대 파견 2004년 대구시 종합건설본부 토목부장 2006년 同도시주택국장 2007년 同도시주택본부장 2008년 세종연구소 교육파견 2009년 대구시 도시철도건설본부장(지방부이사관) 2010년 同도시주택국장 2013년 同건설방재국장 2014년 同건설교통국장 2015년 同건설교통국장(지방이사관) 2015년 同재난안전실장(현)

정명섭(鄭明燮) CHUNG MYUNGSUB

[생]1964·1·21 [본]경주(慶州) [출]인천 [주]서울 종로구 삼청로37 국립민속박물관 유물과학과(02-9704-3240) [학]1982년 충암고졸 1987년 명지대 건축공학과졸 1993년 同대학원 한국건축사학과졸 2008년 同대학원 공학박사과정 수료 [경]1993~1999년 국립민속박물관 전시운영과·민속연구과 학예연구사 1999~2003년 문화재청 유형문화재과·매장문화재과 학예연구사 2003~2004년 同동산문화재과·국립문화재연구소 학예사 2004년 同매장문화재과 학예연구관 2005년 국립민속박물관 민속연구과 학예연구관 2008~2011년 同섭외교육과·유물과학과 학예연구관 2011년 同민속연구과장 2016년 同유물과학과장(현) [저]'한국사—삼국시대, 통일신라시대(의식주)(共)' (1998, 국사편찬위원회) [종]천주교

정명시(鄭明時)

[생]1961·12·8 [주]울산 중구 번영로620 울산중부경찰서 서장실(052-241-4321) [학]부산 배정고졸, 동아대졸, 부산대 대학원 행정학과졸 [경]1991년 경위 임용(경찰간부후보 39기) 1998년 경감 승진 2003년 경정 승진 2008년 부산지방경찰청 인사계장 2011년 同경비과장 2011년 부산 연제경찰서장(총경) 2013년 부산지방경찰청 정보과장 2014년 부산 사상경찰서장 2015년 부산지방경찰청 정보과장 2016년 울산 중부경찰서장(현)

정명애(鄭明愛·女) CHUNG Myung Ae

[생]1963·8·18 [본]해주(海州) [출]서울 [주]서울 종로구 종로5길68 코리안리재보험빌딩402호 국가과학기술자문회의지원단(02-733-4950) [학]1982년 숙명여고졸 1986년 이화여대 자연대학 화학과졸 1988년 同대학원 화학과졸 1990년 同대학원 화학 박사과정 수료 1996년 고분자물리학박사(독일 클라우스탈공대) [경]1997~2000년 Max-Planck Institute for Polymer Research Researcher 2000년 한국전자통신연구원 신기능정보소자팀 연구원 2001년 대한여성과학기술인회 이사 2003년 한국전자통신연구원 기반기술연구소 정보저장연구팀장 2006~2015년 ETRI-FZ-Juelich 연구소 국가지정국제협력센터장 2007년 한국전자통신연구원 IT융합서비스부문 의료정보연구팀장 2008년 대통령직인수위원회 국가경쟁력강화과학비즈니스T/F 상임자문위원 2008~2013년 한국전자통신연구원 융합기술연구부문 융합미래기술연구

부장 2009~2015년 바른과학실천연합회 정책위원장 2015년 同대전지부회장(현) 2011~2015년 대한여성과학기술인회 이사 2013년 한국전자통신연구원 창의미래연구소 미래기술연구부장 2014년 同창의미래연구소 미래기술연구부 연구원 2015년 미래창조과학부 국가과학기술자문회의지원단장(현) 2015년 국가정보통신활성화위원회 위원(현) [상]올해의 논문상(1996) [작]국내외 특허출원 96편

정명준(鄭明俊) CHUNG Myung Jun

[생]1958·1·5 [본]하동(河東) [출]서울 [주]경기 김포시 월곶면 애기봉로409번길50 (주)쎌바이오텍(031-987-8101) [학]1980년 연세대 생물학과졸 1982년 서울대 대학원 미생물학과졸 1992년 생명공학박사(덴마크 왕립공대) [경](주)미원 발효과 근무, 同중앙연구소 전통발효식품팀장, (주)대상 중앙연구소 근무, 경기대 대학원 식품생물공학과 겸임교수 1995년 (주)쎌바이오텍 대표이사(현) 1998년 한국바이오벤처기업협의회 회장 1999년 (주)쎌바이오텍인터내셔날 대표이사 사장 2000년 (사)한국미생물학회 학술위원 2000년 한국바이오협회 부회장(현) 2001년 한국보건산업진흥원 식품산업분과위원회 위원 2004년 한국유산균학회 부회장 2015년 연세대 시스템생물학과 겸임교수(현) [상]통상산업부장관표창, 특허청 특허기술상 충무공상(2015) [종]기독교

정명진(鄭明振) CHUNG Myung Jin (茗堂)

[생]1950·1·31 [본]진주(晋州) [출]전북 전주 [주]광주 광산구 북문대로419번길73 광주보건대학교 총장실(062-958-7500) [학]1973년 서울대 전기공학과졸 1977년 미국 미시간대 대학원 전기공학과졸 1983년 공학박사(미국 미시간대) [경]1976년 국방과학연구소 연구원 1980년 미국 미시간대 CRIM 연구조교 1983~2015년 한국과학기술원(KAIST) 전기 및 전자공학과 교수 1994년 일본기계기술연구소 객원연구원 1995년 미국 퍼듀대 방문연구원 2002~2004년 BK21 정보기술사업단장 2006년 제어자동차시스템학회 부회장 2007년 한국로봇학회 회장 2009년 지식경제부지정 로봇비전 및 인지센터장 2015년 한국과학기술원(KAIST) 전기 및 전자공학과 명예교수(현) 2015년 광주보건대 총장(현) [상]대한전기학회 학술상(1996), 제어자동화시스템공학회 고명삼학술상(2002), 제어자동화시스템공학회 공로상(2005), IROS99 학술상(2007), ICROS학술상(2013), KROS학술상(2014) [종]기독교

정명철(鄭明哲) Chung Myung-Chul

[생]1953·11·5 [출]서울 [주]서울 강남구 테헤란로203 SI타워 현대모비스(주) 임원실(02-2018-5114) [학]1972년 보성고졸 1976년 고려대 금속공학과졸 [경]1978년 현대자동차 입사 2001년 同승용구동부품개발실장(이사대우) 2003년 同승용부품개발3실장(이사) 2005년 기아자동차 슬로바키아법인 구매담당 상무 2007년 同슬로바키아법인장(전무) 2011년 同슬로바키아법인장(부사장) 2011~2012년 현대파워텍 대표이사 부사장 2012~2013년 현대위아·현대메티아·현대위스코 대표이사 사장 겸임 2013년 경남FC 경영지원본부장 겸임 2013년 현대모비스(주) 대표이사 사장 2013~2016년 프로농구 울산모비스 피버스 구단주 2014년 현대모비스(주) 각자대표이사 사장 2016년 同고문(현) [상]무역의 날 은탑산업훈장(2013)

정명현(鄭明鉉) CHUNG Myung Hyun

[생]1947·1·22 [출]서울 [주]대전 서구 관저동로158 건양대학교 의과학대학(042-600-6562) [학]1966년 삼선고졸 1973년 연세대 의과대학졸 1976년 同대학원졸 1985년 의학박사(연세대) [경]1973~1978년 연세대 세브란스병원 인턴·전공의 1978년 육군 軍의관 1981~1995년 연세대 의과대학 이비인후과학교실 전임강사·조교수·부교수 1985년 미국 오하이오주립대 이과학연구소 연구원 1995~2012년 연세대 의과대학 이비인후과학교실 교수 1996년 同영동세브란스병원 이비인후과장 2000~2004년 대한소아이비인후과학회 회장 2000~2003년 대한의학회 고시전문위원회 위원장 2003~2004년 연세대 의과대학 이비인후과학교실 주임교수 2003~2004년 同이비인후과장 2004년 대한의사협회 학술이사 2004~2006년 연세대 의과대학 안·이비인후과병원장 2005~2006년 대한이비인후과학회 회장 2005~2011년 한국의학교육평가원 의사국시발전위원회 위원장 2007~2009년 서태평양의학교육협의회 부위원장 2007~2008년 한국의학교육학회 회장 2010년 한국의학교육평가원 감사 2012년 同이사(현) 2012년 연세대 명예교수(현) 2012~2015년 한국보건의료인국가시험원 원장 2016년 건양대 의과학대학장(현) [상]연세대 우수업적교수상(2008) [저]'구개구순열'(2005, 군자출판사) [종]기독교

정명호(鄭明鎬) JUNG Myung Ho

[생]1957·10·12 [출]서울 [주]대전 서구 둔산중로78번길 15 대전고등검찰청(042-470-3000) [학]1976년 경기고졸 1980년 서울대 법학과졸 1982년 同대학원 법학과 수료 [경]1981년 사법시험 합격(23회) 1983년 사법연수원 수료(13기) 1983년 인천지검 검사 1986년 전주지검 군산지청 검사 1987년 대구지검 검사 1989년 서울지검 검사 1991년 대검찰청 중수부 검사 1993년 수원지검 검사 1994년 부산고검 검사 1995년 부산지검 부부장검사 1996년 청주지검 부장검사 1997년 수원지검 성남지청 부장검사 1998년 서울고검 검사 1999년 사법연수원 교수 2001년 서울지검 북부지청 형사3부장 2002년 同북부지청 형사2부장 2003년 서울고검 검사 2004년 대구고검 검사 2006년 서울고검 검사 2008년 대전고검 검사 2010년 서울고검 검사 2012년 광주고검 전주재판부 검사 2014년 대전고검 검사(현) 2015년 同차장검사 직대(현) [종]불교

정명호(丁明鎬) Myung Ho Jeong (松賢)

[생]1958·10·25 [본]나주(羅州) [출]전북 남원 [주]광주 동구 제봉로42 전남대학교병원 순환기내과(062-220-6243) [학]1976년 광주제일고졸 1983년 전남대 의대졸 1986년 同대학원졸 1989년 의학박사(전남대) 1994년 미국 메이요대 대학원졸 [경]1983~1987년 전남대병원 인턴·레지던트 1987년 同순환기내과 전임의 1992~2003년 전남대 의과대학 순환기내과학교실 전임교수·조교수·부교수 1994년 미국 메이요클리닉 순환기내과 연구원 1996년 전남대병원 주사처치실장 1998년 同종합건강진단센터실장 겸 외국인진료소장 2001년 同순환기내과 과장 2002년 同내과중환자실장 2002년 미국 세계인명사전 'Marquis Who's Who In the World'에 등재 2002년 미국 인명사전(ABI) 'Great Minds of the 21st Century'에 선정 2002년 영국 케임브리지 국제인명사전(IBC) '위대한 1000인의 과학자'에 등재 2003년 전남대 의과대학 순환기내과학교실 교수(현) 2005년 전남대병원 교육연구실장 2006년 한국과학기술한림원 정회원(현) 2006년 미국 세계인명사전 'Marquis Who's Who in Medicine and Healthcare'에 등재 2007년 전남대 심혈관계특성화사업단장(현) 2008년 보건복지부 지정 심장질환특성화연구센터장 2011~2014년 한국혈전지혈학회 이사장 2011~2013년 전남대병원 교육연구실장 2011년 '한국을 빛내는 사람들'에 선정 2012년 대한민국의학한림원 정회원(현) 2013년 보건복지부 지정 심혈관계융합센터장(현) 2013~2015년 전남대 의과대학 내과 주임교수 2014년 한국혈전지혈학회 부회장(현) 2016년 한국지질동맥경화학회 차기(2017년) 회장(현) [상]대한순환기학회 신진연구상, 대한내과학회 연구상, 대한내과학회 우수논문상(2002), 대한고혈압학회 학술상(2002), 용봉학술상(2004), 대한내과학회 학술상(2005), 서봉의학상(2006), 전남대 의대 우수교수상(2008), 전남대병원 학술연구상(2009), 대한심장학회 학술상(2010), 대학의학회 분쉬의학상(2012), 한국지질동맥경화학회 최우수상(2013), 한국혈전지혈학회 우수상(2013), 대한심장학회 아스트라 제네카 학술상(2014), 유럽심장학회 최우수논문 포스터상(2015), 무등의림상 학술상(2015), 유럽생체재료학회 선정 최우수논문(2016) [저]'순환기환자를 위하여' '외국인환자를 위한 영어회화' '심전도 퀴즈, 심장병 환자를 위하여' 'Interesting Cases of Cardiovascular Intervention' '당신의 심장은 안녕하십니까?-심장병 환자를 위하여(共)'(2011, 전남대 출판부) '과학기술로 만드는 따뜻한 사회'(2014, 한림원) 'Unique cases of Cardiovascualr Intervention of the month'(2015) [역]'Coronary Restenosis'(2013) [종]가톨릭

정명화(鄭明和·女) CHUNG Myung Wha

[생]1944·3·19 [출]서울 [주]서울 서초구 남부순환로2374 한국예술종합학교 음악원(02-725-3314) [학]1961년 서울예고졸 1965년 미국 줄리어드음대졸 1968년 미국 서던캘리포니아대 피아티고르스키 마스터클래스 수료(3년) [경]첼리스트(현) 1961년 미국 줄리어드음대 레오나드 로즈 및 남가주대 그레고르 피아티골스키에게 사사 1969년 미국 닉슨 대통령초청 백악관 연주 1969년 로스앤젤레스 필하모닉 협연 1971년 제네바 국제음악경연대회 우승 1976년 뉴욕 링컨센터 '3남매' 연주 1976년 全미국 순회연주 1976년 파블로카살스 탄생 100주년기념 연주 1991년 정트리오 음악축제 1994~2010년 한국예술종합학교 음악원 교수 1995년 UN창설 50주년 UN마약퇴치 친선사절로 세계순회 연주(30여년간 30여국에서 세계굴지의 교향악단들과 협연) 1999년 유니세프 한국위원회 친선대사(현) 2001~2003년 '한국 방문의 해' 명예홍보사절 2007년 국가인권위원회 인권홍보대사 2008년 외교통상부 '제2회 세계한인의 날' 홍보대사 2010년 대관령국제음악제 공동예술감독 2010년 서울시 홍보대사 2011년 한국예술종합학교 명예교수(현) 2016년 평창대관령음악제 공동예술감독(현) [상]제네바 국제음악경연대회 첼로부문 1위(1971), 미국 엑설런트 2000상, 청소년 차이코프스키 콩쿠르 최고지도자상, 은관문화훈장(1992), 샌프란시스코 심포니재단상(1997), 서울시문화상 서양음악부문(2009), 문화체육관광부장관표창(2010), 서울시 문화상(2010) [저]'노래하지

않는 피아노'(2010, 비룡소) [작]음반 '한 · 꿈 · 그리움'(1996) 도이치그라마폰 · 데카 · EMI등에서 '정트리오' 연주음반 · LA필과 차이코프스키 로코코변주곡 · 런던 필하모니아와 베토벤 삼중협주곡 취입 外 다수 [종]기독교

정명화(鄭明和) CHUNG Myung Wha
[생]1946 · 3 · 14 [출]서울 [주]서울 동작구 상도로133 (주)텔코전자(02-823-0823) [학]1964년 성동고졸 2003년 연세대 대학원 최고경영자과정 수료 [경]1980년 헬스전자 상무이사 1988년 효성실업 대표이사 1994년 (주)텔코전자 대표이사(현) 2002년 한국전자공업협동조합 이사장(현) 2003년 전자부품연구원 이사(현) 2007년 중소기업중앙회 비상근부회장 2013년 同통상자문위원 2016년 同부회장(현) [상]중소기업협동조합중앙회 우수경영자상(1996), 산업자원부장관표창(1999) [종]가톨릭

정명환(鄭明煥) JUNG Myong Hwan
[생]1929 · 6 · 18 [본]동래(東萊) [출]서울 [주]서울 서초구 반포대로37길59 대한민국학술원(02-3400-5220) [학]1946년 경기중졸 1948년 서울대 예과 수료 1954년 同문리대학 불어불문학과졸 1974년 문학박사(서울대) [경]1957~1961년 한국외국어대 전임강사 · 조교수 1961~1981년 서울대 불어불문학과 전임강사 · 조교수 · 부교수 · 교수 1981~1994년 성심여대 불어불문학과 교수 1981년 대한민국학술원 회원(불문학 · 현) 1994년 성심여대 대우교수 1995~1999년 가톨릭대 프랑스어문화학과 대우교수 2003~2005년 대한민국학술원 인문사회과학부 회장 2016년 '한국 근현대사 예술사 구술채록사업' 원로예술인 생애사 구술자 선정 [상]국민훈장 목련장, 경암학술상 인문사회분야(2008) [저]'한국작가와 지성' '졸라와 자연주의' '문학을 찾아서' '20세기문학과 이데올로기' 평론집 '문학을 생각한다' '이성의 언어를 위하여' '현대의 위기와 인간' '인상과 편견' '젊은이를 위한 문학이야기' [역]'알베레스의 20세기 지적모험' '사르트르의 자유의 길' '사르트르의 문학이란 무엇인가' '사르트르의 말'

정명훈(鄭明薰) JUNG Myung Hoon
[생]1943 · 4 · 28 [출]경북 봉화 [주]경북 영주시 가흥로12번길16 평창운수(주) 임원실(054-635-8663) [학]1963년 영주 영광고졸 1965년 중앙대 2년 중퇴 [경]1981년 (합)영주여객 대표 · 명예회장(현) 2001년 평창운수(주) 대표이사(현) 2001년 영주시의회 의장 2006년 경북버스사업조합 이사장 2006년 대구지검 안동지청 범죄예방위원회 부회장 2006~2012년 영주상공회의소 회장 [상]영주시장표창(1983), 노동부장관표창(1984), 경북도지사표창(1985 · 1987), 국무총리표창(1986), 법무부장관표창(1986), 대통령표창(1992), 산업평화상(2005) [종]천주교

정명훈(鄭明勳) CHUNG Myung Whun
[생]1953 · 1 · 22 [출]서울 [학]1974년 미국 매네스음대(Mannes School of Music)졸 1978년 미국 줄리어드음대졸 [경]1960년 서울시립교향악단과 협연 1963년 미국 시애틀교향악단과 협연 1973년 영국 런던심포니와 협연 1975년 미국 줄리어드음대 학생오케스트라 상임지휘자 1976년 미국 뉴욕청년심포니 지휘자 1980년 LA필하모닉 부지휘자 1984년 서독 자르브뤼캔방송교향악단 음악감독 겸 상임지휘자 1986년 뉴욕 메트로폴리탄 오페라 데뷔 1987년 이탈리아 피렌체오케스트라 수석객원지휘자 1989~1994년 프랑스 국립바스티유오페라단 음악감독 겸 상임지휘자 1990년 도이치 그라모폰과 전속계약 1991년 서울에서 정트리오연주회 1992년 UN 마약퇴치 대사 1995년 광복50돌(세계를 빛낸 한국 음악인 대향연) 공연 1996~1999년 한국명예문화대사 1997년 아시아필하모닉오케스트라 상임지휘자(현) 1997년 KBS교향악단 음악감독 겸 상임지휘자 1997년 이탈리아 로마산타체칠리아오케스트라 상임지휘자 2000~2003년 한국명예문화대사 2000~2015년 프랑스 라디오프랑스필하모니오케스트라 음악감독 겸 지휘자 2000년 일본 도쿄필하모닉 특별예술고문 2004~2006년 외교통상부 문화홍보 외교사절 2005년 서울시립교향악단 예술고문 2006~2015년 同예술감독 2006~2015년 同상임지휘자 2009년 (사)미라클오브뮤직 이사장(현) 2010년 G20정상회의준비위원회 민간위원 2011년 드레스덴 슈타츠카펠레 수석객원지휘자(현) 2012년 인천국제공항 명예홍보대사 2015년 프랑스 라디오프랑스 필하모닉 오케스트라 명예음악감독(현) 2016년 일본 도쿄필하모닉오케스트라 명예음악감독(현) [상]차이코프스키 국제음악콩쿠르 은메달, 쇼팽경연대회 수석입상, 뉴욕시장표창, 프레미오 아비아티상, 아르투로 토스카니니상, 프랑스 국가공로훈장 기사장, 프랑스 빅투아르드라뮤지크 지휘자승리상 · 고전녹음승리상 · 오페라제작승리상, 금관문화훈장, 一民예술상, 미국 엑설런스2000상, 일본 아사히방송국 국제음악상, 프랑스 클래식음악의 승리상, 이탈리아 음악평론가협회 '프랑코 아비아티'(Premio della critica musicale Franco Abbiati) '최고음악평론가상 지휘자부문(1988 · 2015), 대원음악상(2006), 한국이미지알리기 디딤돌상(2007), 마크 오브 리스펙트상(2008), 자랑스런 한국인대상 문화예술부문(2009), 프랑스 문화예술공로훈장 코망되르(2011), 이탈리아 베니스 라 페니체극장재단 '평생 음악상(Una vita nella musica Award)'(2013), 통일문화대상(2013) [종]기독교

정명희(鄭明熙) CHUNG Myung Hee
[생]1945 · 9 · 21 [출]서울 [주]인천 연수구 갯벌로155 가천대학교 이길여암 · 당뇨연구원(032-899-6030) [학]1965년 경복고졸 1971년 서울대 의대졸 1973년 同대학원 약리학과졸 1981년 의학박사(미국 뉴욕주립대) [경]1977년 미국 뉴욕주립대 Downstate Medical Center 약리학 연구원 1981~2011년 서울대 의과대학 약리학교실 조교수 · 부교수 · 교수 1988년 일본 국립암센터 초빙연구원 1992년 서울대 의과대학 부학장 1996~1997년 대한약리학회 회장 2000년 한국노화학회 회장 2001년 한국독성학회 회장 2001년 한국프리다디칼학회 회장 2002~2004년 서울대 부총장 2005년 '황우석 교수의 인간배아 줄기세포 연구결과 재검증을 위한 조사위원회' 위원장 2007년 건강기능식품미래포럼 공동대표의장 2010년 삼성융합의과학원(SAIHST) 설립추진단장 2011~2014년 同원장 2011년 서울대 명예교수(현) 2015년 가천대 이길여암 · 당뇨연구원장 겸 의무부총장(현) 2015년 가천의생명융합연구원 원장(현) [상]분쉬의학상(2000), 생명의 신비상 생명과학분야(2006) [저]'약리학'

정명희(鄭明姬 · 女) JUNG Myung Hee
[생]1953 · 7 · 18 [출]대구 [주]대전 유성구 유성대로1689번길70 기초과학연구원(IBS) 상임감사실(042-878-8010) [학]1975년 이화여대 약학과졸 1979년 同대학원 생약학과졸 1985년 약화학박사(독일 마르부르크필립대) [경]1987년 한국화학연구원 생명의약연구부 연구원 · 책임연구원, 同생명화학연구단 책임연구원 겸 정밀화학정책연구센터장 1990년 독일 Marburg대 연구원 1998년 보건복지부 중앙약사심의위원 1998년 충남대 약대 겸임교수 1999년 특허청 자문위원 2000~2008년 경희대 동서의학대학원 겸임교수 2003~2005년 국가과학기술위원회 위원 2004~2005년 대한여성과학기술인회 회장 2005~2008년 한국과학재단 이사 2005~2008년 한국산업기술재단 이사 2005년 원자력안전기술원 이사 2007년 한국화학연구원 연구정책부장 2007년 同정밀화학정책연구센터장 2011년 同공공인프라본부 정밀화학정책연구센터장 2012년 경인여대 총장 2015년 기초과학연구원(IBS) 상임감사(현) [상]한국화학연구원 최우수연구원상, 제9회 올해의 여성과학기술자상 진흥부문(2009) [저]'정밀화학의 오늘과 내일'(共) [종]천주교

정명희(鄭明姬 · 女) JEONG Myung Hee
[생]1966 · 5 · 2 [주]부산 연제구 중앙대로1001 부산광역시의회(051-888-8247) [학]진해여고졸, 부산대 약학대학졸, 경성대 대학원 임상약학과졸, 同대학원 약학 박사과정 수료 [경]동의과학대 외래교수, 부산시 중구약사회 회장, 부산시약사회 이사, 同약바르게알기운동본부장, 대한약사회 안전상비의약품안전교육 강사(현), 同의약품안전사용교육 강사, 민주평통 자문위원(현), 부산시 중구사회복지긴급지원 심의위원(현) 2014년 부산시의회 의원(비례대표, 새정치민주연합 · 더불어민주당)(현) 2014년 同보사환경위원회 위원 2014년 同윤리특별위원회 위원 2015년 同복지환경위원회 위원(현) 2015년 同예산결산특별위원회 위원(현) 2015년 同공기업특별위원회 위원 2016년 同운영위원회 위원(현) 2016년 더불어민주당 부산시당 공동대변인(현) 2016년 同부산시당 동물보호특별위원회 자문위원(현) [상]부산여성발전디딤돌상 의정상부문(2015)

정목일(鄭木日) JUNG Mok Ill (목향)
[생]1945 · 8 · 6 [본]진주(晋州) [출]경남 진주 [주]서울 마포구 양화로156 한국수필가협회(02-532-8702) [학]1963년 진주고졸 1964년 건국대 중퇴, 경남대 경영대학원 수료 [경]1976년 '현대문학'으로 수필부문 등단 1979년 경남신문 기자 1984년 同문화부장 1995년 同편집국장 1998년 한국문인협회 이사, 同수필분과 회장 1999~2001년 경남신문 기획출판국장 겸 논설위원 2000년 경남문인협회 회장 2000년 경남문학관 이사장, 同관장 2001~2002년 경남신문 논설실장 직대 2007년 한국문인협회 수필분과 회장, 계간 수필전문지 '선수필' 발행인(현) 2009~2015년 한국수필가협회 이사장 2011년 한국문인협회 부이사장(현) 2013년 연세대 미래교육원 수필지도교수(현) [상]한국신문협회상(1982), 동포문학상(1986), 경남도문학상(1986), 월간수필문학상(1993), 현대수필문학상(1997), 신곡문학상(2001), 수필문학대상 GS에세이문학상(2005), 한국문학상(2007), 대한민국향토문학상(2008), 제1회 경남수필문학상(2008), 문신저술상 대상(2009), 제2회 조경희수필문학상(2009), 원종

린수필문학상(2010), 제4회 흑구문학상(2012), 제6회 인산문학상(2014), 올해의 수필인상(2014) [저]'남강부근의 겨울나무'(1980) '한국의 영혼'(1980) '별이 되어 풀꽃이 되어'(1983) '만나면서 떠나면서'(1986) '달빛고요'(1986) '별보며 쓰는 편지'(1988) '모래알 이야기'(1988) '깨어있는 자만이 숲을 볼 수 있다'(1990) '대금산조'(1994) '나의 해외 문화기행'(1994) '심금'(1998) '가을금관'(1999) '목향'(2000) '마음꽃 피우기'(2002) '달이 있는 바다'(2004) '침향'(2005) '실크로드'(2007) '마음고요'(2007) '모래밭에 쓴 수필'(2008) 차(茶)수필집 '차 한 잔 하세'(2010, 청어) '지금 이 순간'(2012, 선우미디어) 동화집 '무지개 만드는 나라'(1985) '파랑새학교'(1988) '가위바위보 골목대장'(1988) '반지호수'(2004) 칼럼집 '인민광장의 왈츠' 수필집 '나의 한국미 산책'(2014, 청조사) '맛 멋 흥 한국에 취하다'(2014, 청조사) [종]불교

정몽구(鄭夢九) CHUNG Mong Koo

[생]1938·3·19 [본]하동(河東) [출]강원 통천 [주]서울 서초구 헌릉로12 현대자동차 회장실(02-3464-1114) [학]1959년 경복고졸 1967년 한양대 공업경영학과졸 1989년 명예 인문학박사(미국 코네티컷대) 2001년 명예 경영학박사(몽골 몽골국립대) 2003년 명예 경영학박사(고려대) 2015년 명예 공학박사(한양대) [경]1970년 현대자동차 서울사업소장 1973년 현대건설 자재부장 1973년 현대자동차 이사 1974~1987년 현대자동차서비스 사장 1977~1987년 현대정공 사장 1981~1987년 현대강관 사장 1983·1985년 컨테이너공업협회 회장 1984년 선박해체협회 회장 1985년 현대차량 사장 1985~1997년 대한양궁협회 회장 1985년 강관협회 회장 1986년 미국 코네티컷대 명예교수(현) 1986~1997년 아시아양궁연맹 회장·명예회장 1986년 현대산업개발·인천제철 사장 1987~2000년 현대정공 대표이사 회장 1987~1995년 인천제철·현대산업개발·현대자동차서비스·현대강관 회장 1989년 현대중장비산업 회장 1993~1996년 대한체육회 부회장 1993~1997년 국제양궁연맹(FITA) 부회장 1995년 현대그룹 회장 1996년 현대종합상사 회장 1997년 대한양궁협회 명예회장(현) 1999~2009년 현대자동차·기아자동차 대표이사 회장 1999년 한국표준협회 회장 1999년 2010세계박람회유치위원회 위원장 2000년 현대모비스(주) 대표이사 회장(현) 2005~2014년 현대제철(주) 상임이사 2007년 2012세계박람회유치위원회 명예위원장 2008년 2012여수세계박람회조직위원회 명예위원장 2009년 현대자동차·기아자동차 회장(현) 2010년 NGV 이사(현) [상]새마을포장, 동탑산업훈장(1989), 체육훈장 청룡장(1989), 금탑산업훈장(1998), 미국 자동차산업 공헌상(2001), 몽골 북극성훈장(2004), 인촌상(2005), 우드로 윌슨상(2006), 밴 플리트상(2009), 대한민국잡지광고대상(2009), 미국 자동차전문지 오토모티브뉴스 선정 '세계 자동차업계 우수인물 아시아지역 최우수 최고경영자(CEO)'(2010·2011), 미국 자동차 전문지 모터트렌드 선정 '2012년 파워리스트(2011 자동차 산업의 영향력 있는 인물)' 2위(2011), 국민훈장 무궁화장(2012)

정몽규(鄭夢奎) Mong Gyu Chung

[생]1962·1·14 [본]하동(河東) [출]서울 [주]서울 용산구 한강대로23길55 아이파크몰9층 현대산업개발(주) 회장실(02-2008-9114) [학]1980년 용산고졸 1985년 고려대 경영대학 경영학과졸 1988년 영국 옥스퍼드대 대학원 정치학과졸 [경]1988년 현대자동차(주) 입사 1990년 同부품개발본부담당 이사 1991년 同상무이사 1992년 同전무이사 1993년 同기획실·자재본부담당 부사장 1996~1998년 현대자동차(주) 회장 1997~1999년 한국자동차공업협회 회장 1998년 전국경제인연합회 한영재계회의 한국측위원장 1999년 현대산업개발(주) 회장(현) 2000년 제33차 태평양경제협의회(PBEC) 한국측 대표연사 2011~2013년 한국프로축구연맹 총재 2011~2015년 아시아축구연맹(AFC) 회원국산하프로리그특별위원회 위원 2013·2016년 대한축구협회 회장(현) 2013년 동아시아축구연맹 회장(현) 2015년 2019 아랍에미리트(UAE) 아시아축구연맹(AFC) 아시안컵조직위원회 부위원장 겸 발전위원회 위원(현) 2016년 2017 국제축구연맹(FIFA) 20세이하(U-20) 월드컵조직위원회 위원장(현) 2016년 대한체육회 리우올림픽대회 대한민국선수단장 2016년 아시아축구연맹(AFC) 부회장 겸 심판위원장(현) [상]세계경제포럼 1997년 세계차세대지도자 100인에 선정(1996), 한중우호교류기금회 제2회 한중청년학술상 경제부문(1997), 자랑스런 고대인상(2015)

정몽근(鄭夢根) CHUNG Mong Keon

[생]1942·4·11 [본]하동(河東) [출]서울 [주]서울 강남구 압구정로165 (주)현대백화점 임원실(02-549-2233) [학]1959년 경복고졸 1964년 한양대 토목학과졸 [경]1964~1974년 현대건설 입사·자재담당 이사 1974년 금강개발산업 대표이사 1987년 同회장 2000년 현대백화점그룹 회장 2006년 同명예회장(현) [종]불교

정몽석(鄭夢錫) CHUNG Mong Suk

[생]1958·11·6 [본]하동(河東) [출]서울 [주]서울 강남구 테헤란로507 일송빌딩16층 현대종합금속(주) 회장실(02-6230-6099) [학]1977년 오산고졸 1981년 건국대 경영학과졸 1986년 미국 조지워싱턴대 경영대학원졸 [경]1983년 현대시멘트(주) 입사 1986년 현대종합금속(주) 이사 1987년 同전무이사 1987년 성우종합운수(주) 사장 1988년 현대종합금속(주) 사장 1994년 同부회장 1995년 성우정밀산업(주) 회장 1997년 현대종합금속(주) 회장(현) 2009~2012년 (재)명동정동극장 이사

정몽선(鄭夢善) CHUNG Mong Sun

[생]1954·8·15 [출]서울 [학]1973년 중앙고졸 1978년 한양대졸 1981년 미국 하트퍼드대 경영대학원졸 [경]1980년 현대건설(주) 입사 1984년 현대시멘트(주) 전무이사 1987년 同사장 1987년 성우정공(주) 사장 1989년 (주)성우 사장 1990년 현대시멘트(주) 부회장 1990년 (주)성우 부회장 1990년 성우정공(주) 부회장 1990년 성우종합레저산업(주) 부회장 1990년 성우종합상운(주) 부회장 1992년 성우종합건설(주) 부회장 1995년 성우TRW(주) 부회장 1997년 대한조정협회 회장 1997~2015년 현대시멘트(주) 회장 1997년 성우그룹 회장 겸임

정몽용(鄭夢鏞) CHUNG Mong Yong

[생]1961·12·22 [본]하동(河東) [출]서울 [주]서울 강남구 봉은사로609 현대성우오토모티브코리아(주) 회장실(02-2189-5117) [학]1980년 영동고졸 1987년 경희대 무역학과졸 1991년 미국 아메리칸대 대학원 재정학과졸 [경]1987년 성우종합상운(주) 이사 1989년 성우정공(주) 이사 1991년 현대시멘트(주) 이사 1992년 성우정공(주) 전무 1993년 성우종합상운(주) 상무 1993년 현대시멘트(주) 상무 1994년 同전무 1994년 성우정공(주) 부사장 1994년 성우종합상운(주) 전무 1995년 同부사장 1996년 同사장 1996년 성우정공(주) 부사장 1996년 성우종합화학(주) 사장 1996년 성우정공(주) 사장 1997~2001년 同대표이사 부회장 1997년 성우종합화학(주) 부회장 1997~2000년 성우종합상운(주) 부회장 1997~2000년 현대시멘트(주) 부사장 2000년 타이거넷(주) 부회장 2001년 현대성우오토모티브코리아(주) 회장(현)

정몽원(鄭夢元) CHUNG Mong Won

[생]1955·8·4 [본]하동(河東) [출]서울 [주]서울 송파구 올림픽로289 시그마타워 (주)한라 회장실(02-3434-6004) [학]1974년 서울고졸 1979년 고려대 상과대학 경영학과졸 1982년 미국 서던캘리포니아대 경영대학원졸(MBA) [경]1978년 한라해운 입사·사원 1979년 현대양행 근무 1983년 만도기계 부장 1985년 同전무이사 1986년 한라공조 대표이사 사장 1989년 만도기계 대표이사 사장 1991년 한라건설 대표이사 사장 1992년 한라그룹 부회장 1997년 同회장(현) 2001~2013년 한라건설 대표이사 회장 2008년 (주)만도 대표이사 회장(현) 2013년 (주)한라 각자대표이사 회장(현) 2013년 대한아이스하키협회 회장(현) 2013~2015년 한라인재개발원 원장 [상]제30회 무역의 날 1억달러 수출의탑(1993), 올해의 자랑스런 고대체육인상 공로상(1995), 중국 쑤어주의 벗(명예시민)(2013), 고려대 경영대 교우회 '올해의 교우상' 오너부문(2015) [종]기독교

정몽윤(鄭夢允) CHUNG Mong Yoon

[생]1955·3·18 [본]하동(河東) [출]서울 [주]서울 종로구 세종로178 현대해상화재보험 회장실(02-732-1133) [학]1973년 중앙고졸 1984년 미국 샌프란시스코주립대졸 1985년 同경영대학원졸 [경]1977~1985년 현대종합상사 입사·부장 1979~1984년 同미주지사 근무 1985년 현대해상화재보험 부사장 1988년 同사장 1996~1999년 현대할부금융 대표이사 회장 1997~2001년 대한야구협회 회장 1997년 駐韓 요르단 명예영사(현) 1998년 현대해상화재보험 고문 2001년 同회장(현) 2004년 同이사회 의장(현) 2015년 서울상공회의소 부회장(현) [상]골든글러브 공로상 [종]기독교

정몽익(鄭夢翼) CHUNG Mong Ik

[생]1962·1·28 [본]하동(河東) [출]서울 [주]서울 서초구 사평대로344 (주)KCC 임원실(02-3480-5003) [학]1980년 용산고졸 1985년 미국 시러큐스대 MIS학과졸 1986년 미국 조지워싱턴대 상경대학원 국제재정학과졸 [경]1989년 (주)금강 입사, 同관리본부장, 同LA사무소장, 금강고려화학(주) 전무이사 2003년 同부사장 2005년 (주)KCC 총괄부사장 겸 관리본부장 2006년 同대표이사 사장(현), 전주KCC이지스 프로농구단 구단주(현) [상]동탑산업훈장(2010)

정몽일(鄭夢一) CHUNG Mong Il

생1959·3·25 본하동(河東) 출서울 주서울 중구 청계천로14 한국정보화진흥원빌딩4층 현대기업금융(02-728-8800) 학1978년 배재고졸 1982년 연세대 경영학과졸 1989년 미국 조지워싱턴대 대학원졸 경1984년 현대그룹 입사 1990년 현대종합상사 이사대우 1990년 同상무이사 1991년 同전무이사 1992년 同부사장 1994년 현대종합금융 대표이사 사장 1998~1999년 同대표이사 회장 1999년 현대파이낸스(주) 대표이사 회장 1999~2015년 현대기업금융 대표이사 회장 2000~2015년 현대기술투자(주) 대표이사 회장 겸임 2016년 현대기업금융 회장(현) 종기독교

정몽준(鄭夢準) CHUNG Mong Joon

생1951·10·17 본하동(河東) 출부산 주서울특별시 송파구 올림픽로 43길88 아산사회복지재단(1688-7575) 학1970년 중앙고졸 1975년 서울대 경제학과졸 1980년 미국 매사추세츠공과대(MIT) 경영대학원졸 1993년 국제정치학박사(미국 존스홉킨스대) 1998년 명예 체육학박사(명지대) 1999년 명예 법학박사(미국 메릴랜드대) 2000년 명예 법학박사(미국 뉴욕시립대 버룩칼리지) 2000년 명예 경영학박사(공주대) 2002년 명예 보건학박사(고신대) 2011년 명예 경영학박사(전주대) 2011년 명예 경영학박사(강원대) 경1977년 육군 중위 전역(ROTC 13기) 1978년 현대중공업 입사 1980년 同상무이사 1981년 현대 종합기획실 상무이사 겸임 1982~1987년 현대중공업 사장 1983년 대한양궁협회 회장 1983~2014년 학교법인 울산공업학원(울산대·울산과학대) 이사장 1983년 세계궁도협회(FITA) 집행위원 1984년 실업테니스연맹 회장 1987년 현대중공업 회장 1987년 일본 東京大 교환교수 1988년 제13대 국회의원(울산 동구, 무소속·민자당·무소속) 1990년 현대중공업 고문 1990년 현대학원 이사장 1990년 현대경제사회연구원 회장 1992년 제14대 국회의원(울산 동구, 국민당·무소속) 1993~2009년 대한축구협회 회장 1994~2010년 국제축구연맹(FIFA) 부회장 1995년 미국 존스홉킨스대재단 이사 1996년 제15대 국회의원(울산 동구, 무소속) 1996년 2002월드컵축구대회조직위원회 부위원장 1997년 FIFA 미디어위원장 1998년 한국유네스코협회연맹 회장 1999년 고려대 경영학과 석좌교수 1999년 학교법인 고려중앙학원 재단이사 2000년 제16대 국회의원(울산 동구, 무소속·국민통합21) 2000~2002년 2002월드컵축구대회조직위원회 공동위원장 2001년 아산사회복지재단 이사장(현) 2001년 미국 아시아소사이어티재단 이사(현) 2002~2003년 국민통합21 대표최고위원 2004~2007년 FIFA 올림픽분과위원회 부위원장 2004년 제17대 국회의원(울산 동구, 국민통합21·무소속·한나라당) 2004년 동아시아축구연맹(EAFF) 회장·명예회장(현) 2005~2015년 서강대 경영학과 겸임교수 2007년 FIFA 올림픽조직위원회 위원장 2007년 한나라당 제17대 대통령중앙선거대책위원회 상임고문 2008년 同최고위원 2008년 아산정책연구원 명예이사장(현) 2008년 제18대 국회의원(서울 동작구乙, 한나라당·새누리당) 2008년 전국정(鄭)씨연합중앙회 총재(현) 2008년 한미외교협의회 회장 2008년 한·일의원연맹 고문 2009년 대한축구협회 명예회장(현) 2009년 전남 목포시 명예시민 2009~2010년 한나라당 대표최고위원 2011년 FIFA 명예부회장(현) 2012~2014년 제19대 국회의원(서울 동작구乙, 새누리당) 2012년 새누리당 상임전국위원 2012년 同제18대 대통령중앙선거대책위원회 공동위원장 2013년 同북핵안보전략특별위원회 고문 2013~2014년 한·중의원외교협의회 회장 2013년 서울중앙고교우회 회장(현) 2014년 학교법인 울산공업학원(울산대·울산과학대) 명예이사장(현) 2014년 국회 지방자치발전특별위원회 위원 2014년 서울특별시장선거 출마(새누리당) 상자이르 국가훈장(1982), 산업포장(1983), 새마을훈장 노력장(1983), 은탑산업훈장(1984), 체육훈장 맹호장(1984), 월드컵유치공로포장(1988), 체육훈장 청룡장(1997), 국민훈장 무궁화장(2002), 몽골 친선훈장(2007), 말레이시아 국가발전공헌작위 다투(Dato)(2009), 한국경영교육특별대상(2009), 서울시 자랑스러운 ROTC동문상(2009), 남미축구연맹 최고훈장(2010), 여성정치발전인상(2011), 몽골 북극성훈장(2012), 글로벌리더스포럼 글로벌리더상(2013), 독일 대십자 공로훈장(2013), K리그 30주년 공로상(2013), 아시아축구연맹(AFC) 다이아몬드 오브 아시아(Diamond of Asia)(2013) 전'기업경영이념' '일본의 정부와 기업관계' '일본에 말한다' '일본인에게 전하고 싶다' '나의 도전 나의 열정'(2011, 김영사) '정몽준의 약속, 소통'(2012) 역'경쟁전략' 종기독교

정몽진(鄭夢進) CHUNG Mong Jin

생1960·8·5 본하동(河東) 출서울 주서울 서초구 사평대로344 (주)KCC 회장실(02-3480-5002) 학1979년 용산고졸 1983년 고려대 경영학과졸 1986년 미국 조지워싱턴대 대학원졸 경1971년 고려화학 입사 1991~1994년 同이사 1994~1995년 同전무이사 1994~1995년 KCC싱가포르 대표이사 전무 1996~1997년 同대표이사 부사장·사장 1998~2000년 同부회장 2000년 금강고려화학 회장 2005년 (주)KCC 대표이사 회장(현) 상2008 IMI 글로벌경쟁력부문 경영대상(2008), 매경이코노미 선정 '올해의 CEO'(2009), 울산대 공로상(2010)

정몽혁(鄭夢爀) CHUNG MONG HYUCK

생1961·7·29 본하동(河東) 출서울 주서울 종로구 율곡로2길25 현대종합상사(주) 회장실(02-390-1121) 학1980년 경복고졸 1989년 미국 캘리포니아대 수리경제학과졸 경1989~1991년 극동정유 부사장 1991~1993년 현대석유화학 부사장 1993~1996년 현대정유 대표이사 부사장 1996~1999년 현대석유화학 사장 1996~2002년 현대정유 사장 2002~2005년 (주)에이치애비뉴앤컴퍼니 회장 2006~2009년 (주)메티아 대표이사 사장 2010년 현대종합상사(주) 회장(현) 2015년 현대씨앤에프(주) 회장(현) 상국세청장표창(1994), 충청남도지사표창(1994), 현대그룹 최고경영자상(1996), 제34회 무역의 날 '수출의 탑'(1997), 스위스 다보스세계경제포럼 '미래의 세계지도자' 선정(1998), 한국산업영상전 대상(1999)

정무경(鄭茂京) JUNG Moo Kyung

생1964·5·30 본나주(羅州) 출전남 나주 주세종특별자치시 갈매로477 기획재정부 대변인실(044-215-2400) 학1981년 광주 동신고졸 1988년 고려대 경제학과졸(학사) 1990년 서울대 행정대학원 정책학과졸(석사) 1993년 영국 워릭대 대학원 국제경제법학과졸(석사) 2012년 행정학박사(고려대) 경1988년 행정고시 합격(31회) 1989년 경제기획원 대외경제조정실 사무관 1993년 국외 훈련(영국) 1996년 재정경제원 경제정책국 사무관 1998년 기획예산위원회 재정기획국 사무관 1999년 기획예산처 예산관리국 서기관 2000년 同예산실 복지노동과 서기관 2001년 同예산실 예산총괄과 서기관 2002년 대통령비서실 삶의질향상기획단 행정관 2002~2005년 OECD근무 2005년 기획예산처 성과관리본부 재정사업평가팀장 2006년 同재정전략실 재정분석과장(부이사관) 2007년 대통령비서실 국정상황실 행정관(고위공무원) 2008년 기획재정부 업무개선TF팀장 2010년 국회 기획재정위원회 파견(고위공무원) 2012년 국무총리실 재정금융정책관 2013년 국무조정실 경제조정실 재정금융기후정책관 2013년 기획재정부 민생경제정책관 2014년 同세제실 관세정책관 2015년 同관세국제조세정책관 2015년 同대변인(현) 상홍조근정훈장(2013) 전'The Legal Framework for Budget Systems : An International Comparision'(共) 종기독교

정무남(鄭武男) CHUNG Moo Nam (樂先)

생1944·3·15 본동래(東萊) 출대구 학1962년 경북고졸 1967년 서울대 농대졸 1975년 同행정대학원졸 1983년 농경제학박사(미국 미주리대) 경1967~1983년 농촌진흥청 농업연구관 1987년 同기술협력담당관 1991년 同연구관리과장 1994년 同농업경영관 1999년 同작물시험장장 2000년 한국국제농업개발학회 회장 2001년 농촌진흥청 농업과학기술원장 2002~2003년 同청장 2003년 충북대 초빙교수 2005년 대전보건대학 학장 2009년 同총장 2012~2016년 대전보건대 총장 상대통령표창, 홍조근정훈장 전'소농구조의 발전과정과 규모의 경제성'

정무성(鄭茂晟) CHUNG Moo Sung

생1959·2·14 주서울 동작구 상도로369 숭실대학교 사회과학대학 사회복지학부(02-828-7212) 학1977년 환일고졸 1984년 숭실대 영어영문학과졸 1986년 서울대 대학원 사회복지학과졸 1988년 미국 미네소타대 행정대학원 행정학과졸 1993년 사회복지행정학박사(미국 시카고대) 경1991~1996년 서울신대 사회복지학과 전임강사·조교수 1993~1996년 기독교사회복지연구소 소장 1996~2003년 가톨릭대 사회복지학과 조교수·부교수 1997~1998년 同사회복지대학원 교학부장 1998~2001년 同사회복지연구소장 2003년 숭실대 사회과학대학 사회사업학과 교수 2006년 同사회과학대학 사회복지학부 교수(현) 2006~2010년 同사회복지대학원장 2006~2008년 대한적십자사 프로그램개발위원장 2008년 사랑과행복나눔재단 자문위원 2011년 월드비전 이사(현) 2013년 숭실사이버대 부총장(현) 2013년 숭실대 사이버교육사업단장 2014~2016년 미소금융중앙재단 이사 2014년 한국사회적기업진흥원 비상임이사(현) 2015년 한국비영리학회 회장(현) 2015년 숭실대 사이버교육사업단장(현) 2015년 대통령실 저출산고령화대책위원회 삶의질분과위원장(현) 2016년 국가노후준비위원회 부위원장(현) 전'사회복지프로그램 개발론' '사회복지행정론' '지역사회복지론' 종기독교

정무영(鄭武永) JUNG Mooyoung (瑞巖)

생1949·3·10 본오천(烏川) 출대구 주울산 울주군 언양읍 유니스트길50 울산과학기술원 총장실(052-217-1021) 학1972년 서울대 항공공학과졸 1981년 미국 캔자스주립대 대학원 산업공학과졸 1984년 공학박사(미국 캔자스주립대) 경1976년 국방과학연구소 연구원 1978년 미국 캔자스주립대 산업공학과 연구조교·교육조교 1984년 同강사·연구원 1984년 미국 위스콘신대 조교

수 1986~1995년 포항공과대 산업공학과 조교수·부교수 1992년 同제품생산기술연구소장 1995~2008년 同산업공학과 교수 1998~2000년 同연구처장 2001~2008년 (주)바이오플러스 대표이사 2008~2015년 울산과학기술대 테크노경영학부 교수 2008년 同교무처장·기획연구처장·학생입학처장 겸임 2009~2014년 同교학부총장 2014~2015년 同연구부총장·연구처장·산학협력단장·융합연구원장 겸임 2015년 울산과학기술원(UNIST) 초대 총장(현) [상]대한산업공학회 백암논문상(1992), 대한산업공학회 학술대상(1997)

정문구(鄭文九) Chung Moon Koo

[생]1952·9·7 [출]인천 [주]전북 정읍시 백학1길30 한국화학연구원 안전성평가연구소(063-570-8000) [학]1979년 건국대 축산학과졸 1989년 독성학박사(독일 베를린자유대) [경]1979~1980년 독일 Rhein Ruhr-Nilchhof 유가공실험실요원·기술연수생 1989년 Schering사 안전성연구실 요원 1989~1990년 독일 베를린공대 약의독성검사 기술연수생 1991년 한국화학연구원 책임연구원, 同독성시험연구1팀장 2002년 同독성시험연구부장 2004~2007년 생식발생독성연구회 회장 2007년 한국화학연구원 안전성평가연구소 안전성시험부장 2013년 同안전성평가연구소 전북영장류시험본부장 겸 선임부장 2014년 同안전성평가연구소 특수독성연구센터 위촉연구원 2015년 同안전성평가연구소장(현) [종]기독교

정문국(丁文國) CHEONG Mun Kuk

[생]1959·5·23 [출]부산 [주]서울 중구 세종대로7길37 ING생명보험(주) 사장실(02-2200-9114) [학]해동고졸 1983년 한국외국어대 네덜란드어과졸 [경]1984~1999년 제일생명보험(주) 근무 1999~2001년 Hudson International Advisors 대표이사 2001~2003년 AIG Global Investment Korea 대표이사 2003~2004년 AIG생명보험 상무 2004년 알리안츠생명보험(주) Alternative Sales 부사장 2007~2012년 同대표이사 사장 2013년 에이스생명보험 한국대표이사 사장 2014년 ING생명보험(주) 대표이사 사장(현)

정문기(鄭文琪) Moon Kee CHUNG

[생]1954·2·23 [주]부산 금정구 부산대학로 63번길2 부산대학교 의과대학 비뇨기과학교실(055-360-1432) [학]1978년 부산대 의대졸 1981년 同대학원졸 1989년 의학박사(부산대) [경]1978~1983년 부산대 의대부속병원 전공의 1984~1986년 국군 부산병원 과장 1988년 부산대 의대 비뇨기과학교실 조교수·부교수·교수(현) 2006~2008년 대한비뇨기종양학회 부회장 2007~2009년 부산대 의과대학장 겸 의학전문대학원장 2008년 대한비뇨기과학회 이사장 2010~2012년 同회장 2013~2016년 부산시 의료원장

정문도(鄭文道) CHUNG Moon Doh (창연)

[생]1926·11·17 [본]동래(東萊) [출]부산 [주]서울 서초구 서운로13 (주)동신통상 임원실 [학]1943년 부산상고졸 1951년 동아대 법학과졸 1952년 서울대 대학원 수료 1955년 미국 오하이오주립대 대학원졸 [경]1955년 동아대 조교수 1963년 경제기획원 2차산업·경제협력국장 1967년 同운영차관보 1970년 상공부 마산수출자유지역관리청장 1973년 공단관리청장 1973년 제2종합제철 사장 1974년 현대조선 사장 1975년 현대미포조선소 사장 1979~1985년 현대차량 사장 1982년 방위산업진흥회 부회장 1982년 한·인도경제협력위원장 1985년 현대종합상사 회장 1985년 한·알래스카경제협력위원장 1986년 수원과학대 겸임부교수 1988년 현대종합목재산업 회장 1988~1995년 벽산그룹 부회장 겸 벽산개발 회장·벽산건설 회장 1988년 駐한국 볼리비아 명예총영사 1991년 駐한국 명예영사단장 1995년 (주)예진트레이딩 회장 1995년 (주)동일기공 회장 1998년 (주)동신통상 명예회장(현) [상]황조근정훈장(1972) [저]'일본 건축시장의 현재와 내일' [종]불교

정문목

[생]1967 [주]서울 중구 동호로330 CJ제일제당센터 CJ푸드빌(1577-0700) [학]1985년 대신고졸 1992년 서강대 경영학과졸 1997년 미국 조지워싱턴대 대학원 회계학과졸 [경]1997년 삼일회계법인 이사 2009년 맥쿼리자산운영 펀드 CFO(최고재무책임자) 2011년 CJ푸드빌 경영지원실장, 同CFO(최고재무책임자), 同경영전략실장, 同운영총괄 2013년 同대표이사 2016년 同대표이사(부사장대우)(현) [상]대통령표창(2016)

정문성(鄭文誠) JEONG Moon Seong

[생]1962·1·22 [본]동래(東萊) [출]부산 [주]경기 안양시 만안구 삼막로155 경인교육대학교 사회교육과(031-470-6228) [학]1980년 부산 브니엘고졸 1986년 서울대 사회교육학과졸 1989년 同대학원 사회교육학과졸 1994년 사회교육학박사(서울대) [경]1994년 경인교대 사회교육과 교수(현) 2007년 同교무처장 2011~2012년 同부총장 겸 대학원장 2012~2013년 한국열린교육학회 회장 2014년 한국사회과교육학회 부회장(현) 2015년 한국다문화교육연구학회 회장(현) [저]'열린교육을 위한 협동학습의 이론과 실제' '유아사회교육' '사회과 수행중심 평가' '협동학습의 이해와 실천' '토의토론 수업방법56' '홈스쿨 NIE 학습법' '다문화사회 교수방법론'(2016) [역]'사회과 창의적 교수법' [종]기독교

정문성(丁文晟)

[생]1967·3·27 [출]경북 김천 [주]경기 고양시 일산동구 호수로550 사법연수원(031-920-3110) [학]1986년 부산 혜광고졸 1991년 서울대 법학과졸 [경]1994년 사법시험 합격(36회) 1997년 사법연수원 수료(26기) 1997년 軍법무관 2000년 수원지법 판사 2002년 서울지법 판사 2004년 창원지법 판사 2007년 서울동부지법 판사 2010년 서울고법 판사 2012년 춘천지법 부장판사 2014년 사법연수원 교수(현)

정문술(鄭文述) CHUNG Moon Soul

[생]1938·3·7 [출]전북 임실 [학]1958년 남성고졸 1964년 원광대 종교철학과졸 2007년 명예 공학박사(한국과학기술원) [경]1962~1980년 중앙정보부 근무·조정과장 1983~2000년 미래산업(주) 대표이사 1999~2000년 라이코스코리아 대표이사 2000년 한국주택은행 사외이사 2001년 미래산업(주) 상담역·고문 2001년 한국과학기술원 이사 2002~2004년 벤처농업대학 학장 2003년 국민은행 사외이사 2003년 이화여대 겸임교수 2004년 국민은행 이사회 의장 2004년 동원증권 사외이사 2009~2013년 한국과학기술원 이사장 2009년 同입학사정관 2014년 미국 경제전문지 포브스의 '아시아·태평양 자선가 48인'에 선정 [상]대통령표창, 국무총리표창, 산업포장(1998), 철탑산업훈장(2001), 한국전문경영인학회 CEO대상(2001), 과학기술훈장 창조장(2014) [저]'왜 벌써 절망합니까'(1998) '정문술의 아름다운 경영'(2004, 키와채) '나는 미래를 창조한다'(2016, 나남) [종]기독교

정문식(鄭文植) Jung Moon Sik

[생]1962·3·22 [본]경주(慶州) [출]전남 목포 [주]경기 안양시 만안구 전파로53 태광산업빌딩2층 이레전자산업(주)(031-448-7820) [학]1981년 한양공고 전자과졸 2002년 서울대 경영대학원 최고경영자과정 수료 [경]1981~1990년 (주)홍진전자 생산부 근무 1990~1996년 이레전자 창업·대표 1996년 이레전자산업(주) 대표이사 사장(현) 1999년 한국정보통신산업협회 이사 2004년 한국디스플레이기업협의회 초대회장 2005년 한국정보통신산업협회 감사 [상]산업자원부 주관 산업분야 신지식인 선정(1999), 대통령표창(1999), 산업자원부장관표창(1999), 중소기업진흥공단이사장표창(2003), 동탑산업훈장(2004) [저]'다섯평 창고의 기적'(2002) [종]기독교

정문종(鄭文鍾) JEONG Moon Jong

[생]1959·10·7 [출]충남 연기 [주]서울 영등포구 의사당대로1 국회예산정책처 경제분석실(02-788-4830) [학]1982년 서울대 경제학과졸 1984년 同대학원졸 1993년 경제학박사(서울대) [경]1989~1995년 국회도서관 입법자료분석실 자료분석관 1995년 국회사무처 입법조사분석실 입법조사연구관 1998년 同입법조사분석실 재정경제담당관 2000년 同예산분석관 2004년 국회예산정책처 재정정책분석팀 경제분석관 2008년 同예산분석실 법안비용추계팀장 2009년 同예산분석실 법안비용추계1팀장 2011년 同예산분석실 행정예산분석팀장 2012년 同예산분석실 행정예산분석과장(부이사관) 2013년 同사업평가국 사회사업평가과장 2016년 同경제분석실 조세분석심의관(현) [종]천주교

정문헌(鄭文憲) CHUNG Moon Hun

[생]1966·5·4 [본]연일(延日) [출]서울 [주]서울 성북구 정릉로77 국민대학교(02-910-4114) [학]1984년 경복고졸 1990년 미국 위스콘신대(Univ. of Wisconsin) 정치학과졸 1994년 미국 시카고대(Univ. of Chicago) 대학원 정책학과졸 2002년 정치학박사(고려대) [경]2001~2016년 (재)유암문화재단 이사장 2002년 (사)우암평화연구원 연구위원 2002년 동국대 행정대학원 겸임교수 2002년 한나라당 이회창 대통령후보 특별보좌역 2003년 고려대 평화연구소 연구교수 2003년 한나

라당 속초·고성·양양·인제지구당 위원장 2003년 강원사랑시민연대 공동대표 2004~2008년 제17대 국회의원(속초·고성·양양, 한나라당) 2004~2005년 한나라당 원내부대표 2004년 한국스카우트의원연맹 이사 2006~2007년 한나라당 제2정책조정위원장 2007년 민족화해협력범국민협의회 공동집행위원장 2009~2010년 대통령 외교안보수석비서관실 통일비서관 2011년 한나라당 속초·고성·양양당원협의회 운영위원장 2012년 새누리당 속초·고성·양양당원협의회 운영위원장 2012~2016년 제19대 국회의원(속초·고성·양양, 새누리당) 2012~2013년 새누리당 정책위원회 외교통상·국방담당 부의장 2012년 同국군포로·납북자TF팀장 2013년 同북핵안보전략특별위원회 위원 2013~2014년 국회 외교통일위원회 여당 간사 2013년 새누리당 강원도당 위원장 2014년 同여의도연구원 통일연구센터장 2014년 同비상대책위원 2014년 국회 기획재정위원회 위원 2014년 국회 동북아역사왜곡대책특별위원회 위원 2014~2015년 새누리당 통일위원회 위원장 2015년 국회 정치개혁특별위원회 여당 간사 겸 공직선거법 심사소위원회 위원장 2016년 국민대 초빙교수(현) [상]법률소비자연맹 선정 국회헌정대상(2013) [저]'탈냉전기 남북한과 미국-南北關係의 浮沈'(2004) [종]불교

정문화(鄭文和) CHUNG Moon Hwa

[생]1940·11·2 [본]영일(迎日) [출]부산 [학]1959년 경남고졸 1965년 서울대 행정학과졸 1988년 한양대 행정대학원졸 [경]1965년 행정고등고시 합격(3회) 1966년 법제처 사무관 1970년 총무처 인사과 근무 1971~1978년 同법무관·사무관리과장·고시과장·조직관리과장·총괄과장 1978년 同행정전산계획관 1979년 同행정관리국 심의관 1980년 同행정관리국장 1983년 同인사국장 1986년 同행정조사연구실장(1급) 1987년 同기획관리실장(1급) 1987년 소청심사위원장 1988년 행정개혁위원회 총괄분과위원회 간사 1988년 중앙공무원교육원장(차관급) 1990년 총무처 차관 1992년 한국행정학회 부회장 1993년 부산직할시장 1994~1995년 한국지방행정연구원 원장 1996년 21세기국가발전연구원 원장 1997년 한국행정연구원 원장 1998년 제15대 국회의원(부산 西 보선, 한나라당) 2000~2004년 제16대 국회의원(부산 西, 한나라당) 2006~2008년 경주대 총장 [상]녹조근정훈장, 황조근정훈장, 보국훈장 천수장 [저]'공무원 인사제도' '지방자치 이것을 아십니까' '새정부의 선택' [종]불교

정미경(鄭美京·女) CHUNG MI KYUNG

[생]1965·9·17 [본]진주(晋州) [출]강원 화천 [주]경기 수원시 권선구 덕영대로1127 효송빌딩5층 법무법인 광교(031-231-1113) [학]1984년 덕성여고졸 1989년 고려대 법학과졸 [경]1996년 사법시험 합격(38회) 1999년 사법연수원 수료(28기) 1999년 서울지검 의정부지청 검사 2001년 인천지검 부천지청 검사 2003년 광주지검 군산지청 검사 2005년 수원지검 검사 2007년 여성가족부 장관 법률자문관 2007년 부산지검 검사 2007년 대한의사협회 아동학대예방전문위원 2007년 중앙아동보호전문기관 자문위원 2007년 경기도아동보호전문기관 아동학대사례판정위원 2008년 제18대 국회의원(수원 권선, 한나라당·새누리당·무소속) 2008년 한나라당 대표특보 2009년 同원내부대표 2010년 同대변인 2010년 국회 국방위원회 위원 2010년 국회 여성가족위원회 위원 2011년 국회 예산결산특별위원회 위원 2012년 제19대 국회의원선거 출마(수원乙(권선), 무소속) 2012~2014년 법무법인 광교 변호사 2014~2016년 제19대 국회의원(수원乙(권선) 보궐선거, 새누리당) 2014년 국회 국방위원회 위원 2014~2015년 새누리당 홍보기획본부장 겸 홍보위원장 2015년 국회 예산결산특별위원회 위원 2015년 새누리당 나눔경제특별위원회 위원장 2016년 同경기 수원시戊당원협의회 운영위원장 2016년 제20대 국회의원선거 출마(경기 수원시戊, 새누리당) 2016년 법무법인 광교 변호사(현) [상]시민일보 의정·행정대상(2015) [저]'여자 대통령이 아닌 대통령을 꿈꿔라'(2007) [종]기독교

정미근(鄭美根) JUNG Mee Geun

[생]1954·3·15 [주]서울 동대문구 사가정로272 신일제약(주) 임원실(02-2242-0491) [학]1978년 성균관대 약학과졸 [경]1978년 신일제약(주) 근무, 同상무이사, 同충주공장장(전무이사) 2011년 同부사장 2013년 同대표이사 사장(현) [종]기독교

정미라(鄭美羅·女) Chung Mira

[생]1954·3·11 [주]경기 성남시 수정구 성남대로1342 가천대학교 생활과학대학 유아교육학과(031-750-5956) [학]1977년 이화여대졸 1980년 同대학원졸 1988년 유아교육학박사(프랑스 CAEN대) [경]1977~1978년 한국행동과학연구소 연구원 1981~1983년 이화여대 강사 1983~1985년 경남대 전임강사 1989~2012년 경원대 유아교육학과 교수 1993~1999년 한국유아교육학회 이사 2001~2002년 同국제학술지 편집위원 2003년 성남시 위스타트운영위원회 부위원장 2006년 경원대 사회교육원장 2007~2009년 경기도교육청 유치원평가위원회 위원 2009~2010년 경원대 대외협력처장 2009~2011년 한국육아지원학회 회장 2009년 육아방송 시청자위원회 위원 2012년 가천대 유아교육학과 교수(현) 2012년 同생활과학대학장 2012년 同세살마을연구소장(현) 2014년 同글로벌교양학부장 2014년 同생활과학연구소장(현) 2015년 同가천리버럴아츠칼리지학부장(현) [상]성남시보육유공자상(2006), 성남시문화상(2007) [저]'탁아연구Ⅱ'(1993) '한국현대유아교육사(共)'(1995) '세계의 보육제도'(1998) '유아건강교육'(1999) '영유아보육개론'(1999) '세계의 유아교육제도'(2000) '어린이와 멀티미디어'(2002) '유아교육개론'(2002) '영아보육활성화 방안'(2002) '자녀양육과 부모역할'(2003) '아동교육사'(2004) '유아교육학의 이해'(2005) '한국의 현대적 아동관에 대한 탐색'(2006) '영유아를 위한 건강 및 영양교육'(2007) '프랑스의 육아정책'(2009, KICCE) '영유아 안전교육(共)'(2014, 양서원) '영아발달(共)'(2015, 양서원) '유아발달(共)'(2015, 양서원) [역]'피아제 이론에 따른 그룹게임'(1985) '당신아이의 성격진단'(1993) '세계의 영유아보육'(1993) '유아를 위한 정서교육'(1998) '선생님 비밀인데요'(2007) '지속가능성을 위한 유아교육 연구(共)'(2015, 창지사)

정미홍(鄭美鴻·女) JUNG Mi Hong

[생]1958·7·27 [출]서울 [주]서울 종로구 율곡로84 가든타워1801호 정의실현국민연대(02-745-8035) [학]1977년 경기여고졸 1981년 이화여대 법학과졸 1990년 미국 시카고대 사회과학대학원 국제정치커뮤니케이션과정 수료 2001년 명지대 지방자치대학원 행정학과졸 2001년 이화여대 고급홍보전문가(KPAPR)특별과정 수료, 서강대 최고경영자과정 수료, 한국과학종합대 대학원 최고과정 수료 [경]1981년 미국 3M社 한국지사 마케팅담당 1982년 KBS 아나운서(10기) 1987년 同9시뉴스·뉴스645·와이드정보700 진행 1988년 同올림픽 메인앵커 1990년 同라디오 「밤의 여로」 MC 1990년 同가동취재현장·라디오 「당신의 밤과 음악」 진행·라디오 「생방송오늘」 앵커 1994년 EBS 교육뉴스앵커·同라디오 「부모의 시간」 진행 1995년 민주당 조순 서울시장후보 부대변인 1995년 서울시 홍보담당관 1997년 (사)루푸스를이기는사람들협회 설립·상임이사, 同협회장 1997년 서울시장 의전비서관 1997~1999년 MBC 「정미홍이 만난 사람」 진행 2000년 (주)J&A설립·대표이사 2000년 여성채널 SDN 「정미홍의 선택 인터뷰」 진행, 서울시공무원교육원 강사, 서강대 영상PR대학원 겸임교수, 한국브랜드대상 심사위원, 대한적십자사 홍보자문위원장, 여수세계박람회유치추진위 홍보자문위원, (사)평화의숲 홍보이사, 대한체육회 미디어자문위원 2010년 (주)에릭슨컨설팅(前더코칭그룹) 대표이사(현) 2013년 정의실현국민연대 상임대표(현), (사)루푸스를이기는사람들협회 회장(현) [상]대한민국 광고대상 금상(1996) [저]'자신의 날개로 날 때 아름답다'(1995) [역]'성공하는 여성들의 7가지 비밀'(2005) [종]기독교

정 민(丁 珉) Jung Min

[생]1953·7·12 [출]광주 [주]서울 중구 세종대로9길42 부영빌딩6층 세무법인 충정(02-778-1391) [학]1972년 광주고졸 1976년 고려대 행정학과졸 1987년 미국 인디애나대 대학원 행정학과졸 [경]1975년 행정고시 합격(18회) 1981년 예편(해군 대위) 1983년 제주세무서 총무과장 1983년 마산세무서 소득세과장·법인세과장 1987년 부산 영도세무서 부가가치세과장 1988년 중부지방국세청 국제조세과장 1992년 同소득세과장·감사관 1993년 속초세무서장 1993년 익산세무서장 1994년 미국연방정리신탁공사(RTC) 및 국세청(IRS) 파견 1996년 원주세무서장 1998년 서울지방국세청 국제조세1과장 1999년 국세청 조사1과장 2000년 중부지방국세청 조사1국장 2001년 대통령 민정수석비서관실 국장 2003년 駐뉴욕총영사관 영사(세무협력관) 2005년 광주지방국세청장 2006년 국세청 전산정보관리관 2006년 법무법인 충정 고문 2007~2008년 대한광업진흥공사 비상임이사 2008년 세무법인 충정 대표이사(현) 2008~2009년 한국광물자원공사 비상임이사

정 민(鄭 珉) CHUNG Min

[생]1961·1·3 [출]충북 영동 [주]서울 성동구 왕십리로222 한양대학교 국어국문학과(02-2220-0720) [학]1983년 한양대 국어국문학과졸 1985년 同대학원졸 1990년 문학박사(한양대) [경]1991~2002년 한양대 국어국문학과 조교수·부교수 1987년 한국도교사상연구회 총무이사 1993년 同편집이사 1993년 한국한문학회 출판이사 1995년 同연구이사 1997년 同섭외이사 1999~2000년 한국도교문화학회 섭외이사 1999~2000년 한국시가학회 섭외이사 2002~2004년 同감사 2002년 한양대 국어국문학과 교수(현) 2004~2006년 대동한문학회 편집위원 2012~2015년 한국고전번역원 비상임이사 2013년 대통령소속 인문정신문화특별위원회 인문학위원 2014~2016년 한양대 인문과학대학장 [상]간행물문화대상 저작상(2007), 우호인문학상 한국문

ㅈ

학부문(2011), 지훈국학상(2012), 월봉저작상(2015) 웹'한국역대시화류편'(1988, 아세아문화사) '통감절요 1'(1995, 전통문화연구회) '한시미학산책'(1996, 솔) '마음을 비우는 지혜'(1997, 솔) '목릉문단과 석주 권필'(1999, 태학사) '비슷한 것은 가짜다'(2000, 태학사) '한서 이불과 논어 병풍'(2000, 열림원) '돌위에 새긴 생각'(2000, 열림원) '한문의 이해'(2002, 한양대학교출판부) '와당의 표정'(2002, 열림원) '책 읽는 소리'(2002, 마음산책) '초월의 상상'(2002, 휴머니스트) '정민 선생님이 들려주는 한시 이야기'(2002, 보림) '한시속의 새 그림속의 새 전2권'(2003, 효형출판) '미쳐야 미친다'(2004, 푸른역사) '죽비소리'(2005, 마음산책) '꽃들의 웃음판'(2005, 사계절) '어린이 살아있는 한자교과서 전5권'(2006, 휴머니스트) '다산선생 지식경영법'(2006, 김영사) '18세기 조선지식인의 발견'(2007, 휴머니스트) '스승의 옥편'(2007, 마음산책) '옛사람 맑은 생각 다산어록청상'(2007, 푸르메) '호걸이 되는 것은 바라지 않는다'(2008, 김영사) '아버지의 편지'(2008, 김영사) '성대중 처세어록'(2009, 푸르메) '고전문장론과 연암 박지원'(2010, 태학사) '한시미학산책(완결 개정판)'(2010, 휴머니스트) '한국학 그림과 만나다'(2011, 태학사) '새로 쓰는 조선의 차 문화'(2011, 김영사) '살아있는 한자 교과서 전2권'(2011, 휴머니스트) '다산의 재발견'(2011, 휴머니스트) '옛 사람 맑은 생각(共)'(2011, 푸르메) '삶을 바꾼 만남'(2011, 문학동네) '일침'(2012, 김영사) '불국토를 꿈꾼 그들'(2012, 문학의문학) '정민 선생님이 들려주는 고전 독서법'(2012, 보림) '오직 독서뿐'(2013, 김영사) '파워클래식'(2013, 민음사) '한국학 그림을 그리다'(2013, 태학사) '우리 한시 삼백수 - 7언절구편'(2013, 김영사) '18세기 한중 지식인의 문예공화국'(2014, 문학동네) '조심'(2014, 김영사) '새 문화사전'(2014, 글항아리) '강진 백운동 별서정원'(2015, 글항아리)

정민규(鄭潤揆) Min-Kyu Chung

쌩1970·2·7 볻해주(海州) 졀경남 진주 준서울 영등포구 여의대로70 KB투자증권 임원실(1544-6000) 핵1988년 경상대사대부고졸 1994년 서울대 법학과졸 졍2002년 법무법인 서정 변호사 2004년 대통령 혁신수석비서관실 선임행정관 2007년 수원지검 검사 2009년 同안양지청 수석검사 2011년 대구지검 서부지청 부부장검사 2012년 법무법인 더펌(The Firm) 파트너변호사 2014년 KB금융지주 준법감시인(상무) 2015년 KB투자증권 CIB기획실장(전무)(현)

정민근(鄭民根) CHUNG Min Keun

쌩1951·6·1 졀부산 준경북 포항시 남구 청암로77 포항공과대학교 산업경영공학과(054-279-2717) 핵1970년 경기고졸 1974년 서울대 산업공학과졸 1978년 미국 미시간대 대학원 인간공학과졸 1984년 인간공학박사(미국 미시간대) 졍1975~1976년 서울대 공대 전자계산소 프로그래머 1984~1987년 미국 Univ. of Illinois at Chicago 산업공학과 조교수 1987~2013년 포항공대 산업공학과 부교수·교수 2000~2003년 同교무처장 2003년 同대학원장 2005년 한국학술진흥재단 기초과학지원단장 2007~2013년 포항공대 산업경영공학과 주임교수 2007~2013년 同기술경영대학원 교수 2007~2008년 대한산업공학회 회장 2011년 포항공대 산업경영공학과장 2014년 同산업경영공학과 명예교수(현) 2014~2016년 한국연구재단 이사장 2015년 국방과학연구소 비상임이사(현) 쌍대한산업공학회 학술대상(2001), 국제인간공학회 석학회원상(2006) 졿기독교

정민근(鄭珉根) CHUNG Min Keun

쌩1956·8·6 졀경남 마산 준서울 영등포구 국제금융로10 딜로이트안진회계법인(02-6676-3293) 핵1975년 마산고졸 1982년 부산대 경영학과졸 1984년 서울대 대학원 경영학과졸 1996년 중앙대 국제경영대학원졸 2001년 경영학박사(중앙대) 졍안건회계법인 전무이사, 생명보험회사·보험회사구조조정위원회 경영평가위원, 대한방직(주) 사외이사, 금융발전심의회 보험분과위원 2004년 하나회계법인 부대표이사, 안건회계법인 감사본부장 2004년 딜로이트안진회계법인 감사본부장 2008년 중앙대 감사 2010·2012년 국무총리 소속 정부업무평가위원회 민간위원 2012년 딜로이트안진회계법인 부회장(현) 2013년 대한체육회 감사(현) 2016년 한국공인회계사회 미래전략담당 부회장(현) 2016년 국립박물관문화재단 비상임감사(현) 쌍국민포장(2012) 옉'관리회계의 신기법'

정민오(鄭珉頵) JUNG Min Oh

쌩1965·12·19 졀서울 준세종특별자치시 한누리대로422 고용노동부 국제협력관실(044-202-7102) 핵1987년 서울대 사회학과졸 1992년 同행정대학원 행정학과졸 졍2003년 노동부 기획관리실 행정정보화담당관실 서기관 2004년 경인지방노동청 관리과장 2005년 노동부 고용평등국 여성고용과장 2007년 駐제네바 국제연합사무처 및 국제기구대표부 1등서기관 2010년 노동부 고객만족팀장 2010년 고용노동부 감사관실 고객만족팀장 2011년

同감사관실 고객만족팀장(부이사관) 2012년 기획재정부 정책조정국 기업환경과장 2014년 同협동조합운영과장 2014년 서울지방노동위원회 상임위원 2016년 고용노동부 국제협력관(현)

정민주(鄭民柱) Min-Ju Chung

쌩1955·11·3 준부산 남구 문현금융로30 BNK금융지주 부사장실(051-620-3000) 핵1974년 경기고졸 1978년 서강대 경제학과졸 1990년 영국 Essex대 대학원 경제학과졸 졍1978~1998년 한국은행 조사부·외환관리부·여신관리국·동경사무소 과장 1999년 금융감독원 동경사무소 주재원 2002년 同감독총괄국 부국장 겸 감독조정팀장 2005년 同조사연구실장 2006년 同뉴욕사무소장 2008년 同기획조정국장 2010~2014년 부산은행 상임감사위원 2014~2015년 BS금융지주 부사장 2015년 BNK금융지주 부사장(현)

정민철(鄭旻澈)

쌩1957·4·17 졀강원 원주 준경기 성남시 분당구 대왕판교로606번길33 네오트랜스(주) 사장실(031-8018-7777) 핵원주고졸, 강원대 경영학과졸 졍2001~2007년 (주)두산 의류BG 상무 2007~2008년 同테크팩BG 전무 2008~2011년 同CFO 2012~2015년 두산건설(주) 렉스콘BU장·(주)렉스콘 대표이사 2015~2016년 네오트랜스(주) 경전철본부장 2016년 同대표이사 사장(현)

정민형(鄭敏亨) CHUNG Min Hyung

쌩1961·1·19 졀서울 준경기 수원시 영통구 삼성로129 삼성전자(주) 의료기기사업부 DR사업팀(031-200-1114) 핵1979년 서울공고졸 1983년 서울대 전자공학과졸 졍1983년 삼성전자(주) 입사 1989년 同미국주재원 1994년 同기술기획 차장·디지털미디어연구소 부장 2003년 同디지털미디어연구소 기술기획팀장(상무보) 2004년 同기술총괄 기술기획팀장 2005~2008년 삼성종합기술원 CTO전략팀장(상무) 2008~2010년 삼성전자(주) DMC연구소 기술전략팀장(전무) 2010년 同IP센터 라이센싱팀장 겸 기술분석팀장(전무) 2012년 同IP센터 기술분석팀장(전무) 2014년 同의료기기사업부 개발1팀장(부사장), 同의료기기사업부 DR사업팀장(연구위원)(현)

정민화(鄭珉和) Jeong Min Hwa

쌩1965·2·22 졀충북 음성군 맹동면 이수로93 국가기술표준원 전기통신제품안전과(043-870-5440) 핵1987년 고려대 전기공학과졸 1995년 同대학원 전기공학과졸 1999년 전기공학박사(고려대) 졍2001~2009년 산업자원부(지식경제부) 기술표준원 연구관 2010~2012년 국외훈련(일본) 2012년 지식경제부 기술표준원 적합성평가과장 2013년 산업통상자원부 국가기술표준원 적합성평가과장 2015년 同국가기술표준원 전기통신제품안전과장(현)

정방언(丁邦彦) JEONG Bang Eon

쌩1954·5·9 볻압해(押海) 졀전남 고흥 준울산 동구 방어진순환도로1000 현대중공업 리스크매니지먼트팀(052-202-2114) 핵경복고졸 1977년 서울대 조선학과졸 졍1977년 현대중공업 입사 1881년 (주)대우조선해양 입사, 同기술영업부장, 同해양프로젝트팀장, 同해양특수선설계담당 상무 2007년 同기술본부장(전무) 2009년 同기본설계팀장(전무) 2010년 同사업5팀장(전무) 2011년 同영업설계팀장(전무) 2012년 同영업설계팀장(부사장) 2012년 同기술총괄(부사장) 2014~2015년 삼우중공업(주) 대표이사 사장 2015~2016년 同고문 2016년 현대중공업 리스크매니지먼트팀장(부사장급)(현) 졿천주교

정방원(丁芳原)

쌩1966·2·2 준경기 수원시 장안구 창룡대로223 경기남부지방경찰청 생활안전과(031-888-2346) 핵1988년 경찰대 법학과졸(4기) 1992년 연세대 법무대학원졸 졍1988년 경위 임관 1998년 서울지방경찰청 제3기동대 35중대장(경감) 2003년 경정(서울 강동경찰서 형사과장·서울 수서경찰서 형사과장·서울 서초경찰서 형사과장) 2014년 경기지방경찰청 여성청소년과장(총경) 2014년 전북지방경찰청 여성청소년과장 2015년 전북 진안경찰서장 2016년 경기지방경찰청 생활안전과장 2016년 경기남부지방경찰청 생활안전과장(현) 쌍경찰청장표창(2005)

정배호(鄭倍鎬)

생1959·1·25 ㈜경기 화성시 남양읍 현대연구소로150 현대자동차(주) 기술연구소 현대기아연구개발총괄본부 시험2센터(031-368-5114) 학성남고졸, 부산대 기계공학과졸 경현대자동차(주) 미국기술연구소 근무, 同시험2팀장(이사대우), 同차량시험2실장(이사) 2012년 同차량시험2실장(상무) 2015년 同차량시험2실장(전무) 2015년 同기술연구소 현대기아연구개발총괄본부 시험1센터장(전무) 2016년 同기술연구소 현대기아연구개발총괄본부 시험2센터장(전무)(현)

정백영(鄭百永) CHUNG Baik Young

생1961·10·26 본동래(東萊) 출경북 예천 ㈜서울 금천구 가산디지털1로51 LG전자 가산R&D캠퍼스 LNA연구센터 차세대공조연구소(02-6915-1080) 학인하대 기계공학과졸, 同대학원 기계공학과졸, 공학박사(인하대) 경LG전자(주) CTO AE연구소 근무 2005년 同DAC연구소 연구위원(상무) 2011년 同CTO산하 AE연구소 SAC팀장(전무) 2015~2016년 同CTO산하 공조사이클팀장(전무) 2016년 同CTO산하 LNA연구센터 차세대공조연구소장(현) 상문교부장관표창, 과학기술부장관표창, 은탑산업훈장(2011) 종가톨릭

정백호(鄭白鎬) JUNG Baek Ho

생1961·9·4 출대구 ㈜충남 아산시 배방읍 호서로79번길20 호서대학교 정보통신공학과(041-540-5690) 학1986년 경북대 전자공학과졸 1989년 同대학원 통신공학과졸 1997년 전파공학박사(경북대) 경1986년 한국조폐공사 연구원 1989~1994년 국방과학연구소 연구원 1997년 호서대 정보통신공학과 교수(현) 1998년 한국전자통신연구원 초빙연구원 2001년 미국 시라큐스대학교 연구교수 2003년 미국 'Who's Who in Science and Engineering'에 등재 2004년 영국 캠브리지 국제인명센터 'International Scientist of the Year'에 등재 2005년 미국 세계인명사전 'Marquis Who's Who in the World 2005년판'에 등재 2016년 호서대 공과대학장(현) 역'안테나 이론과 설계'(2000)

정범구(鄭範九) JONG Bum Goo

생1954·3·27 본초계(草溪) 출충북 음성 학1971년 성동고졸 1975년 경희대 정치학과졸 1987년 독일 Marburg대 대학원 정치학과졸 1990년 정치학박사(독일 Marburg대) 경1990~1993년 경희대·충남대·한남대 강사 1992~1994년 현대경제사회연구원 정책연구실장 1994·1999년 CBS시사자키 '오늘과 내일' 진행 1995~2000년 차세대정치문화 연구소장 1997년 대선후보 초청 합동TV토론회 사회자, 시사평론가 1998년 KBS '정범구의 세상읽기' 진행 1999년 KBS 1TV '정범구의 시사비평' 진행 1999년 아태청년아카데미 자문교수 2000년 새천년민주당 당무위원 2000~2004년 제16대 국회의원(고양 일산구甲, 새천년민주당) 2000년 새천년민주당 홍보위원장 2002년 同대변인 2004년 CBS '정범구의 누군가' 진행 2007년 포럼통합과비전 상임대표 2007년 창조한국당 문국현대통령후보 선거대책위원회 공동본부장 겸 전략기획위원장 2008년 同최고위원 2008년 통합민주당 제18대 국회의원 후보(서울 중구) 2008~2009년 민주당 서울中지역위원회 위원장 2008~2009년 同대외협력위원장 2009~2012년 제18대 국회의원(재보선 증평·진천·괴산·음성, 민주당·민주통합당) 2010년 민주당 홍보미디어위원장 2010년 국회 예산결산특별위원회 계수조정소위원 2012년 민주통합당 증평·진천·괴산·음성지역위원회 위원장 2012년 제19대 국회의원선거 출마(증평·진천·괴산·음성, 민주통합당) 2012년 민주통합당 재외선거대책위원회 유럽위원회 위원 2012년 同충북선거대책위원회 공동위원장 상국감시민연대 선정 상임위 우수국회의원(2000·2001·2002·2003), 자랑스런 성동인상(2009) 전'정치개혁시민운동론'(共) '21세기프론티어'(共) '현대의 위기와 새로운 사회운동'(共) '현실인식과 인간해방'(共) '정범구의 세상읽기'(1998) '내 방의 불을 꺼야 세상의 어둠이 보인다'(2008) '이 땅에서 정치인으로 산다는것'(2011) 역'해방1945~1950' '닭장속의 여우'(2015, 삼인) 종기독교

정범구(鄭机九) CHUNG Beom Ku

생1957·9·23 ㈜대전 유성구 대학로99 충남대학교 경영학부(042-821-5590) 학1981년 서울대 경영학과졸 1983년 同대학원 경영학과졸 1993년 경영학박사(서울대) 경1994년 군산대 사회과학대학 경영학과 전임강사 1996년 충남대 경상대학 경영학부 교수(현) 2003~2004년 한국인적자원개발학회 부회장 2003년 한국인사관리학회 부회장 2011년 한국인적자원개발학회 회장 2013년 충남대 교무처장 2015~2016년 同교학부처장 2016년 同총장 직무대리 2016년 한국인사관리학회 회장(현) 전'한국노사관계의 발전방향과 과제'(1997) '한국경영의 새로운 도전'(2002) '조직행위론'(2003, 경문사) '중국 벤처비지니스 이해'(2004, 두남) '한국기업의 조직관리'(2005, 박영사) '인적자원관리'(2006) 역'이카루스 패러독스'(1995, 21세기북스) '워룸가이드'(2001, 시유시)

정범모(鄭範謨) CHUNG Bom Mo (雲洲)

생1925·11·11 본동래(東萊) 출서울 ㈜강원 춘천시 한림대학길1 한림대학교 한림과학원(033-248-2907) 학1949년 서울대 사범대학 교육학과졸 1952년 미국 시카고대 대학원 교육학과졸 1964년 교육학박사(미국 시카고대) 경1958~1965년 서울대 사범대학 교육학과 강사·조교수·부교수 1965~1978년 同사범대학 교육학과 교수 1965년 한국교육학회 회장 1968년 행동과학연구소 소장 1973년 서울대 사범대학장 1974~1991년 행동과학연구소 회장 1978~1982년 충북대 총장 1982년 한림대 교수 1986년 대한민국학술원 회원(교육학·현) 1991년 한림대 대학원장 1992~1996년 同총장 1996년 관훈클럽 '한국언론2000년' 위원장 1996년 한림대 석좌교수 2006년 同한림과학원 회장 2007년 同한림과학원 명예석좌교수(현), 서울대 사범대학 명예교수(현) 상국민훈장 동백장, 국민훈장 무궁화장(1996), 인촌상 교육부문(2003), 일송상(2007) 전'교육평가'(1955) '교육심리통계적방법'(1956) '교육과정'(1957) '교육과 교육학'(1968) '미래의 선택'(1986) '가치관과 교육'(1992) '자아실현'(1997) '한국의 교육세력'(2000) '창의력'(2001) '한국의 내일을 묻는다'(2004) '한국의 세번째 기적'(2008) 'Development and Education'(2010)

정범모(鄭範謨) CHUNG PEOM MO (浩然)

생1950·10·2 본동래(東萊) 출강원 삼척 ㈜서울 동대문구 장한로91 현대썬앤빌601 1906호(010-3395-1526) 학삼척공업고등전문학교졸, 홍익대 토목과졸, 연세대 공학대학원 토목공학과졸(공학석사), 同행정대학원 최고위과정 수료 경서울지방철도청 공무과 근무, 철도청 건설국 토목과 근무, 국토교통부 항공건설사무소 건설과 근무, 한국토지공사 공사부 근무, 서울메트로 공사부 근무, 서울시 지하철건설본부 근무(파견), 서울시도시철도공사 시설본부장, 同경영개발원 책임교수, 김포도시공사 이사회 의장, 인도네시아 교통부 철도국 철도건설·경영·유지관리자문관, WFK NIPA 자문단 성과분석위원장, 호연도시공간개발연구원 대표(현) 상철도청장표창, 한국토지공사사장표창, 서울시장표창, 국토교통부장관표창, 서울메트로사장표창, 서울도시철도공사사장표창, 인도네시아 교통부장관 공로폐 전'STEDEF궤도구조 콘크리트도상 시공방법' '콘크라트궤도구조의 효율적인 유지관리 기법연구' '도시철도 인접굴착공사 관리실무' '인도네시아 철도시장 분석 및 프로젝트 진출전략' '뜨거운 적도 3년을 하루 같이 혼을 담아- 인니 철도건설 자문관 An active life 회고록' 역'한국 표준궤도 철도건설규칙 영문본'(2013) 종기독교

정범식(鄭範植) CHONG Bum Shick

생1948·8·6 본진주(晉州) 출경남 창원 ㈜서울 강남구 테헤란로305 한국기술센터15층 한국공학한림원(02-6009-4000) 학1967년 부산고졸 1971년 서울대 화학공학과졸 경1971년 한국종합화학공업(주) 입사, 호남석유화학(주) HDPE사업부장, 同경영기획실장, 同이사대우 1994년 同이사, 同상무이사 1999년 同전무이사 2003년 同부사장 2003년 현대석유화학 대표이사 사장 2004~2010년 한국RC협의회 회장 2005년 (주)씨텍 대표이사 사장 2006년 (주)롯데대산유화 서울지사 대표이사 사장 2007년 한국공학한림원 정회원(현) 2007~2012년 호남석유화학(주) 대표이사 사장 2008년 (주)롯데대산유화 대표이사 2009년 한국석유화학공업협회 부회장 2011~2013년 同회장 2012년 호남석유화학(주) 총괄사장 2012~2014년 롯데케미칼(주) 총괄사장 2013~2014년 한국석유화학협회 명예회장 2014~2015년 롯데케미칼(주) 고문 상국무총리표창(1980), 과학기술훈장 도약장(2003), 금탑산업훈장(2010), 서울대 자랑스러운 공대동문상(2011), 인촌상 산업기술부문(2011) 종불교

정범진(丁範鎭) CHUNG Buhm Jin (中堂·半丁)

생1935·2·7 본나주(羅州) 출경북 영주 ㈜경북 영주시 풍기읍 동양대로145 동양대학교(054-630-1114) 학1954년 영주농고졸 1959년 성균관대 중어중문학과졸 1961년 중국 대만사범대졸 1978년 문학박사(성균관대) 경1968~1980년 성균관대 전임강사·조교수·부교수 1978년 한국중어중문학회 회장 1978~1980년 중국 국립정치대 객좌교수 1980~1999년 성균관대 중어중문학과 교수 1981년 同인문과학연구소장 1983년 同대동문화연구원장 1984년 한국중국학회 회장 1986년 성균관대 문과대학장 1989~1993년 심산사상연구회 회장 1990년 중국 山東大 객좌교수 1995~1999년 성균관대 총장 1996년 중국 山東大 명예교수(현) 1999~2003년 성균관대 명예총장 1999년 한·우크라이나친선교류협회 초대회장 2000년 성균관대 명예교수(현), 동양대 석좌교수(현), 同한국선비연구원장(현) 2015년 한국韓詩협회 회장(현) 2015년 소

수서원 원장(현) ❸청조근정훈장(2000) ㉖'唐代소설연구' '표준중국어' '중국어회화' '중국문학사' ㉑'중국소설史略' '唐代傳奇소설선' '林語堂명문선' '앵앵전' '史記'(共) '신선과 도사이야기-전기'

정병걸(丁炳杰) CHUNG Byong Geol

❸1958 · 7 · 12 ❀전남 ㉦충북 청주시 서원구 청남로 1929 충북도교육청 부교육감실(043-290-2003) ❿광주고졸, 전남대졸, 미국 위스콘신대 대학원 교육행정학과졸 ❷1990년 행정고시 합격(34회) 2001년 교육인적자원부 대학재정과 서기관 2003년 서울대 서기관 2005년 대통령자문 교육혁신위원회 파견 2006년 교육인적자원부 대학지원국 사립대학지원과장 2008년 교육과학기술부 교육복지기획과장 2009년 同교육복지기획과장(부이사관) 2009년 고용 휴직 2011년 교육과학기술부 대학선진화과장 2011년 울산시교육청 부교육감(일반직고위공무원) 2013년 교육부 지방교육지원국장 2014년 전남도교육청 부교육감 2015년 충북도교육청 부교육감(현)

정병국(鄭柄國) CHOUNG Byoung Gug

❸1958 · 2 · 10 ❀경기 양평 ㉦서울 영등포구 의사당대로1 국회 의원회관801호(02-784-2747) ❿1977년 서라벌고졸 1984년 성균관대 사회학과졸 1998년 연세대 행정대학원졸 2004년 정치학박사(성균관대) ❷1980년 전국총학생회부활준비위원회 상임위원장 1987년 6.10민주화운동으로 옥고 1987년 민주당 대통령후보 홍보담당 전문위원 1988년 同총재비서관 1990년 민자당 대표최고위원 비서관 1992년 同총재비서관 1993~1997년 대통령 제2부속실장 1998년 미국 조지타운대 객원연구원 2000년 제16대 국회의원(가평군 · 양평군, 한나라당) 2001년 국회 물관리정책연구회장 2001년 한나라당 원내부총무 2001년 同총재실 부실장 2002년 同이회장 대통령후보비서실 부실장 2004년 제17대 국회의원(가평군 · 양평군, 한나라당) 2004년 한나라당 언론발전특별위원장 2004년 새정치수요모임 대표 2005~2006년 한나라당 홍보기획본부장 2007년 同홍보기획본부장 겸 홍보위원장 2007년 同제17대 대통령중앙선거대책위원회 미디어홍보단장 2008년 제18대 국회의원(양평군 · 가평군, 한나라당 · 새누리당) 2008년 민족화해협력범국민협의회 상임의장 2008년 한나라당 미디어발전특별위원회 위원장 2008년 同방송개혁특별위원회 위원장 2009년 연세대행정대학원총동창회 회장, 한국 · 인도네시아친선협회 회장, 국회 에너지식량자원포럼 대표, 한나라당 서민행복추진본부장 2010년 同사무총장 2010년 국회 문화체육관광방송통신위원장 2011년 문화체육관광부 장관 2012년 제19대 국회의원(여주시 · 양평군 · 가평군, 새누리당) 2012~2013년 국회 학교폭력대책특별위원회 위원장 2012년 새누리당 상임전국위원 2012년 同제18대 대통령중앙선거대책위원회 부위원장 2012년 국회 외교통일위원회 위원 2013년 국회 인성교육실천포럼 상임대표(현) 2014년 국회의원축구연맹 상임대표(현) 2014~2015년 국회 군인권개선및병영문화혁신특별위원회 위원장 2016년 새누리당 제20대 총선 경기권선거대책위원장 2016년 同여주시 · 양평군당원협의회 운영위원장(현) 2016년 제20대 국회의원(여주시 · 양평군, 새누리당)(현) 2016년 국회 기획재정위원회 위원(현) 2016년 남북관계정상화를위한여야중진모임 공동대표(현) ❸홍조근정훈장, 서울석세스어워드 정치인부문(2010), 베스트드레서 백조상 정치인부문(2010), 자랑스러운 성균인상(2011), (사)한국청년유권자연맹 청년통통(소통 · 통합) 정치인상(2016) ㉖'문화, 소통과 공감의 코드'(2011) '한 시간 더 행복할 수 있습니다- 정병국의 첫 번째 경기행복 프로젝트'(2014) ❀천주교

정병기(鄭柄琦) Byung Kee Chung

❸1948 · 4 · 25 ❀경북 ㉦경북 김천시 공단4길63 계양정밀(054-433-5578) ❿경북고졸, 연세대 경영학과졸, 서울대 세계경제최고전략과정 수료 ❷1970년 현대건설 입사 1982년 현대중공업 이사 1983년 현대상선 이사 1985년 同상무 1990년 同전무 1991년 同대표이사 1994년 계양정밀 대표이사(현) 2014년 김천시인재양성재단 이사(현) ❸대통령표창(2001), 산업자원부장관표창(2001 · 2006), 경북도 선정 '우수 중소기업'(2002), 현대모비스 선정 '2003년 상반기 우수협력업체', 경북도 선정 '세계 초일류 중소기업'(2005), 경북도 산업평화대상 동상(2007), 한국산업안전공단 무재해 포상(2007 · 2010), 산업포장(2007), 노동부 노사협력향상상(2008), 지식경제부 자동차산업발전공로상(2008), 경북도 선정 '자랑스런 김천기업'(2011), 무역의 날 7천만불 수출탑(2012), 경북도 고용증진대상(2012), 지식경제부 선정 '월드클래스 300기업'(2013), 히든챔피언 육성대상기업(2013), KOTRA 선정 월드챔프기업(2013), 무역의날 1억달러 수출의 탑(2013), 가솔린 WGT녹색기술인증(2014), 철탑산업훈장(2014), General Motors GM SOY AWARD 2014 「SUPPLIER OF THE YEAR」(2015), 경북경영자총협회 클린경영대상 금상(2015)

정병대(鄭柄大) JUNG Byung Dae

❸1959 · 6 · 4 ❀경북 포항 ㉦광주 동구 준법로7의12 광주고등검찰청(062-231-3114) ❿1978년 환일고졸 1982년 서울대 법학과졸 1983년 사법시험 합격(25회) 1985년 사법연수원 수료(15기) 1986년 軍법무관 1989년 부산지검 울산지청 검사 1990년 인천지검 검사 1993년 법무부 특수법령과 검사 1993년 同법무과 검사 1995년 서울지검 서부지청 검사 1998년 수원지검 부부장검사 1999년 대전고검 검사 2000년 미국 워싱턴대 Visiting Scholar 2001년 인천지검 공판송무부장 2002년 부산지검 형사4부장 2002년 同형사2부장 2003년 서울지검 전문부장검사 2004년 대전지검 논산지청장 2005년 의정부지검 형사1부장 2006년 법무연수원 연구위원 2007년 서울고검 검사 2009년 대전고검 검사 2010년 서울고검 검사 2012년 대구고검 검사 2014년 서울고검 검사 2016년 광주고검 검사(현)

정병덕(鄭秉德) CHUNG Byung Duk

❸1956 · 11 · 3 ❀초계(草溪) ❀서울 ㉦서울 영등포구 여의공원로101 국민일보 임원실(02-781-9114) ❿1975년 배재고졸 1984년 한양대 국어국문학과졸 2010년 同산업경영디자인대학원졸 ❷1999년 국민일보 사회부 차장 2002년 同전국부장 직대 2003년 同사회부장 2004년 同편집국 부국장 2005년 同사회기획에디터 2005년 同심의실 위원 2007년 同편집국장 2008년 同사업국장 2011년 同디지털미디어국장 2011년 同광고마케팅국장 2012년 同비서실장 2013년 同비서실장(이사대우) 2014년 同경영전략실장(상무이사) 2016년 同경영부문총괄 상무이사(현) ❸행정자치부장관표창(2008), 독립기념관장표창(2010) ❀기독교

정병두(鄭炳斗) CHONG Byong Doo

❸1961 · 11 · 13 ❀경주(慶州) ❀경남 하동 ㉦서울 서초구 반포대로138 양진빌딩3층 정병두법률사무소(02-3477-8462) ❿1980년 부산고졸 1984년 서울대 법학과졸 1984년 사법시험 합격(26회) 1987년 사법연수원 수료(16기) 1990년 국방부 송무장교 전역 1990년 서울지검 검사 1992년 부산지검 울산지청 검사 1994년 수원지검 검사 1994~1995년 미국 UC Berkeley 장기연수 1995년 법무부 검찰4과 검사 1997년 서울지검 외사부 검사 1999년 同의정부지청 부부장검사 1999년 서울고검 검사(헌법재판소 재판연구관 파견) 2001년 대구지검 형사5부장 2002년 부산지검 외사부장 2003년 법무부 송무과장 2004년 同검찰1과장 2006년 서울중앙지검 형사1부장 2007년 대검찰청 범죄정보기획관 2007년 제17대 대통령직인수위원회 법무행정분과위원 전문위원 2008년 수원지검 1차장검사 2009년 서울중앙지검 1차장검사(검사장) 2009년 춘천지검장 2010년 대검찰청 공판송무부장, 세계검찰총장회의 조직위원, 대법원 양형위원 2011년 법무부 법무실장(검사장) 2012년 인천지검장 2013년 법무연수원 연구위원 2014년 변호사 개업(현) ㉖'우루과이라운드의 법적고찰'(共) ❀가톨릭

정병롱(鄭秉龍) Byoung Ryong Jeong

❸1958 · 4 · 18 ❀초계(草溪) ❀경남 진주 ㉦경남 진주시 진주대로501 경상대학교 농업생명과학대학 농업식물과학과 455동320호(055-772-1913) ❿1977년 진주동명고졸 1981년 경상대 농학과졸 1983년 서울대 대학원 원예학과졸 1986년 미국 오리건주립대 대학원 박사과정 수료 1989년 원예학박사(미국 콜로라도주립대) ❷1990~1992년 미국 미주리대 박사 후 연구과정 1992년 일본 千葉大 연구원 1992년 경상대 원예학과 전임강사 · 조교수 · 부교수 · 교수, 同농업생명과학대학 농업식물과학과 교수(현) 1995 · 2005 · 2009년 同원예학과장 1997년 한국양액재배연구회 상임이사 겸 편집위원장 1997년 한국식물조직배양학회 상임이사 1997년 한국생물환경조절학회지 편집위원 1998년 한국원예학회지 편집위원 · 사무총장 1999~2008년 한국화훼산업육성협회 이사 · 편위원 · 편집이사 2001~2003년 경상대 부속농장장 2003~2004년 미국 캘리포니아대 데이비스교 파견 2005년 경상대 농업생명과학대학 부학장 2005~2009년 농림과학기술정책심의회 위원 2005~2014년 지역전략작목산학협력사업 경남장미산학협력단 겸임연구관 · 사업단장 2005~2006년 학술진흥재단 학술연구심사평가위원 2006년 한국화훼산업육성협회 학술지 편집위원장 2007년 경상대 영농정착교육사업단장 2007년 同원예농정착인력양성트랙 주임교수 2008~2014년 한국공정육묘연구회 회장 · 고문 · 이사 2008년 한국화훼산업육성협회 감사(현) 2009~2010년 경상대 최고농업경영자과정 시설원예 주임교수 2010년 경남농업마이스터대학 경상대캠퍼스장(현) 2010년 첨단시설원예연구회 회장 2013~2014년 경상대 농업생명과학연구원 원예작물생산기술연구센터장 2013년 한국원예학회 출판위원 · HEB편집위원장 겸임 2013년 국제원예학회 한국위원(현) 2014~2016년 경상대 농업생명

과학대학장 2015년 전국국·공립농학계대학장협의회 회장 2015년 경상대 추담장충석장학재단 이사(현) 2015년 한국원예학회 부회장(현) [상]과학기술부장관표창(1998), 한국생물환경조절학회 공로상(2005), 한국원예학회 우수논문상(2008), 한국생물환경조절학회 감사패(2011), 한국원예학회 학회발전상(2010), 한국공정육묘연구회 감사패(2011), 한국육묘산업연합회 감사패(2011), 농림수산식품부장관표창(2012), 한국원예학회 학술공적상(2012), 한국화훼학회 우수논문상(2013), 한국육묘산업연합회 공로패(2014), 한국원예학회 우수논문상(2015) [저]'원예학개론(共)'(1997) '시설원예와 관리I(共)'(2000) '생물환경조절공학(共)'(2003) '600가지 꽃도감(共)'(2003) 'The Computerized Greenhouse'(共) '생활원예(共)'(2008) '화훼품질유지 및 관리론'(共) '생활속 원예 이야기(共)'(2008) '신고 시설원예학(共)'(2010) '행복한 딸기 만들기(共)'(2011) '절화장미 번식과 생산 최신기술(共)'(2011) '유럽의 온실작물 생산신기술 현황과 재배기술(共)'(2011) '한국원예발달사(共)'(2013) 'Chemistry research and applications. Ammonium nitrate: Synthesis, chemical properties and health hazards(共)'(2014) [역]'세계의 절화장미 재배(共)'(2014, Cut rose cultivation around the world)

정병석(鄭秉錫) CHUNG Byung Suk

[생]1953·5·17 [출]전남 영광 [주]경기 안산시 상록구 한양대학로55 한양대학교 ERICA캠퍼스 경상대학 경제학부(031-400-5593) [학]1971년 광주제일고졸 1976년 서울대 상대 무역학과졸 1984년 미국 미시간주립대 대학원졸 1994년 경제학박사(중앙대) [경]1975년 행정고시 합격(17회) 1975~1981년 노동청 행정사무관 1981~1988년 노동부 행정사무관 1988~1994년 同고용정책과장·분석관리과장 1994년 同근로기준과장 1995년 同고용보험심의관 1997년 광주지방노동청장 1998년 노동부 고용총괄심의관 1999년 同근로기준국장 2001년 同노정국장 2001년 중앙노동위원회 상임위원 2003년 노동부 기획관리실장 2004~2006년 同차관 2006~2008년 한국기술교육대 총장 2009년 한양대 경상대학 경제학부 석좌교수(현) [상]대통령표창, 근정포장(1991), 황조근정훈장(1996) [저]'최저임금제의 경제적효과 및 운용실태 분석(共)'(1990) '최저임금법(共)'(1998) [종]천주교

정병석(鄭炳碩) CHUNG Byung Suk

[생]1954·10·9 [본]경주(慶州) [출]서울 [주]서울 종로구 사직로8길39 세양빌딩 김앤장법률사무소(02-3703-1103) [학]1973년 경기고졸 1977년 서울대 법학과졸 1981년 同대학원 수료 1987년 영국 런던대 대학원졸 [경]1977년 사법시험 합격(19회) 1980년 사법연수원 수료(10기) 1980년 김앤장법률사무소 변호사(현) 1987~1988년 미국 Haight Gardner Poor & Havens 근무 1987년 대한상사중재원 중재인(현) 1987년 사법연수원 해상법·국제거래법 강사 1994~1995년 Unctad/IMO Joint Committee Arrest Convention 한국대표 1997년 사법연수원 강사·경희대 국제법무대학원 교수 1998년 서울중앙지법 조정위원(현) 1998년 해양수산부 정책자문위원 2000~2001년 법무부 국제사법개정위원회 위원 2002년 경희대 국제법무대학원 보험·해상법무학과 해상법비교연구 외래교수 2002년 국제거래법연구단 연구위원(현) 2004년 한국민사집행법학회 이사 2004~2005년 법무부 해상법개정위원 2006~2014년 한국해법학회 부회장·수석부회장·회장 2009년 국제사법학회 부회장(현) 2011년 법무부 상법개정위원회(운송편특위) 위원(현) 2013년 서울대 법학전문대학원 해상법 객원교수(현) 2014년 법무부 해상보험법 개정위원(현) 2014년 同국제사법 개정위원(현) 2015년 고려대 법학전문대학원 겸임교수(현) [저]'Provisional Remedies in International Commercial Arbitration'(共, Walter de Gruyter) 'Transnational Litigation'(共) [종]천주교

정병선(鄭炳善) JEONG Byung-Seon

[생]1965·3·1 [주]경기 과천시 관문로47 미래창조과학부 정책기획관실(02-2110-2210) [학]1984년 동암고졸 1989년 서울대 경제학과졸 1997년 同행정대학원 행정학과졸 1999년 영국 서섹스대 대학원 과학기술정책학과졸 [경]2002년 과학기술부 과학기술정책실 정책총괄과 사무관 2002년 同과학기술정책실 정책총괄과 서기관 2006년 同정책홍보관리실 서기관 2006년 국무조정실 파견 2007년 과학기술부 기술혁신평가국 조사평가과장 2008년 교육과학기술부 과학기술인력과장 2009년 同학생장학복지과장 2009년 同인재정책실 학생학부모지원과장 2010년 한국원자력연구원 파견(부이사관) 2012년 교육과학기술부 과기인재정책과장 2013년 미래창조과학부 과학기술정책국 과기인재정책과장 2013년 同미래인재정책국 미래인재정책과장 2014년 同미래인재정책국 미래인재정책과장(고위공무원) 2014년 국립외교원 교육파견(고위공무원) 2015년 미래창조과학부 연구개발정책실 연구공동체정책관 2015년 同연구개발정책실 연구성과혁신정책관 2015년 同기획조정실 정책기획관(현) [종]기독교

정병우(鄭秉愚) Jeong Byung Woo

[생]1960·2·22 [본]동래(東萊) [출]부산 [주]부산 남구 수영로309 경성대학교 국제무역통상학과(051-663-4424) [학]부산대 경제학과졸 1989년 미국 미주리대 대학원졸 1992년 경제학박사(미국 미주리대) [경]1992년 경남개발연구원 산업경제연구실장 1996년 경성대 국제무역통상학과 교수(현) 1997년 同무역학과장 1998년 同경상학부장 2002년 미국 듀크대 경제학과 방문학자 2003년 대통령자문 국가균형발전위원회 자문위원·전문위원 2009~2011년 경성대 대외협력처장 2009년 同글로벌비즈니스혁신본부장 2010~2011년 同한국어학당 소장 2011~2013년 同경영대학원장 2014년 同글로벌비즈니스본부장(현) 2016년 同상경대학장 겸 경영대학원장(현)

정병원(鄭炳元) Chung Byung-won

[생]1963·8·6 [주]서울 종로구 사직로8길60 외교부 동북아시아국(02-2100-7331) [학]경신고졸 1986년 서울대 법학과졸 1988년 계명대 대학원 법학과졸 [경]1990년 외무고시 합격(24회) 1990년 외무부 입부 1995년 駐일본 2등서기관 1997년 駐피지 1등서기관 2002년 駐네덜란드 1등서기관 2003년 駐일본 1등서기관 2006년 대통령비서실 파견 2007년 외교통상부 국제협약과장 2009년 同일본과장 2009년 駐인도네시아 참사관 2011년 駐독일 공사참사관 2014년 외교부 동북아시아국 심의관 2016년 同동북아시아국장(현) 2016년 일본군위안부피해자지원을위한재단설립준비위원회 위원(현)

정병윤(鄭炳允) JUNG Byung Yoon

[생]1958·5·8 [본]동래(東萊) [출]대구 [주]경북 안동시 풍천면 도청대로455 경상북도청 경제부지사실(054-880-2020) [학]1977년 경북고졸 1982년 서울대 서양사학과졸 2016년 명예 행정학박사(경일대) [경]2002년 의성군 부군수 2003년 경북도 도지사 비서실장 2005년 同과학정보산업국장 2006년 同경제과학진흥본부장 2007년 지방혁신인력개발원 고위정책과정 파견 2008년 경산시 부시장 2010년 경북도 행정지원국장 2012년 경산시 부시장 2013년 포항시 부시장(이사관) 2014년 교육 파견 2015년 경북도의회 사무처장 2015년 경북도 경제부지사(현) [상]국무총리표창

정병채(鄭炳彩) JUNG Byung Chai

[생]1960·9·15 [출]전남 승주 [주]서울 중구 퇴계로213 일흥빌딩5층 한솔PNS(주) 임원실(02-6005-5700) [학]1978년 광주고졸 1986년 조선대 무역학과졸 [경]1986년 전주제지 입사, 同구매팀장·영업팀장·수출팀장, 한솔제지(주) 해외영업담당 상무 2011~2013년 한솔PNS(주) 대표이사, 한솔홈데코(주) 전략혁신담당 2015년 한솔페이퍼텍(주) 대표이사 2015년 한솔PNS(주) 대표이사(현)

정병천(程柄千) Jeong Byeong Cheon

[생]1961·3·5 [본]한산(韓山) [출]전남 화순 [주]세종특별자치시 도움4로9 국가보훈처 보훈선양국 국립묘지정책과(044-202-5550) [학]1981년 광주 동신고졸 1994년 조선대 법학과졸 2013년 연세대 보건대학원 보건정책학과졸 [경]1983년 공무원 임용(9급) 2008년 국가보훈처 행정사무관 2008년 同정보화팀장 직대 2014년 同보훈의료과 서기관 2016년 同보훈선양국 국립묘지정책과장(현) [상]국무총리표창(2001·2015) [종]기독교

정병철(鄭秉喆) JUNG Byung Chul

[생]1961·5·31 [본]초계(草溪) [출]경남 양산 [주]대구 달서구 화암로301 대구지방환경청(053-230-6411) [학]1980년 혜광고졸 1984년 부산대 영어영문학과졸 [경]2004년 환경부 기획관리실 혁신인사담당관실 서기관 2005년 同인사계장 2006년 同토양지하수과장 2006년 同법무담당관 2009년 미국 National Soil Erosion Research Laboratory 파견(서기관) 2010년 영산강유역환경청 유역관리국장 2010~2013년 대통령실 정책홍보비서관실 행정관·국정과제2비서관실 선임행정관 2013년 한국환경정책평가연구원 파견 2014년 대구지방환경청장 2015~2016년 미국 교육파견(고위공무원) 2016년 대구지방환경청장(현) [상]환경부장관표창(2002), 우수공무원 대통령표창(2007), 근정포장(2013) [저]'환경정책의 이론과 실제(共)'(2014, 동화기술) [종]불교

정병하(鄭柄夏) CHUNG Byung Ha

[생]1959·12·30 [본]봉화(奉化) [출]서울 [주]서울 강남구 언주로211 강남세브란스병원 비뇨기과(02-2019-3474) [학]1984년 연세대 의대졸 1987년 同대학원졸 1994년 의학박사(연세대) [경]1984~1988년 연세의료원 인턴·비뇨기과 전공의 1988년 軍의관 1991~1995년 경상대 의과대학 전임강사·조교수 1994~1995년 미국 Mayo Clinic 연구원 1995년 연세대 의과대학 비뇨기과학교실 전임강사·조교수·부교수·교수 2003~2005년 대한전립선학회 총무이사 2005년 同학술이사 2007~2009년 同회장 2010년 강남세브란스병원 비뇨기과장(현) 2011년 아시아태평양전립선학회 부회장 2012·2014년 강남세브란스병원 암병원 비뇨기암클리닉팀장 2013~2014년 아시아태평양전립선학회 회장 2016년 연세대 의과대학 비뇨기과학교실 주임교수(현) 2016년 同의과대학 비뇨의과학연구소장(현) 2016년 강남세브란스병원 암병원 전립선센터 소장(현) 2016년 아시아태평양전립선학회 명예회장(현) [상]한국과학기술단체총연합회 과학기술우수논문상(1997), 대한전립선학회 우수연구상(2003·2005), 연세의료원 올해의교수상(임상부분)(2006), 연세대 의과대학 우수연구상(2010), 대한비뇨기과학회 비디오부분 우수연제발표상(2011), 대한전립선학회 구연상(2012), 대한전립선학회 올해의연구상(2012), 미국비뇨기과학회 최우수초록상(2014), 대한비뇨기과학회 최우수논문상(2014) [저]'전립선비대증'(2004) '전립선암 완치설명서'(2012) '전립선암 호르몬 치료 완벽가이드'(2016) [역]'전립선암으로부터 살아남는 법'(2005)

정병하(鄭炳昰) Chung Byung Ha

[생]1960·12·4 [출]경남 산청 [주]서울 서초구 반포대로 157 대검찰청 감찰본부(02-3480-2000) [학]1979년 진주고졸 1987년 연세대 법학과졸 [경]1986년 사법시험 합격(28회) 1989년 사법연수원 수료(18기) 1989년 서울지검 남부지청 검사 1991년 부산지검 울산지청 검사 1993년 서울지검 검사 1996년 수원지검 검사 1997년 창원지검 검사 2001년 청주지검 부부장검사 2001년 서울지검 의정부지청 부부장검사 2002년 대전지검 천안지청 부장검사 2003년 법무연수원 연구위원 2004년 대구지검 공안부장 2005년 同상주지청장 2006년 서울중앙지검 공안2부장 2007년 서울고검 검사 2008년 대전지검 홍성지청장 2009~2012년 서울고검 검사 2009~2010년 형사정책연구원 파견 2011년 국민권익위원회 파견 2012~2015년 한국소비자원 소비자분쟁조정위원회 위원장 2015년 법무법인(유한) 대륙아주 파트너변호사 2016년 대검찰청 감찰본부장(현)

정병학(鄭炳學) CHUNG Byung Hak (然堂)

[생]1927·12·7 [본]하동(河東) [출]대전 [주]서울 중구 을지로23 헌정기도회(02-757-6615) [학]1952년 연세대 정치외교학과졸 1978년 서울대 행정대학원 수료 1982년 미국 스위트워터신학대 대학원 신학과졸 [경]1954~1962년 금성중·금성고·영등포여고·성동중 교사 1963년 민주공화당 조직부 간사 1965년 同훈련국장 1967년 同인사국장 1969년 同훈련부 차장 겸 교수실장 1969년 한국청소년미술협회 회장 1969년 중앙공무원교육원 강사 1971년 민주공화당 총무부장 1973년 同기획조정실장 1975년 세계복음선교회 이사장 1976년 민주공화당 사무차장 1979년 제10대 국회의원(통일주체국민회의, 유신정우회) 1979년 유정회 대중교통특별대책위원회 위원장 1979년 국회 조찬기도회 총무 1980년 기독교평신도연합회 회장 1981년 평화통일촉진회 부총재 1982년 미국 투산침례교회·펠시티침례교회·와이키키침례교회 담임목사 1990년 원당 반석장로교회·화정 소망장로교회 담임목사 1995년 동북아사회문화연구소 고문 1996년 대한민국헌정회 운영위원 1998년 헌정기도회 회장(현) 2002년 충효예실천운동본부 상임고문(현) 2004년 국가발전기독연구원 고문(현) 2005년 바울학회 상임고문 2006년 한·일기독의원연맹 공동회장(현) 2006년 한민족사명자연합회 총재 2007년 세계기독교연맹 고문(현) 2007년 세계한인교류협력기구 고문(현) 2007년 한국기독교서예협회 고문(현) 2008년 전국기독인연합회 고문(현) 2011년 한민족사명자연합회 명예총재 [상]공화당총재표창 [종]기독교

정병학(丁炳學) Jeong Byung Hak

[생]1948·9·1 [주]경기 안양시 동안구 벌말로123 평촌스마트베이A동605호 (사)한국육계협회(031-707-5722) [학]1967년 고창고졸 1985년 한국방송통신대 행정학과졸 2001년 고려대 대학원 경제학과졸(석사) [경]1987~1995년 농림수산부 축산국 축산정책과·농어촌개발국 조성과·기획관리실 기획예산담당관실 사무관 1995년 同기획예산담당관실 서기관 1997년 농림부 투자심사담당관 1998년 同가공산업과장 1999년 同농업금융과장 1999년 同식량관리과장 2000년 국립수의과학검역원 기획조정과장 2001년 농림부 법무담당관 2002년同감사담당관 2003년 同농촌진흥과장(부이사관) 2004년 同농업기술지원과장 2005년 同농가소득안정추진단장(국장급) 2005년 同농가소득안정추진단장(이사관) 2006~2011년 (사)한국농수산물도매시장법인협회 상근부회장 2011년 (사)한국육계협회 회장(현) 2015년 가축위생방역지원본부 감사(현)

정병헌(鄭炳憲) CHUNG Byung Heon (南溪)

[생]1951·5·4 [본]경주(慶州) [출]전북 임실 [주]서울 용산구 청파로47길100 숙명여자대학교 한국어문학부(02-710-9307) [학]1969년 전주고졸 1977년 서울대 국어교육학과졸 1979년 同대학원 국어국문학과졸 1986년 문학박사(서울대) [경]1980년 한국교육개발원 연구원 1982~1991년 전남대 국어국문학과 전임강사·조교수·부교수 1991~2010년 숙명여대 국어국문학과 부교수·교수 2006~2008년 판소리학회 회장 2006~2009년 한국공연문화학회 회장 2009·2013년 한국교육과정평가원 대학수학능력시험출제위원장 2011년 숙명여대 문과대학 한국어문학부 교수 2011~2012년 同문과대학장 2011~2013년 국어국문학회 대표이사 2016년 숙명여대 기초교양대학 학장 2016년 숙명여대 명예교수(현) [상]陶南 국문학상(1983), 부총리겸교육부장관표창(2015) [저]'신재효 판소리 사설의 연구' '판소리문학론' '판소리와 한국문화' '한국고전문학의 교육적 성찰' '고전문학의 향기를 찾아서(共)' '신재효연구(共)' '한국의 여성영웅소설(共)' '고전과 함께 떠나는 문학여행(共)' '쉽게 풀어 쓴 판소리 열두바탕(共)' '한국고전문학의 비평적 이해'(2008, 제이앤씨) '조선창극사(교주)(共)'(2015, 태학사) '한국문학의 만남과 성찰'(2016, 역락) [종]기독교

정병회(丁炳會) JEONG Byung Hoi

[생]1963·2·2 [주]전남 무안군 삼향읍 오룡길1 전라남도의회(061-286-8188) [학]순천고졸, 순천대졸, 同경영행정대학원 행정학과졸 [경]순천시자원봉사센터 소장, (사)지역정책개발연구원 운영위원, 한국자원봉사센터협의회 이사, 순천자활후견기관 자문위원, 국제정원박람회 특별위원장, 순천종합사회복지관 운영위원, 새천년민주당 순천지구당 사회봉사특별위원장 2002·2006·2010~2014년 전남 순천시의회 의원(무소속·민주통합당·민주당) 2006~2008년 同운영위원장 2012년 同도시건설위원회 위원 2014년 전남도의회 의원(새정치민주연합·더불어민주당)(현) 2014년 同건설소방위원회 위원 2014·2016년 同여수세계박람회장사후활용특별위원회 위원(현) 2014·2016년 同FTA대책특별위원회 위원(현) 2015년 同윤리특별위원회 위원 2015·2016년 同전남도동부권산업단지안전·환경지원특별위원회 위원(현) 2016년 同운영위원회 위원(현) 2016년 同교육위원회 위원(현) 2016년 同예산결산특별위원회 위원(현)

정병후(鄭炳厚) Jung Byeong-hoo

[생]1960·6·10 [주]서울 종로구 사직로8길60 외교부 인사운영팀(02-2100-7136) [학]1987년 서울대 외교학과졸 1996년 미국 코네티컷대 대학원 국제학과졸 [경]1990년 외무고시 합격(24회) 1990년 외무부 입부 1996년 駐러시아 2등서기관 1999년 駐필리핀 1등서기관 2004년 駐러시아 1등서기관 2007년 외교통상부 재외동포정책과장 2009년 同아세안협력과장 2010년 駐인도네시아 공사참사관 2013년 외교부 남아시아태평양국 심의관 2015년 駐키르기즈 대사(현)

정병훈(鄭炳勳) JEONG Byung Hoon

[생]1955·8·9 [주]경남 진주시 진주대로501 경상대학교 인문대학 철학과(055-772-1155) [학]1978년 연세대 철학과졸 1982년 同대학원 철학과졸 1992년 철학박사(연세대) [경]1983년 경상대 인문대학 철학과 조교수·부교수·교수(현) 1991~1992년 同학생과장 1995~1998년 同기획연구실 부실장 2011년 同교무처장 2013~2014·2015~2016년 同교학부총장 2013~2014년 교육부 교육공무원인사위원회 위원 2013~2015년 同대학구조개혁위원회 위원 2015~2016년 경상대 교무처장 2015~2016년 同총장 직대 2016년 유네스코 민속예술창의도시실무추진위원회 위원장(현) [상]교육부장관표창

정보경(女) JEONG BOKYEONG

[생]1991·4·17 [출]경남 양산 [학]경남체고졸, 경기대졸 [경]안산시청 유도단 소속(현) 2015년 제주 그랑프리 국제유도대회 여자 48kg급 동메달 2015년 제96회 전국체육대회 유도 여자일반부 48kg급 금메달 2016년 뒤셀도르프 그랑프리유도대회 여자 48kg급 금메달 2016년 유러피언 오픈 로마대회 여자 48kg급 금메달 2016년 제31회 리우데자네이루 올림픽 여자유도 48kg급 은메달

정보연(鄭寶淵) CHUNG Bo Yeun

[생]1954·11·6 [출]경북 성주 [주]대전 대덕구 한밭대로 1027 우성빌딩7층 (주)우성사료(042-670-1703) [학]1974년 대전상고졸 1978년 단국대 무역학과졸 1997년 서울대 경영대학원 최고경영자과정 수료 [경]1978년 우성실업(주) 입사 1985년 (주)우성사료 감사·전무이사 1992년 同부사장 1995년 同대표이사 사장 1998년 同대표이사 회장, 同회장(현) 2004년 (주)대전방송 대표이사 회장(현) [상]대통령표창(2005)

정복영(鄭福永) Jung Bokyoung

[생]1964·9·10 [본]진주(晋州) [출]경남 진주 [주]세종특별자치시 도움6로11 환경부 운영지원과(044-201-6242) [학]1983년 진주 동명고졸 1991년 고려대 정치외교학과졸 [경]행정고시 합격(36회) 1993~2004년 환경처·낙동강환경청 사무관 2004~2005년 건설교통부 도시정책과 서기관 2005~2007년 미국 캘리포니아 환경청 파견 2007~2008년 국무조정실 규제개혁기획단 과장 2008년 환경부 감사관실 환경감시팀장 2008년 同상하수도정책관실 물산업육성과장 2009년 同물환경정책국 물산업지원팀장 2009~2010년 대통령 사회정책수석비서관실 행정관 2010~2012년 세계은행(세계환경투자시설) 파견 2012년 환경부 기후대기정책관실 대기관리과장 2013년 同환경정책실 기후대기정책과장 2014년 국립환경인력개발원 원장(고위공무원) 2015년 중앙공무원교육원 교육파견(고위공무원) 2016년 금강유역환경청장 2016년 駐중국 공사참사관(현) [상]국무총리표창(2001)

정복철(丁福澈) CHUNG Bok Chul

[생]1968·1·5 [출]전남 영광 [주]전남 여수시 여서1로107 여수지방해양수산청 청장실(061-650-6005) [학]1985년 전북 김제고졸 1990년 고려대 법학과졸 1996년 서울대 행정대학원졸 2003년 영국 버밍엄대 대학원 관광정책학과졸 [경]1992년 행정사무관 임용 1994년 해양수산청 국제협력관실 근무 1996년 해양수산부 국제협력과·항만물류과·해양정책과 근무 2004년 국립수산과학원 연구기획실 행정예산과장 2005년 동북아의평화를위한바른역사정립기획단 독도대응팀장 2006년 해양수산부 정책홍보관리관실 정보화팀장 2007년 同국제협력관실 자유무역대책팀장 2008년 농림수산식품부 창의혁신담당관(서기관) 2009년 同자원회복과장 2009년 同수산정책실 자원환경과장 2010년 同수산정책과장 2011년 同국제협력총괄과장(부이사관) 2012년 同어업자원관(고위공무원) 2013년 해양수산부 해양정책실 국제원양정책관 2014~2015년 국방대 교육파견(고위공무원) 2015년 여수지방해양수산청장(현)

정봉기(鄭鳳起) JEONG Bong Ki

[생]1964·10·24 [출]경남 의창 [주]서울 서초구 헌릉로13 대한무역투자진흥공사 인재경영실(02-3460-7114) [학]1983년 경상고졸 1991년 한국외국어대 이탈리아어과졸 2003년 이탈리아 밀라노대 노동정책과학대학원 노사관계학과졸 [경]1991년 대한무역투자진흥공사(KOTRA) 입사 1991년 同전시부 근무 1993년 同지역조사부 근무 1994년 同상품개발처 근무 1996년 同마케팅지원처 근무 1996년 同밀라노무역관 근무 1999년 同기획조정실 근무 2001년 同밀라노무역관 근무 2005년 同총무팀 근무 2008년 同자그레브무역관장 2008년 同자그레브코리아비즈니스센터장 2011년 同50주년사무국장 2011년 同조직망고충처리담당관 2012년 同방산물자교역지원센터 GtoG지원팀장 2014년 同뮌헨무역관장(현) [상]장관표창(2002·2004)

정봉덕(鄭鳳德) CHUNG Bong Duk

[생]1954·9·15 [본]하동(河東) [주]경기 안양시 동안구 부림로170번길41의13 (주)서화정보통신(031-345-5100) [학]1973년 순심고졸 1978년 동양공전 전자공학과졸 [경]1977년 금성통신 교환기 영업기술부 기술관리과 근무 1980년 1AESS 전자교환기 기술연수(AT&T/Columbus Ohio, USA) LG정보통신 그룹사 전배 1983년 5ESS 전자교환기 기술연수(AT&T/Columbus Ohio, USA) 1985년 1AESS Software 기술연수(Network Sofeware Center/Chicago Illinois, USA) 1990년 GIS 기술연수(Synercom/Houston Texas, USA) 1995년 소프트웨어연구소 정보기술실장 겸 CTI콜센터 영업부장 2000년 디지털링커 대표이사 2002년 (주)서화정보통신 부사장 2013년 同대표이사 사장(현) [상]산업포장(2015) [종]천주교

정봉철(鄭鳳哲) CHUNG Bong Chul

[생]1956·3·19 [출]서울 [주]서울 성북구 화랑로14길5 한국과학기술연구원 미래융합기술연구본부 분자인식연구센터(02-958-5067) [학]1980년 연세대 화학과졸 1982년 한국과학기술원(KAIST) 화학과졸(석사) 1985년 화학박사(한국과학기술원) [경]1985~1992년 한국과학기술연구원(KIST) 도핑콘트롤센터 선임연구원 1994~1996년 대한화학회 편집위원 2000~2004년 연세대 화학과 객원교수 2002~2004년 고려대 화학과 객원교수 2004년 한국분석과학회 이사 2004년 한국대사체학회 회장 2006년 한국과학기술연구원(KIST) 생체과학연구부 생체대사연구센터장(책임연구원) 2008~2009년 한국질량분석학회 회장 2009~2011년 한국과학기술연구원(KIST) 생명·보건본부장 2011년 同생체분자기능연구센터 책임연구원 2011년 同강릉분원장 2014년 同분자인식연구센터 책임연구원(현) [상]한국과학기술단체총연합회 우수논문상(2005) [종]기독교

정봉훈(丁奉勳)

[생]1963·5·18 [출]전남 여수 [주]울산 남구 신선로20 울산해양경비안전서(061-806-2016) [학]1981년 여수고졸 1986년 한국해양대 항해학과졸 2002년 同대학원졸 [경]1994년 해양경찰청 경위 임용(경찰간부 후보 42기) 2004~2005년 同상황실장·보안계장 2005년 대통령비서실 바른역사정립기획단 근무 2007년 해양경찰청 정보수사국 정보계장 2010년 同정보수사국 외사과장 2011년 同정보수사국 형사과장(총경) 2011년 同해양경찰학교 건설추진단장 2012년 제주지방해양경찰청 서귀포해양경찰서장 2014년 해양수산부 치안정책관 2014년 국민안전처 해양경비안전교육원 교육지원과장 2016년 同울산해양경비안전서장(현)

정부효(鄭富孝) chung bu-hyo

[생]1962·2·18 [본]진주(晋州) [출]경남 함안 [주]세종특별자치시 다솜로261 국무조정실 정부업무평가실 평가지원과(044-200-2708) [학]1980년 마산공고졸 1996년 연세대 행정대학원 행정학과졸 [경]1985~2004년 총무처·행정자치부 근무 2004~2006년 중앙인사위원회 인사정책국 균형인사과 근무 2006~2008년 행정자치부 국정과제실시간관리추진단 팀장 2008~2013년 특임장관실 총무과장·특임2과장 2013년 국무총리비서실 정무실 국회협력행정관 2013년 同공보실 언론분석행정관(부이사관) 2014년 OECD대한민국정책센터 운영기획실장 2016년 국무조정실 정부업무평가실 평가지원과장(현) [상]국무총리표창(1996), 대통령표창(2002) [저]'서서 오줌누는 여자 치마입는 남자'(2001) '피할 수 없다면 즐겨라'(2003) '아름다운 인재혁명'(2006) '공무원 준비되지 않으면 꿈꾸지 말라'(2008)

정사진(鄭思鎭)

[생]1957·4·15 [주]경기 안양시 만안구 안양천서로51 인탑스(주) 임원실(031-441-4181) [학]김천고졸, 경북대 전자공학과졸, 同대학원 전자재료공학과졸 [경]삼성전자(주) SST법인장(상무보) 2007년 同SSDP법인장 상무, 同디지털프린팅 글로벌운영팀장(상무) 2010년 同IT솔루션 Global운영팀장(상무) 2010년 同IT솔루션 Global운영팀장(전무) 2014년 인탑스(주) 생산총괄 부사장 2015년 同각자대표이사 사장(현)

정상구(鄭相久)

[생]1952·1·5 [주]경북 안동시 풍천면 도청대로455 경상북도의회(054-880-5317) [학]서라벌대학 경찰복지행정과졸 [경]청도309-H라이온스 회원, 청도군재향군인회 금천면 회장, 한국음식업중앙회 청도군지부장(현), 한나라당 청도군 운영위원, 금천새마을금고 이사장 2007년 4·25재보선 경북 청도군의원선거 출마 2010년 경북 청도군의회 의원(한나라당·새누리당) 2010~2012년 同부의장 2014년 경북도의회 의원(새누리당)(현) 2014년 同건설소방위원회 위원 2014·2016년 同독도수호특별위원회 위원(현) 2016년 同예산결산특별위원회 계수조정위원 2016년 同기획경제위원회 위원(현) [종]불교

정상규(丁相奎)

[생]1969·2·13 [주]전남 순천시 왕지로21 광주지방법원 순천지원(061-729-5114) [학]1987년 광주고졸 1993년 서울대 언어학과졸 1995년 同대학원 법학과졸 [경]1997년 사법시험 합격(39회) 2000년 사법연수원 수료(29기) 2000년 서울지법 예비판사 2002년 서울가정법원 판사 2004년 대전지법 홍성지원 판사 2007년 수원지법 판사 2009년 서울중앙지법 판사 2011년 법원행정처 형사심의관 겸임 2013년 서울고법 판사 2015년 광주지법 순천지원 부장판사(현) 2015년 광주가정법원 순천지원 부장판사 겸임(현)

ㅈ

정상균(鄭相鈞) Jeong Sang Gyun

[생]1961·2·24 [본]동래(東萊) [출]경북 상주 [주]경기 수원시 팔달구 효원로1 경기도청 교육협력국(031-8008-3960) [학]1979년 김천고졸 1983년 영남대 지역사회개발학과졸 2006년 성균관대 행정대학원 행정관리학과졸 [경]2004년 행정자치부 지방행정혁신과 근무 2005~2008년 同지방조직발전팀 근무 2008년 제5기 고위정책과정교육 파견 2009년 경기도 인재개발원 e-러닝센터장 2010년 同여성가족국 보육정책과장 2011년 同기획조정실 기획담당관 2013년 경기 여주시 부시장 2014년 교육 파견 2015년 경기 평택시 부시장 2016년 경기도 교육협력국장(현) [상]공무원정보화능력경진대회 최우수상(2009)

정상기(丁相基) CHUNG Sang Ki

[생]1954·1·26 [출]전남 장흥 [주]서울 서초구 남부순환로2572 국립외교원 외교안보연구소 중국연구센터(02-3497-7767) [학]1973년 광주제일고졸 1978년 건국대 정치외교학과졸 1985년 대만 중국문화대 대학원 대륙문제연구소졸 2005년 건국대 대학원 박사과정 수료 2013년 명예 경영학박사(대만 중국문화대) [경]1977년 외무고시 합격(11회) 1977년 외무부 입부 1977~1980년 同기획관리실·중동국 근무 1982년 駐대만 2등서기관 1988년 駐싱가포르 1등서기관 1990년 駐중국 1등서기관 1994년 외무부 아시아태평양국 동북아2과장(중국과장) 1996년 駐스리랑카 참사관 1999년 대통령 의전비서관실 행정관 2000년 駐일본 공사참사관 2002년 외교통상부 아시아태평양국 심의관 2003년 同아시아태평양국장 2004년 駐샌프란시스코 총영사 2007년 외교통상부 본부대사 2008년 한국외국어대 법대 초빙교수 2009년 국립국제교육원 원장 2011~2014년 駐타이베이 대표 2014년 건국대 KU중국연구원 석좌교수(현) 2015년 동북아역사재단 비상임이사(현) 2015년 국립외교원 겸임교수 겸 외교안보연구소 중국연구센터 소장(현) [상]대통령표창(2회), 재외동포신문 2006 발로 뛰는 영사상(2007), 월드코리언신문 베스트공관장상(2012) [역]'한손에 잡히는 중국(共)'(2010, 지영사) [종]기독교

정상기(鄭相基) JEONG Sang Kee

[생]1959·9·5 [출]전남 [학]1984년 전남대 경영학과졸 1993년 한양대 대학원 경영학과졸 2005년 同대학원 경영학 박사과정 수료 [경]1998년 미래에셋캐피탈 이사 2001년 미래에셋투신운용 대표이사, 미래에셋자산운용 대표이사 2005년 미래에셋맵스자산운용 대표이사 2011년 同대표이사 부회장 2012~2016년 미래에셋자산운용 대표이사 부회장 2013~2015년 한국금융투자협회 비상근부회장 2016년 에너지인프라자산운용 대표이사(현) [종]기독교

정상기(鄭詳基) Sangki Jeong

[생]1968·7·18 [본]하동(河東) [출]충북 청주 [주]서울 서초구 마방로68 한국과학기술기획평가원 평가분석본부 R&D평가센터(02-589-2249) [학]1992년 한국과학기술원 재료공학과졸 1994년 同대학원 재료공학과졸 2002년 재료공학박사(미국 카네기멜론대) [경]1994년 삼성종합기술원(기흥본원) 신소재연구실 연구원 1995년 한국과학기술원 재료공학과 연구원 2002년 삼성SDI 종합연구소 디스플레이PDP개발실 책임연구원 2003년 한국과학기술기획평가원 산업기반평가팀장 2008년 同투자전략실장 2009년 同사업총괄조정실장 2014년 同평가분석본부 R&D평가센터장(현)

정상만(鄭相萬) JEONG, Sang Man

[생]1956·1·3 [출]경남 진주 [주]충남 천안시 서북구 천안대로1223의24 공주대학교 건설환경공학부(041-521-9300) [학]1974년 진주고졸 1981년 고려대 토목공학과졸 1986년 미국 Utah주립대 대학원 토목공학과졸 1988년 토목공학박사(미국 Idaho대) [경]1988~1993년 한국건설기술연구원 수자원연구실 수석연구원 1994~2012년 공주대 공과대학 토목환경공학과 조교수·부교수·교수 1996~1999년 同방재연구센터 소장 2003~2005년 同공과대학장 2004~2005년 同공학교육지원센터 소장 2010년 소방방재청 국립방재교육연구원장 2011~2012년 행정안전부 국립방재연구원장 2012년 공주대 건설환경공학부 교수(현) 2013년 한국방재학회 회장(현) [상]한국수자원학회 학술상(2000), 한국방재학회 학술상(2003), 한국과학기술단체총연합회 과학기술우수논문상(2003), 소방방재청장표창(2005), 건설교통부장관표창(2007), 미국 Marquis Who's Who in the World에 등재(2009), 한국물학술단체연합회 학술상(2009), 영국 IBC 'International Biographical Association Top 100 Engineers'에 선정(2009), 국토해양부장관표창(2009), 행정안전부장관표창(2012) [저]'수리학'(2006, 양서각) '수문학'(2012, 양서각) '방재학'(2012, 구미서관)

정상명(鄭相明) CHOUNG Sang Myung

[생]1950·4·6 [본]동래(東萊) [출]경북 의성 [주]서울 서초구 서초대로74길23 서초타운트라팰리스401호 정상명법률사무소(02-598-3883) [학]1967년 경북고졸 1972년 서울대 법대졸 2008년 명예 법학박사(용인대) [경]1975년 사법시험 합격(17회) 1977년 사법연수원 수료(7기) 1977년 광주지검 검사 1980년 서울지검 검사 1983년 법무부 법무심의관실 검사 1986년 서울지검 검사 1990년 대구지검 김천지청장 1991년 법무부 검찰국 검사 1993년 대검찰청 공안제3과장 1993년 대구지검 형사2부장 1994년 同형사1부장 1995년 법무부 법무심의관 1996년 서울지검 조사부장 1997년 同형사2부장 1998년 광주지검 목포지청장 1999년 서울지검 제2차장검사 2000년 同동부지청장 2001년 대구고검 차장검사 2002년 법무부 기획관리실장 2003년 同차관 2004년 대구고검 검사장 2005년 대검찰청 차장검사 2005~2007년 검찰총장 2007년 변호사 개업(현) 2013~2016년 학교법인 현암학원(동양대) 이사장 2015년 대신증권(주) 사외이사 겸 감사위원(현) [상]근정포장(1987), 홍조근정훈장(1995), 청조근정훈장(2007) [종]원불교

정상설(鄭相卨) JUNG Sang Seol

[생]1950·10·14 [본]동래(東萊) [출]경남 [주]경기 성남시 분당구 야탑로59 분당차병원 외과 유방·갑상선암센터(031-780-5000) [학]1975년 가톨릭대 의대졸 1978년 同대학원졸 1986년 의학박사(가톨릭대) [경]1975~1980년 가톨릭대 의대 인턴·레지던트 1980~1983년 해군 군의관 1983~1996년 가톨릭대 의대 외과학교실 전임강사·조교수·부교수 1984년 同강남성모병원 외과 중환자실장 1986년 미국 켄터키루이빌의대 암연구소 연구원 1986년 가톨릭의과학원 외과학교실 호르몬수용체연구실장 1996~2016년 가톨릭대 의대 외과학교실 교수 2001년 同강남성모병원 유방외과장 2003~2005년 한국유방암학회 이사장 2005~2009년 대한임상종양학회 이사장 2005~2009년 건강보험심사평가원 암질환심의위원회 유방분과 위원 2007년 同신의료기술위원 2008~2014년 가톨릭대 의대 외과학교실 주임교수 2012~2014년 대한외과학회 이사장 2013년 국제의료기술평가학술대회(HTAi) 사무총장 2016년 분당차병원 외과 유방·갑상선암센터 교수(현) [종]가톨릭

정상섭(丁相燮) JUNG Sang Sup

[생]1962·1·13 [출]경남 사천 [주]부산 남구 황령대로319번나길1 부일IS(주) 임원실(051-646-7007) [학]1981년 경남 대아고졸 1988년 경상대 법학과졸 2003년 한국개발연구원(KDI) 언론인아카데미 수료 2005년 연세대 언론홍보대학원졸(석사) [경]1988년 부산일보 입사 1988~1999년 同국제부·생활과학부·사회부·경제부 기자 2000~2001년 同경제부·정치부 차장 2002년 同국제부장 2003~2006년 同서울지사 경제부·정치부 부장 2005년 외교부 APEC 홍보자문위원 2006년 同경영기획실 뉴미디어팀장 2007년 同편집국 정치부장 2008년 同편집국 선임기자 2012~2013년 원경고 운영위원장 2013년 부산일보 논설위원, 통일부 통일교육위원(현) 부산여성가족개발원 이사(현) 2014년 부산일보 기획실장 2014년 부산시 노사민정위원회 위원 2015년 부일IS(주) 사장(현) [상]한국기자협회 이달의 기자상 2회(1995), 부산일보 사내특종상(4회)

정상수(鄭相壽) CHONG Sang Soo

[생]1959·9·6 [출]서울 [주]충북 청주시 청원구 대성로298 청주대학교 사회과학대학 광고홍보학과(043-229-8281) [학]1982년 중앙대 연극영화학과졸 1984년 同대학원 연극학과졸 [경]1987~1993년 (주)오리콤 PD·감독·CD 1993~1994년 린타스코리아 CD 1994~1996년 시드프로덕션 기획실장 1996년 (주)Ogilvy & Mather Korea 제작국장(상무) 2004~2007년 한국예술종합학교 영상원 겸임교수 2005~2007년 아주대 미디어학부 겸임교수 2007~2008년 (주)Ogilvy & Mather Korea 부사장 2008년 청주대 사회과학대학 광고홍보학과 교수(현) 2011~2012년 한국광고PR실학회 회장 2013~2014년 청주대 평생교육원장 2013~2016년 SBS 시청자위원 2013년 대한적십자사 홍보자문위원(현) 2013년 중앙선거관리위원회 홍보자문위원(현) 2014년 서울영상광고제 집행위원장(현) 2014년 서울시 뉴미디어자문위원(현) 2015년 뉴욕페스티벌 심사위원(현) 2015년 부산국제광고제 집행위원(현) [상]한국산업영상전 특선 [저]'스매싱'(2010) '광고와 스토리텔링'(2010) '함께해서 놀라움을(共)'(2011) 'CF직업'(2013) '한단어 프레젠테이션'(2014) [역]'효과적인 TV 광고 제작'(1995) '잠자는 아이디어 깨우기'(2000) '씽킹 플레이어'(2002) '잘나가는 광고 만들기'(2004) '데이비드 오길비의 어록'(2004)

정상식(丁相植) JEONG Sang Sik

(생)1966·7·7 (본)전북 익산 (주)서울 중구 남대문로63 한진빌딩본관 법무법인 광장(02-772-5929) (학)1985년 전주 신흥고졸 1991년 서울대 공법학과졸 2006년 同공정거래법 전문분야법학연구과정 수료 (경)1993년 사법시험 합격(35회) 1996년 사법연수원 수료(25기) 1996년 수원지검 검사 1998년 전주지검 군산지청 검사 2000년 대전지검 검사 2002년 인천지검 검사 2004~2005년 법무부 기획관리실 검사 2005년 한화그룹 구조조정본부 법무실 상무 2008년 同경영기획실 법무팀 상무 2006년 공정거래위원회 경쟁법연구회 회원(현) 2013년 법무법인 광장 형사담당 변호사(현)

정상열(鄭相烈) Jeong Sangyeol

(생)1960·9·3 (본)동래(東萊) (출)충남 예산 (주)전남 진도군 임회면 진도대로3818 국립남도국악원 원장실(061-540-4000) (학)1980년 국립국악고졸 1987년 서울대 음악대학 국악과졸 2003년 추계예술대 대학원 국악교육정책과졸 (경)1987~1993년 문화체육부 국립국악원 전속연주단 단원 1993~2004년 문화관광부 국립국악원 장악과 주무관 2004~2009년 同국립남도국악원 장악과장(초대) 2004~2008년 남도민요 전국경창대회·전국고수대회 추진위원회 위원 2006년 진도 석교고 국악과신설추진위원회 위원 2006~2012년 전통예술단 해외공연단장(미주·동남아·중동·카리브해 등) 2007년 진도예술영재교육원 운영위원회 위원 2007년 진도아리랑축제 만가상여놀이경연대회·민요민속경연대회 심사위원 2007년 남도민요 전국경창대회·전국고수대회 심사위원 2008~2010년 전남도문화재위원회 문화재전문위원 2009년 문화체육관광부 국립부산국악원 장악과 직대 2009~2010년 同국립민속국악원 장악과장 2009~2014년 전국초등학생 및 유·초등교사 국악경연대회 심사위원 2010~2014년 문화체육관광부 국립민속국악원 원장 2011~2014년 전국서당문화한마당 자문위원 2013~2014년 '남원시민의장' 수상자선정심사위원 2014년 제84회 전국춘향선발대회 심사위원 2015년 제5회 장수 논개전국판소리경연대회 심사위원 2015년 제12회 전국악성옥보고 거문고경연대회 심사위원 2015년 문화체육관광부 국립남도국악원 원장(현) (상)국립국악원장표창(1994), 문화체육부장관표창(1998)

정상영(鄭相永) CHUNG Sang Young

(생)1936·12·7 (본)하동(河東) (출)서울 (주)서울 서초구 사평대로344 KCC그룹 비서실(02-3480-5001) (학)1955년 용산고졸 1961년 동국대 상경대 경영학과졸 1967년 고려대 경영대학원 경영학과 수료 (경)1959년 금강스레트 사장 1970~1972년 현대자동차 부사장 1975년 금강스레트 감사 1976~1985년 고려화학 사장 1977년 (주)금강 사장 1985~1997년 고려화학·(주)금강 회장 1997년 대한핸드볼협회 회장 1997년 KCC그룹 회장 2000년 同명예회장(현) (상)1억불 수출탑, 자랑스런 동국인상(2007)

정상용(鄭相容) CHUNG Sang Yong (소평)

(생)1952·4·20 (본)진주(晉州) (출)전남 화순 (주)부산 남구 용소로45 부경대학교 환경·해양대학 지구환경과학과(051-629-6626) (학)1971년 경복고졸 1975년 서울대 지질학과졸 1982년 同대학원 지구물리학과졸 1992년 이학박사(미국 네바다주립대) (경)1978년 한국동력자원연구소 위촉연구원 1982~1996년 부산수산대 응용지질학과 전임강사·조교수·부교수 1985년 同응용지질학과장 1994년 同해양과학대학 교무과장 1996년 부경대 응용지질학과 부교수 1996년 同지구환경과학부장 1999년 同환경·해양대학 지구환경과학과 교수(현) 1999년 영월댐건설타당성종합검토공동조사단 댐안전문과 위원 1999~2001년 대한지질공학회 부회장 2000년 한국지하수·토양환경학회 이사 2002~2004년 한국지하수·토양환경학회 회장 2003~2007년 환경부 중앙환경보전자문위원 2004~2008년 건설교통부 중앙지하수관리위원 2004년 대통령자문 지속가능발전위원회 물관리정책연구원 2004~2006년 부경대 도서관장 2005~2014년 한국지하수협회 자문위원 2005~2006년 중저준위방사성폐기물처분시설부지선정위원회 위원 2006년 한국물포럼 이사 2007년 한국지하수·토양환경학회 고문(현) 2007년 부산시 지하수관리위원회 위원장 2009년 부경대 지질환경연구소장(현) 2009년 대한지질학회 전문위원회 위원장 2011년 미국 세계인명사전 'Marquis Who's Who'에 등재 2012년 영국 국제인명센터(IBC) Outstanding Intellectuals of the 21th Century 등재 2012년 부산시 건설기술심의위원(현) 2014년 同민자사업추진 심의위원(현) 2014년 한국지하수지열협회 고문(현) (상)부산시장표창(2003), 교육인적자원부장관표창(2004), 한국과학기술단체총연합회 과학기술우수논문상(2005) (저)'지질공학원론(共)'(1999) '암반의 조사와 적용(共)'(2004) (역)'지구환경과학(共)'(2013) (종)불교

정상운(鄭祥雲) JEONG Sang Un (雲岩)

(생)1958·9·7 (출)전북 고창 (주)경기 안양시 만안구 성결대학로53 성결대학교 신학부(031-467-8154) (학)1976년 환일고졸 1981년 성결대 신학과졸 1983년 한양대 대학원졸 1986년 침례신학대 대학원 신학과졸 1996년 철학박사(침례신학대) 2010년 명예박사(몰도바 자유국제대) (경)1987~1999년 성결대 신학부 전임강사·조교수·부교수 1994년 同교목실장 1996년 同신학연구소장 1998년 同신학부장 1999년 同신학부 교수(현) 1999년 한국복음주의역사신학회 회장 2001년 성결대 신학대학원장 겸 선교대학원장 2002~2003년 전국기독교대학원장협의회 회장 2003~2004년 성결대 신학대학장 2004년 한국신학회 회장(현) 2005년 세계한인신학자대회 대회장(현) 2006~2012년 성결대 총장, 코리안디아스포라포럼 공동대표, 한국성결신학회 회장 2006~2008년 동북아선교회 공동회장 2008년 한국신학대학총장협의회 총무부회장 2008~2011년 한국성결교회연합회 신학위원장 2008년 베트남 홍방대 명예총장(현) 2010년 한국복음주의신학대학총장협의회 회장 2011년 한국복음주의신학대학협의회(AETSK) 회장 2014년 한국대학기독총장포럼 공동회장(사무총장)(현) (저)'교회사의 사람들'(1995) '한국성결교회사'(1997) '새벽을 깨우는 사람들' '성결교회와 역사연구·Ⅱ·Ⅲ' '알기쉬운 교회사'(2000) (종)기독교

정상윤(鄭相潤) CHUNG Sang Yune

(생)1958·1·5 (본)해주(海州) (출)서울 (주)경남 창원시 마산합포구 경남대학로7 경남대학교 신문방송학과(055-249-2549) (학)1980년 서강대 신문방송학과졸 1983년 同대학원졸 1996년 신문방송학박사(서강대) (경)1983년 서강대 신문방송학과 강사 1985~1996년 경남대 신문방송학과 전임강사·조교수·부교수 1996년 한국언론학회 총무이사 1996~2000년 한국방송학회 이사 1997년 경남대 신문방송학과 교수(현) 2004년 한국지역언론학회 회장, 부산경남언론학회 회장, 언론개혁시민연대 방송개혁위원장, 同정책위원장 2008년 한국방송학회 지역방송특별위원장 2009·2010~2011년 한국방송학회 산학협력위원장 2010년 미디어공공성포럼 공동대표 2011~2012년 경남대 행정대학원장 2012~2013년 경남신문 독자위원회 위원장 2013년 경남도지역신문발전위원회 위원 2013년 지역신문발전위원회 위원(현) (상)한국언론학회 공로상(1997), 한마공로상(1998), 부경언론학회 학술상(1998), 한국방송학회 공로상(2004) (저)'지역언론과 문화' '정보화시대의 지역방송(共)'(1998, 한울) '방송학 개론' '디지털 방송 미디어론'(2005) '한국의 지상파방송사 경영전략(共)'(2006) '방송환경변화에 따른 공익성 개념의 재정립 방향(共)' '방송통신융합과 지역방송(共)' '디지털시대의 케이블콘텐츠전략(共)' '세계의 지상파방송사 경영전략(共)'

정상익(鄭相翊) JUNG SANG IK

(생)1970·11·10 (출)부산 (주)서울 영등포구 여의나루로4길21 현대증권 구조화금융본부(02-6114-0114) (학)1989년 부산 대동고졸 1997년 동국대 무역학과졸 2004년 일본 교토대 대학원 경제학과 연구생과정 수료 (경)1997~2003년 삼성생명 기업금융부 근무 2004년 LG투자증권 부동산금융 차장 2005년 한국투자증권 부동산금융팀장 2006년 메리츠증권 프로젝트금융사업부 상무보 2009년 일본 리딩증권 IB본부 상무 2010~2012년 솔로몬투자증권 구조화금융본부장(상무) 2012년 IM투자증권 구조화금융본부장(상무) 2012년 IBK투자증권 구조화금융본부장(상무) 2015년 현대증권 구조화금융본부장(상무)(현) (종)기독교

정상조(丁相朝) Sang Jo JONG

(생)1959·9·6 (출)서울 (주)서울 관악구 관악로1 서울대학교 법과대학(02-880-8235) (학)1982년 서울대 법학과졸 1984년 同대학원졸 1987년 영국 런던대 대학원 법학과졸 1991년 법학박사(영국 런던대) (경)1984~1986년 서울시립대·숭실대 강사 1991년 독일 막스플랑크연구소 초청연구원 1992~1994년 한국법제연구원 수석연구원 1992년 서강대 강사 1992~1999년 서울대 법학과 강사·전임강사·조교수·부교수 1998년 同법과대학 학생담당 부학장 2002년 同법학도서관장 2003년 同기술과법센터장 2004년 同법학과 교수(현) 2008~2012년 同법과대학 교무부학장 겸 학생부학장 2011년 국가지식재산위원회 민간위원 2012~2014년 서울대 법과대학장 겸 법학전문대학원장 2013년 공공데이터제공분쟁조정위원회 위원(현) 2014년 사법연수원 운영위원회 위원 2014년 한국과학기술단체총연합회 지식재산위원회 위원장(현) 2014년 한국게임법과정책학회 회장(현) 2014년 미국 워싱턴대 로스쿨 석좌방문교수 2015년 미국 하버드대 로스쿨 방문교수 2016년 한국과학기술한림원 정회원(정책학부·현) (상)대통령표창 (저)'컴퓨터와 법률' '지적재산권법강의' '인터넷과 법률'(2000) '저작권법 주해'(2007, 박영사) 'Entertainment Law'(2007) '특허법 주해Ⅰ·Ⅱ'(2010) '지적재산권법'(2011) '지식재산권법'(2013)

정상직(鄭祥稙) JUNG Sang Jik
[생]1955·4·28 [주]대전 동구 동대전로171 우송정보대학 총장실(042-629-6102) [학]1979년 숭전대 영어영문학과졸 1983년 성균관대 대학원 무역학과졸 1989년 경제학박사(성균관대) [경]1984년 청주대 강사 1985년 대전실업전문대 조교수·부교수 1998년 우송정보대 전자무역실무과 교수 2006~2014년 우송대 국제경영학부 교수 2009년 同솔브릿지국제대학 부총장 2014년 同국제교류원장 2014년 우송정보대학 총장(현)

정상천(鄭相天) Jung, Sang Chun
[생]1958·5·24 [본]동래(東萊) [출]충남 홍성 [주]경기 안산시 단원구 고잔1길76 리치프라자401호 세계교육연구소(031-507-8800) [학]1990년 충남대 교육대학원 교육학과졸 2013년 행정학박사(서울시립대) [경]1983~2006년 중등교 교사, (주)팬스코 대표이사 2010~2014년 서울시의회 교육위원회 교육의원 2010년 同친환경무상급식특별위원회 위원 2011년 同장애인특별위원회 위원 2011년 충남대총동문회 부회장 2012년 서울시의회 안전관리 및 재난지원특별위원회 위원 2012년 서울시립대 대학원 행정학과 박사동문회 회장 2012년 한국여가정책학회 부회장 2014년 서울시립대 도시과학대학원 행정학과 겸임교수 2015년 세계교육연구소 소장(현)

정상천(鄭相天) JUNG Sang-chun
[생]1963·3·5 [본]동래(東萊) [출]경북 경주 [주]세종특별자치시 한누리대로402 산업통상자원부 중동아프리카통상과 중동협력팀(044-203-5728) [학]1981년 대구 영신고졸 1988년 경북대 사범대학 불어교육과졸 1995년 프랑스 파리대 대학원 경제사학과졸 2003년 역사학박사(프랑스 파리대) [경]1989~1998년 상공부 무역위원회·미주통상과·국제기업과·북방통상과 근무 1998~2013년 외교통상부 유럽통상팀·북미통상과·駐뉴질랜드대사관·통상투자진흥과 근무 2013~2014년 통일부 투자개발지원과 개성공단담당 2014년 산업통상자원부 구주통상과 유럽통상팀장 2015년 同중동아프리카통상과 중동협력팀장(현) [상]외교통상부장관표창(2008·2012), 대통령표창(2012) [저]'불교신자가 쓴 어느 프랑스 신부의 삶- 서리 밟는 매화(梅履霜 멜리장)'(2009, 내포교회사연구소) '나폴레옹도 모르는 한·프랑스 이야기'(2013, 국학자료원) '한국과 프랑스, 130년간의 교류'(2015, 국학자료원) [종]불교

정상철(鄭相喆) Jung, Sang Chul
[생]1954·7·14 [본]동래(東萊) [출]충남 부여 [주]대전 유성구 대학로99 충남대학교 경영학과(042-821-5114) [학]1971년 대전고졸 1978년 서울대 사회학과졸 1981년 同대학원 경영학석사 1989년 경영학박사(서울대) [경]1981~1985년 서울대·성균관대·인하대·건국대·한국방송통신대 강사 1982년 충남대 경상대학 경영학과 전임강사·조교수·부교수·교수(현) 1992·1999년 同전자계산소장 1993년 한국생산관리학회 감사 1994년 미국 오하이오주립대 객원교수 1999년 충남대 정보화기획단장 1999년 한국정보시스템학회 부회장 2003~2005년 충남대 경상대학장 겸 경영대학원장 2004년 한국정보기술응용학회 회장 2007~2008년 충남대 기획처장 2012년 교육과학기술부 대학구조개혁위원회 위원 2012~2016년 충남대 총장 2012~2015년 한국대학교육협의회 이사 2012년 대청호보전운동본부 이사장 2012~2013년 교육부 대학구조개혁위원회 위원 2014~2015년 거점국립대학교총장협의회 회장 2014년 KORAIL 경영자문위원회 중앙위원(현) 2014년 통일교육위원 충남협의회장(현) 2014년 대전세계혁신포럼 운영위원(현) 2014~2016년 대통령직속 통일준비위원회 통일교육자문단 자문위원 2016년 대한적십자사 대전·세종지사 회장(현) 2016년 대전시 정책자문단장(현) [상]충남대총장표창(2008) [저]'품질관리(共)'(1993) '경영정보시스템(共)'(1997) '의사결정지원을 위한 경영과 컴퓨터활용(共)'(1999) '지식정보사회와 전자정부(共)'(1999) 'e-비지니스 개론(共)'(2002, 도서출판 영민) '전자상거래 & e-Business(共)'(2003, 영진닷컴) 'New정보기술과 경영전략(共)'(2006, 도서출판 대경) '서비스 시스템 운영관리(共)'(2009, 도서출판 대경) '글로벌 환경하에서의 공급사슬관리(共)'(2010, 도서출판 대경) [종]불교

정상혁(鄭相赫) JUNG Sang Hyuck
[생]1941·12·25 [본]동래(東萊) [출]충북 보은 [주]충북 보은군 보은읍 군청길38 보은군청 군수실(043-540-3003) [학]1960년 청주농고졸 1964년 충북대 농대 임학과졸 [경]1967~1973년 충북도농촌진흥원 근무 1973~1980년 농촌진흥청 근무 1980~1985년 환경청 근무 1985~1987년 천세산업(주) 상무 1987~1992년 천수산업(주) 부사장 1993~2000년 보광산업(주) 대표이사 2000년 충북과학대학 강사 2002~2006년 충북도의회 의원(한나라당) 2002년 同댐관련대책특별위원장 2004년 충북의정연구회 회장 2007년 영동대 강사 2008~2009년 보은로타리클럽 회장 2009년 충북4.19혁명기념사업회 부회장(현) 2010년 충북 보은군수(자유선진당·무소속·민주통합당·민주당·무소속) 2010년 충북4-H본부 부회장 2012년 전국농어촌군수협의회 부회장 2013년 전국균형발전지방정부협의회 공동대표 2014년 충북 보은군수(무소속·새누리당)(현) [상]오바마대통령 자원봉사자상(2012), 한국국제연합봉사단 대한민국세종대왕 나눔봉사대상(2014), 민주신문 한국인물대상 지방자치공로부문(2015), 한국을 빛낸 자랑스러운 한국인대상 행정혁신발전공로대상(2015), 자랑스런대한민국시민대상 지차체부문 공로대상(2016), 미주동포후원재단(KALF) 자랑스러운 한국인상(2016) [저]'속리산 아들바우꽃' [종]기독교

정상혁(丁相赫) JUNG Sang Hyuk
[생]1961·8·27 [본]나주(羅州) [출]경북 경주 [주]서울 양천구 안양천로1071 이화여자대학교 의학전문대학원 예방의학교실(02-2650-5755) [학]1979년 한성고졸 1987년 연세대 의대졸 1990년 同대학원 보건학과졸 1995년 보건학박사(연세대) [경]1996~2001년 관동대 의대 예방의학교실 조교수·부교수·주임교수 1997~2001년 同보건소장 1997년 同사회교육원 건강관리교실 주임교수 1997년 대한의사협회 기획위원 2001~2002년 포천중문의과대 예방의학교실 부교수·주임교수 2002년 同의료원 기획조정실장 2002년 이화여대 의대 예방의학교실 주임교수·교수 2002년 대통령자문 의료제도발전특별위원회 전문위원 2003년 서울시의사회 정책이사 2006년 의료선진화위원회 제도개선전문위원회 전문위원 2007년 이화여대 의학전문대학원 기획부장 2010~2011년 대통령 보건복지비서관 2011년 이화여대 의학전문대학원 예방의학교실 교수(현)

정상환(鄭祥煥) JEONG Sang Hwan
[생]1964·7·18 [출]경북 경산 [주]서울 중구 삼일대로340 국가인권위원회 상임위원실(02-2125-9605) [학]1983년 대구 능인고졸 1987년 서울대 법학과졸 1990년 同대학원 법학과 수료 1997년 미국 컬럼비아대 법학전문대학원졸 [경]1987년 사법시험 합격(29회) 1990년 사법연수원 수료(19기) 1990년 軍법무관 1993년 수원지검 검사 1995년 부산지검 울산지청 검사 1997년 서울지검 검사 2000년 대구지검 검사 2002년 同부부장검사 2002년 同의성지청장 2004년 대검찰청 검찰연구관 2005년 대구지검 특수부장 2006년 대검찰청 정보통신과장 2007년 서울중앙지검 부장검사 2007년 駐미국대사관 법무협력관 2010년 청주지검 차장검사 2011년 수원지검 제1차장검사 2012년 인천지검 부천지청장 2013~2014년 법무연수원 연구위원 2014~2016년 변호사 개업 2016년 국가인권위원회 상임위원(차관급)(현) [저]'정치개혁 이렇게 한다-미국의 정치개혁법 연구(共)'(2000) '검은혁명'(2010) [역]'대통령의 용기'(2009)

정서진(鄭瑞鎭) CHUNG Seo Jin
[생]1968·2·7 [출]경북 상주 [주]경북 영천시 언하공단1길 14 (주)화신 임원실(054-330-5000) [학]계성고졸 1992년 고려대 경영학과졸 1996년 미국 로체스터대 대학원졸(MBA) [경]삼성전자(주) 관리팀 근무, LG화학 기획과장, (주)화신 관리담당 이사, 同부사장 2005년 同대표이사 사장(현), (주)새화신 대표이사(현), (주)화신정공 대표이사 겸임(현) [상]산업자원부장관표창, 국무총리표창 [종]천주교

정석구(鄭錫九) JOUNG Suk Ku
[생]1957·2·14 [본]초계(草溪) [출]전남 담양 [주]서울 마포구 효창목길6 한겨레신문 임원실(02-710-0114) [학]1976년 광주제일고졸 1984년 서울대 정치학과졸 1987년 同대학원졸 1991년 同대학원 정치학박사과정 수료 [경]1988년 한겨레신문 기자 1999년 同경제부장 2003년 同논설위원 2005년 同경제부 기자(부장급) 2008년 同논설위원실장 2009년 同논설위원 2009년 同선임논설위원 2011~2014년 同논설위원실장 2013·2015년 한국신문방송편집인협회 부회장(현) 2014년 한겨레신문 편집인(전무)(현) 2015년 한국신문방송편집인협회기금 감사(현)

정석균(鄭錫均) Chung, Sukkyun
[생]1962 [주]서울 성동구 왕십리로222 한양대학교 정책학과(02-2220-2888) [학]경제학박사(미국 펜실베이니아주립대) [경]1986년 행정고시 합격(30회) 2000년 정보통신부 체신금융국 금융기획과 서기관 2001년 同정보화기획실 정보보호산업과 서기관 2001년 同정보통신공무원교육원 기획연구과장 2002년 전남체신청 광주우편집중국장 2004년 경제협력개발기구(OECD) 파견 2004년 同

정보경제분과위원회 부의장 2006년 정보통신부 정보통신전략기획관실 동향분석담당관 2006년 同미래정보전략본부 미래전략기획팀장 2007년 同소프트웨어정책팀장 2007년 대통령 경제수석비서관실 행정관 2009년 대통령 직속 국가브랜드위원회 사업지원단 파견(부이사관) 2010년 방송통신위원회 정책총괄과장 2010년 한양대 정책학과 교수(현) 2016년 同정책과학대학장 겸 공공정책대학원장(현)

정석모(鄭碩謨)

(생)1965·12·5 (출)울산 (주)부산 중구 중앙대로105 부산중부경찰서 서장실(051-664-0321) (학)1987년 경찰대졸(3기), 경영학박사(동의대) (경)1995년 부산 동부경찰서 경비과 경비계장 2003년 부산 연산경찰서 수사과 조사계장 2005년 부산 동부경찰서 생활안전과장 2008년 부산지방경찰청 외사과 외사3계장 2010년 同홍보담당관실 홍보계장 2014년 同홍보담당관(총경) 2015년 부산중부경찰서장(현)

정석찬(鄭錫贊) Jung Suk Chan (도울)

(생)1960·4·20 (본)진주(晉州) (출)경남 합천 (주)경북 김천시 혁신8로177 농림축산검역본부 세균질병과(054-912-0722) (학)1979년 대건고졸 1984년 경북대 수의학과졸 1986년 同대학원 수의학과졸(석사) 1991년 수의학박사(경북대) (경)1986년 농촌진흥청 가축위생연구소 가축위생연구사 1994년 국립수의과학검역원 세균과 가축위생연구관 1999년 同축산물규격과 가축위생연구관 2003년 同축산물규격과장 2005~2015년 농림축산검역본부 세균과장 2006년 대한인수공통전염병학회 부회장(현) 2014년 대한수의학회 감사(현) 2015년 농림축산검역본부 조류질병과장 2016년 同세균질병과장(현) (저)'의학미생물학(共)'(2010) '천연물질이용 동물질병 예방 및 치료(共)'(2010)

정석현(丁石鉉) CHUNG Suk Hyun

(생)1952·5·29 (본)창원(昌原) (출)전북 장수 (주)경기 화성시 양감면 정문송산로260 (주)수산중공업(02-2017-8106) (학)1970년 전주공고졸 1979년 한양대 기계공학과졸 1998년 서울대 대학원 최고경영자과정 수료 (경)1970~1979년 현대건설(주) 기계부 근무 1983년 석원산업(주) 설립·회장(현) 1989년 수산홈텍(舊 한국가스기기) 설립·회장(현) 1998년 수산아이앤티(舊 플러스기술) 설립·대표이사 회장(현) 2004년 (주)수산중공업 대표이사 회장(현) 2006년 (주)수산서비스 회장 2008년 환헤지(KIKO)피해기업공동대책위원회 위원장 2009년 한국무역협회 비상근부회장(현), 한국엔지니어링클럽 부회장, 벤처기업협회 부회장 2012~2015년 대한무역투자진흥공사(KOTRA) 비상임이사 2014년 한국프로젝트경영협회 부회장(현) 2015년 한국공학한림원 정회원(기계공학·현) (상)재정경제부장관표창, 한국무역협회 올해의 무역인상(2007), 금탑산업훈장(2008), 노사문화대상 대통령표창(2011), 벤처창업대표 대통령표창(2011), 자랑스런 한양공대인상(2014) (종)천주교

정석호(鄭錫昊) Jeong Seog Ho

(생)1961·8·2 (본)경주(慶州) (출)전남 신안 (주)전남 무안군 삼향읍 오룡길1 전라남도의회 사무처 보건복지환경위원회(061-286-8045) (학)1980년 목포고졸 2005년 서울사이버대 법무행정학과졸 (경)2006년 전남도 신안군 투자유치단장 2007년 국무총리실 서남권등낙후지역투자촉진추진단 파견 2008년 전남도 신안군 자은면장 2009~2010년 同신안군 세무회계과장 2011년 전남도의회 사무처 의장비서실장 2012년 전남도 행정지원국 행정과 의전담당 2013년 同안전행정국 인력관리과 조직관리담당 2015년 광주하계유니버시아드대회조직위원회 식음료숙박부장 2015년 전남도의회 사무처 안전행정환경위원회 수석전문위원 2016년 同사무처 보건복지환경위원회 수석전문위원(현) (상)내무부장관표창(1995), 국무총리표창(2000), 행정안전부장관표창(2009)

정석희(鄭錫熙) CHUNG Seok Hee

(생)1956·1·28 (본)온양(溫陽) (출)충남 홍성 (주)서울 동대문구 경희대로23 경희대학교 한방병원 한방재활의학과(02-958-9213) (학)1982년 경희대 한의학과졸 1986년 同대학원 한의학과졸 1991년 한의학박사(경희대) (경)1987~2001년 경희대 부속한방병원 한방재활의학과 임상연구원·전임강사·조교수·부교수 1993~1995년 同시내한방병원 한방재활의학과장 1995~1996년 同분당한방병원 한방재활의학과장 1996년 중국 산동 한중동양의학연구센터 연구교수 1997~1998년 미국 미시간대 Biophysics Research Division 연구교수 1999~2001년 경희의료원 동서협진척추센터 팀장 2000~2004년 한방재활의학과학회 회장 2001년 경희대 한의과대학 재활의학교실 교수(현), 同한방병원 재활의학과장 2015년 한의사국가시험위원장(현) 2015년 경희대 동서의학연구소장(현) 2016년 보건복지부 '한의 표준임상진료지침 개발사업단' 초대 단장(현) (저)'동의 재활의학과(共)'(1995) '한방 재활의학과학'(2003) '한방 재활의학(共)'(2005) '침구가부' '본초신편' (역)'Textbook of Spinal Disorders'(2002) '척추질환의 이해'

정선근(鄭宣根) CHUNG Sun Gun

(생)1964·2·14 (주)서울 종로구 대학로103 서울대병원 재활의학과(02-740-8114) (학)1988년 서울대 의대졸 1992년 同대학원졸 1996년 의학박사(서울대) (경)1988~1993년 서울대병원 재활의학과 전공의·전임의 1993~1994년 서울시립아동병원 재활의학과장 1994~1997년 단국대 재활의학과 전임강사·조교수 1997년 서울대 의과대학 재활의학교실 전임강사·조교수·부교수·교수(현) 2010·2012·2014·2016년 서울대병원 재활의학과 과장(현) 2012·2016년 서울대 의과대학 재활의학교실 주임교수(현)

정선수(鄭善洙) CHUNG Sun Soo

(생)1954·8·1 (본)하동(河東) (출)광주 (주)광주 서구 상무대로760 광주광역시도시철도공사(062-604-8000) (학)1973년 광주살레시오고졸 1993년 한국방송통신대 법학과졸 1993년 국가전문행정연수원 고급간부과정 수료 1998년 호남대 행정대학원 행정학과졸 2012년 조선대 경영대학원 최고경영자과정 수료 (경)2008년 광주시 투자유치기획단장 2009년 同정책기획관 2010년 同복지건강국장 2011년 同경제산업국장 2012~2013년 同광산구 부구청장 2012~2014년 호남대 행정학과 겸임교수 2013년 광주시 공무원교육원장 2014년 광주시도시철도공사 사장(현) (상)국무총리표창(1993), 환경부장관표창(2000), 산업자원부장관표창(2007), 대통령표창(2007), 홍조근정훈장(2014) (저)에세이집 '살며 사랑하며' (종)가톨릭

정선오(鄭善晤) Jeong Sun Oh

(생)1964·2·19 (출)경남 남해 (주)충북 청주시 서원구 산남로62번길51 청주지방법원(043-249-7114) (학)1982년 진주고졸 1988년 서울대 경영학과졸 (경)1994년 사법시험 합격(36회) 1997년 사법연수원 수료(26기) 1997년 춘천지법 강릉지원 판사 2000년 춘천지법 판사 2001년 수원지법 판사 2003년 대전지법 판사 2006년 대전고법 판사 2008년 대법원 연구법관 2008년 대전지법 판사 2009년 대전고법 판사 2010년 청주지법 판사 2012~2015년 대전지법 부장판사·대전가정법원 부장판사 2012~2015년 대전 중구선거관리위원회 위원장 2015년 청주지법 부장판사(현)

정선용(鄭善溶) Seonyong Jeong

(생)1965·8·28 (주)서울 종로구 사직로8길 외교부 인사운영팀(02-2100-7863) (학)2003년 미국 워싱턴대 대학원 행정관리학과졸 (경)행정고시 합격(38회) 2004년 행정자치부 참여정책과 서기관 2004년 정부혁신세계포럼준비기획단 파견 2007년 행정자치부 변화관리팀장 2008년 同정부혁신본부 조직혁신단 조직제도팀장 2008년 행정안전부 조직제도과장 2008년 同조직정책관실 경제조직과장 2010년 미국 교육파견(서기관) 2012년 행정안전부 조직진단과장 2013년 안전행정부 조직정책관실 조직기획과장 2014년 駐UN대표부 주재관(부이사관)(현)

정선재(鄭善在) JUNG Sun Jae

(생)1965·4·25 (출)서울 (주)서울 서초구 서초중앙로157 서울고등법원(02-530-1114) (학)1984년 영동고졸 1988년 서울대 법학과졸 (경)1988년 사법시험 합격(30회) 1991년 사법연수원 수료(20기) 1991년 공군 법무관 1994년 수원지법 판사 1996년 서울지법 판사 1998년 대전지법 홍성지원 판사 1999년 同서천군·보령시·예산군법원 판사 2000년 수원지법 판사 2002년 서울지법 서부지원 판사 2004년 대법원 재판연구관 2006년 전주지법 부장판사 2007년 사법연수원 교수 2010년 서울중앙지법 형사단독1부·형사합의35부·형사합의23부 부장판사 2013년 서울동부지법 부장판사 2014년 대전고법 부장판사 2016년 서울고법 부장판사(현)

정선태(鄭善太) JEONG Sun Tae

[생]1956·10·9 [본]하동(河東) [출]광주 [주]서울 강남구 테헤란로123 여삼빌딩12층 법무법인 양헌(070-7450-1048) [학]1975년 경기고졸 1979년 서울대 법대졸 1991년 同대학원 법학과졸 2002년 고려대 법무대학원 지적재산권과정 수료 [경]1980년 행정고시 합격(24회) 1981년 사법시험 합격(23회) 1983년 사법연수원 수료(13기) 1986년 대구지검 경주지청 검사 1988년 인천지검 검사 1990년 수원지검 성남지청 검사 1992년 서울지검 검사 1994년 광주고검 검사 1995년 광주지검 장흥지청장 1996년 서울지검 부부장검사 1997년 광주지검 특수부장 1997년 同공안부장 1998년 대검찰청 환경과장 1999년 同형사과장 2000년 同마약과장 2001년 서울지검 마약수사부장 2003년 창원지검 진주지청장 2004년 의정부지검 차장검사 2005년 대구지검 1차장검사 2006~2010년 서울고검 검사 2008년 제17대 대통령직인수위원회 법무행정분과선진화를위한법령정비TF팀장 2008년 대통령직속 국가경쟁력강화위원회 파견 2010년 대일항쟁기강제동원피해조사 및 국외강제동원희생자등지원위원회 위원장 2010~2012년 법제처장 2012년 법무법인 양헌 대표변호사(현) [상]대통령표창, 근정포장(2007) [종]기독교

정선화(鄭鮮和·女) JEONG Sun Hwa

[생]1972·12·20 [주]세종특별자치시 도움6로11 환경부 자원순환국 자원재활용과(044-201-7380) [학]서울대 대학원 약학과졸 [경]2003년 환경부 대기관리과 사무관 2004년 同환경평가과 사무관 2006년 同수질보전국 수질정책과 사무관 2007년 同환경정책실 화학물질안전과장 2010년 한강유역환경청 유역관리국장 2011년 환경부 물환경정책국 유역총량과장 2012년 同자연보전국 자연자원과장 2016년 同자원순환국 자원재활용과장(현)

정성광(鄭聖光) CHUNG SUNG KWANG

[생]1954·5·27 [출]대구 [주]대구 중구 국채보상로680 경북대학교 의과대학 비뇨기과(053-420-5843) [학]1979년 경북대 의과대학졸 1982년 同대학원 의학석사 1991년 의학박사(계명대) [경]1979년 경북대병원 인턴 1979~1983년 同비뇨기과 전공의·전문의 1988년 경북대 의과대학 비뇨기과학교실 전임강사·조교수·부교수·교수(현) 2002~2005년 同의과대학 의학과장 2005~2007년 경북대병원 비뇨기과장 겸 경북대 의과대학 비뇨기과학교실 주임교수 2007~2009년 대한소아비뇨기과학회 회장 2008~2010년 경북대 의과대학장 겸 의학전문대학원장 2012~2014년 同보건대학원장 2014년 同의무부총장(현) 2014년 경북대병원 비상임이사(현) 2014년 대구경북첨단의료산업진흥재단 비상임이사(현) 2015년 경북대 대외협력처장

정성근(鄭成根) JUNG Sung Geun (일해)

[생]1953·5·12 [본]해주(海州) [출]충북 진천 [주]경기 성남시 수정구 성남대로1342 가천대학교 시각디자인과(031-750-5616) [학]1981년 중앙대 사진학과졸 1986년 홍익대 산업미술대학원 산업디자인학과졸 [경]1981~1983년 주부생활 사진부 기자 1983~1989년 경향신문사 출판사진부 기자 1991~1992년 홍익대 광고디자인학과 사진학 강사 2001년 가천의과대 영상정보대학원 객원교수 2003년 India 6th International Abliympics 사진부문 국제심사위원 2005년 경원전문대 사진학과 교수 2007~2012년 경원대 미술디자인대학 시각디자인과 사진전공 교수 2007년 同디자인문화정보대학원 포토그라피전공 주임교수 2007~2010년 한국예술문화단체총연합회 예술문화정책연구위원 2007년 사진명장 심사위원장(현) 2007년 전국장애인기능경연대회 사진부문 심사위원장(현) 2007~2010년 한국포토저널리즘학회 상임이사 2010년 법무부 청소년보호지도위원 2010년 행정안전부 사진 및 비디오직원채용 심사위원 2012년 가천대 시각디자인과 교수(현) 2012년 同시각디자인과 사진전공 주임교수(현) 2016년 국제장애인기능올림픽대회 선수지도위원장 겸 심사위원(현) [상]한국사진문화상(2002), 옥조근정훈장(2004) [저]'특수촬영기법'(1992) '정성근 제1회 사진집(사진과 Fashion의 만남)'(1993) '사진과 패션의 만남'(1993) '광고기획과 광고사진'(1994) '정성근 제2회 사진집(FASHION FANTASIA)'(1994) '한국사진의 현단계'(1994) '암실(DARK ROOM)기법'(1995) '패션사진의 이론과 실제'(1995) '정성근 제3회 사진집(Fashion and Surrealism)'(1995) '사진일반개론'(1996) '사진조명의 실제'(1996) '중형카메라 테크닉'(1997) '정성근 제4회 사진집(Fashion & Picture)'(1997) '좋은 사진 테크닉'(1999) '눈으로 찍는 사진'(2000) '베스트 사진 만들기'(2001) '좋은 사진 만들기'(2002) '암실테크닉'(2002) '중형카메라의 모든 것'(2002) '정성근 제5회 사진집(Me Generation)'(2002) '정성근 제6회 사진집(Recovery of Physicality)'(2003) [역]'특수사진촬영기법'(1992) '사진과패션의만남'(1993) 'Fashion Fantasia'(1994) '암실기법'(1995) 'Fashion Surrealism'(1995) '사진 조명의 실제'(1995) '사진학일반개'(1996) [종]기독교

정성근(鄭成根) CHUNG Sung Keun

[생]1955·5·28 [출]서울 [주]경기 수원시 장안구 정조로 944 새누리당 경기도당(031-248-1011) [학]1974년 서울대사대부고졸 1982년 중앙대 광고홍보학과졸 [경]1982년 KBS 기자 1990년 同외신부 기자 1991년 SBS 정치부 차장대우 1998년 同보도본부 차장 2000년 同국제CP(부장급) 2001년 同전국CP(부장) 2003년 同보도위원 2004년 同논설위원(부장급) 2008년 同논설위원(부국장급) 2011년 중앙대언론동문회 회장 2012년 새누리당 경기파주甲당원협의회 운영위원장 2012년 제19대 국회의원선거 출마(파주甲, 새누리당) 2012년 새누리당 박근혜 대통령후보 공보단 위원 2014년 (재)국제방송교류재단 아리랑TV 사장 2015년 새누리당 경기파주시甲당원협의회 운영위원장(현) 2016년 제20대 국회의원선거 출마(경기 파주시甲, 새누리당) [저]'섹시한 앵커'(2001) [종]기독교

정성남(鄭城男) JUNG Sung Nam

[생]1963·6·3 [출]전북 김제 [주]서울 광진구 능동로 120 건국대학교 항공우주정보시스템공학과(02-450-3449) [학]1986년 서울대 항공우주공학과졸 1989년 同대학원 항공우주공학과졸 1993년 항공우주공학박사(서울대) [경]1993년 대우중공업 우주항공연구소 선임연구원 1994~1999년 전북대 공대 기계공학부 전임강사·조교수 1997년 미국 Univ. of Maryland 교환교수 2000년 同초빙연구원 2000년 전북대 공대 기계항공시스템공학부 부교수 2004년 미국 세계인명사전 'Marquis Who's Who in the World 2005년판'에 등재 2005~2006년 한국과학기술원(KAIST) 기계공학부 겸직교수 2006년 건국대 항공우주정보시스템공학과 교수(현) 2013년 미국 항공우주학회(AIAA) 석학이사(Associate Fellow)(현) 2015년 미국헬기학회 학회지 부편집장(현) [상]한국항공우주학회 우수논문상(2002) [저]'NASTRAN으로 배우는 전산구조해석(共)'(2004) [종]가톨릭

정성립(鄭聖立) JUNG Sung Leep

[생]1950·3·21 [본]동래(東萊) [출]서울 [주]서울 중구 남대문로125 대우조선해양(주) 사장실(02-2129-0101) [학]1968년 경기고졸 1972년 서울대 조선공학과졸 2005년 명예 경영학박사(부경대) [경]1974~1976년 한국산업은행 근무 1981~1989년 대우조선 근무 1989년 (주)대우 OSLO지사장 1995년 대우중공업(주) 옥포조선소 이사 1997년 同조선해양부문 관리본부장(상무) 1999년 同조선해양부문 관리본부장(전무) 2001년 대우조선공업(주) 대표이사 사장 2002~2006년 대우조선해양(주) 대표이사 사장 2006년 한국공학한림원 정회원(현) 2006~2012년 대우정보시스템(주) 대표이사 회장 2013년 STX조선해양(주) 대표이사 총괄사장 2015년 대우조선해양(주) 대표이사 사장(현) [상]금탑산업훈장(2003) [종]기독교

정성만(鄭成萬) Cheung Sung Man

[생]1951·7·22 [본]초계(草溪) [출]대구 [주]서울 마포구 마포대로144 태영빌딩11층 뉴스통신진흥회(02-734-4813) [학]1970년 경북고졸 1975년 연세대 정치외교학과졸 2009년 건국대 대학원 언론정보학과졸 [경]1977년 MBC 편성국 라디오편성부 근무 1978년 同영화부 근무 1979년 同국제협력부 근무 1980년 同기획부 근무 1981년 同스포츠제작부 근무 1985년 同외신부 근무 1990~1992년 同정치부·국제부 근무 1993년 同국제부 차장 1994년 同문화과학부 차장 1995년 同뉴욕특파원 2000년 同뉴스편집1부 부장대우 2001년 同통일방송연구소 위원(부장) 2002년 同인천지국장 2003년 同라디오뉴스부 위원(부국장급) 2005년 同보도국 뉴스편집센터 3CP(Contents Provider·부국장급) 2010년 同통일방송연구소 위원 2004년 同보도국 라디오뉴스부 위원 2010~2011년 국민대 초빙교수(방송실무) 2013년 인천대 시간강사(방송실무)(현) 2014년 뉴스통신진흥회 이사(현) [종]불교

정성모(鄭成模) JUNG Sung Mo

[생]1953·3·11 [출]전남 순천 [주]인천 서구 원전로59번길 6 경인주물공단사업협동조합(032-561-0101) [학]1971년 순천 매산고졸 1980년 성균관대 경영학과졸 2003년 전남대 대학원 최고경영자과정 수료 [경]1982년 중소기업협동조합중앙회 입사 1992년 同통계조사과장 1999년 서울지방국세청 과세적부심사위원 2001년 노사정위원회 경제사회소위원회 위원 2001년 중소기업협동조합중앙회 경제조사처장 2002년 同광주전남지회장 2002년 광주·전남중소기업지원자금선정위원회 위원 2003년 광주산업단지심의위원회 심의위원 2003년 전남도 규제개혁위원 2004년 중소기업협동조합중앙회 감사실장 2005년 同강원지역본부장 2006년 중소기업중앙회 공제계획팀장 2007년 同소상공인

공제팀장 2008년 同인천지역본부장 2010년 同노란우산공제사업단 실장(이사대우) 2011년 경인주물공단사업협동조합 전무이사(현) [상]체육부장관표창(1989), 국무총리표창(1991), 중소기업청장표창(1996), 대통령표창(2001)

정성복(鄭成福) JUNG Sung Bok

[생]1954·12·7 [출]부산 [주]서울 서초구 서초대로254 오퓨런스빌딩 법무법인 청림(02-596-8900) [학]1973년 서울고졸 1977년 서울대 법학과졸 1979년 同대학원 법학과 수료 [경]1983년 사법시험 합격(25회) 1985년 사법연수원 수료(15기) 1986년 부산지검 검사 1988년 대전지검 천안지청 검사 1990년 대구지검 검사 1992년 법무부 법무심의관실 검사 1994년 서울지검 검사 1997년 춘천지검 검사 1997년 同부부장검사 1998년 대검찰청 검찰연구관 2000년 창원지검 특수부장 2001년 수원지검 공판송무부장 2002년 同조사부장 2002년 서울고검 검사 2003년 서울지검 동부지청 형사4부장 2004년 대검찰청 감찰1과장 2005년 대구지검 경주지청장 2006년 수원지검 성남지청 차장검사 2007년 서울고검 검사 2009년 (주)KT 윤리경영실장(부사장) 2009년 同윤리경영실장(사장) 2012년 同그룹윤리경영실장(사장) 2013년 同그룹윤리경영부문장 겸 윤리경영실장(부회장) 2015년 법무법인 청림 대표변호사(현) [상]법무부장관표창 [종]불교

정성봉(鄭聖鳳) CHUNG Sung Bong

[생]1944·5·13 [본]동래(東萊) [출]충북 [주]충북 청주시 청원구 대성로298 청주대학교 총장실(043-229-8005) [학]1967년 서울대 농업교육과졸 1972년 同대학원 농업교육과졸 1987년 농학박사(서울대) [경]1973~1992년 교육부 편수국 편수관 1977~1997년 同교육과정심의위원회 위원(학교별·교과별위원회) 1982~1990년 중앙농업산학협동위원회 위원 1992~2004년 한국실과교육연구학회 회장 1992~2010년 한국교원대 초등교육과 교수 1994~2007년 학교법인 청석학원(청주대) 이사 2004년 대학수학능력시험 직업탐구영역위원장 2004~2007년 한국농업교육학회 회장 2007~2016년 학교법인 청석학원(청주대·청주 대성고·청석고·대성여상·대성중·대성여중·대성초등학교) 이사장 2007년 '2008 대학수학능력시험' 출제위원장 2010년 한국교원대 명예교수(현) 2016년 청주대 총장(현) [저]'초등실과교육학'(1998) '실과·기술 가정 교육과정론'(1999) '실과 교수학습'(1999) '농업과학과 기술'(2001) '중학교 기술 가정1 교과서'(2001) '중학교 기술 가정2 교과서'(2001) '실과교육평가'(2002) '실과수업방법론'(2002) '실과교육원론'(2004)

정성수(鄭成守) CHUNG Sung Soo (묵제)

[생]1950·6·6 [본]진주(眞州) [출]서울 [주]서울 중구 퇴계로6길3의30 (주)정식품(02-3484-9508) [학]경기고졸, 성균관대 화학공학과졸, 한국과학기술원(KAIST) 생물공학과졸(석사) [경](주)정식품 공장장·전무이사·부사장·대표이사·상임고문 1998년 同대표이사 부회장, (주)오쎄 대표이사 부회장, 同대표이사 회장(현), (주)자연과사람들 대표이사 부회장, 同대표이사 회장(현) 2010년 (주)정식품 회장(현) [종]천주교

정성수(鄭成洙)

[생]1968·8·7 [출]경남 통영 [주]경남 창원시 의창구 상남로289 경남지방경찰청 생활안전과(055-233-2146) [학]경남 통영고졸 1991년 경찰대 법학과졸(7기), 경남대 행정대학원 경찰학과졸 [경]1991년 경위 임관 1999년 경남지방경찰청 울산동부방범순찰대장 2000년 서울지방경찰청 76중대장 2004년 경남 진주경찰서 생활안전과장 2007년 경남지방경찰청 정보3계장 2009년 경남 창원서부경찰서 정보과장 2010년 경남지방경찰청 경비경호계장 2011년 同감찰계장 2013년 同홍보계장 2014년 울산지방경찰청 정보과장 2015년 경남 고성경찰서장 2016년 경남지방경찰청 생활안전과장(현)

정성엽(鄭聖燁) Jeong Seong-Yeop

[생]1959·11·16 [출]충북 괴산 [주]충북 음성군 음성읍 중앙로173 음성군청 부군수실(043-871-3010) [학]1977년 충북 괴산고졸 1994년 한국방송통신대 행정학과졸 [경]1978년 진천군 진천읍사무소 공무원 임용 2005년 충북도 혁신분권과 혁신지원팀장(지방행정사무관) 2006년 음성군 사회복지과장 2008년 同공업경제과장 2008년 同성과관리담당관실 성과팀장 2009년 同정책기획관실 정책관리팀장 2012년 同균형개발과 균형정책팀장 2012년 同바이오밸리과장(지방서기관) 2014년 세종연구소 교육 파견 2015년 충북도 지방행정국 자치행정과장 2016년 충북 음성군 부군수(현) [상]대통령표창(2015)

정성완(鄭晟完) Jeong Seongwan

[생]1968·10·8 [출]전남 광양 [주]경남 창원시 성산구 창이대로681 창원지방법원(055-266-2200) [학]1986년 순천고졸 1994년 성균관대 법학과졸 1997년 同대학원 법학과졸 [경]1998년 사법시험 합격(40회) 2001년 사법연수원 수료(30기) 2001년 부산지법 판사 2004년 인천지법 판사 2006년 서울남부지법 판사 2008년 서울행정법원 판사 2011년 서울동부지법 판사 2013년 서울중앙지법 판사 2013~2015년 헌법재판소 파견 2016년 창원지법 부장판사(현)

정성욱(鄭聖旭) JUNG Sung Wook

[생]1946·12·1 [출]대전 [주]대전 서구 계룡로583번길9 예미지빌딩 (주)금성백조주택 회장실(042-630-9406) [학]대전공고졸 1991년 중앙대 경영대학원 최고경영자과정 수료 1994년 충남대 경영대학원 최고경영자과정 수료 2001년 한밭대 산업대학원 최고경영자과정 수료 2011년 명예 경영학박사(충남대) 2015년 명예 건축공학박사(한남대) [경]1981년 (주)금성백조주택 대표이사 회장(현) 1994년 대전상공회의소 제15~21대 상임의원 1998~2007년 대한주택건설협회 대전·충남도회장 2001~2007년 한국자유총연맹 대전시회장, 대전시승마협회 회장, 대전시양궁협회 회장, 한국생산성학회 고문 2010~2016년 대전시개발위원회 회장 2012년 대한건설협회 대전시회장(현) 2013년 대전상공회의소 부회장(현) 2016년 건설공제조합 운영위원(현) [상]국무총리표창(1997), 대통령표창(1999·2007·2013), 동탑산업훈장(1999), 대한건축학회 공적상부문 기술상(2014), 국민훈장 목련장(2014), 한국언론인연합회 '자랑스런 한국인대상' 건설발전부문(2014), 한밭교육대상 평생교육·교육독지가부문(2015)

정성욱(鄭城旭)

[생]1970·3·13 [출]대구 [주]부산 연제구 법원로31 부산지방법원(051-590-1114) [학]1989년 성광고졸 1993년 고려대 법학과졸 [경]1998년 사법시험 합격(40회) 2001년 사법연수원 수료(30기) 2001년 대구지법 판사 2002년 대구고법 판사 2003년 대구지법 판사 2004년 同의성지원 판사 2006년 대구지법 판사 2010년 同가정지원 판사 2011년 대구고법 판사 2013년 대구지법·대구가정법원 포항지원 판사 2014년 대법원 재판연구관 2016년 부산지법 부장판사(현)

정성윤(鄭盛允) JUNG Sung Yoon

[생]1963·3·8 [출]전남 담양 [주]서울 서초구 반포대로158 서울고등검찰청(02-530-3114) [학]1980년 광주 숭일고졸 1985년 고려대 법대졸 2002년 서울시립대 세무대학원졸 2005년 중국정법대 대학원 경제법학박사과정 수료 2012년 서울시립대 세무대학원 박사과정 수료 [경]1987년 사법시험 합격(29회) 1990년 사법연수원 수료(19기) 1990년 軍법무관 1993년 대한법률구조공단 동부출장소 변호사 1995년 전주지검 검사 1997년 광주지검 해남지청검사 1999년 서울지검 남부지청 검사 2002년 수원지검 성남지청 부부장검사 2003년 제주지검 부장검사 2004년 서울서부지검 부부장검사 2005년 서울중앙지검 부부장검사 2006년 의정부지검 형사4부장 2007년 대구고검 검사 2007년 대구지검 형사2부장 2009년 서울고검 검사 2009년 법무연수원 연구위원 파견 2009년 광주지검 목포지청장 2010년 서울고검 검사 2010년 인천시 법률자문검사 2012년 부산고검 검사 2014년 서울고검 검사(현) 2014년 서울중앙지검 중요경제범죄조사팀 파견 2015년 同중요경제범죄조사단 파견(현) [상]기획재정부장관표창(2008), 홍조근정훈장(2011), 자랑스러운 숭일인상(2013) [종]천주교

정성진(鄭城鎭) CHUNG Soung Jin (定庵)

[생]1940·7·4 [본]청주(淸州) [출]경북 영천 [주]서울 서대문구 이화여대길52 이화여자대학교(02-3277-2114) [학]1958년 경북고졸 1963년 서울대 법과대학졸 1966년 同사법대학원졸 1988년 법학박사(경북대) [경]1963년 사법시험 합격(2회) 1965년 공군 법무관 1969~1979년 의정부지청·대구지검·인천지청·성동지청·부산지검 검사 1979년 의성지청장 1980년 대검찰청 검찰연구관 1981년 법무부 조정과장·보호과장 1982년 대검찰청 중앙수사부 2과장 1983년 서울지검 특수3부장 1985년 대검찰청 중앙수사부 1과장 1986년 서울지검 북부지청 차장검사 1987년 제주지검장 1988년 법무연수원 기획부장 1989년 대검찰청 총무부장 1991년 법무부 기획관리실장 1991년 同법무실장 1992년 대구지검장 1993년 대검찰청 중앙수사부장 1993년 미국 스탠퍼드대 객원교수 1995년 일본 慶應大 객원교수 1995~2005년 국민대 법과대학 교수 1996~2002년 중앙선거관리위원회 위원 1999년 한국형사법

ㅈ

학회 회장 1999년 사법개혁추진위원회 위원 2000~2004년 국민대 총장 2003~2004년 산학연구원 이사장 2004년 한국법학원 원장 2004년 부패방지위원회 위원장 2005~2007년 국가청렴위원회 위원장 2007~2008년 법무부 장관 2008년 국민대 명예교수·법인이사 2012~2016년 고려대 법인이사 2013~2015년 한국전문대학교육협의회 전문대학윤리위원회 위원장, 에이치엔엘 이사(현), 이화여대 이사(현) [상]홍조근정훈장(1985), 한국법률문화상(2002), 청조근정훈장(2005), 법률소비자연맹 대한민국법률대상(2014) [저]'법치와 자유'(2010)

정성채(鄭珵采) JOUNG Sung Chai

[생]1959·4·25 [출]인천 [주]광주 남구 월산로 116번길17 광주문화방송 임원실(062-360-2228) [학]1982년 한국외국어대 불어과졸 [경]1982년 문화방송(MBC) 공채 입사 1995년 同정책기획팀장 1999년 同시청자부장 2000년 同광고기획부장 2002년 同대외협력부장 2003년 同광고국장 2006년 同감사위원 2010년 同성남용인총국장 2012년 同서울경인지사장 2013~2014년 同글로벌사업본부장 2016년 광주문화방송·목포문화방송·여수문화방송 상무이사 겸임(현)

정성채(鄭聖采)

[생]1962·7·26 [출]전남 [주]인천 계양구 계산새로68 계양경찰서(032-363-6221) [학]1980년 정광고졸 1985년 경찰대 행정학과졸(1기) [경]1985년 경위 임명 1993년 경감 승진 1997년 경정 승진 2007년 총경 승진 2007년 서울지방경찰청 정보1과 총경 2008년 同생활안전부 지도관 2008년 전남 화순경찰서장 2009년 전남지방경찰청 경무과 교육 2009년 同생활안전외근감독관 2010년 경찰청 보안국 보안2과장 2011년 서울 서대문경찰서장 2011년 서울지방경찰청 경비2과장 2014년 경기 여주경찰서장 2015년 인천국제공항경찰대장 2016년 인천 계양경찰서장(현)

정성철(鄭聖哲) JUNG SUNG CHUL

[생]1964 [주]서울 양천구 안양천로1071 이화여자대학교 의과대학 생화학교실(02-2650-5725) [학]한양대 의대졸, 同대학원 생화학과졸 1997년 생화학박사(한양대) [경]2004년 이화여대 의과대학 생화학교실 교수(현) 2005~2007년 同의과대학 기획부장 2008~2016년 同의과대학 생화학교실 주임교수 2010~2012년 한국보건산업진흥원 R&D진흥본부 신기술개발단장 겸 중개연구단장 2012~2016년 이화여대 의과학연구소장 2012~2016년 同의학전문대학원 연구부원장 2016년 이대목동병원 연구부원장(현)

정성표(鄭成杓) CHUNG, Sung Pyo

[생]1958·3·3 [출]전북 전주 [주]서울 영등포구 의사당대로1 국회의장 정책수석비서관실(02-788-2043) [학]1975년 전주 신흥고졸 1979년 서울대 사범대학 지리교육과졸 1988년 同대학원 지구과학교육과졸 1996년 해양학박사(미국 텍사스A&M대) [경]1997년 한국환경정책평가연구원 책임연구원 1998년 새정치국민회의 정책위원회 해양수산전문위원 2000년 새천년민주당 정책위원회 해양수산전문위원 2001년 심해무인잠수정개발위원회 운영위원 2003년 대통령직인수위원회 경제2분과 전문위원 2003년 열린우리당 정책위원회 농림해양수산 및 보건복지 전문위원 2003~2007년 국회 정책연구위원 2004~2005년 서울대 시간강사 2005~2006년 열린우리당 정책위원회 정책실장 겸 국회 정책연구위원(1급 상당) 2006~2007년 同정책위원회 해양수산수석전문위원 2007년 同홍보실장 2016년 국회의장 정책수석비서관(현) [상]국회의장표창(2006) [저]'고등학교 지구과학 Ⅰ·Ⅱ 교과서'(2002) [종]기독교

정성학(鄭成學) Jeong Seong Hak

[생]1969·8·16 [본]동래(東萊) [출]경남 마산 [주]부산 북구 화명신도시로63 부산북부경찰서(051-792-0210) [학]1988년 마산중앙고졸 1992년 경찰대 법학과졸(8기) [경]2006년 울산지방경찰청 수사1계장 2007년 부산 영도경찰서 수사과장 2008년 부산 동부경찰서 수사과장 2009년 부산 금정경찰서 수사과장 2010년 부산지방경찰청 수사1계장 2011년 同경무계장 2015년 치안정책과정 교육파견 2015년 부산지방경찰청 경무과 치안지도관 2015년 제주지방경찰청 여성청소년과장 2016년 부산북부경찰서장(현) [상]경찰청장표창(2003·2008)

정성호(鄭成湖) Jung Sung Ho

[생]1961·9·10 [출]강원 양구 [주]서울 영등포구 의사당대로1 국회 의원회관609호(02-784-8991) [학]1980년 서울 대신고졸 1985년 서울대 법학과졸 2001년 대진대 법무행정대학원졸 [경]1986년 사법시험 합격(28회) 1989년 사법연수원 수료(18기) 1989~1992년 육군 제3사단 법무관 1992년 변호사 개업 1992년 민주사회를위한변호사모임 회원(현) 1993~1995년 서울지방변호사회 인권위원 1994년 의정부시YMCA 이사 1996~2000년 경기북부환경운동연합 공동대표 1997~2001년 대한변호사협회 윤리위원 1998년 경기 연천군 고문변호사 2000년 새천년민주당 부대변인·당무위원회 위원·경기도당 상무위원 2000년 同동두천·양주지구당 위원장 2004~2008년 제17대 국회의원(동두천·양주, 열린우리당·대통합민주신당·통합민주당) 2004년 국회 대법원장·헌법재판소장·검찰총장 인사청문특별위원회 위원 2004~2005년 열린우리당 원내부대표 2004~2005년 국회 운영위원회 위원 2004~2005년 국회 남북관계특별위원회 위원 2004~2005년 국회 예산결산특별위원회 위원 2004~2005년 국회 법제사법위원회 위원 2006~2007년 열린우리당 원내부대표(법무담당) 2006~2007년 국회 독도수호및역사왜곡특별위원회 위원 2006~2007년 국회 건설교통위원회 위원 2006~2007년 국회 운영위원회 위원 2007~2008년 국회 정치관계특별위원회 위원 2007~2008년 국회 행정자치위원회 위원 2008년 동두천시 고문변호사 2009년 경기도교육청 고문변호사 2010년 의정부시 고문변호사 2011년 경기교육장학재단 감사 2011년 민주정책연구원 부원장 2012년 제19대 국회의원(양주시·동두천시, 민주통합당·민주당·새정치민주연합·더불어민주당) 2012년 국회 헌법재판소재판관선출에관한인사청문특위 위원 2012년 민주통합당 조직강화특별위원회 위원장 2012년 同사법개혁특별위원회 위원장 2012~2013년 同수석대변인 2012~2014년 국회 기획재정위원회 위원 2012년 국회 한·러의원외교협의회 간사장 2013~2014년 국회 운영위원회 야당 간사 2013년 민주당 원내수석부대표 2014년 새정치민주연합 원내수석부대표 2014~2015년 국회 창조경제활성화특별위원회 위원 2014~2015년 국회 군인권개선 및 병영문화혁신특별위원회 야당 간사 2014년 국회 윤리특별위원회 위원 2014년 국회 교통위원회 야당 간사 2014~2015년 국회 국토교통위원회 교통법안소위원장 2015년 국회 국토교통위원회 국토법안소위원장 2015년 더불어민주당 민생본부장 2015년 국회 예산결산특별위원회 위원 겸 예산안조정소위원회 위원 2016년 더불어민주당 경기양주시지역위원회 위원장(현) 2016년 제20대 국회의원(양주시, 더불어민주당)(현) 2016년 더불어민주당 비상대책위원회 위원 2016년 국회 법제사법위원회 위원(현) [상]입법 및 정책개발 정당추천 우수 국회의원 국회의장표창(2012), 시민일보 의정대상(2013), 전국시민단체총연합 모범 우수 국회의원(2013), 제15회 백봉신사상 '올해의 신사의원 BEST 11'(2013), 국정감사 우수 의원상(2013), 법률소비자연맹 국회의원 헌정대상(2014), 국정감사NGO모니터단 선정 국정감사 우수 국회의원상(2014), 선플운동본부 '국회의원 아름다운 말 선플상'(2014), 국정감사 우수 의원상(2014), 수도권일보·시사뉴스 선정 국정감사 우수 의원상(2015), 국정감사 우수 의원상(2015), 머니투데이 동료의원 선정 '입법우수의원'(2015) [종]기독교

정성호(鄭成昊) CHEONG Seong Ho

[생]1962·1·17 [출]울산 [주]부산 남구 신선로428 동명대학교 광고홍보학과(051-629-2063) [학]1980년 부산 브니엘고졸 1988년 중앙대 신문방송학과졸 1990년 同대학원 신문학과졸 2003년 홍보학박사(한국외국어대) [경]1989~1990년 (주)리서치앤리서치 연구원 1990~1992년 (주)이미지관리연구소 선임연구원 1991~1993년 폴리먼트정치마케팅연구소 대표 1993~1996년 대구전문대 출판인쇄과 조교수 1996~2006년 경주대·동서대 강사 1998~2004년 동아방송대 광고홍보학과 교수 2003~2007년 한국정치커뮤니케이션학회 부회장 2006년 동명대 사회과학대학 언론영상광고학부 교수, 同광고홍보학과 교수(현) 2010년 한국정치커뮤니케이션학회 회장, (사)부산사회조사연구원 원장(현) 2011년 동명대 홍보실장 겸 신문방송국장 2014년 同광고홍보학과장(현) 2014년 한국정치커뮤니케이션학회 고문(현), 광고소비자시민연대 상임대표, 한국방송학회 부회장 2016년 한국광고자율심의기구 회장(현) [저]'사보제작의 길잡이' '선거캠페인의 이론과 실제' '과학적인 선거캠페인 전략'(1998) '정치커뮤니케이션과 TV토론'(2003) '선거캠페인과 미디어전략'(2004)

정성호(鄭聖鎬) Chung Sung-ho

[생]1965 [주]서울 종로구 새문안로3길30 KB국민카드 미래사업본부(02-6936-2319) [학]1989년 미국 롱아일랜드대 마케팅학과졸 1991년 미국 조지워싱턴대 경영전문대학원 국제경영학과졸(MBA) [경]2007년 LG신용카드 제휴영업본부장 2007년 신한카드 제휴영업본부장 2010년 同가맹점·소호영업본부장 2011년 KB국민카드 법인·신사업본부장(상무) 2014년 同상품채널본부장(상무) 2015년 同미래사업본부장(상무) 2016년 同미래사업본부장(전무)(현)

정성환(鄭成煥)

[생]1959 · 8 · 1 [주]서울 서대문구 충정로60 NH농협생명(주) 부사장실(02-2080-5114) [학]1978년 경남 대아고졸 1985년 경상대 농업경제학과졸 [경]1986년 농협중앙회 입회 1994년 同삼천포지점 과장 1997년 同사천군지부 과장 1998년 同카드사업부 카드기획팀 과장 2004년 同진주시지부 차장 2005년 同카드사업분사 독자카드개발팀장 2008년 同카드신사업개발팀장 2011년 同카드경영지원팀장 2012년 同사천시지부장 2014년 NH농협은행 카드기획부장 2016년 NH농협생명(주) 전략총괄 부사장(현)

정성훈(鄭星勳) JEONG Sung Hoon

[생]1957 · 11 · 8 [출]서울 [주]서울 성동구 왕십리로222 한양대학교 공과대학 유기나노공학과(02-2220-0498) [학]1984년 한양대 섬유고분자공학과졸 1990년 미국 노스캐롤라이나대 대학원 섬유고분자공학과졸 1994년 섬유고분자공학박사(미국 노스캐롤라이나대) [경]1983~1986년 한국바이린부직포연구소 연구원 1995~1998년 한양대 섬유공학과 전임강사 1998~2002년 同조교수 2002~2010년 同공과대학 분자시스템공학전공 부교수 · 교수 2011년 同공과대학 유기나노공학과 교수(현) 2013년 同대외협력부처장 2014년 同대외협력처장(현) [상]한국섬유공학회 학술상(2001) [종]기독교

정성희(鄭聖熹 · 女)

[생]1972 [출]강원 강릉 [주]서울 영등포구 의사당대로1 국회입법조사처 사회문화조사실(02-788-4505) [학]강릉여고졸 1995년 고려대 행정학과졸, 서강대 대학원 경제학과졸, 미국 오하이오주립대 법학전문대학원졸 [경]1995년 공직 입문(제13회 입법고등고시 합격) 2009년 국회사무처 행정안전위원회 입법조사관(부이사관) 2010년 同인사과장, 국제의원연맹(IPU) 파견 2014년 국회사무처 법제실 행정법제심의관 2015년 중앙공무원교육원 파견(이사관) 2016년 국회입법조사처 사회문화조사실장(현)

정세균(丁世均) Chung, Sye Kyun

[생]1950·9·26 [본]압해(押海) [출]전북 진안 [주]서울 영등포구 의사당대로1 국회 의원회관718호(02-784-4410) [학]1969년 전주 신흥고졸 1975년 고려대 법과대 법학과졸 1985년 미국 뉴욕대 행정대학원졸 1990년 미국 페퍼다인대(Pepperdine Univ.) 대학원 경영학과졸(MBA) 2004년 경영학박사(경희대) 2014년 명예 정치학박사(전북대) [경]1973년 고려대 총학생회장 1978~1995년 쌍용그룹 입사·상무이사 1981년 대양장학회 이사장 1994년 미래농촌연구회 회장 1995년 민주당 진안·무주·장수지구당 위원장 1995년 새시대새정치연합청년회 전북도지부 회장 1996년 제15대 국회의원(진안·무주·장수, 국민회의·새천년민주당) 1996년 국민회의 원내부총무 1996년 同총재특보 1996~1999년 새시대새정치연합청년회 중앙회장 1998년 국민회의 원내수석부총무 1998년 同전북도지부장 직대 1998년 노사정위원회 간사 겸 상무위원장 1999년 국민회의 제3정책조정위원장 2000~2004년 제16대 국회의원(진안·무주·장수, 새천년민주당·열린우리당) 2000년 새천년민주당 기획조정위원장 2000년 同전북도지부장 2002년 同재정위원장 2002년 同정책위 의장 2003년 열린우리당 정책위 의장 2004~2005년 同전북도당 위원장 2004년 제17대 국회의원(진안·무주·장수·임실, 열린우리당·대통합민주신당·통합민주당) 2004년 국회 예산결산특별위원회 위원장 2005~2006년 열린우리당 원내대표 2005년 국회 운영위원장 2005~2006년 열린우리당 의장 2006년 산업자원부 장관 2007년 열린우리당 의장 2007년 대통합민주신당 정동영대통령후보 중앙선거대책위원회 상임고문 2008년 제18대 국회의원(진안·무주·장수·임실, 통합민주당·민주당·민주통합당) 2008~2010년 민주당 대표최고위원 2008년 同당무위원 2010~2011년 同최고위원 2011년 同통합협상위원회 위원장 2011년 민주통합당 상임고문 2012년 제19대 국회의원(서울 종로, 민주통합당·민주당·새정치민주연합·더불어민주당) 2012년 한·일의원연맹 고문(현) 2013년 민주당 상임고문 2013~2014년 국회 국가정보원개혁특별위원회 위원장 2014년 새정치민주연합 상임고문 2014년 同6.4지방선거대책위원회 공동위원장 2015년 새정치민주연합 유능한경제정당위원회 공동위원장 2015년 同가계부채특별위원회 고문 2015~2016년 더불어민주당 상임고문 2015~2016년 同유능한경제정당위원회 공동위원장 2016년 제20대 국회의원(서울 종로구, 더불어민주당·무소속)(현) 2016년 국회 의장(현) 2016년 국회 신·재생에너지포럼 고문(현) [상]백봉신사상 대상(2005·2006), 백봉신사상 올해의 신사의원(2009·2013), 법률소비자연맹 대한민국법률대상(2014) [저]'21세기 한국의 비전과 전략'(1999) '정세균이 바라보는 21세기 한국의 리더십'(2002, 나남) '나의 접시에는 먼지가 끼지 않는다'(2007, 다우) '질 좋은 성장과 희망한국(대한민국의 미래 어떻게 준비할 것인가)'(2008, 백산서당) '정치 에너지'(2009, 후마니타스) '정치 에너지 2.0'(2011, 후마니타스) '99%를 위한 분수경제'(2011, 다우) [종]기독교

정세영(丁世榮) Se-Young Choung

[생]1956 · 12 · 31 [본]나주(羅州) [출]서울 [주]서울 동대문구 경희대로26 경희대학교 약학대학 약학과(02-961-0372) [학]1975년 경복고졸 1980년 서울대 약학과졸 1982년 同대학원졸 1987년 약학박사(일본 도쿄대) [경]1988~1997년 경희대 약학대학 조교수 · 부교수 1990년 식품의약품안전청 자문교수 1992년 한국환경독성학회 총무이사 · 기획이사 · 학술위원장 1992년 한국응용약물학회 국제협력간사 · 재무간사 · 총무간사 · 편집위원장 · 간사장 · 수석부회장 · 회장 1992년 환경독성학회 총무이사 · 기획이사 · 학술위원장 · 감사 1994년 환경부 자문교수 1995~1998 · 2000~2002 · 2007년 중앙약사심의위원회 위원(현) 1996~1998년 대한약학회 학술간사 1997년 경희대 약학대학 약학과 교수(현) 2002~2004 · 2008년 식품의약품안전청 식품위생심의위원회 위원 2004~2006년 同건강기능식품심의위원 2005~2007년 경희대 약학대학장 2007~2008년 대한약학회 부회장 2009년 식품의약품안전청 건강기능식품광고심의위원 2010~2012년 한국의약품법제학회 부회장 2011~2012년 대한약학회 회장 2011년 한국광고자율심의기구 광고분쟁조정위원(현) 2014~2015년 대한약사회 약바로쓰기운동본부장 2014년 한국천연물의약품연구회 고문(현) 2015년 한국약학교육평가원 원장(현) [상]과학기술처 우수논문상(1994 · 2000), 국제심포지움 올해의 최우수논문상(1999), 대한약사회 약사금탑상(2014) [저]'환경독성학'(2000) '위생화학'(2000) '독성학' '위생약학'(2001) '암! 이젠 걱정마라'(2003) '건강기능성 식품학'(2004) '건강기능식품'(2004) '활성산소와 질환(共)'(2004) '질환별로 본 건강기능식품학(共)'(2005) '건강기능식품 평가시험법'(2005) 'New Perspectives on Aloe'(2006) '독성학'(2008) 'MT 약학'(2008)

정세영(鄭世榮)

[생]1958 · 1 · 28 [주]서울 강서구 하늘길78 한국공항공사 건설시설본부(1661-2626) [학]오산고졸, 국민대 토목공학과졸 [경]2005년 한국공항공사 부산지사 시설처 토목팀장 2009년 同건설관리실 공항시설팀장 2012년 同시설안전실장 2014년 同항공기술훈련원장 2014년 同서울지역본부장 2016년 同안전시설본부장(상임이사) 2016년 同건설시설본부장(상임이사)(현)

정세영(丁世英) JUNG Se Yeong

[생]1961 · 10 · 28 [주]서울 영등포구 의사당대로88 한국투자금융지주(주) 감사실(02-3276-6400) [학]마산상고졸, 부산대 회계학과졸 [경]동원증권 재무팀 근무, 한국투자증권 경영지원부 근무, 한국투자신탁운용 경영관리실 상무, 한국투자금융지주(주) 경영지원실장(상무보), 코너스톤에퀴티파트너스 감사 2012년 한국투자금융지주(주) 경영지원실장 2015년 同감사실장(상무)(현)

정세웅(鄭世雄) JUNG Se Woong

[생]1962 · 10 · 10 [주]경기 용인시 기흥구 공세로150의20 삼성SDI(주) 임원실(031-8006-3100) [학]1981년 중앙사대부고졸 1985년 서울대 전자공학과졸 1987년 한국과학기술원(KAIST) 전자공학과졸(석사) 1992년 전자공학박사(미국 콜로라도대) [경]1987년 C&B테크놀로지 연구원 1993년 삼성전자(주) 입사 1996년 同SOUND/LDI 수석연구원 2002년 同시스템LSI 홈플랫폼팀 연구위원(상무보), 同SOC연구소 H/P Solution팀장(상무보) 2005년 同SYS. LSI사업부 미디어개발팀장(상무보) 2008년 同디바이스솔루션총괄 시스템LSI 미디어플레이어팀 연구위원, 同시스템LSI 미디어개발팀장 2010년 同시스템LSI SOC개발실장(전무) 2010년 同반도체사업부 S.LSI담당 SOC개발실장(부사장) 2010년 同반도체사업부 S.LSI담당 전략마케팅팀장(부사장) 2014년 同반도체사업부 시스템LSI사업담당 파운드리사업팀장(부사장) 2015년 삼성SDI(주) 중대형전지사업부장(부사장)

정세진(丁世鎭) Chung Se Jin

[생]1950 · 8 · 18 [본]나주(羅州) [출]서울 [주]서울 영등포구 여의공원로111 태영빌딩10층 (주)태영인더스트리 비서실(02-2090-2620) [학]1969년 경복고졸 1979년 서울대 농업경제학과졸 [경]1980~1981년 태평양건설(주) 사우디아라비아 다란현장 자재과 근무 1981~1983년 同사우디아라비아 얀부현장 자재과 근무 1983~1986년 태영개발(주)기획실 근무 1986~1989년 (주)울산사이로 서울사무소 근무 1990~2007년 (주)태영인더스트리 기획 & 재무관리과 근무 2007~2010년 평택 · 당진항양곡부두(주) 대표이사 2010년 (주)태영인더스트리 대표이사 사장(현)

정세진(鄭世珍) JUNG Se Jin
[생]1966·2·18 [주]경남 창원시 성산구 연덕로18 경남에너지(주) 사장실(055-260-4100) [학]부산고졸, 동아대 경영학과졸, 연세대 경영대학원 최고경영자과정 수료 [경](주)대양 케이블TV 대표이사, (주)경남테크 대표이사, (주)마이비 대표이사, (주)부산하나로카드 대표이사 2014년 경남에너지(주) 대표이사 사장(현) 2015년 경남핸드볼협회 제18대 회장(현)

정세혁(鄭世赫) JUNG Sae Hyuck
[생]1954·11·2 [출]전남 목포 [주]서울 강남구 영동대로 511 시니어앤파트너즈(02-551-2146) [학]1973년 경성고졸 1978년 서울대 미학과졸 [경]1981~2000년 제일모직 입사·부장 2001~2003년 영창실업(주) 남성복사업부장·전무이사 2003년 (주)두산 폴로BU장 상무·부사장 2004년 同의류BG 대표이사 부사장 2011년 랄프로렌코리아 대표이사 사장 2014~2016년 홈플러스 패션상품부문 대표 2016년 시니어앤파트너즈 회장(현) [종]불교

정세현(丁世鉉) JEONG Se Hyun (月谷, 荒步)
[생]1945·5·7 [본]압해(押海) [출]중국 흑룡강성 [주]서울 영등포구 국회대로55길6 (사)한반도평화포럼(02-707-0615) [학]1964년 경기고졸 1971년 서울대 문리과대학 외교학과졸 1982년 정치학박사(서울대) [경]1977년 통일원 조사연구실 보좌관 1979년 同공산권연구관 1983년 同남북대화사무국 대화운영부장 1984년 同조사연구실 제2연구관 1986년 세종연구소 정치외교연구실장 1991년 민족통일연구원 부원장 1993~1996년 대통령 통일비서관 1996년 민족통일연구원 원장 1998~1999년 통일부 차관(11대) 2001년 국가정보원장 통일분야특별보좌역 2002~2004년 통일부 장관(29·30대) 2004~2007년 이화여대 사회과학대학 석좌교수 2004년 평화협력원 이사장(현) 2005~2009년 민족화해협력범국민협의회 대표상임의장 2006~2008년 대통령자문 통일고문회의 고문 2006~2016년 김대중평화센터 부이사장 2010~2014년 원광대 총장(11대) 2015년 (사)한반도평화포럼 상임공동대표(현) [상]문교부장관표창(1962), 국회의장표창(1968), 통일원장관표창(1978·1983), 청조근정훈장(2002), 한겨레통일문화상(2014) [저]'모택동의 국제정치사상'(1984, 형성사) '한반도의 통일전망(共)'(1986, 경남대 출판부) '남북한 통일정책 비교'(1990, 통일원) '정세현의 정세토크'(2010, 서해문집) '정세현의 통일토크'(2013, 서해문집) '정세현의 외교토크'(2016, 서해문집)

정세현(鄭世鉉) Jeong Sei Hyun (巨光)
[생]1954·1·8 [본]동래(東萊) [출]대구 [주]경기 시흥시 산기대학로237 한국산업기술대학교 경영학부(031-8041-0682) [학]1982년 영남대 대학원 경영학과졸 1989년 연세대 대학원 공학과졸 2001년 경영학박사(가천대) 2006년 공학박사(창원대) 2014년 이학박사(대구대), 고려사이버대 기계제어공학·전기전자과학 석사과정中 [경]한성디지털대 학생처장, 경남테크노파크 기계산업정보화사업단 시스템개발실장, 포스코건설 정보화담당 과장, 현대미포조선소 정보화담당 책임자, 한국산업기술평가원 전문위원, 한국경영기술컨설턴트협회 전문위원, 창원대 경영대학원 겸임교수, 한국경영문화연구소 소장(CEO) 2006년 열린우리당 경기도의회 의원 후보, 특허청 기술평가위원, 한국생산성본부 정보화사업부 전문위원, 중소기업청 정보화지도부 전문위원, 경기지방중소기업청 e-비즈니스 전문위원, 중앙선거대책위원회 행복한가정만들기운동본부 위원 2006년 (재)한국산업연구소 경영컨설팅사업본부장 2006년 한국경영문화연구소 소장(현) 2008~2014년 한국법률일보 편집위원 겸 사회부장 2008년 대구사이버대 겸임교수(현) 2008~2016년 세종사이버대 겸임교수 2011년 한국산업기술대 e비지니스학과 교수 2012년 중국 연변과학기술대 겸임교수(현) 2013년 한국산업기술대 경영학부 교수(현) [상]초고속통신망 원격강의시스템(국책사업) 성균관대총장 공로상(1997), 한국SI학회 우수사례논문(2002), 한국법률일보 공로표창(2009) [저]'오피스 Plus 엑셀'(2001) '웹 정보시스템 총론'(2002) '상생 IT혁신 기반으로 한 성공적 SCM 구축 운영'(2010) [역]'열혈강의Windows 2000 server'(2001) [종]천주교

정세현(鄭世鉉) Jung, Se Hyun
[생]1964·6·3 [본]동래(東萊) [출]경기 수원 [주]경기 수원시 팔달구 효원로1 경기도청 소통기획관실(031-8008-3800) [학]1982년 수원 수성고졸 1986년 고려대 경제학과졸 1991년 미국 미주리대 대학원졸(MBA) [경]1991~1996년 (주)오리콤 근무 1997~1999년 (주)휘닉스커뮤니케이션즈 근무 1999~2000년 모토로라코리아 마케팅부장 2000~2002년 덴츠코리아 근무 2000~2004년 숙명여대 언론정보학부 겸임교수 2002~2003년 (주)오리콤 근무 2003~2015년 (주)크로스커뮤니케이션즈 설립·대표이사 2014년 숭실대 경영대학 강의교수 2015년 경기도 소통기획관(부이사관)(현) [종]천주교

정소운(鄭巢云·女) JEONG So Un
[생]1971·6·3 [출]서울 [주]서울 종로구 효자로39 통일부 통일준비위원회사무국 기획연구부(02-721-9923) [학]1990년 덕원여고졸 1994년 서울대 영어영문학과졸 1996년 同행정대학원 정책학과졸 2005년 미국 하버드대 행정대학원(케네디스쿨)졸 [경]1995년 행정고시 합격(39회) 1997년 통일부 입부 2001년 同통일정책실 정책기획과 행정사무관 2005년 同남북회담사무국 회담3과 행정사무관 2006년 同사회문화교류국 지원협력2팀장(서기관) 2007년 同사회문화교류본부 이산가족팀장 2007년 제17대 대통령직인수위원회 외교통일안보분과위원회 실무위원 2008년 대통령 통일비서관실 행정관 2009년 통일부 남북회담본부 회담2과장 2010년 同남북회담본부 회담1과장 2012년 同통일정책실 이산가족과장 2012년 同남북출입사무소 경의선운영과장 2012년 同정세분석국 경제사회분석과장 2014년 국무총리소속 6.25전쟁납북진상규명위원회 사무국 기획총괄과장(파견) 2015년 통일부 기획조정실 창조행정담당관 2016년 同통일준비위원회사무국 기획연구부장(부이사관)(현)

정 송(鄭 松)
[생]1958·3·9 [출]충남 청양 [주]충남 홍성군 홍북면 충남대로21 충청남도청 농정국(041-635-2500) [학]남대전고졸, 한국방송통신대 행정학과졸 [경]1984년 공무원 임용(7급 공채) 1991년 충남도 공보관실 근무 1992년 同내무국 지방과 근무 1996년 同내무국 자치행정과 근무 1998년 同보건여성환경국 복지정책과 근무 1999년 同보건환경국 복지정책과 근무 2000년 충남 청양군 목면장 2002년 同환경보호과장 2003년 충남도공무원교육원 교무담당 2004년 충남도 경제통상국 경제정책과 유통소비담당 2006년 同자치행정국 자치행정과 주민제도담당 2009년 同자치행정국 총무과 근무 2012년 同자치행정국 자치행정과장 2013년 충남 청양군 부군수 2015년 지방행정연수원 교육파견 2016년 충남도 농정국장(현) [상]대통령표창(1998), 녹조근정훈장(2012)

정송학(鄭松鶴) Jeong Song Hag
[생]1953·7·7 [본]나주(羅州) [출]전남 함평 [주]서울 성동구 왕십리로222 한양대학교 공공정책대학원(02-2220-0252) [학]1971년 조선대부고졸 1975년 조선대 법학과졸 2002년 서울대 행정대학원 국가정책과정 수료(54기) 2005년 고려대 경영대학원 최고경영자과정 수료(58기) 2007년 한양대 대학원 법학과졸 2008년 명예 행정학박사(세종대) 2009년 건국대 행정대학원 도시주택최고과정 수료 2010년 법학박사(한양대) 2014년 서울대 경영대학원 최고경영자과정 수료(77기) [경]1996년 코리아제록스(주) 서울·경기·강원총괄 이사 2000년 한국후지제록스(주) 수도권총괄 이사 2005년 同상무이사 2005년 후지제록스호남(주) 대표이사 사장, 전국정씨연합중앙회 부총재(현), (사)한중문화협회중앙회 부총재(현), 한국문예작가회 부회장(현) 2006~2010년 서울시 광진구청장(한나라당), 한국지방자치학회 이사 2010년 한양대 공공정책대학원 특임교수(현) 2010년 세종대 정책과학대학원 겸임교수 2011년 대통령소속 사회통합위원회 서울지역협의회 의장 2011년 전국시도민향우연합회 상임부총재(현) 2012~2014년 새누리당 서울광진甲당원협의회 운영위원장 2012년 제19대 국회의원선거 출마(서울 광진甲, 새누리당) 2012년 광진희망포럼 대표 2014~2015년 한국자산관리공사 상임감사 2014년 전국소년·소녀가장돕기시민연합중앙회 공동대표회장(현) 2014년 (사)세계특공무술협회 명예총재(현) 2014~2015년 (사)공공기관감사포럼 회장 2015년 (사)대한민국병역명문가회 중앙회장(현) 2016년 새누리당 서울광진구甲당원협의회 조직위원장(현) 2016년 제20대 국회의원선거 출마(서울 광진구甲, 새누리당) [상]President Club & Award(1999), 자랑스런 동문인상(2005·2006), 보건복지부장관표창(2006), 존경받는 대한민국 CEO대상(2007), 올해의 인물대상(2008), 몽골 항가리드메달(2010), 병역명문가상(2012), 대한민국을 이끄는 혁신리더 혁신CEO부문(2015·2016), 한국인물대상(민주신문, 2015), 감사원장 특별공로상(2015) [저]자전에세이 '열정은 시련도 녹인다'(2011) [종]천주교

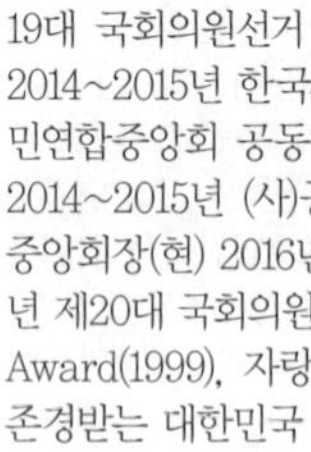

정수경(鄭壽暻·女) Chung Soo Kyung
[생]1958·10·25 [출]서울 [주]서울 중구 소공로51 우리은행 상임감사위원실(02-2002-3613) [학]1977년 영등포여고졸 1982년 성균관대 영어영문학과졸 [경]2001년 사법시험 합격(43회), 사법연수원 수료(33기), 법무법인 자우 변호사, 현대엘씨디(주) 사외이사, 전국주부교실중앙회 이사, 특허청 산업재산권분쟁조정위원, 건설교통부 NGO정책자문위원, 서울시의회 법률고문, 고양시 법률고문, 민주평통 서울시 관악구협의회 교육홍보분과 위원장 2004~2005년 대한변호사협회 사무차장 2005~2007년 금융감독원 금융소비자패널위원 2007~2011년 同금융분쟁조정위원 2010~2014년 안전행정부 지방자치단체중앙분쟁조정위원회 위원 2014년 우리은행 상임감사위원(현)

정수봉(鄭銖峯) JUNG Soo Bong
[생]1966·10·16 [출]서울 [주]서울 서초구 반포대로157 대검찰청 범죄정보기획관실(02-3480-2378) [학]1985년 인창고졸 1989년 서울대 법대 공법학과졸, 미국 컬럼비아대 대학원 법학과졸 [경]1992년 사법시험 합격(34회) 1996년 사법연수원 수료(25기) 1996년 서울지검 동부지청 검사 1998년 청주지검 충주지청 검사 1999년 서울지검 검사 2001년 대구지검 검사 2005년 법무부 국제법무과 검사 2007년 서울서부지검 검사 2009년 대검찰청 연구관 2009년 법무부 검찰과 검사 2010년 춘천지검 영월지청장 2011년 대검찰청 디지털수사담당관 2012년 법무부 검찰국 형사기획과장 2013년 同검찰국 검찰과장 2014년 서울중앙지검 형사1부장 2015년 부산지검 동부지청 형사1부장 2016년 대검찰청 범죄정보기획관(현)

정수성(鄭壽星) JUNG Soo Sung
[생]1946·1·2 [본]동래(東萊) [출]경북 경주 [학]1964년 경북고졸 [경]1966년 육군소위 임관(갑종 202기) 1966년 제27사단 77연대 수색2소대장 1967년 駐월남 9사단 29연대 10중대 소대장(전상) 1968년 제50보병사단 신병교육대대 소대장(교관) 1968년 同신교대 본부중대장 대리 1970년 同신교대 2교육중대장 1972년 제2보병사단 17연대 8중대장 1973년 同17연대 정보주임 대리 1975년 同17연대 작전주임 1976년 제1군사령부 인사처 인사통제장교 1979년 제21보병사단 인사참모 1980년 제21사단 수색대대장 1982년 육군종합행정학교 행정처장 1984년 제17보병사단 참모장 1986년 제17사단 제100연대장 1988년 육군본부 인사참모부 체육과장 1989년 同인사참모부 복지관리과장 1991년 수도군단 참모장(준장) 1993년 육군 인사참모부 근무처장(준장) 1995년 제55보병사단장(소장) 1997년 육군 보병학교장 1999년 수도군단장(중장) 2001년 제1군사령부 부사령관(중장) 2003~2005년 제1야전군사령관(대장) 2007년 한나라당 박근혜 전(前) 대표 안보특보 2009~2012년 제18대 국회의원(경주, 무소속·새누리당) 2009년 한국대만친선협회 이사 2009년 국회 행정안전위원회 위원 2009년 국회 독도영토수호대책특별위원회 위원 2010년 국회 세계박람회지원특별위원회 위원 2011년 국회 예산결산특별위원회 위원 2012~2016년 제19대 국회의원(경주, 새누리당) 2012년 국회 지식경제위원회 위원 2013년 국회 산업통상자원위원회 위원 2013년 국회 예산결산특별위원회 위원 2014~2015년 새누리당 경북도당 위원장 2014~2016년 국회 산업통상자원위원회 위원 2015~2016년 국회 윤리특별위원회 위원장 [상]인헌무공훈장(1967), 재구상(1973), 대통령표창(1981), 보국훈장 삼일장(1987), 보국훈장 천수장(1994), 보국훈장 국선장(2000), 미국 공로훈장(2005), 보국훈장 통일장(2005), 미합중국 공로훈장(2005), 법률소비자연맹 선정 국회 헌정대상(2013), 대한민국재향군인회 향군대휘장(2013), 대한민국소비자대상 소비자입법부문(2013), 한국문화예술유권자총연합회 국정감사우수의원상(2013), 머니투데이 최우수법률상(2015), 한국산업대상 '창조경제산업대상'(2015), 연합매일신문 대한민국 인물대상(2015), 한국소비자협회 대한민국 소비자대상(2015), 컨슈머포스트 자랑스러운 대한국민대상(2015), 연합매일신문 국정감사 우수의원 대상(2015) [저]'외길인생, 그 40년을 넘어서며'(2008, 예전사) [종]불교

정수용(鄭秀溶) CHUNG Soo Yong
[생]1950·1·31 [출]충북 충주 [주]서울 서초구 방배로43 (사)한국유가공협회(02-584-3631) [학]1968년 경기고졸 1976년 서울대 경제학과졸 1984년 일본 一橋대 대학원 경제학부졸 1990년 同대학원 박사과정 수료 [경]1975~1980년 합동통신 외신부·사회부 기자 1981~1990년 산업연구원(KIET) 연구원 1990~1992년 한양유통 유통경제연구소 연구원 1992년 (주)빙그레 경영정보담당 이사 1994년 同상무이사 1995년 同중부사업본부장(상무) 1999년 同영업담당 상무 1999년 同생산본부장(전무) 2000~2008년 同대표이사 사장 2005년 (사)한국플라스틱리싸이클링협회 회장 2006~2008년 (사)한국플라스틱자원순환협회 회장 2008년 (주)빙그레 부회장 2013년 同고문 2015년 (사)한국유가공협회 회장(현) [상]KAIST 테크노경영자상(2004) [역]'유한계급론'

정수용(鄭秀鏞)
[생]1966·5·30 [주]서울 금천구 시흥대로73길70 금천구청 부구청장실(02-2627-2304) [학]1991년 서강대 정치외교학과졸 1999년 미국 뉴욕주립대 대학원 정치학과졸 [경]1991년 행정고시 합격(35회) 1992년 행정사무관 임용 1999년 서울시 교통관리실 교통기획과 근무 2010년 同기획조정실 기획담당관 2012년 同기획조정실 정책기획관 직대 2014년 同경제진흥실 산업경제정책관 2014년 서울 금천구 부구청장(현)

정수진(鄭守鎭) Chung Soo Jin
[생]1955·12·20 [주]서울 중구 남대문로9길24 하나카드(주) 비서실(02-6399-3900) [학]1974년 광주 동신고졸 1981년 전남대 경제학과졸 [경]1991년 보람은행 업무통할부 대리 1993년 同일원동지점 고객전담역 1996년 同중기업UNIT 차장 1997년 同중기업UNIT 팀장 1998년 同안양지점장 1999년 하나은행 동광주지점장 2002년 同금남로지점장 2004년 同서현역지점장 2008년 同남부지역본부장 2010년 同서초영업본부장 2011년 同호남영업본부장(부행장보) 2013년 同리테일영업그룹 총괄부행장 2014년 同채널1영업그룹 총괄부행장 2015년 하나저축은행 대표이사 2016년 하나카드(주) 대표이사 사장(현)

정수현(鄭秀顯) Jung, Soo-Hyun
[생]1952·9·17 [출]서울 [주]서울 종로구 율곡로75 현대건설(주) 사장실(02-746-2001) [학]1969년 서울고졸 1973년 서울대 건축공학과졸 2005년 한국과학기술원(KAIST) 최고경영자과정(AIM) 23기 수료 2006년 서울대 대학원 건설산업최고전략과정(ACPMP) 3기 수료 [경]1975년 현대건설(주) 입사 1975년 同국내공사현장 근무 1976년 同사우디아라비아 해군기지현장 근무 1979년 同미국 뉴저지지점 구매과장 1983년 同이라크 바그다드병원공사현장 근무 1984년 同사우디 리야드그룹A병원현장 근무 1988년 同주택사업본부 견적실장 1995년 同필리핀 마닐라법인 대표(이사대우) 1998년 同이사 2002년 同상무 2004년 同건축사업본부 부본부장(전무) 2006~2009년 同건축사업본부장(부사장) 2009년 현대종합설계 부회장 2011년 현대엠코(주) 건축본부장(부사장) 2011년 同대표이사 사장 2011년 현대건설(주) 총괄 사장 2012년 同대표이사 사장(현) [상]금탑산업훈장(2011), 자랑스런 서울대 공대동문상(2012), 자랑스러운 ROTCian(2012), 한국경제신문 건설부문 '대학생이 뽑은 올해의 최고경영자(CEO)'(2014)

정수현(鄭壽鉉) CHUNG Soo Hyon
[생]1956·2·1 [출]전북 남원 [주]경기 용인시 처인구 명지로116 명지대학교 예술체육대학 바둑학과(031-330-6256) [학]한양대 영어영문학과졸, 고려대 교육대학원 교육학과졸, 교육학박사(고려대) [경]1973년 입단 1974년 2단 승단 1977년 3단 승단 1977년 국수전 본선(통산7회) 1978년 4단 승단 1979년 국기전 본선(통산7회) 1981년 명인전 본선(통산7회) 1984년 박카스배 본선(통산6회) 1984·1995년 최고위전 본선 1984·1985·1990년 패왕전 본선 1985년 5단 승단 1985년 대왕전 본선(통산8회) 1986년 신인왕전 우승 1988년 6단 승단 1988년 왕위전(통산5회) 1990년 바둑왕전 본선(통산3회) 1992년 기성전 본선 1993년 연승바둑최강전 준우승 1994년 8단 승단 1994년 연승바둑최강전 본선 1995년 비씨카드배 본선 1997년 9단 승단(현) 1997년 명지대 체육학부 바둑학과정 겸임교수 1998년 同바둑학과 부교수·교수(현) 1999년 KBS바둑왕전 준우승 2004년 맥심배 입신최강전 8강 2005년 잭필드배 프로시니어기전 본선 2006·2007년 한국바둑리그 한게임 감독 2010~2015년 한국바둑학회 회장 [상]연승바둑최강전 준우승(1993), KBS 바둑왕전 준우승(1999) [저]'정수포석법'(1989) '바둑해프닝극장' '반상의 파노라마'(1997) '고급바둑전술' '인생과 바둑'(2002) '바둑읽는 CEO'(2009) '교양바둑입문' '바둑학개론'

정수홍(鄭守洪) JEONG Soo Hong
[생]1955·7·18 [출]대구 [주]경기 성남시 분당구 판교역로231 피케이엘(031-784-0700) [학]1974년 대구고졸 1981년 경북대 고분자학과졸 1999년 공학박사(경북대) [경]1980~1984년 한국전자기술연구소 근무 1984년 삼성반도체 근무 1987년 한려개발 근무 1988년 한국듀폰 공장장 1993년 아남반도체기술 부사장 1995년 (주)피케이엘 대표이사 사장 2004년 포트로닉스 아시아담당 사장(COO)(현) 2008년 (주)피케이엘 대표이사 회장(현) [상]남녀고용평등상(1998), 중소기업청 벤처기업인상(1999), 산업자원부장관표창(2000), 충남기업인대회 우수기업인상(2001), 산업포장(2002), 충남기업인대회 벤처부문대상(2003), 재정경제부장관표창(2008), 석탑산업훈장(2010) [종]불교

정순남(鄭順南) JUNG Soon Nam (여양)
[생]1961·10·27 [본]진주(晉州) [출]전남 나주 [주]서울 강남구 테헤란로223 큰길타워12층 한국도시가스협회(02-554-7721) [학]1979년 광주 사레지오고졸 1983년 전남대 법과대학 행정학과졸 1999년 미국 위스콘신대 대학원 정책학과졸 2011년 경영학박사(중앙대) [경]1983년 행정고시 합격(26회) 1989년 전남도 도로관리사업소 관리과장 1990년 무역위원회 조사총괄과·불공정수출입조사과 사무관 1992년 상공부 상역국 무역정책과 사무관 1995년 통상산업부 지방중소기업과 사무관 1997년 교육 파견(미국 위스콘신대) 1999년 통상산

업부 지방중소기업과 서기관 1999년 전남도 파견 2001년 산업자원부 시장관리과장(서기관) 2001년 KEDO 미국 뉴욕사무소 파견 2004년 산업자원부 지역산업진흥과장 2006년 同무역정책팀장 2008년 대통령자문 국가균형발전위원회 지역경제국장 2009년 지식경제부 지역경제정책관 2010년 同정책기획관 2011~2013년 전남도 경제부지사 2013~2015년 목포대 경영학과 교수 2015년 나주시 투자유치자문관 2015년 한국도시가스협회 상근부회장(현) [상]산업포장(2007)

정순덕(鄭順德) CHUNG Soon Duk

[생]1935·11·5 [본]진양(晋陽) [출]경남 통영 [학]1956년 통영고졸 1960년 육군사관학교졸(16기) 1974년 육군대학졸 1978년 국방대학원졸 1985년 연세대 경영대학원 수료 [경]1974년 육군대학 교관 1975년 사단 작전참모 1978년 보병 연대장 1980년 군단 참모장 1981년 예편(육군 준장) 1981년 제11대 국회의원(전국구, 민주정의당) 1981년 국회 재무위원회 간사·세법심의 소위원장 1982년 同금융심의 소위원장 1982~1984년 대통령 정무제1수석비서관 1985년 제12대 국회의원(충무·통영·거제·고성, 민주정의당) 1985년 민주정의당(민정당) 사무총장 1985년 同국책조정위원회 상근위원 1986년 同중앙집행위원 1988년 同경남지부 위원장 1988년 제13대 국회의원(충무·통영·고성, 민정당·민자당) 1988~1990년 국회 재무위원장 1988년 민정당 중앙집행위원 1990년 민주자유당 당무위원 1990년 同사무총장 1991년 한국·폴란드친선협회 회장 1992년 제14대 국회의원(충무·통영·고성, 민자당·신한국당) 1995년 민자당 중앙상무위 의장 1995년 국회 예결특별위원회 위원장 [상]화랑무공훈장, 보국훈장 삼일장(1979), 황조근정훈장(1985)

정순도(鄭淳道) JUNG Sun Do

[생]1957·2·15 [출]전남 화순 [주]강원 원주시 혁신로2 도로교통공단 안전본부(033-749-5202) [학]동신고졸, 동국대 경찰행정학과졸, 同행정대학원 공안행정학과졸, 同대학원 박사과정中 [경]1981년 경찰간부 후보(29기) 2003년 전남 영암경찰서장 2003년 전남 보성경찰서장(총경) 2004~2005년 전남지방경찰청 경무과 총경(교육) 2005년 서울지방경찰청 생활안전과장 2006년 서울 강북경찰서장 2007년 경찰청 감사담당관 2008년 同생활안전국 생활안전과장 2010년 광주지방경찰청 차장(경무관) 2010년 강원지방경찰청 차장 2011년 서울지방경찰청 경무부장 2012년 同차장(치안감) 2013년 광주지방경찰청장 2013년 한국경찰기독선교회 회장 2013~2014년 전남지방경찰청장 2015년 도로교통공단 안전본부장(상임이사)(현) [상]홍조근정훈장(2014) [종]기독교

정순목(鄭淳牧) JUNG Soon Mok

[생]1952·12·29 [출]경남 함양 [주]대전 서구 둔산로100 대전광역시청 산업정책과 정순목 국방산업자문관(042-270-4031) [학]1970년 대전고졸 1976년 서울대 영어교육학과졸 1978년 충남대 경영대학원 경영학과 수료 1985년 미국 인디애나주립대 대학원 경제학과졸 1991년 경제학박사(미국 인디애나주립대) [경]행정고시 합격(21회) 1978년 국방부 입부 1994년 同획득개발국 획득지원과 서기관 1997년 同군비통제관실 군비기획담당관 1998년 同감사관실 감사2담당관 2000년 同분석평가관실 분석평가과장 2003년 同분석평가관(부이사관) 2004년 同분석평가관(이사관) 2006년 방위사업청 정책홍보관리관 2007년 同계약관리본부장 2009~2010년 同차장, 건양대 군사경찰대학 국방공무원학과 대우교수 2014년 대전시 국방산업자문관(현)

정순섭(鄭順燮) JUNG Sun Seop

[생]1964·5·25 [주]서울 관악구 관악로1 서울대학교 법과대학(02-880-2605) [학]1983년 진해고졸 1987년 서울대 법학과졸 2002년 법학박사(호주 멜버른대) [경]2002~2003년 서울대 법학연구소 선임연구원 2003~2006년 인천대 법학과 전임강사·조교수 2006~2007년 홍익대 법학과 조교수 2007~2010년 서울대 법학과 조교수 2007년 한국증권학회 이사 2009년 한국금융투자협회(KOFIA) 공익이사 2010년 서울대 법과대학 부교수·교수(현) 2012년 同기획처 부처장 2012년 한국씨티금융지주 사외이사 2013~2015년 한국씨티은행 사외이사 2013년 금융위원회 금융발전심의회 금융서비스분과 위원 2015년 同금융개혁회의 위원 2015년 同비상임위원(현) [상]한국증권업협회 '올해의 증권인상'(2007), 한민국증권대상 특별공로상(2009) [저]'자본시장법(共)'(2009·2010·2013, 두성사) '인터넷과 법률 III(共)'(2010, 법문사)

정순신(鄭淳信)

[생]1966·6·6 [출]부산 [주]서울 서초구 반포대로158 서울중앙지방검찰청 형사7부(02-530-4536) [학]1985년 부산 대동고졸 1989년 서울대 공법학과졸 [경]1995년 사법시험 합격(37회) 1998년 사법연수원 수료(27기) 1998년 변호사 개업 2001년 부산지검 동부지청 검사 2003년 창원지검 통영지청 검사 2005년 서울서부지검 검사 2008년 인천지검 검사 2010년 서울중앙지검 부부장검사 2011년 대검찰청 연구관 2012년 전주지검 남원지청장 2013년 의정부지검 형사5부장 2014년 인천지검 특수부장 2015년 서울서부지검 형사4부장 2016년 서울중앙지검 형사7부장(현)

정순영(鄭珣永) JUNG Soon Young (峡屹)

[생]1949·7·16 [본]연일(延日) [출]경남 하동 [주]서울 영등포구 국회대로76길18 오성빌딩1105호 국제펜클럽 한국본부(02-782-1337) [학]1971년 중앙대 국어국문학과졸 1976년 건국대 대학원 국문학과졸 2002년 명예 문학박사(몽골국립대) [경]1976~1986년 경남간호전문대·마산대·진주여자전문대·동명전문대 교수 1976년 국제펜클럽 회원(현) 1981~1985년 평통 자문위원 1986년 부산전문대학 부학장 1990~1998년 同학장 1991~1997년 부산시인협회 부회장 1991~2001년 부산문인협회 부회장 1998~2000년 부산안전실천시민연합 공동대표 1998~2000년 부산정보대학 학장 1999년 부산시인협회 회장 1999~2005년 민주평통 자문위원 2000~2003년 동명정보대 총장 2001~2009년 국제펜클럽 한국본부 부산위원회 회장 2002년 한국카바디연맹 초대회장 2002년 부산지역인재개발원 원장, 동주대학 석좌교수 2007~2009년 사학분쟁조정위원회 위원, 토지문학제 추진위원장 2010~2013년 조선대 이사 2010~2012년 한국자유문인협회 회장 2011년 세종대 석좌교수(현) 2013년 국제펜클럽 한국본부 부이사장(현) 2014년 한국자유문학자협회 회장(현) [상]국민포장(1992), 부산문학상, 부산시인협회상, 봉생문화상(1995), 옥조근정훈장(2000), 여산문학상(2014), 한국시학상(2016) [저]시집 '시는 꽃인가'(1975) '꽃이고 싶은 단장'(1976) '아름다운 사랑은 차라리 슬픔의 인연이어라'(1979) '조선징소리'(1981) '침묵보다 더 낮은 목소리'(1990) '잡은 손을 놓으며'(2009) '사랑'(2014) [종]기독교

정순오(鄭淳午)

[생]1962 [출]전남 강진 [주]전남 여수시 좌수영로948의5 여수세무서(061-688-0201) [학]광주공고졸, 조선대 경영학과졸 [경]1993년 공무원 임용 1993년 정읍세무서 근무 2007년 광주지방국세청 운영지원과 근무 2009년 同운영지원과장(사무관) 2011년 순천세무서 부가가치세과장 2013년 광주지방국세청 조사1국 조사1과장 2014년 同조사1국 조사1과장(서기관) 2014년 同조사1국 조사관리과장 2015년 여수세무서장(현)

정순욱(鄭淳旭) (空心)

[생]1965·12·1 [출]경남 창원 [주]경남 밀양시 밀양대로 1760 밀양소방서(055-350-9201) [학]1984년 마산중앙고졸 1992년 동아대 행정학과졸 [경]1997~2002년 진해소방서 소방과·방호과 근무 2002~2004년 경남도 소방본부 방호구조과 근무 2004~2007년 거창소방서 소방행정과 근무 2007~2009년 경남도 소방본부 소방행정과 근무 2009~2013년 거창소방서 소방행정과·예방대응과 근무 2014~2016년 경남도 소방본부 소방행정과 근무 2016년 밀양소방서장(현)

정순일(鄭淳日) Sun Il Chung

[생]1958·10·12 [본]경주(慶州) [출]전남 순천 [주]서울 강남구 테헤란로124 삼원타워16층 KB부동산신탁(주) 대표이사실(02-2190-9873) [학]1977년 광주제일고졸 1986년 고려대 영어영문학과졸 [경]1986년 KB국민은행 입행 2005년 同오클랜드지점장 2009년 同광화문기업금융지점장 2010년 同서교동지점장 2013년 同글로벌사업본부장 2013년 同호남南지역본부장 2015년 KB부동산신탁(주) 대표이사(현)

정순천(鄭順天) JUNG Soon Chen

[생]1955·5·27 [출]경남 [주]서울 강남구 영동대로512 현대종합특수강(02-6191-8555) [학]1974년 마산고졸 1978년 한양대 재료공학과졸 [경]1982년 현대하이스코(주) 입사, 同영업본부 강관영업담당 이사대우 2006년 同이사 2008년 同경영지원본부장(상무) 2010년 同경영지원본부장(전무) 2011년 同순천공장장(전무) 2014년 현대제철 경영지원본부장(전무) 2015년 同부사장 2015년 현대종합특수강 대표이사 부사장(현)

정순태(鄭淳泰) Jung Soon Tae

[생]1960·1·4 [본]하동(河東) [출]경기 고양 [주]세종특별자치시 도움4로9 국가보훈처 창조행정담당관실(044-202-5230) [학]1978년 수원 수성고졸 1981년 한국방송통신대 행정학과졸 1995년 同행정학과졸(학사) 2011년 연세대 행정대학원 공공정책학과졸(석사) [경]1995~2005년 국가보훈처 서울지방보훈청 근무·처장수행비서·현충시설지원담당관 2006~2008년 친일반민족행위자재산조사위원회 위원장 비서실장 2008~2012년 국가보훈처 제대군인취업지원과 교육훈련계장·감사담당관실 기강감찰팀장·처장비서실장 2013년 의정부보훈지청장 2014년 세종연구소 교육파견(서기관) 2015년 국무조정실 광복70년기념사업추진기획단 민족긍지팀장 2016년 국가보훈처 기획조정관실 창조행정담당관(현) [상]국가보훈처장표창(1994), 국무총리표창(1998), 대통령표창(2002)

정순평(丁淳平) JUNG Soon Pyeong

[생]1958·2·18 [본]나주(羅州) [출]충남 천안 [주]충남 천안시 서북구 새말3길16 충무병원별관1층 충남핸드볼협회(041-553-2552) [학]1981년 고려대 정치외교학과졸 2000년 同정책대학원 경제학과졸 [경]해병대 중대장, 국회사무처 입법보좌관 1995·1998년 충남도의회 의원(자유민주연합) 2000년 同행정자치위원장 2000~2002년 충남도체육회 이사 2000~2006년 모닥불봉사회 감사 2001~2006년 충남핸드볼협회 고문 2003~2005년 천안해병전우회 회장 2006~2010년 충남도의회 의원(한나라당) 2006~2008년 同운영위원장 2010년 同의장 2010년 공주대 행정학과 객원교수 2010~2013년 한국폴리텍Ⅳ대학 학장 2014년 충남핸드볼협회 회장(현) 2016년 제20대 국회의원선거 출마(충남 천안시丙, 국민의당) [종]불교

정순호(鄭旬祜) JUNG Soon Ho

[생]1957·9·9 [출]전북 완주 [주]광주 광산구 소촌로152번길37 대한상공회의소 광주인력개발원(062-940-3001) [학]1975년 홍익고졸 1984년 고려대 사회학과졸 [경]1986년 행정고시 합격(29회) 1997년 광주지방노동청 관리과장 1998년 제주지방노동사무소장 1999년 중앙노동위원회 사무국 조정과장 1999년 노동부 산재보험과장(서기관) 2001년 同장관비서관 2001~2002년 서울동부지방노동사무소장 2002~2003년 노동부 고용지원과장 2003년 同산업안전국 안전정책과장 2005년 同고용정책본부 여성고용팀장(서기관) 2005~2006년 同고용정책본부 여성고용팀장(부이사관) 2006년 서울종합고용지원센터 소장 2007년 경기지방노동위원회 위원장 2009년 광주지방노동청장(고위공무원) 2010~2011년 광주지방고용노동청장 2011년 경제사회발전노사정위원회 국장 2011~2014년 대한산업보건협회 사업총괄이사 2015년 대한상공회의소 광주인력개발원장(현)

정순환(鄭淳煥) CHUNG Soon Whan

[생]1936·1·31 [본]하동(河東) [출]서울 [주]서울 서초구 나루터로56 하이웨이빌딩 (주)에이엠오 비서실(02-540-3850) [학]1954년 경기상고졸 1959년 고려대 법대 행정학과졸 [경]1963~1975년 동양시멘트 근무 1976년 (주)극일디지탈 상무이사 1977년 (주)유유 대표이사 2013년 (주)에이엠오 대표이사(현) [상]통상산업부장관표창

정 승(鄭 勝) Chung Seung

[생]1958·7·23 [본]경주(慶州) [출]전남 완도 [주]전남 나주시 그린로20 한국농어촌공사 사장실(061-338-5001) [학]1976년 광주 동신고졸 1981년 전남대 경제학과졸 1989년 미국 아이오와주립대 대학원 행정학과졸 2012년 경제학박사(강원대) [경]1979년 행정고시 합격(23회) 1980~1993년 병무청·농림부 국제협력과·축정과 사무관 1993년 행정쇄신위원회·국무총리행정조정실 과장 1994년 경제협력개발기구 파견 1996~1998년 농림부 농촌인력과장·장관비서관·총무과장 1999년 同기획예산담당관·농업정보통계국장 2000~2001년 同공보관·농촌개발국장 2002년 중앙공무원교육원 파견 2002년 농림부 식량생산국장 2003~2005년 同감사관·공보관·홍보관리관·농업구조정책국장 2006년 국립농산물품질관리원장 2007년 농림부 농촌정책국장 2008~2009년 농림수산식품부 식품산업본부장 2009년 새만금코리아 정책특보 2009~2010년 농림수산식품기술기획평가원 초대원장 2009~2011년 세계김치협회 자문위원 2010~2011년 농림수산식품부 제2차관 2011~2013년 (사)말산업중앙회 회장 2013~2015년 식품의약품안전처장(차관급) 2015년 4.29재보선 국회의원선거 출마(광주 西乙, 새누리당) 2015년 (사)한·중민간경제협력포럼 비상근고문(현) 2016년 새누리당 혁신비상대책위원회 위원 2016년 한국농어촌공사 사장(현) [상]대통령표창(1992), 근정포장(1999), 홍조근정훈장(2007), 황조근정훈장(2012)

정승균(鄭丞均)

[생]1956·7·7 [주]경기 용인시 기흥구 마북로240번길17의2 현대모비스 연구개발본부(02-2018-5173) [학]경남고졸, 서울대 항공공학과졸 [경]현대·기아자동차 시험4팀장(이사대우), 同시험3팀장(이사대우), 同차량성능개발실장(상무) 2013년 현대모비스 시험개발센터장(전무) 2014년 同연구개발본부장(전무) 2015년 同연구개발본부장(부사장)(현)

정승도(鄭承燾) JUNG Seung Do

[생]1961 [주]세종특별자치시 절재로180 인사혁신처 정보화담당관실(044-201-8160) [학]광주 살레시오고졸, 전남대 계산통계학과졸 [경]경력 채용(7급) 2006년 행정자치부 정보자원관리팀 기술서기관 2007년 자치정보화조합 파견 2009년 행정안전부 광주정부통합전산센터 보안관리과장 2010년 同정부통합전산센터 보안관리과장 2013년 안전행정부 정부통합전산센터 보안통신과장 2014년 인사혁신처 기획조정관실 정보통계담당관 2015년 同기획조정관실 정보화담당관(현)

정승렬(鄭勝列) JEONG Seung Ryul

[생]1962·10·22 [본]하동(河東) [출]대구 [주]서울 성북구 정릉로77 국민대학교 경영대학 경영정보학부(02-910-4568) [학]1981년 영남고졸 1985년 서강대 경제학과졸 1989년 미국 위스콘신대 대학원 경영정보학과졸 1995년 경영정보학박사(미국 사우스캐롤라이나대) [경]1995년 삼성SDS 컨설팅사업부 책임컨설턴트 1997년 국민대 정보관리학부 전임강사 1999년 同정보관리학부 조교수 2001년 同경영대학 경영정보학부 부교수·교수(현) 2001년 국무조정실 국가정보화사업 및 중앙행정기관 정보화수준평가위원 2001년 농림부 정보·통계심의위원 2005년 외교통상부 외교정보화추진분과위원 2005년 한국정보시스템학회지 편집위원 2005년 한국데이터베이스학회 이사 2006년 국세청 국세행정정보화 자문위원 2008~2009년 국민대 비지니스IT전문대학원장, 해양경찰청 정보화예산사업평가위원장, 한국은행 정보화예산사업평가위원장 2010·2013년 국민대 대외교류처장 2014~2016년 同국제교류처장 2016년 (사)한국인터넷정보학회 회장(현) 2016년 국민대 기획처장(현)

정승면(鄭承冕) JEONG Seung Myeon

[생]1967·4·17 [출]대구 [주]부산 연제구 법원로15 부산지방검찰청 형사1부(051-606-4308) [학]1985년 대구 덕원고졸 1989년 고려대 법학과졸 [경]1994년 사법시험 합격(36회) 1997년 사법연수원 수료(26기) 1997년 인천지검 검사 2000년 창원지검 밀양지청 검사 2002년 수원지검 검사 2005년 법무부 검찰국 검사 2006년 同형사법제과 검사 2007년 서울중앙지검 검사 2009년 수원지검 부부장검사 2010년 대구지검 서부지청 부장검사 2011년 대전지검 공안부장 2012년 대구지검 공안부장 2013년 법무부 법무과장 2014년 同법무심의관 2015년 서울중앙지검 형사6부장 2016년 부산지검 형사1부장(현)

정승민(鄭丞珉) SUNG MIN JUNG

[생]1966·12·23 [출]서울 [주]서울 양천구 목동서로161 SBS 정책실 정책팀(02-2061-0006) [학]1984년 서울고졸 1988년 서울대 신문학과졸 [경]2008년 SBS 워싱턴특파원 2011년 同보도본부 사회1부장 2013년 同보도본부 정치부장 2015년 同보도본부 국제부장 2016년 同정책실 정책팀장(현)

정승석(鄭承碩) JUNG Seung Suk

[생]1955·8·3 [본]경주(慶州) [출]전남 완도 [주]서울 중구 필동로1길30 동국대학교 불교대학 불교학부(02-2260-8702) [학]1978년 동국대 인도철학과졸 1980년 同대학원 인도철학과졸 1991년 철학박사(동국대) [경]1986~1992년 전남대·동국대·성화대·서울대·서강대 대학원 강사 1992~2003년 동국대 불교대학 전임강사·조교수·부교수 1995~1998년 同불교대학원 학부장 2001년 인도철학회 편집위원장 2002년 동국대 불교문화연구원 간사 2003년 同불교대학 불교학부 불교학전공 교수(현) 2005년 (사)한국교수불자연합회 부

회장 2013~2015년 동국대 불교대학원장 겸 불교대학장 2014년 인도철학회 회장(현) 2015년 동국대 일반대학원장 겸 불교학술원장(현) [저]'불교강좌 100문100답'(1989, 대원정사) '인도의 이원론과 불교'(1992, 민족사) '인간을 생각하는 다섯가지 주제'(1996, 대원정사) '차한잔을 마시며 나누는 불교교리'(1998, 민족사) '윤회의 자아와 무아'(1999, 장경각) '본대로 느낀대로 인도기행'(2000, 민족사) '법화경-민중의 흙에서 핀 연꽃'(2004, 사계절출판사) '고려대장경의 연구(共)'(2006, 동국대 출판부) '왕초보 법화경 박사 되다'(2009, 민족사) '버리고 비우고 낮추기'(2013, 민족사) [역]'대승불교개설'(1983) '생명의 연꽃, 법화경의 세계'(1983) '불교의 정치철학'(1987) '불교철학의 정수'(1989) '유식의 구조'(1989) '딴뜨라불교 입문'(1991) '요가수트라 주석'(2010) [종]불교

정승용(鄭承用) JUNG Seung Yong

[생]1962·11·10 [출]강원 춘천 [주]전북 전주시 완산구 유연로180 전북지방경찰청 제2부(063-280-8113) [학]1981년 춘천고졸 1985년 경찰대 법학과졸(1기) [경]1985년 경위 임관 1997년 경정 임관 2004년 인천지방경찰청 경비경호계장 2006년 충북지방경찰청 정보통신담당관(경정) 2007년 충북 단양경찰서장(총경) 2008년 충남지방경찰청 생활안전과장 2009년 인천 계양경찰서장 2009년 인천지방경찰청 홍보담당관 2010년 인천 강화경찰서장 2011년 인천지방경찰청 생활안전과장 2011년 同수사과장 2013년 인천 남동경찰서장 2014년 同보안과장 2014년 부천원미경찰서장(경무관) 2016년 전북지방경찰청 제2부장(경무관)(현)

정승용(鄭昇溶) JEONG Seung Yong

[생]1964·9·26 [주]서울 종로구 대학로101 서울대학교병원 대장항문외과(02-2072-7303) [학]1989년 서울대 의대졸 1999년 同대학원졸 2001년 의학박사(서울대) [경]1989~1994년 서울대병원 인턴·일반외과 레지던트 1994~1997년 軍의관 2000년 서울대병원 일반외과 전임의 2000년 국립암센터 부속병원 암예방검진센터장 2001년 同연구소 암예방조기검진연구과장 2003년 同부속병원 대장암센터장 2004년 미국 Memorial Sloan-Kettering Cancer Center 연수 2005년 국립암센터 연구소 대장암연구과 책임연구원 2005년 同부속병원 대장암센터장 2007년 同연구소 이행성임상제1연구부 대장암연구과장 2008년 서울대 의대 외과학교실 교수(현) 2011~2016년 서울대암병원 대장암센터장 2014~2016년 서울대 의과대학 교육부학장 겸 의학교육실장 2015~2016년 同암연구소장 2016년 서울대병원 기획조정실장(현) [상]미국대장외과학회 학술상(2002)

정승원(鄭丞媛·女) Seung-Won Jeong

[생]1964·9·17 [본]영일(迎日) [출]대구 [주]서울 서초구 강남대로193 서울가정법원(02-2055-7114) [학]1983년 선일여고졸 1987년 서울대 법대졸 1989년 同대학원 법학과 수료 [경]1988년 사법시험 합격(30회) 1991년 사법연수원 수료(20기) 1991년 수원지법 판사 1994년 서울민사지법 판사 1995년 청주지법 제천지원 판사 1996년 청주지법 판사 1998년 서울지법 판사 2000년 同북부지원 판사 2003년 서울고법 판사 2005년 서울가정법원 판사 2006년 同부장판사 2011년 수원지법 부장판사 2015년 서울가정법원 부장판사(현)

정승인(鄭勝仁) JUNG Seoung In

[생]1958·6·13 [주]서울 중구 소월로3 (주)코리아세븐 임원실(02-3284-8001) [학]부산 동아고졸, 고려대 경영학과졸 [경]1987년 롯데그룹 기획조정실 근무 1993년 롯데백화점 기획실 근무 1998년 同판촉팀 근무 2002년 同인천점장 2007년 同기획부문장 2008~2011년 同마케팅부문장 2011년 롯데쇼핑(주) 롯데마트 디지털사업본부장 2013~2014년 同롯데마트 마케팅부문장(전무) 2014년 (주)코리아세븐 대표이사(현)

정승일(鄭升一) CHEONG Seung Il

[생]1965·7·27 [본]하동(河東) [출]서울 [주]세종특별자치시 한누리대로402 산업통상자원부 에너지자원실(044-203-5700) [학]1984년 경성고졸 1988년 서울대 경영학과졸 1991년 同경영대학원졸(재무관리전공) [경]1989년 행정고시 합격(33회) 1989년 기아경제연구소 연구원 1990년 동력자원부 법무담당관실 사무관 1992년 同에너지지도과 사무관 1992년 同장관비서관 1993년 상공자원부 북방통상과 사무관 1995년 통상산업부 미주통상과 사무관 1997년 駐미국대사관 상무관 1998년 대통령비서실장실 행정관 2000년 駐영국대사관 상무관 2004년 산업자원부 방사성폐기물과장 2006년 同반도체전기과장 2006년 同반도체디스플레이팀장 2007년 同가스산업팀장 2008년 지식경제부 장관비서관(서기관) 2008년 同장관비서관(부이사관) 2009년 同운영지원과장 2010년 同외국인투자지원센터 종합행정지원실장 2011년 同우정사업본부 예금사업단장(고위공무원) 2012년 同에너지산업정책관 2013년 산업통상자원부 에너지자원실 에너지산업정책관 2014년 미국 교육파견(고위공무원) 2015년 산업통상자원부 통상교섭실 자유무역협정정책관 2016년 同무역투자실장 2016년 同에너지자원실장(현) [상]근정포장(2006), 홍조근정훈장(2013) [종]기독교

정승조(鄭承兆) Jung Seung Jo

[생]1953·12·29 [출]전북 정읍 [학]부안 백산고졸, 육군사관학교 수석졸업(32기), 육군대학졸, 연세대 대학원졸 [경]합동참모본부 합동작전과장 2001년 제3공수여단장 2002년 한미연합사령부 기획참모부 차장 2003년 제3군사령부 작전처장 2004년 육군 1사단장(소장) 2005년 자이툰부대(이라크 평화재건사단) 제2대 사단장 2006년 합동참모본부 민심부장 2007년 국방부 정책기획관 2008년 2군단장(중장) 2009년 육군사관학교장(중장) 2009년 제1야전군사령관(대장) 2010년 한미연합사령부 부사령관(대장) 2011~2013년 합참의장 겸 통합방위본부장(대장) 2014년 미국 워싱턴 전략국제문제연구소(CSIS) 고위정책연구원 [상]터키군 최고 공로훈장(2013), 미국 육군대학원(Army War College) '명예의 전당(Hall of Fame)' 헌정(2014) [종]천주교

정승준(丁承俊) Jung Sueng jun

[생]1956·7·11 [본]영성(靈城) [출]전남 영광 [주]전남 담양군 수북면 한수동로872 전라남도자연환경연수원(061-381-8361) [학]검정고시 합격 1997년 한국방송통신대 행정학과졸 2003년 연세대 행정대학원 일반행정학과졸 [경]1975~1981년 강원 철원군·전남 영광군 근무 1984년 대전시 동구청 근무 1989년 내무부 지방행정연수원 운영과·비상계획관실·지도과 근무 1991년 同기획과 근무 1998년 행정자치부 지역경제과·의전담당관실 근무 2000년 제2의건국범민추진위원회 근무, 행정자치부 차관실 근무, 同교부세팀 근무 2007년 同교수세과 근무(서기관) 2008년 행정안전부 지방성과관리과 근무 2008년 한국지방행정연구원 파견 2010년 이북5도위원회 평안북도 사무국장 2013년 전남도 정책기획관 2013년 전남 신안군 부군수 2014년 전남 강진군 부군수 2015년 전라남도자연환경연수원 원장(현) [상]국무총리표창(1992), 대통령표창(1997), 근정포장(2007) [종]가톨릭

정승현(丁勝鉉) JUNG Sung Hyon

[생]1945·10·20 [출]전북 김제 [주]전북 전주시 완산구 기린대로100 전주교구청 가톨릭신학원(063-230-1004) [학]1969년 광주가톨릭대 신학과졸 1975년 同대학원 신학과졸 [경]1974~1979년 천주교 전주교구(전동성당·중앙성당) 신부·사목국장 1979~1984년 육군 천주교 군종교구 군종신부(소령) 1985~1988년 페루 차차뽀야스교구 선교사 1989~1990년 로마 교황청 전교원조회 한국지부 총무 1990~1994년 전북 익산 성글라라수녀원 신부 1994~2001년 천주교 전주교구 신부 2001~2004년 한국천주교주교회의 교리교육위원회 총무 2004~2006년 천주교 전주교구 장계성당 주임신부 2006~2011년 광주가톨릭대 총장 2011년 천주교 전주교구청 가톨릭신학원 교수(현) [종]천주교

정승현(鄭昇鉉) Chung Seung Hyun

[생]1956·5·25 [출]서울 [주]서울 중구 청계천로100 시그니처타워 서관17층 BBDO코리아 임원실(02-3449-9000) [학]1975년 한성고졸 1982년 홍익대 시각디자인학과졸 2000년 同대학원 광고홍보학졸 [경]해태제과·오리콤·바른기획·제이월터톰슨코리아 근무, (주)동방커뮤니케이션즈 상무이사 2000년 同전무이사 2001년 JWT애드벤처 제작본부장·전무 2004~2008년 同대표이사 사장 2008년 BBDO코리아 대표이사 사장(현) [상]서울팩스타상(1983), 클리오 파이널리스트(1993)

정승화 JUNG SEUNG HWA

[생]1959·3·15 [주]서울 종로구 새문안로58 LG광화문빌딩 코카콜라음료(주) 임원실(02-6924-6745) [학]국민대 경영학과졸 [경]LG생활건강 집행임원, 同생활용품·음료CBD총괄 상무, 코카콜라음료(주) 사업부장(상무) 2014~2016년 同대표이사 2014~2016년 해태음료(주) 공동대표이사 2014~2016년 (주)한국음료 대표이사 2016년 코카콜라음료(주) 고문(현)

정승화(鄭承和) joung seung hwa

[생]1980·12·18 [본]동래(東萊) [출]서울 [주]세종특별자치시 갈매로408 정부세종청사 14동 교육부(02-6222-6060) [학]1999년 단국대사대부고졸 2007년 한국외국어대 신문방송학과졸 2009년 同대학원 신문방송학과졸(석사) 2014년 신문방송학박사(한국외국어대) [경]2008~2010년 교육과학기술부 사무관 2011년 청와대 홍보수석실 행정관 2013년 남양주시 홍보기획관 2015년 농림축산식품부 온라인대변인 2016년 교육부 부대변인(현) [상]핵안보정상회의 유공자 표창(2012), 우수 정책아이디어 표창(2012) [종]기독교

정승환(鄭承桓) CHUNG Seung Hwan

[생]1941·8·20 [본]진주(晉州) [출]경남 진주 [주]서울 서초구 효령로46길5 구진빌딩4층505호 한불제약(주)(02-421-7266) [학]1960년 진주고졸 1965년 중앙대 법정대학 정치외교학과졸 1967년 고려대 경영대학원 수료 [경]1968년 진양무역상사 창립·대표 1978년 한불약품(주) 설립·대표이사 1980~1987년 한국의약품수입도매협회 회장 1993년 한국의약품수출입협회 이사 1996년 同부회장 1996~2000년 보건복지부 중앙약사심의위원 1998년 한불제약(주) 대표이사 회장(현) 1998~2002년 보건복지부 의료보험약사심사위원 1998~2002년 민주평통 자문위원 1999년 한국의약품수출입협회 수석부회장 2003~2006년 同회장 2003년 복지법인 석문복지재단 이사장(현) 2007년 스트립의약품 상임고문(현) [상]국민훈장 동백장(2005) [종]천주교

정승환(鄭承煥) CHUNG Seung Hwan

[생]1963·5·23 [출]경남 진주 [주]서울 강남구 봉은사로429 위즈코프(주) 임원실(02-2007-0300) [학]1983년 대아고졸 1988년 서울대 경영학과졸 [경]한화종합금융(주) 근무, 한화투자신탁운용(주) 근무 1999년 (주)골드상호신용금고 상무이사, 와이비파트너스(주) 상무이사 2004년 위즈정보기술(주) 부사장 2004년 同대표이사 사장 2004년 同부회장 2005~2014년 同대표이사 회장 2010~2016년 코스닥협회 감사 2014년 위즈코프(주) 대표이사 회장(현) 2016년 코스닥협회 이사(현)

정승환(鄭丞桓) CHONG Seung Hwan

[생]1977·5·22 [주]서울 영등포구 의사당로1 국회사무처 법제연구과(02-788-4864) [학]전북 동암고졸, 서울대 경영학과졸 [경]2001년 입법고시 합격(17회) 2001년 국회사무처 예산정책국 예산정책1과 예산분석관(사무관) 2002년 同예산결산특별위원회 입법조사관 2006년 同기획재정위원회 입법조사관(서기관) 2008년 同정무위원회 입법조사관 2009~2011년 同국제국 의회외교정책과 의회외교정책1담당·의전과 의전행사담당 2011년 同국제국 구주과장 2011년 同국방위원회 입법조사관 2013년 同홍보기획관실 미디어담당관 2015년 서울시 국회협력관(부이사관) 2016년 국회사무처 법제실 법제연구과장 2016년 同국외교육파견(현)

정승훈(鄭承熏) JUNG Seung Hun

[생]1963·3·2 [출]강원 춘천 [주]서울 종로구 세종대로209 통일부 공동체기반조성국(1577-1365) [학]1981년 청주고졸 1988년 연세대 정치외교학과졸 1995년 서울대 행정대학원졸 2002년 미국 존스홉킨스대 국제대학원졸 [경]2002년 통일부 교류협력국 교역과장 2004년 同사회문화교류국 이산가족과장 2007년 同통일교육원 지원관리팀장 2008년 同남북회담본부 회담3과장 2009년 휴직 2014년 통일부 기획조정실 기획재정담당관(부이사관) 2015년 同남북회담본부 회담1과장 2016년 同통일교육원 교수부장(고위공무원) 2016년 同공동체기반조성국장(고위공무원)(현) [상]근정포장(2002)

정승희(鄭承姬·女) CHUNG Seung Hee

[생]1945·1·30 [주]서울 서초구 남부순환로2374 한국예술종합학교 무용원(02-746-9000) [학]1967년 이화여대 무용학과졸 1970년 同대학원 무용학과졸 1991년 무용학박사(단국대) [경]1972~1993년 상명여대 교수 1987년 88서울예술단 운영위원 1988년 대한무용학회 회장 1989년 중요무형문화재 제27호 승무 이수자(현) 1991~1993년 상명여대 자연과학대학장 1996~2010년 한국예술종합학교 무용원 실기과 교수 2007~2009년 同무용원장 2010년 同무용원 명예교수(현) 2016년 대한민국예술원 회원(연극영화무용분과·현) [상]제2회 동아무용콩쿨 금상(동아일보)(1965), 86아시안게임식전문화행사 대통령표창(1986), 한국문화예술교육진흥원 무용교육위원 공로상(2009), 홍조근정훈장(2010), 무용예술가상(2014), 춤예술교육상(2016) [저]'서양무용사'(1981, 보진재) '무용이론과 춤추기'(1989, 행림출판) '정승희와 함께 배우는 한국무용'(2001, 재외동포재단) '한성준-한영숙류 전통춤 살풀이 춤'(2007, 민속원) '한성준-한영숙류 전통춤 태평무'(2010, 민속원) '한성준-한영숙류 전통춤 승무'(2010, 민속원) [작]창작활동 '심청' '열반' '고독의심연' '꽃보라' '만다라' '고로초롬만 살았으면 싶어라' '불의땅' '네 영혼이(백화)' '청실홍실' '무천' '아제아제 바라아제' '뮤지컬 춘향전' '뮤지컬 양반전' '학이여 그리움이여' '달빛을 삼키면서' '새벽에 관음이 찾아오다' '달밟다아-혼불1' '물위에 쓴 시' 'Images-비천사신무' 등 [종]불교

정승희(鄭承喜) CHUNG Seung Hee

[생]1959·1·23 [출]충남 논산 [주]강원 정선군 사북읍 하이원길265 강원랜드 경영본부(1588-7789) [학]1977년 경희고졸 1985년 단국대 행정학과졸 1998년 영국 버밍엄대 대학원 경제학과졸 [경]1999년 재정경제부 경제정책국 정책조정과 사무관 2000년 同세제실 산업관세과 사무관 2003년 同서기관 승진 2004년 WCO(세계관세기구)파견 2007년 재정경제부 지역특화발전특구기획단 특구기획과장 2008년 지식경제부 무역투자실 중견협력과장 2009년 同지방기업종합지원팀장 2009년 同산업피해조사팀장 2011년 同지역투자과장 2012년 同기술표준원 신기술지원과장 2013년 산업통상자원부 기술표준원 신기술지원과장 2013~2016년 同국가기술표준원 제품안전정보과장 2016년 同부이사관 2016년 강원랜드 경영본부장(현) [상]홍조근정훈장(2016)

정시균(鄭時均) CHUNG SHI KYUN (又網)

[생]1942·12·5 [본]경주(慶州) [출]황해 황주 [주]경기 화성시 효행로1041 라피엔 임원실(031-374-0163) [학]1961년 경기상고졸 1967년 고려대 경영학과졸 [경]1966년 산풍제지 근무 1971년 한국여지(주) 근무 1975년 (주)삼청설립·대표이사 1981~1987년 한국여과기공업협동조합 이사장 1984년 (주)라도 대표이사 1996년 (주)라피엔 대표이사 2002년 同이사회 회장(현) 2006년 화성상공회의소 회장 [종]천주교

정시채(丁時采) JEONG Si Chae (肯塘)

[생]1936·4·5 [본]압해(押海) [출]전남 진도 [주]전남 무안군 청계면 영산로1807의65 사회복지법인 에덴원(061-454-7992) [학]1954년 목포고졸 1958년 전남대 법과대학졸 1968년 同대학원졸 1976년 서울대 행정대학원 수료 1985년 행정학박사(건국대) [경]1961년 고시행정과 합격(13회) 1967년 광주경찰서장 1969년 전남 무안군수 1970년 광주시장 1974년 경기도 북부출장소장 1976년 내무부 소방국장 1978년 同감사관 1980년 전남도 부지사 1981년 제11대 국회의원(전국구, 민주정의당) 1983년 민주정의당(민정당) 원내부총무 1985년 제12대 국회의원(해남·진도, 민정당) 1985년 민정당 원내수석부 총무 1985년 남북국회회담 대표 1986년 국회 예산결산특별위원장 1988년 민정당 해남·진도지구당 위원장 1989년 농촌문제연구소 이사장 1992년 제14대 국회의원(전국구, 민자당·신한국당) 1992년 국회 농림수산위원장 1993년 민자당 해남·진도지구당 위원장 1994년 同전남도지부장 1994년 同당무위원 1996년 신한국당 전남도지부장 1996년 同해남·진도지구당 위원장 1996~1997년 농림부 장관 1997~1999년 한나라당 해남·진도지구당 위원장 1999년 同당무위원 1999~2003년 초당대 총장 2002~2012년 전남사회복지협의회 회장, 사회복지법인 에덴원 이사장(현) [상]홍조근정훈장, 청조근정훈장 [저]'한국관료제도사' '한국행정제도사'(1986) '나의 삶 나의 생각' '저 높은 곳을 향하여' [종]기독교

정 신(鄭 信) JUNG Shin

[생]1962·2·25 [주]전남 화순군 화순읍 서양로322 화순전남대병원 신경외과(061-379-7842) [학]1986년 전남대 의대졸 1989년 同대학원졸 1993년 의학박사(전남대) [경]1991~1993년 광주기독병원 신경외과 과장 1993년 전남대 의대 신경외과학교실 전임강사·조교수·부교수·교수(현) 1995년 일본 大阪시립대 뇌기저부수술 단기연수 1996~1998년 캐나다 토론토대 뇌종양분자생물학연구소 연구원 1999년 대한암학회 편집위원 1999년 대한신경외과학회지 편집위원 1999년 대한뇌종양학회 상임이사 1999년 대한두개저외과학회 상임이사 2001년 미국 신경외과학회 종양분과 상임위원 2008~2010년 전남대병원 교육연구실장 2010년 대한신경외과학회 상임이사(현) 2010년 同기획실장 2011년 화순전남대병원 진료처장, 同신경외과장(현) 2011~2012년 화순노인전문병원 수탁사업단장 2011년 JCI재인증추진본부장(현) 2011년 대한감마나이프방사선수술학회 회장 2012년 연구중심병원 지정사업 추진단장(현) 2013년 화순전남대병원 원장 직무대행 2014년 대한두개저외과학회 회장(현)

정 안(正 眼) JEONG An

(생)1958 · 6 · 29 (출)전남 광양 (주)서울 종로구 우정국로 55 대한불교조계종 총무원 문화부(02-2011-1701) (학)1978년 해인사 강원 대교과졸 1983년 중앙승가대졸 1989년 동국대 교육대학원 수료 (경)1974년 송광사에서 사미계 수지(계사 구산스님) 1976년 해인사에서 비구계 수지(계사 고암스님) 1984년 약수암 총무 1987년 개운사 교무 1988년 중앙승가대 사감 겸 학생국장 1989년 同재정국장 겸 교무국장, 대운암 주지, 가평 아가타보원사 주지 2011년 태화산 전통불교문화원 본부장 2012~2013년 대한불교조계종 총무원 호법부장 2014~2016년 (재)불교문화재연구소 소장 2016년 대한불교조계종 총무원 문화부장(현) (저)시집 '마음 빈 하늘' '젊은 날에 쓰는 편지' (종)불교

정안식

(생)1959 · 8 · 27 (주)서울 종로구 세종대로209 국민안전처 중앙민방위경보통제센터(02-2100-0581) (학)1982년 인하대 전자공학과졸 (경)1991년 내무부 기획과 근무 1995년 同방재과 · 재해대책과 근무 2004년 행정자치부 민방위기획과 근무 2008년 소방방재청 민방위과 경보계장 2009년 同통합망사업팀장 2014년 同정보화담당관실 근무 2014년 同민방위과 중앙민방위경보통제소장 2014년 同안전정책실 중앙민방위경보통제센터장(현) 2016년 同안전정책실 긴급신고전화통합추진단장 (상)대통령표창(1993), 소방방재청장표창(2012)

정양모(鄭良謨) CHUNG Yang Mo (笑軒)

(생)1934 · 1 · 12 (본)동래(東萊) (출)서울 (주)서울 종로구 사직로119 목천빌딩7층 한국미술발전연구소(02-722-7507) (학)1954년 경복고졸 1958년 서울대 문리대 사학과졸 2001년 명예 미술학박사(경기대) (경)1958년 공군사관학교 교관 1962년 국립중앙박물관 근무 1973~1984년 국립경주박물관 관장 1975년 국립중앙박물관 수석학예연구관 1976년 서울대 강사 1979~1986년 국립중앙박물관 학예연구실장 1981년 한국고고미술연구소 이사장 1985 · 2003년 문화재청 문화재위원 1988년 한국미술사학회 회장 1993~1999년 국립중앙박물관 관장 1993년 문화재위원회 박물관분과위원장 1997년 숙명여대 대학원 공예과 겸임교수 1999년 한국미술발전연구소 소장(현) 2000년 경기대 예술감정대학원 석좌교수 2000년 삼성문화재단 이사 2001년 경기도박물관 운영자문위원장 2003~2005년 문화재위원회 위원장 2003년 同박물관분과위원장 2003년 국립중앙박물관 운영자문위원장 2005년 문화재청 국보심의분과위원 2005년 일민문화재단 이사 2005년 연세대 국학연구원 객원교수 2005년 문화재위원회 국보지정분과위원 (상)홍조 · 황조근정훈장, 대통령표창, 은관문화훈장(2005), 자랑스런 박물관인상 원로부문(2008) (저)'한국의 불교회화(共)'(1970, 국립중앙박물관) '한국미술전집'(1975, 동화출판공사) '분청사기(감수)'(1978, 중앙일보사) '한국백자도요지(共)'(1986, 한국정신문화연구원) '한국의 도자기'(1991, 문예출판사) '국보(共)'(1998, 예경) '너그러움과 해학'(1998, 학고재) '고려청자'(1998, 대원사) '한국의 美(共)'(2007, 돌베개)

정양석(鄭亮碩) CHEONG Yang Seog

(생)1958 · 11 · 25 (본)하동(河東) (출)전남 보성 (주)서울 영등포구 의사당대로1 국회 의원회관520호(02-784-5260) (학)1976년 광주 살레시오고졸 1980년 전남대 문리대학졸 1991년 서강대 공공정책대학원 국제관계통상외교학과졸 (경)1991년 민자당 인사부장 · 청년부장 · 의원부장, 신한국당 청년부국장 1996년 국회 정책연구위원 2000년 한나라당 의원국장 2002년 同제16대 대선 유세기획단장 2003년 同기획조정국장 2004년 同제17대 총선 기획단장 2005년 同부대변인 겸 사무처 전략기획위원회 상근위원, 同수석부대변인, 同사무처 동북아연구회 회장 2005년 국회 과학기술정보통신위원회 수석전문위원 2005년 한나라당 혁신위원회 위원, 同서울강북甲당원협의회 운영위원장, 제3기 한나라당 칼럼진(필명 : 큰바위얼굴) 2008년 제18대 국회의원(서울 강북구甲, 한나라당 · 새누리당) 2008~2009년 한나라당 원내부대표 2008년 국회 아시아문화외교포럼 책임연구위원 2008년 국회 공기업관련대책특별위원회 위원 2009~2010년 한나라당 대표비서실장 2010년 국회 기획재정위원회 위원 2010~2012년 한나라당 서울시당 윤리위원장 2012~2016년 새누리당 서울강북구甲당원협의회 운영위원장 2012년 제19대 국회의원선거 출마(서울 강북구甲, 새누리당) 2012~2014년 새누리당 중앙연수원장 2014~2015년 同제2사무부총장 2014~2015년 同조직강화특별위원회 위원 2016년 제20대 국회의원(서울 강북구甲, 새누리당)(현) 2016년 국회 외교통일위원회 위원(현) 2016년 국회 남북관계개선특별위원회 간사(현) 2016년 국회 대법관(김재형)인사청문특별위원회 간사(현) (종)기독교

정양호(鄭徐鎬) CHUNG Yang Ho

(생)1961 · 12 · 22 (본)청주(淸州) (출)경북 안동 (주)대전 서구 청사로189 조달청 청장실(070-4056-7100) (학)1979년 안동고졸 1985년 서울대 경제학과졸 1987년 同행정대학원 수료 1996년 경제학박사(미국 서던일리노이대) (경)1984년 행정고시 합격(28회) 1985년 총무처 근무 1986~1991년 상공부 산업정책과 · 중소기업정책과 사무관 1992년 미국 유학 1996년 통상산업부 산업정책과 사무관 1997~2000년 산업자원부 미주협력과 · 산업정책과 서기관 2000년 미국 워싱턴주정부 파견 2002년 산업자원부 행정법무담당관 2003년 同디자인브랜드과장 2004년 同생물화학산업과장 2007년 同총무팀장 2008년 대통령직속 국가경쟁력강화위원회 투자촉진팀장(파견) 2009년 국방대 교육파견(일반직고위공무원) 2010년 지식경제부 전기위원회 사무국장 2011년 同산업기술정책관 2012~2013년 同기후변화에너지자원개발정책관 2013년 산업통상자원부 에너지자원정책관(국장) 2013년 새누리당 수석전문위원 2014~2016년 산업통상자원부 에너지자원실장 2016년 조달청장(현) (상)대통령표창 (저)'Benefit and Distance Functions'(共) 'Productivity and Undesirable Outputs'

정양희(鄭陽喜) JOUNG Yang Hee

(생)1960 · 12 · 25 (본)진주(晉州) (출)충남 공주 (주)전남 여수시 대학로50 전남대학교 전기 · 전자통신 · 컴퓨터공학부(061-659-7314) (학)1983년 단국대졸 1985년 인하대 대학원졸 1993년 공학박사(인하대) (경)1983~1984년 단국대 응용물리학과 조교 1988~1995년 LG반도체 중앙연구소 연구원 · 주임연구원 · 선임연구원 1995~2006년 여수대 전기공학과 부교수 1999~2000년 同전기공학과장 2000~2003년 한국해양정보통신학회 편집이사 · 편집위원 2006년 전남대 전기 · 전자통신 · 컴퓨터공학부 전기 및 반도체공학전공 부교수 · 교수(현) 2013년 同교학부처장 2013년 同학무본부장

정여천(鄭余泉) JEONG Yeo Cheon

(생)1959 · 4 · 3 (주)세종특별자치시 시청대로370 대외경제정책연구원 구미 · 유라시아실 러시아 · 유라시아팀(044-414-1062) (학)1984년 연세대 경제학과졸 1988년 독일 튀빙겐대 대학원 경제학과졸 1992년 경제학박사(독일 뮌헨대) (경)1989~1990년 독일 뮌헨대 경제학부 부설 동구경제사회연구소 연구원 1992~1993년 연세대 · 한양대 강사 1993 · 1999년 대외경제정책연구원 연구원 · 지역정보센터 러시아동구실장 · 지역경제실 연구위원 및 유럽팀장 1998년 한독경상학회 총무이사, 대외경제정책연구원 부원장 2014년 同구미 · 유라시아실 러시아 · 유라시아팀 선임연구위원(현)

정연경(鄭然卿 · 女) CHUNG, YEON-KYOUNG

(생)1963 · 5 · 23 (출)서울 (주)서울 서대문구 이화여대길52 이화여자대학교 사회과학부(02-3277-2838) (학)1985년 이화여대 문헌정보학과졸 1986년 미국 인디애나대 대학원 문헌정보학과졸 1993년 문헌정보학박사(미국 인디애나대) (경)1994년 덕성여대 · 상명여대 강사 1995년 이화여대 문헌정보학과 교수, 同사회과학부 문헌정보학전공 교수(현) 1998~2002년 同문헌정보학과장 2000년 한국문헌정보학회 이사, 한국정보관리학회 이사, 한국기록관리학회 이사, 한국비블리아학회 이사 2003년 이화여대 교무부처장 2007 · 2016년 대통령소속 도서관정보정책위원회 위원(현) 2011~2012년 한국기록관리학회 회장 2014년 이화여대 중앙도서관장(현)

정연국(鄭然國)

(생)1961 · 5 · 27 (출)울산 (주)서울 종로구 청와대로1 대통령 대변인실(02-770-0011) (학)서울 성남고졸, 중앙대 독일어교육과졸, 연세대 언론홍보대학원 방송영상학과졸(석사) (경)1987년 울산MBC 입사(기자) 1995년 MBC 입사(경력공채) 2000년 同보도제작국 2580부 차장대우 2002년 同보도국 사회2부 차장대우 2004년 同뉴스편집2부 차장 2005년 同뉴스편집센터2CP 앵커(차장) 2007~2010년 同런던특파원 2010년 同보도국 기획취재부장 2011년 同보도본부 보도제작1부장 2011년 同보도국 기획취재부장 2012년 同보도본부 사회2부장 2013년 同보도국 편집2센터장 2014년 同선거방송기획단장 2014년 同보도국 취재센터장 2015년 同시사제작국장 2015년 대통령 대변인(현) (상)중앙대언론동문회 '2015년 자랑스런 중앙언론동문상'(2015)

정연규(鄭然圭)

생1963·1·25 주서울 중구 세종대로124 한국방송광고진흥공사 중소기업지원국(02-731-7114) 학1982년 진주고졸 1989년 한국외국어대 행정학과졸 경1990년 한국방송광고공사 총무국 총무부 근무 2000년 同판매기획2팀 차장 2001년 同영업정책국 차장 2004년 同부장대우 2005년 同지상파DMB영업팀장 직대 2006년 同지상파DMB영업팀장(부장급) 2006년 同뉴미디어팀장, 同영업1국 영업2팀장 2008년 同매체기획1팀장 2009년 同영업3팀 SBS영업파트장 2010년 同전략영업팀 DMB파트장 2011년 同전략영업팀 OBS파트장 2012년 한국방송광고진흥공사 경영관리국장 2014년 同영업2본부 영업1팀 근무(국장급) 2015년 同중소기업지원국장(현)

정연대(鄭然大) Chung Yundae

생1952·5·13 본연일(延日) 출경남 양산 주서울 영등포구 여의나루로76 (주)코스콤 사장실(02-767-8001) 학1971년 동아고졸 1978년 서강대 수학과졸 1984년 한국과학기술원 경영대학원 경영과학과 수료 1988년 서강대 경영대학원 생산관리학과졸 경1978~1994년 한국과학기술원 시스템공학연구소 연구원·선임연구원·책임연구원 1995~2000년 한국전자통신연구원(ETRI) 컴퓨터·SW연구소 책임연구원·연구실장 2000~2005년 한국SW기술진흥협회 운영위원 2000~2014년 (주)엔씨리소프트 대표이사 2005~2009년 대전대 컴퓨터공학과 겸임교수 2007~2008년 국방대 야간석사과정 겸임교수 2009년 정보과학회·정보처리학회 통합SW공학연구회 이사 2013~2015년 국방부 정보화책임관 자문위원 2013~2015년 미래창조과학부 연구장비 예산심의위원 2014년 (주)코스콤 대표이사 사장(현) 2015~2016년 새누리당 핀테크특별위원회 위원 상서울시교육감표창(1983), 한국전자통신연구원(ETRI) 원장표창(1999) 종기독교

정연덕(鄭然德) Jeong Yeon Deok (園湖·東村)

생1942·12·7 본영일(迎日) 출충북 충주 주서울 마포구 월드컵북로9길18 한국시문학문인회(02-323-2227) 학1964년 홍익대 국어국문학과·청주대 경제학과졸 1982년 고려대 교육대학원졸 경1976년 '시문학'에 '작은 고향'으로 시인 등단, 과천시문인협회 회장, 홍익문인회 부회장(현), 충북 청풍중고·충주농공고·음성고·서울 신사중 교사, 서울 경수중 교감, 교육부 장학사, 同국제교육진흥원 한국문화담당 교수, 한강중 교감, 용산중 교장 2001~2009년 (사)한국현대시인협회 부이사장·지도위원(현), 한국시문학문인회 회장 2007년 同명예회장·전문위원(현), '시현장' 발행인 겸 주간(현), 한국고서연구회 이사(현) 2014년 국제PEN클럽 한국본부 남북교류위원(현) 2014년 한국문인협회 사료조사위원(현) 상목련문화예술상(1980), 율목문학상(1993), 홍익문학상(1996), 한국예총 예술문화상 공로상(1999), 시문학상(2002), 홍조근정훈장(2005), 한국글사랑 문학상(2006) 저'우리고장의 세시풍속'(1993) '자하신위의 시세계' 달래강'(1978) '박달재'(1881) '망종일기'(1987) '달빛타기'(1990) '풀꽃은 일요일이 없다'(1993) '겨울새는 잠을 깬다'(1998) '흘러가는 산'(2001) '풀꽃들의 변주'(2002) '곱사둥이 춤꾼'(2004, 영역시집) '샤론의 꽃바람'(2009) 종기독교

정연만(鄭然萬) JEONG Yeon Man

생1959·3·25 본영일(迎日) 출경남 산청 주서울시 마포구 마포대로20(02-705-5513) 학1979년 진주고졸 1983년 서울대 사회교육학과졸 1988년 同대학원졸 2000년 미국 위스콘신대 대학원졸 경1994년 환경처 수질보전국 수질정책과 서기관 1995년 환경부 법무담당관 1995년 국무총리행정조정실 파견 1996년 환경공무원교육원 기획과장 1997년 환경부 대기관리과장 2000년 同환경평가과장 2000년 同국토환경보전과장 2001년 同수질정책과장(부이사관) 2001년 同총무과장 2002년 지속가능발전위원회 파견 2004년 환경부 수질보전국장 2005년 同수질보전국장(이사관) 2005년 미국 델라웨어대 파견 2006년 환경부 홍보관리관 2007년 금강유역환경청장 2008년 환경부 자원순환국장 2009년 同자연보전국장 2011년 同기획조정실장 2013~2016년 同차관 2014~2015년 국무총리산하 경제·인문사회연구회 비상임이사 2016년 불교방송 경영자문위원(현) 상대통령표창(1992), 조계종 불자대상(2015) 종불교

정연명(鄭淵明) JEONG Yeon Myung

생1959·3·15 출경남 함양 주서울 종로구 효자로15 코오롱빌딩3층 부마민주항쟁진상규명및관련자명예회복심의위원회 보상지원단(02-6744-3103) 학1978년 경남 안의고졸 1986년 동아대 행정학과졸 1988년 同대학원 행정학과졸 경1991년 행정고시 합격(35회) 1993년 부산시 노정담당관실 직업안정계장 1994년 同법무담당관실 법제계장, 행정자치부 민간협력과·자치행

정과 근무 2002년 同주민과 서기관 2003년 국무조정실 복권위원회사무처 복권제도과장 2004년 同복권위원회사무처 기금운용과장 2005년 제주특별자치도추진기획단 파견 2006년 한·일수교회담문서공개등대책기획단 파견 2006년 행정자치부 지방혁신인력개발원 기획협력팀장 2007년 행정자치부 지방혁신전략팀장 2008년 행정안전부 선거지방의회과장 2008년 同선거의회과장 2009년 同성과급여기획과장(부이사관) 2010년 호주 파견(부이사관) 2012년 행정안전부 복무담당관 2012년 同세종청사관리단장(고위공무원) 2013년 안전행정부 세종청사관리소장 2014년 경남도 기획조정실장 2015년 중앙공무원교육원 교육파견 2016년 국무총리소속 부마민주항쟁진상규명및관련자명예회복심의위원회 보상지원단장(현) 상홍조근정훈장(2014)

정연모(鄭然模) CHUNG Yun Mo

생1957·10·7 본연일(延日) 출경북 문경 주경기 용인시 기흥구 덕영대로1732 경희대학교 전자정보대학 전자전파공학과(031-201-2585) 학1980년 경북대 수학과졸 1982년 한국과학기술원 대학원 전산학과졸 1992년 공학박사(미국 미시간주립대) 경1982년 경제기획원 전산처리과 1988년 미국 미시간주립대 조교 1992년 경희대 전자공학과 조교수 1995년 통계청 전문위원 1997년 경희대 전자정보대학 전자전파공학과 교수(현) 1998년 국가기술고시 출제위원 1999년 경희대 산업정보대학원 교학부장 저'C 프로그래밍' 'VHDL 기초와 응용' 등 역원격영상교육시스템 '무지개' 인터넷교육시스템 'Netclass'

정연복(鄭鍊福) JUNG Yon Bok

생1966·4·18 출경남 진주 주서울 강남구 테헤란로317 법무법인(유) 대륙아주(02-3016-5241) 학1984년 대아고졸 1988년 서울대 법대졸 1991년 同대학원졸 경1990년 사법시험 합격(32회) 1993년 사법연수원 수료(22기) 1993년 수원지검 성남지청 검사 1995년 대구지검 안동지청 검사 1997년 청주지검 검사 1999년 서울지검 검사 2002년 인천지검 검사 2005년 대구지검 부부장검사 2006년 광주고검 검사 2007년 청주지검 부장검사 2008년 사법연수원 교수 2010년 수원지검 성남지청 부장검사 2011년 인천지검 형사3부장 2012년 의정부지검 형사1부장 2013년 서울고검 검사 2013년 변호사 개업 2015년 법무법인(유) 대륙아주 변호사(현)

정연봉(鄭淵峯)

생1957 출충남 계룡시 신도안면 계룡대로 사서함57호 육군본부(02-505-6000) 학1982년 육군사관학교(38기) 경국방부 정책기획차장 2011년 육군 제50사단장, 육군 정보작전지원참모부장 2014년 육군 8군단장(중장) 2015년 육군 참모차장(중장)(현)

정연석

생1959·4·5 출부산 주인천 중구 용유로557 항공안전기술원(032-743-5500) 학1978년 동아고졸 1983년 서울대 항공우주공학과졸 1985년 同대학원졸 1998년 항공우주공학박사(미국 워싱턴대) 경2006년 한국항공우주산업(주) 개발본부 근무 2010~2011년 同수출본부 상무 2011~2013년 KAI-EC(주) 대표이사 2013~2014년 국방발전연구원 수석연구원 2014~2015년 항공우주연구원 책임연구원 2015~2016년 국방과학연구소 책임연구원 2016년 항공안전기술원 원장(현)

정연선(鄭連先) JEONG Yun Sun

생1953·9·15 주전남 무안군 삼향읍 오룡길1 전라남도의회(061-286-8200) 학서영대 토목환경과졸, 목포대 행정대학원 수료, 세한대 행정대학원 수료 경在목포신안군향우회 회장, 광주지검 목포지청 아동분과 위원장, 목포경찰서 생활안전협의회연합회 회장, 신안군산림조합 이사(현), 전남지체장애인협회 신안군지회 후원회장(현), 안중근평화재단 청년아카데미 신안군지회장(현), 민주평통 신안군협의회 자문위원(현), 광주지검 목포지청 법사랑지도위원(현) 2014년 새정치민주연합 전남도당 농업경쟁력제고특별위원장 2014년 전남도의회 의원(새정치민주연합·더불어민주당)(현) 2014·2016년 同농림해양수산위원회 위원(현)

정연수(鄭然琇) JUNG Yeon Soo

[생]1953·7·10 [출]경남 하동 [주]서울 중구 동호로 268 (주)파라다이스 부회장실(02-2271-2121) [학]1971년 진주고졸 1979년 부산대 경영학과졸 1984년 同대학원 경영학과졸 [경]1978~1983년 한국산업은행 근무 1983~1992년 한성투자금융(주) 부장 1992~1995년 (주)MBC 미술센터 부장 1995~1999년 (주)파라다이스 이사대우 1999~2008년 同워커힐지점 전무이사 2008~2009년 同사장 2008~2009년 同삼청각지점 대표이사 겸임 2008~2009년 (주)파라다이스케냐 대표이사 겸임 2010~2015년 (주)파라다이스호텔부산 대표이사 2015년 (주)파라다이스세가사미 대표이사 부회장(현) 2015년 (주)파라다이스 카지노사업 총괄임원(현) 2016년 同각자대표이사 부회장 겸임(현)

정연순(鄭然順·女) Yeonsoon CHUNG

[생]1967·12·22 [출]서울 [주]서울 서초구 남부순환로 2583 서희타워8층 법무법인 지향(02-3471-4003) [학]1985년 보성여고졸 1989년 서울대 공법학과졸 1996년 同대학원 법학과졸 1998년 연세대 보건대학원 의료법고위과정 수료 2005년 미국 미주리주립대 법과대학원 법학과졸(대안적분쟁해결분야) 2010년 서울대 법학전문대학원 법학 박사과정 수료 [경]1991년 사법시험 합격(33회) 1994년 사법연수원 수료(23기) 1994~2006년 법무법인 한결·법무법인 덕수 변호사 1996년 정보통신윤리위원회 전문위원 1998년 건국대 강사 2000년 여성특별위원회 지원변호인 2000년 서울시 토지이용심사위원 2000년 벤처컨설팅그룹 (주)TNT 이사 2000년 변리사 등록 2000년 행정자치부 고문변호사 2006~2008년 국가인권위원회 차별시정본부장 2008년 법률사무소 정·원 변호사 2010~2012년 민주사회를위한변호사모임 사무총장 2012년 무소속 안철수 대통령후보선거대책위원회 공동대변인 2014년 민주사회를위한변호사모임 부회장 2014년 법무법인 지향 대표변호사(현) 2016년 민주사회를위한변호사모임 회장(현)

정연식(鄭演植) CHUNG Yeon Sik

[생]1956·11·5 [출]서울 [주]서울 노원구 화랑로621 서울여자대학교 인문대학 사학과(02-970-5456) [학]1979년 서울대 국사학과졸 1982년 同대학원 국사학과졸 1993년 문학박사(서울대) [경]1984~1992년 서울대·한신대·덕성여대·서원대 강사 1990~1994년 서울대 규장각 학예연구사 1994~2003년 서울여대 사학과 조교수·부교수 2002~2007·2012~2014년 同박물관장 2003년 同인문대학 사학과 교수(현) 2009년 同사무처장 2011년 同사학과장 겸 대학원 사학과장 2013~2015년 同인문대학장 2015년 서울여대 박물관학전공(연계전공) 주임교수 2015년 역사학회 회장(현) [저]'한국중세사회 해체기의 제문제'(1987) '조선시대 사람들은 어떻게 살았을까(共)'(1996, 청년사) '일상으로 본 조선시대 이야기 1·2'(2001, 청년사) '영조 대의 양역정책과 균역법'(2015, 한국학중앙연구원출판부) [종]기독교

정연식(鄭然植) CHUNG Yun Sik

[생]1959·10·24 [출]대구 [주]대구 달서구 달구벌대로 1095 계명대학교 세무학과(053-580-6421) [학]대구 심인고졸, 서울대 경영학과졸, 성균관대 대학원 경영학과졸, 경영학박사(계명대) [경]산동회계법인 근무, 구일합동회계사무소 근무 1993~2000년 계명문화대학 세무회계정보과 교수 1996~1997년 미국 위스콘신주립대 교환교수 2000~2009년 계명대 세무학과 부교수 2009~2011년 중부지방국세청 납세지원국장(고위공무원) 2011년 계명대 세무학과 부교수(현) 2012~2014년 同출판부장 2012~2014년 同교양교육대학 책임교수 2013~2014년 同세무학과장 2014년 同총무처장(현) [저]'회계와 사회(共)'(2002, 명경사) '한국경영학 교육인증제와 세무학교육'(세무와 회계저널) '부동산관련 세제의 문제점과 개선방안'(경영경제)

정연우(鄭然雨) CHUNG Yeon Woo

[생]1958·6·20 [출]경북 구미 [주]충북 제천시 세명로65 세명대학교 광고홍보학과(043-649-1261) [학]1977년 김천고졸 1983년 중앙대 신문방송학과졸 1987년 同대학원졸 1995년 신문학박사(중앙대) [경]1988~1996년 서울여대·중앙대·원광대·건국대·서일전문대학 강사 1996년 세명대 광고홍보학과 교수(현) 2003~2007년 광고소비자시민연대 공동대표 2004~2010년 선거방송토론위원회 위원 2004~2008년 한국광고홍보학회 편집위원 2005~2007년 한국언론정보학회 연구이사 2007~2008년 방송위원회 상품판매방송심의위원 2008~2012년 민주언론시민연합 상임공동대표 2008년 세명대 경영행정복지대학원장(현) 2008년 同평생교육원장(현) 2012~2013년 한국언론정보학회 회장 2013년 KBS 경영평가위원 [저]'한국언론의 정치경제학(共)'(1990, 아침) '현대사회와 출판'(共) '현대 출판의 이해'(共) '정보사회와 매스컴'(共) '정보사회와 광고'(共) '사람, 사회, 그리고 미디어(共)'(2006, 이진출판사) '방송통신융합과 지역방송(共)'(2007, 한울아카데미)

정연우(鄭然友) JUNG, Yeonwoo

[생]1970·12·27 [본]진양(晋陽) [출]경남 남해 [주]대전 서구 청사로189 특허청 대변인실(042-481-5027) [학]1988년 진주 명신고졸 1994년 서울대 전기공학과졸 1997년 同대학원 전기공학과졸 [경]1998년 기술고시 합격(33회) 1998~1999년 행정자치부 수습사무관 1999~2002년 특허청 전자심사담당관실 특허심사관 2005~2007년 同정보기획담당관실 기술서기관 2007~2009년 同기획재정담당관실 예산계장 2009~2011년 국제지식재산연수원 창의발명교육과장 2011~2013년 국외 직무훈련(영국 옥스퍼드대 기술지주회사 : Isis Innovation) 2013년 특허청 대변인 2016년 同대변인(부이사관)(현) [상]대통령표창(2008), 근정포장(2015)

정연익(鄭然翼) JUNG YEON IK

[생]1967·3·14 [출]인천 [주]서울 양천구 신월로390 서울남부지방검찰청 사무국(02-3219-4321) [학]고려대 법학과졸 [경]1992년 행정고시 합격(36회), 인천지검 조사과 수사사무관, 대검찰청 공보관실 수사사무관 2001년 인천지검 사건과장·집행과장·강력과장 2005년 同총무과장 2006년 同수사과장 2007년 서울서부지검 집행과장 2008년 서울남부지검 사건과장 2009년 인천지검 부천지청 사무과장 2010년 검찰총장 비서관, 대전고검 검찰부이사관 2013년 청주지검 사무국장 2014년 중앙공무원교육원 파견 2015년 춘천지검 사무국장 2016년 서울남부지검 사무국장(현)

정연재

[생]1969 [주]대구 중구 국채보상로528 삼성생명 대구지역사업본부(052-250-5200) [학]1987년 대동고졸 1994년 영남대 지역개발학과졸 [경]1994년 삼성생명보험(주) 대구총국 근무, 同남포항국 근무, 同경주국 근무 2002년 同대구지역사업부 태평영업소장 2004년 同영업기획팀 근무 2009년 同전략지원팀 근무 2012년 同경인지역사업부 동탄오산지역단장 2014년 同경인지역사업부 부평지역단장 2015년 同경인지역사업부 안산지역단장 2015년 同경인지역사업부 안산지역단장(상무) 2016년 同대구지역사업부 상무(현)

정연주(鄭淵珠) JUNG Yun Joo

[생]1946·11·22 [출]경북 월성 [학]1965년 경주고졸 1970년 서울대 경제학과졸 1989년 경제학박사(미국 휴스턴대) [경]1967~1968년 서울대 '대학신문' 기자·학생편집장 1970~1975년 동아일보 기자 1975년 동아사태로 해직 1977년 '씨알의 소리' 편집장 1978년 긴급조치 9호위반으로 투옥 1982년 渡美 1989년 한겨레신문 기자 1993년 同국제부 편집위원대우 1995년 同부국장대우 워싱턴특파원 1997년 同편집국장대우 2000년 同논설주간 2001~2003년 同이사 겸 논설주간 2001~2003년 MBC 시청자위원 2003~2008년 한국방송공사(KBS) 사장 2003년 한국방송협회 이사 2004·2006·2008년 同부회장 2005·2007년 同회장 2009~2014년 사람사는세상 노무현재단 이사 2011~2013년 同사료편찬특별위원회 위원장 [상]통일언론상(1997), 서울언론인클럽 신문칼럼상(1999), 한국어문상 말글사랑부문(2004) [저]'기자인 것이 부끄럽다'(2002, 비봉출판사) '정연주의 워싱턴 비망록1 : 서울-워싱턴-평양'(2002) '정연주의 증언'(2011) '정연주의 기록'(2011, 유리창) [역]'자본주의 전개와 이데올로기' '말콤엑스'(共) '경제학사입문' [종]기독교

정연주(鄭然柱) JUNG Yeon Joo

[생]1950·3·15 [주]서울 서초구 서초대로74길14 삼성물산(주) 임원실(02-2145-5114) [학]1968년 대구상고졸 1973년 동국대 경영학과졸 1998년 홍익대 세무대학원졸 2003년 서울대 대학원 e-비지니스최고경영자과정 수료 2008년 미국 스탠퍼드대 최고경영자과정 수료 [경]1976년 삼성물산 입사·이사 1998년 삼성전관 경영지원팀 상무이사 2000년 삼성SDI 전무이사 2002년 同부사장 2003~2009년 삼성엔지니어링(주) 대표이사 사장 2010~2011년 삼성물산 대표이사 사장 겸 건설부문장 2010~2013년 대한건설협회 회원이사 2010년 건설공제조합 운영위원 2011~2013년 삼성물산 대표이사 부회장 겸 건설부문장 2013년 同고문(현) [상]철탑산업훈장(2004), 한국품질경영학회 한국품질경영인대상(2007), 금탑산업훈장(2009)

정연준(鄭然駿) CHUNG Yun Joon

[생]1967·4·21 [출]부산 [주]인천 중구 월미로96 선창산업(주) 임원실(032-770-3000) [학]1986년 홍익대사대부고졸 1990년 한국외국어대 이란어과졸, 미국 밴더빌트대 경영대학원 경영학과졸 [경]2001~2005년 선창산업(주) 상무·전무 2005년 同대표이사 사장 2012년 同부회장(현) 2015년 (사)한국합판보드협회 회장(현) [종]기독교

정연진(程鍊鎭) CHUNG Yeon Chin

[생]1948·8·20 [출]광주 [주]서울 서초구 바우뫼로27길2 일동제약(주) 임원실(02-526-3329) [학]1968년 광주제일고졸 1973년 서울대 약학과졸 [경]1975년 일동제약(주) 입사 1991년 同부장 1996년 同이사대우 1999년 同상무 2002년 同상무이사 2005년 同마케팅본부장(전무이사) 2008년 同부사장 2011년 同대표이사 사장 2012~2014년 한국제약협회 부이사장 2012~2014년 同제약기업윤리위원장 2014년 同이사회 이사(현) 2014년 일동제약(주) 대표이사 부회장(현) [상]서울대총동창회 공로패(2014)

정연찬(鄭然讚) Yonchan Jeong

[생]1958·1·10 [출]충남 태안 [주]서울 동작구 장승배기로 161 동작구청 부구청장실(02-820-1107) [학]1984년 동국대 행정학과졸 2002년 영국 리즈대 대학원 교통기획학과졸 2013년 교통공학박사(서울시립대) [경]1987년 행정고등고시 합격(30회) 2002년 서울시 복지건강국 보육지원과장 2003년 同감사관실 감사담당관 2004년 同교통관리실 교통계획과장 2006년 駐프랑스 파리주재관 2008년 서울시 산업경제기획관 2011년 同맑은환경본부장 2013년 同상수도사업본부장 2014년 同동작구 부구청장(현)

정연헌(鄭淵憲) Jung, Yeon Heon

[생]1968·4·24 [출]충북 충주 [주]대구 수성구 동대구로 364 대구지방검찰청(053-740-3300) [학]1985년 충주고졸 1992년 고려대 법학과졸 [경]1997년 사법시험 합격(39회) 2000년 사법연수원 수료(29기) 2000년 광주지검 검사 2002년 춘천지검 영월지청 검사 2003년 서울지검 고양지청 검사 2004년 의정부지검 고양지청 검사 2005년 청주지검 검사 2007년 서울중앙지검 검사 2010년 대구지검 검사 2012년 서울동부지검 검사 2012년 사법연수원 교수 2014년 대구지검 공판부장 2015년 수원지검 여주지청 부장검사 2016년 대구지검 부부장검사(현)

정연호(鄭然鎬) JEONG Yeon Ho

[생]1957·12·3 [출]경남 산청 [주]경기 수원시 영통구 월드컵로 206 한중법학회(031-219-3786) [학]1975년 진주기계공고졸 1983년 동아대 법학과졸 1988년 同대학원 법학과졸 2005년 중국 중국정법대 대학원 박사과정 수료 [경]1983년 사법시험 합격(25회) 1985년 사법연수원 수료(15기) 1986년 수원지검 성남지청 검사 1987년 부산지검 검사 1995년 서울지검 동부지청 검사 1997년 사법연수원 중국법강사 1997년 (사)한중법학회 이사·부회장 1998~2000년 서울지방경찰청 행정심판위원 1998~2000년 한국무역협회 중국법률자문위원 1998년 중국 북경 국연자순유한공사 동사장 2001~2004년 사법연수원 겸직교수 2001년 대한상사중재원 중재인 2002~2003년 서울대 법과대학원 중국법 강사 2003년 법제처 동북아법제 자문위원 2004~2009년 서울중앙지법 파산관재인 2004~2006년 (사)현대중국학회 부회장 2005년 법무법인 신세기 대표변호사 2006년 법무법인 렉스 변호사 2006년 ICC Korea 국제중재위원회 중재위원 2008년 국제경제무역중재위원회(CIETAC) 중재인 2009년 법무법인(유) 에이펙스 변호사 2010~2014년 법무법인 율촌 북경사무소 수석대표변호사 2011~2014년 시그네틱스(주) 사외이사 2012~2014년 (주)인터플렉스 사외이사 2014년 새정치민주연합 최고위원 2014~2015년 同경남도당 공동위원장 2014년 정책네트워크 '내일' 소장 겸 이사장 2016년 국민의당 창당준비위원회 부위원장, (사)한중법학회 자문위원(현)

정연홍(鄭然泓) YON HONG, JHUNG

[생]1964·3·18 [출]서울 [주]경기 안양시 동안구 시민대로 161 안양무역센터10층 다믈멀티미디어(주) 임원실(031-380-6950) [학]1982년 신일고졸 1986년 연세대 전자공학과졸 1988년 미국 브리지포트대 대학원 전자공학과졸 1994년 전자공학박사(미국 퍼듀대) [경]1995~1998년 삼성전자 근무 1998년 다믈멀티미디어(주) 경영총괄 대표이사, 同사업총괄 대표이사(현)

정연희(鄭然喜·女) JUNG Yun Hee

[생]1936·3·5 [출]서울 [주]서울시 서초구 반포대로37길 59(02-3479-7223) [학]1954년 숙명여고졸 1958년 이화여대 국어국문학과졸 [경]1957년 동아일보 신춘문예에 단편소설 '파류상' 당선 1958년 세계일보 근무 1969년 경향신문 순회특파원 1971년 조선일보 순회특파원 1988년 이화여대 평생교육원 강사·주부편지 발행인 1996년 국제펜클럽 한국본부 편집위원 1998년 한국여성문학인회 부회장 2000~2002년 同회장 2002년 이화여대문인회 회장 2004년 한국소설가협회 이사장 2004년 서울문화재단 초대이사장 2008~2010년 (사)한국소설가협회 이사장 2013년 대한민국예술원 회원(현) [상]한국소설가협회상(1979), 한국문학작가상(1982), 대한민국 문학상(1984), 尹東柱 문학상(1986), 柳周鉉 문학상(1987), 김동리 문학상(2000), 국제펜클럽 한국본부 펜문학상(2006) [저]장편소설 '목마른 나무들' '雅歌' '石女' '불타는 神殿(전2권)' '일요일의 손님들' '별이 숨은 湖水' '그 겨울의 木神' '공민왕' '비를 기다리는 달팽이' '소리치는 깃발' '쓸개' '여섯째 날 오후' '늪에서 나온 사람' '내 잔이 넘치나이다' '난지도' '하늘 사랑 땅의 사랑(양화진)' '소리치는 땅' '순결' 소설집 '백조의 호수' '갇힌 자유' '꽃을 먹는 하얀 소' '아이누, 아이누!' '뿔' '저녁이 되며 아침이 되니' '나비야 청산 가자' '바위 눈물' '난장이 나라의 조종사' '가난의 비밀' '백스무 번째 죽음' '빌려온 시간' 산문집 '그대 강가에 나의 등불을' '해가 뜰 때 출발을' '나를 만나러 가는 길' '이름 없이 빛도 없이' '길 따라 믿음 따라' '시베리아 눈물의 낙원' '예술가의 삶' '정연희의 시골생활, 언니의 방' 묵상시집 '빈 들로 가거라' [종]기독교

정연희(鄭蓮姬·女) JUNG Yun Hee

[생]1952·2·20 [본]동래(東萊) [출]경북 문경 [주]경남 창원시 의창구 상남로290 경상남도의회(055-211-7370) [학]충주여상졸, 영산대 행정학과졸, 同법무경영대학원 졸 [경](주)미래웨딩캐슬파밀리아 대표이사, 창원지검 범죄예방갱생지부 여성회장, 창원시여성단체협의회 회장, 경남도체육회 이사 2006~2010년 경남 창원시의회 의원(비례대표) 2008~2010년 同총무위원장 2010년 경남도의회 의원(한나라당·새누리당) 2012~2014년 同건설소방위원회 위원 2014년 경남도의회 의원(새누리당)(현) 2014~2016년 同경제환경위원회 위원장 2016년 同문화복지위원회 위원(현) [종]불교

정영규(鄭永奎) CHOUNG Young Kyu (雅亭)

[생]1949·2·23 [본]진주(晉州) [출]전북 김제 [주]서울 구로구 디지털로33길27 삼성IT밸리305호 (주)엘앤씨스퀘어(02-2028-1881) [학]1967년 김제고졸 1977년 중앙대 신문방송학과졸 [경]1977년 조선일보 입사 1986년 同광고영업부 차장 1990년 스포츠조선 광고영업부장 1994년 同부국장대우 광고영업부장 1995년 同부국장 1998년 同광고국장 2000년 同광고사업국장(이사대우) 2002년 同광고사업국장(이사) 겸 총무국장 2004년 同영업총괄이사 겸 경영지원국장 2004년 同영업국장(이사) 2005년 同사업단장(이사) 2007년 (주)엘앤씨스퀘어 대표이사(현) [종]천주교

정영균(鄭瑛均) JEONG YOUNG KYOON

[생]1962·7·26 [본]하동(河東) [출]충북 충주 [주]서울 강동구 상일로6길39 (주)희림종합건축사사무소(02-3410-9103) [학]1981년 숭실고졸 1985년 서울대 건축학과졸 1987년 同건축대학원졸 1989년 미국 펜실베이니아대 대학원 건축학과졸 1998년 한양대 대학원 환경경영정책과정 수료 2002년 서울대 환경대학원 도시환경디자인 최고전문가과정 수료 2007년 고려대 정책대학원 Real Estate & Finance CRO과정 수료 2008년 매사추세츠대 도시계획학과 Visiting Scholar [경]1990년 Mitchell & Giurgola Architects Partners 근무 1991년 Bower Lewis Thrower Architects 근무 1994년 (주)희림종합건축사사무소 입사 2001년 同대표이사(현) 2002년 (사)한국주거학회 참여이사 2004년 (사)한국도시설계학회 상임이사 2005년 중앙일보 조인스랜드 자문의원 2005년 남북투자기업협의회 전문의원 2005년 서울시도시건축전문가포럼 위원 2006년 (사)한국주거학회 부회장 2007년 매경춘추 칼럼 집필진 2007·2010년 대한건축학회 이사 2010년 빌딩스마트협회 부회장 2010년 한국건축가협회 제29회 대한민국건축대전 초대작가 2011년 국제건축가연맹(UIA) 총회 서울유치자문위원 2012년 (사)한국도시설계학회 상임이사 2013년 한국중견기업연합회 부회장 2014년 (사)월드클래스300기업협회 부회장 [상]제3회 해외플랜트의 날 대통령표창(2008), 제11회 대한민국디자인대상 디자인경영부문 최우수상(국무총리상)(2009), 제4회 대한민국코스닥대상 최우수테크노경영상(2009), '41회 상공의 날' 국무총리표창(2014), 제3회 대한민국지식대상 대통령표창(2014), ENR Global Best Project(스포츠부문)수상(2015), World Stadium Congress 건축가부문 수상(2016), ENR

Global Best Project(오피스 부문)수상(2016), 제2중견기업인의 날 산업포장(2016) [저]'희림 그 밝은 빛을 따라'(2007)

정영근(鄭泳根) Chung Youngkuhn

[생]1957·1·28 [본]연일(延日) [출]서울 [주]서울 중구 명동길26 유네스코 한국위원회(02-6958-4100) [학]1975년 경기고졸 1980년 서울대 식품공학과졸, 성균관대 언론정보대학원 정치학과졸 [경]1984년 연합통신 기자 1988년 국민일보 기자 1995년 YTN 기자 1998년 同차장대우 1999년 同정치부 차장 2000년 同사회1부 차장·사회2부 차장 2001년 同국제부장 2003년 同정치부장 2004년 同워싱턴특파원(지국장) 2008년 同보도국 편집부국장 2008년 同보도국 취재부국장 2009년 同보도국장 2009년 同마케팅국장 2010년 同보도제작국장 2011~2015년 YTN DMB 상무이사 2011년 同집행임원 겸임 2015년 유네스코 한국위원회 홍보소통전문위원(현) 2015년 한국방송광고진흥공사 비상임이사(현) [종]가톨릭

정영길(鄭永吉) JUNG Young Gil

[생]1965·10·1 [출]대구 [주]경북 안동시 풍천면 도청대로455 경상북도의회(054-933-2200) [학]영남공고졸 2006년 경북과학대학 사회복지과졸, 경일대 행정학과졸 [경]성주군재향군인회 부회장(현), 성주군장애인협회 후원회장(현), 성주군사회단체협의회 사무국장, 성주청년회의소 회장, 성주군소방행정자문단 단장(현), 성주군체육회 이사, 성주군태권도협회 이사, 성주군씨름협회 이사, 한나라당 경북도당 청년위원장, 민주평통 자문위원, 성주군소방행정자문단 단장(현), 한국자유총연맹 성주군 지부회원(현) 2005년 경북도 소방행정자문위원회 위원 2006~2010년 경북 성주군의회 의원(한나라당) 2010년 경북도의회 의원(한나라당·새누리당) 2012년 同농수산위원회 부위원장 2014년 경북도의회 의원(새누리당)(현) 2014년 同농수산위원회 위원장 2016년 同문화환경위원회 위원(현) 2016년 同정책연구위원회 위원(현) [종]천주교

정영길(鄭榮吉) JUNG Young Kil

[생]1965·10·23 [출]충남 홍성 [주]대전 서구 관저동로158 건양대학교 의과대학 해부학교실(042-600-6310) [학]영동고졸 1988년 충남대 수의학과졸 1993년 同대학원 수의학과졸 1997년 수의학박사(충남대) 2005년 의학박사(일본 도쿠시마대) [경]1988~1990년 육군 제3군수지원사령부 의무대 수의장교(검사관) 1991~1996년 한림대 의대 해부학교실 조교 1993~1996년 서울보건전문대 임상병리과 강사 1994~1996년 서울중앙병원 아산생명과학연구소 위촉연구원 1996년 건양대 의과대학 해부학교실 교수(현) 1999년 일본 National Institute for Physiological Science(NIPS) 방문학자 2000~2001년 캐나다 캘거리대 박사 후 과정 연구원 2004년 건양대 의학과장 2005~2006년 同학사관리처장 2005년 同치위생학과 준비학과장 2006년 同기획진로처장 2007년 同기획처장 2010년 同기획조정처장 2011년 同경영전략실장 2011년 同의과학대학장 2012년 同특임부총장 2012년 교육부 LINC사업단장(현) 2013년 同행정부총장(현) 2013년 교육부 대학발전기획단 기획위원(현) 2013~2015년 민주평통 대전유성지부 기획운영위원장 2013년 교육부 구조개혁위원회 위원(현) 2013~2015년 同지방대학특성화사업 연구책임자 2014년 건양대 기획조정실장(현) 2016년 교육부 PRIME사업단장(현) 2016년 전국부총장협의회 부회장(현) [상]교육부장관표창(2014) [저]'조직학'(2001) '인체칼라해부도'(2003) '기본인체해부학(共)'(2005, 탐구당) [종]천주교

정영덕(丁英德) JEONG Young Deok

[생]1963·9·3 [본]나주(羅州) [출]전남 [주]전남 무안군 삼향읍 오룡길1 전라남도의회(061-286-8200) [학]목포대 지역개발학과졸, 초당대 사회복지학과졸 2008년 건축공학박사(조선대) [경]전남도 도시계획위원회 전문위원, 同공무원교육원 강사, 同경관심의위원회 위원, 전남발전연구원 초빙연구원, 목포교도소 교정위원, 대한국토도시계획학회 광주전남지회 이사, 한국도시설계학회 광주·전남지회 이사 2008년 목포대 겸임교수, 同총동문회장, 동신대 겸임교수 민주당 전남도당 기업도시위원장 2010년 전남도의회 의원(민주당·민주통합당·민주당·새정치민주연합), 同건설소방위원회 부위원장 2010년 명품도시연구회 회장 2014년 전남도의회 의원(새정치민주연합·더불어민주당)(현) 2014년 同행정환경위원회 위원장 2015년 同안전행정환경위원회 위원장 2016년 同보건복지환경위원회 위원(현) 2016년 同예산결산특별위원회 위원(현) [상]국무총리표창, 의정·행정대상 광역의원부문(2015) [저]'토지형질변경 길잡이' [역]'일본의 경관계획'(태림문화사) [종]천주교

정영덕(鄭永德) Joung Young Douk

[생]1967·9·18 [본]하동(河東) [출]경남 하동 [주]대전 서구 복수북로21 국립자연휴양림관리소(042-580-5500) [학]1993년 경상대 임학과졸 2013년 同대학원 산림공학과졸 [경]1992년 산림조합중앙회 조사설계부 근무 1997년 同기획실 근무 1999~2014년 同ENG센터 근무 2015년 국립자연휴양림관리소장(현) [종]기독교

정영록(鄭永祿) Cheong Young-Rok

[생]1958·5·1 [주]서울 관악구 관악로1 서울대학교 국제대학원(02-880-8514) [학]1981년 서울대 경제학과졸 1987년 미국 Univ. of Southern California 대학원 경제학과졸 1990년 경제학박사(미국 Univ. of Southern California) [경]1998~2001년 연세대 조교수 2000~2001년 현대중국학회 회장 2001~2003년 서울대 국제대학원 조교수 2002년 전국경제인연합회 중국위원회 자문위원 2003~2011년 서울대 국제대학원 부교수 2004년 한국무역협회 무역연구소 연구자문위원 2004년 외교통상부 정책자문위원 2005년 서울시정개발연구원 동북아도시연구센터 자문위원, (주)SBSi 비상근감사 2011~2013년 駐중국 경제2공사·경제공사 2013년 서울대 국제대학원 교수(현) 2014년 (주)하나은행 사외이사 2015년 KEB하나은행 사외이사(현)

정영륜(鄭永倫) CHUNG Young Ryun

[생]1954·2·16 [본]진양(晋陽) [출]부산 [주]경남 진주시 진주대로501 경상대학교 자연과학대학 미생물학과(055-772-1326) [학]1972년 경남고졸 1976년 서울대 농생물학과졸 1981년 同대학원 식물병리학과졸 1988년 이학박사(미국 오하이오주립대) [경]1979~1984년 한국인삼연초연구소 연구원 1984~1987년 미국 오하이오농업개발연구소 연구원 1988~1992년 한국화학연구소 책임연구원 1989~1991년 충남대 미생물학과 시간강사 1992년 경상대 자연과학대학 생명과학부 교수, 同미생물학과 교수(현) 1993년 한국화학연구소 겸임연구원 1997년 국회 환경포럼 정책자문위원(현) 1999~2000년 경상대 기획연구부실장 2000년 미국 세계인명사전 Marquis Who's Who에 등재 2000~2001년 경제개발협력기구(OECD) 초청 연구교수 2005년 경상대 공동실험실습관장 2011~2014년 한국농업미생물연구회 회장 2012~2014년 경상대 식물생명공학연구소장 2015년 한국식물병리학회 회장 [상]과학기술우수논문상(2000) [저]'환경미생물학'(1993) '유기성 폐기물의 퇴비화 기술'(1994) '농축산폐기물의 퇴비화'(1995) '가정 및 축산폐기물의 퇴비화'(1995) [종]불교

정영린(鄭永麟) Chung Young-Lin

[생]1962·6·29 [본]경주(慶州) [출]충남 예산 [주]강원 강릉시 범일로579번길24 가톨릭관동대학교 관광스포츠대학 스포츠레저학과(033-649-7723) [학]1981년 제물포고졸 1985년 서울대 체육교육학과졸 1987년 同대학원 체육교육학과졸 1997년 체육교육학박사(서울대) [경]1988~1990년 공군사관학교 교관 및 전임강사(공군 중위) 1998년 관동대 사회체육학과 교수 2002년 同체육학부 교수 2003~2014년 同스포츠레저학부 교수 2009년 한국학술진흥재단 복합학단 PM 2010~2011년 국회입법조사처 조사분석지원위원 2011~2012년 한국체육학회 총무이사 2011~2015년 국민체육진흥공단 기금운용심의위원 2011년 한국체육정책학회 부회장(현) 2012년 스포츠복지포럼 정책위원장(현) 2013~2014년 관동대 기획조정실장 2013년 同대외협력처장 2013~2014년 한국체육학회 부회장 2013년 한국스포츠사회학회 부회장(현) 2013년 강원도체육회 이사(현) 2013년 대한체육회 대한대학스포츠위원회(KUSB) 상임위원(현) 2014년 가톨릭관동대 스포츠레저학부 교수 2014년 同스포츠예술대학장 2014년 한국연구재단 학술지 평가위원(현) 2014~2015년 가톨릭관동대 대외협력처장 2015년 同스포츠레저학과 교수(현) 2015년 同관광스포츠대학장(현) 2016년 대한봅슬레이스켈레톤경기연맹 이사(현) [종]기독교

정영목(鄭榮沐) CHUNG,YOUNG-MOK

[생]1953·10·12 [출]충북 옥천 [주]서울 관악구 관악로1 서울대학교 미술대학 서양화과(02-880-7485) [학]1982년 미국 일리노이주립대 미술사과졸 1986년 미국 일리노이대 어배나교 대학원 미술사과졸 1990년 미술사박사(미국 일리노이대 어배나교) [경]1990~1993년 숙명여대 미술대학 회화과 조교수 1993~2002년 서울대 미술대학 서양화과 부교수 2001~2003년 서양미술사학회 회장 2002년 서울대 미술대학 서양화과 교수(현) 2004~2005년 한국미술이

론학회 회장 2016년 서울대 미술관장(현) (저)'현대 서양미술사, 1870~1945' (CD-ROM)(1993, 세광데이타 테크) '장욱진: Catalogue Raisonne'(2001, 학고재) '자연과 삶 그리고 미술: 생태, 마을, 명달리(編)'(2003, 명상출판사) '장욱진 : 화가의 예술과 사상(共)'(2004, 학고재) '생명의 강에서 역사의 노래를 듣다(共)'(2004, 명상) '전성우(Chun Sung-Woo)(編)'(2005, 가나아트) '이성자, 예술과 삶'(2007, 생각의 나무) '동시대 한국미술의 지형(共)'(2009, 학고재) (역)'사불산 윤필암'(2001, 학고재)

정영무(鄭泳武) JOUNG Young Moo

(생)1960 · 1 · 26 (출)경남 함양 (주)서울 마포구 효창목길 6 한겨레신문 사장실(02-710-0121) (학)1982년 서울대 정치학과졸 2002년 서강대 언론대학원 수료 (경)1985년 서울신문 기자 1988년 한겨레신문 기자 1999년 同경제부 차장 2000년 同디지털부 부장대우 2000년 同민권사회2부장 2001년 同한겨레21 사업부장 겸 편집장 2003년 同콘텐츠평가실 평가위원(부장대우) 2004년 同교육문화국 교육취재부장 2005년 同경제부장 2006년 同경제담당 편집장 2006년 同편집국 수석부국장 2007년 同편집국장 직대 2007년 同편집국 수석부국장 2007년 同전략기획실장(이사대우) 2008년 同논설위원 2009년 同광고담당 상무 2011년 同논설위원 2014년 同대표이사 사장(현) 2014년 한국디지털뉴스협회 회장(현) 2015년 한국신문윤리위원회 이사(현) 2015년 허핑턴포스트코리아 대표이사(현) 2015년 한국신문협회 이사(현) (저)'밀레니엄 파고'(1998) (역)'천안문'(1997)

정영민(鄭榮珉) JOUNG Young Min

(생)1962 · 1 · 22 (주)서울 중구 청파로463 한국경제신문 제작국(02-360-4114) (학)1986년 고려대 경영학과졸 (경)1999년 한국경제신문 편집부 차장대우 2000년 同편집부 차장 2003년 同편집부장 2008년 同편집국 오피니언부 편집위원 2010년 同제작국 부국장 2011년 同제작국장(현)

정영복(鄭永福) JUNG Young Bok

(생)1946 · 1 · 16 (본)연일(延日) (출)경북 청도 (주)경기 남양주시 진접읍 봉현로21 현대병원(031-574-9119) (학)1964년 대구 계성고졸 1966년 경북대 문리대학 의예과 수료 1970년 同의대 의학과졸 1978년 가톨릭대 대학원 의학석사 1982년 의학박사(가톨릭대) (경)1978년 가톨릭대 의대 정형외과교실 전임강사 1979~1989년 중앙대 의대 정형외과교실 조교수 · 부교수 1986년 캐나다 토론토대 부속병원 연수 1989~2011년 중앙대 의대 정형외과교실 교수 1996년 대한관절경학회 회장 1998년 대한슬관절학회 부회장 2000년 同회장 2001~2004년 대한정형외과학회지 편집위원장 2001년 대한정형외과스포츠학회 부회장 2002년 同회장 2008년 중앙대병원 무릎관절센터 소장 2010 · 2014년 영국 국제인명센터(IBC) '세계100대 의학자'로 선정 2010년 대한정형외과학회 회장 2011년 현대병원 부원장(현) (상)대한정형외과학회 학술상, 대한관절경학회 학술상, 대한슬관절학회 최우수논문상 (종)기독교

정영상(鄭榮相)

(생)1961 · 7 · 21 (출)전남 담양 (주)전남 목포시 교육로41번길8 목포고용노동지청(061-280-0115) (학)광주 인성고졸, 전남대 경제학과졸 (경)1989년 공무원 임용(7급 공채) 2004년 진주고용노동지청 진주고용안정센터장 2005년 익산고용노동지청 근로감독과장 2006년 여수고용노동지청 여수종합고용안정센터장 · 순천고용안정센터장 2006년 고용노동부 감사담당관실 근무 2011년 광주지방고용노동청 산재예방지도과장 2013년 同근로개선지도1과장 2015년 同목포고용노동지청장(현)

정영석(鄭暎錫) Jung, Young Seok

(생)1960 · 6 · 26 (출)부산 (주)서울 강남구 강남대로358 한신저축은행(02-3466-1300) (학)서울대 경제학과졸, 미국 펜실베이니아대 와튼스쿨 대학원졸(MBA) (경)한국은행 조사1부 근무, 동화은행 뉴욕지점 근무 2000년 제일은행 입행, 同검사부장, 同행정지원단장 2006년 한국스탠다드차타드제일은행 소매 및 기업영업영영본부장 2007년 同서서울 · 경인 · 충청 · 호남지역담당 상무, 同업무서비스개선부 상무, 同퍼스널뱅킹사업부 상무 2012년 한국스탠다드차타드저축은행(SC저축은행) 대표이사 2015년 한국스탠다드차타드은행 전무 2016년 (주)한신저축은행 대표이사(현)

정영석(鄭榮石) JUNG YOUNG SUK

(생)1963 · 6 · 21 (본)동래(東萊) (출)충북 영동 (주)세종특별자치시 갈매로388 문화체육관광부 국제문화과(044-203-2560) (학)1982년 대구 능인고졸 1991년 성균관대 행정학과졸 2008년 영국 버밍엄대 대학원 사회과학과졸 (경)2008년 국무총리실 문화체육과장 2009년 문화체육관광부 홍보콘텐츠기획과장 2010년 駐벨기에유럽연합대사관 문화홍보관 · 문화원장 2014년 국립중앙극장 교육전시부장 2015년 문화체육관광부 특구기획담당관 2016년 同국제문화과장(현)

정영수(鄭英秀) Jung, Young-Soo

(생)1967 · 12 · 1 (출)충북 청주시 상당구 상당로82 충청북도의회(043-220-5117) (학)경기대 대학원 외식조리관리학과 재학中 (경)1991년 청주왕족발 대표(현), 진천군 노인자문위원회 위원장, 한국외식업중앙회 진천지구장(현) 2014년 충북도의회 의원(새누리당)(현) 2014년 同운영위원회 위원 2014년 同교육위원회 부위원장 2014년 同예산결산특별위원회 위원 2015년 同윤리특별위원회 위원 2016년 同교육위원회 위원장(현) 2016년 同문장대온천개발저지특별위원회 위원(현), 새누리당 충북도당 대외협력위원장(현), 진천읍 생활안전협의회 회장(현)

정영순(鄭永順 · 女) CHUNG Young Soon

(생)1952 · 11 · 12 (출)서울 (주)서울 서대문구 이화여대길52 이화여자대학교 사회과학부(02-3277-2257) (학)서울사대부고졸 1975년 이화여대 사회사업학과졸 1977년 同대학원 사회사업학과졸 1980년 미국 아이오와대 사회사업대학원졸 1984년 사회복지정책학박사(미국 일리노이대) (경)1988년 이화여대 사회복지학과 교수, 同사회과학부 사회복지학전공 교수(현) 1988년 同사회과학대학 교학부장 1988~1994년 同종합사회복지관장 1991년 同성산사회복지관장 1994~1996년 同사회복지학과 학과장 1999~2001년 同교무처 부처장 2000~2002년 한국아동복지학회 회장 2003~2004년 이화여대 사회복지대학원장 겸 사회복지관장 2003~2004년 한국사회보장학회 부회장 · 회장 2004년 보건복지가족부 국민연금 재심사위원 2005~2007년 노사정위원회 사회소위 위원장 2006~2007년 한국사회복지학회 부회장 2006년 이화여대 사회복지전문대학원 교수(현) 2006년 한국복지재단 감사 2008년 이화여대 교수협의회장 2010년 국가미래연구원 여성분야 발기인 2013년 제18대 대통령직인수위원회 여성 · 문화분과 전문위원 2013년 대통령 고용복지수석비서관실 여성가족비서관 2013년 한국복지재단 감사 2014년 미소금융중앙재단 이사(현) (상)대한민국학술원 선정 기초학문분야 우수학술도서 '고용과 사회복지'(2003) (저)'가족치료 총론(共)'(1995) '사회복지학과 교육 프로그램 개발 연구'(1996) '한국의 아동복지법(共)'(2002) '고용과 사회복지'(2002) '아동학대예방서비스 발전방안에 관한 연구'(2002) '통치이념은 어떻게 정책에 반영되는가?(共)'(2005) '영국의 복지이념 변화에 따른 고용과 복지정책 비교연구(共)'(2005) (역)'OECD 국가들의 적극적 사회정책 동향 및 도전과제'(2009)

정영식(丁永植) JEONG Young Sik

(생)1959 · 9 · 16 (출)경기 파주 (주)서울 영등포구 은행로11 일신방직(주) 감사실(02-3774-0114) (학)1977년 의정부고졸 1982년 서강대 경제학과졸 (경)1998년 일신방직(주) 부장, 同감사(현), 중앙염색가공(주) 비상임감사 (종)기독교

정영식(丁寧植)

(생)1969 · 6 · 4 (출)대구 (주)서울 서초구 서초중앙로157 서울고등법원(02-530-1114) (학)1988년 달성고졸 1993년 한양대 법학과졸 1995년 서울대 대학원 법학과 석사과정 수료 (경)1997년 사법시험 합격(39회) 2000년 사법연수원 수료(29기) 2000년 인천지법 판사 2002년 서울지법 판사 2004년 울산지법 판사 2007년 서울중앙지법 판사 2010년 서울동부지법 판사 2011년 법원행정처 사법등기심의관 겸임 2013년 서울고법 판사 2015년 대구지법 부장판사 2016년 서울고법 판사(현)

정영애(鄭英愛 · 女) CHUNG Young Ae

(생)1954 · 2 · 15 (본)봉화(奉化) (출)경기 수원 (주)경남 창원시 의창구 창원대학로20 창원대학교 유아교육과(055-213-3191) (학)1972년 수원여고졸 1976년 숙명여대 교육학과졸 1978년 同대학원 교육학과졸 1990년 교육사회학박사(숙명여대) (경)1979~1983년 한국교육개발원 교육정책연구부 연구원 1983~1998년 창원대 교육학과 교수 1992년 同학생생활연구소장

1994~1995년 경남정보사회연구소 소장 1996~1999년 창원 여성의전화 회장 1996~1997년 마산시 정책위원회 위원 1998년 창원대 유아교육과 교수(현) 2003~2006년 경남여성사회교육원 이사 2003년 창원 여성의전화 명예회장(현) 2005~2006년 미국 Stanford대 교환교수 2013~2015년 창원대 학생처장 [저]'창원시연구(共)'(1995, 민영사) '신교육사회학(共)'(1996, 학지사) [종]기독교

정영애(鄭英愛 · 女) CHUNG Young Ai

[생]1955 · 3 · 27 [출]경남 양산 [주]서울 강북구 솔매로49길60 서울사이버대학교 사회복지학과(02-944-5011) [학]진명여고졸 1977년 이화여대 사회학과졸 1981년 同대학원 사회학과졸 1997년 여성학박사(이화여대) [경]1983~1998년 덕성여대 · 이화여대 · 한양대 강사 1996~1998년 한국여성민우회 고용평등추진본부 정책위원장 1997년 한국여성단체협의회 근로여성위원 1997년 이화여대 한국여성연구원 프로젝트 연구원 1997년 정무2장관실 자문위원 1997년 한국여성학회 연구위원 1998~2003년 충북도 여성정책관 2000년 한국여성학회 이사 2002년 대통령직인수위원회 사회 · 문화 · 여성분과위원 2003~2006년 대통령 균형인사비서관 2006~2007년 서울사이버대 부총장 2007~2008년 대통령 인사수석비서관 2008년 서울사이버대 노인복지학과 교수 2010년 한국여성학회 회장 2012년 서울사이버대 사회복지학과 교수(현) 2013~2016년 同대학원장 [상]여성신문사선정 미지여성상(2002), 서울시장표창(2013)

정영원(鄭榮元 · 女) Jeong Young-Won

[생]1964 · 4 · 13 [출]경북 선산 [주]서울 서초구 서초대로48길33 허브원빌딩 (주)소프트맥스 사장실(02-598-2554) [경]1985년 효성인포메이션시스템 입사 1993년 갑인물산 근무 1994년 (주)소프트맥스 설립 · 대표이사 사장(현), 한국IT중소벤처기업연합회 감사, 한국IT여성기업인협회 부회장, 여성부 여성정보화추진분과위원회 위원장, 문화관광부 게임산업정책자문위원 [상]벤처기업인상(1998), S/W산업발전 유공자포상 대통령표창(1999), 대한민국게임대상 공로상(2000) [종]천주교

정영인(鄭永仁) CHUNG Young In

[생]1956 · 9 · 19 [본]진양(晋陽) [출]경남 [주]경남 양산시 물금읍 금오로20 양산부산대학교병원 정신건강의학과(055-360-1570) [학]1975년 마산고졸 1982년 부산대 의대졸 1985년 同대학원 의학과졸 1993년 의학박사(부산대) [경]1982~1986년 부산대병원 정신과 인턴 · 레지던트 1987~1989년 국군부산병원 신경정신과장 1989년 부산대 의학전문대학원 정신건강의학과 교수(현) 1993~1995년 미국 코넬대 의대 분자신경생물학연구소 연구원 1997년 호주 시드니의대 맨리병원 객원의사 2000년 벨기에 얀센연구소 객원정신과의사 2001년 부산대 대외협력지원본부 국내교류부본부장 2001년 同병원 전산홍보실장 2001~2007년 同의대 정신과 주임교수 2002년 同대외협력지원본부장 2002~2008년 同정신과 과장 2003년 同병원 기획조정실장 2007~2010년 국제신문 시론 칼럼니스트 2012~2014년 국립부곡병원장, 부산일보 시론 칼럼니스트, 리더스경제신문 칼럼니스트 [상]최신해 정신의학 연구기금 수상(2001) [저]'의료행동과학(共)'(2004) '현대인의 건강생활'(共) '현미경으로 들여다본 한국사회'(2011, 산지니) [역]'정신의학(共)'(2000, 한우리)

정영일(鄭英一) CHUNG Young Il

[생]1940 · 10 · 7 [본]동래(東萊) [출]부산 [주]서울 서초구 방배천로2길12 농수축산신문빌딩504호 농정연구센터(02-585-7790) [학]1964년 서울대 경제학과졸 1966년 同대학원 경제학과졸 [경]1970년 서울대 상대 전임강사 1971~1973년 일본 一橋大 객원연구원 1973~1985년 서울대 조교수 · 부교수 1978~1980년 일본 아시아경제연구소 객원연구원 1985~2006년 서울대 사회과학대학 경제학과 교수 1986~1988년 한국농업정책학회 회장 1988~1996년 농업정책심의회 위원 1988~1997년 서울대 기획실장 1990~1993년 한국농촌경제연구원 이사 1991~1992년 일본 도쿄대 경제학부 교수 1993~1996년 한국농촌경제연구원 원장 1996~1998년 서울대 경제연구소장 1996~2001년 농정연구포럼 이사장 2001년 농정연구센터 이사장(현) 2001년 한국농업경제학회 회장 2001~2002년 농림부 양곡유통위원회 위원장 2004~2014년 (재)지역재단 이사장 2006년 서울대 명예교수(현) 2008~2012년 다솜둥지복지재단 이사장 2013년 同고문(현) 2014년 생생협동조합 이사장(현) [상]국민훈장 모란장(1997), 녹조근정훈장(2006), 일가재단 일가상-농업부문(2013) [저]'경제학원론' '농업경제학' '경제발전론' [역]'일본의 경제발전'(1991, 경문사)

정영조(鄭榮照) CHUNG Young Cho (如意)

[생]1944 · 4 · 28 [본]동래(東萊) [출]전북 완주 [주]인천 계양구 오조산로 11 보람병원(032-542-0114) [학]1964년 전주고졸 1969년 고려대 의대졸 1977년 同대학원졸 1982년 의학박사(고려대) [경]1970~1974년 육군 군의관(대위 예편) 1974~1978년 신경정신과 수련의 · 전문의 취득 1979~1990년 인제대 의대 전임강사 · 조교수 · 부교수 1984년 미국 펜실베이니아대병원 정신과 연수 1986~1999년 인제대 의대 신경정신과 책임교수 겸 서울백병원 신경정신과 과장 1996년 한국정신신체의학회 회장 1999년 한국임상예술학회 회장 1999~2003년 '인제의학' 편집인 2000~2007년 인제대 의대 신경정신과 주임교수 겸 주임과장 2002년 同일산백병원 진료위원장 2003~2008년 대한신경정신의학회 교수협의회장 2004년 대한민국의학한림원 정회원(현) 2005년 세계정신의학회 아세아태평양조직위원장 2006년 同아시아지역 최초대표위원 2006~2008년 대한신경정신의학회 이사장 2007~2011년 보건복지가족부 국립정신병원 책임운영심의회 위원장 2009년 춘천시노인전문병원 원장 2009년 인제대 의대 명예교수(현) 2011~2012년 부곡온천병원 원장 2012~2015년 하나병원 원장 2015년 사천동희병원 원장 2015년 인천보람병원 원장(현) [저]'성공적 인간관계' '치매자단' '인간관계바로세우기'(2004) '신경정신의학(共)'(2004) '의료행동과학(共)'(2005) '치매를 알면 노후가 행복하다'(2009) '신체형장애'(2009) [역]'음악치료' '음악 치료 어떻게 하나(共)'(2009) [작]수필집 '태양의 종교' '나와 영혼의 팡세'(共) [종]기독교

정영조(鄭永祚) JEONG Young Jo

[생]1963 · 11 · 12 [출]경북 경주 [주]서울 영등포구 의사당대로1 국회사무처 법제실(02-788-2279) [학]1982년 경북고졸 1986년 경북대 행정학과졸 [경]1997년 법제처 행정심판관리국 경제행정심판담당관 1998년 同행정법제국 법제관 2000~2001년 국회사무처 파견 2002년 법제처 경제법제국 법제관 2002~2004년 해외 훈련 2004년 법제처 법령홍보담당관 2005년 同사회문화법제국 법제관 2006년 同행정법제국 법제관 2007년 同혁신인사기획관 2007년 同총무과장 2008년 통일부 남북출입사무소장 2008년 법제처 행정법제국 법제심의관 2011년 同사회문화법제국 법제심의관(고위공무원) 2011년 헌법재판소 파견 2013년 법제처 경제법제국장 2013년 직무훈련 파견(고위공무원) 2014년 법제처 법제지원단장 2015년 국회사무처 법제실 파견(고위공무원)(현)

정영주(鄭永柱) CHUNG Young Joo

[생]1960 · 2 · 2 [출]광주 [주]세종특별자치시 다솜로261 국무조정실 일반행정정책관실(044-200-2081) [학]1978년 광주 대동고졸 1982년 전남대 경제학과졸 1985년 同대학원 행정학과졸 [경]1993년 행정고시 합격(37회) 2000년 국무총리비서실 정무비서관실 서기관 2000년 同민정비서관실 서기관 2006년 同과장(부이사관) 2007년 제17대 대통령직인수위원회 기획조정분과위원회 실무위원 2008년 국무총리 정보관리비서관실 정보기획행정관(부이사관) 2008년 국무총리 정책기획관실 갈등관리기획과장 2008년 국무총리 사회문화정책관실 갈등관리정책과장 2010년 국무총리 사회통합정책실 사회정책총괄과장 2010년 국무총리 공보실 공보지원비서관 직대 2011년 국무총리 공보실 연설비서관 2013년 국무조정실 사회조정실 고용식품의약정책관 2014년 同농림국토해양정책관 2015년 국외 훈련 2016년 국무조정실 국정운영실 일반행정정책관(현)

정영준(丁暎浚) CHUNG Young Joon

[생]1952 · 8 · 4 [출]전남 보성 [주]전남 여수시 덕충2길32 전남창조경제혁신센터(061-661-2002) [학]1970년 광주고졸 1978년 국제대 법학과졸 1984년 성균관대 대학원 경영학과졸 [경]1978년 호남정유(주) 입사 1992년 同광주지사장 1997년 LG칼텍스정유 광주 · 전남본부장(이사) 1998년 同광주 · 전남본부장(상무) 1999년 同호남지역본부장(상무) 2000년 同대전 · 충청지역본부장(상무) 2001년 同CR사업부문장(상무) 2003년 (주)해양도시가스 대표이사 사장 2013~2015년 同자문역 2015년 전남창조경제혁신센터 센터장(현) [상]철탑산업훈장(2007), 대통령표창(2013)

정영진(鄭永珍) CHONG Young Jin

[생]1958 · 8 · 30 [출]전북 고창 [주]서울 관악구 관악로174 법무법인 청구(02-888-5663) [학]1977년 중동고졸 1981년 고려대 법대졸 1983년 同대학원 법학과 수료 [경]1982년 사법시험 합격(24회) 1984년 사법연수원 수료(14기) 1986년 광주지법 판사 1989년 同장흥지원 판사 1990년 대전지법 판사 1992년 수원지법 판사 1995년 서울지법 북부지원 판사 1995년 同남부지원 판사 1997년 서울지법 판사 1998년 서울고법 판사 2000년 서울지법 판사 2001년 광주지법 부장판사 2003년 수원지법 안산지원 부장판사 2005년 서울중앙지법 부장판사 2008년 서울서부지법 부장판사 2011년 수원지법 부장판사 2014~2016년 의정부지법 부장판사 2016년 법무법인 청구 변호사(현)

정영진(鄭詠鎭) Youngin Jeong

[생]1959·9·16 [출]전북 전주 [주]경기 용인시 중부대로411 강남병원 원장실(031-300-0782) [학]1977년 전주고졸 1983년 전북대 의대졸 1994년 同대학원 의학석사 2000년 의학박사(원광대) [경]1983~1984년 인천기독병원 인턴 1987~1991년 성애병원 정형외과 수련의 1993~1998년 신갈영동정형외과 개원·원장 1998년 강남병원 개원·원장(현), 아주대 의료원 외래교수, 삼성의료원 외래교수, 포천중문의대 차병원 외래교수, 경기도정형외과학회 이사, 경기도중소병원협의회 회장, 대한병원협회 홍보·섭외이사, 대한중소병원협의회 부회장 2012년 대한병원협회 사업위원장(현) 2016년 경기도병원협회 회장(현)

정영진(鄭永珍) JUNG Young Jin

[생]1966·8·19 [출]전남 순천 [주]서울 종로구 사직로8길39 세양빌딩 김앤장법률사무소(02-3703-1776) [학]1985년 순천고졸 1991년 서울대 법학과졸 1996년 同대학원 법학과졸, 同대학원 박사과정 수료 2000년 미국 예일대 법학대학원졸 2003년 법학박사(미국 예일대) [경]1990년 사법시험 합격(32회) 1993년 사법연수원 수료(22기) 1994~1997년 공군 법무관 1996년 외무고시 합격(30회) 1996년 행정고시 합격(40회) 1997~2001년 외교통상부 외무관 2001년 미국 뉴욕주 변호사시험 합격 2002~2003년 미국 조지타운대 법과대학원 겸임교수 2002년 미국 Steptoe & Johnson 워싱턴사무소 주재 변호사 2003년 법무법인 광장 변호사 2004~2009년 법무법인 율촌 변호사 2005년 공정거래위원회 카르텔자문위원(현) 2005~2008년 Chambers Global 국제통상분야 Leading Lawyer 2006~2008년 Marquis Who's Who International (Global Competition Review)의 Leading Competition Lawyer 2006~2007년 고려대 경영대학원·KDI 국제대학원 겸임교수 2006년 대한상사중재원 중재인(현) 2007년 미국변호사협회(ABA) International Antitrust Committee 부회장(현) 2007년 세계한인변호사협회(IAKL) 사무총장 2007~2008년 The World's Leading International Trade Lawyers (Euromoney) 2007년 World Bank 국제투자분쟁해결센터(ICSID) 중재위원(현) 2007년 ICC 한국중재위원(현) 2008년 미국 듀크대 법과대학원 방문교수 2008~2015년 한양대 겸임교수 2008년 이화여대 겸임교수(현) 2008~2010년 방송통신위원회 법률고문 2009년 김앤장법률사무소 변호사(현) 2010년 검찰총장 정책자문단 위원(현) 2010년 국민연금대체투자위원회 위원(현) 2011년 공정거래위원회 시장구조개선자문위원회 위원(현) 2012년 국립외교원 겸임교수(현) 2015년 국회 공직자윤리위원회 위원(현) [상]한중일 차세대 지도자 선정(2008)

정영채(鄭英彩) CHUNG Yung Chai (靑隱)

[생]1936·10·27 [본]하동(河東) [출]충남 예산 [주]서울 동작구 흑석로84 중앙대학교(02-820-5114) [학]1955년 홍성고졸 1960년 서울대 수의대졸 1961년 同보건대학원졸 1967년 농학박사(충남대) [경]1963~1970년 충남대 농대 조교수·부교수 1968년 일본 나고야대 교환교수 1970~2002년 중앙대 동물자원과학과 교수 1975~1985년 수의공중보건학회 부회장 1978~1982년 한·일가축개량번식기술교류협회 회장 1980년 가축번식연구회 회장 1980~1987년 중앙대 농과대학장 1980년 同사회개발대학원장 1982년 수의해부학연구회 회장 1983~1987년 가축번식학회 회장 1983년 미국 펜실베이니아대 교환교수 1985년 수의공중보건학회 회장 1985년 중앙대 유전공학연구소장 1988년 同제2중앙도서관장 1989년 同제2캠퍼스 부총장 1989년 同건설대학장 겸임 1991년 한국수정이식학회 회장 1992·1995년 한국축산학회 회장 1994년 한국가축분뇨자원화협회 회장 1994년 한국축산분야학회협의회 회장 1994년 대한불임학회 회장 1994년 한국과학기술한림원 종신회원(현) 1997년 대한수의사회 부회장 2002년 중앙대 명예교수(현) 2005~2011년 대한수의사회 회장 2010~2013년 한국수의학교육인증원 이사장 [상]중앙대학술표창(1973), 축산학회학술상(1977), 새마을훈장근면장(1981), 중국문화대학 영예장(1981), 축산학회학술공적상(1984), 한국가축번식학회학술대상(1993), 대한보건협회 보건대상 학술부문, 자랑스런 수의대인상, 홍조근정훈장, 한국과학기술한림원상 학술부문(2012) [저]'축산학' '축산학연구' '가축위생학' '가축번식학' '동물保定법' '축산학의 발달' '수의 공중보건학' '식품위생학' '가축번식학 실습' '가축미생물학' '가축해부·생리·위생학' '번식학사전' '가축번식생리학' '포유동물생식생리학' 외 27편 [종]기독교

정영채(鄭永埰) JEONG Young Chae

[생]1964·5·26 [출]경북 영천 [주]서울 영등포구 여의대로60 NH투자증권 임원실(02-768-7000) [학]경북대사대부고졸, 서울대 경영학과졸 [경]대우증권 입사, 同자금부장, 同기업금융부장, 同주식인수부장, 同파생상품부장, 同기획본부장 2005년 同IB담당 상무이사 2005년 우리투자증권 IB사업부 대표(상무·전무·부사장) 2015년 NH투자증권 IB사업부 대표(부사장)(현)

정영철(鄭永哲) Jeong, Young Cheol

[생]1955·3·28 [주]서울 영등포구 여의대로60 NH투자증권(1544-0000) [학]1973년 경기고졸 1978년 서울대 법학과졸 1980년 同법과대학원 법학과졸 1984년 미국 컬럼비아대 법학대학원 법학과졸(LL. M.) 1986년 법학박사(J. D.)(미국 컬럼비아대) [경]1980년 행정고시 합격(24회) 1981년 사법시험 합격(23회) 1983년 사법연수원 수료(13기) 1986년 미국일리노이주 변호사시험 합격 1986~1989년 미국 Baker&McKenzie 법률회사 변호사 1993년 미국 워싱턴주 변호사시험 합격 1989~1997년 우방종합 법무법인 변호사 1996~2000년 사법연수원 강사 1997~2007년 법무법인 율촌 변호사 1998년 중앙대 국제대학원 강사 2007~2012년 연세대 법학전문대학원 교수 2010년 대통령 국정기획수석비서관실 정책자문위원 2010년 국회 입법지원위원 2010년 금융위원회 금융발전심의위원회 위원 2010년 조달청 조달행정자문위원회 위원 2011년 기획재정부 고문변호사 2012~2014년 법무법인 에이펙스 대표변호사 2012~2015년 한국형사정책연구원 비상임감사 2014년 저축은행중앙회 전문이사 2014년 우리투자증권 사외이사 2015년 NH투자증권(주) 사외이사(현) 2015년 건설화학공업(주) 사외이사 겸 감사위원(현) 2015년 법무법인 시공 변호사 2016년 OTO1 Law Firm 개업(현) [저]'Korea's Transfer Pricing Rules : A Comprehensive Analysis(共)'(1990) 'Franchising in Korean Booming(共)'(1992) '국제거래법 : 에너지'(2012) '기업금융법과 정책'(2013) [역]'기업인수 4G'(2010) '기업+(준)법'(2012)

정영철(鄭永喆) JOUNG Young Chul

[생]1956·7·29 [주]서울 양천구 목동서로161 SBS방송센터 SBS A&T 기술지원본부(02-2113-6128) [학]1975년 광신상고졸 1984년 세종대 회계학과졸 [경]1978~1990년 (주)태영 관리본부 근무 1990~1998년 SBS 재무팀 차장 1998년 SBS뉴스텍 관리팀장(부장급) 2004년 同경영지원팀장(부국장급) 2008년 同경영지원팀장(국장급) 2009년 同경영지원팀장(국장) 2012년 SBS아트텍 방송운영본부장(이사) 2014년 SBS뉴스텍 기술지원본부장 2014년 SBS A&T 기술지원본부장(이사)(현)

정영철(鄭榮哲) Jeong, Yung Chul

[생]1958·3·1 [주]충남 태안군 태안읍 중앙로285 한국서부발전(주) 기획관리본부(041-400-1083) [학]1976년 부산중앙고졸 1984년 동아대 무역학과졸 2005년 미국 워싱턴대 대학원졸(MBA) [경]1984년 한국전력공사 입사 1994~2001년 同재무처 국제금융팀 과장 2010년 한국서부발전(주) 미래사업실장 2012년 同경영관리처장 2013년 同자재처장 2014년 同기획관리본부장(상임이사)(현)

정영태(鄭榮台) Jeong Young-tae

[생]1952·7·18 [본]하동(河東) [출]충남 당진 [주]서울 종로구 자하문로77 대한유화(주) 사장실(02-2122-1402) [학]1971년 서울고졸 1975년 서울대 화학과졸 1987년 울산대 대학원 화학공학과졸 1992년 고분자공학박사(경북대) [경]1975~1977년 육군3사관학교 교수부 화학교수 1977년 대한유화공업(주) 생산부 중합1과 입사 1994~2003년 同기술연구소장 1997~2001년 부산대 자연과학대학 화학과 겸임교수 2002~2003년 한국고분자학회 이사 2003~2011년 대한유화공업(주) 공장장 2003~2012년 울산상공회의소 제14·15·16대 상임의원 2006~2008년 오트펠터미널코리아(주) 이사 2008년 대한화학회 부회장 2009~2011년 (주)한주 감사 2011~2015년 대한유화공업(주) 대표이사 2013년 한국석유화학협회 부회장(현) 2015년 대한유화(주) 대표이사 사장(현) [상]삼일문화상(1998), 한국고분자학회 기술상(2003), 장영실상(2003), 대한민국안전대상(2004), 국회의장 감사장(2005), 울산교육감 감사장(2008), 한국공학한림원 선정 '대한민국 100대 기술과 주역'(2010), 산업포장(2010)

정영태(鄭永泰) JEUNG Young Tae

[생]1955·9·10 [주]서울 서초구 반포대로217 통일연구원 북한연구실(02-2023-8107) [학]1980년 영남대 국어국문학과졸 1983년 한국외국어대 대학원 정치학과졸 1998년 정치학박사(프랑스 파리제1대) [경]1988~1990년 프랑스 파리1대학 제3세계정치·법연구소 연구위원 1990~1999년 한국외국어대 강사 1991년 통일연구원 선임연구위원 1999년 同북한정치군사연구실장, 同북한연구실장 2007년 同통일정책연구 편집위원, 同북한연구실 선임연구위원 2010년 同북한연구센터 소장 2011년 同북한연구센터 선임연구위원 2014~2015년 同통일정책연구협의회 사무국장 2015년 同북한연구실 선임연구위원 2015년 同명예연구위원(현) [저]'북·중, 북·소관계 변화 전망'

(1991, 민족통일연구원) '북한 군사정책의 전개양상과 핵정책 전망'(1993, 민족통일연구원) '김정일의 군사권력 기반'(1994, 민족통일연구원) '김정일 체제하의 군부역할 : 지속과 변화'(1995, 민족통일연구원) '바람직한 대북정책 관리방안에 관한 연구'(1995) '북한의 생존정책-탈냉전시대의 적응과 도전(共)'(1995, 보성 출판사) '북한의 주변4국 군사관계'(1996, 민족통일연구원) '선진국방의 비전과 과제'(1996, 나남출판) '북한 사회주의 체제의 위기수준 평가 및 내구력 전망'(1996, 민족통일연구원) '북한의 국방계획 결정체계'(1997, 민족통일연구원) '북한이해의 길잡이'(1999, 박영사) '북한의 국방위원장 통치체제의 특성과 정책전망'(2000, 통일연구원)

정영택(鄭永澤) CHUNG Yung Taek

[생]1953 · 2 · 8 [주]서울 서초구 잠원로88 한신공영(주) 임원실(02-3393-3007) [학]선린상고졸, 건국대 경영학과졸 [경](주)한양 부장, 코암시앤시개발(주) 상무이사, 한신공영(주) 관리본부장(상무) 2006년 同관리본부장(전무) 2011년 同부사장(현)

정영학(鄭映學) JUNG Yung Hak

[생]1973 · 2 · 22 [출]경남 진해 [주]경기 수원시 영통구 월드컵로120 수원지방검찰청 공안부(031-210-4306) [학]1992년 부산 해동고졸 1997년 서울대 사법학과졸 [경]1997년 사법시험 합격(39회) 2000년 사법연수원 수료(29기) 2000년 공익 법무관 2003년 부산지검 동부지청 검사 2005년 춘천지검 강릉지청 검사 2006년 서울중앙지검 검사(해외 파견) 2011년 부산지검 검사 2012년 국가정보원 파견 2013년 부산지검 부부장검사 2014년 同외사부장 2015년 대구지검 공안부장 2016년 수원지검 공안부장(현)

정영호(鄭永鎬) CHUNG Young Ho (豪佛)

[생]1934 · 11 · 3 [본]경주(慶州) [출]강원 횡성 [주]충북 청주시 흥덕구 강내면 태성탑연로250 한국교원대학교(043-230-3114) [학]1952년 서울대사대부고졸 1956년 서울대 사범대학 역사학과졸 1970년 단국대 대학원졸 1974년 사학박사(단국대) [경]1959~1967년 숙명여고 교사 1963년 문화재위원 1967~1972년 단국대 사학과 조교수 · 부교수 1967~1985년 同박물관장 1972~1986년 同사학과 교수 1982년 한국미술사학회 회장 1984년 서울시사 편찬위원 1986~2000년 한국교원대 교수 1987~2000년 同박물관장 1988년 同제2대학장 1988~2000년 국사편찬위원회 위원 1988~1992 · 2000~2001년 한국범종연구회 회장 1991년 한국문화사학회 회장 1992년 한국교원대 교수부장 1999년 문화재위원회 부위원장 2000년 한국교원대 명예교수(현) 2000년 순천대 석좌교수 2001년 同객원교수 2001~2003년 동국대 석좌교수 2002~2014년 단국대 석좌교수 2002~2014년 同석주선기념박물관장 [상]대통령표창(1979), 우현문화상(1981), 만해학술상(2002) [저]'국사문제연구' '괴산지구 고적조사 보고서' '선산지구 고적조사 보고서' '韓國の石塔'(일문) '박제상 사적조사 보고서' '백제 왕인박사 사적 연구' 등

정영화(鄭永和) Jung Young Hwa

[생]1963 · 9 · 15 [출]경기 용인 [주]서울 서초구 헌릉로13 대한무역투자진흥공사 인재경영실(02-3460-7211) [학]1982년 태성고졸 1991년 한국외국어대 아랍어과졸 2002년 고려대 경영대학원 경영학과졸 [경]1991년 대한무역투자진흥공사(KOTRA) 입사 1991년 同전시부 근무 1994년 同대전무역전시관 근무 1995년 同국제화지원실 근무 1996년 同두바이무역관 근무 1999년 同총무처 근무 2001년 同총무팀 근무 2002년 同트리폴리무역관장 2006년 同전시컨벤션팀 근무 2006년 김대중컨벤션센터 파견 2008년 대한무역투자진흥공사(KOTRA) 카라치무역관장 2008년 同카라치코리아비즈니스센터장 2011년 同중아CIS팀장 2012년 同글로벌정보본부 시장조사실 신흥시장팀장 2014년 同북미지역본부 달라스무역관장(현) [상]장관표창(1994 · 2000) [종]기독교

정영훈(鄭永勳) CHUNG Young Hoon

[생]1960·2·4 [본]경주(慶州) [출]전남 완도 [학]1978년 완도수산고졸 1985년 부산수산대 식품공학과졸 1987년 同대학원 식품공학과졸 1993년 미국 델라웨어대 대학원 해양정책학과졸 2012년 부경대 해양산업대학원 해양산업경영학박사과정 수료 [경]1987년 국립수산물검사소 제주지소장 1988년 국립수산진흥원 지도과 수산사무관 1989~1995년 해양수산공무원교육원·수산청 사무관 1996~1999년 해양수산부 국제협력과·어업지도과 서기관 1999년 국립수산물검사소 검사과장 2000년 미국 국립해양대기청 연수 2002년 해양수산부 어업교섭지도과장 2003년 同어업교섭과장 2004년 同해양개발과장 2005년 同어업자원국 어업지도과장 2007년 同어업자원국 어업정책과장 2008년 농림수산식품부 국제기구과장(부이사관) 2009년 同수산인력개발원장 2010년 외교안보연구원 파견(고위공무원) 2011년 농림수산식품부 어업자원관 2012년 同수산정책관 2013년 해양수산부 수산정책실장 직대 2013~2014년 국립수산과학원 원장 2015~2016년 해양수산부 수산정책실장 [상]대통령표창(2002), 홍조근정훈장(2008), 제14회 자랑스러운 부경인상(2015)

정영훈(鄭映勳) Chung Young Hoon

[생]1963 · 8 · 31 [본]서산(瑞山) [출]경남 합천 [주]인천 연수구 송도과학로32 송도IT센터11층 코오롱글로벌(주) 임원실(032-420-9100) [학]1981년 청구고졸 1988년 영남대 무역학과졸 [경]1995~2005년 코오롱인터내셔널(주) 싱가폴지사장 · 테헤란지사장 2006~2011년 코오롱아이넷(주) 중동아프리카지역본부장(상무) 2012~2013년 코오롱글로벌(주) 물자 · 자원BG장(전무) 2014년 同물자본부장(전무) 2015년 同상사사업본부장(전무)(현) [상]코오롱그룹 최우수사원상(2004), 산업자원부장관표창 무역진흥부문(2004), 주간조선 선정 '한국의 글로벌 전사'(2004) [저]'이제는 이란이다'(2016, 매일경제) [종]천주교

정영훈(鄭永勳)

[생]1968 · 12 · 20 [출]경남 사천 [주]경남 진주시 진양호로309의6 정영훈법률사무소(055-790-9559) [학]1986년 대아고졸 1991년 서울대 법과대학 공법학과졸 [경]1997년 사법시험 합격(38회) 2000년 사법연수원 수료(29기) 2000년 벤처법률지원센터 변호사 2006년 (주)현대아산 사내변호사 2008년 同전략기획팀장 2009년 同금강산관광총괄 상무 2011년 직장인작은권리찾기 대표 2012년 제19대 국회의원선거 출마(진주甲, 민주통합당) 2014~2015년 새정치민주연합 진주甲지역위원회 위원장 2015년 同경남도당 대변인 2015년 더불어민주당 경남진주甲지역위원회 위원장(현) 2016년 제20대 국회의원선거 출마(경남 진주시甲, 더불어민주당) 2016년 더불어민주당 경남도당 위원장(현) [저]'인터넷 비즈니스 법률가이드(共)'(2000, 전자신문사) '다단계 법률가이드'(2002, 유토피아북) '21세기 지식인의 길, 육두피아'(2011, 팬덤북스)

정오규(鄭吾奎) CHUNG Oh Gyu

[생]1961 · 3 · 13 [본]진양(晋陽) [출]경남 진양 [주]서울 강서구 하늘길78 한국공항공사 상임감사위원실(02-2660-2010) [학]1980년 진주상고졸 1989년 동아대 체육학과졸 [경]1987년 전국체육대학생연합회 초대회장 1987년 민주연합청년동지회 부산西 · 사하구 초대회장 1992년 민주당 제14대 총선 부산선거대책본부 총무국장 1996년 국민회의 부산西지구당 위원장 1997년 同제15대 대통령선거 부산시선거대책위원회 대변인 1998년 새정치국민회의 부산西지구당 위원장 2000년 새천년민주당 부산西지구당 위원장 2001년 同부대변인 2002년 同부산시지부 수석부지부장 2002년 同당무위원 2003년 同부산시지부장 2004년 同부산시당 위원장 2004년 제17대 국회의원선거 출마(부산西, 새천년민주당) 2005년 민주당 부산시당 위원장 2005년 同지방자치위원장 2005년 同부산西지역운영위원회 위원장 2007년 대통합민주신당 부산시당 위원장 2008년 통합민주당 부산시당 위원장 2008년 민주당 부산西지역운영위원회 위원장, 생활정치닷컴 대표 2012년 제19대 국회의원선거 출마(부산 서구, 무소속) 2015년 한국공항공사 상임감사위원(현) [종]불교

정오영(鄭五泳) Oh Young CHUNG

[생]1957 · 11 · 17 [출]충북 옥천 [주]서울 마포구 독막로320 서울디지털대학교 총장실(02-2128-3004) [학]일본 와세다(早稻田)대 경제학과졸, 경제학박사(일본 주오대) [경]한남대 · 경원대 강사, 전국경제인연합회 남북경제팀장, 同동북아팀장, 현대경제연구원 일본경제담당 연구위원, 서울디지털대 일본학부 교수, 同대외협력처장, 同일본학부장, 同부총장 2014년 同총장(현) [저]'북한 교역, 투자 가이드(共)'(2000) [역]'중국IT 비즈니스(共)'(2002)

정옥상(鄭玉相) Jung, Ok-Sang

[생]1959 · 9 · 6 [본]동래(東萊) [출]경남 거창 [주]부산 금정구 부산대학로63번길2 부산대학교 자연과학대학 화학과(051-510-2591) [학]1983년 부산대 화학과졸 1985년 한국과학기술원 대학원졸 1990년 화학박사(한국과학기술원) [경]1985~1990년 한국과학기술연구원 연구원 1991~1998년 同선임연구원 1992~1993년 미국 Univ. of Colorado Post-Doc. 1995년 미국 Univ. of Colorado

연구원 1998~2003년 한국과학기술연구원 책임연구원 2003~2007년 부산대 화학과 부교수 2005~2007년 同화학과 학과장 2007년 同자연과학대학 화학과 부교수·교수(현) 2007~2011년 한국기초과학지원연구원 부산센터 소장 2013년 부산대 화학과 BK21플러스 사업단장(현) 2015년 대한화학회 조직부회장(현) 2016년 대한화학회 무기화학분과 회장 2016년 대한화학회 부산지부장(현) &KIST 우수연구상(1994), 대한화학회 무기분과 우수연구상(2008), 이태규학술상(2011)

정옥임(鄭玉任·女) CHUNG Ok-Nim

생1960·1·25 본경주(慶州) 출서울 학1982년 고려대 정치외교학과졸 1992년 同대학원 국제정치학과졸 1995년 국제정치학박사(고려대) 경1995~1998년 고려대 일민국제관계연구원 연구조교수 1995~1996년 미국 스탠퍼드대 아태연구센터 박사후연구원 1996년 同한국외교정책 강사 1996~1997년 미국 후버연구소 객원연구원 1997~1999년 고려대·한양대 강사 1998~1999년 세종연구소 객원상근연구위원 1999~2000년 미국 브루킹스연구소 동북아정책연구센터 연구위원 2000~2002년 세종연구소 안보연구실 상임연구위원 2003년 KBS '라디오정보센터 정옥임입니다' 진행 2004~2008년 선문대 국제학부 교수 2008년 제18대 국회의원(비례대표, 한나라당·새누리당) 2008~2012년 한나라당 국제위원회 부위원장 2010~2011년 同북한인권 및 탈북자·납북자위원장 2010~2011년 同원내대변인 2010~2011년 국회 운영위원회 위원, 국회 외교통상통일위원회 위원 2011~2012년 한나라당 정책위원회 외교통상통일·국방분야 부의장 2012년 새누리당 서울강동乙당원협의회 운영위원장 2012년 제19대 국회의원선거 출마(서울 강동구乙, 새누리당) 2012년 새누리당 정치쇄신특별위원회 위원 2012년 同제18대 대통령중앙선거대책위원회 대변인 2013~2015년 남북하나재단(북한이탈주민지원재단) 이사장 2015~2016년 고려대 미래성장연구소 초빙교수 &베스트드레서 백상상 정치인부문(2010), 대한민국 헌정대상(2011), 국정감사 NGO모니터단 선정 3년 연속 최우수국회의원상, 미래한국 의정상(2011) 제'北核 588日 : 클린턴 행정부의 대응과 전략' '미국의 대중정책과 한반도' '한반도 평화와 주한미군 : 동맹 재정립의 방향' '21세기 미국의 대동북아전략과 주변국의 대응' '대북 햇볕정책과 인도적 지원사업'(2002) '탈냉전기 미국의 대북정책과 국내정치 : 선거 및 정권교체와의 인과성 분석'(2002) '미 부시행정부의 대북핵정책' 'Solving the Security Puzzle in Northeast Asia : A Multilateral Security Regime' 'The Security Perspective of the Korean Peninsula' 'The Role of South Korea's NGOs' 'The 21st Century International Security Outlook and the US-ROK Military Alliance' 자서전 '정치? 사람이다. 사랑이다'(2011) 종불교

정옥자(鄭玉子·女) JUNG Ok Ja (玉峰)

생1942·5·24 본경주(慶州) 출강원 춘천 주서울 관악구 관악로1 서울대학교 인문대학 국사학과(02-880-6175) 학1961년 동덕여고졸 1965년 서울대 문리대 사학과졸 1977년 同대학원 국사학과졸 1988년 문학박사(서울대) 경1981~1994년 서울대 인문대 국사학과 전임강사·조교수·부교수 1994~2007년 同국사학과 교수 1999~2003·2009년 문화재위원회 사적분과 위원 1999~2003년 서울대 규장각 관장 1999년 민족문화추진위원회 위원 1999년 유네스코 한국위원회 문화분과위원 2001년 동아일보 객원논설위원 2007년 서울대 인문대학 국사학과 명예교수(현) 2008~2010년 국사편찬위원회 위원장 2009년 대한민국역사박물관 건립위원 &비추미 여성대상 별리상(2004), 국무총리표창(2007), 민세상 학술연구부문(2010) 제'조선후기 문화운동사'(1988) '조선후기 문학사상사'(1990) '조선후기 역사의 이해'(1991) '아름다움의 잣대' '역사 에세이'(1996) '조선중화사상연구'(1998) '역사에서 희망읽기'(1998) '진경시대(共)'(1998) '시대가 선비를 부른다(共) '정조시대의 사상과 문화(共)'(1999) '정조의 수상록-일득록 연구'(2000) '한국의 리더십 선비를 말하다'(2011, 문이당)

정옥자(鄭玉子·女) JUNG Ok Ja

생1969·9·26 출전남 나주 주충남 천안시 동남구 신부7길17 대전지방검찰청 천안지청(041-620-4500) 학1987년 전남대사대부고졸 1993년 고려대 심리학과졸 경1997년 사법시험 합격(39회) 2000년 사법연수원 수료(29기) 2000년 서울지검 동부지청 검사 2002년 춘천지검 강릉지청 검사 2004년 수원지검 검사 2006년 서울중앙지검 검사 2009년 부산지검 검사 2011년 수원지검 안양지청 검사 2013년 同안양지청 부부장검사 2013년 서울중앙지검 부부장검사 2015년 수원지검 평택지청 부장검사 2016년 대전지검 천안지청 부장검사(현)

정 완(鄭 浣) Choung, Wan

생1961·2·28 본동래(東萊) 출강원 원주 주서울 동대문구 경희대로26 경희대학교 법학전문대학원(02-961-9259) 학1979년 성동고졸 1983년 경희대 법학과졸 1985년 同대학원 법학과졸(석사) 1991년 법학박사(경희대) 경1985~1995년 법무부 전문위원 1995~2004년 한국형사정책연구원 연구위원 2003년 사이버범죄연구회 회장(현) 2005~2009년 경희대 법대 법학부 조교수·부교수·교수 2009년 국회 미디어발전국민위원회 위원 2009년 경희대 법학전문대학원 교수(현) 2009년 한국인터넷법학회 이사 2009년 한국경제법학회 이사 2009~2015년 미국 세계인명사전 'Marquis Who's Who'에 6년 연속 등재 2010년 영국 국제인명센터(IBC) '21세기 탁월한 지식인' 및 '세계 100대 교육자'에 선정 2012~2013년 미국 와이오밍대 로스쿨 방문교수 &한국형사정책연구원장표창(1998), 국무조정실장표창(2003), 제1회 대한민국 사이버치안 대상(2009), 서울경찰청장 감사장(2010) 제'인터넷과 법'(2007, 한국형사정책연구원) '사이버범죄에 관한 연구' '디지털사회의 문화'(2008, 경희대 출판문화원) '인터넷법연구'(2009, 한국형사정책연구원) '인간과 법'(2010, 석필) '경쟁법연구'(2010, 법원사) '사이버범죄론'(2010, 법원사) '경제법원론'(2015, 법원사) 역'미국의 형사절차'(2000, 한국형사정책연구원) 종기독교

정 완(鄭 完) JEONG Wan

생1968·2·24 출전남 나주 주경기 의정부시 녹양로34번길23 의정부지방법원(031-828-0114) 학1986년 광덕고졸 1991년 서울대 법학과졸 1995년 同대학원 법학과 수료 경1997년 軍법무관 2000년 창원지법 판사 2003년 인천지법 판사 2004년 서울남부지법 판사 2008년 서울고법 판사 2009년 헌법재판소 파견 2011년 서울중앙지법 판사 2012년 대전지법 부장판사 2014년 의정부지법 부장판사(현)

정완규(鄭完圭) Chung Wan Kyu

생1957·11·19 출서울 주경기 안성시 대덕면 서동대로4726 중앙대학교 예술대학 음악학부(031-675-3285) 학1976년 서울예술고졸 1982년 연세대 피아노과졸 1986년 미국 Texas Tech Univ. 대학원 피아노과졸(석사) 1992년 피아노교수학박사(미국 Texas Tech Univ.) 경1993년 중앙대 피아노학과 교수, 同음악학부 피아노전공 교수(현), 한국피아노교수법학회 회장(현), 한국피아노학회 이사(현), 한국피아노듀오협회 이사(현), 음악예술학회 고문(현) 2005~2007년 한국음악협회 부이사장 2005~2008년 한국문화예술위원회 위원 2006~2009년 예원학교 총동창회 회장 2014년 한국음악교육학회 이사(현) &한국음악상(2005) 제'피아노교재 클라비어 24권'(1998, 태림출판사) '클라비어 연주여행'(2004, 음악춘추)

정완규(程浣圭) CHUNG Wan Kyu

생1963·10·13 출광주 주서울특별시 영등포구 국회대로 70길18 한양빌딩 새누리당(02-3786-3000) 학1982년 전남대사대부고졸 1989년 고려대 행정학과졸 1992년 서울대 행정대학원졸(정책학석사) 2003년 미국 미시간주립대 경영대학원졸(재무학석사) 경1990년 행정고시 합격(34회) 2005년 금융정보분석원 제도운영과장 2006년 금융감독위원회 기획행정실 의사국제과장 2006년 同감독정책2국 조사기획과장 2008년 금융위원회 금융서비스국 공정시장과장 2009년 同금융서비스국 중소서민금융과장 2009년 금융정보분석원 기획행정실장 2009년 금융위원회 자산운용과장 2010년 同자본시장과장 2011년 同행정인사과장(부이사관) 2012년 미국 연방예금보험공사 파견(고위공무원) 2013년 금융위원회 기획조정관 2015년 중앙공무원교육원 교육파견(고위공무원) 2016년 금융위원회 중소서민금융정책관 2016년 同본부 근무 2016년 새누리당 수석전문위원(현)

정완균(鄭完均) CHUNG Wan Kyun

생1959·2·24 출서울 주경북 포항시 남구 청암로77 포항공과대학교 기계공학과(054-279-2172) 학1981년 서울대 기계설계학과졸 1983년 한국과학기술원(KAIST) 기계공학과졸 1987년 생산공학박사(한국과학기술원) 경1987년 포항공과대 기계공학과 교수(현) 1995~1996년 미국 UCLA 교환교수 2008~2013년 세계적 로봇 전문저널 '트랜잭션즈 온 로보틱스(Transactions on Robotics)' 편집위원 2013년 한국로봇학회 회장 2015년 포항공과대 산학협력단장 겸 연구처장(현) 2016년 국제전기전자공학회(IEEE) 석학회원(Fellow)(현)

정완길(鄭完吉) CHUNG Wahn Kil

[생]1952 · 10 · 27 [본]초계(草溪) [출]강원 강릉 [주]강원 원주시 지정면 기업도시로200 (재)원주의료기기테크노밸리(033-760-6100) [학]1971년 강릉고졸 1979년 고려대 행정학 학사 1987년 미국 Hult International Business School졸 1993년 홍익대 대학원 경영학 석사 2001년 同대학원 경영학 박사 [경]1995년 한국수출입은행 싱가포르 현지법인 부사장, 同사장 2005년 同수은아주금융유한공사 사장 2007년 同해외경제연구소장 2007~2009년 同부행장 2010년 한국기술교육대 연구교수 2012년 고려대 산학협력단 연구교수 2015년 (재)원주의료기기테크노밸리 원장(현) [상]재무부장관표창(1993), 재정경제부장관표창(2001), 부총리 겸 재정경제부장관표창(2006) [저]'세상을 바꾼 위대한 경영전략'(2010, 책이있는마을)

정완영(鄭完永) Chung Wan-Young

[생]1963 · 7 · 23 [주]부산 남구 용소로45 부경대학교 공과대학 전자공학과(051-629-6223) [학]1987년 경북대 전자공학과졸 1989년 同대학원졸 1992년 반도체공학박사(경북대) 1998년 공학박사(일본 규슈대) 2009년 공학박사(핀란드 오울루대) [경]1990~1991년 경북대 강사 1993~1999년 세명대 전자공학과 전임강사 · 조교수 1996년 일본 규슈대 방문연구원 1997~1998년 同연구교수 1999~2001년 동서대 정보통신공학부 조교수 2000~2001년 동서사이버대 설립추진위원장 2000년 독일 베를린공대 MAT연구소 방문연구원 2001~2004년 동서대 인터넷공학부장 2001~2003년 同정보네트워크공학전공 조교수 2002~2003년 同정보통신센터 소장 2003년 同인터넷정보공학부 부교수 · 교수, 同컴퓨터정보공학부 교수 2003년 핀란드 오울루대 방문연구원 2003~2004년 동서대 유비쿼터스지역기술혁신센터장 2004년 同소프트웨어전문대학원장 2004~2007년 同U-IT전문인력양성사업단장 2007년 同디자인&IT전문대학원장 2008년 부경대 전자컴퓨터정보통신공학부 교수 2010년 同공과대학 전자공학과 교수(현) 2010~2011년 同산업대학원 발전연구위원 2015년 미국전기전자공학회 국제학술지 'IEEE 센서 저널' 부편집인(현) 2014~2015년 同공학교육혁신센터 소장 2016년 미국 텍사스A&M대 방문과학자(현) [상]동서대 베스트교수상(2001), 한국특허학회장표창(2001), 대한민국벤처창업대전 교수부문 은상(2002), 동서대 브랜드교수상(2005), 부산울산중소기업청장표창(2007), 한국센서학회 학술상(2007), 국제주파수센서협회 올해의 10대 최우수논문 선정(2009), 과학기술우수논문상(2012), 부산과학기술상(2013), 부경대 교원업적평가 우수상(2011 · 2012 · 2013), UCES-13 최우수논문상(2013) [저]'VHDL을 이용한 디지털 회로의 설계 및 제작'(2000) 'MyChip Station을 사용한 CMOS VLSI설계'(2000) '정보기술'(2002) '디지털 시스템의 이해와 설계'(2002) '디지털 시스템 설계'(2004) '유비쿼터스 컴퓨팅을 위한 센서 및 인터페이스'(2005)

정완용(鄭完溶) CHUNG Wan Yong

[생]1957 · 10 · 19 [출]전북 익산 [주]서울 동대문구 경희대로26 경희대학교 법학전문대학원(02-961-0745) [학]1980년 경희대 법학과졸 1982년 同대학원 법학과졸 1988년 법학박사(경희대) [경]1988년 원광대 법대 조교수 1991년 프랑스 파리2대학 방문교수 1993년 경희대 법학과 교수(현) 1994년 同법학과장, 同대학원 주임교수 1996년 同국제법무대학원 교학부장 2000년 영국 사우샘프턴대 방문교수 2006년 同입학관리처장 2007~2008년 전국입학처장협의회 회장 2008~2010년 한국해법학회 회장 2009~2012년 경희대 법학전문대학원장 겸 법과대학장 2013~2014년 同감사행정원장 2015~2016년 (사)한국기업법학회 회장 [상]정보통신부장관표창(2001) [저]'상법강의'(2001) '전자상거래법'(2009) '주석상법'(2015)

정완용(鄭完容) CHUNG Wan Yong

[생]1966 · 4 · 2 [주]경기 과천시 관문로47 미래창조과학부 정보통신산업정책관실(02-2110-2940) [학]1985년 부산 동천고졸 1989년 서울대 공법학과졸 1991년 同대학원 행정학과졸 [경]1998년 정보통신부 초고속망기획담당 서기관 1999년 Y2K 상황실 파견 2004년 부산국제우체국장 2005년 정보통신부 기획관리실 법무담당관 2006년 법무법인 태평양 파견 2007년 정보통신부 정보통신정책본부 중소기업지원팀장 2007년 同정보보호기획단 정보윤리팀장 2008년 방송통신위원회 통신정책국 통신이용제도과장(서기관) 2008년 同통신정책국 통신정책기획과장 2009년 同통신정책국 통신정책기획과장(부이사관) 2011년 同서울전파관리소장 2012년 중앙공무원교육원 교육파견(부이사관) 2013년 미래창조과학부 서울전파관리소장 2013년 同본부 근무(고위공무원) 2015년 同정보화전략국장 2015년 同정보통신정책실 정보통신산업정책관(현)

정완주(鄭完柱) Chung, Wan Joo

[생]1964 · 3 · 8 [본]하동(河東) [출]인천 [주]서울 양천구 목동서로201 KT정보전산센터7층 KMH아경그룹 비서실(02-2647-1255) [학]1990년 고려대 농업경제학과졸 [경]2001년 이데일리 마케팅사업팀 이사 2007년 同경영지원실장(전무) 2008~2011년 이데일리TV 대표이사 2008년 이데일리 편집방송본부장 겸임 2008~2010년 同편집방송부문 대표 2013년 아시아경제신문 경영지원실장 2015년 同편집국 디지털뉴스룸 국차장 2015~2016년 同편집국 사회부장 2016년 KMH아경그룹 비서실장(현)

정완진(鄭琓鎭)

[생]1965 · 1 · 21 [출]경북 상주 [주]서울 중구 퇴계로190 매경미디어센터 매일경제TV 대표이사실(02-2000-4999) [학]건국대 일어교육학과졸, 경영학박사(연세대) [경]매일경제TV 산업부 기자 2000년 同사회생활부 기자 2002년 同사회생활부 차장 2002년 同산업부 차장대우 2004년 同산업부장 직대 2008년 同경제부 · 인터넷사업부장 2009년 同정치부장 2010년 同보도국 사회2부장 · 스포츠부장 2012년 MBN미디어 머니국장 2014년 매일경제TV Mmoney 대표이사 2015년 매일경제TV 공동대표이사(현) [상]대통령표창, 건국대 언론동문회 '2015 건국언론인상'(2015) [저]'기업 재창조를 위한M&A 생존전략(共)'(매일경제) '붉은 신호탄'(2014, 매경출판)

정용각(鄭用角) Jung Yong Gak

[생]1956·1·15 [출]충북 음성 [주]부산 금정구 금샘로485번길65 부산외국어대학교 사회체육학부(051-509-5500) [학]1977년 충북대 체육학과졸 1980년 同대학원 스포츠심리학과졸 1997년 이학박사(부산대) [경]1999~2008년 부산외국어대 대학원 예체능학과 교수 2002~2004년 同학생복지처장 2007년 한국사회체육학회 학술이사 2007년 한국여가학회 이사 2007~2011년 한국스포츠심리학회 부회장 2008년 부산외국어대 사회체육학부 교수(현) 2011~2013년 한국스포츠심리학회 회장 2011~2013년 한국사회체육학회 부회장 2011·2013~2014년 부산외국어대 부총장 2013~2016년 한국스포츠심리학회 명예회장 2014~2016년 부산외국어대 대외협력부총장 2015~2016년 同사회봉사센터장 2016년 同대학정책자문위원회 부위원장(현) 2016년 한국스포츠심리학회 고문(현)

정용근(鄭容根) CHONG Yong Kun

[생]1934 · 3 · 20 [학]1957년 해군사관학교졸(11기) 1971년 해군대학졸 1989년 경남대 대학원 경영학과졸 [경]1975~1976년 구축함장 1976~1979년 駐중국대사관 국방무관 1979~1980년 해군본부 정책연구실부장 1980~1981년 해군 참모총장 비서실장 1981~1982년 한국함대 제1전단사령관 1982~1985년 해군본부 인사참모부장 1985~1986년 해군 참모차장 1986~1987년 해군작전사령관 1987~1989년 해군사관학교장 1990~1992년 한국송유관(주) 사장 1993~1998년 기아자동차(주) 상임고문 1999년 새천년민주당 창당준비위원 · 창당준비위원회 이북도민특별위원장 2000~2003년 이북5도위원회 황해도지사 2004년 국방부 군사편찬연구소 자문위원 2011~2013년 민주평통 자문위원 2012~2015년 한국관광대 총장

정용근(鄭容根) JEONG Yong Keun

[생]1948 · 5 · 20 [출]경남 하동 [주]서울 영등포구 여의대로60 NH투자증권 임원실(02-768-7000) [학]1964년 진주고졸 1971년 서울대 수의학과졸 1998년 서강대 경영대학원졸 [경]2001년 농업협동조합중앙회 상호금융기획부장 2002년 同자금부장 2003년 同경남지역본부장 2004년 同서울지역본부장 2005년 同상무 2005~2008년 同신용대표이사 2011년 STX팬오션(주) 사외이사 2011~2014년 한영회계법인 부회장 2014년 NH투자증권 비상무이사(현) [상]대통령표창, 자랑스런 서강MBA상(2005), 국민훈장 동백장(2006) [종]불교

정용근(鄭龍根)

[생]1965·1·3 [주]서울 종로구 사직로8길31 서울지방경찰청 경무과(02-700-2418) [학]1987년 경찰대졸(3기) 2007년 한양대 행정대학원 경찰행정학과졸 [경]2005년 경찰청 정보과 정보2계 정보3담당 2006년 同정보과 정보4계 정보2담당 2009년 부산지방경찰청 청문감사담당관 2011년 충북 음성경찰서장 2011년 대통령 기획비서관실 행정관 2013년 경기 시흥경찰서장 2014년 서울지방경찰청 정보2과장 2015년 서울 혜화경찰서장 2016년 대통령 기획비서관실 파견(총경)(현)

정용기(鄭庸基) Chung Young-Ki

[생]1955 · 7 · 16 [본]동래(東萊) [출]경북 안동 [주]강원 춘천시 서면 박사로384 (재)강원정보문화진흥원(033-245-6112) [학]1974년 춘천고졸 1988년 한국방송통신대 법학과졸 1991년 강원대 경영행정대학원 행정학과졸(석사) 2006년 한양대 대학원 국제관광학석사과정 수료 [경]1976년 춘천시 총무국 시민과 근무 1980~1985년 同상공과 · 총무과 · 새마을과 근무 1985~1991년 同효자3동 · 문화관 · 기획담당관실 근무 1991~1998년 同후평1동사무장 · 홍보1계장 · 기획계장 1998~2005년 同하이테크투자유치단장 · 문화관광과장 · 기획예산과장 2005~2010년 同경제복지국장 · 경제환경국장 · 경제관광국장(서기관) 2010년 강원도 산업경제국 탄광지역개발과장 2012년 同보건복지여성국 복지정책과장 2013년 태백시 부시장 2014년 춘천시장 예비후보 2016년 (재)강원정보문화진흥원 원장(현) [상]강원도지사표창(1985), 내무부장관표창(1995), 대통령표창(2000), 행정자치부장관표창(2005)

정용기(鄭容起) JEONG Yong Ki (韓雄)

[생]1962 · 6 · 1 [출]충북 옥천 [주]서울 영등포구 의사당대로1 국회 의원회관647호(02-784-7190) [학]1981년 대전고졸 1984년 경찰대 수료(3년) 1992년 연세대 정치외교학과졸 2011년 고려대 행정대학원졸 [경]1991년 민자당 공채(1기) 1993년 同원내총무보좌 1997년 한나라당 사무총장보좌 1998년 同서울시지부 조직부장 1999년 同이회창 국회의원 비서관 2000년 同기획조정국 기획부장 · 심사부장 2002년 同이회창 대통령후보 보좌역 2003년 同인권위원 2003년 同직능특위 부위원장 · 과학기술정보통신위원회 부위원장 2003년 同대전시대덕지구당 위원장 2004년 제17대 국회의원선거 출마(대전시 대덕구, 한나라당), 서울도시개발공사 사외이사 2006 · 2010~2014년 대전시 대덕구청장(한나라당 · 새누리당) 2014년 제19대 국회의원(대전시 대덕구 보궐선거, 새누리당) 2014년 국회 안전행정위원회 위원 2014년 새누리당 대전시대덕구당원협의회 운영위원장(현) 2014년 국회 정부 및 공공기관등의해외자원개발진상규명을위한국정조사특별위원회 위원 2015년 국회 예산결산특별위원회 위원 2015~2016년 새누리당 대전시당 위원장 2015년 국회 운영위원회 위원 2016년 제20대 국회의원(대전시 대덕구, 새누리당)(현) 2016년 국회 국토교통위원회 위원(현) 2016년 국회 윤리특별위원회 위원(현) 2016년 한국아동인구환경의원연맹(CPE) 회원(현) [상]대한민국재향군인회 향군대휘장(2010), 국가생산성대상(2010), 생생도시대상(2010), 다산목민대상(2011), 어린이 안전대상 본상(2012), 메니페스토경진대회 공약이행분야 최우수상(2012) [저]'정용기의 새 대전을 위한 새 생각'(2014)

정용달(鄭容達) JUNG Yong Dal

[생]1961 · 5 · 30 [출]대구 [주]대구 수성구 동대구로364 대구고등법원(053-757-6600) [학]1980년 경북대사대부고졸 1985년 서울대 법대졸 [경]1985년 사법시험 합격(27회) 1988년 사법연수원 수료(17기) 1988년 육군 법무관 1991년 대구지법 판사 1995년 同경주지원 판사 1997년 대구지법 판사 1998년 대구고법 판사 2001년 대구지법 판사 2003년 同의성지원장 2005년 대구지법 부장판사 2007년 同가정지원장 2009년 대구지법 부장판사 2010년 언론중재위원회 대구중재부장 2011년 부산고법 부장판사 2012년 대구지법 수석부장판사 2015년 대구고법 수석부장판사(현) 2015년 경북도선거관리위원회 위원장(현)

정용대(鄭用大) JUNG Young Dae

[생]1957 · 6 · 26 [본]하동(河東) [출]경기 안양 [주]대전광역시 유성구 대덕대로1227 한국가스기술공사(042-600-8000) [학]1976년 성남고졸 1980년 건국대 축산대 사료학과졸 1984년 독일 마르부르크대 대학원 정치학과졸 1988년 정치학박사(독일 마르부르크대) 2010년 서울대 행정대학원 국가정책과정 수료 [경]1988년 미국 버클리대 동아시아연구소 연구위원 1990~2000년 건국대 정치외교학과 강사 1995~2000년 한나라당 여의도연구소 연구위원 · 정치연구실장 1998년 안양사회연구소 소장 2000~2001년 홍사덕 국회부의장 비서실장 2001년 한나라당 여의도연구소 선임연구위원 2002년 同이회창 대통령후보 대선기획단 공약개발위원 2004년 제17대 국회의원선거 출마(안양 만안구, 한나라당) 2004년 한나라당 정치발전위원회 위원 2004~2005년 경기개발연구원 선임연구위원 2005~2009년 한나라당 안양만안당원협의회 운영위원장 2006~2007년 同상임전국위원 2006~2007년 안양대 교양학부 외래교수 2007년 성결대 행정학과 객원교수 2008년 제17대 대통령취임준비위원회 자문위원 2008년 제18대 국회의원선거 출마(안양 만안구, 한나라당) 2008년 (사)한국지방발전연구원 부원장 2009~2011년 한전KPS(주) 감사 2010년 한나라당 문화예술체육특별위원회 위원 2010년 에너지(공기업)감사포럼 회장 2012년 제19대 국회의원선거 출마(안양 만안구, 새누리당) 2014년 새누리당 이완구 원내대표 비서실장 2015년 한국가스기술공사 감사자문위원(현) 2016년 (주)엔에스시스템 회장(현) [저]'한국정당과 정치발전'(1988) '대한민국 임시정부 외교사'(1992) '한국정당정치론(共)'(1996) '한국정치동태론(共)'(1996) '한국정치의 재성찰(共)'(1996) '21세기 한국의 선택(共)'(1997) '21세기 한국 정치의 비전과 과제'(1999) '한국정치사상사(共)'(2002) 칼럼집 '새로운 정치 희망의 정치'(2008) '에너지 강국으로의 열망과 도전'(2012) [종]기독교

정용대(鄭龍大)

[생]1968 [출]충남 논산 [주]서울 도봉구 노해로69길14 노원세무서(02-3499-0201) [학]대전 명석고, 서울대 사회교육과졸 [경]1997년 행정고시 합격(41회) 2009년 국세청 전자세원과 서기관 2011년 정읍세무서장 2012년 서울지방국세청 세원분석국 서기관 2013년 同조사3국 서기관 2014년 대법원 파견 2015년 국세청 납세자보호관실 심사2담당관 2015년 노원세무서장(현)

정용덕(鄭用德) JUNG Yong-duck (華峰)

[생]1949 · 1 · 16 [본]초계(草溪) [출]서울 [주]충남 논산시 상월면 상월로522 금강대학교 행정학과(041-731-3582) [학]1981년 행정학박사(미국 서던캘리포니아대) [경]1982~1994년 성균관대 행정학과 교수 1986~1987년 영국 런던정치경제대 연구교수 1988~1989년 행정개혁위원회 전문위원 1990~1991년 독일 베를린자유대 초빙교수 1993~1998년 행정쇄신위원회 실무위원 1994~2014년 서울대 행정대학원 교수 1998~1999년 경영진단조정위원회 위원 2001년 한국행정학회 제35대 회장 2001~2005년 국가정보화평가위원회 민간위원장 2001~2003년 한국학술단체연합회 감사 2003~2005년 정부혁신지방분권위원회 위원 2003년 기획예산처 성과관리자문단 민간위원장 2004~2006년 외교통상부 혁신추진위원회 민간위원장 2004~2005년 한성대 이사 2005~2006년 행정정보공유추진위원회 민간위원장 2006년~2007년 정부업무평가위원회 민간위원장 2006~2009년 한국행정연구원 원장 2008~2011년 평생교육진흥원 이사 2011~2013년 한국사회과학협의회 회장 2014년 서울대 행정대학원 명예교수(현) 2015년 금강대 행정학과 석좌교수(현) [상]한국행정학회 우수논문상(1985), British FCO Scholarships and Awards(1986), The Chester A. Newland Presidential Citation of Merit of the American Society for Public Administration(2013) [저]'Korean Public Administration and Policy in Transition'(1993) '현대국가의 행정학'(2001) '한·일 국가기구 비교연구'(2002) '거버넌스 제도의 합리적 선택'(2002) 'Collaborative Governance in the United States and Korea'(2009) '페어 소사이어티'(2011) '공공갈등과 정책조정 리더십'(2011) 'The Korean State, Public Administration, and Development'(2014) [역]'평등과 효율'(1984) '사익의 공공활용'(1986) '미래의 국정관리'(1998) '거버넌스, 정치 그리고 국가'(2003)

정용득(鄭鏞得) Chung, Yong Deuk

[생]1950 · 1 · 15 [본]동래(東萊) [출]경북 상주 [주]경기 화성시 향남읍 토성로14 화성상공회의소(031-350-7900) [학]1968년 서울 중동고졸 1972년 경희대 법과대학 행정학과졸 [경]1972~1984년 대한무역투자진흥공사(KOTRA) 과장 1985~1987년 한국생산성본부(KPC) 부장 1987~2000년 한국소비자원(KCA) 총무부장 · 홍보실장 · 소비자안전국장 · 정보출판국장 · 기획조정실장 · 분쟁조정1국장 · 정책연구실 교수 1999~2006년 한국조폐공사 열린공기업위원회 위원장 2000~2004년 서울산업통상진흥원(SBA) 사업운영본부장 2005~2006년 (사)한국프랜차이즈산업협회(KFA) 상근부회장 2007년 (사)전국중소기업지원센터협의회 사무총장 2008~2011년 한국정책능력진흥원 원장(CEO) 2009~2011년 한국승강기안전관리원 비상임이사 2009년 (사)한국씨니어연합 상임이사(현) 2012년 화성시복지재단 비상임이사(현) 2012년 화성상공회의소 상근부회장(현) 2013년 (사)한국공공정책평가협회 부회장(현) 2014년 사회복지법인 자제공덕회 공익이사(현) [상]KOTRA사장표창(1977), 상공부장관표창(1980), 부총리 겸 경제기획원장관표창(1991), 국민훈장 석류장(1999) [종]천주교

정용배(鄭用培) Jung Yong Vae

[생]1957 · 1 · 5 [출]인천 [주]부산 남구 문현금융로40 부산국제금융센터 한국주택금융공사 부사장실(051-663-8013) [학]제물포고졸, 인하대 건축공학과졸 [경]1983년 기술고시 합격(18회) 2005년 구리시 부시장(부이사관) 2007년 경기도 도시환경국장, 同건설본부장 2008년 용인시 부시장 2010년 경기도 도시주택실장 2011년 부천시 부시장(이사관) 2012년 중앙공무원교육원 파견 2013년 화성시 부시장 2014~2015년 용인시 부시장 2015년 한국주택금융공사 부사장(현)

정용빈(鄭容彬) JUNG Yong Bin

[생]1951·2·6 [본]진주(晉州) [출]서울 [주]경기 성남시 분당구 양현로322 한국디자인진흥원(031-780-2000) [학]1968년 청량고졸 1973년 건국대 산업공학과졸 [경]1976~1978년 (주)동화약품 근무 1978~1993년 삼성전자(주) 근무·차장·부장 1993~1994년 同영남지사장(대우이사) 1994~1999년 同상품기획센터장(이사) 1999~2005년 (주)클릭티브이 대표이사 2005~2007년 (주)SR아이텍 총괄사장 2007~2014년 (재)대구경북디자인센터 초대원장 2015년 한국디자인진흥원 원장(현) [상]동탑산업훈장(2014) [종]천주교

정용상(鄭容相) Chung, Yong Sang

[생]1955·3·10 [본]동래(東萊) [출]경남 거창 [주]서울 중구 필동로1길30 동국대학교 법과대학(02-2260-3267) [학]1973년 거창 대성고졸 1977년 건국대 법학과졸 1986년 同대학원 석·박사과정 수료 1990년 법학박사(건국대) [경]1977~1979년 ROTC(15기) 1987~2007년 부산외국어대 법학과 전임강사·조교수·부교수·교수 1988~1990년 同교무과장 1992~1993년 同대학원·교육대학원 교학부장 1993~2013년 한국법학교수회 이사·간사·상임이사·사무차장(3회)·사무총장(4회)·감사·부회장(2회)·수석부회장 1995~1996년 고려대 법과대학 교환교수 1996년 한국상사법학회 감사·이사·부회장(현) 1996년 한국재산법학회 이사·부회장(현) 1996년 한국경영법률학회 이사·감사·부회장(현) 1996년 한국비교사법학회 이사·상임이사·부회장(현) 1997년 부산외국어대 교수협의회 의장 1997년 한국상사판례학회 이사·부회장(현) 1997년 대한상사중재원 중재인(현) 1998~2014년 해외동포법률지원단 자문위원 1999~2008년 한국법학원 대의원·이사 2000년 한국기업법학회 이사·상임이사·부회장(현) 2004~2013년 대한민국ROTC중앙회 부회장 2005~2007년 부산외국어대 초대법과대학장 겸 비교법연구소장 2005~2009년 한국도산법학회 부회장 2006~2009년 올바른로스쿨을위한시민인권노동법학계비상대책위원회 상임집행위원장 2007년 동국대 법과대학 교수(현) 2008~2011년 同법과대학장 겸 법무대학원장 2009~2011년 전국법과대학장협의회 회장 2009년 국가인권위원회 차별조정위원(현) 2009년 독도중앙연맹 상임이사(현) 2010년 한중법학회 감사·부회장(현) 2010년 흥사단 민족통일운동본부 이사·공동대표(현) 2011~2012년 한국법학원 부원장 2011년 한반도이야기 최고위원·공동대표(현) 2011년 사월회 이사·상임이사·부회장(현) 2011년 사월장학재단 이사(현) 2011년 자연보호중앙연맹 상임이사(현) 2012년 도산통일연구소 부소장(현) 2012년 전자문서전자거래분쟁조정위원회 위원장(현) 2012~2013년 법무부 공증인징계위원회 위원 2013년 한국안보통일연구원 부원장(현) 2013년 한국의료관광협회 법류자문위원(현) 2013년 헬프시리아 공동대표 겸 운영위원장(현) 2013년 미래창조과학부 전자문서전자거래분쟁조정위원회 위원장(현) 2013~2014년 (사)이준국제법연구원 고문 겸 후원회장 2013~2014년 좋은정치인추대연대 공동대표 2013~2015년 덕인회 회장 2014년 한국근우회 감사(현) 2014년 서울시 어르신행복도시추진위원회 위원(현) 2014년 KOTRA 밀라노엑스포조직위원회 자문위원(현) [상]홍조근정훈장(2007) [저]'미국회사법상의 제문제'(1998) '가상공간의 법률문제(共)'(1999) '국제통상법(共)'(2000) 'M&A법상의 제문제'(2003) '중국회사법론'(2003) '미국금융기관규제법(共)'(2005) '미국금융지주회사법의 이해(共)'(2006) '이슬람법의 동향과 과제(심포지움자료집)'(2006) '각국의 감사제도(共)'(2007) 'ASEAN투자법령해설서(1)(共)'(2012) 'ASEAN투자법령해설서(2)(共)'(2013)

정용석(鄭用錫) Joung Youngsuk

[생]1962·2·10 [주]서울 영등포구 은행로14 KDB산업은행 부행장실(02-787-4000) [학]1980년 충북 세광고졸 1988년 충북대 행정학과졸 [경]1989년 한국산업은행 입행 2000년 同기업금융1실 대우계열전담TF팀 과장 2000년 同특수관리부 과장 2003년 同기업구조조정실 차장 2008년 同프로젝트파이낸스실 파트장 2008년 同기업구조조정실 부팀장 2013년 同기업금융4부 STX경영지원단장 2014년 同기업구조조정부장 2015년 同구조조정본부장 2016년 同구조조정부문장(부행장)(현)

정용석(鄭容晳)

[생]1972·3·28 [출]대전 [주]광주 동구 준법로7의12 광주지방법원(062-239-1114) [학]1991년 동산고졸 1996년 고려대 법학과졸 [경]1998년 사법시험 합격(40회) 2001년 사법연수원 수료(30기) 2001년 軍법무관 2004년 대전지법 판사 2008년 수원지법 판사 2013년 서울남부지법 판사 2015년 서울중앙지법 판사 2016년 광주지법 부장판사(현)

정용선(丁勇善) JUNG Yong Sun

[생]1954·5·16 [출]서울 [주]서울 강남구 삼성로511 골든타워 코람코자산신탁 비서실(02-787-0178) [학]1975년 대광고졸 1981년 고려대 법학과졸 1996년 미국 미시간주립대 대학원 국제전문가과정 수료 1999년 서울대 대학원 전문법학연구과정 수료 2007년 同경영대학원 최고경영자과정 수료 [경]1982년 증권감독원 입원 1982년 同기업등록국·감사실·재무관리부 근무(5급) 1987년 同검사2국·지도평가국 근무(과장대리) 1993년 同검사4국·조사총괄국·총무국 근무(과장) 1993~1995년 재무부 금융실명제실시단 1997~1998년 국무총리실 금융감독위원회설립준비단 1998년 금융감독위원회 기획행정실 법령기획팀 근무 1999년 금융감독원 공시심사실장 2000년 同조사감리실장 2001년 同회계감리국장 2003년 同회계감독1국장 2004년 同동경사무소장 2006년 同시장담당 부원장보 2007년 同증권담당 부원장보 2008년 同증권·시장·회계담당 부원장 대행 2008~2013년 법무법인 화우 고문 2010년 한국공인회계사회 심의위원회 위원 2011~2013년 기획재정부 국제계약분쟁조정위원회 위원 2013년 코람코자산신탁 대표이사 사장 2016년 同사업부문 대표이사 사장(현)

정용선(鄭龍善) JUNG Yong Sun

[생]1960·11·28 [주]경기 오산시 황새로197 LG이노텍 전장부품사업부(031-370-1215) [학]순천고졸, 전남대 경제학과졸 [경]1986년 LG이노텍 입사 2004년 同경영기획팀장(상무) 2010년 同DN사업부장(전무) 2012년 同전장부품사업부장(전무) 2015년 同전장부품사업부장(부사장)(현)

정용선(鄭龍仙) Jeong Yong Seon

[생]1964 [출]충남 당진 [주]경기 수원시 장안구 창룡대로223 경기남부지방경찰청 청장실(031-243-0100) [학]대전 대신고졸 1987년 경찰대졸(3기 수석졸업), 행정학박사(한성대) [경]1987년 경위 임용 1990년 경감 임용 1994년 경정 임용 2003년 충남 당진경찰서장(총경) 2004년 경찰청 정보2과장 2006년 서울 서대문경찰서장 2008년 경찰청 정보2과장 2009년 同기획조정과장 2010년 同정보심의관(경무관) 2011년 충남지방경찰청장(치안감) 2012년 경찰청 생활안전국장 2013년 대전지방경찰청장 2013년 경찰교육원 원장 2014년 경찰청 수사국장 2015년 경기지방경찰청장(치안정감) 2016년 경기남부지방경찰청장(현)

정용식(鄭溶植) JUNG Yong Sik

[생]1970·4·6 [주]세종특별자치시 도움6로11 정부세종청사 국토교통부 첨단항공과(044-201-4307) [학]1989년 서울 광성고졸 1993년 서울대 도시공학과졸 1995년 同공과대학원졸 [경]2002년 건설교통부 도로국 도로정책과 사무관 2003년 同도로국 도로정책과 시설서기관 2004년 同예산담당관실 시설서기관 2007년 同건설기술·건축문화선진화기획단 건축문화혁신팀장 2008년 국토해양부 건설기술·건축문화선진화기획단 건축문화혁신팀장 2008년 同건설안전과장 2008년 同지역정책과장 2009년 대통령실 파견(기술서기관) 2012년 국토해양부 재정담당관(부이사관) 2013~2016년 駐인도네시아 1등서기관 2016년 국토교통부 첨단항공과장(현)

정용인(鄭鏞仁) JUNG Yong In

[생]1942·5·5 [본]동래(東萊) [출]경북 예천 [주]서울 서초구 서초중앙로142 삼하빌딩6층 법률사무소 케이앤코(02-587-5528) [학]1960년 대창고졸 1964년 서울대 법대졸 1967년 同사법대학원졸 1980년 미국 캘리포니아 웨스턴대 로스쿨 1년 수료 [경]사법시험 합격(4회) 1967년 육군 법무관 1970년 청주지법 판사 1973년 同제천지원장 1974년 춘천지법 속초지원장 1975년 서울민형사지법 인천지원 판사 1977년 서울형사지법 판사 1978년 서울민사지법 판사 1980년 서울고법 판사 겸 대법원 재판연구관 1981년 대구지법 부장판사 1983년 서울지법 동부지원 부장판사 1985년 서울민사지법 부장판사 1987년 서울형사지법 부장판사 1987년 대구고법 부장판사 1989년 수원지법 수석부장판사 1991년 서울고법 부장판사 1993년 서울지법 북부지원장 1994년 전주지법원장 1995년 청주지법원장 1996년 대전지법원장 1998년 인천지법원장 1999년 서울가정법원장 1999~2000년 대전고법원장 2000년 변호사 개업, 법무법인 영진 대표변호사 2014년 법률사무소 케이앤코 변호사(현) [종]기독교

정용준(鄭溶俊) JUNG Yong Jun

[생]1963·7·22 [본]영일(迎日) [출]경북 영일 [주]전북 전주시 덕진구 백제대로567 전북대학교 사회과학대학 신문방송학과(063-270-2955) [학]1982년 경남고졸 1986년 서울대 신문방송학과졸 1989년 同대학원졸 1995년 언론학박사(서울대) [경]1993~1997년 건국대·한양대·광운대·서울대·동국대·중앙대·한국외국어대·성신여대 강사 1995년 서울대 언론정보연구소 비상임특별연구원 1995~1998년 한국방송개발원 선임연구위원 1998년 전북대 사회과학대학 신문방송학과 교수(현) 2007~2010 호남언론학회 회장 [상]방송문화진흥회 논문공모 대상, 방송학회 저술상(디지털 방송의 공익성)(2009) [저]'세계의 디지털 위성방송'(1998) '디지털 위성방송과 영상소프트웨어'(2000) '시민사회와 방송개혁'(2006) '디지털 방송의 공익성'(2009) [역]'언론과 민주주의(共)'(1995)

정용진(鄭溶鎭) CHUNG Yong Jin

[생]1968·9·19 [출]서울 [주]서울 중구 소공로63 (주)신세계 부회장실(02-727-1062) [학]1987년 경복고졸 1994년 미국 브라운대 경제학과졸 [경]1995년 (주)신세계백화점 입사 1997년 同도쿄사무소 이사 1997년 신세계그룹 기획조정실 그룹총괄담당 상무 1998년 신세계백화점 신세계체인사업부본부장 상무 1998년 同경영지원실 상무 2000년 同경영지원실 부사장 2001년 (주)신세계 경영지원실 부사장 2006·2013년 同부회장(현) 2010년 同총괄대표이사 부회장 2015년 서울상공회의소 부회장(현) [상]한국윤리경영학회 윤리경영대상(2010), 럭스맨 기업인상(2015)

정용태(鄭鎔泰) Yong Tae Jung

[생]1958·6·5 [본]동래(東萊) [출]부산 [주]부산 부산진구 복지로75 인제대학교 부산백병원 신경외과(051-890-6138) [학]부산대 의대졸, 同대학원졸, 의학박사(부산대) [경]1991년 인제대 의대 신경외과 교수(현) 1994~1995년 미국 예일대 Yale-New Haven Hospital 신경외과 연수 1995년 미국 아리조나 피닉스 Barrow Neurological Institute 연수 2002~2007년 인제대 부산백병원 신경외과 주책임교수 2004년 대한정위신경외과학회 상임이사(현) 2004~2015년 근로복지공단 자문위원 2005~2016년 대한척추신경외과학회 상임이사 2006~2011년 인제대 부산백병원 진료지원센터 소장 2008~2014년 대한신경외과학회 상임이사·이사 2012년 인제대 부산백병원 부원장 겸 진료부장 2012년 대한정위기능신경외과학회 회장 2015년 대한신경외과학회 부산울산경남지회 회장 2015년 진료심사평가위원회 비상근심사위원(현) [저]'신경외과학(共)'(2005) '요추협착증의 진단과 치료(共)'(2006) '척추학(共)'(2008) '정위신경외과학-대한정위기능신경외과학회편(共)'(2010) '정위기능신경외과학-엠엘커뮤니케이션편(共)'(2010) 'Surgical Atlas of Spine(共)'(2010) [역]'증례를 통한 임상신경해부학(共)'(1998) [종]불교

정용하(鄭龍河) Chung Yong Ha

[생]1955·2·10 [본]초계(草溪) [출]경남 사천 [주]부산 금정구 부산대학로63번길2 부산대학교 정치외교학과(051-510-2116) [학]1973년 진주고졸 1980년 부산대 정치외교학과졸 1982년 同대학원 석사과정 수료 1986년 同대학원 정치학박사과정 수료 1992년 정치외교학박사(부산대) [경]1986년 부산대 정치외교학과 교수(현) 1995~1997년 同50년사편찬위원회 위원, 同사회대학 부학장 1999년 同언론정보연구소장 2001년 同민주화교수협의회 회장 2003년 민주평통 자문위원 2003~2005년 대통령자문 지속가능발전위원회 위원 및 갈등관리정책전문위원회 위원 2004~2006년 전국국공립대학교교수회연합회 정책위원장 2005년 한국정치학회 이사 2005년 한국지역사회학회 운영위원장 2005년 부산경남통일교육센터장 2005년 통일부 통일교육위원 2005·2007년 同제4·5기 통일교육심의위원 2006년 대통령자문 갈등조정특별위원회 위원 2007~2009년 부산대 제10대 교수회장 겸 대학평의원회 의장 2008~2009년 전국국공립대학교수회연합회 상임회장 2009~2011년 부산대 제11대 교수회장 겸 대학평의원회 의장 2010년 21세기정치학회 회장 [저]'북한사회의 이해'(1995) '민족동질성의 회복'(1998) '세계의 국가와 한국'(2000) '21세기 한일관계'(2001) '북한사회의 변화와 남북한 정치쟁점(共)'(2003)

정용화(鄭龍和) Chung Yong Hwa

[생]1953·6·4 [본]연일(延日) [출]광주 [주]광주 동구 동명로26번길15의3 광주전남민주화운동기념사업회(062-675-3555) [학]1973년 광주제일고졸 1988년 전남대 국어국문학과졸 2005년 조선대 대학원 행정학과졸 2008년 전남대 대학원 행정학박사과정 수료 [경]1981년 도서출판 '한마당' 기획영업부장 1983년 도서출판 '일과놀이' 대표 1988년 전남일보 사회부·경제부·정치부 기자 1991년 광주매일 정치부·사회부 차장 1994년 同지역사회부장 1995년 同정치부·사회부 부장 1996년 同지역사회부장 1997년 同정치부장 1998년 同서울취재부장 2000년 同정치부장·논설위원 2001년 5.18기념재단 상임이사 2004~2006년 광주전남한반도포럼 공동대표 2006년 열린우리당 광주광역시당 사무처장 2007~2010년 (사)들불열사기념사업회 이사장 2009년 광주민주동지회 공동대표 겸 운영위원장 2011~2016년 광주전남민주화운동동지회 상임대표 2014~2016년 (사)광주전남민주화운동기념사업회 상임대표 2016년 同이사장(현) 2016년 광주전남민주화운동동지회 고문(현) [상]한국기자협회 이달의 기자상(1993) [저]'5.18 광주항쟁 자료집'(編) '죽음을 넘어 시대의 어둠을 넘어'(編) '正史 5.18 上'(共)

정용화(鄭容和) CHUNG Yong Hwa (青岑·松潭)

[생]1964·9·9 [출]전남 강진 [주]광주 서구 쌍촌로57 (사)호남미래연대(062-383-9061) [학]1982년 광주 인성고졸 1987년 서울대 외교학과졸 1989년 同대학원 외교학과졸 1998년 정치학박사(서울대) [경]1996~1998년 미국 하버드대 엔칭연구소 초빙연구원 1999~2001년 한국학중앙연구원 초빙연구원 2001~2006년 연세대 연구교수 2005년 중국 베이징대 연구학자 2006년 일본 도쿄대 객원연구원 2007~2008년 국제정책연구원(GSI) 정책전문위원 2007~2008년 제17대 대통령직인수위원회 정무분과 자문위원 2008년 제18대 국회의원선거 출마(광주 西甲, 한나라당) 2008~2010년 대통령 연설기록비서관 2010년 새날학교 명예이사장(현) 2010년 광주광역시장선거 출마(한나라당) 2010년 한나라당 비상대책위원회 위원 2010년 (사)호남미래연대 이사장(현) 2011년 한나라당 비상대책위원회 위원 2012년 제19대 국회의원선거 출마(광주 西甲, 무소속) 2012년 간행물윤리위원회 위원(현) 2012년 연세대 동서문제연구원 교수(현) 2012~2013년 인성교육범국민실천연합 초대 사무총장 2012년 (사)통일생각 호남지역 대표(현) 2014년 (사)고려인마을 후원회장(현) 2014년 한국양성평등교육진흥원 초빙교수 2015년 광주하계유니버시아드대회 조직위원회 비상근부위원장 2016년 제20대 국회의원선거(광주 서구甲, 국민의당) 출마 [저]'문명의 정치사상 : 유길준과 근대한국'(2004) '동아시아의 지역질서 : 제국을 넘어 공동체로(共)'(2005) '청소년을 위한 우리역사 바로보기(共)'(2006) '동아시아와 지역주의(共)'(2006) '민족과 국민 정체성의 재구성'(2009) '코리안 드림'(2010) [역]'녹색정치사상'(1993)

정용환(丁龍桓) CHUNG Yong Hwan

[생]1960·1·27 [출]대전 [주]서울 서초구 서초대로350 동아빌라트2타운2층 한국정보통신진흥협회(02-580-0500) [학]대전고졸, 한양대 정치외교학과졸 [경]1984년 행정고시 합격(27회) 1995년 정보통신부 기획관리실 경영분석담당관실 서기관 1997년 同우표과장 1998년 同정보전산담당관 2000년 同법무담당관 2002년 同정보화기획실 정보화기반과장 2003년 同전산관리소 전산1과장 2008년 지식경제부 우정사업본부 고양덕양우체국장 2009년 同우정사업본부 감사팀장 2010년 同우정사업본부 보험기획팀장(서기관) 2011년 同우정사업본부 보험기획팀장(부이사관) 2012년 제주지방우정청장 2013~2015년 강원지방우정청장(고위공무원) 2015년 한국정보통신진흥협회 상근부회장(현)

정용훈(鄭用勳) CHUNG Yong Hoon

[생]1957·7·20 [출]서울 [주]서울 성동구 왕십리로222 한양대학교 의과대학 미생물학교실(02-2220-0644) [학]1982년 한양대 의과대학졸 1985년 同대학원졸 1988년 의학박사(한양대) [경]미국 슬로안케터링인스티튜드 연구원 1986년 한양대 의과대학 미생물학교실 교수(현), 보령제약(주) 사외이사 2000년 한양대 바이오벤처기업 '메덱스젠' 대표(현) [저]'The CIBA Collection of Medical Illustrations(CIBA원색도해 의학총서)'(共) '의학 미생물학'(共)

정 우(頂 宇)

[생]1952·6·16 [출]전북 김제 [주]서울 서초구 논현로5길31의11 구룡사(02-575-7766) [학]1974년 해인사 승가대 대교과졸 1998년 동국대 국제정보대학원 수료 [경]1965년 통도사에서 득도 1968년 통도사에서 비구계 수지(계사 홍법) 1971년 통도사에서 구족계 수지(계사 월하) 1980년 통도사 규정국장·재무국장 1983년 대한불교조계종 총무원 사회국장·교무국장·조사국장 1985년 통도사 서울포교당 구룡사 주지·회주(현) 1988년 도서출판 일주문 대표 겸 월간「붓다」발행인(현) 1988~1998년 대한불교조계종 제9·10·11·12대 중앙종회 의원 1994년 同총무원 총무부장 1994년 불교방송 전무이사 1997년 同대표이사 사장 2007~2011년 영축총림 통도사 주지 2007년 불교방송 이사 2007년 (사)홍법문화복지법인 이사장(현) 2013년 대한불교조계종 군종특별교구장(현) [상]만해대상 포교상(2001), 대종사 종정표창(2011) [저]'길을 묻는다 불에 달군 돌을 물고1·2'(1994) '내 어릴 적 꿈은 운전수였네1·2'(2000) [종]불교

정우건(鄭佑鍵) Jeong woo geon

(생)1958 · 1 · 21 (주)경남 통영시 평인일주로852의12 경상대학교 해양과학대학 해양생명과학과(055-772-9151) (학)1984년 제주대졸 1991년 同대학원 수산생물학과졸 1999년 수산생물학박사(제주대) (경)1977~1980년 해병대 복무(만기전역) 1984~1991년 국립수산과학원 수산연구사 1991년 경상대 해양과학대학 해양생명과학과 교수(현) 1999~2010년 통영 · 거제환경운동연합 자문위원 2000~2001년 호주 James Cook Univ. 연구교수 2001~2003년 통영시요트협회 회장 2004~2006년 경상대 해양산업연구소장 2004~2007년 국립수산과학원 겸임연구관 · 발전자문위원 2005~2007년 한국패류학회 회장 2005~2006년 해양수산부 해양미래전략계획 자문위원 2006~2007년 경상대 해양과학대학장 2006~2008년 KBS 창원방송총국 시청자위원 2006~2008년 국가균형발전사업 평가 · 예산심사위원회 분과위원장 2007~2014년 경남발전연구원 이사 2007~2011년 (재)한산대첩기념사업회 이사 2008년 남해안권발전정책자문단 위원 2008~2014년 경남도교육청 인사위원 2009년 경남도요트협회 이사 2009~2013년 (사)통영 · 거제 · 고성범죄피해자지원센터 이사 2009~2012년 대한요트협회 대외협력이사 2010~2014년 시책추진주민위원회 위원 2010~2014년 창원시 수산조정위원회 위원 2011~2014년 새누리당 경남도당 정책자문위원장 2011~2013년 통영경찰서 인권위원회 2011~2013년 창원지검 통영지청 시민위원장 2011~2013년 경남지역신문발전위원회 위원 2011~2013년 경상대 대외협력본부장 2013년 경남도요트협회 회장 2013~2015년 교육부 국제협력분과 정책자문위원 2015년 경남도요트산업자문위원회 위원장(현) 2016년 경남도세일링연맹 초대 회장(현) (상)수산청장표창(1989 · 1990)

정우모(鄭又謨) JUNG Woo Mo

(생)1935 · 10 · 25 (본)동래(東萊) (출)울산 (주)서울 영등포구 여의공원로111 태영빌딩10층 태영인더스트리 임원실(02-2090-2606) (학)1956년 부산고졸 1960년 서울대 법학과졸 1994년 고려대 경영대학원 최고경영자과정 수료 (경)1967년 흥국생명보험(주) 상무이사 1979년 코오롱상사(주) 상무이사 1984년 (주)울산싸이로 대표이사 부사장 1990년 (주)태영화학 대표이사 사장 1993~1999년 (주)서울방송 이사 1994년 태영그룹 부회장 1994년 (주)태영산업 대표이사 부회장 1995년 (주)태영화학 대표이사 부회장 2000년 제2건국추진위원회 울산시 위원장 2001년 한국범죄방지재단 이사 겸임 2003년 (주)KNN 이사 겸임 2008년 (주)태영인더스트리 이사회 의장 2012년 同상근고문(현)

정우식(鄭雨植) CHUNG Woo Sik

(생)1958 · 8 · 30 (본)하동(河東) (출)서울 (주)서울 양천구 안양천로1071 이대목동병원 비뇨기과(02-2650-5677) (학)1977년 대성고졸 1983년 연세대 의대 의학과졸 1987년 同대학원 의학과졸 1990년 의학박사(연세대) (경)1988년 비뇨기과 전문의 1988~1990년 연세대 의대 비뇨기과 연구강사 1990~1993년 건국대 의대 비뇨기과 전임강사 · 조교수 1992~1993년 미국 남가주의대 교환교수 1993년 이화여대 의과대학 비뇨기과학교실 조교수 · 부교수 · 교수(현) 2002~2003년 미국 로체스터 메이요클리닉 교환교수 (제)'남성성기능장애남성불임증 진료지침서'(1997) '남성과학(共)'(2003) '비뇨기과학남성과학' (종)기독교

정우영(鄭佑泳) JUNG Woo Young

(생)1941 · 9 · 30 (출)충북 청원 (주)경북 구미시 3공단3로82의13 제원화섬(주) 비서실(054-473-3427) (학)1959년 청주공고졸 (경)1978~1982년 (주)한국화섬 상무이사 1986~1995년 경북도배구협회 부회장 1982년 제원화섬(주) 대표이사(현) 1993~1998년 구미산동농공단지 회장 1994년 신원합섬(주) 대표이사 1995년 대구지법 민사조정위원 1996년 한국섬유개발연구원 이사 1998~2000년 구미인력은행 원장 1999년 구미상공회의소 상임의원 · 발전위원장 1999~2002년 한국섬유개발연구원 이사장 2001년 경북경영자협회 부회장 2005년 대한직물공업협동조합연합회 회장 2007년 중소기업중앙회 비상근부회장 2007~2010년 FTTI시험연구원 이사장 (상)대한상공회의소회장표창(1983 · 1985 · 1989), 과학기술처장관표창(1985), 경북도지사표창(1986), 상공부장관표창(1988), 재무부장관표창(1994), 한국섬유대상 신소재개발부문(1994), 국무총리표창(1994 · 2003), 철탑산업훈장(1996), 산업자원부 신지식인 선정(1999), 대한민국 섬유소재품질대상(2002), 은탑산업훈장(2015) (종)불교

정우영(鄭祐泳) CHUNG Woo Young (德山)

(생)1949 · 12 · 27 (출)서울 (주)서울 강남구 테헤란로98길8 KT&G 대치타워11층 혼다코리아(주) 비서실(02-3416-3301) (학)1968년 중앙고졸 1976년 성균관대 금속공학과졸 1980년 同대학원 경영학과졸(석사) (경)1976년 기아기연공업(주) 입사 1995년 대림자동차(주) 이사대우 1996년 同이사 1997년 同상무이사 1998년 同전무이사 2000년 同대표이사 부사장 · 대표이사 사장 2001년 혼다코리아(주) 대표이사 사장(현) (상)대통령표창(2009), 납세자의 날 산업포장(2014) (종)불교

정우영(鄭尤榮) CHUNG Woo Yeong

(생)1956 · 2 · 14 (출)부산 (주)부산 부산진구 복지로75 부산백병원 소아청소년과(051-890-6280) (학)1980년 부산대 의대졸 1983년 同대학원졸 1991년 의학박사(부산대) (경)1980~1981년 부산아동병원 인턴 1982~1985년 인제대 부산백병원 레지던트 1985년 同의대 소아청소년과학교실 교수(현) 1987~1988년 미국 UCLA 소아신장학 Fellow 1996년 인제대 부산백병원 홍보실장 2001 · 2009년 경남신문 객원논설위원 2005년 인제대 부산백병원 대외교류처장 2007~2009년 대한소아내분비학회 부회장 2008년 질병관리본부 지정 부산경남권희귀난치성질환지역거점병원 센터장(현) 2008년 부산국제영화제 의료지원팀장(현) (상)울산문화방송표창(2007), 보건복지부장관표창(2010) (저)'희귀난치성질환의 이해 1~19권'(2008~2014) '터너증후군의 임상적 관리'(2010)

정우영(鄭又榮)

(생)1971 · 9 · 26 (출)전남 함평 (주)부산 연제구 법원로31 부산지방법원(051-590-1114) (학)1990년 광주석산고졸 1997년 한양대 법학과졸 (경)1998년 사법시험 합격(40회) 2001년 사법연수원 수료(30기) 2001년 서울지법 북부지원 판사 2002년 서울고법 판사 2003년 서울지법 판사 2004년 서울중앙지법 판사 2005년 부산지법 판사 2008년 수원지법 평택지원 판사 2010년 서울북부지법 판사 2012년 서울중앙지법 판사 2014년 인천지법 판사 2016년 부산지법 부장판사(현)

정우용

(생)1961 · 5 · 5 (주)경기 성남시 수정구 대왕판교로825 한국국제협력단(031-740-0658) (학)연세대 행정학과졸, 영국 브래드퍼드대 대학원 국제개발학과졸, 국제개발박사(영국 브래드퍼드대) (경)1987~1991년 한국개발연구원(KDI) 연구원 1991년 한국국제협력단(KOICA) 입단 1995~1996년 同베트남사무소장 2005년 국무조정실 ODA 전문위원 2006~2009년 한국국제협력단(KOICA) 이집트사무소장 2009~2011년 同정책연구실장 · 정책기획부장 2011년 同파라과이사무소장 2014년 同민관협력실장 2015년 同월드프렌즈본부장 2016년 同경영관리이사(현)

정우정(丁宇政)

(생)1972 · 12 · 22 (출)전남 영광 (주)대전 서구 둔산중로78번길45 대전지방법원(042-470-1114) (학)1991년 동국대부속고졸 1997년 서울대 사법학과졸 (경)1998년 사법시험 합격(40회) 2001년 사법연수원 수료(30기) 2001년 軍법무관 2004년 의정부지법 판사 2006년 서울중앙지법 판사 2008년 광주지법 순천지원 판사 2012년 의정부지법 판사 2014년 대법원 재판연구관 2016년 대전지법 부장판사(현)

정우진(鄭宇鎭) JUNG Woo Jin

(생)1960 · 9 · 15 (주)서울 구로구 디지털로34길55 에너지경제신문 임원실(02-850-0114) (학)성균관대 대학원 경영학과졸 (경)1987년 매일경제신문 조사자료실 근무 1995년 同경리부 과장 2003년 同광고관리부장 2006년 同총무부장 2006년 아시아경제신문 기획관리국장 2008년 同독자서비스국장 2008년 同독자서비스국장(이사대우) 2011년 同인사총무담당 상무 2013년 에너지경제신문 경영총괄 부사장(현) 2014년 에경TV대표 겸임(현) (상)한국신문협회상

정우진

(생)1975 · 3 · 9 (출)독일 (주)경기 성남시 분당구 대왕판교로645번길12 NHN엔터테인먼트(031-8038-3000) (학)2000년 서울대 사회학과졸 (경)2000년 서치솔루션 입사 2001~2013년 NHN 미국법인 사업개발그룹장, 同플레이넷사업부장, 同캐주얼게임사업부장 2013년 NHN엔터테인먼트 사업센터장 겸 총괄디렉터 2013년 同대표 권한대행 2014년 同대표(현)

정우택(鄭宇澤) CHUNG Woo Taik (泓谷)

[생]1953·2·18 [본]연일(延日) [출]부산 [주]서울 영등포구 의사당대로1 국회 의원회관846호(02-784-9071) [학]1972년 경기고졸 1977년 성균관대 법학과졸 1979년 서울대 행정대학원 행정학과졸 1987년 경제학박사(미국 하와이대) 2013년 명예 교육학박사(한국교원대) [경]1978년 행정고시 합격(22회) 1980년 체신부 전주전화국 과장 1980~1988년 경제기획원 경제기획국·투자심사국·기획관리실 서기관대우 1989년 국제민간경제협의회 투자환경조사단 부단장 1991년 경제기획원 법무담당관 1992년 통일국민당 진천군·음성군지구당 위원장 1995년 자민련 진천군·음성군지구당 위원장 1996년 제15대 국회의원(진천군·음성군, 자민련) 1996년 자민련 정책위원회 수석부위원장 1998년 同제1사무부총장 1998년 同환경보존위원장 2000~2004년 제16대 국회의원(진천군·괴산군·음성군, 자민련) 2000년 자민련 정책위 의장 2000년 아·태환경개발의원회의(APPCED) 집행위원장 2001년 해양수산부 장관 2001년 자민련 정책위 의장 2002년 同당발전쇄신특별위원회 위원장 2003~2004년 국회 보훈특별위원회 위원장 2004~2006년 (재)홍곡과학기술문화재단 이사장 2006~2010년 충북도지사(한나라당) 2009~2010년 충북혁신도시관리위원회 공동위원장 2009~2010년 2013충주세계조정선수권대회유치위원회 공동위원장 2009~2015년 (사)한국택견협회 총재 2010년 디지털서울문화예술대 총장 2011~2014년 사랑의끈연결운동본부 총재 2012~2014년 새누리당 최고위원 2012년 제19대 국회의원(청주시 상당구, 새누리당) 2012년 새누리당 제18대 대통령중앙선거대책위원회 부위원장 2013~2014년 새누리당 누리스타봉사단장 2014년 새누리당 직능위원회 위원장 2014년 국회 정무위원회 위원장 2016년 새누리당 제20대 총선 충북권선거대책위원장 2016년 제20대 국회의원(청주시 상당구, 새누리당)(현) 2016년 국회 산업통상자원위원회 위원(현) [상]부총리 겸 경제기획원장관표창, 대통령표창(1990), 2008 자랑스러운 성균인상(2009), 제45회 전국여성대회 우수지방자치단체장상(2009), 올해의 자랑스러운 성균법대인(2012), NGO모니터단 선정 국정감사 우수의원(2013), 선플운동본부 '국회의원 아름다운 말 선플상'(2014), 한국신문방송기자연맹 대한민국을 빛낸 한국인물 대상, 한국경제문화연구원 신지식인 대상, 전국사단법인총연합회 대한민국 의정혁신 대상(2015), 대한기자협회 대한민국 의정대상(2015), 금융소비자연맹 선정 '금융소비자 권익증진 최우수국회의원'(2015), 환경타임즈 선정 '올해를 빛낸 환경대상'(2015), 대한민국 유권자대상(2016) [저]'한국경제의 개발전략과 향후과제' '예산쓰임새, 어떻게 개혁하여야 하나' '아버지가 꿈꾸는 세상, 아들에게 물려줄 희망' [종]기독교

정우택(鄭于澤) Woo Thak Chung

[생]1953·3·25 [주]서울 중구 필동로1길30 동국대학교 미술사학과(02-2260-3156) [학]1980년 동국대 미술학과졸 1982년 홍익대 대학원 미술사전공졸 1989년 미술학박사(일본 九州大) [경]1989~1999년 경주대 문화재학과 부교수 1997~1999년 한국미술사교육학회 회장 1999년 문화재위원회 동산문화재분과 위원 2003년 동국대 대학원 미술사학과 부교수·교수(현) 2004년 한국미술사학회 총무이사 2005·2015년 동국대 박물관장(현) 2008년 한국미술사학회 회장 [저]'조선왕조의 회화'

정우현(鄭又鉉) JUNG Woo Hyun

[생]1948·1·15 [본]하동(河東) [출]경남 하동 [주]서울 서초구 효령로132 MPK그룹 회장실(02-532-1100) [학]1968년 진주고졸 1972년 단국대 법정대학졸 1997년 고려대 컴퓨터과학기술대학원 최고위정보통신과정 수료 [경]1974년 천일상사 상무 1978~1988년 同대표 1989년 (주)미스터피자그룹 회장 1996년 아바론코리아 회장 1999~2000년 ROTC 10기 중앙회장 2000년 사회복지법인 사랑의세계 회장(현) 2010~2012년 (주)미스터피자그룹 대표이사 회장 2012년 MPK그룹 대표이사 회장 2013년 同회장, 어린이환경센터 이사 2013년 MPK그룹 대표이사 회장 2015년 同회장(현) [상]단국대총동창회 자랑스러운 단국인상(불우이웃돕기활동 공로, 2001), ROTC 리더스 월드(Leaders' World) 대상(2009), 2011 한국경제를 움직이는 인물 윤리경영부문(2010), 중앙SUNDAY 선정 '2013 한국을 빛낸 창조경영대상'(2013), 2014 한국의 영향력 있는 CEO 고객만족경영부문대상(2014)

정우현(鄭宇鉉) Chung Woo Hyun

[생]1961·9·17 [출]서울 [주]서울 종로구 인사동7길32 SK건설(주) 경영기획부문(02-3700-8080) [학]배명고졸, 서울대 경제학과졸 [경]SK(주) 근무, SK C&C 근무, SK건설(주) 기획운영실장(상무) 2012년 同기업문화실장(상무) 2014년 同경영기획부문장 겸 CSO(상무) 2015년 同경영기획부문장·CSO·CISO 겸임(전무) 2015 同국내플랜트오퍼레이션 부문장(현) [종]천주교

정 욱(鄭 煜) Jung Wook

[생]1946·3·17 [출]강원 [주]서울 용산구 한강대로15길9 의12 대원미디어(주) 대표이사실(02-6373-3000) [학]1964년 강릉고졸 1988년 동국대 경영대학원졸 [경]1971년 소년한국일보 '숨은그림찾기' 연재 1973년 원프로덕션 설립·대표 1974년 대원프로덕션 대표 1977년 대원동화(주) 대표이사 1985년 청주대 강사 1992년 도서출판 대원(주) 회장 1994년 상공자원부 영상산업발전민간협의회 민간위원 1994~1996년 한국애니메이션제작자협회 회장 1996년 서울국제만화페스티벌추진위원회 부위원장 2000년 대원C&A홀딩스(주) 회장 2002년 대원씨아이(주) 대표이사(현) 2004년 대원방송 대표이사(현) 2007년 대원미디어(주) 대표이사(현) 2007~2015년 대원게임 대표이사 [상]대통령표창(1986), 국무총리표창, 제13회 색동회상(1990), 대한민국영상만화대상 금상(1995), 대한민국콘텐츠어워드 국무총리표창(2009), 서울국제만화애니메이션페스티벌(SICAF) 올해의 애니메이션어워드(2013)

정 욱(丁 旭) JEONG WOOK

[생]1961·9·17 [주]서울 강남구 테헤란로306 카이트타워 한국자산신탁(주) 부사장실(02-2112-6300) [학]1989년 경희대 회계학과졸, 한양대 개발전문가과정 수료, 고려대 부동산정책대학원 수료 [경]1989~1998년 교보생명보험(주) 입사·부동산개발부 과장 1999~2007년 (주)생보부동산신탁 영업팀장 2007년 국제자산신탁(주) 신탁영업2본부장(상무이사) 2009년 국제신탁(주) 신탁영업2본부장(상무이사) 2010년 한국자산신탁(주) 전무 2014년 同부사장(현)

ㅈ

정욱성(鄭旭盛) CHUNG WOOK SUNG

[생]1957·9·13 [출]경남 김해 [주]서울 서초구 반포대로 222 가톨릭대학교 서울성모병원 순환기내과(02-2258-1062) [학]1982년 가톨릭대 의학과졸 1989년 同대학원졸 1992년 의학박사(가톨릭대) [경]1991년 가톨릭대 성모병원 순환기내과 전임강사 1993년 일본 구루메대 의과대학 순환기내과 심도자실 연수 1995년 미국 Thomas Jefferson Univ. Cardiovascular Research Center 연수 1997년 가톨릭대 성모병원 응급의학과장 2001년 同의과대학 내과학교실 교수(현) 2001년 同성모병원 순환기내과장 2007년 同성모병원 심장혈관센터소장 2009년 同의과대학 교육제1부학장 2009년 同서울성모병원 순환기내과 분과장, 同의과대학장 겸 의학전문대학원장 2011년 同성의교정 교학처장·의과대학장·의학전문대학원장 겸임 2013~2014년 대한심혈관중재학회 초대회장 [종]천주교

정운석(鄭運石) JUNG Woon Suk

[생]1959·3·9 [주]서울 서초구 바우뫼로201 블랙야크(02-2286-9004) [학]1977년 서울 보인상고졸 1984년 서울산업대 경영학과졸 2006년 동국대 경영대학원 마케팅학과졸 [경]1984~1988년 (주)고려개발 재경부 근무 1988년 (주)톰보이 재경부 입사·부장 2001년 同재무기획담당 이사 2003년 同관리부문총괄 경영지원본부장(상무이사) 2006~2009년 同대표이사 사장 2009년 블랙야크 부사장 2012년 同사장(현)

정운식(鄭雲湜) CHUNG Un Sik (宇洋)

[생]1935·1·11 [출]경기 시흥 [주]서울 중구 무교로15 남강빌딩7층 (주)서울항공여행사(02-753-8585) [학]1954년 용문고졸 1959년 중앙대 영어영문학과졸 1962년 미국 농무성부설대학원 작문법 수료 1972년 연세대 경영대학원 수료 1993년 중앙대 국제경영대학원 최고경영자과정 수료 1994년 연세대 경영대학원 최고경영자과정 수료 [경]1959년 미국 경제협조처 여행과장 1964~1970년 NORTHWEST항공 총대리점 영업이사 1971~1988년 (주)서울항공여행사 창업·사장 1979년 한국SKAL클럽 회장 1980년 서울시배드민턴협회 부회장 1980~1983년 한국항공운송대리점협회 회장 1981년 한국와이즈맨클럽 국제담당 이사 1982~1984년 국제여행알선업협회 부회장·회장 1987년 국제로타리365지구 서서울로타리클럽 회장 1987년 ASTA 한국지회장 1988년 (주)서울항공여행사 회장(현) 1988년 PATA 국제본부 대의원 1988년 나드리세계여행 회장 1989년 PATA 한국지부 부회장 1990년 에주투어국제학생여행공사 회장 1992년 국제스콜클럽 동아세아 부회장 1993년 ASTA본부 국제위원회 이사 1995~2003년 한국일반여행업협회 회장 1999년 한국관광협회중앙회 부회장 2003~2006년 同회장 [상]교통부장관표창, 산업포장, 황금의 기수상, 은탑산업훈장, 금탑산업훈장 [저]'에주투어로 세계를' '여행업 30년 세계를 누비며' '여행업 2001' '세계를 여는 남자1·2'

정운오(鄭雲午) JUNG Woon Oh

[생]1954·2·14 [본]진주(晉州) [출]서울 [주]서울 관악구 관악로1 서울대학교 경영대학(02-880-5764) [학]1976년 서울대 상대졸 1981년 미국 코넬대 경영대학원졸 1986년 경영학박사(미국 Univ. of California, LA) [경]1986~1992년 미국 Univ. of Illinois Urbana-Champaign 회계학과 조교수 1992~1994년 同부교수 1994~1997년 한양대 부교수 1997~1998년 한국회계학회 편집분과위원장 1998~2002년 서울대 경영대학 조교수·부교수 1999~2002년 한국회계기준위원회(KASB) 위원 2002년 서울대 경영대학 교수(현) 2002년 한국경영학회 경영학연구 편집위원 2002년 한국회계학회 기획분과위원장 2004년 홍콩이공대 초빙교수 2005~2015년 중국 상해교통대 초빙교수 2007~2008년 금융감독원 IFRS도입추진단 위원 2008~2013년 STX조선해양 사외이사 2010~2011년 한국세무학회 회장 2011~2014년 (주)LG생활건강 사외이사 겸 감사위원장 2013년 한국회계기준원 이사회 의장(현) 2014년 기획재정부 세제발전심의위원회 위원(현) 2014년 (주)LG상사 사외이사 겸 감사위원장(현) [상]미국세무학회 논문상(1990), 한국회계학회 학술상(2002), 한국회계학회 삼일저명교수(2003·2004·2005·2006), 한국세무학회 학술상(2009), 서울대 우수강의상(2014) [저]'회계이론'(2004, 다산출판사) 'IFRS중급재무회계5판'(2015, 경문사) [종]기독교

정운찬(鄭雲燦) CHUNG Un Chan

[생]1947·3·21 [본]연일(延日) [출]충남 공주 [주]서울 구로구 디지털로26길111 JNK디지털타워 동반성장연구소(02-6419-9000) [학]1966년 경기고졸 1970년 서울대 경제학과졸 1972년 미국 마이애미대 대학원 경제학과졸 1976년 경제학박사(미국 프린스턴대) 2004년 명예 국제교육학박사(러시아 국립극동대) [경]1976년 미국 컬럼비아대 조교수 1978~2009년 서울대 사회과학대학 경제학부 조교수·부교수·교수 1983년 미국 하와이대 초빙교수 1986년 영국 런던정경대 객원교수 1998년 한국금융학회 회장 1999년 독일 보쿰대 초빙연구교수 1999~2001년 정부출연연구기관연합이사회 경제사회연구회 민간이사 2000~2001년 재정경제부 금융발전심의회 위원장 2002년 보건복지부 국민연금발전위원회 위원장 2002년 서울대 사회과학대학장 2002~2006년 同총장 2004년 과학기술부 사이언스코리아 공동의장 2005년 관정이종환교육재단 국외유학장학생 심사위원장 2006년 한국경제학회 회장 2008~2009년 한국사회과학협의회 회장 2008년 미국 프린스턴대 초빙연구원 2008~2009년 서울대 금융경제연구원 초대원장 2009년 헌법재판소 자문위원 2009년 한국사회과학협의회 회장 2009~2010년 국무총리 2009~2010년 대통령소속 국가정보화전략위원회 공동위원장 2009~2010년 세종시 민관합동위원회 공동위원장 2010~2012년 동반성장위원회 위원장 2011년 제주-세계7대자연경관선정범국민추진위원회 위원장 2011년 서울대 명예교수(현) 2012년 동반성장연구소 이사장(현) 2013년 국립대학법인 서울대 이사(현) 2015년 (사)호랑이스코필드기념사업회 회장(현) [상]자랑스런 경기인상(2003), 자랑스런 충청인상(2006), 서울대 빛내자상(2010) [저]'경제통계학'(1985, 경문사) '중앙은행론'(1995, 학현사) '금융개혁론'(1995, 법문사) '한국경제 죽어야 산다'(1997, 나무와숲) '통계학'(1998, 경문사) '한국경제 아직도 멀었다'(1999, 나무와숲) '화폐와 금융시장(共)'(2000, 율곡출판사) '스무살에 선택하는 학문의 길(共)'(2005, 아카넷) '아버지의 추억'(2006, 따뜻한손) '거시경제론(共)'(2007, 율곡출판사) '예금보험론(共)'(2007, 서울대 출판부) '외환위기 10년 한국사회 얼마나 달라졌나'(2007, 서울대 출판부) '경제학원론(共)'(2009, 율곡출판사) 자서전 '가슴으로 생각하라'(2007, 따뜻한손) 평론집 '한국경제 아직 늦지 않았다'(2007, 나무와숲) '야구예찬'(2013, 휴먼큐브) [역]'중앙은행의 이론과 실제(共)'(2003, 율곡출판사) [종]기독교

정운천(鄭雲天) CHUNG Woon Chun

[생]1954·4·10 [출]전북 익산 [주]서울 영등포구 의사당대로1 국회 의원회관828호(02-784-8975) [학]1973년 익산 남성고졸 1981년 고려대 농업경제학과졸 2003년 원광대 행정대학원 행정학과졸 2010년 명예 경제학박사(군산대) [경]1984년 삼부종합농장 겸 교육장 운영 1988년 농업후계자 선정 1989년 한국참다래협회 창립·초대회장 1990년 한국참다래유통사업단 설립·대표이사 1994~2008년 한국참다래유통사업단 영농조합법인 회장 1999년 농림부 선정 '신지식 농업인' 2000~2006년 (사)한국신지식농업인회 회장 2003년 대불대 겸임교수 2003~2004년 농림부 중앙농정심의회 위원 2005년 대통령직속 농어업·농어촌특별대책위원회 산하 쌀유통혁신협의회 의장 2006년 (사)한국농업CEO연합회 회장 2006년 (사)한국신지식농업인회 명예회장 2007년 전남도농업기술원 '2007 억대 농업인 성공사례 발표회-한국농업의 블루오션전략' 특강 2007년 전남대 응용생물학부 겸임교수 2007년 한나라당 경제살리기특별위원회 위원 2008년 농림수산식품부 장관 2009년 국무총리직속 새만금위원회 위원 2010년 전북도지사선거 출마(한나라당) 2010~2011년 한식재단 이사장 2010년 현미먹기운동본부 고문 2010년 경기음식페스티벌 추진위원장 2010년 전북대 농업생명과학대학 식품공학과 석좌교수 2010~2011년 한나라당 최고위원 2010년 同구제역대책특별위원장 2012년 제19대 국회의원선거 출마(전주시 완산구乙, 새누리당) 2012년 새누리당 조직강화특별위원회 위원(현) 2012~2013년 同전북도당 위원장 2012년 同지역화합특별위원회 위원장 2014년 同전북도당 농업경쟁력강화특별위원장 겸 새만금특별위원장 2015년 同정책위원회 민생119본부 부본부장(현) 2016년 同전주시乙당원협의회 운영위원장(현) 2016년 제20대 국회의원(전북 전주시乙, 새누리당)(현) 2016년 국회 산업통상자원위원회 위원(현) 2016년 국회 예산결산특별위원회 위원(현) 2016년 새누리당 중앙윤리위원회 부위원장(현) 2016년 새누리당 전북도당 위원장(현) [상]새농민상, 철탑산업훈장(1991), 대산농촌문화상 본상(1993), 신지식 농업인(1999), 고창애향대상(2010), 올해의 전북인상(2010), 청조근정훈장(2012) [저]'거북선 농업'(2004) '박비향'(2009) '바보 정운천의 7번째 도전'(2011) '함거(轞車)에서 길을 찾다'(2015)

정운현(鄭雲鉉) CHUNG,WOON-HYUN

[생]1958·1·12 [본]동래(東萊) [출]대구 [주]경남 통영시 통영해안로240 경상남도 수산기술사업소(055-254-3511) [학]1976년 대구 청구고졸 1990년 한국방송통신대 행정학과졸 2007년 경남대 행정대학원 일반행정학과졸 [경]2000년 경남도 농수산국 어업생산과 어업지도담당 사무관 2003년 행정자치부 국가전문행정연수원 교육파견 2006~2007년 해양수산부 파견 2010년 경남도 농수산국 어업진흥과장 2013년 행정자치부 지방행정연수원 고급리드과정 교육파견 2014년 경남도 해양수산국 해양수산과장 2014년 경남대 행정대학원총동창회 부회장(현) 2015년 경남도 수산기술사업소장(현) [상]대통령표창(2004·2013), 수협중앙회장 감사패(2013) [종]불교

정 원(丁 元)

[생]1967·9·10 [출]부산 [주]부산 해운대구 재반로112번길 20 부산지방법원 동부지원(051-780-1114) [학]1986년 동천고졸 1991년 서울대 법학과졸 1994년 同대학원 법학과졸 [경]1997년 사법시험 합격(39회) 2000년 사법연수원 수료(29기) 2000년 서울지법 예비판사 2002년 서울가정지원 판사 2004년 부산지법 판사 2007년 유학 2008년 의정부지법 판사 2010년 서울동부지법 판사 2012년 서울고법 판사 2013년 대법원 재판연구관 2015년 부산지법 동부지원 부장판사(현)

정원기(鄭沅基) JHUNG Won-Ki

[생]1959·4·18 [출]전남 광양 [주]서울 서초구 서초대로 330 영일빌딩3층 법무법인 우원(02-537-0202) [학]1977년 신일고졸 1981년 한국외국어대 법학과졸 1984년 同대학원 법학과졸 1993년 서울대 사법발전연구과정 수료 2001년 한국외국어대 세계경영대학원 최고경영자과정 및 글로벌리더십과정 수료 2003년 동국대 부동산최고위과정(RECEO) 수료 2005년 세계경영연구원 최고경영자과정(IGMP) 수료 2008년 동국대 최고위부동산경매과정(REACEO) 수료 [경]1984년 軍법무관 임용시험 합격(6회) 1985년 해군 법무관 임관 1985~1991년 해군 및 해병 軍검찰관·軍판사·법무참모·법무실장 1991년 해군본부 법무감실 법제과장 1992년 同법무감실 고등검찰부장 1995년 변호사 개업 2003년 한국외국어대 법학과 겸임교수 2007년 법무법인 우원 대표변호사(현) [상]사법연수원장표창, 국방부장관표창

정원미(女)

[생]1958·3·20 [출]경북 경주 [주]세종특별자치시 도움4로9 국가보훈처 보훈심사위원회 심사4과(044-202-5890) [학]이화여고졸, 건국대 행정학과졸 [경]1977년 공무원 임용(9급 공채) 2000년 국가보훈처 복지사업과 근무 2004년 同안동보훈지청 관리과장, 同보훈선양국실 공훈심사과 행정사무관, 同독립유공자 공훈심사 서기관 2012년 同대구지방보훈청 경주보훈지청장 2014년 同보훈심사위원회 심사4과장(현)

정원식(鄭元植) CHUNG Won Shik (靑南)

[생]1928·8·5 [본]진주(晉州) [출]황해 재령 [주]서울 관악구 관악로1 서울대학교(02-880-5114) [학]1946년 해주東중졸 1948년 서울대 예과 수료 1954년 同사범대학 교육학과졸 1966년 철학박사(미국 밴더빌트대) [경]1955년 예편(육군 대위) 1955~1960년 중앙교육연구소 연구원 1960년 문교부 장학관 1962~1974년 서울대 사범대학 조교수·부교수 1970년 한국교육학회 교육심리연구회장 1972년 카운슬러협회 회장 1974~1995년 서울대 사범대학 교육학과 교수 1979~1983년 同사범대학장 1984년 한국교육학회 회장 1985년 도서잡지·주

간신문 윤리위원장 1988년 방송심의위원회 위원장 1988~1990년 문교부 장관 1991년 덕성여대·한국외국어대 대학원 강사 1991~1992년 국무총리 1992년 제14대 대통령직인수위원회 위원장 1993년 청소년대화의광장 초대이사장 1993~1997년 세종연구소 이사장 1995년 서울대 명예교수(현) 1996년 천원오천석기념회 회장·명예회장(현) 1997~2000년 대한적십자사 총재 2000년 남북이산가족교류협의회 고문 2002년 부산브니엘학원 이사장 2003~2008년 파라다이스복지재단 이사장 2004년 계원학원 재단이사장 2010~2013년 유한재단 이사장 [상]국민훈장 동백장(1979), 청조근정훈장(1991), 국민훈장 무궁화장(1992), 제22회 천원교육상-학술연구부문(2012) [저]'인간과 교육' '교육환경론' '머리를 써서 살아라' '카운슬링의 원리' '발전을 지향하여' '인간의 동기' '인간의 성격' '청남서집'(2013, 교육과학사) [종]기독교

정원영(鄭元榮) JEONG Won Young (淸湖)

[생]1956·5·21 [본]경주(慶州) [출]전남 순천 [주]서울 동대문구 회기로37 한국국방연구원 국방운영연구센터(02-961-1669) [학]1980년 연세대 행정학과졸 1982년 同대학원 행정학과졸 1991년 행정학박사(고려대) [경]상명대·고려대·서울여대·세종대·서강대·국방대 강사 1988년 국방부 규제개혁위원 1989년 同심사분석평가위원 1994~2001년 한국국방연구원 동원정책연구실장 1998년 국방개혁추진위원회 심의위원 2001~2003년 同자문위원 2002년 한국국방연구원 인사병무연구팀장 2002~2009년 同병무동원연구실장 2002년 한국리더십학회 상임이사 겸 공공부문위원장 2002~2007년 국무총리실 비상기획위원회 비상근위원 2004년 한국인사행정학회 운영이사·감사·부회장 2004년 국방개혁위원회 자문위원 2005년 NSC 자문위원 2005년 합동참모본부 자문위원 2006년 비상기획위원회 자체평가위원 2008~2014년 행정안전부 자문위원 겸 정책평가위원 2009~2013년 민주평통 자문위원 2010~2012년 한국국방연구원 국방운영연구센터장 2011년 한국국정관리학회 회장 2013년 한국정책포럼 부회장 2014년 한국행정학회 국방행정특별위원장 2016년 同국방운영연구센터 책임연구위원(현) [상]교육부장관표창(1971), 통일원장관표창(1972·1973), 국방부장관표창(1989·1992·1993·1997·2000), 여성가족부장관표창(2006), 대통령표창(2009) [저]'2000년대 국방인력비전'(1997) '한국군 리더십'(1999) '지방자치시대 통합방위'(2000) '세계국방인력편람'(2001) '동원사전'(2002) '지식정보화시대의 국방인력 발전방향'(2003) '한국병역정책의 바람직한 진로'(2005) '국방행정론'(2005) '동원행정론'(2010) '새내기를 위한 행정학'(2014) [종]기독교

정원오(鄭愿伍) Chong Won O

[생]1968·8·12 [본]경주(慶州) [출]전남 여수 [주]서울 성동구 고산자로270 성동구청 비서실(02-2286-5000) [학]1986년 여수고졸 1991년 서울시립대 경제학과졸 [경]1995년 서울 양천구청장 비서실장 2000~2008년 국회의원 임종석 보좌관 2005년 열린우리당 국회 보좌진협의회 회장 2010년 민주당 부대변인 2010~2012년 성동구도시관리공단 상임이사 2012년 국회입법정책연구회 부회장·상임부회장 2013년 여주대 사회복지과 초빙교수 2014년 노무현재단 기획위원(현) 2014년 서울시 성동구청장(새정치민주연합·더불어민주당)(현) 2015년 서울시구청장협의회 사무총장(현) 2015년 젠트리피케이션방지지방정부협의회 회장(현) 2015년 재단법인 성동문화재단 이사장(현) 2016년 한양대 경영대학 특임교수(현) [상]국회의장표창(2006), 민주화운동관련자 증서수여(2007), 민주당대표표창(2013), 보건복지부 행복나눔인상(2016), 지방자치행정대상(2016) [저]'성동을 바꾸는 100가지 약속'(2014, I&R) '도시의 역설, 젠트리피케이션'(2016, 후마니타스)

정원재(鄭沅在) Jeong Won Jai

[생]1959·8·20 [출]충남 [주]서울 중구 소공로51 우리은행 기업고객본부(02-2002-3613) [학]1977년 천안상고졸 [경]1977년 한일은행 입행 2003년 우리은행 서천안지점장 2006년 同대전지점장 2008년 同삼성동지점장 2010년 同역삼역지점장 2011년 同충청영업본부장 2013년 同마케팅지원단 상무 2013년 同기업고객본부 집행부행장(현) [상]한국은행총재표창(1995)

정원재(鄭元在) CHUNG Weon Jae

[생]1961·8·12 [출]경북 청송 [주]대구 달서구 학산로45 달서구청 부구청장실(053-667-2010) [학]1979년 계성고졸 1984년 경북대 행정학과졸 1994년 同행정대학원 행정학과졸 [경]1985년 행정고시 합격(29회) 1986년 총무처 수습행정관 1987년 대구시 내무국 총무과 행정사무관, 同기획관리실 경제통계계장, 同내무국 문화예술과 문화재계장 1993년 同교통관광국 운수행정계장 1995년 同경제국 경제기획계장 1996년 同지방공무원교육원 서무과장 1997년 同산업국 섬유공업과장(서기관) 1999년 同내무국 총무과장 2000년 同경제산업국 경제정책과장 2001년 同문화체육국 관광과장 2003년 同기획관리실 기획관 2005년 同과학기술진흥실장(부이사관) 2007년 同남구 부구청장 2008년 同교통국장 2010년 同동구 부구청장 2012년 대구경북경제자유구역청 행정개발본부장 2014년 대구시 북구 부구청장 2015년 同달서구 부구청장(현)

정원탁(鄭元鐸)

[생]1961·11·12 [주]전북 전주시 완산구 서원로77 전북지방중소기업청(063-210-6401) [학]1980년 남원고졸 1991년 조선대 대학원졸 2013년 경제학박사(한남대) [경]1992년 공업진흥청 전북지방공업기술원 근무, 중소기업청 총무과 근무, 同감사담당관실 근무, 同기업정보화과 근무, 同재정법무팀 근무, 同기획재정담당관실 근무, 同공공구매판로과 근무, 경남지방중소기업청 창업성장지원과장, 중소기업청 소상공인정책국 사업조정팀장 2015년 전북지방중소기업청장(현) [상]통상산업부장관표창(1995), 국무총리표창(2002), 대통령표창(2013)

정원헌(鄭遠憲) Jeong, Weon Heon

[생]1958·4·24 [출]경북 경산 [주]서울 강남구 논현로508 GS칼텍스(주) 정유영업본부(02-2005-1114) [학]1977년 경북고졸 1981년 경북대 경제학과졸 1986년 同대학원 경제학 수료 2001년 미국 스탠퍼드대 대학원 경영학과졸 [경]1986년 GS칼텍스 입사 1993년 同대구지사 과장 2001년 同영업전략팀장(부장) 2005년 同강북지사장 2007년 同영업지원부문장(상무) 2009년 同영남소매사업부문장 2012년 同수도권소매사업부문장(전무) 2014년 同정유영업본부장(전무) 2015년 同정유영업본부장(부사장)(현) [종]천주교

정원혁(丁元赫)

[생]1972·12·31 [출]전북 김제 [주]경남 진주시 진양호로301 창원지방검찰청 진주지청(055-760-4200) [학]1991년 동암고졸 1997년 서울대 사법학과졸 [경]1998년 사법시험 합격(40회) 2001년 사법연수원 수료(30기) 2001년 공익법무관, 제주지검 검사 2006년 창원지검 진주지청 검사 2008년 인천지검 검사 2010년 서울중앙지검 검사 2014년 광주지검 검사 2015년 同부부장검사 2016년 창원지검 진주지청 부장검사(현)

정원호(鄭圓鎬) CHUNG Won Ho

[생]1963·12·4 [출]서울 [주]서울 강남구 일원로81 삼성서울병원 이비인후과(02-3410-3579) [학]1982년 마포고졸 1988년 서울대 의대졸 1992년 同대학원졸 1997년 의학박사(서울대) [경]1988~1992년 서울대병원 인턴·이비인후과 전공의 1995년 同전임의 1996년 미국 UCLA Medical Center 전임의 1998년 삼성서울병원 전문의 1999년 성균관대 의과대학 이비인후과학교실 조교수·부교수·교수(현) 2003~2005년 미국 UCSD 교환교수 2009~2011년 삼성서울병원 이비인후과 의국장 2012년 同의료법률자문단장(현) 2013년 대한이비인후과학회 기획이사(현) 2013~2015년 대한평형의학회 회장 2015년 삼성서울병원 커뮤니케이션실장(현)

정원호(鄭元鎬) Jeong Weon Ho

[생]1966·5·4 [출]경북 예천 [주]세종특별자치시 한누리대로422 고용노동부 고용정책실 고용보험기획과(044-202-7347) [학]연세대 사회학과졸 [경]1998년 행정자치부 노동사무관시보 1999년 서울동부지방노동사무소 송파고용안정센터장 2006년 노동부 정책홍보관리본부 혁신성과관리단 서기관 2009년 同고용정책실 노동시장분석과장 2010년 대통령직속 미래기획위원회 사회정책국 파견 2011년 대전지방고용노동청 천안지청장 2011년 고용노동부 고용정책실 인적자원개발과장 2013년 중앙노동위원회 사무처 기획총괄과장 2014년 同사무처 법무지원과장 2016년 고용노동부 고용정책실 고용보험기획과장(현)

정원휘(鄭元揮)

[생]1973·1·1 [출]서울 [주]경남 창원시 성산구 완암로12 S&TC 임원실(055-212-6500) [학]1991년 대성고졸 1999년 서울대 정치학과졸 2002년 미국 하버드대 Law School PIL과정 수료 [경]2000년 사법시험 합격(42회) 2003년 사법연수원 수료(32기) 2003년 법무법인 대륙 변호사 2003년 정보통신부 고문변호사 2004년 근로복지공단 체납처분심의위원·정보공개심의위원 2006년 법무법인 동인 변호사 2007년 변호사 개업 2013년 S&T홀딩스 이사·상무이사 2016년 S&TC 대표이사(현)

정월자(鄭月子·女) JEONG Wol Ja

[생]1954·5·5 [출]강원 영월 [주]서울 마포구 염리동159의3 (사)한국소기업소상공인연합회(02-717-1221) [학]1972년 정화여고졸 1996년 연세대 행정대학원 최고위정책과정 수료 2004년 숭실대 중소기업대학원 최고위정책과정 수료 2005년 한국체육대 대학원 AMP지도자과정 수료 [경]1996년 토탈퍼니처 관리이사 1996년 한국여성경영자총협회 이사 1997년 연세대 행정대학원최고위정책과정총동문회 부회장(현) 1997년 한나라당 이회창 대통령후보 정책위원 1998년 한·몽골교류협회 이사(현) 1999년 정인농원 대표(현) 1999년 샘주유소 이사 1999년 在京철암중고등학교 동창회장 2002년 (사)한국소기업소상공인연합회 수석상임부회장(현) 2002년 한나라당 이회창 대통령후보 직능특위 부위원장 2003년 강원일출회 수석부회장 2004년 (주)한국산업경제신문 부사장(현) 2004년 (사)세계중소기업연맹 한국연합회 부회장(현) 2005년 세계소기업소상공인대회 및 세계중소기업연맹(WASME) 제17차 세계서울대회조직위원회 상임부대회장 2005년 숭실대 중소기업대학원최고위정책과정총동문회 부회장(현) 2007년 강원일출회 회장(현) 2007년 대한불교조계종 삼각산 도선사 신도회 부회장(현) 2007년 경제정의실천시민연합 불교시민연합회 상임위원(현) 2007년 (사)한국여성불교연합회 중앙본부 이사(현) 2007년 세계중소기업연맹(WASME) 여성특별위원회 위원장 겸 부총재(현) 2007년 한나라당 이명박 대통령후보 선거대책본부 민생경제특별위원회 위원(소기업소상공인) 2008년 제17대 대통령취임준비위원회 자문위원 2008년 대한불교조계종 중앙신도회 부회장(현) 2008년 소기업소상공인경쟁력강화포럼 회장(현) 2008년 세계밸리댄스대회조직위원회 위원장 2013년 바르게살기운동본부 여성회 회장(현) 2014년 2014인천장애인아시안게임 조직위원회 위원 [상]산업포장(2006)

정유경(鄭有慶·女) CHUNG Yu Kyuang

[생]1972·10·5 [출]서울 [주]서울 중구 소공로63 (주)신세계 임원실(02-727-1008) [학]1991년 서울예고졸, 이화여대 디자인학과졸 1995년 미국 로드아일랜드디자인학교 그래픽디자인 수료 [경]1996년 (주)조선호텔 마케팅담당 상무보 2003~2009년 同프로젝트실장(상무) 2009년 (주)신세계 부사장 2015년 同백화점부문 총괄사장(현)

정유섭(鄭有燮) Jung You Sub

[생]1954·12·6 [본]초계(草溪) [출]인천 [주]서울 영등포구 의사당대로1 국회 의원회관339호(02-784-9423) [학]1973년 제물포고졸 1977년 고려대 행정학과졸 1989년 스웨덴 세계해사대(World Maritime) 대학원 해운행정학과졸 [경]1978년 행정고시 합격(22회) 1994~1997년 국제노동기구 전문가 파견 1998~2001년 駐미국대사관 해양관 2001~2003년 해양수산부 해양정책국 행정정책과장·기획관리실 행정관리담당관 2003년 한국해양수산개발원 파견 2005년 건설교통부 수송물류심의관·광역교통기획관 2006년 국립해양조사원장 2007년 인천지방해양수산청장 2007~2010년 한국해운조합 이사장 2011년 (주)케이엘넷 대표이사 사장, 인천대 겸임교수 2012~2016년 새누리당 인천시부평구甲당원협의회 운영위원장 2016년 제20대 국회의원(인천시 부평구甲, 새누리당)(현) 2016년 국회 산업통상자원위원회 위원(현) 2016년 국회 가습기살균제사고진상규명과피해구제 및 재발방지대책마련을위한국정조사특별위원회 위원(현) 2016년 국회 민생경제특별위원회 위원(현) 2016년 새누리당 인천시당 위원장(현) 2016년 同소상공인특별위원회 부위원장(현) [저]'정과장의 제네바통신'(1997, 청년사) [역]'미국을 연주한 드러머 레이건'(2005, 열린책들) [종]기독교

정유성(鄭有盛) CHUNG Yoo Sung

[생]1956·11·24 [본]경주(慶州) [출]서울 [주]서울 송파구 올림픽로35길125 삼성SDS(주) 임원실(02-6155-2200) [학]1975년 서울고졸 1979년 한양대 산업공학과졸 2007년 서울대 법과대학 최고지도자과정 수료 [경]1981년 삼성그룹(삼성전자) 입사 1993년 삼성전자 인사팀 차장 1999년 同인사팀 이사보 2001년 同인사팀 상무보 2002~2005년 同인사팀 인사기획담당 상무 2002~2004년 행정자치부 정책자문위원 2002년 서울발레시어터(SBT) 자문위원(현) 2002~2007년 숙명여대 '직업과 경력개발' 참여교수 2003~2005년 정부혁신·지방분권추진위원회 자문위원 2004~2006년 한국행정연구원 연구자문위원 2005년 삼성전자 경영지원총괄 인사팀장(전무) 2007년 삼성그룹 전략기획실 인사지원팀장(전무) 2008년 삼성전자 경영전략팀장(전무) 2009년 同경영전략팀장(부사장) 2010년 삼성그룹 미래전략실 인사지원팀장(부사장) 2011년 삼성전자 부사장 2011년 삼성석유화학 사장 2013~2015년 한국석유화학협회 부회장 2013~2015년 전경련 노동복지위원회 위원 2014~2015년 삼성종합화학 대표이사 사장 2014년 성균관대 이사(현) 2015년 한국공학한림원 회원(현) 2015년 삼성경제연구소 상담역 2015년 한국소프트웨어산업협회 부회장(현) 2015년 삼성SDS(주) 대표이사 사장(현) [저]'해외인적자원관리 Handbook(共)'(1995, 삼성경제연구소) '해외인적자원관리 사례집(共)'(1995, 삼성경제연구소) '국가별 노동법 해설(共)'(1995, 삼성경제연구소) [종]기독교

정유승(鄭有勝)

[생]1960·11·13 [주]서울 중구 세종대로110 서울특별시청 주택건축국(02-2133-7000) [학]1987년 한양대 건축공학과졸 1997년 미국 미시간대 대학원 건축학과졸 [경]2003년 서울시 주택국 건축과 도시정비반장 2006년 서울 성동구 도시관리국장 2009년 서울시 균형발전본부 도심재정비1담당관 2011년 同도시기반시설본부 문화시설사업단장 2013년 同주택정책실 건축정책추진단장 2015년 同도시재생본부 동북4구사업단장 2015년 同주택건축국장(현)

정유신(丁有信) JUNG Yoo Shin

[생]1959·10·23 [출]전북 정읍 [주]서울 마포구 백범로35 서강대학교 경영전문대학원(02-705-8172) [학]1979년 동북고졸 1983년 서울대 경제학과졸 1993년 서강대 경제대학원 금융경제학과졸 1997년 미국 펜실베이니아대 Wharton Business School졸(MBA) [경]1985년 대우경제연구소 입사 1988년 同증권조사실 애널리스트 1992년 同채권팀장 1997년 同금융팀장 1999년 대우증권(주) 신디케이션팀장 1999년 同채권영업부장 2000년 同ABS&파생상품부장 2001년 同ABS&파생상품부장 겸 IB2본부장 2002년 同IB1본부장 2004년 굿모닝신한증권 캐피털마켓 및 IB사업본부장(부사장) 2006년 同상품운용 및 개발본부장(부사장) 2007~2008년 同홀세일총괄 부사장 2008년 SC제일은행 부행장 2008~2011년 (주)한국스탠다드차타드증권 대표이사 2011~2014년 한국벤처투자(주) 대표이사 2013년 금융위원회 금융발전심의회 자본시장분과 위원 2014년 서강대 경영전문대학원 교수(현) 2015년 금융위원회 핀테크지원센터장(현) 2016년 同금융발전심의회 금융서비스분과 위원(현) [상]매일경제신문 증권인상(2001), 머니투데이 IB 최우수딜상(2004), 제4회 대한민국IB대상 최우수 주간사(2007), 제1회 헤럴드경제 증권대상 최우수 M&A상(2008) [종]기독교

정유철(鄭有哲)

[생]1962·7·3 [출]부산 [주]충북 진천군 덕산면 교연로780 법무연수원 교정연수부(043-531-1730) [학]단국대 대학원 법학과졸 [경]1991년 행정고시 합격(35회) 2003년 법무부 보안제1과 서기관 2006년 청주여자교도소장 2007년 법무부 교정기획과장 2008년 수원구치소장 2009년 영등포구치소장 2010년 국방대 파견 2011년 대전교도소장 2011년 서울구치소장 2012년 법무부 교정정책단장 2015년 대전지방교정청장 2016년 법무연수원 교정연수부장(현) [상]법무부장관표창(2001), 홍조근정훈장(2013)

정 윤(鄭 潤) CHUNG Yoon

[생]1957·4·12 [출]서울 [주]부산 부산진구 백양관문로105의47 한국과학영재학교(051-606-2100) [학]1976년 경기고졸 1980년 서울대 공대 자원공학과졸 1982년 한국과학기술원(KAIST) 재료공학과졸 1987년 영국 Sheffield대 대학원 신소재공학과졸 2004년 공학박사(한양대) [경]1982~1985년 과학기술처 연구개발조정실 금속사무관 1985~1991년 同기술정책실 기술이전담당관실·국제협력담당관실·기술협력3과 근무 1991~1993년 同기술협력3과장 1993~1996년 駐중국대사관 과학관 1996~1997년 과학기술처 기술협력과장 1997~1999년 과학기술부 연구개발심의관·우주항공연구조정관 1999~2000년 同기초과학인력국장 2000년 한국과학기술평가원 파견 2000~2002년 과학기술부 연구개발국장 2003년 중앙공무원교육원 파견 2004년 과학기술부 연구개발국장 2004년 同과학기술혁신본부 연구개발조정관 2007~2008년 同차관 2008년 한국과학문화재단 이사 2008~2011년 한국과학창의재단 이사장 2011년 전북대 자연과학대학 과학학과 석좌교수 2013년 한국과학기술원(KAIST) 부설 한국과학영재학교 교장(현) [상]대통령표창(1990), 근정포장(1993), 황조근정훈장(2005)

정윤경(丁允京·女) Jung Yoon Kyung (光雄)

[생]1967·1·16 [주]경기 수원시 팔달구 효원로1 경기도의회(031-8008-7000) [학]수원여고졸, 안양과학대학 전자통신과졸 [경]경기대 정치전문대학원 국가지도자과정 책임교수, (사)범국민에너지운동본부 사무처장, (사)한국웅변인협회 경기도본부 회장(현), 안양시보림장학회 회장, 광성웅변학원 원장, 한중경제인협회 특별이사, 새안양국제로타리클럽 회장, 민주평통 안양시 운영위원 2006년 경기도의원선거 출마(무소속) 2016년 경기도의회 의원(비례대표 승계, 더불어민

주당)(현) 2016년 同문화체육관광위원회 위원(현) 2016년 同선감학원진상조사및지원대책마련특별위원회 위원(현) 2016년 同K-컬처밸리특혜의혹행정사무조사특별위원회 간사(현) [상]경기도교육감표창, 안양시장표창, 법무부장관표창, 세계한국어웅변대회 국무총리표창, 대통령표창 [종]가톨릭

정윤계(鄭胤癸) CHUNG YOUN KYAEI (忠殷)

[생]1953·3·17 [본]광주(光州) [출]경기 용인 [주]서울 성북구 한천로598 (주)윤송이엔씨(02-959-2033) [학]1971년 한양공고졸 1974년 인천공업전문대학 전기공학과졸 1979년 명지대 전기공학과졸 2002년 고려대 경영대학원 경영연구과정 수료 2003년 서울대 공과대학 최고산업전략과정 수료 2009년 고려사이버대 경영학과졸 2011년 광운대 경영대학원 경영학과졸(석사) 2014년 경영학박사(강남대) [경]1977~1986년 현대건설(주) 국내전기사업본부 근무 1986~2001년 현대엘리베이터(주) 설치공사관리팀장 2001~2003년 현평개발(주) 부사장 2003년 (주)윤송이엔씨 대표이사(현) 2006~2014년 고려대경영대학원교우회 집행간사 2007년 고려대교우회 상임이사(현) 2007년 (사)한국청소년육성회 노원지구회 부회장(현) 2008년 명지대총동문회 부회장(현) 2012년 모현초총동문회 회장(현) 2014년 명지대 전기공학과 동문회장(현) 2015년 고려대 경영전문대학원교우회 부회장(현) 2015년 정보통신산업진흥원 정보통신연구개발사업 평가위원(현) 2015년 한국산업기술평가관리원 지식경제 기술혁신 평가위원(현) 2015년 한국전문경영인학회 자문위원(산업계)(현) 2016년 강남대 경영대학 강사(현) 2016년 서경대 경영학과 외래교수(현), 전기공사공제조합 경영자문위원장 [상]고려대총장표창(2002), 서울시장표창(2007·2009·2012), 서울노원구청장표창(2008·2011), 경찰청장 감사장(2008), 서울노원경찰서장 감사장(2010), (사)한국청소년육성회총재표창(2010) [종]기독교

정윤교(鄭潤敎) JEONG Yoon Kyo

[생]1956·7·26 [주]경남 창원시 의창구 창원대학로20 창원대학교 메카트로닉스대학 기계공학부(055-213-3603) [학]1975년 경북고졸 1982년 영남대 기계공학과졸 1984년 同대학원 응용역학과졸 1986년 일본 게이오대 대학원 생산공학과졸 1989년 생산공학박사(일본 게이오대) [경]1989년 창원대 공과대학 기계공학과 교수, 同메카트로닉스대학 기계공학부 교수(현) 1989년 한국정밀공학회 평의원(현) 1989년 한국공작기계학회 부문위원장(현) 1994~1995년 일본 게이오대 방문교수 2000년 창원대 메카트로닉스 기술혁신센터 소장 2000년 한국기계가공학회 사업이사 2000년 창원대 MTIC소장(현) 2000~2004년 한국공작기계학회 사업이사 2001년 일본 MAGIC가공연구회 책임연구원(현) 2001~2005년 경남중소기업기술이전촉진센터 소장 2005년 창원대 국제공인국가교정기관(KORAS) 경영대리인(현) 2013~2014년 (사)한국기계가공학회 회장 [상]지식경제부장관표창(2011)

정윤기(鄭倫基) CHUNG Yoon Ki

[생]1958·11·28 [출]전남 광양 [주]서울 서초구 반포대로30길6 대영빌딩 법률사무소 온(02-535-9009) [학]1976년 순천고졸 1982년 전남대 법학과졸 [경]1985년 사법시험 합격(27회) 1988년 사법연수원 수료(17기) 1988년 전주지검 검사 1990년 광주지검 목포지청 검사 1991년 서울지검 검사 1994년 부산지검 동부지청 검사 1996년 광주지검 검사 1998년 대검 검찰연구관 2000년 수원지검 검사 2001년 춘천지검 영월지청장 2002년 창원지검 형사2부장 2003년 대구지검 강력부장 2004년 대검 강력과장 2005년 同조직범죄과장 2006년 서울중앙지검 마약·조직범죄수사부장 2007년 청주지검 충주지청장 2008년 의정부지검 고양지청 차장검사 2009년 전주지검 차장검사 2009년 변호사 개업 2011년 법률사무소 온 대표변호사(현) 2013년 한국법무보호복지공단 비상임감사

정윤동(鄭允棟) Jung Yoon Dong

[생]1961·11·14 [주]서울 강서구 하늘길260 (주)대한항공 임원실(02-2656-5821) [학]오산고졸, 한국외국어대 영어과졸, 캐나다 콘코디아대 대학원졸(MBA) [경](주)대한항공 화물사업기획부담당 상무보 2010년 同화물사업기획담당 상무B 2015년 同화물사업기획담당 전무 2015년 同화물RM운영부담당 전무(현) [종]기독교

정윤모(鄭允模) JEONG Yoon Mo

[생]1964·6·24 [출]서울 [주]서울 종로구 청와대로1 대통령 중소기업비서관실(02-770-0011) [학]1983년 장충고졸 1987년 연세대 경제학과졸 1990년 서울대 행정대학원 정책학과졸 1995년 미국 일리노이대 대학원 경제학과졸 [경]1987년 행정고시 합격(31회) 1999년 중소기업청 자금지원과 근무 2001년 同비서관 2002년 同정보화지원과장 2003년 러시아 반독점 및 기업지원부 파견 2005년 중소기업청 벤처진흥과장 2005년 대통령 산업정책비서관실 행정관 2006년 중소기업청 중소기업정책본부 정책총괄팀장 2008년 同경영지원국장 2009년 국방대학원 교육파견 2010년 중소기업청 중소기업정책국장 2011년 同소상공인정책국장(고위공무원) 2012년 중국 산동성 파견(고위공무원) 2014년 중소기업청 창업벤처국장 2014년 대통령 경제수석비서관실 중소기업비서관(현)

정윤수(鄭允秀) JUNG Yoon Soo

[생]1956·8·3 [출]부산 [주]서울 은평구 진흥로235 한국행정연구원 원장실(02-564-2000) [학]1979년 연세대 행정학과졸 1981년 同대학원 행정학과졸 1992년 정책학박사(미국 펜실베이니아대 와튼스쿨) [경]1987~1989년 미국 펜실베이니아대 공공정책모델연구소 연구원 1992년 연세대 사회과학연구소 객원연구원 1992~1995년 경찰대 행정학과 조교수 1995년 명지대 행정학과 교수(현) 1998~1999년 서울시 시정개혁실무위원 2002년 미국 캘리포니아대 버클리교 방문교수 2003년 한국행정학회 정책연구회장 2004년 同연구부회장 2005~2007년 행정자치부 규제심사위원회 위원 2005~2007년 정보통신부 자체평가위원회 위원 2005~2007년 기획예산처 정부산하기관경영평가단 위원 2005~2006년 국무조정실 정보화평가위원회 위원 2006년 명지대 생활관장 2007~2008년 同대외협력처장 2008~2011년 同국제교류원장 2010년 한국지역정보화학회 회장 2010년 국무총리소속 정부업무평가위원회 민간위원 2011년 한국행정학회 연구부회장 2012~2014년 국무총리소속 정부업무평가위원회 민간위원장 2012~2014년 국회입법조사처 자문위원회 위원 2012~2014년 한국연구재단 정책자문위원 2013년 한국정책학회 회장 2013~2014년 국민대통합위원회 갈등관리포럼 노동복지분과장 2013~2014년 명지대 사회과학대학장 2013년 同사회복지대학원장(현) 2014년 감사원 정책자문위원회 위원(현) 2014년 한국정보화진흥원 비상임이사(현) 2014년 전자정부지원사업심의위원회 위원장(현) 2015년 한국행정연구원 원장(현) [상]Wharton Dean's Fellowship(1987), Chester Rapkin Award(1991), 정보통신부장관표창(2006), 행정안전부장관표창(2011), 근정포장(2012) [종]기독교

정윤숙(鄭潤淑·女) Jung yoon-suk

[생]1956·9·23 [출]대전 [주]충청북도 청주시 흥덕구 사운로201 우정크리닝(043-255-5511) [학]1975년 대전여고졸 1979년 충남대 수학과졸 2001년 연세대 행정대학원 고위정책과정 수료 [경]1990년 우정크리닝 창업·대표(현) 1998년 충북도바르게살기협의회 이사 1999년 한국여성경제인협회 충북지회 초대회장 1999년 국내최초 '세탁위생보증마크인증' 획득 2000년 국내업계최초 '벤처기업인증' 획득 2001년 충북도민대상 심사위원 2002년 충북여성경제인협회 회장 2002년 충북도의회 의원(자민련) 2002년 同운영위원회 간사 2002년 同예산결산위원회 간사 2002년 중소기업부문 신지식인 선정 2006~2010년 충북도의회 의원(한나라당) 2006~2008년 同산업경제위원장 2010년 충북도의원선거 출마(한나라당), 새누리당 중앙여성위원회 상임전국위원 2014~2015년 한국무역보험공사 상임감사 2016년 제19대 국회의원(비례대표 승계, 새누리당) 2016년 국회 교육문화체육관광위원회 위원 [상]중소기업청장표창(2000), 충북도지사표창(2001), 여성부장관표창(2001) [종]기독교

정윤순(鄭允淳) JUNG Yoonsoon

[주]세종특별자치시 도움4로13 보건복지부 보건의료정책실 보건의료정책과(044-202-3370) [학]1995년 고려대 무역학과졸 2008년 영국 버밍엄대 대학원 사회정책학과졸(MA) [경]2009년 보건복지부 의료자원과장 2011년 駐유럽연합대사관·駐벨기에대사관 보사관(참사관) 겸임 2014년 보건복지부 노인정책과장 2016년 同인구정책실 인구정책총괄과장 2016년 同저출산고령사회위원회 운영지원단장 2016년 同보건의료정책실 보건의료정책과장(현) [저]'알기 쉬운 의료급여'(2003, 일영)

정윤식(鄭允植) CHUNG Youn Shik

[생]1955·9·14 [출]서울 [주]부산 금정구 부산대학로63번길2 부산대학교 통계학과(051-510-2288) [학]1982년 연세대 수학과졸 1986년 미국 Univ. of Connecticut 대학원졸 1990년 이학박사(미국 Univ. of Connecticut) [경]1984~1991년 미국 Univ. of Connecticut, Dept. of Statistics Teaching Assistant·Lecturer·Research Assistant·Postdoctoral Fellow 1991~2002년 부산대 통계학과 전임강사·조교수·부교수 1993~1996년 同정보통신연구소 통계자료분석연구부장 1997년 미국 Univ. of Connecticut 연구교수 1998~2000년 부산대 통계학과 학과장 2001~2002년 同교수회 홍보간사 2002년 同통계학과 교수(현) 2003년 同캠퍼스기획관리본부장 2003년 同대회협력지원단장 2008년 同기획협력처장 2009년 同기획처장

정윤식(鄭允植) Chung, Yoonsik

(생)1956·3·25 (출)경북 예천 (주)강원 춘천시 강원대학교길1 강원대학교 신문방송학과(033-250-6885) (학)1975년 경동고졸 1979년 고려대 신문방송학과졸 1981년 同대학원 신문방송학과졸 1988년 문학박사(고려대) (경)1982~1984년 한국교육개발원 교육방송국 근무 1986~1995년 정보통신정책연구원 연구위원 1994~1995년 한국방송학회 총무이사 1995년 강원대 신문방송학과 교수(현) 2009~2012년 한국방송공사(KBS) 이사 2009년 미국 세계인명사전 '마르퀴스 후즈후 인더월드' 2010년판에 등재 2012~2016년 방송통신위원회 방송시장경쟁상황평가위원회 위원장 2013~2014년 KBS 공영방송발전포럼 위원 2013~2014년 TV조선 시청자위원회 위원 (상)방송위원장표창(1991), 정보통신부장관표창(1993) (저)'방송정책'(2013) '특수방송론'(共) '유럽의 뉴미디어 정책'(共)

정윤식(鄭潤植) CHUNG Yun Sik

(생)1962·12·15 (본)경주(慶州) (출)서울 (주)인천 남구 경인로402 하나금융투자 고객자산운용본부(1588-3111) (학)1980년 경성고졸 1985년 연세대 행정학과졸 (경)1990~1993년 대한투자신탁(주) 국제부 국제펀드관리·국제조사기획·해외투자담당 1991년 일본 닛코증권 단기연수(2주) 1993년 일본 노무라투자신탁 해외투자팀 파견(6개월) 1993년 대한투자신탁(주) 경제연구소 주임연구원(대리) 1994년 同뉴욕현지법인 부사장 1995년 미국 뉴욕금융연수원 연수(2개월) 1997년 대한투자신탁(주) 해외투자부 대리 1998년 同종합기획부 과장 1999년 同주식투자부 운용역 2000년 대한투자신탁운용(주) 주식운용팀 운용역 2001년 同글로벌운용팀장 2003년 同주식투자전략팀장 2007년 하나UBS자산운용(주) 주식운용본부장 2008년 ING자산운용 주식운용본부장 2013~2015년 하나대투증권 고객자산운용본부장(전무) 2015년 하나금융투자 고객자산운용본부장(전무)(현) (상)대한글로벌공사채(DGBT)2호 소송업무유공표창(2003) (종)기독교

정윤재(鄭允在) CHUNG Yoon Jae

(생)1953·10·19 (출)대전 (주)경기 성남시 분당구 하오개로323 한국학중앙연구원 한국학대학원 문형관202호(031-709-4914) (학)1972년 대전고졸 1979년 서울대 정치학과졸 1981년 同대학원졸 1988년 정치학박사(미국 하와이대) (경)1990~1997년 충북대 정치외교학과 교수 1996년 영국 케임브리지대 국제문제연구소 객원교수 1997년 한국정신문화연구원 정치학과 교수 2000년 육군 교육사령부 지휘통솔자문위원 2003년 한국정신문화연구원 국제협력처장 2005년 한국학중앙연구원 한국학대학원 정치학과 교수(현) 2005~2008년 同세종국가경영연구소장 2010년 한국정치학회 회장 2012년 한국학중앙연구원 한국학진흥사업단(KSPS) 단장 2015년 同글로벌리더십연구센터장(현) (저)한국현대정치사(1995) '미래한국의 정치적 리더십'(1997) '다사리국가론 : 민세 안재홍의 사상과 행동'(1999) '장면, 윤보선, 박정희'(2001) '유교리더십과 한국정치'(2002) '정치리더십과 한국민주주의'(2003) '세종의 국가경영'(共)(2006) (역)'비폭력과 한국정치'(1999) '리더십강의'(2000) '비살생 정치학'(2007) (종)기독교

정윤철(鄭允喆) CHUNG Yun Chul

(생)1954·7·13 (출)부산 (주)서울 성북구 화랑로14길5 한국과학기술연구원 녹색도시기술연구소 물자원순환연구단(02-958-5833) (학)서울대 화학공학과졸, 한국과학기술원졸(석사), 환경공학박사(미국 캘리포니아대) (경)1988년 한국과학기술연구원(KIST) 녹색도시기술연구소 물자원순환연구단 책임연구원(현), 한국수질보전학회 총무이사, 한국물환경학회 부회장, 한국과학기술연구원 수질환경 및 복원연구센터장 2002년 同환경공정연구부장 2005년 同전략기획부장 2006~2009년 同연구조정부장 2011~2013년 한국연구재단 국책연구본부장 (상)과학기술훈장 웅비장(2010)

정윤한(鄭倫漢) Yoon-han Jung

(생)1965·11·11 (본)진주(晉州) (출)전남 나주 (주)세종특별자치시 정부2청사로13 국민안전처 세종2청사 운영지원과(044-205-1240) (학)1984년 인천 광성고졸 1992년 성균관대 경제학과졸 1993년 서울대 환경대학원 도시및지역계획학과 중퇴 2011년 영국 노섬브리아대 행정대학원 행정학과 중퇴 2015년 한국개발연구원 국제정책대학원 정책학과졸 (경)1998~2001년 서울 종로구 교통행정과장·청소행정과장·교남동장 2001년 행정자치부 월드컵아시안게임지원단 근무 2003년 同재정정책과 근무 2007~2008년 同연금정책팀장 2009년 국무총리실 제주특별자치도지원처 근무 2013~2014년 안전행정부 재난역량지원과장 2014년 국민안전처 안전감찰담당관 2015년 同운영지원과장(현) (종)기독교

정윤환(鄭允煥) JUNG YOON HWAN

(생)1962·9·9 (본)하동(河東) (출)충남 보령 (주)서울 서초구 강남대로581 푸른빌딩7층 한화컴파운드(02-3014-0500) (학)1981년 신성고졸 1988년 서강대 화학과졸 (경)한화L&C 기능재영업팀장, 同전자소재영업팀장 2010년 (주)드림파마 영업본부장 2013년 同대표이사 2015년 한화케미칼 인사기획팀담당 상무 2015년 한화넥스트 대표이사 2015년 한화컴파운드 대표이사(현) (종)기독교

정윤희(鄭綸熙) Yoon Hee JEONG

(생)1954·2·17 (출)경북 포항시 남구 청암로77 포항공과대학교 물리학과(054-279-2078) (학)1977년 서울대 물리학과졸 1987년 물리학박사(미국 Univ. of Chicago) (경)1986~1988년 미국 MIT Research Associate 1988년 포항공대 물리학과 조교수·부교수·교수(현) 1991년 미국 하버드대 방문교수 2000년 포항공대 스핀물성연구센터 소장 2005~2007년 한국열물성학회 회장 2009년 한국과학재단 수리과학단장 2010~2011년 포항공대 물리학과 BK21단장 (상)국무총리표창(2011), 한국열물성학회 네체(Netzsch-KSTP)상(2011), 한국표준과학연구원 측정과학상(2011), 아시아열물성학회(ATPC) 공로상(2016)

정은경(鄭銀敬·女) JEONG Eun Kyeong

(생)1965·5·19 (주)충북 청주시 흥덕구 오송읍 오송생명2로187 보건복지부 긴급상황센터(043-719-7200) (학)전남여고졸, 예방의학박사(서울대) (경)2002년 국립보건원 전염병정보관리과장 2004년 질병관리본부 질병조사감시부 만성병조사과장 2005년 보건복지부 보건의료정책본부 혈액장기팀장(서기관) 2007년 同질병정책팀장 2008년 보건복지가족부 질병정책과장 2010년 보건복지부 건강정책국 질병정책과장 2010년 同보건산업정책국 보건산업기술과장 2012년 同응급의료과장(부이사관) 2013년 교육 파견(부이사관) 2014년 보건복지부 질병관리본부 만성질환관리과장 2014년 同질병관리본부 질병예방센터장(고위공무원) 2016년 同긴급상황센터장(고위공무원)(현)

정은구(鄭恩救) CHUNG Un Koo

(생)1938·10·3 (출)대구 (주)서울 마포구 신수로44 삼영익스프레스(02-710-6717) (학)1957년 계성고졸 1964년 서울대 법학과졸 (경)1965년 극동선박 부장 1975년 아세아익스프레스 상무이사, 삼영해운 대표이사 1976년 삼영익스프레스 대표이사(현) 1979~1987·1988~1991년 한국국제복합운송업협회 회장 (상)국무총리표창

정은보(鄭恩甫) Jeong Eun-bo

(생)1961·8·18 (본)경주(慶州) (출)경북 청송 (주)서울 종로구 세종대로209 금융위원회 부위원장실(02-2100-2800) (학)1978년 대일고졸 1984년 서울대 경영학과졸 1986년 同대학원 경영학과졸 1994년 미국 오하이오주립대 대학원 경제학과졸 1996년 경제학박사(미국 오하이오주립대) (경)1984년 행정고시 합격(28회) 1985년 총무처 수습행정관(5급) 1987년 재무부 국제기구과 근무 1991년 同국유재산과 근무 1997년 재정경제원 법사행정예산담당관실 서기관 1998년 재정경제부 국제금융국 금융협력과 총괄·G7지역협력담당 서기관 1999년 同국제기구과 공공차관도입담당 서기관 2001년 同정책조정심의관실 조정2과장 2004년 同경제분석과장 2005년 同보험제도과장 2006년 同금융정책과장(서기관) 2007년 同금융정책과장(부이사관) 2007년 同자유무역협정국내대책본부 지원대책단장 2008년 기획재정부 국제금융정책관 2010년 외교안보연구원 교육파견(고위공무원) 2010년 금융위원회 금융정책국장 2012년 同사무처장 2013년 제18대 대통령직인수위원회 경제1분과 전문위원 2013년 기획재정부 차관보 2016년 금융위원회 부위원장 겸 증권선물위원회 위원장(차관급)(현)

정은수(鄭恩洙) JEONG Eun Soo

(생)1959·2·5 (주)서울 마포구 와우산로94 홍익대학교 기계시스템디자인공학과(02-320-1676) (학)1981년 서울대 기계공학과졸 1983년 한국과학기술원(KAIST) 기계공학과졸(석사) 1991년 공학박사(미국 매사추세츠대) (경)LG전선(주) 연구원 1987~1991년 미국 매사추세츠대 기계공학과 연구조교 1991년 同기계공학과 Post-Doc. 1991~2003년 홍익대 기계공학과 조교수·부교수 2003년 同기계시스템디자인공학과 교수(현) 2008년 同교무처장 2015년 同학사담당 부총장 겸 대학교원인사위원장(현) (상)제11회 과학기술우수논문상(2008) (저)'유체역학(共)'(2003, 시그마프레스)

정은수(鄭銀洙) Eugene Chung

(생)1961·6·22 (을)경북 (주)서울 영등포구 의사당대로 147 알리안츠타워18층 알리안츠글로벌인베스터스자산운용 임원실(02-2071-9900) (학)성균관대 영문학·경영학과졸, 서울대 대학원 경영학과졸, 영국 런던정경대 대학원 재무학과졸 (경)2001~2006년 하나알리안츠투신운용 CIO 2006~2008년 교보투자신탁운용 CIO 2008~2011년 교보생명보험 투자총괄 2011~2013년 교보AXA자산운용 CEO 2013년 알리안츠글로벌인베스터스자산운용 대표이사(CEO)(현)

정은숙(鄭銀淑·女) JUNG Eun Sook

(생)1946·3·30 (을)경남 마산 (주)경기 성남시 분당구 성남대로808 성남문화재단(031-783-8010) (학)1964년 마산여고졸 1968년 수도여자사범대(現 세종대) 성악과졸 1970년 同대학원졸 1980년 이태리 아카데미 키자니 수료 1982년 영국 로얄오페라 수학 1982년 독일 뮌헨국립오페라 수학 (경)1970~2000년 독창회 9회 1974~2001년 KBS관현악단 협연 등 30회 1974년 계명대 음대 전임강사 1976~1982년 수도여자사범대 조교수 1980~2001년 독일 뮌헨 국립오페라관현악단 협연 등 10회 1985~2011년 세종대 음악대학 성악과 부교수·교수 2002~2008년 국립오페라단 단장(예술감독) 2003년 빈첸초벨리니국제콩쿠르 심사위원 2007년 예술의전당 이사 2011년 성신여대 음악대학 성악과 석좌교수 2014년 한겨레통일문화재단 이사(현) 2014년 성남문화재단 대표이사(현) (상)동아음악콩쿨입상(1969) (주)오페라 '방황하는 화란인' '논개' '마적' '라죠콘다' '라보엠' '아이다' 등 50여편 주역 출연 (종)기독교

정은숙(鄭銀淑·女)

(생)1958·7·10 (을)경북 고령 (주)경기 수원시 장안구 정조로944 새누리당 경기도당(031-248-1011) (학)2007년 고려대 정책대학원 경제정책학과졸 (경)2015년 새누리당 재해대책위원회 위원(현) 2015년 광명시발전연구회 자문위원(현) 2015년 새누리당 경기도당 수석대변인(현) 2015년 同경기광명시甲당원협의회 운영위원장(현) 2016년 제20대 국회의원선거 출마(경기 광명시甲, 새누리당)

정은승(鄭殷昇) Jung Eun Seung

(생)1960·8·22 (주)경기 화성시 삼성전자로1 삼성전자㈜화성캠퍼스 반도체연구소(031-209-7114) (학)박사(미국 텍사스알링턴대) (경)삼성전자㈜ 시스템 LSI PA팀장(연구위원) 2012년 同부사장 2012년 同반도체연구소장(부사장), 同반도체연구소장(연구위원)(현)

정은영(鄭銀永) Jung Eun Yung

(생)1961·8·28 (본)야성(野城) (주)인천 중구 공항로424번길47 서울지방항공청 관제통신국(032-740-2180) (학)1980년 인천기계공업고졸 1984년 한국항공대 항공기계공학과졸 (경)1984~1989년 공군 정비장교(ROTC 11기) 1989~1990년 삼성전자㈜ 정보통신부문 근무 1990년 교통부 항공기술과 근무 2002년 항공사고조사위원회 기준팀장 2003년 부산지방항공청 항공운항과장 2007~2012년 건설교통부(국토해양부) 항공정책실 항공자격과·항공기술과·항공정책과 근무 2012년 국토해양부 항공정책실 항공정책과 기술서기관 2012년 부산지방항공청 항공관제국장 2014년 서울지방항공청 관제통신국장(현) (상)국무총리표창(2001), 건설교통부장관표창(2005), 대통령표창(2009)

정은영(丁銀英·女)

(생)1968·7·17 (주)인천 (주)서울 서초구 서초중앙로157 서울중앙지방법원(02-530-1741) (학)1987년 부평여고졸 1992년 한양대 법학과졸 2003년 미국 Georgetown Univ. School of Law졸 (경)1991년 사법시험 합격(33회) 1994년 사법연수원 수료(23기) 1994년 창원지법 판사 1996년 同진주지원 판사 1997년 법무법인 광장 변호사 2006년 부산고법 판사 2008년 인천지법 판사 2010년 전주지법 부장판사 2011년 인천지법 부장판사 2014년 서울중앙지법 부장판사(현)

정은영(鄭殷寧·女) Jeong, Eun-young

(생)1970·2·16 (본)경주(慶州) (출)광주 (주)세종특별자치시 갈매로388 문화체육관광부 국민소통실 여론과(044-203-2929) (학)1988년 광주 송원여고졸 1993년 서울대 고고미술사학과졸 2003년 고려대 대학원 과학사 및 과학철학과졸 2015년 중앙대 문화예술경영학박사과정 수료 (경)1994~1998년 김영사 편집부 에디터 2001~2002년 서울시 홍보담당관실 서울사랑 기자 2003~2007년 국무총리 민정수석비서관실 행정관 2008년 문화체육관광부 예술정책과 사무관 2010~2011년 대통령소속 국가건축정책위원회 건축디자인과 파견 2012~2014

년 문화체육관광부 문화통상팀장 2014~2015년 대통령소속 국민대통합위원회 소통공감과장(파견) 2015년 문화체육관광부 국민소통실 여론과장(현) (상)행정자치부장관표창(2006), 제25회 한국과학기술도서상 번역부문 과학기술부장관표창(2007), 국무총리표창(2009) (저)신비한 과학문화 탐사(2004, 문학동네어린이) '콸콸콸! 수돗물의 여행'(2006, 웅진지식하우스) (역)'나는 왜 사이보그가 되었는가'(2004, 김영사) '겨울 속의 원숭이'(2006, 해나무) '

정은택(鄭垠澤) Jeong Eun Taik

(생)1957·2·17 (주)전북 익산시 무왕로895 원광대학교병원 호흡기내과(063-859-1184) (학)1980년 전남대 의대졸, 同대학원졸, 의학박사(전남대) (경)원광대 의과대학 호흡기내과학교실 교수(현) 1989년 미국 텍사스대 의과대학 암센터 연수 1995~1996년 대한결핵 및 호흡기학회 운영위원 2002~2003년 원광대 의과대학 교학부장 2005~2006년 대한결핵 및 호흡기학회 학술위원 2005~2006년 대한폐암학회 임상연구회 위원장 2005~2006년 원광대병원 보험위원회 위원장 2007~2008년 同진료처장 2011~2015년 同원장 2012~2014년 대한병원협회 이사 (종)원불교

정은혜(鄭殷惠·女) JUNG Eun Hae (素軒)

(생)1958·10·24 (출)전북 전주 (주)대전 유성구 대학로99 충남대학교 무용학과(042-821-6482) (학)1976년 전주 기전여고졸 1980년 경희대 무용학과졸 1982년 同대학원졸 1995년 이학박사(경희대) (경)1976~1996년 원로무용가 김백봉선생으로부터 부채춤·산조·화관무·장고춤등 창작무용기법 사사 1976~1987년 이정범선생으로부터 농악기법 사사 1976~1995년 안제승선생으로부터 무용이론 사사 1983년 인간문화재 김천흥선생으로부터 처용무·춘앵전 등 궁중정재 사사 1986년 인간문화재 한영숙선생으로부터 살풀이·승무 등 민속무용 사사 1986~1991년 서울예술단 지도연구원 1986년 (사)정은혜민족무용단 이사장 1988년 서울올림픽 개막식 지도위원 1995년 충남대 자연과학대학 무용학과 교수(현) 1996년 춤목련회 창립회장 1999년 중요무형문화재 제39호 처용무 이수자(현) 2002년 한·일 월드컵 문화예술축전선정 작품안무 2003년 충남도립국악단 지도위원 2005년 국립무용단 초청객원안무 2008년 중요무형문화재 제97호 살풀이춤 이수자(현) 2010~2013년 김백봉춤보전회 회장 2011년 한국문화예술위원회 책임심의위원 2011~2014년 대전시립무용단 예술감독 겸 상임안무자 (상)사마란치위원장 올림픽기장 대회장, 서울예술단 공로표창(1990), 대전광역시장표창(2000), 김백봉춤보전회 안무자상(2000), 월드컵문화예술작품공모 당선, 육군본부 군악대 공로표창(2004), PAF안무상(2005), 한국춤평론가회 특별상(2006), Spring Festival 최우수작품상(2006), 한국예술문화단체총연합회 문화예술상(2006), 대전시 문화예술인상(2007), 대한민국무용대상(2011), 한국베스트작품상(2013), PAF 올해의 작품상(2014), 한국평론가협회 최우수예술가상(2014), 한빛대상 문화예술부문(2015) (저)'정재연구' '무용원론' '무용창작법' (작)'달꿈' '들풀' '하늘소리·땅짓' '초극의 행로' '물의 꿈' '겨울비' '춘앵전 역사적 배경' '바람속 내일' '미얄삼천리' '유성의 혼불' '서동의 사랑법' '진혼' '점지' '처용' '한울각시' '계룡이날아오르샤' '대전십무' '기다림2' '사의찬미' (종)기독교

정은환(鄭銀煥) CHUNG Un Hwan

(생)1948·12·3 (출)전남 함평 (주)서울 서초구 서초중앙로157 서울중앙지방법원조정센터(02-530-1955) (학)1967년 광주제일고졸 1971년 서울대 법대졸 (경)1974년 사법시험 합격(16회) 1976년 사법연수원 수료(6기) 1976년 육군 법무관 1979년 전주지법 판사 1984년 同남원지원장 1985년 전주지법 판사 1986년 수원지법 판사 1987년 서울고법 판사 1990년 대법원 재판연구관 1991년 마산지법 진주지원 부장판사 1992년 창원지법 진주지원장 1993년 서울지법 의정부지원 부장판사 1995년 同서부지원 부장판사 1996~1999년 서울지법 부장판사 1999~2012년 법무법인 광장 변호사 2003~2005년 국세청 과세전적부심사위원회 위원 2005년 은평구 고문변호사 2006~2008년 금융감독위원회 제재심의위원 2013년 서울중앙지법조정센터 상임조정위원(현)

정의돌(鄭儀乭) Jung-Euidol

(생)1961·3·15 (본)연일(延日) (출)강원 정선 (주)경기 수원시 팔달구 효원로1 경기도청 공공택지과(031-8008-2380) (학)1977년 정선종합고졸 2000년 한경대 행정학과졸 (경)2007년 경기도 총무과 자원봉사지원팀장 2008년 同자치행정국 총무과 의전팀장 2009년 同기획조정실 평가담당관 평가기획팀장 2011년 同여성가족국 아동청소년과장 2013년 同보건복지국 건강증진과장 2013년 同인재개발원 e-러닝센터장 2015년 同도시주택실 공공택지과장(현) (상)내무부장관표창(1995), 행정자치부장관표창(1998), 국무총리표창(2003) (종)가톨릭

정의민(鄭義敏) CHUNG Eui Min

(생)1951·2·5 (본)강원 (학)1973년 서울대 외교학과졸 1990년 영국 런던대 연수 (경)1974년 외무고시 합격(8회) 1974년 외무부 입부 1978년 駐미국 3등서기관 1980년 駐자메이카 2등서기관 1982년 대통령비서실 파견 1984년 駐이탈리아 참사관 1987년 외무부 서구2과장 1990년 駐스웨덴 참사관 1992년 駐베트남 참사관 1996년 외무부 문화홍보심의관 1997년 同제3정책심의관 1997년 駐러시아 공사 2000년 駐가나 대사 2003년 강원도 국제관계자문대사 2005년 외교안보연구원 구주·아프리카연구부 연구관 2006~2009년 駐포르투갈 대사 2009년 외교통상부 본부대사 2010년 한국과학기술연구원 국제관계자문대사 2011~2014년 경동대 관광학부 교수 2014~2016년 국립외교원 명예교수 (상)황조근정훈장(1994)

정의배(鄭義培) JEUNG Eui Bae

(생)1961·10·26 (주)충북 청주시 서원구 충대로1 충북대학교 수의학과(043-261-2397) (학)1984년 서울대 수의학과졸 1986년 同대학원 수의학과졸 1993년 의학박사(캐나다 브리티시컬럼비아대) (경)1986~1988년 (주)종근당 동물실험실 실장 1990~1993년 캐나다 브리티시컬럼비아대 객원연구원 1993~1995년 미국 워싱턴대 선임연구원 1995년 충북대 수의과대학 수의학과 전임강사·조교수·부교수·교수(현) 1995년 미국 워싱턴대 방문교수 1996~1997년 캐나다 브리티시컬럼비아대 방문교수 2000~2002년 충북대 동물의학연구소장 2001~2005년 국립산림과학연구원 겸임연구관 2002년 충북대 수의학과 선임학과장 2002년 중앙약사심의위원회 소분과 위원 2002년 과학기술부 세포응용사업단 이사 2003~2006년 식품의약품안전청 내분비장애물질평가위원 2003년 OECD Uterotrophic Assay 법제정심의위원 2006~2012년 충북대 BK21 동물의료생명과학사업단장 2013년 同BK21플러스 미래수의학인재양성사업단장(현) 2014~2016년 同수의과대학장 2014년 한국과학기술한림원 정회원(농수산학부·현) (상)한국독성학회·한국환경성돌연변이발암학회 학술대상(2015), 대한수의학회 학술연구대상(2016) (저)'척추동물 생화학(共)'(2005)

정의선(鄭義宣) Euisun Chung

(생)1970·10·18 (본)하동(河東) (출)서울 (주)서울 서초구 헌릉로12 현대자동차 부회장실(02-3464-1114) (학)1989년 휘문고졸 1993년 고려대 경영학과졸 1997년 미국 샌프란시스코대 대학원 경영학과졸 (경)일본 이토추상사 뉴욕지사 근무 1999년 현대자동차 구매실장·영업지원사업부장 2000년 同이사 2001년 同상무이사 2002년 同국내영업본부 부본부장(전무) 2002년 현대카드 전무이사 겸임 2003년 현대·기아자동차 기획총괄본부 부본부장(부사장) 겸 기아자동차 기획실장 2005~2008년 기아자동차 대표이사 사장 2005년 현대자동차그룹 기획총괄본부 사장 2005년 현대모비스 사장 겸임 2005년 대한양궁협회 회장(현) 2005년 아시아양궁연맹 회장(현) 2008년 기아자동차 해외·재무·기획담당 사장 2009년 현대자동차 부회장(현) 2012년 현대제철 품질부문 부회장 겸임(현) 2013년 현대모비스 기획총괄부회장 겸임(현) (상)세계경제포럼 선정 2006 젊은 글로벌리더(Young Global Leader)(2006), 대한민국디자인대상 디자인경영부문 대통령표창(2008), 은탑산업훈장(2009)

정의승(鄭義承) Chung Eui Sung

(생)1958·2·20 (출)경북 봉화 (주)서울 중구 을지로5길19 페럼타워17층 (주)유니드(02-3709-9500) (학)1976년 경주고졸 1983년 중앙대 경영학과졸 (경)(주)유니드 경영지원본부장(상무) 2007년 同경영지원본부장(전무) 2009년 同경영지원본부장(부사장) 2011년 同각자대표이사 사장(현) (상)한국CFO대상(2008)

정의식(鄭義植) JEONG Eui Sik

(생)1964·9·2 (출)경기 여주 (주)서울 종로구 북촌로112 감사원 감찰관실(02-2011-2804) (학)1983년 수원고졸 1987년 서울대 공법학과졸 1989년 同대학원 법학과 수료 (경)1987년 사법시험 합격(29회) 1990년 사법연수원 수료(19기) 1990년 軍법무관 1993년 대구지검 검사 1995년 청주지검 충주지청 검사 1996년 수원지검 검사 1998년 서울지검 검사 2000년 광주지검 검사 2002년 同부부장검사 2002년 서울지검 동부지청 부부장검사 2003년 수원지검 여주지청 부장검사 2004년 사법연수원 교수 2007년 대검찰청 감찰2과장 2008년 서울중앙지검 형사8부장 2009년 창원지검 진주지청장 2009년 법무부 감찰담당관 2010년 전주지검 차장검사 2011년 서울고검 검사 2013년 부산고검 검사 2014년 서울고검 검사(서울중앙지검 중요경제범죄조사팀 파견) 2014년 감사원 감찰관(현)

정의채(鄭義采) JUNG(TJENG) Eui Chai

(생)1925·12·27 (본)하동(河東) (출)평북 정주 (학)1952년 가톨릭대 신학과졸 1958년 로마 울바노대 대학원 철학과졸 1961년 철학박사(로마 울바노대) (경)1953년 사제 수품 1961~1985년 가톨릭대 교수 1961년 미국 컬럼비아대 객원교수 1967년 가톨릭대 부학장 1970년 同교무처장 1972년 독일 뮌헨대·뮌헨 SJ신학대 객원교수 1972~1985년 가톨릭대 중세사상연구소장 1974년 同대학원장 1976년 그리스도교철학연구소 창설 1978년 성심학원 이사장 1984년 천주교 불광동교회 주임신부 1985~1988년 서강대 철학과 교수 1988년 천주교 명동교회 주임신부 1988~1991년 가톨릭대 총장 1991~1993년 서강대 생명문화연구소 창설 및 초대소장 1991년 환경보전을위한국가선언문제 제정위원장 1991~1994년 한국그리스도교사상연구소 초대이사장 1992~2009년 서강대 신학대학원 석좌교수 1994년 한국그리스도교사상연구소 상임고문 1999~2001년 한국가톨릭철학회 회장 1999~2004년 아시아가톨릭철학회 회장(중임), 同명예회장(현) 2001년 한국가톨릭철학회 창설·초대회장·명예회장(현) 2005년 로마교황청 명예고위성직자(몬시뇰)(현) 2008~2009년 대통령자문 국가원로회의 고문 2008년 건국60주년기념사업위원회 위원 2010년 태평관기영회 위원(현) 2010~2014년 신학대전공동번역위원회 창설·위원장 2014년 同명예위원장(현) (상)로마 울바노대 최우수논문상(1961), 국민훈장 석류장·모란장, 가톨릭신문사상, 평안북도문화상, 한국천주교주교회의 가톨릭매스컴상 특별상(2009) (저)'형이상학' '철학의 위안' '존재의 근거문제' '중세철학사'(共) '사상과 시대의 증언' '삶을 생각하며' '죤듀이의 윤리학설과 토마스아퀴나스의 윤리학설의 비판적 연구-형이상학적 관점에서' '사상과 시대의 증언(2권)' '시간과 영원 사이에 진리' '현재와 과거, 미래, 영원을 넘나드는 삶(3권)' '새 천년대 인류와 교회-새 천년대와 한국 교회' '모든것이 은혜였습니다' '인류공통문화 지각변동 속의 한국(3권)' 'De Naturelismo Experimentali Secundum John Dewey...' 'A Flow of Common Culture of Mankind, Korean Society and Religion' 'The Direction of Human Culture and KOREA in the New Millennium(Abridged)' (역)'신학대전(총10권)' '철학의 위안' '교회에 관한 교의헌장' '그리스도교적 교육에 관한 선언' '교회의 선교활동에 관한 교령' '토마스아퀴나스의 유와 본질에 대하여' 외 다수 (좌)시사·논설등 4천여편 (종)천주교

정의화(鄭義和) Chung Ui-hwa (蒼空·中山)

(생)1948·12·18 (본)영일(迎日) (출)경남 창원 (주)서울 영등포구 국회대로68길11 삼보호정빌딩 602호 (사)새한국의비전 이사장실(02-6407-2025) (학)1967년 부산고졸 1973년 부산대 의대졸 1978년 연세대 대학원 의학과졸 1995년 의학박사(인제대) 2002년 명예 경영학박사(한국해양대) 2009년 명예 정치학박사(조선대) 2011년 명예 교육학박사(공주대) 2015년 명예 법학박사(전남대) (경)1978년 봉생신경외과병원 원장 1978~1981년 미국 뉴욕대 신경외과·로마린다대 연구펠로우 1985년 김원묵기념 봉생병원 원장 1989년 월간 '현장' 발행인 1989년 봉생문화회 회장 1994~1999년 포럼신사고 운영위원장 1996년 제15대 국회의원(부산 中·東, 신한국당·한나라당) 1997년 부산보이스카웃연맹장 1997년 봉생복지재단 이사장 1997년 부산사회복지협의회 회장 1997년 신한국당 부대변인 1998년 한나라당 원내부총무 1998~2000년 同과학기술위원장 1998년 同부산中·東지구당 위원장 2000년 제16대 국회의원(부산 中·東, 한나라당) 2000년 김원묵기념 봉생병원 의료원장 겸 병원장 2003년 한나라당 원내수석부총무 2004년 제17대 국회의원(부산 中·東, 한나라당) 2004~2008년 국회 스카우트의원연맹(KSPA) 부회장 2005년 한·폴란드의원친선협회 회장 2005년 국회 중국의역사왜곡에대한특별위원장 2006년 국회 재정경제위원장 2006년 국회 여수엑스포유치추진특별위원장 2007년 한나라당 제17대 대통령중앙선거대책위원회 직능정책본부장 2008년 제18대 국회의원(부산 中·東, 한나라당·새누리당) 2008~2010년 한나라당 인재영입위원장 2008~2012년 국회 스카우트의원연맹(KSPA) 회장 2009년 한나라당 세종시여론수렴특별위원장 2009~2010년 同최고위원 2010년 2015광주하계유니버시아드조직위원회 공동위원장 2010년 2010세계백제전 명예홍보대사 2010~2012년 국회 부의장 2010~2013년 세계스카우트의원연맹(WSPU) 총재 2011년 한나라당 비상대책위원장 2012~2016년 제19대 국회의원(부산 中·東, 새누리당·무소속) 2012년 새누리당 상임전국위원 2013년 한·미의교협의회 회장 2013년 국회 외교통일위원회 위원 2013년 영일(迎日)정씨대종회 회장 2013~2014년 세계스카우트의원연맹(WSPU) 명예총재 2014~2016년 국회 의장 2016년 국회 신·재생에너지포럼 고문(현) 2016년 (사)새한국의비전 이사장(현) (상)자랑스러운 부산대인상(2010), 명예 광주시민, 명예 여수시민, 국정감사평가회 모범의원상(2010), 자랑스러운 조경인상 정책부문(2013), 법률소비자연맹 대한민국법률대상(2014), 한국언론인연대·한국언론인협동조합 선정 '2015 대한민국 창조혁신대상'(2015), 세계스카우트 아시아태평양지역총회 아·태지역 최고 공로장(2015), 전국청소년선플SNS기자단 선정 '국회의원 아름다운 말 선플상'(2015), 백봉신사상 올해의 신사의원 베스트10(2015), 서울대 보건대학원

HPM총동문회 '자랑스런 서울대 보건인상'(2015), 한국스카우트연맹 스카우트 봉사대장(2016), 명예 고흥군민 선정(2016) [저]'건강한 사회 어디 없나요'(1996, 빛남) '쉼없는 항해 그리고 새로운 꿈'(2000, 말씀) '파워부산 정의화, 제2의 도시를 거부한다(編)'(2002, 화랑출판문화사) '나누는 사랑과 흐르는 정' '이름값 정치'(2011, 비타베아타) [작]사진작품 다수 전국 공모전과 촬영대회 특선 등 입상 및 입선 다수 [종]기독교

정의화(鄭義和)

[생]1958 · 2 · 12 [출]경북 포항 [주]경북 포항시 남구 중앙로66의1 경북도민일보 사장실(054-283-8100) [학]1977년 포항동지고졸 1977년 경북대 상과 입학 [경]1981년 농협중앙회 경주시지부 입사 2006년 경북도야구협회 부회장(현) 2011년 농협은행 포항기업금융지점장 2013년 정송경호협회 수석부총재(현) 2013년 한국해양연안순찰단 수석부총재(현) 2014~2015년 농협은행 포항해도지점장 2016년 경북도민일보 대표이사 사장(현)

정이안(鄭堊安 · 女) Ian Jeong

[생]1968 · 10 · 6 [본]오천(烏川) [출]부산 [주]서울 종로구 종로22 인주빌딩6층 정이안한의원 원장실(02-739-0075) [학]동국대 한의과대학졸, 경영학석사(고려대), 한의학석사(동국대), 한의학박사(동국대) [경]1995년 정이안한의원 개원(현), 동국대 부속한방병원 침구과 전문의 수료 2005년 同한의과대학 외래교수(현) 2008년 서울시 '아리수' 명예홍보대사(현) 2010년 인천경영자총협회 노사대학 교수(현) 2010년 IBK기업은행 자문위원(현) 2011년 농업협동조합중앙회 '식사랑 농사랑' 추진운영위원(현) [상]한양대 EEP과정 최우수논문상(2008), 보건복지가족부 '올해의 우수건강도서상'(2009), 제3회 독서문화상 의료저술부문(2010) [저]'샐러리맨 구출하기'(2006) '20대부터 시작하는 스트레스 제로 기술'(2006) '내 몸에 스마일'(2009) '몸에 좋은 색깔음식 50'(2010) '자연이 만든 음식재료의 비밀'(2011) '직장인 건강 한방에 답이 있다'(2012) '떠나는 용기 : 혼자하는 여행이 진짜다'(2015)

정이영(鄭以永) Jeong Lee Young

[생]1957 · 12 · 14 [주]서울 종로구 새문안로5길37 도렴빌딩10층 저축은행중앙회 임원실(02-397-8600) [학]1984년 중앙대 경제학과졸 1995년 서강대 경제대학원졸 [경]1984년 한국은행 입행 1999년 금융감독원 조사1국 팀장(3급) 2000년 同은행감독국 팀장 2001년 同공보실 팀장 2004년 同은행검사2국 팀장 2005년 同인력개발실 팀장 2006년 同신용감독국 팀장(2급) 2008년 한국은행 파견(2급) 2009년 금융감독원 부산지원장 2010년 同조사연구실장 2011년 부산시 파견(2급) 2012년 금융감독원 거시감독국 연구위원 2013~2014년 同국제협력국 연구위원 2014년 저축은행중앙회 부회장(현)

정이종(鄭利鍾) Chung Yee Jong

[생]1955 · 5 · 17 [출]전남 광산 [주]서울 강남구 테헤란로8길33 세무법인 지산(02-6954-7300) [학]광주고졸, 건국대졸, 同대학원졸 [경]1995년 춘천세무서 소득세과장 1997년 서울 송파세무서 재산세과장 1998년 서울 개포세무서 법인세과장 1999~2005년 서울지방국세청 조사1 · 2 · 4국 서기관 2005년 국세청 심사2과 서기관 2006년 원주세무서장 2006년 서울지방국세청 조사4국 4과장 2007년 서울 강동세무서장 2008년 국세청 납세지원국 징세과장 2009년 광주지방국세청 세원관리국장 2009년 同세원관리국장(부이사관) 2010년 同조사1국장 2010년 서울지방국세청 납세자보호담당관 2011년 중부지방국세청 조사2국장(고위공무원) 2011~2012년 同조사1국장 2012~2015년 서안주정(주) 대표이사 사장 2015년 세무법인 지산 회장(현) [상]근정포장(2000)

정익래(鄭益來) CHUNG Ik Rai

[생]1948 · 12 · 9 [본]하동(河東) [출]전남 보성 [주]서울 중구 퇴계로282 오렌후레쉬빌딩6층 한국지방발전연구원 원장실(02-784-8005) [학]1967년 보성고졸 1972년 건국대 행정학과졸 [경]행정고시 합격(14회) 1974~1985년 총무처 · 제2무임소장관실 · 정무제1장관실 행정사무관 1985년 서울올림픽대회조직위원회 파견(사이클담당관) 1988년 정무제1장관실 정책분석 · 정책 · 정당담당관 1994년 同제2조정관 1998년 국무총리 정당비서관 2002~2005년 국무총리 민정수석비서관 2007년 한국지방경영연구원 부이사장 2008년 한국지방발전연구원 원장(현) [상]대통령표창, 황조근정훈장 [종]천주교

정익우(鄭益雨) CHUNG Ik Woo

[생]1957 · 1 · 20 [본]광주(光州) [출]충남 공주 [주]서울 서초구 서초중앙로203 오릭스빌딩4층 법무법인(유) 강남(02-6010-7025) [학]1975년 공주사대부고졸 1979년 단국대 법학과졸 1981년 同대학원 법학과졸 1989년 대만 대학법학원 방문학자 연수 [경]1979년 사법시험 합격(21회), 사법연수원 수료(11기) 1981~1984년 육군법무관(검찰관) 1984년 부산지검 검사 1984~2001년 법무부 검사 1987년 대전지검 서산지청 검사 1988년 서울지검 검사 1988~1989년 대만 대학법학원 방문학자 연수 1991년 광주지검 고등검찰관 1993년 同장흥지청장 1993년 대전고검 검사 1994년 대구지검 조사부장 1995년 인천지검 공안부장 1997년 同형사3부장 1997년 서울고검 검사 1998년 서울지검 북부지청 형사4부장 1999년 부산고검 검사 2000~2001년 서울지검 서부지청 형사1부장 2001년 변호사 개업 2001~2007년 법무법인 로쿨 변호사 2007~2010년 법무법인 바른 중국팀장(변호사) 2010~2012년 한중법학회 회장 2010~2012년 법무법인 주원 중국팀장(변호사) 2013년 법무법인(유) 강남 변호사(현)

정인교(鄭仁敎) CHEONG Inkyo

[생]1961 · 4 · 27 [본]연일(延日) [출]경남 진주 [주]인천 남구 인하로100 인하대학교 경제학부(032-860-7785) [학]1985년 한양대 상경대학 경제학과졸 1988년 미국 미시간주립대 대학원 경제학과졸 1995년 경제학박사(미국 미시간주립대) [경]1996~2004년 대외경제정책연구원(KIEP) 연구원 · 연구위원 · 동남아팀장 · 자유무역협정(FTA)연구팀장 1998~2006년 FTA 협상 대표단 1999~2001년 동아시아비전그룹(EAVG) 사무국장 2002년 국무총리국무조정실 정책평가전문위원 2004년 인하대 경상대학 경제학부 조교수 · 부교수 · 교수(현) 2004~2005년 APEC Consultant(IAP Review Expert) 2005년 일본 總合硏究開發機構(NIRA) 초빙객원연구원 2006~2007년 한 · 미 FTA특별위원회 위원 2006~2007년 한국통상학회 부회장 2006~2008년 농어업 · 농어촌특별대책위원회 농업통상위원회 위원 2006~2009년 외교통상부 한-미 FTA · 한-EU FTA 자문위원 2008~2009년 기획재정부 대외경제정책위원회 위원 2009년 국제통상학회 부회장 2009년 한국무역학회 무역학회지 편집위원장 2009~2015년 인하대 정석물류통상연구원장 2009~2013년 외교통상부 정책자문위원 2009~2012년 대한무역투자진흥공사 사외이사 2010년 한국국제통상학회 회장 2010~2013년 관세청 옴부즈맨 2011~2014년 인하대 펠로우(IFS) 교수 2011~2012년 한국협상학회 회장 2011년 국토해양부 남북경제통합분야 자문위원 2011~2014년 한국경제학회 이사 2011~2012년 국민일보 시론 필진 2012~2014년 매일경제신문 객원논설위원 2012~2015년 한국무역학회 부회장 2013년 한국농촌경제연구원 쌀산업발전포럼 위원(현) 2013년 산업통상자원부 통상교섭자문민간위원(현) 2013년 외교부 정책자문위원(현) 2015년 인하대 대외부총장(현) [상]외교통상부장관표창(1999), 관세청장표창(2003), 전국경제인연합회 시장경제대상(2006), 인하대 우수연구교수상(2007), 동북아연구재단(NEAR) 우수학술연구자상(2008), 납세자의날 대통령표창(2011) [저]'WTO 貿易自由化의 一般均衡效果分析(共)'(1996) 'APEC 貿易自由化 方案과 貿易自由化效果'(1996) '韓國의 小規模 自由貿易地帶 설립의 경제적 타당성에 대한 硏究(共)'(1996) 'APEC 마닐라실행계획(MAPA)의 분석과 평가(共)'(1997) '아시아 · 태평양지역에서의 경제통합(共)'(1998) '금융위기 이후 수출구조변화와 향후 수출여건 전망(共)'(1998) '미국 FTA 정책의 전개와 시사점'(1998) '동북아 경제협력 : 관세, 통상 등 지역경제협력(共)'(1999) '한 · 칠레 自由貿易協定(FTA) : 추진배경, 현황, 경제적 효과와 정책적 시사점(共)'(2000) '자유무역협정 시대에 어떻게 대처할 것인가?'(2001) '중국 WTO 가입의 경제적 효과와 정책시사점(共)'(2001) '한-일 FTA의 경제적 효과와 정책시사점'(2001) '한-칠레 FTA의 주요내용'(2002) 'East Asian Economic Integration : Recent Development of FTAs and Policy Implications'(2002) '2003년 DDA 종합점검(共)'(2003) 'ASEAN 경제통합 확대와 한국의 대응방향(共)'(2003) '중-아세안 FTA의 추진과 파급영향(共)'(2003) '한-중-일 FTA의 추진당위성과 선행과제(共)'(2003) '거대경제권과의 FTA 평가 및 정책과제(共)'(2004) '한-중 FTA의 경제적 파급효과와 주요 쟁점(共)'(2004) '한-중-일 FTA 대비 수산업 부문 영향 분석(共)'(2004) 'Korea-Japan FTA : Toward a Model Case for East Asian Economic Integration, Korea Institute for International Economic Policy(共 · 編)'(2005) 'East Asian Regionalism : Prospects and Challenges, Amsterdam : Springer(共 · 編)'(2005) '글로벌시대의 FTA 전략'(2005) '우리나라 FTA 원산지규정 연구 및 실증분석(共)'(2005) '한미 FTA 논쟁, 그 진실은?(共)'(2006) '한미 FTA, 100% 활용하기(共)'(2007) '한미 FTA, 하나의 협정 엇갈린 진실(共)'(2008) '동아시아 경제통합 : 주요국 입장과 경제통합 이슈(共)'(2009) '신보호무역주의(編)'(2009) 'FTA 통상정책론'(2010)

정인권(鄭寅權) CHUNG In Kwon

(생)1958·8·17 (주)서울 서대문구 연세로50 연세대학교 생명시스템대학 시스템생물학과(02-2123-2660) (학)1981년 연세대 생물학과졸 1985년 同대학원졸 1991년 생물학박사(미국 오하이오주립대) (경)1985년 연세대 이과대학 생물학과 연구조교 1991~1992년 미국 오하이오주립대 Post-Doc. 1992년 미국 Harvard Medical School Post-Doc. 1993~2011년 연세대 생물학과 교수 2006~2008년 同정보통신처장 2007년 同생명시스템대학 설립준비위원장 2008~2009년 同생명시스템대학장 2011년 同생명시스템대학 시스템생물학과 교수(현) 2012~2016년 同교무처장 2012~2016년 同교육개발지원센터 소장 2012~2014년 사학분쟁조정위원회 위원 (상)연세학술상(1999)

정인균(鄭寅均) CHUNG In Gyun

(생)1959·6·17 (본)전남 함평 (주)서울 종로구 세종대로209 행정자치부 국제행정협력관(02-2100-3370) (학)1977년 광주고졸 1982년 한국외국어대 스페인어과졸 1984년 서울대 행정대학원 행정학과졸 (경)1984년 외교통상부 입부 1992년 駐콜롬비아 1등서기관 1994년 駐그리스 1등서기관 1998년 외교통상부 통상교섭본부장 보좌관 2000년 駐제네바 1등서기관 2003년 외교통상부 구주통상과장 2004년 同자유무역협정1과장 2005~2007년 駐OECD대표부 참사관 2007년 駐미얀마 공사참사관 2010년 외교통상부 지역통상국 심의관 2011~2014년 駐에콰도르 대사 2015년 행정자치부 국제행정협력관(현)

정인균(鄭仁均) Chung In Kyun

(생)1961·12·3 (출)서울 (주)경남 창원시 의창구 중앙대로178 KBS 창원방송총국(055-280-7201) (학)1980년 장훈고졸 1985년 한양대 경제학과졸 (경)1996년 KBS 광주방송총국 업무부담당 부장 1998년 同방송연수원 연수1부 차장 1999년 同인력관리국 인사관리부 차장 2003년 同인력관리실 인사·임금제도 부주간 2004년 同인적자원센터 인사팀 선임팀원 2006년 同인력관리실 인사제도전문위원 2010년 同인력관리실 조직제도팀장 2010년 同인적자원실 인사운영부장 2011년 同감사실 기획·경영감사부장 2012년 同인적자원실장 2014년 同감사실장 2015년 同창원방송총국장(현)

정인봉(鄭寅鳳) CHUNG In Bong

(생)1953·12·10 (본)동래(東萊) (출)서울 (주)서울 서초구 서초대로275 중앙빌딩505호 정인봉법률사무소(02-537-3001) (학)1971년 경기고졸 1975년 서울대 법과대학졸 1978년 同대학원 수료 1997년 한국방송통신대 불어불문학과졸 (경)1975년 사법시험 합격(17회) 1977년 사법연수원 수료(7기) 1977년 軍법무관 1980년 서울지법 북부지원 판사 1983~1984년 서독 바이로이트대 연수 1985년 춘천지법 강릉지원 판사 1987년 변호사 개업(현) 1989년 서울지방변호사협회 인권위원 1991년 서울종로봉사회 명예회장 1993년 대한변호사협회 인권위원 1994년 환경운동연합 지도위원 1997년 한나라당 중앙상무위원 1998년 同종로지구당 위원장 2000~2002년 제16대 국회의원(서울 종로, 한나라당) 2000년 한나라당 인권위원회 부위원장 2005~2006년 同인권위원장 2008년 제18대 국회의원선거 출마(서울 종로, 자유선진당) 2010년 미래연합 최고위원 2010년 대한변호사협회 일제피해자특별위원회 위원(현) 2012년 새누리당 서울종로구당원협의회 운영위원장 (저)'특허법개론'(1986) 수필집 '그래도 골목에는 꿈이 있다'(1998) '세월을 담는 그릇'(2009) (역)'대처 리더십'(2007) (종)기독교

정인섭(鄭印燮) CHUNG In Seob

(생)1954·9·26 (주)서울 관악구 관악로1 서울대학교 법학과(02-880-7534) (학)1977년 서울대 법학과졸 1982년 同대학원 법학과졸 1983년 미국 조지타운대 법학대학원졸 1992년 법학박사(서울대) (경)1984~1995년 한국방송통신대 법학과 전임강사·조교수·부교수 1987년 미국 The William Richardson School of Law, Univ. of Hawaii 객원교수 1995~2002년 서울대 법학과 조교수·부교수 1999~2006년 同법학도서관장 2002년 同법학과 교수(현) 2004~2007년 국가인권위원회 비상임위원 2006~2007년 서울대 법학연구소장 2009년 대한국제법학회 회장 2009년 IOM이민정책연구원 비상임이사(현) 2012년 한국인권재단 이사(현) 2012~2015년 동북아역사재단 비상임이사 (상)현민국제법학술상(2012) (저)'재일교포의 법적지위'(1996, 서울대 출판부) '국제법의 이해'(1996, 홍문사) '한국판례국제법'(1998·2005, 홍문사) '국제인권규약과 개인통보제도'(2000, 사람생각) '국제인권조약집'(2000, 사람생각·2008증보판, 경인문화사) '재외동포법(編)'(2002, 사람생각) '고교

평준화(編)'(2002, 사람생각) 'Korean Questions in the United Nations'(2002, 서울대 출판부) '집회와 시위의 자유(編)'(2003, 사람생각) '이중국적(編)'(2004, 사람생각) '사회적 차별과 법의 지배(編)'(2004, 박영사) '해외법률문헌 조사방법(共)'(2005, 서울대 출판부) '국가인권위원회법 해설집(共)'(2005, 국가인권위원회) '작은 거인에 대한 추억- 재일변호사 김경득 추모집(編)'(2007, 경인문화사) '국제법 판례 100선(共)'(2008, 박영사) (역)'이승만의 전시중립론-미국의 영향을 받은 중립(이승만著)'(2000, 나남)

정인숙(鄭仁淑·女) JUNG IN SUK

(생)1963·1·20 (본)연일(延日) (출)경남 진해 (주)서울 서초구 서초중앙로157 서울중앙지방법원(02-530-1114) (학)1981년 마산여고졸 1985년 서울대 사법학과졸 (경)1989년 사법시험 합격(31회) 1992년 사법연수원 수료(21기) 1992년 변호사 개업 1996년 대구지법 판사 2000년 인천지법 판사 2003년 서울지법 남부지원 판사 2004년 서울남부지법 판사 2005년 서울고법 판사 2007년 서울중앙지법 판사 2008년 대전지법 부장판사 2009년 인천지법 부장판사 2011년 서울남부지법 부장판사 2015년 서울중앙지법 부장판사(현) (종)기독교

정인재(鄭仁在)

(생)1970·8·2 (주)전북 전주시 덕진구 사평로25 전주지방법원(063-259-5400) (학)1989년 전주 신흥고졸 1994년 서울대 사법학과졸 (경)1997년 사법시험 합격(39회) 2000년 사법연수원 수료(29기) 2000년 전주지법 예비판사 2002년 同판사 2003년 인천지법 판사 2006년 서울서부지법 판사 2010년 서울중앙지법 판사 2012년 서울동부지법 판사 2013년 서울고법 판사, 서울서부지법 판사 2015년 전주지법 부장판사(현)

정인정(鄭仁楨) CHUNG In Jeong

(생)1954·9·7 (출)경북 영천 (주)세종특별자치시 세종로2511 고려대학교 세종캠퍼스 과학기술대학 컴퓨터정보학과(044-860-1342) (학)1974년 경복고졸 1978년 서울대 전자계산학과졸 1980년 한국과학기술원 대학원 전산학과졸 1989년 이학박사(미국 아이오와대) (경)1980~1983년 삼성전자(주) 컴퓨터사업부 연구원·대리 1981~1984년 홍익대 전산학과 강사 1981~1983년 동국대 전자계산학과 강사 1983~1984년 이화여대 전자계산학과 전임강사 1985~1989년 미국 Univ. of Iowa 전산학과 교육조교·연구조교 1990~1997년 고려대 전산학과 조교수·부교수 1992~1996년 同전산학과장 겸 대학원 주임교수 1992년 한국통신정보보호학회 종신회원(현) 1994~1998년 행정자치부 기술고등고시 출제위원·채점위원 1996~1998년 고려대 서창캠퍼스 전자계산소장 1996~2015년 한국전산홈 기술고문 1997년 고려대 과학기술대학 컴퓨터정보학과 정교수(현) 1997~1998년 한국전산원 초빙연구위원 1997년 한국정보처리학회 논문편집위원 1998년 미국 Univ. of Iowa 교환교수 1999년 환경부 환경정보화추진분과 위원 2001~2004년 한국정보과학회 충남지부 이사 및 감사 2001년 한국정보통신기술협회 IT국제표준화전문가 2003년 코리아웹포럼 창립위원 2004년 한국정보통신기술협회 PG401 웹프로젝트위원회 의장 2004~2006년 同IT응용기술위원회 부위원장 2005년 산업자원부 기술자문위원 2006년 조달청 기술평가위원(현) 2007~2010년 고려대 과학기술대학 공학인증센터 소장 2008년 미국 세계인명사전 'Marquis Who's Who in Science and Engineering(2008~2009)'에 등재, 산업통상자원부 기술자문위원 (상)Telecommunications Technology Association(TTA) 'Web Project Group Excellence Chairman Award'(2005), 고려대 석탑강의상(2006), 한국지능정보시스템학회 우수논문상(2006·2009·2012), 고려대 우수강좌상(2007), The 3rd ICUT(Outstanding Presentation)(2008), FTRA WCC 'Best Paper Award'(2012), 한국정보처리학회 최우수논문상(2014) (저)'교양전산(共)'(1992, 고려대) '오토마타와 계산이론'(1993, 홍릉과학) '컴퓨터개론과 포트란(共)'(1995, 홍릉과학) '자료구조 및 연습'(1997, 생능) '컴퓨터활용과 인터넷'(1997, 생능) '알고리즘'(1999, 홍릉과학) '인터넷 기초와 활용(共)'(2003, 생능) (종)기독교

정인진(丁仁鎭) CHUNG In Jin

(생)1953·12·10 (출)경기 시흥 (주)서울 강남구 테헤란로92길7 법무법인 바른(02-3479-7555) (학)1972년 경동고졸 1977년 서울대 법과대학졸 (경)1975년 사법시험 합격(17회) 1977년 사법연수원 수료(7기) 1980년 수원지법 판사 1982년 서울지법 남부지원 판사 1984년 서울지법 판사 1985년 미국 하버드대 법과대 연수 1987년 춘천지법 강릉지원 판사 1988년 서울고법 판사 1990~1994년 대법원 재판연구관·부산지법 울산지원 부장판사 1994년 수원지법 부장판사 1995년 서울지법 동부지원 부장판사 1997년 서울지법 부장판사 1999년 부산고법 부장판사 2000~2004년 서울고법 부장판사 2004~2011년 법무법인 바른 변호사 2005년 대한상사중재원 중재인(현) 2005년 성균관대 법과대학 겸임교수

2012~2015년 법무법인 바른 대표변호사 2013~2016년 고려대 법학전문대학원 겸임교수 2014년 대한변호사협회 난민법률지원변호사단장(현) 2015년 한국교육학술정보원 비상임이사(현) 2016년 법무법인 바른 변호사(현)

정인창(鄭仁昌) JUNG In-Chang

[생]1964·9·14 [출]부산 [주]서울 서초구 서초중앙로148 김영빌딩13층 법무법인 율우(02-3482-0500) [학]1983년 부산남고졸 1987년 서울대 사법학과졸 [경]1986년 사법시험 합격(28회) 1989년 사법연수원 수료(18기) 1992년 서울지검 검사 1994년 창원지검 밀양지청 검사 1995년 부산지검 검사 1997년 수원지검 검사 1999년 서울지검 남부지청 검사 2001년 전주지검 부부장검사 2002년 대검찰청 검찰연구관 2003년 대전지검 공안부장 2004년 법무부 검찰3과장 2006년 대전지검 형사2부장 2007년 서울중앙지검 형사4부장 2008년 대구지검 김천지청장 2009년 서울고검 검사 2009년 수원지검 안양지청 차장검사 2009년 청주지검 차장검사 2010년 인천지검 제1차장 검사 2011년 대검찰청 기획조정부장 2012년 대구고검 차장검사 2013년 춘천지검장 2013년 법무부 법무실장 2015년 부산지검장 2016년 법무법인 율우 대표변호사(현)

정인철(鄭仁哲) JUNG In Chul

[생]1958·10·1 [본]진주(晋州) [주]경남 창원시 의창구 중앙대로178 KBS 창원방송총국(055-280-7100) [학]1976년 부산중앙고졸 1987년 동아대 경제학과졸 [경]1987년 KBS 입사, KBS지역기자협회 회장, 한국기자협회 부회장 2006년 KBS 창원방송총국 보도국장, 경남도람사르환경재단 이사 2011년 KBS 시청자본부 시청자권익보호국 사회공헌부장 2013년 同보도위원 2013년 同보도본부 보도국 네트워크부장 2015~2016년 同라디오국 뉴스제작부장 2016년 同창원방송총국 심의위원(현)

정인철(鄭仁喆) JEONG In Cheol

[생]1959·6·8 [본]경주(慶州) [출]충북 영동 [주]서울 영등포구 여의대로24 전경련빌딩15층 한화건설 토목환경사업본부(02-2055-5361) [학]충북고졸, 충북대 토목공학과졸, 서울과학기술대 철도전문대학원 철도건설공학과졸 2008년 철도건설공학박사(서울과학기술대) [경]1982년 삼성그룹 입사, 삼성물산(주) 건설부문 국내토목팀·토목공사팀 공사파트장 2003년 同건설부문 상무보 2004년 同건설부문 토목사업본부 철도PM(상무보) 2006년 同건설부문 토목사업본부 PM(상무) 2010년 同건설부문 토목영업팀장 2011년 한화건설 토목환경사업본부 상무 2012년 同토목환경사업본부장(상무) 2015년 同토목환경사업본부장(전무)(현) 2015년 한국철도건설협회 회장(현) [상]철탑산업훈장(2005) [저]'일본철도교의 현황과 설계·계산 예(共)'(2006) '알기쉬운 철도용어집 해설집(共)'(2008)

정인화(鄭仁和) JEONG INHWA

[생]1957·7·27 [주]서울 영등포구 의사당대로1 국회 의원회관334호(02-784-3770) [학]한양대 국제관광대학원 관광정책개발학과졸 [경]전남 광양시 부시장, 전남 여수시 부시장 2014년 전남 광양시장선거 출마(무소속) 2016년 제20회 국회의원(전남 광양시·곡성군·구례군, 국민의당)(현) 2016년 국민의당 전남광양시·곡성군·구례군지역위원회 위원장(현) 2016년 국회 농림축산식품해양수산위원회 위원(현) 2016년 국회 민생경제특별위원회 간사(현) 2016년 국회 미래일자리특별위원회 위원(현) 2016년 국회철강포럼 연구책임의원(현)

정인환(鄭仁煥) JUNG, Inwhan

[생]1961·7·14 [본]초계(草溪) [출]강원 횡성 [주]경기 화성시 봉담읍 최루백로72 협성대학교 도시행정학과(031-299-0839) [학]환일고졸, 강원대 경제학과졸, 한국외국어대 대학원 경제학과졸, 미국 델라웨어대 대학원 정책학과졸, 정책학박사(미국 델라웨어대) [경]협성대 인문사회과학대학 도시행정학과 교수(현) 2000년 환경운동연합 지도위원 2002~2004년 同에너지대안센터 이사·반핵위원회 부위원장 2002~2005년 푸른희망군포21실천협의회 운영위원장 2003~2004년 대통령자문 지속가능발전위원회 에너지·산업위원회 연구위원 2003~2006년 군포시 시정자문위원 2003~2006년 군포시 지방재정계획심의위원회 위원 2003~2007년 경기에너지시민연대 공동운영위원장, 한국도시행정학회 상임이사(현) 2006년 경기시민발전 1호발전소추진위원회 공동위원장 2007~2008년 경기도에너지위원회 위원장 2007년 푸른경기21 에너지의제실천위원회 위원 2008~2009년 호주 국립대 방문교수 2009~2011년 서울환경연합 CO2위원회 위원장 2011년 협성대 교수협의회 회장 2012년 서울환경연합 공동의장 2013~2014년 푸른희망군포21실천협의회 공동의장 2014년 6.4지방선거 군포시장선거 출마 2015년 협성대 사회복지대학원장·교육대학원장·인문사회과학대학장 겸임 2016년 同대외협력처장(현) [상]경기도지사표창(2회) [저]'20세기 딛고 뛰어 넘기 : 시민판 21세기 구상(共)'(2000) '생태도시의 이해(共)'(2001) [종]기독교

정 일(鄭 一) CHUNG Ill

[생]1955·9·9 [본]동래(東萊) [출]경북 상주 [주]경북 안동시 상지길45 가톨릭상지대학교 총장실(054-857-9101) [학]1973년 대건고졸 1977년 광주가톨릭대 신학과졸 1982년 同대학원 조직신학과졸 1996년 영국 런던대 히드롭대학원 신학과졸 [경]1982년 사제 서품 1982년 천주교 서문동성당 보좌신부 1983년 천주교 안계성당 주임신부 1984년 상지실업전문대 교수 1986년 천주교 동부동성당 주임신부 1990년 천주교 모전성당 주임신부 1991년 영국 런던대 신학연구 1996년 천주교 울진성당 주임신부 1999년 대구가톨릭대 교수 2001~2004년 한국천주교주교회의 신앙교리위원회 위원 2004년 천주교 계림동성당 주임신부 2007~2012년 사단법인 상주·문경·예천범죄피해자지원센터 이사장 2008년 천주교 점촌동성당 주임신부 2012년 가톨릭상지대 총장(현) 2013년 한국전문대학교육협의회 전문대학윤리위원회 위원(현) 2014년 안동MBC 시청자위원회 위원장(현) [상]법무부장관표창(2011) [저]'지상생활을 통해서 본 그리스도이신 예수' '새로운 교회모델인 작은 교회공동체' [역]'산다는 것이란 되어 간다는 것(제2차 바티칸 공의회 읽기)'(2000, 분도출판사) '선교의 어제와 오늘의 복음화'(2011, 위즈앤비즈) [종]가톨릭

정일규(鄭一圭) JEONG Il Gyu

[생]1958·2·17 [주]대전 대덕구 한남로70 한남대학교 생활체육학과(042-629-7653) [학]1985년 청주대 체육학과졸 1987년 고려대 대학원 체육학과졸 1993년 이학박사(고려대) [경]1987년 고려대·조선대·한국교원대·수원대·청주대 강사 1993~2003년 한남대 사회체육학과 강사·조교수·부교수 2000년 미국 Auburn Univ. Visiting Professor 2002년 한남대 체육부장 2003년 同생활체육학과 교수(현) 2004·2010~2012년 同체육부장 2007년 미국 Texas Woman's Univ. Research Scholar, 미국 Cooper Institute Master Fitness Specialist 2012~2014년 한남대 학생인재개발처장 2014년 同인돈학술원장 2015년 국민생활체육회 자문위원회 부위원장(현) 2015년 한국사회체육학회 회장(현) [상]제마 스포츠의학상(2003), 한남대 강의우수교원 선정(2004), 한남대 연구업적우수교원상(2005), 대한레슬링협회 공로상(2006), 대한임상건강증진학회 건강증진분야교육상(2012), 강의우수교원상(2012), 대한탁구협회 공로상(2014) [저]'스포츠지도론Ⅰ·Ⅱ'(1990) '유도, 한국학술자료사'(1990) '스포츠 상해예방 및 처치'(1994) '운동생리학'(1995) '인간과 건강'(1996) '최신 운동영양학'(1997) '운동과 보건'(2002) '저항운동의 이해'(2004) '시스템 운동생리학'(2005) '휴먼퍼포먼스와 운동생리학'(2006, 대경북스) '휴먼퍼포먼스와 운동영양학'(2009, 대경북스) '태권도생리학: 국기원교재'(2012) '트레이너가 꼭 알아야할 99가지 진실과 거짓'(2015, 대경북스) [종]기독교

정일동(鄭日童) CHUNG Il Dong

[생]1949·6·6 [본]진주(晋州) [출]전북 김제 [주]경기 화성시 봉담읍 와우안길17 수원대학교 사학과(031-220-2349) [학]1970년 한양대 사학과졸 1977년 고려대 대학원 사학과졸 1992년 사학박사(고려대) [경]1976~1982년 문화재연구소 학예사 1980~1985년 한양대 사학과 시간강사 1983년 충북대 역사교육과 시간강사 1986~2014년 수원대 사학과 교수 2006년 同인문대학장 2007년 同박물관장 2014년 同명예교수(현) [상]녹조근정훈장(2014) [저]'세계문화사'(1995) '한초의 정치와 황로사상'(1997) '동양문화사의 이해'(1999) '동서문화의 교류'(2002)

정일문(丁一文) Il-Mun Jung

[생]1963·10·11 [출]광주 [주]서울 영등포구 의사당대로 88 한국투자증권(주) 임원실(02-3276-5858) [학]1982년 광주진흥고졸 1988년 단국대 경영학과졸, 서강대 대학원 최고경영자과정 수료, 고려대 대학원 최고경영자과정 수료 [경]1988년 동원증권 입사 2004년 同기업콘텐츠관리(ECM)부 상무보 2006년 한국투자증권(주) 기업금융(IB)2본부 상무 2008년 同기업연금본부장 겸 기업금융본부장(전무) 2008~2014년 同기업금융본부장 겸 퇴직연금본부장(전무) 2012~2013년 한국중소기업학회 부회장 2012년 코스닥발전협의회 위원 2012~2016년 한국거래소 규율위원회 시장감시위원 2013~2016년 同국민행복재단운영위원회 위원 2015년 한국투자증권(주) 기업금융본부장 겸 퇴직연금본부장(부사장) 2016년 同개인고객그룹장(부사장)(현) [상]산업포장(2005)

정일미(鄭一美·女) CHUNG Il Mi

[생]1972·1·15 [출]부산 [주]충남 아산시 배방읍 호서로79번길20 호서대학교 골프학과(041-540-5883) [학]이화여대 체육학과졸 [경]1995년 프로 데뷔 2002년 한솔포렘 소속 2002년 한국여자오픈 우승 2002년 파라다이스여자오픈 준우승 2002년 하이트컵여자프로골프대회 준우승 2002년 현대증권여자오픈 우승 2002년 2002한일여자프로골프대항전 우승 2003년 김영주골프여자오픈 우승 2003년 미국 LPGA Q스쿨 최종합격 2005년 미국 LPGA BMO 캐나디언오픈 3위 2006년 미국 LPGA 스테이트팜클래식 3위, 기가골프 소속 2008년 LPGA투어 상임이사 2009년 KLPGA 하이원리조트컵 SBS채리티 여자오픈 2위 2011년 하이마트 소속 2013년 호서대 골프학과 교수(현) 2014년 KLPGA 시니어투어 개막전 우승 2015년 KLPGA 센추리21CC·볼빅 시니어투어 1차전 우승 [상]올해의 선수상·상금왕(1999·2000)

정일민(鄭鎰玟) CHUNG ILL MIN

[생]1958·1·13 [주]서울 광진구 능동로120 건국대학교 생명환경과학대학 응용생물과학과(02-450-3730) [학]1986년 건국대 농학과졸 1988년 同대학원졸 1994년 농학박사(미국 일리노이대) [경]1987~1989년 건국대 농학과 조교 1990~1993년 미국 일리노이대 농학과 연구조교 1994~1995년 농촌진흥청 영남농업시험장 박사 후 과정 1994~1995년 건국대 농업자원개발연구소 박사 후 과정 1995년 강원대 자원식물학과 시간강사 1995년 건국대 생명환경과학대학 응용생물과학과 교수(현) 1997~2002년 한국약용작물학회 편집위원 1998년 한국소비자보호원 광고심의위원 1998년 한국환경관리공단 평가위원 1999년 경기도농업기술원 전문위원 2002년 한국작물학회 편집위원 2002년 건국대 국제협력실장 2003년 한국잡초학회 편집위원 2004년 Journal of Asian Plant Science 편집위원 2007년 한국약용작물학회 편집위원장(현) 2007~2012년 미국 Rice Univ. 겸임교수 2008년 한국과학기술한림원 정회원(현) 2010~2011년 건국대 교무처장 2014~2016년 同농축대학원장 2015년 한국약용작물학회 회장(현) 2016년 건국대 상허생명과학대학장(현) [상]건국대 우수연구상(2004), 과학기술부총리 우수연구상(2006), 한국과학기술단체총연합회 우수연구상(2006), 건국대총동문회 학술연구대상(2007·2011)

정일석(鄭日碩) CHUNG Il Sok

[생]1961·2·25 [본]청주(淸州) [출]강원 삼척 [주]대전 서구 청사로189 관세청 심사정책국(042-481-7640) [학]1979년 춘천제일고졸 1985년 서울대 무역학과졸 1994년 미국 시라큐스대 대학원 경제학과졸 [경]1986년 행정고시 재경직 합격(30회) 1989년 관세청 행정관리과 사무관 1992~1994년 미국 시라큐스대 연수 1994~1996년 부산세관 수입2과장 1997~1999년 세계관세기구(WCO) 감시국 파견 1999년 관세청 교역협력과 서기관 1999년 同정보관리과장 2001~2002년 인천세관 통관국장 2002~2006년 駐홍콩총영사관 관세관 2006년 관세청 심사정책과장 2008년 同기획재정담당관(서기관) 2008년 同기획재정담당관(부이사관) 2010년 同정보협력국장 2013년 중앙공무원교육원 교육파견 2014년 관세청 심사정책국장 2015년 同기획조정관 2016년 同심사정책국장(현) [상]홍조근정훈장(2010) [종]기독교

정일선(鄭日宣) JEONG Il Sun

[생]1970·10·12 [출]서울 [주]서울 강남구 테헤란로512 신한빌딩5층 현대비앤지스틸(주) 비서실(02-3467-0039) [학]1989년 경복고졸 1993년 고려대 산업공학과졸 1996년 미국 조지워싱턴대 대학원 경영학과졸 [경]1999년 기아자동차 기획실 이사 2000년 인천제철(주) 상무이사 2001년 삼미특수강(주) 대표이사 2001년 同상무이사 2002년 同전무이사 2002년 비앤지스틸(주) 전무이사 2003년 同부사장 2005~2011년 同대표이사 사장 2009년 한국철강협회 스테인리스스틸(STS)클럽 부회장 2011년 현대비앤지스틸(주) 대표이사 사장(현)

정일성(鄭一成) JUNG Il Sung

[생]1929·2·19 [출]일본 도쿄 [학]1945년 일본 도쿄공업고졸 1950년 서울대 기계공학과졸 [경]1955년 영화 촬영감독(현) 1981년 한국영화인협회 부이사장 1983~1985년 서울예전·한양대 강사 1985~1988년 한양대 연극영화과 교수 1988년 (사)한국영화촬영감독협회 고문 1998년 K.J.K필름 공동설립 2000년 동국대 영화영상학과 겸임교수 2011년 제10회 미장센 단편영화제 특별심사위원 [상]보관문화훈장, 부산일보 촬영상, 한국일보 촬영상, 영화예술상 기술상 3회, 대종상 촬영상 5회, 아세아영화제 촬영상, 하와이국제영화 촬영상, 대한민국 문화예술상, 청룡상영화제 촬영감독상, 영화평론가협회상, 춘사영화제 촬영상, 한국영화문화상, 대한민국영화대상 공로상(2002), 청룡영화제 촬영상(2002), 서울시문화상(2011), 대종상영화제 영화발전공로상(2013), 제34회 한국영화평론가협회 공로상(2014) [작]촬영영화 '지하실의 칠인' '火女' '화가 이중섭' '바보들의 행진' '별들의 고향' '이어도' '만다라' '만추' '안개마을' '안개기둥' '길소뜸' '감자' '아다다' '춘향뎐' '취화선'(2002) '하류인생'(2004) '천년학'(2007) 등

정일연(鄭一衍) JUNG Il Yeon

[생]1961·9·24 [출]전북 전주 [주]경기 안산시 단원구 광덕서로75 수원지방법원 안산지원(031-481-1114) [학]1980년 풍생고졸 1988년 건국대 법학과졸 [경]1988년 사법시험 합격(30회) 1991년 사법연수원 수료(20기) 1991년 청주지법 판사 1995년 수원지법 판사 1998년 변호사 개업 2002년 법무법인 한울 대표변호사 2004년 대전고법 판사 2006년 서울동부지법 판사 2007년 전주지법 부장판사 2008년 同수석부장판사 2009년 수원지법 부장판사 2010~2011년 언론중재위원회 경기중재부장 2011년 서울중앙지법 부장판사 2014년 서울동부지법 부장판사 2016년 수원지법 안산지원장(현)

정일영(鄭日永) CHUNG Il Young

[생]1957·8·14 [출]충남 보령 [주]인천 중구 공항로424번길47 인천국제공항공사 사장실(032-741-2001) [학]1976년 용산고졸 1980년 연세대 경영학과졸 1986년 서울대 행정대학원 행정학과졸 1988년 영국 옥스퍼드대 대학원 경제학과졸(경제학석사) 1997년 경제학박사(영국 리즈대) [경]1979년 행정고시 합격(23회) 1983년 교통부 수송정책국 근무 1988년 同도시교통국 근무 1990년 同도시교통정책과장 1992년 同항공국 항공정책과장 1993년 同관광국 관광기획과장 1997년 건설교통부 고속철도과장 1997년 국회 국제경쟁력강화특별위원회 과장 1998년 건설교통부 국제항공담당관 1999년 同총무과장 2000년 同국제항공협력관 2001년 駐몬트리올총영사관(ICAO 상주대표단) 파견 2001년 UN 국제민간항공기구대표부 참사관 2005년 해양수산부 안전관리관 2006년 건설교통부 홍보관리관 2007년 同항공기획관 2008년 국토해양부 항공·철도국장 2009년 同항공안전본부장 2009년 同항공정책실장 2010~2011년 同교통정책실장 2011~2014년 교통안전공단 이사장 2011년 국가교통위원회 위원 2012년 항공정책위원회 위원 2012년 철도산업위원회 위원 2014년 한국항공대 항공·경영대학원 초빙교수 2016년 인천국제공항공사 사장(현) 2016년 국제공항협의회(ACI) 아시아·태평양지역본부 이사(현) [상]대통령표창(1990), 홍조근정훈장(2008), Korea Top Brand Award 안전브랜드대상(2012·2013), 올해의 CEO대상(2012), 대한민국윤리경영대상 종합대상(2012·2013), 한국의경영대상 존경받는기업부문 종합대상(2012·2013), 대한상공회의소·포브스 사회공헌대상 사회공익부문(2013), International Business Award '커뮤니케이션PR부문 금상'·'올해의 기업부문 은상'·'전 세계 소비자가 뽑은 올해의 기업상'(2013), 대한민국지식대상 우수상(2013), 대한민국소셜미디어대상(2013), 안전문화대상 최우수상(2013), 대한민국CEO리더십대상 동반성장부문(2013), 한국능률협회컨설팅 한국의 경영대상 최고경영자상(2014) [저]'희망으로 행복을 쓰다'(2014, 북랩) [종]기독교

정일용(鄭日鎔) CHEONG IL YONG

[생]1957·8·8 [본]연일(延日) [출]충북 음성 [주]대구 동구 첨단로80 중앙교육연수원(053-980-6503) [학]1976년 검정고시 합격 1982년 서울대 사회교육학과졸 1989년 同대학원 교육학과졸 1993년 교육행정학박사(미국 위스콘신대 메디슨교) [경]1984년 행정고시 합격(28회) 1985~1996년 총무처·인천시교육청·교육부 근무 1997~2010년 대통령비서실 근무·교육인적자원부 감사담당관·정책총괄과장 2010년 충북도교육청 부교육감 2011~2014년 駐OECD대표부 공사 2014년 경북도교육청 부교육감 2015년 교육부 중앙교육연수원장(현) [저]'미국·프랑스·영국 교육제도 : 그들이 걸어온 교육의 길'(2013, 서울대 출판문화원)

정일용(鄭日鎔) CHUNG Il Yong

[생]1961·2·10 [출]광주 [주]서울 종로구 율곡로2길25 연합뉴스 DB부(02-398-3114) [학]1978년 광주고졸 1986년 고려대 정치외교학과졸 [경]1986년 동아출판사 근무 1987~1998년 연합통신 입사·특집부·해외부·사회부·북한부·남북관계부 기자 1997년 同노조위원장 1998년 연합뉴스 남북관계부 차장대우 1999년 同북한부 차장대우 2000년 同북한부 차장 2001년 同논설위원(차장급) 2003년 同논설위원(부장대우급) 2004년 同민족뉴스부 부

장대우 2004년 한국기자협회 부회장 2004~2005년 남북기자교류추진위원회 위원장 2005년 연합뉴스 민족뉴스부장 2006년 同편집국장석 부장 2006~2007년 한국기자협회 회장 2006~2007년 한국신문윤리위원회 이사 2006~2007년 6.15공동선언실천을위한남측위원회 언론본부 상임대표 2008년 同언론본부 상임공동대표(현) 2008년 연합뉴스 콘텐츠평가실 평가위원 2009년 同한민족센터 한민족뉴스팀장(부국장대우급) 2010년 同국제뉴스2부 기획위원(부국장대우급) 2011년 同국제국 국제에디터 2011년 同기사심의실 심의위원 2012년 同광주·전남취재본부장(부국장급) 2014년 同국제국 국제뉴스2부 기획위원(부국장급) 2015년 同편집국 국제기획뉴스부 대기자 2015년 同콘텐츠총괄본부 콘텐츠편집부 기자(부국장급) 2016년 同DB부 대기자(부국장급)(현) [상]한국기자상(1990), 통일언론상(1998), 한국언론인 대상(1999), 이달의 기자상(1999) [저]'북한 50년(共)'

정일웅(鄭一雄) CHUNG Il Ung (덕호·은명)

[생]1945·3·17 [본]진주(晋州) [출]경남 고성 [주]서울 강남구 개포로623 대청타워1546호 한국코메니우스연구소(02-537-7075) [학]1974년 총신대 신학과졸 1980년 독일 Bonn대 대학원졸 1984년 신학박사(독일 Bonn대) [경]1984~1985년 총신대 신학대학원 전임강사 1985~1988년 同종교교육과 조교수 1988~1994년 同신학대학원 조교수·부교수 1994~2009년 同신학대학원 교수 2000년 한국코메니우스연구소 소장(현) 2004~2007년 총신대 부총장 2007년 同대학원장 2009~2013년 同총장 2012년 한국복음주의신학대학총장협의회 부회장·회장 2013년 총신대 신학대학원 명예교수(현) 2014년 한국대학기독총장포럼 대표회장(현) 2015년 국제독립교회연합회 신학위원장(현) [저]'종교개혁시대의 기독교신앙의 가르침'(1987) '교육 목회학'(1993) '기독교 예배학개론'(1996) '청년1부 성경공과' '한국교회와 실천신학'(1999) '평신도 인물사'(1999) '독일교회를 통하여 배우는 한국교회의 통일노력'(2000) '교회교육학'(2008) '성경해석과 성경교수학'(2009) '개혁교회예배와 예전학'(2009) '북한선교와 남북통일을 위한 섬김의 신학'(2012) '하이델베르그 요리문답서 해설'(2013) [역]'하나님 나라의 신학'(1989) '독일개신교신학연구입문서'(1993) '기독교신앙의 초석'(1995) '코메니우스의 범교육학'(1996) '코메니우스의 발자취'(1998) '미래를 가진 하나님의 나라'(1999, 여수룬) '코메니우스의 어머니학교의 소식'(2001) '코메니우스의 대교수학'(2002) [종]기독교

정일재(丁一宰) JUNG Il Jae

[생]1959·1·30 [출]전남 함평 [주]서울 종로구 새문안로58 LG광화문빌딩7층 (주)LG생명과학 사장실(02-6924-3001) [학]1977년 광주제일고졸 1981년 서울대 경영학과졸 1983년 同대학원 경영학과졸 1990년 경영학박사(미국 오하이오주립대) [경]1990년 LG경제연구원 연구위원 1996~1999년 同이사·상무보 2000년 同상무이사 2002년 同부사장 2003년 (주)LG 경영관리부문 부사장 2006년 (주)LG텔레콤 대표이사 사장 2010년 통합LG텔레콤 퍼스널모바일사업본부장(사장) 2010년 (주)LG유플러스 퍼스널모바일사업본부장(사장) 2010년 (주)LG생명과학 대표이사 사장(현) [상]대통령표창(2008), 올해의 정보통신인상(2008), 대한민국 인터넷대상 개인공로상(2009)

정일정(鄭日正)

[생]1965·12·13 [주]세종특별자치시 다솜2로94 농림축산식품부 국제협력국(044-201-2001) [학]1989년 서울대 경제학과졸 1997년 미국 일리노이대 대학원 경제학과졸 2004년 경제학박사(미국 일리노이대) [경]1989년 행정고시 합격(32회) 2005년 농림수산식품부 농업협상과장 2005~2008년 경제협력개발기구(OECD) 근무 2009년 농림축산식품부 국제기구과장 2010년 同식품산업정책과장 2011년 同수산인력개발원장(고위공무원) 2011~2012년 同원양협력관(고위공무원) 2012~2013년 외교안보연구원 파견 2013년 농식품공무원교육원 원장(고위공무원) 2013~2016년 국제농업개발기금(IFAD) 근무 2016년 농림수산식품부 국제협력국장(현)

정일채(鄭日采) JUNG Il Chae

[생]1953·12·11 [출]전남 화순 [주]서울 구로구 구로중앙로152 AK플라자 임원실(02-818-0099) [학]광주고졸, 고려대 심리학과졸 [경]1997년 (주)신세계 백화점사업본부 본점장(이사대우), 同백화점사업본부 광주점장(이사대우), 同백화점사업본부 이사 2000년 同백화점부문 광주점장(상무보) 2001년 同백화점부문 인천점장(상무) 2003년 同백화점부문 강남점장(상무) 2005년 同백화점부문 강남점장(부사장) 2006~2009년 同백화점부문 상품본부장(부사장) 2009~2012년 (주)신세계푸드 대표이사 2015년 AK플라자 대표이사 사장(현)

정일태(鄭一太) JUNG Il Tae (斗溪)

[생]1959·3·27 [본]영일(迎日) [출]경북 영천 [주]서울 영등포구 여의공원로13 한국방송공사 보도본부 해설위원실(02-781-4016) [학]1977년 대구 대륜고졸 1981년 경북대 독어교육과졸 1988년 同대학원졸 [경]1987년 KBS 대구방송총국 보도국 기자 2003년 同안동방송국 방송부장 2005년 同대구방송총국 편집부장 2006년 同대구방송총국 취재부장 2007년 同대구방송총국 보도국장 2010년 同시청자본부 시청자권익보호국 시청자사업부장 2011년 同포항방송국장 2013년 同보도본부 보도국 편집위원 2014년 제8대 언론사불자연합회 회장 2016년 KBS 보도본부 해설위원(현) 2016년 제9대 언론사불자연합회 회장(현) [상]KBS사장표창, 내무부장관표창, 환경부장관표창, 행정자치부장관표창, 불교언론문화상 불교언론인상(2016) [종]불교

정일환(鄭日煥) CHUNG Il Hwan

[생]1959·5·7 [출]경북 경산 [주]경북 경산시 하양읍 하양로13의13 대구가톨릭대학교 사범대학 교육학과(053-850-3713) [학]1981년 경북대 사범대학 교육학과졸 1983년 서울대 행정대학원 행정학과졸(석사) 1989년 철학박사(미국 펜실베이니아주립대) [경]1982~1992년 한국교육개발원 책임연구원, 同교육행정연구부장 1992~2010·2012년 대구가톨릭대 사범대학 교육학과 교수(현) 1994~1996년 同사범대학 교육학과 학과장 1996~1998년 同교육연구소장 1997년 同기획실 부실장 1998년 한국학술진흥재단 학술진흥정책연구실 전문위원(파견) 1999년 국가전문행정연수원 강사 1999년 한국교육개발원(중등교원 임용시험) 출제위원 1999년 대구가톨릭대 사범대학 교육학과 학과장 2001년 同학생상담센터 소장 2001년 한국교육과정평가원(초등교원 임용시험) 출제위원 2007~2008년 한국대한교육협의회 정책자문교수(파견) 2008년 대구가톨릭대 사범대학장 2008년 대통령직인수위원회 자문위원 2008~2010년 경북도교육청 국정과제자문단 위원장 2008~2010년 대구시교육청 발전협의회 위원 2008~2010년 교육과학기술부 기숙형고교편람개발위원회 총괄책임자 2008~2010년 同자체평가위원 2008~2010년 同학교교육분과 소위원장 2008~2010년 同교육복지분과 정책자문위원 2008~2010년 대경교육학회 회장 2008~2010년 교육행정학회 이사 2008~2010년 한국교원교육학회 편집위원장 2008~2010년 교육재정경제학회 이사 2008~2010년 한국교육정치학회 회장 2009~2010년 교육과학기술부 입학사정관제정책위원회 위원 2009년 同시도교육청평가위원회 총괄간사 2009년 同사교육없는학교선정위원회 위원 2009~2010년 한국교육개발원 교원양성기관평가위원회 편람개발위원 2009~2010년 국가교육과학기술자문회의 자문위원 2009년 한국비교교육학회 회장(현) 2010~2012년 대통령 교육비서관 2012년 대구가톨릭대 교육대학원장 2014년 아시아비교교육학회 이사(현) 2014년 세계비교교육학회 이사(현) [상]대통령실장표창(2012), 황조근정훈장(2013) [저]'한국교육개혁의 정치학(共)'(1998, 학지사) '교육정책론: 이론과 적용'(2000, 원미사) '현대비교교육발전론(共)'(2003, 교육과학사) '교육조직의 이해'(2003, 대구가톨릭대 출판부) '교육행정학 탐구: 개념과 실제'(2004, 원미사) '교육경영론: 이론과 실제(共)'(2005, 대건출판사) '교직과 교사(共)'(2007, 학지사) '선진한국의 교육비전(共)'(2008, 교육과학사) '한국교육의 새 지평: 교육의 재구조화(共)'(2010, 교육과학사) '비교교육학(共)'(2012, 교육과학사) '한국교육정책의 현안과 해법(共)'(2013, 교육과학사) '사회발전과 인적자본론 개정판(共)'(2013, 교육과학사) '교육학개론(共)'(2013, 동문사)

정장복(鄭長福) CHUNG Chang Bok (青海)

[생]1942·11·27 [출]전남 순천 [주]서울 광진구 광장로5길25의1 장로회신학대학교(02-450-0835) [학]1965년 한남대 영어영문학과졸 1969년 장로회신학대 신학과졸 1974년 미국 컬럼비아신학교 대학원졸 1978년 신학박사(미국 샌프란시스코신학교) [경]1970년 대한예수교장로회 목사안수 1980~1988년 장로회신학대 조교수·부교수 1981년 同실천처장·교무처장·신학대학원장 1985~1991년 同목회학박사원장 1985년 미국 샌프란시스코신학교 객원교수 1988~2004년 장로회신학대 실천신학과 교수 1993년 한국실천신학회 회장 1995년 장로회신학대 대학원장 1997년 전국기독교대학교대학원장협의회 회장 2001년 장로회신학대 실천처장 2004~2009년 한국설교학회 회장 2004~2012년 한일장신대 총장 2004년 한국기독교학교연맹 이사 2005년 전국신학대학협의회 이사 2006년 同부회장 2006년 장로회신학대 명예교수(현) 2006년 학교법인 덕인학원 이사 2007~2008년 전국신학대학협의회 회장 2009~2011년 한국기독교학회 회장 [상]미국 샌프란시스코신학대 장한 동문상(2012) [저]'예배학개론' '설교의 역사' '설교사역론' '말씀의 징검다리' '예배와 설교핸드북' '예배의 신학' '그것은 이것입니다' '2009 예배와 설교핸드북' 등 20여권 [역]'현대 설교학 입문' '설교의 구성론' '예배의 역사와 신학'등 13권

정장선(鄭長善) JEONG Jang Seon

[생]1958 · 3 · 16 [출]경기 평택 [학]1977년 중동고졸 1985년 성균관대 문리대학졸 1996년 연세대 행정대학원졸 [경]1988년 대통령비서실 정무1과장 1992년 同정무2과장 1995 · 1998~2000년 경기도의회 의원 1999년 제2의건국범국민추진위원회 경기도추진위원회 상임위원 2000~2004년 제16대 국회의원(평택시乙, 새천년민주당 · 열린우리당) 2000년 새천년민주당 수석부대변인 2001년 同제4정책조정위원장 2002년 同농어민특위 위원장 2003년 열린우리당 민생특별위원장 2004년 제17대 국회의원(평택시乙, 열린우리당 · 대통합민주신당 · 통합민주당) 2004년 열린우리당 의장비서실장 2005~2006년 同제4정책조정위원장 2006년 同비상대책위원회 상임위원 2006년 同수도권대책특별위원회 위원장 2006년 (사)대한택견협회 회장 2007년 국회 건설교통위원회 열린우리당 간사 2007년 열린우리당 열린정책연구원 수석부원장 2008년 제18대 국회의원(평택시乙, 통합민주당 · 민주당 · 민주통합당) 2008~2010년 국회 지식경제위원장 2011년 민주당 사무총장 2012년 민주통합당 제18대 대통령중앙선거대책위원회 '미래캠프' 일자리혁명위원회 위원 2014년 제19대 국회의원선거 출마(평택시乙 보궐선거, 새정치민주연합) 2015~2016년 더불어민주당 평택시乙지역위원회 위원장 2016년 同선거대책위원회 위원 · 총선기획단장 · 총선기획단 운영지원본부장 · 공직선거후보자추천관리위원회 위원 · 선거대책본부 공동본부장 겸임 2016년 同총무본부장 2016년 同조직강화특별위원회 위원장 2016년 同전국대의원대회준비위원회 총괄본부장 겸 기획총무분과 위원 [상]대통령표창, 동탑산업훈장(2009), 백봉신사상 올해의 신사의원 베스트10(2009) [종]기독교

정장수(鄭章守) Jeong Jangsu

[생]1966 · 10 · 26 [본]하동(河東) [출]경남 김해 [주]경남 창원시 의창구 중앙대로300 경남도청 비서실(055-211-2001) [학]1984년 김해고졸 1989년 부산대 산업공학과졸 [경]1994~1998년 LG전자 연구원 2004~2012년 국회의원 보좌관 2013년 경남도 도지사 공보특별보좌관 2014년 同도지사 비서실장(현)

정장원(鄭萇元) CHUNG Jang Won

[생]1958 · 1 · 15 [본]동래(東萊) [출]경북 봉화 [주]충북 괴산군 청안면 질마로불당재길45 동서피씨씨(주) 비서실(043-820-2300) [학]중앙고졸, 중앙대졸, 同건설대학원졸 [경]1983~1999년 동서산업 건축부 차장 1999년 동서피씨씨(주) 대표이사(현) 2000~2001년 동서산업건설 대표이사 2007년 (사)한국복합화건축기술협회 총무부회장 2012년 (사)한국면제진협회 부회장 [종]가톨릭

정장훈(鄭長勳) Jung Jang Hun

[생]1959·9·19 [출]전남 [주]서울 마포구 마포대로144 국립공원관리공단(02-3279-2840) [학]1979년 광주 인성고졸 1983년 조선대 토목공학과졸 [경]1985~1988년 쌍용건설(주) 근무 2002년 국립공원관리공단 비서실장 2003년 다도해해상국립공원사무소 소장 2009년 내장산국립공원사무소 소장 2011년 월출산국립공원사무소 소장 2013년 국립공원관리공단 생태복원부장 2014년 同홍보실장(현) [상]행정자치부장관표창(2000), 환경부장관표창(2006·2010), 국민포장(2015)

정재경(鄭在暻) Chung, Jae Kyeong

[생]1965·9·3 [본]청주(淸州) [출]대구 [주]서울 강남구 역삼로221 회계법인 성지(070-8680-1218) [학]1983년 경남고졸 1990년 서강대 컴퓨터공학과졸 1993년 미국 뉴욕대 Poly Inst. 대학원 컴퓨터공학과졸(석사) 1999년 미국 스티븐스공과대 컴퓨터공학박사과정 수료 [경]1994~1995년 삼성SDS 주임 1999~2003년 미국 AT&T Labs New Jersey Middletown Campus Technical Staff Member 2003~2007년 삼성SDS 컨설팅본부 수석컨설턴트 2008년 딜로이트안진회계법인 이사 2009년 회계법인 성지 컨설팅본부장(상무)(현) [종]가톨릭

정재국(鄭在國) CHUNG Jae Kook

[생]1942·3·10 [본]영일(迎日) [출]충북 진천 [주]서울특별시 성북구 화랑로32길146의37 한국예술종합학교(02-746-9000) [학]1956년 국립국악원부설 국악사양성소졸 1989년 단국대 교육대학원 수료 [경]1966년 국립국악원 국악사 1967년 同장악과 근무 1974년 이화여대·서울대·한양대·추계예술대 강사 1982년 국립국악원 연주단 악장 1991년 대한민국UN가입축하공연 참가 1992년 대한민국국악제 피리독주회 1993년 미국 5개도시 피리순회공연 1993년 중요무형문화재 제46호 피리정악 및 대취타 예능보유자 지정(현) 1993년 국립국악원 원로사범(현) 1993년 명인명창피리독주회 1993년 조선일보 국악대공연 피리독주 1996년 국립국악원 예술감독 1998년 한국예술종합학교 전통예술원 교수 1998~2000년 용인대 대학원·이화여대 대학원 강사 2003년 한국예술종합학교 전통예술원장 2011년 同명예교수(현) 2014~2016년 국립국악원 정악단 예술감독 [상]문화공보부장관표창, 한국음악팬클럽 이달의 음악가상(1982), KBS 국악대상(1983), 문화포장(1989), 송산문화상(2005), 보관문화훈장(2008), 조선일보 국악대상(2012) [저]'피리구음'(共) '피리산조' '대취타' [작]'피리구음정악보'

정재국(鄭在國) CHUNG Jae Kug

[생]1952 · 8 · 2 [출]대구 [주]강원 강릉시 범일로579번길 24 가톨릭관동대학교 공과대학 건축학과(033-649-7542) [학]1972년 경북고졸 1976년 영남대 건축공학과졸 1993년 건축공학박사(연세대) [경]1983~2014년 관동대 건축공학과 조교수 · 부교수 · 교수 · 건축공학과장 2000년 한국주거학회 부회장 · 강원도지부장 2002년 대한건축학회 강원도지회장 2004년 한국건축역사학회 감사 2007~2009년 관동대 국토방재대학원장 겸 공과대학장 2014년 가톨릭관동대 공과대학 건축학과 교수(현) 2014~2015년 同교무처장 2015년 同일반대학원장(현) [저]'강원도의 전통건축'(2002, 관동대 출판부) [종]기독교

정재규(鄭載圭) Jeong Jae Kyu

[생]1964 · 7 · 20 [출]전북 전주 [주]경남 창원시 성산구 창이대로681 창원지방법원(055-266-2200) [학]1983년 전북사대부고졸 1987년 전북대 법학과졸 1990년 同교육대학원졸 2006년 同대학원 법학과졸 [경]1990년 사법시험 합격(32회) 1993년 사법연수원 수료(22기) 1993년 軍법무관 1996년 광주지법 판사 1998년 同순천지원 판사 1999년 同순천지원 광양시법원 판사 2000년 전주지법 판사 2002년 광주고법 판사 2005년 전주지법 판사 2008년 同군산지원 부장판사 2010~2012년 전주지법 수석부장판사 2010년 언론중재위원회 전북중재부장 2012년 전주지법 군산지원장 2014년 전주지법 수석부장판사 2016년 창원지법 수석부장판사(현) 2016년 언론중재위원회 위원(현)

정재근(鄭在根) CHUNG Chae Gun

[생]1961·12·10 [본]하동(河東) [출]충남 논산 [주]대전 동구 대학로62 대전대학교 행정학과(042-280-2320) [학]1979년 대전고졸 1983년 고려대 법과대학 행정학과졸 2001년 미국 미시간대 대학원 도시및지역계획학과졸 2006년 서울대 행정대학원 행정학과졸 2013년 행정학박사(대전대) [경]1983년 행정고시 최연소 합격(26회) 1983~1995년 충남도청·공주시청·대전시청·내무부 사무관 1995년 내무부 기획계장·행정계장·지방행정연수원 교육1과장(서기관) 1997~2001년 국외 유학 2001년 행정자치부 서기관 2002년 대통령 정무수석비서관실 서기관 2004년 대통령 정책수석비서관실 부이사관 2005년 행정자치부 지방자치국 자치제도과장 2005년 同지방행정본부 자치제도팀장 2005년 同지방행정본부 자치행정팀장 2006년 충남도의회 사무처장 2006년 충남도 기획관리실장(고위공무원) 2009년 행정안전부 대변인 2010년 駐독일 공사 겸 총영사(고위외무공무원) 2011년 행정안전부 지방재정세제국장 2012년 同기획조정실장 2013~2014년 안전행정부 지방행정실장 2014~2016년 행정자치부 차관 2015~2016년 한국지방자치학회 및 한국행정학회 부회장 2016년 대전대 행정학과 초빙교수(현) [상]국무총리표창(1994), 근정포장(2003), 홍조근정훈장(2009) [종]불교

정재남(鄭載男) Chung Jae-nam

[생]1962 · 2 · 18 [주]서울 종로구 사직로8길60 외교부 인사운영팀(02-2100-7136) [학]1988년 동국대 법학과졸 [경]1989년 외무고시 합격(23회) 1989년 외무부 입부 1996년 駐중국 2등서기관 1999년 駐폴란드 1등서기관 2004년 駐중국 1등서기관 2007년 외교통상부 기획재정담당관 2009년 同중국과장 2009년 駐일본 공사참사관 2013년 駐광저우 부총영사 2015년 駐우한 총영사(현)

정재덕(鄭在德) Jung Jai Deok

[생]1958 · 2 · 28 [주]인천 남동구 정각로29 인천광역시청 해양항공국(032-440-2060) [학]한국방송통신대 행정학과졸 [경]1977년 공직 입문 2008년 인천시 경제통상국 과학기술과 지방행정사무관 2009년 옹진군 개발계획과장 2010년 同주민생활지원실장 2011년 同기획실장 2012년 인천시 상수도사업본부 업무부장 2012년 同문화관광체육국 관광진흥과장 2014년 同환경녹지국 환경정책과장 2015년 인천시 인재개발원장 직대 2016년 同해양항공국장(현)

정재룡(鄭在龍) CHUNG Jae Ryong

[생]1946·10·4 [본]진양(晋陽) [출]서울 [주]서울 영등포구 은행로58 삼도오피스텔1108호 금융소비자뉴스(02-761-5077) [학]1965년 경기고졸 1969년 서울대 법대졸 1972년 同대학원졸 1985년 미국 위스콘신대 대학원졸 1990년 국방대학원졸 2001년 명예 경영학박사(명지대) 2004년 법학박사(서울대) [경]1971년 행정고시 합격(10회) 1971~1977년 노동청·경제기획원 행정사무관 1978년 駐덴마크 경제협력관 1981~1983년 경제기획원 원가조사담당관·유통소비과장·자금계획과장·산업계획과장 1986~1989년 同국민생활과장·물가총괄과장 1989년 同공보관 1990년 국방대학원 파견 1991년 공정거래위원회 심판행정관 1992~1993년 同거래국장·독점관리국장 1993~1994년 경제기획원 물가정책국장·공보관 1994년 同예산실 총괄심의관 1995년 공정거래위원회 조사2국장 1996년 同상임위원 1996년 통계청장 1996년 세무대학 학장 1997년 재정경제원 기획관리실장 1998년 재정경제부 차관보 1999년 성업공사 사장 2000~2001년 한국자산관리공사 사장 2002년 법무법인 태평양 고문 2004년 상명대 법학과 석좌교수 2005~2008년 대한주택공사 사외이사 2005~2008년 직접판매공제조합 이사장 2009년 서울대 경쟁법센터 고문 2011~2012년 법무법인 주원 고문 2012년 신용보증기금 비상임이사 2015년 금융소비자뉴스 회장(현) [상]국무총리표창, 국민훈장 모란장(2001) [저]'부실채권정리'(2003) '부실채권정리제도의 국제표준화'(2005)

정재룡(鄭在龍) CHUNG JAE RYONG

[생]1960·5·6 [출]전북 고창 [주]서울 영등포구 의사당대로1 국회사무처 교육문화체육관광위원회(02-788-2724) [학]1980년 고창고졸 1986년 전남대졸 2002년 미국 인디애나대 대학원 법학과졸 [경]1997년 국회사무처 재정경제위원회 입법조사관 2000년 同법제실 법제3과장 2002년 同법제실 법제1과장 2003년 同기획조정실 입법정보화담당관(부이사관) 2004년 同법제사법위원회 입법조사관 2005년 同농림해양수산위원회 입법심의관 2006년 기획예산처 입법보좌관(이사관) 2007년 국회사무처 운영위원회 입법심의관 2009년 同정무위원회 전문위원 2010년 국방대 교육훈련(이사관) 2011년 국회사무처 보건복지가족위원회 전문위원 2013년 同법제사법위원회 전문위원 2015년 同교육문화체육관광위원회 수석전문위원(차관보급)(현) [상]자랑스러운 전남대인상(2015)

정재문(鄭在文) CHUNG Jey Moon (酉堂)

[생]1936·10·31 [본]영일(迎日) [출]부산 [주]부산 부산진구 새싹로10 (재)해석정해영선생장학문화재단(051-809-2971) [학]1955년 경기고졸 1960년 미국 캘리포니아대 버클리교(Univ. of California, Berkeley) 정치경제학과졸 1962년 독일 마인츠주립대 법경연구원 이수, 명예 정치학박사(중국 문화대) 2005년 명예 정치학박사(러시아 국립과학아카데미 세계경제 및 국제관계연구소) [경]1967~1970년 한국외국어대 법정대 강사 1968년 대양산업·(주)신대동 사장 1969~1980년 석유협회 이사·회장 1980년 석유유통협회 회장 1982년 대한상공회의소 감사 1983년 전국버스터미널협회 회장 1985년 서울시국궁협회 회장 1985년 신한민주당(신민당) 국제국장 1985년 제12대 국회의원(전국구, 신민당) 1985년 신민당 총재 외교담당특보 1988년 통일민주당(민주당) 국제위원장 1988년 제13대 국회의원(부산진甲, 민주당·민자당) 1988년 한·서독의원연맹 부회장 1989년 민주당 북방문제특별위원회 위원장 1990년 민자당 국제관계특별위원장 1992년 제14대 국회의원(부산진甲, 민자당·신한국당) 1992년 국회 외무통일위원장 1993년 민자당 당무위원 1993년 同평화통일위원장 1995년 同세계화추진위원장 1996년 제15대 국회의원(부산진甲, 신한국당·한나라당) 1997년 국회 통일외무위원장 1997년 한나라당 중앙위원회 의장 2000~2002년 제16대 국회의원(부산진甲, 한나라당) 2000년 한국의원외교포럼 회장 2000년 한나라당 지도위원 2001년 同국제위원장, 海石정해영선생장학회 이사장 2009년 (재)해석정해영선생장학문화재단 이사장(현) 2012년 새누리당 상임고문(현) [상]국무총리표창, 국제로타리클럽 공로표창, 러시아연방 우호훈장, 대만 친선외교포장(2009) [저]'새로운 민주사회' '소련은 그리 먼곳이 아니었다-나의 모스크바 담판'(2003, 오름) [종]원불교

정재복(鄭載福) CHUNG Jae Bock

[생]1952·12·20 [주]서울 서대문구 연세로50의1 세브란스병원 소화기내과(02-2228-1945) [학]1976년 연세대 의과대학졸 1980년 同대학원졸 1992년 의학박사(연세대) [경]1984~1998년 연세대 의과대학 내과학교실 전임강사·조교수·부교수 1998년 同의과대학 내과학교실 교수(현) 2000~2003년 대한소화기학회 감사 2008~2009년 同이사장 2012년 세브란스병원 VIP건강증진센터 소장(현) 2013~2015년 同소화기병센터 소장 [저]'Cholangiocarcinoma'(2009, KOONJA PUBLISHING INC) '소화기 내시경 ATLAS-수기 및 증례-'(2009, 엘스비어코리아) '담도학'(2008, 군자출판사)

정재선(鄭載善·女) Jung Jae Sun

[생]1966·1 [출]강원 [주]서울 강남구 봉은사로179 H타워 한국리서치 임원실(02-3014-0070) [학]1988년 이화여대 사회학과졸 [경]1988년 (주)한국리서치 입사 2003년 同기획조사부 상무 2004년 同기획조사사업본부장, 同전무 2016년 同사장(현)

정재성(鄭宰星) CHUNG Jae Sung

[생]1960·8·18 [출]부산 [주]부산 연제구 법원로28 부산법조타운4층 법무법인 부산(051-951-7000) [학]1979년 부산 동아고졸 1983년 서울대 법대 법학과졸 1985년 同대학원 법학과졸 [경]1984년 사법시험 합격(26회) 1985년 사법연수원 수료(16기) 1987~1990년 육군 법무관 1990년 변호사 개업 2003년 법무법인 부산 대표변호사(현) [저]'실무체계계약법'(共) '영미법사전' '변호사가 풀어주는 노동법Ⅱ' '노동조합 및 노동관계조정법'

정재수(鄭在壽) JEONG Jae Su

[생]1959·1·20 [본]동래(東萊) [출]경북 청송 [주]인천 부평구 무네미로448번길56 한국폴리텍Ⅱ대학 인천캠퍼스 금형디자인과(032-510-2224) [학]1979년 경일고졸 1993년 서울산업대 금형설계학과졸 1995년 한양대 대학원 산업공학과졸 2002년 공학박사(인하대) 2007년 한국교육개발원 사회복지학과 수료 [경]1985~1995년 한국산업인력공단 인천직업전문학교 교사 1996~1997년 서울정수기능대학 생산기계학과 전임강사 1997~2006년 인천기능대학 금형기술학과 조교수·부교수 2006~2007년 한국폴리텍Ⅱ대학 인천캠퍼스 교수, 同산학협력단장, 同산학기술연구소장, 同평생교육원장, 同디자인센터장 2006~2007년 국가균형발전위원회 위원 2008~2012년 한국폴리텍Ⅱ대학 남인천캠퍼스 학장 2008년 자유주의교육연합 인천시 공동대표(현) 2012년 한국폴리텍Ⅳ대학 충주캠퍼스 컴퓨터응용기계과 교수 2012년 대한민국산업현장 교수(현) 2013년 한국폴리텍Ⅳ대학 아산캠퍼스 자동차기계과 교수 2015년 한국폴리텍Ⅱ대학 인천캠퍼스 금형디자인과 교수(현) 2015년 (사)한국안전돌봄서비스협회 회장 2015년 (사)대한민국청념코리아 공동대표(현) 2016년 협성대 IPP특별위원(현) [상]인천시장표창(2003·2006), 중소기업청장표창(2005), 근정포장(2006), 행정자치부장관표창(2007) [저]'산업안전기사'(1996, 도서출판 세화) '산업안전공학'(2001) '산업안전보건'(2002) '산업안전보건법'(2007) [종]기독교

정재수(鄭在琇) Jeong Jaesu

[생]1967·11·15 [출]경북 청도 [주]경남 창원시 성산구 창이대로681 창원지방법원(055-266-2200) [학]1986년 마산중앙고졸 1994년 연세대 정치외교학과졸 [경]1997년 사법시험 합격(39회) 2000년 사법연수원 수료(29기) 2000년 대구지법 판사 2003년 同김천지원 판사 2005년 대구지법 판사 2007년 同서부지원 판사 2010년 대구지법 판사 2011년 대구고법 판사 2013년 대구지법 김천지원 판사 2013년 대구가정법원 김천지원 판사 겸임 2015년 창원지법 부장판사(현)

정재수(鄭在洙)

[생]1968 [출]경북 김천 [주]경기 수원시 장안구 경수대로1110의17 중부지방국세청 조사3국(031-888-4083) [학]1987년 대구 성광고졸 1994년 서울대 경제학과졸 [경]1996년 행정고시 합격(39회) 2005년 국세청 정책홍보관리관실 행정사무관 2007년 서기관 승진 2007년 서울지방국세청 납세자보호담당관실 서기관 2009년 同운영지원과 서기관 2009년 미국 콜로라도대 파견 2011년 창원세무서장 2012년 서울지방국세청 조사4국 조사3과장 2013년 국세청 창조정책담당관 2014년 同세원정보과장(서기관) 2015년 同세원정보과장(부이사관) 2016년 중부지방국세청 조사3국장(고위공무원)(현)

정재승(鄭在勝) Jaeseung Jeong

[생]1972·5·6 [출]서울 [주]대전 유성구 대학로291 한국과학기술원 바이오및뇌공학과(042-350-4302) [학]1990년 경기과학고졸 1994년 한국과학기술원 물리학과졸 1996년 同대학원 물리학과졸 1999년 물리학박사(한국과학기술원) [경]KBS 'TV책을 말하다' 진행자 2004년 미국 컬럼비아대 정신과 조교수 2004년 한국과학기술원(KAIST) 바이오 및 뇌공학과 조교수·부교수·교수(현) 2009년 세계경제포럼(다보스포럼) '차세대리더'에 선정 2011년 국립중앙과학관 홍보대사 2014년 미래창조과학부 미래준비위원회 위원(현) [상]대한민국 과학문화상 문화창달부문(2011) [저]'물리학자는 영화에서 과학을 본다'(2002, 동아시아) '정재승의 과학콘서트'(2003, 동아시아) '화(共)'(2009)

'크로스(共)'(2009, 웅진지식하우스) '정재승의 도전 무한지식1 · 2 · 3'(2010, 달) [작]동아일보연재소설 '눈 먼 시계공'(2009)

정재영(鄭在永) CHUNG Jay Young

[생]1944·10·15 [본]연일(延日) [출]대전 [주]서울 강남구 테헤란로322 한신인터밸리24 동관1718호 정보경영연구원 원장실(02-2183-1167) [학]1964년 대전고졸 1968년 성균관대 경영학과졸 1971년 일본 와세다대 대학원 무역경영학과졸 1974년 상학박사(일본 와세다대) [경]1976년 미국 뉴욕대 경영대학원 연구원 1984~2010년 성균관대 경영학과 교수 1986년 상공부장관 통상정책자문위원 1987년 대한상공회의소 한국경제연구센터 연구위원 1990년 한국산업은행 자문교수 1990년 현대사회연구소 감사 1994년 성균관대 경상대학장 1995년 同무역대학원장 1996년 대통령자문 교육개혁위원 1996년 국무총리자문 정보화추진위원회 자문위원 1998년 성균관대 정보통신경영공동연구소장 1998년 同경영대학원장 1998년 외교통상부 통상교섭전문위원 1999년 포항종합제철 사외이사 2000년 한·일경상학회 회장 2003~2007년 성균관대 인문사회과학캠퍼스 부총장 겸 인문사회과학계열학부장 2003년 한국수출보험학회 회장 2004~2007년 성균관대 학술정보관장 2004~2008년 경제정의실천시민연합 경제정의연구소장·이사장 2004년 아태경제학회 회장 2008년 SK텔레콤(주) 사외이사(현) 2010~2015년 국무총리소속 새만금위원회 토지개발분과위원장 2010년 성균관대 경영학과 명예교수(현) 2015년 정보경영연구원 원장(현) [상]산업포장(2003), 대통령표창(2010) [저]'로비 경제학'(1987) '일본대미투자 실과 허' '씽크탱크비즈니스'(共)

정재오(鄭在吾)

[생]1969 · 9 · 29 [출]광주 [주]경남 창원시 성산구 창이대로681 부산고등법원 창원재판부(055-239-2000) [학]1988년 광주 사레지오고졸 1994년 서울대 법대 사법학과졸 1999년 同대학원 박사과정 수료 [경]1993년 사법시험 합격(35회) 1996년 사법연수원 수료(25기) 1996년 軍법무관, 서울지법 남부지원 판사 2001년 서울지법 판사 2003년 전주지법 판사 2006년 수원지법 평택지원 판사 2007년 법원행정처 기획조정심의관 2011년 서울고법 판사 2016년 부산고법 창원재판부 판사(현)

정재왈(鄭在日) Jung Jaewal

[생]1964·10·5 [출]충남 당진 [주]경기 안양시 만안구 문예로36번길16 (재)안양문화예술재단(031-687-0515) [학]1982년 호서고졸 1990년 고려대 영어영문학과졸 1996년 同언론대학원 연극영화과졸 2013년 문학박사(고려대) [경]1990~1995년 한국일보·일간스포츠 문화부 기자 1995~2003년 중앙일보 문화부 기자 2002~2011년 경희대·숙명여대·세종대·국민대·한예종·수원대 강사 2003~2005년 LG연암문화재단 아트센터 운영부장 2006~2008년 문화체육관광부산하 (재)서울예술단 이사장 겸 예술감독 2009~2010년 중앙일보 중앙선데이 칼럼니스트 2010~2011년 한국예술경영연구소 책임연구원 2010~2012년 (사)한국발레협회 자문위원 2010~2011년 (재)서울시립교향악단 자문위원 2010~2012년 서울문화재단 문화예술지원사업 심사위원 2010~2011년 문화체육관광부 공공기관장·단체장 경영실적 평가위원 2011년 同한국문화예술위원회 위원추천위원 2011년 (재)전문무용수지원센터 이사장 2011년 국립오페라단 대한민국오페라페스티벌 운영위원회 부위원장 2012~2015년 예술경영지원센터 대표 2012~2013년 성균관대 일반대학원 예술학협동과정 초빙교수, 경희대 경영대학원 문화예술경영학과 객원교수(현) 2016년 (재)안양문화예술재단 대표이사(현) [상]제16회 관훈언론상(1999) [저]'세계 지식인지도(編)'(2002) '예술현장 실무매뉴얼 시리즈 〈홍보〉'(2007, 커뮤니케이션북스) '예술현장 실무메뉴얼 시리즈 〈국제교류〉'(2007, 커뮤니케이션북스) '뮤지컬을 꿈꾸다'(2009) '발레에 반하다'(2010, 아이세움) [역]'뮤지컬-기획·제작·공연의 모든 것'(2001) [작]연극 제작 '환(幻)'(2003) 뮤지컬 제작 '미녀와 야수'(공동제작, 2004) 피나 바우슈 무용 제작 '러프컷'(2005) 무용극 제작 '김용배입니다'(2006) 뮤지컬 제작 '바람의 나라'(2006) '왕의남자(공길전)'(2006) [종]천주교

정재용(鄭在溶) Jung Jae Yong

[생]1963·7·1 [본]연일(延日) [출]충북 충주 [주]서울 종로구 율곡로2길25 연합뉴스 편집국 통일외교부(02-398-3114) [학]1982년 충주고졸 1987년 서울대 서양사학과졸 1990년 同대학원 서양사학과졸(문학석사) 2006년 고려대 경영대학원 최고경영자과정 수료 [경]1992년 연합뉴스 입사 1992~1994년 同사회부 기자 1994~2006년 同정치부 기자·차장 2004년 미국 미시간대 연수 2006~2008년 연합뉴스 전국부 차장 2008~2011년 同홍콩특파원·국제부 부장대우 2011년 연합뉴스TV 뉴스총괄부장 2011~2013년 同앵커 2013년 연합뉴스 논설위원 2013년 同국제뉴스4부 기획위원 2013년 同국제뉴스3부장 2015년 同미디어여론독자부장 2015년 同통일외교부장 2016년 同통일외교부장(부국장대우)(현) [저]'자본주의적 인간 중국 남부인'(2012, 리더스북) [종]천주교

정재우(鄭宰宇)

[생]1970·3·10 [출]경남 진주 [주]경북 포항시 북구 법원로181 대구지방법원 포항지원(054-250-3050) [학]1989년 진주 명신고졸 1994년 서울대 사법학과졸 [경]1996년 사법시험 합격(38회) 1999년 사법연수원 수료(28기) 1999년 육군 법무관 2002년 서울지법 남부지원 판사 2004년 서울중앙지법 판사 2006년 대전지법 판사 2009년 인천지법 부천지원 판사 2010년 서울고법 판사 2012년 서울행정법원 판사 2014년 대구지법·대구가정법원 포항지원 부장판사(현)

정재욱(鄭宰旭) CHUNG, Jae Wook

[생]1953·9·13 [본]진주(晉州) [출]경남 진주 [주]경남 창원시 의창구 창원대학로20 창원대학교 행정학과(055-213-3225) [학]1981년 중앙대 법과대학 행정학과졸 1983년 同대학원 행정학과졸 1991년 행정학박사(중앙대) [경]1987년 창원대 사회과학대학 행정학과 전임강사·조교수·부교수·교수(현) 1997년 同평생교육원장 1999년 일본 東京大 법학부 객원연구원 2002년 부산경남행정학회 회장 2003년 경남규제개혁위원회 위원장 2003년 한국지방정부학회 부회장 2004년 일본 오사카시립대 객원교수 2008~2010년 창원대 사회과학대학장 및 행정대학원장 2010년 전국행정대학원장협의회 회장 2014년 일본 요코하마국립대 객원교수, 행정안전부 지방공기업평가위원회 위원, 한국사회복지학회 일본분과위원회 위원, 창원지역발전추진위원회 위원장, 경남행복연대 상임대표, 경남한길포럼 상임대표, 대통령소속 지방자치발전위원회 자문위원 2015년 창원대 대학원장(현) 2016년 중앙선거관리위원회 선거구획정위원회 위원(현) [상]창원시 문학상 [저]'한국지방자치제도의 이해'(共) '지방행정실무관리론'(共) '뉴밀레니엄 행정학' '현대일본의 정치와 사회'(共) '일본의 사회복지제도의 개혁 방향 및 내용' '사회복지학의 이해'(共) '사회복지 사례관리론'(共) '고령화시대와 노인장기요양보험제도' [역]'정치문화론' [종]불교

정재욱(鄭載旭) Jeong, Jae Wook

[생]1959·9·23 [주]서울 용산구 후암로4길10 헤럴드경제 심의실(02-727-0114) [학]건국대 대학원 사학과졸 [경]1999년 내외경제신문 사회문화부 기자 1999년 同정경부 차장대우 2002년 同정경부 차장 2004년 헤럴드경제 증권부장 2005년 同편집국 정치·사회부장 2007년 同정치사회에디터 겸 정치부장 2007년 同편집국장 2008년 同논설위원실장 2010년 同심의실장 겸 논설위원 2012년 同논설실장 2015년 同심의실장 겸 논설위원(현) [상]자랑스러운 건대 언론인(2008)

정재욱(鄭在旭) CHONG Jae Uk

[생]1960 · 6 · 21 [본]동래(東萊) [주]경기 용인시 수지구 죽전로152 단국대학교 건축대학 건축학과(031-8005-3708) [학]1983년 미국 캘리포니아대 버클리교 건축학과졸 1986년 미국 하버드대 건축대학원졸 [경]1989~1991년 SAI건축연구소 대표 1989~1990년 성균관대 건축설계 외래교수 1990년 단국대 건축학과 조교수 · 부교수 · 교수(현) 1995년 한국실내디자인학회 정회원(현) 2003년 한국퍼실리티매니지먼트학회 이사 2003년 한국건축가협회 정회원(현) 2004~2006년 아시아건축사협의회(ARCASIA) 교육위원회 부위원장 2004~2006년 대한건축학회 국제위원회 부위원장 2007~2009년 2008아시아건축사협의회(ARCASIA) 아시아건축대학생잼보리대회 대회장(Convener) 2007~2008년 대한건축사협회 국제위원장 2008~2009년 아시아건축사협의회(ARCASIA) 교육위원장 2008년 경기지방공사 건축자문위원 2010~2012년 대한건축학회 국제교류위원장 2011~2012년 LH공사 설계평가위원 2012년 한국건축단체연합(FIKA) 국제위원 2012년 경기도시공사 설계평가위원(현) 2012년 2017세계건축가연맹(UIA)대회 서울유치위원회 위원(현) 2013년 한국퍼실리티매니지먼트학회 정회원(현) 2015년 서울시 투자평가위원회 위원(현) [저]'건축설계실무'(2006) [작]미국 'Cleveland Contemporary Art Center' 외 다수 [종]기독교

정재웅(鄭載雄) JEONG Jae Woong

[생]1961 · 7 · 22 [본]초계(草溪) [출]강원 춘천 [주]강원 춘천시 중앙로1 강원도의회(033-256-8035) [학]춘천고졸 1986년 강원대 경영대학 경제학과졸 [경]강원오닉스 대표, 춘천노동상담소 소장, 춘천지역사회연구소 소장, 춘천시 물값문제해결을위한범시민대책위원회 대변인, 강원대총동창회 이사, 춘천고총동창회 상임이사, 강원도풋살연합회 회장, 새천년민주당 강원도지부 정책실장, 춘천시의원선거 출마, 새천년민주당 노무현 대통령후보 강원도선거연락소장, 同총괄상황실장, 열린우리당 강원도당 사무처장 2010년 강원도의회 의원(민주당 · 민주통합당 · 민주당 · 새정치민주연합) 2010년 同경제건설위원

회 위원 2010년 同운영위원회 부위원장, 同강원도형사회적기업연구회 회장 2011년 춘천여성인력개발센터 운영자문위원(현) 2012년 강원도의회 경제건설위원회 위원장 2012년 강원도 기업유치위원회 위원(현) 2014년 강원도의회 의원(새정치민주연합·더불어민주당)(현) 2014년 同경제건설위원회 위원 2016년 同기획행정위원회 위원(현) 2016년 同강원신용보증재단이사장인사청문특별위원회 위원장 2016년 더불어민주당 춘천시지역위원회 위원장 직무대행(현) 2016년 同강원도당 전략기획위원장(현) [상]대한민국 위민의정대상 우수상(2016) [저]'춘천시 물값문제에 대한 진단'

정재은(鄭在恩) CHUNG Jae Un

[생]1939·3·15 [본]온양(溫陽) [출]충북 충주 [주]서울 중구 소공로63 (주)신세계 비서실(02-317-0300) [학]1957년 경기고졸 1961년 서울대 공대 전자공학과졸 1964년 미국 컬럼비아대 전기공학과졸 1969년 同대학원 산업공학과졸 [경]1969년 삼성전자 입사 1969년 삼성전기 과장 1972년 삼성전자 차장 1972~1977년 신세계백화점 차장·부장·이사 1977년 삼성전자 이사 1978년 同상무이사 1981년 삼성전자부품 전무이사 1981년 공업표준협회 부회장 1982년 삼성전자 부사장 1982년 삼성전관 사장 1982년 국제기능올림픽 한국위원회 부회장 1983~1986년 삼성전자·삼성전자부품 사장 1983년 발명특허협회 부회장 1985년 전자공업진흥회 부회장 1986년 삼성전자·삼성전자부품 부회장 1987년 삼성물산 부회장 1988년 산업기술진흥협회 부회장 1988년 삼성종합화학·삼성항공산업 부회장 1992년 조선호텔 회장 1993년 신세계백화점 회장 1996년 同명예회장 2001년 신세계 명예회장(현) [상]금탑산업훈장, 한국의 경영자상, 미국 컬럼비아대 사무엘존슨메달(2012) [종]불교

정재정(鄭在貞) CHUNG Jae Jeong

[생]1951·9·18 [출]충남 당진 [주]서울 동대문구 서울시립대로163 서울시립대학교 국사학과(02-6490-2557) [학]1974년 서울대 역사교육학과졸 1982년 일본 도쿄대 대학원 한국사학과졸 1992년 문학박사(서울대) [경]1976~1982년 서울 상도중 교사 1982~1983년 서울대 사범대학 조교 1983~1994년 한국방송통신대 교수 1994년 서울시립대 국사학과 교수(현) 1996~1998년 한일관계사학회 회장 2000년 서울시립대 박물관장 2003년 同서울시민대학장 2003~2010년 한일역사공동연구위원회 위원 및 총간사 2004년 한국간행물윤리위원회 심의위원 2007~2009년 서울시립대 인문대학장 겸 교육대학원장 2007년 同인문과학연구소장 2009년 同대학원장 2009~2012년 동북아역사재단 이사장 2009~2012년 국사편찬위원회 위원 2010~2016년 대한민국역사박물관 자문위원장 2013~2016년 한일미래포럼 자문위원장 2014년 경북도 독도위원회 위원장(현) [상]대통령표창(1999), 치암학술상(2002), 보라나비 저작·번역상(2010) [저]'일제침략과 한국철도'(1999, 서울대 출판부) '일본의 논리' '한국의 논리' '한국과 일본 : 역사교육의 사상' '서울근현대역사기행'(2005, 혜안) '한국철도의 르네상스를 꿈꾸며' '역사교과서속의 한국과 일본' '한국과 일본에서 함께 읽는 열린 한국사' '고대 환동해 교류사 전2권'(2010, 동북아역사재단) '젊은이에게 전하는 열린 한국사(共)'(2012, 솔) '주제와 쟁점으로 읽는 20세기 한일관계사'(2014, 역사비평사) [역]'식민통치의 허상과 실상'(2002, 혜안) '한국병합사의 연구' '일본의 문화내셔널리즘'(2008, 소화) '러일전쟁의 세기'(2010, 소화)

정재주(鄭在柱) JEONG JAE JOO (청암)

[생]1958·11·26 [본]동래(東萊) [출]경북 청도 [주]서울 마포구 마포대로217 크레디트센터5층 나이스정보통신(주) 임원실(02-2187-2700) [학]1978년 경북고졸 1986년 대구대 법학과졸 2008년 同법과대학원 사법학과졸 2008년 한국생산성본부 최고경영자과정 수료 2012년 영남대 행정대학원 최고위정책리더과정 수료 2014년 서울대 법과대학 최고지도자과정 수료 2014년 한국생산성본부 법정관리인감사양성과정 수료 2014년 지식협동조합좋은나라 최고위과정 수료 2016년 부동산개발 전문인력과정 수료 [경]2005~2010년 KB국민은행 영천지점장·칠곡지점장·경주지점장 2010~2013년 同대구지점·신암동지점 수석지점장 2011~2013년 경북통상(주) 비상임이사 2013~2014년 KB국민은행 중부지역본부장 2015년 同인재개발부 교수 2016년 나이스정보통신(주) 사외이사(현)

정재준(鄭宰準) JEONG Jae Joon

[생]1961·5·3 [출]대구 [주]대전 유성구 과학로169의148 한국기초과학지원연구원 바이오융합분석본부(043-240-5061) [학]1984년 서울대 물리학과졸 1989년 생물물리학박사(미국 Univ. of California at Berkeley) [경]1993년 기초과학지원연구소 선임연구원 1995~1996년 충남대 공대 국책사업단 산학협력연구원 1996년 대한자기공명의과학회 이사 1996년 충남대 생화학과 겸임조교수 1999년 한국기초과학지원연구원 책임연구원(현) 2001~2003년 자기공명연구실 국가지정연구실 책임자 2001~2003년 한국기초과학지원연구원 중앙분석기기부장 2003~2004년 고려대 객원교수 2003년 한국기초과학지원연구원 생명화학연구부장 2003~2006년 인간유전체기능연구사업단 평가자문위원 2005~2008년 한국기초과학지원연구원 선임부장 2007년 '세포자살을 촉진하는 단백질군(群)의 3차원 구조를 처음으로 밝혀냄' 2009년 한국기초과학지원연구원 자기공명연구부장 2011년 同선임부장 2016년 同바이오융합분석본부장(현)

정재찬(鄭在燦) JEONG Jae Chan

[생]1956·3·28 [출]경북 문경 [주]세종특별자치시 다솜3로95 공정거래위원회(044-200-4003) [학]1975년 경북고졸 1979년 고려대 경영학과졸 1996년 영국 셀포드대 대학원 경제학과졸 [경]1977년 공직 입문(행정고시 21회), 경북 영주군 수습행정관, 서울시 내무국 근무, 서울 서대문구청 수도관리과장 1982년 경제기획원 예산실 근무 1997년 공정거래위원회 경쟁국 공동행위과장 1999년 同소비자보호국 소비자기획과장 2000년 同심판관리실 심판관리3담당관 2001~2002년 세종연구소 파견 2002년 공정거래위원회 경쟁국 경쟁촉진과장 2002년 同하도급국장 직대 2003년 同경쟁국장 2004년 중앙공무원교육원 파견 2005년 공정거래위원회 기획관리관 2006년 同기업협력단장 2006년 同카르텔조사단장 2008년 同서울지방공정거래사무소장 2009년 同상임위원 2010~2014년 同부위원장 2014년 한남대 경제학과 예우교수 2014년 공정거래위원회 위원장(현) [상]서울특별시장표창(1982), 홍조근정훈장(2009), 고려대 경영대학 교우회 '올해의 교우상' 공직부문(2015)

정재철(鄭在哲) CHUNG Jae Chull (裕岩)

[생]1928·2·25 [본]영일(迎日) [출]강원 고성 [주]서울 영등포구 국회대로70길18 한양빌딩 새누리당(02-786-3419) [학]1946년 배재고졸 1952년 동국대 정치학과졸 1967년 국방대학원졸 1990년 명예 정치학박사(동국대) [경]1955년 예편(육군 대위) 1955~1959년 부산여자대학 초대사무장·부학장 1962년 보건사회부 공보관 1963년 同자활지도과장 1966년 국립보건연구원 사무국장 1968년 전매청 기획관리관 1969년 同차장 1973년 재무부 기획관리실장 1975년 한국산업은행 부총재 1976년 신용보증기금 이사장 1979년 한일은행 은행장 1981년 제11대 국회의원(속초·양구·인제·고성, 민주정의당) 1981년 국회 예산결산특위 위원장 1981년 동국대 총동창회장 1981년 강원도민회 회장 1981년 한·터키의원친선협회 회장 1981년 한·일의원연맹 경제위원장 1982년 유암문화재단 이사장 1983년 국회 재무위원장 1985~1987년 정무제1장관 1985년 대통령 특사(시에라이온, 자이레) 1985년 제12대 국회의원(속초·양구·인제·고성, 민주정의당) 1986년 대통령 조문특사(스웨덴 팔메수상) 1986년 한·아르헨티나의원친선협회 회장 1990~1991년 한국산업은행 이사장 1992년 제14대 국회의원(속초·고성, 민자당·신한국당) 1992년 민자당 중앙상무위원회 의장 1994년 同강원도지부 위원장 1995년 同전당대회 의장 1995년 한·러시아의원친선협회 회장 1996~1997년 제15대 국회의원(전국구, 신한국당·한나라당) 1996년 신한국당 전당대회 의장 1999년 강원도민회 명예회장 1999~2012년 한나라당 상임고문 2009~2013년 국민원로회의위원회 위원 2012년 새누리당 상임고문(현) [상]화랑무공훈장(1952), 녹조·홍조근정훈장(1952·1975), 은탑산업훈장(1981), 아르헨티나 5월의 대십자훈장(1985), 자이르 공로대훈장(1986), 청조근정훈장(1987) [저]'일본의 재군비와 한국의 안전보장' '아름다운 유산'(2007) [종]불교

정재하(鄭在河) JEONG Jae Ha

[생]1955·3·3 [본]진주(晉州) [출]전북 고창 [주]서울 강남구 테헤란로512 신안그룹 임원실(02-3467-1043) [학]건국대 건축학과졸 [경]쌍용건설(주) 근무, 효성중공업(주) 근무, (주)두원공영 근무, (주)신안 전무이사 2002년 신안그룹 총괄사장(현) [종]기독교

정재헌(鄭在憲) JEONG Jae Hun

[생]1937·8·22 [출]서울 [주]서울 서초구 법원로15 정곡빌딩서관509호 정재헌법률사무소(02-536-9563) [학]경기고졸 1960년 서울대 법대졸 [경]1961년 사법시험 합격(13회) 1963~1965년 공군 법무관 1965년 부산지법 마산지원 판사 1969년 서울민사지법 판사 1973년 서울고법 판사 1977년 대법원 재판연구관 1978년 제주지법 부장판사 1980년 사법연수원 교수 1981년 서울형사지법 부장판사 1982년 변호사 개업(현) 1997~1999년 서울지방변호사회 회장 2001~2003년 대한변호사협회 회장 2010~2015년 대순진리회 임시종무원장 [상]국민훈장 무궁화장(2006) [종]불교

정재헌(鄭在憲) JEONG Jae Heon

[생]1952·8·24 [본]진주(晉州) [출]전북 익산 [주]광주 동구 필문대로309 조선대학교 치과대학 임상치의학과(062-220-3826) [학]1971년 남성고졸 1978년 서울대 치의학과졸 1981년 조선대 대학원 치의학과졸 1988년 치의학박사(조선대) [경]1978~1981년 조선대 부속 치과병원 전공의(보철과) 1981~1982년 보병 제21사단 치과반장(육군대위) 1982~1984년 국군광주통합병원 보철과장 및 치과부장 1984년 조선대 부속 치과병원 전문의 1984~1988년 同치과대학 및 부속 치과병원 강사 및 상임전문의 1985~1986년 미국 미시간대 치과대학 객원교수 1988년 조선대 치과대학 치과보철학교실 조교수·부교수·교수, 同치과대학 임상치의학과 교수(현) 1988~1989년 同부속 치과병원 수련위원장 1988~1989년 同치과대학 학생과장 1988년 同치과대학 교무과장 1988~1994년 同부속 치과병원 보철과장 1988~1990년 同치과대학 교무과장 1990~1992년 同부속 치과병원 수련위원장 1992~1994년 同부속 치과병원 진료부장 1993~1994년 同치과대학 치의학과장 1994~1998년 同치과대학장 1999~2004년 대한구강악안면임프란트학회 부회장 2015년 대한노년치의학회 회장(현) [저]'총의치학'(1994) '치아형태학'(1996) '교합학용어 및 도해'(1997) '심미치과'(1998) '무치악 보철 치료학'(1999) 'Abe의 총의치에 강해지는 책'(2000) '교합학 용어 및 도해'(2000) '치아형태학'(2002) '치과총론'(2002) '구강악안면임프란트학'(2004) '임프란트 문제점의 해결(Vol.3 장기합병증 및 유지 관리)(共)'(2004)

정재헌

[생]1962·9 [주]경기 수원시 영통구 삼성로129 삼성전자(주) 임원실(031-200-1114) [학]1985년 고려대 전자공학과졸 1993년 미국 서던캘리포니아대 대학원 컴퓨터공학과졸 2001년 전기공학박사(미국 서던캘리포니아대) [경]2010년 삼성전자(주) 메모리사업부 Flash개발실 SW선행연구 PJ담당 임원 2010년 同메모리사업부 Flash개발실 Controller개발팀담당 임원 2012년 同메모리사업부 Solution개발실 SW개발팀장(부사장) 2016년 同메모리사업부 Solution개발실장(부사장), 同메모리사업부 Solution개발실장(연구위원)(현)

정재헌(鄭載憲) Jeong, Jae Heon

[생]1968·6·23 [출]경남 마산 [주]경남 창원시 성산구 창이대로681 창원지방법원(055-266-2200) [학]1987년 마산고졸 1992년 서울대 공법학과졸 [경]1997년 사법시험 합격(39회) 2000년 사법연수원 수료(29기) 2000년 서울지법 판사 2002년 同동부지원 판사 2004년 대전지법 천안지원 판사 2007년 수원지법 성남지원 판사 2007년 미국 리치먼드대 파견 2010년 서울중앙지법 판사 2011년 법원행정처 사법정책실 정책심의관 겸임 2013년 사법연수원 교수 2016년 창원지법 부장판사(현)

정재형(鄭在亨) CHUNG Jae Hyung

[생]1932·4·25 [본]진양(晋陽) [출]경북 상주 [주]대구 달성군 유가면 테크노중앙대로1 (주)화신테크(053-583-1171) [학]1955년 상주고졸 [경]1956~1973년 제일모직공업(주) 입사·염색과장 1975~1997년 (주)화신 설립·대표이사 회장 1985년 (주)화신테크 설립·대표이사 회장(현) 1991~1998년 (주)화신정공 설립·대표이사 회장 1995~1998년 (주)새화신 설립·대표이사 회장 1998~2003년 (주)화신 명예회장 1998~2003년 (주)화신정공 명예회장 1998~2003년 (주)새화신 명예회장 [상]국무총리표창, 재무부장관표창, 대통령표창, 국세청장표창, 산업포장, 새마을훈장 노력장, 산업자원부장관표창 [종]천주교

정재형(鄭在亨) Jaehyung Jung

[생]1960·10·22 [출]대전 [주]서울 중구 필동로1길30 동국대학교 영화영상학과(02-2260-3436) [학]1979년 휘문고졸 1984년 동국대 연극영화과졸 1986년 同대학원졸 1991년 미국 뉴욕시티대 대학원 영화학과졸 2001년 영화학박사(중앙대) [경]1984~1986년 월간 '스크린' 취재 기자·계간 '열린영화' 편집인·계간 '영화언어' 편집인 1991년 동국대 영화영상학과 교수(현) 1992~1994년 한국영화학회 총무간사 1993년 대종상 심사위원 1995~1998년 EBS '시네마 천국' 진행 1996년 제1회 국제독립영화제 집행위원 1997년 제1회 여성영화제 심사위원·제2회 국제인권영화제 집행위원·열린영화제 심사위원 1998년 제2회 국제독립영화제 집행위원 1998~1999년 한국영화연구소 소장 2003~2004년 국제영화평론가연맹 한국지부 사무국장 2003~2004년 영상기술학회 이사 2003~2004년 영화교육학회 총무이사 2005~2008년 한국문화예술교육진흥원 영화교육위원회장 2005~2006년 한국영화학회 총무이사 2005년 광주국제영화제 수석프로그래머 2007~2008년 한국영화학회 부회장·편집위원장 2007~2008년 국제영화평론가연맹 한국지부 회장 2008년 전주국제영화제 '넷팩상' 심사위원 2008년 국제영화평론가연맹 한국지부 사무국장 2008~2010년 전국예술대교수연합 운영위원 2009~2010년 (사)한국영화학회 회장 2009~2013년 (사)비상업영화기구 위원 2009년 오프앤프리 국제확장영화예술제 조직위원장 2009~2011년 부산국제영화제조직위원회 자문위원 2009~2011년 한국문화예술교육진흥원 이사 2010~2012년 충무로 국제영화제 집행위원 2010~2012년 YTN 시청자심의위원 2012~2014년 영화복지재단 이사 2015년 (사)한국영화평론가협회 회장(현) 2015년 동국대 문화예술대학원장 겸 예술대학장(현) [저]'뉴 시네마감독론'(1991) '정재형교수의 영화강의'(1994) '초창기 한국영화이론(編)'(1997) '한국리얼리즘의 길찾기(共)'(1999, 도서출판 큰사람) '영화이해의 길잡이'(2003, 개마고원) '북한영화에 대해 알고 싶은 다섯 가지(編)'(2005, 집문당) 'N세대 영화교육론(編)'(2005, 집문당) 'MT영화학'(2008, 장서가) [역]'영화영상스토리텔링100'(2009, 책과길)

정재호(鄭在昊) JAEHO CHUNG (無涯)

[생]1949·2·15 [본]청주(淸州) [출]대구 [주]인천 연수구 인천타워대로 인천대학교 동북아물류E-biz center105호(032-835-8709) [학]1967년 경북고졸 1972년 서울대 법대졸 1988년 경제학박사(미국 텍사스주립대) [경]1972년 행정고시 합격(11회) 1972년 경제기획원 경제조사관실·경제협력국·예산실 사무관 1982~1984년 同인사계장·경제교육과장 1988~1990년 同공정거래제도·정책기획과장 1990~1991년 同총무과장 1991~1993년 한국국제협력단 기술협력이사(초대이사) 1994년 경제기획원 대외경제조정실 제3협력관 1994년 공정거래위원회 경쟁국장 1996년 同정책국장 1997년 LG그룹 회장실 금융기획팀장(전무) 1998년 同회장실 경영2팀장(전무) 1999년 同구조조정본부 Project·경영정보팀장(전무) 2003년 LG경영개발원 부사장, (주)LG 부사장 2006~2007년 同고문 2006년 경동대 명예교수(현) 2006~2009년 미국 텍사스주립대총동창회 회장 2008~2011년 S&R경제경영연구원 회장 2008년 한나라당 국책자문위원, 한국주택금융공사 사외이사, 정부 공기업민영화국 국가경제개발자문사업단 총괄PM 2013년 인천대 경제학과 석좌교수(현) 2016년 두산엔진 사외이사(현) [저]'우리나라 외환 위기의 원인 분석'(서울대 경영대학원) '새로운 국가발전전략– 저탄소 녹색성장의 성공을 위한 제언'(서울대 자연과학대학) '한국금융의 새로운 패러다임'(S&R경제경영연구원 발간) [종]불교

정재호(鄭在浩) JUNG JAEHO

[생]1965·10·22 [출]대구 달성 [주]서울 영등포구 의사당대로1 국회 의원회관929호(02-784-0712) [학]1983년 대구 달성고졸 1987년 고려대 행정학과졸 [경]1989년 외환은행 입사 1998~2001년 同신용카드사 노조위원장 2002년 노무현 대통령후보 정무보좌역 2003년 대통령(노무현) 정무기획비서관실 행정관 2005년 대통령(노무현) 시민사회수석비서관실 선임행정관 2006년 대통령(노무현) 사회조정비서관 2007~2008년 국무총리 민정수석비서관 2010년 안희정 충남도지사후보 총괄특보 2010년 더좋은민주주의연구소 운영위원장 2010년 충남도 정책특별보좌관 2010년 민주당 정책위원회 부의장 2012년 민주통합당 제18대 대통령선거 문재인후보 선거펀드 총괄기획 2014년 안희정 충남도지사후보 선거대책위원회 총괄본부장 2015년 새정치민주연합 노동위원회 대변인 2015년 더불어민주당 노동위원회 대변인 2015년 同남북교류협력특별위원회 부위원장 2016년 더불어민주당 경기고양시乙지역위원회 위원장(현) 2016년 제20대 국회의원 (경기 고양시乙, 더불어민주당)(현) 2016년 더불어민주당 가습기살균제특별위원회 위원 2016년 국회 정무위원회 위원(현) 2016년 더불어민주당 대외협력위원장(현) 2016년 同백남기농민대책TF 위원장(현) [상]홍조근정훈장(2008) [저]'부엉이 바위를 가슴에 묻고'(2012, 모아북스) '대통령의 밥값은 누가 낼까'(2015, 모아북스) [종]천주교

정재호 GHUNG Jae Ho

[주]세종특별자치시 시청대로336 한국조세재정연구원 연구기획본부(044-414-2120) [학]1989년 서강대 경제학과졸 1993년 同대학원 경제학과졸 1996년 미국 위스콘신대 매디슨교 대학원 경제학과졸 2000년 경제학박사(미국 위스콘신대 매디슨교) [경]1993년 한국국제경제학회 간사 1993~1994년 서강대 경제연구소 연구원 1995~1998년 미국 Univ. of Wisconsin-Madison Teaching Assistant 1998~2000년 미국 Univ. of Wisconsin-Madison Head Teaching Assistant 2000년 한국조세연구원 초청연구위원 2001~2013년 同선임연구위원 2006년 同연구2팀장 2010년 同세법연구센터장 2013년 한국조세재정연구원 조세연구본부 선임연구위원 2015년 同연구기획본부장(현) 2016년 (재)국제원산지정보원 비상임이사(현) [상]비씨카드 주최 현상논문 우수상(1992), LG신용카드 주최 현상논문 최우수상(1993), Anna Ely Distinguished Teaching Assistant Prize(1999·2000), 부총리 겸 재정경제부장관표창(2004), 국가경쟁력강화위원장표창(2009), 기획재정부장관표창(2009·2011)

정재화(鄭在和) Jeong Jae Hwa

생1959 · 11 · 20 본진주(晉州) 출경남 남해 주부산 연제구 중앙대로1001 부산광역시청 시정혁신본부 현장지원단(051-888-1240) 학1978년 남해종합고졸 2004년 동의대 행정학과졸 경1979~1995년 부산 북구 · 부산시 근무 1995~1996년 총무처 장관실 비서관 1996~1998년 국회사무처 비서관 1999년 행정자치부 근무 1999년 부산시 체육관리사업소 근무 2003년 同항만농수산국 근무 2004년 同녹지사업소 근무 2006년 同행정자치국 시민봉사과 근무 2009년 同문화관광국 체육진흥과 근무 2012년 부산시의회 건축교통전문위원실 전문위원 2014년 부산시 창조도시국 창조기획과 근무 2015년 同시정혁신본부 현장지원단 팀장 2016년 同시정혁신본부 현장지원단장(현) 상부산시장표창(1989), 경제기획원장관표창(1990), 국무총리표창(1994 · 2003), 문화관광부장관표창(2001), 국무총리표창(2003)

정재환(鄭在煥) Jung Jae Hwan

생1952·12·14 출경남 양산 주경남 창원시 의창구 상남로290 경상남도의회(055-211-7424) 학1995년 부산대 대학원 최고관리자과정 수료 2008년 양산대학 토목과졸 경1993년 양산시연식정구협회 회장 1997년 양산JC특우회 부회장, 양산시체육회 이사, 한국담배판매인회 양산조합장, 새마을운동 양산시지회 이사 1998 · 2006~2010년 경남 양산시의회 의원, 민주평통 양산시협의회 간사 2006~2008년 법무부 범죄예방자원봉사단 울산 · 양산보호관찰분과위원장 2006~2008년 바르게살기운동 양산시협의회장, 한나라당 양산시지구당 부위원장, 양산시인재육성장학재단 이사 2008~2010년 경남 양산시의회 의장, 양산시교육발전협의회 회장 2010년 경남도의회 의원(한나라당 · 새누리당) 2010년 同건설소방위원회 위원 2012년 同경제환경위원회 위원 2012년 同운영위원회 위원장 2012년 전국시 · 도의회운영위원장협의회 정책위원장 2014년 경남도의회 의원(새누리당)(현) 2014 · 2016년 同문화복지위원회 위원(현) 2014~2015년 同예산결산특별위원회 위원장 2016년 同제2부의장(현) 상경남장애인인권포럼 선정 우수의원(2015) 종불교

정재환(鄭在桓) JEONG JAE HWAN

생1969·10·22 본연일(延日) 출강원 원주 주경기 수원시 영통구 중부대로304 명진빌딩3층 법무법인 예평(031-211-3738) 학1989년 원주고졸 1993년 연세대 영어영문학과졸 1996년 同대학원 영어영문학과 수료 경1996~2009년 충주MBC 기자 · 앵커 · 보도국 차장 2011~2012년 경기일보 경제부장 · 미디어특임부장 · 방송제작부장 2013년 경인일보 방송설립기획총괄부장 2013~2014년 국제대안학교 앤탐슨아카데미 부교장 2014년 법무법인 예평 고문(현) 상전국언론노동조합 올해를 빛낸 미디어조합원상(2004) 전MBC충주문화방송 TV다큐 연출 '센베이,부꾸미- 전병(煎餅)의 두 얼굴'(2001) '소백탐구 1막 4장'(1996) 종기독교

정재황(鄭在晃) JEONG Jae Hwang

생1958 · 2 · 11 출대구 주서울 종로구 성균관로25의2 성균관대학교 법학전문대학원(02-760-0346) 학1981년 서울대 법학과졸 1983년 同대학원졸 1986년 법학박사(프랑스 파리제2대) 경1989~1999년 홍익대 법학과 조교수 · 부교수 1999년 同법학과 교수 2001년 한국공법학회 연구이사 · 총무이사 2002년 홍익대 교무부처장 2003년 성균관대 법과대학 교수 2009년 同법학전문대학원 교수(현) 2009년 인터넷정보보호협의회 운영위원(현) 2011~2013년 한국언론법학회 회장 2012~2013년 한국공법학회 회장 2013년 한국언론법학회 고문(현) 2013년 한국공법학회 고문(현) 2014년 국회의장직속 헌법개정자문위원회 위원(현) 2014년 감사원 감사혁신위원회 위원(현) 전'판례헌법' '헌법재판개론' '헌법판례' '행정실무' '기본권 연구'

정재훈(鄭載勳) CHUNG Jae Hoon

생1960 · 4 · 19 출강원 춘천 주서울 강남구 테헤란로305 한국기술센터 한국산업기술진흥원(02-6009-3073) 학1979년 용문고졸 1983년 성균관대 사회학과졸 1993년 일본 사이타마대졸 1998년 핀란드 헬싱키대 대학원졸 2008년 경제학박사(순천향대) 경1983년 행정고시 합격(26회) 1983~1989년 상공부 전자공업국 · 통상국 사무관 1990~1991년 국가안전기획부 파견 1993년 상공자원부 중소기업국 사무관 1995년 통상산업부 무역국 서기관 1997년 산업정책연구원 파견 1998년 중소기업청 자금지원과장 2000년 산업자원부 전자상거래과장 2001년 駐캐나다 1등서기관 2004년 산업자원부 산업기술개발과장 2004년 同산업기술정책과장 2005년 同총무과장 2006년 국방대 파견 2007년 산업자원부 홍보관리관 2008년 지식경제부 대변인 2008

년 同무역정책관 2009년 同주력산업정책관 2010년 同산업경제정책관 2010년 同기획조정실장 2011년 同에너지자원실장 2012년 무역위원회 상임위원 2012~2013년 지식경제부 산업경제실장 2013년 '놀라운 오케스트라' 명예단장(현) 2013 · 2016년 한국산업기술진흥원(KIAT) 원장(현) 상홍조근정훈장(2008) 전'희망의 코러스@새로운 시작'(2000, 리치북스)

정재훈(鄭在訓) CHEONG Jae Hoon

생1960 · 6 · 4 본동래(東萊) 출제주 주서울 노원구 화랑로815 삼육대학교 약학대학 약학과(02-3399-1605) 학1986년 삼육대 약학과졸 1989년 서울대 대학원 약학과졸 1995년 약학박사(서울대) 경1996~2003년 삼육대 보건복지대학 전임강사 · 조교수 2000~2002년 미국 존스홉킨스대 방문연구교수 2003년 同약학대학 약학과 부교수 · 교수(현) 2003~2005년 삼육대 교무부장 2005~2006년 한국뇌학회 총무이사 2006년 同감사 2007년 삼육대 부설 의명신경과학연구소장(현) 2010~2016년 한국보건의료인국가시험원 약사외국대학인정심의위원 2011~2012년 (사)대학약학회 총무위원장 2011년 (사)한국에프디시법제학회 부회장(현) 2011년 한국약학교육평가원 상임이사(현) 2012~2014년 삼육대 약학대학장 2012~2016년 중앙약사심의위원회 위원 2013~2015년 건강보험심사평가원 전문평가위원 2014~2016년 (사)한국약학교육협의회 기획위원장 2014~2016년 한국제약협회 의약품광고심의위원 2015년 (사)한국응용약물학회 회장 상부총리 겸 교육인적자원부장관표창(2005 · 2014), 한국과학기술단체총연합회 과학기술우수논문상(2005), 삼육대 교원업적우수교수표창(2005), 식품의약품안전청장표창(2008), (사)한국응용약물학회 학술본상(2009 · 2012), (사)한국에프디시법제학회 그린크로스법제과학상(2012), 보건복지부장관표창(2012), 삼육대 올해의 교수상(2013) 전'약물학 독성학 실험'(共) '청소년 금주교육' '절주하는 사회를 위하여' '처방조제와 복약지도'(共) '임상학약'(共) '약물학 연습'(共) '보건복지교육Ⅱ'(共)(2005, 삼육대학교 출판부) '케어매니저를 위한 의료일반'(共)(2006, 공동체) '노인건강과 낙상'(共)(2006, 삼육대학교 출판부) '금연교육의 이론과 실제'(共)(2006, 삼영출판사) '약물학(개정판)'(共)(2007) '약리학 정리와 시험'(共)(2012, 신일북스) '임상약리와 약물치료'(共)(2013, 신일북스) 'ADHD New directions in diagnosis and treatment'(共)(2015, InTech) '약물작용 기본이론'(共)(2015, 군자출판사) '약물학'(共)(2015, 범문에듀케이션) 역'생리학'(共)(2005, 라이프사이언스) 종제칠일 안식일 예수재림교

정재훈(丁載勳) CHUNG Jae Hoon

생1960 · 10 · 26 주서울 강남구 일원동50 삼성서울병원 내분비대사내과(02-3410-3439) 학1985년 서울대 의대졸 1995년 同대학원졸 1999년 의학박사(서울대) 경1985~1989년 서울대병원 인턴 · 레지던트 1989~1990년 軍의관 1990~1992년 공군 방공포병사령부 의무실장 1992~1994년 서울대병원 내분비대사내과 전임의 1993년 미국 국립보건원(NIH) NIDDK 방문연구원 1994년 삼성서울병원 내분비대사내과 전문의(현) 1997~2007년 성균관대 의대 내과학교실 조교수 · 부교수 2000년 미국 국립보건원(NIH) NIDDK 방문연구원 2001~2002년 미국 오하이오의대 방문연구원 2005년 삼성서울병원 갑상선암팀장 2007년 同진료의뢰센터장 2007년 성균관대 의대 내과학교실 교수(현) 2009년 삼성서울병원 삼성암센터 갑상선암센터장 2011년 同내분비대사내과 과장(현) 2012~2015년 대한갑상선학회 이사장 2013년 삼성서울병원 갑상선센터장(현) 상Genzyme학술상(2007) 종천주교

정재훈(鄭宰勳) Chung, Jae-Hoon

생1968 · 4 · 28 주경기 수원시 팔달구 효원로307번길20 경기도문화의전당(031-230-3211) 학1986년 미국 세어링고졸 1993년 미국 줄리어드음대 바이올린과졸 1999년 미국 예일대 대학원졸(바이올린 석사) 경2014년 경기도문화의전당 사장(현) 2015년 DMZ 2.0 Music & Forum조직위원회 위원(현)

정재훈(鄭載勳) JEONG Jae Hun

생1971·8·14 출경북 영주 주서울 서초구 서초중앙로157 서울고등법원 대등재판부(02-530-1114) 학1990년 영주 대영고졸 1994년 서울대 법과대학졸 2000년 同보건대학원졸(보건학석사) 2004년 미국 컬럼비아대 법과대학원 법학과졸 2011년 법학박사(고려대) 경1993년 사법시험 합격(35회) 1996년 사법연수원 수료(25기) 1999년 인천지법 판사 2001년 서울지법 판사 2003년 청주지법 제천지원 판사 2007년 서울서부지법 판사 2008년 서울고법 판사 2010년 서울중앙지법 판사 2011년 대전지법 부장판사 2012년 사법연수원 교수 2013년 서울고법 대등재판부 판사(현) 전'공정거래법 소송실무'(2015, 육법사)

정재희(鄭在熙) Jae Jung

[생]1960·8·25 [출]강원 강릉 [주]서울 강남구 삼성로511 골든타워18층 포드코리아(02-3440-3600) [학]1979년 강릉고졸 1985년 인하대 기계공학과졸 1990년 미국 피츠버그대 대학원졸(MBA) [경]1993년 포드 아·태지역본사 엔지니어링 매니저 1995년 포드코리아 영업·마케팅 이사 1999년 同영업·마케팅 총괄상무, 포드 아시아·태평양 17개국담당 디렉터 2002년 포드코리아 사장(현) 2012년 한국수입자동차협회 회장(현) [상]225주년 기념 자랑스런 피츠버그인상(2013)

정점식(鄭点植) JEONG jeom sig

[생]1965·7·15 [출]경남 고성 [주]서울 서초구 반포대로 157 대검찰청 공안부(02-3480-2000) [학]1983년 경상고졸 1988년 서울대 법과대학졸 1994년 同대학원졸 [경]1988년 사법시험 합격(30회) 1991년 사법연수원 수료(20기) 1991년 軍검찰관 1994년 대구지검 검사 1996년 창원지검 밀양지청 검사 1997년 서울지검 검사 2000년 수원지검 검사 2002년 부산지검 검사 2003년 同부부장검사 2003년 서울지검 부부장검사 2004년 서울중앙지검 부부장검사 2005년 울산지검 형사2부장 2005년 춘천지검 속초지청장 2007년 대검찰청 공안2과장 2008년 同공안1과장 2009년 서울중앙지검 공안1부장 2009년 창원지검 통영지청장 2010년 부산지검 제2차장검사 2011년 서울중앙지검 제2차장검사 2012년 수원지검 안양지청장 2013년 서울고검 공판부장 2013년 법무연수원 기획부장(검사장급) 2015년 대검찰청 공안부장(검사장급)(현)

정정길(鄭正佶) CHUNG CHUNG KIL

[생]1942·5·20 [출]경남 함안 [주]울산 남구 대학로93 학교법인 울산공업학원(052-277-3101) [학]1961년 경북고졸 1965년 서울대 법학과졸 1968년 同행정대학원졸 1979년 정치학박사(미국 미시간대) [경]1968년 행정고시 합격(6회) 1969~1971년 농림수산부 기획계장 1971~1980년 경북대 법정대 조교수·부교수 1980~1985년 서울대 행정대학원 부교수 1985~2003년 同행정대학원 교수 1988년 행정개혁위원 1990년 미국 Brookings연구소 객원교수 1991년 서울대 한국행정연구소장 1994~1996년 同행정대학원장 1994~1995년 한국행정학회 회장 1995년 행정쇄신위원 1999~2002년 중앙인사위원회 자문회의 의장 2000년 정부기능조정위원회 위원장 2000~2002년 책임운영기관평가위원회 위원장 2000~2001년 한국사회과학연구협의회 부회장 2001~2002년 서울대 대학원장 2003~2008년 울산대 총장 2004년 울산지역혁신협의회 의장 2007~2008년 울산방송 사외이사 2008~2010년 대통령실장 2010년 미국 행정학술원(NAPA) 국제회원(현) 2011~2013년 한국학중앙연구원 원장 2014년 학교법인 울산공업학원(울산대·울산과학대) 이사장(현) [상]국민훈장 동백장(1998) [저]'정책결정론' '정책학원론' '대통령의 경제리더십' '50년대의 지방자치' '행정학의 새로운 이해' '행정의 시차적 접근' '전문가들이 본 이명박정부의 국정철학' '중도실용을 말하다' '작은 정부론' '정책평가' '한국행정의 연구' [종]기독교

정정목(鄭貞沐) CHUNG Chungmok

[생]1952·9·15 [본]연일(延日) [출]대전 [주]충북 청주시 청원구 대성로298 청주대학교 행정도시계획학부(043-8229-8243) [학]1971년 대광고졸 1975년 성균관대 행정학과졸 1977년 同대학원 행정학과졸 1985년 미국 아메리칸대 대학원 행정학과졸 1988년 정치학박사(미국 매릴랜드대) [경]1977~1980년 육군 제3사관학교 교수부 일반학처 교수 1980~1982년 경기대·충북대·강원대·성균관대 강사 1990년 청주대 행정도시계획학부 조교수·부교수·교수(현) 1997~1999년 한국공공정책학회 총무이사 1997년 제3회 지방고등고시 출제위원 1998년 정부조직개편위원회 실행위원 1998~2000년 기획예산처 행정개혁위원회 위원 1998~2000년 해양수산부 민자유치위원회 위원 1999~2002년 한국행정학회 지방행정연구회 회장 1999~2002년 중앙인사위원회 인사정책자문위원 2008~2009년 청주대 사회과학대학장 2008년 同사회과학연구소장(현) 2014년 언론중재위원회 충북중재부 중재위원(현) 2016년 同운영위원(현) [저]'반전의 시대 번복의 논리'(2003, 청주대출판부) '지방자치원론: 공공선택을 중심으로, 개정판'(2014, 법문사)

정정순(鄭正淳) Jeong, Jeong Soon

[생]1958·1·19 [본]진주(晋州) [출]충북 청원 [주]서울 강남구 영동대로316 새마을운동중앙회 사무총장실(02-2600-3610) [학]1976년 청주고졸 1981년 청주대 행정학과졸 1986년 同대학원 행정학과졸 1999년 캐나다 사이몬프레이저대 대학원 정치학과 수료 [경]1977~1979년 청주시 수도과·회계과·소방과 근무 1980~1984년 충북도 지방과·회계과 근무 1984~1990년 내무부 기획예산담당관실·총무과 근무 1990~1996년 국무총리비서실·내무부 차관실·내무부 행정과 근무 1996년 내무부 지방행정국 행정과 광역조정담당 1999~2002년 제2건국지원단 지원팀·지방자치제도개편연구팀장 2002년 이북5도위원회 평남도 사무국장 2003년 행정자치부 민방위운영과장 2004년 충북도 경제통상국장 2006년 세종연구소 파견 2006년 충북도 경제투자본부장 2008년 同경제통상국장 2010~2011년 청주시 부시장 2010년 同장기기증운동추진위원장 2011년 행정안전부 정부과천청사관리소장(고위공무원) 2012년 同제도정책관 2012년 同지방재정세제국장 2013년 안전행정부 지방재정세제실 지방재정정책관 2014~2015년 충북도 행정부지사 2015년 행정자치부 지방재정세제실장 2015년 同지방행정연수원장 직대 2016년 새마을운동중앙회 사무총장(현) [상]근정포장(2001), 홍조근정훈장(2008) [역]'선진외국의 지방자치제도 1·2'(2001) [종]기독교

정정화(鄭玎和) JUNG Jung Hwa

[생]1948·6·17 [본]오천(烏川) [출]경북 포항 [주]경북 포항시 북구 죽도로28 한국감사운동본부 [학]1967년 포항 동지상고졸 1975년 포항실업전문대 경영과졸 [경]1969년 방송직 국가공무원 임용 1997년 KBS 대구방송총국 편성제작국장 2000년 同포항방송국장 2003년 同방송심의위원 2004~2006년 同대구방송총국 아나운서부장 2007~2014년 경북일보 대표이사 사장 2007년 학교법인 영암학원 이사(현) 2009~2013년 (재)독도의용수비대기념사업회 부회장 2010~2013년 영일만르네상스추진협의회 의장 2010~2014년 (주)인앤씨 이사 2011년 대구가톨릭대 언론홍보학과 교수 2012년 새마을세계화재단 이사 2014년 (사)한국감사운동본부 이사장(현) [상]문화공보부장관표창(1981), 경북문화상 언론부문(1987), 유교문화대상(1996), 대통령표창(1998·1999·2010) [종]불교

정정훈(鄭楨勳) JEONG Jeong Hoon

[생]1967·2·28 [출]부산 [주]세종특별자치시 갈매로477 기획재정부 세제실 조세정책과(044-215-4110) [학]1985년 부산중앙고졸 1992년 연세대 경제학과졸 [경]2002년 재정경제부 세제실 소득세제과 사무관 2003년 同세제실 소득세제과 서기관 2004년 同세제실 조세정책과 서기관 2006년 同혁신인사기획관실 인사팀장 2007년 교육 파견 2010년 기획재정부 다자관세협력과장 2011년 同예산총괄심의관실 기금운용계획과장 2012년 同조세정책관실 소득세제과장 2013년 대통령비서실 파견 2014년 기획재정부 FTA관세이행과장 2015년 同국제조세협력과장 2015년 同세제실 조세기획관실 조세분석과장 2016년 同세제실 조세정책과장(부이사관)(현)

정정희(鄭貞姬·女) Chung Junghee

[생]1952·9·25 [주]충남 예산군 삽교읍 도청대로600 충청남도의회(041-635-5216) [학]서산여고졸, 신성대 행정실무과졸 [경]당진문화원 원장, 당진문화예술학교 교장, 충남문화원연합회 회장, 서산장학재단 당진지부장, 당진문화재단 이사, 당진시법원 조정위원 2014년 충남도의회 의원(비례대표, 새누리당)(현) 2014년 同운영위원회 위원 2014년 同문화복지위원회 위원 2014~2015년 同예산결산특별위원회 위원 2016년 同문화복지위원장(현)

정정희(鄭正喜) Jung Jung-hee

[생]1966·8·14 [주]전남 무안군 삼향읍 오룡길1 전라남도의회(061-286-8126) [학]광주고졸, 광주대졸, 2015년 전남대 경영대학원 경영학과졸 [경]새정치민주연합 담양·함평·영광·장성지역위원회 부위원장, 새정치민주연합 전남도당 중소기업유치특별위원회 부위원장, 새정치민주연합 중앙당 대의원, 광주 은병원 경영원장, 남해종합개발(주) 전무이사, 재단법인 재광함평군향우회장학회 이사, 재광 함평향우회 청년부회장, 함평경찰서 경찰발전위원회 위원, 법무부 법사랑 함평지구 위원, 광주지방법원 민사조정위원, 광주지방검찰청 범죄예방 자문위원, 광주지방경찰청 보안협력위원, 전대병원 대외협력홍보자문위원, 전대병원 발전후원회 이사, 광주고등학교 동문장학회 이사 2015년 전남도의회 의원(보궐선거 당선, 새정치민주연합·더불어민주당)(현) 2015년 더불어민주당 담양·함평·영광·장성지역위원회 부위원장(현) 2016년 전남도의회 경제관광문화위원회 위원(현)

정제창(鄭濟昌) Jechang Jeong

[생]1957·9·10 [주]서울 성동구 왕십리로222 한양대학교 공과대학 융합전자공학부(02-2220-0369) [학]1980년 서울대 전자공학과졸 1982년 한국과학기술원 전자공학과졸 1990년 공학박사(미국 미시간대) [경]1998년 한단정보통신 자문위원 1991년 삼성전자(주) 멀티미디어센터 수석연구원 1995년 한양대 공과대학 융합전자공학부 교수(현) 2012년 한국방송공학회 회장 2014년 한국공학한림원 정회원(현) 2014년 국무총리실 주파수심의위원회 민간위원(

현) [상]정보통신부장관표창(1998), 한양대총장표창(1999), IEEE Consumer Electronics Society 'Chester Sall Awards 3rd place'(2007), 녹조근정훈장(2011) [역]'H.264/AVC 비디오 압축 표준'(2005, 홍릉과학출판사)

정종경(鄭鍾卿) CHUNG Jong Kyeong

[생]1963·2·25 [출]경남 [주]서울 관악구 관악로1 서울대학교 자연과학대학 생명과학부(02-880-4399) [학]1985년 서울대 약학대학졸 1987년 同대학원졸 1993년 이학박사(미국 하버드대) [경]1994년 미국 다나파버암연구소 Post-Doc. 1995~1996년 Harvard Medical School 박사 후 연수 1996년 미국 하버드대 의대 Post-Doc. 1996~2006년 한국과학기술원(KAIST) 생명과학과 조교수·부교수 2000년 제넥셀(주) 이사 2001~2009년 同세포성장조절유전체창의연구단장 2005년 제넥셀세인(주) 기술이사 2006~2009년 同생명과학과 교수 2010년 서울대 자연과학대학 생명과학부 교수(현) 2010년 서울대 에너지항상성조절창의연구단장(현) 2010~2013년 한국초파리연구회 회장 2016년 한국과학기술한림원 정회원(이학부·현) [상]KAIST 학술대상(2008), 경암학술상 생명과학분야(2008), 한국분자세포생물학회 학술상(2010), 유니베라 생명약학 학술상(2010), 미래연구정보포럼 지식창조대상(2010), 주중광교수상(Lectur-eship Award)(2012), 제6회 아산의학상 기초의학부문(2013)

정종관(鄭鍾錧) JEONG Jong Kwan

[생]1963·10·2 [본]진주(晋州) [출]전북 옥구 [주]서울 서초구 서초중앙로157 서울고등법원 부장판사실(02-530-1114) [학]1981년 전주고졸 1985년 서울대 법학과졸 [경]1984년 사법시험 합격(26회) 1987년 사법연수원 수료(16기) 1990년 서울민사지법 판사 1992년 서울가정법원 판사 1994년 전주지법 판사 1997년 서울지법 북부지원 판사 1999년 서울고법 판사 2000년 대법원 재판연구관 2002년 춘천지법 강릉지원 부장판사 2003년 同강릉지원장 2004년 수원지법 성남지원 부장판사 2006년 서울행정법원 부장판사 2009년 대전고법 부장판사 2011년 서울고법 부장판사(현)

정종권(鄭宗權) JUNG Jong Kwon

[생]1950·7·28 [본]진양(晋陽) [출]경남 진주 [주]경남 진주시 의병로51 진주보건대학교 총장실(055-740-1801) [학]1973년 한양대 건축공학과졸 1987년 경상대 교육대학원졸 [경]1976~1986년 진주간호보건전문대학 교수 1990년 한가람학원 이사(현) 1991년 진주간호전문대학 학장 1998년 진주보건대 학장 2009년 同총장(현) 2013년 한국전문대학교육협의회 전문대학윤리위원회 위원(현)

정종근(鄭鍾根) JUNG Jong Geun

[생]1956·10·29 [출]서울 [주]서울 강남구 봉은사로114길 12 (주)대웅제약(02-550-8008) [학]1975년 수도공고졸 1983년 중앙대 약학과졸 [경](주)대웅제약 마케팅담당 상무이사 2008년 同일반의약품영업본부장(상무) 2009년 同OTC사업본부 전무 2013년 同부사장(현) [종]천주교

정종기(鄭宗基) Jung, Chong Ki (飽言)

[생]1957·6·29 [본]진주(晋州) [출]전남 광양 [주]경기 안양시 만안구 성결대학로53 성결대학교 지역사회과학부(031-467-8156) [학]1975년 순천고졸 1982년 성결대졸 1984년 경희대 행정대학원졸 1989년 지역사회개발행정학박사(필리핀 만유엘루이스케숀대) [경]1989~2001년 성결대 지역사회개발학부 전임강사·조교수·부교수 1989~1992년 同지역사회개발학과장 1994년 同지역발전연구소장 1996년 同인간관계회복연구소장 2001~2010년 同지역사회개발학부 교수 2003년 同정보처장 2004년 同북한학연구소장 2005년 同사회과학대학장 2006년 同지역사회개발학부장 2007년 법무부 교정위원(현) 2007년 성결대 사회과학대학장 2008년 同동북아연구소장 2009년 同지역사회개발학부장 2009년 한국도시행정학회 이사(현), 인간관계회복학회 수석부회장 2009년 건강한사회만들기운동본부 이사(현) 2010년 성결대 사회과학대학 지역사회과학부 교수(현) 2012년 同글로벌센터장 2013년 同사회과학대학장 2013~2016년 同학생지원처장 2016년 同일반대학원장(현) [상]대통령표창(2008), 행정안전부장관표창(2009) [저]'딸아! 공부는 붕어빵이 아니란다' '사랑하는 사람을 위하여' '인간자원개발론' '고추와 숯덩이가 만나는 진짜이유' '성공과 행복을 위한 인간관계'(1997) '정보화와 지역사회'(1998) '딸아! 연애를 잘해야 행복하다'(1998) '지역사회 행정론'(1999) '정보화사회'(1999) '그래서 연애는 아름답다'(1999) '사랑하는 사람을 위하여'(2002) '기도하는 이를 위한 사랑의 징검다리'(2010)

정종기(丁鍾己) CHUNG Jong Ki

[생]1960·10·14 [출]전남 영광 [주]경기 과천시 관문로47 방송통신위원회 사무처(02-2110-1300) [학]1979년 광주인성고졸 1984년 서울대 국어교육학과졸 1986년 同행정대학원 행정학과졸 2001년 미국 조지워싱턴대 대학원졸 [경]1997년 정보통신부 통신기획과 서기관 1997년 광주시청 파견(서기관) 2002년 정보통신공무원교육원 교학과장 2004년 정보통신부 전파방송정책국 전파이용제도과장 2006년 同통신위원회 사무국장 2007년 同정보보호기획단 정보보호정책팀장(부이사관) 2008년 방송통신위원회 네트워크기획과장(부이사관) 2009년 同방송통신융합정책실 방송통신진흥정책과장 2009년 同정책기획관 2010년 중앙공무원교육원 교육파견(일반직고위공무원) 2011년 방송통신위원회 이용자정책국장 2013년 同방송정책국장 2015년 同기획조정실장 2016년 同초대 사무처장(현) [상]홍조근정훈장(2015)

정종대(鄭鍾大) Jung Jongdae

[생]1971·10·4 [본]진주(晋州) [출]충남 태안 [주]서울 중구 세종대로110 3층 서울특별시청 주택건축국 주택정책개발센터(02-2133-7700) [학]1990년 대전고졸 2004년 건축학박사(서울대) [경]1994~1996년 서울대 환경계획연구소 연구원 1996~2006년 LH공사 책임연구원 2005~2006년 대통령직속 국가균형발전위원회 전문위원 2005~2006년 서울산업대 겸임교수 2006~2008년 미국 컬럼비아대 건축도시대학원 방문연구원 2009년 서울시 주택정책개발센터장(현) [상]서울대 환경대학원 우수졸업논문상(1996), 대한주택공사 연구논문 최우수상(1997), 제16회 통일연구논문 우수상(1997), 서울시 시민연구논문 최우수상(1997) [역]'Zoning Handbook-New York City'(2009, 서울시정개발연구원)

정종득(丁鍾得) CHUNG Chong Dug (南觀)

[생]1941·2·2 [본]압해(押海) [출]전남 목포 [주]서울 중구 을지로16 백남빌딩1006호 유엔 세계고아의날제정추진위원회 한국조직위원회(02-704-4011) [학]1959년 목포고졸 1965년 서울대 상대졸 1992년 同경영대학원 최고경영자과정 수료 1997년 한국과학기술원 최고정보경영자과정 수료 2007년 명예 경영학박사(목포대) 2008년 명예 행정학박사(목포해양대) [경]1963년 공인회계사 합격(10회) 1965년 한국산업은행 대리 1976년 쌍용(주) 차장 1978년 同기획조정실장 1979년 同이사 1983년 한국건업(주) 기획담당 이사 1984년 同상무이사 1987~1989년 同전무이사·정우개발 부사장·동부해양도시가스 대표이사 1989년 벽산건설 부사장 1990년 한국건업(주) 부사장 1993년 벽산건설(주) 대표이사 부사장 1994년 벽산 대표이사 사장 1997~1998년 국제로타리3640지구 서울제일로타리클럽 회장 1998년 벽산건설(주) 대표이사 사장 2001~2003년 在京목포중·고 총동창회 회장 2005년 벽산건설(주) 부회장 2005년 전남 목포시장(보궐선거, 새천년민주당) 2006·2010~2014년 전남 목포시장(민주당·통합민주당·민주당·새정치민주연합) 2006·2009·2010~2012년 전남시장·군수협의회 회장 2012년 민주통합당 지방자치단체장협의회 부회장 2015년 재단법인 김대중기업사업회 이사(현) 2015년 재단법인 김대중노벨평화상기념관 이사(현) 2016년 유엔 세계고아의날제정추진위원회 한국조직위원회 위원장(현) [상]동탑산업훈장(1996), 은탑산업훈장(2003), 산업은행인상(2005), 풀뿌리 경영대상(2007), 한국일보 존경받는 대한민국CEO대상 신뢰경영부문(2008) [종]기독교

정종명(鄭鍾明) Chung Jong Myung

[생]1945·12·17 [본]봉화(奉化) [출]경북 봉화 [주]서울 종로구 삼일대로30길21 종로오피스텔808호 계간문예(02-3675-5633) [학]1964년 강릉고졸 1971년 서라벌예술대학 문예창작과졸 [경]1971~1975년 도서출판 국민서관 근무 1978~1983년 현대문학사 편집부 근무 1978년 월간문학신인작품상에 '사자의 춤'으로 소설가 등단, 한국문인협회 회원, 한국소설가협회 회원 1986~1988년 문예지 문학정신 편집장 2001~2009년 경기대 문예창작과 대우교수 2005~2007년 국제PEN클럽 한국본부 부이사장 2005년 숭실사이버대 방송문예창작학과 외래교수(현) 2007~2010년 한국문인협회 이사 겸 편집국장 2010년 한국문학발전포럼 대표(현) 2011~2015년 한국문인협회 이사장 2011~2015년 한국문예학술저작권협회 이사 2011년 민주평통 자문위원(현) 2012~2015년 한국예술문화단체총연합회 부회장 2012년 대통령소속 사회통합위원회 서울지역 위원 2015년 계간문예 발행인(현) 2015년 계간문예창작원 원장(현) [상]동포문학상(1985), 서라벌문학상(1999) [저]소설집 '오월에서 사월까지'(1985) '이명'(1988) '숨은 사랑'(1993) '의혹'(1999) 장편소설 '거인'(1986) '아들 나라'(1990) '신국(전3권)'(1995) '대상(전2권)'(1995) '올가미'(2009) 산문집 '사색의 강변에 마주 앉아'(2001) '숨은 사랑(共)'(2010) '사자의 춤'(2015) [종]개신교

정종미(鄭鍾美·女) JUNG Jong Mee

(생)1957·11·3 (출)대구 (주)서울 성북구 안암로145 고려대학교 디자인조형학부(02-3290-2388) (학)1980년 서울대 회화과졸 1984년 同대학원 동양화과졸 1995년 미국 School of Parsons in New York & Dieu Donne Paper Mill & Printmaking Workshop in New York 수학 (경)1988~2000년 관동대·서울대·경희대·덕성여대 미술학부 강사 1991~2001년 개인전 6회 1983년 한국화 청년작가전(제주 동인미술관) 1988년 한국화 의식의 전환전(동덕미술관) 1989~1991년 한국화 오늘과 내일전(워커힐미술관) 1989년 관동대 교수미전(강릉 예총전시실) 1990년 제11회 국제선면전(일본 동경)·동방의 빛Ⅱ(러시아 키에프시립미술관) 1991년 한국화물성과시대정신전(미술회관)·한국-오스트리아교류전(빈 칼스트로블 화랑) 2008년 이중섭미술상 20년의 발자취-역대 수상작가 20인展 2008년 고려대 디자인조형학부 교수(현) 2014년 同디자인조형학부장(현) (상)이중섭미술상(2001), 이인성미술상(2012) (저)우리 그림의 색과 칠(2001, 학고재)

정종복(鄭鍾福) JUNG Jong Bok

(생)1950·7·14 (출)경북 경주 (주)경북 경주시 중앙로53 정종복법률사무소(054-773-1313) (학)1969년 부산고졸 1974년 서울대 법대 행정학과졸 (경)1983년 사법시험 합격(25회) 1984년 사법연수원 수료(15기) 1985년 마산지검 검사 1988년 광주지검 순천지청 검사 1989년 서울지검 검사 1992년 수원지검 검사 1992년 국회 법사위원회 전문위원 1996년 변호사 개업 1996년 자민련 경주甲지구당 위원장 2004~2008년 제17대 국회의원(경주, 한나라당) 2005~2006년 한나라당 원내부대표 2005~2006년 同경북도당 수석부위원장 2009년 법무법인 두우앤이우 대표변호사 2012년 변호사 개업(현) 2016년 제20대 국회의원선거 출마(경북 경주시, 무소속) (종)불교

정종섭(鄭宗燮) CHONG Jong Sup

(생)1957·6·16 (출)경북 경주 (주)서울 영등포구 의사당대로1 국회 의원회관1016호(02-784-6513) (학)1976년 경북고졸 1981년 서울대 법학과졸 1985년 경희대 대학원 법학과졸 1989년 법학박사(연세대) 1999년 미국 하버드대 연수 (경)1982년 사법시험 합격(24회) 1985년 사법연수원 수료(14기) 1989년 헌법재판소 헌법연구관 1992년 건국대 법대 교수 1996년 미국 하버드대 법대 방문교수 1999~2014년 서울대 법학전문대학원 교수 2008~2009년 방송통신심의위원회 위원 2008년 대구대 이사 2009년 문화재위원회 사적분과·매장문화재분과 위원 2010~2012년 서울대 법과대학장 겸 법학전문대학원장 2010~2012년 법학전문대학원협의회 이사장 2010년 한국고전번역원 이사 2012년 새누리당 공직자후보추천위원회 부위원장 2013년 국회 정치쇄신자문위원회 위원 2013~2014년 검찰개혁심의위원회 위원장 2013년 문화재청 미래를위한한국가유산자문위원회 위원장 2013~2014년 한국헌법학회 회장 2014년 삼성생명보험(주) 사외이사 2014년 안전행정부 장관 2014~2016년 행정자치부 장관 2016년 새누리당 대구시동구甲당원협의회 운영위원장(현) 2016년 제20대 국회의원(대구시 동구甲, 새누리당)(현) 2016년 국회 국토교통위원회 위원(현) 2016년 국회 지방재정·분권특별위원회 위원(현) 2016년 새누리당 여의도연구원 부원장(현) (저)'헌법연구' '헌법재판연구'

정종수(鄭鍾守) JUNG Jong Soo

(생)1952·6·16 (출)부산 (주)부산 사하구 낙동대로550번길37 동아대학교 자연과학대학 수학과(051-200-7213) (학)1979년 부산대 수학과졸 1981년 서울대 대학원 수학과졸 1989년 이학박사(부산대) (경)1982~1994년 동아대 수학과 전임강사·조교수·부교수 1993~1995년 同자연과학대학 교무과장 1993년 중국 동북대 수학과 방문교수 1994년 동아대 자연과학대학 수학과 교수(현) 1994년 중국 사천대 수학과 방문교수 1995~1997년 동아대 수학과장 1997년 중국 요녕사범대 수학과 방문교수 2000년 이탈리아 Catania대 방문교수 2005~2007년 동아대 도서관장 2005~2007년 同출판부장 2005~2006년 同도서관전산시스템도입평가위원회 위원장 2007~2008년 同자연과학대학 수학·신소재물리학부장 2007·2008년 同기초과학연구소 기획·운영부장 2016년 同자연과학대학장(현) (저)수학개론(1994) '대학수학'(1996) (역)해석학개론(1994) '미분적분학'(2008)

정종수(鄭鍾秀) Jeong, Jong-Su

(생)1953·8·5 (출)충북 옥천 (주)대전 유성구 대학로99 충남대학교 대외협력추진위원회(042-821-5114) (학)1971년 대전고졸 1977년 충남대 법학과졸 1979년 同대학원 공법학과졸 1989년 일본 사이타마대 대학원 노동정책학과졸 2007년 법학박사(충남대) (경)1978년 행정고시 합격(22회) 1979~1992년 노동부 법무담당관실·근로기준과 행정사무관 1992년 同재해보장과장 1993년 同비상

계획관실 사무관 1993년 駐리비아대사관 노무관 1996년 노동부 고용관리과장 1997년 同기획관리실 법무담당관 1997~1999년 同노정과장 1999년 駐일본대사관 파견 2001년 서울지방노동위원회 사무국장 2001년 노동부 노사협력관 2001년 노사정위원회 비정규직근로자대책특별위원회 위원 2002년 노동부 고용총괄심의관 2002년 同고용정책심의관 2003년 국방대 파견 2004년 교육인적자원부 평생직업교육국장 2004년 同인적자원개발국장 2005년 노동부 노사정책국장 2005년 서울지방노동위원회 위원장 2006년 노동부 고용정책본부장 2007년 同정책홍보관리본부장 2008~2010년 同차관 2010~2013년 중앙노동위원회 위원장(장관급) 2014년 충남대 대외협력추진위원회 위원(현) (상)대통령표창(1991) (종)천주교

정종수(鄭鍾秀) CHUNG Jong Soo

(생)1955·2·14 (출)충남 천안 (주)서울 동작구 흑석로84 중앙대 역사학과(02-820-5137) (학)1974년 천안고졸 1978년 중앙대 사학과졸 1985년 同대학원 사학과졸 1994년 한국사학박사(중앙대) (경)1980년 양동중 교사 1982년 국립민속박물관 학예연구사 1985년 역사민속학회 회원(현), 同이사 1987~1993년 서경대 한국사학과 강사 1988년 수원대 민속학과 강사 1988~1999년 국립민속박물관 학예연구관 1990~1996년 중앙대 강사 1996년 홍익대 강사 1999~2004년 국립민속박물관 민속연구과장 2001년 고려대 대학원 문화재협동과정 강사 2004~2009년 국립민속박물관 유물과학과장 2005~2006 국립춘천박물관장 2009~2012년 국립고궁박물관장 2013~2014년 문화재청 문화재보존존국 유형문화재과 반구대암각화T/F팀 파견 2014년 중앙대 역사학과 겸임교수(현) (상)문화부장관표창(1990), 홍조근정훈장(2014) (저)'한국복장제연구'(1985) '계룡산'(1996, 대원사) '역사를 움직인 풍수 이야기'(1999, 웅진출판) '풍수로 보는 우리문화 이야기'(1999, 웅진닷컴) '한국의 초분'(2003, 국립민속박물관) '상장례, 삶과 죽음의 방정식'(2005, 두산동아 국사편찬위원회) '사람의 한평생-민속으로 살핀 탄생에서 죽음까지'(2008, 학고재)

정종식(鄭宗植) CHUNG Chong Shik

(생)1932·3·21 (본)하동(河東) (출)경남 충무 (학)1951년 통영중졸(6년제) 1955년 서울대 문리대 정치학과졸 1957년 同대학원 정치학과 2년 수료 (경)1955~1963년 경향신문 기자·정치부장 1961년 신문윤리위원회 위원 1963년 한국일보 외신부장 1963년 관훈클럽 총무 1964년 경향신문 문화부장 1965년 중앙일보 정치부장 1966년 서울신문 편집부장 1967년 한국일보 부국장 겸 외신부장 1968~1975년 同프랑스특파원 1975년 同논설위원 1975~1978년 일간스포츠 편집인 겸 편집국장 1978년 통일원 정책기획실장 1980년 남북총리회담 실무회담 대표 1981~1983년 한국일보 논설위원 1982년 평통 자문위원 1983~1986년 연합통신 사장·IPI 한국위원장 1983년 유네스코 한국위원회 홍보분과위원회 위원장 1986년 한진그룹 상임고문 1986년 대한준설공사 사장 1989년 한국공항 사장 1991년 경향신문 고문 1991~1997년 同구주본부장 1998년 한진그룹 고문 (상)한국독립신문상 (저)'North Korean Communism' 'Major Powers and Peace in Korea'(共) '파리 특파원의 소묘첩'(2010, 나남) (종)천주교

정종욱(鄭鍾旭) CHUNG Chong Wook

(생)1940·10·31 (본)초계(草溪) (출)경남 거창 (주)인천 연수구 아카데미로119 인천대학교 중국학술원(032-835-8114) (학)1965년 서울대 문리과대학 외교학과졸 1969년 미국 하와이대 대학원 정치학과졸 1975년 미국 예일대 대학원 정치학과졸 1975년 정치학박사(미국 예일대) (경)1975~1976년 미국 예일대 정치학과 전임강사 1976년 미국 아메리칸대 조교수 1977~1986년 서울대 문리과대학 외교학과 조교수·부교수 1986~1993년 同교수, 同정치외교학부 명예교수(현) 1987년 同국제문제연구소장 1993~1994년 대통령 외교안보수석비서관 1995년 외무부 본부대사 1996~1998년 駐중국 대사 1998~2006년 아주대 사회과학부 교수 2006~2008년 서울대 국제대학원 초빙교수 2010~2014년 동아대 국제학부 석좌교수 2011년 미국 하버드대 김구초빙교수 2013년 국가안보자문단 외교분야 자문위원(현) 2014년 인천대 중국학술원장(현) 2014년 同정치외교학과 석좌교수(현) 2014년 대통령직속 통일준비위원회 민간부위원장(현) 2015~2016년 광복70년기념사업추진위원회 민간위원장 (상)국민훈장 동백장, 자랑스런 미국 예일대동문상, 국민훈장 모란장(2016) (저)'Major Powers & Peace in Korea'(編) '대만의 장래와 동북아' 'Maoism & Development'(1980, 서울대 출판부) '신중국론' 'Korean Options in a Changing International Order(共)'(1993, 미국 캘리포니아대 버클리교) (종)기독교

정종욱(鄭鍾旭) JEONG JONG WOOK

[생]1970 · 6 · 18 [출]대구 [주]서울 서초구 서초대로74길11 삼성전자(주) 법무실(02-2255-3729) [학]1989년 대구 성광고졸 1993년 서울대 사법학과졸 1996년 同법과대학원졸 2005년 미국 서던캘리포니아대 로스쿨졸(LL. M.) [경]1994년 외무고등고시 합격(28회) 1995년 사법시험 합격(37회) 1998년 사법연수원 수료(27기) 1998년 軍법무관 2001년 서울지검 검사 2003년 수원지검 평택지청 검사 2004년 미국 연수 2006년 법무부 국제형사과 검사 2007년 수원지검 검사 2007년 법무법인 율촌 변호사, 삼성전자(주) 법무실 상무 2015년 同법무실 전무대우(현)

정종제(鄭宗題) Jeong, Jongje

[생]1963 · 5 · 20 [본]경주(慶州) [출]전남 완도 [주]세종특별자치시 정부2청사로13 국민안전처 세종2청사 안전정책실(044-205-4000) [학]광주 인성고졸, 서울대 정치학과졸 [경]1988년 행정고시 합격(22회) 2002년 광주시 자치행정국 자치행정과장 2002~2004년 同문화관광국장 2004년 행정자치부 서기관 2005년 同지역경제팀장 2006년 同장관비서관(서기관) 2006년 同부이사관 승진 2007년 同자치행정팀장 2007년 국무총리국무조정실 제주특별자치도위원회 사무처 분권재정관 2008년 국무총리 제주특별자치도위원회사무처 분권재정관 2010년 駐OECD대표부 공사참사관 2012년 행정안전부 행정선진화기획관 2013 안전행정부 안전관리본부 안전정책국장 2014년 국민안전처 기획조정실장 2015년 同기획조정실장(고위공무원) 2015년 同안전정책실장(현) [상]홍조근정훈장(2014) [저]'세느 강에 띄운 e편지'(2009, 비앤엠북스) '국장님의 서랍'(2011, 중앙북스) [종]기독교

정종진(鄭鍾眞) JUNG Jong Jin

[생]1953 · 2 · 27 [출]경남 함양 [주]서울 서초구 방배중앙로25길38 덕성빌딩3층 도서출판 성림&지식더미(02-534-3074) [학]서울교대졸, 건국대 경영학과졸 [경]신월초교 · 영등포교 교사, (사)한국복사전송권관리센터 이사, 국립중앙도서관 한국문헌번호운영심의회 위원, 아시아 · 태평양출판협회(APPA) 사무총장, 도서관정보화원문DB구축위원회 위원 1993~2004년 대한출판문화협회 사무국장 2004년 同감사(현) 2005년 도서출판 성림&지식더미 대표(현) 2010년 세종출판물류협동조합 이사장(현) 2012년 한국출판협동조합 이사 [상]문화체육부장관표창, 국무총리표창

정종철(鄭鍾澈) Jeong, Jong Cheol

[생]1966 [출]경북 성주 [주]세종특별자치시 갈매로408 교육부 운영지원과(044-203-6507) [학]성균관대 행정학과졸, 서울대 행정대학원졸 2001년 교육학박사(미국 조지아대) [경]1991년 행정고시 합격(34회) 1992~1996년 강원대 농대 서무과장 · 교무과장 직대 2001~2004년 교육인적자원부 학술학사지원과 · 혁신기획관실 서기관 2004년 한국방송통신대 교무과장 2005~2006년 고려대 교육대학원 겸임교수 2005년 교육인적자원부 지식정보정책과장 2006년 駐뉴욕총영사관 교육문화관 2009년 미국 뉴욕대 초빙연구원 2010년 교육과학기술부 교직발전기획과장 2011년 同대입제도과장 2012년 同인재정책실 미래인재정책관 2013년 교육부 기획조정실 정책기획관 2014년 駐미국대사관 공사참사관(현) [상]대통령표창(2012)

정종태(丁鍾泰) CHUNG Jong Tae

[생]1961 · 5 · 3 [출]전남 무안 [주]서울 서초구 헌릉로13 대한무역투자진흥공사 KOTRA아카데미(02-3497-1180) [학]1984년 전남대 무역학과졸 1988년 연세대 대학원 경영학과졸 1994년 미국 컬럼비아대 경영대학원 수료 [경]2005년 대한무역투자진흥공사(KOTRA) 시장총괄팀장 2007년 同시카고무역관장 2010년 同운영지원처장 2011년 同유럽지역본부장 겸 프랑크푸르트무역관장 2015년 同KOTRA글로벌연수원장 2015년 同KOTRA아카데미원장(현)

정종태(鄭鍾泰) CHUNG Jong Tae

[생]1963 · 7 · 1 [출]경남 김해 [주]경기 성남시 분당구 서현로190 (주)이노와이어리스 비서실(031-788-1700) [학]1986년 연세대 전자공학과졸 1988년 同대학원 전자공학과졸 [경]1988~1994년 한국전자통신연구원(ETRI) 선임연구원 1994~1997년 신세기통신 선임과장 1997~2000년 미국 네오포인트 설립 및 Senior Manager 2000년 (주)이노와이어리스 대표이사(현) [상]특허청 선정 특허기술상 지석영상(1996), 중소기업특별위원장표창(2003), 무역의날 국무총리표창(2003), 정보통신의날기념 동탄산업훈장(2006), 중앙일보 선정 대한민국차세대CEO상(2008), 중소기업기술혁신대전 대통령표창(2008), 방송통신위원회 선정 전파방송기술상 대통령표창(2010), 글로벌IT CEO상 지식경제부장관표창(2011)

정종택(鄭宗澤) CHUNG Chong Teck

[생]1935·2·20 [본]영일(迎日) [출]충북 청원 [주]충북 청주시 흥덕구 강내면 월곡길38 충청대학교(043-230-2114) [학]1953년 청주고졸 1958년 서울대 행정과졸 1983년 同경영대학원 최고경영자과정 수료 1993년 청주대 행정대학원 고위관리자과정 수료 1994년 충북대 경영대학원 최고경영자과정 수료 1997년 명예 행정학박사(청주대) 1998년 명예 이학박사(인제대) 1998년 명예 철학박사(일본 소카대) [경]1956년 광혜원중·고 교사 1969년 내무부 재정과장 1971년 대통령 정무비서관 1974년 내무부 기획관리실장 1976년 충북도지사 1980년 노동청장 1980년 농수산부 장관 1981년 제11대 국회의원(청주·청원, 민주정의당) 1981년 정무제1장관 1982년 한·가봉의원친선협회 명예회장 1983년 민주정의당(민정당) 충북지부 위원장 1985년 제12대 국회의원(청주·청원, 민정당) 1985~2000년 낙산장학회 이사장 1988년 한국4H연맹 총재 1988년 제13대 국회의원(청주甲, 민정당·민자당) 1988년 국회 예산결산특별위원회 위원장 1988년 정무제1장관 1990년 민자당 충북도지부 위원장 1991년 한·이란의원친선협회 회장 1993~2000년 한국정치발전연구회 이사장 1995년 민자당 교육연수원장 1995~1996년 환경부 장관 1997년 충청전문대학 학장 1997년 충청대학 학장·총장 1998~2000년 한국전문대교육협의회 회장 1999년 대한민국헌정회 부회장·고문(현) 2000년 새천년민주당 청원지구당 위원장 2000년 同당무위원 2000~2001년 대한민국헌정회 회장직대 2003년 한국지방대학총학장협의회 공동대표 2004년 대한적십자사 중앙위원(현) 2004~2006년 한국전문대학교육협의회 회장 2006년 목우회 회장 2009년 충청향우회중앙회 총재·명예총재 2011년 충청대 명예총장(현) [상]대통령표창(1963), 국무총리표창(1971), 체육포장(1979), 청조근정훈장(1981), 콜롬비아 농업대십자훈장, 자랑스러운 충청인 특별대상 행정부문(2016) [저]'새마을운동과 지도이념'

정종표(鄭鍾杓) Jung Jong-Pyo

[생]1957 · 2 · 21 [출]대구 [주]서울 강남구 테헤란로301 삼정개발빌딩 삼성테스코 임원실(02-3459-8786) [학]영남대 경제학과졸 [경]1984년 삼성물산 회계팀 근무 1990년 同파리지사 주재원 1996년 同삼성플라자 분당서현점 관리팀 근무 1998년 同홈플러스 대구점 지원파트팀장 1999년 삼성테스코(홈플러스) 대구점장 2001년 同점포운영팀장 2001년 同점포운영부문장(상무보) 2004년 同점포기획부문장(상무) 2005년 同신선식품매입본부장 2006년 同운영SCM부문장 2006년 同운영SCM부문장(부사장) 2008~2015년 同익스프레스사업부문장(부사장) 2015년 同운영부문장(현)

정종화(鄭鍾和)

[생]1966·4·10 [출]전북 진안 [주]부산 연제구 법원로15 부산지방검찰청 강력부(051-606-4320) [학]1985년 전주 완산고졸 1992년 한국외국어대 법학과졸 [경]1998년 사법시험 합격(40회) 2001년 사법연수원 수료(30기) 2001년 서울지검 검사 2003년 전주지검 군산지청 검사 2005년 광주지검 검사 2007년 의정부지검 고양지청 검사 2009년 법무부 보호법제과 검사 2011년 서울동부지검 검사 2015년 전주지검 부부장검사 2016년 부산지검 강력부장(현)

정종환(鄭鍾煥) CHUNG Jong Hwan

[생]1948·7·30 [본]진주(晉州) [출]충남 청양 [주]서울 영등포구 의사당대로1길34 인영빌딩 아시아투데이(02-769-5030) [학]1965년 청양농고졸 1969년 고려대 정치외교학과졸 1979년 미국 워싱턴대 대학원 경제학과졸 2000년 명예 경영학박사(순천향대) 2011년 명예 행정학박사(서울과학기술대) [경]1971년 행정고시 합격(10회) 1972년 농수산부 행정사무관 1974년 교통부 행정사무관 1980년 同안전·감사과장 1980년 同항정·도시교통과장 1983년 同조정과장·국제항공과장 1989년 同도시교통과장·총무과장 1989년 同공보관 1991년 同도시교통국장 1992년 同항공국장 1993년 同관광국장 1995년 건설교통부 국토계획국장 1996년 同기획관리실장 1997년 同수송정책실장 1998~2001년 철도청장 2001년 충남발전연구원 원장 2001년 한남대 지역개발대학원 교수 2001년 철도대학 초빙교수 2001년 MBC '성공시대' 출연 2002년 제주국제자유도시개발센터 이사장 2003년 한국고속철도건설공단 이사장 2004~2006년 한국철도시설공단 초대이사장 2007년 우송대 철도건설환경공학과 석좌교수 2008~2011년 국토해양부 장관 2012년 아시아투데이 상임고문 2013년 同부회장(현) [상]홍조근정훈장(1992), 한국능률협회 고객만족경영 대상·최고경영자상(1998·1999), 행정자치부 행정서비스헌장 대상(2001) [종]기독교

정주년(鄭炷年) CHUNG Choo Nyun

[생]1937·5·20 [출]서울 [주]서울 서초구 매헌로46 블루펄빌딩4층 UNEP 한국위원회(02-720-1011) [학]1956년 경기고졸 1960년 서울대 경제학과졸 1965년 同정치외교학과졸 [경]1965년 국회의장 공보비서관 1966년 대통령비서실 행정관 1967~1971년 외무부 대변인·駐영국대사관 1등서기관 1971년 남북회담 대표·대변인 1980년 駐제네바대표부 공사 1983년 외교안보연구원 연구위원 1988년 외무부 본부대사 1989~1992년 駐타이 대사 1992년 민자당 총재 의전보좌역 1993년 한국국제협력단 부총재 1994~1996년 同총재 1996~1998년 YTN 사장 1998년 국제연합환경계획(UNEP) 한국위원회 부총재(현) 1999년 관동대 초빙교수 2001년 한국관광협회중앙회 고문·부회장 [상]수단정부 최고나일훈장

정주섭(鄭柱燮) Jung Joo Sup

[생]1949·8·13 [출]충남 연기 [주]서울 성북구 보문로35 서광빌딩 7층 704호 한국항만물류협회(02-924-2113) [학]1967년 경복고졸 1971년 한국해양대 항해학과졸 [경]1987~1989년 한진해운 근무 1990~1999년 (주)한진 상무이사 1999년 한진물류연구원 원장 2000~2005년 (주)한진 물류사업본부장(전무) 2005~2006년 동부건설 물류부문 부사장 2009~2016년 동부익스프레스 대표이사 사장 2013년 한국항만물류협회 부회장(현)

정주택(鄭周澤) CHUNG Joo Taek

[생]1949·4·17 [본]동래(東萊) [출]대구 [주]서울 성북구 삼선교로16길116 한성대학교(02-760-4114) [학]1967년 경북고졸 1971년 서울대 법대 행정학과졸 1984년 同행정대학원 정책학과졸 1990년 행정학박사(미국 아메리칸대) [경]입법고시 합격(3회) 1978~1985년 국회사무처 입법조사국 입법조사관 1985년 미국 아메리칸대 사회과학컴퓨터실 연구원 1991~2014년 한성대 행정학과 조교수·부교수·교수, 同행정대학원장, 同교수협의회장, 한국정책학회 의회특별위원회 위원장, 지방이양추진실무위원회 농수산복지분과 위원장, 한국자치경영평가원 이사, 금융감독위원회 자체평가위원회 제3분과위원장 2009~2013년 한성대 총장 2010~2012년 미국 아메리칸대 한국동문회장 2012~2013년 사회통합위원회 서울지역협의회 의장 2014년 한성대 명예교수(현) [상]근정포장(2002), 청조근정훈장(2014) [저]'정책평가론(共)'(2007, 법문사)

정주호(鄭柱浩) CHUNG Joo-Ho

[생]1956·12·9 [주]서울 동대문구 경희대로26 경희대학교 의과대학 약리학교실(02-961-0303) [학]1982년 경희대 의대졸 1984년 同대학원졸 1990년 의학박사(경희대) [경]1990~2000년 경희대 의과대학 약리학교실 조교수·부교수 2000년 同교수(현) 2013년 同의학전문대학장(현) 2013년 同의과대학장(현) 2013년 同의학계열실습지원센터장 겸임(현)

정주환(鄭周桓) Joohwan Jung

[생]1978·6·27 [주]경기 성남시 분당구 판교역로235 H스퀘어 N동6층 (주)카카오(070-7492-1300) [학]2001년 서울대 기계항공공학과졸 2004년 同대학원 기술경영학과졸 [경]2004년 SK커뮤니케이션즈 근무 2008년 네오위즈 마케팅팀장 겸 게임사업팀장 2010년 넥스알 사업총괄이사(CSO) 2011년 써니로프트 설립·사장 2013년 다음카카오 신규사업팀장 2013년 同온디맨드팀 총괄 2015년 (주)카카오 O2O사업부문 총괄 부사장(현)

정 준(鄭 峻) CHUNG Joon

[생]1963·8·31 [출]서울 [주]경기 성남시 분당구 판교역로220 (주)쏠리드 비서실(031-627-6001) [학]서울 양정고졸 1986년 서울대 전자공학과졸 1988년 미국 Stanford대 대학원 전자공학과졸 1993년 전자공학박사(미국 Stanford대) [경]1986년 미국 스탠퍼드대 연구원 1993년 일본 Hitachi 중앙연구소 객원연구원 1994~1998년 한국통신 연구개발본부 선임연구원 1998~2012년 (주)쏠리테크 창업·대표이사 사장 2005년 다보스포럼 한국대표 2007년 (사)벤처기업협회 부회장 2007~2008년 (사)벤처리더스클럽 공동대표 2007~2010년 코스닥협회 이사 2010~2013년 한국거래소 코스닥시장상장위원회 위원 2010년 한국스카우트연맹 중앙이사(현) 2011~2013년 국가경쟁력강화위원회 위원 2012년 (주)쏠리드 총괄 대표이사 사장(현) 2014년 국가과학기술자문회의 자문위원(현) 2014~2015년 국가과학기술연구회 비상임이사 2015년 국가과학기술심의회 기계·소재전문위원회 위원(현) 2015년 (사)벤처기업협회 회장(현) 2015년 금융위원회 금융개혁회의 위원(현) 2015년 미래창조과학부 경기창조경제혁신센터 창업대사(현) 2015~2016년 법무부 정책위원회 위원 2015년 (주)팬텍 대표이사 겸 경영위원회 의장(현) 2016년 한국무역협회 비상임이사(현) [상]산업자원부장관표창(2001), 중소기업청 선정 '이달의 중소기업인상'(2001), 세계경제포럼 선정 기술개척자상(2003)

정준근(鄭準根) JUNG Jun Kuen

[생]1951·3·20 [출]경남 [주]경기 수원시 장안구 서부로2174 (사)한국철도차량엔지니어링 이사장실(031-269-5452) [학]1970년 마산공고졸 1984년 건국대 기계공학과졸 [경]1998년 철도청 차량국 객화차과 서기관 2000년 同서울철도차량정비창 서기관, 同대구차량사무소 서기관 2006년 한국철도공사 대전철도차량관리단장 2007년 同기술본부 차량기술단장 2008년 同인재개발원 인재육성기획단장 2013년 (사)한국철도차량엔지니어링 이사장(현)

정준기(鄭準基) CHUNG Joon Ki (艸庭)

[생]1951·12·26 [본]하동(河東) [출]서울 [주]서울 마포구 와우산로94 홍익대학교 공과대학 기계시스템디자인공학과(02-320-1680) [학]성동고졸 1978년 연세대 기계공학과졸 1980년 同대학원 기계공학과졸 1986년 공학박사(연세대) 1992년 미국 캘리포니아대 버클리교(U.C. Berkeley) 수료 [경]1977년 삼성중공업 근무 1980년 울산대 공대 전임강사 1981년 홍익대 공대 기계시스템디자인공학과 전임강사·조교수·부교수·교수(현) 1994~1997년 同연구부처장 2005~2009년 同과학기술연구소장 2007~2009년 同공과대학장 겸 정보대학원장 2013년 同관리담당 부총장 2015년 同중앙도서관장 겸 법학도서관장(현) [상]대학기계학회 공로상(2008) [역]'기계제작법'(1998, 청문각)

정준기(鄭俊基) June-Key Chung

[생]1953·3·9 [주]서울 종로구 대학로101 서울대학교병원 핵의학과(02-2072-3376) [학]1977년 서울대 의대졸 1980년 同대학원졸 1987년 의학박사(서울대) [경]1978년 서울대병원 내과 전공의 1982년 국군 서울지구병원 핵의학과장 1985년 서울대 의과대학 핵의학교실 교수(현) 1988년 미국 국립보건원(NIH) 초청연구원 1996년 서울대병원 핵의학과장 1996년 서울대 암연구소 연구부장 2002~2006년 세계핵의학회 사무총장 2004~2006년 서울대병원 핵의학과장 2011~2014년 同의학역사문화원장 2011년 한국원자력의학원 비상임이사 2013년 대한갑상선학회 회장 [상]바이엘쉐어링 임상의학상(2009) [저]'핵의학(共)'(1992, 고려의학) '핵의학 입문(共)'(1993, 고려의학) '핵의학(共)'(1997, 고려의학) 'SPECT/CT, PET/CT Anatomy(編)'(2007, Springer) '고창순 핵의학(編)'(2008, 고려의학) '젊은 히포크라테스를 위하여'(2011, 서울대 출판문화원)

정준길(鄭濬吉) JEONG June Guil

[생]1966·5·17 [출]경남 진주 [주]서울 광진구 자양로135 자양오피스텔202호 새누리당 서울광진구乙당원협의회(02-458-2012) [학]1985년 건국대부속고졸 1991년 서울대 법대 공법학과졸 2003년 중국 복단대화동정법학원 수료 2011년 건국대 대학원 박사과정 수료 [경]1993년 사법시험 합격(35회) 1996년 사법연수원 수료(25기) 1996년 부산지검 검사 1998년 수원지검 여주지청 검사 2000년 서울지검 검사 2002~2005년 울산지검 검사 2003~2005년 대검찰청 중앙수사부 공적자금비리합동수사부 검찰연구관(파견) 2005~2008년 CJ(주) 경영전략지원담당 임원·전략구매실장(상무)·법률자문(상무) 2008년 법무법인 광장 변호사 2010~2011년 CJ인터넷 사외이사 2011년 대한변호사협회 수석대변인 2011년 CJ E&M 사외이사 2012년 새누리당 서울광진구乙당원협의회 운영위원장(현) 2012년 제19대 국회의원선거 출마(서울 광진구乙, 새누리당) 2012년 새누리당 제18대 대통령중앙선거대책위원회 공보단 위원 2012년 同제18대 대통령중앙선거대책위원회 서울시당 깨끗한선거추진본부장 2014년 同수석부대변인 2016년 제20대 국회의원선거 출마(서울 광진구乙, 새누리당) [저]'해양범죄백서' '중국검찰제도론' '길의 노래-인생의 전환점에 서서'(2011, 승연사) [종]기독교

정준명(鄭埈明) CHUNG June Myong

[생]1945·6·1 [출]인천 [주]서울 종로구 사직로8길39 세양빌딩 김앤장법률사무소 상임고문실(02-3703-1152) [학]1961년 서울중졸 1964년 서울고졸 1967년 고려대 의과대학 수료 1973년 경희대 전자공학과졸 1980년 일본 조치대 연수 1994년 연세대 경영대학원 최고경영자과정 수료 2004년 서울대 경영대학 최고경영자과정(AMP) 수료 2005년 중앙대 대학원 중국경제전문가과정 수료 2005년 한양대 국제관광대학원 최고엔터테인먼트과정(EEP) 수료 2006년 중국 칭화대학 연수 [경]1973년 삼성전자 입사 1977년 삼성물산 도쿄지점 과장 1981년 삼성그룹 이병철회장 비서팀장 1983년 삼성전기 경영기획실장·신규사업부장 1987년 同이사

1990년 同동경법인장(삼성전자재팬 사장), 일본 가전제품협회 정회원 1992년 삼성그룹 이건희회장 비서팀장 1993년 삼성전관 경영기획실장 1994년 삼성경제연구소 일본연구담당 상무, 대한한의사협회 정책기획위원 1995년 삼성자동차 전무이사·일본본사 자동차부문장 1997년 同대표이사 부사장 1997년 삼성일본본사 대표이사 부사장 2001년 일본삼성(주) 대표이사, 駐日한국기업연합회 고문 2004년 일본 총리부 대일투자회의 외국인특별위원(총리임명), 일본 와세다대학 아시아연구기구 현대한국연구소 객원연구원 2004년 삼성인력개발원 상담역(사장) 2007년 同비상근 상담역 2007~2011년 리인터내셔날법률사무소 상임고문 2008년 서울고총동창회 부회장 2010~2011년 하이트맥주 사외이사 2011년 김앤장법률사무소 상임고문(현) [상]경희경영자대상(2005) [종]기독교

정준석(鄭俊石) JUNG Joon Suk

[생]1951·12·15 [본]경주(慶州) [출]충남 천안 [주]서울 영등포구 여의공원로111 여의도태영빌딩 언스트앤영 한영회계법인(02-3787-6600) [학]1970년 용산고졸 1977년 연세대 경영학과졸 1982년 서울대 행정대학원 행정학과졸 1991년 미국 워싱턴주립대(U.W) 대학원 경제학과졸 1997년 경제학박사(한양대) [경]1976년 행정고시 합격(19회) 1978년 특허청 지도과 행정사무관 1980년 체신부 장관비서실 행정사무관 1980~1987년 상공부 기업지도관실·산업정책관실·수송기계과·제철과·기획예산담당관실 행정사무관 1987년 한국개발연구원 파견 1991년 상공부 구주통상과장 1993년 상공자원부 전원입지과장 1994년 同자원협력과장 1996년 통상산업부 공보담당 1997년 同감사담당관 1998년 산업자원부 생활산업국 반도체전기과장 1998년 同총무과장 1998년 특허청 국제특허연수원 교수부장 1999년 駐미국 상무관 2002년 산업자원부 국제협력투자심의관 2003년 국방대학원 파견 2003년 산업자원부 원전수거물관리시설설치지원단장 2004년 同생활산업국장 2004년 중소기업청 차장 2005년 산업자원부 무역위원회 상임위원 2006년 同무역투자실장 2006년 同무역투자정책본부장 2006년 한국산업기술재단 이사장 2008~2009년 한국부품소재산업진흥원 원장 2009년 미국 워싱턴주립대(U.W) 한국총동창회장 2009년 언스트앤영 한영회계법인 부회장(현) 2010~2013년 정보통신정책연구원 감사 2014~2016년 NICE평가정보(주) 사외이사 겸 감사위원 [상]근정포장(1987), 올해의자랑스런 U.W인(2008) [저]'우리나라 생산기술실태와 지원정책'(1989) '우리나라 물류지원정책'(1996) [종]기독교

정준섭(鄭準燮) Jung, Joon Sup

[생]1974 [본]서산(瑞山) [출]경북 김천 [주]서울 종로구 청와대로1 대통령 민정수석비서관실(02-770-0011) [학]1993년 김천고졸 2001년 서울대 사회복지학과졸 2003년 同행정대학원 행정학과 수료 2013년 미국 샌디에이고주립대 대학원졸(Master of Public Health) [경]2001년 행정고시 합격(45회) 2002~2008년 보건복지부 재활지원과·정책홍보팀·보건의료정책과 근무 2008~2010년 대통령 사회정책수석비서관실 행정관 2010~2015년 보건복지부 현장소통팀장·연금급여팀장·사회서비스자원과장 2015년 同기획조정실 규제개혁법무담당관 2015년 대통령 민정수석비서관실 행정관(서기관)(현)

정준양(鄭俊陽) CHUNG Joon Yang

[생]1948·2·3 [출]경기 수원 [학]1966년 서울사대부고졸 1972년 서울대 공업교육학과졸 1999년 순천대 대학원 금속학과졸 2012년 명예 경제학박사(연세대) [경]1975년 포항제철(주) 입사 1975년 同제강기술과장 1984년 同제강부 1제강공장장 1991년 同제강부장 1998년 同생산기술부장 1998년 同기술연구소 부소장 1999년 同EU사무소장 2002년 同EU사무소장(상무대우) 2003년 (주)포스코 광양제철소 선강담당 부소장(상무) 2004년 同광양제철소장(전무이사) 2006년 同대표이사 부사장(생산기술부문장) 2006~2009년 대·중소기업협력재단 이사 2007년 (주)포스코 대표이사 사장(생산기술부문장) 2008년 포스코건설(주) 대표이사 사장 2009~2014년 (주)포스코 대표이사 회장 2009~2014년 한국무역협회 비상근부회장 2009~2014년 한국철강협회 회장 2009년 상생문화포럼 초대회장 2009년 대한금속재료학회 회장 2009년 국제철강협회 집행위원 2010~2011년 대·중소기업협력재단 이사장 2011년 다문화가족포럼 공동대표(현) 2011~2015년 학교법인 포항공과대 이사장 2011~2014년 한국공학한림원 회장 2011~2014년 한국학중앙연구원 비상임이사 2012~2014년 포스코청암재단 이사장 2013~2014년 세계철강협회(World Steel Association·WSA) 회장 2014년 (주)포스코 상임고문 2015~2016년 同비상임고문 [상]건설유공 대통령표창(1992), 대한금속학회 기술상(1994), 국가경제발전유공 금탑산업훈장(2007), 한국경제신문 최고경영자부분 정도경영대상(2009), 존경받는 기업인대상(2010), 한국경영인협회 가장 존경받는 기업인상(2011), 한국능률협회 한국의 경영자상(2012), 한국의 영향력있는 CEO-지속가능경영부문(2013), 철강기술협회(AIST) 올해의 철강인상(2013), 대한금속재료학회 금속재료상(2013)

정준영(鄭晙永) Chung June Young

[생]1967·2·15 [출]서울 [주]서울 서초구 서초중앙로157 서울고등법원(02-530-1114) [학]1985년 청량고졸 1989년 서울대 법과대학 사법학과졸 1999년 同대학원 법학과졸 [경]1988년 사법시험 합격(30회) 1991년 사법연수원 수료(20기) 1991년 軍법무관 1994년 서울지법 북부지원 판사 1996년 서울지법 판사 1998년 전주지법 군산지원 판사 2000년 인천지법 부천지원 판사 2002년 서울지법 판사 2002~2003년 미국 UC버클리법대 Visiting Scholar 2003년 서울고법 판사 2004년 국회 파견 2005년 법원행정처 송무심의관 2006년 광주지법 장흥지원장 2007년 대법원 재판연구관(부장판사) 2009년 인천지법 부장판사 2010년 언론중재위원회 서울제4중재부장 2010년 서울중앙지법 조정담당 부장판사 2011년 同파산부 부장판사 2013년 인천지법 부천지원장 2014년 특허법원 부장판사 2016년 서울고법 부장판사(현) [종]가톨릭

정준영(丁俊榮) Joon-Young Chung

[생]1967·12·18 [본]나주(羅州) [출]대구 [주]서울 종로구 율곡로2길25 연합뉴스 국제경제부(02-398-3114) [학]1986년 경성고졸 1993년 성균관대 정치외교학과졸 [경]1994년 연합뉴스 사회부 기자 2000년 同산업부 기자 2003년 同북한부 기자 2005년 同정치부 통일외교팀 기자 2007년 미국 스탠퍼드대 아시아태평양연구소(APARC) Visiting Scholar(연수) 2008년 연합뉴스 경제부 기자 2013년 同논설위원 2014년 同증권부 기자 2015년 同경제부 기자 2016년 同국제경제부장(현)

정준용(鄭準鎔) CHUNG, Junyong (蜆草)

[생]1959·12·9 [본]진양(晋陽) [출]경남 하동 [주]전북 전주시 완산구 농생명로300 농촌진흥청 농촌지원국 지도정책과(063-238-0910) [학]1979년 진주 대아고졸 1986년 경상대 낙농학과졸 2004년 건국대 농축대학원 축산자원생산학과졸(농학석사) [경]2010년 국립원예특작과학원 기술지원과장 2011년 농촌진흥청 농촌지원국 지도개발과장 2012년 同고객지원센터장 2013년 국방대 안보과정 교육파견 2014년 농촌진흥청 대변인 2016년 同농촌지원국 지도정책과장(현) [상]대통령표창(2009)

정준이(丁俊伊·女)

[생]1958·4·8 [주]세종특별자치시 조치원읍 군청로87의16 세종특별자치시의회(044-300-7175) [학]한밭대 복지경영공학과졸, 성산효대학원대 휴학 [경]드림웰빙투어 대표, 민주평통 자문위원, 연기군여성단체협의회 회장, 연기군여성자원활동센터회 회장, 세종시YMCA 이사, 세종시새마을회 이사, 세종시자연보호협의회 수석부회장 2010년 충남 연기군의원선거 출마(국민중심연합) 2014년 세종특별자치시의회 의원(비례대표, 새정치민주연합·더불어민주당)(현) 2014·2016년 同운영위원회 위원(현) 2014년 同행정복지위원회 부위원장 2015년 세종특별자치시 아동복지심의위원회 민간위원 2016년 세종특별자치시의회 행정복지위원회 위원(현) 2016년 同예산결산특별위원회 위원장(현)

정준현(鄭準鉉) JEONG Jun Hyeon

[생]1958·12·29 [본]동래(東萊) [출]대구 [주]경기 용인시 수지구 죽전로152 단국대학교 법과대학 법학과(031-8005-3293) [학]1982년 성균관대졸 1984년 同대학원졸 1991년 법학박사(고려대) [경]1986~1996년 법제처 법제연구담당관 1997~2007년 선문대 사회과학대학 법학부 교수 2005~2007년 정보통신윤리위원회 전문위원 2005~2009년 법제처 법령해석심의위원회 위원 2006~2007년 선문대 학생지원처장 2006년 한국환경법학회 편집이사 2007년 한국토지공법학회 법제이사 2007년 한국지방자치법학회 부회장(현) 2007년 단국대 법대 법학과 교수(현) 2008~2010년 同법과대학장 2010년 대통령직속 행정심판위원회 및 중앙행정심판위원회 비상임위원(현) 2012년 한국사이버안보법정책학회 회장(현) [상]정보통신부장관표창(2001), 국무총리표창(2002)

정준호(鄭準鎬) CHUNG Jun Ho

[생]1953·5·17 [주]서울 강남구 테헤란로142 캐피탈타워 (주)노루홀딩스 임원실(02-2191-7700) [학]1972년 서울고졸 1978년 연세대 경영학과졸 1985년 미국 뉴욕대 경영대학원졸 [경]대우경제연구소 근무 1998~1999년 대우증권(주) 국제영업부장 1993~1998 同홍콩법인 사장 2000년 (주)C&F캐피탈 대표이사 2014년 (주)노루홀딩스 대표이사 사장 2016년 同사장(현)

정준호(鄭俊浩) CHUNG Joon Ho

[생]1963·7·12 [본]연일(延日) [출]충남 공주 [주]서울 중구 세종대로67 삼성카드 리스크관리실(1588-8700) [학]1982년 충남고졸 1986년 서울대 경제학과졸 1989년 同행정대학원졸 1998년 경제학박사(미국 미주리대) [경]1987년 제31회 행정고시 재경직 합격 1998~1994년 재무부 외자정책과·장관비서실·은행과 근무 1998~2000년 금융위원회 근무 2000~2002년 KTB네트워크 기획관리부 이사 2002~2003년 우리금융지주 조사분석실장 2003~2008년 (주)코람코자산신탁 부사장 2009~2013년 同대표이사 사장 2014년 삼성그룹 금융일류화추진팀 전무 2015년 삼성카드 리스크관리실장(부사장)(현) 2015~2016년 새누리당 핀테크특별위원회 위원

정준호(鄭俊鎬) Jeong Junho

[생]1980·5·3 [본]동래(東萊) [출]서울 [주]서울 강남구 테헤란로126 대공빌딩 7층 법무법인 민(02-6250-0100) [학]1999년 광주 동신고졸 2005년 서울대 법학과졸 [경]2007년 사법시험 합격(49회) 2010년 사법연수원 수료(39기) 2012~2013년 대검찰청 법무관 2013~2014년 법무법인 양헌 변호사 2014년 법무법인(유) 한별 변호사 2015년 중소기업청 대중소기업협력재단 수위탁분쟁조정협의회 제조분과위원 2016년 법무법인 민 변호사(현) 2016년 더불어민주당 광주북구甲지역위원회 위원장(현) 2016년 제20대 국회의원선거 출마(광주 북구甲, 더불어민주당) [상]법무부장관표창

정준희(鄭俊熙) Jeong Joon-Hee

[생]1963·1·16 [본]동래(東萊) [출]충북 청주 [주]서울 종로구 세종대로209 통일부 대변인실(02-2100-5618) [학]1981년 관악고졸 1989년 한국외국어대 행정학과졸 1994년 서울대 행정대학원 행정학과졸 [경]1991년 행정고시 합격(35회) 1992~1994년 통일원 남북회담사무국 행정사무관 1995~1996년 同교육홍보국 행정사무관 1996~1998년 同장관실 수행비서관 1998~2002년 통일부 정보분석실 행정사무관 2002~2004년 同정보분석실·공보관실·이산가족과 서기관 2004~2006년 청와대 NSC사무국 위기관리센터 행정관 2006~2008년 통일부 개성공단사업지원단 지원총괄팀장 2009~2010년 국외파견(미국 맨스필드재단) 2010년 통일부 정세분석총괄과장 2011년 同운영지원과장(부이사관) 2014년 同북한이탈주민정착지원사무소 화천분소장 2014년 同정세분석국장(고위공무원) 2015년 同대변인(현) [상]근정포장(2006)

정중곤(鄭重坤)

[생]1958·1·27 [주]서울 서대문구 서소문로51 상수도사업본부(02-3146-1020) [학]성동공업고졸, 한국사이버대 법학과졸, 서울시립대 대학원 토목공학과졸 [경]1976년 서울 성동구 건설관리국 수도2과 근무(최초 임용) 2005년 서울시 상수도사업본부 수도관리부 누수방지과장 2007년 同상수도사업본부 생산부 생산관리과장 2009년 同북부도로교통사업소장 2011년 同푸른도시국 공원조성과장 2011년 同푸른도시국 산지대책반장 2012년 同푸른도시국 산지방재과장 2015년 同도시안전본부 하천관리과장 2015년 同상수도사업본부 부본부장 직대(서기관) 2016년 同상수도사업본부 부본부장(부이사관)(현)

정중석(鄭重錫) Jong Joong-seog

[생]1960·3·21 [주]인천 남동구 정각로29 인천광역시청 감사관실(032-440-5001) [학]1993년 한국방송통신대 법학과졸 2001년 가톨릭대 대학원 북한학과졸 [경]1980년 9급 공채 1980~1996년 경남도청·김해군청 근무 1996~2004년 경남도청·내무부 감사관실 근무 2004~2010년 행정자치부 감사관실·운영지원과 등 근무 2010년 국가기록원 대통령기록관 연구서비스과장 2013년 안전행정부 감사관실 조사담당관 2014년 인천시 감사관(현)

정중택(鄭重澤) Joongtaek Chung

[생]1965·4·1 [본]동래(東萊) [출]대구 [주]서울 종로구 사직로8길39 세양빌딩 김앤장법률사무소(02-3703-1071) [학]1984년 대구 달성고졸 1988년 한양대 법학과졸 [경]1989년 사법시험 합격(31회) 1992년 사법연수원 수료(21기) 1992년 軍법무관 1995년 대구지검 검사 1997년 청주지검 충주지청 검사 1998년 서울지검 남부지청 검사 2000년 창원지검 검사 2002년 서울지검 검사 2004년 인천지검 부부장검사 2004년 미국 연수 2005년 대구지검 포항지청 부장검사 2006년 부산지검 마약·조직범죄수사부장 2007년 법무연수원 교수 2008년 대구지검 의성지청장 2009년 서울북부지검 공판송무부장 2009년 수원지검 안산지청 형사1부장 2010~2011년 의정부지검 형사1부장 2011년 김앤장법률사무소 변호사(현) 2015년 AK홀딩스(주) 사외이사 겸 감사위원(현)

정지선(鄭志宣) CHUNG Ji Sun

[생]1972·10·20 [본]하동(河東) [출]서울 [주]서울 강남구 압구정로201 현대백화점그룹 비서실(02-549-2233) [학]1991년 경복고졸 1997년 연세대 사회학과 수료 1999년 미국 하버드대 스페셜스튜던트과정 이수 [경]2001년 현대백화점 기획실장(이사) 2002년 同기획관리담당 부사장 2003년 현대백화점그룹 총괄부회장 2007년 同회장(현)

정지영(鄭智榮) CHUNG Ji Young (栢村)

[생]1937·2·1 [본]연일(延日) [출]함북 회령 [주]서울 관악구 관악로1 서울대학교 인문대학 불어불문학과(02-880-6114) [학]1956년 경기고졸 1961년 서울대 불어불문학과졸 1964년 同대학원 불어불문학과졸 1968년 불문학박사(프랑스 Grenoble대) [경]1969년 서울대 사범대학 전임강사 1970~1975년 同문리대학 전임강사·조교수 1975~2002년 同불어불문학과 조교수·부교수·교수 1990~1991년 한국불어불문학회 회장 1994년 '에스프리 불한사전' 편찬위원장 2002년 서울대 인문대학 불어불문학과 명예교수(현) 2007년 '새 한불사전' 집필·편찬위원장 [상]프랑스정부 Officer des Palmes Academiques(교육문화훈장) [저]'프라임 불한사전'(1998, 두산동아) '생활프랑스어(共)'(2001) [역]'티보가의 사람들'(2008, 민음사) [종]기독교

정지영(鄭智泳) CHUNG Ji Young

[생]1946·11·19 [출]충북 청주 [학]1965년 청주고졸 1975년 고려대 불어불문학과졸 1997년 同언론대학원졸 [경]1981년 영화 '안개는 여자처럼 속삭인다'로 영화감독 데뷔 1982년 문화방송 프로듀서 1993년 영화인협회 스크린쿼터감시단장 1994년 종합유선방송위원회 제3심의위원 1995년 한국영화감독협회 회장 1998년 순천향대 연극영화과 교수 1998년 정지영필름 대표(현) 1999년 영화진흥위원회 위원 2003~2004년 서울문화예술전문학교 학장 2004년 열린우리당 비례대표 선정위원 2005년 고양국제어린이영화제 집행위원장 2006년 (주)유비다임 사외이사 2008~2012년 고려대 미디어학부 교수 2012~2013년 同언론대학원 초빙교수 2015년 부천국제판타스틱영화제 조직위원회(BIFAN) 부위원장 2016년 同위원장 2016년 제3회 사람사는세상영화제 집행위원장(현) [상]예술평론가협회 선정 '영화부문 최우수예술가'(1990), 청룡영화제 감독상(1991·2012), 도쿄국제영화제 최우수작품상·감독상(1992), 대종상 각색상(1992), 화관문화훈장(1993), 제42회 산세바스찬국제영화제 국제영화비평가상(1994), 청룡영화제 대상·작품상(1994), 백상예술제 영화부분 대상·작품상·감독상(1997), 대종상 감독상(1997), 이천 춘사대상영화제 특별공로상(2004), 금계백영화제 최우수외국어영화감독상(2012), 김대중노벨평화영화상 본상(2012), 올해의영화상 감독상(2013) [작]연출 'MBC 암행어사' '박순경' '춤추는 맨발' '완장' '마스터 클래스의 산책'(2011) 각본 '하얀 미소'(1980) '거리의 악사'(1987) '하얀전쟁'(1992) '산배암'(1998) '영화판'(2012) '부러진 화살'(2012) '남영동1985'(2012) 조감독 '가위바위 보'(1976) '망명의 늪'(1978) 프로듀서 '셀프 포트레이트'(2002) 감독 '안개는 여자처럼 속삭인다'(1982) '추억의 빛'(1984) '거리의 악사'(1987) '위기의 여자'(1987) '산배암'(1988) '여자가 숨는 숲'(1988) '남부군'(1990) '산산이 부서진 이름이여'(1991) '하얀전쟁'(1992) '헐리우드 키드의 생애'(1994) '맥주가 애인보다 좋은 일곱가지 이유'(1996) '블랙잭'(1997) '까'(1998) '아리랑'(2005) '이리'(2008) '부러진 화살'(2012) '남영동1985'(2012) '영화판'(2012) '마스터 클래스의 산책'(2013)

정지영(鄭智泳) JUNG Ji Young

[생]1967·5·4 [출]서울 [주]서울 서초구 반포대로158 서울고등검찰청(02-530-3261) [학]1986년 서울고졸 1990년 서울대 법학과졸 [경]1992년 사법시험 합격(34회) 1995년 사법연수원 수료(24기) 1995년 서울지검 남부지청 검사 1997년 대전지검 천안지청 검사 1999년 부산지검 검사 2000년 서울지검 의정부지청 검사 2002년 수원지검 검사 2004년 서울중앙지검 검사 2006년 대구지검 검사 2007년 同부부장검사 2008년 서울북부지검 부부장검사 2009년 대구지검 포항지청 부장검사 2009년 대전지검 천안지청 형사1부장 2010년 수원지검 안산지청 부장검사 2011년 대구지검 서부지청 부장검사 2012년 의정부지검 형사4부장 2013년 수원지검 성남지청 부장검사 2014년 인천지검 부천지청 부장검사 2015년 인천지검 형사2부장 2016년 대구고검 검사 2016년 서울고검 검사(현)

정지완(鄭址完) CHUNG Ji Wan

[생]1956 · 10 · 18 [출]대전 [주]경기 성남시 분당구 판교로 255번길34 솔브레인 임원실(031-719-0700) [학]1975년 충남고졸 1982년 성균관대 화학과졸 [경]1982~1986년 성원교역(주) 근무 1986년 테크노무역(주) 창립 · 대표 2000~2011년 테크노세미켐(주) 대표이사 2003년 훽트 이사 2010년 코스닥협회 부회장 2011년 솔브레인 대표이사 회장(현) 2012년 코스닥협회 수석부회장 2013~2015년 同회장 [상]중소기업인상(2000), 녹색경영대상(2004), 제7회 EY 최우수기업가상 화학부문(2013)

정지용(鄭址鎔) JEONG Ji Yong

[생]1961·2·24 [본]경주(慶州) [출]충북 [주]인천 부평구 굴포로104 인천 삼산경찰서 서장실(032-509-0321) [학]인하대 행정대학원졸 [경]인천지방경찰청 경비계 근무, 同기동3중대 근무, 인천 강화경찰서 경비과장, 인천 연수경찰서 정보2계장, 인천 계양경찰서 정보2계장, 인천지방경찰청 공보담당관, 인천 계양경찰서 정보보안과장, 인천지방경찰청 정보3계장 2005년 同경보2계장(경정) 2008년 同정보2계장(총경) 2008년 전북지방경찰청 청문감사관 2009년 전북 장수경찰서장 2010년 전북지방경찰청 경비교통과장 2010년 인천지방경찰청 생활안전과장 2011년 인천 연수경찰서장 2012년 인천지방경찰청 정보과장 2013년 교육파견(총경) 2014년 인천 남부경찰서장 2015년 인천지방경찰청 정보과장 2016년 인천 삼산경찰서장(현) [상]행정자치부장관표창(2004), 대통령표창(2006)

정지웅(鄭址雄) CHEONG Ji Woong (水山)

[생]1940·2·19 [본]경주(慶州) [출]충북 청주 [주]서울 관악구 관악로1 서울대학교 농업생명과학대학(02-880-4710) [학]1958년 경동고졸 1962년 서울대 사범대졸 1965년 同대학원 교육학과졸 1972년 지역사회개발학박사(필리핀 국립대) [경]1962~1963년 춘천여고 교사 1966~1982년 서울대 농대 전임강사·조교수·부교수 1978~1985년 농촌진흥청 겸직지도관 1980년 서울대 새마을운동종합연구소 부소장 1982~2005년 同농과대 농경제사회학부 교수 1985~1987년 同새마을운동종합연구소장 1986년 농업교육학회 회장 1994~1996년 한국사회교육협회 회장 1998년 한국지역사회개발학회 회장 1999년 한국농촌계획학회 회장 2000년 아시아농촌사회학회 부회장 2000년 미국 노스다코타주립대 교환교수 2002년 교육인적자원부 농어촌교육발전위원장 2005년 서울대 명예교수(현) 2013년 한국문해교육협회 회장(현) [상]황조근정훈장 [저]'지역사회개발-그 이론과 실제' '한국의 농촌-그 구조와 개발' '사회교육학개론' '참여연구법과 그 사례' '지역사회개발학' '지역사회개발과 사회교육' '지역사회학' [역]'비교사회교육론' '자기주도학습의 길잡이' [종]기독교

정지원 Jung Ji Won

[생]1960 · 11 · 21 [출]부산 [주]서울 강남구 역삼로153 (주)케이엘넷 임원실(02-538-7227) [학]동아대 공업경영학과졸 [경]미화섬유공업사 영업관리 상무이사, 경동섬유 대표이사 2012년 (주)케이엘넷 각자대표이사 사장(현)

정지원(鄭智元) Jung Ji Won

[생]1962 · 11 · 15 [출]부산 [주]서울 영등포구 국제금융로8길10 한국증권금융(주) 사장실(02-6908-8403) [학]1981년 부산 대동고졸 1985년 서울대 경제학과졸 1988년 同행정대학원 행정학과졸 1992년 미국 밴더빌트대 대학원 경제학과졸 2002년 미국 로욜라대 대학원 법학과졸 [경]1985년 행정고시 합격(27회) 1986년 재무부 기획관리실 · 경제협력국 · 이재국 · 금융국 사무관 1996년 재정경제원 금융정책실 산업자금담당관실 서기관 2004년 재정경제부 인력개발과장 2005년 금융감독위원회 감독정책1국 은행감독과장 2006년 同감독정책1국 은행감독과장(부이사관) 2006년 同감독정책1국 감독정책과장 2007년 同과장급 2009년 금융위원회 기업재무개선정책관(고위공무원) 2009년 同기획조정관 2012년 同금융서비스국장 2013년 새누리당 수석전문위원 2014~2015년 금융위원회 상임위원 2015년 한국증권금융(주) 대표이사 사장(현) 2015년 同꿈나눔재단 이사장(현) [종]천주교

정지이(鄭志伊 · 女) CHUNG JI YI

[생]1977·12·17 [본]하동(河東) [출]서울 [주]서울 종로구 율곡로194 현대상선(주) 임원실(02-3706-5114) [학]이화여자외고졸 2001년 서울대 고고미술사학과졸 2003년 연세대 사회과학대학원 신문방송학과졸 [경]외국계 광고회사 근무 2004년 현대상선(주) 재정부 입사(경력사원) 2005년 同재정부 대리 2005년 同회계부 과장 2006년 현대U&I 상무이사 2007년 同전무이사 2007년 현대상선(주) 기획지원본부 부본부장(전무) 2008년 同사장실장(전무) 2014년 同글로벌경영실장(전무)(현) [상]아시아소사이어티 코리아센터 '젊은 여성 리더상'(2011)

정지천(鄭智天) JEONG Ji Cheon

[생]1961·7·19 [출]경북 [주]경기 고양시 일산동구 동국로27 동국대 일산한방병원(031-961-9333) [학]1985년 동국대 한의학과졸 1987년 同대학원 한의학과졸 1991년 한의학박사(동국대) [경]1985~1989년 동국대 한의대부속 한방병원 전공의·임상연구원 1989년 同한의과대학 신계내과학교실 교수(현) 1991년 同경주한방병원 내과 과장 1995년 同경주한방병원 교육연구부장 2003~2005년 同강남한방병원장 2006~2015년 同경주한방병원 한방내과 교수 2015년 同일산한방병원 원장(현) 2015년 동국대의료원 부의료원장 겸임(현) [저]'신장이 강해야 성인병을 예방한다'(2000, 도서출판 청송) '우리집 음식동의보감'(2001, 중앙생활사)

정지태(鄭知太) CHUONG Ji Tae (杏潭)

[생]1954·7·13 [본]하동(河東) [출]서울 [주]서울 성북구 인촌로73 고려대학교 안암병원 소아청소년과(02-920-5339) [학]1979년 고려대 의과대학졸 1982년 同대학원 의학과졸 1987년 의학박사(고려대) [경]1979~1983년 서울위생병원 전공의 1983~1986년 경기도립포천병원 공중보건의 1986~1988년 고려대의료원 연구원 1988년 고려대 의과대학 소아청소년과학교실 교수(현) 2001년 同안암병원 소아과장 2001~2004년 同의사법학연구소장 2003~2005년 同연구처장 2003년 전국대학교연구처장협의회 회장 2004~2005년 고려대 산학협력단장 2006~2007·2013년 同의과대학 의학교육학교실 주임교수(현) 2006~2008년 同의과대학장 2007년 同병원 환경보건센터장 2007~2009년 同교우회 부회장 2007년 한국화이자 의학상 운영위원 2007~2010년 보건복지부 내과계 의료전문평가위원회 위원 2008~2012년 한국의료법학회 회장 2008년 호암상 의학부문 심사위원 2008~2010년 식품의약품안전청 중앙약사심의위원회 전문위원 2008~2010년 질병관리본부 아토피천식예방관리홍보분과 위원 2009~2012년 대한의학회 법제이사 2009~2012년 대한의사협회 중앙윤리위원 2009년 건강보험심사평가원 진료심사평가위원회 비상근심사위원(현) 2010~2011년 환경보건센터협의회 회장 2011년 (사)문화예술나눔 이사장(현) 2011~2012년 국제로타리3640지구 신사로타리 회장 2011~2013년 환경부 중앙환경정책위원회 환경보건분과 위원 2011~2013년 同환경보건위원회 위원 2012년 대한의학회 부회장(현) 2013~2015년 대한소아알레르기호흡기학회 이사장 [상]한국소아감염병학회 사노피파스퇴르 학술상(2006, 공동수상) [저]'소아약전-항히스타민제(共)'(2001) '소아약전-마크로라이드항균제(共)'(2001) '천식과 알레르기질환(共)'(2004) '소아과학(共)'(2004) '대학경영의 원리와 진단(共)'(2005) '소아알레르기 호흡기학(共)'(2005) '미래의학(共)'(2008) '아버지, 그리운 당신(共)'(2009) '임상의학과 나의 삶(共)'(2010) [역]'의학보수교육(共)'(2003)

정지택(鄭智澤) CHUNG Ji Taik

[생]1950·3·21 [본]연일(延日) [출]충북 진천 [주]서울 서초구 강남대로465 두산중공업(주) 부회장실(02-513-6032) [학]1969년 경기고졸 1974년 서울대 경영학과졸 1981년 미국 미시간주립대 경영대학원졸(MBA) [경]1975년 행정고시 합격(17회) 1996년 통계청 통계조사국장 1997년 재정경제원 정책심의관 1999년 기획예산위원회 재정개혁단장 1999년 기획예산처 예산관리국장 2001년 (주)두산 전략기획본부 사장 2001년 네오플럭스캐피탈(주) 사장 2003년 (주)두산 테크팩 사장, 삼화왕관(주) 사장 2003년 한국기업구조조정전문회사(KCRC)협회 회장 2006년 두산건설(주) 사장 2007년 同부회장 2007년 한국경영자총협회 부회장(현), 전국경제인연합회 이사, 두산베어스 구단주 대행 2008~2014년 두산중공업(주) 부회장 2008년 국민경제자문회의 자문위원 2008~2012년 한국신재생에너지협회 회장 2009년 한국기계산업진흥회 회장(현) 2009년 한국무역협회 부회장 2010~2013년 국가경쟁력강화위원회 위원 2014년 한국표준협회 비상근부회장(현) 2014년 두산중공업(주) 대표이사 부회장(운영총괄·COO)(현) 2015년 한국무역협회 비상근부회장(현) [상]대통령표창(1983), 황조근정훈장(1995) [종]기독교

정지택(鄭智澤) Jitaek Chung

[생]1968 · 4 · 1 [주]서울 중구 퇴계로100 스테이트타워 24층 베인앤드컴퍼니(02-6320-9300) [학]1991년 서울대 경영학과 1995년 同대학원 경영학과졸 2000년 미국 펜실베이니아대 와튼스쿨졸(MBA) [경]1990~1991년 삼일회계법인 근무 1992~1994년 삼정회계법인 근무 1995년 베인앤드컴퍼니코리아 입사 · 디렉터 2014년 베인앤드컴퍼니 글로벌디렉터(현) [저]'세일즈는 과학이다'(2007, 청림출판) '멈추지 않는 기업'(2008, 청림출판) [역]'1등 기업의 법칙'(2006, 청림출판) 'CEO의 위기경영'(2010, 청림출판) '결정하는 조직, 행동하는 조직'(2011, 청림출판) '고객이 열광하는 회사의 비밀'(2012, 청림출판)

정지훈(鄭智勳) Jeong, Jihoon

생1970·6·3 본진양(晉陽) 출부산 주서울 동대문구 경희대로26 경희사이버대학교 IT디자인융합학부(02-3299-8529) 학1996년 한양대 의대졸 2003년 서울대 대학원 보건정책관리학과졸 2007년 의공학박사(미국 서던캘리포니아대) 경2004~2007년 미국 Cedars-Sinai Medical Center 연구원 2007~2010년 우리들병원 생명과학기술연구소장 2010~2014년 명지병원 IT융합연구소장 2012~2013년 한국과학기술원(KAIST) 문화기술대학원 겸직교수 2012년 기획재정부 중장기전략위원회 민간위원 2012년 법무부 정책위원회 위원 2013년 문화체육관광부 콘텐츠코리아랩 자문위원(현) 2013년 미래창조과학부 ICT R&D중장기전략기획단장 위원(현) 2014년 경희사이버대 모바일융합학과 교수, 同IT디자인융합학부 교수(현) 2014년 경기도 혁신위원회 위원(현) 2016년 경희사이버대 미래고등교육연구소장(현) 젭'델파이 4 모든 것(共)(1999) '웹 서비스'(2002) '제4의 불'(2010) '아이패드 혁명(共)'(2010) '거의 모든 IT의 역사'(2010) '오프라인 비즈니스 혁명'(2011) '스마트 자본주의 5.0(共)'(2012) '무엇이 세상을 바꿀 것인가'(2012) '스마트 IT 스마트 혁명'(2012) '미래로 보는 세상(共)'(2012) '애프터 스마트(共)'(2012) '내 아이가 만날 미래'(2013) '거의 모든 인터넷의 역사'(2014) 역'오픈리더십'(2011) '기계와의 경쟁(共)'(2013)

정진강(鄭鎭棡) CHONG Chin Kang

생1962·12·26 출충북 제천 주서울 동작구 상도로369 숭실대학교 중어중문학과(02-820-0395) 학1981년 충북고졸 1988년 성균관대 중어중문학과졸 1991년 대만 국립정치대 대학원 중어중문학과졸 1995년 문학박사(대만 국립정치대) 경1993년 대만 국립정치대 동방어문학과 겸임교수 1995년 숭실대 중어중문학과 조교수·부교수·교수(현) 2009~2011년 同학생처장 2012~2014년 同어학교육원장 겸 심양항공공업학원 한국어교육센터장 2012~2014년 同외국인학생지원센터장 2015년 同인문대학장(현) 젭'상고중국어성조연구' 종기독교

정진곤(鄭鎭坤) CHEONG Jean Gon

생1950·8·12 출전북 김제 주강원 횡성군 안흥면 봉화로800 민족사관고등학교 교장실(033-343-1115) 학익산 남성고졸 1976년 서울대 교육학과졸 1978년 同대학원졸 1986년 철학박사(미국 Univ. of Illinois at Urbana-Champaign) 경1978~1980년 한국행동과학연구소 연구원 1982~1985년 미국 Univ. of Illinois, Dep. of E.P.S. 연구조원 1986년 한국교육개발원 책임연구원 1987~2015년 한양대 교육학과 교수 1995~1997년 同교육개혁추진실장 1996~1998년 교육부 중앙교육심의회 위원 1997년 대통령자문 교육개혁추진위원회 전문위원 1998년 교육부 교육정책심의회 위원 1998~2000년 한국교육정책학회 회장 1998년 교육부 전국사범대학평가단장 1999년 경제정의실천시민연합 교육위원장 1999~2000년 대통령자문 새교육공동체위원회 상임위원 2002년 한양대 학생생활상담연구소장 2006~2008년 同사회교육원장 2008년 교육과학기술부 정책자문위원단 부위원장 2008~2009년 대통령 교육과학문화수석비서관 2008년 국가교육과학기술자문회의 간사 2010년 경기도 교육감선거 출마 2010년 산업은행 사외이사 2012~2014년 한양대 교육대학원장 겸 사범대학장 2015년 同명예교수(현) 2016년 민족사관고 교장(현) 상홍조근정훈장(2001) 젭'개인주의와 공동체주의'(1997, 학지사) '신뢰, 지구촌 시대의 사회적 자본'(2004, 집문당)

정진규(鄭鎭圭) CHUNG Jin Kyu (絅山)

생1939·10·19 출경기 안성 주서울시 종로구 율곡로6길36 월드오피스텔 1006호(02-764-4596) 학1958년 안성농고졸 1964년 고려대 국어국문학과졸 1982년 同대학원 수료 경1960년 동아일보 신춘문예로 등단 1964년 풍문여고 교사 1966년 균명고 교사 1969~1975년 휘문고 교사 1975년 (주)진로 근무 1980~1996년 한국시인협회 상임위원 1982~1984년 同사무국장 1985년 (주)진로 홍보부장 1986년 아시아시인회의 한국대표 1988~2013년 현대시학 주간 1990년 순천향대 강사 1994년 고려대 강사 1996년 한국시인협회 상임위원장 1998~2000년 同회장, 同평의원(현) 1999년 한양여대 초빙교수 상한국시인협회상(1980), 월탄문학상(1985), 현대시학작품상, 보관문화훈장(2006), 공초문학상, 현대불교문학상(2008), 이상시문학상(2009), 만해대상 문학부문(2010), 김삿갓문학상(2011) 젭시론집 '한국현대시산고' 시집 '마른 수수깡의 평화' '유한의 빗장' '들판의 비인집이로다' '매달려있음의 세상' '비어있음의 충만을 위하여' '연필로 쓰기' '뼈에 대하여' '별들의 바탕은 어둠이 마땅하다' '몸시' '알시' 문학선 '따뜻한 상징' 시선 '말씀의 춤을 위하여' '도둑이 다녀가셨다' '경산시서' '질문과 과녁'(2003) '껍질'(2007) '되새떼들의 하늘'(2008) '공기는 내사랑'(2009, 책만드는집) 영시극 '빛이여, 빛이여' 시춤 '따뜻한 상징' 교향시 '조용한 아침의 나라' 종불교

정진규(鄭鎭圭) CHUNG Jin Kyu

생1946·9·25 출서울 주서울 강남구 테헤란로317 동훈타워13층 법무법인(유) 대륙아주(02-563-2900) 학1965년 경기고졸 1969년 서울대 법과대학졸 경1973년 사법시험 합격(15회) 1975년 사법연수원 수료(5기) 1976년 軍법무관 1978년 수원지검 검사 1981년 대전지검 홍성지청 검사 1983년 서울지검 검사 1986년 대검찰청 검찰연구관 1988년 마산지검 충무지청장 1990년 대검찰청 공안제2과장 1992년 同안제1과장 1993년 서울지검 동부지청 특수부장 1993년 서울지검 공안2부장 1995년 同공안1부장 1996년 同남부지청 차장검사 1997년 대구지검 제2차장검사 1998년 同제1차장검사 1998년 부산지검 제1차장검사 1999년 법무연수원 기획부장 2000년 전주지검장 2000년 울산지검장 2001년 대검찰청 기획조정부장 2002년 인천지검장 2003년 서울고검장 2004~2005년 법무연수원장 2005년 법무법인(유) 대륙아주 공동대표변호사(현) 2008년 (주)LS 사외이사(현) 2013~2014년 웅진홀딩스 사외이사 2015년 대한변호사협회 총회 의장(현) 상홍조근정훈장

정진기(程軫基) Jeong Jin Ki

생1968·8·23 출전남 담양 주경기 안양시 동안구 관평로212번길52 수원지방검찰청 안양지청(031-470-4200) 학1986년 광주 동신고졸 1993년 전남대 사법학과졸 경1995년 사법시험 합격(37회) 1998년 사법연수원 수료(27기) 1998년 서울지검 북부지청 검사 2000년 전주지검 정읍지청 검사 2002년 수원지검 검사 2004년 제주지검 검사 2006년 서울중앙지검 검사 2009년 수원지검 성남지청 검사 2010년 서울남부지검 부부장검사 2011년 광주지검 목포지청 부장검사 2012년 울산지검 특수부장 2013년 인천지검 강력부장 2014년 수원지검 형사4부장 2015년 서울중앙지검 공판2부장 2016년 수원지검 안양지청 부장검사(현)

정진길(鄭鎭吉) CHUNG Jin Gil (愚步)

생1931·11·27 본동래(東萊) 출전북 김제 주서울 마포구 마포대로44 진도빌딩1004호 한국정학연구소(02-718-2855) 학1952년 전주고졸 1956년 육군사관학교졸(12기) 1979년 고려대 경영대학원 수료 경1957·1965년 민중당 중앙상무위원 1971년 신민당 중앙상무위원 1972~1986년 한국정책연구회 간사장 1976년 국회 부의장 비서실장 1977년 신민당 당수비서실장 1980년 민주한국당(민한당) 창당발기인 1981년 제11대 국회의원(서울 강동, 민한당) 1981년 민한당 정책심의회 부의장 1981~2010년 (사)한국정학연구소 이사장 1986년 민주화추진협의회 상임운영위원 1987년 평화민주당(평민당) 국제위원회·군사위원회 부위원장 1988년 同서울강동甲지구당 위원장 1988년 同당무지도위원 1991년 신민당 서울강동甲지구당 위원장 1991년 同당무지도위원 1992년 국민당 서울강동甲지구당 위원장 1993년 同인권옹호위원장 1994년 자유민주민족회의 공동대표 1994년 신민당 서울강동甲지구당 위원장 1994년 同인권위원장 1995년 同사무총장 1996년 대한민국헌정회 이사 1997년 국민회의 당무위원 2000년 한전정보네트웍(주) 고문 2000년 한전KDN(주) 고문 2000년 새천년민주당 창당발기인·국정자문위원 2000년 (사)한국정학연구소 부이사장 2002년 同이사장 2002년 새천년민주당 제16대 대통령선거대책위원회 고문 2004년 열린우리당 고문 2007~2009년 대한민국헌정회 사무총장 2009~2010년 同이사 2009년 조세형선생기념사업회 회장(현) 2011년 (사)한국정학연구소 고문위원(현) 젭'성공의 조건' 종기독교

정진도(鄭鎭度) CHUNG JIN DO

생1960·3·12 본진양(晉陽) 출경남 하동 주충남 아산시 배방읍 호서로79번길20 호서대학교 환경공학과(041-540-5743) 학1983년 충남대 기계공학과졸 1985년 同대학원 기계공학과졸 1990년 기계공학박사(충남대) 1996년 환경공학박사(일본 가나자와대) 경1988~1989년 일본 Osaka대 기계공학과 객원연구원 1990~1996년 동국대·대전공업대·한남대·대전산업대 강사 1990~1991년 한국기계연구원 기계공학부 내연기관연구실 선임연구원 1991~1993년 한국전력공사 기술연구원 발전연구실 선임연구원 1991~1996년 同기술연구원 전력연구실 책임연구원 1993년 호서대 환경공학과 전임강사·조교수·부교수·교수(현) 1996~1997년 한국전력공사 전력연구원 수화력발전연구실 과장 2000년 아산시 설계자문위원 2002년 천안시 설계자문위원 2002년 미국 델라웨어대 교환교수 2004~2007년 호서대 산학협력단 벤처사업본부장 2005년 환경부 충남녹색환경지원센터장(현) 2007년 호서대 벤처전문대학원장 2011~2013년 충남녹색성장포럼 사무국장 2012년 에너지인력양성사업단 단장(현) 2013~2016년 호서대 기후변화특성화대학원장 상호서대학교 연구자상(1997) 젭'유해가스 처리공학'(1996)

'대기오염개론'(1999) '최신 대기오염 방지기술'(2000) '연소공학'(2000) '환경과학 지구보전'(2000) '대기오염공정시험법 기초'(2005) ⊗기독교

정진락

⊛1965·4·15 ⊜경북 영천 ㈜대구 동구 이노밸리291 한국감정원 홍보실(053-663-8450) ⊜경북대 회계학과졸 ⊗한국감정원 경영지원실 재무관리부장 2012년 同경영관리실 노무관리부장 2014년 同감사실 감사부장, 同경영지원실장 2016년 同홍보실장(현)

정진상(鄭鎭相) CHUNG Chin Sang

⊛1957·2·15 ⊜광주 ㈜서울 강남구 일원로81 삼성서울병원 신경과(02-3410-3596) ⊜1981년 서울대 의대졸 1986년 同대학원 의학석사 1989년 의학박사(서울대) ⊗1982~1983년 서울대병원 인턴·신경과 레지던트 1986~1986년 서울목동성모병원 신경과장 1987~1995년 충남대 의대 신경과학교실 전임강사·조교수·부교수 1990~1995년 同의대 신경과학교실 주임교수 1990~1995년 충남대병원 신경과장 1992~1993년 미국 Tufts의과대학 신경과 객원연구원 1995년 삼성서울병원 신경과 전문의(현) 1997~2000년 성균관대 의과대학 신경과학교실 부교수 2000년 同의과대학 신경과학교실 교수(현) 2001~2003년 대한두통학회 부회장 2002년 미국 하버드대 의과대학 Beth-Israel Deaconess병원 신경과 교환교수 2003~2009년 삼성서울병원 신경과장 2003~2009년 성균관대 의과대학 신경과학교실 주임교수 2003~2007년 대한두통학회 회장 2005~2008년 아시아두통학회 부회장 2008~2010년 대한뇌졸중학회 간행이사 2008~2010년 대한두통학회 교과서출판위원장 2009~2013년 삼성서울병원 뇌신경센터장 2014~2016년 대한뇌졸중학회 이사장 2016년 同회장(현) 2016년 아시아두통학회 회장(현) ㉜'뇌졸중환자의 이해와 관리'(1997, 삼성의료원) '일차진료의를 위한 약처방 가이드 : 내과계 중 두통'(2000, 대한내과학회) '신경과학-두통(77장)'(2005, 서울대 의과대학) '신경학-두통과 목허리통증(編)'(2007, 대한신경과학회) '두통학-15장 만성매일두통 : 변형편두통, 만성긴장형두통, 약물과용두통(編)'(2009, 대한두통학회) '두통학(編)'(2009, 대한두통학회) '뇌졸중-15장 열공뇌졸중과 기타 작은동맥질환(編)'(2009, 대한뇌졸중학회)

정진석(鄭鎭奭) CHEONG Jin Suk

⊛1931·12·7 ⊜서울 ㈜서울 중구 명동길74 천주교 서울대교구(02-727-2036) ⊜1950년 중앙고졸 1961년 가톨릭대 신학부졸 1970년 로마 울바노대 대학원졸 2000년 명예 법학박사(서강대) ⊗1961년 사제 수품 1961년 천주교 서울대교구 중립동본당 보좌신부 1961~1967년 성신고 교사 1962~1964년 천주교 서울대교구 법원공증관 1964년 한국천주교중앙협의회 총무 1965~1967년 천주교 서울대교구 대주교 비서·상서국장 1967년 성신고 부교장 1970년 주교 수품 1970~1998년 천주교 청주교구장 1970년 천주교 청주교구재단 이사장 1970년 청주가톨릭학원 이사장 1975~1999년 한국천주교주교회의 상임위원 1983년 同교회법위원회 위원장 1987년 同총무 1993년 同부의장 1996~1999년 同의장 1998년 천주교 대주교 1998~2012년 천주교 서울대교구장 겸 평양교구장 서리 1998~2002·2004~2012년 가톨릭학원 이사장 2003년 아시아특별주교시노드(주교회의)상설 사무처평의회 위원 2006년 교황 베네딕토16세에 의해 추기경 서임(현) 2007~2012년 교황청 성좌조직재무심의추기경위원회 위원 2012년 천주교 서울대교구 원로사목자(현) ㉜'장미꽃다발'(1961) '라디오의 소리'(1963) '라디오의 메아리'(1965) '목동의 노래'(1969) '敎階制度史'(1974) '교회法源史'(1975) '한국사제 특별권한해설' '말씀이 우리와 함께'(1986) '말씀의 식탁에서'(1986) '전국공용교구 사제특별권한 해설'(1988) '간추린 교회법 해설'(1993) '한국 천주교 사목 지침서'(1995) '한국 천주교 사목 지침서 해설'(1995) '우주를 알면 하느님이 보인다'(2003) '구세주 예수의 선구자 세례자 요한'(2004) '모세(상) 민족 해방의 영도자'(2004) '교회법제 해설11권' 수필집 '목동의 노래' 강론집 '말씀의 식탁에서' '간추린 교회법 해설' '교회법 해설' '모세(중) 율법의 제정자'(2006) '모세(하) 민족 공동체의 창설자'(2006) '희망을 안고 산 신앙인 아브라함'(2007) '믿음으로 위기를 극복한 성왕 다윗'(2008) '햇빛 쏟아지는 언덕에서'(2009) '하느님의 길, 인간의 길'(2010, 가톨릭출판사) '안전한 금고가 있을까'(2011, 가톨릭출판사) '가라지가 있는 밀밭'(2012, 가톨릭출판사) '닫힌 마음을 활짝여는 예수님의 대화'(2013, 가톨릭출판사) '정진석 추기경의 행복수업'(2014, 가톨릭출판사) '그분의 상처로 우리는 나았습니다'(2015, 가톨릭출판사) ⊕'성녀 마리아 고레띠' '종군 신부 카폰' '카톨릭교리입문' '내가 하느님을 믿는 이유' '억만인의 신앙' '나는 믿는다' '질그릇' '인정받는 사람' '영혼의 평화' '강론집' '칠층산' '교회법전' '최양업 신부의 서한' '김대건 신부의 서한' 등 ⊗천주교

정진석(鄭晉錫) CHONG Chin-Sok

⊛1939·2·1 ⊜동래(東萊) ⊜경남 거창 ㈜서울 동대문구 이문로107 한국외국어대학교 미디어커뮤니케이션학부 ⊜1960년 안의고졸 1964년 중앙대 영어영문학과졸 1968년 同대학원 국어국문학과 수료 1976년 서울대 대학원 신문학과졸 1987년 언론학박사(영국 런던대) ⊗1964년 공보부 방송조사연구실(KBS) 연구원 1966년 한국기자협회 편집간사 1970년 주간 독서신문 편집부장 1971년 한국기자협회 편집실장 1978년 관훈클럽 사무국장 1980~2004년 한국외국어대 신문방송학과 조교수·부교수·교수 1988~1994년 언론중재위원회 위원 1992~1997년 종합유선방송위원회 위원 1995~2009년 LG상남언론재단 이사 1996년 서재필기념회 이사(현) 1997~2000년 방송위원회 위원 1997~1999년 한국외국어대 사회과학대학장 겸 정책과학대학원장 1999~2004년 문화관광부 한일문화교류정책자문위원 2000년 일본 텐리대학 조선학과 교수 2002년 한국신문협회 정책자문위원장 2004년 한국외국어대 명예교수(현) 2009~2010년 조선일보 칼럼 '제국의 황혼' 연재 2009년 신낙균선생기념사업회 이사 2010~2012년 인촌기념회 운영위원 2010~2012년 매헌윤봉길기념사업회 편찬위원 2010년 대한민국역사박물관 건립자료심사위원 2011~2012년 통일부 6·25전쟁납북피해진상규명위원회 자문위원 2011~2013년 조선일보 논픽션 운영위원 겸 심사위원 ⊛희관언론저작상(1991), 인촌상 언론출판부문(2008), 대한언론인회 2013대한언론상 특별공로상(2013) ㉙'일제하 한국언론투쟁사' '한국언론사연구' '한국현대언론사론' '대한매일신보와 배설' '한국언론사' '기자 최병우평전' '인물한국언론사' '한국근대언론의 재조명' '언론유사' '신문백년인물사전(編)'(1988) '한국방송관계기사모음(編)'(1992) '한국언론관계 석·박사논문목록(編)'(1992) '한국언론연표색인(編)'(1993) '독립신문 서재필 문헌해제(編)'(1996) '일제시대 민족지 압수기사모음(編)'(1998) '역사와 언론인'(2001) '언론과 한국현대사'(2001) '신문학 이론' '한국영어신문사(共)'(2003) '언론조선총독부'(2005) '해방공간 4대 신문 영인본'(2005) '6·25전쟁 납북'(2006) '극비, 조선총독부의 언론통제와 탄압'(2007) '한국방송80년 그 역사적 조명(共)'(2008) '한국언론인물사전(編)'(2009) '6·25전쟁 기간 4대 신문 영인본(編)'(2009) '총독부 및 소속관서 직원록(編)'(2009) '제국의 황혼(共)'(2011) '한성주보 보유편(編)'(2011) '두 언론 대통령 이승만과 박은식'(2012) '전쟁기의 언론과 문학'(2012) '나는 죽을지라도 신보는 영생케하여 한국동포를 구하라'(2013) '한국신문역사'(2013) '한국 독립운동을 도운 영국 언론인 배설'(2013) '황성신문 초대사장 남궁억'(2014) '선각자 서재필'(2014) '한국 잡지역사'(2014) '항일 민족언론인 양기탁'(2015) '책, 잡지, 신문자료의 수호자'(2015)

정진석(鄭鎭碩) CHUNG Jin Suk

⊛1960·9·4 ⊜동래(東萊) ⊜충남 공주 ㈜서울 영등포구 의사당대로1 국회 의원회관946호(02-784-5070) ⊜1979년 성동고졸 1985년 고려대 정치외교학과졸 2011년 명예 행정학박사(공주대) ⊗1985~1994년 한국일보 사회부·정치부 기자·정치부 차장·국제부 차장 1993~1994년 미국 아메리칸대 국제관계대학 객원교수 1994~1997년 한국일보 워싱턴특파원 1996년 관훈클럽 회원(현) 1997~1999년 한국일보 논설위원 1999년 자민련 공주시지구당 위원장 2000~2004년 제16대 국회의원(공주시·연기군, 자민련) 2000년 자민련 제3정책조정위원장 2000년 同원내수석부총무 2000년 同청년위원장 2001년 同제1정책조정위원장 2001~2002년 同대변인 2002년 세계태권도연맹 고문 2005~2008년 제17대 국회의원(공주시·연기군 보궐선거당선, 무소속·국민중심당·한나라당) 2006~2007년 국민중심당 원내대표·최고위원 2008~2010년 제18대 국회의원(비례대표, 한나라당) 2008~2009년 국회 규제개혁특별위원장 2008~2010년 한·페루의원친선협회 회장 2008~2010년 한·일의원연맹 21세기위원회 위원장 2009년 (재)계룡장학회 이사장(현) 2010년 국회 정보위원장 2010~2011년 대통령 정무수석비서관 2012년 새누리당 서울중구당원협의회 운영위원장 2012년 국회의장 비서실장 2013~2014년 국회 사무총장(장관급) 2013년 운정회(雲庭會) 부회장 이사(현) 2014년 충남도지사선거 출마(새누리당) 2015~2016년 고려대 초빙교수 2015년 새누리당 공주시당원협의회 운영위원장 2016년 同공주시·부여군·청양군당원협의회 운영위원장(현) 2016년 제20대 국회의원(충남 공주시·부여군·청양군, 새누리당)(현) 2016년 새누리당 원내대표(현) 2016년 새누리당 대표최고위원 권한대행(현) 2016년 同혁신비상대책위원회 위원 2016년 국회 운영위원회 위원장(현) 2016년 국회 정보위원회 위원(현) 2016년 국회 국방위원회 위원(현) ⊛한국일보 백상기자상(4회), 한국기자협회 기자상(2회), 일요신문 21세기 한국인상, 전국지역신문협회 의정활동부문 국회의원대상(2006), 국정감사 NGO모니터단 우수위원상(2007), 국회 입법·정책 최우수 국회의원(2008), KBS 명사스페셜 '오늘의 명사상'(2010) ㉙'총성없는 전선-격동의 한·미·일 현대 외교 비사'(1999) '사다리 정치'(2014, 웅진윙스) ⊗천주교

정진선(鄭鎭善) JUNG Jin Sun

[생]1956 · 7 · 22 [출]경기 의정부 [주]경기 수원시 팔달구 효원로1 경기도의회(031-8008-7000) [학]1975년 의정부공고졸, 경민대학 부동산경영과졸 [경]1993년 의정부문화원 사무국장 1996년 BBS 의정부 · 동두천 · 양주지부 감사 2001년 의정부중앙로타리 인터렉트위원장 2003년 바르게살기운동 신곡2동위원장 2004년 한나라당 경기도당 행정자치위원회 부위원장 2004~2006년 경기 의정부시의회 의원 2007~2011년 의정부시자원봉사센터장 2008년 의정부시 지역자율방제단장 2015년 경기도의회 의원(보궐선거 당선, 새누리당)(현) 2015년 同항공기소음피해대책특별위원회 위원(현) 2016년 同교육위원회 위원(현) [종]기독교

정진섭(鄭鎭燮) CHUNG Chin Sup

[생]1952 · 4 · 16 [본]동래(東萊) [출]경기 광주 [주]서울 중구 남대문로63 한진빌딩 법무법인 광장(02-2191-3010) [학]1972년 경동고졸 1984년 서울대 법과대학졸 [경]1981년 사법시험 2차 합격(유신반대 시위로 면접에서 탈락) 1993~1996년 환경운동연합 지도위원 · 나라정책연구회 운영위원 1993년 한국방송개발원 상임이사 1996~2000년 한나라당 안양동안乙지구당 위원장 1998년 同부대변인 2001년 同경기도지사선거대책위원회 기획위원장 2002년 同대통령선거 경기도대책본부 기획위원장 2004년 同안양동안甲지구당 위원장, 同여의도연구소 운영본부장 2005년 경기도지사 정책특별보좌관 2005년 제17대 국회의원(경기 광주 재선거, 한나라당) 2005년 한나라당 경기광주시당원협의회 운영위원장 2006년 同기획위원장 2007년 진실 · 화해를위한과거사정리위원회 '시국관련 시위전력이 있는 사법시험 탈락자 사법연수원 입소' 권고 2008년 한나라당 대표비서실장 2008년 법무부 사법시험 합격증 배부 2008~2012년 제18대 국회의원(경기 광주, 한나라당 · 새누리당) 2008년 한나라당 지방자치위원장 2010~2011년 同전략기획본부장 2011년 同정책위원회 농림수산식품 · 지식경제 · 국토해양분야 부의장 2011년 同경기도당 위원장 2012년 새누리당 제18대 대통령중앙선거대책위원회 환경산업특별본부장 2013년 사법연수원 입소 2015년 사법연수원 수료(44기) 2015년 법무법인 광장 변호사(현) 2016년 새누리당 경기광주시甲당원협의회 운영위원장(현) 2016년 제20대 국회의원선거 출마(경기 광주시甲, 새누리당) [저]'일하고 싶은 남자'(1999) '21세기 방송정책'(1996)

정진섭(鄭陳燮) JUNG Jin Sup

[생]1956 · 2 · 16 [출]강원 원주 [주]서울 서초구 서초대로 254 오퓨런스508호 법률사무소 솔(02-6207-0701) [학]1974년 경희고졸 1978년 경희대 법대졸 1983년 프랑스 국립사법관학교 국제부 수료 1992년 법학박사(경희대) 1994년 연세대 특허법무대학원졸 [경]1979년 사법시험 합격(21회) 1981년 사법연수원 수료(11기) 1981년 서울지검 남부지청 검사 1984년 청주지검 영동지청 검사 1986년 부산지검 검사 1987~1989년 법무부 검찰4과 · 검찰2과 검사 1989년 서울지검 검사 1991년 부산지검 검사 1993년 춘천지검 영월지청장 1994년 대검찰청 전산관리담당관 1996년 한국정보법학회 편집장 · 부회장 · 회원(현) 1997년 부산지검 총무부장 1997년 한국형사정책연구원 부원장 1998년 대검찰청 기획과장 1999년 서울지검 형사6부장 2000년 同컴퓨터수사부장 2001년 제주지검 차장검사 2002년 서울고검 검사 2003년 서울지검 전문부장검사 2004년 서울중앙지검 전문부장검사 2004년 한국인터넷법학회 감사 2005~2006년 대전지검 전문부장검사 2006년 한국형사정책연구원 자문위원 2006년 국가정보원 산업보안 자문위원 2006년 컴퓨터프로그램심의조정위원회 위원 2006년 문화관광부 한미FTA저작권분야 자문위원 2006년 경희대 법대 교수 2007년 변호사 개업 2011년 법무법인 솔 대표변호사 2013년 법률사무소 솔 대표변호사(현) [저]'국제지적재산권법' '국제지적소유권법' '주관식 형법총론' [종]천주교

정진섭(鄭鎭燮)

[생]1961 [출]전북 정읍 [학]호남고졸 1983년 해군사관학교졸(37기) 2003년 동국대 대학원 안보행정학과졸 2010년 국방대 대학원 고위정책결정자과정 수료 [경]1995년 해군 201방어전대 211편대장 2000년 해군 강릉함장 2003년 한미연합사령부 기획참모부 정책기획장교 2005년 합동참모본부 작전본부 해상작전담당 2006년 해군 제3함대 작전참모 2007년 합동참모본부 작전본부 해상작전과장 2009년 해군본부 정보작전참모부 작전훈련처장 겸 작전과장 2010년 해군 작전사령부 전비태세실장 2011년 합동참모본부 작전참모부 작전2처장 2013년 해군 제2함대사령관 2014년 해군 정보작전지원부장 2015년 해군 교육사령관(중장) 2016년 해군 참모차장(중장) 2016년 해군 작전사령관(중장)(현) [상]대통령표창(2010), 보국훈장 천수장(2015)

정진성(鄭鎭星 · 女) JUNG Chin Sung

[생]1953·7·28 [본]동래(東萊) [출]충남 공주 [주]서울 관악구 관악로1 서울대학교 사회과학대학 사회학과(02-880-6415) [학]1976년 서울대 사회학과졸 1978년 同대학원졸 1984년 사회학박사(미국 시카고대) [경]1989~1990년 일본 동경대 사회과학연구소 연구원 1990~1996년 덕성여대 사회학과 부교수 1996년 영국 Bristol대 방문교수 1996년 서울대 사회과학대학 사회학과 교수(현) 2001~2002년 同사회학과장 2003~2006년 유엔 인권보호증진소위원회 정회원 2004년 同인권특별보고관 2006년 서울대 여성연구소장 2008년 유엔 인권이사회 자문위원회(Human Rights Council Advisory Committee) 위원(현) 2008년 同자문위원회 부의장 2009년 서울대 여교수회장 2010년 대통령직속 사회통합위원회 세대분과위원장 2011년 대통령직속 사회통합위원회 위원 2012~2015년 서울대 인권센터장 겸 인권상담소장 2013년 IOM이민정책연구원 비상임이사(현) 2013년 한국사회학회 회장 2014년 同이사 2014년 서울시교육청 학생인권위원장(현) 2014~2015년 대통령소속 국민대통합위원회 위원 [상]홍조근정훈장(2013), 삼성행복대상(2014), 서울대 사회봉사상(2016) [저]'한국현대사와 사회변동' '모성의 담론과 현실' '일본의 사회변동과 사회운동' '일본군성노예제'

정진세(鄭鎭世) Jeong jin-se

[생]1979·3·23 [주]전북 전주시 완산구 효자로225 전라북도의회(063-280-4515) [학]전일고졸, 전북대 정치외교학과, 同대학원 정치학과졸, 同대학원 정치학 박사과정 수료 [경]전북지역통일교육센터 사무국장, 전주시정발전연구소 연구원, 민주평통 전주시협의회 자문위원, 정책네트워크 내일 실행위원 2014년 새정치민주연합 전국청년위원회 부위원장 2014년 同전북선거대책위원회 안전한나라만들기 부위원장 2014년 전북도의회 의원(비례대표, 새정치민주연합·더불어민주당)(현) 2014년 同행정자치위원회 위원 2015년 새정치민주연합 전북도당 청년실업대책특별위원회 위원장 2015·2016년 전북도의회 예산결산특별위원회 위원(현) 2015년 더불어민주당 전북도당 청년실업대책특별위원회 위원장(현) 2016년 전북도의회 운영위원회 부위원장(현) 2016년 同농산업경제위원회 위원(현)

정진수(鄭鎭守) JUNG Jin Soo

[생]1944·5·18 [본]동래(東萊) [출]서울 [주]서울 마포구 신수로11길93의85 민중극단(02-717-6936) [학]1962년 보성고졸 1967년 서강대 영어영문학과졸 1970년 중앙대 대학원 연극학과졸 1972년 미국 일리노이대 대학원 연극학과졸 [경]1974년 민중극단 단원·상임연출가 겸 대표(현) 1976년 국제극예술협회(ITI) 한국본부 사무국장 1978~1988년 한국연극협회 이사 1978년 민중극단 대표 1980년 국제극예술협회(ITI) 한국본부 이사 1981~2010년 성균관대 예술학부 연기예술학과 교수 1995~1998년 한국연극협회 이사장 1999년 '마당99세계공연예술제' 집행위원장 2008년 문화미래포럼 상임대표 2010~2012년 (재)국립극단 이사 [상]보관문화훈장, 시장경제대상 문화예술부문(2010) [저]'현대연극의 이해' '영미희곡의 세계' '연극과 뮤지컬의 연출' '새 연극의 이해' '아, 선각자여!(정진수 희곡집)' '세계 명작 단막 희곡선' '현대 고전 희곡선' 등 [역]'꿀맛' '희랍극선집' '현대연극의 사조' [작]연출 '꿀맛' '진짜 서부극' '칠산리' '이혼의 조건'

정진수(鄭辰秀) CHUNG Jin Soo

[생]1964·9·15 [주]경기 고양시 일산로323 국립암센터 부속병원 전립선암센터(031-920-2456) [학]1989년 서울대 의대졸 1994년 同대학원졸 2001년 의학박사(서울대) [경]1989~1990년 서울대병원 인턴 1990~1994년 同레지던트 1994~1997년 육군 군의관 1997년 울산대병원 조교수 2001~2009년 국립암센터 부속병원 특수암센터 전문의 2001~2009년 同연구소 비뇨생식기암연구과 선임연구원 2004~2005년 미국 UCLA School of Medicine 연수 2009~2016년 국립암센터 연구소 비뇨생식기암연구과 책임연구원 2009년 同부속병원 전립선암센터 전문의(현) 2009~2016년 同부속병원 응급실장 2014년 同부속병원 전립선암센터장(현) 2015년 대한비뇨기종양학회 신암연구위원장(현) [상]대한비뇨기과학회 학술상(2001) [저]'전립선암'(2000, 효문사) '종양학'(2003, 일조각) '암정보'(2004·2006, 국립암센터 출판국) '암과 음식'(2006, 국립암센터 출판국)

정진수(鄭眞秀) JUNG Jin Soo

[생]1968 · 3 · 11 [본]동래(東萊) [출]서울 [주]경기 성남시 분당구 대왕판교로644번길12 (주)엔씨소프트 임원실(02-6201-2800) [학]1987년 경기고졸 1991년 서울대 법과대학졸 2002년 미국 듀크대 로스쿨졸(LL. M.) [경]1991년 사법시험 합격 1994년 사법연수원 수료(23기) 1994년 軍법무관 1995년 한미연합군사령부 법무관 1997~2011년 김앤장법률사무소 변호사 2002년 미국

뉴욕주 변호사자격시험 합격 2002~2003년 미국 Cleary Gottlieb Steen & Hamilton 근무 2009~2011년 서울지방변호사회 법제이사 2011년 (주)엔씨소프트 최고법률책임자(CLO·전무) 2013~2015년 同최고운영책임자(COO·전무) 2015년 인하우스카운슬포럼 부회장(현) 2015년 (주)엔씨소프트 최고운영책임자(COO·부사장)(현) [역]'자산유동화 이론과 실제' [종]천주교

정진엽(鄭鎭燁) CHUNG CHIN YOUB

[생]1955·3·10 [출]서울 [주]세종특별자치시 도움4로13 보건복지부 장관실(044-202-2000) [학]1973년 서울고졸 1980년 서울대 의과대학졸 1988년 同대학원졸 1993년 의학박사(서울대) [경]1984년 서울대병원 정형외과 전공의 1988년 원자력병원 선임의사 1990년 서울대병원 임상강사 1992년 미국 Gillette Children's Hospital Motion Lab. Fellow 1993~2015년 서울대 의과대학 정형외과학교실 조교수·부교수·교수 2002년 분당서울대병원 교육연구실장 2004년 同진료부원장 2008~2013년 同병원장 2008~2012년 대한병원협회 병원정보관리이사·재무위원장 2008~2010년 대한소아정형외과학회 회장, 정보통신산업진흥원 비상임이사, 대한정형외과학회 국제위원, 의료기관평가인증원 기준조정위원회 위원 2012~2015년 의료기기상생포럼 총괄운영위원장 2012~2013년 대한병원협회 기획이사 2015년 보건복지부 장관(현) [상]노사상생협력대상 국무총리표창(2008), 2011 대한민국글로벌경영인대상, 대한민국보건산업대상 특별상(2011), 산업포장(2011), 보건복지부장관표창(2012), 대한적십자사회원 유공장금장(2012), 대한민국 무궁화꽃 스타대상 정치부문(2015) [저]'소아정형외과학 요람'(1996) '학생을 위한 정형외과학'(1998)

정진영(鄭鎭永) CHEONG Chin Young

[생]1959·4·10 [출]대구 [주]서울 종로구 사직로8길39 김앤장법률사무소(02-3703-1838) [학]1977년 경북고졸 1981년 서울대 법학과졸 [경]1981년 사법시험 합격(23회) 1983년 사법연수원 수료(13기) 1983년 부산지검 검사 1985년 춘천지검 영월지청 검사 1986년 서울지검 북부지청 검사 1988년 대구지검 검사 1990년 서울지검 동부지청 검사 1991년 법제처 파견 1993년 독일연방 법무성 파견 1994년 법무부 특수법령과 검사 1996년 대구지검 경주지청 부장검사 1997년 대구지검 강력부장 1998년 법무연수원 기획과장 1999년 대검찰청 환경보건과장 2000년 同형사과장 2001년 서울지검 형사9부장 2002년 同형사4부장 2002년 대전지검 서산지청장 2003년 서울고검 검사 2004년 제주지검 차장검사 2005년 서울북부지검 차장검사 2006년 의정부지검 고양지청장 2007년 제주지검장 2008년 창원지검장 2009년 서울서부지검장 2009~2010년 인천지검장 2011~2013년 대통령 민정수석비서관 2013년 김앤장법률사무소 변호사(현) 2015년 (주)신세계인터내셔날 사외이사 겸 감사위원(현)

정진용(鄭鎭龍) CHUNG Jin Young

[생]1943·9·12 [출]전북 전주 [학]1961년 전주고졸 1965년 서울대 행정학과졸 1980년 미국 뉴욕주립대 대학원 경제학과졸 [경]1971년 재무부 행정사무관 1988년 제13대 대통령취임준비위원회 전문위원 1993년 행정쇄신위원회 실무위원 1994년 교육개혁 실무협력위원 1994~1998년 정무제1장관실 정무실장 1998년 국회 정무위원회 수석전문위원 2002~2004년 국회사무처 입법차장 2010~2014년 한국남부발전 비상임이사, 同이사회 의장, 법무부 갈등관리심의위원회 위원 2014년 (사)글로벌입법정책연구원 이사장(현) [상]홍조근정훈장, 재무부장관표창

정진용(鄭鎭鏞) CHONG, Chin Yong

[생]1965·3·4 [출]서울 [주]세종특별자치시 도움5로19 우정사업본부 예금사업단(044-200-8400) [학]1983년 상문고졸 1987년 연세대 사회학과졸 1992년 서울대 대학원 행정학과졸 [경]1998년 정보통신부 국제기구담당관실 서기관 2000년 부산 사하우체국장 2002년 북대구우체국장 2003년 정보통신부 우정사업본부 우편사업단 국제우편과장 2004년 同금융사업단 예금과장 2005년 同경영기획실 경영지원과장 2005년 同재정관리과장 2007년 同금융사업단 보험기획팀장 2007년 同보험사업단 보험기획팀장 2008년 지식경제부 우정사업본부 보험기획팀장 2010년 同우정사업본부 예금사업단 금융총괄팀장(부이사관) 2011년 경북지방우정청장 2013년 미래창조과학부 우정사업본부 예금사업단장(현) [상]대통령표창(1998), 홍조근정훈장(2015)

정진우(鄭鎭宇) CHUNG Jin Woo (韶淵)

[생]1928·1·8 [출]평남 평양 [주]서울 관악구 관악로1 서울대학교 음악대학(02-880-7904) [학]1949년 서울대 의대졸 1959년 오스트리아 빈국립음대졸 1973년 의학박사(가톨릭대) 2001년 명예 음악학박사(한세대) [경]1959~1974년 서울대 음악대학 강사·전임강사·조교수·부교수 1974~1993년 同기악과 교수 1976년 독주회·협연·합주 등 수십회 1980년 월간 '피아노음악' 편집인·발행인(현) 1989년 쇼팽협회 회장 1989년 국제쇼팽연맹 이사 1989년 일본 국제음악콩쿠르 심사위원 1992년 러시아 모스크바 청소년국제쇼팽콩쿠르 심사위원 1993년 서울대 음악대학 명예교수(현) 1996년 국제청소년쇼팽피아노콩쿠르 심사위원 2000년 러시아 모스크바 국제청소년쇼팽콩쿠르 심사위원 2000년 월간 '스트라드' 편집인·발행인 2002년 월간 '스트링앤드보우' 편집인·발행인(현) 2005년 한국베토벤협회 초대회장 2008년 팔순기념 '피아노의 대향연' 음악회 개최 [상]보관문화훈장(1991), 서울시 문화상(1992), 한국음악대상(1993), 한국음악상 대상(2003), 대한민국예술원상(2014) [저]'피아노의 길' '한국피아노계의 영원한 스승, 피아니스트 정진우·노래여, 노래여' [종]기독교

정진우(鄭鎭宇) CHUNG Jin Woo (陽谷)

[생]1938·1·17 [본]동래(東萊) [출]경기 김포 [주]서울 강남구 도산대로6길5 신사빌딩5층 한국영화인복지재단(02-540-4637) [학]1956년 김포농고졸 1961년 중앙대 법학과졸 [경]1962년 극영화 '외아들'로 감독데뷔 1969년 우진필름 대표이사 1971년 영화인협회 감독분과 부위원장 1972년 영화제작자협회 이사 1974년 同부의장 1983년 영화제작자협동조합 자율정화위원장 1985년 한국영화인협회 이사장 1989년 시네하우스 대표 2001년 한국영화인복지재단 이사장(현) 2001년 대종상영화제 심사위원장 2011년 한국영화감독협회 이사장(현) [상]반공영화 최우수작품상, 대종상 최우수반공영화상, 국민훈장, 청룡상 최우수감독상, 대종상 감독상·작품상, 아세아영화제 최고청년감독상, 칸느영화제 프랑스최고문화훈장 기사상, 프랑스 문화예술공로훈장, 황금촬영상 특별상(2007), 국제언론인클럽 글로벌 자랑스런 한국인대상 예술발전공헌부문(2015) [저]'13월의 사랑' '파란이별의 글씨' '국경 아닌 국경선' 각색 '무궁화꽃이 피었습니다' [작]감독·제작 '초우' '동춘' '섬개구리 만세' '초연' '심봤다' '뻐꾸기도 밤에 우는가' '자녀목' '앵무새 몸으로 울었다' '무궁화꽃이 피었습니다' '마지막 황태자 영친왕'

정진우(鄭鎭宇) JUNG Jin Woo

[생]1972·12·4 [출]서울 [주]경기 과천시 관문로47 법무부 검찰국 공안기획과(02-2110-3280) [학]1991년 단국대사대부고졸 1996년 서울대 사법학과졸 [경]1997년 사법시험 합격(39회) 2000년 사법연수원 수료(29기) 2000년 해군 법무관 2003년 인천지검 검사 2005년 춘천지검 원주지청 검사 2008년 대검찰청 연구관 2010년 서울중앙지검 검사 2013년 수원지검 부부장검사(법무연수원 파견) 2014년 서울중앙지검 부부장검사 2015년 법무부 국제형사과장 2016년 同공안기획과장(현)

정진욱(鄭鎭旭) CHUNG Jin Wook

[생]1946·6·20 [출]광주 [주]경기 수원시 장안구 서부로 2066 성균관대학교 정보통신대학(031-290-7106) [학]1974년 성균관대 전기공학과졸 1979년 同대학원 전자공학과졸 1991년 이학박사(서울대) [경]1973년 한국과학기술연구원 연구원 1981년 미국 플로리다 Racal-Milgo Co. 객원연구원 1982년 한국과학기술연구원 실장 1985~2011년 성균관대 정보통신공학부 컴퓨터공학전공 교수 1992~1993년 미국 메릴랜드대 객원교수 1995년 성균관대 전자계산소장 1996년 한국정보처리학회 부회장 1997~1998년 전산망침해사고대응팀협의회 운영위원장 1998~1999년 성균관대 정보통신대학원장 1998~2001년 인터넷전문가시험 출제위원장 2002년 한국정보처리학회 회장 2003~2005년 성균관대 차세대컴퓨터기술연구소장 2006·2008~2009년 同일반대학원장 2008~2009년 同학술정보관장 2008년 한국IT전문가협회 부회장 2009~2016년 인터넷윤리실천협의회 공동회장·대표회장 2011년 성균관대 정보통신대학 명예교수(현) 2016년 인터넷윤리지능협회 명예회장(현) [상]국무총리표창(1997), 한국정보처리전문가협회상(1997), 정보통신부장관표창(1998), 과학기술단체 우수논문상(1999), 자랑스런ETRI인(2002), 홍조근정훈장(2006), 한국IT역사와 함께한 프런티어20인 대상(2009) [저]'정보통신과 컴퓨터네트워크' '정보통신기술' '데이타통신 입문' '근거리통신망' '전산과학개론' '정보통신배움터' '인터넷윤리' 'TP/IP와 인터넷' '데이터통신의 이해' '멀티미디어 통신' [역]'자바 보안과 암호화'(2000, 한빛미디어) '무선통신개론(共)'(2004, 홍릉과학출판사)

정진욱(鄭陳煜)

[생]1968·6·18 [출]서울 [주]세종특별자치시 다솜3로95 공정거래위원회 경쟁정책과(044-200-4300) [학]1987년 서울 영동고졸 1991년 서울대 국제경제학과졸 1992년 한양대 행정대학원 도시행정학과졸 [경]행정고시 합격(36회) 2002년 공정거래위원회 소비자보호국 소비자기획과 서기관, 同혁신인사기획팀 서기관 2006년 同전자상거래팀장 2007년 서울지방공정거래사무소 경쟁과장 2009년 同시장감시국 제조감시과장 2011년 공정거래위원회 기업협력국 가맹유통과장 2012년 同기업협력국 기업거래정책과장 2013년 同기업거래정책국 기업거래정책과장 2014년 同소비자정책국 소비자정책과장(부이사관) 2014년 경제협력개발기구(OECD) 대한민국정책센터 경쟁정책본부장 2016년 공정거래위원회 경쟁정책국 경쟁정책과장(부이사관)(현)

정진웅(丁珍雄)

[생]1968·12·1 [출]전남 고흥 [주]광주 동구 준법로7의12 광주지방검찰청 형사2부(062-231-4309) [학]1987년 순천고졸 1996년 서울대 법학과졸 [경]1997년 사법시험 합격(39회) 2000년 사법연수원 수료(29기) 2000년 대전지검 검사 2002년 춘천지검 영동지청 검사 2003년 수원지검 검사 2005년 서울남부지검 검사 2008년 청주지검 검사 2010년 수원지검 성남지청 검사 2013년 同성남지청 부부장검사 2013년 서울중앙지검 부부장검사 2014년 광주지검 목포지청 부장검사 2015년 청주지검 충주지청 부장검사 2016년 광주지검 형사2부장(현)

정진원(鄭鎭元) JUNG Jin Won

[생]1937·8·13 [출]충남 홍성 [주]서울 영등포구 도신로29다길12 원풍실업(주) 회장실 [학]1956년 서울공고졸 1960년 중앙대 약대졸 1993년 명예 정치학박사(미국 트리니티인터내셔널대) 1998년 명예 인문학박사(미국 샤스타신학대) [경]1968년 서울영등포구약사회 회장 1991년 영등포구의회 의장 1995년 원풍실업(주) 회장(현) 1996년 대한기독교서회 대표이사 1998년 서울시학교운영위원협의회 회장 1999년 자녀안심하고학교보내기운동국민재단 총재 1999년 국제로타리 3640지구 총재 2002년 기독교타임즈 사장 2002년 서울영등포구청장선거 출마(새천년민주당) 2002~2004년 한국갱생보호공단 이사장 2006년 한국경영인포럼(KCEOF) 초대회장

정진원(鄭鎭源) CHUNG Jin Won

[생]1952·12·19 [본]동래(東萊) [출]인천 [주]서울 중구 서소문로141 한화손해보험빌딩5층 한화케미칼 상근고문실(02-316-0010) [학]1971년 경희고졸 1979년 고려대 경제학과졸, 한국과학기술원 최고경영자과정 수료 [경]한화석유화학(주) 영업지원팀장, 同CA영업2부장, 同CA영업1팀장, 同CA MU장(상무이사) 2005년 同지원부문장(상무) 2006년 여천NCC(주) 상무 2009년 한화석유화학(주) 지원부문장(전무) 2010년 한화케미칼(주) 신사업MU담당 전무 2011년 여천NCC(주) 영업총괄 전무 2012년 同공동대표이사 부사장 2014년 한화케미칼 고문(현)

정진원(鄭鎭原) JUNG Jin Won

[생]1970·2·4 [출]인천 [주]경기 안양시 동안구 관평로212번길70 수원지방법원 안양지원(031-8086-1114) [학]1988년 인천 동산고졸 1992년 서울대 물리학과졸 1992년 同대학원 물리학과졸 [경]1996년 사법시험 합격(38회) 1999년 사법연수원 수료(28기) 1999년 서울지법 남부지원 판사 2006년 인천지법 판사 2008년 서울동부지법 판사 2010년 서울중앙지법 판사 2012년 수원지법 안산지원 판사 2014년 창원지법 부장판사 2016년 수원지법 안양지원 부장판사(현)

정진이(鄭眞伊·女)

[생]1970·5·3 [주]충북 청주시 흥덕구 오송읍 오송생명2로187 식품의약품안전처 영양안전정책과(043-719-2252) [학]1988년 전주중앙여고졸 1994년 서울대 약학과졸 [경]2003년 정보통신부 행정사무관 2005년 보건복지부 보건의료정책본부 의료정책팀 행정사무관 2007년 同저출산고령사회정책본부 인구여성정책팀 서기관 2007년 同혁신인사팀 서기관 2008년 보건복지가족부 아동청소년정책과장 2008년 식품의약품안전청 의약품관리과장 2009년 휴직(서기관) 2012년 보건복지부 메디컬코리아TF팀장 2013년 식품의약품안전처 의료기기안전국 의료기기관리과장 2014년 同본부 근무 2015년 同의료기기안전국 의료기기안전평가과장 2015년 同식품영양안전국 영양안전정책과장(부이사관)(현)

정진철(鄭鎭喆) JUNG Jin Chul (凡岩)

[생]1942·7·8 [본]동래(東萊) [출]전북 전주 [주]경북 포항시 남구 청암로77 포항공과대학교 신소재공학과(054-279-2715) [학]1960년 전주고졸 1964년 전북대 화학과졸 1972년 서울대 대학원 화학과졸 1976년 이학박사(독일 Darmstadt공대) [경]1966년 예편(소위) 1966~1972년 애경유지(주) 연구계장 1976년 한국과학기술연구원(KIST) 선임연구원 1978년 한국화학연구소 고분자화학제2연구실장 1986년 同고분자화학연구부장 1988~2007년 포항공대 신소재공학과 교수 2000~2002년 同부총장 2001년 한국고분자학회 회장 2002~2003년 대통령과학장학생 선발위원 2003~2005년 한국과학재단 이사 2007년 포항공대 신소재공학과 명예교수(현) [상]국민훈장 석류장(1988) [저]'Preparation & properties of hairy-rod polyimide molecular composites, in P. N. Prasad, J. E. Mark, J. F. Tund Ed., Advanced New Materials & Emerging New Technologies'(1995) 'Advanced Polymeric Materials'(1999)

정진철(鄭鎭澈) JUNG Jin Chul

[생]1955·5·25 [출]충남 논산 [주]서울 종로구 청와대로1 대통령 인사수석비서관실(02-770-0011) [학]1972년 선린상고졸 1977년 성균관대 행정학과졸 1985년 서울대 행정대학원졸 1993년 행정학박사(영국 엑시터대) [경]1978년 행정고시 합격(21회) 1979년 총무처 행정사무관 1990년 同행정조사연구실 서기관 1995년 同법무담당관 1996년 대통령비서실 행정관 1999년 영국정부 관리 및 정책연구원 파견 2002년 행정자치부 공무원단결권보장입법추진기획단장 2003년 同공보관 2004년 중앙인사위원회 인사정책심의관 2004년 同인사정책국장 2006년 대전시 행정부시장 2007년 중앙인사위원회 소청심사위원회 상임위원 2008년 국가기록원 원장 2008~2010년 행정중심복합도시건설청장 2011~2014년 (재)대전복지재단 대표이사, 이지웰페어(주) 사외이사 2014년 대통령 인사수석비서관(현) [상]대통령표창(1988), 홍조근정훈장(2003)

정진태(鄭鎭台) Jintai Chung

[생]1961·5·11 [출]충남 당진 [주]경기 안산시 상록구 한양대학로55 한양대학교 기계공학과(031-400-5287) [학]1984년 서울대 기계공학과졸 1986년 同대학원 기계설계학과졸 1992년 기계공학박사(미국 Univ. of Michigan) [경]1987~1992년 한국표준과학연구원 음향진동연구실 연구원 1992~1993년 미국 Univ. of Michigan 기계공학과 Research Fellow 1993~1994년 삼성전자 기억장치사업부 선임연구원 1994~1995년 한국항공우주연구소 위성사업단 선임연구원 1995년 한양대 기계공학과 교수(현) 1995년 대한기계학회 정회원(현) 2007~2010년 대한기계학회 동역학 및 제어부문 총무이사 및 편집위원 2008~2010년 한국소음진동공학회 총무이사 2009년 국제소음진동학회(ICSV) 정회원(현) 2009년 국제환경보존운동(IMEC) 정회원(현) 2011~2012년 대한기계학회 동역학 및 제어부문 부회장 2011~2015년 한국소음진동공학회 학술이사 2012년 미국항공우주학회(AIAA) 정회원(현) 2016년 한국소음진동공학회 부회장(현) [상]제10회 과학기술우수논문상(2000), 한양대 우수연구교수상(2000·2001), 한양대 Best Teacher상(2002·2003·2006·2008), 한국소음진동공학회 학술상(2004), 한양대 강의우수교수상(2005·2010), Best Engineering Science Teacher Award(2007·2009), 한양대 저명강의교수상(2013)

정진택(鄭津澤) CHUNG Jin Taick

[생]1942·8·22 [출]광주 [주]경기 안산시 단원구 적금로202 안산도시공사(031-481-4910) [학]광주제일고졸, 서울대 상대졸 [경]중소기업은행 근무, 울산실업(주) 해외사업부 실장, 신주물산(주) 대표이사 1984년 한국몰렉스(주) 대표이사 2007~2009년 同회장, 한국커넥터산업협회 회장 2008년 서부산업단지선도경영인협의회 초대회장 2015년 안산도시공사 사장(현)

정진택(鄭鎭澤) JUNG, JIN-TAK

[생]1949·4·18 [본]동래(東萊) [출]전남 영광 [주]서울 강남구 논현로79길72 올림피아센터3층 세무법인 하나(02-2009-1605) [학]광주고졸, 서울대 상과졸, 건국대 행정대학원 세무행정학과졸, 미국 서던캘리포니아대 고위공직자과정 수료 [경]1999년 국세청 정보개발1담당관 1999년 서울지방국세청 직세국장(부이사관) 1999~2002년 同조사2국장·조사1국장 2002년 국세청 개인납세국장(이사관), 세왕금속 사장 2006년 세무법인 하나 조세연구소 부회장 겸 대표세무사(현), 건국대 행정대학원 겸임교수 [상]국세청장표창, 근정포장(1983), 총무처장관표창(1983), 대통령표창(2003)

정진택(鄭陳澤) Jeong Jin Taek

(생)1959 · 8 · 3 (출)울산 (주)울산 남구 중앙로201 울산광역시청 의회사무처(052-229-5100) (학)1977년 학성고졸 2001년 양산대학 관광경영과졸 2003년 영산대 법학과졸 (경)2006년 울산시 건설교통국 대중교통과장 2008년 同경제통상실 경제정책과장 2011년 同동구 총무국장 2013년 同행정지원국 자치행정과장 2014년 同행정지원국 총무과장 2014년 同문화체육관광국장(지방부이사관) 2015년 同행정지원국장 2016년 同의회 사무처장(현) (상)내무부장관표창(1986), 울주군수표창(1987), 체육부장관표창(1989), 녹조근정훈장(2008)

정진택(鄭眞澤) CHUNG Jin Taek

(생)1960 · 10 · 3 (출)서울 (주)서울 성북구 안암로145 고려대학교 기계공학부(02-3290-3364) (학)1983년 고려대 기계공학과졸 1985년 同대학원 기계공학과졸 1992년 기계공학박사(미국 미네소타대) (경)1992~1993년 미국 미네소타대 연구원 1993년 고려대 공과대학 기계공학과 조교수 · 부교수 · 교수, 同공과대학 기계공학부 교수(현) 2009년 同교수학습개발원장 2009~2011년 同대외협력처장 2016년 한국유체기계학회 수석부회장(현) 2016년 同차기(2017년) 회장(현) 2016년 고려대 공과대학장 · 공학대학원장 · 테크노콤플렉스원장 겸임(현)

정진평(鄭鎭平) CHUNG Jin Pyung

(생)1967 (출)충남 아산시 탕정면 만전당길30 코닝정밀소재(주) 임원실(041-520-1114) (학)1991년 서울대 기계설계학과졸 1996년 同대학원 기계설계학과졸 2003년 기계공학박사(미국 매사추세츠공과대) (경)2003년 삼성코닝 입사 2006년 삼성코닝정밀유리(주) 제조기술팀장 2010년 삼성코닝정밀소재(주) 제조기술팀장(상무) 2010년 同성형 · 가공기술팀장(상무) 2012년 同기술센터장(상무) 2014년 코닝정밀소재(주) 제조기술센터장(상무) 2015년 同전무(현)

정진하(鄭鎭河) Chung, Chin Ha

(생)1951 · 5 · 26 (본)동래(東萊) (출)광주 (주)서울 서초구 반포대로37길59 대한민국학술원(02-3400-5220) (학)1974년 서울대 생리학과졸 1977년 미국 앨라배마대 대학원졸 1979년 생화학박사(미국 앨라배마대) (경)1979~1983년 미국 하버드대 의과대학 연구원 1983~2016년 서울대 자연과학대학 생명과학부 조교수 · 부교수 · 교수 1991~2000년 세포분화연구센터(SRC) 제1부장 · 소장 1995~1999년 J.Biochemistry(Tokyo) 편집위원 1997~2000년 Molecules and Cells 편집위원장 2000년 BBRC 편집위원(현) 2000~2003년 서울대 유전공학연구소장 2000년 한국과학기술한림원 정회원 · 종신회원(현) 2003~2005년 서울대 생명과학부장 2004년 한국분자생물학회 부회장 2005년 한국동물학회 부회장 2010년 한국분자세포생물학회 회장 2014년 대한민국학술원 회원(분자생물학 · 현) (상)보스톤의학재단 Career Development Award(1982), 한국과학재단 한국과학상 생명과학부문(1992), 금호학술상(1999), 대한민국학술원상(2007), (재)수당재단 수당상 기초과학부문(2015)

정진학(鄭鎭學) JEONG Jin Hark

(생)1960 · 12 · 25 (출)강원 원주 (주)서울 마포구 백범로192 S오일빌딩7층 유진그룹 사장실(02-3704-3390) (학)1987년 고려대 법학과졸 1991년 성균관대 무역대학원 국제경영학과졸 (경)1987년 한화유통(주) 경제연구소 근무 1994년 유진그룹 입사 1996년 유진기업(주) 남동공장장 1998년 同부천공장장 1999년 同이사 2001년 同부사장 2003년 유진콘크리트 사업본부장 겸 부사장 2004년 同수석부사장 2006~2009년 同최고운영책임자(COO · 사장) 2007~2009년 유진기업(주) 각자 대표이사 겸임 2010년 유진그룹 건설소재부문 총괄사장(현) 2012년 한국레미콘공업협회 회장(현) 2016년 (사)한국리모델링협회 회장(현)

정진행(鄭鎭行) Chung, Jin Haeng

(생)1955 · 10 · 19 (출)서울 (주)서울 서초구 헌릉로12 현대자동차 사장실(02-3464-1617) (학)1974년 경기고졸 1979년 서강대 무역학과졸 (경)1978~1988년 현대건설 근무 1989~2000년 현대석유화학 근무 2000~2004년 현대자동차(주) 중남미지역본부장(이사) 2004년 기아자동차(주) 홍보실 이사 2005년 同아 · 태지역본부장(상무) 2006~2007년 同유럽총괄본부장 2007년 위아(주) 전무 2007년 (주)현대오토넷 부사장 2008년 현대 · 기아자동차그룹 기획조정실 부사장 2009~2011년 동남권광역경제발전위원회 위원 2011년 현대자동차 전략기획담당 사장(현) 2011년 동반성장위원회 위원 2011~2012년 국가브랜드위원회 위원 2011년 전국경제인연합회 국제협력위원장(현) 2012년 한국자동차공업협회 부회장(현) 2012년 대한상공회의소 한국 · 인도경제협력위원장 겸 한국 · 터키경제협력위원장(현) 2012~2014년 (사)한국자원봉사협의회 공동대표 2012년 한국무역협회 부회장(현) 2012년 (사)한국자동차부품연구원 이사장(현) 2012년 전국경제인연합회 자유경제원 이사(현) 2012년 한미경제협의회 부회장(현) 2013년 서울상공회의소 비상근부회장(현) 2013년 전국경제인연합회 한 · 영CEO포럼위원회 위원장(현) (상)자랑스러운 서강경영인상(2012), 은탑산업훈장(2012), 서강대총동문회 '자랑스러운 서강인상'(2015)

정진혁(鄭鎭赫) Chung Jin Hyeog

(생)1957 · 12 · 6 (본)동래(東萊) (출)서울 (주)인천 서구 백범로934번길43 인천도시가스(주) 임원실(032-570-7770) (학)1976년 중앙대사대부고졸 1981년 명지대 아랍어과졸 (경)1984~1988년 인천도시가스(주) 근무 1988~1994년 피닉스전자 대표 1994~1996년 인천도시가스(주) 비서실장 1996년 同이사 2001년 同상무이사 2003년 同부사장 2012~2015년 同대표이사 사장 2012~2015년 한국가스연맹 이사 2012~2015년 인천경영자총협회 부회장 2015~2016년 인천도시가스(주) 고문 2016년 同대표이사 사장(현) (상)국무총리표창(2005), 산업평화대상(2007), 대통령표창(2007)

정진호(鄭鎭鎬) Chung Jin-ho

(생)1946 · 4 · 24 (본)동래(東萊) (출)경기 광주 (주)서울 영등포구 양평로11 모자빌딩4층 한 · 중남미협회(02-539-4871) (학)1972년 고려대 영문학과졸 (경)1974년 외무고시 합격(8회) 1974년 외무부 입부 1977년 스페인 마드리드대 연수 1978년 駐아르헨티나 2등서기관 1983년 駐페루 1등서기관 1986년 駐파푸아뉴기니 참사관 1989년 외교안보연구원 외국어교육과장 1991년 외무부 중동2과장 1991년 駐칠레 참사관 1994년 駐스페인 공사참사관 1997년 외무부 문화홍보심의관 1997년 駐레바논 대사 2000년 외교통상부 중남미국장 2002년 駐페루 대사 2005~2006년 외교통상부 본부대사 2006년 경동대 관광학부 초빙교수 2008~2015년 한 · 중남미협회 상근부회장 2010~2013년 한국국제협력단 전문위원 2015년 한 · 중남미협회 상임고문(현) (상)레바논 수교훈장(2000), 멕시코 수교훈장(2001), 페루 수교훈장(2005), 볼리비아 수교훈장(2005), 황조근정훈장(2006) (종)기독교

정진호(鄭振昊) JUNG Jin Ho

(생)1954 · 10 · 30 (본)나주(羅州) (출)전북 익산 (주)서울 서초구 서초대로74길4 삼성생명서초타워17층 법무법인 동인(02-2046-0620) (학)1971년 용산고졸 1975년 고려대 법학과졸 (경)1977년 사법시험 합격(19회) 1979년 사법연수원 수료(9기) 1979년 육군 법무관 1982년 수원지검 검사 1985년 대전지검 천안지청 검사 1986년 서울지검 의정부지청 검사 1988년 대전지검 검사 1990년 부산지검 검사 1991년 대구지검 영덕지청장 1992년 제주지검 부장검사 1993년 전주지검 부장검사 1993년 대전지검 형사2부장 1994년 수원지검 성남지청 부장검사 1995년 법무부 관찰과장 1995년 同조사과장 1997년 서울지검 남부지청 형사4부장 1997년 同남부지청 형사2부장 1998년 同남부지청 형사1부장 1998년 同공판부장 1999년 전주지검 군산지청장 2000년 서울지검 동부지청 차장검사 2001년 인천지검 부천지청장 2002년 서울고검 검사 2003년 사법연수원 부원장 2004년 법무부 보호국장 2005년 서울북부지검장 2006년 광주고검장 2007~2008년 법무부 차관 2008~2014년 법무법인 동인 변호사 2008~2013년 (주)한화 사외이사 2014년 법무법인 동인 대표변호사(현) (상)검찰총장표창(1987), 황조근정훈장(2006)

정진호(鄭振鎬) Jinho Chung

(생)1954 · 12 · 17 (출)대구 (주)서울특별시 강남구 테헤란로87길22 더웰스인베스트먼트(02-552-1203) (학)1973년 계성고졸 1978년 고려대 통계학과졸 1980년 일본 와세다대 대학원졸 (경)일본 노무라증권 근무, 미국 푸르덴셜증권 근무, 에셋코리아 근무, 액츠투자자문 대표이사 사장 2004년 (주)바이넥스트캐피탈 대표이사 2005~2010년 푸르덴셜투자증권 대표이사 사장, 한국투자자문협의회 회장 2013년 (주)PINE STREET 최고경영자(CEO) 2013년 MC PINESTREET 대표이사 2013년 同부회장 2015년 MC Pavilion 대체투자(주) 대표이사 2015~2016년 同부회장 2016년 더웰스인베스트먼트(The Wells Investment) 회장(현) (종)기독교

정진호(鄭鎭浩) CHUNG Jin Ho

[생]1955·2·9 [출]서울 [주]서울 관악구 관악로1 서울대학교 약학대학(02-880-7820) [학]1978년 서울대 제약학과졸 1980년 同약학대학원 생명약학과졸 1987년 약학박사(미국 존스홉킨스대) [경]1987년 미국 Johns Hopkins Toxicology Division Post-Doc. 1988년 미국 NIH Carcinogenesis Division 방문연구원 1989년 서울대 약학대학 교수(현) 1993년 미국약리학회(ASPET) 정회원(현) 1993~1999년 서울대 실험동물실장 1995년 미국독성학회(SOT) 정회원(현) 1999~2003년 서울대 약학대학 약학과장 2001~2004년 국가지정연구실(NRL) 연구책임자 2003~2005년 서울대 약학대학 부학장 2004년 한국과학기술한림원(KAST) 정회원(현) 2006년 식품의약품안전청(KFDA) 연구정책심의위원장 2006~2009년 세계산업안전보건학회(ILO) 조직위원 2007~2008년 한국식품위생안전성학회 회장 2007~2008년 한국독성학회 수석부회장 2008~2010년 서울대 환경안전원장 2010~2011년 한국독성학회 회장 2011~2013년 서울대 약학대학장 2011~2013년 식품의약품안전처 정책위원회 심의위원 2013~2014년 (사)한국약학교육협의회 이사장 2013년 국무총리소속 식품안전정책위원회 심의위원(현) 2016년 한국과학기술한림원 의약학부장(현) 2015년 미국 존스홉킨스대 한국총동문회 회장(현) [상]근정포장(2010) [종]기독교

정진호(鄭振鎬) CHUNG Jin Ho

[생]1959·3·15 [출]서울 [주]서울 종로구 대학로101 서울대학교병원 피부과(02-2072-2414) [학]1978년 여의도고졸 1980 서울대 의예과졸 1984년 同의대졸 1988년 同대학원졸 1993년 의학박사(서울대) [경]1984~1988년 서울대병원 인턴·레지던트 1988년 육군 軍의관 1991~2000년 서울대 의대 피부과학교실 전임강사·조교수·부교수 1997~1999년 미국 미시간대 연구전임의 2000년 서울대 의대 피부과학교실 교수(현) 2003년 同의대입학고사 서류심사 및 면접위원(현) 2003년 미국 하버드대 연수 2004년 서울대 연구처 부처장 2005~2006년 同산학협력단장 2010년 同의과대학 교무부학장 겸 의학대학원 교무부원장 2010년 同의학연구원 인체환경경계생물학연구소장(현) 2010년 同의학연구원 피부과학연구소장(현) 2010년 同노화고령사회연구소장(현) 2011년 대한피부과학회 이사(현) 2013~2016년 서울대병원 기획조정실장 2015년 대한피부연구학회 회장(현) 2016년 서울대 의과대학 피부과학교실 주임교수(현) 2016년 서울대병원 피부과진료과 과장(현) 2016년 식품의약품안전처 정책자문위원회 위원(현) 2016년 대한피부과학회 전산정보통신위원회 위원장(현) [상]대한피부과학회 동아학술상(1992·1995·2001), 유럽피부과학회 A special jury prize for research paper(2003), 대한피부과학회 인봉학술상(2003), 서울대병원 젊은연구자상(2003), 서울대 학술연구상(2013) [저]'전신질환의 피부소견(共)'(1997) 'The Molecular Mechanism of Retinoid Effects in Human Skin(共)'(1999) '의대생을 위한 피부과학(共)'(2001) 'Sun protection in Man'(2001) 'Photoaging(Why Does the Skin Age?)'(2004) '피부과학'(2008, 여문각) '미래의학'(2008, 한국CTP) '늙지 않는 피부 젊어지는 피부'(2009, 하누리) '피부노화학'(2010) '피부경화증'(2010, 하누리) '루푸스'(2011, 하누리) '울엄마'(2012, 도서출판 하누리)

정진호(鄭震皓) JEONG Jin Ho

[생]1965·11·28 [출]경북 문경 [주]서울 중구 퇴계로100 스테이트타워남산8층 법무법인 세종(02-316-4036) [학]1983년 대구고졸 1987년 서울대 법학과졸 1989년 同대학원 법학과 수료 [경]1988년 사법시험 합격(30회) 1991년 사법연수원 수료(20기) 1994년 부산지법 울산지원 판사 1996년 부산지법 판사 1998년 수원지법 여주지원 판사 겸 양평군·이천시법원 판사 2001년 서울지법 남부지원 판사 2003년 서울고법 판사 2006년 의정부지법 부장판사 2009~2010년 서울동부지법 부장판사 2010년 법무법인 세종 파트너변호사(현)

정진홍(鄭鎭弘) CHUNG Chin Hong (素田)

[생]1937·11·23 [본]동래(東萊) [출]충남 공주 [주]서울 관악구 관악로10길69의1 (사)한국종교문화연구소(02-886-2480) [학]1960년 서울대 종교학과졸 1965년 同대학원 종교학과졸 1971년 미국 United Theological Seminary 대학원졸 1981년 목회학박사(미국 San Francisco Theological Seminary) [경]1972~1981년 서울대·연세대 강사 1974년 명지실업전문대학 부교수 1977년 덕성여대 조교수 1977년 한국종교학연구회 회장 1978년 명지대 부교수 1982~2003년 서울대 종교학과 조교수·부교수·교수 1991년 同종교문제연구소장 1992~1993년 한국종교학회 회장 1999년 대통령자문 새천년준비위원 1999년 대한민국학술원 회원(종교학·현) 2001~2002년 문화관광부 21세기문화정책위원회 위원장 2001년 (사)한국종교문화연구소 초대이사장(현) 2003년 서울대 명예교수(현) 2003~2008년 한림대 한림과학원 특임교수 2003~2006년 대한민국학술원 인문사회과학부 제1분과 회장 2008~2010년 이화여대 이화학술원 석좌교수 2009~2011년 (재)굿소사이어티 공동대표·이사장 2010년 사회복지공동모금회 이사(현) 2011년 울산대 석좌교수 2011년 아산나눔재단 이사장 [상]황조근정훈장(2003), 간행물윤리상 저작상(2003), 수당상(2008) [저]'종교학서설' '한국종교문화의 전개' '종교문화의 이해' '하늘과 순수와 상상' '기독교와 타종교와의 대화' '죽음과의 만남' '종교문화의 인식과 해석' '종교와 과학' '종교문화의 논리' '괜찮으면 웃어주세요'(2013, 당대) [역]'우주와 역사' '종교란 무엇인가' '아프리카 종교와 철학' '책임적 자아' [종]기독교

정진홍(鄭鎭弘) CHUNG Jin Hong

[생]1963·1·28 [본]연일(延日) [출]서울 [주]광주 북구 첨단과기로123 광주과학기술원(062-715-2114) [학]성균관대 신문방송학과졸, 同대학원졸, 커뮤니케이션학박사(성균관대) [경]1993~1995년 대통령비서실장 보좌관 1994년 중국 연변과학기술대 겸직교수 1995~2003년 한국예술종합학교 영상원 영상이론과 교수 1998~2001년 중앙대 신문방송대학원 초빙교수 2002년 동아일보 객원논설위원 2002~2003년 KBS 2TV '100인 토론 어떻게 생각하십니까' 진행 2003~2004년 SBS 러브FM '정진홍의 SBS 전망대' 진행 2003~2014년 중앙일보 논설위원 2013년 광주과학기술원 다산(茶山) 특훈교수(현) 2013~2015년 同한국문화기술연구소장 2015년 TV조선 '인물탐구, 정진홍이 끝까지 간다' MC [상]우수사회과학학술도서상(1998), 서울문화예술대상 언론인대상(2010) [저]'커뮤니케이션 중심의 제시대'(1998) '아톰@비트'(2000) '감성바이러스를 퍼뜨려라'(2001) '완벽에의 충동'(2006) '인문의 숲에서 경영을 만나다'(2007) '인문의 숲에서 경영을 만나다 2'(2008) '정진홍의 사람공부'(2011, 21세기북스)

정진후(鄭鎭珝) Jeong Jinhoo

[생]1957·11·6 [본]동래(東萊) [출]전남 함평 [학]대입검정고시 합격, 중앙대 문예창작학과졸 [경]1988년 안양예고 교사·사학투쟁관련 해임 1989년 안양예고 복직·전국교직원노동조합 결성관련 해임 1990년 전국교직원노동조합 경기지부 사무국장 1992~1993년 同경기지부장 1994년 同사무차장 겸 조직국장·편집실장·사무처장 1999년 경기 백운중 복직 2000년 전국교직원노동조합 사무처장 2000년 공무원사학연금개악저지및올바른공적연금개혁을위한공동대책위원회 집행위원장 2001년 전국교직원노동조합 감사위원장 2003년 합법 전국교직원노동조합 1기 연가투쟁관련 파면 2005년 수원 제일중 복직 2007~2008년 전국교직원노동조합 수석부위원장 2008~2010년 同위원장 2012~2016년 제19대 국회의원(비례대표, 통합진보당·진보정의당·정의당) 2012년 국회 교육과학기술위원회 위원 2012년 국회 학교폭력대책특별위원회 위원 2012년 진보정의당 정책위원회 의장 2013년 국회 교육문화체육관광위원회 위원 2013년 정의당 원내수석부대표 2014~2015년 국회 국민안전혁신특별위원회 위원 2015~2016년 정의당 원내대표 2015년 국회 운영위원회 위원 2015년 국회 메르스대책특별위원회 위원 2015년 국회 정치개혁특별위원회 위원 2016년 정의당 안양시동안구乙지역위원회 위원장 2016년 제20대 국회의원선거 출마(안양시 동안구乙, 정의당) [상]경제정의실천시민연합 국정감사 우수의원(2014), 전국청소년선플SNS기자단 선정 '국회의원 아름다운 말 선플상'(2015) [종]불교

정찬교(鄭燦敎) CHUNG Chan Kyo

[생]1955·1·17 [주]경기 화성시 봉담읍 와우안길17 수원대학교 환경에너지공학과(031-220-2144) [학]1983년 독일 베를린대 공대졸 1988년 同대학원졸 1990년 공학박사(독일 베를린대) [경]1983~1990년 독일 Herman-Rietschel-Inst. 연구원 1991년 수원대 환경에너지공학과 조교수·부교수·교수(현) 2002년 同고운첨단과학기술연구원장 2005년 同교무처장 2007·2015년 同환경청정기술연구센터장(현) 2010~2011년 한국청정기술학회 부회장 [상]교육부장관표창(2000)

정찬균(鄭燦均)

[생]1965·7·29 [출]전남 나주 [주]전남 무안군 삼향읍 오룡길1 전라남도청 일자리정책실(061-286-2900) [학]1984년 광주 대동고졸 1991년 전남대 행정학과졸 [경]1997년 지방고시 합격 1997년 내무부 지방행정연수원 파견 1998~2004년 여수시 근무 2004~2006년 광양만권경제자유구역청 기획예산과장 2006~2009년 전남도 기획조정실 정책연구담당·정책조정담당 2009~2010년 同경제과학국 비상경제상황실 근무·생물산업담당 2010년 同의회 사

무처 농수산환경전문위원 직대 2010~2012년 여수세계박람회조직위원회 엑스포타운부장 2010년 지방서기관 승진 2012~2013년 국회사무처 파견 2013년 전남도 투자정책국 기업유치과장 2014년 전남 장성군 부군수 2016년 전남도 일자리정책실장 직대(부이사관)(현)

정찬기(鄭燦沂) Jung, Chan Ki

[생]1953·3·14 [본]하동(河東) [출]광주 [주]서울 송파구 양재대로71길20의18 한국스마트그리드협회(02-6257-3600) [학]광주제일고졸, 인하대 행정학과졸, 서강대 경영대학원졸(국제경영학석사) [경]1998년 한국전력공사 경영기획부장 1999년 同비서역 2002년 同투자기획팀장 2004년 同자금팀장 2007년 同기획처장 2007년 同인사처장 2009~2011년 同기획본부장(전무) 2011~2014년 서울과학종합대학원대 초빙교수 2013~2016년 대한상사중재원 중재인 2014년 한국스마트그리드협회 상근부회장(현) [상]산업자원부장관표창(2000) [종]천주교

정찬민(鄭燦敏) Jung Chan Min

[생]1958·5·16 [출]경기 용인 [주]경기 용인시 처인구 중부대로1199 용인시청 시장실(031-324-2001) [학]유신고졸, 경희대 경영학사·체육학사, 同테크노경영대학원 글로벌경영학과졸, 同대학원 국제경영학 박사과정 수료 [경]중앙일보 기자, 同편집국 메트로부 차장대우, 同사회부 차장(지방자치담당), 용인YMCA 이사, 삼성전자 이사(고문), 한화생명 이사(고문), 한국기업경영종합연구원 수석연구원, 경희대 테크노경영대학원 겸임교수, 용인시태권도협회 운영위원장, 2013 월드컵태권도대회 대한민국선수단 단장 2012년 새누리당 중앙당 수석부대변인 2012년 同경기도당 수석대변인 2012년 同용인乙당원협의회 운영위원장 2012년 제19대 국회의원선거 출마(용인乙, 새누리당) 2012년 새누리당 제18대 대통령중앙선거대책위원회 미디어위원장 2014년 경기 용인시장(새누리당)(현) 2014년 (재)용인시축구센터 이사장(현) [상]용인시문화상, 나눔봉사대상, 2013 월드컵태권도대회 공로패, 유권자시민행동 대한민국유권자대상(2015), 중부일보 율곡대상 자치단체부문(2016) [저]'망명팩션 뜨는해' '지방이 살아야 나라가 산다' '꿈을 먹는 촌뜨기'

정찬수(鄭燦壽) JUNG Chan Soo

[생]1962·11·26 [출]전북 익산 [주]서울 강남구 논현로508 (주)GS 경영지원팀(02-2005-8040) [학]남성고졸 1987년 서울대 경영학과졸 [경]1987년 호남정유 입사, LG칼텍스정유(주) 신사업팀장 2004년 同가스사업부문장(상무) 2005년 GS칼텍스 가스사업부문장(상무), 同경영기획부문장 2009년 同법인사업부문장(전무) 2013년 (주)GS 경영지원팀장(전무) 2014년 同경영지원팀장(부사장)(현) 2015년 GS홈쇼핑 비상무이사(현) [종]불교

정찬용(鄭燦龍) JEONG Chan Yong (聽雨堂)

[생]1950·9·11 [본]하동(河東) [출]전남 영암 [주]광주 서구 내방로111 광주광역시청 광주자동차산업밸리추진위원회(062-613-2363) [학]1969년 광주제일고졸 1974년 서울대 언어학과졸 [경]1974년 민청학련사건관련 구속 1975~1979년 거창고 교사 1982년 거창YMCA 총무 1998~2003년 광주YMCA 사무총장 1998~2003년 광주시민단체협의회 상임대표 2000년 광주·전남정치개혁시도민연대 공동대표 2002년 시민사회단체연대회의 상임공동대표 2003년 대통령 인사보좌관 2003~2005년 대통령 인사수석비서관 2005년 외교통상부 NGO담당 대사 2006~2007년 여수세계박람회유치위원회 부위원장 2007년 서남해안포럼 상임대표 2008년 현대·기아자동차그룹 인재개발원장(사장) 2009년 서남해안포럼 고문(현) 2009년 2012여수엑스포조직위원회 위원 2009년 무등사랑 운영위원(현) 2009년 (사)인재육성아카데미 이사장(현) 2010년 광주시장선거 출마(국민참여당) 2011년 (사)사랑의빛 이사장(현) 2014년 광주시 광주자동차산업밸리추진위원회 위원장(현) [상]황조근정훈장(2007) [저]'정찬용의 도전'(2009, 21세기북스) '내 인생의 첫 수업'(2009, 두리미디어) '열 명의 사람이 노무현을 말하다'(2010, 오마이북) [종]기독교

정찬우(鄭燦宇) Jeong Chan Woo

[생]1963·9·16 [주]부산 남구 문현금융로40 한국거래소(051-662-2001) [학]1982년 서울 숭실고졸 1987년 서울대 국제경제학과졸 1989년 미국 신시내티대 대학원 경제학과졸 1995년 경제학박사(미국 퍼듀대) [경]한국금융연구원 부연구위원, 同연구위원, 同선임연구위원, 전남대 경영대학 전임강사·조교수·부교수, 재정경제부 금융허브지원팀장, 국무총리실 규제개혁위원회 금융분과 자문위원, 외교통상부 한미FTA 금융부문 자문위원, 금융위원회 금융규제개혁심사위원, 한국저축은행 사외이사, 휴면예금관리재단 자문위원, 한국자산관리공사 사외이사, 금융감독위원회 정보공개심의위원, 한국증권금융 사외이사, 예금보험공사 비상임이사, 금융위원회 금융발전심의위원 2012~2013년 한국금융연구원 부원장 2013년 제18대 대통령직인수위원회 경제1분과 전문위원 2013~2016년 금융위원회 부위원장 겸 증권선물위원회 위원장(차관급) 2016년 한국거래소 이사장(현) 2016년 세계거래소연맹(WFE) 아시아·태평양지역 대표이사(현)

정찬형(鄭燦亨) CHUNG Chan Hyung (栢山)

[생]1948·8·3 [본]하동(河東) [출]충남 서천 [주]서울 성북구 안암로145 고려대학교(02-3290-1882) [학]1968년 경복고졸 1972년 서울대 법학과졸 1977년 同대학원 법학과졸 1982년 법학박사(서울대) [경]1980년 충북대 법학과 전임강사 1982~1990년 경찰대학 법학과 조교수·부교수 1983년 미국 워싱턴대 법대 객원교수 1986년 독일 뮌스터대 법대 객원교수 1990~2013년 고려대 법대 상법·금융법전공 부교수·교수 1990년 한국경영법률학회 이사 1997년 일본 주오대 법대 방문교수 1998년 미국 듀크대 법대 객원교수 2003~2006년 한국상사법학회 부회장 2003년 한국금융법학회 회장 2004년 고려대 법학연구원장 2006년 법무부 회사법개정위원회 제1소위원장 2006년 금융감독원 금융분쟁조정위원 2006년 대한상사중재원 중재인, 사법시험 시험위원 2007년 한국상사법학회 수석부회장 2007년 법무부 법무자문위원 2007년 同상법특례법제정특별분과위원회 위원장 2009~2010년 한국상사법학회 회장 2011년 同고문(현) 2013년 고려대 명예교수(현) [상]제1회 청람대상 교육상(1988), 홍조근정훈장(2009) [저]'사례연구 어음·수표법'(1987) 'EC회사법'(1992) '주석 어음·수표법Ⅰ~Ⅲ(共)'(1993) '주식상법Ⅴ(共)'(1999) '상법판례평석'(2000) '영미 어음·수표법·은행법(共)'(2003) '회사법강의'(2003) '판례상법 상'(2007) '판례상법 하'(2009) '상법사례연습'(2009) '어음·수표법강의'(2009) '상법강의요론'(2012) '상법개론'(2012) '상법강의(상) 제15판'(2012) '상법강의(하) 제14판'(2012)

정찬형(鄭燦亨) CHUNG Chan Hyoung

[생]1956·2·15 [본]하동(河東) [출]광주 [주]서울 강남구 테헤란로440 포스코서관15층 포스코기술투자(주) 비서실(02-3457-6300) [학]1975년 광주제일고졸 1981년 고려대 경영학과졸 1984년 同경영대학원졸 1996년 미국 일리노이주립대 국제경영자과정 수료 [경]2000년 한국투자신탁 종합기획부장(이사대우) 2000년 한국투자신탁증권 종합기획부장(이사대우) 2000년 同경영지원담당 이사대우 2001년 同경영지원본부장(상무이사) 2002년 同IB사업본부장(상무이사) 2003년 한국투자신탁운용 전무이사 2005년 한국투자증권 경영기획실장(전무) 2006년 한국금융지주 전무 2007년 한국투자신탁운용(주) 총괄부사장 2007년 同대표이사 부사장 2008년 同대표이사 사장 2015년 同대표이사 부회장 2015년 포스코기술투자(주) 대표이사 사장(현) [상]2009 매경 한국펀드대상 대상(2010), 이데일리 대한민국 금융명품대상 대상(2010), 올해의 CEO대상 고객만족경영부문 대상(2011), 포브스 최고경영자대상(2011), 포춘코리아 선정 한국경제를 움직이는 인물(2014), 매경닷컴 선정 한국경제를 빛낸 인물(2014) [종]불교

정찬형(鄭燦亨) Chung Chan Hyong

[생]1958·3·12 [출]대전 [주]서울 마포구 매봉산로31 tbs 대표실(02-311-5102) [학]1976년 충남고졸 1983년 충남대 사학과졸 [경]1982년 MBC 입사, 同라디오국 프로듀서 1987년 同심의실 TV심의부 근무 1988년 同라디오국 제작1부 근무 1990년 同라디오편성부 근무 1993년 同라디오제작2부 근무 1995년 同라디오제작2팀 근무 1995년 同라디오제작1팀 근무 1996년 同FM1팀 근무 1998년 同라디오제작1부 차장 2000년 同라디오편성기획부 부장대우 2001년 同비서실장 2003년 同라디오본부 위원 2005년 同라디오본부장 2008년 同글로벌사업본부장 2009년 同라디오본부 프로듀서 2012년 同사회공헌실 부국장 2013~2015년 同라디오제작국 부국장 2015년 교통방송(tbs) 대표(현) [상]한국프로듀서상 작품상(1994·1999·2000), 전국언론노동조합연맹 민주언론상(1997), 아·태방송연맹 라디오대상(1998), 제42회 한국방송대상 라디오 음악구성 작품상(2015) 제28회 한국프로듀서상 공로상(2016) [작]라디오 프로그램 '푸른신호등' '지금은 라디오시대' '여성시대' '손석희의 시선집중' '김미화의 세계는 그리고 우리는' '배철수의 음악캠프' '서인의 새벽다방'

정찬형(鄭贊衡)

[생]1962·11·16 [주]서울 중구 청계천로30 예금보험공사 임원실(02-758-0114) [학]서울 용문고졸, 연세대 정치외교학과졸, 고려대 대학원 정치외교학과 수료, 미국 콜로라도대 대학원 MBA [경]예금보험공사 기금운용실장, 同경영혁신실장, 同저축은행관리부장, 同기획조정부장, 同인사지원부장 2016년 同상임이사(현)

정창근(鄭昌根) Chung, Chang Kun

[생]1953·10·5 [본]경주(慶州) [출]전남 목포 [주]서울 중구 필동로1길30 동국대학교 사회과학대학 국제통상학과(02-2260-3014) [학]1977년 동국대 무역학과졸 1986년 미국 Kansas주립대 대학원 경제학과졸 1992년 경제학박사(미국 Kansas주립대) [경]1993년 동국대 사회과학대학 국제통상학과 교수(현) 2007년 同사회교육원장 2009년 同행정대학원장 2009년 同사회과학대학장 2010년 전국행정대학원장협의회 회장 2010년 동국대 경찰사법대학원장 2011~2012년 同대외협력본부장 2012~2015년 同경영부총장 2013년 한국무역학회 회장 2013~2016년 미국 캔자스주립대한국동문회 회장 2014~2015년 만해축전추진위원회 위원장 2014~2015년 한국무역학회 명예회장 2015년 同고문(현) 2015년 동국대 총장 직대 [종]불교

정창근(鄭昌根) CHUNG Chang Geun

[생]1963·9·3 [출]서울 [주]서울 양천구 신월로386 서울남부지방법원(02-2192-1114) [학]1982년 숭실고졸 1986년 서울대 공법학과졸 1989년 단국대 행정대학원졸 [경]1991년 사법시험 합격(33회) 1994년 사법연수원 수료(23기) 1994년 변호사 개업 1997년 부산지법 판사 2000년 창원지법 판사 2001년 수원지법 평택지원 판사 2003년 同평택지원 안성시법원 판사 2004년 서울가정법원 판사 2006년 서울고법 판사 2008년 서울중앙지법 판사 2009년 춘천지법 부장판사 2010년 인천지법 부장판사 2013년 서울중앙지법 부장판사 2016년 서울남부지법 부장판사(현)

정창길(鄭昌吉)

[생]1951·4·18 [출]경남 합천 [주]충남 보령시 보령북로 160 한국중부발전(주) 임원실(070-7511-1001) [학]진주고졸, 고려대 행정학과졸 [경]1978년 한국전력공사 입사 1993~1997년 同벤쿠버사무소장 2003년 한국중부발전(주) 기획처장 2004년 同사업처장 2005년 同서울화력발전소장 2006년 同기획처장 2009~2012년 同관리본부장 2016년 同대표이사 사장(현) [상]해양수산업발전 유공 대통령표창(1999), 양양양수준공 유공 산업포장(2006)

정창덕(丁昌德) JUNG CHANG DUK

[생]1960·7·24 [출]전북 임실 [주]경기 안양시 만안구 삼덕로37의22 안양대학교 총장실(031-467-0713) [학]1985년 단국대 전기공학과졸 1991년 연세대 대학원 경영과학과졸 2001년 경영정보박사(한국과학기술원) [경]1985~1986년 일본 도시바대·와세다대 연구원 1990~1991년 미국 GE·GA Tech Univ. 연구원 1996년 한국사랑의울타리 대표 1996년 국제유비쿼터스협회 부총재 1996년 (사)한국유비쿼터스학회 회장 2002년 산업자원부·정보통신부 국가전략회의 위원, 서울벤처정보대학원대 교수·기획처장 2005년 대통령자문 정책기획위원회 위원 2006년 미국 UCLA·Indiana Univ. 연구원 및 객원교수 2007년 고려대 컴퓨터정보학과 교수 2010년 중국 하얼빈대 석좌교수 2014~2015년 강릉영동대 총장 2015년 안양대 총장(현) [상]미국 ABB 소프트웨어상(1991), 산업자원부장관표창(1992·2006), SCI/IEEE 국제논문상(2009), 대통령표창(2013) [저]'CISA 문제와 정보 보호'(1995, 법영사) 'CISA 정보보안+'(1996, 법영사) 'C 프로그래밍'(1997, 양서각) '돌다리를 두드리면 건너지 못한다'(1997, 무한) '무엇이 정말 행복일까요'(1998, 은혜출판사) '창의력이 성공을 좌우한다'(1998, 청담문학사) '창의력 두배 키우기(저학년·고학년'(1999, 문공사) '성공지식경영'(2000, 학문사) '창조직경영 노하우'(2000, 교우사) 'IT 마케팅 성공법칙 11가지'(2002, 무한기획) '기업경영정보시스템'(2003, 그린) '유비쿼터스 개론'(2007, 홍릉과학출판사) '꿈을 꾸는 자는 아름답지만 꿈을 실천하는 자는 행복합니다'(2009, 대선) '스마트폰과 인터넷속 윤리 이대로 좋은가'(2010, 내하출판사) '행복경제'(2013, MJ미디어) '창의성기법'(2013, 월송) '희망이 이긴다'(2015, 행복에너지)

정창림(鄭昌林)

[생]1969·1·15 [주]경기 과천시 관문로47 미래창조과학부 통신정책기획과(02-2110-1910) [학]1987년 순천고졸 1994년 건국대 행정학과졸 [경]2000년 정보통신부 기획관리실 행정관리담당관실 사무관 2001년 同기획관리실 법무담당관실 사무관 2003년 同기획관리실 법무담당관실 서기관 2004년 同정보통신진흥국 통신경쟁정책과 서기관, 순천우체국장 2006년 정보통신부 중앙전파관리소 위성전파감시센터장 2007년 미국 국외훈련 2011년 방송통신위원회 디지털방송지원과장 2013년 同감사담당관 2013년 미래창조과학부 본부 근무(서기관) 2015년 同통신정책국 통신정책기획과장(현) [상]대통령표창(2002)

정창모(鄭昌模) Jung, Chang Mo

[생]1962·7·18 [출]서울 [주]서울 종로구 우정국로48 S&S빌딩12층 삼덕회계법인(02-397-6646) [학]1985년 서울대 경영학과졸 1987년 同경영대학원졸 [경]삼일회계법인 공인회계사, 미국 C&L회계법인 뉴욕사무소 근무, 한국공인회계사회 이사, 이화여대 경영대학 겸임교수, 삼화회계법인 공인회계사, (주)퍼시스 사내이사, 한국문학번역원 비상임감사, 서울대 경영대학 강사, (재)서울대발전기금 이사 2007년 한국공인회계사회 이사, 삼덕회계법인 공인회계사(현) 2010년 국립현대무용단 감사(현) 2010~2015년 전북은행 사외이사 2013~2016년 한국보건의료인국가시험원 감사 2013~2015년 학교법인 덕성학원 이사 2015년 同감사(현) [저]'법인세 실무' '법인세 신고서 작성 실무' '최신 세무회계'

정창배(鄭創培)

[생]1963·1·8 [출]경북 울진 [주]서울 서대문구 통일로97 경찰청 정보국(02-3150-2714) [학]1983년 대구 경신고졸 1987년 경찰대 법학과졸(3기) [경]1987년 경위 임용 2000년 성남남부경찰서 경비교통과장 2001년 수원중부경찰서 경비교통과장 2002년 서울 마포경찰서 경비과장 2003년 서울 방배경찰서 정보과장 2004년 경찰청 정보2국 정보1과 근무 2008년 경북지방경찰청 정보과장(총경) 2009년 경북 울진경찰서장 2011년 교육 파견 2011년 서울지방경찰청 청문감사담당관 2011년 경찰청 정보2과장 2013년 서울 강동경찰서장 2014년 대통령 사회안전비서관실 파견(경무관) 2016년 경찰청 정보국장(치안감)(현)

정창섭(鄭昌燮) JUNG Chang Sub

[생]1954·10·26 [출]서울 [주]인천 남동구 정각로29 인천광역시청(032-440-5685) [학]1974년 서울고졸 1978년 서울대 법대 법학과졸 1980년 同행정대학원 수료 [경]행정고시 합격(21회) 1978년 강화군 행정관 1979년 경기도 내무국 서무과 근무 1983년 同지방공무원교육원 근무 1985년 同내무국 총무과 고시계장 1988년 同기획관리실 법무담당관 1989년 내무부 총무과 종합상황실장 1990년 대통령비서실 정무행정관 1992년 경기 남양주군수 1994년 내무부 지방행정연수원 교수부 운영과장 1994년 同법무담당관 1995년 同기획예산담당관 1997년 인천시 기획관리실장 2001년 국방대학원 입교 2002년 제2의건국범국민추진위원회 운영국장 2002년 경기도 기획관리실장 2003년 同행정1부지사 2008년 행정안전부 차관보 2009~2010년 同제1차관 2011년 대통령소속 지방분권촉진위원회 위원 2012~2014년 한국지역정보개발원 원장 2014년 강원대 사범대학 초빙교수 2015년 인천시 정책특별보좌관(현) [상]내무부장관표창, 총무처장관표창, 녹조근정훈장(1995) [종]기독교

정창수(鄭昌洙) Jung Chang Soo

[생]1957·4·10 [본]영일(迎日) [출]강원 강릉 [주]강원 원주시 세계로10 한국관광공사 사장실(033-738-3002) [학]1976년 서울고졸 1980년 성균관대 행정학과졸 1986년 서울대 행정대학원졸 1990년 영국 런던정경대 대학원 수료 2004년 행정학박사(경희대) [경]1979년 행정고시 합격(23회), 강원도공무원교육원 교관, 건설부 차관실 비서관, 同기획예산담당관실 사무관, 同비상기획담당관, 同교통안전국 지도보험과장, 同법무담당관 1998년 同토지관리과장 1999년 대통령비서실 파견 2002년 건설교통부 공보관 2002년 대통령 건설교통비서관 2003년 건설교통부 주택도시국장 2003년 同주택국장 2004년 중앙공무원교육원 파견 2005년 국무총리국무조정실 농수산건설심의관 2007년 건설교통부 공공기관지방이전추진단 부단장 2008년 국토해양부 기획조정실장 2010~2011년 同제1차관 2011년 중국 대외경제무역대학 초빙교수 2011년 건국대 행정대학원 초빙교수 2011년 경희대 관광대학원 객원교수 2012년 강원대 부동산학과 초빙교수 2013~2014년 인천국제공항공사 사장 2014년 강원도지사 예비후보(새누리당) 2015년 24대 한국관광공사 사장(현) [상]홍조근정훈장(1997), 황조근정훈장(2012)

정창영(鄭暢泳) Jung Chang Young

[생]1943·11·18 [본]동래(東萊) [출]충북 충주 [주]서울 서초구 서초대로74길4 삼성생명서초타워19층 삼성언론재단(02-597-4201) [학]1961년 청주고졸 1967년 연세대 상경대 경제학과졸 1969년 미국 Univ. of Southern California 대학원 경제학과졸 1971년 경제학박사(미국 Univ. of Southern California) [경]1971~1980년 연세대 경제학과 조교수·부교수 1973년 한국개발연구원(KDI) 초청연구원 1980~2009년 연세대 경제학과 교수 1988~1993년 서울경제신

문 비상임논설위원 1990~1993년 한국경제학회 'Korean Economic Review' 편집인 1990~1996년 한국산업은행 비상임이사 1990년 연세대 재무처장 1992년 同기획실장 1995년 한국국제경제학회 회장 1995년 연세대 경영대학원장 1998년 한국경제발전학회 회장 1999년 대통령자문 정책기획위원 2000~2002년 연세대 행정·대외부총장 2002년 한국경제학회 회장 2002년 대통령자문 국민경제자문회의 위원 2004~2007년 연세대 총장 2009년 同명예교수(현) 2009년 함께나누는세상 상임대표(현) 2010년 삼성언론재단 이사장(현) 2011년 아시아나항공(주) 사외이사 2011년 삼성경제연구소 고문(현) 2011년 티치포코리아 이사장(현) 2014년 아시아나항공(주) 사외이사 겸 감사위원(현) [상]청조근정훈장(2009), 자랑스러운 연세상경인상(2012), 자랑스러운 청고인상(2015) [저]'정교수의 경제교실'(1993) 'IMF 고통인가 축복인가'(1998) '경제발전론'(2000) '경제학원론'(2003) [종]기독교

정창영(鄭昌泳) JEONG Chang Young

[생]1949·7·11 [출]전남 [주]대전 서구 둔산서로95 을지대학교병원 마취통증의학과(1899-0001) [학]1967년 광주제일고졸 1973년 전남대 의대졸 1975년 同대학원졸 1985년 의학박사(전북대) [경]1985년 일본 군마대학 마취과 객원교수 1986~1989년 전남대병원 응급실장 1989~1992년 同중환자실장 1989~1994년 대한마취과학회 전남지부장 1992~2013년 전남대 의대 마취통증의학과 교수 1997년 同병원 마취과장·중앙수술부장 1997~1998년 同기획조정실장 1997~1999년 대한통증학회 부회장 1999~2002년 전남대병원 진료처장 2000~2002년 광주시의사회 부회장 2000~2001년 대한마취과학회 회장 2003~2006년 전남대병원 통증치료실장 2003년 전남대 의대 장기발전위원장 2003~2005년 대한통증연구학회 회장 2006~2012년 광주보훈병원장 2012~2013년 전남대병원 마취통증의학과 전문의 2013년 을지대병원 마취통증의학과 전문의(현) [상]옥조근정훈장(2014)

정창영(鄭昌永) Chung Chang Young

[생]1954·8·29 [출]대구 [주]서울 마포구 마포대로144 태영빌딩11층 뉴스통신진흥회(02-734-4813) [학]1973년 경북고졸 1980년 성균관대 행정학과졸 1998년 러시아 모스크바국립대 법률학과졸 2002년 서울대 행정대학원 정보통신정책과정 수료 [경]1980년 행정고시 합격(24회) 1982년 서울시 강남구 민방위과장 1983~1989년 감사원 제5국·제3국·기획실 부감사관 1989년 대통령경호실 파견 1992~1995년 감사원 제1국·제2국 부감사관 1995년 同제6국 감사관 1998년 同기획관리실 감사관 1999년 同공보담당관 2001년 同제1국 1과장 2002년 同국책사업감사단 국책사업2과장 2003년 同국가전략사업평가단 제1과장 2004년 同기획관리실 대외협력심의관 2006년 同홍보관리관 2007년 同산업·환경감사국장 2007년 한국조세연구원 파견 2008년 감사원 결산감사본부장 2009년 同제2사무차장 2009년 同제1사무차장 2009~2011년 同사무총장(차관급) 2012~2013년 한국철도공사(코레일) 사장 2012~2013년 (사)한국교통카드산업협회 회장, 두산중공업(주) 고문(현) 2014년 뉴스통신진흥회 이사(현) 2016년 (주)호텔롯데 사외이사(현) [상]서울시장표창, 감사원장표창, 근정포장, 매경미디어그룹 대한민국 창조경제리더 상생부문(2013) [종]불교

정창원(丁昶元) Joung, Chang-Won

[생]1970·9·29 [본]영광(靈光) [출]전남 영광 [주]서울 중구 퇴계로190 MBN 경제부(02-2000-3114) [학]1988년 살레시오고졸 1996년 한양대졸 2005년 건국대 부동산대학원졸 2009년 부동산학박사(한성대) [경]1995년 MBN 입사 2008년 同청와대 출입기자 2010~2011년 미국 존스홉킨스대 국제관계대학원(SAIS) 객원연구원 2012년 MBN 시사기획부장 2013년 同문화스포츠부장 2013년 同경제부장 2013년 同보도국 산업부장 2016년 同경제부장(현) [상]좋은세상 나눔이상 언론부문(2014), 올해의 방송기자상(2014) [저]'돈 버는 부동산릿츠(共)'(2004) [종]천주교

정창일(鄭昌日) Jung Chang Il

[생]1951·1·7 [출]인천 [주]인천 남동구 정각로29 인천광역시의회(032-440-6110) [학]리라아트고졸, 인하대 정책대학원 사회복지학과졸 [경]1990~2014(주)대동기전 대표이사, 연수사랑실천모임 회장, (사)연수구새마을회 회장, 인천시레슬링협회 부회장(전) 2014년 인천시의회 의원(새누리당)(현) 2014·2016년 同산업경제위원회 부위원장(현) 2014·2016년 同운영위원회 위원(현) 2014~2015·2016년 同윤리특별위원회 위원(현) 2016년 同예산결산특별위원회 부위원장(현)

정창조(鄭昌祚) JUNG Chang Cho

[생]1950·10·29 [출]경북 포항 [주]경북 포항시 북구 흥해읍 신덕로60 포항대학교 총장실(054-245-1004) [학]1978년 성균관대 국어국문학과졸 1984년 同대학원 국어교육과졸 1989년 同대학원 국문학 박사과정 수료 [경]1978~1983년 포항 동지고 교사 1983년 포항실업전문대학 교수 1989년 포항전문대학 교수 1995~2002년 국무총리실 국민홍보위원 1995~2009년 민주평통 자문위원 2007년 동지중·고총동문회 회장 2008~2014년 포항대 유아교육과 교수 2008~2010년 同학사운영처장 2010~2013년 同부총장 2014년 同총장(현)

정창주(鄭昌株) Jeong Chang Joo

[생]1954·8·24 [본]연일(延日) [출]대구 [주]경북 구미시 야은로37 구미대학교 총장실(054-440-1101) [학]1973년 대구고졸 1977년 경북대 체육교육과졸 1983년 同대학원 체육학과졸 1992년 이학박사(경북대) [경]1979~1980년 의성 금성고 교사 1980~1992년 대구 성화여고 교사 1993~2005년 구미시체육회 이사 1995~1997년 구미1대학 학생과장 1996~1999년 한국체육학회 이사 1997~2004년 구미1대학 스포츠과학연구소장 1998~2006년 한국운동영양학회 부회장 2002~2004년 구미1대학 학생처장 2004년 同교학처장 2004~2012년 同학장 2012년 구미대 총장(현) [상]구미시 지역체육발전상(1999), 경북체육회 우수선수지도자상(2000), 경북태권도협회 우수지도자상(2001), 구미시 지역사회발전상(2002) [저]'한국 청소년의 골연령과 체격'(1991) '생활체육과 건강'(1996) '새로운 학교보건'(1996) '운동과 건강'(2000) '학교보건교육론'(2000) '스포츠의학'(2000) [종]가톨릭

정창주(鄭昌柱) JUNG Chang Ju

[생]1954·11·10 [출]경남 마산 [주]강원 평창군 대관령면 올림픽로715 (주)용평리조트 비서실(033-330-8346) [학]1972년 마산 용마고졸 1986년 경기대 영어영문학과졸 1990년 한국외국어대 세계경영대학원졸 1998년 경영학박사(창원대) [경]1978~1986년 (주)한양 근무 1987년 적성산업(주) 영업과장 1989~1991년 세계일보 경리과장 1992~1998년 일성레저산업 본부장 1998년 세계일보 기획국장 2000년 同관리국장 2000년 同총무국장 2004년 (주)용평리조트 전무이사 2005년 同대표이사 사장(현) 2010~2013년 2013스페셜올림픽세계동계대회준비위원회 위원 2010~2016년 한국휴양콘도미니엄경영협회 회장 [종]통일교

정창현(鄭昶炫) Changhyun Jeong

[생]1970·1·21 [주]세종특별자치시 한누리대로402 산업통상자원부 산업기반실 기계로봇과(044-203-4310) [학]1993년 서울대 기계설계학과졸 2005년 미국 카네기멜론대 대학원 공공관리학과졸 [경]2006년 산업자원부 기술사업화팀장 2007년 同산업정책본부 산업기술시장팀장 2008년 지식경제부 신재생에너지과장 2009년 해외 파견(과장급) 2010년 휴직(과장급) 2013년 산업통상자원부 에너지관리과장 2014년 同통상국내대책관실 총괄기획과장 2016년 同산업기반실 기계로봇과장(부이사관)(현)

정창호(鄭彰鎬) CHUNG Chang Ho

[생]1967·2·17 [본]경주(慶州) [출]서울 [주]부산 연제구 법원로31 부산고등법원(051-590-1114) [학]1985년 여의도고졸 1989년 서울대 법대졸 1991년 同법과대학원졸 [경]1990년 사법시험 합격(32회) 1993년 사법연수원 수료(22기) 1993년 軍법무관 1996년 서울지법 의정부지원 판사 1998년 수원지법 판사 1998년 서울지법 판사 2000년 제주지법 판사 2001년 영국 런던정경대(LSE) 연수 2002년 청주지법 제천지원 판사 2003년 同단양군법원 판사 2004년 서울고법 판사 2005년 서울중앙지법 판사 2005년 통일부 파견(홍콩대 연수) 2006년 대법원 재판연구관 2008년 전주지법 부장판사(외교통상부 파견) 2010~2014년 광주지법 부장판사 2011년 UN 캄보디아 크메르루주 전범재판소(ECCC) 재판관(파견) 2015년 국제형사재판소(ICC) 재판관(고용휴직)(현) 2016년 부산고법 부장판사(현) [종]기독교

정창화(鄭昌和) CHUNG Chang Wha

[생]1940·8·2 [본]연일(延日) [출]경북 의성 [주]서울 영등포구 국회대로70길18 한양빌딩 새누리당(02-3786-3000) [학]1958년 대구 계성고졸 1962년 연세대 정법대학 정치외교학과졸 [경]1969~1971년 국무총리실 재경사무관·정무장관실 비서관 1980년 민주정의당(민정당) 중앙정치연수원 훈련국장 1981년 同중앙정치연수원 부원장 1981년 제11대 국회의원(전국구, 민정당) 1983년

민정당 직능국장 1985~1988년 同정치연수원장 1985년 제12대 국회의원(전국구, 민정당) 1986년 헌법개정특별위원회 위원 1988년 제13대 국회의원(의성, 민정당·민자당) 1988년 민정당 원내수석부총무 1988년 국회 법개정특별위원회 위원장 1988년 민자당 원내수석부총무 1990년 同의성지구당 위원장 1990년 한·베네수엘라의원친선협회 회장 1990년 국회 농림수산위원회 1992~1995년 민자당 대구수성甲지구당 위원장 1997년 신한국당 중앙연수원장 1997년 한나라당 중앙연수원장 1998년 제15대 국회의원(의성 보선, 한나라당) 1998년 한나라당 사무총장 1999년 同정책위원회 의장 2000~2004년 제16대 국회의원(군위·의성, 한나라당) 2000~2001년 한나라당 원내총무 2001년 同농어촌발전특별위원회 위원장 2001년 한·우루과이친선협회 회장 2002년 한나라당 경북도지부 위원장 2003~2012년 同상임고문 2012년 새누리당 상임고문(현) ⊗기독교

정창화(鄭昌和) Chung, Chang Hwa

⊛1961·6·18 ⊜대구 ⊝서울 강남구 테헤란로440 ((주)포스코 경영지원본부 홍보실(02-3457-0046) ⊜1980년 서울 명지고졸 1985년 미국 웨인주립대 경제학과졸 1987년 同대학원 경제학과졸 1996년 경제학박사(미국 노스웨스턴대) ⊗1996년 포항종합제철 입사 2003년 同홍보2팀 리더 2004년 同홍보기획팀장 2006년 同ER실장 2009년 同대외협력실장 2011년 同대외협력실장(상무보) 2012년 同커뮤니케이션실장(상무) 2014년 同PR실장(상무) 2015년 (주)포스코건설 CR센터장(전무) 2015년 (주)포스코 PR실장(전무) 2016년 同경영지원본부 홍보실장(전무)(현)

정창훈(鄭昌勳) Paul Chung

⊛1965·5·23 ⊜경남 진주 ⊝서울 강남구 논현로508 LG아트센터 임원실(02-2005-0114) ⊜1984년 서울 오산고졸 1988년 연세대 경영학과졸 1990년 미국 리하이대 대학원졸(MBA) ⊗1990년 LG전자 입사 1995년 同해외홍보팀장 1998년 同아주지역본부(싱가포르) 마케팅담당 1999년 同금융기획그룹장 2002년 (주)LG 구조조정본부 사업조정팀 부장 2005년 同브랜드관리팀 부장 2008년 同브랜드담당 상무 2013년 LG연암문화재단 LG아트센터 대표(현) ㉡'기업 브랜드의 전략적 경영(共)'(2010, 비즈니스북스)

정창희(鄭昌熙) JUNG CHANG HEE

⊛1961 ⊜경남 진해 ⊝부산 남구 문현금융로40 한국거래소 파생상품시장본부(051-662-2000) ⊜한국외국어대 경제학과졸 ⊗1989년 증권거래소 입사 2007년 한국증권선물거래소 유가증권시장본부 IT통합추진단 총괄 2009년 한국거래소 유가증권시장본부 IT통합추진단 총괄 2011년 同유가증권시장본부 채권시장총괄팀장 2013년 同경영지원본부 전략기획부장 2014년 同경영지원본부 본부장보(상무) 2016년 同파생상품시장본부장(상임이사)(현)

정채호(丁埰鎬) CHUNG Chae Ho (범주)

⊛1949·3·13 ⊜창원(昌原) ⊜전남 여수 ⊝전남 여수시 소호동502의2 코리아요트학교 교장실(061-684-2580) ⊜1967년 여수수산고등전문학교졸 1971년 고려대 경영학과졸 1978년 미국 New Jersey대 ACE(American Council on Education) 수료 1998년 한양대 지방자치대학원 수료 ⊗1980년 여수대 강사 1982~1995년 (주)고려상호신용금고 대표이사 1983년 전남요트협회 회장(현) 1983년 코리아요트학교 교장(현) 1986년 전라좌수영성역화사업추진위원회 위원장(현) 1989년 한국노진흥연구소 소장(현) 1989년 여수청년회의소 회장 1989~1992년 전남도체육회 이사·감사 1990년 전남지구JC 연수원장 1995~1998년 전남 여천시장(민주·국민회의) 1996년 여수지역정보센터 이사장 1997년 거북선연구소 소장(현) 1998년 국제해양도시연구원 회장(현) 2006년 한국범선협회 회장(현) 2010~2011년 전남대 여수캠퍼스 총동창회 회장, 여수시 시정자문위원회 위원장 ⊗대통령표창(2회), 재무부장관표창, 체육부장관표창, 성옥문화상, 내무부장관표창, 400만전남도민이주는상, 여수시민의상 ㉡'임진왜란과 전라좌수영의 재조명' ㉺'호좌수영지' ⊗불교

정천우(鄭千牛) JUNG CHUN WOO

⊛1975·2·2 ⊝세종특별자치시 다솜1로31 새만금개발청 기획재정담당관실(044-415-1110) ⊜1992년 한영외국어고졸 2002년 고려대 심리학과졸 2013년 영국 버밍엄대 대학원 사회정책학과졸 ⊗2014년 국토교통부 수자원정책국 하천운영과 서기관 2014년 同건설정책국 해외건설정책과 개발협력팀장 2016년 새만금개발청 기획조정관실 기획재정담당관(현)

정 철(丁 澈) JUNG Cheol

⊛1958·5·20 ⊜전남 나주 ⊝서울 서초구 헌릉로13 대한무역투자진흥공사 KOTRA아카데미(02-3460-3337) ⊜1976년 전남고졸 1981년 한국외국어대 불어과졸 1995년 전남대 경영대학원 경영학과졸 ⊗1983년 대한무역투자진흥공사 입사 2000년 同구주CIS팀장 2001년 同광주전남무역관 근무 2003년 同헬싱키무역관장 2006년 同투자컨설팅팀장 2007년 同구미팀장 2008년 同브뤼셀무역관장 2008년 同브뤼셀코리아비즈니스센터장 2011년 同50년사담당관 2013~2016년 同암스테르담무역관장 2016년 同KOTRA아카데미 처장(현)

정 철(鄭 徹) Justin Chung

⊛1960·9·16 ⊜진주(晉州) ⊜부산 ⊝서울 종로구 인사동7길32 SK건설 Infra CoE본부(02-3700-7523) ⊜1979년 부산 동래고졸, 부산대 토목공학과졸, 한양대 대학원 토목공학과졸, 경영학박사(서울과학기술대) ⊗1983~1991년 현대산업개발 근무 1991년 SK건설(주) 토목공견적실장, 同국내·해외Infra사업관리본부장, 同Infra CoE 본부장(상무)(현) ⊗도로의날 국토해양부장관표창(2011) ⊗천주교

정 철(丁 澈) CHUNG, CHUL

⊛1965·11·14 ⊜서울 ⊝세종특별자치시 시청대로370 대외경제정책연구원 무역통상본부(044-414-1184) ⊜1984년 휘문고졸 1988년 서강대 경제학과졸 1990년 同대학원 경제학과졸 2007년 경제학박사(미국 미시간대) ⊗2001~2007년 미국 조지아공대 경제학부 교수 2007년 대외경제정책연구원 선임연구위원(현) 2009~2012년 한국무역협회 수석이코노미스트(미국 워싱턴 근무) 2012년 대외경제정책연구원 APEC연구컨소시엄 사무국장(현) 2013~2015년 국제통상연구 편집위원장 2014~2016년 한국태평양경제협력위원회 부회장 2014~2016년 기획재정부 중장기전략위원회 민간위원 2014~2016년 외교부 정책자문위원 2014~2016년 대외경제정책연구원 아시아태평양본부장 2015년 한국국제통상학회 부회장(현) 2015년 EAER(舊JEAI) 편집위원장(현) 2016년 대외경제정책연구원 무역통상본부장(현) ⊗외교통상부장관표창(2010)

정철구(鄭哲求) JUNG Chul Ku

⊛1949·11·13 ⊝서울 영등포구 도림로156 명지성모병원(02-829-7777) ⊜경희대 의대졸, 가톨릭대 대학원 의학석사, 의학박사(가톨릭대) ⊗가톨릭대 의대 신경외과학교실 전임강사·조교수·부교수, 건양대 의대 신경외과학교실 교수 2008년 건양대병원 뇌졸중센터 소장 2014년 명지성모병원 의무부원장(현), 대전성모병원 신경외과 교수, 여의도성모병원 신경외과 교수, 대한뇌종양학회 회장, 대한신경외과학회 대전·충청지회 회장, 대한두개저외과학회 특별이사, 대한노인신경외과학회 고문

정철길(鄭鐵吉) Chul-Khil Chung

⊛1954·10·27 ⊜부산 ⊝서울 종로구 종로26 SK빌딩 SK이노베이션(주) 임원실(02-2121-6600) ⊜1973년 경남고졸 1978년 부산대 경영학과졸 1986년 미국 조지아주립대 대학원 경영학과졸(MBA) 2006년 서울대 최고경영자과정(AMP) 수료 2008년 GE Global Executive Program 수료 ⊗1979년 유공 종합기획부 입사 1986년 同석유개발사업(E&P) 근무 1993년 同원유Trading기획팀장 1998년 SK(주) 구조조정본부 구조조정담당 상무 2000년 同구조조정추진본부 인력팀장(상무) 2004년 SK 경영경제연구소 경영연구실장 2008년 SK C&C 경영지원부문장(부사장) 2010년 同IT Service 사업총괄 사장 2011~2014년 同대표이사 사장 2011~2014년 한국IT서비스산업협회 회장 2013~2014년 SK그룹 SUPEX(Super Excellent)추구협의회 윤리경영위원회 위원장 겸임 2015년 SK이노베이션(주) 대표이사 사장 2015년 SK에너지 대표이사 사장 2015~2016년 SK그룹 SUPEX(Super Excellent)추구협의회 전략위원회 위원장 2016년 同SUPEX(Super Excellent)추구협의회 에너지화학위원회 위원장(현) 2016년 SK이노베이션(주) 대표이사 부회장(현) ⊗대통령표창(2004)

정철동(鄭哲東) JEONG Chul Dong

⊛1961·5·11 ⊝서울 영등포구 여의대로128 LG디스플레이(주) 임원실(02-3777-1114) ⊜경북대 전자공학과졸, 충북대 대학원 전자공학과 수료 ⊗2007년 LG디스플레이(주) 생산기술센터장(상무) 2010년 同생산기술센터장(전무) 2012년 同최고생산책임자(CPO·부사장)(현)

정철두(鄭喆斗) Charles Chul-Doo JUNG

[생]1955·12·18 [본]하동(河東) [출]서울 [학]1974년 경동고졸 1978년 서울대 자원공학과졸 1983년 미국 일리노이공과대 전자계산과졸 1986년 미국 시라큐스대 대학원 전자계산과졸 1988년 공학박사(미국 시라큐스대) 1998년 미국 텍사스대 대학원 경영학과졸 [경]1983~1984년 미국 MCC Powers S/W Engineer 1984~2000년 미국 IBM W/W Marketing & Sales담당 임원 2000~2002년 CAP Gemini & Ernst Young 미국본사 부사장·한국지점장 2002년 삼성KPMG Management Information Risk Advisory Service 대표 2002~2004년 삼성전자(주) 컴퓨터시스템사업부 서버사업팀장(전무) 2004~2005년 한국스토리지텍(주) 사장 2005년 한국썬마이크로시스템즈(주) 데이터관리그룹본부장 2006~2008년 네트워크어플라이언스코리아 사장 2008년 노틸러스효성 부사장 2010년 同아메리카법인장(부사장) 2014~2016년 同중국법인장 겸 글로벌사업개발담당 부사장 [상]미국 일리노이공과대 최우수학업상(1983), 미국 텍사스대 MBA 최우수학업상(1998) [종]기독교

정철민(鄭哲玟)

[생]1970·8·1 [출]경북 경주 [주]부산 연제구 법원로31 부산지법(051-590-1114) [학]1988년 경주고졸 1994년 고려대 법학과졸 [경]1996년 사법시험 합격(38회) 1999년 사법연수원 수료(28기) 1999년 육군 법무관 2002년 인천지법 판사 2004년 서울중앙지법 판사 2006년 대구지법 포항지원 판사 2010년 서울서부지법 판사 2011년 서울고법 판사 2012년 대법원 재판연구관 2014년 부산지법 부장판사(현)

정철수(丁喆秀) JUNG Cheol Su

[생]1963·12·17 [본]압해(押海) [출]전남 무안 [주]강원 원주시 혁신로2 도로교통공단 교육본부(033-749-5301) [학]1981년 경동고졸 1985년 경찰대 행정학과졸(1기) 1998년 고려대 정책대학원 도시 및 지방행정학과졸 2007년 서울시립대 대학원 행정학박사과정 수료 [경]2001년 울산지방경찰청 경비교통과장 2002년 전북 장수경찰서장 2004년 경찰대 학생과장 2004년 경찰청 경찰혁신기획단 근무 2005년 서울지방경찰청 경비2과장 2006년 영등포경찰서장 2007년 경찰청 홍보관리관실 홍보담당관(총경) 2008년 同교통기획담당관 2009년 전북지방경찰청 차장(경무관) 2010년 대전지방경찰청 차장 2010년 경찰청 교통관리관 2010년 同대변인 2011~2012년 제주지방경찰청장(치안감) 2014년 도로교통공단 교육본부장(상임이사)(현) [상]내무부장관표창(1991), 경찰청장표창(1995), 국가보훈처장표창(1998), 대통령표창(2006) [종]기독교

정철영(鄭喆永) JYUNG Chyul Young

[생]1958·6·30 [출]서울 [주]서울 관악구 관악로1 서울대학교 농업생명과학대학 산업인력개발학전공(02-880-4832) [학]1981년 서울대 농업교육학과졸 1986년 同대학원졸 1989년 교육학박사(미국 오하이오주립대) [경]1989~1990년 미국 오하이오주립대 연구원 1990~1992년 서울대 농업개발연구소 특별연구원 1992년 同농산업교육과 조교수·부교수·교수, 同농업생명과학대학 식물생산과학부 교수 1993~1996년 농촌진흥청 농촌지도관 1995년 서울대 농업교육과 학과장 1999년 교육부 주요정책과제 평가위원 2003~2004년 미국 Johns Hopkins Univ. 교환교수 2003~2007년 한국진로교육학회 부회장 2004~2006년 서울대 호암교수회 관장 2005년 서울대 농업생명과학대학 산업인력개발학전공 교수(현) 2006년 농촌계획학회 부회장 2007년 한국농·산업교육학회 부회장 2007년 서울대 농업생명과학대학 학생부학장 2007년 한국산업교육학회 부회장 2008~2012년 한국진로교육학회 회장 2011~2012년 서울대 학생처장 2012~2014년 한국잡월드 비상임이사 2013년 한국산업교육학회 회장(현) 2014년 국가평생교육진흥원 이사장(현) 2015년 서울대 농업생명과학대학장 겸 국제농업기술대학원장(현) [상]한국과학기술단체총연합회 과학기술우수논문상(1995), 미국 오하이오주립대 International Alumni Award(2004)

정철용(鄭哲容) JUNG Cheol Yong

[생]1959·1·27 [주]서울 종로구 홍지문2길20 상명대학교 경영대학 경영학과(02-2287-5135) [학]1977년 경기고졸 1982년 서울대 경제학과졸 1987년 미국 워싱턴대 경영대학원졸 1992년 경영정보학박사(미국 텍사스대) [경]미국 텍사스대 강사, 한국금융연구원 부연구위원, 금융감독원 정보화전략실장 1993년 상명대 경영대학 경영학과 교수(현) 2000~2002년 同정보관리처장 2012년 同입학홍보처장 2013~2014년 同입학처장 2014~2015년 同교무처장 2014년 한국경영정보학회 회장 2015년 NH농협금융지주 IT정보전략단 IT·보안자문위원(현) 2015년 상명대 대학원장(현)

정철호(鄭哲鎬) CHUNG Chul Ho (淸江)

[생]1923·4·25 [본]경주(慶州) [출]전남 해남 [주]서울 서대문구 홍제원6안길3 판소리고법보존회(02-725-9939) [학]1940년 해남농고졸 [경]1938년 임방울선생께 판소리(적벽가) 사사 1942년 정응민선생께 판소리(춘향가) 사사 1948년 최초의 아쟁 산조 발표회 1964년 임방울류판소리 적벽가 완창 녹음 1992년 한·흑인친선문화축제 미국 뉴욕헬렘가 공연 1996년 중요무형문화재 제5호 판소리(고법) 예능보유자 지정(현) 1998년 전남 남도국악단 상임지휘자 1999년 (사)판소리고법보존회 이사장(현) 1999년 결식아동돕기 특별공연(광주문화예술회관) [상]국무총리표창, 대통령표창(1999), 보관문화훈장(2002), 국악공로상, KBS 국악대상, 방일영국악상(2008) [작]음반 '임방울류 적벽가 완창' '성좌 이차돈 국악작곡' '열사가' 창극 작곡 '임꺽정' '안중근전' '하늘도 울고 땅도 울고' 창무악 작곡 '춘하추동' '금화은화' '무영탑' [종]불교

정철호(鄭喆晧) CUNG Chul Ho

[생]1957·4·9 [출]경북 포항 [주]부산 금정구 금샘로 485번길65 부산외국어대학교 상경대학 국제무역학과(051-509-6073) [학]1975년 부산고졸 1982년 부산대 무역학과졸 1985년 同대학원 국제경제학과졸 1996년 경제학박사(부산대) [경]1985~1987년 부산대·부산외국어대·경성대 강사 1988~1999년 부산외국어대 무역학과 전임강사·조교수·부교수 1999년 同상경대학 국제무역학과 교수(현) 1998년 同교무처장 2002년 同상경대학장 2004~2006년 同입학홍보처장 2007년 同국제협력원장 겸 국제교류센터장 2011년 同기획처장 2013년 同입학관리처장(현) 2015년 同국제통상경영대학원장 겸임(현)

정초시(鄭超時) Chung Cho See

[생]1954·11·11 [주]충북 청주시 상당구 대성로102의1 충북발전연구원(043-220-1141) [학]원주고졸 1979년 연세대 경제학과졸 1981년 同대학원졸 1991년 경제학박사(연세대) [경]1982년 청주대 경상대학 경제학과 교수(현) 1994~1996·2012년 同경제학과장 1998~1999년 同시청각교육실장 2002~2003년 同경제통상학부장 2014년 충북발전연구원 원장(현)

정총령(鄭總領)

[생]1973·8·3 [출]전남 광양 [주]서울 서초구 서초중앙로157 서울고등법원(02-530-1114) [학]1991년 광양제철고졸 1995년 서울대 사법학과졸 [경]1996년 사법시험 합격(38회) 1999년 사법연수원 수료(28기) 1999년 광주지법 예비판사 2001년 同판사 2002년 수원지법 판사 2006년 서울동부지법 판사 2007년 서울북부지법 판사 2009년 서울행정법원 판사 2011년 서울고법 판사 2011~2013년 헌법재판소 파견 2014년 광주지법 부장판사 2015년 서울고법 판사(현)

정춘병(鄭春炳) CHUNG Choon Byeong

[생]1948·7·4 [본]동래(東萊) [출]경기 포천 [주]경기 안양시 동안구 부림로121 동아프라자 (주)이산 임원실(031-436-8250) [학]2007년 전기공학박사(명지대) [경](주)신한 이사(17년), 명지전문대학 겸임교수(14년), (주)한국종합엔지니어링 부사장(5년), 한국기술사회 부회장, 한국방재안전학회 부회장, 한국건축정책학회 부회장, 노동부 산업현장 교수, 대한상사중재원 중재인, (주)이산 부사장(현) [상]산업자원부장관표창(2005), 과학기술훈장 웅비장(2014) [저]'전력공학'(2009) '건축물의 전기설비(전원설비)'(2012, 예문사) '건축물의 전기설비(배전설비)'(2012, 예문사) '태양광발전시스템 설계와 시공기술'(2014, GS인터비전) [종]불교

정춘보(鄭春寶) JEONG Chun Bo

[생]1955·7·6 [출]전남 광양 [주]서울 강남구 영동대로517 아셈타워3층 (주)신영 비서실(02-6001-2524) [학]1974년 진상종합고졸 1979년 동아대 토목학과졸 1996년 중앙대 건설최고경영자과정 수료 2000년 고려대 컴퓨터과학기술대학원 수료 2001년 국제산업디자인대학원대 뉴밀레니엄과정 수료 2004년 서울대 최고경영자과정 수료 [경]1980년 부산시 근무 1984년 신영기업 설립·대표 1989년 신영미래산건 대표이사 1998~2005년 (주)신영 대표이사 사장 2001년 (주)신영에셋 대표이사 겸임(현) 2005년 한국디벨로퍼협회 회장 2006년 (주)신영 대표이사 회장(현) 2008~2014년 한국부동산개발협회 회장 2012년 (주)대농 대표이사 겸임(현) [상]매일경제 부동산개발경진대회 개발부문 최우수상(1997), 한국고용·복지재활원 감사장(1999), 서울경제 마케팅전략서비스부문 최우수상(2001), 국가보훈처장 감사패(2002), 대한매일 선정 대한민국경영인

상(2003), 한경 거주문화대상 디벨로퍼부문(2004), 한경 글로벌비즈니스 경영대상 디벨로퍼부문(2004), 매경 골든타워대상 웰빙부문(2004)

정춘숙(鄭春淑·女) Jung Choun Sook

(생)1964·1·8 (출)서울 (주)서울 영등포구 의사당대로1 국회의원회관630호(02-784-3740) (학)1986년 단국대 국어국문학과졸 1998년 중앙대 사회개발대학원 사회복지학과졸, 사회복지학박사(강남대) (경)1992년 한국여성의전화 상담부 간사, 同상담인권부장 1997년 서울여성의전화 사무국장, 서울성폭력상담센터 소장, 서울여성의전화 부회장, 同회장, 한국여성의전화 사무처장 2009~2014년 同상임대표, 同이사, 조선대 겸임교수·초빙강사, 한국여성단체연합 복지위원회 위원, 同여성인권위원장 2015년 새정치민주연합 혁신위원회 위원 2016년 제20대 국회의원(비례대표, 더불어민주당)(현) 2016년 국회 보건복지위원회 위원(현) 2016년 국회 여성가족위원회 간사(현) 2016년 국회 가습기살균제사고진상규명과피해구제 및 재발방지대책마련을위한국정조사특별위원회 위원 (상)제11회 미래를 이끌어갈 여성지도자상(2013), 대한민국인권상 국민포장(2015)

정춘식(鄭春植·女) JEONG Choon Sik

(생)1953·2·4 (출)경남 진주 (주)서울 도봉구 삼양로144길33 덕성여자대학교 약학대학 약학과(02-901-8382) (학)1975년 덕성여대 약학과졸 1977년 이화여대 대학원 약제화과졸 1991년 약학박사(덕성여대) (경)1986~2004년 덕성여대 약학과 강사·전임강사·조교수 1990년 서울대 천연물과학연구소 연구원 2004년 덕성여대 약학대학 약학과 부교수·교수(현) 2002년 한국생약학회 편집간사 2004년 同재무이사 2005년 미국 아이오와대 방문교수 2005년 덕성여대 대학원 교학부장 2007~2009년 同약학대학장 2007~2009년 同약학연구소장 2009년 대한약학회 재산관리위원장, 응용약물학회 워크숍위원장 2015년 덕성여대 대학원장(현) (상)서울시약사회장표창(1998) (저)'무기약품제조화실험서'(1997) '대한약전실험서'(1998) '무기의약품화학'(2001) '영유아의 영양,건강,안전'(2005) '대한약전해설서'(2008) (역)'필수 병태생리학(共)'(2005) '그림으로 보는 의학용어'(2008)

정충견(鄭忠見) JUNG, Choong Kyoun

(생)1945·1·23 (본)진양(晉陽) (출)경남 마산 (주)경상남도 창원시 마산합포구 경남대학로7 경남대학교(055-245-5000) (학)1963년 마산고졸 1967년 고려대 법학과졸 1976년 경남대 경영대학원졸 1989년 법학박사(단국대) (경)1973~1986년 경남대 법학과 전임강사·조교수·부교수 1978~1981년 同교무처장 1986~1999년 同법학과 교수 1986~1988년 同교무처장 1990~1992·1994~1996년 同법학연구소장 1992년 미국 포트랜드주립대 교환교수 1994~1996년 한국비교사법학회 부회장 1994~1999년 한국법학교수회 상임이사 1996~2000년 경남대 대학원장 1998~1999년 한국가족법학회 감사 1998~2000년 영남민사법학회 회장 1999~2005년 경남대 법·행정학부 교수 1999~2002년 한국법학교수회 감사 1999~2001년 한국재산법학회 부회장 2000~2002년 한국비교사법학회 부회장 2000~2003년 경남대 학사부총장 2000~2003년 한국부동산법학회 부회장 2003년 同총장 직무대행 2003년 캐나다 브리티시컬럼비아대 법학부 아시아법연구소 교환교수 2005~2010년 경남대 법정대학 법학부 교수 2010년 同법정대학 법학부 명예교수(현) 2010~2012년 경남신문 사외이사 2011~2012년 경남대 한마연구장학위원회 위원장 2012~2014년 경남신문 대표이사 회장 2012·2014년 한국신문협회 이사 2012~2014년 경남도체육회 부회장 (저)'시민생활과 법(共)'(1989) '민법총칙 기본판례 평석100선(共)'(1998)

정충기(鄭忠基) CHUNG Choong Ki

(생)1960·11·27 (본)하동(河東) (출)서울 (주)서울 관악구 관악로1 서울대학교 건설환경공학부(02-880-7347) (학)1979년 성동고졸 1983년 서울대 토목공학과졸 1985년 同대학원 토목공학과졸 1991년 공학박사(미국 노스웨스턴대) (경)1991년 미국 노스웨스턴대 박사후연구원 1992년 서울대 토목공학과 교수 1996년 同지구환경시스템공학부 교수 2002~2003년 미국 노스웨스턴대 교환교수 2005년 同공학연구소장 2006년 서울대 공대 연구부학장 2006년 同연구지원소장 2007년 同건설환경공학부 교수(현) 2010년 대한토목학회 토목연구소장 2012~2015년 한국지반공학회 부회장 2014~2016년 서울대 공대 건설환경공학부장 2016년 한국지반공학회 고문(현) (상)서울공대 우수강의교수상(2000), 한국지반공학회 논문상(2001), 한국지반공학회장표창(2004), 서울대 공대 우수강의교수상(2006), 한국지반공학회 학술상(2010), 대한토목학회 학술상(2011), 국토해양부장관표창(2012)

정충수(鄭忠秀) JUNG Choong Soo

(생)1944·2·20 (출)전남 장흥 (주)서울 서초구 서초대로74길4 삼성생명서초타워 법무법인 동인(02-2046-0631) (학)1963년 목포고졸 1969년 고려대 법학과졸 (경)1971년 사법시험 합격(13회) 1974년 사법연수원 수료(3기) 1974년 청주지검 검사 1975년 대전지검 홍성지청 검사 1977년 서울지검 의정부지청 검사 1980년 서울지검 검사 1983년 수원지검 검사 1985년 춘천지검 영월지청장 1985년 서울지검 고등검찰관 1987년 제주지검 차장검사 1988년 광주지검 특수부장 1989년 수원지검 부장검사 겸 사법연수원 교수 1991년 인천지검 형사3부장 1992년 법무부 송무심의관 1993년 춘천지검 차장검사 1994년 서울고검 검사 1995년 서울지검 동부지청 차장검사 1996년 대구지검 차장검사 1997년 同제1차장검사 1997년 서울지검 의정부지청장 1998년 同서부지청장 1999년 同동부지청장 1999년 법무부 보호국장 1999년 同법무실장 2000년 수원지검장 2002년 대검찰청 강력부장 2003년 변호사 개업 2004년 법무법인 동인 대표변호사 2014년 同명예 대표변호사(현) (종)불교

정충현(鄭忠賢)

(생)1969·3·5 (주)인천 중구 공항로272 국립인천공항검역소(032-740-2727) (학)1992년 성균관대 사회학과졸 2000년 同대학원 사회학과졸 2007년 미국 애리조나주립대 대학원 사회복지학과졸 (경)1994년 행정사무관 임용(행정고시 36회) 1994~2002년 보건복지부 사회복지정책실·보건정책국 등 근무 2002년 同행정법무담당관(서기관) 2007년 同정책홍보관리실 기획조정팀장 2010년 同사회서비스자원과장 2010년 同건강정책과장 2010년 同장애인정책과장(부이사관) 2013년 同질병관리본부 감염병관리센터장(일반직고위공무원) 2015년 중앙공무원교육원 고위정책과정 파견 2016년 보건복지부 보육정책관 2016년 同질병관리본부 국립인천공항검역소장(현)

정치근(鄭致根) CHUNG Chee Kun

(생)1931·1·15 (본)연일(延日) (출)울산 (학)1950년 경남고졸 1954년 서울대 법대졸 1957년 同대학원 수료 (경)1956년 고등고시 사법과 합격(8회) 1960~1968년 부산지검·서울지검·대구지검 검사 1969년 대검찰청 수사국 4과장 1971년 법무부 검찰과장 1973년 서울지검 부장검사 1977년 同성동지청장 1979년 춘천지검 검사장 1980년 대검찰청 공안부장 1981년 부산지검 검사장 1981년 검찰총장 1982년 법무부 장관 1984~2012년 변호사 개업 1984~1989년 한국산업은행 이사장 (상)홍조근정훈장, 5.16민족상 안보부문 (종)불교

정치락(鄭致洛) Jung, Chi-rak

(생)1959·8·17 (출)울산 (주)울산 남구 중앙로201 울산광역시의회(052-229-5021) (학)울산고졸 2008년 서라벌대 부동산경영컨설팅과졸 (경)인창가스 대표 1999~2005년 울산시 농소1동 주민자치위원, 울산시 농소1동 청소년지도협의회장 2006년 울산시 북구의원선거 출마, 울산시 북구 주민참여예산시민위원회 위원장, 울산시청소년지도협의회 회장 2010년 울산시의원선거 출마(한나라당), 4.19혁명정임석열사추모위원회 사무국장(현) 2014년 울산시의회 의원(새누리당)(현) 2014년 同운영위원회 위원 2014년 同행정자치위원회 부위원장 2015년 울산문화예술회관 시립예술단 운영자문위원(현) 2016년 울산시의회 운영위원장(현) 2016년 同교육위원회 위원(현) 2016년 同예산결산특별위원회 위원(현) 2016년 전국시·도의회운영위원장협의회 부회장(현) (상)전국시·도의회의장협의회 우수의정 대상(2016)

정치용(鄭致溶) CHONG Chi Yong

(생)1957·12·15 (출)강원 원주 (주)서울 서초구 남부순환로2374 한국예술종합학교 음악원 지휘과(02-746-9248) (학)1977년 진광고졸 1983년 서울대 음대 작곡과졸 1990년 오스트리아 잘츠부르크 모차르테움국립음악대 대학원 지휘과 최우수졸 (경)오스트리아 잘츠부르크 국제음악제 현대오페라 부지휘자, 미시간심포니·라이프치히방송교향악단·서울시립교향악단·코리안심포니·부천시립교향악단 지휘자 1992년 서울시립대 강사 1993~2004년 한국예술종합학교 음악원 지휘과 조교수·부교수 1996년 평화통일기원 음악축제 지휘 1996년 안익태음악회 지휘 1996년 국립오페라단 정기공연 모차르트 '코지 판 두테' 지휘 1997년 모차르트 피아노협주곡 전곡연주회 지휘 1997년 러시아 필하모닉오케스트라 초청연주회 지휘 1997년 '웨스트사이드스토리' 음악감독 겸 지휘자 1998년 가극 '눈물의 여왕' 음악감독 1998년 어린이를위한 푸른음악회 지휘 1998년 오페라 '리골레토' 1998년 서울시립교향악단 수석객원지휘자 1999년 오페라 '라 트라비아타' 1999년 유니버설발레단 '호두까기 인

형' 지휘자 1999~2001년 서울시립교향악단 단장 겸 지휘자 2004년 한국예술종합학교 음악원 지휘과 교수(현), (사)한국지휘자협회 이사, 원주시향 명예음악감독 2008~2014년 창원시립교향악단 예술감독 겸 상임지휘자 2010년 예술의전당 지휘부문 자문위원 2011~2015년 (사)한국지휘자협회 회장 2015년 인천시립교향악단 예술감독 겸 상임지휘자(현) 2016년 한국예술종합학교 음악원장(현) [상]오스트리아 국제지휘콩쿠르대상, 오스트리아 문화부장관상, 공간사랑선정 김수근문화상, 문교부장관표창, 팬뮤직페스티벌 신인작곡상, 문화관광부 선정 오늘의 젊은 예술가상, 제5회 대한민국 뮤지컬대상 음악상, 한국음악협회 선정 한국음악상 본상(2010), 한국평론가협회 선정 서울음악대상(2012) [종]기독교

정칠희(鄭七熙) CHUNG Chil Hee

[생]1957·1·20 [본]온양(溫陽) [출]충남 아산 [주]경기 수원시 영통구 삼성로130 삼성전자 종합기술원 본관7층 원장실(031-8061-1001) [학]1975년 용산고졸 1979년 서울대 물리학과졸 1981년 한국과학기술원(KAIST) 물리학과졸(석사) 1993년 물리학박사(미국 미시간주립대) [경]1979년 삼성전자(주) 입사 1981년 同반도체LSI개발담당 연구원 1983년 同반도체메모리개발담당 연구원 1993년 同반도체메모리개발담당 수석연구원 1998년 同시스템LSI사업부 스마트카드팀장(이사보) 1999년 同반도체메모리개발담당 이사보 2000년 同반도체총괄 시스템LSI사업부 LSI제품기술팀장(이사) 2001년 同반도체총괄 시스템LSI사업부 LSI제품기술팀장(상무) 2002년 同디바이스솔루션총괄 시스템LSI사업부 C&M개발팀장(상무) 2005년 同디바이스솔루션총괄 시스템LSI사업부 C&M개발팀장(전무) 2007년 同반도체총괄 시스템LSI사업부 기술개발실장 2008년 同반도체총괄 시스템LSI사업부 LSI개발실장(전무) 2009년 同반도체총괄 메모리사업부 FLASH개발실장(부사장) 2009년 同반도체연구소장(부사장) 2012년 同종합기술원 부원장(부사장) 2015년 同종합기술원장(사장)(현), 카이스트 이사(현), 기초과학연구원 이사(현) [상]장영실상(2002), 과학기술훈장 진보장(2011) [종]천주교

정태권(鄭泰權) JEONG Tae Gweon

[생]1952·10·23 [본]연일(延日) [출]부산 [주]부산 영도구 태종로727 한국해양대학교 해사대학관 315호(051-410-4246) [학]1977년 한국해양대 항해학과졸 1979년 同대학원졸 1990년 공학박사(한국해양대) [경]1979~1984년 천경해운(주) 근무 1984~1993년 한국해양기술연수원 전임강사·부교수 1993~2003년 한국해양대 해사수송과학부 전임강사·조교수·부교수 2004~2010년 한국항해항만학회 총무이사 2005년 한국해양대 항해학부 교수(현) 2008~2009년 同마린시뮬레이션센터 소장 2010년 중앙해양안전심판원 재결평석위원(현) 2011~2012년 한국항해항만학회 편집위원장 2013~2015년 同부회장 2013년 한국해양대 해사산업연구소 북극해항로연구센터장(현) 2014년 한국항로표지기술협회 감사(현) 2016년 한국항해항만학회 회장(현) [저]'항해기기론'(2012) '항로표지론'(2013) [종]불교

정태근(鄭泰根)

[생]1958·11·19 [출]제주 제주시 [주]제주특별자치도 제주시 문연로13 제주특별자치도의회 사무처(064-741-2200) [학]제주상고졸, 한국방송통신대 행정학과졸, 중앙대 행정대학원졸 [경]1977년 공무원 임용(서기보) 1979년 제주시 총무국 세무과 서기 1987년 용담동사무소 주사보 1987년 건입동사무소장(주사) 1990년 제주도 공무원교육원 근무, 同총무과 근무, 同비서관 1997년 총무처 비서관 1998년 제주지방노동사무소 관리과장(지방사무관), 同근로감독과장, 同산업안전과장 2003년 제주도 지방공무원교육원 수석교수 2006년 제주특별자치도 교통항공관리과장 2007년 同문화정책과장(지방서기관) 2010년 同인력개발원장 2011년 同특별자치행정국장 2013년 同민생시책기획추진단장(지방부이사관) 2013년 제주시 부시장 2014년 제주특별자치도 환경보전국장 2015년 지방행정연수원 고위정책과정 교육파견 2016년 제주특별자치도의회 사무처장(현)

정태근(鄭泰根) Jeong Tae Keun

[생]1964·1·8 [본]연일(延日) [출]서울 [주]서울 영등포구 국회대로74길12 새누리당 서울시당(02-704-2100) [학]1982년 홍익사대부고졸 1989년 연세대 경제학과졸 2004년 同경제대학원 공공발전전공졸 [경]1985년 연세대 총학생회장 1985~1988년 민주화운동관련 투옥 1988년 민주화실천가족운동협의회 간사 1992년 민주개혁정치모임 청년위원회 부위원장 1995년 민주당 제15대 총선 중앙선거대책위원장 비서실장 1996년 미래정치문화연구회 정책실장 1999년 폴리넷 대표 1999년 '한국의 미래 제3의 힘' 사이버팀장 2000년 미래를위한청년연대 사무처장·공동대표 2000년 한나라당 서울성북甲지구당 위원장 2003년 同정책위원회 '2030정책위원회' 위원장 2004년 제17대 국회의원선거 출마(서울 성북구甲, 한나라당) 2005~2006년 서울시 정무부시장 2007년 한나라당 이명박 대통령후보 인터넷본부장 2007년 同제17대 대통령중앙선거대책위원회 수행단장 2008년 제18대 국회의원(서울 성북구甲, 한나라당·무소속) 2008~2009년 한나라당 기획위원장 2008년 국회 예산결산특별위원회 위원 2008년 국회 운영위원회 위원 2008년 국회 지식경제위원회 위원 2011년 한나라당 정책위 농림수산식품·지식경제·국토해양분야 부의장 2012년 제19대 국회의원선거 출마(서울 성북구甲, 무소속) 2015년 새누리당 서울성북구甲당원협의회 운영위원장(현) 2016년 제20대 국회의원선거 출마(서울 성북구甲, 새누리당) [상]중소기업중앙회 감사패(2011) [종]불교

정태동(鄭泰東) CHUNG Tae Dong

[생]1937·9·9 [출]충북 제천 [주]서울 중구 퇴계로213 일흥빌딩910호 21C한국전략연구원(02-2279-1174) [학]1956년 경기고졸 1960년 네덜란드 화란사회과학원졸 및 헤이그 국제사법재판소부설 국제법강좌 수료 1961년 연세대 정치외교학과졸 1967년 미국 조지타운대 대학원 국제관계학과졸 1971년 정치학박사(미국 조지워싱턴대) [경]1971~1976년 연세대 정치외교학과 조교수·부교수 1975년 미국 오버린대 정치학과 객원교수 1977년 駐미국 공사 1980년 미국 조지타운대 대학원 국가전략과정 객원교수 1981년 미국 하버드대 케네디스쿨 객원교수 1981~1983년 경남대 정치외교학과 교수·극동문제연구소 부소장 1983년 국방정보본부 국외전략정보부장 1988년 국가안전기획부 제2차장 1990년 한국문화연구후원재단 회장 1994년 駐태국 대사 겸 駐라오스대사 1997년 외무부 본부대사 1997년 한나라당 대표최고위원 외교안보담당 특보 1998년 21C한국전략연구원 원장(현) 2001~2003년 연세대 행정대학원 겸임교수 [상]보국훈장 천수장(1986·1987), 태국 국가1급훈장 백상장(1997) [저]'신생국정치론(共)'(1983) '국가위기관리론(共)'(1987) [종]기독교

정태련(鄭泰連) CHUNG Tae Ryoun

[생]1943·1·12 [출]충북 진천 [주]서울 서초구 반포대로14길 36 현대전원오피스텔12층 특허법인 동원(02-521-4111) [학]1962년 국립체신고졸 1970년 고려대 법학과졸 1992년 서울대 공대 최고산업전략과정 수료 1996년 同법학연구소 법학연구과정 수료 [경]1970년 한국비료공업(주) 입사 1973년 삼립식품공업(주) 입사 1976년 변리사시험 합격(13회) 1979년 특허법률사무소 개업 1982년 대한변리사회 재무이사 1984년 同총무이사 1987년 아세아변리사회 한국협회 사무국장 1988년 대한상사중재원 중재인 1988년 아세아변리사회 이사 1991년 특허청 영업비밀보호입법추진위원 1992~1994년 대한변리사회 부회장 1994~1997년 아세아변리사회 한국협회장 1998년 AIPPI Korea 한국저명상표집(영문판) 편집위원회 부위원장 1998~2005년 서울고법 조정위원 2002~2003년 아세아변리사회 특허분과위원회 공동위원장 2002~2012년 동원국제특허법률사무소 대표변리사 2002~2003년 대한변리사회 회장 2003~2005년 아시아변리사회 부회장 2012년 특허법인 동원 대표변리사(현) [상]철탑산업훈장(2005) [저]'공업재산권 용어해설집'(1981) '공업소유권제도 해설'(1984) '공업소유권 지식'(1987) '의장법'(1993) [역]'의장법'(1993) [종]불교

정태룡(鄭泰龍) Jung-Tae Ryong

[생]1958·9·2 [본]경주(慶州) [출]경북 경주 [주]부산 연제구 연제로2 연제구청 부구청장실(051-665-4100) [학]고려대 대학원 행정학과졸 [경]1979년 부산시 공무원 임용(지방행정서기보) 1990년 행정안전부 전출 2002년 사무관 승진 2008년 행정안전부 감사총괄팀 서기관 2009년 同선거의회과 총괄팀장 2011년 부산시 전입(서기관) 2012년 同자치행정과장 2013년 同인재개발원장 2013년 同교통국장 2015년 同사회복지국장 2016년 부산시 연제구 부구청장(현) [상]근정포장, 대통령표창 2회

정태면(鄭太勉) Jung Tai Myun

[생]1960·10·24 [출]전남 장성 [주]경기 광주시 오포읍 봉골길229 한국기술교육대학교 고용노동연수원(031-760-7705) [학]1979년 관악고졸 1984년 한양대 무역학과졸 [경]행정고시 합격(27회) 1984년 공직 입문 2003년 노동부 능력개발심의관실 인적자원개발과장 2004년 同고용정책심의관실 고용정책과장 2005년 同고용정책본부 능력개발정책팀장(서기관) 2005년 同고용정책본부 능력개발정책팀장(부이사관) 2007년 同정책홍보관리본부 법무행정팀장, 同충남지방노동위원회 사무국장 2007년 同최저임금위원회 상임위원 2010년 경제사회발전노사정위원회 운영국장(고위공무원) 2012년 고용노동부 기획조정실 국제협력관 2013년 중앙노동위원회 상임위원 겸 사무처장 2014년 한국기술교육대 고용노동연수원장(현)

정태명(鄭泰明) JUNG Tae Myung

[생]1957·9·26 [주]경기 수원시 장안구 서부로2066 성균관대학교 소프트웨어학과(031-290-7131) [학]1981년 연세대 전기공학과졸 1984년 미국 일리노이대 전산학과졸 1987년 同대학원 컴퓨터공학과졸 1995년 공학박사(미국 퍼듀대) [경]성균관대 컴퓨터공학전공 교수, 同소프트웨어학과 교수 2000~2013년 한국침해사고대응팀협의회(CONCERT) 회장 2002년 정보보호실천협의회 회장 2005~2007년 성균관대 정보통신처장 2005년 경제협력개발기구(OECD) 정보보호작업반(WPISP) 부의장 2008년 경제협력개발기구(OECD) 정보보호분과 부의장 2010년 방송통신위원회 기술자문위원 2010년 同모바일시큐리티포럼 의장 2011년 경제협력개발기구(OECD) 정보통신정책위원회 정보보호작업반(WPISP) 부의장 2013년 한국침해사고대응팀협의회(CONCERT) 명예회장(현) 2014년 국제전기통신연합(ITU) 전권회의(Plenipotentiary Conference) 의제분야 총괄자문위원 2014년 국무총리소속 정보통신전략위원회 민간위원(현) 2015년 성균관대 소프트웨어대학 소프트웨어학과 교수(현) [상]국무총리표창(2000), 경찰청 감사장(2004), 홍조근정훈장(2007) [저]'전자상거래 관리사'(2000) '인터넷 정보보호'(2002, 영진) '사이버공격과 보안기술'(2009, 홍릉과학)

정태섭(鄭台燮) CHUNG Tae Sub

[생]1954·6·12 [본]해주(海州) [출]부산 [주]서울 강남구 언주로211 강남세브란스병원 영상의학과(02-2019-3514) [학]1979년 연세대 의대졸 1982년 同대학원 의학과졸 1997년 의학박사(인제대) [경]1986~1987년 연세대 의과대학 진단방사선과학교실 임상강사 1989~2000년 同의과대학 진단방사선과학교실 전임강사·조교수·부교수 1993년 강남세브란스병원 영상의학과 전문의(현) 2000년 연세대 의과대학 영상의학교실 교수(현) 2008~2014년 세종대왕기념사업회 상무이사 2010·2012·2014~2016년 강남세브란스병원 영상의학과장 2015년 세종대왕기념사업회 부회장(현) [저]'아하박사님 과학하고 놀기'(2005) [종]유교

정태성(鄭泰成) JUNG Tae Sung

[생]1964 · 3 · 24 [출]충북 충주 [주]서울 종로구 율곡로2길25 연합뉴스 미디어기술국(02-398-3114) [학]1982년 충주고졸 1989년 아주대 전자공학과졸 1996년 미국 메릴랜드대 대학원 전기공학과 수료 [경]1989년 연합통신 전무국 기술부 입사 2003년 연합뉴스 통신부 차장 2004~2008년 同고객지원부장 2006~2011년 한국NewsML포럼 운영위원장 2008년 연합뉴스 전산부장(부장대우) 2009~2011년 同정보통신국 기술기획팀 부장대우 2009~2011년 IPTC(International Press Telecommunication Council) 부회장 2011년 연합뉴스 정보통신국 IT운영부 부장급 2012년 同정보통신국 IT기획부장(부국장대우) 2013년 同미디어기술국 ICT기획부장(부국장대우) 2013~2015년 同미디어기술국 부국장 2013~2015년 同미디어기술국 시스템운영부장 2015년 同미디어기술국장(현) [상]문화관광부장관표창(2007)

정태언(鄭泰彦) JUNG Tae Un

[생]1951·10·4 [출]경북 상주 [주]서울 종로구 종로5길13 삼공빌딩8층 이촌세무법인(02-735-5780) [학]대구상고졸, 성균관대 경제학과졸, 서울대 행정대학원졸 [경]1975년 행정고시 합격(17회) 1976년 대구세무서 총무과장 1977년 북대구세무서 조사과장 1979년 서대구세무서 소득세과장 1990년 영월세무서장 1991년 울산세무서장 1992년 영도세무서장 1994년 광명세무서장 1996년 양천세무서장 1997년 국세청 공보담당관 1999년 경인지방국세청 재산세국장 1999년 국세청 전산기획담당관 1999년 중부지방국세청 납세지원국장 2002년 서울지방국세청 세원관리국장 2003년 국세청 국제조세관리관 2004년 대구지방국세청장 2005년 국세청 전산정보관리관 2006년 중부지방국세청장 2006~2015년 한영회계법인 부회장 2015년 이촌세무법인 회장(현) [종]천주교

정태영(鄭泰泳) CHUNG Tae Young

[생]1958·2·10 [본]동래(東萊) [출]대구 [주]서울 마포구 와우산로94 홍익대학교 경영대학(02-320-1740) [학]1981년 서울대 경제학과졸 1983년 同대학원 경영학과졸 1991년 경영학박사(미국 미시간대) [경]1991년 홍익대 경영학과 조교수·부교수·교수, 同경영대학 경영학전공 교수(현) 2002년 일본 나고야대 국제개발대학원 객원교수 2005년 한국국제경영관리학회 상임이사 2013년 홍익대 경영대학 경영학전공 학과장 2015년 同경영대학원장 겸 세무대학원장(현) [저]'국제 재무관리론'(1995·2001·2004) '선물·옵션·외환'(1998) '글로벌시대의 국제경영'(1998) '국제통상론'(2000) '경영학 뉴 패러다임 : 국제경영'(2002) [역]'금융공학 & 금융혁신'(1995) '파이낸셜 엔지니어링'(1999) '사례 국제경영'(2000) [종]가톨릭

정태영(丁太暎) CHUNG Tae Young

[생]1960 · 4 · 11 [출]서울 [주]서울 영등포구 의사당대로3 현대카드 비서실(02-2167-7088) [학]1979년 고려고졸 1983년 서울대 불어불문학과졸 1987년 미국 매사추세츠공대 대학원 경영학과졸 [경]1987년 현대종합상사 기획실 이사 1988년 현대정공 동경지사담당 이사 1992년 同샌프란시스코지사담당 이사 1996년 同HYPA · HYMEX담당 상무이사 · 멕시코공장(HYMEX) 대표이사 1999년 同HYPA · HYMEX담당 전무이사 2000년 현대모비스 AT사업본부장 전무이사 2001년 기아자동차 자재본부장(전무) 2001년 현대 · 기아자동차 구매총괄본부 부본부장 2003년 현대카드 부사장 2003~2015년 同대표이사 사장 2003~2015년 현대캐피탈 대표이사 사장 2003년 종로학평 대표이사 2005년 종로학원 대표이사 2007~2015년 현대커머셜(주) 대표이사 사장 2009년 현대차미소금융재단 이사장(현) 2015년 현대카드 · 현대캐피탈 · 현대커머셜(주) 대표이사 부회장 겸임(현) [상]한국능률협회컨설팅(KMAC) 한국의 경영대상 최고경영자상(2008), 대한민국금융대상 여신금융대상(2013), 2014 여성소비자가 뽑은 베스트 금융CEO(2014), 프랑스정부 '레지옹 도뇌르' 훈장(2014), 금탑산업훈장(2014), 대영제국 지휘관 훈장(Honorary Commander of the Order of the British Empire : CBE)(2015)

정태영(鄭泰泳) JUNG, TAE YOUNG

[생]1960 · 9 · 12 [본]동래(東萊) [출]충남 부여 [주]서울 중구 동호로330 CJ제일제당센터5층 CJ프레시웨이 임원실(02-2149-6114) [학]성균관대 경영대학원졸 [경]2006년 CJ제일제당 인사팀장(상무) 2010년 CJ(주) 인사팀장(상무) 2010년 同인사팀장(부사장대우) 2011년 CJ제일제당(주) 영업총괄(부사장대우) 2013년 CJ프레시웨이 영업본부장(부사장대우) 2013년 同고문(현)

정태영(丁泰榮) Gabriel Taeyoung JUNG

[생]1962 · 6 · 26 [본]나주(羅州) [출]부산 [주]서울 영등포구 국제금융로8길16 대신증권(주) IB사업단(02-769-2000) [학]1981년 동래고졸 1985년 서울대 경영학과졸 1992년 고려대 경영대학원 경영학과졸, 서울대 경영대학원 최고경영자과정 수료 [경]1985년 대우증권(주) 입사 1997~2000년 헝가리 대우은행 부행장 2000~2002년 우즈베키스탄 대우은행 은행장 2008년 대우증권 Equity파생본부장 2009년 同Capital Market본부장 2009년 同IB사업부문장 2010년 KDB대우증권 IB사업부문 대표 2012년 同Global사업부문 대표(부사장) 2014년 同전략기획본부장(부사장) 2014년 대신증권(주) IB사업단장(부사장)(현) [상]금융위원장표창(2010) [종]천주교

정태옥(鄭泰沃) Choung Tae Ok

[생]1961 · 11 · 27 [출]대구 [주]서울 영등포구 의사당대로1 국회 의원회관419호(02-784-2820) [학]1980년 대구 대륜고졸 1985년 고려대 법과대학 행정학과졸 1987년 경북대 행정대학원졸 1999년 서울대 행정대학원졸 2013년 행정학박사(가톨릭대) [경]1986년 행정고시 합격(30회) 1991년 서울시 행정관리계장 1999년 同산업경제국 실업대책반장 2000년 해외훈련 파견 2002년 서울시 21C서울기획단 총괄반장 2003년 同경영기획실 재정분석담당관 2004년 同문화국 체육청소년과장 2005년 同여성가족정책관실 청소년담당관 2005년 同환경국 환경과장 2007년 同경영기획실 교육지원담당관 2008년 同디자인서울총괄본부 디자인기획담당관 2008년 대통령 행정자치비서관실 선임행정관 2009년 행정안전부 행정선진화기획관(고위공무원) 2010년 인천시 기획관리실장 2013년 안전행정부 지방행정실 지역발전정책관 2014년 同지방행정정책관 2014~2015년 대구시 행정부시장 2015년 대구창조경제연구소 이사장 2016년 제20대 국회의원(대구시 북구甲, 새누리당)(현) 2016년 새누리당 원내부대표(현) 2016년 국회 정무위원회 위원(현) 2016년 국회 지방재정 · 분권특별위원회 위원(현) 2016년 새누리당 전당대회선거관리위원회 위원 2016년 국회 가습기살균제사고진상규명과피해구제 및 재발방지대책마련을위한국정조사특별위원회 위원 [상]홍조근정훈장(2011)

정태욱(鄭泰旭) CHUNG Tae Wook

[생]1959 · 2 · 4 [출]부산 [주]경기 안성시 대덕면 양재미길30 시노스(주)(031-677-6888) [학]승문고졸 1984년 고려대 경영학과졸 1987년 미국 펜실베이니아대 대학원 경영학과졸(MBA) [경]1987년 앤더슨컨설팅 시카고지사 근무 1989년 동양증권 조사본부장 1991~1994년 자딘플레밍증권 운송 · 운송기계 · 소비자전자제품담당 1994~1997년 同이사 · 조사본부장 1997년 SG증권 서울지점장 · 조사본부장 1999~2004년 현대증권 리서치센터 조사본부장(상

무) 2005년 현대그룹 기획총괄본부 상무 2007년 현대증권 자산관리본부장(상무) 2008년 同운용업진출추진본부장(상무) 2009년 同도매영업총괄 상무 2010~2012년 同캐피탈마켓부문장(전무) 2013년 시노스(주) 대표이사(현) [상]1995년 '아시아 머니' 선정 한국의 최고 애널리스트 1996년 '아시아 머니' 선정 한국2위 애널리스트 1997·1998년 '아시아 머니' 선정 우수 애널리스트 1998년 한국경제 선정 베스트 Strategist 2000년 매경증권인상 애널리스트부문 대상 2002년 조선일보 Fn Guide 리서치팀부문 2위 선정 2002년 매경·한경 리서치팀부문 1위 선정 [종]기독교

정태원(鄭太源) CHUNG Tae Won

[생]1955·3·26 [출]경남 고성 [주]서울 서초구 고무래로6의6 법무법인 에이스(02-3487-5000) [학]1975년 경기고졸 1981년 고려대 법학과졸 1996년 미국 조지타운대 법과대학원졸 [경]1983년 사법시험 합격(25회) 1985년 사법연수원 수료(15기) 1986년 부산지검 검사 1988년 대구지검 김천지청 검사 1989년 서울지검 서부지청 검사 1992년 법무부 법무심의관실 검사 1997년 미국 뉴욕주 변호사시험 합격 2002년 법무법인 나라 공동대표변호사 2005~2009년 국가청렴위원회 행정심판위원 2006년 법무법인 에이스 변호사(현) 2007·2012년 사법시험위원 2010년 대한상사중재원 중재인 2010년 대한변호사협회 공보이사 2010년 방송통신심의위원회 선거방송심의위원회 부위원장 2011년 법제처 법령해석심의위원회 위원(현) 2014~2016년 대한변호사협회 부회장 2015~2016년 한성대 임시총장 [상]대통령표창(1989), 서울지방변호사회 공로상(2007), 대한변호사협회 공로상(2010) [저]'형사소송실무편람'(2000) [종]기독교

정태익(鄭泰翼) CHUNG, Tae Ik

[생]1943·7·28 [출]충북 청주 [주]서울 서초구 남부순환로294길33 한국외교협회(02-2186-3601) [학]1961년 경복고졸 1965년 서울대 법학과졸 1970년 同대학원 법학과졸 1973년 네덜란드 암스테르담대 유럽통합과정 수료 [경]1970년 외무부 입부 1973년 駐뉴욕 영사 1978년 외무부 구주총괄과장 1979년 駐일본 1등서기관 1981년 駐라이베리아 참사관 1984년 외무부 법무담당관 1985년 同총무과장 1986년 駐미국 참사관 1990년 대통령 외교담당비서관 1992년 외무부 미주국장 1993년 駐카이로 총영사 1995년 駐이집트 대사 1996년 외무부 제1차관보 1996년 同기획관리실장 1998년 외교통상부 기획관리실장 1998년 駐이탈리아 대사 2000년 외교통상부 남북핵통제공동위원장 2001년 외교안보연구원장 2001년 대통령 외교안보수석비서관 2002년 駐러시아 대사 2004년 문호(文豪)레오톨스토이협회 명예회원(현) 2005년 경남대 북한대학원 초빙교수 2008년 제17대 대통령직인수위원회 기획조정분과위원회 자문위원 2008년 동북아평화연대 공동대표 2009~2016년 법무법인 율촌 고문 2010년 한국석유공사 이사회 의장 2010년 한러대화KRD포럼 조정위원(현) 2010년 한·러교류협회 집행이사·등기이사(현) 2012년 동북아평화연대 고문(현) 2012~2013년 단국대 석좌교수 2012년 同우석한국영토연구소 초대소장 2014년 한국외교협회 회장(현) 2016년 서초구 국제자문대사(현) [상]러시아 상트페테르부르크시 공로메달(2003) [저]'남·북·러 협력사업의 시발점 가스관 프로젝트(共)'(2012)

정태인(鄭泰仁) Chung Tae-in

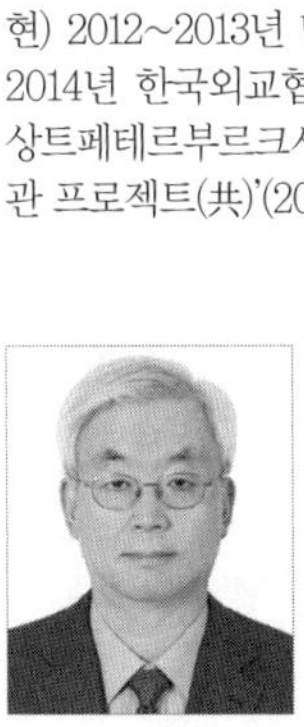

[생]1961·8·1 [주]서울 종로구 사직로8길60 외교부 인사운영팀(02-2100-2114) [학]1985년 서울대 인류학과졸 1987년 同행정대학원졸 1992년 미국 미시간대 대학원 경제학과졸 [경]1986년 외무고시 합격(20회) 1987년 외무부 입부 1993년 駐노르웨이 2등서기관 1996년 駐말레이시아 1등서기관 2002년 駐러시아 1등서기관 2003년 외교통상부 남동아프리카과장 2005년 동북아시대위원회 파견 2006년 駐프랑스 참사관 2008년 駐아제르바이잔 공사참사관 2010년 외교통상부 아프리카중동국 심의관 2013년 駐인도 공사 겸 총영사 2014년 駐투르크메니스탄 대사(현)

정태일(鄭台一) CHUNG TAE IL

[생]1943·7·6 [출]대구 달성 [주]대구 달서구 달서대로109길38 한국OSG(주) 비서실(053-589-2013) [학]1964년 대구 성광고졸 1970년 영남대 기계학과졸 1984년 同경영대학원졸 2005년 경영학박사(영남대), 서울대 최고경영자과정 수료 [경]1976년 한국OSG(주) 대표이사(현), 중소기업중앙회 부회장, 대구경북중소기업협동조합 연합회장, 영남대총동창회 부회장, 대구성서산업단지관리공단 이사장, 대구·경북기계공업협동조합 이사장 2006~2013년 대구상공회의소 부회장 [상]금탑산업훈장(2002), 모범성실납세자 대통령표창(2011), 제9회 기업인 명예의 전당(2012) [저]'나사입문서' [종]기독교

정태진(鄭太鎭)

[생]1970 [출]경북 문경 [주]서울 강남구 테헤란로113길12 강남경찰서 서장실(02-3497-3002) [학]1989년 점촌고졸 1993년 경찰대졸(9기), 서울대 대학원 행정학과졸 [경]1993년 경위 임관 2011년 총경 승진 2012년 경북지방경찰청 청문감사담당관 2013년 경북 칠곡경찰서장 2014년 경북 군위경찰서장 2014년 충북지방경찰청 112종합상황실장 2015년 서울지방경찰청 제1기동단장 2016년 서울 강남경찰서장(현)

정태철(鄭泰哲) Jung Tae Chul

[생]1961·7·5 [출]부산 [주]서울 중구 퇴계로24 SK남산그린빌딩 SK브로드밴드 임원실(02-6266-6000) [학]부산동성고졸, 서울대 경제학과졸, 同대학원 경제학과졸 [경]1992년 통신개발연구원 주임연구원 1996년 데이콤(주) 전략기획본부 전략기획부장 2002년 SK텔레콤(주) 경영전략실 전략분석팀장 2004년 同정책협력실 정책개발팀장(상무) 2007년 同CR전략실 정책협력담당(상무) 2008년 하나로텔레콤(주) CR본부장(상무) 2010년 SK텔레콤(주) CR전략실장(상무) 2011~2013년 同CR전략실장(전무) 2013년 SK브로드밴드 경영지원부문장(전무)(현) 2015년 스마트미디어산업진흥협회 제3대 회장(현)

정태학(鄭泰學) CHUNG Tae Hak

[생]1966·1·16 [출]서울 [주]서울 강남구 테헤란로518 섬유센터12층 법무법인 율촌(02-528-5364) [학]1984년 충암고졸 1988년 서울대 법학과졸 2000년 미국 University of Washington V.S.연수 [경]1988년 사법시험 합격(30회) 1991년 사법연수원 수료(20기) 1991년 海軍법무관 1994년 서울지법 북부지원 판사 1996년 서울지법 판사 1998년 춘천지법 강릉지원 판사 2001년 수원지법 성남지원 판사 2002년 서울행정법원 판사 2004년 대법원 재판연구관 2006년 춘천지법 영월지원장 2007년 대법원 재판연구관 2009~2010년 수원지법 부장판사 2010년 법무법인 율촌 변호사(현) [종]천주교

정태현(丁兌鉉) Jeong Tai Hyun

[생]1957·4·29 [주]전북 전주시 덕진구 벚꽃로55 덕진구청 구청장실(063-270-6666) [학]1975년 전주공고졸 1988년 한국방송통신대졸 2009년 예원예술대 대학원졸 [경]1977년 공직입문 2005년 전주시 전통문화지원과장 2005년 同전통문화도시추진기획단 문화지원과장 2008년 同기획관리국 기획예산과장 2011년 同기획조정국장 2013년 同맑은물사업소장 2014년 同문화경제국장 2014년 同문화관광체육국장 2016년 同덕진구청장(현) [상]전북도공무원교육원장표창(1991), 전북도지사표창(1992), 내무부장관표창(1998), 대통령표창(2009)

정태호(鄭泰浩) Tae Ho Jung

[생]1963·3·20 [주]서울 영등포구 영신로166 더불어민주당 서울시당(02-3667-3700) [학]서울대 사회복지학과졸 2000년 미국 뉴욕주립대 대학원 행정학과졸 [경]이해찬 국회의원 보좌관 2003년 대통령직인수위원회 기획조정분과위원회 전문위원 2003년 대통령비서실 정무팀 행정관 2004년 대통령 정무기획비서관 2005년 대통령 정책조정비서관 2005년 대통령 기획조정비서관 2006년 대통령 대변인 2006~2007년 대통령 정무비서관 겸 정무팀장 2012년 민주통합당 제18대 대통령중앙선거대책위원회 전략기획실장 2012년 同서울관악구乙지역위원회 위원장 2013년 민주당 서울관악구乙지역위원회 위원장 2014~2015년 새정치민주연합 서울관악구乙지역위원회 위원장 2015년 4.29 재보선 국회의원선거 출마(서울 관악구乙, 새정치민주연합) 2015년 더불어민주당 서울관악구乙지역위원회 위원장(현) 2016년 제20대 국회의원선거 출마(서울 관악구乙, 더불어민주당) [저]'대통령 당선인이 해야 할 첫 번째 일'(2011)

정태화(鄭泰和) CHUNG Tae Wha (素湖)

[생]1952·8·11 [본]영일(迎日) [출]충북 [주]서울 중구 후암로98 STX중공업(주) 임원실(02-6960-6008) [학]경기고졸 1975년 서울대 공업교육학과졸 [경]1976년 (주)대우건설 입사 1979년 同리비아현장 근무 1983년 同싱가폴 H.D.B현장 근무 1985년 同수단SKCC현장 근무 1999년 同이사 2000년 同경영혁신본부장(이사) 2001년 同상무이사 2003년 同전무이사 2004년 同부사장 2006년 同플랜트·해외부문장(부사장) 2006년 同해외사업본부장(부사장) 2007~2011년 TEC건설 대표이사 사장 2008년 명지건설(주) 대표이사 사장 2011년 진흥기업 대표이사 사장 2012년 범양건영(주) 대표이사 2013년 STX중공업(주) 대표이사 사장(현) [상]은탑산업훈장(2005)

정태화(鄭泰和)

[생]1964·3·17 [출]경북 칠곡 [주]세종특별자치시 도움6로11 국토교통부 기술안전정책관실(044-201-3547) [학]1981년 영남고졸 1985년 연세대 건축과졸 1988년 同대학원 건축과졸 [경]2005년 부산지방항공청 공항시설국장 2006년 건설교통부 공공기관지방이전추진단 파견(서기관) 2006년 행정중심복합도시건설청 도시계획본부 주택기획팀장 2008년 同주택건축과장 2008년 同도시디자인과장 2010년 국무총리실 파견(서기관) 2011년 국토해양부 국토정책국 건축기획과장 2013년 국토교통부 국토도시실 건축기획과장 2013년 同기술정책과장(부이사관) 2016년 同기술안전정책관(현)

정택근(鄭宅根) JUNG Taik Keun

[생]1953·11·30 [출]경남 거창 [주]서울 강남구 논현로 508 GS타워 (주)GS 임원실(02-2005-8002) [학]1972년 경남고졸 1978년 연세대 행정학과졸 [경]1985년 럭키금성상사 싱가폴지사 과장 1996년 LG상사 금융회계팀 이사대우 2000년 同재경팀 상무 2003년 LG유통 재경담당 상무 2004년 GS리테일 경영지원본부장(CFO) 2009~2014년 (주)GS글로벌 대표이사 사장 2015년 (주)GS 대표이사 사장(현) 2015년 GS칼텍스 비상근이사(현)

정택렬(鄭宅烈)

[생]1969·7·1 [주]경기 과천시 관문로47 미래창조과학부 운영지원과(02-2110-2145) [학]광주 금호고졸, 연세대 전기공학과졸, 영국 요크대 대학원 행정학과졸(석사) [경]2005년 과학기술부 연구개발조정관실 서기관 2007년 同정책홍보담당관실 기술서기관 2007년 同인력기획조정과장 2008년 교육과학기술부 정책자문지원과장 2008년 同홍보담당관 2009년 同방사선안전과장 2009년 해외연수(과장급) 2011년 교육과학기술부 원자력기술과장 2013년 미래창조과학부 정책조정지원과장 2013년 同연구기관지원팀장 2016년 同창조경제기획국 미래성장전략과장 2016년 駐러시아 1등서기관(현) [상]국무총리표창(2006), 근정포장(2012)

정택수(鄭澤壽) JUNG Taek Soo

[생]1952·12·27 [출]경북 예천 [주]대구 중구 서성로20 매일애드(053-251-0514) [학]1971년 대륜고졸 1980년 고려대 국어국문학과졸 [경]1981년 매일신문 편집국 편집부 기자 1993년 同편집국 정치부 차장 1995년 同편집국 사회1부 차장 1996년 同경영기획팀장 1999년 同편집국 정치1부장 2002년 同편집국 경제부장 2002년 同서울지사장 2003년 한국신문협회 기조협의회 부회장 2004년 매일신문 독자서비스국장 2005년 同경영지원국장 직대 2006년 同편집국장 2007년 한국신문방송편집인협회 편집·보도국장단 현안대책소위원 2008년 매일신문 광고국장 2008~2009년 한국신문협회 광고협의회 부회장 2009년 매일애드 대표이사(현) 2009년 매일신문 경영지원국장 2009년 同경영지원국장(이사) 2009~2010년 同상무이사 2011~2013년 同전무 [종]천주교

정택수(鄭澤壽)

[생]1967·8·24 [출]울산 [주]충북 충주시 계명대로203 청주지방법원 충주지원(043-841-9114) [학]1986년 울산고졸 1991년 서울대 법학과졸 [경]1998년 사법시험 합격(40회) 2001년 사법연수원 수료(30기) 2001년 수원지법 성남지원 판사 2003년 서울지법 판사 2004년 대전지법 판사 2007년 청주지법 판사 2010년 대전지법 판사 2011년 대전고법 판사 2012년 특허법원 판사 2014년 대법원 재판연구관 2016년 청주지법 충주지원장(현)

정택화(鄭澤和) JEONG Taek Hwa

[생]1961·2·20 [출]강원 태백 [주]경남 창원시 성산구 창이대로695 더원빌딩401호 21세기법률사무소(055-261-3300) [학]1979년 휘문고졸 1983년 고려대 법학과졸 1989년 同대학원 국제법학과 수료 [경]1983년 사법시험 합격(25회) 1985년 사법연수원 수료(15기) 1987년 서울지검 검사 1990년 마산지검 진주지청 검사 1991년 법무부 검찰국 검사 1994년 서울지검 검사 1996년 일본 법무성 파견 1998년 대검찰청 검찰연구관 1999년 광주지검 부부장검사 2000년 대구지검 안동지청장 2001년 대구고검 검사 2002년 부산지검 부부장검사 2003년 법무부 인권과장 2004년 의정부지검 형사1부장 2005년 대구고검 검사 2007년 서울고검 검사 2009년 부산고검 검사 2010년 대전고검 검사 2011년 서울고검 검사 2013년 광주고검 검사 2016년 부산고검 검사 2016년 21세기법률사무소 변호사(현) [상]법무부장관표창, 검찰총장표창 [종]불교

정택환(鄭宅煥) JYOUNG Taik Hwan

[생]1955·12·20 [본]청주(淸州) [출]경북 문경 [주]서울 영등포구 63로50 한화생명보험(주) 감사위원실(02-789-7890) [학]1974년 경기고졸 1978년 서울대 경영학과졸 1982년 同경영대학원 수료 1988년 프랑스 파리제1대 대학원 경제학과졸 2011년 경제학박사(프랑스 파리제1대) [경]1978년 경북 문경군 수습사무관 1979년 과학기술처 사무관 1983~1993년 경제기획원 해외협력위원회·대외경제조정실·예산실 사무관 1993년 대통령 국방비서관실 행정관 1997년 재정경제원 대외신인도제고대책반 파견 1998년 재정경제부 자문관실 근무 1999년 同인력개발과장 1999년 同정책조정과장·보험제도과장 2000년 同경제분석과장 2001년 同물가정책과장 2002년 통계청 통계연수부장 2002년 同통계기획국장 2004년 駐OECD대표부 공사참사관 2006년 재정경제부 정책기획관 겸 장관비서실장 2007년 국방부 혁신기획본부장 2008~2009년 同기획조정실장 2009년 국무총리산하 경제·인문사회연구회 미래전략연구센터 소장 2011년 대한생명보험 상근감사위원 2012년 한화생명보험(주) 상근감사위원(현) [상]대통령표창(1992), 외교통상부장관표창(2006), 홍조근정훈장(2008) [종]불교

정판용(鄭判龍) JEONG Pan Yong

[생]1950·7·16 [본]동래(東萊) [출]경남 진해 [주]경남 창원시 의창구 상남로290 경상남도의회(055-211-7384) [학]1969년 진해고졸, 한국방송통신대 행정학과 중퇴, 한국국제대졸, 한국해양대 항만물류최고경영자과정 수료 2013년 경남대 경영대학원 경영학과졸, 창원대 대학원 국제무역학 박사과정 재학 중 [경]진해시수산업협동조합 대의원·이사·감사, 국제라이온스협회 동진해라이온스클럽 회장, 진해여중 운영위원장, 민주평통 자문위원 1998년 경남도의회 의원(6대), 김학송 국회의원 비서관, 한나라당 진해시 사무국장, 同보좌관협의회 회장 2006·2010년 경남도의회 의원(제8대·9대)(한나라당·새누리당), 同예산결산특별위원회 위원장, 진해시초·중·고운영위원장협의회 회장, 同신항만발전위원장, 경남사회복지공동모금회 모금분과위원장, 진해중·고총동창회 상임부회장, 부산·진해경제자유구역청 조합회의 의장 2010년 경남도의회 의장 2010년 同건설소방위원회 위원 2010~2014년 同신항특별위원회 위원장, 아이낳기좋은세상 경남운동본부 공동의장 2011년 창원시 신항만발전위원장(현) 2011년 인구보건복지협회 경남지회장 2012~2014년 경남도의회 부의장 2012년 同경제환경위원회 위원 2014년 경남도의회 의원(새누리당)(현) 2014·2016년 同경제환경위원회 위원(현) 2016년 同새누리당 원내대표(현) 2016년 同운영위원회 위원(현) 2016년 새누리당 경남도당 윤리위원회 부위원장(현) [상]대통령표창(2011), 경남도교육감표창(2010), 전국지체장애인협회장표창(2012), 대한민국 미래경영대상(2013), 대한민국을 빛낸 인물대상(2013) [종]불교

정풍욱 JUNG POONG WOOK

[생]1963·8 [주]경기 성남시 분당구 성남대로343번길9 SK주식회사 C&C 임원실(02-6400-0114) [학]고려대 경영학과졸 [경]2002년 SK C&C 회계팀장 2010년 同IT서비스기획팀장 2011년 同IT서비스지원본부장 2012년 同미국법인 CFO(상무) 2013년 同윤리경영실장 2015년 同구매본부장 2015년 SK주식회사 C&C 구매본부장(현)

정필모(鄭必模) Pil Mo Jung

[생]1958·6·3 [본]동래(東萊) [출]충남 당진 [주]서울 영등포구 여의공원로13 한국방송공사 보도본부(02-781-1000) [학]1981년 한국외국어대졸 1999년 성균관대 대학원 신문방송학과졸 2013년 언론학박사(성균관대) [경]1987년 KBS 보도국 사회부·국제부·편집부·경제부 기자 1990년 한국기자협회 편집위원 2000년 KBS 보도제작국 차장 2001년 同경제전망대팀장 겸 앵커 2002년 同보도국 재정금융팀장 2005년 同시사보도팀 취재파일4321 데스크 2005년 미국 듀크대 미디어 펠로우 2006년 한국기자협회 '이달의 기자상' 심사위원 2006년 KBS 보도본부 경제과학팀장 2008년 同보도본부 1TV뉴스제작팀장 2008년 同보도본부 경제뉴스 해설위원 2008년 한국방송기자연합회 방송기자상 심사위원(현) 2009년 관훈클럽 편집위원 2009년 신용회복위원회 자문위원 2010년 기획재정부 세제발전심의위원회 심의위원 2013년 KBS 보도본부 국장급 보도위원 겸 미디어인사이드 앵커 2014년 산림청 정책자문위원회 자문위원 2014년 한국방송기자연합회 저널리즘특별위원회 위원장(현) 2014년 한국언론진흥재단 연수운영자문위원회 자문위원(현) 2016년 KBS방송문화연구소 국장급 연구위원(현) [상]한국참언론인대상 경제부문(2007) [저]'방송보도를 통해 본 저널리즘의 7가지 문제(共)'(2013) '방송 뉴스 바로 하기-저널리즘의 7가지 문제와 점검 목록(共)'(2014) '달러의 역설'(2015, 21세기북스) 'Understanding Journalism in Korea'(2015)

정필영(鄭苾永) CHUNG Pil Young

[생]1942·1·27 [출]경북 선산 [주]서울 송파구 백제고분로 362 신라교역(주) 사장실(02-417-7171) [학]1968년 경북대 경제학과졸 1984년 서울대 경영대학원 최고경영자과정 수료 [경]1979년 신라수산(주) 감사 1995년 신라교역(주) 전무이사 1996년 同부사장 2003~2014년 同관리부문 사장 2014년 同대표이사 사장(현)

정하경(鄭夏鏡) JEONG Ha Kyung

[생]1957·8·24 [출]서울 [학]서울 경성고졸 1980년 서울대 영어교육학과졸 1982년 同행정대학원 수료 1989년 미국 인디애나주립대 대학원(Bloomington) 행정학과졸 [경]1978년 행정고시 합격(22회) 1980년 총무처 행정사무관 1991년 同서기관 1994년 同제도2과장 1994년 同복지과장 1997년 同인사기획과장 1998년 행정자치부 인사기획과장 1999년 중앙인사위원회 기획총괄과장(부이사관) 2000년 해외 직무훈련 파견(미국 IPMA) 2002년 중앙인사위원회 인사정책심의관(이사관) 2004년 국방대 파견 2005년 중앙인사위원회 고위공무원단제도실무추진단장 2006년 同고위공무원지원단장 2007년 同정책홍보관리실장 2008년 행정안전부 조직실장 2008년 同정보화전략실장 2009~2010년 특임차관 2011~2013년 대통령소속 개인정보보호위원회 상임위원(차관급) 2013~2016년 同위원장(장관급) [상]대통령표창, 홍조근정훈장(1995)

정하광(鄭夏光) JUNG Ha Kwang (江峰)

[생]1957·9·9 [본]동래(東萊) [출]경기 의정부 [주]강원 원주시 혁신로50 대한적십자사 교육원(033-811-0260) [학]1986년 동국대 경제학과졸 [경]1986년 대한적십자사 입사 1996년 同혈액제제연구소 자재과장 1998년 同중앙혈액원 총무과장 1999년 同혈액관리국 혈액행정팀장 2000년 同기획관리국 총무과장 2005년 同혈액관리본부 헌혈증진국장 2006년 同교육원 교수 2007년 同혈액관리본부 감사팀장 2008년 同광주·전남혈액원장 2010~2012년 同혈장분획센터 원장 2012년 同혈액관리본부 혈액기획국장 2014년 同정책지원본부장 2015년 同교육원장(현) [상]보건복지부장관표창(2002)

정하균(鄭河均) HAGYUN, JEONG

[생]1958·1·2 [본]청산(靑山) [출]강원 춘천 [주]서울시 영등포구 여의도동15의24 행복한재단(02-784-9936) [학]1976년 대일고졸 2008년 한국방송통신대 법학과졸 [경]2003~2007년 장애인차별금지법제정추진연대 법제위원 2004년 (사)한국척수장애인협회 회장 2004년 장애인체육정책발전추진위원회 위원 2006년 대한장애인조정연맹 수석부회장 2007년 재활보조기구품질관리연구 자문위원 2007년 참주인연합 최고위원 2008~2010년 친박연대 최고위원 2008년 제18대 국회의원(비례대표, 친박연대·미래희망연대·새누리당) 2008년 국회 민생안정특별대책위원회 위원 2008년 국회 미래전략및과학기술특별위원회 위원 2008년 국회 보건복지위원회 위원 2009년 국회 국제경기대회지원특별위원회 위원 2010~2015년 대한장애인조정연맹 회장 2010년 미래희망연대 최고위원 2011년 (사)대한산재장애인연합회 명예회장(현) 2012년 행복한재단 이사장(현) [상]한국장애인상 인권화합부문(2010), 대한민국 헌정대상(2011), 제3회 공동선 의정활동상(2011) [저]'희망은 내일을 꿈꾸게 한다'(2011)

정하길(鄭夏吉) Jeong Hakil

[생]1963·3·10 [본]하동(河東) [출]대전 [주]대전 중구 문화로282 충남대학교병원 감사실(042-280-7007) [학]경희대 조경학과졸, 한남대 지역개발대학원 도시계획학과졸 [경]1996년 중도일보 기자 2001년 대전시 유성구청장 비서실장 2006년 대전시의원선거 출마(국민중심당) 2008년 자유선진당 대전시당 대변인 2011년 同대전시당 사무처장 2013년 새누리당 대전시당 대변인 2014년 同대전시당 사무처장 2014년 同대전시당 6.4지방선거공천관리위원회 위원 2015년 충남대병원 상임감사(현) 2016년 목요언론인클럽 사무총장(현)

정하성(鄭夏聖) JEONG Ha Seong (青野)

[생]1951·7·30 [출]대전 [주]경기 평택시 서동대로3825 평택대학교 아동청소년복지학과(031-659-8246) [학]1970년 유성생명과학고졸 1974년 충남대 농학과졸 1983년 한남대 대학원 도시 및 지역계획학과졸 1989년 행정학박사(대구대) [경]1980년 (사)청소년지도연구원 원장(현) 1981~1999년 한국청소년문제연구소 소장 1983~1989년 대구대 동서구문제연구소 연구위원 1989~1997년 중도일보 논설위원 1989~2016년 평택대 아동청소년복지학과 전임강사·조교수·부교수·교수 1991~1996년 노동부 노동교육원 근로청소년순회특강 강사 1991~1996년 한양대 행정대학원 외래교수 1995~1997년 평택대 사회교육원장 1996년 한국범죄예방교육원 원장(현) 1997~1999년 평택대 학생처장 2000년 한국청소년보호지도학회 회장 2002년 중부일보 논설위원 2002년 한국 4H본부 부설 농촌청소년연구소 연구위원 2003년 평택대 사회복지대학원장 2003년 (사)청소년학회 수석부회장 2003년 충청투데이 논설위원 2004~2005년 문화관광부 청소년정책위원 2005~2007년 법무부 보호소년중부지역연합회 회장 2005년 (사)대전지역사회개발협회 회장 2006년 한국청소년학회 회장 2011년 새마을운동 대전시협의회 이사(현) 2011년 대전가정법원 조정위원(현) 2012년 경기신문 비상임논설위원(현) 2016년 평택대 아동청소년복지학과 명예교수(현) [상]대통령표창, 법무부장관표창, 국민포장, 문광부장관표창 [저]'청소년문제와 지도' '지역사회개발론' '자원봉사론' '청소년 윤리' '청소년과 성' '新자원봉사론' '그리운 사람 넘치는 사랑'(2008) '인간과 사회'(2008) '사랑의 매는 폭력의 미명인가'(2008) '여러 나라 사람들의 삶'(2009) '청소년문화론'(2009) '新청소년문화론'(2010) [종]기독교

정하숙(鄭夏淑·女) Chung, Ha-Sook

[생]1957·9·7 [주]서울 도봉구 삼양로144길33 덕성여자대학교 자연과학대학 식품영양학과(02-901-8593) [학]1978년 덕성여대 식품영양학과졸 1985년 同대학원졸 1994년 이학박사(덕성여대) [경]1985년 덕성여대 식품학실 연구원 1987년 KIMS(Korea Index of Medicinal Specialities) 연구원 1988년 서울대 생약연구소(Organic Chemistry Laboratory) 연구원 1994~1995년 同천연물과학연구소(Biochemistry Laboratory) 특별연구원 1995년 덕성여대 평생교육원 가정학과 조교수 1996~2008년 同교양학부 조교수·부교수·교수 1996~1998년 미국 일리노이대(UIC) Visiting Assistant Professor 1999년 중국 YounBian Technological Univ. Research Professor 2002년 미국 국립암연구소(NCI, NIH) 방문연구원 2003년 덕성여대 자연과학대 식물자원연구소 운영위원 2003년 한국산업기술진흥협회 연구클러스터모임 과학기술부 기술전문가 2006~2007년 덕성여대 교양교직대학장 2008년 同교양학부 교양과정 주임교수 2008년 同자연과학대학 식품영양학과 교수(현) 2009년 同기숙사감 2013~2015년 同자연과학대학장 [상]한국학술진흥재단 기초학문분야 우수논문상(1994), 한국작물학회 춘계학술발표회 우수연구상(2004·2005), 한국식품과학회 우수포스터상(2007) [저]'천연물로부터 암 예방 화학물질 탐색'(2000, CRC Press LLC, U.S.A.)

정하영(鄭夏泳)

[생]1962·10·2 [출]경기 김포 [주]경기 수원시 장안구 정자로146 더불어민주당 경기도당(031-244-6501) [학]인하대 생물학과졸 [경]신김포농협 감사, 학교급식개선과조례제정을위한경기도운동본부 공동집행위원장 2010년 경기 김포시의회 의원(무소속·민주통합당·민주당·새정치민주연합) 2010·2012년 同부의장 2014~2016년 경기 김포시의회 의원(새정치민주연합·더불어민주당), 同행정복지위원장, 더불어민주당 교육특별위원회 부위원장, 同중앙위원, 同경기도당 운영위원(현) 2016년 同경기김포시乙지역위원회 위원장(현) 2016년 제20대 국회의원선거 출마(경기 김포시乙, 더불어민주당)

정하웅(鄭夏雄) Jeong, Hawoong

[생]1968·9·13 [주]대전 유성구 대학로291 한국과학기술원 자연과학대학 물리학과(042-350-2543) [학]1991년 서울대 물리학과졸 1993년 同대학원 물리학과졸 1998년 물리학박사(서울대) [경]2001~2001년 미국 Univ. of Notre Dame Research Assistant Professor 2001년 한국과학기술원(KAIST) 자연과학대학 물리학과 조교수·부교수·교수(현) 2014년 한국과학기술한림원 준회원(현) 2015~2016년 국회의장직속 미래전략자문위원회 위원 [상]국무총리표창(2004), 한국물리학회 용봉상(2007), KAIST 우수강의대상(2009), 이달의 과학기술자상(2010), 한국물리학회 학술상(2013), 대통령표창(2016) [저]'구글 신은 모든 것을 알고 있다(共)'(2013, 사이언스북스)

정하창(鄭夏彰) Chung ha chang

[생]1956·12·6 [본]동래(東萊) [출]서울 [주]서울 종로구 종로1길36 대림빌딩6층 대림산업(주) 임원실(02-2011-7038) [학]1975년 휘문고졸 1979년 연세대 전기공학과졸 [경]1979~1981년 한국전력공사 원자력건설처 근무 1981~2007년 대림산업(주) 발전사업팀 근무 2008~2010년 同국내발전사업담당 상무보 2011~2012년 同해외발전사업담당 상무 2013년 同해외발전사업총괄 전무(현) [종]기독교

정하황(鄭夏滉) Jung Ha Hwang

(생)1957·2·14 (출)경북 의성 (주)충남 태안군 태안읍 중앙로285 한국서부발전(주) 비서실(041-400-1081) (학)1975년 대구 계성고졸 1980년 중앙대 행정학과졸 1995년 고려대 경영대학원졸 (경)1981년 한국전력공사 입사 1988년 同인력관리처 근무 1996년 同경북지사 기획관리실장 2000년 同군위지점장 2001년 同전력산업구조조정실 거래기획팀장 2005년 同충남보령지점장 2007년 同기획본부 구조조정처장 2008년 LG파워콤 사외이사 2009년 한국전력공사 기획처장 2012년 同대외협력실장 2012년 한국수력원자력 기획·지역협력본부장 2014~2016년 同기획본부장(상임이사) 2014~2016년 한국전력거래소 비상임이사 2015년 한국수력원자력(주) 원전안전·소통위원회 위원 2016년 한국서부발전(주) 대표이사 사장(현) (상)산업자원부장관표창

정학구(鄭鶴九) Jung Hack Goo

(생)1960·6·12 (본)동래(東萊) (출)부산 (주)경남 창원시 의창구 중앙대로263 오피스프라자602호 연합뉴스 경남취재본부(055-283-3303) (학)1979년 마산고졸 1986년 서강대 사학과졸 (경)1986~1987년 풀무원식품 근무 1988~1994년 남도일보·경남매일 기자 1995년 연합뉴스 경남지사 기자 2009년 同전국부 기자 2014년 同경남취재본부장(현) (저)'도시탈출! 귀농으로 억대 연봉벌기(共)'(2012, 연합뉴스)

정학수(丁鶴秀) JEONG Hak Soo

(생)1954·12·28 (본)영성(靈城) (출)전북 고창 (주)경기 과천시 공원마을4길12 (사)한국귀농귀촌진흥원(02-503-8885) (학)1972년 고창고졸 1977년 고려대 행정학과졸 1979년 원광대 대학원 경영학과졸 1994년 미국 텍사스 A&M대 대학원 농업경제학과졸 2009년 중앙대 대학원 산업경제학 박사과정 수료 (경)1977년 행정고시 합격(21회) 1978년 전북도 정읍군 수습사무관 1979~1990년 농수산부 사무관 1990년 농촌경제연구원 파견 1992년 해외 연수 1994년 농림수산부 농지관리과장 1995년 대통령비서실 행정관 1998년 농림부 기획예산담당관 1999년 同공보관 2000년 同농업정책국장 2001년 국방대학원 파견 2002년 농림부 농촌개발국장 2003년 同농업정책국장 2004년 한국농촌경제연구원 파견 2004년 국립농산물품질관리원장 2006년 농림부 정책홍보관리실장 2008~2009년 농림수산식품부 제1차관 2009~2013년 전주대 문화관광학부 석좌교수 2013년 同객원교수 2013년 전북발전연구원 정책고문 2013년 (사)한국귀농귀촌진흥원 초대 이사장(현) 2014년 전북 고창군수 후보(무소속) (상)대통령표창(1988), 고창군민의 장 애향장(1998), 홍조근정훈장(2000), 고창애향운동본부 애향대상(2011), 황조근정훈장(2012) (저)자전에세이 '다녀왔습니다'(2014)

정한근(鄭漢根) JUNG, HAN KEUN

(생)1964·3·3 (본)해주(海州) (출)부산 (주)부산 연제구 법원북로33 부산지방우정청 청장실(051-559-3212) (학)1983년 부산 동인고졸 1987년 서울대 정치학과졸 (경)1991년 방송위원회 근무 2002년 同행정3부장 2003년 同위성방송부장 2004년 同방송콘텐츠부장 2005년 同대전사무소장 2006년 미국 미시간주립대 교육파견 2007년 방송위원회 혁신기획부장 2007년 同정보전산팀장·성과관리전담팀장 겸임 2008년 방송통신위원회 기획재정담당관(서기관) 2009년 同기획재정담당관(부이사관) 2009년 同방송진흥기획관(고위공무원) 2010년 同디지털방송전환추진단장 겸임 2011년 국방대 교육파견(고위공무원) 2011년 방송통신위원회 융합정책관 2012년 대통령실 선임행정관(고위공무원) 2013년 미래창조과학부 방송진흥정책관 겸 디지털방송전환추진단장 2013년 同대변인 2014년 同인터넷정책관 2015년 同정보보호정책관 2015년 同우정사업본부 부산지방우정청장(현) (상)홍조근정훈장(2013)

정한룡(鄭漢龍) CHUNG Han Ryong

(생)1946·4·7 (출)서울 (주)서울 종로구 성균관로87 4층 극단 연우무대(02-744-7090) (학)1964년 경기고졸 1968년 서울대 물리학과졸 1973년 同미학과졸 1983년 중앙대 대학원 연극학과졸 (경)1977~1981년 극단 연우무대 대표 1981년 동양제과 선전부장 1984년 삼희기획 기획국장 1990년 Ace Communications 전무 1992~2007년 극단 연우무대 대표 2000년 순천향대 연극영화과 겸임교수 2007년 극단 연우무대 예술감독(현) (상)한국예술문화단체총연합회 예술문화상·연극부문대상 (작)연출작 '사랑은 아침햇살' '사랑의 빛' '개구리네 한솥밥' '황진이 남성유랑기' '대장만세'

정한수(鄭漢洙) JEONG Han Soo

(생)1959·5·15 (주)경기 성남시 분당구 판교로319번길6 한화테크윈(070-7147-7000) (학)한국과학기술원 재료공학과졸, 同대학원졸 (경)삼성테크윈(주) 광영상개발팀장, 同광디지털개발팀장, 同광디지털영상정보사업팀장(상무보) 2007년 同광디지털영상정보사업팀장(상무) 2007년 同이미징사업부 영상정보사업팀장(상무) 2009년 同SIS사업부장(상무) 2010년 同시큐리티솔루션사업부 전략마케팅팀장(상무) 2011년 同Security Solution장비사업센터장(전무) 2011년 同CS경영센터장(전무) 2012~2015년 同Security Solution사업부장(전무) 2015년 한화테크윈(주) Security Solution사업본부장(전무) 2016년 同고문(현)

정한영(鄭漢泳) JUNG Han Young (효강)

(생)1959·5·17 (본)동래(東萊) (출)서울 (주)인천 중구 인하로27 인하대학교병원 재활의학과(032-890-2480) (학)1985년 고려대 의대졸 1991년 同대학원 의학과졸 1994년 의학박사(고려대) (경)1992년 고려대 의대 임상강사 1995년 인하대 의대 재활의학교실 교수(현), 同병원 재활의학과장 2006년 同의대 재활의학교실 주임교수 2006~2008년 대한소아재활의학회 이사장·회장 2008~2011년 인하대병원 진료협력실장, 同인천권역 심뇌혈관질환센터장, 대한뇌재활학회 이사장, 대한뇌졸중학회 감사 2009~2011년 대한뇌신경재활학회 이사장 2012~2014년 대한소아재활발달의학회 회장 2014년 同이사(현) (상)대한재활의학회 학술상(1999) (저)소아재활의학(共)'(2006) '물리의학과 재활(共)'(2009) (역)'뇌성마비 가정치료(共)'(2000) '장애아동의섭식(共)'(2004) '뇌성마비의 이해(共)'(2006) '노인가정요양 간병가이드'(2008) '신경질환 아틀라스(共)'(2009)

정한용(鄭漢溶) CHUNG Han Young

(생)1954·6·22 (본)영일(迎日) (출)충북 충주 (주)서울 영등포구 국회대로62길9 박스미디어(02-2124-6000) (학)1973년 경기고졸 1981년 서강대 경제학과졸 1992년 중앙대 신문방송대학원졸 1994년 미국 뉴욕대 언론대학원 매스미디어학과졸 (경)1979년 동양방송 공채 탤런트(22기), 탤런트 겸 영화배우(현) 1991~1992년 MBC라디오 「여성시대」 진행·교통방송 「출발 서울대행진」 진행 1995년 한국청년의전화 대표 1995년 국민회의 교육문화특위 부위원장 1995년 同당무위원 1996년 제15대 국회의원(서울 구로甲, 국민회의·새천년민주당·자민련) 1996년 국민회의 총재특보 1998년 同청년위원장 1999년 한민족청년네트워 공동대표 2000년 새천년민주당 총재특보 2000년 자민련 인천연수지구당 위원장 2000년 同인천시지부장 2000년 同총재 특보, KBS FM 「안녕하세요 정한용·왕영은입니다」 진행 2005년 한성디지털대 연극영화과 겸임교수 2008년 이벤트스타스 대표 2008년 KBS 2라디오 '정한용의 시사터치' 진행 2008년 디지털서울문화예술대 문화예술계열 연극영화학과 교수 2009년 서울국제청소년영화제 조직위원회 위원 2010년 리얼코리아 창간·발행인 2012년 (사)경남영상위원회 위원장 2016년 국립 한경대 객원교수(현) (저)자서전 '꼬리표를 달고 다니는 남자'(1999) (역)'개입주의 경제분석'(1997) TV드라마 'MBC 하얀거탑'(2007) 'MBC 오버 더 레인보우'(2007) 'MBC 흔들리지마'(2008) 'MBC 내 여자'(2008) 출연영화 '최인호의 병태만세'(1980) '빙점'(1981) '작은 악마 스물두살의 자서전'(1983) '들개'(1983) '입을 연 석류'(1983) '달마야, 서울 가자'(2004) '사랑하니까, 괜찮아'(2006) (종)불교

정한용(鄭漢容) JUNG Han Yong

(생)1955·11·26 (주)경기 부천시 원미구 조마루로170 순천향대 부천병원 정신건강의학과(032-621-5232) (학)고려대졸 1990년 同대학원졸 1994년 의학박사(고려대) (경)1982~1986년 고려대병원 인턴·레지던트 1989~1990년 순천향대병원 신경정신과 전임의 1991~2001년 순천향대 의과대학 정신과학교실 전임강사·조교수·부교수 2001년 同교수(현) 2001년 법정신의학회 상임이사 2002년 대한정신약물학회 이사 2003년 대한의료감정학회 간행이사 2004년 대한생물정신의학회 상임이사 2010~2014년 순천향대 의과대학 정신건강의학교실 주임교수 2010~2012년 대한생물정신의학회 이사장 2013년 대한노인정신의학회 이사장 2014~2015년 대한신경정신의학회 부이사장 2015년 대한노인정신의학회 고문(현) 2016년 대한신경정신의학회 이사장(현) (저)'신경인지기능의 평가 노인정신의학 대한노인정신의학회편'(2004) '기분장애 신경정신의학 대한신경정신의학회편(共)'(2005) '양극성장애 : 우울증 Clinical Neuropsychopharmacology 대한정신약물학회편(共)'(2009) '재난현장에서의 심리적 개입(共)'(2009, 중앙문화사) '대한의학회 장애평가기준-해설과 사례연구-(共)'(2011, 박영사) '재난현장에서 어떻게 도와야 하나요? 재난시 심리적 도움주기(共)'(2011, 중앙문화사) '재난을 이겨내는 방법-재난 피해자를 위한 자가 심리 치료법-(共)'(2012, 중앙문화사) '교통사고 어떻게 이겨 낼까요?-교통사고 경험자를 위한 자가 심리 치료(共)'(2012, 중앙문화사)

정한중(丁漢仲)

[생]1971·1·9 [출]서울 [주]서울 강남구 테헤란로409 동신빌딩3층 대명회계법인(02-2078-5500) [학]대일고졸 1998년 동국대 회계학과졸 [경]1999년 공인회계사시험 합격 1999~2004년 대성회계법인 공인회계사 2004년 대명회계법인 금융본부 전무이사(현) 2016년 연합뉴스 비상근감사(현)

정해걸(丁海杰) CHOUNG Hae Gul (吞雲)

[생]1939·5·9 [본]나주(羅州) [출]경북 의성 [학]1958년 경북고졸 1964년 계명대 역사지리학과졸 1984년 대구대 대학원 지역사회개발학과졸 [경]1979~2005년 동방학원 이사 1979년 경북지구청년회의소 부회장 1981~1995년 의성고 교장 1982년 의성군체육회 부회장 1982년 새마을주부독서대학 학장 1990~1998년 새마을중앙회 의성군지회장 1991~1994년 국민홍보위원 1995~1998년 경북 의성군수(무소속·한나라당) 1998년 영진전문대 겸임교수 1998~2002년 경북 의성군수(무소속) 2002~2006년 경북 의성군수(한나라당) 2002년 전국시장군수구청장협의회 공동회장·감사·대표회장 2002년 지방분권운동 자문위원 2002년 대구경북연구원 자문위원 2003년 중국 함양사범대 명예교수 2004년 국가균형발전위원회 위원 2005년 대구대 겸임교수 2006년 경북북부지역혁신연구원 이사장 2006년 영남대 행정대학원 겸임교수 2008년 대통령자문 국가균형발전위원회 위원 2008~2012년 제18대 국회의원(경북 군위·의성·청송, 무소속·한나라당·새누리당) 2009년 한나라당 경북 군위·의성·청송당원협의회 운영위원장 2009년 同대표특보 2010~2012년 同실버세대위원회 위원장 2010년 세계유교문화축전 고문 2012~2016년 새누리당 실버세대위원회 위원장 [상]문교부장관표창(1973), 법무부장관표창(1983), 체육부장관표창(1988), 국민포장(1991), 신기업&경영인대상(2006), 전국최고경영자상, 대통령표창, 백봉신사상(2008), 대한민국 헌정상(2011), 자랑스러운 대구대 동문상(2016) [종]불교

정해구(丁海龜) Jung Hae Gu

[생]1955·1·20 [출]충남 [주]서울 구로구 연동로320 성공회대학교 사회과학부(02-2610-4245) [학]1979년 연세대 행정학과졸 1987년 고려대 대학원 정치외교학과졸 1995년 정치외교학박사(고려대) [경]1988년 한국정치연구회 연구위원(현) 1995년 인하대 강사 1996~1997년 한신대 강사 1998~1999년 세종연구소 객원연구위원 1999~2000년 성공회대 사회문화연구소 연구위원·전임연구원 2000년 同사회과학부 정치학전공 교수(현) 2000~2002년 학술단체협의회 운영위원장 2002~2004년 한국정치연구회 회장 2003년 대통령자문 정책기획위원회 시스템개혁분과 정치행정위원 2008년 통합민주당 공천심사위원 2008~2010년 성공회대 대학원 교학처장 2012년 민주통합당 제18대 대통령중앙선거대책위원회 새로운정치위원회 간사 2013년 同비상대책위원회 정치혁신위원장 2014~2015년 새정치민주연합 정치혁신실천위원회 위원 [저]'국가형성론의 역사'(1983) '북한정치론(북한의 혁명이론)'(1990, 백산서당) '전두환과 80년대 민주화운동'(2011) [역]'10월인민항쟁 연구'(1988, 열음사)

정해남(鄭海南) JUNG Hae Nam

[생]1953·12·19 [출]충남 금산 [주]서울 중구 후암로110 서울시티타워20층 한국의료분쟁조정중재원 조정부(02-6210-0312) [학]1972년 경복고졸 1976년 서울대 법대졸 1984년 同대학원 법학과졸 1988년 미국 서던감리교대 대학원 법학과졸 [경]1979년 사법시험 합격(21회) 1982년 사법연수원 수료(12기) 1984년 광주지법 판사 1987년 同순천지원 판사 1989년 인천지법 판사 1992년 서울고법 판사 1992년 광주고법 판사(파견) 1993년 서울고법 판사 1994년 헌법재판소 헌법연구관 1997년 광주지법 부장판사 1999년 수원지법 부장판사 1999년 법무법인 희망 대표변호사 2006~2010년 헌법재판소 사무차장 2010~2012년 법무법인 민주 대표변호사 2012년 한국의료분쟁조정중재원 조정부 상임조정위원(현)

정해린(鄭海鱗) CHUNG Hae Lin

[생]1939·5·19 [본]동래(東萊) [출]경북 봉화 [주]부산 금정구 금샘로485번길65 부산외국어대학교 총장실(051-509-5032) [학]1958년 대구 계성고졸 1962년 경희대 경제학과졸 1997년 명예 경영학박사(부산대) 2016년 경영학박사(미국 벨헤이번대) [경]1979년 한국요업(주) 대표이사 1984~2003년 성창기업(주) 대표이사 1993~2011년 학교법인 성지학원(부산외국어대·성지중고) 재단이사장 1996년 부산지법 민사조정위원 1996년 同고정위원 2002년 한국합판BOARD협회 회장 2003년 성창기업(주) 회장·명예회장(현) 2011년 부산외국어대 총장(현) [상]국무총리표창, 산업포장 [종]기독교

정해문(鄭海文) Chung Hae-moon

[생]1952·2·3 [출]부산 [주]경기 남양주시 진접읍 광릉수목원로195 경희대학교 평화복지대학원(031-570-7012) [학]1976년 서울대 무역학과졸 [경]1976년 외무고시 합격(10회) 1977년 외무부 입부 1981년 駐싱가포르 2등서기관 1987년 駐로스앤젤레스 영사 1990년 駐태국 참사관 1991년 외무부 동남아과장 1993년 駐나이지리아 참사관 1994년 외무부 총무과장 1995년 駐미국 참사관 1999년 외교통상부 지역통상국 심의관 2000년 駐오스트리아 공사 2003년 외교안보연구원 연구관 2004년 駐그리스 대사 2006년 외교통상부 본부대사 2007년 부산시 국제관계자문대사 2008년 駐태국 대사 2011년 외교통상부 본부대사 2012~2015년 한·아세안센터 사무총장 2016년 경희대 평화복지대학원 객원교수(현) [상]알바니아 감사훈장(2006), 사이프러스 외교부특별상(2006), 그리스 피닉스 대십자훈장(2007), 태국 대십자장훈장(2011), 황조근정훈장(2012), 베트남 정부 '무역·산업발전기여 훈장'(2016) [종]기독교

정해방(丁海昉) CHUNG Hae Bang

[생]1950·9·1 [출]경북 구미 [학]1969년 경북고졸 1973년 서울대 법대졸 1975년 同법과대학원졸 1984년 미국 밴더빌트대 경제학대학원졸 [경]1976년 행정고시 합격(18회) 1976~1989년 경제기획원 경제기획국·공정거래실·예산실 근무 1989년 국회 예산결산특별위원회 파견 1990년 국방대학원 파견 1991~1994년 경제기획원 예산관리과장·내무법사·상공과학예산담당관 1994년 대통령비서실 파견 1995년 재정경제원 방위·간접자본·건설교통예산담당관 1997년 同예산정책과장 1998년 예산청 예산총괄과장 1999년 기획예산처 예산총괄과장 1999년 국민경제자문회의 정책분석실장 2000년 기획예산처 사회예산심의관 2002년 同예산총괄심의관 2004년 同재정기획실장 2005년 同예산실장 2005년 同재정운용실장 2006~2007년 同차관 2007~2016년 건국대 법과대학·법학전문대학원 교수 2010~2012년 KT 사외이사 2010년 국민경제자문회의 민간위원 2012~2016년 한국은행 금융통화위원회 위원 [상]대통령표창, 홍조근정훈장(1998)

정해수(丁海壽) CHUNG Hae Soo

[생]1945·8·10 [출]경북 김천 [주]부산 해운대구 반송순환로142 영산대학교 호텔관광대학 관광컨벤션이벤트학과(051-540-7209) [학]1964년 선린상고졸 1971년 고려대 경제학과졸 1973년 성균관대 무역대학원 수료 2000년 서울대 경영대학원 최고경영자과정 수료 [경]1970년 대한무역투자진흥공사 입사 1982년 同미국 Knoxville EXPO한국관장 1983년 同자카르타 한국무역관장 1988년 同호주 Brisbane EXPO한국관장 1990년 同홍콩한국무역관장 1996년 同LA한국무역관장 1997년 同무역진흥본부장 1999년 同부사장 2001~2007년 (주)부산전시컨벤션센터(BEXCO) 대표이사 사장 2002년 한국전시산업진흥회 부회장 2003년 한국전시컨벤션센터 운영협의회장 2005년 한국전시산업진흥회 회장 2007~2008년 벡스코(BEXCO) 경영고문 2007~2009년 영산대 컨벤션이벤트학과 초빙교수 2009년 同컨벤션이벤트학과 교수 2009~2014년 同호텔관광대학장 2011년 同관광컨벤션이벤트학과 교수(현) [상]국무총리표창, 미국 켄터키주정부표창, 대통령표창

정해수(丁海壽) CHUNG Hea Soo

[생]1955·1·7 [본]나주(羅州) [출]경북 영주 [주]경기 성남시 분당구 판교역로235 에이치스퀘어N동5층 (유)시높시스코리아(02-3404-2700) [학]1979년 인하대 전자공학과졸 [경]1979~1997년 삼성전자(주) System LSI ASIC 사업팀장 1998~2000년 同System LSI 사업개발팀장 2001~2002년 同System LSI 해외영업팀장 2003~2004년 삼성전기 SD사업부장 2005~2008년 (주)동부하이텍 영업본부장·신사업총괄 부사장 2008~2009년 HNT코리아(주) 경영고문 2008년 LG마이크론 고문 2009년 LG이노텍 고문 2010년 (유)시높시스코리아 대표이사(현) 2015년 비에스이홀딩스 사외이사(현) [상]국방부장관표창(1990), 삼성전자 대표이사표창(1991·1994·1996·1999) [종]기독교

정해영(丁海永) JUNG Hae Young

[생]1958·9·28 [본]나주(羅州) [출]경기 광주 [주]서울 영등포구 국제금융로6길7 한양증권(주) 임원실(02-785-2243) [학]신성고졸 1981년 한양대 신문방송학과졸 1993년 서강대 대학원 경영학과졸 [경]1983~2002년 메리츠증권(주) 경영지원본부장·강남지역본부장 2002~2003년 메리츠투자자문 감사 2003~2010년 메리츠종합금융증권 전무 2012년 한양증권(주) 대표이사 사장(현) 2012년 한국상장회사협의회 감사(현) 2014년 코스콤 비상임이사(현) [종]기독교

정해용(丁海龍) Jeong Hae Yong

[생]1969·11·2 [본]창원(昌原) [출]전남 여수 [주]충남 천안시 동남구 양지말1길11의14 우정공무원교육원 교육운영과(041-560-5200) [학]1988년 여수고졸 1995년 서울대 농업교육과졸 1998년 同대학원 농산업교육과졸 2000년 同대학원 농산업교육학박사과정 수료 [경]2001~2006년 다산E&E 컨설턴트 2006~2008년 중앙인사위원회 인재관리과 근무(일반계약직 5호) 2010~2012년 포스코경영연구소 교육부문 컨설턴트 2012~2015년 한화인재경영원 R&D팀장 2015년 우정공무원교육원 교육운영과장(현) [종]기독교

정해운(丁海云) jung haewoon

[생]1962·9·24 [출]서울 [주]서울 성북구 성북로9길38 401호 가교출판(02-762-0598) [학]1981년 한양공고졸 [경]1993년 가교출판 설립·대표(현), 한국출판영업인협의회 회장(현) 2012~2013년 한국출판협동조합 이사 2014년 대한출판문화협회 이사(현) [상]문화관광부장관표창(2010) [저]'문재인의 운명'(2011)

정해웅(丁海雄) JUNG Hai Ung

[생]1951·4·10 [주]서울 종로구 사직로8길60 외교부 인사운영팀(02-2100-8009) [학]1976년 서울대 경영학과졸 1981년 프랑스 파리대 대학원 법학과졸 1982년 同대학원 경영학과졸 1985년 同대학원 응용전산학과졸 1989년 법학박사(프랑스 파리대) 2003년 법학박사(영국 에든버러대) [경]1979년 외무고시 합격(13회) 1979년 외무부 입부 1983년 駐프랑스 2등서기관 1986년 駐중앙아프리카공화국 2등서기관 1991년 駐프랑스 1등서기관 1995년 외무부 국제법규과장 1997년 외교안보연구원 서아시아·아프리카연구부 연구관 1998년 외교통상부 국제법규과장 1999년 駐이탈리아 참사관 2003년 외교통상부 인사제도개선반장 2004년 同조약국장 2005~2009년 駐알제리 대사 2015년 외교부 국제법협력대사(현)

정해주(鄭海油) JUNG Hae Ju

[생]1943·2·19 [출]경남 통영 [주]경기 과천시 교육원로98 한국화학융합시험연구원(02-2164-0110) [학]1962년 통영고졸 1967년 서울대 법학과졸 1979년 국방대학원졸 1987년 서울대 행정대학원 최고정책과정 수료 2000년 명예 경영학박사(순천향대) 2006년 미국 펜실베이니아대 와튼스쿨 최고경영자과정 수료 [경]1968년 행정고시 합격(6회) 1976년 상공부 법무담당관 1977년 同수출2과장 1979년 同조선과장 1980년 대통령비서실 근무 1984년 공업진흥청 기술지도국장 1988년 상공부 감사관·공보관 1989년 同전자전기공업국장 1991년 同기초공업국장 1991년 同상역국장 1992년 민자당 상공전문위원 1993년 상공자원부 기획관리실장 1994년 同제2차관보 1994년 통상산업부 차관보 1995년 특허청장 1996년 중소기업청장 1997~1998년 통상산업부 장관 1998~2000년 국무총리 국무조정실장 2000~2004년 진주산업대 총장 2003~2004년 전국산업대총장협의회 회장 2003년 한국지방대학총학장협의회 공동대표 2004~2008년 한국항공우주산업(KAI) 대표이사 사장 2004~2008년 한국항공우주산업진흥협회 회장 2006~2008년 대통령직속 규제개혁위원회 위원장 2009년 한국화학융합시험연구원 이사장(현) 2011~2015년 (주)한국전력공사 이사회 의장 2011년 (사)상우회 회장(현) 2012년 글로벌표준정책포럼 회장(현) 2012년 대관령풍력(주) 회장(현) [상]녹조근정훈장, 청조근정훈장, 대통령표창, 한국정보시스템학회·한국인터넷전자상거래학회 주최 한국경영자대상(2007), 프랑스 레지옹 도뇌르훈장(2007) [저]'대학이 변해야 나라가 산다-CEO 총장의 현장고백' [종]기독교

정해진(鄭海鎭) JEONG Hae Jin

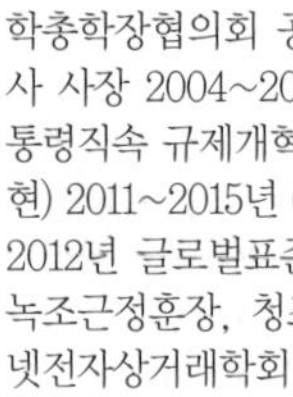

[생]1964·1·10 [본]고창(高敞) [출]전북 전주 [주]서울 관악구 관악로1 서울대학교 자연과학대학 지구환경과학부(02-880-6746) [학]1986년 서울대 해양학과졸 1988년 同대학원졸 1995년 이학박사(미국 캘리포니아주립대) [경]1995~2003년 군산대 해양학과 전임강사·조교수·부교수 1996년 국립수산진흥원 적조심의위원 1999년 해양수산부 연안GIS 자문위원 2002년 군산대 적조연구센터장 2002년 교육인적자원부 기초학문육성위원 2003년 서울대 자연과학대학 지구환경과학부 부교수 2006년 同자연과학대학 지구환경과학부 교수(현) 2006~2010년 同차세대융합기술원 환경에너지자원연구소장 2006년 한국해양학회 감사 2006년 한국조류학회지 'Algae' 편집위원(현) 2007~2010년 한국유해조류연구회 총무이사 2008~2012년 Ocean Science Journal 편집장 2008~2010년 한국해양학회지 '바다' 편집위원장 2008~2012년 한국해양학회 편집이사 2009년 2012여수엑스포 자문위원 2010년 Harmful Algel 편집위원(현) 2013년 미국조류학회지 편집자문위원(현) 2015년 국립해양생물자원관 비상임이사(현) [상]한국과학기술단체총연합회 과학기술우수논문상(2002), 여천생태학상(2010) [저]'해양오염과 적조'(1996) '플랑크톤 생태학(共)'(2003)

정해창(丁海昌) CHUNG Hae Chang (若天)

[생]1937·11·4 [본]나주(羅州) [출]대구 [주]서울 서초구 법원로3길6의9 법조빌딩201호 좋은합동법률사무소(02-532-4447) [학]1956년 경북고졸 1960년 서울대 법학과졸 1968년 미국 서던메소디스트대 대학원졸 [경]1958년 고시사법과·고시행정과 합격 1959년 공군 법무관 1962~1973년 대구지검·대전지검·서울지검·법무부 검사 1973년 법무부 검찰과장 1976년 서울지검 부장검사 1979~1981년 부산지검·서울지검 제2차장검사 1981년 법무부 검찰국장 1981년 서울지검장 1982년 법무부 차관 1985년 법무연수원장 1986년 대검찰청 차장검사 1987~1988년 법무부 장관 1989년 형사정책연구원 원장 1990~1993년 대통령 비서실장 1993년 변호사 개업 1993~2005년 나주정씨 월헌공파종회장 1994~2014년 한국범죄방지재단 설립·이사장 1997~2002년 한국아마추어바둑협회 회장 1998년 다산학술문화재단 이사장(현) 2002년 좋은합동법률사무소 변호사(현) 2006~2011년 서울대 법대 동창회장 2006~2010년 나주정씨중앙종회 회장 2008~2011년 (재)송설당 교육재단 이사장 2008~2012년 (재)대경육영재단 이사장 [상]홍조근정훈장, 황조근정훈장, 청조근정훈장, 세계법률가대회 공로상, 자랑스러운 서울법대인상(2007), (사)법조언론인클럽 공로상(2015) [저]'체포와 구금' '대나무 그 푸른 향기' '형정의길 50년'

정해훈(丁海勳) CHUNG Hae Hoon

[생]1956·2·10 [본]나주(羅州) [출]충북 충주 [주]서울 동작구 상도로33 한호빌딩3층 (사)북방권교류협의회(02-711-8688) [학]1974년 서울 중경고졸 1983년 국민대 정치외교학과졸 1991년 서강대 공공정책대학원 북한정치연구과정 수료 1994년 러시아 모스크바 고르바초프재단 세계지도자과정 수료 1996년 경남대 행정대학원 북한학과졸 1999년 同북한대학원 북한학박사과정 중퇴 [경]1981년 국민대 총학생회장 1983~1992년 KBS 보도본부 기자(국내 최초 북방전문기자) 1990년 (사)북방권교류협의회 사무총장·이사장(현) 1991년 월간 북방저널 편집인 겸 발행인(현) 1993년 중국 길림성 동북사범대 객원교수(현) 1994~1996년 북방정치경제학교 교장 1994~1996년 주간 대륙신문 발행인 1996년 중국 하북성 진황도시·당산시·절강성 항주시·영파시·소흥시·강소성 강언시·염성시·요녕성 부신시 개발구 경제고문(현) 1996년 중국 산동성 태안시·래서시·래무시·청도시 CCPIT 청도수출가공구 정부경제고문(현) 1997년 민주당 조순총재 정치담당 특보 1997년 한나라당 이회창대통령후보 유세·홍보본부장 1997~2000년 한국지방자치단체 중국투자무역대표부 수석대표 1998년 중국 절강대 한국연구소 객원교수(현) 1998~2000년 러시아 브리야티아공화국 대통령 경제고문 2001년 민주국민당 조순총재 비서실장 2001~2009년 한·중IT교류협회 공동대표 2001~2009년 한·중창업교류협회 공동대표 2002년 녹색평화당 대변인 겸 공동대표 2004년 녹색사민당 최고위원 겸 공동대표 2004년 연합뉴스 월간 마이더스 칼럼리스트 2004년 제17대 국회의원선거 출마(서울 영등포구甲, 녹색사민당) 2006년 경남대 극동문제연구소 초빙연구위원 2010년 同북한대학원 초빙교수·석좌교수(현) 2012~2014년 대한기자협회중앙회 회장 2014년 대한언론인총연합회 중앙회장(현) 2016년 헤이리예술마을 고문(현) [상]서울올림픽공로상(1988), KBS 보도상, 러시아 브리야티아대통령 감사장 [저]'북한의 개방화정책 연구' [종]가톨릭

정헌배(鄭憲培) JEONG Heon Bae (松亭)

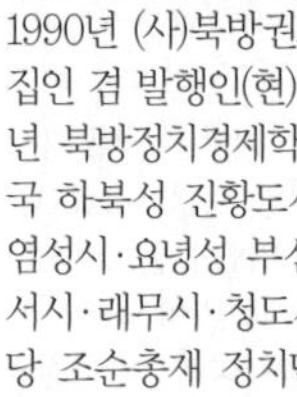

[생]1955·9·15 [본]연일(延日) [출]경북 선산 [주]서울 동작구 흑석로84 중앙대학교 경영경제대학 경영학부(02-820-5131) [학]1975년 경북사대부고졸 1979년 영남대 경영학과졸 1982년 프랑스 파리제9대 대학원졸 1984년 경영학박사(프랑스 파리제9대) [경]1981년 프랑스 파리대 마케팅연구소 연구원 1981년 프랑스 파리상공회의소 국제경영연구소 연구원 1985~1992년 중앙대 경영학과 조교수·부교수 1988년 국제연합지역개발센터(UNCRD) 한국위원 1992년 미국 노스웨스턴대 객원교수 1993~2011년 중앙대 사회과학대학 상경학부 교수 1996년 세계경영연구원 원장(현) 1998년 중앙대 산업경영연구소장 겸 인삼산업연구센터 소장 2000년 국무총리 청소년보호위원회 위원 2002~2008년 한국환경경영학회 초대회장 2003~2007년 중앙대 산업경영대학원장 2004~2007년 同창업경영대학원 초대원장 2004년 음주문화시민연대 이사장(현), 좋은사람들(주) 사외이사 2011년 중앙대 경영경제대학 경영학부 교수(현) 2012년 '2012 대한민국 우리술 대축제' 자문위원 2013년 '2013 대한민국 우리술 대축제' 자문위원 [상]산업자원부장관표창(2007) [저]'국제마케팅' '환경경영전략' '환경마케팅' '지구촌마케팅' '친환경마케팅' '술독에 빠진 교수님' '정헌배 교수의 술나라 이야기'(2011)

정헌영(鄭憲永) JEONG Heon Young

생1957·9·5 주부산 금정구 부산대학로63길2 부산대학교 공과대학 도시공학과(051-510-2437) 학부산대 토목공학과졸, 일본 오사카대 대학원 토목공학과졸, 공학박사(일본 오사카대) 경1990년 부산대 공과대학 도시공학과 교수(현) 1992년 부산권도시교통정책 심의위원 1999년 부산시 교통영향심의위원(현) 2000~2004년 대한교통학회 부산·울산·경남지회장 2004년 (사)부산교통포럼 이사장(현) 2005~2009년 국토해양부 대도시권광역교통실무협의회 위원 2006년 부산시산업단지 심의위원 2006년 부산상공회의소 경제정책자문위원회 자문교수 2009년 부산교통영향분석개선대책심의위원회 심의위원(현) 2010년 부산시 건축위원회 위원(현) 2011년 부산지방국토관리청 기술자문위원(현) 2011년 울산교통영향분석개선대책심의위원회 위원(현) 2011년 부산시 도시계획위원회 위원(현) 2011년 대한교통학회 부회장 2011년 부산지방항공청 설계자문위원 2011년 부산신평장림산업단지 정비방안검토용역 자문위원 2011년 울산지방건설기술심의위원회 위원(현) 2011년 신항만건설심의위원회 위원(현) 2012~2014년 부산대 공과대학장 2012~2013년 한국공과대학장협의회 회장 2014년 부산시 중구 건축위원회 위원(현) 2015년 부산지방항공청 기술자문위원회(교통분야) 위원(현) 2015년 부산상공회의소 의원부 자문교수(현) 2015년 울산시 지방건설기술심의위원회 위원(현) 2015년 부산시 도시건축공동위원회 위원(현) 2016년 부산항 시티(북항 자성대부두 컴팩트 복합도심개발)추진협의회 위원(현) 2016년 한국철도시설공단 기술자문위원회 위원(현) 2016년 부산도시공사 기술자문위원회 위원(현) 2016년 양산일반산업단지 재생사업 자문위원회 자문위원(현) 2016년 교통안전공단 교통안전 자문위원(현) 2016년 김해시 설계자문위원회 위원(현)

정헌율(鄭憲律) JUNG Hun Yul

생1958·3·25 출전북 익산 주전북 익산시 인북로32길1 익산시청(063-859-5001) 학1976년 전주고졸 1980년 전북대 행정학과졸 1987년 同대학원 경영학과졸 1990년 프랑스 Poitiers대 지역개발학 박사과정 수료, 행정학박사(서울시립대) 경1980년 행정고시 합격(24회) 1981년 건설부 행정사무관 1990년 내무부 행정사무관 1995년 同서기관 1998년 행정자치부 서기관 1998년 청소년보호위원회 보호지도과장 2000년 이북5도위원회 함경북도 사무국장 2001년 행정자치부 법무담당관 2003년 同공기업과장 2004년 同재정정책과장 2005년 전북도 총무과 근무 2005년 지방자치단체국제화재단 뉴욕사무소 파견 2007년 행정자치부 지방행정정책관 2008년 행정안전부 지방행정연수원 인력개발부장 2008년 同정보화기획관(고위공무원) 2009년 同지방재정세제국장 2010년 전북도 행정부지사 2012~2014년 국민권익위원회 상임위원 2016년 전북 익산시장(재선거 당선, 국민의당)(현)

정헌택(鄭憲鐸) Hun-Taeg, Chung

생1952·2·20 본진주(眞州) 출전북 주울산 남구 문수로93 울산대학교 생명과학부(052-259-2349) 학1976년 전남대 의과대학졸 1979년 전북대 대학원 면역학과졸 1985년 의학박사(전북대) 경1979년 전북대 의과대학 전임강사 1983년 경상대 의과대학 전임강사 1984~1991년 원광대 의과대학 미생물학교실 조교수·부교수 1985~1989년 International Society of Analytical Cytology 한국대표위원 1987년 미국 유타대 객원교수 1991년 원광대 의과대학 미생물학교실 교수 1993~1998년 대한면역학회 감사·학술부장·편집위원장 1994년 원광대 생명공학연구소장 1995년 同의과대학 교학부장 1996~2004년 同의약자원연구센터 소장 2004~2006년 同의과대학장·보건환경대학원장 2004년 한국과학기술한림원 정회원(현) 2006년 한국유전체학회 회장 2007년 원광대 동서보완의학대학원장 2009년 울산대 생명과학부 교수(현) 2009년 同생명과학부장 2013년 한국분자·세포생물학회 회장 상대한미생물학회 학술상, 목암생명과학상, 자랑스런 전북인상, 원광대 학술공로대상, 자랑스러운 전남대인상(2010) 저'역학입문'(1988) '임상생물학'(1988) '로이트 필수 면역학'(1991) '의학미생물학'(1991) '분자생물학'(1997) '세포 분자 면역학'(1998) '인체생물학'(2004)

정 혁(鄭 爀) CHUNG Hyuk

생1961·1·23 출전남 영암 주서울 서초구 헌릉로13 대한무역투자진흥공사 글로벌일자리사업단(02-3460-7114) 학1979년 숭일고졸 1985년 전남대 경영학과졸 2007년 핀란드 헬싱키경제대 대학원 경영학과졸(MBA) 경1990~1994년 대한무역투자진흥공사(KOTRA) 일본 오사카무역관 근무 1997년 同일본 도쿄무역관 근무 2000년 同일본팀장 2002년 同일본지역본부 부관장 2004년 同외국기업고충처리팀장 2005년 同기획예산부장 2006년 同일본 도쿄무역관장 2006년 同일본 나고야무역관장 2008년 同나고야코리아비즈

니스센터장 2010년 同IT산업처장 2010년 同일본사업단장 2011년 同역량개발처장 겸 인재경영팀장 2012년 同일본지역본부장 2016년 同글로벌일자리사업단장(현)

정 현(鄭 炫) Jeong Hyun

생1956·12·9 본봉화(奉化) 출강원 춘천 주경기 성남시 분당구 정자일로213번길5 아이파크302동2층 아이콘트롤스(031-785-1702) 학1975년 경기고졸 1979년 서울대 전기공학과졸 경1978~1985년 현대건설 해양사업본부 전계장부 과장 1985~1987년 LG하니웰 과장 1987년 한국표준과학연구원 정밀계측기기센터 선임연구원 1990~1999년 현대정보기술 산업제어사업부 사업부장 2000년 아이콘트롤스 부사장 2014년 同대표이사 사장(현) 종기독교

정현교(鄭炫敎) JEONG Hyun Kyo

생1955·8·17 주서울 관악구 관악로1 서울대학교 전기·정보공학부(02-880-7242) 학1979년 서울대 전기공학과졸 1981년 同대학원졸 1984년 전기공학박사(서울대) 경1984~1985년 서울대 공학연구소 특별연구원 1984~1994년 강원대 조교수·부교수 1987~1989년 미국 뉴욕폴리테크닉대 방문교수 1994~2012년 서울대 전기공학부 부교수·교수, 미래산업(주) 사외이사 2001년 대한전기학회 학술이사 2000~2002년 서울대 BK21정보기술사업단 부단장 2002~2004년 同기초전력공학공동연구소장 2004~2008년 同기초전력연구원장 2003년 대한전기협회 비상근감사 2012년 서울대 전기·정보공학부 교수(현) 2016년 대한전기학회 회장(현) 2016년 (주)에이티세미콘 사외이사(현)

정현모(鄭賢模)

생1959·9·6 출전남 순천 주경기 구리시 아차산로487번길46 구리소방서(031-570-6120) 학한성대 대학원 행정학과졸(석사) 경1985년 소방사 임용(공채) 1995년 경기 이천소방서 양평파출소장 1997년 경기 성남소방서 진압대장 2007년 경기 동두천소방서 방호예방과장 2008년 경기 구리소방서 소방행정과장 2009년 경기도 소방재난본부 시설점검담당 2011년 同소방재난본부 소방전술담당 2011년 同소방재난본부 상황1담당 2015년 同북부소방재난본부 소방행정기획과장 2016년 경기 구리소방서장(현) 상대통령표창(2013)

정현민(鄭鉉珉)

생1961·3·30 주서울 종로구 세종대로209 행정자치부 지방행정정책관실(02-2100-3710) 학서울대 사회학과졸, 캐나다 칼튼대 대학원 행정학과졸, 미국 미시간주립대 도시계획대학원 객원연구원 경1986년 행정고시 합격(30회) 2000년 부산시 센텀시티개발담당관(서기관) 2006년 同기획관(부이사관) 2008년 同부산금융단지추진단장 2009년 同미래전략본부장 2010년 同기획재정관 2011년 同해양농수산국장 2013년 同경제산업본부장(이사관) 2015년 同일자리산업실장 2015년 대통령소속 지방자치발전위원회 지방분권국장(일반직고위공무원) 2016년 행정자치부 지방행정실 지방행정정책관(현) 상근정포장(2006)

정현백(鄭鉉柏·女) CHUNG Hyun Back

생1953·4·9 출부산 주서울 종로구 성균관로25의2 성균관대학교 문과대학 사학과(02-760-0308) 학1975년 서울대 사범대학 역사교육과졸 1978년 同대학원 서양사학과졸 1984년 문학박사(독일 Bochum대) 경1984년 경기대 사학과 조교수 1986년 한국서양사학회 간사 1986년 성균관대 사학과 교수(현) 1988~1995년 한국여성연구회 공동대표 1990년 미국 하버드대 옌칭연구소 객원교수 1996년 독일 Siegen대 초빙교수 1997~2001년 평화를만드는여성회 공동대표 1999년 한국여성단체연합 통일평화위원장 2000년 서울여성노동자회 이사장 2002~2007년 한국여성단체연합 공동대표 2002년 경찰위원회 위원 2002년 부패방지위원회 자문위원 2004년 역사교육연구회 회장 2005년 청와대 고위공직자 인사검증자문회의 위원 2006년 남북교류협력추진협의회 위원 2007~2010년 민주화운동기념사업회 이사 2008~2009년 21세기여성포럼 공동대표 2008~2010년 학교법인 덕성학원 이사 2008년 시민평화포럼 공동대표(현) 2009년 노무현재단 이사 2010~2016년 참여연대 공동대표 2013~2016년 국무총리자문 시민사회발전위원회 위원 2015년 민족화해협력범국민협의회 상임의장(현) 2016년 서울성평등위원회 위원장(현) 상국민훈장 목련장(2005) 저'노동운동과 노동자문화'(1991, 한길사) '여성사 연구의 이론과 방법' '역사연구에서 문화의 역할' '민족과 페미니즘'(2003, 당대) '여성사 다시 쓰기'(2007, 당대) '처음 읽는 여성의 역사(共)'

(2011, 동녘) '주거유토피아를 꿈꾸는 사람들, 독일과 오스트리아의 주거개혁 정치와 운동'(2016, 당대) '민족주의와 역사교육(共)'(선인) 외 다수가 있음 [역]'페미니스트'(1997, 창작과비평사)

정현복(鄭鉉福) Jeong Hyeon Bok

[생]1949 · 12 · 9 [출]전남 광양 [주]전남 광양시 시청로33 광양시청 시장실(061-797-2201) [학]2003년 영등포고 부설 방송통신고졸 2007년 광주대 행정학과졸 2009년 한려대 사회복지대학원 사회복지학과졸 [경]1969년 광양군청 근무 1991년 나주시 민방위과장 · 환경보호과장 · 시민과장(행정사무관) 1995년 전남도 농민교육원 서무과장 1996년 同기획관리실 재정담당관실 예산담당 1999년 국가전문행정연수원 파견 2000년 전남도 자치행정국 실업대책담당관 직대 2000년 同자치행정국 실업대책담당관(지방서기관) 2000년 同농정국 농업정책과장 2002년 2010세계박람회유치위원회 파견 2003년 전남도 공보관 2004년 전남 신안군 부군수 2006년 지역혁신인재개발원 고위정책과정 수료 2007~2009년 전남 광양시 부시장 2014년 전남 광양시장(무소속)(현) 2014년 (재)백운장학회 이사장(현) [상]내무부장관표창(1976 · 1992), 전남도지사표창(1987), 녹조근정훈장(2003 · 2009), 서울석세스대상 기초단체장부문(2015), 중국국제우호도시대회 자매도시교류협력상(2016)

정현석(鄭鉉碩) Chung Hyun-Seog

[생]1966 · 5 · 11 [주]서울 중구 퇴계로110 한국화이자제약(주)(02-317-2114) [학]1989년 서울대 국제경제학과졸 1991년 同대학원 국제경제학과졸 [경]액센추어 시니어 매니저, 프라이스워터하우스쿠퍼스 컨설턴트, 삼성SDS 수석컨설턴트 2007년 한국화이자제약(주) 정보전략부문장(전무)(현)

정현수(鄭賢壽) CHUNG Hyun Soo

[생]1955·10·21 [출]강원 춘천 [주]서울 강남구 테헤란로87길36 도심공항타워빌딩 법무법인(유) 로고스(02-2188-2823) [학]1974년 서울 경동고졸 1979년 서울대 법대졸 1981년 同대학원 법학과 수료 [경]1981년 사법시험 합격(23회) 1983년 사법연수원 수료(13기) 1983년 서울민사지법 판사 1986년 서울가정법원 판사 1987년 춘천지법 영월지원 판사 1990년 서울지법 의정부지원 판사 1992년 미국 코넬대 연수 1992년 서울지법 남부지원 판사 1993년 법원행정처 조사심의관 1995년 서울고법 판사 1997년 서울지법 판사 1998년 광주지법 순천지원 부장판사 2000년 사법연수원 교수 2003년 서울지법 부장판사 2004년 서울중앙지법 부장판사 2006년 서울북부지법 부장판사 2007년 부산고법 부장판사 2008~2010년 서울고법 부장판사 2010년 법무법인(유) 로고스 변호사(현) [종]기독교

정현숙(鄭賢淑 · 女) JEONG Hyun Sook

[생]1952·1·3 [출]서울 [주]서울 송파구 올림픽로424 올림픽회관 대한탁구협회(02-420-4240) [학]1970년 동덕여고졸 [경]1971년 세계탁구선수권대회 단체전 동메달 1973년 사라예보세계선수권대회 단체전 금메달 1974년 테헤란아시아경기대회 단체전 은메달·개인전 은메달 1975년 인도 캘커타세계탁구선수권대회 단체전 은메달 1977년 영국 버밍엄세계선수권대회 단체전 은메달, 정현숙탁구교실 운영 2002년 단양군 탁구단 초대감독 2005년 한국여성스포츠회 부회장 2005년 대한올림픽위원회(KOC) 부위원장 2006년 카타르 도하 제15회 아시아경기대회 한국선수단장 2007년 한국체육인재육성재단 이사 2008~2010년 국민체육진흥공단 이사 2009년 한국여성탁구연맹 회장(현) 2009~2013년 한국여성스포츠회 회장·명예회장 2009년 대한체육회(KOC) 이사(현) 2012~2016년 국민생활체육회 부회장 2012~2013년 대한탁구협회 전무이사 2013년 同부회장(현) 2014년 디지털서울문화예술대 홍보대사 [상]국민훈장 무궁화장, 대통령표창, 제9회 비추미여성대상 공동특별상(2009), 대통령표창(2014)

정현용(鄭顯溶) Jung Hyun Yong

[생]1965·11·13 [본]영일(迎日) [출]충북 옥천 [주]세종특별자치시 다솜로261 국무조정실 교육문화여성정책관실(044-200-2320) [학]1983년 선인고졸 1990년 서울대 외교학과졸 1996년 同행정대학원 정책학과 수료 1998년 미국 하버드대 케네디스쿨 행정학과졸 2008년 정책학박사(영국 맨체스터대) [경]1990년 행정고시 합격(34회) 1991~1994년 행정조정실 총괄조정관실 행정사무관 1995~1996년 同실장비서관 1998~2001년 국무조정실 규제개혁조정관실 총괄서기관 2001~2006년 同노동문화과장·재경산자과장 2006~2007년 同혁신팀장(부이사관) 2007~2009년 한국경제연구원 초빙연구위원 2009~2010년 국무총리실 駐韓미군기지이전지원단 정책조정팀장(부이사관) 2010년 同국정운영1실 갈등관리지원관(부이사관) 2010년 대통령직속 녹색성장위원회 녹색성장기획국장(고위공무원) 2013년 대통령 미래전략수석비서관실 선임행정관 2014년 국무조정실 일반행정정책관 2014년 同영유아교육보육통합추진단 부단장 2015년 同교육문화여성정책관(고위공무원)(현) [상]녹조근정훈장(2000), 대통령표창(2012) [저]'기업환경 개선의 경제적 효과분석'(2007, 한국경제연구원) '한국 노동시장의 유연안정성 현황 및 과제'(2008, 한국경제연구원) '규제등록제도 개선방안 연구'(2008, 한국경제연구원) [종]기독교

정현종(鄭玄宗) CHONG Hyon-jong

[생]1939 · 12 · 17 [출]서울 [주]서울 서초구 반포대로37길 59 대한민국예술원 사무국(02-3479-7223) [학]1959년 대광고졸 1965년 연세대 문과대학 철학과졸 [경]1965년 현대문학으로 시인 등단 · 시인(현) 1965년 신태양사 근무 1969~1973년 서울신문 문화부 기자 1974년 중앙일보 월간부 기자 1977~1982년 서울예술전문대학 교수 1982~2005년 연세대 국어국문학과 교수 1993 · 2002년 미국 UCLA 방문교수 2012년 대한민국예술원 회원(시 · 현) [상]한국문학작가상(1978), 연암문학상, 이산문학상(1992), 대산문학상(1996), 현대문학상(1998), 미당문학상(2001), 공초문학상(2004), 파블로 네루다 메달(2004), 근정포장(2005), 경암학술상 예술분야(2006), 김달진 문학상(2015), 제19회 만해대상 만해문예대상(2015), 은관문화훈장(2015) [역]'강의 백일몽' '스무편의 사랑의 시와 한편의 절망의 노래' '아는 것으로부터의 자유' '불과 얼음' '첫사랑' [작]시집 '사물의 꿈'(1972, 민음사) '고통의 축제'(1974, 민음사) '나는 별아저씨'(1978, 문학과지성사) '떨어져도 튀는 공처럼'(1984, 문학과지성사) '사랑할 시간이 많지 않다'(1989, 세계사) '한 꽃송이'(1992, 문학과지성사) '세상의 나무들'(1995, 문학과지성사) '갈증이며 샘물인'(1999, 문학과지성사) '광휘의 속삭임'(1999, 문학과지성사) '견딜 수 없네'(2003, 시와시학사) '그림자에 불타다'(2015, 문학과지성사) 시선집 '이슬'(1996, 문학과지성사) '섬'(2009, 열림원) 산문집 '숨과 꿈'(1982, 문학과지성사) '생명의 황홀'(1989, 세계사) '날아라 버스야:시와 삶에 관한 에세이'(2003, 시와시학사) 문학선집 '거지와 광인' '두터운 삶을 향하여'(2015, 문학과지성사)

정현주(鄭賢珠 · 女) CHUNG Hyun-joo

[생]1954·6·4 [본]연일(延日) [출]서울 [주]경기 고양시 덕양구 화중로104번길50 국립여성사전시관(031-819-7161) [학]1972년 정신여고졸 1976년 이화여대 사학과졸 1979년 同대학원 사학과졸 2004년 문학박사(이화여대) [경]1981년 이화여대 한국여성연구소 연구원 1983~1998년 한국여성개발원 연구원·책임연구원 1998~2000년 경기도 여성정책과장 2004년 한국여성사학회 이사 2004~2008년 서울시 북부여성발전센터 소장 2008~2011년 (재)경기도가족여성연구원 원장 2008년 한국여학사협회 부회장 2011~2013년 보건복지부 사회보장실무위원회 위원 2012년 한국여성정책연구원 연구위원 2012년 한국여성사학회 부회장(현) 2013~2015년 한국여학사협회 서울시지부 이사 2013년 (사)역사·여성·미래 상임대표, 同이사(현) 2013년 한국양성평등교육진흥원 비상임이사 2016년 국립여성사전시관 관장(현) [상]대통령표창(2008) [저]'성평등정책론'(2007) '대한민국 제1공화국의 여성정책'(2009) [종]가톨릭

정현주(鄭賢珠 · 女) Jung, hyun ju

[생]1965 · 5 · 30 [출]서울 [주]경기 성남시 분당구 황새울로360번길21 신영팰리스405호 KEB하나은행 분당성남영업본부(031-789-0153) [학]1983년 해성국제컨벤션고졸 [경]1993년 하나은행 상계미도파지점 근무 1995년 同반포지점 대리 2001년 同반포지점 PB 2002년 同방배남지점장 2005년 同잠원동지점장 2008년 同업무지원부팀장 2013년 同서청담지점장 2014~2015년 同남부영업본부장 2015년 KEB하나은행 분당성남영업본부장(현)

정현철(鄭賢哲) Chung Hyun Cheol

[생]1956 · 8 · 8 [출]전북 전주 [주]서울 서대문구 연세로50의1 연세암병원 위암센터(02-2228-8132) [학]1982년 연세대 의대졸 1984년 同대학원졸 1992년 의학박사(연세대) [경]1989~2003년 연세대 의대 내과학교실 조교수 · 부교수 1992년 미국 Lombardi Cancer Center 방문교수 2004~2009년 연세대 의대 내과학교실 교수 2005~2008년 연세대의료원 암센터 종양내과장 2009년 同암센터 원장 2009년 연세대 의대 내과학교실 특훈교수(현) 2013년 同의대 암연구소장, 대한위암학회 부회장, 대한암학회 학술이사 · 감사 2014~2016년 한국임상암학회 이사장 2015년 대한민국의학한림원 정회원(현) 2015년 연세대 의대 송당암연구센터장(현) 2016년 한국암치료보장성확대협력단 초대 대표(현) [종]기독교

정현철(鄭顯哲)

生1963 · 10 · 20 ⓐ충북 영동 ㈜제주특별자치도 제주시 청사로59 제주세무서(064-720-5201) ⓗ김천고졸 1984년 세무대학졸(2기) ⓖ1984년 국세공무원 임용 1993년 서울지방국세청 조사1국 1과 근무 1996년 역삼세무서 법인세과 근무 1998년 서울지방국세청 조사2국 4과 근무 2001년 금융정보분석원 조세정보과 근무 2004년 국세청 조사1과 근무 2009년 고양세무서 운영지원과장 2011년 서울지방국세청 첨단탈세방지담당관실 1계장(사무관) 2014년 同첨단탈세방지담당관실 1계장(서기관) 2015년 제주세무서장(현)

정현출(丁絃出) JEONG Hyun Chul

生1969 · 3 · 18 ⓐ경남 사천 ㈜세종특별자치시 다솜2로94 농림축산식품부 농업정책국 농업정책과(044-201-1711) ⓗ1987년 진주고졸 1991년 서울대 경제학과졸 2003년 미국 펜실베이니아주립대 대학원졸 ⓖ2005년 농림부 자유무역협정과 서기관 2006년 同자유무역협정2과장 2008년 농림수산식품부 자유무역협정2과장 2009년 同농업정책국 경영인력과장 2009년 同경영조직과장 2010년 同지역개발과장 2011년 경제협력개발기구(OECD) 파견 2014년 농림축산식품부 농업정책국 농업정책과장 2016년 同농업정책국 농업정책과장(부이사관)(현)

정현태(鄭鉉泰) CHUNG Hyun Tae

生1951 · 9 · 29 ⓑ동래(東萊) ⓐ경북 군위 ㈜경북 경산시 하양읍 가마실길50 경일대학교 총장실(053-600-4042) ⓗ1974년 경희대 기계공학과졸 1976년 성균관대 대학원 산업공학과졸 1978년 동아대 대학원 산업공학과졸 1989년 공학박사(숭실대) ⓖ1977~2009년 경일대 경영공학과 교수 1990년 일본 오사카부립대 연구원 2001년 경일대 학생처장, 同기획처장 2009년 同부총장 2010년 同총장(현) 2012~2014년 대구 · 경북지역대학교육협의회 회장 ⓔ'경제성공학-개정4판'(1999) ⓒ불교

정현태(鄭現太) CHONG Hyun Tae

生1954 · 6 · 9 ⓐ경남 진주 ㈜대전 서구 둔산중로78번길15 대전고등검찰청(042-470-3000) ⓗ1974년 진주고졸 1978년 단국대 법대졸 ⓖ1978년 사법시험 합격(20회) 1980년 사법연수원 수료(10기) 1983년 수원지검 검사 1985년 부산지검 검사 1992년 창원지검 밀양지청장 1993년 서울고검 검사(헌법재판소 파견) 1993년 대구고검 검사(헌법재판소 파견) 1995년 인천지검 형사3부장 1996년 대검찰청 공안3과장 1997년 同공안1과장 1998년 서울지검 동부지청 형사3부장 1998년 同동부지청 형사2부장 1999년 대검찰청 공안기획관 2000년 광주지검 순천지청장 2001년 서울지검 동부지청 차장검사 2002년 대구지검 제1차장검사 2002년 서울지검 제3차장검사 2002년 광주고검 검사 2003년 서울고검 검사 2005년 대전고검 검사 2007년 서울고검 검사 2009년 대전고검 검사 2010년 서울고검 검사 2012년 대구고검 검사 2014년 서울고검 검사 2016년 대전고검 검사(현) ⓒ불교

정현호(鄭賢豪) Chung Hyun Ho

生1960 · 3 · 6 ⓐ서울 ㈜서울 서초구 서초대로74길4 삼성 미래전략실 인사지원팀(02-2255-0114) ⓗ1978년 덕수정보산업고졸 1983년 연세대 경영학과졸 1995년 미국 하버드대 대학원 MBA ⓖ1983년 삼성전자㈜ 입사 2003년 삼성 전략기획실 상무 2007년 삼성전자㈜ 무선사업부 지원팀장(전무) 2010년 同디지털이미징사업부장(부사장) 2011년 삼성 미래전략실 경영진단팀장(부사장) 2014년 同미래전략실 인사지원팀장(부사장) 2015년 同미래전략실 인사지원팀장(사장)(현)

정현호(鄭鉉壕) Jung Hyun Ho

生1962 · 12 · 24 ㈜서울 서초구 서초중앙로148 ㈜메디톡스(02-3471-8319) ⓗ1986년 서울대 미생물학과졸 1988년 한국과학기술원(KAIST) 세포생물학과졸(석사) 1992년 분자생물학박사(한국과학기술원) ⓖ1992년 미국 국립보건원 초빙연구원 1993년 한국생명공학연구원 선임연구원 1995년 선문대 응용생물과학부 전임강사 · 조교수 · 부교수 2000년 ㈜메디톡스 대표이사(현) 2015년 미래창조과학부 충북창조경제혁신센터 창업대사(현) 2015년 국가과학기술자문회의 자문위원(현) ⓢ한국보건산업진흥원 우수기술경진대회 장려상(2005), 국무총리표창(2007), 제46회 무역의날 500만달러 수출

의 탑(2009), 한국과학기술원 명예의동창상(2010), 제48회 무역의날 1천만달러 수출의 탑(2011), 제6회 이달의 산업기술상 사업화기술부문 최우수상(2014), 한국을 빛낸 올해의 무역인상(2015)

정형곤(鄭衡坤) Jeong, Hyung-Gon

生1965 · 10 · 5 ⓑ하동(河東) ㈜세종특별자치시 시청대로370 대외경제정책연구원 부원장실(044-414-1127) ⓗ1992년 독일 본(Bonn)대 경제학과졸 1995년 同대학원 경제학과졸 1998년 경제학박사(독일 쾰른대) ⓖ1997년 독일 본(Bonn)대 Staatswissenschaftliches Seminar 연구원 1998년 연세대 통일연구원 연구위원 1998~2003년 국가안보전략연구원 연구위원 2003년 제16대 대통령직인수위원회 통일 · 외교 · 안보분과 자문위원 2003~2005년 청와대 국가안전보장회의 전략기획실 및 정책조정실 선임행정관 2006~2008년 NSC · 통일부 · 국가정보원 정책자문위원회 자문위원 2006 · 2011년 한 · 중 · 일공동연구단(KIEP · IDE-JETRO · DRC) 공동연구자 2006~2013년 대외경제정책연구원 협력정책실 선임연구위원 2007년 산업자원부 자유무역지역후보지평가단 평가위원 2007년 재정경제부 경제자유구역후보지평가단 평가위원 2007년 공기업 경영실적평가단 평가위원 2008년 제17대 대통령직인수위원회 파견 2008~2010년 경제특구 컨설턴트(베트남 · 우즈베키스탄 · 카자흐스탄 지식공유사업) 2008년 EAFTA Study Phase Ⅱ 연구단 공동연구자 2010~2011년 한 · 중 · 일FTA 산관학공동연구단 공동연구자 2010년 지식경제부 경제자유구역자문위원회 자문위원 2011~2012년 지식경제부 경제자유구역후보지평가단 평가위원 2012년 기획재정부 예산집행심의회 심의위원(현) 2012~2013년 미국 Johns Hopkins Univ. 국제대학원(SAIS) 풀브라이트방문학자 2013년 산업통상자원부 경제자유구역자문위원회 자문위원(현) 2014년 대외경제정책연구원 부원장(현) 2014년 한국동북아경제학회 부회장(현) 2014년 공정거래위원회 정책자문위원(현) 2014년 관세청 관세행정발전심의위원회 위원(현) ⓢ국가안보보좌관 겸 NSC 사무처장표창(2005), 통일부장관표창(2006), 지식경제부장관표창(2008) ⓙ'체제전환의 경제학'(2000, 청암미디어) '베를린시대의 독일 공화국-통일이 가져온 변화와 새로운 독일의 미래'(2000, 남지출판사) '북한의 대외경제정책 10년'(2001, 대외경제정책연구원) '직접투자기지로서의 북한내 사업단지 개발전략 : 업종선별, 입지선정 및 운영전략'(2002, 한국학술진흥재단) '북한경제개혁연구'(2002, 고려대 아세아문제연구소) '체제전환국 사례로 본 북한의 금융개혁 시나리오'(2003, 대외경제정책연구원) '사회주의 경제개혁과 초기조건'(2003, 통일부) '국내적 통일인프라 구축을 위한 실태조사 : 경제분야(共)'(2003, 통일연구원) '대북투자, 어디에 어떻게(共)'(2003, 해남) '경제협력 강화를 위한 한중일 사무국의 역할과 과제'(2011, 대외경제정책연구원) '북한의 투자유치정책변화와 남북경협방향'(2011, 대외경제정책연구원) 'South Korea : Which Way Will It go on Asian Intergation?'(2012, Joint U.S.-Korea Academic Studies Korea Economic Institute) ⓒ가톨릭

정형균(鄭亨均) CHUNG Hyung Kyun

生1955 · 1 · 24 ⓑ하동(河東) ⓐ대구 ㈜서울 송파구 양재대로1239 한국체육대학교 체육과학대학 체육학과(02-410-6840) ⓗ1973년 청량공업고졸 1977년 원광대 체육교육학과졸 1983년 경희대 대학원 체육교육학과졸, 체육학박사(한양대) ⓖ1983년 한국체육대 체육학과 교수(현) 1984년 미국 LA올림픽 은메달(국가대표핸드볼팀 코치) 1992년 스페인 바르셀로나올림픽 금메달(국가대표핸드볼팀 감독) 1993년 대한핸드볼협회 전무이사 · 기술위원장 · 상임부회장(현) 1993년 국제핸드볼연맹(IHF) 지도자기술강사 1993년 同A급국제심판 1995년 세계여자핸드볼선수권대회 우승(국가대표핸드볼팀 감독) 1996년 미국 애틀랜타올림픽 은메달(국가대표핸드볼팀 감독) 1999~2001년 한국체육대 훈련처장 2004년 아시아핸드볼연맹 심판위원장 2005년 동아시아핸드볼연맹 사무총장 2011~2013년 한국체육대 사회체육대학원장 겸 교육대학원장 2012년 동아시아핸드볼연맹 회장(현) 2013년 국제핸드볼연맹 기술위원(현) 2013년 아시아핸드볼연맹 기술위원장(현) 2015년 한국체육대 대학원장 ⓢ체육훈장 거상장, 체육훈장 청룡장, 대한민국체육상 ⓙ'핸드볼기법' ⓟ'핸드볼트레이닝비디오'(10편)

정형근(鄭亨根) JUNG Hyung Keun

生1945 · 7 · 26 ⓑ해주(海州) ⓐ경남 거창 ㈜서울 서초구 고무래로6의6 송원빌딩 법무법인 에이스(02-3487-5000) ⓗ1964년 경남고졸 1968년 서울대 법학과졸 1975년 同대학원 국제법학과 수료 1980년 미국 미시간대 대학원 형사법과졸 1991년 법학박사(서울대) 1994년 고려대 언론대학원 최고위언론과정 수료 ⓖ1970년 사법시험 합격(12회) 1973년 육군 법무관 1975년 부산지검 검사 1977년 춘천지검 강릉지청 검사 1978년 서울지검 검사 1979~1983

년 수원지검·서울지검 검사 1983년 국가안전기획부 대공수사국 법률담당관 1984년 同제1차장실 법률담당보좌관 1985년 同대공수사국 수사2단장 1988년 同대공수사국장 1992년 同수사차장보 1994~1995년 同제1차장 1995년 신한국당 부산北·강서甲지구당 위원장 1996년 제15대 국회의원(부산 북구·강서구甲, 신한국당·한나라당) 1996년 신한국당 정세분석위원장 1997년 한나라당 정세분석위원장 1998년 同총재비서실장 겸임 1998년 同기획위원장 2000년 제16대 국회의원(부산 북구·강서구甲, 한나라당) 2000년 한나라당 제1정책조정위원장 2002년 同대통령친인척및권력형비리조사특위 위원장 2004~2008년 제17대 국회의원(부산 북구·강서구甲, 한나라당) 2004년 한나라당 부산시당 위원장 2004년 同중앙위원회 의장 2004년 同상임운영위원 2006~2008년 同최고위원 2007년 同제17대 대통령선거 중앙선거대책위원회 부위원장 2008~2011년 국민건강보험공단 이사장 2011년 법무법인 에이스 고문변호사(현) 2015년 일진전기 감사 [상]검찰총장표창, 보국훈장 국선장(1991), 보국훈장 천수장(1993) [저]'국제테러의 법적 규제에 대한 연구'(1992) '개 잡아먹는 법'(2000) '21세기 동북아 신국제질서와 한반도'(2007) 등 [역]'조작된 신화 존 에드거 후버' '세계를 진동시킨 3일간-8월 쿠데타' '러시아 최초의 민선 대통령-보리스 옐친' 'The Next War' '경제전쟁과 미국CIA' '갬비노 패밀리' '미국역사를 창조한 대통령-조지 워싱턴' '48년간 미국을 지배한 사나이-존 에드가 후버'

정형락(鄭亨洛) Chung Hyung Rak

[생]1969·8·10 [주]서울 중구 장충단로275 (주)두산 임원실(02-3398-3577) [학]대일외국어고졸, 미국 하버드대 경제학과졸, 미국 브라운대 대학원 경제학과졸 [경]Mckinsey & Company 근무, SK건설(주) 전략기획실장(상무), 딜로이트컨설팅 파트너 2011년 두산중공업 사장실 전략담당 임원(전무급) 2014년 (주)두산 퓨얼셀 BG(Business Group) 총괄사장(현)

정형래(鄭亨來) CHUNG Hyung Rae

[생]1943·3·6 [본]경주(慶州) [출]경남 사천 [주]서울 종로구 종로3길38 진학회관805호 (주)CMad(02-734-0801) [학]1961년 진주고졸 1965년 경희대 경제학과졸 [경]1968~1980년 합동통신 기자 1980년 연합통신 기자 1983년 同경제부 차장 1988년 同경제부장 1991년 同논설위원 1994년 同뉴미디어국 부국장 1994년 同광고사업국장 1997~1998년 同국제·업무담당 상무이사 1999년 조흥투자신탁운용(주) 사외이사 2002년 (주)CMad 대표이사(현) 2003년 진흥상호저축은행 사외이사 2006년 한국상호저축은행 사외이사 [종]불교

정형민(鄭炯敏) Hyung Min Chung

[생]1964·10·31 [주]서울 광진구 능동로120 건국대학교 의학전문대학원 줄기세포교실(02-2049-6232) [학]1987년 건국대 축산학과졸 1989년 同대학원 축산학과졸 1993년 농학박사(건국대) [경]1990~1994년 건국대 동물자원연구센터 연구원 1993~1998년 同대학원 강사 1993년 성광의료재단 차병원 연구부장 1994년 차병원 여성의학연구소 불임연구실장 1996년 경희대 동서의학연구소 객원연구원 1997~2006년 포천중문의과대 해부학교실 조교수·부교수 1998년 미국 Columbia Univ. Visiting Professor 2001~2009년 포천중문의과대 세포 및 유전자치료연구소장 2003년 同여성의학연구소 연구부장(생식의학연구부 총괄) 2006년 同해부학교실 교수, (주)차바이오텍 사장 2009~2013년 차바이오앤디오스텍 사장 2009~2013년 차의과학대 바이오공학과 교수 2009~2013년 同세포 및 유전자치료연구소장, 미국 Stem International CEO 2013년 건국대 의학전문대학원 줄기세포연구센터 교수(현) 2013년 同의학전문대학원 줄기세포교실 교수(현) [상]제16차 세계불임학회 The 2nd Place Prize Paper Award(1998), 제55차 미국생식의학회 The Best Video Award(2000), 미국 생식의학회 The Plenary Prize Paper(2004), 대한민국 차세대 CEO대상(2009)

정형선(丁炯先) JEONG Hyoung Sun

[생]1960·3·10 [본]영광(靈光) [출]서울 [주]강원 원주시 연세대길1 연세대학교 원주캠퍼스 보건행정학과(033-760-2343) [학]1982년 서울대 영어영문학과졸 1992년 同대학원 보건학과졸 1995년 보건학박사(일본 도쿄대) [경]1984~1995년 보건복지부 국제협력과·복지정책과 사무관 1995~1996년 同보건산업과·의료정책과 서기관 1996년 同공보관실 과장 1996년 同식품진흥과장 1997년 駐OECD대표부 일등서기관 2000년 OECD Project Manager 2002년 보건복지부 자활지원과장 2002년 한국보건행정학회 편집위원 2002년 연세대 원주캠퍼스 보건행정학과 교수(현) 2002년 한국사회보장학회 이사 2002년 한국보건경제학회 이사 2006년 건강보험정책심의위원회 위원 2007년 건강보험심사평가원 심사평가정책연구소장 2007년 OECD 보건계정전문가회의 의장 2008년 장기요양보험위원회 부위원장(현) 2012년 보건복지부 통계위원회 위원장 2012년 同규제심사위원회 복지분과위원장 2012년 한국보건경제정책학회 회장 2013~2016년 건강보험공단 재정운영위원회 위원장 2015~2016년 한국사회보장학회 회장 2016년 보건복지부 건강보험정책심의위원회 부위원장(현) [상]우수공무원상(1994), 국무총리표창(1995) [저]'사회정책의 제3의 길'(2008) [역]'OECD국가의 의료제도'(2004) '일본의 개호보험과 보건의료복지복합체'(2006)

정형식(鄭亨植) CHUNG Hyung Sik (暐齊)

[생]1922·6·19 [출]서울 [주]서울 강남구 도곡로194 일양약품 임원실(02-742-8130) [학]1938년 대동상고 중퇴 1968년 고려대 경영대학원 수료 2007년 명예 약학박사(중앙대) [경]1971~1991년 일양약품 사장 1979~1988년 의약품수출입협회 부회장 1983년 약공협회 부회장 1984년 의약품성실신고회원조합 이사장 1985년 한·방글라데시경제협력위원회 부위원장 1988~1994년 의약품수출입협회 회장 1988년 대한상공회의소 상임의원 1991년 일양약품 회장 1999년 同명예회장(현) [상]대통령표창, 철탑·금탑산업훈장, 새마을훈장 근면장, 국민훈장 동백장, 韓國創業大賞(2008) [저]'집념의 반백년' [종]불교

정형식(鄭亨植) JUNG Hyung Shik

[생]1953·2·28 [주]광주 동구 필문대로309 조선대학교 경영학과(062-230-6543) [학]1977년 고려대 독어독문학과졸 1984년 미국 오하이오대 대학원 경영학과졸 1991년 경영학박사(미국 애리조나대) [경]1984~1990년 미국 애리조나대 마케팅학과 연구조교 1992~1994년 전남대 경영학과 시간강사 1994~1996년 쌍용경제연구원 연구위원 1995~1996년 전남대 경영학과 객원교수 1996년 조선대 경영학과 교수(현) 2004년 RIS광주·전남김치산업육성사업단 단장 2016년 조선대 대학원장(현) [저]'유통관리론'(2004)

정형식(鄭亨植) CHEONG Hyung Sik

[생]1961·9·2 [본]초계(草溪) [출]강원 [주]서울 서초구 서초중앙로157 서울고등법원 제3행정부(02-530-1265) [학]1980년 서울고졸 1985년 서울대 법학과졸, 同대학원졸 [경]1985년 사법시험 합격(27회) 1988년 사법연수원 수료(17기) 1988년 수원지법 성남지원 판사 1990년 서울가정법원 판사 1991년 서울민사지법 판사 1992년 창원지법 진주지원 판사 1995년 서울지법 판사 1997년 同동부지원 판사 1999년 수원지법 성남지원 판사 2001년 대법원 재판연구관 2003년 청주지법 부장판사 2004년 同수석부장판사 2005년 수원지법 형사13부 부장판사 2007년 서울행정법원 부장판사 2010년 수원지법 평택지원장 2011년 대전고법 부장판사 2012년 서울고법 형사6부 부장판사 2014년 서울행정법원 수석부장판사 2014년 서울고법 부장판사(현) [종]천주교

정형우(鄭熒又) CHUNG Hyoung-Woo

[생]1962·3·26 [출]서울 [주]세종특별자치시 한누리대로422 고용노동부 대변인실(044-202-7600) [학]중앙대 법학과졸, 서울대 행정대학원졸, 미국 일리노이주립대 대학원졸 [경]행정고시 합격(33회) 1990년 공직 입문 1999년 노동부 근로기준과 서기관 2001년 同여성고용지원과장 2001년 국무총리국무조정실 파견 2003년 駐OECD대표부 서기관 2006년 노동부 국제협력국 국제노동정책팀장 2007년 同근로기준국 비정규직대책팀장(서기관) 2007년 同근로기준국 비정규직대책팀장(부이사관) 2008년 同고용정책실 고용서비스기획과장 2009년 同고용정책실 고용서비스정책과장 2009년 同부이사관(고용휴직) 2009년 OECD 파견 2012~2013년 고용노동부 고용정책실 노동시장정책과장 2012년 동아일보 청년드림센터 자문위원 2013년 대전지방고용노동청장(고위공무원) 2014년 고용노동부 고용정책실 노동시장정책관 2016년 同대변인(현) [종]기독교

정형진(鄭亨鎭) Jeong Hyung Jin

[생]1953·10·8 [본]동래(東萊) [출]경북 영양 [주]경북 안동시 경동로1375 안동대학교 자연과학대학(054-820-5464) [학]1980년 충북대 농학과졸 1984년 경북대 대학원졸 1987년 농학박사(경북대) [경]1981~1988년 한국인삼연초연구소 연구원 1988~2011년 안동대 자연과학대학 생명자원과학부 교수 2002년 同기획연구처장 2002년 한국자원식물학회 감사 2004년 경북도 농업기술원 겸임연구관 2007년 농림기술센터 심의위원 2008년 인삼특화사업단 겸임연구관 2010년 안동대 농업개발원장 2011~2015년 同총장 2015년 同자연과학대학 명예교수(현) [종]천주교

정형호(鄭亨鎬) Jung, Hyung-Ho

[생]1957·11·20 [출]경남 [주]부산 영도구 태종로727 한국해양대학교 기계공학부(051-410-4362) [학]1983년 부산대 기계공학과졸 1985년 서울대 대학원 기계공학과졸 1989년 공학박사(서울대) [경]1990~1993년 한국과학기술연구원 선임연구원 1993년 한국해양대 기계정보공학부 전임강사·조교수·부교수·교수 1996~2001년 (주)동화정기 기술고문 1997~2005년 한국냉동협회 이사 2006~2009년 한국해양대 창업보육센터 소장 2007년 대한설비공학회 이사 2007년 (사)청업진흥원 이사 2010년 미국 세계인명사전 '마르퀴즈 후즈 후 인 더 월드(Who's Who in the World)' 2011년판에 등재 2011년 한국해양대 기계에너지시스템공학부 교수 2015년 同기계공학부 교수(현) [상]부산시장표창(1975) [저]'고등학교 수산가공기계'(2003) [종]불교

정혜영(鄭慧永) JEONG Hay Young

[생]1953·2·11 [본]영일(迎日) [출]대전 [주]서울 동대문구 경희대로26 경희대학교 회계·세무학과(02-961-0495) [학]1972년 경기고졸 1976년 서울대 경영학과졸 1981년 同경영대학원졸 1986년 경영학박사(미국 캘리포니아대 버클리교) [경]1976~1980년 한국산업은행 행원 1986년 미국 BARRA International 연구원 1988년 영진투자자문(주) 이사 1988~1997년 경희대 회계학과 조교수·부교수 1992~1994·1999~2001년 同회계학과장 1995년 캐나다 Concordia Univ. 교환교수 1997년 경희대 회계·세무학과 교수(현) 1997년 동대문구 세계발전심의회 심의위원 2001년 한국기술벤처재단 전문위원 2002년 한국회계학회 부회장 2005년 학교법인 고황재단 전문위원 2005~2008년 경희대 기획조정실장 2005~2006년 한영회계법인 저명교수 2008~2011년 경희대 재정예산담당 부총장 2014년 KDB산업은행 사외이사(현) [상]회계저널 우수논문상(2014) [저]'금강경의 사상과 새로운 사회과학 연구방법론의 모색(共)'(1990) '자금운용분석(共)'(1992) '재무제표분석'(1993) '자본시장과 회계정보'(1993) '경영경제수학(共)'(1997) '현대회계학원론(共)'(1999) '신용분석'(2000) 'CEO를 위한 신경영학'(2001) '증권분석사'(2002) '미국, EU 및 캐나다의 반덤핑조사 사례분석'(2003) '새로운 회계원리'(2004) [역]'새로운 자유를 찾아서: 자유지선주의 선언(共)'(2013, 한국문화사)

정혜원(鄭惠媛·女) CHUNG Hye Won

[생]1959·10·18 [주]서울 양천구 안양천로1071 이대목동병원 산부인과(02-2650-5568) [학]1984년 이화여대 의대졸 1989년 同대학원 의학과졸 1992년 의학박사(이화여대) [경]1988년 심근섭산부인과의원 불임상담실장 1992년 이화여대의료원 부속병원(목동병원) 산부인과 전임의, 이화여대 의과대학 산부인과학교실 조교수·부교수·교수(현) 2008년 同다문화연구소 부소장(현) 2009년 이화여대목동병원 산부인과장(현)

정혜주(鄭惠珠·女) CHUNG Hye Joo

[생]1958·3·31 [출]서울 [주]충북 청주시 흥덕구 오송읍 오송생명2로187 식품의약품안전평가원 생물제제과(043-719-3461) [학]1980년 이화여대졸 1988년 서울대 대학원졸 [경]국립독성연구원 면역독성과 보건연구관, 同약효약리과 보건연구관 2002년 同생화학약리과장 2005년 同분자약리팀장 2007년 同약리연구부 분자생물팀장 2008년 국립독성과학원 독성연구부 안전성약리과장 2009년 식품의약품안전청 의약품안전국 종양약품과장 2013년 식품의약품안전평가원 의약품심사부 종양약품과장 2013년 同의약품규격연구과장 2013~2015년 同국가검정센터장 2015년 同백신검정과장 2016년 同생물제제과장(현)

정혜진(鄭惠眞·女) JEONG Hye Jin

[생]1959 [출]강원 춘천 [주]서울 중구 정동길25 예원학교 무용과(02-727-9005) [학]서울예술고졸, 이화여대 무용학과졸, 同대학원 무용학과졸, 무용학박사(성균관대) [경]중요무형문화재 제92호 태평무 이수자, 예원학교 무용과 교사(현), 同무용과장, 미래춤학회 이사, 기억-소처럼 슬픈 눈을 하고(문예회관대극장), 88서울예술단 연구원, 수원대·성균관대 무용과 강사, 한국무용학회 이사, 민족춤학회 이사, 한국현대춤협회 이사, 한국무용협회 감사, 서울예술단 무용감독, 서울예원학교 무용부장, 서울무용제 총감독 2012~2015년 서울예술단 예술감독 [상]서울무용제 대상·안무상

정호건(鄭鎬建) JUNG Ho Gun

[생]1963·12·23 [본]진양(晋陽) [출]부산 [주]인천 남구 소성로163번길17 인천지방법원(032-860-1113) [학]1982년 남강고졸 1986년 서울대 법대졸 [경]1984년 사법시험 합격(26회) 1988년 사법연수원 수료(17기) 1988년 軍법무관 1991년 서울지법 남부지원 판사 1993년 서울형사지법 판사 1995년 창원지법 판사 1998년 서울지법 판사 2000년 서울고법 판사 2002년 서울가정법원 판사 2003년 대전지법 공주지원장 2005년 수원지법 안산지원 부장판사 2007년 서울동부지법 부장판사 2009년 서울중앙지법 부장판사 2012년 서울북부지법 부장판사 2014년 인천지법 부장판사(현)

정호교(鄭好敎) JUNG Ho Kyo

[생]1960·2·4 [본]연일(延日) [출]경기 [주]전남 나주시 교육길35 한국콘텐츠진흥원 분쟁조정위원회 사무국(02-2016-4107) [학]1978년 대성고졸 1984년 고려대 토목공학과졸 1986년 同대학원 토목공학과졸 [경]1996년 금강기획 문화사업부장 1997년 디지털미디어 문화사업부장, 한국소프트웨어진흥원 콘텐츠전략기획팀장 2005년 同콘텐츠전략지원팀장 2007년 同공개SW사업단장 2008년 同전문위원 2009년 同디지털콘텐츠사업단장 2009년 한국콘텐츠진흥원 미래융합콘텐츠단장 2010년 同콘텐츠이용보호센터장 2011년 同콘텐츠분쟁조정위원회 사무국장 2012년 同CT개발본부장 2013년 디지털방송콘텐츠지원센터 운영단장(파견) 2014년 한국콘텐츠진흥원 방송·게임산업실 빛마루운영TF팀장 2015년 同방송·게임산업실 방송인프라지원단장 2016년 同분쟁조정위원회 사무국 부장(현) [종]가톨릭

정호균(鄭昊均) CHUNG Ho Kyun

[생]1950·7·7 [본]해주(海州) [출]서울 [주]서울 종로구 성균관로25의2 성균관대학교성균나노과학기술원(031-299-4316) [학]경복고졸, 서울대 전자공학과졸, 전자공학박사(미국 Univ. of Illinois Urbana-Champaign) [경]1988년 삼성그룹 입사, 삼성SDI(주) 기술본부 개발1팀장 2002년 同중앙연구소 개발1팀장(전무) 2006년 同기술총괄디스플레이연구소장(부사장) 2007년 同중앙연구소장(부사장), 삼성모바일디스플레이 차세대기술TF장(고문) 2009년 성균관대 석좌교수(현) [상]자랑스런 삼성인상 기술상(2002), 과학기술훈장 웅비장(2006), 은탑산업훈장(2011), 칼 페르디난드 브라운상(2016) [역]'유기EL(共)'(2004) [종]기독교

정호선(鄭鎬宣) CHUNG, Ho-Sun (金農)

[생]1943·1·29 [본]하동(河東) [출]전남 나주 [주]서울 강남구 테헤란로25길20 역삼벤처텔703호 CAB국회방송(010-3067-5053) [학]1962년 호남원예고졸 1969년 인하대 전기공학과졸 1975년 서울대 대학원 전자공학과졸 1980년 전자공학박사(프랑스 툴루즈공과대) [경]1968년 동양TV 기술국 기술감독 1976~1981년 경북대 공과대학 조교 1981~1991년 同공과대학 전기공학과 조교수·부교수 1984년 일본 상지대 교환교수 1991~1996년 경북대 공과대학 전기공학과 교수 1991년 미국 테네시공과대 교환교수 1991년 경북대 공학설계기술연구소장 1994년 통상산업부 산·학·연기술교류회 위원 1995년 경북대 공학설계기술연구원장 1995년 삼성전관 자문위원 1996년 제15대 국회의원(나주, 국민회의·새천년민주당) 1996년 새정치국민회의 과학기술특별위원회 부위원장 1996년 국회 통신과학기술위원회 상임위원 1997년 한국도농교육정보화운동본부 이사장 1997년 한·스웨덴의원친선협회 부회장 1997년 (사)한국노벨과학상수상지원본부 이사장 1998년 전국영·호남한가족화합추진본부 회장 1998년 인하대총동창회 제19대 회장 1998년 (사)한국발명단체총연합회 이사장 1998년 국민회의 제2정책조정위원회 부위원장 1998년 (사)한반도정보화추진본부 본부장 1998년 교육소프트웨어진흥센터 이사장 1998년 국회 정보통신포럼 책임연구원 1998년 전국과학·정보·기술인협회 공동회장 1998년 농어촌컴퓨터보내기운동본부 이사장 2000년 대한민국사이버국회 의장 2000년 바이오크리에이트 사장 2001년 현대정보기술(주) 상임고문 2002년 광주시장선거 출마(무소속) 2002년 월간 정경뉴스 편집위원 2004년 국회의원선거 출마(인천 남구甲·민주당) 2005년 통일국가건국추진본부장 2006년 천부넷방송(주) 대표이사 2007년 세계학생UN본부 본부장 2008년 (주)NGO World News 대표이사(CEO) 2008년 대한민국사이버국회 의장 2011년 통일당 공동총재 2012년 CAB국회방송 대표(회장)(현) 2015년 카오스아트피아(주) 대표이사(현) 2015년 경대카오스아트협동조합 이사장 2015년 참좋은국회의원세우기국민운동 상임대표 2016년 한반도평화통일합동조합 이사장(현) [상]한국소프트웨어공모전 은상(1988), 상공부장관표창(1992), 자랑스런 서울대 전자동문상(1996), 인하대 비룡대상(1997), 제2정무장관실·여성신문사 평등부부상(1997) [저]'알기쉬운 신경망 컴퓨

터'(1991, 전자신문) '제6세대 신경컴퓨터'(1993, Ohm) '뉴로, 퍼지, 카오스'(1994, 대광서림) '뇌와 카오스'(1994, Ohm) '카오스응용'(1995, Ohm사) '정교수님 신문에 났네요'(1996, 도서출판 중앙) '디지탈경제를 위한 정보화전략' '21세기 정보화사회 지도자를 위한 국가정책방향'(1997) '나는 오늘도 하이테크를 꿈꾼다'(1998, 한문학) '사이버세계로의 초대'(1999, 한반도정보화추진본부) '국가경쟁력 강화 중장기 비전'(1999, 지식정보사회기획단) '불로불사의 비밀'(2000, Biocreate) '돈을 잘 만드는 시장'(신광사) '우리 대통령! 아날로그 대통령? 디지털 대통령?'(2008, 진한M&B) 'The Great Mother MAGO(위대한 어머니 마고)(共)'(2012, Clover) '좋은대통령! 나쁜대통령!'(2012, 도서출판 진영사) '응답하라! 청춘2030(共)'(2012, 진한M&B) [작]디지털(카오스)아트 개인전, 정호선 · 박남희 부부전(7회 · 5회) [종]천주교

정호섭(鄭鎬涉) Jung, Ho-Sub

[생]1958 · 1 · 21 [출]서울 [학]서울 성남고졸 1980년 해군사관학교졸(34기) 1988년 국방대학원 안전보장 석사 1993년 국제정치학박사(영국 랭커스터대) 2008년 서울대 행정대학원 국가정책최고과정(ACAD) 수료 [경]1980년 임관(해군 소위) 1989년 소령 진급 2002년 충남함 함장 2006년 제2함대 전투전단장(부사령관 · 준장) 2007년 한미연합사령부 인사참모부장 2008년 해군본부 인사참모부장(소장) 2010년 국방부 국방정보본부 해외정보부장 2011년 해군 교육사령관(중장) 2012년 해군 작전사령관(중장) 2014년 해군 참모차장(중장) 2014~2015년 전쟁기념사업회 부회장 2015~2016년 제31대 해군 참모총장(대장) [상]대통령표창(2005), 미국 공로훈장(2008), 보국훈장 천수장(2011), 인도네시아 해군최고훈장(2015), 터키 공로훈장(2015), 페루 해군 십자공로훈장(2016) [저]'21세기 군사혁신과 한국의 국방비전 : 전쟁패러다임의 변화와 군사발전(共)'(1998) '해양력과 미 · 일 안보관계 : 미국의 대일 통제수단으로서의 본질'(2001) [역]'역사를 전환시킨 해양력 : 전쟁에서 해군의 전략적 이점(共)'(1998) '해군 대재난 사고'(2005) '해양전략론(共)'(2009) [종]불교

정호성(鄭鎬聖) CHUNG Ho Sung

[생]1952 · 8 · 10 [출]인천 [주]서울 강남구 도곡로176 한웰그룹 임원실(02-405-0750) [학]1971년 제물포고졸 1978년 연세대 사회학과졸 [경]1995년 LG그룹 전략사업개발단 이사대우 1998년 同전략사업개발단 상무보, LG홈쇼핑 상품기획부문장(상무보) 1999년 同상품기획부문장(상무이사) 2001년 同부사장 2005년 (주)GS홈쇼핑 CATV사업부 부사장 2008~2010년 GS강남방송 대표이사 2010년 同고문 2012~2013년 한국케이블TV방송협회 SO협의회 회장 2013년 (주)한웰그룹 부회장, 同고문(현) [종]천주교

정호성(鄭虎聲)

[생]1962 · 9 · 3 [출]강원 강릉 [주]서울 강서구 금낭화로154 국립국어원 어문연구과(02-2669-9711) [학]성균관대 국어국문학과졸 [경]국립국어연구원 편수원 2004년 同어문실태연구부 학예연구관 2004년 국립국어원 어문실태연구부 학예연구관, 同국어진흥교육부 국어진흥교육팀장 직대 2007년 同국어진흥교육부 국어진흥교육팀장 2009년 同한국어교육진흥과장 2009년 同교육진흥부 국어능력발전과장 2014년 同어문연구실 어문연구팀장 2014년 국립한글박물관 연구교육과장 2016년 국립국어원 어문연구과장(현)

정호성

[생]1969 [출]서울 [학]경기고졸, 고려대 노어노문학과졸 [경]박근혜 국회의원 비서관 2013년 대통령 제1부속실장 2013년 대통령 제1부속비서관 2015~2016년 대통령 부속비서관

정호열(鄭浩烈) Ho Yul Chung

[생]1954 · 12 · 23 [본]연일(延日) [출]경북 영천 [주]서울 종로구 성균관로25의2 성균관대학교 법학전문대학원(02-760-0616) [학]1974년 경복고졸 1978년 서울대 법학과졸 1980년 同대학원 법학과졸 1991년 법학박사(서울대) [경]1987~1999년 아주대 법학과 조교수 · 부교수 · 교수 1992~2009년 한국상사법학회 이사 · 연구이사 · 국제이사 1992~1993년 미국 워싱턴대 법과대학원 풀브라이트 연구교수 1996~2005년 행정고시 · 외무고시 · 사법시험 위원 1998년 독일 Bayreuth대 법경제학부 교류교수 1998~1999년 서울대 법학과 · 대학원 강사 1999~2009년 성균관대 법과대학 법학과 교수 2001~2004년 소비자보호원 분쟁조정위원 2003~2005년 공정거래위원회 정책평가위원 2003~2009년 대한상사중재원 중재인 2003~2005년 노사정위원회 특수형태근로특별위원회 공익위원 2004~2005년 한국법학교수회 사무총장 2005~2009년 금융감독원 분쟁조정위원 2005년 일본 도쿄대 객원연구원 2006~2008년 성균관대 비교법연구소장 2006~2007년 보험개발원 객원연구원 2006~2007년 한국보험학회 편집위원장 2007~2009년 공정거래위원회 경쟁정책자문위원장 2008년 同법령선진화추진단 자문위원장 2008~2009년 지식경제부 법률분쟁조정전문위원장 2008~2009년 한국경쟁법학회 회장 2009~2010년 공정거래위원회 위원장 2010년 성균관대 법학전문대학원 교수(현) 2013년 생명보험사회공헌재단 비상임이사(현) 2014년 한국법제연구원 연구자문위원장(현) 2015년 현대제철(주) 사외이사(현) 2016년 한국비교사법학회 회장(현) [상]한국보험학회 최우수논문상(2005), 홍조근정훈장(2008), 미국 워싱턴대 자랑스런 동문상(2011), 청조근정훈장(2012) [저]'부정경쟁방지법론'(1993, 삼지원) '공정거래법심결례백선(共)'(1996, 법문사) '보험이론 및 실무(共)'(1998, 형설출판사) '공정거래심결사례 국제비교(共)'(2003, 박영사) '이사의 손해배상책임과 제한(共)'(2003, 상장사협의회) '지배구조 개편의 후속입법 연구(共)'(2004, 대한상공회의소) '한국보험시장과 공정거래법'(2008, 보험연구원) '경제법(제4판 증보판)'(2013, 박영사) [역]'독일 부정경쟁방지법'(1996, 삼지원) [종]기독교

정호영(鄭鎬瑛) CHUNG Ho Young

[생]1948 · 4 · 12 [출]경기 양평 [주]서울 강남구 테헤란로137 17층 법무법인 태평양(02-3404-0187) [학]1966년 서울고졸 1970년 서울대 법대졸 1983년 영국 케임브리지대 수료 [경]1970년 사법시험 합격(12회) 1972년 사법연수원 수료(2기) 1973년 서울형사지법 판사 1977년 제주지법 판사 1979년 서울민사지법 판사 1983년 서울고법 판사 1985년 대법원 재판연구관 1986년 법원행정처 조사심의관 1986년 부산지법 부장판사 1989년 사법연수원 교수 1991년 서울형사지법 부장판사 1993년 서울민사지법 부장판사 1993년 대구고법 부장판사 1995년 대구지법 수석부장판사 1996년 서울고법 부장판사 1996~1998년 대법원장 비서실장 겸임 2000년 서울행정법원 수석부장판사 2001년 춘천지법원장 2003년 대전지법원장 2004년 대전고법원장 2005~2006년 서울고법원장 2005~2006년 중앙선거관리위원회 위원 2005~2006년 대법원 소청심사위원회 위원장 2005~2006년 대법원 인사위원회 위원 2006년 법무법인 태평양 변호사(현) 2007~2011년 헌법재판소 공직자윤리위원 2007~2011년 경희학원 재단이사 2008년 BBK사건 특별검사 2008~2012년 (재)굿소사이어티 상임이사 2008~2012년 서울대법대총동창회 부회장

정호영(鄭浩泳) JUNG Ho Young

[생]1960 · 6 · 24 [주]서울 영등포구 여의대로128 LG디스플레이(주) 임원실(02-3777-0973) [학]경동고졸, 광운대 전자재료공학과졸 [경]1988년 금성반도체 입사, LG필립스LCD Qualification담당 부장 2005년 同Qualification담당 상무 2012년 LG디스플레이(주) AD응용기술담당 상무 2012년 同AD응용기술담당 전무(현)

정호영(丁豪榮) JEONG HO YOUNG

[생]1961 · 11 · 2 [출]서울 [주]서울 영등포구 여의대로128 LG화학 임원실(02-3773-7200) [학]1980년 한영고졸 1984년 연세대 경영학과졸 [경]1984년 LG전자(주) 예산과 입사 1988년 同GSEI 과장 1995년 LG그룹 감사실 부장 2000년 LG전자(주) 전략기획팀장(상무) 2004년 同LGEUK법인장(상무) 2006년 同재경부문 경영관리팀장(상무) 2007년 同재경부문장(CFO) 겸 부사장 2008년 LG필립스LCD(주) 경영지원센터장(부사장) 2008년 LG디스플레이(주) 경영지원센터장(부사장) 2008년 同CFO(부사장) 2013년 LG생활건강 CFO(부사장) 2016년 LG화학 CFO(사장)(현) [종]기독교

정호영(丁浩永) Chung Ho-yeong

[생]1966 · 7 · 7 [주]전북 전주시 완산구 효자로225 전라북도의회(063-280-4502) [학]이리고졸 1991년 전북대 공대 정밀기계공학과졸 [경]김제시민의신문 시민기자, 민주평통 김제시 자문위원, 김제시민센터 운영위원, 개혁국민정당 김제지구당 운영위원, 김제시 통일연대집행위원장, 김제자치연대 좋은동네만들기 기획위원장, 열린우리당 김제시당원협의회 청년위원장 2006 · 2010~2014년 전북 김제시의회 의원(민주당 · 민주통합당 · 민주당) 2006~2008년 同자치행정위원장 2012년 同경제개발위원회 부위원장 2014년 전북도의회 의원(새정치민주연합 · 더불어민주당)(현) 2014년 同운영위원회 부위원장 2014년 同교육위원회 위원 2014~2015년 同윤리특별위원회 위원 2015년 새정치민주연합 전북도당 교육특별위원회 위원장 2015년 전북도의회 예산결산특별위원회 위원 2015년 더불어민주당 전북도당 교육특별위원회 위원장 2016년 전북도의회 행정자치위원회 위원(현) 2016년 同남북교류협력위원회 위원장(현) 2016년 더불어민주당 전북도당 대변인(현) [종]천주교

정호윤(鄭皓允) Chung Ho-yoon

[생]1969 · 9 · 2 [주]전북 전주시 완산구 효자로225 전라북도의회(063-280-4507) [학]순천 매산고졸, 전주대 법학과졸 [경]전주대 총학생회장, 시민행동21 사무처장, 전북자원봉사종합센터 관리지원부장, 사람사는세상 노무현재단 기획위원(현) 2014년 전북도의회 의원(새정치민주연합 · 더불어민주당)(현) 2015년 새정치민주연합 전북도당 환경특별위원회 위원장 2015년 전북도의회 윤리특별위원회 위원 2015년 더불어민주당 전북도당 환경특별위원회 위원장(현) 2016년 전북도의회 환경복지위원회 부위원장(현) 2016년 同운영위원회 위원(현) 2016년 同남북교류협력위원회 위원(현)

정호인(鄭虎仁) JUNG Ho In

[생]1964 · 11 · 30 [주]서울 강남구 테헤란로203 ING타워 현대모비스(주) 경영지원본부(02-2018-5114) [학]진주고졸, 연세대 경영학과졸 [경]현대자동차(주) 인력운영팀장, 同인사실장(이사대우) 2008년 同인사실장(이사) 2009년 同HMMA(미국현지법인) 이사 2010~2013년 同HMMA(미국현지법인) 상무 2013년 현대모비스(주) 경영지원본부장(전무)(현) 2014년 울산모비스 피버스 프로농구단장(현) [상]산업포장(2015)

정호준(鄭皓駿) CHYUNG Ho Joon

[생]1971 · 2 · 19 [본]진주(晉州) [출]서울 [주]서울 중구 다산로135 (재)정일형 · 이태영박사기념사업회(02-2266-3660) [학]1989년 이화여대사대부고졸 1993년 한양대 사회학과졸 1999년 미국 뉴욕대 정보대학원졸 [경]2000~2004년 삼성전자(주) DSC전략기획그룹 근무 2003년 열린우리당 서울中지구당 사이버전략연구소장 2004년 (재)정일형 · 이태영박사기념사업회 이사 2004년 열린우리당 과학기술정보화특별위원장 2004년 제17대 국회의원선거 출마(서울 중구, 열린우리당) 2005년 대통령 정무비서관실 행정관 2007년 (재)정일형 · 이태영장학회 회장 2007년 (재)정일형 · 이태영박사기념사업회 이사장(현) 2012년 제19대 국회의원(서울 중구, 민주통합당 · 민주당 · 새정치민주연합 · 더불어민주당 · 국민의당) 2012년 민주통합당 원내부대표 2012년 同제18대 대통령중앙선거대책위원회 기획본부 부본부장 2012년 독립기념관 이사 2013년 민주당 의원담당 원내부대표 2013년 同원내대변인 2014년 새정치민주연합 원내대변인 2014년 국회 미래창조과학방송통신위원회 위원 2014~2015년 국회 예산결산특별위원회 위원 2015년 새정치민주연합 전국청년위원회 위원장 2015년 同경제정의 · 노동민주화특별위원회 위원 2015년 同재벌개혁특별위원회 위원 2015~2016년 더불어민주당 전국청년위원회 위원장 2015~2016년 同경제정의 · 노동민주화특별위원회 위원 2015~2016년 同재벌개혁특별위원회 위원 2016년 국민의당 서울특별시당 위원장(현) 2016년 제20대 국회의원선거 출마(서울 중구 · 성동구乙, 국민의당) 2016년 국민의당 서울중구 · 성동구乙지역위원회 위원장(현) 2016년 同비상대책위원회 위원(현) [상]대통령비서실장 표창(2006), 대한민국 국회의원 의정대상(2013), 전국지역신문협회 의정대상(2013), '올해의 베스트 드레서' 정치부문(2014), 국정감사 NGO모니터단 선정 '국정감사 우수국회의원'(2015) [종]기독교

정 홍(丁 弘) JEONG Hong

[생]1953 · 5 · 16 [본]나주(羅州) [출]서울 [주]경북 포항시 남구 청암로77 포항공과대학교 전자전기공학과(054-279-2223) [학]1973년 서울고졸 1977년 서울대 전기공학과졸 1979년 한국과학원 전기 및 전자공학과졸 1984년 미국 MIT 대학원 전자공학과졸 1988년 전자공학박사(미국 MIT) [경]1979년 경북대 전자공학과 전임강사 1988~2000년 포항공과대 전자전기공학과 조교수 · 부교수 1996년 미국 루슨트테크놀로지벨연구소 연구원 1999~2001년 미국 세계인명사전 'Marquis Who's Who in the World'에 3년 연속 등재 2000년 포항공과대 전자전기공학과 교수(현) 2005년 미국 서던캘리포니아대 방문교수 [상]포항제철 제철기술상(1996), 포항공대10년근속상(1998), 대한민국 특허기술대전 산업자원부장관표창(2000), IDEC Chip Design Contest 최우수상(2001), SOC Design Conference LG최우수상(2002), 반도체설계 공모전 특별상(2007), 대한민국 발명 특허대전 동상(2008), BK21 국내학술대회 · 국내부문 우수 실적상(2009), Altera Design Contest (2013)

정홍관(鄭洪寬) JEONG Hong Kwan

[생]1961 · 1 · 17 [출]부산 [주]서울 송파구 송파대로274 대한소방공제회관4층 대한소방공제회 투자사업부(02-405-6907) [학]1979년 배정고졸 1983년 부산대 상과대학 경제학과졸 1985년 同대학원 경제학과졸 [경]1988년 대한투자신탁 입사, 同국내 · 국제경제담당 이코노미스트, 대한투자증권 건설 · 제약 · 철강담당 애널리스트 2006년 同전략기획부장 2007년 하나대투증권 북수원지점장 2008년 同업무개발팀장 2009년 同투자분석부장(이사보) 2011년 同랩상품본부장(상무보) 2012~2013년 同고객자산운용본부장(상무보) 2014~2015년 대한소방공제회 기획조정실장 2016년 同투자사업부장(현)

정홍교(鄭泓敎) JUNG Hong Kyo (光雲)

[생]1941 · 3 · 16 [본]영일(迎日) [출]경북 경주 [주]경북 경주시 북문로124의1 경주아카데미빌딩701호 광운장학회(054-776-4701) [학]1958년 대구상고졸 1965년 건국대 경영학과졸 1972년 연세대 경영대학원 경영학과졸 1995년 미국 조지타운대 정책대학원졸 2001년 경영학박사(건국대) [경]1981년 대통령 새마을비서관실 행정관 1985년 내무부 총무과장 1986년 청송군수 1988년 영덕군수 1990년 경북도 민방위국장 1991년 국무총리 사정평가담당관 1993년 同정책관리국장 1995년 국무총리 정무비서관(이사관) 1998년 국무총리 민원비서관 2000년 국무총리 민정비서관(관리관) 2000년 위덕대 객원교수 2000년 경주아카데미 광운장학회 이사장(현) 2002년 국민통합21 경주지구당 위원장 2006년 (사)6.3동지회 경북지부장(현) [상]근정포장, 홍조근정훈장 [저]'회계학요론'(1984)

정홍근(鄭鴻根) Jeong Hong-geun

[생]1958 · 8 · 6 [본]초계(草溪) [출]부산 [주]서울 강서구 하늘길210 (주)티웨이항공 비서실(02-6250-5901) [학]1976년 동래고졸 1981년 고려대 정치외교학과졸 1983년 同대학원 정치외교학과졸 [경]1986년 (주)대한항공 입사 2004년 同국내선영업팀장 2006년 同나고야지점장 2009~2013년 (주)진에어 경영지원부서장(상무) 2013년 (주)티웨이항공 영업서비스본부장(상무) 2015년 同영업서비스본부 일본지역본부장 2015년 同대표이사(현)

정홍락(鄭鴻洛) JUNG Hong Rak

[생]1947 · 5 · 25 [본]초계(草溪) [출]경북 경산 [주]서울 서초구 서운로1길12 건설화학공업(주) 임원실(02-3473-2021) [학]한양대 기계공학과졸 [경]건설화학공업(주) 상무이사, 同전무이사(현) 2006년 同중국법인 사장 2015년 강남제비스코(주) 중국법인 사장(현) [종]천주교

정홍상(鄭弘相) Hong-Sang Jung

[생]1958 [출]경남 진주 [주]부산 해운대구 센텀7로12 (재)APEC기후센터(051-745-3911) [학]1976년 서울고졸 1980년 서울대 경제학과졸 1985년 同대학원 경영학과졸 1994년 경제학박사(미국 코넬대) [경]1984년 행정고시 합격(28회) 1998년 대통령비서실 경제구조조정기획단 행정관 1999년 IMF(국제통화기금) 재정국 자문관(Technical assistance advisor) 2003년 기획예산처 기금제도과장 2004년 同예산제도과장 2005년 同재정총괄과장 2006년 OECD 경제국 파견 2007년 아시아개발은행(ADB) 회계국장 2012년 기획재정부 대외경제협력관(고위공무원) 2014~2016년 기상청 차장(고위공무원) 2016년 (재)APEC기후센터 소장(현) [상]홍조근정훈장(2013) [저]'경제정책과 재정'(1999, 성림) '국제기구 멘토링'(2013, 하다)

정홍섭(鄭弘燮) JUNG Hong Sub (小剛)

[생]1947 · 1 · 15 [본]오천(烏川) [출]경북 경주 [주]경남 밀양시 삼랑진읍 행곡1길187의8 (주)돌담마을(055-354-0061) [학]1966년 대구상고졸 1970년 경북대 교육학과졸 1983년 부산대 대학원졸 1990년 교육학박사(부산대) 2012년 명예 문학박사(대만 포광(佛光)대) [경]1974~1980년 내성중 · 부산전자공고 교사 1980~1985년 부산대 학생생활연구소 조교 1985~2013년 신라대 교육학과 교수 1985~2006년 한국교육학회 부산지회 이사 1990~1999년 신라대 교무부처장 · 기획실장 · 교무처장 · 사범대학장 1999~2002년 同교육대학원장 2000년 부산시교육위원회 교육위원 2001년 同부의장 2004 · 2008~2012년 신라대 총장 2007~2008년 대통령자문 교육혁신위원회 위원장(장관급) 2007~2008년 부산문화방송 시청자위원장, (주)돌담마을 대표이사(현) [상]황조근정훈장(2008), 캄보디아 국가재건훈장(2011), 자랑스런 대상인상(2011), 駐韓인도대사관 · 인도문화원 감사장(2012), 청조근정훈장(2013) [저]'심리검사의 이론과 실제'(1986) 'EQ테스트북'(1997) '도덕지능(MQ)'(1997) 자전적 에세이 '강물은 굽이쳐도 바다로 간다'(2010) [종]불교

정홍식(鄭弘植) JUNG Hong Sik
생1957·12·5 출경북 문경 준서울 서초구 서초대로280 태양빌딩4층 법무법인 화인(02-523-3200) 학1976년 동성고졸 1981년 고려대 법과대학 법학과졸 경1984년 사법시험 합격(26회) 1987년 사법연수원 수료(16기) 1997년 법무법인 화인 구성원변호사 2009년 同대표변호사(현), 국토해양부 하자심사·분쟁조정위원회 위원장 2011년 공정거래위원회 하도급분쟁조정위원회 조정위원, 대한상사중재원 중재인 겸 이사(현), 손해보험협회 구상금분쟁조정위원, 한국토지주택공사 고문변호사(현), SH공사 고문변호사, 대한상사중재원 건설전문가과정 강사 2014년 서울중앙지법 조정위원(현), 건설공제조합 운영위원(현)

정홍언(精洪彦) JEONG Hong Eun
생1958·5·29 출경남 함양 준서울 동대문구 천호대로26 대상빌딩 대상(주) 비서실(02-2220-9500) 학1976년 배문고졸 1980년 경상대 축산가공학과졸 경대상(주) 전분당영업본부 영업1팀장, 同전분당사업총괄 영업본부장, 同전분당영업본부장(상무이사) 2012년 同전분당사업본부장(상무이사) 2013년 同전분당사업본부장(전무이사) 2014년 同전분당사업총괄 전무이사 2016년 同소재BU 사장(현)

정홍열(鄭鴻悅) JEONG Hong Yul
생1959·4·22 출부산 준부산 영도구 태종로727 한국해양대학교 국제무역경제학부(051-410-4407) 학1987년 성균관대 경제학과졸 1989년 同대학원 경제학과졸 1995년 경제학박사(미국 Texas대) 경1989~1990년 산업연구원 연구원 1995~1996년 성균관대·서울시립대 강사 1996년 한국해양대 국제무역경제학부 경제학과 전임강사·조교수·부교수, 同국제무역경제학부 교수(현) 1998년 한국유럽학회 이사(현) 1998~2005년 국제지역학회 상임이사 2002년 한국-EU포럼 이사(현) 2003~2004년 미국 일리노이대 객원교수 2008~2010년 한국경제학회 경제학연구 논문편집이사 2012년 한국해양대 학생처장 2016년 同교무처장(현) 저'기초경영경제수학'(2007, 시그마프레스) '경제통합론'(2009, 해남) 역'국제통합의 경제학'(1999, 해남)

정홍용(鄭弘溶) CHUNG Hong Yong
생1944·10·8 본영일(迎日) 출충북 영동 준서울 강남구 테헤란로432 (주)동부 임원실(02-3484-1660) 학1968년 서울대 금속공학과졸 1994년 同최고산업전략과정 수료 경1986년 동부산업 이사 1988년 동부제철 신사업기획담당 상무이사 1993년 同기술연구소장 겸임 1996년 同기계소재사업본부장 겸 그룹업무조정실담당 전무 2003년 동부정밀화학 감사 2009년 (주)동부메탈 신사업담당 사장 2010~2013년 同대표이사 사장 2013년 (주)동부 전략담당 사장(현) 상석탑산업훈장(1996)

정홍원(鄭烘原) CHUNG Hong Won
생1944·10·9 본진양(晉陽) 출경남 하동 학1963년 진주사범학교졸 1971년 성균관대 법정대학졸 2004년 서울대 행정대학원 국가정책과정 수료 경1972년 사법시험 합격(14회) 1974년 사법연수원 수료(4기) 1974년 서울지검 영등포지청 검사 1977년 부산지검 검사 1980년 서울지검 검사 1983년 법무부 법무과 검사 1986년 마산지검 거창지청장 1987년 법무연수원 기획과장 1988년 부산지검 동부지청 특수부장 1989년 대검찰청 강력부 과장 1990년 同중앙수사부 4과장 1991년 同중앙수사부 3과장 1993년 서울지검 특수3부장 1993년 同특수1부장 1995년 대전지검 차장검사 1995년 부산지검 울산지청장 1996년 同제1차장검사 1997년 서울지검 제3차장검사 1998년 同남부지청장 1999년 광주고검 차장검사 1999년 대검찰청 감찰부장 2000년 광주지검장 2002년 부산지검장 2003~2004년 법무연수원장 2004년 법무법인 로고스 공동대표변호사 2004~2006년 중앙선거관리위원회 상임위원 2006~2008년 법무법인 로고스 고문변호사 2008~2011년 대한법률구조공단 이사장 2011년 변호사 개업 2012년 한나라당 공직자후보추천위원회 위원장 2013~2015년 국무총리 2013년 '2013 대구세계에너지총회' 명예위원장 2016년 박정희탄생100돌기념사업추진위원회 위원장(현) 상홍조근정훈장(1980), 황조근정훈장(2003), 청조근정훈장(2008), 대한민국사회책임경영대상 정도경영부문(2010), 2015 자랑스러운 성균인상 공직자부문(2016) 종기독교

정홍자(鄭洪子·女) JONG Hong Ja
생1958·7·24 출전북 고창 준경기 안양시 만안구 냉천로31번길33 안양시청소년육성재단(031-470-4781) 학1995년 한국방송통신대 유아교육과졸, 안양대 경영행정대학원 사회복지학과졸 경1988~1991년 상계동 샘터유치원 설립·운영 1992~2001년 군포시 금정동 한샘웅변글쓰기학원 운영 1993년 안양여성회 발기인 및 창립 1994년 同상임대표 2002·2006~2007년 경기도의회 의원(한나라당), 同한나라당 대변인 2006년 同보사여성위원장 2007년 21C여성정치연합 경기도지부 상임대표, 안양시 시정발전위원회 여성정책위원장 2009년 도로교통공단 비상임감사 2011년 전국지방의료원연합회 사무총장 2015년 안양시청소년육성재단 대표이사(현) 종천주교

정홍택(鄭鴻澤) CHUNG Hong Teak
생1939·10·2 출서울 준서울 마포구 월드컵북로54길11 전자회관7층 한국복제전송저작권협회(02-2608-2036) 학1961년 한국외국어대 영어과졸 1978년 미국 세인트존스대 대학원 사회학과졸 1988년 연세대 행정대학원 고위정책과정 수료 경1963년 한국일보 기자 1969년 일간스포츠 연예부 차장·주간한국 차장 1976년 중앙일보 미주판(뉴욕) 편집국장 1979년 뉴욕한인회 부회장 1979년 평통 자문위원 1982년 한국일보 출판국장 1987년 주간야구사 전무이사 1989년 공연윤리위원회 심의위원 1990년 예술의전당 운영국장 겸 총무국장 1995년 공연윤리위원회 사무총장 1997~2003년 한국영상자료원 원장 1999년 영상물등급위원회 위원 1999년 국제영상자료원연맹(FIAF) 집행위원 2000년 同부회장 겸임 2007~2010년 한국저작권단체연합회 이사장 2009~2010년 (사)세계걷기운동본부 총재 2012년 국제저작권기술콘퍼런스2012 조직위원장 2012년 한국복사전송권협회 이사장 2012년 한국복제전송저작권협회 이사장(현) 상체육훈장 저'낭만은 살아있다' '미국말 1·2권' '정홍택의 잡학사전 1·2권' '세계화영어' '영어홍수속의 진짜영어'

정홍화(鄭洪和)
생1961·5·5 본영일(迎日) 출경남 진주 준전남 나주시 전력로55 한국전력공사 법무실(061-345-4600) 학1980년 진주고졸 1985년 서울대 법학과졸 경1984년 사법시험 합격(26회) 1987년 사법연수원 수료(16기) 1990년 서울지검 남부지청 검사 1992년 창원지검 진주지청 검사 1994년 서울지검 검사 1997년 인천지검 검사 1997년 대검찰청 검찰연구관 1999년 청주지검 제천지청장 2000년 서울지검 동부지청 부부장검사 2002년 사법연수원 교수 2004년 서울남부지검 형사5부장 2005년 수원지검 형사3부장 2006년 변호사 개업 2006년 언론중재위원회 중재위원 2008년 법무법인 세화 변호사 2008년 한국전력공사 법무실장(현)

정화섭(鄭化燮) JEONG Hwa Seob
생1960·3·30 본동래(東萊) 준서울 영등포구 여의공원로13 한국방송공사 전략기획실 UHD추진단(02-781-1000) 학1980년 부산기계공고졸 1985년 금오공과대 전자공학과졸 1990년 연세대 대학원 전자공학과졸 2004년 서울대 행정대학원졸 경1985년 한국방송공사(KBS) 입사 1995년 同충주방송국 TVR담당 부장 1997년 同방송수원 연수2부 차장 1998년 同기술관리국 기술기획부 차장 1999년 同정책기획국 기술정책 차장 2000년 同기술관리국 기술기획부 차장 2003년 同감사실 부주간(부장급) 2005년 同기술본부 네트워크팀장 2006년 同품질관리팀장 2008년 同라디오제작본부 라디오생방기술팀장 2009년 同방송망운용국 당진송신소장 2009년 同기술본부 기술관리국장 2010년 同인재개발원 연수(국장급) 2011년 同뉴미디어·테크놀로지본부 네트워크관리국 소래송신소장 2012년 한국지상파디지털방송추진협회 사무총장 2013~2014년 KBS 제작기술센터장 2016년 同편성본부 UHD추진단장 2016년 同전략기획실 UHD추진단장(국장급)(현) 상국무총리표창(1999), 정보통신부장관표창(2001) 저'영상신호측정기술'(1992) '디지털방송과 방송통신융합서비스'(2008)

정화영(鄭和永)
생1957·1·22 출경북 준서울 중구 소공로51 우리은행(02-2002-3000) 학1975년 상주고졸 1985년 동국대 정치외교학과졸 경1985년 한일은행 입행 2003년 우리은행 전략기업영업본부 기업영업지점장 2004년 同중앙기업영업본부 기업영업지점장 2005년 同기관영업팀 부장 2007년 同서초영업본부장 2008년 同검사실 수석부장 2009년 同기업개선지원단장 2010년 同HR본부장(집행부행장) 2013~2014년 우리금융지주 시너지추진부·경영지원부·홍보실담당 부사장 2013~2014년 경남은행 비상임이사 2014년 우리은행 중국법인장(현) 상금융감독원장표창(2007)

정화원(鄭和元) JUNG Hwa Won

[생]1948·7·8 [본]진주(晉州) [출]경북 상주 [주]서울 송파구 송파대로260 제일오피스텔5층134호 한국장애인소비자연합(02-3401-8802) [학]1973년 서울맹학교 고등부졸 2000년 한국방송통신대 교육학과졸 2005년 동아대 정책과학대학원 사회복지학과졸 2007년 명예 사회학박사(동아대) [경]1981년 한국맹인침사회 설립·부산경남지회장 1983~1992년 부산맹인점자도서관 설립·관장 1983~1993년 한국맹인복지연합회 부산지부장 1987~2000년 (사)부산장애인총연합회 설립·회장 1990~1997년 부산장애인신용협동조합 이사장 1990~1993년 부산맹인복지회관 관장 1993년 부산시민운동협의회 공동대표 1993년 한국맹인복지연합회 이사 1996~2000년 부산시민운동단체협의회 대표 1996~2002년 한나라당 부산시지부 부위원장 1997년 한국맹인복지연합회 부산지부 회장 1997~2000년 세계시각장애인연맹(WBU) 한국대표 1998~2002년 부산시의회 의원(한나라당) 1998년 한국장애인단체총연맹 이사 1998년 부산시공동모금회 이사 1999년 부산시사회복지협의회 이사 2003년 한국시각장애인연합회 수석부회장 2004~2008년 제17대 국회의원(비례대표, 한나라당) 2004~2005년 국회 장애인특별위원회 간사 2006년 대한장애인체육회 이사 2007~2008년 국회 예산결산특별위원회 위원 2008년 한나라당 국책자문위원(현) 2008년 한국장애인소비자연합 회장(현) 2011~2014년 (사)한국시각장애인가족협회 이사장 [상]국가보훈처장표창(1990), 국민포장(1991), 문화체육부장관표창(1993), 부산시 문화상(1993), 한국보훈대상(1996), 전국경제인연합회장표창, PSB문화대상 [종]기독교

정환성(鄭煥星) Jeong Hwan-seong

[생]1959·7·9 [본]하동(河東) [주]서울 종로구 사직로8길 60 외교부 인사운영팀(02-2100-7136) [학]1983년 서울대 영문학과졸 1988년 미국 다트머스대 연수 [경]1982년 외무고시 합격(16회) 1983년 외무부 입부 1992년 駐일본 1등서기관 1995년 駐불가리아 참사관 1999년 외교안보연구원 외국어교육과장 2000년 외교통상부 구주국 중구과장 2001년 駐영국 참사관 2004년 駐아일랜드 참사관 2007년 외교통상부 감사심의관 2008년 헌법재판소 국제협력관 2010년 駐오사카 부총영사 2012년 駐삿포로 총영사 2015년 전북도 국제관계대사 2016년 駐나고야 총영사(현) [종]가톨릭

정황근(鄭煌根) Chung Hwang Keun

[생]1960·1·20 [본]해주(海州) [출]충남 천안 [주]전북 전주시 완산구 농생명로300 농촌진흥청 청장실(063-238-0100) [학]1979년 대전고졸 1985년 서울대 농학과졸 2001년 국방대학원졸 [경]1985년 기술고시 합격(20회) 1996년 농림부 농산기술과 서기관 1998년 국립종자관리소 대관령지소장 2002년 국립식물검역소 방제과장 2002년 농림부 농업정책국 농촌인력과장 2003년 同총무과장 2004년 同식량생산국 친환경농업정책과장 2006년 同혁신인사기획관 2007년 국외훈련 파견(고위공무원) 2008년 농림수산식품부 대변인 2010년 同농촌정책국장 2011년 同농어촌정책국장 2012년 同농업정책국장 2013년 제18대 대통령직인수위원회 경제2분과 전문위원 2013~2016년 대통령 경제수석비서관실 농축산식품비서관 2016년 농촌진흥청장(현) [상]대통령표창(1993), 근정포장(1998), 홍조근정훈장(2013)

정회경(鄭會卿·女) JUNG Hoe Kyoung

[생]1965·11·12 [출]서울 [주]서울 강서구 화곡로61길99 서울미디어대학원대학교 뉴미디어학부(02-6393-3234) [학]1988년 이화여대 경제학과졸, 同대학원졸 1996년 신문방송학박사(성균관대) [경]1988년 KBS 방송문화연구소 연구원 1988~1993년 중앙일보 기자 1994~1999년 성균관대·경기대·한서대 강사 1996~1997년 영국 Univ. of London Goldsmiths College, Visiting Fellow 2000년 한서대 인문사회학부 신문방송학과 부교수·교수 2002년 한국방송학회 편집위원 2003년 충남 서산시 지방분권협의위원 2005년 한국언론학회 미디어교육위원·이사 2006년 한국방송학회 협력이사, 同방송과수용자연구회장 2007년 한서대 인문사회학부 신문방송학과장, 한독미디어대학원대 뉴미디어학부 교수 2015년 서울미디어대학원대(SMIT) 뉴미디어학부 교수(현) [저]'한국케이블TV산업의 구조적 특성과 경제적 효율성에 관한 연구' '현대사회와 언론' '미디어경제학' '미디어교육과 교육과정' '디지털 마니아와 포비아(共)'(2007) '소셜미디어 연구(共)'(2012) '방송학개론(共)'(2013) '영상미디어교육의 이해(共)'(2013) '미디어 경영·경제'(2013) '뉴미디어 뉴커뮤니케이션(共)'(2014) '실감 미디어(共)'(2014) 'PAIRS, 문제를 해결하는 융합 리서치(共)'(2015) 등

정회교(鄭檜敎) Hoegyo, Chung (碧元)

[생]1934·1·25 [본]영일(迎日) [출]경남 진주 [주]경남 진주시 진주대로891번길5 진주제일병원(055-750-7123) [학]1958년 경북대 의대졸, 同대학원졸 1970년 의학박사(경북대) [경]대구 제1육군병원 외과부장, 춘천 제1야전병원 외과부장, 일본 오키나와 美육군병원 연수 1966년 제일외과의원 개업 1981년 진주제일병원 병원장, 同대표원장(현) [종]가톨릭

정효삼(鄭孝三)

[생]1970·2·19 [출]경북 군위 [주]부산 연제구 법원로15 부산지방검찰청 형사5부(051-606-4317) [학]1987년 영동고졸 1994년 영남대 법학과졸 [경]1998년 사법시험 합격(40회) 2001년 사법연수원 수료(30기) 2001~2004년 변호사 개업 2004년 대전지검 천안지청 검사 2006년 전주지검 검사 2008년 대전지검 검사 2010년 서울중앙지검 검사 2014년 수원지검 검사 2015년 同부부장검사 2016년 부산지검 형사5부장(현)

정효성(丁孝聲) JUNG Hyo Sung

[생]1950·10·20 [본]영성(靈城) [출]전남 영광 [주]전남 순천시 서문성터길2 순천의료원(061-759-9114) [학]조선대 의대졸, 고려대 법학석사 2009년 의학박사(경희대) 2010년 법학박사(고려대) [경]1987년 중앙성심병원 외과 과장 1988~2006년 동서울외과의원 원장 2001년 대한의사협회 법제이사, 대통령직속 의료발전특별위원회 의료정책전문위원, 대한의사협회 중앙윤리위원회 부위원장 2006~2008년 한나라당 중앙위원회 보건위생분과 부위원장 2006~2008년 동해병원 원장 2007년 보건복지부 의료심사조정위원회 위원 2008~2009년 한국산재의료원 이사장 2012~2015년 국립나주병원 원장 2016년 전남도 순천의료원 원장(현) [상]조선대총동창회 '자랑스런 조대인'(2014)

정효채(鄭孝采) JEONG Hyo Chae

[생]1964·9·15 [출]충북 괴산 [주]경기 성남시 수정구 산성대로451 수원지방법원 성남지원(031-737-1410) [학]1982년 충북고졸 1986년 서울대 법대졸 1990년 同대학원 법학과 수료 [경]1988년 사법시험 합격(30회) 1991년 사법연수원 수료(20기) 1994년 서울민사지법 판사 1996년 서울지법 북부지원 판사 1998년 청주지법 판사 2000년 서울지법 의정부지원 판사 2002년 서울고법 판사 2003년 대법원 재판연구관 2005년 서울북부지법 판사 2006년 청주지법 영동지원장 2008년 사법연수원 교수 2011년 서울중앙지법 부장판사 2014년 의정부지법 수석부장판사 2016년 수원지법 성남지원장(현)

정효택(鄭孝澤) CHUNG Hyo Tek

[생]1934·10·5 [출]부산 [주]경남 양산시 유산동289 (주)흥아 회장실(055-371-3707) [학]1957년 부산수산대 제조화학과졸 [경]1959년 흥아공업 입사 1978년 同전무이사 1979년 同대표이사 부사장 1981년 (주)흥아 대표이사 부사장 1983년 부산시체육회 부회장 1987년 태평양밸브공업(주) 대표이사 1995년 (주)흥아 대표이사 회장(현) [상]철탑산업훈장, 부산산업대상

정후식(程厚植)

[생]1962·8·13 [출]광주 [주]광주 동구 금남로238 무등빌딩 광주일보 편집국(062-222-8111) [학]석산고졸 1989년 전남대 독어독문학과졸 [경]1988년 광주일보 입사 1999년 同편집국 경제부·특집부·사회부·사회2부·체육부 기자 2000년 同사회2부 차장대우 2005년 同정치부 차장 2008년 同편집국 사회1부 부장대우, 同정경부 부장대우 2012년 同편집국 부국장 직대 겸 정치부장 2014년 同편집국장(현) [상]한국신문상, 한국기자협회 이달의 기자상 2회, 광주전남기자협회 기자상 3회, 대통령표창 2회

정 훈(鄭 熏) CHUNG Hoon

[생]1951·4·24 [본]초계(草溪) [출]전북 정읍 [주]서울 구로구 디지털로288 3층 한국DMB(주) 회장실(02-2082-2038) [학]1970년 서울 중앙고졸 1977년 서강대 신문방송학과졸 1997년 同언론대학원졸 [경]서강대·KBS방송아카데미 책임강사, 한국방송프로듀서연합회 사무국장, 유비쿼터스미디어콘텐츠연합 공동대표 1976년 중앙일보 TBC PD 1980년 同해직 1981년 EBS PD 1984

년 KBS PD 1992년 SBS프로덕션 제작부국장 1994년 A&C코오롱 상무이사 2002년 월드와이드넷(코미디TV · 무비플러스TV · 예술영화TV) 부사장 2004년 경인방송(iTV) 전무이사 2005년 한국DMB(주) 사장 2006년 同회장(현), 서강대 초빙교수(현), 한반도선진화재단 기획위원(현) [상]문화공보부장관표창(1979), 백상예술대상(1987), 독일 베를린FUTURA세계프로그램상 그랑프리(1987), 한국방송대상(1992), 방송위원회 우수상, 한국PD대상 공로상(2008) [저]'한국PD연합회 20년사'(2007, 한국프로듀서연합회) [작]'인간만세' '이제는 파란불이다' '내가 겪은 공화국' [종]천주교

정훈영(鄭勳泳) Hoon Young Jeong

[생]1962 · 2 · 7 [본]동래(東萊) [출]경기 [주]경기 수원시 팔달구 경수대로529 기호일보 경기본사 편집국(031-898-6767) [학]1980년 삼일공고 기계과졸 1984년 경기대 행정학과졸 [경]1989년 기호일보 편집국 기자 1997년 同사회2부 수원주재 차장 2002년 同사회부 수원주재 부장 2005년 同경기본사 정치부장 2006년 同정치경제부장 2007년 同경기본사 정치부 부국장 2013년 同경기본사 편집국장(현)

정휘동(鄭輝東) JOUNG Whi Dong

[생]1958·10·7 [출]경북 경주 [주]서울 서초구 사임당로28 청호그룹 회장실(02-587-5034) [학]경주고졸, 한양대 공대졸, 미국 미네소타주립대졸, 同대학원 국제마케팅학과졸(MBA), 공학박사(미국 로욜라대), 서울대 경영대학원 최고경영자과정 수료, 同행정대학원 수료, 연세대 최고경영자과정 수료 [경]LG 기획실 근무, 미국 바이오유나이트사 수석연구원, 미국 수질협회 회원 1997년 청호그룹 회장(현) 2011~2012년 기술사업화글로벌포럼 의장 [상]국무총리표창, 한국능률협회 최고경영자상(1999), 대한상공회의소 경영혁신 최우수CEO상(2003), 연세최고경영대상(2005), 한국을 빛낸 기업인 대상(2005), 한국의CEO대상(2005), 대한민국글로벌경영인 대상(2006), 제28회 연세경영자상 산업부문(2008), 서라벌대상(2009), 자랑스런 대한국민대상 기업경영대상 창조기업부문(2013), 일본능률협회컨설팅 제11회 글로벌 경영대상 최고경영자상(2013) [저]경영에세이 '물은 아래로 흐르고 사람은 위로 달린다'(2006)

정 흠(鄭 欽)

[생]1950·3·26 [주]서울 동작구 흑석로102 중앙대병원 안과(02-6299-1665) [학]1974년 서울대 의대졸 1977년 同대학원 의학석사 1982년 의학박사(서울대) [경]1979~1982년 해군포항병원·국군대구통합병원·해군기지병원 안과과장 1982~1994년 서울대 의대 안과학교실 전임강사·조교수·부교수 1984~1996년 한국망막학회 총무 1985년 미국 Massachusetts Eye & Ear Infirmary 근무 1988~1991년 대한안과학회 수련고시위원 1994~1996년 同학술이사 1994~2015년 서울대 의대 안과학교실 교수 1994년 대한안과학회 학술이사 2001년 서울대병원 안과 과장 2004~2006년 한국망막학회 회장 2009~2013년 한국포도막학회 회장 2011~2013년 한국임상시각전기생리학회 회장 2012~2013년 대한안과학회 회장 2015년 서울대 명예교수(현) 2015년 중앙대 의대 안과 임상석좌교수(현) [저]'당뇨병과 눈'(1999, 서울대학교 출판부) '망막질환과 형광안저촬영'(2000, 내외학술) '망막질환과 형광안저혈관조영'(2004, 내외학술) '망막'(2004, 한국망막학회) '최신 당뇨와눈'(2011, 내외학술)

정흥남(鄭興南)

[생]1967 · 3 · 9 [본]영일(迎日) [출]경북 포항 [주]경북 경주시 중앙로63 경주경찰서 서장실(054-760-0102) [학]대구 능인고졸, 경찰대 행정학과졸(5기), 경북대 대학원 국제학과졸, 同대학원 정치학박사과정 수료 [경]경북 포항남부경찰서 정보과장, 경북지방경찰청 기획예산계장 · 인사계장 2010년 同경비교통과장(총경) 2011년 경북 청도경찰서장 2012년 駐인도대사관 경찰주재관(참사관 겸 영사), 대전지방경찰청 여성청소년과장 2015년 경북 경주경찰서장(현)

정흥보(鄭興寶) Cheong Heung Bo

[생]1956 · 4 · 3 [출]대구 [주]서울 관악구 관악로1 서울대학교 사회과학대학 언론정보학과(02-880-6525) [학]1975년 경북고졸 1981년 서울대 수의학과졸 2007년 건국대 언론홍보대학원 석사과정 수료 [경]1981년 MBC 입사 1981년 同사회부 기자 1982년 同스포츠취재부 기자 1986년 호주 연수(대학교) 1987년 MBC 스포츠제작부 기자 1988년 同올림픽특집국 기자 1989년 同정치부 기자 1992년 同라디오뉴스부 기자 1993년 同국제부 차장 1994년 同파리특파원 1997년 同대선방송기획단 팀장 1998년 同정치부 차장 1999년 同뉴스편집1부장 1999년 同정보과학부장 2000년 同정치부장 2000년 同뉴스편집1부장 2002년 同아시안게임방송기획단 보도위원 2003년 同보도국 부국장 2003년 同사장특보 2004년 同기획국장 2005년 同보도본부장(이사) 2006~2008년 同기획조정실장(이사) 2006~2007년 방송위원회 남북방송위원 2006~2008년 방송영상산업진흥원 이사 2008~2011년 춘천MBC 사장 2008~2011년 한국방송협회 이사 2009~2011년 지역MBC사장협의회 의장 2009~2011년 지역방송협회 공동대표 2011년 서울대 언론정보학과 산학협력중점교수(현) 2014년 한국방송비평학회 부회장(현) 2016년 방송기자클럽 부회장(현) 2016년 YTN 사외이사(현)

정흥섭

[생]1962 [주]경기 성남시 분당구 성남대로343번길9 SK주식회사 C&C 임원실(02-6400-0114) [학]인하대 전자계산학과졸 [경]2002년 SK C&C 화학사업1팀장 2009년 同PMO팀장 2012년 同Application개발본부장 2013년 同CV혁신본부장(상무) 2014년 同IT서비스혁신본부장(상무) 2015년 同통신사업본부장(상무) 2015년 SK주식회사 C&C 통신사업본부장(상무) 2016년 同통신사업1본부장(상무)(현)

정흥진(鄭興鎭) CHUNG Heung Jin

[생]1967 · 1 · 25 [출]서울 [주]전북 전주시 완산구 천잠로 303 전주대학교 공과대학 토목환경공학과(063-220-2755) [학]1985년 서울 오산고졸 1989년 고려대 토목공학과졸 1991년 한국과학기술원(KAIST) 대학원 토목공학과졸 1995년 공학박사(한국과학기술원) [경]1989~1995년 한국과학기술원 토목공학과 연구조교 1994~1995년 창원대 · 금오공대 시간강사 1995~1996년 한국과학기술원 위촉연구원 1996~1997년 미국 노스웨스턴대 박사후연구과정 1997~1998년 포항산업과학연구원 선임연구원 1998년 전주대 공과대학 토목환경공학과 조교수 · 부교수 · 교수(현) 1999~2001년 전북도지방건설기술위원 2000년 익산지방국토관리청 설계자문위원 2004~2005년 연암재단 해외연구교수 2004년 미국 UC Irvine 교환교수, 한국전산구조공학회 이사 2013~2015년 전주대 공과대학장 [역]'정역학'(2002)

정흥태(鄭興泰) Chung Hung Tae

[생]1952 · 6 · 20 [본]동래(東萊) [출]부산 [주]부산 해운대구 해운대로584 부민병원 원장실(051-602-8112) [학]1971년 부산고졸 1972년 부산대 의과대학졸 1981년 同의학대학원 의학과졸 1988년 의학박사(고려대) [경]1988년 부산대 · 성균관대 · 가톨릭대 의대 정형외과학교실 외래교수(현) 1989년 부민병원 원장(현) 1998년 부산시 북구 자유산악회 회장 1998년 인제대 의대 정형외과학교실 외래교수(현) 2000~2011년 부산시 북구 장애인협회 후원회장 2001년 부산시 북구사회복지협의회 대표 2001년 청소년교육문화재단 국제교류위원장 2002년 부산국제영화제후원회 홍보위원장 2003년 사랑의 장기기증운동 부산본부 후원회장, 동아대 의대 정형외과학교실 외래교수(현) 2005년 부산시 북구지역자활센터 운영위원회 회장(현) 2006~2009년 대한정형외과학회 부산 · 울산 · 경남지회장 2007~2011년 오순절평화의마을 자문위원 2007~2013년 (사)요산기념사업회 이사장 2007년 인제대 의대 정형외과 외래교수협의회 회장(현) 2008년 인당의료재단 이사장(현) 2008년 부산대총동문회 수석부회장 2008년 부산시의료산업협의회 이사장(현) 2008~2012년 부산시병원회 회장 2009~2013년 부산권의료산업협의회 이사장 2009~2010년 부산국제의료관광컨벤션 집행위원장 2012~2014년 대한전문병원협의회 초대회장 2012~2013년 대한병원협회 법제위원장 2013~2015년 同부회장 2013년 同발전특별위원장 2014~2015년 부산대총동문회 회장 2015년 대한전문병원협의회 명예회장(현) 2015년 더불어민주당 부산시당 오륙도연구소 이사장(현) 2016년 同부산북구 · 강서구乙지역위원회 위원장(현) [상]재정경제부장관표창(2000), 대한매일신보 의료부문 대한민국 뉴리더상(2003), 부산광역시장표창(2004 · 2008), 부산시민산업대상(2008), 보건복지부장관표창(2009 · 2014), 한독학술경영대상(2012), 자랑스런 부산대인(2012), 대통령표창(2013 · 2016), 국무총리표창(2016)

정희경(鄭喜卿 · 女) Helen, CHUNG Hee Kyung (玄哉)

[생]1932·5·24 [본]동래(東萊) [출]서울 [주]경기 이천시 마장면 청강가창로389의94 학교법인 청강학원 이사장실(02-2202-6653) [학]1951년 이화여고졸 1955년 서울대 사범대학 교육학과졸 1957년 미국 캔자스주립대 대학원졸 1975년 교육학박사(미국 오하이오노던대) [경]1961~1966년 서울대 사범대학 강사·전임강사 1966~1970년 성균관대 문리대 부교수·여학생처장 1967년 YMCA연합회 실행위원 1967년 서울시 교육위원 1969년 지역사회학교후원회 부회장 1970년 서울대 사범대학 조교수 1971~1973년 남북적십자회담 대표 1971~1982년 이화여고

교장 1985~1988년 현대고 교장 1985~1991년 민주평통 부의장 1988년 민정당 서울강남甲지구당 위원장 1990년 의왕 계원예고 교장 1993년 학교법인 청강학원 이사장(현) 1993년 뉴스타트운동 한국본부 회장 1995년 국민회의 지도위원회 부의장 1995년 同교육문화특별위원장 1996년 同선거대책위원회 공동의장 1996년 제15대 국회의원(전국구, 국민회의·새천년민주당) 2000~2007년 이승만박사기념사업회 부이사장 2002~2007년 (사)한미문화사회발전협회 이사장 2003~2008년 역사를사랑하는모임 회장 2007~2010년 (재)대한YMCA 후원회 회장 2010~2013년 일가재단 이사장 [상]국민훈장 모란장, 제8회 비추미여성대상(2008), YWCA 대상(2012) [저]수필집 '시한속의 너와 나' '또 하나의 여로' '약함이 힘되고 어둠의 빛되어' '함께 생각합시다' '더불어 산다는 것은' '역사의 길목에 서서' '기죽이지 말라구요?' '학생상담의 이론과 실제' '삶, 그 신묘한 색채들(The Colors of Life)' [역]'변화하는 세계에서의 카운슬러' [종]기독교

정희권(鄭熙權)

[생]1971·10·1 [본]동래(東萊) [출]부산 [주]경기 과천시 관문로47 미래창조과학부 국제과학비즈니스벨트조성추진단(02-2110-2660) [학]서울대 국제경제학과졸 [경]2005년 과학기술부 미주기술협력과 서기관 2005년 同과학기술정책국 서기관, 同종합기획과 서기관 2007년 同기초연구국 우주기술협력팀장 2007년 同과학기술정책국 기술혁신제도과장 2008년 교육과학기술부 투자분석기획과장 2009년 駐OECD 파견(서기관) 2011년 교육과학기술부 산학협력과장 2013년 민관합동창조경제추진단 기획총괄팀장 2015년 미래창조과학부 과학기술정책국 과학기술혁신과장 2015년 同과학기술전략본부 과학기술정책과장 2016년 同국제과학비즈니스벨트조성추진단장(고위공무원)(현)

정희기(鄭熙基) Jeoung Hi Gi

[생]1964·12·15 [주]서울 서초구 신반포로194 경부선9층 907호 금호고속(주)(02-530-6102) [학]1982년 순천고졸 1985년 한양대 경제학과졸 2014년 광주일보 제2기 리더스아카데미 수료 [경]1986년 금호고속(주) 입사 1997년 同경영기획팀장 2002년 同경리1팀장 2005년 同경리팀장 2006년 同전략경영팀·재무관리팀·시스템팀담당 상무보 2007년 同고속관리담당 상무보 2008년 同고속관리담당 상무이사 2009년 同전략경영팀·재무지원팀·해외사업팀담당 상무이사 2010년 同관리담당 상무이사 2011년 同경영관리담당 상무이사 2012년 同직행본부 총괄전무이사 2014년 부산물류터미널(주) 이사 2015년 (주)속리산고속 사내이사(현) 2015년 금호고속(주) 고속총괄담당 전무(현) [종]천주교

정희돈(鄭熙墩) Jung Hee Don

[생]1962·10·1 [주]서울 영등포구 국제금융로6길42 (주)삼천리ENG(02-368-3500) [학]청구고졸 1985년 서강대 경영학과졸 1989년 한국과학기술원 경영과학과졸(석사) 1999년 경영공학박사(한국과학기술원) [경]삼일회계법인 경영컨설팅 이사, 하나로텔레콤 경영혁신실장 2006년 (주)삼천리 전략기획총괄 경영혁신담당 상무 2010년 同중부지역본부장(상무) 2010년 同사업개발본부 부동산개발TF 전무 2011년 同경영지원본부 부본부장(전무) 2013년 同경영전략본부 경영전략실장(전무) 2013년 同도시가스사업본부 인천본부장(전무) 2015년 同도시가스본부장(전무) 2015년 (주)삼천리ENG 대표이사 전무(현)

정희련(鄭熙鍊) CHUNG Hie Ryun

[생]1956·7·17 [출]서울 [주]서울 송파구 송파대로268 한솔섬유빌딩3층 풀무원샘물 사장실(02-2140-8725) [학]1975년 서울고졸 1980년 성균관대 화학공학과졸 1986년 미국 코네티컷주립대 대학원 경영학과졸 [경]한국코카콜라보틀링 상무이사 2002~2003년 同영업총괄 부사장 2003~2006년 해태음료(주) 대표이사 사장 2006~2007년 아웃백스테이크하우스 대표이사 2008년 풀무원샘물(주) 대표이사 사장(현)

정희만(鄭熙晩) Jeong Hui Man

[생]1960·5·15 [출]충남 아산 [주]대전 서구 복수서로67 남부소방서(042-609-6803) [학]1979년 천안중앙고졸 1986년 단국대 무역학과졸 1994년 충남대 대학원 행정학과졸 [경]1987년 소방위 임용(소방간부후보생 5기) 1987~1991년 충남 공주소방서 유구파출소장 1998~2005년 대전시 소방본부 방호구조과·소방행정과 근무 1998~2006년 대전보건전문대학 응급구조학과 겸임교수 2005~2011년 경일대 소방방재학부 겸임교수 2005~2007년 대전시 소방본부 소방행정과장·동부소방서장 2012~2015년 同소방본부 119종합상황실장·중부소방서장 2015년 대전대 방재학부 소방방재학전공 출강(현) 2015년 대전 남부소방서장(현) [상]국무총리표창(2001), 대전개발대상 사회안전부문 대상(2016) [저]'구조구급용어사전(共)'(2005, 도서출판 대학서림) [종]기독교

정희범(鄭熙範) JUNG Hee Bum

[생]1958·3·6 [출]충북 옥천 [주]대전 유성구 가정로218 한국전자통신연구원 SW·콘텐츠원천연구그룹(042-860-6114) [학]1981년 서강대 전자공학과졸 1983년 한국과학기술원(KAIST) 석사 1993년 공학박사(미국 컬럼비아대) [경]한국전자통신연구원 무선통신표준연구실 선임연구원 2004년 同기반기술연구소 SoC설계연구원 2007년 同IT융합·부품연구소 융합부품기술전략팀장 2008년 同융합부품·소재연구부문 융합부품·소재미래기술연구부장 2010년 同융합부품소재연구부문 시스템반도체연구부장 2012년 同디지털RFSOC연구팀 전문위원 2014년 同SW·콘텐츠연구소 SW-SoC융합연구본부장 2016년 同SW·콘텐츠원천연구그룹장(현)

정희석(鄭熙錫) JUNG Hee-Suk

[생]1962·6·12 [주]대구 북구 대학로80 경북대학교 정치외교학과(053-950-5210) [학]1987년 경북대 정치학과졸 1989년 同대학원 정치학과졸 [경]1999년 경북대 정치외교학과 교수(현), 同기획부처장 2009~2010년 同기획처장 2015~2016년 同학생처장

정희선(鄭凞仙·女) CHUNG Hee Sun

[생]1955·6·6 [출]충북 제천 [주]대전 유성구 대학로99 충남대학교 분석과학기술대학원(042-821-8540) [학]1974년 충주여고졸 1978년 숙명여대 약학과졸 1980년 同대학원 약학과졸 1987년 약학박사(숙명여대) [경]1978~1989년 국립과학수사연구소 이화학과 기기분석실 근무 1982년 미국 LA경찰국 범죄과학연구소 연수 1984년 미국 Ohio주 클리브랜드법검시관사무소 연수 1987~1998년 숙명여대 강사 1988년 미국 San Diego 보안관사무소 연수 1990년 국립과학수사연구소 약품연구실장 1993~1996년 同약독물과장 1995년 경찰대 강사 1996~2002년 국립과학수사연구소 마약분석과장 1997년 경찰종합학교 강사 1999년 중앙약사심의위원회 위원 1999년 미국 법과학회 회원 1999~2002년 숙명여대 겸임교수 2000년 식품의약품안전청 오남용약물사업·내분비계장애물질 자문위원 2002년 국제법중독학회 집행위원 2002년 국립과학수사연구소 법과학부장 2008~2010년 同소장 2008~2012년 한국법과학회 회장 2008~2011년 국제법독성학회 사무총장 2009년 대한약학회 부회장 2010~2012년 국립과학수사연구원 원장 2011~2014년 세계법과학회(IAFS) 회장 2013년 충남대 분석과학기술대학원장(현) 2014년 한국과학창의재단 비상임이사(현) [상]내무부장관표창, 보건사회부장관표창, 과학기술부 선정 '올해의 여성과학기술자상'(2007), 비추미여성대상 별리상(2010), 대영제국 지휘관 훈장(2014) [저]'생체시료에서 마약류의 검사'

정희성(鄭喜成) JUNG Hee Sung

[생]1945·2·21 [출]경남 창원 [학]1964년 용산고졸 1968년 서울대 국어국문학과졸 [경]1970년 동아일보 신춘문예에 詩 '탁생조' 당선·시인 등단 1972~2007년 숭문고 국어교사 2002년 민족문학작가회의 부이사장 2006년 同이사장 2007~2008년 (사)한국작가회의 이사장 [상]김수영 문학상, 시와 시학상(1997), 만해문학상(2001), 아름다운 작가상, 불교문학상, 정지용 문학상(2013), 제6회 구상문학상(2014) [저]시집 '답청' '저문 강에 삽을 씻고' '한 그리움이 다른 그리움에게' '시를 찾아서' '돌아다보면 문득' '그리운 나무'(2013) 평론집 '한국현대시의 이해' '한국현대시선'(編) [종]천주교

정희수(鄭熙秀) CHUNG Hee Soo

[생]1953·10·25 [본]영일(迎日) [출]경북 영천 [학]1972년 대구상고졸 1982년 성균관대졸 1987년 미국 일리노이대 대학원 경제학 석사 1992년 경제학박사(미국 일리노이대) 2003년 아주대 대학원 경영학 석사 [경]1999년 포스코경영연구소 경영전략연구센터장 2002년 서울경제신문 논설위원 겸 백상경제연구원장 2005년 제17대 국회의원(영천 보궐선거 당선, 한나라당) 2006년 한나라당 원내부대표 2008년 제18대 국회의원(영천, 한나라당·새누리당) 2008년 국회 국토해양위원회 위원 2008년 국회 경제정책포럼 대표의원 2008~2009년 한나라당 경북도당 위원장 2009년 한·파키스탄의원친선협회 부회장 2009년 미래정치연구모임 공동대표 2010년 국회 일자리만들기특별위원회 간사 2010년 한나라당 제1사무부총장 2010년 한·핀란드의원친선협회 회장 2011~2012년 한나라당 사무총장 직대 2012~2016년 제19대 국회의원(영천, 새누리당) 2012년 국회 쇄신특별위원회 위원장 2012년 새누리당 경제

민주화추진단 위원 2012년 同재외국민위원회 중국 위원장 2012년 同중앙선거대책위원회 중소기업·소상공인·벤처기업협력단 공동단장 2012년 同상임전국위원 2012년 국회 예산결산특별위원회 위원 2013년 한·브라질의원친선협회 부회장 2013년 한·아일랜드의원친선협회 이사 2013년 국회 국방위원회 위원 2013년 국회 사법제도개혁특별위원회 위원 2014년 한일의원연맹 경제과학위원회 위원장 2014~2016년 국회 기획재정위원회 위원장 [상]국정감사 NGO모니터단 선정 국정감사 우수의원(2006·2007·2008·2009·2010·2011·2012·2013), 국회의원 우수연구단체(2009), 국회의원 최우수연구단체(2010·2011·2012), 대한민국헌정상 우수상(2011), 국회사무처 선정 입법 및 정책개발 우수국회의원(2012), 국회의원 우수연구단체 최우수등급(2013), 국회사무처 선정 입법및정책개발 우수국회의원(2013), 대한민국소비자대상 소비자입법부문(2013), 법률소비자연맹 선정 국회 헌정대상(2013·2014), 바른사회밝은정치시민연합 제19대 국회 상반기 '입법 분야' 우수의원(2014), 바른사회시민회의 선정 '우수의정활동상'(2014) [저]'지방산업의 경쟁력 비교우위 분석'(1995, 대우경제연구소) '지방화시대의 지역산업경제 활성화 전략'(2002, 대한상공회의소) '뜻모아 힘모아 철도타고 세계여행 : 정희수의원과 철도동호회 회원들의 이야기'(2005)

정희시(鄭禧時)

[생]1962·5·25 [출]경남 합천 [주]경기 수원시 팔달구 효원로1 경기도의회(031-8008-7000) [학]연세대 정치외교학과졸 [경]1987~1997년 삼성물산 입사·과장 2007년 카이로스에프씨에이 대표, 군포환경자치시민회 공동대표, 더불어민주당 군포지역위원회 협동조합위원장, 同경기도당 중소기업발전특별위원회 위원장(현) 2016년 경기도의회 의원(보궐선거 당선, 더불어민주당)(현) 2016년 同보건복지위원회 위원(현) 2016년 同경제민주화특별위원회 위원(현)

정희영(鄭熙永) CHUNG Hee Yung

[생]1940·4·8 [본]경주(慶州) [출]서울 [주]경기 남양주시 화도읍 먹갓로96 선진종합(주) 회장실(02-2233-5311) [학]1959년 배재고졸 1965년 서울대 경제과졸 [경]1965년 현대건설 입사 1970년 同이사 1973년 현대중공업 상무이사 1976년 아세아상선 사장 1977년 현대중공업 사장 1978년 현대종합상사 사장 1981년 선진해운 사장 1981년 선진식품 사장 1982~1994년 선진종합(주) 사장 1985년 한국예선협회 회장 1994년 선진종합(주) 회장(현) [상]금탑산업훈장

정희원(女) Jung Hee Won

[생]1965·10·18 [주]서울 강서구 금낭화로154 국립국어원 어문연구실(02-2669-9710) [학]언어학박사(서울대) [경]1994년 국립국어연구원 어문실태연구부 학예연구관 1998년 同어문규범연구부 학예연구관 2000년 同언어생활부 학예연구관 2004년 국립국어원 학예연구관 2007년 同국어실태연구팀장 2009년 同어문연구팀장 2014년 同어문연구실 한국어진흥과장 2014년 同어문연구실장(현)

정희원(鄭喜元) JUNG Hee Won

[생]1971·10·6 [출]대구 [주]서울 서초구 반포대로158 서울중앙지방검찰청 조사2부(02-530-4398) [학]1990년 부산 중앙고졸 1995년 서울대 공법학과졸 [경]1996년 사법시험 합격(38회) 1999년 사법연수원 수료(28기) 1999년 軍법무관 2002년 서울지검 검사 2004년 창원지검 진주지청 검사 2006년 수원지검 검사 2009년 법무부 형사법제과 검사 2011년 서울중앙지검 부부장검사 2012년 대검찰청 연구관 2013년 광주지검 강력부장 2014년 법무부 보호법제과장 2015년 同범죄예방기획과장 2016년 서울중앙지검 조사2부장(현)

정희은(鄭稀銀·女)

[생]1976·3·3 [주]세종특별자치시 다솜3로95 공정거래위원회 카르텔조사국 카르텔조사과(044-200-4551) [학]1992년 전주 한일고졸 1996년 고려대 영문학과졸 2004년 숭실대 대학원 법학과 수료 [경]행정고시 합격(42회) 2000년 공정거래위원회 정책국 총괄정책과 사무관 2001년 同심판관리관실 심판관리3담당관실 사무관 2004년 同심판관리관실 심판관리2담당관실 사무관 2004년 同정책국 국제기구과 사무관 2005년 同경쟁정책본부 국제협력팀 사무관, 同카르텔정책팀 사무관 2008년 同카르텔정책과 사무관 2009년 同카르텔정책과 서기관, 同소비자정책과 서기관 2014년 OECD 대한민국정책센터 파견(서기관) 2016년 공정거래위원회 카르텔조사국 카르텔조사과장(현) [상]공정거래위원회 5월의 공정인(2006)

정희일(鄭喜日) Chung, Hee-il (心海)

[생]1960·6·3 [본]영일(迎日) [출]경북 경주 [주]서울 강북구 덕릉로101 보람빌딩701호 (사)한국가족보호협회(02-982-1366) [학]1979년 용산고졸 1989년 한국방송통신대 법학과졸 1991년 숭실대 노사관계대학원 고위지도자과정 수료 1993년 프랑스 파리소르본느대 사회복지학과정 수료 1995년 국민대 행정대학원 행정학과졸 [경]1983~1994년 서울지하철공사 근무 1991~1994년 同노동조합 지부장 1993~1999년 지역개발정책연구소 소장 1996년 국민대 행정대학원 총학생회장 2000~2003년 사회복지정책연구소 소장, 한나라당 김원길국회의원 정책특보 2005년 (사)한국가족보호협회 이사장, 同이사(현) 2012년 새누리당 제18대 대통령선거 박근혜 경선 후보 특보 [저]'재개발·재건축·주거환경개선사업 어떻게 추진하는가' '10일이면 컴맹탈출' [종]천주교

정희전(鄭熙全) CHUNG Hee Chun

[생]1955·9·7 [출]서울 [주]서울 중구 명동11길19 은행회관 서울외국환중개(주) 임원실(02-3705-5500) [학]1974년 서울고졸 1978년 서울대 경제학과졸 1990년 미국 노스캐롤라이나대 대학원졸 [경]1990년 한국은행 조사제1부 근무 1992년 同비서실 근무 1994년 同자금부 근무 1995년 同국제부 근무 1996년 同국제협력실 근무 1997년 同자금부 근무 1998년 同금융시장부 근무 2000~2004년 同금융시장국 통화운영팀장·통화금융팀장 2004년 同광주·전남본부 기획조사실장 2006년 同금융시장국 부국장 2006년 同비서실장 2008년 同금융시장국장 2009년 同정책기획국장 2012~2014년 국제금융센터 부원장 2014년 서울외국환중개(주) 대표이사 사장(현)

정희천(鄭熙川) CHUNG Hee Chun (碧崗)

[생]1935·6·12 [본]경주(慶州) [출]경남 함안 [학]1955년 마산상고졸 1961년 부산대 상과대학졸 1980년 연세대 교육대학원졸 2008년 명예 행정학박사(건양대) [경]1960년 신인등용선발시험 사무계2부 합격 1961년 부산대 도서관 사서 1967년 국립중앙도서관 사서관 1972년 서울시교육위원회 사무관 1974년 문교부 사무관 1977년 同대학제도담당관·편수과장 1980년 대통령 정무비서실·교육문화비서실 행정관 1982년 강원대 사무국장 1983년 서울시교육위원회 남부교육구청장 1984~1990년 이화여대·연세대·한국외국어대 교육행정학강사 1985년 문교부 교육정책실 제3조정관 1986년 국사편찬위원회 사무국장 1986년 서울대 시설관리국장·사무국장 1988년 민정당 정책조정실 문교체육수석전문위원 1990년 국립중앙도서관장 1990년 행정고등고시 시험위원 1990년 유네스코 한국위원회 위원 1993년 문화체육부 종무실장 1994년 한국문예진흥원 부원장 1994년 예술의전당·한국국제교류재단 이사 1995~1997년 한국관광공사 감사 1997·2003년 세종대·경희대·경원대 강사 1997~2000년 건양대 경상대학 초빙교수 1998~2008년 관광종사원 국가자격시험 관광법규출제위원 2000~2002·2010~2016년 세종대 호텔관광대학 겸임교수 2000~2010년 서울중앙지법 민사조정위원 2000~2002년 경기대 강사 2009년 경희대 관광대학원 객원교수 [상]대통령표창(1983), 홍조근정훈장(1988) [저]'최신관광법규론'(2008, 대왕사) '최신관광법규론(제13판)'(2013, 대왕사) '최신관광법규론(제15판)'(2015) [종]가톨릭

정희택(鄭熙澤) JEONG Hee Taek

[생]1963·9·23 [출]서울 [주]서울 종로구 경희궁길26 세계일보 경영지원본부(02-2000-1732) [학]1989년 인천대 영어영문학과졸 [경]1999년 세계일보 편집부 기자 2001년 同편집부 차장대우 2004년 同편집부 차장 2007년 同편집국 편집1팀장 2008년 同편집국 편집부장 2010년 同편집국 편집위원 2013년 同편집국 편집부장(부국장급) 2015년 세계닷컴 본부장 2015년 세계일보 디지털미디어국장 2015년 同경영지원본부장 겸 기획조정실장(현) 2016년 한국신문협회 기조협의회 이사(현)

제갈원영(諸葛院英) Jegal Won Yeong

[생]1956·7·13 [본]남양(南陽) [출]전남 여수 [주]인천 남동구 정각로29 인천광역시의회(032-440-6042) [학]제물포고졸 1983년 고려대 법과대학 법학과졸 [경]한나라당 인천시당 재정위원회 수석부위원장, 同인천시당 지역대표 전국위원, 인천시 연수구재향군인회 자문위원, (사)연수구지역발전협의회 자문위원, 고려대총동창회 이사, 인천시 연수구생활체육회 자문위원 1994년 재우인더스트리 대표 2010년 인천시의회 의원(한나라당·새누리당) 2010년 同새누리당 원내대표 2010년 同건설교통위원회 위원 2010년 同지방재정건전화추진특별위원회 위원 2011년 同예산결산특별위원회 위원 2012년 同문화복지위원회 위원 2014년 인천시의회 의원(새누리당)(현) 2014년 同교육위원회 위원 2014~2015년 同예산결산특별위원회 위원 2016년 同의장(현) 2016년 전국시·도의회의장협의회 감사(현) [상]유권자시민행동 대한민국유권자대상(2015)

제대식(諸大植) Jeh, Dae Shik

(생)1960·9·8 (출)경남 진주 (주)충북 음성군 맹동면 이수로93 국가기술표준원 원장실(043-870-5301) (학)진주고졸, 부산대 전기공학과졸 2002년 미국 뉴욕주립대 올바니교 정보과학대학원졸 (경)기술고시 합격(22회) 1999년 특허청 심사4국 컴퓨터심사담당관 2003년 同심사2국 제어기계심사담당관 2003년 同특허심판원 심판관 2005년 同전기전자심사국 컴퓨터심사담당관 2005년 同기계금속건설심사국 특허심사정책과장 2006년 同정보통신심사본부 통신심사팀장 2007년 同정보통신심사본부장 2008년 同정보통신심사국장 2009년 同정보기획국장 2011년 同전기전자심사국장 2012년 특허심판원 심판장 2012년 해외파견(국장급) 2013년 특허청 전기전자심사국장 2013년 同특허심사기획국장 2014년 同특허심판원 심판장 2014년 同특허심판원장 2015년 산업통상자원부 국가기술표준원장(현) (상)국무총리표창(1998) (저)'지식경영과 특허전략'(2000)

제만호(諸萬鎬) CHE Man Ho

(생)1951·12·20 (본)칠원(漆原) (출)경북 성주 (주)서울 성동구 성수이로18길31 풍림테크원505호 H&T(주) 대표이사실(02-461-3366) (학)1969년 대구상고졸 1985년 한국방송통신대 경영학과졸 1988년 고려대 대학원 경영학과졸(석사) (경)1969년 쌍용양회(주) 입사 1991년 쌍용정보통신(주) 부장 1995년 同이사대우 1997년 同이사 1999년 H&T(주) 대표이사 사장(현) (종)불교

제무성(諸武成) JEA Moo Sung

(생)1960·5·13 (출)경남 통영 (주)서울 성동구 왕십리로222 한양대학교 원자력공학과(02-2220-1346) (학)1986년 서울대 원자핵공학과졸 1988년 同대학원 원자핵공학과졸 1992년 공학박사(미국 캘리포니아대) (경)1992~1995년 한국원자력연구원 연구원, 미국 캘리포니아대 전문연구원 2001년 한양대 원자력공학과 교수(현) 2001~2003년 미국 IAPSAM 집행위원 2002~2006년 한국안전학회 이사 2003~2005년 한국원자력학회 이사 2005~2006년 미국ANS 한국지회 집행위원 2006~2007년 한국원자력산업회의 이사 2007~2008년 캐나다 McMaster Univ. 연구교수 2012년 에너지미래교수포럼 회장(현) 2013~2016년 국무총리직속 원자력안전위원회 전문위원 2015~2016년 한국원자력문화재단 원자력국민소통자문위원회 위원 2016년 (사)한국원자력학회 소통위원장 겸 공동대변인(현) (저)'시스템안전공학개론' (종)기독교

제민호(諸珉鎬) JHE Min Ho

(생)1963·9·16 (출)서울 (주)서울 서초구 사평대로84 이수화학빌딩8층 (주)이수(02-590-6726) (학)1982년 인창고졸 1986년 서울대 국제경제학과졸 1989년 同대학원졸 (경)1993년 조흥은행 입행 1999년 이수화학(주) 기획실 전략기획팀장 2000년 이수창업투자 투자팀장·총괄임원 2004년 同대표이사 상무보 2007년 同대표이사 상무 2008년 (주)이수 상무 2012년 同전무 2013년 이수시스템(주) 전무 2013년 이수건설(주) 대표이사 전무 2015년 同대표이사 부사장 2016년 (주)이수 대표이사(현)

제성호(諸成鎬) Jhe Seong Ho

(생)1958·7·8 (출)서울 (주)서울 동작구 흑석로84 중앙대학교 법학과(02-820-5453) (학)1977년 보성고졸 1981년 서울대 법학과졸 1983년 同대학원 법학과졸 1989년 법학박사(서울대) (경)1985~1986년 보병 제7사단 정훈장교, 육군본부 정훈감실 정훈교재 편찬위원 1986~1989년 육군사관학교 교관·전임강사 1990~1991년 수원대 법정대학 조교수 1991~2000년 통일연구원 연구위원·선임연구위원, 同북한경제사회연구실장·북한인권센터 소장 1994~2015년 법무부 남북법령연구특별분과위원회 위원 1995년 법원행정처 특수사법제도연구위원회 연구위원(현) 1996~1998년 MBC 객원해설위원(통일문제담당) 1999~2006년 통일부 경수로사업지원기획단 법률자문위원 2000년 중앙대 법학과 교수(현) 2001년 국가안전보장회의(NSC) 정책전문위원 2001~2002·2008~2013년 통일부 정책자문위원 2001~2015년 민주평통 자문위원·상임위원·운영위원 겸 인도지원인권분과위원장 2002~2008년 법제처 자문위원 2004년 한반도포럼 회장(현) 2005~2009년 대통령소속 친일반민족행위진상규명위원회 위원 2005~2007년 자유민주연구학회 회장 2006~2008년 뉴라이트전국연합 상임대표 2008년 국회 선거구획정위원회 위원 2008~2010년 외교통상부 인권대사 2010~2014년 국회 윤리심사자문위원회 위원 2010년 국무총리소속 6.25전쟁납북진상규

명위원회 위원(현) 2011~2014년 법제처 남북법제자문위원장 2013~2015년 국무총리소속 특수임무수행자보상심의위원회 위원 2013~2015년 납북피해자보상심의위원회 위원장 2014년 대통령직속 통일준비위원회(현) 2014년 법제처 연구위원(현) 2015년 민주평통 인권법제분과위원회 위원장(현) (저)'항공기테러와 국제법'(1989) '남북한 특수관계론'(1995) '한반도 비무장지대론'(1997) '미귀환 국군포로문제 해결방안'(1999) '한반도 평화체제의 모색 : 법규범적 측면을 중심으로'(2000) (역)'일본의 통신행정과 법체계' '대동아국제법의 제문제'

제윤경(諸閏景·女) JE YOUN KYUNG

(생)1971·7·25 (주)서울 영등포구 의사당대로1 국회 의원회관553호(02-784-7451) (학)덕성여대 심리학과졸 (경)한겨레앤씨 재무컨설팅 사업본부장, 에셋비 교육본부장 2007~2016년 (주)에듀머니 대표이사 2011년 박원순 서울시장후보 선거캠프 부대변인 2012년 희망살림 상임이사 2012년 민주통합당 문재인 대통령후보 담쟁이캠프 공동선거대책위원장 2015년 주빌리은행 상임이사 2016년 제20대 국회의원(비례대표, 더불어민주당)(현) 2016년 국회 정무위원회 위원(현) 2016년 국회 민생경제특별위원회 위원(현) (상)제14회 미래를 이끌어갈 여성지도자상(2016) (저)'아버지의 가계부'(2007) '불행한 재테크 행복한 가계부'(2007) '부자들의 행복한 가계부'(2007) '나의 특별한 소방관'(2008) '한국의 가계부 부자들'(2008) '착한소비의 시작 굿바이 신용카드'(共)(2010) '돈에 밝은 아이'(2010) '약탈적 금융사회'(共)(2012) '빚 권하는 사회, 빚 못 갚을 권리'(2015)

제정부(諸廷富) JE Jeong Boo

(생)1956·5·10 (본)칠원(漆原) (출)경남 고성 (주)세종특별자치시 도움5로20 법제처 처장실(044-200-6500) (학)1975년 마산고졸 1980년 동아대 법학과졸 1982년 同대학원 법학과졸 (경)1981년 행정고시 합격(25회) 1983년 법제처 법제조정실 행정사무관 1989년 대통령비서실 근무 1990년 서기관 승진 1998년 법제처 경제법제국 법제관 2001년 同행정법제국 법제관 2002년 同행정법제국 법제심의관 2004년 同사회문화법제국 법제심의관 2005년 同경제법제국장 2007년 同행정법제국장 2009년 同법령해석정보국장 2010년 同기획조정관 2011년 同차장 2013년 법제처장(현) (상)국방부장관표창, 대통령표창, 홍조근정훈장

제정호(諸丁鎬) Jung Ho Je

(생)1957·3·1 (본)칠원(漆原) (출)서울 (주)경북 포항시 남구 청암로77 포항공과대학교 신소재공학과(054-279-2143) (학)1979년 연세대 금속공학과졸 1981년 한국과학기술원(KAIST) 재료공학과졸 1983년 재료공학박사(한국과학기술원) (경)1983년 서독 원자력연구소 연구원 1986~2001년 포항공과대 재료금속공학과 조교수·부교수·교수 1994년 미국 엑슨연구소 방문교수 1999~2006년 LG Philips 디스플레이연구소 고문교수 2001년 미국 알곤연구소 방문교수 2001년 포항공과대 신소재공학과 교수(현) 2003년 국제콘소시움 X선현미경빔라인(7B2) 총괄책임자 2004년 방사광가속기 X선을 이용해 조영제 없이 미세혈관을 촬영하는 기술을 개발 2005년 포항공과대 생의학영상센터 소장 2006년 방사광 X선을 이용한 '밝은-장 X선 영상(Bright-Field X-ray Imaging) 현미경 기술'을 세계 최초로 개발 2006년 포항공과대 X선연상연구센터장(현) (상)한국과학재단 이달의 과학자상(2002), 과학기술부·스위스 과학기술청 한·스위스 우수연구자상(2003), 한국방사광이용자협의회 심계과학상(2003), 대한민국기술대전 특별상(2004), 경북과학기술대상 연구개발상(2005), (재)수당재단 수당상 응용과학부문(2015) (종)기독교

제정훈(諸廷勳) JE Jeong Hoon

(생)1944·9·20 (본)칠원(漆原) (출)경남 (주)경남 창원시 의창구 상남로290 경상남도의회(055-211-7386) (학)경남항공고졸 1969년 동국대 경상대학 경영학과졸 1971년 고려대 경영대학원졸 (경)1967~1968년 전국대학생총연합회 부회장 1969~1987년 한국전자(주) 상무이사 1984~1988년 경남 고성농고총동창회 부회장 1984~1994년 정흥정밀공업사 사장 1987~1988년 진보정치연합 경남지회장·통영고성지부장 1987~1990년 한겨레민주당 통영·고성지구당 위원장 1988년 제13대 국회의원선거 출마(통영·고성, 한겨레민주당) 1993~1998년 통합민주당 통영·고성지구당 위원장 1996년 제15대 국회의원선거 출마(통영·고성, 무소속) 2002·2006년 경남 고성군수선거 출마(무소속) 2012년 새누리당 제18대 대통령중앙선거대책위원회 조직총괄본부 희망통합위원회 부위원장 2014년 경남도의회 의원(무소속)(현) 2014·2016년 同경제환경위원회 위원(현) 2016년 同남부내륙철도조기건설을위한특별위원회 위원 2016년 同예산결산특별위원회 위원 (종)기독교

제종길(諸淙吉) JE Jong Geel (봄솔)

(생)1955·3·21 (본)칠원(漆原) (출)경남 창원 (주)경기 안산시 단원구 화랑로387 안산시청 시장실(031-481-2001) (학)1973년 영등포고졸 1983년 건국대 생물학과졸 1985년 同대학원 생물학과졸(동물학석사) 1993년 이학박사(서울대) (경)1984~2004년 한국해양연구원 연구원 1994~2004년 상명대·인하대·성균관대·한양대 등 강사 1998~2000년 해안서식지복원연구회 회장 2004년 한국습지학회 부회장 2004~2008년 제17대 국회의원(안산 단원구乙, 열린우리당·대통합민주신당·통합민주당) 2005~2007년 국회 바다포럼 대표 2006~2007년 열린우리당 제5정책조정위원장, 민족정기의원모임 독도지키기 추진위원장 2007~2008년 기후변화포럼 공동대표 2008~2014년 도시와자연연구소 소장 2008~2011년 한양대 겸임교수 2008~2010년 한국해양연구원 정책자문위원 2010~2014년 한국환경교육네트워크 공동대표 2011~2013년 인천대 초빙교수 2011~2014년 기후변화정책연구소 소장 2011~2013년 한·중 황해보전 국가코디네이터 2012~2014년 한국생태관광협회 공동대표 2012년 한국보호지역포럼 위원장(현) 2012~2014년 한국수중과학회 회장, 서울대 환경대학원 도시환경최고위과정 공동주임교수 2014년 경기 안산시장(새정치민주연합·더불어민주당)(현) 2014년 전국다문화도시협회 회장(현) 2015년 더불어민주당 자치분권민주지도자협의회 경기도 공동대표(현) (상)건국대학교 공로상(1983), 대통령 산업포장(2001), 해양수산부장관표창(2003), EBS환경교육대상(2003), 대한민국환경대상 정치부문, 의정대상(2007), 올해의 환경인상(2007), 대한민국 유권자 대상(2015), 한국의 미래를 빛낼 CEO 친환경경영부문(2016), 기후변화그랜드리더스어워드 지방자치단체부문 리더스상(2016) (저)'이야기가 있는 제주바다'(2002, 도요새) '우리바다 해양생물(共)'(2002, 다른세상) '고등학교 교과서 해양환경(共)'(2003) '환경박사 제종길이 들려주는 바다와 생태이야기'(2006, 각) '숲을 지키는 사람들(共)'(2010) '갯벌의 이해와 교육(共)'(2012) '습지이해(共)'(2013) '도시 발칙하게 상상하라'(2014, 자연과생태) '도시 견문록'(2014, 자연과생태) (역)동물건축가'(2008) '활기가 넘치는 해양보호구역 네트워크'(2010) '국경을 초월한 자연보전(共)'(2012) '자연성지(共)'(2012) '생태관광사업에의 선진경영기법 적용방안(共)'(2013)

제창웅(諸昌雄) Jae Chang Woung

(생)1952·5·22 (출)서울 (주)대구 서구 국채보상로43길15 한국폴리텍VI대학 대구캠퍼스 신소재응용화과(053-560-3153) (학)1971년 수도고졸 1996년 경일대 화학공학과졸 2004년 재료공학박사(금오공과대) (경)1977년 대구직업훈련원 교사, 창원기능대학 교수 1999~2001년 대구기능대학 산학협력과장, 한국폴리텍VI대학 대구캠퍼스 교수 2004~2006년 同대구캠퍼스 산학협력단장 2007년 同대구캠퍼스 교학처장 2008~2011년 同구미캠퍼스 학장 2011년 同대구캠퍼스 신소재응용과 교수(현)

제타룡(諸他龍) JEA Ta Yong

(생)1938·5·15 (본)칠원(漆原) (출)경남 사천 (주)서울 성동구 고산자로356 대한적십자사 서울지사(02-2290-6600) (학)1957년 진주고졸 1982년 미국 컬럼비아퍼시픽대 경영학과졸 1994년 연세대 행정대학원 고위정책과정 수료 1996년 미국 유타주립대 수료 2001년 연세대 행정대학원 도시행정학과졸 2004년 서경대 영어학과졸 (경)1983년 성북구 도시정비국장 1985년 서울시 운수과장 1987년 同조사담당관 1991년 同교통기획과장 1992년 同기획담당관 1993년 同교통관리사업소장 1993년 同종로구 부구청장 1994년 同교통국장 1995년 同양천구청장 1997년 同감사실장 2002년 한나라당 이명박 서울시장후보 정책특보 2002~2005년 서울시도시철도공사 사장 2006년 한나라당 오세훈 서울시장후보 정책총괄 2006년 서울시장직무인수위원회 공동위원장 2006~2007년 서울시 정책특보 2007년 서울시정개발연구원 원장 2011년 대한적십자 서울지사 회장(현) (상)대통령표창, 녹조근정훈장, 홍조근정훈장 (저)'자동차등록업무'(共) '서울교통백서'(共) (종)불교

제태환(諸泰煥) Je tae hwan

(생)1961·8·24 (출)전북 순창 (주)전북 전주시 완산구 효자로225 전라북도 소방본부 구조구급과(063-280-4740) (학)순창고졸 2005년 전북대 행정대학원 행정학과졸 2016년 행정학박사(전북대) (경)1993년 소방간부후보생 임용(7기) 1993년 김제소방서 신풍센터장 1998년 정읍소방서 방호담당·소방담당 2002년 군산소방서 소방담당·구조구급담당 2004년 정읍소방서 장비담당 2005년 완산소방서 방호과장·예방안전과장 2008년 군산소방서 예방안전과장 2008년 전북소방안전본부 구조구급담당 2010년 덕진소방서 현장기동단장 2012년 정읍소방서장(지방소방정) 2014년 전주완산소방서장 2016년 전북도 소방본부 구조구급과장(현)

제해성(諸海成) JE Hae Seong

(생)1953·2·28 (본)칠원(漆原) (출)부산 (주)경기 수원시 영통구 월드컵로206 아주대학교 건축학부(031-219-2493) (학)1971년 부산고졸 1975년 서울대 건축학과졸 1982년 미국 MIT 대학원 건축학과졸 1986년 건축학박사(미국 펜실베이니아대) (경)1976~1980년 건축사무소 정림건축 건축설계실 근무 1986~1992년 한국토지공사 기술연구소 연구위원 1987년 아주대 건축학부 교수(현) 1991년 同병원 건립추진본부 건축본부장 2001~2002년 한국퍼실리티매니지먼트학회 회장 2001~2003년 아주대 공과대학장 2003~2004년 同교무처장 2003년 한국퍼실리티매니지먼트학회 명예회장 2006년 대한건축학회 친환경건축위원회 위원장 2006년 행정중심복합도시건설추진위원회 위원 2007년 건설교통부 중앙도시계획위원회 위원 2007~2011년 아주대 산업대학원장 2008~2010년 대한건축학회 부회장 2010년 행정중심복합도시건설청 총괄기획가 2010~2012년 한국도시설계학회 수석부회장 2011~2013년 대통령직속 국가건축정책위원회 건축문화진흥분과 위원장 2012~2014년 한국도시설계학회 회장 2012년 국토정책위원회 위원 2012~2015년 건축도시공간연구소 소장 2016년 대통령직속 국가건축정책위원회 위원장(현) (상)문화공보부장관표창(1977), 대통령표창(2011) (저)'컨벤션센터와 무역전시관 건축' '수원지역 현황과 과제' '단지계획' '교통영향평가 전문인력 교육교재-교통영향평가관련 건축법 해설'

조갑제(趙甲濟) CHO Gab Jae

(생)1945·10·24 (본)함안(咸安) (출)일본 (주)서울 종로구 새문안로92 광화문오피시아1729호 조갑제닷컴(02-722-9412) (학)1965년 부산고졸 1967년 부산수산대 중퇴 1997년 미국 하버드대 1년 연수(니만 펠로우) (경)1971~1980년 국제신문 문화부·사회부 기자 1981~1983년 월간마당 취재부장·편집장 1983년 조선일보 월간조선 기자 1987년 同차장 1991년 同부장 1995년 同부국장 겸 월간조선 부장 1999년 월간조선 편집장 2001~2005년 同대표이사 사장 2001~2004년 同편집장 2004년 상미회(尙美會) 이사(현) 2005년 월간조선 편집위원 2005년 조갑제닷컴 대표(현) 2006년 자유언론인협회 고문 (상)제7회 한국기자상(1974), 한국잡지협회 기자상(1990), 제4회 아시아·태평양상 특별상(1991), 서울언론클럽 칼럼상(2006), 5.16민족상 안전보장부문(2009) (저)'김대중의 정체'(2006) '박정희 전기'(2007) '一流국가 紀行'(2007) '역적모의'(2013) '국민의 武器'(2015) '한반도의 核서울'(2015) 등 (저)'10.26사건의 기록' '군부' '대폭발' '국가안전기획부' '사형수 오휘웅 이야기' '고문과 조작의 기술자들' '코리안 커넥션' '젊은 거인의 초상-이용대장군 전기' '김현희의 하느님' '7광구의 대도박' '12.12사건-정승화는 말한다' '석유사정 좀 환히 압시다' '박정희전기(5부작)'(1992) '근대화혁명가 박정희의 생애-내 무덤에 침을 뱉어라'(1998) '박정희의 마지막 하루'(2005) '제5공화국'(2005) '朴正熙의 결정적 순간들'(2009) 등

조갑출(趙甲出·女) CHO, Kap-Chul (曉泉)

(생)1955·8·28 (본)함안(咸安) (출)경북 청송 (주)서울 동작구 흑석로84 중앙대학교 적십자간호대학(02-820-5660) (학)1974년 대구여고졸 1977년 적십자간호대학 간호학과졸 1984년 연세대 교육대학원졸(교육학석사) 1996년 간호학박사(연세대) (경)1983~2011년 적십자간호대학 교수 1997~1998년 미국 뉴욕주립대 버펄로캠퍼스 객원교수 1998~2001년 적십자간호대학 교학처장 2002~2009년 국제간호협의회 전문가그룹 한국대표(윤리·인권부문) 2004~2007년 적십자간호대학 산학협력처장 겸 산학협력단장 2005~2011년 성산생명윤리연구소 부소장 2005~2007년 서울시 어린이및청소년건강 자문위원 2007~2010년 한국간호교육학회 부회장 2007~2010년 대한간호협회 이사(31·32대) 2009~2011년 적십자간호대학 총장 2011년 중앙대 간호학과 교수(현) 2011년 同간호부총장(현) 2011년 삼성꿈장학재단 이사(현) 2013년 중앙대 건강간호대학원장(현) 2014년 한국아동간호학회 회장 2014년 방송통신심의위원회 광고특별위원회 위원(현) 2015년 국무총리직속 아동정책조정위원회 위원(현) 2016년 연합뉴스 수용자권익위원회 위원(현) (상)대한적십자사 적십자회원 유공장 금장(2008) (저)'아동의 성장발달과 간호'(共) '아동간호학의 기초'(共) '아동의 건강문제와 간호'(共) '신생아간호학'(共) '아동건강간호학'(共) (역)'최신아동건강간호학 총론'(共) '최신아동건강간호학 각론'(共) (종)가톨릭

조강래(趙崗來) CHO Kang Rae

(생)1956·10·15 (본)함안(咸安) (출)경북 영양 (주)서울 서초구 서초대로45길16 VR빌딩 한국벤처투자(주) 임원실(02-2156-2000) (학)1975년 경북고졸 1979년 고려대 경제학과졸 1992년 同정책과학대학원 경제학과졸 2008년 경영학박사(가톨릭대) (경)1986년 동남증권(주) 입사·영업부·상품운용부·국제부 근무·수유지점장·선물영업팀장·수익증권영업팀장·주식법인영업팀장 1999

년 同영업본부장(이사) 1999년 하나증권 상무이사 2002년 우리투자신탁운용(주) 상무이사 2004~2005년 유리자산운용(주) 대표이사 2005~2008년 산은자산운용(주) 대표이사 사장 2008~2011년 BNG증권(주) 대표이사 2011~2014년 IBK투자증권 대표이사 사장, KBS강태원복지재단 감사 2012년 KOSCOM 사외이사, 연초안정화재단 투자심의위원, 한국금융투자협회 자율규제위원 2013년 同증권위원회 위원 2014년 한국벤처투자(주) 대표이사 사장(현)

조강직(趙康稷)

[생]1959 · 10 · 5 [주]서울 마포구 토정로144 서울신용평가정보(주)(02-3449-1332) [학]고려대 경영학과졸, 同대학원 경영학과졸 [경]1985~2004년 한국신용평가정보 상무 2004~2005년 D&B코리아 상무 2005~2008년 한국기업데이터(주) 상무 2008~2014년 코리아크레딧뷰로(주) 전무 2015년 서울신용평가정보(주) 대표이사(현)

조강현(曺綱鉉) JO Kang Hyun

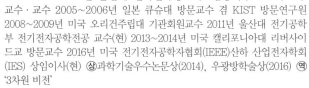

[생]1964 · 3 · 19 [출]부산 [주]울산 남구 대학로93 울산대학교 전기공학부(052-259-2208) [학]1982년 김해고졸 1989년 부산대 정밀기계공학과졸 1993년 일본 오사카대 공학과졸 1997년 공학박사(일본 오사카대) [경]1989년 삼성전자(주) 전자통신연구원 1997년 한국전자통신연구원(ETRI) 시스템공학연구센터 연구원 1998~2011년 울산대 전기전자정보시스템공학부 조교수 · 부교수 · 교수 2005~2006년 일본 큐슈대 방문교수 겸 KIST 방문연구원 2008~2009년 미국 오리건주립대 기관회원교수 2011년 울산대 전기공학부 전기전자공학전공 교수(현) 2013~2014년 미국 캘리포니아대 리버사이드교 방문교수 2016년 미국 전기전자공학자협회(IEEE)산하 산업전자학회(IES) 상임이사(현) [상]과학기술우수논문상(2014), 우광방학술상(2016) [역]'3차원 비전'

조강환(曺康煥) CHO Kang Hwan (靑山)

[생]1940 · 6 · 14 [본]창녕(昌寧) [출]전북 고창 [주]서울 서대문구 충정로29 동아일보충정로사옥2층(02-361-1211) [학]1959년 중앙고졸 1965년 고려대 경영학과졸 1994년 同언론대학원 수료 1997년 同컴퓨터과학대학원 최고위정보통신과정 수료 1999년 국제산업디자인대학원대학 뉴밀레니엄과정 수료 [경]1966~1996년 동아일보 기자 · 사회부 차장 · 조사부장 · 생활부장 · 논설위원 1994년 중앙교육 심의위원 1995~1999년 학교법인 상지학원 이사 1995년 문화방송 시청자위원회 부위원장 1995년 방송위원회 어린이프로그램 자문위원장 1996~1999년 코리아리서치센터 회장 1996~1999년 국민복지추진연합 상임공동대표 1997년 은광학원 재단이사장 1997년 방송위원회 위원 1999년 同부위원장 2000년 同상임위원 2000년 同디지털방송추진위원장 겸 방송평가위원장 2000년 기네스월드 한국위원회 총재 2001년 방송위원회 이용약관심사위원장 2002년 同방송통신법제정비위원장 2003~2015년 (사)방송통신연구원 원장 2004~2007년 한양대 언론홍보대학원 객원교수 2005~2007년 생활경제TV 대표이사 회장 2010~2015년 창녕조씨 중앙화수회 회장 2015년 창녕조씨 대종회 회장(현) 2015년 (사)방송통신연구원 이사장(현) 2015년 동아일보 동우회 회장(현) [상]황조근정훈장(2003) [저]'역사의 고전장' '백년대계 아침에 고치고 저녁에 바꾸고' '중용'(編) '한비자'(編) '육도삼략'(編) 칼럼집 '광화문 30년'(2009) '뜻이 있어 길이 있어 조강환이 살아온 날들'(2009) '세계사에 빛나는 한국인 영웅'(2012) '창녕조씨 인물사전'(2013)

조강훈(趙康勳) CHO, Kang-Hoon

[생]1961·3·23 [출]경기 고양 [주]서울 양천구 목동서로225 대한민국예술인센터 812호 (사)한국미술협회(02-744-8053) [학]조선대 미술대학 회화과졸, 프랑스 소피아국립예술대 파인아트마스터디그리(MFA)졸 [경]서양화가(현), 개인전 개최(12회), KIFA·서울오픈아트페어·화랑미술제·국내외 단체전 및 초대전 300여회 개최, 미국 샌프란시스코 아트페어·마이애미 아트페어·쾰른 아트페어·햄튼 아트페어·북경 아트페어 등 참가, 대한민국미술대전 심사위원, 단원미술제 상임위원, (사)한국미술협회 경기도지회 회장 전남도전 심사위원, 광주시전 심사위원, 충남미술대전 심사위원, 조선대 미술대학 강사, 비전한국미술2012 대표, 한국미술문화진흥회 대표, 순천대 외래교수, 조선대 외래교수, 경기대 외래교수 2013년 (사)한국미술협회 이사장(현) 2014년 IAA아·태평양 국가위원회 회장(현) 2015년 한국예술문화단체총연합회 부회장(현), 중국 정주대 명예교수(현) [상]한국현대미술대상전 대상(1982)

조강희(趙康熙) Cho Kang Hee

[생]1962 · 10 · 26 [주]대전 중구 문화로282 충남대학교병원 재활의학과(042-280-7597) [학]1987년 충남대 의학과졸 1992년 同대학원 의학과졸 1996년 의학박사(충남대) [경]1987~1988년 충남대병원 인턴 1988~1988년 同신경외과 전공의 1988~1989년 충남대 의과대학 생리학교실 조교 1992~1996년 충남대병원 재활의학과 전공의 1996~1999년 충남대 의대 재활의학교실 전임강사 1999~2003년 同조교수 2001~2005년 同뇌과학연구소 연구기획부장 2003년 同통번역연구센터 자문위원(현) 2003~2008년 同의대 재활의학교실 부교수 · 교수 2005~2009년 同의공학연구소장 2006~2008년 同의대 재활의학과장 2008년 同의대 재활의학과교실 주임교수(현) 2012년 충남대 병원 대전지역노인보건의료센터장 2012~2014년 同대전충청권역의료재활센터장 2013년 同척수손상및근골격계 재활클리닉 실장(현) 2015년 대한신경근골격초음파학회 이사(현) 2016년 대한재활의학회 이사장(현) 2016년 대한신경근골격초음파학회 차기(2017년) 회장(현) [저]'스포츠의학'(2001, 의학출판사)

조강희(曺堈熙) Ganghee Cho

[생]1963 · 12 · 11 [출]부산 [주]부산 금정구 부산대학로63번길2 부산대학교 인문대학 일어일문학과(051-510-2096) [학]1986년 부산대 일어일문학과졸 1992년 일본 와카야마대 대학원 일어학과졸 1999년 일본어학박사(일본 히로시마대) [경]1992~1993년 일본 시코쿠학원대 강사 1993년 창신대 일어과 조교수, 同어학연구소장 2000~2008년 일본 와세다대 대학원 객원연구원 2000~2003년 순천대 일어일문학과 조교수 2006년 부산대 인문대학 일어일문학과 부교수 2006~2008년 同일본연구소장 2009년 同인문대학 일어일문학과 교수(현) 2013~2016년 同교양교육원장 2016년 同인문대학장(현) [저]'현대일본어 I'

조건주(曺健柱) cho keon joo

[생]1969 · 4 · 17 [본]창녕(昌寧) [출]대구 [주]서울 광진구 아차산로404 서울동부지방법원(02-2204-2114) [학]1988년 부산 배정고졸 1994년 서울대 법대졸 [경]1993년 사법시험 합격(35회) 1996년 사법연수원 수료(25기) 1999년 서울지법 판사 2003년 춘천지법 속초지원 판사 2006년 수원지법 판사 2007년 서울고법 판사 2009년 대법원 재판연구관 2011년 대전지법 부장판사 2012년 수원지법 안산지원 부장판사 2015년 서울동부지법 부장판사(현)

조건현(曺建鉉) JO Keon Hyun

[생]1953 · 1 · 1 [주]서울 서초구 반포대로222 가톨릭대학교 서울성모병원 흉부외과(02-2258-2858) [학]1975년 가톨릭대 의과대학졸 1986년 의학박사(가톨릭대) [경]가톨릭대 의과대학 흉부외과학교실 교수(현) 1989년 영국 국립심장병원 연수, 가톨릭대 강남성모병원 흉부외과 과장, 관상동맥외과연구회 회장 2007년 대한흉부외과학회 이사장 2011년 한국가톨릭의사협회 회장 2011~2013년 가톨릭대 성의교정 도서관장

조건호(趙健鎬) CHO Kun Ho

[생]1944 · 6 · 2 [본]평양(平壤) [출]서울 [주]서울 영등포구 여의대로24 전국경제인연합회(02-3771-0215) [학]1962년 보성고졸 1966년 서울대 법과대학졸 1983년 미국 하버드대 대학원졸 1984년 미국 존스홉킨스대 대학원 국제공공정책학과졸 2004년 명예 경영학박사(한국산업기술대) [경]1969년 행정고시 합격(7회) 1970년 상공부 사무관 1977년 同과장 1980년 재무부 장관비서관 1984~1987년 同국제기구과장 · 총무과장 1987년 駐영국대사관 재무관 1989년 재무부 공보관 1991년 同관세국장 1992년 同증권국장 1992년 同국고국장 1993년 同국제금융국장 1994년 중앙공무원교육원 파견 1994년 재무부 감사관 1994년 국무총리행정조정실 제3행정조정관 1995년 同제2행정조정관 1996년 대통령 기획조정비서관 1997년 국무총리 비서실장 1999~2000년 과학기술부 차관 2000~2003년 한국무역협회 상근부회장 2000~2004년 대통령직속 규제개혁위원 2001년 한국기원 부이사장 2002년 대한올림픽위원회 위원 2002년 한국산업기술대 객원교수 2005~2007년 전국경제인연합회 상근부회장 2005년 同기업정책위원회 위원장 겸임 2005~2013년 대한바둑협회 회장 2006~2010년 아시아바둑연맹(AGF) 회장 2007년 전국경제인연합회 고문 2007~2009년 보성교우회 회장 2011~2014년 에이티넘인베스트먼트 상임고문 2012년 한국타이어(주) 사외이사(현) 2015년 대한바둑협회 명예회장(현) [상]홍조근정훈장, 황조근정훈장, 대통령표창, 한국기원 감사패(2014) [저]'한국경제' '자신감 회복의길'

조건호(趙建鎬) CHO Kunho

[생]1952 [출]서울 [주]서울 마포구 양화로45 세아빌딩18층 파인스트리트그룹 회장실(02-6970-3700) [학]1975년 미국 펜실베니아대 물리학과졸 1978년 미국 컬럼비아대 대학원 경영학과졸 [경]1989~2000년 Lehman Brothers 서울 대표 2000~2007년 同아시아태평양지역투자은행 CEO 2007~2008년 同본사 부회장 2010~2012년 Millennium Partners 아시아 태평양지역 회장 겸 CEO 2013년 파인스트리트그룹 대표이사 회장(현) [종]불교

조건희(趙建熙) Cho Kun-hee

[생]1958·3·20 [주]서울 종로구 사직로8길60 외교부 인사운영팀(02-2100-7863) [학]1985년 한국방송통신대 행정학과졸 [경]1982년 외무부 입부 1986년 駐스와질랜드 행정관 1992년 駐핀란드 3등서기관 1994년 駐가나 2등서기관 1999년 駐휴스턴 영사 2002년 駐인도네시아 1등서기관 2005년 외교통상부 문서계장 2005년 同경리계장 2007년 同재외공관담당관 2008년 駐일본 참사관 2012년 외교통상부 여권관리관 2014년 駐니가타 총영사(현)

조경규(曺京圭) CHO Kyeung Kyu

[생]1959·10·15 [출]경남 진주 [주]세종특별자치시 도움6로11 환경부 장관실(044-201-6001) [학]1979년 진주고졸 1986년 한국외국어대 경제학과졸 1991년 서울대 행정대학원졸 2000년 미국 오리건대 대학원 경제학과졸 [경]1985년 행정고시 합격(29회) 1986~1995년 경제기획원 심사분석총괄과·인력개발계획과·경제홍보과 사무관 1996년 재정경제원 경제조사과·재정계획과 근무 1998년 기획예산위원회 정부개혁실 근무 1999년 전남도 파견·기획예산처 공보과장 2002년 기획예산처 정부개혁실 공공1팀장 2003년 同재정기획실 사회재정3과장 2005년 同정책홍보관리실 혁신인사기획관 2006년 미국 미주리대 경제정책분석연구소 파견 2008년 대통령직속 국가경쟁력강화위원회 파견(국장급) 2009년 기획재정부 디지털예산회계시스템추진기획단장(고위공무원) 2010년 同공공혁신기획관 2011년 同공공정책국장 2012년 同예산실 사회예산심의관 2013년 국무조정실 사회조정실장 2014년 同경제조정실장 2014~2016년 同국무2차장(차관급) 2016년 환경부 장관(현) [상]대통령표창

조경란(趙京蘭·女) CHO Kyung Ran

[생]1960·12·16 [출]전남 목포 [주]서울 서초구 서초중앙로157 서울고등법원(02-530-1114) [학]목포 진명여고졸 1983년 서울대 법과대학졸 [경]1982년 사법시험 합격(24회) 1984년 사법연수원 수료(14기) 1985년 서울민사지법 판사 1987년 서울가정법원 판사 1989년 청주지법 판사 1991년 수원지법 성남지원 판사 1993년 서울지법 북부지원 판사 1995년 서울지법 판사 1996년 서울고법 판사 1997년 대법원 재판연구관 1998년 서울가정법원 판사 2000년 광주지법 부장판사 2002년 수원지법 부장판사 2004년 서울중앙지법 부장판사 2007년 대전고법 부장판사 2008년 서울고법 부장판사 2012년 법원도서관장 겸임 2013년 공공데이터제공분쟁조정위원회 위원(현) 2014년 청주지법원장 2016년 서울고법 부장판사(현)

조경목(曺敬穆) CHO Kyung Mox

[생]1954·4·13 [본]창녕(昌寧) [출]경북 경주 [주]부산 금정구 부산대학로63번길2 부산대학교 재료공학부(051-510-2852) [학]1973년 경북고졸 1979년 서울대 금속공학과졸 1982년 同대학원 금속공학과졸 1987년 공학박사(미국 브라운대) [경]1987~1988년 미국 Brown Univ. Post-Doc. 1988~1989년 독일 Max-Planck-Institut Guest Scientist 1989~1990년 산업과학기술연구소 연구원 1990년 부산대 재료공학부 교수(현) 1991년 미국 Brown Univ. 객원교수 1995~1996년 미국 MIT 객원교수 1996년 부산대 재료공학부장, 생산기술연구원 부산경남지역센터 소장 1997~1999년 부산대 기획연구부실장 2000년 일본 금속재료연구소(NIMS) 방문연구 2002~2005년 한국과학기술기획평가원(KISTEP) 소재화학전문위원 2006~2008년 부산대 재료공학부 학과장 겸 BK21사업단장 2008~2011년 한국기계연구원 부설 재료연구소장 2011년 한국공학한림원 재료자원공학분과 정회원(현) [상]대한금속학회 논문상(1993), 한국주조학회 우수논문상(1995), 대한금속재료학회 우수논문상(2007), 현송공학상(2008), 한국과학기술단체총연합회 과학기술우수논문상(2008) [저]'기술혁신을 위한 중소기업의 연구개발 투자결정 요인'(1997) [역]'공업재료공학'(2001)

조경목(曺慶穆) CHO Kyong-Mok

[생]1964·1·4 [본]창녕(昌寧) [출]대구 [주]서울 종로구 종로26 SK(주) 재무부문장실(02-2121-2040) [학]1982년 대구 경신고졸 1986년 서울대 경영학과졸 [경]1986년 SK(주) 재정팀 입사 2000년 同자금팀 부장 2002년 同Corporate Development Group 팀장 2004년 同자금팀장 2005년 同금융팀장 2006년 SK텔레콤(주) 자금팀장(상무) 2006년 同재무관리실장(상무) 2009년 SK(주) 재무실장(상무) 2012년 同재무팀 전무 2013년 同재무팀장(CFO·전무) 2014년 同재무부문장(CFO·전무) 2016년 同재무부문장(CFO·부사장)(현) [상]대통령표창(1986)

조경순(趙敬淳) CHO Kyeong Soon

[생]1959·10·11 [출]서울 [주]경기 용인시 처인구 모현면 외대로81 한국외국어대학교 공과대학 전자공학과(031-330-4115) [학]1978년 서라벌고졸 1982년 서울대 전자공학과졸 1984년 同대학원 전자공학과졸 1988년 공학박사(미국 카네기멜론대) [경]1988년 삼성전자(주) 반도체ASIC사업부 선임연구원 1990년 同수석연구원 대우 1994년 同수석연구원 1994~2001년 한국외국어대 공과대학 전자공학과 조교수·부교수 2001년 同공과대학 전자공학과 교수(현) 2002년 同정보산업공학연구소장 2010~2012년 同공과대학장 2010년 同공학교육혁신센터장 2014~2016년 同산학연계부총장 [상]교육과학기술부장관표창(2008) [종]기독교

조경식(曺京植) CHO Kyung Shik (裕石)

[생]1936·10·2 [본]창녕(昌寧) [출]경남 밀양 [학]1955년 경북사대부고졸 1959년 서울대 상과대학졸 1966년 영국 맨체스터대 대학원졸 1998년 명예 경영학박사(순천향대) [경]1961~1969년 경제기획원 기획국·예산국 사무관 1970년 同외자관리과장 1973년 駐영국대사관 경제협력관 1976년 경제기획원 해외사업국장 1979년 同예산총괄관 1980년 同경제협력국장 1981년 국방부 관리차관보 1982년 경제기획원 예산실장 1982년 농수산부 차관보 1983~1987년 경제기획원 공정거래위원장 1987~1988년 해운항만청장 1988~1989년 교통부 차관 1990년 환경처 장관 1990~1992년 농림수산부 장관 1992~1998년 농림수산정보센터 이사장 1992~1998년 국제정책협의회(IPC) 한국대표 및 정회원 1996~2000년 한국해양대 총장 1996~1999년 한국해양연구소 이사장 1996~2000년 스웨덴 세계해사대학 이사 1997년 한국해양개발위원회 위원 1999~2005년 민주평통 자문위원·상임위원 2000~2001년 학교법인 동아학숙 이사 2001~2010년 CJ(주) 사외이사 [상]청조근정훈장, 사우디아라비아 압둘아지즈왕 보국훈장 [저]'환경보전의 길'(1990) '경쟁력있는 농어촌건설'(1992) 'IPC 참여를 통한 외국의 농업정책에 관한 연구'(1993)

조경식(趙敬植) CHO, KYEONG-SIK

[생]1963·5·17 [출]서울 [주]경기 과천시 관문로47 미래창조과학부 방송진흥정책국(02-2110-1850) [학]1982년 배재고졸 1986년 고려대 경영학과졸 2003년 미국 미시간주립대 대학원졸 [경]행정고시 합격(34회) 2001년 여수우체국장 2004년 국가사이버안전센터 파견 2005년 정보통신부 정보화기획실 정보보호산업과장 2005년 同정보이용촉진과장 2006년 同통신전파방송정책본부 통신경쟁정책팀장 2007년 同통신전파방송정책본부 통신방송정책총괄팀장 2008년 방송통신위원회 전파기획과장(서기관) 2009년 同전파정책기획과장 2009년 同기획재정담당관 2010년 同기획재정담당관(부이사관) 2012년 同국제협력관 2012년 同대변인 2013년 미래창조과학부 정책기획관 2014~2015년 미국 스탠퍼드대 Visiting Scholar 2015년 미래창조과학부 대변인 2016년 同방송진흥정책국장(현) [상]홍조근정훈장(2012) [종]기독교

조경엽(趙慶燁) Kyung-Yup Cho

[생]1961·9·9 [주]서울 영등포구 국제금융로8길26 KB금융지주 경영연구소(02-2073-7800) [학]1983년 연세대 경영학과졸 2011년 경영학박사(연세대) [경]1997~1998년 미국 조지타운대 정부기업관계연구소 객원연구원 1999년 매일경제신문 머니팀장 2000년 同증권부 차장대우 2001년 同증권부 차장 2003년 同금융부장 직대 2004년 同정치부장 2006년 同금융부장 2007년 同금융부장(부국장대우) 2008년 同사회부장 2008년 同국제부장 2009년 同주간국장 직대(부국장) 2011~2013년 同럭스맨 편집장 2013년 KB금융지주 경영연구소장(상무) 2013년 금융위원회 금융발전심의회 금융소비자·서민금융분과 위원 2015년 KB금융지주 경영연구소장(전무)(현)

조경익(趙庚翼) Cho Kyoung Ik

[생]1955·8·24 [출]전북 남원 [주]대전 유성구 가정로 218 한국전자통신연구원 스마트I/O제어연구실(042-860-6114) [학]1979년 울산대 공대 재료공학과졸 1981년 한국과학기술원 대학원 재료공학과졸 1991년 공학박사(한국과학기술원) [경]1981년 한국전자통신연구소 반도체연구단 책임연구원 1986년 일본 東京大 전자공학과 객원연구원 1995~1998년 한국전자통신연구원 기능부품연구실장 1998년 同반도체소자응용연구부장 1999년 한국정보디스플레이학회 이사 2002년 한국전자통신연구원 무선통신소자연구부장 2006년 同IT부품·소재연구본부 신소자소재그룹장 2007년 同IT융합·부품연구소 IT부품·소재연구본부장 2008~2009년 同융합부품·소재연구부문 신소자소재연구부장 2009~2012년 同신소자소재연구부 책임연구원 2012년 同유연인터페이스연구실 책임연구원 2014년 同스마트I/O제어연구실 책임연구원 2016년 同스마트I/O플랫폼연구부 정보제어소자연구실 근무(현) [종]기독교

조경자(趙敬子·女)

[생]1964·10·17 [주]서울 용산구 이태원로22 국방부 조직관리담당관실(02-748-6550) [학]고려대 국어국문학과졸 [경]1999년 국방부 조직관리과 행정사무관 2001년 同예산운영과 행정사무관 2005년 同국제협력관실 국제군축과 행정사무관 2007년 同총무팀 서기관 2008년 同인사기획관실 인적자원개발팀장(서기관) 2008년 同군인연금과장 2013년 同군수관리실 국제군수협력과장 2014년 同군수관리실 국제군수협력과장(부이사관) 2015년 同기획조정실 조직관리담당관(현)

조경태(趙慶泰) CHO Kyung Tae

[생]1953·11·1 [출]서울 [주]서울 성북구 보문로34다길2 성신여자대학교 인문과학대학 독어독문학과(02-920-7276) [학]1981년 서울대 사범대 독어교육학과졸 1985년 독일 괴팅겐대 대학원 독문학과졸 1994년 문학박사(독일 괴팅겐대) [경]1994년 서울대 사범대 독어교육과 강사 1995년 성신여대 인문과학대학 독어독문학과 교수(현) 1999년 한국독어독문학교육학회 기획이사 2000년 한국번역학회 부회장 2001년 한국독어독문학교육학회 총무이사 2006년 성신여대 기획처장 2008년 同산학협력단장 2009~2011년 同부총장 [저]'엣센스 독한사전'(2002) '고등학교 독일어 독해 I'(2002) '고등학교 독일어 독해 II'(2003) '독일운율학개론'(2005) '독일 현대문학의 이해'(2006) '속담과 성구의 문화소- 간문화적 비교'(2009)

조경태(趙慶泰) CHO Kyoung Tae

[생]1968·1·10 [본]함안(咸安) [출]경남 고성 [주]서울 영등포구 의사당대로1 국회 의원회관636호(02-784-6380) [학]1986년 경남고졸 1994년 부산대 토목공학과졸 1996년 同대학원 토목공학과졸 1999년 공학박사(부산대) [경]1995년 부산정보대·부경대·한국해양대 강사 1996년 민주당 부산시사하구甲지구당 위원장 1996년 同부산시지부 중소기업육성특위 위원장 2000년 새천년민주당 부산시사하구乙지구당 위원장 2001년 同부대변인 2002년 同노무현 대통령후보 정책보좌역 2002~2004년 민주평통 자문위원 2003년 대통령직인수위원회 기획조정분과 자문위원 2003년 정치개혁추진위원회 청년위원장 2004년 열린우리당 부산시지부 청년위원장 2004년 제17대 국회의원(부산시 사하구乙, 열린우리당·대통합민주신당·통합민주당) 2004년 열린우리당 제3정책조정위원회 부위원장 2004~2005년 同원내부대표 2005년 同건설기술발전특위 위원장 2005년 同부산시당 중앙위원 2007년 同원내부대표 2007년 同부산시당 위원장 2008년 제18대 국회의원(부산시 사하구乙, 통합민주당·민주당·민주통합당) 2008년 민주당 부산시당 위원장 2008년 同당무위원 2010년 국회 지식경제위원회 간사 2010년 국회 예산결산 및 기금심사소위원회 위원장 2012년 제19대 국회의원(부산시 사하구乙, 민주통합당·민주당·새정치민주연합·더불어민주당·새누리당) 2012년 국회 지식경제위원회 위원 2012년 민주통합당 제18대 대통령중앙선거대책위원회 특보기획위원장 2013년 국회 산업통상자원위원회 위원 2013년 민주당 최고위원 2013년 同상향식공천제도혁신위원장 2014년 새정치민주연합 최고위원 2015년 새조국전국포럼 상임고문 2016년 새누리당 부산시사하구乙당원협의회 운영위원장(현) 2016년 제20대 국회의원(부산시 사하구乙, 새누리당)(현) 2016년 국회 기획재정위원회 위원장(현) 2016년 한국아동인구환경의원연맹(CPE) 부회장(현) 2016년 한국아동인구환경의원연맹(CPE) 회원(현) [상]자랑스런 부산대인(2014), 한국언론사협회 대한민국우수국회의원대상 특별대상(2014), 글로벌 자랑스런 한국인대상(2015), (사)한국청년유권자연맹 청년통통(소통·통합) 정치인상(2016), 대한변호사협회 선정 '최우수 국회의원상'(2016) [저]'조경태의 누드정치'(2003) '세상과의 소통'(2009) '지역주의는 없다'(2011) '원칙있는 승리'(2012) [종]기독교

조경현(曺慶鉉)

[생]1965·4·28 [출]경남 합천 [주]경기 의정부시 의정로 48 의정부소방서(031-849-7111) [경]1995년 소방공무원 임용(소방간부후보 공채) 2006년 경기 구리소방서 소방행정과장 2008년 경기 광주소방서 예방과장 2009년 경기 성남소방서 방호구조과장 2012년 경기 북부소방재난본부 소방행정기획과 기획감찰담당 2015년 경기도소방학교 교수운영과장 2015년 경기 의정부소방서장(현)

조경호(趙慶鎬) Kyung Ho Cho

[생]1963 [출]부산 [주]서울 성북구 정릉로77 국민대학교 사회과학대학 행정학과(02-910-4431) [학]1986년 고려대 영어영문학과졸 1988년 미국 SUNY at Albany 록펠러 행정대학원 행정학석사 1992년 행정학박사(미국 Univ. of Georgia) [경]1993~1995년 고려대 행정문제연구소(現 정부학연구소) 전문연구위원 1995~1998년 울산대 사회과학대학 행정학과 조교수 1997~1998년 중국 吉林大 동북아연구원 객좌교수 1998년 국민대 행정정책학부 행정학전공 교수(현), 同행정문제연구소장 1999~2001년 同행정대학원 사회복지학전공 주임교수 2006~2009년 同행정대학원 부원장 2006~2012년 同행정대학원 특별과정(성곡·해공) 주임교수 2009~2010년 미국 California State Univ. at East Bay 행정학과 객원연구교수 2010~2012년 국민대 행정정책학부장 2010~2014년 同행정대학원장 2014년 공공기관 경영평가단 위원 2014년 인사혁신처 정책자문위원(현) 2014년 한국지역정보화학회 수석부회장 2015년 대통령소속 지방자치발전위원회 위원(현) 2016년 (사)한국인사행정학회 회장(현) 2016년 국민대 사회과학대학장(현) 2016년 (사)서울행정학회 차기회장(현) 2016년 중국 대련민족대학 경제관리대학 객좌교수(현) [저]'현대인사행정론-개정판(共)'(2010, 법문사) '행정학의 주요 연구(共)'(2013, 국민대 출판부) '현대인사행정론-제3판(共)'(2014, 법문사) '공공조직행태론(共)'(2014, 대영문화사) 등

조경환(曺慶煥) CHO Kyung Hwan

[생]1959·7·21 [본]창녕(昌寧) [출]서울 [주]서울 성북구 인촌로73 고려대학교 안암병원 가정의학과(02-920-5105) [학]1978년 환일고졸 1985년 고려대 의과대학졸 1990년 同대학원졸 1993년 의학박사(고려대) [경]1985~1988년 고려대의료원 가정의학 전공의 1988~1990년 가톨릭대 의과대학 예방의학교실 강사 1990년 고려대 의대 가정의학교실 강사 1992~1998년 同전임강사·조교수, 同안암병원 가정의학과장 1994~1995년 미국 미시간대 노인병센터 연구원 1998년 고려대 의대 가정의학교실 부교수·교수(현) 1998년 보건복지부 중앙약사심의위원 2013~2015년 대한가정의학회 이사장 2016년 대한의사협회 홍보이사(현) [상]대한가정의학회 M.S.D학술상 [저]'일차의료와 가정의학' '노년기의 건강관리' '한국인의 건강증진' '가정의학' '노인의학개론'

조계자(趙啓子·女) Gye-ja Jo

[생]1965·4·15 [주]인천 남동구 정각로29 인천광역시의회(032-440-6110) [학]순천여고졸 [경]성산기업 대표, 신학용 국회의원 보좌관, 인천계양산장학재단 감사(현) 2014년 인천시의회 의원(새정치민주연합·더불어민주당·무소속)(현) 2014·2016년 同문화복지위원회 위원(현) 2014~2015년 同예산결산특별위원회 부위원장 2016년 同운영위원회 위원(현) 2016년 同윤리특별위원회 위원(현)

조계현(趙桂顯) CHO Kye Hyun

[생]1960·1·12 [출]경남 함양 [주]경북 경산시 대학로280 영남대학교 공과대학 신소재공학부(053-810-2479) [학]1978년 거창 대성고졸 1982년 영남대 금속공학과졸 1991년 미국 펜실베이니아주립대 대학원 재료학과졸 1993년 공학박사(미국 펜실베이니아주립대) 2008년 국방대 안보대학원 수료 [경]1988~1992년 미국 펜실베이니아주립대 조교 1993~1994년 일본 東北大 금속재료연구소 문부성 교관 1994년 한국과학기술연구원(KIST) 연구원 1995년 한국기계연구원 선임연구원 1996년 영남대 공과대학 신소재공학부 부교수·교수(현) 1996년 한국부식방식학회 사업이사(현) 1998~2000년 영남테크노파크 사업단 부단장 2002~2007년 대구경북습식표면처리센터 소장 2004~2007년 영남대 중소기업협력단장 2004~2007년 경북테크노파크 영남대특화센터장 2007년 영남대 교육개발센터 소장 2009년 同대외협력본부장 2010년 同그린카부품사업단장 2014년 同소재부품창의인력양성사업단장(현) [저]'습식표면분석실습교재'(2007) [종]기독교

조계현(曺季鉉) Cho kye hyun

ⓢ1970·10·20 ⓙ경기 성남시 분당구 판교로256의19 GB-1타워 카카오게임즈(070-8230-2325) ⓗ1986년 대전과학고졸 1991년 한국과학기술원(KAIST) 경영과학과졸 1993년 同대학원 경영과학과졸 1999년 경영과학박사(한국과학기술원) ⓖ1999년 한국과학기술원(KAIST) 정보시스템연구소 연구원 2006년 (주)네오위즈게임즈 부사장 2011년 同COO(최고운영책임자) 2012년 (주)위메이드크리에이티브 대표이사 2013~2015년 (주)위메이드엔터테인먼트 사장 2015년 게임인재단 이사장(현) 2016년 퍼블리싱플랫폼기업 '엔진'(NZIN Corp.) 부사장 2016년 카카오게임즈 각자대표이사(현)

조관식(曺寬植) CHO Kwan Sik (양촌)

ⓢ1956·5·5 ⓑ창녕(昌寧) ⓐ충남 연기 ⓙ서울 성북구 정릉로77 국민대학교 정치대학원(02-910-4236) ⓗ고려대 경영학과졸, 국민대 대학원 정치학과졸 2004년 정치학박사(국민대) ⓖ제12~16대 국회 입법보좌관, 국민대 정치대학원 겸임교수(현), 한국지역발전연구소 소장(현), 한나라당 서울마포甲당원협의회 위원장, 국회 입법정책연구회 상임부회장(현), '새날을 여는 사람들' 정책위원장·공동대표(현), 충청향우회 부총재(현), 민주평통 자문위원(현) 2012년 새누리당 중앙위원회 자문위원(현) 2012년 한국말산업중앙회 부회장(현), 세종시민포럼 이사장(현) ⓢ대한민국을 빛낸 자랑스러운 인물대상 입법부문(2010), 대한민국 문화·경영대상 정치연구부문(2012) ⓩ'우리글의 이론과 실제'(1990, 도서출판 이사야) '한국정치의 핵'(2004, 도서출판 선진) '한국의 국회의원'(2004, 도서출판 선진)

조관식(曺寬植)

ⓢ1961·7·10 ⓐ서울 ⓙ경기 과천시 교육원로11 한국수자원공사 수도권지역본부 본부장실(02-2150-0200) ⓗ1980년 중동고졸 1984년 서울시립대 토목공학과졸 ⓖ1986년 한국수자원공사(K-water) 입사 2011년 同성남권관리단장 2012년 同수도권운영처장 2013년 同경남서부권관리단장 2015년 同수도권지역본부장(현) ⓢ대통령표창(2001), 장관표창(2007)

조관제(趙寬濟) CHO Kwan Je

ⓢ1947·9·21 ⓑ함안(咸安) ⓐ대구 ⓙ경기 부천시 원미구 길주로1 한국만화영상진흥원 만화박물관(032-650-0550) ⓗ협성상고졸 ⓖ1969년 만화왕국 근무 1980년 주부생활 미술부아트디렉터 1983년 KBS문화사업단 여성백과 아트디렉터 1991년 KBS-TV 유치원 창간편집장 1993년 KBS문화사업단 출판기획팀장 1995년 카툰피아 개소 1996~2000년 공주전문대 만화예술과 강사 1998~2003년 (사)부천만화정보센터 소장(상임이사) 2000~2003년 공주영상보건대 만화예술과 강사 2000~2005년 부천대 캐릭터애니메이션과 겸임교수 2004~2005년 국립공주영상예술대학원 강사 2004~2006년 (재)부천만화정보센터 운영위원장 2005년 (사)한국만화가협회 부회장 2006~2013년 청강문화산업대 겸임교수 2007~2009년 (재)부천만화정보센터 이사장 2007~2009년 목원대 만화예술과 겸임교수 2011~2014년 (사)한국만화가협회 회장 2014년 (사)한국카툰협회 회장(현) 2014년 만화영상진흥원 만화박물관 명예관장(현) 2014년 부천시 장기발전자문위원회 만화정책자문관(현) ⓢ대통령표창(2001), 부천시 시정발전공로상(2003), 청강카툰상 대상(2006), 대한민국 만화애니캐릭터대상 만화부문공로상(2007), 부천예술포럼 올해의 예술가상 특별상(2007), 국제만화가대회(ICC) 공로상(2009), 부천만화대상 특별상(2012), 부천시 문화부문 공로패(2014), 부천타임즈 희망대상 예술부문(2014) ⓩ'장미소녀 로우즈'(1980, 이서방문고) '도화골 아가씨'(1982) '만화로 풀어쓴 고사성어'(1990, 천재교육사) '신용조합중앙회 홍보만화'(1995)'(주)제일제당 사원교육만화'(1995) '열려라 섹스피아'(전2권)(1998, 서울문화사) '투자신탁협회 홍보만화'(1999) '신나는 만화교실'(2001, 다섯수레) '증권 길라잡이'(2002, 더난출판사) '만화로 배우는 논술'(2003) '돌방이 논술 길라잡이'(2003, 책보) '만화로 보는 신나는 증권교실'(2004, 증권거래소) 카툰집 '취생몽사'(2007, 카툰피아) '하로동선'(2011, 서울애니센터) 카툰전시집 '색즉시공'(2009, 청강) 카툰작품집 '하로동선'(2011, 서울애니센터) 외 다수 ⓝ연재 '소년조선일보 「꽃이야기」'(1981) '소년조선일보 「심청전」'(1981) '보물섬 「만화로 보는 그림이야기」'(1982) '어린이세계 「꼴레의 세계여행」'(1985~1987) '주간만화 「주간장터」'(1987~1989) '매주만화 「샐러리맨 성공보감」'(1989~1991) '매주만화 「족상」'(1989~1991) '주간만화 「열려라 섹스피아」'(1991) '토요신문 「굿모닝 여의도」'(1993) '소년조선일보 「신나는 만화교실」'(1998) '가톨릭 소년'(1994) '평화신문'(2014) 등 ⓩ천주교

조관호(曺瓘鎬) CHO Kwan Ho

ⓢ1953·10·17 ⓑ창녕(昌寧) ⓐ서울 ⓙ경기 고양시 일산동구 일산로323 국립암센터 연구소 방사선연구과(031-920-1720) ⓗ1979년 연세대 의과대학졸 1986년 同대학원졸 ⓖ1979~1980년 연세대 세브란스병원 인턴 1980~1983년 공군 軍의관 1984~1987년 연세대 암센터 방사선종양학 전공의 1987년 同암센터 방사선종양학 강사 1987~1988년 미국 사우스캐롤라이나대 의과대학 방사선생물학과 연구원 1988~1989년 미국 세인트애그니스병원 내과 전공의 1989~1990년 미국 미네소타대 의과대학 방사선생물학과 연구원 1990~1993년 同의과대학 방사선종양학 전공의 1993~2000년 同의과대학 방사선종양학 교수 겸 프로그램디렉터 2001년 국립암센터 부속병원 암진료지원센터 전문의 2001~2003년 同연구소 방사선핵의학연구부장 2001년 同연구소 방사선연구과 수석연구원(현) 2001~2002년 同부속병원 진료지원센터장 2002~2007년 同부속병원 양성자치료센터장 2007년 同연구소 융합기술연구부 방사선의학연구과장 2011~2013년 대한방사선종양학회 회장 ⓢ자랑스러운 국립암센터인상(2014) ⓩ'Levitt and Tapley's Technological basis of radiation therapy'(1998) 'Immunotoxin Methods and Protocol'(2001)

조 광(趙 珖) CHO Kwang

ⓢ1945·8·10 ⓑ한양(漢陽) ⓐ서울 ⓙ서울 성북구 안암로145 고려대학교 문과대학(02-3290-1311) ⓗ1969년 가톨릭대 신학과졸 1973년 고려대 대학원 사학과졸 1985년 사학박사(고려대) ⓖ1973~1979년 고려대 강사 1979~1983년 동국대 사범대 국사교육과 전임강사·조교수 1983~2010년 고려대 문과대학 한국사학과 교수 1999~2004년 同BK21한국학교육연구단 참여교수 2000년 중국 北京大 교환교수 2001년 한국사상사학회 회장 2002년 조선시대사학회 회장 2002~2005년 한일역사공동연구위원회 총간사 2003~2005년 서울시 문화재위원 2003년 (사)한국인물연구소 편집자문위원 2003년 한국실학회 부회장 2003년 국사편찬위원회 위원 2005~2007년 고려대 문과대학장 2005년 안중근전집편찬위원회 위원장(현) 2005~2010년 한일역사공동연구위원회 위원장 2006~2014년 (사)한국고전문화연구원 원장 2006~2007년 전국사립대인문대학장협의회 회장 2007년 (재)내일을여는역사 이사장(현) 2007년 인문학진흥자문위원회 위원 2008~2010년 고려대 박물관장 2010년 同문과대학 한국사학과 명예교수(현) 2011~2012년 한국실학학회 회장 2012~2013년 연세대 문과대학 석좌교수 2012년 한국조회사연구소 고문(현) 2014년 서울시사편찬위원회 위원장(현) ⓢ대통령표창(2010) ⓩ'19세기 한국 전통사회의 변모와 민중의식(共)'(1982) '조선후기 천주교사 연구'(1988) '한국천주교 200년사'(1989) '조선왕조실록 천주교사 자료모음'(1997) '한국근현대사와 종교문화(共)'(2003) '신유박해 연구의 방법과 사료(共)'(2003) '한국현대사에서 제2공화국 민주당정권의 의미(共)'(2003) '대한계년사1-10'(2005) '조선후기사회와 천주교'(2010) '조선후기 천주교사 연구의 자료'(2010) '한국근현대 천주교사 연구'(2010) '조선후기 사회의 이해'(2010) '한국사학의 인식과 과제'(2010) '조선후기 사상계의 전환기적 특성'(2010) ⓔ'천주실의(共)'(1999) '사학징의'(2001) '한일관계사의 쟁점(共)'(2010) ⓩ천주교

조광래(趙廣來) CHO Kwang Rae

ⓢ1954·3·19 ⓐ경남 진주 ⓙ대구 수성구 유니버시아드로180 대구FC(053-256-2003) ⓗ1973년 진주고졸 1977년 연세대 응용통계과졸 ⓖ1975~1986년 국가대표 축구선수 1978년 제8회 방콕아시아경기대회 축구 금메달 1986년 제10회 서울아시아경기대회 축구 금메달 1986년 멕시코월드컵 출전 1987년 대우로열즈 프로축구단 트레이너 1988년 독일·프랑스 축구 연수 1989년 대우로열즈 프로축구단 감독 1995년 수원삼성블루윙즈 프로축구단 코치 1998년 안양LG치타스 프로축구단 감독 2004년 FC서울 프로축구단 감독 2007년 경남FC 프로축구단 감독 2010년 전국체육대회 명예홍보대사 2010~2011년 국가대표축구팀 감독 2014년 대구FC 단장 겸 대표이사(현) ⓢ프로축구 K-리그 최우수감독상(2000), 진주시민상(2010)

조광래(趙光來) CHO Kwang Rae

ⓢ1956·1·5 ⓑ함안(咸安) ⓐ경북 안동 ⓙ강원 춘천시 중앙로23 강원일보(033-258-1400) ⓗ1975년 철원고졸 1984년 강원대 법학과졸 ⓖ1984년 강원일보 기자 1992년 同편집부 차장 1994년 同편집부 부장대우 1996년 同편집부장 1997년 同정경부장 1999년 同편집부장 2000년 同편집국 부국장대우 2001년 同편집국 편집담당 부국장 2003년 同편집국 취재담당 부국장 2004년 同편집국장 2007년 同논설위원실장 2009년 同문화사업국장(이사) 2013년 同전략기획실 이사 2014년 同광고마케팅담당 이사 2015년 同판매마케팅담당 이사(현) ⓩ기독교

조광래(趙光來) Jo Gwang-Rae

[생]1959·2·15 [출]경남 창원 [주]대전 유성구 과학로169의84 한국항공우주연구원 원장실(042-860-2001) [학]1982년 동국대 전자공학과졸 1984년 同대학원 마이크로파공학과졸 1988년 마이크로파공학박사(동국대) [경]1982~1985년 동국대 공대 조교 1984~1985년 同전자계산원 강사 1985~1987년 유한공업전문대 전자과 강사 1988년 광운대 전자통신과 강사 1988~1989년 천문우주과학연구소 선임연구원 1989년 한국항공우주연구원 우주발사체연구부장 2003년 同우주발사체사업단장 2009년 同발사체연구본부장 2011~2013년 同나로호발사추진단장 2013년 同연구위원 2014년 同원장(현) [상]동국대총동창회 자랑스러운 동국인상(2013)

조광명(曺光明) CHO Kwang Myung

[생]1964·9·15 [본]창녕(昌寧) [출]충북 옥천 [주]경기 수원시 팔달구 효원로1 경기도의회(031-8008-7000) [학]2005년 고려대 언론대학원 신문방송학과졸 [경]1989년 전국민족민주운동연합 정책위원 2001년 VJ시민방송단 대표 2002년 고려대 언론대학원 학생회장 2007년 대통합민주신당 제17대 대통령중앙선거대책위원회 서울시미디어대책위원회 부위원장 2008년 화성청소년운동연합 부대표 2009~2012년 화성어울림봉사단 자문위원 2009년 한울타리봉사단 자문위원 2010년 민주당 경기도당 공교육정상화특별위원장 2010년 同화성乙지역위원회 정책위원장 2010년 경기도의회 의원(민주당·민주통합당·민주당·새정치민주연합), 同운영위원회 위원, 同건설교통위원회 위원, 同예산결산특별위원회 위원, 同교육위원회 위원, 同학교폭력대책특별위원회 위원 2010년 경기도 도시교통정책심의위원회 위원, 同유해화학물질관리위원회 위원 2010년 동탄시민연대 자문위원 2012년 경기도의회 간행물편찬위원회 위원장 2014년 경기도의회 의원(새정치민주연합·더불어민주당)(현) 2014년 同도시환경위원회 위원 2016년 同건설교통위원회 위원(현) 2016년 同예산결산특별위원회 간사(현) [종]기독교

조광주(趙光珠) CHO Kwang Ju

[생]1960·11·29 [본]백천(白川) [출]서울 [주]경기 수원시 팔달구 효원로1 경기도의회(031-8008-7000) [학]1979년 풍생고졸 2003년 한국방송통신대 법학과졸, 가천대 경영대학원 사회적기업학 석사과정 재학 중 [경]천주교만남의집 노동상담실무 간사, 대원여중 운영위원장, 경기광역자활센터 운영위원, 한국방송통신대 경기도시군협의회장, 민주통합당 성남중원지역위원회 위원장 직대 2010년 경기도의회 의원(민주당·민주통합당·민주당·새정치민주연합) 2010년 同운영위원회 위원 2010년 同여성가족평생교육위원회 위원 2010년 同간행물편찬위원회 위원 2012년 同경제과학기술위원회 위원 2014년 경기도의회 의원(새정치민주연합·더불어민주당)(현) 2014년 同경제과학기술위원회 간사 2015년 同예산결산특별위원회 위원 2015년 경기도 경기연정실행위원회 위원 2016년 경기도의회 경제과학기술위원회 위원(현) [상]행정감사우수도의원(2010) [종]천주교

조광현(曺洸鉉) CHO Kwang Hyun (後岩)

[생]1949·8·26 [본]창녕(昌寧) [출]경남 김해 [주]부산 사상구 광장로33 한국요양병원 원장실(051-328-8251) [학]1974년 부산대 의대졸 1978년 同대학원졸 1984년 의학박사(부산대) [경]1984년 일본 쿠루메의대 조교 1984~2014년 인제대 의대 흉부외과학교실 교수 1985~2001년 同흉부외과장 1992년 미국 알레게니병원 방문교수 1994년 세계심장혈관외과학회 정회원(현) 1995년 대한흉부외과학회 상임이사 1997년 미국 흉부외과학회 정회원(현) 2001~2005년 인제대 부산백병원장 2002년 대한순환기학회 이사 2002년 영남순환기학회 회장 2004년 부산지방경찰청 자문의사(현) 2006년 시인 및 수필가 등단 2008·2013년 인제대 백중앙의료원 부의료원장 2008년 대한흉부외과학회 회장, 부산의사문우회 회장, 대한순환기학회 평의원 겸 이사, 부산시의사회 부회장, 대한의사협회 중앙대의원 2014년 인제대 의대 명예교수(현) 2014년 부산 한국요양병원 병원장(현) [상]국군의무사령관 공로표창(1981), 부산시장표창(1997), 인제대총장표창, 교육부장관표창, 부산시의사회 의학대상(1997), 장기이식본부표창, 보건복지부장관표창, 교육부장관표창, 옥조근정훈장(2014) [저]'최신흉부외과학'(共) '심장학'(共) '호흡기학'(共) '이식학'(共) 시집 '때론 너무 낯설다' [종]기독교

조광현(曺珖鉉) CHO Kwang Hyun

[생]1952·9·18 [본]창녕(昌寧) [출]서울 [주]서울 종로구 대학로101 서울대학교병원 피부과(02-2072-2412) [학]1971년 경기고졸 1977년 서울대 의과대학졸 1980년 同대학원졸 1982년 의학박사(서울대) [경]1977~1978년 서울대병원 수련의 1978~1982년 同피부과 전공의 1982~1983년 육군 제27사단 軍의관 1983~1985년 국군 서울지구병원 피부과장 1985~1997년 서울대 의과대학 피부과학교실 전임강사·조교수·부교수 1988~1989년 미국 웨인주립대 피부과 연구원 1993년 일본 도쿄대 의과대학 부속병원 피부과 방문교수 1997년 네덜란드 레이덴대 방문교수 1997년 서울대 의과대학 피부과학교실 교수(현) 2004~2008년 同병원 피부과장 2007~2009년 대한피부과학회 이사장 2010년 同부회장 [저]'임상피부과학' '피부악성종양' '개정3판 피부과학'(共) '전신질환의 피부소견' '종양학' '피부병리학(제2판)(共)'(2010) '의대생을 위한 피부과학(제3판)(共)'(2011) [종]기독교

조광현(曺光鉉) Kwang-Hyun Cho

[생]1971·8·6 [출]강원 춘천 [주]대전 유성구 대학로291 한국과학기술원 바이오 및 뇌공학과(042-350-4325) [학]1993년 한국과학기술원 전기 및 전자공학과졸 1995년 同대학원 전기 및 전자공학과졸 1998년 공학박사(한국과학기술원) [경]1993~1998년 한국과학기술원(KAIST) 전기 및 전자공학과 연구조교·실험조교 1998년 同위촉연구원 1999년 同연수연구원 1999~2004년 울산대 전기전자정보시스템공학부 전임강사·조교수 2002~2003년 영국 UMIST Control Systems Centre Visiting Professor 2003년 스웨덴 Royal Institute of Technoly Research Fellow 2004년 아일랜드 Hamilton Institute 초빙석학 2004~2007년 서울대 의대 조교수·부교수 2004~2007년 同유전공학협동과정·생물정보학협동과정 겸임교수 2004~2007년 同Bio-MAX Institute 겸임교수(초대교수) 2006~2007년 대통령자문 의료산업선진화위원회 전문위원 2007년 한국분자세포생물학회 정회원(현) 2007년 한국과학기술원(KAIST) 바이오 및 뇌공학과 부교수·교수(현) 2007년 同전기및전자공학과·의과학대학원 겸임교수(현) 2007년 同로봇공학학제전공 겸임교수(현) 2008년 영국 Univ. of Oxford 초빙교수 2008~2009년 프랑스 국제기구HFSP 위원 2008~2013년 Encyclopedia of Systems Biology 편집위원장 2009년 영국 Univ. of Glasgow 초빙교수 2009년 한국생물정보시스템생물학회 학술이사 겸 부회장 2010년 한국과학기술한림원 준회원(현) 2011년 IEEE International Conference on Systems Biology General Chair 2011~2012년 미국 Univ. of California at Irvine 초빙교수 2011년 한국과학기술원(KAIST) 지정 석좌교수(현) 2012년 아일랜드 UCD Systems Biology Ireland 초빙석학(Walton Fellow) 2013년 중국과학원 Senior International Scientist 2015년 한국과학기술원(KAIST) 바이오 및 뇌공학과장(현) [상]과학기술처장관표창(1993), 한국학술진흥재단 98신진연구인력 연구장려금(1998), 제어자동화시스템공학회 학술상(2002), 제어자동화시스템공학회 젊은과학자 우수논문상(2003), IEEE Senior Member(2006), 서울대병원 SCI 우수논문상(2006), IEEE/IEEK Joint Award for Young IT Engineer(2008), KAIST 생명과학기술대학 우수교원상(2008), KAIST 기술혁신상(2009), KAIST 국제협력상(2010), 젊은과학자상 공학부문(2010), Walton Fellow Award Science Foundation of Ireland(2012) [저]'시스템생물학(Systems Biology)'(2013, 홍릉과학출판사)

조광희(趙光熙)

[생]1965·1·23 [주]경기 수원시 팔달구 효원로1 경기도의회(031-8008-7000) [학]경희대졸 [경]대보산업개발 대표이사, 안양시장애인체육회 상임부회장(현), 한국교통장애인협회 안양시지회 후원회장, 안양시지체장애인협회 자문위원(현), 안양시축구협회 이사, 한국청소년육성회 안양시지부 사무국장(현), 안양시·군포시·의왕시 환경운동연합회 회원(현), 협동조합 이음사회서비스경영연구원 자문위원(현) 2014년 경기도의회 의원(새정치민주연합·더불어민주당)(현) 2014~2015년 同예산결산특별위원회 위원 2014년 同여성가족교육협력위원회 위원 2015년 경기도 경기연정실행위원회 위원(현) 2016년 경기도의회 교육위원회 위원(현) 2016년 同윤리특별위원회 위원(현)

조광희(趙光熙) Kwang Hee Cho

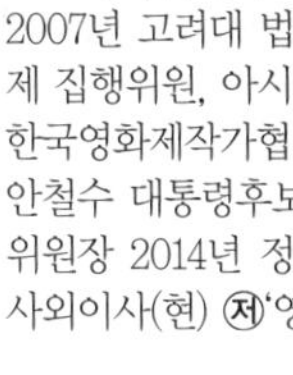

[생]1967·7·15 [출]경북 영천 [주]서울 서초구 강남대로 343 법무법인 원(02-3019-2826) [학]1984년 경성고졸 1989년 서울대 법학과졸 1992년 同대학원 법학과 수료 [경]1990년 사법시험 합격(32회) 1994년 사법연수원 수료(23기) 1994~1995년 법무법인 화우 변호사 1997~2006년 법무법인 한결 파트너변호사 1997~1999년 인권영화제 집행위원 1999년 前 검찰총장부인 '옷로비 의혹사건' 특별수사관 1999년 종합유선방송심사의위원회 심의위원 2000년 변리사 등록 2000~2002년 중앙대 예술대학원 강사 2001년 同첨단영상대학원 강사 2006년 (주)영화사 봄 제작관리본부장 2006~2007년 영화진흥위원회 감사 2007년 고려대 법무대학원 강사, 중앙대 법과대학 겸임교수, 부산국제영화제 집행위원, 아시안필름마켓운영위원회 부위원장, (주)영화사 봄 대표이사, 한국영화제작가협회 부회장 2009년 법무법인 원 변호사(현) 2012년 무소속 안철수 대통령후보 비서실장 2014년 새정치민주연합 인재영입위원회 공동위원장 2014년 정책네트워크 '내일' 감사(현) 2015년 (주)씨에스에이코스믹 사외이사(현) [저]'영화인을 위한 법률가이드(共)'(2003)

조구래(趙九來) Cho Koo-rae

생1969·8·25 출충북 옥천 주서울 종로구 사직로8길 60 외교부 인사기획관실(02-2100-7135) 학대신고졸 1991년 서울대 정치학과졸 경1991년 외무고시 합격(25회) 2000년 駐이스라엘 1등서기관 2002년 駐러시아 1등서기관 2006년 외교통상부 북핵2과장 2007년 대통령비서실 파견 2008년 외교통상부 북미2과장 2008년 駐미국 참사관 2011년 駐파키스탄 공사참사관 2014년 외교부 장관정책보좌관 2015년 同북미국 심의관 2016년 同인사기획관(현)

조 국(曺 國) Cho, Kuk

생1965·4·6 본창녕(昌寧) 출부산 주서울 관악구 관악로1 서울대학교 법과대학(02-880-5794) 학1982년 부산 혜광고졸 1986년 서울대 법학과졸 1989년 同대학원 법학과졸 1995년 미국 캘리포니아대 버클리교 대학원 법학과졸 1997년 법학박사(미국 캘리포니아대 버클리교) 경1992~1993·1999~2000년 울산대 법학과 전임강사·조교수 2000년 동국대 법과대학 조교수 2000~2002년 참여연대 사법감시센터 부소장 2000~2001년 민주화운동관련자 명예회복 및 보상심의위원회 자문위원 2001~2004년 대법원 양형제도연구위원회 위원 2001~2004년 서울대 법과대학 조교수·부교수 2002년 한국형사정책학회 편집간사 2002~2005년 참여연대 사법감시센터 소장 2003~2005년 한국형사정책학회 인권이사 2003년 대법원 법관인사제도개선위원회 위원 2003~2005년 경찰청 경찰혁신위원회 위원 2003~2004년 여성가족부 업무평가위원회 위원 2003~2004년 同성매매방지대책자문단 자문위원 2003~2004년 국무조정실 성매매방지기획단 위원 2003~2004년 국제검사협회 서울총회자문단 위원 2004~2005년 대검찰청 인권존중을위한수사제도개선위원회 위원 2004년 서울대 법과대학 교수(현) 2005~2007년 법무부 감찰위원회 위원 2007~2008년 참여연대 운영위원회 부위원장 2007~2008년 법무부 검찰인권평가위원회 위원 2007~2010년 국가인권위원회 비상임위원 2007~2008년 서울대 대외협력부본부장 2007~2009년 대법원 양형위원회 전문위원 2009~2011년 同양형위원회 위원 2015년 새정치민주연합 혁신위원회 위원 상정암 형사법학술상(2003), 한겨레신문 선정 '한국의 미래를 열어갈 100인 중 학술(인문·사회) 8인'(2004), 경향신문 선정 '한국을 이끌 60인'(2005), 대한민국학술원 기초학문육성 우수학술도서상(2006), 서울대 법과대학 우수연구상(2008), 동아일보 선정 '10년 뒤를 빛낼 대한민국 100인'(2010·2011·2012) 전양심과 사상의 자유를 위하여'(2001) '형사법의성편향'(2003) '위법수집증거배제법칙'(2005) '보노보 찬가'(2009) '성찰하는 진보'(2009) '진보집권플랜'(2010) 비평집 '조국, 대한민국에 고한다'(2011) '그가 그립다(共)'(2014, 생각의길) '왜 나는 법을 공부하는가'(2014, 다산북스) 종불교

조국제(趙國濟) Jo, Kuk-Je

생1962·10·29 본함안(咸安) 출경남 함안 주경남 창원시 마산회원구 3.15대로642 경남은행 준법감시부(055-290-8000) 학1981년 마산중앙고졸 1988년 창원대 경영학과졸 경1988년 경남은행 입행 1998년 同종합기획부 과장 2000년 同비서실 과장 2004년 同인사부 부부장 2006년 同갑오마을지점장 2008년 同인사부장 2011년 同토월지점장 2012년 同뉴코아지점장 2014년 同업무지원본부장 겸 리스크관리본부장 2015년 同준법감시인(현) 종불교

조국현(曺國鉉) CHO Kuk Hyun

생1944·5·28 출황해 은율 주서울 중구 다동길46 607호 한국금융신문 비서실(02-773-1850) 학1964년 대구 계성고졸 1969년 연세대 상학과졸 경1969년 한국외환은행 입행 1975~1983년 同대리·조사부 과장 1983년 (주)한미은행 심사역 1984~1989년 同여의도지점장·부산지점장 1989년 同자금부장 1990년 同임원부속실장 1990년 同영업부장 1991년 同심사부장 1994년 同무교동지점장 1995년 同고객금융팀장 1995년 同국제금융팀장 1996년 同이사 1997~1999년 同상무이사 1999년 한미리스 감사 1999년 한국금융신문 발행인 겸 편집인 1999~2015년 同대표이사 사장 2000년 (주)이페이젠 대표이사(현) 2015년 한국금융신문 대표이사 회장(현) 상재무부장관표창

조권제(趙權濟) CHO Kwun Jeh

생1951·4·3 출경남 함안 주부산 사상구 장인로77번길52 한국특수형강(주) 임원실(051-310-9011) 학1971년 동래고졸 1975년 동아대 경영학과졸, 부산대 경영대학원 수료 경유니온스틸 상무이사, 동국제강(주) 감사담당 이사 2010~2014년 同당진공장 관리담당 상무 2014년 한국특수형강(주) 경영총괄 부사장 2014년 同각자대표이사(현)

조권중(趙權重) Kwonjoong Choh

생1964·1·10 출서울 주서울 서초구 남부순환로340길57 서울연구원 도시사회연구실(02-2149-1256) 학1986년 서울대 사회학과졸 1988년 同대학원 사회학과졸 1997년 정보사회·경제사회학박사(미국 위스콘신대 메디슨교) 경1988~1989년 정보통신정책연구원 연구원 1998년 서울대 사회과학연구소 상근연구원 1998~1999년 한양대·서울대·경희대 강사, 서울시정개발연구원 부연구위원·연구위원 2005년 同도시사회연구부장 2006년 同디지털도시연구부장 2011~2012년 同도시경영연구실장 2012년 서울연구원 미래사회연구실 선임연구위원 2015년 同도시사회연구실 선임연구위원(현) 2015년 同디지털연구센터장

조규곤(曺圭坤) CHO Kyu Gon

생1959·10·5 본창녕(昌寧) 출강원 강릉 주서울 마포구 월드컵북로396 누리꿈스퀘어비즈니스타워17층 파수닷컴 비서실(02-300-9000) 학1977년 강릉고졸 1981년 서울대 전기공학과졸 1983년 同대학원졸 1992년 컴퓨터공학박사(미국 Rutgers Univ.) 경1983~1987년 삼성전자(주) 연구원 1992~2000년 삼성SDS Open Solution센터장·기술연구팀장·Nutrust Port 사장 2000년 (주)파수닷컴 대표이사(현), 한국정보보호협회(KISIA) 수석부회장, IT Leaders Club(삼성SDS출신 사장단 모임) 회장, 한국DRM협회(KODCA) 회장(현) 2010~2014년 지식정보보안산업협회 수석부회장·회장, 미국전기전자협회(IEEE) 서울섹션 부회장 상정보통신부장관표창(2002), 대통령표창(2006), 산업포장(2014)

조규광(曺圭光) CHO Kyu Kwang

생1926·4·4 본창녕(昌寧) 출충남 서천 학1948년 서울대 문리대 정치학과졸 경1949년 변호사시험 합격 1951년 서울지법 판사 1960년 서울고법 판사 1964년 서울민사지법 부장판사 1966~1988년 변호사 개업 1978년 대한변호사협회 부회장 1981년 서울통합변호사회 회장 1988~1994년 헌법재판소 초대 소장 1995~2001년 同자문위원회 위원장 상황조근정훈장, 청조근정훈장, 국민훈장 모란장, 법률문화상, 율곡인권상(2007), 목촌법률상(2008)

조규남(曺圭楠) CHO Kyu Nam (行善)

생1953·5·26 본창녕(昌寧) 주세종특별자치시 조치원읍 세종로2639 홍익대학교 조선해양공학과(044-860-2604) 학1972년 경복고졸 1976년 서울대 조선해양공학과졸 1981년 미국 미시간대 대학원 조선해양공학과졸 1982년 同대학원 응용역학과졸 1985년 조선해양공학박사(미국 미시간대) 경1981~1985년 미국 미시간대 연구조교 1985~1993년 현대중공업 선박해양연구소 해양연구실장(책임연구원) 1993~1998년 한국전산구조공학회 이사·감사 1993년 홍익대 조선해양공학과 교수(현) 1993~1995년 한국해양연구소 해양공학자문위원 1994년 아세아구조연구회의 한국대표 1994년 통상산업부 산업표준심의위원 1994년 국립기술품질원 표준검사전문위원 1995년 한국기계연구원 선박해양공학센터 위촉연구원 1995년 홍익대 해양시스템연구센터 소장 1995~1997년 국제선박해양구조회의 전문위원 1999년 해양수산부 정책자문위원회 해양분과위원 2000년 미국 미시간대 초빙교수 2002년 홍익대 취업정보실장 2003~2006년 ISSC 설계기준위원회 위원장 2006~2008년 홍익대 과학기술대학장 2009~2011년 한국해양과학기술진흥원 전문위원 2010년 한국선급 해양구조물위원회 위원장(현), 아세아태평양국제구조학회(TEAM) 한국대표(현) 2012년 국가교육과학기술자문회의 전문위원 2013년 해양수산부 해양수산미래기술위원회 공동위원장(현) 2014~2015년 한국해양과학기술진흥원 전문위원 2015년 同전문평가단 분과위원장(현) 상경제기획원 군통계요원기술교육 우등상(1977), 미국 SSC(SHIP STRUCTURES COMMITTEE) SCHOLARSHIP AWARD(1984), 한국해양공학회 논문상(1996), 한국해양공학회 학술상(1999), 국무총리표창(2000), 미국 미시간대 자랑스러운 동문상(2007), 홍조근정훈장(2014) 전'해양구조물의 설계 해석론'(1994) '해양구조물의 해석기법 개론'(1996) '수치해석-유한요소법의 이해'(1996) '해양공학개론'(1996) '해양21세기'(1998) '노아의 방주에서 심해저까지'(2004) 종천주교

조규대(曺圭大) CHO Gyu Dae

생1957·10·21 출전남 보성 주경기 화성시 삼성1로2길16 (주)바이온텍 비서실(031-450-9995) 학1976년 광주 진흥고졸 경1983~1985년 성봉무역 영업부장 1986~1999년 대아메디칼 대표이사 2000년 (주)바이온텍 대표이사(현) 2010년 한국알칼리온수협회 회장 상대한민국 대표 브랜드 대상(2009·2011·2012), 올해의 브랜드 대상(2010), 대한민국 퍼스트 브랜드 대상(2012) 전'물처럼 마시는 물, 약처럼 먹는 물'(2012, 소금나무 어린숲)

조규동 Cho Kyu Dong

[생]1959 [주]대전 서구 청사로189 병무청 사회복무국(042-481-3015) [학]고려대 행정대학원 공공정책학과졸 [경]1975년 공무원 임용(9급 공채) 2006년 사무관 승진 2008년 병무청장 비서관 2012년 서기관 승진 2012년 인천·경기지방병무청 고객지원과장 2013년 병무청 신병역문화창조과제추진단 서기관 2013년 인천·경기지방병무청 산업지원과장 2014년 병무청 사회교육복무과장 2015년 同대변인(부이사관) 2016년 同사회복무국장(고위공무원)(현)

조규만(曺圭晩) Cho Kyu-Man

[생]1955·6·8 [출]부산 [주]강원 원주시 원일로28 천주교 원주교구청(033-765-4221) [학]1990년 신학박사(로마 교황청 우르바노대) [경]1982년 사제 수품 1982~1984년 연희동성당 보좌신부 1995~1997년 천주교주교회의 신앙교리위원회 총무 1991~2006년 가톨릭대 신학대학 교수 1999~2006년 아시아주교회의연합회(FABC) 신학위원회 위원 2004~2006년 천주교중앙협의회 사무총장 겸 천주교주교회의 사무처장 2006년 주교 수품 2006~2014년 천주교 서울대교구 서서울지역담당 교구장 대리주교 2006년 同서울대교구 청소년담당 교구장 대리 주교 2006~2012년 아시아주교회의연합회(FABC) 신학위원회 주교 위원 2012~2016년 (재)바보의나눔 이사장 2013~2016년 (재)평화방송 이사장 2014~2016년 천주교 서울대교구 총대리 2014~2015년 同서울대교구 중서울지역담당 교구장 대리 2014년 한국교회사연구소 이사장 2016년 환주복지재단 이사장(현) 2016년 천주교 원주교구장(현) [종]천주교

조규범(曺圭範) CHO Kyubum

[생]1962·1·7 [출]서울 [주]서울 영등포구 국제금융로10 서울국제금융센터 One IFC빌딩9층 딜로이트안진회계법인 세무자문본부(02-6676-2390) [학]서울 영훈고졸 1985년 서울대 국제경제학과졸 1998년 영국 버밍햄대 대학원졸 [경]1986년 공인회계사자격 취득·삼일회계법인 공인회계사 1992년 행정고시 합격(35회) 1992년 건설교통부 국토정책과·주택정책과 사무관 2000년 재정경제부 국제경제과·세제실 국세조세과·소득세제과 서기관 2004년 중앙인사위원회 홍보협력담당관 2005년 同정책홍보협력담당관 2005년 국외 훈련 2006년 재정경제부 부동산실무기획단 조세반장 2007년 同세제실 소비세제과장 2008년 기획재정부 세제실 환경에너지세제과장 2009년 同세제실 국제조세제도과장 2011년 同세제실 조세정책관실 소득세제과장 2012년 同세제실 조세정책과장(부이사관) 2012~2014년 OECD 대한민국정책센터 파견(부이사관) 2015년 딜로이트안진회계법인 세무자문본부 전무이사 2015년 同세무자문본부 부대표(현)

조규상(曺圭庠) CHO Kyu Sang

[생]1956·11·26 [본]창녕(昌寧) [출]충남 공주 [주]서울 양천구 목동동로233 방송통신심의위원회 기획조정실(02-3219-5181) [학]1976년 신일고졸 1983년 연세대 신문방송학과졸 [경]1983~1984년 오리콤 근무 1992년 방송위원회 비서실 차장 1997년 同라디오부장·심의기획부장 1999년 同심의기획팀장(부장) 2000년 同평가총괄부장 2002년 同법제부장 2003년 同홍보실장 2004년 同매체정책국장 2005년 同감사실장 2006년 서울산업대 교육파견 2007~2008년 방송위원회 시청자지원실장 2008년 방송통신심의위원회 정보이용건전화추진단장 2010년 同대전사무소장 2011년 同조사연구실장 2012년 同기획조정실장 2013~2014년 同조사연구실장 2015년 同기획조정실 전문위원(현)

조규상(趙圭相) CHO, KYU SANG

[생]1967·5·29 [본]평양(平壤) [출]서울 [주]서울 영등포구 여의대로60 NH투자증권 Trading사업부(02-768-7000) [학]1986년 경성고졸 1991년 서강대 경영학과졸 [경]2000년 맥쿼리-IMM자산운용 부사장(CIO) 2007~2013년 골드만삭스자산운용 대표이사 2014년 우리투자증권 FICC사업부 대표(전무) 2015년 NH투자증권 Trading사업부 대표(전무)(현)

조규선(曺圭宣) JO Kyu Seon

[생]1949·1·20 [본]창녕(昌寧) [출]충남 서산 [주]서울 마포구 마포대로38 일신빌딩16층 국민의당(02-715-2000) [학]1967년 서산농공고졸 1981년 미국 프레스노대 농과대학 수료 1987년 한남대 사회문화대학원 수료 2001년 경문대학 관광경영과졸 2004년 한서대 환경공학과졸 2006년 단국대 정책경영대학원 경제학과졸 [경](주)보람건설엔지니어링 회장 1979년 서산JC 회장 1979~1997년 충남지구JC 특우회 회장 1981년 대한재향군인회 서산연합분회장 1984년 서산시새마을 회장 1989년 서산지역체신협력회 회장 1990년 한국JC 연수원 교수 1990~1995년 대전일보 기자 1998년 한국교통장애인서산시지회 후원회장 2001~2002년 서산발전포럼 공동의장 2002~2006년 충남 서산시장(민주당·열린우리당) 2003년 한·몽경상학회 이사장 2005년 자치분권전국연대 상임대표(현) 2005년 충남새마을사랑모임 회장 2005~2006년 충남시장·군수협의회 회장 2005~2006년 전국시장·군수·구청장협의회 공동회장 2005년 대통령자문 국가균형발전위원회 우수강사 2006~2007년 충남 서산시장(열린우리당), 공해추방범국민운동중앙본부 부총재, 한서대 교양학부 대우교수 2009년 윈체스트컨트리클럽 대표이사(현) 2013년 민주당 중앙당 상향식공천제도혁신위원회 위원 2015년 새조국전국포럼 상임대표(현) 2016년 국민의당 충남서산·태안지역위원회 위원장(현) 2016년 同충남도당 위원장(현) 2016년 同중앙당 쌀값대폭락대책특별위원회 위원(현) [상]한국기자상(1991), 충남도 문화상(1992), 새마을포장(1997), 교육인적자원부장관표창, 세계평화교육자상(2005), 충남도교육감 감사패(2006), 전국지역신문협회 대상(2006), 세계평화언론대상 사회공헌부문 대상(2015) [저]수상집 '내마음의 빈터' 동화집 '할아버지의 선물'(共)

조규설(曺圭卨) CHO Kyu Seol

[생]1973·10·22 [출]부산 [주]강원 춘천시 공지로284 춘천지방법원(033-259-9000) [학]1992년 부산 혜광고졸 1997년 서울대 법학과졸 [경]1998년 사법시험 합격(40회) 2001년 사법연수원 수료(30기) 2001년 軍법무관 2004년 부산지법 판사 2007년 의정부지법 판사 2010년 서울북부지법 판사 2012년 서울중앙지법 판사 2014년 서울동부지법 판사 2016년 춘천지법 부장판사(현)

조규성(曺圭成) CHO Gyu Seong

[생]1951·7·20 [본]창녕(昌寧) [출]경북 구미 [주]서울 영등포구 국회대로 76길33 중앙보훈회관빌딩 8층(02-2672-0114) [학]1972년 건국대 농대졸 1978년 同대학원졸 2003년 이학박사(경희대) [경]1973~1982년 (주)일화연구실 연구1계장 1982~1993년 안성농업전문대 식품제조과 전임강사·조교수·부교수 1991~1992년 일본 오사카대 교환교수 1993~1999년 안성산업대 식품공학과 부교수 1999년 한경대 이공대학 식품공학과 교수 2002년 同산학실습처장 2003~2004년 미국 Bridgeport대 교환교수 2004~2016년 한경대 공과대학 식품생물공학과 교수 2005년 同이공대학장, 세계평화클럽 이사, 국제크리스찬교수협의회 부회장 2012년 범시민사회단체연합 공동대표(현) 2013~2016년 중부일보 필진 2014~2016년 한경대 부총장 2016년 푸코바이오기술연구원 이사장(현) 2016년 신한일보 논설위원(현) [상]경기도교원단체총연합회 교육공로자상(2011), 한국교원단체총연합회 교육공로자상(2013) [저]'식품미생물학'(1985) '식품미생물학실험서'(1995) '식품분석법'(1996) [종]통일교

조규성(曺圭聲) CHO Kyoo Sung

[생]1955·3·25 [출]인천 [주]서울 서대문구 연세로50의1 연세대학교 치과대학병원 치주과(02-2228-3188) [학]1979년 연세대 치의학과졸 1982년 同대학원 치의학과졸 1988년 치의학박사(연세대) [경]1979~1980년 연세대 치과대학병원 인턴·레지던트 1985~1998년 同치과대학 전임강사·조교수·부교수 1990~1991년 미국 UCLA 치과대학 방문교수 1991~2000년 한국구강보건협회 상무이사 1994년 연세대 치과대학 진료실장 1996년 미국 Loma Linda 치과대학 방문교수 1998년 연세대 치과대학 치주과학교실 교수(현) 1998년 同치과대학병원 치주과 주임교수 겸 치주과장 2000년 同치과대학 평생교육원장·임상연수원장 2002년 同치과대학병원 교육연구부장 2002년 연세임플란트연구회 회장 2002년 대한치주과학회 부회장 2004~2008년 연세대 치과대학 교무부학장 2005년 국제치과임플란트학자회의(ITI) Fellow 2006~2007년 대한구강악안면임플란트학회 부회장 2007~2008년 연세임플란트연구회 회장 2008~2010년 연세대 치과대학 동문회 부회장 2009년 同치과대학 치주조직재생연구소 부소장 2009~2011년 대한치주과학회 회장 2009~2010년 연세대 치과대학 교수평의회 의장 2010~2014년 同치과대학병원장 2013년 대한치과병원협회 부회장 2015년 연세대 치과대학 치주조직재생연구소장 2016년 同치과대학 치주조직재생연구소 총무(현) [상]한국과학기술단체총연합회 과학기술우수논문상 [종]기독교

조규승(曺圭勝) CHO Kyu Seong

[생]1962·2·17 [출]충남 보령 [주]서울 마포구 성암로267 문화방송 신사업개발센터(02-789-0011) [학]서울 남강고졸, 서울시립대 영어영문학과졸, 숭실대 노사관계대학원 노동법학과졸 [경]1986년 MBC 총무국 입사 2003년 同정책기획팀장 2006년 同인력자원국 인력개발부장 2007년 同인력자원국 인사부장 2009년 同신사옥추진부장 2011년 同사회공헌실장 2011년 (주)MBC나눔 대표이사 사장 2012년 MBC 경영지원본부장 2013년 同미래방송연구실 국장 2014년 同부동산자산개발TF팀장 2014년 同신사업개발센터장(현) [종]기독교

조규열(曺圭烈) Kyu-Yeol Cho

[생]1959 · 12 · 25 [출]서울 [주]서울 영등포구 은행로38 한국수출입은행 해양금융본부(02-3779-6114) [학]1978년 서울 명지고졸 1986년 국민대 무역학과졸 2001년 한국개발연구원(KDI) 국제정책대학원 국제경영학과졸 [경]1986년 한국수출입은행 입행 2000년 同구매자금융부 선박금융실 심사역 2002년 同선박금융부 선임심사역 2005년 同뉴욕사무소 선임조사역 2008년 同프로젝트금융부 PF2팀장 2009년 同기획부 조직예산팀장 2011년 同수원지점장 2012년 同선박금융부장 2014년 同해양프로젝트금융부장 2016년 同해양금융본부장(부행장)(현) [상]기획재정부장관표창(2009), 대통령표창(2012), 금융위원장표창(2014)

조규영(趙奎英) CHO Kyu Young

[생]1946 · 11 · 22 [출]서울 [주]경기 구리시 아차산로493 (주)중앙건설 비서실(02-3271-8330) [학]1966년 경기고졸 1971년 미국 서던캘리포니아대(Univ. of Southern California) 회계학과졸 [경]1972년 미국 폴함계리사 공동대표 1981~1998년 중앙산업(주) 대표이사 1981년 (주)중앙제공 감사 1993년 (주)중앙건설 감사 1993~1998년 同대표이사 회장, (주)중앙하이츠개발 대표이사, (주)중앙건설 회장(현) [상]산업포장

조규영(曺圭英) CHO KYU YUNG

[생]1959 · 10 · 1 [출]서울 [주]서울 강서구 오정로443의83 아시아나항공 여객본부(02-2669-5501) [학]성동고졸, 고려대 법학과졸, 연세대 대학원 금호MBA과정 수료 [경]2004년 아시아나항공(주) 전략경영팀장 2006년 同기획부문 상무 2008년 同미주지역본부장 2011년 同경영지원본부장(전무) 2013년 同화물본부장(전무) 2014년 同전략기획본부장(전무) 2015년 同여객본부장(부사장)(현)

조규영(曺圭寧 · 女) CHO Kyu Young

[생]1965 · 6 · 27 [출]서울 [주]서울 중구 덕수궁길15 서울특별시의회(02-3783-1536) [학]진명여고졸, 이화여대 사회사업학과졸, 同사회복지대학원졸 2009년 사회복지학박사(서울시립대) [경]서울시사회복지사협회 이사, 서울YWCA 가락종합사회복지관장, 성공회대 · 명지대 외래교수, 중앙대 사회개발대학원 객원교수, 고양YWCA 문촌사회복지관장 2006~2010년 서울시의회 의원(비례대표, 열린우리당 · 통합민주당 · 민주당) 2006년 同보건사회위원회 위원 2006~2007년 同예산결산특별위원회 위원 2006년 同정책연구위원회 위원 2006~2007년 同여성특별위원회 부위원장 2007~2008년 同보건복지위원회 위원 2007년 同지역균형발전지원특별위원회 위원 2007년 서울시 결산검사위원회 위원 2008~2010년 서울시의회 재정경제위원회 위원 2008~2009년 同정책연구위원회 위원 2008년 同가락동농수산물도매시장개선특별위원회 위원 2009~2010년 同도심부지원특별위원회 부위원장 2009년 同영어공교육정상화지원특별위원회 위원 2010년 서울시의회 의원(민주당 · 민주통합당 · 민주당 · 새정치민주연합) 2010~2012년 同보건복지위원회 위원장 2012년 同환경수자원위원회 위원 2013년 민주당 부대변인 2014년 서울시의회 의원(새정치민주연합 · 더불어민주당)(현) 2014년 同문화체육관광위원회 위원 2015년 同지역균형발전지원특별위원회 위원(현) 2016년 同장기미집행도시공원특별위원회 위원(현) 2016년 同행정자치위원회 위원(현) 2016년 同부의장(현) [상]매니페스토약속대상 광역지방의원부문(2010), 의정행정대상 광역지방의원부문(2010)

조규옥(曺圭玉) CHO Kyoo Ok

[생]1946·7·29 [출]서울 [주]서울 서대문구 서소문로21 충정타워빌딩13층 전방(주) 비서실(02-2122-6000) [학]1971년 전북대 사학과졸 1991년 연세대 산업대학원 수료 [경]1972년 제일정수(주) 설립 1980년 삼동산업(주) 대표이사 1989년 폐수처리협회 회장 1992년 국립환경연구원 강사 2001년 전방(주) 대표이사 사장 2002년 同회장(현) 2010~2013년 대한방직협회 회장 [상]대통령표창, 국무총리표창(2회), 환경부장관표창(6회) [저]'폐수처리 실무기술' '특정유해물질 처리기술' [종]천주교

조규완(曺圭完) Cho Kyoo Wan

[생]1963 · 8 · 17 [출]서울 [주]서울 영등포구 선유동2로70 이화산업(주) 비서실(02-2007-5500) [학]1982년 서울고졸 1987년 미국 오하이오대(Ohio Univ.)졸 1990년 미국 페어레이디킨슨대(F.D.U) 경영대학원졸 [경]2000년 학교법인 서정학원 이사(현) 2006년 이화산업(주) 부회장(현), 영화기업(주) 부회장(현), 이화소재(주) 부회장(현) [종]불교

조규원(曺圭元) CHO Kyu Won (若岩)

[생]1949·4·25 [본]창녕(昌寧) [출]충북 증평 [주]경기 포천시 가산면 시우동3길63 청완(주) 회장실(031-543-0025) [학]1968년 천안고졸 1976년 건국대 법학과졸 1986년 서울시립대 도시행정대학원졸 2008년 서울대 최고감사인과정(AAP) 수료 2014년 행정학박사(서울시립대) [경]1974년 흥사단 입단, 同서울지부 조직부장·감사·평의회 부의장 1993년 同공의원·감사 2001년 서울시 월드컵기획담당관(서기관) 2002년 흥사단 이사·부이사장(현) 2002년 서울시 체육청소년과장 2002~2006년 同대중교통과장 2006~2007년 서울문화재단 파견(부이사관) 2007년 서울시 명예퇴직(이사관) 2007~2010년 SH공사 감사 2010년 청완(주) 회장(현) [상]모범공무원상(1984), 녹조근정훈장(1993), 홍조근정훈장(2007)

조규일(曺圭逸) Jo, Kyoo-il

[생]1964·9·25 [출]경남 진주 [주]경남 진주시 월아산로 2026 경상남도청 서부청사 서부부지사실(055-211-6010) [학]진주 대아고졸, 서울대 불어불문학과졸, 同대학원 행정학과졸, 프랑스 파리제12대학 DEA과정졸 [경]1995년 제1회 지방고시 합격 1996~1999년 서울 송파구 지역경제과장 2008년 서울시 한강사업본부 사업기획부장 2009년 同지방분권지원단 분권2과장 2011년 행정안전부 지방재정세제국 지방세분석과 서기관 2013년 안전행정부 지방세정책과장 2014년 경남도 정책기획관(부이사관) 2014년 同서부권개발본부장 2014년 同경제통상본부장 2015년 同미래산업본부장 2015년 同서부부지사(현) [상]홍조근정훈장(2015)

조규전(曺圭田) JO Gyu Jeon

[생]1940 · 2 · 5 [출]충남 서천 [주]경기 수원시 권선구 효원로266번길25 (주)범아엔지니어링(031-220-3700) [학]1965년 한양대 토목공학과졸 1969년 同대학원 토목공학과졸 1976년 네덜란드 항공우주측량 및 지구과학원 대학원 항공사진측량공학과졸 1984년 공학박사(한양대) [경]1965년 건설부 국립건설연구소 항공사진측량담당 1971년 서울시 주택관리관실 항공사진측량계장 1977~1985년 아세아항업(주) 기술상무 1981~1996년 국제지구물리 및 측지학연맹 선임연구원 1984년 국제항공사진측량 및 원격탐사학회 한국대표 1985년 중앙항업(주) 기획관리실장(전무대우) 1985~2005년 경기대 토목공학과 교수 1987년 미국 전문측지학회(NSPS) 정회원(현) 1987년 미국 항공사진측량 및 원격측정학회(ASPRS) 정회원(현) 1988년 경기대 토목공학과장 1990년 한국측지학회 부회장 1992년 同논문편집위원장 1996년 同회장 1997년 경기대 공과대학장 1997년 同산업기술종합연구소장 2002~2008년 대한측량협회 회장 2002년 경기대 산업정보대학원장 2004년 同정보통신대학원장 2008년 (주)범아엔지니어링 부회장(현) [상]건설부장관표창, 서울시장 대서울상, 한국과학기술단체총연합회 과학기술우수논문상, 대한토목학회 학술상, 대통령표창, 근정포장(2005) [저]'표준측량학'

조규정(趙圭政) CHO Kyu Jung

[생]1949·12·21 [출]광주 [주]서울 서초구 서초중앙로158 법무법인 성진(02-3482-1900) [학]광주고졸 1971년 서울대 법대졸 [경]1973년 사법시험 합격(15회) 1975년 사법연수원 수료 1976년 공군 법무관 1978년 전주지검 검사 1981년 同군산지청 검사 1982년 서독 MAX PLANCK 국제형사법연구소 연수 1984년 법무연수원 연구관 1985년 법무부 법무실 검사 겸 서울지검 검사 1987년 서울지검 검사 1987년 청주지검 제천지청장 1989~1993년 광주지검 목포지청 부장검사·부산지검 강력부장 1993년 부산지검 형사2부장 1993년 법무부 송무심의관 1994년 서울지검 총무부장 1995년 同형사4부장 1995년 창원지검 진주지청장 1997년 인천지검 부천지청 차장검사 1998년 서울지검 남부지청 차장검사 1998년 서울고검 검사 1999년 국가정보원 파견 1999년 부산고검 차장검사 2000년 제주지검장 2001년 청주지검장 2002년 법무부 보호국장 2002년 광주지검장 2003~2008년 변호사 개업 2009년 법무법인 정평 공동대표변호사 2009년 인터넷신문 '브레이크뉴스' 논설고문 2009년 종합법률사무소 영해 대표변호사 2014년 법무법인 서진 대표변호사 2014~2016년 한국자산관리공사(캠코) 청렴옴부즈만 2015년 법무법인 성진 대표변호사(현)

조규조(曺奎照) JO Gue Jo

[생]1961 · 10 · 23 [출]충남 논산 [주]서울 강남구 남부순환로2748 한국교육방송공사(EBS) 부사장실(02-526-2503) [학]1984년 충남대 전자공학과졸 [경]1983년 기술고시 합격(19회) 1996년 정보통신부 정보통신정책실 기술기준과 서기관 1998년 2002월드컵축구대회조직위원회 파견 2000년 정보통신부 기획관리실 정보전산담당관 2002년 同전파방송관리국 주파수과장 2004년 同정

보통신정책국 기술정책과장 2004년 同정보통신정책국 기술정책팀장 2005년 同정보통신정책국 기술정책팀장(부이사관) 2005년 同전파방송정책국 전파방송총괄과장 2006년 同전파방송기획단 전파방송정책팀장 2006년 국가정보원 국가사이버안전센터 파견(부이사관) 2007년 방송통신위원회 부이사관(해외 파견) 2010년 同부이사관 2013년 미래창조과학부 전파정책국장 2014년 同통신정책국장 2016년 한국교육방송공사(EBS) 부사장(현) [상]근정포장(1997), 홍조근정훈장(2014)

조규진(曺圭晉) CHO Kyu-Jin

[생]1935·5·21 [본]창녕(昌寧) [출]경남 통영 [주]서울 강서구 공항대로429 화진그룹(02-3450-8803) [학]1954년 통영고졸 1958년 연세대 정치외교학과졸 1970년 영국 톰슨신문연구소 수료 1998년 연세대 언론대학원 최고위과정 수료 [경]1959년 경향신문 정치부 기자 1968년 한국기자협회 부회장 1969년 한국신문윤리위원회 위원 1970년 경향신문 정치부 차장 1973년 同정치부장 1974~1993년 同논설위원 1982년 농민신문 편집인·이사 1983년 아시아농업저널리스트협회(AAJWA) 집행이사 1993년 경향신문 수석논설위원 1994년 유니세프 언론인클럽 부회장 1995년 한국미디어정보연구소 회장(현) 1997년 국민신당 이인제 대통령후보 언론총괄특보 2001년 새천년민주당 국정자문위원 2002년 대한언론인회 이사 2003년 (사)한국언론인연합회 감사(현) 2004년 한국게이트볼협회 이사 2005년 화진그룹 상임고문(현) 2012~2014년 대한언론인회 자문위원장 2013~2015년 민주평통 자문위원 [종]천주교

조규찬

[생]1962·11·2 [출]경북 영주 [주]경북 구미시 1공단로 186의10 구미세관(054-469-5600) [학]영주고졸 1983년 세무대학 관세학과졸(1회), 배재대 컨설팅경영대학원졸 [경]1983년 관세청 서울본부세관 임용 2009년 同대산세관장 2011년 同구미세관 납세심사과장 2011년 대통령 총무비서관실 총괄행정팀장 2015년 관세청 구미세관장(현) [상]대통령표창(2014)

조규창(曺圭昌) CHO Kyu Chang

[생]1960·3·21 [주]서울 종로구 인사동7길32 SK건설 임원실(02-3700-7114) [학]계성고졸, 서울대 조선공학과졸 [경]현대중공업 근무, UEC산업 근무 2004~2006년 SK건설 ROMANIA HDT PJT팀 PM 2006년 同화공플랜트사업팀 부장 2007년 同FGT Project팀 PD(상무) 2009년 同BAB Gas Compression Project PD, 同플랜트사업관리본부장(상무) 2012년 同화공사업관리본부장(상무) 2013년 同화공MEA총괄 Project PD(상무) 2014년 同화공Operation2총괄 겸 화공Operation2총괄 Project PD(상무) 2015년 同화공CoE본부장(상무) 2016년 同화공CoE본부장(전무)(현)

조규표(曺圭標) Cho Kyoo Pyo

[생]1961·2·17 [본]창녕(昌寧) [출]전북 고창 [주]세종특별자치시 조치원읍 군청로93 세종특별자치시청 농업정책과(044-300-4310) [학]1981년 이리고졸 1988년 전북대 영어영문학과졸 2004년 미국 뉴욕주립대 올바니교 대학원 수료 2015년 충남대 창조경제리더아카데미과정 수료 [경]1988~1989년 국세청 근무(별정9급) 1989~1991년 농림수산부 국립종축원 주사보·주사 1991~2007년 농림부 농수산통계관실 주사·사무관 2007~2008년 同유통정책과 사무관 2008~2012년 농림수산식품부 유통정책과 사무관·서기관 2012~2013년 同국가식품클러스터추진팀 서기관 2013~2015년 농림축산식품부 국가식품클러스터추진팀 서기관 2015년 세종특별자치시 농업정책과장(현)

조규하(趙奎夏) CHO Kyu Ha

[생]1951·3·8 [출]서울 [주]서울 서초구 사임당로175 갤럭시타워 403호 SCSK(02-6290-6300) [학]1969년 양정고졸 1973년 고려대 농학과졸 1980년 일본 산업능률대 경영학과졸 [경]1975~1981년 일본 SHARP Corp. 근무 1981~1987년 동아생명보험(주) 영업기획차장 1987년 한화증권(주) 국제부장 1995년 同이사보 1997년 同이사 1999년 同상무이사 2004년 한화투자신탁운용(주) 감사 2005년 한화증권 자산운용본부장(전무이사) 2005~2010년 CSK인베스트먼트코리아 대표이사 2008~2010년 여의도메리어트호텔 대표이사 2009년 대통령직속 국가브랜드위원회 국제협력분과위원회 위원 2010년 KT&G 감사위원 2010년 일본 SCSK 한국대표(현) 2010년 일본 Whiz Partners 자산운용(주) 특별고문(현) 2011년 신용보증기금 비상근이사 2011년 한화인베스트먼트 이사 2011년 Suresoft Technologies Inc. 부회장 2014~2015년 KT&G 이사회 의장 겸 감사위원 2015년 同감사위원장 [종]기독교

조규향(曺圭香)

[생]1962·1·28 [출]전남 나주 [주]충남 부여군 부여읍 성말로4 부여경찰서(041-830-9213) [학]광주 숭일고졸, 조선대 정책대학원 행정학과졸 [경]1989년 경위 특채(감식) 1998년 경감 임용 2005년 경정 임용 2011년 광주지방경찰청 청문감사담당관실 감찰계장 2015년 충남지방경찰청 보안과장 2015년 총경 임용 2016년 충남 부여경찰서장(현)

조규현(曺圭鉉) JOE Gyu Hyeon

[생]1966·9·16 [본]창녕(昌寧) [출]경남 사천 [주]서울 강남구 테헤란로87길36 도심공항타워16층 법무법인 로고스(02-2188-1070) [학]1985년 진주고졸 1989년 서울대 법학과졸, 한국과학기술원(KAIST) 지식재산대학원 공학석사(4기) [경]1990년 사법시험 합격(32회) 1993년 사법연수원 수료(22기) 1993년 軍법무관 1996년 부산지법 판사 1999년 울산지법 판사 2000년 수원지법 성남지원 판사 2002년 서울지법 의정부지원 판사 2004년 서울고법 판사 2006년 대법원 재판연구관 2008년 부산지법 부장판사 2010년 수원지법 부장판사 2012년 서울북부지법 부장판사 2014~2016년 서울중앙지법 부장판사 2016년 법무법인(유) 로고스 구성원변호사(현)

조규형(曺圭瀅) CHO Kyu Hyung

[생]1951·1·1 [본]창녕(昌寧) [출]강원 강릉 [주]서울 영등포구 국회대로70길18 한양빌딩 새누리당 국제위원회(02-3786-3000) [학]1968년 춘천고졸, 강원대 2년 수료 1974년 한국외국어대 서반아어과졸 1978년 영국 런던대 수료 [경]1974년 외무고시 합격(8회) 1974년 외무부 입부 1980년 駐멕시코 3등서기관 1982년 駐베네수엘라 2등서기관 1986년 駐미국 1등서기관 1990년 외무부 남미과장 1991년 同안보정책과장 1992년 駐러시아 참사관 1995년 駐네덜란드 공사 1997년 경수로사업지원기획단 특별보좌역 1999년 외교통상부 중남미국장(이사관) 2000년 한반도에너지개발기구(KEDO) 사무차장 2003년 駐멕시코 대사 2006년 외교통상부 경수로사업지원기획단 파견 2007년 한반도에너지개발기구(KEDO) 집행이사 2008~2009년 駐브라질 대사 2010년 2018 평창동계올림픽유치위원회 공동부위원장 2011~2013년 민주평통 강원지역회의 부의장 2011년 상지대 산학협력단 전문경영인 2013~2016년 재외동포재단 이사장 2016년 새누리당 국제위원장(현) [상]멕시코 국가공로훈장 2급(2006), 홍조근정훈장(2009), 한국외국어대총동문회 특별공로상(2015) [저]'비핵지대에 관하여' [종]기독교

조규호(趙奎旿) CHO Kyu Ho

[생]1955·2·28 [출]경북 칠곡 [주]서울 서초구 서초대로74길11 삼성자산운용(주) 감사위원실(080-377-4777) [학]1973년 대륜고졸 1980년 경북대 법학과졸 1990년 미국 미시간대 대학원 행정학과졸 [경]2000년 감사원 기획관리실 국제협력담당관 2002년 同제4국 제5과 감사관 2007년 同감사청구조사단 감사청구조사팀장 2007년 同감사청구조사단 민원조사팀장 2008년 대통령실 파견(부이사관) 2009년 감사원 산업·금융감사국 제3과장 2010년 중앙공무원교육원 파견(고위감사공무원) 2011년 감사원 전략과제감사단장 2011년 同감사청구조사국장 2011~2012년 同공공기관감사국장 2012년 삼성자산운용(주) 상근감사위원(현)

조규홍(曺圭鴻) Cho, Kyoo Hong

[생]1967·2·19 [본]창녕(昌寧) [출]서울 [주]세종특별자치시 갈매로477 기획재정부 재정관리관실(044-215-2005) [학]1985년 중앙대사대부고졸 1989년 서울대 경제학과졸 1992년 同대학원 행정학과졸 2003년 미국 콜로라도대 경제학과졸 2005년 경제학박사(미국 콜로라도대) [경]1995년 재정경제원 예산실 근무·예산청 근무 1999년 기획예산처 재정기획국 중기재정과 근무 1999년 同재정기획국 산업재정과 서기관 2001~2005년 미국 콜로라도대 유학 2005년 기획예산처 정책홍보관리실 법령분석과장 2006년 同재정전략실 전략기획팀장 2007년 同산업재정기획단 농림해양재정과장(서기관) 2007년 同산업재정기획단 농림해양재정과장(부이사관) 2008년 기획재정부 예산실 예산제도과장 2009년 同예산실 예산총괄과장 2010년 대통령 기획관리실 행정관(부이사관) 2011년 同기획관리실 선임행정관(일반직고위공무원) 2011년 기획재정부 장관정책보좌관 2011~2013년 同장관 비서실장 2013년 대통령 기획비서관실 선임행정관 2014년 기획재정부 예산실 경제예산심의관 2016년 同재정관리관(현)

조규화(曺圭和·女) CHO Kyu Hwa

(생)1944·4·18 (본)창녕(昌寧) (출)서울 (주)서울 서대문구 이화여대길52 이화여자대학교(02-3277-2114) (학)1959년 경기여중졸 1962년 경기여고졸 1966년 이화여대 가정학과(의류직물학전공)졸 1971년 일본 와세다대 어학연구소 일본어과 수료 1975년 일본 오차노미즈여대 대학원 피복학과졸 1989년 예술학박사(일본 오차노미즈여대) (경)1971~1974년 일본 아사히신문·아시아경제연구소 강사 1977~1984년 국민대 의상학과 전임강사·조교수·부교수 1980~1997년 한국의류학회 이사 1983~2004년 대한민국섬유패션디자인경진대회 심사위원 1983~1986년 한국섬유산업연합회 디자인패션전문위원 1984~2009년 이화여대 의류직물학과 교수 1985~1989년 同의류직물학과장 1985~1990년 월간 '멋' 편집고문 1987~1999년 한국패션협회 디자인패션전문위원 1987~1999년 섬유패션대전 운영위원·심사위원 1987년 일본 오사카 세계직물회의 패널리스트 1988·1990년 전국대학입시학력고사 출제위원 1988~1994년 통상산업부 섬유공업발전민간위원회 위원 1990~1997년 전국경제인연합회 국가경쟁력강화민간위원회 섬유산업특별위원 1992~1996년 한국복식학회 감사 1994~1999년 문화체육부 국어심의회 의류용어심의위원 1995~1997년 한국의류학회 부회장 1996~2003년 한국패션비즈니스학회 회장 1997~1999년 한국표준과학연구소 자문위원 1999년 산업자원부 한국밀레니엄상품선정심사위원회 위원장 1999~2001년 이화여대 인간생활환경연구소장 2000~2006년 노동부 기술자격제도심의위원회 전문위원 2000년 Elle誌 패션디자이너상 심사위원장 2000년 서울패션벤처디자인공모전 심사위원 2001~2003년 산업자원부 섬유패션미래전략기획단 단원 및 자문위원 2001~2006년 한국패션협회 사업심의위원 2001~2006년 민주평통 자문위원 2001~2002년 이화여대 가정과학대학장 2002~2003년 同생활환경대학장 2002~2003년 전국생활과학(가정)대학장협의회 회장 2002~2010년 한국패션브랜드대상 심사위원 2002~2010년 대한민국패션품질대상 심사위원 2002~2004년 대구하계유니버시아드대회 디자인전문위원 2003년 한국패션비즈니스학회 고문(현) 2004년 대한민국유니폼디자인공모전 심사위원장 2004~2005년 일본 오차노미즈여대 아시아여성지도자 초빙연구원 2005~2009년 同한국총동문회 회장 2005~2014년 SD패션 산업연구원 자문위원 2005~2006년 산업자원부 섬유산업기술력향상사업 평가위원 2005~2014년 국립중앙도서관 외국자료추천위원 2006~2008년 교육인적자원부 가사실업계열의상교육과정 심의위원장 2009년 이화여대 명예교수(현) (상)한국패션비즈니스학회 공로상(2007), 옥조근정훈장(2009), 한국섬유신문사 한국패션대상 공로상(2009) (저)'복식미학'(1982) '실업계고등학교 복식디자인(共)'(1988) '현대여성의 소비실태'(1993) '중학교 가정교과서1·2·3(共)'(1994) '중학교 가정교과서 교사용지도서1·2·3(共)'(1994) '의류용어집(共)'(1994) '복식사전'(1995) '통일을 대비한 연변조선족 가정생활 기초조사(共)'(2000) '패션미학(共)'(2004) (역)'Fashion Information'(1982) '베비스 힐리어著 20세기양식'(1993) '일본복식사(編)'(1993) (작)'SIFF FABI Exhibition'(1999·2000·2001·2002), 'SETEC' (종)기독교

조균석(趙均錫) CHO Kyoon Seok

(생)1959·8·22 (본)한양(漢陽) (출)경북 영양 (주)서울 서대문구 이화여대길52 이화여자대학교 법학전문대학원(02-3277-6858) (학)1977년 제물포고졸 1981년 서울대 법학과졸 2006년 경희대 법학대학원졸 (경)1980년 사법시험 합격(22회) 1983년 사법연수원 수료(13기) 1985년 부산지검 검사 1987년 전주지검 군산지청 검사 1988년 광주지검 검사 1990년 일본 慶應大 방문연구원 1991년 서울지검 검사(한국형사정책연구원 파견) 1993년 서울지검 검사 1995년 법무부 검찰국 검사 1997년 駐일본 법무협력관 1999년 수원지검 공판송무부 부장검사 2000년 同형사4부 부장검사 2000년 법무부 보호과장 2002년 서울지검 형사7부 부장검사 2002년 同형사4부 부장검사 2003년 대구지검 김천지청장 2004년 서울고검 검사 2005년 서울남부지검 차장검사 2006~2007년 대전고검 검사 2008년 이화여대 법학전문대학원 교수(현) 2008년 범죄피해자보호위원회 위원 2009년 법조윤리협의회 위원 2015년 대통령소속 국가생명윤리심의위원회 위원(현) (상)홍조근정훈장(2006) (저)'고시행정법연구' '논점형법총론' '자금세정규제론'(1993) '국제형사사 법공조에 관한 연구(共)'(1993) '형사사법공조에 관한 연구'(共) '大韓民國신국적법해설(共)'(1999) '범죄피해자지원개론'(2005) (종)기독교

조근영(趙根英) cho geun young

(생)1962·4·12 (본)한양(漢陽) (출)전남 해남 (주)서울 종로구 율곡로2길25 연합뉴스 편집국 전국부(02-398-3114) (학)1979년 해남고졸 1988년 전남대 신문방송학과졸 (경)2002년 연합뉴스 광주·전남취재본부 목포주재 차장 2006년 同광주·전남취재본부 목포주재 부장대우 2009년 同광주·전남취재본부 목포주재 부장 2012년 同광주·전남취재본부 부국장대우, 同광주·전남취재본부 목포주재 부국장대우 2015년 同전국부 부국장대우(현) (종)불교

조근호(趙根晧) CHO Gun Ho

(생)1959·10·1 (본)풍양(豊壤) (출)부산 (주)서울 서초구 서초대로356 서초지웰타워12층 행복마루 법무법인(02-6237-6200) (학)1977년 대일고졸 1981년 서울대 법학과졸 1992년 스페인 마드리드 콤플루텐세대학 형사법연구소 수학 (경)1981년 사법시험 합격(23회) 1983년 사법연수원 수료(13기) 1983년 서울지검 검사 1986년 춘천지검 속초지청 검사 1987년 서울지검 남부지청 검사 1989년 법무부 송무과 검사 1992년 서울지검 동부지청 검사 1993년 스페인 마드리드 콤플루텐세대 방문연구원 1995년 대구지검 영덕지청장 1996년 대검찰청 검찰연구관 1998년 同범죄정보제1담당관 2000년 대통령 민정비서관 2002년 서울지검 형사5부장 2002년 同형사2부장 2003년 광주고검 검사 2004년 대구지검 1차장검사 2005년 同2차장검사 2005년 대검찰청 범죄정보기획관 2006년 同공판송무부장 2007년 사법연수원 부원장 2008년 대전지검장 2009년 서울북부지검장 2009년 부산고검장 2011년 법무연수원장 2011년 디지털포렌식산업포럼 회장(현) 2011년 (사)한국포렌식학회 회장(현) 2011년 행복마루컨설팅(주) 대표이사(현) 2011년 행복마루 법무법인 대표변호사(현) (상)청조근정훈장 (저)'조근호 검사장의 월요편지'(2009) '오늘의 행복을 오늘 알 수 있다면'(2012) (종)기독교

조금남(趙今男) CHO Keum Nam

(생)1956·9·2 (본)함안(咸安) (출)서울 (주)경기 수원시 장안구 서부로2066 성균관대학교 기계공학부(031-290-7445) (학)1975년 경복고졸 1980년 서울대 기계공학과졸 1986년 미국 뉴욕주립대 대학원졸 1989년 공학박사(미국 뉴욕주립대) (경)1990년 미국 드렉셀대 강사 1992년 한국원자력연구소 선임연구원 1993~2002년 성균관대 기계공학과 조교수·부교수 1995년 同기계공학과장 2002년 同기계공학부 교수(현)

조기룡(曺基龍) CHO GHI RYONG

(생)1957·9·17 (출)전남 진도 (주)경기 여주시 가남읍 양화로107 여주교도소(031-884-7800) (학)1976년 살레시오고졸 1984년 전남대 사회학과졸 1993년 연세대 대학원 행정학과졸 1999년 법학박사(조선대) (경)1990년 광주교도소 분류심사과장 1996년 법무연수원 교정연수부 교수 1999년 서울구치소 분류심사과장 2000년 대구교도소 분류심사과장(서기관) 2004년 안양교도소 분류심사과장 2006년 대전교도소 분류심사과장 2008년 안양교도소 분류심사과장 2010년 교정본부 보안정책단 분류심사과장 2012년 인천구치소 부소장 2013년 성동구치소 부소장 2014년 경북북부제3교도소장 2014년 천안개방교도소장 2016년 여주교도소장(현)

조기룡(曺基龍) CHO Ki Ryung

(생)1965·12·26 (출)경남 창녕 (주)서울 서초구 반포대로157 대검찰청 감찰본부 감찰1과(02-3480-2394) (학)1984년 중앙고졸 1990년 서울대 법대 법학과졸 1995년 同대학원 법학과졸 (경)1994년 사법시험 합격(36회) 1997년 사법연수원 수료(26기) 1997년 창원지검 검사 1999년 대구지검 김천지청 검사 2001년 서울지검 남부지청 검사 2003~2004년 미국 듀크대 연수 2004년 법무부 법무심의관실 검사 2006년 대전지검 검사 2008년 서울중앙지검 검사 2009년 의정부지검 부부장검사 2010년 대검찰청 연구관 2010년 법무부 분류심사과장(서기관) 2011년 대구지검 영덕지청장 2012년 법무부 인권국 인권조사과장 2013년 대검찰청 감찰부 감찰2과장 2014년 서울중앙지검 형사3부장 2015년 광주지검 형사2부장 2016년 대검찰청 감찰1과장(현)

조기상(曺淇相) CHO Ki Sang

(생)1937·6·16 (출)전남 영광 (주)서울 은평구 은평로21길34의5 화진복지산업(주) 회장실(02-357-9988) (학)1956년 경기고졸 1962년 서울대 문리과대학 정치학과졸 (경)1967년 장훈학원 이사 1969년 중앙공무원교육원 교수 1970년 장훈중·고 교장 1974년 중·고교사격연맹 부회장 1978년 중·고교태권도연맹 회장 1980년 유정제약 사장 1981년 제11대 국회의원(영광·함평·장성, 민주정의당) 1985년 민주정의당(민정당) 전남지부 위원장 1985년 제12대 국회의원(영광·함평·장성, 민정당) 1987년 정무장관 1988년 민정당 함평·영광지구당 위원장 1990~1995년 민자당 함평·영광지구당 위원장 1997~2002년 자민련 함평·영광지구당 위원장 1998년 同정책자문위원회 부위원장 1999~2000년 同광주전남시도지부장 2001년 화진복지산업(주) 회장(현) 2015년 대한민국헌정회 이사(현)

조기석(趙基錫) Jo Gi Seok

(생)1959·6·6 (출)대구 동구 동대구로415 풍산빌딩4층 더불어민주당 대구시당(053-217-0700) (학)2009년 가야대 행정대학원 사회복지학과졸, 계명대 대학원 경영학 박사과정 재학 중 (경)(주)대한안전 대표이사, 민주당 중앙당 부대변인, 대한교육문화원 원장 2010년 대구시 달서구청장선거 출마(민주당) 2014년 새정치민주연합 대구달성군지역위원회 위원장 2015년 同대구시당 위원장 2015년 同당원자격심사위원회 위원장 2015~2016년 더불어민주당 대구시당 위원장 2015년 同당원자격심사위원회 위원장 2015년 同대구달성군지역위원회 위원장(현) 2016년 제20대 국회의원선거 출마(대구 달성군, 더불어민주당)

조기성(趙基成) CHO Ki Sung

(생)1952·10·5 (본)한양(漢陽) (출)전남 (주)서울 노원구 공릉로232 서울과학기술대학교 화학공학과(02-970-6680) (학)1979년 한양대 공과대학졸 1992년 일본 쓰쿠바대 대학원졸 (경)1979년 (주)럭키 예천공장 근무 1981년 기술고시 합격(17회) 1982년 관세청 사무관 1984년 동력자원부 사무관 1996년 駐네덜란드대사관 1등서기관 1999년 ASEM준비기획단 과장 2001년 산업자원부 자원기술과장 2003년 同생물화학산업과장 2004년 同산업환경과장 2005년 同기술표준원 안전서비스표준부장 2006년 同기술표준원 제품안전정책부장 2007년 대구·경북지방중소기업청장 2007~2010년 한국화학시험연구원(KTR) 원장 2010~2013년 한국화학융합시험연구원(KTR) 원장 2010년 서울과학기술대 화학공학과 명예교수(현) 2013~2015년 (재)한국인정지원센터(KAB) 센터장 (상)대통령표창(1992)

조기숙(趙己淑·女) CHO Kisuk

(생)1959·5·14 (출)경기 안양 (주)서울 서대문구 이화여대길52 이화여자대학교 국제대학원(02-3277-3657) (학)1978년 한성여고졸 1982년 이화여대 정치외교학과졸 1983년 同대학원 수료 1984년 미국 Iowa대 대학원 정치학과졸 1990년 정치학박사(미국 Indiana대) (경)1983년 미국 Iowa대 강의 1985년 미국 정치학회 회원(현) 1990년 미국 Indiana대 강사 1990년 同노동문제연구소 연구원 1991~1994년 이화여대·고려대·경희대·한국외국어대 강사 1994~1997년 인천대 정치외교학과 전임강사·조교수 1995~2002년 한국의회발전연구회 연구위원·'의정연구' 편집위원 1997~2005년 이화여대 국제대학원 부교수 1998년 통일부 남북회담사무국 자문위원 2000년 미국정치연구회 회장 2002~2005년 (주)리더십프런티어 대표이사 2003년 노무현 대통령후보 취임준비위원 2003년 열린우리당 정당개혁단장 2004년 이화여대 국제정보센터 소장 겸 국제대학원 교학부장 2004년 중앙인사위원회 자문위원 2004년 미국 조지워싱턴대 방문교수 2005~2006년 대통령 홍보수석비서관 2006년 이화여대 국제대학원 부교수·교수(현) 2009년 사람사는세상 노무현재단 해외온라인위원장 2011~2015년 이화여대 국제통상협력연구소장 2013년 同공공외교센터장(현) 2013~2015년 느림보학교장 (상)이화여대 김애다상, 미국 Indiana대 정치학과 최우수논문상 (저)'미국선거연구의 경향과 쟁점'(共) '지방의회와 여성엘리트'(共) '합리적선택: 한국의 선거와 유권자'(共) '정당과 정책'(共) '21세기 정치와 여성'(共) '세계를 움직인 12명의 여성' '한국의 의회정치론'(共) '지역주의 선거와 합리적 유권자' '16대총선과 낙선운동' '한국은 시민혁명중' '21세기 한국의 정치' '마법에 걸린 나라' '왜 우리아이들은 대학에만 가면 바보가 될까?' 'Encyclopedia of leadership'(共·編) '여성 과학자의 글로벌 리더십'(2011) '한국민주주의 어디까지 왔나'(2012) '아이를 살리는 교육'(2012) (역)'국제정치론의 고전'(共·編) '과학의 합리성'(共) '미국선거와 언론'(共) 'Encyclopedia of leadership'(共·編)

조기연(趙嗜衍) JO ki-yeon

(생)1958·4·14 (출)충남 서천 (주)충남 예산군 삽교읍 청사로201 충남지방경찰청 정보화장비과(041-336-2341) (학)1976년 서천고졸, 한국방송통신대 법학과졸, 연세대 행정대학원 행정학과졸 (경)1981년 경장 임관(특채) 2008년 경정 승진, 서울 관악경찰서 청문감사관 2011년 경찰청 정보통신보안계장, 同장비검사관리계장 2015년 충남 청양경찰서장(총경) 2016년 충남지방경찰청 정보화장비과장(현)

조기용(趙基用) CHO Kee Yong

(생)1952·3·15 (출)경기 용인시 수지구 죽전로152 단국대학교 사회과학대학 정치외교학과(031-8005-3317) (학)1978년 한국외국어대 중어중문학과졸 1986년 미국 시튼홀대 대학원 정치학과졸 1995년 정치외교학박사(중앙대) (경)1986~2001년 단국대 중국연구소 연구원 1991~2001년 同사회과학대학 정책학과 전임강사·조교수·부교수 1999~2000년 한국정책과학회 총무이

사 2000~2001년 한국국제정치학회 이사 2001년 단국대 사회과학대학 정치외교학과 교수(현) 2002~2005년 同사회교육원장 2002~2005년 同국제어학원장 2006·2008~2009년 同사회과학대학장 2007~2008년 同행정법무대학원장 2012~2016년 同퇴계기념중앙도서관장 (저)'중국의 사회엘리트와 민주화'(2003, 지샘)

조기욱(趙基旭) CHO, Kee Ook

(생)1956·12·23 (본)한양(漢陽) (출)서울 (주)서울 영등포구 여의공원로111 EY한영 임원실(02-3787-0912) (학)경기고졸, 성균관대 경제학과졸, 同대학원 경제학과 수료, 경제학박사(미국 럿거스대) (경)안건회계법인 수습공인회계사, 영화회계법인 공인회계사, 국가전략연구소 사무관·서기관, 한화그룹 상무보, 대한생명보험(주) 경영진단실장(상무) 2006년 골든브릿지(브릿지증권)그룹 경영자문·기획조정실장 2007년 딜로이트컨설팅 부사장 2008년 (주)하나금융지주 최고전략책임자(CSO·부사장) 2009년 同재무담당최고책임자(CFO·부사장), 하나금융경영연구소 고문 2011년 하나금융지주 전략담당 부사장 2012~2013년 同재무담당 부사장(CFO) 2014년 EY한영 고문(현)

조기인(曹基仁) KI IN, CHO

(생)1957 (출)전남 나주 (주)서울 종로구 종로5길68 코리안리빌딩 코리안리재보험(주) 임원실(02-3702-6001) (학)1975년 광주제일고졸 1983년 한국외국어대 정치외교학과졸 1989년 연세대 대학원 경제학과졸 2000년 한국해양대 대학원 박사과정 수료 (경)1982년 보험감독원 입사, 同보험감독국 조직영업감독팀장, 同감사실팀장, 同보험검사1국 검사기획팀장, 同보험검사1국 부국장 2008년 금융감독원 광주지원장 2009년 同소비자보호센터 국장 2010년 同감사실 국장 2013~2015년 보험연수원 원장 2015년 코리안리재보험(주) 상근감사위원(현)

조기진(趙奇鎭) CHO Ki Jin

(생)1961·8·20 (출)경북 영주 (주)서울 양천구 목동동로233 방송회관 방송통신심의위원회 기획조정실(02-3219-5060) (학)1985년 성균관대 행정학과졸 1997년 同경영대학원 세무학과졸 (경)1990년 대한생명 근무 1991년 방송위원회 입사 1996년 同총무부 차장 2000년 同기금관리부장 2002년 同기획부장 2003~2006년 同비서실장 2006년 서울산업대 교육 파견 2007~2008년 방송위원회 방송진흥국 전문위원 2009년 방송통신심의위원회 운영지원국장 2011년 同권익보호국장 2012년 同광주사무소장 2013년 同조사연구실 전문위원 2015년 同기획조정실장(현) (종)기독교

조기창(趙琦昶) CHO Ki Chang

(생)1959·8·15 (출)서울 (주)서울 서초구 헌릉로13 대한무역투자진흥공사 인재경영실(02-3460-7042) (학)1978년 한성고졸 1983년 서강대 경제학과졸 1997년 同경제대학원 경제학과졸 (경)1986년 대한무역투자진흥공사(KOTRA) 입사 1986년 同기획관리부 근무 1987년 同시장개척부 근무 1991년 同런던무역관 근무 1994년 同부산국제종합전시장건립추진전담반 근무 1995년 同상품개발처 근무 1996년 同마케팅지원처 근무 1997년 同이스탄불무역관 근무 2001년 同전시기획팀 근무 2002년 同전시사업팀 근무 2003년 同뉴욕무역관 근무 2004년 同뉴욕무역관 부관장 2007년 同전시컨벤션종합지원실 해외전시협력팀장 2008년 同전시컨벤션총괄팀장 2008년 同해외전시협력팀장 2009년 同암만KBC무역관장 2012년 同인천공항사무소장 2013년 同중소기업지원본부 전시컨벤션실 해외전시팀장 2014년 同글로벌바이어지원사무소장 2015년 同알제무역관장(현) (상)장관표창(2002) (저)'요르단 비즈니스세계로 들어가기'(2011) '전시기획론'

조기철(趙紀澈) CHO Gee Chul (虛釜)

(생)1956·3·25 (본)한양(漢陽) (출)전남 함평 (학)1973년 홍익고졸 1979년 건국대 행정학과졸 1985년 고려대 경영대학원 경영학과졸 (경)1986~1997년 문화공보부 공보과·공부처 기획과·여론과·잡지과 근무 1997~2004년 공보처 법무담당관실·국정홍보처 처장실·청와대 홍보수석실 행정관 2004~2006년 국정홍보처 뉴미디어홍보팀·해외홍보원 전략기획팀 근무 2006~2009년 동북아역사재단 홍보팀장·한국예술종합학교 대외협력과장 2009~2011년 문화체육관광부 저작권보호과장 2011년 同홍보지원국 홍보콘텐츠기획관실 홍보콘텐츠과장 2012년 한국정책방송원(KTV) 기획편성과장 2013년 同방송기획관 2013~2016년 한국문화연합회 사무총장 (상)국무총리표창(1991), 대통령표창(2009), 홍조근정훈장(2013)

조기행(趙起行) CHO Ki Haeng

[생]1959·1·5 [출]경기 [주]서울 종로구 인사동7길32 SK건설 비서실(02-3700-7114) [학]1977년 서라벌고졸 1981년 고려대 경영학과졸 [경]1981년 SK글로벌 입사 1993년 同일본법인 근무 2000~2004년 SK 상무대우·구조조정본부 재무팀장(상무)·경제연구소 연구위원 2004년 同재무개선담당 상무 2004년 와이더댄닷컴 감사 2004~2005년 와이더댄 감사 2005년 SK그룹 투자회사관리실 재무개선담당 전무, 同경영지원부문장 2006년 SK인천정유 이사 2008년 SK네트웍스 경영서비스컴퍼니 사장 2010~2011년 SK텔레콤(주) GMS 사장 2010~2011년 한국IT비즈니스진흥협회 회장 2010~2011년 한국e스포츠협회 회장 2011년 SK건설 경영지원담당 사장 2012년 同공동대표이사 사장(현) 2014~2015년 同현장경영부문장

조기호(趙琪鎬) CHO KI HO (수강)

[생]1954·2·10 [본]함안(咸安) [출]경남 진주 [주]경남 창원시 성산구 비음로97 창원축구센터 경남FC(055-283-2020) [학]진주농림고등전문학교졸 1987년 한국방송통신대 행정학과졸 1990년 경남대 경영대학원 행정학과졸 [경]1975년 진주시 이반성면사무소 근무 1994년 밀양군 문화공보실장 1994년 同사회진흥과장 1995년 경남도 경영지도계장 1996년 同국제교류계장 1997년 同예산계장 2003년 同민방위비상대책과장 2003년 同경제자유구역추진기획단장 2004년 同도지사 비서실장 2004년 同법무담당관 2005년 同공보관 2006년 창녕군 부군수 2007년 세종연구소 파견 2008년 의령군 부군수 2008년 경남도 남해안시대추진본부장(부이사관) 2008년 同남해안기획관 2009년 同행정안전국장 2009년 진주시 부시장 2010~2013년 창원시 제1부시장(이사관·관리관) 2014~2016년 경남신용보증재단 이사장 2016년 경남도민프로축구단(경남FC) 대표이사(현) [상]행정자치부장관표창(1999), 대통령표창(2000), 홍조근정훈장(2013)

조기흥(趙基興) CHO Ki Hung

[생]1932·7·5 [본]함안(咸安) [출]경북 예천 [주]서울 종로구 종로69 서울YMCA 이사장실(02-730-9391) [학]1957년 경안성서신학원졸 1962년 피어선신학대학졸 1966년 건국대 정치외교학과졸 1984년 명예 법학박사(미국 인디애나신학대) 2004년 명예 신학박사(미국 고든콘웰신학대) [경]1966~1969년 피어선고등공민학교 교사 1970~1978년 피어선실업전수학교 교장 1972년 중등교 교장자격 취득 1981~1995년 피어선기념학원 설립·이사장 1982년 아세아청년협회 회장·명예회장(현) 1982년 천호학원 이사 1987년 멕시코 구아달라하라주립대 대학원 명예교수 1989년 피어선장학재단 설립·이사장(현) 1994년 홀트아동복지회 이사 1995~1996년 피어선대 총장 1995~1997년 민주평통 자문위원 1995년 서울YMCA 이사 겸 부이사장 1996~2016년 평택대 총장 1996년 해외동포모국방문후원회 감사 1996~2004년 전국신학대학협의회 이사 겸 부이사장 1997년 한국가정법률상담소 평택·안성지부 이사장 1999년 홀트아동복지회 이사장 2004년 전국신학대학협의회 한국신학교육연구원 이사장 2006년 서울YMCA 이사장(현) 2016년 평택대 명예총장(현) [상]서울시장표창, 평택시문화상, 녹조근정훈장, 자랑스런 건국인상, 미국 고든코넬신학대학원 Order of Barnabas Award 수상, 타카마도노미야상 교육부문(2013) [저]회고록 '꿈의 사람 조기흥'(2016) [종]기독교

조길수(趙吉洙·女) CHO Gil Soo

[생]1956·12·24 [출]대전 [주]서울 서대문구 연세로50 연세대학교 의류환경학과(02-2123-3104) [학]1974년 대전여고졸 1978년 서울대 의류학과졸 1980년 同대학원졸 1984년 의류학박사(미국 버지니아공대) [경]1984년 연세대 의류환경학과 조교수·부교수·교수(현) 1990년 미국 버지니아주립공대 Post-Doc. 1991~1995년 연세대 의류환경학과장 1994~1996년 한국섬유공학회 편집위원 1995~2003년 한국의류학회 편집위원 1995년 연세대 생활과학연구소 연구개발실장 1997~1999년 한국감성과학회 감사 1998·2001년 미국 버지니아공과대 산업공학과 교환교수 1999~2003년 연세대 의류과학연구소 부소장 1999~2000년 同생활과학대 교학부장 겸 학부장 2003년 同의류과학연구소장 2003~2006년 한국생활환경학회 부회장 2003~2004년 한국의류산업학회 부회장 2003~2006년 미국 세계인명사전 'Marquis Who's Who in Science and Engineering'에 등재 2004년 영국 국제인명센터(IBC) '올해의 교육자·과학자'에 선정 2004~2009년 지식경제부 산업원천기술과제 총괄책임자 2004~2005년 미국 세계인명사전 'Marquis Who's Who in the world'에 등재 2004~2007년 미국 세계인명사전 'Marquis Who's Who in Finance and Business'에 등재 2005년 영국 국제인명센터(IBC) '세계100대 과학자'에 선정 2005~2006년 한국감성과학회 수석부회장 2005~2006년 同회장 2006년 미국 퍼듀대 산업공학과 교환연구원 2007~2009년 연세대 생활과학연구소장 [상]연세대 우수교수상(2005), 한국과학기술단체총연합회 과학기술우수논문상(2005), 한국섬유공학회 학술상(2007) [저]'의류제품 품질평가'(1997) '패션 큰 사전'(1999) '새로운 피복재료학'(2002) 'e-book : 의류제품품질평가'(2002) '최신의류소재'(2004) '새로운 의류소재학'(2006) '최신의류소재'(2006) '의복과 환경'(2009) '감성의류과학'(2011) [역]'피복과학총론'(共) '패션 : 개념에서 소비자까지'(2003) [종]기독교

조길영(曺吉瑛)

[생]1962·1·23 [출]경남 사천 [주]경남 통영시 광도면 죽림4로49 통영소방서 서장실(055-640-9200) [학]진주대아고졸, 경상대 행정학과졸, 행정학박사(경상대) [경]2005년 경남 진주소방서 예방대응과장(소방령) 2007년 경남소방본부 예비담당(소방령) 2010년 경남 산청소방서장 2012년 경남 함양소방서장 2014년 경남 의령소방서장 2015년 경남 통영소방서장(현)

조길행(趙吉行) CHO Kil Hang

[생]1953·8·18 [출]충남 공주 [주]충남 예산군 삽교읍 도청대로600 충청남도의회(041-635-5218) [학]공주대 행정학과졸, 同경영행정대학원졸 [경]공주시체육회 이사, 공주시새마을운동회 회장, 공주시재향군인회 이사, 민주평통 자문위원 1998·2006~2010년 충남 공주시의회 의원 1998~2004년 同운영위원장 2008~2010년 同산업건설위원장 2010년 충남도의회 의원(자유선진당·선진통일당·새누리당) 2010~2014년 同농수산경제위원회 위원 2012~2013년 同예산결산특별위원회 위원장 2013~2014년 同예산결산특별위원회 위원 2014년 충남도의회 의원(새누리당)(현) 2014년 同운영위원회 위원장 2014년 同행정자치위원회 위원 2014년 同충청권상생발전특별위원회 위원 2015년 同예산결산특별위원회 위원 2015년 전국시·도의회운영위원장협의회 감사 2015년 同수석부회장 2016년 충남도의회 문화복지위원회 위원(현) [종]불교

조길형(趙吉衡) CHO Gil Hyung

[생]1957·4·29 [출]전남 영광 [주]서울 영등포구 당산로123 영등포구청 구청장실(02-2670-3028) [학]호원대 법경찰학부 법학전공졸 [경]민주당 서울영등포乙지구당 부위원장, 서울시 영등포구생활체육볼링연합회 상임고문, 서울시 영등포구지체장애인협회 고문, 영등포정책포럼 수석부회장, 열린우리당 서울영등포구선거대책본부장 1995~2010년 서울시 영등포구의회 의원(제2·3·4·5대) 2002~2004년 同부의장 2004~2006·2008~2010년 同의장 2010년 서울시 영등포구청장(민주당·민주통합당·민주당·새정치민주연합) 2014년 서울시 영등포구청장(새정치민주연합·더불어민주당)(현) [상]미래지식경영원 지식경영인상(2011), 무궁화애국상 행정부문 특별대상(2012), 대한노인회 노인복지대상(2012), 대한민국무궁화 애국상 행정부문 특별대상(2012), 무궁화평화대상(2014), 창조경영인대상(2014), 복지TV 자랑스러운 대한민국 복지대상 배려부문(2015), 지방자치행정대상(2015·2016) [종]천주교

조길형(趙吉衡) CHO Gil Hyoung

[생]1962·12·8 [본]한양(漢陽) [출]충북 충주 [주]충북 충주시 으뜸로21 충주시청 시장실(043-850-5114) [학]1981년 충북 신흥고졸 1985년 경찰대학졸(1기) 2004년 한양대 지방자치대학원졸 2011년 법학박사(숭실대) [경]1992년 울산경찰서 보안과장 1994년 서울지방경찰청 제4기동대 부대장 1994년 서울 청량리경찰서 방범과장 1995년 서울 종암경찰서 정보과장 1996년 서울지방경찰청 정보3계장·정보1계장 1999년 경찰대학 근무(총경) 2000년 강원 횡성경찰서장 2001년 경찰청 기획정보5과장 2002년 수원남부경찰서장 2003년 대통령 치안비서관실 행정관 2004년 서울 남대문경찰서장 2005년 행정자치부 자치경찰추진단 제도팀장 2006년 서울지방경찰청 경비1과장 2006년 경찰대학 학생지도부장 2007년 同학생지도부장(경무관) 2007년 경기지방경찰청 제1부장 2008년 중앙공무원교육원 교육파견 2009년 경찰청 감사관 2010년 충남지방경찰청장(치안감) 2010년 경찰청 기획조정관 2011년 강원지방경찰청장 2012년 경찰교육원 원장 2013년 중앙경찰학교 교장 2013~2014년 안전행정부 소청심사위원회 상임위원 2014년 충북 충주시장(새누리당)(현) 2014년 충북시장·군수협의회 부회장(현) [상]국무총리표창(1997), 내무부장관표창, 경찰청장표창, 대통령표창(2004), 홍조근정훈장(2009), 대한민국혁신기업인 공유가치창출부문 대상(2016) [저]'자치경찰법 안해설'(1999) '정보간부론'(2001) '집단행동'(2011) [종]감리교

조길호(曺吉鎬) CHO Kil Ho

❸1954·5·17 ❷창녕(昌寧) ❸경북 경산 ㈜대구 남구 현충로170 영남대병원 영상의학과(053-620-3045) ⓗ1972년 경북사대부고졸 1980년 경북대 의대졸 1986년 영남대 대학원졸 1999년 의학박사(경북대) ⓔ1987년 서울대병원 진단방사선과 전임강사대우 1988년 마산 파티마병원 과장 1990년 영남대 의대 진단방사선과학교실 전임강사·조교수·부교수, 교수, 同의대 영상의학과학교실 교수(현) 1994년 캐나다 맥길대 방문교수 1996년 대한방사선의학회 근골격계영상연구회장 1997년 미국 디트로이트 헨리포드병원 방문교수 1999년 대한방사선의학회지 편집위원 2001~2004년 대한초음파학회 이사 2008년 同감사, Journal of Clinical Ultrasound 논문심사위원, Journal of MRI 논문심사위원, Hong Kong Journal of Radiology 논문심사위원 2015~2016년 대한초음파의학회 회장 ⓢ대한방사선의학회 해외저술상(2002) ⓩ'Diagnostic Ultrasound-a logical approach'(1998) 'Guidelines and Gamuts in Musculoskeletal Ultrasounk'(1999) ⓮'근골격계질환의 진단과 검사의 핵심(Ⅰ·Ⅱ)(共)'(2002) '근골격계초음파검사의 기초와 이해'(2008, 한솔의학서적)

조남관(趙南寬) CHO Nam Kwan

❸1965·3·14 ❷풍양(豊壤) ❸전북 전주 ㈜서울 서초구 반포대로158 서울고등검찰청(02-530-3114) ⓗ1983년 전주고졸 1987년 서울대 법학과졸 ⓔ1992년 사법시험 합격(34회) 1995년 사법연수원 수료(24기) 1995년 부산지검 검사 1997년 전주지검 군산지청 검사 1998년 서울지검 검사 2000년 의문사진상규명위원회 파견(조사과장) 2001년 광주지검 검사 2004년 서울동부지검 검사 2006~2008년 대통령 사정비서관실 행정관 2008년 수원지검 성남지청 부부장검사 2009년 광주지검 마약·조직범죄수사부장 2009년 법무부 인권조사과장 2010년 同인권구조과장 2011년 서울동부지검 형사5부장 2012년 부산지검 형사4부장 2013년 수원지검 안양지청 부장검사 2014년 서울서부지검 형사1부장 2015년 광주지검 순천지청 차장검사 2016년 서울고검 검사(현)

조남권(趙南權) JO Nam Kwon

❸1961·1·7 ❸전북 익산 ㈜세종특별자치시 도움4로13 보건복지부 복지정책관실(044-202-3700) ⓗ1979년 이리 남성고졸 1988년 연세대 사회학과졸 1996년 일본 나고야대 대학원 법학과졸 ⓔ1987년 행정고시 합격(31회) 1988년 보건사회부 행정사무관 1991~1993년 同장애인복지심의관실·법무담당관실 사무관 1994년 일본 유학 1997년 보건복지부 보육아동과 서기관 1998년 세계보건기구(WHO) 서태평양사무처 파견 2000년 대통령비서실 삶의질향상기획단 파견 2001년 보건복지부 정보화담당관 2002년 식품의약품안전청 행정법무담당관 2003년 국립의료원 서무과장 2004년 보건복지부 정신보건과장 2005년 同생명과학단지조성사업단 생명과학단지팀장 2006년 同사회서비스기획팀장(서기관) 2007년 同사회복지정책본부 사회서비스기획팀장(부이사관) 2008년 해외파견 2009년 보건복지가족부 가족정책과장 2010년 보건복지부 첨단의료복합단지조성사업단장 직대 2012년 同보육정책과 2013년 同복지정책관 2014년 同연금정책국장 2014년 국민연금공단 비상임이사 2015년 보건복지부 사회복지정책실 복지정책관(현) ⓢ보건복지부장관표창, 홍조근정훈장(2015)

조남성(趙南成) CHO Nam Seong

❸1959·7·14 ❸충북 음성 ㈜경기 용인시 기흥구 공세로150의20 삼성SDI(031-8006-3100) ⓗ1977년 영훈고졸 1981년 성균관대 전자공학과졸 1997년 한국과학기술원 경영학과졸(석사) ⓔ1981년 삼성반도체 입사 2002년 삼성전자㈜ 경영진단팀 상무보 2005년 同일본본사 디바이스솔루션사업부 상무 2009년 同일본본사 디바이스솔루션사업부 전무, 同반도체사업부 메모리담당 마케팅팀장(전무) 2010년 同반도체사업부 스토리지담당 전무 2011년 同반도체사업부 스토리지담당 겸 생산기술연구소장(전무) 2011년 삼성LED 부사장 2012년 삼성전자㈜ LED사업부장(부사장) 2013년 제일모직㈜ 대표이사 사장 2014년 삼성SDI 소재부문 대표이사 사장 2015년 同대표이사 사장(현) 2015년 한국전지산업협회 회장(현) 2015년 한국전지연구조합 이사장 ⓢ은탑산업훈장(2016)

조남수(趙南秀) CHO Nam Su

❸1953·9·26 ❸광주 ㈜광주 동구 필문대로365 조선대학교병원 응급의학과(062-220-3562) ⓗ1978년 조선대 의대졸 1988년 同대학원졸 1997년 의학박사(원광대) ⓔ1982~1983년 광주적십자병원 인턴 1983~1986년 조선대 부속병원 레지던트 1986~1999년 同의대 응급의학교실 전임강사·조교수·부교수 1995년 同의과대학교수협의회 의장 1995년 同부속병원 응급의학과장 1996~1998년 同부

속병원 진료부장 1999년 同의대 응급의학교실 교수(현) 1999년 광주보건대학 겸임교수 2002~2003년 조선대 부속병원장(14대) 2007~2009년 同부속병원장(17대) 2008년 대한응급의학회 부회장 2010년 同회장 ⓢ광주광역시장표창(1997), 행정자치부장관표창(2000), 광주지방검찰청장표창(2000), 법무부장관표창(2002), 보건복지부장관표창(2006), 광주지방경찰청장 감사장(2009·2010) ⓩ'Emergency Medicine(응급질환의 진단 및 치료)(共) '외상학'(共) ⓩ천주교

조남신(趙南炘) CHO Nam Shin

❸1955·6·20 ❷풍양(豊壤) ❸서울 ㈜서울 동대문구 이문로107 한국외국어대학교 경영학부(02-2173-3142) ⓗ1974년 경기고졸 1978년 서울대 경영학과졸 1980년 한국과학기술원(KAIST) 산업공학과졸 1988년 경영학박사(미국 펜실베이니아대) ⓔ1980년 한국개발연구원 연구원 1988년 성균관대 강사 1988~1995년 한국외국어대 경영학과 전임강사·조교수·부교수 1995년 同경영학부 교수(현) 1999~2000년 미국 워싱턴대 Visiting Scholar 2000년 한국외국어대 경영정보대학원 교학부장 2001년 한국전략경영학회 회장 2001~2002년 벤처기업연구소 부소장 2004~2006년 한국외국어대 기획조정처장 2006~2007년 미국 노스웨스턴대 Visiting Scholar 2007~2008년 한국외국어대 상경대학 부학장 2009~2010년 同글로벌경영대학장 2009~2010년 (사)한국인사조직학회 회장 2009~2011년 한국경영대학(원)장협의회 회장 2012~2014년 한국외국어대 경영대학원장 2015년 한국협상학회 회장(현) ⓢ미국 풀브라이트재단 Fulbright Scholarship(2006) ⓩ'경영학 새로운 만남' '한국기업의 변화와 혁신'(1997) '조직학의 주요 이론'(2000) '경영학으로의 초대' ⓩ기독교

조남용(趙南勇) CHO Nam Yong

❸1951·6·10 ❷풍양(豊壤) ❸충남 부여 ⓗ1969년 대전고졸 1977년 고려대 영어영문학과졸 2010년 서울대 최고경영자과정 수료 ⓔ1976년 삼성전자㈜ 입사 1988년 同부장 1988~1995년 同미국법인(SSI) 근무 1995년 同이사보 1997년 同이사 2000년 同독일지사 상무이사 2004년 同전무 2006~2008년 同메모리전략마케팅팀장(부사장) 2008년 同독일법인장 2009~2010년 도시바삼성스토리지테크놀러지코리아㈜ 대표이사 2011년 중국 투탑전자 부회장(현) ⓢ철탑산업훈장(2006) ⓩ기독교

조남용(趙南容) Cho Nam-yong

❸1959·2·26 ❷풍양(豊壤) ❸서울 ㈜서울 종로구 종로14 한국무역보험공사 전략경영본부(02-399-6800) ⓗ1977년 서울 중암고졸 1985년 한국외국어대 경제학과졸 1997년 미국 덴버대 대학원 MBA ⓔ2003년 한국수출보험공사 단기1팀 팀장 2004년 同종합기획팀장 2006년 同영업기획부장 2007년 同플랜트사업부장 2009년 同서울지사장 2011년 한국무역보험공사 감사실장 2012년 同총무부장 2012년 同보상채권본부장 2013년 同투자금융본부장 2015년 同전략경영본부장(부사장·상임이사)(현) ⓢ산업자원부장관표창(2005)

조남욱(趙南煜) CHO Nam Wook

❸1933·8·16 ❷풍양(豊壤) ❸충남 부여 ㈜충남 부여군 규암면 흥수로759 숙정재단(041-836-3200) ⓗ1952년 경기고졸 1957년 서울대 법대졸 ⓔ1959~1962년 외자청 근무 1963년 경기도선거관리위원회 간사 1964년 중앙선거관리위원회 선거관리계장 1967~1971년 同선거과장·총무과장 1971~1976년 同총무국장 1976년 삼부토건 상임감사 1978년 同전무이사 1981년 同부사장 1983~1991년 同사장 1985년 대한건설협회 서울시지부장 1986년 韓·日친선협회 부회장 1987년 한국도로협회 부회장 1988~1993년 대한건설협회 회장 1988년 제13대 국회의원(전국구, 민주정의당·민주자유당) 1988년 민정당 부여지구당 위원장 1991년 삼부토건 대표이사 회장 1993년 학교법인 백제학원 이사장(현) 1993~1995년 민자당 부여지구당 위원장 1993년 대한건설협회 명예회장 1994년 숙정재단 설립·이사장(현) 1998년 한국경영자총협회 부회장 1999년 대한중재인협회 부회장 2014년 한국자유총연맹 고문 ⓢ동탑·금탑산업훈장, 홍조근정훈장, 산업포장 ⓩ불교

조남월(趙南越) CHO Nam Wal

❸1959·9·23 ❸경북 상주 ㈜경북 안동시 풍천면 도청대로455 경상북도청 환경산림자원국(054-880-3500) ⓗ1977년 상주고졸 1992년 한국방송통신대 법학과졸 2002년 경북대 정책정보대학원 도시 및 지역개발학과졸 ⓔ1977년 경북 상주군 근무(9급 공채) 1995~2004년 경북도 농정국 유통특작과·내무국 지방과·자치행정과 자치행정과 지방행정주사 2004~2012년 경북 고령군 전문

위원·고령군 성산면장·경북도 공무원교육과·경북도 자치행정과·경북도 투자유치본부 지방행정사무관 2012년 경북 상주시 행복복지국장(지방서기관) 2013년 세종연구소 파견 2013년 경북도 안전행정국 자치행정과장 2015년 경북 영덕군 부군수 2016년 경북도 환경산림자원국장(현)

조남제(趙湳濟) JOH Nam Je

[생]1961·12·13 [본]함안(咸安) [출]서울 [주]서울 마포구 양화진4길33의5 SB빌딩 OSEN 편집국(02-514-6257) [학]1987년 서울대 지리학과졸 [경]1987년 일간스포츠 입사 1999년 同야구부 차장대우 2001년 同야구부 팀장(차장) 2003년 同편집국 문화레저부장 직대 2004년 OSEN 미디어본부장 2007년 同편집국장(현) 2012~2015년 同대표이사 겸임

조남조(趙南照) CHO Nam Jo

[생]1938·7·5 [본]풍양(豊壤) [출]전북 익산 [학]1957년 익산 남성고졸 1961년 고려대 정치외교학과졸 1983년 서울대 행정대학원 수료 1994년 同경영대학원 최고경영자과정(AMP) 수료 1997년 고려대 언론대학원 수료 2000년 성균관대 언론대학원졸 [경]1962년 공군 소위 임관 1965년 예편(공군 중위) 1965년 중앙일보 입사 1974년 한국기자협회 부회장 1976년 중앙일보 정치부 차장·월간부장 1979년 同정치부장 1981년 제11대 국회의원(전국구, 민주정의당) 1981년 유네스코 한국위원회 위원 1981년 민주정의당(민정당) 청년국장·선전국장 1982년 同당보주간 1985년 제12대 국회의원(이리·익산, 민정당) 1986년 민정당 원내부총무 1987년 同전북지부장 겸 중앙집행위원 1988년 同익산지구당 위원장 1988년 同국책조정위원 1990년 민자당 익산지구당 위원장 1990년 同전북도지부장 1992년 同정책위원회 부의장 1993년 산림청장 1994~1995년 전북도지사 1996년 신한국당 익산甲지구당 위원장 1996~1998년 한국프레스센터 이사장 1998년 서울신용정보(주) 고문 1999년 원광대 정치외교학과 초빙교수 2000~2007년 한국성서대 교양학과 객원교수 2007년 한나라당 제17대 대통령선거 전북선거대책위원회 위원장 2009~2015년 한국사료협회 회장 2011~2013년 국무총리소속 새만금위원회 위원장 2012년 축산물위해요소중점관리기준원 비상임이사 2014년 축산물안전관리인증원 비상임이사 [상]황조근정훈장 [종]기독교

조남진(趙南振) CHO Nam Jin

[생]1949·3·6 [주]대전 유성구 대학로291 한국과학기술원 공과대학 원자력 및 양자공학과(042-350-3802) [학]1971년 서울대 핵공학과졸 1976년 미국 캘리포니아대 버클리교 대학원 핵공학과졸 1980년 공학박사(미국 캘리포니아대 버클리교) [경]1987~2014년 한국과학기술원(KAIST) 공과대학 원자력 및 양자공학과 교수 1989~1997년 한국원자력학회 편집이사 1996~1999년 한국과학기술기획평가원(KISTEP) 초대원자력전문위원 2001년 미국원자력학회 최고영예등급 펠로(Fellow) 선정 2003~2006년 원자력위원회 민간위원 2006년 한국원자력학회 수석부회장 2007~2008년 同회장 2014년 한국과학기술원 공과대학 원자력 및 양자공학과 명예교수(현) [상]미국 원자력학회 최우수논문상(2000·2008), 근정포장(2014) [저]'이론물리학의 제문제(共)'(1991) '원자로물리 특강(共)'(1993) '중성자 수송이론(전산알고리듬 및 응용)(共)'(2000) 'Neutron and Radiation Transport Simulation Theory and Applications'(2001) 'Nuclear Data Measurement, Evaluation, and Processing'(2002) 'Neutron Transport and Reactor Physics Methods for Next Generation Reactor Design'(2005)

조남철(趙南哲) CHO Nam Chul

[생]1952·10·23 [본]배천(白川) [출]서울 [주]서울 종로구 대학로86 한국방송통신대학교 인문과학대학 국어국문학과(02-3668-4550) [학]1971년 휘문고졸 1975년 연세대 국어국문학과졸 1981년 同대학원 국어국문학과졸 1986년 문학박사(연세대) [경]1982~1987년 강릉대 국어국문학과 전임강사·조교수 1987~1994년 한국방송통신대 국어국문학과 조교수·부교수 1991~1994년 민주평통 자문위원 1991년 한국문학연구학회 총무이사 1994년 한국방송통신대 인문과학대학 국어국문학과 교수(현) 1998년 同기획실장 겸 방송통신연구소장 1999~2002년 同교무처장 2000~2005년 한국문학연구학회 회장 2001년 한국방송통신대 독학학위검정원장 2004~2005년 중국 연변대 초빙교수 2005~2008년 중국 중앙민족대 객좌교수 2005~2006년 한국방송통신대 교수협의회장 2008년 (사)동북아평화연대 공동대표(현) 2009~2010년 재외동포신문 편집위원장 2009~2010년 (사)재외동포포럼 상임운영위원장 2010~2014년 한국방송통신대 총장 2011~2015년 한국문화국제교류운동본부 부회장 2013년 독서르네상스운동 상임대표(현) 2015년 한인문화진흥원 원장(현) 2015년 한국문화국제교류운동본부 이사장(현) [저]'문학의 이해'(1988) '대한국어'(1989) '현대소설론'(1990) '한국희곡론'(1990) '한국현대문학강독'(1990)

조남춘(趙南春) CHO Nam Choon (常綠)

[생]1939·5·19 [본]풍양(豊壤) [출]충남 논산 [주]서울 서초구 남부순환로2477 JW중외제약(주) 감사실(02-840-6122) [학]1958년 중앙고졸 1962년 서울대 약학과졸 1969년 同대학원 보건학과졸 1999년 보건학박사(경산대) [경]1965~1982년 서울시 의약행정담당 의약계장 1982~2000년 서울대병원 약제부장 1995~2000년 한국병원약사회 회장 2002년 JW중외제약(주) 상근감사(현) 2013년 한국희귀의약품센터 비상임감사 [상]국민훈장 목련장(1999), 동암 약의상, 약사금장(2016) [종]가톨릭

조남한(趙南翰) CHO Nam Han

[생]1958·11·10 [주]경기 수원시 영통구 월드컵로164 아주대학교 의대 예방의학교실(031-219-4217) [학]1982년 미국 이스트테네시주립대 미생물학과졸 1983년 同대학원 환경역학과졸 1989년 의학박사(미국 피츠버그대) [경]1984~1989년 미국 피츠버그대 조교 1989년 同전임강사 1989~1994년 미국 노스웨스턴대 조교수 1994년 아주대 의대 예방의학교실 교수(현) 2006년 아주대의료원 임상역학센터장(현) 2013~2015년 세계당뇨병연맹(IDF; International Diabetes Federation) 서태평양지부 회장 2015년 국제당뇨병연맹(IDF; International Diabetes Federation) 회장(현)·(2017년 同차기 총회장) [상]Florida of The Easter Seal Society 봉사상(1980), 존슨시티 테네시 시장상(1981), 미국 마이애미 시장상(1982), 캄보디아 최고훈장 '사하메트레이 왕실 대십자훈장'(2015) [저]'Diabetes Mellitus in Pregnancy'(1995) 'Osteoporosis in Asia : Crossing the Frontiers'(1997) '당뇨병학'(1998) 'The First Asia-Pacific Diabetes Epidemiology Training Course'(1999)

조남현(趙南鉉)

[생]1956·1·5 [출]서울 [주]강원 춘천시 동면 소양강로 274 G1 강원민방 비서실(033-248-5000) [학]경신고졸, 단국대 무역학과졸 [경]KBC광주방송 서울지사장 2001년 강원민방 경영기획국장 2002년 同사업국장 2004~2005년 同광고사업국장 2006년 리빙TV 대표이사, 주은산업 대표이사 사장 2016년 G1 강원민방 대표이사 사장(현)

조남호(趙南鎬) CHO Nam Ho

[생]1951·1·7 [본]양주(楊州) [출]인천 [주]서울 용산구 한강대로71길4 (주)한진중공업홀딩스 회장실(02-450-8020) [학]1969년 경복고졸 1973년 고려대 경영학과졸 1990년 연세대 경영대학원 최고경영자과정 수료 1992년 고려대 대학원 최고국제관리과정 수료 [경]1971년 대한항공 입사 1978년 한일개발(주) 근무 1989년 (주)한일레저 사장 1991년 한일개발(주) 부사장, 한진건설(주) 해외사업본부장 1994년 同대표이사 사장 1999년 한진중공업(주) 부회장 2003~2013년 同대표이사 회장 2007년 (주)한진중공업홀딩스 대표이사 회장(현) [상]은탑·금탑산업훈장(1995), 필리핀 대통령훈장(2008), 올해의 고대 경영인상(2010) [종]불교

조남훈(趙南薰)

[생]1968·6·28 [주]서울 영등포구 여의대로70 KB투자증권 경영지원본부(02-3777-8000) [학]성균관대 경제학과졸 [경]2007년 대우증권 경영관리부장 2011년 同런던법인장 2012년 同WM영업지원본부장 2014년 同국제영업본부장 2015년 KB투자증권 경영지원본부장(상무보) 2016년 同경영지원본부장(상무)(현)

조달현(曺達鉉) Cho, Dal Hyun (德山)

[생]1961·3·13 [본]창녕(昌寧) [출]경북 영천 [주]서울 강서구 금낭화로234 한국청소년단체협의회 사무총장실(02-2667-0474) [학]1996년 동국대 행정대학원 최고관리자과정 수료 2001년 평택대졸 2004년 명지대 사회교육대학원 청소년지도학과졸(석사) 2008년 同대학원 청소년지도학박사과정 수료 [경]법무부 범죄예방위원 전국연합회 사무처장, 한나라당 서울시당 부위원장, 서울시 노원구생활체육협의회장 2005~2011년 서울시의회 의원(한나라당) 2006~2010년 同준공업지역관리지원특별위원회 위원장, 국제문화대학원대 사회교육원 부원장, 제7대 서울시의정회 사무총장, 새미래포럼 상임대표(현), 민주평통 중앙상임위원 2012년 한국청소년단체협의회 사무총장(현), 교육부 교육과정심의회 위원(현) [상]대통령표창(1992), 문화관광부장관

표창(2000) 勁'청소년지도'(1995) '아름다운 삶을 위하여'(1997) '학교내 청소년지도사 파견배치연구'(2008) '비행청소년의 소년사법제도'(2009) '비행청소년의 소년사법제도비교연구'(2010) '부모의 아동권리인식과 관련법(共)'(2011) 圖불교

조달호(曺達鎬) CHO Dal Ho

쌩1961·6·6 邼창녕(昌寧) 圖전남 영암 㗴경기 성남시 분당구 판교역로231 (주)바커케미칼코리아 임원실(031-697-7200) 鶴1979년 목포고졸 1984년 전남대 화학공학과졸 1986년 同대학원 화학공학과졸 1997년 충북대 경영대학원 마케팅학과졸 經1987년 한국다우코닝 연구원 1990년 同생산기술과장 1993년 同연구1팀장 1995년 同기술연구소장 1999년 同첨단산업영업부장 2001년 同아시아지역 첨단산업사업부장 2002년 同이사 2003년 同자이아미터브랜드담당 글로벌무역총괄 2004년 同실리콘고무담당 미주지역영업총괄 2005~2012년 同사장 2015년 (주)바커케미칼코리아 대표이사 사장(현) 㗲국무총리표창(2006)

조 담(曺 淡) CHO Dam

쌩1952·8·1 邼창녕(昌寧) 圖전남 담양 㗴광주 북구 용봉로77 전남대학교 경영학부(062-530-1433) 鶴1969년 광주제일고졸 1973년 고려대 경영학과졸 1976년 同대학원 경영학과졸 1980년 경영학박사(고려대) 經1977~1981년 홍익대 상경대 전임강사·조교수 1981~1990년 전남대 경영학부 조교수·부교수 1982년 미국 Texas Tech Univ. Visiting Scholar 1990년 미국 Univ. of Wisconsin-Madison Visiting Scholar 1990년 전남대 경영학부 교수(현) 1996년 미국 Wharton School Univ. of Pennsylvania Senior Research Fellow 1997년 한국재무학회 부회장 2002년 한국재무관리학회 회장 2004년 호주 Univ. of Western Sydney Senior Research Fellow Joint Researcher 2005년 국민은행 사외이사·리스크관리위원장 2008~2010년 KB금융지주 이사회 의장 㗲전남대 30년근속상(2001) 勁'韓國證券市場論'(1980) '投資論'(1981) '財務分析論'(1986) '농촌사회구조변동연구'(1988) '공단형성과 지역사회구조 변동에 관한 연구'(1989) '재무관리'(1992) '경영분석론'(1994) '현대재무관리'(1996) '재무관리연습'(1996) '투자론(전정8판)'(2010) '현대재무관리(전정6판)'(2013) '금융·계량분석 2판'(2013) 㗯'多國籍企業의 論理와 行動樣式(多國籍企業의 論理)'(1982) '現代財務理論'(1983) '現代證券市場과 企業財務'(1988) '금융규제 : 이유, 방법 및 방향'(2002) '행태과학으로 본 재무관리 : 잘못된 판단의 원인과 처방'(2012)

조대경(曺大京) Cho, Tae Kyung

쌩1932·1·30 邼창녕(昌寧) 圖서울 㗴서울 관악구 관악로1 서울대학교(02-880-5114) 鶴1957년 서울대 심리학과졸 1965년 철학박사(독일 하이델베르크대) 經1966~1968년 서울대 학생지도연구소 전임강사 1968~1974년 同문리과대학 조교수 1972~1973년 미국 하버드대 연경학회 초빙교수 1974~1975년 서울대 문리과대학 교무과장 1975~1976년 同사회과학대학 학장보 1979년 同사회과학대학 심리학과 교수 1980~1981년 同학생생활연구소장 1981~1982년 중앙교육연수원 입시제도연구실장 1984~1985년 서울대 기획실장 1985년 도로교통안전협회 특별연구위원 1985년 한국심리학회 회장 1986~1988년 서울대총동창회 이사 1988~1990년 서울대 미국학연구소장 1996년 대한민국학술원 회원(심리학·현) 1997년 서울대 명예교수(현) 㗲국민포장(1997) 勁'임상심리학'(1967) '청년초기의 세계'(1970) '심리학개론'(1983·1984) '정신위생'(1984) '사람과 자동차'(1993) 㗯'정신분석학'(1967) '실수의 분석(일상생활의 정신병리)'(1973) '아이덴티티-청년과 위기'(1977) '정신분석학입문'(1985) '프로이드'(1987) '꿈의 해석'(1993)

조대식(趙大植) Jo Dae-shik

쌩1958·1·15 圖서울 㗴서울 종로구 사직로8길60 외교부 인사운영팀(02-2100-7136) 鶴1984년 고려대 사회학과졸 1988년 미국 사우스캐롤라이나대 대학원 사회학과졸 經1984년 외무고시 합격(18회) 1984년 외무부 입부 1990년 駐캐나다 2등서기관 1992년 駐오만 1등서기관 1997년 駐오스트리아 1등서기관 2001년 경수로사업지원기획단 파견 2002년 외교통상부 문화협력과장 2003년 駐싱가포르 공사참사관 2006년 駐스웨덴 공사참사관 2009년 외교통상부 문화외교국장 2011년 駐리비아 대사 2012년 외교통상부 기획조정실장 2013년 외교부 기획조정실장 2015년 駐캐나다 대사(현) 㗲근정포장(2013)

조대식(曺大植) CHO Dae Sik

쌩1960·11·27 圖경남 진해 㗴서울 종로구 종로26 SK(주) 사장실(02-2121-0114) 鶴1979년 대성고졸 1983년 고려대 사회학과졸 1985년 미국 클라크대 경영대학원졸(MBA) 經삼성물산(주) Samsung America CFO(경영지원실장·상무), 同기획실 M&A담당 상무 2007년 SK(주) 재무담당 상무 2010년 同사업지원부문장 2012년 同재무팀장 겸 자율·책임경영지원단장 2013년 同대표이사 사장 2015년 SK(주) 지주회사부문 대표이사 사장(현) 2015~2016년 同이사회 의장

조대식(趙大植)

쌩1963·5·22 圖충북 제천 㗴서울 영등포구 도영로115 한국철도공사 수도권서부본부(02-2639-3826) 鶴국립철도고졸, 한국방송통신대 행정학과졸, 대전대 경영행정대학원졸(경영학석사) 經1981년 철도청 대구기관차사무소 근무 1984년 同제천기관차사무소 기관사 1994년 同운수국 열차과 근무 2001년 同대구기관차사무소 경주분소장 2005년 한국철도공사(코레일) 여객사업본부 여객수송팀장 2011년 同특별동차운영단장 2013년 同수송조정실 열차계획처장 2013년 同수송조정실장 2014년 同충북본부장 2015년 同수도권서부본부장(현) 㗲국무총리표창(1996), 대통령표창(2004), 대통령경호실장표창(2013)

조대엽(趙大燁) CHO Dae Yop

쌩1960·2·20 圖경북 안동 㗴서울 성북구 안암로145 고려대학교 사회학과(02-3290-2080) 鶴1987년 고려대 문과대 사회학과졸 1990년 同대학원 사회학과졸 1995년 사회학박사(고려대) 經1991년 동아대·한국외국어대·충북대·강원대·국민대·한양대·고려대 강사 1997~2000년 경남대 극동문제연구소 객원연구위원 2000~2001년 한국비교사회학회 총무이사 2000년 고려대 한국사회연구소 운영위원 2000년 同사회학과 교수(현) 2000~2001년 한국NGO학회 편집이사 2002년 고려대 안암학사 사감 2014~2016년 한국비교사회학회 회장 2015년 고려대 노동대학원장(현) 勁'한국의 시민운동 : 저항과 참여의 동학' '새로운 사회운동의 이론과 현실(共)' '지역사회운동의 계보학(共)' '한국 시민운동의 구조와 동학'(2007) '시민참여와 거버넌스'(2009) '작은 민주주의 친환경무상급식(共)'(2011) 㗯'사회학이론의 형성(The Emergency of Sociological Theory)'

조대현(曺大鉉) CHO Dae Hyen

쌩1951·2·11 圖충남 부여 㗴서울 강남구 영동대로517 18층 법무법인 화우(02-6003-7523) 鶴1969년 용산고졸 1973년 서울대 법과대학졸 1975년 단국대 대학원 법학과 수료 經1975년 사법시험 합격(17회) 1977년 사법연수원 수료(7기) 1977~1980년 육군 軍법무관 1980년 서울민사지법 판사 1982년 서울형사지법 판사 1983년 대전지법 판사 1985년 서울가정법원 판사 1987년 서울고법 판사(직대) 1988년 同판사 겸 법원행정처 법정심의관 1991년 대구지법 김천지원장 1994년 사법연수원 교수 1997년 서울지법 부장판사 1999년 대법원장 비서실장 겸임 1999년 대전고법 부장판사 2000~2004년 서울고법 부장판사 2003년 법원행정처 인사관리실장 겸임 2004~2005년 법무법인 화우 변호사 2005~2011년 헌법재판소 재판관 2011년 법무법인 화우 고문변호사(현) 㗲청조근정훈장(2011) 勁'하나님의 구원'(2015) 圖기독교

조대현(曺大鉉) CHO Dae Hyun

쌩1953·9·27 圖경기 鶴1972년 용산고졸 1978년 고려대 사학과졸 經1978년 한국방송공사(KBS) 입사 1980년 同교육국 PD 1990년 同기획제작국 PD 1992년 同제주방송총국 제작1부장 1993년 同TV1국 차장 1995년 同도쿄특파원 1998년 同TV1국 부주간 2000년 同TV제작센터 부주간 2002년 同기획제작국 주간 2003년 同교양국장 2004년 同TV제작본부 기획다큐팀장, 同TV제작본부 프로그램전략기획담당 2007년 同TV제작본부 시사정보팀장 2008년 同TV제작본부장 2009년 同부사장 2011~2013년 KBS미디어 대표이사 사장 2013년 순천향대 사회과학대학 신문방송학과 석좌교수 2013년 同대학브랜드위원회 위원장 2014~2015년 한국방송공사(KBS) 대표이사 사장 2014년 한국방송협회 부회장 2014~2015년 한국지상파디지털방송추진협회 회장 2014년 아시아태평양방송연맹(ABU) 회장 㗲고대언론인교우회 '장한 고대언론인상'(2015) 勁KBS '일요스페셜' 圖기독교

조대현(趙大賢) Cho Dae-Hyun
[생]1959 · 4 · 8 [출]강원 동해 [주]서울 성동구 마장로210 한국기원 홍보팀(02-3407-3850) [학]충암학원 수료 [경]1980년 입단 1983년 2단 승단 1984년 3단 승단 1986년 4단 승단 1988년 5단 승단 1990년 6단 승단 1992년 7단 승단 1995년 8단 승단 1999년 9단 승단(현) 2005~2009년 한국기원 기사회장 2005년 대한바둑협회 이사

조대호(曺大鎬) CHO Dae Ho
[생]1968 · 8 · 23 [본]창녕(昌寧) [출]서울 [주]서울 강남구 강남대로464 월드메르디앙빌딩 월드건설산업(주) 사장실(02-3779-0300) [학]1987년 강서고졸 1994년 서울대 국사학과졸 1998년 미국 인디애나주립대졸 2000년 미국 서던캘리포니아대 대학원졸(MBA) [경]1998년 월드건설(주) 해외사업본부 입사, 同상무 2001년 同대표이사 사장 2004년 월드건설산업(주) 대표이사 사장(현)

조대환(曺大煥) CHO Dae Hwan
[생]1956·9·18 [본]창녕(昌寧) [출]경북 청송 [주]서울 서초구 서초대로58길17 다민빌딩 법무법인 대오(02-537-5646) [학]1975년 경북고졸 1980년 서울대 법학과졸 1994년 대만 국립대만대 법률학연구소 방문연구원과정 수료 [경]1981년 사법시험 합격(23회) 1983년 사법연수원 수료(13기) 1983~1986년 軍법무관 1986년 광주지검 순천지청 검사 1988년 대전지검 검사 1990년 인천지검 검사 1992년 서울지검 검사 1995년 서울고검 검사 1996년 광주지검 순천지청 부장검사 1997년 대구지검 조사부장 1998년 同특수부장 1999년 서울지검 서부지청 형사4부장 2000년 同서부지청 형사3부장 2001년 대전고검 검사 2002년 수원지검 형사1부장 2003년 제주지검 차장검사 2004년 서울고검 검사 2005~2007년 변호사 개업 2007~2008년 법무법인 하우림 대표변호사 2008년 '삼성 비자금 의혹' 특별검사보 2008~2009년 법무법인 렉스 대표변호사 2009~2011년 서울지방변호사회 증권커뮤니티위원장 2013년 제18대 대통령직인수위원회 법질서·사회안전분과 전문위원 2014~2015년 대우증권(주) 사외이사 겸 감사위원 2014년 4·16세월호참사특별조사위원회 상임위원 2015년 同부위원장 겸 사무처장 2015년 법무법인 대오 고문변호사(현) [상]국무총리표창 [종]불교

조덕선(趙德善) CHO Deog Seon
[생]1960 · 1 · 12 [본]옥천(玉川) [출]광주 [주]광주 북구 제봉로324 SRB미디어그룹 회장실(062-510-1125) [학]1980년 검정고시 합격 2002년 전남대 경영대학원 최고경영자과정 수료 [경]1999년 한국생활정보신문협회 부회장 2003년 광주사랑방신문사 · 부산시대신문사 · 옐로우사랑방 대표 2012년 SRB미디어그룹 회장(현) [상]문화관광부장관표창, 보건복지부장관표창, 국무총리표창(2008), 대통령표창(2012), 동탑산업훈장(2016)

조덕제(趙德濟)
[생]1965 · 10 · 26 [주]경기 수원시 장안구 경수대로893 수원종합운동장內 수원FC(031-228-4521) [학]1987년 아주대졸 [경]1988~1995년 부산 대우 로얄즈 소속, 김태희바르셀로나축구학교 감독 1996년 아주대 축구부 코치 2004년 同축구부 감독 2011년 수원시청축구단 유소년 총감독 2012년 수원FC 감독(현) [상]K리그 베스트11 미드필더부분(1989)

조덕현(曺德鉉) CHO Duk Hyoun
[생]1965·5·5 [출]강원 [주]세종특별자치시 도움5로20 국민권익위원회 경찰민원과(044-200-7381) [학]진부고졸 1991년 경희대 정치외교학과졸 [경]1999년 대한매일 전국부 기자 2004년 서울신문 편집국 공공정책부 기자 2005~2007년 同편집국 공공정책부 차장 2007년 국민고충처리위원회 홍보관리팀 서기관 2008년 국민권익위원회 대변인실 서기관 2013년 同민간협력담당관 2015년 통일교육원 교육파견 2016년 국민권익위원회 경찰민원과장(현)

조도순(曺度純) CHO Do Soon
[생]1955 · 2 · 18 [출]경남 의령 [주]경기 부천시 원미구 지봉로43 가톨릭대학교 생명과학과(02-2164-4357) [학]1973년 진주고졸 1977년 서울대 식물학과졸 1980년 同대학원 식물학과졸 1989년 식물학박사(미국 오하이오주립대) [경]1984년 미국생태학회 회원 1989년 미국 일리노이대 객원교수 1990년 성심여대 생물학과 조교수 1992년 국제식생학회 회원 · 영국생태학회 회원 1993~1996년 한국생태학회지 편집간사 1994년 유네스코 MAB한국위원회 위원 1994년 가톨릭대 환경학과 부교수 1998년 한국생물과학협회지 편집위원 1998년 한국식물학회 기획위원 · 편집위원 1999~2000년 한국생태학회지 편집간사 · 세계자연보전연맹한국위원회 총무간사 1999년 가톨릭대 생명과학과 교수(현) 1999~2001년 同자연과학연구소장 2002년 세계생태학대회(VIII IN-TECOL 2002) 조직위원회 편집위원장 2003년 캐나다 앨버타대 방문교수 2005년 한국생태학회 부회장 2005~2011년 문화재위원회 천연기념물분과위원 2008~2012년 한국보호지역포럼 위원장 2010~2015년 유네스코 MAB한국위원회 부위원장 2012년 同국제생물권보전지역자문위원회(IACBR) 위원(현) 2013~2014년 한국생태학회 회장 2015년 유네스코 MAB한국위원회 공동위원장(현) [저]'한국의 생물 다양성 2000 : 생물자원의 보존, 연구 및 지속적인 이용을 위한 전략'(1994, 민음사) '고급생태학'(1995, 교문사) '개발과 유산의 보존'(1996, 유네스코 한국위원회) '현대생태학실험서'(1997, 교문사) 'Natural Protected Areas of Republic of Korea'(2008, Korea Proteced Areas Forum) [종]가톨릭

조돈문(趙敦文) Donmoon Cho
[생]1954 · 7 · 6 [본]풍양(豊壤) [출]강원 강릉 [주]경기 부천시 원미구 지봉로43 가톨릭대학교(02-2164-4265) [학]1977년 서울대 상대 경영학과졸 1984년 연세대 대학원 사회학과졸 1991년 미국 Univ. of Wisconsin-Madison 대학원 사회학과졸 1993년 사회학박사(미국 Univ. of Wisconsin-Madison) [경]1993년 가톨릭대 사회학과 교수, 同사회과학부 사회학전공 교수(현), 同교수협의회 회장 겸 비상대책위원장(현), 한국산업노동학회 부회장, 同회장, 비판사회학회 회장, 민주화를위한전국교수협의회 상임의장, 대안연대회의 운영위원장, 한국라틴아메리카학회 부회장 겸 편집위원장, 한국비정규노동센터 공동대표 겸 이사장(현), 민주화를위한전국교수협의회 공동의장(현), 한국스칸디나비아학회 총무이사, 同회장(현), 대안연대회의 정책기획위원 2003년 한국라틴아메리카학회 편집위원장(현) 2004년 민주노동당 교수지원단 집행위원장 2008년 同평가혁신위원장 2010년 학술단체협의회 상임대표, 同공동대표(현), 공공운수정책연구원 이사장(현), 진보정치세력의연대를위한교수연구자모임 공동대표(현) 2013년 삼성노동인권지킴이 상임대표(현) [저]'한국사회의 계급론적 이해'(2003) '경제위기와 한국인의 복지의식 : 사회계급별 복지의식을 중심으로'(2003) '노동계급의 계급형성 : 남한 해방공간과 멕시코 혁명기의 비교연구'(2004) '라틴아메리카 신자유주의 경제개혁의 정치경제학'(2005) '신자유주의시대 라틴아메리카 시민사회의 대응과 문화변동'(2005) '세계화와 라틴아메리카의 이주와 이민'(2005) '산업공동화와 노동의 대응방향'(2005) '민주노조운동 20년 : 쟁점과 과제'(2008) '한국사회, 삼성을 묻는다'(2008) '브라질에서 진보의 길을 묻는다 : 신자유주의시대 브라질 노동운동과 룰라정부'(2009) '위기의 한국사회, 대안은 지역이다(編)'(2011) '노동계급 형성과 민주노조운동의 사회학'(2011) '217 : 한국사회를 바꿀 진보적 정책대안(編)'(2012) '비정규직 주체형성과 전략적 선택'(2012) '베네수엘라의 실험 : 차베스 정권과 변혁의 정치'(2013) '사라져버린 사용자 책임 : 간접고용 비정규직 실태와 대안(編)'(2013) '위기의 삼성과 한국사회의 선택(共·編)'(2014, 후마니타스)

조돈엽(趙敦燁) CHO Don Yeop
[생]1957 · 3 · 16 [출]경기 평택 [주]서울 강남구 테헤란로 508 8층 해성DS 대표이사실(070-4761-0025) [학]안일종합고졸, 광운대 경영학과졸 [경]1983년 삼성그룹 입사, 삼성테크윈(주) 관리팀장, 同재무팀 관리Unit장, 同경영기획팀 관리담당 부장 2003년 同경영기획팀 관리유닛담당 상무보 2006년 同경영기획팀장(상무) 2010년 同경영기획팀장(전무) 2011년 同사업부장(전무) 2014년 해성DS 대표이사(현)

조돈영(趙敦榮) CHO Don Young
[생]1948 · 1 · 11 [본]풍양(豊壤) [출]서울 [주]부산 연제구 중앙대로1001 부산광역시청 투자정책특별보좌관실(051-888-1050) [학]동국대사대부고졸 1971년 한국외국어대졸 1976년 同무역대학원 무역학 수료 1987년 미국 서던캘리포니아대 대학원 경영학과졸(석사) [경]1973년 대한무역투자진흥공사(KOTRA) 입사 1982년 同홍콩무역관 부관장 1989년 同워싱턴무역관장 1992년 同인사교육과장 1993년 同시카고전시관장 1994년 同아틀란타무역관장 1998년 同외국인투자지원센터 투자유치처장 2000년 同요하네스버그무역관장 2001년 르노삼성자동차(주) 홍보총괄 전무 2005~2009년 同전사커뮤니케이션본부장(부사장) 2006~2009년 서강대 국제통상대학원 겸임교수 2009~2010년 서울럭셔리비즈니스인스티튜트(SLB Ins.) 대표이사 2010~2011년 부산시 투자기획본부장 2012년 同투자정책특별보좌관(부시장급)(현) [상]2006 메세나대상 '올해의 메세나인상' [종]불교

조돈현(曺敦鉉) JO Don Hyun

생1962·7·8 주서울 종로구 종로26 SK(주) 기업문화팀(02-2121-0114) 학강릉고졸, 고려대 교육학과졸, 미국 일리노이대 인력개발학졸 경SK(주) 구조조정추진본부 인력팀 근무, SK텔레콤(주) SK아카데미 핵심역량교육팀장, 同EMD센터장, SK(주) HR실장 2012년 同기업문화팀장 2016년 同기업문화팀장(부사장)(현)

조동근

생1961 주제주특별자치도 제주시 문연로6 제주도청 수산정책과(064-710-3210) 학대구 성산고졸, 한국방송통신대졸, 제주대 산업대학원졸 경1980년 공무원 임용 2012년 제주도 해양수산국 수산정책과 어선어업담당 지방해양수산사무관 2014년 同해양수산국 수산정책과 수산자원담당 지방해양수산사무관 2015년 同해양수산국 수산정책과 수산정책담당 지방해양수산사무관 2016년 同해양수산국 수산정책과장(지방해양수산서기관)(현)

조동길(趙東吉) CHO Dong Kil

생1955·11·30 출서울 주서울 중구 을지로100 파인애비뉴 B동25층 한솔그룹 회장실(02-3287-6008) 학1980년 연세대 경제학과졸 경1979년 삼성물산 입사 1987년 한솔제지(주) 이사대우 1993년 同상무이사 1994년 同전무이사 1995년 同부사장 1997~2001년 한솔그룹 제지부문 부회장 1999~2001년 대한테니스협회 부회장 1999년 한·핀란드경제협력위원회 위원장 2002년 한솔그룹 회장(현) 2003~2013년 대한테니스협회 회장 2004~2007년 한국제지공업연합회 회장 상한국협상대상(1999) 종기독교

조동석(趙東奭) CHO Dong Seok

생1954·3·26 출경북 영주 주서울 서초구 법원로2길 15 401호 법무법인 길도(02-3476-3300) 학1971년 경복고졸 1975년 서울대 법학과졸 경1982년 사법고시 합격(24회) 1984년 사법연수원 수료(14기) 1985년 광주지검 검사 1987년 대구지검 안동지청 검사 1988년 서울지검 검사 1991년 법무부 법무심의관실 검사 1993년 수원지검 검사 1995년 서울지검 동부지청 검사 1996년 광주고검 검사 1997년 서울지검 부부장검사 1998년 울산지검 부장검사 1999년 사법연수원 교수 2001년 서울지검 북부지청 형사5부장 2002년 同북부지청 형사4부장 2003년 대구지검 형사1부장 2003년 서울고검 검사 2004년 대구지검 경주지청장 2005년 제주지검 차장검사 2006년 의정부지검 차장검사 2007년 서울고검 검사 2008년 변호사 개업 2010년 법무법인 길도 변호사(현) 2014년 삼광글라스(주) 사외이사(현)

조동성(趙東成) CHO Dong-Sung

생1949·1·12 본배천(白川) 출서울 주인천 연수구 아카데미로119 인천대학교 총장실(032-835-8003) 학1967년 경기고졸 1971년 서울대 경영학과졸 1977년 경영학박사(미국 하버드대) 2007년 명예 철학박사(인제대) 2011년 명예박사(핀란드 알토대) 경1976년 미국 펜실베이니아주 걸프오일 본사기획실 국제전략계획담당 1978~1989년 서울대 경영학과 조교수·부교수 1978년 미국 피츠버그대 객원교수 1983년 미국 하버드대 경영대학원 초청부교수 1983년 일본 아세아경제연구소 초청연구원 1985년 프랑스 구주경영대학원 초청교수 1988년 국제경영학회 부회장 1989~2014년 서울대 경영학과 교수 1990년 스리랑카공화국 국제무역자문관 1990년 (재)서울대발전기금 상임이사 1991년 핀란드 헬싱키경제경영대 초청교수 1992년 일본 東京大 초청교수 1992년 일본 히토츠바시대 초청교수 1992년 한국자원경제학회 회장 1993~2004년 (사)산업정책연구원 원장·이사장 1994년 호주 시드니대 경영대학원 초청교수 1994년 온두라스 상무성 해외투자자문관 1996년 미국 미시간대 초청교수 1998년 미국 듀크대 초청교수 1999년 (주)데이콤 사외이사 1999~2001년 서울대 국제지역원장 2001~2003년 同경영대학장 2002년 무역위원회 위원 2002년 국제경영학회 Fellow 2003년 디자인브랜드경영학회 회장 2003년 한국CEO포럼 공동대표 2003년 윤경포럼 공동대표 2003년 한국여가문화학회 회장 2004년 대통령자문 정책기획위원회 산하 사람입국신경쟁력특별위원회 위원 2004년 駐韓핀란드 명예영사(현) 2004년 코리아오토포럼(KAF) 회장 2004년 중국 북경대 초청교수 2005년 미국 듀크대 초청교수 2005년 중국 남개대 초청교수 2005년 한국경영학회 회장 2005년 중국 저장(浙江)대 관리학원 한·중기업연구센터 공동센터장 2006년 한국학술단체총연합회 회장 2006년 한국지속경영학회 회장 2006~2012년 한국복사전송권협회 이사장 2006년 정부혁신관리위원회 위원장 2006년 대중소기업상생협력위원회 공동의장 2006년 피터드러커소사이어티 이사장 2008년 바른과학기술사회실현을위한국민연합 공동대표 2008년 지속경영인증사업회 회장, 기아자동차 사외이사, 하이닉스 사외이사 2009년 국립오페라단 이사 2010년 (사)국제백신연구소

한국후원회장(현) 2010년 동양종합금융증권 사외이사 2011년 안중근의사기념관 관장(현) 2011년 한국프로축구연맹 사외이사 2013~2016년 국가브랜드진흥원 이사장 2013년 자연환경국민신탁 이사장 2014년 메커니즘경영학회 창립회장 2014년 서울대 경영대학 명예교수(현) 2014년 중국 장강상학원 전략전공 전임교수 2015년 호텔롯데 사외이사 2016년 인천대 총장(현) 상경제경영분야 출판대상(1981), 경영문화대상(1990), 이코노미스트상(1991), 자유문화출판대상, 산업포장(1999), 대통령표창(2004), 황조근정훈장(2006), 정진기언론문화상 경제·경영도서부문 장려상(2010), 핀란드 백장미장 1급 기사훈장(2015) 전'The General Trading Company : Concept and Strategy'(1987, Lexington Books) '南朝鮮企業的國際經營事例, 吉林'(1991, 人民出版社) '국제경영학' '한국의 종합무역상사' '에너지정책과 한국경제' '21세기를 위한 국제경영' '재미있는 경영이야기'(共) '국가경쟁력 선진국으로 가는 지름길' '알기쉬운 경영전략' '경쟁에서 이기는 길' '장기전략계획' '이제는 전략경영의 시대' '반도체 이야기' '14가지 경영혁신 기법의 통합모델'(共) '21세기를 위한 경영학' '타이거테크놀로지-동아시아 반도체산업의 창조'(共) 'E-Business 경영전략' '21세기를 위한 전략경영' '21세기를 위한 경영학' '디자인혁명, 디자인 경영' '유한킴벌리' 'M경영' '디자인혁명' '국가경쟁력 소설 '장미와 찔레' '장미와 찔레2' 'From Adam Smith to Michael Porter : Evolution of Competitiveness Theory(共)'(2000, World Scientific) 'Tiger Technology : The Creation of a Semiconductor Industry in East Asia(共)' (2000, Cambridge University Press) '經營, 南開大學出版社'(2000, SER-M) 'National Competitiveness Research(共)'(2001·2002·2003·2004·2005·2006·2007·2008·2009·2010·2011, IPS) 'Design Management, Management Design'(2011, SNU Press) '디자인과 經營戰略'(2011, 아이웰) '國家競爭力 研究 : 理論, 랭킹 및 應用'(2011, 서울경제경영) 'Design Management, Management Design'(2011, SNU Press) '디자인理論, 디자인經營, 經營디자인'(2012, 서울경제경영) '日本長壽企業의 進化와 韓國企業에의 示唆點'(2012, 서울경제경영) 'From Adam Smith to Michael Porter : Evolution of Competitiveness Theory- Extended Edition(共)'(2013, World Scientific) 'International Review of National Competitiveness : A Detailed Analysis of Sources and Rankings(共)'(2013, Gloucestershire) '메커니즘기반관점 : 통합적경영을 위한 새로운 경영패러다임'(2014, 서울경제경영) 종기독교

조동수(曺東秀) CHO Dong Soo (詩溫)

생1944·3·22 본창녕(昌寧) 출전남 장성 주서울 중구 세종대로124 프레스센터15층 언론중재위원회(02-397-3114) 학1963년 광주사범학교졸 1968년 조선대졸 1986년 전남대 행정대학원졸 경1979년 전남일보 사회부장 1980년 전일방송 뉴스부장 1981년 광주일보 논설위원 1986년 同편집부국장 1988년 同논설위원 1991년 同편집부국장 1993년 同편집국장 1995년 同논설위원실장 1997년 同이사 겸 주필 2003년 同논설고문 2004~2007년 광주문화예술진흥위원회 위원장 2011년 언론중재위원회 위원 2015년 同부위원장(현) 상한국기자상(1977), 전남도 문화상(1998) 전'팽이를 때리는건 돌게하기위해서다' 종기독교

조동수(趙東秀)

생1959·9·10 주서울 서초구 효령로5 서울메트로 경영지원본부(02-6110-5161) 학1984년 대구대 생물학과졸 2007년 서울시립대 경영대학원졸 경2013년 서울메트로 부대사업처장 2014년 同경영관리처장 2015년 同인사처장 2016년 同경영지원본부장(현)

조동암(趙東岩)

생1955·12·14 출경기 김포 주인천 남동구 정각로29 인천광역시청 경제부시장실(032-440-2020) 학김포종합고졸, 장안전문대학 행정과졸 경1975년 공직 입문 2010년 인천시 대변인(지방서기관) 2010년 同문화관광체육국장 직대 2011년 同문화관광체육국장(지방부이사관) 2012년 인천유나이티드 FC 파견 2014년 인천시 자치행정국장 2014년 인천경제자유구역청 차장 직대 2015년 同차장(지방이사관) 2016년 인천시 비서실장 2016년 同정무경제부시장(현)

조동욱(趙東旭) CHO Dong Uk (淸川)

생1959·8·3 본임천(林川) 출서울 주충북 옥천군 옥천읍 대학길15 충북도립대학 전자정보계열(043-220-5367) 학1978년 용산고졸 1983년 한양대 전자공학과졸 1985년 同대학원 전자공학과졸 1989년 공학박사(한양대) 경1983년 (주)신도리코 기술연구소 연구원 1989년 한양대 Post-Doc. 1989년 동양미래대학 전자통신공학과 조교수 1991년 서원대 정보통신공학과 부교수 2000년 충북과학대 정보통신공학과 교수 2007~2008년 (사)산학연전국협의회

상근부회장 2008~2011년 충북도립대 정보통신공학과 교수 2008년 한국정보처리학회 부회장 2009~2011년 한국통신학회 이사 2010~2012년 충북도립대 기획협력처장 2011년 同전자정보계열 전자통신전공 교수(현) 2012년 2012여수엑스포IT학술대회 총괄기획위원장 2013년 전국도립대학교수협의회 의장 2014~2015년 한국통신학회 상임이사 2015년 한국정보처리학회 부회장(현) 2016년 한국통신학회 부회장(현) 2016년 충북도립대 산학협력단장(현) [상]한국통신학회 공로상·학술상, 한국정보처리학회 우수논문상, 한국콘텐츠학회 학술상, 한국정보처리학회 공로상, 대통령표창(2007), 한국정보처리학회 학술대상(2008), 충북도지사표창(2010), 한국산학기술학회 우수논문상·산학연구대상(2011), 교육과학기술부장관표창(2011), 한국통신학회 LG학술대상(2012), AGST 국제학술대회 우수논문상(2013), 한국산학기술학회 추계종합학술대회 최우수논문상(2013), 한국통신학회 우수논문상(2015·2016) [저]'C언어프로그래밍' '유닉스' '최신정보통신개론'(2007, 그린) '와이어레스 네트워크와 유비쿼터스' [종]기독교

조동원(趙東元) CHO Dong Won (志堂)

[생]1932·10·11 [본]한양(漢陽) [출]경기 광주 [학]1951년 서울사대부고졸 1958년 서울대 법대졸 [경]1956~1967년 동화통신 기자·미국특파원 1967년 同편집부국장 1968~1971년 同편집국장 직대·이사·편집국장·출판국장 1972~1973년 문화공보부 해외공보관 부관장·관장 1973년 코리아헤럴드 업무이사 1977년 대한상공회의소 전무이사 1979년 대한상사중재협회 전무이사 1980~1983년 대한상사중재원 이사·사무국장 1982~1985년 서울사대부고총동창회 회장 1983~2002년 민주평통 자문위원 1984년 한국경제신문 상임감사 1985년 대한태권도협회 이사 1985년 국기원 이사 1987년 서울중앙로타리클럽 회장 1987년 한국경제신문 전무이사 1989년 동화통신 사우회장(현) 1990~2013년 해외문화교류협회 이사장 1993년 국제로타리 한국지국장 1993년 동작장학재단 부이사장(현) 2013년 해외문화교류협회 명예회장(현) [상]이란 호마윤3등훈장, 대통령표창, 국민훈장 석류장 [저]'격동속에 부침한 어느 통신사의 얘기'(2005) [역]'빛은 동방에서'(1959)

조동일(趙東一) CHO Dong Il

[생]1939·8·9 [출]경북 영양 [주]서울 서초구 반포대로37길59 대한민국학술원(02-3400-5214) [학]1962년 서울대 불어불문학과졸 1966년 同국어국문학과졸 1968년 同대학원 국문학과졸 1976년 문학박사(서울대) [경]1966~1978년 계명대 전임강사·조교수·부교수 1978~1981년 영남대 부교수·교수 1981~1987년 한국정신문화연구원 교수 1987~2004년 서울대 국어국문학과 교수 1994년 일본 도쿄대 객원교수 2004년 서울대 국어국문학과 명예교수(현) 2004~2009년 계명대 석좌교수 2007년 대한민국학술원 회원(한국고전문학·현) 2010년 중국 연변대 명예교수(현) [상]도남국문학상, 출판문화상 저작상, 중앙문화대상 학술대상, 만해학술상, 인문·사회과학부문 대한민국학술원상, 韓佛문화상(2002), 경암학술상(2005), 후쿠오카 아시아문화상 학술연구상(2011), 벽사학술상(2011) [저]'한국문학통사' '세계문학사의 허실' '소설의 사회사 비교론' '세계문학사의 전개' 회고록 '학문에 바친 나날' '동아시아문학사 비교론' '우리학문의 길' '인문학문의 사명' '한국의 문학사와 철학사' '동아시아 구비서사시의 양상과 변천' '중세문학의 재인식'(전3권) '발상의 전환에서 창조의 결실까지' '학문에 바친 나날 되돌아보며' '동아시아 문명론'(2010, 지식산업사) 창작집 '조동일창작집'(2009)

조동제(趙東濟)

[생]1945·1·3 [주]서울 종로구 새문안로9 서울적십자병원 산부인과(02-2002-8432) [학]1969년 연세대 의대졸 1978년 同대학원졸(의학석사) 1984년 의학박사(연세대) [경]1980~1995년 연세대 의대 산부인과 전임강사·조교수·부교수 1983년 미국 오하이오주립대 연수 1995~2010년 연세대 의대 산부인과학교실 교수 1996년 同의대 교육계획위원장 2005~2006년 대한불임학회 회장 2010년 연세대 의과대학 산부인과학교실 명예교수(현) 2010년 서울적십자병원 산부인과 전문의(현), 同산부인과장(현) 2014~2015년 대한산부인과학회 회장

조동철(曺東徹) CHO Dongchul

[생]1961·3·23 [주]서울 중구 남대문로39 한국은행 금융통화위원회(02-759-4114) [학]1984년 서울대 경제학과졸 1986년 同대학원 경제학과졸 1991년 경제학박사(미국 위스콘신대) [경]1991~1995년 미국 텍사스A&M대 경제학과 조교수 1995~2009년 한국개발연구원 부연구위원·연구위원·선임연구위원, 同거시·금융경제연구부장 2003년 대통령직인수위원회 자문위원 2004년 국무총리 정책자문단 위원 2005년 감사원 자문위원 2005~2006년 재정경제부장관자문관 겸 거시경제팀장 2006~2016년 한국개발연구원 정책대학원 교수 2008~2010년 대통령직속 미래기획위원회 위원 2013~2015년 대통령자문 국민경제자문회의 거시금융분과 민간위원 2013~2016년 한국개발연구원 수석이코노미스트 겸 거시경제연구부장 2014~2016년 신한은행 사외이사 2014년 국무총리소속 정부업무평가위원회 위원 2015년 대통령직속 국민경제자문회의 기초경제1분과 자문위원 2016년 한국은행 금융통화위원회 위원(현) [저]'Global Economic Crisis : Impacts, Transmission and Recovery(共)'(2012) 'Growth, Crisis, and the Korean Economy'(2015)

조동혁(趙東赫) Henry D. CHO (禹松)

[생]1950·11·22 [출]서울 [주]서울 중구 을지로100 파인애비뉴B동25층 한솔그룹 임원실(02-3287-6004) [학]1971년 미국 캔터버리고졸 1975년 미국 미들버리대(Middlebury Coll.) 경제학과졸 [경]1976년 삼성물산 입사 1981년 고려홍진 차장 1983년 同부장 1984년 同상무이사 1988년 同사장 1996년 한솔홍진 사장 1997년 한솔그룹 정보통신부문 부회장 1997~2001년 同금융부문 부회장 2001~2003년 한글과컴퓨터 사외이사 2002년 한솔그룹 명예회장(현) [종]기독교

조동현

[생]1951·3·12 [주]서울 노원구 덕릉로450 노원마들스타디움內 서울유나이티드FC(02-2289-6855) [학]1971년 경희고졸 1975년 경희대 체육학과졸 [경]1971~1976년 국가대표 축구선수 1978~1981년 기업은행 축구단 선수 1985~1997년 同코치·감독 1998년 울산 현대미포조선 축구단 감독 2005~2009년 U-20 청소년축구 국가대표팀 감독 2006년 AFC 아시아청소년선수권대회 U-19 청소년대표팀 감독 2009년 U-19 청소년축구 국가대표팀 감독 2010년 경찰청 축구단 감독 2016년 서울 유나이티드 FC 감독(현)

조동현(趙東玄) CHO Dong Hyun

[생]1954·10·15 [본]임천(林川) [출]부산 [주]서울시 강남구 봉은사로537 바다빌딩 두양리미티드(02-561-8888) [학]1973년 서울고졸 1977년 성균관대 경상대학졸 1981년 미국 오하이오대 경영대학원졸 1983년 노르웨이 오슬로 소재 Norwegian Shipping Academy의 Professional Shipping Course 수료, 1993년 영국 Cambridge Academy of Transport의 Anatomy of Ship Finance 수료, 1997년 서울대학교 경영대학 최고경영자과정 수료 [경]1979년 아진해운(주) 입사 1985년 두양상선(주) 입사 1991년 (사)대한상사중재원 중재인단 중재인(현) 1995년 두양상선(주) 사장(현) 1996년 (사)한국선주협회 이사(현) 1996년 재단법인 한국해사문제연구소 감사(현) 2016년 (주)두양리미티드 대표이사(현) [저]'해운경영'(1984) [종]천주교

조동현 CHO Dong Hyun

[생]1976·7·8 [주]부산 동래구 사직로45 사직실내체육관 부산 KT 소닉붐(051-507-8018) [학]대전고졸 1999년 연세대졸 [경]1999년 대우제우스 입단(드래프트 8순위) 1999~2001년 신세기빅스농구단 소속 2003~2004년 인천 전자랜드 블랙슬래머 소속 2004~2009년 부산 KTF 매직윙스 소속 2009~2013년 부산 KT 소닉붐 소속 2013~2015년 울산 모비스 피버스 코치 2015년 부산 KT 소닉붐 감독(현) 2016년 미즈실버코리아 홍보대사(현) [상]정규리그 수비5걸(2001), 정규리그 기량발전상·수비5걸(2002) [종]천주교

조동호(趙東浩) Cho Dong Ho

[생]1956·4·3 [출]서울 [주]대전 유성구 대학로291 한국과학기술원 전기 및 전자공학부(042-350-3467) [학]1979년 서울대 전자공학과졸 1981년 한국과학기술원(KAIST) 전기 및 전자공학과졸 1985년 공학박사(한국과학기술원) [경]1985~1987년 한국과학기술연구원(KIST) 통신공학연구실 선임연구원 1987~1998년 경희대 전자계산공학과 교수 1989~1995년 同전자계산소장 1998년 한국과학기술원(KAIST) 전기및전자공학부 교수(현) 2002~2004년 KTF 사외이사 2003~2006년 정보통신부 IT신성장동력이동통신 PM 2004~2008년 과학기술부 차세대성장동력추진특별위원회 민간위원 2004~2006년 同차세대이동통신사업단장 2007~2011년 한국과학기술원 IT융합연구소장 2009~2011년 同온라인전기자동차사업단장 2010~2013년 한국통신학회 부회장·감사·수석부회장 2010년 방송통신위원회 자문위원 2010~2015년 한국과학기술원 조천식녹색교통대학원장 2011년 同무선전력전송연구센터장(현) 2011~2013년 同ICC부총장 2012년 한국해양과학기술원 이사(현)

2013년 한국공학한림원 정회원(현) 2014년 한국통신학회 회장 2014년 국제전기통신연합(ITU) 전권회의(Plenipotentiary Conference) 컨퍼런스·학술대회분야 총괄자문위원 2015~2016년 해양수산부 정책자문위원회 해양분과위원 [상]국가산업발전기여 대통령표창(2006), 올해의 KAIST인(2007), 지식경제장관표창(2009), KAIST 개교 제45주년기념 연구대상(2013), 홍조근정훈장(2016) [종]기독교

조동호(曺東昊) Dongho Jo

[생]1960·3·27 [출]경기 파주 [주]서울 서대문구 이화여대길52 이화여자대학교 대학원 북한학과(02-3277-3638) [학]1984년 서울대 경제학과졸 1986년 同대학원 경제학과졸 1991년 경제학박사(미국 Univ. of Pennsylvania) [경]1991~2002년 한국개발연구원 북한경제팀장 1995년 헝가리 사회과학원 세계경제연구소 초빙연구원 2001년 통일부 자문위원 2002년 국무총리실 정책평가위원회 전문위원 2003년 북한경제전문가100인포럼 회원(현) 2004년 한국개발연구원 기획조정실장 2006~2007년 同연구3부 선임연구위원 2007년 이화여대 사회과학대학 및 대학원 북한학과 교수(현) 2009~2010년 同기획처 부처장 2011년 한반도포럼 회원(현) 2012년 이화여대 대학원 북한학과 주임교수(현) 2012년 同북한학연계전공 주임교수(현) 2013~2016년 국무총리산하 경제·인문사회연구회 비상임이사 2014~2016년 이화여대 통일학연구원장 2014년 대통령직속 통일준비위원회 경제분과위원회 민간위원(현) 2014년 한국수출입은행 북한개발연구센터 소장(현) [저]'남북경협의 제도화 방안' '21세기 남북한과 미국' '통일시대를 대비한 남북경제관계의 발전방안' '북한의 노동제도와 노동력실태'(2000) '남북경제공동체 형성을 위한 남북경협 추진전략 및 주요과제'(2001) 'Food Problems in North Korea'(2003) 'The Korean Economy : Post-Crisis Policies, Issues and Prospects'(2004) '개성있는 개성을 만나다'(2008) '남북한 경제통합 : 전략과 과제'(2008) '남북관계사 : 갈등과 화해의 60년'(2009) '중국의 정치경제 변화에 따른 북한경제의 진로와 남북경협의 방향'(2013, 대외경제정책연구원) '전환기 한국 지속가능발전 종합전략'(2015, 한울아카데미)

조동환(趙東煥) CHO Dong Hwan (淸溟)

[생]1955·5·12 [본]풍양(豊壤) [출]경기 이천 [주]서울 구로구 디지털로31길12 태평양물산 임원실(02-850-9000) [학]1975년 덕수상고졸 1984년 성균관대 회계학과졸 2006년 서울대 최고전략과정 수료 [경]1975년 국민은행 입행·지점장·기업금융부장·여신심사부장 2004년 同동남기업금융지역본부장 2006년 同남서기업금융지역본부장 2007~2008년 KB신용정보(주) 부사장 2008~2011년 월드건설(주) 부사장 2011년 태평양물산 부사장(현) 2013년 나디아퍼시픽 대표이사 겸임(현) [상]체육부장관표창(1987), 재무부장관표창(1992)

조동회(趙東會) CHO Dong Hoi (如天)

[생]1947·4·10 [본]옥천(玉川) [출]전남 순천 [주]서울 종로구 김상옥로29 SGI서울보증(주) 감사실(02-3671-7002) [학]1965년 목포상고졸 1970년 고려대 식품자원경제학과졸 1999년 서울대 행정대학원 최고경영자과정 수료 2002년 연세대 보건대학원 최고경영자과정 수료 [경]1968년 고려대 총학생회장 직대 1973년 삼영칼슘(주) 전무이사 1980년 삼보증권 여수지점장 1987년 고려증권 영업부장 1987년 평민당 창단발기인 1987년 민주연합청년동지회 초대중앙의장 1988년 평민당 은평甲지구당 위원장 1992년 민주당 총재보좌역 1993년 아·태평화재단 중앙위원 1997년 제15대 대통령선거 김대중후보 전국유세단 수도권위원장 1998년 새정치국민회의 연수원 부원장 2000년 국민건강보험공단 상임감사 2003년 새천년민주당 정책위원회 수석부의장 2003년 同은평甲지구당 위원장 2009년 (사)국민통합 이사장 겸 회장 2009년 사이버국회 공동의장 2014년 SGI서울보증(주) 감사(현) [저]'비가 오나 눈이 오나 바람이 부나'(2003, 바보새) [종]불교

조동휘(趙東輝) CHO Dong Hwi (松菴)

[생]1930·9·15 [본]함안(咸安) [출]경북 예천 [주]경북 안동시 공단로36의9 대원석유 임원실(054-859-0008) [학]1950년 보성고졸 1954년 서울대 법대졸 [경]1960~2004년 안동극장 대표 1975~1980년 안동시 행정자문위원장 1975년 대창중고재단 이사장 1980년 안동시 사회정화위원장 1985~1994년 안동상공회의소 회장 1986년 농산물냉장협회 회장 1987~2001년 대원석유 사장 2001년 同회장, 同상근감사(현)

조두영(趙斗英) CHO Doo Young (兼山)

[생]1937·8·25 [본]임천(林川) [출]서울 [주]경북 청송군 진보면 경동로4003 청송진보병원 병원장실(054-874-7717) [학]1955년 경기고졸 1961년 서울대 의과대학졸 1963년 同대학원졸 1975년 의학박사(서울대) [경]1961~1965년 해군 軍의관 1965년 미국 뉴욕 Brooklyn Jewish병원 인턴 1966~1969년 미국 코넬대병원 정신과 레지던트 1969년 미국 하이포인트병원 전임의 1970~1974년 미국 뉴욕 Coney Island시립병원 정신과병동장 1974~1984년 서울대 의과대학 조교수·부교수 1979~1992년 미국 뉴욕대 정신과 객원조교수·부교수 1980~1983년 한국정신분석학회 초대회장 1984~2002년 서울대 의과대학 정신과학교실 교수 1987년 대한신경정신의학회 학회장 1992~1996년 서울대 의과대학 정신과학교실 주임교수 겸 서울대병원 신경정신과장 1994~1996년 한국정신신체의학회 학회장 2002년 서울대 명예교수(현) 2002~2009년 조두영신경정신과의원 개업 2009년 청송진보병원장(현) [상]유한저작상 은상(1980), 동아의료문화상 저작상 금상(1985), 대한신경정신의학회 벽봉학술상(1989), 시고니기념재단 시고니상(2002), 대한신경정신의학회 환인학술상(2002), 서울의대동창회 함춘학술상(2013) [저]'임상소아과학(共)'(1979) '응급의학(共)'(1980) '정신과학(共)'(1983) '임상행동과학'(1985) '갱년기의학(共)'(1987) '인간생명과학(共)'(1993) '프로이트와 한국문학'(1999) '노인정신의학(共)'(2000) '행동과학-의사와 환자'(2001) '손창섭 문학의 정신분석 : 목석의 울음'(2004) 등

조두영(趙斗暎) CHO Doo Young

[생]1961 [출]서울 [주]서울 영등포구 여의대로38 금융감독원 임원실(02-3145-5331) [학]1980년 배문고졸 1984년 연세대 법학과졸 1987년 同대학원 법학과졸 [경]1985년 사법시험 합격(27회) 1988년 사법연수원 수료(17기) 1988년 서울지검 동부지청 검사 1990년 대구지검 경주지청 검사 1992년 부산지검 검사 1994년 서울지검 검사 1997년 부산지검 울산지청 검사 1998년 울산지검 검사 1999년 법무부 특수법령과 검사 2000년 서울지검 남부지청 특수부 부부장검사 2000년 대구지검 영덕지청장 2001년 서울지검 금융조사부 부부장검사 2002년 부산지검 공판부장 2003년 대검찰청 중앙수사부 수사과장 2004년 사법연수원 교수 2006년 서울동부지검 형사1부장 2007~2011년 변호사 2011년 금융감독원 감찰실 국장 2014년 同특별조사국장 2015년 同부원장보(현) [상]국가정보원장표창(1997), 검찰총장 모범검사상(1998), 서울중앙지검장표창(2001) [저]'식품범죄론'(1996) '입증책임론'(2005, 대유출판서) '소송물론'(2006, 박영사) [종]기독교

조두현(曺斗鉉) CHO Doo Hyun

[생]1949·12·31 [본]창녕(昌寧) [출]서울 [주]서울 구로구 디지털로30길31 9층 (주)포렌 임원실(02-862-1535) [학]1968년 부산고졸 1975년 부산대 화학공학과졸 [경]1975년 삼성그룹 입사 1992년 삼성데이타시스템(주) 이사보 1994년 同이사 1995년 同중공업SM사업부장 1996년 同SI본부 개발사업부장 1997년 삼성SDS(주) 솔루션사업부장(상무이사) 2000년 넥스비텍(주) 사장 2007년 (주)넥스존 회장 2008년 한국IT전문가협회 회장 2009년 (주)포렌 회장(현) [종]불교

조락교(趙樂敎) CHO Rak Kyo

[생]1936·7·19 [출]경남 김해 [주]경기 안산시 단원구 번영로192 시화공단4다305호 삼륭물산(주) 비서실(032-321-0091) [학]1959년 연세대 경제학과졸 1962년 同대학원 경제학과졸 [경]1962~1967년 연세대 경제학과 전임강사 1967~1972년 농어촌개발공사 근무 1973~1978년 해태제과(주) 상무이사·해태주조(주) 전무이사·해태유업(주) 전무이사 1979~1980년 선경금속(주) 대표이사 사장 1980년 삼륭물산(주) 대표이사 사장 1995년 용운장학회 이사장(현) 2005년 삼륭물산(주) 회장(현) [상]대통령표창(1986), 재정경제부장관표창(2004), 연세를 빛낸 동문상(2011)

조만승(趙晩承) Cho Man Seung

[생]1960·6·7 [본]한양(漢陽) [출]전남 신안 [주]광주 서구 상무중앙로102 한국국토정보공사 광주전남지역본부(062-370-8413) [학]1978년 목포고졸 2006년 경기대 대학원 지리정보학과졸 2010년 서울대 국가정책과정 수료 2011년 중앙공무원교육원 고위정책과정 수료 2012년 지적학박사(목포대) [경]2010년 대한지적공사 지적정보사업단장 2010년 同사업처장 2011년 同기획조정실장 2013년 同광주전남지역본부장 2015년 한국국토정보공사 광주전남지역본부장(현) [상]대통령표창(2015) [종]가톨릭

조만영(趙萬英)

[생]1958·3·8 [주]서울 강남구 테헤란로203 ING타워 현대모비스(주) 임원실(02-2018-5114) [학]경복고졸, 서울대 기계과졸 [경]현대모비스 사업기획부 차장, 同사업기획부 부장 2006년 同R&I TFT담당 이사대우 2006년 현대자동차(주) 이사대우 2008~2009년 同홍보2실장(이사) 2009년 同경영지원1팀 이사 2010~2011년 同경영지원1팀 상무 2011년 현대모비스(주) 모듈사업기획실장(상무) 2011년 同신성장사업기획실장(상무) 2012년 同전략기획실장(상무) 2012년 同기획실장(상무) 2013년 同기획실장(전무)(현)

조만제(趙萬濟) CHO Man Jei

[생]1925·7·10 [출]충북 보은 [주]서울 중구 을지로118 청호빌딩502호 삼균학회(02-2274-1041) [학]1946년 선린상업학교졸 1948년 서울대 상과대학 중퇴 1953년 일본 도교대 경제학부졸 [경]1953~1958년 신세계신문 편집위원·편집국장 1958년 재일한국인경제연합회 사무국장 1971~1979년 광보 대표이사·신원엔지니어링 회장 1972~1997년 한·일협회 전무·부회장·회장 1975년 삼균학회 부회장 1985년 同회장 1997~2008년 한·일전통문화교류협회 회장 2007년 삼균학회 이사장(현) [저]'삼균주의론選'(共) '삼균주의연구론집'(編) '한일문화'(編) '신한학보' [종]불교

조맹제(趙孟濟) CHO Maeng Je

[생]1950·3·3 [본]함안(咸安) [출]경남 [주]서울 종로구 대학로101 서울대학교 의과대학 정신과학교실(02-2072-2457) [학]1976년 서울대 의대졸 1979년 同대학원 의학석사 1989년 의학박사(서울대) [경]1976~1977년 서울대병원 인턴 1977~1981년 同신경정신과 전공의 1981~1984년 국군서울지구병원 신경정신과장(軍의관) 1985~1986년 용인정신병원 신경정신과장 1987~1988년 대한신경정신의학회 총무간사 1987~1988년 同학술지 편집위원 1987~1999년 서울대 의과대학 정신과학교실 전임강사·조교수·부교수 1987~1989년 한국분석심리학회 총무 1988~1990년 서울대 의과대학 정신의학학술지 편집위원 1990~1992년 미국 국립정신보건연구소 전임연구원 1990~1993년 한국수면학회 평이사 1993~1995년 과학정책연구소 의료보건소위원회 전문위원 1993년 The World Association for Psychosocial Rehabilitation National Secretary 1994~1996년 대한노인정신의학회 학술부장 1994년 대한의학협회 편집자문·실무위원 1996년 대한노인정신의학회 학술지 편집위원 1996~1997년 대한신경정신의학회 총무부장 1996년 한국정신사회재활협회 부회장 1996년 미국 UCLA 의과대학 노인정신과 초빙교수 1998년 보건복지부 중앙약사심의위원 1998년 대한노인정신의학회 학술지 편집위원장 1999~2015년 서울대 의과대학 정신과학교실 교수 2001~2002년 대한사회정신의학회 부회장 2003~2004년 미국 남가주대 의과대학 초빙교수 2004~2007년 한국정신사회재활협회 이사장 2008~2010년 대한사회정신의학회 회장 2008~2010년 서울대 의과대학 정신과학교실 주임교수, 서울대병원 신경정신과장 2010~2013년 대한노인정신의학회 이사장 2011~2013년 대한신경정신의학연구재단 이사장 2015년 대한민국의학한림원 정회원(현) 2015년 서울대 명예교수(현) [상]국제노인정신의학회 Poster Award(1998), 세계보건의날 보건복지부장관표창(2011) [저]'응급처치 중 정신과 영역의 응급처치'(1987) '일반보건학 중 정신질환'(1994) '정신보건의 현황과 정책개발'(1994) '정신보건정책개발과 지역정신보건사업서'(1994) '종존재가환자를 위한 지역정신보건사업 시범연구'(1995) '의학개론 중 성인기과 노년기 발달'(1995) '노인의학 중 노인성질환'(1997) '노인정신의학 중 역학'(1998) '한국노인의 정신건강실태와 건강증진-대도시노인대상연구'(2000) '우울증의 역학'(2003) '한국인 치매환자의 행동 및 심리증상의 횡문화적 특성'(2006) '아름다운 노후를 위한 정신건강 : 제3기 인생길라잡이 시리즈'(2007)

조명계(曺明桂) JOH MYUNG GYE

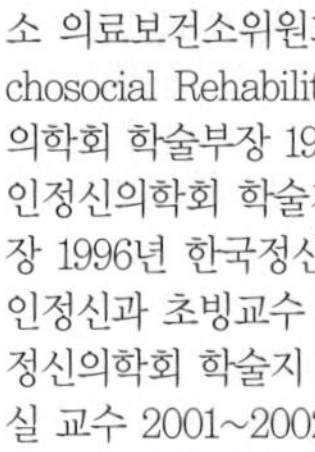

[생]1955·1·20 [본]창녕(昌寧) [출]경기 안산 [주]홍익대학교 경영대학원(02-320-1741) [학]1974년 숭문고졸 1978년 명지대 무역학과졸 2003년 영국 Univ. of Reading 대학원 경영학과졸 2004년 영국 Univ. of Northumbria 대학원 문화경영학과졸 2005년 영국 Univ. of Cambridge 대학원 건축환경학과졸 2010년 경영학박사(스위스 Business School Lausanne) [경]1989~1997년 소더비아시아 부사장 1997~1998년 금호그룹 부사장 1998~2005년 독일 앙거만그룹 부사장 2008년 홍익대 경영대학원 문화예술경영전공 교수(현) [상]중국 연변미술대학표창(1995) [저]'공예산업과 문화상품마케팅(共)'(2006, 한국공예문화진흥원 총서) '다양성시대의 마케팅전략'(2006, 한숨미디어) '문화예술경영'(2006, 띠앗) '상업사'(2012, 한숨미디어) [역]'수퍼콜렉터'(2011, 북치는 마을) [종]기독교

조명선(曺明仙·女) CHO Myung Sun

[생]1958·8·13 [출]서울 [주]대전 서구 청사로189 특허청 운영지원과(042-481-5044) [학]1981년 이화여대 약학과졸 1983년 서울대 대학원 약학과졸 1989년 분자생물학박사(미국 Univ. of Illinois at Chicago) [경]특허청 심사3국 약품화학과 사무관 2001년 대한여성과학기술인회 감사 2008년 특허청 약품화학심사과장 2011년 특허법원 파견(과장급) 2013년 특허심판원 심판7부 수석심판관 2015년 대법원 파견(현)

조명수(趙鳴壽) CHO Myung Soo

[생]1952·4·15 [출]인천 [주]경기 안산시 단원구 신원로424 (주)대동 임원실(031-493-3000) [학]1970년 제물포고졸 1977년 인하대 기계공학과졸 [경]한일이화(주) 중국북경공장총괄 상무이사, 북경한일이화(유) 법인장 2012년 (주)대동 대표이사(현)

조명식(趙明植) CHO Myoung Sik

[생]1956·12·29 [출]서울 [주]서울 중구 새문안로22 문화일보빌딩9층 디지털타임스 비서실(02-3701-5002) [학]1982년 연세대 신문방송학과졸 2001년 同언론홍보대학원졸 [경]1983년 한국일보 기자 1988년 세계일보 기자 1992년 문화일보 기자 1997년 同사회2부 차장 1999년 同사회부장 2000년 同논설위원 2001년 同기획관리국 부국장 직대 겸 기획1부장 2003년 同기획관리국장 직대 2004년 同편집국 부국장 2004년 디지털타임스 대표이사 사장(현) 2010~2012년 (사)과학사랑희망키움 부회장 [상]연세언론인상(2016) [종]기독교

조명우(曺明宇) JO Myong U

[생]1959·3·17 [출]전남 영암 [주]세종특별자치시 도움5로 20 소청심사위원회 상임위원실(044-201-8613) [학]1976년 배명고졸 1981년 성균관대 행정학과졸 [경]1996년 내무부 지방행정국 사회진흥과 서기관 1998년 행정자치부 자치지원국 자치행정과 서기관 1999년 同민간협력총괄계장 2000년 민주화운동관련자명예회복및보상지원단 지원과장(파견) 2003년 행정자치부 행정정보화계획관실 자치정보화담당관 2007년 기획예산처 양극화·민생대책본부 사회서비스정책관 2008년 행정안전부 정보화기획관 2008년 서울시 인재개발원장 2009년 同행정국 근무 2010년 同맑은환경본부 생활환경기획관 2010년 서울 서대문구 부구청장 2011년 행정안전부 정보화기획관(고위공무원) 2012~2015년 인천시 행정부시장 2015년 인사혁신처 소청심사위원회 상임위원(현) [종]기독교

조명찬(曺明燦) CHO Myeong-Chan

[생]1958·2·19 [본]창녕(昌寧) [출]경남 김해 [주]충북 청주시 서원구 1순환로776 충북대병원 원장실(043-269-6114) [학]1983년 서울대 의대졸 1991년 同대학원졸 1996년 의학박사(서울대) [경]1983~1987년 서울대병원 인턴·내과 레지던트 1987~1990년 국군수도병원 심장내과장 1990~1991년 서울대병원 순환기내과 전임의 1991년 충북대 의과대학 순환기내과학교실 전임강사·조교수·부교수·교수(현) 1992~1994년 충북대병원 응급실장 1994년 영국 글래스고대 순환기내과 교환교수 1994~1996년 충북대병원 핵의학과장 1998~1999년 同진료지원부장 1998~2003년 同순환기내과장 2003~2004년 同기획조정실장 2004년 대한심장학회 이사·평의원(현) 2004~2009년 충북대병원 내과 과장 2004~2005년 미국 세계인명사전 'Marquis Who's Who' 2개 분야(보건의료·과학기술)에 등재 2005년 영국 국제인명센터(IBC) '21세기 탁월한 2천명의 과학자' 및 'Top 100 Health Professionals'에 선정 2005~2006년 대한순환기학회 중부지회장 2005~2009년 대한심장학회 심부전연구회 연구이사 2005~2010년 同기초과학연구회 부회장 2005~2010년 청주지법 조정위원 2006~2012년 미국 인명정보기관(ABI)에 등재 2006년 JACC 'European Heart Journal Korean Edition' 편집위원(현) 2006~2012년 미국 세계인명사전 'Marquis Who's Who' 4개 분야(보건의료·과학기술·세계인명·아시아인명)에 등재 2006년 대한심장학회 심근경색연구회 정책위원(현) 2006년 同혈관연구회 운영위원(현) 2006년 同중재시술연구회 연구위원·운영위원 2007년 충북대 의학대학원 주임교수 2007~2009년 대한고혈압학회 연구이사 2007~2010년 한국고혈압관리협회 연구이사 2007~2009년 충북대 생명윤리위원장 2007년 同의학연구소장 겸 보건의료연구원장 2008~2010년 CJB청주방송 시청자위원 2009년 JACC 'Cardiovascular Interventions Korean Edition' 편집위원(현) 2009년 대한고혈압학회 학술이사 2009~2010년 충북대병원 진료처장 2010~2013년 국립보건연구원 원

장 2010~2012년 대한심장학회 심부전연구회 총무이사 2010년 'Journal of Hypertension Korean Edition' 편집위원장(현) 2011년 대한심장학회 기초과학연구회장 2012~2013년 同심부전연구회 부회장 2014년 同심부전연구회 회장(현) 2014년 제8차 아시아태평양심부전학술대회 조직위원장(현) 2015년 충북대병원 병원장(현) 2015년 영국 케임브리지 국제인명센터(IBC) 선정 '100인의 보건의료인(Top 100 Health Professionals 2015)' 2015년 (재)오송바이오진흥재단 오송바이오포럼 회장(현) 2016년 미국 심장학회(American College of Cardiology) 석학회원(현) 2016년 대한고혈압학회 차기(2017년6월1일) 이사장(현) [상]대한내과학회 학술상(2001), 충북대 의대 학술상(2001), 대한순환기학회 추계학술대회 우수포스터구연상(2002), 대한순환기학회 우수집필자상(2004), 영국 국제인명센터(IBC) 선정 'The Marie Curie Award'(2006), 영국 국제인명센터(IBC) 선정 'IBCs Salute to Greatness Award'(2006), 미국인명정보기관(ABI) 선정 'Man of the year 2006', 미국인명정보기관(ABI) 선정 'Great Minds of the 21st Century', 미국인명정보기관(ABI) 선정 '2010 Man of the Year in Medicine & Healthcare' [저]'순환기학'(2001, 일조각) '임상내과학'(2004, 고려의학) '심장학교과서'(2004, 대한순환기학회) '내과전공의를 위한 진료지침'(2004, 대한내과학회) '중재시술매뉴얼'(2004, 대한순환기학회) '고혈압 관리에 대한 전문가의 견해'(2006, 엠엠케이커뮤니케이션즈) '임상심장학'(2007, 고려의학) '전문가를 위한 Cardiology Management'(2008, 임상내과) '임상혈관학'(2009, 대한순환기학회)

조명철(趙明哲) CHO Myung Chul

[생]1959·4·2 [출]평남 평양 [주]서울 영등포구 국회대로70길18 한양빌딩 새누리당(02-3786-3000) [학]1977년 북한 남산고등중졸(6년제) 1983년 북한 김일성종합대 경영조정학과졸 1987년 경제학박사(북한 김일성종합대) [경]1987~1992년 김일성종합대 경제학부 교수 1993년 중국 북경 語言학원 연수 1993년 중국 천진 南開大 연수 1994년 귀순 1995년 대외경제정책연구원 지역통상실 책임연구원 1997년 同지역경제실 부연구위원 1998~2004년 同연구위원 1998~2000년 경남대 북한대학원 초빙교수 1999~2004년 통일부 정책자문위원 1999~2005년 전국경제인연합회 자문위원 2000~2004년 충효국민운동본부 고문 2001~2005년 한국개발연구원 국제정책대학원 자문위원 2002~2005년 재정경제부 민간자문단 자문위원 2002~2006년 국가안전보장회의 정책자문위원 2002~2006년 경기도 남북교류협력위원회 위원 2003년 경희대 국제지역학부 겸임교수 2003년 대외경제정책연구원 통일국제협력팀장 2005년 同선임연구위원 2008년 同동북아경제협력센터 소장 2009년 同국제개발협력센터 소장 2011년 통일부 통일교육원장(고위공무원) 2012~2016년 제19대 국회의원(비례대표, 새누리당) 2012년 국회 외교통상통일위원회 위원 2013년 국회 외교통일위원회 위원 2013년 국회 국정조사특별위원회 위원 2013년 국회 운영위원회 위원 2014~2016년 새누리당 인천계양乙당원협의회 운영위원장 2014년 국회 윤리특별위원회 위원 2014년 국회 기획재정위원회 위원 2014·2016년 새누리당 북한인권 및 탈북자·납북자위원회 위원장(현) 2015년 同정책위원회 외교통일정책조정위원회 부위원장 2015년 同정책위원회 민생119본부 부본부장 [상]통일문화대상 특별상(2011), 공동선 의정활동상(2013), 범시민사회단체연합 좋은국회의원상(2014) [종]침례교

조명한(趙明翰) ZOH Myeong Han

[생]1938·2·6 [본]한양(漢陽) [출]함북 경성 [주]서울 서초구 반포대로37길59 대한민국학술원(02-594-0324) [학]1961년 서울대 문리대 심리학과졸 1963년 同대학원 심리학과졸 1971년 철학박사(서울대) 1977년 미국 하버드대 연수 [경]1969~2003년 서울대 사회과학대 심리학과 교수 1983년 미국 브라운대 초빙교수 1989년 한국인지과학회 회장 1994년 한국심리학회 회장 1996년 미국 매사추세츠대 암허스트교 겸임교수 1997~1999년 인지과학연구소 소장 2003년 서울대 명예교수(현) 2005년 대한민국학술원 회원(인지언어심리학·현) [상]옥조근정훈장 [저]'한국아동의 언어획득 연구 : 책략모형' '언어심리학 : 언어와 사고의 인지심리학' '인지과학 : 마음, 언어, 계산'(共) '삶의 질에 대한 국가간 비교' '언어심리학'(共) [종]기독교

조명행(趙明行) CHO Myong Haing

[생]1941·3·25 [출]서울 [주]강원 영월군 김삿갓면 영월동로1107의1 영월아프리카미술박물관 관장실(033-372-3229) [학]1959년 서울고졸 1964년 연세대 정치외교학과졸 1967년 同대학원 수료 [경]1965년 외무부 입부 1970년 駐아르헨티나 3등서기관 겸 부영사 1975년 駐일본 1등서기관 1978년 외무부 아주국 대양주담당관 1981년 駐자메이카 참사관 1984년 駐스페인 참사관 1987년 외무부 기획조정관 1988년 同정보문화국 정세분석관 1989년 駐앵커리지 총영사 1991년 駐나이지리아 대사 1994년 외무부 의전심의관 1995년 외교안보연구원 미주연구부장 1996년 駐칠레 대사 1999년 외교통상부 본부대사 2000년 在韓유엔기념묘지관리처(UNMCK) 처장 2001년 (사)한국·아프리카협회 회장·명예회장(현) 2003년 한·중남미협회 상근부회장 2008년 同상임고문(현), 동구여자상업고 이사 2011년 영월아프리카미술박물관 관장(현) [상]칠레 대공로훈장(1999), 황조근정훈장(1999) [종]기독교

조명현(曺明鉉) CHO Myung Hyun

[생]1956·9·24 [본]창녕(昌寧) [출]전남 영암 [주]서울 은평구 진흥로215 한국환경산업기술원 환경정책협력단(02-380-0550) [학]1975년 광주고졸 1985년 전남대 행정학과졸 2003년 서울산업대 대학원 환경공학과졸 [경]1987년 7급 공채 합격 1987~1990년 환경청 광주환경지청 근무 1991~1993년 환경처 정책조정과 행정주사 1994~2000년 환경부 기획예산담당관실·정책총괄과 근무 2001~2007년 同공보관실·기획예산담당관실·혁신인사기획관실 행정사무관 2008년 同창의혁신담당관실 서기관 2010년 2012여수세계박람회 조직위원회 환경에너지과장(파견) 2010년 영산강유역환경청 환경관리국장(서기관) 2012년 同환경관리국장(부이사관) 2012년 한국환경산업기술원 환경기술본부 토양환경기술센터장 2015년 同환경정책협력단장(현) [상]국무총리표창(1997), 대통령표창(2006)

조명현(曺明鉉) CHO Myung Hyun

[생]1960·7·2 [출]광주 [주]인천 남동구 논현로46번길23 한국토지주택공사 인천지역본부(032-890-5800) [학]정광고졸, 조선대 경제학과졸, 중앙대 사회개발대학원 부동산학과졸 [경]대한주택공사 전남지사 업무부 근무, 同인력개발처 인사부 근무, 同택지계획처 택지계획부 근무, 同강원지역본부 판매팀장, 同강원지역본부 총무팀장, 同강원본부 택지보상팀장 2007년 서울대 교육파견 2008년 대한주택공사 도시재생사업본부 도시재생계획처 사업기획팀장 2009년 同도시재생사업처 사업기획팀장 2010년 한국토지주택공사 도시재생사업처 도시재생기획팀장 2011년 同도시재생사업처 주거환경개선부장 2013년 同도시재생사업처장 2014년 同도시재생계획처장 2015년 同광주전남지역본부장 2016년 同인천지역본부장(현)

조명현(曺明鉉) Myeong Hyeon Cho

[생]1964·6·11 [주]서울 영등포구 여의나루로76 한국거래소 별관10층 한국기업지배구조원 원장실(02-3775-3450) [학]1987년 서울대 경영학과졸 1988년 미국 코넬대 경영대학원 경영학과졸 1989년 프랑스 파리고등경영대학원(ESSEC) 경영학과졸 1994년 경제학박사(미국 코넬대) [경]1994~1997년 미국 밴더빌트대 Owen경영대학원 조교수 1997년 고려대 경영대학 국제경영전공 조교수·부교수·교수(현) 2001년 한국통신민영화추진위원회 위원 2002~2010년 미국 밴더빌트대 Owen경영대학원 겨울학기 초빙교수 2002·2005년 한국국제경영학회 이사 2005년 산업자원부 산업발전심의위원회 위원 2006년 재정경제부 세제발전심의위원회 위원 2006~2007년 대통령자문 국민경제자문회의 전문위원 2008년 한국전략경영학회 이사(현) 2008년 SK브로드밴드(주) 사외이사(현) 2009년 기획재정부 공공기관장평가단 간사 2010년 한국경영학회 이사 2010~2012년 한국경영교육학회 부회장 2010~2013년 금융위원회 금융발전심의회 위원 2012~2014년 금융감독원 금융감독자문위원회 위원 2013년 기획재정부 공공기관평가단 평가위원 2013~2015년 삼성테크윈(주) 사외이사 겸 감사위원 2010~2011년 (주)포스코 자문교수 2013~2016년 예금보호공사 자문위원 2014~2016년 학교법인 신진학원 이사 2014~2016년 한국거래소 시장감시위원회 위원 2015년 同시장감시위원회 위원장 직대 2016년 한국기업지배구조원 원장(현) [상]미국 코넬대 Davenport Award for Outstanding Teaching(1994), 매일경제선정 '올해의 매경 이코노미스트상'(1999), 고려대 경영대학 최우수강의상(2003·2013), 미국 밴더빌트대 Owen경영대학원 Dean's Acknowledgement for Outstanding Teaching(2006), 한국경영교육학회 최우수논문상(2010)

조명환(趙明煥) Cho, Myung-Hwan

[생]1956·10·30 [출]서울 [주]서울 광진구 능동로120 건국대학교 상허생명과학대학 생명과학특성학과(02-450-3427) [학]1975년 한영고졸 1979년 건국대 미생물공학과졸 1982년 同대학원졸 1989년 미생물·면역학박사(미국 애리조나대) 2005년 미국 하버드대 케네디스쿨 행정학과졸(MPA) [경]1989년 세계 최초 에이즈진단 시약 '크립토스포리디움 키트' 개발 1990년 건국대 생명과학특성학과 교수(현) 1991년 미국 메릴랜드대 생물학·미국정부학 겸임교수(현) 1997년 미국 스탠퍼드대 객원교수·노벨상수상자 바로크 블럼버그 박사와 공동연구 1999~2001년 건국대 교수협의회 회장 1999~2001년 전국사립대학교수협의회 부회장 2000년 (주)넥솔바이오텍 공동대표 2001~2002년 건국대 기획조정처장 2002년 (주)셀트리온 공동창업 2005~2009년 미국 하버드대 케네디스쿨 'Korea Polisy Review' 자문위원 2005~2009년 아시아·태평양

에이즈학회 회장 2005~2009년 UNAIDS 자문위원 2007년 제8차 아시아·태평양에이즈총회 개최(스리랑카) 2008년 경제발전모델 'Corporate Helix Model' 발표 2009년 제9차 아시아·태평양에이즈총회 개최(인도네시아) 2009년 'UNAIDS 에이즈50년위원회' 아시아대표 2009년 '2031 아시아경제발전 예측보고서' 공동대표 2011년 제11차 아시아·태평양에이즈총회 조직위원장(대한민국) 2011년 UN에이즈고위급회담 민간대표 2012년 국제의약품구매기구 평가위원(현) 2013년 아시아·태평양에이즈학회 감사(현) [상]한국산업미생물학회 학술장려상(1996), 서울신문 선정 '세계 최고에 도전하는 한국인 과학자'(1998), 보건복지부장관표창(2004·2011), 영국 국제인명센터 선정 '올해의 국제 과학자'(2006), 건국대 우수 강의교수(2007), 미국 인명정보연구소 선정 '아시아를 대표하는 올해의 인물'(2009), 뉴스메이커 선정 '한국을 이끄는 혁신리더'(2011), 시사투데이 선정 '올해의 新 한국인 대상'(2011), 스포츠조선 선정 '대한민국 자랑스러운 혁신 한국인'(2011), 매일경제 선정 '대한민국을 이끄는 재계인물 500人'(2013), 대한민국 창조경영 대상(2013), 건국대학교 강의평가 우수교수(2015), 대한민국 4.19 자유평화공헌대상(2016), 미국 메릴랜드대학 글로벌교수상(2016) [저]'AIDS : Taking a Long-Term View(共)'(2011, FT Press.USA) 'Asian Economies in Rapid Transition : HIV Now and Through 2031(共)'(2011, UNAIDS) [역]'유전자의 분자생물학(共)'(탐구당) '우리들의 성(共)'(2008, 라이프사이언스) [종]기독교

조명희(曺明姬·女) Jo, Myung-Hee

[생]1955·9·14 [출]경남 창녕 [주]경북 상주시 경상대로 2559 경북대학교 과학기술대학 융복합시스템공학부(054-530-1490) [학]1972년 대구 신명여고졸 1977년 경북대 지리학과졸 1984년 同대학원 지리학과졸 1990년 문학박사(경북대) 1998년 공학박사(일본 도카이대) [경]1992년 UN 지역개발센터 연구원 1994~2007년 경일대 도시정보·지적공학과 교수 1997년 한국지리정보학회 부회장 1998년 경일대 공간정보시스템연구소장 2000년 同평생교육원장 2003~2010년 CEO C&I 대표이사 2007~2013년 경일대 위성정보공학과 교수 2007~2009년 同위성정보공학과장 2009년 한국지리정보학회 회장 2011년 국가과학기술심의회 항공우주분야 전문위원 2013~2015년 同거대공공분야 전문위원 2013년 경북대 과학기술대학 융복합시스템공학부 항공위성시스템전공 교수(현) 2013~2015년 대통령소속 국가우주위원회 위원 2014년 경북도 녹색성장위원회 위원 2014~2015년 대구경북여성과학기술인회 이사 2014년 한국해양과학기술진흥원 전문위원(현) 2015년 미래창조과학부 차세대중형위성개발사업추진위원회 위원(현) 2016년 새누리당 제20대 국회의원 후보(비례대표 19번) [상]해양수산부장관표창(2005), 특허청장표창(2007), 국토해양부장관표창(2008·2012), 경북과학기술대상 여성과학기술인상(2008), 대통령표창(2009), 국가과학기술위원장표창(2012), 옥조근정훈장(2014)

조무영(趙武英) JO Moo Young

[생]1962·11·15 [본]임천(林川) [출]충남 부여 [주]세종특별자치시 도움6로11 국토교통부 자동차정책과(044-201-3938) [학]1980년 이리고졸 1988년 충남대 행정학과졸 1993년 서울대 행정대학원 행정학과 수료, 영국 뉴캐슬대 대학원졸 [경]2002년 건설교통부 수송정책실 공항계획과 사무관 2003년 同수송정책실 공항계획과 서기관 2004년 同감사관실 참여담당관실 서기관 2004~2006년 국무조정실 주한미군대책기획단 주민지원과장 2007년 건설교통부 대중교통팀장 2008년 국토해양부 대중교통과장 2008~2011년 유엔아시아태평양경제사회위원회(UNESCAP) 파견 2011년 국토해양부 자동차생활과장 2011년 同교통정책실 자동차운영과장 2013년 국토교통부 철도정책과장(부이사관) 2016년 同자동차정책과장(현) [상]대통령표창 [종]기독교

조무제(趙武濟) CHO Moo Je

[생]1941·6·1 [출]경남 진주 [주]부산 서구 구덕로225 동아대학교 부민캠퍼스 법학전문대학원(051-200-8510) [학]1961년 진주사범학교졸 1965년 동아대 법대졸 1967년 서울대 사법대학원졸 1986년 법학박사(동아대) [경]1965년 사법시험 합격(4회) 1967년 軍법무관 1970~1977년 부산지법·마산지원 판사 1977년 부산지법 소년부지원장 1978년 대구고법 판사 1981년 부산지법 부장판사 1982년 同진주지원장 1984년 부산지법 부장판사 1987년 대구고법 부장판사 1988년 부산고법 부장판사 1990년 부산지법 수석부장판사 1994년 부산고법 수석부장판사 1994년 창원지법원장 1997년 부산지법원장 1998~2004년 대법관 2004년 동아대 법과대학 석좌교수 2009년 同법학전문대학원 석좌교수(현) 2009~2014년 부산지방법원조정센터 상임조정위원(위원장) [상]청조근정훈장(2004), 영산법률문화상(2005), 대한변호사협회 한국법률문화상(2015) [저]'주해민법 채권각칙(Ⅰ)(共)'(1985) '제3판 주해민법 채권각칙(Ⅰ)(共)'(1999)

조무제(趙武濟) Moo Je Cho

[생]1944·8·2 [본]함안(咸安) [출]경남 사천 [주]대전 유성구 가정로201 한국연구재단 이사장실(042-869-6000) [학]1964년 사천농고졸 1968년 경상대 농화학과졸 1970년 서울대 대학원 농화학과졸 1976년 이학박사(미국 Univ. of Missouri-Columbia) [경]1971~2003년 경상대 자연대학 생화학과 전임강사·조교수·부교수·교수 1982년 미국 위스콘신대 객원교수 1984~1989년 경상대 유전공학연구소장 1984년 일본 교토대 객원연구원 1988년 독일 Bayreuth Univ. 객원연구원 1990~1999년 한국과학재단지정 SRC 식물분자생물학 및 유전자조작연구센터 소장 1992~2004년 한·독식물생명과학공동심포지엄 한국측 조직위원장 1994~1995년 경상대 대학원장 1995~2002년 한국과학기술한림원 정회원 1996~1999년 한국생화학회 감사 1996년 한·이스라엘생명공학공동심포지엄 한국측 위원장 1996년 New York Academy of Science Member(현) 1997~1998년 경상대 자연과학대학장 1998년 한·중생명공학공동심포지엄 한국측 대표 1998년 한·일생명공학공동심포지엄 한국측 대표 1999년 한국분자생물학회 회장 1999~2003년 교육부 BK21대학원육성사업단(응용생명과학사업단) 단장 2000~2003년 한국과학재단 이사 2001~2004년 과학기술부 21세기뉴프론티어사업단(작물유전체) 이사장 2001년 한·미생명공학공동심포지엄 한국측 대표 2003년 한국과학기술한림원 종신회원(현) 2003~2007년 경상대 총장 2005~2006년 거점국립대총장협의회 회장 2006년 우수연구센터(SRC/ERC) 생명공학분야선정위원회 위원장 2007~2015년 울산과학기술대(UNIST) 총장 2008·2009년 올해의 여성과학기술자상 종합심사위원장 2009년 한국과학상 종합심사위원장 2010~2011년 국립대선진화위원회 위원장 2010~2011년 국가과학기술위원회 민간위원 2011~2014년 한국과학기술단체총연합회 부회장 2011~2012년 국립대학발전추진위원회 위원장 2011~2012년 국가과학기술자문회의 과학기술분과 위원장 2012년 한·러대학총장포럼 대표 겸 교육·과학분과 위원장 2012년 한국과학기술기획평가원 이사 2012년 국가초고성능컴퓨팅위원회 부위원장 2014~2015년 국가과학기술자문회의 부의장 2016년 울산과학기술대(UNIST) 명예교수(현) 2016년 한국연구재단 이사장(현) [상]미국 국무성 Fulbright Fellowship(1974), 금호생명과학상(1998), 제7회 한국과학상 생명과학분야(2000), 대한민국 국회과학기술대상(2004), 과학기술훈장 창조장(2005), 서울대 상록인재대상(2007), 울산시민대상 학술·과학기술부문상(2015), 청조근정훈장(2016) [저]'식품첨가물' '생화학'

조무현(趙武顯) CHO Moo Hyun

[생]1954·10·1 [본]함안(咸安) [출]경북 청도 [주]경북 포항시 남구 청암로77 포항공과대학교 물리학과(054-279-2075) [학]1977년 서울대 원자핵공학과졸 1979년 同대학원졸 1988년 물리학박사(미국 Univ. of Wisconsin-Madison) [경]1979~1982년 육군제3사관학교 전임강사 1980~1994년 포항방사광가속기 건설프로젝트 참여 1988~1989년 미국 위스콘신대 메디슨교 Research Assistant 1989~2003년 포항공과대 물리학과 조교수·부교수 1995~2007년 KSTAR 초전도핵융합연구장치 건설프로젝트 참여 2000년 Argonne National Lab USA Visiting Scientist at APS 2002~2004년 한국물리학회 플라즈마분과위원장 2003년 포항공과대 물리학과 교수(현) 2005~2006년 한국물리학회 홍보잡지담당 실무이사 2008년 한국과학재단 핵융합단장 2009년 한국연구재단 핵융합단장 2009~2011년 포항공과대 연구처장 2011년 同가속기연구소장 2015년 同부총장(현) 2016년 포항산업과학연구원 사외이사(현) [상]대통령표창(1994), 교육과학기술부장관표창(2009), 경북과학기술대상 기술개발상(2014) [종]가톨릭

조문수(趙文秀) CHO Moon Soo

[생]1959·3·4 [주]서울 동작구 상도로369 숭실대학교 산업정보시스템공학과(02-820-0696) [학]1983년 숭실대 산업공학과졸 1985년 미국 Western Illinois Univ. 대학원 경영학과졸 1990년 미국 아이오와대 대학원 산업공학과졸 1995년 산업공학박사(미국 아이오와대) [경]1996년 숭실대 산업정보시스템공학과 전임강사 1998년 同산업정보시스템공학과 조교수·부교수·교수(현) 2007~2009년 同학생처장 2009~2011년 同평생교육원장 2014년 안익태기념재단 사무총장(현) [종]기독교

조문현(曺文鉉) JO Mun Hyun

[생]1955·5·26 [출]서울 [주]서울 서초구 서초중앙로 215 4층 법무법인 두우(02-595-1255) [학]1977년 서울대 법학과졸 1986년 同대학원졸 1988년 미국 컬럼비아대 법과대학졸 [경]1977년 사법시험 합격 1979년 사법연수원 수료 1979~1982년 육군법무관 1982~1992년 김앤장법률사무소 변호사 1988년 미국 뉴욕주 변호사시험 합격 1991~1994년 삼정합동법률사무소 변

호사 1993~1996년 재무부 관세심의위원 1994~1997년 율촌합동사무소 변호사 1997년 변호사 개업 1998년 법무법인 두우 대표변호사, (주)오리콤 사외이사 2009년 (주)두산 사외이사 2009~2013년 법무법인 두우&이우 대표변호사 2010~2012년 세계한인변호사회(IAKL) 회장 2011~2014년 한국공예디자인문화진흥원 비상임이사 2013년 법무법인 두우 대표변호사(현) 2014~2015년 미국 컬럼비아대한국총동창회 회장 2016년 同고문(현)

조미숙(趙美淑 · 女) Cho, Mi Sook

[생]1960 · 12 · 15 [주]서울 서대문구 이화여대길52 이화여자대학교 건강과학대학 식품영양학과(02-3277-2826) [학]1985년 이화여대 대학원 영양학과졸 1991년 이학박사(이화여대) [경]1983~1990년 중앙대 · 호서대 · 신구대 · 대전실업전문대학 강사 1985년 아세아식품영양연구소 연구원 1990년 서울여대 · 서울보건대 강사 1991년 이화여대 강사 1992년 배화여자대학 식품영양과 전임강사 · 조교수 · 부교수, 이화여대 건강과학대학 식품영양학과 교수(현) 2012~2014년 同건강과학대학장 2014~2016년 同총무처장 2016년 (사)한국식생활문화학회 회장(현)

조미연(趙美衍 · 女) CHO Mee Yon

[생]1963 · 7 · 25 [본]풍양(豊壤) [출]서울 [주]강원 원주시 일산로20 원주세브란스기독병원 병리과(033-741-1553) [학]1988년 연세대 원주의과대학졸 1991년 同대학원 의학과졸 1999년 의학박사(고려대) [경]1988년 연세대 원주기독병원 수련의 1989~1992년 同원주기독병원 전공의 1995~2010년 同원주의대 병리학교실 조교수 · 부교수 2001~2003년 미국 University of Washington Medical Center(Seattle) 연구원 2010년 연세대 원주의대 병리학교실 교수(현) [종]기독교

조미연(趙美衍 · 女) CHO Mi Yun

[생]1967 · 1 · 20 [출]광주 [주]경기 수원시 영통구 월드컵로120 수원지방법원(031-210-1114) [학]1986년 휘문여고졸 1990년 성균관대 법대 법학과졸 [경]1995년 사법시험 합격(37회) 1996년 사법연수원 수료(27기) 1998년 광주지법 예비판사 2000년 同목포지원 판사 2002년 수원지법 판사 2006년 서울중앙지법 판사 2008년 서울가정법원 판사 2010년 서울고법 판사 2012년 수원지법 판사 2013년 청주지법 부장판사 2015년 수원지법 부장판사(현)

조미옥(曺美玉 · 女)

[생]1969 · 1 · 3 [출]전남 순천 [주]서울 마포구 마포대로174 서울서부지방법원(02-3271-1114) [학]1987년 전남 순천여고졸 1990년 연세대 법학과졸 [경]1994년 사법시험 합격(36회) 1997년 사법연수원 수료(26기) 1997년 광주지법 순천지원 판사 1999년 同판사 2001년 수원지법 평택지원 판사 2005년 서울중앙지법 판사 2007년 서울서부지법 판사 2009년 서울고법 판사 2011년 서울서부지법 판사 2012년 청주지법 부장판사 2014년 인천지법 부장판사 2016년 서울서부지법 부장판사(현)

조 민(曺 敏) CHO Min

[생]1955 · 10 · 15 [본]창녕(昌寧) [출]경남 의령 [주]서울 마포구 만리재옛길101의2 이스턴빌딩401호 코리아글로브(02-735-4337) [학]1974년 부산 동아고졸 1981년 고려대 노어노문학과졸 1984년 同대학원 정치외교학과졸 1992년 정치외교학박사(고려대) [경]1993년 통일연구원 통일정책연구실 선임연구위원 2006년 한국민족통일학회 부회장(현) 2007년 평화재단 이사 2008년 통일연구원 통일정책연구실장 2009~2010년 同통일정책연구센터 소장 2009~2013년 평화재단 평화교육원 부원장 · 원장 2012년 (사)코리아글로브 이사장(현) 2014~2015년 통일연구원 연구본부장 2015년 同부원장 2016년 同초청연구위원(현) [저]'한국민족주의연구' '지역갈등해소방안' '통일과정에서 민간단체의 역할' '통일이후 북한지역 국유재산 사유화방안 연구' [종]불교

조민경(趙珉慶 · 女) CHO MIN KYUNG

[생]1971 · 6 · 25 [출]인천 [주]서울 종로구 세종대로209 여성가족부 가족정책과(02-2100-6321) [학]1990년 인성여고졸 1994년 숙명여대 통계학과졸 [경]1999~2002년 인천시 서구청 근무 2002~2008년 여성부 근무 2008년 대통령실 파견 2008년 여성부 규제개혁법무담당관 2009년 同장관비서관 2010년 同여성정책국 성별영향평가과장(서기관) 2010년 여성가족부 여성정책국 성별영향평가과장(서기관) 2011년 同홍보담당관 2011~2012년 同장관비서관 2014년 同홍보담당관 2016년 同가족정책과장(부이사관)(현) [종]기독교

조민래(趙珉來) CHO Min Lae

[생]1954 · 3 · 10 [출]경남 김해 [주]경북 경산시 남천면 남천로730 대구외국어대학교(053-810-7000) [학]경남공고졸, 한국방송통신대 행정학과졸 1993년 숭실대 노사관계대학원 수료 1996년 서울대 행정대학원 방송통신정책과정 수료 2002년 同경영대학원 최고경영과정 수료 [경]1988년 SK텔레콤(주) 무선호출사업본부 영업부과장 1991년 同경영기획실 기획조정부장 1995년 同기획조정실 경영기획담당 1998년 同전략기획실 전략기획팀장 1999년 同IMT-2000사업추진단 사업전략팀장(상무) 2000년 同기획조정실장(상무) 2002년 同Corporate Relations부문장 2003년 同전무 2004~2005년 同차세대무선인터넷사업추진단장 겸임 2005년 SK텔링크(주) 대표이사 사장 2008년 SK텔레콤(주) 탑팀코디네이터(부사장) 2009년 대한도시가스(주) 사장 2011~2014년 코원에너지서비스 사장 2014년 同고문 2015년 대구외국어대 석좌교수(현) [상]은탑산업훈장

조민상(趙珉祥) CHO Min Sang

[생]1965 · 3 · 25 [주]서울 중구 을지로5길26 미래에셋센터원빌딩 동관17층 미래에셋증권 임원실(02-3774-1700) [학]중동고졸, 연세대 법학과졸 [경]한신증권 · 동부증권 · 살로먼스미스바니증권 근무 2000년 미래에셋증권 채권영업팀장 2005년 同채권본부장(상무보) 2011년 同채권 · 파생센터장(상무 · 전무) 2013년 同트레이딩부문 대표(전무)(현)

조민석(趙珉奭)

[생]1971 · 7 · 3 [출]경남 김해 [주]부산 연제구 법원로31 부산지방법원(051-590-1114) [학]1989년 김해고졸 1996년 서울대 경제학과졸 [경]1997년 사법시험 합격(39회) 2000년 사법연수원 수료(29기) 2000년 서울지법 동부지원 판사 2002년 서울지법 판사 2004년 창원지법 판사 2007년 의정부지법 고양지원 판사 2010년 서울행정법원 판사 2012년 부산고법 판사 2013년 대법원 재판연구관 2015년 부산지법 부장판사(현)

조민식(趙敏植) CHO Min Sik

[생]1966 · 8 · 12 [주]제주특별자치도 제주시 첨단로242 (주)카카오(064-795-1500) [학]휘문고졸, 서울대 경영학과졸, 同대학원 회계학과졸, 미국 스탠퍼드대 경영대학원 정보통신경영자과정(SEIT) 수료, 프랑스 인시아드경영대학원 Chairman 25 program 수료 [경]1992~1993년 삼정합동법률사무소 공인회계사 1993~2000년 삼정합동회계사무소 공인회계사 2000년 삼정회계법인(KPMG) 공인회계사, 同기업금융본부장 2007~2014년 同전무이사, 중국 코리안데스크 대표 2014년 (주)카카오 사외이사 겸 감사위원 2014~2015년 (주)다음카카오 사외이사 겸 감사위원장 2015년 (주)카카오 사외이사 겸 감사위원장(현) [종]기독교

조민행(趙敏行) CHO Min Haeng

[생]1965 · 2 · 26 [본]한양(漢陽) [출]서울 [주]서울 성북구 안암로145 고려대학교 화학과(02-3290-3133) [학]1983년 인창고졸 1987년 서울대 화학과졸 1989년 同대학원졸 1993년 이학박사(미국 시카고대) [경]1991년 미국 Univ. of Rochester 방문연구원 1992년 일본 Institute for Molecular Science 방문연구원 1993년 미국 Brown Univ. 방문연구원 1994년 미국 Massachusetts Institute of Technology 연구원 1996~1999년 고려대 화학과 조교수 1997년 일본 Institute for Molecular Science 방문교수 1999년 고려대 화학과 부교수 · 교수(현) 2000년 영국 Univ. of Oxford 방문교수 2003~2009년 고려대 다차원분광학연구센터 소장 2005년 세계적인 학술저널 네이처 '2차원 분광학을 이용한 세계 최초 광합성 초기에너지 이동경로규명'에 관한 논문 발표 2005년 현대 · 기아자동차 자연과학 석좌교수 2014년 기초과학연구원 분자분광학 및 동력학연구단장(현) [상]미국 시카고대 William R. Harper Fellowship · Marc P. Galler Prize, 미국 화학학회 Nobel Laureate Signature Award, 영국문화원 Chevening Scholar Award, 과학기술부 젊은과학자상, 이달(12월)의 과학기술자상(2009), 경암학술상 자연과학부문(2010), 한국과학기술한림원상 학술부문(2011), 대한민국학술원상(2012)

조배숙(趙培淑·女) CHO Bae Sook

(생)1956·9·10 (본)임천(林川) (출)전북 익산 (주)서울 영등포구 의사당대로1 국회 의원회관616호(02-784-6264) (학)1975년 경기여고졸 1979년 서울대 법학과졸 1985년 同대학원 법학과졸 (경)1980년 사법시험 합격(22회) 1982년 사법연수원 수료(12기) 1982년 서울지검 검사 1986년 인천지검 검사 1986년 수원지법 판사 1988년 대구지법 판사 1989년 일본 게이오대·세계대 객원연구원 1991~1993년 서울지법 남부지원 판사 1991~1993년 서울민사지법 판사 1993년 서울고법 판사 1995~2000년 변호사 개업 1995~2000년 여성변호사회 회장 1998년 법무부 사회보호위원회 위원 1999년 민주평통 자문위원 1999년 국무총리실 행정심판위원회 위원 1999년 국무총리실 기초과학기술연구원 이사 2000~2016년 법무법인 로고스 변호사 2001~2003년 제16대 국회의원(전국구 승계, 새천년민주당) 2001년 새천년민주당 부대변인 2002년 同원내부총무 2004~2007년 열린우리당 중앙위원 2004년 제17대 국회의원(익산시乙, 열린우리당·중도개혁통합신당·중도통합민주당·대통합민주신당·통합민주당) 2004년 국회 한·루마니아의원외교협의회장 2004년 열린우리당 제6정책조정위원장 2005년 同전국여성위원장 2006년 同최고위원 2006~2008년 국회 문화관광위원장 2007년 중도개혁통합신당 최고위원 2007년 대통합민주신당 중앙위원 2008~2011년 제18대 국회의원(익산시乙, 통합민주당·민주당·민주통합당·무소속) 2008년 민주당 당무위원, 국회 예산결산특별위원회 위원, 국회 농림수산식품위원회 위원 2010년 국회 기획재정위원회 위원 2010~2011년 민주당 최고위원 2012년 제19대 국회의원선거 출마(익산시乙, 무소속) 2014년 새정치민주연합 전북도당 공동위원장 2015년 同전북도당 상임고문 2016년 제20대 국회의원(익산시乙, 국민의당)(현) 2016년 국민의당 가습기살균제문제대책특별위원회 위원장 2016년 同익산시乙지역위원회 위원장(현) 2016년 국회 산업통상자원위원회 위원(현) 2016년 국민의당 비상대책위원회 위원(현) 2016년 국회 대법관(김재형)인사청문특별위원회 위원장(현) 2016년 국회 동북아평화·협력의원외교단 단원(현) (상)인물대상 의정부문(2010) (저)자서전 '진심에 불을 지펴라'(2008) (종)기독교

조백근(曺百根) CHO BAEK KEUN

(생)1961·7·12 (본)창녕(昌寧) (출)전남 담양 (주)서울 양천구 목동서로159의1 CBS 미디어본부(02-2650-7000) (학)광성고졸, 고려대 영어영문학과졸, 연세대 언론홍보대학원졸 (경)1988년 CBS 입사 1999년 同보도제작국 정치부 기자 2000년 同정치부 차장 2001년 同경제부 차장 2003년 同보도국 부장 2003년 同대전방송본부 보도제작국장 2003년 同마케팅본부 마케팅정책부장 2005년 同보도국 정치부장 2006년 同보도국 사회부장 2006년 同대전방송본부장 2008년 同TV본부 TV편성제작국장 2008년 同청주방송본부장 2010년 同미디어본부 TV제작국장 2012년 同콘텐츠정보보도국 대기자 2016년 同미디어본부장(현) 2016년 방송기자클럽 부회장(현) (종)기독교

조백상(趙百相) Cho Baek-sang

(생)1956·5·25 (주)서울 종로구 사직로8길60 외교부 인사운영팀(02-2100-7136) (학)1980년 서울대 외교학과졸 1982년 同대학원 외교학과졸 1986년 미국 펜실베이니아대 대학원 국제정치학과졸 (경)1982년 외무고시 합격(16회) 1982년 외무부 입부 1987년 駐미국 2등서기관 1993년 駐네팔 1등서기관 1996년 駐중국 1등서기관 1999년 외교통상부 특수정책과장 2002년 駐일본 참사관 2005년 외교통상부 아·태협력관 2007년 駐베트남 공사 2009~2011년 국방부 국제정책관(고위공무원) 2011년 駐선양 총영사 2014년 駐타이베이 한국대표부 대표(현)

조백제(趙伯濟) CHO Paek Je (微軒)

(생)1938·5·6 (본)함안(咸安) (출)경남 함안 (학)1964년 고려대 상학과졸 1972년 미국 펜실베이니아주립대 대학원 경영학과졸 1976년 회계학박사(미국 일리노이주립대) (경)1972~1977년 미국 일리노이주립대 경상대 강사 1977~1981년 미국 캘리포니아주립대 경영대 부교수 1978년 서강대 경상대 부교수 1979~1985년 현대그룹 인력개발원장 겸 아산사회복지재단 사무처장·현대상선·현대미포조선 대표이사 부사장 1984년 일본 東京大 객원연구교수 1986~1991년 중앙대 회계학과 교수 1987년 同사회과학대학장 1991~1993년 통신개발연구원 원장 1993~1995년 한국전기통신공사 사장 1993년 한국전자통신연구원 이사장 1993년 국제전기통신연합(ITU) 자문위원 1995년 同상임고문 1998년 명지대 전자정보통신공학부 석좌교수 2000년 同대학원장 2000년 同연구부총장 2002년 同연구부총장 겸 일반대학원장 2003년 미국 브리검영대 초빙교수 2005~2014년 서울디지털대 총장 2010~2013년 (사)과학사랑희망키움 부회장 (상)은탑산업훈장, 금탑산업훈장 (저)'경영사고 민영화의 기치를 들고'

조범구(趙範九) CHO Bum Koo

(생)1939·3·4 (본)풍양(豊壤) (출)서울 (주)서울 송파구 올림픽로35가길11 한신오피스텔207호 한국심장재단(02-414-5321) (학)1958년 서울고졸 1964년 연세대 의과대학졸 1971년 同대학원졸 1976년 의학박사(연세대) (경)1971~1984년 연세대 의과대학 흉부외과학교실 전임강사·조교수·부교수 1976년 미국 흉부외과학회 초청 텍사스심장연구소 교환교수 1984~2004년 연세대 의과대학 흉부외과학교실 교수 1991년 연세의료원 심장혈관센터 원장 1995년 아시아심혈관외과학회 상임이사 1996~1997년 대한흉부외과학회 회장 1998~2001년 대통령 의무자문의 2000~2003년 연세대 세브란스병원장 2000년 한국생체재료학회 회장 2000년 전국대학병원장협의회 초대회장 2004~2008년 건강보험심사평가원 진료심사평가위원장 2004년 연세대 명예교수(현) 2010년 한국심장재단 이사장(현) (상)청룡봉사상(1996), 의협신문 제19회 보령의료봉사상 대상(2004), 연세대 연세의학 학술부문 대상(2004), 몽골 친선공로훈장(2007) (저)'최신흉부외과' (종)기독교

조범구(趙範九) Bum Coo CHO

(생)1961·12·10 (출)서울 (주)서울 강남구 영동대로 513 시스코코리아 임원실(02-3429-9151) (학)1980년 고려대졸 1984년 서울대 산업공학과졸 1986년 한국과학기술원(KAIST) 석사 (경)1989년 액센츄어 입사 2004~2007년 同첨단전자 및 통신산업부 총괄부사장 2004~2005년 중국 TCL톰슨전자 정보기술부 대표(CIO) 겸임 2007년 액센츄어코리아 첨단전자 및 통신산업부 총괄대표 2007년 同아시아태평양지역 소비자전자산업부 총괄대표 2008년 액센츄어 아시아·태평양지역 첨단전자산업부문 대표 2009~2011년 시스코코리아 사장 2011년 삼성전자(주) 전무이사 2016년 시스코 본사 부사장 겸 시스코코리아 사장(현)

조 벽(趙 璧) Peck Cho

(생)1956·11·14 (본)함안(咸安) (출)서울 (주)서울 중구 필동로1길30 동국대학교 CTL교수학습개발센터(02-2260-3114) (학)1979년 미국 위스콘신대 기계공학과졸 1981년 미국 노스웨스턴대 대학원 기계공학과졸 1984년 기계공학박사(미국 노스웨스턴대) (경)미국 미시간공과대 기계공학과 교수, 同옴부즈맨(Ombudsman), 同Student Success Center 디렉터, 同혁신센터(Innovation Center) 소장, 同학습센터(Learning Center) 소장, 同기계공학과 열유체공학 디렉터, 미국 캘리포니아주립대 연구원, 미국 로렌스버클리국립연구소 연구원, 미국 프린스턴대 Visiting Professor, 서울대 Brain Pool 초빙교수, 한양대 수석자문교수, 한국공학교육학회 부회장, 한국공학한림원 교육위원장, 한국산업기술재단 자문위원, 경주시 힐링마을설립 정책고문, 교육부 정책자문위원, 서울시교육청 정책자문위원, 창의과학재단 자문위원, 대통령직속 국가인적자원위원회 운영위원, 대법원 국민사법참여위원회 위원, 학교폭력대책위원회 공동위원장 2007년 동국대 석좌교수(현) (상)미국과학재단(NSF) 연구상(Research Initiation Award)(1990), 미국자동차협회(SAE) 교육자상(1991), 미국 미시간공대 최우수교수상(1991·1993), 미국공학교육학회(ASEE) 북서부지역 최우수논문상(1991), 미국 미시간주 최우수교수상(1992), 미국우수공학도회의 우수엔지니어상(Eminent Engineer)(1995), 미국공학교육학회(ASEE) 교육자상(1996), 미국 미시간공대 마틴루터킹상(2003), 미국 미시간공대 Distinguished Service Award(2003), 한국공학교육학회 공로상(2004), 한국공학한림원 해동상 공학교육혁신부문(2008), 중앙공무원연수원 베스트 강사상(2012·2013), 대통령 표창(2016) (저)'한국인이 반드시 일어설 수밖에 없는 7가지 이유'(共)(1998, 명진출판사) '새시대 교수법'(1999, 한단북스출판사) '이민가지 않고도 우리아이 인재로 키울 수 있다'(共)(2000, 한단북스출판사) '조벽교수의 명강의 노하우 & 노와이'(2001, 해냄출판사) '새시대 교수법 상담 가이드북'(2002, 한단북스출판사) '글로벌 정보사회의 전개와 대응'(共)(2002, 나남출판사) 'H.O.P.E. 자녀 교육법'(共)(2002, 해냄출판사) '나는 대한민국의 교사다'(2004, 해냄출판사) '조벽 교수의 인재혁명'(2010) '내 아이를 위한 사랑의 기술, 감정코칭'(共)(2011, 해냄출판사) '희망특강'(2012, 해냄출판사) '수업컨설팅'(2012, 해냄출판사) '청소년 감정코칭'(共)(2012, 해냄출판사) '감정코치 K'(共)(2012, 해냄출판사) '인성이 실력이다'(2016, 해냄출판사)

조병구(趙炳球) CHO Byung Koo

(생)1956·1·28 (본)한양(漢陽) (출)서울 (주)세종특별자치시 남세종로263 한국개발연구원 북한경제연구부(044-550-4610) (학)1974년 서울고졸 1979년 서울대 사회과학졸 1982년 同대학원 사회학과졸 1991년 사회학박사(미국 일리노이대 어배나교) (경)1983년 한국인구보건연구원 근무 2003~2006년 한국개발연구원(KDI) 경제정보센터 소장, 同재정·사회개발연구부 선임연구위원, 同정보자료실장 2005년 同북한경제팀 선임연구위원, 同부설 국민경제교

육연구소 종합기획실장 2010년 同기획조정실장 2011년 同경영지원본부장 2013~2014년 同경제정보센터 소장 2014년 同경제정보센터 선임연구위원 2015년 同북한경제연구부장(현) ⓒ천주교

조병구(趙炳九) CHO Byung Koo

ⓢ1974·3·3 ⓑ대구 ⓟ서울 서초구 서초대로219 법원행정처 공보관실(02-3480-1100) ⓗ1993년 단국사대부고졸 1997년 서울대 사법학과졸 ⓔ1996년 사법시험 합격(38회) 1999년 사법연수원 수료(28기) 1999년 육군 법무관 2002년 서울지법 판사 2004년 서울서부지법 판사 2006년 대전지법 공주지원 판사 2007년 同홍성지원 판사 2010년 사법연수원 교수 2012년 서울행정법원 판사 2014년 창원지법 진주지원 부장판사 2015년 대법원 재판연구관 2016년 수원지법 부장판사 2016년 법원행정처 공보관(현) ⓒ기독교

조병기(趙昞琦) Cho, Byung Ki

ⓢ1962·6·5 ⓑ한양(漢陽) ⓞ충남 서산 ⓟ세종특별자치시 한누리대로422 고용노동부 감사관실(044-202-7700) ⓗ1980년 서령고졸 1986년 중앙대 경제학과졸 1991년 서울대 행정대학원 행정학과졸 ⓔ1987년 행정고시 합격(31회) 1997~1999년 노동부 근로기준과 서기관 1999~2001년 노사정위원회 기획과장 2001~2003년 서울북부지방노동사무소장 2003~2005년 미국 버지니아노동연구센터 객원연구원 2005~2007년 노동부 보험운영지원팀장 2007~2008년 同산재보험혁신팀장(부이사관) 2008~2009년 同산재보험과장 2009~2010년 同서울종합고용지원센터 소장 2010년 고용노동부 기획조정실 정책기획관(고위공무원) 2012년 산업재해보상보험재심사위원회 위원장 2014년 고용노동부 감사관(현) ⓢ충남도교육감표창(1980), 대통령표창(1996)

조병돈(趙炳敦) CHO, BYUNG DON

ⓢ1949·1·24 ⓑ한양(漢陽) ⓞ경기 이천 ⓟ경기 이천시 부악로40 이천시청 시장실(031-644-2001) ⓗ1967년 이천제일고졸 1975년 한국방송통신대 행정학과졸 1999년 한경대 토목공학과졸 2003년 중앙공무원교육원 고위정책과정 수료 2005년 한경대 산업대학원 토목공학과졸 ⓔ1987년 양평군 건설과장 1988년 화성군 건설과장 1991년 경기도 치수와 방재계장 1993년 同건설국 도로과 시설1·2도로계획계장 1996년 이천시 건설도시국장 1999년 경기도 환경국 상하수관리과장 2000년 同건설계획과장 2001년 同지역개발국장 2004년 同건설본부장 2005년 이천시 부시장, 이천남초등학교 총동문회 회장, 이천제일고 총동문회 회장, 한경대 총동문회 부회장, 경기도 도시계획위원 2006~2008년 전국평생학습도시협의회 회장 2006~2010년 경기 이천시장(한나라당) 2007년 유네스코 한국위원회 교육분과위원 2010~2014년 경기 이천시장(한나라당·새누리당·무소속·새정치민주연합) 2014년 경기 이천시장(새정치민주연합·더불어민주당)(현) 2016년 유네스코 창의도시공예 및 민속예술분야 부대표(현) ⓢ녹조근정훈장(1993), 홍조근정훈장(2006), 제17회 대한민국연예예술상 연예예술발전상(2010), 의정행정대상 기초단체장부문(2010), 위대한 한국인대상 행정공직부문 전통문화세계화혁신공로대상(2013), 농협중앙회 지역농업발전선도인상(2014), 대한민국 무궁화 대상 행정분야(2015), 참일공상(2016), 올해의 공감경영대상 지자체부문 주민공감대상(2016) ⓩ'희망 그 찬란한 행복의 아침'(2010) ⓒ천주교

조병두(趙炳斗) CHO Byung Doo

ⓢ1940·1·1 ⓞ충남 천안시 서북구 연곡길356 (주)동주 대표이사실(041-955-7000) ⓗ성균관대 상학과졸, 명예 경영학박사(성균관대) 2010년 철학박사(성균관대) ⓔKCC 상무이사, 현대자동차 근무, 현대건설 근무, (사)한국마케팅연구원 이사장(현), (주)동주 대표이사 회장(현), 세우실업(주) 대표이사 회장, 경복대 이사장, 서울팝스오케스트라 이사장 ⓢ메세나문화대상, 자랑스러운 성균인상(2007), 문화관광부장관표창, 석탑산업훈장, 옥관문화훈장(2012)

조병량(趙炳亮) CHO Byung Lyang

ⓢ1947·4·17 ⓑ풍양(豊壤) ⓞ경기 포천 ⓟ경기 안산시 상록구 한양대학로55 한양대학교 언론정보대학 광고홍보학부(031-400-5420) ⓗ1972년 한양대 신문학과졸 1984년 同대학원졸 1989년 광고학박사(한양대) ⓔ1973년 서울신문 기자 1975년 합동통신 광고기획실 차장 1980년 오리콤 기획부장 1984년 삼희기획 제작본부장 1986년 광주대 신문방송학과 교수 1987년 한국방송광고공사 연구위원 1989~2012년 한양대 광고홍보학과 교수 1997~2008년 공정거래위원회 표시광고심사자문위원회 위원장 1999년 한양대 언론정

보대학장 2000~2009년 웰컴투코리아시민협의회 이사 2000·2002년 한국광고자율심의기구 제1광고심의위원장 2001~2003년 한국광고학회 회장 2002년 문화관광부 광고산업진흥협의회 위원장 2002~2006년 한양대 언론정보대학원장 2003~2009년 (사)한국광고자율심의기구 회장 2003~2008년 한국토지공사 열린공기업위원회 위원장 2003~2010년 아리랑TV 이사 2003~2009년 한국간행물윤리위원회 위원 2004~2009년 同제4심의위원장 2004년 한국광고학회 명예회장 2005년 同고문 2008년 (사)광고정책포럼 상임대표(현) 2009~2011년 대통령직속 국가브랜드위원회 위원 2011년 한국광고자율심의기구 광고분쟁조정위원회 위원(현) 2011년 (사)서울AP클럽 총무 2012년 한국광고협회 고문 2012년 한양대 언론정보대학 광고홍보학부 명예교수(현) 2013~2016년 (사)서울AP클럽 회장 2014년 한국광고총연합회 고문(현) 2014년 방송통신위원회 광고특별위원장(현) 2016년 同방송광고균형발전위원장(현) 2016년 (사)서울AP클럽 고문(현) ⓢ녹조근정훈장(2001), 홍조근정훈장(2014) ⓩ'광고기호론'(1987) '세계의 광고'(1990) '일한신시대'(1994) '한국의 광고'(1995) '현대광고의 이해'(1998) '광고카피의 이론과 실제'(2010) '광고의 윤리와 법과 규제'(2012) ⓒ천주교

조병린(曹秉麟) CHO Byung Lin

ⓢ1948·7·24 ⓑ창녕(昌寧) ⓞ전북 고창 ⓟ서울 성동구 아차산로7 나길18 APEX센타10층 HRM코리아(주) 비서실(070-4705-2747) ⓗ광주고졸 1976년 성균관대 경영학과졸 1983년 서울대 대학원 행정학과졸 1990년 행정학박사(동국대) ⓔ1975년 (주)삼양사 입사·총무부·인사부·홍보팀 근무 1999년 同상무보대우 2000년 同경영지원실장 2001년 同경영지원실장(상무) 2004년 同경영지원실장(부사장) 2006년 同경영기획실장(부사장) 2007년 대한상공회의소 노사인력위원회 부위원장 겸 실무위원회 위원장 2007년 삼양엔텍(주) 사외이사 2008~2011년 중앙노동위원회 사용자위원 2010년 HRM코리아(주) 대표이사 사장(현) 2011년 (사)한국HRM협회 부회장(현) ⓢ삼양그룹 회장상(1995), 철탑산업훈장(2005) ⓩ'체험인사관리실무'(1994) '한국형신인사관리'(1996) 'CEO 특강'(2010) '사람을 움직이는 기업의 마음'(2011) ⓔ'모티베이션 컴퍼니'(2004) ⓒ불교

조병립(趙炳立) CHO Byoung Lip

ⓢ1956·2·1 ⓑ한양(漢陽) ⓞ서울 ⓟ서울 종로구 사직로8길60 외교부 인사운영팀(02-2100-7136) ⓗ1974년 중앙대사대부고졸 1978년 한국외국어대 프랑스어과졸 1984년 포르투갈 리스본대 포르투갈어과정 수료(2년) ⓔ1978년 외무고시 합격(12회) 1978년 외무부 입부 1981년 同통상1과 근무 1981년 同통상정책과 근무 1982년 駐포르투갈 연수 1984년 외무부 서구1과 근무 1984년 同서구2과 근무 1985년 駐상파울루 영사 1987년 駐아이티 1등서기관 1990년 외무부 기획예산담당관실 서기관 1991년 同자원협력과 서기관 1992년 駐프랑스 참사관 1996년 외무부 주한공관담당관 1997년 同중남미과 중미과장 1998년 외교통상부 전문분류관 1999년 駐뉴욕 영사 2002년 駐아르헨티나 공사참사관 2004년 미주기구(OAS) 한국파견관 2006~2009년 駐코스타리카 대사 2009년 외교안보연구원 교육파견(고위공무원) 2010년 재외동포재단 기획실장 2011년 충남도 국제관계자문대사 2013년 駐파나마 대사 2016년 외교부 본부 근무(현) ⓢ외무부장관표창(1989), 파나마 바스코 누녜스 데 발보아(Vasco Nunez de Balboa) 대십자훈장(2016), 홍조근정훈장(2016) ⓒ기독교

조병무(曹秉武) JO Byung Moo (平里)

ⓢ1937·12·28 ⓑ창녕(昌寧) ⓞ경남 함안 ⓟ서울 중구 퇴계로26길65 (사)자연을사랑하는문학의집서울(02-778-1026) ⓗ1957년 마산상고졸 1964년 동국대 국어국문학과졸 1976년 단국대 대학원 국어국문학과 수료 1984년 한양대 대학원 국어국문학과 수료 ⓔ1963년 현대문학평론 '날개의 표상' 추천 데뷔 1980년 국제펜클럽 한국본부 이사·펜과문학 주간 1980~1998년 대림전문대학 교양과 교수 1992년 한국현대시인협회 부회장 1996년 96문학의해조직위원회 기획팀장 겸 기획분과장 1998~2003년 동덕여대 인문학부 문예창작전공 교수 1999년 한국문학평론가협회 부회장 2000~2002년 한국현대시인협회 회장 2003년 同명예회장 2003년 同평의원(현) 2003년 동덕여대 교수 2003년 국제펜클럽 한국본부 자문위원(현) 2003년 군포신문 논설위원(현) 2003년 (사)자연을사랑하는문학의집서울 이사(현) 2007~2008년 군포문인협회 회장 2011~2015년 한국문인협회 권익옹호위원장 2012년 제78차 국제PEN대회 총괄위원 ⓢ현대문학상(1979), 시문학상(1985), 국민포장(1987), 동국문학상(1996), 대통령표창(1996), 윤동주문학상(1997), 조연현문학상(2002), 국제PEN문학상(2011), 제3회 녹색문학상(2014) ⓩ문학평론집 '가설의 옹호' '새로운 명제' '시를 어떻게 쓸 것인가' '시짜기와 시쓰기' '존재와 소유의 문학' '문학작품의 사고와 표현'(2006) '문학의 환경과 변화의 시대'(2011) '조운 평전'(2011) '개정판시를 어떻게 쓸 것인가'(2011) 시집 '겨울연주(共) '꿈사설' '떠나가는 시간' '머문자리 그대로' '숲과의 만남'(2014) 수필집 '니그로 오다 황금사슴이

야기' '꽃바람 불던 날' '기호가 말을 한다' '내 마음속의 숲'(2009) '한국소설묘사사전'(전6권) [작]시 '개화서장' '밤 열시 육교위에서' '어떤 의식' '화서' '소리의 비' '중력밖의 손님' '바늘은 한쪽으로 돈다' '한국문학지도'(共) [종]불교

조병서(趙炳瑞) CHO Byeong Seo

[생]1966·10·21 [출]전북 부안 [주]전북 전주시 완산구 효자로225 전라북도의회(063-280-3081) [학]1987년 영일고졸 1994년 전주대 법학과졸 1999년 同대학원 법학과 수료 [경]1998~2002년 전북 부안군의회 의원, 전북도의회 의장비서 2006년 전북도의원선거 출마(열린우리당), 대통합민주신당 정동영 대통령후보 조직지원실장 2007·2010년 전북도의회 의원(대통합민주신당·통합민주당·민주당·민주통합당·민주당·새정치민주연합) 2008~2010년 同운영위원회 위원 2008년 同행정자치위원회 간사 2010년 同결산검사위원회 간사 2011~2012년 同행정자치위원장 2012년 同문화관광건설위원회 위원 2014년 전북도의회 의원(새정치민주연합·더불어민주당)(현) 2014~2015년 同윤리특별위원회 위원 2014·2016년 同교육위원회 위원(현) 2015년 더불어민주당 전북도당 지방자치위원회 위원장(현) 2016년 전북도의회 제1부의장(현)

조병세(趙炳世) CHO Byoung Se (正岩)

[생]1949·3·20 [본]한양(漢陽) [출]충북 제천 [학]1968년 대전고졸 1979년 미국 하와이대 경영대학원 수료 1982년 건국대 행정대학원 수료 1983년 고려대 경영대학원 수료 1985년 한국방송통신대 행정학과졸 1987년 서울대 행정대학원 정책학석사 1993년 국방대학원 수료 1994년 경제학박사(한양대) [경]1979년 국무총리비서실 사무관 1986년 同서기관 1987년 미국 남가주대(USC) International Leadership Course 연수 1990년 지역복지정책학회 부회장 1990년 민족통일학회 부회장 1991년 영동지역발전문제연구소 설립 1992년 국무총리 정무비서관 1992년 국무총리 민정비서관 1992년 한국사회경제통계연구소 자문위원 1993년 한국과학기술연구원(KAIST) 연구자문위원 1994년 국무총리 정무비서관 1996~1997년 호주 New South Wales대 초빙교수 1997년 국무총리 정무비서관 1998년 국무총리 의전비서관 1999~2000년 국가보훈처 차장 1999~2000년 한국보훈복지공단 이사장 1999~2001년 호주 New South Wales대 명예초빙교수 1999~2000년 대구대 겸임교수 1999년 88골프장 이사장 2000년 21세기지역발전연구소 이사장 2000년 (주)국정닷컴 대표이사 회장 2001년 한양대 겸임교수 2003년 세계평화교육자연합(IAEWP : UN-NGO) 평화대사 및 고문(현) 2004~2005년 미국 펜실베이니아대 초빙교수 2006~2007년 국민중심당 전략기획위원장·정책위원장·총무위원장 2006년 충북도지사선거 출마(국민중심당) 2007~2008년 우즈베키스탄 타슈켄트국립동방대 교수, 한양대 경제학과 외래교수 2009~2013년 아시아경제협력재단 아시아평화경제연구원장 2010년 유럽부흥개발은행(EBRD) 컨설턴트(현) 2011~2013년 대만 국립정치대학 동아연구소 및 IDAS 초빙교수(한국정치경제·북한정치경제·동아시아문화·한국어 강의) 2013년 폴란드 야기엘로니아대 초빙교수(한국경제·한국문화·한국어·동아시아국제정치 강의) 2014년 (사)젊은농촌살리기운동본부 고문(현) 2015년 인터넷종합일간지 시사1 논설위원 겸 유럽특파원(현) 2016년 폴란드 야기엘로니아대 종신교수 겸 한국학과 학과장(현) [상]녹조근정훈장, 총무처장관표창, 교통부장관표창, 총무처 모범공무원포장 [저]'한국의 정책결정과정에 관한 실증적 연구' '충청권 다부문 경제모형에 관한 연구' '영동, 이런 영동'(1991) '영동청소년들의 생각과 삶'(1992) '중국경제와 한국경제'(1994) '언론에 비춰진 영동의 발자취'(1995) 수필집 '산이 좋은 사람들'(1999) 'Taking a Mind Travel Towards True Life'(2002) '울타리 박꽃에 빗방울소리 들리네'(2010) '송태조 조광윤'(2011) '兩岸簽訂ECFA : 對韓國經濟造成的影響, 臺灣國立政治大學'(2011) '한국정치의 이해'(2012) '한국경제의 이해'(2012) '與趙炳世教授一起修鍊冥想'(중국어판)(2013, 臺北) 'The Korean Economic Policy under President Park Geun-hye'(2013, Wroclow University of Economics in Poland) [종]기독교

조병수(趙秉洙) CHO Byoung Soo

[생]1951·10·12 [출]인천 [주]서울 강남구 도산대로509 미래아이앤지 조병수의원(02-541-3991) [학]제물포고졸 1977년 경희대 의과대학졸 1981년 同대학원졸 1986년 의학박사(고려대) [경]1977~1982년 경희대병원 인턴·소아과 레지던트 1982~1996년 경희대 의과대학 소아과 임상강사·전임강사·조교수·부교수 1987~1988·1994년 미국 William Beaumont Hospital 신장학 연수 1990년 대한신장학회 총무이사 1996~2013년 경희대 의과대학 소아과학교실 교수 1998년 同동서신장병연구소장 1998~2003년 同의과대학 소아과장 1999~2004년 한국방송공사 객원해설위원 1999년 한국방송기자클럽 홍성현언론상 기금이사 2000~2007년 (사)한국학교보건협회 회장 2004년 대한소아신장학회 감사·이사 2005년 경희의료원 동서의학연구소장 2009년 (사)한국학교보건협회 집단뇨검사연구위원장 2010년 미국 세계인명사전 Marquis Who's Who in the World에 등재 2010년 국제신장학회 논문선정위원 2011년 미국 세계인명사전 Marquis Who's Who in the World 인물선정위원 2011년 국제신장학저널 'World Journal of Nephrology' 편집위원 2012년 한국건강관리협회 등기이사 2013년 경희대 명예교수(현) 2013년 디올메디바이오 조병수의원 원장 2013년 同줄기세포연구소장·신장센터장 겸임 2015년 (주)미래아이앤지 조병수의원 원장(현) 2015년 同줄기세포연구소장(현) 2016년 同조병수의원 신장병클리닉 대표원장(현) [상]국제신장학회 Grant(1990), 대한소아과학회 석천학술상(1990), 대한의학협회 동신스미스클라인 학술상(1991), 대한소아과학회 우수포스터상(1991), 대한신장학회 학술상(1996), 미원 학술상(2000), 고황의학상 금상(2002), 대통령표창(2013)

조병식(趙炳植) CHO Byoung Sik

[생]1957·1·10 [출]서울 [주]대전 유성구 가정로218 에트리홀딩스(주) 비서실(042-860-0777) [학]1975년 경복고졸 1979년 서울대 기계공학과졸 [경]1988년 삼천리기술투자 책임심사역 1992년 장은창업투자 투자본부장, 한국벤처캐피탈협회 기획위원장, 부품소재투자기관협의회 운영위원회 의장, 한솔창업투자 상무보 2003~2004년 네오플럭스캐피탈 벤처투자사업총괄담당 전무, 엔리서치 부사장 2013년 에트리홀딩스(주) 사장(현) [상]산업자원부장관표창

조병옥(趙丙玉)

[생]1955·12·28 [주]경북 경주시 북성로89 한국원자력환경공단 임원실(054-750-4114) [학]한양대 원자력공학과졸, 에너지정책학박사(한국과학기술원) [경]1977년 한국전력 입사 2000년 한국수력원자력(주) 안전기술처 안전실장 2004년 同경영기획처 지역협력실장 2006년 同영광원자력본부 제2발전소장 2009년 同원자력정책처장, 同중앙연구원장 2011년 同원자력발전기술원장 2012년 同품질안전본부장(상임이사) 2015년 同원전안전·소통위원회 위원 2016년 한국원자력환경공단 부이사장(현)

조병옥(趙炳玉)

[생]1958·1·25 [출]충북 음성 [주]충북 청주시 상당구 상당로82 충청북도청 균형건설국(043-220-4100) [학]1989년 청주대 영어영문학과졸 2004년 충북대 대학원 행정학과졸 [경]2003년 충북도 공보관실 홍보관리팀장 2004년 同자치행정국 노근리사건실무지원단 총괄팀장 2005년 同정책관리실 성과관리담당관실 평가팀장 2009년 同문화관광환경국 문화팀장 2010년 同보건복지여성국 노인장애인과장·자치연수원 도민연수과장 2010년 同의회사무처 운영전문위원 2011~2014년 同균형건설국 균형개발과장 2014년 음성군 부군수 2014년 충북도 도지사 비서실장 2015년 同균형건설국장(부이사관)(현) [상]재무부장관표창(1989), 국무총리표창(1994), 대통령표창(2007)

조병옥(曺秉玉) CHO Byoung Og

[생]1962·9·23 [출]전남 화순 [주]전북 전주시 완산구 서곡로100 새만금지방환경청 청장실(063-270-1800) [학]1980년 광주 금호고졸 1988년 전남대 행정학과졸 2002년 미국 델라웨어대 대학원 환경정책학과졸 [경]행정고시 합격(34회) 1997년 환경부 기획관리실 행정관리담당관실 사무관 2003년 同수질보전국 수질정책과 서기관 2005년 同국제협력관실 지구환경담당관 2006년 同폐기물자원국 자원재활용과장 2006년 同자원순환국 자원재활용과장 2007년 同자연보전국 자연자원과장 2008년 同감사담당관 2009년 同자연보전국 자연정책과장 2010년 同상하수도정책관실 수도정책과장(부이사관) 2011년 同국립생태원건립추진기획단 부단장 2013년 同환경정책실 대기관리과장 2014년 同자연보전국 국토환경정책과장 2015년 새만금지방환경청장(고위공무원)(현)

조병우(趙炳祐) CHO Byoung Woo

[생]1941·4·13 [본]한양(漢陽) [출]경북 영덕 [주]서울 구로구 구로동로174 (주)유풍 회장실(02-852-5200) [학]1959년 경북고졸 1964년 서울대 공대 섬유공학과졸 1991년 同경영대학원 최고산업전략과정 수료(5기) [경]1963년 삼호방직그룹 비서실 근무 1971년 同경영관리부 근무, 同업무부장 1974년 유풍실업 설립·대표이사 사장, 원우무역 대표이사 사장 1998년 한국공학원 최고경영인평의회 위원, 유풍실업 회장 2004년 (주)유풍 대표이사 회장(현) 2006년 서울대 공대·한국공학한림원 '한국을 일으킨 엔지니어 60인'에 선정(섬유부문), 한국공학한림원 부의장·명예회원(현) 2009년 한국무역협회 비상근부회장 [상]1천만달러 수출의탑, 새마을유공표창(1985), 석탑산업훈장

(1985), 한국의류산업협회 다시장수출상(1987), 신규시장개척상, 은탑산업훈장(1992), 5천만달러 수출의탑(1992), 한국섬유신문 제2회 한국섬유대상 고유브랜드 부문(1992), 서울대공대인상(1994), 자랑스러운 서울대공대동문상(2004) [종]가톨릭

조병제(趙秉濟) Cho Byung Jae

[생]1953·1·7 [본]함안(咸安) [출]경북 의성 [주]서울 영등포구 의사당대로82 하나대투증권빌딩7층 한국기업데이터(주) 비서실(02-3215-2301) [학]1971년 대구상고졸 1987년 건국대 경제학과졸 [경]1971년 서울은행 입행 1980년 同서교동지점 대리 1990년 同검사부 검사역 1994년 同경영전략실 차장 1997년 同답십리지점장 1998년 同삼선교지점장 2000년 同삼성동지점장 2003년 하나은행 경인중기업금융본부장 2004년 同심사본부담당 부행장보 2006년 同경영지원그룹 부행장 2007년 同가계영업그룹 및 가계영업본부 부행장 2008년 同영남사업본부 부행장 2009년 두레시닝(주) 대표이사 2012년 하나저축은행 사장 2013년 同자문위원 2014년 한국기업데이터 대표이사 사장(현) [종]불교

조병제(趙炳瑅) Cho Byung-jae

[생]1956·12·29 [주]서울 종로구 사직로8길60 외교부 인사운영팀(02-2100-7136) [학]1979년 서울대 외교학과졸 1985년 영국 서섹스대 대학원졸 [경]1981년 외무고시 합격(15회) 1981년 외무부 입부 1986년 駐미국 2등서기관 1992년 대통령비서실 파견 1994년 駐사우디아라비아 1등서기관 1996년 駐러시아 1등서기관 1999년 대통령비서실 파견 2001년 외교통상부 북미2과장 2002년 駐샌프란시스코 부총영사 2004년 외교통상부 북미국심의관 2007년 同북미국장 2008년 同한미방위비분담협상 정부대표 2010년 駐미얀마 대사 2011년 외교통상부 대변인 2012년 同한미안보협력대사 2013년 외교부 한미안보협력대사 2013~2016년 駐말레이시아 대사 2016년 외교부 본부 근무(현)

조병주(趙炳周) CHO Byung Joo

[생]1964·5·14 [출]서울 [주]서울 영등포구 여의대로14 이베스트투자증권(주) IB사업부(02-3779-0100) [학]1983년 관악고졸 1987년 연세대 경영학과졸 [경]2004년 우리투자증권 선릉역지점장 2005년 同종금사업부 기업여신1팀장 2006년 同IB사업부 M&A팀장 2008년 NH투자증권 투자금융본부장(상무) 2008~2012년 同IB2본부 상무 2013년 한화투자증권 프로덕트본부 본부장(상무) 2015년 이트레이드증권 IB사업부 대표 2015년 이베스트투자증권(주) IB사업부 대표(현)

조병준(曹秉竣) CHO Byung Joon

[생]1958·11·7 [주]인천 남구 인하로100 인하대학교 프랑스언어문화학과(032-860-8037) [학]인하대 불어불문학과졸, 프랑스 루앙대 대학원졸, 문학박사(프랑스 루앙대) [경]1995년 인하대 프랑스언어문화학과 교수(현) 2004년 同언어교육원장 2005년 同사회교육원장 2006~2008년 同대외협력처장 2015년 同문과대학장(현) [저]'상업실무 프랑스어'(1997) '그리스-로마 신화의 이면과 저면'(2002) '프랑스 문학속의 여성 그리고 사랑'(2004) '간추린 서양문화예술사'(2007) '그리스신화 패러다임'(2008), '고등학교 프랑스어 1, 2'(2014), '고등학교 프랑스어 독해 1, 2'(2014) [역]'Le Front contre la fenetre'(1997) 'Amour'(2004) '은퇴없는 여정'(2004) '예술에 대한 글쓰기'(2008)

조병채(曺炳彩) Byung Chae Cho

[생]1959·2·26 [출]경남 창녕 [주]대구 중구 동덕로130 경북대학교병원 원장실(053-200-5001) [학]1977년 대륜고졸 1984년 경북대 의대졸 1990년 同대학원졸 1992년 의학박사(경북대) [경]1994년 경북대 의대 성형외과학교실 교수, 同의학전문대학원 성형외과학교실 교수(현) 2000년 同성형외과장 겸 주임교수, 미국 성형외과학회 서신회원(현), 미국 구순구개열학회 정회원(현) 2002~2004년 대한두개안면기형외과학회 법제이사 2002~2004년 대한수부외과학회 국제학술이사 2005~2007년 경북대병원 성형외과장 2007~2009년 同기획조정실장 2011~2013년 同진료처장 2014년 同원장(현) 2014년 대한성형외과학회 이사장(현) [상]대구시의사회 학술상(2002), 대한성형외과학회 우수논문발표상(2003) [저]'미세수술의 기법'(1998) '안성형외과학'(1998) '표준성형외과학'(2000) '안성형외과학'(2003) '임상 미세수술학'(2003) 'The Mutilated Hand'(2005)

조병철(趙柄徹) CHO Byung-Cheol

[생]1959·2·20 [본]풍양(豊壤) [출]충남 아산 [주]강원 원주시 지정면 구재로229 산림청 산림항공본부(033-769-6002) [학]1977년 충암고졸 1981년 육군사관학교졸(37기) 1991년 국방대학원졸 [경]1988~1996년 산림청 법무담당관실·국제협력과·산림경영과 사무관 1996년 북부지방산림관리청 운영과장 1997년 산림청 산불방지과장 1999년 同행정관리담당관 2000년 同사유림지원과장 2002년 同감사담당관 2005년 同국유림경영과장 2006년 同산불방지팀장 2007년 同산지보전단장 2008년 同감사담당관 2009년 산림인력개발원장 2011년 중앙공무원교육원 파견(고위공무원) 2012년 농촌경제연구원 파견(고위공무원) 2014년 산림청 산림항공본부장(현) [상]근정포장(2003)

조병택(趙炳澤) JO Byeong Taek

[생]1955·9·15 [출]경북 [주]서울 중구 서소문로117 (주)대한항공 임원실(02-2656-6564) [학]성동공고졸, 인하대 경영학과졸 [경](주)대한항공 공사계약팀장 2005년 同자재부 내자구매팀장 2007년 同기내식지원담당 상무B, 同ERP추진본부 기내식부문 상무 2010년 同기내식지원담당 상무 2012년 同기내식총괄담당 전무 2013년 同기내식총괄담당 전무A 2014년 同기내식기판사업본부장(전무)(현) 2015년 同객실승무본부장 [종]불교

조병하(趙炳夏) JO BYEONG HA

[생]1962 [출]경북 김천 [주]서울 강남구 도산대로458 (주)신세계사이먼(02-2185-1296) [학]1980년 배명고졸 1987년 성균관대 경제학과졸 [경](주)신세계인터내셔날 해외영업팀 근무, 同해외브랜드1팀장 2006년 同해외1사업부장(상무보) 2007년 同해외1사업부장(상무) 2009년 同캐주얼사업부장(상무) 2010년 同국내패션본부장(상무) 2011년 同국내패션본부장 겸 PL사업부장(부사장보) 2015년 同글로벌패션2본부장(부사장) 2015년 (주)신세계사이먼 대표이사(현)

조병학(趙炳學) Byeong Hak CHO

[생]1960·8·14 [출]인천 [주]경기 용인시 처인구 포곡읍 에버랜드로199 삼성물산(주) 리조트·건설부문(031-320-5002) [학]수도사대부고졸, 서강대 전자공학과졸 [경]삼성전자(주) 반도체총괄 시스템LSI사업부 기획팀장(상무보) 2005년 同반도체총괄 시스템LSI사업부 기획팀장(상무) 2006년 同기흥공장 영업1팀 상무, 同시스템LSI사업부 영업팀장(상무) 2010년 삼성에버랜드 전무 2014년 제일모직 리조트사업부장(전무) 2015년 同리조트사업부장(부사장) 2015년 삼성물산(주) 리조트·건설부문 리조트사업부장(부사장)(현) [종]천주교

조병현(趙炳顯) CHO Byoung Hyun (牛峴)

[생]1955·3·2 [본]함안(咸安) [출]경북 포항 [주]서울 서초구 서초중앙로157 서울고등법원 부장판사실(02-530-1114) [학]1974년 경남고졸 1978년 서울대 법대졸 1980년 同대학원 법학과 수료 [경]1979년 사법시험 합격(21회) 1981년 사법연수원 수료 1981년 軍법무관 1984년 서울민사지법 판사 1986년 서울지법 동부지원 판사 1989년 부산지법 울산지원 판사 1991~1994년 서울고법 판사 1992년 서울형사지법 판사 파견 1994년 대법원 재판연구관 1996년 부산지법 울산지원 부장판사 1998년 수원지법 부장판사 1999년 서울지법 서부지원 부장판사 2000년 서울행정법원 부장판사 2003년 대전고법 부장판사 2004년 同수석부장판사 2005년 서울고법 부장판사 2010년 부산지법원장 2010년 부산시 선거관리위원장 2011년 서울행정법원장 2012년 대구고법원장 2013년 대전고법원장 2013년 중앙선거관리위원회 위원(현) 2013~2015년 서울고법원장 2015년 서울고법 부장판사(현) 2016년 서울중앙지법 부장판사 겸임(현) [종]기독교

조병호(曺秉昊) CHO Byong Ho

[생]1946·4·5 [본]창녕(昌寧) [출]전북 부안 [주]서울 양천구 남부순환로407 해암빌딩 디와이 비서실(02-2600-4300) [학]1964년 경기고졸 1969년 서울대 기계공학과졸 1974년 독일 부퍼탈대 공대 수료 [경]1969~1974년 대우중공업 근무 1977~1981년 (주)대기정밀 대표이사 1981~1996년 동양기전(주) 대표이사 사장 1991~1996년 한우리독서문화운동본부 부회장 1996년 同봉사단 공동대표(현) 1996~2001년 (주)팬택 회장 1997년 동양기전 대표이사 회장, 디와이 대표이사 회장(현) [상]자랑스런 서울시민 600인 선정, 대통령표창, 한국문인협회상, 금탑산업훈장(2011), 한국능률협회 한국의 경영자상(2012)

조병훈(趙炳勳) CHO Byung Hoon

[생]1957·5·20 [본]한양(漢陽) [출]대구 [주]서울 금천구 벚꽃로286 삼성리더스타워709호 한국현대인물편찬위원회(02-2632-0678) [학]1975년 대건고졸 1981년 영남대 경제학과졸 1983년 한양대 행정대학원 행정학과졸 1998년 경북대 대학원 행정학 박사과정 수료 [경]1981~1993년 문교부 행정주사 1993~1999년 대구예술대 예술복지행정학과 전임강사·조교수 1995~2005년 한국정부학회 이사 1998년 대한정치학회 이사(현) 1999~2010년 대구예술대 경찰복지행정학과 부교수·교수 2000~2014년 대구지검 학교폭력예방선도위원회 강연위원 2004년 同교수협의회 회장 2006년 대구시 교육위원선거 출마 2004~2005년 한국행정학회 운영이사 2006년 한국정부학회 감사 2006년 대구경북지역교수협의회연합회 사무국장 2007년 대한지방자치학회 이사, 同부회장, 서울행정학회 연구위원, 2008~2014년 한국행정학회 운영이사 2008년 한국정부학회 교육정보이사 2008년 한국치안행정학회 총무위원장·부회장 2008년 대구경북지역교수협의회연합회 공동회장 2008년 한양조씨대종회 이사(현), 영남대 상경대학동창회 부회장(현) 2008년 국제당수도연맹 부회장(현) 2009년 한국정부학회 섭외홍보위원장 2009~2013년 대구시 학교폭력대책지역위원회 위원 2009년 서울행정학회 이사 2009년 대구시 국공립인문계고등학교학교운영위원대표협의회 회장 2010년 대구시 교육의원선거 출마, 한국사립대학교수회연합회 공동회장 2010년 한국현대인물편찬위원회 회장(현) [상]문교부장관표창(1982), 제8회 장한한국인상 사회인부문 대상(2009), 한국사립대학교수회연합회 공로상(2010), 옥조근정훈장(2011) [저]'예술과 행정' '지역사회와 함께 하는 학생(청소년)문화 활성화 방안 연구(共)'(2001, 한국청소년개발원) '지식기반서비스업 인적자원개발실태 및 정책발전방향 연구(共)'(2004, 교육인적자원부) [종]기독교

조보연(趙普衍) CHO Bo Youn

[생]1948·9·25 [본]풍양(豐壤) [출]충남 논산 [주]서울 동작구 흑석로102 중앙대학교병원 갑상선센터(02-6299-1295) [학]1965년 경복고졸 1971년 서울대 의대졸 1974년 同대학원 내과학과졸 1980년 의학박사(서울대) [경]1979~2011년 서울대 의대 내과학교실 내분비내과 전임강사·조교수·부교수·교수, 서울대병원 핵의학과장, 同교육연구부장, 미국 국립보건원(NIH) 연구원 1998~2001년 서울대병원 임상의학연구소장 2010년 대한갑상선학회 회장 2011~2014년 중앙대 의대 내과학교실 교수 2011년 중앙대병원 갑상선센터장(현) [상]대한내과학회 최우수논문상(1988), 아세아·대양주갑상선학회 DAIICHI학술상(1993), 대한내분비학회 오가논학술상(1997), 대한내분비학회 학술상(1999), 대한내분비학회 남곡학술상(2003), 대한갑상선학회 범산학술상(2007), 녹조근정훈장(2014) [저]'증례중심의 갑상선학(共)'(2000·2005) '임상갑상선학'(2001·2005·2010) [종]불교

조보희(趙寶熙) CHO Bo Hee

[생]1964·12·12 [본]풍양(豐壤) [출]경북 상주 [주]서울 종로구 율곡로2길25 연합뉴스 편집국 사진부(02-398-3114) [학]1983년 상주고졸 1990년 한양대 경영학과졸 [경]1990~2011년 연합뉴스 편집국 사진부 기자 2001년 同노조위원장 2008~2011년 연합뉴스 편집국 사진부 부장대우(청와대 출입) 2011년 同사진부장 2011년 연합국제보도사진전 심사위원 2012년 연합뉴스 편집국 사진부 근무(부장급) 2014년 同사진부 근무(부국장대우) 2015년 同콘텐츠총괄본부 콘텐츠제작팀 선임기자 2015년 同편집국 사진부 근무(부국장대우)(현) [상]농림축산식품부장관표창(2013)

조복래(趙福來) Cho Bock Rae

[생]1961·11·8 [출]경남 진주 [주]서울 종로구 율곡로2길25 연합뉴스(02-398-3114) [학]1979년 진주고졸 1987년 서울대 정치학과졸 2011년 카이스트 최고위과정 수료 2012년 서울대 법대 최고위과정 수료 2013년 가톨릭대학 최고위과정 수료 [경]1988년 연합통신 입사(7기) 1991년 同사회부 기자 1992년 同정치부 기자 1999년 연합뉴스 국제뉴스2부 차장대우 2000년 同정치부 차장대우 2001년 同정치부 차장 2005년 同정치부 부장대우 2005년 同워싱턴특파원 2008~2011년 同정치부장 2011년 관훈클럽 편집위원 2011년 연합뉴스 편집국 정치에디터 2011년 同편집국 정치에디터(부국장대우) 2012년 同국제국 기획위원 2013년 연합뉴스TV(뉴스Y) 보도국장 2014년 同보도국장(부국장) 2014년 프레스클럽 운영위원(현) 2015년 국회방송 자문위원(현) 2015년 국방부 정책자문위원(현) 2015년 한국신문방송편집인협회 부회장(현) 2015년 연합뉴스 콘텐츠융합담당 상무이사(현) [상]한국참언론인대상(2015) [종]가톨릭

조복제(趙福濟) JO Bok Je

[생]1939·12·15 [주]서울 강남구 테헤란로87길21 동성교역(주) 회장실(02-319-6700) [학]경북고졸, 서울대졸 [경]동광화섬 대표이사, 성일직물 대표이사, 동성교역(주) 대표이사 회장(현), (주)세림아이텍 비상임이사

조봉규(趙逢圭) CHO Bong Kyu

[생]1950·3·4 [출]부산 [주]서울 마포구 마포대로119 (주)효성 임원실(02-707-7000) [학]부산고졸 1989년 서울대 섬유공학과졸 [경]SK케미칼 폴리에스터원사본부장 2003년 (주)효성 섬유PG 폴리에스터국내영업총괄 상무 2005년 同섬유PG 폴리에스터원사PU장(전무) 2009년 同섬유PG 나이론폴리에스터원사PU장(부사장) 2014년 同섬유PG 나이론폴리에스터원사PU장(사장) 2015년 同섬유PG 고문(현)

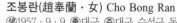

조봉란(趙奉蘭·女) Cho Bong Ran

[생]1957·9·9 [출]대구 [주]대구 수성구 동대구로382 4층 새누리당 경북도당(053-756-1001) [학]2005년 계명대 정책대학원 정책학과졸 2014년 사회복지학박사(대구한의대) [경]1981년 경북도 공무원 임용 2008년 同노인복지과 노인보건담당(사무관) 2011년 同공무원교육원 원내교수 2012년 同보건정책과 의료관리담당(사무관) 2013년 同안전정책국 새마을봉사과 민원봉사실장 2015~2016년 同여성가족정책관 2016년 새누리당 경북도당 사회복지위원장(현) [상]대통령표창(1996)

조봉래(趙鳳來) CHO, BONG-LAE

[생]1958·9·1 [본]함안(咸安) [출]경남 함양 [주]서울 노원구 공릉로232 서울과학기술대학교 사무국(02-970-6114) [학]1977년 경남 서상상고졸 1989년 국제대 행정학과졸 1992년 연세대 행정대학원 행정학과졸 2001년 행정학박사(동국대) 2004년 영국 CMPS(공무원대학) 정부개혁관리과정 수료 [경]1988년 경남 서상상고총동문회장 겸 在京총동문회 회장 1999~2007년 연세대·동국대·선문대·한국대학교육협의회·한국교원대 연수원·국가전문행정연구원·국가인적자원연수원 출강 2001년 한국교원대 교수부 기획담당관·연구지원담당관·기획연구과장 2002년 교육인적자원부 감사관실 총괄사무관 2004년 국무총리 비서실장실 비서관·국무총리 공보수석비서관실 행정관·혁신기획관실 행정관(인사담당관) 2004년 한국교육행정감사연구회 회장(현) 2008년 국무총리실 인사행정관 겸 교육과학기술인력정책과장 2009년 同사회통합정책실 교육정책과장 2009년 국무총리 총무비서관실 총무과장 2009년 한국교원대 종합교원연수원 출강(현) 2010년 국무총리 총무비서관실 인사과장 2011년 국무총리실 사회통합정책실 교육정책과장(부이사관) 2012년 한국교육개발원 미래교육연구실 연구위원(파견) 2012년 한국교육정책연구소 연구교수 2013년 교육부 전문대학정책과장 2014년 서울과학기술대 사무국장(현) 2015년 국공사립대학교 사무국장·총무처장협의회 부회장(현) [상]국무총리표창(1996), 교육부장관표창(1999), 경남도민상(2006), 대통령포장(2009), 국민포장(2013) [저]'감사백서'(1999) '행정감사사례집'(2004) '한국교육행정감사논문집 창간(연구논집)'(2005)

조봉성(曺鳳晟) CHO Bong Sung

[생]1957·3·25 [출]전북 전주 [주]전북 전주시 완산구 기린대로222 승주빌딩4층 전주매일(063-288-9700) [학]전주영생고졸 1981년 전주대 일어교육과졸 [경]1999년 전북도민일보 완주주재 부장대우, 同서울주재 정치부장 2004년 매일전북 편집국장 2005~2009년 전북매일신문 편집국장 2009년 전주매일 대표이사(현)

조봉업(曺捧業) CHO, Bong Up

[생]1968·10·12 [본]창녕(昌寧) [출]전북 고창 [주]전북 전주시 완산구 노송광장로10 전주시청 부시장실(063-281-2012) [학]1985년 고창고졸 1990년 경희대 영어영문학과졸 1993년 서울대 행정대학원 행정학과 수료 2006년 한국개발연구원(KDI) 국제정책대학원 공공정책학과졸 [경]1992년 행정고시 합격(36회) 1996~1997년 한국지방자치단체국제화재단 파견(파리사무소) 2000년 전

북도 기획관실 기획담당 2003년 同자치행정국 총무과 서기관 2006년 同새만금개발지원추진단 기획조정과장 2006년 행정자치부 지역경제공기업팀 서기관 2007년 정부혁신지방분권위원회 기획총무팀장 2007년 행정자치부 윤리복지정책관실 근무지원팀장 2008년 대통령 행정자치비서관실 행정관 2009~2011년 행정안전부 지방재정세제국 재정정책과장(부이사관) 2011년 유엔 거버넌스센터 협력국장 2014년 전북도 기획관리실장(고위공무원) 2014년 전주시 부시장(현) [상]대통령표창(1999), 한국개발연구원(KDI) 국제정책대학원 자랑스러운 동문인상(2015)

조봉찬

[생]1964 [주]경기 성남시 분당구 판교로255번길46 4층 SK인포섹(주) 임원실(02-6361-9114) [학]부산대 경영학과졸, 미국 뉴욕주립대 대학원 Tech. Mgmt. 석사 [경]1990년 SK에너지 제어부·전산실 근무 1996 SK C&C YK정보기술2팀 근무 2001년 同사장실·SUPEX추진팀 근무 2006년 同SUPEX추진팀장 2008년 同Industry Solution사업팀장 2010년 同외주구매팀장 2012년 同윤리경영팀장 2013년 同SKMS본부장 2015년 同윤리경영실장(상무) 2015년 SK주식회사 C&C 윤리경영실장(상무) 2016년 SK인포섹(주) SOC사업부문장(현)

조봉한(趙倖漢) Bonghan Brian CHO

[생]1965·1·23 [본]김제(金堤) [출]전북 김제 [주]서울 강남구 테헤란로 98길28 성연빌딩 3층 이쿠얼키(02-567-2982) [학]1983년 전주 신흥고졸 1987년 서울대 계산통계학과졸 1989년 미국 서던캘리포니아대 대학원졸 1997년 공학박사(미국 서던캘리포니아대) [경]미국 오라클社 근무 2001년 국민은행 차세대뱅킹시스템(NGBS)팀장 겸 신기술팀장 2004년 서강대 경영대 겸임교수 2004년 하나은행 정보전략본부장(부행장보·CIO) 2006년 (주)하나금융지주 상무이사 2008~2013년 同부사장 겸 최고정보책임자(CIO) 2008~2014년 하나아이앤에스 대표이사 사장 2009~2011년 하나은행 정보전략본부 부행장보 2013년 서울대 초빙교수(현) 2014년 삼성화재해상보험(주) 경영혁신실장(부사장) 겸 정보보호최고책임자(CISO) 2016년 이쿠얼키(주) 대표(현) [상]세계로보트월드컵대회 챔피언(1997), 벤처기업협회 특별공로상(2005) [종]기독교

조봉현(曺奉鉉) CHO Bong Hyeon

[생]1950·4·11 [본]창녕(昌寧) [출]인천 [주]인천 남동구 남동대로71 남동공단131블럭4롯트 대현산업(주) 임원실(032-812-5511) [학]1990년 광주대 무역학과졸 1992년 인하대 공과대학원졸 2003년 서울대 행정대학원 국가정책과정 수료 [경]1972년 대현산업사 창업·대표 1983년 대현산업(주) 대표이사(현) 2005년 한국프라스틱공업협동조합연합회 회장(현) 2015년 중소기업중앙회 부회장(현) 2015~2016년 고용노동부 최저임금위원회 사용자위원 [상]중소기업청장표창(2006), 산업자원부장관표창(2006) [종]기독교

조봉환(曺琫煥) Bong Hwan CHO

[생]1961·3·26 [본]창녕(昌寧) [출]경북 안동 [주]서울 종로구 세종대로178 KT빌딩 민관합동창조경제추진단(02-731-9618) [학]1979년 경복고졸 1984년 서울대 불어불문학과졸 1986년 同행정대학원졸 [경]행정고시 합격(30회) 1996년 농림수산부 유통정책과 서기관 1997년 농림부 기획예산담당관실 서기관 1998년 농업공무원교육원 교학과장 2004년 기획예산처 재정기획실 산업재정2과장 2005년 同농림해양재정과장 2006년 同균형발전정책팀장(부이사관) 2007년 同재정감사기획관 2007년 同민간투자제도팀장 2008년 기획재정부 예산실 민간투자제도과장 2009년 同재정정책국 재정정책과장 2010년 국방대 교육파견(일반직고위공무원) 2012년 국회 예산결산특별위원회 파견 2013년 기획재정부 공공혁신기획관 2015년 同공공정책국장 2016년 민관합동창조경제추진단 단장(현)

조부영(趙富英) CHO Pu Young (一健)

[생]1936·2·9 [본]임천(林川) [출]충남 홍성 [주]서울 종로구 삼일대로428 507호 어문정책정상화추진회(02-762-8401) [학]1956년 홍성고졸 1960년 연세대 정치외교학과졸 1981년 서울대 행정대학원 국가정책과정 수료 2002년 명예 경제학박사(공주대) [경]1964~1969년 한국사회과학연구원 근무 1970년 아스팍 사무국 근무 1971년 국제전기기업 상무이사 1975~1982년 국제특수금속 사장 1982년 대한통운 전무이사 1982~1985년 동아콘크리트 부사장·사장 1986년 동아건설 산업공장사업본부 사장 1987년 청석수련원 이사장 1987년 조양문장학회 회장 1988년 신민주공화당(공화당) 사무차장 1988년 제13대 국회의원(청양·홍성, 공화당·민자당) 1988년 공화당 당기위원회 부위원장 1990년 민자당 제2사무부총장 1990년 同당보편집위원장 겸 홍보대책위원장 1992년 제14대 국회의원(청양·홍성, 민자당·자민련) 1994년 민자당 사회담당정책조정실장 1995년 자유민주연합(자민련) 청양·홍성지구당 위원장 1995년 同사무총장 겸 당무위원 1997년 대통령직인수위원회 경제1분과 간사 1998~1999년 대한주택공사 사장 1998년 대한근대5종바이애슬론연맹 회장 2000년 자민련 제16대 총선 선거대책본부장 2000년 同부총재 2000~2004년 제16대 국회의원(전국구, 자민련) 2001년 자민련 내각제추진위원장 2002년 충청향우회중앙회 회장 2002~2004년 국회 부의장 2004년 자민련 비상대책위원장 2006년 국민중심당 상임고문 2006년 同공천심사위원장 2008년 자유선진당 상임고문 2012~2014년 어문정책정상화추진회 공동대표 2014년 同이사(현) [저]'지조있는 사람이 그립다' [종]기독교

조비룡(趙飛龍) CHO BE LONG

[생]1966·1·1 [본]함안(咸安) [출]부산 [주]서울 종로구 대학로101 서울대학교병원 가정의학과(02-2072-2195) [학]1990년 서울대 의대졸 1996년 同보건대학원졸 1999년 의학박사(고려대) [경]1991~1994년 서울대병원 가정의학과 레지던트 1994~1997년 공군 비행담당 軍의관 1997~1999년 서울대병원 가정의학과 전임의 1999년 서울대 의과대학 가정의학교실 교수(현) 2003~2006년 同의과대학 학생부학장보 겸 대외협력실장 2003년 同보건진료소장, 서울대병원 건강증진센터장 2008·2012·2014년 同가정의학과 진료과장 2012년 서울대 의과대학 가정의학교실 주임교수(현) [상]국무총리표창(2014) [저]'스포츠의학(共)'(2001) '영양치료가이드(共)'(2003) '노인병학(共)'(2005) '최신가정의학'(2008, 한국의학) '남성갱년기'(2009, 군자출판사) '산후관리 가이드북'(2009, 해피케어) '우리가족 건강주치의(共)'(2010, 하서출판사)

조상래(趙尙來) CHO Sang Rae (冬艸)

[생]1936·9·6 [본]김제(金堤) [출]전북 김제 [주]전북 익산시 평동로710 동일유업(주) 회장실(063-855-7031) [학]1956년 남성고졸 1960년 중앙대 문리대 교육학과졸 1985년 연세대 고위정책과정 수료 [경]1972년 초대국민회의 대의원 1973년 곡물협회 감사 1974~1994년 동일유업 사장 1975년 레슬링협회 전북지부 회장 1981년 제11대 국회의원(김제·부안, 민주정의당) 1983년 민주정의당(민정당) 재정위원회 부위원장 1985년 제12대 국회의원(김제·부안, 민정당) 1985년 민정당 중앙위원회 부의장 1994년 동일유업(주) 회장(현) [종]원불교

조상래(趙相來) CHO Sang-Rai

[생]1952·12·30 [출]부산 [주]울산 남구 대학로93 울산대학교 조선해양공학부(052-259-2163) [학]1971년 경복고졸 1975년 서울대 조선공학과졸 1977년 同대학원 조선공학과졸 1988년 공학박사(영국 Univ. of Glasgow) [경]1977~1980년 해군본부 함정감실 설계담당 1980~1995년 울산대 공대 조선해양공학과 전임강사·조교수·부교수 1995년 同조선해양공학부 교수(현) 1996~2005년 대한조선학회 이사 2004년 울산대 연구처장 겸 산학협력단장 2006~2009년 同교학부총장 2006년 국제선박해양구조회의 충격하중분과 위원장 2010년 대한조선학회 감사 2010년 천안함민군합동조사단 선체구조분과장 2011년 국가과학기술위원회 전문위원 2011~2013년 대한조선학회 회장

조상래(趙象來)

[생]1957·11·18 [주]전남 무안군 삼향읍 오룡길1 전라남도의회(061-286-8200) [학]숭일고졸, 성균관대 사회학과졸 [경]소위 임관(ROTC 19기) 1992년 곡성청년회의소 회장 1994년 전남지구청년회의소 회장 1995년 한국청년회의소 부회장, 곡성군체육회 상임부회장, 법무부 범죄예방위원, 열린우리당 전남도당 특별위원장, 한국JC 부회장, 곡성로타리클럽 회원(현), 곡성JC 특우회원(현) 2006~2010년 전남도의회 의원(열린우리당·통합민주당·민주당·새정치민주연합), 同운영위원회 간사, 同예산결산특별위원회 간사, 민주당 전남도당 위원장 특보단장 2010년 전남 곡성군의회 의원(재보선 당선, 민주당·민주통합당·민주당·새정치민주연합) 2014년 전남도의회 의원(새정치민주연합·더불어민주당)(현) 2014년 同건설소방위원회 위원 2015년 同예산결산특별위원회 위원장 2016년 同농림해양수산위원회 위원(현) [종]기독교

ㅈ

조상명(趙相明) CHO Sang Myung

생1955 · 2 · 15 출경북 안동 주부산 남구 신선로365 부경대학교 신소재시스템공학과(051-629-6354) 학1977년 한국해양대 기관공학과졸 1982년 同대학원졸 1988년 공학박사(일본 오사카대) 경1979~1981년 포항전문대학 전임강사 1983~1988년 한국해기연수원 전임강사 · 조교수 1984~1985년 일본 오사카대 용접공학연구소 연구원 1992~1996년 부산대 공대 생산가공학과 전임강사 · 조교수 1993년 일본 오사카대 객원교수 1996~2004년 부경대 생산가공학과 조교수 · 부교수 2004~2012년 同신소재공학부 교수 2005~2006년 대한용접접합학회 사업이사 2009년 부경대 신소재공학부장 2010년 同용복합부품소재용접기술센터장(현) 2010~2014년 同원자력부품소재인력양성센터장 2010년 대한용접접합학회 감사 2011~2014년 同동남지회장 2012년 부경대 신소재시스템공학과 교수(현) 2014년 슈퍼티그웰딩(주) 대표이사(현) 상우수기술지도상(1992), 대한용접학회 학술상(2004), 부경대 산학협력상(2010), 대한용접접합학회 논문상(2011), 대한용접접합학회 공로상(2012), 대한용접접합학회 KWIC용접산업기술상(2014), 교육부장관표창(2016) 저'플랜트용접 WPS(Welding Procedure Specification)'

조상명(趙相明) Cho Sangmyeong

주서울 종로구 세종대로209 대통령직속 지역발전위원회 지역생활국(02-2100-1150) 학김천고졸, 한양대 행정학과졸, 미국 캘리포니아대 버클리교 대학원졸 경1992년 행정고시 합격(36회), 서울시 행정국 시민고객담당관 2008년 대통령실 총무인사행정관 2011년 행정안전부 지방행정국 자치제도과장, 경제협력개발기구(OECD) 한국대부 주재관 2015년 행정자치부 행정서비스통합추진단 부장(부이사관) 2016년 同국장 정책보좌관 2016년 대통령직속 지역발전위원회 지역생활국장(현)

조상범(趙相範) CHO Sang Beom

생1972 · 10 · 30 주제주특별자치도 제주시 광양9길10 제주시청(064-728-2041) 학1991년 제주 오현고졸 1997년 한양대 행정학과졸 경1996년 지방고시 합격(2회) 1998년 남제주군 실업대책팀장 2002년 제주도 기획조정담당관실 제도개선담당 행정사무관 2004년 同국제자유도시관광국 국제자유도시과 제도개선담당 행정사무관 2005년 同특별자치도추진기획단 프로젝트담당관실 특별자치1담당 행정사무관 2006년 同프로젝트담당관 2008년 제주특별자치도 규제개혁법제팀 행정사무관 2008년 교육 파견(행정사무관) 2010년 제주특별자치도 특별자치과장 직대 2011년 同특별자치과장(서기관) 2011년 同예산담당관 2013년 同정책기획관 2014년 同특별자치제도추진단장 2016년 제주시 부시장(현) 상녹조근정훈장(2014)

조상식(趙相植) CHO Sang Sik

생1967 · 2 · 25 출경북 안동 주서울 중구 필동로1길30 동국대학교 사범대학 교육학과(02-2260-3391) 학1989년 서울대 교육학과졸 1999년 독일 괴팅겐게오르크아우구스트대 대학원 교육학과졸 2003년 교육철학박사(독일 괴팅겐게오르크아우구스트대) 경1990~1993년 구로고 교사 2002년 한독교육학회 편집위원 2002~2008년 교육철학회 편집위원 2002~2003년 서울대 객원연구원 2004년 숙명여대 초빙교수 2004년 동국대 사범대학 교육학과 전임강사 · 조교수 · 교수(현) 2007년 同학생상담센터장 2011~2013년 同교양교육원장 저'현상학과 교육학-현상학적 교육학에서 육체의 의미'(2002) '윌리엄 제임스-교육론'(2005) '루소 학교에 가다'(2006) '근대교육의 종말-가족과 학교에 대한 새로운 대안'(2002) '쉽게 읽는 칸트 판단력비판'(2003) '독일교육학의 이해-정신과학적 교육학의 방법론'(2004) '교육학의 거장들I · II'(2004) '이성1-우리 시대의 이성비판'(2010) 종불교

조상욱(趙相旭)

생1964 · 4 · 16 출경북 청송 주인천 동구 우각로75 인천세무서(032-770-0200) 학안동경일고졸 1984년 세무대학졸(2기) 경1984년 공무원 임용(8급 특채) 1984년 국세청 체납정리팀 근무 1998년 서울지방국세청 정보관리과 근무 2000년 영등포세무서 법인세과 근무 2004년 서울지방국세청 조사4국 조사2과 근무 2009년 국세청 원천세과 사무관 2010년 서울지방국세청 조사1국 조사3과 사무관 2013년 同조사1국 조사2과 사무관 2014년 同조사1국 조사2과 서기관 2015년 구미세무서장 2016년 인천세무서장(현)

조상준(曺尙駿)

생1970 · 7 · 8 출경남 창원 주서울 서초구 반포대로158 서울고등검찰청(02-530-3114) 학1989년 경성고졸 1994년 서울대 사법학과졸 2004년 미국 컬럼비아대 대학원 석사(LL. M.) 경1994년 사법시험 합격(36회) 1997년 사법연수원 수료(26기) 1997년 軍법무관 2000년 서울지검 검사 2002년 대구지검 포항지청 검사 2004년 미국 뉴욕주 변호사시험 합격 2005년 대구지검 검사 2006년 대검찰청 중앙수사부 검사 2008년 대통령 민정수석비서관실 근무 2010년 법무부 검찰과 검사 2011년 서울중앙지검 부부장검사 2012년 법무부 검찰국 국제형사과장 2013년 대검찰청 연구관 2013년 同수사지원과장 2014년 同수사지휘과장 2015년 서울중앙지검 특수2부장 2016년 서울고검 검사(현) 2016년 방위사업청 방위사업감독관 파견(현)

조상철(趙商喆) CHO Sang Chul

생1969 · 6 · 21 출서울 주서울 양천구 신월로390 서울남부지방검찰청 제1차장검사실(02-3219-4302) 학1988년 여의도고졸 1992년 서울대 사법학과졸 경1991년 사법시험 합격(33회) 1994년 사법연수원 수료(23기) 1994년 軍법무관 1997년 서울지검 검사 1999년 대전지검 천안지청 검사 2001년 법무부 검찰국 검사 2002년 同검찰1과 검사 2005년 서울북부지검 검사 2006년 同부부장검사 2007년 제주지검 부장검사 2008년 대검찰청 연구관 2009년 춘천지검 속초지청장 2010년 법무부 형사기획과장 2011년 同검찰과장 2012년 서울중앙지검 형사제1부장 2013년 법무부 대변인 2014년 대검찰청 공안기획관 2015년 부산지검 동부지청장 2016년 서울남부지검 제1차장검사(현)

조상헌(趙相憲) CHO Sang Heon

생1959 · 12 · 22 출대구 주서울 종로구 대학로101 서울대학교병원 알레르기내과(02-2072-2211) 학1978년 광성고졸 1984년 서울대 의대졸 1991년 同대학원졸 1993년 의학박사(서울대) 경1992년 서울대 의과대학 알레르기내과학교실 교수(현) 1996~1998년 영국 Southampton 의대병원 Postdoc Fellow 2000~2004년 서울대 의대 교무부학장보 2000년 대한천식알레르기학회 학술이사 2000~2009년 대한면역학회 재무이사 · 재무운영위원장 2003년 서울대병원 헬스케어시스템강남센터 설립기획위원 · 부원장 2003년 보건복지부 약물유전체연구사업단 부단장(현) 2003년 한국천식협회 운영위원 · 사무차장 2004년 서울대병원 알레르기내과장(현) 2004년 보건복지부 만성기도폐쇄성질환임상연구센터 치료지침개발 책임연구자(현) 2010~2016년 서울대병원 헬스케어시스템강남센터 원장 2012년 한국보건산업진흥원 비상임이사 2015년 대한천식알레르기학회 이사장(현) 저'2005년 최신지견 내과학(共)'(2005) '인간생명과학개론(共)'(2005)

조상호(曺尙鎬) CHO Sang Ho

생1951 · 1 · 25 출경남 밀양 주서울 서초구 남부순환로2620 강남피타워 SPC그룹 임원실(02-2276-5995) 학1969년 부산고졸 1973년 서울대 경영학과졸 경1989~1994년 태평양생명보험(주) 이사 · 상무이사 1995년 同전무이사 1996년 태평양시스템 대표이사 부사장 1997년 쌍방울그룹 전무이사 1998~2000년 (주)태평양 감사 2000년 파리크라상 부사장 2003년 (주)샤니 대표이사 부사장 2004년 (주)파리크라상 대표이사 부사장 2005~2008년 同대표이사 사장 2008년 (주)샤니 대표이사 사장 2011년 (주)삼립식품 대표이사 사장 2013년 SPC그룹 총괄사장(현)

조상호(趙相鎬) CHO Sang Ho

생1972 · 3 · 15 출전북 고창 주서울 중구 덕수궁길15 서울특별시의회(02-3783-1576) 학1998년 전북대 상과대학 회계학과졸 경세무사(현), 두리세무법인 종로지점 대표, 한국세무사회 중소기업자문위원 2010년 서울시의회 의원(민주당 · 민주통합당 · 민주당 · 새정치민주연합) 2010년 同재정경제위원회 위원 2010년 同예산결산특별위원회 위원 2010년 同시의회개혁과발전특별위원회 위원 2011년 同한강르네상스특혜비리규명행정사무조사특별위원회 위원 2012년 同지하철9호선및우면산터널등민간투자사업진상규명특별위원회 위원 2012년 同경전철민간투자사업조속추진지원을위한특별위원회 위원 2012~2014년 同윤리특별위원회 위원 2012년 同정책연구위원회 위원 2012년 同교통위원회 위원 2013년 同부모교육과행복가정네트워크특별위원회 부위원장 2013년 同남북교류협력지원특별위원회 위원 2013년 同사립학교투명성강화특별위원회 위원 2014년 서울시의회 의원(새정치민주연합 · 더불어민주당)(현) 2014 · 2016년 同운영위원회 부위원장 2014 · 2016년 同도시안전건설위원회 위원 2014~2015년 同의회개혁특별위원회 위원장 2015~2016년 同서울국제금융센터(SIFC)특혜의혹진상규명

을위한행정사무조사특별위원회 위원 2015년 同예산결산특별위원회 위원(현) 2015년 同청년발전특별위원회 위원(현) 2015년 同서소문밖역사유적지관광자원화사업지원특별위원회 부위원장(현) 2015년 同하나고등학교특혜의혹진상규명을위한행정사무조사특별위원회 위원(현) 2016년 同기획경제위원회 위원장(현) 2016년 同서부지역광역철도건설특별위원회 위원(현) [종]천주교

조상휘(趙相彙) CHO SANG HWEE

[생]1960·8·23 [본]배천(白川) [출]서울 [주]서울 마포구 성암로267 문화방송 뉴미디어뉴스국(02-789-0011) [학]1979년 우신고졸 1985년 서울대 심리학과졸 [경]2000년 MBC 보도국 뉴스편집2부 차장대우 2001년 同라디오인터넷뉴스부 차장대우 2003년 同사회1부 차장대우 2003년 同사회1부 차장 2004년 同뉴스편집1부 차장 2005년 同뉴스편집센터 1CP(차장) 2006년 同보도국 문화팀장 2007년 同보도국 뉴스투데이팀장 2007~2008년 同보도국 뉴스투데이팀 부장 2008년 同보도국 문화팀장 2009년 同보도국 문화부장 2010년 同보도국 기획취재부장 2010년 同보도국 뉴스편집2부장 2011년 同보도국 주말뉴스부장 2012년 同보도국 국제부장 2013년 同보도국 편집1센터장 2014년 同뉴미디어뉴스국장(현)

조생현(趙生顯) CHO Saing Hyun (경운)

[생]1946·9·20 [본]함안(咸安) [출]경남 산청 [주]경기 구리시 검배로126 신성빌딩5층 (주)아이엘에이치팜 임원실(031-558-7003) [학]1965년 대광고졸 1970년 성균관대 약학과졸 [경]1979년 예편(해군 소령) 1989년 보령제약(주) 이사 1992년 同상무이사 1995년 同전무이사·그룹 비서실장 1997년 同대표이사 부사장 1998년 한국광고자율심의기구 이사 1999년 한국제약협회 광고심의위원장 2000년 보령제약(주) 대표이사 사장 2000년 해군 OCS 50차 동기생회장 2002년 同회장보좌역(사장) 2003년 대한화장품공업협회 이사 2003년 보령메디앙스(주) 사장 2005년 대광고 17회 동창회 회장·총동창회 부회장 2006년 성균관대 총동창회 이사 2007년 한국패션협회 이사 2009년 보령제약그룹 보령중보재단 상근이사 2012년 同이사 2012~2016년 (주)아이엘에이치팜 대표이사 2016년 同회장(현) [상]전국약학대학술대회 최우수상(1968), 국방부장관표창(1975), 보건복지부장관표창(1997·2007), 국무총리표창(2011) [종]기독교

조 석(趙 石) CHO Seok

[생]1957·9·27 [출]전북 익산 [주]서울 서초구 서운로13 중앙로얄빌딩18층 한국원자력산업회의 임원실(02-6257-2570) [학]1976년 전주고졸 1981년 서울대 외교학과졸 1982년 同대학원 외교학과졸 1997년 미국 미주리주립대 대학원 경제학과졸 2007년 경제학박사(경희대) [경]1981년 행정고시 합격(25회) 1995년 통상산업부 미주통상과 서기관 1997년 同공보담당관 1998년 대통령비서실 외교통상·산업통신행정관 2001년 산업자원부 총무과장 2002년 해외 훈련 2004년 산업자원부 원전사업지원단장 2005년 同원전사업기획단장 2006년 同생활산업국장 2006년 同자원정책심의관 2006년 同에너지정책기획관 2008년 지식경제부 산업경제실 산업경제정책관 2009~2011년 同성장동력실장 2011년 한국산업단지공단 이사장 2011~2013년 지식경제부 제2차관 2013~2016년 한국수력원자력(주) 대표이사 사장 2013년 한국원자력산업회의 회장(현) 2013년 기초전력연구원 비상임이사(현) 2013년 한국표준협회 비상근부회장(현) 2015년 한국수력원자력(주) 원전안전·소통위원회 공동위원장(현) 2015년 세계원전사업자협회(WANO) 회장(현) [상]대통령표창(1988), 녹조근정훈장(2000), 홍조근정훈장(2006), 자력인터스트리서밋(NIS) 공로상(2016) [종]천주교

조석남(趙錫男) CHO Suk Nam

[생]1959·5·5 [출]전북 익산 [주]전북 익산시 선화로579 한국폴리텍대학 익산캠퍼스(063-830-3010) [학]익산남성고졸 1983년 고려대 국어국문학과졸 1987년 중앙대 대학원졸 [경]1984~1990년 스포츠서울 체육부 기자 1990년 스포츠조선 체육부 기자 1996년 同편집부 차장 1999년 同체육1팀장 2001년 同야구부장 2002년 同연예부장 2002년 同편집국장 직대 2003년 同홍보출판실 의실장(부국장급) 2004년 同총무부 사사편찬위원, 서울미디어그룹 상무 겸 독서신문 편집국장, 건국대·경기대·호남대 겸임교수 및 초빙교수 2015년 한국폴리텍대학 익산캠퍼스 학장(현) [상]대한민국교육공헌대상 대학교육부문(2016)

조석래(趙錫來) CHO Suck Rai

[생]1935·11·19 [출]경남 함안 [주]서울 마포구 마포대로119 (주)효성(02-707-7015) [학]1955년 일본 히비야고졸 1959년 일본 와세다(早稻田)대 이공학부졸 1966년 미국 일리노이대 공과대학원졸 2005년 명예 공학박사(일본 와세다대) 2013년 명예 공학박사(미국 일리노이공과대(IIT)) [경]1966~1970년 동양나일론 상임감사·상무이사·전무이사 1970년 同사장 1973년 동양폴리에스터 사장 1975년 효성중공업 사장 1976년 효성물산 사장 1976년 한·덴마크경영협회 위원장 1980년 대한배구협회 회장 1981년 효성중공업 회장 1981년 아시아배구연맹 부회장 1982~1998년 효성그룹 회장 1984년 동양학원 이사장 1986년 한국능률협회 부회장 1987~2007년 전국경제인연합회 부회장 1989~2005년 한·일경제협회 부회장 1992년 한·중경제협회 부회장 1993~1997년 한국경제연구원 원장 1994년 태평양경제협의회(PBEC) 한국위원장 1995년 한강포럼 회장·명예회장 1997년 연세대 국제학대학원 특임교수 1997년 한국경제연구원 부회장 1997년 同회장 1998년 효성T&C 대표이사 회장 1998년 (주)효성 대표이사 회장(현) 2000~2009년 한·미재계회의 한국측 위원장 2002년 태평양경제협의회(PBEC) 국제회장 2004년 同명예회장 2005~2014년 한·일경제협회 회장 2005~2014년 한일산업기술협력재단 이사장 2007~2010년 전국경제인연합회 회장 2008년 대도시기후리더십그룹(C40) 정상회의조직위원회 위원장 2009년 대통령자문 통일고문회의 고문 2010년 서울G20비즈니스서밋조직위원회 공동위원장 2010년 전국경제인연합회 300만고용창출위원장 2011~2014년 (주)카프로 비상임이사 [상]대통령표창(1971·1976), 석탑산업훈장(1972), 동탑산업훈장(1974), 덴마크 다네브로그훈장(1980), 체육포장(1982), 금탑산업훈장(1989), 한국의 경영자상(1994), 미국 일리노이공대 올해의 자랑스런 동문상(1995), 청소년대훈장(1996), 미국 일리노이공대 우수동문상·국제지도자상(2000), 일본 최고훈장 욱일대수장(旭日大綬章)(2009)

조석제(趙碩濟) CHO Suk Jeh

[생]1955·9·27 [본]함안(咸安) [출]부산 [주]서울 영등포구 여의대로128 LG트윈타워 LG경영개발원 정도경영TFT(031-630-6114) [학]1972년 부산고졸 1977년 부산대 경영학과졸 [경]LG화학(주) 경리부장, LG그룹 회장실 감사팀장(이사), 同구조조정본부 재무팀장(상무) 2002년 同구조조정본부 재무팀장(부사장) 2003년 (주)LG 재경부문 부사장 2004년 LG화학 CFO(최고재무관리자·부사장) 2010년 同CFO(최고재무관리자·사장) 2015년 LG경영개발원 정도경영TFT팀장(사장)(현) [상]한국CFO대상(2008), 자랑스러운 부산대인상(2010), 제1회 IFRS재무정보대상 베스트 CFO상(2012) [종]천주교

조석팔(趙錫八) CHO, Sok Pal (日中)

[생]1948·8·4 [출]경북 영양 [주]서울 동대문구 회기로66 한국과학기술정보연구원(02-3299-0231) [학]1976년 광운대 무선통신학과졸 1987년 한양대 대학원 전자통신학졸 1992년 전자공학박사(경희대) [경]1975년 미국 CDC 컴퓨터시스템 엔지니어 1984년 삼성반도체 통신연구소 연구4실장 1986년 삼성전자 정보통신연구소 화상연구실장 1994년 남서울대 정보통신공학과 교수, 同정보통신공학과장 1995년 미국전기전자학회(IEEE) 정회원(현) 1995~2014년 성결대 정보통신공학부 교수 1996년 한국정보통신기술협회(TTA) 특별연구위원 1997년 한국정보보호학회 재무이사 1997년 한국통신학회 기획위원 2000년 국제SIEC/ISBE 한국대표 2001년 성결대 학생지원처장 2002년 同학술정보처장 2002년 ITU 국제전문가(현) 2003~2004년 성결대 기획처장 2004년 同대외협력처장 2005년 同정보처장 2006년 同창업보육센터 소장 2006~2010년 한국정보보호학회 부회장 2007년 e-비지니스학회 부회장 2007·2009~2010년 성결대 공과대학장 2010~2012년 同교무처장 2010~2014년 한국정보기술전략혁신학회(KIITI) 회장 2012년 성결대 부총장 2014년 同명예교수(현) 2014년 한국정보기술전략혁신학회(KIITI) 명예회장(현) 2014년 한국과학기술정보연구원(KISTI) 전문연구위원(현) [상]한양대 우수논문상(1987), 매경정진기 언론문화재단 과학기술대상(1987), 삼성전자 대표이사표창(1990), 교육부장관표창(2014) [저]'의사결정과 정보시스템'(1998) [종]기독교

조 선(趙 瑄) JO Sun

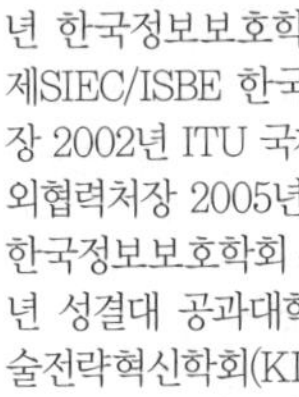

[생]1962·3·21 [출]경남 남해 [주]부산 동구 중앙대로365 부산일보 임원실(051-461-4114) [학]1987년 부산대 정치외교학과졸 [경]1999년 부산일보 경제부 차장 2000년 同국제부장 2001년 同스포츠레저부장 2003년 同경제부장 2004년 同사회부장 2005년 同편집국 부국장 겸 생활과학부장 2006년 同편집국 부국장 2008년 同해양문화연구소장(국장급) 2008년 同광고국장 2010년 同논설위원 2011년 同총무국장 2013년 同기획실장 2013년 부산도시공사 비상임이사(현) 2014년 부산일보 상임감사(현)

조선제(趙善濟) Jo Sun Je
[생]1960·3·15 [주]경남 창원시 의창구 상남로290 경상남도의회(055-211-7368) [학]거창상고졸, 대구공업전문대학 공업경영학과졸 [경]북상면 월성리 이장, 새마을지도자 북상면협의회장, (사)한국농업경영인거창군연합회 부회장, 북상농업협동조합 감사, 원학농업협동조합 이사 2002·2006·2010~2014년 경남 거창군의회 의원(한나라당·새누리당) 2006~2008년 同부의장 2008~2010년 同운영위원장 2012년 同의장 2014년 경남도의회 의원(새누리당)(현) 2014년 同운영위원회 위원 2014년 同농해양수산위원회 위원 2016년 同문화복지위원회 위원(현)

조선혜(女) CHO Sun Hye
[생]1955 [출]인천 [주]서울 서대문구 성산로321 (주)지오영(02-3141-6440) [학]1973년 인일여고졸 1977년 숙명여대 약학과졸 [경]1980년 인천의료원 약제과장 1991년 성창약품 대표이사 2001년 가야식품 대표이사 2002년 지오영 대표이사 회장(현) 2006년 한국의약품도매협회 부회장 2006년 강원지오영 설립 2008년 제주지오영 설립 2009년 영남지역 청십자 인수 2010년 호남지오영·대전지오영 설립, 한국의약품도매협회 이사, 대한약사회 제약유통위원회 이사 2013년 同부회장 2014년 숙명여대 숙명문화재단 이사장(현) [상]강서구약사회장 감사패(2005), 포브스아시아 선정 아시아파워여성기업인(2014), 동탑산업훈장(2014)

조성갑(趙成甲) CHO Sung Kap
[생]1954·8·30 [출]전북 군산 [주]서울 성북구 안암로145 고려대학교 정보보호대학원(02-3290-4998) [학]1974년 익산 남성고졸 1981년 성균관대 국제무역학과졸 1994~1995년 미국 하버드대 비즈니스스쿨 연수 1996년 서울대 행정대학원 정보통신정책과정 수료 2002년 同국가정책과정 수료 2005년 연세대 경제대학원 통상산업과졸 2008년 국제경제학박사(중앙대) [경]1980~2001년 한국IBM 본부장·전문위원·지사장 2001년 한국정보처리학회 부회장 2002~2005년 한국정보통신수출진흥센터 원장 2005년 한국정보산업연합회 자문위원, 국정자문회의 정보통신위원회 위원장 2005년 호서대 초빙교수 2006년 ASEM정상회의 정보통신분과 의장 2006~2007년 현대정보기술(주) 부사장 2006년 (사)유비쿼터스미디어콘텐츠연합 공동대표(현) 2007년 IT전문가협회 기획이사·회장·자문위원(현) 2007~2008년 RTE솔루션 대표이사 2008~2011년 한국전자통신연구원 초빙연구원 2008~2010년 고려대 정보경영대학원 연구교수·초빙교수 2011~2014년 인천정보산업진흥원 원장 2013년 미래창조과학부 과학기술정책자문위원(현) 2014~2015년 한국정보처리학회 회장 2015년 고려대 정보보호대학원 교수(현) 2016년 (사)인터넷윤리실천협의회 회장(현) [상]국민훈장 목련장(2014)

조성겸(趙盛謙) CHO Sung Kyum
[생]1957·1·15 [출]충남 서천 [주]대전 유성구 대학로99 충남대학교 사회과학대학 언론정보학과(042-821-6376) [학]1981년 서울대 신문학과졸 1983년 同대학원 언론정보학졸 1990년 언론정보학박사(서울대) [경]1991~2003년 충남대 신문방송학과 전임강사·조교수·부교수 1999~2000년 미국 아이오와대 School of Journalism 방문교수 2003년 충남대 언론정보학과 교수(현) 2006~2007년 미국 인디애나대 Center for Survey Research 방문교수 2007년 'Indian Journal of Science communication' 편집위원(현) 2008년 충남대 아시아여론연구소(舊 사회조사센터) 소장(현) 2008년 한국언론학회 과학보건커뮤니케이션분과 회장 2009년 통계청 자체평가위원(현) 2010~2015년 병무청 자체평가위원 2010~2013년 여론집중도조사위원회 위원장 2011~2012년 한국조사연구학회 회장 2012~2014년 충남대 사회과학연구소장 2012~2016년 아시아여론조사학회(ANPOR) 회장 2013년 지역신문발전위원회 부위원장(현) 2014~2016년 충남대 사회과학대학장 겸 행정대학원장 2015~2016년 한국언론학회 회장 [상]한국갤럽학술논문상(2004), 2005인구주택총조사 유공자포상(2006), 인도 라자스탄 과학자대회 '제1회 국제과학커뮤니케이션상'(2013) [저]'Fishbein의 다차원적인 태도모형의 타당성에 관한 검증연구' '설득커뮤니케이션 개론(共)'(1992, 나남) '공보관이 되려면(共)'(1992) '공학도를 위한 커뮤니케이션 기법(共)'(2007) '표와 그래프의 효과적인 제시방법'(2010, 통계교육원) '미디어 이용자 조사방법의 문제점과 개선방향(共)'(2010, 여론집중도조사위원회) '생명과학기술의 이해 그리고 인간의 삶(共)'(2012, 궁미디어)

조성관(趙成官) CHO Sung Kwan
[생]1960·4·29 [본]함안(咸安) [출]경기 용인 [주]서울 강남구 테헤란로432 동부금융센터21층 (주)동부메탈(02-3484-1968) [학]1979년 인창고졸 1984년 중앙대 경영학과졸 2008년 연세대 경영전문대학원졸(MBA) [경]1997년 (주)한정화학 과장 2006년 (주)동부한농화학 비료사업관리지원부 상무 2006년 동부한농(주) 비료사업관리지원부 상무 2006~2007년 同재료기획실 상무 2007년 동부제강(주) 재무기획팀 상무 2008년 동부제철(주) 회계팀장(상무) 2010년 同경영지도팀장(상무) 2011~2014년 동부특수강(주) 경영지원실장(상무) 2015년 (주)동부메탈 경영지원실장(상무)(현)

조성구(趙星九) CHO Sung Ku
[생]1953·11·27 [본]밀양(密陽) [출]부산 [주]서울 중구 필동로1길30 동국대학교 공과대학 산업시스템공학과(02-2260-3377) [학]1972년 경기고졸 1976년 서울대 산업공학과졸 1978년 한국과학기술원 산업공학과졸 1986년 경영학박사(프랑스 엑스마르세유제3대) [경]1987~1996년 동국대 산업공학과 조교수·부교수 1996년 同공과대학 산업시스템공학과 교수(현) 2001~2002년 대한산업공학회 부회장 2003~2005년 동국대 정보산업대학장 2005~2007년 同연구처장 겸 산학협력단장 2007~2009년 同공과대학장 겸 정보산업대학장 2010~2012년 대한산업공학회 회장 2011~2012년 동국대 경영부총장 2012년 同남산학사 관장 [상]대한산업공학회 학술대상(2003) [저]'공학경제(共)'(2002, 교학사) [종]불교

조성구(趙誠久) CHO SUNG GOO
[생]1959·8·2 [출]경북 [주]서울 영등포구 선유로75 GS홈쇼핑 글로벌사업본부(02-2007-4130) [학]서강대 경제학과졸 [경]LG홈쇼핑 HR홍보담당 본부장, 同업무미디어담당 본부장 2006년 GS홈쇼핑 업무미디어부문장(상무) 2010년 同업무미디어부문장(전무) 2013년 同글로벌사업본부장(전무)(현) [상]공정거래위원장표창(2010)

조성국(趙成國) Jo, Seong Kook
[생]1954·3·11 [출]충남 홍성 [주]전북 전주시 덕진구 기지로180 국민연금공단 임원실(063-713-5010) [학]1972년 동북고졸 1980년 고려대 농화학과졸 [경]2002년 우리은행 서초2동지점장 2004년 同리스크총괄팀 근무(팀장급) 2007년 同광화문지점장 2008년 우리금융지주 경영감사실장 2010년 同상무 2012~2013년 同전무 2014년 국민연금공단 감사(현)

조성권(趙誠權) CHO Sung Gweon
[생]1967·10·5 [본]풍양(豊壤) [출]충남 부여 [주]서울 종로구 사직로8길39 세양빌딩 김앤장법률사무소(02-3703-1968) [학]1985년 여의도고졸 1989년 연세대 법대졸 1995년 同대학원 법학과졸 [경]1991년 사법시험 합격(33회) 1994년 사법연수원 수료(23기) 1994년 軍법무관 1997년 서울지법 의정부지원 판사 1998년 인천지법 판사 1999년 서울지법 판사 2001년 창원지법 통영지원 판사 2004년 서울행정법원 판사 2006년 서울고법 판사 2007년 대법원 재판연구관 2011~2012년 수원지법 부장판사(사법연구) 2012년 김앤장법률사무소 변호사(현)

조성균(趙成均) Cho, Sung-Kyun
[생]1964·1·7 [본]한양(漢陽) [주]서울 종로구 세종대로209 여성가족부 창조행정담당관실(02-2100-6081) [학]1982년 수성고졸 1986년 단국대 행정학과졸 1988년 同대학원 행정학과졸 [경]1990~1992년 육군 장교 2012년 여성가족부 법무감사정보화담당관실 서기관 2015년 同기획조정실 창조행정담당관(현) [종]원불교

조성남(趙成南·女) Sung-Nam CHO
[생]1954·9·17 [주]서울 서대문구 이화여대길26 이화여자대학교 사회과학부(02-3277-2249) [학]1977년 이화여대 사회학과졸 1979년 同대학원 사회학과졸 1988년 사회학박사(미국 하와이대) [경]1978~1979년 한국과학기술연구소 경제분석실 연구원 1988년 미국 동서문화센터연구원 1988년 미국 하와이대 사회학과 강사 1988년 연세대·서강대 강사 1990년 이화여대 사회과학대학 사회학과 조

교수·부교수·교수, 同사회과학부 사회학전공 교수(현) 1995~1997년 同사회학과장 1997~2001년 同국제교육원장 2002~2006년 한국보건사회학회 부회장 2005년 한국사회학회 부회장 2006~2010년 이화여대 사회과학연구소장 2011~2013년 한국인구학회 감사 2014~2015년 평화의료재단 총재 2015년 이화여대 이화리더십개발원장(현) 2016년 한국사회학회 회장(현) 2016년 한국사회과학협의회 부회장(현) [상]이화여대 우등졸업상(1977), 대한민국학술원 우수학술도서상(2003) [저]'Abortions in korea Seoul National University Press'(1995) 'Korean in America Univ. of Hawaii Press'(1998) '청소년의 하위문화와 정체성'(2002) '에이지붐 시대 : 고령화사회의 미래와 도전'(2004) '생애준비교육과 조부모길잡이'(2004) '한국인은 누구인가?' '성의 눈으로 본 대학사회와 젠더정치' [역]'사회학이론'(2006) [종]기독교

조성남(趙成男) CHO Sung Nam

[생]1958·11·8 [본]경주(慶州) [출]인천 [주]서울 강남구 도산대로202 을지대학교 강남을지병원 원장실(02-3438-1121) [학]1981년 고려대 의과대학졸 1990년 同대학원졸 2001년 배재대 대학원 법학과졸 2005년 同대학원 법학박사과정 수료 [경]미국 UCLA 약물남용연구소 연수 1988~1999년 법무부 치료감호소 일반정신과장 1999년 국립공주정신병원 의료부장 2002~2011년 국립부곡병원 병원장 2011년 을지대 성남캠퍼스 중독재활복지학과 교수(현) 2011년 同부설 을지중독연구소장 2013년 同강남을지병원 원장(현) [상]근정포장(2004) [역]'법정신의학'(2013) [종]기독교

조성대(趙成大) CHO Sung Dae

[생]1954·3·9 [출]경기 이천 [주]서울 종로구 종로26 SK빌딩 SK E&S 임원실(02-2121-3026) [학]1973년 동성고졸 1977년 연세대 통계학과졸 [경]선경 근무, SK DB사업개발팀장(상무대우), 同Cashbag사업부장(상무), 同법인영업본부장(상무) 2007년 구미도시가스 대표이사 2007~2014년 영남에너지서비스(주) 대표이사 사장 2014~2015년 SK E&S 도시가스사업부문장(부사장) 2014~2015년 코원에너지서비스 공동대표이사 겸임 2016년 SK E&S 고문(현)

조성대(趙盛大) CHO SUNG DAE

[생]1962·9·22 [본]풍양(豊壤) [출]충남 부여 [주]서울 영등포구 여의나루로4길 21 현대증권(주) 경영관리부문(02-6114-0114) [학]1980년 강경상고졸 1985년 홍익대 경영학과졸 1992년 同대학원 경영학과졸 [경]현대증권(주) 지원본부장(상무보대우) 2010년 同중부지역본부장(상무보) 2012년 同경영지원본부장(상무) 2015년 同경영지원본부장(전무) 2016년 同경영관리부문장(전무)(현) [종]기독교

조성돈(趙成敦) CHO SUNG DON

[생]1959·8·24 [본]한양(漢陽) [출]강원 평창 [주]경북 경주시 북성로89 한국원자력환경공단 기획조정실(054-750-4114) [학]1978년 환일고졸 1985년 광운대 무역학과졸 1987년 한국외국어대 무역대학원 해운경영학과졸 [경]1987~1990년 김종필 총재 비서·국회의원 보좌관(4급) 1990~1995년 민주자유당 조직부장·사회부장 1995~2003년 자유민주연합 부대변인·대변인실장·홍보국장·정책국장·조직국장 1996~1998년 국회 정책연구위원(2급) 1998년 제15대 대통령직인수위원회 사회문화분과 전문위원 2003~2005년 서울시 양천구 시설관리공단 문화센터 관장 2009~2011년 한국방사성폐기물관리공단 대외협력팀장·전략기획실장 2011년 同경영관리본부장 2013년 同홍보실 전문위원 2013~2014년 한국원자력환경공단 성과관리실장 2015년 同기획조정실장(현)

조성래(趙成來) CHO Sung Rae

[생]1951·8·15 [출]경남 마산 [주]부산 서구 감천로262 고신대학교 의과대학(051-990-6010) [학]1970년 마산고졸 1976년 부산대 의과대학졸 1986년 의학박사(부산대) [경]1977~1981년 부산대병원 흉부외과 전공의 1984~1995년 고신대 의과대학 흉부외과학교실 전임강사·조교수·부교수 1995~2016년 同의과대학 흉부외과학교실 교수 1996년 同의과대학 의예과장 1998년 대한흉부외과학회 이사 2007~2012년 고신대 복음병원장 2010년 同의무부총장 2016년 同의과대학 명예교수(현) [종]기독교

조성래 CHO Sung-Rae

[생]1957 [본]함안(咸安) [주]경기 성남시 분당구 판교역로145 타워2동 삼성물산(02-2145-5138) [학]대구상고졸 1985년 경희대 물리학과졸 [경]1984~1995년 삼성전자(주) 반도체부문 제품기술과장 1995년 同감사팀 차장 1999~2003년 삼성 기업구조조정본부 경영진단팀 상무보 2003년 삼성전자(주) 감사팀 상무보 2004~2009년 同구매전략팀장(상무) 2004~2010년 중소기업중앙회 하도급분쟁조정위원 2009~2010년 삼성전자(주) 상생협력팀장(상무) 2011년 삼성물산 건설부문 글로벌조달센터장(전무) 2011~2014년 同건설부문 감사팀장(전무) 2015년 同건설부문 환경안전팀장(전무) 2016년 同상근고문(현)

조성만(趙成萬) CHO Sung Man

[생]1952·7·1 [본]한양(漢陽) [출]강원 홍천 [주]인천 부평구 새벌로29 (주)금강코엔 회장실(032-330-3680) [학]1995년 아주대 공학대학원 최고경영자과정 수료 1997년 연세대 행정대학원 정책연구과정 수료 2003년 가톨릭대 경영대학원 최고경영자과정 수료 2007년 명예 경영학박사(강원대) [경]금강피엔 회장(현), (주)금강테크 회장(현) 1996년 (주)금강코엔 대표이사 회장(현) 2012~2015년 부천상공회의소 회장 2012년 강원대 초빙교수(현)

조성민(趙誠民) CHO Sung Min

[생]1952·3·15 [본]한양(漢陽) [출]경기 하남 [주]서울 성동구 왕십리로222 한양대학교 법학전문대학원(02-2220-0996) [학]1980년 한양대 법학과졸 1982년 同대학원졸 1988년 법학박사(한양대) [경]1982년 서울교육대·전주대 시간강사 1983~1993년 경상대 법과대학 전임강사·조교수·부교수 1987년 同법학과장 1987년 同법대학장 1993~1996년 한양대 법과대학 조교수·부교수 1995년 사법시험·행정고시·외무고시 출제위원 1996~2008년 한양대 법학과 교수 2000년 행정자치부 정책자문위원 2001년 한양대 학생처장 2002년 국가경찰위원회 위원 2003년 공인중개사시험위원회 위원 2003년 한양대 행정대학원 부동산학과 주임교수 2004년 同법학연구소장 2005년 시인 등단(문예사조) 2006년 한국부동산법학회 회장 2007년 경찰대 외래교수 2009년 한양대 법학전문대학원 교수(현) 2010년 同대외협력처장 2011년 경찰교육원 외래교수 2011년 민주평통 자문위원 2012년 국토연구원 감사 2012년 중원대 교육이사 2013년 서울동부지법 민사조정위원(현) 2014년 한양대 재직교수동문회 회장 2014년 국방부 조사본부 법률자문위원(현) 2014년 인사동시인들 동인회장(현) 2015년 한양대총동문회 상임부회장(현) 2015년 서울북부지법 국선변호운영위원(현) 2016년 아태문인협회 초대이사장(현) [상]한국부동산법학회 학술상(2015) [저]'민법총칙'(1999) '물권법'(2000) '채권법총론'(2000) '채권법각론'(2001) '민법연습'(2003) '친족상속법'(2007) '재산법입문'(2009) '신민법강의'(2013) '채권법강의'(2014) 시집 '행복의 뜨락'(2007) 제2시집 '시간의 절정'(2013)

조성민(趙盛敏) Cho Seong Min

[생]1962·2·11 [본]풍양(豊壤) [출]충남 서천 [주]서울 강남구 테헤란로301 삼정개발빌딩 홈플러스(주) 임원실(02-3459-8560) [학]1981년 전북기계공고졸 1989년 광운대 전자공학과졸 [경]1989년 삼성그룹 공채 입사 1989년 삼성전자 근무 1994년 同도쿄주재원 1997년 삼성물산 유통부문 근무 1999년 삼성테스코(주) 근무 2003년 同운영기획팀장 2005년 同청주점장 2006년 同의정부점장 2008년 同강서점장 2011년 홈플러스(주) 강서점장 2012년 同인천작전점장 2014년 同홍보총괄 이사(현) [종]기독교

조성민(曺成旻) CHO SEONG MIN

[생]1962·9·19 [본]창녕(昌寧) [출]경남 합천 [주]대전 서구 대덕대로168번길64 연합뉴스 대전·충남취재본부(042-521-9700) [학]1980년 춘천제1고졸 1988년 충남대 국문학과졸 [경]1988~1994년 중도일보 기자 1994~2003년 연합뉴스 대전충남취재본부·충청취재본부 기자 2003년 同대전·충남지사 차장대우 2006년 同대전·충남지사 차장 2009년 同대전·충남취재본부 부장대우 2010년 同전국부 부장대우 2011년 同대전·충남취재본부 부장대우 2012년 同대전·충남취재본부장(부장) 2015년 同대전·충남취재본부장(부국장대우)(현) [종]천주교

조성범(趙成範) Seong Beom Cho

[생]1971·1·21 [출]서울 [주]충북 청주시 흥덕구 오송읍 오송생명2로187 국립보건연구원 바이오과학정보과(043-719-8850) [학]1989년 언남고졸 1996년 경희대 의학과졸 2004년 성균관대 의학대학원 생식의학과졸 2009년 이학박사(서울대) [경]1996~1997년 경희대부속 경희의료원 인턴 1997~2001년 삼성서울병원 산부인과 전공의 2001~2004년 군복무(공중보건의) 2009~2013년 질병관리본부 국립보건연구원 바이오과학정보과 연구관 2013년 同국립보건연구원 바이오과학정보과장(현)

조성봉(趙成鳳) CHO Sung Bong

[생]1958·11·28 [본]백천(白川) [출]서울 [주]서울 동작구 상도로369 숭실대학교 경제통상대학 경제학과(02-828-7096) [학]1977년 양정고졸 1982년 동국대 경제학과졸 1985년 연세대 대학원 경제학졸 1991년 경제학박사(미국 Ohio State Univ.) [경]1990~1991년 미국 National Regulatory Research Institute 연구원 1997년 에너지경제연구원 전략정책연구팀장 1998년 同연구기획실장 2000년 同선임연구위원 2002년 한국경제연구원 법경제연구센터 선임연구위원, 同기업연구본부 선임연구위원 2006~2008년 同연구조정실장 2009년 同정책기획실장 2010년 同기업연구실장 2011년 同초빙연구위원 2011년 숭실대 경제통상대학 경제학과 교수(현) [상]지식경제부장관표창(2010) [저]'전력산업 민영화연구'(2000) '전력산업의 개혁방향과 주요 정책과제(共)'(2000) '공정거래법 전면 개편방안(共)'(2004) '법치경제 개혁의 길(共)'(2004) '정부의 역할 그 새로운 도전'(2005) '경제력집중 억제정책과 경쟁정책의 모순'(2006) '정부계획과 시장경제의 왜곡'(2006) '공기업개혁'(2007) '대형 유통업체는 경쟁을 해치는가?'(2010) '이명박 정부 정책평가 및 선진화 과제(共)'(2011) '공공기관의 시장참여 기능 분석'(2013) [종]기독교

조성부(趙成富) CHO Sung Boo

[생]1956·8·18 [출]전북 남원 [주]서울 마포구 마포대로144 태영빌딩11층 뉴스통신진흥회(02-734-4813) [학]전주고졸 1979년 고려대 신문방송학과졸 [경]1978년 동양통신 기자 1990년 연합통신 부에노스아이레스특파원 1998~1999년 한국기자협회 회장·언론개혁시민연대 공동대표 2000년 연합뉴스 경제부장 2002년 同국제뉴스국 기획위원 2003년 同국제뉴스국 전문기자(부국장급) 2003년 同방콕특파원(국장대우) 2006년 同국제뉴스2부 국장대우 2006년 同국제뉴스1부 기획위원 2007년 同광주·전남지사장 2007년 同광주·전남취재본부장 2009년 同논설위원실 고문(국장급) 2011년 同논설위원실 주간(이사대우) 2012년 同수용자권익위원회 위원 2013~2014년 同논설위원실 고문(이사대우) 2014년 뉴스통신진흥회 이사(현) [저]'독일언론이 기록한 격동 한국현대사' [종]가톨릭

조성수(趙成洙) Jo Soung Soo

[생]1953·11·11 [출]전남 곡성 [주]광주 광산구 첨단중앙로23 남부대학교 총장실(062-970-0013) [학]1980년 조선대 문리과졸 1984년 한양대 대학원 미술교육학과졸 2002년 교육학박사(필리핀 세인트도미닉대) [경]1980~1981년 영광 해룡고 교사 1981~1984년 동신전문대 응용미술과 시간강사, 동강대 교수, 캐나다 다민족문화학교 교수, 한국전문대학교육협의회 이사, 2013하계유니버시아드대회 유치위원, 한양대총동문회 상임이사 2004~2008년 전남과학대학 학장 2004~2015년 광주전남지역대학교총장협의회 회장 2008년 전남과학대 총장(현) 2008년 남부대 총장(현) [종]기독교

조성식(趙成植) CHO Soung Sik

[생]1950·9·7 [출]서울 [주]서울 구로구 디지털로26길72 413호 (사)서울시녹색산업협회(070-4367-2108) [학]1968년 보성고졸 1972년 연세대 금속공학과졸 [경]1974년 포항제철(주) 입사, 同경영정책부장, 同경영기획팀장, 同경영기획1실장, 同상무보, 同상무, (주)포스코 경영기획·투자사업담당 전무 2006~2009년 同인디아법인장(부사장) 2009~2012년 포스코파워(주) 대표이사 사장 2012~2014년 포스코에너지 상임고문 2013년 (사)서울시녹색산업협회 회장(현) [상]상공부장관표창, 기후변화그랜드리더스상 기업부문(2011)

조성식(趙聖植) CHO Sung Sik

[생]1952·11·18 [출]부산 [주]서울 강남구 테헤란로408 대치빌딩 SAS코리아 비서실(02-2191-7000) [학]1971년 휘문고졸 1979년 고려대 물리학과졸 [경]EDS 프로젝트 매니저, 현대정보기술 이사, LG EDS 공공사업본부 상무, SAP코리아 부사장 2004년 SAS코리아 대표이사 사장(현)

조성식(趙晟植) CHO Sung Shik

[생]1970·6·26 [본]양주(楊州) [출]서울 [주]서울 광진구 동일로120 신원빌딩3층 사보이(주) 비서실(02-573-7910) [학]1989년 용산고졸 1993년 미국 Univ. of Southern California 경영학과졸 1996년 미국 일리노이대 어배나 교 대학원졸(MBA) 1999년 서울대 공대 최고경영자과정(AP) 수료 2002년 서강대 언론대학원 최고위과정(APIL) 수료 2005년 연세대 특허법무대학원 경영법무학과졸 [경]2001년 대한상공회의소 인력관리위원회 임원 2001년 한국무역협회 통상분과위원회 임원 2005년 (주)사보이상사 대표이사(현) 2005년 (주)사보이투자개발 대표이사(현) 2005년 (주)사보이호텔 부사장(현) 2005년 사보이(주) 대표이사(현) 2006년 KAGE영재교육학술원 원장(현) 2006년 사보이홀딩스 대표이사(현) 2006년 (주)사보이피앤디 대표이사(현) 2007년 Entrepreneurs' Organization(CEO) Korea 회장 2009년 G러닝(주) 이사 2014년 판타지오 공동대표(현) 2015년 미국 일리노이대 한국총동문회 회장(현) [상]산업자원부장관표창, 미국 일리노이대 한국총동문회 공로상(2014) [종]기독교

조성열(趙聖烈) CHO Sung Yurl (갈메)

[생]1936·3·25 [본]한양(漢陽) [출]전남 보성 [주]서울 강남구 압구정로4길7 큐빅디자인연구소(02-548-7931) [학]1959년 서울대 미대졸 1965년 홍익대 건축과졸 1982년 국민대 대학원 건축공학과졸 [경]1966~1973년 신세계백화점 인테리어디자인과장 1966년 큐빅디자인연구소 대표(현) 1972년 조성열 건축전(신세계화랑) 1976년 조성열·박현기 건축전(대구화랑) 1979~1981년 한국실내건축가협회 초대 회장 1981년 서울올림픽 유치위원 1982~2005년 한국건축가협회 초대작가전 1982~1984년 독립기념관 기획위원 1986~1989년 서울올림픽조직위원회 편찬위원장 1991년 한국실내건축대전 심사위원장 1992년 조성열 건축전(예술의전당) 1993~1994년 서울시 경관 심의위원 1999년 조성열전 ART & ARCHITECTURE(예술의전당) 2001~2004년 홍익대 산업미술대학원 겸임교수 [상]한국건축가협회 건축상(1981·1983·1988·1989), 서울올림픽 뉴델리 국제전시회 특별상(1981), 한국실내디자인학회 작품상(1997), 월간디자인 올해의 작품상(1997), 문화체육부 문화공로상 건축부분(1997), 대통령표창(1988), 대한민국 디자인대상(1999), 수지쉐르빌아파트 환경디자인 대상(2006), 대한건축학회 작품상(2009) [저]'조성열 작품집'(1972) '인테리어 디자인-주택편'(1983) '인테리어디자인의 실제'(1988) '세계의 인테리어디자인' '올림픽환경디자인' '큐비즘의 조형세계'(1992) [작]'서울올림픽 바덴바덴 한국관 설계'(1981) '서울올림픽 동베를린 KOEX 홍보관설계'(1984) '독립기념관 전시설계'(1984) '아시안게임 환경디자인'(1985~1986) '삼성제약 본사설계'(1989) '전쟁기념관 전시설계'(1989~1991) '파인힐 체인점들'(1971~1985) '연경' '신공항 고속도로 전시관'(1995) [종]기독교

조성용(趙誠龍) Cho Sung Yong

[생]1962·7·31 [출]경기 김포 [주]대구 동구 첨단로39 한국산업단지공단 산업단지개발실(070-8895-7210) [학]1983년 안양과학대학 토목공학과졸 2008년 한국디지털대 부동산학과졸 [경]1986년 한국산업단지공단 입사 2006년 同김해사업단 단지개발팀장 2008년 同전략사업처 개발전략팀장 2009년 同개발사업처 단지개발팀장 2010년 同산단사업처 산단개발팀장 2012년 同경기지역본부 기획총괄팀장 2013년 同산업단지개발실 건설사업팀장 2015년 同산업단지개발실장 2015년 同산업단지개발실장(1급)(현)

조성용(趙晟容) CHO Sung Yong

[생]1968·11·4 [출]경기 [주]서울 강서구 양천로75길69 (주)경인양행 비서실(02-3665-4001) [학]1993년 서울대 대학원 공업화학과졸 [경](주)경인양행 상무이사(CTO), 同부사장 2011년 同대표이사 사장 2015년 同각자대표이사 사장(현) [상]영국염료염색학회(SDC) 골드메달(2016)

조성우(趙誠宇) CHO Sung Woo (虛堂)

[생]1950·3·22 [본]풍양(豊壤) [출]서울 [주]서울 종로구 새문안로69 구세군회관 3층 (사)민족화해협력범국민협의회(02-761-1213) [학]1968년 서울 대신고졸 1984년 고려대 행정학과졸 1984년 일본 와세다대 정경학부 경제학과 수료 1986년 일본 도쿄대 대학원 국제관계학과 수료 1987년 일본 가큐슈인대 동양문화연구소 수료 [경]1974년 고려대 비상총학생회장 1975년 가톨릭학생연맹사건관련 7년 언도 1978년 민주청년협의회 의장 1979년 명동YMCA 위장결혼사건 주도·계엄령위반으로 수배 1980~1982년 김대중 내란음모사건에 연루 1983년 일본으로 추방 1987년 귀국 1988년 평화연구소 설립·소장 1989년 전국민족민주운동연합 특별위원회 상임집행위원 1989년 평화연구소 관련 1년 복역 1990년 베를린남북해외실무회담 남측 대표 1990년 베를린회담관련 1년6월 선고 1992년 민주주의민족통일전국연합 자주통일위원장 1994년 자주평화통일민족회의 정책위원장 1994년 범민족대회관련 수배 1996년 바르샤바남북회담 관련 1년6월 선고 1998년 자주평화통일민족회의 공동의장 2000~2003년 (재)민주화운동기념사업회 이사 2000년 (사)민족화해협력범국민협의회 집행위원장 2000년 고려대민주동우회 회장 2000년 자주평화통일민족회의 상임의장 2001~2002

년 (사)민족화해협력범국민협의회 공동의장 2001년 민족공동행사 남측추진본부 공동대표 겸 상임집행위원장 2003년 신당연대추진회의 상임대표 2003년 개천절민족공동행사준비위원회 공동준비위원장·민족평화축전 조직위원 2003~2006년 (사)민족화해협력범국민협의회 상임의장 2003~2004년 한반도미래전략연구소 이사장 2003년 열린우리당 중앙당 상임중앙위원, 남북평화교류특별위원회 위원장 2003~2010년 한민족운동연합단체 상임대표 2007~2009년 대신고총동문회 회장 2007~2013년 (사)민족화해협력범국민협의회 공동의장 2008~2014년 한국민주주의전당건립범국민추진위원회 상임집행위원장 2012년 6·15공동선언실천남측위원회 상임대표(현) 2013~2015년 (사)민족화해협력범국민협의회 상임의장 2014년 도시의농부들협동조합 이사장(현) 2014년 우리겨레하나되기운동본부 이사장(현) 2015년 (사)민족화해협력범국민협의회 지도위원(현) 2015년 민주주의국민행동 공동대표(현) ⚫천주교

조성욱(趙成郁) CHO Sung Wook

⚫1941·10·8 ⚫한양(漢陽) ⚫전남 함평 ⚫서울 강남구 학동로401 금하빌딩4층 법무법인 정률(02-2183-5713) ⚫1957년 학다리고졸 1962년 성균관대 법정대학졸 1988년 서울대 경영대학원 최고경영자과정 수료 ⚫1961년 고등고시 사법과 합격(13회) 1962년 육군 법무관 1966~1975년 전주지검·광주지검·청주지검·부산지검 검사 1975년 대검찰청 검찰연구관 1977년 서울지검 검사 1979년 청주지검 차장검사 1980년 대검찰청 검찰연구관 겸 서울고검 검사 1980년 대구지검 형사1부장 1981년 전주지검 차장검사 1982년 광주고검 차장검사 1983년 제주지검장 1985년 청주지검장 1985년 광주지검장 1987년 수원지검장 1989년 광주고검장 1991~1993년 법무부 차관 1993년 변호사 개업, 법무법인 일신 대표변호사 2001년 새천년민주당 법률구조단장 2009년 법무법인 정률 변호사, 同고문변호사(현) ⚫황조근정훈장

조성욱(曺成旭) CHO Sung Wook

⚫1962·12·31 ⚫부산 ⚫서울 서초구 서초중앙로119 KETI타워 7층 조성욱법률사무소(02-586-8800) ⚫1981년 경성고졸 1985년 서울대 법대졸 ⚫1985년 사법시험 합격(27회) 1988년 사법연수원 수료(17기) 1988년 육군 법무관 1991년 서울지검 남부지청 검사 1993년 춘천지검 강릉지청 검사 1994년 서울지검 검사 1996년 수원지검 검사 1998년 국회 법제사법위원회 입법심사관 2000년 부산고검 검사 2000년 청주지검 제천지청장 2001년 서울지검 부부장검사 2002년 해외 파견(미국 스탠퍼드대) 2003년 울산지검 공안부장 2004년 대검찰청 범죄정보1담당관 2006년 서울중앙지검 형사4부장 2007년 부산고검 검사 2007년 국가청렴위원회 파견 2008년 대검찰청 범죄정보기획관 2008년 대통령 민정2비서관 2009년 법무연수원 기획부장(검사장급) 2011년 법무부 기획조정실장 2012년 대전지검장 2013년 서울서부지검장 2013년 광주고검장 2015년 대전고검장 2016년 변호사 개업(현) ⚫황조근정훈장(2013)

조성욱(趙成旭·女) JOH SUNG WOOK

⚫1964·1·15 ⚫서울 관악구 관악로1 서울대학교 경영대학(02-880-9384) ⚫1982년 청주여고졸 1986년 서울대 경제학과졸 1988년 同대학원 경제학과졸 1994년 경제학박사(미국 하버드대) ⚫1994년 미국 뉴욕주립대 경제학과 조교수 1997년 한국개발연구원(KDI) 연구위원 2003년 고려대 경영학과 교수 2005년 서울대 경영대학 재무·금융전공 부교수(현) 2008년 세계통화기금(IMF) 초빙연구위원 2013년 금융위원회 증권선물위원회 비상임위원(현) 2016년 한국금융정보학회(FISK) 회장(현)

조성원

⚫1958·8 ⚫서울 ⚫서울 중구 세종대로92 한화손해보험(주) 임원실(02-316-0200) ⚫1976년 덕수상고졸 ⚫1976년 신동아화재보험 입사 2008년 한화손해보험(주) 재무담당 상무보 2009년 同재무담당 상무 2012년 同자산운용부문장(상무) 2016년 同자산운용부문장(전무)(현)

조성원(趙星媛·女) Sung-won Cho

⚫1960·3·7 ⚫서울 노원구 화랑로621 서울여자대학교 인문대학 영어영문학과(02-970-5427) ⚫1983년 서강대 국어국문학과졸 1985년 미국 위스콘신대 메디슨교 대학원졸 1994년 문학박사(미국 텍사스대 오스틴교) ⚫1994년 서강대·아주대 강사 1996년 명지대 교양영어 강의조교수 1997~2000년 국제비교문학회 번역분과 위원 1998년 서울여대 인문대학 영어영문학과 부교수·교

수(현) 2003년 同교양교육부장 2007~2009년 同대외협력실장 2008~2009년 同홍보실장 겸임 2009년 同대외협력홍보실장 2010년 同대외협력홍보처장 2011~2012년 同국제협력부장 2014~2015년 한국비교문학회 회장 2015년 서울여대 인문대학 영어영문학과장 ⚫'그리스 로마극의 세계'(2000)

조성원(趙誠願) CHO Seong Won

⚫1969·6·1 ⚫풍양(豊壤) ⚫서울 ⚫경기 성남시 분당구 분당로55 퍼스트타워11층 (주)조이시티 대표이사실(070-4000-8933) ⚫1996년 동국대 경제학과졸 ⚫1996년 (주)대우 재경팀 근무 2000년 (주)미래와사람 투자사업부 근무 2001년 (주)인티즌 마케팅본부장 2004년 (주)엔도어즈 부사장 2006~2013년 同대표이사 사장 2011년 넥슨코리아 퍼블리싱사업본부장 2012년 同사업개발센터장 2013년 (주)조이시티 대표이사(현) ⚫글로벌스탠다드 경영대상-신상품혁신부문(2008), 대한민국게임대상 최우수상(2008), 대한민국인터넷상 국무총리상(2009), 한국을 빛낸 무역인상(2009), 5백만불 수출의 탑(2009), 1천만불 수출의 탑(2010), 대한민국게임대상 우수상(2012)

조성을(趙誠乙) CHO Sung Eul

⚫1956·1·9 ⚫경북 상주 ⚫경기 수원시 영통구 월드컵로206 아주대학교 인문대학 사학과(031-219-2850) ⚫1982년 서울대 동양사학과졸 1984년 연세대 대학원 사학과졸 1992년 철학박사(연세대) ⚫1993년 아주대 사학과 조교수·부교수 1999년 한국사연구회 이사 2000년 미국 뉴욕주립대 교환교수 2002년 한국사상사학회 감사 2002년 아주대 인문대학 사학과 교수(현) 2003년 한국실학학회 이사 2005년 同편집위원 2007~2009·2013년 아주대 박물관장(현) 2013·2015년 한국사학사학회 회장(현) ⚫'한국의 역사가와 역사학'(2004) '조선후기 사학사 연구'(2004) '한국중세의 정치사상과 주례'(2005) '한국실학사상연구2-정치경제학편'(2006) ⚫'유교 경전의 의해' '주서백선'(2000)

조성인(趙成仁) CHO Seong In

⚫1956·7·7 ⚫서울 ⚫서울 관악구 관악로1 서울대학교 농업생명과학대학 바이오시스템·소재학부(02-880-4606) ⚫1984년 서울대 농공학과졸 1986년 미국 퍼듀대 대학원졸 1989년 공학박사(미국 퍼듀대) ⚫미국 퍼듀대 농공학과 박사후과정 연구원, 미국 플로리다대 객원연구원, 서울대 전산실장, 同농업과학공동기계센터 연구지원부장, 캐나다 브리티시컬럼비아대 객원연구원, 서울대 상록사 부사감, 同생물자원공학부 농업기계전공 주임교수, 同생물자원공학부 부교수, 同농업생명과학대학 바이오시스템·소재학부 교수(현) 2010년 同SNU-Valley사업단장 2011~2015년 同그린바이오과학기술연구원장

조성일(趙聖一) CHO Sung Il

⚫1954·12·13 ⚫서울 ⚫서울 동작구 흑석로84 중앙대학교 국제대학원(02-820-5624) ⚫경기고졸 1977년 서울대 경제학과졸 1985년 미국 미시간대 국제경제대학원졸 1989년 경영학박사(미국 미시간대) ⚫1985~1987년 미국 미시간대 경영학과 강사 1987~1993년 미국 Syracuse대 경영학과 조교수 1993~1995년 정보통신정책연구원(KISDI) 선임연구원 1995~1999년 한림대 경영학부 부교수 1999년 중앙대 국제대학원 교수(현) 2001~2005년 同국제대학원장 2001~2007년 (주)LG데이콤 사외이사 겸 감사위원 2001~2013년 기획재정부 공공기금투자풀운영위원회 위원 2002년 정보통신부 산하기관경영평가단장 2002~2005년 기획예산처 기금운용평가단장 2005~2006년 싱가포르국립대 경영대학 교환교수 2007~2013년 중앙대 국제대학원장 2009~2013년 조달청 원자재시장분석위원회 위원 2009~2013년 기획재정부 기금운용평가단 위원 2009년 서울시 국제교류기금운영위원회 위원(현) 2010년 기획재정부 성과평가위원회 위원(현) 2011~2013년 중앙대 글로벌인적자원개발대학원장 2012~2015년 키움증권(주) 사외이사 2013년 공공기관자산운용평가단 단장(현) 2014~2015년 LS자산운용 사외이사 2016년 이베스트투자증권 사외이사(현), 중앙대 통번역연구소장(현) ⚫부총리 겸 기획재정부장관표창(2014) ⚫'20대를 위한 스마트 금융생활 가이드'

조성재(趙誠宰)

⚫1956·12·23 ⚫충남 부여 ⚫대전 유성구 가정로267 한국표준과학연구원 신기능재료표준센터(042-868-5114) ⚫재료공학박사(한국과학기술원) ⚫1985년 한국표준과학연구원(KRISS) 연구원 2007~2008년 (사)출연(연)연구발전협의회 총연합회장 2008~2011년 한국표준과학연구원(KRISS) 산업측정표준본부장 2010~2013년 아시아·태평양측정표준협력기구

(APMP) 재료측정(TCMM)기술위원장 2015년 한국표준과학연구원(KRISS) 정책협력부장 2016년 同신기능재료표준센터 책임연구원(현)

조성제(趙成濟) CHO Sung Je

(생)1948 · 2 · 26 (출)경남 마산 (주)부산 부산진구 황령대로24 부산상공회의소(051-990-7000) (학)1966년 마산고졸 1972년 부산대 공대 조선공학과졸 2006년 同경영대학원 AMP 수료(17기) 2006년 同국제전문대학원 국제통상학과졸 2009년 국제학박사(부산대) (경)1972년 (주)대한조선공사 설계부 근무 1978년 현대중공업(주) 선실설계부 부서장 1984년 부일산업(주) 대표이사 2002~2013년 BN그룹 회장 2006~2012년 부산무역상사협의회 회장 2007~2009년 한국무역협회 부회장 2010년 駐부산 오스트리아 명예영사(현) 2011년 대선주조(주) 대표이사 회장 2012년 부산상공회의소 회장(현) 2012년 한국해양산업협회 공동대표(현) 2013년 BN그룹 명예회장(현) 2013년 시원공익재단 이사장(현) 2015년 대한상공회의소 부회장(현) (상)국세청장표창(1990), 국무총리표창(1996), 산업자원부장관표창(2001), 은탑산업훈장(2006), 철탑산업훈장(2009), 대한민국 해양대상(2012), 금탑산업훈장(2015)

조성제(趙成濟)

(생)1953 · 5 · 6 (주)대구 중구 공평로88 대구광역시의회(053-803-5095) (학)2009년 계명문화대학 경영학과졸, 경북대 경영대학원졸, 계명대 정책대학원 수료 (경)한국비철 대표, 대구상공회의소 기업발전협의회 수석부회장, 同상공의원 2010년 대구시 달성군의원선거 출마(한나라당), 새누리당 대구시당 운영위원회 부위원장, 달성군체육회 부회장, 달성군 화원읍 번영회장, 달성군 논공상리공단협의회 회장 2014년 대구시의회 의원(새누리당)(현) 2014년 同운영위원회 간사 2014년 同기획행정위원회 위원 2014~2015년 同예산결산특별위원회 위원 2016년 同건설교통위원회 위원장 (상)한국소비자경영평가원 우수의정행정대상(2014)

조성제(趙成濟) CHO, Seongjei

(생)1956 · 1 · 7 (본)함안(咸安) (출)경북 칠곡 (주)부산 남구 문현금융로30 5층 BNK금융경영연구소(051-620-3181) (학)1974년 대전고졸 1978년 연세대 경제학과졸 1993년 미국 미시간주립대 대학원 경제학과졸 (경)1978년 한국은행 입행 1982~1995년 同조사국 근무 · 학술연수 1995년 청와대 국가경쟁력강화기획단 파견 1997년 한국은행 조사국 금융제도팀장 · 금융재정팀장 2002년 同런던사무소 부소장 2005년 同금융안정분석국 안정분석팀장 2007년 同광주전남본부 기획조사실장 2008년 同금융안정분석국 부국장 2009년 同대구경북본부장 2012년 同커뮤니케이션국 교수 2013~2015년 BS금융지주 BS금융경영연구소장 2015년 BNK금융지주 BNK금융경영연구소장(현) (저)'한국 은행산업의 진로(共)'(2000) (종)불교

조성제(趙性濟) Cho Seong Je

(생)1966 · 10 · 5 (출)경남 합천 (주)부산 연제구 법원로28 부산법조타운 법무법인 국제(051-242-9908) (학)1985년 부산 성도고졸 1990년 서울대 사법학과졸 (경)1990년 사법시험 합격(32회) 1993년 사법연수원 수료(22기) 1993~1996년 육군 법무관 1996년 부산지법 판사 1999년 변호사 개업, 법무법인 국제 변호사 2011~2014년 同대표변호사 2015년 同변호사(현)

조성주(趙誠宙) CHO SUNG JOO

(생)1967 · 8 · 31 (출)서울 (주)경기 과천시 교육원로118 국가공무원인재개발원 리더십개발부(044-201-8370) (학)1986년 천안북일고졸 1993년 서울대 인류학과졸 1995년 同대학원 행정학과졸 (경)1994년 행정고시 합격(38회) 2002년 중앙인사위원회 급여정책과 사무관 2003년 同사무처 서기관 2006년 同고위공무원지원단 역량평가과장(서기관) 2007년 同급여정책과장 2008년 행정안전부 급여정책과장 2008년 同성과후생관실 성과급여기획과장 2009년 대통령실 인사비서관실 근무 2011년 해외 파견(서기관) 2014년 안전행정부 인사실 인력기획과장 2014년 인사혁신처 인력개발국 인력기획과장 2015년 同인사관리국 인사정책과장(부이사관) 2016년 국가공무원인재개발원 리더십개발부장(국장급)(현) (상)근정포장(2014)

조성준(趙誠俊) CHO Sung Joon

(생)1948 · 12 · 18 (본)한양(漢陽) (출)광주 (학)1966년 서울 중앙고졸 1973년 고려대 법과대학졸 1990년 同정책대학원 수료 2004년 동국대 행정대학원 북한학과 수료 (경)1990년 한국노동조합총연맹 선임정책연구위원 겸 홍보실장 1990년 同중앙집행위원 1990년 경제정의실천시민연합 중앙위원 1992년 민주당 성남중원 · 분당지구당 위원장 1992년 同노동특별위원회 선거대책본부장 1996년 제15대 국회의원(성남 중원, 국민회의 · 새천년민주당) 1996년 국민회의 총재특보 1998년 同원내부총무 · 직능위원장 2000년 새천년민주당 직능위원장 2000~2004년 제16대 국회의원(성남 중원, 새천년민주당) 2000년 새천년민주당 노동특별위원장 2002년 同제3정책조정위원장 · 대표 비서실장 2003년 同제3정책조정위원장 · 경기도지부장 직대 · 대표 사회특보 2004년 제16대 국회의원(성남 중원, 무소속) 2004년 열린우리당 국민참여위원장, 고려대 법학과 외래교수 2006~2007년 경제사회발전노사정위원회 위원장(장관급) 2007년 대통합민주신당 정동영 대통령후보 비서실장 2008년 통합민주당 제18대 국회의원 후보(성남 중원) 2008~2010년 민주당 직능위원장 2008~2011년 同성남중원지역위원회 위원장 (종)불교

조성진(趙成珍) JO Seong Jin

(생)1956 · 7 · 10 (출)충남 보령 (주)서울 영등포구 여의대로128 트윈타워 LG전자(주) H&A사업본부(02-3777-1114) (학)2006년 부산대 경영대학원 최고경영자과정(AMP) 수료 (경)1976년 LG전자(주) 입사 1995년 同세탁기설계실 부장, 同연구실장, 同사업부장, 同세탁기연구소 상무 2007년 同세탁기사업부장(부사장) 2012년 同홈어플라이언스(HA)사업본부장(사장) 2014년 同홈어플라이언스&에어솔루션(H&A)사업본부장(사장) 2015년 同각자대표이사 사장(홈어플라이언스&에어솔루션(H&A)사업본부장)(현) (상)산업자원부 선정 '대한민국 산업기술 10대 기술 대상'(2006), 동탑산업훈장(2007), 한국품질경영학회 글로벌품질경영인대상(2016)

조성진

(생)1994 · 5 · 28 (출)서울 (학)서울예고졸, 프랑스 파리 국립고등음악원 수학 (경)2005년 금호영재콘서트로 데뷔 2008년 모스크바 국제청소년 쇼팽 피아노 콩쿠르 최연소 우승 2008년 모차르트홀 독주회 2009년 일본 하마마쓰 국제피아노 콩쿠르 최연소 우승 2009년 모차르트홀 독주회 2011년 꿈의숲아트센터 독주회 2011년 차이콥스키기념 국제콩쿠르 피아노부문 3위 2012년 수레울아트홀 독주회 2014년 아르투르 루빈스타인 국제 피아노 콩쿠르 3위 2015년 쇼팽 국제피아노콩쿠르 우승 2016년 프랑스 솔레아매니지먼트 소속(현) (상)모스크바 국제청소년 쇼팽 피아노 콩쿠르 심사위원상(2008), 오케스트라 협연상(2008), 대원음악상 신인상(2011), 오늘의 젊은 예술가상 음악부문 특별상(2015), 포니정 혁신상(2016)

조성찬(趙誠贊) seong chan cho

(생)1959 · 1 · 19 (출)서울 (주)경기 과천시 상하벌로110 국립과천과학관 관장실(02-3677-1300) (학)1978년 우신고졸 1984년 아주대 기계공학과졸 1997년 영국 맨체스터대 대학원 과학기술정책학과졸 (경)2004년 과학기술부 연구개발국 기계전자기술과장 2004년 同과학기술협력국 동북아기술협력과장 2005년 同원자력안전과장 2006년 同원천기술개발과장 2007년 同원천기술개발과장(부이사관) 2007년 한국원자력통제기술원 파견 2008년 교육과학기술부 정책조정지원과장 2009년 同과학기술정책과장 2010년 국립중앙과학관 과학전시연구단장 2011년 국가과학기술위원회 기획관리관(고위공무원) 2012년 중앙공무원교육원 교육파견(고위공무원) 2013~2015년 대통령소속 국가지식재산위원회 지식재산전략기획단 지식재산정책관 2015년 미래창조과학부 국립과천과학관장(현)

조성철(趙聖鐵) CHO SUNG CHUL (一先)

(생)1951 · 5 · 20 (본)횡성(橫城) (출)경남 마산 (주)서울 영등포구 여의대방로69길23 한국금융IT빌딩8층 한국사회복지공제회 임원실(02-3775-8899) (학)1970년 창신고졸 1979년 경남대졸 1999년 대구대 사회개발대학원 사회복지학과졸 2004년 경상대 대학원 행정학 박사과정 수료 2011년 명예 사회학박사(러시아국립사회대) 2013년 명예 철학박사(대구대) (경)1985년 한길장학회 회장(현) 1987년 경남종합사회복지관 관장(현) 1992년 경남보육교사교육원 겸임교수(현) 1999년 창원지법 보호관찰협의회 위원(현) 2002~2011년 사회복지법인 인애복지재단 대표이사 2002~2005년 한국재가노인복지협회 회장 2004년 (

재)가원장학재단 수석이사(현) 2007년 경상행정학회 회장(현) 2008~2014년 제 17·18대 한국사회복지사협회 회장 2009~2010년 국민대 행정대학원 사회복지전공 외래교수 2009~2011년 중앙대 행정대학원 사회복지전공 외래교수 2009년 창원대 사회복지대학원 겸임교수(현) 2009~2013년 국무총리실 사회보장심의위원회 위원 2009~2011년 국민권익위원회 명예국민권익상담원 2010~2011년 대통령 사회통합수석비서관실 정책자문위원 2011~2013년 대통령소속 사회통합위원회 경남지역협의회 위원 2011~2014년 민주평통 인권복지위원회 위원장 2011년 반부패국민운동연합 상임부회장(현) 2012년 복지TV 사회복지분야 고문(현) 2012년 한국사회복지공제회 이사장(현) 2013~2014년 한국자원봉사협의회 공동대표 2013~2015년 국무총리실 사회보장위원회 위원 2015~2016년 민주평통 자문위원 2016년 생명문화 상임대표(현) [상]보건사회부장관표창(1992·1998), 대통령표창(1999), 러시아 국립사회대 금명예훈장 '숭고한 노력'(2011), 국민훈장 동백장(2014) [저]'참된 의미의 인간관'(1993, 경창사) '보육교사 2급 양성과정 표준교재'(1993, 경남보육교사교육원) '아동학대예방론'(1995, 영광사) '아동학대의 원인과 실태'(1997, 경남보육교사교육원) '자원봉사의 이론과 실제'(1998, 동남기획) '노인주간보호사업의 효율적 운영방안'(2000, 한국재가노인복지협회) '개호복지론'(2001, 경향사) '한국재가노인복지의 현황과 과제'(2003, 한국재가노인복지협회) '한국재가노인복지사업 10년사'(2003, 한국재가노인복지협회) '2008년도 사회복지행정·회계 매뉴얼'(2008, 한국사회복지사협회) '윤리경영실천가이드북'(2008, 한국사회복지사협회) '한·일 아동학대 예방 관련법 및 제도비교'(2008, 한국사회복지사협회) '2008 사회복지시설 종사자 보수체계 개선연구'(2008, 한국사회복지사협회) '사회복지사를 위한 북한이탈주민 정착지원매뉴얼'(2009, 한국사회복지사협회) '소외계층 녹색복지 증진사업 맞춤형 푸른녹지공간 조성 가이드라인'(2009, 한국사회복지사협회) '사회복지시설 유형별 맞춤형 푸른녹지공간 설계를 위한 연구'(2009, 한국사회복지사협회) '2009년 소외계층 녹색복지증진사업 사회복지 녹색희망프로젝트 화보집'(2009, 한국사회복지사협회) '한·일 국제포럼 동북아시아의 사회복지 미래'(2010, 한국사회복지사협회) '사회복지시설 녹색복지 증진을 위한 녹지공간 활용 및 관리교육'(2010, 한국사회복지사협회) '2010 한국 사회복지사 기초통계 연감'(2010, 한국사회복지사협회) '사회복지현장실습 실태조사 및 지침서'(2010, 한국사회복지사협회) '소통! 어떻게 할 것인가?'(2011, 한국사회복지사협회) '2011년 한국 사회복지사 기초통계연감'(2011, 한국사회복지사협회) '사회복지사 인력활용방안 연구'(2011, 한국사회복지사협회) '칼럼집 : 행복한 사회복지사가 행복한 사회를 만든다'(2013, 한국사회복지사협회) [종]기독교

조성철(趙成喆) CHO Sung Chul

[생]1952·10·4 [본]한양(漢陽) [출]충남 청양 [주]충남 홍성군 홍북면 상하천로58 내포그린에너지(주)(041-631-2901) [학]1993년 서울산업대 기계설계학과졸 1995년 연세대 대학원 공업경영학과졸(공학석사) 2003년 기계공학박사(건국대) [경]1977년 강원산업(주) 입사 1979년 (주)롯데건설본부 대리 1982년 롯데건설(주) 해외사업부 과장 1993년 롯데 건설본부 부장 2000년 롯데쇼핑(주) 건설사업본부 이사대우 2001년 롯데건설(주) 이사대우 2005년 同플랜트사업본부장·청라에너지(주) 대표이사 2006년 롯데건설(주) 플랜트사업본부장(상무) 2008년 同플랜트사업본부장(전무) 2012~2013년 同플랜트사업본부장(부사장) 2012~2014년 서울과학기술대 겸임교수 2014년 내포그린에너지(주) 대표이사(현) [상]대통령표창(2009) [종]천주교

조성철(趙成哲)

[생]1970·8·26 [출]전북 남원 [주]전북 부안군 부안읍 동중2길15 부안해양경비안전서(063-928-2119) [학]1989년 전주 상산고졸 1998년 서울대 법대 공법학과졸 [경]2003년 사법시험 합격(45회) 2007년 사법연수원 수료(36기) 2007년 경정 특채(고시) 2007년 해양경찰청 레저기획계장 2009년 전북 군산해양경찰서 수사과장 2011년 해운대 여름해양경찰서장 2014년 해양경찰청 국제협력담당관 2014년 국민안전처 중부지방해양경비안전본부 상황담당관 2015년 同서해지방해양경비안전본부 경비안전과장(총경) 2016년 同부안해양경비안전서장(현)

조성태(趙成台) CHO Seong Tae

[생]1942·11·3 [본]한양(漢陽) [출]충남 천안 [학]1960년 서울사대부고졸 1964년 육군사관학교졸(20기) 1974년 육군대학졸 1987년 경북대 경영대학원 수료 1991년 동국대 행정대학원 안보정책학과졸 [경]1988년 육군본부 군사연구실장 1989년 육군 제56사단장 1991년 국방부 정책기획관 1992년 육군 제1군단장 1993년 국방부 정책실장 1995년 육군 제2군사령관 1996년 예편(대장) 1997~1999년 한국발전전략연구원 고문·국방대학원 초빙교수·동국대 행정대학원 객원교수 1999~2001년 국방부 장관 2002년 동국대·한남대 행정대학원 초빙교수 2002년 한국군사문제연구원 자문위원 2004~2008년 제17대 국회의원(비례대표, 열린우리당·대통합민주신당·통합민주당) 2005년 열린우리당 안보특별위원회 위원장 2008년 태양금속공업(주) 사외이사, 동국대·호서대 초빙교수 [상]인헌무공훈장(1966), 보국훈장 삼일장(1982), 보국훈장 천수장(1987), 대통령표창(1991), 보국훈장 국선장(1994), 청조근정훈장(2002) [저]'1980년대 육군전략'(1979) '1990년대 육군정책방향'(1988)

조성택(趙性澤) Sungtaek Cho

[생]1957·11·19 [본]한양(漢陽) [출]부산 [주]서울 성북구 안암로145 고려대학교 문과대학 철학과(02-3290-2023) [학]1981년 고려대 영어영문학과졸 1986년 동국대 대학원 인도철학과졸 1995년 철학박사(미국 캘리포니아대 버클리교) [경]1995~2001년 미국 뉴욕주립대 스토니브룩교 Assistant Professor 1996년 국제원효학회 간사 1998~2004년 미국 종교학회 한국종교그룹 회장 2001년 한국불교학회 이사 2002년 인도철학회 이사 2002년 한국철학회 편집이사 2002년 불교학연구회 이사 2002년 고려대 인문학부 철학과 부교수 2004년 미국 종교학회 상임운영위원 2005년 한국학술진흥재단 인문사회지원단 전문위원 2006~2007년 同인문학단장 2006년 고려대 문과대학 철학과 교수(현) 2007년 同국제한국학센터 소장 2008년 同민족문화연구원 부원장 2008년 인문한국기획위원회 위원장 2010~2012년 대한불교조계종 화쟁위원회 위원 2012~2014년 (사)우리는선우 이사장 2013~2015년 대통령소속 인문정신문화특별위원회 철학위원 2014년 시민행성 공동대표 2014년 화쟁아카데미 대표(현) 2015년 고려대 민족문화연구원장(현) 2015년 함께하는 경청 상임이사(현) 2015년 인문학연구소협의회 회장(현) 2016년 대한불교조계종 화쟁위원회 부위원장(현) [상]不二賞(학술연구부문)(2003), 올해의 학진인상(2006), 불교평론 올해의 논문상(2012), 원효학술상(2013) [저]'Encyclopedia of Buddhism(Yujong)'(2003) 'Transculturality : Epistemology, Ethics, and Politics(Hermeneutic Pluralism of Wonhyo)'(2004)

조성필(曺聖弼)

[생]1970·1·30 [출]전남 화순 [주]경기 수원시 영통구 월드컵로120 수원지방법원(031-210-1114) [학]1988년 광주제일고졸 1993년 서울대 법학과졸 1997년 同대학원 수료 [경]1995년 사법시험 합격(37회) 1998년 사법연수원 수료(27기) 1998년 광주지법 판사 2000년 同순천지원 판사 2002년 수원지법 판사 2005년 서울중앙지법 판사 2007년 서울동부지법 판사 2010년 서울고법 판사 2011년 대법원 재판연구관 2013년 광주지법 부장판사 2015년 수원지법 부장판사(현)

조성하(趙星河) CHO Sung Ha

[생]1959·4·22 [출]부산 [주]서울 영등포구 여의대로128 트윈타워 LG전자(주) 임원실(02-3777-1114) [학]1978년 부산 배정고졸 1982년 서울대 경영학과졸 1985년 同대학원졸 [경]LG전자(주) 정보통신사업본부 전략기획팀 근무, 同홍콩법인 관리담당, LG반도체(주) 통상경영실 근무, LG전자(주) 정보통신사업본부 전략지원경영기획팀 상무, 同MC사업본부 한국사업부장(상무) 2007년 (주)LG 경영관리팀장(상무) 2008년 LG전자(주) MC한국사업부장(부사장) 2010~2013년 同유럽지역 대표(부사장) 2014년 同MC사업본부 한국영업담당 부사장 2014년 同MC사업본부 한국영업FD담당 부사장(현)

조성한(趙成漢) Cho Sung Han

[생]1957·10·22 [출]서울 [주]서울 동작구 흑석로84 중앙대학교 공공인재학부(02-820-5512) [학]1980년 연세대졸 행정학과졸 1984년 同대학원 행정학과졸 1990년 미국 시카고대 대학원 공공정책학과졸 1994년 사회정책학박사(미국 시카고대) [경]1995년 한국행정연구원 수석연구원 1999~2010년 중앙대 행정학과 교수 1999년 대우재단 이사(현) 2005~2007년 중앙대 언론매체부장 2007년 한국조직학회 회장 2010년 중앙대 공공인재학부 교수(현) 2012~2013년 同중앙도서관장 겸 박물관장 [저]'사회복지행정서비스 전달체계 연구'(1998) '정책평가과정에서의 NGO의 역할'(2003) '재단독립'(2003) '인사행정의 이해'(2004) '사회복지정책론'(2006) '현대인사행정론'(2007)

조성형(趙聖衡) Cho Sung Hyoung

[생]1963·8·18 [주]서울 종로구 종로1길50 더케이트윈타워 A동 매일유업 경영지원본부(02-2127-2113) [학]1982년 천안북일고졸 1986년 서울대 식품공학과졸 [경]CJ(주) 인사파트장(부장) 2005년 同인사팀장 2010년 CJ제일제당(주) 인재원 부원장(상무) 2011~2013년 CJ(주) 인사팀장(부사장) 2014년 매일유업 경영지원본부장(부사장)(현)

조성호(趙成浩) CHOH Sung Ho

[생]1935·11·7 [본]한양(漢陽) [출]함북 청진 [주]서울 성북구 안암로145 고려대학교 물리학과(02-3290-3090) [학]1954년 예산농고졸 1958년 서울대 물리학과졸 1960년 同대학원 물리학과졸 1968년 이학박사(미국 브라운대) [경]1961~1963년 연세대 물리학과 전임강사 1968~1971년 캐나다 맥마스터대 박사후연구원 1971년 고려대 물리학과 부교수 1974~2001년 同물리학과 교수 1979년 영국 옥스퍼드대 방문과학자 1987년 미국 브라운대 객원교수 1991년 고려대 기초과학연구소장 1992년 同이과대학장 1994~1996년 기초과학지원연구소 서울분소장 1994년 한국과학기술한림원 회원 1995년 同종신회원(현) 1995년 국가과학기술자문회의 위원 1997년 영국 물리학회(IOP) Fellow 2000~2002년 한국자기공명학회 회장 2001년 고려대 명예교수(현) 2001년 한국기초과학지원연구원 서울센터 명예연구원(현) 2011년 대한민국학술원 회원(물리학·현) [상]한국물리학회 논문상(1983), 국민훈장 목련장(1987), 3.1문화상(1990), 한국물리학회 성봉물리학상(2000), 옥조근정훈장(2001), 대한민국학술원상(2004) [저]'자기공명방법'(1991) '고체자기공명 이론과 실험' [역]'고체물리학'(共) [종]기독교

조성호(趙誠鎬) Cho, Sung Ho

[생]1960·2·21 [본]한양(漢陽) [출]서울 [주]서울 성동구 왕십리로222 한양대학교 융합전자공학부(02-2220-0390) [학]1978년 고려대사대부고졸 1982년 한양대 전자공학과졸 1984년 미국 아이오와대 대학원 전자컴퓨터공학과졸 1989년 전자컴퓨터공학박사(미국 유타대) [경]1989~1992년 한국전자통신연구원(ETRI) 선임연구원 1992년 한양대 공대 전자공학과 조교수·부교수·교수(현) 2000년 국가평생교육진흥원 (NILE) 학점은행운영본부 학점인정심의위원회 분과위원(현) 2000~2003년 (주)제퍼스미디어통신 대표이사(교수창업) 2002~2004년 일본 와세다대 국제정보통신연구과 강의교수 2006년 한양대 BK21플러스 융합IT기반미래가치창조인력양성사업단 대외협력위원장(현) 2006~2009년 同컴퓨터교육위원회 위원장 2007년 한국산업기술진흥협회 NT인증 및 장영실상 심사위원(현) 2007년 KOTRA 글로벌인재사업단 고용추천서(골드카드)발급 평가위원(디지털전자 분야)(현) 2008~2012년 중국 北京郵電大學 111 Fellowship of Hight-Level Visiting Scientist(고등초빙과학자) 2008~2014년 한양대 첨단무선인식·통신기술연구센터장 2010년 한국과학기술단체총연합회 국제협력팀 해외고급과학자초빙사업 IT분과 평가위원(현) 2011~2012년 국가과학기술위원회 지식재산전문위원회 전문위원 2012년 중국 교육부 초청 High-Level Foreign Expert Fellowship, 北京郵電大學 초빙교수(현) 2013~2014년 한양대 공과대학 부학장 2015년 同공과대학 2학장(현) [상]한국음향학회 학술상(1994), TI Korea DSP Design Contest 우승(2000), 한양대 Best Researcher상 기술이전부분(2008), 대한전자공학회 DSP Design Contest 최우수상(2008), Creative DSP Design Contest Xilinx상(2008), International Conference on Communication Theory, Reliability, and Quality of Service, Colmar, France, 최우수논문상(2009), IEEE International Conference on Network Infrastructure and Digital Content, Beijing, China, 한국과학기술단체총연합회장표창(2014) [역]'신호와 시스템'(1998) '신호와 시스템'(2001) '확률 및 랜덤프로세스'(2009)

조성환(趙成煥) Cho Sung-hwan

[생]1956·12·14 [본]한양(漢陽) [출]서울 [주]서울 서초구 헌릉로25 한국연구재단(02-3460-5661) [학]1975년 서울고졸 1979년 서울대 지리교육학과졸 1982년 同법과대학원 수료 1996년 미국 하버드대 행정대학원 정책학과졸 [경]1980년 외무고시 합격(14회) 1980년 외무부 입부 1983년 駐LA 영사 1987년 駐터키 2등서기관 1991년 한국국제협력단 파견 1992년 駐일본 1등서기관 1997년 외무부 북미3과장 1998년 외교통상부 북미3과장 1999년 駐남아프리카공화국 참사관 2002년 駐뉴질랜드 공사참사관 2006년 통일부 경수로사업지원기획단 파견 2006년 한반도에너지개발기구 청산업무지원대사 2007년 駐오만 대사 2010~2013년 강원도 국제관계대사 2014년 한국연구재단 정책연구위원(현) [상]홍조근정훈장(2014)

조성환(曺盛煥) CHO Sung Hwan

[생]1959 [출]경남 밀양 [주]경남 창녕군 창녕읍 종로38의6 창녕경찰서(055-520-9100) [학]1978년 경남 세종고졸 1986년 창원대 무역학과졸 2001년 부산대 대학원 행정학과졸 [경]1986년 경위 임관(경찰간부 후보 34기) 2006년 부산지방경찰청 정보통신담당관(총경) 2007년 경남 합천경찰서장 2008년 경남 밀양경찰서장 2009년 울산지방경찰청 경비교통과장 2010년 부산중부경찰서장 2011년 부산지방경찰청 홍보담당관 2012년 부산사하경찰서장 2014년 부산지방경찰청 청문감사담당관 2015년 부산사상경찰서장 2016년 부산지방경찰청 정보화장비과장 2016년 경남 창녕경찰서장(현) [상]대통령표창(2009)

조성훈(趙成勳) CHO Sung Hoon

[생]1961·1·12 [출]서울 [주]서울 영등포구 의사당대로 143 금융투자센터빌딩 한국자본시장연구원(02-3771-0600) [학]1979년 경희고졸 1985년 서울대 경영학과졸 1985년 同대학원 경영학과졸 1995년 경영학박사(미국 오하이오주립대) [경]1985~2000년 KT 근무 2001~2008년 한국증권연구원 연구위원·연구조정실장 2008년 한국증권학회 이사 2008년 한국증권연구원 부원장 2009년 한국자본시장연구원 부원장 2014년 同선임연구위원(현)

조세영(趙世暎) Sei Young Cho

[생]1961·10·11 [본]함안(咸安) [출]서울 [주]부산 사상구 주례로47 동서대학교 국제학부(051-320-1630) [학]1980년 신일고졸 1984년 고려대 법학과졸 [경]1984년 외무고시 합격(18회) 1986~1987년 외무부 장관비서관 1989년 일본 게이오대 방문연구원 1990년 駐일본 2등서기관 1994년 駐예멘 1등서기관 1996년 대통령비서실 의전과장 1998년 외교통상부 동북아1과 서기관 1999년 駐샌프란시스코 영사 2001년 駐일본 경제과장 2004년 외교통상부 동북아통상과장 2006년 駐중국 참사관 2008년 駐일본 공사참사관 2010년 駐일본 공사참사관(고위공무원) 2011년 외교통상부 동북아시아국장 2013년 동서대 국제학부 특임교수(현) 2015년 同일본연구센터 소장(현) [저]'봉인을 때려하는가 : 미·일동맹을 중심으로 본 일본의 헌법개정문제'(2004) '한일관계50년, 갈등과 협력의 발자취'(2014, 대한민국역사박물관)

조세철(趙世鐵) CHO Se Cheol

[생]1959·12·11 [주]광주 서구 내방로111 광주광역시의회(062-613-5003) [학]2009년 조선대 정치외교학과졸, 同경영대학원 수료 [경]금남로지하상가번영회 회장 2006년 광주시 동구의원선거 출마(비례대표), 민주당 광주시당 상무위원, (사)밀알중앙회 광주시 동구지회장 2010년 광주시 동구의원선거 출마(민주당), 박주선 국회의원 사무국장 2014년 새정치민주연합 광주시당 창당발기인 2014년 광주시의회 의원(새정치민주연합·더불어민주당)(현) 2014년 同산업건설위원회 위원 2014년 同운영위원회 위원 2014·2016년 同도시재생특별위원회 위원(현) 2016년 同제2부의장(현) 2016년 同환경복지위원회 위원(현) 2016년 同윤리특별위원회 위원(현) 2016년 同예산결산특별위원회 위원(현)

조세환(曺世煥) CHO Se Hwan

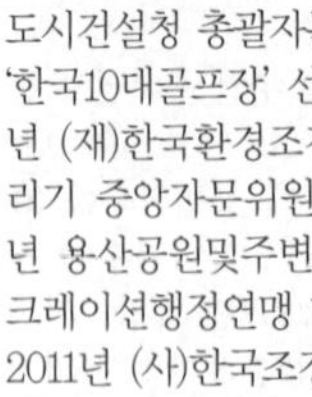

[생]1953·4·18 [출]경북 김천 [주]서울 성동구 왕십리로 222 한양대학교 도시대학원 도시경관생태조경학과(02-2220-0274) [학]1972년 김천고졸 1977년 영남대 조경학과졸 1981년 서울대 환경대학원 조경학과졸 1994년 도시공학박사(한양대) [경]1996~1998년 경북도 문화재전문위원 2003년 한양대 도시대학원 도시경관생태조경학과 랜드스케이프 어바니즘전공 교수(현) 2003년 同공학대학원 생태조경학과 조경·생태복원전공 주임교수(현) 2005~2009년 서울시 건설기술심의위원 2005~2007년 서울 강남구 도시계획위원 2006년 LH공사 총괄건축가(MA) 2008~2012년 同자문위원 2008~2012년 행정중심복합도시건설청 총괄자문위원 2008년 (사)한국경관학회 이사 2008년 서울경제 '한국10대골프장' 선정위원(현) 2009년 (사)한국조경학회 회장 2009~2010년 (재)한국환경조경발전재단 이사장 2009~2010년 국토해양부 4대강살리기 중앙자문위원 2010년 LH공사 친환경인증심의위원(현) 2010~2011년 용산공원및주변부종합정비계획 상임자문 2010~2012년 국제공원및레크레이션행정연맹 한국위원회 위원장 2010~2011년 인천시 도시경관위원 2011년 (사)한국조경학회 고문(현) 2011년 (재)한국환경조경발전재단 고문(현) 2011~2012년 한양대 도시대학원장 2011~2013년 서울시 도시공원위원 2011년 同한강르네상스특화공원 MP 자문위원 2012년 LH공사 총괄조경가(MLA) 2012년 (사)한국전통조경학회 고문(현) 2012년 경기도시공사 자문위원(현) 2012~2014년 (사)한국도시설계학회 이사 2012~2014년 수도권광역경제발전위원회 자문위원 2013년 '당인리 서울복합화력발전소 공원화사업' 총괄전문가(PA) 2013년 (사)한국조경사회 고문(현) 2013~2016년 국토교통부 용산공원추진협의회 의장 2013년 同용산공원추진위원회 위원(현) 2015년 (사)한국정원디자인학회 고문(현) 2015년 국방부 미국기지이전사업단 자문위원(현) 2015년 전남도 기본경관계획 총괄경관계획가(MLP)(현) [상]제13회 올해의 조경인상(2010), 제8회 자랑스러운 조경인상(2011), 국토교통부장관표창(2013) [저]'경주문화의 이해'(1997, 도서출판 중문) '새로 읽는 경주문화'(1999, 도서출판 중문) '조경설계론'(1999, 기문당) '도시와 인간'(2005, 나남출판사) '한국의 미술-일본의 미술'(동경 소화당) '한국조경의 도입과 발전 그리고 비전'(2008, 도서출판 조경) [종]불교

조세희(趙世熙) CHO Se Hee

[생]1942·8·20 [본]양주(楊州) [출]경기 가평 [학]1961년 보성고졸 1963년 서라벌예술대 문예창작학과졸 1965년 경희대 국어국문학과졸 [경]1965년 경향신문 신춘문예 '돛대없는 장선'으로 당선 1997~1999년 계간「당대비평」 편집인 1999년 문화개혁시민연대 공동대표 1999~2000년 경희대 국어국문학과 겸임교수 2008년 예스24 선정 '이 시대 한국의 대표작가' [상]동인문학상(1978), 자랑스러운 보성인상(2007) [저]'심문' '칼날' '뫼비우스의 띠' '우주여행' '난장이가 쏘아올린 작은 공'(1978) '시간여행'(1983) '침묵의 뿌리'(1985) '하얀 저고리'(1996) '육교위에서' '궤도회전' '은강 노동 가족의 생계비' '잘못은 신에게도 있다' '난장이 에필로그' '클라인씨의 병' '민들레는 없다' '내 그물로 오는 가시고기' '과학자' '오늘 쓰러진 네모' '철장화1' '긴팽이 모자'

조소언(趙昭彦) CHO So Eun

[생]1940·6·6 [본]함안(咸安) [출]경북 경산 [주]경기 화성시 팔탄면 율암길223 (주)유양디앤유 회장실(031-350-7440) [학]1958년 대구상고졸 1965년 중앙대 법학과졸 [경]1965~1976년 광명산업(주) 입사·상무이사 1976년 (주)유양정보통신 대표이사 1996년 同회장 2008년 (주)유양디앤유 회장(현) [상]동탑산업훈장, 대한민국 국민상 [종]불교

조소연(趙蘇衍) CHO So Yeon

[생]1964·4·8 [본]풍양(豊壤) [출]충남 서천 [주]대전 유성구 대덕대로755 행정자치부 정부통합전산센터 운영기획관실(042-250-5100) [학]1983년 군산중앙고졸 1987년 고려대 행정학과졸 1989년 서울대 행정대학원 행정학과졸 [경]1990년 행정고시 합격(34회) 2002년 중앙인사위원회 직무분석과장 2003년 同성과관리과장 2006년 同인재조사담당관 2008년 행정안전부 고위공무원제도과장 2008년 同행정진단센터 제도진단과장 2009년 同행정진단센터 제도진단과장(부이사관) 2009년 지방자치단체국제화재단 교류연수국장 2011년 충남도 복지보건국장 2011년 행정중심복합도시건설청 기획조정관(고위공무원) 2013년 대전시 기획관리실장 2015년 행정자치부 정부세종청사관리소장 2015년 同정부서울청사관리소장 2016년 同정부통합전산센터 운영기획관(현) [상]근정포장(2001), 홍조근정훈장(2010)

조소현(曺沼鉉) CHO So Hyun

[생]1957·12·14 [본]창녕(昌寧) [출]강원 강릉 [주]서울 서초구 서초중앙로160 종합법률 로서브(02-3476-7500) [학]1976년 서울 중앙고졸 1980년 고려대 법학과졸 1989년 同대학원 민사법학과졸, 同대학원 법학 박사과정 수료 [경]1981년 사법시험 합격(23기) 1983년 사법연수원 수료(13기) 1983년 軍법무장교 1986년 변호사 개업 1991년 서울시의회 의원 1998년 서경대 법과대학 겸임교수 2001년 법무법인 로서브 대표변호사, 종합법률 로서브 대표변호사(현) 2004년 청소년폭력예방재단 감사 2005년 서울시의회 고문변호사 2008년 삼성제약 사외이사 2010년 전북은행 사외이사 2012년 신반포중 운영위원장, 서울 서초구의회 고문변호사(현), 크라운제과 고문변호사(현), 세로토닌문화 고문변호사(현), 국립생태원 고문변호사(현), 새마을운동중앙회 고문변호사(현), LH공사 고문변호사(현), (재)어린뫼장학재단 이사장(현) [저]'법치대한민국의 조건'(2014) [종]천주교

조송래(趙宋來) Jo, Song-Rae

[생]1957·9·5 [출]경북 안동 [주]서울 종로구 세종대로209 국민안전처 중앙소방본부(02-2100-0800) [학]대구대 행정학과졸, 경북대 대학원 행정학과졸 [경]1985년 소방간부후보생(4기) 2000년 성주소방서장 2002년 영주소방서장 2004년 경북소방학교장 2009년 소방방재청 소방행정개선기획단장·소방제도과장 2010년 경기도 제2소방재난본부장 2011년 경북소방본부장 2011년 중앙소방학교장 2013년 소방방재청 119구조구급국장 2014년 同차장(소방정감) 2014년 국민안전처 중앙소방본부장(소방총감)(현) [상]대통령표창(2004), 홍조근정훈장(2011)

조송만(曺松萬) CHO SONG MAN

[생]1960·3·7 [출]전남 신안 [주]서울 서초구 사평대로16 (주)누리텔레콤 비서실(02-781-0627) [학]1979년 목포고졸 1984년 전남대 계산통계학과졸 [경]1984~1991년 (주)대우통신 근무 1992년 (주)에이티아이시스템 설립 1994년 同대표이사 2000년 (주)누리텔레콤 대표이사 사장(현) 2009년 (주)누리플레이 대표이사 사장 2009년 (주)넥스지 관리이사 2010~2014년 同대표이사 사장 2010~2012년 한국스마트그리드협회 이사 2010~2013년 코스닥협회 이사 2010년 ATC(우수기술연구센터)협회 이사(현) 2011년 (주)누리비스타 대표이사 사장(현) 2012년 (주)누리스타덕스 사장(현) 2012년 (주)누리스퀘어 대표이사 사장 2013년 한국소프트웨어산업협회 이사(현) 2014년 코스닥협회 부회장(현) 2016년 벤처기업협회 이사(현) [상]자랑스러운 중소기업인상(2007), 코스닥대상(2009), 최우수테크노경영상(2009), 벤처기업대상 지식경제부장관표창(2009), IT이노베이션대상 대통령표창(2009), 산업포장(2015)

조송현(趙松鉉)

[생]1961·3·5 [출]경남 하동 [주]부산 서구 구덕로225 동아대학교 부민캠퍼스 국제전문대학원 국제중재학과(051-200-8403) [학]1981년 진주고졸 1985년 경희대 물리학과졸 1987년 同대학원 수료 [경]1990년 국제신문 입사 1994년 同문화부 기자 1997년 同정치부 기자 2000년 同문화부 차장 2003년 同경제부 차장 2005년 同사회2부장 2007년 同논설위원 2008년 同경제부장 2010년 同사회1부장 2011년 同정치부장 2012년 同편집부국장 2013년 同뉴미디어국 부국장 2014년 同광고국장 2014년 同뉴미디어국장 2014년 同논설위원 2016년 동아대 국제전문대학원 국제중재학과 겸임교수(현)

조수미(曺秀美·女) Sumi Jo

[생]1962·11·22 [본]창녕(昌寧) [출]서울 [주]서울 강남구 강남대로310 SMI엔터테인먼트(02-3461-0976) [학]1981년 선화예고졸 1986년 이탈리아 산타체칠리아음악학교 성악과졸 1993년 서울대 성악과 2년 수료 [경]유병무·이경숙교수에게 사사, Giannella Borelli에게 사사 1986년 '리골레토' 질다역으로 데뷔 1995년 미국 피츠버그독창회에서 로림마젤과 협연 1995년 런던필과 한국에서 협연 1995년 광복50주년 기념공연 1996년 브라질 부에노스아이레스에서 '마술피리' 공연 1998년 방정환재단 발기이사 2002년 부산아시안게임 홍보대사 2002년 외교부 문화홍보담당 외교사절(Diplomatic Envoy for Cultural Affairs and Information)(현) 2002년 2010세계박람회(EXPO)유치위원회 홍보대사 2003년 서울시 홍보대사 2003년 2010평창동계올림픽유치위원회 홍보대사 2005년 국가이미지 홍보대사 2008년 인천국제공항 홍보대사 2010년 대한적십자사 친선대사 2010년 2018평창동계올림픽유치위원회 홍보대사 2011년 2013순천만국제정원박람회 홍보대사 2011년 중앙선거관리위원회 공명선거홍보대사 2012년 2014인천아시안게임 홍보대사 2016년 웨일스 카디프 국제성악콩쿠르 'BBC 카디프 싱어 오브 더 월드(BBC Cardiff Singer of the World)' 심사위원(현) [상]나폴리 Zonta 국제콩쿠르 1위(1985), 시칠리아 Enna 국제콩쿠르 1위(1985), 트리에스터 Vlotti 국제콩쿠르 1위(1985), 바로셀로나 Vinas 국제콩쿠르 1위(1986), 베로나 국제콩쿠르 1위(1986), 난파상(1992), 이탈리아 Forli 황금기러기상(1993), 김수근 문화상(1994), 칠레 최고음악가상(1994), 대한민국 문화훈장(1995), 프랑스 비평가 선정 'Grand Palmier'(1997), 유네스코 선정 '평화예술인'(2003), 국제 푸치니상(2008), PETA 공로상(2012), 대원음악상 대상(2013), 티베리니 금상(2015), 다비드 디 도나텔로 영화제 주제가상(2016) [저]'노래에 살고 사랑에 살고'(1997) '꿈꾸는 프리마돈나 조수미'(2010, 창해) [작]음반 'Le Comte Ory' 'CARNAVAL' '새야새야'(1993) '아리아리랑' 'ROMANTIC' 'CaroMio Ben' 'Only Love' 'Be Happy- Falling in Love with Movie' 'Ich Liebe Dich'(2010)

조수용 Suyong Joh

[생]1974·1·25 [주]경기 성남시 분당구 판교역로235 에이치스퀘어N동7층 카카오(070-7492-1300) [학]서울대 산업디자인학과졸 1999년 同대학원졸 [경]프리챌 디자인센터장 2003년 NHN 디자인총괄 2007년 同CDM부문장 2007~2010년 同이사 2010년 제이오에이치 대표 겸 크리에이티브 디렉터(현) 2011년 '매거진 B' 창간 2012년 건강식당 '일호식' 대표 2013년 아메리칸 다이닝 세컨드 키친 대표 2013년 'Ed Bag' 런칭 2014년 영종도Nest hote·여의도Glad hotel 브랜딩·디자인 총괄 2016년 카카오 브랜드디자인 총괄부사장(현) [상]대한민국디자인대상 디자인경영 공로부문 국무총리표창(2007), 나눔글꼴 캠페인 '칸느 크리에이티브' PR부문 은상(2007), '칸느 크리에이티브' 디자인부문 은상(2013) [저]'나음보다 다름(共)'(2015)

조수원(趙壽遠) CHO Soo Won

[생]1952·8·27 [본]한양(漢陽) [출]전북 전주 [주]서울 강남구 남부순환로2714 한국건설기술관리협회 임원실(02-3460-8600) [학]1971년 전주고졸 1975년 육군사관학교 토목과졸 1988년 연세대 산업대학원 도시계획공학과졸 [경]1981~1994년 건설부 도로국 근무 1994년 건설교통부 도로국 근무 1996년 유엔 아·태경제사회위원회(ESCAP) 파견 1999년 건설교통부 국가지리정보팀

장 2000년 제주지방국토관리청장 2000년 원주지방국토관리청 건설관리실장 2001년 논산국도유지사무소장 2001년 부산지방국토관리청 건설관리실장 2002~2004년 건설교통부 도로관리과장 2006년 (주)유신코퍼레이션 대표이사 사장 2008~2014년 한국건설설계협회 회장 2010년 (주)용마엔지니어링 사장 2012~2014년 (주)신성엔지니어링 사장 2014년 한국건설기술관리협회 상근부회장 2015년 同자문역(현) [상]건설부장관표창(1984), 대통령표창(1993), 교통봉사상(1995), 녹조근정훈장(2002) [종]기독교

조수익(曺洙益) JO Soo Ik

[생]1946 · 3 · 11 [출]충북 [주]경남 창원시 성산구 중앙대로60 삼현철강(주) 비서실(055-252-6060) [학]1965년 경복고졸 1969년 연세대 행정학과졸 [경]1969년 ROTC 소위 임관 1971년 만기 제대 1973년 포항제철(주) 근무 1976년 제철판매(주) 근무 1977~1978년 대호철강(주) 대표이사 1978~1984년 삼현철강상사 사장 1984~2014년 삼현철강(주) 대표이사 사장 2014년 同사장(현)

조수인(趙秀仁) CHO Soo In

[생]1957·1·13 [본]한양(漢陽) [출]서울 [주]서울 서초구 서초대로74길11 삼성전자(주) 임원실(02-2255-0114) [학]1975년 용산고졸 1979년 서울대 전자공학과졸 [경]1979년 삼성전자 입사 1994년 同메모리본부 메모리설계 연구사원(임원) 1997년 同메모리본부 DRAM설계팀장(이사) 1998년 同메모리본부 DRAM설계팀장(상무) 2000년 同메모리사업부 DRAM개발2실장(전무) 2003년 同메모리사업부 DRAM개발실장(부사장) 2007년 同반도체총괄 메모리사업부 메모리제조센터장 2007년 同반도체총괄 메모리사업부장 2009년 同반도체사업부 메모리담당 사장 2011년 삼성모바일디스플레이 대표이사 사장 2011년 한국디스플레이산업협회 부회장 2012년 同회장 2012년 삼성디스플레이 OLED사업부장(사장) 2012~2015년 삼성전자(주) 의료기기사업부장(사장) 2013~2016년 삼성메디슨 대표이사 2016년 삼성전자(주) 상담역(현) [상]삼성그룹 1M DRAM개발 기술대상(1986), 삼성그룹 0.6㎛급 초미세가공기술개발 기술대상(1989), 전자전기 200억불 수출탑(1992), 삼성그룹 256M DRAM개발 기술대상(1994)

조수행(趙壽行) CHO Soo Haeng

[생]1964 · 2 · 25 [출]충남 당진 [주]서울 강서구 하늘길78 한국공항공사 여객지원실(02-2660-2301) [학]1990년 충남대 경영학과졸 [경]1990년 한국공항공단 임용(5급甲) 1992년 同감사실 감사1과 근무 1996년 同사천지사 관리과장(3급) 2002년 한국공항공사 여수지사 운영부장(2급) 2006년 同제주지역본부 운영단 운영계획팀장 2008년 同포항지사 운영팀장 2008년 同노무복지팀장 2010년 同경영관리실장(1급) 2011~2014년 同인사관리실장 2014년 국방대 교육파견 2015년 한국공항공사 여수지사장 2016년 同여객지원실장(현) [상]국토해양부장관표창(2009) [종]기독교

조수형(趙秀衡) CHO Soo Hyung

[생]1954 · 3 · 15 [출]강원 강릉 [주]경남 창원시 성산구 두산볼보로160 볼보그룹코리아(주) 임원실(055-260-7004) [학]강릉고졸, 인하대 기계공학과졸 [경]대우중공업 근무, 삼성중공업 생산기술부장, 볼보그룹코리아(주) 공장장(전무), 同창원공장장(부사장)(현) [상]국가산업발전공로표창, 동탑산업훈장(2013) [종]천주교

조 숙(趙 淑 · 女)

[생]1960 · 5 · 30 [주]서울 중랑구 양원역로38 서울시 북부병원 원장실(02-2036-0208) [학]이화여대 의대졸, 가톨릭대 대학원 의학석사, 의학박사(가톨릭대) [경]이화여대 부속병원 · 가톨릭의대 부속병원 전공의, 미국 Univ. of Texas Health Science Center 연수, 인하대 산부인과교실 교수, 서울의료원 산부인과장 2015년 서울시 북부병원 원장(현)

조 순(趙 淳) CHO Soon (少泉 · 春軒)

[생]1928·2·1 [본]풍양(豊壤) [출]강원 강릉 [주]서울 관악구 관악로1 서울대학교 경제학부(02-880-6360) [학]경기고졸 1949년 서울대 상대 전문부졸 1960년 미국 보오든(Bowdoin)대 대학원졸 1967년 경제학박사(미국 캘리포니아대 버클리교) 1994년 명예 법학박사(미국 보오든대) 2000년 명예 경제학박사(러시아 경제학교) [경]1949~1950년 강릉농업학교 교사 1951년 육군 보병9사단 통역장교 1951년 육군사관학교 수석고문관실 통역장교 1952~1957년 同교수부 전임강사 1960~1965년 미국 캘리포니아대 조교·강사 1965~1967년 미국 뉴햄프셔대 조교수 1968~1969년 서울대 상대 부교수 1968~1973년 同경제연구소장 1969~1975년 同상대 교수 1969~1976년 국무총리 기획조정실 평가교수 1969~1976년 한국은행 조사1부 고문교수 1970~1988년 서울대 경제학과 교수 1972~1973·1976년 경제기획원 외자도입심사위원 1975년 서울대 사회과학대학장 1978년 국제경제학회 회장 1981~1985·1987~2015년 대한민국학술원 회원(경제학) 1982년 서울대 사회과학연구소장 1987년 미국 국제경제연구소(IIE) 객원연구원 1988~1990년 부총리 겸 경제기획원 장관 1991년 국가과학기술자문회의 자문위원 1991년 통일부 통일고문회의 고문 1992~1993년 한국은행 총재 1993년 同고문 1993~1995년 도산서원 원장 1994년 이화여대 석좌교수 1995~1997년 서울특별시장(민주당·새정치민주연합) 1997년 민주당 총재 1997~1998년 한나라당 총재 1998~2000년 제15대 국회의원(강릉乙 보선, 한나라당·민주국민당) 1998~2000년 한나라당 명예총재 2000년 민주국민당 창단준비위원장·대표최고위원 2001년 (사)인간개발연구원 명예회장 2002~2003년 신품질포럼 초대위원장 2002~2015년 명지대 경제학과 명예교수 2002년 안중근의사숭모회 이사장 2002년 서울대 명예교수(현) 2002년 민족문화추진회 회장 2003년 대통령직속 국민경제자문회의 부의장 2004년 SK(주) 사외이사 2005년 과학선현장영실선생기념사업회 회장 2005년 코아로직 사외이사 2005~2008년 한국학중앙연구원 이사장 2005년 풍양조씨연수원 원장 2006년 한반도선진화재단 고문 2007~2010년 SK에너지(주) 사외이사 2009년 (사)한·러문화경제협회 명예회장 [상]茶山경제학상, 매경 이코노미스트상, 서울대 상대 총동창회 빛내자상(1995), 駐韓미8군 감사패(한미친선에 기여한 공로)(1996), 자랑스런 서울대인상(2008), 국민훈장 무궁화장(2014) [저]'한국경제의 이론과 현실'(1990) 'The Dynamics of Korean Economic Development in Korea'(1994) '새로운 선거문화를 위하여'(1995) '열린사회는 휴머니스트가 만든다'(1995) '경제학원론 해답집(共)'(1998) '창조와 파괴-경제재생을 위한 조순의 제안'(1999) '한자공부, 절대로 하지 마라?'(2004) '한국경제의 현실과 진로' '중장기 경제개발전략에 관한 연구' 'J.M.케인즈' '화폐금융론' '한국경제의 이해' [역]'아시아의 근대화' '케인즈 일반이론'

조순구(趙舜九) CHO Soon Koo

[생]1951 · 3 · 1 [출]서울 [주]서울 도봉구 도봉로719 인터엠(주) 비서실(02-2289-8007) [학]1976년 성균관대 경제학과졸, 일본 와세다대 비즈니스스쿨 수료 [경]1980년 삼도물산 근무 1991년 인켈(주) 근무 · 도쿄지사장 1991~1995년 인켈PA(주) 대표이사 사장 1995년 인터엠(주) 대표이사 사장(현) 2006~2008년 인터엠미디어(주) 대표이사 사장 [상]통상산업부장관표창, 중소기업청 및 중소기업중앙회 선정 '1월의 자랑스러운 중소기업인'(2008), 전국중소기업인대회 금탑산업훈장(2008) [종]천주교

조순분(曺順粉 · 女) JO Sun Bun

[생]1946 · 3 · 20 [출]부산 [주]서울 서초구 효령로194 서울시약사회(02-581-1001) [학]1968년 숙명여대 약학과졸 [경]1968~1971년 숙명여대 약대 조교 1979~2010년 세명약국 약사 1984년 숙명여대 성동구동문회 부회장 1989년 성동구약사회 한약위원장 1991~1994년 同여약사담당 부회장 1991~1997년 서울시약사회 여약사위원 1997~2012년 同대의원 1997~1999년 숙명여대 약대동문회 총무 1997~2003년 광진구약사회 감사 1998~2001년 대한약사회 여약사위원 1999~2002년 숙명여대약대동문회 부회장 2002~2004년 同회장 2003년 광진구약사회 이사(현) 2004~2006년 숙명여대총동문회 수석부회장 2007년 서울시약사회 대의원총회 부의장 2013년 同윤리위원회 위원(현) [상]서울시약사회장표창(1983), 대한약사회장표창(1998), 광진구청장표창(2002), 전국여약사대상(2006)

조순승(趙淳昇) CHO Soon Sung (주암)

[생]1929 · 3 · 22 [본]옥천(玉川) [출]전남 승주 [학]1949년 중앙고졸 1953년 서울대 문리대 정치학과졸 1959년 정치학박사(미국 미시간대) [경]1959년 연세대 정치외교학과 조교수 1961~1965년 고려대 정치학과 부교수 1961~1963년 일본 동경국제기독교대 부교수 1963년 미국 네브래스카주립대 부교수 1965년 미국 워싱턴주립대 부교수 1967년 미국 오리건주립대 명예교수 1968~1988년 미국 미주리주립대 교수 1974년 在미국 한국정치학회 회장 1978년 일본 조치대 초빙교수 1978년 외교안보연구원 초빙교수 1984년 경희대 평화복지대학원 부원장 1988년 평화민주당(평민당) 당무위원 1988년 同국제위원장 1988년 제13대 국회의원(구례 · 승주, 평민당 · 신민당 · 민주당) 1988년 평민당 총재특보 1990년 同국제위원장 1991년 신민당 당무위원 1991년 민주당 당무위원 1991년 同통일국제위원장 1992년 제14대 국회의원(승주, 민주

당 · 국민회의) 1994년 국회 상공자원위원장 1995년 국회 통상산업위원장 1996년 제15대 국회의원(순천乙, 국민회의 · 새천년민주당) 1997년 연세대 국제학대학원 특임교수 1998년 국민회의 당무위원 · 지도위원 2000년 새천년민주당 고문 2000~2008년 세종연구소 이사 2002년 새천년민주당 노무현 대통령후보 외교담당 고문 2006~2008년 학교법인 경기학원 이사장 [상]사회과학학술공로상(1994) [저]'서구의 정치전통' 'Korea in the World Politics' '한국분단사'(1982) '朝鮮分斷の責任' 'US-Korean Relations : 1882-1982' [종]기독교

조순용(趙淳容) Cho, Soon Yong

[생]1951 · 7 · 16 [출]전남 순천 [주]서울 마포구 마포대로20 다보빌딩 불교방송 임원실(02-705-5114) [학]1978년 서울대 동양사학과졸 1986년 미국 미주리대 연수 2005년 건국대 언론홍보대학원졸 2010년 명예 박사(순천대) [경]1977년 TBC 기자 1980년 KBS 보도국 기자 1983~1984년 同 '뉴스파노라마' 진행 1993년 同외신부 · 정치부 차장 1993년 同 '사건25시' 진행 1994~1998년 同워싱턴총국 특파원 1998~1999년 同정치부 청와대출입기자 1999~2000년 同사회부장 2000~2001년 同정치부장, 同편집주간(국장급) 2002~2003년 대통령 정무수석비서관 2003~2004년 순천대 인문사회대 법정학부 석좌교수 2005~2011년 유원미디어 대표이사 2005~2011년 한국방송협회 지상파디지털멀티미디어방송(DMB)특별위원회 위원장 2006년 유원미디어 'DMB포커스' 진행 2006~2007년 불교방송 '조순용의 아침저널' 진행 2009년 대한적십자사(I-red cross) 자문위원(현) 2009년 순천대 석좌교수 2009~2013년 김대중평화센터 자문위원 · 운영위원 2011년 4.27재보선 국회의원선거 출마(전남 순천, 무소속) 2012년 제19대 국회의원선거 출마(서울 용산, 민주통합당) 2012년 민주통합당 서울용산구지역위원회 위원장 2016년 한국프로골프협회(KPGA) 대외협력위원회 위원(현) 2016년 불교방송 경영자문위원(현) [상]황조근정훈장(2003) [저]'때론 치열하게 때로는 나지막이(共)'(2000, 울림사) '인생은 생방송, 나는 프로다'(2003, 금영) '우리가 꿈꾸었던 세상(共)'(2008, 환경재단 도요새)

조순자(曺淳子 · 女) CHO Soon Ja (영송당)

[생]1944 · 8 · 26 [출]서울 [주]경남 창원시 마산회원구 무학로629 가곡전수관(055-221-0109) [학]'학점인정 등에 관한 법률'에 의한 학위취득(전통음악과 전공) [경]1962~1967년 국립국악원 연구원 1962년 이주환에게 가곡 사사 1977년 홍원기에게 가곡 사사 1981 · 1986 · 1990년 대한민국국악제 출연 1989 · 1991 · 1998년 여성가곡 독창회 2001년 중요무형문화재 제30호 가곡(여창 가곡) 예능보유자 지정(현) 2006년 가곡전수관 관장(현) 2009년 국악연주단 정음 대표(현), 경남도문화재위원회 위원(현) [상]KBS 국악대상(1985 · 1989), KBS 선정 89FM 명인(1989), 경남예술인상(1992), 불교문화상(1994), 경남도문화상(2002), 한국방송대상 국악인부문 올해의 방송인(2005) [저]'여성가곡 마흔다섯잎(編)'(2003) [작]음반 '조순자 여창가곡 전집 : 첫바탕 15곡-LP'(1989) '21세기를 위한 KBS-FM의 방송음악 시리즈 7집 : 여창가곡-CD'(1992) '조순자 여창가곡 전집 : 세바탕 전곡 45곡-CD'(1998)

조순형(趙舜衡) CHOUGH Soon Hyung

[생]1935 · 3 · 10 [본]한양(漢陽) [출]충남 천안 [주]서울 중구 세종대로21길30 조선일보 독자권익보호위원회(02-724-6242) [학]1954년 서울고졸 1958년 미국 조지타운대 외교학과 수학 1964년 서울대 법대졸 [경]1981년 제11대 국회의원(서울 성북구甲, 무소속) 1984년 민주화추진협의회 상임운영위원 1985년 신민당 정무위원 1985년 제12대 국회의원(서울 도봉구, 신민당) 1987년 민주당 정무위원 1988년 同공동대표위원 1990년 同부총재 1991년 同최고위원 1992년 제14대 국회의원(서울 도봉구丙, 민주당 · 새정치국민회의) 1992년 국회 교육위원장 1995년 새정치국민회의(국민회의) 사무총장 1996년 同선거대책본부장 1996년 제15대 국회의원(서울 강북구乙, 국민회의 · 새천년민주당) 1996년 한 · 이탈리아의원친선협회 회장 1998년 국민회의 당무위원회 부의장 2000~2004년 제16대 국회의원(서울 강북구乙, 새천년민주당) 2002년 새천년민주당 상임고문 2002년 同정치개혁추진위원장 2002년 同중앙선거대책위원회 공동위원장 2003년 同비상대책위원장 2003~2004년 同대표최고위원 · 중앙상임위원회 의장 2006년 제17대 국회의원(서울 성북구乙 재보선, 민주당 · 자유선진당) 2008~2012년 자유선진당 상임고문 2008년 제18대 국회의원(비례대표, 자유선진당) 2010~2011년 자유선진당 미래혁신특별위원회 위원장 2012년 선진통일당 상임고문 2013년 조선일보 독자권익보호위원회 위원장(현) [상]백봉신사상(1999 · 2000 · 2001 · 2002), 자랑스런 서울인상(2007), 백봉신사상 올해의 신사의원 베스트11(2010), 자랑스러운 서울법대인(2012)

조승구(趙昇九) JO Seung Koo

[생]1962 · 12 · 24 [출]충북 청주 [주]부산 남구 신선로428 동명대학교 건축대학 건축학과(051-629-2432) [학]1980년 청주고졸 1985년 한양대 건축학과졸 1991년 미국 캔자스주립대 대학원 건축학과졸 1996년 건축학박사(미국 조지아공과대) [경]1997년 미국 조지아대 공대 연구원 1997~2006년 동명정보대 건축학과 교수 1999년 영국 버밍엄대 연구원 2000~2002년 동명정보대 기획처장 2005년 미국 컬럼비아대 건축과 교환교수 2006년 동명대 건축대학 건축학과 교수(현) 2006~2007년 同기획처장 2008~2009년 同건축대학장, 同건축도시연구소장 2011~2012년 同기획처장 2011년 同기획전략처장 2014~2016년 同교무처장 2015년 미국 세계인명사전 'Marquis Who's Who in the World 2016년판'에 등재 [상]미국 조지아공과대 최우수교육상(1996) [종]기독교

조승국(趙勝國) CHO Seung Kuk

[생]1965 · 2 · 7 [주]경기 군포시 한세로30 한세대학교 경영학부(031-450-5229) [학]1983년 홍익대사대부고졸 1987년 고려대 경제학과졸 1995년 미국 조지워싱턴대 대학원 경제학과졸 1997년 경제학박사(미국 조지워싱턴대) [경]1997~1998년 고려대 경제연구소 연구위원 1997년 동국대 무역학과 강사 1997~1998년 고려대 경제학과 강사 1998~2002년 한국경제학회 경제학연구 편집위원 1998년 한세대 경영학부 교수(현) 1999년 환경정의시민연대 환경경제분과 정책위원 2000~2001년 대통령자문 지속가능발전위원회 수자원분과소위원회 전문위원 2003~2005년 강원지역환경기술개발센터 평가위원 2005년 국제지역학회 이사 2007년 한세대 기획처장 2008~2009년 同대학원장 2016년 同부총장(현) [저]'오염배출권거래제'(1997) [종]기독교

조승규(趙承奎)

[생]1959 · 9 · 17 [출]경남 사천 [주]경남 산청군 산청읍 물안실로8 산청소방서(055-970-9200) [학]경남공고졸, 영산대 경영정보학과졸 [경]1983년 소방공무원 임용(공채) 2005년 경남도 소방본부 소방행정과 근무 2010년 경남 남해소방서 소방행정과장 2011년 경남 밀양소방서 소방행정과장 2012년 경남도 소방본부 소방행정담당 2013년 同소방본부 구조담당 2016년 경남 산청소방서장(지방소방정)(현) [상]국무총리표창(2008), 대통령표창(2013)

조승래(趙承來) JO SEOUNGLAE

[생]1968 · 2 · 21 [출]대전 [주]서울 영등포구 의사당대로1 국회 의원회관940호(02-784-2640) [학]한밭고졸, 충남대 사회학과졸 2015년 同평화안보대학원 평화안보학과졸 [경]2004~2008년 대통령비서실 행정관 · 비서관 2010~2014년 충남도지사 비서실장 2014년 단국대 초빙교수 2014~2016년 충남도 정책특별보좌관 2016년 제20대 국회의원(대전시 유성구甲, 더불어민주당)(현) 2016년 더불어민주당 오직민생특별위원회 사교육대책TF 위원(현) 2016년 국회 교육문화체육관광위원회 위원(현) 2016년 국회 지방재정 · 분권특별위원회 위원(현) 2016년 더불어민주당 대전시유성구甲지역위원회 위원장(현)

조승수(趙承洙) JOE Sueng Su

[생]1963 · 1 · 22 [본]함안(咸安) [출]울산 [주]서울 마포구 마포대로14가길14의15(02-6404-8440) [학]1981년 울산 학성고졸 1995년 동국대 생명자원경제학과졸 2000년 울산대 정책대학원 행정학과졸 2010년 동국대 대학원 북한학과 박사과정 수료 [경]1982년 전두환군사독재타도 교내시위주도관련 제적 · 구속 1983년 8월 출소 1986년 인천 한양공영 해고 1986년 국가보안법으로 구속 1987년 9월 출소 1990년 울산 임투지원본부 간사 1990년 국가보안법으로 수배(1.8테러 관련) 1993년 울산환경운동연합 집행위원장 1995년 울산시의회 의원 1997년 국민승리21 울산시 대통령선거대책본부 집행위원장 1998~2002년 울산시 북구청장(무소속) 1999년 민주노동당 창당발기인 2002년 同중앙위원 2002년 同대통령선거 울산선거대책본부장 2002년 同공무원노조특별위원회 위원장 2004년 학교급식법개정과조례제정울산연대 공동집행위원장 2004~2005년 제17대 국회의원(울산 북구, 민주노동당) 2007년 민주노동당 부설 (재)진보정치연구소장 2008년 진보신당 대외협력위원장 2009년 에너지기후정책연구소 소장 · 이사장(현) 2009년 제18대 국회의원(울산 북구, 진보신당 · 통합진보당) 2009년 진보신당 녹색위원장 2009년 同신종플루비상대책특별위원회 위원장 2010년 同지방선거대책위원회 공동준비위원장 2010년 국회 예산결산특별위원회 위원 2010~2011년 진보신당 대표 2012~2013년 진보정의당 전국위원회 위원 2014년 울산광역시장선거 출마(정의당) 2014~2015년 정의당 정책위원회 의장 2014~2016년 同울산시당 위원장

조승식(趙承植) CHO Seung Shik

[생]1952·1·20 [본]양주(楊州) [출]충남 홍성 [주]서울 서초구 강남대로37길24의6 성해빌딩5층 제이씨앤파트너스(02-511-1563) [학]1970년 대전고졸 1974년 서울대 법과대학졸 [경]1977년 사법시험 합격(19회) 1979년 사법연수원 수료(9기) 1979년 서울지검 검사 1981년 전주지검 군산지청 검사 1985년 법무부 법무심의실 검사 1988년 서울지검 검사 1990년 부산지검 검사 1991년 대전지검 강경지청장 1992년 광주지검 순천지청 부장검사 1993년 대구지검 강력부장 1993년 수원지검 강력부장 1994년 대전고검 검사 1995년 대구지검 김천지청장 1996년 인천지검 형사1부장 1997년 사법연수원 교수 1999년 서울지검 총무부장 1999년 인천지검 부천지청 차장검사 2000년 서울고검 검사 2002년 대전지검 천안지청장 2003년 서울고검 형사부장 2003년 대검찰청 강력부장 2005년 同마약·조직범죄부장 2005년 서울서부지검장 2006년 인천지검장 2007~2008년 대검찰청 형사부장 2008~2011년 법무법인 한결 대표변호사 2011년 변호사 개업 2013년 제이씨앤파트너스 변호사(현) [상]근정포장(1989), 홍조근정훈장(2002) [저]'유엔상거래법위원회의 최신동향' '조직범죄수사기법' '오스트리아 형법전' [종]천주교

조승연(趙勝衍) CHO Seung Yun

[생]1945·11·20 [주]서울 강남구 도산대로442 대사증후군전문센터(02-3015-5000) [학]1971년 연세대 의대졸 1975년 同대학원졸 1985년 의학박사(연세대) [경]1971~1972년 연세대 세브란스병원 인턴 1972~1976년 同세브란스병원 내과 레지던트 1979~1992년 同의대 내과학교실 전임강사·조교수·부교수 1982~1983년 독일 괴테대 의대 임상Fellow 1992년 연세대 의대 내과학교실 심장내과 교수 1992~1997년 同의료원 심장혈관센터 심도자실장 1995~1999년 同의무기록위원회 부위원장 1997~2001년 同심장혈관센터 진료부장 2000년 대한항공 자문의 2004년 대한순환기학회 이사장, 연세대 심장혈관병원 심장내과장, 차의과학대 내과학교실 교수(현) 2011년 차의과학대 분당차병원 심장센터장 [상]유한의학상, 학술상

조승완(曺承完) CHO Seung Wan

[생]1960·10·16 [주]부산 해운대구 센텀서로30 (주)KNN 방송본부(051-850-9000) [학]1978년 평택고졸 1985년 경북대 철학과졸 [경]1984년 포항MBC 기자 1995년 부산방송 보도국 차장 1999년 同보도국 제작스포츠팀 부장대우 2002년 同정경사회팀 부장 2002년 同스포츠취재제작팀장 2005년 同사회팀장 2006년 KNN 심의홍보팀장 2007년 同보도국 대기자(국장급) 2012년 同시청자센터장 2014년 同경남본부장 2016년 同방송본부장(이사)(현)

조승제(趙承濟) JO Seung Je

[생]1958·3·24 [본]함안(咸安) [출]부산 [주]광주 동구 필문대로309 조선대학교 경상대학 경영학부(062-230-6842) [학]1981년 조선대 법학과졸 1983년 미국 노스이스트미주립대 대학원 회계학과졸 1996년 경영학박사(세종대) [경]1999년 조선대 경상대학 경영학부 교수(현) 2000~2002년 同교육대학원 부원장 2002~2004년 同경영대학원 부원장 2004~2006년 同산학협력단 부단장, 同회계학과장, 캐나다 윈저대 객원교수 2008년 한국회계정보학회 부회장 2012년 同회장 2013~2015년 조선대 소비자생활협동조합 이사장 2013년 한국대학생활협동조합연합회 이사장 [저]'Readings in Management Accounting(編)'(1997) 'Readings in International Accounting(編)'(1998) 'Cases of Management Accounting(編)'(1998) 'READINGS IN ACCOUNTING(編)'(1999) 'READINGS IN MANAGEMENT ACCOUNTING, 2nd(編)'(2000) '회계용어사전(編)'(2001) '재무회계원리'(2007) 'ERP EXAM REVIEW 회계'(2008) 'ERP EXAM REVIEW 물류'(2008) '회계용어를 알면 세계가 보인다(영한회계용어사전)'(2008) '회계학강독'(2009) '글로벌 재무회계원리'(2009) '핵심ERP기출문제해설집(시스템관리)'(2009) 'ERP기출문제해설집 회계관리'(2009)

조승현(曺昇鉉) Cho Seung Hyun

[생]1963·10·23 [주]서울 영등포구 은행로14 KDB산업은행 창조금융부문장실(02-787-4000) [학]1982년 대전 대성고졸 1986년 서울대 경영학과졸 1998년 미국 오레곤대 대학원 경영학과졸 [경]1989년 KDB산업은행 입행 1999년 同국제업무부 대리 2000년 同국제금융실 과장 2002년 同국제업무부 차장 2005년 同KDB아일랜드 부부장 2008년 同발행시장실 팀장 2009년 同국제금융실 팀장 2012년 同런던지점장 2014년 同벤처금융실장 2016년 同창조금융부문장(집행부행장)(현)

조승현(趙承鉉)

[생]1967·4·2 [주]경기 수원시 팔달구 효원로1 경기도의회(031-8008-7000) [학]연세대 행정대학원 북한·동아시아학과졸 [경]민주평통 자문위원, 김포교육청 무상급식 추진위원, 김포시 여성의전화 자문위원, 김포시학교운영위원회연합회 부회장 2010년 경기 김포시의회 의원(민주당·민주통합당·민주당·새정치민주연합) 2010년 同예산결산특별위원장, 경제정의실천시민연합 자문위원(현) 2012년 민주통합당 제18대 대통령선거대책위원회 조직특보 겸 국민특보, 김포시주니어야구단 단장, 김포 신곡중 운영위원장 2014년 경기도의회 의원(새정치민주연합·더불어민주당)(현) 2014~2015년 同예산결산특별위원회 위원 2014년 同보건복지위원회 위원 2015년 同남북교류추진특별위원회 간사 2015년 同수도권상생협력특별위원회 위원(현) 2015년 同항공기소음피해대책특별위원회 간사(현) 2016년 同운영위원회 간사(현) 2016년 同교육위원회 위원(현)

조승호(曺勝鎬) CHO Seung Ho

[생]1960·10·16 [출]경남 밀양 [주]부산 연제구 중앙대로1001 부산광역시청 도시계획실(051-888-2400) [학]1983년 한양대 건축공학과졸 1993년 부산대 대학원졸 [경]1982년 총무처 근무 1984년 부산시 서구 건축과장 1986년 同건축계획계장 1988년 부산시공무원교육원 교관 1990년 부산시 건축심사계장 1991년 同중구 건축과장 1993년 同건축계장 1995년 同중구 도시국장 1997년 同아시안게임시설과장 1999년 同건설본부 아시안게임시설부장 2003년 同도시개발담당관 2005년 同건설본부 차장 직대 2008년 同주택국장 2008년 同건축정책관 2010년 중앙공무원교육원 교육훈련 파견 2011년 부산시 건설본부장 2012년 同건축정책관 2015년 同창조도시국장(부이사관) 2016년 同도시계획실장(이사관)(현)

조승환(趙承煥) JO Seung Hwan

[생]1962·10·3 [주]서울 서초구 성촌길56 삼성전자(주) 소프트웨어센터(02-2255-0114) [학]인하사대부고졸, 한양대 전자공학과졸, 同대학원 전자공학과졸 [경]2006년 삼성전자(주) 무선사업부 개발실 상무, 同무선사업부 개발팀 상무 2010년 同무선사업부 개발팀 전무 2011년 同무선사업부 선행개발팀장(부사장) 2012년 同무선사업부 개발실 연구위원(부사장) 2016년 同소프트웨어센터 부센터장(부사장)(현)

조승환(趙承煥)

[생]1966·2·17 [주]부산 동구 충장대로351 부산지방해양수산청(051-609-6101) [학]1984년 부산 대동고졸 1990년 고려대 법학과졸 1997년 同대학원졸 2002년 미국 워싱턴대 School of Law LLM과정 수료 [경]1992년 통일원 통일정책실 근무 1993년 同남북회담사무국 근무 1994~1998년 국무총리 정무비서관실 근무 1998~2000년 국무총리 의전비서관실 근무 2003년 해양수산부 연안계획과장 2006년 부산지방해양수산청 항만물류과장 2007년 해양수산부 국제기획관실 물류제도팀장(서기관) 2007년 同해운물류본부 국제기획관실 물류제도팀장(부이사관) 2007년 제17대 대통령직인수위원회 경제2분과위원회 실무위원 2008년 국토해양부 본부 근무(부이사관) 2009년 대통령실 파견 2010년 2012여수세계박람회조직위원회 파견(고위공무원) 2011년 인천지방해양항만청 인천항건설사무소장 2012년 駐영국 공사참사관 2015년 해양수산부 해사안전국장 2016년 부산지방해양수산청장(현)

조시영(趙時永) CHO Si Young

[생]1944·12·25 [출]전북 옥구 [주]경기 시흥시 공단1대로391 시화공단4나506 (주)대창 비서실(031-496-3200) [학]1989년 숭실대 중소기업대학원 수료 1990년 서울대 경영대학원 최고경영자과정 수료 2003년 명예경영학박사(한국산업기술대) [경]1974년 대창공업사 대표 1977년 대창공업(주) 대표이사 회장 1989년 대창판매(주) 대표이사 1992년 인천·경기비철금속공업협동조합 이사 1992년 한국신동공업협동조합 이사 1996년 시흥시경영인협의회 회장 1997~2009년 시흥상공회의소 회장 1998년 제2의건국범국민추진위원회 시흥시위원장 2010년 (주)대창 대표이사 회장(현) [상]상공부장관표창, 국무총리표창, 동탑산업훈장(2004), 대통령표창(2005), 서울과학종합대학원 자랑스러운 원우상(2010) [종]불교

조 신(趙 晨) CHO Shin

[생]1957 · 12 · 21 [출]전남 광양 [주]서울 서대문구 연세로50 연세대학교 정보대학원(02-2123-4187) [학]1976년 휘문고졸 1982년 서울대 경제학과졸 1989년 경제학박사(미국 워싱턴대) [경]1988~1989년 미국 일리노이주립대 경제학과 조교수 1990년 통신개발연구원 연구위원 1998~1999년 정보통신정책연구원 선임연구위원 2000년 SK텔레콤 정책협력실장(상무) 2002년 同경영전략실장(상무) 2003년 同마케팅사업부문장(상무) 2004년 同고객부문장(전무) 2005년 同전략기획부문장 2007년 同인터넷사업부문장 2007~2008년 SK커뮤니케이션즈 대표이사 겸임 2008년 하나로텔레콤 대표이사 사장 2008~2010년 SK브로드밴드 대표이사 사장 2010~2013년 지식경제부 R&D전략기획단 정보통신산업 투자관리자 2013~2015년 연세대 정보대학원 교수 2013~2015년 同글로벌융합기술원장 2014~2015년 대통령직속 규제개혁위원회 위원 2015~2016년 대통령 미래전략수석비서관 2016년 연세대 정보대학원 교수(현) [저]'대한민국 IT인사이드'(2013)

조 신(曺 信) CHO Shin

[생]1963 · 12 · 27 [본]창녕(昌寧) [출]부산 [주]서울 강서구 허준로91 대한한의사협회 한의학정책연구원(02-2657-5000) [학]1981년 부산고졸 1985년 한국외국어대 철학과졸 1991년 同대학원 철학과졸 2003년 영국 옥스퍼드대 로이터프로그램 수료 [경]1990~2006년 한국일보 기자 1999~2001년 同기자협의회 회장 2006~2008년 국정홍보처 정책홍보관리관 겸 대변인 2010년 민주통합당 한명숙 서울시장후보 선거대책본부 정책홍보실장 2010년 대한민국임시정부기념사업회 기획위원 2010~2012년 서울시교육청 공보관 2012년 한국미래발전연구원 기획조정실장 2012년 민주통합당 제18대 대통령선거 문재인후보 정책실장 2013년 대한한의사협회 한의학정책연구원 원장(현) 2015년 새정치민주연합 정책위원회 부의장

조신섭(趙信燮) CHO Sinsup

[생]1952 · 3 · 14 [본]함안(咸安) [출]부산 [주]서울 관악구 관악로1 서울대학교 자연과학대학 통계학과(02-880-6578) [학]1970년 경기고졸 1974년 서울대 응용수학과졸 1976년 同대학원 계산통계학과졸 1984년 이학박사(미국 위스콘신대) [경]1986~1995년 서울대 자연과학대학 통계학과 조교수 · 부교수 1995년 同자연과학대학 통계학과 교수(현) 1999년 同기획부실장 2012~2013년 한국통계학회 회장 [저]'현대통계학' 'SAS를 이용한 통계자료분석' '통계학개론'(2008) '시계열분석'(2008) '일반 통계학' '컴퓨터를 이용한 통계학' '엑셀데이터분석'(2010) '엑셀에 기초한 통계학 입문'(2010) [종]기독교

조신형(趙信衡) CHO Shin Hyung (旺田)

[생]1963 · 1 · 22 [출]충남 논산 [주]대전 서구 신갈마로17 대전교통방송 임원실(042-600-1200) [학]1981년 남대전고졸 1988년 배재대 국어국문학과졸 2004년 고려대 행정대학원 정책학과졸 [경]2000년 상록문화센터 이사장(현) 2001년 대전경실련 상임집행위원 겸 청년회장 2002~2006년 대전중앙신용협동조합 이사 2002년 둔산도서관건립추진위원회 위원장 2002년 대전의제21추진위원회 위원 2002년 대전시 정보화추진위원 2002년 한나라당 대전西乙지구당 부위원장 2002 · 2006~2010년 대전시의회 의원(한나라당) 2003년 대전도시개혁센터 이사(현) 2004~2006년 대전시의회 신행정수도건설지원특별위원회 위원장 2005~2006년 학교법인 배재학당 법인이사 2006년 행정중심복합도시 건설대응특별위원회 위원장 2007년 배재대 행정학과 객원교수(현), 대전시의회 행정자치위원회 위원, 한나라당 대전시당 교육환경정책 자문위원장, 同대전서구乙지역위원회 운영위원 2010년 대전시 서구청장선거 출마(한나라당) 2015년 한국교통방송(TBN) 대전교통방송 본부장(현) [상]제2회 매니페스토약속대상 광역지방의원부문(2010) [저]'지방자치단체의 시민참여제도 운용실태에 관한 연구' 에세이 '조신형의 초록편지'(2010) [종]기독교

조신희(趙信熙 · 女) CHO Shin Hee

[생]1966 · 1 · 1 [출]전북 김제 [주]세종특별자치시 다솜2로 94 해양수산부 국제원양정책관실(044-200-5360) [학]1984년 김제여고졸 1989년 한양대 독어독문학과졸 [경]1992년 행정고시 합격(36회) 1994~2002년 해양수산청 국제협력관실 원양어업담당관실 · 군산지방해양수산청 해양환경과 근무 2002년 해양수산부 해운물류국 선원노정과 사무관 2002년 同해운물류국 선원노정과 서기관, 인천지방해양수산청 선원해사과장 2005년 미국 워싱턴대 교육 2007년 해양수산부 어업자원국 어업교섭과장 2008년 농림수산식품부 통상협력과장(서기관) 2009년 同국제협력국 양자협상협력과장 2010~2013년 駐중국 1등서기관 2013년 해양수산부 해양정책실 원양산업과장 2014년 同해양정책실 원양산업과장(부이사관) 2015년 同해양정책실 국제원양정책관(현)

조애리(趙愛利 · 女) CHO Ae Ri

[생]1958 · 2 · 6 [출]서울 [주]서울 도봉구 삼양로144길33 덕성여자대학교 약학대학 약학과(02-901-8388) [학]1980년 덕성여대 약학과졸 1982년 서울대 대학원 약학과졸 1990년 약학박사(미국 럿거스대) [경]1985년 미국 럿거스대 연구조교 · 선임연구원 1990년 미국 하버드대 의대 연구조교 1992~1993년 덕성여대 약학대학 연구교수 1994년 同약학과 교수(현) 2004~2005년 미국 매사추세츠공과대 교환교수 2013~2015년 덕성여대 약학대학장 2015년 한국약제학회 부회장(현)

조양래(趙洋來) CHO Yang Rai

[생]1937 · 10 · 19 [본]함안(咸安) [출]경남 함안 [주]서울 강남구 테헤란로133 한국타이어(주) 비서실(02-555-0090) [학]1956년 경기고졸 1962년 미국 앨라배마대(Univ. of Alabama)졸 [경]1963년 효성물산 입사 1968년 동양나일론 이사 1969년 한국타이어제조(주) 상무이사 1971년 同전무이사 1977년 同부사장 1979년 同사장 1980년 同회장 1981~1988년 同사장 1982~1985년 대한타이어공업협회 회장 1988년 한국타이어(주) 대표이사 회장(현) 1990년 同나눔재단 이사장(현) [상]동탑산업훈장(1986), 헝가리 십자공로훈장(2012)

조양민(趙孃旻 · 女) Cho Yang Min

[생]1967 · 8 · 11 [출]부산 [주]서울 강남구 언주로735 (사)한국관세무역개발원 임원실(02-3416-5065) [학]1986년 배화여고졸 1990년 인하대 문과대학 문학사과졸, 아주대 공공정책대학원 행정학과졸 2010년 同대학원 정치외교학 박사과정 수료 [경]한국여성정치연구소 연구원, 대한민국미래를이끄는여성의모임 준비위원장, 同공동대표, 한나라당 경기도당 여성부장, 의회를사랑하는사람들 사무부총장, 사회복지법인 위성 설립준비위원, 同이사, 용인글로벌유시리더십 대표 2006 · 2010~2014년 경기도의회 의원(한나라당 · 새누리당) 2006년 同건설교통위원회 위원 2006년 同예산결산특별위원회 위원 2007년 한나라당 전국여성지방의원협의회 사무총장 2010년 同전국여성지방의원협의회 공동대표 2010~2012년 경기도의회 행정자치위원회 간사 2011년 한나라당 차세대여성위원장 2012년 경기도의회 행정자치위원장 2012~2013년 새누리당 차세대여성위원장 2012~2014년 새누리당 수석부대변인 2013년 아주대 사회복지전공 겸임교수 2015년 (사)한국관세무역개발원 상임감사(현) [상]의정행정대상 광역지방의원부문(2010), 이달의 모범조례상(2013), 한국지방자치학회 우수조례상 장려상(2014) [종]기독교

조양선(趙亮善) CHO Yang Sun

[생]1964 · 2 · 7 [주]서울 강남구 일원로81 삼성서울병원 이비인후과(02-3410-3578) [학]1989년 서울대 의과대학졸 1997년 同대학원 의학석사 1999년 의학박사(한림대) [경]1996년 서울대병원 이비인후과 전공의 수료 1997년 성균관대 의과대학 이비인후과학교실 전임강사 · 조교수 · 부교수 · 교수(현) 2001~2003년 미국 아이오와대 방문조교수 2005~2009년 삼성서울병원 이비인후과 의국장 2012~2016년 성균관대 의과대학 기획실장 2013년 삼성서울병원 입원부장(현) 2015년 同퀄리티혁신실장 겸임(현) 2016년 대한이과학회 회장(현)

조양일(趙洋一) CHO Yang Il

[생]1952 · 7 · 1 [출]부산 [주]경북 김천시 혁신2로26 대한법률구조공단 임원실(054-810-0132) [학]1971년 경남고졸 1978년 동국대 사학과졸 [경]1978년 동양통신 사회부 기자 1981년 연합통신 사회부 기자 1984년 同지방1부 기자 1986년 同사회부 기자 1992년 同사회부 차장대우 1994년 同사회부 차장 1996년 同사회부 부장대우 1998년 同사회부장 1998년 연합뉴스 사회부장 2000년 同부국장대우 논설위원 2003년 同지방국장 직대 2003년 同지방국장 2005년 同논설위원실장 2006년 同논설위원실 고문 2008~2009년 법조언론인클럽 회장 2008~2009년 연합뉴스 편집위원실 고문 2008년 대한법률구조공단 비상임이사(현) 2009~2010년 연합뉴스 논설위원실 주간(이사대우) 2009년 법조언론인클럽 고문(현) 2010년 연합뉴스 수용자권익위원회 위원 2010~2016년 삼성에스원 상임고문 · 고문

조양혁(趙陽赫) CHO Yang Hyuk

[생]1953·3·24 [출]서울 [주]서울 서초구 반포대로222 가톨릭대학교 의과대학 생리학교실(02-2258-7274) [학]1971년 중앙고졸 1977년 가톨릭대 의대졸 1979년 同대학원졸 1985년 의학박사(가톨릭대) [경]1984~1995년 가톨릭대 의과대학 생리학교실 전임강사·조교수·부교수 1986~1988년 미국 로체스터의대 연구원 1995년 가톨릭대 의과대학 생리학교실 교수(현) 2001년 同성의교정 교무부처장 2009~2011년 同성의교정 연구처장 겸 산학협력단장 2013년 同성의교정 도서관장(현) 2014년 (사)한국의학도서관협회 회장(현) [저]'BRS 생리학(共)'(2004) '기초 생리학'(2011, 범문에듀케이션) [역]'생리학'(2009, 이퍼블릭)

조양호(趙亮鎬) CHO Yang Ho

[생]1949·3·8 [본]양주(楊州) [출]서울 [주]서울 강서구 하늘길260 대한항공 회장실(02-2656-7031) [학]1964년 경복고 입학 1968년 미국 Cushing Academy졸 1975년 인하대 공과대학 공업경영학과졸 1979년 미국 서던캘리포니아대 경영대학원 경영학과졸 1988년 경영학박사(인하대) 1998년 명예 항공경영학박사(미국 Embry Riddle 항공대) [경]1974년 대한항공 입사 1980년 同상무 1984년 同전무 1984~2000년 정석기업(주) 사장 1988년 대한항공 총괄수석 전무 1989년 同부사장 1989년 한진정보통신(주) 사장 1991년 대한항공 수석부사장 1992~1999년 同대표이사 사장 1993년 한·캐나다경제협력위원회 위원장 1995년 駐韓아일랜드 명예총영사(현) 1995년 한국항공대 이사장 1996년 국제항공운송협회(IATA) 집행위원 1996~2003년 한진그룹 부회장 1996년 전국경제인연합회 부회장(현) 1996년 한국경영자총회 부회장 1997년 미국 서던캘리포니아대 재단이사(현) 1997년 인하학원 이사장 1999년 한·일경제협회 부회장 1999년 대한항공 대표이사 회장(현) 2000년 한진정보통신(주) 대표이사 회장 2000년 한·불최고경영자클럽 회장(현) 2003년 한진그룹 회장(현) 2004년 국제항공운송협회(IATA) 집행위원회 위원 2004년 한국방위산업진흥회 회장(현) 2006년 한국공항(주) 대표이사 2007년 정석기업(주) 대표이사 회장 2007~2015년 S-Oil(주) 비상근이사 2008년 한국·사우디아라비아경제협력위원회 위원장(현) 2008·2016년 대한탁구협회 회장(현) 2009년 국제항공화물협회(TIACA) '명예의 전당' 헌액 2009년 2018평창동계올림픽유치위원회 위원장 2009년 아시아탁구연합(ATTU) 부회장 2010년 스포츠평화(Peace and Sport) 대사 2012년 대한체육회 부회장(현) 2013년 정석인하학원 이사장(현) 2013년 한진칼 대표이사 회장(현) 2013년 전경련 경제정책위원회 위원장 2013년 국제탁구연맹 재무·마케팅부문 특별자문위원(현) 2014년 '2015~2016 한·불상호교류의해 행사' 조직위원장 2014~2016년 한진해운 대표이사 회장 2014년 국제항공운송협회(IATA) 집행위원회 위원 겸 전략정책위원회(SPC) 위원(현) 2014~2016년 2018평창동계올림픽조직위원회 위원장 2014년 한미재계회의 한국측 위원장(현) [상]물류대상 종합부문 최우수상(1994), 물류대상-해운·항공부문(1995), KMA 세계화대상(1995), Travel Agent Magazine 선정 '올해의 항공경영인상'(1997), 프랑스정부 레종도뇌르 코망되르훈장(2004), 몽골정부 최고훈장 북극성훈장, 미국 서던캘리포니아대 글로벌경영자상(2005), 국민훈장 모란장(2005), 한국경영학회 제22회 경영자대상(2009), 전문직여성한국연맹(BPW) 골드어워드(2009), 환경재단 세상을 밝게 만든 사람들상(2009), 자랑스러운 경복인상(2011), 미국 상무부 감사패(2011), 우즈베키스탄 도스트릭(Dostlik)훈장(2011), 자랑스러운 한국인대상 최고대상(2011), 한국이미지 디딤돌상(2012), 국민훈장 무궁화장(2012), 아시안 비즈니스 리더상(2012, 아시아소사이어티 서던캘리포니아센터), 트레저스 오브 LA 어워즈(2012), 미국 LA경제개발공사(LAEDC) 제18회 에디 어워드 공로상(2013), 세계체육기자연맹 감사패(2014), 유네스코서울협회 올해의 인물상(2015), 프랑스 최고훈장 레지옹 도뇌르 그랑도피시에(2015) [작]사진집 '사진사랑'(2009) [종]불교

조양환(曺陽煥) CHO Yang Hwan

[생]1962·11·8 [출]경남 김해 [학]1981년 부산남고졸 1985년 동아대 무역학과졸 1987년 성균관대 대학원 무역학과졸 2006년 동아대 대학원 법학과졸 [경]1991년 동아대 총동창회 이사 1993년 한나라당 부산청년연합회 부회장 1995년 부산시 서구의회 의원 1995년 同산업건설위원회 간사 1995년 한국청년회의소 부산지구 조직관리실장 1995년 민주평통 상임위원(현) 1998년 한나라당 부산청년연합회 부회장 1998·2002·2006년 부산시의회 의원(한나라당) 2001년 한나라당 부산서구지구당 사무국장 2001년 부산시스쿼시연맹 회장 2003년 부산시의회 결산검사위원장 2004년 同행정문화교육위원장 2005년 APEC 범시민지원협의회 이사 2005년 2005세계역도선수권대회조직위원회 부위원장 2006년 부산시의회 부의장 2008년 제18대 국회의원선거 출마(부산西, 한나라당) 2011~2014년 기술보증기금 감사 2011~2012년 대통령직속 지방분권위원회 위원 2011년 부산시스쿼시연맹 회장(현) 2012~2013년 국민권익위원회 자문위원 2015년 바르게살기운동 부산서구협의회 회장(현)

조양희(曺羊希·女) Cho Yang Hee

[생]1970·2·24 [출]경남 의령 [주]서울 도봉구 마들로749 서울북부지방법원 민사13부(02-910-3114) [학]1988년 세화여고졸 1992년 서울대 법학과졸 [경]1993년 사법시험 합격(35회) 1996년 사법연수원 수료(25기) 1996년 서울지법 판사 1998년 同서부지원 판사 2000년 대전지법 판사 2003년 서울지법 판사 2004년 서울중앙지법 판사 2005년 서울동부지법 판사 2008년 서울고법 판사 2009년 사법연수원 판사 2011년 서울서부지법 판사 2012년 부산지법 부장판사 2014년 수원지법 성남지원 부장판사 2016년 서울북부지법 민사13부 부장판사(현)

조억동(趙億東) JO Eok Dong

[생]1956·10·1 [출]경기 광주 [주]경기 광주시 행정타운로 50 광주시청 시장실(031-760-2001) [학]1975년 광주종합고졸, 한국외국어대 정치행정언론대학원 공공정책학과 재학中 [경]경기도축구연합 회장, 초월면재향군인회 회장, 광주시로터리클럽 봉사위원장, 광주시체육회 이사, 광주시바르게살기협의회 회장, 팔당대책고시반대투쟁 광주시범대책 수석대표, 한나라당 경기광주지구당 부위원장 1998년 경기 광주군의회 의원 2002~2006년 경기 광주시의회 의원 2002~2004년 同의장 2006·2010년 경기 광주시장(한나라당·새누리당), 경기동부권시장군수협의회 회장 2014년 경기 광주시장(새누리당)(현) [상]한국지방자치경영대상 창의혁신부문 대상(2009), 한국을빛낸사람들 행정발전공로대상(2010), 의정행정대상 기초단체장부문(2010), 대한민국 문화원상(2011), 한국경제신문 2013 대한민국공공경영대상 공공경영인부문(2013), 농협중앙회 지역농업발전선도인상(2014), 사회공헌대상 지역사회발전부문 대상(2015), 지방자치발전대상 규제개혁부문 특별대상(2015), 동아일보 한국의 최고경영인상 고객만족경영부문(2015), 글로벌 자랑스런 세계인·한국인대상 지방자치발전공헌부문 대상(2015), 대한민국CEO 사회공헌경영영부문 대상(2016), 대한민국 최고경영자대상(2016) [종]기독교

조억헌(趙億憲) CHO Oek Hun

[생]1959·6·25 [출]전남 고흥 [주]광주 남구 중앙로87 광주방송5층 임원실(062-650-3003) [학]1977년 광주상고졸 1985년 광주대 금융학과졸 1990년 同대학원 금융학과졸 1993년 연세대 대학원졸 [경]광주은행 종합기획부 차장 1997년 同北광주지점장 1998년 同서울분실장, 同총무부장 2002년 同영업지원부장, 同비서실장, 同강남지점장 2005년 同목포지점장 2006년 同광주시청지점장 2007년 同고객지원본부장(이사대우) 2007년 同고객지원본부장(부행장보) 2009년 同개인고객본부장(부행장보) 2010년 同개인고객본부장(부행장) 2011~2013년 同지역발전본부장(부행장) 2014년 광주방송 부사장(현) [상]은행감독원장표창

조엄장(趙嚴章)

[생]1959 [주]경기 평택시 경기대로245 평택시청 총무국(031-8024-5000) [학]중앙대졸 [경]1977년 공직 입문(지방토목기원보) 2010년 평택시 건설교통사업소 도로사업과장(지방시설사무관) 2013년 同도시주택국 도시개발과장 2014년 同도시계획과장 2014년 同도시주택국장(지방기술서기관) 2015년 同건설교통사업소장 2016년 同총무국장(현) [상]건설교통부장관표창(2005), 평택시장표창(2007), 국무총리표창(2012)

조여원(趙麗媛·女) CHOUE Ryo Won

[생]1950·5·11 [출]서울 [주]서울 동대문구 경희대로26 학교법인 경희학원(02-961-0101) [학]이화여고졸 1973년 이화여대 가정관리학과졸 1975년 경희대 대학원졸 1986년 미국 Drexel Univ. 대학원졸 1992년 영양학박사(미국 Univ. of Illinois) [경]1990~1993년 미국 Harlen E. Moore Heart Research 연구원 1993~1997년 차병원 영양연구소장 1994~2002년 경희대 의학영양학과 부교수 1998년 대한지역사회영양학회 상임이사 1998~2014년 경희대 임상영양연구소장 1999~2001년 한국영양학회 영문논문 Nutritional Science Editorial Board 1999년 한국영양학회 영문논문심사위원 겸 Nutritional Sciences誌 편집위원 1999~2006년 경희대 동서의학대학원 주임교수 2000~2002년 한국영양학회 학술이사 2000~2004년 한국지질학회 식사요법분과 분과장 2002년 한국영양학회 상임이사 2002년 대한영양사협회 학술지편집위원 2002년 대한영양사회 학술상 논문심사위원 2002~2014년 경희대 동서의학대학원 의학영양학과 교수 2005~2011년 同동서의학대학원장 2006년 식품의약품안전청 정부업무자체평가위원 2009년 한국영양학회 부회장 2009~2010년 대한비만학회 부회장 2010~2014년 한국임상영양학회 부회장 2010~2011년 한국영양

학회 수석부회장 2011년 同회장 2012~2014년 한국여성과학기술단체총연합회 이사 2012년 European Journal of Clinical Nutrition Editorial Board 2014~2015년 학교법인 경희학원 이사 2014년 한국임상영양학회 회장 2015년 학교법인 경희학원 상임이사(현) [상]한국영양학회 학술상(1997·2002), 대한영양사회 학술상(2001), 한국과학기술단체총연합회 과학기술우수논문상(2002), 대한지역사회영양학회 학술상(2003), 한국과학기술단체총연합회 학술상(2009), 보건복지부 비만예방의 날 기념 포상(2013) [저]'성인병과 식이요법'(1995) '식생활과 건강(共)'(1995) '고지혈증 치료지침(共)'(1996) '인간과 생활환경(共)'(1997) '영양과 건강(共)'(1997) '영양판정(共)'(1998) '임상 심장학(共)'(1998) '임상식사지침서'(1999) '영양의학(共)'(2002) '고지혈증과 동맥경화(共)'(2003) '임상 영양학-개정판'(2006) '식생활과 건강-개정판'(2006) '현대인과 생활영양'(2007) '식사처방지침서'(2007) '약선의 사계'(2009) '뇌졸중 식단가이드'(2009) '대사증후군 예방을 위한 약선'(2011)'(사례와 함께 하는) 임상 영양학'(2012) [역]'임상영양치료 프로토콜'(1999) '임상영양치료 사례연구집(共)'(2003) '임상영양학-Nutrition Therapy and Pathophysiology'(2012) [종]기독교

조연기(趙然基) CHO, youn ki

[생]1961·1·7 [주]경남 사천시 사남면 공단1로78 한국항공우주산업(주) 전략기획본부(055-851-1000) [학]1979년 마산고졸 1984년 연세대 기계공학과졸 1986년 同대학원 기계공학과졸 [경]1986년 삼성항공 입사 1998년 同기체생산관리팀장 2008년 한국항공우주산업(주) 항공기생산담당 2010년 同생산관리담당 임원 겸 기술위원 2015년 同전략기획본부장(상무)(현)

조연환(曺連煥) CHO Yon Hwan (恩山)

[생]1948·3·26 [본]창녕(昌寧) [출]충북 보은 [주]충남 태안군 소원면 천리포1길187 천리포수목원(041-672-9982) [학]1967년 보은농고졸 1977년 상지전문대학 경영과졸 1987년 한국방송통신대 경영학과졸 1989년 국방대학원 국가안전보장학과졸 [경]1967년 산림청 근무 1980년 기술고시 합격(16회) 1982년 산림청 임정과 농림기좌 1994년 同경영계획과장 1997년 同임업정책과장 1998년 同자원조성과장 1999년 同사유림지원국장 2001년 同국유림관리국장 2002년 '시인정신'으로 시인 등단 2003년 산림청 차장 2004~2006년 同청장 2006~2007년 (주)농협경제연구소 소장 2006년 생명의숲국민운동 공동대표 2007년 창조한국당 문국현 대통령후보 선거대책위원회 공동선거대책위원장 2008년 생명의숲국민운동 상임공동대표 2010~2012년 (재)한국숲재단 이사장 2011년 한국산림아카데미 이사장(현) 2012~2014년 공익재단 천리포수목원 원장 2015년 同숲 해설가(현) [상]대통령표창(1990·2001), 홍조근정훈장(1995), 공무원 문예대전 대상(2001), 환경인상(2003), 자랑스런 방송통신대학인상(2004), 황조근정훈장(2006) [저]시집 '그리고 한그루 나무이고 싶어라'(2000) '눈빛으로 부르는 노래'(共) '아까시 꽃이 피기를 기다리는 사람들'(共) '나무의 마음'(2001) '숲의 노래(共)'(2001) '숫돌의 눈물'(2006) '쇠똥구리는 똥을 더럽다고 안하지(共)'(2006) '산이었었기에'(2011, 시사출판사) [종]기독교

조연흥(曺然興) CHO Youn Heung

[생]1940·2·6 [본]창녕(昌寧) [출]평남 평양 [주]서울 중구 세종대로21길30 조선일보內 방일영문화재단(02-724-5040) [학]1959년 중앙고졸 1967년 연세대 정치외교학과졸 [경]1967년 조선일보 입사 1979년 同사회부 차장 1984년 同정치부 차장 1984년 同주간부장 1984년 同총무부장 1985년 同사회부장 1987년 同총무국 부국장 겸 사업부장 1988년 同총무국장 1993년 同총무국장(이사대우) 1994년 同총무국장(이사) 1996년 同제작국장 2001년 同제작담당 상무이사 2004~2005년 同전무이사 2007년 방일영문화재단 이사장(현) [저]'야성아마존기행'(1974) '古堂曺晩植회상록'(1995) [종]기독교

조영걸(趙泳杰) Young-Keol Cho

[생]1962·6·12 [본]한양(漢陽) [출]경북 영양 [주]서울 송파구 올림픽로43길88 서울아산병원 미생물학교실(02-3010-4283) [학]1987년 한양대 의대졸 1989년 同대학원졸 1993년 의학박사(한양대) [경]1987~1990년 한양대 의대 미생물학교실 조교 1990~1993년 국립보건원 AIDS과 공중보건의 1993~2004년 울산대 의대 미생물학교실 전임강사·조교수·부교수 1997~1998년 미국 하버드대 의대 교환교수 1998~2002년 울산대 의대 미생물학교실 주임교수 2002~2015년 미국 세계인명사전 'Marquis Who's Who in the World'에 등재 2004년 울산대 의대 미생물학교실 교수(현) 2004~2006·2011년 同의대 미생물학교실 주임교수(현) 2004년 미국 인명사전 ABI·영국 인명사전 IBC에 등재 2013~2014년 고려인삼학회 부회장 2015년 미국 세계인명사전 'Marquis Who's Who in the World 2016년판'에 등재 [상]한국과학기술단체총연합회 우수논문상(2001), 고려인삼학회 우수논문상(2005), 대한에이즈학회 에이즈학술상(2011), 울산대 올해의교수상(2011), 코메디닷컴 선정 '올해의 인물'(2011), 고려인삼학회 학술상(2013), 한양의대인상(2016) [저]'의학미생물학'(共) '최신 고려인삼연구(Ⅰ)(共)'(2007, 고려인삼학회) [역]'의학미생물학(共)'(2014) [종]기독교

조영곤(曺永昆) CHO Young Kon (청후·정후)

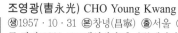

[생]1958·9·24 [본]창녕(昌寧) [출]경북 영천 [주]서울 강남구 영동대로517 아셈타워 법무법인 화우(02-6003-7514) [학]1976년 경북고졸 1981년 서울대 법대졸 1983년 同대학원 법학과졸 [경]1983년 사법시험 합격(25회) 1984년 한미합동법률사무소 연구원 1987년 사법연수원 수료(16기) 1987년 대한법률구조공단 전담변호사 1991년 부산지검 검사 1993년 대구지검 김천지청 검사 1994년 서울지검 검사 1997년 대구지검 검사 1999년 대구고검 검사 1999년 대구지검 의성지청장 2000년 서울지검 부부장검사 2002년 부산지검 강력부장 2003년 대검찰청 강력과장 2004년 수원지검 형사3부장 2005년 서울중앙지검 마약·조직범죄수사부장 2006년 춘천지검 원주지청장 2007년 대구지검 2차장검사 2008년 의정부지검 차장검사 2009년 법무부 인권국장 2009년 대전고검 차장검사 2009년 대검찰청 마약·조직범죄부장 2009년 同외국인조직범죄 합동수사본부장 2010년 同강력부장 2011년 同형사부장 겸임 2011년 울산지검장 2012년 대구지검장 2013년 서울중앙지검장 2014년 법무법인 화우 대표변호사(현) 2015년 한국범죄방지재단 감사(현) [상]마약대상(1996)

조영광(曺永光) CHO Young Kwang

[생]1957·10·31 [본]창녕(昌寧) [출]서울 [주]서울 강남구 광평로280 로즈데일빌딩9층 (주)엠피씨 비서실(02-3401-4114) [학]서울중앙고졸, 서울대 경영학과졸, 미국 조지워싱턴대 대학원 경영학과졸 [경]1988년 (주)건국인터내셔날 대표이사 사장 1993년 (주)청마인터내셔날 대표이사 사장 1995년 (주)세창유통 대표이사 사장 1996~2015년 (주)엠피씨 대표이사 사장 1996년 (주)스탬뱅크 대표이사 사장 2002년 同비상근이사 2016년 (주)엠피씨 부회장(현)

조영권(趙永權) CHO Young Kwon

[생]1960·10·18 [본]한양(漢陽) [출]인천 [주]서울 동작구 흑석로84 중앙대학교 지식경영학부(02-820-5551) [학]1974년 인천 부평고졸 1983년 중앙대 정경대학 경제학과졸 1985년 미국 델라웨어대 대학원 경제학과졸 1995년 경제학박사(미국 코네티컷대) [경]1995~1997년 신원 Venture Capital 선임조사역 1997~1999년 국민일보 차장·부장대우·경영지원실장(이사) 1999~2001년 (주)팍스넷 상무이사·전무이사 2002년 파이낸셜뉴스 전무이사 2008~2014년 同발행인 겸 대표이사 부사장 2014년 중앙대 지식경영학부 겸임교수(현) [상]자랑스러운 중앙언론동문상(2014) [종]기독교

조영규(趙榮珪) CHO Young Gyoo

[생]1950·3·31 [본]한양(漢陽) [출]충남 예산 [주]경기 수원시 팔달구 효원로1 경기도청 법률자문관실(031-8008-2206) [학]1968년 예산농고졸 1980년 국민대 법학과졸 1982년 同대학원 법학과졸 [경]1985~2003년 국민대 법학과 강사 1994년 법제처 처장비서관 1996년 同행정심판관리국 일반행정심판담당관 1997년 同행정법제국 법제관 1999년 同법령홍보담당관(부이사관) 2001년 同사회문화법제국 법제관 2003~2006년 同경제법제국 법제관 2003년 중앙공무원교육원 사이버교육 강사 2006년 법제처 행정법제국 법제심의관(일반직고위공무원) 2007년 同경제법제국 법제심의관 2008년 국회 파견 2009~2010년 법제처 경제법제국 법제심의관 2010년 경기도 법률자문관(현) [상]대통령표창(1992), 홍조근정훈장(2010) [저]'민법총칙' [종]기독교

조영기(趙榮基) JO Young Ki

[생]1960·7·20 [본]풍양(豊壤) [출]강원 양구 [주]강원 춘천시 중앙로1 강원도의회(033-249-5044) [학]양구종합고졸, 한림성심대학졸, 강원대 인문대학 철학과졸, 同대학원 철학과졸 [경]양구군 환경농업담당, 同농산담당, 同군수 비서실장, 양구군축구협회 총무이사·자문위원, 同전무이사, 국토정중앙배꼽정보화마을 운영위원장, 양구군생활체육회 사무국장·부회장, 한나라당 강원도당 정책자문위원 2006·2010~2014년 강원도의회 의원(한나라당·새누리당) 2006~2010년 同기획행정위원회 부위원장, 강원도아이스하키협회 부회장, 양구군태권도협회 부회장, 강원대총동창회 부회장(현) 2010~2012년 강원도의회 기획행정위원장 2010년 2013평창동계스페셜올림픽세계대회조직위원회 집행위원 2010년 춘천소방서 명예서장 2012년 강원도의회 교육위원회

부위원장 2012년 同새누리당 원내대표 2012년 同운영위원회 위원 2012년 同예산결산특별위원회 위원 2015년 강원도의회 의원(재·보궐선거, 새누리당)(현) 2016년 同사회문화위원장(현) [상]국무총리표창, 대통령표창, 내무부장관표창, 농림부장관표창 [종]기독교

조영길(曺永吉) CHO Young Kil

[생]1940·5·9 [출]전남 영광 [주]경기 성남시 수정구 위례대로83 한국군사문제연구원(031-727-8101) [학]1958년 광주 숭일고졸 1974년 육군대학졸 1979년 국방대학원졸 1990년 동국대 안보행정대학원 수료 [경]1962~1991년 갑종 172기 임관·합동참모본부 전력계획담당관·수도기계화사단여단장·육군본부 전략기획과장·국방대학원 교수부장·육군본부 전략기획처장 1991년 제31사단장 1993~1995년 합동참모본부 전력기획차장·부장 1995년 제2군단장(중장) 1997년 제2군사령부 부사령관 1998년 2군사령관(대장) 1999~2001년 합참의장 2003~2004년 국방부 장관 2005년 국방연구원 연구원 2006년 한국군사문제연구원 연구위원(현) 2010~2013년 한국전쟁기념재단 고문 [상]화랑무공훈장(1970), 무공포장(1970), 월남영웅 은·동성훈장(1970), 미국 동성훈장(1970), 보국훈장 천수장(1987), 보국훈장 국선장(1996), 보국훈장 통일장(1999)

조영남(趙榮男) CHO Young Nam

[생]1952·5·2 [본]배천(白川) [출]강원 [주]서울 강남구 강남대로330 12층 한일건설(주) 임원실(02-527-7197) [학]1978년 한양대 건축공학과졸 [경]쌍용건설 근무, 한일건설(주) 해외부문담당 상무, 同해외사업본부장(전무) 2008년 同부사장 2010년 同사장(현) [상]해외건설 플랜트산업발전공로 대통령표창(2008) [종]기독교

조영민(曺英珉) CHO Young Min

[생]1970·10·9 [본]창녕(昌寧) [출]경남 마산 [주]서울 종로구 대학로101 서울대학교병원 내분비내과(02-2072-2211) [학]1996년 서울대 의대졸 2000년 同대학원졸 2004년 의학박사(서울대) [경]1996~2000년 서울대병원 인턴 및 내과 레지던트 2001~2002년 同내분비내과 전임의 2003~2004년 서울대 의대 내분비내과학교실 전임강사 2004~2010년 同조교수 2004~2006년 대한당뇨병학회 부총무·국제협력위원회 위원·진단소위원회 위원·연구위원회 위원 2005년 대한내분비학회 수련위원회 간사 2009~2010년 캐나다 브리티쉬컬럼비아대 방문교수 2010년 서울대 의과대학 내과학교실 교수 [상]제10회 한독학술상(2014)

조영범(趙永範)

[생]1968·11·11 [출]제주 북제주 [주]충남 논산시 강경읍 계백로99 대전지방법원 논산지원(041-746-2700) [학]1986년 제주제일고졸 1991년 서울대 법대 사법학과졸 [경]1995년 사법시험 합격(37회) 1996년 사법연수원 수료(27기) 1998년 부산지법 예비판사 2000년 同판사 2002년 청주지법 판사 2006년 同충주지원 판사 2010년 대전고법 판사 2013년 대전지법 부장판사 2016년 대전지법·대전가정법원 논산지원장(현)

조영복(曺永福) CHO Young Bok

[생]1957·9·16 [출]경북 영천 [주]부산 금정구 부산대학로63번길2 부산대학교 경영학부(051-510-2570) [학]부산대 경영학과졸, 同경영대학원졸, 경영학박사(계명대) [경]인제대 교수, 부산대 경영학부 교수(현) 2006년 (사)사회적기업연구원 원장 2007년 한국인적자원관리학회 회장 2010~2012년 한국인사관리학회 회장 2011년 미소금융중앙재단 이사 2013년 미창석유공업(주) 사외이사(현) 2014~2015년 (사)사회적기업학회 초대회장 2014년 한국사회적기업진흥원 비상임이사(현) 2014년 부산환경공단 비상임감사(현) 2015년 부산대 경영대학장 겸 경영대학원장(현) 2016년 (주)부산롯데호텔 사외이사(현) [상]국민포장(2012) [저]'현대경영학' '기업경영론'

조영삼(曺永三) CHO YOUNG SAM

[생]1962·1·28 [본]창녕(昌寧) [출]부산 [주]세종특별자치시 시청대로370 산업연구원 중소벤처기업연구실(044-287-3187) [학]1980년 대전고졸 1985년 고려대 경제학과졸 1988년 同대학원 경제학과졸 1998년 경제학박사(고려대) [경]1988~2014년 산업연구원 연구원·연구위원 2000년 중소기업특별위원회 위원장 자문관 2001~2004년 同실무위원회 위원 2003~2004년 국가과학기술위원회 종합조정실무위원회 위원 2003~2007년 공정거래위원회 하도급자문위원회 위원 2007년 미국 워싱턴대 Visiting Scholar 2008~2010년 중소기업학회 부회장, 산업연구원 베이징사무소 수석대표 2013~2014년 산업연구원 중소·벤처기업연구실장(연구위원) 2014년 同중소·벤처기업연구실장(선임연구위원) 2014년 同중소벤처기업연구실 선임연구위원(현) [상]통상산업부장관표창(1996), 국무총리표창(2001), 중소기업특별위원장표창(2002), 산업포장(2004) [저]'중소기업 해외직접투자의 구조와 성과'(1995, 산업연구원) '한국 5대재벌 백서(共)'(1999, 나남) '도전과 혁신, 도약의 길-중소기업 발전비전과 육성전략(共)'(2003, 중소기업청) '중소기업 정책금융에 관한 OECD Conference 보고서(共)'(2006)

조영삼(曺泳杉) ZOH, youngsam

[생]1966·1·18 [본]창녕(昌寧) [출]전남 해남 [주]서울 중구 세종대로110 서울특별시청 행정국 정보공개정책과(02-2133-5698) [학]1984년 광주고졸 1992년 한신대 국사과졸 1997년 국민대 대학원 국사학과졸 2011년 기록정보학박사(명지대) [경]2000년 국회사무처 국회기록보존소 근무 2004년 同국회기록보존소 기록연구사 2005년 대통령 기록관리비서관실 기록연구사 2008~2012년 투명사회를위한정보공개센터 이사 2009년 한신대 한국사학과 초빙교수 2011~2012년 한국기록전문가협회 사무처장 2013년 서울시 행정국 정보공개정책과장(현)

조영상(趙榮祥) CHO Young Sang

[생]1950·9·14 [출]서울 [주]서울 성북구 화랑로14길5 한국과학기술연구원 국가기반기술연구본부(02-958-5261) [학]1969년 경기고졸 1973년 서울대 화학공학과졸 1979년 미국 워싱턴대 대학원 화학공학과졸 1982년 공학박사(미국 워싱턴대) [경]1973~1977년 한국나이론(주) 연구소 연구주임 1982년 미국 Lummus사 선임연구원 1983년 한국과학기술연구원 선임연구원 1986년 同화공환경부문 책임연구원 1995년 과학기술부 G7 선도기술사업 기획추진위원 1996년 한국과학기술연구원 화공연구부장 1997년 과학기술부 창의적연구진흥사업 기획추진위원 1997년 同산하기관평가위원 1999년 교육인적자원부 BK인력양성사업 추진평가위원 1999~2001년 산업자원부 연구사업평가정밀화학분과위원장 2002년 한국과학기술연구원 기술사업단장 2003년 同에너지환경연구본부 책임연구원 2003년 한국공학한림원 국제협력분과위원 2012년 한국과학기술연구원 국가기반기술연구본부 초빙연구위원 2016년 同명예연구원(현) [상]대통령표창, 과학기술부장관표창 [저]'석유화학공업(共)'(1995) '공학기술로 나라를 살리자(共)'(1997) '한국 화학공학의 과제(共)'(1997) '공학기술로 21세기 앞장서자(共)'(2001)

조영상(曺榮祥) CHO Young Sang

[생]1958·10·29 [본]창녕(昌寧) [출]전남 영암 [주]경기 부천시 원미구 상일로130 703호 법무법인 오아시스(032-325-3115) [학]1977년 영암고졸 1982년 동국대 법학과졸 1984년 同대학원 법학과졸 1998년 아주대 경영대학원 최고경영자과정 수료 [경]1983년 사법시험 합격(25회) 1985년 사법연수원 수료(15기) 1986~1989년 軍법무관 1989년 변호사 개업 1993년 인천지방변호사회 이사 1994년 부천시 종합민원실 법률상담위원 1995년 부천YMCA 이사 1996년 민주당 부천원미乙지구당 위원장 1997년 중동신문 발행인·대표 1997년 전국아파트연합회 부회장 1997년 국민회의 주택문제특별위원회 부위원장 1998년 同부천원미乙지구당 부위원장 1998년 인천지방변호사회 인권위원장 1999년 인천방송 법률상담변호사 1999년 부천시생활체육볼링연합회 회장 2000~2004년 새천년민주당 부천소사지구당 위원장 2001년 가톨릭대 행정대학원 겸임교수 2002년 부천드림시티방송 '생활법률' 진행 2003년 법무법인 오아시스 대표변호사(현) 2004년 제17대 국회의원선거 출마(부천 소사, 새천년민주당) 2005~2007년 민주당 부천소사지역운영위원회 위원장 2006년 7.26재보선 국회의원선거 출마(부천 소사, 민주당) 2008년 민주당 법률지원단장 [저]'도전하는 삶이 아름답다'(2004) [종]기독교

조영석(趙英碩) CHO Young Suk

[생]1953·5·24 [본]백천(白川) [출]서울 [주]서울 성북구 정릉로77 국민대학교 나노전자물리학과(02-910-4753) [학]1972년 서울고졸 1980년 서울대 물리학과졸 1984년 이학박사(미국 미네소타대) [경]1985~1994년 국민대 자연과학대 테크노과학부 조교수·부교수 1994년 同나노전자물리학과 교수(현) 2000년 同기초과학연구소장 2004~2006년 同입학정보처장 2012년 同교무처장 2013년 同교양과정부장 2014~2016년 同자연과학대학장 [저]'현대물리학의 위대한 발견들'(1997) '골프의 물리학' [역]'새물리학의 태동' [종]기독교

조영석(趙榮石) Cho Young-seok

(생)1967·11·29 **(출)**서울 **(주)**서울 강서구 오정로443의83 아시아나타운A동2층 아시아나항공 임원실(02-2669-3841) **(학)**1986년 동국대사대부고졸 1993년 고려대 문과대학 영어영문학과졸 2015년 연세대 언론홍보대학원 광고홍보학과졸 **(경)**1992년 아시아나항공 입사 2005년 금호아시아나그룹 전략경영실 그룹홍보팀장 2013년 同전략경영실 상무(그룹홍보총괄) 2014년 아시아나항공 홍보담당 상무(현)

조영식(趙榮植) CHO Young Shik

(생)1961·6·30 **(출)**경기 **(주)**경기 수원시 영통구 덕영대로1556번길16 C동4층 (주)에스디바이오센서 임원실(031-300-0400) **(학)**1980년 유신고졸 1984년 서울대 수의학과졸 1998년 이학박사(서울대) **(경)**1984~1998년 (주)녹십자 근무 1998~1999년 (주)바이로메드 근무 2002년 (주)에스디 대표이사 2003년 경기대 산업정보대학원 의학생물학과 강사 2012~2013년 (주)에스디 회장, (주)에스디바이오센서 회장(현)

조영신(趙榮新) Young-Shin Cho

(생)1967·12·28 **(출)**충남 **(주)**서울 서초구 헌릉로13 KOTRA 방산물자교역지원센터(02-3460-7302) **(학)**1985년 서울 숭문고졸 1990년 서울대 경제학과졸 2002년 경제학박사(미국 미주리주립대) **(경)**2009년 지식경제부 전자산업과장 2011년 同석유산업과장 2012년 同성장동력정책과장 2013년 산업통상자원부 산업기반실 창의산업정책과장 2014년 국가기술표준원 기술규제대응국장 2015년 국립외교원 교육파견 2016년 대한무역투자진흥공사(KOTRA) 방산물자교역지원센터장(현)

조영완(趙泳完) Cho Young-wan

(생)1958·10·10 **(출)**서울 **(주)**서울 관악구 보라매로3길23 (주)대교 임원실(02-829-1114) **(학)**1983년 고려대 경영학과졸 2000년 핀란드 헬싱키대 대학원 경영학과졸 **(경)**1983년 금성사(주) 입사 1985~1997년 (주)데이콤 입사·재경본부장 1997년 하나로통신(주) 재무관리실장(부장) 2000년 同재무전략실장(이사대우) 2002년 同재무관리팀장(이사대우) 2002년 同재무관리실장(상무보) 2003년 同재무관리실장(상무) 2004년 同경영관리실장(상무) 2004년 하나로텔레콤(주) 경영관리실장(상무) 2005년 同두루넷인수추진단 관리반장(상무) 2005년 同두루넷경영부문장(상무), 하나로T&I 대표이사 2006년 하나로CS 대표이사 2008년 하나로텔레콤(주) CV추진실장 2008년 SK브로드밴드 CV혁신실장 2009~2011년 브로드밴드CS 대표이사 2011년 (주)대교 미디어사업부문 대표이사(현)

조영일(曺永一) CHO Young Il

(생)1960·9·7 **(출)**강원 강릉 **(주)**서울 마포구 백범로192 S-OIL(주) 비서실(02-3772-5997) **(학)**1977년 강릉고졸 1982년 서울대 무역학과졸 1990년 미국 시라큐스대 경영대학원 경영학과졸 **(경)**1981년 쌍용정유(주) 입사 1996년 同자금팀 부장 1999년 同대외이사 2000년 에쓰오일(주) 회계부문 상무 2009년 同국내영업본부장(부사장) 2012년 同부사장(CFO) 2015년 同수석부사장(CFO)(현)

조영제(趙英濟) Cho Young-Je

(생)1957·12·24 **(출)**충북 충주 **(주)**서울 종로구 삼청로118 한국금융연수원 원장실(02-3700-1500) **(학)**1976년 충주고졸 1980년 연세대 법학과졸 1987년 同대학원 법학과졸 1994년 법학박사(연세대) **(경)**1985년 한국은행 입행 1999년 同자본시장감독국 팀장 2001년 同프랑크푸르트 주재원 2005년 同증권감독국 팀장 2007년 同은행감독국 팀장 2008년 同외환업무실장 2009년 同일반은행서비스국장 2011년 同부원장보 2013~2014년 同부원장(은행, 외환, 저축은행, 신용카드, 상호금융 감독·검사부서 담당) 2015년 한국금융연수원 원장(현)

조영조(趙瑛朝) CHO Young Jo

(생)1961·3·22 **(본)**백천(白川) **(출)**서울 **(주)**대전 유성구 가정로218 한국전자통신연구원 인간로봇상호작용연구실 지능형인지기술연구부(042-860-5233) **(학)**1978년 신일고졸 1983년 서울대 제어계측공학과졸 1985년 한국과학기술원(KAIST) 전기전자공학과졸 1989년 전기전자공학박사(한국과학기술원) 2006년 서강대 경영대학원 최고경영자과정 수료 **(경)**1989~1998년 한국과학기

술연구원 선임연구원 1994~1995년 일본 통산성 기계기술연구소 로봇연구부 초빙연구원 1997년 미국 앰허스트대 초빙연구원 1998~2001년 한국과학기술연구원 책임연구원 2001~2004년 (주)아이콘트롤스 기술연구소장(상무) 2004~2008년 한국전자통신연구원 지능형로봇연구단장 2008~2014년 OMG 국제표준로보틱스분과 공동의장 2008년 한국전자통신연구원 융합기술연구부문 연구위원, 同융합기술연구부문 로봇연구부 책임연구원 2010년 同융합기술연구부문 로봇·인지시스템연구부 책임연구원, 同인간로봇상호작용연구실 지능형인지기술연구부 책임연구원(현) 2010~2014년 한국로봇산업협회 감사 2011년 한국로봇학회 부회장·수석부회장(현) 2014년 국가과학기술연구회 다중지능로봇융합클러스터장(현) **(상)**대한민국로봇대상 지식경제부장관표창(2008) **(종)**가톨릭

조영주(趙榮珠·女) CHO Young Joo

(생)1959·4·25 **(주)**서울 양천구 신정이펜1로20 서울특별시 서남병원 원장실(02-6300-7501) **(학)**1984년 이화여대 의과대학졸 1987년 同대학원 의학과졸 1991년 의학박사(이화여대) **(경)**1985~1988년 이화여대 동대문병원 내과 전공의 1988년 서울대병원 내과 알레르기분과 전임의 1990년 서울중앙병원 아산생명과학연구소 선임연구원 1993년 이화여대 의과대학 조교수 1993년 同목동병원 알레르기임상면역내과 과장 1994~1995년 미국 아이오와대 내과 Visiting Scholar 1998년 이화여대 의과대학 알레르기내과학교실 교수(현) 2013~2015년 이화여대의료원 기획조정실장 2015년 서울시 서남병원장(현) **(상)**대한천식 및 알레르기기학회 청산의학 우수논문상(1999·2008) **(저)**'조직세포배양법'(1994)

조영준(曺永準) CHO Young June

(생)1955·10·22 **(본)**창녕(昌寧) **(주)**서울 **(주)**충남 천안시 서북구 입장면 양대기로길89 한국생산기술연구원 청정생산시스템연구소 생산시스템그룹(041-5898-201) **(학)**1979년 한양대 기계공학과졸 1981년 한국과학기술원 기계공학석사 1986년 기계공학박사(한국과학기술원) **(경)**1981~1989년 대우조선공업(주) 과장 1981~1990년 미국 전기·전자공학회 회원 1989년 한국과학기술연구원 선임연구원 1990년 한국기계학회 정회원 1990~2001년 한국생산기술연구원 조교수 2001년 同생산시스템개발본부장 겸 매카트로닉스팀장 2002년 同생산시스템개발본부 광마이크로팀장 2005년 同융합기술개발단장 겸 전자정보재료팀장 2006년 同천안연구센터 소장 겸 생산시스템본부장 2007년 同안산연구센터 소장 2008년 同융복합기술연구본부장 2009년 同선임연구본부장 2010년 同선임본부장 2014년 同충청지역본부 생산시스템연구실용화그룹 수석연구원 2015년 同청정생산시스템연구소 생산시스템그룹 수석연구원(현) **(상)**대한민국산업기술대전 산업포장(2003) **(종)**기독교

조영준(曺榮俊) CHO Young Jun (榮文)

(생)1965·6·24 **(본)**창녕(昌寧) **(주)**서울 용산구 한강대로17길11 4층(02-3665-6950) **(학)**대구 청구고졸, 경북대 자연대 지질학과졸 **(경)**1998년 한국섬유경제신문 취재부장 1998~2001년 (주)세계섬유신문 편집국장 2002년 同대표이사 겸 발행인(현) 2002년 패션저널 텍스타일라이프 발행인(현) **(저)**'섬유산업 경쟁력 높일 수 있다'

조영중(曺永仲)

(생)1969·3·20 **(주)**서울 중구 을지로245 국립중앙의료원(02-2260-7010) **(학)**1987년 광주 살레시오고졸 1993년 전남대 의대졸 2007년 한림대 대학원 의학석사 **(경)**1993~1998년 국립의료원 인턴·레지던트 1998~2001년 국군벽제병원 내과 과장(군의관) 2001~2002년 한강성심병원 전임의 2002~2010년 국립의료원 의무서기관 2012~2015년 국립중앙의료원 의료정보센터장 2014~2016년 同당뇨내분비센터장 2015년 대한노인병학회 재무이사, 대한당뇨병학회 교육위원회 간사 겸 수련위원, 대한내과학회 노년내과위원회 위원 2016년 국립중앙의료원 진료부장 2016년 同진료부원장 겸 공공의료사업단장(현)

조영창(曺永昌) CHO Young Chang

(생)1959·1·8 **(출)**경북 영천 **(주)**대구 동구 동부로94 대구신문 편집국(053-424-0004) **(학)**1977년 계성고졸 1985년 영남대 무역학과졸 **(경)**1987년 매일신문 입사 1999년 同경제부 차장대우 2000년 同사회1부 차장대우 2001년 同멀티미디어부장 직대(차장) 2001년 同멀티미디어부장 2002년 同기획취재부장 2003년 同사회2부장 2004년 同논설위원(부장대우) 2005년 同논설위원(부장급) 2008년 同북부지역본부장 2009년 同편집부국장 2009년 同편집국장 2010년 同논설위원 2016년 대구신문 편집국장(현)

조영천(曺永擅) CHO Yong Cheon

(생)1957 · 5 · 14 (주)서울 강남구 테헤란로142 A동10층 노루홀딩스 비서실(02-2191-7700) (학)1980년 미국 보스턴대 경영학과졸 1986년 同대학원 경영학과졸 (경)1981년 삼성물산 입사 1997년 (주)넥스트웨이브 대표이사 2001년 (주)로커스 상무이사 2002년 (주)패스포스 전무이사 2004년 현대정보기술 베트남지사 상무이사 2004년 라이거시스템즈 부사장 2004년 同대표이사 사장 2005년 베니트 대표이사 사장 2008년 코오롱베니트 대표이사 부사장 2011~2013년 同대표이사 사장 2014년 노루홀딩스 CIO(부사장)(현) 2014년 노루크로비스 대표

조영철(趙榮喆) CHO Young Chul

(생)1957 · 8 · 25 (출)서울 (주)경기 성남시 분당구 정자일로239 분당아이파크102동8층 아이앤콘스(주) 임원실(031-785-1850) (학)1976년 홍익고졸 1982년 한양대 경영학과졸 (경)현대건설 근무 2006년 현대산업개발(주) 서울지사장(상무보) 2011년 同서울지사장(상무) 2013년 同남부지사장(상무) 2013년 아이파크스포츠 대표이사 2014년 아이앤콘스 대표이사 사장(현)

조영철(趙英哲) CHO Young Cheol

(생)1959 · 4 · 21 (출)경북 청송 (주)경기 의정부시 녹양로34번길23 의정부지방법원(031-828-0114) (학)1977년 경북고졸 1982년 서울대 법대졸 1985년 同대학원 법학과 수료 (경)1983년 사법시험 합격(25회) 1985년 사법연수원 수료(15기) 1989년 대구지법 판사 1992년 同김천지원 판사 1994년 수원지법 판사 1997년 서울지법 판사 1998년 서울고법 판사 1999년 대법원 재판연구관 2001년 대구지법 부장판사 2003년 수원지법 부장판사 2005년 서울중앙지법 부장판사 2007년 광주고법 부장판사 2009년 서울고법 행정10부 부장판사 2014년 서울중앙지법 민사수석부장판사 2015년 의정부지법원장(현) (종)기독교

조영태(曹永泰) Yung Tae Jo

(생)1965 · 6 · 28 (본)창녕(昌寧) (출)전남 화순 (주)세종특별자치시 한누리대로402 산업통상자원부 무역위원회 무역조사실(044-203-5009) (학)1990년 서울대 대학원 경영학과졸 2004년 미국 스탠퍼드대 SCPM과정 수료 (경)1993년 행정고시 합격(36회) 1994년 상공자원부 구주통상과 사무관 1995년 통상산업부 통상정책과 사무관 1999년 산업자원부 품질디자인과 사무관 2000년 국외 훈련(영국 케임브리지대) 2001년 산업자원부 무역투자실 수출과 사무관 2002년 同산업기술개발과 서기관 2003년 同산업기술정책과 서기관 2006년 同광물자원팀장 2008년 同투자유치팀장 2008년 지식경제부 투자유치과장 2012년 同수출입과장 2013년 산업통상자원부 무역정책관실 수출입과장 2014년 同무역투자실 무역정책과장(부이사관) 2016년 同무역위원회 무역조사실장(고위공무원)(현)

조영택(趙泳澤) CHO Young Tack

(생)1951 · 1 · 21 (본)함안(咸安) (출)전남 완도 (주)광주 서구 내방로111 광주광역시청(062-613-3152) (학)1969년 광주제일고졸 1973년 연세대 행정학과졸 1989년 同행정대학원 도시 및 지역개발학과졸 2008년 행정학박사(한양대) (경)1973년 행정고시 합격(13회) 1975~1980년 전남도 근무 1980~1985년 내무부 지방행정국 근무 1985~1986년 장성군수 1986년 내무부 민방위본부 과장 1988년 同심의담당 서기관 1989년 同시도과장 1990년 同행정과장 1991년 同연수원 근무 1992년 경기도 기획관리실장 1992~1994년 의정부시장 1995년 군포시장 1995년 경기도 공영개발사업단장 1997년 국무총리행정조정실 내무행정심의관 1998년 국무총리국무조정실 자치행정심의관 1998년 행정자치부 공보관 1998년 同인사국장 1999년 同자치행정국장 2000~2002년 同차관보 2002~2003년 同차관 2003년 공무원연금관리공단 이사장 2003년 국무조정실 기획수석조정관(차관급) 2005~2006년 국무조정실장(장관급) 2006년 광주광역시장선거 출마(열린우리당) 2006년 대통령 정무특보 2007~2008년 대통령직속 아시아문화중심도시조성위원회 위원장 2008~2012년 제18대 국회의원(광주 서구甲, 통합민주당 · 민주당 · 민주통합당 · 무소속) 2008~2010년 민주당 제6정책조정위원장 2010년 同공동대변인 2010~2011년 국회 운영위원회 위원 2010년 민주당 비상대책위원회 위원 2011년 同정책위 부의장 2011년 국회 정무위원회 간사 2012년 제19대 국회의원선거 출마(광주 서구甲, 무소속) 2014~2016년 새정치민주연합 광주서구乙지역위원회 위원장 2015년 4.29재보선 국회의원선거 출마(광주 서구乙, 새정치민주연합) 2016년 2019 광주세계수영대회조직위원회 사무총장 겸 부위원장(현) (상)근정포장(1980), 녹조근정훈장(1991), 경제정의실천시민연합 및 NGO모니터단 선정 우수 국감의원(2011), 문화예술유권자총연합회 선정 자랑스러운 대한민국 우수 국회의원(2011), 민주통합당 선정 국정감사 최우수의원(2011) (저)'질 높은 사회, 어디로 가야 하는가'(2011) (종)천주교

조영표(曺永杓) CHO Young Pyo (마송)

(생)1961 · 12 · 23 (본)창녕(昌寧) (출)전남 화순 (주)광주 서구 내방로111 광주광역시의회(062-613-5102) (학)광주고졸, 조선이공대졸, 광주대 경영학과졸, 조선대 정책대학원 행정학과졸, 同대학원 정치외교학 박사과정 재학중 (경)조선이공대 겸임교수, 민주평통 자문위원, 광주시민주연합청년동지회 기획실장, 광주시 남구 국제화추진위원회 위원, 새정치국민회의 창당발기인, 同중앙당 의원 1995 · 1998 · 2006~2010년 광주시 남구의회 의원(열린우리당 · 민주당) 2000년 강운태 국회의원후보 선거대책부본부장, 새천년민주당 광주시 남구 자문위원장 2004년 열린우리당 지병문 국회의원후보 선거대책본부장, 同광주시당 부위원장, 광주시 남구의회 도시산업위원장, 同재해대책위원장, 同총무사회위원장, 同부의장 2008~2010년 同의장 2010년 광주시의회 의원(민주당 · 민주통합당 · 민주당 · 새정치민주연합) 2010~2012년 同산업건설위원장 2012년 同산업건설위원회 위원 2012년 同윤리특별위원회 위원 2014년 광주시의회 의원(새정치민주연합 · 더불어민주당 · 국민의당)(현) 2014~2016년 同의장 2015년 중국 하얼빈사범대학 명예교수(현) 2016년 광주시의회 산업건설위원회 위원(현) (상)한국매니페스토 약속대상 최우수상(2011 · 2012), 한국효도회 효행상(2012)

조영현(曺永鉉) Cho Young Hyun

(생)1961 (출)전남 화순 (주)서울 중구 을지로79 IBK기업은행 임원실(02-729-6114) (학)1980년 광주상고졸 1987년 동국대 회계학과졸 2010년 한양대 공공정책대학원졸 (경)1979년 IBK기업은행 입행 2007년 同내방역지점장 2008년 同방배중앙지점장 2010년 同청천동지점장 2012년 同남동공단기업금융비전지점장 2014년 同강서 · 제주지역본부장 2015년 同인천지역본부장 2016년 同IT그룹장(부행장)(현)

조영호(曺英浩) CHO Young Ho (靑湖)

(생)1948 · 12 · 2 (본)창녕(昌寧) (출)전남 보성 (주)서울 송파구 올림픽로424 대한체육회(02-2144-8114) (학)1966년 벌교상고졸 1970년 한양대 체육학과졸 1973년 同대학원 체육학과졸 1991년 이학박사(명지대) (경)1975년 한양대 체육대학 교수 1977년 한국체육대 교수 1980년 대한배구협회 상임이사 1981~2014년 한양대 스포츠산업학과 교수 1990~1997년 대한배구협회 전무이사 1992년 한양대 체육대학장 1997년 대한올림픽위원회(KOC) 문화위원 1997년 한국스포츠행정 · 경영학회 부회장 1998년 대한배구협회 부회장 1999년 한양대 학생복지처장 2001년 민주평통 자문위원 2002~2006년 한양대 체육대학장 2002~2007년 한국스포츠산업 · 경영학회 회장 2002년 대한체육회 경기력향상위원 2003년 한양대총동문회 부회장 2003 · 2008 · 2010~2012년 한양대 체육위원장 2008~2013년 대한배구협회 부회장 2009~2013년 대학배구연맹 회장 2014년 국민생활체육회 사무총장(상임이사) 2016년 대한체육회 사무총장(현) 2016년 同리우올림픽대회 대한민국선수단 부단장(현) (상)세계배구연맹 최우수심판상(1989), 아시아배구연맹 배구100주년 기념 공로상(1995), 황조근정훈장(2014) (저)'배구기술지도서' '배구지도서' (종)기독교

조영호(趙永鎬) CHO Yung Ho

(생)1954 · 2 · 14 (출)전남 고흥 (주)경기 수원시 영통구 월드컵로206 아주대학교 경영대학 경영학과(031-219-2714) (학)1973년 중앙고졸 1977년 아주대 공업경영학과졸 1979년 한국과학기술원(KAIST) 산업공학과졸(석사) 1983년 경영학박사(프랑스 엑스마르세유제3대) (경)1983~1985년 한국외국어대 상경대 조교수 1985년 아주대 경영대학 경영학과 교수(현) 1987년 同학보사 주간교수 1988년 同경영대학 학장보 겸 경영학과장 1992~1995년 同경영대학원 최고경영자과정 주임교수 1993년 한국인사관리학회 부회장 1995년 미국 미시간대 객원교수 1996~1999년 한국인사조직학회 인사분과위원장 2002~2004년 아주대 기획처장 2004~2008년 同경영대학원장 2011년 同경영대학장 겸 경영대학원장 2016년 同경영대학원장(현) (저)'사람을 위한 조직관리'(1993) '질 위주의 경영'(1994) '품질경영과 의식개혁:사람이 달라져야 한다'(1994) '한국 대기업의 경영특성(共)'(1995) '청계구리 기업문화 : 디지털 이단, 글로벌 퓨전'(2001) '한국경영의 새로운 도전(共)'(2002) '경영학 뉴패러다임 : 조직인사, 노사관계(共)'(2002, 박영사) '대학경영의 원리와 진단(共)'(2005) (역)'엑설런트 리더십'(1993) '인간경영64훈(共)'(1995)

조영호(曺永昊) CHO Young Ho

생1957·8·10 본창녕(昌寧) 출대구 주대전 유성구 대학로291 한국과학기술원 바이오및뇌공학과(042-350-4314) 학1976년 경북고졸 1980년 영남대졸 1982년 한국과학기술원(KAIST) 대학원졸 1990년 공학박사(미국 캘리포니아대 버클리교) 경1982~1986년 한국과학기술연구원 연구원 1987~1991년 미국 버클리대 Berkeley Sensor & Actuator Center 연구원 1991~1994년 한국과학기술원(KAIST) 기계기술연구소 연구원 1994년 同기계공학과 겸임교수(현) 1994년 마이크로머신 국제전문가 2000~2009년 교육과학기술부 창의적연구진흥사업 디지털나노구동연구단장 2002년 한국과학기술원(KAIST) 바이오 및 뇌공학과 교수(현) 2003년 IEEE International MEMS Conference 대회장 2008년 World Micromachine Summit 대회장 2008년 한국과학기술원(KAIST) 세포벤치연구센터 소장(현) 2010~2012년 한국연구재단 국책연구본부 나노융합단 뇌융합분야 전문위원(RB) 2011년 Power Micro Electro Mechanical Systems 국제학술대회장 2011년 미래창조과학부 신기술융합형성장동력사업 혈중암세포암예후진단융합연구단장(현) 2014년 同신기술융합형성장동력사업본부장(현) 상과학기술부장관표창(2002), 부총리 겸 과학기술부장관표창(2005), 과학기술진흥유공자 과학기술포장(2008), 대한민국 지식재산교육대상 특허청장표창(2012), 녹조근정훈장(2015) 저'마이크로머신 및 기술연계'(1994) '나노기술이 미래를 바꾼다'(2002) '공학기술 복합시대'(2003) '한국의 대표 과학자가 말하는 100가지 과학토픽·교양으로 읽는 과학의 모든 것 2'(2006) '진화하는 테크놀로지'(2009)

조영호(趙榮鎬) CHO,YOUNG HO

생1959·8 주경기 성남시 분당구 성남대로343번길9 에스케이유타워 SK주식회사 C&C 임원실(02-6400-0114) 학연세대 경영학과졸, 미국 뉴욕주립대 대학원 MSTM과정 수료 경2009년 SK C&C 경영지원실장(전무) 2010년 同경영지원부문장(전무) 2012년 同Corporate Center장 2013년 同CV혁신사업장 2013년 同IT서비스사업장(부사장) 2015년 SK주식회사 C&C IT서비스사업장(부사장) 2016년 同중국법인장(부사장)(현)

조영호(趙永鎬) Cho, Young-ho

생1961·8·1 출경북 청송 주부산 북구 금곡대로506의17 부산지방조달청(070-4056-6555) 학1985년 영남대 행정학과졸 1991년 同대학원 행정학과졸 경2007년 대통령 비서실장실 시설관리행정관 2009년 조달청 품질보증과장 2012년 인천지방조달청 경영관리과장 2013년 세종연구소 교육파견 2014년 조달청 조달회계팀장 2015년 同정보기획과장 2016년 同정보기획과장(부이사관) 2016년 부산지방조달청장(현) 상녹조근정훈장(2005)

조영호(曺永昊)

생1966·2·2 출제주 주광주 서구 상무번영로85(062-608-1200) 학1986년 오현고졸 1991년 서울대 법학과졸 경1997년 사법시험 합격(39회) 2000년 사법연수원 수료(29기) 2000년 서울지법 남부지원 판사 2002년 同판사 2004년 광주지법 판사 2007년 인천지법 판사 2008년 광주지법 목포지원 판사 2009년 광주고법 판사 2011년 광주지법 판사 2015년 대전지법·대전가정법원 천안지원 부장판사 2016년 광주가정법원 부장판사(현)

조영환(曺永煥) JO Young Hwan

생1953·4·20 출부산 주서울 강남구 영동대로129길18 로덴치과그룹(02-516-3834) 학1972년 부산고졸 1979년 서울대 치과대학졸 1984년 同대학원졸(석사) 1987년 치의학박사(서울대) 경1982년 로덴치과 원장(현) 1991년 SDI 로덴아카데미&로덴임플란트센터 소장(현) 1994년 미국 UCLA 치대 심미치과센터 Visiting Scholar 1997년 American College of Dentists Fellow 1997년 미국 USC(남가주대) 치대 임상교수 1997년 일본 악교합협회 지도의 1997년 국제악교합학회(IAD) 한국지회장 겸 아시아지부 부회장 2007년 (주)로덴포유 대표이사(현) 2007년 로덴치과네트워크 대표원장 2008년 대한치과턱관절기능교합학회 명예부회장(현) 2009~2012년 (주)디오 사장 2011년 로덴치과그룹 대표원장(현) 상국제악교합학회 아시아지부 마스터상(1996), 국제악교합학회 아시아지부 PKT상(1997) 저'심미접착치과학'(1994, 군자출판사) 'Contemporary Esthetic Dentistry(共)'(1995, Quintessence) '교합학'(1996, 군자출판사) '악교합학 용어와 최신정의'(1996, Quintessence) 'The Immediate Load Implant'(1998, Quintessence) 'Oral Rehabilitation'(1998, Quintessence) 종불교

조영훈(曺永薰) Young-Hoon Cho

생1960·3·20 주부산 부산진구 엄광로176 동의대학교 사회복지학과(051-890-2037) 학1985년 연세대 정치외교학과졸 1988년 同대학원 사회학과졸 1990년 사회학박사(미국 캘리포니아대 로스앤젤레스교) 경1993년 일본 동경대 사회과학연구소 객원연구원 1996~1999년 삼성금융연구소 선임연구원 1999년 동의대 사회복지학과 교수(현) 2003년 일본 히트츠바시대 사회과학부 객원연구원 2005년 캐나다 토론토대 뭉크연구소 방문교수 2006년 동의대 사회봉사센터 소장, 부산참여자치연대 사회복지위원장 2008년 부산사회복지공동모금회 배분분과위원장 2008년 동의대 지방자치연구소장 2011년 同복지사회연구소장 2012년 캐나다 토론토대 사회복지대학원 방문교수 2015년 동의대 법정대학장 겸 행정대학원장(현), 보건복지부 사회보장위원회 전문위원(현) 저'변화하는 세계, 변화하는 복지국가'(2004) '사회서비스 분야 일자리창출 방안에 대한 연구(共)'(2006) '일본 복지국가의 어제와 오늘 : 복지국가이론들의 비교와 평가'(2006) '캐나다 복지국가연구'(2011)

조영훈(曺永勳) CHO Young Hoon

생1967·10·25 출서울 주서울 중구 을지로65 SK텔레콤 Home사업본부(02-6100-2114) 학1990년 서울대 정치학과졸 1992년 同행정대학원 수료 2006년 영국 요크대 대학원 경제학과졸 2007년 同경영대학원졸 경1993년 행정고시 합격(36회) 1993~1996년 국무총리행정조정실 경제조정관실 근무 1996~2003년 정보통신부 정보통신정책실·전파방송관리국 근무 2003~2005년 同경주우체국장 2007년 同개인정보보호팀장 2008년 방송통신위원회 개인정보보호과장(서기관) 2008년 同통신정책국 통신이용제도과장 2009년 同뉴미디어정책과장 2010~2012년 同위원장 비서관 2014년 SK텔레콤 상무 2015년 同스마트홈TF팀장(상무) 2016년 同Home사업본부장(현)

조오섭(曺五燮) CHO Ou Seop

생1968·7·19 출전남 담양 주광주 서구 내방로111 광주광역시의회(062-613-5107) 학동신고졸, 전남대 신문방송학과졸 경在光담양향우회 감사(현), 전남대총동창회 상임이사(현), 동신고총동창회 이사, 민주당 전국청년위원회 상무위원, 관현장학재단 이사(현), 광주YMCA 평생교육복지회 위원, 한국입양홍보회 이사(현), 전남일보 독자권익위원회 위원(현), 광주트라우마센터 운영위원(현), 참여자치21 회원(현), 광주시 북구건강복지타운 주민위원회 운영위원, 민주당 중앙당 부대변인, 광주교도소 교정자문위원(현) 2010년 광주시의회 의원(민주당·민주통합당·민주당·새정치민주연합) 2010년 同운영위원회 간사 2010년 同산업건설위원회 위원 2010년 同4대강사업특별위원회 위원장 2012년 同운영위원회 위원장 2012년 同환경복지위원회 위원 2014년 새정치민주연합 중앙당 부대변인 2014년 광주시의회 의원(새정치민주연합·더불어민주당)(현) 2014년 同행정자치위원회 위원 2015·2016년 同예산결산특별위원회 위원(현) 2016년 더불어민주당 광주시당 대변인(현) 2016년 광주시의회 환경복지위원회 위원(현) 2016년 同윤리특별위원회 위원(현) 종가톨릭

조옥래(趙玉來) CHO Ok Rae

생1962·9·13 출경남 함안 주서울 종로구 종로1 교보생명빌딩15층 교보AXA자산운용 임원실(02-767-9642) 학1981년 부산상고졸 1988년 연세대 경영학과졸 1994년 同대학원 경영학 박사과정 수료 경1996년 교보생명보험 경영연구소 입사 1998년 同금융조사부 조사역 1998년 同재무기획관리부 및 재무기획팀 근무 1999년 同이사회 사무국 업무보좌역 2000년 同e-business팀 과장 2001년 同미주지역 자산운용 현지법인장 2003년 同투자포트폴리오관리팀장 2004년 同투자사업팀장 2008년 교보AXA자산운용(주) 경영지원본부장(CFO) 2011년 교보증권(주) 경영지원실장(상무) 2016년 同경영지원실장(전무) 2016년 교보AXA자산운용 대표이사(현)

조완규(趙完圭) CHO Wan Kyoo (雪浪)

생1928·2·11 본임천(林川) 출서울 주서울 관악구 관악로1 서울대학교 연구공원內 국제백신연구소(02-881-1300) 학1946년 대전중졸 1952년 서울대 문리대 생물학과졸 1956년 同대학원졸 1969년 이학박사(서울대) 1995년 명예 이학박사(캐나다 브리티시컬럼비아대) 1996년 대학박사(호주 그리피스대) 경1957~1992년 서울대 문리대 전임강사·조교수·부교수 1964~1966년 미국 펜실베이니아대 생식생리학연구소 연구원 1968~1987년 서울대 자연과학대 동물학과 교수 1972년 미국 하버드대 생식생물학연구소 연구원

1973년 영국 케임브리지대 생리학과 연구원 1975년 서울대 자연과학대학장 1977년 WHO 인간생식연구위원회 위원 1978년 한국동물학회 회장 1979년 서울대 부총장 1979~1984년 한국과학기술단체총연합회 부회장 1980년 대한불임학회 회장 1980년 한국환경성돌연변이발암원학회 회장 1982년 유전공학술협의회 회장 1984년 한국과학기술단체총연합회 회장 1985년 교육개혁심의회 위원 1987년 한국과학기술단체총연합회 명예회장(현) 1987년 국제인권옹호한국연맹이사(현) 1987~1991년 서울대 총장 1988년 대학교육협의회 회장 1989년 대통령 과학기술자문회의 위원장 1989년 생산기술연구원 이사장 1989년 한국정신문화연구원 이사 1990~1997년 UN대 신기술연구소 이사 1990년 한국생물과학회 회장 1991년 한국과학재단 이사장 1991년 국가과학기술자문회의 위원 1991~2001년 한·미우호협회 회장 1991년 서울대 자연과학대학 교수 1991년 한국바이오산업협회(舊 한국생물산업협회) 회장·명예회장 1992~1993년 교육부 장관 1992년 서울대 자연과학대학 명예교수(현) 1993년 중국 山東大 명예교수(현) 1993년 대학평가인정위원회 위원장 1993년 방송문화진흥회 이사장 1993~1996년 광주과학기술원 이사장 1994~1997년 한국대학총장협회 회장 1994~1998년 일본 이화학연구소(RIKEN) 첨단연구사업부 자문위원 1994~1998년 한국과학기술한림원 원장 1997년 한국대학총장협회 이사장 1998년 국제백신연구소(IVI) 한국후원회 이사장·고문 1998년 한국과학기술한림원 이사장 1998년 민주평통자문위원 1998년 제2의건국범국민추진위원회 공동위원장 2000년 학교법인 고촌학원 이사장 2000년 통일고문 2001년 중국 연변대 명예교수(현) 2001년 국무총리실 정책평가위원장 2002년 대한민국최고과학기술인선정위원회 위원장 2002년 한국대학교육협의회 상임자문위원회 위원장 2003년 서울과학종합대학원 명예총장(현) 2005년 국제백신연구소 한국후원회 상임고문(현) 2007~2013년 인촌상위원회 위원장 2007~2013년 대동세무고 종근당고촌학원 이사장 2008년 코리아바이오경제포럼 명예회장(현) 2009년 한국바이오협회 고문(현) 2016년 대한민국학술원 회원(현) 鬱국민훈장 모란장, 청조근정훈장, 과학기술훈장 창조장, 인촌상 교육부문(2006), 서울대 자랑스러운 자연대인상(2011) 鬱'동물비교 해부학' '발생생물학'

조용건(趙庸鍵) Cho Young-gun

生1957·4·15 本풍양(豊壤) 鬱강원 속초 駐서울 마포구 환일길13 한국상하수도협회 경영지원실(02-3156-7777) 學1976년 속초고졸 2004년 서울산업대 산업안전공학과졸 鬱1976~1986년 속초시청 근무 1986~1988년 강원도청 근무 1988~1998년 내무부 근무 1998~2006년 행정자치부 근무(사무관) 2006년 同지방혁신관리팀 서기관 2008년 행정안전부 지방이양지원과장 2010년 同지방분권1과장 2011~2012년 속초시 부시장 2013년 철원군 부군수 2014년 강원도 DMZ정책관 2014년 한국상하수도협회 경영지원실장(파견)(현) 鬱홍조근정훈장, 근정포장, 대통령표창 등 19회 鬱'공공기관의 보고서 작성요령'

조용경(趙庸耿) CHO Yong Kyung (寒松)

生1951·1·23 本풍양(豊壤) 鬱경북 문경 駐서울 강남구 테헤란로311 (사)글로벌인재경영원(02-508-0898) 學1969년 경기고졸 1974년 서울대 법학과졸 鬱1985년 포항제철 입사 1988년 同홍보부장 1988년 同회장보좌역(이사보) 1990년 민자당 박태준 최고위원 보좌역 1995년 도서출판 한송 대표 1997년 자민련 총재비서실 차장 1999년 포스코개발 전무이사 2001년 포스코건설(주) 부사장 2009년 (주)대우엔지니어링 대표이사 부회장 2011년 포스코엔지니어링 대표이사 부회장 2012년 同부회장 겸 상임고문 2012년 무소속 안철수 대통령후보 국민소통자문단장 2013년 (사)한국다문화센터 공동대표 2014년 (사)글로벌인재경영원 이사장(현) 鬱'발가벗은 임금님과 젊은 부통령'(編)(1997) '한 번쯤 기억해야 할 것' 鬱'이런 교수는 대학을 떠나라'(1995) 鬱기독교

조용구(趙鏞龜) CHO Yong Ku

生1956·8·25 鬱경북 문경 駐경기 고양시 일산동구 호수로550 사법연수원(031-920-3022) 學1975년 경복고졸 1979년 서울대 법대졸 鬱1979년 사법시험 합격(21회) 1981년 사법연수원 수료(11기) 1981년 육군 법무관 1984년 인천지법 판사 1986년 서울지법 북부지원 판사 1989년 대구지법 안동지원 판사·서울민사지법 판사 1994년 대법원 재판연구관 1996년 대구지법 상주지원장 1998년 수원지법 부장판사 1998년 언론중재위원회 경기중재부장 1999년 서울지법 서부지원 수석부장판사 2000년 서울지법 부장판사 2004년 서울동부지법 수석부장판사 2005년 부산고법 부장판사 2006년 서울고법 부장판사 2010년 同수석부장판사 2010년 서울서부지법원장 직대 2011년 울산지법원장 2012년 인천지법원장 2013년 서울고법 부장판사 2015년 사법연수원장(현) 2015년 중앙선거관리위원회 위원(현) 鬱서울지방변호사협회 선정 '2014년 우수법관'(2015)

조용균(趙容均) CHO Yong Kyun

生1960·4·11 鬱인천 駐인천 남구 소성로159 현준솔로몬시티301호 법무법인 로웰(032-865-1600) 學1979년 부평고졸 1984년 성균관대 법과대학졸 1996년 同대학원 법학과졸 1998년 미국 플로리다대 대학원 비교법과정 수료(LL. M.취득) 2000년 법학박사(성균관대) 鬱1986년 사법시험 합격(28회) 1989년 사법연수원 수료(18기) 1989년 인천지법 판사 1993년 창원지법 충무지원 판사 1996년 서울지법 판사 1999년 同북부지원 판사 2001년 서울고법 판사 2002년 대법원 재판연구관 2004년 인천지법 부장판사 2005년 변호사 개업, (주)오공 비상근사외이사 2006년 법무법인 로웰 변호사(현) 2008년 제18대 국회의원선거 출마(인천 부평乙, 자유선진당), 한나라당 인천시당 법률지원단장 2012~2014년 새누리당 인천시당 법률지원단장 2014~2015년 인천시 정무특별보좌관 鬱'이제, 바를 正을 만날 시간'(2014)

조용근(趙鏞根) CHO Yong Keun (雅山)

生1946·12·3 本함안(咸安) 鬱경남 진주 駐서울 서초구 서초대로271 서초빌딩5층 세무법인 석성(02-3485-8800) 學경복사대부고졸 2012년 성균관대 명예졸업 2013년 명예 신학박사(서울기독대) 鬱1966년 국세청 근무 1986년 同직세국 사무관 1991년 국무총리실 파견 1993년 서울지방국세청 조사관리계장 1995년 국세청 조사1과 서기관 1996년 의성세무서장 1998년 서울지방국세청 재산세조사과장 1999년 同조사관리과장 1999년 同조사4국 2과장 2000년 중부세무서장·영등포세무서장 2001년 국세청 공보담당관 2002년 서울지방국세청 납세지원국장 2004년 대전지방국세청장 2005년 세무인 석성 회장(현), (재)석성장학회 회장(현), (사)석성일만사랑회 이사장(현) 2007~2011년 한국세무사회 회장 2009년 교통안전교육원 원장 2009년 국세청 국세행정위원회 위원 2010년 국민일보 감사(현) 2010년 JK미디어그룹 초대회장 2010년 (재)천안함재단 이사장(현) 2011년 한국감정평가협회 고문(현) 2011년 현대상선(주) 사외이사 겸 감사위원, 밥퍼나눔운동본부 명예본부장(현), 크리스천저유상담대학원 이사장(현), 경향신문 고문, CBS 정책자문위원회 위원, 한일이화(주) 사외이사(현), 서초경찰서 청소년문화발전위원장(현), 대림대 등록금조정위원회 위원(현), 대한치과의사협회 고문(현) 2016년 한국장학재단 경영고문(현) 鬱대통령표창(1982), 근정포장(1992), 홍조근정훈장(2005), 언론인연합회 자랑스런 한국인대상(2006), 한국참언론인대상 특별공로상(2009), 대한민국헌정회 감사패(2010), 한국기독교선교대상 기독실업인부문(2010), 은탑산업훈장(2011), 명예해군(2011) 鬱'기적은 순간마다'(2012) '나는 평생 세금쟁이'(2016, 나남) 鬱기독교

조용기(趙龍沂) CHO Yong Kee (愚巖)

生1927·9·18 本한양(漢陽) 鬱전남 곡성 駐광주 광산구 첨단중앙로23 우암학원(062-970-0001) 學1944년 순천농림고졸 1949년 조선대 정치학과졸 1980년 同교육대학원 행정학과졸 1992년 교육학박사(미국 퍼시픽대) 鬱1944~1946년 곡성군 농회기수 1949년 광주 숭일고 교사 1951~1991년 옥산중·옥과고 교장 1951년 전남도의회 의원 1970년 한국사학연합회 이사·부회장 1973년 두보실업 대표이사 1978~1987년 국제로타리클럽 제371지구 총재 1991년 정선실업전문대학 학장 1991~1998년 전남전문대학 학장 1993년 전문대학법인협의회 부회장 1998~2000년 전남과학대학 학장 1999년 우암학원 설립·학원장(현) 2000~2003년 한국사립중·고등학교법인협의회 회장 2000년 한국사학법인연합회 회장, 同고문(현) 2004년 (사)한국대학법인협의회 회장, 同명예회장(현) 鬱곡성군민대상(1985), 대통령표창, 국민훈장 동백장(1987), 자유중국 문화훈장 지선장(1987), 한국사학법인연합회 송학장(1989), 한국교원단체총연합회 특별공로상(1990), 국민훈장 무궁화장(2010), 태촌문화대상(2010) 鬱'민족의 얼'(1975) '한틀의 밀알'(1985) 鬱기독교

조용기(趙鏞基) Yonggi Cho (靈山)

生1936·2·14 本함안(咸安) 鬱울산 울주 駐서울 영등포구 여의공원로101 CCMM빌딩11층 국민일보(02-6181-5050) 學1958년 순복음신학교(現 한세대)졸 1968년 명예 신학박사(미국 베다니성서대) 1989년 명예 목회학박사(미국 Oral Roberts대) 1990년 명예 목회학박사(미국 Regent대) 鬱1958년 순복음교회(대조동) 창립 1962~2008년 여의도순복음교회(순복음중앙교회) 당회장 1966~1978년 기독교대한하나님의성회 총회장 1967년 기독교세계오순절대회 중앙실행위원 1976년 국제교회성장연구원(C.G.I) 총재 1982년 (재)순복음선교회 이사장·총재(현) 1982~1983년 호서대재단 이사장 1986년 사회복지법인 엘림복지회 대표이사(현) 1986~2001년 한세대재단 이사장 1988년 국민화해운동본부 총재 1988~1994년 국민일보 이사장 1992~2000년 세계하나님의성회 총재 1994~1997년 한국기독교지도자협의회 회장 1995~1997년

국민일보 회장 1998~2001년 한국기독교지도자협의회 공동회장 1999~2011년 굿피플(NGO) 이사장 2000년 DCEM(David Cho Evangelistic Mission) 총재(현) 2002년 한국기독교지도자협의회 상임고문(현) 2004년 (재)아가페 대표고문(현) 2005년 기독교사회복지엑스포 명예대회장 2008년 사랑과행복나눔재단(現 영산조용기자선재단) 이사장(현) 2008년 여의도순복음교회 원로목사(현) 2010년 출산장려국민운동본부 총재(현) 2010~2012년 국민일보 회장 겸 발행인 2011년 한국신문윤리위원회 이사 2011년 (사)굿피플(NGO) 총재(현) 2012년 국민일보 명예회장(현) [상]대통령표창(1982), 적십자헌혈유공장 금장(1994), 환경대청상 금상(1995), 국민훈장 무궁화장(1996), 더패밀리오브맨메달리온상(2005), 유집상 전도대상(2005), 캄보디아 왕실 우호 훈장 'Royal Knight of Friendship of the Kingdom of Cambodia', 세계방송선교 공로상(2010) [저]'오중복음과 삼중축복' '새 천년을 위한 영적리더십' '절대절망 절대희망' '4차원의 영적세계(The Fourth Dimension)' 등 300여권 [역]'The Fourth Dimension' 등 영문 저서 49권 및 번역서 200여권 [작]'얼마나 아프셨나' '내 평생 살아온 길' 등 복음성가 및 합창곡 30여곡 작사 [종]기독교

조용기(趙鏞起)

[생]1964·4·21 [출]부산 [주]서울 서대문구 충정로60 법무법인 지평(02-6200-1783) [학]1983년 부산 배정고졸 1988년 서울대 경제학과졸 1996년 同행정대학원 수료 [경]1990년 행정고시 합격(34회) 1991년 총무처 행정사무관시보 1993년 농림부 행정사무관 1998년 사법시험 합격(40회) 2001년 사법연수원 수료(30기) 2001년 서울지법 동부지원 판사 2002년 서울고법 판사 2003년 서울지법 판사 2005~2008년 대전지법 홍성지원 판사 2008년 법무법인 태평양 변호사, 중부지방국세청 국세심사위원회 위원, 법무법인 지평 파트너변호사(현) 2014년 (주)나라케이아이씨 사외이사(현) 2014~2016년 교통안전공단 감사 2014~2016년 축산물품질평가원 비상임이사

조용두(趙庸斗) Cho, Yong-Doo

[생]1960·4·19 [주]인천 연수구 인천타워대로241 포스코건설 경영기획본부장실(032-748-2056) [학]1979년 서라벌고졸 1984년 성균관대 무역학과졸 1986년 서울대 대학원 경제학과졸 1995년 경제학박사(영국 옥스퍼드대) [경]1987~1989년 한국개발연구원 금융경제연구실 연구원 1995~1999년 영국 셰필드대 동아시아학과 조교수 1998~1999년 아시아개발은행 컨설턴트 1999~2002년 포스코경영연구소 경제동향연구센터 연구위원 2001~2003년 한국유럽학회 이사 2002~2006년 포스코경영연구소 경영연구1센터 수석연구위원 2003~2006년 응용경제 편집위원 2006~2008년 포스코경영연구소 경제동향분석그룹장 2006~2007년 정부산하 공기업 경영평가위원 2008~2010년 포스코경영연구소 경제연구실장 2009년 한국전력거래소 혁신자문위원 2010년 포스코 경영전략1실 미래전략그룹리더(상무보) 2012년 同기획재무부문 경영진단실장(상무) 2014년 同가치경영실 재무전략담당 상무 2015년 同가치경영실 경영진단담당 상무 2015년 포스코건설 경영기획본부장(전무)(현)

조용래(趙容來) CHO Yong Rae

[생]1957·11·10 [출]광주 [주]서울 영등포구 여의공원로101 국민일보 임원실(02-781-9114) [학]1976년 광주제일고졸 1984년 중앙대 경제학과졸 1989년 일본 게이오대 대학원졸 1996년 경제학박사(일본 게이오) [경]1993년 중앙대 강사 1997년 한양대 아·태지역연구센터 책임연구원 1999~2005년 국민일보 논설위원 2003년 한양대 국제학대학원 겸임교수 2004년 재정경제부 세제발전심의위원 2005년 국민일보 경제부 편집위원 2006년 同탐사기획팀 편집위원 2006년 同논설위원 2011년 同논설위원(부국장급) 2011년 同카피리더 2012년 同논설위원(국장대우) 2013년 同논설위원(국장급) 2014년 同수석논설위원 2014년 同편집인 겸 논설실장(이사) 2015년 한국신문방송편집인협회 감사(현) 2016년 국민일보 컨텐츠제작총괄 이사(현) [상]중앙대언론동문회 '2015년 자랑스런 중앙언론동문상'(2015) [저]'자본주의 사회를 보는 두 시각' '도시와 문명' '시장이냐 정부냐' [역]'자본주의 이전의 사회주의와 자본주의 이후의 사회주의' '평화의 묵시' [종]기독교

조용만(趙容滿) Cho, Yong Man

[생]1961·8·19 [출]전남 [주]세종특별자치시 갈매로477 기획재정부 재정관리국(044-215-5300) [학]1979년 순천고졸 1985년 서울대 무역학과졸 1987년 同대학원 행정학과졸 [경]1986년 행정고시 합격(30회) 2002년 기획예산처 재정기획단 재정2팀장 2002년 미국 미주리대 교육 훈련 2004년 과학기술혁신본부준비기획단 파견 2005년 기획예산처 기금정책국 연금보험기금과장 2005년 同고령화대책팀장 2005년 同재정기준과장 2006년 同민간투자제도과장(서기관) 2006년 同민간투자제도과장(부이사관) 2007년 同성과관리제도팀장 2008년 기획재정부 재정정책국 재정정책과장 2009년 同국외파견(국장급) 2010년 국회 예산결산특별위원회 파견(고위공무원) 2012년 기획재정부 무역협정국내대책본부 무역협정지원단장 2013년 산업통상자원부 무역투자실 통상국내대책관 2014년 기획재정부 재정관리국장(현)

조용명(趙鏞明) Cho Yong Myeong

[생]1960·4·20 [출]경북 고령 [주]부산 사하구 다대로605번길93 해양경비안전정비창(051-419-2010) [학]1979년 대구 청구고졸 1983년 해군사관학교 경영과학과졸(37기) 2000년 대전대 대학원 사회복지행정학과졸 [경]1983년 소위 임관(해사 37기) 1998년 중령 진급 2006년 대령 진급 2008~2009년 해군 군수사령부 정비관리처장 2009~2013년 해군본부 신천용사업처장 2014년 국민안전처 해양경비안전정비창장(현)

조용무(趙容武) CHO Yong Moo

[생]1942·2·21 [출]대전 대덕 [주]대전 서구 둔산중로78번길20 605호 법무법인 새날로(042-472-3191) [학]1960년 대전고졸 1964년 서울대 법대졸 [경]1971년 사법시험 합격(13회) 1973년 사법연수원 수료(3기) 1973년 서울민사지법 판사 1975년 서울형사지법 판사 1978년 대전지법 판사 1979년 同공주지원장 1980년 서울지법 남부지원 판사 1982년 서울민사지법 판사 1983년 서울고법 판사 1987년 전주지법 부장판사 1990년 사법연수원 교수 1992년 서울민사지법 부장판사 1994년 대전고법 부장판사 1995년 대전지법 수석부장판사 1996년 서울고법 부장판사 1996년 인천지법 수석부장판사 1997년 서울고법 부장판사 2000년 서울지법 의정부지원장 2002년 제주지법원장 2003년 창원지법원장 2004~2005년 대전지법원장 2005년 새날합동법률사무소 변호사 2008년 법무법인 새날로 변호사(현) 2011년 대전지방변호사회 고문이사·자문위원장

조용민(趙庸民) CHO Yongmin

[생]1944·4·16 [출]경남 마산 [주]서울 광진구 능동로120 건국대학교(02-450-3114) [학]1962년 마산고졸 1966년 서울대 문리대 물리학과졸 1975년 이학박사(미국 시카고대) [경]1966년 공군사관학교 교수부 교관 1975~1980년 미국 페르미연구소·뉴욕대·독일 막스플랑크연구소·프랑스 파리제6대·스위스 유럽핵공동연구소 연구원 1981년 프랑스 파리제6대 초청교수 1982~2008년 서울대 자연과학대 물리천문학부 교수 1986~1987년 미국 시카고대·예일대 방문교수 1990년 아세아·태평양물리학연합회 이사 겸 출판위원장 1993년 미국 프린스턴고등연구원 교수 1995년 아·태이론물리센터 사무총장 1998년 세계학술원 정회원(현) 2002년 한국과학기술한림원 정회원(현) 2009년 서울대 자연과학대 물리천문학부 명예교수(현) 2009년 공군사관학교 명예교수(현) 2009~2012년 울산과학기술대 전기전자컴퓨터공학부 석좌교수 2012년 건국대 석학교수(현) [상]한국과학상(1989), 영국 IBC 20세기업적상(1995), 상허(常虛)대상 학술부문(2012) [저]'Proceedings of XIVth International Colloquium on Group Theoretical Methods in Physics'(1985) 'Lectures in Mathematical Physics'(1989) 'Current Topics in Theoretical Physics'(1993) 'Topics in Theoretical Physics'(1997) 'Dualities In Gauge And String Theories'(1998) 'Recent Developments in Nonperturbative Quantum Field Theory'(1998)

조용병(趙鏞炳) CHO Yong Byoung

[생]1957·6·30 [출]대전 [주]서울 중구 세종대로9길20 신한은행 은행장실(02-757-2768) [학]1976년 대전고졸 1981년 고려대 법학과졸 2000년 핀란드 헬싱키대 대학원졸(MBA) [경]1984년 신한은행 입행 1998년 同미금동지점장 2000년 同세종로지점장 2002년 同인사부장 2004년 同기획부장 2006년 同강남종합금융센터장 2007년 同뉴욕지점장 2009년 同글로벌사업그룹 전무 2010년 同경영지원그룹 전무 2011년 同리테일부문장 겸 영업추진그룹 부행장 2013년 신한BNP파리바자산운용 대표이사 사장 2015년 신한은행장(현) [종]기독교

조용복(趙容福) CHO Yong Bok

[생]1965·5·5 [본]풍양(豐壤) [출]전북 익산 [주]서울 영등포구 의사당대로1 국회예산정책처 예산분석실(02-788-3767) [학]1984년 전북사대부고졸 1993년 고려대 행정학과졸 1998년 경희대 법과대학원 법학과졸 [경]1992년 입법고시 합격(11회) 1992년 국회사무처 입법조사국 산업경제과 근무 1994년 법무부 법무심의관실 근무 1999년 국회사무처 총무과 서무담당(서기관) 2000

년 미국 듀켄대 직무훈련 2002년 국회사무처 예산정책국 예산분석관 2002년 同정무위원회 입법조사관 2005년 同정무위원회 입법조사관(부이사관) 2005년 同국제국 국제기구과장 2006년 同국제국 국제협력과장 2006년 同총무과장 2007년 駐뉴욕총영사관 영사(입법관) 2010년 국회사무처 외교통상통일위원회 입법조사관 2011년 同농림수산식품위원회 입법심의관 2012년 同의정연수원장(고위공무원) 2013년 同기획조정실장(이사관) 2014년 駐오스트리아 공사 2016년 국회예산정책처 예산분석실장(현) [상]국회사무총장표창(1999), 대통령표창(2005)

조용섭

[생]1959·1·25 [출]부산 [주]경기 수원시 권선구 수인로 126 농업기술실용화재단(031-8012-7120) [학]1977년 브니엘고졸 1984년 서울대 원예학과졸 1986년 同대학원 원예육종학과졸 1994년 원예육종학박사(서울대) [경]1986~2009년 농촌진흥청 근무·국립원예특작과학원 연구실장 2009년 농업기술실용화재단 종자종묘사업팀장 2011년 同기술거래경영팀장 2012년 同민간육종연구지원팀장 2013년 同종자사업단장 2015년 同기술사업본부장 2016년 同총괄본부장(현) [상]농림수산부장관표창(1994), 농림축산식품부장관표창(2015)

조용승(趙容承) CHO Yong Seung

[생]1949·9·18 [본]옥천(玉川) [출]전남 순천 [주]서울 서대문구 이화여대길52 이화여자대학교 수리물리과학부(02-3277-2290) [학]1973년 경북대 수학교육과졸 1975년 同대학원졸 1987년 이학박사(미국 시카고대) [경]1978년 전남대 강사 1979~1987년 충북대 수학과 조교수, 同수학과 학과장 1981년 미국 미시간대 방문교수 1987년 미국 브렌다이스대 조교수 1988년 경북대 수학과 조교수 1989~2015년 이화여대 수리물리과학부 수학전공 부교수·교수 1990년 미국 시카고대 방문교수 1994년 영국 옥스퍼드대 방문교수, 국가과학기술위원회 운영위원 1997년 대한수학회 총무이사 2001년 同부회장 2003~2004년 同회장 2005~2008년 한국기초과학지원연구원 국가수리과학연구소 초대소장 2015년 이화여대 수리물리과학부 수학전공 명예교수(현) [상]대한교육연합회장표창, 한국과학기술단체총연합회 우수논문상(1991), 한국마이크로소프트 수학상, 이화여대 이화학술상(2014) [저]'모스이론' '대수학과 기하학'(1982) '이론물리학의 수학적 접근(共)'(1996) '미분적분학(共)'(1997) '다양체의 미분위상수학'(1999, 아르케) '위상수학'(2010, 경문사) '대수적위상수학'(2010, 경문사) '자연과 문명속의 수학'(2012, 이화여대출판부) 'Sheaf Theory'(2012) '지표이론'(2012, 경문사) '미분위상수학'(2013, 경문사) [역]'모세이론'(1999) [종]기독교

조용식(趙龍植) CHO Yong Sik

[생]1960·5·14 [출]경북 경주 [주]서울 강남구 테헤란로 131 한국지식재산센터 법무법인 다래(02-3375-7701) [학]1979년 대구 심인고졸 1984년 한양대 법학과졸, 미국 Northwestern Univ. Law School 석사(LLM) [경]1983년 사법시험 합격(25회) 1985년 사법연수원 수료(15기) 1986년 軍법무관 1989년 대구지법 판사 1992년 안동지원 판사 1994년 대구지법 판사 1996년 대구고법 판사 1998년 특허법원 판사 2004년 법무법인 다래 변호사, 同대표변호사(현), 서울지방변호사회 부회장, 법률신문 고문변호사, 한국벤처기업협회 자문위원, 한국산업기술진흥협회 자문변호사, 중소기업기술혁신협회(INNOBIZ) 자문변호사, 한국지적재산권법제연구원 이사, 산업재산권법학회 부회장, 한국지식재산학회 감사 2015년 한일변호사협의회 회장(현) 2016년 한국지식재산학회 수석부회장(현) [저]'지식재산경영'(2008, 특허청 및 국발명진흥회) '지식재산권의 이해와 성공전략'(2011, 법률신문) [역]'특허법(共)'(2001, 법문사) '저작권법(共)'(2008, 법문사)

조용식(趙鏞植) CHO YONG SIK (청계)

[생]1960·11·27 [본]한양(漢陽) [출]전북 김제 [주]서울 종로구 사직로8길31 서울지방경찰청 인사교육과(02-700-2031) [학]1979년 군산제일고졸 1986년 동국대 경찰행정학과졸 2012년 원광대 행정대학원졸 2015년 경찰학박사(원광대) [경]2000년 경기 일산경찰서 수사과장(경정) 2001년 경기 일산경찰서 정보과장 2002년 서울 수서경찰서 정보보안과장 2003년 서울 강남경찰서 정보보안과장 2004년 서울 송파경찰서 정보보안과장 2005년 서울 동작경찰서 정보과장 2006년 서울지방경찰청 정보1과 정보1계장 2009년 전북지방경찰청 경무과장(총경) 2010년 전북 김제경찰서장 2011년 전북 익산경찰서장 2013년 서울지방경찰청 정부서울청사경비대장 2014년 서울 수서경찰서장 2015년 서울지방경찰청 인사교육과장(현) [상]대통령표창(1999·2008)

조용식(趙庸植) CHO Yong Sig

[생]1964·7·20 [본]김제(金堤) [출]전북 김제 [주]서울 강남구 테헤란로323 휘닉스오피스텔704호 노무법인 벽성(02-3446-0101) [학]전북 원광고졸 1994년 성균관대 법학과졸 2004년 고려대 노동대학원 노동법학과졸 2008년 중앙대 대학원 법학박사과정 수료 [경]1997~1999년 세종노무법인 노무사 2002년 노무법인 벽성 대표노무사(현) 2003~2006년 여성부 성희롱예방강사 2003년 강남대 강사 2004~2005년 송파구상공회의소 노무상담역, 성균관대총동창회 이사(현), (사)민족화합운동연합 지도위원, (사)민족화합운동인천연합 사무총장, (사)한국공인노무사회 사무총장 2010년 한국디지털대 법무행정학과 비전임교수(현), 국정감사NGO모니터단 공동집행위원장 2013년 同공동자문단장 2013년 同공동지도위원장(현) [저]'핵심노사관계론'(2007, 법경원) '2007 최신노동법전(共·編)'(2007, 법경원) [종]개신교

조용우(趙鏞祐) CHO Yong Woo

[생]1940·1·25 [출]울산 울주 [학]1958년 부산사범학교졸 1966년 동아대 문리대 영어영문학과졸 1992년 명예 문학박사(미국 L.A. 베데스다대) 1993년 고려대 언론대학원 최고위언론과정 수료 [경]1982년 서울서적 대표 1982년 서울Visions 대표이사 1987년 국민일보 대표이사 1995년 同회장 겸 발행인 1996년 도서출판 민예당 회장 1996년 문학과삶을사랑하는사람들의모임 회장 2007년 국민일보 명예회장 [저]'그리운 사람이 보고싶은 날은 지하철을 탄다' '내 영혼에 무지개가 떴으면 좋겠네' [종]기독교

조용우(趙庸友) CHO Yong Woo

[생]1956·2·18 [주]서울 강남구 남부순환로3165 코원에너지서비스 임원실(02-3410-8166) [학]1975년 신일고졸 1980년 연세대 경영학과졸 [경]2000년 SKC 상무대우, 同필름판매담당(상무), 同유럽지사장(상무) 2006년 SK E&S 경영지원부문장(상무) 2006년 부산도시가스 비상근 이사 2006년 청주도시가스 비상근 이사 2006년 구미도시가스 이사 2006년 충남도시가스 이사 2006년 전남도시가스 이사 2006년 강원도시가스 이사 2006년 익산도시가스 이사 2006년 포항도시가스 비상근 이사 2006년 대한도시가스 비상근 이사 2008년 포항도시가스 대표이사 2009년 충청에너지서비스 대표이사 2010년 (주)부산도시가스 총괄대표 2012~2013년 同대표이사 2014년 코원에너지서비스 대표이사(현)

조용우(趙龍雨)

[생]1967·3·12 [주]부산 동구 중앙대로263 국제오피스텔201호 더불어민주당 부산시당(051-802-6677) [학]부산대 대학원 철학 박사과정 수료 [경]해운대기찻길친구들 공동대표(현), 해운대시민포럼 운영위원장(현) 2014년 부산시의원선거 출마(새정치민주연합) 2015~2016년 더불어민주당 부산해운대·기장乙지역위원회 위원장 2015년 同부산시당 대변인 2015년 同중앙당 부대변인 2016년 同부산기장군지역위원회 위원장(현) 2016년 同부산시당 교육연수위원장(현) 2016년 제20대 국회의원선거 출마(부산 기장군, 더불어민주당)

조용욱(趙容旭) CHO Yong Wook

[생]1957·1·7 [본]한양(漢陽) [출]서울 [주]경기 성남시 분당구 야탑로59 분당차병원 내과(031-780-5215) [학]1975년 대광고졸 1981년 연세대 의대졸 1987년 同대학원졸 1993년 의학박사(순천향대) [경]1984~1988년 연세대 의대 인턴·전공의 수료, 同세브란스병원 내분비내과 연구강사 1989~1995년 순천향대 천안병원 내분비내과 전임강사·조교수, 미국 보스턴대 연구교수 1995년 경희대 분당차병원 내분비내과 부교수 1997년 포천중문의과대 내과학교실 교수 2003년 同교무처장 2006년 同분당차병원 진료부장, 同분당차병원 제2진료부원장 2008년 同분당차병원 당뇨병·갑상선센터장 2008년 노인당뇨병연구회 회장 2009년 차의과학대 내과학교실 교수(현) 2009·2012년 同분당차병원 당뇨병·갑상선센터장(현) 2013~2015년 同분당차병원 내과부장, 대한당뇨병학회 경인지회장 2016년 同회장(현) [저]'내분비학'(共) [역]'당뇨병 두렵지 않다'(共) '아는 만큼 보이는 당뇨병' [종]기독교

조용은(趙庸銀) CHO Yong Eun

[생]1957·6·30 [출]서울 [주]서울 강남구 언주로211 강남세브란스병원 신경외과(02-2019-3390) [학]1981년 연세대 의대졸 1988년 同대학원졸 1992년 의학박사(연세대) [경]1989~1992년 연세대 의대 신경외과학교실 연구강사 1992~2004년 同신경외과학교실 전임강사·조교수·부교수 1995~1996년 프랑스 리옹1대학 신경외과 전문병원 연수 1996년 프랑스 보르도펠그린병원 척추

센터 연수 2003년 연세대 영동세브란스병원 척추센터 소장 2003년 대한척추신경외과학회 상임이사·특별상임이사·부회장 2003년 연세대 강남세브란스병원 척추신경연구소장(현) 2004년 同의대 신경외과학교실 교수(현) 2005~2007년 同영동세브란스병원 척추전문병원 진료부장 2007~2011년 同강남세브란스병원 척추병원장 2016년 대한척추신경외과학회 회장(현)

조용일(趙鏞一) CHO Yong Il

(생)1958·8·18 (본)함안(咸安) (출)대구 (주)서울 종로구 세종대로163 현대해상화재보험(주) 임원실(02-732-3916) (학)1977년 경북고졸 1981년 서울대 영어영문학과졸 (경)2000년 현대해상화재보험(주) 법인영업지원부장 2001년 同업무담당 2002년 同이사대우, 同일반업무담당 상무 2010년 同일반보험업무본부 전무 2010년 同기업보험2본부장(전무) 2013년 同기업보험부문장(전무) 2015년 同기업보험부문장(부사장)(현)

조용주(曺容珠)

(생)1959·9·22 (출)전북 남원 (주)전북 장수군 장계면 육십령로136 무진장소방서 서장실(063-350-6211) (학)전북대 행정대학원졸 (경)1982년 소방공무원 임용(공채3기), 전북도 소방안전본부 예방팀장·소방행정팀장 2009년 전주완산소방서 현장기동단장, 군산소방서 대응구조과장 2013년 전북도 소방본부 교육감찰팀장, 전주완산소방서 소방행정과장 2016년 무진장소방서장(현) (상)국무총리표창

조용준(趙容俊) CHO Yong Jun

(생)1931·7·15 (출)전남 담양 (주)경남 밀양시 부북면 춘화로85 (주)한국화이바 비서실(055-359-2002) (학)1997년 명예 공학박사(조선대) (경)1966년 (주)은성사 전무이사 1972년 한국화이바그라스공업사 대표 1977년 (주)한국화이바 대표이사 1989년 同회장(현) 1998~2012년 밀양상공회의소 회장 (상)보건사회부장관표창, 동탑산업훈장, 장영실상, 특허기술상, 세종대왕상, JEC(유럽복합재료연합회) 공로표창(2009), 자랑스런 방산인상 특별공로상(2014) (저)'독창력만이 살길이다'(1999, 미래지성)

조용준(趙容準) CHO YONG-JOON

(생)1948·7·17 (본)한양(漢陽) (출)전남 영암 (주)광주 서구 시청로26 광주광역시도시공사(062-600-6700) (학)1967년 조선대부속고졸 1974년 조선대 건축공학과졸 1981년 同대학원 건축공학과졸 1993년 건축공학박사(청주대) (경)1980~2013년 조선대 건축공학과 교수 1991~1992년 일본 도쿄대 도시공학과 연구원 1995~1996·2000년 일본 교토대 건축학과 초빙교수 2003~2007년 건설교통부 중앙건축위원회 위원 2004~2005년 한국주거학회 회장 2004년 대통령소속 신행정수도건설추진위원회 자문위원 2005~2007년 행정중심복합도시건설추진위원회 자문위원 2006·2007년 한국토지공사 국토도시연구원 자문위원 2007~2010년 건설교통부 중앙도시계획위원회 위원 2008~2010년 대통령소속 아시아문화중심도시조성위원회 위원 2009년 건축디자인 시범사업 디자인총괄기획위원 2010~2012년 한국도시설계학회 부회장 2010~2013년 광주야구장건립시민추진위원회 위원장, 제1·2·3회 대한민국한옥박람회추진위원회 위원장, 제1·2회 대한민국경관대상 심사위원장, 제8·9회 한국농어촌건축대전 심사위원장 2012~2014년 광주시건축단체연합회 회장 2013년 조선대 건축공학과 명예교수(현) 2014년 광주도시공사 사장(현) (상)한국주거학회공로상(2001), 일본도시주택학회공로상(2004), 한국주거학회학술상(2008), 대한건축학회학술상(2008), 한국주거학회논문상(2009), 황조근정훈장(2013) (저)'문화도시 만들기, 이론과 구상'(2001) '신 건축법 해설'(1998·2003·2005·2006·2009) '축과 초점을 통한 역사도시 매력읽기'(2013) (역)'도시디자인·도시언어'(1988) '도시디자인 수법'(1997) '도시건축의 경관창조'(1998) '건축 기획론'(1999) '집합체의 설계'(2001) '일본의 경관계획'(2005) '창조농촌을 디자인 하라'(2015)

조용준(趙庸準) CHO Yong Joon

(생)1959·5·30 (출)전북 전주 (주)서울 중구 퇴계로100 스테이트타워남산8층 법무법인 세종(02-316-4089) (학)1978년 용산고졸 1983년 서울대 법대졸 1985년 同대학원 법학과졸 (경)1985년 사법시험 합격(27회) 1988년 사법연수원 수료(17기) 1988년 부산지법 판사 1993년 서울지법 의정부지원 판사 1996년 同서부지원 판사 1998년 서울지법 판사 1998년 해외 연수 1999년 서울지법 판사 2000년 서울고법 판사 2002년 서울지법 판사 2003년 춘천지법 부장판사 2004년 同수석부장판사 2005년 수원지법 여주지원장 2007~2010년 서울중앙지법 부장판사 2010년 법무법인 세종 파트너변호사(현)

조용준(趙容準) CHO Yong Jun

(생)1965·9·25 (본)한양(漢陽) (출)서울 (주)서울 영등포구 의사당대로82 하나금융투자 리서치센터(02-3771-7023) (학)1984년 동국대부고졸 1991년 고려대 경영학과졸 2003년 同경영대학원졸 2012년 중국 상해교통대 경제대학원 수료 (경)1991년 쌍용그룹 근무 1994년 신영증권 리서치센터 기업분석팀장, 同기업분석팀 과장 2002년 대우증권 리서치센터 제조팀장, 同자동차기계팀장 겸 수석연구위원 2006년 신영증권 리서치센터장(이사) 2008년 同리서치센터장(상무) 2010~2013년 同리서치센터장(전무) 2013~2015년 하나대투증권 리서치센터장(전무) 2015년 하나금융투자 리서치센터장(전무)(현) (상)내외경제 베스트애널리스트, 한국경제 베스트애널리스트(1999), 매일경제 베스트애널리스트(1999), 서울경제 증권대상(2004), 매일경제 증권인상(2006) (저)'한눈에 보는 2000년 한국경제'(1999) '가치투자가 최고다'(2008) '한국의 개미들을 위한 워런버핏 따라하기'(2010) '10년의 선택 중국에 투자하라'(2013) '중국내수 1등주에 투자하라'(2014)

조용중(趙庸中) CHO Yong Joong

(생)1930·10·23 (본)한양(漢陽) (출)대전 대덕 (주)서울 중구 새문안로22 문화일보 문우언론재단(02-3701-5687) (학)1950년 동국대 중퇴 1966년 미국 인디애나대 신문대학원 수료 1981년 미국 컬럼비아대 수료 (경)1960년 동아일보 정경부 차장 1962~1965년 조선일보 정치부장·편집국 부국장 1965~1967년 서울신문 편집국장·제작총국장 1968~1972년 경향신문 편집국장·駐미국특파원 1972년 중앙일보 논설위원 겸 동양방송 논평위원 1974~1980년 경향신문·문화방송 전무이사 1980년 한국신문방송편집인협회 부회장 1983년 범한여행 부사장 1986년 언론연구원 조사연구이사 1987~1989년 同원장 1987년 언론중재위원회 위원 1989년 방송위원회 위원 1989~1991년 연합통신 사장 1990년 신문협회 감사 1994년 광주대 초빙교수 1995~2001년 한국ABC협회 회장 1996년 문화일보 편집자문위원 1998년 문우언론재단 이사장(현) 1998~2001년 신문공정경쟁심의위원회 위원장 2001년 고려대 신문방송학과 석좌교수 (상)삼성언론상, 서울언론인클럽 언론상 한길상(2009), 대한언론상 공로상(2009) (저)'고려-10억의 정치와 문예' '미군정하의 한국정치현장' '저널리즘과 권력' '대통령의 무혈혁명 : 1952, 여름, 부산'(2005)

조용직(趙容直) CHO Yong Jik (印空)

(생)1940·12·11 (본)한양(漢陽) (출)황해 연백 (주)경기 용인시 처인구 중부대로1360 버넷인베스트먼트코리아(031-337-1119) (학)1959년 서울 용산고졸 1965년 서울대 사회학과졸 1972년 同신문대학원 수료 1986년 同행정대학원 고위정책과정 수료 1990년 미국 존스홉킨스대 국제관계과정 수료 1996년 서울대 경영대학원 최고과정 수료 2001년 한양대 행정대학원 사회복지학과졸 (경)1965년 민주공화당 공채1기 1971~1977년 同운영국장·조사국장·총무국장 1977년 同중앙훈련원 교수 1979년 同선전부장 1981~1985년 한국국민당 사무차장 1986년 제12대 국회의원(전국구, 한국국민당) 1987년 신민주공화당 창당발기인 1987년 同대변인 1991년 민자당 부대변인 1992~1996년 제14대 국회의원(전국구, 민자당) 1993년 한·타이의원협회 부회장 1996년 자민련 정책위원회 수석부의장 1997년 同당무위원 1998년 공무원및사립학교교직원의료보험관리공단 이사장 1998~2000년 국민의료보험관리공단 이사장 2001년 삼영화학그룹 부회장 2002~2003년 제주크라운C.C 대표이사 2003년 자민련 총재특보 2005~2006년 현정회 정책위원회 부의장 2005년 서울대 사회학과총동문회 회장 2006년 한나라당 국책자문위원 2007년 모건데이빗인베스트먼트코리아 감사 2009년 민주평통 자문위원 겸 상임고문 2010년 버넷인베스트먼트 코리아(주) 감사(현) 2011~2014년 새누리당 정책위원회 안보분과 간사 2012년 同국책자문위원회 교육과학기술분과 부위원장·위원장(현) 2012년 同박근혜대통령후보 대외협력특보 2012년 同박근혜대통령후보 직능총괄녹색위원회 부위원장 2013~2015년 운정회 사무총장 2015년 대한민국헌정회 이사(현) 2015년 운정문화재단 이사(현) (상)문화공보부장관표창(1975) (저)'다양한 사회-합리적 정치'(1988) (종)불교

조용진(趙鎔鎭) CHO YONG JIN

(생)1953·12·5 (본)옥천(玉川) (출)전남 고흥 (주)광주 북구 첨단벤처로108번길9 한국광산업진흥회(062-605-9601) (학)1973년 조선대부고졸 1976년 조선대 이공대학 기계과졸 1986년 광주대 법학과졸 2002년 전남대 행정대학원 행정학과졸 (경)2002년 광주시 공보관 2004년 同환경녹지국장 2005년 同자치행정국장 2007~2009년 同의회 사무처장(이사관) 2007~2012년 호남대 초빙교수 2009년 전남대 행정대학원 총동창회장 2009~2010년 광주시 기획관리실장(고위공무원) 2012년 在光州고흥향우회 회장 2013년 한국광산업진흥회 상근부회장(현) (상)근정포장(1998), 녹조근정훈장(2000), 대통령표창(2006), 홍조근정훈장(2010)

조용찬(趙鏞粲) Cho, Yong-Chan (玄鳳)

[생]1957·3·29 [본]풍양(豊壤) [출]충남 [주]서울 중구 퇴계로141의7 뉴서울빌딩 IBK시스템 대표이사실(02-3407-6600) [학]1975년 대전상고졸 1987년 동국대 경영학과졸 1997년 同대학원 경영정보학과졸 [경]1975~2001년 기업은행 근무 2004~2008년 同정보관리실장 2009~2010년 同약수동지점장 2010~2011년 同IT금융개발부장 2012~2013년 同정보보호센터장 겸임 2012년 同IT본부장(부행장) 2015년 IBK시스템 대표이사(현)

조용천(趙鏞天) Cho Yong-chun

[생]1958·3·1 [본]풍양(豊壤) [출]충남 천안 [주]서울 종로구 사직로8길60 외교부 인사운영팀(02-2100-7136) [학]1980년 고려대 정치외교학과졸 1982년 서울대 대학원 정치학과 수료 1995년 중국 북경어언학원 연수 [경]1981년 외무고시 합격(15회) 1981년 외무부 입부 1987년 駐벨기에 2등서기관 1996년 駐중국 1등서기관 1999년 駐선양 참사관 2001년 외교통상부 동북아2과장 2002년 駐호주 공사참사관 2004년 駐중국 참사관 2006년 외교통상부 아시아태평양국심의관 2007년 同동북아시아국 심의관 2008년 駐미국 공사 2010년 駐중국 공사 2012년 駐홍콩 총영사 2015년 駐카자흐스탄 대사(현) [상]녹조근정훈장(1999)

조용철(趙庸喆) CHO Yong Chul

[생]1946·12·25 [본]풍양(豊壤) [출]경북 상주 [주]대구 북구 원대로128 연우빌딩 연합뉴스 대구·경북취재본부(053-355-4242) [학]1965년 대륜고졸 1971년 서울대 신문대학원 기자교육 이수 1990년 경희대 신문방송대학원 수료(신문전공) [경]1969년 영남일보 기자 1978년 동양통신 기자 1981년 연합통신 기자 1988년 同대구지국 취재차장 1991년 同대구지사 취재부장대우 1992년 同대구지사 취재부장 1992·1998·1999·2000·2002·2003년 대구시문화상 심사위원 1995년 연합통신 전국부 부장급 1996년 同대구지사장 1996년 경희대총동문회 이사(현) 1999년 연합뉴스 대구·경북취재본부장 2002년 同대구·경북취재본부 기획위원 2003년 同경북지사장 2003년 대구경북분권혁신민관협의회 자문위원 2003년 대구경북지역발전협의회 회원 2005~2006년 연합뉴스 대구·경북지사장 2005년 2011대구세계육상선수권대회 유치위원 2006년 대구시경북도경제통합 자문위원 2007년 연합뉴스 대구·경북취재본부 고문(현), 대구경북첨단의료복합단지 유치자문위원, 경북도사회복지공동모금회 운영위원 2011년 연합뉴스TV 사외이사(현) [상]새마을포장(1985), 경희언론문화인상(2005)

조용택(趙龍澤) CHO Young Teak

[생]1952·7·13 [출]경북 [주]서울 종로구 종로3길17 D-TOWER 대림산업(주) 플랜트사업본부(02-2096-6015) [학]경북사대부고졸, 고려대 금속공학과졸 [경]대림산업(주) 플랜트사업본부 설계담당 이사 2004년 同플랜트사업본부 설계담당 상무보 2008년 同플랜트사업본부 설계담당 상무 2011년 同플랜트사업본부 설계담당 전무 2013년 同플랜트사업본부 국내사업담당 전무(현) [상]산업훈장(2012)

조용필(趙容弼) CHO Yong Pil

[생]1950·3·21 [출]경기 화성 [주]서울 서초구 남부순환로335길15 (주)와이피씨프로덕션(02-555-5420) [학]1968년 경동고졸 [경]1969년 컨트리웨스턴 그룹 '애트킨스' 결성 1971년 김트리오 결성 1976년 '돌아와요 부산항에' 발표(서라벌레코드) 1978년 조용필과위대한탄생 결성 1980년 제1집 '창밖의 여자' 발표(지구레코드) 1981년 제3집 '미워 미워 미워' 발표(지구레코드) 1982년 제4집 '못 찾겠다 꾀꼬리' 발표(지구레코드)·일본 NHK리사이틀홀 첫 단독콘서트 1983년 제5집 '나는 너 좋아' 발표(지구레코드) 1984년 제6집 '눈물의 파티' 발표(지구레코드)·팬레터 모음집 '일편단심 민들레야' 출간 1984~1989년 PAX MUSICA 참가 1985년 제7집 '미지의 세계' 발표(지구레코드) 1986년 일본 히로시마세계평화음악제 참가 1987년 제9집 '그대 발길 머무는 곳에' 발표(지구레코드) 1987년 일본 도쿄가요제 참가 1988년 제10집 '서울 서울 서울' 발표(지구레코드) 1988년 아시아음악제 한국대표 1988년 중국 北京 공연(평화우호방문단) 1990년 제12집 '추억속의 재회' 발표(현대음반) 1990년 '창밖의 여자' 앨범 100만장 돌파-한국 기네스북에 기록 1991년 제13집 '꿈' 발표(서울음반) 1992년 제14집 '슬픈 베아트리체' 발표(서울음반) 1993년 조선일보 주최 조용필 가요생활 25주년 빅 콘서트(세종문화회관) 1994년 제15집 '남겨진 자의 고독' 발표(대영A/V) 1997년 제16집 '바람의 노래' 발표(YPC레코드) 1998년 제17집 '친구의 아침' 발표(YPC) 1998년 건국50년 가수부문 1위 선정 1999년 탄자니아정부 명예홍보대사 2002년 월드컵 홍보대사 2003년 콘서트(잠실 올림픽주경기장) 2003년 제18집 '오버 더 레인보우' 발표 2004년 콘서트 '지울 수 없는 꿈'(예술의전당 오페라극장) 2005년 경기방문의 해 홍보대사 2005년 첫 평양 콘서트 '조용필 평양 2005'(평양 류경 정주영체육관) 2006년 전국투어콘서트, 필레코드 대표 2008년 대구세계육상선수권대회 홍보대사 2013년 제19집 'Hello' 발표 2013년 45주년 전국투어콘서트 [상]선데이컵 최우수가수왕상(19기), TBC 가요대상 최우수가요상(1980), 서울국제가요제 금상(1980), MBC 10대가수상(1980·1981·1982·1983·1984·1985), KBS 방송가요대상(1981·1983·1985), 미국 암펙트사 골든릴상(1982), 일본 SONY-CBS 골든디스크상(1988), 한국방송대상(1998), 탄자니아정부 문화훈장(2001), 보관문화훈장(2003), 통일문화대상(2005), 골든디스크상 공로상(2005), 한국대중음악상 공로상(2006), 올해의 자랑스런 경동인(2009), 미국 경제전문지 포브스 선정 '아시아의 기부 영웅'(2013), 2013엠넷 20's초이스 음반부문(2013), 은관문화훈장(2013), 골든디스크상 음반부문 본상(2014), '2013년을 빛낸 도전한국인 10인' 문화부문 대상(2014) [작]'창밖의 여자'(1979) '촛불'(1980) '조용필 3집'(1981) '못찾겠다 꾀꼬리'(1982) '친구여'(1983) '눈물의 파티'(1984) '여행을 떠나요'(1985) '허공'(1985) '조용필 9집'(1987) '88 조용필'(1988) 'Q'(1989) '추억속의 재회'(1990) 'The Dreams'(1991) 'CHO YONG PIL'(1992) '조용필과 위대한탄생'(1994) 'Eternally'(1997) 'Ambition'(1998) 'Over The Rainbow'(2003) 'Hello'(2013)

조용한(趙容漢) JO Yong Han

[생]1960·5·6 [출]부산 [주]부산 연제구 법원남로16번길27 조용한법률사무소(051-506-0008) [학]1978년 대입자격검정고시 합격 1983년 서울대 법학과졸 1997년 미국 아메리칸대 LL.M.졸(석사) [경]1982년 사법시험 합격 1984년 사법연수원 수료(14기) 1985년 軍법무관 1991년 변호사 개업(현), 대한상사중재원 부산지부 중재인, 부산시 시고충처리위원, 부산지방변호사회 홍보이사, 영산대 겸임교수, 부산지방변호사회 고문변호사, 부산지방경찰청 강사, 부산경실련 감사, 대한상사중재원 중재위원, 부산지법 파산부 관리위원장 2013년 부산지방변호사회 회장(현) 2015~2016년 전국지방변호사회장협의회 회장

조용한(趙勇漢)

[생]1972·5·9 [출]부산 [주]부산 해운대구 재반로112번길19 부산지방검찰청 동부지청 형사3부(051-780-4312) [학]1991년 부산중앙고졸 1996년 고려대 법학과졸 [경]1998년 사법시험 합격(40회) 2001년 사법연수원 수료(30기) 2001년 공익법무관 2004년 대구지검 포항지청 검사 2006년 창원지검 검사 2008년 대구지검 검사 2011년 서울중앙지검 검사 2014년 부산지검 검사 2015년 서울중앙지검 부부장검사 2016년 부산지검 동부지청 형사3부장(현)

조용현(曺龍鉉) CHO Yong Hyun

[생]1952·8·31 [출]서울 [주]서울 영등포구 63로10 여의도성모병원 비뇨기과(02-3779-1024) [학]1971년 동성고졸 1977년 가톨릭대 의대졸 1987년 의학박사(가톨릭대) [경]1985~1997년 가톨릭대 의대 비뇨기과학교실 전임강사·조교수·부교수 1989~1990년 미국 유타대 교환교수 1997년 가톨릭대 의대 비뇨기과학교실 교수(현) 1999년 同성모병원 비뇨기과장 1999년 비뇨기종양학회 자문위원 2009년 질병관리본부 성전파성질환예방관리자문위원회 위원장, 대한비뇨기과학회 이사, 대한비뇨생식기감염학회 명예회장(현), 대한전립선학회 자문위원(현), 세계비뇨기감염학회 한국대표(현), 아시아요로생식기감염학회 부회장, 대한민국의학한림원 정회원(현) 2013년 아시아요로감염학회(AAUS) 회장(현) 2013년 가톨릭대 대학원장(현) [상]유럽비뇨기과학회 Best Poster Award(2001), 가톨릭의대 우수교수상(2002), 의학신문 의사평론가상(2003), USA 'New Century Award'(2005) [저]'요로감염(Ⅰ, Ⅱ)'(2001·2005) '비뇨기과학'(2007) 'Urogenital Infection'(2010)

조용현(趙鏞賢) Jo Yong Hyun

[생]1968·3·25 [본]함안(咸安) [출]경남 함안 [주]충남 천안시 동남구 신부7길17 대전지방법원 천안지원(041-620-3000) [학]1987년 덕원고졸 1991년 서울대 법대졸 [경]1990년 사법시험 합격(32회) 1993년 사법연수원 수료(22기) 1993년 육군 軍법무관 1996년 서울지법 남부지원 판사 1998년 서울지법 판사 2000년 춘천지법 판사 2004년 서울고법 판사 2005년 대법원 재판연구관 2008년 전주지법 부장판사 2009년 대법원 부장판사 2013년 서울중앙지법 부장판사 2016년 대전지법·대전가정법원 천안지원장(현)

조용호(趙龍鎬) CHO Yong Ho

[생]1955·2·15 [출]충남 청양 [주]서울 종로구 북촌로15 헌법재판소 재판관실(02-708-3456) [학]1973년 서울 중앙고졸 1977년 건국대 법학과졸 1980년 同대학원 법학과졸 [경]1978년 사법시험 합격(20회) 1980년 사법연수원 수료(10기) 1983년 대전지법 판사 1986년 同서산지원 판사 1989년 수원지법 판사 1990년 서울고법 판사 1993년 대법원 재판연구관 1997년 서울지법 의정부지원 부장판사 1998년 수원지법 부장판사 1998년 서울지법 동부지원 부장판사 1999년 서울행정법원 부장판사 2002년 특허법원 부장판사 2004년 서울고법 부장판사 2009년 춘천지법원장 2010년 서울남부지법원장 2011년 광주고법원장 2012년 서울고법 행정7부 부장판사 2013년 서울고법원장 2013년 헌법재판소 재판관(현) [상]자랑스러운 건국인(2010), KU 리더상(2013)

조용호(趙容晧) Cho, Yongho

[생]1961·7·3 [출]강원 춘천 [주]세종특별자치시 도움5로20 법제처 법제지원단(044-200-6820) [학]한국개발연구원(KDI) 국제정책대학원졸, 미국 캘리포니아웨스턴대 법학전문대학원졸 [경]2002년 법제처 행정법제국 서기관 2003년 同행정심판관리국 경제심판담당관실 서기관 2004년 한국개발연구원(KDI) 국제정책대학원 파견(서기관) 2005년 국외 훈련 2006년 법제처 행정법제국 서기관 2006년 대한무역진흥공사 파견 2007년 법제처 수요자중심법령정보추진단 행정사회법령정보팀장 2008년 同법령해석정보국 수요자법령정보과장 2009년 同사회문화법제국 법제관 2011년 同경제법제국 법제관 2012년 同법령해석정보국 생활법령과장 2012년 同법령해석정보국 자치법제지원과장 2012년 강원도 법제자문관(현) 2014년 법제처 행정법제국 법제관 2015년 同법제지원단 법제관 2016년 同법제지원국 법제조정법제관(현)

조용호(趙容浩) CHO Yong Ho

[생]1967·12·21 [출]대구 [주]서울 강남구 언주로711 건설회관5층 법무법인 새빛(02-565-7188) [학]1986년 대일고졸 1991년 서울대 서어서문학과졸 [경]1996년 사법시험 합격(38회) 1999년 사법연수원 수료(28기) 1999~2000년 인천지검 검사 2000년 I&S법률사무소 파트너변호사 2004년 경기지방노동위원회 공익위원 2005년 법률사무소 사람과사람 대표변호사 2008년 법무법인 퍼스트 대표변호사 2011년 법무법인 새빛 파트너변호사 2012년 S&T중공업 상근감사(현) 2013년 법무법인 새빛 대표변호사(현)

조용환(趙庸煥) Cho Yong Whan

[생]1959·9·27 [출]대구 [주]서울 서대문구 충정로60 10층 법무법인 지평(02-6200-1755) [학]1978년 대신고졸 1982년 서울대 법학과졸 2000년 同대학원 법학과졸 [경]1982년 사법시험 합격(23회) 1984년 사법연수원 수료(14기) 1985년 해군 법무관 1988년 변호사 개업 1988년 법무법인 세종 변호사 1988년 민주사회를위한변호사모임 창립멤버 1989년 법무법인 덕수 변호사 1994년 미국 하버드대 법과대 인권연구소 객원연구원 1995년 영국 케임브리지대 국제법연구소 객원연구원 1999년 한국인권재단 사무총장 2003~2006년 방송위원회 비상임위원 2007년 법무법인 지평지성 변호사 2007년 국제인권법학회 이사 2014년 법무법인 지평 변호사(현) [역]'벌거벗은 나라들, 세계화가 남긴 것(共)'(1996, 한송) '허위자백과 오판'(2014, 후마니타스)

조용흥(趙容興) Yong Heung CHO (청담)

[생]1956·3·23 [본]한양(漢陽) [출]부산 [주]서울 영등포구 선유로265 한국이지론(주) 대표이사실(02-2672-6428) [학]1975년 동래고졸 1980년 서울대 무역학과졸 1995년 영국 Essex대 대학원 국제경제학과졸 [경]2002~2004년 우리은행 신용리스크팀·여신정책팀 부장 2004~2007년 同뉴욕지점장 2006~2007년 주미한국상공회의소(KOCHAM) 부회장 2006~2007년 同부설 한국학교재단 이사장 겸임 2007년 우리금융지주회사 리스크관리팀 부장(파견) 2007~2008년 우리은행 전략영업본부장 2008년 同시너지추진실장 2008~2009년 同시너지추진단장(CIO) 2009~2010년 同경영기획본부장(부행장) 2010~2011년 우리아메리카은행 은행장 겸 우리은행 부행장 2011~2013년 우리아메리카은행(우리은행 미국법인) 은행장 2015년 한국이지론(주) 대표이사(현) [상]부총리 겸 재정경제부장관표창(2006) [종]가톨릭

조용희(趙龍熙) CHO YONG HEE

[생]1974·1·31 [주]경기 성남시 분당구 대왕판교로645번길16 플레이뮤지엄 NHN엔터테인먼트(031-8038-2503) [학]1992년 충주고졸 1998년 서울대 법과대학 공법학과졸 [경]2000년 사법시험 합격(42회) 2003년 사법연수원 수료(32기) 2003~2006년 공익 법무관 2006~2007년 법무법인 서정 변호사 2008~2015년 법무법인 우면 변호사 2016년 NHN엔터테인먼트 이사(현)

조우석(趙佑石) CHO Woo Seok

[생]1956·9·20 [출]충남 천안 [주]서울 종로구 율곡로84 가든타워603호 미디어펜(02-6241-7700) [학]1982년 서강대 철학과졸 [경]1981년 내외통신 기자 1984년 서울신문 기자 1988년 세계일보 기자 1991년 문화일보 학술부 기자 1993년 同학술부 차장대우 1996년 同문화부 차장 1999년 同북리뷰 팀장 1999년 同문화부장 직대 2000년 중앙일보 문화부 부장대우 2004년 同문화전문기자(부장) 2006년 同미디어기획실 라이팅에디터 2008년 문학평론가(현) 2014년 박정희대통령기념재단 자문위원 2015년 한국방송공사(KBS) 이사(현) 2015년 미디어펜 주필(현) [상]언론인 칼럼상(2010) [저]'지구를 구하자' '한국사진가론' '박정희 한국의 탄생'(2009)

조우성(趙宇星) CHO Woo Sung

[생]1948·1·27 [출]인천 [주]인천 연수구 청량로160번길26 인천시립박물관 관장실(032-440-6701) [학]1966년 인천고졸 1970년 한양대 국어국문과졸 [경]1975년 월간「심상」에 詩 '그대' 발표로 시인 등단 1980년 한국시인협회 심의위원(현) 1988~1995년 인천일보 문화부장·편집부국장 1989년 인천시립예술단 운영위원 1990년 새얼문화재단후원회 부회장(현) 1992년 SBS TV 시청자 자문위원 1993년 계간 '황해문화' 창간 편집위원 2000년 인천시 시사편찬위원(현) 2012년 同문화재위원 2013년 인천시의회 정책자문위원 2013년 계간 '리뷰인천' 발행인 2013년 강화고려역사재단 이사(현) 2013년 백운 이규보선생기념사업회 위원장(현) 2013년 장애인아시아경기대회 자문위원회 부위원장 2014년 인천발전연구원 이사(현) 2015년 인천일보 주필 2015년 선광문화재단 이사(현) 2015년 인천시립박물관장(현) [상]인천시 문화상(제17회), 자랑스런 인고인상(제14대), 인천사랑운동대상(제1회), 인천언론인대상(제1회) [저]'인천이야기 100장면'(2004) '20세기 인천문화생활연표'(2004) '영종·용유지(編)'(2008) '남동구20년사(編)'(2010) '연표와 사진으로 보는 인천체육사'(2014) 시집 '소리를 테마로 한 세편의 시'(심상사) '아프리카·기타'(민족문화사) '코뿔소'(화신시선)등 [작]시집 '젊은 시인선'(1981) '아프리카, 기타'(1983, 민족문화사) '소리를 테마로 한 세편의 시'(1980, 심상사) '코뿔소(1998, 회신신서)

조우성(趙祐成) CHO Woo Sung

[생]1956·8·14 [출]경남 함안 [주]경남 창원시 의창구 상남로290 경상남도의회(055-211-7013) [학]창신공고졸, 창신대 영어영문학과졸 2010년 경남대 경영대학원졸 2013년 경영학박사(경남대) [경](주)영광 대표이사, 마산YMCA 이사장, 한국YMCA 경남협의회장, 창원극동방송 운영위원장, 통영상공회의소 상공의원, 바르게살기운동 마산시협의회장, 경남대 산업경영연구소 전문위원(현), 경남대총동창회 상임부회장(현) 2010년 경남도의회 의원(한나라당·새누리당) 2010년 同예산결산특별위원회 위원장 2010년 同경제환경위원회 위원 2010년 同신항권리찾기특별위원회 위원 2010년 同조례정비특별위원회 위원장 2012~2014년 同문화복지위원회 위원 2012~2014년 同지역경제연구회 회장 2012~2014년 同예산결산특별위원회 위원 2014년 경남도의회 의원(새누리당)(현) 2014~2016년 同부의장 2014년 同교육위원회 위원 2016년 장신중·고등학교총동문회장(현) 2016년 在창원함안향우회 회장(현) 2016년 경남도의회 건설소방위원회 위원(현) [종]기독교

조우성(曺祐誠) JO WOO-SUNG

[생]1969·7·26 [본]창녕(昌寧) [출]경남 밀양 [주]서울 서초구 서초대로254 법무법인 한중(02-598-3660) [학]1987년 경남 밀양고졸 1991년 서울대 법학과졸 1994년 同대학원 법학과졸 [경]1991년 사법시험 합격(33회) 1994년 사법연수원 수료(23기) 1994년 軍법무관 1997~2013년 법무법인 태평양 변호사 2000~2003년 서울지법 분쟁조정위원 2000~2003년 (주)로엔비 마케팅이사 2009년 (주)e4B 대표전문가 2011~2013년 언론중재위원회 선거기사심의위원 2013년 법무법인 한중 변호사(현) 2013년 교육부 정책자문위원(현) 2013년 서울지방변호사회 교육위원(현) 2013년 同중소기업자문특별위원회 위원(현) 2013년 대한변호사협회 사내변호사특별위원회 위원(현) 2013년 기업분쟁연구소(CDRI) 소장(현) [저]'내 얘기를 들어줄 단 한 사람이 있다면'(2013, 리더스북)

ㅈ

조우철(趙禹喆) CHO Woo Chul (秋潭)

[생]1944·4·8 [본]한양(漢陽) [출]전북 익산 [주]서울 중구 무교로20 대한민국해양연맹 부총재실(02-844-3889) [학]1962년 보성고졸 1966년 연세대 법학과졸 1974년 서울대 행정대학원졸 1998년 행정학박사(경희대) [경]1976년 제2무임소장관실 정무담당관(서기관) 1983년 정무제1장관실 정책담당관 1985년 同총무과장 1991년 정무제2장관실 제2조정관(부이사관) 1994년 同제1조정관(이사관) 1995년 同제3조정관 1997~1998년 同정무실장(관리관) 1998~2012년 상명대 행정학과 겸임교수, 한국방송통신대·충남대·명지대·숙명여대 강사 2000년 (사)한국공공행정품질협의회 회장(현) 2003년 (사)대한민국해양연맹 부총재(현), (재)한국발전연구원 운영위원, (재)한국양성평등진흥원 이사 2003년 여성부 정보공개심의회 민간위원 2004~2008년 여성가족부 정책자문위원 2004~2010년 삼성생명 공익재단 이사 2009~2013년 한국지방행정발전연구원 상임연구원 2013~2015년 낙산골사랑방 대표 2015년 사랑방 대표(현) [상]녹조근정훈장(1991) [저]'국회의원당선과 낙선-중선거구제의 선거분석'(1985) '정부와 여성참여' [종]원불교

조우현(曺宇鉉) CHO Woo Hyun

[생]1952·7·19 [출]강원 평창 [주]경기 성남시 수정구 산성대로553 을지대학교 총장실(031-740-7103) [학]1970년 용산고졸 1977년 연세대 의과대학졸 1980년 同보건대학원졸 1987년 보건학박사(연세대) [경]1985~1994년 연세대 전임강사·조교수·부교수 1988~1990년 미국 미시간대 박사 후 연구과정 1995~1996년 경희대 의과대학 부교수 1995~1997년 분당차병원 부원장 1997년 포천중문의대 교수 1998~2013년 연세대 의과대학 예방의학교실 교수 2000~2004년 세브란스병원 기획관리실장 2002년 한국보건행정학회 부회장 2002년 한국병원경영학회 부회장 2004년 연세의료원 기획조정실장 2006~2013년 연세대 의과대학 보건정책 및 관리연구소장 2008년 연세의료원 용인동백세브란스병원건립추진본부장 2009~2011년 연세대 강남세브란스병원장 2009년 서울 강남구의료관광협의회 회장 2010~2012년 대한병원협회 평가·수련이사 2011~2013년 연세대 보건대학원 병원경영학과 주임교수 겸 병원경영전공 지도교수 2011~2013년 한국병원경영학회 회장 2013년 을지대의료원 원장(현) 2013년 을지대 총장(현) 2014~2015년 한국의료질향상학회 회장 [상]세브란스의학상, 보건사회부장관표창, 국방부장관표창, 아시아병원경영협회상(2009) [저]'의료서비스 마케팅'(共) [역]'질 중심의 병원경영' '병원경영의 혁신' [종]기독교

조우현(趙又玄·女) CHO Woo Hyun

[생]1954·11·11 [주]서울 종로구 성균관로25의2 성균관대 예술대학 의상학과(02-760-0518) [학]1978년 서울대 의류학과졸 1981년 同대학원 의류학과졸 1990년 이학박사(숙명여대) [경]1981~1990년 목포대·인하대 강사 1990~2000년 인하대 의류학과 조교수·부교수 2000~2005년 同의류디자인학과 교수 2005년 성균관대 예술대학 의상학과 교수(현) 2015년 (사)한국복식학회 회장(현) [저]'이석묘 출토복식 조사보고서' '기층문화를 통해 본 한국인의 상상체계(上·中)'

조우현(趙祐鉉) CHO Woo Hyun

[생]1955·4·17 [출]전남 순천 [주]서울 강남구 테헤란로87길36 도심공항타워14층 법무법인(유) 로고스(02-2188-2801) [학]1977년 순천고졸 1981년 서울대 법학과졸 [경]1981년 사법고시 합격(23회) 1983년 사법연수원 수료(13기) 1983년 마산지검 검사 1986년 광주지검 목포지청 검사 1987년 서울지검 의정부지청 검사 1989년 부산지검 검사 1992년 서울지검 북부지청 검사 1994년 대구지검 검사 1995년 대구고검 검사 1996년 서울지검 공판부 부부장검사 1997년 광주지검 순천지청 부장검사 1998년 창원지검 형사2부장 1999년 서울지검 의정부지청 형사3부장 2000년 同의정부지청 형사1부장 2001년 同북부지청 형사1부장 2003년 광주지검 목포지청장 2004년 서울고검 검사 2005년 대전고검 검사 2005년 공정거래위원회 위원장 법률자문관 겸 송무기획단장 파견 2006년 서울중앙지검 부장검사 2007년 서울고검 검사 2007년 법무법인(유) 로고스 변호사 2013년 同대표변호사(현)

조욱래(趙旭來) CHO Wuk Rai

[생]1949·3·16 [본]함안(咸安) [출]경남 함안 [주]서울 중구 세종대로58 16층 DSDL(주) 비서실(02-778-9938) [학]1967년 경기고졸 1972년 미국 이스턴미시간대 경영학과졸 1974년 미국 컬럼비아대 대학원졸 [경]1974년 대전피혁 이사 1976년 同부사장 1976~1979년 (주)동성 사장 1978~1992년 대전피혁 사장 1978년 동성종합건설 사장 1979~1988년 효성알미늄 사장 1979~1982년 효성금속 사장 1980~1983년 효성기계 사장 1982년 대성 사장 1983년 효성기계공업 회장 1985~1997년 駐韓수리남 명예영사 1992년 대전피혁 회장 1992년 대성 회장 1992년 DSDL(주) 회장(현) [상]은탑산업훈장 [종]불교

조욱성(曺旭城) CHO WOOK SUNG

[생]1957·8·15 [출]서울 [주]서울 중구 남대문로125 대우조선해양(주) 임원실(02-2129-0133) [학]1975년 서라벌고졸 1980년 울산대 조선공학과졸 2005년 한국과학기술원(KAIST) 경영대학원졸 [경]1982년 대우조선 입사, 同인사총무담당, 同전략기획실장 2006년 JR건설(舊 진로건설) 대표이사 2007년 대우정보시스템(주) 전무 2008년 同지원총괄 부사장 2009년 同사업총괄 대표이사 2012~2013년 포스텍 대표이사 2014년 STX조선해양 부사장 2015년 대우조선해양(주) 관리본부장(부사장)(현)

조욱형(趙旭衡) JO Ouk Hyong

[생]1967·2·28 [출]경남 통영 [주]서울 중구 덕수궁길15 서울특별시청 서소문별관 재무국(02-2133-3200) [학]1985년 통영고졸 1989년 한양대 행정학과졸 1991년 서울대 대학원 정책학과졸 [경]1988년 행정고시 합격(32회) 1997년 내무부 지방세심사과 서기관 1998년 행정자치부 지방재정세제국 지방세심사과 서기관 1998~2000년 미국 시라큐스대 연수 2000~2001년 부산아시아경기대회조직위원회 파견(서기관) 2001년 행정자치부 사업2부장 2004년 국가전문행정연수원 교육1과장 2005~2006년 지방혁신인력개발원 인력개발1팀장 2006년 행정자치부 법무행정팀장 2007년 미국 노스캐롤라이나 주정부 파견(부이사관) 2009년 행정안전부 자치행정과장 2010년 한국지역정보개발원 기획조정실장 파견(고위공무원) 2010년 국가기록원 기록정책부장 2010년 대전시 기획관리실장 2013년 안전행정부 창조정부전략실 전략기획관 2014년 중앙공무원교육원 고위정책과정훈련 파견 2015년 행정자치부 대변인 2015년 同개인정보보호위원회 사무국장 2016년 서울시 재무국장(현)

조운연(趙雲衍) Cho woon yuen

[생]1958·9·10 [본]풍양(豊壤) [출]충북 [주]대전 서구 청사로189 문화재청 궁능문화재과(042-481-4700) [학]1977년 청주농고졸 1981년 충북대 농학과졸 2002년 한양대 대학원 환경계획학과졸 2009년 이학박사(상명대) [경]1987~1999년 문화재관리국 종묘관리소·창덕궁관리소·궁원관리과 근무 1999~2007년 문화재청 궁원문화재과·궁능활용과·궁능관리과 근무 2007~2010년 同사적과·보존정책과 사무관 2010년 同천연기념물과 사무관 2012년 同천연기념물과 서기관 2013년 同자연문화재연구실장 2015년 同궁능문화재과장(현) [상]국무총리표창(2000·2009)

조운조(趙運朝) CHO Un Jo (素庵)

[생]1945·1·20 [본]평양(平壤) [출]서울 [주]서울 서대문구 이화여대길52 이화여자대학교 한국음악과(02-3277-2449) [학]1964년 국립국악고졸 1974년 서울대 국악과졸 1976년 同대학원졸 2005년 공연예술학박사(성균관대) [경]1964~1979년 문화공보부 국립국악원 연주원·연주단 악장 1979년 이화여대 한국음악과 전임강사·조교수·부교수·교수·명예교수(현) 1980년 한국정악원 이사·부이사장·이사장(현) 1982년 한국국악학회 이사 1983년 한국동서음악회 이사·부회장·회장 1985년 한국국악교육학회 이사·상임이사·회장·명예회장(현) 1988년 중요무형문화재 제1호 종묘제례악 전수조교(현) 1991년 미국 캘리포니아주립대 객원교수 1994년 국악인물흉상건립위원회 위원장(현) 2005년 전국예술대학교수연합 공동대표(현) 2008년 문화미래포럼 공동대표(현) 2008년 한국문화예술위원회 위원 [상]문화공보부장관표창(1976·2004), KBS 국악대상(1986), 녹조근정훈장(2009) [저]'대학' '국악과 교육' 등

조운호(趙雲浩) JO Un Ho (雲耕)

[생]1962·3·23 [본]함안(咸安) [출]전남 해남 [주]서울 서초구 논현로87 삼호물산빌딩B동1809호 (주)얼쑤 임원실(02-589-6458) [학]1981년 부산상고졸 1988년 경성대 회계학과졸 2006년 연세대 경영대학원 마케팅과졸 [경]1981년 제일은행 입사 1990년 웅진그룹 입사 1995년 웅진식품 기획실장 1998년 同영업부장 1999~2005년 同대표이사 사장 2002년 세계경제포럼(WEF) '아시아의 미래를 짊어질 차세대 한국인 리더'에 선정 2003년 한국식품저장유통학회 부회장 2003년 전국경제인연합회 국제경영원 이사 2005~2006년 웅진식품 부회장 2006~2008년 (주)세라젬 부회장, 한국능률협회 마케팅위원회 부위원장, 아시아과학인재포럼 이사, 한·중경영인협회 부회장 2009년 (주)얼쑤 대표이사 사장(현) [상]한국기업경영학회 한국기업경영대상(2001), 한국인재경영대상 최고경영자상(2004), 국무총리표창(2005), 한국을 빛낸 CEO상

(2005), 한국윤리경영대상 인재양성부문 대상(2005) [저]경영에세이 '아무도 하지 않는다면 내가 한다'(2004)

조운희(趙雲熙)

[생]1959 · 5 · 30 [출]충북 충주 [주]충북 청주시 상당구 상당로82 충청북도청 재난안전실(043-220-2400) [학]1977년 충주고졸 1986년 한국방송통신대 행정학과졸 2009년 건국대 사회과학대학원졸 [경]1977년 공무원 임용(7급) 1995년 충주시 충인동장(사무관) 1996년 同공보관 1999년 同기획감사과장 2002년 同농정국장(서기관) 2007년 同경제건설국장 2008년 충북도 성과관리담당관 2010년 행정안전부 자치경찰기획단 근무 2011년 지방행정연수원 고위정책과정 교육파견(부이사관) 2012년 충북도 농정국장 2015년 同안전행정국장 2016년 同재난안전실장(이사관)(현)

조웅기(曺雄基) Cho ung ki

[생]1964 · 2 · 12 [출]부산 [주]서울 중구 을지로5길26 미래에셋빌딩 동관16층 미래에셋증권(주) 임원실(02-3774-1700) [학]1982년 부산기계공고졸 1991년 연세대 경영학과졸 2005년 서강대 경영대학원 최고경영자과정 수료 2012년 서울대 경영대학원 최고경영자과정 수료 [경]보람은행 · 하나은행 · 미래에셋자산운용 근무 2001년 미래에셋증권(주) 금융상품영업본부 부장 2002년 同CW본부장 2005년 同IB본부장 2006년 同법인CM사업부 대표 2009년 同리테일사업부 사장 2011년 同대표이사 사장 2013년 同홀세일 · 기업RM · 트레이딩부문 각자대표이사 사장 2016년 同대표이사 사장(현)

조 원(趙 源) CHO Won

[생]1963·1·31 [주]서울 중구 삼일대로363 한화케미칼(주) 인사팀(02-729-2700) [학]환일고졸, 연세대 화학공학과졸 [경]한화석유화학(주) PVC S/T영업팀장(상무보) 2009년 한화케미칼(주) PVC S/T영업팀장(상무보) 2012년 同업무지원실장 2013년 同PVC 영업담당 상무보 2013년 同PVC영업담당 상무 2014년 同중국닝보법인장(현)

조원갑

[출]충남 논산 [주]충남 홍성군 홍북면 충남대로21 충청남도청 정책기획관실(041-635-2110) [학]충남대 행정학과졸, 同대학원 경영학과졸, 미국 Hawaii Pacific Univ. 대학원 경영학과졸, 충남대 대학원 경영학 박사과정 중 [경]2010~2013년 駐말레이시아대사관 근무 · 외교통상부 통상투자진흥과 근무 2013년 충남도 기획관리실 혁신관리담당관 2015년 同정책기획관(부이사관)(현) [상]대한민국 지식대상 대통령표창

조원경(趙源敬) weon-Kyang Jo

[생]1968·1·27 [본]양주(楊州) [출]경북 상주 [주]세종특별자치시 갈매로477 기획재정부 국제금융심의관실(044-215-4700) [학]1986년 대구 대건고졸 1990년 연세대 경제학과졸 2003년 미국 미시간대 대학원(재정전공)졸 2015년 연세대 기술정책대학원 박사과정 재학 중 [경]1991~1992년 재무부 세제실 수습사무관 1992~1993년 同관세국 사무관 1996~2001년 재정경제원 사무관·재정경제부 국민생활국 서기관 2003~2005년 재정경제부 국제금융국 외환제도과 서기관·국제기구과 서기관·IMF팀장 2005~2009년 미국 워싱턴 미주개발은행 고용휴직 2009~2012년 기획재정부 대외경제국 통상정책과장·대외경제총괄과장(부이사관) 2012~2014년 미국 미주개발은행 이사실 한국대표 2015년 OECD 대한민국정책센터 조세정책본부장(고위공무원) 2016년 기획재정부 대외경제협력관(고위공무원) 2016년 同국제금융심의관(국장급)(현) [저]'명작의 경제'(2013, 책밭) '법정에 선 경제학자들'(2015, 책밭) [종]가톨릭

조원길(趙元吉) CHO Won Gil

[생]1968 · 12 · 20 [주]충남 천안시 서북구 성환읍 대학로91 남서울대학교 글로벌상경대학 국제통상학과(041-580-2462) [학]1991년 건국대 무역학과졸 1993년 同대학원 무역학과졸 1999년 경영학박사(동국대) [경]2000~2002년 남서울대 전임강사 · 조교수 2001년 미국 Claremont Graduate Univ. Visiting Scholar 2002년 미국 Michigan State Univ. Visiting Scholar 2003~2005년 남서울대 대학종합평가위원회 평가위원 2004년 노동부 산업인력관리공단 평가위원 2006년 남서울대 글로벌상경대학 국제통상학과 부교수 · 교수(현) 2009~2010년 미국 노스캐롤라이나대 채플힐교 방문교수 2009년 남서울대 국제무역연구소장(현) 2010년 同창업보육센터장 겸임(현) 2011~2015년 同산학협력단 부단장 2014년 (재)국제원산지정보원 비상임감사(현) [상]남서울대 공로상(2004), 지식경제부장관표창(2011)

조원동(趙源東) CHO, WON-DONG

[생]1956·8·12 [본]양주(楊州) [출]충남 논산 [주]서울 동작구 흑석로84 중앙대학교 경영학부(02-820-5539) [학]1975년 경기고졸 1980년 서울대 경제학과졸, 영국 옥스퍼드대 대학원졸, 경제학박사(영국 옥스퍼드대) [경]1979년 행정고시 합격(23회) 1998년 재정경제원 조사홍보과장 1998년 대통령 경제수석실 행정관(서기관) 1999년 재정경제부 정책기획관 2001~2004년 국제통화기금(IMF) 자문관 겸임 2004년 재정경제부 경제홍보기획단장 2005년 同정책기획관 2005년 同경제정책국장 2005년 연합인포맥스 자문위원 2007년 재정경제부 차관보 2007년 제17대 대통령직인수위원회 기획조정분과위원회 전문위원 2008년 국무총리실 국정운영실장 2009~2010년 同사무차장(차관급) 2009~2010년 同세종시기획단장 겸임 2011년 한국개발연구원 국제정책대학원 초빙교수 2011~2013년 한국조세연구원 원장 2013~2014년 대통령 경제수석비서관 2014년 중앙대 경제학부 석좌교수 2015년 同경영학부 석좌교수(현)

조원래(趙元來) CHO Won Rae

[생]1959 · 8 · 12 [출]경남 [주]경남 함안군 군북면 장백로122 비에이치아이(주) 비서실(055-585-3800) [학]부산대 기계공학과졸 [경]1983~1995년 삼성중공업 근무 1995~1999년 삼성자동차 근무 1999~2003년 에스원 물류팀 부장, 비에이치아이(주) 각자대표이사 부사장(현)

조원명(曺源明) Cho Won-myung

[생]1959 · 6 · 29 [주]서울 종로구 사직로8길60 외교부 인사운영팀(02-2100-2114) [학]1981년 서강대 화학공학과졸 1986년 同정치외교학과졸 2001년 영국 에식스대 대학원 국제관계학과졸 [경]1986년 외무고시 합격(20회) 1986년 외무부 입부 1992년 駐중국 2등서기관 1995년 駐대만 1등서기관 2001년 駐중국 1등서기관 2004년 국가안전보장회의사무처 전출 2006년 외교통상부 동북아2과장 2007년 駐캐나다 공사참사관 2011년 駐중국 공사참사관 2013년 대통령비서실 파견 2014년 駐브루나이 대사(현)

조원영(趙元英) CHO Won Young

[생]1949 · 10 · 17 [본]임천(林川) [출]서울 [주]서울 성북구 화랑로13길60 학교법인 동덕여학단(02-940-4022) [학]1968년 경복고졸 1974년 연세대 경영학과졸 1979년 미국 뉴욕대 대학원졸 1989년 경남대 대학원졸 1990년 명예 경영학박사(미국 퍼시픽주립대) [경]1980~1995년 동덕여대 강사 · 전임강사 · 조교수 · 부교수 1981년 同기획실장 1988~1996년 同부총장 1991년 민주평통 자문위원 1991년 춘강장학회 이사(현) 1994년 춘강기념사업회 운영위원장(현) 1995~2003년 동덕여대 경영학과 교수 1996~2003년 同총장 2002년 한국대학총장협회 사무총장 2015년 학교법인 동덕여학단(동덕여대) 이사장(현)

조원용(趙源用) CHO Won Yong

[생]1957·7·24 [주]서울 마포구 마포대로119 효성그룹 홍보실(02-707-7000) [학]덕수상고졸, 성균관대 영어영문학과졸, 고려대 언론대학원졸, 서울대 대학원졸(MBA) [경]1985년 금호아시아나그룹 입사, 同홍보팀장 2006년 아시아나항공(주) 홍보부문 이사 2007~2011년 同홍보부문 상무 2012년 STX그룹 대외협력본부장(전무) 2013년 同경영지원본부장(전무) 2014년 효성그룹 홍보실장(전무)(현) 2015년 한국PR협회 부회장(현) [상]서울석세스어워즈 2009 경제부문상(2009)

조원우 CHO WON WOO

[생]1971 · 4 · 8 [출]부산 [주]부산 동래구 사직로45 롯데자이언츠(051-590-9000) [학]부산고졸, 고려대졸 [경]1994~1999년 프로야구 쌍방울 레이더스 소속 2000~2005년 프로야구 SK 와이번스 소속 2005~2008년 프로야구 한화 이글스 소속(외야수) 2008~2009년 同2군 수비코치 2009년 同1군 수비코치 2010년 일본프로야구 치바 롯데마린즈 2군 코치 연수 2011년 롯데 자이언츠 수비코치 2012년 同작전 · 주루코치 2013년 두산 베어스 작전 · 주루코치 2015년 SK 와이번스 외야수비 · 주루코치 2015년 同수석코치 2015년 롯데자이언츠 감독(2년간 계약 · 계약금 3억원 · 연봉 2억원 등 총 7억원)(현) [상]조아제약 프로야구대상 프로코치상(2011)

조원일(趙源一) CHO Won Il

(생)1958 · 4 · 30 (주)충북 청주시 상당구 상당로163 청주병원 원장실(043-220-1251) (학)1976년 청주고졸 1983년 가톨릭대 의대졸 1987년 同대학원 의학석사 1993년 의학박사(가톨릭대) (경)가톨릭대 의과대학 외과학교실 교수 2000년 청주병원 병원장(현) 2012~2015년 청주시 의사회 회장

조원장(趙源將) CHO Won Jang

(생)1954 · 1 · 27 (주)대전 (주)충남 서산시 성연면 신당1로105 현대다이모스 임원실(041-661-7066) (학)충남고졸, 충남대 기계과졸 (경)현대모비스(주) AT모듈생산부장, 同경인 · 아산물류생산담당 이사대우, 同장쑤모비스법인장 겸 상하이모비스담당 이사 2007년 同장쑤모비스법인장 겸 상하이모비스담당 상무 2009년 同장쑤모비스법인장 겸 상하이모비스담당 전무 2011년 同모듈사업본부장(부사장) 2014년 同차량부품본부장(부사장) 2015년 현대다이모스 대표이사 사장(현)

조원준(趙元俊) CHO Won Joon

(생)1960 · 3 · 11 (출)부산 (주)서울 강남구 언주로870 (주)LF 영업전략본부(02-3441-8114) (학)1979년 부산 브니엘고졸 1983년 부산대 경영학과졸 (경)LG상사(주) 패션사업부문 패션사업1팀장(부장) 2005년 同패션사업부문 패션사업1팀장(상무) 2008년 (주)LG패션 영업2본부장(상무) 2009년 同백화점2본부장(상무) 2010년 同신사캐주얼 영업2본부장(상무) 2013년 同신사 · 스포츠영업본부장(상무) 2014년 (주)LF 신사 · 스포츠영업본부장(상무) 2014년 同영업전략1본부장(상무) 2016년 同영업전략본부장(전무)(현)

조원진(趙源震) CHO Won Jin (해암)

(생)1959 · 1 · 7 (출)대구 (주)서울 영등포구 의사당대로1 국회 의원회관1018호(02-784-4165) (학)1978년 서울 인창고졸 1988년 한국외국어대 정치외교학과졸 1995년 중국 베이징대 국제정치대학원 1년 수료 1999년 영남대 행정대학원졸(행정학석사) (경)1996년 제15대 황병태 국회의원 보좌관 2004~2008년 駐중국한국인회 부회장 2006~2008년 세계해외한인무역협회(OKTA) 북경지회장 및 상임이사 2008년 제18대 국회의원(대구시 달서구丙, 친박연대 · 한나라당 · 새누리당) 2010~2011년 한나라당 원내부대표 2010년 同정책조정위원회 부위원장 2010년 同조직강화특위 위원 2010년 同지방선거공천심사위원회 위원 2010년 국회 운영위원회 위원 2010년 국회 국토해양위원회 위원 2012년 제19대 국회의원(대구시 달서구丙, 새누리당) 2012~2013년 새누리당 전략기획본부장 2012년 同제18대 대통령중앙선거대책위원회 불법선거감시단장 2012년 한중정치경제포럼 대표의원 2013~2014년 국회 정보위원회 간사 2013년 박근혜 대통령 당선인 중국 특사 2013년 한 · 중정상회담 박근혜 대통령 특별수행 2013년 국회 정무위원회 위원 2013년 새누리당 제2정책조정위원장 2013년 同외교역량강화특별위원회 위원 2014~2015년 국회 안전행정위원회 여당 간사 2014~2015년 새누리당 정책위원회 제1정책조정위원장 2014년 同재외국민위원회 중국위원장 2015년 국회 공무원연금개혁특별위원회 국민대타협기구 공동위원장 2015년 새누리당 정책위원회 부의장 2015년 同정책위원회 안전행정정책조정위원회 위원장 2015년 同대구시당 위원장 2015~2016년 同원내수석부대표 2015년 국회 운영위원회 여당 간사 2015년 국회 안전행정위원회 위원 2016년 제20대 국회의원(대구시 달서구丙, 새누리당)(현) 2016년 국회 환경노동위원회 위원(현) 2016년 국회 예산결산특별위원회 위원(현) 2016년 새누리당 최고위원(현) (상)선플운동본부 '국회의원 아름다운 말 선플상'(2014), 유권자시민행동 대한민국유권자대상(2015) (저)'21세기 정치지도자의 리더십' '열정으로 다시 쓰는 내 사랑 대구'(2014) (종)기독교

조원철(趙元喆) CHO, WONCHEOL

(생)1949 · 3 · 8 (본)한양(漢陽) (출)경북 영덕 (주)서울 서대문구 연세로50 연세대학교(02-2123-2795) (학)1968년 광성고졸 1973년 연세대 공대 토목공학과졸 1977년 同대학원 토목공학과졸 1979년 미국 펜실베이니아 대학원 Post Master과정 수료 1983년 공학박사(미국 Drexel Univ.) (경)1977년 서일전문대학 전임강사 1983년 미국 Drexel대 전문연구원 1984~1993년 연세대 공대 강사 · 조교수 · 부교수 1987~2003년 한국산업재산권법학회 부회장 1994~2014년 연세대 사회환경시스템공학부 교수 1994년 과학기술처 원자력안전전문위원 1995년 한국산업재산권법률학회 부회장 1997~1998년 행정자치부 국립방재연구소장 1998년 제2차 ARF재난구호회기간회의(ARF-ISM-DR) 한국대표

1998~2004년 국무총리실 지속가능발전위원회 수질개선기획단 위원 1999년 대통령비서실 수해방지대책기획단장 2002~2005년 (주)전신전자 사외이사 2003년 한국과학기술기획평가원(KISTEP) 평가위원 2004년 감사원 자치행정감사자문위원 2006년 한국방송공사(KBS) 객원해설위원 2006년 한국국제협력단(KOICA) Sri Lanka 지원사업단(상습침수지역 해소사업) 자문단장 2006년 방재안전관리IT포럼 의장(현) 2006년 한국과학문화재단 과학기술앰배서더(현) 2007년 중앙행정기관 · 공공기관 재난관리평가 중앙합동평가단장 2007년 한국재난관리표준학회 회장 2007~2013년 한국수자원공사 경영자문위원 2008~2012년 한국과학재단 국책연구본부 우주개발사허가위원 2008년 교육과학기술부 편집위원 2008년 한나라당 정책위원회 정책자문위원 2011~2013년 대통령직속 규제개혁위원회 행정사회분과위원장 2014년 한국방재학회 고문(현) 2014년 연세대 명예교수(현) 2015년 한국과학기술원 초빙교수(현) (상)대한토목학회 논문상(1992), 한국항공협회장표창(1995), 한국수자원학회 학술상(1996), 과학기술우수논문상(2001), 홍조근정훈장(2002), 대한토목학회 학술상(2003) (저)'수리학'(1986) '수문학' '도시수문학'(1993) '하천계획과 관리'(1995) '수해방지종합대책 백서'(1999) (종)기독교

조원철(曺源徹) CHO Won Cheol

(생)1962 · 4 · 10 (출)서울 (주)서울 서초구 서초중앙로125 로이어즈타워703호 조원철법률사무소(02-523-8400) (학)1980년 관악고졸 1985년 서울대 공법학과졸 (경)1986년 사법시험 합격(28회) 1989년 사법연수원 수료(18기) 1989년 대구지법 판사 1993년 同영주지원 판사 1994년 수원지법 성남지원 판사 1997년 서울지법 판사 1999년 同남부지원 판사 2001년 서울고법 판사 2002년 대법원 재판연구관 2004년 창원지법 부장판사 2006년 수원지법 부장판사 2008년 서울중앙지법 부장판사 2011년 서울서부지법 수석부장판사 2012~2015년 의정부지법 고양지원장 2015년 변호사 개업(현)

조원태(趙源泰) CHO Won Tae

(생)1975 · 12 · 25 (본)양주(楊州) (주)서울 중구 서소문로117 (주)대한항공 임원실(02-2656-7336) (학)2003년 인하대 경영학과졸 2006년 미국 서던캘리포니아대 경영대학원졸(MBA) (경)2003년 한진정보통신 영업기획담당(차장) 2004년 (주)대한항공 경영전략본부 경영기획팀 부팀장 2006년 同자재부 총괄팀장(부장) 2007년 同자재부 총괄팀장(상무보) 2007년 유니컨버스(주) 대표이사(현) 2007년 유니컨버스투자 이사(현) 2008년 (주)대한항공 자재부 총괄팀장(상무B) 2008년 (주)한진 이사(현) 2008년 (주)한진드림익스프레스 등기이사 2009년 (주)대한항공 여객사업본부장(상무A) 2009년 (주)진에어 등기이사 2009년 제동레저 이사(현) 2010년 (주)대한항공 여객사업본부장(전무) 2011년 同경영전략본부장(전무) 2012년 同등기이사 2013년 同경영전략본부장(부사장) 2013년 同그룹경영지원실 부실장 2013년 同화물사업본부장 2014~2016년 同여객 · 화물 · 영업 및 기획부문 총괄부사장 2014~2015년 同그룹경영지원실장 겸임 2014년 (주)한진칼 대표이사(현) 2015~2016년 한진해운신항만 이사 2016년 한국공항(주) 대표이사(현) 2016년 (주)대한항공 대표이사 총괄부사장(현) 2016년 (주)진에어 대표이사(현) 2016년 정석기업 이사(현) (종)불교

조원표(曺源杓) CHO Won Pyo

(생)1967 · 4 · 20 (출)경북 영천 (주)서울 금천구 가산로9길109 (주)이상네트웍스 비서실(02-3397-0504) (학)1990년 서울대 정치학과졸 1992년 同대학원졸 2002년 핀란드 Helsinki School of Economics and Business Administration졸(MBA) (경)1994년 동아일보 사회부 기자 1999~2000년 同경영전략실 경영전략담당 기자 2000~2003년 (주)애니스틸닷컴 상무이사 2003년 (주)이상네트웍스 부사장 2004~2012년 同대표이사 사장 2012~2013년 (주)엔비아이제트 대표이사 사장 2013년 (주)이상네트웍스 대표이사 사장(현) (상)디지털상거래대상(2005), 한국e-Business대상 국무총리표창(2006)

조원혁(趙源赫) CHO Won Hyok (正菴)

(생)1939 · 3 · 4 (본)횡성(橫城) (출)강원 횡성 (주)서울 송파구 송파대로28길12 밀리아나오피스텔1차708호 (주)프라코(02-3401-2341) (학)1957년 춘천고졸 1961년 경희대 법대 법률학과졸 (경)1978년 내무부 장관 보좌관, 同조사 · 감사 · 인사계장 1986년 강원도 기획관 1987년 강원 횡성군수 1988년 대통령 민정비서실 행정관 1992년 내무부 국민운동지원과장 1993년 부산시 재무국장 1994년 강원 동해시장 1995년 강원도 동해출장소장 1996년 (주)동원플라스틱 사장 1999년 선우산업개발(주) 회장, (주)N.K.P 회장, (주)프라코 회장(현) (상)새마을훈장, 대통령표창, 교육부장관표창, 내무부장관표창 (저)'행정쟁송제도에 관한 연구' (종)기독교

조원현(趙元顯) Won-Hyun Cho

[생]1952 · 2 · 1 [본]함안(咸安) [출]경북 청도 [주]대구 중구 달성로56 계명대학교 의과대학 외과학교실(053-250-7325) [학]1969년 경북고졸 1975년 경북대 의대졸 1988년 의학박사(경북대) [경]1976년 동산기독병원 외과 레지던트 1977년 울릉군립병원 외과 과장 1982년 국방부 의무실장 1994년 계명대 의대 외과학교실 교수(현) 1999~2006년 대한혈관외과학회 상임이사 2000~2002년 국립장기이식관리기관 운영위원 · 3권역 대표 2000~2008년 대한이식학회 상임이사 2002년 계명대 동산병원 이식 · 혈관외과 분과장 2003년 同의대 외과학교실 주임교수 2003~2005년 同동산병원 외과장 2005~2007년 同동산병원장 2005~2007년 대한정맥학회 이사장 2007년 보건복지가족부 장기구득시범사업센터장 2009년 (사)생명잇기 초대이사장(현) 2009~2011년 대한이식학회 이사장 2010년 대한혈관외과학회 회장 2012~2015년 한국장기기증네트워크 이사장 2013년 세계이식인경기연맹(World Transplant Games Federation) 집행위원(현) 2014~2016년 보건복지부 장기이식윤리위원회 위원장 2015년 대한이식학회 회장(현) [상]국방부장관표창(1982), 대한외과학회 학술상(1999), 대한적십자사 적십자박애장 은장(2009), 대구시의사회 봉사상(2010), 보건복지부장관표창(2011) [저]'신장이식'(2000) '전인의학'(2003) '외과학'(2011) '생명잇기 : 장기기증의 이해'(2011) [역]'장기이식의 세계'(1995) '하나의 죽음 여섯의 삶'(1997) '죽음 앞에서 만나는 새로운 삶'(2006) '니콜라스 정말 네가 한거야?'(2015) [종]기독교

조원호(曺元鎬) JO Won Ho

[생]1950 · 11 · 5 [본]창녕(昌寧) [출]경남 김해 [주]서울 관악구 관악로1 서울대학교 공과대학 재료공학부(02-880-7156) [학]1968년 경남고졸 1973년 서울대 섬유공학과졸 1975년 同대학원 섬유공학과졸 1977년 미국 뉴욕 폴리테크닉대(Polytechnic Inst.) 대학원 고분자공학과졸 1979년 공학박사(미국 뉴욕 폴리테크닉대) [경]1980~1990년 서울대 공과대학 섬유고분자공학과 조교수 · 부교수 1986~1987년 미국 텍사스대 화학공학과 방문연구원 1988~1991년 서울대 기기분석실장 1988~1998년 同신소재공동연구소 고분자연구부장 1990~2016년 同공과대학 재료공학부 교수 1992~1995 · 1997~2000년 同섬유고분자공학과장 1996~1997년 미국 매사추세츠대 고분자공학과 방문교수 1999~2008년 서울대 고차구조형유기산업재료연구센터 소장 2000년 중국 북경화공대학 객좌교수(현) 2004~2005년 서울대 재료공학부장 2004년 한국접착계면학회 회장 · 자문위원(현) 2005년 한국고분자학회 회장 2016년 서울대 공과대학 재료공학부 명예교수(현) [상]과학기술 우수논문상(1992), 훌륭한 공대교수상(1998), 상암고분자상(2002) [저]'고분자물성론'(1995) [종]불교

조원홍(趙源弘) Wonhong Cho

[생]1964 · 11 [주]서울 서초구 헌릉로12 현대자동차(주) 마케팅사업부(02-3464-1114) [학]서울대 경영학과졸, 미국 펜실베이니아대 대학원 경영학과졸 [경]모니터그룹코리아 대표이사, 현대자동차(주) 해외마케팅사업본부장(전무), 同마케팅사업부장(전무) 2014년 同마케팅사업부장(부사장)(현) 2015년 同디자인경영담당 겸임(현)

조원휘(趙源輝) Cho wonhee

[생]1962 · 1 · 24 [본]양주(楊州) [출]대전 [주]대전 서구 둔산로100 대전광역시의회(042-270-5087) [학]서대전고졸, 한남대 영어영문학과졸, 고려대 인문정보대학원 사회복지학과졸 [경]육군 중위 전역(ROTC 21기), 대덕대 사회복지학과 강사, 세종시 청소년활동진흥센터 운영위원(현), 한남대 ROTC총동문회 회장 2014년 대전시의회 의원(새정치민주연합 · 더불어민주당)(현) 2014년 同시민안전특별위원회 위원장 2014년 다문화가족지원협의회 위원(현), 건강가정지원센터 운영위원(현), 대전시 2014회계년도 결산검사위원 2014~2016년 대전시의회 예산결산특별위원회 부위원장 2015년 대전시 평생교육문화센터 운영자문위원회 위원(현) 2015년 새정치민주연합 대전시당 을지로위원회 사회적소수자대책분과 위원장 2015년 더불어민주당 대전시당 을지로위원회 사회적소수자대책분과 위원장(현) 2016년 대전시의회 부의장(현) 2016년 同산업건설위원회 위원(현) [종]기독교

조유근(曺裕根) CHO Yoo Kun

[생]1949 · 3 · 24 [본]창녕(昌寧) [출]부산 [주]서울 관악구 관악로1 서울대학교 공과대학 컴퓨터공학부(02-880-7291) [학]1971년 서울대 건축공학과졸 1973년 同대학원졸 1978년 공학박사(미국 미네소타대) [경]1979~2014년 서울대 공대 컴퓨터공학과 교수 1985년 미국 미네소타대 교환교수 1988년 한국정보과학회 편집위원장 · 이사 1989년 서울대 컴퓨터공학과장 1989년 컴퓨터신기술공동연구소 신기술정보부장 1993~1995년 서울대 중앙교육연구전산원장 1994년 전국대학전자계산소협의회 부회장 1995년 한국정보과학회 부회장 1999년 서울대 공과대학 부학장 2001~2002년 한국정보과학회 회장 2004년 한국공학한림원 회원(현) 2014년 서울대 공대 컴퓨터공학부 명예교수(현) [상]자랑스러운 공대교수상(2005), 녹조근정훈장(2014) [저]'운영체제론' 'UNIX의 내부구조'

조유장(曺有壯) Cho You Jang

[생]1974 · 6 · 23 [본]창녕(昌寧) [출]부산 [주]부산 연제구 중앙대로1001 부산광역시청 인사담당관실(051-888-1950) [학]개금고졸, 고려대 경제학과졸 2008년 同대학원 경제학과졸 [경]2007년 행정고시 합격(51회) 2009년 부산시 정책기획실 정책기획담당관실 성과평가담당 2012년 同정책기획실 예산담당관실 공기업담당 2013년 同정책기획실 정책기획담당관실 정책기획담당 2015년 同시정혁신본부 비전추진단장 2015년 同기획행정관실 인사담당관(현) [상]대통령표창(2014)

조유전(趙由典) CHO You Jeon (深堂)

[생]1942 · 1 · 1 [본]함안(咸安) [출]경남 마산 [주]서울 송파구 위례성대로71 한성백제박물관(02-2152-5991) [학]1960년 마산고졸 1966년 서울대 고고인류학과졸 1980년 단국대 대학원 사학과졸 1987년 문학박사(동아대) [경]1970~1978년 문화재관리국 학예연구사 · 학예연구관 1982~1990년 문화재연구소 경주고적발굴조사단장 1987년 同미술공예연구실장 1988년 同유적조사연구실장 1988년 문화재위원회 전문위원 1989~1993년 완도청해진 유적발굴조사단장 1994~1998년 국립민속박물관 관장 1996년 문화체육부 문화인물설정 자문위원 1998~2002년 문화재청 국립문화재연구소장 1999 · 2003~2005년 同문화재위원회 3분과 · 6분과 겸임위원 2006년 한국토지공사 토지박물관장 2006년 인천시립박물관 운영위원 2007~2009년 문화재청 문화재위원회 민속문화재분과위원 2008~2011년 한성백제박물관 건립추진자문위원 2009~2011년 경기문화재단 남한산성운영위원장 2009~2013년 경기도박물관 관장 2009~2015년 경기문화재연구원 원장 2009~2011 · 2013년 경기도문화재위원회 유형문화재위원장 2011년 조선일보 DMZ취재팀 역사 · 문화재부문 자문위원 2011~2012년 한성백제박물관 개관준비위원 2012년 同운영자문위원(현) 2014~2015년 경기문화재연구원 원장 [상]대통령표창(1978), 근정포장(1986), 홍조근정훈장(1998) [저]'한국 선사고고학사'(共) '북한의 문화유산'(共) '발굴 이야기' '고구려 고고문물'(共) '단국과 고조선'(共) '고조선문화연구'(共) '한국사미스터리'(共) '백제고분 발굴이야기'(2005, 주류성) '한국사 기행(共)'(2010, 책문) 등

조유행(曺由幸) JO Yu Haeng

[생]1946 · 9 · 9 [출]경남 하동 [주]경남 사천시 사남면 공단1로 78 한국항공우주산업(주)(066-861-1000) [학]1965년 하동종합고졸 1992년 한국방송통신대 행정학과졸 1996년 창원대 경영행정대학원 행정학과졸 [경]1967~1974년 하동군 횡천면사무소 근무 1974년 경남도 기획관리실 · 서무과 · 지방과 근무 1982년 고성군 문화공보실장 · 민방위과장 · 재무과장 1985년 경남도 종합상황실장 · 체육지원계장 · 행정계장 1992년 同전산담당관 · 농어촌개발과장 · 농업정책과장 · 지방과장 · 행정과장 1997년 산청군 부군수 1997년 진해시 부시장 1999~2002년 하동군 부군수 2002년 한나라당 남해 · 하동지구당 부위원장 2002 · 2006 · 2010~2014년 경남 하동군수(한나라당 · 새누리당) 2010~2012년 경남시장 · 군수협의회 부회장 2015년 한국항공우주산업(주) 사외이사 2016년 同감사위원(현) [상]대통령표창(1987), 녹조근정훈장(1996), 홍조근정훈장(2002), 서울경제신문 최우수리더상(2003), 스포츠조선 21C글로벌신지식경영인상(2005), 명원차문화대상 공로상(2009), 세로토닌문화상(2012), (사)한국국제연합봉사단 대한민국 세종대왕 나눔봉사대상(2013) [저]'산은 강을 품고, 강은 바다를 연다 : 3선 군수 조유행의 뉴 하동시티 리포트'(2013, 삼우반) [종]불교

조유현(曺有賢 · 女) CHO You Hyun

[생]1965 · 10 · 9 [출]서울 [주]서울 동작구 흑석로84 중앙대학교 경영경제대학 경영학부(02-820-5360) [학]1984년 이화여고졸 1988년 서울대 생활과학대학 소비자학과졸 1992년 미국 코넬대 대학원 소비자경제학과졸 1993년 소비자경제학박사(미국 코넬대) [경]1993~1994년 계명대 · 경희대 · 서울대 강사 1994~2010년 중앙대 생활과학대학 조교수 · 부교수 · 교수 1996~1998년 同도서위원 1997~1999년 同교수협의회 대의원 1997년 소비자시민모임 서울지부 운영위원(현) 1997년 한국가정생활개선진흥회 전문위원 1999~2000년 경제정의실천시민연합 부정부패추방운동본부 정책위원 1999~2001년 중앙대 인간생활환경학과 학과장 1999~2001년 同정보화추진위원 2001~2002년 미국 Univ.of Virginia 방문교수 2002~2003년 중앙대 학생생활연구소 상담위원 2002~2007년 한국소비자학회 상임이사 2003~2005년 한국소비자보호

원 정책자문위원 2003~2011년 중앙대 입시기획위원 2003년 한국소비자교육지원센터 이사(현) 2004~2005년 중앙대 주거학과 학과장 2005~2007년 同교수협의회 부회장 2007년 한국소비문화학회 이사, 同부회장 겸 편집위원장(현) 2008년 한국소비자업무협회 인천·경기지역 부회장 2008~2011년 한국소비자원 정책자문위원 2009~2011년 가정을건강하게하는시민의모임 이사 2009~2011년 한국소비자학회 상임이사 2009~2012년 한국소비자정책교육학회 상임이사·부회장 2011~2014년 중앙대 사회과학대학 사회복지학부 교수 2012년 한국소비자학회 부회장 2012년 (사)미래소비자포럼 사무총장 2014년 (사)소비자와함께 정보감시위원회 위원장(현) 2014년 중앙대 경영경제대학 경영학부 교수(현) 2015~2016년 同인권센터장 歽'소비자운동' '21세기를 준비하자'(1998, 형설출판사) '생활과학의 이해'(2002, 중앙대 출판부) 圀'소비자주의 : 시장을 지키는 파수꾼'(1996, 하우출판사)

조윤기(趙倫紀) CHO Yoon Ki

쌩1964·3·26 㮐경기 포천시 호국로1007 대진대학교 디지털경제학과(031-539-1765) 麦1986년 건국대 경제학과졸 1990년 同대학원 경제학과졸 1994년 경제학박사(건국대) 곙1992~1995년 건국대·아주대 강사 1996년 대진대 경제학과 전임강사·조교수·교수, 同디지털경제학과 교수(현) 2000~2001년 한국동북아경제학회 사무차장 2003~2004년 同이사 2014년 대진대 교무지원처장(현) 歽'한국노동시장의 이론과 실체'(2003) '현대생활과 경제학'(2006)

조윤길(趙潤吉) CHO Youn Gil

쌩1949·7·4 㮐백천(白川) 㿢인천 백령 㿥인천 남구 매소홀로120 옹진군청 군수실(032-883-0493) 麦경기수산고졸, 인하대 행정대학원 고위행정연구과정 수료, 한국방송통신대 행정학과 재학 중 곙옹진군 연평면사무소 근무, 同새마을과·부군수실 근무, 경기도 기획담당관실·총무과 근무, 부천시 새마을과장·사회과장, 인천시 특수기획계장·기획계장, 同옹진 기획감사실장, 同공보과·자치행정국장, 同공직자윤리위원회 위원, 同인사위원회 위원 2006·2010년 인천시 옹진군수(한나라당·새누리당) 2014년 인천시 옹진군수(새누리당)(현) 2014~2016년 전국시장·군수·구청장협의회 부회장 㿋국무총리표창(1988), 대통령표창(1998), 홍조근정훈장(2006), 세계자유민주연맹 자유장(2012), 대한민국소비자대상 소비자행정부문(2016) 㿓기독교

조윤남

쌩1968 㿢경기 양주 㿥서울 영등포구 국제금융로8길16 대신자산운용(02-769-3280) 麦1993년 한양대 공학과졸 1995년 한국과학기술원(KAIST) 공학과졸(석사) 곙1995~2000년 삼성엔지니어링 공정팀 근무 2000~2004년 우리투자증권 애널리스트 2004~2007년 신한금융투자증권 퀀트애널리스트 2007~2011년 대신증권(주) 투자전략부장 2011~2014년 同리서치센터장(상무) 2014·2016년 국제공인재무분석사(CFA) 한국협회장(현) 2015년 대신증권(주) 리서치센터장(전무) 2016년 대신자산운용 마케팅 및 운용 총괄 전무(현) 㿋헤럴드경제 증권인대상(2008), 조선일보 최우수 애널리스트(2009), 매일경제 증권인상(2009·2012), 매일경제·한국경제·조선일보 베스트 애널리스트(2009), 한국경제 베스트 애널리스트(2010~2013), 매일경제 베스트 애널리스트(2010·2012), 조선일보 베스트 애널리스트(2011·2013), 톰슨로이터·중앙일보 최우수 리서치센터상(2013), 매경증권대상 증권부문 투자전략 금상(2016)

조윤명(曹潤明) CHO Yoon Myoung

쌩1955·1·15 㿢경남 의령 㿥서울 종로구 효자로15 코오롱빌딩3층 부마민주항쟁진상규명및관련자명예회복심의위원회(02-6744-3111) 麦1974년 진주고졸 1978년 부산대 법학과졸 1993년 미국 시라큐스대 대학원 행정학과졸, 행정학박사(건국대) 곙행정고시 합격(23회) 1980~1991년 체신부 안양우체국 업무과장·소청심사위원회 행정사무관·총무처 행정관리국 사무능률과·행정관리국 조직기획과 행정사무관 1991년 중앙공무원교육원 파견 1991~1998년 총무처 조직국 제도1과장·장관비서관·인사과장 1998년 행정자치부 인사과장 2000~2004년 한국지방자치단체 국제화재단 파견·행정자치부 전자정부지원센터장(부이사관) 2004년 행정자치부 전자정부지원센터장(이사관) 2005년 중앙공무원교육원 파견 2005년 행정자치부 자치인력개발원 교수부장 2006년 同홍보관리관 2007년 국가기록원장 2008년 경남도 행정부지사(고위공무원) 2009~2010년 행정안전부 인사실장 2009년 한국인사행정학회 운영부회장 2010~2011년 소청심사위원회 상임위원 2012년 특임차관 2014년 국무총리소속 부마민주항쟁진상규명 및 관련자명

예회복심의위원회 상임위원(현) 㿋대통령표창(1990), 홍조근정훈장(1999) 歽'산을 넘으면 평지가 생긴다'(2012)

조윤삼(曹潤三) CHO Yoon Sam

쌩1958·5·30 㿢서울 㿥경북 포항시 남구 철강로348 세아L&S 임원실(054-278-8701) 麦1977년 경기고졸 1981년 홍익대 경영학과졸 곙1984년 세아제강 영업부 입사, 同영업부 대리, 同대리점영업팀 과장, 同재무팀장, 同수출1팀장, 同기획부문 이사보, 同기획부문 이사, 同강관영업 상무 2014년 (주)세아L&S 대표이사(현) 㿋초록우산어린이재단 감사패(2015)

조윤선(趙允旋·女) CHO Yoon Sun

쌩1966·7·22 㮐함안(咸安) 㿢서울 㿥세종특별자치시 갈매로388 문화체육관광부 장관실(044-203-2004) 麦1984년 세화여고졸 1988년 서울대 외교학과졸 2001년 미국 컬럼비아대 법과대학원졸(LL. M.) 곙1991년 사법시험 합격(33회) 1992~1994년 사법연수원 수료(23기) 1994~2001년 김앤장법률사무소 변호사 2002년 Amster. Rothstein & Ebenstein·Fish & Neave Law Firm 근무 2002년 미국 연방 항소법원 근무 2002년 한나라당 제16대 대통령중앙선거대책위원회 공동대변인 2002~2007년 김앤장법률사무소 변호사 2007~2008년 한국씨티은행 부행장 겸 법무본부장 2008년 제18대 국회의원(비례대표, 한나라당·새누리당) 2008~2010년 한나라당 대변인 2008~2010년 국회 정무위원회 위원 2008년 한·이탈리아의원친선협회 부회장 2010년 국회 문화체육관광방송통신위원회 위원 2010~2011년 한나라당 중앙교육원 부원장 2010년 한국전쟁기념재단 부이사장 2010년 한국국제협력단(KOICA) 대외원조(ODA) 홍보대사 2010년 지속가능성장을위한물관련아시아국회의원회의 의장 2011년 국제교류재단 서울국제음악제 조직위원장 2011년 KBS교향악단 운영위원 2011년 국회 기후변화대응·녹색성장특별위원회 위원 2011년 한국패션문화100년어워즈 친선대사 2012년 새누리당 제19대 총선 중앙선거대책위원회 대변인 2012년 同제18대 대통령중앙선거대책위원회 대변인 2012년 제18대 대통령직인수위원회 대변인 2013~2014년 여성가족부 장관 2014~2015년 대통령 정무수석비서관 2015~2016년 성신여대 법과대학 석좌교수 2016년 문화체육관광부 장관(현) 㿋국정감사 NGO모니터단 우수국감의원(2008), 문화체육관광부 우수 교양도서 선정(2008), 서울석세스어워즈2009 정치부문상(2009), 전국지역신문협회 정치부문 의정대상(2010), 스포츠서울미디어 선정 '국회 보좌진이 함께 일하고 싶은 국회의원' 1위(2010·2011), 모델라인 제27회 코리아베스트드레서 정치인부문 선정(2011) 歽'미술관에서 오페라를 만나다'(2007) '문화가 답이다'(2011) 㿓불교

조윤성(趙允晟) JO Yoon Sung

쌩1958 㿥서울 강남구 논현로508 GS리테일 임원실(02-2006-2105) 麦중앙대부고졸, 고려대 통계학과졸 곙1985년 럭키금성상사 입사 1993년 同경영심사팀 과장 1993년 同동경지사 재무회계팀장 1999년 LG상사 마트 경영기획팀 부장 2003년 LG유통 마트 춘천점장(상무) 2004년 同물류부문장 2006년 GS리테일 물류부문장 겸 경영혁신부문장 2007년 同MD본부 MD1본부장 겸 경영혁신부문장 2009년 同경영지원부문장(CFO) 同경영지원본부장(CFO·전무) 2013년 한국통합물류협회 기업물류위원장(현) 2013~2014년 GS리테일 CVS사업부 영업1부문장(부사장) 2015년 (주)후레쉬서브 대표이사(현) 2015년 GS리테일 CVS영업본부장(부사장) 2016년 同편의점사업부 대표(부사장)(현)

조윤수(趙允秀) Cho Yun-soo

쌩1957·12·10 㿥서울 종로구 사직로8길60 외교부 인사운영팀(02-2100-7141) 麦1981년 성균관대 경제학과졸 1987년 미국 로체스터대 대학원 경제학과졸 2013년 경제학박사(경기대) 곙1981년 외무고시 합격(15회) 1981년 외무부 입부 1988년 駐보스톤 영사 1995년 駐싱가포르 1등서기관 1997년 駐쿠웨이트 참사관 1999년 駐러시아 1등서기관 2001년 외교통상부 행정법무담당관 2002년 同구주국 러시아·CIS과장 2003년 駐독일 참사관 2005년 외교통상부 기획관리실 기획심의관 2007년 한국지방자치단체국제화재단 파견 2007년 외교통상부 홍보관리관 2008년 同부대변인(국장급) 2009년 駐휴스턴 총영사 2012년 중앙공무원교육원 고위정책과정 교육파견 2013년 국회의장 국제비서관 2014년 駐터키 대사(현) 歽'세상밖으로 시간속으로'(2007) '동남아시아의 선진복지국가 싱가포르'(共) 圀'경제를 어떻게 이해할 것인가'(1994) '독일 어떻게 구할것인가'(2007) '경제학은 무엇을 말하고 무엇을 말할 수 없는가'(2008) '일본 과거 그리고 현재'(2009)

조윤신(趙胤新) CHO Yoon Shin

[생]1958 · 3 · 21 [출]충남 보령 [주]경기 의정부시 녹양로34번길23 의정부지방법원(031-828-0114) [학]1976년 경기고졸 1980년 서울대 법대졸 1982년 同대학원 수료 [경]1988년 사법시험 합격(30회) 1991년 사법연수원 수료(20기) 1991년 서울지법 남부지원 판사 1995년 대구지법 판사 1998년 서울지법 판사 2000년 同동부지원 판사 2002년 서울고법 판사 2003년 대법원 재판연구관 2006년 의정부지법 부장판사 2008년 대법원 연구법관 2009년 서울남부지법 부장판사 2011년 서울중앙지법 부장판사 2014년 수원지법 안산지원장 2016년 의정부지법 부장판사(현)

조윤영(趙倫英) CHO Yun Young

[생]1958·11·28 [출]충북 충주 [주]서울 강남구 테헤란로87길46 한무컨벤션(주) 사장실(02-3466-8080) [학]1976년 용산고졸 1980년 서울대 공대 산업공학과졸 1982년 한국과학기술원 경영학과졸(석사) 1991년 산업공학박사(한국과학기술원) [경]1980년 삼성물산 기획실 기획팀 근무 1986년 삼성경제연구소 경영연구실 근무 1991년 삼성 회장비서실 근무 1998년 삼성경제연구소 신경영팀장(이사·상무) 2002년 삼성 기업구조조정본부 재무팀 상무 2005년 同기업구조조정본부 재무팀 전무 2007년 삼성SDS 전략마케팅실장(전무) 2010~2012년 同모바일커뮤니케이션본부 전무 2013년 한무컨벤션(주) 대표이사 사장(현)

조윤옥(趙允玉 · 女) CHO, YOUN-OK

[생]1957 · 2 · 25 [본]한양(漢陽) [출]서울 [주]서울 도봉구 삼양로144길33 덕성여자대학교 식품영양학과(02-901-8376) [학]1975년 숙명여고졸 1979년 덕성여대 가정학과졸 1983년 同대학원 식품영양학과졸 1987년 식품영양학박사(미국 오리건주립대) [경]1988년 덕성여대 식품영양학과 조교수 · 부교수 · 교수(현) 1993~1994년 同학생부처장 1997~1999년 同홍보과장 2000~2001년 Nutritional Sciences 편집위원 · 편집위원장 2001년 덕성여대 교무부처장 2004~2006년 한국여성과학기술단체총연합회 대의원 · 편집위원 2004년 한국인영양섭취기준제정위원회 수용성비타민분과장 2004년 한국영양학회 총무이사 · 재무이사 · 서울시지부장 2008~2011년 덕성여대 특수대학원장 2014년 同기획처장 2015년 한국영양학회 회장 [상]한국과학기술단체총연합회 과학기술우수논문상(2005) [저]'제7차 한국인 영양권장량(共)'(2000, 한국영양사학회) '다이어트와 체형관리(共)'(2004, 교문사) '한국인 영양섭취기준(共)'(2005, 한국영양사회) '영양학용어집'(2006, 한국영양사회) [역]'영양학의 최신정보 8차(共)'(2003, 한국영양사회)

조윤제(趙潤濟) CHO Yoon Je

[생]1952·2·22 [본]함안(咸安) [출]부산 [주]서울 마포구 백범로35 서강대학교 국제대학원(02-705-8682) [학]1970년 경기고졸 1976년 서울대 경제학과졸 1981년 미국 스탠퍼드대 대학원졸 1984년 경제학박사(미국 스탠퍼드대) [경]1984년 세계은행 경제분석관 1989년 국제통화기금(IMF) 경제분석관 1990년 미국 조지타운대 겸임교수 1992년 세계은행 선임경제분석관 1993년 한국조세연구원 선임연구위원·부원장 1995년 부총리 겸 재정경제원 장관자문관 1997~2003·2008년 서강대 국제대학원 교수(현) 1998~2003년 세계은행 자문교수 1999년 효성 사외이사 1999년 국제금융센터 운영위원 1999년 대통령자문 국민경제자문회의 민간위원 2000년 금융발전심의회 위원 2001년 한국금융학회 부회장 2003년 대통령 경제보좌관 2005~2008년 駐영국 대사 2009년 세계경제연구원 고문 2009년 서강대 국제대학원장 2012년 한영미래포럼 의장(현) 2013년 대통령자문 국민경제자문회의 거시금융분과 민간위원 2016년 문재인 전 대표 싱크탱크 '정책공간 국민성장' 소장(현) [상]매경이코노미스트상(1995), 황조근정훈장(2012) [저]'Lessons from Financial Liberalization in Asia-A Comparative Study' '한국의 권력구조와 경제정책'(2009) '제자리로 돌아가라'(2015) '위기는 다시 온다'(2016) '한국의 소득분배'(2016)

조윤증(趙倫增) JO Yoon Jeong

[생]1959 · 2 · 28 [출]서울 [주]서울 마포구 상암산로82 SBS미디어넷 사장실(02-6938-1200) [학]1978년 서울고졸 1985년 서강대 경제학과졸 [경]1984~1987년 MBC 외신부 기자 1987~1989년 로이터통신 한국지사 특파원 1989~1991년 시사저널 경제부 기자 1991년 SBS 국제부 · 경제부 · 국제부 차장대우 1998년 同동경특파원 2003년 同비서팀장 2004년 同국제부장 2005년 同경제부장 2007년 同보도본부 보도제작2부장 2008년 同보도본부 문화과학부장 2008년 同보도국 미래부장 2009년 同보도본부 미래부장(부국장급) 2010년 SBS인터내셔널 부사장 2010년 同대표이사 사장 2015년 SBS미디어넷 대표이사 사장(현) 2016년 SBS골프 대표이사(현)

조윤희(趙允熙) JHO Yoon Hee

[생]1968·6·5 [출]전남 해남 [주]서울 강남구 테헤란로518 섬유센터12층 법무법인 율촌(02-528-5680) [학]1986년 광주 광덕고졸 1993년 서울대 법과대학 사법학과졸 [경]1993년 사법시험 합격(35회) 1996년 사법연수원 수료(25기) 1996년 전주지법 판사 1999년 同군산지원 판사 2000년 서울지법 의정부지원 판사 2003년 서울행정법원 판사 2007년 서울고법 판사 2009년 대법원 재판연구관 2015~2016년 서울중앙지법 부장판사 2016년 법무법인 율촌 변호사(현)

조율래(趙律來) CHO Yul Rae

[생]1957 · 12 · 1 [본]함안(咸安) [출]경남 함안 [주]서울 강남구 논현로430 아세아타워15층 과학기술인공제회 이사장실(02-3469-7701) [학]1977년 마산고졸 1984년 성균관대 법학과졸 1993년 미국 뉴저지주립대 락거스교 대학원 경제학과졸 [경]1985년 교통부 수송정책실 사무관 1989~1996년 과학기술부 기술정책국 사무관 · 서기관 1996년 駐러시아 과학관 2000년 국가과학기술자문회의 제1정책실장 2001년 과학기술부 기술개발지원과장 2001년 同기획예산담당관 2003년 유럽연합(EU) 집행위원회 연구총국 아시아전문가 2005년 과학기술부 평가정책과장(부이사관) 2006~2008년 대통령 경제수석비서관실 산업정책비서관실 선임행정관(고위공무원) 2008년 한국과학기술연구원 파견 2009년 교육과학기술부 정책기획관 2010년 한국파스퇴르연구소 근무 2011년 교육과학기술부 연구개발정책실장 2012~2013년 同제2차관 2013년 고려대 그린스쿨대학원 특임교수 2015년 과학기술인공제회 이사장(현)

조 은(曺 恩 · 女) Cho, Uhn

[생]1946 · 9 · 22 [출]전남 영광 [주]서울 중구 필동로1길30 동국대학교 사회과학대학(02-2260-8720) [학]1969년 서울대 영어영문학과졸 1975년 同신문대학원졸 1978년 미국 하와이대 대학원 사회학졸 1982년 사회학박사(미국하와이대) [경]1983~2011년 동국대 사회과학대학 사회학과 조교수 · 부교수 · 교수 1985년 한국사회학회 이사, 同감사 1995~1998 · 2005~2006년 대통령자문 정책기획위원 1997년 여성정책심의실무위원회 민간위원 1997~1998년 한국여성학회 회장 2001~2006년 (사)공동육아와공동체교육 이사장 2003~2008년 유네스코한국위원회 '코리아저널' 편집위원 2003~2011년 불교여성개발원 이사 2005~2008년 여성정책조정회의 민간위원 2006~2007년 한국방송공사 객원해설위원 2011년 동국대 명예교수(현) 2015년 새정치민주연합 선출직공직자평가위원회 위원장 2015~2016년 더불어민주당 선출직공직자평가위원회 위원장 [상]국무총리표창(1997), 국민훈장 동백장(1998) [저]'도시빈민의 삶과 공간(共)'(1992) '침묵으로 지은 집'(2003) '사당동 더하기 25'(2012, 도서출판 또하나의문화)

조은구(趙銀九) CHO Eun Gu

[생]1944 · 8 · 1 [출]경기 [주]대전 중구 중앙로164번길20 4층 (주)동양에스텍 비서실(042-221-6900) [학]1968년 동국대 경제학과졸 [경]1970년 예편(육군 중위) 1971~1974년 롯데공업(주) 근무 1974~1981년 (주)포스코 근무 1981년 (주)동양에스텍 설립 · 대표이사(현)

조은래(趙垠來)

[생]1973 · 9 · 3 [출]경남 사천 [주]경남 진주시 동진로99 창원지방법원 진주지원(055-760-3300) [학]1992년 창원고졸 1998년 고려대 법학과졸 [경]1998년 사법시험 합격(40회) 2001년 사법연수원 수료(30기) 2001년 軍법무관 2004년 인천지법 판사 2006년 서울중앙지법 판사 2008년 춘천지법 속초지원 판사 2012년 인천지법 부천지원 판사 2014년 대법원 재판연구관 2016년 창원지법 진주지원 부장판사(현)

조은석(趙垠奭) CHO Eun Suk

[생]1965 · 5 · 21 [출]전남 장성 [주]경기 고양시 일산동구 호수로550 사법연수원 부원장실(031-920-3114) [학]1984년 광주 광덕고졸 1988년 고려대 법학과졸 [경]1987년 사법시험 합격(29회) 1990년 사법연수원 수료(19기) 1990년 軍법무관 1993년 수원지검 성남지청 검사 1995년 부산지검 울산지청 검사 1997년 서울지검 검사 1999년 同의정부지청 검사 2002년 同의정부지청 부부장검사 2002년 수원지검 부부장검사 2003년 서울지검 부부장검사 2004년 대검

찰청 공판송무과장 2005년 울산지검 형사1부장 2006년 대검찰청 범죄정보2담당관 2007년 同범죄정보1담당관 2008년 서울중앙지검 형사3부장 2009년 대검찰청 대변인 2010년 서울북부지검 차장검사 2011년 광주지검 순천지청장 2012년 법무연수원 연구위원 2013년 서울고검 형사부장 2013년 대검찰청 형사부장(검사장급) 2015년 청주지검장 2015년 사법연수원 부원장(검사장급)(현)

조은수(趙恩秀·女) CHO Eun-su

[생]1958·8·20 [본]함안(咸安) [출]부산 [주]서울 관악구 관악로1 서울대학교 철학과(02-880-6218) [학]1982년 서울대 약학과졸 1986년 同대학원 철학과졸 1997년 불교학박사(미국 캘리포니아대 버클리교) [경]1987~1988년 한신대 강사 1988~1989년 경원대 강사 1996년 미국 미시간대 조교수 2004년 서울대 철학과 교수(현), 同규장각 국제한국학센터 소장, 유네스코 아시아태평양지역 세계기록문화유산출판소위원회 의장, 서울대 철학사상연구소장 2011~2015년 불교학연구회 부회장·회장 2012~2014년 대한불교조계종 불교여성개발원 불교여성연구소장 2013년 샤카디타코리아 상임공동대표(현) 2013~2015년 서울대 여성연구소장 [상]미국 Univ. of Michigan Faculty Career Development Award [저]'한국의 고전을 읽는다(共)'(2006) '2007 Civilization and Peace(共)'(2008) 'India and Korea through the Ages : Historical, Religious and Cultural Perspectives(共)'(2009) '조선여성의 일생(共)'(2010) 'Korean Buddhist Nuns and Laywomen : Hidden Histories, Enduring Vitality(編)'(2011, 미국 SUNY Press) [역]'직지심경 영역' [종]불교

조은숙(曺銀淑·女) CHO EUN SOOK

[생]1961·12·22 [주]대전 유성구 대덕대로989번길242 한전원자력연료(주) 감사실(042-868-1000) [학]충남대졸, 공주대 대학원 교육학과졸(석사) [경]2006~2010년 새누리당 대전시당 여성위원장 2009~2010년 대전시청소년수련원 원장 2010~2013년 대전희망포럼 공동대표 2014년 한전원자력연료(주) 감사(현)

조은영(曺垠暎·女) Eunyoung Cho

[생]1961·2·5 [출]전북 익산 [주]전북 익산시 익산대로460 원광대학교 미술대학(063-850-6595) [학]1982년 전북대 영어영문학과졸 1984년 이화여대 대학원 미술사학석사 1993년 미국 델라웨어대(Univ. of Delaware) 대학원 미술사학석사 1998년 미술사학박사(미국 델라웨어대) [경]1988~1989년 미국 Albert P. Ryder 전시회 조직위원 1988~1992년 미국 미술사학자협회(The Association of Historians of American Art) 부편집장 1992~1993년 미국 John Sloan Memorial Foundation Fellow 1993~1994년 미국 Luce Foundation Fellow 1994~1998년 미국 국립스미스소니언박물관(Smithsonian Institution)·국립아시아미술관(Freer & Sackler Galleries)·국립미국미술관(National Museum of American Art) Fellow 1998년 미국 국립인문학진흥재단(National Endowment for the Humanities) Post-doctoral Fellow 1999년 Sound View Press 부편집장 1999년 미국 Huntington Library·Art Collections & Botanical Gardens·California Post-doctoral Fellow 2001년 원광대 미술대학 교수(현) 2002~2004년 전북도 문화예술진흥위원회 문예진흥위원 2004~2006년 원광대 어학원 부원장 2004~2008년 전북도립미술관 작품수집위원회 위원장 2004~2007년 同운영자문위원회 위원장 2005년 한국아메리카학회 이사 2005~2014년 미술사학연구회 편집위원 2005~2013년 우진문화재단 이사 2006~2007년 의재미술관 창작스튜디오 운영위원 2006~2007년 중국 연변대 객좌교수 2007년 미술사논단 편집위원(현) 2007년 미국 스미스소니언박물관(Smithsonian Council for American Art) 자문위원(현) 2008~2009년 일본 동지사대 국제대학원 객원교수(강의교수) 2009~2011년 미국 스미스소니언박물관 국립아시아미술관(Freer & Sackler Galleries) 국제학술자문위원 2010~2012년 전주시 미술장식품심의위원 2012~2014년 전북도립미술관 운영자문위원 2012~2013년 익산시여성회관 관장 2013~2015년 同작품수집추천위원 2013~2014년 미술사학연구회 부회장 2013년 원광대 평생교육원장 2014년 전북도 박물관및미술관진흥위원회 위원(현) 2014~2015년 원광대 대외협력처장 2014년 현대미술사학회 회장(현) 2015년 대한민국정부 미술소장품·국립현대미술관 미술은행 평가위원, 전북도 문화재 전문위원(현) [상]전북대 인문대학 수석졸업 국회의장표창(1998) [저]'21세기 사상과 문화의 새 지평(共)'(2003, 원광대 출판국) 'Jewelry Arts and Design English'(2005, 원광대 출판국) 'East-West Interchanges in American Art A Long and Tumultuous Relationship(共)'(2012, Smithsonian Institution Scholarly Press) [역]'팝 아트'(2003, 열화당)

조은제(趙銀濟) CHO Eun Jae

[생]1960·10·6 [출]경남 [주]서울 강동구 상일로6길26 삼성엔지니어링(02-2053-3000) [학]가야고졸, 부산대 화학공학과졸, 미국 일리노이대 어배나교 대학원 경영학과졸 [경]2009년 삼성석유화학(주) 중앙연구소장(상무) 2010년 同기술개발 담당임원(상무) 2013년 삼성엔지니어링 화공사업본부 담당임원(상무) 2013~2015년 同화공사업본부 담당임원(전무) 2015년 同자문위원(현)

조은희(趙恩禧·女) Cho, Eun-hee

[생]1961·5·20 [본]함안(咸安) [출]경북 청송 [주]서울 서초구 남부순환로2584 서초구청 구청장실(02-2155-6033) [학]1980년 경북여고졸 1984년 이화여대 영문학과졸 1987년 서울대 대학원 국문학과졸 2004년 행정학박사(단국대) 2006년 미국 아메리카대 선거캠페인최고전문가과정 수료 [경]1988~1995년 영남일보 편집국 취재기자 1995~1998년 경향신문 편집국 취재기자 1998~1999년 대통령 행사기획비서관 1999년 대통령 문화관광비서관 2002~2006년 주간 여성신문 '우먼타임스' 편집국장 겸 편집위원장 2003~2004년 (주)조&커뮤니케이션 CEO 2005~2006년 미국 조지타운대 객원연구원 2006~2007년 한양대 행정대학원 겸임교수 2007~2008년 同언론정보대학원 겸임교수 2007~2009년 연구공간 여성과정책 대표 2007~2009년 (사)양성평등실현연합 공동대표 2007년 한나라당 선거대책위원회 양성평등본부 수석부본부장 겸 홍보분과위원장 2007~2008년 제17대 대통령직인수위원회 사회문화교육분과위원회 전문위원 2008~2010년 서울시 여성가족정책관(1급) 2010~2011년 同정무부시장(차관급) 2013~2014년 세종대 행정학과 초빙교수 2014년 서울시 서초구청장(새누리당)(현) [상]특종상, 황조근정훈장(2012), 범시민사회단체연합 좋은자치단체장상(2014), 대한민국유권자대상 기초자치단체장부문(2015·2016), 대한민국 신창조인대상, 매니페스토 공약이행부문 최우수상(2015), 한국지방자치경영대상 복지보건부문 대상(2015), 대한민국 지방자치발전대상(2015), 대통령표창(2015), 제12회 의정·행정대상 기초자치단체장부문 행정대상(2015), 제2회 한국경제를 빛낸 인물 고객만족경영부문·부동산경형혁신부문(2016) [저]'한국의 퍼스트레이디'(2007) [종]기독교

조응천(趙應天) CHO Eung Chon

[생]1962·9·17 [출]대구 [주]서울 영등포구 의사당대로1 국회 의원회관312호(02-784-2717) [학]1981년 성광고졸 1985년 서울대 공법학과졸 [경]1986년 사법시험 합격(28회) 1989년 사법연수원 수료(18기) 1989년 軍법무관 1992년 서울지검 남부지청 검사 1994년 청주지검 충주지청 검사 1995년 대전지검 검사 1997년 법무부 검찰3과 검사 1999년 서울지검 검사 2001년 대전지검 서산지청장 2002년 부산고검 검사 2003년 대구지검 공안부장 2004년 서울북부지검 부부장검사(부패방지위원회 파견) 2005년 수원지검 공안부장 2006~2007년 법무부 장관정책보좌관 2008년 국정원장 특보 2009년 김앤장법률사무소 변호사 2013년 제18대 대통령직인수위원회 법질서·사회안전분과 전문위원 2013~2014년 대통령 민정수석비서관실 공직기강비서관 2015년 해산물식당 '별주부' 개업(현) 2016년 더불어민주당 경기남양주甲지역위원회 위원장(현) 2016년 제20대 국회의원(경기 남양주시甲, 더불어민주당)(현) 2016년 더불어민주당 청년일자리TF 위원(현) 2016년 국회 법제사법위원회 위원(현) 2016년 국회 정보위원회 위원(현) [상]국무총리표창(1996)

조응태(趙應泰) JO Eung Tae

[생]1955·12·26 [본]함안(咸安) [출]경남 밀양 [주]충남 아산시 탕정면 선문로221번길70 선문대학교 신학전문대학원(041-530-2692) [학]동아대졸, 한신대 신학대학원 신학과졸, 한국교원대 대학원 윤리교육학과졸, 종교학박사(가톨릭대) [경]선문대 통일신학부 교수 2006~2010년 同신학전문대학원장 겸 신학순결대학장 2008년 同신학전문대학원 교수(현) 2010년 同교목실장, 충남청소년진흥원 1388자원봉사회 회장 [상]충남도지사표창(2004·2006), 대전가정법원장표창(2013) [저]'성약과 구약'(2001) '성서와 성'(2002) '성 교육한'(2008) '웃음과 행복'(2008) '가정연합 종교문화'(2014) [종]세계평화통일가정연합

조의섭(趙義燮) CHO Euy Sup

[생]1967·7·17 [본]한양(漢陽) [출]서울 [주]서울 영등포구 의사당대로1 국회사무처 기획재정위원회(02-788-2614) [학]1986년 여의도고졸 1993년 서강대 정치외교학과졸 1997년 同대학원 경제학과졸 2004년 미국 컬럼비아대 대학원 국제관계학과졸 [경]1994년 국회사무처 법제예산실 법제담당 1996년 同예산결산특별위원회 입법조사관 1999년 同기획예산담당관실 예산담당 2004년 同재정경

제위원회 입법조사관 2006년 同기획조정실 기획예산담당관 2007년 同기획조정실 기획예산담당관(부이사관) 2008년 同총무과장 2009년 同정무위원회 입법조사관 2011년 同국토해양위원회 입법조사관 2012년 국회예산정책처 경제분석실 조세분석심의관 2013년 국회사무처 정무위원회 전문위원 2014년 중앙공무원교육원 파견 2015년 국회사무처 관리국장 2016년 同기획재정위원회 전문위원(이사관)(현) **상**국회사무총장표창(2000), 국회의장표창(2006)

조의연(趙義衍) CHO Eui Yeon

생1966·7·8 **출**충남 부여 **주**서울 서초구 서초중앙로157 서울중앙지방법원(02-530-1114) **학**1985년 남대전고졸 1989년 서울대 법학과졸 1991년 同대학원졸 **경**1992년 사법시험 합격(34회) 1992년 행정고시 합격 1995년 사법연수원 수료(24기) 1995년 해군 법무관 1998년 대구지법 판사 2001년 同안동지원 판사 2002년 장기해외연수(캐나다 브리티시컬럼비아대) 2003년 인천지법 부천지원 판사 2006년 법원도서관 조사심의관 2008년 서울고등법원 판사 2009년 사법연수원 교수 2010년 광주지법 부장판사 2011년 인천지법 부장판사 2014년 서울남부지법 부장판사 2016년 서울중앙지법 부장판사(현)

조의제(趙義濟) CHO Aeur Je

생1952·10·12 **본**함안(咸安) **출**경남 마산 **주**부산 금정구 중앙대로1817 BN그룹 비서실(051-519-2000) **학**1970년 마산고졸 1974년 연세대 경영학과졸 1991년 미국 뉴욕대 대학원 경영학과졸 **경**1977~1981년 삼성생명보험 감사·인사담당 1981년 삼성그룹 비서실 인사팀 차장 1988년 삼성생명보험 증권투자2부장 1990년 同뉴욕주재사무소장·투자법인총괄부장 1993년 同해외투자팀장(이사보) 1994~1998년 同뉴욕주재사무소장·금융총괄담당 이사 1998~2001년 삼성생명투자신탁운용 이사 2001년 동부 시스템컨설팅 경영분석담당 상무 2003년 同시스템컨설팅 경영분석담당 부사장 2007~2008년 동부그룹 금융분야(동부화재·동부생명·동부증권·동부저축은행·동부자산운용) CIO 2011년 BN그룹 총괄부회장 2013년 同회장(현) **상**대한민국 글로벌리더 대상(2016)

조의환(曺義煥) CHO Eui Hwan (石泉)

생1941·11·20 **본**창녕(昌寧) **출**경기 수원 **주**서울 마포구 와우산로121 삼진제약(주)(02-338-5511) **학**1960년 수원고졸 1964년 중앙대 약대졸 1983년 同대학원졸 1988년 생약학박사(중앙대) **경**1968년 건풍제약(주) 근무 1970년 삼진상사 설립·이사 1972년 삼진제약(주) 설립 1984~2001년 일진제약(주) 설립·이사 1988~2001년 삼진제약(주) 대표이사 사장 1994년 한국신약개발연구조합 이사·감사·부이사장 2001년 향남제약공단사업협동조합 이사장 2001년 삼진제약(주) 대표이사 부회장 2002년 同대표이사 회장(현) 2003년 한국제약협회 이사 2003~2013년 한국신약개발연구조합 이사장 2011~2013년 한국제약협동조합 이사 **상**서울시장표창, 대한약학회 약학기술상, 은탑산업훈장(1997), 1백만불 수출탑(2001), 한국여약사회 감사패(2010), 국가유공자 **종**기독교

조이환(曺易煥) CHO Lee Hwan

생1961·3·2 **주**충남 예산군 삽교읍 도청대로600 충청남도의회(041-635-5316) **학**군산대 영어영문학과졸 1991년 同대학원 영어영문학과졸 **경**군산대 총학생회장, 교연학원 원장 2008년 제18대 국회의원선거 출마(보령·서천, 열린우리당) 2009년 원적외선닥터싱크(주) 이사 2009년 서천월남이상재선생기념사업회 사무국장 2010년 충남도의회 의원(민주당·민주통합당·민주당·새정치민주연합) 2010년 同농수산경제위원회 위원 2011년 同민주당 대표의원 2012년 同서해안유류사고지원특별위원회 위원 2013년 同예산결산특별위원회 위원 2014년 충남도의회 의원(새정치민주연합·더불어민주당)(현) 2014년 同건설해양소방위원회 위원 2014~2015년 同예산결산특별위원회 위원 2014~2015년 同서해안살리기특별위원회 위원장 2015·2016년 同안전건설해양소방위원회 위원(현) 2016년 同더불어민주당 원내대표(현)

조익재(趙益宰) Cho Ick Jae

생1966·9·20 **출**인천 **주**서울 영등포구 여의나루로61 하이투자증권 리서치센터(02-2122-9190) **학**제물포고졸 1989년 고려대 경영학과졸 1991년 同대학원 경영학과졸 **경**1993~1999년 대우경제연구소 자산운용모델팀 선임연구원 1999년 대우증권 투자전략팀 과장 1999~2004년 메리츠증권 리서치팀장(차장·부장) 2004년 CJ투자증권(주) 리서치센터장(이사) 2008년 同리서치센터장(상무) 2008년 하이투자증권 리서치센터장(상무) 2012년 同리서치센터장(전무)(현)

조익환

주경기 안산시 단원구 적금로1길26 중부지방고용노동청 안산지청(031-412-1901) **학**전라고졸, 단국대 행정학과졸, 同행정대학원졸 **경**1977년 노동부 임용 2002년 同행정사무관 2002년 광주지방고용노동청 전주지청 관리과장, 同여수지청 산업안전과장 2004년 노동부 고용평등국 근무 2006년 광주지방고용노동청 전주지청 근로감독과장, 同전주지청 노사지원과장 2007년 노동부 산재보험과 근무 2011년 광주지방고용노동청 제주근로개선지도과장(서기관) 2013년 고용노동부 산재보상정책과 서기관 2014년 근로복지공단 파견 2015년 중부지방고용노동청 고양지청장 2016년 同안산지청장(현)

조인국(趙仁國) Cho, In-Kook

생1954·8·30 **출**대구 **주**서울 관악구 관악로1 서울대학교130동 기초전력연구원(02-871-6508) **학**1973년 경북대사대부고졸 1980년 한양대 경제학과졸 2006년 중앙공무원교육원 고위정책과정 수료 **경**1979년 한국전력공사 입사 2007~2008년 同대구사업본부장 2008~2009년 同비서실장 2009~2011년 同KEPCO아카데미 원장 2011~2012년 同기획본부장·사업총괄본부장 2012~2013년 同국내부문 부사장 2013~2016년 한국서부발전(주) 대표이사 사장 2013년 기초전력연구원 비상임이사(현) **상**은탑산업훈장(2013), 한국프로젝트 경영대상(2015)

조인근(曺寅根)

생1963·6 **출**전남 영암 **주**서울 영등포구 국제금융로8길10 한국증권금융 상근감사위원실(02-3770-8800) **학**광주제일고졸, 서강대 국어국문학과졸 **경**여의도연구소 기획조정실장 2011년 한나라당 박근혜 비상대책위원장 비서실 부실장 2012년 새누리당 박근혜 대통령후보 경선·대선캠프 메시지팀장 2013~2016년 대통령 연설기록비서관 2016년 한국증권금융 상근감사위원(현)

조인동(曺仁棟) CHO In Dong

생1966·7·25 **주**서울 서대문구 연희로248 서대문구청 부구청장실(02-330-1304) **학**1984년 광주제일고졸 1988년 서울대 정치학과졸 1990년 同행정대학원졸 1996년 미국 조지아대 대학원 행정학과졸 **경**2002년 서울시 기획예산실 심사평가담당관 2003년 同경영기획실 조직담당관 2004년 同문화국 관광과장(서기관) 2004년 미국 조지아주 파견 2006년 서울시 문화재과장 2006년 同국제협력과장 겸 창의혁신반장 2007년 同산업국 산업지원과장 2008년 同경영기획실 기획담당관 2009년 同경영기획실 정책기획관(부이사관) 2010년 同기획조정실 정책기획관 2011년 해외 파견(부이사관) 2012년 서울시 서울혁신기획관 2013년 同서울혁신기획관(지방이사관) 2014년 서울 서대문구 부구청장(현)

조인묵(趙仁默) CHO IN MOOK

생1958·10·4 **본**풍양(豊壤) **출**강원 양구 **주**강원 춘천시 중앙로1 강원도청 녹색국(033-249-3500) **학**강원고졸, 강원대졸, 고려대 대학원 행정학과졸, 숭실대 일반대학원졸(교육학박사) **경**2009년 행정안전부 지방행정국 서기관 2011년 同정부청사관리소 관리총괄과장 2013년 강원도 투자유치과장 2013년 강원 정선군 부군수 2014년 강원도 보건복지여성국 복지정책과장 2015년 同인재개발원장 직대 2016년 同동해안권경제자유구역청 행정개발본부장 2016년 同녹색국장(현) 2016년 숭실대 일반대학원 평생교육학과 초빙교수(현) **상**모범공무원 국무총리표창(2000) **종**기독교

조인상(趙仁相) JO In Sang

생1943·12·10 **본**평양(平壤) **출**충북 음성 **주**서울 관악구 신림로59길23 삼모스포렉스 (사)농업사회발전연구원(02-884-3781) **학**1962년 청주 대성고졸 1969년 충북대 농화학과졸 1973년 同대학원 농화학과졸 1978년 미국 미주리대 대학원졸 1983년 농학박사(충북대) **경**1964년 육군 복무 1969~1975년 농업기술연구소·농촌진흥청 시험국 근무 1975~1983년 농업기술연구소 농업연구사 1981~1982년 벨기에 겐트대 연구원 1983~1998년 농업기술연구소 토양물리연구실장 1987~2006년 충북대·경희대·건국대·한농전·한경대 강사 1990년 한국토양비료학회 총무 1993·2004년 중국토양학회지 'PEDOSPHERE' 편집위원 1994년 同상임이사 1998~2000년 농업과학기술원 토양관리과장 2000~2002년 한국토양비료학회 부회장 2002년 同이사(현) 2002~2004년 정밀농업연구회 부회

장 2004년 경기도박물관 문화해설사(현) 2006년 (사)농업사회발전연구원 이사·연구위원·사무국장 겸임(현) 2008년 수원화성연구회 감사(현) 2008년 수원박물관 자원봉사 해설사(현) 2009년 수원화성박물관 자원봉사 해설사(현) 2011·2012년 KOICA 에콰도르 영농교육 2012·2013년 필리핀 민다나오 영농교육 [상]녹조근정훈장, 농림수산부장관표창(2회), 농촌진흥청장표창(2회) [저]'농토배양기술'(1980) '자영농 기초'(1990) 'Development of Conservation Farming on Hillslopes'(1991) '작물환경'(1996) '작물재배생리의 이론과 실제'(1997) '작물별 시비처방기준'(1999) '토양사전'(2000) '토양 및 식물체분석법'(2000) '농촌진흥40년사'(2002) '농업과학기술원 발자취'(2004) 'Fertilizer Recommendation for Crop Production'(2014) 등 [작]'간이토양수분측정기 개발'(1973) '점토함량 간이측정기 개발'(1983) '천연제오라이트를 이용한 중금속흡착제 개발'(1996) '폐 프라스틱이용 소수성 토양개량제 개발'(1996) [종]천주교

조인석(曺仁錫) CHO In Suk

[생]1959·1·11 [본]창녕(昌寧) [출]서울 [주]서울 영등포구 여의공원로13 한국방송공사 제작본부(02-781-1000) [학]1977년 관악고졸 1981년 고려대 신문방송학과졸 [경]1985년 한국방송공사(KBS) 기획제작실 프로듀서 1998년 同편성국 차장 2000년 同교양국 차장 2002년 同제작본부 기획제작국 차장 2004년 同TV제작본부 KBS스페셜팀 차장 2006년 同편성본부 외주제작팀 프로듀서 2007년 同스페셜팀 CP 2008년 同환경정보팀 CP 2008년 同TV제작본부 스페셜팀장 2009년 同기획제작국 EP 2011년 同콘텐츠본부 다큐멘터리국장 2012년 同안동방송국장 2013년 同기획제작국 프로듀서 2015년 同편성본부 콘텐츠창의센터 광복70년방송기획단장 2015년 同TV본부장 2016년 同제작본부장(현) [상]방송위원회 대상(2005), 한국방송대상 최우수작품상(2005), 한국방송대상 대상(2009), 미국 피버디상(2009), 방송통신위원회 대상(2010), 방송통신위원회 이달의 좋은 프로그램상, 사내 우수프로그램상 등 [작]'한국의 美' '사랑방중계' '사람과 사람들' '다큐멘터리 극장' '세계는 지금' '일요스페셜' 'KBS스페셜' '6부작 도자기' '금강산 4계' '수요기획' '환경스페셜' '인간극장' '특집' 등 제작

조인원(趙仁源) Inwon Choue

[생]1954·10·31 [출]서울 [주]서울 동대문구 경희대로26 경희대학교 총장실(02-961-0005) [학]1977년 경희대 정치학과졸 1988년 정치학박사(미국 Univ. of Pennsylvania) [경]1980년 UN 안전보장이사회 인턴 1989~2004년 경희대 정치외교학과(평화복지대학원·NGO대학원) 강사·조교수·부교수·교수 1993년 미국 Univ. of Pennsylvania 객원교수 1997~1999년 GCS(Global Co-operation Society) 국제본부 UN대표 1997년 Asia-Pacific Dialogue 공동의장 1997~1998년 대통령직인수위원회 국정지표심의위원회 전문위원 1998년 서울NGO대회 삼자공동추진위원회 한국대표 2000년 경향신문 뉴스메이커 칼럼니스트 2001~2004년 경희대 NGO대학원장 2001~2004년 同NGO국제연구소장 2001년 同Global NGO Complex 건립기획위원회 위원장(현) 2001년 (재)시민방송 창립발기인 2002년 한국정치학회 연구이사 2003~2005년 국무총리자문 시민사회발전위원회 위원 2004년 경희대 미래문명원 명예원장 2004년 학교법인 경희학원 이사(현) 2006년 (재)희망제작소 이사 2006년 경희대 총장(현) 2009~2012년 미래재단(Foundation For The Future) 자문위원 2009년 경희사이버대 총장 겸임(현) [저]'국가와 선택'(1996) '문명충돌 현장을 가다'(2006) '포월(包越)의 초대-탈현대, 탈권위의 새로운 정치담론을 찾아서'(2006) '탈20세기 대화록(共)'(2006) '정치의 미래-그 이상향을 탐색하다'(2008) '미래대학 라운드테이블'(2010) '정치와 정치, 그리고 정치'(2012)

조인원(趙寅元) CHO IN WON

[생]1958·7·15 [주]서울 마포구 상암산로48의6 JTBC플러스(02-2031-8421) [학]1984년 경희대 신문방송학과졸 [경]2007~2009년 허스트중앙 대표이사 2009~2014년 중앙M&B 대표이사 2014~2015년 제이콘텐트리 대표이사 2015년 JTBC 편성실장(전무)(현) 2015년 중앙미디어큐채널(QTV) 대표이사 2015년 중앙미디어네트워크 JTBC Plus 엔터부문 대표(현)

조인재(曺仁再) CHO In Jae

[생]1964·1·12 [출]경남 거제 [주]울산 남구 중앙로201 울산시 소방본부 본부장실(052-229-4520) [학]1983년 장승포 해성고졸, 한국방송통신대 법학과졸, 경남대 행정대학원졸 [경]1993년 소방간부후보공채 합격(7기) 1993년 경기 동두천소방서 예방계장·성남소방서 구조대장·소방본부 구조구급과 근무(지방소방위) 1996년 행정자치부 소방국 장비통신방호과 근무(소방경) 2002~2004년 同중앙119구조대 현장지휘팀장(소방령) 2002년 해외훈련(독일 선진구조기법 연수) 2003년 해외훈련(알제리 119국제구조대) 2004년 소방방재청 중앙119구조대 첨단장비팀장 2006년 同과학화기반팀 소방령 2007년 同중앙119구조대 행정지원팀 소방령 2008년 同재난상황실 소방령 2008년 경남도소방본부 방호구조과장(소방정) 2012년 소방방재청 소방산업과 근무(소방정) 2014년 국민안전처 중앙소방본부 소방산업과 산업계장 2015년 울산시 소방본부장(소방준감)(현) [상]국가정보원장표창(1999), 국무총리표창(2000)

조인제(趙仁濟) CHO In Je

[생]1943·2·1 [본]함안(咸安) [출]경남 함안 [주]서울 강남구 선릉로433 세방빌딩 신관5층 뉴코리아국제특허법률사무소(02-566-8300) [학]1965년 서울대 공대 화학공학과졸 1997년 연세대 대학원 법학과졸 1998년 미국 산타클라라대 법대 수료 [경]상공부 석유화학과장, 同정밀화학과장, 특허청 심판관 1995년 同항고심판관 1998년 同심사3국장(이사관) 1999년 특허심판원 제10부 심판장, 대한변리사회 부회장, 특우회 부회장(현), 법무법인 세종 수석변리사, 아세아변리사회 본부이사, 뉴코리아국제특허법률사무소 대표변리사(현) [상]근정포장(1981), 대통령표창(1999) [저]'미국의 특허분쟁사례'(1999)

조인형(趙仁衡) Jo In Hyeong

[생]1965·1·14 [출]전남 강진 [주]광주 동구 지산로73 3층 조인형법률사무소(062-234-4700) [학]1983년 전남고졸 1991년 연세대 법학과졸 [경]1991년 사법시험 합격(33회) 1994년 사법연수원 수료(23기) 1994년 광주지검 검사 1996년 전주지검 군산지청 검사 1998년 서울지검 의정부지청 검사 2000년 서울지검 검사 2002년 대구지검 검사 2004년 서울서부지검 검사 2006년 同부부장검사 2007년 광주고검 검사 2008년 광주지검 목포지청 부장검사 2009년 同순천지청 부장검사 2009년 서울서부지검 공판송무부장 2010년 대구지검 서부지청 부장검사 2011년 서울고검 검사 2013년 대전고검 검사 2014년 대구지검 형사2부장 2015년 서울고검 검사(인천지검 중요경제범죄조사단 파견) 2015년 변호사 개업(현)

조인호(趙仁鎬) CHO In Ho

[생]1958·4·7 [본]한양(漢陽) [출]서울 [주]서울 서초구 서초대로254 오퓨런스빌딩1404호 법무법인 조홍(02-6204-5599) [학]1977년 서라벌고졸 1981년 서울대 법과대학졸 1988년 同대학원 법학과졸 [경]1982년 사법시험 합격(24회) 1984년 사법연수원 수료(14기) 1985년 軍검찰관 1988년 대구지법 판사 1991년 대구지법 김천지원 판사 1992년 수원지법 판사 1995년 서울지법 동부지원 판사 1997년 서울고법 판사 1998년 대법원 재판연구관 2002년 서울지법 동부지원 부장판사 2004년 서울동부지법 부장판사 2005년 서울중앙지법 구술심리시범재판부 부장판사 2005~2007년 언론중재위원회 중재부장 2007년 부산고법 부장판사 2008년 서울고법 부장판사 2014~2016년 대전지법원장 2016년 법무법인 조홍 공동대표변호사(현)

조인호(曺仁鎬) JO In Ho

[생]1959·6·30 [본]창녕(昌寧) [출]대구 달성 [주]서울 양천구 안양천로1071 이화여자대학교 의학전문대학원 분자의과학교실(02-2650-5827) [학]1977년 경북고졸 1982년 서울대 제약학과졸 1984년 同대학원 약학과졸 1989년 이학박사(미국 뉴욕주립대) [경]1989~1997년 미국 하버드대 의대 전임강사 1997~2001년 국립보건원 특수질환부 심장질환과장(보건연구관) 1999년 한국조직공학회 부회장·학술위원장 2000년 인하대 의대·연세대 보건대학원·고려대 의대 외래교수 2001년 국립보건원 특수질환부장 업무대행 2001년 同생명의학부장 직대 2001년 국민고혈압사업단 자문위원 2003년 국립보건연구원 생명의학부장 2004년 보건복지부 보건의료R&D 총괄실무위원 2005~2007년 국립보건연구원 생명의과학센터장 2005년 대한약학회 이사 2005년 세계세포공학회 조직위원 2005~2011년 미국 세계인명사전 'Marquis Who's Who'에 등재 2006년 영국 세계인명사전 'International Bibliographic Center(IBC) 2006년판(23rd)'에 등재 2007·2011년 미국 세계인명사전 'Marquis Who's Who in Asia'에 등재 2007년 이화여대 의학전문대학원 분자의과학교실 교수(현) 2008년 同의과학연구소장, 同연구부원장 2016년 同의학전문대학원 분자의과학교실 주임교수(현) [상]서울대 대학신문사 희곡부분 당선(1981), Buffalo Research Foundation Graduate Student Fellowship(1984), Buffalo Water and Salt Club Young Scientist Award(1987), Society of Biomedical Research Young Investigator Award(1995), New England Bioscience Society Appreciation Award(1997), International Symposium for Insulin Resistance and Atherosclerosis Young Investigator Award(2000), 대한생화학·분자생물학회 우수포스터상(2003) [저]'당뇨병의 역사, 기전 그리고 치료'(1998) '전사인자로서의 에스트로젠 수용체의 역할'(1999) '세포의 분자체제 In 조직공학과 재생의학'(2002·2010) [종]기독교

조인회(趙仁會) CHO In Hwe

[생]1972 · 6 · 22 [출]서울 [주]서울 강남구 영동대로96길 20 대화빌딩2층 두올산업 임원실(02-6922-7119) [학]1991년 대일외고졸 2000년 미국 델라웨어대졸 [경]1997년 (주)두올 입사 2001년 同대표이사 부사장 2001년 두올물산(주) 대표이사 사장 2001년 두올상사(주) 대표이사 사장 2002년 두올산업(주) 대표이사 부사장 2003년 (주)두올 대표이사 사장 2007년 두올산업(주) 대표이사 사장(현), 경인전자(주) 사외이사

조일상(趙一相) CHO Il Sang

[생]1969 · 12 · 6 [출]서울 [주]서울 강남구 역삼로447 소프트웨어발전센터3층 (주)메트릭스(02-6244-0777) [학]1988년 대성고졸 1996년 서울대 경제학과졸 2005년 한국과학기술원(KAIST) 경영대학원졸 [경]1996~1999년 삼성물산 정보통신사업부 근무 1999년 (주)메트릭스 경영관리이사 2003년 同대표이사(현) 2008~2010년 숭실대 겸임교수 2008~2011년 한국인터넷마케팅협회 이사 2009년 한국조사협회 이사 · 부회장 및 학술국제위원장(현) 2010년 한국소비자광고심리학회 이사 2011년 한국광고학회 이사

조일영(趙一榮 · 女) Cho Il Young

[생]1965·1·3 [출]충북 충주 [주]서울 강남구 테헤란로133 법무법인(유) 태평양(02-3404-0545) [학]1983년 충주여고졸 1987년 고려대 법학과졸 [경]1989년 사법시험 합격(31회) 1992년 사법연수원 수료(21기) 1992년 청주지법 판사 1996년 수원지법 판사 2000년 서울중앙지법 판사 2002년 同서부지원 판사 2003년 서울고법 판사 2005년 대법원 재판연구관 2009년 인천지법 부장판사 2010년 미국 Fordham Law School Visiting Scholar 2011년 서울행정법원 부장판사 2013년 법무법인(유) 태평양 변호사(현) 2013~2014년 국민권익위원회 비상임위원 2013~2015년 서울지방국세청 고문변호사 2014년 중앙행정심판위원회 비상임위원(현)

조일준(趙一駿) CHO Il Jun (何歌)

[생]1941·3·13 [본]함안(咸安) [출]경남 함안 [주]서울 종로구 새문안로3길12 신문로빌딩2층 한국번역가협회(02-725-0506) [학]1959년 마산고졸 1979년 고려대 대학원졸 1985년 영국 런던비즈니스스쿨 수료 1990년 일본 번역가양성센터 수료, 명예 철학박사(미국 호놀룰루대) [경]1989년 국제문제연구소 이사 1991년 미국 호놀룰루대 객원교수 2002~2005년 국제번역가연맹(FIT) 이사 2002~2006년 (사)한국번역가협회 회장 2006~2010년 번역능력인정시험(TCT) 평가위원장 2006년 (사)한국번역가협회 고문(현) 2007년 번역검증위원회 위원장 [저]'번역연습(Ⅰ·Ⅱ)' '번역레슨' 'TCT 번역영어' [역]'Empowerment' 'Love & War' 'The Men at the Office' 'Woman In Charge(힐러리의 삶)' [종]기독교

조일찬(趙一燦) CHO IL CHAN

[생]1972·9·20 [본]한양(漢陽) [출]충북 증평 [주]부산 기장군 정관읍 정관로579 조은BM(051-724-0010) [학]1991년 청주 신흥고졸 1996년 충북대 농생물학과졸 1999년 同대학원 식물병리학과졸 [경]1996년 충북대 식물종합병원 조교 1998~1999년 同농생물학과 행정조교 1999년 농촌진흥청 인턴연구원 2003~2012년 同국가공무원 2012년 새누리당 제18대 대통령선거 부산대책위원장 2012~2013년 조은D&C 이사, 기장군 경찰발전위원회 위원, 바르게살기운동중앙협의회 부산시협회 부회장, 사랑의끈연결국민운동본부 부산본부장 2013년 조은BM 대표이사(현), 부산국제매직페스티벌조직위원회 부집행위원장 2015년 해마루학교 운영위원장(현) 2015년 부산시교육청 학교운영위원회협의회 사무국장 2016년 同부회장(현) [상]국립식량과학원장표창(2008), 대통령표창(2011), 사랑의끈연결운동본부 총재표창(2014), 부산광역시장표창(2014) [종]기독교

조일현(曺馹鉉) CHO Il Hyun

[생]1955·7·15 [본]창녕(昌寧) [출]강원 홍천 [주]강원 춘천시 중앙로140 더불어민주당 강원도당(033-242-7300) [학]1980년 강원사대부고졸 1984년 상지대 행정학과졸 1987년 한양대 행정대학원졸 1993년 행정학박사(경기대) 1996년 연세대 언론홍보대학원졸 2004년 정치학박사(중국 북경외교대) [경]1985년 근로농민당 부대변인 1985년 同원주·원성·횡성·홍천지구당 위원장 1988년 신민주공화당 총재보좌역 1988년 농촌문제연구소 소장 1992년 제14대 국회의원(홍천, 국민당·신민당·자민련) 1993년 국민당 정책위원회 의장 1994년 신민당 대변인 1995년 자민련 홍천·횡성지구당 위원장 1999~2000년 상지대 초빙교수 2000년 중국 북경대 파견교수 2003년 한국휠체어농구협회 부회장 2004~2008년 제17대 국회의원(홍천·횡성, 열린우리당·중도통합민주당·대통합민주신당·통합민주당), 한·이집트의원친선협회 회장 2006~2007년 열린우리당 원내수석부대표 2006~2008년 국회 건설교통위원장 2007~2008년 대한핸드볼협회 회장 2007년 대통합민주신당 최고위원 2008년 민주당 홍천·횡성지역위원회 위원장 2008년 경희대 객원교수 2012년 제19대 국회의원선거 출마(홍천·횡성, 민주통합당) 2012년 민주통합당 강원도당 위원장 2013년 민주당 강원도당 위원장 2014~2015년 새정치민주연합 강원도당 위원장 2014~2015년 同홍천·횡성지역위원회 위원장 2015년 더불어민주당 홍천·횡성지역위원회 위원장 2016년 同홍천·철원·화천·양구·인제지역위원회 위원장(현) 2016년 제20대 국회의원선거 출마(강원 홍천군·철원군·화천군·양구군·인제군, 더불어민주당) 2016년 더불어민주당 강원도당 상임고문(현) [저]'미래 한국의 권력구조'(2004) '도사리의 꿈'(2010) '특별한 점심'(2014) [역]'조직의 리더십'(2000)

조일호(趙逸鎬) CHO Il Ho

[생]1960 · 10 · 22 [주]경북 김천시 혁신8로119 국립종자원 품종보호과(054-912-0200) [학]1987년 건국대 원예학과졸 [경]1987년 총무처 공채 1988년 국립농산물검사소 전북도지소 고창출장소 국제협력담당 사무관 1991년 국립식물검역소 국제검역정보과 사무관 1995년 同병균조사과 사무관 1998년 농림부 국제농업국 무역진흥과 사무관 2000년 同국제농업국 국제협력과 서기관 2004년 국립종자관리소 익산지소장 2005년 同재배시험과장 2007년 국립종자원 품종심사과장, 駐중국대사관 농무관 2015년 국립종자원 전남지원장 2016년 同품종보호과장(현)

조장식(趙壯植)

[생]1955 · 2 · 1 [주]울산 중구 종가로340 근로복지공단 임원실(052-704-7723) [학]1973년 서울고졸 1978년 성균관대 교육학과졸 1989년 연세대 경영대학원 국제경영학과졸 [경]삼성물산 근무 1982년 외환은행 기획 · 무역금융 담당 1988년 동서증권 국제업무담당 1991~1998년 산업증권 부장 1999~2004년 우리투자증권 상무대우 2011~2013년 국민은행 경영자문 2014~2014년 피비아이컴 고문 2014년 근로복지공단 재정복지이사(상임이사)(현)

조장연(趙章衍) CHO Jang Youn

[생]1952·8·18 [주]서울 동대문구 이문로107 한국외국어대학교 경영학부(02-2173-3078) [학]1977년 한국외국어대 행정학과졸 1983년 미국 텍사스알링턴대 대학원 회계학과졸 1987년 경영학박사(미국 플로리다주립대) [경]1987~1996년 미국 네브래스카주립대 교수 1996년 한국외국어대 경영학과 교수, 同경영학부 교수(현) 2006년 同상경대학장 2007~2009년 同경영대학원장 2009년 한국유나이티드제약(주) 사외이사 겸 감사위원(현) 2014년 사이버한국외국어대 부총장(현) [저]'Encyclopedic Ditionnary of Accounting'(1996) '기업가치 평가론'(1997·2001) '한국회계정보의 신뢰성 제고방안'(1998) '기업구조조정론'(1998)

조장연(趙章衍) Cho Jang Yeon

[생]1958·11·21 [출]강원 홍천 [주]인천 남동구 인주대로623번길40 인천시선거관리위원회(032-429-1390) [학]1977년 홍천고졸, 한국방송통신대 행정학과졸, 고려대 정책대학원 행정학과졸 [경]1994년 강원도선거관리위원회 지도과장 1995년 중앙선거관리위원회 조사·공보담당 1999년 同선거담당, 밀양시선거관리위원회 사무국장 2002년 중앙선거관리위원회 상임위원 비서관 2003년 同공보과장 2005년 同홍보관리관 2006년 同공보관 2007년 세종연구소 파견 2008년 강원도선거관리위원회 사무국장(이사관) 2009~2010년 대전시선거관리위원회 사무국장 2010년 同사무처장 2011년 중앙선거관리위원회 조사정책관 2011년 同선거기획관 2013년 同선거연수원장 2015년 대구시선거관리위원회 상임위원 2016년 인천시선거관리위원회 상임위원(현) [상]대통령표창(1996)

조장옥(趙章玉) Cho, Jang Ok

[생]1952 [출]전남 무안 [주]서울 마포구 백범로35 서강대학교 경제학부(02-705-8769) [학]1982년 서강대 경제학과졸 1984년 同대학원 경제학과졸 1988년 미국 로체스터대 대학원 경제학과졸 1990년 경제학박사(미국 로체스터대) [경]1994년 서강대 경제학부 조교수·부교수·교수(현) 1997~1998년 同경제연구소장 2000~2001년 미국 로체스터대 부교수 2005~2008년 서강대 국제문화교육원장 2008~2009년 한국계량경제학회 회장 2010~2011년 한국금융학회 회장 2013~2014년 홍콩 과학기술대 교수 2016년 한국경제학회 회장(현) [저]'한국경제 성장의 한계와 가능성'(2001, 한국경제연구원) '거시경제 및 금융시스템 안정을 위한 거시·금융 과제'(2008, 서강대출판부) '거시경제학'(2012, 홍문사)

조장희(趙長熙) CHO Zang Hee

[생]1936·7·15 [본]백천(白川) [출]서울 [주]경기 안양시 동안구 흥안대로516 멤피스타워10층 한국뇌발달연구소(031-423-1996) [학]1960년 서울대 공대 전자공학과졸 1962년 同대학원 전자공학과졸 1966년 응용물리학박사(스웨덴 웁살라대) [경]1966~1971년 스웨덴 스톡홀름대 물리학과 연구원 1970년 미국 브룩해이번국립연구원 초빙연구원 1971~1976년 同조교수·부교수 1972~1978년 미국 캘리포니아대 방사선물리학과 연구부교수·교수 1978~1995년 한국과학기술원(KAIST) 교수 1979~1985년 미국 컬럼비아대 방사선물리학과 교수 1985~2004년 미국 캘리포니아대 방사선물리학과 교수 1995~1997년 한국과학기술원(KAIST) 초빙석좌교수 1997년 미국 학술원 회원(현) 1998~2005년 대한민국학술원 회원 2001~2005년 미국 국립보건원(NIH) 국가자문위원 2004~2012년 가천의과학대 뇌과학연구소장 겸 석학교수 2012~2013년 가천대 뇌과학연구소장 2012~2014년 同석학교수, 한국뇌발달연구소 고문(현) [상]미국 CT학술회 Distinguished Scientist(1982), 미국 NIH Jacob Javit Neuroscience(1984), 미국 의학과학학회 Sylvia Sorkin Greenfield(1989), 한국과학재단 한국공학상(1995), 대한민국학술원상(1997), 한국과학기술한림원 과학상 공학부문(2000), 미국 캘리포니아대 어바인교 최우수교수상(2003), 과학기술훈장 창조장(2005), 서울대 관악대상(2006) [저]'Foundation of Medical Imaging'(1993, John Wiley & Sons) '7.0 Tesla MRI Brain Atlas'(2010, Springer)

조재경(趙宰慶) CHO Jae Kyung

[생]1957·7·18 [본]한양(漢陽) [출]부산 [주]서울 서대문구 이화여대길52 이화여자대학교 조형예술대학 디자인학부(02-3277-2513) [학]1980년 서울대 응용미술과졸 1983년 同대학원 산업디자인과졸 2007년 同산업디자인과 박사과정 수료 [경]영국 Birmingham Institue of Art & Design Visiting Scholar, 미국 Arizona State Univ. Visiting Scholar, 서울여대 산업디자인과 교수, 이화여대 조형예술대학 디자인학부 산업디자인전공 교수(현) 2005년 同대외협력처 부처장, 한국상품학회 부회장, (사)한국산업디자이너협회 부회장, (사)한국디자인단체총연합회 이사, 한국문화디자인학회 이사, 한국도로공사 경관설계 및 디자인자문위원, 특허청 상표디자인 심의위원 2011~2013년 이화여대 조형예술대학 산업디자인전공 주임교수 2011~2015년 同디자인대학원장 2014~2015년 한국디자인경영학회 회장 2015~2016년 이화여대 융합디자인연계전공 주임교수 2015년 同융합디자인연구소장(현) [저]'이미지상자'(2001) '하이터치 문화'(2003) [역]'디자인마케팅' '인간을 위한 디자인'(2009) [종]기독교

조재구(趙在九) CHO Jae Gu

[생]1952·12·10 [출]경남 함안 [주]서울 강동구 올림픽로604 3층 한중미디어연구소 이사장실(02-482-0305) [학]1992년 중앙대 신문방송대학원졸 2013년 신문방송학박사(중국 인민대학 신문학원) [경]1990년 (주)신서무역 기획이사 1993년 한국케이블TV방송협회 홍보국장 1996년 同조사연구실장 1997년 同사업지원국장 1998년 방송개혁위원회 실행위원 2000년 CJ미디어 부사장 2000~2003년 CJ CableNet 양천방송 대표이사 2000~2002년 경남방송·마산방송 대표이사 2001년 한국케이블TV방송협회 정책제도분과위원장 2001년 디지털미디어포럼 대표 2002년 한국케이블TV방송협회 윤리위원 2003년 한빛아이앤비 총괄담당 사장 2004~2008년 중화TV 이사장 2006~2008년 방송통신융합추진위원회 위원 겸 기구법제분과위원장 2007~2013년 (사)서울문화포럼 문화산업분과 위원 겸 이사 2011~2014년 (사)한중미래협회 이사 2012~2014년 (사)미디어시민모임 공동대표 2013년 (사)한중미디어연구소 이사장(현) [상]대통령표창, 국세청장표창 [저]'선거와 홍보' '뜨거운 노래를 땅에 묻는다' '케이블TV손자병법'(2005) '베이징올림픽 성공비결'(2007) [역]'중국방송연감'(2006)

조재구(趙在九)

[생]1962·4·8 [주]대구 중구 공평로88 대구광역시의회 312호(053-803-5094) [학]중앙정보경영고졸, 대구보건대 보건행정학과졸, 영남대 경영학과졸, 同경영대학원 경영학과졸 [경]용마자동차상사 대표, 대구자동차매매사업조합 부이사장, 대구시 남구생활체육협의회 부회장, 대구시 남구바르게살기협의회 부회장, 대구시자동차매매사업조합 부이사장, 천마라이온스클럽 회장 2006·2010~2014년 대구시 남구의회 의원(무소속·새누리당) 2006~2008년 同사회도시위원회 위원장 2012년 同의장, 同미군부대대책위원장, 대구시구·군의회의장협의회 회장, 국제라이온스협회 356-A지구 지역부총재, 전국균형발전지방의회협의회 회장 2014년 대구시의회 의원(새누리당)(현) 2014년 同건설환경위원회 위원장 2016년 同건설환경위원회 부위원장(현) 2016년 同운영위원회 위원(현) 2016년 同대구국제공항통합이전추진특별위원회 위원장(현)

조재국(曺在國) JO Jae Goog

[생]1952·1·10 [본]창녕(昌寧) [출]경남 산청 [주]경북 영주시 풍기읍 동양대로145 동양대학교 보건의료행정학과(054-630-1710) [학]1970년 진주고졸 1978년 성균관대 경제학과졸 1986년 미국 위스콘신대(매디슨) 대학원 공공정책학과졸 1991년 경제학박사(미국 뉴욕주립대) [경]1977년 대림산업 근무 1988년 미국 뉴욕주립대 강사 1992년 성균관대 강사 1992년 한국보건사회연구원 책임연구원 1994~2012년 同부연구위원·연구위원·선임연구위원 1995년 同사회보험연구실장 1995년 同보건정책연구실장 1996년 同연구조정실장 1997년 의료개혁위원회 전문위원 1997년 보건복지부 장관자문관 1997년 한국보건경제학회 부회장 1999년 한국보건사회연구원 연구조정실장 2001~2003·2005년 同보건의료연구실장 2002~2003년 한국보건경제정책학회 회장 2007년 건강보험분쟁조정위원회 위원 2008~2010년 흥사단 대표감사 2009~2010년 한국보건행정학회 회장 2009년 한의학육성발전심의위원회 부위원장 2010~2012·2016년 국민건강보험공단 재정운영위원회 위원장(현) 2011년 근로복지공단 정책자문위원 2011년 중앙약사심의위원회 의약품분류소분과위원회 위원장 2012~2013년 한의학정책연구원 원장 2013년 동양대 보건의료행정학과 교수(현) 2014년 同보건의료행정학과장(현) 2015년 국방부 중앙전공상 심사위원(현) [상]보건복지부장관표창, 한국보건사회연구원장표창 [저]'해외의료시장 개척의 투자효과 분석과 중장기 발전 전략(共)'(2010) '건강보험분쟁조정위원회 운영개선 방안 연구(共)'(2010) '보건의료인력 중장기 수급체계 연구(共)'(2010) '제4차 서울시민보건지표조사(共)'(2010) '국민생활건강관리체계 개선방안 연구(共)'(2010) [종]기독교

조재규(曺在圭) CHO Jae Kyu

[생]1956·10·25 [출]경남 [주]경남 창원시 의창구 중앙대로241 경상남도교육청 감사관실(055-268-1040) [학]경상대 외국어교육과졸 2005년 同대학원 교육행정학 박사과정 수료 [경]중등교 교사, 전국교직원노동조합 경남지부 진주지회장, 同교육자치위원회 서부경남위원장 2006~2010년 경남도교육위원회 교육위원 2010~2014년 경남도의회 교육위원회 교육의원 2010년 同교육위원장 2011년 경남미래교육재단 이사, 경남도의회 예산결산특별위원회 부위원장 2016년 경상남도교육청 감사관(현)

조재룡(趙在龍) CHO Jae Ryong

[생]1960·7·5 [출]경남 남해 [주]서울 서초구 서초대로74길14 삼성물산 기획실(02-2145-2114) [학]1978년 부산고졸 1982년 서울대 독어독문학과졸 [경]삼성물산(주) 기획홍보팀 상무 2007년 同기획홍보팀 전무, 同경영진단팀 전무, 同기획실 전략담당 전무 2010년 同기획실 전략담당 부사장 2014년 同기획팀 전략담당 부사장(현)

조재문(趙在汶) JO Jae Moon

[생]1961·8·17 [주]경기 수원시 영통구 삼성로129 삼성전자(주) 의료기기 선행개발팀(031-200-1114) [학]1984년 서울대 전기공학과졸 1986년 한국과학기술원 전자공학과졸(석사) 1991년 전자공학박사(한국과학기술원) [경]1989년 삼성그룹 입사, 삼성전자(주) 디지털미디어연구소 DTV연구팀장, 同DMC연구소 N/W Solution팀장(연구위원) 2010년 삼성 펠로우(현) 2010년 同DMC연구소 Media SoC팀 연구위원(상무) 2010년 同DMC연구소 Media SoC팀 연구위원(전무) 2011년 同HME사업팀 개발팀장(전무) 2012년 同의료기기사업부 개발팀장(전무) 2014년 同의료기기사업부 개발2팀장(전무) 2016년 同의료기기선행개발팀장(현)

조재빈(趙在彬) Cho, Jae-Been

[생]1970·12·15 [출]경남 산청 [주]서울 서초구 반포대로158 서울중앙지방검찰청 특수4부(02-530-4918) [학]1989년 진주동명고졸 1993년 서울대 사법학과졸 [경]1997년 사법시험 합격(39회) 2000년 사법연수원 수료(29기) 2000년 익산지검 검사 2002년 수원지검 여주지청 검사 2003년 서울지검 검사 2004년 서울중앙지검 검사 2006년 청주지청 검사 2008년 법무부 정책홍보관리실 검사 2009년 同기획검사실 검사 2010년 서울서부지검 검사 2013년 同부부장검사 2013년 서울중앙지검 부부장검사 2014년 대전지검 부부장검사(국무조정실 파견) 2015년 서울북부지검 형사6부장 2016년 서울중앙지검 특수4부장(현)

조재석(趙載錫) CHO Jae Suk

[생]1958·11·6 [주]서울 종로구 새문안로76 금호타이어 임원실(02-6303-0114) [학]1976년 배문고졸 1980년 한양대 섬유공학과졸 [경]금호타이어(주) 마케팅팀장, 同구매팀장 2005년 同마케팅·물류담당 이사 2006년 同독일 판매본부장(상무) 2010년 同국내인사구매부 상무 2011년 同국내인사구매부 전무 2012년 同경영기획본부장(전무) 2014년 同부사장(현) [종]불교

조재순(趙在順·女) Cho Jae Soon

[생]1955·3·11 [출]충북 [주]충북 청주시 흥덕구 강내면 태성탑연로250 한국교원대학교 가정교육과(043-230-3728) [학]1976년 충북대 가정학과졸 1978년 이화여대 대학원 가정관리학과졸 1987년 가족환경학박사(미국 아이오와주립대) [경]1981~1997년 American Association of Housing Educators 정회원 1982~1987년 미국 Iowa State Univ. 연구조교 1988년 대한가정학회 평이사(현) 1988~2013년 한국가정관리학회 평이사 1988~1997년 한국교원대 가정교육과 조교수·부교수 1990~2013년 한국주거학회 학술이사 1997년 한국교원대 가정교육과 교수(현) 2004~2006년 (사)가정생활개선진흥회 이사 2004~2006년 (사)가정을건강하게하는시민모임 이사 2005~2007년 한국가정과교육학회 편집위원 2005~2010년 대한가정학회 IJHE 편집위원 2005~2007·2010~2012년 한국가정관리학회 상임이사 2005~2008년 한국주거학회 학술이사·편집위원 2006~2013년 충북청풍명월21실천협의회 위원 2008년 한국주거학회 부회장 2009~2011년 한국가정과교육학회 부회장 2009년 한국연구재단 학문후속세대양성심사위원 2009~2013년 충북도교육청 인정도서심사위원 2009~2011년 녹색성장충북포럼 위원 2010년 한국주거학회 주거환경사자격사업단장 2010~2012년 대한가정학회 IJHE 편집장 2011년 한국가정과교육학회 감사 2012~2014년 한국교원대 부총장 2012~2014년 同교수부장 겸임 2014년 한국주거학회 사업이사 2014~2015년 한국가정과교육학회 비상대책위원장 2015년 同회장(현) [저]'넓게 보는 주거학'(共) '안팎에서 본 주거문화'(共) '더불어 사는 이웃 코하우징'(共) '친환경주거'(共) '주거복지론'(共) '가정생활복지론'(共) '중학교 기술가정 교과서'(共) [역]'체계와 기능'(共)

조재연(趙載淵) CHO JAE YOUN

[생]1956·6·1 [본]백천(白川) [출]강원 동해 [주]서울 강남구 테헤란로317 법무법인 대륙아주(02-3016-5332) [학]1974년 덕수상고졸 1980년 성균관대 법학과졸 1982년 서울대 대학원 법학과졸, 同법학연구소 공정거래법과정 수료, 한양대 경영대학원 건설경영자과정 수료, 홍익대 세무대학원 세무전략과정 수료 [경]1980년 사법시험 수석합격(22회) 1982년 사법연수원 수료(12기) 1982년 서울민사지법 판사 1984년 서울형사지법 판사 1986년 춘천지법 강릉지원 판사 1989년 서울지법 동부지원 판사 1991년 서울가정법원 판사 1993년 변호사 개업 2012~2013년 방송통신심의위원회 규제심사위원회 위원장 2012년 공정거래위원회 약관심사자문위원 2013년 법무법인 대륙아주 대표변호사(현) 2013~2015년 미래창조과학부 고문변호사 2013~2015년 대한변호사협회 장애인법률지원변호사 2014년 경찰청 경찰수사정책위원회 위원 2015년 한국농촌경제연구원 비상임감사(현) 2015년 언론중재위원회 감사(현), 서울특별시 법률고문(현), 금융감독원 자문위원(현) [저]'외국중재판정의 승인과 집행'(법원행정처) '가사사건의 제문제'(법원행정처) '강제집행과 체납처분의 경합'(법원행정처)

조재연(曺宰涓) CHO Jae Yeon

[생]1963·4·6 [출]전남 진도 [주]서울 양천구 신월로390 서울남부지방검찰청 제2차장검사실(02-3219-4303) [학]1982년 부산기계공고졸 1986년 부산대 무기재료공학과졸 [경]1993년 사법시험 합격(35회) 1996년 사법연수원 수료(25기) 1996년 인천지검 검사 1998년 대전지검 천안지청 검사 1999년 부산지검 검사 2001년 서울지검 검사 2003년 대검찰청 검찰연구관 2006년 울산지검 검사 2007년 금융감독위원회 파견 2008년 금융위원회 법률자문관 2009년 서울중앙지검 부부장검사 2011년 대구지검 안동지청장 2012년 대검찰청 강력부 마약과장 2013년 서울중앙지검 첨단범죄수사2부장 2014년 同증권범죄합동수사단장(부장검사) 2015년 광주지검 형사1부장 2016년 서울남부지검 제2차장검사(현)

조재영(趙載英) CHO Jae Yeung (西荷)

[생]1919·6·18 [본]백천(白川) [출]황해 연백 [주]서울 서초구 반포대로37길59 대한민국학술원(02-3400-5214) [학]1941년 수원고등농림학교졸 1943년 일본 규슈(九州)제국대 농학과졸 1962년 농학박사(고려대) [경]1945년 중앙농업시험장 전작계장 1955년 서울대 농대 부교수 1957년 고려대 농대 부교수·실험농장장 1959~1984년 同농학과 교수 1972년 농업진흥청 농업산학협동심의회 전문위원 1977~1979년 한국작물학회 회장 1977년 농업과학협회 부회장 1977~1979년 농수산부 농정심의위원 1981~1983년 同정책자문위원 1981~1984년 고려대 식량자원연구소장 1981년 대한민국학술원 회원(식용작물학·현) 1983~1985년 환경농학회 회장 1984년 고려대 명예교수(현) 1992~1994년 한국맥류연구회 회장 [상]과학기술훈장 진흥장, 작물학회 공로상, 국민훈장 목련장, 육종학회 공로상 [저]'전작'(1959) '작물학개론'(1962) '재배학범론'(1963) '재배학원론'(1964) '작물생리학'(1977) '실험통계분석' '농업정설' '한국농업개론' [종]유교

조재오(趙載五) CHO JAE O (曉江)

[생]1947·5·19 [본]백천(白川) [출]황해 연백 [주]서울 동대문구 경희대로26 경희대학교 치과대학 악안면조직재생학교실(02-969-0369) [학]1966년 양정고졸 1973년 경희대 치의학과졸 1975년 同대학원 치의학과졸 1981년 치의학박사(경희대) [경]1973년 대한구강악안면병리학회 이사·부회장·회장·명예회장·고문 1973~1976년 경희대 치과대학 조교 1973년 同구강병리학전공 인턴·레지던트 수료 1977~1979년 국군대전병원 치과부장 1979년 예편(소령) 1979~1989년 조선대 치대 전임강사·조교수·부교수 1981~1986년 同대학원 치의학과 주임교수 1987~1990년 同부속 치과병원장 1988~1990년 同치과대학장 1988·1993년 同구강생물학연구소장 1989~2013년 同치대 구강병리학교실 교수 1989~2000년 同부속 치과병원 구강병리과장 1989년 국방부 의문자문관 1991년 미국 미시간대 방문교수 1997~1999년 대한구강병리학회 회장 2000년 경희대 치대 구강병리학교실 주임교수 2006년 미국 메릴랜드대 치과대학 방문교수, 국제치과의학연구학회 한국지부 회장, 대한기초치의학협의회 회장 2013년 경희대 치대 악안면조직재생학교실 외래교수, 同구강악안면 면역병리학교실 외래교수(현) [상]우수장병표창(1978), 경희대치과대학동창회 경치인상(1989), 대한구강악안면병리학회 학술대상(2006), 녹조근정훈장(2012) [저]'병리학실습 지침서'(1993) '일반병리학(共)'(1997) '구강악안면병리학'(2002·2005) 'Mosby 영영한 치의학 사전'(2004) '최신구강악안면병리학'(2005) '효강조재오교수회고록'(2007) '효강조재오교수정년기념논문초록집'(2013) '도깨비국물'(2016, 산마을) [역]'최신구강악안면병리학(제2판)'(2005) [종]천주교

조재용(趙載容) CHO Jae Yong

[생]1965·12·11 [출]서울 [주]강원 원주시 상지대길83 상지대학교 보건과학대학 제약공학과(033-730-0555) [학]중앙대사대부고졸 1990년 고려대 농학과졸 1998년 미생물학박사(미국 위스콘신대 메디슨교) [경]1998년 미국 국립보건원(National Institutes of Health) Research Fellow 2000년 CJ 바이오연구소 수석연구원 2000년 한국미생물학회 평회원 2003~2009년 상지대 동물생명자원학부 교수, 同대학원 교학부장 2007~2009년 同산학협력단 부단장 2010년 同보건과학대학 제약공학과 교수(현) 2014년 同부총장 2015년 同총장 직무대행(현) [상]CJ R&D Best Award(2002), 대한민국 10대 기술상(2003)

조재욱(趙哉昱)

[생]1970·2·1 [출]경기 남양주 [주]경기 수원시 팔달구 효원로1 경기도의회(031-8008-7000) [학]덕소고졸, 용인대 경영행정대학 관광경영학과졸 [경]감나무집공원 대표(현), 남양주시체육회 이사, 남양주시청년회의소(JCI) 회장, 남양주시새마을지회 이사, 민주평통 남양주시 청년분과위원장, 덕소중총동문회 회장, 남양주시 조안면주민자치위원회 고문, 새누리당 경기도당 부대변인 2014년 경기도의회 의원(새누리당)(현) 2014·2016년 同도시환경위원회 위원(현)

조재원(趙載元) CHO Jai Won

[생]1939·10·6 [본]함안(咸安) [출]서울 [주]서울 강남구 도산대로45길6 호림아트센터 H2 B103호 (주)테제건축사사무소(02-548-4701) [학]1958년 용산고졸 1963년 한양대 건축공학과졸 1978년 미국 Univ. of Southern California LA대학원 도시계획학과졸 [경]1965~1970년 현대건설 근무 1971~1974년 미국 Randal Duell Associates, LA Designeer 및 Planner 1974~1978

년 미국 Mathew Lapota & Associates, LA Designeer 및 Planner 1978~1985년 럭키개발(주) 이사·상무이사·전무이사 1986~2000년 (주)창조종합건축사무소 대표이사 1986~1999년 한국건축가협회 국제분과위원장 1996~2002년 세계건축가연맹(UIA) 아시아지역 이사 1998년 한국건축가협회 명예이사·명예건축가(현) 1998~2000년 서울시 건축위원회 심의위원 1999년 99건축문화의해 조직위원회 국제분과위원회 부위원장 2000년 (주)테제건축사사무소 회장(현) [상]서울시건축상 금상·은상·동상, 한국건축문화대상 대상·동상·본상, 한국건축가협회 특별상 [작]한국경제신문사 사옥' 'LG트윈타워' 'LG강남타워' '국민생명 마포사옥' '연세대 상남경영관' '서울예술대' '서울대 경영대학원' '서강대 경영대학원' 'ASEMWTC' 'COEX-INTERCON' 'GRAND-INTERCON' '교보빌딩(신사동)' [종]기독교

조재원(趙梓元) JOH Jae Won

[생]1957·9·29 [주]서울 강남구 일원로81 삼성서울병원 이식외과(02-3410-3466) [학]1976년 경기고졸 1982년 서울대 의대졸 1987년 同대학원졸 1992년 의학박사(서울대) [경]1991년 충북대 의대 전임강사 1992~1993년 미국 존스홉킨스대 의대 전임의 1993~1994년 미국 버지니아대 의대 전임의 1997~2002년 성균관대 의대 외과학교실 부교수 1999년 삼성서울병원 이식외과장 2002년 성균관대 의대 외과학교실 교수(현) 2009~2012년 삼성서울병원 장기이식센터장 겸 조직은행장 [상]대한이식학회 종근당 학술상(2003), 제3회 대웅의료상-이승규 간이식 임상·연구상(2015) [역]'Chassin 외과수술의 원칙와 실제'(2007, 가본의학)

조재익(趙再翼) JO JAE IK

[생]1964·1·3 [본]순창(淳昌) [출]강원 원주 [주]울산 남구 번영로212 한국방송공사 울산방송국(052-270-7100) [학]1983년 원주 대성고졸 1990년 연세대 영어영문학과졸 [경]1991년 KBS 입사·법조출입기자·행자부·노동부·복지부 출입기자 2000년 同주말9시 앵커 2001년 同보도본부 해외지국 모스크바지국 특파원 2004년 同사장 비서팀 근무 2005년 同보도본부 정치외교팀 국회출입 기자 2006년 同정치외교팀 총리실 출입기자(차장) 2007년 同정치외교팀 청와대 출입기자(차장) 2008년 同보도본부 보도제작국 미디어비평 데스크 2009년 同보도본부 보도국 문화과학부 교육과학기술부 출입기자(차장) 2009년 同춘천방송총국 보도국장 2011년 同보도본부 보도국 1TV뉴스제작부 뉴스기획팀장 2012년 同보도본부 보도국 국제부 '특파원 현장보고' 앵커 2013년 同시사제작국 시사제작2부장·'취재파일' 앵커 2013년 同보도본부 보도국 국제부장 2014년 同보도본부 보도국 사회1부장 2014년 同보도본부 보도국 경인방송센터장 2015년 국방대 안보과정 연수 2015년 KBS 보도본부 시사제작국 시사제작2부 '시사진단' 앵커 2016년 同보도본부 통합뉴스룸 라디오뉴스제작부 '뉴스중계탑' 앵커 2016년 同울산방송국장(현) [상]이달의 기자상(1996·1999), 최병우기자기념 국제보도상(2002) [저]'탈레반은 가고 부르카는 남고'(2002) '굿모닝 러시아'(2004)

조재일(趙在一) ZO JAE ILL

[생]1956·4·11 [주]서울 강남구 일원로81 삼성서울병원 폐식도암센터(1599-3114) [학]1980년 서울대 의대졸 1983년 同대학원 의학석사 1994년 의학박사(서울대) [경]1980~1985년 서울대병원 인턴·레지던트 1985~1988년 국군서울지구병원 흉부외과장 1988~2000년 원자력병원 흉부외과장 1997~1999년 同교육수련부장 2001~2012년 국립암센터 폐암연구과 책임연구원 2002~2007년 同중환자실장 2003~2009년 同폐암센터장 2004~2007년 세계폐암학회 조직위원회 사무처장 2009~2011년 국립암센터 부속병원장 2012년 삼성서울병원 폐식도외과 전문의(현) 2012년 대한흉부종양외과학회 회장 2013년 성균관대 의과대학 흉부외과학교실 교수(현) 2013년 삼성암병원 폐식도암센터장(현) 2016년 대한흉부심장혈관외과학회 회장(현) [상]대한흉부심장혈관외과학회 연구공로상(2015)

조재찬(趙在燦) CHO Jae Chan

[생]1949·12·15 [출]충북 [주]경기 여주시 능서면 능여로344 에너토크 임원실(031-880-2800) [학]경기고졸 1977년 한양대 재료공학과졸 [경]1976~1981년 기아산업(주) 근무 1982~1987년 삼원특수기계(주) 근무 2003년 모건코리아(주) 부사장 2003년 同대표이사 사장 2011년 (주)에너토크 대표이사 사장 2016년 同자문역(현)

조재현(曺在鉉) CHO Jae Hyun

[생]1956·11·9 [주]강원 강릉시 범일로579번길24 가톨릭관동대학교 공과대학 보건환경학과(033-649-7534) [학]1979년 서울대 토목공학과졸 1983년 同대학원 환경공학과졸 1990년 환경공학박사(서울대) [경]해양연구소 연구원 1985년 관동대 환경공학과 교수 2014년 가톨릭관동대 창의융합공과대학 에너지융합공학부 환경공학과 교수 2015~2016년 同창의융합공과대학장 2015년 同에너지자원융합대학원장(현) 2016년 同공과대학 보건환경학과 교수(현) 2016년 同공과대학장(현)

조재현(趙載鉉) Jae hyun Cho

[생]1958·10·21 [출]경남 [주]서울 중구 소공로51 우리은행 스마트금융사업본부(02-2002-3000) [학]1977년 마산상고졸 1985년 홍익대 경영학과졸 [경]1977년 상업은행 입행 2002년 우리은행 기업금융단 수석부부장 2002년 同청계7가지점장 2004년 同기업컨설팅팀 부장 2010년 同개인영업전략부장 2011년 同경기남부영업본부장 2013년 同서초영업본부장 2014년 同스마트금융사업단 상무 2015년 同스마트금융사업본부장(집행부행장)(현) [상]서울특별시장표창(1994), 금융감독원장표창(1999), 대통령표창(2008)

조재현(曺在顯) CHO Jae Hyun

[생]1965·6·30 [출]서울 [주]부산 남구 수영로309 경성대학교 예술종합대학 영화학과(051-663-5180) [학]1988년 경성대 연극영화과졸, 중앙대 대학원 공연영상학과졸 [경]탤런트 겸 영화배우(현) 1989년 KBS 공채 탤런트(13기) 1990년 영화 '젊은날의 초상'으로 영화 데뷔 2000년 videoNbook.com 홍보이사 2007년 서울국제공연예술제 홍보대사 2008년 서울국제청소년영화제 심사위원 2008년 국립공원 홍보대사 2008·2011년 건강보험심사평가원 홍보대사 2009년 경기공연영상위원회 위원장 2009년 (사)DMZ국제다큐영화제 집행위원장(현) 2010~2014년 경기도문화의전당 이사장 2012~2014년 성신여대 융합문화예술대학 미디어영상연기과 부교수 2014년 경성대 예술종합대학 영화학과 교수 2014년 독도학교 홍보대사(현) 2015년 경성대 예술종합대학 연극영화학부 영화전공 교수(현) [상]백상예술대상 연극부문 신인상(1991), 청룡영화상 신인상(1992), 백상예술대상 영화부문 신인상(1993), SBS 연기대상 조연상(1999), KBS 연기대상 남자조연상(1999), SBS 연기대상 최우수연기상(2001), 백상예술대상 영화부문 최우수남자연기상(2002), MBC 연기대상 연기자부문 특별상(2003), MBC 연기대상 최우수상(2008), PCG 어워드 올해의 커뮤니케이터상(2008), 연극열전어워드 작품상(2011), 제17회 몬트리올 판타스틱영화제 남우주연상(2013), MBC 연기대상 황금연기상(2013), 백상예술대상 TV부문 남자최우수연기상(2014), 광주국제영화제 드라마어워즈 대상(2015) [작]TV드라마 'KBS 야망의 세월'(1989) 'KBS 대추나무 사랑걸렸네'(1990) 'KBS 찬란한 여명'(1995) 'MBC 산'(1996) 'KBS 사랑하세요'(1997) 'KBS 야망의 전설'(1998) 'SBS 퀸'(1998) 'SBS 해피투게더'(1999) 'KBS 학교2'(1999) 'SBS 줄리엣의 남자'(2000) 'SBS 루키'(2000) 'SBS 피아노'(2001) 'MBC 눈사람'(2003) 'SBS 홍콩 익스프레스'(2005) 'MBC 봄날의 미소'(2005) 'MBC 뉴하트'(2007) 'MBC 계백'(2011) 'MBC 스캔들'(2013) 'KBS 정도전'(2014) 출연영화 '젊은 날의 초상'(1990) '가슴에 돋는 칼로 슬픔을 자르고'(1992) '영원한 제국'(1995) '카루나'(1996) '악어'(1996) '야생동물 보호구역'(1997) '내 안에 우는 바람'(1997) '처녀들의 저녁식사'(1998) '얼굴'(1999) '인터뷰'(2000) '섬'(2000) '교도소월드컵'(2001) '수취인불명'(2001) '나쁜 남자'(2001) '청풍명월'(2003) '목포는 항구다'(2004) '맹부삼천지교'(2004) '신부수업'(2004) '로망스'(2006) '한반도'(2006) '천년학'(2007) '마린보이'(2008) '집행자'(2009) '더 킥'(2011) '역린'(2014) 연극 '청부' '변신' '에쿠우스'(2004) '경숙이, 경숙아버지'(2007) '연극열전2'(2007) '리타 길들이기'(2008) '민들레 바람되어'(2008) 등 [종]불교

조재형(趙在衡) CHO Jae Hyung

[생]1955·10·23 [본]한양(漢陽) [출]강원 동해 [주]인천 남구 경인로406 모아저축은행 비서실(032-430-3306) [학]1974년 한영고졸 1981년 단국대 경영학과졸 2008년 서강대 경영전문대학원 최고경영자과정 수료 [경]1981~1991년 국민은행 근무 1991년 하나은행 입행 1995년 同일산백마지점장 1997년 同평창동지점장 2000년 同중앙지점장 2001년 同VISION팀장 2002년 同삼성역지점장 2003년 同가계영업추진부장 2004년 同강동지역본부장 2006년 同신탁본부 부행장보 2007년 同가계영업추진본부 부행장보 2007년 하나생명보험(주) 부사장 2008년 하나HSBC생명보험(주) 부사장 2009년 同자문위원 2009~2010년 FPS아카데미 대표이사 2010년 모아저축은행 대표이사(현) [상]국무총리표창(2013)

조재형(趙哉衡) CHO Jae Hyung

[생]1957 · 8 · 26 [출]강원 강릉 [주]서울 서대문구 충정로70 (주)피알원(02-6370-3300) [학]1986년 서강대 경영대학원졸 2014년 광고홍보학박사(한양대) [경]1984~1992년 (주)LG화학 홍보기획과장 · 소비자상담실장 1992년 LG그룹 회장실 고객정보담당 팀장 1993~2006년 (주)커뮤니케이션신화 대표이사 2000년 국제피알협회(IPRA) 정회원 2006년 한국외국어대 언론정보학부 강사 2006년 한국피알협회 고문 2006~2007년 한국PR기업협회 회장 2006년 (주)피알원 대표(현) 2007년 저출산고령화위원회 자문위원 2008년 공익법인 아시아사랑나눔 상임이사 2008년 숭실대 언론홍보학과 겸임교수 2008년 한국소비생활연구원 법정이사(현) 2014년 한양대 언론정보대학원 겸임교수(현) [저]'위기는 없다'(1995) '매스컴과 만날 때'(1996)

조재형(趙宰亨) Jo Jai Hyoung

[생]1962·7·26 [출]인천 [주]충북 충주시 대소원면 첨단산업로146 (주)코이즈 대표이사실(070-8255-6400) [학]1981년 제물포고졸 1988년 중앙대 일본어과졸 1991년 성균관대 대학원 국제경영학과졸 2013년 서울대 경영대학원 최고경영자과정 이수 [경]1987~1996년 후마이스터 근무 1999~2004년 고아코퍼레이션 대표이사 2004~2011년 고아광학(주) 대표이사 2006년 (주)코이즈 대표이사(현)

조재호(曺載昊) CHO Chae Ho

[생]1967 · 6 · 8 [출]서울 [주]세종특별자치시 다솜2로94 농림축산식품부 농업정책국(044-201-1701) [학]1985년 충암고졸 1989년 연세대 경제학과졸 1996년 서울대 행정대학원 수료 2002년 영국 요크대 대학원 경제학과졸 [경]1992년 농림부 농산통계담당관실 사무관 1996년 同농업금융과 사무관 1998년 同개발정책과 사무관 2002년 同협동조합과 서기관 2003년 同통상협력과장 2005~2006년 同국제협력과장 2006년 駐벨기에 1등서기관 겸 구주연합대표부 1등서기관 2009년 농림수산식품부 유통정책과장 2010년 同농업정책과장 2010년 同국제협력국장(고위공무원) 2013년 농림축산식품부 농림축산검역본부 영남지역검역본부장 2015년 同농업정책국장(현) [상]국무총리표창

조재훈(趙載勳)

[생]1960 · 3 · 16 [출]부산 [주]부산 남구 문현금융로40 주택도시보증공사 감사위원실(051-955-5400) [학]1979년 부산 대동고졸 1983년 부산대 정치외교학과졸 1986년 서울대 대학원 정치학과 수료 2005년 서강대 대학원 북한학과졸 [경]2008~2016년 씨앤케이씨앤디(주) 대표이사 2011~2012년 서울라이트타워자산관리(주) 고문 2014~2016년 국방부 국방홍보원 자문위원 2016년 주택도시보증공사 상근감사위원(현)

조재훈(曺在薰)

[생]1968·5·5 [주]경기 수원시 팔달구 효원로1 경기도의회(031-8008-7000) [학]유신고졸, 경기대 산업공학과졸 [경]안민석 국회의원 특별보좌관, 오산자치시민연대 사업국장, 열린우리당 경기도당 중소기업특별위원회 부위원장, 대성이엔에프(주) 이사 2006년 경기도의원선거 출마(열린우리당), 대통합민주신당 오산지역청년위원장, PCA생명보험 보험인, 오산시체육회 이사(현) 2014년 경기도의회 의원(새정치민주연합·더불어민주당)(현) 2014년 同운영위원회 위원 2014년 同농정해양위원회 간사 2015년 同평택항발전추진특별위원회 위원(현) 2015년 同항공기소음피해대책특별위원회 위원(현) 2016년 同교육위원회 위원(현) 2016년 同윤리특별위원회 위원(현) 2016년 同경제민주화특별위원회 위원(현)

조전근(趙全根) CHO Jeon Keun

[생]1955·4·25 [출]서울 [주]대전 서구 도안북로88 목원대학교 광고홍보언론학과(042-829-7783) [학]1974년 성동고졸 1981년 한국외국어대 신문방송학과졸 1984년 서울대 대학원 신문학과졸 1989년 미국 텍사스대 오스틴교 대학원 광고학과졸 1995년 광고학박사(미국 코네티컷대) [경]1983~1993년 미국 코네티컷대 강사 1995~1996년 서강대·한국외국어대·경희대·청주대 강사 1996년 목원대 광고홍보언론학과 교수(현) 1997~2000년 한국언론학회 이사 2006~2011년 목원대 언론광고홍보대학원장 2010년 同교수협의회 회장 2011년 충청언론학회 회장 2016년 목원대 사회과학대학장 겸 사회과학연구소장(현) [상]미국 코네티컷대 Doctoral Dissertation Fellowship(1995) [저]'글로벌시대의 광고와 사회'(1999) '감성과 커뮤니케이션'(2000) '인터넷과 광고'(2001)

조전욱(趙全旭) CHO Jeon Wook

[생]1960 · 3 · 2 [출]서울 [주]경남 창원시 성산구 불모산로10번길12 한국전기연구원 HVDC연구본부(055-280-1652) [학]1983년 한양대 전기공학과졸 1985년 同대학원 전기공학과졸 2001년 전기공학박사(연세대) [경]1983~1984년 한양대 조교 1984~1990년 LG전선(주) 주임연구원 1990년 한국전기연구원 HVDC연구본부 초전도케이블팀장(현) [상]한국전기연구원 과학의날기념 과학상(1999), 한국전기연구원 과학의날기념 장려표창(2004), 한국초전도저온공학회 고온초전도케이블개발 기술상(2004), 과학기술부장관표창(2005), 과학기술포장(2014) [종]천주교

조전혁(趙全赫) CHO Jun Hyuk

[생]1960 · 7 · 14 [주]인천 남구 인중로5 정산빌딩 새누리당 인천시당(032-466-0071) [학]1984년 고려대 경제학과졸 1989년 미국 위스콘신대 메디슨교 경제학과졸 1991년 경제학박사(미국 위스콘신대 메디슨교) [경]1992~1993년 선경경제연구소 금융경제실장 1993~1994년 (주)외이즈디베이스 국제금융자문위원 1997~2008 · 2012~2013년 인천대 경제학과 교수 2005년 동아일보 객원논설위원 2005~2011년 자유주의교육운동연합 상임대표 2006년 (주)싸이더스 사외이사 2007년 한나라당 여의도연구소 부소장 2007년 제17대 대통령직인수위원회 사회교육문화분과위원회 자문위원 2008~2012년 제18대 국회의원(인천 남동구乙, 한나라당 · 새누리당), 한나라당 여의도연구소 감사 2009년 同대표특보 2009~2011년 (사)자유교육연합 이사장 2010~2011년 한나라당 원내부대표 2010~2011년 국회 운영위원회 위원 2011년 국회 예산결산특별위원회 위원 2011년 한나라당 등록금TF위원 2013~2015년 대우조선해양(주) 사외이사 겸 감사위원 2013년 명지대 방목기초교양대학 교양학부 교수 2014~2016년 한국전력공사 비상임이사 2014년 경기도 교육감선거 출마 2015년 새누리당 인천남동구乙당원협의회 운영위원장(현) 2015년 대우조선해양(주) 사외이사(현) 2016년 제20대 국회의원선거 출마(인천 남동구乙, 새누리당) 2016년 한국전력공사 비상임감사위원(현) 2016년 새누리당 인천시당 위원장 직무대행 [상]자유경제입법상(2010) [작]'토지와 주택의 불평등'(1999)

조점근(趙点根) CHO Jum Kun

[생]1959 · 9 · 1 [출]전남 강진 [주]서울 서초구 마방로68 동원산업빌딩5층 동원시스템즈(주) 비서실(02-589-4703) [학]2002년 주성대학 금융정보학과졸 [경]2004년 (주)동원EnC 진천공장장(상무보), 동원시스템즈(주) 포장사업부문 상무보 2006년 同포장사업부장(상무이사) 2009년 同포장사업부장(전무이사) 2011년 同정밀부문장(부사장) 2011년 同각자대표이사 2012년 同대표이사 부사장 2013~2015년 한진피앤씨 대표이사 2014년 동원시스템즈(주) 대표이사 사장(현) 2015년 (주)테크팩솔루션 대표이사 겸임(현) [상]석탑산업훈장(2012), 환경부장관표창(2012) [종]불교

조정구(趙晶九) CHO Joung Koo

[생]1946 · 7 · 12 [본]풍양(豐壤) [출]충남 부여 [주]서울 마포구 가양대로124 사회복지법인 삼동소년촌(02-372-7534) [학]1965년 대전고졸 1969년 한양대 전기공학과졸 2000년 서울대 대학원 정보통신방송정책과정 수료 [경]1969~1999년 문화방송 입사(1기) · 기술운영국장 1998~1999년 MBC미디어텍 대표이사 사장 1999~2000년 문화방송 상임이사(기술본부장) 2000~2003년 충주문화방송 대표이사 사장 2003~2014년 (주)엠텍이앤씨 회장 2004~2006년 중앙선거관리위원회 선거방송토론위원회 포천 · 연천위원장 2005~2007년 서울YMCA 기획홍보위원 2005년 同재정운영위원회 위원 2005~2006년 ANTV 부회장 2006~2009년 방송문화진흥회 이사 2006년 (사)미래방송연구회 감사 2009년 (주)B2E 고문 2009년 한양대 신문방송학과 겸임교수 2011년 대전문화산업진흥회 사업추진위원 2012년 (주)SUP 강사 2015년 사회복지법인 삼동소년촌 상임감사(현)

조정구(曺正九) Cho, Jeong-goo

[생]1961 · 11 · 1 [본]창녕(昌寧) [출]부산 [주]부산 북구 함박봉로140번길120 부산광역시보건환경연구원 환경연구부(051-309-2900) [학]1980년 부산고졸 1987년 동아대 환경공학과졸, 同대학원 환경공학과졸 2000년 공학박사(동아대) [경]1988~2015년 부산시보건환경연구원 환경연구부 근무 2016년 同환경연구부장(현) [상]내무부장관표창(1994) [저]'대기환경기사 산업기사(共)'(2000, 성안당) [역]'환경시스템공학(共)'(2000, 동일출판사) [종]불교

조정남(趙政男) CHO Chung Nam

(생)1944·4·20 (본)함안(咸安) (출)경북 청송 (주)서울 성북구 안암로145 고려대학교 정경대학 정치외교학과(02-3290-2186) (학)1968년 고려대 정치외교학과졸 1976년 同대학원 정치외교학과졸 1981년 정치외교학박사(고려대) (경)1978~1981년 경북대 전임강사 1982~2009년 고려대 정경대학 정치외교학과 부교수·교수 1987~1988년 일본 교토대 초빙교수 1990~1991년 미국 스탠퍼드대 객원교수 1997~1998년 일본 와세다대 객원교수 1998~2002년 고려대 평화연구소장 1998년 한국민족연구원 원장(현) 2006~2008년 고려대 정책대학원장 겸 정경대학장 2009년 同정치외교학과 명예교수(현) (저)'소련반체제론' '중국의 민족문제' '소련의 민족문제' '사회주의체제론' '자유민주주의의 이해' '현대정치학의 쟁점' '러시아 민족주의 연구' '일본의 민족문제' '현대정치와 민족문제'(2002) '일본 보수주의 연구'(2004) '현대중국의 민족정책'(2006) '소련 반체제운동 연구'(2006) (역)'새로운 러시아 사람들'(1996) '정치와 종교'(1996) '사상과 혁명'(2000)

조정래(趙廷來) JO Jung Rae (白山)

(생)1943·8·17 (본)함안(咸安) (출)전남 순천 (주)서울 중구 필동로1길30 동국대학교 국어국문학과(02-2260-8706) (학)1962년 보성고졸 1966년 동국대 국어국문학과졸 (경)1970년 현대문학에 소설 '누명'으로 소설가 등단 1970년 동구여상 교사 1972년 중경고 교사 1973~1975년 '월간문학' 편집장 1975~1977년 소설문예 발행인 1977~1980년 도서출판 '민예사' 대표 1984~1989년 한국문학 주간 1997년 동국대 국어국문학과 석좌교수(현) 1998~2003년 제2의건국범국민추진위원회 위원 2000년 한국작가회의 자문위원 2005년 광복60주년기념사업추진위원회 고문, 참여사회연구소 등기이사·자문위원(현), 민족문제연구소 자문위원 2013~2014년 정책네트워크 내일 이사 2014년 2014서울국제도서전 홍보대사 2015년 복지TV 상임고문(현) (상)현대문학상(1981), 소설문학작품상(1982), 대한민국문학상(1983), 성옥문화상(1988), 동국문학상(1989), 단재문학상(1991), 노신문학상(1998), 광주시문화예술상, 제7회 만해대상 문학부문(2003), 월간문학 제1회 동리상(2003), 자랑스러운 보성인상, 제11회 현대불교문학상 소설부문(2006), 순천문학상(2008), 자랑스러운 동국인상(2008), 최고의책 국내부문(2010), 한국예술평론가협의회 제33회 올해의 최우수 예술가상 문학부문(2013), 제1회 심훈문학대상(2014) (저)'누명'(1970) '어떤 전설'(1972) '황토'(1974) '허망한 세상이야기'(1978) '불놀이' '대장경'(1980) 중단편집 '상실의 풍경' '비탈진 음지' '어떤 솔거의 죽음' '마술의 손'(1978) '그림자 접목' '조정래 그의 문학속으로' 대하소설 '태백산맥 전10권'(1986) '아리랑 전12권'(1994) '한강 전10권'(2001) '비탈진 음지'(2011, 해냄) 산문집 '누구나 홀로 선 나무'(2003) '황홀한 글감옥'(2009) '허수아비 춤'(2010, 문학의 문학) 단편 '수수께끼의 길' '어떤 솔거의 죽음'(2011, 해냄) 중편 '안개의 열쇠' 장편 '인간연습'(2006) '오 하느님'(2007) '황토'(2011, 해냄) '정글만리'(2013, 해냄) 사진집 '길'(2015, 해냄) (종)불교

조정래(趙廷來) CHO Jeong Rai

(생)1966·12·2 (출)경남 진주 (주)서울 강남구 테헤란로13길12 법무법인 태평양(02-3404-0161) (학)1985년 진주 동명고졸 1991년 서울대 경제학과졸 1995년 同대학원 경제학과졸 (경)1995년 사법시험 합격(37회) 1998년 사법연수원 수료(27기) 1998년 법무법인 태평양 변호사(현) 2003~2004년 미국 Duke Univ. School of Law 유학 2016년 금융위원회 금융발전심의회 금융서비스분과 위원(현)

조정숙(趙貞淑·女) CHO Jung Sook

(생)1957·10·20 (출)충남 (주)경기 고양시 일산동구 동국로32 동국대학교 약학대학(031-961-5211) (학)서울대 제약학과졸, 이학박사(미국 뉴욕주립대 버팔로교) (경)한국화학연구소 박사후과정, LG화학 바이오텍연구소 선임연구원 1996년 동국대 의대 의학과 전임강사·조교수 2004년 The Scripps Research Institute 교환교수 2010년 동국대 약학대학 약물학전공 교수(현) 2010년 보건복지부 중앙약사심의위원회 위원 2013~2015년 동국대 약학대학장 2013년 식품의약품안전처 중앙약사심의위원회 위원

조정식(曹正植) CHO Jung Sik

(생)1963·1·31 (출)서울 (주)서울 동작구 흑석로84 중앙대학교 광고홍보학과(02-820-5508) (학)1985년 연세대 신문방송학과졸 1988년 미국 텍사스대 대학원 광고학과졸 1992년 광고학박사(미국 플로리다대) (경)1993년 한국방송광고공사 광고연구소 연구위원 1994년 중앙대 광고홍보학과 교수(현) 1995년 웰컴 자문교수 1998년 동방커뮤니케이션즈 자문교수 1998~1999년 중앙

대 신문방송대학원 교학부장 2001~2002·2005~2009년 同광고홍보학과장 2005~2006년 한국광고학회 연구이사 2006~2007년 同총무이사 2013~2015년 중앙대 신문방송대학원장 2016년 한국광고학회 회장(현) (저)'Integrated 광고 매체기획론(共)'(2007, 학현사)

조정식(趙正湜) CHO Jung Sik

(생)1963·12·25 (출)서울 (주)서울 영등포구 의사당대로1 국회 의원회관720호(02-784-2760) (학)1981년 서울 동성고졸 1988년 연세대 건축공학과졸 2002년 同행정대학원 도시 및 지방행정학과졸 (경)1982~1992년 학생·노동운동 1985년 민족자주수호투쟁위원회 시위주도 1992년 통합민주당 기획조정실 전문위원 1995~1999년 제정구 국회의원 정책보좌진 1995~1999년 국민통합추진회의 기획위원 2000년 미국 USIA 연수 2003년 이부영 국회의원 보좌관 2003년 국민통합연대 기획위원회 부위원장 2003년 열린우리당 당의장 특별보좌역 2003~2005년 시흥희망포럼 대표 2004년 제17대 국회의원(시흥시乙, 열린우리당·대통합민주신당·통합민주당) 2005~2013년 한국백혈병어린이재단 이사 2007년 열린우리당 홍보기획위원장 2008년 제18대 국회의원(시흥시乙, 통합민주당·민주당·민주통합당) 2008~2009년 민주당 원내대변인 2010년 국회 지식경제위원회 위원 2010~2012년 민주당 경기도당 위원장 2011년 국회 예산결산특별위원회 위원 2012년 제19대 국회의원(시흥시乙, 민주통합당·민주당·새정치민주연합·더불어민주당) 2012년 국회 기획재정위원회 위원 2012년 민주통합당 문재인 대통령후보 선대위 '민주캠프' 산하 소통1본부장 2013년 국회 예산결산특별위원회 위원 2013년 국회 예산재정개혁특별위원회 위원 2014년 새정치민주연합 경기도당 6.4지방선거공천관리위원회 위원장 2014년 국회 교육문화체육관광위원회 위원 2014년 국회 윤리특별위원회 위원 2014~2015년 국회 남북관계및교류협력발전특별위원회 위원 2014~2015년 새정치민주연합 사무총장 2014~2015년 同야당탄압저지대책위원회 위원장 2014~2015년 同정치혁신실천위원회 위원 2014~2015년 同조직강화특별위원회 위원장 2014년 同전국대의원대회준비위원회 총괄본부장 2016년 제20대 국회의원(시흥시乙, 더불어민주당)(현) 2016년 국회 국토교통위원회 위원(현) 2016년 더불어민주당 경기시흥시乙지역위원회 위원장(현) (상)제21회 대한민국을 빛낸 한국인물대상 정치공로부문 대상(2016), 사회정의시민행동 제8회 공동선 의정활동상(2016) (종)천주교

조정애(曹貞愛·女) CHO Jung Ae (兮率)

(생)1947·5·25 (본)창녕(昌寧) (출)부산 (주)서울 종로구 평창문화로92의3 건우빌라A동202호 도서출판 시와사람들(02-6406-1068) (학)1965년 부산여고졸(17기) 1967년 부산 동아대 가정학과 수료 (경)1982년 KBS사업단 여성백과 근무 1986년 월간 부동산지 발행인 1990년 '문학공간' 신인상 수상·등단, 시인(현) 1991년 한국문인협회 회원(현) 1992~1994년 도서출판 고려 명예회장 1993년 세계시인회의 회원 1993년 한나라당 중앙상무위원 1993년 한국기독교문인협회 이사 1993년 한국공간시인협회 이사 1993년 현대시인협회 회원(현) 1994년 한국청각장애인 선교복음화운동본부 이사 1994년 사랑방낭송문학회 회장 1996년 한국시인협회 회원(현) 1996년 한국여성문학인회 이사(현) 1996년 시와사람들 대표 1997년 민족문화작가회의 회원 1997년 강남문인협회 회원 1999년 同이사(현) 1999년 국제펜클럽 한국본부 회원(현) 2004년 도서출판 시와사람들 대표(현) 2010년 좋은세상 시(詩)앗나눔 시인포럼 운영위원장 2014년 한민족평화통일촉진문인협회 사무총장 (상)서울특별시장표창(1981), 대통령표창(1982), 민정당총재표창(1982), 한국공간문학상 본상(1993), 서울문예상 우수상(1998) (저)시집 '내가 만든 허수아비'(1991) '푸른 눈빛의 새벽'(1994) 산문집 '딸들아 세상을 아느냐'(2003) '이렇게 좋은 날에'(2003) (종)기독교

조정우(趙政宇) CHO Jeong Woo

(생)1961·1·11 (주)서울 종로구 종로26 SK바이오팜 신약사업부문(02-2121-0110) (학)경성고졸, 인하대 생물학과졸, 同대학원 생물학과졸, 생물학박사(미국 텍사스A&M대) (경)SK(주) 상품화사업개발팀 그룹리더 2004년 同Life Science Lab장, 同Discovery Lab장 2008년 同Life Science 신약개발사업부장 2009년 同Life Science 신약개발연구소장 2011년 SK바이오팜 신약개발사업부장(상무) 2013년 同신약개발사업부장(전무) 2016년 同신약사업본부장(부사장)(현)

조정웅(趙正雄)

(생)1969·2·24 (출)서울 (주)광주 동구 준법로7의12 광주지방법원 민사14부(062-239-1114) (학)1987년 영일고졸 1991년 서울대 법학과졸 (경)1997년 사법시험 합격(39회) 2000년 사법연수원 수료(29기) 2000년 서울지법 의정부지원 판사 2002년 서울지법 판사 2004년 창원지법 진주지원 판사 2007년 서울행정법원 판사 2009년 서울북부지법 판사 2012년 서울고법 판사 2014년 서울중앙지법 판사 2015년 광주지법 부장판사(현)

조정원(趙正源) Chungwon CHOUE

ⓢ1947·12·20 ⓑ백천(白川) ⓞ서울 ⓙ서울 종로구 효자로15길 코오롱빌딩5층 세계태권도연맹(02-539-1752) ⓗ1966년 서울고졸 1970년 경희대 경제학과졸 1974년 미국 페어레이디킨슨대(Fairleigh Dickinson Univ.) 대학원 국제정치학과졸 1984년 국제정치학박사(벨기에 루뱅카톨릭대) 1993년 명예 법학박사(대만 중국문화대) 1998년 명예 인문학박사(미국 센트럴코네티컷주립대) 1998년 명예박사(일본 소카대) 2000년 국제산업디자인대학원대(IDAS) 뉴밀레니엄과정 수료 2001년 명예 법학박사(미국 볼스테이트대) 2004년 명예 인문학박사(멕시코 과달라하라국립대) 2005년 명예 상학박사(일본 도쿄국제대) ⓒ1987년 경희대 정치외교학과 조교수·부교수·교수 1979~1984년 同기획실장 1983~1988년 同체육위원회 위원장 1983~1993년 한국대학탁구연맹 초대회장 1985~2003년 경희대 국제교류위원장 1986~1994년 同동북아연구원장 1989~2003년 同농구단장 1991~1997년 대한올림픽위원회(KOC) 문화위원 1992년 경희대 아시아태평양지역연구소장 1993~1996년 同서울캠퍼스 부총장 1995년 제1회 한·중동양의학국제심포지엄 준비위원장 1995년 국제태권도아카데미 원장 1996~1997년 제40차 세계체육학술대회 조직위원장 1997~2003년 경희대 총장 1997년 경희대 아태지역운영재단 이사장 1998년 대한태권도협회 고문 1998~2003년 국제교육진흥원 국비유학자문위원장 1998년 대한체육회 후원회 발기인 1998~1999년 아시아태평양대학협의회(AUAP) 상임이사 1998년 러시아 The Academy of Creative Endeavour 정회원 1998년 대한올림픽위원회(KOC) 위원 1999년 북경임업대학 명예교수 1999~2001년 아시아태평양대학협의회(AUAP) 제2부회장 1999~2003년 2010평창동계올림픽유치위원회 고문 1999년 서울NGO세계대회 조직위원장 1999년 러시아 모스크바국립대 명예교수(현) 2000~2003년 국제교육진흥원 운영심의위원장 2000~2003년 경희대 총장 2000년 태평양아시아협회 이사장 2001년 한국복지재단 이사 2001년 필리핀 라살대학 유첸코센터 이사 2002~2005년 대한체육회 부회장 2002~2003년 아시아태평양대학협의회(AUAP) 제1부회장 2003~2004년 경희대 정치외교학과 교수 2003년 한국대학교육협의회 감사 2003~2004년 아시아태평양대학협의회(AUAP) 회장 2004~2006년 중국 베이징대 석좌교수 2004년 한국국제정치학회 부회장 2004년 세계태권도연맹 총재(4선·현) 2005~2007년 2014평창동계올림픽유치위원회 부총재 2005년 대한올림픽위원회 고문 2005년 2014인천아시아경기유치위원회 부위원장 2005년 중국 스차하이 체육대학 명예교수(현) 2006년 중국 인민대 석좌교수(현) 2006년 한국페어플레이위원회 초대회장(현) 2006년 GCS International(前밝은사회국제클럽) 국제본부 총재(현) 2006년 학교법인 경희학원 이사 2006년 한국올림픽성화회 명예회장(현) 2006년 동화홀딩스(주) 사외이사(현) 2007년 국제지역학회 고문(현) 2009~2015년 세계태권도평화봉사재단 이사장 2009년 경희대 국제지역연구원 이사장 2010년 한국방문의해위원회 위원(현) 2013년 駐한국 온두라스대사관 명예영사(현) 2016년 세계태권도평화봉사재단 명예총재(현) ⓢ대통령표창(1983), 미국 Indiana주 Muncie시 명예시민(1986), 미국 New Jersey주 Jersey시 명예시민(1987), 미국 페퍼다인대 감사장(1987), 글로벌코리아상(1998), 벨기에왕실 공로훈장(2000), 일본 오추대 이사장공로상(대학장 금장)(2000), 경희체육인상 공로상(2004), 청조근정훈장(2006), 미국 California주 Carson시 명예시민(2007), 몽골 올림픽국가협회 체육공로훈장(2007), 자랑스러운 경희인상(2013), 코트디부아르 체육공로훈장(2013) ⓙ'남북한통론문'(1990) '제네바회담과 북한의 화평통일론'(1990) '동북아 국가간의 협력방안'(1991) '대학은 미래의 펀드다'(2008) 'Peace in Mind, Sports at Heart'(2009) ⓔ'화평의 책'(1985)

조정원(趙廷元) Cho Jung-won

ⓢ1955·12·1 ⓙ서울 종로구 사직로8길60 외교부 인사운영팀(02-2100-7136) ⓗ1980년 서울대 법학과졸 ⓒ1978년 외무고시 합격(12회) 1980년 외무부 입부 1985년 駐아틀란타 영사 1992년 駐필리핀 참사관 1995년 駐일본 1등서기관 1998년 외교통상부 국제협약과장 2000년 국무총리비서실 파견 2002년 駐일본 참사관 2004년 駐네덜란드 공사 2007년 중앙공무원교육원 파견 2008년 외교통상부 외교역량평가단장 2008년 외교안보연구원 교수부장 2010년 駐후쿠오카 총영사 2014~2016년 駐이라크 대사 2016년 외교부 본부 근무(현)

조정일(趙丁一) CHO Chung Il

ⓢ1962·1·24 ⓑ백천(白川) ⓞ서울 ⓙ서울 영등포구 은행로30 중소기업중앙회 본관6층 코나아이(주) 대표이사실(02-1899-1771) ⓗ1980년 대광고졸 1986년 성균관대 물리학과졸 ⓒ1986~1994년 대우통신(주) 선임연구원 1994~1998년 한국정보통신(주) 수석연구원 1998~2012년 케이비테크놀러지(주) 대표이사 2012년 코나아이(주) 대표이사(현) ⓢ부산시장표창(1998), 대한경영학회 경영자대상(2002), 언스트앤영 최우수기업가상 테크놀로지부문(2014)

조정제(趙正濟) JOH Jung Jay (秀山)

ⓢ1939·10·16 ⓑ함안(咸安) ⓞ경남 고성 ⓙ서울 동작구 현충로85 원불교서울회관B10호 아프리카어린이돕는모임(02-825-5196) ⓗ1958년 경남고졸 1963년 서울대 영어영문학과졸 1970년 同행정대학원졸 1976년 경제학박사(미국 캔자스주립대) 2000년 명예 경영학박사(한국해양대) ⓒ1966년 행정고시 합격 1966~1974년 경제기획원 사무관 1976년 同자금계획과장 1978년 국토개발연구원 수석연구원 1981년 同연구위원 1984~1991년 同부원장 1992년 대한국토·도시계획학회 회장 1994년 해운산업연구원 원장 1997년 해양수산개발원 초대원장 1997~1998년 해양수산부 장관 1998년 규제개혁위원회 경제분과위원장 1998~2001년 한국해양대 초빙교수 1999년 (사)아프리카어린이돕는모임 이사장(현) 2000~2001년 해양문화재단 이사장 2003년 국무총리 정부정책평가위원회 위원장 2004년 월간 '수필문학'으로 수필가 등단 2005년 단편소설 '은파를 넘어서'로 소설가 등단 2008년 원불교문화예술단체총연합회 회장 ⓢ국무총리표창, 국민훈장 모란장, 현정국토개발상(1998) ⓙ'도시재정 개선방안연구' '토지세제의 과제와 정책' '도시경영' '도시정책분석' '좁은 땅 넓은 바다' 단편소설 '은파를 넘어서'(2005) 장편소설 '북행열차' ⓡ원불교

조정현(曺正鉉) CHO Jeong Hyeon

ⓢ1969·10·28 ⓞ전남 목포 ⓙ경기 안산시 단원구 광덕서로75 수원지방법원 안산지원(031-481-1114) ⓗ1988년 목포 영흥고졸 1994년 서울대 공법학과졸 ⓒ1994년 사법시험 합격(36회) 1997년 사법연수원 수료(26기) 1997년 제주지법 판사 2002년 수원지법 안산지원 판사 2006년 서울동부지법 판사 2007년 영국 킹스칼리지런던 파견 2008년 서울고법 판사 2010년 서울중앙지법 판사 2012년 광주지법 부장판사 2013년 사법연수원 교수 2015년 수원지법 안산지원 부장판사(현)

조정호(趙正鎬) CHO Jung Ho

ⓢ1958·10·5 ⓑ양주(楊州) ⓞ인천 ⓙ서울 강남구 강남대로382 메리츠금융지주 회장실(02-3786-2000) ⓗ1978년 미국 Thacher School졸 1983년 미국 Univ. of Southern California 경제학과졸 1988년 스위스 International Institute for Management Development(국제경영개발대학원) MBA 수료 ⓒ1983~1989년 (주)대한항공 구주지역본부 차장·부장 1984년 同구주지역본부장 1989년 한일투자증권(주) 이사대우 부장 1991~1994년 同상무이사 1994~1995년 同총괄전무이사 1995~1996년 동양화재해상보험(주) 전무이사 1996~1997년 同부사장 1997~1999년 한진투자증권(주) 대표이사 사장 1999~2000년 同대표이사 부회장 2000~2003년 메리츠증권(주) 대표이사 부회장 2003~2007년 同대표이사 회장 2007년 메리츠종합금융 등기이사 겸임 2007년 메리츠증권(주) 회장 2007~2013년 메리츠화재해상보험(주) 회장 2007년 메리츠종합금융(주) 비상근이사 2009·2011~2013·2014년 메리츠금융지주 회장(현)

조정호(趙廷鎬) Cho Jung Ho

ⓢ1959·2·26 ⓙ서울 중구 세종대로39 대한상공회의소 인력개발사업단(02-6050-3505) ⓗ전북 남성고졸 1981년 성균관대 경제학과졸 1988년 영국 런던대 대학원 노사관계학과졸 ⓒ1998년 노동부 국제노동협력관 1999년 同국제협력담당관 2000년 同법무담당관 2002년 同국제협력관 2003년 경인지방노동청장 2004년 노사정위원회 파견 2006년 노동부 고용정책본부 노동보험심의관 2007년 서울지방노동청장 2008년 노동부 직업능력정책관 2009~2011년 중앙노동위원회 사무처장 2015년 대한상공회의소 인력개발사업단장(현)

조정호(趙廷鎬) CHO Jung Ho

ⓢ1970·2·8 ⓑ김제(金堤) ⓞ서울 ⓙ대전 유성구 대덕대로776 한국천문연구원 우주측지그룹(042-865-3234) ⓗ1988년 선덕고졸 1992년 충남대 천문우주과학과졸 1995년 연세대 대학원 천문대기과학과졸(이학석사) 2012년 이학박사(독일 본(Bonn)대 대학원 우주측지학과) ⓒ1995~1996년 한국표준과학연구소 부설 천문대 GPS팀 단기기술원 1996~1999년 同부설 천문대 GPS팀 연구원 1999~2001년 한국천문연구원 GPS연구그룹 연구원 2001~2005년 同GPS연구그룹 선임연구원 2005~2006년 同우주측지연구그룹 선임연구원 2006~2009년 同우주측지연구부 지구관측연구그룹장 2009~2010년 同우주과학연구부 우주측지연구그룹장 2010년 해외 파견(선임연구원) 2011년 한국천문연구원 책임연구원(현) 2014년 同우주측지그룹장(현) ⓢ한국천문연구원기술상 최우수상(2007), 교육과학기술부장관표창(2010) ⓙ'현대천문학 강좌'(共) '열린어린이 우주캠프' 시리즈

조정화(趙政和) CHO, JEONG-HWA

[생]1964·10·7 [출]부산 [주]부산 연제구 중앙대로1001 부산광역시의회(051-888-8191) [학]1983년 경남고졸 1988년 부산외국어대 법학과졸 1992년 부산대 행정대학원 행정학과졸 2010년 동아대 경영대학원 박사과정 수료 [경]1992~1996년 곽정출 국회의원 비서관 1996~2000년 노기태 국회의원 비서관 2001~2002년 한나라당 보좌관협의회 사무국장, 부산외국어대 대학평의원회 평의원, 부산증권선물금융포럼 상임이사, 부산파이낸셜포럼 이사, 해양산업발전협의회 자문위원 2002년 한나라당 이회창 대통령후보 전략기획 보좌역 2002~2006년 엄호성 국회의원 입법보좌관 2006~2010년 부산시 사하구청장(한나라당) 2010년 부산시 사하구청장선거 출마(무소속) 2012년 새누리당 제18대 대통령중앙선거대책위원회 인재영입본부 부산본부장, 부산외국어대 초빙교수 2014년 부산시의회 의원(새누리당)(현) 2014년 同기획재경위원회 위원 2015년 同기획행정위원회 위원(현)

조정환(曺晶煥)

[생]1955 [출]강원 인제 [주]경기 파주시 광탄면 혜음로 765 학교법인 한민학원 이사장실(031-937-6600) [학]춘천제일고졸 1977년 육군사관학교졸(33기) [경]1998년 21사단 63연대장 2000년 육군본부 비서실 정책과장 2001년 同정보작전참모부 작전과장 2004년 同정보작전참모부 계획편제처장 2005년 제22사단장 2008년 육군본부 정보작전참모부장 2008년 제5군단장(중장) 2010년 육군 참모차장 2011년 육군 제2작전사령관(대장) 2012~2013년 육군 참모총장(대장) 2014~2016년 광복청년아카데미 명예총재, 학교법인 한민학원(한민고) 이사장(현) [상]보국훈장 천수장(2008), 올해의 자랑스러운 강원인(2012)

조정희(趙貞姬·女) CHO Jung Hee (淸江)

[생]1953·1·23 [출]서울 [주]경북 경산시 화랑로94 한약진흥재단 한약자원본부(053-860-2800) [학]1971년 진명여고졸 1976년 성균관대 화학과졸 1984년 동덕여대 대학원졸 1992년 약학박사(동덕여대) [경]1976~1990년 국립보건원 약품부 물리화학담당관실 보건연구사 1990~1998년 同생물약품과·생약규격과 보건연구관 1992년 동덕여대 약대 강사 1992년 한국생약학회 이사 1997년 경희대 대학원 객원교수 1997년 일본 생약학회 회원 1998년 식품의약품안전청 생약평가부 생약제제팀장 2008~2015년 전남한방산업진흥원 원장, 전남대 약학대학 객원교수(현), 중앙약사심의위원회 위원(현) 2016년 한약진흥재단 한약자원본부장(현) [상]보건복지부장관표창, 녹조근정훈장(2011) [역]'상용생약의 성분정량'(編) '활성산소와 질환'(共)

조종관(趙鍾寬) CHO Chong Kwan

[생]1956·1·20 [본]한양(漢陽) [출]충남 보령 [주]대전 동구 대학로62 대전대학교 둔산한방병원 동서암센터(042-470-9134) [학]인창고졸 1979년 경희대 한의학과졸 1981년 同대학원졸 1987년 한의학박사(경희대) [경]1982년 경희대 한방병원 전문의 1984~1989년 동국대 한의학과 조교수 1989년 대전대 한의과대학 교수(현) 1995년 同한방병원 의무부원장 1996년 중국 북경광안문병원 종양과·중국과학원 종양병원 연수 1997~2001년 대전대 한방병원장 1999년 同동서생명과학연구장 1999년 同둔산한방병원 동서암센터장(현) 1999~2003년 同한의과대학장 1999년 同한의학연구소장 2003년 중국 상해중의약대 용화병원 종양과 연구원 2004년 同객좌교수 2004년 대전대 둔산한방병원장 2014~2016년 대한암한의학회 회장 [저]'한방임상종양학' '플러스 암치료법' '수레바퀴 암치료법' '암의 휴면요법' '몸에 좋은 한방치료' '한방 암 치료가 몸에 좋다' '한의학의 암치료기술' '암 전이 재발을 막아주는 한방 신치료 전략(共)'(2009) [역]'역대암치료선' [종]기독교

조종국(趙鍾國) CHO Chong Kook (南溪)

[생]1943·1·12 [본]한양(漢陽) [출]충남 부여 [주]대전 중구 계백로1719 센트리아오피스텔1906호 (주)CK 대표이사실(042-531-9795) [학]1961년 부여고 3년 중퇴, 同명예졸업 1986년 동국대 대학원 한문교육학과 수료 1987년 충남대 경영대학원 최고경영자과정 수료 1992년 同행정대학원 최고관리자과정 수료 2006년 방송통신고졸 2011년 대전대 산업광고심리학과 중퇴 [경]1970~1971년 서울신문 사회부 기자 1971년 국가비상사태 언론인구속사건 옥고 1983년 충남도전 초대작가·운영위원·전람회장 1984년 국립현대미술관 초대작가 1986년 (사)한국예술문화단체총연합회 충남도연합회장 1988년 同부회장 1988년 同대전시연합회장 1988년 한국예술문화진흥이사장(현) 1989년 대전시미술대전 초대작가·운영위원장 1989년 대전예술 발행인 1992년 대전세계박람회조직위원회 문화예술전문위원 1994년 대한민국서예대전 심사위원 1995년 한·중문화교류 회장(현) 1995~2002년 대전시의회 의원(자민련) 1995~1997년 同부의장·의장 직대 1996년 (주)새대전아트 대표이사 2000~2002년 대전시의회 의장 2000~2007년 한국예술문화단체총연합회 부회장, 同대전시연합회장 2002~2004년 자민련 대전中지구당 위원장 2005년 (주)CK 대표이사(현) 2010년 (주)한국광고진흥재단 대표이사 2011년 제30회 대한민국미술대전 서예부문 운영위원장 2012년 대전시문화재단 자문위원장 2014년 대전시의정회 회장(현) [상]충남도문화상 예술부문, 서울신문 향토문화대상 현대문화부문 본상, 한국예술문화단체총연합회 예술문화대상, 대전시문화상 사회봉사부문, 대전시미술대전 초대작가상, 시사투데이 올해의 新한국인 大賞(2013), 중국 강소성인민정부 '강소성을 빛낸 인물 상'(2014) [저]수필집 '별을 바라보는 마음으로' '계룡로의 아침' 서문집 '남계조종국서예' [작]서예저작권 '내 아들을' [종]천주교

조종남(趙鍾男) CHO Chong Nahm

[생]1927·8·8 [본]백천(白川) [출]황해 연백 [주]전북 김제시 금성로93 사회복지법인 길보른재단(063-546-0947) [학]1945년 개성상고졸 1956년 서울신학교졸 1958년 숭실대 철학과졸 1962년 미국 에즈베리신학교 대학원졸 1966년 철학박사(미국 에모리대) 1987년 인문학박사(미국 애주사퍼시픽대) 2001년 신학박사(미국 에즈베리신학교) [경]1959년 기독교대한성결교회 목사(현), 장춘단성결교회 명예목사(현) 1966년 미국 올리벳대 교수 1967~1983년 서울신학대 교수 1968~1982년 同학장 1970년 전국신학대협의회 회장 1971~1983년 동양선교회(OMS) 이사 1975~1976년 대한성서공회 회장 1977년 세계복음화국제협의회 회장 1980년 미국 애주사퍼시픽대 초빙교수 1981년 서울신학대 대학원장 1984~1988년 명지대 인문대학장 겸 교목실장 1985~1989년 한국스포츠선교회 회장 1987년 아시아로잔위원회 회장·명예회장(현) 1988~1992년 서울신학대 학장 1990년 전국신학대협의회 이사장 1992년 한국복음주의신학회 회장 1992년 시각장애자재활원 이사장 1993~1995년 미국 에즈베리신학교 객원교수 1995~2005년 학교법인 명지학원 선교실장 1996년 서울신학대 대학원 강사 1997년 한국웨슬리학회 회장 1997년 학교법인 명지학원 이사 1997년 길보경애원 이사 1998~2001년 한국복지재단 이사장 2001년 同고문 2005년 사회복지법인 길보른재단 대표이사(현) 2005년 명지기독경영아카데미 감사 2006년 한국웨슬리학회 명예회장 2006~2008년 명지대 문화교류선교학과 석좌교수 2009년 횃불트리니티신학대학원 석좌교수(현) 2010년 서울신학대 명예석좌교수(현) 2010년 초록우산 어린이재단 고문(현) 2013년 서울신학대 명예총장(현) [상]국민훈장 동백장(1977), 올림픽기장(1988), 한국기독교학술상(2011), 국가유공자(2013), 기독교신학대상(2014) [저]'그 나라에서 큰 자'(1975) '요한웨슬리의 신학'(1984, 대한기독교출판사) '전도와 사회참여'(1986, 생명의말씀사) '로잔세계복음화 운동의 역사와 정신'(1990) '성결교회의 신학적 배경과 사중복음의 유래'(1998) '웨슬리신학 메니페스토'(日文) '성서적 기독교'(2006, 베드로서원(피터스하우스)) '쉽게 풀어쓴 사도신경'(2006, 횃불) '쉽게 풀어쓴 주기도문'(2006, 횃불) '쉽게 풀어쓴 십계명'(2006, 횃불) '웨슬리의 갱신운동과 한국교회'(2006, 대한기독교서회) '하늘 연어'(2006, 두란노) '사중복음의 현대적 의의'(2009, 대한기독교서회) '기독교신학개론'(2012, 선교횃불) '세계복음화를 위한 로잔운동의 역사와 신화'(2013, 선교횃불) '미수기념'(서울신학대) '조종남 문집(6권)'(서울신학대) [역]'요한웨슬레 성서주해'(1990) '복음과 문화'(1993) '오순절운동의 신학적 유래'(1997) '하나님의 병고치는 권세'(1997, 서로사랑) [종]기독교

조종래(趙鍾來) CHO Jong Rae

[생]1968·5·2 [출]부산 [주]대전 서구 청사로189 중소기업청 운영지원과(042-481-4314) [학]1987년 부산고졸 1991년 한양대 행정학과졸 2004년 미국 콜로라도주립대 대학원 행정학과졸 [경]1992년 중앙공무원교육원 사무관 1993년 공업진흥청 표준국 표준계획과 사무관 1997년 중소기업청 행정법무담당관실 사무관 1997년 同차장실 사무관 1998년 同기획예산담당관실 사무관 2000년 同벤처기업국 벤처정책과 서기관 2004년 同창업벤처국 창업벤처책과 서기관 2005년 同중소기업정책국 구조개선과장 2006년 同정책홍보관리관실 재정기획법무관 2006년 同정책홍보관리본부 재정법무팀장 2006년 同정책홍보관리본부 혁신인사기획팀장 2007년 同창업벤처본부 창업벤처정책팀장 2007년 同창업벤처본부 창업벤처정책팀장(부이사관) 2008년 同벤처정책과장 2009년 同인력지원과장 2012년 同기획조정관실 고객정보화담당관 2013년 同옴부즈만지원단장 2014년 同생산기술국 생산혁신정책과장 2015년 同소상공인정책국 소상공인정책과장 2015년 同중견기업정책국장 2016년 국가공무원인재개발원 교육파견(고위공무원)(현)

조종만(趙鐘萬) Cho, Jong-Man

(생)1959 · 7 · 27 (주)전남 나주시 빛가람로625 전력거래소 계통본부(061-330-8121) (학)1980년 인하공업전문대졸 1986년 서울산업대 전기공학과졸 1999년 경상대 대학원 전기공학과졸 2006년 공학박사(한양대) (경)1986~2001년 한국전력공사 울산화력본부 · 급전운영부 근무 2001년 전력거래소 급전운영팀 과장 2003년 同시장기획팀 부장 2004년 同급전운영팀 부장 2007년 同계통기술팀장 2011년 同천안지사장 2011년 同중앙전력관제센터장 2014년 同계통본부장(상임이사)(현) (상)산업자원부장관표창(2006)

조종설(趙鍾卨)

(생)1962 (학)1985년 육군사관학교졸(41기) (경)국방부 국방전비태세검열단 부단장 2013년 합동참모본부 작전1처장 2014년 제12사단장(소장), 육군 제3군사령부 참모장(소장) 2016년 육군 특수전사령관(중장)(현)

조종수(曺鍾守) CHO Chong Su

(생)1945 · 4 · 19 (출)전북 전주 (주)서울 관악구 관악로1 서울대학교 농생명공학부(02-880-4868) (학)1964년 전주고졸 1970년 서울대 잠사학과졸 1976년 일본 도쿄대 농공대학원 고분자공학과졸 1979년 고분자공학박사(일본 도쿄공대) (경)1979~1990년 전남대 공대 조교수 · 부교수 1982년 미국 위싱턴대 연구원 1983 · 1991년 미국 유타대 연구원 1990년 일본 도쿄공대 교환교수 1990~1998년 전남대 고분자공학과 교수 1998~2010년 서울대 농생명공학부 교수 2010년 同농생명공학부 연구교수(현) (상)과학기술처장관표창, 한국고분자학회 상남고분자상, 세계생체재료학회총회 생체재료과학기술 우수연구상, 보건복지부장관표창, 대한민국학술원상, 서울대 농업생명과학대학 학술상(2006), 세계약물방출학회 우수논문상(2007), 대한민국학술원상 자연과학응용부문(2009) (종)기독교

조종수(趙鍾壽) CHO Chong Soo

(생)1952 · 4 · 8 (출)경북 청송 (주)대구 수성구 달구벌대로2330 (주)서한(053-740-5863) (학)1970년 청송고졸 1974년 영남대 토목공학과졸 2004년 서울대 공과대학원 건설산업최고전략과정 수료 (경)2003년 (주)서한 대표이사(현) 2005년 국제로타리 3700지구 ROTC로타리클럽 회장 2008년 영남대ROTC동문회 회장 2009년 대구상공회의소 상공의원(현) 2009년 영남대총동문회 부회장(현) 2009~2012년 대한건설협회 대구시회 회장 2010년 대한민국ROTC 중앙회 부회장(현) 2012~2016년 대구 · 경북지구ROTC 회장 2013년 대구경영자협회 부회장(현) 2015년 대한건설협회 대구시회 회장(현) (상)동탑산업훈장(2011), 건설업윤리경영대상(2013), 국무총리표창(2014)

조종숙(趙琮淑 · 女) CHO Jong Sook

(생)1932 · 9 · 17 (출)서울 (주)서울 강남구 논현로28길53 도곡대하6층 규당서실(02-573-0457) (학)1951년 서울 무학공립여고졸 1952년 성균관대(前 전시종합대학) 중퇴 (경)1953~1954년 장흥초교 교사 1984년 현대미술관 초대작가 1988년 예술의전당 개관기념전 초대작가 1989~1992년 대한민국미술대전 심사위원 · 운영위원 1990년 규당서실 지도자(현) 1994~1995년 한국미술협회 서예분과 위원 2000~2003년 세종한글서예큰뜻모임 회장 2001년 국제서법예술연합회 부이사장(현) 2003년 세종한글서예큰뜻모임 명예회장 · 고문(현) 2004년 한국미술협회 부이사장 · 고문(현) 2004년 수사기념사업회 이사장 2004년 한국예문회 회장 · 명예회장(현), 원로서예문인화연합회 부회장 · 공동회장(현) 2012년 규장미술관 관장(현) (상)신사임당상(1990), 외솔상(2003), 예총 미술문화대상(2007) (저)'우리글 서체를 찾아서'(2000) '해서천자문'(2010) '다정체자 폰트제작'(2012)

조종완

(생)1964 (출)서울 (주)서울 서대문구 통일로97 경찰청 과학수사관리관실(02-3150-2925) (학)1982년 경성고졸 1986년 경찰대 법학과졸(2기) (경)1986년 경위 임관 2007년 경찰청 총무과 근무 2007년 경북 안동경찰서장(총경) 2009년 경찰청 교육과장 2010년 서울 동작경찰서장 2011년 경찰청 감사담당관 2014년 경기 분당경찰서장(경무관) 2015년 국립외교원 경무담당관 2015년 경기지방경찰청 제3부장 2016년 경기남부지방경찰청 제3부장 2016년 경찰청 과학수사관리관(경무관)(현)

조종태(趙鍾泰) JO Jong Tae

(생)1967 · 2 · 28 (본)함안(咸安) (출)경남 함안 (주)대구 수성구 동대구로364 대구고등검찰청(053-740-3300) (학)1985년 마산 중앙고졸 1991년 서울대 국어국문학과졸 (경)1993년 사법시험 합격(35회) 1996년 사법연수원 수료(25기) 1996년 수원지검 검사 1998년 창원지검 통영지청 검사 2000년 서울지검 검사 2002년 프랑스 국립사법관학교 연수 2003년 울산지검 검사 2005년 법무부 정책홍보관리실 검사 2008년 서울동부지검 검사 2009년 同부부장검사 2010년 대구지검 부부장검사 2011년 전주지검 정읍지청장 2012년 법무부 범죄예방정책국 법질서선진화과장 2013년 同범죄예방정책국 범죄예방기획과장 2014년 대검찰청 범죄정보1담당관 2015년 서울중앙지검 조사1부장 2016년 대구고검 검사(현) 2016년 법무부 정책기획단장 겸임(현)

조주연(趙珠淵) CHO Joo Yun

(생)1957 · 1 · 26 (출)대전 (주)서울 서초구 서초중앙로96 서울교육대학교 초등교육과(02-3475-2535) (학)1976년 대전고졸 1981년 서울대 교육학과졸 1985년 同대학원 교육학과졸 1990년 철학박사(미국 오리건대) (경)1981년 상계여중 교사 1982년 서울사대부속여중 교사 1990~1992년 서울대 · 한국교원대 · 성균관대 · 서울교육대 강사 1990~1992년 국립교육평가원 조교수 1992년 서울교육대 초등교육과 조교수 · 부교수 · 교수(현) 2002~2004년 한국초등교육학회 이사 2005년 서울교육대 초등교육연구원장 2009년 同교육연수원장 2010~2012년 한국초등교육학회 회장 (상)교육부장관표창(1997) (저)'열린교육의 이해'(共) '수업기술의 이론과 실제' (역)'오른뇌를 활용하는 수업기술' (종)기독교

조주현(曺周鉉) CHO Joo Hyun

(생)1953 · 5 · 30 (출)경기 (주)서울 광진구 능동로120 건국대학교 부동산학과(02-450-3586) (학)1975년 서울대 건축공학과졸 1981년 同환경대학원 환경계획학과졸 1988년 도시계획학박사(미국 Massachusetts Institute of Technology) (경)1980년 국토개발연구원 연구원 1989년 건국대 부동산학과 교수(현) 1999~2000년 同대외협력처장 2001년 미국 MIT 객원교수 2001~2003년 한국주택학회 회장 2004년 건국대 부동산대학원장 2004년 토지포럼 대표 2005년 한국부동산분석학회 회장 2005년 대통령자문 국민경제자문회의 자문위원 2006년 건국대 정치대학장 2006~2008년 한국부동산분석학회 명예회장 2007년 건국대 부동산도시연구원장 2008~2014년 한국부동산분석학회 고문 2013~2015년 (재)우체국시설관리단 비상임이사 (저)'부동산학원론'(2002) (역)'부동산시장분석론'(2004)

조주홍(趙周洪)

(생)1969 · 10 · 15 (출)경북 안동시 풍천면 도청대로455 경상북도의회(054-880-5411) (학)대륜고졸, 홍익대 경영학과졸, 영남이공대학 토목과졸 (경)(주)한일건설 대표이사(현), 한국청년회의소 영덕청년회의소 회장, 법무부 법사랑위원회 영덕지역협의회 운영위원, 포항교도소 교정위원(현), 한국스카우트연맹 경북영덕지구연합회 회장(현) 2007년 한나라당 제17대 대통령선거 경북선거대책위원회 공동청년본부장 2012년 새누리당 제18대 대통령선거 경북선거대책위원회 유세본부장, 同경북도당 홍보위원장(현) 2014년 경북도의회 의원(비례대표, 새누리당)(현) 2014년 同농수산위원회 위원 2014년 同정책연구위원회 부위원장(현) 2014~2016년 새누리당 경북도의회 원내대표단 대변인 2016년 경북도의회 문화환경위원회 위원(현) 2016년 同원자력안전특별위원회 위원(현)

조주환(曺周煥)

(생)1965 · 10 · 19 (주)서울 중구 서소문로100 중앙일보 신문제작담당(02-751-5114) (학)1984년 마산고졸 1990년 서울대 서양사학과졸 (경)1994년 중앙일보 편집부 기자 2002년 同편집국 종합편집부 기자 2005년 同편집국 종합편집부 J팀 기자 2006년 同편집국 종합편집부 차장대우 2007년 同편집국 편집부문 차장대우 2008년 同편집국 편집부문 J팀장 2011년 同편집디자인에디터(부장대우) 2012년 同편집국 Saturday부문 에디터 2014년 同편집디자인에디터 2015년 同신문제작담당 종합편집에디터 2016년 同신문제작담당 종합에디터(현) (상)한국편집기자상(1999), 제11회 한국편집상 레이아웃부문 대상(2004)

조 준(趙 準) CHO JOON

(생)1960·8·25 (주)서울 광진구 능동로120의1 건국대학교병원 신경외과(02-2030-7624) (학)1979년 전주고졸 1985년 전북대 의대졸 1992년 同대학원 의학석사 1996년 의학박사(전북대) (경)건국대병원 전공의, 연세대 강사 겸 뇌연구소 연구원, 건국대 의과대학 신경외과학교실 교수(현), 건국대병원 중환자실장, 同헬스케어센터 소장, 同홍보실장, 대한감마나이프방사선수술학회 회장, 대한정위기능신경외과학회 부회장, 대한뇌종양학회 운영위원, 대한통증연구학회 무임소이사, 대한신경외과학회 학술지편집위원회 심사위원, 미국신경외과학회 정회원, 대한간질학회 종신회원 겸 운영위원, 대한정위기능신경외과학회 운영위원, 세계신경외과학회 정회원, 대한신경외과학회 정회원(현) 2014년 근로복지공단 비상임이사 2016년 대한정위기능신경외과학회 회장(현) 2016년 건국대병원 진료협력센터장(현)

조준모(趙俊模) CHO Joon Mo

(생)1962·9·1 (본)백천(白川) (출)서울 (주)서울 종로구 성균관로25의2 성균관대학교 경제학과(02-760-0422) (학)1981년 경복고졸 1985년 연세대 경제학과졸 1987년 미국 시카고대 대학원 경제학과졸 1990년 경제학박사(미국 시카고대) (경)1990~1994년 미국 Oklahoma대 조교수 1992~2000년 Journal of Applied Business Research Reviewer 1994~1999년 숭실대 경제통상학과 조교수 1998~1999년 同노사관계대학원 교학부장 1998~1999년 제2기 노사정위원회 책임전문위원 1999~2005년 숭실대 경제학과 부교수 2001년 한국노동경제학회 연구이사 2002~2003년 同상임이사 2002년 노사정위원회 공익위원 2003~2005년 숭실대 노사관계대학원 주임교수 2003~2005년 同경제학과장 2004~2005년 同평생교육센터장 2005년 同노사관계대학원장 2005년 한국공공정책학회 학술부회장 2005년 성균관대 경제학과 교수(현) 2006년 중앙노동위원회 공익위원 2006년 성균관대 HRB센터장(현) 2008년 학교법인 덕성학원 이사 2008년 국회 환경노동위원회 자문위원 2011~2014년 성균관대 교무처장 2014년 대통령직속 규제개혁위원회 경제분과 민간위원 2015년 성균관대 경제대학장(현) (저)'아웃소싱 매뉴얼'(1999) '노사협력적 고용관리 매뉴얼'(1999) '인적자원의 확충과 보호(共)'(2005) '신산별교섭론'(2006) '특수형태종사자보호에 관한 경제학적 이해(共)'(2007) '신노사문화 정착을 위한 노동관계법 전환에 관한 연구' '한미 FTA의 노동시장 파급효과와 노동제도 변화(共)'(2008) (종)기독교

조준억(趙浚億)

(생)1966·3·18 (출)경북 청도 (주)전남 여수시 해양경찰로122 국민안전처 해양경비안전교육원 인재개발과(061-806-2000) (학)부산 중앙고졸, 한국외국어대 아랍어과졸 2006년 미국 뉴욕주립대 행정대학원 행정학과졸 (경)1996년 행정고시 합격(40회) 1999년 해양경찰청 기획계장 2001년 울산해양경찰서 수사과장 2003년 미국 연방해양경비대사관학교 리더십관리과정 수료 2005년 해양경찰청 정보수사국 국제과장 2008년 동해지방해양경찰청 정보수사과장 2009년 동해해양경찰서장 2010년 경찰대학 교육파견(총경급) 2011년 해양경찰학교 교무과장 2012년 제주해양경찰서장 2013년 해양경찰청 창의성과담당관 2014년 해양경찰교육원 총무과장 2014년 국민안전처 해양경비안전교육원 교육지원과장 2015년 同해양경비안전교육원 학생과장 2016년 同해양경비안전교육원 인재개발과장(현)

조준웅(趙俊雄) CHO Joon Woong

(생)1940·10·13 (출)경남 함안 (주)서울 서초구 서초대로45길20 세광빌딩2층 법무법인 세광(02-595-6633) (학)1959년 부산사범학교졸 1967년 서울대 법학과졸 (경)1970년 사법시험 합격(12회) 1972년 사법연수원 수료 1973년 서울지검 검사 1981년 대검찰청 검찰연구관 1982년 부산지검 검사 1985년 춘천지검 영월지청장 1986년 대검찰청 공안2과장 1987년 부산지검 공안부장 1989년 서울남부지검 특수부장 1991년 대검찰청 공안기획담당관 1992년 서울지검 공안2부장 1993년 同공안1부장 1993년 부산지검 울산지청장 1994년 서울지검 제1차장검사 1995년 인천지검 부천지청장 1995년 서울지검 동부지청장 1997년 광주고검 차장검사 1999년 춘천지검장 1999년 광주지검장 2000년 인천지검장 2006년 법무법인 세광 대표변호사(현) 2006년 대한은박지공업(주) 사외이사 2007년 '삼성 비자금 의혹' 특별검사 (상)홍조근정훈장

조준필(趙埈佖) CHO Joon Pil

(생)1959·1·24 (출)부산 (주)경기 수원시 영통구 월드컵로164 아주대학교병원 응급의학과(031-219-5286) (학)1983년 연세대 의대졸 1988년 同대학원졸 1995년 의학박사(연세대) (경)1991~1994년 연세대 의대 외과학교실 전임강사 1994년 아주대 의대 응급의학교실 교수(현) 2000~2002년 2002한일월드컵축구경기(2002 FIFA World Cup Games) 의무전문위원 2002~2008년 경기남부권역 응급의료센터 소장 2002~2008년 아주대의료원 지역사회안전증진연구소장 2004년 국제안전도시네트워크지원센터 소장(현) 2005~2006년 경기도 구급대책위원회 위원 2005년 아주대 의대 권역응급의료센터 소장 2008~2011년 경기도립의료원(수원병원·의정부병원·이천병원·안성병원·파주병원·포천병원) 원장 겸 수원병원장 2010년 아주대의료원 지역사회안전증진연구소장(현), 대한병원협회 이사 2014~2015년 한국항공응급의료협회 회장 (저)'지역사회안전증진 이론과 실제'(2008)

조준혁(趙俊赫) Cho June-Hyuck

(생)1960·3·4 (주)서울 종로구 사직로8길60 외교부 대변인실(02-2100-8050) (학)1982년 한국외국어대 불어과졸 1984년 同대학원 서구지역과졸 1987년 미국 조지아대 대학원 정치학과졸(석사) (경)1982년 외무고시 합격(16회) 1982년 외무부 입부 1988년 駐필리핀 2등서기관 1995년 駐미국 1등서기관 1997년 駐자메이카 참사관 1998년 아시아·유럽정상회의(ASEM)준비기획단 파견 1999년 외교통상부 문화협력과장 2000년 同북미2과장 2000년 駐캐나다 참사관 2003년 駐브라질 공사참사관 2007년 외교통상부 문화홍보담당 심의관 2008년 同유엔과장 2008년 駐오스트리아 공사 2009년 駐오스트리아 차석대사 2011~2014년 駐카메룬 대사 2014년 국회의장 외교특임대사 2015년 외교부 대변인(현)

조준형(趙俊炯) CHO Joon Hyung

(생)1960·8·8 (출)대전 (주)서울 서초구 서초대로74길11 서초타워39층 삼성전자(주) 법무팀(02-2255-0114) (학)1979년 금오공고졸 1986년 동아대 법대졸 (경)1987년 사법시험 합격(29회) 1990년 사법연수원 수료(19기) 1990년 서울지검 남부지청 검사 1992년 대구지검 김천지청 검사 1994년 부산지검 검사 1996년 법무부 검찰1과 검사 1998년 서울지검 검사 2000~2002년 인천지검 검사 2002년 김앤장법률사무소 변호사 2007년 변호사 개업 2009년 리인터내셔널 법률사무소 변호사, 삼성전자(주) CEO 보좌역 2011년 同법무팀장(부사장대우)(현)

조준형(趙俊衡)

(생)1968·2·5 (주)서울 강남구 테헤란로409 동신빌딩3층 대명회계법인(02-2056-3711) (학)1987년 대구 성광고졸 1993년 서울대 국제경제학과졸 1995년 同대학원 경영학과졸 (경)1995~1998년 한국장기신용은행 증견행원 2002~2005년 대성회계법인 공인회계사 2005년 대명회계법인 상무(현) 2007~2009년 미국 Grant Thornton International San Jose office Senior Associate(대명회계법인 소속 파견 근무) 2012~2013년 한국공인회계사회 신감사기준번역검토위원회 위원 2012년 同품질관리대책위원회 위원(현) 2013~2014년 同세무조정감리위원회 위원 2015~2016년 (주)연합뉴스 비상근감사

조준호(趙俊鎬) CHO Jun Ho

(생)1959·2·16 (주)서울 영등포 여의대로128 LG전자(주) MC사업본부(02-2033-6500) (학)1977년 휘문고졸 1982년 서울대 경제학과졸 1984년 미국 시카고대 대학원 마케팅학과졸 (경)1981년 한국투자신탁 근무 1984년 한국존슨앤드존슨 근무 1986년 LG전자 해외영업부문 근무 1987년 同오디오미주과장 1989년 同가전부문 전략기획실 과장 1992년 LG그룹 회장실 V-추진본부장 1996년 同회장실 경영혁신추진본부 이사대우 1998년 LG 구조조정본부 경영혁신추진본부 이사 1999년 同구조조정본부 이사회지원실 상무보 2000년 LG정보통신 단말사업본부 단말기획담당 상무 2000년 LG전자 정보통신단말사업본부 단말기획담당 상무 2002년 同정보통신전략담당 부사장 2002년 세계경제포럼(WEF)의 '아시아의 미래를 짊어질 차세대 한국인 리더'에 선정 2004년 LG전자 북미사업담당 부사장 2007년 (주)LG 부사장 2008년 同경영총괄 부사장 겸 CFO 2008년 同대표이사 부사장 겸 최고운영책임자(COO) 2010~2014년 同대표이사 사장 겸 최고운영책임자(COO) 2015년 LG전자(주) MC사업본부장(사장) 2015년 同각자대표이사 사장(MC사업본부장)(현)

조준휘(趙俊彙) CHO Jun Hwi
[생]1967 · 9 · 7 [주]강원 춘천시 강원대학길1 강원대학교 의과대학 응급의학교실(033-258-2378) [학]1995년 연세대 의대졸 2001년 同대학원 의용공학과졸 2005년 해부조직학박사(한림대) [경]1995년 원주기독병원 인턴 1996년 同응급의학과 전공의 2000년 同전임의 2001년 강원대 의과대학 응급의학교실 교수(현) 2005년 대한응급의학회 정보위원 2015년 강원대 의학전문대학원장(현) [상]강원지방경찰청장 감사장(2004)

조준희(趙浚熙) CHO Jun Hee (淨源)
[생]1954 · 7 · 6 [본]풍양(豊壤) [출]경북 상주 [주]서울 마포구 상암산로76 (주)YTN 사장실(02-398-8115) [학]1973년 상주고졸 1980년 한국외국어대 중국어과졸 [경]1998년 중소기업은행 마장동지점장 1998년 同무역센터지점장 2001년 同동경지점장 2004년 同종합기획부장 2005년 同경인지역본부장 2006년 同종합금융본부장(이사대우) 2006년 同경영지원본부장(부행장) 2008년 IBK기업은행 개인고객본부장(부행장) 2008년 同수석부행장(전무이사) 2010~2013년 同은행장 2014년 2018평창동계올림픽조직위원회 마케팅부문 비상임특별위원 2015년 (주)YTN 대표이사 사장(현) [상]산업포장(2000), 자랑스러운 외대인상(2011), 동탑산업훈장(2011), 국제라이온스협회 한국사자대상(2012), 대한민국 금융대상 올해의 금융인(2012) [저]'송해를 품다'(2015) [종]불교

조중건(趙重建) CHO Choong Kun (華庵)
[생]1932·12·29 [출]서울 [학]1950년 서울 중앙고졸 1959년 미국 캘리포니아대졸 1987년 명예 경영학박사(미국 루이지애나벱티스트대) 1990년 명예 경영학박사(서강대) [경]1959년 한진상사 비서실장 1961년 同이사 1969~1984년 대한항공 부사장 1970년 한국JC 회장 1971년 한국공항 사장 1971~1974년 KOC 부위원장 1973년 대한승마협회 부회장 1975년 태평양지역관광협회 한국지부 부의장 1977년 대한탁구협회 회장 1977~1984년 한일개발 사장 1977~1992년 항공협회 회장 1978년 한·오스트리아경제협회 위원장 1980년 駐모로코 명예총영사 1980~1982년 대한승마협회 회장 1983년 정석학원 이사장 1984~1992년 대한항공 사장 1985~1993년 대한테니스협회 회장 1987년 미국 버클리대 재단이사 1987년 아시아테니스연맹(ATF) 회장 1992년 항공우주연구조합 이사장 1992~1997년 (주)대한항공 부회장 1993년 전국경제인연합회 부회장 1997~2014년 (주)대한항공 고문 [상]미국 동성훈장, 은탑산업훈장, 오스트리아 은조공로훈장, 국제하스상, 대통령표창, 체육훈장 백마장, IOC훈장, 오스트리아 금조공로훈장, 모로코 Commandeur Wissam Alouites훈장 [저]자서전 '창공에 꿈을 싣고'

조중래(趙重來) CHO Choong Lai
[생]1958·3·17 [본]함안(咸安) [출]서울 [주]서울 성북구 안암로145 고려대학교 기술경영전문대학원(02-3290-5971) [학]성동고졸, 고려대 화학공학과졸, 미국 카네기멜론대 대학원 토목환경공학과졸 2001년 환경시스템공학박사(고려대) [경]1983년 SK(주) 입사 1990년 同공정기술과장 1993년 同환경기술팀장 2002년 同안전환경기획팀장 2004년 同안전환경담당임원(상무) 2005~2007년 SK텔레콤 홍보실장(상무) 2008년 SK에너지(주) 환경사업부장(상무) 2009년 SK China 환경사업부장 겸임 2012~2013년 同수석부총재 2014~2015년 한양대 공학대학원 특임교수 2015년 고려대 기술경영전문대학원 교수(현) [상]환경부장관표창(1999·2000), 대통령표창(2002), 매일경제 광고대상 '올해의 광고인상'(2006), 교육부총리·보건복지부장관·경찰청장표창(2007)

조중래(趙重來)
[생]1975 · 1 · 22 [출]경남 함안 [주]경남 창원시 성산구 창이대로681 창원지방법원(055-266-2200) [학]1993년 경상고졸 1998년 서울대 법학과졸 [경]1997년 사법시험 합격(39회) 2000년 사법연수원 수료(29기) 2000년 軍법무관 2004년 청주지법 판사 2007년 수원지법 성남지원 판사 2010년 서울북부지법 판사 2012년 서울중앙지법 판사 2013년 대법원 재판연구관 2015년 서울북부지법 판사 2016년 창원지법 부장판사(현)

조중명(曺重明) CHO Joong Myung
[생]1948 · 12 · 15 [본]창녕(昌寧) [출]강원 태백 [주]경기 성남시 분당구 대왕판교로700 코리아바이오파크A동5층 (주)크리스탈지노믹스 비서실(031-628-2700) [학]1969년 중앙고졸 1973년 서울대 문리과대학졸 1975년 同대학원졸 1981년 생화학전공 이학박사(미국 휴스턴대) [경]1974~1977년 한국원자력연구소 분자생물학연구실 연구원 1981~1984년 미국 베일러대 의대 분자생물학 박사후 연구원 1984~1994년 (주)럭키 미국현지법인 Luck Biotech Corp. 상무이사 · 연구소장 1994~2000년 LG화학 바이오텍연구소 소장 · 전무이사 1998년 International Moleular Biology Network 한국분회 발기인 1999~2001년 과학기술부 기초과학실무위원회 위원 1999~2003년 신약개발연구조합 신의약상 심사위원 1999~2002년 한국생명공학연구원 자문위원 1999~2001년 창의적연구진흥사업 기획 · 평가위원 2000년 크리스탈지노믹스(주) 설립 · 대표이사 회장(현) 2002년 한국바이오벤처협회 부회장 2004년 송도바이오메디컬허브추진 자문위원 2005~2008년 대통령소속 의료산업선진화위원회 위원 2005~2006년 보건의료기술평가위원 2005년 의료선진화위원회 위원 및 의약R&D분과 위원장 2006년 대한상사중재원 중재인(현) 2006~2008년 산업자원부 바이오산업전략회의 민간위원 2006~2010년 인간유전체기능연구사업단 운영위원 2007~2008년 한국생명공학연구협의회 운영위원 2007~2008년 중소기업중앙회 벤처기업위원회 위원 2008~2011년 국가생명윤리위원회 위원 2009년 한국바이오협회 부회장(현) 2013년 화일약품 대표이사 회장(현) [상]매일경제 장영실상(1991 · 1993 · 1995 · 1996), 과학의날 대통령표창(1992), 발명의날 금탑산업훈장(1994), 산업자원부 신지식인 선정(1999), 매일경제 과학기술부문 대상(2000), 한국벤처대전 산업자원부장관표창(2002), 한국과학기자협회 올해의 과학기술인상(2003), 포항가속기연구소 심계학술상(올해의 최우수연구상)(2004), 한국보건산업진흥원 연구부문 우수상(2005), 보건복지부장관표창(2010 · 2015) [종]기독교

조중연(趙重衍) CHO Chung Yun
[생]1946 · 1 · 18 [출]충북 보은 [주]서울 종로구 경희궁길 46 대한축구협회 임원실(02-2002-0707) [학]1965년 중동고졸 1969년 고려대졸 [경]중동중 · 중동고 · 고려대 · 한국산업은행축구단 축구선수 1965년 청소년국가대표 축구선수 1973~1974년 고려대축구단 코치 1983~1985년 울산프로축구단 코치 1985~1986년 同감독 1989년 KBS 축구해설위원 1990~1994년 중동고축구단 감독 1990~1997년 KBS 축구해설위원 1992년 대한축구협회 이사 1998년 同기술위원장 1998~2003년 同전무이사 1998~2002년 월드컵조직위원회 집행위원 2004년 대한축구협회 부회장 2009~2013년 同회장 2009년 2022월드컵축구유치위원회 부위원장 2011년 동아시아축구연맹(EAFF) 회장 2011년 아시아축구연맹(AFC) 회원국특별위원회 위원 2015년 대한축구협회 축구발전자문역(현) [상]체육훈장 맹호장(2002)

조중한(趙重翰) JO Joong Han (荷南)
[생]1948 · 9 · 10 [출]충남 부여 [주]서울 강남구 테헤란로92길7 바른빌딩5층 법무법인 바른(02-3479-7898) [학]1965년 대전고졸 1969년 서울대 법대졸 1972년 同대학원 법학과졸 [경]1970년 사법시험 합격(12회) 1972년 사법연수원 수료(1기) 1972년 전주지법 판사 1974년 同정주지원 판사 1977년 대전지법 강경지원 판사 1978년 서울지법 인천지원 판사 1980년 同남부지원 판사 1982년 서울고법 판사 1985년 대법원 재판연구관 1986년 대구지법 부장판사 1988년 수원지법 부장판사 1990년 서울지법 서부지원 부장판사 1991년 서울민사지법 부장판사 1993년 수원지법 수석부장판사 1993년 부산고법 부장판사 1995~1999년 서울고법 부장판사 1999~2005년 법무법인 바른 대표변호사 1999~2005년 국무총리실 행정심판위원회 위원 2002~2004년 중앙노동위원회 위원 2002~2004년 민주화보상위원회 위원 2005년 법무법인 바른 고문변호사(현) 2010년 대한상사중재원 중재인(현) [종]기독교

조증성(曺增成) CHO Jeoung Sung
[생]1954 · 12 · 27 [주]부산 사상구 주례로47 동서대학교 메카트로닉스융합공학부(051-320-1712) [학]한양대 산업공학과졸, 미국 아이오와주립대 대학원졸, 공학박사(미국 아이오와주립대) [경]1992~2015년 동서대 산업경영공학과 교수 2007~2011년 同대학원장 2007~2011년 同국제경영대학원장 2011년 同부총장 2015년 同메카트로닉스융합공학부 교수(현) 2015년 同제1부총장(현) 2015년 同디자인대학장 겸임(현)

조지호(趙志浩) CHO Ji Ho
[생]1968 · 4 · 30 [출]경북 청송 [주]서울 서대문구 통일로 87 경찰청 인사담당관실(02-3150-2431) [학]대구 대건고졸 1990년 경찰대 행정학과졸(6기) [경]2011년 총경 임관 2012년 강원 속초경찰서장 2013년 강원지방경찰청 생활안전과장 2014년 경찰청 여성청소년과장 2015년 서울 서초경찰서장 2016년 경찰청 경무인사기획관실 인사담당관(현) [상]모범공무원 국무총리표창(2002), 근정포장(2009)

조직래(趙直來) JO JIK LAE

(생)1956·1·15 (본)함안(咸安) (출)부산 (주)경북 김천시 혁신로269 한국전력기술(주) 원자력본부(054-421-3114) (학)부산 동래고졸, 부산대 기계설계공학과졸 (경)1981년 한국전력기술(주) 입사 2005년 同신고리1·2호기 종합설계용역분야 책임자 2008년 同배관기술처장 2011년 同원자력사업처장 2012년 同신기술BG장 겸 APR1400 유럽표준설계체계 구축 및 개발용역 사업책임자 2014년 同원자력본부장(상임이사)(현) (상)대통령표창(2012), 산업포장(2015)

조진경(趙鎭璟) CHO Jin Kyung (瑞湖)

(생)1952·11·28 (출)충남 서천 (주)서울 송파구 중대로8길8 (주)서경 회장실(02-449-3311) (학)1973년 인하공업고등전문학교 기계과졸(5년제) 1982년 조선대 기계공학과졸 2004년 연세대 대학원 통상산업학과졸 2011년 경제학박사(단국대) (경)1981~1987년 조일기업 영업이사 1987~1995년 (주)해광 영업담당 상무이사 1995년 해광설비 영업담당 전무이사 1998년 해광TSC 대표이사 사장 1998년 (주)서경TSC 대표이사 사장, (주)에스텍 회장 2004년 (주)서경 회장(현) (상)벤처기업대상(1999), 산업자원부장관표창, 무역의날 100만불·500만불 수출탑, 환경부장관표창 (종)천주교

조진대(趙鎭大)

(생)1957 (주)대구 동구 효동로2길10 대구기상지청 관측예보과(053-952-0366) (학)부산대 환경대학원 환경과학과졸 (경)1999년 부산지방기상청 기상예보관 2001년 기상청 예보국 기상예보관 2007년 同해양기상관측소 선박건조위원 2007년 국토해양부 국가해양관측망 워킹그룹 위원 2010년 부산지방기상청 기후과장 2010년 부산·울산·경남지역기후변화센터장 2011년 기상청 창원기상대장 2013년 부산지방기상청 예보과장 2015년 同관측예보과장 2015년 同청장 직무대리 2015년 부산지방기상청 대구기상지청 관측예보과장(현) (상)보건복지부장관표창(2002), 국무총리표창(2008), 기상청장표창(2009), 우수공무원 대통령표창(2014) (저)'파랑(波浪)예보 기초'(2009) '1개월 예보 가이던스'(2011)

조진래(趙辰來) JO Jin Rae

(생)1965·11·20 (출)경남 함안 (주)경남 창원시 의창구 용지로244 경남개발공사(055-269-0420) (학)영남고졸 1987년 연세대 법대졸 (경)1991년 사법시험 합격(33회) 1994년 사법연수원 수료(23기) 1995년 변호사 개업 2002년 한나라당 이명박 대통령예비후보 정책특별보좌역 2002년 同경남도당 법률지원단 부단장 2007년 선진국민 경남연대 상임대표 2007년 제17대 대통령직인수위원회 상임자문위원, 경남도교육청 고문변호사, 법무법인 김해ою세계 변호사 2008~2012년 제18대 국회의원(의령·함안·합천, 한나라당·새누리당) 2008년 한나라당 대표특보 2011년 同지방자치안전위원장 2013년 경남도 정무부지사 2015년 同정무특별보좌관 2016년 경남개발공사 사장(현)

조진수(趙辰洙) Jinsoo Cho

(생)1956·10·29 (주)서울 성동구 왕십리로222 한양대학교 기계공학부(02-2220-0429) (학)1975년 경기고졸 1979년 서울대 공대졸 1981년 同대학원 항공공학과졸 1988년 항공공학박사(미국 Purdue Univ.) (경)1981~1985년 공군사관학교 교수부 항공공학과 교관·전임강사·부교수(공군대위 전역) 1981년 한국항공우주학회 정회원 1982~1985년 한양대 공과대학 강사 1988년 미국항공우주학회(AIAA) Senior Member(현) 1988~1990년 미국 Allison Gas Turbine Div. G.M. Project Engineer 1990년 미국 Purdue Univ. 항공우주공학과 객원조교수 1990~1993년 포항공대 기계공학과 조교수 1993~1994년 한국항공우주연구소 위촉연구원 1993년 대한기계학회 정회원(현) 1993년 한양대 기계공학부 조교수·부교수·교수(현) 1995~2003년 同대학원 항공공학과 전공주임교수 1995년 한국항공우주산업연구조합 기술전문위원 1997~1999년 기계공업진흥회 우수자본재조성심의위원 1999년 한국항공우주학회 사업이사 2001년 한국산업기술평가원 전문평가위원(현) 2001~2010년 산업자원부 항공우주개발과제 평가위원 2001~2002년 同추진장치로드맵위원회 전문위원·총괄위원장 2002~2004년 한양대 공과대학 기계공학부장 2003~2004년 산업자원부 무인항공기로드맵위원회 위원장 2003~2010년 건설교통부 항공사고조사위원회 위원 2005~2008년 한국공학교육학회 편집위원장, 기획이사 2005~2010년 지식경제부 민군겸용기술위원회 전문위원 2006년 한국국방포럼 이사(현) 2006년 전남 고흥군 우주항공산업발전협의회 위원 2006년 바른과학기술사회실현을위한국민연합 발기인·집행위원(현) 2006~2007년 산업자원부 민군겸용기술위원회 위원 2010~2011년 한양

대 제4공과대학장 2010년 한국항공우주학회 부회장 2011년 공군 정책발전자문위원 2011년 한국항공우주산업 항공기술자문단장 2011년 한국산업기술평가관리원 연구장비평가단 위원(현) 2012년 한국항공우주연구원(KARI) 자문위원 2012년 공군 항공사업지원TF 자문위원장 2013년 한국항공우주학회 회장 2013년 국방과학연구소(ADD) 자문위원(현) 2013년 산업통상자원부 자체평가위원 2013~2014년 항공안전기술센터 비상임이사 2014~2016년 항공안전기술원 비상임이사 2014년 한국방위산업학회 이사(현) 2014년 한국항공우주산업(주) 산학위원회 위원장 2014년 국방 NCW포럼 이사(현) (상)한국과학재단 장학생(1979~1980), 미국 Purdue Univ. Dean's List(1986~1988), 미국 Purdue Univ. David Ross Fellowship(1988), 제12회 중소기업기술혁신대전 중소기업청장표창(2011), 2013년 공군을 빛낸인물(2014), 제25회 과학기술 우수논문상(2015) (저)'항공기 개념설계'(2001, 경문사)

조진우(趙鎭宇·女) CHO Jin Woo

(생)1964·6·2 (출)대전 (주)세종특별자치시 시청대로370 세종국책연구단지 한국청소년정책연구원 자립·역량연구실(044-415-2132) (학)1983년 충남여고졸 1987년 성균관대 정치외교학과졸 1991년 서울대 행정대학원졸 1998년 미국 일리노이대 대학원 경제학과졸 (경)1988년 행정고시 합격(32회), 정무제2장관실 행정사무관 1998년 여성특별위원회 서기관 2000년 同차별개선조정관실 조사1담당관 2001년 여성부 정책총괄담당관 2002년 同본부 근무(서기관) 2004년 同여성정책실 정책총괄과장 2005년 여성가족부 총무과장 2006년 同행정지원팀장(부이사관) 2007년 同여성정책본부 정책기획평가팀장 2008~2009년 여성부 여성정책국 정책총괄과장 2010년 여성가족부 기획재정담당관 2010년 同권익증진국장(고위공무원) 2011년 同여성정책국장 2012년 중앙공무원교육원 교육파견(고위공무원) 2013년 여성가족부 가족정책관 2015년 전북대 사무국장 2016년 여성가족부 청소년가족정책실 청소년정책관 2016년 한국청소년정책연구원 자립·역량연구실 초빙연구위원 파견(고위공무원)(현) (종)가톨릭

조진욱(趙鎭旭) CHO Chin Wook

(생)1952·10·10 (출)충남 (주)경기 안양시 만안구 안양로464 미원상사 임원실(031-472-9231) (학)중앙고졸 1975년 서울대 화학공학과졸, 한양대 경영대학원졸(MBA) (경)1978~1980년 금호석유화학 근무 1981~1997년 한국바스프 영업팀장·기획담당 상무 1997년 同아시아태평양지역 환경·건강·안전담당 이사 1998~2002년 중국바스프 스티레닉스사 대표 2002년 폴리미래(주) 대표이사 2006~2011년 한국바스프(주) 대표이사 회장 2011년 솔브레인(주) 대표이사 사장 2015년 미원상사(주) 공동대표이사(현) (상)동탑산업훈장(2004), 한국의 경영자상(2010) (종)천주교

조진원(趙鎭元) Cho Jin Won

(생)1958·3·11 (주)서울 서대문구 연세로50 연세대학교 시스템생물학과(02-2123-4083) (학)1982년 연세대 생물학과졸 1984년 同대학원 미생물학과졸 1993년 미생물학박사(미국 캘리포니아대 데이비스교) (경)1993~1996년 미국 SUNY Stony Brook 박사후연구원 1996년 연세대 시스템생물학과 조교수·부교수·교수(현) 1997년 한국발생학회 이사 1998년 한국동물학회 학술간사 1999년 한국분자생물학회 운영위원 2000~2001년 한국동물학회 총무간사 2005~2009년 연세대 박물관 간사 2005~2007년 同이과대학 생물학과장 2006년 한국분자세포생물학회 총무운영위원 2006~2008년 연세대 이과대학 생명과학부장 2007년 한국당과학회 간사장 2007~2014년 국제복합당질학회 한국대표 2008년 연세대 단백질네트워크연구센터 소장 2008~2009년 한국분자세포생물학회 학술상위원장 2008~2013년 한국당과학회 간사장·부회장·회장 2008~2009년 한국여성유권자연맹 자문교수 2010~2014년 한국분자세포생물학회 교육위원장·부회장 2012년 연세대 융합오믹스의 생명과학과 주임교수 2013년 同언더우드특훈교수(현) 2014년 한국싱어송라이터협회 회장(현) 2015년 국제복합당질학회 차기(2017년) 회장(현) 2015년 한국분자세포생물학회 이사(현) (상)TBC 젊은이의 가요제 우수상 및 작사상(1997), 연세학술상(2009) (저)'분자세포생물학'(1996) '세포학'(2000) '생명과학'(2009) 'Biology : The Dynamic Science'(2009)

조진형(趙鎭衡) CHO Jin Hyung

(생)1943·2·14 (본)한양(漢陽) (출)충남 예산 (주)인천 부평구 부흥로329 로얄프라자801호 (재)부평장학재단(032-511-6263) (학)1963년 송도고졸 1967년 건국대 경영학과졸 1989년 연세대 경영대학원 수료 1993년 서울대 행정대학원 수료 (경)1973~1997년 덕원농산 대표 1973년 진선미예식장 대표 1980년 대한씨름협회 회장 1983~1995년 양돈협회 부회장 1983~1987년 인천

교육위원회 장학위원 1988년 민정당 인천北甲지구당 위원장 1989년 국제라이온스 309지구6지역 위원장 1990년 도시사회정책연구소 이사장 1990년 민자당 중앙상무위원 1991년 인천시테니스협회 회장(현) 1992년 제14대 국회의원(인천北甲, 무소속·민자당·신한국당) 1992년 민자당 원내부총무 1994년 국회 건설위원회 간사 1996년 제15대 국회의원(인천 부평甲, 신한국당·한나라당) 1997년 신한국당 재해대책위원장 1997~1998년 한나라당 재해대책위원장 1998~2003년 同인천시지부장 1998~2003년 同당무위원 2000년 同인천부평甲지구당 위원장 2001년 송도고총동문회 회장 2002년 (재)부평장학재단 이사장(현) 2007년 한나라당 인천시당 위원장 2008년 제18대 국회의원(인천 부평甲, 한나라당·새누리당) 2008~2010년 국회 행정안전위원장 2008년 2014인천아시아경기대회조직위원회 고문 2009년 한나라당 재정위원장 2010년 同재외국민협력위원장 2012년 새누리당 제18대 대통령중앙선거대책위원회 인천시선거대책위원회 고문 2015년 대한민국헌정회 이사(현) 2016년 제20대 국회의원선거 출마(인천 부평구甲, 무소속) [상]자랑스러운 건국인상(2008) [저]'한국도시사회 정책연구' '도시사회' [종]기독교

조진호(曺辰鎬) CHO Jin Ho (重軒)

[생]1948·11·17 [본]창녕(昌寧) [출]경남 고성 [주]서울 강남구 논현로566 차의과학대학교 강남차병원 산부인과(02-3468-3128) [학]1967년 경남고졸 1974년 연세대 의대졸 1984년 의학박사(연세대) [경]1974~1977년 해군 軍의관 1977~1982년 연세대 원주기독병원 인턴·세브란스병원 산부인과 전공의 1982~1984년 同원주의대 산부인과 전임강사·조교수 1984~1995년 조진호산부인과 원장 1995~1999년 포천중문의대 강남차병원 산부인과 부장·수련부장·진료부장 1997~2009년 同산부인과학교실 교수 1999~2011년 同분당차병원 산부인과 부장 2000년 독일 Rostock Uni. Schwerin Hos. 비뇨부인과학 연수 2000~2003년 포천중문의대 교수협의회장 2003년 대한비뇨부인과학회 학술위원장 2004년 연세의료원 비뇨기과학교실 방문교수 2009~2014년 차의과학대 산부인과학교실 교수 2010~2012년 대한비뇨부인과학회 회장 2012년 분당차여성병원 부원장 2014년 차의과학대 산부인과학교실 임상교수(현) [상]교육부장관표창(2014) [저]'부인과 내시경학(共)'(2003, 군자출판사) '부인과학(4판·共)'(2007, 대한산부인과학회) '만성골반통(共)'(2013, 군자출판사) [종]불교

조진호(趙眞湖) Cho jin-ho

[생]1952·2·21 [출]전남 광양 [주]광주 북구 하서로52 광주광역시립미술관 관장실(062-613-7101) [학]1982년 조선대 미술교육학과졸 [경]1988~1990·1996~1998년 광주민족미술인협회 회장 2000~2011년 광주미술상운영위원회 사무총장 2001~2008년 광주전남수채화협회 회장 2004~2007년 광주미술협회 기획위원장 2007~2010년 同상임부회장, 광주미술대전·무등미술대전·대구미술대전·고양시미술대전·순천미술대전 심사운영위원, 광주시 조형물심의위원 2014년 광주시립미술관 관장(현) [상]대동미술상(2008), 오월어머니상(2012)

조진호(趙眞浩) CHO Jinho

[생]1973·8·2 [주]경북 상주시 북상주로24의7 상주 상무프로축구단(054-537-7220) [학]대륜고졸, 경희대졸 [경]1989~1990년 U-20 청소년 국가대표 1992년 바르셀로나올림픽 국가대표 1993년 세계청소년축구선수권대회 국가대표 1993년 동아시아경기대회 국가대표 1994년 대통령배국제축구대회 국가대표 1994년 미국월드컵 국가대표 1994년 히로시마아시안게임 국가대표 1996년 애틀랜타올림픽 국가대표 2000년 부천 SK 입단 2001~2002년 성남 일화 천마 소속 2003~2005년 부천 SK 코치 2006~2010년 제주 유나이티드 FC 코치 2009~2010년 同감독대행 2011~2012년 전남 드래곤즈 FC 코치 2012~2013년 대전시티즌 수석코치 2014~2015년 同감독 2015년 상주 상무프로축구단 감독(현) [상]백상체육대상 우수상(1990), 대학최우수상(1994), 현대오일뱅크 K리그 챌린지 감독상(2014)

조찬영(趙燦榮)

[생]1973·8·13 [출]전북 부안 [주]서울 서초구 서초중앙로157 서울고등법원(02-530-1114) [학]1992년 전주고졸, 고려대졸 1998년 同대학원 법학과졸 [경]1997년 사법시험 합격(39회) 2000년 사법연수원 수료(29기) 2000년 軍법무관 2006년 인천지법 부천지원 판사 2010년 서울남부지법 판사 2011년 법원도서관 조사심의관 겸임 2013년 서울고법 판사 2015년 광주지법 부장판사 2016년 서울고법 판사(현)

조찬형(趙贊衡) CHO Chan Hyung (남사)

[생]1938·7·25 [본]한양(漢陽) [출]전북 남원 [주]서울 서초구 반포대로30길67 4층 법무법인 한양(02-582-1951) [학]1957년 전주고졸 1962년 서울대 법대졸 1990년 연세대 행정대학원졸 [경]1961년 고시사법과 합격 1965년 예편(육군 대위) 1965~1977년 대구지검·인천지청·의정부지청·부산지검·서울지검 검사 1977~1980년 광주지검·대구지검 부장검사 1980년 변호사 개업(현) 1984년 在京남원향우회 회장 1987년 평화민주당(평민당) 인권위원회 부위원장 1988년 제13대 국회의원(남원, 평민당·신민당·민주당) 1991년 평민당 원내부총무 1991년 민주당 인권위원장 1992년 同남원지구당 위원장 1994년 아·태평화재단 감사·이사 1996년 제15대 국회의원(남원, 국민회의·새천년민주당) 1996년 국민회의 윤리위원장 1997년 새정치국민회의 윤리위원회 위원장 1999년 새천년민주당 창당 정강기초위원장 2000년 同총재특보 2000년 同남원·순창지구당 위원장 2003년 한국소비자금융연합회 고문 [종]불교

조찬휘(趙瓚彙) Cho Chan Hwi

[생]1948·11·14 [출]충북 청원 [주]서울 서초구 효령로194 대한약사회 회장실(02-581-1201) [학]1967년 청주고졸 1974년 중앙대 대학원졸(약학석사) [경]1974년 한독약품 입사 1978~1980년 同성북구영업소장 1980년 수보온누리약국 대표약사(현) 2001~2007년 성북구약사회 회장 2007~2010년 대한약사회 부회장 겸 서울시약사회 회장 2010~2012 서울시약사회 총회의장 2013~2016·2016년 대한약사회 회장(제37·38대)(현) 2013년 (재)의약품정책연구소 이사장(현) 2013년 (재)약학정보원 이사장(현) 2013년 약사공론 회장(현) 2016년 항생제바로쓰기운동본부 위원(현) [상]대한약사회장표창(2002), 보건복지부장관표창(2008), 국민훈장 동백장(2015)

조창걸(趙昌杰) CHO Chang Gul

[생]1939·5·28 [출]서울 [주]서울 서초구 방배로285 (주)한샘 임원실(02-590-3111) [학]1959년 서울 대광고졸 1963년 서울대 건축공학과졸 [경]1963~1970년 김희춘건축연구소 근무 1970~1973년 서울대 공대 응용과학연구소 근무 1970년 (주)한샘 창업 1973~1998년 同대표이사 사장 1998년 (주)에펙스 대표이사 사장 1998~2009년 (주)한샘 대표이사 회장 2009년 同명예회장(현) [상]동탑산업훈장, 경실련 감사패(1996) [종]기독교

조창래(趙創來) JO, Chang Lae

[생]1958·10·16 [출]경남 고성 [주]전북 익산시 보석로4길69 GS이엠 비서실(063-720-6600) [학]1977년 서울 용산공고졸 1982년 서울시립대 화학공학과졸 1984년 서울대 대학원 화학공학과졸 2000년 미국 Univ. of Washington 경영전문대학원졸(MBA) [경]1985년 호남정유(주) 입사 1992년 同수급부과장 1997년 LG칼텍스 수급팀장 2001년 同원유수급본부 팀장 2005년 GS칼텍스(주) 방향족사업부문장 2006년 同방향족사업부문장(상무), 同석유화학개발실장(상무), 대정이엠(주) 대표이사 2013년 GS이엠 대표이사 2015년 同대표이사 전무(현)

조창상(趙昌相) Cho Chang Sang

[생]1968·8·13 [출]충남 [주]대전 서구 청사로189 통계청 기획조정관실(042-481-2580) [학]1987년 대전 대신고졸 1992년 서울대 경영학과졸 [경]1993년 행정고시 합격(37회) 2006년 벨기에 세계관세기구(WCO) 파견 2010년 기획재정부 대외경제국 통상정책과장 2012년 대통령실 정책실 녹색성장기획관실 행정관 2013년 대통령 미래전략수석비서관실 행정관 2014년 IDB연차총회준비기획단 단장 2015년 기획재정부 국제금융정책국 근무 2015년 통계청 기획조정관(현)

조창섭(曺昌燮) CHO Chang Sub

[생]1940·12·22 [본]창녕(昌寧) [출]경남 [주]서울 관악구 관악로1 서울대학교 독어교육과(02-880-5114) [학]1964년 서울대 사범대학 독어교육학과졸 1967년 同교육대학원졸 1976년 철학박사(독일 베를린자유대) [경]1969년 단국대 문리대학 전임강사·조교수·부교수 1981~1983년 중앙대 독어과 교수 1983~1990년 한국독어독문학교육학회 회장 1984년 서울대 독어교육과 조교수·부교수 1993~2006년 同교수 1997~1999년 同외국어연구소장 1997년 한국독어독문학교육학회 회장 2000~2004년 서울대 사범대학장 2006년 同명예교수(현) 2008~2012년 단국대 교육대학원장 2008~2011년 同특

수교육대학원장 겸임 2008년 (사)한국독서교육실천연합회 회장(현) 2012년 글로벌리더십아카데미 고문 2013년 한국투자아카데미 회장(현) 2016년 서울대 명예교수협의회 부회장 겸 학술위원장(현) [상]홍조근정훈장(2006) [저]'독일표현주의 드라마'(1991, 서울대학교출판부) '예술시대의 독일문학'(1993, 서울대학교출판부) '현실주의 독일문학'(1994, 서울대학교출판부) '볼프강 보르헤르트의 삶과 문학'(2000, 서울대학교출판부) '독일 현대문학'(2002) '학교 공부 바로 하기(共)'(2004, 황금가지) '학습 능력 향상을 위한 조창섭 독서법'(2005) '독서능력개발과 논술'(2007, 에듀왕)

조창수(趙昌洙)

[생]1965·9·10 [출]서울 [주]세종특별자치시 다솜로261 국무총리 공보협력비서관실(044-200-2724) [학]경동고졸 2000년 고려대 신문방송학과졸 2014년 중앙대 대학원 광고학 석사과정 수료 [경]1989~2000년 제일기획 입사·차장 2000~2001년 오픈타이드코리아 그룹장 2001~2003년 엠포스 마케팅담당 이사 2003~2015년 제일기획 인터렉티브팀장·광고팀장 2003년 칸느라이온즈 사이버부문 심사위원 2015~2016년 제일기획 디지털전략그룹장 2016년 국무총리 공보협력비서관(별정직고위공무원)(현) [상]대한민국광고제대상(1999)

조창연(趙昌衍) Changyeon CHO

[생]1961·7·13 [본]풍양(豊壤) [출]경기 안성 [주]전북 남원시 운봉읍 황산로1214의13 국립축산과학원 가축유전자원센터(063-620-3520) [학]1979년 중앙대사대부고졸 1985년 안성농업전문대학 축산과졸 1989년 일본 도쿄농업대 축산학과졸 1991년 同대학원 농학연구과(축산학 전공)졸 1995년 同대학원 농학연구과(축산학 전공) 박사과정 수료 [경]2001년 농촌진흥청 국립축산과학원 가축유전자원센터 농업연구사(현) 2003~2004년 케냐 나이로비소재 국제축산연구소 파견 2005년 생물다양성협약 제10차 과학기술자문회의 정부대표 2006년 同제8차 당사국총회 정부대표 2006~2007년 케냐 나이로비소재 국제축산연구소 파견 2009년 국제연합식량농업기구(FAO) 제12차 식량농업유전자원위원회 정부대표 2010년 同제6차 식량농업동물유전자원정부간작업반회의 정부대표 2011~2013년 케냐 나이로비소재 국제축산연구소 파견(상주연구원) 2014년 국제연합식량농업기구(FAO) 제8차 식량농업동물유전자원정부간작업반회의 정부대표 2015년 同제15차 식량농업유전자원위원회 정부대표(현) 2015년 同식량농업유전자원위원회(CGRFA) 의장(현) [종]천주교

조창학(趙昌鶴) CHO Chang Hak

[생]1963·8·3 [본]한양(漢陽) [출]경북 청송 [주]대구 수성구 동대구로351 법무빌딩701호 조창학법률사무소(053-742-0053) [학]1981년 대구 대건고졸 1985년 성균관대 법학과졸 [경]1984년 사법시험 합격(26회) 1987년 사법연수원 수료(16기) 1987년 육군 법무관 1990년 대구지법 판사 1994년 同경주지원 판사 1996년 대구지법 판사 1997년 대구고법 판사 1999년 대구지법 의성지원장 2002년 同상주지원장 2004년 同부장판사 2005년 同가정지원장 2007~2010년 同부장판사 2010년 변호사 개업(현) [종]불교

조창호(趙昌好) CHO Chang Ho

[생]1942·2·15 [출]경남 통영 [주]부산 연제구 법원로34 정림빌딩908호 조창호법률사무소(051-506-7676) [학]1960년 통영수산고졸 1965년 경희대 법대졸 [경]사법시험 합격(14회), 사법연수원 수료(4기) 1974년 대구지법 판사 1977~1983년 부산지법·마산지원 판사 1983년 마산지법 거창지원장 1984년 부산지법 판사 1985년 대구고법 판사 1987년 부산고법 판사 1989년 마산지법 충무지원장 1991년 부산지법 부장판사 1993~2009년 변호사 개업 2009~2015년 부산지법 조정센터 상임조정위원 2015년 변호사 개업(현) [종]천주교

조창환(曺昌煥) Cho Chang Whan

[생]1937·9·10 [본]창녕(昌寧) [주]서울 영등포구 선유동2로70 이화산업(주) 회장실 [학]1955년 서울고졸 1957년 미국 트라이스테이트대(Tri-State Univ.) 경제학과졸 1961년 미국 웨스턴리저브대(Western Reserve Univ.) 상학과졸 [경]1963년 이화산업(주) 전무이사 1971년 서정학원 이사 1980년 이화산업(주) 회장(현) 1980년 유정화학(주) 회장 1981년 보신물산(주) 회장 1982년 삼명물산(주) 회장(현) 1983년 유풍무역(주) 회장, 덕국염료(주) 회장, 영화기업(주) 회장(현) 1986년 이화소재(주) 회장(현) 1990년 이화엔지니어링 회장(현) 1995년 창녕조씨대종회 회장 겸 종덕제장 2000년 서울고총동창회 제12대 회장 2001년 인왕장학재단 이사장(현) 2005년 서정학원(동초교·대경중·대경상고) 이사장(현) 2007년 (재)창조장학회 이사장(현) 2009년 이화물산(주) 회장(현) [상]체육훈장 기린장(1982), 산업포장(1991), 국민훈장 목련장(2014) [종]불교

조창희(趙昌熙)

[생]1958·3·29 [주]경기 수원시 팔달구 효원로1 경기도의회(031-8008-7000) [학]송전농고졸, 안성산업대 식물자원과학과졸 [경]용인시4-H연합회 회장, 경기도4-H연합회 회장, 이동면농업경영인회 회장, 용인시농업경영인연합회 회장, 이동초·송전중 운영위원장, 용인시 이동면사회생활체육회 회장, 용인시사회생활체육회 이사, 이동농협 감사, 한국자유총연맹 용인시운영위원회 위원, 민주평통 자문위원 1998·2002년 경기 용인시의회 의원 2006년 경기 용인시의원선거 출마, 354-3지구이동라이온스 이사, 새누리당 건설위원회 부위원장, 송전초총동문회 회장(현) 2014년 경기도의회 의원(새누리당)(현) 2014년 同농정해양위원회 위원 2016년 同건설교통위원회 위원(현)

조채희(曺彩姬·女) CHO CHAEHEE

[생]1970·1·16 [주]서울 종로구 율곡로2길25 연합뉴스 국제뉴스부(02-398-3114) [학]1987년 진주여고졸 1991년 서울대 불어불문학과졸 [경]1993년 연합뉴스 입사(14기) 1993년 同체육부 기자 1996년 同경제2부 기자 1998년 同산업부 기자 1999년 同사회부 기자 2002년 同2002월드컵취재팀원 겸임 2003년 同특신부 기자 2004년 同특신부 차장대우 2005년 同문화부 차장대우 2007년 同문화부 차장 2011년 同사회부 부장대우 2014년 同국제뉴스3부 부장대우 2015년 同국제뉴스부장(현)

조천호(曺千鎬)

[출]서울 [주]제주특별자치도 서귀포시 서호북로33 국립기상과학원 원장실(064-780-6500) [학]대기과학박사(연세대) [경]1986년 기상연구소 미기상연구실 근무 2006년 국립기상연구소 지구대기감시관측소장 2007년 同지구대기감시센터장 2010년 同기후연구과장 2014년 기상청 예보연구과 과장 2015년 국립기상과학원 기후연구과장 2015년 同원장(고위공무원)(현)

조철구(趙澈九) CHO Chul Gu

[생]1954·1·31 [주]서울 노원구 노원로75 원자력병원 방사선종양학과(02-970-2114) [학]1980년 서울대 의대졸 1990년 同대학원졸 1994년 의학박사(서울대) [경]1980~1984년 서울대병원 진단방사선과 전공의 1984~1987년 국군수도통합병원 군의관 1987년 원자력병원 방사선종양학과장 1990년 중앙대 의대 방사선과교실 외래부교수 1991년 미국 M.D. Anderson 암센터병원 방사선종양학과 연구임상 Observer 1991년 일본 방사선종합의학연구소 연수 1996년 서울대 의대 치료방사선과교실 외래조교수 2005년 한국원자력의학원 진료부장 2007~2008년 원자력병원 원장 2007~2008년 한국원자력의학원 동남권분원설립추진단장 2008년 원자력병원 방사선종양학과 2과장 2010~2013년 한국원자력의학원 의료용중입자가속기사업단장 2010~2013년 同원자력병원장 2010년 IAEA 개도국방사선치료증진을위한자문단 자문위원(현) 2012년 IAEA/RCA 아태지역정위적방사선치료기술(SBRT)보급사업 기술협력사업 총괄책임자(현) 2012~2014년 PTCOG51 세계입자방사선치료학회 자문위원 2012~2014년 방사선이해를위한의사모임 회장 2013~2015년 한국원자력의학원 원장 2014년 대한방사선방어학회 부회장 2015년 원자력병원 방사선종양학과장(현) [상]대한치료방사선과학회 최우수논문상(1994), 부총리 겸 과학기술부장관표창(2006), 대한민국 건강지킴이 국내 암부분 대상(2008) [종]기독교

조철현

[생]1957·7·20 [주]경남 창원시 마산회원구 삼호로63 마산회원구청 구청장실(055-230-4014) [학]2002년 창원대 행정대학원졸 [경]1977년 공무원 임용 1995년 6급 승진 2006년 창원시 북면 면장(5급) 2009년 창원시 공보감사과장 2010년 同행정과장 2012년 同환경사업소장(서기관) 2013년 同도시개발사업소장 2013년 同안전행정국장 2014년 同복지문화여성국장 2016년 同마산회원구청장(현)

조철호(趙哲鎬) JO Cheol Ho

생1945·6·10 본양주(楊州) 출충북 청주 주충북 청주시 청원구 충절대로103 동양일보 회장실(043-218-5225) 학1964년 충북 청주고졸 1968년 청주대 국어국문학과졸 경1971년 충청일보 기자 1975년 합동통신 기자 1980~1985년 충북문인협회 회장 1981년 연합통신 청주주재 기자 1985년 同청주취재반장 1987~1990년 한국예술문화단체총연합회 충북도연합회장 1988~1991년 연합통신 청주지국장 1991~2004년 동양일보 사장 1992년 소년동아일보 사장 1995년 월간화보 동양라이프 사장 1996년 도서출판 푸른나라 사장 2004년 동양일보 회장(현) 2007년 (사)한국시낭송전문가협회 회장(현) 2013년 한국예술문화단체총연합회 충북도연합회장(현) 상충북도 문화상, 월간문학 신인상, 중국 장백산문학상 작시집 '살아있음만으로'(1989) '다시 바람의 집'(2013) 여행에세이집 '중국대륙 동·서횡단 2만5000리'(2005) '들끓는 중국'(2011) '유목민의 아침'(2015)

조철희 Cho Cheol Hee

생1963·12·21 주서울 영등포구 국제금융로2길28 POBA 여의도빌딩7층 유진자산운용 대표이사실(02-2129-3301) 학1982년 충암고졸 1990년 서강대 경제학과졸 경1991년 한국투자신탁 저축부 저축기획과 근무 1999년 제일투자신탁운용 마케팅팀 차장 2002년 랜드마크자산운용 상품개발부장·리테일영업이사 2006~2009년 피닉스자산운용 마케팅본부 부사장 2009년 유진자산운용 마케팅본부장(전무) 2012년 同대표이사(현)

조청래(趙淸來) CHO CHUNG RAE

생1964·2·18 주경남 창원시 의창구 원이대로450 창원시시설관리공단(055-712-0114) 학창원고졸, 고려대 정치외교학과졸, 同대학원 정치외교학과졸 경1993년 대통령 민정비서관실 행정관 2009~2010년 새누리당 대표최고위원실 부실장 2012~2014년 코레일관광개발 감사 2010~2016년 여의도연구원 정책기획실 연구위원 2016년 창원시시설관리공단 이사장(현)

조청명(曹靑明) CHO, CHUNG-MYONG

생1960·10·18 주경북 포항시 남구 대송로83번길61 (주)포스코플랜텍 임원실(054-279-7114) 학1979년 수성고졸 1985년 고려대 경영학과졸 1999년 한국교육개발원대 국제경영학 석사 경1986년 포항제철 입사 1995년 포스틸 근무 2005년 (주)포스코 혁신기획실장 2009년 同미래전략그룹리더 2010년 포스코건설 경영전략실장(상무) 2012~2014년 대우인터내셔널 경영기획총괄 전무 2014년 (주)포스코 가치경영실장 직대(전무) 2015년 同가치경영실장(부사장) 2015년 同비상경영쇄신위원회 구조조정분과 위원장 2015년 同회장 보좌역 2015년 (주)포스코플랜텍 대표이사 사장(현)

조청식(趙淸植) Cho Chung Sik

생1964·1·10 주경기 용인시 처인구 중부대로1199 용인시청 부시장실(031-324-2010) 학1983년 상문고졸 1992년 서울시립대 영어영문학과졸 경행정고시 합격(37회) 1994년 공무원 임용 2006년 경기도 교통국 대중교통과장 2007년 경기 부천시 소사구청장 2008년 경기도 교통도로국장 직대 2009년 同교통도로국장(지방부이사관) 2010년 세종연구소 교육파견 2011년 경기도 평생교육국장 2011년 경기 파주시 부시장 2013년 경기도 안전행정실장 2014년 중앙공무원교육원 교육파견 2015년 경기도의회 사무처장(지방이사관) 2015년 용인시 부시장(현) 상근정포장(2006), 다산대상 청렴봉사부문(2008)

조추용(曹秋龍) CHO Chu Yong

생1962·1·28 출경남 하동 주충북 청주시 서원구 현도면 상삼길133 꽃동네대학교 사회복지학부(043-270-0127) 학1990년 대구대 사회복지학과졸 1993년 일본 국제불교대 대학원 사회복지과졸 1996년 사회복지학박사(일본 국제불교대) 경1996년 경상대 사회복지학과 강사 1996~1999년 경남대 사회복지학과 강사·전임강사 1996년 경남복지정책연구소 복지정책연구실장 1999~2011년 꽃동네현도사회복지대 사회복지학부 조교수·부교수 1999~2001년 同도서관장 2001~2005년 同사회봉사센터 소장 2004~2006년 同대학원 교학부장 2006~2008년 同교무처장 2011년 꽃동네대 사회복지학부 부교수(현) 2016년 同취·창업센터장(현) 작'노인상담'(共) '한국노인복지강론'(共) '대학사회봉사론'(共)

조 춘(趙 椿) CHO Choon

생1960·1·9 본함안(咸安) 주서울 중구 퇴계로100 스테이트타워남산8층 법무법인 세종(02-316-4213) 학1979년 부산 동인고졸 1984년 서울대 법학과졸 1986년 同법과대학원 법학과졸(법학석사) 2001년 법학박사(서울대) 2002년 미국 캘리포니아대 버클리교 법과대학원 법학과졸(LL. M.) 경1987년 사법시험 합격(29회) 1990년 사법연수원 수료(19기) 1990년 대구지검 검사 1992년 춘천지검 강릉지청 검사 1993년 서울지검 남부지청 검사 1994년 법무법인 세종 변호사(현) 2002~2003년 미국 UC Berkeley 법과대학원 LL. M. & Visiting Scholar 2004~2006년 감사원 정보공개심의회 위원 2007~2009년 사법연수원 민사변호사실무 교수 2008년 (사)행정법이론실무학회 회장 2009년 행정안전부 고문변호사 2009년 同감사청구심의회 위원 2009년 서울지방변호사회 조세커뮤니티 부위원장(현) 2010년 (사)한국세법학회 감사 2010년 대한변호사협회 세제위원회 위원(현) 2012년 한국법학원 이사(현) 2012년 국민권익위원회 소속 중앙행정심판위원회 비상임위원(현) 2012~2015년 중부지방국세청 고문변호사 2013~2014년 안전행정부 감사청구심의회 위원 2016년 서울지방국세청 고문변호사(현) 종기독교

조춘태(趙春泰) CHO Choon Tai

생1959·3·9 본한양(漢陽) 출광주 주전남 목포시 관해로29길 전남서부보훈지청 지청장실(061-273-0092) 학1977년 광주제일고졸 1986년 성균관대 행정학과졸 2003년 연세대 행정대학원 정치학과졸 경1992년 행정고시 합격(36회) 1993년 행정사무관 시보 1994년 국가보훈처 제대군인정책관실·비상계획관실 행정사무관 1995년 광주지방보훈청 익산보훈지청 보훈과장 1998년 同순천보훈지청 보훈과장 1998년 국가보훈처 정보화담당관실 근무 2000년 同보훈관리국 보상급여과 근무 2003년 광주지방보훈청 운영과장 2005년 대전지방보훈청 보훈과장 2006년 국립임실호국원 인수준비단장 2007년 同원장 2009년 국립대전현충원 현충과장 2010년 부산지방보훈청 제대군인지원센터장 2011년 광주지방보훈청 서기관 2012년 국가보훈처 순천보훈지청장 2014년 同목포보훈지청장 2016년 同전남서부보훈지청장(현)

조충훈(趙忠勳) CHO Choong Hoon (海山)

생1953·10·24 본옥천(玉川) 출전남 순천 주전남 순천시 장명로30 순천시청 시장실(061-749-3201) 학1972년 서울사대부고졸 1978년 국민대 행정학과졸 1980년 고려대 경영대학원 수료 2005년 중앙대 행정대학원 도시환경행정과졸 2016년 명예 행정학박사(순천대) 경1991년 한국청년회의소 중앙회장 1991년 한국청년정책연구소 이사장 1991년 국제청년회의소 한국수석대표 1991년 세계청년UN총회 부의장 1996년 JCI아스파세네타 아시아·태평양지역 의장 1997년 새시대새정치연합청년회(연청) 중앙부회장 1999년 새천년민주당 연수원 부원장 2000년 同직능위원장 2000년 同총재특보 2002년 전남 순천시장(새천년민주당·열린우리당) 2003년 전남시장군수협의회 회장 2003년 전국평생학습도시협의회 회장 2003년 전국시장군수구청장협의회 부회장 2004년 同감사 2012년 전남 순천시장(무소속) 2012년 2013순천만국제정원박람회조직위원회 이사장 2014년 전남 순천시장(무소속·더불어민주당)(현) 2014~2016년 전국시장·군수·구청장협의회 회장 2016년 더불어민주당 전남순천시지역위원회 위원장 직대(현) 2016년 同전남도당 상임부위원장(현) 상전남도지사표창(1986), 대통령표창(1991·2012), 국민훈장 석류장(1991), 자랑스런 국민인의 상(2013), 한국예술문화단체총연합회 예술문화상 특별공로상(2013), 세계자유민주연맹(WLFD) 자유장(2014), 농협중앙회 지역농업발전선도인상(2014), 목민자치대상(2014), 세계부부의날위원회·영호남부부모임 영호남 화합상(2015), (사)전국지역신문협회 행정대상(2015), 올해의 지방자치 CEO 시장부문(2015), 전국 공무원이 뽑은 CEO상(2015), 전남도 교육상(2015), 2015년을 빛낸 도전한국인 10인 대상 지방자치부문 대상(2016) 저'나보다 우리일 때 희망이 있다' '꿈꾸는 사람은 아름답다' 종기독교

조치연(趙致衍) Cho Chi Yeon

생1946·8·18 본풍양(豊壤) 출대전 주충남 예산군 삽교읍 도청대로600 충청남도의회(041-635-5225) 학1997년 대전실업고등전문학교 기계과졸 2008년 한밭대 토목공학과졸 경구룡건설(주) 대표, 계룡대라이온스클럽 회장, 계룡시발전협의회 부회장 2006·2010년 충남도의회 의원(한나라당·새누리당) 2006~2008년 同건설소방위원회 부위원장 2008~2010년 同건설소방위원장 2010년 同문화복지위원회 위원 2012년 同운영위원회 위원 2012년 同윤리특별위원회 위원 2014년 충남도의회 의원(새누리당)(현) 2014년 同행정자치위원회 위원 2014~2015년 同예산결산특별위원회 위원 2016년 同제2부의장(현) 2016년 同안전건설해양소방위원회 위원(현)

조치훈(趙治勳) CHO Chi Hoon

[생]1956·6·20 [출]부산 [경]1962년 渡日·木谷實(9단)도장 입문 1968년 입단(만 11년 8세로 일본기원 최연소 입단기록 수립) 1968년 2단 승단 1969년 3단 승단 1970년 4단 승단 1971년 5단 승단 1973년 6단 승단 1975년 프로10걸 전우승 1975년 7단 승단 1976년 8강 쟁패전 우승·왕좌위 획득 1978년 8단 승단 1979년 기성위 획득 1980~1985년 명인위 보유(60세까지 명예명인자격 획득) 1981년 9단 승단(최연소·최단기 승단기록)(현) 1981년 본인방위 획득(사상 4인째) 1982년 10단위 획득 1982년 학성전 우승 1982년 수재배 우승 1983~1986년 기성위 보유 1983년 NHK배 우승 1986년 기성위 보유 1987년 천원위 보유(현) 1989년 공식 7대 타이틀 한번씩 보유하는「그랜드슬램」달성 1994년 기성위 보유 1995년 본인방 7연패 1996년 본인방 8연패 1996년 명인위 보유(현) 1997년 본인방 9연패 1997년 일본 명인전 2연패 1998년 기성위 3연패 1998년 본인방 10연패 1999년 기성위 4연패 1999년 1000승 달성 2002년 일본 早碁선수권 우승 2002년 일본 아곤(阿含)·기리야마(桐山)배 우승(일본 바둑계 최다신기록 65회 우승 달성) 2003년 삼성화재배 세계바둑오픈 우승 2005년 십단전 우승 2007년 NHK배 우승(일본 타이틀 통산 70회 우승) 2007년 십단전 우승 2007년 아함동산배 준우승 2008년 NHK배 준우승 2008년 기성전 준우승 2008년 십단전 준우승 2008년 1300승 달성 2008년 개인통산 2000국 달성 2011년 바둑마스터스컵 우승 2012년 일본 바둑 사상 최초 1400승 달성 2014년 일본 제4회 마스터스컵 우승 2015년 제5회 일본 마스터스컵 우승(74회 우승으로 일본 최다 우승 기록 경신) 2016년 일본 바둑계 최고 권위 '명예명인' 등극 [상]은관문화훈장, 일본저널리스트상, 일본 기도문화상 최고우수기사상 [저]자전적전기 '목숨을 걸고 둔다' '바둑해설집'

조태권(趙太權) CHO Tae Kwon

[생]1948·8·22 [출]부산 [주]서울 서초구 바우뫼로37길18 제이플러스빌딩7층 (주)광주요 비서실(02-3445-8030) [학]1966년 일본 외국인학교졸 1973년 미국 미주리주립대 공업경영학과졸 [경]1973년 일본 동경 마루이찌상사 근무 1974~1982년 (주)대우 섬유부·철강부·특수물자부 과장·그리스지사장·특수물자부장 1988년 (주)광주요(전통도자기전문회사) 대표이사 회장(현) 2001년 (주)서화 대표이사 회장 2002~2006년 (주)화륜 대표이사 회장 2003년 (주)화요 대표이사 회장(현)

조태룡(趙泰龍) Tommy Cho

[생]1964·10·3 [출]서울 [주]강원 강릉시 남부로222 강원FC 사무처(033-655-0500) [학]1984년 대일고졸 1992년 연세대졸 2015년 박사(한국체육대) [경]1992년 동부그룹 입사, 푸르덴셜생명 본부장, 교보생명보험 본부장, 삼성생명보험 본부장, 한국신지식인협회 부회장, 한국야구위원회 야구발전실행위원회 제도운영분과 위원, 한국스포츠산업협회 이사 2007년 삼성생명보험 신설권역장 2009~2012년 프로야구 우리 히어로즈 단장 2012~2016년 프로야구 넥센 히어로즈 단장, 국민생활체육전국인라인스케이팅연합회 회장 2016년 강원FC 대표이사(현) [상]제2회 신지식인의날 우수신지식인상 금융분야(2008), 스포츠산업결산포럼보고회 최우수연구상(2013), 넷마블 마구마구 일구상 프런트상(2014)

조태열(趙兌烈) CHO Tae Yul

[생]1955·11·10 [본]한양(漢陽) [출]경북 [주]서울 종로구 사직로8길60 외교부 제2차관실(02-2100-8001) [학]1974년 서울 중앙고졸 1979년 서울대 법학과졸 1983년 영국 옥스퍼드대 대학원 수료 [경]1979년 외무고시 합격(13회) 1979년 외무부 입부 1984년 駐태국 2등서기관 1990년 駐미국 1등서기관 1993년 駐사우디아라비아 참사관 1994년 외무부 장관보좌관 1995년 同통상2과장 1996년 駐제네바대표부 참사관 2000년 駐미국 참사관 2002년 외교통상부 통상정책기획심의관 2002년 同북미·구주통상심의관 2003년 同지역통상국장 2004~2005년 세계무역기구(WTO) 패널위원 2005년 駐제네바대표부 차석대사 2005~2007년 세계무역기구(WTO) 정부조달위원회 의장 2005~2007년 同분쟁패널 의장 2007년 2012여수엑스포유치현지민관합동대책본부 본부장 2007~2008년 외교통상부 통상교섭조정관 2008~2011년 駐스페인 대사 2011년 외교통상부 개발협력대사 2011년 유엔개발협력포럼 자문위원 2012년 경기도 국제관계자문대사 2013년 외교부 제2차관(현) 2014년 세계경제포럼(WEF) 북극관련글로벌의제협의회 위원 2016년 駐유엔(UN) 대사 내정(현) [상]홍조근정훈장(2008), 올해를 빛낸 중앙인상(2008), 스페인 대십자 시민훈장(2012)

조태영(趙泰永) Cho Tai Young

[생]1958·5·19 [본]한양(漢陽) [출]서울 [주]서울 종로구 사직로8길60 외교부 인사운영팀(02-2100-7143) [학]1981년 서울대 경제학과졸 1987년 미국 미네소타대 Hubert H. Humphrey Institute 행정학과졸 [경]1981년 외무고시 합격(15회) 1981년 외무부 입부 1989년 駐일본 2등서기관 1995년 駐파키스탄 참사관 1997년 駐일본 1등서기관 2000년 대통령비서실 파견 2001년 외교통상부 동북아1과장 2002년 駐이탈리아 참사관 2005년 駐일본 공사참사관 2007년 대통령비서실 파견 2008년 외교통상부 동북아시아국장 2010년 駐방글라데시 대사 2012년 외교통상부 대변인 2013년 외교부 대변인 2014년 駐인도네시아 대사(현) [상]홍조근정훈장(2007) [종]기독교

조태용(趙太庸) CHO Tae Yong

[생]1956·8·29 [본]평양(平壤) [출]서울 [주]서울 종로구 청와대로1 국가안보실(02-770-0011) [학]경기고졸 1979년 서울대 정치학과졸 1983년 영국 옥스퍼드대 외교관과정 수료 [경]1980년 외무고시 합격(14회) 1980년 외무부 입부 1984년 駐유엔대표부 2등서기관 1990년 駐이라크 1등서기관 1994년 駐미국 1등서기관 1997년 외교통상부 북미2과장 1998년 同북미1과장 2000년 駐태국 참사관 2002년 외교통상부 북미국 제2심의관 2003년 대통령 의전비서실 파견 2004년 외교통상부 북핵외교기획단장 2006년 同북미국장 2006년 同평화체제기획단장 겸임 2007년 同장관특별보좌관 2007년 駐아일랜드 대사 2009년 외교통상부 의전장 2011년 駐오스트레일리아 대사 2013년 외교부 한반도평화교섭본부장 2014년 同제1차관 2015년 국가안보실 제1차장 겸 국가안전보장회의(NSC) 사무처장(현) [종]기독교

조태임(趙泰任·女)

[생]1953·1·24 [출]전남 순천 [주]서울 마포구 희우정로35 (사)한국부인회(02-701-7321) [학]1975년 중앙대 사범대학 가정교육학과졸 2001년 숙명여대 대학원 전통식생활문화과졸 2010년 식품영양학박사(한양대) 2011년 이화여대 정책과학대학원 여성최고지도자과정 수료 2015년 서울대 법과대학원 최고경영자과정 수료 [경]1980~1991년 한국부인회 총본부 소비자분과위원 1980~2000년 대선냉장 대표 2001~2011년 한국식품개발연구원 원장 2010~2012년 보건복지부 의약품처방조제지원시스템 전국확대추진위원회 위원 2010~2013년 국토해양부 NGO정책자문위원회 위원 2012년 생활환경운동여성단체연합 공동대표(현) 2012~2014년 농림축산검역검사본부 기술자문위원 2012년 (사)한국부인회 회장(현) 2012년 국정감사NGO모니터단 공동단장(현) 2013년 국토교통부 NGO정책자문위원회 위원(현) 2013년 (사)4대악척결범국민운동본부 상임대표(현) 2013년 식품의약품안전처 표시기준분과심의위원회 위원(현) 2013~2015년 여의도연구원 청소년·여성분과 자문위원 2014년 금융감독원 자문위원(현) 2014년 경찰위원회 비상임위원(현) 2014년 식품의약품안전처 건강기능식품 심의위원 2014년 방송통신위원회 종편 심사위원(현) 2014년 건강보험공단 비만대책위원회 위원 2015년 한국소비자원 정책자문위원(현) 2015년 한국여성인력개발센터연합 회장(현) 2015년 미래창조과학부 홈쇼핑 재승인 심사위원(현) 2015년 식품의약품안전처 축산물위생심의위원회 위원(현) 2016년 새누리당 제20대 국회의원 후보(비례대표 41번) [상]시사투데이 사회공헌대상(2014), 대한민국 혁신경영대상(2015), 국민훈장 동백장(2015) [저]'엄마가 딸에게 들려주는 영양이야기'(2012, 한우리)

조태제(趙泰濟) CHO Tae Je

[생]1957·9·2 [출]경남 함안 [주]서울 성동구 왕십리로222 한양대학교 법학전문대학원(02-2220-1307) [학]1976년 마산고졸 1982년 한양대 법학과졸 1984년 同대학원 법학과졸 1993년 법학박사(한양대) [경]1988~2000년 관동대 법학과 전임강사·조교수·교수, 同법정대학 교학과장 1994~1995년 독일 뷔르츠부르크대 연구교수 2000년 한양대 법학전문대학원 교수(현) 2002~2003년 인문사회연구회 평가위원 2003년 한국부동산법학회 총무이사 2004년 법무부 자문위원회 위원 2004년 중앙인사위원회 행정심판위원 2005년 한양대 사회봉사단 기획운영실장 2005년 한국환경법학회 부회장 2005년 한국토지공법학회 연구이사 2005년 서울시 환경영향평가심의회 위원 2006~2008년 한양대 학생처장 겸 사회봉사단 부단장, 한국법정책학회 부회장, 인문경제사회연구회 기획평가위원 2008~2011년 한양대 정책과학대학장 2008~2011년 同사법경찰행정학과 주임교수 2009~2011년 한국법정책학회 회장 2009년 경찰청 인권위원회 위원(현) 2011년 대한지적공사 비상임이사 2011~2012년 한국환경법학회 회장 2013년 한국국토정보공사 비상임이사 2013년 한국법정책학회 이사장(현) 2014년 국무총리소속 부마민주항쟁진상규명 및 관련자명예회복심의위원회 위원(현) [종]기독교

조태준(趙兌埈) CHO Tae Joon

[생]1962·6·11 [주]서울 종로구 대학로103 서울대학교 의과대학 정형외과학교실(02-2072-2878) [학]1987년 서울대 의대졸 1992년 同대학원졸 1998년 의학박사(서울대) [경]1999년 서울대 의과대학 정형외과학교실 교수(현) 2005년 미국 하버드대 어린이병원 방문교수 2009~2010년 대한정형외과학회 총무 2010년 서울대병원 소아진료지원실장 2016년 同어린이병원장(현)

조태형(趙台衡) JO Tae Hyung

[생]1952·4·20 [본]한양(漢陽) [출]서울 [주]충남 천안시 동남구 병천면 매봉로450의86 (주)유니젠 임원실 [학]1970년 서울 경복고졸 1975년 서울대 약학대졸 2003년 중앙대 대학원 약학과졸 [경]1981~1990년 (주)서흥캅셀 입사·이사 1990~2000년 (주)남양알로에 전무 1997~2000년 同생명과학연구소장 겸임 1997년 한국건강기능식품협회 기술분과위원장 1997~2001년 대한화장품공업협회 GGMP 운영위원 2000년 한국건강기능식품협회 품질인정심의위원 2000~2002년 (주)유니젠 부사장 2003년 (주)남양 기술부문 총괄담당 부사장(CTO) 2003~2006년 (주)유니젠 대표이사 사장 2004년 식품의약품안전청 한국건강기능식품협회 표시광고사전심사위원·정책위원장 2006년 (주)에코넷 사장(CTO·최고기술책임자) 2006~2014년 (주)유니베라 CTO(최고기술책임자) 2015년 (주)유니젠 대표이사 사장(현) [상]보건복지부장관표창, 대통령표창, 과학기술부장관표창 [저]'기능성 식품의 이해'(1999)

조태희(趙泰熙) Taehee Cho

[생]1962·7·2 [주]전남 나주시 빛가람로601 한국농촌경제연구원 대외협력정보실(061-820-2226) [학]1985년 건국대 축산학과졸 1987년 同대학원 축산경영학과졸 [경]2005년 민주평통 홍보분과 위원 2013~2016년 농림축산식품부 장관정책보좌관 2016년 한국농촌경제연구원 대외협력정보실장(현) [상]국무조정실장표창(2004)

조택일(趙澤一) CHO Taeg Il

[생]1963·7·23 [주]서울 영등포구 여의대로128 LG트윈타워 LG전자(주) 임원실(02-3773-1114) [학]청주고졸, 한양대 전자공학과졸, 전자공학박사(KAIST) [경]1999년 LG전자 DTV연구소 ATSC2팀 책임연구원 2004년 同DTV연구소 DSB그룹장 2006년 同DTV연구소 DSB그룹장(연구위원), 同DTV연구소 BEN그룹장(연구위원) 2010년 同CTO Digital TV연구소장(상무) 2011년 同CTO Convergence연구소장(상무) 2012년 同TV상품기획그룹장(상무) 2013년 同HE선행상품기획그룹장(상무) 2014년 同CIC센터장(상무) 2014년 同CI센터장(상무) 2016년 同CTO컨버전스센터장(현)

조평래(趙平來) CHO Pyung Rae

[생]1934·9·15 [본]함안(咸安) [출]경남 김해 [주]부산 영도구 태종로133 해동병원 이사장실(051-410-6657) [학]1954년 부산사범학교졸 1964년 부산대 의대졸 1972년 의학박사(부산대) [경]1971년 대한의학협회 감사 1972년 해동병원 원장 1972년 해동장학회 회장 1979년 연세대 의대 외래교수 1981년 인제대 의대 외래교수 1985년 부산대 의대 외래교수 1989년 일본문제연구회 이사장 2003년 해동병원 이사장(현) 2003년 대한병원협회 정책이사 2004년 한국병원협동조합 이사장 [상]내무부장관표창(4회), 부산시장표창(1990), 보건복지부장관표창(1999), 중외박애봉사상(2002) [종]불교

조풍연(趙豊衍) Cho, Poong Youn

[생]1960·12·5 [본]풍양(豊壤) [출]충남 서천 [주]서울 서초구 효령로208 메타빌드(주) 비서실(02-598-3327) [학]1979년 천안 북일고졸 2010년 컴퓨터학박사(숭실대) [경]1998년 메타빌드(주) 대표이사 사장(현) 2005년 GS인증협의회 회장 2015년 SW융합협의회 회장 2015년 한국상용SW협회 회장(현) [상]대통령표창(2003), 특허청장표창(2005), 정보통신부장관표창(2005), 지식경제부장관표창(2012), 철탑산업훈장(2016) [종]불교

조학국(趙學國) JOH Hak Kuk

[생]1949·5·17 [출]함남 함흥 [주]서울 중구 남대문로63 한진빌딩 본관 법무법인 광장(02-2191-3007) [학]1967년 서울고졸 1972년 서울대 상대 경제학과졸 1990년 경제학박사(미국 하와이대) [경]1973년 행정고시 합격(13회) 1983년 국회 예산결산특별위원회 서기관 1984년 경제기획원 농수산예산담당관 1990년 同통상조정1과장 1991년 同자금계획과장 1993년 同종합과장 1994년 한국개발연구원 파견 1994~1996년 재정경제원 대외경제국 심의관 1995년 미국 세계은행(IBRD) 재정경제관 1997년 공정거래위원회 독점국장 1999년 同정책국장 1999년 대통령 경제수석비서관실 재정경제비서관 1999년 국민경제자문회의 사무차장 2000년 공정거래위원회 상임위원 2000년 同사무처장 2003~2005년 同부위원장(차관급) 2005년 법무법인 광장 고문(현) 2006년 현대자동차(주) 사외이사 2006~2012년 한국개발연구원(KDI) 연구자문위원 2007년 공정거래위원회 경쟁정책자문위원 2008~2011년 CJ CGV(주) 사외이사 2010~2013년 KB생명보험(주) 사외이사 2011~2015년 유네스코 한국위원회 감사 2012~2013년 한국소비자원 정책자문위원 2015년 일진전기(주) 사외이사(현) [상]대통령표창(1982), 녹조근정훈장(1991), 황조근정훈장(2005) [종]기독교

조한구(趙漢九) CHO Han Koo

[생]1946·1·7 [출]충남 서산 [주]충남 서산시 지곡면 화천3길56 서일고등학교 교장실(041-669-1085) [학]1964년 수도공고졸 1971년 건국대 농화학과졸 1974년 고려대 교육대학원졸 2001년 교육학박사(필리핀 마닐라아레네타대) [경]1974년 서일중·서일고 설립·교장(현) 1984년 혜전전문대 강사 1987~1997년 서산라이온스클럽 회장 1989년 새마을운동 서산시지회 지도위원 1990년 서산시교원총연합회 회장 1991년 민자당 중앙정치교육원 지도교수 1995년 서산시선거관리위원회 부위원장 1998년 통일원 통일교육전문위원·충남도협의회 부회장 2000~2003년 충남교원단체총연합회 부회장 2001년 국제라이온스 355-D지구20지역 부총재 2003년 한서대 대학원 강사 2006년 충남 서산시장선거 출마(한나라당) 2009년 민주평통 서산지역협의회장 [상]국무총리표창, 통일원장관표창, 충남도지사표창, 내무부장관표창, 충남도교육감표창, 서산시민대상, 영광의 충남인상 [저]'한반도 그리고 통일' '교육행정유형관계론' '교육행정가의 인성 및 가치관과의 상관관계연구' [종]기독교

조한국(趙漢國) CHO Han Gook

[생]1957·2·14 [주]인천 연수구 아카데미로119 인천대학교 자연과학대학 화학과(032-835-8236) [학]1979년 연세대 화학과졸 1981년 한국과학기술원(KAIST) 석사 1989년 이학박사(미국 Michigan대) [경]1981~1984년 한국화학연구소 연구원 1989~1993년 미국 캘리포니아 버클리대 연구전문가 1993~1994년 한국자원연구소 선임연구원 1994년 인천대 화학과 조교수·부교수·교수(현) 2003~2004년 미국 버지니아대 방문교수 2016년 인천대 대학원장(현)

조한권(趙漢權) Han-Kwon, CHO

[생]1960·3·13 [본]평양(平壤) [출]충남 청양 [주]세종특별자치시 도움6로11 국토교통부 공공기관지방이전추진단 종전부동산기획과(044-201-4463) [학]1977년 대일고졸 1985년 건국대 건축공학과졸 2001년 연세대 대학원 건축공학과졸 [경]2005~2008년 건설교통부 건축기획과 시설사무관(건축제도전문관) 2008~2010년 국토해양부 건축기획과 시설사무관(건축제도전문관) 2010~2011년 대통령 총무비서관실 행정관 2011년 국토해양인재개발원 기술서기관 2011~2015년 대통령소속 국가건축정책위원회 건축정책지원과장 2015년 국토교통부 건축문화경관과 국가건축정책위원회지원팀장 2016년 同공공기관지방이전추진단 종전부동산기획과장(현) [상]교통부장관표창(1994), 산업자원부장관표창(2001), 환경부장관표창(2002), 국무총리표창(2004), 근정포장(2007) [종]기독교

조한기(趙漢起)

[생]1966·9·25 [출]충남 태안 [주]충남 천안시 동남구 중앙로281의2 더불어민주당 충남도당(041-569-1500) [학]1985년 충남 서령고졸 1995년 연세대 영어영문학과졸 [경]1993년 한국민족예술인총연합 문예아카데미 강사 1996~2000년 同월간 '민족예술' 편집장·문화정책연구소 사무국장 2000~2003년 이미경 국회의원 보좌관 2003~2006년 문화관광부 장관(이창동) 정책보좌관 2006~2007년 국무총리 의전비서관 2007~2008년 한명숙 국회의원 보좌관 2008~2010년 최문순 국회의원 보좌관 2010년 안희정 충남도지사후보

대변인 2011년 강원도지사 정무특별보좌관 2012년 제19대 국회의원선거 출마(서산·태안, 민주통합당) 2012년 민주통합당 서산·태안지역위원회 위원장 2012년 同정책위원회 부의장 2012년 同문재인 대통령경선후보캠프 정무팀장 2012년 同문재인 대통령후보선거대책위원회 뉴미디어·SNS지원단장 2014년 새정치민주연합 충남도당 대변인 2014~2015년 同서산·태안지역위원회 위원장 2014년 제19대 국회의원선거 출마(서산·태안 보궐선거, 새정치민주연합) 2015년 충남도개발공사 비상임감사(현) 2015년 더불어민주당 충남서산시·태안군지역위원회 위원장(현) 2016년 제20대 국회의원선거 출마(충남 서산시·태안군, 더불어민주당)

조한승(趙漢乘) Jo Han-seung

[생]1982·11·27 [주]서울 성동구 마장로210 한국기원 홍보팀(02-3407-3870) [경]1995년 입단 1997년 2단 승단 1998년 3단 승단 2000년 4단 승단 2001년 5단 승단 2001년 신인왕전 우승 2001년 한·중 신인왕전 준우승 2003년 국수전 준우승 2003년 6단 승단 2003년 LG정유배 준우승 2003년 SK가스배 신예프로10걸전 우승 2003년 7단 승단 2004년 KBS바둑왕전 준우승 2005년 8단 승단 2005년 TV바둑아시아선수권대회 준우승 2006년 9단 승단(현) 2007년 제35기 강원랜드배 명인전 준우승 2007년 KBS바둑왕전 준우승 2008년 TV아시아바둑선수권대회 준우승 2009년 비씨카드배 준우승 2009년 GS칼텍스배 프로기전 우승 2010년 GS칼텍스배 프로기전 준우승 2010년 광저우아시안게임 단체전 금메달 2011년 제55기 국수전 우승 2012년 제56기 국수전 우승 2015년 제58기 국수전 준우승 [상]바둑문화상 최다승상·연승상(64승 17패, 21연승, 2002), 2009 바둑대상 감투상(2010), 바둑대상 기록부문 다승상·승률상(2011), 행복나눔인 보건복지부장관표창(2012)

조한우(趙漢佑) JO Han Woo

[생]1954·10·12 [출]서울 [주]서울 영등포구 국제금융로6길42 (주)삼천리 임원실(02-368-3300) [학]1972년 서울고졸 1980년 서울대 토목공학과졸 [경]1992년 VOR-SPANN TECHNIK KOREA 상무이사 1995년 삼천리 MNC 전무이사 2001년 (주)삼천리 전무이사 2006년 (주)삼천리ENG 플랜트사업본부장(전무) 2007년 同부사장 2007년 삼천리ES 부사장 겸임 2008년 (주)삼천리 자원개발본부장(부사장) 2009년 휴세스 대표이사 2009년 (주)삼천리 집단에너지총괄 부사장 2010년 同도시가스사업본부장(부사장) 2011~2013년 (주)삼천리ENG 대표이사 사장 2013~2014년 자가열병합발전협의회 회장 2013~2014년 (주)삼천리 대표이사 사장 겸 도시가스사업본부장 2014년 경기도테니스협회 회장 2015년 (주)삼천리 고문(현)

조한욱(趙漢旭) CHO Han Wok

[생]1956·8·29 [출]부산 [주]부산 연제구 법원로12 로윈타워10층 법무법인 지석 부산분사무소(051-506-8833) [학]1975년 경남고졸 1980년 부산대 법학과졸 2004년 건국대 대학원졸 [경]1981년 사법시험 합격(23회) 1983년 사법연수원 수료(13기) 1983년 마산지검 검사 1986년 대구지검 경주지청 검사 1987년 인천지검 검사 1989년 부산지검 동부지청·서울지검 남부지청 검사 1994년 서울고검 검사 1995년 청주지검 제천지청장 1996년 부산지검 동부지청 형사3부장 1997년 同동부지청 형사2부장 1997년 부산지검 형사1부장 1998년 광주지검 공안부장 1999년 사법연수원 교수 2001년 서울지검 동부지청 형사3부장 2002년 同동부지청 형사1부장 2003년 대전고검 검사 2003년 부패방지위원회 법무관리관 2005년 서울고검 검사 2006년 부산지검 동부지청장 2007년 서울고검 형사부장 2008년 광주고검 차장검사 2009년 변호사 개업 2013년 법무법인 지석 부산분사무소 파트너변호사(현) [상]자랑스러운 부산대인(2012)

조한욱 Hanook, Cho

[주]충북 청원군 강내면 태성탑연로250 한국교원대학교 역사교육과(043-230-3629) [학]1977년 서강대 사학과졸 1981년 同대학원 서양사학과졸 1991년 서양사학박사(미국 텍사스대 오스틴교) [경]한국교원대 역사교육과 교수(현) 2000~2002년 역사와문화 편집위원장 2002년 문화사학회 회장 2016년 한국교원대 제2대학 학장(현) [저]'미국 역사의 새 발견(共)'(1991, 소나무) '서양의 지적 운동 II(共)'(1998, 지식산업사) '문화로 보면 역사가 달라진다(共)'(2000, 책세상) '포스트모더니즘과 역사학(共)'(2002, 푸른역사) '세계 지식인 지도(共)'(2002, 산처럼) '지식의 최전선(共)'(2002, 한길사) '고등학교 세계사(共)'(2003, 교학사) '21세기 지식 키워드 100(共)'(2003, 한국출판마케팅연구소) '월경하는 지식의 모험자들(共)'(2003, 한길사) '세계의 교양을 읽는다(共)'(2003, 휴머니스트) [역]'바이마르 문화'(1983, 탐구당) '고양이 대학살'(1996, 문학과지성사) '포르노그라피의 발명'(1996, 책세상) '문화로 본 새로운 역사'(1996, 소나무) '금지된 지식 I'(1997, 금호문화) '금지된 지식 II'(1997, 금호문화) '프랑스 혁명의 가족 로망스'(1999, 새물결)

조한유(趙漢裕) CHO Han Yoo

[생]1950·8·8 [본]평양(平壤) [출]경기 화성 [주]경기 화성시 팔탄면 제암고주로108 한국폴리텍대학 화성캠퍼스(031-350-3100) [학]1969년 인천고졸 1974년 성균관대 행정학과졸 1980년 서울대 행정대학원졸 1996년 국방대학원 안보과졸 [경]1975년 행정고시 합격(17회) 1991년 경기 광주군수 1992년 대통령비서실 행정관 1994년 내무부 세제과장 1995년 한국조세연구원 근무 1995년 의정부시 부시장 1996년 국방대학원 입교 1997년 경기도 국제협력실장 1998년 고양시 부시장 2002년 중앙공무원교육원 교수부장 2003년 국민고충처리위원회 상임위원 2004~2007년 중앙인사위원회 소청심사위원, 한남대 행정학과 초빙교수 2012년 한국폴리텍대학 화성캠퍼스 학장(현) [상]홍조근정훈장 [종]불교

조한익(趙漢翊) CHO Han Ik

[생]1943·4·26 [본]평양(平壤) [출]충남 청양 [주]서울 종로구 대학로101 서울대학교병원(02-740-8114) [학]1961년 서울대사대부고졸 1967년 서울대 의대졸 1969년 同대학원 병리학과졸 1972년 의학박사(서울대) [경]1976~2009년 서울대 의대 진단검사의학교실 전임강사·조교수·부교수·교수 1977년 미국 미네소타대 의대 연수 1981년 영국 왕립의과대학원 연구원 1983년 서울대 진단검사의학과 주임교수 겸 서울대병원 진단검사의학과장 1985년 독일 뮌헨대 연수 1989년 미국 메이요클리닉 연수 1991년 대한수혈학회 회장 1991년 한국건강관리협회 감사 1992~1995년 임상병리학회 이사장 1992년 인도주의실천의사협의회 공동대표 1993년 미국 임상병리학회 회원 1994년 서울대병원 의료정보실장 1995년 대한혈액학회 이사장·회장 1995년 세계의료정보학회 MEDIFO98학술대회 사무총장 1995년 세계혈액학회 이사 1995년 일본 오사카시립대 방문교수 1997년 대한임상병리학회 회장 1997년 임상검사정도관리협의회 회장 1997년 대한적십자사 혈액전문위원 1998년 대한진단검사의학회 회장 1998년 세계병리연합회 이사·윤리위원 2001년 세계병리학회 학술대회장 2001년 임상검사표준화아시아네트워크협회 회장 2002년 한국골수은행협회 이사 2004~2015년 한국조혈모세포은행협회 이사 2004년 대한적십자사 혈액사업본부장 2004년 同혈액관리본부장 2004년 한국건강관리협회 부회장 2005년 대통령자문 국가생명윤리심의위원회 부위원장 2006년 골수은행협회 부회장 2006~2008년 세계혈액검사학회 이사 2007년 국가생명윤리심의위원회 위원장 2009년 서울대 의대 명예교수(현) 2009~2015년 한국건강관리협회 회장 [상]스미스클라인 학술상, 의학논문상, 세계병리연합 Medal of Hornor, 옥조근정훈장(2008) [저]'혈액학(共)' '가정의학' '임상진단학' '현장 검사 이론과 실제' '응급의학' '보건의료정보학(共)' 'Hemaimage' '혈액 스라이드 모음집' '임상병리학(共)'(1992) '수혈의학(共)'(1993) '의료정보학(共)'(2002) '의료에는 신토불이가 없다'(2003) '질환별진단검사알고리즘(共·編)'(2015, (재)서울의과학연구소) [역]'실용혈액학'(1999) '정보화를 위한 의료조직관리' [종]가톨릭

조한제(趙漢濟) Jo, Han Je

[생]1960·12·19 [주]서울 영등포구 여의공원로13 한국방송공사 시청자본부 시청자국(02-781-1000) [학]부산대 영어영문학과졸 [경]2001년 한국방송공사(KBS) 창원방송총국 부장 2002년 同창원방송총국 취재1팀장 2004년 同부산방송총국 보도팀 부장 2005년 同부산방송총국 보도팀장 2011년 同부산방송총국 보도국장 2013~2015년 同부산방송총국장 2013~2015년 한국방송협회 이사 2015년 한국방송공사(KBS) 심의실 심의부 심의위원 2015년 同시청자본부 시청자국장(현) [상]자랑스런 부산대인(2014)

조한창(趙漢暢) CHO Han Chang

[생]1965·5·14 [출]충남 부여 [주]서울 서초구 서초중앙로157 서울고등법원 민사13부(02-530-1114) [학]1983년 서울 상문고졸 1987년 서울대 법학과졸 [경]1986년 사법시험 합격(28회) 1989년 사법연수원 수료(18기) 1992년 부산지법 동부지원 판사 1997년 서울지법 의정부지원 연천군·동두천시법원 판사 1998년 수원지법 판사 1999년 서울지법 판사 2001년 서울고법 판사 2002년 대법원 재판연구관 2004년 제주지법 부장판사 2005년 同수석부장판사 2006년 사법연수원 교수 2008년 서울중앙지법 부장판사 2011년 수원지법 평택지원장 2012년 부산고법 창원재판부 부장판사 2013년 서울고법 부장판사(현) 2015~2016년 서울행정법원 수석부장판사 직대

조한홍(趙漢弘) CHO Han Hong

[생]1960·10·25 [본]평양(平壤) [출]충남 서산 [주]서울 강남구 테헤란로507 미래에셋생명보험(주)(02-3271-4221) [학]충남 서령고졸 1989년 고려대 경영학과졸 [경]동부증권 근무, 살로먼스미스바니환은증권 이사, 미래에셋증권(주) 채권본부장(상무이사) 2005년 同부사장 2006년 同퇴직연금컨설팅부문장(부사장) 2007년 同퇴직연금사업단 대표 2008년 同퇴직연금컨설팅2부문 대표 2011년 同기업RM부문 대표(부사장) 2013년 同기업RM부문 대표(사장) 2013~2015년 미래에셋생명 법인영업 총괄사장 2016년 同금융서비스부문 대표(현)

조항기(趙恒棋) CHO Hang Ki

[생]1959·6·20 [주]서울 송파구 올림픽로35길123 삼성SDS타운 동관25층 삼성SDS(주) 솔루션사업부문 스마트타운사업부 프로젝트실행팀(02-6155-8400) [학]동래고졸, 홍익대 전자계산학과졸, 연세대 공학대학원 산업정보경영과졸 [경]삼성그룹 공채 합격(24기) 1991년 삼성SDS(주) 금융개발UNIT 부장 2005년 同SW Reuse팀장 2005년 同공공부문 개발PM 2008년 同상무대우, 同ST사업부 ST사업팀장(상무) 2015년 同ST사업부 ST사업팀장(전무), 同솔루션사업부문 스마트타운사업부 프로젝트실행팀장(전무)(현) [상]대통령표창(2007·2011)

조항선(趙恒宣) CHO Hang Sun

[생]1959·9·14 [출]서울 [주]경북 경주시 유림로5번길183 서라벌도시가스(주)(054-776-8000) [학]1978년 명지고졸 1982년 연세대 화학공학과졸 1984년 同대학원 화학공학과졸 [경]1985년 GS칼텍스(주) 입사 1998년 同비서실장 2003년 同전력 및 자원개발부문장(부장) 2004년 同전력 및 자원개발부문장(상무) 2007년 同자원개발부문장(전무) 2013년 서라벌도시가스(주) 대표이사(현) [상]산업포장(2012)

조항제(趙杭濟) Cho, Hang Je

[생]1961·12·26 [출]서울 [주]부산 금정구 부산대학로63번길2 부산대학교 신문방송학과(051-510-2113) [학]1984년 서울대 신문학과졸 1986년 同대학원졸 1994년 신문학박사(서울대) [경]1990~2000년 한국언론학회 연구이사 1994~2000년 한국방송학회 이사 1994~1996년 한국방송개발원 선임연구원·책임연구원 1996~2000년 부경언론학회 회원 1996년 부산대 신문방송학과 조교수·부교수·교수(현) 1998~2000년 한국사회사학회 회원 1998~2000년 한국언론정보학회 집행이사 2005년 부산대 사회과학대학 부학장 2006~2014년 同대학원 신문방송학과장 2008~2011년 同언론사 주간 2010~2011년 부산·울산·경남언론학회 회장 2014~2015년 한국언론정보학회 회장 [상]한국방송학회 학술상(2004) [저]'국제프로그램시장연구(共)'(1996, 한국방송개발원) 'TV산업의 수직적 결합에 대한 경제적 평가(共)'(1997, 한국방송개발원) '21세기 미디어산업의 전망(共)'(1998, 한울) 'MBC의 정체성'(1999) '2000년 방송편성 쿼터 정책 연구'(2000, 방송위원회) '민주주의는 종료된 프로젝트인가'(2003, 이후) '기록으로 보는 생활사(共)'(2007, 국가기록원) '한국방송의 이론과 역사'(2008, 논형) [역]'방송사사료집'(2000) '대중매체의 이해와 활용'(2002) '한국의 민주화와 미디어권력'(2003) '한국방송의 역사와 전망'(2003)

조해근(曺海根) JOE Hae Kun

[생]1955·2·18 [본]창녕(昌寧) [출]경남 진해 [주]서울 영등포구 경인로775 에이스하이테크시티1동410호 (주)굿센 임원실(02-368-8000) [학]1973년 부산 동아고졸 1978년 한양대 산업공학과졸 1998년 서강대 경영대학원 최고경영자과정 수료 [경]1981년 해군대 교관 1981~1995년 대림산업 근무 1995년 대림그룹 기획조정실 근무 1997년 대림정보통신(주) 이사 1998년 同경영기획담당 상무이사 2000년 同컨설팅사업담당 전무이사 2004~2015년 굿센테크날러지(주) 대표이사 2015년 (주)굿센 부회장(현) [상]산업포장(2012) [저]'이것이 지식경영의 핵심이다'(1998) '이것이 전자거래의 핵심이다'(1999) [종]불교

조해근(曺海根) CHO Hae Geun

[생]1958·9·28 [본]창녕(昌寧) [출]강원 강릉 [주]경기 고양시 일산동구 호수로550 사법연수원(031-920-3164) [학]1977년 강릉고졸 1982년 서울대 법학과졸 1985년 同대학원 법학과졸 1996년 법학박사(서울대) [경]1982년 사법시험 합격(24회) 1984년 사법연수원 수료(14기) 1985년 제1공수특전여단 법무장교 1988~2003년 변호사 개업, 강원도야구협회 부회장, 강릉시야구협회 회장, 춘천지방변호사회 이사 2004년 사법연수원 교수(부장판사)(현)

조해녕(曺海寧) CHO Hae Nyoung (素德)

[생]1943·11·4 [본]창녕(昌寧) [출]경북 경산 [주]대구 동구 장등로36 아성빌딩4층 대구사회복지공동모금회(053-667-1009) [학]1961년 경북고졸 1965년 서울대 행정학과졸 1969년 同행정대학원 행정학과졸 [경]1971년 행정고시 합격(10회) 1971~1979년 경북도·내무부 사무관 1979~1981년 경북도 기획관·영양군수·금릉군수 1981년 대통령 비서관 1984년 내무부 행정과장 1985년 同지방행정연수원 교수부장 1985년 대구시 기획관리실장 1988년 창원시장 1989년 내무부 지자제기획단장 1990년 대통령 정무비서관 1992년 내무부 지방행정국장 1993년 同기획관리실장 1993~1995년 대구시장 1996년 총무처 장관 1997년 새마을운동중앙협의회 회장 1997~1998년 내무부 장관 1999~2002년 한국자원봉사포럼 회장 2001년 세계자원봉사자의해(IYV2001) 한국위원회 공동대표 2002~2006년 대구광역시장(한나라당) 2008~2012년 학교법인 영광학원(대구대) 이사장 2009~2015년 화성산업 사외이사 2009년 2011대구세계육상선수권대회조직위원회 공동위원장 2011~2015년 대구사회복지공동모금회 회장 2015년 同고문(현) [상]홍조근정훈장(1992), 황조근정훈장(1995), 청조근정훈장(1998) [종]가톨릭

조해영(趙海泳)

[생]1960 [출]경북 영양 [주]서울 서초구 강남대로27 한국농수산식품유통공사 미래성장본부(02-6300-1025) [학]1979년 경신고졸 1986년 명지대 무역학과졸 1991년 同대학원 경영학과졸 [경]1986년 농어촌개발공사 입사 2006년 한국농수산식품유통공사 싱가포르aT센터 지사장 2012년 同유통기획팀장 2013년 同수급관리처장 2015년 同식품산업처장 2016년 同농식품유통교육원장 2016년 同미래성장이사(현) [상]농림부장관표창(1991·1999·2004), 대통령표창(2015)

조해월(曺海越·女) CHO Hae Wol (慈雲)

[생]1947·2·15 [출]전남 진도 [주]경기 성남시 수정구 산성대로533 을지대학교(1899-0001) [학]광주 살레시오고졸 1971년 경희대 문리대 생물학과졸 1977년 필리핀 세인트루이스대 대학원졸 1986년 영국 런던대 열대위생의학대학원졸 1996년 바이러스학박사(영국 런던대) [경]1977년 국립보건원 병독부 보건연구사 1979년 뉴질랜드 오타와대·호주 시드니대 연구원 1980년 일본 NIH 연구원 1981~1997년 국립보건원 바이러스부·바이러스질환부 보건연구관 1983년 말레이시아 의대·호주 멜본페어필드병원 연구원 1989~1992년 일본 NIH 병독부·미국 육군전염병연구소 연구원 1993년 미국 예일대 의대 연구원 1995년 영국 생물학적제제표준연구소 연구원 1997~2003년 국립보건원 바이러스질환부장 2001년 WHO/WPRO 폴리오박멸사업자문위원 2002~2004년 WHO/SAGE 자문위원 2003년 예방접종피해보상심의위원(현) 2003~2007년 국립보건연구원 원장 2007년 대한바이러스학회 회장 2007~2010년 을지대 의대 미생물학교실 초빙교수 2008년 WHO/WPRO 몽고국립질병연구소 자문위원 2010~2013년 중앙약사심의위원회 위원 2010년 질병관리본부 학술지 편집위원장(현) 2010~2014년 을지대 의대 미생물학면역학교실 교수 2011~2012년 同보건산업대학장 2011년 국립보건연구원 자문위원(현) 2013년 을지대 보건과학대학장 2014년 同명예교수(현) [상]장관표창(1989), 근정포장(2005), 한탄상(2011) [역]'바이러스학(編)'(2004, 정문각) '감염병실험실진단'(2005, 국립보건연구원) '의학미생물학(編)'(2005, 대한미생물학회) [종]천주교

조해진(曺海珍) CHO Hae Jin

[생]1963·8·4 [출]경남 밀양 [학]밀양고졸, 서울대 법학과졸 1993년 同대학원 법학과졸 [경]1992~1998년 신정당 박찬종대표 보좌역·전문위원·서울시장 선거대책본부 부대변인·신한국당 수도권선거대책위원장 공보보좌역·대통령 경선후보 공보실장 1997년 국민신당 부대변인 1998~2002년 한나라당 총재보좌역·중앙선거대책위원회 부대변인·이회창 대통령후보 보좌역 2003년 同부대변인 2005년 서울시장 정무비서관 2007년 한나라당 제17대 대통령중앙선거대책위원회 PR팀장 2007년 이명박 대통령당선자 부대변인 2008년 제18대 국회의원(밀양·창녕, 한나라당·새누리당) 2009~2010년 한나라당 공동대변인 2011년 同직능특별위원회 부위원장 2012~2013년 새누리당 정책위원회 부의장 2012~2016년 제19대 국회의원(밀양·창녕, 새누리당·무소속) 2012년 국회 문화체육관광방송통신위원회 여당 간사 2012년 한국신문윤리위원회 윤리위원 2012년 새누리당 제18대 대통령중앙선거대책위원회 대변인 2013~2015년 국회 미래창조과학방송통신위원회 여당 간사 2013년 국회 방송공정성특별위원회 간사 2014년 국회 통상관계대책특별위원회 위원 2014년 새누리당 비상대책위원회 위원 2014~2015년 同경남도당 위원장 2014~2015년 同보수혁신특별위원회 위원 2015년 同원내수석부

대표 2015년 同정책위원회 미래창조방송통신정책조정위원장 2015년 국회 운영위원회 여당 간사 2015년 국회 보건복지위원회 위원 2015년 국회 미래창조과학방송통신위원회 위원 2016년 제20대 국회의원선거 출마(경남 밀양시·의령군·함안군·창녕군, 무소속) 2016년 TV조선 '뉴스본색' 출연(현) [상]NGO모니터단 국정감사 우수의원(2008·2010·2011), 친환경 베스트의원(2010·2011), 백봉신사상 올해의 신사의원 베스트11(2010), 유권자시민행동 2015 유권자대상(2015), 백봉신사상 올해의 신사의원 베스트10(2015)

조해현(曺海鉉) CHO Hae Hyun

[생]1960·4·15 [본]창녕(昌寧) [출]대구 [주]서울 서초구 서초중앙로157 서울고등법원(02-530-1114) [학]1977년 대구 경북고졸 1981년 서울대 법학대학졸 1983년 同대학원졸 [경]1982년 사법시험 합격(24회) 1984년 사법연수원 수료(14기) 1985년 사단 검찰관 1988년 서울지법 남부지원 판사 1990년 서울민사지법 판사 1992년 대구지법 상주지원 판사 1995년 대구지법 판사 1995년 대구고법 판사 1996년 서울고법 판사 1998년 대법원 재판연구관 2001년 수원지법 부장판사 2003년 서울행정법원 부장판사 2006년 부산고법 부장판사 2007년 인천지법 수석부장판사 2008년 서울고법 부장판사 2014년 대구지법원장 2016년 서울고법 부장판사(현)

조해형(趙海衡) CHO Hae Hyeong (城巖·白蓮)

[생]1934·7·26 [본]한양(漢陽) [출]서울 [주]서울 용산구 이태원로49길8 나라빌딩1층 (주)나라홀딩스 회장실(02-549-5671) [학]1953년 경기고졸 1958년 미국 매사추세츠공과대(MIT) 슬로언경영대 경영학과졸(B.S), 미국 노스이스턴대 대학원 응용수학과졸(M.S), 미국 매사추세츠공과대(MIT) 슬로언경영대학원 M.S.논문과정 수료, 고려대 경영대학원 최고경영자과정 수료, 한국과학기술원 최고경영자과정(AIM) 수료 [경]1958년 미국 Laboratory For Electronics(Boston) 종합기획부 Staff Member 1962년 미국 MIT Draper Laboratory 책임연구원 1971년 동양통신 이사 1971년 쌍용양회(주) 이사, (주)쌍용 상무, 同부사장, 同대표이사, 쌍용USA(주) 회장, 쌍용제지(주) 사장, 쌍용스카트제지(주) 회장, 학교법인 국민학원 국민대재단 이사장 1977년 대한상사중재원 중재인 1977년 (사)한국마케팅연구원 이사·부회장·회장·명예회장(현) 1977년 駐韓아이슬란드 명예총영사(현) 1978년 한·뉴질랜드경제협력위원회 초대위원장·명예위원장(현) 1978년 (주)나라홀딩스 설립·회장(현) 1979년 대한배구협회 부회장 1979년 한·칠레경제협력위원회 초대위원장, 한·태국경제협력위원회 위원장 1980년 한·미경제협의회 이사·감사·부회장 1980~1984년 (사)한국경영자총협회 감사·부회장 1980~1984년 경제기획원 정책자문위원 1980년 서울지방노동위원회 특별조정위원 1981년 한·미 합작 (주)한국민테크 설립·초대회장 1981년 국제상업회의소 한국국내위원회(ICC-KNC) 이사 1983~1985년 (사)한국경영과학회 2대 회장, 한·미 합작 (주)유니온가스 설립·회장 1984~1987년 미국 다국적기업 Owens Illinois 국제고문 1985년 (사)한국경영과학회 명예회장(현) 1986년 한·미 합작 GE정보시스템코리아 설립·초대회장(현) 1986년 GXS Korea(주) 이사(현) 1986년 (주)나라기획 회장 1986년 (주)나라엔터프라이즈 설립·초대 대표이사 1988년 국제PR협회(IPRA) 초대 한국지부 회장 1989년 (사)한국PR협회(KPRA) 초대회장·고문, (사)대한상사중재인협회 부회장 1991년 (사)한국중재학회 부회장·고문, 대한상사중재원 운영이사, (재)불교방송 사장, 미국경영자총협회 국제자문고문, (사)한·태평양경제협력위원회 감사, 駐韓미국주정부협의회 고문, 세계은행 국제투자분쟁 해결본부(ICSID World Bank) 조정위원 1996년 한·호주 합작 극동종합식품(주) 설립·초대 대표이사 1996년 한·미 합작 나라휄드엔터테인먼트(주) 설립·초대 대표이사 2000~2013년 駐韓 명예 영사단장 2008년 미국 MIT 슬로언경영대학원 아세아 운영이사(현) 2010년 한·독상공회의소(KGCCI) 운영이사 2010~2015년 同이사장(제4대) 2015년 (주)나라엔터프라이지즈 회장(현) [상]동탑산업훈장(1980), 아이슬란드공화국 독수리장(1988), 영국 엘리자베스여왕 MBE훈장(1990), 고려대 경영대학원 최고경영자 우수경영대상(1992), 한국PR협회 PR대상(1993), 칠레 베르나르도 오히긴스훈장(2001) [종]불교

조향현(曺享鉉)

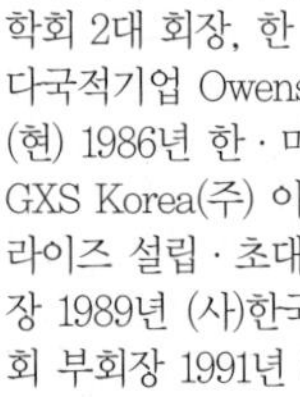

[생]1968·7·6 [출]전남 진도 [주]서울 영등포구 의사당대로22 이룸센터404호 한국장애인고용안전협회(02-754-7755) [학]삼육재활고졸, 목포대 경제학과졸, 중앙대 사회개발대학원 사회복지학과졸, 숭실대 대학원 사회복지학 박사과정 수료 [경]보건복지부 재활지원과 근무, 한국지체장애인협회 근무, 전남장애인종합복지관 근무, 의정부시장애인종합복지관 관장 2007년 문화관광부 체육국 장애인체육팀장 2008년 문화체육관광부 체육국 장애인체육과장 2009년 同체육국 장애인문화체육과장 2009년 同체육국 장애인문화체육팀장, 이천장애인체육종합훈련원 원장 2010년 광저우아시안게임 한국선수단 총감독 2012년 런던장애인올림픽 한국선수단 총감독 2013년 한국장애인고용안정협회 회장(현) 2013년 대한장애인체육회 비상임이사(현) 2015년 한국장애인개발원 비상임이사(현) [상]신지식인공무원표창(2000), 대통령표창(2003), 대만 정부산하 장애인단체 상잔육락협회 거광상(炬光賞)(2003), 국회의장표창(2004)

조헌수(曺憲洙) Cho Heon Soo

[생]1961·3·2 [주]서울 중구 을지로79 IBK기업은행 임원실(02-729-6114) [학]1978년 경북고졸 1982년 경북대 경제학과졸 [경]1985년 IBK기업은행 입행 2006년 同개봉동지점장 2007년 同투자금융부장 2010년 同시화중앙지점장 2012년 同본부기업금융센터장 2013년 同퇴직연금부장 2013년 同기업고객부장 2014년 同남부지역본부장 2015~2016년 同IT그룹장(부행장) 2015년 同리스크관리그룹장(부행장)(현)

조 현(趙 顯) Cho Hyun

[생]1957·11·30 [본]함안(咸安) [출]전북 익산 [주]서울 종로구 사직로8길60 외교부 인사운영팀(02-2100-7136) [학]1980년 연세대 정치외교학과졸 1993년 미국 컬럼비아대 대학원 국제관계학과졸 2000년 프랑스 파리정치대 대학원 국제정치학과졸 2008년 국제정치학박사(프랑스 툴루즈대) [경]1979년 외무고시 합격(13회) 1979년 외무부 입부 1985년 駐벨기에 2등서기관 1987년 駐중앙아프리카공화국 2등서기관 1989년 駐세네갈 2등서기관 1994년 외무부 통상기구과장 1995년 駐미국 1등서기관 1999년 경제협력개발기구(OECD) 사무국 근무 2002년 다자통상국 심의관(한·일FTA협상 수석대표 겸임) 2003년 대통령비서실 정책실 파견 2004년 외교통상부 국제경제국장(한·멕시코 FTA협상 수석대표 겸임) 2004~2005년 이화여대 국제대학원 국제관계학 겸임교수 2006년 駐UN대표부 차석대사 2008년 외교통상부 에너지·자원대사 2009년 同다자외교조정관 2009년 한·미원자력협정협상 수석대표 겸임 2011년 駐오스트리아 특명전권대사 겸 駐빈 국제기구대표부 대사 2011년 유엔개발공업기구(UNIDO) 공업개발이사회 의장 2012년 탄도미사일확산방지행동규범(HCOC) 의장 2015년 한국외국어대 초빙교수 2015년 駐인도 대사(현) [종]기독교

조 현(趙 鉉) CHO HYUN

[생]1959·8·22 [본]함안(咸安) [출]서울 [주]서울 송파구 올림픽로299 대한제당 임원실(02-410-6000) [학]1978년 중앙대 사대부고졸 1982년 한양대졸 [경]1984년 대한제당 영업부 입사 2011년 同제당BU 상무 2011년 同제당BU 본부장(전무) 2014년 同제당BU 및 사료BU총괄(전무) 2016년 同사업담당 부사장(현)

조현관(曺鉉琯) Cho, Hyun Kwan

[생]1958·3·11 [출]대구 [주]서울 강남구 테헤란로92길7 바른빌딩 법무법인(유) 바른(02-3479-2466) [학]1977년 경북고졸 1982년 영남대 법정대학졸 2009년 고려대 정책대학원 경제학과졸 [경]1981년 행정고시 합격(25회) 1983년 대구세무서 총무과장 1987년 대구세무서 부가가치세과장 1988년 재무부 세제국 조세정책과 근무 1992년 국세청 법인세과 근무 1993년 관악세무서 법인세과장 1995년 국세청 법무과 근무 1997년 同법무담당관실 서기관 1998년 헌법재판소 파견 1999년 목포세무서장 2000년 중부지방국세청 조사2국 과장 2002년 서울지방국세청 법무2과장 2002년 同조사3국 과장 2003년 국세청 납세자보호과장 2005년 同감사담당관 2006년 同감사담당관(부이사관) 2006년 대구지방국세청 조사2국장 2008년 서울지방국세청 조사3국장(고위공무원) 2009년 국방대학교 파견 2010년 국세청 개인납세국장 2010년 중부지방국세청장 2012~2013년 서울지방국세청장 2014~2015년 이현세무법인 회장 2015년 법무법인(유) 바른 상임고문(현) [상]근정포장(2013)

조현기(趙賢基) Cho Hyun-ki

[생]1960·11·23 [본]옥천(玉川) [주]서울 종로구 세종대로209 행정자치부 지방행정실 지역금융지원과(02-2100-4281) [학]1979년 전주 신흥고졸 1983년 전북대 회계학과졸 2007년 미국 럿거스대 행정대학원 행정학과졸(석사) [경]2012년 행정안전부 민간협력과 근무 2013년 안전행정부 민간협력과 근무 2014년 행정자치부 민간협력과 근무 2015년 광주유니버시아드조직위원회 의무도핑부장 2015년 세종특별자치시 치수방재과장 2016년 행정자치부 지방행정실 지역금융지원과 서기관(현) [종]기독교

조현기(趙賢紀) Cho Hyun-Gi

[생]1970 · 2 · 3 [주]서울 중구 퇴계로24 SK해운(주) 전략기획본부(02-3788-8400) [학]1988년 명지고졸 1997년 인하대 경영학과졸 2008년 미국 오하이오주립대 대학원 재무관리과졸 [경]1997년 SK해운(주) 가스선팀 입사 2000년 同가스선팀 대리 2004년 同자금팀 대리 2004년 同자금팀 과장 2008년 同Global사업추진팀 과장 2009년 同성장동력팀 과장 2010년 SK(주) 사업지원팀 PL 2013년 SK해운(주) 경영관리팀장(부장) 2013년 同전략기획팀장(부장) 2016년 同전략기획본부장(상무)(현)

조현길(趙鉉吉) JO Hyun Kil

[생]1959·10·7 [출]강원 양구 [주]강원 춘천시 강원대학길1 강원대학교 산림환경과학대학 생태조경디자인학과(033-250-8345) [학]1977년 양구종합고졸 1982년 강원대 원예학과 1986년 서울대 환경대학원 환경조경학과졸 1993년 농학박사(미국 애리조나주립대) [경]1994년 강원개발연구원 연구원 1995~2003년 강원대 산림경영·조경학부 조경학전공 조교수·부교수·교수 1996년 강원도공무원시험 출제위원 1997년 한국조경학회 편집위원 1997년 한국환경교육학회 이사 2003년 한국조경학회 생태조경연구회장 2003년 강원대 산림환경과학대학 조경학전공 교수 2004~2008년 춘천문화도시연대 대표 2005년 한국조경학회 편집위원장 2008년 미국 세계인명사전 'Marquis Who's Who'에 2년 연속 등재 2009~2011년 강원대 조형예술연구소장 2009년 영국 국제인명센터(IBC) '2009 세계100대 교육자'에 등재 2009년 미국 인명정보기관(ABI) '21세기 위인'에 등재 2010~2015년 강원대 산림환경과학대학 조경학과 교수 2011~2013년 강원도 건설기술심의위원 2011~2012년 강원대 산림과학연구소장 2015년 同녹색생명산업정책대학원장(현) 2015년 同산림환경과학대학장(현) 2015년 同산림환경과학대학 생태조경디자인학과 교수(현) [상]교육부장관표창, 한국조경학회 우수논문상(2010) [저]'생태조경계획 및 설계(共)'(2008, 기문당)

조현동(趙賢東) CHO Hyun Dong

[생]1960 · 2 · 19 [본]한양(漢陽) [출]서울 [주]서울 종로구 사직로8길60 외교부 공공외교대사실(02-2100-8462) [학]서울고졸 1985년 한국외국어대 서반아어과졸 [경]1985년 외무고시 합격(19회) 1985년 외무부 입부 1991년 駐제네바대표부 2등서기관 1993년 駐몽골 1등서기관 1998년 외교통상부 인사운영계장 1999년 駐미국 1등서기관, 외교통상부 북미국 한미행정협정(SOFA) 운영실장 2003년 同북미국 북미3과장 2004년 국방대 파견 2005년 駐인도 공사참사관 2008년 대통령 외교안보수석비서관실 대외전략비서관실 선임행정관 2010~2012년 외교통상부 북핵외교기획단장 2012년 同장관 특별보좌관 2012년 駐미국 공사 2016년 외교부 공공외교대사(현) [종]기독교

조현래(趙賢來) CHO Hyun Rae

[생]1958 · 4 · 21 [주]경남 창원시 성산구 정동로153 영업본부(055-280-9114) [학]고려대 영어영문학과졸 [경]현대자동차(주) 이사대우 2007년 기아자동차(주) 수출2실장(이사대우) 2008년 同수출2실장(이사), 현대제철(주) 열연영업실장(상무) 2015년 同특수강영업사업부장(전무) 2015년 同마케팅전략사업부장(전무) 2015년 현대위아 영업본부장(전무)(현)

조현명(趙顯命)

[생]1962 · 11 · 20 [주]경남 창원시 의창구 중앙대로300 경남도청 환경산림국(055-211-6601) [학]1981년 마산고졸 1989년 서울대 신문학과졸 [경]1996년 지방고시 합격 2000년 경남도 여성아동과 여성복지계장 2008년 행정안전부 민간협력과 · 제도총괄과 근무 2011년 (재)대장경세계문화축전조직위원회 사무국장 2012년 경남도 친환경에너지과장 2012년 경남 고성군 부군수 2013년 지방행정연수원 교육파견(지방부이사관 승진) 2013년 경남도 도시교통국장 2015년 국외 훈련(미국 듀크대) 2016년 경상남도 환경산림국장(현)

조현묵(趙顯默) CHO HYUN MUK (靑山)

[생]1951 · 12 · 1 [본]함안(咸安) [출]충남 보령 [주]대전 대덕구 대청로82번길147 대전보훈병원 원장실(042-939-0101) [학]1969년 대전고졸 1975년 충남대 의대졸 1978년 同대학원졸 1982년 의학박사(충남대) [경]1985~2008년 서천중앙외과의원 원장 2000~2008년 대전지법 홍성지원 민사 겸 가사조정위원 2000~2008년 대전지검 홍성지원 의료자문위원 2000~2001년 국제로타리 3680지구 서천로타리클럽 회장 2003~2006년 서천군의사회 회장, 충남도의사회 대의원, 대한의사협회 중앙대의원, 충남도의사회 부회장 2006~2009년 충남도의사회 회장 2008년 서천군립노인요양병원 원장 2008년 대전보훈병원 원장(현) 2009~2011년 민주평통 자문위원 2009년 메디칼R&D포럼 이사(현) 2009~2013년 법원행정처 전문심리위원 2010년 대전고총동창회 자문위원(현) 2011년 충청광역경제권선도산업지원단 평가위원 2011~2013년 대전지검 시민위원회 위원 2012년 대전영상위원회 위원(현) 2013년 우송대 평의원회 위원(현) [종]기독교

조현묵(趙賢默) CHO Hyun Mook

[생]1957 · 12 · 30 [본]풍양(豊壤) [출]강원 양구 [주]강원 평창군 대관령면 경강로5481 국립식량과학원 고령지농업연구소 기획협력연구팀(033-330-1555) [학]1976년 강원고졸 1983년 강원대 원예학과졸 1985년 同농과대학원 육종학과졸 1993년 이학박사(동국대 문리대학원) [경]1984년 농촌진흥청 원예시험장 연구원 1986년 同원예시험장 농업연구사 1994년 同고령지농업시험장 농업연구사 1997~2002년 同고령지농업연구소 감자육종연구실장(농업연구관) 2002년 국제감자연구소(CIP) 방문과학자 2006년 농촌진흥청 고령지농업연구소 작물과장 2007년 同고령지농업연구소 북방연구지원팀장 2007년 同고령지농업연구소 아프리카지원프로젝트팀장 2008년 同고령지농업연구소장 2012~2013년 해외 파견(소장급) 2013년 국립식량과학원 고령지농업연구센터 농업연구관 2015년 同고령지농업연구소 기획협력연구팀 농업연구관(현) [상]농업연구우수팀상, 농림부장관표창 [저]'식물육종학' '고랭지 전통을 찾아서' [종]기독교

조현문(趙顯文) CHO Hyun Moon

[생]1969 · 3 · 7 [출]서울 [주]서울 종로구 대학로28 동륭실업 임원실(02-744-2262) [학]1986년 보성고졸 1991년 서울대 고고인류학과졸, 同대학원 경영학과졸 1996년 법학박사(미국 하버드대) [경]1997년 미국 법률조합 Weil. Gotshal & Manges. LLP 변호사 1998년 미국 법률조합 Cravath. Swaine & Moore 변호사 1999년 (주)효성 전략본부 경영전략2팀장 2000년 同전략본부 이사 2001년 同전략본부 상무 2003년 同전략본부 전무 2006년 同전략본부 전무 겸 중공업PG 전력PU장(전무) 2007~2013년 同전략본부 부사장 겸 중공업PG장 2013~2015년 법무법인 현 고문변호사 2015년 동륭실업(주) 공동대표이사 2016년 同이사(현) [종]기독교

조현민(趙顯旼 · 女) Emily Lee CHO

[생]1983 · 8 · 31 [본]양주(楊州) [주]서울 강서구 하늘길260 (주)대한항공 임원실(02-2656-7258) [학]2005년 미국 서던캘리포니아대 커뮤니케이션학과졸 [경]2005년 LG애드 MBK팀 근무 2007년 대한항공 광고선전부 광고선전기획팀 과장 2009년 同부장 2010년 同통합커뮤니케이션실 IMC팀장 2011년 同통합커뮤니케이션실 광고 · IMC팀장(상무보) 2012년 진에어 마케팅본부장(현) 2013년 대한항공 상무 2014년 同여객마케팅부 담당 겸 통합커뮤니케이션실 광고담당 전무(현) 2014년 정석기업(주) 대표이사 부사장(현) 2016년 한진칼 비등기임원(현) 2016년 진에어 부사장(현) 2016년 한진관광 대표이사(현) [상]서울AP클럽 올해의 홍보인(2011), 대한민국e스포츠대상 문화체육관광부장관 공로상(2011) [저]'지니의 콩닥콩닥 세계여행-일본 오키나와'(2014, 홍익출판사) '지니의 콩닥콩닥 세계여행-미국 윌리엄스버그'(2014, 홍익출판사) '이탈리아 솔페리노'(2015, 홍익출판사)

조현배(趙顯培) cho hyun bai

[생]1960 · 3 · 15 [본]함안(咸安) [출]경남 창원 [주]경남 창원시 의창구 상남로289 경남지방경찰청 청장실(055-233-2214) [학]1979년 마산고졸 1983년 부산수산대 환경공학과졸 1994년 연세대 행정대학원 사법공안행정학과졸 2011년 경찰행정학박사(동국대) [경]2004~2005년 울산지방경찰청 생활안전과장 · 경무과장 2005~2006년 경찰대 교무과장 2006~2007년 경기 과천경찰서장 2007~2008년 서울지방경찰청 정보1과장 2009~2010년 서울 용산경찰서장 2010년 대통령실 101경비단 근무 2010~2011년 행정안전부 장관 치안정책관 2011년 서울지방경찰청 정보관리부장 2013년 同경무부장 2014년 경찰청 정보심의관 2014년 同정보국장(치안감) 2015년 경남지방경찰청장(치안감)(현) [상]내무부장관표창(1997), 대통령표창(1999), 경찰청장표창(2006), 대법원장표창(2009), 홍조근정훈장(2011) [종]기독교

조현범(趙顯範) Cho Hyun Bum

[생]1972·1·7 [출]경남 함안 [주]서울 강남구 테헤란로133 한국타이어(주) 임원실(02-2222-1063) [학]미국 보스턴대 경제학과졸 [경]1998년 한국타이어(주) 입사 2002년 同광고홍보팀장(상무보) 2003년 同마케팅본부 부본부장(상무) 2006년 同경영기획본부장(부사장) 2012년 同경영기획본부장(사장) 2012~2015년 同마케팅본부장(사장) 2015년 同경영운영본부장(사장·현) 2015년 한국타이어월드와이드 경영기획본부장 겸임(현)

조현상(趙顯相) CHO Hyun Sang

[생]1971·11·26 [출]서울 [주]서울 마포구 마포대로119 (주)효성 비서실(02-707-7984) [학]1990년 서울 경복고졸 1990년 연세대 교육학과 입학 1994년 미국 브라운대(Brown Univ.) 경제학과졸 [경]1993년 MARUBENI Corp. 일본본사 근무 1996년 BAIN & Company 동경·서울지점 근무 2000년 NTT 일본본사 법인영업팀 근무 2001년 (주)효성 전략본부 이사 2003년 同전략본부 상무 2005년 한국국제교류재단 한·중일차세대지도자포럼 멤버 2006년 Asia Society 'Asia21 Global Young Leader' 선정 2007년 국립중앙박물관 젊은운영위원 멤버 겸 평의원회 위원(현) 2007년 세계경제포럼(WEF) 선정 '2007 차세대 지도자(Young Global Leader)' 2007~2011년 (주)효성 전략본부 전무 2010년 세계경제포럼(WEF) '차세대 글로벌리더(YGL) G20 이니셔티브' 멤버(현) 2011년 (주)효성 산업자재PG장(전무) 2012년 同산업자재PG장·전략본부 부사장·화학PG CMO(최고마케팅경영자) 겸임(현)

조현석(趙顯錫) Jo Hyeon Seok (宇松)

[생]1958·12·3 [본]함안(咸安) [출]경기 안성 [주]인천 남동구 남동대로215번길30 인천종합비즈니스센터9층 인천신용보증재단(032-260-1550) [학]1977년 안성고졸 2006년 인천대 경영학과졸 2008년 同대학원 경영학과졸 [경]2008년 인천시 종합건설본부 총무부장 2010년 인천경제자유구역청 투자전략기획과장 2011년 인천시 문화관광체육국 문화예술과장 2011년 同시장 비서실장 2012년 同보건복지국 사회복지봉사과장 2013년 同문화관광체육국장 2014년 同안전행정국 근무(부이사관) 2015년 同연수구 부구청장 2016년 인천신용보증재단 이사장(현) [상]대통령표창(2008) [종]천주교

조현석(趙顯爽) CHO, Hyun-suk

[생]1963·11·13 [본]함안(咸安) [출]대구 [주]전북 전주시 완산구 농생명로370 국립농업과학원 생물안전성과(063-238-4701) [학]1982년 대구 오성고졸 1989년 경북대 농학과졸 1991년 同대학원 농학과졸 1996년 농학박사(경북대) [경]1992~2000년 농촌진흥청 농업유전공학연구소 세포유전과 농업연구사 2001년 농림축산식품부 GMO대책실 파견 2002~2007년 국립농업생명공학연구원 유전자원과·생물안전성과 농업연구관 2008년 농촌진흥청 연구정책국 첨단농업과 근무 2009년 국립농업과학원 생물안전성과 농업연구관 2012년 同생물안전성과장(현) 2014년 경북대 농업생명과학대학 초빙교수 2016년 한국식물생명공학회 부회장(현) [상]농림부장관표창(2001), 농촌진흥청장표창(2006), 한국식물생명공학회 우수논문상(2008) [저]'식물형질전환'(2007, 정문각)

조현성(趙顯星) Cho Hyun Sung

[생]1961·6·7 [주]서울 강남구 일원로81 삼성서울병원 마취통증의학과(02-3410-0369) [학]1986년 서울대 의대졸 1997년 同대학원졸 1999년 의학박사(서울대) [경]1989~1990년 국립경찰병원 인턴 1992~1996년 서울대병원 마취통증의학과 레지던트 1996~1997년 삼성서울병원 전임의 1997년 성균관대 의대 마취통증의학과 조교수·부교수·교수(현) 2005~2011년 삼성서울병원 마취통증의학과장 2005년 同수술실장

조현숙(趙賢淑·女) Jo hyun sook

[출]부산 [주]부산 사하구 다대로145 강동병원(051-209-1245) [학]1968년 부산여고졸 1972년 숙명여대졸 1976년 경성대 교육대학원 교육심리학과졸(석사) 1980년 교육학박사(경성대) [경]1993년 강동병원 행정원장(현) 1997·2003~2004년 경성대 시간강사 2002년 부산지법 동부지원 조정위원(현) 2005년 부산지검 동부지청 범죄예방운영위원(현) 2009년 부산여고 총동창회장

조현식(趙炫植) CHO Hyun Shik

[생]1968·3·18 [본]양주(楊州) [출]서울 [주]서울 중구 명동8나길10 사보이호텔 대표이사실(02-778-5555) [학]1987년 용산고졸 1990년 미국 샌프란시스코대 경영학과졸 1992년 同경영대학원졸(MBA) 2003년 경영학박사(연세대) [경]1994~1997년 육군 정훈장교 1997년 (주)사보이호텔 입사 1999년 同대표이사(부회장)(현) 2002~2007년 (주)카후나빌 대표이사 2003년 (주)사보이F&B 대표이사(현) 2004년 신성무역(주) 부회장 2004년 창동역사(주) 부회장 2006~2016년 (주)이엔쓰리 대표이사 [종]불교

조현식(趙顯植) CHO Hyun Sik

[생]1970·1·7 [출]경남 함안 [주]서울 강남구 테헤란로133 한국타이어월드와이드(주) 임원실(02-2222-1061) [학]1995년 미국 시라큐스대(Syracus Univ.) 경제학과졸 [경]1997년 한국타이어 입사 2001년 同상무보 2002년 同상무, 同해외영업부문장(상무) 2004년 同해외영업부문장(부사장) 2006년 同마케팅본부장(부사장) 2008년 同한국지역본부장 2009년 駐韓헝가리 명예영사(현) 2010년 한국타이어 한국지역본부장 2010년 同마케팅본부장(사장) 2012년 한국타이어월드와이드(주) 사장(CEO)(현) 2015년 한국타이어 마케팅본부장 겸임(현)

조현연(趙賢衍·女) Cho Hyun Yun (石蕓)

[생]1952·7·15 [본]풍양(豊壤) [출]서울 [주]경기 부천시 원미구 지봉로43 가톨릭대학교 경영학부(02-2164-4292) [학]1971년 수도여고졸 1975년 숙명여대 경영학과졸 1980년 同대학원 경영학과졸 1986년 경영학박사(고려대) [경]1981~1986년 고려대 기업경영연구소 연구원 1984~1995년 성심여대 전임강사·조교수·부교수 1989년 미국 Illinois대 교환교수 1995~2016년 가톨릭대 경영학부 회계학전공 교수 1997년 同기획처 기획부처장 1999~2004년 同중앙도서관장 2000~2001·2009년 한국회계학회 부회장 2003~2006년 금융감독원 감리위원회 위원 2003년 행정자치부 지방단체회계기준위원회 위원 2005년 부천시 장기발전자문위원 2005년 同자체평가위원 2006년 경기도 지방재정계획심의위원 2006~2007년 국무조정실 정부업무평가위원회 위원 2007~2008년 금융감독위원회 비상임위원 2007년 서울지방국세청 과세전적부심 및 이의신청위원 2007년 관세청 성과관리위원 2008년 금융위원회 회계제도심의위원 2008년 행정안전부 정책자문심의위원 2008년 한국정부회계학회 부회장 2008~2012년 예금보험공사 자문위원 2008~2010년 한국증권금융 사외이사 2009년 기획재정부 국가회계기준심의위원 2009년 관세청 관세행정발전심의위원회 위원 2010년 한국회계학회 부회장 2010~2012년 한국수자원공사 비상임이사 2010년 관세청 성과관리외부평가위원 2011~2012년 정부공직자윤리위원회 위원 2016년 가톨릭대 경영학부 회계학전공 명예교수(현) [상]대통령표창(2004), 행정안전부장관표창(2009) [저]'경영학연습'(1994) '하버드비지니스리뷰 : 단골고객 만들기'(1995) '하버드비지니스리뷰 : 다운사이징의 함정'(1997) '원가관리회계'(2008) '회계원리'(2009) '관리회계'(2014) '원가회계'(2015) [역]'회계스캔들(분식회계와 타락한 정치)'(2005) [종]가톨릭

조현영(趙顯瑩) CHO Hyun Young

[생]1952·10·25 [주]광주 광산구 어등대로417 호남대학교 스포츠레저학과(062-940-3605) [학]1972년 양정고졸 1976년 연세대 체육학과졸 1982년 同대학원 스포츠심리학과졸 2000년 이학박사(국민대) [경]1983년 호남대 스포츠레저학과 교수(현) 2008~2009년 同스포츠레저학과장 겸 골프학전공 주임 2011·2013년 同보건과학대학장(현) [상]교육과학기술부장관표창(2010) [저]'현대사회와 스포츠'(2000) '스포츠의 심리학적 탐색'(2000) '기초생체역학의 이해'(2003) '현대사회와 스포츠'(2005)

조현옥(趙顯玉·女) CHO Hyun Ock

[생]1956·9·21 [출]서울 [주]서울 서대문구 이화여대길52 이화여자대학교 정책과학대학원(02-3277-4154) [학]1979년 이화여대 정치외교학과졸 1981년 同대학원 정치학과졸 1998년 정치학박사(독일 하이델베르크 루프레히트 카를대) [경]1983~1987년 한국여성개발원 연구원 1984년 이화여대 시간강사 1999년 배재대·이화여대·대전대 시간강사 1999~2000년 충남여성정책연구소 연구위원 2000~2002년 배재대 정치외교학과 겸임교수 2000~2002년 대전시 여성정책위원 2001~2006년 여성정치세력민주연대 상임대표 2002년 한신대 연구교수 2004년 同정치외교학과 강사 2004년 여성신문 편집위

원 2005년 서울시민연대 공동대표 2005년 청와대 '고위공직자 인사검증자문회의' 위원 2006~2007년 대통령 균형인사비서관 2008년 이화여대 리더십개발원 교수 2011년 서울시 여성가족정책관 2011~2015년 同여성가족정책실장 2016년 이화여대 정책과학대학원 초빙교수(현) 2016년 희망새물결집행위원장(현) 砌'Sozial Bewegung und Modernisierung in Korea'(1999) '20세기 딛고 뛰어넘기'(2000) '독일과 유럽연합 정치'(2001) '여성이 지방의회로 간다 : 지방의회후보를 위한 선거지침서'(2002) '한국에서의 녹색정치, 녹색국가'(2002) '대전시 여성백서'(2002) '지방의원 성인지의식 조사 및 교육프로그램 개발'(2002) '2003년 세상보기'(2003) '여성정치학입문'(2005) '한국의 여성정치세력화운동'(2005) '세계가 주목하는 여성정치인 리더십'(2007) 砌'정신대 할머니 증언집 편역'(1996)

조현용(趙玹龍) CHO Hyun Yong

생1960 · 4 · 22 돈경남 거제 주광주 남구 중앙로87 광주방송 편성제작국(062-650-3114) 핵1978년 통영고졸 1985년 조선대 전자공학과졸 정1994년 SBS 영상제작부 근무 2000년 광주방송 보도제작국 차장 2002년 同영상제작부장 직대 2003년 同영상재작부장 2004년 同기술국 기술제작부장 2008년 同기술국장 2012년 同동부방송본부장 2014년 同경영지원본부장(상무) 2016년 同편성제작국장(상무)(현) 2016년 同평생교육연수원장

조현용(趙顯龍) Cho, Hyun Yong

생1966 · 8 · 23 돈함안(咸安) 출서울 주서울 동대문구 경희대로26 경희대학교 국제교육원(02-961-0080) 핵1985년 용산고졸 1990년 경희대 국어국문학과졸 1994년 同대학원 국어국문학과졸 2000년 문학박사(경희대) 정2003년 경희대 국제교육원 교수(현) 2003~2006년 국립국제교육원 한국어교육과 지도교수 2003~2013년 국제한국어교육학회 정보이사 · 연구이사 · 편집이사 2004~2012년 경희대 국제교육원 교학부장 2004~2008년 교육인적자원부 국제교육진흥원 국제교류심의위원 2005~2008 · 2012~2014년 경희대 교육대학원 한국어교육전공 주임교수 2009년 미국 뉴욕주립대 방문교수 2012~2014년 경희대 국제교육원 부원장 2013년 법무부 출입국외국인정책본부 '징검다리' 편집위원 2013년 다문화교류네트워크 이사(현) 2014년 한국어교육기관대표자협의회 부회장 2015년 경희대 국제교육원장(현) 2016년 同글로벌센터장 겸임(현) 2016년 한국어교육기관대표자협의회 회장(현) 砌'한국어 어휘교육 연구'(2000, 도서출판 박이정) '우리말 깨달음 사전'(2005, 하늘연못) '한국어 교육의 실제'(2005, 유씨엘) '우리말로 깨닫다'(2009, 하우) '한국인의 신체 언어'(2009, 소통) '우리말 가슴을 울리다'(2012, 하우) '한국어 문화 교육 강의'(2013, 하우) '우리말 지친 어깨를 토닥이다'(2014, 하우) '우리말 선물'(2016, 마리북스)

조현욱(趙顯旭) JO Hyun Uk

생1962 · 2 · 9 출부산 주서울 중구 을지로5길26 미래에셋CENTER1빌딩20층 미래에셋박현주재단(02-3774-7460) 핵1984년 부산대 경제학과졸 1987년 성균관대 대학원 경제정책과졸 정1984~1988년 한국산업경제연구원 지역 · 정책개발실 연구원 1997년 미래에셋생명 전략기획실장 과장 2002년 同KM팀장 2004년 同SUPEX추진팀장 2005년 同인사팀장 2008년 同인력지원본부장 겸 경영지원본부장(이사) 2009년 同감사실장(이사) 2010년 미래에셋 사회봉사단장(이사), 同사회봉사단장(상무보), 同사회봉사단장 겸 사회공헌실장 2016년 同사회공헌실장 겸 사무국장(상무)(현)

조현욱(趙賢旭 · 女) Hyun-wook CHO

생1966 · 11 · 10 돈옥천(玉川) 출전북 순창 주서울 서초구 서초중앙로158 남계빌딩204호 법무법인 도움(02-594-1237) 핵1983년 부산 동래여고졸 1987년 서울대 법과대학 법학과졸 2001~2002년 미국 듀크대 Law School 수학 2008년 서울대 자연과학대학 최고전략과정 수료 정1986년 사법시험 최연소 합격(28회) 1990년 사법연수원 수료(19기) 1990~1999년 대한법률구조공단 공익변론변호사 2000년 대전지법 판사 2002년 대구지법 판사 2003년 대구고법 판사 2004년 인천지법 판사 2006년 전주지법 부장판사 2007~2008년 인천지법 부장판사 2008년 변호사 개업 2010년 법무법인 도움 대표변호사(현) 2011년 인천시 공직자윤리위원회 위원장 2011~2015년 언론중재위원회 위원 2013년 대한변호사협회 이사(현) 2015~2016년 (사)한국여성변호사회 부회장 2015년 서울고법 민사 · 가사 조정위원(현) 2015년 중앙행정심판위원회 위원 2015년 산업통상자원부 전기위원회 위원(현) 2016년 (사)한국여성변호사회 수석부회장(현) 砌법무부장관표창(1996) 砌'각국의 법률구조제도(共)'(1997) 종기독교

조현익(趙顯翼) CHO, HYUN EEK

생1955 · 9 · 15 돈함안(咸安) 출충남 논산 주서울 강남구 삼성로96길23 (주)동부 임원실(02-2136-6000) 핵1974년 동성고졸 1978년 연세대 법학과졸 정1982년 한국산업은행 입행 1996년 同동경지점 차장 2000년 同신탁부 차장 2001년 同신탁부 팀장 2002년 同검사부 팀장 2003년 同인력개발부 팀장 2005년 同PEF(Private Equity Fund)실장 2007년 同홍보실장 2009년 同자본시장본부장(부행장) 2010년 同기업금융본부장(부행장) 2011년 대우건설(주) 총괄 CFO(부사장) 2013년 同재무관리부문장(수석부사장) 2015년 동부CNI(주) 재무담당 사장 2015년 (주)동부 재무담당 사장(현)

조현일(趙顯日) CHO Hyun Il

생1963 · 9 · 21 출부산 주서울 중구 청계천로86 한화그룹 경영기획실 법무팀(02-729-1114) 핵1982년 부산 가야고졸 1986년 서울대 사법학과졸 1989년 同대학원 법학과졸 정1986년 사법시험 합격(28회) 1989년 사법연수원 수료(18기) 1989년 軍법무관 1992년 부산지법 판사 1996년 서울지법 의정부지원 판사 1997년 同포천 · 철원 군법원 판사 1998년 인천지법 판사 1998년 미국 컬럼비아법과대학원 연수 2000년 서울지법 판사 겸 법원도서관 조사심의관 2001년 서울고법 판사 2004년 인천지법 부장판사 2006년 법원행정처 국제심의관 2007~2009년 서울동부지법 부장판사 2009~2011년 법무법인 바른 변호사 2011년 변호사 개업 2013년 (주)한화 법무팀장(부사장) 2016년 한화그룹 경영기획실 법무팀장(사장)(현)

조현일(趙顯逸)

생1965 · 7 · 22 주경북 안동시 풍천면 도청대로455 경상북도의회(054-880-5465) 핵대륜고졸, 계명대 생물학과졸, 영남대 경영대학원 인사조직학과졸 정청수워터피아 대표(현), 경산시청년연합회 회장, 경산맥심회 회장(현), 청록장학회 회장(현), 경산라이온스클럽 부회장, 민주평통 자문위원(현) 2014년 경북도의회 의원(새누리당)(현) 2014년 同교육위원회 위원 2014 · 2016년 同지방분권추진특별위원회 위원(현) 2015 · 2016년 同조례정비특별위원회 위원(현) 2015년 경산라이온스클럽 회장 2016년 경상북도의회 교육위원회 부위원장(현) 2016년 同운영위원회 위원(현) 砌한국지역신문협회 지구촌희망펜상 의정대상(2016)

조현재(趙顯宰) CHO Hyun Jae

생1960 · 11 · 19 돈함안(咸安) 출경북 포항 주서울 강남구 테헤란로126 GT대공빌딩7층 법무법인 민(02-599-2100) 핵1979년 휘문고졸 1983년 연세대 행정학과졸 1988년 서울대 대학원 행정학과졸 1995년 행정학박사(영국 브리스톨대) 정1983년 행정고시 합격(26회) 1983년 입법고시 합격(6회) 1983년 체육부 국내체육국 국제경기과 · 지도육성과 행정사무관 1993년 문화체육부 청소년정책실 청소년기획과 행정사무관 1995년 同청소년정책실 청소년기획과 서기관 1996년 대통령비서실(정무 · 사회) 서기관 1998년 문화관광부 문화재관리국 무형문화재과장 1999년 同관광국 관광시설과장 · 국제관광과장 2000년 영국 브리스톨시청 파견 2002년 문화관광부 체육국 생활체육과장 · 국제체육과장 2003년 同청소년국장 2005년 同관광레저도시추진기획단장 2006년 同체육국장 2008년 중앙공무원교육원 파견 2009년 4대강살리기 문화기획단장 2009년 문화체육관광부 관광산업국장 2011년 同기획조정실장 2013~2014년 同제1차관 2014년 동양대 경영관광학부 석좌교수(현) 2014년 (사)국제관광인포럼 이사장(현) 2015년 대한체육회 전국체육대회위원회 위원장 2015년 법무법인 민(民) 상임고문(현) 2016년 문화체육관광부 한국문화예술위원회 위원(현) 2016년 대한체육회 임원심의위원회 위원장(현) 砌대통령표창(1989), 근정포장(2001), 홍조근정훈장(2012)

조현정(趙顯定) CHO Hyun Jung

생1957 · 8 · 13 돈함안(咸安) 출경남 김해 주서울 서초구 서초대로74길33 (주)비트컴퓨터(02-3486-1234) 핵1977년 서울 용문고졸 1985년 인하대 전자공학과졸 1997년 연세대 보건대학원 보건환경고위정책과정 수료 2004년 명예 공학박사(인하대) 정1983년 비트컴퓨터 창업경영자(CEO) 1996년 대한의료정보학회 부회장 · 이사(현) 1998~2012년 한국소프트웨어산업협회 부회장 · 이사 1999년 인하대 겸임교수(현) 2000년 조현정재단 이사장(현) 2003~2006년 한국기술거래소 이사장 2003~2011년 이화여대 겸임교수 2005~2007년 한국벤처기업협회 회장 2005년 비트컴퓨터 대표이사 회장(현) 2006~2016년 코스닥협회 부회장 · 이사 · 부회장 2007년 남북IT교

류협력본부 수석부회장(현) 2007년 통일IT포럼 부회장(현) 2009년 한국공학한림원 정회원(현) 2010년 고용노동부 청년고용 홍보대사 2010년 YES리더스지원단 단장(현) 2010년 한양대 특임교수(현) 2010년 한국벤처기업협회 명예회장(현) 2011년 한국공학한림원 이사(현) 2013년 한국소프트웨어산업협회 회장(현) 2015년 대검찰청 검찰미래발전위원회 위원(현) 2015년 대통령자문 국민경제자문회의 혁신경제분과 자문위원(현) [상]체육부장관표창(1988·1989), 통상산업부장관 벤처기업대상(1997), 정보통신부장관표창(1997), 국무총리 98데이터베이스대상(1998), 국무총리 정보문화상(1998), 보건복지부장관표창(1999), 동탑산업훈장(2000), 보건복지부 신지식인상(2002), 생산성CEO대상(2007), 은탑산업훈장(2010), 대한의료정보학회 공로상(2012), 모범납세자 기획재정부장관표창(2012), 인사관리학회 인재경영대상(2013) [저]'컴퓨터여행'(1992) '내 삶의 가장 소중한 선택'(1993) '한국벤처산업발전사2'(2005) '아름다운 열정'(2008) [종]천주교

조현준(趙顯俊) CHO HYUN JUN

[생]1967·9·17 [본]함안(咸安) [출]경남 통영 [주]경남 창원시 의창구 중앙대로300 경상남도청 기계융합산업과(055-211-3210) [학]부산대졸 [경]2000년 지방고시 합격(6회) 2001년 경남 사천시 근무 2002년 同기획감사담당관 2003년 同축동면장 2005년 同농축산과장 2007년 경남도 경제자유구역지원담당 2008년 同인터넷홍보담당 공보관 2011년 同기획담당 정책기획관 2012년 경남도인재개발원 인재양성과장(서기관) 2013년 경남도 성장동력과장 2014년 미국 듀크대 연수 2015년 경남도 기계융합산업과장(현) [상]재정경제부장관표창(2007)

조현준(趙顯俊) CHO Hyun Joon

[생]1968·1·16 [출]경남 함안 [주]서울 마포구 마포대로119 (주)효성 임원실(02-707-7334) [학]1987년 미국 세인트폴스스쿨졸 1991년 미국 예일대 정치학과졸 1996년 일본 게이오대 법학대학원 정치학과졸 [경]1992~1993년 일본 미쓰비시상사 에너지부 LPG수입부 근무 1995~1997년 미국 모건스탠리(일본 동경) 법인영업부 근무 1997년 효성T&C 경영기획팀 부장 1998년 (주)효성 전략본부 경영혁신팀 이사 2000년 同전략본부 상무 2001년 同전략본부 전무 2003년 同전략본부 부사장 2005년 同무역PG장(부사장) 2007년 同섬유·무역PG장(사장) 2011년 同섬유PG장·무역PG장·전략본부장(사장) 2012년 同섬유PG장·정보통신PG장·전략본부장(사장) 겸임(현) [상]베트남 기획투자부장관표창(2016)

조현중(趙顯重) Hyonjung CHO

[생]1959·9·12 [본]함안(咸安) [주]대전 서구 청사로189 문화재청 근대문화재과(042-481-4880) [학]1999년 일본 히로사키대 대학원 인문과학(일본미술사)연구과졸 [경]문화재청 무형문화재과 사무관 2004년 同혁신인사담당관실 서기관 2005년 同기록정보담당관 2008년 同정보화팀장 2008년 同문화재활용팀장 2009년 同활용정책과장 2012년 同기획조정관실 기획재정담당관(부이사관) 2013년 한국전통문화대 총무과장 2014년 문화체육관광부 관광레저정책관실 관광개발지원과장 2015년 문화재청 근대문화재과장(현)

조현진(趙賢珍·女) Cho, Hyun Jin

[생]1971·11·4 [본]함안(咸安) [출]부산 [주]세종특별자치시 정부2청사로13 국민안전처 세종2청사 해양경비안전본부 해양오염예방과(044-205-2097) [학]1990년 해운대여고졸 1994년 부경대 해양학과졸 1997년 同대학원 해양학과졸 2001년 해양과학박사(일본 나가사키대) [경]2002~2004년 제주대 해양과환경연구소 학술연구교수 2004년 해양경찰청 임용(환경사무관) 2008년 목포해양경찰서 해양오염방제과장 2010년 해양경찰청 예방지도과 계장 2012년 同기동방제과장(기술서기관) 2013년 국제해사기구 Senior Advisor 2014년 국민안전처 제주지방해양경비안전본부 해양오염방제과장 2015년 同해양경비안전본부 해양오염예방과장(현)

조현천

[출]경북 예천 [주]경기 과천시 별양로54 과천우체국 사서함80호 국군 기무사령부(02-731-3062) [학]대구고졸 1982년 육군사관학교졸(38기), 한남대 일반대학원졸(박사) [경]제8사단 16연대장, 국방부 인사기획관리과장, 육군 인사사령부 인사운영처장, 육군본부 인사기획처장 2011년 제8기계화보병사단장(소장) 2013년 육군학생군사학교 교장 2014년 국군 사이버사령관 2014년 국군 기무사령관(중장)(현) [상]자랑스러운 한남인상(2015)

조현호(曺賢鎬)

[생]1970·5·13 [출]전남 담양 [주]대전 서구 둔산중로78번길45 대전지방법원 형사단독6부(042-470-1114) [학]1989년 광주 석산고졸 1993년 조선대졸 [경]1997년 사법시험 합격(39회) 2000년 사법연수원 수료(29기) 2000년 부산지검 검사 2002년 광주지검 목포지청 검사 2003년 광주지검 검사 2005년 서울남부지검 검사 2008년 대구지검 검사 2013년 광주지법·광주가정법원 해남지원 판사 2015년 광주지법 판사 2016년 대전지법 부장판사(현)

조 형(趙 馨·女) Hyoung Cho

[생]1943·2·24 [출]서울 [주]서울 마포구 월드컵북로5길 13 한국여성재단빌딩5층 미래포럼 이사장실(02-336-6459) [학]1961년 경기여고졸 1965년 서울대졸 1967년 이화여대 대학원졸 1973년 사회학박사(미국 하버드대) [경]1973~1974년 미국 하버드대 인구문제연구소 연구원 1975~2008년 이화여대 사회학과 조교수·부교수·교수 1989~1992년 同여성연구소장 1993~1995년 同연구담당교무처 차장 1993~1994년 한국여성학회 회장 1995년 공동육아연구회 공동대표 1997~1998년 서울여성위원회 부위원장 1998년 사회과학연구협의회 부회장 1998년 (사)남북어린이어깨동무 이사 1998년 이화여대 사회과학연구소장 2000~2002년 同기획처장 2003~2005년 同이화여성리더십개발원장 2005년 同국가인적자원개발연구원장 2006년 同대학원장 2008년 同명예교수(현) 2009~2014년 한국여성재단 이사장 2013년 미래포럼 이사장(현)

조형래(趙亨來) CHO Hyung Rae

[생]1959·5·8 [출]서울 [주]서울 서초구 서초래도398 플래티넘타워 베네통코리아 대표이사실(080-820-8801) [학]1985년 미국 이스턴미시간대(Eastern Michigan) 대학원 생명공학과졸 [경]1989~1996년 3M코리아 Sales & Marketing담당 1996년 브라운코리아 영업부장 1997~1998년 同한국지사장 1999년 질레트코리아 상무 2000년 同전무 2003~2004년 同대표이사 사장 2005~2011년 리바이스코리아 대표이사 사장 2012~2015년 컬럼비아스포츠웨어코리아 대표이사 사장 2016년 베네통코리아 대표이사 사장(현) [종]기독교

조형래(趙亨來) CHO Hyung Rae (일송)

[생]1961·12·31 [본]함안(咸安) [출]경기 화성 [주]서울 금천구 벚꽃로254 월드메르디앙 벤처센터711호 (주)헤리티지 HR KOREA(02-6959-6446) [학]1980년 안양공고졸 1988년 중앙대 화학과졸 1992년 同대학원 산업경영학과졸 [경]1988~1991년 일성신약(주) 근무 1989~1991년 안산시 전국화학노동조합연맹 쟁의위원장 1992~1994년 미원상사(주) 근무 1994~2004년 유니온정밀화학(주) 대표이사 1996년 6.4지방선거 경기도의원 출마(국민신당) 1997~2004년 시화호생태계환경연구소 소장 2004~2012년 중국 심양유니온화공유한공사 동사장 2012~2014년 네오리소스 이사 2014년 (주)헤리티지 HR KOREA 상무(현) [상]경기도 우수중소기업상 [종]기독교

조형호(曺亨鎬) JO HYUNG HO (以一)

[생]1953·6·4 [본]창녕(昌寧) [출]경남 김해 [주]경남 김해시 인제로197 인제대학교 산업기술융합대학원(055-320-3464) [학]1979년 부산대 금속공학과졸 1981년 同대학원 금속공학과졸 1987년 공학박사(일본 도호쿠대) [경]1981~1982년 한국중공업(주) 중앙시험소 기사 1987~1991년 (주)럭키금속기술연구소 선임연구원 1991년 한국생산기술연구원 주조기술실 수석연구원 2003년 同신소재본부 나노소재팀장 2007년 同부산연구센터 소장 2008년 同동남권지역본부장 2014년 同동남권지역본부 해양플랜트기자재R&D센터 수석연구원 2014~2015년 同비상근연구원 2014년 인제대 공과대학 나노융합공학부 교수 2015년 同산업기술융합대학원 교수(현) 2015년 同산업기술융합대학원장(현) [상]WAI국제학회 최우수논문상(2002·2007), 대통령표창(2005), 한국주조학회 논문상(2007), 대한금속재료학회 특별상(청웅상)(2007), (사)한국동및동합금연구회 해봉기술상(2008), 생산기술연구상(2009) [저]'2000대예측'(2000, 매일경제신문) [종]불교

조형희(趙亨熙) CHO Hyung Hee

[생]1959·10·10 [출]충남 [주]서울 서대문구 연세로50 연세대학교 공과대학 기계공학과(02-2123-2828) [학]1982년 연세대 기계공학과졸 1985년 同대학원 기계공학과졸 1992년 기계공학박사(미국 미네소타대) [경]1995년 연세대 공과대학 기계공학과 교수(현) 1999년 同공대 산업기술연구소 사업간사 2001년 한국가스이용기술진흥회 부회장 2002년 유체기계공업학회 가

스스팀터빈분과 위원장 2003년 연세대 기계공학부장 2005년 대한기계학회 학술이사 2005~2007년 연세대 공과대학 교학부학장 2010년 (사)한국유체기계학회 부회장 2014년 同회장 2015년 대한기계학회 부회장(현) 2016년 한국공학한림원 정회원(기계공학분과 · 현) 2016년 연세대 연구처장 겸 산학협력단장(현) [상]기초전력공학공동연구소 전력기술기초연구과제수행 우수상(1996), 대한기계학회 학술상(2000), 연세대 연세학술상(2001), 연세대 공과대학 최우수교수상(2001), 연세대 연구업적우수교수상(2002 · 2003 · 2004 · 2005), 한국과학기술단체총연합회 과학기술우수논문상(2006), 연세대 우수강의교수상(2007) [저]'열병합발전 기술 가이드북(編)'(2003, 에너지관리공단)

조혜연(趙惠連 · 女) Cho, Hye Yeon

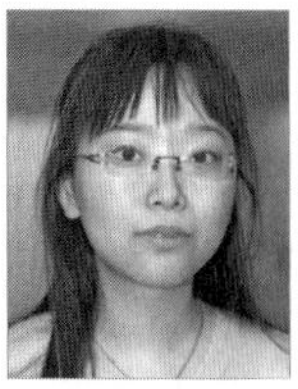

[생]1985 · 6 · 7 [출]경기 수원 [주]서울 성동구 마장로210 한국기원 홍보팀(02-3407-3870) [학]고려대 영어영문학과졸 [경]김원 6단 문하생 1997년 입단(여자프로 세계 최연소 입단) 1999년 2단 승단 1999년 흥창배 준우승 2000년 여류프로국수전 준우승 2001년 3단 승단 2002년 여류국수전 준우승 2003년 여류프로국수전 우승 2003년 여류명인전 준우승 2003년 4단 승단 2004년 여류명인전 우승 2004년 5단 승단 2005년 여류명인전 준우승 2005년 6단 승단 2005년 여류국수전 · 전자랜드배 왕중왕전 우승 2006년 여류국수전 · 전자랜드배 왕중왕전 주작부 준우승 2006년 7단 승단 2007년 여류국수전 준우승 2008년 8단 승단 2008년 한국관광 명예홍보대사 2009년 여류명인전 준우승 2010년 STX배 여류명인전 준우승 2010년 광저우아시안게임 단체전 금메달 2010년 9단 승단(현) 2011년 STX배 여류명인전 준우승 2011년 제1회 황룡사가원배 여자단체전 준우승 2012년 제1회 화정차업배 우승 2012년 제1기 여류심단전 우승 2015년 9월24일 통상 500승 달성(여성 기사 두 번째) [상]여류기사상(2003 · 2004) [저]'조혜연 창작사활1 · 2'(2009, 오로미디어) '조혜연 창작사활3 · 4 · 5'(2011) '실전/공략의 안력(眼力)'(2015)

조혜영(曺慧映 · 女) Cho, Hyeyoung

[생]1964 · 11 · 28 [본]창녕(昌寧) [출]부산 [주]대구 동구 첨단로39 한국산업단지공단 산업입지연구소(070-8895-7280) [학]1983년 명지여고졸 1987년 서울대 지리학과졸 1989년 同대학원 지리학과졸 1999년 지리학박사(서울대) [경]1990~1992년 국토연구원 지역경제연구실 연구원 1996~1997년 서울대 국토문제연구소 연구원 1997년 한국산업단지공단 정책연구팀 책임연구원 2003~2007년 국가균형발전위원회 자문위원 2005년 한국산업단지공단 정책연구팀장(연구위원) 2008~2011년 행정안전부 규제개혁위원회 전문위원 2008~2015년 서울시 산업진흥지구자문위원회 위원 2011~2014년 경기도 산업입지정책심의회 위원 2016년 한국산업단지공단 산업입지연구소장(선임연구위원)(현) [저]'산업단지 50년의 성과와 발전과제'(2014, 한국산업단지공단) '산업단지 클러스터의 성과와 과제'(2015, 한국산업단지공단)

조혜정(趙惠貞 · 女) CHO HYE JUNG

[생]1961 · 2 · 26 [주]서울 동작구 흑석로84 중앙대학교 예술대학원 문화콘텐츠학과(02-820-5463) [학]1983년 이화여대 법학과졸 1991년 중앙대 대학원 연극영화과졸(영화학 전공) 1998년 영화학박사(중앙대) [경]1991년 '영화예술'에 신인평론 추천 1992년 한국영화평론가협회 회원(현) 1994년 국제영화비평가연맹 한국본부(FIPRESCI KOREA) 회원(현) 1994~2000년 중앙대 · 상명대 · 서울예술대 강사 1998~2001년 중앙대 대학원 · 동국대 대학원 강사 1999~2001년 수원대 강사 2000년 제8회 춘사영화제 본심위원 2001~2004년 수원대 연극영화학부 초빙교수 2002 · 2004년 대종상영화제 본심위원 2002~2007년 청룡상영화제 심사위원 2003~2004년 한국영화평론가협회 이사 2003~2004년 한국영화학회 국내학술이사 2003~2004년 문화관광부 비디오물산업진흥위원회 위원 2004~2010년 수원대 연극영화학부 전임강사 2004~2005년 한국영화학회 영화교육위원회 운영위원(부위원장) 2004~2006년 한국영화사학회 총무이사 2004~2005년 한국영화교육학회 편집이사 2005년 프랑스 문화예술학회 이사 2005~2008 · 2011~2014년 영상물등급위원회 위원 2005년 여성영화인모임 정책이사 · 이사(현) 2007년 제12회 부산국제영화제 FIPRESCI Award 심사위원 2008~2009년 영화진흥위원회 비상임위원 2009년 부일영화상 심사위원 2010년 중앙대 예술대학원 문화콘텐츠학과 조교수 · 교수(현) 2011~2015년 한국영상자료원 영화 · 영상분야 이사 2012년 한국영화교육학회 부회장 · 회장 2014년 가톨릭영화제 조직위원장(현) [저]'그리고 영화는 계속된다'(2003, 행복한집) '영화 읽기(共)'(2004, 영화진흥위원회 교재편찬위원회, 커뮤니케이션북스) '고등학교 교사를 위한 영화 읽기(共)'(2004, 영화진흥위원회 교재편찬위원회, 커뮤니케이션북스) '만추, 이만희(共)'(2005, 커뮤니케이션북스) '한국영화사(共)'(2006, 커뮤니케이션북스) '배우 신성일(共)'(2009, 커뮤니케이션북스) [역]'페미니즘/영화/여성(共)'(1993, 여성사) '스타덤:욕망의 산업1(共)'(1999, 시각과 언어) [작]'알렝레네 영화의 시간개념-시간과 기억의 미학' '달마가 동쪽으로 간 까닭은-보이지 않는 실존의 영상' [종]가톨릭

조혜정(女)

[생]1967 · 11 [주]경기 수원시 영통구 삼성로129 삼성전자(주) DMC연구소 융복합시스템팀(031-200-1114) [학]한양대 화학공학과졸, 포항공대 대학원 화학공학과졸, 화학공학박사(포항공대) [경]2005년 삼성종합기술원 Fuel Cell그룹 전문연구원 2013년 삼성전자(주) DMC연구소 스마트홈솔루션랩장 2014년 同DMC연구소 IoT Solution팀 연구위원 2015년 同DMC연구소 IoT & Communications팀 연구위원(현) 2015년 同DMC연구소 융복합시스템팀 연구위원(현)

조호경(趙鎬敬) CHO Ho Kyung

[생]1964 · 1 · 14 [출]전남 완도 [주]서울 서초구 서초대로 266 한승아스트라205호 법률사무소 휴(Hue)(02-583-5757) [학]1982년 목포고졸 1986년 경찰대 법학과졸(2기) [경]1986년 전남지방경찰청 경위 1991년 목포경찰서 외사계장 1994년 사법시험 합격(36회) 1997년 사법연수원 수료(26기) 1997년 청주지검 검사 1998년 대전지검 홍성지청 검사 2000년 인천지검 부천지청 검사 2002년 서울지검 북부지청 검사 2004년 대구지검 검사 2006년 서울중앙지검 검사 2009년 인천지검 부부장검사 2010년 대구지검 김천지청 부장검사 2011년 同강력부장 2012년 부산지검 강력부장 2013년 인천지검 형사5부장 2014년 서울북부지검 형사5부장 2015년 서울남부지검 형사4부장 2016년 법률사무소 휴(Hue) 변호사(현)

조호권(曺灝權) CHO Ho Kwon

[생]1960 · 6 · 9 [출]전남 영암 [주]광주 서구 운천로213 스카이랜드타워 802호 한반도미래연구원(062-973-0849) [학]광주 동신고졸, 조선대 경영학과졸, 同대학원 경영학과졸 [경]1996년 서울증권(주) 운암동지점장, 同서울지역본부장, 同수도권지역본부장, 同경기지역본부장, 同충청지역본부장, 同호남지역본부장, 경제정의실천시민연합 회원, 민주당 보건복지위원회 부위원장, 송원대학 금융세무학과 외래교수, 조선대 경영대학원 겸임교수(현) 2006 · 2010~2014년 광주시의회 의원(민주당 · 통합민주당 · 민주당 · 민주통합당 · 민주당) 2006년 同행정자치위원장 2006~2010년 광주비엔날레 이사, 광주시체육회 이사, 광주시자원봉사센터 이사, 국민생활체육 광주시배드민턴연합회장 2008~2010년 광주시의회 부의장, 조선대총동창회 부회장(현) 2010년 민주당 광주시당 대변인 2012~2014년 광주시의회 의장 2013~2014년 전국시도의회의장협의회 사무총장, 유진투자증권 본부장 2014년 광주시 북구청장 예비후보(새정치민주연합) 2016년 (사)한반도미래연구원 원장(현) [상]제2회 매니페스토약속대상 광역지방의원부문(2010), 한국지방자치학회 의원발의우수조례우수상(2011), 광주시생활체육회 공로패(2011), 자랑스런 동신인상(2013) [저]'경제전문가 조호권과 시민이 믿는 행복한 변화'(2014) [종]천주교

조호연(趙皓衍) CHO Ho Yeon

[생]1958 · 8 · 19 [출]인천 [주]서울 송파구 중대로40길13 (주)씨티씨바이오 임원실(070-4033-0201) [학]1977년 제물포고졸 1984년 서울대 축산학과졸 [경]1984~1991년 동방유량(주) 근무 1991~1993년 (주)서울신약 근무 1993년 세축상사 대표이사 1996~2013년 (주)씨티씨바이오 대표이사 사장 2013~2014년 대한무역투자진흥공사 서비스자문위원 2013년 (주)씨티씨바이오 회장(현)

조호연(趙浩衍) CHO Ho Yon

[생]1960 · 9 · 2 [출]충남 부여 [주]서울 중구 정동길3 경향신문 논설위원실(02-3701-1071) [학]1978년 공주대사대부고졸 1985년 고려대 영어영문학과졸 [경]1986년 경향신문 입사 1989~1994년 同사회부 · 국제부 · 전국부 · 사회부 기자 1998년 同사회부 차장대우 1999년 同정치부 차장대우 2000년 同정치부 차장 2003년 同정치문화부 부장대우 2004년 同논설위원(부장대우급) 2005년 同논설위원(부장급) 2005년 同편집국 전국부장 2006년 同편집국 사회부장 2007년 同편집국 사회에디터 2008년 同편집국 기획탐사에디터 2009년 同편집국 사회에디터 2009년 同출판국 위클리경향편집장 2009년 同출판국장 2011년 同편집국 사회 · 기획에디터 2013년 同편집국장 2014년 同논설위원(현) [상]제10회 한국참언론인대상 사회부문(2014), 고려대 언론인교우회 장한 고대 언론인상(2014)

조호제(趙昊濟) CHO Ho Je
[생]1958·7·1 [주]경기 안양시 동안구 엘에스로127 LS엠트론(주) 임원실(031-428-4300) [학]영동고졸, 동국대 사학과졸, 서강대 대학원 경영학과졸 [경]LS엠트론(주) 이사 2010년 同전자부품사업부장(상무) 2013년 同전자부품사업부장(전무)(현) [상]대통령표창(2013)

조호제(趙互濟) CHO Ho Jea

[생]1962·10·27 [출]경남 [주]서울 영등포구 의사당대로82 하나금융투자 법인영업부문(02-3771-7102) [학]1981년 부산중앙고졸 1988년 부산대 경제학과졸 [경]1987년 한국화약그룹 근무, 제일화재(주) 지금기획담당 1989년 신한증권(주) 채권부 근무 1999년 하나증권(주) 채권영업팀장 2001년 同채권영업팀 이사 2007년 HFG IB증권(주) 채권본부장 겸 금융상품영업팀담당 이사 2007~2008년 하나IB증권(주) 채권본부장 겸 금융상품영업팀담당 이사 2010년 하나대투증권 채권본부 상무 2012~2015년 同자산운용총괄 상무 2015년 하나금융투자 자산운용총괄 상무 2016년 同법인영업부문장(전무)(현)

조 홍(趙 鴻) CHO Hong

[생]1957·2·10 [주]서울 마포구 마포대로119 (주)효성 임원실(02-707-7000) [학]신일고졸 1980년 동국대 경제학과졸 [경](주)효성 섬유·산업자재PG 구매지원팀 부장, 同이사 2005년 同섬유·산업자재PG 구매담당 상무 2010년 同화학PG 필름PU장(전무) 2015년 同구매총괄 부사장(현)

조홍구(趙弘九) CHO Hong Koo

[생]1946·3·5 [본]풍양(豊壤) [출]서울 [주]서울 서초구 사임당로18 한국콜마 임원실(02-3485-0440) [학]1964년 용산고졸 1968년 성균관대 약학과졸 1975년 同무역대학원졸 [경]1968년 (주)중외제약 입사 1978~1979년 同생산부장 1980~1983년 同마케팅부장 1984~1989년 同본부장(이사) 1990년 대유신약 영업상무이사 1991~1992년 (주)중외제약 공장장(상무이사) 1993년 同마케팅담당 전무이사 1999~2003년 同부사장 2000년 중외화학 대표이사 2004년 유케이케미팜 사장 2007년 한국콜마 제약사업부문 대표이사 2012년 同대표이사 부회장(현)

조홍근(曺弘根)

[생]1956 [주]부산 해운대구 센텀중앙로78 센텀그린타워 3층 부산창조경제혁신센터(051-749-8900) [학]1974년 경북고졸 1979년 고려대 법학과졸 [경]1983~2001년 (주)롯데호텔 입사·감사실장 2007~2008년 한무컨벤션(주) 상무 2008~2009년 STX리조트 대표이사 2009~2014년 롯데월드 영업본부장 2014년 부산창조경제혁신센터 센터장(현)

조홍남(趙洪男) CHO Hong Nam
[생]1966·8·11 [출]인천 [주]세종특별자치시 다솜로261 국무총리비서실 인사과(02-2100-2381) [학]1985년 인천 광성고졸 1989년 성균관대 정치외교학과졸 1992년 同대학원 정책학과졸 [경]2004년 국무총리 정무수석비서관실 행정관 2007년 국무총리 정무수석비서관실 과장급 2008년 국무총리 공보비서관실 언론지원행정관(서기관) 2010년 국무총리실 기획총괄정책관실 정책관리과장 2011년 同기획총괄정책관실 정책관리과장(부이사관) 2011년 同국정운영1실 통일안보정책과장 2011년 同제주자치도정책관실 총괄기획과장 2012년 대통령실 파견 2013년 대통령비서실 파견 2015년 국무총리 시민사회비서관 2016년 교육파견(현)

조홍래(趙泓來) CHO Hong Lae

[생]1939·12·11 [본]함안(咸安) [출]경북 예천 [주]서울 마포구 마포대로144 태영빌딩11층 뉴스통신진흥회(02-734-4813) [학]1959년 중앙고졸 1965년 고려대 법대졸 [경]1966년 동화통신 기자 1971년 합동통신 기자 1975년 동양통신 기자 1977년 同외신부 차장 1978~1980년 同외신부장 1982~1989년 쌍용그룹 홍보부장 1989년 연합통신 기획위원 1989년 同외신1부장 1990년 同업무국 텔리레이트부장 1991년 同국장대우 1993년 同국제금융국장 1994년 同특별기획북한취재본부 국장 1995년 同외신국장 1997~1998년 同외신국 고문 1999~2002년 한국통신 자문위원 2004~2006년 국정홍보처 해외홍보원 전문위원 2006년 박정희대통령기념사업회 전문위원 2015년 뉴스통신진흥회 감사(현) [저]'외신데스크 위의 세계' '부러진 펜으로 쓰다' '뉴스에 미친 사람들' [역]'러시아 공산당사' '화이트·호텔' 등 [종]불교

조홍래(趙弘來) CHO Hong Rae

[생]1957·10·7 [출]서울 [주]울산 동구 방어진순환도로 877 울산대학교병원 원장실(052-250-7842) [학]1976년 신일고졸 1982년 서울대 의대졸 1990년 同대학원졸 1993년 의학박사(서울대) [경]1991~1995년 한림대 의대 외과학교실 전임강사·조교수 1995~1997년 미국 Emory 의대 이식연구소 연수 1997년 울산대 의대 일반외과학교실 부교수·교수(현) 2011년 (재)한국장기기증원 비상임이사(현) 2011년 울산대병원 병원장(현)

조홍래(趙洪來) CHO Hong Rae

[생]1961·10·18 [출]서울 [주]서울 영등포구 의사당대로 88 한국투자신탁운용 임원실(02-3276-4700) [학]1979년 서울 명지고졸 1983년 서울대 경제학과졸 1984년 미국 예일대 대학원 경제학과졸 1991년 同대학원 경제학박사과정 수료 [경]1992~2002년 현대경제연구원 동향분석실장·세계경제실장·경제연구담당 이사 2002년 동원증권 리서치센터 이사 2002년 同리서치센터장(부사장) 2003년 同리서치본부장(부사장) 2005년 한국투자증권 리서치본부장(전무) 2008년 한국투자금융지주(주) 투자전략실장(전무), 同글로벌리서치실장(전무) 2015년 한국투자신탁운용 대표이사 부사장 2016년 同대표이사 사장(현) [저]'왕초보주식교실'(2005)

조홍민(曺弘旻) Cho Hong Min

[생]1966·1·29 [본]창녕(昌寧) [출]서울 [주]서울 중구 정동길3 경향신문 편집국 스포츠부(02-3701-1231) [학]1984년 서울 대원고졸 1988년 연세대 독어독문학과졸 1990년 同대학원 독어독문학과졸 [경]1991~2006년 경향신문 입사·편집국 편집부·국제부·뉴스메이커부·경제부·체육부 기자 2006~2007년 일본 게이오대 미디어커뮤니케이션연구소 방문연구원 2007년 경향신문 정치부 차장 2008~2011년 同도쿄특파원 2011년 同편집국 국제부·사회부 차장 2012년 同사장실실장 2013년 同사장실실장(부장급) 2014년 同국제부장 2016년 同편집국 스포츠부장(현) [상]한국신문상(2007)

조홍복(趙弘福) CHO Hong Bok

[생]1933·3·4 [출]부산 [주]부산 수영구 수영성로43 수영고적민속예술보존협회(051-752-2947) [경]1978년 중요무형문화재 제43호 수영야류 입문 1986년 同이수자 선정 1996년 同전수교육조교 선정 1999년 대만 99미아올리 국제가면 축제공연 2000년 국제민속축제 공연 2001년 독일 브라우니겐 국제민속축제 공연 2001년 중요무형문화재 제43호 수영야류(영감) 예능보유자 지정(현) 2002년 월드컵 축하공연 [상]부산시장표창, 수영민속보존협회표창

조홍석(曺弘錫) CHO Hong Suk

[생]1967·12·26 [출]서울 [주]서울 중구 세종대로136 서울파이낸스센터12층 노무라이화자산운용 임원실(02-3783-9500) [학]1986년 경복고졸 1990년 단국대 경영학과졸 1994년 고려대 경영대학원 경영학과졸 [경]영화기업 상무이사, 이화엔지니어링 이사, 이화유통 대표이사, 삼명물산 감사, 루덴스 이사, 이화산업(주) 전무이사, 同영업담당 부사장 2006년 同사장 2012년 노무라이화자산운용 회장(현) 2013년 (사)한국빌딩경영협회 회장(현) [종]불교

조홍선(曺洪善) CHO Hong Sun

[생]1967·4·25 [출]경남 합천 [주]세종특별자치시 다솜3로95 공정거래위원회 감사담당관실(044-200-4099) [학]1986년 거창 대성고졸 1992년 고려대 법학과졸 [경]2002년 공정거래위원회 경쟁국 공동행위과 서기관 2003년 同송무담당관실 서기관 2006년 同시장감시본부 독점감시팀 서기관 2007년 同거래감시팀장 2007년 同시장감시본부 제조1팀장 2008년 同경쟁정책국 시장조사과장 2009년 同약관제도과장 2009년 同약관심사과장(서기관) 2010년 법원행정처 파견 2011년 공정거래위원회 카르텔조사과장 2013년 대통령비서실 파견(서기관) 2015년 대통령비서실 파견(부이사관) 2015년 세종연구소 파견 2016년 공정거래위원회 감사담당관 과장(현)

조홍식(趙弘植) CHO Hong Sik
[생]1963·9·9 [출]서울 [주]서울 관악구 관악로1 서울대학교 법과대학(02-880-8789) [학]1982년 숭실고졸 1987년 서울대 법대졸 1993년 미국 Univ. of California at Berkeley School of Law 법학석사(LL. M.) 1995년 법학박사(미국 Univ. of California at Berkeley) [경]1986년 사법시험 합격(28회) 1989년 사법연수원 수료(18기) 1989~1991년 부산지법 판사 1991년 법무법인 한미 변호사 1993년 미국 뉴욕주 변호사시험 합격 1996년 미국 U.C. Berkeley 법과대학 객원연구원 1996년 법무연수원 연구위원 1997~2008년 서울대 법학부 전임강사·조교수·부부교수 1999년 同미국학연구소 연구부장 2000년 同법과대학 부학장 2001년 미국 Duke대 객원교수 2005년 일본 동경대 객원교수 2007년 서울대 법대 인사위원 2008년 同법과대학 교수(현) 2010년 녹색성장위원회 위원 2012~2016년 서울대 법과대학 교무부학장 겸 법학전문대학원 교무부원장 2013년 예금보험공사 비상임이사 2016년 서울대 법과대학장 겸 법학전문대학원장(현) [상]환경부장관표창(2000), 서울대학교 우수연구상(2009), 한국환경법학회 학술상(2009), 서울대학교 우수강의상(2010), 서울지방변호사회 감사장(2011), 환경부장관표창(2011), 대통령표창(2013), 홍조근정훈장(2015), 행정자치부장관표창(2015), 예금보험공사 KDIC Best Director(2015) [저]'공정거래와 법치(編)'(2004) '해외법률문헌조사방법(編)'(2005) '특수불법행위(編)'(2007) '민주주의와 시장주의'(2007) '소비자와 법의 지배(編)'(2008) '식품안전법연구(編)'(2008) 'Routledge Handbook of Constitutional Law(共)'(2013, Routledge) '녹색성장 1.0(共)'(2013, 교보문고) 'Current Issues in Korean Law(共)'(2014, The Robbins Collection Berkeley Law)

조홍연(趙洪衍) Cho, Hong-Yon
[생]1951·9·21 [주]세종특별자치시 세종로2511 고려대학교 식품생명공학과(044-860-1433) [학]1968년 대전고졸 1973년 고려대 식품공학과졸 1977년 同대학원 식품공학과졸 1987년 농학박사(일본 교토대) [경]1983~1989년 경남대 공대 식품공학과 전임강사 1987년 경북도립대 화학연구소 연구원 1987~1988년 미국 Georgetown Univ. Medical School 연구원 1989~1991년 경남대 공대 식품공학과 조교수 1991년 고려대 과학기술대학 식품생명공학과 조교수·부교수·교수(현) 1992~1994년 同자연과학대학 식품생명공학과장 1993년 同입시관리위원회 위원 1994년 同자연과학연구소장 1994년 同학술연구위원회 위원 1996년 同생명공학중점육성실무추진위원회 위원 1996년 同생명공학원 운영위원회 위원 1997년 식품의약품안전본부 기획조정위원회 위원 1998년 보건복지부 식품위생심의위원회 위원 2001~2002년 식품의약품안전청 연구조정위원회 위원 2001년 산업자원부 생리활성정밀화학기술지도위원회 위원 2002년 고려대 자연과학대학 식품생명공학과장·전공주임 2002년 국립독성연구소 평가위원회 위원 2002년 보건복지부 식품위생심의위원회 위원 2002년 고려대 자연과학대학 식품생명공학과장 2002년 과학기술부 국가기술지도비젼위원회 위원 2003년 고려대 교수업적평가위원회 위원 2004년 한일인삼산업(주) 고문 2004년 식품의약품안전청 건강기능식품위원회 위원 2004년 보건산업진흥원 기획위원회 위원 2004년 同GH마크심의위원회 위원 2005년 크라운제과(주) 고문 2005년 해태제과(주) 고문 2005년 보건산업진흥원 인증심의위원회 위원 2007년 同보건신기술인증위원회 위원 2008년 NURI식품바이오사업단 단장 2008년 충남지역산업진흥위원회 위원 2008년 충남농업테크노파크농사랑포럼 회장 2009년 농림수산식품부 축산물위생심의위원회 위원 2009년 국무총리실 식품안전정책위원회 위원 2010년 연기군 정책자문단 자문교수 2010년 식품의약품안전청 건강기능식품위원회 위원 2011년 국무총리실 식품안전정책위원회 위원 2011년 충남지역산업인력양사업전문위원회 위원 2011년 충남테크노파크 자문위원 2012년 건강바이오식품사업단 단장 2012~2014년 식품의약품안전청 건강기능식품위원회 위원 2012~2014년 同자체평가위원회 위원 2012년 고려대 과학기술대학장 2012년 同의용과학대학원장 2012년 同교수업적평가위원회 위원장 2013년 세종특별자치시 균형발전자문위원회 위원 2013년 同정책자문위원 2013년 同교수업적평가위원장 2014년 건강바이오식품사업단 단장 2014~2015년 충남테크노파크 미래산업기획연구단 과학기술산업정책연구회 전문위원 2014~2015년 同기능성식품위원회 위원장 2014~2015년 同조정위원회 위원 2014~2015년 식품의약품안전평가원 평가위원 2015년 고려대 세종캠퍼스 부총장

조홍준(曺鉷峻) Cho, Hong Jun
[생]1962·2·27 [출]경남 통영 [주]서울 종로구 종로1 교보빌딩9층 법무법인(유) 한결(02-3458-9503) [학]1981년 부산 혜광고졸 1988년 고려대 법학과졸 2013년 同법무대학원 금융법학과졸 [경]1988년 사법시험 합격(30회) 1991년 사법연수원 수료(20기) 1991년 변호사 개업, 한국전력 노동조합 고문변호사 2009~2015년 서울중앙지법조정센터 상임조정위원 2012~2013년 고려대 법무대학원 겸임교수 2014년 한국저작권위원회 위원(현) 2015년 법무법인(유) 한결 변호사(현) [상]서울중앙지법 우수국선변호인 선정(2004) [저]'ADR의 社會統合的 機能'(2013, 저스티스)

조홍철(曺洪哲) CHO HONGCHUL
[생]1966·9·17 [본]창녕(昌寧) [출]경북 고령 [주]대구 중구 공평로88 대구광역시의회(053-803-5061) [학]경신고졸 1992년 경북대 법학과졸, 同정책대학원 사회학과졸 [경]박종근 국회의원 교육특보, 성서중 운영위원장, 장기초 운영위원장 2010~2014년 대구시 달서구의회 의원(한나라당·새누리당), 대구외고 운영위원장, 경북대총동창회 부회장 2014년 대구시의회 의원(새누리당)(현) 2014·2016년 同운영위원회 위원(현) 2014년 同교육위원회 간사 2014~2015년 同예산결산특별위원회 위원 2016년 同경제환경위원회 부위원장(현) [상]전국시·도의회의장협의회 우수의정 대상(2016) [종]불교

조홍희(趙鴻熙) CHO Hong Hee
[생]1959·7·17 [본]양주(楊州) [출]경기 가평 [주]서울 강남구 테헤란로133 법무법인(유) 태평양(02-3404-0313) [학]1977년 용문고졸 1981년 성균관대 무역학과졸 1988년 영국 바스대 사회과학대학원 조세학과졸(MSc in Fiscal Studies) 1989년 同대학원 박사과정 1년 수료 [경]1980년 행정고시 합격(24회) 1981년 총무처 행정사무관 시보 임용 1983년 진주세무서 총무과장 1993년 국세청 청장비서관 1995년 同조사국 전산조사과 서기관 1996년 同법인세과 서기관 1997년 駐영국대사관 세무협력관 2000년 남양주세무서장 2002년 서울지방국세청 조사2국 조사4과장 2003년 국세청 법인세과장 2004년 同행정관리담당관 2004년 同혁신기획관(부이사관) 2005년 駐뉴욕총영사관 파견 2006년 고위공무원 승진 2007년 중부지방국세청 조사3국장 2008년 서울지방국세청 조사4국장 2009년 국세청 법인납세국장 2009년 同법무심사국장·징세법무국장 2010년 서울지방국세청장 2011년 법무법인(유) 태평양 고문(현) 2013년 (주)대교 사외이사(현) 2013년 (주)셀트리온 사외이사(현) [상]근정포장(1994), 홍조근정훈장(2004) [종]천주교

조화순(曺和淳·女) Whasun JHO
[생]1966·2·23 [출]경북 상주 [주]서울 서대문구 연세로50 연세대학교 정치외교학과(02-2123-2949) [학]1989년 연세대 정치학과졸 1991년 同대학원 정치학졸 2003년 정치학박사(미국 노스웨스턴대) [경]한국전산원 선임연구원·책임연구원 2005년 미국 노스웨스턴대 Visiting Scholar 2005~2006년 서울과학기술대 IT정책전문대학원 공공정책 조교수 2005년 OECD Asia Center for Public Governance 연구위원, 한국행정학회 이사, 한국정치학회 이사, 한국국제정치학회 이사, 사이버커뮤니케이션학회 이사, 행정안전부 정책자문위원, 정보공개위원회 민간위원, 복권위원회 위원 2006년 연세대 정치외교학과 교수(현) 2011년 대한지적공사 비상임이사 2012~2016년 여성가족부 정책자문위원 2013년 한국국토정보공사 비상임이사 2013~2015년 한국지역난방공사 비상임이사 2013~2014년 미국 하버드대 Visitng Scholar 2016년 사이버커뮤니케이션학회 회장(현) [상]문교부 우수논문상(1988), 의회발전연구회 연구기금(1991), 한미장학기금(1997), 연세대 우수연구실적 연구부문(2006), 연세대 우수업적교수상(2007), 연정학술상(2008), 연암 Fellowship(2012·2013), 대한민국학술원 우수학술도서(2012·2013) [저]'디지털 거버넌스 : 국가, 시장, 사회의 미래'(2010) '집단지성의 정치경제'(2011) '소셜네트워크와 정치변동'(2012, 한울아카데미) '정보시대의 인간안보 : 감시사회인가? 복지사회인가?'(2012, 집문당) 'Building telecom markets : evolution of governance in the korean mobile telecommunication market'(2013, Springer) '소셜네트워크와 선거(編)'(2013, 한울)

조환길(曺煥吉) CHO Hwan Kil
[생]1952·11·7 [출]대구 달성 [주]대구 중구 남산로4길112 대구대교구청 비서실(053-250-3016) [학]1971년 대구고졸 1981년 광주가톨릭대졸 [경]1981년 대덕천주교회 보좌신부 1982년 복자천주교회 보좌신부 1983~1988년 군종신부(육군) 1988년 덕수천주교회 주임신부 1991~1994년 안식년(미국 교포 사목) 1994년 형곡천주교회 주임신부 1998년 同사목 국사도직담당 1998~2002년 천주교 대구대교구 사목국장 1999~2004년 同대구대교구 사무처장 2004년 관덕정순교기념관 관장 겸임 2004~2007년 매일신문 대표이사 사장 2007~2008년 한국신문협회 부회장 2007~2010년 천주교 대구대교구 보좌주교 2009~2010년 同대구교구장 직대 겸임 2010년 同대구교구장(대주교)(현), 학교법인 선목학원 이사장(현) 2013년 학교법인 해은학원 이사장(현) [종]천주교

조환익(趙煥益) CHO Hwan Eik

[생]1950·2·27 [본]양주(楊州) [출]서울 [주]전남 나주시 전력로55 한국전력공사 사장실(061-345-3031) [학]1969년 중앙고졸 1973년 서울대 정치학과졸 1981년 미국 뉴욕대 경영대학원졸 2006년 명예 경제학박사(한국산업기술대) 2007년 경영학박사(한양대) [경]1973년 행정고시 합격(14회) 1975년 상공부 사무관 1984년 同미주과장 1985년 駐미국대사관 상무관 1988년 상공부 국제협력과장 1990년 대통령경제비서관실 근무 1992년 산업자원부 산업정책국장 1993년 대전엑스포조직위원회 파견 1995년 통상산업부 공보관 1996년 同산업정책국장 1997년 미국 국제전략연구센터 파견 1998년 경수로사업지원기획단 건설기술부장 1999년 산업자원부 무역투자실장 2000~2001년 同차관보 2001년 한국산업기술재단 사무총장 2004년 산업자원부 차관 2005~2006년 同제1차관 2006년 법무법인 율촌 상임고문 2007~2008년 한국수출보험공사 사장 2008~2011년 대한무역투자진흥공사(KOTRA) 사장 2009년 '2010 아시아무역진흥기관회의(ATPF)' 의장 2012년 라자드 한국투자은행부문 상임고문 2012년 한국전력공사 대표이사 사장(현) 2012년 대한전기협회 회장(현) 2012~2013년 한국원자력산업협회 회장 2013년 2013 대구세계에너지총회조직위원회 위원장 2013년 한국전력국제원자력대학원대학교(KINGS) 이사장(현) 2013년 동아시아·서태평양전기공급산업협회(AESIEAP) 회장 2013~2016년 공공혁신운영위원회 위원장 2015년 전남 나주시 명예시민 선정(현) [상]근정포장(1984), 대통령표창(1992), 국무총리표창(2001), 황조근정훈장(2006), 한국외국어대 공로상(2011), 은탑산업훈장(2014), 한국능률협회(KMA) 선정 '제47회 한국의 경영자'(2015), 한국품질경영학회 '2015 글로벌 품질경영인 대상'(2015), 한국능률협회 '한국의 경영자상'(2015), 대한민국 좋은 기업상 최고경영자상(2015), 자랑스런 NYU(뉴욕대)인상(2015), 한국공학한림원 일진상 기술정책진흥부문(2016) [저]'한국, 밖으로 뛰어야 산다'(2009) '우리는 사는 줄에 서 있다'(2011)

조황희(趙晃熙) CHO Hwang Hee

[생]1962·1·2 [출]광주 [주]대전 유성구 과학로62 한국원자력안전기술원(042-868-0000) [학]1984년 전남대 공업화학공학과졸 1987년 한국과학기술원 산업공학과졸(석사) 1994년 산업공학박사(한국과학기술원) [경]1987년 천문우주과학연구소 연구원 1990년 과학기술정책연구원 연구원 1995년 일본 도쿄대 객원연구원 1998년 과학기술부 국가과학기술장기계획 기획위원 2000년 과학기술정책연구원 산업혁신연구부장 2003년 同기초과학인력팀장 2003년 과학기술부 장관자문관 2004년 과학기술정책연구원 지역혁신팀장 2004년 同혁신정책연구센터장 2006~2008년 同기획조정실장 2008년 同선임연구위원 2011년 同우주정책팀장 2011년 同부원장 2012년 한국원자력안전기술원 비상임이사(현) 2013년 과학기술정책연구원 혁신정책본부 선임연구위원 2013~2014년 기술경영경제학회 이사 2014년~2016년 과학기술정책연구원 국제기술혁신협력센터장 2015년 국가과학기술심의회 공공·우주전문위원회 위원(현) [상]국민포장(2007) [저]'따뜻한 기술(共)'(2012, 고즈윈) '자연에서 배우는 청색기술(共)'(2013, 김영사) 'ST-IT 위성통신융합기술(共)'(2014, YOUNG) [역]'인류가 살고 있는 우주'(2012, 지성사) '은하와 우주의 계층구조'(2014, 지성사)

조효구(趙孝九) CHO Hyo Gu

[생]1952·11·2 [출]충북 청주 [주]경기 용인시 처인구 용인대학로134 용인대학교 특수체육교육과(031-8020-2662) [학]1975년 고려대 체육학과졸 1977년 同대학원졸 1984년 일본 쓰쿠바대 대학원졸 2000년 이학박사(한국체육대) [경]1987년 용인대 특수체육교육과 부교수·교수(현) 2001~2003년 同특수체육학과장 겸 특수체육연구소장 2001~2002년 2002세계사격대회 준비위원장 2007~2011년 용인대 체육과학대학원장 2008~2011·2013~2015년 同장애인스포츠지도자연수원장 2013~2015년 同특수체육연구소장 [상]체육훈장 거상장(2001), 스승의날 표창(2005) [저]'좋은 동작이란'(1984) '생체역학'(1990, 한일출판사) '교양체육'(1992, 경운출판사) '건강과 체육'(1994, 용인대 출판부)

조효식 JO Hyo Sik

[생]1940·3·3 [출]경남 고성 [주]부산 서구 충무대로264 우양빌딩8층 고려화공(주)(051-256-1771) [학]부산남고졸, 한국해양대 항해학과졸(60학번) [경]1976년 고려화공(주) 설립·대표이사 사장 1982년 우양수산(주) 설립·대표이사 사장·회장(현) 2001~2006년 대형선망수산업협동조합 조합장 2013년 고려화공(주) 회장(현) [상]산업포장(1988), 은탑산업훈장(2002), 무역의날 산업자원부장관표창, 대한민국 해양대상(2014), 자랑스러운 한국해양대인(2016)

조효제(趙孝濟) CHO, HYO JE

[생]1962·12·29 [출]부산 [주]인천 연수구 아카데미로51번길37 인천종합에너지(주) 사장실(032-850-6126) [학]1981년 경남고졸 1985년 서울대 법학과졸 [경]1989년 호남정유 입사 1997년 LG칼텍스 법무팀 과장 2003년 同LNG기획팀장 2005년 GS칼텍스 LNG구매부문장(상무) 2006년 同이사회지원실 상무, GS파워 마케팅부문장(상무) 2013~2015년 同마케팅부문장(전무) 2015년 인천종합에너지(주) 대표이사 사장(현)

조훈구(趙勳九) CHO Hoon Goo

[생]1962·12·27 [본]풍양(豊壤) [출]경기 [주]부산 중구 충장대로20 부산본부세관(051-620-6114) [학]1980년 의정부고졸 1983년 세무대학 관세학과졸, 한국방송통신대 무역학과졸 2011년 고려대 행정대학원 국제통상학과졸 [경]1983년 부산세관 서기 1988년 주사보 승진 1995년 주사 승진 2001년 사무관 승진 2001년 관세청 통관기획과 사무관 2001년 同여수광양출장소장 2003년 同통관기획과 사무관 2003년 同수출입물류과 사무관 2005년 同정보관리과 사무관 2006년 同정보기획과 사무관 2007년 同정보기획과 서기관 2008년 同전략정보과장 2009년 同조사총괄과장 2010년 인천공항세관 휴대품통관국장 2011년 관세청 운영지원과장 2012년 同인사관리담당관 2013년 同인사관리담당관(부이사관) 2013년 대구본부세관장 직대 2013년 광주세관장 2014년 미국 관세국경관리청 파견 2015년 관세청 정보협력국장 겸 국종망추진단장 2016년 同부산세관장(현)

조훈현(曺薰鉉) Cho Hoonhyun

[생]1953·3·10 [출]전남 목포 [주]서울 영등포구 의사당대로1 국회 의원회관1009호(02-784-2187) [학]1967년 일본 신명중졸 2003년 명예 체육학박사(목포대) [경]1962년 프로바둑 입단 1966년 일본기원 초단 1971년 5단 승단 1975년 최강자전·백남배·국수전·최고위전 우승 1976년 최강자전·왕좌전·국수전·국기전·최고위전 우승 1977년 최강자전·왕좌전·왕위전·국수전·국기전·최고위전 우승 1978년 최강자전·왕위전·국수전·국기전·최고위전·패왕전 우승 1979년 8단 승단 1979년 왕위전·국수전·국기전·명인전·패왕전·최고위전 우승 1980·1982년 전타이틀 제패 1981년 국수전·기왕전·국기전·명인전·패왕전·KBS바둑왕전 우승 1982년 9단 승단(현) 1982년 왕위전·국수전·기왕전·국기전·패왕전·최고위전·KBS바둑왕전·제왕전 우승 1983년 왕위전·국수전·기왕전·국기전·패왕전·최고위전·대왕전 우승 1984년 왕위전·국수전·국기전·명인전·패왕전·최고위전·대왕전·천원전·바둑왕전·제왕전 우승 1985년 전타이틀 제패 1986년 왕위전·기왕전·국기전·명인전·패왕전·최고위전·대왕전·천원전·제왕전·바둑왕전 우승 1987년 왕위전·기왕전·국기전·패왕전·최고위전·대왕전·바둑왕전 우승 1988년 왕위전·국수전·기왕전·명인전·패왕전·최고위전·천원전·제왕전 우승 1989년 왕위전·국수전·명인전·패왕전·최고위전·대왕전·기성전·천원전·제왕전·바둑왕전·응창기배 우승 1990년 왕위전·기왕전·명인전·패왕전·비씨카드배·천원전·KBS바둑왕전 우승 1991년 국수전·기왕전·패왕전·기성전 우승 1992년 국수전·기왕전·패왕전 우승 1993년 기왕전·패왕전·최고위전·대왕전·제왕전 우승 1994년 제왕전·동양증권배·후지쓰배 우승 1995년 천원전 우승 1995년 후지쓰배 준우승 1996년 기왕전·패왕전·비씨카드배 우승 1997년 동양증권배·패왕전 우승 1997년 유공배 명인위 획득 1998년 국수전·패왕전 우승 1999년 중국 제1회 춘란배세계바둑선수권대회·바둑왕전 우승 2000년 후지쓰배·TV아시아바둑선수권대회·패왕전 우승 2000년 명인전 준우승 2001년 후지쓰배·삼성화재배·TV아시아바둑선수권대회·국수전 우승 2002년 제1회 KT배·제7회 삼성화재배·제4회 농심신라면배 한국대표 우승 2002년 TV아시아바둑선수권·제7기 박카스배 천원전 준우승 2003년 왕위전 우승 2003년 기성전 준우승, (재)한국기원 상임이사, 인터넷바둑사이트 '타이젬' 이사 2004년 제1기 전자랜드배 왕중왕전 봉황부 우승 2010년 제1회 대주배 시니어최강자전 우승 2011년 제2회 대주배 시니어최강전 준우승 2013년 제4회 대주배 시니어최강자전 우승 2014년 국수산맥 국제페어바둑대회 공동우승 2015년 시니어국기전 우승 2015년 '2014~2015 시니어 바둑 클래식 왕중왕전' 우승 2015년 제2회 명월산배 한·중·일 원로기사 초청전 우승 2016년 제20대 국회의원(비례대표, 새누리당)(현) 2016년 국회 교육문화체육관광위원회 위원(현) 2016년 국회 남북관계개선특별위원회 위원(현) [상]은관문화훈장(1989), 바둑문화상 우수기사상(2회), 최다승기록상·특별상, 바둑문화상수훈상(1999), 후지쓰배 우승컵(2000), 전자랜드 현무왕전 준우승(2008), 2009 바둑대상 시니어기사상(2010) [저]'조훈현 바둑입문' '오늘의 바둑신서' '조훈현과의 대화(共)'(1999) '조훈현 바둑입문 1·2'(2010, 다산출판사)

조휴옥(趙休玉) CHO Hue-Ok
[생]1967·12·20 [출]전남 순천 [주]서울 도봉구 마들로 749 서울북부지방법원(02-910-3114) [학]1984년 광주진흥고졸 1988년 서울대 법대졸 1990년 同대학원졸 [경]1989년 사법시험 합격(31회) 1992년 사법연수원 수료(21기) 1992년 광주지법 판사 1995년 同목포지원 판사 1996년 서울지법 의정부지원 판사 1997년 同남양주시·가평군법원 판사 1998년 부산지법 판사 1999년 서울지법 판사 2001년 同남부지원 판사 2004년 서울고법 판사 2006년 서울동부지법 판사 2007년 광주지법 순천지원 부장판사 2008년 사법연수원 교수(부장판사) 2010년 의정부지법 부장판사 2011년 서울동부지법 부장판사 2013년 서울중앙지법 부장판사 2016년 서울북부지법 부장판사(현)

조흥동(趙興東) CHO Heung Dong (월륜)
[생]1941·5·16 [본]한양(漢陽) [출]경기 이천 [주]서울 서초구 반포대로37길59 대한민국예술원(02-3479-7224) [학]서울 경동고졸 1965년 중앙대 법대졸 1995년 同사회개발대학원졸 [경]1962년 국립무용단 공연 출연 1965년 무용학원 설립 1967년 한국무용협회 이사 1968년 무용발표회 개최 1978년 건국30주년기념공연 '탑교놀이' 안무 1982년 한국남성무용단 창단기념공연 '소품집' 안무 1983년 국립무용단 지도위원 1985년 한국무용협회 부이사장 1986년 창작무용극 '대' 발표 1988년 서울올림픽개막제 '길놀이' 안무 1990년 국립무용단 상임안무가 1991~2005년 한국무용협회 이사장 1992년 '92춤의해' 운영위원장 1993년 국립무용단 단장 겸 예술감독 1997~1998년 서울예술단 예술감독 1998년 한국예술문화단체총연합회 회장 1999년 경희대 교육대학원 초빙교수 2003년 대한민국예술원 회원(무용·현) 2003년 국민대 공연예술학부 초빙교수 2003~2014년 경기도립무용단 예술감독 2005~2009년 문화재위원회 무형문화재예능분과 위원 2005년 호암아트홀 한국명인 4인무 공연 2005년 한중합작 무용극 '꿈' 안무 2005년 고양 명무전 '한량무' 공연 2005년 일본 후쿠오카 한류페스티벌 '한량무' 공연 2006년 '조흥동 춤의 세계' 지방도시순회공연 2007년 한량무무보집 출간 기념공연(국립극장 소극장) 2007년 조택원탄생100주년기념공연 '신노신불로'(국립극장) 2008년 우리춤협회 '한량무' 공연(예악당) 2008년 서울무용제 개막 '한량무' 공연(아르코극장) 2008년 마산 김해랑추모공연 '한량무'(마산3·15아트센터) 2008년 제주 서귀포 '한량무' 공연 2009년 명무전 '한량무' 공연(국립국악원) 2009년 창무국제무용제 '한량무' 공연(의정부예술의전당) 2010년 경주 영주 선비축제 '한량무' 공연(영주 선비촌 특설무대) 2010년 경남 논개문화제 '한량무' 공연(진주성 야외무대) 2010년 중국 상하이엑스포 한국의 날 '한량무' 공연(상하이엑스포행사장) 2010년 강원 홍천 최승희춤축제 '한량무' 공연(홍천문예회관) 2010년 국립국악원 명무전 '한량무' 공연(국립국악원) 2010년 부산 한국남성명무전 '한량무' 공연(부산국립국악원) 2010년 마산 김해랑추모무용제 '한량무' 공연(3·15아트센터) 2011년 한국명작무 대제전 '한량무' 공연(예술의전당) 2012년 월륜삶과춤 60주년기념공연 조흥동 춤의세계(아르코예술극장) [상]대학무용콩쿨 안무지도상(1975), 제1회대한민국무용제 입상(1979), 제3회대한민국무용제 안무상(1981), 서울시 문화상(1992), 한국예술가평론가협의회 최우수예술가상(1993), 문화체육부 예술가의 장한 어머니상(1995), 옥관문화훈장(2000), 이천시장표창(2003), 한국문화단체총연합회 무용대상(2005), 경기도지사표창(2012) [저]'한량무 무보집'(2007, 열화당) [작]주요대작 안무&연출 '제신의 고향'(1974) '이차돈'(1976) '푸른 흙의 연가'(1979) '춤과 혼'(1981) '맥'(1983) '부운'(1984) '젊은날의 초상'(1985) '대(代)'(1986) '흙의 울음'(1990) '강강술래'(1992) '환'(1993) '무천의 아침'(1994) '비나리98'(1998) '우리춤 그맥 2000'(2000) '연인'(2000) '황진이'(2001) '잃어버린 신화를 찾아서'(2001) '화합의 빛'(2002) '마의태자'(2002) '삼별초의 혼'(2003) '고성의 무맥'(2004) '조신의 꿈'(2004) '꿈꿈이었으니'(2005) '봉수당진찬례와 우리춤의 맥'(2006) '황진이'(2007) '춤향기그색깔'(2007) '달하-The Moon'(2008) '천년의 유산'(2009) '태권무무 달하'(2009) '천년의 유산Ⅱ-한국의 얼'(2010) '상하이엑스포초청공연'(2010) '천년의유산Ⅲ-화조풍월'(2011) '도미부인'(2011) '태권무무 달하 북미순회 공연'(2011) '천년의 유산Ⅳ-우리춤, 천년을 걷다'(2012) '태권무무달하 중국동북아박람회초청 공연'(2012) '천년의 유산 주요코하마총영사관초청 공연'(2012) '태권무무달하 항주국제엑스포초청 공연'(2012) '태권무무달하 미주순회 공연'(2012) [종]불교

조흥순(曺興純) CHO, Heung Soon
[생]1957·4·25 [본]창녕(昌寧) [출]경남 의령 [주]충남 금산군 추부면 대학로201 중부대학교 원격대학원 교육행정경영학과(041-750-6299) [학]1976년 진주고졸 1984년 한국외국어대 한국어교육과졸 1997년 고려대 교육대학원 교육행정학과졸 2008년 교육학박사(고려대) [경]1984년 고교 교사 1984년 한국교원단체총연합회 입사 1991년 同조직국장, 同대변인, 同교육정책연구소장, 同정책본부장 2001~2005년 교육인적자원부 정책자문위원 2002년 同자립형사립고선정심사위원회 위원 2002년 서울신문 명예논설위원 2003년 한국교원단체총연합회 조직본부장 2004~2006년 한국교원교육학회 이사 2004~2006년 한국교육학회 이사 2005년 대한교육법학회 상임이사 2006~2009년 한국교원단체총연합회 사무총장 2006~2009년 한국교육방송공사(EBS) 이사 2006년 서울교대부속초 운영위원 2006~2009년 민족화해협력범국민협의회 집행위원장 2006~2009년 전국재해구호협회 감사 2007~2009년 민주평통 교육상임위원 2007~2010년 한국외국어대 겸임교수·강사·위촉 입학사정관, 고려대 겸임교수·강사, 건국대·한국체대·동덕여대 강사 2007년 한국교육행정학회 이사·감사 2008~2009년 한국경제교육협회 이사 2009년 한국교육재정경제학회 이사 2009년 한국교원단체총연합회 한국교총사이버대학설립추진단장 2010~2014년 광주여대 교육대학원 특수교육전공 교수, 同대외홍보실장, 한국교육정치학회 이사, 한국교원교육학회 감사·이사 2014년 중부대 원격대학원 교육행정경영학과 교수(현) [상]환경부장관표창(1998) [저]'학습사회의 교육행정과 교육경영(共)'(2010) '교직실무'(2012) [종]불교

조흥식(曺興植) CHO Heung Seek
[생]1953·5·7 [본]창녕(昌寧) [출]부산 [주]서울 관악구 관악로1 서울대학교 사회과학대학 사회복지학과(02-880-6459) [학]1971년 부산고졸 1976년 서울대 사회복지학과졸 1980년 同대학원 사회복지학과졸 1991년 사회복지학박사(서울대) [경]1981년 청주대 사회복지학과 교수 1987년 영국 헐대 사회복지학과 객원교수 1991년 서울대 사회과학대학 사회복지학과 교수(현) 1993년 한국사회복지연구회 회장 1994년 참여연대 사회복지위원장 1994년 同집행위원(현) 1995년 민주화를위한전국교수협의회 정책위원장 1996~2014년 RI(국제재활협회) KOREA 행정정책분과위원장 1997년 미국 시카고로욜라대 대학원 교환교수 2000년 한국학교사회복지학회 회장 2000년 참여사회연구소 이사 2001년 국무총리산하 청소년보호위원회 위원 2002년 대통령직속 농어업농어촌특별대책위원회 상임위원 2002년 보건복지부 중앙생활보장위원회 위원 2002년 한국사회복지교육협의회 인증위원장 2002~2012년 한국여성재단 배분분과위원장 2002년 同이사(현) 2002년 서울대 사회과학대학 교무부학장 2003년 한국사회복지학회 부회장 2004년 노동부 정책자문위원 2005년 영국 버밍햄대 방문교수 2005년 대통령자문 빈곤격차차별시정위원회 위원 2006~2008년 서울대 사회과학연구원장 2006~2010년 한국군(軍)사회복지학회 초대회장 2007~2008년 한국사회정책학회 회장 2008년 대한법률구조공단 비상임이사(현) 2008~2010년 보건복지부 장애인장기요양보장제도 민간추진단장 2008~2011년 서울시사회복지공동모금회 부회장 2009년 국방부 군인복지위원회 위원 2009년 한국법무보호복지공단 비상임이사(현) 2009~2011년 국무총리산하 농림어업인삶의질향상 및 농산어촌지역개발위원회 위원 2009년 농림수산식품부 여성농업인육성정책자문회의 위원 2010년 여성가족부 정책자문위원 2012~2013년 한국사회복지학회 회장 2014년 RI(국제재활협회) KOREA 의장(현) 2015년 서울대 교수협의회 회장(현) 2016년 전국국공립대학교수회연합회 상임회장(현) [상]근정포장(2015) [저]'인간생활과 사회복지' '한국사회복지론' '사회복지실천론' '교회 자원봉사' '가족복지학' '여성복지학' '산업복지론' '한국사회복지의 현실과 선택' '참여민주주의와 한국사회' '사회복지제도의 쟁점과 과제' '비교빈곤정책론' '사회복지개론' 등 다수 [역]'인간행동과 사회환경' '질적연구방법론' [종]기독교

조희근(曺喜根)
[생]1961 [출]경북 김천 [주]부산 남구 문현금융로25 한국은행 부산본부(051-240-3701) [학]1978년 서울 숭문고졸 1982년 고려대 경제학과졸 1997년 미국 오리건대 대학원졸(경제학 석사) [경]1982년 한국은행 입행 1982~1991년 同조사제2부·조사제1부 행원 1991년 同대구경북본부 기획조사과 조사역 1997년 同조사제1부 해외조사실 차장·인력개발실 연구지원팀장 2002년 同경제통계국 통계기획팀 차장·금융통계팀 반장 2006년 同조사국 지역경제반장·산업분석팀장·국제무역팀장 2009년 同감사실 감사기획팀장 2012년 同외자운용원 부원장·준법감시인 2013년 同감사실 부실장 2014년 同금융검사실장 2015년 同부산본부장(현)

조희길(曺喜吉) CHO Hee Gil
[생]1961·2·14 [본]창녕(昌寧) [출]경북 경주 [주]서울 서초구 사임당로28 청호나이스 임원실(02-3019-5070) [학]경주고졸, 동국대 경영학과졸, 경희대 대학원 경영학과졸, 경영학박사(경희대) [경]1987년 호국문예 당선, 한국능률협회컨설팅 CS경영본부장 2005년 청호나이스 마케팅본부장 2012년 同전무이사(현) [상]월간 '문학세계' 신인상(1992), 대한적십자사총재표창, 국방부장관표창, 한국능률협회 공로상, 국가품질경영 유공 대통령표창(2010), 글로벌경영대상 경영자상(2011), 대한민국 혁신대상 경영자상(2013), 세계문학상 시부문

ㅈ

(2013) [저]'무명기'(共) 'CS추진실무론' '새벽숲에서 밤바다까지'(共) 시집 '나무는 뿌리만큼 자란다'(2007) [종]불교

조희대(曺喜大) CHO Hee Dae

[생]1957·6·6 [출]경북 경주 [주]서울 서초구 서초대로 219 대법원 대법관실(02-3480-1100) [학]1975년 경북고졸 1979년 서울대 법과대학졸, 미국 코넬대 대학원졸 [경]1981년 사법시험 합격(23회) 1983년 사법연수원 수료(13기) 1983년 육군·군수사령부 검찰관 1986년 서울형사지법 판사 1989년 서울민사지법 판사 1991년 대구지법 안동지원 판사 1995년 서울고법 판사 1996년 대법원 재판연구관 1998년 대구지법 부장판사 2000년 사법연수원 교수 2003년 서울지법 부장판사 2004년 서울중앙지법 부장판사 2006년 부산고법 부장판사 2006년 서울고법 부장판사 2012년 대구지법원장 2012년 대구시선거관리위원회 위원장 겸임 2014년 대법원 대법관(현)

조희련(趙熙蓮) Jo heui ryeon

[생]1964·3·27 [주]경기 군포시 산본로324번길16 군포경찰서 서장실(031-390-9325) [학]군산제일고졸 1986년 경찰대졸(2기) [경]1986년 경위 임관 1994년 경감 승진 2001년 경정 승진 2012년 경기지방경찰청 기동대장(총경) 2014년 경기 수원서부경찰서장 2015년 경기지방경찰청 정부과천청사경비대장 2016년 경기 군포경찰서장(현)

조희연(曺喜昖) CHO Hee Yeon

[생]1956·10·6 [본]창녕(昌寧) [출]전북 정읍 [주]서울 종로구 송월길48 서울특별시교육청 교육감실(02-399-9107) [학]1975년 서울 중앙고졸 1980년 서울대 사회학과졸 1983년 연세대 대학원 사회학과졸 1992년 사회학박사(연세대) [경]1988년 한국사회과학연구소 회원·연구기획위원 1990~2014년 성공회대 사회과학부 교수 1994년 참여연대 집행위원 1995년 미국 남가주대(USC) 한국학 객원교수 1996년 영국 랑카스터대 교환교수 1997년 대만 국립대만대 교환교수 1997년 참여연대 정책위원장 겸 협동사무처장 2000~2002년 同집행위원장 2000년 성공회대 민주화운동자료관장 2001년 同시민사회복지대학원장 2002년 참여연대 운영위원회 부위원장 2007년 同정책자문위원회 부위원장, 민주화를위한전국교수협의회 공동의장 2013년 성공회대 NGO대학원장 2014년 서울특별시 교육감(현) 2014~2016년 전국시도교육감협의회 부회장 [저]'한국민주주의와 사회운동' '계급과 빈곤' '한국의 국가민주주의 정치변동' '한국사회구성체논쟁1·2·3·4' 'NGO 가이드' '한국의 정치사회적 지배담론과 민주주의의 동학'

조희용(曺喜庸) CHO Hee Yong

[생]1955·2·15 [주]서울 서초구 남부순환로2572 국립외교원 외교안보연구소 일본연구센터(02-3497-7767) [학]경기고졸 1979년 서울대 경제학과졸 1982~1983년 일본 와세다대 연수 [경]1979년 외무고시 합격(13회) 1979년 외무부 입부 1984년 駐일본 2등서기관 1990년 駐중화민국 1등서기관 1992년 駐대만 1등서기관 1993년 駐상하이 영사 1994년 駐중국 1등서기관 1995년 외무부 의전2담당관 1996년 同의전1담당관 1998년 同동북아2과장 1999~2000년 同기획예산담당관 2000년 駐미국 참사관 2002년 駐필리핀 공사참사관 2003년 駐필리핀 공사 겸 총영사 2004년 정부혁신세계포럼준비기획단 행사부장 2005~2006년 고려대 외교겸임교수 2006년 동아시아협력대사 2006년 외교통상부 대변인 2008년 駐스웨덴 대사 겸 駐라트비아 대사 2011년 2012핵안보정상회의 준비기획단 부단장 2012년 駐캐나다 대사 2015년 국립외교원 외교안보연구소 일본연구센터 초대소장(현) 2016년 일본군위안부피해자지원을위한재단설립준비위원회 위원 2016년 (재)화해·치유재단 이사(현) [상]홍조근정훈장(2005·2015), 스웨덴 왕실훈장(2011), 라트비아 삼성훈장(2011)

조희욱(曺喜旭) CHO Hee Wook (滄波)

[생]1946·9·13 [본]창녕(昌寧) [출]경남 밀양 [주]서울 성동구 성수이로89 MG빌딩 (주)MG테크 회장실(02-465-0805) [학]1973년 중앙대 정치외교학과졸 1986년 고려대 경영대학원 수료 1995년 同국제대학원 수료 1999년 서울대 최고경영자과정 수료 2002년 명예 경영학박사(미국 Lincoln Uni.) 2004년 명예 정치학박사(중앙대) [경](주)무궁화무역 대표이사 1981~2000년 한국아사히기계(주) 대표이사 1989년 대한배드민턴협회 부회장 1996년 대성컴퓨터(주) 회장 1996년 아시아사이클연맹 부회장 1996~2005년 대한사이클연맹 회장 2000년 (주)MG테크 대표이사 회장(현) 2000~2004년 제16대 국회의원(전국구, 자민련) 2000년 자민련 재정위원장 2002년 同제1정책조정위원장, 同제3정책조정위원장, 同부산시·경남도당 위원장 2002~2005년 대한체육회 부회장 2005년 대한사이클연맹 명예회장(현) 2005년 아시아사이클연맹(ACC) 회장(현) 2005년 대한올림픽위원회 고문 2005년 세계사이클연맹(UCI) 집행위원 2009~2013년 同부회장 [상]체육훈장 맹호장(2006), 태국왕실훈장 디레쿠나본(2009), 이란국 스포츠발전상(2009), 평창동계올림픽유치유공체육포장(2012)

조희정(曺喜正) CHO Hei Jung

[생]1936·1·26 [출]전북 순창 [주]전북 전주시 완산구 안행로73 전주노인대학(063-272-6502) [학]1954년 전북 순창농고졸 1959년 건국대 법정대졸 1992년 원광대 행정대학원졸 [경]1970년 공화당 서울성동甲지구당 사무국장 1972년 전북일보 사업국장 1977년 (주)호텔해운대 대표이사 1977년 한국청년회의소 연수원 교수 1985년 평통 자문위원 1988년 바르게살기운동 전북도협의회 부회장 1988년 전라일보 상무이사 1992년 전북애향운동본부 사무처장 1993~2015년 전북도민일보 부사장 1995년 전북도재향군인회 고문(현) 1995년 바르게살기운동 전북도협의회 고문(현) 2000년 전북애향운동본부 부총재(현) 2010~2011년 한국JC특우회 전북지구 부회장 2015년 전주노인대학 학장(현) [상]국민포장, 대통령표창, 문교부장관표창, 법무부장관표창, 향군휘장 [종]기독교

조희진(趙嬉珍·女) CHO Hee Jin

[생]1962·10·15 [출]충남 예산 [주]경기 의정부시 녹양로34번길23 의정부지방검찰청 검사장실(031-820-4200) [학]1981년 성신여고졸 1985년 고려대 법학과졸 2000년 미국 인디애나주립대 법과대학원졸 [경]1987년 사법시험 합격(29회) 1990년 사법연수원 수료(19기) 1990년 서울지검 검사 1992년 수원지검 검사 1996년 서울지검 북부지청 검사 1998년 법무부 여성정책담당관 1999년 서울지검 동부지청 검사 2002년 서울고검 검사 2003년 법무부 검찰국 검사 2004년 의정부지검 형사4부장 2005년 사법연수원 교수 2007년 서울중앙지검 공판2부장 2008년 同형사7부장 2009년 서울고검 검사 2009년 의정부지검 고양지청 차장검사 2010년 대전지검 천안지청장 2011년 서울고검 검사 2011~2012년 국가경쟁력강화위원회 파견 2013년 법무연수원 연구위원 2013년 서울고검 차장검사(검사장급) 2015년 제주지검장 2015년 의정부지검장(현) [상]홍조근정훈장(2013)

조희천(曺喜天) CHO Hee Chun

[생]1952·2·18 [출]전북 전주 [주]전북 전주시 완산구 전주천서로267 전주기전대학 총장실(063-280-5208) [학]1971년 전주고졸 1978년 연세대 공대 토목공학과졸 1991년 전주대 중소기업대학원졸 1998년 경제학박사(전주대) [경]1981년 (주)고려상호신용금고 입사 1986~2000년 同대표이사 1993년 전국상호신용금고협회 전북지부장 1995년 전주대 무역학과 강사 1997년 군산전문대 강사 2000년 전주기전여대 부학장 2001~2005년 同학장 2015년 전주기전대 총장(현) [상]법무부장관표창, 검찰총장표창, 파라과이 문화교육원장관표창, 행정자치부장관표창 [종]기독교

조희철(曺喜哲)

[생]1958·9·14 [주]서울 중구 칠패로37 IBK연금보험(주)(02-2270-1646) [학]1976년 경북고졸 1981년 경북대 행정학과졸 [경]1981년 중소기업은행 입행 2003년 同변화추진단 부단장 2005년 同경영혁신기획단 부단장 2009년 同도당중앙지점장 2010년 同여신기획부장 2011년 同강서지역본부장 2012년 同여신운영본부장 2014년 同IB본부장 2014년 IBK연금보험(주) 대표이사(현)

조희태(趙喜泰) CHO Hee Tai (深泉)

[생]1944·3·25 [본]함안(咸安) [출]경남 진주 [주]울산 남구 돋질로86 삼호빌딩11층 울산신문 사장실(052-273-2245) [학]1962년 진주고졸 1968년 진주교육대 체육학과졸 [경]1968~1973년 초등학교 교사 1974~1980년 국제신문 울산주재 기자 1985~1988년 경남신문 편집국 근무 1988~1995년 국제신문 편집부장 1996년 경상일보 편집국 부국장대우 1997년 同편집국장·이사대우 편집국장 2003년 同편집·기획이사 2004년 同상무이사 2005년 광역일보 대표이사 사장 2006~2011년 울산신문 대표이사 사장 2012년 同대표이사 사장(현) [상]울산시 문화상 [종]기독교

조희현(曺喜賢) Jo Hee Hyun

[생]1963·4·22 [출]서울 [주]대구 북구 연암로40 경북지방경찰청 청장실(053-429-2210) [학]1981년 경신고졸 1986년 경찰대 행정학과졸 [경]1996년 충남지방경찰청 교통과 교통계장 1998년 경찰청 정보국 정보1과 근무 1999년 同정보국 정보2과 근무 2002년 同정보국 정보3과 근무 2003년 교육 파견 2005년 경북지방경찰청 생활안전과장(총경) 2006년 대구지방경찰청 경비교통과장 2007년 대구 북부경찰서장 2008년 서울지방경찰청 정보2과장 2009년 서울 서대문경찰서장 2010년 서울지방경찰청 정보2과장 2011년 경찰청 정보심의관(경무관) 2012년 경북지방경찰청 차장 2014년 서울지방경찰청 생활안전부장 2014년 경찰청 생활안전국장(치안감) 2015년 경북지방경찰청장(치안감)(현) [상]근정포장(2008)

종 범(宗 梵)

[생]1946·8·16 [출]충남 공주 [주]경기 김포시 승가로123 중앙승가대학교(031-980-7777) [학]1963년 공주 곡면 운암서원 한학 수료 1971년 통도사강원 대교과졸 [경]1963년 통도사에서 득도(은사 벽안스님) 1963년 통도사에서 사미계 수지(계사 벽안스님) 1969년 통도사에서 구족계 수지(계사 월하스님) 1971년 통도사 강원 강주 1980년 중앙승가대 강사 1980~1988년 조계종 중앙상임포교사 1985~2000년 중앙승가대 불교학과 교수 1987년 승현사 주지 1992년 중앙승가대 도서관장 1993~2000년 한국불교학회 상임이사 1995~1997년 조계종교육원 교재편찬위원장 1996~2000년 사회복지법인 승가원 이사 2000년 선어록연구회 회장 2000~2009년 중앙승가대 총장 2000~2009년 사회복지법인 승가원 이사장 2009년 중앙승가대 명예교수(현) [저]'불교를 알기 쉽게' '조계종사 자료집' [종]불교

종 상(宗 常) Jong Sang (大弓)

[생]1948·7·10 [본]도강(道康) [출]전북 임실 [주]경기 의왕시 청계로475 청계사(031-426-2221) [학]1974년 법주사승가대 대교과졸 1988년 동국대 행정대학원 수료 [경]1965년 법주사에서 최월산 화상을 은사로 득도 1965년 법주사에서 6하안거 성만 1973년 법주사에서 석암화상을 계사로 비구계 수지 1975년 불국사 재무국장 1980년 대한불교조계종 총무원 조사국장 1984~1988년 同제8대 중앙종회 의원 1985년 同총무원 총무국장 1985년 불국사 재무국장 1988년 법보신문 사장 1988~1992년 대한불교조계종 제9대 중앙종회 의원 1989년 관악산 연주암 주지 1989년 불국사 부주지 1998년 대한불교조계종 제12대 중앙종회 의원 1999년 석굴암 주지 2000년 청계사 주지 2002년 同회주(현) 2002년 불국사 주지 2002년 법보신문 발행인 2003년 동국대 이사 2004년 금강산 신계사 복원추진위원장 [저]'기와를 갈아서 거울 만들기'(2001) [역]'호국삼부경' [종]불교

종 수(宗 水) Jong Su (明海)

[생]1955·3·14 [출]전남 순천 [주]서울 성북구 종암로19나길12의6 한국사찰림연구소(02-921-0408) [학]1979년 불국승가대학 사교과졸 [경]1975년 불국사에서 월산스님을 계사로 사미계 수지 1982년 범어사에서 석암스님을 계사로 비구계 수지 1986~1993년 경주 삼불사 주지 1988년 카루나의 모임 초대·3대 회장 1989년 불국사 교무국장 1990~1997년 경주교도소 종교위원 1994~2002년 분황사 주지 1994~2000년 경주신문 이사 1995년 원효학연구원 상임이사·부원장 1996년 한국환경센터 건립위원 1997~1999년 청주불교방송 운영위원·감사 1998~1999년 대한불교조계종 총무원 감사국장·기획실장 1998년 법보신문 총무국장 1999~2003년 부산교도소 종교교화위원 1999년 경북오페라단 이사 2000~2003년 원효학연구원 부원장 2001~2002년 경주경찰서 경승실장 2001~2006년 대한불교조계종 중앙선거관리위원(간사) 2001~2006년 불교환경연대 중앙위원 2002~2004년 영덕 장육사 주지 2002~2004년 대구불교방송 총괄국장 2002~2005년 경북 영덕경찰서 경승실장 2003년 대구선거관리위원회 공명선거자문위원 2003~2005년 민주평통 자문위원 2003~2006년 경북도 종합자원봉사센터 이사 2004~2007년 경북지방경찰청 경승 2005년 대한불교조계종 총무원 호법부장 2005~2007년 민주평통 상임위원 2006년 불교환경연대 지도위원 2007년 민주평통 자문위원 2008년 경북도 전통사찰보존위원 2009·2011·2013·2015년 민주평통 문광분과 중앙상임위원(14·15·16·17기)(현) 2010년 (사)한중문화협회 부회장(현), (사)한국사찰림연구소 이사장(현), (사)국제연꽃마을 부회장 [상]경상북도지사 감사장(1995), 행정자치부장관 감사장(2001), 대한불교조계종 포교원장표창(2003) [종]불교

종 하(鍾 夏) (晋山)

[생]1938·7·4 [본]밀양(密陽) [출]서울 [주]서울 관악구 승방1길109의80 관음사(02-582-8609) [학]1957년 진주농고졸 1973년 동국대 행정대학원 수료 [경]1971년 대한불교조계종 총무원 조사국장 1972년 同4~12대 중앙종회 의원 1973년 관음사 주지(현) 1973년 대한불교조계종 재정국장 1977년 同총무부장 1987년 同부원장 1987·1992년 同중앙종회 의장 1992·2007년 불교방송 이사 1993~1997년 同이사장 2002~2010년 승가학원 이사 2006~2007·2013년 불교방송 이사장(현) [상]대한불교조계종 종정표창(2회) [종]불교

종 훈(宗 薰) (鐘旭)

[생]1954·2·20 [본]진양(晋陽) [출]부산 [주]경기 과천시 교육원로41 보광사(02-502-2262) [학]1973년 부산 해동고졸 1983년 동국대 불교대학 선학과졸 [경]1974년 부산 범어사에서 석암화상을 계사로 비구계 수지 1988년 대한불교조계종 총무원 교무국장 1989년 금정학원 감사 1990년 대한불교조계종 총무원 교무국장 1992년 同기획실장 1993년 불교방송 편성제작국장 1994년 同기획심의실장 1995년 同총무국장 1997년 경기 과천 보광사 주지(현) 2000~2013년 불교방송 감사 2002년 대한불교조계종 총무원 기획실장 2006년 불교문화사업단 단장 2009년 한국불교문화원 원장 2013년 대한불교조계종 자성과쇄신결사추진본부 결사총괄부장 2013~2015년 불교방송 이사 [상]대한불교조계종 종정표창(1992) [저]'동국사상도첩제고'(1983) [종]불교

좌남수(左楠守) JWA Nam Su

[생]1949·10·10 [출]제주 북제주 [주]제주특별자치도 제주시 문연로13 제주특별자치도의회(064-741-1931) [학]제주상고졸, 숭실대 대학원졸 [경]제주도지방노동위원회 공익위원(현), 제주도 경제살리기대책위원회 위원, 제주도 노사정협의회 위원 1970~1975년 제주시 근무 1982년 한국노동조합총연맹 제주도본부 사무국장, 同제주도본부장, 제주도노동위원회 근로자위원 1992년 한국노동조합총연맹 제주도본부 의장 2006·2010~2011년 제주특별자치도의회 의원(비례대표, 열린우리당·통합민주당·민주당), 同농수축·지식산업위원회 간사 2006년 제주도사회복지공동모금회 부위원장 2006~2010년 하이테크산업진흥원 이사 2008~2010년 어류양식수협 이사 2010~2011년 제주특별자치도의회 농수축·지식산업위원장 2014년 제주특별자치도의회 의원(새정치민주연합·더불어민주당)(현) 2014~2015년 同예산결산특별위원회 위원장 2014년 同농수축지식산업위원회 위원 2015년 同제주도특별법제도개선및토지정책특별위원회 위원장(현) 2016년 同농수축경제위원회 위원(현) 2016년 同예산결산특별위원회 위원(현) 2016년 더불어민주당 제주도당 위원장 직대 [상]국무총리표창, 노동부장관표창, 제12회 우수조례상 우수상(2016)

좌상봉(左祥奉) JWA Sang Bong

[생]1953·3·5 [본]청주(淸州) [출]부산 [학]경남고졸, 연세대 경영학과졸, 미국 뉴욕주립대 대학원 경영학과졸 [경]1978년 삼성그룹 회장비서실 인사팀 근무(공채18기) 1988년 삼성전자 동경주재원 1991년 同종합기획실 경영기획팀장 1992년 삼성그룹 회장비서실 국제팀 근무 1995년 삼성자동차 해외업무팀장 1997년 同감사팀장(이사) 2000~2002년 롯데그룹 기획조정실 이사 2002~2005년 호텔롯데 경영관리본부 상무이사 2005~2008년 롯데쇼핑 정책본부 전무이사 2008년 (주)호텔롯데 대표이사 2008년 아시아소사이어티 코리아센터 Global Corporate Leader 2008년 전국경제인연합회 관광산업특별위원회·사회협력위원회·노동복지위원회 위원 2008년 한국관광호텔업협회 부회장 2009년 대한상공회의소 윤리경영위원 2009년 연세대상대총동문회 부회장(현) 2009년 PATA 한국지사 이사 2009년 대한상공회의소 관광산업위원 2009년 전국경제인연합회 경제정책위원 2009년 세종문화회관 세종르네상스2기 부회장(현) 2009년 (재)한국방문의해위원회 위원 2010년 한국문화관광연구원 이사 2010년 서울대법대ALP12기동창회 부회장(현) 2010년 기후변화센터 기후변화리더십5기 부회장 2011년 한국BBB운동 이사 2011년 한국능률협회 이사 2011년 한국관광호텔·리조트경영인협회 자문위원 2012년 롯데그룹 낙천(중국)기업관리유한공사 총경리(대표이사) 2012년 同중국HQ 사장(대표이사) 2013년 서울대총동창회 이사 2014~2016년 롯데쇼핑 고문 [상]10억불 관광진흥탑 대통령표창(2008), 한국경제 고객감동경영대상(2009), 미국 글로벌 트래블러지 아시아 최고호텔상(BEST INDIVIDUAL HOTEL IN ASIA)(2009), 한국 능률협회컨설팅 '대한민국 1% 가치브랜드' 선정(2009), 2009·2010 독일 밀레가이드 한국 최고의 레스토랑(롯데호텔피에르가니에르)(2009), 제6회 대·중소기업 협력

대상 국무총리표창(2009), 제44회 납세자의 날 대통령표창(2010), 서울 최고의 비지니스호텔(Business Traveller Asia-Pacific)(2010), 서울 최고의 호텔(Travel Trade Gazette Asia)(2010), 한국 능률협회컨설팅 제13차 한국산업의 브랜드파워 호텔부문1위(2011), 제13회 대한민국 브랜드스타 레저산업군 호텔부문1위(2011), International Hotel Awards Best Hotel in Korea, Asia Pacific Hotel Awards in Association with Bloomberg TV(2011) [종]기독교

좌승희(左承喜) JWA Sung Hee (淸外)

[생]1946·4·6 [출]제주 북제주 [주]서울 마포구 월드컵로386 (재)박정희대통령기념재단(02-716-9345) [학]1966년 제주제일고졸 1971년 서울대 경제학과졸 1975년 同대학원졸 1983년 경제학박사(미국 UCLA) [경]1973~1977년 한국은행 근무 1982년 미국 캘리포니아주립대 강사 1983~1985년 미국 Mineapolis소재 연방준비은행 경제연구관 1985~1989년 한국개발연구원 국제경제·금융팀 연구위원 1990~1991년 同금융연구팀장 1992~1993년 同거시경제팀장 1994~1997년 同선임연구위원 1994~1995년 同국제화연구팀장 1995~1997년 同법경제·세계화팀장 1995~1997년 대통령자문 정책기획위원회 위원 1997~2005년 전국경제인연합회 산하 한국경제연구원장 1998~2000년 정보통신부 통신위원회 위원 1998년 한국금융학회 부회장 1999년 同감사 2000~2003년 대통령자문 정부혁신추진위원회 위원 2001년 한국주택은행 사외이사 2002~2003년 대통령자문 국민경제자문회의 위원 2002년 국민투자신탁운용 사외이사 2002년 국제자유도시포럼 공동의장 2005~2006년 한국비교경제학회 회장 2005~2006년 제주학회 회장 2005~2008년 서울대 국제대학원 초빙교수, 同경제학부 겸임교수 2006~2011년 경기개발연구원 원장 2006~2008년 한국규제학회 회장 2008년 한국제도경제학회 회장 2008년 국가경쟁력강화위원회 위원 2008~2012년 롯데쇼핑(주) 사외이사 2008년 경기도연구기관협의회 회장 2009년 두산중공업(주) 사외이사 2011~2013년 경기개발연구원 이사장 2013~2015년 한국개발연구원 국제정책대학원 초빙교수 2015년 영남대 박정희새마을대학원 석좌교수(현) 2015~2016년 미디에펜 공동대표이사 회장 2016년 (재)박정희대통령기념재단 이사장(현) [상]부총리 겸 재정경제원장관표창, 매일경제 Economist상, 정진기언론문화상(2회), 산업포장 [저]'국제화시대의 한국경제운영'(1994) '내생적 금융제도론'(1995) '한국의 시장개방정책'(1995) '진화론적 재벌론'(1998) '명령으로 안되는 경제'(1999) '기업의 본질에 대한 새로운 조명'(2002) '신국부론'(2006) 'The Political Economy of Market Opening Pressure and Response' 'Reorganization of Korea's Macroeconomic Managmet' '진화를 넘어 차별화로-복잡계 경제의 단순한 발전원리'(2008) '하룻밤에 읽는 이야기 한국경제'(2010) '대한민국 성공경제학-흥하는 이웃이 있어야 나도 흥한다'(2010)

주경님(周京任·女) JU kyeong nim

[생]1963·10·17 [주]광주 서구 내방로111 광주광역시의회(062-613-5014) [학]광주여상졸, 전남대 행정대학원 행정학과졸, 同대학원 박사과정 재학 중 [경]성공스피치리더쉽센터 센터장, 전남대총동창회 상임이사 2010~2014년 광주시 서구의회 의원(비례대표, 민주당·민주통합당·민주당·새정치민주연합) 2010~2012년 同운영위원장, 사랑의장기기증본부 홍보대사 2014년 광주시의회 의원(새정치민주연합·더불어민주당)(현) 2014~2016년 同행정자치위원회 위원장 2016년 同산업건설위원회 부위원장(현) 2016년 同운영위원회 위원(현) 2016년 同윤리특별위원회 위원(현) 2016년 同도시재생특별위원회 위원(현)

주경란(朱京蘭·女) Kyung-Nan Choo

[생]1945·6·16 [본]신안(新安) [출]서울 [주]대구 북구 대학로80 경북대학교 사범대학409호 한국교육사회학회(053-950-5808) [학]1967년 세종대졸 1969년 미국 시라큐스대 대학원졸 1979년 교육학박사(미국 보스턴대) [경]1971년 세종대 교육학과 전임강사·조교수·부교수·교수 1979년 同교육학과장 1981~1983년 한국교육개발원 기초연구실장 1984~1987년 세종대 교육학과장 1992~1993년 미국 하버드대 객원교수 1997~2000년 세종대 교육학과장 1999년 한국교육사회학회 이사(현) 2000년 한국비교교육학회 이사 2000~2002년 미국 UCLA 객원교수 2003~2005년 한국성인교육학회 회장 2006년 同공동대표(현) 2007~2009년 세종대 교육대학원장 2009년 교육과학기술부 일반대학교 교직과정 평가위원 [상]미국 Boston Univ. Graduate Fellowship(1974), Fullbright Graduate Fellowship(1977), Fullbright Senior Professor Fellowship(2000), 자랑스러운 숙명인(2006) [저]'학교제도 발전연구'(1981) '여성인력양성 및 활용방안 연구'(1982) '학교제도(共)'(1989) [종]기독교

주경식(朱京植) JOO Kyung Shik

[생]1941·6·29 [본]신안(新安) [출]충북 괴산 [주]서울 마포구 만리재로14 한국사회복지회관 르네상스타워 한국사회복지협의회(02-2077-3908) [학]1960년 서울 중동고졸 1966년 서울대 약대졸 1973년 同행정대학원졸 1975년 미국 코네티컷대 대학원 수료 1996년 보건학박사(연세대) [경]1969년 행정고시 합격(7회) 1970년 보건사회부 행정사무관 1976~1980년 同식품위생과장·약무과장·기획담당관 1980년 同총무과장·사회보험국장 1981년 同정책조정관·국립보건원 훈련부장 1983년 보건사회부 가정복지국장 1986년 同감사관·대통령 정무제2비서관 1986년 대통령 경제비서관 1989년 보건사회부 기획관리실장 1993년 同차관 1994년 보건복지부 차관 1995년 한국보건사회연구원 상임자문위원 1996~2006년 세종대 행정학과 교수 1996년 同행정대학원장 1998년 한국사회복지협의회 이사 1999년 세종대 행정담당 부총장 2004년 대한사회복지회 이사 2006년 세종대 행정학과 석좌교수 2008~2014년 (사)대한사회복지회 이사장 2008년 한국사회복지협의회 부회장 2014년 同비상임이사(현) [상]홍조근정훈장(1990), 황조근정훈장(1995) [저]'과학적관리방법소고' '보건 및 환경정책' '도시농촌간 의료이용수준의 비교분석' '스웨덴의 복지제도 개관' '도전과 열정, 그리고 절반의 성공'(2006, 대운) [종]천주교

주광남(朱光男) JOO Kwang Nam

[생]1944·8·23 [주]서울 서초구 서운로19 서초월드오피스텔701호 금강철강(주) 비서실(02-3471-0001) [학]1962년 용산고졸 1967년 인하대 조선공학과졸 1980년 경영학박사(연세대) [경]1969~1973년 일신제강(주) 근무 1973~1977년 금강철강상사 사장 1977~2008년 금강철강(주) 대표이사 1994년 을지세무서 명예서장 2001년 서초세무서 명예서장, 연세대경영대학원총동창회 부회장 2008~2015년 금강철강(주) 회장 2008~2010년 인하대총동창회 회장 2015년 금강철강(주) 각자대표이사 회장(현) [상]연세경영자상(2001), 자랑스러운 인하공대인상(2007) [종]기독교

주광덕(朱光德) JOO Kwang Deok

[생]1960·7·26 [본]신안(新安) [출]경기 구리 [주]서울 영등포구 의사당대로1 국회 의원회관826호(02-784-2855) [학]1979년 춘천제1고졸 1987년 고려대 법학과졸 [경]1991년 사법시험 합격(32회) 1994년 사법연수원 수료(23기) 1994년 서울지검 동부지청 검사 1996년 광주지검 해남지청 검사 1997년 서울지검 의정부지청 검사 1998년 변호사 개업 2003년 구리시가정법률상담소 무료법률상담 대표 2008년 제18대 국회의원(구리시, 한나라당·새누리당) 2008년 한나라당 대표특보 2011년 同직능특별위원회 부위원장 2011~2012년 同법률지원단장 2011~2012년 同서민정책특위원회 서민대책의료대책소위원장 2012년 새누리당 비상대책위원회 위원 2012~2013년 同구리시당원협의회 운영위원장 2012년 제19대 국회의원선거 출마(구리시, 새누리당) 2013~2014년 대통령 정무비서관, 법무법인 인 변호사 2016년 새누리당 경기남양주시丙당원협의회 운영위원장(현) 2016년 제20대 국회의원(경기 남양주시丙, 새누리당)(현) 2016년 국회 법제사법위원회 위원(현) 2016년 국회 예산결산특별위원회 간사(현) [상]의정행정대상 국회의원부문(2010)

주광수(周光洙) JOO Kwang Soo

[생]1955·12·23 [출]대구 [주]서울 서초구 남부순환로333길10 원일빌딩4층 한국바이오의약품협회 임원실(02-725-8436) [학]1982년 성균관대 약학과졸 1997년 중앙대 대학원 약학과졸 [경]1983년 보건복지부 중앙약사심의위원회 근무, 同마약과·약무과 근무 1992년 同약무정책과 근무, 국립나주정신병원 약제과장 1996년 경인지방식품의약품안전청 의약품감시과장, 식품의약품안전청 의약품안전과·신약개발과 근무 1998년 同의약품안전국 의약품관리과 사무관 2003년 서울지방식품의약품안전청 의약품감시과장 2005년 식품의약품안전청 의약품관리팀장 2006년 同의약품본부 임상관리팀장 2008년 同의약품안전국 임상관리과장 2008년 同의약품안전국 의약품안전정책과장 2009년 同생물의약품정책과장(부이사관) 2009년 同위해예방정책국 위해예방정책과장 2010년 同감사담당관 2010년 대구지방식품의약품안전청장(고위공무원) 2011년 식품의약품안전청 의료기기안전국장 2013년 식품의약품안전처 의료기기안전국장 2014년 한국바이오의약품협회 상근부회장(현)

주광열(朱光烈)

[생]1956 [출]충북 음성 [주]경기 수원시 권선구 금곡로100 칠보프라자501호 세무법인 새빛(031-548-1203) [학]청주고졸, 서울대 심리학과졸 [경]총무처 인사국 근무, 재무부 국제금융과 근무, 동안양세무서 소득세과장, 국세청 전산정보관리관실 사무관, 중부지방국세청 조사2국 사무관 2007년 同징세과 서기관 2009년 同납세자보호담당관실 서기관 2009년 홍성세무서장 2010년 평택세무서장 2010년 서울지방국세청 신고관리과장 2012년 서울 반포세무서장 2013~2014년 동수원세무서장 2014년 세무법인 새빛 대표세무사(현)

주광일(朱光逸) CHU Kwang Il

[생]1943·8·12 [본]신안(新安) [출]인천 [주]서울 서초구 서초대로334 브라운스톤서초511호 주광일법률사무소(02-585-4266) [학]1961년 경기고졸 1965년 서울대 법대 법학과졸 1967년 同사법대학원졸 1975년 미국 조지워싱턴대 법과대학원 수료 1979년 법학박사(서울대) 1985년 연세대 행정대학원 최고위과정 수료 2006년 미국 Northwestern 법과대학원졸(LLM) [경]1965년 사법시험 합격(5회) 1967년 육군 법무관 1971~1981년 서울지검 의정부지청·춘천지검·원주지청·법무부 검찰국·서울지검 검사 1981년 법무부 검찰제4과장 1981년 일본 게이오義塾대 방문연구원 1982년 대구지검 특수부장 1983년 부산지검 특수부장 1985년 사법연수원 교수 1987년 청주지검 차장검사·사법시험위원 1988년 서울지검 북부지청 차장검사 1990년 광주지검 차장검사 1991년 부산지검 동부지청장 1992년 대전고검 차장검사 1993년 대검찰청 감찰부장 1993년 춘천지검장 1993년 법무부 법무실장 1994년 인천지검장 1995년 대전고검장 1997년 서울고검장 1998~2001년 국민고충처리위원회 위원장 1998년 변호사 개업 1999년 경희대 법대 겸임교수 2000~2001년 세계옴부즈맨협회 부회장 2001년 제일국제법률사무소 공동대표변호사 2002년 한국공공정책학회 회장 2002~2010년 법무법인 나라 고문변호사 2005년 한림국제대학원대 초빙교수 2011년 세종대 교양학부 석좌교수 2011년 변호사 개업(현) 2016년 법무법인 두우 고문변호사(현) [상]홍조·황조근정훈장(1996), 국민훈장 모란장(2001), 국방부장관표창, 법무부장관표창, 복사골문학회 가장문학적인상 [저]'전문법칙연구' '주석 형사소송법' '종합서식대전' '주석형사소송법' '아픔과 보람도 국민과 함께 체험수기집'(2001) [작]시집 '저녁 노을 속의 종소리' [종]천주교

주규준(朱奎俊) JOO KYU JOON

[생]1978·12·15 [본]신안(新安) [출]부산 [주]서울 영등포구 의사당대로1 국회사무처 법제실 정무환경법제과(02-788-4776) [학]부산남고졸 2008년 부산대 법학과졸 2009년 평생교육진흥원 회계학과졸 2010년 고려대 대학원 금융법학과졸 [경]2005년 사법시험 합격(47회) 2007년 사법연수원 수료(37기) 2008~2012년 국회입법조사처 금융외환팀 입법조사관 2012년 국회사무처 법제사법위원회 입법조사관 2014년 同대변인실 근무(서기관) 2016년 同법제실 정무환경법제과장(현) [종]불교

주기섭(朱基燮) Joo kiseop

[생]1961·7·25 [본]신안(新安) [출]충남 예산 [주]세종특별자치시 국세청로8의14 국세청 소득지원국 소득관리과(044-204-3841) [학]2009년 한양대 행정자치대학원 세무학과졸 [경]1988년 공무원 임용(7급 공채) 1988~2005년 성남세무서·수원세무서·남인천세무서·군산세무서 등 근무 2005년 서울지방국세청 국제거래조사국 국제조사팀장 2007년 국세청 소득지원과 계장 2010년 중부지방국세청 조사2국 조사관리팀장 2012년 대구지방국세청 징세법무국장 2014년 김포세무서장 2014년 국세공무원교육원 운영과장 2015년 국세청 소득지원국 소득관리과장(현)

주기재(朱杞載) JOO Gea Jea

[생]1960·2·15 [주]부산 금정구 부산대학로63번길2 부산대학교 생명과학과(051-510-2258) [학]1983년 부산대 생물학과졸 1986년 미국 앨라배마대 대학원 생물학과졸 1990년 생물학박사(미국 앨라배마대) [경]1990년 미국 Univ. of Alabama 연구원 1991년 미국 마이애미대 식물학과 연구원 1993~2009년 부산대 생물학과 전임강사·조교수·부교수·교수 1995~1998년 대외경제정책연구원 대외경제전문가풀(지구환경) 1995년 부산대 환경기술산업개발연구센터(RRC) 교육홍보실장 2008~2015년 同환경기술산업개발연구소장 2008~2014년 同산업개발연구소장 2008년 국가습지위원회 위원(현) 2009년 부산대 생명과학과 교수(현) 2009~2014년 동아시아람사르지역센터 명예센터장 2009년 한국생태학회 부회장 2013~2015년 4대강사업조사평가위원회 위원 2015년 한국하천호수학회 회장(현) [상]습지보전상, 과학기술우수논문상, 한국육수학회 공로상(1998), 산업자원부장관표창(2000), 일본 시가현 생태학 비와호상(2005), 환경부장관표창(2007), 람사르습지보전상(2015) [저]'지구촌 환경파괴와 회복'(1994) '수서생태학'(2002)

주기중(朱基中) JOO Ki Joong

[생]1960·11·4 [출]경북 문경 [주]서울 중구 통일로92 에이스타워빌딩4층 중앙일보 시사미디어 포토에디터실(02-6416-3896) [학]1987년 단국대 영어영문학과졸 [경]1999년 중앙일보 사진부 기자 2002년 同사진부 차장대우 2003년 同사진부장(차장) 2006년 同편집국 사진데스크(부장대우) 2007년 同편집국 영상에디터(부장) 2007년 同편집국 영상에디터 겸 코디네이터(부장) 2008년 同동영상부문 뉴스팀장, 同디지털뉴스룸 멀티미디어팀장(부장) 2011년 同시사미디어 포토에디터(부국장대우), 同시사미디어 포토에디터(국장)(현) [저]'아주 특별한 사진수업'(2014)

주낙영(朱洛榮) Joo Nak Young

[생]1960·6·26 [본]신안(新安) [출]경북 경주 [주]전북 완주군 이서면 반교로150 지방행정연수원 원장실(063-907-5001) [학]1979년 능인고졸 1983년 성균관대 행정학과졸 1985년 서울대 행정대학원 행정학과졸 1994년 미국 아이오와대 대학원 도시및지역개발학과졸 2015년 경북대 대학원졸(행정학박사) [경]1985년 행정고시 합격(29회) 1987~1997년 경북도 내무국 총무과·비서실·기획관리실 사무관 1997년 同교학과장·정보통신과장·자치행정과장 1998년 同기획관 2001년 同자치행정국 비서실장 2002년 상주시 부시장 2005년 경북도 경제통상실장 2005년 同자치행정국장 2006년 행정자치부 지방혁신전략팀장 2006년 同주민서비스혁신추진단 총괄기획팀장 2006년 同장관 비서관 2007년 同균형발전기획관 2007년 제17대 대통령직인수위원회 행정실 실무위원 2008년 대통령 행정자치비서관실 선임행정관 2009년 駐뉴욕 부총영사 2012년 행정안전부 지방분권지원단장 2012년 同제도정책관 2013~2015년 경북도 행정부지사 2014년 同도지사 권한대행 2015년 행정자치부 지방행정연수원장(현) [상]녹조근정훈장(2002), 대통령표창(2012) [종]기독교

주남철(朱南哲) Joo Nam Chull (又晦·居然軒)

[생]1939·1·28 [본]신안(新安) [출]함북 성진 [주]서울 종로구 새문안로5가길28 광화문플래티넘410호(02-720-9369) [학]1957년 보성고졸 1962년 연세대 건축공학과졸 1964년 同대학원 건설공학과졸 1974년 이탈리아 로마대(La Sapienza) 건축대 수학(국가초청장학생) 1977년 건축계획학박사(서울대) [경]1964~1988년 연세대 건축공학과 강사 1968~1981년 이화여대 미술대학 장식미술과 전임강사·조교수·부교수 1977~2009년 서울시 문화재위원 1980~1981년 국무총리실 특정지역개발위원단 위원 1981~2004년 고려대 건축공학과 교수 1981~1998년 이화여대 대학원 강사 1983~1984년 서울시 건설본부 남서울대공원 자문위원 1983~1990년 과학기술처 국립과학관 건축자문위원 1984년 서울시 올림픽경기장실시설계 심사위원 1985~2003년 문화재청 문화재위원 1985~1995년 건설부 중앙건설심사위원 1986~2011년 서울시 표석설치위원회 위원 1987~1992년 건설부 건축사위원회 위원 1989~1993년 1993대전국제무역박람회조직위원회 건축전문위원 1989~1991년 청와대 춘추관·관저·본관 건축자문위원 1993~1997년 舊조선총독부청사 철거자문위원 1994~1997년 경복궁복원정비 연구위원 2001년 세계기념물및유적협의회(ICOMOS) 한국위원회 위원(현) 2001~2003년 同한국위원회 위원장 2004년 고려대 명예교수(현) 2008~2009년 광화문광장조성자문단 위원장 2008~2011년 한성백제역사박물관 건설자문위원 겸 부위원장 2009년 세종대왕동상위원회 위원장 2011년 한성백제역사박물관 개관준비위원, 서울시 표석설치위원회 위원장 [상]한국건축가협회 초평상(1981), 대한건축학회 특별상 남파박학재상(1987), 대통령표창(1991), 옥관문화훈장(2001), 옥조근정훈장(2004), 대한건축학회 특별상 소우저작상(2005), 서울시문화상 문화재분야(2010) [저]'한국건축의장'(1979) '한국주택건축'(1980) '한국의 전통적 주택(日文)'(1981) '한국건축미'(1983) '이태리 르네상스 건축사'(1987) '비원'(1990) '한국의 전통민가'(1999) '한국의 목조건축'(1999) '한국건축사'(2000) '한국의 문과 창호'(2001) '연경당'(2003) '궁집'(2003) '동궐도 읽기(共)'(2005) '한국의 정원'(2009) 외 공저 21권 [작]'연세대 광혜원' '고려대 한국학관'

주대명(朱大明) JUE Dae Myung

(생)1951·7·7 (본)능성(綾城) (출)대구 (주)서울 서초구 반포대로222 가톨릭대학교 의과대학 생화학교실(02-2258-7290) (학)1970년 중앙고졸 1974년 서울대 농화학과졸 1977년 한국과학기술원 생물공학과졸 1981년 생화학박사(가톨릭대) (경)1981~1996년 가톨릭대 의대 전임강사·조교수·부교수 1987~1989년 미국 Rockfeller대 객원교수 1996~2016년 가톨릭대 의과대학 생화학교실 교수 2005년 Experimental Molecular Medicine 편집위원장(현) 2008년 대한생화학분자생물학회 회장 2009~2011년 가톨릭대 성의교정 도서관장 2016년 가톨릭대 의과대학 명예교수(현) 2016년 동시과학연구소 참여교수(현) (종)기독교

주대영(朱大榮) JU Dae Young

(생)1966·11·28 (주)세종특별자치시 도움6로11 환경부 감사관실(044-201-6146) (학)1985년 의정부고졸 1992년 서울대 농화학과졸 1995년 同대학원 환경계획학과졸 2004년 농업환경화학박사(미국 캘리포니아대 데이비스교) (경)1992년 기술고등고시 합격(28회) 1994년 총무처 사무관 1995년 환경부 유독물질과 사무관 1997년 同자연보전국 자연정책과 사무관 1999년 미국 캘리포니아대 파견 2001년 미국 유학 2004년 환경부 대기보전국 사무관 2004년 同자원순환국 사무관 2005년 同상하수도국 서기관 2006년 국립생물자원관 건립추진기획단 과장 2007년 UNESCAP 파견 2010년 국립환경과학원 연구지원과장 2011년 환경부 환경보건정책관실 생활환경과장 2012년 同상하수도정책관실 토양지하수과장 2013년 同국제협력관실 해외협력담당관 2014년 同기획조정실 기획재정담당관 2015년 同국제협력관 2016년 同감사관(국장급)(현)

주대준(朱大俊) Dae-Joon JOO

(생)1953·7·12 (본)신안(新安) (출)경남 산청 (주)서울 영등포구 국회대로70길 새누리당(02-3498-7528) (학)대구 성광고졸 1983년 고려대 경영학과졸 1987년 미국 캘리포니아주 해군대학원(NPS) 컴퓨터시스템공학과졸(석사) 2003년 경영정보공학박사(한국과학기술원), 서울대 공대 최고산업관리자과정 수료, 연세대 대학원 최고경영자과정 수료 (경)1990~1997년 대통령비서실 전산실 프로그램개발담당관·전산실장 1991년 청와대기독신우회 창립·신우회장 1997~2003년 대통령경호실 정보통신기술심의관 2003~2005년 同정보통신차장 2006년 同IT행정본부장 2007년 同경호차장 2008년 대통령실 경호처 경호차장 2009년 한양대 대학원 겸임교수 2009년 경희대 체육대학 겸임교수 2009년 성결대 공학부 객원교수 2009년 CTS기독교TV 방송경영위원 2010~2013년 한국과학기술원(KAIST) 전산학과 교수 2010~2013년 同대외부총장 2010년 同사이버보안연구센터 소장 2010~2015년 同S+컨버전스 최고경영자과정 책임교수 2011~2015년 同사이버보안연구센터 소장 2011~2015년 同정보보호대학원 교수 2011년 월드비전 이사(현) 2011년 티치포코리아 이사(현) 2012~2015년 (사)한국기독교직장선교연합회 대표회장 2014년 누가선교회 회장(현) 2015년 선린대 총장 2015년 새누리당 경기광명시乙당원협의회 운영위원장(현) 2015년 융합사이버보안학회 회장(현) 2016년 제20대 국회의원선거 출마(경기 광명시乙, 새누리당) 2016년 새누리당 디지털정당위원회 위원장(현) (상)대통령표창(1993), 홍조근정훈장(1999) (저)'창조적 초발상의 지식경영'(共)(1999, 학문사) '광대역통합 네트워크 서비스'(共)(2006, 전자신문) '바라봄의 법칙'(2008, 두란노) '바라봄의 기적'(2012, 마음과생각) '왜 내가 못해'(2014, 마음과생각) (종)기독교

주돈식(朱燉植) CHOO Don Shik

(생)1937·7·8 (본)신안(新安) (출)충남 천안 (학)1957년 서울사대부고졸 1961년 서울대 사범대 국어교육과졸 1984년 경희대 대학원졸 1998년 명예 신문학박사(러시아 국립모스크바대) (경)1990년 조선일보 편집국장 1994~1995년 문화체육부 장관 1995~1996년 정무제1장관 1998~2001년 세종대 언론문화대학원장 2006년 성남아트센터 후원회 초대회장 (상)세종언론상(2006) (저)회고록 '문민정부 1천2백일-화려한 출발, 소리없는 실종'(1997) '우리도 좋은 대통령을 갖고 싶다'(2004) '조선인 60만 노예가 되다'(2007) '처음 듣는 조선족의 역사'(2010) '세상 어떻게 돌아갑니까'(2012) (종)기독교

주동식(朱東植) JOO Dong Sik

(생)1961·12·15 (출)전남 여수 (주)전남 무안군 삼향읍 오룡길1 전라남도청 도민안전실(061-286-3200) (학)1979년 전주고졸 1986년 한양대 경제학과졸 1989년 서울대 대학원 행정학과졸 (경)1987년 전남도 근무 1989년 광주시 확인평가계장·기획계장 1991~1997년 내무부 공원·사회진흥·여론·행정계장 1997년 전남도 기획관 1998년 화순군 부군수 2000년 전남도 도지사비서실장

2001년 同문화환경국장 2002년 세종연구소 파견 2003년 전남도 경제통상실장 2005년 해외 파견(부이사관) 2007년 전남도 관광문화국장 2010년 同F1대회조직위원회 기획본부장 2012년 목포시 부시장 2013년 전남도의회 사무처장 2014년 전남도 일자리정책실장 2016년 同도민안전실장(이사관)(현) (상)국민포장

주명건(朱明建) CHOO Myung Gun

(생)1947·5·3 (출)서울 (주)서울 광진구 천호대로132길15 세종연구원 이사장실(02-444-9854) (학)1965년 서울고졸 1969년 미국 샌프란시스코대 경제학졸 1970년 미국 시라큐스대 대학원졸 1978년 경영경제학박사(미국 매사추세츠대) (경)1970년 대양학원 기획실장 1971년 공군사관학교 경제학과 전임강사 1973년 연세대 경제학과 강사 1976년 미국 매사추세츠대 경제학과 강사 1978~1989년 세종대 경제학과 교수 1978년 同경영대학원장 1980~1989년 同기획처장 1981년 재무부 정책자문위원 1986~1989년 세종대 부총장 1989~2004년 세종투자개발 회장 1989~2004년 세종연구원 이사장 1995~1997년 한국경제학회 이사 1996~2002년 한국경제사학회 회장 1996~2004년 대양학원 이사장 1996~2005년 세종대 이사장, 세종연구원 원장, 同이사장(현) (상)경영문화대상(1997) (저)'경제원론' '미국경제사' '세계경제론' '경제윤리' '경제사상과 교육' '경제철학' '경제사상사' '항공경제론' '물류혁명과 국토개조전략' '경제학의 부활' '글로벌경제와 뉴아시아' (종)기독교

주명건(朱銘建) CHOO, MYUNG-GUN

(생)1953 (출)서울 (주)서울 중구 남대문로78 이비스앰배서더 명동(02-6361-8888) (학)1972년 보성고졸 1980년 성균관대 경상대학졸 1997년 서강대 최고경영자과정 수료 1999년 한국과학기술원 최고경영자과정 수료 2000년 경희대 경영대학원 호텔경영학과졸 (경)1980년 삼성그룹 입사(공채 20기) 1982년 한진그룹 한진개발 해외근무 1986년 앰배서더호텔 개발사업부 입사 2002년 숙명여대 문화관광학과 겸임교수, 앰배서더호텔그룹 경영기획본부장, 이비스앰배서더 대표이사 사장, (주)앰배스텔 대표이사, 이비스앰배서더 서울 인사동·명동 대표이사(현), 이비스스타일앰배서더 서울 강남·명동 대표이사(현) 2016년 이비스앰배서더 사업본부 대표이사 부회장(현) (상)한국관광호텔학회 최고호텔경영상(2001), 기획재정부장관표창(2010)

주명걸(朱明杰)

(생)1958·5·10 (주)경기 과천시 관문로69 과천시청 부시장실(02-3677-2010) (학)1977년 춘천 제일고졸 1980년 인천전문대 건축공학과졸 1996년 대전산업대 건축공학과졸 2005년 경희대 대학원 경영학과졸 (경)1980년 공직 입문 1998년 경기도문화예술회관 관리과 파견(지방건축사무관) 2000년 경기도 건설본부 건설2부 건축1팀장 2001년 同건설교통국 주택과 주택관리담당 사무관 2005년 同도시주택국 주택과 주택관리담당 사무관 2005년 同도시주택국 주택과 건축관리담당 사무관 2006년 同도시주택국 주택정책과 건축관리담당 사무관 2008년 김포시 건설교통국장(지방기술서기관) 2009년 同신도시개발국장 2010년 同도시개발국장 2012년 경기도 팔당수질개선본부 상하수과장 2013년 同도시주택실 건축과장 2014년 同도시주택실 건축디자인과장 2016년 경기 과천시 부시장(현) (상)경기도지사표창(1992·2012), 대통령표창(2010)

주명수(朱明秀) JU Myeong Su

(생)1954·12·26 (본)신안(新安) (출)전남 신안 (주)서울 서초구 서초대로254 오퓨런스빌딩10층 법무법인 정담(02-587-1900) (학)1973년 인창고졸 1981년 고려대 법학과졸 1987년 수도침례신학대졸 1989년 아세아연합신학대 대학원졸 1992년 미국 사우스웨스턴침례교신대졸 1993년 미국 서던메소디스트대 법대졸 1997년 한남대 대학원 법학박사과정 수료 2013년 신학박사(백석대) (경)1981년 사법시험 합격(23회) 1983년 사법연수원 수료(13기) 1983년 전주지검 군산지청 검사 1985년 서울지검 동부지청 검사 1987년 변호사 개업 1994년 백운대 침례교회 협동목사 1995~1999년 한남대 법대 객원교수 1996년 법무법인 한별 변호사 2002년 사법연수원 외래교수 2009년 법무법인 정담 대표변호사(현), 밝은교회 담임목사(현) (저)'기도해야하나 병원으로 가야하나' '복음을 지켜라' '할렐루야 변호사' '영혼의 어두운 밤' '시장터영성' (역)'법률과 상담' (종)기독교

주명수(朱明秀) CHOO Myung Soo

[생]1958·7·11 [출]서울 [주]서울 송파구 올림픽로43길88 서울아산병원 비뇨기과(02-3010-3735) [학]1977년 신일고졸 1983년 서울대 의대졸 1987년 同대학원졸 1994년 의학박사(서울대) [경]1992년 한림대 의과대학 교수 1994년 울산대 의과대학 비뇨기과학교실 교수(현) 2013년 서울아산병원 비뇨기과장(현) 2014년 同전립선센터 소장(현) 2014년 대한비뇨기과학회 회장

주명현

[출]전남 영광 [주]세종특별자치시 갈매로408 교육부 대변인실(044-203-6570) [학]광주인성고졸, 조선대 회계학과졸, 단국대 대학원졸, 숭실대 대학원 박사과정 수료 [경]1981년 공무원 임용(9급 공채) 2002~2009년 교육인적자원부 차관실·교육재정지원과·혁신인사기획관실·정책홍보관리실·교육과학기술부 인사과 사무관 2009~2014년 한국체육대 총무과 파견(서기관)·교육과학기술부 학원상황팀장·행정관리담당관·창조행정담당관 2014~2015년 교육부 창조행정담당관·운영지원과장 2015년 충남대 사무국장(고위공무원) 2016년 세종특별자치시교육청 부교육감 2016년 교육부 대변인(현)

주보돈(朱甫暾) Ju Bo Don (중초)

[생]1953·2·2 [본]신안(新安) [출]경남 진해 [주]대구 북구 대학로80 경북대학교 인문대학 사학과(053-950-5142) [학]1977년 경북대 사학과졸 1979년 同대학원졸 1996년 문학박사(계명대) [경]1983~1996년 경북대 사학과 전임강사·조교수·부교수 1996년 同인문대학 사학과 교수(현) 1999년 同박물관장 1999~2001년 한국고대사학회 회장 2001년 同평의원 겸 고문(현) 2003년 대통령자문 정책기획위원회 미래전략분과 교육문화위원 2007~2009년 문화재위원회 사적분과위원 2007년 한국목간학회 회장(현) 2008~2010년 경북대 인문대학장 겸 국제대학원장 [저]'신라 지방통치체제의 정비과정과 촌락'(1998, 신서원) '금석문과 신라사'(2002, 지식산업사) '임나일본부설 다시 되살아나는 망령'(2012, 역락) 외 다수 [종]불교

주복룡(朱福龍) Joo Bok-ryong

[생]1957·3·11 [주]충남 홍성군 홍북면 충남대로21 충청남도청 국제관계대사실(041-635-2206) [학]1980년 서울대 지리학과졸 1991년 프랑스 CAVILAM 연수 [경]1980년 외무고시 합격(14회) 1980년 외무부 입부 1985년 駐태국 3등서기관 1992년 駐모로코 1등서기관 1995년 駐토론토 영사 1999년 외교통상부 재외국민이주과장 1999년 駐프랑스 참사관 2003년 駐폴란드 공사참사관 2006년 통일교육원 파견 2007년 재외동포재단 파견 2009년 駐삿포로 총영사 2012년 駐튀니지 대사 2015년 충남도 국제관계대사(현)

주복원(朱福元) JOO, BOG WON

[생]1961·1·25 [본]신안(新安) [출]서울 [주]서울 중구 서소문로115 한전산업개발(주) 관리본부(02-2250-2700) [학]1979년 순천고졸 1981년 서울교대졸 1985년 한국방송통신대 행정학과졸 1990년 서울대 대학원 행정학과졸 2005년 미국 델라웨어대 에너지환경연구소 박사과정 수료 [경]1981~1986년 서울광장초·용마초 교사 1985년 행정고시 합격(29회) 1987년 전남도교육청 사무관 1989년 국무총리국무조정실 제1·2·5조정관실 사무관 1998년 同규제개혁조정관실 규제개혁1심의관실 서기관, 同산업심의관실 과장, 同심사평가제도심의관실 과장 1999~2005년 미국 델라웨어대 에너지환경연구소 연구원 2006년 국무총리국무조정실 정책평가조정관실 부이사관 2006년 제주특별자치도 지식산업국장 2008~2009년 同지식경제국장 2016년 한전산업개발(주) 관리본부장(현) [저]'에너지 혁명(Energy Revolution) : 21세기 한국의 에너지 환경 전략(共)'(2004, 매일경제신문) [종]기독교

주삼식(朱三植) Joo Sam Sik

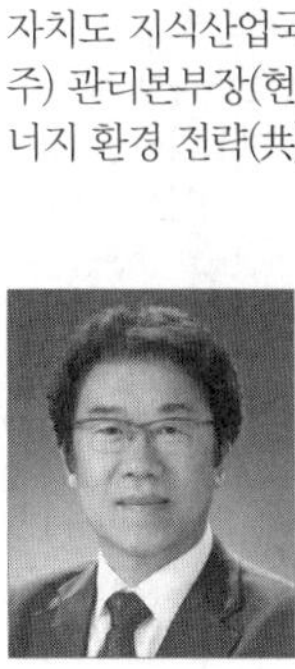

[생]1953·3·23 [출]충남 금산 [주]경기 안양시 만안구 성결대학로53 성결대학교 행정학부(031-467-8160) [학]성결대(舊 성결교신학교) 지역사회개발학과졸, 경희대 대학원 행정학과졸, 행정학박사(청주대), 성결대 신학대학원 석사(M.Div.), 同신학전문대학원 신학석사(Th.M.), 서울신학대 대학원 신학박사과정(Ph.D.) 수료 [경]성결대 행정학부 교수(현) 2003~2004년 同사회교육원장 겸 행정학부장 2004년 同경영대학원장 2006년 同기획처장 겸 사회봉사센터장 2007년 同교무처장 겸 교수학습지원센터장 2008~2012년 同부총장 2009~2010년 同교무처장 겸임 2010~2011년 同대학원장 2012~2016년 同총장 [상]교육부장관표창, 지역사회발전학회 학술상 [저]'행정학개론'(2000)

주상룡(朱相龍) JOO Sang Lyong

[생]1954·9·12 [본]신안(新安) [출]서울 [주]세종특별자치시 조치원읍 세종로2639 홍익대학교 세종캠퍼스 상경대학(044-860-2363) [학]1973년 경기고졸 1977년 서울대 공대 산업공학과졸 1979년 한국과학기술원 대학원 산업공학과졸 1984년 미국 인디애나주립대(Indiana State Univ.) 대학원 경영학과졸(MBA) 1990년 경영학박사(미국 뉴욕대) [경]1979~1982년 (주)LG전자 기획심사본부 투자관리부 근무 1982년 안권회계법인 Supervisor 1990~1991년 (주)한신경제연구소 증권조사부장 1991~1993년 (주)한국산업증권 조사부 1급담당역(부장) 1993년 홍익대 상경대학 금융보험학전공 교수(현) 2002년 미국 Univ. of Illinois at Urbana-Champaign 교환교수 2006~2008년 홍익대 상경대학장 2007년 한국증권학회 회장, 재정경제부 금융발전심의회 위원 2007년 同시장효율화위원회 위원장, 국민연금기금 운영평가단장 2008년 노동부 고용·산재보험기금 운용위원 2008년 한국증권선물거래소(KRX) 사외이사 겸 감사위원장 2008~2010년 한국산업은행 경영평가위원장 2009~2011년 한국거래소(KRX) 사외이사 겸 감사위원장, 사학연금관리공단 자산운용위원, 남북협력기금 투자성과평가위원(현), 대외경제협력기금 성과평가위원(현) 2010년 쌍용양회공업 사외이사 2011년 한국금융투자협회 증권위원회 위원 2012년 세종시교육청 자문위원 2013년 한국장애인재단 기금운용위원(현) 2013~2015년 한국금융학회 이사 2014년 현대인베스트먼트자산운용 사외이사(현) 2014년 국가보훈처 보훈기금자산운용위원(현) 2015년 우정사업본부 예금자산운용위원장(현) [저]'이자율 위험관리'(1998) '재무관리 On Line 교재'(2002) '투자은행과 한국자본시장'(2011) [역]'옵션·금융 선물'(1999) '금융공학 금융혁신'(1999)

주상언(朱相彦) JOO Sang Aun

[생]1955·3·5 [본]신안(新安) [출]서울 [주]경기 성남시 분당구 대왕판교로670 유스페이스2A동502호 (재)범부처신약개발사업단(KDDF)(031-628-6330) [학]1973년 경기고졸 1980년 한양대 의대졸 1984년 同대학원졸 1990년 내과학박사(한양대) [경]1985년 한림대 의대 내과학교실 전임강사·조교수·부교수 1989~1990년 미국 존스홉킨스병원 종양센터 연구원 1991년 일본 교토대 객원교수 1999~2000년 대한소화기내시경학회 감사 1999~2001년 한림대 의대 내과학교실 교수 1999~2001년 대한의사협회 정책이사 1999~2000년 전국의과대학교수협의회 대변인 1999~2000년 한림대 의과대학교수협의회장 2001년 (주)유한양행 의학담당 상무 2003년 同의학실장(전무) 2006년 한미약품 전무 2008년 태준제약 대표이사 사장 2013년 차병원그룹 최고기술경영자(CTO) 2014년 (재)범부처신약개발사업단(KDDF) 단장(현)

주상용(朱相龍) Ju, Sang-Yong

[생]1952·10·1 [본]신안(新安) [출]경북 울진 [학]1971년 대구고졸 1981년 고려대 정치외교학과졸 [경]경찰간부 후보(26기) 1991년 부산 동부경찰서 보안과장(경정) 1992년 경찰청 감찰담당관실 경정 1997년 경기 김포경찰서장(총경) 1999년 경기지방경찰청 수사과장 2000년 서울지방경찰청 제4기동대장 2001년 서울 강동경찰서장 2002년 서울지방경찰청 근무 2003년 서울 서부경찰서장 직대 2003년 경찰청 특수수사과장 2004년 대구지방경찰청 차장(경무관) 2004년 경기지방경찰청 제2부장 2005년 서울지방경찰청 수사부장 2006년 경찰청 생활안전국장 2006년 同수사국장(치안감) 2007년 대구지방경찰청장 2009년 서울지방경찰청장(치안정감) 2011~2014년 도로교통공단 이사장 2015년 인터불고그룹(IB그룹) 회장 [상]근정포장(1993), 녹조근정훈장(2001), 대통령표창(2006)

주상용(朱祥鎔)

[생]1975·2·7 [출]경북 경주 [주]경기 과천시 관문로47 법무부 법무실 통일법무과(02-2110-3223) [학]1993년 단국대부속고졸 1998년 서울대 사법학과졸 [경]1997년 사법시험 합격(39회) 2000년 사법연수원 수료(29기) 2000년 공군 법무관 2003년 서울지검 검사 2004년 서울중앙지검 검사 2005년 대전지검 서산지청 검사 2009년 부산지검 검사 2011년 법무부 법무심의관실 검사 2013년 서울중앙지검 부부장검사 2014년 인천지검 부부장검사(법무부 정책기획단 파견) 2015년 법무부 법무실 통일법무과장(현)

ㅈ

주상우(朱祥佑) Joo, Sang Woo

[생]1959·9·19 [출]대구 [주]경북 경산시 대학로280 영남대학교 공과대학 기계공학부(053-810-2568) [학]1982년 서울대 섬유공학과졸 1984년 同대학원 섬유공학과졸 1989년 기계공학박사(미국 미시간대) [경]1984~1985년 (주)제일합섬 기술연구소 연구원 1989~1992년 미국 Northwestern Univ. 응용수학과 Post-Doc. 1991~1992년 미국 Univ. of Illinois 기계공학과 조교수 1992~1995년 미국 Wayne State Univ. 기계공학과 조교수 1995년 영남대 기계공학부 교수(현) 1996년 영국 Cambridge Univ. 응용수학이론물리학과 방문교수 1997년 독일 Augsburg Univ. 물리학과 방문교수 1998~1999년 미국 Northwestern Univ. 응용수학과 방문교수 2007~2008년 미국 Univ. of Nevada Las Vegas 기계공학과 방문교수 2011~2013년 국가과학기술위원회 전문위원 2014~2015년 미국 Univ. of Tennessee Knoxville 방문교수 2015년 한국연구재단 공학단 유체공학전문위원(현) 2016년 한국과학기술한림원 정회원(공학부·현) [상]Rackham Predoctoral Fellowship(1988), McIver Award(1988), Outstanding Achievement Award(1989), 우수연구상(2004)

주상훈(周相勳) JOO Sang Hoon

[생]1960·2·4 [출]서울 [주]경북 포항시 남구 청암로67 포항산업과학연구원 경영지원부문장실(054-279-6002) [학]1982년 서울대 재료금속학과졸 1984년 同재료금속학과졸 1990년 금속공학박사(캐나다 맥길대) [경]1989~1990년 캐나다 맥길대 Department of Mining & Metallurgical Engineering Post-Doctor 1990~2001년 포항산업과학연구원(RIST) 용융환원프로젝트팀 팀리더 2001년 포스코 FINEX연구개발추진반 그룹리더 2010년 同철강기술전략실 상무보 2014년 同광양연구소장(상무) 2015년 포항산업과학연구원(RIST) 경영지원부문장(상무) 2016년 同기술실용화실장(상무)(현) [상]캐나다 광산야금학회 Best Paper Award(1991), 미국 광산야금재료학회 야금 및 공정분야 기술상(1997), 대통령표창(2007), 대한금속학회 철재상(2011), European Patent Office 'European Inventor Award-Non European Countries'(2013)

주선회(周善會) Sun-Hoe CHOO

[생]1946·2·21 [본]상주(尙州) [출]경남 함안 [주]서울 서초구 반포대로138 주선회법률사무소(02-3482-7011) [학]1965년 경남 마산상고졸 1969년 고려대 법대졸 1971년 서울대 사법대학원 수료 1982년 미국 하버드대 법과대학원졸 [경]1969년 사법시험 합격(10회) 1974~1983년 대구지검·부산지검·법무부·서울지검 검사 1983년 법무연수원 연구관 1985년 마산지검 부장검사 1986년 부산지검 공안부장 1988년 대검찰청 공안1과장 1989년 법무부 국제법무심의관 1990년 서울지검 조사부장 1991년 同형사2부장 1992년 창원지검 차장검사 1993년 부산지검 울산지청장 1993년 서울지검 제3차장 1994년 부산고검 차장검사 1995년 대검찰청 감찰부장 1997년 同공안부장 1998년 청주지검장 1999년 울산지검장 1999년 광주고검장 2000년 법무연수원장 2001~2006년 헌법재판소 재판관 2006~2007년 同소장 권한대행 2007년 변호사 개업(현) 2013~2016년 고려대교우회 회장 [상]홍조·황조·청조근정훈장

주성문(朱成文) Joo Sung Moon

[생]1948·8·16 [본]신안(新安) [출]전남 목포 [주]서울 송파구 오금로32길33 (주)수성엔지니어링(02-2142-9333) [학]1966년 목포고졸 1971년 고려대 토목공학과졸 1973년 同대학원 토목공학과졸 [경]대우엔지니어링 대리, 현대건설 과장 1979~1985년 대한콘설탄트 이사 1986년 (주)유신코퍼레이션 상무이사 1990년 同전무이사 1998년 同부사장 2002년 同수석부사장 2004~2007년 同대표이사 사장 2007년 (주)수성엔지니어링 사장 2015년 (주)수성엔지니어링 부회장(현) [상]인천시장표창(1999), 건설교통부장관표창(2000), 한국도로공사장표창(2001), (사)한국전산구조공학회 기술상(2004), (사)한국강구조학회 기술상(2004), (사)대한토목학회 기술상(2004), 서울사랑시민상 금상(2005), 과학기술훈장 웅비장(2006) [역]'토질, 기초구조물의 설계와 예해'(1991) '말뚝기초 설계편람'(1991) '기술자를 위한 기초공법'(1991) [종]천주교

주성영(朱盛英) JOO Seong Young

[생]1958·4·27 [출]경북 울진 [주]대구 북구 칠곡중앙대로332 4층 주성영법률사무소(053-312-3800) [학]1976년 경북고졸 1982년 고려대 법학과졸 2007년 영남대 행정대학원졸, 同대학원 사법학박사과정 수료 [경]1987년 사법시험 합격(29회) 1988년 사법연수원 편집위원장 1989년 서울지검 검사시보 1990년 사법연수원 수료(19기) 1990년 춘천지검 검사 1991년 대구지검 영덕지청 검사 1992년 제주지검 검사 1994년 창원지검 검사 1996년 서울지검 검사 1998년 전주지검 검사 1998년 대전지검 천안지청 검사 2000~2001년 대구지검 평검사협의회 회장 2000년 同부부장검사 2002~2003년 대구고검 검사 2003년 변호사 개업(현) 2004~2005년 한나라당 원내부대표 2004년 제17대 국회의원(대구東甲, 한나라당) 2008년 제18대 국회의원(대구東甲, 한나라당·새누리당) 2009년 한나라당 제1정책조정위원장 2009년 同아동성범죄대책특위 위원장 2010년 국회 사법제도개혁특별위원회 간사 2010년 국회 법제사법위원회 간사 2011년 한나라당 대구시당 위원장 2012년 국회 정치개혁특별위원회 간사 2012년 중소기업법률지원센터 설립·소장 2012년 새누리당 제18대 대통령중앙선거대책위원회 유세단장 2013년 (사)중소기업연구지원센터 이사장(현) [상]검찰총장표창(1995·1996), 국무총리표창(1997) [저]'8년간의 여정'(2012)

주성혜(朱成惠·女) Joo, Sunghye

[생]1962 [출]부산 [주]서울 마포구 성산로128 한국문화예술교육진흥원 원장실(02-6209-5900) [학]서울예술고졸, 서울대 음악대학 작곡과졸, 同대학원 음악학과졸, 同대학원 음악학박사과정 수료, 미국 메릴랜드주립대(UMCP) 대학원 음악인류학박사과정 수료 [경]서울예고·서울대·중앙대·서울여대·성균관대 강사 1993년 한국예술종합학교 음악원 음악학과 조교수·부교수·교수(현), 同여성활동연구소장, 한국문화관광연구원 평가위원, 한국문화예술교육진흥원 심의위원 2009~2011년 한국예술종합학교 기획처장 2010년 제2회 UNESCO 세계문화예술교육대회 집행위원 겸 청년포럼(Youth Forum) 운영위원장 2011~2013년 한국과학창의재단 이사 2012년 대한민국인재상 중앙심사위원 2012년 한국예술종합학교 음악원 음악학과장 2013년 한국교육방송(EBS) 시청자위원 2013~2015년 대통령소속 문화융성위원회 문화예술전문위원 2014년 한국문화예술교육진흥원 원장(현) 2015년 문화체육관광부 지역문화협력위원회 위원(현) [상]동아일보 신춘문예 음악평론부문 당선(1985) [저]'음악읽기 세상읽기'(1996, 중앙일보) '음악원 아이들의 한국문화읽기'(2002, 예솔) '국립오페라단 40년사(共)'(2002, 국립오페라단) '음악 : 사람을 느끼고 세상을 듣는'(2008, 루덴스)

주성환(朱星煥) Ju Sung Whan

[생]1951·12·6 [출]인천 [주]서울 광진구 능동로120 건국대학교 상경대학 경상학부(02-450-3623) [학]1970년 인천 제물포고졸 1974년 연세대 경제학과졸 1977년 同대학원 경제학과졸 1984년 경제학박사(미국 뉴욕주립대) [경]1977~1984년 계명대 무역학과 전임강사 1983~1984년 미국 뉴욕주립대 경영대학원 연구교수 1984~1996년 건국대 경제학과 조교수·부교수·교수 1990~1992년 同경제학과장 1991~2000년 한국도시사회정책연구소장 1993~1994년 미국 뉴욕주립대 경제학과 교환교수 1996년 건국대 상경대학 경상학부 경제학전공 교수(현) 1998년 한국동북아경제학회 국제이사 겸 편집위원 1999년 同학술이사 겸 편집위원 2000~2001년 同총무이사 겸 사무국장 2000년 한국비교경제학회 이사·편집위원 2000년 동아시아연구회 연구이사 2001년 지속가능개발포럼 이사 2001~2002년 건국대 경제경영연구소장 2002~2004년 同상경대학장 2002년 동아시아연구회 총무이사 2003~2004년 한국동북아경제학회 회장 2003년 북한경제전문가100인포럼 회원 2006~2013년 국제지역학회 부회장 2008~2010년 북한연구학회 부회장 2008년 한중사회과학회 고문(현) 2013년 민주평통 인천남동구협의회 부회장 2015년 同인천남동구협의회 고문(현) 2015년 한국동북아경제학회 명예회장(현) 2015년 건국대 대학평의원회 의장(현) [저]'한미일 3개국간의 무역구조'(1977, 대한상공회의소) '미시경제학'(1986, 법문사) '경제학 원론'(1989, 건국대 출판부) '80년대 북한의 무역구조분석'(1989, 세종연구소) '미시경제학'(1992, 법문사) '경제학'(1997, 무역경영사) '경제원론'(2002, 무역경영사) '남북한의 경제발전 수준과 산업구조 비교, 그리고 경제교류 협력방향'(2002, 집문당) '북한의 경제제도와 관리'(2003, 무역경영사) '한국경제의 이해'(2005, 무역경영사) '유교문화와 동아시아경제'(2006, 경북대 출판부) '한국경제의 이해와 과제'(2011, 무역경영사) '한국경제의 이해'(2015, 무역경영사)

주수만(朱秀萬) JOO SOO MAN (청몽)

[생]1954·10·8 [본]신안(新安) [출]전남 여수 [주]부산 해운대구 해운대로469번길96 해운대공업고등학교 교장실(051-792-7707) [학]1974년 순천공업고 자동차과졸 1981년 충남대 기계공학과졸 2000년 부경대 대학원 기계설계공학과졸 [경]1981~2006년 사직중·연산중·장전중·부산기계공업고·해운대공고 교사 2000~2007년 부산시교육청 중등과학발명교실 지도강사·운영위원·자문위원·심사위원 2005~2006년 同특성화고등학교장학홍보단 홍보위원 2006~2010년 부산에너지과학고·부산전자공업고 교감 2008~2009년 부산시교육청 마이스터고전문T/F 위원·마이스터고선정평가위원 2008~2010년 同특성화고등학교평가위원 2010~2014년 부산공업고 교장 2012~2015년 대한예수교장로회 오산교회 장로 2013~2014년 신양부산공고장학재단 이사장 2014년 해운대공업고 교장(현) [상]부산시교육감표창(1984·2007), 부산남부교육장표창

(1986), 부산시 기능경기대회지도상(1999·2000), 교육부장관표창(1999), 부산보디빌딩협회 보디빌딩우수상(1996), 부산시교육청 수업연구발표대회 1등(2004), 뉴스메이커 선정 '2012 한국을 이끄는 혁신리더 32인' [종]기독교

주수석(朱壽錫) JOO Soo Seok

[생]1953 · 8 · 19 [출]서울 [주]부산 해운대구 선수촌로230 (주)풍산 부산공장 공장장실(051-520-8114) [학]1971년 성동고졸 1981년 한양대 금속공학과졸 [경](주)풍산 특수사업본부 근무, 同안강공장 기술연구소장(상무보) 2008년 同동래공장장(상무보) 2010년 同부산공장장(상무) 2011년 同부산공장장(전무)(현)

주수종(周洙鍾) JOO Su Chong

[생]1957·9·3 [주]전북 익산시 익산대로460 원광대학교 공과대학 컴퓨터공학과(063-850-6750) [학]1986년 원광대 전자계산학과졸 1988년 중앙대 대학원 전자계산학졸 1992년 공학박사(중앙대) [경]1989~1990년 중앙대 컴퓨터공학과 강사 1990년 원광대 공과대학 컴퓨터공학과 조교수·부교수·교수(현) 1993~1994년 미국 Univ. of Massachusetts, Dept. of Electrical and Computer Engineering at Amherst 연구교수 1996~2004년 ISO/IEC JTCI/SC22- Korea 전문위원 1996~1997년 한국정보과학회 학회지 편집위원 1999~2001년 정보통신부 정보통신창업지원센터장 2001~2004년 한국정보과학회 컴퓨터시스템연구회 정회원 2002~2004년 미국 캘리포니아대 어바인교 Dept. of EECS 연구교수 2002~2004년 한국정보과학회 논문지 편집위원 2004년 한국과학재단 전문분과 분과위원 2004년 지방연구중심대학 헬스케어기술개발사업단 연구부장 2004년 同제6총괄책임자 2006년 한국인터넷정보학회 이사, 同학술진흥부회장(현) 2007~2008년 원광대 정보전산원장 2007~2009년 한국대학정보화협의회 이사 2008년 한국인터넷학회 편집위원(현) 2009~2010년 한국정보과학회 이사 2015년 원광대 공과대학장(현) [저]'프로그래밍 언어(교사용지도서)'(1993) '전자우편쉽네요'(1996) 'PC 및 통신 활용'(1996) '컴퓨터 개론'(1997) '컴퓨터 및 정보통신'(1998) 'Self-Study C 언어'(1999) [역]'PowerBuilder- Reference'(1999)

주순선(朱順善)

[생]1967 · 8 · 11 [출]전남 고흥 [주]전남 고흥군 고흥읍 흥양길40 고흥군청 부군수실(061-830-5204) [학]미국 서던캘리포니아대 공공정책학과졸 [경]1999년 행정고시 합격(제43회) 2000년 행정사무관 임용 2006년 전남도 경제과학국 경제통상과 경제정책담당 사무관 2010년 同과학기술과 사무관 2011년 同농업정책과장(서기관) 2014년 同규제개혁추진단장 2014년 同농업정책과장 2015년 전남 고흥군 부군수(현) [상]대통령표창(2008)

주순식(朱舜埴) JU Soon Sik

[생]1953·11·17 [본]신안(新安) [출]서울 [주]서울 강남구 테헤란로518 법무법인 율촌(02-528-5433) [학]1972년 경기고졸 1977년 서울대 경제학과졸 1978년 同행정대학원졸 1989년 경제학박사(미국 하와이대) 1999년 한국방송통신대 법학과졸 2002년 아주대 경영대학원 경영학과졸(MBA) [경]1977년 행정고시 합격(21회) 1978년 총무처 수습행정관 1979~1985년 서울시공무원교육원·경제기획원 근무 1985년 해외 유학 1989~1993년 경제기획원 대외경제조정실 근무 1993년 공정거래위원회 국제업무과장 1994년 재정경제경제기획원 장관비서관 1994년 同지역경제1과장 1995년 공정거래위원회 국제업무1과장 1996년 同독점정책과장 2000년 同총괄정책과장 2000년 同정책개발기획단장 2002년 同독점국장 2003년 국방대 파견 2004년 공정거래위원회 심판관리관 2004년 同소비자보호국장 2005년 同소비자본부장 2006년 同시장감시본부장 2006~2009년 同상임위원 2009년 법무법인 율촌 고문(현) 2009~2012년 (주)하나SK카드 사외이사 2011년 공정거래위원회 30년사편찬위원장 2012~2015년 현대중공업(주) 사외이사 2012년 SK C&C(주) 사외이사 2015년 SK(주) 이사회 이사(현) [상]서울시장표창(1982), 대통령표창(1992), 홍조근정훈장(2007) [종]기독교

주숭일(朱崇一) JU Shoong Ehl

[생]1949 · 8 · 14 [본]신안(新安) [출]서울 [주]경기 용인시 처인구 양지면 중부대로2374번길36 테스(주) 대표이사실(031-323-2552) [학]1968년 경동고졸, 한양대 공대 재료공학과졸 [경]1975~1980년 삼성반도체(주) 근무 1980~1983년 한국전자(주) 근무, 현대전자산업(주) HEA · HSA담당 전무이사 2001년 하이닉스반도체 제조총괄 부사장 2002년 테스(주) 대표이사(현) 2010년 한양대재료공학과총동문회 회장 [상]철탑산업훈장, 상공부장관표창 [종]기독교

주승기(朱承基) JOO Seung Ki

[생]1952 · 9 · 4 [출]전남 신안 [주]서울 관악구 관악로1 서울대학교 공과대학 재료공학부(02-887-8842) [학]1971년 경기고졸 1975년 서울대 금속공학과졸 1980년 미국 스탠퍼드대 대학원졸 1983년 재료공학박사(미국 스탠퍼드대) [경]1983~1984년 미국 내셔널반도체연구소 선임연구원 1984~1986년 미국 페어차일드반도체연구소 책임연구원 1986년 서울대 공과대학 재료공학부 부교수·교수(현) 1996~1998년 대학산업기술지원단 초대단장 1999년 신소재박막가공 및 결정성장연구센터 소장 1999~2002년 국가과학기술위원회 연구개발전문위원 2000년 네오폴리(주) 대표이사(현) 2003~2005년 한국과학교육기술학회 기술이전연구회장 2004년 (사)한국고등기술원 원장(현) 2006년 SNU솔라 대표이사(현) 2012년 (사)전자재료연구회 회장(현) [저]'I-V Characteristics of ECR-PECVD siliconnitride thin' [종]기독교

주승용(朱昇鎔) JOO Seung Yong (世進)

[생]1952·6·7 [본]신안(新安) [출]전남 고흥 [주]서울 영등포구 의사당대로1 국회 의원회관907호(02-784-0896) [학]1971년 광주제일고졸 1976년 성균관대 전자공학과졸 1980년 고려대 경영대학원 무역학과졸 2000년 여수대 산업대학원 최고경영관리자과정 수료 2005년 서울대 대학원 건설산업최고전략과정 수료 2005년 여수대 대학원 수산생물학 박사과정 수료 2013년 수산과학박사(전남대) [경]1967년 화성산업 대표 1985년 대한통운(주) 율촌출장소 대표 1991·1995년 전남도의회 의원 1991년 민주당 중앙위원 1991년 민주평통 자문위원 1992년 민주연합청년동지회 여천군지회장 1994년 한국내외문제연구소 이사 1996~1998년 전남 여천군수(무소속·국민회의) 1998~2002년 여수시장(무소속) 1998~2000년 전남시장·군수협의회 회장 1998~2000년 전국시장·군수·구청장협의회 공동회장 2004년 열린우리당 전남도지부장 2004년 제17대 국회의원(여수시乙, 열린우리당·중도개혁통합신당·중도통합민주당·대통합민주신당·통합민주당) 2004년 열린우리당 전남도당 위원장 2005년 同중앙위원 2006~2007년 同원내부대표 2007년 중도개혁통합신당 대표비서실장 2007년 국회 건설교통위원회 간사 2008년 제18대 국회의원(여수시乙, 통합민주당·민주당·민주통합당) 2008~2010년 민주당 전남도당 위원장 2008~2010년 국회 여수세계박람회지원특별위원회 간사 2010년 국회 보건복지위원회 간사 2010년 민주당 제5정책조정위원장 2011년 同정책위 수석부의장 2011년 민주통합당 정책위 의장 2012년 제19대 국회의원(여수시乙, 민주통합당·민주당·새정치민주연합·더불어민주당·국민의당) 2012~2013년 국회 국토해양위원회 위원장 2012년 KTX경제권포럼 공동대표 2013~2014년 국회 국토교통위원회 위원장 2014년 새정치민주연합 사무총장 2014년 국회 안전행정위원회 위원 2014~2015년 새정치민주연합 조직강화특별위원회 위원 2015년 同최고위원 2015년 국회 예산결산특별위원회 위원 2015년 국회 산업통상자원위원회 위원 2016년 국민의당 원내대표 2016년 同최고위원 2016년 제20대 국회의원(여수시乙, 국민의당)(현) 2016년 국민의당 여수시乙지역위원회 위원장(현) 2016년 국회 국토교통위원회 위원(현) 2016년 국민의당 비상대책위원회 위원(현) [상]순천대 감사패(2010), 대한민국환경대상 정치부문 지도자대상(2010), 국회의원헌정대상(2011·2013·2015), 한국언론진흥재단 한민족대상 의정부문(2014), INAK(Internet Newspaper Association of Korea) 국회의정상(2015), NGO 모니터단 선정 '국정감사 모범의원'(2015), 새정치민주연합 선정 '국정감사 우수의원'(2015), 한국유권자총연맹 선정 '국정감사 최우수의원상'(2015), 2015 자랑스러운 성균인상 공직자부문(2016), 대한변호사협회 선정 '최우수 국회의원상'(2016), 대한민국 유권자 대상(2016) [저]'소걸음으로 천리를 가다'(2013)

주시경(朱時炅)

[생]1966 · 5 [주]세종특별자치시 갈매로477 기획재정부 인사과(044-215-2251) [학]휘문고졸, 고려대졸, 서울대 행정대학원 행정학과졸 [경]1994년 행정고시 합격(37회) 2001년 인천공항세관 조사총괄과장 2003년 관세청 감사관실 근무 2003년 同국제협력과장 2005년 同외환조사과장 2005년 駐상해총영사관 영사 2008년 관세청 수출입물류과장 2009년 양산세관장 2010년 관세청 대변인 2012년 同조사총괄과장 2012년 인천공항세관 수출입통관국장 2013년 관세국경관리연수원 원장 2014년 중앙공무원교육원 교육파견 2015년 대구경북지역본부세관장 2016년 국회 기획재정위원회 파견(고위공무원)(현)

주시보(周時普) JOO Si Bo

[생]1960·6·21 [본]상주(尙州) [출]부산 [주]인천 연수구 컨벤시아대로165 (주)포스코대우 자원개발본부(02-759-2114) [학]동아고졸, 부경대 기관학과졸, 한양대 산업대학원 자원공학과졸 [경](주)대우인터내셔널 미얀마E&P사무소장(상무), 同해외생산본부장(상무) 2013년 同해외생산본부장(전무), 同석유가스운영실장(전무) 2016년 同자원개발본부장(부사장) 2016년 (주)포스코대우 자원개발본부장(부사장)(현) [상]해외자원개발 유공 동탑산업훈장(2013) [종]기독교

주양규(朱瀁圭) JU Yang Kyoo

[생]1959 · 8 · 22 [출]강원 영월 [주]서울 중구 을지로100 SK G.Plant 22층 SK건설(주) 임원실(02-3700-9425) [학]1978년 배재고졸 1982년 한양대 기계공학과졸 1985년 同대학원 산업공학과졸 [경]현대 ENG'G 근무, 현대중공업 근무, 현대건설 근무, SK건설(주) CADEREYTA TF담당 상무 2008년 同화공마케팅총괄 전무 2010년 同아메리카총괄 전무 2014년 同International Operation 2부문장(전무) 2016년 同International Operation 2부문장(부사장)(현)

주양자(朱良子 · 女) JOO Yang Ja (蕙丁)

[생]1931·1·1 [본]신안(新安) [출]대구 [학]1949년 대구 경북여고졸 1955년 고려대 의대졸 1966년 의학박사(서울대) 1989년 연세대 행정대학원 고위정책결정자과정 수료(11기) 1994년 고려대 언론대학원 최고위여론과정 수료(3기) [경]1956년 서울시립시민병원 의사 1958년 국립의료원 이비인후과 의사 1968년 同과장 1975~1990년 서울대 의대·고려대 의대 외래교수 1975년 소롭티미스트클럽 한국연합회장 1976년 대한이비인후과학회 부회장 1978~1987년 국립의료원 의료부장 1984년 한국여의사회 회장 1986~1988년 대한의학협회 부회장 1987~1990년 국립의료원 원장 1987년 간호전문대 학장 1988년 대한병원협회 기획이사 1990년 의료보험관리공단 이사장 1990년 대한의학협회 고문 1990년 민주평통 상임위원 1992년 제14대 국회의원(전국구, 민자당·신한국당) 1992년 민자당 제3사무부총장 1993년 同여성실장 1995년 同여성위원장 1995년 국회 여성정책연구포럼 회장 1996년 자민련 선거대책위원회 여성담당 부본부장 1996년 同사무부총장 1996년 同부총재 1998년 보건복지부 장관 1999년 한몽골교류협회 회장 1999년 불교텔레비전(BTN) 사장 2000년 제15대 국회의원(전국구 승계, 자민련) 2002년 자민련 당무위원 2002년 同부총재 2003년 대한노인회 부회장 2003~2006년 고인라이온스 회장 2003년 민주평통 자문위원 2005~2007년 경기도립의료원 이천병원 이비인후과 초빙의사, 법화정사 회장 2013~2015년 대한민국헌정회 부회장 [상]대통령표창, 국민훈장 목련장, 홍조근정훈장, 소롭티미스트협회 분별있는 여성상, 몽골정부 수교훈장, 한·독 여의사지도자상(2010) [저]'無住相' '적은 목소리가 통하는 세상' '전국구 국회의원의 위상과 역할' '아름다운 카리스마' [종]불교

주연창(朱淵錩)

[생]1967 · 9 · 8 [본]신안(新安) [출]전남 여수 [주]전남 무안군 삼향읍 오룡길1 전라남도의회(061-286-8200) [학]여수고졸, 전남대 경영대학 지역개발학과졸 [경]주승용 국회의원 비서관 2010~2014년 전남 여수시의회 의원(비례대표, 민주당 · 민주통합당 · 민주당 · 새정치민주연합), 여수시 여수산단공동발전협의회 운영위원, 아름다운여수21 실천협의회 위원, 더불어사는집 운영위원, 광양만권경제자유구역조합회의 위원, 전남도 도로노선조정위원회 위원, 同지방분권추진위원회 위원, 새정치민주연합 중앙당 대의원 2014년 전남도의회 의원(새정치민주연합 · 더불어민주당 · 국민의당)(현) 2014년 同농수산위원회 부위원장 2014 · 2016년 同여수세계박람회사후활용특별위원회 부위원장(현) 2016년 同전라남도동부권산업단지안전 · 환경지원특별위원회 위원(현) 2016년 同안전건설소방위원회 위원(현) [상]전국시 · 도의회의장협의회 우수의정 대상(2016) [종]기독교

주영걸(周永傑) Joo Young-Kul

[생]1957 · 7 · 25 [출]부산 [주]울산 동구 방어진 순환도로 1000 현대중공업(주) 전기전자시스템사업본부(052-202-2114) [학]부산남고졸, 부산대 전기공학과졸 [경]1983년 현대중공업(주) 입사, 同전기전자시스템사업본부 회전기생산부장 2006년 同전기전자시스템사업본부 회전기담당 이사대우 2007년 同전기전자시스템사업본부 회전기담당 상무 2012년 同전기전자시스템사업본부 회전기담당 전무 2014년 同전기전자시스템사업본부장 2015년 同전기전자시스템사업본부 대표(부사장)(현) [상]동탑산업훈장(2014)

주영목(朱英牧 · 女) JU Young Mok

[생]1953·9·27 [출]경북 [주]경기 화성시 봉담읍 와우안길17 수원대학교 음악대학 음악학부(031-220-2572) [학]1975년 서울대 음악대졸 1979년 효성여대 대학원졸, 오스트리아 모차르테움(Mozarteum)국립음대 수학, 오스트리아 빈콘서바토리움(Wien Konservatorium)졸 [경]1980년 안동대 전임강사 1984년 전주대 음대 피아노과 부교수 1997년 수원대 음악대학 피아노학과 교수 2001~2011년 同음악대학장 겸 음악대학원장 2010~2014년 화성시문화재단 이사 2014년 수원대 음악대학원장(현), 同음악대학 음악학부 피아노전공 교수(현)

주영섭(朱榮涉) JOO Young Sub

[생]1956 · 10 · 15 [출]서울 [주]대전 서구 청사로189 중소기업청 청장실(042-481-4300) [학]1974년 서울 경복고졸 1978년 서울대 기계공학과졸 1980년 한국과학기술원 생산공학과졸 1995년 산업공학박사(미국 펜실베니아주립대) [경]1980년 대우전자(주) 기획본부장, 同정보통신사업부장, 同연구소장, 同전략기획담당 임원, 대우자동차(주) 근무, 대우조선(주) 근무 2000~2004년 GE써모메트릭스 아시아태평양담당 사장 · GE써모메트릭스코리아(주) 대표이사 사장 · GE써모메트릭스테크놀로지스(주) 대표이사 사장 2004~2006년 (주)본텍 대표이사 사장 2006~2008년 (주)현대오토넷 대표이사 사장 2008~2009년 (주)현대오토넷 고문 2009~2010년 현대모비스 고문 2010~2013년 지식경제부 R&D전략기획단 주력산업총괄MD 2013~2014년 서울대 융합과학기술대학원 초빙교수 2013년 산업창의융합포럼 스마트편리분과 위원장 2014년 국가과학기술연구회 융합연구위원회 위원 2014년 同미래성장동력특별위원회 위원 2013년 한국공학한림원 정회원(현) 2014~2016년 서울대 공과대학 기계항공공학부 객원교수 겸 공과대학 산학협력추진위원장 2015년 대통령직속 국민경제자문회의 위원 2016년 중소기업청장(차관급)(현) [종]천주교

주영섭(周英燮) JOO Yung Sup

[생]1957 · 12 · 9 [출]전북 고창 [주]서울 영등포구 국제금융로10 서울국제금융센터9층 딜로이트안진회계법인(02-6676-1000) [학]1976년 고창고졸 1980년 서울대 사범대학 사회교육과졸 1997년 미국 코네티컷대 대학원 경제학과졸 [경]1979년 행정고시 합격(23회) 1981년 이리세무서 총무과장, 남광주세무서 총무과장, 서광주세무서 부가세2과장, 부천세무서 소득세과장, 수원세무서 법인세2과장, 한국국제조세교육센터 파견 1998년 재정경제부 소득세제과장 2001년 同법인세제과장 2002년 同소비세제과장 2003년 同세제실 조세정책과장 2004년 同세제실 조세정책과장(부이사관) 2004년 국회사무처 재정경제위원회 파견(국장급) 2005년 재정경제부 국세심판원 상임심판관 2007년 同근로장려세제추진기획단 부단장 2008년 기획재정부 재산소비세정책관 2008년 同조세정책관 2010년 同세제실장 2011~2013년 관세청장, 딜로이트안진회계법인 고문(현) [상]국제지식경영대상(2011)

주영순(朱永順) JOO Young Soon

[생]1946 · 4 · 8 [출]전남 신안 [주]서울 영등포구 국회대로70길18 한양빌딩 새누리당 재정위원회(02-3786-3000) [학]1965년 목포해양고졸 1994년 연세대 관리과학대학원 고위관리자과정 수료 1996년 同행정대학원 고위정책과정 수료 2002년 서울대 행정대학원 국가정책과정 수료 [경]1970년 예편(육군 대위) 1987년 (주)호남운창 대표이사 1990년 HN철강(주) 대표이사 1995년 목포자동차운전전문학원 원장 · 대표이사 1997년 호남자동차운전전문학원 원장 · 대표이사 1999년 목포시체육회 상임부회장 2001년 대한염업조합중앙회 이사장 2002년 (주)목포골프클럽 대표 2003년 목포상공회의소 부회장 2004년 열린우리당 전남도당 재정위원장 2005년 국제라이온스협회 355-B2지구 총재 2005년 민주평통 목포시협의회장 2006~2012년 목포상공회의소 회장 2007년 민주평통 정책자문회의 전남지역 부의장 2009년 대한상공회의소 부회장 2012~2016년 제19대 국회의원(비례대표, 새누리당) 2012년 새누리당 전남도당 위원장 직대 2012년 同지역화합특별위원회 위원 2012 · 2014년 국회 환경노동위원회 위원 2013~2015년 국회 예산결산특별위원회 위원 2013년 국회 허베이스피리트호 유류피해대책특별위원회 위원 2013~2015년 새누리당 전남도당 위원장 2015년 同정책위원회 부의장 2016년 同전남영암군 · 무안군 · 신안군당원협의회 운영위원장 2016년 제20대 국회의원선거 출마(전남 영암군 · 무안군 · 신안군, 새누리당) 2016년 새누리당 재정위원회 위원장(현) [상]화랑무공훈장(1967 · 1969), 베트남정부 월남참전포장(1969), 환경정보연구센터 선정 '2012년 국정감사 친환경 베스트의원' [종]기독교

주영승(朱榮丞) JU Young Sung (耘谷)

[생]1956 · 7 · 17 [출]전북 부안 [주]전북 전주시 완산구 선너머3길61 우석대학교 한의과대학 본초학교실(063-290-9027) [학]1975년 백산고졸 1981년 원광대 한의학과졸 1986년 同대학원 한의학과졸 1987년 한의학박사(원광대) 1998년 생물학박사(전북대) 2000년 가톨릭신학원 신앙연수과졸 2008년 同교리교육과졸 [경]1985년 원광대 한의과대학 전임강사 · 제5진료과장 1988~1996년 우석대 한의과대학 조교수 · 부교수 1991~1998년 同부속한방병원 기획실장 1996년 同한의과대학장 1997년 同한의과대학 본초학교실 교수(현) 2008~2010년 同한의과대학장 [저]'본초학(共)'(1991, 영림사) '방제학(共)'

(1999, 영림사) '윤곡본초학'(2002) '한방약용식물도감(共)'(2011, 대원당출판사) '윤곡본초학실습서(共)'(2013, 우석) '오정건강법'(2013, 우석) '한약재 이름사전(共)'(20013, 우석) '한약재의 화학성분(共)'(2014, 우석) '한국산삼의 이해(共)'(2015, 피앤비) [종]가톨릭

주영식 Ju, Young sik

[생]1966·7·7 [주]대전 서구 청사로189 특허심판원 심판7부(042-481-5851) [학]1985년 군산고졸 1993년 서울시립대 화학공학과졸 2002년 충남대 대학원 법학과졸 [경]1993~2001년 총무처·공보처·특허청 심사조정과 화공사무관 2002년 특허청 정밀화학심사과 심사평가담당관실 기술서기관 2006년 특허법원 기술심리관 2008년 특허심판원 심판관 2009년 특허청 생명공학심사과장 2013년 同특허심사3국 응용소재심사과장(부이사관) 2014년 특허심판원 심판7부 수석심판장(고위공무원)(현) [상]차관급표창(1997·2000·2001·2003·2010), 대통령표창(2011)

주영운(朱永云) JU young wun (法名·行願)

[생]1924·9·24 [본]신안(新安) [출]경기 개풍 [주]서울 서초구 효령로303 부속상가10동401호 행원문화재단(02-586-6521) [학]1937년 개풍 토성공립보통학교졸 [경]1939~1962년 한국운수(주) 근무 1962년 한일시멘트공업경리과장 1967년 同총무부장 1971년 同이사 1972년 同상무이사 1978년 同전무이사 1978~1987년 한일흥업 대표이사 1981~1985년 한일시멘트공업 이사 1981~1991년 평통 자문위원 1983~1987년 한일산업 이사 1986~1989년 청파2동새마을금고 이사 1987~1991년 시전운수 대표이사 1990년 아산레미콘 대표이사 1991년 행원문화재단 설립·이사장(현) 1991년 우덕재단 이사 1991년 학교법인 승가학원 이사 1993~1994년 개풍군 명예군수 1993~2001년 민주평통 자문위원 1995년 개풍군민회 고문·명예군수(현) 1996년 사회복지법인 승가원 이사(현) 1997년 서울시 강남문화원 상임고문(현) 1997년 신안(新安)주씨중앙종친회 宗老(현) 2001년 미수복경기도중앙도민회 부회장 2012년 同고문 [상]부총리표창(1995), 대통령표창(1996), 국민포장(2002), 국민훈장 동백장(2009) [종]불교

주영주(朱玲珠·女) JU Young Ju

[생]1951·10·5 [출]경북 성주 [주]서울 서대문구 이화여대길52 이화여자대학교 사범대학 교육공학과(02-3277-2675) [학]1970년 경기여고졸 1974년 이화여대 시청각교육학과졸 1976년 미국 보스턴대 대학원 교육공학과졸 1979년 교육공학박사(미국 보스턴대) 2003년 연세대 대학원 경영학과졸, 경영학박사(연세대) [경]1979~1992년 이화여대 사범대 교육공학과 강사·조교수·부교수 1985년 한국교육공학회 이사 1986~1990년 이화여대 교육공학과장 1990년 한국교육시설학회 이사 1992년 이화여대 사범대학 교육공학과 교수(현) 1995년 한국인터넷협회 이사 1996~1998년 同교육매체원장 1999~2000년 미국 보스턴대 객원교수 2004~2007년 이화여대 사범대학장 겸 중등교육연수원장 2010~2014년 同평생교육원장 [상]노동부장관표창(2005) [저]'첨단매체를 활용한 교육환경' '교수매체의 제작과 활용' '영어교육과 멀티미디어' '간호정보교육' '교육과 정보화' '미디어정보센타경영' '21세기 교육방법 및 교육공학' '교사를 위한 인터넷' '정보화 시리즈 인터넷 첫걸음(지도자용)(共)'(2005)

주영진(朱永鎭) JOO Young Jin

[생]1957·9·20 [본]신안(新安) [출]서울 [주]서울 관악구 관악로1 서울대학교 행정대학원(02-880-2590) [학]1976년 국립철도고졸 1981년 중앙대 행정학과졸 1983년 한양대 행정대학원 일반행정과졸, 서울대 행정대학원 국가정책과정 수료, 同행정대학원 정보통신방송정책과정 수료, 同국제대학원 최고경영자과정 수료, 同법대 최고지도자과정 수료, 同세계경제최고전략과정 수료, 同공대 건설산업최고전략과정 수료 [경]1981년 입법고시 합격(5회) 1981년 국회사무처 건설위원회 입법조사관 1983년 同국제협력과 제1계장 1985년 同국제협력과 제2계장 1988년 同총무과 인사계장 1990년 同기획예산담당관 1993년 同교통체신위원회 입법조사관 1994년 同의사국 의안과장 1996년 同예산결산특별위원회 입법심의관 1997년 중앙공무원교육원 파견 1998년 국회사무처 예산결산특별위원회 입법심의관 1999년 同의사국장 2002년 미국 조지메이슨대 및 미국 연방의회 파견 2002년 국회사무처 예산결산특별위원회 전문위원 2003년 국회예산정책처 기획관리관 2004년 국회사무처 여성위원회 수석전문위원 2005년 同여성가족위원회 수석전문위원 2006년 同정보위원회 수석전문위원 2008년 同건설교통위원회 수석전문위원 2008년 同국토해양위원회 수석전문위원 2008~2011년 서강대 경제대학원 겸임교수 2009~2010년 국회사무처 예산결산특별위원회 수석전문위원 2010~2012년 한양대 공공정책대학원 겸임교수 2011년 국회의정연수원 교수 2011~2013년 국회예산정책처 처장 2013~2016년 한국철도시설공단 비상임이사 2013년 서울대 행정대학원 객원교수(현) 2013~2014년 인천대 행정대학원 겸임교수 2013~2015년 IBK캐피탈 사외이사 겸 감사위원장 2013년 국회 법제실 입법지원위원(현) 2014년 해양환경관리공단 비상임감사(현) 2014년 강원발전연구원 재정예산부문 자문위원(현) 2014년 세종특별자치시의회 입법고문(현) 2015년 성남시의회 입법고문(현) 2015년 지방의회연구소장(현) 2015년 국회입법조사처 자문위원(현) 2015년 경기도의회예산정책자문위원장(현) [상]국회의장표창(1991), 황조근정훈장(2006) [저]'국회법론' '한국예산론' '지구를 스치는 나그네' [종]기독교

주영환(朱映奐) JOO Young Hwan

[생]1970·4·10 [출]경북 울진 [주]서울 서초구 반포대로158 서울고등검찰청 부패범죄특별수사단(02-530-3114) [학]1988년 휘문고졸 1995년 서울대 공법학과졸 [경]1995년 사법시험 합격(37회) 1998년 사법연수원 수료(27기) 1998년 수원지검 검사 2000년 대구지검 포항지청 검사 2002년 서울지검 검사 2004년 대전지검 서산지청 검사 2006년 법무부 정책홍보관리실 검사 2008년 서울서부지검 검사 2010년 서울중앙지검 부부장검사 2012년 춘천지검 영월지청장 2013년 대검찰청 범죄정보2담당관 2014년 인천지검 외사부장 2014년 부산고검 검사(서울중앙지검 파견) 2016년 검찰총장 직속 부패범죄특별수사단 1팀장(부장검사)(현)

주 완(朱 浣) JOO Wan

[생]1959·4·11 [본]신안(新安) [출]서울 [주]서울 종로구 사직로8길39 세양빌딩 김앤장법률사무소(02-3703-1114) [학]1978년 동국대부속고졸 1983년 서울대 법학과졸 1993년 同대학원졸 [경]1983년 사법시험 합격(25회) 1985년 사법연수원 수료(15기) 1986~1989년 육군 법무관 1989~1993년 대우그룹 기획조정실 노무담당 임원 겸 법률고문 1991~1996년 경기대 강사 1991~2000년 연세대 특수대학원 강사 1993~1995년 유원건설(주) 감사실장(상무이사) 겸 법률고문 1995~2000년 회명합동법률사무소 변호사 1995~1997년 노사관계개혁위원회 위원 1996~2002년 노동부 고용보험심사위원회 위원 1996년 한국경영자총협회 자문위원(현) 1996년 고용노동부 자문변호사(현) 1997~2006년 중앙노동위원회 심판담당 공익위원 2000~2002년 교육부 자문변호사 2000~2004년 노동교육원 객원교수 2001~2006년 법무부 사법시험 및 군법무관 임용시험 출제위원 2001~2004년 HON노동법연구소 소장 2002년 사법연수원 외래교수(현) 2004~2008년 법무법인 지성 대표변호사 2004년 경원대 겸임교수(현) 2005년 한국노총 자문변호사(현) 2006년 전국전력노조 고문변호사(현) 2006년 전국택시노련 고문변호사(현) 2007년 SK인천정유 사외이사 2008~2014년 법무법인 광장 변호사 2008년 연세대 경영대학원 외래강사(현) 2008년 노동부(現고용노동부) 공인노무사징계위원회 위원(현) 2009년 한국야구위원회 자문위원(현) 2009년 서울지방변호사회 전공별커뮤니티 노동분과위원장(현) 2009년 노동부(現고용노동부) '노동민원행정옴부즈만' 위원회 위원(현) 2009년 同갈등관리심의위원회 위원(현) 2010~2012년 국민경제자문회의 위원 2011년 중앙노동위원회 조정담당 공익위원(현) 2014년 노동법이론실무학회 공동회장(현) 2014년 서울변호사협회 노동법연수원장(현) 2014년 고려대 겸임교수(현) 2014년 가천대 초빙교수(현) 2014년 김앤장법률사무소 변호사(현) 2014년 인천광역시 자문변호사(현) [저]'경영상 해고와 M&A'(2003) [종]기독교

주용완(周容完)

[생]1970·8·28 [출]경남 마산 [주]서울 광진구 아차산로404 서울동부지방검찰청 형사5부(02-2204-4316) [학]1989년 마산고졸 1994년 서울대 공법학과졸 [경]1997년 사법시험 합격(39회) 2000년 사법연수원 수료(29기) 2000년 서울지검 동부지청 검사 2002년 대구지검 김천지청 검사 2004년 창원지검 검사 2006년 수원지검 검사 2008년 법무부 통일법무과 검사 2010년 서울서부지검 검사 2013년 同부부장검사 2013년 대검찰청 연구관 2014년 창원지검 진주지청 부장검사 2015년 광주지검 순천지청 형사3부장 2016년 서울동부지검 형사5부장(현)

주용중(朱庸中)

[생]1962·11·6 [주]서울 중구 세종대로21길40 조선일보씨스퀘어빌딩 TV조선 보도본부(02-2180-1808) [학]관악고졸, 서울대 법학과졸, 同대학원 정치학과졸 [경]1990~2000년 조선일보 편집부·사회부·정치부 기자 2000~2006년 同워싱턴특파원 2006년 同논설위원 2006년 同국제부 차장대우 2010년 同논설위원 2013년 同편집국 정치부장 2015년 同편집국 국제부장(부국장) 2016년 TV조선 보도본부장(현)

ㅈ

주용환(朱龍環)

생1958·7·26 출경남 사천 주경남 창원시 의창구 상남로289 경남지방경찰청 청문감사담당관실(055-233-2024) 학경남 진교고졸, 경남대 행정학과졸, 연세대 행정대학원 공안행정학과졸, 법학박사(한양대) 경1986년 경위 임용(경찰간부후보 34기) 1993년 경감 승진 1998년 경정 승진 2009년 경남 하동경찰서장(총경) 2010년 경남지방경찰청 외사과장 2011년 경남 통영경찰서장 2012년 경남지방경찰청 정보통신담당관 2012년 통영시 명예시민 2013년 부산 동부경찰서장 2014년 경남지방경찰청 112종합상황실장 2015년 경남 밀양경찰서장 2016년 경남지방경찰청 청문감사담당관(현) 상경찰청장표창, 내무장관표창, 녹조근정훈장, '문장21' 시부문 신인상(2014) 전'신 형법'(2005, 서울고시각) '신 형소법 판례문제정해'(2005, 서울고시각) '형법 판례문제정해'(2005, 서울고시각)

주우식(朱尤湜) Woo Sik CHU

생1959·6·17 출서울 주서울 강남구 테헤란로152 강남파이낸스센터10층 삼정KPMG(02-2112-0100) 학1978년 경복고졸 1982년 서울대 법학과졸, 미국 코넬대 대학원 경제학과졸 1989년 경제학박사(미국 코넬대) 경1980년 행정고시 합격(24회) 1985년 재무부 법무관실 사무관 1997년 재정경제원 조사홍보과장 1998년 재정경제부 법무담당관 1999년 同경제정책국 지역경제과장 1999년 삼성전자(주) 국제금융담당 이사 2000년 同상무이사 2004년 同경영지원총괄 IR팀장(전무) 2007년 同경영지원총괄 IR팀장(부사장) 2009년 삼성증권 부사장 2010년 同퇴직연금본부장(부사장) 2012~2013년 KDB금융지주 수석부사장 2013~2015년 (주)전주페이퍼 대표이사 사장 2015년 새만금개발청 새만금투자분과 자문위원 2015년 삼정KPMG 부회장(현)

주우진(朱尤進) CHU, WU JIN

생1960·11·10 주서울 관악구 관악로1 서울대학교 경영대학(02-880-6947) 학1983년 서울대 경영대학 경영학과졸 1986년 미국 펜실베이니아대 대학원 응용경제학·경영과학과졸 1987년 경영학박사(미국 펜실베이니아대) 경1992년 미국 매사추세츠공대(MIT) 국제자동차문제연구소 한국대표 1993년 서울대 경영대학 마케팅전공 조교수·부교수·교수(현) 1994~1997·2003년 International Journal of Research in Marketing 편집위원 1996~1997년 통상산업부 산업정책자문위원 1996~2001년 Marketing Science 편집위원 1999년 제스퍼오토CAR123 대표이사 1999년 공정거래위원회 경쟁정책위원회 위원 2000년 한국마케팅학회 이사 2001년 산업자원부 부품소재산업발전위원회 위원 2002~2004년 서울대 호암교수회관장 2004년 同진로취업센터장 2004~2006년 同학생처 부처장 2012~2015년 AK홀딩스(주) 사외이사 2015년 同감사위원(현) 2015년 한국마케팅학회 부회장(현) 상'Journal of Marketing Education선정 아시아톱10(연구업적2위)'(2003), '미국 마케팅교육저널선정 아시아태평양톱10교수(연구분야 2위)'(2003), 미국 국제경영학회의 JIBS데케이드어워드 최우수논문상(2009) 전'전자상거래에서의 마케팅 믹스'(1999) '데이터베이스 마케팅'(2000) '인터넷 마케팅'(2002) '의류산업의 QR시스템 및 사례연구'(2003)

주웅용(周雄龍) CHOO Wung Yong

생1952·12·5 출서울 주서울 관악구 관악로1 서울대학교(02-880-7156) 학1971년 서울고졸 1976년 서울대 금속공학과졸 1978년 한국과학기술원 재료공학과졸(석사) 1981년 재료공학박사(한국과학기술원) 경포항종합제철(주) 기술연구소 후판연구팀장, 同기술연구소 부소장, (주)포스코 포항 후판부장, 同EU사무소장(상무대우), 同EU사무소장(상무), 同생산기술부문 기술연구원장(전무) 2011년 한국공학한림원 재료자원공학분과 정회원(현) 2011년 (재)포항산업과학연구원(RIST) 원장 2014년 同상임고문, 서울대 재료공학부 객원교수(현)

주원석(朱元碩) JOO Won Suk

생1958·12·18 출경기 부천 주서울 서초구 서초대로301 송촌빌딩14층 미디어윌 비서실(02-2185-5900) 학1977년 여의도고졸 1984년 성균관대 무역학과졸 1987년 미국 인디애나대 경영대학원졸(MBA) 2007년 명예 경영학박사(성균관대) 경1990년 (주)벼룩시장 설립 1992년 월간 「테니스코리아」 창간 1994·2013년 (사)대한테니스협회 부회장(현) 1994~1999년 한국휠체어테니스협회 회장 1995년 대원인쇄(주) 설립 1995년 팁스데이타(주) 설립 1995년 '부천포커스' 창간 1997년 인천지법 부천지원 조정위원 1997년 (주)부동산써

브 설립 1998~2007년 (사)부천국제판타스틱영화제후원회 부회장·조직위원 1998~2007년 (사)루푸스를이기는사람들협회 이사 1999년 (주)웹트레인 설립 1999년 대한장애인테니스협회 명예회장(현) 2000년 부천필하모니오케스트라후원회 회장(현) 2002년 (주)미디어윌 대표이사 회장(현) 2002년 성균관대체육회 부회장 2002년 성균관대총동창회 상임이사·부회장 2003년 부천카툰네트워크(주) 대표이사 2004년 (주)단타이평코리아 설립 2004년 (주)벨익스프레스 설립 2005년 (주)티브이벼룩시장 설립 2006년 (주)잡크래커 설립 2007년 축구 월간지 포포투 창간 2007년 2534남성매거진 M25 창간 2007년 부동산써브 S&C 설립 2007년 인자인케어 컴퍼니 설립 2007년 타운워크 창간 2007년 성균관대체육회 회장 2007년 (재)성균관대체육장학회 이사장(현) 2011년 신영균예술문화재단 이사(현) 2011년 (재)대원문화재단 이사(현) 2011년 성균관대 SKK GSB DEAN'S COUNCIL MEMBER(현) 2012년 IUAA EXECUTIVE COUNCIL MEMBER(현) 2012년 아름다운재단 이사(현) 2012년 예술의전당 후원회 이사(현) 2015년 INDIANA UNIVERSITY KELLEY SCHOOL OF BUSINESS GLOBAL DEAN'S COUNCIL, MEMBER(현) 상문화관광부장관표창(2000), 대통령표창(2008), 체육훈장 기린장(2008), 자랑스러운 경영대학 동문상(2011), 자랑스러운 성균인상(2011), 미국 인디애나대 경영대학 선정 '올해의 기업인상'(2016)

주원홍(朱元洪) JOO Won-Hong

생1956·11·15 주서울 송파구 올림픽로424 한국테니스지도자협회(02-420-4285) 학1975년 동인천고졸 1979년 성균관대 법정대학 법학과졸 경1979~1984년 대우중공업·대우전자 테니스팀 선수 1985~1989년 제일생명보험(주) 테니스부 감독 1985~2001년 (사)대한테니스협회 이사 1986~1995년 MBC 해설위원 1992년 월간 테니스코리아 발행인 1992~1998년 삼성물산(주) 테니스단 감독 1996년 (사)한국테니스지도자협회 회장(현) 1999년 삼성증권(주) 테니스단 감독 1999~2006년 Teko주니어테니스아카데미 교장 1999~2002년 남자테니스 국가대표팀 감독 2002년 체육시민연대 공동대표(현) 2003~2005년 (사)대한테니스협회 전무이사 2004~2008년 국민체육진흥공단 이사 2009~2013년 한국실업테니스연맹 부회장 2009년 미디어윌그룹 고문 2009~2011년 대한장애인테니스협회 부회장 2010년 한국테니스꿈나무육성위원회 위원장(현) 2012년 대한장애인테니스협회 회장, 同명예회장(현) 2012년 서울시체육회 실무부회장(현) 2013~2016년 (사)대한테니스협회 회장 2013년 대한체육회(KOC) 생활체육위원장 2013~2016년 '통합대한테니스협회' 임시회장 2015년 아시아테니스연맹 부회장(현) 2015년 아시아올림픽평의회(OCA) 생활체육위원회 위원(현) 상서울시문화상 체육부문(2013), (사)한국올림픽성화회 체육상 공로상(2015)

주윤중(朱玧重)

생1961·5·4 주서울 강남구 학동로426 강남구청 부구청장실(02-3423-5010) 학1987년 고려대 영어영문학과졸 2000년 서울대 행정대학원 수료 2001년 한국개발연구원(KDI) 국제정책대학원 정책학과졸 2002년 미국 시라큐스대 행정대학원 행정학과졸 경1995년 지방고등고시 합격(1회) 1996년 서울시 지방행정사무관 1997년~2007년 서울 강남구 개포3동장, 교통지도과장, 지역경제과장, 사회복지과장, 비서실장, 총무과장 2007년 同도시경제기획단장 2008~2010년 미국 콜로라도대 행정대학원 객원연구원 2010년 서울 강남구 기획경제국장 2013년 同행정국장 2013년 同부구청장(현) 상내무부장관표창(1997) 종천주교

주은기(朱殷奇)

생1962·1·28 주경기 수원시 영통구 삼성로129 삼성전자(주) 상생협력센터(031-200-1114) 학전주고졸, 한양대 법학과졸, 한국과학기술원(KAIST) MBA 수료 경삼성전자(주) 경영지원총괄 감사팀 부장 2005년 同경영지원총괄 감사팀 상무보, 同경영지원팀 상무 2010년 同교육파견(전무) 2014년 同감사팀장(부사장) 2014년 同상생협력센터 업무팀장(부사장) 2015년 同상생협력센터 대외협력팀장(부사장) 2016년 同상생협력센터장(부사장)(현)

주은수(朱恩洙) JOO, Eun Soo

생1956·9·29 본신안(新安) 출부산 주서울 중구 소공로70 서울중앙우체국 사서함5115호 미디어경영연구소(02-363-9710) 학1976년 동래고졸 1980년 부산대 철학과졸 1989년 연세대 경영대학원졸 1997년 同언론홍보대학원졸 경1985~1991년 중앙일보 근무 1991~1995년 한국경제신문 마케팅팀장 1995~1999년 국민일보 근무 1997~1998년 한국신문협회 기조실장협의회 이사 2001년 미디어경영연구소 소장(현) 2002년 연세대 언론연구소 객원연구

위원(현) 2005~2006년 지역신문발전위원회 전문위원 2008년 한국언론학회 정회원(현) 2009~2014년 지역신문발전위원회 전문위원 2009년 한국미디어경영학회 정회원(현) [상]한국신문협회상(1993), 문화체육관광부장관표창(2012) [저]'한국신문산업의 경쟁력 강화방안'(1997) '최고신문 일등신문1'(1997, 도서출판 세란) '지역언론, 변해야 산다'(2003) '최고신문 일등신문2'(2003, 미디어경영연구소) '신문의 위기-진단과 처방(共)'(2003, 한국언론재단) '2004 한국의 지역신문(共)'(2004, 한국언론재단) '문화미디어백서(共)'(2006, 문화체육관광부) '문화산업백서(共)'(2007~2013, 문화체육관광부) '신문자료 신고와 검증 및 공개(共)'(2008, 신문발전위원회) [종]기독교

주의영(朱毅英)

[생]1957 · 5 · 26 [출]경북 울진 [주]경북 봉화군 봉화읍 내성로73 경북 봉화경찰서 서장실(054-679-0210) [학]동국대 행정대학원 행정학과졸 [경]1981년 경찰공무원 임용(경장 특채) 1998년 경북 울진경찰서 정보과장 2004년 울산 남부경찰서 경무과장 2005년 서울지방경찰청 기동단 4기동대 부대장 2006년 서울 성동경찰서 정보과장 2006년 서울 강남경찰서 정보과장 2009년 서울지방경찰청 정보1과 정보4계장 2010년 同정보2과 정보8계장 2013년 경북 울진경찰서장(총경) 2014년 경북지방경찰청 청문감사담당관 2015년 경북 봉화경찰서장(현)

주익수(朱益秀) CHOO Ick Soo

[생]1960 · 7 · 27 [출]서울 [주]서울 영등포구 여의나루로 61 하이투자증권 비서실(02-2122-9000) [학]신일고졸 1984년 서울대 경영학과졸 1986년 미국 미시간대 대학원 경영학과졸(MBA) 1990년 미국 위스콘신주립대 대학원 경영학박사과정 수료 [경]1991년 한국외환은행 근무 1998년 현대증권(주) 뉴욕법인장 2005년 同국제영업본부장 2009년 同IB본부장 2010년 하나대투증권(주) 자본시장본부장(전무) 2012년 同투자은행본부장(전무) 2014~2015년 同IB투자은행담당 대표(전무) 2015년 하나금융투자 IB투자은행담당 대표(전무) 2016년 同고문 2016년 하이투자증권 대표이사 사장(현)

주익종(朱益鍾) Ikjong Joo

[생]1960 · 4 · 20 [출]서울 [주]서울 종로구 세종대로198 대한민국역사박물관 학예연구실(02-3703-9281) [학]장훈고졸, 서울대 경제학과졸, 同대학원 경제학과졸, 경제학박사(서울대) [경]2005년 서울신용평가정보(주) 신용평가담당 이사, 낙성대경제연구소 연구위원, 미국 하버드대 방문연구원, 대한민국역사박물관 학예연구사 2015년 同학예연구실장(현) [저]'새로운 한국경제 발전사(共)'(2005, 나남출판) '대군의 척후'(2008, 푸른역사) [역]'한국 근대 공업화의 연구'(2003) '제국의 후예'(2008, 푸른역사) [종]기독교

주인기(朱仁基) In-Ki Joo

[생]1949 · 2 · 26 [본]신안(新安) [출]서울 [주]서울 서대문구 연세로50 연세대학교 경영대학 경영학과(02-3149-0325) [학]1967년 동성고졸 1971년 연세대 경영학과졸 1974년 서울대 경영대학원 경영학과졸 1977년 미국 뉴욕대 대학원 MBA 1986년 회계학박사(미국 뉴욕대) [경]1981~1991년 연세대 상경대학 경영학과 조교수 · 부교수 1985~1987년 미국 뉴욕시립대 Baruch College 회계학과 전임강사 1987~1991년 International Accounting Standard Committee(IASC) 한국대표 1991~2014년 연세대 경영대학 경영학과 교수 1993년 同어학원 부원장 1994년 同경영학과장 1994년 국세심판소 비상임심판관 1995년 한국리스협회 경영평가위원장 1997년 연세대 경영연구소장 1998~2000년 同교무처장 1999~2000년 한국회계학회 회장 1999~2002년 연세대 학부대학장 2002~2004년 同기획실장 2002~2008년 한국공인회계사회 국제부회장 2002~2010년 한국CFO대상 심사위원장 2005~2008년 한국회계기준원 이사장 2006년 한국기업윤리학회 회장 2007~2013년 LG전자 사외이사 겸 감사위원회 위원장 2007년 수암장학재단 이사(현) 2007~2008년 한국경영학회 회장 2009~2011년 아 · 태회계사연맹(CAPA) 회장 2011~2014년 감사원 정책자문위원 2012~2016년 국제회계사연맹(IFAC) 이사 2013년 2015아시아 · 태평양회계사연맹총회 준비위원장(현) 2014년 연세대 경영대학 경영학과 명예교수(현) 2016년 GS사외이사(현) 2016년 국제회계사연맹(IFAC) 부회장(현) 2016년 同차기(2018년 11월) 회장(현) [상]부총리 겸 재정경제부장관표창(2001), 근정포장(2004), 한국회계학회 삼일저명교수(2005), 한국공인회계사회 우수논문상(2006), 우수강의교수(2009 · 2011), 한국회계학회 교육공로상(2011) [저]'新재무회계(共)'(1985) '新재무제표론(共)'(1991) '회계감사(共)'(1991) '회계원리(共)'(1996 · 2011) '회계원리플러스'(2006) [역]'원가회계(共)'(1989) [종]기독교

주인욱(朱仁煜) CHOO In Wook

[생]1952 · 6 · 10 [출]서울 [주]서울 강남구 일원로81 삼성서울병원 영상의학과(02-3410-2506) [학]1971년 경기고졸 1978년 서울대 의대졸 1981년 同대학원 방사선과졸 1991년 의학박사(서울대) [경]1978~1983년 서울대병원 인턴 · 레지던트 1983~1986년 軍의관(서귀포의료원 방사선과장) 1986~1987년 서울대병원 전임의 1987~1991년 한림대 의대 강동성심병원 조교수 · 부교수 1991~1994년 미국 Univ. of Michigan Hospitals Visiting Assistant Professor 1994년 삼성서울병원 영상의학과 전문의(현) 1997년 성균관대 의대 영상의학교실 교수(현) 1998~2003년 삼성서울병원 기획실장 1999~2001년 同영상의학과장 1999~2001년 성균관대 의대 진단방사선과학 주임교수 2003~2004년 삼성서울병원 영상의학과장 2003~2004년 성균관대 의대 방사선과학 주임교수 2004~2008년 삼성서울병원 삼성암센터 설립기획단장 [상]대한방사선의학회 해외저술상 [종]천주교

주인택(朱人澤) Joo In Taik

[생]1958 · 3 · 18 [본]신안(新安) [출]전남 여수 [주]광주 북구 서하로48의25 광주광역시립민속박물관(062-613-5330) [학]1975년 순천고졸 1983년 전남대 사학과졸 2005년 조선대 대학원 사학과졸 [경]1983년 광주시립민속박물관 개관준비 상임위원 1988년 同학예연구사(지방별정직공무원 6급) 1992~2015년 同학예연구실장 1997~2004년 서강정보대 겸임교수 1998~2008년 문화재청 일반동산문화재 감정위원 2003년 광주시 문화재전문위원(현) 2003년 한국대나무박물관 자문위원(현) 2004~2005년 조선대 사학과 겸임교수 2005년 남도향토음식박물관 운영위원(현) 2008년 전남도 문화재위원(현) 2016년 광주시립민속박물관장(현) [상]문화관광부장관표창(2000 · 2002) [저]'광주직할시 삼소동 신흥마을 옹기'(1991, 광주민속박물관) '채상장(중요무형문화재 제53호)'(2004, 국립문화재연구소)

주일로(朱一路 · 女) JOO Il Ro

[생]1956 · 9 · 15 [출]서울 [주]경기 수원시 영통구 월드컵로164 아주대학교 의과대학 약리학교실(031-219-5061) [학]1975년 경기여고졸 1979년 이화여대 약학과졸 1987년 연세대 약리학과졸 1990년 同대학원졸 1993년 약리학박사(연세대) [경]1991년 연세대 의과대학 약리학교실 강사 1992~2003년 아주대 의과대학 약리학교실 강사 · 조교수 · 부교수 2003년 同의과대학 약리학교실 교수(현) 2004년 同의료원 만성염증질환연구센터 소장 2006년 同연구담당학장보 2007~2009년 同의과대학 약리학교실 주임교수 2010 · 2012년 同병원 만성염증질환연구센터장 2013년 同의학과장 2014년 同의과대학장 겸 의학전문대학원장(현) 2015년 국가과학기술자문회의 미래전략분과 자문위원(현)

주자문(朱子文) JU Ja Mun (月村)

[생]1946 · 3 · 30 [본]신안(新安) [출]전남 구례 [학]1964년 전남 구례농고졸 1972년 서울대 사범대 사회교육과졸 1982년 연세대 교육대학원졸 1987년 경제학박사(동국대) [경]1983~1993년 충북대 사범대 전임강사 · 조교수 · 부교수 1986년 미국 Ball주립대 객원교수 1989년 한국산업경제연구소 연구위원 1993~2011년 충북대 사회교육과 교수 1995년 同교수협의회장 1996년 전국국공립대교수협의회 회장 1998~2002년 충북대 총장 1998년 제2의건국범국민추진위원회 중앙위원 1998~2003년 민주평통 자문위원 1999~2002년 충북지역총 · 학장협의회 회장 2000년 전국국공립대총장협의회 회장 2000~2001년 한국대학교육협의회 부회장 2002~2005년 한국학술진흥재단 이사장 2011~2013년 광주여대 총장 [상]청조근정훈장(2011) [저]'사회교육연구-이론과 실제' [종]기독교

주재동(朱在東) Joo Jae Dong

[생]1959 · 3 · 3 [본]신안(新安) [출]경북 안동 [주]경기 안성시 미양면 제2공단2길39 (주)케이씨텍 대표이사실(031-670-8077) [학]1978년 안동고졸 1982년 경북대 전자공학과졸 [경]1984~2006년 삼성전자(주) 반도체사업부 공정엔지니어 2006~2009년 삼성SDI · 삼성모바일디스플레이 AMOLED 제조총괄 상무 2009~2010년 (주)효성 전략본부 L-신규사업단 상무 2010~2011년 (주)비아트론 OLED/LCD용 열처리장비생산총괄 부사장 2011년 (주)케이씨텍 장비부문 사장 2012년 (주)케이씨텍 대표이사(현) [상]동탑산업훈장(2014)

주재중(朱在仲) Joo, Jae-Jung

[생]1958·10·9 [출]대구 [주]서울 중구 서소문로89의31 하나생명보험(주) 임원실(02-3709-7304) [학]1978년 대륜고졸 1982년 서울대 경영학과졸 1996년 일본 와세다대 대학원 경영학과졸 [경]1983년 외환은행 입행 1991년 同인사부 대리 1996년 同신탁부·동경지점 과장 2002년 同인재개발실·경영전략부 차장 2003년 同강남역지점 부지점장 2004년 同기업상품개발부장 2005년 同KPI팀장 2009년 同동경지점장 2012년 하나금융지주 전략기획실 상무 2012년 同미래발전기획단장 대행 2013년 同전략기획실 상무 2013년 同재무기획팀·IR팀·자원관리팀 상무(CFO 대행) 2014년 同CFO(전무) 2014~2015년 한국외환은행 기획관리그룹장(전무) 2015년 하나생명보험(주) 최고운영책임자(COO)(현)

주재환(周宰煥) JU Jae Hwan

[생]1958·4·21 [출]경남 함안 [주]서울 마포구 마포대로45 일진머티리얼즈(주) 임원실(02-707-9060) [학]양정고졸, 고려대 화학공학과졸 [경]1981년 삼성그룹 입사, 삼성SDI(주) 멕시코법인 제조팀장 2002년 同상무보, 同전사품질혁신팀장 2005년 同전지사업부 제조팀장(상무) 2010년 同전지사업부 제조팀장(전무) 2014년 일진머티리얼즈(주) 공동대표이사(현)

주정균(朱珽均)

[생]1959·3·1 [주]서울 금천구 시흥대로410 서울금천우체국(02-861-4403) [학]1977년 국립철도고졸 1998년 한국방송통신대 행정학과졸 [경]1994년 청주우체국 창구과장 2001년 정보통신부 우정사업본부 조달사무소 저장과장 2002년 同우정사업본부 조달사무소 관리과장 2003년 同우정사업본부 조달사무소 지원과장 2006년 同전파연구소 지원과장(서기관) 2007년 경남 양산우체국장 2010년 부산사하우체국장 2012년 화성우체국장 2013년 부천우편집중국장 2015년 서울노원우체국장 2015년 서울금천우체국장(현) [상]국무총리표창(1991)

주정민(朱定珉) Chungmin Joo

[생]1964·11·29 [출]전남 여수 [주]광주 북구 용봉로77 전남대학교 신문방송학과(062-530-2677) [학]1986년 전남대 신문방송학과졸 1992년 고려대 대학원 신문방송학과졸 2001년 신문방송학박사(고려대) [경]1993~1996년 방송위원회 정책연구실 연구원 1998년 고려대 신문방송연구소 선임연구원 1999년 방송개혁위원회 전문위원 1999년 청운대 방송산업학과 전임강사·조교수 2002년 전남대 신문방송학과 부교수·교수(현) 2005~2007년 광주시민방송(공동체라디오) 편성책임자 및 이사 2007~2008년 미국 미주리대 커뮤니케이션학과 객원교수 2008년 한국언론학회 연구이사 2011~2014년 방송통신위원회 지역방송발전위원회 위원 2012~2015년 언론중재위원회 광주중재부 위원 2012년 장애인방송시청보장위원회 위원장(현) 2014~2015년 광주전남언론학회 회장 2015년 전남대 신문방송사 주간(현) [상]방송통신위원장표창(2010), 근정포장(2015) [저]'현대방송의 이해(共)'(1999) '모바일미디어(共)'(2005) '디지털방송미디어론(共)'(2006) '방송통신융합과 지역방송(共)'(2007) '방송영상미디어의 이해(共)'(2007)

주정산(朱正山) JU Jung San

[생]1948·1·24 [출]경북 울진 [주]충북 단양군 영춘면 구인사길73 구인사(043-423-7100) [학]1968년 울진농고졸 [경]1969년 구인사 입산 1971년 대한불교천태종 총무원 재무과장 1971년 구인사에서 득도(은사 박상월) 1972~1973년 대한불교천태종 총무원 총무부 서무국장 1973년 同3급 법계 1975~1978년 同총무원 재무부장 1975~1981년 同제5·6·7대 종의회 의원 1978년 同사회부장 1980년 同법사 1980~1982년 同총무부장 1981년 同종의회 부의장 1981~1985년 부산 광명사 주지 1982년 대한불교천태종 교화원 교무부장 1985년 同제2대 포교원장 1985년 同총무원 부원장 1988년 同종의회 의원 1988년 同감사원장 1999~2011년 대한불교천태종 복지재단 이사장, 대구 대성사 주지 2006~2011년 대한불교천태종 총무원장 [종]불교

주정호(朱錠浩) JOO Jung Ho

[생]1973·3·27 [주]경기 김포시 대곶면 대명항로403번길109 (주)율림금속 임원실(031-997-0955) [학]1992년 청원고졸 1997년 서울대 경영학과졸 2002년 同대학원 경영학과졸 [경]1998~2000년 (주)소만사 기획·마케팅팀장 2000~2001년 (주)인텔링스 기획과장 2001~2002년 (주)아이티링크 통신컨설턴트 2002~2007년 (주)한국파워보이스 기획이사 2007~2009년 (주)넥스에너지 대표이사 2009~2016년 (주)한국자원투자개발 대표이사 2010년 (주)율림금속 대표이사(현)

주종국(周鍾國) JOO, JONGGOOK

[생]1965·8·2 [본]안의(安義) [출]서울 [주]서울 종로구 율곡로2길25 연합뉴스 경제부(02-398-3328) [학]1984년 재현고졸 1991년 고려대 신문방송학과졸 [경]1991년 연합뉴스 입사 2010년 同뉴욕지사장(특파원), 연합뉴스TV 뉴스총괄부장, 同기사심의실장 2014년 연합뉴스 증권부장 2015년 同문화부장 2016년 同경제부장(현)

주중철(朱重徹) Joo Joong-chul

[생]1964·5·8 [주]서울 종로구 사직로8길60 외교부 인사운영팀(02-2100-7136) [학]1990년 부산대 정치외교학과졸 1996년 일본 게이오대 대학원 국제정치학과졸 [경]1990년 외무고시 합격(24회) 1990년 외무부 입부 1998년 駐일본 2등서기관 2001년 駐방글라데시 참사관 2005년 외교통상부 인사운영팀장 2007년 同동남아과장 2007년 同일본과장 2008년 駐오스트리아 참사관 2011년 駐이라크 공사참사관 겸 駐아르빌 연락사무소장 2014년 글로벌리더십과정 파견 2015년 駐요코하마 총영사(현)

주지홍(朱智鴻) CHOO JI HONG

[생]1977·6·30 [주]서울 서초구 남부순환로2159 (주)사조해표 임원실(02-2007-3000) [학]2002년 연세대 사회학과졸 2005년 미국 일리노이대 대학원 경제학과졸 2011년 미국 미시간대 앤아버교 경영대학원 MBA [경]2006~2007년 베어링포인트 근무 2011년 (주)사조해표 기획실장 2014년 同경영지원본부장 2015년 사조그룹 식품총괄 경영본부장 2016년 (주)사조해표 상무이사(현)

주진수(朱眞秀) JOO Jin Soo

[생]1962·7·11 [출]서울 [주]서울 성북구 안암로145 고려대학교 물리학과(02-3290-3103) [학]1981년 승문고졸 1985년 고려대 물리학과졸 1992년 미국 오하이오주립대 대학원 물리학과졸 1994년 이학박사(미국 오하이오주립대) [경]1994년 미국 오하이오주립대 박사후 연구원 1995년 고려대 물리학과 조교수·부교수·교수(현) 1999~2000년 한국물리학회 홍보잡지편집위원 2000~2001년 삼성코닝 기술자문위원 2001~2002년 미국 오하이오주립대 물리학과 방문교수 2004~2009년 학술진흥재단 중점연구소 세부과제책임자 2006~2008년 고려대 안암학사 사감장 2007~2012년 한국연구재단 도약과제 연구책임자 2014년 한국과학기술한림원 정회원(이학부·현) 2016년 고려대 관리처장(현)

주진우(朱鎭旴) JOO Jin Woo

[생]1949·8·28 [본]신안(新安) [출]경북 성주 [주]서울 서대문구 통일로107의39 사조그룹 비서실(02-3277-1710) [학]1968년 경기고졸 1974년 서울대 정치학과졸 1977년 미국 컬럼비아대 대학원 정치학과졸 1977년 同대학원 박사과정 수료 1990년 서울대 경영대학원 AMOP과정 수료 1995년 고려대 언론대학원 최고위언론과정 수료 2004년 정치외교학박사(한양대) [경]1973~1974년 외환은행 근무 1977년 사조산업(주) 부사장 1978~1994년 (주)사조상호신용금고·사조냉장(주)·사조축산(주)·부국사료(주)·사조개발(주)·(주)푸르고맑게·(주)Green and Blue·(주)농수축산신문·(재)취암장학재단·Sajo America Inc. 설립 1978년 대한출판협회 이사 1979년 사조산업 사장 1979년 사조그룹 회장(현) 1994년 한국원양어업협회 부회장 1996년 제15대 국회의원(고령·성주, 신한국당·한나라당) 1998년 한나라당 청년위원장 1999년 同원내부총무 2000~2004년 제16대 국회의원(고령·성주, 한나라당) 2000년 한나라당 총재비서실장 2001년 同국가혁신위원회 행정실장 2003년 同정책위 부의장 2005년 한국무역협회 비상근부회장(현) 2014년 駐韓모리셔스 명예영사(현) 2015년 사회복지법인 자광재단 이사장(현) [상]대통령표창(1979), 석탑산업훈장(1985), 5천만불 수출의탑(1988), 재무부장관표창(1989), 금탑산업훈장(1992), 대한민국 해양대상(2010) [저]'21세기에 도전하는 우리 농민들' '2000년대 일본농업' '푸른 들 푸른 바다' '농심천심' [종]천주교

주진철(朱鎭撤)

⊗1969·3·1 ⊚대전 ⊙충남 천안시 동남구 신부7길 17 대전지방검찰청 천안지청(041-620-4500) ⊛1988년 충남고졸 1993년 서울대 사법학과졸 ⊚1996년 사법시험 합격(38회) 1999년 사법연수원 수료(28기) 2002년 대구지검 검사 2004년 수원지검 검사 2006년 법무부 통일법무과 검사 2009년 서울중앙지검 검사 2011년 광주지검 부부장검사 2012년 전주지검 군산지청 부장검사 2014년 서울서부지검 공판부장 2015년 청주지검 부장검사 2016년 대전지검 천안지청 부장검사(현)

주진형(朱鎭亨) Jin-Hyeong Jhoo

⊗1965·12·17 ⊙강원 춘천시 백령로156 강원대학교병원 병원장실(033-258-2000) ⊛1984년 강원고졸 1990년 서울대 의과대학 의학과졸 1995년 同대학원 의학학과졸 2002년 의학박사(서울대) ⊚1991~1995년 서울대병원 전공의 1995~1998년 국군백제병원 과장 1998~2000년 서울대병원 전임의 2001~2003년 메트로병원 과장 2003~2006년 분당제생병원 봉직의 2004년 한국치매협회 사무총장 2006년 강원대 의학전문대학원 정신건강의학교실 부교수(현) 2006년 강원대병원 정신건강의학과 전문의(현) 2006~2009년 同대외협력팀장 2009~2010년 강원대 기획위원회 위원 2009~2012년 강원대병원 기획조정실장 2009~2014년 보건복지부 자체평가위원회 위원 2012년 강원대병원 원장(현) 2016년 한국치매협회 이사(현)

주진호(朱進豪) JOO Jin Ho

⊗1957·10·10 ⊙강원 춘천시 강원대학길1 강원대학교 농업생명과학대학 바이오자원환경학과(033-250-6448) ⊛1983년 강원대 농화학과졸 1985년 同대학원 농화학과졸 1998년 농화학박사(미국 아이다호대) ⊚1992년 미국 Univ. of Idaho 연구조교 1999년 강원대 농업과학연구소 연구원 1999년 同농업생명과학대학 자원생물환경학과 교수, 同자원생물환경학과장 2003년 한국환경농학회 국제간사·학술부회장 2004~2008년 한국토양비료학회 편집위원 2010년 강원대 농업생명과학대학 바이오자원환경학과 교수(현) 2016년 한국환경농학회 회장(현) 2016년 강원대 농업생명과학대학장(현) ⊛강원대총장표창(1990) ⊛'토양학'(2005, 강원대 농업전문경영인 트랙사업단) '친환경유기농업'(2006, 대양프리컴) '생활환경과 건강'(2007, 건강생명웰빙농산업전문인력양성사업단)

주찬식(朱贊植) Ju Chan Sik

⊗1962·6·20 ⊚경남 거창 ⊙서울 중구 덕수궁길15 서울특별시의회(02-3783-1921) ⊛2005년 회계학박사(경원대) ⊚주찬식 세무회계사무소 대표(현), 민주평통 서울시 송파구 제1지회장 2010년 서울시의회 의원(한나라당·새누리당) 2010~2014년 同건설위원회 부위원장 2010~2011년 同예산결산특별위원회 위원 2011~2012년 同정책연구위원회 위원 2014년 同동남권역집중개발특별위원회 위원 2014년 서울시의회 의원(새누리당)(현) 2014년 同도시안전건설위원회 부위원장 2016년 同도시안전건설위원회 위원장(현) 2016년 同서울시설관리공단이사장후보자 인사청문특별위원회 위원

주창돈(朱昌暾) CHANG DON JU

⊗1957·4·7 ⊚대구 ⊙서울 강남구 테헤란로86길 15 코리아트래블즈 임원실(02-2013-1500) ⊛대구 계성고졸, 서울대 경제학과졸, 미국 아메리칸대 대학원 경영학과졸(MBA) ⊚1985~1991년 한국은행 근무 1991~1995년 삼성생명보험(주) 입사·재무기획팀 근무 1995~1997년 同채권팀장 1997~1998년 同금융팀장 1998~2000년 同재무기획팀장 2002~2005년 同기획팀장 2005~2011년 同삼성금융연구소 상무 2011년 同비상근고문역 2014년 코리아트래블즈(주) 대표이사(현)

주창윤(朱昌潤) JOO Chang Yun

⊗1963·1·9 ⊚신안(新安) ⊚대전 ⊙서울 노원구 화랑로621 서울여자대학교 사회과학대학 언론영상학부(02-970-5585) ⊛1981년 대전 대신고졸 1986년 한양대 신문방송학과졸 1988년 同대학원 신문방송학과졸 1993년 영국 글래스고대 신문방송대학원졸 1997년 신문방송학박사(영국 글래스고대) ⊚1986년 세계문학 '봄호'에 시인 등단 1999~2001년 한국방송진흥원 책임연구원 2000년 KBS 시청자위원 2001년 서울여대 사회과학대학 언론영상학

부 방송영상학전공 교수(현) 2003년 SBS 시청자위원, 한국방송학회 총무이사 2006년 서울여대 방송국·학보사 주간 2008~2009년 한국언론학회 총무이사 2010년 同문화젠더학과장 2010년 同커뮤니케이션이론편집위원장 2011년 서울여대 방송영상학전공 주임교수 겸 대학원 언론영상학과장 2012년 同언론영상학부장 2014년 방송통신심의위원회 방송언어특별위원회 위원 ⊛한국방송학회 학술상(2005) ⊛'텔레비전과 문화연구' '매스커뮤니케이션과 현대사회' '텔레비전 화면깨기'(2001) '영상이미지의 구조'(2003) '텔레비전 드라마 : 장르·미학·해독'(2005) '대한민국 컬처코드'(2010) ⊛'비디오저널리즘'(1999) ⊛시집 '물위를 걷는 자 물밑을 걷는 자'(1989) '옷걸이에 걸린 羊'(1997)

주채광(朱埰光)

⊗1971·2·14 ⊚광주 ⊙광주 동구 준법로7의12 광주지방법원(062-239-1114) ⊛1989년 광주살레시오고졸 1999년 연세대 법학과졸 ⊚1998년 사법시험 합격(40회) 2001년 사법연수원 수료(30기) 2001년 대전지법 천안지원 판사 2004년 인천지법 판사 2006년 서울북부지법 판사 2008년 서울중앙지법 판사 2010년 서울남부지법 판사 2014년 대법원 재판연구관 2016년 광주지법 부장판사(현)

주천기(朱天基) JOO Choun Ki

⊗1956·3·13 ⊚서울 ⊙서울 서초구 반포대로222 서울성모병원 안과(02-590-2613) ⊛중앙고졸 1981년 가톨릭대 의대졸 1988년 同대학원졸 1991년 의학박사(가톨릭대) ⊚1981~1988년 가톨릭대 의대 인턴·군의관·가톨릭대 안과 전공의 1988~2001년 가톨릭대 의과대학 안과학교실 전임강사·조교수·부교수 1994년 미국 워싱턴대 의대 Post-Doc. 1996년 가톨릭대 의과학연구원 시과학연구실장 2000~2003년 ECM연구회 회장 2001년 가톨릭대 의과대학 안과학교실 교수(현) 2003~2005년 각막질환연구회 총무 2003년 TOVIS(Technology for Ophthalmology & Visual Science) 대표이사 2009~2011년 대한검안학회 회장, 가톨릭대 서울성모병원 안센터장 2012년 한국과학기술한림원 정회원(의약학·현) 2013년 가톨릭대 의과대학장·의학전문대학원장·교학처장 겸임(현) 2016년 (사)대한의료관광진흥협회 초대 회장(현) ⊛Topcon 안과학술상(1992), 유한의학상 대상(1993), 광혜학술상(1996), 유한의학상 장려상(2000), IR52 장영실상(2000), 대한안과학회 학술상(2003), 한미 자랑스런 의사상(2010), 과학기술훈장 웅비장(2015) ⊛'RGP콘택트렌즈'(共) '각막'(共) '굴절교정수술'(共) '백내장'(共) '의학자 114인이 내다보는 의학의 미래'(共) '임상노인의학'(共) 에세이집 '세상을 보여줄게'(2011, amStory) ⊛'임상진단학'(共) '안과학'(共) ⊛기독교

주철기(朱鐵基) JU Chul Ki (盤嶺)

⊗1946·9·16 ⊚신안(新安) ⊚강원 원주 ⊙서울 서초구 남부순환로2558 재외동포재단 이사장실(02-3415-0111) ⊛1965년 서울고졸 1973년 서울대 문리대 서양사학과졸 1975년 프랑스 국제행정대학원 수료 1993년 벨기에 브뤼셀자유대 대학원졸(국제정치학석사) ⊚1972년 외무고시 합격(6회) 1972년 외무부 입부 1976~1980년 駐코스타리카·駐튀니지 서기관 1982년 외무부 중미과장 1983년 駐유엔대표부 참사관 1986~1989년 외무부 중미과장·경제기구과장 1989년 駐포르투갈 참사관 1991년 駐EC대표부 공사 1993년 외무부 제1정책심의관 1996년 同국제경제국장 1997년 駐제네바대표부 차석대사 1999년 駐모로코 대사 2002년 외교통상부 본부대사 2003~2006년 駐프랑스 대사·駐유네스코 대사 2006년 외교통상부 본부대사 2007~2013년 유엔글로벌콤팩트(UNGC) 한국협회 사무총장 겸 부회장, 서울대 국제대학원 초빙교수, 한·불21세기포럼 회장, 프랑스 우정공사 국제자문위원, 한·중 국제교류재단 사무총장, 세종대 이사, 유엔글로벌콤팩트 반부패그룹 고위자문위원 2013~2015년 대통령 외교안보수석비서관 2014~2015년 국가안보실 제2차장 겸임 2016년 재외동포재단 이사장(현) ⊛황조근정훈장, 모로코왕국 윗쌈 알 알라위훈장, 프랑스 국가훈장 ⊛'21세기 프랑스를 말한다'(2006, 삶과꿈) ⊛기독교

주철안(朱哲安)

⊗1957·2·25 ⊚전남 ⊙부산 금정구 부산대학로63번길2 부산대학교 사범대학 교육학과(051-510-2635) ⊛서울대 교육학과졸, 同행정대학원졸, 미국 하버드대 대학원졸, 교육학박사(미국 하버드대) ⊚1991년 부산대 사범대학 교육학과 교수(현) 1998~1999년 미국 위스콘신대 교환연구교수 2001~2003년 교육인적자원부 교육정책자문위원 2003~2005년 부산대 교육연구소장 2003~2005년 同교육대학원 부원장 2004년 부산시교육청 지방교육

재정심의위원회 위원 2005~2006년 교육인적자원부 대학특성화지원사업 평가위원회 위원 2005~2006년 부산대 국제교류센터장 2008년 교육행정학회 이사 2010년 한국비교교육학회 이사 2010년 부산시의회 의정자문위원 2010~2011년 대통령 교육문화수석비서관실 정책자문위원 2011~2013년 부산대 교육대학원장 2013~2015년 한국교원단체총연합회 부회장 2014~2015년 한국교육재정경제학회 회장 2014년 영상물등급위원회 위원(현) 2015년 한국교육재정경제학회 이사(현) 2016년 부산대 교육부총장 겸 대학원장(현) [저]'한국의 고등학교 교육'(1996, 집문당) '학교학급경영(共)'(1999, 학지사) 'Higher Educationing Korea(共)'(2000, FALMERPRESS) '교육리더십(共)'(2004, 교육과학사) [역]'학교공동체 만들기'(2004, 에듀케어)

주철완(朱哲完) Chu Cheol-wan

[생]1958·12·29 [주]서울 종로구 사직로8길60 외교부 인사운영팀(02-2100-7146) [학]2004년 한국방송통신대 영문학과졸 [경]1986년 외무고시 합격 1989년 駐라스팔마스 부영사 1995년 駐엘살바도르 3등서기관 1997년 駐스페인 2등서기관 2002년 駐삿포로 영사 2007년 외교통상부 경리계장 2007년 駐하갓냐 영사 2009년 외교통상부 운영지원담당관 2011년 駐일본 참사관 2015년 駐고베 총영사(현)

주철원(朱哲源) JU Chul Won

[생]1954·6·17 [본]신안(新安) [출]서울 [주]대전 유성구 대덕대로748 (주)덕인 임원실(042-868-6600) [학]1977년 부산대 화학공학과졸 1990년 同대학원 전자공학과졸 2003년 공학박사(전북대) [경]1979~1982년 금성정밀중앙연구소 근무 1982~1985년 한국전자기술연구소 선임연구원 1985년 한국전자통신연구원 융합부품소재연구부문 시스템통합기술팀 책임연구원 2006·2007·2010년 미국 세계인명사전 'Marquis Who's Who in the World'에 등재 2012년 한국전자통신연구원 정보통신부품소재연구소 RF융합부품연구실 책임연구원 2016년 (주)덕인 안전관리담당(현) [상]IMAPS(International Microelectronics And Packaging Society)학회 Session Best Paper상

주철현(朱哲鉉) JU Chul Hyun

[생]1959·3·12 [출]전남 여수 [주]전남 여수시 시청로1 여수시청 시장실(061-659-3000) [학]1979년 전남 여수고졸 1983년 성균관대 법과대학졸 [경]1983년 사법시험 합격(25회) 1985년 사법연수원 수료(15기) 1986년 軍법무관 1989년 인천지검 검사 1991년 광주지검 해남지청 검사 1992년 서울지검 남부지청 검사 1995년 광주지검 검사 1997년 서울지검 검사 1997년 대검찰청 검찰연구관 1998년 전주지검 정읍지청장 1999년 서울지검 특수1부 부부장검사 2001년 대검찰청 공안2과장 2003년 서울지검 동부지청 형사4부장 2003년 법무부 법무심의관 2004년 서울중앙지검 특수1부장 2005년 광주지검 목포지청장 2006년 법무부 감찰기획관 2007년 인천지검 1차장검사 2008년 대전지검 차장검사 2009년 부산고검 차장검사 2009년 법무부 범죄예방정책국장 2010년 同법질서선진화기획단장 겸임 2010년 창원지검장 2011년 광주지검장 2012~2013년 대검찰청 강력부장 2013년 법무법인 태원 고문변호사 2014년 전남 여수시장(새정치민주연합·더불어민주당)(현) 2016년 아름다운섬발전협의회 차기(2017년) 회장(현) [상]자랑스런 여수인상(2011), 대한민국 법률대상 인권부문(2013)

주철환(朱哲煥) JOO Chul Hwan

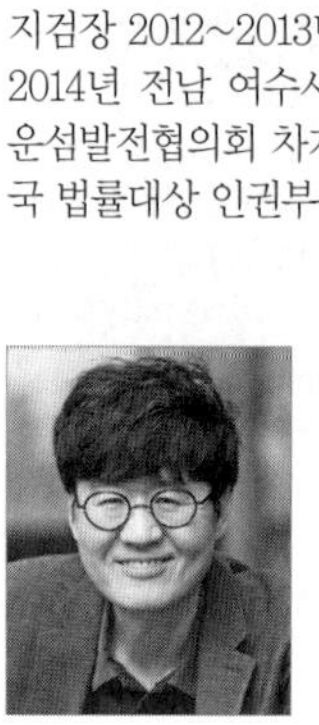

[생]1955·5·29 [본]신안(新安) [출]경남 마산 [주]서울 동대문구 청계천로517 서울문화재단 대표이사실(02-3290-7030) [학]1974년 동북고졸 1978년 고려대 국어국문학과졸 1980년 同대학원졸 2001년 국문학박사(고려대) [경]1978년 동북중 국어교사 1979~1980년 동북고 국어교사 1980~1982년 육군 복무 1983~1989년 고려대 강사 1983년 MBC 입사 1986년 同교양제작부 PD 1987년 同TV제작국 제작3부 PD 1991년 同예능2담당 PD 1994년 同예능1팀 PD 1996년 同예능4담당 PD 1997년 同예능1팀장 1998년 同예능국CP 차장 1999~2000년 同편성기획부장 직대 1999년 중앙대 신문방송학과 강사 2000년 EBS FM '주철환이 만나는 세상' 진행 2000~2007년 이화여대 언론홍보학부 교수 2001년 문화관광부 21세기문화정책위원 2005년 방송위원회 산하 방송발전기금 관리위원 2005년 EBS TV '생방송 시선' 진행 2007~2009년 OBS 경인TV 사장 2008년 (사)여의도클럽 부회장 2010년 중앙일보 방송콘텐츠 총괄역 2010년 중앙미디어네트워크 방송제작본부장 2011년 중앙일보 방송본부 상무 2011년 同방송설립추진단 드라마·예능콘텐트본부장 2011년 JTBC 편성본부장 2012년 同콘텐트본부장 2012~2014년 同대(大)PD 2014~2016년 아주대 인문대학 문화콘텐츠학과 교수 2015년 (재)세종문화회관 이사(현) 2016년 서울문화재단 대표이사(현) [상]한국방송대상 우수작품상(1990·1991), 백상예술상(1995), 한국방송위원회 이달의 좋은 프로그램상(1996), 한국방송위원회 대상 프로그램기획부문(1997), 경제정의실천시민연합 시청자가뽑은좋은프로그램상(1998), 한국여성단체연합 평등방송 디딤돌상(1999), 제12회 한국방송프로듀서상 공로상(2000) [저]'주철환 프로듀서의 숨은 노래찾기'(1990) 'PD는 마지막에 웃는다'(1992) '30초안에 터지지 않으면 채널은 돌아간다'(1993) '상자속의 행복한 바보'(1995) '사랑이 없으면 희망도 없다'(1999) '시간을 디자인 하라'(2000) '나는 TV에서 너를 보았다'(2001) '스타의 향기'(2003) '거울과 나침반'(2004) 'PD마인드로 성공인생을 연출하라'(2006) '주철환의 사자성어'(2008) '청춘'(2010) '더 좋은 날들은 지금부터다'(2013) '오블라디 오블라다'(2013) '인연이 모여 인생이 된다'(2015) [작]'퀴즈 아카데미' '일요일 일요일 밤에' 'TV청년내각' '대학가요제' '테마게임' '토요일 토요일은 즐거워' '민족통일음악회(평양공연)' '스타도네이션 꿈은 이루어진다' 앨범발표 '다 지나간다'(2009) '시위를 당겨라'(2011) 공연 '주철환 음악이야기, 노래는 불러야 노래'(2009·2010·2011) [종]기독교

주태산(朱泰山) JOO Tae San

[생]1957·11·11 [출]서울 [주]서울 종로구 율곡로84 가든타워10층 이코노믹리뷰(02-6321-3000) [학]1984년 성균관대 국어국문학과졸 2001년 同언론정보대학원 수료 [경]1996~1997년 한국기자협회 감사 1996~2000년 숙명여대 강사 1997년 세계일보 경제부장 1998~2000년 同논설위원 1998년 대한상의 한국경제연구센터 연구위원 1999년 양재포럼 간사 2000년 (주)인티즌 부사장 2003~2011년 (주)맥스무비 대표이사 2003년 사회복지법인 아이들과미래 이사 2004~2008년 공정거래위원회 자문위원 2007년 중국 북경 88PIAO 총경리 2012년 이코노믹리뷰 편집인(현) [상]한국기자협회 이달의 기자상(1996), 공정거래위원장표창(2001), 과학기술부 벤처기업상(2003), 서울신문 대한민국경영인상(2003), 한국일보 대한민국글로벌경영인대상(2006) [저]'경제 못살리면 감방 간대이'(1998) [역]'평화를 위하여'(1994) [종]기독교

주태석(朱泰石) JU Tae Seok

[생]1954·2·10 [본]신안(新安) [출]대구 [주]서울 마포구 와우산로94 홍익대학교 미술대학 회화과(02-320-1961) [학]1978년 홍익대 회화과졸 1980년 同대학원 회화과졸 [경]개인전 28회, 홍익대 회화과 교수(현) 2004년 同학생처장 2006년 同미술디자인교육원장 2007~2008년 同미술디자인교육원장 2008년 서울시립미술관 운영자문위원 2011년 대학미술협의회 회장 2013~2015년 홍익대 미술대학원장 2015년 가톨릭미술공모전 심사위원 [상]제7회 전국대학미전 대통령표창 [종]천주교

주한규(朱漢奎) Joo Han-gyu

[생]1962·11·12 [본]신안(新安) [출]경기 여주 [주]서울 관악구 관악로1 서울대학교 공과대학 원자핵공학과(02-880-9241) [학]1984년 서울대 원자핵공학과졸 1986년 同대학원 원자핵공학과졸 1996년 원자핵공학박사(미국 퍼듀대) [경]1986~1990년 한국원자력연구원 연구원 1990~1992년 同선임연구원 1993~1997년 미국 퍼듀대 원자핵공학과 조교·박사 후 연구원 1997~2004년 한국원자력연구원 박사 후 연구원·선임연구원·책임연구원 2004년 서울대 공과대학 원자핵공학과 부교수 2009년 同공과대학 원자핵공학과 교수(현) 2015년 미국 원자력학회(ANS·American Nuclear Society) Fellow(석학회원)(현) [상]두산원자력기술상(2010), 신양공학학술상(2010), 서울공대 우수강의 교수상(2010), 서울대 글로벌창의 융합연구자상(2013) [종]기독교

주 현(朱 炫) Ju, Hyeon

[생]1961·5·2 [본]신안(新安) [출]서울 [주]세종특별자치시 시청대로370 산업연구원 부원장실(044-287-3001) [학]1980년 환일고졸 1984년 서울대 경제학과졸 1991년 同대학원 경제학과졸 2006년 경제학박사(서울대) [경]1985년 산업연구원 연구원·부연구위원·연구위원·선임연구위원 1991~1992년 영국 케임브리지대 'Faculty of Economics and Politics' Visiting Scholar 1999년 중소기업청 자체규제심사위원회 위원(현) 2002~2003년 미국 캘리포니아대 버클리교 Visiting Scholar 2006년 산업연구원 중소벤처기업연구실장 2009년 同선임연구위원 2009년 한국동북아경제학회 위원(현) 2009년 공정거래위원회 경쟁정책자문위원회 하도급분과위원(현) 2009년 대한상공회의소 중견기업위원회 자문위원(현) 2010년 중소기업옴부즈만 자문위원 2011년 동반성장위원회 동반성장지수실무위원회 위원(현) 2011년 보건복지부 국민연금기금투자정책전문위원회 위원(현) 2013년 산업연구원 산업경제연구실장

2014년 同산업경제연구실 선임연구위원 2016년 同부원장(현) 2014년 통계청 통계자료제공심의회 심의위원(현) 2015년 한국중소기업학회 부회장(현) [상]상공자원부장관표창(1994), 대통령표창(2010), 국가경쟁력강화위원장표창(2012) [저]'한국 제조업의 에너지이용 효율성 분석'(1991, 산업연구원) '벤처기업의 발전전략(共)'(2000, 산업연구원) '공공기관의 중소기업제품 구매제도 개선방안(共)'(2001, 중소기업특별위원회 · 산업연구원) '지방 벤처기업 활성화 방안(共)'(2001, 산업연구원) '현단계 벤처기업 육성정책의 과제(共)'(2002, 산업연구원) '벤처캐피털 산업의 구조변화와 발전과제(共)'(2006, 산업연구원) '대 · 중소기업 양극화의 현황과 정책과제(共)'(2006, 산업연구원) '중소기업 관점에서 본 규제영향분석제도의 실효성 검토(共)'(2008, 산업연구원) '주요 중소기업 지원제도 개선방안(共)'(2008, 산업연구원) '판로 확충을 통한 중소기업 경쟁력 강화방안(共)'(2009, 산업연구원) '자영업 비중의 적정성 분석 및 정책과제 연구(共)'(2010, 소상공인진흥원 · 산업연구원) '대 · 중소기업 동반성장을 위한 정책과제(共)'(2011, 산업연구원) [종]기독교

주현종(周眩鍾) JOO Hyun Jong

[생]1964 · 6 · 7 [본]초계(草溪) [출]충북 옥천 [주]세종특별자치시 도움6로11 국토교통부 물류정책관실(044-201-4242) [학]1983년 대전 대신고졸 1988년 고려대 법학과졸 [경]2002년 건설교통부 기획관리실 기획담당관실 서기관 2002년 同수송정책실 국제항공과 서기관, 同육상교통국 도시철도과 서기관 2005년 同투자심사팀장 2006년 同예산총괄팀장 2008년 국토해양부 자동차정책과장 2009년 同해양정책국 해양개발과장 2009년 同해양정책국 해양영토개발과장 2010년 同주택토지실 국토정보정책과장 2011년 同주택토지실 국토정보정책과장(부이사관) 2012년 同기업복합도시과장 2013년 국토교통부 동서남해안및내륙권발전기획단 기획관 2013년 同기획조정실 정책기획관(고위공무원) 2015년 국방대 안보과정 교육파견 2016년 국토교통부 물류정책관(현) [상]근정포장(2007)

주형철(朱亨喆) Joo, Hyungchul

[생]1965 · 1 · 7 [출]대전 [주]서울 마포구 월드컵북로400 서울산업진흥원 대표이사실(02-2222-3700) [학]1983년 대전 대신고졸 1989년 서울대 컴퓨터공학과졸 2003년 미국 매사추세츠공과대학(MIT) 대학원 경영학과졸 [경]1997년 SK텔레콤 경쟁력강화특별대책위원회 통화품질TFT 근무 1998년 同기획조정실 전략기획팀 근무 1999년 同구조조정추진본부 사업구조조정TFT 근무 2001년 同무선인터넷전략본부 무선인터넷사업추진팀 근무 2003년 同경영전략실 사업개발팀장 2004년 同신규사업추진본부 Convergence팀장 2005년 同U-Biz추진본부장 2006년 同U-Biz개발실장(상무), SK C&C 기획본부장 2008년 SK(주) 정보통신담당 상무 2008년 SK커뮤니케이션즈 최고운영책임자(COO) 2008년 同대표이사(CEO) 2009년 (사)한국인터넷자율정책기구(KISO) 의장 2010년 同이사 2012년 NHN NEXT 부학장 겸 교수 2015년 서울산업진흥원 대표이사(현)

주형환(周亨煥) JOO Hyung Hwan

[생]1961 · 3 · 8 [출]서울 [주]세종특별자치시 한누리대로402 산업통상자원부 장관실(044-203-5000) [학]1980년 덕수상업고졸 1984년 서울대 경영학과졸 1987년 미국 일리노이대 대학원졸(회계학석사) 1991년 미국 일리노이대 대학원졸(경영학박사) [경]행정고시 합격(26회) 1991년 경제기획원 대외경제조정실 사무관 1994년 同부총리 겸 장관 비서관 1995년 부총리 겸 재정경제원 장관 비서관 1996년 재정경제원 인사계장 1997년 세계은행 파견 1999년 재정경제부 조정2과장 2000년 同장관 비서관 2001년 同은행제도과장 2003년 대통령 정책수석비서관실 행정관 2005년 중앙공무원교육원 파견 2005년 미국 미주개발은행(IDB) 파견(부이사관) 2008년 대통령자문 미래기획위원회 미래기획단 부단장(부이사관) 2009년 기획재정부 성장기반정책관 2009년 同대외경제국장 2011년 국가경쟁력강화위원회 추진단장 2011년 대통령직속 녹색성장위원회 녹색성장기획단장 2012년 기획재정부 차관보 2013년 대통령 경제금융비서관 2014년 기획재정부 제1차관 2016년 산업통상자원부 장관(현) [상]대통령표창(1996), 근정포장(2004), 미국 일리노이대 올해의 동문상(2016)

주혜진(朱慧珍 · 女)

[생]1977 · 9 · 1 [출]서울 [주]경기 과천시 관문로47 법무부 장관정책보좌관실(02-2110-3033) [학]1996년 안양고졸 2004년 연세대 법학과졸 [경]2003년 사법시험 합격(45회) 2006년 사법연수원 수료(35기) 2006년 대구지검 검사 2008년 청주지검 검사 2010년 서울서부지검 검사 2013년 서울중앙지검 검사 2015년 법무부 장관정책보좌관(현)

주호영(朱豪英) JOO Ho Young

[생]1960 · 12 · 10 [본]신안(新安) [출]경북 울진 [주]서울 영등포구 의사당대로1 국회 의원회관514호(02-784-2055) [학]1978년 대구 능인고졸 1982년 영남대 법학과졸 1985년 同대학원 법학과졸 1995년 미국 듀크대 Law School Visiting Scholar(법관 해외연수) 1997년 법학박사(영남대) [경]1982년 사법시험 합격(24회) 1984년 사법연수원 수료(14기) 1985년 사단 보통군법회의 검찰관 1988년 대구지법 판사 1992년 同김천지원 판사 1995년 대구지법 판사 1996년 대구고법 판사 1997년 대구지법 영덕지원장 1999년 수원지법 성남지원 판사 2000년 대구지법 상주지원장 2002~2003년 同부장판사 2003년 변호사 개업 2003년 경북도 행정심판위원 2003년 대구지방변호사회 인권위원 2004년 제17대 국회의원(대구시 수성구乙, 한나라당) 2007년 한나라당 이명박 대통령후보 비서실장 2007년 이명박 대통령당선인 대변인 2008년 제18대 국회의원(대구시 수성구乙, 한나라당 · 새누리당) 2008년 한나라당 원내수석부대표 2009~2010년 특임장관 2010~2011년 한나라당 여의도연구소장 2011년 同인재영입위원장 2012년 제19대 국회의원(대구시 수성구乙, 새누리당 · 무소속) 2012~2014년 새누리당 대구시당 위원장 2012년 국회 문화체육관광방송통신위원회 위원 2013년 국회 교육문화체육관광위원회 위원 2013~2014년 국회 정치개혁특별위원회 위원장 2014~2015년 새누리당 정책위원회 의장 2014년 同비상대책위원회 위원 2014년 국회 국방위원회 위원 2014년 대통령직속 통일준비위원회 위원 2014년 새누리당 방산비리TF팀장 2015년 국회 공무원연금개혁특별위원회 위원장 2015년 대통령 정무특별보좌관 2015년 국회 정보위원회 위원장 2016년 제20대 국회의원(대구시 수성구乙, 무소속 · 새누리당)(현) 2016년 국회 토교통위원회 위원(현) 2016년 새누리당 대구시수성구乙당원협의회 조직위원장(현) [상]자유경제원 자유경제입법상(2014) [종]불교

주 홍(朱 洪) JOO Hong

[생]1955 · 1 · 20 [출]서울 [주]서울 중구 통일로92 에이스타워9층 (주)상암커뮤니케이션즈 사장실(02-2262-4500) [학]1973년 보성고졸 1977년 서강대 물리학과졸 1982년 同대학원 경제학과졸 [경]1984~1985년 대신경제연구소 연구원 1986~1988년 김종인 국회의원 보좌관 1989~1990년 보건복지부 장관비서관 1990~1992년 대통령 경제비서실 행정관 1992~1994년 김종인 국회의원 보좌관 1995년 대상(주) 홍보실장(상무), 同웰라이프사업본부장 2008년 同고객지원본부장(상무) 2010~2014년 同고객지원본부장(전무) 2014년 한국광고주협회 광고위원회 위원장 2014년 (주)상암커뮤니케이션즈 대표이사 사장(현) 2016년 한국광고주협회 중소기업자문위원회 초대위원장(현)

주홍민(朱弘珉)

[생]1972 · 6 · 20 [주]세종특별자치시 도움5로19 우정사업본부 예금사업과(044-200-8480) [학]1995년 서울대 경제학과졸 2013년 미국 보스턴대 대학원 법학과졸 [경]2002년 재정경제부 국고국 · 금융정책국 · 경제협력국 근무 2008년 금융위원회 금융서비스국 · 자본시장국 근무 2014년 금융위원회 자본시장조사단 서기관 2014년 미래창조과학부 우정사업본부 예금사업과장(현)

주홍완(周洪完) Hongwoan Joo

[생]1963 · 1 · 2 [본]초계(草溪) [출]충북 보은 [주]서울 종로구 율곡로2길25 연합뉴스 DB부(02-398-3114) [학]1982년 서울 충암고졸 1989년 광운대 전자통신공학과졸 [경]1989년 연합뉴스 입사 2001년 同전략사업부 차장대우 2003년 同정보사업부 차장 2006년 同뉴미디어사업부 부장대우 2007~2008년 미국 UCLA 연수 2008년 연합뉴스 뉴미디어국 서비스개발팀장 · 온라인TF팀장 겸임 2009년 同뉴미디어사업부장 2012년 同뉴미디어사업부장(부국장대우) 2013년 同뉴미디어본부 뉴미디어기획부장(부국장대우) 2013년 同뉴미디어본부 기획위원(부국장대우) 2015년 同콘텐츠총괄본부 콘텐츠사업부 근무(부국장대우) 2015년 同콘텐츠총괄본부 콘텐츠제작팀 근무(부국장대우) 2016년 同정보사업국 DB담당 부국장 겸 DB부장(현)

지갑종(池甲鍾) CHI Kap Chong (松泉)

[생]1927 · 2 · 10 [본]충주(忠州) [출]광주 [주]서울 중구 소공로70 중앙우체국 사서함936 유엔한국참전국협회(02-785-4088) [학]1945년 개성 송도고졸 1952년 연희대 상과졸 [경]1946년 미국 군정청 통위부 문관 1951년 영국 로이타통신 종군기자 1952년 국제신보 기자 1953년 세계통신 기자 1955년 연합신문 정치부 차장 1962년 유엔참전국 연락본부장 1970년 한국전쟁기념관건립추진위

원회 위원장 1971년 한·벨기에협회 이사 1976년 6·25참전국제향군연맹 특별고문 1977년 유엔한국참전국협회 회장(현) 1981년 제11대 국회의원(전국구, 민주정의당) 1981년 민주정의당(민정당) 홍보선전분과위원장·국제분과위원장 1985년 제12대 국회의원(전국구, 민정당) 1985년 민정당 중앙위원회 국제분과위원장·국책연구소 부소장 2002~2013년 항공우주박물관 관장 &외국민훈장 석류장, 필리핀 1등공로훈장, 수교훈장 흥인장, 룩셈부르크 코맨더훈장, 벨기에 코맨더왕관훈장, 미국 육군공로훈장, 남아프리카공화국 굿호프훈장, 대영제국 O.B.E.훈장, 호주 AM훈장, 캐나다 무공훈장, 뉴질랜드 공로훈장, 국민훈장 무궁화장(2014)

지건길(池健吉) JI Gon-gil (丘岩)

생1943·6·29 본충주(忠州) 출광주 주서울 중구 통일로92 에이스타워12층 국외소재문화재단(02-6902-0700) 학1961년 광주고졸 1966년 서울대 고고학과졸 1978년 同대학원 고고학과졸 1981년 역사학박사(프랑스 Rennes대) 경1968년 예편(육군 중위) 1968~1977년 문화재연구소 학예연구사·학예연구관 1977년 국립부여박물관장 1979년 국립중앙박물관 고고부 학예연구관 1981년 국립민속박물관장 1983년 국립중앙박물관 고고부장 1989년 국립광주박물관장 1993년 국립경주박물관장 1997년 국립중앙박물관 학예연구실장 1998년 駐프랑스 한국문화원장 2000~2003년 국립중앙박물관장 2001년 문화재청 문화재위원회 매장문화재분과 위원 2004년 동아대 인문과학대 고고미술사학과 초빙교수 2009~2013년 문화재위원회 부위원장 겸 매장문화재분과위원장 2012~2014년 아시아문화중심도시조성위원회 위원장 2015년 영월국제박물관포럼조직위원회 공동위원장 2016년 국외소재문화재단 이사장(현) &근정포장(1982), 황조근정훈장(2003), 자랑스런 박물관인상 원로부문(2010) &천마총(共)(1974) '동·서양 거석문화 비교연구(佛文)'(1981) '지석묘사회의 복원에 관한 고찰'(1983) '호남고고약사'(1994) '고고학과 박물관 그리고 나'(2011) '한반도의 고인돌사회와 고분문화'(2014) 외 다수 종천주교

지경용(池庚鏞) JEE Kyoung Yong

생1957·7·16 본충주(忠州) 출강원 고성 주대전 유성구 가정로218 한국전자통신연구원 창의미래연구소(042-860-5666) 학1974년 검정고시 합격 1979년 한양대 경제학과졸 1989년 同대학원졸 1993년 경제학박사(한양대) 경1983년 한국전자통신연구원 통신경영연구실 연구원 1990년 同통신경영연구실 선임연구원 1995년 同기술경제연구부 과제책임자 1997년 同기술경제연구부 책임연구원 1998년 同요금전략연구팀장 1999~2002년 同네트워크경제연구팀장 2003년 同기술평가전문위원 2007년 한양대 겸임교수 2007년 과학기술연합대학원대(UST) 겸임교수 2007년 한국전자통신연구원 융합서비스전략연구그룹장 2008년 同전략기술연구본부 책임연구원 2010년 同사업화본부장 2011년 同기술전략연구본부장 2013년 同창의미래연구소 연구위원 2016년 同미래전략연구소 연구위원(현) &체신부장관표창(1984·1997), 정보사회논문상(1987·1989), 중앙논문상(1987), 전자통신연구원장표창(1990), 과학기술부장관표창(2007) &'눈엽'(1997) '유비쿼터스 시대의 보건의료(共)'(2006) 등 8권

지 광(智 光)

생1951·5·23 출강원 원주 주서울 강남구 양재대로340 능인선원(02-577-5800) 학서울고졸 2002년 한국방송통신대 영어영문학과졸, 서울대 대학원 종교학과졸, 동국대 불교대학원 선학과졸 2009년 철학박사(서울대) 경한국일보·코리아타임스 기자 1980년 반정부 및 민주화운동으로 강제 해직·입산 출가, 지리산·덕유산 등 선방 및 토굴에서 수행 1984년 사회복지법인 능인선원 개원·원장(현) 1988년 사회복지법인 능인종합사회복지관 설립, (재)능인불교선양원 개원·이사장, 학교법인 한국불교대학원 설립·이사장, 대한불교조계종 제12대 중앙종회 의원, 동국대 불교대학원 겸임교수 2005년 민주화 유공자로 인정 2006년 국제신문 대표이사 사장 2006년 同회장 2008년 同대표이사 회장 2014년 능인불교대학원대학교 설립·총장(현) &대한불교조계종 포교대상(1999), 대한불교조계종 사회복지단체대상(2003) &'구도자의 노래'(1990) '내일의 문은 기도로 열린다'(1990) '영원을 향하여 열반을 향하여'(1991) '크게 버린 자 크게 얻는다'(1991) '자네와 나는 둘이 아니라네'(1993) '괴로움도 즐거움도 본래 하나라네'(1994) '영원한 광명의 삶'(2000) '별과 나 그리고 부처님'(2000) '사바를 밝히는 유마의 광명'(2000) '쑥뜸과 대우주의 道'(2001) '저 짙푸른 창공과 나는 하나라네'(2002) '영원을 걷는 새벽의 영웅들'(2003) '새벽바다에 새 돛을 띄운다'(2004) '정진'(2007) 종불교

지광훈(智光薰) CHI Kwang Hoon

생1948·1·17 본봉산(鳳山) 출서울 주서울 성북구 안암로145 고려대학교 생명과학대학 환경생태공학부(02-3290-1114) 학1968년 보성고졸 1976년 고려대 지질학과졸 1984년 일본 千葉大 대학원졸 1993년 공학박사(일본 千葉大) 경1980~1982년 일본 千葉大 원격탐사연구센터 연구원 1996~2000년 충남대 겸임교수 1997년 韓·NASA ICG위원 1997년 한국자원연구소 정보전산실장 1998~1999년 同기술정보부장·지구환경연구부장 1999년 대한원격탐사학회 부회장 2000년 한국지질자원연구원 국가지질자원정보센터장, 同지질기반정보연구부 지질자원정보센터 책임연구원 2000년 우주개발전문위원회 위성활용소위원회 위원 2001년 대한원격탐사학회 수석부회장 2003~2005년 同회장 2003~2010년 과학기술연합대학원 지리정보시스템공학과 책임교수 2004~2005년 한국GIS전문가협회 부회장 2005년 대한원격탐사학회 명예회장·고문·명예회원(현) 2008~2013년 과학기술연합대학원대 초빙교수 2008~2009년 한국지질자원연구원 국토지질연구본부 지질정보연구실 책임연구원 2008~2010년 대한광업진흥공사 비상임이사 2009~2011년 한일산업기술협력재단 전무이사 2009~2011년 한일경제협회 전무이사 겸임 2011~2012년 한국생산기술연구원 고문 2012년 공주대 인문사회과학대학 지리학과 객원교수 2012년 고려대 생명과학대학 환경생태공학부 연구교수(현) &과학기술훈장 진보장(2004) &'위성에서 본 한국의 지형'(2007) '위성에서 본 한국의 하천지형'(2008) '위성에서 본 한국의 해안지형'(2008) '위성에서 본 한국의 산지지형'(2009) 종천주교

지국현(池國鉉) JI Kook Hyun

생1955·12·26 출경북 경주 주대구 수성구 동대구로330 대구일보 편집국(053-757-5705) 학1974년 경북 경주고졸 1980년 경북대 국어국문학과졸 경1980년 매일신문 입사 1992년 同경제부 차장·사회2부 차장 1997년 同국제부장 1998년 同경제부장 1999년 同편집부장 2002년 同사회1부장·편집부국장 2004년 同중부지역본부장 2005년 同수석편집부국장 2006년 同서울지사장 2008년 同문화사업국장 2009년 대구일보 업무총괄국장 2010년 同편집국장 2012년 同편집국장(이사대우)(현)

지규택(池奎澤)

생1969·3·8 출충북 제천 주강원 평창군 대관령면 올림픽로108의27 2018평창동계올림픽조직위원회 재정국(033-350-2018) 학1987년 제천고졸 1991년 연세대 행정학과졸 경2002년 기획예산처 정부개혁실 행정1팀 서기관 2003년 同기금정책국 행정기금과 계장 2007년 同산업재정기획단실 과학환경재정과장 2008년 기획재정부 재정정책국 재정분석과장 2009년 同대외경제국 국제경제과장 2010년 同대외경제국 국제경제과장(부이사관) 2010년 駐UAE 참사관 2014년 통일교육원 교육파견(부이사관) 2015년 기획재정부 기획조정실 정책기획관 2015년 2018평창동계올림픽조직위원회 재정국장(파견)(현) &'사막 위에 세운 미래, 아랍에미리트 이야기(共)'(2014, 삼성경제연구소)

지기룡(池氣龍) CHEE Ki Ryong

생1964·5·1 주서울 서초구 서초중앙로148 8층 법무법인 해마루(02-536-5437) 학1982년 광주 동신고졸 1986년 고려대 법학과졸 경1991년 사법연수원 수료(20기) 1994년 軍법무관 2000년 감사원 1국 1과 부감사관, 중화합동법률사무소 변호사 2006년 군의문사진상규명위원회 비상임위원 2007년 한국조폐공사 비상임이사, 법무법인 해마루 구성원변호사(현) 2013~2015년 한국보육진흥원 비상임감사

지대범(池大範) Ji Dae Bum

출부산 주서울 중구 퇴계로173 남산스퀘어빌딩 사회보장정보원 임원실(02-6360-6030) 학동인고졸, 부산대 계산통계학과졸, 연세대 대학원 공학경영학과졸 경삼성전자(주) 입사, 삼성SDS(주) 정보전략실 근무, 前통합서비스총괄 상무, 삼성증권 CIO(상무) 2015년 사회보장정보원 정보이사(현) &대통령표창(2003)

지대섭(池大燮) CHI Dae Sup (平立)

생1943·10·27 본충주(忠州) 출광주 학1961년 광주제일고졸 1965년 한양대 기계공학과졸 1989년 연세대 행정대학원 최고정책과정 수료 1997년 고려대 언론대학원 최고위언론과정 수료 1999년 한국체육대 스포츠최고경영자과정 수료 경1977~1996년 청호컴퓨터(주) 회장 1985년 월간 '컴퓨터월드' 발행인 1990년 민주평통자문위원 1990~1995년 민자당 광주北甲지구당 위원장

1996년 자민련 광주 · 전남지부장 1996~2000년 제15대 국회의원(전국구, 자민련) 1996년 한 · 일의원연맹 상임간사 1996년 자민련 당무위원 1996년 대한속기협회 회장 1998년 대한트라이애슬런경기연맹 회장 1998년 대통령직인수위원회 위원 2000~2010년 (주)청호컴넷 회장 2003년 광주정치경제연구소 소장 2003년 (사)한 · 중친선협회 부회장 2005년 민주당 재정위원장 2006~2012년 (주)광림 비상근회장 2008년 녹원목장 설립 2013~2015년 서울마주협회 회장 2016년 국민의당 창당발기인 [역]'하이테크 경영' [종]불교

지대섭(池大燮) CHI Dae Sub

[생]1953 · 11 · 6 [출]강원 고성 [주]서울 영등포구 국제금융로6길38 한국화재보험협회 이사장실(02-3780-0201) [학]1971년 강원 거진상고졸 1979년 연세대 경영학과졸 1998년 홍익대 대학원 세무학과졸 [경]1979년 제일모직(주) 입사 1993년 삼성생명보험 재무기획실 근무 1995년 삼성화재해상보험(주) 기획관리담당 이사보 1997년 同이사 1998년 삼성전자(주) 반도체총괄 경영지원팀장 1999년 同반도체부문 상무이사 2001년 同반도체부문 전무이사 2003년 同반도체총괄 부사장 2008년 삼성화재해상보험(주) 대표이사 사장 2011년 삼성사회공헌위원회 사장 2012년 수원 삼성 블루윙즈축구단 대표이사 겸임 2013년 삼성스포츠단 사장 2015년 한국화재보험협회 이사장(현) [상]자랑스런 연세상경인상 산업 · 경영부문(2010)

지대운(池大雲) JI Dae Woon

[생]1958 · 2 · 25 [출]강원 고성 [주]대전 서구 둔산중로78번길45 대전고등법원 법원장실(042-470-1102) [학]1976년 서울 경동고졸 1980년 고려대 법과대학졸 1982년 同대학원졸 [경]1980년 사법시험 합격(22회) 1983년 사법연수원 수료(13기) 1983년 사단 보통군법회의 검찰관 1986년 서울지법 북부지원 판사 1989년 서울민사지법 판사 1990년 춘천지법 판사 1992년 서울지법 동부지원 판사 1994년 서울고법 판사 1996년 대법원 재판연구관 1998년 춘천지법 속초지원장 2000년 사법연수원 교수 2003~2005년 서울중앙지법 부장판사 2003년 법원행정처 건설국장 2005년 부산고법 부장판사 2006년 사법연수원 수석교수 2006년 서울고법 부장판사 2010년 서울중앙지법 파산수석부장판사 2012년 광주지법원장 2012년 광주가정법원장 2012년 광주시 선거관리위원장 2013년 인천지법원장 2013년 인천시 선거관리위원장 2014년 서울고법 부장판사 2016년 대전고등법원장(현)

지대윤(池大潤) Dae Yoon Chi

[생]1955 · 8 · 13 [출]부산 [주]서울 마포구 백범로35 서강대학교 자연과학대학 화학과(02-715-2430) [학]1977년 서강대 화학과졸 1979년 한국과학기술원(KAIST) 화학과졸 1986년 이학박사(미국 일리노이주립대) [경]1979~1982년 한국과학기술연구원 고분자화학연구부 촉매화학연구실 연구원 1986년 미국 Berkeley대 박사 후 과정 1988~1992년 한국과학기술원(KAIST) 응용과학연구부 선임연구원 1994~1995년 삼성의료원 핵의학과 Staff 1995년 인하대 화학과 부교수 1999년 퓨쳐켐 대표(현) 2000년 인하대 화학과 교수 2001년 서울대 핵의학과 초빙교수 2009년 서강대 화학과 교수(현) 2009년 교육과학기술부 지정 첨단의료기기사업본부장 [상]장세희 학술상(2002), 2015 KAIST 자랑스런 동문상(2016) [저]'핵의학 입문' [종]기독교

지 덕(池 德) CHI Duke

[생]1934 · 5 · 10 [본]충주(忠州) [출]대구 [주]서울 종로구 김상옥로30 한국기독교총연합회(02-741-2782) [학]1958년 수산대 어로학과 재학중 침례신학대 편입 1978년 침례신학대 대학원졸 1983년 목회학박사(미국 캘리포니아대) 1993년 교육학박사(미국 루이지애나뱁티스트대) [경]1975년 기독교한국침례회 총회장, 침례신학대 이사장, 한국기독교부흥협의회 회장(14대) 1980~1990년 세계복음화중앙협의회 회장 1987년 수도침례신학대 학장 1991년 同대학원 명예원장 1993년 한국기독교총연합회 대표회장 1998~2000년 同대표회장 1998년 同증경대표회장(현), 7개종단협의회 대표의장 1999~2000년 한국종교지도자협의회 회장 1999년 민주평통 특별자문위원 2001년 2002한 · 일월드컵조직위원회 조직위원 2003년 왈레스기념침례병원 이사장 2007~2012년 뉴라이트기독교연합회 상임대표회장 2009년 기독교한국침례회포럼 이사장, (사)박정희대통령기념관 설립법인이사 2016년 침례회미래포럼 이사장(현) [상]정무장관표창, 국민훈장 모란장, 문화관광부장관표창 [저]'새부흥의 불길'(1985) '지도자와 트러스트'(1999) [종]기독교

지동섭(池東燮) JEE Dong Seob

[생]1963 · 7 · 7 [본]충주(忠州) [출]경기 이천 [주]서울 종로구 종로26 SK(주) SUPEX추구협의회 통합사무국(02-2121-0114) [학]1982년 경남고졸 1987년 서울대 물리학과졸 1990년 同대학원 경제학과졸 [경]1990년 한국신용평가(주) 근무 1990년 SK 구조조정추진본부 근무 1994년 SK(주) 가스사업팀 근무 2000년 SK텔레콤(주) 전략기획실 기업전략팀 근무 2001년 同기획조정실 사업전략팀 근무 2002년 同경영전략실 기업전략팀장 2003년 同경영전략실 컨버전스TF장(상무) 2004년 同경영전략실장(상무) 2007년 同마케팅전략실장(전무) 2008년 同M&O기획실장(전무) 2010년 同IT사업단장 2012년 SK텔레콤(주) 미래경영실장 2013~2014년 同전략기획부문장(부사장) 2015년 SK그룹 SUPEX추구협의회 통합사무국장(현)

지동현(池東炫) JI Dong Hyun

[생]1958 · 4 · 22 [본]충주(忠州) [출]전남 여수 [주]서울 중구 남대문로5길37 삼화빌딩6층 삼화모터스 비서실(02-753-9900) [학]1977년 보성고졸 1981년 서울대 경영학과졸 1982년 同대학원 국제경영학 수료 1985년 미국 펜실베이니아대 대학원 재무관리학과졸 1988년 경영학박사(미국 펜실베이니아대) [경]1988년 미국 캘리포니아주립대 노스릿지분교 부교수 1989년 한국수출입은행 해외투자연구소 책임연구원 1991~2001년 한국금융연구원 연구위원 · 선임연구위원 2000년 조흥은행 사외이사 2001~2003년 同기관고객자금본부장(상무) · 자금국제본부장(부행장) 2003년 LG카드(주) 전략기획부문 부사장 2004~2006년 금융연구원 선임연구위원 2006~2008년 국민은행 초대 연구소장 2008년 KB금융지주 전략기획부 부사장 2009~2010년 同부사장 2010~2011년 同카드사설립기획단 부단장 2011년 KB국민카드 경영관리본부장(부사장) 2012~2013년 同기획본부장(부사장) 2013년 삼화모터스 사장(현) [저]'우리나라 은행의 자산부채 종합관리'(1993) '우리나라 은행의 내부금리제도'(1995) '우리나라 은행의 리엔지니어링(共)'(1996) '은행가치평가'(1997) '한미양국 은행의 수익성 비교 분석'(1997) '제4단계 금리자유화와 은행경영'(1997) '제4단계 금리자유화와 은행경영'(1997) '국내부실은행의 경영전략 수립방안'(1997) '은행의 적정 점포수에 관한 연구'(1998) '신용경색과 은행대출개선방안'(1998) [종]천주교

지만석(池晩碩) Ji, Man Seok

[생]1970 · 3 · 27 [본]충주(忠州) [출]전남 담양 [주]세종특별자치시 정부2청사로13 국민안전처 대변인실(044-205-1210) [학]1988년 숭일고졸 1996년 전남대 법학과졸 2015년 호주국립대 대학원 공공정책학과졸 [경]2001년 광주시 동구 행정개혁기획단 근무 2002년 同동구 도시국 교통과장 2003년 행정자치부 대구유니버시아드대회 지원단 근무 2004년 국무조정실 일반행정심의관실 근무 2005년 행정자치부 안전정책단실 안전기획팀 근무 2006~2007년 同균형발전지원본부 균형발전팀 근무 2008~2009년 행정안전부 인사실 인사정책관실 고위공무원정책과 근무 2015년 국민안전처 재난관리실 재난복구정책관실 복구총괄과 근무 2015년 同대변인실 홍보담당관(현)

지만원(池萬元) JEE Man Won

[생]1942 · 11 · 20 [본]충주(忠州) [출]강원 횡성 [주]서초구 방배로27길27 동우빌딩503호 시스템클럽(02-595-2563) [학]1961년 한영고졸 1966년 육군사관학교졸(22기) 1975년 미국 해군대학원(NPS) 행정과학대학원졸 1980년 시스템공학박사(미국 해군대학원) [경]1971년 월남전 포대장 1972~1974년 국방부 정보본부 해외정보수집 장교 1980년 국가안전기획부 정책보좌관 1981~1987년 국방연구원 책임연구위원 1987년 예편(육군 대령) 1987~1989년 미국 해군대학원 부교수 1990년 사회발전시스템연구소 소장(군사평론가) 1998~1999년 서울시 시정개혁위원 1998~1999년 국가안보정책연구소 자문위원 2003년 시민단체 '국민의 합성' 대표 2007~2008년 시스템미래당 대표, 시스템클럽 대표(현) [상]인헌무공훈장(1971) [저]'70만 경영체 한국군 어디로 가야하나'(1990) '군축시대의 한국군 어떻게 달라져야 하나'(1991) 'J의 사관생활 : 멋'(1992) '신바람이냐 시스템이냐'(1993) 'One Korea?(共)'(1994) '북한의 핵을 읽어라'(1994) '문민IQ'(1994) '싱크로 경영'(1994) '통일의 지름길은 영구분단이야'(1996) '추락에서 도약으로 : 시스템요법'(1997) '뚝섬하늘에서 사라진 무지개' '흔들리는 황혼'(1998) '국가개조 35제'(1998) '시스템을 통한 미래경영'(1998) '햇볕정책의 허실'(1999) '둥지 잃은 어미새'(1999) '북한을 영구분단시키자'(1999) '한국호의 침몰'(2000) '수사기록으로 본 12.12와 5.18'(2008) '뚝섬무지개'(2009) '시스템경영'(2009) '솔로몬 앞에선 5.18'(2010) '5.18분석 최종보고서'(2014)

지미연(池美演 · 女)

(생)1964 · 5 · 25 (본)충주(忠州) (출)서울 (주)경기 수원시 팔달구 효원로1 경기도의회(031-8008-7000) (학)1988년 이화여대 사범대학 사회생활학과졸 (경)한나라당 경기 용인乙당원협의회 여성위원장, 同경기도당 여성위원회 부위원장 2006 · 2010년 경기 용인시의회 의원(한나라당 · 새누리당), 민주평통 용인시협의회 부회장, 새누리당 중앙홍보위원회 위원 2014년 경기도의회 의원(새누리당)(현) 2014년 同교육위원회 위원 2015년 경기도 경기연정실행위원회 위원(현) 2016년 경기도의회 보건복지위원회 위원(현) 2016년 同예산결산특별위원회 위원(현) 2016년 同노동자인권보호특별위원회 위원(현) (상)의정봉사대상(2013), 경기언론인연합회 의정대상(2014), 유권자시민행동 유권자대상(2016) (종)천주교

지병근(池丙根) Ji BYEONG GEUN

(생)1962 · 1 · 23 (본)충주(忠州) (출)대구 (주)서울 영등포구 국제금융로2길24 SK증권 WM추진본부(02-3773-8074) (학)경북대 무역학과졸 (경)1989년 SK증권 입사 2004~2007년 同구서지점장 2005년 同부장 승진 2007년 同대구서지점장 2010년 同성서지점장 2014년 同대구지점장 2014년 同WM추진본부장 직대 2016년 同WM추진본부장(상무)(현)

지병목(池炳穆) JI, Byong Mok

(생)1962 · 8 · 7 (본)충주(忠州) (출)경기 하남 (주)전남 나주시 영산포로263의23 국립나주문화재연구소(061-339-1100) (학)1981년 영동고졸 1985년 성균관대 사학과졸 1987년 同대학원 사학과졸 1996년 문학박사(프랑스 파리제7대) (경)2005년 창원문화재연구소장 2006년 문화재청 발굴조사과장 2007년 국립경주문화재연구소장 2010년 국립부여문화재연구소장 2011년 국립문화재연구소 연구기획과장 2013년 국립고궁박물관 유물과학과장 2014년 국립문화재연구소 고고연구실장 2016년 同국립나주문화재연구소장(현) (저)'고구려연구(共)'(1999)

지병문(池秉文) Jee Byung Moon

(생)1953 · 10 · 14 (본)충주(忠州) (출)전남 영광 (주)광주 북구 용봉로77 전남대학교 총장실(062-530-1001) (학)1971년 광주제일고졸 1977년 전남대 경제학과졸 1985년 同대학원 정치학과졸 1988년 정치학박사(미국 뉴욕주립대 스토니브룩교) (경)1982~1995년 전남대 정치외교학과 전임강사 · 조교수 · 부교수 1989~1992년 同정치외교학과장 1991년 일본 쓰쿠바대 객원교수 1992년 전남대 행정대학원 부원장 1994년 미국 뉴욕주립대 교환교수 1995~2004 · 2008~2012년 전남대 정치외교학과 교수 1996년 대통령자문 정책기획위원회 위원 1996~2000년 전남대 아시아태평양지역연구소장 1997년 한국지방자치학회 부회장 1998년 한국정치학회 상임이사 1999~2004년 광주전남개혁연대 공동대표 2000~2002년 전남대 정치외교학과장 2000년 한국정치학회 연구이사 2000년 대통령자문 정부혁신추진실무위원회 위원 2001년 한국정치학회 이사 2002년 同부회장 2002년 호남정치학회 회장 2003년 정치개혁연대 상임공동대표 2003년 미국 뉴욕주립대 객원연구원 2004년 한국국제정치학회 부회장 2004~2008년 제17대 국회의원(광주南, 열린우리당 · 대통합민주신당 · 통합민주당) 2005~2006년 열린우리당 제6정책조정위원장 2007년 대통합민주신당 원내부대표 2007년 同국민경선관리위원회 집행위원장 2012년 전남대 총장(현) 2014~2015년 한국대학교육협의회 부회장 2014 · 2015년 전국국공립대학교총장협의회 회장 2014년 대통령직속 통일준비위원회 통일교육자문단 자문위원(현) 2014년 교육부 지방대학및지역균형인재육성지원위원회 위원(현) 2015년 한국대학교육협의회 이사(현) (상)캄보디아 총리 훈장(2016) (저)'한국지방자치의 이해'(1992) '지역사회와 사회의식(共)'(1994) '현대 한국정치의 전개와 동학(共)'(1997) '현대 한국정치의 새로운 인식(共)'(2001) '국회 그리고 한국의 정치'(2009, 도서출판 오름)

지상근(池相根) JEE, Sang-Keun (石天)

(생)1961 · 3 · 24 (본)충주(忠州) (출)경북 문경 (주)경북 구미시 비산로33 지상뉴메틱(주) 임원실(054-463-2090) (학)문경공고졸, 경일대 기계공학과졸 1996년 금오공과대 대학원 기계공학과졸 2014년 의공학박사(영남대) (경)대우조선해양(주) 입사 1993년 지상뉴메틱(주) 설립 · 대표이사(현), 영진전문대학 겸임교수, 국가기술자격검정시험문제 출제위원 · 검토위원, 기능경기대회 심사위원 · 심사장, 중소기업청 CEO 초빙교수 2015년 (사)구미중소기업협의회 회장(현) (상)모범중소기업상(2004), 경북도지사표창(2005), 구미시장표창, 산업인력공단 선정 생산자동화부문 명장(2005), 철탑산업훈장(2007), 한국산

업단지공단 이사장표창, 산업통상자원부장관표창 (자)'공유압기능사'(共) '공유압일반' '공압시스템의 구성과 위치제어에 관한 연구' '최적 체압분산을 위한 욕창예방 매트리스 제어시스템의 설계' (작)'생산자동화 트레이닝 키트' '메카트로닉스 트레이닝 키트' 'Rehab-Aid system'

지상목(池相睦) JEE Sang Mok

(생)1960 · 10 · 16 (본)충남 금산 (주)경기 수원시 영통구 월드컵로120 수원지방법원(031-210-1114) (학)1978년 검정고시 합격 1988년 중앙대 법학과졸 (경)1988년 사법시험 합격(30회) 1991년 사법연수원 수료(20기) 1991년 전주지법 판사 1995년 대전지법 판사 1997년 同홍성지원 판사 1999년 인천지법 판사 2002년 서울행정법원 판사 2004년 서울고법 판사 2006년 인천지법 부장판사 2009년 서울남부지법 부장판사 2011년 서울중앙지법 부장판사 2014년 서울북부지법 부장판사 2016년 수원지법 부장판사(현)

지상욱(池尙昱) JI SANGWUK

(생)1965 · 5 · 16 (본)충주(忠州) (출)서울 (주)서울 영등포구 의사당대로1 국회 의원회관420호(02-784-9640) (학)1989년 연세대 토목공학과졸 1992년 미국 스탠퍼드대 대학원 토목공학과졸 1997년 건축학박사(일본 도쿄대) 2009년 한국방송통신대 법학과 휴학 (경)1997~2000년 일본 도쿄대 공학계 연구과 객원연구원 1999~2003년 한국건설기술연구원 기술정책연구그룹장(선임연구원) 2003년 미국 스탠퍼드대 후버연구소 교환교수 2004~2008년 연세대 국제대학원 연구교수 2007년 무소속 이회창 대통령후보 홍보특보 2008년 자유선진당 대변인 2008~2010년 同총재 공보특보 2009~2013년 연세대 공학대학원 겸임교수 2010년 자유선진당 대변인 2010년 서울시장선거 출마(자유선진당) 2010~2011년 자유선진당 미래혁신특별위원회 분과위원장 2013~2014년 연세대 토목환경공학과 겸임교수 2013~2014년 同공과대학 사회기반시설자산관리연구센터장 2014년 (사)대한토목학회 통일비전위원장 2015년 새누리당 서울중구당원협의회 운영위원장 2016년 同서울중구 · 성동구乙당원협의회 운영위원장(현) 2016년 제20대 국회의원(서울 중구 · 성동구乙, 새누리당)(현) 2016년 새누리당 대변인 2016년 국회 정무위원회 위원(현) (상)국무총리표창(2003) (자)'굿소사이어티'(2011, 예지) (종)기독교

지상철(池相哲) CHI Sang Cheol

(생)1956 · 3 · 2 (본)충주(忠州) (출)서울 (주)인천 연수구 함박뫼로191 가천대학교(032-889-6052) (학)1973년 제물포고졸 1977년 성균관대 약학과졸 1984년 同대학원 약학과졸 1989년 약학박사(미국 조지아대) (경)1979년 동아제약(주) 중앙연구소 연구원 1989~1991년 미국 유타대 약학과 연구원 1991~2000년 성균관대 약학부 조교수 · 부교수 1996년 同약학과장 2000년 同약학부 교수(현) 2004~2006년 同학생처장 2004년 同자연과학 · 공학계열 학부장 2007년 한국약제학회 수석부회장, 성균관대 산학협력단 전담교수, 가천대 약학대학 교수(현) 2014~2016년 同특임부총장 (상)1992 Journal of Controlled Release 최우수논문상(1993), 한국약제학회 학술상(1994), 지식경제부장관표창(2003), 보건복지부장관표창, 교육인적자원부장관표창 (자)'조제와 복양지도'(2005, 약제학분과회) '생물약제학과 약물속도론'(2005, 약제학분과회) (종)천주교

지상학(池相學) Ji sang hak

(생)1949 · 7 · 9 (본)충주(忠州) (출)충북 충주 (주)서울 양천구 목동서로225 대한민국예술인센터10층 한국영화인총연합회(02-2655-3077) (학)1970년 서울대 응용미술학과 수료 (경)1975년 동아일보 신춘문예 시나리오부문에 '광화문'으로 당선, 영화진흥위원회 · 서울신문 · 문화일보 · 국방부 등 시나리오 공모 심사위원장, KBS TV극본 공모심사위원, 대종상 · 춘사영화예술상 등 심사위원장, 한국방송대상 심사위원, 영상작가교육원 · 방송작가교육원 · MBC아카데미 등 후진 양성, 영상작가그룹 '창작시대' 대표 2002~2004년 추계예술대 영상문예대학원 겸임교수 2008년 한국영화인협회 이사 2008~2015년 (사)한국시나리오작가협회 이사장 겸 영상작가교육원장 2016년 (사)한국영화인총연합회 회장(현) (상)백상예술대상 시나리오상(1983), 대종상영화제 각색상(1986), 대종상영화제 각본상(1996), 올해의 예술가상 문학부문(2011), 자랑스러운 영화인(2012), 서울시 문화상(2012) (저)'지상학시나리오선집' '지상학에니메이션 시나리오선집' '지상학TV특집극선집' '소설 비가비' 등 (작)영화 '로보트태권V-시리즈'(1975 · 1976 · 1977) '죽음보다 깊은 잠'(1979) '밤의 찬가'(1979) '우산 속의 세 여자'(1980) '세번은 짧게 세번은 길게'(1981) '자녀목'(1984) '질수와 만수'(1988) '학생부군신위'(1996) '산부인과'(1997) '엑스트라'(1998) '그림일기'(1999) '대한민국 헌법 제1조'(2003) '화랑전사 마루'(2006) '막걸스'(2013) TV드라마 MBC '암행어사'(1981) '남태평양 3000마일'(1987) '우리들의 신부'(1987) '한

힌샘 주시경'(1987) '사랑은 구름을 비로 내리고'(1989) '왕조'(1999) '부엌데기'(2002) '리멤버'(2002) '순덕이'(2003) KBS2 '꽃 피는 둥지'(1989) '숲은 잠들지 않는다'(1989) '지구인'(1990) '검생이의 달'(1990) '비가비'(1992) '청춘극장'(1993) '만남'(1999) '골목안 사람들'(2002) SBS '은하수를 아시나요'(1991) '우리들의 넝쿨'(1995) 'JTBC 여자가 두 번 화장할 때'(2011) 등 [종]기독교

지 선(知 詵) (鶴峰)

[생]1946 · 1 · 6 [본]전주(全州) [출]전남 장성 [주]전남 장성군 북하면 백양로1239 고불총림 백양사(061-392-7502) [학]1965년 백양사 운문강원 사교과 수료 1968년 광주 정광고졸 1970년 백양사 승가대 대교과졸 1971년 조계종 중앙교육원 1기 수료 [경]1961년 장성 백양사에서 석산 상현스님을 은사로 득도 1964년 범어사에서 동산 대종사를 계사로 보살계 수지 1967년 범어사에서 석암 대종사를 계사로 비구계 수지 1970년 백양사 총무 · 교무 1972년 서옹(西翁) 대종사를 법사로 건당 1972년 영광군 불갑사 주지 1976년 대한불교조계종 종정 사서실장 1976년 同4대 중앙종회 의원 1976년 同중앙포교사 1976년 관음사 주지 1978년 대한불교조계종 비상종회 의원 1979년 광주 문빈정사 주지 1980년 대한불교조계종 제6대 중앙종회 의원 1981년 제3회 대만 세계승가대회 한국대표 1981년 한국대학생불교연합회 지도법사 1984년 무등(無等)지 발간 1984년 광주시사암연합회 회장 1985년 광주무등민족문화회 의장 1986년 불교관계악법 철폐운동공동대책위원회 상임지도위원장 및 100만인서명운동본부장 1986년 정토구현광주불교협의회 의장 1986~1988년 불교정토구현전국승가회 창립지도위원 1987년 민주헌법쟁취국민운동본부 상임공동대표 1987년 同광주 · 전남본부 공동의장 1987년 故박종철 · 이한열열사민주국민장 공동대표 1988년 민족자주 · 통일불교운동협의회 의장 1988년 광주시민청년학생민족자주학교 교장 1990년 전국민족민주운동연합 공동의장 1990년 불교정토구현전국승가회 의장 1991년 조국의자주적평화통일을위한범민족대회 공동대표 1991년 민주주의민족통일전국연합 공동의장 1992년 국가보안법철폐범국민투쟁본부 상임의장 1992년 조국의평화통일을위한범민족대회 공동본부장 1992년 실천불교전국승가회 창립 및 상임지도위원 1993년 광주불교교육원 원장 1993년 민족화해와통일을위한종교인협의회 공동의장 1993년 전국불교운동연합 상임의장 1993년 쌀수입개방저지범불교도비상대책위원회 의장 1994년 우리농업지키기범국민운동본부 공동대표 1994년 참교육시민모임 공동대표 1994년 5.18진상규명과광주항쟁정신계승국민위원회 공동대표 1994년 5.18개념재단 이사 1994~1999년 대한불교조계종 백양사 주지 1994년 통일시대민주주의국민회의 공동대표 1995~2001년 실천불교전국승가회 공동의장 1998년 제2의건국범국민추진위원회 상임위원 2004년 대한불교조계종 고불총림 백양사 유나(維那) 2004년 同박물관장 2004년 同학봉수석관장 2004년 (사)실천불교승가회 이사장 2007년 6월민주항쟁기념사업회 상임이사장 2009년 (사)김대중 · 노무현추모공원조성위원회 이사장 2012년 대한불교조계종 고불총림 백양사 수좌 2013년 同고불총림 백양사 방장(현) [상]대한불교조계종 종정표창(1972 · 1987), 민주주의민족통일전국연합 공로패(1991), 관현민주대상(1998), 오월어머니상(2010) [저]'대중아 물이 거꾸로 흐른다'(1983) '여래의 깃발'(1987) '아름다운 그 이름 사람이어라'(1991) '세간과 출세간'(1996) '다큐 6월항쟁'(2007) '무등(無等)'(2011) '큰 무당 나와야 정치 살아난다(共)'(2012) [작]'민족 · 민주 달마도' [종]불교

지성군(池性君)

[생]1960 · 2 [주]경기 군포시 청백리길6 군포시청 부시장실(031-390-0010) [학]1985년 고려대 사회학과졸, 영국 버밍엄대 대학원 일반행정학과졸 [경]1993년 행정고시 합격(37회) 1994년 총무처 근무, 경기도 문화관광국 관광과장 2004년 국무총리 민정비서관실 행정관 2005년 국무총리 정무비서관실 행정관, 경기도 환경정책과 지방서기관 2010년 同경제정책과 지방서기관 2011년 同경제투자실 일자리정책과장 2012년 경기 여주군 부군수 2013년 경기도 기획조정실 정책기획관 2014년 지방행정연수원 교육파견 2015년 경기도 교육협력국장 2016년 경기 군포시 부시장(현) [상]홍조근정훈장(2015)

지성배(池星培) JI Sung Bae

[생]1955 · 4 · 1 [주]서울 강남구 영동대로511 대한상사중재원 원장실(02-551-2075) [학]경북고졸 1978년 고려대 법학과졸 1982년 서울대 행정대학원 행정학과 수료 1993년 고려대 정책과학대학원졸 2009년 同대학원 행정학 박사과정 수료 [경]1982년 입법고시 합격(6회) 2003년 국회사무처 감사관실 법제심의관(이사관) 2005년 同산업자원위원회 전문위원 2007년 한국무역협회 파견 2008년 국회사무처 통일외교통상위원회 전문위원 2008년 同외교통상통일위원회 전문위원 2009년 同농림수산식품위원회 수석전문위원 2013년 同산업통상자원위원회 수석전문위원(차관보급) 2014~2015년 同사무차장(차관급) 2015년 대한상사중재원 원장(현)

지성한(池聖漢) JI Sung Han

[생]1933 · 8 · 23 [본]충주(忠州) [출]강원 김화 [주]인천 계양구 안남로572번길23 한성실업 회장실(032-548-3400) [학]1964년 성균관대 대학원 심리학과졸 1998년 정치학박사(러시아 국립아카데미) [경]1964년 서울대 문리과대학 강사 1976년 한성실업 설립 · 대표이사 회장(현) 1976년 한성화학 설립 · 대표이사 회장(현) 1984년 극동방송 · 아세아방송 운영위원 1990년 SBS 비상근이사 1996~2001년 서울마주협회 회장 1998년 러시아 국립아카데미 명예교수 2003년 SBS문화재단 이사 2008년 서울바로크합주단 이사장, 同고문 2016년 코리안챔버오케스트라 고문(현) [종]기독교

지소연(池笑然 · 女) JI Soyun

[생]1991 · 2 · 21 [출]서울 [학]서울 동산정보산업고졸 2011년 한양여대졸 [경]2006년 도하아시안게임 여자축구 국가대표 2007년 베이징올림픽 여자축구 국가대표 2009년 베오그라드하계유니버시아드대회 여자축구 국가대표 2010년 동아시아축구연맹 여자축구선수권대회 국가대표 2010년 FIFA U-20 여자월드컵 국가대표 2010년 FIFA U-20 여자월드컵 스위스전 FIFA주관 경기 남녀대표팀 최초로 해트트릭 2010년 광저우아시안게임 여자축구 국가대표 2010년 올댓스포츠 소속 2010년 광저우아시안게임 여자축구 동메달 2010년 국제사이클대회 '투르 드 코리아 2011' 홍보대사 2011~2013년 일본프로축구 아이낙 고베 소속 2014년 잉글랜드 첼시FC 레이디스 입단(현) 2014년 제17회 인천아시안게임 동메달 2015년 캐나다월드컵 여자축구 국가대표 [상]윈저어워즈 한국축구대상 베스트 11 MF부문상(2008), 제20회 윤곡여성체육대상 신인상(2008), 제25회 베오그라드 하계유니버시아드대회 여자축구 최우수선수상(2009), FIFA U-20 여자월드컵 실버볼 · 실버슈(2010), 전국여자종별축구대회 대학부 최우수선수상(2010), 대한민국 인재상(2010), 홍명보장학재단 특별상(2010), 대한축구협회 올해의 선수상(2010 · 2011 · 2013 · 2014), 잉글랜드 슈퍼리그(WSL) 올해의 선수상(2014 · 2015), 잉글랜드프로축구선수협회(PFA) 어워즈 '올해의 여자선수상'(2015), 대한민국 여성체육대상 윤곡여성체육대상(2015), 아시안 풋볼 어워즈(AFA) 남동아시아(South East Asia)부문(2015), 잉글랜드 첼시FC 레이디스 선정 '올해의 골'(2015), MBN 여성스포츠대상 최우수상(2015), 잉글랜드 프로축구선수협회(PFA) 선정 '올해의 베스트11'(2015 · 2016)

지송하(女)

[생]1973 [주]경기 수원시 영통구 삼성로129 삼성전자(주) GMO브랜드전략그룹(031-200-1114) [학]1996년 이화여대 홍보학과졸 [경]1995~1997년 Sonyon커뮤니케이션 마케팅기획 1998~2000년 콜롬비아 트리스타코리아 마케팅전략기획 2000~2009년 한국P&G 미디어커뮤니케이션 근무 2009년 삼성전자(주) VD사업부 Marcom파트 근무 2010년 同VD사업부 Experience마케팅파트장 2013년 同VD사업부 마케팅그룹 근무 2015년 同GMO브랜드전략그룹장 2015년 同GMO브랜드전략그룹장(상무)(현)

지순구(池淳求) JI Sun Gu

[생]1961 · 2 · 10 [출]경북 선산 [주]대전 서구 청사로189 조달청 차장실(070-4056-7110) [학]1979년 현일고졸 1987년 건국대 전기공학과졸 1997년 미국 캘리포니아주립대 롱비치교 대학원 전기전자공학과졸 [경]1988년 기술고시 합격(23회) 1999년 조달청 시설국 설비과 서기관 2005년 同원자재비축관리담당관 2005년 同국제물자본부 국가기관외자팀장 2006년 同국제물자본부 원자재비축사업팀장 2006년 미국 Univ. of Missouri-Columbia 국외훈련파견 2008년 조달청 외자장비과장 2009년 同전자조달국 정보기획과장 2009년 同시설사업국 시설총괄과장(부이사관) 2010년 대구지방조달청장 2010년 조달청 전자조달국장(고위공무원) 2011년 부산지방조달청장 2013년 중앙공무원교육원 교육파견 2014년 조달청 국제물자국장 2016년 조달청 차장(현) [상]국무총리표창(1988), 대통령표창(2009)

지승동(池承東) JI SEONG DONG

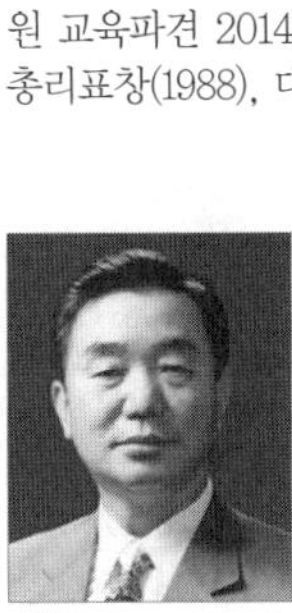

[생]1946 · 3 · 1 [출]경북 영주 [주]서울 강남구 삼성로96길 6 대명트윈텔빌딩4층 대명종합건설 회장실(02-2191-5501) [학]건국대 경영학과졸, 同경영대학원 수료, 중앙대 건설대학원 수료, 고려대 컴퓨터과학기술대학원 수료 [경]1987년 대명종합건설 회장(현), 대한주택건설협회중앙회 부회장 2011~2015년 대한불교조계종 신도회 회장 2012~2015년 한국경제인불자연합회 회장 2012~2015년 대한불교조계종 직할교구신도회 회장 [상]서울특별시장표창

(1984), 건설교통부장관표창(1995 · 2006), 국가보훈처장표창(2001), 국무총리표창(2002), 경기도 선정 '성실납세자'(2002), 국세청 선정 '100대 납세자'(2004), 대통령표창(2005), 동탑산업훈장(2013) [종]불교

지승룡(池承龍) JI Seung Ryong

[생]1955 · 1 · 14 [출]전북 익산 [주]전북 익산시 금마면 고도길85 학교법인 익성학원(063-836-6057) [학]1973년 경신고졸 1982년 한양대 경영학과졸 1988년 同대학원 경영학과졸 [경]1982년 신흥증권 대리 1985년 계암물산 대표이사 1997년 신흥증권 이사대우 1998년 同대표이사 부사장 1999~2008년 同사장 2003년 학교법인 익성학원(익산중 · 고) 이사장(현) 2008년 유당장학재단 설립 · 이사장(현) [상]국민훈장 동백장(2015)

지 연(志 淵)

[생]1933 · 9 · 18 [출]경남 사천 [학]1952년 부산 동래고졸 1956년 서울대 법대졸 1977년 同대학원 신문학과졸 1987년 법학박사(한양대) [경]1956년 한국일보 기자 1958년 동아일보 기자 1965년 한국일보 정치부 부장대우 1969년 대한일보 정치부장 1973년 한국일보 편집국 부국장 겸 정치부장 1976년 同편집국 차장 1977년 서울경제신문 편집국장 1977년 관훈클럽 총무 1980년 한국일보 논설위원 1981년 민주정의당(민정당) 선전국장 1981년 제11대 국회의원(전국, 민정당) 1981년 민정당 정책조정실장 1983년 同정책위원회 수석부의장 겸임 1984년 문화공보부 차관 1985년 KBS 대표이사 사장 1985년 한국방송협회 회장 1985년 국제방송협회(IBS) 회장 1986년 언론회관 이사장 1986년 省友會 회장 1989~1998년 수원대 신문방송학과 교수 1992년 同법정대학장 1998~2000년 동명정보대 총장 2001년 대한언론문화연구원 원장 2001년 헌정회 정책위원회 부위원장 2003년 전남 순천 시선암사에서 태고종 수계 2004년 경기 남양주 백련사 주지 [저]'하이에나 저널리즘'(1996, 동방미디어) '21세를 바로 보지 못하면 우리의 미래는 없다'(2004, 샘터) '천박한 국민 천박한 정치 천박한 언론'(2008, 동서문화사) '문제는 정치야 바보들아'(2013, 동서문화사) [종]불교

지연옥(池蓮玉 · 女) JI Yun Ok (雲谷)

[생]1953 · 4 · 5 [본]충주(忠州) [출]강원 홍천 [주]서울 영등포구 여의대방로359 KBS별관10층 천안함재단(02-761-2761) [학]1985년 성신여대 경영학과졸 1990년 同대학원 정치학과졸 1998년 정치학박사(성신여대) 2005년 북한대학원대 민족공동체지도자과정 수료 2010년 고려대 언론대학원 최고위과정 수료 [경]1985년 KBS 홍보실 근무 1997년 KBS여성협회 초대회장 1998년 KBS 연수원 차장 2001년 同방송문화연구원 차장 2003년 同수원센터 연수2부주간 2004년 同인적자원센터 연수2부주간 2007년 KBS라디오 '정한용 왕영은입니다' 고정게스트로 출연 2008년 KBS 시청자센터장 2009년 同경영본부장 2010년 同시청자본부장 2010~2012년 성신여대총동창회 회장 2010~2013년 행정안전부 정책자문위원 2010년 한국여성유권자연맹 정책위원 2010년 천안함재단 이사(현) 2011년 KBS비즈니스 이사 2011~2013년 성신여대총동문장학회 이사장 2011~2013년 접경지역정책심의위원 2011년 산업인력관리공단 직업방송자문위원 2012년 KBS스포츠아카데미 학장 2012년 학점은행기관제협의회 이사 2012~2014년 강원발전연구회 공동대표 2013년 학교법인 성신학원 이사(현) 2013년 대통령자문 지방자치발전위원회 자문위원 2013년 대한바이애슬론연맹 이사(현) 2014년 언론중재위원회 위원(현) [상]국무총리표창(1999) [종]천주교

지연희(池蓮姬 · 女) CHI Youn Hee (文琶)

[생]1948 · 3 · 22 [본]충주(忠州) [출]충북 청주 [주]서울 마포구 양화로156 한국수필가협회(02-532-8702) [학]동국대 예술대학원 문예창작과 수료 [경]수필가(현), 시인(현) 1983년 「월간문학」에 '관음소심'으로 수필가 등단 1983년 한국문인협회 회원 1984년 한국수필가협회 회원 1984년 대표에세이문학회 창립회원 1986년 同서울지회 초대회장 1991년 현대수필문학회 이사 1992년 대표에세이문학회 회장 1993년 한국수필가협회 이사 1993년 한국낭송문학회 부회장 1994년 한국여성문학인회 이사 1997년 분당 AK문화아카데미 詩창작반 강사(현) 1997년 격월간문학지 '한국문인' 주간 1999년 일산 현대백화점 문화아카데미 詩창작반 강사(현) 2000년 동남보건대 평생교육원 문예창작과 주임교수(현) 2001~2015년 동덕여대 문예창작과 강사 2003년 신세계백화점 경기점 · 본점 문화아카데미 시 · 수필창작반 강사(현) 2003년 「시문학」지에 신인상 수상 · 시인 활동(현) 2003년 현대시인협회 회원 · 이사(현) 2003년 한국시문학문인회 회원 2004~2008년 한국문인협회 감사 2006~2014년 한국수필가협회 부이사장 2006년 종합문학지 '문파문학' 발행인(현) 2007년 국제펜클럽 한국본부 이사(현) 2011년 (사)한국문인협회 수필분과 회장 2012~2014년 여성문학인회 부이사장 2015년 (사)한국문인협회 제26대 수필분과 회장(현) 2015년 (사)한국수필가협회 이사장(현) [상]월간문학 신인상(1983), 동포문학상 우수상(1988), 한국수필문학상(1996), 시문학 신인상(2003), 김소월문학상(2004), 대한문학상 대상(2012), 한국예술문화단체총연합회 예술문화상(2012), 구름카페문학상(2013) [저]시집 '마음읽기'(1989) '하루가 저물고 다시 아침이'(1998) '초록물감 한 방울 떨어져'(2001) '나무가 비에 젖는 날은 바람도 비에 젖는다'(2003) '사과나무'(2004) '현대시 작품론'(2006, 정은출판) '남자는 오레오라고 쓴 과자케이스를 들고 있었다'(2009) 수필집 '이제 사랑을 말하리라'(1986) '사랑찾기'(1988) '가난한 마음을 위하여'(1989) '그리운 사람이 올것만 같아'(1990) '비추이는 것이 어디 모습뿐이랴'(1990) '그대 가슴에 뜨는 초록빛 별처럼'(1991) '네게 머무는 나는 얼마나 아름다운지'(1994) '하얀 안개꽃 사랑'(1998) '시간의 유혹'(2000) '현대수필 작품론'(2006, 정은출판) '시간의 흔적'(2007) '매일을 삶의 마지막 날이라고 생각할 수 있을 때'(2010) '시계절에 취하다'(2013) '알리사'(2013) '식탁 위 사과 한 알의 낯빛이 저리붉다'(2014) '씨앗'(2014) [종]가톨릭

지영난(池泳暖 · 女)

[생]1967 · 9 · 24 [출]서울 [주]서울 마포구 마포대로174 서울서부지방법원(02-3271-1114) [학]1986년 은광여고졸 1990년 서울대 사법학과졸 [경]1990년 사법시험 합격(32회) 1993년 사법연수원 수료(22기) 1993년 서울지법 서부지원 판사 1995년 서울지법 판사 1997년 청주지법 판사 1999년 인천지법 부천지원 판사 2001년 서울지법 판사 2003년 同남부지원 판사 2004년 서울남부지법 판사 2005년 서울고법 판사 2006년 대법원 재판연구관 2008년 대전지법 부장판사 2010년 수원지법 부장판사 2013년 서울중앙지법 부장판사 2015년 대법원 사실심충실화사법제도개선위원회 위원 2016년 서울서부지법 부장판사(현)

지영림(池英林 · 女) JEE Young Rim

[생]1963 · 12 · 7 [본]충주(忠州) [출]서울 [주]서울 중구 세종대로125 서울특별시의회 입법담당관실(02-3702-1559) [학]1986년 연세대 법학과졸 1989년 同대학원졸 1995년 법학박사(연세대) [경]1990년 한국방송통신대 강사 1992~1994년 법무부 법무자문위원회 연구위원 1994년 국민고충처리위원회 전문위원 1995년 숙명여대 강사 1996년 연세대 강사 1996년 서울시교원연구원 강사 1996년 법무부 법무연수원 강사 1996년 내무부 공무원연수원 강사 1998년 행정자치부 공무원연수원 강사 1998년 국민고충처리위원회 주택전문위원, 同수석전문위원 2002년 행정개혁시민연합 집행위원 2003년 민관협력포럼 운영위원 2008년 국민권익위원회 고충2.4소위원회 수석전문위원 2009~2011년 同고충처리국 재정세무민원과 선임전문위원 2010년 한국철도공사 옴부즈만 2011년 서울시의회 입법담당관(현) [저]'각국의 상법전'(1994) '행정규제에 대한 제인'(1996) '국제적 인수합병의 방어수단'(1998) '진정서 탄원서 작성의 모든것'(1999) '회사의 인수, 합병(M&A)의 모든것'(1999) '벤처기업과 M&A의 모든 것'(2000) [역]'일본 민사보전법'(1993) '각국의 상법전'(1994) [종]천주교

지영미(池榮美 · 女) Youngmee Jee

[생]1962 · 2 · 7 [본]충주(忠州) [출]서울 [주]충북 청주시 흥덕구 오송읍 오송생명2로187 국립보건연구원 면역병리센터(043-719-8400) [학]1980년 예일여고졸 1986년 서울대 의대졸 1988년 영국 런던대 보건대학원(LSHTM) 의학석사(미생물학전공) 1997년 의학박사(영국 런던대) [경]1986~1987년 미국 NIH NCI Guest Scientist 1997~2007년 질병관리본부 바이러스부 소화기바이러스과장(연구관) · 감염병센터 간염폴리오바이러스과장 1998~2001년 서울대 의대 미생물학교실 초빙교수 2000 · 2006년 WHO 서태평양지역본부 예방접종프로그램(Expanded Programme on Immunization) 단기자문관 2007~2014년 同지역조정관 2014년 질병관리본부 국립보건연구원 면역병리센터장(일반직고위공무원)(현) 2016년 세계보건기구(WHO) '예방접종전략 전문가 자문그룹' 차기(2017년4월) 위원(현) 2016년 국제백신연구소(IVI) 이사(현) [상]국무총리표창(2005)

지영석 Youngsuk Chi

[생]1961 [주]서울 용산구 녹사평대로206 천우빌딩4층 엘스비어(02-6714-3000) [학]미국 프린스턴대 경제학과졸, 미국 컬럼비아대 대학원 MBA 2015년 명예 문학박사(세종대) [경]1985~1992년 미국 아메리칸익스프레스 CEO 비서 1992~1996년 미국 잉그램마이크로 근무 1996~2001년 미국 잉그램북그룹 최고운영책임자 1997년 미국 라이트닝소스 설립 2001~2005년 미국 랜

덤하우스 최고운영책임자(COO) 겸 사장 2001년 同아시아지부 회장 2005년 네덜란드 엘스비어 부회장 2009년 同회장(현) 2011~2012년 국제출판협회(IPA) 회장 2015년 교육부 미래교육특별위원회 위원장 2016년 미래교육소사이어티 위원장(현) ❸(재)협성문화재단 협성사회공헌상 국위선양부문(2015)

지영선(池永善·女) JI Young Sun

❸1949·12·5 ❹서울 ❺서울 마포구 성미산로11길5 숲센터5층 (사)생명의 숲(02-735-3232) ❻1968년 경기여고졸 1972년 서울대 문리대 독어독문학과졸 1977년 同대학원 독어독문학과졸 ❼1972~1977년 중앙일보 문화부·편집부 기자 1977년 한국일보 주간한국부 기자 1978~1988년 동아일보 문화부 기자·생활과학부 차장 1988~1995년 한겨레신문 생활환경부장·문화부장·여론매체부장·국제부장 1995년 同편집국 부국장 1998년 同논설위원 1999년 간행물윤리위원회 서평분과 위원 2000년 대통령자문 지속가능발전위원회 위원 2000년 미국 하버드대 국제문제연구소 펠로우 2002년 관훈클럽 감사 2002년 한겨레신문 국장대우 논설위원 2003년 同콘텐츠평가실 평가위원 2004년 同논설위원 2005년 정부공직자윤리위원회 위원 2005년 국방부 과거사진상규명위원회 민간위원 2006~2008년 駐보스턴 총영사, (사)생명의숲 이사장 2009~2015년 환경운동연합 공동대표 2012년 (사)생명의 숲 공동대표(현) 2015년 녹색서울시민위원회 공동위원장(현) ❽'링컨 타운카를 타고 보스턴을 달린다'(2010)

지영한(池榮韓) JI Young Han

❼1964·12·11 ❹충남 서천 ❺대전 중구 계백로1712 CBS 대전방송본부(042-259-8801) ❻대전고졸, 충남대 경영학과졸, 同언론정보대학원졸 ❼1990년 대전매일 입사(1기) 1994년 CBS 입사 2002~2004년 한국기자협회 대전·충남지회장 2004년 CBS 대전방송본부 보도제작국 차장 2005~2006년 대전·충남기자협회 회장 2007년 한국기자협회 부회장 2008년 CBS 대전방송본부 보도제작국 편성팀장 2010년 同대전방송본부 보도제작국장 2015년 同대전방송본부장(현)

지완구(池完求) JI Wan Goo

❸1958·2·8 ❹충북 충주 ❺경기 수원시 영통구 삼성로129 삼성전자(주) 경영혁신팀(031-200-1114) ❻1976년 용산고졸 1982년 국민대 기계공학과졸, 서울대 경영대학 E-business과정 수료 ❼삼성전자(주) 영상디스플레이글로벌운영팀 부장 2003년 同상무보 2006년 同경영혁신팀 상무 2009년 同LCD 경영혁신팀장(상무) 2010년 同경영혁신팀장(전무) 2012년 同경영혁신팀장(부사장)(현)

지용구(地龍九) Yong Gu Ji

❸1978·9·18 ❺세종특별자치시 정부2청사로13 국민안전처 세종2청사 기후변화대책과(044-205-5160) ❻1997년 청량고졸 2002년 서울대 지리교육과졸 2016년 미국 뉴욕대 대학원 MPA(Master of Public Administration) ❼2009년 행정안전부 지방재정세제국 교부세과 사무관 2011년 同국가기록원 정책기획과 사무관 2013년 안전행정부 안전관리본부 서기관 2016년 국민안전처 기후변화대책과장(현)

지용석(池龍碩) JEE Yong Seok

❸1964·3·29 ❹경남 ❺서울 강남구 봉은사로151 수산빌딩 한국알콜산업(주) 임원실(02-3440-4200) ❻경문고졸, 연세대 의대졸, 同대학원 의학석사, 의학박사(고려대) ❼(주)비즈마크 대표이사 2003년 한국알콜산업(주) 기획이사, 同상무이사, 同사장, (주)케이씨엔에이 전무, 국제에스터 대표이사 2010년 (주)이엔에프테크놀로지 대표이사(현) 2015년 한국알콜산업(주) 각자대표이사 부회장(현)

지용익(池用益) JI YONG EIK

❸1962·4·15 ❹충주(忠州) ❹충북 진천 ❺충북 청주시 서원구 충대로1 충북대학교 경영학과(043-261-2114) ❻1980년 청주고졸 1987년 충북대 경영학과졸 2011년 同대학원 경영학과졸(석사) ❼1987년 충청일보 입사 1989년 중부매일 입사 1997~2001년 同사회부장 2002년 同편집부국장 겸 정경부장 2004년 同편집부국장 겸 사회부장 2004년 同편집국장 2007년 同편집

국장(이사대우) 2008년 同부사장 겸 편집·인쇄인 2009~2013년 同대표이사 사장 2009년 충북언론인클럽 회장 2011년 한국신문방송편집인협회 이사 2013년 중부매일신문 부회장 2014~2015년 충북대 경영학과 초빙교수 2014년 충청미디어 대표(현) 2015년 충북대 경영학과 겸임교수(현) ❽한국언론대상(1997)

지용철(池溶哲)

❸1951·9·6 ❹대구 ❺대구 달서구 월배로102 보강병원 이사장실(053-630-6001) ❻대륜고졸 1975년 경북대 의대졸, 한양대 대학원 1992년 의학박사(전북대) ❼1980년 대구통합병원 신경외과 과장 1983년 진주반도병원 신경외과 과장 1986년 영남대 의과대학 신경외과학교실 부교수 1994~2014년 보강병원 원장 2014년 同이사장(현) 2015년 경북대병원 비상임이사(현) ❽'척추질환에 대하여'

지용택(池龍澤) JI Yong Tak (海觀)

❸1937·7·4 ❹충주(忠州) ❹인천 ❺인천 중구 서해대로366 정석빌딩 신관803호 새얼문화재단(032-885-3611) ❻1960년 인천고졸 1961년 경희대 법대 법학과졸 1973년 고려대 경영대학원졸 1974년 연세대 대학원 행정학과졸 1979년 서울대 경영대학원 최고경영자과정 수료 1993년 연세대 행정대학원 고위정책과정 수료 ❼1975년 새얼문화재단 이사장(현) 1975년 인천시 시정자문위원 1975년 민족통일인천직할시협의회 회장 1975년 한일투자신탁(주) 비상임감사 1976년 한국노총 사무총장 1979년 전국자동차노동조합 위원장 1985년 인천시립병원 이사 1988년 민주화합추진위원회 위원 1988년 인천시민발전협의회 수석부회장 1989년 대한적십자사 인천지사 상임위원 1989년 국제로타리클럽 369구 총재지역 대표 1993년 계간 '황해문화' 발행인(현) 1996년 인천앞바다핵폐기장대책범시민협의회 상임대표 1997년 인천일보 비상임이사 1998년 인천고총동창회 회장 1999년 인천국제공항 비상임이사 2002년 대한적십자사 중앙위원 2002년 전국자동차노동조합 위원장 2002~2007년 승일제관(주) 사외이사 2003~2010년 인천국제공항 사외이사 2007년 (주)승일 사외이사(현) 2008~2009년 세계도시물포럼조직위원회 지역자문위원 ❽국민훈장 석류장(1998), 인천사랑 대상(2010) ❾'장강을 넘어 역사를 넘어'(1998) ❿불교

지용호(池龍鎬) JI Yong Ho

❸1965·5·20 ❹충주(忠州) ❹충남 부여 ❺서울 영등포구 국회대로 68길14 더불어민주당(1577-7677) ❻1984년 공주사대부고졸 1990년 경희대 법대졸 1996년 同행정대학원졸 ❼1988년 경희대 총학생회장 1989~1998년 聯靑 연수국장·조직국장·조직실장 1994년 김옥두 국회의원 비서관 1995~1998년 서울시의회 의원 1998년 제2의건국범국민추진위원회 민간협력팀장 2000년 조재환 국회의원 보좌관 2000년 새천년동대문발전연구소 소장 2003년 동대문생활경제포럼 대표 2004년 제17대 국회의원선거 출마(서울 동대문甲) 2005년 민주당 서울동대문甲지역위원회 위원장 2005년 同연청 사무총장 2007년 同중앙위원 2008년 同청년위원장 2008년 同당무위원 2014년 새정치민주연합 서울시당 상근부위원장 2014~2016년 서울메트로 감사 2016년 더불어민주당 제3사무부총장(현) ❿기독교

지용희(池龍熙) CHEE Yong Hee

❸1943·7·10 ❹충주(忠州) ❹서울 ❺서울 마포구 백범로35 서강대학교 ❻1961년 경기고졸 1965년 서울대 상대졸 1967년 미국 캘리포니아대 버클리교 경영대학원졸 1979년 경영학박사(미국 워싱턴주립대) ❼1975년 한국경영연구원 연구위원 1976~1985년 서강대 조교수·부교수 1980년 대한상사중재원 중재인(현) 1982년 서강대 총무처장 1984년 同기술관리연구소장 1985~2008년 同경영학과 교수 1986년 한국개발연구원 초빙연구위원 1988년 한국경영학회 부회장 1989년 대한상공회의소 한국경제연구센터 연구위원 1991년 국제경영학회 회장 1991년 서강대 경영대학원장 1993~2001년 한국경영연구원 원장 1994년 중소기업학회 회장 1995~1997년 서강대 경영대학장 1995년 공정거래위원회 비상임위원 1997년 서강대 국제대학원장 1998~2003년 대통령직속 중소기업특별위원 1999~2003년 대통령자문 정책기획위원 1999년 한국벤처포럼 대표 2000~2002년 서강대 서강창업보육센터 소장 2000~2003년 대한무역투자진흥공사 비상임이사 2001년 (사)한국경영연구원 이사장(현) 2001년 한국벤처학회 초대회장, 우리기술투자(주) 비상근이사 2008년 서강대 명예교수(현) 2009~2012년 숙명여대 글로벌서비스학과 석좌교수, (사)이순신리더십연구회 이사장(현) 2013년 세종대 경영대학 경영학부 석좌교수(현) ❽녹조근정훈장 ❾'중

소기업의 국제화 전략'(1987) '중소기업의 신기술사업화추진방안'(1994) '중소기업의 신기술사업화 촉진방안'(1994) '신무역개론(共)'(1996) '중소기업론'(1999) '중소기업론(共)'(2000) '경제전쟁 시대, 이순신을 만나다' '이순신에게 배우는 경제전쟁 리더십'(2012) [역]'하버드 창업 가이드'(共) [종]천주교

지 원(志 源)

[생]1956·10·20 [본]영천(永川) [출]경북 영천 [주]부산광역시 남구 홍곡로336번길41 문수사(051-624-3754) [학]1974년 가야고졸 1980년 동국대 불교대 선학과졸 [경]1966년 불국사에서 사미계 수지(계사 임배스님) 1974년 범어사에서 구족계 수지(계사 석암스님) 1984~1992년 문수사 주지 서리 1989년 대한불교신문 총무이사 1991~1999년 전국어린이불교연합회 부회장 1992년 문수사 주지(현) 1994~1998년 대한불교조계종 제11대 중앙종회 의원 1996~2000년 동국대 석림동문회 사무총장 1996년 부산불교연합회 교육원장, 同고문, 同부회장(현) 2004년 불교생명윤리정립연구위원회 공동위원장 2004~2007년 대한불교조계종 총무원 사회부장 2007년 同남북불교교류특별보좌관, 불교인권위원회 공동대표(현), (사)위드아시아 이사장(현) [상]대한불교조계종 총무원장 공로상(1983) [저]'山門에 부는바람'(1991) '결망에 내려놓고 마음도 내려놓고'(1994) '이별연습'(2000) [종]불교

지원림(池元林) JEE Won Lim

[생]1958·3·1 [출]경북 안동 [주]서울 성북구 안암로145 고려대학교 법과대학(02-3290-2876) [학]1976년 대구 경북고졸 1981년 서울대 법학과졸 1984년 同대학원 법학과졸 1993년 법학박사(서울대) [경]1985년 사법시험 합격(27회) 1988년 사법연수원 수료(17기) 1988년 변호사 개업 1988~1989년 법무법인 을지합동법률사무소 변호사 1989~1999년 아주대 법학과 전임강사·조교수·부교수 1996~1998년 독일 쾰른대 비교사법 및 국제사법연구소 객원연구원 1999~2003년 한양대 법대 부교수·교수 2000년 한국비교사법학회 상임이사 2000년 한국민사법학회 부회장 2003~2007년 성균관대 법과대학 교수 2007년 고려대 법과대학 민법전공 교수(현) 2009년 법무부 민법개정위원회 1분과위원장 2012~2015년 한국원자력문화재단 비상임이사 [상]사법연수원장표창(1988), 홍조근정훈장(2016) [저]'민법주해 제9권(共)'(1995) '민법주해 제12권(共)'(1997) '민법케이스연습'(2000) '주석 채권총칙2'(2000) '주석 민법총칙2·3'(2001) '민법강의'(2002) '민법연습(共)'(2007)

지원철(池源哲) JI Won Chul

[생]1954·7·17 [출]서울 [주]서울 강남구 강남대로310 유니온센터303호 (주)팜스토리 회장실(02-501-7648) [학]1973년 경기고졸 1977년 서울대 축산학과졸 1980년 연세대 경영대학원 경영학과졸 [경]1977~1978년 송암목장 경영 1978~1988년 (주)퓨리나사료 구매부장·특수사업본부장 1988~2004년 (주)이지바이오시스템 대표이사 사장 2001~2004년 (주)에이스바이오텍 대표이사 사장 2004년 (주)이지바이오시스템 경영이사, 同대표이사 2004년 (주)도드람B&F 이사 2006~2007년 同대표이사 사장 2007~2012년 同회장 2012년 (주)팜스토리 회장(현) 2012년 (주)이지바이오 대표이사(현) [종]천주교

지원훈(智元薰) JI Won Hun

[생]1942·5·5 [본]봉산(鳳山) [출]서울 [학]1961년 서울고졸 1965년 서울대 법대 법학과졸 [경]1970~1977년 중앙일보 기자 1978~1985년 국무총리 정무비서관 1985~1992년 국무총리 공보비서관 1992년 대통령 정책조사비서관 1993년 국무총리 공보수석비서관 1994년 예술의전당 상임감사 1998~2001년 한국영상자료원 감사 2002~2004년 방송위원회 연예오락부문 심의위원 [상]홍조근정훈장

지 유(知 有)

[생]1931·5·30 [출]일본 오사카 [주]부산 금정구 범어사로 250 금정산 범어사(051-508-3122) [경]1949년 범어사에서 혜일스님을 은사로 사미계 수지 1949년 해인사에서 수선안거 이래 67안거 성만 1969~1972년 봉암사 주지 1975~1977년 범어사 주지 1992~2002년 범어사 금어선원 조실 2002~2003년 대성암 선원 조실 2013년 금정총림 범어사 초대방장(현)

지은림(池殷林·女) Eunlim Chi

[생]1961·8·22 [주]서울 동대문구 경희대로26 경희대학교 교육대학원(02-961-0475) [학]1984년 이화여대 영어영문학과졸 1987년 미국 시카고대 대학원 교육학과졸 1992년 교육학박사(미국 시카고대) [경]1993~1996년 서울대·중앙대·서울여대 시간강사 1997년 한국교육개발원 협력교수 1997년 경희대 교육대학원 교수(현) 2000년 한국교육과정평가원 자문위원 2004~2005년 경희대 교수학습지원센터 부소장 2005~2014년 同교양학부장 2013~2016년 同교육대학원장 2013~2015년 同교육사업추진단장 2013~2015년 同서울·국제캠퍼스 교수학습지원센터장 2016년 同서울캠퍼스 교무처장·교수학습지원센터장·교육사업추진단장 겸임(현) [저]'우리가 꿈꾸는 아름다운 학교'(2002) '문항반응이론의 이론과 실제-외국어 수행평가를 중심으로'(2003) '시험, 왜 보나?'(2003) '교육평가용어사전'(2004) '우리 교육 어디로 가야하나?'(2004) '통계의 이해'(2005) 'Teaching Portfolios'(2006)

지은희(池銀姬·女) CHI Eun Hee

[생]1947·6·26 [출]서울 [주]서울 영등포구 국회대로55길6 여성미래센터 여성사회교육원(02-312-0872) [학]1965년 이화여고졸 1969년 이화여대 사회학과졸 1978년 同대학원 사회학과졸 [경]1969~1973년 동양시멘트공업 입사·비서과장 1973년 이화여대 여성자원개발연구소 근무 1979년 同여성학과 연구조교 1980~1990년 이화여대·덕성여대·한신대·성균관대 강사 1983년 여성평우회 공동대표 1990년 민중당 여성위원장·정치연수원장 1994년 한국여성단체연합 정책전문위원장·상임대표 1996~1999년 한국정신대문제대책협의회 기획위원장 1996년 노사관계개혁위원회 공익위원 1997년 한국여성사회교육원 원장 1998년 여성특별위원회 위촉위원 1998년 언론개혁시민연대 공동대표 1998년 한국정신대문제대책협의회 공동대표 1999~2002년 한국여성단체연합 공동대표 2000~2003년 방송문화진흥회 이사 2001~2003년 민족화해협력범국민협의회 상임의장 2001~2003년 시민사회단체연대회의 공동대표 2003~2005년 여성부 장관 2005년 상지대 석좌교수 2006·2009~2013년 덕성여대 총장 2006년 방송통신융합추진위원회 민간위원, 서울시 성평등위원회 위원장 2015년 새정치민주연합 국정자문회의 자문위원 2015년 여성사회교육원 이사장(현) 2016년 충남도 양성평등비전위원회 공동위원장(현) 2016년 희망새물결 고문(현) [저]'여성다움, 남성다움, 인간다움' '여성, 삶, 정치' '우리들의 인식, 우리들의 힘' '여성문제에 관한 사회구조적 접근'

지의규(池義圭) CHIE Eui Kyu

[생]1970·2·14 [본]충주(忠州) [출]서울 [주]서울 종로구 대학로101 서울대학교병원 방사선종양학과(02-2072-3705) [학]1991년 서울대 의예과 수료 1995년 同의대졸 1999년 同대학원 치료방사선과학과졸(의학석사) 2011년 의학박사(방사선종양학전공)(서울대) [경]1995년 서울대병원 수련의 1996년 同전공의 2002년 국립암센터 전문의 2003년 서울대병원 전임의 2004년 同방사선종양학과 임상교수(조교수대우) 2011년 서울대 의과대학 방사선종양학교실 기금부교수 2014년 同의과대학 방사선종양학교실 부교수(현) 2016년 대한방사선방어학회 의학이사(현) [상]방사선 및 방사선동위원소 이용진흥연차대회 교육과학기술부장관 표창(2011) [저]'종양학 개정판(共)'(2012, 일조각)

지익표(池益杓) CHI Ik Pyo (佑潭·寂仙)

[생]1925·10·28 [본]충주(忠州) [출]전남 완도 [주]서울 서초구 법원로1길11 금구빌딩505호 지익표법률사무소(02-537-7217) [학]1942년 여수공립수산학교졸 1966년 단국대 법률학과졸 1967년 연세대 대학원 수학 1980년 미국 컬럼비아대 ALP과정 수료 [경]1957년 고등고시 사법과 합격(9회) 1960~1966년 광주지법 판사 1962~1971년 광주오라토리오성가단 단장 1966년 변호사 개업(현) 1967년 광주시장로회 회장 1983년 광주지방변호사회 회장·대한변호사협회 부회장 1985~1986년 국제로타리 371지구(전라남도일원) 총재 1990년 사할린동포법률구조회 회장 1991년 對日침략청산촉구한민족회 회장 1992년 對日민간법률구조회 회장 1993년 한국기독교개혁협의회 회장 1995년 바른역사를위한민족회의 공동의장 1995~2004년 법무법인 正平 대표변호사 2006년 서울화해조정중재변호사단 대표변호사(현) [상]국민훈장 모란장(1985), 국민훈장 무궁화장(1999) [저]'사할린 報告書'(1975) '對日민족소송의 이론과 실제'(1990) '기독교 개조론'(2005) '광복60년의 증언'(2005) [작]작곡 '靑山의 여름밤'(1946) '화홍학교 교가'(1952) '靑山의 노래'(2001) 시 '나는 靑山島 사람'(1998) '하늘 송(頌)'(2005) [종]기독교

지인호(池仁鎬) JEE Inn Ho

ⓢ1957·6·2 ⓑ충주(忠州) ⓞ경기 안성 ⓐ세종특별자치시 조치원읍 세종로2639 홍익대학교 세종캠퍼스 컴퓨터정보통신학과(044-860-2596) ⓗ1976년 용산고졸 1980년 서울대 전자공학과졸 1983년 同대학원 전자공학과졸 1995년 공학박사(미국 뉴욕폴리테크닉대) ⓔ1982~1998년 국방과학연구소 선임연구원 1991~1995년 미국 폴리테크닉대 연구원 1995년 홍익대 컴퓨터정보통신학과 부교수·교수(현) 1996년 同정보화위원 1997년 충남도정보화촉진협의회 위원 1999년 미국 세계인명사전 Marquis Who's Who in the World에 등재 2000~2003년 (주)엑세스 정보통신담당 기술고문 2001년 세계과학공학인명록 'Who's Who in Science and Engineering'에 등재 2002년 한국방송공학회 논문지편집위원 2003년 충남도 과학기술발전위원 2003~2005년 한국정보기술학회 논문지편집위원 2004~2005년 미국 Univ. of Maryland at College Park 전기·컴퓨터공학과 방문교수 2004년 대한전자공학회 학술지편집위원 2006년 홍익대 조치원캠퍼스 기숙사감 2007년 대한전자공학회 신호처리소사이어티 이사 2008~2010년 홍익대 조치원캠퍼스 교학관리처 교무연구담당 부처장 2008년 대한전자공학회 협동부회장 2008년 同논문편집위원 2016년 홍익대 과학기술대학장(현) ⓢ대통령표창(1987), Baron Who's who '21세기 위대한 500의 아시아인' 선정(2001), 대한전자공학회 공로상(2006) ⓩ'정보통신'(2002) '컴퓨터 구조와 원리'(2005) '디지털 영상처리 입문(共)'(2008) ⓩ기독교

지일우(池一于) CHI ILL WOO

ⓢ1962·3·7 ⓑ충주(忠州) ⓞ대구 ⓐ경기 의정부시 추동로140 경기북부상공회의소빌딩2층 연합뉴스 경기북부취재본부(031-853-1414) ⓗ1981년 대구 대건고졸 1985년 고려대 노어노문학과졸 1987년 同문과대학원 노문학과졸 ⓔ1989년 연합통신 입사 1990~1994년 同국제부·경제2부 기자 1994~1997년 YTN 파견 1997년 연합통신 모스크바특파원 1998년 연합뉴스 모스크바특파원 2001년 同국제뉴스1부 차장대우 2002년 同정보과학부 차장대우 2004년 同통일외교팀 차장 2006년 同통일외교팀장(부장대우) 2009년 同국제뉴스3부장 2010년 同문화부장 2011년 同국제국 기획위원 2012년 연합뉴스TV 보도국 취재담당 부국장 2013년 同심의실장 겸 고충처리인 겸임 2013년 연합뉴스 국제국 국제뉴스부국장 2015년 同편집국 국제기획뉴스부 선임기자 2015년 同경기북부취재본부장(현)

지재완(池宰完) GEE Jae Wan

ⓢ1957·9·18 ⓞ서울 서초구 서초대로74길11 삼성전자(주) 법무실 해외법무팀(02-2255-0114) ⓗ미국 시애틀대 경영학과졸, 법학박사(미국 일리노이대 어배나교) ⓔ1993년 삼성SDI(주) 입사, 同법무팀 부장, 同경영기획팀담당 임원, 同법무팀 상무 2008년 同경영기획실 법무팀장(전무대우), 同경영전략팀장(전무), 삼성전자(주) IP센터 라이센싱팀장(전무) 2011년 同IP센터 라이센싱팀장(부사장대우) 2014년 同법무실 준법지원팀장(부사장대우), 同법무실 해외법무팀장(부사장대우)(현)

지준근(池俊根) JI Jun-Keun

ⓢ1964·8·13 ⓑ충주(忠州) ⓞ서울 ⓐ충남 아산시 순천향로22 순천향대학교 전기공학과(041-530-1371) ⓗ1986년 서울대 전기공학과졸 1988년 同대학원 전기공학과졸 1994년 전기공학박사(서울대) ⓔ1991~1994년 기초전력공학공동연구소 연구원 1994~1996년 순천향대 제어계측공학과 전임강사 1996~2000년 同전기전자공학부 조교수 2000~2005년 同정보기술공학부 부교수 2004~2005년 同산학협력단 산학협력담당관 2005년 同전기공학과 교수(현) ⓢ한국전력공사 전력기술기초연구 우수과제상(1996), 한국산학기술학회 우수논문상(2004), IEEE IECON'04 Best Paper Award(2004), KIPE JPE(Journal of Power Electronics) Best Paper Award(2012), 전력전자학회 백현상(2016) ⓩ'디지털시스템'(2002, 인터비전) ⓩ기독교

지준영(智埈榮) JEE Joon Young

ⓢ1960·8·28 ⓐ서울 강남구 영동대로511 무역센터4002호 프리스타일테크놀로지(02-6000-3443) ⓗ1986년 연세대 공대 금속공학과졸 ⓔ1986~1996년 한국IBM 근무 1997년 同Commercial팀장 1999년 同SI담당 팀장 2000년 同Channel Marketing Mgr 2002~2004년 同Channel Sales Mgr·Executive 2004~2005년 메디포스트(주) 사업본부장 2006년 한국어도비시스템즈 Channel사업본부장(전무이사) 2007~2014년 同대표이사 2015년 프리스타일테크놀로지 한국법인 대표이사(현)

지창훈(智昌薰) CHI Chang Hoon

ⓢ1953·1·3 ⓞ서울 ⓐ서울 강서구 하늘길260 (주)대한항공 임원실(02-2656-7053) ⓗ1971년 경복고졸 1977년 서울대 교육학과졸 2009년 인하대 국제통상물류대학원졸(MBA) ⓔ1977년 (주)대한항공 입사 1993년 同시드니지점장 1999년 同샌프란시스코지점장 2004년 同서울여객지점장 2005년 同중국지역본부장 2008년 同화물사업본부장 및 나보이프로젝트사업추진단장(전무) 2009년 同부사장 2010년 同대표이사 사장(현) 2010년 전경련 경제정책위원(현) 2010년 한·몽협력포럼 공동위원장(현) 2010년 대한상공회의소 관광산업위원장(현) 2010년 한미경제협의회 부회장(현) 2010년 한국방문의해위원회 위원 2010~2011년 국가브랜드위원회 글로벌시민분과위원 2010년 한·우즈베키스탄민간경제협력위원회 위원장(현) 2011년 국가브랜드위원회 문화관광분과위원 2012년 한·케냐경제협력위원회 위원장(현) ⓢ대통령표창(2009), 대한민국경제리더 대상(2010), 체육훈장 거상장(2012) ⓩ천주교

지 청(池 淸) JEE Chung (一濯)

ⓢ1940·7·27 ⓑ충주(忠州) ⓞ서울 ⓐ서울 성동구 천호대로400 신창빌딩512호 (재)사회과학원 이사장실(02-742-9890) ⓗ1958년 덕수상고졸 1963년 고려대 경영학과졸 1965년 同대학원 경영학과졸 1968년 미국 컬럼비아대 경영대학원졸 1975년 경제학박사(고려대) ⓔ1969~1975년 고려대 전임강사·조교수·부교수 1975~2005년 同경영학과 교수 1981년 미국 스탠포드대 객원교수 1982년 고려대 무역연구소장 1983년 同총무처장 1986년 同기업경영연구소장 1987·1991년 한국재무학회 회장 1988년 한국증권학회 회장 1989년 금융통화운영위원회 위원 1991년 고려대 경영대학장 1993~2000년 전국경제인연합회 자문위원 1994년 일본 早稻田大 교환교수 1994년 고려대 경영대학원장 1995년 삼성전기(주) 자문위원 1996년 한국경영학회 회장 1998년 금융발전심의회 위원장 1999년 하나증권 사외이사 1999년 고려대 국제대학원지원재단 이사장 2001~2004년 부실채무기업책임심의위원회 위원장 2002년 현대산업개발(주) 사외이사 2005년 고려대 명예교수(현) 2006년 사립학교교직원연금관리공단 비상임이사 2011년 (재)사회과학원 이사장(현) ⓢ홍조근정훈장(2005), 상남경영학자상(2008) ⓩ'경영의사결정론'(1971) '현대재무관리론' '투자론' '외국인직접투자론'(1975) '국제재무관리'(1989) '현대투자론'(1994) '재무관리'(1995) '재무원론'(2001) ⓩ기독교

지평은(池平銀) JI Pyoung Eun

ⓢ1949·3·4 ⓞ서울 ⓐ대전 대덕구 한밭대로1027 운암빌딩 (주)우성사료 비서실(042-670-1724) ⓗ1967년 중앙고졸 1973년 성균관대 영어영문학과졸 ⓔ1985년 (주)우성사료 이사 1989년 同상무이사 1993년 同전무이사 1998년 同부사장 2000~2003년 同대표이사 부회장 2003년 同부회장 2005년 同대표이사 사장(현) ⓢ산업포장(2015) ⓩ천주교

지헌정(池憲晶) JEE Heon Jeong

ⓢ1934·8·20 ⓞ충북 청주 ⓐ서울 서초구 방배로16 글로웨이(주) 임원실(02-360-5001) ⓗ1953년 청주고졸 1957년 연세대졸 1986년 충남대 대학원 수료 ⓔ1969년 충북도 내무국 서무과장 1971년 내무부 교육계장·인사계장 1975년 고성군수 1976년 철원군수 1978년 내무부 기획과장·조사과장 1980년 안산시장 1981년 부천시장 1983년 충북도 기획관리실장 1983년 청주시장 1986년 내무부 한국지방행정연구원 행정실장 1986년 (사)지방행정동우회중앙회 사무총장 1991년 청주시의회 의원, 同의장, 충북시도군의회의장단협의회 회장 1996년 임광토건(주) 사장 2004~2005년 충청일보 대표이사 사장, 임광토건(주) 고문 2015년 글로웨이(주) 고문(현) ⓢ녹조근정훈장

지 현(智 玄)

ⓐ서울 종로구 우정국로55 조계사(02-768-8600) ⓔ1971년 법종스님을 은사로 보각사에서 사미계 수지 1975년 범어사에서 구족계 수지(소천스님 계사) 1986년 청량사 주지, 대한불교조계종 중앙종회 제12·13·14·15대 의원, 좋은벗풍경소리 총재, 대한불교조계종 사회복지재단 상임이사, (사)이웃을돕는사람들 대표, 경제정의실천불교시민연합 공동대표 2011년 한국불교문화사업단 단장 2012·2014년 대한불교조계종 총무원 총무부장 2014년 同호법분과위원장 2015년 조계사 주지(현) ⓩ'바람이 소리를 만나면'(2003, 세상을여는창) '사람이 살지 않는 곳에도 길은 있다'(2007, 아름다운인연)

지현근(池玄根) CHEE Hyun Keun

[생]1963 · 11 · 10 [출]서울 [주]서울 광진구 능동로120의 1 건국대학교병원 흉부외과(02-2030-7591) [학]1982년 여의도고졸 1988년 서울대 의대졸 1996년 同대학원졸 2000년 의학박사(서울대) [경]1996년 한림대 강동성심병원 연구강사 1997년 同의대 흉부외과학교실 전임강사 · 조교수 · 부교수, 미국 Texas Heart Institute 연구원, 미국 Baylor 의대 교환교수, 건국대 의대 흉부외과학교실 교수, 同의학전문대학원 흉부외과학교실 교수(현) 2007년 同의학전문대학원 흉부외과학교실 주임교수(현) [상]제10회 대한흉부외과학회 이영균학술상 기초연구부문 수상(2004) [종]불교

지현석(池炫石) GI Hyun Suk

[생]1937 · 3 · 18 [출]경남 산청 [주]부산 사하구 다대로153 대우제약(주) 비서실(051-204-3831) [학]진주고졸 1960년 서울대 약대졸 [경]1960년 건일약품(주) 근무 1969년 화신약품공업사 근무 1976년 대우약품공업(주) 대표이사, 同회장 2009년 대우제약(주) 회장(현) [상]부산벤처기업인상(2003)

지현철(池顯澈)

[생]1958 · 4 · 8 [출]경남 합천 [주]경남 양산시 중앙로39 양산시청 부시장실(055-392-2030) [학]2009년 창원대 행정대학원졸(행정학박사) [경]2002~2005년 경남도 공보관실 보도담당 2006~2009년 同감사관실 회계감사담당 · 감사담당 2009년 同의회사무처 운영특별수석전문위원(서기관) 2010년 지방행정연수원 연수 2011년 경남도 공보관 2011년 同감사관 2013년 同재정점검단장 2013년 同서부권개발본부장 2014년 지방행정연수원 교육파견(부이사관) 2014년 경남도 서부권개발본부장 2015년 양산시 부시장(현) [상]대통령표창(1998 · 2009)

지 홍(至 弘) (碧巖)

[생]1952 · 6 · 20 [본]밀양(密陽) [출]전남 무안 [주]서울 종로구 우정국로55 대한불교조계종 포교원(02-2011-1891) [학]1986년 동국대 교육대학원 철학교육과 수료 [경]1970년 부산 금어사에서 光德스님을 은사로 득도 1971년 범어사에서 사미계 수지 1974년 쌍계사에서 비구계 수지 1991년 금강정사 창건 · 주지 · 회주(현) 1992년 불교문화교육원 설립 1994년 대한불교조계종 개혁회의 의원 1994년 同포교부장 1994년 同제11 · 12 · 13 · 14 · 15 · 16대 중앙종회 의원(현) 1998년 同총무원 기획실장 1999~2004년 同조계사 주지 2004년 불광사 회주(현), 환경정의 공동대표(현), 인드라망생명공동체 공동대표(현), 지구촌공생회 이사(현) 2008년 불광장학회 이사장(현) 2008년 성동구치소 불교교정협의회 회장(현) 2008년 송파구 녹색송파위원회 분과위원장(현) 2009년 불교출판문화협회 회장(현) 2011년 대한불교조계종 민족공동체추진본부장(현) 2015년 동국대 이사 2016년 대한불교조계종 포교원장(현) [종]불교

지홍근(池弘根) JIE Hong Keun

[생]1959 · 3 · 25 [주]서울 종로구 새문안로75 (주)대우건설 토목사업본부(02-2288-3114) [학]한영고졸, 고려대졸 [경]대우건설 토목국내견적팀 근무, 同영덕양재고속도로 4공구현장 담당, 同용인서울고속도로 1공구현장 상무, 同HSE-Q실장(상무) 2014년 同토목사업본부장(상무) 2015년 同토목사업본부장(전무)(현)

지홍민(智弘珉) Hong-Min Zi

[생]1960 · 4 · 29 [출]강원 원주 [주]서울 서대문구 이화여대길52 이화여자대학교 경영학과(02-3277-3924) [학]서라벌고졸 1983년 서울대 경영학과졸 1985년 同대학원 경영학과졸 1994년 경영학박사(미국 펜실베이니아대 와튼스쿨) [경]1986~1989년 한국IBM 시스템엔지니어 1994~2010년 미국 Wharton Financial Institutions Center 연구원 1995~1998년 홍익대 조교수 1998~2001년 세종대 경영회계학과 조교수 2001~2008년 이화여대 경영학과 조교수 · 부교수 2006~2008년 쌍용자동차 사외이사 겸 감사위원 2007~2008년 이화여대 경영연구소장 2008년 同경영학과 교수(현) 2008년 同경영전문대학원 부원장 겸 경영대학원 교학부장 2009~2010년 同국제교류처장 [상]Journal of Financial Intermediation 최우수논문상, 한국보험학회 우수논문상(2003), 강의우수포상(2007) [저]'보험과 리스크관리' '파생금융상품' '연금재무론' [역]'금융회사 리스크관리'

지화철(池和哲) WHA CHEOL JEE

[생]1960 · 7 · 7 [본]충주(忠州) [출]서울 [주]서울 영등포구 국제금융로8길2 NH선물 임원실(02-3774-0300) [학]1978년 숭문고졸 1987년 홍익대 경영학과졸 [경]1987년 한국투자자산(운용) 주식운용팀장 2002년 NH농협증권 법인영업팀장 2008년 同금융상품팀장 2012~2014년 同홀세일본부장 2015년 NH투자증권 Equity Sales사업부 대표 2016년 NH선물 부사장(현)

지훈상(池勳商) CHI Hoon Sang

[생]1945 · 7 · 16 [출]인천 [주]경기 포천시 해룡로120 차의과학대학교 교학부총장실(031-881-7040) [학]1970년 연세대 의대졸 1972년 同대학원졸 1980년 의학박사(연세대) 2005년 명예 의학박사(몽골 몽골국립의대) [경]1975년 국군 서울지구병원 외과부장 1981~1992년 연세대 의대 외과학교실 조교수 · 부교수 1987~2014년 미국외과학회 정회원 1988년 연세대 영동세브란스병원 응급진료센터 소장 1989년 미국 외상학회 명예회원(현) 1992~2010년 연세대 의대 외과학교실 교수 1992년 同영동세브란스병원 외과 과장 1992~1996년 同영동세브란스병원 기획관리실장 1993년 국제외과학회 정회원(현) 1998~2001년 대한응급의학회 회장 1999~2003년 연세대 의대 영동세브란스병원장 1999~2001년 대한외상학회 회장 2001년 고려대 서비스경영연구센터 고문 2003년 연세대 의과대학총동창회 부회장(현) 2004~2008년 연세대 의무부총장 겸 의료원장 2004년 同의료기술연구단장 2007년 同총장 직무대행 2007년 대한외과학회 부회장 2007~2010년 한국원자력의학원 이사 2007~2010년 국제의료기관평가위원회(JCI) 아시아지역 국제이사 2008~2010년 대한병원협회 회장 2008~2011년 국립의료원 운영심의회 위원 2008~2013년 초록우산 어린이재단 이사 · 대표이사 2009~2010년 대한외과학회 회장 2010년 연세대 의대 명예교수(현) 2010년 연세대재단 감사(현) 2012~2016년 차의과학대 의무부총장 2012~2016년 분당차병원장 2012~2016년 성광의료재단 의료원장 겸임 2014년 미국외과학회 종신명예회원(현) 2016년 차의과학대 교학부총장(현) [저]'최신외과학'(1987) '급성복증'(1987)

지희정(池希定 · 女) Ji, Hee Jung

[생]1959 · 6 · 12 [출]서울 [주]경기 용인시 기흥구 이현로30번길107 (주)녹십자 개발본부(031-260-9300) [학]배화여고졸 1982년 연세대 생화학과졸 1984년 同대학원 생화학과졸 1994년 생화학박사(미국 퍼듀대) [경]1996년 (주)LG화학 바이오텍연구소 책임연구원 2002년 (주)LG생명과학 제품개발팀장 · 의약품RA2팀 부장, 同SR-hGH(서방형 인간성장호르몬) 프로젝트리더 2006년 同hGH개발담당 상무 2013년 (주)녹십자 개발본부장(전무)(현)

지희진(池熺珍) JI Heuli Jin

[생]1965 · 6 · 1 [본]충주(忠州) [출]충남 부여 [주]서울 종로구 청와대로1 대통령 해양수산비서관실(02-770-0011) [학]1984년 공주사대부고졸 1988년 서울대 정치학과졸 1991년 同행정대학원 행정학과졸 [경]1991년 부산지방해운항만청 총무과 · 부두과 근무, 해양수산부 해운정책과 근무 1999년 同기획예산담당관실 서기관 2000년 국제노동기구(ILO) 근무 2003년 해양수산부 기획관리실 법무담당관 2004년 同해운물류국 연안해운과장 2004년 同장관 비서관 2005년 同해양정책과장 2006년 同해양정책과장(부이사관) 2007년 同해운물류본부 해운정책팀장 2008년 국토해양부 해운정책과장 2009년 同교통정책실 자동차정책과장 2010년 중앙해양안전심판원 수석조사관 2011년 2012여수세계박람회조직위원회 파견(고위공무원) 2011년 미국 연방해양대기청(NOAA) 파견 2014~2015년 인천지방해양항만청장 2015년 중앙해양안전심판원 원장 2015년 대통령 해양수산비서관(현) [상]대통령표창(1998) [종]기독교

진경년(陳敬年 · 女) JINE Kyong Nyon

[생]1958 · 2 · 24 [본]여양(驪陽) [출]부산 [주]부산 남구 용소로45 부경대학교 인문사회과학대학 국제지역학부(051-629-5333) [학]1976년 부산여고졸 1980년 서울대 불어불문학과졸 1982년 同대학원졸 1988년 同문학박사과정 수료 1991년 프랑스 파리소르본느대 박사과정 수료 2000년 불문학박사(서울대) [경]1983~1984년 성심외국어전문대학 전임강사 1984~1986년 부산수산대 전임강사 1986~1995년 同조교수 · 부교수 1994~1995년 대구대 교환교수 1995~2002년 부경대 국제지역학부 교수 1995년 프랑스정부초청 니스대 외국인교수를위한연수 참가 1997년 교육청주관 외국어경시대회 채점위원

1998년 MBC라디오 '별이 빛나는 밤에' 고정출연 1998~1999년 에콜 노르말 쉬페리에르 드 퐁트네·생클루 외국인 청강생 연수 2000년 소녀가장돕기 자선음악회 개최 2002~2014년 부경대 인문사회과학대학 인문사회과학연구소 교수 2003~2004년 창원대 교류교수 2014년 부경대 인문사회과학대학 국제지역학부 교수(현) [상]교육감표창(1976), 서울대 준최우등상, 부산수산대총장 감사장(1994), UN한국협회 공로패(1995·1997·1998), 국무총리표창(2002), 부경대 20년 장기근속상(2004), 부총리 겸 교육인적자원부장관표창(2007), 부경대 30년 장기근속상(2014) [저]'무화과의 비밀(共)'(2000) '변혁의 시대와 문학(共)'(2001) '옥합을 깨뜨린 여인(共)'(2001) '빛이 흐르는 오솔길(共)'(2003) '플로베르와 감정교육'(2003) [종]기독교

진경호(陳璟鎬) JIN Kyoung Ho

[생]1963·9·4 [출]서울 [주]서울 중구 세종대로124 서울신문 편집국 사회부(02-2000-9207) [학]1982년 충남고졸 1986년 연세대 정치외교학과졸 2013년 한국외국어대 정치행정언론대학원 언론학과졸 [경]1990년 서울신문 사회부 기자 1993년 同정치부 기자 1998년 同경제부 기자 1999년 대한매일 행정뉴스팀 기자 2000년 同정치부 기자 2004년 서울신문 정치부 기자(차장급) 2005년 同논설위원 2008년 同경제부 차장 2009년 同논설위원 2009년 同논설위원(부장급) 2010년 관훈클럽 편집위원 2010년 서울신문 편집국 국제부장 2011년 同편집국 정치부장 2012년 同논설위원 2014년 同논설위원(부국장급) 2015년 同편집국 부국장 2016년 同편집국 부국장 겸 사회부장(현)

진 관(眞 寬)

[생]1948·4·12 [출]전북 김제 [주]서울 종로구 우정국로45의19 조계사교육관3층 한국불교종단협의회(02-732-4885) [학]1970년 부산 범어사강원 대교과 중퇴 1980년 동국대 불교대졸 1986년 서울예전 문예창작과졸 1990년 광주대 신문방송학과졸 1993년 조선대 교육대학원졸, 중앙승가대 대학원 박사과정中 [경]1963년 금산사에서 득도 1965년 사미계 수지 1968년 해인사에서 비구계 수지 1976년 '시문학'에 시인 등단 1981~1984년 중앙승가대 교무 1984년 민주통일국민회의 감사 1985년 민불련 창립·공동의장 1986~1992년 불교정토구현전국승가회 의장 1987년 국민운동본부 총무분과 위원장 1987년 6.10항쟁 사건으로 투옥 1988년 남북공동올림픽추진본부 결성 1988년 범민족대회추진본부 지도위원 1991년 광주전남민주연합 상임공동의장 1991년 전국민족민주운동연합 평화위원장 1991년 민족대회남측본부 실행위원 1992년 민주주의민족통일전국연합 인권위원장, 조계종 인권위원장 1992년 불교인권위원회 인권상심사위원 1992년 민족민주열사추모사업연대회의 의장 1992년 불교언론대책위원회 위원장 1992~2000년 미륵정사 주지 1994년 대한불교조계종 제11대 중앙종회 의원 1994년 불교인권위원회 공동대표 1997년 새불교실천승가회 회장 2001년 길상사 주지 2006년 (사)한국불교종단협의회 불교인권위원장(현) 2009년 불교언론연대 위원장 [저]시집 '물결 갈라지는 곳에서' '목마른 마당' '한자락 남은 마음' '아사달의 연가' '까마귀 우는 산' '광주에 오신 부처님' '통일꾼 만세' '분단의 나라' '우리 함께 살자' 수필집 '부처님이시여 우리 부처님이시여' 소설 '다라니' '당신의 침묵' '지나간 세월' '고구려시대의 불교수용사 연구'(2008) 철학서 '불교의 생명관'(2012) '효봉 선사의 불교 사상 연구'(2015, 한강) [종]불교

진광철(陳光哲)

[생]1972·3·26 [출]전북 익산 [주]전북 정읍시 수성6로29 전주지방법원 정읍지원(063-570-1000) [학]1991년 전북사대부고졸 1998년 고려대 법학과졸 [경]1998년 사법시험 합격(40회) 2001년 사법연수원 수료(30기) 2001년 서울지법 판사 2003년 同남부지원 판사 2005년 대전지법 서산지원 판사 2008년 수원지법 판사 2010년 서울중앙지법 판사 2012년 서울동부지법 판사 2014년 대법원 재판연구관 2016년 전주지법 정읍지원장(현)

진교영(秦教英)

[생]1962·8·26 [주]경기 화성시 삼성전자로1 삼성전자(주) 메모리사업부 DRAM개발실(031-209-7114) [학]서울고졸, 서울대 대학원 전자공학과졸, 공학박사(서울대) [경]삼성전자(주) 메모리사업부 반도체연구소 차세대연구팀 수석연구원 2005년 同메모리사업부 반도체연구소 차세대연구1팀 상무보, 同반도체연구소 연구위원(상무) 2010년 同반도체연구소 연구위원(전무) 2011년 삼성 펠로우(Fellow) 2013년 삼성전자(주) 반도체연구소 연구위원(부사장) 2014년 同메모리사업부 DRAM개발실장(부사장)(현)

진교원(秦教元) JIN Kyo Won

[생]1962·9·22 [주]경기 이천시 부발읍 경충대로2091 SK하이닉스 NAND개발부문장실(031-630-4114) [학]영일고졸, 서울대 물리학과졸 [경](주)하이닉스반도체 상무보 2008년 同Flash개발사업부 Flash제품담당 상무 2012년 同Flash개발사업부 Flash제품담당 전무 2012년 SK하이닉스 전무 2012~2013년 SK텔레콤 SC사업기획본부장 겸임 2014년 SK하이닉스 NAND총괄본부장(전무) 2015년 同NAND개발부문장(전무)(현)

진교훈(秦教勳) CHIN Kyo Hun (世如)

[생]1937·9·5 [본]풍기(豊基) [출]중국 용정 [주]서울 관악구 관악로1 서울대학교 명예교수연구동(02-880-1364) [학]1956년 경동고졸 1960년 서울대 문리대 철학과졸 1964년 同대학원 수료 1972년 철학박사(오스트리아 빈대) [경]1963~1968년 서울고·보성고 교사 1973~1976년 경희대 문리대 부교수 1976년 가톨릭대 대우교수 1977~1983년 중앙대 문리대 철학과 교수 1983~2003년 서울대 사범대학 국민윤리교육과 교수 1990~1991년 한국철학회 부회장 1995~1999년 서울대 중앙도서관장 1997년 한국인간학회 회장 1999년 오스트리아 빈대 초청교수 2000~2002년 한국생명윤리학회 회장 2000년 국가생명윤리자문위원회 위원장 2003년 서울대 명예교수(현) [상]曙宇철학상(1994), 옥조근정훈장, 가톨릭학술상 본상(2003), 생명의 신비상 학술·인문과학분야 본상(2010) [저]'철학적 인간학 연구(Ⅰ·Ⅱ)'(1982·1994) '서양철학의 수용과 전개(共)'(1987) '한국철학사 하권'(1987) '현대사회와 종교(共)'(1987) '한국의 환경교육(共)'(1990) '현대사회와 평화(共)'(1991) '제1편 윤리란 무엇인가?(共)'(1992) '한국인의 윤리사상'(1992) '생태학과 평화사상(共)'(1992) '현대평화사상의 이해(共)'(1992) '오늘의 철학적 인간학(共)'(1992) '철학적 인간학에서 본 문화이념'(1995) '현대사회와 정의'(1995) '21세기를 여는 한국인의 가치관'(1997) '한국의 근대화과정과 윤리의식의 변천'(1997) '윤리학과 윤리교육(共)'(1997) '의료기술의 발전과 생의윤리'(1998) '기술문명에 대한 철학적 반성(共)'(1998) '환경윤리'(1998) 'Angewandte Ethik'(1999) '문학과 철학의 만남(共)'(2000) 'Eins und doppelt(共)'(2000) '우리 시대의 윤리(共)'(2001) '생명과학의 발전과 생명윤리'(2002) '전통문화의 현대적 조명(共)'(2002) '인간과 현대적 삶(共)'(2003) '의학적 인간학'(2003) '현대사회윤리연구'(2003) '제1장 생명이란 무엇인가?'(2004) '생명공학과 가톨릭윤리학(共)'(2004) '내 마음의 등불'(2004) '전통사상과 환경'(2004) '의료윤리학'(2005) '임상윤리학'(2005) 'Cross-Cultural Bioethics'(2006) '숲께 드리는 숲의 철학'(2006) '살며 기도하며'(2006) '살며 생각하며'(2006) 'Globasierung der Bioethik, Das Leben an seinem Anfang und an seinem Ende(共)'(2007) '인격(共)'(2007) '인문의학(共)'(2008) '의학윤리지침서(共)'(2008) '효와 사람다움'(2009) '생과 사의 인문학(共)'(2015) [역]'철학적 인간학'(1977, M.Landmann) '철학적인간학'(1986, E.Coreth) '윤리학'(1990, J.Mackie) '가치론'(1992, J.Hessen) '현대윤리학 입문'(1999, A.Pieper) '우주에서 인간의 지위'(2001, M.Scheler) [종]천주교

진교훈(陳校薰)

[생]1967·6·19 [출]전북 전주 [주]전북 전주시 완산구 유연로180 전북지방경찰청 제1부(063-280-8331) [학]1985년 전북 완산고졸 1989년 경찰대 행정학과졸(5기), 연세대 행정대학원졸 [경]1989년 경위 임용 2003년 경찰대 혁신기획단 근무(경정) 2004년 경찰청 정보국 정보2과 근무 2008년 대통령 치안비서관실 파견(경정) 2009년 경찰교육원 교무과장(총경) 2010년 전북 정읍경찰서장 2011년 경찰청 수사구조개혁단 협의조정팀장 2011년 同기획조정과장 2013년 서울 양천경찰서장 2014년 경찰청 기획조정과장 2015~2016년 同기획조정관실 새경찰추진단장(경무관) 2016년 전북지방경찰청 제1부장(경무관)(현)

진기엽(陳起燁)

[생]1967·11·2 [본]여양(驪陽) [출]강원 횡성 [주]강원 춘천시 중앙로1 강원도의회(033-256-8035) [학]횡성고졸 1994년 강원대 인문대학 독어독문학과졸 [경]미래연대 횡성군지회장, 새마을중앙회 횡성군협의회 새마을문고 회장, 한나라당 횡성군당원협의회 운영위원, 同강원도당 청년위원장 2006~2010년 강원도의회 의원(한나라당) 2006~2010년 同기획행정위원회 부위원장 2010년 강원도의원선거 출마(한나라당) 2014년 강원도의회 의원(새누리당)(현) 2014년 同농림수산위원회 위원 2016년 同농림수산위원회 위원장(현) [종]기독교

진기훈(秦基勳) Chin Ki-hoon

[생]1963·3·25 [주]서울 종로구 사직로8길60 외교부 인사운영팀(02-2100-7146) [학]1986년 서울대 외교학과졸 1988년 同대학원 외교학과졸 1995년 미국 노스캐롤라이나주립대 대학원 정치학과졸 [경]1991년 외무고시 합격(25회) 1997년 駐영국 2등서기관 2000년 駐휘지 1등서기관 2003년 駐타이베이 대표보(1등서기관) 2006년 동북아시대위원회 파견 2007년 외교통상부 대변인실 공보담당관 2008년 同대북정책협력과장 2009년 駐상하이 영사 2011년 駐청두 부총영사 2014년 駐타이베이대표부 부대표(공사참사관) 2015년 駐아프가니스탄 대사(현)

진남일(陳南壹) Jin, Nam-Il

[생]1961·6·27 [본]여양(驪陽) [출]경남 의령 [주]부산 연제구 중앙대로1001 부산광역시의회(051-888-8203) [학]신반상업고졸, 경남정보대 회계과졸, 영산대 법무대학원졸 [경]2000년 부산지구JC 상무위원 2001년 부산동북JC특우회 내무부회장 2004년 부산문현장학회 이사 2004년 (사)환경운동연합 회원 2005년 한나라당 부산남구甲당원협의회 중앙위원 2005년 在부산의령군향우회 이사 2005년 법무부 보호소년지도위원 2006~2010년 부산시 남구의회 의원, 同예산특별위원장, 민주평통 자문위원, 한나라당 부산시당 중앙위원회 부회장 2010년 부산시 남구의원선거 출마(한나라당), 새누리당 부산南甲당원협의회 부위원장(현), 同부산시당 중앙위원회 사무국장 2012년 同제18대 대통령중앙선거대책위원회 부산남구총괄본부장 2014년 부산시의회 의원(새누리당)(현) 2014년 同해양도시소방위원회 위원 2015년 同도시안전위원회 위원(현) 2016년 同예산결산특별위원회 위원(현) [종]불교

진 념(陳 稔) JIN Nyum

[생]1940·12·2 [본]여양(驪陽) [출]전북 부안 [주]세종특별자치시 남세종로263 한국개발연구원 국제정책대학원(044-550-1114) [학]1958년 전주고졸 1963년 서울대 상대졸 1968년 미국 워싱턴대 대학원 수료 1988년 경제학박사(한양대) 1997년 명예 철학박사(전북대) [경]1962년 고시행정과 합격 1963년 경제기획원 사무관 1971~1976년 同물가총괄·자금계획·종합기획과장 1976년 同경제기획관 1977년 駐영국대사관 참사관 1980년 경제기획원 물가정책관 1981년 同물가정책국장 1982년 同공정거래실장 1983년 同차관보 1988년 해운항만청장 1990년 재무부 차관 1991년 경제기획원 차관 1991~1993년 동력자원부 장관 1994년 미국 스탠퍼드대 초빙교수 1995년 전북대 상대 초빙교수 1995년 국가경영전략연구원 원장 1995~1997년 노동부 장관 1997년 한국개발연구원 자문위원 1997년 기아그룹 회장 1998년 기획예산위원회 위원장 1999년 기획예산처 장관 2000년 재정경제부 장관 2001~2002년 부총리 겸 재정경제부 장관 2002년 새천년민주당 경기도지사 후보 2002년 서강대 경제대학원 교수 2002~2013년 삼정KPMG 고문 2003년 한국가스공사 사외이사 2003년 서정법무법인 고문 2004년 LG전자 사외이사 2005년 한국선진화포럼 운영위원장 2005~2008년 포스코청암재단 이사 2006~2009년 청소년금융교육협의회 회장 2010~2013년 전북대 석좌교수 2012~2015년 한국학중앙연구원 이사장 2013년 한국개발연구원 국제정책대학원 초빙교수(현) 2013년 同초빙연구위원 겸임(현) [상]홍조근정훈장, 황조근정훈장 [저]'영국의 주요제도와 정책'(1980) '21세기를 준비하는 에너지정책'(1993) '새 노사 문화-노사가 함께 이기는 길'(1997) '슘페터假說의 실증적 분석-한국기계공업의 규모와 기술개발을 중심으로' '경제살리기 나라살리기'(2002) [종]기독교

진대제(陳大濟) Daeje Chin

[생]1952·1·20 [본]여양(驪陽) [출]경남 의령 [주]서울 강남구 논현로28길25 스카이레이크인베스트먼트(주) 비서실(02-579-0330) [학]1970년 경기고졸 1974년 서울대 전자공학과졸 1977년 同대학원 전자공학과졸 1979년 미국 매사추세츠주립대 대학원 전자공학과졸 1983년 전자공학박사(미국 스탠퍼드대) [경]1981~1985년 미국 휴렛팩커드 연구원 1983~1985년 미국 IBM WATSON연구소 연구원 1985년 삼성전자(주) 미국법인 수석연구원 1987년 同반도체부문 이사대우 1992년 同반도체부문 상무 1993년 同반도체부문 메모리사업부 전무 1997년 同시스템LSI사업부 대표이사 부사장 1998~2000년 同중앙연구소장 겸임 2000~2003년 同디지털미디어총괄 사장 2001년 同디지털미디어총괄 대표이사 사장 2001년 국가과학기술자문회의 자문위원 2003~2006년 정보통신부 장관 2004년 과학기술부·한국과학문화재단 선정 '2004 닮고 싶고 되고 싶은 과학기술인 10명' 2006년 열린우리당 경기도지사 후보 2006년 한국정보통신대(ICU) 석좌교수 2006년 서울대·한국공학한림원 선정 '한국을 일으킨 엔지니어 60인' 2006~2013년 스카이레이크인큐베스트(주) 설립·대표이사 회장 2007년 동부하이텍 반도체부문 비상임경영고문 2007년 한국경쟁력연구원 이사장 2008년 '2009 인천세계도시엑스포조직위원회' 위원장 2013년 스카이레이크인베스트먼트(주) 대표이사 회장(현) [상]삼성그룹 기술대상(1987·1989), 특허기술상(1994), 통상산업부장관 세종대상(1994), 한국공학기술상(1997), 대한민국과학기술상(1997), 금탑산업훈장(2001), 과학기술부 제1회 올해의 테크노CEO상(2002), 제3회 닮고 싶고 되고 싶은 과학기술인 사회문화부문(2004), PICMET 심포지엄 기술관리 최우수지도자상(2004), 대한전자공학회 전자대상(2005), 제1회 한국을 빛낸 CEO상(2005), 미국 비즈니스위크 아시아스타상(2005) [저]'Computer Aided Design and VLSI Device Development(1st ed.)'(1985, Kluwer Academic) 'Computer Aided Design and VLSI Device Development(2nd ed.)'(1988, Kluwer Academic) '열정을 경영하라'(2006, 김영사) [종]천주교

진덕규(陳德奎) JIN Duk Kyu

[생]1938·3·17 [출]울산 [주]서울 서대문구 이화여대길52 이화여자대학교(02-3277-2114) [학]1964년 연세대 정치외교학과졸, 同대학원 정치학과졸 1974년 정치학박사(연세대) [경]1967~1969년 연세대 강사 1969~1982년 이화여대 정치외교학과 강사·전임강사·조교수·부교수 1982~2003년 同정치외교학과 교수 1985년 同법정대학장 1985년 同경영연구소장 1990년 同한국문화연구소장 1994년 방송위원회 영화심의위원장 1995년 이화여대 대학원장 2003년 동아일보 객원논설위원 2003년 이화여대 명예교수(현) 2003년 한림대 한림과학원 특임교수 2003년 同한국학연구소 연구위원 2004년 대한민국학술원 회원(정치학·현) 2007~2011년 이화학술원 원장 겸 석좌교수 [상]한국 백상출판문화상 저작상(2001), 녹조근정훈장(2003), 용재(庸齋)학술상(2014) [저]'한국의 민족주의(編)'(1976) '현대 민족주의의 이론구조'(1983) '분단시대와 한국사회(共)'(1985) '현대 한국정치론(共)'(1986) '현대 정치사회학 이론'(1988) '현대정치학'(1988) '글로벌리제이션 그리고 선택'(1999) '유럽 마르크스주의의 전개(共)'(1999) '한국현대정치사설'(2000) '한국정치의 역사적 기원'(2002) '민주주의의 황혼'(2003) '한국정치와 환상의 늪'(2006) '신뢰사회를 향하여 : 한국의 사회발전과 부문별 신뢰구축방안연구'(2007) [역]'독재와 민주주의의 사회적 기원' '파워 엘리트' '민족주의와 그 이후' '엘리트와 사회'

진동규(陳東圭) JHIN Dong Kyu

[생]1958·4·27 [본]여양(驪陽) [출]경남 마산 [주]대전 중구 중앙로138번길25 새누리당 대전시당(042-253-0261) [학]1981년 경남대 행정학과졸 1983년 경희대 행정대학원 행정학과졸 1996년 행정학박사(인하대) 2007년 충남대 평화안보대학원 수료 [경]1983~1992년 한국방송통신대 강사 1988~1991년 경찰종합학교 행정학 교관 1991~2004년 대덕대학 경찰복지학과 교수 1998~2001년 대전시 유성구 전민동주민자치위원장 1998년 대전시 공무원교육원 강사 1999~2003년 同유성구 공직자윤리위원 2000년 同유성구 행정서비스제정위원 2002년 충남대·배재대·대전대 강사 2002~2003년 한밭대 테크노경영대학원 겸임교수 2002년 대전시 재정투자심의위원 2002~2004년 대전시의회 의원 2002년 同교육사회위원장 2003년 한밭대 경영학과 겸임교수 2004년 대전시새마을문고협의회 회장 2004·2006~2010년 대전시 유성구청장(한나라당) 2010년 백제문화권관광벨트협의회 회장 2010년 대전시 유성구청장 선거 출마(한나라당) 2010년 평생교육진흥원 이사 2010년 충남대 행정대학원 겸임교수 2012년 새누리당 대전유성구당원협의회 운영위원장 2012년 제19대 국회의원선거 출마(대전 유성구, 새누리당), 한남대 사회복지학과 객원교수, 건양대 평생교육원 협력교수 2013년 청정유성정책포럼 대표(현) 2014년 대전시 유성구청장선거 출마(새누리당) 2016년 새누리당 대전유성구甲당원협의회 운영위원장(현) 2016년 제20대 국회의원선거 출마(대전 유성구甲, 새누리당) [상]교육부장관표창(1982), 내무부장관표창 [저]'지방자치행정의 이해' '정치학의 이해' '사회학' '사회복지론강의' '도시개발론강의' '경찰학강의' '신행정학강의' '지역사회개발(연습)강의' '자꾸자꾸 좋아지는 청정유성'(2010) [종]천주교

진동섭(陳東燮) Dong-Seop Jin

[생]1952·6·11 [주]서울 관악구 관악로1 서울대학교 사범대학 교육학과(02-880-7650) [학]1976년 서울대 사범대학 교육학과졸 1981년 同대학원 교육학과졸 1989년 철학박사(미국 Univ. of Chicago) [경]1977~1978년 서울 오류중 교사 1978~1982년 한국교육개발원 연구원보 1989년 서울대 사범대학 교육학과 조교수·부교수·교수(현) 1998~1999년 미국 오리건대 교육학과 방문교수 2001~2002년 인문사회연구회 소관연구기관 평가위원 2001~2002년 교육인적자원부 교육정책자문위원회 지방교육분과위원장 2001~2002년 서울대 교육연구소장 2002~2004년 한국교육정치학회 회장 2002~2003년 교육인적자원부 시·도교육청평가위원 2003~2004년 대통령자문 정책기획위원회 위원 2004~2005년 한국신문윤리위원회 위원 2006~2007년 대통령자문 교육혁신위원회 교원정책개선특별위원회 위원 2006~2008년 서울대 교육행정연수원장 2008~2009년 한국교육개발원 원장 2009~2010

년 대통령 교육과학문화수석비서관 2010~2011년 대통령 교육문화수석비서관 2013~2014년 한국교육학회 수석부회장 · 회장 직대 2015년 同회장(현) 2016년 교육부 정책자문위원회 위원(현) ❸황조근정훈장(2012) ❸'훌륭한 교사가 되는 길(共)'(2002, 교육과학사) '학교컨설팅- 교육개혁의 새로운 접근방법'(2003, 학지사) '교육 리더십(共)'(2004, 교육과학사) '한국 학교조직 탐구(共)'(2005, 학지사) '교직과 교사(共)'(2007, 학지사) '교육행정 및 학교경영의 이해(共)'(2007, 교육과학사) '학교경영컨설팅과 수업컨설팅(共)'(2008, 교육과학사) '학교컨설턴트 가이드북(共)'(2015, 학지사) ❷교직사회-교직과 교사의 삶'(1993, 양서원) '새로운 선택적 장학'(2004, 교육과학사) '교직과 교사의 전문적 자본'(2014, 교육과학사)

진동수(陳棟洙) CHIN Dong Soo

❸1949 · 3 · 18 ❷여양(驪陽) ❸전북 고창 ❸1967년 경복고졸 1971년 서울대 법대졸 1981년 미국 보스턴대 대학원 경제학과졸 ❷1975년 행정고시 합격(17회) 1987년 세계은행(IFC) 파견 1990년 재무부 법무담당관 1991년 同해외투자과장 1994년 同산업금융과장 1994년 재정경제원 산업자금담당관 1995년 대통령비서실 파견 1996년 정보통신부 정보화기획심의관 1997년 정보통신정책연구원 파견 1998년 정보통신부 체신금융국장 1998년 금융감독위원회 구조개혁기획단 제1심의관 1999년 대통령 금융비서관 2000년 증권선물위원회 상임위원 2001년 금융감독위원회 상임위원 2001년 세계은행(IBRD) 대리이사 2004년 재정경제부 국제업무정책관 2005년 연합인포맥스 자문위원 2005년 조달청장(차관급) 2006~2007년 재정경제부 제2차관 2007년 한국금융연구원 초빙연구위원 2007~2008년 제17대 대통령직인수위원회 경제1분과위원회 자문위원 2008년 한국수출입은행장 2009~2010년 금융위원회 위원장 2012~2013년 숭실대 금융학부 객원교수 ❸녹조근정훈장(1985), 고운문화상(1993), 황조근정훈장(2007) ❸기독교

진두생(陳斗生) Jin Doo Saeng

❸1951 · 12 · 9 ❷여양(驪陽) ❸경남 함안 ❸서울 중구 덕수궁길15 서울특별시의회 의원회관810호(02-3783-1806) ❸1970년 마산상고졸, 배재대 행정학과졸 1996년 건국대 행정대학원졸 1998년 한양대 지방자치대학원졸 2010년 행정학박사(건국대) ❷1978년 벽산건설 근무(27년) · 고문 1999년 경제정의실천시민연합 강동 · 송파 집행위원장 2002 · 2006 · 2010년 서울시의회 의원(한나라당 · 새누리당) 2003년 同환경수자원위원회 위원장 2006년 同정책연구위원회 위원장 2007년 한나라당 제17대 이명박 대통령후보 정책특보 2008~2010년 서울시의회 운영위원장 2008년 전국시도의회운영위원장협의회 회장, 서울시 청계천복원시민위원회 위원 2008~2016년 배재대 행정학과 겸임교수, 한나라당 서울시당 수석부대변인 2010년 서울시의회 부의장 2014년 서울시의회 의원(새누리당)(현) 2014 · 2016년 同환경수자원위원회 위원(현) 2014년 새누리당 중앙당 부대변인 2015년 서울시의회 예산결산특별위원회 위원(현) 2016년 배재대 행정학과 객원교수(현) ❸제9회 자치대상 광역의회부문대상(2008), 모범의원상(2010), 시민일보 주최 의정대상(2011), 환경부장관표창(2015) ❸'지방의회론'(2010) ❸기독교

진명기(秦明基) JIN Myong Kee

❸1967 · 10 · 20 ❷풍기(豊基) ❸제주 북제주 ❸세종특별자치시 다솜로261 국무조정실 조세심판원 상임심판관실(044-200-1713) ❸구미공고졸, 대구대 경영학과졸, 영국 버밍햄대 대학원 경영학과졸(MBA) ❷1995년 행정고시 합격(39회), 국외 훈련(영국 버밍햄대), 행정자치부 재정정책팀 · 교육훈련과 근무, 국무조정실 특정평가심의관실 파견 2007년 행정자치부 지방공기업팀장 2008년 행정안전부 지방공기업과장 2008년 同자치제도과장(서기관) 2009년 同지방세분석과장 2011년 駐우즈베키스탄대사관 파견 2014년 행정자치부 본부 근무(과장급) 2015년 同지방재정세제실 지방세운영과장 2015년 국무조정실 조세심판원 상임심판관(고위공무원)(현) ❸근정포장(2010) ❸불교

진명섭(陳明燮) JIN Myeong Sup

❸1959 · 5 · 25 ❸대전 ❸서울 강남구 테헤란로131 한국지식재산센터6층 (재)한국지식재산보호원(02-2183-5805) ❸1977년 서대전고졸 1987년 서울대 정치학과졸 ❷2003년 특허청 심사국 상표1심사담당관 2004년 특허심판원 심판행정실장(서기관) 2007년 同심판행정팀장(부이사관) 2007년 특허청 상표디자인심사국 상표디자인심사정책과장 2010년 특허심판원 심판관(부이사관) 2011년 국제지식재산연수원 교육기획과장 2013년 특허심판원 심판11부 심판장(고위공무원) 2013년 한국지식재산보호협회 상근부회장 2016년 (재)한국지식재산보호원 초대 원장(현)

진민자(陳敏子 · 女) JIN Min Ja (靑雁)

❸1944 · 3 · 31 ❷여양(驪陽) ❸서울 ❸서울 용산구 대사관로31길24 (사)청년여성문화원(02-796-6644) ❸1962년 경기여고졸 1967년 이화여대 사범대학 과학교육과졸 1971년 同교육대학원졸 1994년 고려대 언론대학원 최고위언론과정 수료 2002년 국민대 정치대학원졸 2008년 이화여대 사회복지대학원 글로벌복지최고위과정 수료 ❷1975년 크리스천아카데미 여성사회교육간사 1984년 6 · 3동지회 부회장 · 대외협력위원장(현) 1985년 (사)청년여성문화원 원장 · 이사장(현) 1989년 (주)태준제약 상근감사 1991~2013년 민주평통 자문위원 · 상임위원 · 운영위원 1991~2007년 서울시 공적심사위원 1993~2013년 국정홍보처 국민홍보위원 1996~2009년 (주)태준제약 부회장 1997~1999년 정무제2장관실 여성정책심의실무위원 1997~2006년 보건복지부 가정의례심의위원 1997년 생활개혁실천협의회 운영위원 · 이사 · 이사장 1999~2003년 (사)한국자유총연맹 부총재 2001~2014년 여성가족부 성희롱예방교육 및 양성평등교육 전문강사 2002년 서울시 공적심사위원장 2002년 (사)나라발전연구회 이사(현) 2003년 서울시 중부여성발전센터 수탁운영운영법인 이사장(현) 2006년 학교법인 건국대재단 이사(현) 2008년 행정안전부 공직자민원봉사대상 심사위원 2009~2011년 민주평통 운영위원 2009~2014년 (사)늘푸른장사문화원 이사장 2009~2011년 (사)한국사학법인연합회 감사 2009년 청소년폭력예방재단 이사 · 여성위원장(현) 2010년 (재)행복한학교재단 이사 2010~2012년 여성가족부 청소년특별회의추진위원회 위원 2010년 보건복지부 생활개혁실천협의회장 2011년 서울시 서초여성인력개발센터 수탁운영 운영법인 이사장(현) 2012년 (사)청소년여성문화원 작은혼례운동협동조합 대표(현) 2012년 (사)한국여성단체협의회 부회장(현) 2013년 민족화해협력범국민협의회 여성위원장(현) 2013년 국가원로자문회의 자문위원(현) 2014년 마포구립 청아어린이집 운영법인 이사장(현) 2015년 (사)21세기여성정치연합 공동대표(현) 2015년 민주평통 자문위원(현) ❸이화여대총장 감사장(1997), 대통령표창(1997), 국민훈장 석류장(1999), 용산구여성단체연합회장표창(1999), 경기여고동창 영애상(1999), 민주평통 공로장(2005), 검찰총장 감사장(2006), 뉴스매거진 2014 대한민국인물대상 여성봉사대상(2014), 통일부장관표창(2015) ❸불교

진병영(陳炳榮) Jin Byung-Young

❸1963 · 12 · 8 ❷여양(驪陽) ❸경남 함양 ❸경남 창원시 의창구 상남로290 경상남도의회(055-211-7392) ❸진주산업대 대학원 공학과졸 ❷건축사무소 '전원' 대표(현) 2014년 경남도의회 의원(새누리당)(현) 2014 · 2016년 同운영위원회 위원(현) 2014년 同건설소방위원회 부위원장 2014년 同예산결산특별위원회 위원 2015년 同예산결산특별위원회 부위원장 2016년 同예산결산특별위원회 위원 2016년 同농해양수산위원회 부위원장(현)

진병용(陳炳龍) JIN Byung Yong

❸1952 · 2 · 10 ❷여양(驪陽) ❸경북 영천 ❸경북 경산시 하양읍 하양로13의13 대구가톨릭대학교 글로벌비지니스대학 경제통상학부(053-850-3413) ❸경북고졸, 경북대 경제학과졸 1996년 경제학박사(경북대), 서울대 경영대학 고급금융과정(ABP) 수료 ❷1978년 대구은행 입행, 同조사연구실장 1998년 同금융경제연구소장 2003년 경북대 경제통상학부 겸임교수 2004년 지역금융활성화기획단장 2006년 대구은행 대은경제연구소장(본부장) 2009년 同대은경제연구소장(부행장보) 2010년 同대은경제연구소 수석부행장 2011년 DGB금융지주 대은경제연구소장(부사장) 2011년 대구은행 수석부행장 겸임 2012~2013년 DGB경제연구소 고문 2013년 대구가톨릭대 기초교양교육원 특임교수 2013년 同창조융합대학원장 2014년 同글로벌비지니스대학 경제통상학부 경제금융부동산전공 교수(현) 2014년 同창조융합대학원 창조융합학과 교수 2015년 同창조융합대학원 창업경영학과장 2015년 同창조경제경영대학원장(현) 2015년 同창조경제경영대학원 창조경제경영학과 교수(현) ❸천주교

진병태(陳炳太) JIN Byeong Tae

❸1964 · 1 · 25 ❸경북 김천 ❸서울 종로구 율곡로2길25 연합뉴스(02-398-3114) ❸1981년 대구 달성고졸 1987년 서울대 사회학과졸 2006년 서강대 경제대학원졸 ❷2000년 연합뉴스 경제부 차장대우 2001년 同경제부 차장 2002년 同경영기획실 차장 2003년 同경제부 차장 2005년 同경제부 부장대우 2005년 중국 상하이 화동사범대 연수(부장대우) 2008년 연합뉴스 상하이특파원(부장급) 2009년 同국제뉴스3부 부장급 2009년 同증권부장 2011년 同편집국 부장급 2011년 연합뉴스TV 보도국 부국장 겸 제작팀장 2011~2012년 同보도국 부국장 겸 뉴스제작부장 2011~2012년 同고충처리인 겸임 2012년 연합뉴스 편집국 경제에디터 2013년 同기획조정실장 2014년 同기획조정실장(부국장급) 2015년 同국제뉴스3부 기획위원 2015년 同베이징지사장(현)

진상도(陳尚道)

[생]1966 [출]경남 합천 [주]경남 합천군 합천읍 황강체육공원로67 합천경찰서(055-930-6120) [학]1985년 부산고졸 1990년 경찰대 법학과졸(6기) [경]1990년 경위 임관 1997년 경남 남해경찰서 방범과장(경감) 1999년 울산 중부경찰서 조사계장 2003년 울산지방경찰청 생활안전계장(경정) 2004년 울산 남부경찰서 수사과장 2005년 울산 중부경찰서 형사과장 2008년 울산지방경찰청 강력계장 2010년 同광역수사대장 2013년 울산 남부경찰서 형사과장 2015년 울산지방경찰청 생활안전과장(총경) 2016년 경남 합천경찰서장(현)

진상범(陳尚範) JIN Sang Beom

[생]1969·10·9 [출]대전 [주]서울 서초구 서초대로219 대법원(02-3480-1100) [학]1988년 서울 상문고졸 1992년 서울대 법대 사법학과졸 [경]1993년 사법시험 합격(35회) 1996년 사법연수원 수료(25기) 1996년 서울지법 의정부지원 판사 1998년 수원지법 판사 1998년 서울지법 판사 2000년 전주지법 군산지원 판사 2003년 서울지법 판사 2004년 서울중앙지법 판사 2005년 서울남부지법 판사 2007년 서울고법 판사 2009년 대법원 재판연구관 2013년 수원지법 부장판사 2014년 대법원 재판연구관(현)

진상훈(陳相勳)

[생]1975·2·14 [출]경남 사천 [주]경남 진주시 동진로99 창원지방법원 진주지원(055-760-3300) [학]1993년 반포고졸 1998년 서울대 사법학과졸 [경]1997년 사법시험 합격(39회) 2000년 사법연수원 수료(29기) 2000년 육군 법무관 2003년 수원지법 판사 2005년 서울중앙지법 판사 2007년 춘천지법 강릉지원 판사 2008년 춘천지법 판사 2010년 서울고법 판사 겸임 2011년 수원지법 평택지원 판사 2012년 법원행정처 국제심의관 겸임 2014년 서울고법 판사 2015년 창원지법 진주지원 부장판사(현)

진선미(陳善美·女) JIN Sun Mee

[생]1967·5·14 [본]강릉(江陵) [출]전북 순창 [주]서울 영등포구 의사당대로1 국회 의원회관527호(02-784-9591) [학]1984년 전북 순창여고졸 1988년 성균관대 법학과졸 [경]2004~2010년 (재)내셔널트러스트 문화유산기금 감사 2005~2007년 민주사회를위한변호사모임 여성인권위원장 2008년 이안법률사무소 공동대표 2012년 제19대 국회의원(비례대표, 민주통합당·민주당·새정치민주연합·더불어민주당) 2012년 민주통합당 문재인 대통령후보선거기획단 공동대변인 2012·2014년 국회 안전행정위원회 위원 2012년 국회 윤리특별위원회 위원 2013년 민주당 정책위원회 부의장 2014년 국회 여성가족위원회 위원 2014년 새정치민주연합 원내부대표 2014~2015년 同정치혁신실천위원회 위원 2014년 同공적연금발전TF 위원 2015년 同원내부대표(법률담당) 2015년 국회 운영위원회 위원 2015~2016년 더불어민주당 법률담당 원내부대표 2016년 同제20대 총선 선거대책위원회 위원 2016년 同서울강동구甲지역위원회 위원장(현) 2016년 제20대 국회의원(서울 강동구甲, 더불어민주당)(현) 2016년 더불어민주당 민주주의회복TF 위원(현) 2016년 국회 예산결산특별위원회 위원(현) 2016년 국회 안전행정위원회 위원(현) 2016년 국회 저출산·고령화대책특별위원회 간사(현) [상]여성신문 미래를 이끌 여성 지도자상(2011), 경제정의실천시민연합 국정감사 우수의원(2013·2014), 한국인터넷기자협회 인터넷 언론의 날 우수의정상(2013), 민주당 국정감사 우수의원(2013), 새정치민주연합 국정감사 우수의원(2014·2015), 국정감사NGO모니터단 국정감사 우수의원(2014·2015), 유권자시민행동 국정감사 최우수 국회의원(2014), '올해의 베스트 드레서' 정치부문(2014), 한국을 빛낸 대한민국 충효대상 국회의정부분 아동복지혁신 공로대상(2015), 제18회 대한민국을 빛낸 21세기 한국인상 정치부문 한국인물대상(2015), 유권자시민행동 대한민국 유권자 대상(2015), 글로벌 자랑스러운 인물대상 정치발전부문(2015), 전국청소년선플SNS기자단 선정 '국회의원 아름다운 말 선플상'(2015), (사)대한인터넷신문협회 INAK Press Club상(2016)

진선필(陳善弼) Jin Sun-Pil

[생]1967·9·21 [주]충남 공주시 봉정돌고개길20 중부지방산림청 청장실(041-850-4001) [학]1990년 서울대 임학과졸 2004년 국방대 대학원 국방관리학과졸 [경]1997년 기술고시 합격(32회) 2005년 산림청 혁신인사기획관실 서기관 2006년 춘천국유림관리소장 2006년 국외 훈련(오스트레일리아) 2009년 산림청 산림경영지원과장 2009년 同목재생산과장 2011년 고용 휴직(인도네시아 산림부) 2014년 산림청 산림자원과장 2016년 중부지방산림청장(고위공무원)(현)

진성광(陳成光) Jeen Sung Kwang

[생]1960·7·13 [본]여양(驪陽) [출]서울 [주]서울 영등포구 국제금융로2길32 HMC투자증권 정보기술실(02-3787-2040) [학]1978년 한성고졸 1985년 숭실대 전자계산학과졸 [경]1985~2011년 SC은행(舊제일은행) 근무·정보시스템운영부장 2011~2014년 SC증권 전산부 이사대우 2015년 HMC투자증권 정보기술실장 겸 CISO(상무)(현) [종]기독교

진성규(秦星圭) JIN Sung Kyu (松下)

[생]1949·2·9 [출]경북 예천 [주]서울 동작구 흑석로84 중앙대학교 인문대학 역사학과(02-820-5137) [학]1969년 대창고졸 1975년 중앙대 한국사학과졸 1977년 서울대 대학원 국사과졸 1981년 중앙대 대학원 사학과졸 1986년 문학박사(중앙대) [경]1978년 한국정신문화연구원 연구원 1980년 부산여대 국사교육과 전임강사 1982~1989년 중앙대 사학과 조교수·부교수 1991~2006년 同사학과 교수 2000~2002년 同사학과장 2001~2003년 한국중앙사학회 회장 2003~2007년 중앙대 해외민족연구소장 2007~2014년 同인문대학 역사학과 교수 2007~2008년 同중앙사학연구소장 2014년 同인문대학 역사학과 명예교수(현) [상]녹조근정훈장(2014), 제1회 이승휴문화상 학술부문(2014) [저]'李承休硏究論叢'(1994, 한글터) '신라의 불교사원'(2003, 백산) '문헌으로 보는 고려시대 민속'(2005, 국립문화재연구소) '한국사상사입문'(2005, 국립문화재연구소) '파주금석문대관' '처용연구전집 8권' [역]'서하집' '원감국사집' '동안거사집'

진성기(秦聖麒) CHIN Song Gi (한집)

[생]1936·3·5 [본]진주(晋州) [출]제주 북제주 [주]제주특별자치도 제주시 일주동로293의1 제주민속박물관(064-755-1976) [학]1956년 제주 오현고졸 1960년 제주대 국어국문학과졸 1985년 명예 사회학박사(미국 유니언대) 2014년 명예 문학박사(제주대) [경]1964년 제주민속박물관 관장(현) 1966년 제주민속연구소 소장(현) 1966~1969년 제주도 문화재위원 1972~1977년 중앙문화재전문위원 1978~1982년 제주도연구회 창립 및 초대 부회장 1991년 김구선생 기념비 세움 1992년 제주무신궁 차림 2003년 한국무속학회 고문(현) 2005년 한국무교학회 상임고문(현) 2007년 제주민속박물관 부설 제주무교대학 박물관대학 개교 및 학장 2009년 제주박물관협의회 고문(현) [상]국무총리표창(1970), 제주도 문화상(1974), 한국출판문화상(1991), 일붕문화상(1995), 노산문화상(1999), 외솔상(1999), 옥관문화훈장(2003), 한국무교학술상(2008), 탐라문화상(2010), 우수사립박물관인상(2013) [저]'제주민속총서(전30권)'(1958) '제주도무속론고(남국의 무속)'(1966) '제주도巫歌본풀이사전'(1991) '제주무신궁(濟州巫神宮)'(1992) '제주의 보배를 지키는 마음'(1993) '유물마다 되살아나는 노래'(1994) '신화와전설(제주도전설집)'(2001) '제주무속학사전'(2004, 제주민속연구소) '무속학(巫俗學)'(2006) '제주도학(한집고희기념집)'(2006, 제주민속연구소) '올레집 옛말'(2011) '이 길을 이겨야 하는 물결 센 파도소리'(2011) [역]'제주도방언성경(마가복음)'(1992) '자청비 신화'(2007)

진성영(陳成榮) JIN Sung Young

[생]1957·7·21 [본]여양(驪陽) [출]강원 삼척 [주]서울 관악구 난곡로30길51 강원인재육성재단(02-856-3559) [학]묵호고졸, 한국방송통신대 전자계산학과졸, 강원대 경영행정대학원 일반행정학과졸 [경]강원도 기획관리실 근무, 同정보통계담당관실 근무, 同정보관리담당, 同통계담당, 同행정정보화담당, 同총무과 정보화담당관실 근무, 同U강원정책팀장 2010년 同IT정책팀장 2011년 同기획관리실 정보화담당관실 사무관 2014년 同기획관리실 정보화담당관실 과장급 2014년 同문화관광체육국 체전준비단장 2015년 同경제진흥국 자원개발과장 직대 2015년 同경제진흥국 정보산업과장 2016년 강원인재육성재단 사무처장(현)

진성준(陳聲準) Jin, Sung Joon

[생]1967·4·19 [본]여양(驪陽) [출]전북 전주 [주]서울 영등포구 국회대로68길14 더불어민주당(1577-7677) [학]1985년 동암고졸 1989년 전북대 법학과졸 [경]1987~1988년 전북대 법대 학생회장 1988~1989년 同총학생회 부회장 2003~2007년 국회의원 장영달 보좌관 2007년 열린우리당 원내대표실 부실장 2007년 민주화운동 관련자 인정 2007~2009년 국회 정책연구위원 2010~2012년 민주당 전략기획국장 2012~2016년 제19대 국회의원(비례대표, 민주통합당·민주당·새정치민주연합·더불어민주당) 2012년 민주통합당 대선후보경선준비기획단 기획위원 2012년 同전략기획위원장

2012 · 2014년 국회 국방위원회 위원 2012년 민주통합당 제18대 대통령선거대책위원회 공동대변인 2013년 민주당 기획담당 원내부대표 2013~2015년 한국장애인인권포럼 등기이사 2014년 새정치민주연합 박원순 서울시장후보 대변인 2014~2015년 同서울강서구乙지역위원회 위원장 2014년 同전략기획위원장 2014~2015년 국회 지방자치발전특별위원회 위원 2015~2016년 더불어민주당 전략기획위원장 2015 · 2016년 同서울강서구乙지역위원회 위원장(현) 2016년 제20대 국회의원선거 출마(서울 강서구乙, 더불어민주당) 鐩민주당 국정감사 우수의원(2013), 경제정의실천시민연합 국정감사 우수의원(2013), 새정치민주연합 국정감사 우수의원(2014), 국정감사 NGO모니터단 국정감사 우수의원(2014)

진성철(秦成哲) JIN Sung Chul

鐏1964 · 3 · 9 鐑대구 달성 鐕대구 수성구 동대구로364 대구고등법원(053-757-6600) 鐗1982년 대구 능인고졸 1986년 서울대 법대졸 1988년 同대학원 법학과졸 鐖1986년 사법시험 합격(28회) 1990년 사법연수원 수료(19기) 1990년 공군 법무관 1993년 대구지법 판사 1996년 同경주지원 판사 2001년 대구고법 판사 2003년 대법원 재판연구관 2005년 대구지법 부장판사 2009년 同가정지원장 2011년 대구지법 부장판사 2013년 부산고법 부장판사(창원지법 파견) 2015년 대구고법 부장판사(현)

진성호(秦聖昊) JIN Seong Ho

鐏1962 · 11 · 26 鐑부산 鐕서울 마포구 양화로125 경남관광빌딩7층 (사)한국전화결제산업협회(070-7601-0773) 鐗1981년 경남고졸 1985년 서울대 경영학과졸 鐖1999년 조선일보 문화부 기자 2002년 同문화부 차장대우 2003년 同사회부 차장대우 2004년 同미디어팀장 2005년 同인터넷뉴스부장 직대 2007년 同편집국 미디어담당 전문기자 2007년 한나라당 제17대 대통령중앙선거대책위원회 뉴미디어팀장 2007~2008년 제17대 대통령직인수위원회 사회교육문화분과위원회 전문위원 2008~2012년 제18대 국회의원(서울 중랑乙, 한나라당 · 새누리당) 2008년 국회 문화체육관광방송통신위원회 위원 2008년 한나라당 서울중랑乙당원협의회 위원장 2008~2011년 同서울시당 뉴타운대책위원장 2010년 同전당대회준비위원회 위원 2010~2011년 同디지털본부장 2010~2011년 同디지털정당위원장 2011년 국회 공직자윤리위원회 위원 2011년 한국전화결제산업협회(KPBIA) 초대회장(현) 2011년 한나라당 서울시당 대변인 2012년 제19대 국회의원선거 출마(서울 중랑구乙, 무소속) 鐩새마을금고특별대상(2010)

진수웅(秦秀雄) JIN Soo Woong (芝山)

鐏1936 · 9 · 16 鐒연안(延安) 鐑서울 鐕서울 마포구 큰우물로76 고려빌딩211호 (주)한자엔지니어링 대표이사실(02-718-0103) 鐗1955년 서울공고졸 1959년 인하대 자원공학과졸 1984년 同대학원 자원공학과졸 鐖1959년 대한철광 채광기사 1961년 대명구봉광산 채광과장 1965년 대성광업다락광산소 소장 1972년 (주)한자엔지니어링 대표이사(현) 1975년 한국기술사회 이사 · 감사 1988~1992년 인하대총동창회 회장 1990~1992년 (재)인하동문장학재단 설립 · 이사장 1991년 (주)한자소재공업 대표이사 1991~1992년 장안라이온스클럽 회장 1993년 대한광업협동조합 이사장 1993년 한나라당 중앙상무위원 1995년 민주평통 자문위원 2000년 한국동굴학회 고문(현) 2007년 (주)한자지하개발 설립 2008년 (주)한자머티어리얼(material) 설립 · 대표이사 鐔'물=생명+건강'(1999) '음이온과 웰빙'(2005) '보석과 웰빙'(2005) '중추원소들의 반란'(2007) '자원개발요람-일반광물편'(2011) '자원개발요람-에너지자원편'(2012) '양자와 전자물성'(2012)

진수희(陳壽姬 · 女) CHIN Soo Hee

鐏1955 · 11 · 12 鐒여양(驪陽) 鐑대전 鐕경기 성남시 수정구 성남대로1342 가천대학교 생활과학대학 사회복지학과(031-750-5964) 鐗1971년 대전여고졸 1976년 연세대 사회과학졸 1982년 미국 인디애나주립대 블루밍턴교 대학원 사회학과졸 1991년 사회학박사(미국 일리노이대 시카고교) 鐖1975~1978년 한국개발연구원 연구원 1984~1995년 한양대 · 상명대 · 연세대 · 한림대 강사 1995년 한나라당 여의도연구소 선임연구위원 1999년 세종대 겸임교수 1999년 한국여성정치문화연구소 감사 2004년 제17대 국회의원(비례대표, 한나라당) 2004년 국회 여성정책포럼 대표 2005년 한나라당 제6정책조정위원장 2005년 재단법인 '연구 및 치료목적 난자기증을지원하기위한모임' 창립발기인 겸 이사 2006년 한나라당 원내부대표 2007년 同이명박 대통령후보 대변인 2007년 제17대 대통령직인수위원회 정무분과위원회 간사 2008년 제18대 국회의원(서울 성동甲, 한나라당 · 새누리당) 2008년 국회 규제개혁특별

위원회 간사 2008~2010년 국회 기획재정위원회 위원 2009년 한나라당 여의도연구소장 2009~2010년 (사)초록자전거물결운동 회장 2010년 한나라당 인재영입위원회 부위원장 2010~2011년 보건복지부 장관 2011년 국회 문화체육관광방송통신위원회 위원 2013년 가천대 생활과학대 사회복지학과 석좌교수(현) 鐔'동등한 사회의 실현을 위한 여성의 사회참여 확대방안'(1995) '통일문화연구'(1997) '여성의 일과 삶의 질'(1999) 鐘기독교

진승호(陳勝昊) JIN Seoung Ho

鐏1962 · 11 · 2 鐒여양(驪陽) 鐑대전 鐕세종특별자치시 갈매로477 기획재정부 대외경제국(044-215-7600) 鐗대전고졸 1986년 서울대 국제경제학과졸 1993년 同행정대학원 수료 1997년 영국 맨체스터대 대학원 경제학과졸 2000년 경제학박사(영국 맨체스터대) 鐖행정고시 합격(33회) 1990~1991년 총무처 수습행정관 1991년 경제기획원 정책조정국 사무관 1999년 재정경제부 경제협력국 경협총괄과 사무관 2001년 同경제협력국 서기관 2002~2005년 駐상하이총영사관 재경관 2005년 재정경제부 경제정책국 경제홍보지원과장 2005년 同정책홍보관리실 교육홍보팀장 2006년 同국제조세과장 2007년 同부가가치세제과장 2008년 기획재정부 예산실 교육과학예산과장 2009년 미래기획위원회 파견(부이사관) 2010~2011년 대통령실 행정관 2014년 기획재정부 대외경제국 대외경제협력관 2016년 同국제금융협력국장 2016년 同대외경제국장(현) 鐘기독교

진양현(陳良鉉) JIN Yang Hyun

鐏1962 · 4 · 15 鐑경남 고성 鐕부산 강서구 녹산산단232로38의26 부산진해경제자유구역청(051-979-5001) 鐗1981년 부산중앙고졸 1985년 경희대 경제학과졸 1988년 서울대 행정대학원졸 1996년 경제학박사(헝가리 부다페스트대) 鐖1986년 행정고시 합격(29회) 1986년 총무처 수습행정관 1987년 경제기획원 공정거래실 거래2과 사무관 1989년 同경제기획국 종합기획과 사무관 1994년 同예산실 예산관리과 사무관 1994년 국비 유학 1999년 재정경제부 세제실 산업관세과 서기관 2000년 벨기에 세계관세기구(WCO) 파견 2004년 금융정보분석원 기획협력팀장 2004년 재정경제부 경제홍보기획단 해외홍보과장 2004년 同경제홍보지원과장 2005년 同정책상황담당관 2005년 同정책상황팀장 2006년 同국유재산과장 2007년 同정책홍보관리실 재정기획관 2008년 기획재정부 기획조정실 기획재정담당관 2009년 IMF 파견(고위공무원) 2013년 기획재정부 예산실 행정예산심의관 2014년 국립외교원 파견(고위공무원) 2015년 방위사업청 차장 2016년 부산진해경제자유구역청장(현) 鐩대통령표창(2005), 근정포장(2008) 鐘기독교

진 영(陳 永) CHIN Young

鐏1950 · 10 · 23 鐒여양(驪陽) 鐑전북 고창 鐕서울 영등포구 의사당대로1 국회 의원회관622호(02-784-5361) 鐗1970년 경기고졸 1975년 서울대 법학과졸 1984년 미국 워싱턴주립대 법과대학원졸(LL. M.) 鐖1975년 사법시험 합격(17회) 1977년 사법연수원 수료(7기) 1979년 육군 법무관 1980년 서울지법 남부지원 판사 1981년 변호사 개업 1984~1988년 88서울올림픽 조직위원회 고문변호사 1987년 LG그룹 상임법률고문 1994년 희명합동법률사무소 대표변호사 1996년 대한태권도협회 이사 1997년 한나라당 이회창 대통령후보 정책특별보좌역 2000년 同서울용산지구당 위원장 2001년 건국대 부동산대학원 겸임교수 2003년 한나라당 기획위원장 2004년 제17대 국회의원(서울 용산구, 한나라당) 2004~2005년 한나라당 대표 비서실장 2007년 同전국위원회 부의장 2008년 제18대 국회의원(서울 용산구, 한나라당 · 새누리당) 2008~2010년 한나라당 전국위원회 수석부의장 2008~2011년 국제의회연맹(IPU) 부회장 · 집행위원 2009년 同부회장 2010년 한나라당 홍보기획본부장 2010년 同비상대책위원회 위원 2010년 국회 행정안전위원회 위원 2010년 한나라당 서울시당 위원장 2011년 同직능특별위원회 상임부위원장 · 서울지역특별위원장 2012~2013년 새누리당 정책위 의장 2012년 제19대 국회의원(서울 용산구, 새누리당 · 더불어민주당) 2012년 새누리당 국민행복추진위원회 부위원장 2012년 제18대 대통령직인수위원회 부위원장 2013년 보건복지부 장관 2014년 국회 안전행정위원회 위원장 2014년 새누리당 재외국민위원회 북미주서부지역 위원장 2015년 (사)도시재생포럼 대표의원 2016년 同더불어경제선거대책위원회 공동부위원장 겸 서울시선거대책위원회 공동위원장 2016년 제20대 국회의원(서울 용산구, 더불어민주당)(현) 2016년 더불어민주당 비상대책위원회 위원 2016년 국회 국방위원회 위원(현) 2016년 더불어민주당 서울용산구지역위원회 위원장(현) 鐩제14회 백봉신사상 올해의 신사의원 베스트11(2013), 미국 워싱턴대 올해의 동문상(2013), 선플운동본부 '국회의원 아름다운 말 선플상'(2014), 한국언론사협회 대한민국우수국회의원대상 특별대상(2014), 대한민국무궁화대상 정치부문(2015) 鐔'인간의 얼굴을 한 자유주의자의 세상읽기' '재판매가격 유지행위에 관한 한미법 연구' 칼럼 '헌법수호와 자유기업주의' 鐘기독교

진영곤(陳泳坤) CHIN Young Kon

[생]1957·2·20 [출]전북 고창 [학]1975년 경기고졸 1979년 서울대 경영학과졸 1990년 미국 예일대 대학원 경영학과졸 1997년 미국 하와이대 대학원 경제학박사과정 수료 [경]1979년 행정고시 합격(22회) 1980~1984년 동력자원부 전기국·전력국 근무 1984년 경제기획원 경제기획국 근무 1993년 同과장급 1994년 통계청 통계연수원 교학과장 1994년 대통령비서실 파견 1995년 재정경제원 과장(미국 하와이동서문화센터 파견) 1998년 예산청 예산기준과장 1999년 기획예산처 복지노동예산과장 2000년 同재정1팀장 2001년 同과학환경예산과장 2002년 同기금정책국 기금총괄과장 2003년 국가과학기술자문회의 파견(국정과제1국장) 2004년 기획예산처 재정기획실 재정기획총괄심의관 2005년 同성과관리본부장 2007년 同사회서비스향상기획단장 2007년 同양극화·민생대책본부장 2008년 보건복지가족부 사회복지정책실장 2009년 여성부 차관 2009년 대통령 사회정책수석비서관 2010~2011년 대통령 고용복지수석비서관 2012~2016년 감사원 감사위원 [상]대통령표창, 홍조근정훈장

진영돈(陳英敦) JIN Young Don

[생]1956·10·10 [본]여양(驪陽) [출]서울 [주]서울 송파구 충민로10 가든파이브툴관6층B17호 진첸인터내셔널 임원실(02-6242-1839) [학]1974년 신일고졸 1982년 고려대 수학과졸 1996년 경북대 경영대학원 마케팅학과 1년 수료 [경]1983년 삼양사 입사, 同특판팀장, 同식품BU신사업팀장 2006년 (주)삼양푸드앤다이닝 대표이사, 진첸인터내셔널 대표이사(현) [종]천주교

진영민(陳永敏) JIN Yeong Min

[생]1965·1·7 [출]경남 마산 [주]서울 종로구 종로26 SK(주) 인사팀(02-2121-5114) [학]서강대 경영학과졸 [경]1988년 SK에너지 감사팀 근무 1996년 SK그룹 경영기획실 사업지원팀 근무 2000년 SK텔레콤 신규사업본부 근무 2001년 SK 구조조정본부 재무개선담당 2004년 同투자회사관리실 재무담당(팀장) 2007년 SK(주) 재무실 재무팀장 2009년 SK C&C SKMS담당 상무 2009년 同SKMSCR본부장(상무) 2011년 同재무본부장(상무) 2013년 SK증권 경영지원실장 2014년 SK China 부총재(현)

진영송(陳暎松) JIN Young Song

[생]1960·9·25 [본]여양(驪陽) [출]대구 [주]서울 강남구 삼성로518 현대스위스타워14층 (주)에이플러스에셋 수도권본부(02-2009-5590) [학]1979년 경북고졸 1983년 중앙대 행정학과졸 [경]삼성생명보험 중앙지점장 2004년 同변화관리·경영혁신추진파트장 2006년 同방카슈랑스사업부장(상무보) 2006~2007년 同채널부문 상무보 2007년 청호나이스 경영혁신본부장 겸 영업본부장(전무) 2007년 흥국생명보험(주) 마케팅실장(상무) 2008년 同보험영업부문장(상무) 2009년 同보험영업부문장(전무) 2009년 우리아비바생명보험 개인영업본부장(전무) 2012년 同전략영업본부장(전무) 2012년 (주)에이플러스에셋 수도권본부장(부사장) 2015년 同수도권본부장(사장)(현)

진영은(陳榮殷)

[생]1949·2·20 [주]세종특별자치시 조치원읍 군청로93 세종특별자치시청 감사위원회(044-300-3114) [학]1967년 청주농고졸 [경]연기군 남면장, 同금남면장, 同의회사무처 사무과장 2006·2010~2012년 충남 연기군의회 의원(자유선진당·선진통일당) 2008~2010년 同의장 2008년 (재)연기군장학회 부이사장(현) 2010년 충남 연기군의회 세종시특별위원장 2012~2014년 세종특별자치시의회 의원(선진통일당·새누리당) 2015년 세종특별자치시 감사위원회 위원(현)

진영철(陳永喆)

[생]1966·3·1 [출]경남 고성 [주]경남 함안군 가야읍 가야로85 함안경찰서 서장실(055-589-8210) [학]부산기계공고졸, 부산외국어대 법학과졸 [경]1994년 경위 임용(경찰간부후보 42기) 2003년 경남 하동경찰서 정보과장·생활안전과장(경정) 2006년 경남 김해경찰서 경비교통과장 2008년 경남 창원중부경찰서 경비교통과장 2009년 경남지방경찰청 교통안전계장 2014년 同112종합상황실장(총경) 2015년 울산지방경찰청 보안과장 2015년 경남 함안경찰서장(현)

진영호(陳榮昊) JIN Yeong Ho

[생]1958·1·29 [본]영양 [출]대구 [주]서울 성동구 왕십리로222 한양대학교 기술경영전문대학원(02-2220-2251) [학]경북고졸, 영남대 국제경영학과졸, 일본 와세다대 대학원 상학과졸, 고려대 경영대학원 글로벌최고경영자과정 수료, 서울대 세계경제최고전략과정(ASP) 수료 [경]2005~2008년 푸르덴셜투자증권(주) 법인영업1본부장 2008~2010년 군인공제회 부이사장 2012년 비엔지증권 대표이사 2012~2015년 (주)두산캐피탈 대표이사 2016년 한양대 기술경영전문대학원 겸임교수(현) [종]기독교

진영환(陳榮煥) JIN Young Hwan

[생]1947·1·7 [본]여양(驪陽) [출]대구 [주]대구 동구 동대구로457 대구상공회의소 회장실(053-222-3000) [학]1965년 대구농림고졸 1974년 건국대 무역학과졸 1975년 고려대 경영대학원 수료 [경]1975년 (주)신삼익·삼익정공(주) 이사 1976년 삼익THK(주) 이사 1992년 산학연구원 부이사장(현) 1993~2008년 성서산업단지관리공단 부이사장 1994년 삼익공업(주) 대표이사 사장 2001년 삼익LMS(주) 대표이사 사장 2003~2015년 대구상공회의소 상공의원·감사·부회장 2003~2011년 대구기계부품연구원 이사 2004년 한국기계산업진흥회 이사(현) 2004년 삼익LMS(주) 대표이사 회장 2006년 삼익THK(주) 대표이사 회장(현) 2007년 대구경북기계공업협동조합 이사장, 同명예이사장(현) 2015년 대구상공회의소 회장(현) 2015년 대한상공회의소 부회장(현) [상]대구시중소기업대상 우수상(1997), 재정경제부장관표창(2000), 노동부장관표창(2000), 대통령표창(2000·2002), 산업포장(2006), 노사화합상(2007)

진용복(陳庸馥)

[생]1962·1·20 [주]경기 수원시 팔달구 효원로1 경기도의회(031-8008-7000) [학]수성고졸, 경희대 행정대학원 사회복지학과졸 [경]사회복지법인 위성 이사(현), 한국어린이집연합회 부회장, 경기도어린이집연합회 회장, 경기도육아지원센터 운영위원장, 용인시보육시설연합회 회장, 용인시보육정책위원회 위원장, 해오름어린이집 원장 2008~2012년 (사)경기도어린이집연합회 회장, 경기도사회복지공제회 이사(현), 경기도보육정책포럼 부회장(현), 한국크리스토퍼리더십 경기센터 강사(현) 2014년 경기도의회 의원(비례대표, 새정치민주연합·더불어민주당)(현) 2014~2015년 同예산결산특별위원회 위원 2014년 同여성가족평생교육위원회 위원 2014년 同여성가족교육협력위원회 위원 2015년 同장기미집행도시공원특별위원회 간사(현) 2015년 同청년일자리창출특별위원회 위원(현) 2016년 同도시환경위원회 간사(현)

진용옥(陳庸玉) CHIN Yong Ok (車峰)

[생]1943·3·21 [본]여양(驪陽) [출]일본 [주]서울 마포구 월드컵북로1길14 웅일빌딩3층 한국미디어·콘텐츠학회연합(02-332-4343) [학]1962년 체신고졸 1968년 연세대 전기공학과졸 1975년 同대학원졸 1981년 공학박사(연세대) [경]1975년 광운공대 통신공학과 조교수 1979~1995년 경희대 전자공학과 부교수·교수 1992~1995년 한국음향학회 회장 1993년 국어정보학회 부회장 1995~2008년 경희대 정보통신전문대학원 전파통신공학전공 교수 1996~2015년 한국음향학회 명예회장 1998~2002년 정보통신창업지원센터 소장 1998~2002년 국어정보학회 회장 2000~2002년 경희대 정보통신대학원장 2008년 同명예교수(현) 2008~2011년 (사)한국방송통신학회 초대회장 2008년 한국어정보학회 회장 2009년 한국미디어·콘텐츠학회연합 공동의장(현) 2010~2015년 방송통신위원회 자체심사평가위원장 2014년 심곡서원 장의(현), 정암학회 회장(현) [상]국민훈장 모란장, 황조근정훈장(2008) [저]'통신시스템의 이론과 원리' '컴퓨터 회로망' '한국통신100년사'(1985) '봉화에서 텔레파시통신까지'(1996) [종]유교

진용환(秦龍煥) Jhin, Yong Hwan

[생]1964·11·20 [출]경북 [주]대구 서구 국채보상로257 서구청 부구청장실(053-663-2010) [학]1983년 경신고졸 1990년 경북대졸 [경]1993년 행정고시 합격(37회) 1999년 대구시 법무담당관실 송무 및 법제담당 사무관 1999년 同물류교통과 사무관 2001년 同교통정책과 교통기획담당 사무관 2004년 同버스개혁기획단장(서기관) 2007~2009년 KDI 국제정책대학원 교육파견 2009년 대구시 기계자동차과장 2010년 同녹색성장정책관 2010년 同공무원교육원장 2011년 同환경녹지국장(부이사관) 2013년 세종연구소 교육파견 2014년 대구시 세계물포럼지원단장 2015년 대구시 서구 부구청장(현)

진웅섭(陳雄燮) Zhin Woong-Seob

[생]1959·6·12 [출]서울 [주]서울 영등포구 여의대로38 금융감독원 원장실(02-3145-5313) [학]1976년 검정고시 합격 1983년 건국대 법학과졸 1987년 서울대 행정대학원졸 1995년 미국 뉴욕주립대 대학원 경제학과졸 [경]1987년 행정고시 합격(28회) 1987년 총무처 수습행정관(사무관) 1988~1993년 재무부 관세국 국제관세과·관세국 관세정책과·이재국 중소금융과·국고국 회계제도과 사무관 1993년 해외 유학 1995~1997년 재정경제원 대외경제국 경제협력과·국제협력관실 국제협력담당 사무관 1997년 同국제협력관실 국제협력담당 서기관 1998년 재정경제부 장관실 근무 1999년 세계관세기구(WCO) 파견 2002년 금융정보분석원 기획행정실 근무 2004년 재정경제부 공보관실 근무 2004년 금융감독위원회 기획행정실 기획과장 2005년 同기획행정실 혁신행정과장(부이사관) 2005년 대통령비서실 선임행정관 2008년 중앙공무원교육원 교육파견 2009년 국가경쟁력강화위원회 금융선진화팀장 2009년 금융위원회 공적자금관리위원회 사무국장 2009년 금융위원회 대변인 2011년 同자본시장국장 2012년 새누리당 정무위원회 수석전문위원 2012~2014년 금융위원회 금융정보분석원(FIU) 원장 2014년 한국정책금융공사 사장 2014년 금융감독원장(현) [상]자랑스러운 건국인(2015), 자랑스러운 검정고시인상(2016)

진 월(眞 月) Jinwol (伽倻山人)

[생]1950·4·28 [본]전주(全州) [출]경기 의왕 [주]서울 중구 필동로1길30 동국대학교 만해관321호 한국불교학회(010-8831-8525) [학]1968년 안양공고졸 1974년 해인사 승가대학 대교과졸 1984년 동국대 승가학과졸 1986년 서강대 종교학과졸 1990년 미국 하와이대 대학원 종교학과졸 1998년 불교학박사(미국 캘리포니아주립대 버클리교) [경]1986~1992년 미국 하와이 대원사 법사 1994년 불교-기독교학회(SBCS) 국제자문위원 1999년 한국종교연합 대표 1999~2004년 우리민족서로돕기운동 집행위원 2000년 대한불교조계종 국제교류위원회 부위원장 2002~2004년 同광명불교대학장 2002년 종교연합(URI) 세계이사 2002년 아시아종교인평화회의(ACRP) 이사 2003년 세계불교도우의회(WFB) 이사 2003년 엘리자종교간 세계종교지도자이사회 이사 2003년 코리아글로브 대표 2003~2005년 대통령자문 지속가능발전위원회 위원 2004년 서울불교대학원 불교학과 교수·우리말로학문하기모임 부회장 2005년 동국대 정각원장 2005년 조계종 환경자문위원 2005~2011년 불교환경연대 지도위원 2005년 한국불교학회 이사(현) 2006년 동국대 선학과 교수, 同불교문화대학 불교학부 교수 2009년 유엔 디케이드 코얼리션 운영위원회 위원 2012~2016년 세계불교도우의회(WFB) 부회장(현) 2015년 세계불교문화보리달마협회 회장(현) 2016년 공성선원 선원장(현) [상]대한불교조계종 총무원장표창(1984) [저]'Choui Uisun'(2003) [역]'평화를 이루는 지혜'(2003) [종]불교

진의장(陳義丈) JIN Euy Jang

[생]1945·3·6 [출]경남 통영 [주]경남 창원시 의창구 창원대로18번길46 창원산업진흥원 원장실(055-225-3312) [학]1962년 통영고 3년 1학기 수료 1968년 서울대 법과대학 행정학과졸 1995년 부산대 환경대학원졸 [경]1971년 행정고시 합격(10회) 1972년 체신부 사무관 1973년 마산세무서 총무과장 1986년 하동세무서장 1989년 충무세무서장 1989년 통영문화재단 설립추진위원장 1990년 중부산세무서장 1992년 동부산세무서장 1993년 서부산세무서장 1993년 부산지방국세청 재산세국장 1996년 한국해양소년단 통영·거제·고성연맹 회장 2003~2006년 경남 통영시장(무소속 당선, 열린우리당·한나라당) 2006~2010년 경남 통영시장(한나라당) 2012년 제19대 국회의원선거 출마(통영·고성, 무소속) 2014년 경남 통영시장선거 출마(무소속) 2015년 창원산업진흥재단 초대원장 2016년 창업산업진흥원 원장(현) [상]제1회 세무봉사대상(1988), 제2회 詩의날 수상(1988), 녹조근정훈장(1989) [작]시집 '몸속에 녹아있는 시'(1990) 수필집 '통영벅수'(1995) [종]천주교

진익학(陳翼鶴)

[생]1957·8·19 [출]경남 합천 [주]경남 창원시 의창구 중앙대로300 경상남도청 해양수산국(055-211-4111) [학]경남 합천종합고졸, 진주산업대 산업경제학과졸 [경]1977년 합천군 쌍백면 근무 1984년 경남도청 근무 2005년 합천군 야로면장(사무관) 2011년 경남도 문화예술과 예술진흥담당 사무관 2012년 同회계과 경리담당 사무관 2014년 同경제통상본부 경제정책과장(서기관) 2015년 同기획조정실 예산담당관 2015년 경남 창녕군 부군수 2016년 同해양수산국장 직무대리(현)

진인주(陳仁住) CHIN In Joo

[생]1953·6·1 [출]서울 [주]인천 남구 인하로100 인하공업전문대학 총장실(032-870-2001) [학]경기고졸 1976년 서울대 화학공학과졸 1978년 한국과학기술원(KAIST) 화학공학과졸(석사) 1983년 고분자공학박사(미국 MIT) [경]1983년 미국 Massachusetts Institute of Tech. 연구원 1984년 미국 Univ. of Connecticut 연구원 1985년 미국 IBM(East Fishkill, NY) 연구원 1986~2013년 인하대 공대 나노시스템공학부 고분자신소재공학과 교수 1991년 미국 IBM Almaden Research Center 방문연구원 1999년 미국 Univ. of Massachusetts, Amherst 방문교수 1999년 (주)노루홀딩스 사외이사(현) 2000~2002년 인하대 교무처장 2003·2004년 프랑스 르아브르대 화학과 초빙교수 2004년 중국 사천대 객원교수 2008년 한국바이오플라스틱협회 회장(현) 2009~2013년 인하대 대외부총장 2011년 한국고분자학회 부회장 2013년 인하공업전문대학 총장(현) [저]'생활속의 고분자'(2004, 학연사) '나노소재'(2006, 대영사) [종]기독교

진재관(陳在管) CHIN Jae-gwan

[생]1960·3·6 [본]삼척(三陟) [출]전북 익산 [주]경기 과천시 교육원로86 국사편찬위원회 편사부(02-500-8311) [학]1979년 전주고졸 1983년 서울대 역사교육과졸 1990년 同대학원졸(미국사전공 석사) 2009년 역사교육박사(서울대) [경]1983~2002년 서울시교육청 중등교사(역사) 2002년 한국교육과정평가원 연구원 2010~2015년 同중등교사임용시험사업단장 2015년 국사편찬위원회 편사부장(고위공무원)(현) [저]'독도 영유권 확립을 위한 연구(共)'(2012, 도서출판 선인)

진재교(陳在敎) JIN Jae Kyo (白雲)

[생]1961·7·11 [본]여양(驪陽) [출]부산 [주]서울 종로구 성균관로25의2 성균관대학교 한문교육과(02-760-0551) [학]1984년 성균관대 한문교육과졸 1986년 同대학원 한문학과졸 1992년 한문학박사(성균관대) [경]1988~1995년 성균관대 대동문화연구원 연구원 1988년 한국한문학회 연구이사 1995~1998년 경북대 한문학과 조교수 1998년 성균관대 한문교육과 부교수·교수(현), 同한문교육과 학과장, 同교육대학원 한문교육전공 학과장, 同동아시아학술원 동아시아학융합사업단장 2006년 교육인적자원부 동아시아학융합사업단장 2007년 성균관대 대학원 동아시아학과장 2008년 교육인적자원부 WCU 단장 2014년 성균관대 사범대학장 겸 교육대학원장 2016년 전국사립교육대학원장협의회 회장 2016년 한국한문교육학회 회장(현) 2016년 성균관대 대동문화연구원장 겸 동아시아학술원장(현) [저]'고전문화작가론'(共) '민족문학사 강좌'(共) '이개 홍양호 문학연구' '충돌과 착종의 동아시아를 넘어서-근대전환기 동아시아의 자기인식과 대외인식'(2007, 성균관대 동아시아학술원) '우리 한문학과 일상문화'(2007, 이화한문학연구회) '문예 공론장의 형성과 동아시아'(2008, 성균관대 출판부) '천재비령 : 역사상의 중한관계'(2009, 광서사범대학출판사) '새 민족문학사강좌'(2009, 민족문학사연구소) '학문장과 동아시아(編)'(2013, 성균관대) '한국학의 학술사적 전망(共)'(2014) [역]'18세기 조선인물지'(1997, 민족문학사연구소) '조선후기 인물전'(2005, 현암사) '알아주지 않은 삶-조선조 후기 전과 기사 모음집'(2005, 태학사) '정조어찰첩'(2009, 성균관대 동아시아학술원) '북학 또 하나의 보고서-설수외사'(2011, 성균관대 출판부) '18세기 일본 지식인 조선을 엿보다-평우록(共)'(2013, 성균관대 출판부) '19세기 견문지식의 축적과 지식의 탄생(상·하)'(2013, 소명출판)

진재선(陳載仙) CHIN Jae Seon

[생]1974·7·25 [출]전북 익산 [주]대전 서구 둔산중로78번길15 대전지방검찰청 공판부(042-470-3000) [학]1992년 익산 이리고졸 1997년 서울대 사법학과졸 [경]1998년 사법시험 합격(40회) 2001년 사법연수원 수료(30기) 2001년 공익법무관 2004년 춘천지검 검사 2006년 청주지검 영동지청 검사 2008년 전주지검 검사 2012년 서울중앙지검 검사 2015년 부산지검 동부지청 부부장검사 2016년 대전지검 공판부장(현)

진재욱(陳在旭) MICHAEL, CHIN

[생]1967·11·16 [출]서울 [주]서울 영등포구 의사당대로 82 하나UBS자산운용 인사팀(02-3771-7800) [학]미국 Mclean고졸 1990년 미국 버지니아주립대 국제관계학과졸 [경]1991~1994년 Lehman Brothers 기업금융 및 채권자본시장 애널리스트(뉴욕·서울) 1994~1996년 Schroder & Co. 아시아주식세일즈(뉴욕) 1996~1997년 Credit Suisse First Boston 한국주식세일즈(홍콩) 1997~1999년 UBS증권 서울지점 주식영업총괄상무(홍콩·서울)

1999~2002년 同주식영업 아시아지역본부장(홍콩) 2002~2005년 同서울지점 공동대표 겸 주식부문 대표(서울) 2003~2005년 국제금융센터 국제금융정책포럼 회원 2003~2005년 중앙일보 경제연구소 자문위원 2003~2005년 매일경제 청소년경제교육 자문위원 2004~2005년 서울파이낸셜포럼 회원 2004~2005년 주한미상공회의소 자본시장분과위원회 공동위원장 2005~2006년 UBS증권 대만지점 대표(타이베이) 2006~2009년 UBS투자은행 아시아주식영업 Global대표(홍콩) 2010년 하나UBS자산운용 대표이사 사장 2015년 同싱가포르법인 대표(현) [상]금융위원장표창(2010) [종]기독교

진정구(陳正九) JIN Jeong Ku

[생]1964·10·21 [출]경남 하동 [주]서울 영등포구 의사당대로1 국회사무처 입법차장실(02-788-2741) [학]1982년 부산남고졸 1986년 부산대 행정학과졸 2001년 미국 펜실베이니아주립대 대학원 정책학과졸 2013년 행정학박사(중앙대) [경]1988년 입법고시 합격(8회) 1988년 국회사무처 내무위원회 입법조사관 1993년 同법제사법위원회 입법조사관 1997년 同재정경제위원회 입법조사관 2001년 同행정법무담당관 2004년 駐뉴욕 주재관 2007년 국회사무처 법제실 경제법제심의관(부이사관) 2009년 同법제사법위원회 전문위원(이사관) 2011년 同기획조정실장(관리관) 2013년 同운영위원회 수석전문위원(차관보급) 2014년 同정무위원회 수석전문위원(차관보급) 2016년 同입법차장(차관급)(현) [상]국무총리표창, 대통령표창, 홍조근정훈장 [저]'알기쉬운 공직선거법' '통합선거법 바로알기'

진정무(陳正武)

[생]1965 [주]경기 성남시 분당구 정자일로165 분당경찰서 서장실(031-786-5210) [학]1965년 밀양고졸, 경찰대졸(4기), 연세대 대학원졸, 동국대 대학원 박사과정 수료 [경]1988년 경위 임관, 부산지방경찰청 보안과장, 駐토론토총영사관 주재관 2012년 경기 가평경찰서장 2014년 서울 용산경찰서장 2015년 서울지방경찰청 청문감사담당관 2015년 경기 분당경찰서장(경무관)(현)

진정일(陳政一) JIN Jung Il (回堂)

[생]1942·4·19 [본]여양(驪陽) [출]서울 [주]서울 성북구 안암로145 고려대학교 KU-KIST 융합대학원(02-3290-3123) [학]1960년 서울 성동고졸 1964년 서울대 문리과대학 화학과졸 1966년 同대학원 화학과졸 1969년 이학박사(미국 뉴욕시립대) 2007년 명예박사(러시아 Kazan 국립공업대) [경]1969~1974년 미국 스타우퍼케미칼 선임연구원 1974년 고려대 화학과 부교수 1977~2007년 同화학과 교수 1979·1987년 미국 매사추세츠대 방문교수 1989년 고려대 교무처장 1989년 한국과학재단 심의위원 1994년 한국과학기술한림원 정회원 1994년 미국 뉴욕과학한림원 회원 1994~2002년 한국과학재단 이사·부이사장 1994년 한국과학기술한림원 종신회원(현) 1995년 한국고분자학회 부회장 1996년 同수석부회장 1996년 국제순수응용화학협회 회원 1996년 영국 왕립화학회 펠로우(현) 1996~2000년 한국기초과학지원연구소 서울분소장 1997년 한국고분자학회 회장 1998년 전자광감응분자연구소 소장 1998년 대한화학회 총무부회장 2000년 同회장 2002~2004년 고려대 대학원장 2002년 同교무부총장 직대 2002~2005년 한국과학기술단체총연합회 회장 2003~2004년 한국과학기술학회 회장 2005년 과학문화진흥회 부회장 2006년 국제순수·응용화학연합회(IUPAC) 고분자분과 회장 2006년 중국 길림대(Jilin Univ.) 명예교수(현) 2007~2010년 한국과학기술한림원 이사 2008~2009년 국제순수·응용화학연합회(IUPAC) 회장 2008~2009년 아시아고분자학회연합회(FAPS) 설립·회장 2008년 고려대 석좌교수 2008~2009년 과학문화진흥회 회장 2009년 중국 북경화공대 명예교수(현) 2009년 아시아화학연합회 Fellow(현) 2010년 한국과학문화교육단체연합회 회장(현) 2011~2014년 한국과학학술지편집인협의회 회장 2013년 고려대 KU-KIST 융합대학원 석좌교수(현) 2016년 미국화학회(ACS) 고분자재료과학과공학(PMSE) 석학회원(현) [상]고려대 학술상(1986), 한국고분자학회 학술상(1988), 한국과학상(1991), 세종문화상(1998), 서울시문화상(2003), 일본고분자학회 국제상(2004), 폴 폴로리 고문자연구상(2005), 수당상(2006), 옥조근정훈장(2007), 장백산 우의상(2007), 한국과학기술한림원상(2008), 중국 우의장(2010), 과학기술훈장 창조장(2013), 한국인 최초 나노과학분야 유네스코 메달 수여(2016) [저]'액정중합체'(1986, 민음사) '신유기화학(共·編)'(1989, 창원사) '액정고분자(共)'(2001, 문운당) '진정일의 교실밖 화학이야기'(2006, 양문) '고분자화학연구실에서 무슨 일이 일어나고 있을까?(編)'(2007, 양문) '진정일 교수, 시에게 과학을 묻다'(2012, 궁리) '진정일 교수, 교실 밖 화학이야기'(2013, 궁리) '진정일 교수가 풀어놓는 과학쌈지'(2014, 궁리) [역]'유기화학'(고려학력연구사) '일반화학'(1987, 일신사) '프로야구 왜 나무방망이 쓰나'(1998, 동아일보) '멘델레예프와 주기율표(共)'(2006, 대한화학회) [종]불교

진 제(眞 際) Jin Jae

[생]1934·1·12 [출]경남 남해 [주]대구 동구 동화사1길1 팔공총림 동화사(053-980-7900) [학]1952년 해인사강원 대교과 수료 [경]1954년 해인사에서 석우선사를 은사로 득도 1957년 통도사에서 구족계 수지 1967년 향곡선사로부터 법을 인가 받아 경허·혜월·운봉·향곡선사로 전해내려온 법맥을 이음(석가여래부촉법 제79법손) 1971년 해운정사 창건 1979년 해운정사 금모선원 조실 1991년 선학원 이사장·중앙선원 조실 1993년 부산광역시불교연합회 증명(현) 1994~2013년 팔공산 동화사 금당선원 조실 1996년 대한불교조계종 기본선원 조실 1998년 백양사 1차무차선대법회 초청법주 1999년 경주 금천사 창건 2000년 문경 봉암사 조실 2000년 백양사 2차무차선대법회 초청법주 2002년 국제무차선대법회 법주 2003년 대한불교조계종 원로의원 2004년 同대종사(현) 2011년 同종정(현) 2013년 同팔공총림 동화사 방장(현) [저]법어집 '돌사람 크게 웃네' '선 백문백답' '고담녹월' '석인은 물을 긷고 목녀는 꽃을 따네'(2010) [종]불교

진종근(陳鍾根) JIN Jong Geun

[생]1960·9·20 [출]경남 함안 [주]서울 종로구 사직로8길 31 서울지방경찰청 청사경비대(02-700-2610) [학]경남 함안고졸, 한국방송통신대졸 [경]1983년 순경 임용(공채) 1992년 경위 승진 2000년 충남 조치원경찰서 방범과장(경감) 2011년 서울지방경찰청 101경비단 2중대장 2003년 대통령경호실 경찰관리관실 근무(경감) 2006년 경북 예천경찰서 생활안전과장(경정) 2008년 서울지방경찰청 5기동대장 2009년 서울 은평경찰서 정보보안과장 2011년 서울지방경찰청 112센터장 2012년 서울 종암경찰서 정보보안과장 2013년 서울지방경찰청 202경비단 경비과장 2014년 경남지방경찰청 홍보담당관(총경) 2014년 치안정책과정 교육파견 2015년 경남 산청경찰서장 2016년 서울지방경찰청 청사경비대장(현) [상]대통령표창, 대통령경호실장표창, 행정안전부장관표창, 경찰청장표창

진종오(秦鍾午) JIN Jongoh

[생]1979·9·24 [본]풍기(豊基) [출]강원 [주]경기 성남시 분당구 불정로90 KT 홍보실(031-727-0114) [학]1998년 강원사대부고졸 2002년 경남대졸 [경]1995년 사격 입문, KT 사격팀 소속(현) 2002년 부산아시아경기대회 공기권총 개인전 동메달·공기권총 단체전 4위·50m 권총 개인부문 14위·50m 권총 단체전 은메달 2003년 창원월드컵사격대회 50m 권총 3위(653.4) 2004년 밀라노월드컵사격대회 50m 권총 2위(665.2) 2004년 아시아선수권대회 10m 공기권총 개인3위(581) 2004년 제28회 아테네올림픽 50m 권총 은메달 2004년 육군참모총장기 전국사격대회 50m 권총·공기권총 1위(2관왕) 2006년 중국 광저우월드컵사격대회 10m 공기권총·50m 권총 금메달 2006년 도하아시안게임 10m 공기권총 개인전 동메달·10m 공기권총 단체전 은메달·50m 권총 단체전 동메달 2007년 아시아선수권대회 50m 권총 개인2위(562) 2008년 봉황기전국대회 50m 권총 개인전 금메달 2008년 제1회 한화회장배 전국사격대회 50m 권총 우승 2008년 제29회 베이징올림픽 공기권총 10m 은메달·50m 권총 금메달 2008년 제89회 여수전국체전 2관왕(공기권총·50m 권총) 2008년 2009ISSF(국제사격연맹) 월드컵파이널대회 남자 50m 권총 우승 2009년 월드컵사격대회 남자 10m 공기권총 은메달·50m 권총 금메달 2009년 ISSF 뮌헨월드컵사격대회 남자 10m 공기권총 금메달 2009년 2009국제사격연맹(ISSF) 월드컵파이널 50m 금메달 2010년 국제사격연맹(ISSF) 월드컵파이널 10m 공기권총 금메달 2010년 광저우아시안게임 50m 권총 단체전 금메달·50m 권총 개인전 은메달·10m 공기권총 단체전 금메달 2011년 국제사격연맹(ISSF) 월드컵 50m 권총 금메달 2012년 한화회장배 전국사격대회 10m 공기권총 금메달·50m 권총 금메달 2012년 제12회 아시아사격선수권대회 10m 공기권총 개인전 금메달·50m 권총 개인전 금메달 2012년 국제사격연맹 뮌헨월드컵대회 남자 50m 권총 금메달 2012년 제30회 런던올림픽 사격 남자 10m 공기권총·50m 권총 금메달(2관왕) 2013년 국제사격연맹(ISSF) 뮌헨월드컵대회 10m 공기권총 금메달 2013년 국제사격연맹(ISSF) 그라나다월드컵대회 50m 권총·10m 공기권총 금메달(2관왕) 2013년 제94회 전국체육대회 사격 남자 일반부 50m·공기권총 개인전·단체전 금메달(3관왕) 2013년 국제사격연맹(ISSF) 뮌헨월드컵파이널 50m 권총 동메달 2014년 한화 회장배 전국사격대회 50m 권총 개인전·단체전 및 10m 공기권총 개인전·단체전 우승(4관왕) 2014년 국제사격연맹(ISSF) 베이징월드컵사격대회 남자 50m 권총 은메달 2014년 스페인 그라나다 제51회 세계사격선수권 남자 50m 공기권총 단체전 은메달·개인전 금메달(세계신기록 수립)·10m 공기권총 금메달 2014년 제17회 인천아시안게임 남자 10m 공기권총 단체전 금메달·개인전 동메달·50m 공기권총 단체전 은메달 2014년 국제사격연맹(ISSF) 선수위원(현) 2014년 제95회 전국체육대회 사격 남자 일반부 10m 공기권총 단체전·10m 공기권총

개인전 · 50m 개인전 금메달(3관왕) 2015년 국제사격연맹(ISSF) 창원월드컵대회 남자 10m 공기권총(세계신기록 206.0점) 우승 2015년 국제사격연맹(ISSF) 포트베닝월드컵사격대회 사격 남자 50m 은메달 · 10m 공기권총 개인전 금메달 2015년 제31회 대한사격연맹 회장기 전국사격대회 남자 일반부 10m 공기권총 개인전 금메달(결 합계 206.3점-한국신기록 겸 비공인 세계신기록) · 10m 공기권총 단체전 금메달 · 50m 권총 단체전 금메달 2015년 제96회 전국체육대회 사격 남자 일반부 50m 공기권총 은메달 · 10m 공기권총 금메달(5연패) 2016년 대한체육회 리우올림픽선수단 주장 2016년 제31회 리우데자네이루 올림픽 남자사격 50m 권총 금메달(올림픽 사격 사상 종목 첫 3연패 및 한국인 최초 올림픽 3회 연속 우승) 2016년 창원세계사격선수권대회 홍보대사(현) 2016년 제97회 전국체육대회 10m 공기권총 금메달 [상]국제사격연맹 올해의 선수(2008), 체육훈장 청룡장(2010), 자랑스러운 경남대인(2013), 대한체육회 체육대상(2013), 문화체육관광부 대한민국체육상 경기상(2013), 대한사격연맹 '2014 ISSF 올해의 선수'(2015) [종]불교

진종욱(陳宗煜) CHIN CHONG WOOK

[생]1970 · 11 · 30 [주]세종특별자치시 한누리대로402 산업통상자원부 산업기술정책과(044-203-4510) [학]1989년 동아고졸 1994년 연세대 화학공학과졸 [경]1995년 통상산업부 사무관 1999년 산업자원부 기획관리실 기업규제심의담당관실 사무관 2003년 同자원정책실 석유산업과 공업서기관 2007년 同에너지환경팀장 2008년 지식경제부 기후변화정책팀장 2009년 同디자인브랜드과장 2013년 산업통상자원부 산업기반실 지역산업과장 2014년 同산업정책실 기업협력과장 2015년 同산업정책실 기업협력과장(부이사관) 2016년 同산업기술정책과장(현)

진창수(陳昌洙) CHIN Chang Soo

[생]1961 · 12 · 19 [본]여양(驪陽) [출]경남 김해 [주]경기 성남시 수정구 대왕판교로851번길20 세종연구소(031-750-7520) [학]1986년 서강대 정치학과졸 1988년 同대학원 정치학과졸 1994년 정치학박사(일본 東京大) [경]1995~1996년 서울대 지역종합연구소 특별연구원 1995년 서울대 · 서강대 · 단국대 · 인하대 시간강사 1995~1996년 서강대 · 고려대 · 숭실대 시간강사 1996년 서강대 · 한국외국어대 · 인하대 시간강사 1996~1999년 세종연구소 국제정치경제연구실 연구위원 2002~2015년 同일본연구센터장 겸 수석연구위원 2007~2009년 同부소장 겸임 2014년 대통령직속 통일준비위원회 외교안보분과위원회 전문위원(현) 2015년 세종연구소 소장(현) 2016년 일본군위안부피해자지원을위한재단설립준비위원회 위원 2016년 (재)화해 · 치유재단 이사(현) [저]'동아시아 정치체제(共)'(1998) '동북아 지역안보와 일본의 역할'(1998) '규제완화의 정치 : 비교연구'(1998) '북한문제의 국제적 쟁점(共)'(1999) '전환기의 일본 안보정책'(1999) '21세기 동북아 평화증진과 북한'(2001) '한국과 일본의 금융개혁'(2001) '동북아시아에서의 경제협력의 정치경제'(2002) '일본의 정부개혁'(2003)

진철평(陳哲平) CHIN Chul Pyung

[생]1941 · 2 · 25 [출]서울 [주]서울 서초구 서운로6길22 (주)뉴코리아진흥 회장실(02-3473-4755) [학]1959년 서울고졸 1963년 서울대 상대 경제학과졸 2000년 한국외국어대 대학원 최고경영자과정 수료 [경]1965년 한국수산개발공사 무역부 입사 1976년 뉴코리아무역상사 설립 · 대표 1989년 (주)뉴코리아진흥 회장(현) 1993년 진안카벨 설립 · 대표이사 1996년 진안정보통신 설립 · 대표이사 1999년 한국무역대리점협회 연수원장 2001년 同회장 2002~2004년 한국수입업협회 회장 2003년 한국무역협회 이사 2004년 조선대 초빙객원교수 2006년 중국 CCPIT 명예회장 2015년 한국무역협회 비상근부회장(현) [상]석탑산업훈장(2003), 삼육대총장 감사패(2003), 중국 상무부 감사패(2004) [종]기독교

진태옥(陳泰玉 · 女) JIN Tae Ok

[생]1934 · 6 · 20 [출]함남 원산 [주]서울 강남구 삼성로758 (주)진태옥 디자이너실(02-518-8029) [학]1963년 국제복장학원졸 [경]1963년 이종천패션연구소 근무 1965년 프랑소와즈(여성복) 설립 1978년 베베프랑소와즈(아동복) 설립 1986년 프랑소와즈옴므(남성복) 설립 1987년 1 · 2회 Art To Wear(국립현대미술관 초대전) 1990년 서울패션디자이너협의회(SFAA: Seoul Fashion Artist Association) 결성 · 초대회장 1990년 SFAA 서울콜렉션 연속 발표 1992년 (주)진태옥 대표디자이너(현) 1994년 뉴욕 버그도프굿맨(Bergdorf Goodman) 백화점 입점 1996년 (주)클리포드社와 JINTEOK NECKWEAR 라이센스 브랜드 전개 1998년 영국 PHAIDON사 발행 'THE FASHION BOOK(ART분야 세계최고의 권위지)'에서 '20세기를 빛낸 패션인 500인'에 한국인 최초로 선정 [상]동아일보제정 87디자이너상(1988), 상공부장관 최고디자이너상(1994), 대통령표창(1996), ELLE지 선정 올해의 디자이너상(1997), 정헌재단 정헌섬유산업상(1999), 화관문화훈장(2007), 세계패션그룹(FGI) 한국협회 올해의 패션대상(2009) [저]회고작품집 '비욘드 네이처(Beyond Nature)' [작]'서울올림픽 유니폼 디자인' '아시아나항공 유니폼 디자인'

진현민(陳賢敏)

[생]1974 · 9 · 3 [출]전남 고흥 [주]서울 서초구 서초중앙로157 서울고등법원(02-530-1114) [학]1991년 광주 인성고졸 1995년 서울대 사법학과졸 [경]1996년 사법시험 합격(38회) 1999년 사법연수원 수료(28기) 1999년 공군 법무관 2002년 서울지법 판사 2004년 서울가정법원 판사 2006년 전주지법 판사 2010년 의정부지법 판사 2011년 사법연수원 교수 2013년 서울고법 판사 2014년 광주지법 · 광주가정법원 목포지원 부장판사 2015년 서울고법 판사(현)

진현숙(陳賢淑 · 女) Jin, Hyun Sook

[생]1960 · 9 · 28 [주]서울 송파구 올림픽로240 MBC플레이비(주) 사장실(02-789-0011) [학]1983년 고려대 가정교육학과졸 2003년 同대학원 언론학과졸 [경]1982년 MBC 입사 2000년 同라디오국 라디오2 차장 2001년 同라디오3 차장 2003년 同라디오3CP 부장 2004년 同라디오본부 위원(부장) 2005년 同라디오본부 3CP 2010년 同창사50주년기획단 부단장 2011년 同콘텐츠개발 2부장 2011년 MBC플레이비(주) 대표이사 사장(현)

진현환(陳玄煥) JIN Hyun Hwan

[생]1965 · 4 · 3 [출]경북 금릉 [주]세종특별자치시 도움6로11 국토교통부 도시정책관실(044-201-3704) [학]1984년 김천고졸 1989년 연세대 경제학과졸 2006년 영국 버밍엄대 대학원 사회정책학과졸 [경]2002년 건설교통부 주택도시국 주택정책과 사무관 2002년 同주택도시국 주택정책과 서기관 2003년 同건설경제심의관 겸 해외건설협력담당관실 서기관 2006년 同정책조정팀장 2008년 국토해양부 정책조정팀장 2008년 대통령실 파견(부이사관) 2009년 국토해양부 주택정책과장 2011년 同도시정책과장 2011년 해외 파견(부이사관) 2014년 국토교통부 토지정책과장 2014년 同기획조정실 기획담당관 2015년 同장관 비서실장 2015년 同국토도시실 도시정책관(국장급)(현)

진형구(秦炯九) CHIN Hyung Gu

[생]1945 · 9 · 24 [출]경기 광주 [주]서울 서초구 서초중앙로26길18 진영빌딩3층 진형구법률사무소(02-535-2090) [학]1963년 서울 경복고졸 1967년 서울대 공대 전기공학과졸 1972년 同대학원 법학과졸 1975년 법학박사(서울대) 1980년 미국 서던메소디스트대 대학원 비교법학과졸(MCL) [경]1970년 사법시험 합격(11회) 1972년 사법연수원 수료(1기) 1972~1983년 부산지검 · 군산지청 · 서울남부지청 · 인천지청 · 법무부 검찰3과 검사 1983년 대검찰청 검찰연구관 1985년 同전산관리담당관 1986년 법무부 인권과장 1987년 同법무과장 1989년 서울지검 서부지청 형사2부장 1990년 서울고검 검사 1991년 서울지검 총무부장 1992년 同조사부장 1993년 전주지검 차장검사 1993년 서울지검 제2차장검사 1994년 同서부지청장 1995년 대검찰청 공판송무부장 1996년 同감찰부장 1998년 同공안부장 1999년 대전고검장 2000년 변호사 개업(현) 2002년 월간지 '차이나라이프' 발행인 2005~2011년 (주)한국DMB 회장 2006년 법무법인 산경 고문변호사 2008년 HG컨설팅그룹 대표이사 2011년 (주)한국DMB 사외이사 2013년 법무법인 강남 고문변호사 [상]홍조근정훈장(1983)

진 홍(陳 鴻) JIN Hong

[생]1958 · 9 · 10 [출]전북 전주 [주]전북 전주시 완산구 효자로225 전라북도청 정무부지사실(063-280-2020) [학]1977년 전주고졸 1981년 연세대 경영학과졸 1982년 전북대 대학원졸 1990년 일본 사이타마대 대학원졸 [경]1982년 행정고시 합격(25회) 1982년 총무처 사무관 2001~2005년 대통령비서실 행정관 2005년 산업자원부 무역위원회 무역조사실장 2005년 미국 Univ. of California San Diego 교육파견 2006년 산업자원부 전기위원회 사무국장 2007년 同지역산업균형발전기획관 2008년 지식경제부 기획조정실 정책기획관 2009년 同기후변화에너지정책관 2010~2011년 同무역위원회 상임위원(고위공무원) 2011~2014년 한국생산성본부(KPC) 회장 2016년 전북도 정무부지사(현)

진화근(陳華根) JIN Hwa Keun

쌩1952 · 9 · 3 출경남 창원 주서울 중구 삼일대로363 한화S&C(주) 임원실(02-729-3807) 학1970년 마산상고졸 1976년 명지대 경영학과졸 경1986년 한화종합화학(주) 입사 1993년 한화리조트 지원부문 · 원료부문 임원 1995년 한화종합화학(주) 이사보 1999년 한국석유화학(주) 이사보, 同상무이사 2000년 한화국토개발(주) 재경담당 상무이사, 同재경담당 전무이사 2004년 한화석유화학(주) 재경부문 전무이사 2006년 同재경부문총괄 전무이사 2009~2014년 한화S&C(주) 대표이사 2014년 同고문(현)

진효근(陳孝根) JIN Hyo Keun (和谷)

쌩1956 · 4 · 26 출서울 주서울 서초구 효령로53길18 304호 진효근법률사무소(02-588-6796) 학1975년 서울고졸 1979년 한양대 법학과졸 1986년 同대학원졸 1988년 미국 일리노이대 대학원졸 경1981년 사법시험 합격 1983년 사법연수원 수료(13기) 1984년 변호사 개업(현) 2002년 서울지방변호사회 당직변호사 운영위원장, 법무법인 신화 변호사 2009~2015년 서울중앙지방법원 조정센터 상임조정위원 2014~2016년 교통안전공단 비상임이사 2015년 대한변호사협회 감사(현) 전'특허 실용신안 법률지식'

진희선

쌩1964 · 2 · 17 주서울 중구 세종대로110 서울특별시청 도시재생본부(02-2133-8600) 학1988년 연세대 건축공학과졸 1996년 미국 아이오와주립대 대학원 도시계획학과졸 2007년 도시공학박사(연세대) 경1987년 기술고시 합격(23회) 2003년 서울시 도시계획국 뉴타운사업반장 2004년 금천구 도시관리국장 2006년 서초구 도시디자인국장 2008년 서울시 도시계획국 도시관리과장 2011년 同주택본부 주거정비과장 2012년 同주택정책실 주거재생정책관 2014년 同주택정책실장 직대 2015년 同주택건축국장(지방이사관) 2015년 同도시재생본부장(지방관리관)(현)

한국인물사전

2017

YONHAPNEWS

ㅊ

차경섭(車敬燮) CHA Kyung Sub

생1919·1·4 본연안(延安) 출평북 용천 주경기 성남시 판교로335 차병원그룹 임원실(031-881-7380) 학1941년 세브란스의학전문학교졸 1962년 의학박사(연세대) 1996년 명예 의학박사(경희대) 1996년 명예 이학박사(필리핀 필리핀여자대) 경1960~1963년 이화여대 의대 산부인과학교실 교수 1960년 차산부인과 개원·원장 1970년 연세대 의과대학 외래교수 1984년 차병원 개원·원장 1987~1988년 학교법인 고황재단(경희대) 이사 1988~1993년 同이사장 1990년 의료법인 성광의료재단 차병원 이사장 1992년 여성의학연구소·기초의학연구소·유전학연구소 개소 1993년 대한산부인과학회 회장 1993~1996년 밝은사회국제클럽 한국본부 총재 1996~2013년 학교법인 성광학원(CHA의과학대) 이사장, 차병원그룹 명예이사장(현) 상제10회 훌륭한아버지상(1995), 대한산부인과학회 공로메달(1997), 국민훈장 무궁화장(2005), 제4회 서재필의학상(2007), 자랑스러운 연세인상(2009) 역'산부인과 임상지침' 종기독교

차경애(車敬愛·女) Cha, Kyung-Ae

생1958·7·1 주서울 동대문구 이문로107 한국외국어대학교 사범대학 영어교육과(02-2173-3177) 학1980년 이화여대 영어교육학과졸 1982년 한국외국어대 통역대학원 한영통역학과졸 1987년 미국 Univ. of Texas 대학원졸 1993년 영어교육학박사(미국 Univ. of Texas) 경1983년 한국외대 시간강사 1993년 이화여대·서강대·중앙대 강사 1995년 한국외국어대 사범대학 영어교육과 조교수·부교수·교수(현) 2009~2010·2015년 同TESOL대학원장(현)

차경택(車冏澤)

생1962·6·27 출대구 주충남 아산시 신창면 황산길100의50 경찰대학 기획협력과(041-968-2114) 학경찰대 법학과졸(1기), 미국 플로리다주립대 대학원 범죄학과졸 경대구 달서경찰서 보안과장, 경기 의왕경찰서장, 駐태국대사관 1등서기관, 경찰청 외사국 외사정보과 근무 2009년 대통령소속 군의문사진상규명위원회 파견(총경) 2010년 충남지방경찰청 청문감사담당관 2010년 충남 청양경찰서장 2011년 경찰청 외사기획과 총경, 서울 용산경찰서 보안과장, 駐필리핀대사관 영사, UN동티모르지원단 한국경찰단장 2014년 경기 연천경찰서장 2016년 경찰대학 기획협력과장(현) 상녹조근정훈장, 외교통상부장관표창 저'경찰외사론'

차경환(車京煥) CHA Kyung Hwan

생1969·1·7 출서울 주서울 서초구 반포대로158 서울고등검찰청 차장검사실(02-530-3202) 학1987년 단국대사대부속고졸 1991년 서울대 법학과졸 경1990년 사법시험 합격(32회) 1993년 사법연수원 수료(22기) 1993년 軍법무관 1996년 서울지검 검사 1998년 대전지검 천안지청 검사 2000년 법무부 검찰4과 검사 2001년 同검찰1과 검사 2004년 서울서부지검 검사 2004년 대검찰청 검찰연구관 2007년 춘천지검 영월지청장 2008년 수원지검 부장검사 2008년 미국 LA총영사관 법무협력관 2009년 서울고검 검사 2009년 대검찰청 정책기획과장 2010년 서울중앙지검 형사6부장 2011년 법무부 대변인 2012년 同정책기획단장 2012년 서울고검 검사 2013년 수원지검 제2차장검사 2015년 법무부 인권국장 2015년 서울고검 차장검사(검사장급)(현)

차광렬(車光烈) Cha Kwang Yul

생1952·12·23 본연안(延安) 출서울 주경기 성남시 판교로335 차병원그룹 임원실(031-881-7380) 학1971년 대광고졸 1977년 연세대 의대졸 1982년 同대학원졸 경1977년 세브란스병원 해부병리학 조교 1978~1979년 同레지던트 1979~1983년 同산부인과 전공의 1983년 연세대 대학원 의학과 Research Fellow 1984년 미국 남가주대부속병원 Post-Doc. 1984년 강

남차병원 설립 1992~2016년 차병원 여성의학연구소 소장 1995년 분당차병원·분당차한방병원 설립 1996년 포천중문의과대 설립 1997년 同총장 1997년 同의과대학 의학과 교수 1998년 미국 컬럼비아대 교수 겸 C·C불임치료센터 소장 1999년 구미차병원 설립 2000년 대구여성차병원 설립 2000년 차바이오텍 설립 2001년 미국 Cha Health Systems Chairman 2003년 차병원 공익제대혈은행 설립 2005~2007년 미국 Hollywood Presbyterian Hospital Chairman 2005~2007년 미국 CHA Regenerative Medicine Institute President 2006년 분당차여성병원 설립 2006년 차통합줄기세포치료연구소 공동연구소장, 차재생의학연구소 대표, 차병원그룹 회장(현) 2014년 차바이오컴플렉스 초대원장(현) 2015년 환태평양불임학회 회장(현) 2016년 첨단재생의료산업협의체 초대 회장(현) 상미국 불임학회 최우수논문상(1989·2003·2004), 대한불임학회 우수논문상(1993·1994), 유럽생식의학회 우수논문상(1994), 한국과학재단 의학논문상(1997), 미국 불임학회 최우수영상논문상(2000·2005), 헐리우드 영웅들상(2012) 저'ADVANCED TREATMENT IN INFERTILITY'(1996) 'INFERTILITY, FROM TREATMENT TO DELIVERY'(2001) 'THE PRENATAL PRESCRIPTION'(2003) 'LATE DELIVERY'(2004) 등 다수 종기독교

차광선(車光善) CHA Kwang Sun

생1946·9·10 출충남 아산 주서울 강서구 금낭화로234 국제청소년센터2층 세계도덕재무장(MRA/IC) 한국본부(02-2662-7360) 학성남고졸, 명지대 영어영문학과졸, 문학박사(명지대) 경1971~1972년 세계도덕재무장(MRA/IC) 한국본부 뉴스편집장 1972~1978년 명지중·고 영어교사 1978~1985년 한국청소년단체협의회 총무부장·기획부장 1982~1999년 세계도덕재무장(MRA/IC) 한국본부 이사 1986~2001년 한국청소년단체협의회 사무총장 1987~2005년 민주평통 자문위원 1989~1999년 문화관광부 청소년육성실무위원회 위원 1990~2004년 명지전문대 겸임교수·명지대 강사·호서대 초빙교수 1991~2001년 국제청소년광장(IYF) 준비위원장 1997~2000년 국무총리실 청소년보호위원회 정책자문위원회 분과위원 1998~2008년 아시아청소년단체협의회(AYC : 20개국) 수석부회장 1999~2012년 세계도덕재무장(MRA/IC) 한국본부장 1999~2013년 한국엡손청소년육성재단 이사 2001~2004년 국립중앙청소년수련원 전문위원 2003~2012년 서울시 청소년위원회 위원 2004년 동북아청소년(대학생)포럼 위원장(현) 2005~2009년 한국청소년단체협의회 부회장 2005~2012년 호서대 교양학부 교수 2006~2008년 국무총리실 국가청소년위원회 국제교류분과 위원 2007~2012년 청소년교류센터 소장 2009~2013년 한국청소년단체협의회 회장 2012년 여성가족부 정책자문위원(현) 2012년 세계도덕재무장(MRA/IC) 한국본부 총재(현) 상서울시교육감표창(1976), 대통령표창(1991), 교육부장관표창(1992), 문화체육부장관표창(1995), 국민훈장 목련장(2002), 아시아청소년지도자상(2008), 세계청년지도상(2009), 여성가족부 푸른성장대상(2012)

차광중(車光重)

생1945 주서울 종로구 계동길31 (주)삼양인터내셔날그룹 임원실(02-3670-9711) 학1971년 연세대 경영학과졸 경1970년 럭키 입사 1995년 LG화학 상무이사 1997년 옥산유통 대표이사 2001년 (주)삼양인터내셔날 대표이사 사장(현)

차국헌(車國憲) Char, Kookheon

생1958·7·17 주서울 관악구 관악로1 서울대학교 공과대학 화학생물공학부 302동725호(02-880-7431) 학1981년 서울대 화학공학과졸 1983년 한국과학기술원(KAIST) 화학공학졸 1989년 화학공학박사(미국 스탠퍼드대) 경1983~1984년 럭키화학 중앙연구소 연구원 1989~1990년 미국 IBM Almaden Research Center 객원연구원 1990~1991년 LG화학 고분자연구소 선임연구원 1990년 미국물리학회 정회원 1990년 미국화학회·미국재료학회 정회원(현) 1991년 서울대 공과대학 화학생물공학부 조교수·부교수·교수(현) 1997년 스위스 로잔공대(EPFL) 재료공학과 초빙교수 1997~1998년 미국 Cornell Univ. 재료공학과 초빙교수 2005년 프랑스 EPEL 초빙교수 2006년 서울대 융합과학기술대학원 교수 겸임(현) 2008년 同WCU 에너지환경융합전공 교수 겸임(현) 2009년 미국 메사추세츠공과대(MIT) 초빙교수 2010년 서울대 공과대학 화학생물공학부 학부장 2010년 미국물리학회 석학회원(현) 2010년 한국공학한림원 정회원(현) 2010년 지능형유도조합체창의연구단(한국연구재단 지원) 연구단장(현) 2011년 독일 구텐베르크연구재단(GRC) 석학회원(현) 2012년 한국과학기술한림원 정회원(현) 2016

년 (주)LG화학 사외이사(현) [상]한국반도체조합 시스템 집적 반도체 개발사업 선행기반 분야 우수연구개발상(2003), 서울대 우수연구교수(2003), 서울대 우수업적교수(2003), 한국화학공학회 최우수화공인상(2005), 독일 마인츠대 구텐베르크 리서치 어워드(2006), 한국공학한림원 젊은공학인상(2008), Merck Award(2010), 신양공학상(2011), 한국고분자학회 삼성고분자학술상(2012), 국무총리표창(2012) [저]'Block Copolymers and Adhesion between Immiscible Polymers'(1991) 'Changes of Interfacial Adhesion by The Addition of Reactive Polymers'(1997) 'SAXS and Rheological Studies on the Order-Disorder Transition in Mixtures of Polystyrene-b-Polyisoprene-b-Polystyrene and Low Molecular Weight Polystyrene'(2000) 'The Rheology of Semiconductors'(2001) 'Session2 : Back-End Process & Low-k Inerconnect'(2004) 'Electronic Devices'(2004) 'Functional Polymer Films Volume 2 : Characterization and Applications-Hybrid Multilayer Films Containing Nano-Objects'(2011)

차규근(車圭根) CHA Gyu Geun

[생]1968·4·11 [출]경남 합천 [주]서울 서초구 서초대로272 한국아이비에스빌딩 법무법인 공존(02-532-6464) [학]1986년 대구 달성고졸 1991년 서울대 법학과졸 1995년 同대학원 법학과 수료 2005년 일본 규슈대 대학원 국제관계법학과졸 [경]1992년 사법시험 합격(34회) 1995년 사법연수원 수료(24기) 1998년 동신제약(주) 사외이사 2002년 서울지방변호사회 재무위원회 간사 2002년 SBS 자문변호사 2002~2004년 여주대 감사 2003~2004년 대한변호사협회 법률구조재단 이사 2006~2011년 법무부 출입국·외국인정책본부 초대 국적·난민과장(부이사관) 2008~2011년 同국적법개정소위원회 위원 및 간사 2012년 법무법인 공존 설립·대표변호사(현) 2013년 외교통상부 재외공관영사선발 면접위원 2013년 한국이민학회 이사 2014년 중국동포연합중앙회 한국측 고문변호사(현) [상]대한상공회의소회장표창, 병무청장표창, 법무부장관표창, 보건복지부장관표창 [저]'무죄다라고 말할 수 있는 용기'

차규석(車圭錫) CHA Gyu Suk

[생]1953·5·25 [본]연안(延安) [출]광주 [주]광주 남구 효덕로227 광주대학교 소방행정학과(062-670-2616) [학]1972년 광주제일고졸 1976년 전남대 농화학과졸 1986년 독일 마르부르크대 화학과졸 1989년 同대학원 물리화학과졸 1992년 이학박사(독일 마르부르크대) [경]1980~1983년 농업과학생명원 연구사 1989년 독일 마르부르크대 물리화학연구소 전임연구원 1993~1994년 건국대·한신대 강사 1995년 광주대 공대 환경공학과 전임강사 1997년 同토목환경공학부 조교수, 익산국토관리청 설계자문위원, 산업기술평가원 평가위원, 광주시 환경분쟁조정위원, 同지방재해영향평가위원(현), 同환경정책위원, 同건설기술심의위원, 同도시경관위원(현), 영산강유역환경청 화학사고대응민관협의회 위원, 사회단체보조금 심의위원, 전남도 건설기술자문위원, 同경관심의위원, 영산강환경관리청 영향평가심의위원, 同중권수계관리위원, 同친화기업심사위원(현), 남악신도시 마스터플랜 심의위원, 한국환경공단 기술심의위원, 同호남권관제센타 기술검토심의위원(현) 2001~2007년 광주대 환경공학과 부교수, 환경기술진흥원 녹색기술심의위원(현), 광주지역환경기술개발센터 심의위원(현) 2006~2008년 한국냄새환경학회 이사, 한국지반환경공학회 이사 2007년 광주대 소방방재학과 교수 2010년 同소방행정학과 교수(현) [상]환경부장관표창(2013) [저]'최신 대기오염방지기술' '환경과 인간' '방제연설비' '가스안전' [역]'연소학' [종]기독교

차기벽(車基璧) CHA Ki Pyok (玉田)

[생]1924·11·28 [본]연안(延安) [출]평북 용천 [주]서울 종로구 성균관로25의2 성균관대학교 정치외교학과(02-760-0379) [학]1945년 경성경제전문학교졸 1950년 서울대 문리대 정치학과졸 1958년 미국 클레어몬트대 대학원 수료 1971년 문학박사(서울대) [경]1954~1961년 경북대 전임강사·조교수·부교수 1961년 성균관대 부교수 1962~1990년 同법정대 정치외교학과 교수 1966~1973년 同사회과학연구소장 1976년 한국정치학회 회장 1977년 성균관대 법정대학장 1984~1986년 同대학원장 1989년 대한민국학술원 회원(비교정치학·현) 1990년 성균관대 정치외교학과 명예교수(현) [상]국민훈장 모란장(1990) [저]'간디' '근대화 정치론'(1969) '자유와 책임' '한국민족주의의 이념과 실태'(1978) '민주주의의 이념과 역사'(1980) '정치와 정치사상' '일제의 한국식민통치' '민족주의' '일본현대사의 구조' '간디의 생애와 사상'(1989) '민족주의원론'(1990) [역]'평화의 조건' '입헌정치의 재검토' '민족주의' '혁명의 해부' '희망의 정치' 등 [종]기독교

차기욱(車基旭)

[생]1961·11·10 [출]충북 [주]대전 대덕구 신탄진로200 한국수자원공사 수자원사업본부(042-629-2204) [학]1980년 충북고졸 1987년 충북대 토목학과졸 1992년 同대학원 토목공학과졸 2007년 토목공학박사(미국 콜로라도주립대) [경]1988년 한국수자원공사(K-water) 입사 2005년 同물관리센터 팀장 2010년 同수자원사업처 팀장 2013년 同미래조사처장 2014~2015년 同댐·유역관리처장, 한국하천협회 이사(현) 2014년 한국수자원학회 이사·부회장(현) 2014년 한국물학술단체연합회 부회장(현) 2015년 한국대댐회 기획부회장(현) 2015년 한국수자원공사(K-water) 수자원사업본부장(상임이사)(현) [상]건설교통부장관표창(2001), 국무총리표창(2008), 대통령표창(2015) [저]'저수지 연계운영 메뉴얼'(1994) 'Smart한 하천관리를 위한 미래전략 및 기술제안'(2014) '댐시설 안전점검 실무핸드북'(2015)

차기철(車基哲) CHA Ki Chul

[생]1958·1·22 [출]대전 [주]서울 강남구 논현로2길54 (주)인바디 비서실(02-501-3939) [학]1976년 대광고졸 1980년 연세대 기계공학과졸 1982년 한국과학기술원 기계공학과졸 1988년 미국 유타대 대학원 생체공학과졸 1992년 생체공학박사(미국 유타대) [경]1982~1986년 대림기술연구소 연구원 1992~1995년 미국 하버드대 의대 연구원 1995~2014년 (주)바이오스페이스 대표이사 사장 2014년 (주)인바디 대표이사 사장(현) [상]연세 자랑스런 공학인상(2010), 과학기술훈장 웅비장(2012)

차기환(車基煥) CHAH Kee Whahn

[생]1963·2·22 [출]부산 [주]서울 서초구 강남대로299 강남메트로빌딩10층 우정합동법률사무소(02-583-1288) [학]1981년 여의도고졸 1985년 서울대 법학과졸 1996년 미국 컬럼비아대 연수 [경]1985년 사법시험 합격(27회) 1988년 사법연수원 수료(17기) 1989년 軍검찰관 1998년 서울지법 의정부지원 판사 1998년 변호사 개업, (주)바른손 사외이사, 법무법인 두우 변호사, 우정합동법률사무소 공동대표변호사(현) 2009~2015년 방송문화진흥회 이사 2014년 4·16세월호참사특별조사위원회 비상임위원(현) 2015년 한국방송공사(KBS) 이사(현)

차길수(車吉洙) CHA Gil Soo

[생]1960·9·30 [출]서울 [주]서울 서대문구 경기대로9길 24 경기대학교 호텔경영학과(02-390-5095) [학]1986년 경기대 관광경영학과졸 1988년 미국 Nevada대 대학원졸 1989년 미국 New Haven대 대학원 호텔경영학과졸 1994년 경영학박사(경기대) [경]1989~1990년 영진전문대 시간강사 1990~2002년 경기대 호텔경영학과 시간강사·전임강사·조교수·부교수 2002년 同호텔경영학과 교수(현) 2002년 同대학원 교학부장 2014~2016년 同관광전문대학원장 2016년 同교무처장(현) [저]'서비스기업의 인간관계관리' '관광학연구의 현황과 과제' '호스피탈리티산업의 이해' '호텔경영학' '관광사업론' '여행사경영실무'

차남규(車南圭) CHA Nam Gyu

[생]1954·1·1 [출]부산 [주]서울 영등포구 63로50 한화생명보험(주) 사장실(02-789-8087) [학]부산고졸, 고려대 법학과졸 [경]1979년 한화기계 입사 1996년 同이사보 1997년 同이사 1998년 FAG한화베어링(주) 상무 1999년 한화정보통신(주) 성남공장장(상무) 2001년 여천NCC(주) 상무이사 2002년 대한생명보험 지원총괄 전무 2005년 同국제업무팀 중국주재 임원(전무) 2007~2009년 한화테크엠 대표이사 2009년 대한생명보험(주) 보험영업총괄 부사장 2012년 한화생명보험(주)(舊대한생명보험) 대표이사 사장(현) 2014~2015년 대한승마협회 회장 [상]철탑산업훈장(2008)

차대영(車大榮) CHA Dae Young

[생]1957·7·27 [본]연안(延安) [출]경기 평택 [주]경기 화성시 봉담읍 와우안길17 수원대학교 조형예술학부 한국화과(031-220-2540) [학]1975년 환일고졸 1979년 홍익대 동양화과졸 1985년 同대학원 동양화과졸 2000년 동방대학원대 서화예술학박사과정 수료 [경]1993년 수원대 조형예술학부 한국화과 전임강사·조교수·부교수·교수(현) 1996~1998년 同조형예술학부장 2001~2010년 (사)서울미술협회 부회장 2004~2009년 국제미술교류협회 회장

2010~2013년 (사)한국미술협회 이사장 2012~2014년 (사)한국문화예술단체총연합회 부회장 [상]대한민국미술대전 특선(1989), MBC미술대전 장려상(1991), 대한민국미술대전 대상(1991), 한국미술작가상(1999), MANIF 서울국제아트페 대상(1999), 환경부장관표창(2007), 올해의 예술가상(2012) [저]'미술과 생활'(2003, 대한교과서) [작]개인전 72회(미국 · 일본 · 중국 · 독일 · 프랑스 · 싱가폴 · 인도네시아 등), 해외전 및 기획단체전 1200회 [종]불교

차덕운(車德雲) Cha Dug-oon

[생]1956 · 8 · 11 [본]연안(延安) [출]전남 강진 [주]전남 목포시 삼향천로110 목포소방서 서장실(061-280-0701) [학]1990년 한국방송통신대 경제학과졸 [경]1983~1989년 목포소방서 근무 1990~1994년 광양소방서 · 전남도소방본부 근무 1995년 영암 · 장흥119안전센터장 2000년 나주소방서 장비담당 2003년 전남도소방본부 인사 · 예방조정관 2005년 영광소방서 소방과장 2007~2011년 전남도소방본부 장비담당 · 담양소방서 소방과장 · 전남도소방본부 소방행정담당 2012년 강진소방서장 2014년 목포소방서장(현) [상]전남도지사표창(1993), 행정자치부장관표창(1998 · 2002), 대통령표창(2010)

차동민(車東旻) CHA Dong Min

[생]1959 · 11 · 29 [출]경기 평택 [주]서울 종로구 사직로8길 39 세양빌딩 김앤장법률사무소(02-3703-1114) [학]1977년 제물포고졸 1981년 서울대 법학과졸 [경]1980년 사법시험 합격(22회) 1983년 사법연수원 수료(13기) 1983년 軍법무관 1986년 서울지검 검사 1989년 춘천지검 강릉지청 검사 1991년 법무부 검찰3과 검사 1993년 서울지검 검사 1994년 서울고검 검사 1995년 대전지검 강경지청장 1996년 대검찰청 검찰연구관 1998년 수원지검 공안부장 1999년 대검찰청 공보담당관 2001년 서울지검 특수3부장 2002년 同특수2부장 2003년 부산고검 검사 2004년 대검찰청 수사기획관 2005년 수원지검 안산지청장 2006년 대검찰청 기획조정부장 2008년 법무부 검찰국장 2009년 수원지검장 2009년 대검찰청 차장검사 2011년 서울고검장 2011년 김앤장법률사무소 변호사(현) 2013년 삼성언론재단 비상임이사(현) 2013년 두산중공업(주) 사외이사(현) [상]황조근정훈장(2009)

차동언(車東彦) CHA Dong Eon

[생]1963 · 12 · 1 [출]울산 [주]서울 강남구 영동대로517 아셈타워22층 법무법인 화우(02-6003-7521) [학]1982년 경기고졸 1986년 서울대 법대졸 1992년 미국 워싱턴주립대 대학원 수료 2007년 법학박사(동국대) [경]1985년 사법시험 합격(27회) 1988년 사법연수원 수료(17기) 1988년 육군 법무관 1991년 서울지검 동부지청 검사 1992년 미국 워싱턴주립대 대학원 연수 1993년 대구지검 경주지청 검사 1995년 인천지검 부천지청 검사 1996년 미국 조지워싱턴대 대학원 연수 1997년 수원지검 검사 1999년 서울지검 검사 2000년 춘천지검 부부장검사 2001년 창원지검 통영지청 부장검사 2002년 서울지검 부부장검사 2003년 인천지검 조사부장 2004년 의정부지검 형사3부장 2005년 부산지검 형사3부장 2006년 서울중앙지검 형사8부장 2007년 형사통합추진단장 파견 2008년 대구지검 2차장검사 2009년 광주지검 순천지청장 2009년 서울고검 검사 2010년 대검찰청 연구관 겸 국제협력단장 2010~2011년 대구고검 검사 2010~2011년 공정거래위원회 법률자문관 2011년 법무법인 화우 변호사(현) 2012년 서울시 동대문구 법률고문(현) 2012년 법제처 법령해석심의위원회 위원(현) [저]'형사증거법I'(2007, 법문사)

차동옥(車東鈺) CHAH Dong Ok

[생]1955 · 12 · 16 [출]충북 괴산 [주]서울 종로구 성균관로25의2 성균관대학교 경영학과(02-760-0457) [학]1975년 경복고졸 1982년 성균관대 영어영문학과졸 1984년 서울대 경영대학원졸 1992년 경영학박사(미국 메릴랜드대) [경]서울대 · 고려대 강사, 성균관대 경영학과 교수(현), 대유리젠트증권(주) 사외이사, 한국경영자총협회 자문위원 2002년 성균관대 경영학과장 2005~2007년 同대외협력처장, 오성엘에스티(주) 비상근감사 2008~2009년 한국인사관리학회 회장 2008년 성균관대 경영학부 경영연구소장 2009년 同경영전문대학원 부원장, (사)한국리더십학회 부회장(현) 2011~2013년 성균관대 국제처장 2012~2013년 대한경영학회 회장 2012~2014년 현대증권(주) 사외이사 [저]'조직행동론'(2004, 성균관대 경영대학원 iMBA) '라이벌 리더십'(2007, (주)크레듀) '과천CS'(2008, 한국노동연구원 부설 뉴패러다임센터)

차동완(車東完) TCHA Dong Wan

[생]1947 · 1 · 31 [출]서울 [주]서울 광진구 능동로120 건국대학교 정보통신대학원 정보보안학과(02-450-3952) [학]1965년 경기고졸 1969년 서울대 전자공학과졸 1972년 미국 노스웨스턴대 대학원 산업공학과졸 1975년 경영과학박사(미국 노스웨스턴대) [경]1975~1985년 한국과학기술원(KAIST) 조교수 · 부교수 1985년 同테크노경영대학원 경영학전공 교수 1990~1992년 한국경영과학회 부회장 1996년 한국과학기술원 테크노경영대학원 통신MBA전공 책임교수 1996~2002년 同통신경영정책연구센터 소장 1998년 한국경영과학회 회장 2000년 한국공학한림원 정회원 2000년 미국세계인명사전 마르퀴즈 후즈 후 등재 2002년 한국과학기술원 최고텔레콤경영자과정 책임교수 2006년 同정보미디어경영대학원장, 同정보미디어경영대학원 경영학전공 교수, 同명예교수(현) 2012년 건국대 정보통신대학원 정보보안학과 석좌교수(현) [상]영국 Operational Research Society 최우수논문상(1997), 한국과학기술원 학술상(2001), 서울대 자랑스런 동문상(2005) [저]'디지털융합기술세계 I : 디지털통신과 인터넷' '개념으로 풀어본 정보통신세계' '개념으로 풀어본 인터넷기술세계' '개념으로 풀어본 인터넷정보기술'

차동욱(車東昱) CHA Dong Wook

[생]1953 · 7 · 24 [본]연안(延安) [출]전남 순천 [주]경기 시흥시 마유로320 스마트세무법인 시흥지점(031-509-3113) [학]광주제일고졸, 건국대 행정대학원졸 [경]국세청 입청(7급 공채), 수원세무서 납세자보호담당관 1999년 천안세무서 조사과장 2001년 중부지방국세청 조사2국 3과 근무 2003년 동수원세무서 법인재산과장 2004년 중부지방국세청 조사1국 3과 사무관 2006년 同조사1국 3과 서기관 2008년 영동세무서장 2009년 천안세무서장 2010년 시흥세무서장 2012년 스마트세무그룹 세무사차동욱사무소 대표세무사 2013년 스마트세무법인 시흥지점 세무사(현) [상]법무부장관표창(1988), 모범공무원상(1992), 대통령표창(2005), 홍조근정훈장(2012) [종]천주교

차동익(車東益) CHA, DONG IK

[생]1959 · 8 · 25 [주]경기 안성시 금광면 금광오산로252 (주)메덱셀 대표이사실(070-7542-4469) [학]1978년 충암고졸 1986년 연세대 의용공학과졸 1993년 同산업대학원 전자공학과졸 2004년 의용전자공학박사(연세대) [경]1985~1995년 (주)중외메디칼 연구소 근무 1996~2007년 (주)GE Healthcare Korea 근무 2008~2014년 (주)원익 대표이사 2012년 한국의료기기산업협회 이사 (현) 2014~2015년 同메디컬본부장 2015년 (주)메덱셀 대표이사(현)

차동형(車東炯) CHA Dong Hyeong

[생]1962 · 8 · 28 [본]연안(延安) [출]부산 [주]서울 영등포구 국회대로70길18 새누리당 수석전문위원실(02-3786-3000) [학]1981년 브니엘고졸 1985년 서울대 경영학과졸 1989년 同대학원 경영학과졸 [경]1989년 행정사무관(시보)공채 합격 1990년 상공부 사무관 1991년 同행정관리담당관실 사무관 1992년 同수입과 사무관 1993년 상공자원부 무역정책과 사무관 1996년 미국 미시간대 국외훈련 1997년 통상산업부 전기공업과 사무관 1998년 산업자원부 에너지정책과 사무관 2000년 同섬유패션산업과 사무관 2001년 同미주협력과 사무관 2002년 同투자진흥과 사무관 2002년 미국 허드슨연구소 파견 2005년 산업자원부 무역조사실 산업피해조사과장 2006년 同무역투자실 수출입과장 2006년 同수출입팀장 2007년 同반도체디스플레이팀장 2008년 지식경제부 반도체디스플레이과장(서기관) 2008년 同반도체디스플레이과장(부이사관) 2008년 대통령자문 미래기획위원회 미래산업팀장 2010년 대통령직속 녹색성장위원회 에너지정책팀장(고위공무원) 2011년 지식경제부 성장동력실 신산업정책관 2012년 미국 Hoover Institution 교육파견(고위공무원) 2013~2016년 산업통상자원부 산업기반실 산업기술정책관 2013년 한국지식재산연구원 비상임이사 2013~2015년 한국산업기술평가관리원 비상임이사 2016년 새누리당 수석전문위원(현)

차두송(車斗松) CHA Du Song

[생]1954 · 11 · 16 [출]강원 [주]강원 춘천시 강원대학길1 강원대학교 산림환경과학대학 산림과학부(033-250-8336) [학]1981년 강원대 농학과졸 1983년 同대학원졸 1989년 임학박사(일본 九州大) [경]1989년 강원대 산림환경과학대학 산림과학부 산림경영학전공 교수(현) 1991년 同산림경영학과장 1992년 산림청 임업연구원 겸임연구관 1996년 강원대 산림과학대 부학장 1996년 일본 東京大 객원연구원 2000~2002년 산림청 임업연구원 겸임연구관 2001~2003년 강원대

산림과학대 연습림특성화사업단장 2002년 한국산림공학기술연구회 편집위원장 겸 부회장 2002~2004년 산림청 수해복구자문위원 2004~2006년 한국학술진흥재단 위원 2006~2007년 과학기술부 국가개발연구사업 전문위원 2007~2009년 강원대 산림과학연구소장 2009~2011년 同산림환경과학대학장 겸 학술림장 2014~2016년 同대학원장

차득근(車得根) CHA Duk Geun (청광)

[생]1951·7·14 [출]경북 성주 [주]부산 부산진구 엄광로 176 동의대학교 전기공학과(051-890-1668) [학]1976년 영남대 전기공학과졸 1980년 同대학원졸 1987년 전기공학박사(중앙대) [경]1976년 한일시멘트공업(주) 기사 1988년 동의대 전기공학과 부교수·교수(현), 同산학협력센터 소장, 부산테크노파크 동의대 분소장 2011~2013년 동의대 풍력·태양광융합발전연구소장 [상]부산시장표창 [저]'전력전자공학' '전기설비설계' '시퀀스 제어' [종]불교

차득기(車得奇)

[생]1959·4·8 [출]경남 사천 [주]부산 동래구 금강로77 한국국토정보공사 부산울산지역본부(051-554-7704) [학]1977년 진주고졸 1982년 전북대 토목공학과졸 1993년 한양대 대학원졸 2002년 토목공학박사(경기대) [경]1984년 대한지적공사 연구원 1997년 STMS(주) 연구소장 2001년 대한지적공사 정보개발팀 부장 2004년 한국지적학회 편집위원 2005년 대한지적공사 지적연구원 기술개발연구팀장 2011년 同지적연구원 국토정보실장 2013년 同공간정보연구원 정책연구실장 2014년 同공간정보연구원 기술연구실장 2015년 同공간정보연구원 국토정보연구실장 2015년 한국국토정보공사 공간정보연구원 국토정보연구실장 2015년 同부산울산지역본부장(현) [상]국무총리표창(2001), 국토해양부장관표창(2009), 대전광역시장표창(2013), 한국지형공간정보학회 기술상(2016) [저]'측량계산 프로그램집' 'GPS측량 일반' 'GPS측량 실무'

차맹기(車孟麒) CHA Maeng Kee

[생]1966·8·8 [본]연안(延安) [출]경남 밀양 [주]충남 천안시 동남구 신부7길17 대전지방검찰청 천안지청(041-620-4301) [학]1985년 창원고졸 1990년 서울대 법학과졸 [경]1992년 사법시험 합격(34회) 1995년 사법연수원 수료(24기) 1998년 부산지검 검사 2000년 창원지검 통영지청 검사 2001년 창원지검 검사 2003년 서울지검 검사 2004년 서울중앙지검 검사 2005년 러시아 유전개발의혹사건 특별파견검사 2006년 수원지검 안산지청 검사 2007년 同안산지청 부부장검사 2008년 대검찰청 연구관 2008년 '이명박 특검법' 특별파견검사 2009년 부산지검 특수부장 2010년 서울남부지검 형사6부장 2011년 수원지검 특별수사부장 2012년 서울중앙지검 형사5부장 2013년 울산지검 형사1부장 2014년 서울북부지검 형사1부장 2015년 부산지검 제2차장검사 2016년 대전지검 천안지청장(현)

차명석(車明錫) CHA Myung Seok

[생]1954·7·13 [출]광주 [주]광주 서구 내방로152 5.18기념재단 이사장실(062-360-0518) [학]광주고졸, 전남대 공대졸 [경]5.18광주민중항쟁관련 구속, 전남대총학생회동지회 회장, 박관현열사기념사업회 회장, (사)시민문화회의 이사장(현) 1994~1996년 5.18기념재단 이사 1995~1997년 同사무처장 2002~2011년 同상임이사 2015년 同이사장(현)

차명진(車明進) CHA Myeong Jin

[생]1959·8·14 [본]연안(延安) [출]서울 [주]경기 부천시 소사구 소사로257 태한빌딩5층(032-345-2001) [학]1978년 서울 용문고졸 1985년 서울대 정치학과졸 1996년 同대학원 정치학과졸 [경]1980년 서울대 정치학과 학회장 1985~1989년 민주화운동·노동운동 1989년 민중당 노동위원회 '노동자의 길' 편집장 1990~1991년 同구로甲지구당 사무국장 1996~2000년 김문수국회의원 보좌관 2000년 신한국당 입당 2000~2002년 한나라당 이회창 총재·대통령후보 보좌역 2003~2005년 경기도 공보관 2006년 한나라당 김문수 경기도지사후보 선대위 총괄실장 2006년 경기도지사직인수위원회 부위원장 2006년 제17대 국회의원(부천시 소사구 재보선, 한나라당) 2006~2008년 국회 정무위원회·예결산위원회·농해수위원회·운영위원회 위원 2007년 한나라당 이명박 대통령후보 선거대책위원회 미디어홍보본부장 2007년 同원내부대표 2008년 제18대 국회의원(부천시 소사구, 한나라당·새누리당) 2008년 한나라당 수석대변인 2008년 同경기도당 조직본부장 2010년 同공천심사위원회 부위원장 2010년 김문수 경기도지사후보 선거대책본부장 2010년 한나라당 경기도당 수석부위원장 2010년 국회 세계박람회지원특별위원회 한나라당 간사 2011년 한나라당 정책위 부의장 2011년 국회 국토해양위원회 위원 2011년 국회 저축은행비리국정조사특별위원회 한나라당 간사 2011년 한나라당 전략기획본부장 2012년 새누리당 경기 부천시소사구당원협의회 운영위원장(현) 2012년 제19대 국회의원선거 출마(부천시 소사구, 새누리당) 2016년 제20대 국회의원선거 출마(부천시 소사구, 새누리당) [상]자유기업원 자유경제입법상(2008) [저]'초보정치인 차명진의 좌충우돌 의정일기' '정치, 그림속을 걷다'(2011) [종]가톨릭

차명호(車明鎬) CHA Myung Ho

[생]1964·8·16 [본]연안(延安) [출]경북 상주 [주]경기 평택시 서동대로3825 평택대학교 상담대학원(031-659-8206) [학]계명대 대학원 상담심리학과졸 1998년 교육학박사(미국 조지워싱턴대) [경]2000년 평택대 상담대학원 교수 2006년 同학생생활상담소장 2007년 同상담대학원장, 同교육대학원 교수 2008년 (사)한국군상담학회 회장, 한국학습상담학회 회장, 한국경찰상담사협회 회장 2009~2012년 평택대 교육대학원장 2011~2014년 同피어선심리상담원장 2011년 同상담대학원 교수(현)

차문중(車文中) TCHA Moon Joong

[생]1961·7·14 [주]서울 서초구 서초대로74길4 삼성경제연구소 임원실(02-3780-8001) [학]1980년 대성고졸 1984년 서울대 경제학과졸 1992년 경제학박사(미국 시카고대) [경]1992~2005년 호주 웨스턴오스트레일리아대 경제연구소 연구위원 1992~2005년 同경제학과 조교수·부교수·교수 1996년 호주국립대 초빙연구위원 1998년 한국개발연구원 국제정책대학원 초빙부교수 2001년 호주 웨스턴오스트레일리아대 경제연구소 부소장 2003년 한국개발연구원 초빙연구위원 2005년 同산업·기업경제연구부 선임연구위원 2007~2008년 同경제개발협력연구실장 2008~2010년 同부원장 겸 산업·기업경제연구부장 2011~2013년 同국제개발협력센터 소장 2013~2014년 경제부총리 겸 기획재정부 장관 선임자문관 2014~2015년 한국개발연구원 산업·서비스경제연구부장, 同정책대학원 교수 2015년 삼성전자(주) 상근고문 2015년 삼성경제연구소 대표이사 소장(현)

차문현(車文鉉) CHA Moon Hyun (심계)

[생]1954·5·18 [본]연안(延安) [출]부산 [주]서울 강남구 테헤란로512 (주)하나자산운용 대표이사실(02-2190-6500) [학]1972년 경남상고졸 1988년 세종대 경영학과졸 1990년 고려대 경영대학원졸 2005년 경영학박사(한성대) [경]1972년 부산은행 입행 1995년 동화은행 신탁증권부 증권운용담당 차장 1995년 同서소문지점 여신담당 차장 1995년 同도산로지점장 1998년 同테헤란로지점장 1998~2001년 제일투자신탁 법인영업2부장(이사) 2001년 우리증권(주) 마케팅총괄·자산운용·국제업무담당 상무보 2005년 우리투자증권 중앙지역본부 상무이사 2005~2010년 유리자산운용(주) 대표이사 사장 2010년 우리자산운용 대표이사 2013~2015년 펀드온라인코리아 초대 대표이사 2016년 (주)하나자산운용 대표이사(현) [상]재무부장관표창, 대통령표창, 대한민국신경영블루오션대상(2005), 한국일보 신한국인대상(2005), 한국일보 대한민국글로벌경영인대상(2007), 대한민국경제리더 대상(2010), 자랑스러운 세종인상(2013) [종]천주교

차문호(車文鎬) CHA Moon Ho

[생]1968·10·10 [출]전북 정읍 [주]대전 서구 둔산중로78번길45 대전지방법원 수석부장판사실(042-470-1114) [학]1987년 전주덕진고졸 1992년 서울대 사법학과졸 [경]1991년 사법시험 합격(33회) 1994년 사법연수원 수료(23기) 1994년 육군 법무관 1997년 전주지법 판사 2000년 同정읍지원 판사 2001년 서울지법 의정부지원 판사 2002년 同의정부지원 파주시법원 판사 2003년 同의정부지원 판사 2004년 서울중앙지법 판사 2006년 서울고법 판사 2007년 대법원 재판연구관 2009년 전주지법 부장판사 2010년 대법원 재판연구관 2012년 인천지법 부장판사 2012년 법원행정처 사법등기국장 겸임 2015년 서울중앙지법 부장판사 2016년 대전지법 수석부장판사(현) 2016년 대전지법 헌법행정재판연구회장(현)

차문환(車文煥) CHA Moon Hwan

[생]1966·10·2 [주]서울 중구 청계천로86 한화큐셀 임원실(02-729-1114) [학]경동고졸, 서울대 화학공학과졸, 미국 스탠퍼드대 대학원 경영학과졸 [경]한화석유화학 CA 해외영업팀장(상무보) 2010년 한화케미칼(주) CA해외영업팀장(상무보), 同솔라사업기획팀장(상무보) 2014년 한화큐셀 상무 2015년 同대표이사(현) 2016년 국회 신·재생에너지포럼 운영위원(현)

차민수(車珉洙) CHA MIN SOO

[생]1957·9·17 [본]연안(延安) [출]전남 순천 [주]광주 서구 내방로111 광주광역시청새마을금고(062-613-5649) [학]1976년 여양고졸 1999년 한국방송통신대 행정학과졸 [경]1989~1991년 대통령비서실 근무 2005년 광주시 대중교통과 버스행정담당(행정사무관) 2007년 同방재관리과 방재기획담당 2008년 同관광진흥과 관광마케팅담당 2010년 同총무과 총무담당 2014년 同재해예방과장(서기관) 2014년 광주시의회 행정자치전문위원 2016년 광주광역시청새마을금고 사무국장(현) [상]내무부장관표창(1985), 건설교통부장관표창(1999), 국무총리표창(1999), SBS·행정자치부 민원봉사대상(2000), 국무총리표창(2010), 대통령표창(2013)

차범근(車範根) CHA Bum Kun

[생]1953·5·22 [본]연안(延安) [출]경기 화성 [주]서울 종로구 평창6길54 차범근축구교실(02-796-7979) [학]1973년 경신고졸 1976년 고려대 체육학과졸 [경]1971년 청소년 국가대표 1972~1978년 국가대표 축구선수 1979~1983년 독일 분데스리가 프랑크푸르트팀 소속 1983~1989년 독일 분데스리가 레버쿠젠팀 소속 1986년 멕시코월드컵 국가대표 1990~1994년 프로축구 현대 감독 1990년 차범근축구교실 회장·이사장(현) 1997~1998년 국가대표축구팀 감독 1998~1999년 중국 선천 핑안클럽 감독 1999년 영국 축구전문지 월드사커「20세기 세계축구를 움직인100인」에 선정 2001년 MBC 축구해설위원 2004~2010년 프로축구 수원 삼성블루윙즈 감독 2004년 2004K리그 우승 2005년 A3닛산챔피언스컵(한·중·일 프로축구 챔피언 왕중왕전) 우승 2005년 수퍼컵 우승 2005·2008년 프로축구 삼성하우젠컵 우승(2회) 2006년 MBC 독일월드컵 해설위원 2008년 프로축구 삼성하우젠K리그 챔피언결정전 우승 2009년 2022월드컵유치위원회 유치위원 2010~2014년 SBS 해설위원 2010년 폭스바겐코리아 뉴 페이톤 홍보대사 2013년 독일 프랑크푸르트 '레전드 베스트 11' 선정 2016년 2017국제축구연맹(FIFA) 20세이하(U-20) 월드컵조직위원회 부위원장(현) [상]프로축구감독상(1994), 아시아축구연맹(AFC) 선정 아시아 최고지도자(1997), 한국올림픽성화회 올해의 지도자상, 독일 축구역사가협회 선정 20세기 최고의 아시아축구선수, 삼성하우젠 K리그 감독상(2008), 조선일보제정 2008원저어워즈 한국축구대상 감독상(2008), 아시아축구연맹(AFC) 공로상(2010), 국제축구역사통계재단(IFFHS) 선정 '축구 레전드 48인'(2016) [저]'내 얼굴이 못생겼다구요' [작]'그라운드에서 들리는 하나님의 음성'(음성간증 테이프) [종]기독교

차병직(車炳直) CHA Byung Jik

[생]1959·3·3 [본]연안(延安) [출]울산 [주]서울 종로구 종로1 교보생명빌딩16층 법무법인 한결(02-3458-0966) [학]1977년 진주고졸 1982년 고려대 법학과졸 1984년 同대학원 형사법 수료 [경]1983년 사법시험 합격(25회) 1985년 사법연수원 수료(15기) 1986년 軍법무관 1989년 변호사 개업 1996년 민주사회를위한변호사모임 출판홍보위원장 1998년 법무법인 한결 변호사(현) 1998년 참여연대 사법감시센터 실행위원·협동사무처장 2003년 여성부 남녀차별개선위원회 비상임위원 2003~2007년 참여연대 집행위원장·정책위원장 2006~2009년 방송문화진흥회 이사 2007년 참여연대 정책자문위원장 2008년 고려대 법대 겸임교수 2008년 이화여대 법대 겸임교수(현) 2013년 삼성언론재단 비상임감사(현) 2015년 대법원 양형위원회 위원(현) [상]국민훈장 목련장(2005) [저]'국민을 위한 사법개혁' '길위의 인권' '긴 여행 짧은 생각'(2000) '법원은 일요일에도 쉬지 않는다'(2000) '사람답게 아름답게'(2005) '상식의 힘'(2009) '안녕 헌법(共)'(2009) [작]'변호인의 접견교통권' '보석제도의 의미와 필요적 보석의 예외요건' [종]불교

차봉근(車奉根) CHA Bong Kun

[생]1965·5·25 [주]서울 영등포구 국제금융로6길42 (주)삼천리 임원실(02-368-3300) [학]영남대 화학공학과졸, 서강대 대학원 경영학과졸 [경](주)삼천리 도시가스사업총괄 도시가스기획담당 이사대우 2010년 同도시가스사업본부 안전기술담당 2012년 同도시가스사업본부 영업담당 이사 2015년 (주)휴세스 대표이사 상무 2015년 (주)삼천리 안전기술담당 상무(현)

차상균 CHA Sang Kyoon

[생]1958·2·19 [주]서울 관악구 관악로1 서울대학교 전기정보공학부(02-880-7319) [학]서울대 전기공학과졸, 同대학원졸, 컴퓨터공학박사(미국 스탠퍼드대) [경]데이콤 연구원, 미국 휴렛팩커드연구소 연구원, 미국 텍사스 인스트루먼트연구소 연구원, 한국정보과학회 논문지 편집위원, 서울대 전기정보공학부 교수(현) 2013년 (주)KT 사외이사(현) 2014년 한국공학한림원 회원(현) 2014년 서울대 빅데이터연구원장(현) 2014년 국립대학법인 서울대 이사(현) [상]근정포장(2014)

차상협(車相協) CHA Sang Hyup

[생]1960·3·17 [출]서울 [주]경기 용인시 기흥구 하갈로 127 한일사료(주) 회장실(031-280-4014) [학]1978년 고려고졸 1982년 연세대 사학과졸 1985년 대만사범대 역사연구소졸 1994년 서강대 대학원 경영학과졸 2004년 경영학박사(경기대) [경]1993년 한일사료(주) 대표이사 회장(현) [역]'타이슨푸드'(2004) [종]불교

차상훈(車尙勳) CHA Sang Hoon

[생]1957·3·7 [주]경기 안산시 단원구 적금로123 고려대학교 안산병원(031-412-5228) [학]1983년 고려대 의대졸 1986년 同대학원졸 1995년 의학박사(고려대) [경]1993~2001년 고려대 의대 진료방사선과학교실 조교수·부교수 1993~2005년 同안산병원 영상의학과장 2001년 대한초음파의학회 편집위원(현) 2001년 고려대 의대 영상의학교실 교수(현) 2004~2005년 同안산병원 적정진료관리위원장 2005~2007년 同안산병원 기획실장 2005~2008년 대한영상의학회 의무이사 2007~2009년 고려대 안산병원 영상의학과장 2008~2010년 대한영상의학회 품질관리이사 2009~2012년 고려대 안산병원 진료부원장 2010~2013년 한국의료영상품질관리원 이사장 2011년 고려대 안산병원장 직대 2012년 同안산병원 의료기기임상시험센터장 2014·2016년 同안산병원장(현)

차석용(車錫勇) CHA Suk Yong

[생]1953·6·9 [본]연안(延安) [출]서울 [주]서울 종로구 새문안로58 LG광화문빌딩 (주)LG생활건강 비서실(02-6924-6888) [학]1974년 경기고졸 1981년 미국 뉴욕주립대 경영학과졸 1983년 미국 코넬(Cornell)대 경영대학원졸(MBA) 1985년 미국 인디애나대 로스쿨 수학 1994년 서울대 경영대학원 최고경영자과정 수료 [경]1985년 미국P&G 입사 1989년 한국P&G 재무담당 이사 1993년 피앤지에프이디코리아 대표이사 1994년 필리핀P&G 이사 1996년 P&G 아시아지역 수석재무담당 이사 1998년 쌍용제지(주) 사장 1999~2000년 한국P&G(주) 총괄사장 2001년 해태제과 사장 2005~2011년 (주)LG생활건강 대표이사 사장 2008~2011년 코카콜라음료 대표이사 사장 2009년 2018평창동계올림픽유치위원회 위원(감사) 2010~2011년 더페이스샵 대표이사 사장 2011년 (주)LG생활건강 대표이사 부회장(현) 2011~2014년 코카콜라음료 대표이사 부회장 2011~2014년 더페이스샵 대표이사 부회장 2016년 대한화장품협회 부회장(현) [상]대통령표창, 7천만불 수출의탑(1999), 국무총리표창(2002), 매경이코노미 선정 '100대 CEO'(2007~2016), 한국로지스틱스대상 최고경영자상(2003), 제15회 BPW 골드어워드(2008), 글로벌CEO대상(2009), 아시아머니 선정 '한국 최고경영자'(2009·2010), 모범납세자 대통령표창(2010), 포춘코리아 선정 '올해의 CEO'(2014), 2015대한민국나눔국민대상 국민훈장 동백장(2015), 하버드비즈니스리뷰 선정 '베스트 퍼포밍 코리안 최고경영자 1위'(2015) [종]기독교

차선세(車善世)

[생]1959·5·21 [출]충북 청주 [주]충북 청주시 청원구 오창읍 가곡길46 충청북도농업기술원(043-220-5500) [학]1977년 청주농고 축산과졸 1991년 한국방송통신대 농학과졸 [경]1979~1990년 충북 괴산군·옥천군농업기술센터 농촌지도사 1990~2006년 충북도농업기술원 기술보급과 지방농촌지도사 2006~2009년 同지원기획과·농촌자원과 지방농촌지도관 2010년 同기술보급과장 2013년 同지원기획과장 2015년 同기술지원국장 2015년 同원장(현) [상]청민문화재단 청민기술상(1996), 행정자치부장관표창(2001), 농촌진흥청 농촌지도대상(2005), 대통령표창(2012)

차성수(車聖秀) CHA Sung Soo

[생]1957·2·1 [출]경기 용인 [주]서울 금천구 시흥대로73길70 금천구청 구청장실(02-2627-2303) [학]휘문고졸 1983년 고려대 사회학과졸 1986년 同대학원 사회학과졸 1996년 사회학박사(고려대) [경]1986~1989년 고려대·동아대·한양대 강사 1988~1989년 한국사회연구소 노동분과 팀장 1989~2006·2008~2010년 동아대 사회학과 교수 1994~1996년 부산시 고용심의위원회 실무위원 1998~2002년 부산참여자치시민연대 정책기획위원장 1998~2000년 KBS 부산방송총국 시청자위원회 위원 1999~2004년 (사)시민정보미디

ㅊ

어센터 정책위원장 2000~2005년 주민자치센터풀뿌리네트워크 연구기획위원 2001~2002년 부산발전연구원 연구기획위원 2001~2006년 한국지역사회학회 연구이사 2002~2003년 한국산업사회학회 부회장 2002~2004년 민주주의사회연구소 NGO분과팀장 2002~2003년 부산시 도시혁신위원회 위원 2003~2004년 同인재개발협의회 위원 2003~2004년 국가균형발전위원회 전문위원 2003~2005년 동북아전략연구원 연구기획위원 2006~2007년 대통령 사회조정1비서관 2006~2007년 대통령 시민사회비서관 2007~2008년 대통령 시민사회수석비서관 2009년 노무현재단 상임운영위원(현) 2010년 서울시 금천구청장(민주당·민주통합당·민주당·새정치민주연합) 2011년 인간도시컨센서스 고문(현) 2014년 서울시 금천구청장(새정치민주연합·더불어민주당)(현) [상]대통령표창(2016) [역]'사회과학개론(共)'(1986) '한국전쟁의 전개과정(共)'(1989) '사회과학개론Ⅱ(共)'(1990) '21세기 프론티어 전환의 물결과 신발전 모델(共)'(1994) '민주주의와 자본주의(共)'(1994) '매니페스토 전략과 실제(共)'(2006) [종]기독교

차수명(車秀明) CHA Soo Myung (一瓦)

[생]1940·8·20 [본]연안(延安) [출]울산 [학]1958년 경남고졸 1963년 서울대 법대졸 1966년 네덜란드 Delft대 국제중소기업문제연구소 수료 1970년 서울대 사법대학원졸 [경]1962년 고등고시 행정과 합격(14회) 1963년 사법시험 합격(2회) 1963년 상공부 사무관 1969년 경제과학심의회 경제분석관 1970~1972년 상공부 지도과장·중소기업계획과장·수출2과장·수출1과장 1972년 대통령 경제비서관 1973년 駐제네바대표부 상무관 1976년 상공부 감사관 1976~1980년 同기계공업국장·중공업국장 1980~1982년 同중공업 차관보·제2차관보·제1차관보 1984년 변호사 개업 1985~1988년 특허청장 1989년 김앤장법률사무소 변호사 1992년 제14대 국회의원(울산 남구, 통일국민당·무소속·민자당·신한국당) 1996년 제15대 국회의원(울산 남구甲, 신한국당·한나라당·자민련) 1996년 신한국당 재정위원장 1997년 한나라당 재정위원장 1998년 한·일의원연맹 경제과학기술위원장 1998년 자민련 정책위 의장 1998년 同울산시지부 위원장 2000년 同울산南지구당 위원장 2000년 김앤장법률사무소 고문변호사 2002년 특우회 회장 [상]보국훈장 천수장, 홍조근정훈장 [저]'높은성장 고른분배'(1988) '발전을 위한 모색'(1992) [종]기독교

차순도(車淳道) CHA Soon Do

[생]1953·7·10 [본]연안(延安) [출]대구 [주]대구 중구 달성로56 계명대학교 동산의료원 산부인과(053-250-7509) [학]1978년 경북대 의대졸 1982년 同대학원 병리학과졸 1988년 병리학박사(충남대) [경]1986~1997년 계명대 의대 산부인과학교실 전임강사·조교수·부교수 1990~1991년 미국 매사추세츠대 Medical Center 연수 1997년 계명대 의대 산부인과학교실 교수(현) 1998~2002년 同동산의료원 주임교수·과장 2005년 同동산의료원 부원장 2007년 同동산의료원 기획정보처장 2009~2013년 同의무부총장 겸 동산의료원장 2011년 한·키르키즈협회 회장(현) 2011년 인구보건복지회 대구경북지부장 2011년 인간보건복지협회 대구경북지회장(현) 2013년 계명대 총장보좌역(현) 2013년 대구의료관광진흥원 원장(현) 2013년 대구경북병원회 회장 2015년 메디시티대구협의회 회장(현) [종]기독교

차순영(車淳榮)

[생]1960·11·1 [출]부산 [주]서울 강남구 언주로870 (주)LF 임원실(02-3441-8114) [학]부산대 경영학과졸 [경]1987년 LG상사 입사 1996년 LG그룹 회장실 근무 2000년 LG상사 뉴욕·LA지사 근무, 同패션부문 기획심사·인재개발BSU장 2005년 同패션부문 경영지원실 부장 2006년 同숙녀복사업부장(상무) 2008년 (주)LG패션 혁신추진실장 2009년 同전략기획실장(상무) 2010년 同전략기획실장(전무) 2013년 同스포츠부문장 겸 신사캐주얼부문장 2014년 (주)LF 스포츠부문장 겸 신사캐주얼부문장(전무) 2014년 同경영혁신본부장(전무)(현)

차순오(車淳五)

[생]1968·4·23 [출]강원 횡성 [주]경기 수원시 장안구 정조로944 새누리당 경기도당 사무처(031-248-1011) [학]1987년 원주고졸 1994년 한양대 사회대학 관광학과졸 [경]1994년 민주자유당 입당(공채), 同원내기획국·조직국·의원국·대선기획단 부국장, 同대표최고위원 보좌역·원내대표 보좌역, 새누리당 정무위원회 전문위원, 同기획재정위원회·보건복지위원회 수석전문위원 2012~2013년 同조직국장 2013년 국회 정책연구위원(1급) 2013년 새누리당 기획조정국장 2014년 同중앙연수원 교수 겸 정책위원회 수석전문위원 2016년 同경기도당 사무처장(현) [상]국회의장표창(2013)

차순자(車順子·女)

[생]1956·8·2 [주]대구 중구 공평로88 대구광역시의회(053-803-5014) [학]효성여고졸, 계명대 경영학과졸 [경](주)보광직물 대표이사(현), 새누리당 대구시당 여성위원장, 대구시여성단체협의회 회장, 대구상공회의소 상공의원, 대구시문화시민운동협의회 감사, 대구경북지방병무청 정책자문위원장, 한국여성경제인협회 대구경북지회 부회장 2014년 대구시의회 의원(비례대표, 새누리당)(현) 2014년 同기획행정위원회 위원 2014년 同문화복지위원회 위원 2014년 同예산결산특별위원회 간사 2016년 同문화복지위원회 위원장(현) 2016년 중소기업기술혁신협회 대구경북지회장(현) [상]대한민국 최고국민대상 사회봉사부문 대상(2015)

차승민(車昇玟) Cha, Seung-Min

[생]1963·1·27 [본]연안(延安) [출]경남 진주 [주]부산 연제구 중앙대로1217 국제신문 사장실(051-500-5011) [학]부산대 법학과졸, 同대학원 행정학박사, 同대학원 법학박사, 연세대 언론홍보대학원 방송영상학과 석사, 同커뮤니케이션대학원 멀티미디어저널리즘학박사 [경]1994년 KNN방송 창립멤버 2000년 방송통신위원회 선임조사관 2009년 2012여수세계엑스포 부산발전협의회 운영위원 2011년 한국국제대 대외부총장 2011년 국제신문 부사장 2012년 同대표이사 사장 겸 발행인·인쇄인·편집인(현) 2012년 부산과학기술협의회 공동이사장(현) 2012년 스토리텔링협의회 대표이사장(현) 2012년 부산메디클럽 대표이사장(현) 2015년 극지포럼 대표이사장(현) 2015년 금융도시부산포럼 대표이사장(현) 2016년 의료산업경영포럼 대표이사장(현) [상]방송위원회 위원장표창(2001), 부산대 개교70주년기념 자랑스런 부산대인상(2016) [종]불교

차승재(車勝宰) TCHA Sung Jai

[생]1960·3·26 [출]서울 [주]서울 중구 퇴계로36길2 동국대학교 영화영상학과(02-2260-3771) [학]1986년 한국외국어대 불어교육과졸 [경]1986~1991년 강남 방배동에 '이색지대' 카페 운영 1995~2000년 (주)우노필름 설립·대표이사 사장 2000년 (주)싸이더스 부사장 2001년 同대표이사 사장 2004년 (주)싸이더스픽쳐스 대표이사 사장 2004~2009년 (주)싸이더스 FNH 각자대표이사 사장 2004년 동국대 영상대학원 영화영상학과 부교수·교수(현) 2007~2009년 同영상미디어대학장 겸 영상대학원장 2007~2012년 (사)한국영화제작가협회 회장 2008년 한국문화산업단체연합 공동대표 2012년 한국대중문화예술산업총연합 회장 [상]청룡상 최우수작품상, 백상예술대상 작품상, 영화평론가상 최우수작품상, 황금촬영상 제작공로상, 대종상 심사위원특별상, 맥스무비 최고영화상 최고작품상(2004) [작]영화제작 '101번째 프로포즈'(1993) '너에게 나를 보낸다'(1994) '돈을 갖고 튀어라'(1995) '깡패 수업'(1996) '모텔 선인장'(1997) '비트'(1997) '8월의 크리스마스'(1998) '처녀들의 저녁식사'(1998) '태양은 없다'(1998) '유령'(1999) '행복한 장의사'(1999) '킬리만자로'(2000) '청춘'(2000) '나도 아내가 있었으면 좋겠다'(2000) '무사'(2001) '화산고'(2001) '썸머타임'(2001) '와니와 준하'(2001) '인디안썸머'(2001) '마리이야기'(2001) '고양이를 부탁해'(2001) '봄날은 간다'(2001) '결혼은 미친 짓이다'(2001) '정글쥬스'(2002) '서울'(2002) '로드무비'(2002) '살인의 추억'(2003) '지구를 지켜라'(2003) '싱글즈'(2003) '말죽거리 잔혹사'(2004) '범죄의 재구성'(2004) '늑대의 유혹'(2004) '슈퍼스타 감사용'(2004) '역도산'(2004) '내머리속의 지우개'(2004) '남극일기'(2005) '소년, 천국에가다'(2005) '천군'(2005) '연애'(2005) '연애의목적'(2005)

차연수(車連水·女) CHA Youn-Soo

[생]1959·10·17 [출]전북 전주 [주]전북 전주시 덕진구 백제대로567 전북대학교 생활과학대학(063-270-3822) [학]1982년 전북대 식품가공학과졸 1984년 숙명여대 대학원졸 1993년 영양학박사(미국 테네시대) [경]1984~1986년 우석대 가정대학 식품영양학과 조교 1986~1987년 전북대·우석대·예수간호전문대 시간강사 1989~1991년 미국 테네시대 강의조교 1991~1993년 同실험조교 1993~1995년 전북대 의대 생화학교실 연구원 1993~1996년 원광대·전북대 시간강사 1996~1998년 여수수산대 식품영양학과 전임강사·조교수 2002년 전북대 생활과학대학 식품영양학전공 부교수·교수(현) 2006~2007년 한국운동영양학회 부회장 2007년 전북대 비만연구센터 사무총장(현) 2008년 한국식품영양과학회 JMF 편집부위원장 2008년 (재)전주생물소재연구소 이사(현) 2009~2015년 한국영양학회 부회장(현) 2009년 전북대 생활과학대학장 2009년 전북대병원 기능성식품임상시험지원센터 임상책임교수(현) 2013~2015년 전북대 기획처장 2015년 同농생명식품연구개발원장(현) 2016년 한국과학기술한림원 농수산학부 정회원(현) [상]한국식품영양과학회 공로상(2004), 한국식품영양과학회 한식우수성논문공모전 우수상(2009), 한국과학기술단체총연합회 과학기술우수논문상(2010), 뉴트리라이트 학술상(2012), 대한비만학회 우수학술상(2014), 보건복지부장관표창(2016)

차영구(車榮九) CHA Young Koo

[생]1947 · 12 · 14 [본]연안(延安) [출]광주 [주]경기 남양주시 진접읍 광릉수목원로195 경희대학교 평화복지대학원(031-570-7012) [학]1970년 육군사관학교졸(26기) 1975년 서울대 대학원 외교학과졸 1977년 프랑스 사회과학대학원졸 1979년 국제정치학박사(프랑스 사회과학대학원) [경]1979년 육군사관학교 정치학과 조교수 1981~1993년 한국국방연구원 정책기획연구부장 · 실장 1985년 미국 버클리대 동아시아연구소 객원연구원 1991년 일본 국제문제연구소 선임객원연구위원 1991~1995년 한 · 불문화협회 회장 1993년 한국국방연구원 군비통제연구센터 소장 1994년 국방부 정책기획국 차장 1998년 同대변인 1999년 同장관특별보좌관 1999년 同정책기획국장 2001~2004년 同정책실장 2004년 예편(육군 중장) 2004년 서울대 국제대학원 객원연구교수 2005~2006년 (주)팬택 상임고문 2007년 경희대 평화복지대학원 객원교수(현) 2009~2011년 한국퀄컴(주) 사장 2009~2011년 퀄컴 미국본사 수석부사장 2011년 한국퀄컴(주) 고문 [상]보국훈장 삼일장, 보국훈장 천수장, 대통령표창 [역]'군과 미디어'

차영수(車永壽) CHA Young Soo

[생]1961 · 6 · 14 [본]연안(延安) [출]인천 [주]서울 중구 세종대로67 삼성본관빌딩9층 삼성선물(주) 사장실(02-3707-3699) [학]부산상고졸, 서울대 경영학과졸, 미국 인디애나대 대학원 재무학과졸 [경]삼성전자(주) 재무팀 상무보 2005년 삼성그룹 구조조정본부 상무 2006년 同전략기획실 상무 2008년 삼성화재해상보험(주) 경영지원실 전무 2010년 삼성생명보험(주) 자산운용부문 전무 2012년 미국 교육파견(전무) 2012년 삼성증권(주) 리스크관리실장(부사장) 2013년 同상품마케팅실장(부사장) 2013년 同고객지원실장(부사장) 2014년 同대표이사 보좌역 2015년 삼성선물(주) 대표이사 사장(현)

차영주(車榮珠 · 女) CHA Young Joo

[생]1955 · 12 · 19 [출]서울 [주]서울 동작구 흑석로102 중앙대병원 진단검사의학과(02-6299-2720) [학]1980년 서울대 의과대학졸 1983년 同대학원졸 1987년 의학박사(서울대) [경]1981~1984년 서울대병원 진단검사의학과 전공의 1984년 중앙대 의과대학 진단검사의학교실 임상강사 · 조교수 · 부교수 · 교수(현) 1988~2004년 同부속용산병원 진단검사의학과장 1992~1995년 서울대 의과대학 검사의학교실 외래교수 1992~1993년 미국 미네소타주 Mayo Clinic Research Associate 1999년 동경도립노화연구소 연구교수 2004년 중앙대병원 진단검사의학과장(현) 2007~2014년 同임상의학연구소장 2007년 대한진단검사의학회 이사장 2007년 아시아진단의학검사표준화네트워크 부회장(현), 한국유전자검사평가원 이사장 2010~2011년 대한수혈학회 회장 2010년 대한수혈학회 회장(현) 2010년 미국 세계인명사전 'Marquis Who's Who'에 등재 2011~2013년 중앙대병원 의약학연구원장 2011년 중앙대 의과대학 진단검사의학교실 주임교수(현) 2014~2016년 同병원 의생명연구원장 2015년 대통령소속 국가생명윤리심의위원회 위원(현) [상]한국바이오래드 정도관리대상(2006), 대통령표창(2010), 중앙대의료원 학술기여상(2010), 대한혈액학회 학술상(2014), 대한진단검사의학회 우수논문상(2015)

차영철(車榮哲) Cha Young-cheol

[생]1959 · 8 · 18 [주]서울 종로구 사직로8길60 외교부 인사운영팀(02-2100-7141) [학]1984년 한국외국어대 독일어과졸 [경]1985년 외무고시 합격(19회) 1985년 외무부 입부 1990년 駐프랑크푸르트 영사 1993년 駐스위스 2등서기관 1998년 駐유엔 1등서기관 2002년 외교통상부 구주2과장 2003년 국무총리비서실 파견 2004년 駐인도네시아 참사관 2007년 외교통상부 남아시아태평양국 심의관 2011년 한 · 아세안센터 파견 2011년 싱가포르 리콴유공공정책대학원 객원연구원 2013년 駐아프가니스탄 대사 2015년 駐이스탄불 총영사(현)

차영환(車永煥) CHA Young Hwan

[생]1964·11·21 [주]세종특별자치시 갈매로477 기획재정부 정책조정국(044-215-4500) [학]1984년 대일고졸 1988년 서울대 경제학과졸 1991년 同대학원 행정학과졸 2004년 경제학박사(미국 미주리대) [경]1995년 재정경제원 인력기술과 사무관 1998년 재정경제부 경제분석과 사무관 1999년 同종합정책과 사무관 2000년 同경제정책국 종합정책과 서기관 2005년 同정책조정국 기술정보과장 2006년 기획예산처 재원기획과장 2007년 재정경제부 경제정책국 인력개발과장 2007년 同정책홍보관리실 정책상황팀장 2008년 대통령 경제금융비서관실 행정관 2009년 기획재정부 경제정책국 경제분석과장 2010년 同경제정책국 종합정책과장 2012~2014년 국제부흥개발은행(IBRD) 파견 2014년 기획재정부 정책조정국 협동조합정책관(일반직고위공무원) 2015년 同정책조정국 성장전략정책관 2016년 同정책조정국장(현) [상]근정포장(2007) [종]천주교

차왕조(車旺祚) Cha, Wang-Jo

[생]1955·10·30 [본]연안(延安) [출]경남 진주 [주]서울 마포구 백범로169의9 (주)셀바이오스 대표이사실(02-783-0803) [학]1974년 진주고졸 1983년 동아대 법학과졸 2006년 부산대 증권선물대학원 중퇴 [경]1992년 재무부 관세국 주사 2000년 재정경제부 국고국 사무관 2002년 同총무과 용도계장 2004년 同인사운영팀장(서기관) 2004년 한국증권선물거래소 설립준비반장 2005년 同인사부장·인력개발부장 2007년 同유가증권시장본부 본부장보 2008년 同경영지원본부 본부장보 2009년 한국거래소 경영지원본부 본부장보 2010~2012년 (주)코스콤 전무, 우리종금 사외이사, 현대저축은행 사외이사, 기술보증기금 사외이사 2013년 (주)한탑 사외이사(현), 딜로이터컨설팅 고문, 로지칼스탠다드 대표이사, (주)셀바이오스 경영총괄 대표이사(현) [상]모범공무원표창(1986), 옥조근정훈장(1996), 대통령표창(2003), 재무부장관표창, 관세청장표창 [종]불교

차용범(車鎔範) CHA Yong Bum (芳河)

[생]1955 · 7 · 23 [본]연안(延安) [출]경남 하동 [주]부산 해운대구 APEC로55 벡스코(BEXCO) 감사실(051-740-7300) [학]1980년 동아대졸 1982년 同대학원졸 1994년 미국 미주리주립대 신문대학원 수료 [경]1980년 부산일보 기자 1988년 부산매일신문 기자 1992년 同사회부 차장 1993년 同사회부 부장대우 1994년 同사회부장 1996년 同논설위원 1997년 同편집국 부국장 1998년 同편집국장 1999년 동아대 · 부경대 · 경성대 강사 · 겸임교수, 부산시보 편집실장, 부산시 미디어센터장 2014년 벡스코(BEXCO) 상임감사(현) [상]봉생문화상(언론부문), 한국언론학회 언론상, 부산청년대상 [저]기획르포 '낙동강 살아나는가'(1991) 보도평론집 '권력, 인권 그리고 언론'(1996) 칼럼집 '부산 부산사람 부산시대'(1999) '현대사회와 매스커뮤니케이션'(2003)

차용훈(車龍勳) CHA Yong Hoon (학천)

[생]1954 · 9 · 4 [본]연안(延安) [출]광주 [주]광주 동구 필문대로309 조선대학교 공과대학 기계공학과(062-230-7049) [학]1973년 광주고졸 1979년 조선대 기계공학과졸 1981년 성균관대 기계공학과졸 1991년 공학박사(성균관대) [경]1982~1994년 조선대 공대 기계공학과 전임강사 · 조교수 · 부교수 1992년 同대학원 주임교수 1993년 미국 Arizona주립대 교환교수 1995년 조선대 공과대학 기계공학과 교수(현) 1996년 호주 Wollongong대 교환교수 1998년 조선대 2부대학 학장보 1999년 한국과학재단 지정 수송기계부품공장자동화연구센터 소장 2002년 미국 Washigngton주립대 객원교수 2003년 조선대부속 누리산업단 첨단부품소재 전문인력양성사업단장 2011~2013년 조선대 공과대학장 2012년 同첨단산학캠퍼스관리운영본부장 겸 창업보육센터장 2012~2013년 同공학교육혁신센터장 2014~2015년 同연구처장 2014~2015년 同산학협력단장 겸임 [상]헤럴드경제 선정 '2013 대한민국 미래경영대상 교육 · 경제부문'(2013) [저]'재료파괴강도학' '재료역학' '최신용접공학' '용접검사'

차원석(車元錫) TCHA WON SOG

[생]1950 · 7 · 24 [본]연안(延安) [출]평남 평양 [주]서울 강남구 도곡로540 대치2동성당(02-565-2868) [학]1975년 가톨릭대 신학과졸 1981년 이탈리아 로마 울바노대 대학원 철학과졸 1982년 同대학원 철학박사과정 수료 [경]1976년 명동천주교회 보좌신부 1983년 문산천주교회 주임신부 1984~1997년 가톨릭대 전임강사 · 조교수 · 부교수 1985년 同중세사상연구소장 1986년 同학생처장 1989년 가좌동 천주교회 주임신부 1994년 가톨릭대 기획조정처장 1995년 同기획처장 1997년 同인간학교실 교수 1997~2001년 同교학부총장 2001~2005년 화곡본동성당 주임신부 2006~2011년 압구정성당 주임신부 2011년 노원본당성당 주임신부 2016년 대치2동성당 주임신부(현)

차 윤(車 胤) CHA Yun

[생]1932 · 1 · 4 [본]연안(延安) [출]서울 [주]서울 구로구 디지털로30길28 마리오타워1207호 (주)CPR 회장실(02-739-7353) [학]해군사관학교졸, 미국 플로리다대졸, 미국 워싱턴대 대학원 정치지리학과졸 [경]해군사관학교 · 해군대학 교수, 미국 메릴랜드대(Univ. of Maryland) 극동과 교수, 통일원 정치외교정책담당관, 駐일본대사관 공보관, 駐카이로대사관 공보관, 미국 영화수출협회 한국대표, 조선Pub '꿈많은 80대, 차윤의 글로벌 마인드' 연재(현), (주)CPR(Chayun Public Relations) 회장(현) [종]기독교

ㅊ

차윤경(車尹炅) CHA Yun Kyung

생1955 · 5 · 18 주서울 성동구 왕십리로222 한양대학교 사범대학 교육학과(02-2290-1090) 학1981년 서울대 교육학과졸 1983년 同대학원 교육학과졸 1986년 미국 Stanford Univ. 대학원 사회과학과졸(석사) 1989년 철학박사(미국 Stanford Univ.) 경1983년 태릉중 교사 1989년 한양대 사범대학 교육학과 교수(현) 2004년 同학생생활상담연구소장, 한국다문화교육학회 회장 · 고문(현), 다문화가족정책위원회 민간위원, 외국인정책위원회 민간위원 2014년 한양대 사범대학장 겸 교육대학원장(현) 2016년 同상담심리대학원장(현)

차의환(車義煥) TCHA Ui Hwan

생1947 · 3 · 15 출울산 주울산 남구 돌질로97 울산상공회의소 임원실(052-228-3017) 학1966년 부산상고졸, 건국대 정치외교학과졸, 연세대 행정대학원졸, 경제학박사(프랑스 보르도1대) 경1976~1991년 경제기획원 외자관리국 · 물가정책국 · 경제기획국 근무 1998년 국무총리국무조정실 심사평가총괄과장 2002~2003년 同수해방지대책기획단 기획총괄국장 2002~2005년 한국외국어대 행정학과 겸임교수 2003년 국무총리국무조정실 심사평가2심의관 2004년 대통령 혁신관리비서관 2006~2008년 대통령 혁신관리수석비서관 2008~2013년 건국대 행정대학원 석좌교수 2009년 울산상공회의소 부회장(현) 2010년 중국 칭다오국제상공회의소 특별고문 2012년 동국대 행정학과 겸임교수(현), 울산과학기술대 경영학과 겸임교수(현) 상부총리 겸 경제기획원장관표창, 대통령표창, 홍조근정훈장(1996), 황조근정훈장(2007) 전'정책평가의 이론과 실제'(1999) '정부혁신의 전략과 변화관리'(2007) '회야강의 달'(2013) '회야강의 달'(2014)

차인규(車仁圭)

생1957 · 7 · 26 주서울 용산구 원효로74 현대자동차사옥9층 현대엠엔소프트(주) 대표이사실(02-3483-8500) 학장훈고졸, 성균관대 기계공학과졸 경현대자동차(주) 기획조정실 R&D담당, 현대엔지비 R&D본부 연구개발기획팀장 2006년 同사업총괄 이사대우 2008년 현대자동차(주) 차량정보사업실장(이사) 2010년 同연구개발기획실장(상무) 2012년 同차량개발정보센터장(상무) 2013년 同연구개발기획조정실장(전무) 2014년 同시험담당 전무 2014년 현대엠엔소프트(주) 대표이사(현)

차인덕(車仁德) CHA In Duk

생1956 · 8 · 12 출서울 주서울 영등포구 의사당대로82 하나대투증권빌딩6층 도시바테크코리아 임원실(02-3279-0001) 학1975년 경복고졸 1980년 성균관대 경제학과졸 1984년 미국 위스콘신대 경영대학원졸 2003년 서울대 경영대학원 최고경영자과정 수료 경1984~1991년 시티뱅크코리아 영업 · 마케팅매니저 1991~1998년 디지털이퀴프먼트코리아 영업 · 마케팅매니저 1998~2001년 컴팩코리아 이커머스사업본부장 2001~2014년 도시바코리아(주) 대표이사 사장 2010년 디지털조선 사외이사(현) 2015년 도시바테크코리아 대표이사(현) 상시티코프 Chairman's appreciation 어워드(1988), 디지털아시아매니지먼트 엑셀런스 프로그램 위너(1996), 디지털아시아리더십 엑셀런스 프로그램 위너(1997), 컴팩 피나클클럽 쿼타어치버상(2001), 컴팩 월드와이드 베스트세일즈 디렉터상(2001), 식스시그마 블랙벨트(2003), 도시바 MI 이노베이션 어워드(2006) 전'미래는 꿈을 닮는다(共)'(2007)

차인준(車仁濬) CHA In June

생1951 · 12 · 8 본연안(延安) 출울산 울주 주경남 김해시 인제로197 인제대학교 총장실(055-320-3002) 학1970년 부산고졸 1977년 서울대 의대졸 1979년 同대학원졸 1985년 임상독성학박사(서울대) 경1977~1979년 서울대 조교 1979~1982년 국군 지구병원 연구부 독성학 과장 1982~1995년 인제대 의대 조교수 · 부교수 1984~1988년 同교무담당 학장보(교무과장) 1986~1987년 미국 국립환경보건원(NIEHS : Genetic Toxicology, Br. National Institute of Environmental Health Science) 객원연구원 1987~1989년 인제대 교학과장 1989~1991년 同의예과장 1990~1991년 同대학원장보 1991~1993년 同농어촌연구소장 1991~1997년 同기획홍보실장 1996년 同의대 약리학교실 교수(현) 1996~2001년 同부산백병원 임상약리센터 소장 1997~1999 · 2000~2004년 同부총장 2003~2004년 同평가기획실장 2004~2008년 同대학원장 2005~2007년 同첨단산업기술대학원장 2008~2014년 同특별자문위원 2008년 대한약리학회 회장 2014년 인제대 총장(현) 2016년 부산 · 울산 · 경남 · 제주지역대학교총장협의회 회장(현) 전'성선 호르몬과 길항제'(1988, 도서출판 한우리) '약리학' '96감염학'(1996, 인제대) '97감염학'(1997, 인제대) '임상

감염학1'(1998, 인제대 출판부) '심장학'(1998, 인제대) '임상감염학'(1998, 인제대) '성선 호르몬과 길항제'(1998, 도서출판 한우리) '99심장학'(1999, 인제대) '간추린 약리학(共)'(2002, 정문각) '신토불이 항균제'(2004, 법문사) '대학 IMF 도전과 희망'(2005, 백산출판사) '교육 Korea 30'(2011, 박문사)

차인호(車仁浩) CHA In Ho

생1959 · 9 · 21 주서울 서대문구 연세로50의1 연세대학교 치과대학(02-2222-3130) 학1984년 연세대 치의학과졸 1991년 同대학원 치의학과졸 2000년 치의학박사(고려대) 경1990년 연세대 치과대학 구강악안면외과학교실 연구강사 · 전임강사 · 조교수 · 부교수 · 교수(현), 대한구강악안면외과학회 정회원, 대한악안면성형재건외과학회 정회원, 세계구강악안면외과학회 정회원 2008년 연세대 치과대학병원 구강악안면외과장 2008년 同치과대학 구강악안면외과학교실 주임교수 2013~2015년 대한악안면성형재건외과학회 회장 2014~2016년 연세대 치과대학병원장 2016년 연세대의료원 감사실장(현) 상대한구강악안면외과학회 심계학술상(2014) 전'구강암'(2002) '구강암의 수술'(2003) '악안면성형재건외과학'(2004) '구강악안면 임프란트학'(2004) '구강악안면외과학 교과서'(2013) 역'치과치료계획의 길라잡이'(1999) 종천주교

차장훈(車將勳) CHA, JANG-HOON

생1965 · 1 · 2 본연안(延安) 주경남 창녕 주서울 영등포구 국제금융로24 유진투자증권 채권금융본부(02-368-6520) 학1983년 대성고졸 1989년 고려대 사회학과졸 1994년 同대학원 경제학과졸 경1994~1999년 대우경제연구소 채권팀 선임연구원 1999~2004년 다임인베스트먼트 채권운용팀장 2004~2007년 산은자산운용 채권운용팀장 2007년 CJ자산운용 채권운용본부장 2008~2009년 HI자산운용 채권운용본부장 2009년 유진투자증권 채권운용파트장(상무보) 2011년 同채권금융본부장(상무보) 2011년 同채권금융본부장(상무) 2012년 同채권금융본부장(전무)(현) 종기독교

차재영(車載永) CHA Jae Young

생1956 · 10 · 26 출경남 양산 주대전 유성구 대학로99 충남대학교 언론정보학과(042-821-6378) 학1979년 서울대 신문학과졸 1984년 同대학원 신문학과졸 1994년 언론학박사(미국 일리노이주립대) 경1994년 한국언론연구원 객원연구원 1999년 충남대 언론정보학과 교수(현) 2006~2008년 同신문방송사 주간 2008~2010년 同사회과학대학장 2008년 언론중재위원회 대전중재부 위원 2009~2011년 同운영위원회 위원 2010년 미디어공공성포럼 공동대표 2010~2011년 한국언론정보학회 회장 2011~2012년 충남지역미디어발전위원회 위원장 2012년 충남대 국제교류본부장 역'최후의 권리'(1995) '저널리즘은 어떻게 민주주의를 만드는가?'(2006, 커뮤니케이션북스) 종기독교

차재호(車載浩) CHA Jae Ho (又晚)

생1934 · 3 · 1 본연안(延安) 출경기 여주 주서울 관악구 관악로1 서울대학교 심리학과(02-880-6429) 학1952년 여주농고졸 1956년 서울대 심리학과졸 1962년 同대학원졸 1966년 미국 애리조나대 대학원졸 1971년 심리학박사(미국 UCLA) 경1971년 미국 캘리포니아주립대 조교수 1973년 행동과학연구소 연구교수 1974~1984년 서울대 심리학과 조교수 · 부교수 1982년 한국심리학회 회장 1983년 사회과학연구협의회 총무간사 1983년 미국 UCLA 교환교수 1984년 사회과학연구협의회 연구위원장 1984~1999년 서울대 심리학과 교수 1986년 同학생생활연구소장 1995년 교육부 중앙교육심의위원 1995년 중국 吉林대 객원교수 1998년 교육부 학술진흥위원회 위원장 1999년 서울대 명예교수(현) 2004년 대한민국학술원 회원(사회심리학 · 현) 상교육부장관표창, 국무총리표창, 여주문화상, 자랑스런 UCLA인상(2009) 전'한국의 남아존중사상' '실험설계법' '심리학개론' '사회심리 실험실습' '문화설계의 심리학' 역'자유와 존엄을 넘어서' '프로이드 자서전' '세계문화와 조직'

차정섭(車政燮) CHA Jeong Sup

생1951 · 2 · 2 출경남 함안 주경남 함안군 가야읍 말산로1 함안군청 군수실(055-580-2001) 학1969년 남지고졸 1976년 한국방송통신대 행정학과졸 1987년 동국대 행정대학원졸 2002년 교육학박사(명지대) 경문화공보부 행정사무관, 공보처 총무과장 1997년 문화체육부 청소년보호위원회 사무국장 1998년 국무총리 청소년보호위원회 사무국장 2005년 청소년위원회 활동복지단장 2006년 국가청소년위원회 정책홍보관리관 2008년 보건복지가족부 아동청소년복지정책관 2008~2011년 한국청소년상담원 원장 2009년 한국간행물

윤리위원회 위원 2010년 同국내간행물심의위원장, (사)함안미래발전연구원 원장 2014년 경남 함안군수(새누리당)(현) [상]대통령표창, 홍조근정훈장, 국무총리표창(2010), TV조선 '한국의 영향력 있는 CEO' 성장경영부문(2016), 한국을 빛낸 창조경영대상 미래경영부문(2016), 한국마사회 '경마의 날 기념 유공 감사패'(2016), 대한민국책읽는지자체대상 국회 교육문화체육관광위원장상(2016) [저]'청소년집단역학'(共)

차정식(車正植) CHA Jung Sik

[생]1964·3·4 [본]연안(延安) [출]충북 청주 [주]전북 완주군 상관면 왜목로726의15 한일장신대학교 신학부(063-230-5573) [학]1986년 서울대 국사학과졸 1989년 미국 McCormick Theological Seminary 대학원 교역학과졸 1996년 신학박사(미국 The Divinity School Univ. of Chicago) [경]1989~1996년 미국 미드웨스트장로교회 교육전도사·부목사 1993~1997년 미국 McCormick Theological Seminary 객원교수 1997년 한국신약학회 편집위원장 1997년 한일장신대 신학부 교수(현), 同종합연구원장 2003년 同신학부장 2007년 同아태국제신학대학원장 2007·2009~2010년 同일반대학원장 2007~2011년 한국기독교학회 편집주간 2009~2010년 한일장신대 아시아국제신학대학원장 2009~2012년 한국기독교사회문화아카데미 회장 2012~2014년 한일장신대 신학부장 2015년 同미래도서관장(현) 2016년 同신학대학원장 겸 아시아태평양국제신학대학원장(현) [상]한국기독교학회 소망학술상(2006), 문화관광부 우수학술도서 선정(2006), 문화관광부 우수교양도서 선정(2012) [저]'신약성서의 사회경제사상'(2000) '바울신학 탐구'(2005) '예수의 신학과 그 파문'(2007) '하나님 나라의 향연'(2009) '신학의 스캔들 스캔들의 신학'(2011) '예수, 한국사회에 답하다'(2012) [역]'예수와 기독교의 기원'(2011) [종]기독교

차정인(車正仁) CHA Jeong In

[생]1961·2·28 [본]연안(延安) [출]경남 창원 [주]부산 금정구 부산대학로63번길2 부산대학교 법학전문대학원(051-510-3715) [학]1979년 마산고졸 1983년 부산대 법학과졸 1985년 同대학원 법학과졸 2009년 법학박사(부산대) [경]1986년 사법시험 합격(28회) 1989년 사법연수원 수료(18기) 1989년 창원지검 검사 1991년 대구지검 상주지청 검사 1992년 서울지검 남부지청 검사 1993~2006년 변호사 개업 1995년 창원YMCA 시민중계실 사업위원장 1995년 마산문화방송 시사프로그램 '르포 13' 사회자 1996년 同라디오 '차정인의 열린 법정' 진행 2000~2001년 새천년민주당 창원乙지구당 위원장 2000년 경남외국인노동자상담소 이사장 2002년 창원시장선거 출마(무소속) 2006년 부산대 법학과 교수, 同법학전문대학원 교수(현) 2010년 창원YMCA 이사장 2015년 중앙선거관리위원회 소속 국회의원선거구획정위원회 위원 2015년 영남형사판례연구회 회장(현) 2016년 부산대 법학전문대학원장(현) [상]대통령표창(1997), 부산대 우수강의교수상(2011) [저]'차정인의 열린 법정'(1999) '형사소송실무'(2013, 신조사) [종]기독교

차정현(車政炫)

[생]1978 [주]서울 종로구 종로5길7, 타워8(8층) 대통령소속 특별감찰관실(02-728-7200) [학]2004년 서울대 법학부졸 2010년 同대학원 법학석사 2014년 同대학원 법학 박사과정 수료 [경]사법시험 합격(46회), 사법연수원 수료(36기) 2007~2010년 공익 법무관 2010~2015년 금융위원회 행정사무관 2015~2016년 대통령소속 특별감찰관실 감찰담당관 2016년 同특별감찰과장(현)

차정호(車正浩) CHA Jeong Ho

[생]1957·10·22 [출]대구 [주]서울 중구 동호로249 (주)호텔신라 임원실(02-2230-3219) [학]1976년 경복고졸 1981년 서울대 경영학과졸 [경]1981년 삼성그룹 입사, 삼성물산(주) LA지사·뉴욕지사 관리담당 부장 2003년 同인터넷쇼핑몰사업부장(상무보) 2006년 同뉴욕지사 관리담당 상무 2006년 同루마니아 오텔리녹스사업부장 겸 공장장(상무) 2007년 (주)호텔신라 면세유통사업부장(상무) 2010년 同면세유통사업부장(전무) 2013년 同부사장 2015년 同상근고문(현)

차종범(車鍾范) CHA Jong Bum

[생]1959·1·27 [출]서울 [주]경북 구미시 산동면 첨단기업1로17 구미전자정보기술원 원장실(054-479-2014) [학]1977년 신일고졸 1981년 성균관대 전기공학과졸 1983년 同대학원 전기공학과졸 2007년 산업공학박사(아주대) [경]1986~1993년 아남산업 연구원 1993년 전자부품연구원 신뢰성시험센터장 1998~2000년 同기술정책팀장·기술기획팀장 2000년 同사업개발센터장 2003~2005년 同정책기획본부장 겸 구미전자기술연구소 연구부장 2005년 同부품소재연구본부장 2007년 同정책기획본부장 겸 차세대로봇전략기술지원단장 2009년 同기술사업화본부장 2010~2014년 同정책기획본부장 2014년 구미전자정보기술원 원장(현) [상]산업자원부 부품소재기술상(2000), 지식경제부장관표창(2008)

차종선(車宗墡) CHA Jong Sun (차돌)

[생]1954·12·1 [본]연안(延安) [출]전북 익산 [주]전북 전주시 덕진구 사평로24 차종선법률사무소(063-275-2766) [학]1973년 이리고졸 1977년 전북대 법학과졸 1993년 호서대 대학원 법학과졸 2001년 법학박사(전북대) [경]1983년 사법시험 합격(25회) 1985년 사법연수원 수료(15기) 1985년 변호사 개업(현) 1997년 전주지방변호사회 부회장 1998년 전북택견협회 회장(현) 1999년 전주경실련 공동대표 1999년 한국기업법학회 부회장 2000년 학교법인 예원예술대 이사장(현) 2001년 국무총리 청소년보호위원 2003~2005년 전주지방변호사회 회장 2003~2005년 대한변호사협회 부회장 2003~2007년 전북대총동창회 회장 2003년 KBS 시청자자문위원 2004~2006년 전북도 고문변호사 2005~2007년 전주시 고문변호사 2005년 열린우리당 전북도당 부위원장 2006~2011년 전북안전생활실천시민연합 상임고문 2007~2015년 전북도교육청 고문변호사 2008년 전북발전연구원 이사 2008년 (재)한국문화예술회관연합회 이사 2010년 전북도갈등조정협의회 위원 2011~2014년 전북도사회복지협의회 회장 [상]국민훈장 석류장(2002) [저]'주주대표소송제도의 개선방안에 관한 연구' [종]천주교

차주경(車柱京)

[생]1959·11·13 [주]전남 완도군 완도읍 청해진남로51 완도군청 부군수실(061-550-5014) [학]1976년 광주 정광고졸 1978년 한국방송통신대 행정학과졸 [경]1987년 전남도 행정 7급 공채(고흥군·나주군 근무) 1991년 전남도 도로관리사업소·교통행정과·지방공무원교육원 근무 1995년 同공보관실·사회복지과·율촌산단개발사업소 근무 2003년 함평군 사무관 2006년 전남도 공보관실 홍보기획담당·관광개발과 특정지역담당·관광정책과 관광개발담당 사무관 2009년 同도지사 비서관·전남문화예술재단 사무처장 2012년 행정안전부 지방경쟁력지원과 생산성지원팀장·광주 정부통합전산센터 정보시스템과 기상특허담당 서기관 2013년 전남도 행복마을과장 2014년 同해양항만과장 2015년 전남 완도군 부군수(현)

차준영(車俊暎) Jun Young CHA

[생]1953·1·1 [출]전남 강진 [주]서울 종로구 경희궁길26 세계일보 사장실(02-2000-1201) [학]1972년 경동고졸 1979년 서울대 국어교육과졸 1988년 중앙대 신문방송대학원 수료 2007년 서강대 언론대학원졸 2011년 同대학원 박사과정 수료 [경]1979년 세계평화교수협의회 사무국 간사, 월간 '광장' 편집장 1987년 미주세계일보(뉴욕) 기자 1988년 세계일보 편집부 기자 1995년 同사회부 부장대우 2000년 同문화전문위원 2002년 同문화부 문화전문위원 2002년 同국제부장 2003년 同편집국 취재담당 부국장 2004년 同기획실장 2005년 同논설위원 2005년 同기획실장 겸 CIO 2006년 同편집국장 2007년 同논설실장 2008년 同경영지원본부장 겸 CFO 2010년 한국신문협회 기조협의회 이사 2011년 한국신문방송편집인협회 이사 2011년 세계일보 대기자 2011년 진행워터웨이 부사장 2012년 세계평화터널재단 사무총장 2013년 同고문 2013~2015년 선문대 역사문화콘텐츠학과 교수 2015년 세계일보 대표이사 사장(현) 2015년 한국디지털뉴스협회 이사(현) 2016년 한국신문협회 이사(현) [상]서강대 언론대학원 최우수논문상(2007) [저]'차준영의 시베리아 몽골 횡단기행'(2008) '아프리칸 드림'(2010) '차준영의 러시아-몽골 기차여행'(2014)

차준택(車濬澤) CHA Jun Taek

[생]1968·8·30 [본]연안(延安) [주]인천 남동구 정각로29 인천광역시의회(032-440-6033) [학]1992년 고려대 불어불문학과졸 2000년 미국 아메리칸대 대학원 국제관계학과졸 [경]송영길 국회의원 보좌관, 홍영표 국회의원 보좌관, 최용규 국회의원 보좌관, 고려대 국회보좌진협의회 부회장, (사)한국청소년운동연합 부평지회장 2010년 인천시의회 의원(민주당·민주통합당·민주당·새정치민주연합) 2011년 同예산결산특별위원장 2012년 同운영위원회 위원 2012년 同기획행정위원회 부위원장 2014년 인천시의회 의원(새정치민주연합·더불어민주당)(현) 2014년 同기획행정위원회 위원장 2016년 同기획행정위원회 위원(현) 2016년 同예산결산특별위원회 위원(현)

차진석(車辰錫) CHA Jin Seok

[생]1963·4·11 [출]서울 [주]서울 종로구 종로26 SK빌딩 SK이노베이션 재무본부장실(02-2121-5114) [학]1982년 배재고졸 1986년 서울대 경제학과졸 1989년 同대학원졸 1994년 미국 미시간대 대학원 경제학과졸 [경]1985년 행정고시 합격(29회) 1986년 총무처 사무관 1987년 동대전세무서 근무 1995년 재정경제원 금융정책실 금융총괄과 사무관 1999년 서기관 승진 2000년 재정경제원 금융정책국 증권제도과 서기관 2000년 SK(주) Professional Resource Group Business Consulting담당 상무 2001년 SK텔레콤(주) m-Commerce사업본부 m-Commerce기획팀장(상무) 2002년 同m-Finance사업본부장(상무) 2005년 同CRM본부장(상무) 2006년 SK(주) 자금담당 상무, SK에너지(주) 경영관리담당 상무 2008년 同R&M경영지원본부장 2010년 同CMS재무부문장 2011년 SK이노베이션 경영관리본부장(전무) 2013년 同재무부문장 2014년 同재무본부장(CFO·전무) 2016년 同재무본부장(CFO·부사장)(현)

차천수(車千洙) CHA Cheon Soo

[생]1953·10·7 [출]충북 청주 [주]서울 용산구 후암로27 진흥기업(주) 대표이사실(02-772-1209) [학]1972년 청주고졸 1976년 청주대 건축공학과졸 1995년 연세대 대학원 건축공학과졸 2007년 공학박사(청주대) [경]1997년 LG건설(주) 상무이사 2004년 同건축사업본부장(상무) 2005년 GS건설(주) 그룹사업부 전무 2006년 同건축사업본부장(전무) 2006년 同건축사업본부장(부사장) 2008년 同국내영업본부장(부사장) 2009년 이지빌(주) 대표이사 2012년 진흥기업 대표이사(현) 2012년 효성 건설부문장(PG장) 겸임(현) [상]국무총리표창(1996), 석탑산업훈장(2008) [종]천주교

차철순(車澈淳) CHA Cheol Soon

[생]1952·6·25 [본]연안(延安) [출]대구 [주]서울 서초구 서초대로78길5, 17층 대각빌딩 17층 법무법인 정향(02-535-8004) [학]1970년 경북고졸 1974년 서울대 법과대학졸 1978년 同대학원졸 1984년 미국 워싱턴대 Visiting Scholar 1994년 법학박사(중앙대) [경]1973년 사법시험 합격(15회) 1975년 육군 법무관 1978년 청주지검 검사 1981년 대구지검 검사 1982년 법무부 검찰국 검사 1984년 법제처 파견검사 1985년 서울지검 검사 1987년 대구지검 상주지청장 1988년 서울지검 고등검찰관 1989년 법무부 고등검찰관 1992년 부산지검 공안부장 1993년 同형사3부장 1993년 사법연수원 교수 1995년 서울지검 조사부장 1995년 同형사2부장 1996년 同형사1부장 1996년 부산지검 동부지청 차장검사 1997년 대구고검 검사 1998년 인천지검 차장검사 1999년 서울고검 검사 2000년 변호사 개업(현) 2003년 사법시험 출제위원 2005년 한국원자력법학회 회장(현) 2011~2013년 대한변호사협회 부회장 2011~2013년 국무총리소속 사회보장위원회 위원 2012~2015년 뉴스통신진흥회 감사 2012년 법무부 변호사징계위원회 위원 2016년 법무법인 정향 대표변호사(현) [상]법무부장관표창(1985), 홍조근정훈장(1997) [종]불교

차태익(車泰益) CHA TAE IG

[생]1954·1·15 [출]경기 이천 [주]경기 이천시 부발읍 중부대로1696 이천시시설관리공단(031-632-6670) [학]이천제일고졸, 한국방송통신대 행정학과졸 [경]1974년 경기 이천시 근무 2008년 同자치행정과장 2009년 서기관 퇴직 2011~2015년 이천환경(주) 대표이사 2012년 이천아트홀 운영위원(현) 2013년 수원지법 여주지원 조정위원(현) 2013~2016년 이천시시설관리공단 비상임이사 2016년 同이사장(현) [상]장관표창(5회), 경기도지사표창(2회), 녹조근정훈장 [종]기독교

차태진(車泰進) Tae Jin Cha

[생]1966·2·10 [출]경남 마산 [주]서울 중구 통일로2길 16 AIA생명보험 대표이사실(02-3707-4800) [학]1992년 서강대 경영학과졸 [경]1991~1993년 액센추어 근무 1993~1995년 베인앤컴퍼니 컨설턴트 1995~2000년 푸르덴셜생명 설계사 1998년 국제 멘사 회원 1999년 한국 MDRT 초대회장 2001년 메트라이프 CNP MGA 대표 2009년 同개인영업총괄담당 임원, 同전략영업채널담당 전무 2010년 한국FP협회 이사 2014~2015년 ING생명 영업총괄 부사장(CSO) 2015년 AIA생명보험 영업담당 수석부사장 2016년 同대표이사(현) [상]한국신지식인협회 선정 금융분야 신지식인(1999) [저]'차태진을 벤치마킹하라'(2003, 북메이커) '차태진 챔피언의 법칙'(2008, 지식노마드) [역]'백만달러 원탁으로의 초대 1·2'(2001, 북메이커) '세일즈가 힘이다'(2003, 북메이커)

차하순(車河淳) CHA Ha Soon (玄石)

[생]1929·8·13 [본]연안(延安) [출]함북 [주]서울 서초구 반포대로37길59 대한민국학술원(02-3400-5220) [학]1956년 서울대 문리대 사학과졸 1959년 同대학원 사학과졸 1966년 미국 브랜다이스대 대학원 사상사학과졸 1969년 역사학박사(미국 브랜다이스대) [경]1960~1961년 단국대 전임강사 1961~1994년 서강대 사학과 교수 1977년 同교무처장 1983~1985년 (사)역사학회 회장 1987~1991년 서강대 문과대학장 1987~1993년 유네스코 한국위원회 위원·집행위원·인문사회과학분과위원장 1988~1990년 한국서양사학회 회장 1989~1991년 서강대 부총장 1992~1994년 同인문과학연구소장 1994~2003년 同학교법인 이사 1994년 同명예교수(현) 1999~2016년 국제역사학 한국위원장 2001년 한일역사가회의 조직위원장(현) 2002년 대한민국학술원 회원(서양사·현) 2003년 (사)역사학회 고문(현) 2008~2011년 대한민국학술원 인문사회과학부 회장 2011년 한국현대사학회 고문(현) [상]서울평론상(1974), 월봉저작상(1977), 대한민국학술원상 인문과학부문(1986), 국민포장(1994), 국민훈장 동백장(1998), 성곡학술문화상(2003), 자랑스러운 중앙인상(2007), 인촌상 인문사회문학부문(2008) [저]'근대정치사상사 연구(共)'(1972) '르네상스의 사회와 사상'(1973) '역사와 지성'(1973) '역사의 이해'(1974) '역사의 이론과 서술(共)'(1975) '서양사총론'(1976) '역사의 의미'(1981) '형평의 연구: 8세기 유럽 정치사상을 중심으로'(1983) '서양사학의 수용과 발전'(1988, 도서출판 나남) '역사의 본질과 인식'(1988, 학연사) '한국사 시대구분론(共)'(1995) '새로 쓴 서양사총론 I·II'(2000, 탐구당) '역사가의 탄생(共·編)'(2008) [역]'근대과학의 기원'(1974) '서양의 지적전통'(1980) '존재의 대연쇄'(1984) '神과 자아를 찾아서'(1985) '20세기의 역사(共)'(2000) [종]천주교

차한성(車漢成) CHA Han Sung

[생]1954·11·26 [본]연안(延安) [출]경북 고령 [주]서울 강남구 테헤란로133 재단법인 동천(02-3404-7590) [학]1972년 경북고졸 1977년 서울대 법학과졸 [경]1975년 사법시험 합격(17회) 1977년 사법연수원 수료(7기) 1977년 육군 법무관 1980년 서울민사지법 판사 1982년 서울형사지법 판사 1983년 대구지법 판사 1985년 서울지법 북부지원 판사 1986년 프랑스 국립사법관학교 연수 1988년 서울민사지법 판사 1988년 서울고법 판사 1989년 법원행정처 인사관리심의관 1991년 대구지법 부장판사 1994년 사법연수원 교수 1996~1999년 서울지법 부장판사 1996~1999년 법원행정처 건설국장 겸임 1999년 대구고법 부장판사 2000년 서울고법 부장판사 2002년 법원행정처 사법정책연구실장 겸임 2003년 서울지법 파산수석부장판사 직대 2004년 서울중앙지법 파산수석부장판사 2005년 청주지법원장 2006년 법원행정처 차장 2008~2014년 대법원 대법관 2011~2014년 법원행정처장 겸임 2014년 영남대 법학전문대학원 석좌교수(현) 2015년 공익재단법인 동천 이사장(현) [상]청조근정훈장(2014) [저]'민법 주해'(共) [종]천주교

차현배(車炫培) CHA Hyun Bae

[생]1947·12·19 [본]연안(延安) [출]전남 강진 [주]서울 용산구 새창로45길74 제이씨현시스템(주) 회장실(02-6715-2114) [학]1967년 서울 덕수상고졸 1975년 한국외국어대 베트남어과졸, 건국대 대학원 경영학 박사과정 수료 1996년 연세대 경영대학원 최고경영자과정 수료 2001년 서울대 경영대학원 최고경영자과정 수료 [경]1975~1978년 농업협동조합중앙회 근무 1978~1984년 선경(주) 근무 1984년 제이씨현시스템(주) 창립·대표이사 회장(현) 2000년 엘림넷(주) 창립·대표이사 회장(현) 2006~2013년 코스닥상장법인협의회 부회장 2014년 제이씨현전자(주) 대표이사 회장(현) [상]서대문세무서장표창(1999), 재정경제부장관표창(2000), 관세청장표창(2005), 용산구청장표창(2008), 서울시교육감표창(2013) [저]'생존의 법칙'(2014) [종]기독교

차호준(車昊峻) CHA Ho Joune

[생]1965·10·10 [본]연안(延安) [출]강원 화천 [주]강원 평창군 대관령면 올림픽로108의27 2018평창동계올림픽조직위원회 자원봉사부(033-350-2018) [학]성수고졸, 강원대 영어교육과졸, 강릉원주대 대학원 관광경영학과 수료 [경]삼척고 교사, 강릉시 자치발전담당관, 同문화체육시설관리사무소장, 同투자유치기획단장, 강원도 통상협력담당, 同교육협력담당, 同관광기획담당, 同혁신분권과장 2007년 교육 파견 2008년 강원도 국제협력실 대외협력관 2008년 同투자유치사업본부 관광시설유치과장 2008년 同미래사업개발과장 2009년 행정안전부 파견 2012년 강원도 투자유치사업본부 기업유치과장 2013년 同경제진흥국 기업지원과장 2013년 안전행정부 전출 2015년 국립과학수사연구원 연구기획과장 2015년 2018평창동계올림픽조직위원회 자원봉사부장 2016년 同자원봉사부장(부이사관)(현)

차흥봉(車興奉) CHA Heung Bong

[생]1942·11·10 [본]연안(延安) [출]경북 의성 [주]서울 마포구 만리재로14 한국사회복지회관5층 한국사회복지협의회(02-2077-3904) [학]1961년 경북사대부고졸 1969년 서울대 사회학과졸 1971년 同대학원 수료 1998년 문학박사(중앙대) [경]1971년 대통령비서실 행정관·서기관 1976~1983년 보건사회부 해외이주·사회·보험제도과장 1983~1995년 한림대 전임강사·조교수·부교수 1989년 同기획실장 1993년 同사회대학장 1994년 同부총장 1995~1999년 同사회복지학과 교수 1998년 국민의료보험관리공단 설립위원장 1999년 국민연금관리공단 이사장 1999~2000년 보건복지부 장관 2000~2008년 한림대 사회복지학과 교수 2003~2004년 한국노년학회 회장 2003~2006년 한국노인과학학술단체연합회 회장 2003년 건강보험재정통합추진기획단 단장 2004년 보건복지부 공적노인요양보장제도실행위원회 위원장 2004년 (재)서울복지재단 초대이사장 2004년 한국사회복지학회 회장 2004년 공적노인요양보장제도실행위원회 위원장 2005년 삼성생명공익재단 이사 2006년 (재)한국장애인복지진흥회 회장 2007년 보건복지부 차세대건강보장위원회 위원장 2008년 한림대 사회복지학과 명예교수(현) 2009~2010년 서울시 노인정책전략그룹 공동위원장 2009년 한국고령사회비전연합회 회장(현) 2011년 한국사회복지협의회 회장(현) 2011년 한국자원봉사협의회 공동대표(현) 2011년 민주평통 자문위원(현) 2011~2012년 서울시 고령친화도시추진위원회 위원장 2012~2016년 국제사회복지협의회(ICSW) 동북아지역 회장 2013년 세계노년학회(IAGG) 회장(현) 2013~2016년 세계사회복지대회 상임조직위원장 [상]대통령표창(1989·1975), 국민훈장 동백장(1998), 청조근정훈장(2003) [저]'국민의료보장론'(1992) '고령화사회의 장기요양보호' '의약분업정책과정'(2006)

차흥윤(車興潤) CHA Hung Yoon

[생]1956·3·16 [본]연안(延安) [출]서울 [주]경북 김천시 혁신2로40 한국건설관리공사 기술본부(02-3440-8800) [학]이대사대부고졸, 서울산업대 토목공학졸, 同대학원 토목과졸 [경]한국수자원공사 안산건설사업단 근무, 同경인운하건설단 근무, 同소양강댐관리단 시설관리부장 2006년 同시화호조력발전소건설단 조력공사팀장, 同조력사업처 조력공사팀장 2014년 한국건설관리공사 기술본부장(상임이사)(현) [상]행정자치부장관표창 [종]천주교

채경수(蔡慶洙) CHAE Gyung Soo

[생]1958·11·11 [출]부산 [주]서울 강남구 테헤란로518 섬유센터12층 법무법인 율촌(02-528-5955) [학]경남고졸 1981년 동아대 법학과졸 2000년 국방대학교 대학원 국방관리학과졸 [경]1980년 행정고시 합격(23회) 1988년 국세청 국제조세국 사무관 1992년 서울지방국세청 조사1국 조사담당 사무관 1994년 同조사1국 조사관리과 1계장 1996년 국세청 법인세과 법인1계장(서기관) 2000년 중부지방국세청 조사2국 2과장 2000년 수원세무서장 2001년 강서세무서장 2001년 재정경제부 금융정보분석원 조세정보과장 2003년 국세청 국제세원관리담당관 2005년 同법인세과장(부이사관) 2006년 서울지방국세청 조사2국장 2006년 국무조정실 파견(고위공무원) 2008년 대구지방국세청장 2009년 국세청 조사국장 2009~2010년 서울지방국세청장 2010~2012년 삼정KPMG그룹 부회장 2012년 법무법인 율촌 고문(현) [상]근정포장(1994)

채경옥(蔡耕玉·女) CEA Kyung Ok

[출]전북 옥구 [주]서울 중구 퇴계로190 매일경제신문 주간국(02-2000-2114) [학]1986년 서울 미림여고졸 1990년 서울대 경영학과졸 [경]1991년 매일경제신문 기자 2000년 同사회1부 기자 2003년 同정치부 기자 2004년 同편집국 정치부 차장대우, 同유통경제부 차장 2007년 同부동산부 차장 겸 여성팀장 2008년 同뉴스속보취재팀장, 同뉴스속보부장 2012년 한국여기자협회 부회장 2012년 매일경제신문 논설위원 2014년 관훈클럽 편집위원 2014년 한국여기자협회 감사 2016년 同회장(현) 2016년 매일경제신문 주간국 부국장(부국장대우)(현) [상]한국여기자협회 올해의 여기자상(2006) [저]'부동산 빅뱅의 시대가 온다(共)'(2009)

채기준(蔡淇俊) CHAE, KI JOON

[생]1957·10·22 [출]서울 [주]서울 서대문구 이화여대길52 이화여자대학교 공과대학 컴퓨터공학과(02-3277-2370) [학]1982년 연세대 수학과졸 1984년 미국 시라큐스대 대학원 컴퓨터과학과졸 1990년 공학박사(미국 노스캘리포니아주립대) [경]1990~1992년 미국 해군사관학교(UNSA) 전자계산학과 조교수 1992년 이화여대 공과대학 컴퓨터공학과 교수(현) 2002년 同정보통신처장 2004년 同정보통신연구소장 2005년 同IT특성화사업단장 2005~2007년 (재)그래픽스연구원 원장 2007년 개방형컴퓨터통신연구회(OSIA) 회장 2008~2010년 이화여대 입학처장 2011~2013년 同컴퓨터전자공학부장 겸 컴퓨터공학전공 주임교수 2014년 同정보통신처장 2015년 同공과대학장(현) 2015년 同공학교육혁신센터장 겸임(현) [상]한국정보처리학회 추계학술대회 우수논문상(2003), 한국과학기술단체총연합회 과학기술우수논문상(2003) [저]'데이터통신 및 분산망'(2005, 희중당)

채길순(蔡吉淳) Chae Gil Soon

[생]1955·6·14 [본]인천(仁川) [출]충북 영동 [주]서울 서대문구 가좌로134 명지전문대학 문예창작과(02-300-1349) [학]1983년 청주대 국어국문학과졸 1999년 국어국문학박사(청주대) [경]1983년 충청일보 신춘문예에 「꽃마차」 당선으로 등단·소설가(현), 평택 한광고 국어교사 1988년 청주 세광고 국어교사, 명지전문대 문예창작과 강사·부교수, 한국소설가협회 회원(현) 2007년 명지전문대 문예창작과 교수(현) 2011~2015년 同문예창작과장 [상]한국일보 광복50주년기념 1억원고료 당선(1995) [저]'소설 동학'(5권) '사금골 이야기' '어둠의 세월(上·下)'(1993) '흰옷 이야기(3권)'(1997) '동트는 산맥(7권)'(2001) '전쟁의 기억, 역사와 문학'(2005) '소설 창작의 즐거움'(2006) '말 글 삶'(2006) '샤르허브의 아지랑이'(2006) '소설 창작 여행'(2006) '동학혁명과 소설'(2006) '조캡틴정전'(2010) '소설 창작의 길라잡이'(2010) '소설 창작여행 떠나기'(2012) '웃방데기'(2014) [종]기독교

채동석(蔡東錫) CHAE Dong Suck

[생]1964·5·18 [출]서울 [주]서울 구로구 구로중앙로152 AK플라자 임원실(02-818-0099) [학]1997년 성균관대 철학과졸 1990년 미국 조지워싱턴대 대학원 국제경영학과졸 [경]애경화학 감사, 애경유지공업(애경백화점) 이사 1994년 同상무이사 1998년 同기획관리총괄 전무이사 2003년 同대표이사 사장 2003~2004년 수원역사 대표이사 사장 2003년 디피앤에프 대표이사 사장 2004년 평택역사 대표이사 2004년 수원애경역사 대표이사 사장 2006년 애경그룹 유통·부동산개발부문장(부회장) 2009년 AK플라자 유통·부동산개발부문 부회장(현) [종]천주교

채동욱(蔡東旭) CHAE Dong Wook

[생]1959·1·2 [본]평강(平康) [출]서울 [학]1977년 서울 세종고졸 1981년 서울대 법학과졸 1984년 同대학원 법학과졸 [경]1982년 사법시험 합격(24회) 1984년 사법연수원 수료(14기) 1985년 軍법무관 1988년 서울지검 검사 1991년 수원지검 여주지청 검사 1992년 법무부 특수법령과 검사 1994년 서울지검 검사 1995년 독일연방 법무부 파견 1996년 서울고검 검사 1997년 창원지검 밀양지청장 1998년 서울지검 부부장검사 1999년 부산지검 동부지청 형사2부장 2000년 同동부지청 형사1부장 2000년 서울지검 의정부지청 형사5부장 2001년 대검찰청 마약과장 2003년 서울지검 특수2부장 2004년 대전지검 서산지청장 2005년 부산고검 검사 2005년 부패방지위원회 법무관리관 2005년 국가청렴위원회 법무관리관 2006년 대검찰청 수사기획관 2007년 부산고검 차장검사 2008년 전주지검장 2009년 법무부 법무실장 2009년 법조윤리협의회 위원 2009년 대전고검장 2011년 대검찰청 차장검사 2012년 서울고검장 2013년 검찰총장 [상]근정포장 [저]'독일법률 : 사법통합개관'(共) '통일독일 : 동구제국 몰수재산처리 개관'(共) '북한법의 체계적 고찰Ⅰ·Ⅱ'(共) [종]불교

채동호(蔡東虎) Dongho Chae

[생]1958·1·1 [주]서울 동작구 흑석로84 중앙대학교 수학과(02-820-5214) [학]1981년 서울대 물리학과졸 1983년 同대학원 물리학과졸 1986년 미국 시라큐스대 대학원 수학과졸 1988년 미국 프린스턴대 대학원 응용수학과졸 1989년 이학박사(미국 프린스턴대) [경]1989년 미국 Indiana Univ. 박사후 연구원 1990년 미국 Brown Univ. 연구조교수 1991~1994년 포항공과대 수학과 조교수 1994~2003년 서울대 수학과 조교수·부교수 2003년 同자연대 수리과학부 교수 2004~2011년 성균관대 자연과학부 수학전공 교수 2006년 교육인적자원부 및 한국학술진흥재단 선정 '대한민국 국가석학(Star Faculty)' 2011년 중앙대 수학과 CAU석학교수(현) [상]과학기술우수논문상(1996), 한국과학상(2004)

채명수(蔡明秀) Myung Su Chae

[생]1960·7·28 [본]인천(仁川) [출]경남 마산 [주]서울 동대문구 이문로107 한국외국어대학교 경영대학 경영학부(02-2173-2414) [학]1979년 마포고졸 1983년 한국외국어대 무역학과졸 1988년 미국 Oregon State Univ. 경영전문대학원졸(MBA) 1993년 경영학박사(미국 Univ. of Alabama) [경]1993~1997년 충남대 전임강사·조교수 1997년 한국외국어대 경영대학 조교수·부교수·교

수(현) 2000~2011년 LG인화원 마케팅교육 자문교수 2002년 국립중앙도서관 자문위원(현) 2002년 한국소프트웨어진흥원 전문위원(현) 2002년 기술신용보증기금 지도위원(현) 2003~2008년 한국유통학회 유통연구 편집위원 2004~2005년 한국학술진흥재단 사회과학분야 위원 2006~2013년 한국국제경영학회 국제경영연구 편집위원 2006~2007년 한국외국어대 '디 아거스' 편집인 겸 주간 2009년 同글로벌경영대학 부학장 2009~2012년 특허청 비영어권브랜드지원사업 운영위원 2010~2013년 한국경영학회 '경영학연구' 편집위원 · Area Editor 2011~2013년 한국외국어대 글로벌경영연구소장 2012~2014년 同행정지원처장 2012~2013년 'Journal of Korea Trade' 편집위원 2012년 한국무역학회 부회장 2013년 한국유통학회 부회장(현) 2014~2015년 한국국제경영학회 부회장 2015년 한국외국어대 경영대학원장 겸 경영대학장(현) 2015년 한국국제경영학회 차기(2017년) 회장(현) [상]한국외국어대 우수연구교수(2002) [저]'중소 소매점의 경쟁력과 소매성과'(2002, 집문당) '글로벌 시대의 한국기업과 경영'(2006, 법문사) 'B2B 마케팅 핵심이론과 사례'(2006, 삼성글로벌마케팅연구소) '현지화 전략을 통한 해외 브랜드 진출방안'(2006, 산업자원부 연구보고서) [역]'핵심마케팅'(2013) [종]천주교

채문석(蔡文錫) CHAE Mun Seok

[생]1964 · 4 · 25 [본]평강(平康) [출]전남 보성 [주]서울 마포구 상암산로76 YTN 웨더본부(02-398-8000) [학]1981년 순천고졸 1986년 고려대 영어영문학과졸 2011년 한양대 언론정보대학원졸 [경]1989~1994년 KBS 근무 1994년 YTN 보도국 사회부 기자 1998년 同정치부 기자 2003년 미국 조지타운대 연수 2004년 YTN 편집부 차장 2005년 同정치부 차장 2005년 同보도국 정치부장 2008년 同경영기획실 기획총괄팀장(부장대우) 2009년 同경영기획실 기획총괄팀장(부장급) 2010년 同보도국 사회1부장 2011년 同보도국 선거방송TF팀장 2012년 同보도국 편집부국장 2013년 同편성제작국장(부국장급) 2014년 同미래연구소 연구위원 2014년 同보도국 편집위원 2015년 同웨더본부장(현)

채미옥(蔡美玉 · 女) CHAE Mie Oak

[생]1955 · 11 · 10 [본]인천(仁川) [출]경북 [주]대구 동구 이노벨리로291 한국감정원 부동산연구원(053-663-8007) [학]1975년 진명여고졸 1979년 이화여대 영문과졸 1982년 서울대 환경대학원 조경학과졸 1997년 도시공학박사(서울시립대) [경]1979~2014년 국토연구원 선임연구위원 1998~1999년 건설교통부 감정평가기획단 기획위원 1999년 서울시립대 도시행정학과 강사 1999년 제4차 국토계획 연구단 2000~2001년 캐나다 The University of Toronto 교환교수 2003년 환경부 국토환경보전자문위원 2004년 해양수산부 중앙연안관리심의위원 2004년 대한국토도시계획학회 편집위원 2005년 안양대 겸임교수 2006년 행정자치부 중앙지적위원 2006년 국토연구원 토지 · 주택연구실장 2007~2015년 문화재청 문화재위원 2009~2011년 국토연구원 문화국토전략센터장 2012년 同문화국토연구센터장 2013~2015년 대통령직속 문화융성위원회 전통분과 전문위원 2013~2015년 국토교통부 중앙지적재조사심의위원회 위원 2013년 국무총리실 소속 접경지역정비심의위원회 위원 2013~2015년 행정자치부 지자체합동평가심의위원 2014년 한강시민위원회 위원(현) 2014년 한국감정원 부동산연구원장(현) 2015년 대구시 성과평가위원(현) 2015~2016년 재단법인 미르 감사 [상]건설부장관표창(1990), 건설교통부장관표창(1997), 국민포장(2004) [저]'선진사회를 향한 토지정책방향 및 추진전략연구'(2006 · 2007) '고도의 역사문화환경조성 방향'(2007) '고도지역 주민지원 구체화방안 연구'(2008) '부여 고도보존계획'(2009) '역사문화환경보전지역의 체계적 관리방안'(2012) '산림복지지원을 위한 산지관리제도 기반 구축 연구'(2012) '산지전용권거래제도 도입방안연구'(2012 · 2013) [역]'강과 한국인의 삶' '강과 옛도읍'(2012, 나남출판사)

채방은(蔡方垠) CHAE Bang Eun

[생]1946 · 5 · 31 [본]평강(平康) [출]서울 [주]서울 서초구 서초대로279 국제빌딩3층 법무법인 한덕(02-595-7800) [학]1965년 경기고졸 1970년 서울대 공과대학 기계공학과졸 1983년 미국 미시간대 법과대학원졸 2000년 법학박사(경희대) [경]1970년 사법고시 합격(12회) 1972년 사법연수원 수료(2기) 1973~1985년 서울지검 · 춘천지검 원주지청 · 서울지검 북부지청 · 대구지검 · 서울지검 검사 1985년 대구지검 상주지청장 1985년 경북궁도협회 회장 1986년 대검찰청 전산관리담당관 1988년 국회 법제사법위원회 전문위원 1991년 서울지검 특수3부장 1992년 同강력부장 1993년 창원지검 진주지청장 1993년 서울지검 남부지청 차장검사 1994년 부산지검 제1차장검사 1995년 서울지검 북부지청장 1997년 서울고검 검사 1998년 변호사 개업 2001년 천지인합동법률사무소 변호사 2003년 세아베스틸 사외이사(현) 2004년 삼청교육피해자명예회복 및 보상심의위원회 위원장 2004년 상명대 석좌교수 2008~2014년 법무법인 한덕 대표변호사 2008~2012년 대한변호사협회 등록심사위원장 2009년 국회 입법지원위원(현) 2009년 학교법인 대양학원(세종대) 임시이사장 2010년 대한상사중재원 중재인(현) 2012~2016년 (재)한국마약퇴치운동본부 이사 2014년 앨트웰(주) 회장(사내이사)(현) 2014년 (재)앨트웰민초장학재단 이사장(현) 2014년 법무법인 한덕 구성원변호사(현) 2015년 (재)우서문화재단 이사(현) [상]홍조근정훈장

채병조(蔡秉祚) CHAE Byung Jo

[생]1956 · 2 · 11 [출]강원 동해 [주]강원 춘천시 강원대학길1 강원대학교 동물자원과학과(033-250-8616) [학]1973년 강릉농고졸 1978년 강원대 축산학과졸 1982년 서울대 대학원 가축영양학과졸 1999년 농학박사(서울대) [경]1988년 (주)퓨리나코리아 품질관리부장 1992년 미국 오레곤주립대 축산학과 연구원 1992~1996년 축협 부경양돈조합 사료공장장 1997년 강원대 동물생명과학대 동물자원과학과 교수(현) 2006~2008년 同동물자원공동연구소장 2008년 同동물생명과학대학장 2016년 (사)한국동물자원과학회 회장(현) [상]농림부장관표창, 교육과학기술부장관표창(2011) [저]'동물영양학'(1995) '동물영양과 광물질'(2001) '인간과 동물'(2005) '동물산업과 복지'(2007) [종]기독교

채병호(蔡炳琥)

[생]1962 · 6 · 26 [출]전남 해남 [주]서울 종로구 종로5길 86 서울지방국세청 국제거래조사국 국제조사1과(02-2114-5104) [학]전남 순천고졸 1984년 세무대학졸(2기), 건국대 행정대학원졸 [경]1984년 국세공무원 임용 1984년 국세청 징세국 근무 2003년 同조사기획과 근무 2007년 속초세무서 총무과장 2008년 국세청 조직개편T/F 근무 2009년 부천세무서 조사과장 2010년 서울지방국세청 조사1국 조사팀장 2012년 同국제조사국 조사팀장 2015년 同조사4국 조사팀장 2015년 서광주세무서장 2016년 서울지방국세청 국제거래조사국 국제조사1과장(현)

채상묵(蔡相默) CHAE Sang Mook (錦堂)

[생]1944 · 11 · 4 [본]평강(平康) [출]전북 전주 [주]서울 서초구 효령로31길54 세창빌딩3층 채상묵무용연구원(02-525-5012) [학]1962년 전주 영생고졸 1966년 중앙대 무용학과졸 1994년 명지대 사회교육대학원졸 [경]1964~1974년 국립무용단 단원 1974년 채상묵무용원 원장 · 무용단장(현) 1981년 한국무용협회 이사 1986~2002년 무용연구회 이사, 대한민국무용제 1 · 3 · 5 · 9회 참가 발표, 한국무용협회 전통분과 위원장, 국가무형문화재 제27호 승무 이수자(현), 우봉전통무용보존회 회장 1996년 한국예술종합학교 무용원 · 세종대 · 한성대 예술대학원 · 대진대 강사 1997년 중요무형문화재 제97호 살풀이춤 이수자 2002~2005년 서울예술단 무용감독 2005~2011년 한국무용협회 부이사장 2005~2014년 한국예술종합학교 무용원 겸임교수, 同전통예술원 무용과 강사(현), 국립국악원 전통공연예술문화학교 강사 2012년 한국전통춤협회 이사장(현) [상]문공부장관표창, 개천예술제 최우수상, 전주대사습놀이 장원 무용부문, 한국예술평론가협회 최우수예술인상 무용부문, 한국예총 예술공로상(2005), 예총예술문화상 대상 무용부문(2007), 제59회 서울시 문화상 무용분야(2010) [저]'아름다운 반세기 무용가 채상묵'(2011, 채륜출판사) [작]출연 '공간+나' '머물러있는 혼' '공수래 공수거' '님' '마른풀 꽃의 소리' '비로자나佛에 관한 명상' '혼의 울림' '회심곡' '고이 접어서 나빌레라' '시인의여정' '해어화' '홍랑 그애닮은 사랑' '소용돌이' '누가 아름다운 鶴의 눈물을 보았는가' '연리근' '채상묵춤 50년의 香' [종]천주교

채 석(蔡 奭) CHAE Seok

[생]1955 · 4 · 14 [출]대구 [주]대구 달서구 성서로71길43 (주)티에이치엔 회장실(053-583-3001) [학]1973년 경기고졸 1977년 서울대 공대졸 1982년 미국 보스턴대 경영학과졸 [경]1982년 동해실업(주) · 동해(주) 기획실장 1983년 同상무이사 1986년 同전무이사 1986년 동해전장(주) 부사장 1997년 동해(주) 부사장 1998년 한국오므론전장(주) 부사장 1998년 정성기전(주) 부사장 2002년 동해전장(주) 대표이사 사장 2002년 중국 청도모비네스(주) 대표이사 2002년 정성기전(주) 대표이사 사장 2008년 (주)티에이치엔 대표이사 사장 2008년 (주)제이에스엔 대표이사 사장 2016년 同대표이사 회장(현) 2016년 (주)티에이치엔 대표이사 회장(현) [상]대구시 노사화합상, 중소기업대상, 노동부 신노사문화 우수기업상, 산업포장 [종]기독교

채석래(蔡錫來) CHAE Seok Lae

[생]1959 · 9 · 22 [주]경기 고양시 일산동구 동국로27 동국대일산병원 진단검사의학과(031-961-7890) [학]1984년 서울대 의대졸 1988년 同대학원졸 1993년 의학박사(서울대) [경]중앙대 의대 진단검사의학과 교수, 同용산병원 진단검사의학과장, 동국대 의대 진단검사의학교실 교수(현) 2007년 同의과대학 부학장 2009년 同의료원 전략경영실장 2012년 同일산병원장 2015년 대한진단혈액학회 부회장 2016년 同회장(현) 2016년 대한수혈학회 부회장(현) 2016년 同차기(2017년) 회장(현) [종]불교

채석현(蔡錫賢) CHAE Seok Hyeon

[생]1966 · 11 · 11 [출]대구 [주]서울 도봉구 마들로747 서울북부지방검찰청 공판부(02-3399-4310) [학]1985년 대구 대륜고졸 1989년 서울대 공법학과졸 [경]1997년 사법시험 합격(39회) 2000년 사법연수원 수료(29기) 2000년 광주지검 검사 2002년 대전지검 천안지청 검사 2004년 의정부지검 검사 2006년 수원지검 성남지청 검사 2008년 서울서부지검 검사 2011년 창원지검 검사 2013년 同부부장검사 2013년 대전지검 부부장검사 2014년 광주지검 부부장검사 2015년 대구지검 포항지청 부장검사 2016년 서울북부지검 공판부장(현)

채선병(蔡瑄秉)

[생]1958 · 5 [주]서울 중구 남대문로39 한국은행 외자운용원(02-759-5201) [학]1981년 서울대 경제학과졸 1986년 미국 텍사스대 오스틴교 대학원 경영학과졸 [경]1981년 한국은행 입행 2001년 同외화자금국 리스크관리팀장 · 운용1팀장 · 운용기획팀장 2004년 同국제국 뉴욕사무소 외화자산운용 총괄 2006년 同외화자금국 운용1팀장 2007년 同국제국 국제기획팀장 2008년 同제주본부 기획조사실장 2009년 외교안보연구원 파견 2010년 한국은행 금융경제연구원 부원장 2010년 同외화자금국 부국장(준법감시인) 2011년 同외자운용원 투자운용부장 2012년 同국제국 뉴욕사무소장 2014년 同외자운용원장(현)

채성령(蔡誠玲 · 女)

[생]1973 · 12 · 22 [출]인천 [주]경기 수원시 팔달구 인계로 178 경기문화재단(031-234-7200) [학]인천 인일여고졸, 이화여대 정치외교학과졸, 서강대 대학원 방송학과졸 [경]한나라당 홍보국 차장 2002년 同부대변인 2003년 同사이버담당 부대변인 2004년 同대표최고위원실 부장 2007년 同정책위원회 농림해양수산위원회 심의위원 2007년 同정책위원회 과학기술정보통신위원회 전문위원 2008년 대통령 대변인실 행정관 2009년 특임장관실 기획총괄과 서기관 2010~2013년 同대변인 2014년 경기도 대변인 2016년 경기문화재단 검사역(현)

채성준(蔡晟俊) CHAE Sung Joon

[생]1949 · 10 · 24 [본]평강(平康) [출]서울 [주]경기 부천시 오정구 수도로163번길17 새한화장품(주) 비서실(032-672-7113) [학]1972년 성균관대 화공과졸 1975년 同무역대학원 무역학과 수료 [경]1972~1981년 세일화학공업사 대표 1981~1994년 한진화학공업사 대표 1994년 새한화장품(주) 대표이사 사장(현) [종]기독교

채수삼(蔡洙三) CHAE Soo Sam

[생]1943 · 8 · 19 [본]평강(平康) [출]충남 연기 [주]서울 영등포구 영중로56 (주)그레이프커뮤니케이션즈 회장실(02-2260-5401) [학]1961년 서울 중앙고졸 1969년 성균관대 경영학과졸 1990년 연세대 경영대학원 최고경영자과정 수료 1994년 고려대 언론대학원 최고경영자과정 수료 1995년 서울대 경영대학원 최고경영자과정 수료 1996년 한국과학기술원(KAIST) 최고정보경영자과정 수료 1998년 성균관대 대학원 경영학과졸 2002년 경영학박사(성균관대) [경]1970~1977년 현대건설 대리 · 차장 1977년 同부장 1981년 同이사 1983년 현대중공업 상무 1988~1991년 현대정공 전무 · 부사장 1991년 현대자원개발 대표이사 부사장 1993년 현대그룹 통합구매실장 겸 현대건설 부사장 1993~1997년 대한역도연맹 부회장 1994~2001년 금강기획 대표이사 사장 1995년 아시아역도연맹 홍보사무차장 1996년 Diamond Bates Korea 대표이사 사장 · 회장 1997년 대한사격연맹 회장 1997~1999년 현대방송 사장 1998년 한국케이블TV프로그램공급사협의회(PP) 부회장 1999년 同회장 2001년 (주)그레이프커뮤니케이션즈 회장 2003년 대한매일 대표이사 사장 2004~2006년 서울신문 대표이사 사장 2004년 동국대 광고홍보학과 석좌교수 2006년 (주)그레이프커뮤니케이션즈 대표이사 회장(현) [상]한국마케팅대상(1996), 산업포장(1996), 중앙언론문화상(1997), 연세경영자상(1998), 국민훈장 동백장(2000), 자랑스러운 성균경영인상(2011 · 2013) [저]'포도씨의 꿈은 와인보다 향기롭다'(2006, 밀알출판사) [종]기독교

채수영(蔡洙英)

[생]1957 · 9 [출]충남 [주]서울 영등포구 여의나루로61 하이투자증권 임원실(02-2122-9078) [학]충남대졸, 미국 조지타운대 로스쿨졸, 성균관대 대학원 상법학과졸 [경]금융감독원 법무실 근무, 공정거래위원회 규제개혁심의회 위원, 김앤장법률사무소 변호사 2013년 하이투자증권 감사총괄 전무(현)

채수원(蔡洙元) Soowon CHAE

[생]1955 · 10 · 27 [주]서울 성북구 안암로145 고려대학교 기계공학과(02-3290-3762) [학]1977년 서울대 기계공학과졸 1979년 한국과학기술원졸(석사) 1988년 공학박사(미국 MIT) [경]1979~1988년 한국기계연구원 기계공학연구부 연구원 1988~1991년 한국기계연구소 CAD/CAM실 선임연구원(실장) 1991~1996년 홍익대 기계공학과 조교수 · 부교수 1996년 고려대 기계공학과 교수(현) 1999~2001년 同기계공학과장 2000~2002년 同공학기술연구소 편집위원장 2005~2007년 同차세대기계설계기술연구소장 2005년 인체정보포럼 회장 2006년 한국정밀공학회 부회장 2006년 고려대 PACE프로그램 책임교수 2007년 同인간중심제품혁신연구센터(ERC) 소장(현) 2010년 한국정밀공학회 회장 2012~2014년 고려대 공과대학장 · 공학대학원장 · 기술경영전문대학원장 · 그린스쿨대학원장 겸임 2013~2014년 한국공과대학장협의회 회장 2014년 미래창조과학부 공과대학혁신위원회 위원 [상]한국CAD/CAM학회 · 정보통신부 CAD/CAM소프트웨어 공모전 동상(2001), 가헌학술상(2004), 고려대 석탑강의상(2004), 춘계우수논문상 포스터(2004 · 2005), 주봉학술상(2005), 과학기술훈장 도약장(2014)

채수일(蔡洙一) Steven Chai

[생]1963 · 12 · 29 [출]서울 [주]서울 중구 을지로5길26 센터원 동관31층 보스턴컨설팅그룹 임원실(02-399-2514) [학]1985년 미국 서던캘리포니아대(Univ. of Southern California) 전기공학과졸 1987년 同대학원 전기공학과졸 1993년 미국 Univ. of Pennsylvania 와튼스쿨 MBA(전략경영 및 금융전공) [경]1993년 보스턴컨설팅그룹(BCG) 보스턴본사 입사 1994년 同서울사무소 근무 2002년 同서울사무소 지사장 2005년 同서울사무소 공동대표(현) 2005년 同금융분과총괄 겸임 2006년 同아 · 태지역금융총괄 겸임

채수종(蔡洙宗) Chae, Soo Jong

[생]1966 · 8 · 8 [출]충남 공주 [주]세종특별자치시 한누리대로2130 세종특별자치시 소방본부(044-300-8000) [학]한국외국어대졸 [경]1993년 행정고시 합격(37회) 2005년 거창소방서 소방행정과장(지방소방령) 2006년 중앙소방학교 파견 2007년 同소방시험센터장 2008년 소방방재청 소방제도과 소방령 2008년 同소방행정과 소방령 2010년 중앙119구조대 기술지원팀 소방령 2010년 대전시 소방본부 소방행정과장(지방소방정) 2012년 대전북부소방서장 2013년 대전시 소방본부 예방안전과장 2015년 국민안전처 중앙소방본부 소방산업과 근무(소방정) 2015년 同중앙소방본부 119구급과장 2016년 세종특별자치시 소방본부장(소방준감)(현) [상]대통령표창

채수찬(蔡秀燦) CHAE Su Chan

[생]1955 · 2 · 27 [본]평강(平康) [출]전북 전주 [주]대전 유성구 대학로291 한국과학기술원 기술경영학과(042-350-4911) [학]1974년 전주고졸 1978년 서울대 수학과졸 1985년 경제학박사(미국 펜실베이니아대) [경]1983년 프랑스 파리 CEPREMAP 초빙연구원 1984년 벨기에 루뱅카톨릭대 CORE 초빙연구원 1984년 독일 만하임대 초빙연구원 1985년 미국 라이스대 경제학과 조교수 1987년 미국 코넬대 초빙교수 1989년 캐나다 British Columbia대 초빙교수 1990년 스페인 바르셀로나 Instituto Analisis Economico 초빙연구원 1993년 미국 라이스대 종신교수 1994년 미국 Brookings연구소 초빙연구원 1994년 정보통신정책연구원 초빙연구원 1995 · 1998년 대외경제정책연구원 초빙연구원 1996년 삼성경제연구소 초빙연구원 1999년 에너지경제연구원 초빙연구원

2001년 조세연구원 초빙연구원 2004~2008년 제17대 국회의원(전주덕진, 열린우리당 · 대통합민주신당 · 통합민주당) 2005년 다보스포럼 노무현 대통령당선자 특사 2005년 열린우리당 정책위원회 부의장 2007년 同제3정책조정위원장 2007년 대통합민주신당 정책위 부의장 2008년 민주당 정책위부의장 2008년 한강서사이어티 이사장(현) 2010년 한국과학기술원(KAIST) 경영과학과 교수 2013년 同기술경영전문대학원장 2013년 同기술경영학과 교수(현) 2015년 새정치민주연합 전북도당 상임고문 [종]기독교

채승석(蔡昇錫) Che Seung Seok

[생]1970 · 7 · 9 [출]서울 [주]경기 광주시 곤지암읍 경충대로451 애경개발(주) 사장실(031-762-6588) [학]대원외고졸 1993년 단국대 사학과졸 [경]1994년 애경그룹 입사, 광고대행사 애드벤처 차장 2000년 애경개발(주) 전무 2005년 同부사장 2005년 同대표이사 사장(현)

채승원(蔡承元)

[생]1971 · 1 · 21 [주]대전 서구 둔산중로78번길45 대전지방법원(042-470-1114) [학]1989년 광주고졸 1993년 성균관대 법학과졸 1996년 同대학원 법학과졸 [경]1997년 사법시험 합격(39회) 2000년 사법연수원 수료(29기) 2006년 수원지법 안산지원 판사 2009년 서울중앙지법 판사 2011년 서울동부지법 판사 2012년 서울고법 판사 2014년 서울동부지법 판사 2015년 대전지법 부장판사(현)

채승훈(蔡昇勳) CHAI Seung Hoon

[생]1955 · 9 · 15 [본]평강(平康) [출]서울 [주]경기 화성시 봉담읍 와우안길17 수원대학교 연극영화과(031-220-2174) [학]1974년 휘문고졸 1978년 동국대 국어국문학과졸 1986년 同대학원 연극연출학졸 [경]1980~1984년 극단 에저또 상임연출 1984~1988년 극단 신협 상임연출 1988년 극단 반도 대표 · 상임연출 1993~1995년 극단 산울림 예술감독 1995년 극단 창파 대표 · 상임연출(현) 1995년 동국대 · 상명대 · 한림대 · 명지대 겸임교수 및 강사 1996년 한국연극연출가협회 이사, 서울극단대표자협의회 운영위원, 한국연극협회 회원 1997~1999년 상명대 무대디자인과 부교수 1998년 한국연극협회 이사 1999년 국제극예술협회 한국지부 이사 1999년 수원대 연극영화과 교수(현) 1999년 한국연극교육학회 이사 1999년 한국연극협회 숙원사업추진위원회 위원 2000~2009년 대학로포럼 운영위원 2002년 국제극예술협회 한국지부 부회장 2003년 서울연극협회 회장 2005년 한국연극학과교수협의회 부회장, 수원대 연극영화학과장 2009년 대학로포럼 대표(현) 2011년 한국연극교육학회 회장 2011년 한국대학연극학과교수협의회 회장 [상]백상예술대상 신인연출상(1992), 백상예술대상 최우수작품상(1995), 평론가협회상(1995), 동아연극상 연출상(1996), 한국연극협회상 최우수작품상(1998 · 2001), 몰도바 국제연극제 대상(2006), 서울연극제 최우수작품상(2008), 프라하국제연극제 최우수작품상(2009) [저]'이해랑 연출교정'(1986, 현대교육출판부 연극이론) '아르또의 잔혹연극 연구'(2003) '2020미래한국(共)'(2005)

채연석(蔡連錫) CHAE Yeon Seok

[생]1951 · 11 · 1 [본]평강(平康) [출]충북 충주 [주]대전 유성구 과학로169의84 한국항공우주연구원(042-860-2430) [학]1970년 세광고졸 1975년 경희대 물리학과졸 1984년 미국 미시시피주립대 대학원 항공우주공학 석사 1987년 항공우주공학박사(미국 미시시피주립대) [경]1979년 유한공업전문대학 전임강사 1980~1981년 유한전문대 기계과 전임강사 1982~1987년 미국 미시시피주립대 항공우주공학과 연구조교 1988년 천문우주과학연구소 선임연구원 1989년 한국항공우주연구원 선임연구원 1998년 同책임연구원(현) 1998년 同우주추진연구그룹장 2000년 同우주기반기술연구부장 2000년 同KSR-Ⅲ사업단장 2002년 同선임연구부장 2002~2005년 同원장 2006~2013년 同연구위원 2006년 한국우주소년단 부총재 2011 · 2012~2014년 충북도 명예도지사 2013년 과학기술연합대학원대(UST) 홍보대사 2013~2016년 同과학기술정책과 교수 2015년 국립광주과학관 비상임이사(현) [상]과학기술부장관표창(1993), 대통령표창(1994), 국회 과학기술대상(2002), 닮고 싶고 되고 싶은 과학기술인(2002), 과학기술훈장 웅비장(2003), 한국을 이끌 60인 선정(2006), 자랑스러운 유성인상(2014), 대한민국과학문화상(2014), 다산대상(2015) [저]'로켓과 우주여행'(1972) '한국초기화기연구'(1981) '눈으로 보는 로켓이야기'(1995) '눈으로 보는 우주개발이야기'(1995) '우리 로켓과 화학무기'(1998) '로켓이야기'(2002) '우리는 이제 우주로 간다'(2006) '미래과학교과서-우주공학'(2007) '꿈의 로켓을 쏘다'(2008) [역]'NASA 우주개발의 비밀'(2003) '우주선의 역사'(2007) [종]기독교

채영도(蔡泳到) CHAI Young Do

[생]1954 · 10 · 7 [출]전남 함평 [주]경기 수원시 장안구 서부로 2066 성균관대학교 자연과학대학 수학과(031-290-7024) [학]1974년 광주 동신고졸 1981년 서강대 수학과졸 1983년 서울대 대학원 수학과졸 1987년 수학박사(미국 로체스터대) [경]1987~1995년 성균관대 자연과학부 수학전공 조교수 · 부교수 1990년 미국 캘리포니아대 객원교수 1992년 성균관대 수학과장 1995년 同자연과학부 수학과 교수, 同자연과학대학 수학과 교수(현) 1997년 미국 일리노이대 객원교수 2001~2005년 대한수학회 국제관계위원 · 운영위원 · 편집위원장 · 총무이사 · 실무운영위원 · 편집위원 · 대외협력위원장 · 기하학분과위원 · 겨울학교장 2002년 대한교육협회 평가편람위원 2002~2004년 한국과학재단 기하 · 위상분과 전문위원 2003년 한국학술단체총연합회 기술위원 2005년 과학기술부 조사분석평가위원 2006년 同토탈로드맵 검토위원 2006~2007년 同전문위원회 위원장 2007년 미국수학회 논문평가위원 [저]'미적분학'(1999, 성균관대) '대한미적분학'(2006, 경문사) [역]'미분기하학'(1997, 희중당) '미분기하학 입문'(2009, 경문사) [종]천주교

채영복(蔡永福) CHAE Yung Bog

[생]1937 · 5 · 25 [본]평강(平康) [출]강원 김화 [주]서울 성동구 왕십리로222 한양대학교 퓨전테크놀로지센터5층 아시아연구네트워크(02-2220-2809) [학]1955년 경동고졸 1959년 서울대 문리대학 화학과졸 1961년 독일 뮌헨 루드비히막시밀리안대 대학원 유기화학과졸 1965년 유기화학 이학박사(독일 뮌헨 루드비히막시밀리안대) [경]1965년 서독 막스프랑크세포화학연구소 연구원 1967년 미국 뉴욕대 메디컬센터 생화학연구소 연구원 1969년 한국과학기술연구원 유기합성연구실장 1975년 同유기화학제2연구실장 1978년 同응용화학연구부장 1981년 한국과학기술원 응용화학연구부장 겸 농약화학실장 1982~1993년 한국화학연구소 소장 1984년 대덕연구단지기관장협의회 회장 1984년 정밀화학진흥회 창립 1985년 정밀화학발전민간협의회 위원장 1985년 물질특허민간협의회 위원장 1986년 한국신약연구조합 창립 1989년 대통령자문 과학기술자문회의 위원 1993년 한국과학기술단체총연합회 부회장 1993년 국가과학기술자문회의 위원 1993~1995년 대한화학회 회장 1994년 한국과학기술한림원 사무총장 1994년 同종신회원(현) 1994~1999년 한국화학연구소 연구위원 1995~1997년 IUPAC산하 아시아의약화학회연합회 회장 1995년 민주평통 자문위원 1997년 한국과학기술한림원 부원장 1999년 기초기술연구회 이사장 2002~2003년 과학기술부 장관 2004~2010년 한양대 화학과 석좌교수 2004~2013년 한국파스퇴르연구소 이사장 2005~2007년 국가과학기술위원회 민간위원 2005~2008년 한국과학기술단체총연합회 회장 2007년 (재)경기도바이오센터 이사장 2007~2014년 분자설계연구소 이사장 2009~2011년 한국계산과학공학회 회장, (사)원정연구원 이사장(현) 2010~2014년 경기과학기술진흥원 초대이사장 2010년 교육과학기술부 지방과학기술진흥자문위원장 2011~2014년 학교법인 상지학원 이사장 2011년 (사)아시아연구네트워크(ARN) 이사장(현) 2012년 과학기술연우연합회 회장(현) [상]국민포장, 국민훈장 동백장, 3.1문화상, 운경상, 효령상, 프랑스 최고훈장 레종 도뇌르(2006), 청조근정훈장

채영선(蔡永鮮) Chai Young-Sun

[생]1957 · 8 · 31 [본]인천(仁川) [출]전남 영암 [주]광주 북구 비엔날레로111 (재)광주비엔날레 사무처(062-608-4150) [학]1976년 광주제일고졸 1983년 전남대 국어국문학과졸 [경]2003년 광주시 북구 풍향동장 2006년 광주시 환경녹지국 폐기물관리과 폐기물관리담당 2007년 同정책기획관실 정책연구담당 2009년 同자치행정국 시민소통과 자치행정담당 2012년 同공무원교육원 교육운영과장(서기관) 2013년 同문화관광정책실 관광진흥과장 2014년 同시장 비서실장 2015년 同문화관광정책실 문화도시정책관 2016년 (재)광주비엔날레 사무처장(부이사관)(현) [상]대통령표창(2010)

채영수(蔡永洙) CHAE Young Su

[생]1947 · 9 · 4 [출]전남 순천 [주]서울 서초구 서초중앙로 157 서울중앙지방법원조정센터(02-530-1746) [학]1966년 순천고졸 1970년 고려대 법학과졸 1995년 同대학원(상법전공) 수료 [경]1972년 사법시험 합격(14회) 1974년 사법연수원 수료(4기) 1975년 공군 법무관 1977년 광주지법 판사 1979년 同장흥지원 판사 1981년 광주지법 판사 1982년 수원지법 판사 1983년 서울지법 동부지원 판사 1985년 서울고법 판사 1988년 대법원 재판연구관 1989년 광주지법 부장판사 1991년 사법연수원 교수 1993년 서울민사지법 부장판사 겸 법원행정처 법정국장 1995년 서울지법 부장판사 1996년 대전고법 부장판사 1998년 서울고법 부장판사 2003년 채영수법률사무소 변호사 2005년 법무법인 에이스 대표변호사 2006~2009년 경찰위원회 위원장 2007~2013년 법무법인 동인 고문변호사 2013년 서울중앙지방법원조정센터 상임조정위원(현) [종]천주교

채 완(蔡 琓 · 女) CHAY Wan

[생]1953 · 6 · 29 [주]서울 성북구 화랑로13길60 동덕여자대학교 국어국문학과(02-940-4342) [학]1976년 서울대 국어국문학과졸 1978년 同대학원 국어국문학과졸 1986년 문학박사(서울대) [경]1979년 서울대 어학연구소 소장 1980년 동덕여대 국어국문학과 조교수 · 부교수 · 교수(현) 2005년 국어학회 편집위원 · 부회장 2013년 동덕여대 한국어연구원장 2016년 同인문대학장(현) [상]심악국어학저술상(2005) [저]'國語 語順의 硏究'(1986) '신문, 잡지, 방송의 오용사례 보고서'(1991, 문예진흥원) '한국의 언어'(1992, 학연사) '형태(編)'(1993, 태학사) '한국의 언어'(1997, 신구문화사) '언어와 의미'(2002, 한국방송통신대 출판부) '한국어의 의성어와 의태어'(2003, 서울대 출판부)

채우석(蔡禹錫) CHA Woo Seok (毋山)

[생]1946 · 12 · 27 [출]충남 [주]전남 나주시 건재로185 동신대학교 한의과대학 한의학과(02-2640-2710) [학]1966년 남성고졸 1973년 경희대 한의학과졸 1975년 同대학원졸 1984년 한의학박사(경희대), 명예의학박사(러시아 국립전통의학원) [경]1973~1975년 경희대 부속한방병원 인턴 · 레지던트 1984~1996년 대전대 한의학과 교수 1989~1993년 同한의과대학장 1989년 대한침구학회 회장 1996년 대전대 대학원장 1996~2012년 동신대 한의학과 교수 1996~2012년 同의무부총장 1996~2004년 同부속한방병원장 1999년 同대학원장 1999년 한국한의과대교육협의회 부회장 2010년 의료법인 해인의료재단 이사장(현) 2012년 동신대 한의과대학 한의학과 석좌교수(현) 2012년 동신한방병원장(현) [상]국민훈장 동백장, 교육부장관표창, 국무총리표창, 장한한국인상, 옥조근정훈장 [저]'침구학(上 · 下)' '경혈집성' '안침요법' '한의학개론'(1997, 대성문화사) '모산의 낭'(2001, 주민출판사) '동의노인병학'(2001, 도서출판 의성당) '예제로 마스터하는 엑셀실무'(2003, 도서출판 바로) '정보사회와 디지털 경영'(2003, 도서출판 바로) '인터넷 정보검색 시스템'(2004, 동신대 출판부) '실무자를 위한 프리젠테이션 전략'(2004, 동신대 출판부) [종]기독교

채우석(蔡優錫) Chae Woo-seok

[생]1958 · 1 · 1 [출]전북 [주]서울 중구 소공로51 우리은행 중소기업고객본부(02-2002-3000) [학]1975년 남성고졸 1983년 서강대 경제학과졸 [경]1983년 상업은행 입행 2003년 우리은행 기업상품개발팀 수석부부장 2003년 同삼성역지점장 2006년 同카드R&D팀 부장 2008년 同공덕동지점장 2008년 同투자금융부장 2011년 同영업본부장대우 2012년 同검사실장(영업본부장대우) 2013년 同기업금융단 상무 2014년 同여신지원본부장(부행장) 2014년 同중소기업고객본부장(부행장)(현)

채유라(女)

[생]1972 · 4 · 12 [주]경기 성남시 분당구 대왕판교로645번길16 플레이뮤지엄 NHN스타피쉬(주)(1544-6859) [학]1995년 이화여대 국어국문학과졸 1998년 서강대 대학원 신문방송학과졸 [경]1998년 TNS Korea Researcher 2000년 NHN한게임 마케팅팀장 2004년 同서비스Unit. 유닛장 2007년 NHN Japan GMB사업부장 2010년 NHN(주) 스마트폰게임사업그룹장 2011년 同스마트폰게임사업부문 이사 2013년 NHN스타피쉬(주) 대표이사(현)

채 윤(蔡 潤) CHAE Yoon

[생]1959 · 9 · 1 [주]서울 서초구 사평대로84 (주)이수엑사켐(02-590-6806) [학]1978년 보성고졸 1982년 서울대 법학과졸 [경]2004년 (주)이수건설 관리본부장(부사장) 2005~2008년 (주)이수세라믹 대표이사 부사장 2008~2014년 (주)이수창업투자 대표이사 사장 2014년 (주)이수엑사켐 대표이사 사장(현)

채윤경(蔡胤耕 · 女) Chae, Yun Kyoung

[생]1963 · 4 · 23 [출]서울 [주]경기 의왕시 계원대학로66 계원예술대학교 애니메이션과(031-420-1862) [학]1986년 서울대 미술대학 응용미술학과졸 [경]1985~1988년 삼영애니메이션 감독 1988~1991년 카투너스코리아 감독 1991~1995년 툰타운 감독 1996~2002년 계원조형예술대학 애니메이션과 전임강사 · 조교수 1996년 한국만화애니메이션학회 회원 1996년 ASIFA KOREA 회원(현) 1998~1999년 (주)곰무리 자문교수 1999년 영화진흥위원회 진흥위원 1999~2000년 '2000새로운 예술의 해' 추진위원 2000~2001년 (재)문화산업지원센터 이사 2000~2001년 (재)장보고기념사업회 애니메이션컨설팅팀 자문위원 2002~2008년 계원조형예술대학 애니메이션과 부교수 · 교수 2003~2005년 방송위원회 국내제작애니메이션 판정위원 2003~2005년 계원조형예술대학 예술공학연구소장 2004년 영화진흥위원회 애니메이션정책소위원회 위원 2008년 의왕시선거방송토론위원회 위원 2008~2012년 계원디자인예술대 애니메이션과 교수 2012년 계원예술대 애니메이션과 교수(현) 2013~2015년 同학생처장 2014년 영상물등급위원회 위원(현) 2015년 2018평창동계올림픽대회 · 장애인동계올림픽대회 조직위원회 브랜드전문위원(현) 2015년 콘텐츠산업진흥위원회 위원(현) [작]디자인 '2002 부산아시안게임 마스코트' '서울국제에어쇼 EIP용 캐릭터' '삼성화재 CIP용 캐릭터' '삼성 유니텔 캐릭터' '데이콤 CIP용 캐릭터' '의왕시 TIP용 캐릭터' '부산 아이콘스 구단 캐릭터' '(재)백혈병소아암협회 캐릭터' '세계빛엑스포2005 eip용 캐릭터' '2009 동물보호문화산업대전 eip 디자인' 애니메이션 'The Saleaman'(1996) '성호와 감기도깨비'(2008) '심청전 Demo'(2009) '인형극을 통한 장애인식개선프로젝트 캐릭터 기획 및 개발'(2009) 연출 '안녕하세요 조선의 천재화가님 中 전시 애니메이션 선비의 네 친구 문방사우'(2011) 'SBS이슬람문명전-알사바왕실컬렉션TV 스팟 광고'(2013)

채은미(蔡恩美 · 女) CHAE Eun Mi

[생]1962 · 8 · 10 [출]서울 [주]서울 마포구 양화로19 LIG빌딩6층 페덱스코리아 사장실(02-330-4601) [학]정신여고졸 1985년 이화여대 불어교육과졸, 同교육대학원졸 1999년 핀란드 헬싱키경제경영대학원 마케팅학과졸 [경]1985년 대한항공 여객부 근무 1986년 플라잉타이거 근무 1991년 페덱스코리아(FedEx Korea) 고객관리부장, 同고객서비스담당 이사, 同지상운영담당 이사 2004~2006년 同북태평양인사부총괄 상무이사 2006년 同대표이사 사장(현) 2015년 駐韓미국상공회의소 부회장(현) [상]페덱스 파이브스타상

채이배(蔡利培) CHAE YIBAI

[생]1975 · 1 · 2 [주]서울 영등포구 의사당대로1 국회 의원회관633호(02-784-9480) [학]계산고졸, 고려대 행정학과졸, 同법학대학원 석사과정 수료 [경]공인회계사(현), 삼일회계법인 근무, 경제개혁연구소 연구위원, 좋은기업지배연구소 연구위원 2016년 국민의당 공정경제위원장(현) 2016년 제20대 국회의원(비례대표, 국민의당)(현) 2016년 국민의당 제3정책조정위원장(현) 2016년 국회 정무위원회 위원(현) 2016년 국민의당 국민정책연구원 부원장(현)

채이식(蔡利植) CHAI Lee Sik

[생]1949 · 9 · 12 [본]인천(仁川) [출]경북 상주 [주]서울 성북구 안암로145 고려대학교 법학전문대학원(02-3290-1427) [학]1967년 경북 함창고졸 1971년 고려대 법학과졸 1973년 서울대 사법대학원 수료 1982년 영국 런던대 대학원 법학과졸 [경]1970년 사법시험 합격(11회) 1972년 사법연수원 수료(1기) 1972년 軍법무관 1983년 영국 사법시험 합격 1984년 변호사 개업 1985~1993년 고려대 법학과 객원교수 · 조교수 · 부교수 1989~1991년 同법학과장 1993~2015년 同법과대학 법학과 교수 1993~2003년 한국해법회 상무이사 1993년 한국선급 법률고문 1993~2010년 국제해사기구(IMO) 법률위원회 한국대표 1996~1998년 고려대 교학부장 1998년 同법학연구원장 1998년 한국해양방제조합 법률고문 1999년 해양수산부 정책자문위원 1999년 국제유류오염보상기금집행위원회 의장 2001~2010년 국제해사기구(IMO) 법률위원회 위원장 2002~2004년 한국경영법률학회 회장 2004년 해양수산부 해사법률고문 2004년 한국해법회 회장 2004년 법무부 상법(해상법)개정위원회 위원장 2004~2006년 고려대 법과대학장 겸 법무대학원장 2005~2010년 국제해사기구(IMO) 법률위원회 의장(Chairman of Legal Committee) 2008~2011년 고려대 법무대학원장 2009~2011년 同법과대학장 겸 법학전문대학원장 2015년 同명예교수(현) [상]자랑스러운 해양수산인상(2000), 우수논문상(2003), 해양수산공로상(2005), 자랑스러운 고대법대인상(2013) [저]'상법강의(上 · 下)' 'An Introduction to Korean Maritime Law' '보험해상법' [종]기독교

채인석(蔡仁錫) CHAE In Sug

[생]1962 · 1 · 5 [주]울산 동구 방어진순환도로1000 현대중공업 건설장비사업본부(052-202-2114) [학]경성고졸, 서울대 법학과졸, 미국 컬럼비아대 대학원 재무학과졸 [경](주)엔터프라이즈 네트웍스 이사, 현대중공업 기획실 기획팀담당 상무보, 바르질라 현대엔진 대표이사 2010년 현대중공업 기획실 기획팀담당 상무, 同서울사무소 상무, 同해양사업본부 상무 2014년 同경영지원본부 상무 2015년 同건설장비사업본부 상무 2015년 同건설장비사업본부 전무(현)

ㅊ

채인석(蔡寅錫) CHAE In Seok

[생]1963·3·27 [주]경기 화성시 시청로159 화성시청 시장실(031-369-2004) [학]1982년 유신고졸 2007년 중앙대 정경대학 경제학과졸 2010년 同대학원 북한개발협력학 석사과정 수료 [경]2009년 노무현재단 기획위원(현) 2009년 화성시 가족과성상담소 운영위원 2009년 화성시청소년운동연합 운영위원장 2010년 화성시시정연구원 원장, 민주당 경기도당 도시발전특별위원장, 민주통합당 경기화성乙지역위원회 수석부위원장, 同경기도당 대북쌀지원특별위원장, 同경기도당 무상급식특별위원장, 중앙대 민족통일연구소 연구교수 2010년 同사회개발대학원 객원교수 2010년 경기 화성시장(민주당·민주통합당·민주당·새정치민주연합) 2014년 경기 화성시장(새정치민주연합·더불어민주당)(현) 2014년 제2기 전국사회연대경제지방협의회 사무총장(현) [상]경기도지사 지역봉사대상(2004·2009), 자랑스런 중앙인상(2009), 대한지질학회 특별공로상(2015), 대한민국 유권자대상(2016), 도전한국인대상(2016), 한국지역신문협회 지구촌희망펜상 자치부문 대상(2016), 농협중앙회 지역농업발전선도인상(2016), (사)도전한국인운동협회 지역활성화부문 리더십대상(2016)

채일병(蔡日炳) CHAE Il Byung (金馬)

[생]1947·8·8 [본]평강(平康) [출]전남 해남 [주]광주 북구 용봉로77 전남대학교 정책대학원 행정학과(062-530-5196) [학]1966년 광주제일고졸 1971년 국민대 법률학과졸 1984년 국방대학원졸 1996년 서울대 행정대학원 수료 1998년 경희대 언론정보대학원 수료 2000년 국민대 대학원 행정학 박사과정 수료 [경]1973년 행정고시 합격(14회) 1974년 총무처 행정사무관 1982년 同서기관 1986년 同교육훈련과장 1988년 同인사기획과장 1991년 국무총리행정조정실 심의관 1993년 총무처 조직국 조사심의관 1993년 대통령자문 21세기위원회 사무국장 1995년 총무처 정부합동민원실장 1996년 同복무감사관 1998년 행정자치부 인사복무국장 1998년 同자치지원국장 1999년 同인사국장 1999~2002년 同소청심사위원 2002~2004년 부패방지위원회 상임위원 겸 사무처장(차관급) 2003~2015년 한국투명성기구(TI Korea) 자문위원 2005년 국민대 행정대학원 객원교수 2005~2011년 한국스피치토론문화진흥회 회장 2005년 (사)뉴거버넌스연구센터 이사장 2006~2015년 (사)21세기한중교류협회 사무총장·부회장·자문위원 2006~2012년 대불대 석좌교수 2006~2008년 제17대 국회의원(해남·진도 재보선 당선, 민주당·대통합민주신당·통합민주당) 2006~2015년 한민족응원문화운동본부 공동총재 2007년 민주당 대표비서실장 2007년 대통합민주신당 원내부대표 2007년 한국채씨중앙종친회 회장 2007~2015년 (사)아시아예술교류협회 상임고문 2007년 (재)한일우호협력재단 이사장 2008~2011년 광주발전연구원 원장 2008년 세계가채종친총회 부이사장 2008~2015년 (사)전통경관보전연구원 상임고문 2008~2015년 한국신미술협회 회장 2008~2015년 (사)누가선교회 이사 2008년 (사)한국유스호스텔연맹 이사 2008~2015년 (사)세계미술연맹 총재 2008~2011년 제2대 광주발전연구원 원장 2009~2010년 호남대 겸임교수 2010~2015년 반부패국민연대 광주전남본부 고문 2010~2015년 광주전남발전포럼 고문 2010~2015년 호남미래연대 고문 2011~2012년 동신대 객원교수 2011년 매일방송(주) 회장 2011~2015년 희망정치연대 상임의장 2011~2015년 대한행정사협회 고문 2012년 세한대 석좌교수 2013년 전남대 정책대학원 행정학과 객원교수(현) 2014년 대한민국헌정회 운영위원 겸 광주시지회장(현) 2014~2015년 PIC(Pacific International College)대명예총장 2015년 세한대 석좌교수 2015년 현대아미스(주) 회장 [상]총무처장관표창(1981), 근정포장(1986), 황조근정훈장(1997) [저]'땅끝에서 희망을 보라'(2007) '길가의 질경이와 쉬지않는 마중물'(2011, 에코미디어) [종]기독교

채장수(蔡長洙) CHAE Chang Soo

[생]1962·1·20 [출]대구 [주]대구 수성구 동대구로401 삼성화재빌딩12층 YTN 대구·경북취재본부(053-751-9800) [학]1989년 영남대 경제학과졸 [경]1988년 CBS 기자 1995년 YTN 기자 1999년 同네트워크부 대구팀장 2001년 同사회2부 대구팀장(차장급) 2002년 同대구지국장 2007년 同보도국 사회2부 대구지국장(부장대우) 2009년 同보도국 사회2부 대구지국장(부장급) 2013년 同대구지국장(부국장급) 2015년 同대구·경북취재본부장(현)

채정룡(蔡政龍) CHAE Jeong Ryong

[생]1953·9·15 [출]전북 [주]전북 군산시 대학로558 군산대학교 자연과학대학 체육학과(063-469-4648) [학]1972년 전주고졸 1977년 중앙대 체육교육과졸 1981년 고려대 대학원 체육학과졸 1987년 이학박사(고려대) [경]1983~1994년 군산대 체육학과 조교수·부교수 1992~1994년 同자연과학대학 학생과장 1994년 同자연과학대학 체육학과 교수(현) 1994~1996년 同기숙사 사감장 1997~1999년 同체육학과장·체육부장 1999년 세계조정선수권대회 한국대표단장 2000~2002년 한국운동과학회 부회장 2001년 대한운동사회 부회장 겸 전북지회장 2002년 대한운동사협회 부회장 2003년 군산대 학생처장 2005~2008년 대한조정협회 국제상임이사 2008~2009년 군산대 생활체육지도자연수원장, 2013충주세계조정선수권대회 유치추진위원 2009년 한국운동생리학회 부회장 겸 상임이사 2009년 대한조정협회 부회장(현) 2010~2014년 군산대 총장 2015년 2015광주유니버시아드대회조직위원회 부위원장 2016년 (사)군산자원봉사센터 이사장(현) [상]체육부장관표창(1991), 자랑스러운 중앙인상(2012) [저]'스포츠의학 입문'(1992) '운동생리학'(1995) '스포츠의학 입문'(1997, 보경문화사) '스포츠의학'(1998) '인간과 스포츠의학'(2001, 대경출판사)

채정병(蔡定秉) CHAE Jyung Byung

[생]1950·11·10 [본]평강(平康) [출]경기 [주]서울 중구 소월로3 롯데카드(주) 임원실(02-2050-2248) [학]1969년 경복고졸 1974년 연세대 경제학과졸 [경]1981년 롯데그룹 입사 1995~1997년 同기획조정실 이사대우 1997~2000년 同기획조정실 이사 2000년 호텔롯데 상무이사, 同경영지원실 전무이사 2002년 푸드스타 대표이사 사장 2004년 호텔롯데 전무 2005년 同정책본부 지원실장(전무) 2006년 同부사장 2006년 롯데그룹 정책본부 부사장 2009년 부산은행 사외이사 2011~2014년 롯데그룹 정책본부 지원실장(사장) 2014년 롯데카드(주) 대표이사 사장(현) 2014년 롯데미소금융재단 이사장(현)

채정석(蔡晶錫) CHAE Jung Sug

[생]1956·9·3 [본]평강(平康) [출]서울 [주]서울 강남구 영동대로741 은성빌딩별관 법무법인 웅빈(02-553-3000) [학]1974년 서울 중앙고졸 1979년 서울대 법학과졸 1982년 同대학원졸 [경]1980년 행정고시 합격(24회) 1981년 사법시험 합격(23회) 1983년 사법연수원 수료(13기) 1983년 육군 법무관 1986년 대구지검 검사 1988년 전주지검 정주지청 검사 1989년 서울지검 검사 1991년 해외연수 1992년 법무부 검찰1과 검사 겸 서울지검 검사 1992년 미국 스탠퍼드대 법과대학원 환경법전공 연수 1994년 법무부 검찰국 검사 겸 서울고검 검사 1995년 수원지검 여주지청장 1997년 대전지검 공안부장 1997~1999년 법무부 검찰4과 과장 1999년 서울지검 동부지청 형사6부장 2000년 서울고검 검사 2002년 인천지검 형사1부장 2002년 부산고검 검사 2002년 미국 스탠퍼드대 후버연구소 객원연구원 2003년 서울고검 검사 2004~2005년 서울남부지검 전문부장검사 2005년 변호사 개업·법무법인 장한(C&K) 대표변호사 2005년 한화 법무실장(부사장급) 2007년 한화그룹 구조조정본부 부사장 2008년 同경영기획실 사장 겸 법무실장 2009년 법무법인 렉스 대표변호사 2009~2013년 법무법인(유) 에이펙스 대표변호사 2013~2014년 법무법인 세종 구성원변호사 2014년 법무법인 웅빈 대표변호사(현) [저]'수사실무편람'(1986) [종]기독교

채정석(蔡禎錫)

[생]1961·9·1 [출]전남 여천 [주]서울 종로구 종로5길86 서울지방국세청 조사2국 조사관리과(02-2114-3604) [학]용산공고졸, 세무대학졸(2기), 고려대 정책대학원졸 [경]1986년 구로세무서 법인세과 근무 1993년 서울지방국세청 조사1국 근무 1998년 강남세무서 조사과 근무 1999년 서울지방국세청 조사1국 근무 2003년 고양세무서 조사과 근무 2004년 종로세무서 조사과 근무 2006년 서울지방국세청 조사4국 근무 2010년 파주세무서 재산법인세과장 2011년 국세청 조사1과 근무 2015년 광주세무서장 2016년 서울지방국세청 조사2국 조사관리과장(현)

채정호(蔡正浩) CHAE Jeong Ho

[생]1961·11·14 [본]평강(平康) [출]서울 [주]서울 서초구 반포대로222 가톨릭대학교 서울성모병원 정신건강의학과(02-2258-6083) [학]1986년 가톨릭대 의과대학졸 1990년 同대학원졸 1998년 의학박사(가톨릭대) [경]1986~1990년 가톨릭대 강남성모병원 인턴·전공의 1990~1991년 보병제22사단 군의관 1991~1993년 국군수도병원 정신과장 1993~1994년 충남 보령시 성심신경정신과의원 원장 1994~1996년 의료법인 계요병원 과장 1996~1997년 가톨릭대 대전성모병원 전임강사 1997~2002년 同성모병원 전임강사·조교수 2000~2002년 미국 사우스캐롤라이나대 의대 Brain Stimualation Lab & Center for Advanced Imaging Research Fellow 2002년 가톨릭대 의과대학 정신과학교실 부교수 2007년 同교수(현) 2012년 한국직무스트레스학회 회장 2013년 가톨릭대 서울성모병원 정신건강의학과장(현) 2013~2015년 한국인지행동치료학회 회장 [상]대한신경정신의학회 신진연구상(1997), 대한

신경정신의학회 우수논문상(2002·2003), 대한우울조울병학회 우수논문상(2002), 폴 얀센학술상(2002) [저]'성, 또 하나의 대화'(1996) '모든 것을 잃어도 잃을 수 없는 것들'(2003) '재난과 정신건강'(2004) '신경정신의학'(2005) '직무 스트레스의 현대적 이해'(2005) '행복한 선물, 옵티미스트'(2006) '채정호 교수의 남자수업'(2010) '이별한다는 것에 대하여'(2014, 생각속의집) [역]'우울증 벗어나기'(1998) '우울증에서 벗어나는 92가지 방법'(2002) [종]기독교

채종석(蔡宗錫) CHAE Jong Suk

[생]1955 · 6 · 23 [본]평강(平康) [출]전북 부안 [주]대전 유성구 가정로218 한국전자통신연구원 방송통신미디어연구소(042-860-6608) [학]1973년 남성고졸 1977년 한국항공대 전자과졸 1979년 연세대 대학원 전자공학과졸(공학석사) 1989년 공학박사(연세대) [경]1979년 국방과학연구소 연구원 1983년 LG정밀 중앙연구소 기좌 1985년 한국전자통신연구소 선임연구원 1988년 同전파응용연구실장 1989년 同지상시스템연구실장 1991년 이탈리아 Alenia Spazio사 공동개발 파견 1994년 한국전자통신연구소 위성방송시스템 연구실장 1998년 한국전자통신연구원 지상시스템연구부장 1998년 同무선방송연구소 전파기술연구부장 2000년 同IMT-2000본부장 2002년 同전파기반연구부장 2003년 연세대 겸임교수 2004년 한국전자통신연구원 텔레매틱스 · USN연구단장 2008년 同융합기술연구부문 RFID/USN연구본부장 2010년 同융합기술연구부문 RFID/USN연구부 책임연구원 2013년 同방송통신미디어연구소장 2014년 同방송통신미디어연구소 책임연구원(현) [상]국민포장(1986), 전파방송산업진흥유공자(2013) [종]천주교

채종식(蔡鍾植) CHAE Jong Sik

[생]1957 · 5 · 20 [출]서울 [주]대전 서구 둔산중로78번길36 채종식법률사무소(042-489-5005) [학]1976년 중동고졸 1982년 고려대 법학과졸, 同대학원 법학과졸 [경]1989년 사법시험 합격 1992년 사법연수원 수료 1992년 수원지검 검사 1994년 대구지검 안동지청 검사 1995년 대전지검 검사 1996년 변호사 개업 2000년 목원대 법과대학 겸임교수 2013~2015년 대전지법조정센터 상임조정위원 2015년 변호사 개업(현)

채종일(蔡鍾一) Chai Jong-Yil

[생]1951·8·25 [본]인천(仁川) [출]부산 [주]서울 강서구 화곡로350 한국건강관리협회(02-2601-6141) [학]1976년 서울대 의대졸 1979년 同대학원졸 1984년 의학박사(서울대) [경]1985~1995년 서울대 의대 조교·강사·조교수·부교수 1986~1987년 미국 농무성 기생충병연구소 방문교수 1986~1991년 대한기생충학회 학술부장 1994~1997년 同감사 1995~2016년 서울대 의대 기생충학교실 교수 1997~2001년 同의학연구원 감염병연구소장 1998~2001년 同의학연구원 부원장 2000~2001년 대한기생충학회 회장 2002년 서울대 의대 기생충학교실 주임교수 2007년 대한의사협회 학술이사 2009년 한국건강관리협회 부회장 2013~2016년 한국과학기술한림원 의약학부장 2016년 한국건강관리협회 회장(현) 2016년 한국과학기술한림원 출판담당 부원장(현) [상]대한군진의학협회 학술상(1981), 대한기생충학회 학술상(1984), 한국과학기술단체총연합회 과학기술우수논문상(2004) [저]'임상 기생충학 개요'(1995) '기생충감염(소아과학)'(1997) '우리 몸의 기생충 적인가 친구인가'(2016)

채종진(蔡鍾珍) CHAE Jong Jin

[생]1961 · 6 · 25 [주]서울 서초구 효령로275 비씨카드(주) 영업총괄부문장실(02-3475-8132) [학]대구 심인고졸, 경북대 전자공학과졸 [경]2003년 (주)KT 마케팅기획본부 팀장 2004년 同솔루션사업단 Bizmeka사업팀장 2005년 同비지니스마켓본부 Bizmeka사업팀장(상무보) 2006년 同솔루션사업본부장(상무보) 2007년 同기업고객지원본부장(상무) 2009년 同SMB본부장(상무) 2010년 同기업Product본부장(상무) 2012년 同기업Product본부장(전무) 2012년 同Global & Enterprise부문 G&E운영총괄 Professional Service본부장(전무) 2012년 KT텔레캅 대표이사 2014년 (주)KT 기업통신사업본부장(전무) 2015년 同기업사업컨설팅본부장(전무) 2015년 비씨카드(주) 영업부문장(부사장) 2016년 同영업총괄부문장(부사장)(현)

채진수(蔡鎭守) Chae, Jin-Su

[생]1958 · 8 · 10 [주]경기 안양시 만안구 성결대학로53 성결대학교 예술대학 음악학부(031-467-8161) [학]연세대 음대졸, 독일 하이델베르크 만하임국립음악대졸 [경]성결대 예술대학 음악학부 오르간전공 교수(현) 2003년 同음악학부장 2006년 同교육방송국 주간 2008 · 2009 · 2016년 同예술대학장(현) 2010년 同진로교육상담팀장 2012 · 2014년 同예술대학장 2013년 同학보사 주간 2015년 同대외홍보처장 2015년 한국오르가니스트협회 이사장(현)

채 철(蔡 哲) CHAE Chul

[생]1942 · 11 · 23 [본]인천(仁川) [출]대구 달성 [주]대구 달서구 성서로71길43 (주)티에이치엔 임원실(053-583-3001) [학]1961년 경복고졸 1965년 서울대 금속공학과졸 [경]1967년 동해(주) 관리과장 1968년 同포항공장장 1969년 同이사 · 상무이사 1970년 同전무이사 1974년 동해실업 전무이사 1978년 同대표이사 1978년 대구 공산중학교 이사장(현) 1986~2002년 동해전장(주) 대표이사 사장 1994~1998년 대한수상스키협회 전무이사 1995년 SBS 감사 1998년 대한수상스키협회 회장 2002년 동해전장(주) 회장 2008년 (주)티에이치엔 회장 2016년 同명예회장(현) [상]생산성 대상(1988) [종]기독교

채충근(蔡忠根) CHAE Chung Keun

[생]1957 · 1 · 23 [본]인천(仁川) [출]경북 상주 [주]서울 구로구 디지털로26길123 G+코오롱디지털타워406호 (주)미래에너지기준연구소(02-868-6108) [학]1977년 경북 순심고졸 1981년 영남대 화학공학과졸 2016년 광운대 대학원 화학공학 박사과정 수료 [경]1998년 한국가스안전공사 기준총괄처 기술계획부장 1999~2008년 同기술기준처장 2008년 同충북지역본부장 2009년 同시험검사실장 2009년 同검사지도처장 2010~2012년 同안전관리이사 2012년 (주)한국가스기준연구소 대표이사 소장 2013년 (주)미래에너지기준연구소 대표이사 소장(현) [상]산업포장(2004) [저]'가스와 가스기기의 종합지식'(1994, 형제사) '가스3법해설'(2012, 한국가스기준연구소) '도시가스 기준해설'(2014, 미래에너지기준연구소) '가스3법해설(개정판)'(2015, 미래에너지기준연구소) '유해화학물질 취급시설 검사 및 안전진단 기준해설'(2015, 미래에너지기준연구소) '화학물질안전개론'(2016, 연세대 대학출판문화원)

채현일(蔡鉉一) CHAI HYUNIL

[생]1970 · 7 · 26 [본]평강(平康) [출]광주 [주]서울 중구 세종대로110 서울특별시청 6층 정무보좌관실(02-2133-6161) [학]광주 광덕고졸 2000년 서울대 정치학과졸 [경]2007~2015년 이종걸 · 전병헌 국회의원 비서관 · 보좌관 2016년 서울특별시장 정무보좌관(현) [종]천주교

채형석(蔡亨碩) CHAI Hyung Suck

[생]1960 · 8 · 13 [출]서울 [주]서울 구로구 가마산로242 애경그룹 임원실(02-818-1861) [학]1979년 고려고졸 1983년 성균관대 경영학과졸 1985년 미국 보스턴대 경영대학원 경영학졸 [경]1985년 애경산업(주) 감사 1985년 애경유지공업(주) 감사 1986~2003년 同대표이사 1986년 애경백화점 대표이사 1995~2003년 수원애경역사 대표이사 1999~2004년 평택애경역사 대표이사 2000~2001년 AK면세점 대표이사 2000년 애경복지재단 이사장 2002년 애경그룹 부회장 2006년 同총괄부회장 겸 그룹최고경영자(CEO)(현) 2008년 한국외국어대 경영학과 겸임교수 [종]천주교

채홍호(蔡鴻浩) CHAE Hong Ho

[생]1963 · 11 · 14 [본]인천(仁川) [출]경북 문경 [주]서울 종로구 세종대로209 행정자치부 자치제도정책관실(02-2100-3800) [학]1981년 구미전자공고졸 1989년 서울시립대 행정학과졸 2003년 미국 콜로라도주립대 대학원졸 [경]1989년 행정고시 합격(33회) 1999년 행정자치부 자치지원국 민간협력과 사무관 2000년 同자치행정국 민간협력과 서기관 2001~2003년 교육파견(미국 Colorado State Univ.) 2005년 행정자치부 자치인력개발원 교수부 교육2과장 2006년 同정책홍보관리본부 홍보관리팀장 2007년 同균형발전총괄팀장 2008년 행정안전부 기획재정담당관 2008년 同기획재정담당관(부이사관) 2009년 해외 파견 2010년 駐시드니총영사관 부총영사 2011년 대통령실 행정자치담당 행정관 2011년 소방방재청 기획조정관(고위공무원) 2012~2014년 대구시 기획관리실장 2013~2014년 대구도시철도공사 비상임이사 2014년 안전행정부 정책기획관 2014년 행정자치부 기획조정실 정책기획관 2015년 국방대 교육파견(고위공무원) 2016년 행정자치부 지방행정실 자치제도정책관(현) [상]녹조근정훈장(2007) [종]기독교

채훈관(蔡薰寬) CHAE Hun Gwan

⊗1962·5·6 ⊜충북 청주 ⊛충북 영동군 영동읍 대학로310 영동대학교 총장실(043-740-1010) ⊜1980년 세광고졸 1984년 경희대 물리학과졸 1996년 충북대 대학원 건축공학과졸 2003년 건축공학박사(충북대) ⊚1984년 학교법인 금강학원 사무국장 1989년 새한주택 상무 1991년 대자개발(주) 대표이사 1991년 학교법인 형석학원 이사장 1991년 금강학원 법인이사 2002~2010·2013년 영동대 총장(현) 2016년 충북지역대학총장협의회 회장(현) ⊜불교

채희길

⊗1949·2·2 ⊛대구 달성군 논공읍 논공중앙로33길7의9 달성1차산업단지관리공단(053-616-6500) ⊜1967년 경북대사대부고졸 1971년 한양대 공과대학 정밀기계공학과졸 ⊚1974~1980년 현대중공업(주) 의장생산부 근무 1980~1985년 (주)대우ITT 기술부 근무 1985~1990년 한국델파이(주) 연구소 근무 1990~1995년 대길정밀 대표 1995~2015년 (주)대길 대표이사 2005~2010년 한국델파이(주) 협력업체협의회장 2005~2015년 달성산업단지관리공단 이사 2006~2011년 대구 달성경찰서 경찰발전위원회 부위원장 2015년 달성1차산업단지관리공단 이사장(현)

채희봉(蔡熙峯) CHAE HEE BONG

⊗1966·1·10 ⊜인천(仁川) ⊛경북 문경 ⊛세종특별자치시 한누리대로402 산업통상자원부 무역투자실(044-203-5300) ⊜1984년 용산고졸 1988년 연세대 경제학과졸 1990년 서울대 대학원 행정학과졸 1997년 미국 밴더빌트대 대학원 경제학과졸 ⊚1988년 행정고시 합격(32회) 1991년 동력자원부 에너지관리과 사무관 1993~1995년 통상산업부 산업정책과 사무관 1997년 同산업입지환경과 서기관 2001년 지속가능발전위원회 경제사회팀장 2002년 산업자원부 기획관리실 국가균형발전추진단 지역산업연구팀장 2003년 미국 버지니아주정부 직무훈련 파견 2005년 산업자원부 산업정책국 산업구조과장 2006년 同산업기술개발과장 2006년 同산업기술개발팀장 2007년 대통령비서실 파견 2008년 지식경제부 가스산업과장 2009년 同에너지자원정책과장 2010년 同기술표준원 표준기술기반국장(고위공무원) 2010년 미주개발은행 파견 2011년 대통령직속 지역발전위원회 기획단 정책총괄국장 2013년 산업통상자원부 에너지자원실 에너지절약추진단장 2014년 同에너지자원실 에너지산업정책관 2016년 同에너지자원실장 2016년 同전기위원회 상임위원 겸임 2016년 同무역투자실장(현) ⊛'대처 VS 클린턴 리더십'(2007, 미래엠앤비) '새로운 자본주의 리더십을 말하다'(2012, 씨크라우딩)

채희완(蔡熙完) CHAE Hee Wan

⊗1948·8·23 ⊜인천(仁川) ⊛서울 ⊛부산 금정구 부산대학로63번길2 부산대학교(051-512-0311) ⊜1968년 경기고졸 1974년 서울대 미학과졸 1977년 同대학원졸 ⊚1980~1985년 청주사범대 무용교육학과 전임강사·조교수 1985~1994년 부산대 예술대 조교수·부교수 1985년 한국무용평론가회 회장 1988~1992년 부산민족문화운동협의회 회장 1988년 전국민족극운동협의회 회장 1993년 한국민족예술인총연합 민족미학연구소장 1993년 (사)민족미학연구소 소장(현) 1994~2013년 부산대 예술문화영상학과 교수 2002~2005년 한국민족극운동협회 회장 2007~2009년 문화재위원회 무형문화재예능분과 위원 2013년 부산대 명예교수(현) ⊛옥조근정훈장(2013) ⊛'공동체의 춤·신명의 춤' '탈춤' '한국의 민중극(共) '한국춤의 정신은 무엇인가' '여가와 삶 중〈한국공연예술의 세계〉' '한국문화사상 대계4중〈한국공연예술의 세계〉' '한국근대미학과 우현미학의 현대성 중〈제천의식과 한국춤의 원류〉'〈우리춤〉중 봉산탈춤 노장춤의 의미체계' '〈승전무의 실상〉중 통영 승전무의 미의식 및 미적 세계탐구를 위한 통학문적 접근'

채희율(蔡熙律) CHAI Hee Yul

⊗1960·1·23 ⊛경기 수원 ⊛경기 수원시 영통구 광교산로154의42 경기대학교 경상대학 경제학과(031-249-9410) ⊜1978년 서울 대성고졸 1983년 서울대 경제학과졸 1986년 프랑스 파리제10대 대학원 경제학과졸 1991년 경제학박사(프랑스 파리제10대) ⊚1991년 프랑스 릴2대 부설 보험산업연구소 연구원 1991~1994년 同전임강사·부교수 1993~2000년 同종신교수 1994~1997년 한국금융연구원 은행팀 부연구위원 1997~2006년 경기대 경제학부 조교수·부교수 2003~2008년 Asia-Pacific Journal of EU Studies Editor in Chief 2004~2005년 미국 캘리포니아대 버클리교 객원연구원 2005~2007년 경기대 교무처 부처장 겸 교수학습개발센터장 2006년 同경상대학 경제학과 교수(현) 2008년 대통령직인수위원회 상임자문위원 2008~2011년 금융위원회 비상임위원 2009~2011년·2014년 한국경제학회 이사 2009년 한국금융연구원 자문위원(현) 2009~2011년 수도권광역경제발전위원회 위원 2010~2012년 경기대 교무처장 겸 본부대학장 2010년 대외경제정책연구원 자문위원(현) 2010년 한국국제금융학회 이사·부회장(현) 2010~2012년 국무총리실 자체평가 경제·재정분과위원장 2011~2013년 우리은행 사외이사 2012~2014년 한국국제경제학회 감사 2013~2015년 우리금융지주 사외이사 2013~2014년 경기도 선진화위원회 위원 2013년 한국EU학회 부회장 2014년 同회장 2014년 경기도 경제일자리위원회 위원(현) ⊛'은행자기자본비율규제의 이론과 실제'(1995, 한국금융연구원) '외국의 은행합병현황'(1996, 한국금융연구원) '유로화의 출범과 한국경제'(1999, 박영사) '인터넷 및 데이터통신활성화를 위한 연구'(2000, 한국통신 경영연구소) '국가전략의 대전환'(2000, 삼성경제연구소) '지식기반경제의 구축과 정보화 촉진을 위한 EU의 정책방향'(2000, 대외경제정책연구원) '유럽통합과 아시아태평양지역'(2003) '금융개방의 경제적 효과와 과제'(2008) '안정적 성장을 위한 거시경제구조'(2009) '신삼국지, 중국화 파고 속의 한국'(2011, 매일경제신문)

채희창(蔡禧昌) CHAE HEE CHANG

⊗1965·11·4 ⊛충북 제천 ⊛서울 종로구 경희궁길26 세계일보 디지털미디어국(02-2000-1781) ⊜1984년 충북 제천고졸 1991년 고려대 교육학과졸 2001년 한국개발연구원(KDI) 언론인경제정책전문과정 수료 2003년 서강대 대학원 오피니언리더프로그램과정 수료 2005년 한국언론재단 탐사보도 디플로마 수료 2007년 선거보도 디플로마 수료(2007) ⊚1992년 세계일보 입사 1995년 同편집국 사회부 기자 1996년 同체육부 기자 1997년 同사회부 기자 2001년 同경제부 기자 2002년 同특별기획취재팀 기자 2002년 同경제부 차장대우 2004년 同사회부 법조팀장 겸 사건데스크 2004년 同특별기획취재팀장(차장급) 2005년 同사회부 법조팀장 겸 사건데스크(차장급) 2006년 同사장실 기획팀 차장 2006년 同특별기획취재팀장 2007년 同특별기획취재팀장(부장대우) 2008년 同편집국 사회부장 2010년 同편집국 경제부장 2011년 同편집국 사회부장 2012년 同편집국 산업부장 2014년 同광고국 기획위원 2015년 同편집국 부국장 2015년 同디지털미디어국 부국장 겸임 2015년 同디지털미디어국장(현) ⊛이달의 기자상(1993·2004·2004·2006·2006·2007·2008), 한국기자상 기획보도부문(1994), 한국신문상(2004), 삼성언론상(2005·2007), 관훈언론상(2006), 청소년폭력예방재단 공로상(2007), 10대인권보도상(2008), 앰네스티언론상(2008)

천강욱

⊗1966·1·3 ⊛경기 수원시 영통구 삼성로129 삼성전자(주) 영상디스플레이상품전략팀(031-200-1114) ⊜1988년 부산대 전자공학과졸 1990년 한국과학기술원(KAIST) 전자공학과졸(석사) 1995년 전자공학박사(한국과학기술원) ⊚삼성전자(주) 디지털미디어연구소 DTV연구팀 수석 2009년 同영상디스플레이사업부 DTV선행개발T/F 연구위원 2010년 同영상디스플레이사업부 개발팀 연구위원 2012년 同영상디스플레이사업부 개발실 연구위원 2013년 同영상디스플레이사업부 개발실 연구위원(전무) 2015년 同영상디스플레이상품전략팀장(부사장)(현) ⊛과학기술포장(2015)

천경미(千京美·女) Kyeong Mi Cheon

⊗1960·1·3 ⊛서울 영등포구 여의대로38 금융감독원 임원실(02-3145-5322) ⊜1980년 대전여상졸 1998년 대전산업대 전산학과졸 ⊚1980년 충청은행 입행 1991년 同원동지점 과장 1994년 同전산정보부 대리 1998년 同전산부 과장 1998년 同황실지점장 2002년 하나은행 쌍용동지점장 2005년 同태평동지점장 2008년 同충청영업추진부장 2010년 同관저동지점장 2012년 同대전중앙영업본부장 2014년 同대전영업본부장(전무) 2015년 同고객정보보호본부장(전무) 2015년 同금융소비자본부장 겸임 2015년 KEB하나은행 고객보호본부장(전무) 2016년 금융감독원 금융소비자보호담당 부원장보(현)

천경송(千慶松) CHUN Kyung Song

⊗1939·1·5 ⊜영양(潁陽) ⊛광주 ⊛서울 강남구 영동대로517 아셈타워22층 법무법인 화우(02-6003-7107) ⊜1957년 광주고졸 1962년 서울대 법대졸 ⊚1961년 고시사법과 합격(13회) 1963년 軍법무관 1965~1974년 부산지법·서울지법 의정부지원·서울형사지법·서울민사지법 판사 1974년 서울고법 판사 1977년 광주고법 판사 겸 대법원 재판연구관 1979년 대전지법 부장판사 1980년 서울민사지법 부장판사 겸 사법연수원 교수 1981년 서울고법 부장판사 1988년 청주지법원장 1991년 광주고법원장 1992년 대전고

법원장 1993~1999년 대법원 대법관 1998~1999년 법관인사위원회 위원장 1999~2003년 법무법인 화백 고문변호사 2003년 법무법인(유) 화우 고문변호사(현) [종]천주교

천경준(千敬俊) CHUN Kyong Joon

[생]1947·4·8 [출]경북 경산 [주]서울 송파구 오금로91 태원빌딩 (주)씨젠 회장실(02-2240-4000) [학]1966년 경북고졸 1970년 한양대 전자공학과졸 1989년 경북대 산업대학원 회로 및 시스템학과졸 1992년 전자공학박사(경북대), 서울대 경영대학원 최고경영자과정(AMP) 수료 [경]1977년 삼성전자 입사 1994년 同이사보 1995년 同이사 1997년 同상무이사 1998년 同전무이사 1999년 同통신연구소장(부사장) 2000년 대한전자공학회 부회장 2005년 삼성전자 기술총괄 고문, 에스원 부사장(2010년 퇴직), (주)씨젠 이사 2011년 同회장(현) [상]대한민국과학기술상 기술상, 자랑스러운 한양공대인상(2010), 석탑산업훈장(2011), 서울대 AMP(최고경영자과정) 대상(2016) [종]천주교

천귀일(千貴一) CHUN, GUI IL

[생]1956·9·10 [주]서울 서초구 헌릉로12 현대자동차 생산개발본부(02-3464-2111) [학]대전고졸, 한양대 기계공학과졸 [경]1979년 현대자동차(주) 입사 2001년 同차체2부장 2003년 同의장3부장(이사대우) 2004년 同울산공장 차체생기실장(이사) 2008~2009년 同울산공장 차체생기실장(상무) 2009년 同러시아 HMMR공장장(상무) 2010년 同러시아 HMMR공장장(전무) 2010년 同러시아 생산법인장(전무) 2012년 同러시아 생산법인장(부사장) 2012년 同앨라배마공장 법인장(부사장) 2014년 同생산개발본부장(부사장)(현) [상]동탑산업훈장(2015)

천기옥(千琪玉·女) CHUN GI OK

[생]1964·9·25 [본]영양(穎陽) [출]울산 [주]울산 남구 중앙로201 울산광역시의회(052-229-5033) [학]동래여전졸, 울산대 지역개발학과졸 [경]1994~2001년 현대주부대학총동창회 회장 1995년 울산시 동구 교육봉사위원회 위원, 울산시 교육발전협의회 위원, 울산시 동구여성정책위원회 위원, 민주평통 자문위원 2002·2006~2007년 울산시 동구의회 의원 2006~2007년 同의장 2011년 4·27재보선 울산시 동구청장선거 출마(무소속) 2014년 울산시의회 의원(새누리당)(현) 2014년 同환경복지위원회 위원 2016년 同운영위원회 부위원장(현) 2016년 同교육위원회 부위원장(현) 2016년 同예산결산특별위원회 위원(현) [상]전국시·도의회의장협의회 우수의정 대상(2016) [종]기독교

천기흥(千璣興) CHUN Ki Heung

[생]1943·1·26 [본]영양(穎陽) [출]서울 [주]서울 강남구 테헤란로87길36 도심공항타워19층 법무법인 한얼(02-6004-2503) [학]1962년 경기고졸 1966년 서울대 법대졸 1969년 同사법대학원 수료 [경]1967년 사법시험 합격(8회) 1969년 육군 법무관 1973~1983년 부산지검·순천지청·서울지검·법무부 법무실·서울지검 검사 1983년 제주지검 차장검사 1985년 사법연수원 교수 1987년 서울지검 남부지청 형사3부장 1988년 법무부 섭외법무심의관 1989년 서울지검 형사4부장 1990년 同총무부장 1991년 변호사 개업 1998년 한화 사외이사 1999년 대한투자신탁 사외이사 2003~2005년 서울지방변호사회 회장 2005년 우리투자증권 사외이사 2005~2007년 대한변호사협회 회장 2006년 사법제도개혁추진위원회 위원 2007년 법무법인 한얼 고문변호사(현) 2008년 (주)혜인 사외이사 2008년 자유선진당 공천심사위원회 위원장 2011년 국회 선거구획정위원회 위원장 2013년 민주화운동관련자명예회복및보상심의위원회 위원장(현) 2016년 법조윤리협의회 위원장(현) [상]홍조근정훈장(1981), 국민훈장 모란장(2001), 국민훈장 무궁화장(2009), 자랑스러운 서울법대인(2010) [저]'북한인권백서(共)'(2006) '변호사가 본 이성의 세계, 감성의 세계'(2015) [종]성공회

천길주(千佶注) CHUN Kil Joo (세홍)

[생]1954·3·2 [본]영양(穎陽) [출]경북 문경 [주]서울 강남구 봉은사로524 대한중재인협회 임원실(02-551-2261) [학]경북고졸, 서울대졸 2011년 同행정대학원 국가정책과정 수료 2012년 同경영대학원 최고위과정 수료 [경]1979년 현대건설(주) 입사, 同국내영업부장(이사), 同동인도지사장 2000년 대한상사중재원 중재인(현) 2000년 조달청 정부공사계약제도발전연구위원 2004년 현대건설(주) 국내영업본부 상무보 2005년 건설산업포럼 위원 2006년 국토해양부 건설선진화포럼 위원 2007~2009년 현대건설(주) 영업본부 상무·국내영업본부 상무 2007년 조달청 해외조달시장진출 자문위원 2007년 국토해양부 건설산업선진화위원회 위원 2008년 남북경협민간협의회 실무분과위원회 SOC·자원분과위원장 2008년 미래건설포럼 위원 2009년 대한상사중재원 대외무역분쟁조정위원(현) 2010~2012년 현대건설(주) 국내영업본부장(전무) 2011년 서울시 시민만족협의회 위원(현) 2011년 대한중재인협회 부회장(현) 2011년 한국건설경제산업학회 회원(현) 2012년 현대건설(주) 국내영업본부 상근자문역 2012년 서울중앙지법 조정위원(현) 2013년 (주)삼표 사장 2014년 삼표E&C 대표이사 2015년 한국고전번역원 비상임이사(현) [상]국무총리표창(2000)

천대엽(千大燁) CHEON Dae Yeop

[생]1964·2·6 [출]부산 [주]서울 서초구 서초중앙로157 서울고등법원(02-530-1114) [학]1983년 부산 성도고졸 1988년 서울대 법학과졸 1990년 同대학원 법학과졸 2000년 미국 캘리포니아대 데이비스교 법학전문대학원졸(LL. M.) [경]1989년 사법시험 합격(31회) 1992년 사법연수원 수료(21기) 1992년 해군 법무관 1995년 서울지법 동부지원 판사 1997년 서울지법 판사 1999년 창원지법 통영지원 판사 2001년 부산고법 판사 2003년 서울지법 판사 2004년 대법원 재판연구관 2006년 서울동부지법 판사 2007년 부산지법 부장판사 2008년 대법원 재판연구관 2012년 서울중앙지법 형사합의29부 부장판사 2014년 부산고법 부장판사 2016년 서울고법 부장판사(현)

천동현(千同鉉) CHUN Dong Hyun

[생]1965·2·13 [본]영양(穎陽) [출]경기 안성 [주]경기 수원시 팔달구 효원로1 경기도의회(031-8008-7000) [학]1983년 안법고졸 1997년 한경대 식품공학과졸 2001년 同대학원 식품공학과졸 2012년 농업경제학박사(한경대) [경](주)기아자동차 비룡대리점 대표 2000년 안성청년회의소 회장 2001~2004년 한나라당 안성지구당 사무국장, 이해구 국회의원 비서관, 안성시축구연합회 회장, 안성시 학교운영위원회 부회장 2006·2010년 경기도의회 의원(한나라당·새누리당) 2008년 同중소기업지원특별위원회 부위원장 2008년 同운영위원회 위원, 同한나라당 부대표, 同평택항특별위원회 위원장, 한나라당 경기도당 건설교통위원장, 同경기도당 장애인위원회 부위원장 2010~2012년 경기도의회 농림수산위원장 2010년 경기도축구연합회 상임부회장·자문위원 2011년 경기도의회 농업포럼 회장 2012~2013년 안성중앙로타리클럽 회장 2012년 경기희망포럼 안성지부장 2012년 새누리당 제18대 대통령중앙선거대책위원회 인재영입위원회 경기본부 안성시위원장 2012년 同제18대 대통령중앙선거대책위원회 직능총괄본부 국민참여연대본부 경기도대책위원회 본부장 2012년 同제18대 대통령중앙선거대책위원회 조직총괄본부 지방분권위원회 경기도위원장 2013년 한반도산악회 안성지부장(현) 2013년 안성시유도협회 회장(현), 한경대 초빙교수(현) 2014년 경기도의회 의원(새누리당)(현) 2014~2016년 同부의장 2014·2016년 同도시환경위원회 위원(현) 2014년 한경대총동문회 부회장(현) 2015년 경기도의회 평택항발전추진특별위원회 위원(현) 2015년 안성시카네기회장(현) 2015년 세금바로쓰기납세자운동 안성시지회 명예회장(현) 2016년 경기도의회 노동자인권보호특별위원회 위원(현) 2016년 同경제민주화특별위원회 위원(현) [상]내무부장관표창, 경기도지사표창, 한경대총장표창 [종]기독교

천득염(千得琰) CHEON Deuk Youm

[생]1953·9·19 [본]영양(穎陽) [출]전남 신안 [주]광주 북구 용봉로77 전남대학교 공과대학 건축학부(062-530-1637) [학]1971년 목포고졸 1977년 전남대 건축공학과졸 1980년 同대학원 건축공학과졸 1990년 공학박사(고려대) [경]미국 하버드대 미술학과 Post-Doc., 일본 교토대 객원학자 1985년 전남도·광주시 문화재위원(현) 1987년 전남대 공과대학 건축학부 교수(현) 1995년 광주시 건축위원 1996~2000년 전남대 학생처장 2003~2006년 영산강연구소 소장 2003~2015년 아파트공동체 이사장 2004~2007년 문화재청 문화재전문위원 2006년 바이오하우징연구소 소장 2006년 전남대 문화예술특성화사업단장 2007~2008년 대통령직속 아시아문화중심도시조성위원회 위원 2007년 광주시 문화예술진흥위원 2007년 문화재위원회 건축문화재분과위원 2007년 국토해양부 중앙건축위원 2009년 국제온돌학회 부회장 2009년 한국산학협동연구원 부원장(현) 2009년 대인예술시장프로젝트추진위원회 위원장 2010년 (사)대한건축학회 광주·전남지회장 2010년 한국건축역사학회 부회장 2010년 전남대 아시아문화연구소장 2010년 아시아문화예술특구활성화사업단 단장 2011년 4대강살리기자문위원회 위원 2012년 전남도 한옥위원회 위원장(현) 2012~2014년 한옥박람회추진위원회 부위원장 2012~2015년 광주폴리추진위원회 위원 2013~2015년 아시아문화아카데미 원장 2014년 한국건축역사학회 회장 2014년 한옥박람회추진위원회 위원장 2015년 광주폴리추진위원회 회장(현) [상]전남대 10년 근속표창(1997), 대한적십자사 총재표창(1998), 99건축문화의 해 추진 공로감사장(1999), 전남대총장 공로패(2000), 대한건축학회 학술상(2007), 한운상 교육부분(2009), 대한건축학회 공로패(2012), 한국건축역사학회 감사패(2012), 한국공업화학회장표창(2012) [저]'향토사의 길잡이'(1995, 수서원) '한국의 명원 소쇄원'

ㅊ

(1999, 발언) '전남의 전통건축'(1999) '한국의 건축문화재'(2002, 기문당) '해외 문화도시 그리기'(2005, 전남대 출판부) '광주건축100년'(2006, 전남대 출판부) '한국의 미, 최고의 예술품을 찾아서'(2007, 돌베개) '건강한 한옥 짓는 이야기'(2010, 기문당) '광주건축사'(2012, 전남대 출판부) '전남의석탑'(2015, 전남대 출판부) [종]천주교

천명훈(千命薰) CHEON Myung Hoon

[생]1952·3·2 [출]경북 문경 [주]강원 강릉시 범일로579번길24 가톨릭관동대학교 총장실(033-649-7001) [학]1977년 가톨릭대 의대졸 1979년 同대학원 의학석사 1985년 의학박사(가톨릭대) [경]1984~1995년 가톨릭대 의대 전임강사·조교수·부교수 1994~1997년 同성의교정 학생처장 1995~2014년 同의대 해부학교실 교수 2001년 同성심교정 연구처장 2003년 同의과대학장 겸 교학처장 2005~2007년 대한해부학회 이사장 2007~2008년 한국뇌신경과학회 회장 2007년 가톨릭대 성의교정 사무처장 2009~2013년 同의무부총장 2011년 가톨릭중앙의료원 의무원장 2012년 대한병원협회 경영부회장 2012~2013년 가톨릭대 가톨릭중앙의료원장 2014년 국제성모병원 병원장 2014년 가톨릭관동대 의무부총장 겸 인천가톨릭의료원 의무원장 2015년 가톨릭관동대 총장(현) [상]근정포장(2014) [저]'우리 몸 해부그림'(2009, 현문사) [종]가톨릭

천문우(千文宇) CHUN Moon Woo

[생]1943·1·4 [출]대구 [주]경기 고양시 일산동구 동국로32 동국대학교 약학대학 약학과(031-961-5203) [학]1961년 경북고졸 1965년 서울대 약학대학졸 1968년 同대학원졸 1978년 약학박사(일본 오사카대) [경]1970~1978년 효성여대 약학과 조교수 1979~1985년 서울대 약학대학 조교수·부교수 1981년 미국 코넬대 SLOAN-KETTERING 암연구소 연구원 1985~2008년 서울대 약학대학 약학과 교수 1991년 同약학대학 약학과장 1993~1995년 同약학연구소장 1999~2003·2011년 同약학대학장 2002년 전국약학대학협의회 회장 2008년 대통령직속 국가과학기술위원회 위원 2008년 서울대 명예교수(현) 2011년 동국대 약학대학 약학과 교수 2011~2013년 同약학대학장 2013~2014년 서울대약학대학총동창회 회장 2013년 한국유기합성학회 회장 2013년 동국대 약학대학 약학과 석좌교수(현) 2014년 아시아의약화학연맹(AFMC) 이사회 회장(현) [상]대한약학회 학술상(1998), 홍조근정훈장(2008) [종]기독교

천범녕(千範寧) CHUN BUM-NYUNG

[생]1958·10·7 [주]서울 강남구 테헤란로134 (주)포스코피앤에스 임원실(02-3469-5051) [학]1977년 장훈고졸 1984년 한양대 금속학과졸 [경]1984년 포스코 입사 1994년 포스틸 근무 2001년 포스코 선재판매팀장 2005년 同후판선재판매실장 2007년 同마케팅전략실장 2008년 포스틸 국내사업부문담당 상무 2011년 포스코피앤에스 강건재사업부담당 상무 2012년 同소재사업실담당 전무 2013년 同강건재판매실담당 전무 2014년 포스코특수강 마케팅원료본부장(전무이사) 2015년 포스코강판 마케팅전략실장(전무) 2015년 (주)포스코피앤에스 대표이사 사장(현)

천병옥(千昞玉·女) CHUN Byung Ok

[생]1936·9·15 [본]영양(潁陽) [출]경북 경주 [주]서울 성북구 종암로90 노블레스타워511호 한국전통의장연구소(02-379-2442) [학]1955년 이화여고졸 1959년 홍익대졸 1961년 이화여대 대학원졸 [경]1955~1959년 국전서예·건축 입선(6회) 1959~1962년 대한주택공사 건축과 근무 1962~1982년 이화여대·고려대 강사 1973~1976년 서울시수도행정자문위원회 주택분과위원 1973~1982년 한국건축가협회 여성위원장 1976년 한국전통의장연구소 소장(현) 1976년 서예·도예 초대작품전 1978년 미국 워싱턴D.C 초대작품전 1980년 한국박물관회 평의원·이사(현) 1982년 대한민국건축대전 초대작가(현) 1984·1988년 미국 Cleveland 초대작품전 1990~1992년 한국여성건축가협회 회장 1991년 한국건축가협회 이사·명예이사(현) 1993년 국립중앙박물관 한국전통木工芸品기증문화재 특별전 1998년 대한건축학회 참여이사(현) 1998~1999년 건축문화의해 조직위원 1999~2005년 서울시 문화재위원 1999년 서울시문화상 심사위원 2001~2003년 서울시 건축위원회 위원 2003~2005년 문화재청 문화재위원 2006년 이화창립120주년기념 초대작품전 [상]이화미술상(1955), 전국주택현상설계 1위(1958), 미국 Cleveland한인회 공로상(1984), 한국건축가협회 저작상(1988), 한국건축가협회 초평건축상(1991), 국민포장(1993), 마담포라 감사패(1993), 이화를 빛낸상(1995), 대한건축학회 학술상(1999), 문화관광부장관표창(1999), 대한건축학회 소우저작상(2003), 서울시장 감사장(2005), 이화총동창회 감사패(2007), 국립중앙박물관 감사패(2008), 시립서부노인전문요양센터 감사패(2010) [저]'한국전통의장자료(韓·英·日)'(1976·1981·1998) '조선조시대 주택의 장식적 의장(韓·英)'(1988) '건축개론'(1991) '한국여성건축가 문집'(1992) [작]김성진원장 사택, 최행익사장 사택·자명빌딩, 김동만사장 사택, 신세훈사장 사택, 정희경교장 사택, 강응기박사 사택, 이춘광사장 사택, 윤씨농방, 이화여고100주년기념관, 마담포라사옥, 여성아트센터 [종]기독교

천병철(千丙哲) CHUN Byung Chul

[생]1964·8·9 [주]서울 성북구 인촌로73 고려대학교 의과대학 예방의학교실(02-2286-1169) [학]1989년 고려대 의대졸 1997년 서울대 보건대학원졸 2001년 예방의학박사(고려대) [경]1998~2002년 건양대 의학대 예방의학과 교수 2001년 한국과학재단 의학연구정보센터 상임위원 및 기술관리부장 2002년 고려대 의대 예방의학교실 교수(현) 2015년 同보건대학원장(현) [상]보건복지부장관표창(1999), 행정자치부장관표창(2005) [저]'의료의 문화사회학(共)'(2002) '보건의료정보학(共)'(2003) '예방의학(共)'(2004) [역]'의학의 과학적인 한계'(共) '역학, 생물통계학 자기학습의 길잡이(共)'(2003)

천부영(千副英) CHUN Boo Young

[생]1955·7·26 [본]영양(潁陽) [출]경남 김해 [주]서울 강남구 봉은사로524 VM웨어코리아 비서실(02-3016-6500) [학]1982년 경희대 전자공학과졸 [경]1982년 데이터제너럴(Data General) 영업담당 1983년 삼성전자 HP사업부 컴퓨터영업담당 1984년 한국HP 영업본부 근무 2000~2002년 同기업고객영업담당 상무이사 2002년 한국썬마이크로시스템즈(주) 영업본부 엔터프라이즈 고객영업총괄 전무이사 2003~2008년 同영업대표총괄 부사장 2008~2009년 同대표이사 사장 2009~2015년 한국오라클 부사장 2016년 VM웨어코리아 사장(현) [종]불교

천사무엘(千사무엘) Samuel Cheon

[생]1960·3·15 [본]영양(潁陽) [출]광주 [주]대전 대덕구 한남로70 한남대학교 기독교학과(042-629-7318) [학]1983년 연세대 신학과졸 1985년 同대학원졸 1988년 장로회신학대 신학대학원졸 1990년 미국 예일대 신학대학원졸 1994년 철학박사(미국 버클리연합신학대학원) [경]1989년 미국 하트포트 한인장로교회 담임목사 1990년 미국 카마이클 한인장로교회 담임목사 1992년 미국 세크라멘토 한인연합장로교회 담임목사 1995~2004년 한남대 기독교학과 조교수·부교수 2002~2005년 同교회 담임목사 2003~2007년 호남신학대 이사 2004년 한남대 기독교학과 교수(현) 2007년 同학제신학대학원장 2008~2011년 同인돈학술원장 2008~2010년 한국구약학회 부회장 2009년 영국 국제인명센터(IBC) '세계 100대 교육자'에 등재 2010년 미국 세계인명사전 'Marquis Who's Who in the World'에 등재 2010년 호주 Charles Sturt Univ. Adjunct Faculty 2011년 월간 '새가정' 편집위원(현) 2016년 한남대 교목실장 겸 학제신학대학원장(현) [상]Catholic Biblical Association of America Travel Grant for Presentation(1998·2002), 미국 CTNS Course Award Winner(2002), 영국 국제인명센터(IBC) 21세기 탁월한 지식인 2000인(2009), 세계100대교육자에 선정(2009), 올해의 국제 교육자상(2009), 미국 ABI '21세기 위대한 지성' 선정(2010) [저]'구약외경의 이해'(1996, 한국신학연구소) 'The Exodus Story in the Wisdom of Solomon'(1997) '생명문화와 기독교'(1999) '창세기 주석'(2001) '사해사본과 쿰란공동체'(2004, 대한기독교서회) '구약성서개론(共)'(2004) '성경 퀴즈 파노라마(共)'(2005) '성경과 과학의 대화'(2008, 글누리) '지혜전승과 지혜문학'(2009, 동연출판사) '상황과 섭리(共)'(2010, 동연출판사) '신구약중간시대의 성서해석'(2014, 대한기독교서회) [역]'한국선교이야기(共)'(2010, 동연출판사) '한국문화이야기(共)'(2011, 동연출판사) '부끄럽지 않은 수치심(共)'(2013, 동연출판사) [종]기독교

천성관(千成寬) CHUN Sung Gwan

[생]1958·8·16 [출]충남 논산 [주]서울 종로구 사직로8길39 세양빌딩 김앤장법률사무소(02-3703-1905) [학]1976년 경기고졸 1980년 서울대 법학과졸 [경]1980년 사법시험 합격(22회) 1982년 사법연수원 수료(12기) 1982년 육군 법무관 1985년 수원지검 검사 1988년 대전지검 서산지청 검사 1989년 법무부 검찰2과 검사 1991년 서울지검 검사 1993년 수원지검 여주지청장 1995년 대검찰청 검찰연구관 1997년 수원지검 공안부장 1998년 부산지검 공안부장 1999년 대검찰청 공안1과장 2000년 서울지검 공안2부장 2001년 同공안1부장 2002년 대검찰청 공안기획관 2003년 수원지검 2차장검사 2004년 부산지검 2차장검사 2005년 同1차장검사 2005년 서울고검 차장검사 2006년 울산지검장 2007년 서울남부지검장 2008년 수원지검장 2009년 서울중앙지검장 2009~2011년 법무법인 로월드 상임고문 변호사 2011년 김앤장법률사무소 변호사(현)

천성길(千成吉) Chun Sung Gil

[생]1969·2·20 [본]영양(潁陽) [출]경북 군위 [주]서울 구로구 디지털로34길55 코오롱싸이언스밸리2차13층 (주)웨인테크놀로지(070-7012-2116) [학]1988년 부산 낙동고졸 1996년 경희대 무역학과졸 2012년 성균관대 대학원 경영학과졸 2013년 건국대 대학원 기술경영학과(벤처기술경영) 수료 [경]1996년 우리투자증권 근무 1997년 서울은행리스 재무팀 근무 2001년 (주)웨인테크놀로지 대표이사(현) [상]한국창업학회 창업경영자대상(2013) [종]불교

천성복(千成福) CHUN Sung Bog

[생]1962·8·21 [주]서울 성동구 자동차시장길23 예스코 임원실(02-2210-7207) [학]숭실고졸, 동국대 회계학과졸 [경]가온전선(주) 지원본부장(이사) 2013년 同영업본부장(CMO·전무) 2014년 (주)예스코 경영관리본부장(전무) 2015년 同각자대표이사 전무(현)

천세영(千歲英) Seyeoung Chun

[생]1956·4·10 [본]영양(潁陽) [출]제주 북제주 [주]대전 유성구 대학로99 충남대학교 교육학과(042-821-6350) [학]1975년 배재고졸 1981년 서울대 교육학과졸 1986년 同대학원 교육학과졸 1995년 교육학박사(서울대) [경]1981~1986년 유네스코 한국위원회 교육연구담당 1급 간사 1986~1997년 한국교육개발원 부연구위원·연구팀장 1991년 미국 피츠버그대 국제교육연구소 초청연구원 1997년 충남대 교육학과 교수(현) 1999~2001년 한국청소년개발원 객원연구원 2003년 대통령직인수위원회 자문위원 2003년 충남대 교육연구소장 2003~2005년 교육부 정책자문위원 2004~2006년 同중앙투자심사위원회 위원 2006년 한국교육개발원 교육통계센터 자문교수 2006~2007년 미국 조지메이슨대 초빙교수 2007~2008년 충남대 교육학과장·교양교직부장·교수학습지원센터장 2008년 대통령직인수위원회 상근자문위원 2008년 대통령 교육과학문화수석비서관실 교육비서관 2009~2011년 한국교육학술정보원(KERIS) 원장, 한국교육재정경제학회 회장, 한국교육정책학회 회장, 스마트교육학회 회장(현) [저]'정보사회교육론'(1999) '한국교육과 교육재정연구'(2001) '교육행정 및 교육경영'(2003) '교사와 윤리'(2004) '한국교육재정현상탐구1'(2005) '스마트교육혁명'(2012) '교육과 자유'(2013) [종]기독교

천시영(千時寧) CHON Shi Yong

[생]1958·7·10 [출]경기 파주 [주]서울 용산구 후암로4길 10 헤럴드스퀘어 코리아헤럴드 논설위원실(02-727-0018) [학]1977년 여의도고졸 1983년 한국외국어대 행정학과졸 1991년 미국 컬럼비아대 언론대학원 수료 2002년 연세대 대학원 언론홍보학과졸 [경]1984년 코리아헤럴드 입사, 同체육부·사회부·경제부·정치부 기자 2000년 同정치부 부장대우 2001년 同정치사회부장 2003년 同편집국 국차장 2004년 헤럴드미디어 M&B국장 2005년 코리아헤럴드 논설위원 2006년 同편집국 국차장 겸 경제부장 2010년 同편집국장 2011년 헤럴드미디어 KH본부 본부장 겸 편집국장 2012년 코리아헤럴드 본부장 겸 편집국장 2013년 同논설위원 2014년 同논설실장(현) [상]사내특종상, 우수기자상, 외대 언론인상(2011) [종]가톨릭

천신일(千信一) Chun Shin Il

[생]1943·9·11 [본]영양(潁陽) [출]부산 [주]서울 중구 세종대로55 삼성생명빌딩B1층 (주)세중 임원실(02-2126-7777) [학]1961년 경남고졸 1965년 고려대 정치외교학과졸 1994년 同언론대학원 최고위과정 수료 1996년 同정보통신대학원 최고위과정 수료 1998년 한국체육대 최고위과정 수료 1999년 경남대 북한대학원 수료 2006년 서울과학종합대학원 4T CEO과정 수료 2008년 同기후변화리더십과정 수료 2016년 명예 법학박사(일본 와세다대) [경]1965년 육군 소위임관(ROTC 3기) 1967년 한국경제문제연구회 연구원 1968~1973년 윤천주 국회의원 비서관 1973년 동양철관공업(주) 상무이사 1974~1977년 (주)제철화학 설립·대표이사 사장 1976~1996년 (주)태화유운 설립·대표이사 사장 1977~1982년 동해산업(주) 대표이사 사장 1980년 CISV한국협회 회장·명예회장(현) 1980~1982년 한국과산화공업(주) 대표이사 사장 1982~2006년 (주)세중여행 설립·대표이사 회장 1982~1996년 대한레슬링협회 이사·부회장 1986년 (주)세성항운 설립·대표이사 회장(현) 1987년 (주)세중엔지니어링 설립·대표이사 회장(현) 1992년 금강공업(주) 감사 1993년 (주)세중정보기술 설립·대표이사 회장(현) 1996년 성북문화원 부원장·원장 1996~2011년 대한레슬링협회 회장 2000년 세중옛돌박물관 설립·대표(현) 2000년 (주)세중건설팅 설립·대표이사 회장(현) 2001년 (사)민속박물관회 부회장(현) 2001~2010년 동양제철화학(주) 사외이사 2002년 (주)세중게임박스 설립·대표이사 회장 2002~2005년 대한올림픽위원회 상임위원·감사 2003~2006년 在京경남고동창회 회장 2003~2008년 (주)세중나모 대표이사 회장 2004년 국제레슬링연맹 집행위원(현) 2005년 대한체육회 부회장 2005년 고려대정경대교우회 회장 2006년 (주)세중에스엔씨 대표이사 회장(현) 2006~2015년 (주)세중 대표이사 회장 2006년 휴켐스(주) 사외이사 2007~2010년 고려대교우회 회장 2015년 (주)세중 회장(현) [상]대통령표창(1977), 내무부장관 감사장(1986), 세계레슬링연맹금장(1999), 국민훈장 석류장(2002), 메세나대상 창의상(2002), 한국관광인협회 올해의 관광인상(2002), 일간스포츠신문 골든브랜드대상(2002), 체육훈장 맹호장(2004), 대한민국체육상(2004), 한국언론인협회 자랑스러운 한국인대상(2006), 환경재단 선정 '세상을 밝게 만든 100인'(2006), 신산업경영원 한국윤리경영대상(2008) [저]'우리 옛 돌조각의 혼'(2000) '재일본 유출문화재 실태조사'(2001) [종]불교

천양철(千亮哲) CHUN Yang Chul

[생]1946·8·12 [출]전북 전주 [학]1965년 전주고졸 1969년 서울대 외교학과졸 1975년 同대학원 외교학과 수료 1986년 미국 캘리포니아대 수료 [경]1974년 합동통신 기자 1981년 연합통신 기자 1987년 同카이로특파원 1991년 同특신부 차장 1992년 同사회부 차장 1993년 同사회부 부장대우 1995년 同사회부 부장급 1996년 同사회부 부장 1998년 同편집국 부국장 직대 1998년 연합뉴스 편집국 부국장 직대 2000년 同편집국 부국장 2000년 同지방국장 직대 2000~2003년 同편집담당 상무이사 [종]기독교

천영기(千榮基) Cheon Yeonggi

[생]1962·3·25 [출]경남 통영 [주]경남 창원시 의창구 상남로290 경상남도의회(055-211-7406) [학]창신공고졸, 부경대 건축공학과졸 2001년 서울시립대 도시과학대학원 건축공학과졸 [경]한미종합건설(주) 대표이사, 통영시축구협회 상임이사, 두룡초 운영위원장 2006년 경남 통영시의원선거 출마, 부경대 건축학과 외래교수, 통영 한려로타리클럽 회장, 창원지검 통영지청 범죄예방위원, 통영발전시민협의회 문화·체육분과위원장 2010~2014년 경남 통영시의회 의원(한나라당·새누리당) 2010년 同산업건설위원회 위원 2014년 경남도의회 의원(새누리당)(현) 2014년 同운영위원회 부위원장 2014년 同건설소방위원회 위원 2014년 同경남도교육청 예산결산특별위원회 위원장 2016년 同남부내륙철도조기건설을위한특별위원회 위원 2016년 同예산결산특별위원회 위원 2016년 同운영위원회 위원장(현) 2016년 同기획행정위원회 위원(현) [상]경상남도의정회 선정 '자랑스런 도의원'(2015), 대한민국 위민의정대상 우수상(2016) [종]불교

천영길(千永吉) Cheon Young Ghil

[생]1972·8·19 [주]세종특별자치시 한누리대로402 산업통상자원부 지역경제총괄과(044-203-4410) [학]광주금호고졸, 한양대 전기공학과졸, 同대학원 전기공학과졸 [경]1994년 기술고시 합격(30회) 1995년 통상산업부 근무 1998년 산업자원부 근무 2008년 지식경제부 특구운영1과장 2009년 同전력계통과장 2010년 同투자유치과장 2011~2013년 駐네덜란드대사관 참사관 2014년 산업통상자원부 산업기술개발과장 2014년 同산업기술정책과장 2016년 同지역경제총괄과장(현)

천영미(千映美·女) CHUN Young Mi

[생]1966·4·15 [출]강원 [주]경기 수원시 팔달구 효원로 1 경기도의회(031-8008-7000) [학]안산공과대학 사회복지과졸, 강남대 사회복지대학 사회복지학부졸 [경]2005~2010년 경기도보육시설연합회 사무국장, 아이낳기좋은세상경기운동본부 실무위원 2010년 6·2전국동시지방선거 경기도사회복지대책위원회 실무위원 2010년 경기도의회 의원(비례대표, 민주당·민주통합당·민주당·새정치민주연합), 同여성가족평생교육위원회 위원, 同예산결산특별위원회 위원, 同윤리특별위원회 위원, 민주통합당 대변인, 안산시교육발전위원회 위원 2014년 경기도의회 의원(새정치민주연합·더불어민주당)(현) 2014~2015년 同윤리특별위원회 위원 2014년 同교육위원회 위원 2014년 (사)경기도어린이집연합회 자문위원(현) 2015년 경기도의회 윤리특별위원회 간사 2016년 同건설교통위원회 위원(현) [상]전국시·도의회의장협의회 우수의정 대상(2016)

천영세(千永世) CHEON Young Se

[생]1943·8·20 [출]대전 [학]대전보문고졸 1970년 고려대 사회학과졸 [경]1971년 고려대 노동문제연구소 연구원 1973년 전국자동차노동조합 쟁의부장 1974년 전국화학노동조합 기획실장 1974~1979년 크리스찬아카데미 산업사회교육위원 1979~1985년 한국노총 정책위원 1986~1989년 한국노동교육협회 사무국장 1990~1995년 전국노동조합협의회 상임지도위원 1992~1998년 민주주의민족통일전국연합 공동의장 1995년 민주노총 지도위원 1999년 민주노동당 사무총장 2000년 同제16대 총선 선거대책위원장 2002년 同부대표 2004년 同총선대책위원회 선거대책위원장 2004~2008년 제17대 국회의원(비례대표, 민주노동당) 2004년 민주노동당 원내대표 2006년 同최고위원 2008년 同대표최고위원 2013년 (사)나아지는 살림살이 이사 [종]기독교

천영식(千榮植) Chun, Youngsik

[생]1965·10·25 [출]경북 청송 [주]서울 종로구 청와대로1 대통령 홍보기획비서관실(02-770-0011) [학]1984년 영신고졸 1990년 서울대 서양사학과졸 2009년 한양대 언론정보대학원졸 [경]1991~2007년 문화일보 편집국 정치부·사회부 등 기자 2007년 同경제산업부 차장대우 2008년 同사회부 차장대우 2009년 同워싱턴특파원 2013년 同정치부 부장대우 2014년 同편집국 전국부장 2014년 대통령 홍보수석비서관실 국정홍보비서관 2014년 대통령 홍보수석비서관실 홍보기획비서관(현), 청와대불자회 부회장(현) [상]이달의 기자상(1997년 2회·2002·2003) [저]'고독의 리더십-인간 박근혜의 60년'(2013, 학고재)

천영우(千英宇) CHUN Yung Woo

[생]1952·1·27 [본]영양(穎陽) [출]경남 밀양 [주]서울 종로구 새문안로92 오피시아빌딩1601호 (사)한반도미래포럼(070-8822-7445) [학]동아고졸 1977년 부산대 불어과졸 1994년 미국 컬럼비아대 대학원 국제학과졸 [경]1977년 외무고시 합격(11회) 1977년 외무부 입부 1981년 駐프랑스대사관 2등서기관 1986년 駐모로코대사관 1등서기관 1991년 외무부 정책총괄과장 1994년 駐오스트리아대사관 참사관 1995년 駐유엔대표부 참사관 1998년 외교통상부 과학환경담당심의관 1999년 경수로사업지원기획단 파견 2001년 외교통상부 장관보좌관 2002년 同국제기구정책관 2003년 駐유엔대표부 차석대사 2005년 외교통상부 외교정책실장 2006~2008년 同한반도평화교섭본부장(차관급) 2008년 駐영국 대사 2009~2010년 외교통상부 제2차관 2010~2013년 대통령 외교안보수석비서관 2013년 (사)한반도미래포럼 이사장(현) 2014년 아산정책연구원 고문(현)

천용택(千容宅) CHUN Yong Taek

[생]1937·8·28 [본]영양(穎陽) [출]전남 완도 [학]1956년 목포 문태고졸 1960년 육군사관학교졸(16기) 1975년 육군대졸 1977년 국방대학원졸 1980년 중앙대 경영대학원졸 1991년 서울대 최고경영자과정 수료 1997년 고려대 컴퓨터대학원졸 [경]1973년 육군 포병 대대장 1975년 육군 25사단 군수참모 1979년 육군 포병 연대장 1980년 합동참모본부 전략기획부 군사력건설과장 1982년 同전략기획부 차장 1983년 육군본부 정책기획실 체계분석처장 1985년 12사단장 1987년 육군본부 민사심리전 참모부장 1989년 2군단장 1991년 합동참모본부 전략기획본부장 1993년 예편(육군 중장) 1993~1994년 국가안보회의 상근위원 겸 비상기획위원장 1995년 국민회의 지도위원 1996~1999년 제15대 국회의원(전국구, 국민회의) 1996년 국민회의 안보특별위원장 1998~1999년 국방부 장관 1999년 국가정보원장 2000~2004년 제16대 국회의원(강진·완도, 새천년민주당·열린우리당) 2000년 새천년민주당 전남도지부장 2000~2002년 국회 국방위원장 2001년 새시대전략연구소 이사장 2003년 열린우리당 전남도지부 창당준비위원장 2003년 同중앙위원 2005년 (재)고령화사회희망재단 이사 2007년 대통합민주신당 정동영대선후보 중앙선거대책위원회 국가안보위원회 위원장 [상]인헌무공훈장, 보국훈장 삼일장·천수장·국선장, 청조근정훈장 [저]'달라진 남한말과 북한말'(共) [종]천주교

천원주(千瑗周) chun wonju

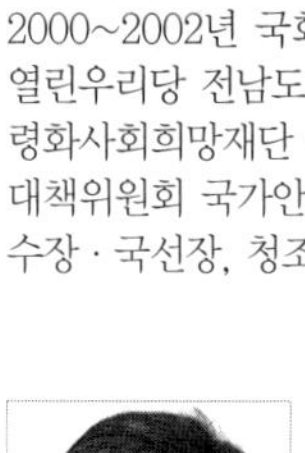

[생]1963·7·8 [본]영양(穎陽) [출]광주 [주]서울 중구 세종대로124 한국언론진흥재단 미디어진흥실(02-2001-7760) [학]1982년 숭일고졸 1990년 경희대 신문방송학과졸 1996년 同대학원 신문방송학과졸 [경]2004년 한국언론재단 출판팀 차장 2005년 同언론인연수팀장 2006년 同교육팀장 2008~2009년 同저작권사업단 부장 2011년 한국언론진흥재단 읽기문화진흥팀장 2013년 同인적역량강화팀장 2014년 同부산지사장 2016년 同뉴스저작권지원단장 2016년 同미디어진흥실장(현) [상]문화관광부장관표창(2007) [종]가톨릭

천장호(千長鎬) CHUN Jang Ho (天城)

[생]1948·11·23 [본]영양(穎陽) [출]경기 고양 [주]서울 노원구 광운로20 광운대학교 총장실(02-940-5001) [학]1968년 서울고졸 1975년 광운대 전자공학과졸 1978년 연세대 대학원 전자공학과졸 1984년 공학박사(미국 Stevens Institute of Technology) [경]1979~2014년 광운대 전자공학과 교수 1988년 미국 Princeton Univ. Frick Lab. 화학과 방문과학자 1994년 일본 도쿄대 응용화학과 방문과학자 1998년 한국전기화학회 종신회원(현) 1999년 미국 전기화학회(ECS) Active Member 2002년 국제수소에너지학회(IAHE) 회원 2003~2013년 한국전기학회 편집위원 2003~2012년 미국 'Marquis Who's Who in Science and Engineering'에 등재 2004~2009년 미국 'Marquis Who's Who in American Education'에 등재 2004년 영국 IBC(International Biographical Center) 'The International Educator of the Year 2004'에 선정 2004~2012년 미국 ABI(American Biographical Institute) 'Great Minds of the 21st Century'에 선정 2007~2012년 미국 'Marquis Who's Who in the World'에 등재 2007~2012년 미국 'Marquis Who's Who in America'에 등재 2007·2012년 미국 'Marquis Who's Who in Asia'에 등재 2011~2012년 광운대 대학원장 2012~2013년 同부총장 2014년 同총장(현) [상]교육부장관표창(1997), The Outstanding Professional Award(2004), Great Mind of the 21st Century(2004), 2000 Outstanding intellectuals of the 21st Century(2005), 부총리 겸 교육인적자원부장관표창(2006), 제16회 과학기술우수논문상(2006), 영국 IBC 2000 Outstanding Scientists(2008·2009), 영국 IBC Top100 Educators(2008), 미국 ABI Scientific Award of Exellence(2011), 옥조근정훈장(2014) [종]기독교

천정배(千正培) CHUN Jung Bae

[생]1954·12·12 [본]영양(穎陽) [출]전남 신안 [주]서울 영등포구 의사당대로1 국회 의원회관 521호(02-784-9850) [학]1972년 목포고졸 1976년 서울대 법과대학 법학과졸 1988년 同대학원 법학과졸 [경]1976년 사법시험 합격(18회) 1978년 사법연수원 수료(8기) 1978~1981년 軍법무관 1981년 변호사 개업 1991년 대한변호사협회 인권위원 1996년 제15대 국회의원(안산시乙, 국민회의·새천년민주당) 1996년 국민회의 총재특보 1996년 한·영의원친선협회 회장 1997년 국민회의 정책위원회 부의장 1997년 아·태평화재단 감사 1998년 국민회의 총재비서실 수석부실장 1998년 同총재권한대행 비서실장 1999년 同총재권한대행 상임특보 1999년 同총재특보 2000년 새천년민주당 총재특보 2000~2004년 제16대 국회의원(안산시乙, 새천년민주당·열린우리당) 2000년 새천년민주당 수석부총무 2002년 同노무현대통령후보 정무특보 2003년 同윤리위원장 2003년 열린우리당 정강정책위원장 2003~2005년 同상임중앙위원 2004년 同클린선거위원장 2004년 제17대 국회의원(안산시 단원구甲, 열린우리당·대통합민주신당·통합민주당) 2004~2005년 열린우리당 원내대표 2004년 미국 경제주간지 비즈니스위크 '2004년 아시아 스타 24인' 선정 2004~2005년 국회 운영위원장 2005년 법무부 장관 2006년 열린우리당 상임고문 2007년 대통합민주신당 정동영 대통령후보 중앙선거대책위원회 상임고문 겸 가족행복위원회 공동위원장 2008년 제18대 국회의원(안산시 단원구甲, 통합민주당·민주당·민주통합당) 2008년 민주당 당무위원, 법무법인 해마루 고문변호사 2008년 국회 문화체육관광방송통신위원회 위원 2008년 한·러의원외교협의회 회장 2010년 민주당 최고위원 2012년 민주통합당 서울시송파구乙지역위원회 위원장 2012년 제19대 국회의원선거 출마(서울시 송파구乙, 민주통합당) 2014년 새정치민주연합 기초자치단체장후보자자격심사위원회 위원장 2015년 (사)복지국가소사이어티 광주지부 상임고문 2015년 제19대 국회의원(광주시 서구乙 재·보궐선거 당선, 무소속·국민의당) 2015년 국회 국토교통위원회 위원 2016년 국민의당 공동대표 2016년 同선거대책위원회 위원장 2016년 同정치혁신특별위원회 위원장(현) 2016년 제20대 국회의원(광주시 서구乙, 국민의당)(현) 2016년 국민의당 광주시서구乙지역위원회 위원장(현) 2016년 국회 보건복지위원회 위원(현) 2016년 국회 민생경제특별위원회 위원(현) [상]백봉기념사업회 백봉신사상, 올해의 정치인상(2001), 백봉신사상 올해의 신사의원 베스트11(2010), 대한민국 무궁화대상 정치부문(2010), 세계언론평화대상 민주평화대상(2015), INAK 국회의정상(2016), 전국지역신문협회 의정대상(2016) [저]자서전 '꽁지머리를 묶은 인권변호사'(1996) [종]기독교

천제영(千濟永) Cheon Jae Yeong

[생]1957·9·26 [본]영양(穎陽) [출]전남 완도 [주]전남 순천시 장명로 30 순천시청 부시장실(061-749-5411) [학]1977년 광주 살레시오고졸 2000년 한국방송통신대졸 2009년 조선대 대학원 환경생명공학과졸 [경]2005년 전남도 수질해양과 수질정책담당 사무관 2010년 同해양수산환경국 환경정책과장(서기관) 2011년 同환경정책담당관 2014년 同동부지역본부장(지방부이사관) 2016년 전남 순천시 부시장(현)

천종식(千宗湜) CHUN Jong Sik

[생]1967·2·20 [출]서울 [주]서울 관악구 관악로1 서울대학교 생명과학부(02-880-8153) [학]1986년 서울대 식물학과졸 1994년 생물학박사(서울대) 1995년 미생물학박사(영국 뉴캐슬대) [경]1995년 서울대 분자미생물학연구센터 Post-Doc. 1996년 미국 Univ. of Maryland Biotechnology Institute Research Associate 1998~2000년 한국생명공학연구원 유전자은행실 선임연구원 2000년 서울대 생명과학부 조교수·부교수·교수(현) 2004~2009년 국제백신연구소 분자미생물과 과장 2004년 남극 세종기지에서 호냉성 신종세균 2종 발견-미생물 분류학 분야 최고 권위 국제학술지 International Journal of Systematic and Evolutionary Microbiology에 등록 2009년 (주)천랩 설립자·대표이사(현) 2011~2013년 한국환경산업기술원 비상임이사 2014년 한국과학기술한림원 정회원(이학부·현) [저]'고마운 미생물 얄미운 미생물'(2005)

천종호(千宗湖)

[생]1965·10·14 [출]경남 산청 [주]부산 연제구 법원로31 부산가정법원 부장판사실(051-590-1114) [학]1985년 부산남고졸 1992년 부산대 법학과졸 [경]1994년 사법시험 합격(36회) 1997년 사법연수원 수료(26기) 1997년 부산지법 판사 2000년 同동부지원 판사 2003년 同가정지원 판사 2005년 부산지법 판사 2007년 부산고법 판사 2010년 창원지법 판사 2012년 同부장판사 2013년 부산가정법원 부장판사(현) [저]'아니야, 우리가 미안하다'(2013, 우리학교) '이 아이들에게도 아버지가 필요합니다'(2015, 우리학교)

천준호(千峻昊) Cheon Joonho

[생]1964·4·18 [주]서울 종로구 사직로8길60 외교부 양자경제외교국(02-2100-7661) [학]1987년 서울대 영어영문학과졸 1990년 고려대 대학원 법학과졸 1995년 미국 아이오와대 대학원 법학과졸 [경]1998년 외무고시 합격(23회) 1989년 외무부 입부 1998년 駐캐나다 1등서기관 2002년 駐불가리아 1등서기관 2004년 외교통상부 통상분쟁해결과장 2005년 同다자통상협력과장 2007년 駐미국 참사관 2009년 駐브라질 공사참사관 2011년 駐시카고 부총영사 2014년 중앙공무원교육원 파견 2015년 외교부 양자경제외교국장(현)

천준호(千俊鎬) CHEON JUN HO

[생]1971·2·15 [출]서울 [주]서울 영등포구 국회대로68길 14 신동해빌딩11층 더불어민주당(02-2630-0034) [학]1989년 대광고졸 1994년 경희대 사학과졸 2002년 同행정대학원 자치행정학 석사과정 수료 [경]1993년 경희대 총학생회장 1999~2006년 한국청년연합(KYC) 사무처장 2006~2010년 同공동대표 2010~2011년 同이사 2011년 내가꿈꾸는나라 기획위원장 2011년 혁신과통합 시민참여위원장 2011년 서울시장 기획보좌관 2014년 서울시장 비서실장 2015년 서울시장 정무보좌관 2016년 더불어민주당 뉴파티위원회 위원(현) 2016년 제20대 국회의원선거 출마(서울 강북구甲, 더불어민주당) 2016년 더불어민주당 서울강북구甲지역위원회 위원장(현)

천진기(千鎭基) CHEON Jin Gi

[생]1962·2·12 [본]영양(穎陽) [출]경북 안동 [주]서울 종로구 삼청로37 국립민속박물관 관장실(02-3704-3002) [학]1980년 경안고졸 1984년 안동대 민속학과졸 1989년 영남대 대학원 문화인류학과졸 2002년 국어국문학박사(중앙대) [경]1991년 국립중앙박물관 학예연구사 1995년 국립문화재연구소 학예연구사 1997년 실천민속학회 편집위원·평생회원(현) 1999년 국립민속박물관 학예연구관 2005년 同민속연구과장, 가톨릭대 국어국문학과 강사 2011년 국립민속박물관 관장(현) [상]대통령표창(2003) [저]'한국동물민속론'(2002) '한국말민속론'(2006) '운명을 읽는 코드 열두 동물'(2008)

천진우(千珍宇) CHEON Jin Woo

[생]1962·10·5 [주]서울 서대문구 연세로50 연세대학교 화학과(02-2123-5631) [학]1985년 연세대 화학과졸 1987년 同대학원 화학과졸 1993년 이학박사(미국 일리노이대 어배나교) [경]1993년 미국 AT&T Bell Labs. Murray Hill, NJ 방문연구원 1993~1995년 미국 U.C. Berkeley 화학과 및 Lawrence Berkeley Nat'l Lab. 재료과 박사후 연구원 1995~1998년 미국 UCLA 화학과 연구원 1998~2001년 한국과학기술원(KAIST) 화학과 조교수 1998~1999년 미국 UCLA 방문교수 1999년 독일 Ruhr University-Bochum 방문교수 2001~2002년 한국과학기술원(KAIST) 화학과 부교수 2001년 산업자원부 나노산업화위원회 위원 2002년 연세대 화학과 부교수·교수(현) 2003년 한국과학기술한림원 회원(현) 2004년 삼성전기 자문위원 2007년 미국 MRS(Materials Research Society)심포지움 조직위원(현) 2009년 세계학술저널 ACR(Accounts of Chemical Research) Senior Editor(현) 2014년 미국화학회(American Chemical Society) 석학회원(Fellow)(현) 2015년 기초과학연구원(IBS) 나노의학연구단장(현) 2016년 연세대 Y-IBS과학원장(현) [상]Graduate Research Fellowship(1988), KCS Wiley Young Chemist Award(2001), 한국과학기술한림원 제6회 젊은과학자상(2002), 대한화학회 무기분과 우수연구상(2004), 인촌상 자연과학부문(2011), 미래연구정보포럼 지식창조대상(2010), 포스코청암상 청암과학상(2012), 호암재단 과학상(2015)

천진호(千鎭豪) CHUN Jin Ho

[생]1958·11·5 [주]부산 서구 구덕로225 동아대학교 법과대학 법학부(051-200-8509) [학]1982년 경북대 법학과졸 1984년 同대학원졸 1989년 법학박사(경북대) [경]1991~2007년 경북대 공법학과 전임강사·조교수·부교수·교수 1993년 同법과대학 공법학과장 1997·2006년 同법학연구소장 1999년 同법률상담소장 2000년 대구지방경찰청 시민단체경찰협력위원회 위원 2002년 同시민단체경찰협력위원장 2002~2004년 국가인권위원회 인권순회교육단 강사 2004년 중국 서안 서북정법대학 객좌교수(현) 2004~2007년 대구고검 항고심사회 위원 2004년 중국 국가중점연구기지 객좌교수 2007년 (사)대구경북범죄피해자지원센터 형사조정위원 2007년 대법원 사법참여기획단 설립준비위원회 위원 2007년 동아대 법과대학 법학부 교수(현) 2008년 부산지방경찰청 집회시위자문위원회 위원 2013~2015년 한국형사법학회 부회장 2016년 同회장(현)

천풍조(千豊祚) Chun Poongjo

[생]1947·3·12 [출]부산 [주]서울 성동구 마장로210 한국기원 홍보팀(02-3407-3870) [경]1968년 입단 1969년 3단 승단 1971년 4단 승단 1972년 부산일보 관전기 집필 1975년 5단 승단 1985년 6단 승단 1985년 미국·캐나다·러시아 등 해외바둑 보급활동 1991년 7단 승단, 한국기원 프로기사회장(22대) 2005년 8단 승단 2012년 9단 승단(현)

천해성(千海成) CHUN Hae Sung

[생]1964·8·15 [출]서울 [주]서울 중구 명동2길34 남북교류협력지원협회(02-564-5024) [학]1983년 영동포고졸 1987년 서울대 공법학과졸 1996년 同행정대학원졸 [경]1986년 행정고시 합격(30회) 1987~1996년 통일원 사무관·서기관 1997년 대통령 외교안보수석비서관실 행정관 2001년 통일부 정책기획과장 2003년 국가안전보장회의(NSC) 정책조정실 정책담당관 2006년 통일부 남북회담본부 회담기획부장 2008년 同통일교육원 교수부장 2008년 同인도협력국장(고위공무원) 2009년 同대변인 2011년 同남북회담본부 상근회담대표 2012년 同통일정책실장 2014년 同남북회담본부장 2014~2016년 同통일정책실장 2016년 남북교류협력지원협회 회장(현) [상]근정포장 [종]천주교

천호균(千浩均) CHUN Ho Kyun

[생]1949·9·26 [본]영양(穎陽) [출]서울 [주]서울 마포구 성미산로3길4 쌈지농부 회장실(031-949-9353) [학]1969년 경기고졸 1978년 성균관대 영어영문학과졸, 중앙대 예술대학원 문화예술지도자과정 수료 [경]1978~1981년 대우중공업(주) 기획담당 1981~1984년 호박상사 대표 1984~1993년 레더데코 대표, 쌈지핸드백 대표 1993년 (주)레코데코 대표이사 사장 1999~2009년 (주)쌈지 대표이사 사장 2002년 (주)트라이씨클 이사, (주)룸앤데코 비상근이사, 한국패션협회 이사, 한국패션디자인학회 이사 2008·2010~2012년 대통령직속 아시아문화중심도시조성위원회 위원 2009년 (주)쌈지농부 회장(현), 논밭예술학교 고문(현) [상]한국섬유대상 패션경영부문(1997), 대한민국디자인대상 중소기업부문 경영우수상(1999), 월간미술대상 특별상(1999), 문화예술지원기업대상 창의상, 한경마케팅대회 디자인상(1999), 국무총리표창(2000), 대한민국브랜드 경영대상(2001) [종]불교

천호선(千皓宣) CHEON Ho Sun

[생]1962·8·30 [본]영양(穎陽) [출]서울 [주]서울 영등포구 국회대로70길7 동아빌딩5층 정의당(02-2038-0103) [학]1980년 환일고졸 1987년 연세대 사회학과졸 [경]1991년 노무현 국회의원 비서관 1992년 유인태 국회의원 보좌관 1994년 민주당 서울송파甲지구당 사무국장 1998년 송파구 구정연구단 실장 2002년 새천년민주당 부대변인 2002년 同대통령선거대책위원회 인터넷선거특별

본부 기획실장 2003년 제16대 대통령직인수위원회 국민참여센터 전문위원 2003년 대통령 참여기획비서관 2003년 대통령비서실 제도개선팀장 겸임 2003년 대통령 정무기획비서관 2004년 대통령 의전비서관 2005년 대통령 국정상황실장 2005~2006년 대통령 의전비서관 2007~2008년 대통령 대변인 2007~2008년 대통령 홍보수석비서관 겸임 2008년 더좋은민주주의연구소 기획위원장 2009년 국민참여당 실행위원 2010년 同최고위원 2010년 同서울시당 위원장 2011년 同상임중앙위원회 위원 2011년 통합진보당 대변인 2012년 제19대 국회의원선거 출마(서울 은평구乙, 통합진보당) 2012년 통합진보당 최고위원 2012년 새진보정당추진회의 대선기획단장 2012~2013년 진보정의당 최고위원 2012년 同제18대 대통령중앙선거대책위원회 전략기획본부장 2013~2015년 정의당 대표 2016년 同교육연수원 단장(현)

천홍욱(千泓昱) CHUN Hong Uk

[생]1960·5·5 [본]영양(潁陽) [출]경북 문경 [주]대전 서구 청사로189 관세청 청장실(042-481-7600) [학]1979 동성고졸 1984년 한국외국어대 행정학과졸 1986년 서울대 행정대학원 행정학과졸 1992년 미국 시라큐스대 Maxwell School 행정학과졸 2012년 경영학박사(중앙대) [경]1983년 행정고시 합격(27회) 1984~1996년 관세청 통관국·자료관리관실·정보관리관실 사무관·서기관 1997~2000년 駐일본 관세협력관 2000년 관세청 수출통관과장 2001년 인천공항세관 조사감시국장(서기관) 2003년 관세청 기획예산담당관 2004년 同혁신담당관(부이사관) 2005년 同감사관 2006년 국방대 파견(부이사관) 2007년 관세청 통관지원국장 2008년 同기획조정관 2010년 同서울본부세관장 2012년 同심사정책국장 2013~2015년 同차장 2015~2016년 국종망연합회 회장 2016년 관세청장(현) [상]근정포장(2002), 홍조근정훈장(2008), 한국외국어대 공직인상(2011) [저]'일본 관세행정 4大 기본법 및 기본 통달'(2009) [종]불교

청 화(靑 和)

[생]1944·12·25 [출]전북 남원 [주]서울 성북구 정릉로6가길14 청암사(02-914-0967) [학]1997년 동국대 문화대학원 문예창작과 중퇴 [경]1964년 화계사에서 혜암스님을 계사로 사미계 수지 1972년 해인사에서 고암스님을 계사로 구족계 수지 1977년 불교신문 신춘문예에 시조 '미소' 당선 1978년 한국일보 신춘문예에 시조 '채석장 풍경' 당선 1981~1982년 대한불교조계종 총무원 교무국장 1982년 同총무원장 사서 1986년 민주헌법쟁취국민운동 공동의장 1992~2002년 실천불교승가회 의장 1994년 대한불교조계종 초심호계위원장 1994~1998년 同제11대 중앙종회 차석 부의장 1995년 춘천 청평사 주지 1997년 민주개혁국민연합 공동의장 1998~2002년 대한불교조계종 제12대 중앙종회 수석부의장 2002~2004년 同제13대 중앙종회 의원, 6·10항쟁계승사업회 공동의장 2004년 대한불교조계종 교육원장 2004년 (사)로터스월드 이사(현) 2006년 춘천불교사암연합회 회장 2007년 실천불교승가회 명예의장, 同상임고문 2007년 참여연대 공동대표 [저]산문 '돌을 꽃이라 부른다면' 시집 '무엇을 위해 살 것인가'(2009) [종]불교

초의수(楚義秀) CHO Eui Soo

[생]1960·5·4 [출]부산 [주]부산 사상구 백양대로700번길 140 신라대학교 보건복지대학 사회복지학부(051-999-5718) [학]1984년 부산대 사회학과졸 1986년 同대학원 사회학과졸 1988년 사회학박사(부산대) [경]1993~1997년 부산대 강사, 미국 워싱턴대 시애틀교 객원교수 1997년 부산시 정책개발실 연구위원 2003년 신라대 보건복지대학 사회복지학부 교수(현) 2004~2005년 同산학협력단 국책사업T/F팀 위원 2006~2007년 同사회복지학부장 2006~2008년 同사회복지학부 주임교수 2006~2007년 실버타운설립위원회 위원 2010년 同홍보실장 2013년 부산창조재단 자문위원(현) 2014년 부산복지개발원 원장(현) [상]지방자치발전 공로 국무총리표창(2013) [저]'부산의 이해'(2006, 효민) '시민주체의 지속가능한 부산만들기'(2006, 모던BOOKS)

최각규(崔珏圭) CHOI Gak Kyu (東村)

[생]1933·11·3 [본]강릉(江陵) [출]강원 강릉 [학]1952년 강릉상고졸 1957년 서울대 문리대 정치학과졸 1982년 미국 하버드대 대학원 수학 1998년 명예 경제학박사(강릉대) [경]1956년 고시행정과 합격 1956년 재무부 예산국 사무관 1961년 경제기획원 투자예산과장 1966~1970년 재무부 관세국장·국고국장·기획관리실장 1970년 同세정차관보 1971년 同재정차관보 1973년 同차관 1974년 경제기획원 차관 1975년 농수산부 장관 1977~1979년 상공부 장관 1980년 한비 사장 1982년 한양화학 사장 1984~1985년 同회장 겸 경인에너지 사장 1985~1987년 석유협회 회장 1987년 신민주공화당(공화당) 당무위원 1988년 同사무총장·강원지부 위원장 1988년 제13대 국회의원(강릉, 공화당·민자당) 1988년 한·이집트의원친선협회 회장 1990년 민자당 당무위원 1990년 同정책위원회 의장 1991년 同강릉지구당 위원장 1991~1993년 부총리 겸 경제기획원 장관 1994년 강릉대 객원교수 1995년 자민련 부총재 1995~1998년 강원도지사(자민련·무소속·한나라당) 2000~2001년 새천년민주당 강릉지구당위원장 2000년 同당무위원 2001년 한국무역협회 무역진흥기금관리위원회 위원장 2001년 새천년민주당 상임고문 2007년 현진그룹 경영고문 [상]녹조근정훈장(1962), 아르헨티나 대십자훈장(1977), 청조근정훈장(1979), 벨기에 대십자훈장, 룩셈부르크 세느왕관대공훈장 십자대장(1979) [종]천주교

최갑수(崔甲壽) Choi, Kab-soo

[생]1954·4·2 [출]서울 [주]서울 관악구 관악로1 서울대학교 인문대학 서양사학과(02-880-6206) [학]1972년 대광고졸 1976년 서울대 서양사학과졸 1980년 同대학원졸 1991년 문학박사(서울대) [경]1981~1983년 동덕여대 국사교육과 전임강사 1983~1996년 서울대 인문대학 서양사학과 전임강사·조교수·부교수 1996년 同인문대학 서양사학과 교수(현) 1997~1998년 同인문대학 부학장 1999~2001년 민주화를위한전국교수협의회 상임의장 2001년 전국교수노동조합 준비위원장 2004~2006년 한국서양사학회 회장 2006~2008년 한국프랑스사학회 회장 2009년 한국대학신문 논설위원 2012년 한국인권재단 이사 [저]'유라시아 천년을 가다(共)'(2002) '프랑스 구체제의 권력구조와 사회(共)'(2009) '근대 유럽의 형성(共)'(2011) [역]'프랑스대혁명사' '프랑스사'

최갑열(崔甲烈) CHOI Kab Yeol

[생]1954·4·26 [본]전주(全州) [출]충남 금산 [주]제주특별자치도 제주시 선덕로23 제주웰컴센터 제주관광공사 사장실(064-740-6012) [학]1974년 서울 중동고졸 1978년 연세대 독어독문학과졸 2002년 同언론홍보대학원 최고경영자과정 수료 2008년 고려대 정책대학원 최고경영자과정 수료 [경]1979년 한국관광공사 입사, 同아주과장, 同국제협력과장, 同프랑크푸르트지사 부장, 同구미부장, 同인사부장, 同홍보실장 2003~2005년 同프랑크푸르트지사장 2006~2008년 同혁신경영본부장 2008~2009년 同전략경영본부장(부사장) 2009~2011년 강원도 DMZ관광청장 겸 관광마케팅본부장 2012~2013년 同관광정책관 2014년 제주관광공사 사장(현) [상]국무총리표창(2007) [종]기독교

최갑종(崔甲宗) Choi Gab-Jong

[생]1948·9·22 [출]경남 사천 [주]충남 천안시 동남구 문암로76 백석대학교 총장실(041-550-9114) [학]1974년 고신대 신학과졸 1983년 미국 Reformed Theological Seminary졸 1986년 미국 Princeton Theological Seminary졸 1998년 철학박사(미국 Univ. of Denver) [경]1994~2006년 천안대 기독교학부 교수 2006년 백석대 기독교학부 교수 2006년 同신학부총장 2009년 개혁주의생명신학회 회장 2010~2012년 한국복음주의신학회 회장, 백석대 부총장 2012년 同총장(현) [저]'현대 복음서 연구'(1985) '예수님의 비유'(1985) '주후 1세기 문맥에서 본 주기도문 연구'(1985) '바울 연구1 : 생애와 신학'(1992) '예수·교회·성령'(1992) '최근의 예수연구'(1994) '성령과 율법'(1994) '빈야드운동, 그 성경적 조명'(1996) '나사렛 예수'(1996) '바울연구 2'(1997) '바울연구 1(수정증보판)'(1999) '예수님이 주신 기도'(2000) '사도바울 : 그의 삶, 편지 그리고 신학'(2001) '예수님의 비유, 본문 해석 그리고 설교·적용'(2001)

최 강(崔 剛) Choi Kang

[생]1959·8·11 [주]서울 종로구 경희궁1가길11 아산정책연구원(02-730-5872) [학]1983년 경희대 영어영문학과졸 1985년 미국 위스콘신대 메디슨교 대학원 정치학과졸 1991년 정치학박사(미국 오하이오주립대) [경]1996~1998년 한국국방연구원 군제군축연구실장 1998~2002년 국가안전보장회의 정책기획조정부장 2002~2005년 한국국방연구원 국방현안팀장 2005~2012년 외교안보연구원 미주연구부 교수 2008~2012년 同미주연구부장 2012년 국립외교원 외교안보연구소장 2012~2013년 同기획부장 2013년 아산정책연구원 부원장(현) 2015년 산업통상자원부 환태평양경제동반자협정(TPP)전략포럼 위원

최강열(崔康烈) CHOI Kang Yell

[생]1958·7·13 [출]충남 청양 [주]서울 서대문구 연세로50 연세대학교 생명시스템대학 생명공학과(02-2123-2887) [학]1977년 서울 영훈고졸 1985년 연세대 생명공학과졸 1988년 미국 사우스다코타주립대 대학원 미생물학과졸 1993년 이학박사(미국 퍼듀대) [경]1993~1995년 미국 Harvard Medical School 생화학·분자약학과 Post-Doc. 1995~2001년 연세대 의과대학 생화학·분자생물학교실 조교수·부교수 2001~2004년 同공과대학 생명공학과 부교수 2001년 국립보건원·한국과학재단·학술진흥재단·보건복지가족부·국립암센터·대한민국10대신기술상·서울시 신기술연구개발사업 및 보유기술사업화지원 평가위원 2002~2008년 미국 세계인명사전 'Marquis Who's Who'에 7년 연속 등재 2003년 'Experimental and Molecular Medicine' 편집인(현) 2003년 바이오의약연구센터(RRC)·세포다이나믹스연구센터(SRC) 자문위원 2004년 연세대 생명시스템대학 생명공학과 교수(현) 2005~2009년 국가지정연구실(NRL) 책임자 2005년 국제세포공학대회 조직위원 2006~2007년 연세대 유전체협동과정 주임교수 2006·2007년 변리사시험 출제 및 채점위원 2007년 미국 캘리포니아대 샌디에이고교 방문교수 2007년 한·일세포신호전달 및 분자영상학술대회 조직위원장 2008년 윈트신호전달 및 사람질병학술대회 조직위원장 2013년 암예방학회 감사 2014년 同상임이사 2014~2015년 한국세포생물학회 회장 [상]교육과학기술부 선정 '연구개발사업 우수연구성과 50선'(2008), '국가우수연구개발성과 100선'(2013), 한국과학기술한림원 선정 '한림선도과학자'(2013), 연세대 우수교수상(2013), 한국연구재단 선정 '기초연구우수성과 50선'(2013) [저]'왓슨과 크릭, 이중나선구조 발견의 드라마'(1995) '생명공학동향'(1996) '인간복제'(1997) '생명코드 AGCT(유전자가 세상을 바꾼다)'(1998) '1999년 노벨생리의학상, 군터브로벨'(1999) '한국의 산업기술과 친환경 사업대책-신소재 바이오 의약환경부문'(2006) 'MAP OF TEEN 생명공학'(2008) '줄기세포 발견에서 재생의학까지'(2011, 장서가) [종]기독교

최강욱(崔康旭)

[생]1968·3·24 [주]서울 서초구 서초중앙로164 법무법인 청맥(02-3477-3400) [학]1986년 전주 전라고졸 1990년 서울대 법학과졸 1992년 同대학원 법학과졸 [경]군법무관임용시험 합격(11회) 1999~2001년 국방부 국회담당 법무관 2004~2005년 국방부 검찰단 수석검찰관 2005년 법무법인 청맥 변호사(현) 2006~2010년 방위사업청 옴브즈먼 2009~2011년 대한변호사협회 재개발·재건축위원회 위원 2010~2012년 국회 윤리심사 자문위원 2012년 방송문화진흥회 이사(현)

최강희(崔康熙) CHOI Kang Hee

[생]1959·4·12 [출]경기 [주]전북 전주시 덕진구 기린대로1055 전북 현대 모터스(063-273-1763) [학]우신고졸 [경]1984~1992년 울산 현대축구단 소속(207경기 출전, 10골 22도움) 1987~1992년 국가대표 축구선수 1988년 서울올림픽 국가대표 1990년 이탈리아월드컵축구 국가대표 1995년 수원 삼성 블루윙즈 트레이너 1998~2001년 同코치 2002년 부산아시안게임 국가대표팀 코치 2005~2011·2013년 전북 현대 모터스 감독(현) 2006년 아시아축구연맹(AFC) 챔피언스리그 우승 2009·2011년 프로축구 K리그 우승 2012~2013년 국가대표축구팀 감독 [상]프로축구 베스트상(4회) 및 모범상(2회), MVP(1986), 쏘나타 K리그 대상 올해의 감독상(2009), 현대오일뱅크 K리그 클래식대상 올해의감독상(2014·2015), 스포츠투아이 이달의 감독상(2016)

최거훈(崔巨勳) CHOI Geo Hoon

[생]1957·10·27 [본]수성(隋城) [출]부산 [주]서울 서초구 고무래로6의6 선경빌딩 법무법인 에이스(02-3487-5000) [학]1976년 경남고졸 1980년 서울대 법학과졸 1988년 연세대 대학원 법학과 수료 [경]1985년 사법시험 합격(27회) 1988년 사법연수원 수료(17기) 1988년 수원지검 검사 1990년 대전지검 홍성지청 검사 1991년 서울지검 남부지청 검사 1994년 부산지검 검사 1995년 변호사 개업, 법무법인 가람 대표변호사 1998~2002년 부산남중 운영위원장 1999~2001년 서부교육청 관내중학교운영위협의회 회장 2001년 부산장애인총연합회 고문변호사 2001~2004년 한국음식업중앙회 부산지회 고문변호사 2004년 제17대 국회의원 후보(부산 사하乙, 한나라당) 2008년 제18대 국회의원 후보(부산 사하乙, 한나라당) 2009~2010년 국회의장 비서실장(차관급) 2009~2012년 법무법인 에이스 부산분사무소 대표변호사 2012년 법무법인 에이스 변호사(현)

최건모(崔健模) CHOI Kun Mo

[생]1953·2·21 [출]서울 [주]대전 유성구 대덕대로989번길111 한국원자력연구원 RCA지역사무소(042-868-2776) [학]1975년 한양대 기계공학과졸 1985년 미국 오클라호마대 대학원 컴퓨터공학과졸 [경]1975년 기술고시 합격(11회) 1979년 예편(해군 중위) 1979~1997년 과학기술처 기술개발과장·지역협력과장·정보산업기술과장·駐EC대표부 과학관·과학기술처 기술협력3과장·연구개발관리과장·연구기획과장·기초연구조정관·기계전자연구조정관 1998년 대통령직인수위원회 파견 1998년 과학기술부 연구기획평가심의관 1998년 同원자력실 안전심사관 1999년 同공보관 2000년 중앙공무원교육원 파견 2001년 과학기술부 원자력안전심의관 2001년 同기획조정심의관 2002~2004년 국제원자력기구(IAEA) 파견 2004~2009년 아·태원자력협력협정(RCA) 사무국장 2009년 한국연구재단 초대감사 2011~2013년 同프론티어연구성과지원센터장 2013년 연구개발성과지원센터장 2013년 아·태원자력협력협정(RCA) 사무국장(현)

최건호(崔建鎬) CHOI Kun Ho

[생]1936·8·20 [출]충남 논산 [주]서울 강남구 삼성로85길25 충무교회(02-558-1009) [학]1955년 부여고졸 1961년 서울신학대졸 1975년 同신학대학원졸 1987년 장로회신학대 대학원졸 1987년 신학박사(미국 샌프란시스코신학교) [경]1967년 기독교대한성결교회 목사 안수 1970년 同성광교회 담임목사 1974~2005년 同충무교회 담임목사 1975년 서울신학대 대우교수 1981년 대한기독교교육협회장 1985년 기독교대한성결교회 중앙교육원장 1991년 기독교신문 논설위원 1994년 기독교대한성결교회 총회장 1998~1999년 한국기독교총연합회 이단·사이비대책위원장 2001년 한국기독교직장선교연합회 회장 2001~2004년 기독교대한성결교회 총회교육원 원장 2002~2006년 CBS 이사·관리사장·부이사장 2002~2004년 직장선교목회자협의회 회장 2004년 강북구 번동 제3복지관 이사장(현) 2005년 필리핀 마닐라국제대학원 원장 2005년 기독교대한성결교회 충무교회 원로목사(현) 2007~2009년 국민일보 자문위원장 2008년 성결인신문 사장 2008~2009년 국민문화재단 이사 2010~2012년 기독교대한성결교회 성광회 회장 2015년 세계유대교기독교신교협의회(IFCJ) 이사(현) [상]무임소장관표창, 성전건축 공로표창(1981), 지역사회봉사표창(1986), 농어촌선교공로표창(1989), 성결교육대상(2011) [저]'날마다 새롭게'(1987) '웨슬레안 강단 Ⅰ·Ⅱ' '생동하는 신앙'(1988) '안이한 신앙의 극복'(1989) '절기 및 기념일 설교집'(1989) '크리스챤 청지기'(1995) '소망예식서'(1996) [역]'목회와 신학' [종]기독교

최건호

[주]서울 중구 세종대로124, 프레스센터 서민금융진흥원(02-2084-7900) [학]성의상고졸 1985년 대구대 회계학과졸 2008년 한양대 대학원졸 [경]1978년 한국은행 부산지점 입행 1981년 同대구지점 근무 1987년 同조사부 근무, 同경제홍보부 근무 1991년 同외환관리부 근무 1995년 은행감독원 근무 1999년 금융감독원 공보실 근무, 同공보심사실 근무, 同복리후생팀장, 同신용감독국 워크아웃팀장 2006년 한양대 학술연수 파견 2008년 금융감독원 신용정보대부업팀장 2009년 同특수은행서비스국 부국장 2011년 同저축은행검사2국장 2013년 금융감독원 저축은행감독국장 2016년 同개인신용평가고충처리단장 2016년 서민금융진흥원 부원장(현)

최경규(崔暻奎) CHOI Kyung Gyu

[생]1952·11·17 [본]전주(全州) [출]강원 [주]서울 양천구 안양천로1071 이대목동병원 신경과(02-2650-5036) [학]1982년 연세대 의대졸 1985년 同대학원졸 1989년 의학박사(연세대) [경]1983~1986년 연세대 신촌세브란스병원 전공의 1986년 同영동세브란스병원 연구강사 1986~1990년 이화여대 의대 전임강사 1990년 미국 미네소타의대 교환교수 1993~2006년 이화여대 목동병원 신경과장 1993~2002년 同의대 신경과학교실 조교수·부교수 1994~2002년 同목동병원 전산위원장 1994년 同의상교학부장 1998~2003년 同의과학연구소장 1999년 同도서관장 2002년 同의과대학 신경과학교실 교수(현) 2003~2007년 同의료원 기획조정실장 2006~2009년 同의학전문대학원 부원장 2006~2008년 同의과학연구소장 2006~2009년 同BK21사업단장 2008~2009년 양천메디컬센터 기획단장 2008년 양천구치매지원센터 센터장(현) 2009~2012년 보건복지가족부 치매사업단 자문위원 2009년 이화여대 의과학연구소 퇴행성뇌질환센터장 2011~2012년 대한치매학회 회장 2011~2013년 보건산업진흥원 R&D개발본부 PM운영위원 2014~2015년 대한신경과학회 회장 2015~2016년 대한치매학회 회장 2016년 이화여대 목동병원 파킨슨센터장(현) [상]보건복지부장관표창(2014) [저]'최신신경학'(2000) [역]'신경계 진단의 국소화'(1999)

ㅊ

최경규(崔瓊奎) CHOI Kyung Kyu

[생]1963·2·20 [본]전주(全州) [출]경기 화성 [주]대구 달서구 장산남로40 대구지방검찰청 서부지청(053-570-4200) [학]1981년 숭문고졸 1985년 한양대 법학과졸 1989년 단국대 대학원 법학과졸 [경]1993년 사법시험 합격(35회) 1996년 사법연수원 수료(25기) 1996년 부산지검 검사 1998년 수원지검 평택지청 검사 2000년 서울지검 검사 2002년 대구지검 경주지청 검사 2004년 대구지검 검사 2006년 서울동부지검 검사 2009년 대검찰청 연구관 2010년 대전지검 특수부장 2011년 대구지검 특수부장 2012년 수원지검 성남지청 부장검사 2013년 인천지검 형사4부장 2014년 서울남부지검 형사4부장 2015년 수원지검 형사1부장 2016년 대구지검 서부지청 차장검사(현)

최경렬(崔慶烈) CHOI Kyung Yuel

[생]1953·1·27 [출]충남 홍성 [주]경기 성남시 분당구 판교역로235 H스퀘어빌딩N동 한솔EME 임원실(031-778-5555) [학]보문고졸 1975년 충남대 건축공학과졸 2002년 同대학원 건축학과졸 2006년 공학박사(충남대) [경]삼성물산(주) 건설부문 건축사업본부 건축총괄소장(이사) 2001년 同건설부문 건축사업본부 건축총괄소장(상무) 2003년 同건설부문 건축사업본부장(전무) 2006년 同품질경영본부장(전무) 2008~2010년 한솔건설 대표이사 사장 2008~2014년 한국공기청정협회 회장, 환경부 환경보건위원 2011~2012년 대성이앤씨 대표이사 2013년 한솔EME 고문(현) [상]충남대 공학상, 대한건축학회 기술상(2005), 철탑산업훈장(2005)

최경림(崔京林) CHOI Kyong-lim

[생]1958·1·16 [출]부산 [주]서울 종로구 사직로8길60 외교부 인사운영팀(02-2100-7136) [학]경남고졸 1980년 서울대 외교학과졸 1986년 미국 코네티컷대 대학원 국제정치학과졸 [경]1982년 외무고시 합격(16회) 1987년 駐미국대사관 2등서기관 1995년 駐자메이카대사관 1등서기관 1997년 駐제네바대표부 1등서기관 2001년 외교통상부 세계무역기구과장 2002년 駐제네바대표부 참사관 2005년 외교통상부 자유무역협정국 자유무역협정제1교섭관 2007년 同자유무역협정국장 2007년 同자유무역협정추진단 자유무역협정제1기획관 2008년 同자유무역협정정책국장 2009년 駐브라질 대사 2012년 외교통상부 자유무역협정 교섭대표 2013~2015년 산업통상자원부 통상차관보 2015년 駐제네바 대사(현) 2016년 유엔 인권이사회(UNHRC) 의장(현) [상]홍조근정훈장(2008)

최경배(崔庚培) Cyung Bea CHOI

[생]1958·3·23 [출]전남 [주]서울 강동구 상일로6길26 삼성엔지니어링(주) 화공Proposal본부(02-2053-3000) [학]경동고졸, 한양대 기계공학과졸 [경]삼성엔지니어링(주) SESA팀장, 同해외거점운영그룹장, 同SEI법인장, 同석유화학사업본부장, 同화공3사업부 담당임원, 同화공발전사업본부장, 同화공사업본부장(상무) 2015년 同화공사업본부장(전무) 2015년 同화공Proposal본부장(전무)(현)

최경수(崔庚洙) CHOI Kyung Soo

[생]1950·11·25 [출]경북 성주 [학]1969년 경북고졸 1973년 서울대 지리학과졸 1975년 同행정대학원졸 1992년 일본 게이오대 대학원 경제학과졸 2004년 경제학박사(숭실대) [경]1973년 행정고시 합격(14회) 1975년 김천세무서 총무과장 1985년 안동세무서장 1987년 동대구세무서장 1988년 駐일본대사관 세무관 1992년 재정경제부 국세심판원 조사관 1992년 同세제실 부가가치세제과장 1994년 同세제실 재산세제과장 1995년 同세제실 조세정책과장 1996년 同국세심판원 상임심판관 1997년 서울지방국세청 재산세국장 1999년 재정경제부 재산소비세심의관 2000년 同세제총괄심의관 2001년 同국세심판원장 2002년 同세제실장 2003년 중부지방국세청장 2003~2005년 조달청장 2006~2008년 계명대 경영대학 교수 2006~2009년 우리금융그룹 사외이사 2008년 한국조세연구포럼학회 회장 2008~2012년 현대증권 대표이사 사장 2011년 심판동우회 초대회장 2012년 현대증권 고문 2012년 중앙대 경영전문대학원 특임교수 2012년 새누리당 박근혜 대통령후보 대선캠프 자문교수 2013~2016년 한국거래소 이사장 2015년 금융도시부산포럼 이사(현) [상]홍조근정훈장(1996), 황조근정훈장(2005) [종]천주교

최경수(崔慶洙) CHOI Kyung Soo

[생]1960·1·30 [본]경주(慶州) [출]대구 [주]세종특별자치시 남세종로263 한국개발연구원 인적자원정책연구부(044-550-4063) [학]1982년 서울대 경제학과졸 1984년 同대학원 경제학과졸 1992년 경제학박사(미국 시카고대) [경]1992년 미국 Duke대 경제학과 초빙조교수 1993년 산업연구원 책임연구원 1995~1998년 한국노동연구원 부연구위원 1998~2000년 경일대 경제학과 조교수 2000년 한국개발연구원 연구위원, 同재정·사회개발연구부 연구3부 선임연구위원 2004년 기획예산처 장관 정책보좌관 2005~2006년 同장관 정책자문관 2008년 국민경제자문회의 자문위원 2013년 한국개발연구원 미래전략연구부 선임연구위원, 同산업·서비스경제연구부 선임연구위원 2015년 同산업·서비스경제연구부장 2016년 同인적자원정책연구부장(현) [상]기획재정부장관표창(2006)

최경식(崔景植) CHOI Kyung Sik

[생]1962·3·8 [주]경기 수원시 영통구 삼성로129 삼성전자(주) 임원실(031-200-1114) [학]인창고졸, 한양대 전기공학과졸, 同대학원 전기공학과졸 [경]삼성전자(주) 북미마케팅팀 담당부장 2006년 同디지털AV솔루션사업팀 STB마케팅담당 상무보 2008년 同네트워크사업부 Internet Infra사업팀 상무 2009년 同구주SEPOL법인장(상무) 2011년 同무선사업부 전략마케팅팀 전무 2014년 同무선사업부 전략마케팅실 부사장 2015년 同구주총괄 무선담당 부사장 2015년 同무선전략마케팅실 부사장(현)

최경실(崔慶實·女)

[생]1962·3·5 [주]서울 서대문구 이화여대길52 이화여자대학교 디자인학부(02-3277-3458) [학]1984년 이화여대졸 1992년 독일 뒤셀도르프예술대 실내건축 Diplom [경]이화여대 조형예술대학 장식미술과 조교수 1998년 同장식미술학과장, 同디자인학부 환경디자인전공 부교수, 同디자인학부 공간디자인전공 부교수, 同조형예술대학 디자인학부 공간디자인전공 교수(현) 2008·2013년 同색채디자인연구소장(현), 同대학원 색채디자인전공 주임교수(현) 2012년 同기숙사관장 2012~2013년 한국색채학회 회장 2015년 이화여대 디자인대학원장(현)

최경원(崔慶元) CHOI Kyung Won

[생]1946·10·24 [본]경주(慶州) [출]서울 [주]서울 종로구 사직로8길39 세양빌딩 김앤장법률사무소(02-3703-1246) [학]1963년 경기고졸 1967년 서울대 법대졸 1969년 同사법대학원졸 1978년 독일 프라이부르크대 연수 [경]1967년 사법시험 합격(8회) 1969년 육군 법무관 1973~1982년 춘천지검·부산지검·법무부 검찰4과·법무과·서울지검 검사 1982년 법무부 조사과장 1983년 同송무과장 1986년 대통령 법무비서관 1987년 서울지검 특수3부장 1988년 同특수2부장 1989년 서울고검 검사 1989년 대통령 사정비서관 1991년 대구지검 차장검사 1992년 부산지검 제2차장검사 1993년 서울지검 북부지청장 1993년 법무부 기획관리실장 1994년 청주지검장 1995년 대구지검장 1997년 대검찰청 형사부장 1997년 법무부 검찰국장 1998~1999년 同차관 1999년 김앤장법률사무소 고문변호사 2001~2002년 법무부 장관 2002년 김앤장법률사무소 변호사(현) 2006~2008년 현대제철(주) 사외이사 2011~2014년 검찰동우회 회장 2014년 대한적십자사 법률고문(현) 2014~2015년 국립대학법인 서울대 이사 2015년 KT&G 사외이사(현) 2015년 국립대학법인 서울대 이사장(현) [상]홍조근정훈장(1991), 청조근정훈장(2002), 제24회 자랑스러운 서울법대인(2016) [종]기독교

최경주(崔敬周) CHOI Kyoung Joo

[생]1962·3·2 [출]전남 영암 [주]서울 중구 을지로5길26 센터원빌딩 이스트타워26층 미래에셋자산운용 임원실(1577-1640) [학]1980년 광주제일고졸 1989년 전주대 무역학과졸, 연세대 경영대학원졸 [경]1997년 한남투자신탁증권 강남역지점장 1998년 미래에셋자산운용 마케팅본부장(이사) 1999년 미래에셋증권(주) 금융상품영업본부장 2002년 同상무이사 2005년 同부사장 2007년 同퇴직연금컨설팅1부문 대표(부사장) 2011년 同Wholesale부문 대표(부사장) 2014년 同기업RM부문 대표(부사장) 2015년 同WM부문 대표(사장) 2016년 미래에셋자산운용 리테일·연금마케팅부문 총괄대표(사장)(현)

최경주(崔京周) CHOI Kyoung Ju

[생]1970·5·19 [출]전남 완도 [주]서울 중구 을지로65 SK텔레콤 스포츠단(02-539-4940) [학]1988년 한서고졸, 광주대졸 [경]1988년 골프 입문 1993년 프로 데뷔 1995·1997년 팬텀오픈 우승 1996년 한국오픈 우승 1997년 일간스포츠 포카리오픈 우승 1999년 기린오픈 1위 1999년 우베고산오픈 1위 1999~2005년 (주)슈페리어 소속 1999년 한국오픈골프선수권 우승 1999년 PGA컵 골프토너먼트 우승 2000년 슈페리어오픈 우승 2000년 미국 PGA투어 시드권 획득(퀄리파잉스쿨 공동 35위), 국내 프로중 최초로 미국 PGA투어라이센스 획득 2000년 에어캐나다챔피언쉽 8위 2000년 슈페리어오픈 1위 2002년 미국프로골프(PGA) 컴팩클래식 우승 2002년 PGA 탬파베이클래식 우승 2003년 메르세데스챔피언십 준우승 2003년 SK텔레콤오픈골프 우승 2003년 유럽프로골프(EPGA)투어 린데저먼마스터스 우승 2004년 마스터스대회 3위 2004년 동양화재컵 SBS프로골프최강전 우승 2005년 나이키골프코리아 소속 2005년 SK텔레콤오픈 우승 2005년 PGA 크라이슬러클래식 우승 2005년 유러피안골프(EPGA) UBS홍콩오픈 준우승 2006년 크라이슬러챔피언십 우승 2007년 PGA 메모리얼토너먼트 우승 2007년 PGA AT&T내셔널 우승 2007년 KPGA투어 제23회 신한동해오픈골프대회 우승 2007년 PGA 페덱스컵 플레이오픈 준우승 2008년 (사)최경주재단 이사장(현) 2008년 소니오픈 우승 2008년 서울시 홍보대사 2008년 SK텔레콤오픈 우승 2008년 KPGA투어 제24회 신한동해오픈골프대회 우승 2008년 육군 명예홍보대사 2008년 LG스킨스게임 우승 2009년 PGA투어 노던트러스트오픈 공동3위 2009년 아시아투어 이스칸다르 조호르오픈 우승 2010년 서브스폰서(슈페리어, 신한은행, SK텔레콤) 2010년 아시아투어 겸 유럽투어 메이뱅크 말레이시아오픈 2위 2010년 PGA투어 트랜지션스 챔피언십 2위 2010년 PGA투어 마스터스 공동4위 2010년 원아시아투어 SK텔레콤오픈 3위 2010년 KPGA투어 제25회 신한동해오픈골프대회 2위 2011년 SK텔레콤 소속(현) 2011년 PGA투어 취리히 클래식 공동3위 2011년 제주도 세계7대자연경관선정(N7W)추진위원회 홍보대사 2011년 PGA투어 플레이어스 챔피언십 우승 2011년 PGA투어 AT&T 내셔널 2위 2011년 PGA투어 플레이오프 투어챔피언십 공동3위 2011년 KPGA투어 최경주CJ인비테이셔널 초대 우승 2012년 인천국제공항 명예홍보대사 2012년 희망서울 홍보대사 2012년 KPGA투어 최경주CJ인비테이셔널 우승 2014년 2014인천아시안게임 홍보대사 2014~2015년 2015인천프레지던츠컵골프대회 세계연합팀 수석부단장 2014년 PGA투어 트래블러스 챔피언십 공동2위 2016년 제31회 리우데자네이루올림픽 남자골프 국가대표팀 감독 2016년 PGA투어 파머스인슈어런스 오픈 2위 [상]체육훈장 맹호장, 체육훈장 청룡장(2007), 아시아태평양브랜드재단 브랜드퍼스낼러티상(2010), 자랑스러운 한국인대상 스포츠부문(2011), 미국 골프기자협회 자선상(Charlie Barlett Award)(2013), 아시아태평양 골프 명예의 전당(2013) [저]자서전 '코리안 탱크, 최경주'(2012, 비전과 리더십)

최경진(崔慶鎭) CHOI Kyung Jin (正岩)

[생]1953·1·28 [본]경주(慶州) [출]서울 [주]충북 음성군 생극면 차생로168 동부월드 대표이사실(043-879-7900) [학]서울대 지리학과졸 [경]1981년 동부건설 입사, 동부제철 뉴욕·LA지사장 2006년 (주)동부하이텍 영업총괄 상무 2009년 동부익스프레스 부사장 2011년 同여객부문 대표이사 사장, 동부하슬라파워(주) 대표이사(현) 2012~2014년 동부발전삼척(주) 대표이사 사장 2013~2014년 동부발전당진(주) 대표이사 사장 2014년 동부익스프레스 여객부문 대표이사 2014년 동부발전삼척(주) 공동대표이사 사장 2015년 동부월드 대표이사(현) [종]천주교

최경진(崔京軫) Kyungjin CHOI

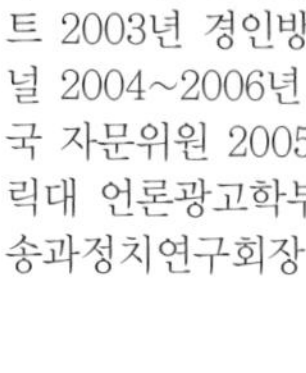

[생]1958·6·27 [본]삭녕(朔寧) [출]서울 [주]경북 경산시 하양읍 하양로13의13 대구가톨릭대학교 언론광고학부(053-850-3348) [학]1977년 서울 중앙고졸 1985년 한국외국어대 상경대학 무역학과 수료 1993년 독일 뮌스터대 커뮤니케이션학과졸 1996년 同대학원 커뮤니케이션학과졸 1999년 언론학박사(독일 뮌스터대) [경]1990~1991년 MBC-TV 독일주재통신원 1995년 SBS 라디오 독일주재통신원 1998~1999년 독일 컴텍연구소 연구원 2002~2013년 대구가톨릭대 언론광고학부 전임강사·조교수·부교수 2003년 한국언론재단 전문기자 연수교수 2003년 매일신문 칼럼니스트 2003년 경인방송 '터치 iTV' 패널 2004년 EBS '미디어 바로보기' 패널 2004~2006년 KBS-1TV '미디어포커스' 패널 2004~2006년 同보도국 자문위원 2005년 KBS 대구 '열린극장' MC 2005~2007년 대구가톨릭대 언론광고학부장·언론영상학과장 2005~2008년 한국방송학회 방송과정치연구회장 2006~2007년 TBC대구방송 시청자위원회 위원·부위원장 2007년 KBS 대구 'PD리포트 시선' MC 2007~2008년 방송위원회 제17대 대통령선거방송심의위원 2007~2010년 문화체육관광부 지역신문발전위원회 부위원장 2008년 독일 함부르크대 저널리즘학과 객원교수 2008~2009년 대구경북언론학회 회장 2008~2009년 PD저널 칼럼니스트 2009년 대구시 선거방송심의위원회 전문위원 2009~2010년 한국방송학회 영상미디어교육연구회장 2009~2013년 한국언론정보학회 유럽커뮤니케이션연구회장 2010년 대구가톨릭대 홍보실장 겸 대외협력부처장 2010~2013년 (사)언론인권센터 이사 2011~2012년 한국대학신문 논설위원 2011~2013년 한국언론학회 언론법제윤리연구회장 2012년 미디어공공성포럼 운영위원장 2014년 한국커뮤니케이션학회 부회장 2014년 대구가톨릭대 사회과학대학 언론광고학부 언론영상전공 교수(현) 2014~2016년 同언론광고학부 학부장 겸 언론영상전공 주임교수 [상]제24회 서울하계올림픽 자원봉사 기장증(1988), 독일 Katholischer Akademischer Auslander-Dienst(KAAD) Scholarship(1996) [저]'Medien-Selbstberichterstattung als Medienjournalismus'(1999, Lit) '「미디어비평」과 한국TV저널리즘(共)'(2003, 한울) '2004 한국의 지역신문(共)'(2004, 커뮤니케이션북스) '지역신문 저널리즘의 미래'(2009, 이담북스) '미디어 공공성(共)'(2009, 한울) '교수자용-청소년TV휘어잡기(共)'(2010, 방송통신위원회) '학습자용-청소년TV휘어잡기(共)'(2010, 방송통신위원회) '방송 뉴스의 국제 비교 연구(共)'(2011, 한국언론재단) '한국 사회와 미디어 공공성(共)'(2012, 커뮤니케이션북스) 외 다수 [역]'독일 언론학 연구(共)'(2001, 커뮤니케이션북스)

최경환(崔炅煥) CHOI Kyoung Hwan

[생]1955·2·27 [본]경주(慶州) [출]경북 경산 [주]서울 영등포구 의사당대로1 국회 의원회관746호(02-784-3866) [학]1975년 대구고졸 1979년 연세대 상과대학 경제학과졸 1991년 경제학박사(미국 위스콘신대) 2009년 명예 정치학박사(대구한의대) [경]1978년 행정고시 합격(22회) 1980년 청도군청 근무(행정사무관 시보) 1980~1994년 경제기획원 경제기획국·대외경제조정실 근무 1994년 재정경제원 국고국 서기관 1995~1997년 유럽부흥개발은행(EBRD) 선임연구원 1997~1998년 대통령 경제수석비서관 보좌관 1998~1999년 예산청 법무담당관 1999~2004년 한국경제신문 편집부국장·경제연구소장·논설위원 2002년 한나라당 제16대 이회창 대통령후보 상근정책특보 2004년 同제2창당준비위원(뉴비전분과위원) 2004년 제17대 국회의원(경북 경산시·청도군, 한나라당) 2004~2008년 국회 재정경제위원회 위원 2004~2005년 한나라당 정책위원회 제4정책조정위원장 2004~2005년 同수도이전문제특별위원회 간사 2004~2005년 국회 신행정수도건설을위한특별조치법위헌결정후속대책및지역균형발전특별위원회 간사 2005~2006년 국회 재정경제위원회 간사 2005년 여의도연구소 제2부소장 2005~2006년 同제1부소장 2007년 한나라당 제17대 대통령경선 박근혜후보 종합상황실장 2007년 同제17대 이명박 대통령후보 경제살리기위원회 총괄간사 2008년 제17대 대통령직인수위원회 경제2분과위원회 간사 2008년 제18대 국회의원(경북 경산시·청도군, 한나라당·새누리당) 2008~2009년 한나라당 수석정책조정위원장·제3정책조정위원장 2008~2012년 국회 기후변화에너지대책연구회 연구책임의원 2008~2010년 국회 기획재정위원회 위원·간사·조세소위원장 2009년 한·아일랜드의원친선협회 회장 2009~2011년 지식경제부 장관 2010~2011년 국회 행정안전위원회 위원 2010~2015년 미국 위스콘신대한국총동문회 회장 2011년 국회 기획재정위원회 위원 2011년 한나라당 경북도당 위원장 2012~2013년 在京대구고총동창회 회장 2012년 새누리당 경북도당 위원장 2012년 제19대 국회의원(경북 경산시·청도군, 새누리당) 2012년 새누리당 제18대 박근혜 대통령경선후보 총괄본부장 2012년 국회 미래에너지연구회 대표의원 2012~2014년 한국여자농구연맹 총재 2012년 국회 기획재정위원회 위원 2012년 새누리당 제18대 박근혜 대통령후보 비서실장 2013년 한·캐나다의원친선협회 회장 2013~2014년 새누리당 원내대표 2013~2014년 국회 운영위원장 2013~2014년 국회 산업통상자원위원회 위원 2013년 국회 정보위원회 위원 2014~2015년 경제부총리 겸 기획재정부 장관 2014년 국회 정무위원회 위원 2015년 국무총리 직무대행 2016년 새누리당 제20대 총선 대구·경북권선거대책위원장 2016년 제20대 국회의원(경북 경산시, 새누리당)(현) 2016년 국회 외교통일위원회 위원(현) 2016년 한·일의원연맹 부회장(현) [상]대통령표창(1993), 자랑스런 연세상경인상 사회·봉사부문(2009), 청조근정훈장(2012), 연세대총동문회 '2015년 자랑스런 연세인상'(2014), 전국청소년선플SNS기자단 선정 '국회의원 아름다운 말 선플상'(2015) [저]'한국의 부동산투기 억제정책'(1985) '한국의 해양행정체제 개편'(1992) '주요국의 민영화사례'(1992) '한국의 공기업 구조조정계획'(1993) '선진국의 예산제도와 시사점'(1999) 'NATO정권 내버려진 경제'(2004, 대경) '산업정책 콘서트'(2011, 기파랑)

ㅊ

최경환(崔敬煥) CHOI Gyung Hwan

[생]1959·7·28 [본]경주(慶州) [출]전남 장성 [주]서울 영등포구 의사당대로1 국회 의원회관728호(02-784-5891) [학]1978년 광주상고졸 1992년 성균관대 사학과졸 1997년 한국노동연구원 노사관계고위지도자과정 수료 2000년 영국 공무원대 연수과정 수료(3주) 2008~2010년 김대중도서관 김대중평화아카데미 수료 [경]1986년 민주화운동청년연합 중앙위원 1989년 同성남지역위원장 1990년 여강출판사 기획실장 1994년 통일시대민주주의국민회의 정치위원회 부위원장 1996년 새정치국민회의 소속 국회의원 보좌관 1999년 同개혁추진위원회 실행위원 1999년 국민정치연구회 이사 1999년 인터넷 성희롱예방교육센터 운영 1999~2003년 대통령 공보비서관실 행정관 2002~2003년 대통령 공보기획비서관 2003년 (사)녹색환경운동 이사 2004~2009년 김대중 前대통령 비서관(2급상당) 2005~2009년 김대중평화센터 홍보기획국장 2006년 김대중 前대통령 방북실무협상 대표 2008~2009년 김대중 前대통령 비서관(고위공무원) 2009년 故김대중 대통령 국장 장의위원회 대변인 2009~2010년 연세대 김대중도서관 객원교수 2009년 (사)김대중평화센터 공보실장 겸 대변인 2009~2013년 민주화운동청년연합동지회 회장 2010년 (사)행동하는양심 이사 2011년 민주당 김대중리더십연구특별위원회 위원장 2011년 민주정책연구원 객원연구위원 2012년 장준하선생암살의혹규명국민대책위원회 공동대표 2012년 민주통합당 제19대 총선 중앙선거대책위원회 전략본부장 2012년 同제18대 대통령중앙선거대책위원회 국민통합위원회 부위원장 2013년 한국신지식인협회 자문위원 2013~2015년 (사)민생평화광장 상임대표 2014년 전남대 기초교육원 객원교수 2014년 광주복지국가소사이어티 공동대표 2015년 (사)민생평화광장 지도위원 2016년 제20대 국회의원(광주시 북구乙, 국민의당)(현) 2016년 국민의당 기획담당 원내부대표(현) 2016년 同비대위원장 비서실장 2016년 同광주시북구乙지역위원회 위원장(현) 2016년 국회 국토교통위원회 위원(현) 2016년 국회 남북관계개선특별위원회 간사(현) [상]행정안전부장관표창(2009), 자랑스런 유은동문상(2016), 대한민국의정대상(2016) [저]'김대중 리더십'(2010, 아침이슬) '배움의 시간'(2011, 아침이슬) '김대중을 다시 부르고 있다'(2014) [종]기독교

최경환(崔敬煥)

[생]1960·12·1 [출]대구 [주]대구 남구 두류공원로17길33 대구가톨릭대학교 의료원(053-650-4435) [학]1979년 계성고졸 1982년 대건신학대졸 1986년 광주가톨릭대 대학원졸 1993년 계명대 교육대학원졸 [경]1987년 계산천주교회 보좌신부 1988년 대덕천주교회 보좌신부 1989년 해평천주교회 주임신부 1990년 효성여고 교목 1993년 미국 연수 1995년 대구가톨릭대 교수 1996년 김천황금천주교회 주임신부 2000년 선목학원 사무국장 2001~2004년 대구가톨릭대 사무처장, 윤일천주교회 신부 2008년 천주교 대구대교구 100주년성전건립담당 신부 2011년 욱수천주교회 주임신부 2014년 대구가톨릭대 의료원장(현) [종]가톨릭

최경희(崔景喜·女) CHOI Kyug Hee

[생]1947·4·19 [출]강원 춘천 [주]서울 서초구 바우뫼로12길70 더케이호텔앤리조트 감사실(02-571-8100) [학]춘천여고졸, 이화여대 성악과졸 1997년 同교육대학원졸 [경]1997년 신한국당 자문위원, 한국식품공업 대표, 한나라당 한사랑합창단장, 同중앙위원, (사)강원도민회 부회장, 同고문(현) 2004년 제17대 국회의원선거 출마(비례대표, 한나라당) 2008년 제18대 국회의원선거 출마(비례대표, 한나라당) 2010~2012년 제18대 국회의원(비례대표 승계, 한나라당·새누리당) 2016년 더케이호텔앤리조트 상임감사(현)

최경희(崔景熙) Choi Kyung Hee

[생]1953·8·7 [출]서울 [주]경기 수원시 영통구 월드컵로206 아주대학교 정보통신대학 정보컴퓨터공학과(031-219-2050) [학]1976년 서울대 교육학과졸 1979년 프랑스 그랑데꼴 ENSEEIHT 대학원졸 1982년 공학박사(프랑스 Univ. de Paul Sabatier) [경]1982년 아주대 정보 및 컴퓨터공학부 교수, 同정보통신전문대학원 교수, 同정보통신대학 정보컴퓨터공학과 교수(현) 2015년 同산학부총장·연구처장·산학협력단장 겸임(현) [저]'멀티미디어 저작 및 실습'(1997·1998)

최경희(崔京姬·女) CHOI Kyung Hee

[생]1962·5·24 [출]대구 [주]서울 서대문구 이화여대길52 이화여자대학교 사범대학 과학교육과(02-3277-2114) [학]1985년 이화여대 물리교육과졸 1991년 미국 템플대 대학원 물리학과졸 1994년 과학교육학박사(미국 템플대) [경]1985~1989년 용강여중 교사 1989년 창덕여중 교사 1994~2006·2008년 이화여대 사범대학 과학교육과 조교수·부교수·교수(현) 2002년 同교육대학원 교학부장 2005년 同학생처장 2006~2008년 대통령 교육문화비서관 2010년 이화여대 글로벌STS교육연구소장 2010~2012년 同연구처장 겸 산학협력단장 2013~2014년 同사범대학장·교육연수원장·영재교육원장 겸임 2014~2016년 同총장 2014년 대통령직속 통일준비위원회 통일교육자문단 자문위원(현) 2014~2016년 한국사립대학총장협의회 수석부회장 [상]환경부장관표창(2002), 교육과학기술부장관표창(2012), 근정포장(2013), 한국언론인연합협회 자랑스런 한국인대상 종합대상 교육발전부문(2015) [저]'STS교육의 이해와 적용'(1996, 교학사) '과학교수-학습과 수행평가'(2000, 교육과학사) '과학아카데미'(2000, 동녘 출판사) '고학교육총론'(2001, 교육과학사) '과학 종교 윤리의 대화'(2001, 궁리) '우주 양자 마음'(2002, 사이언스북스) '유럽을 만난다 과학을 읽는다'(2003) '과학, 삶, 미래'(2009) [역]'STS 무엇인가'(1997) '우주 양자 마음'(2003) [종]기독교

최계명(崔鷄明) Choi Gye Myung

[생]1957·2·9 [출]부산 [주]세종특별자치시 정부2청사로13 국민안전처 세종2청사 비상대비민방위정책관실(044-205-4300) [학]서울 성남고졸, 1980년 육군사관학교졸(36기), 동국대 대학원 안보정책학과졸, 경영학박사(동양대) [경]1991~2007년 합동참모본부 전쟁지도총괄담당·총무계획분석장교·36사단 감찰참모 2007~2008년 국가비상기획위원회 위원장 비서실장 2008년 행정안전부 비상대비훈련과장 2011년 한국은행 안전관리실장 2015년 국민안전처 안전정책실 비상대비민방위정책관(현)

최계식(崔癸軾) CHOI Kye Shik

[생]1939·4·20 [출]경기 [주]서울 강남구 광평로51길6의11 (재)한국건설안전기술원(02-571-1851) [학]1959년 경기공고졸 1964년 한양대 토목공학과졸 1983년 同대학원졸 1989년 구조공학박사(한양대) [경]1963~1969년 건설부 국립건설연구소 근무 1969~1977년 한국도로공사 근무 1977년 대림산업(주) 부장 1984년 同이사대우 1986년 同이사 1989년 同상무이사 1993년 同전무이사 1996~1999년 同건설사업부 부사장 겸 교육연구원장 2000년 경희대 토목공학과 객원교수 2000~2001년 쌍용엔지니어링(주) 부회장 2000년 한양대 토목공학과 겸임교수 2002년 (주)이제이텍 회장 2003~2010년 한국건설안전기술원 원장 2003~2005년 한국도로학회 회장 2010년 한국건설안전기술원 상임기술고문(현) [상]건설부장관표창(1975), 철탑산업훈장(1982), 자랑스러운 한양공대인상(2010) [저]'토목재료시험법과 해설 및 응용'(1990) '토목·건축구조물의 구조진단방법'

최계운(崔桂澐) CHOI Gye Woon

[생]1954·7·9 [출]경기 화성 [주]인천 연수구 아카데미로119 인천대학교 건설환경공학과(032-770-8467) [학]1980년 경기공업고등전문학교졸 1982년 인하대 토목공학과졸 1985년 서울대 대학원 토목공학과졸 1991년 공학박사(미국 콜로라도주립대) [경]1991년 한국수자원공사 책임연구원 1994년 환경부 고도정수처리 자문위원 1994~2010년 인천대 토목환경시스템공학과 교수 1996년 한국토양환경학회 인천지부장 1998년 한국수자원학회 수리분과위원장 1999~2002년 인천경제정의실천시민연합 정책위원장 2000년 건설교통부 중앙건설심의위원 2001~2003년 대통령자문 지속가능발전위원회 수자원분과 위원 2002~2004년 인천경제정의실천시민연합 도시환경개혁운동본부장 2009~2010·2011년 인천대 대학발전본부장 2010~2013·2016년 同건설환경공학과 교수(현) 2011년 인천경제정의실천시민연합 공동대표 2011년 인천대 도시과학대학장 2013~2016년 한국수자원공사 사장 2013~2016년 한국대댐회(KNCOLD) 회장 2016년 아시아물위원회(AWC) 초대회장 [상]한국수문학회 학술상(1995), 건설교통부장관표창(2002), 국민포장(2003), 한국정책대상(2015), 자랑스러운 해외동문인의 상(2016) [저]'상수도공학의 이론과 적용' '인천상수도 90년' [종]기독교

최공웅(崔公雄) CHOE Kong Woong

[생]1940·1·1 [출]서울 [주]서울 강남구 영동대로412 아셈타워22층 법무법인 화우(02-6003-7503) [학]1958년 경동고졸 1962년 서울대 법대졸 1963년 同사법대학원졸 1974년 미국 일리노이대 대학원졸 1978년 네덜란드 헤이그국제법아카데미 수료 [경]1962년 고등고시 사법과 수석합격(14회) 1963~1966년 공군본부 검찰관·법무사·검찰과장 1966~1975년 서울민사지법·서울형사지법 판사 1975년 춘천지법 판사 1977년 대법원 재판연구관 겸 서울고법 판사 1977~1999년 사법연수원·서울대법학연구소 사법발전과정·연세대 법무대학원·경희대 국제대학원 강사 1980년 대구지법 부장판사 1981년 서울민사지법 부장판사 1982년 사법연수원 교수 겸임 1983년 대구고법 부장판사 1985년 서울고법 부장판사 1991년 청주지법원장 1993년 전주지법원장 1993년 서울가정법원장 1994년 대구고법원장 1994~1998년 한국국제거래법학회 회장 1996년 대전고법원장

장 1998년 특허법원장 1999~2003년 법무법인 우방 고문변호사 1999년 한국중재인협회 부회장 1999~2007년 한국국제사법학회 회장 2000~2003년 이화여대 법학과 겸임교수, 일본 오사카대 강사 2000~2003년 경찰위원회 위원장 2000년 한국일보 총선보도자문위원장 2000~2010년 대한상사중재원 이사 2003년 법무법인 화우 고문변호사(현) 2003~2005년 경동고총동창회 회장 2003년 아시아변리사회(APPA) 한국협회 고문 2003년 무역중재인포럼 대표 2004년 인터넷주소분쟁위원회 고문 2005~2008년 일본 데츠카야마대 외부평가위원 2005년 한국재산권법학회 회장 2007년 중재CEO아카데미 원장(현) 2007년 한국국제사법학회 명예회장(현) 2007년 한국산업재산권법학회 명예회장(현) 2007년 대한중재인협회 고문(현) 2008~2011년 중앙대 법과대학 초빙교수 2009년 차세대콘텐츠재산학회 회장 2010년 국무총리실 지식재산정책협의회 자문위원 2011년 국제중재위원회 위원(현) 2014년 대한불법화해중재원 원장(현) [저]'국제소송'(1984·1992) '주석민법'(2000) [역]'리바이어던(共)'(2009, 동서문화사) [종]기독교

최공필(崔公弼) CHOI Gong Pil

[생]1958·1·3 [본]전주(全州) [출]서울 [주]서울 중구 명동11길19 은행회관7층 한국금융연구원(02-3705-6340) [학]1976년 신일고졸 1980년 한국외국어대 영어과졸 1983년 미국 미시간대 대학원 경제학과졸 1988년 경제학박사(미국 버지니아대) [경]1980~1981년 대한상공회의소 조사부 근무 1984년 미국 버지니아대 강사 1988~1994년 대우경제연구소 특수연구실장 1994~1999년 한국금융연구원 경제동향팀장 1999~2007년 同금융시장팀 선임연구위원 2001년 대통령자문 정책기획위원회 위원 2001~2002년 미국 연방준비은행(FRB San Franciso) 객원연구원 2001~2002년 대통령자문 정책기획위원회 국가신용등급소위원회 위원 2005~2006년 미국 샌프란시스코 연방은행 은행감독국(BSR) 선임자문역 2007년 국가정보원 경제담당정보관(차관보급), 세계은행(World Bank)·아시아개발은행(ADB) Local Consultant 2008~2009년 우리금융지주 전략·경영감사·IR담당 전무 2010년 한국금융연구원 상임자문위원(현) 2014년 국제통화기금(IMF) Visiting Scholar(파견) 2016년 한국금융연구원 미래금융연구센터장(현) [상]Dupont Graduate Fellow(1984·1985·1986), 대우경제연구소 최우수논문상(1990), 재정경제원장관표창(1997), 매경 이코노미스트상(2000) [저]'선행지수를 이용한 경기전환점 포착'(1989, 대우경제연구소) '우리나라의 외환조기경보체제'(1999, World Bank) '인구고령화의 경제적 영향과 시사점'(2005, 금융연구원) 등 [종]기독교

최공휴(崔公烋) CHOI Gong Hyu

[생]1958·6·15 [주]제주특별자치도 서귀포시 서호중앙로 63 공무원연금공단 복지본부(064-802-2004) [학]광주숭의실업고졸, 경희대 건축공학과졸, 한양대 대학원 건축공학과졸 [경]삼부토건(주) 개발사업부장(이사보), 同이사 2011년 同상무이사, (주)신라밀레니엄파크 대표이사, (주)전인CM건축사사무소 상무 2015년 공무원연금공단 사업본부장(상임이사) 2016년 同복지본부장(상임이사)(현)

최 관(崔 燿) CHOI, KWAN

[생]1957·12·6 [본]경주(慶州) [출]경북 경주 [주]서울 종로구 성균관로25의2 성균관대학교 경영대학(02-760-0503) [학]1976년 서울고졸 1980년 성균관대 경영학과졸 1982년 한국과학기술원(KAIST) 경영과학과졸(석사) 1991년 회계학박사(미국 Syracuse대) [경]1982~1994년 세종대 전임강사·조교수·부교수 1994년 성균관대 경영학부 부교수 1998년 同경영대학 교수(현), 한국공인회계사회 분쟁조정위원회 위원, 한국회계학회 편집위원장, 한국회계기준위원회 위원, 한국회계정보학회 부회장, 한국산업경영학회 부회장, 금융감독원 회계제도심의위원회 위원, 기획재정부 세제발전심의위원회 위원 2013년 금융위원회 공적자금관리위원회 민간위원(현) 2013~2014년 한국회계학회 회장 2014~2016년 한국지역난방공사 사외이사 2016년 현대증권(주) 사외이사(현) [상]한국회계학회 학술상(2000) [저]'국제회계기준해설서'(1995) '연결재무제표해설서'(1996) '기업회계실무해설서 1997'(1997) '자본시장에서의 회계정보 유용성 제2판(共)'(2010, 신영사) '중급재무회계연습(共)'(2012, 신영사) 'IFRS 중급재무회계 제6판(共)'(2014, 신영사) 'IFRS 회계원리 제5판(共)'(2014, 신영사)

최관규(崔寬圭) CHOE Kwan Kyoo (夏林)

[생]1962·1·25 [본]전주(全州) [출]전북 군산 [주]대전 유성구 유성대로1534 한국원자력통제기술원 안전조치실(042-860-9731) [학]1980년 전북 군산제일고졸 1988년 연세대 불어불문학과졸 1991년 프랑스 파리제10대 대학원 정치학과졸 1998년 정치학박사(프랑스 파리제10대) [경]1990년 아프리카 가봉·카메룬·토고주재 무역상사 STEC 근무 1998~2001년 연세대 동서문제연구원 전문연구원·연구교수 2001~2004년 한국원자력연구소(KAERI) 통제정책실 선임연구원 2004년 군산문화경제포럼 대표(현) 2005년 국가원자력관리통제소(NNCA) 통제정책실 선임연구원 2005년 한국북방학회 부회장 2005년 대덕과학기술연합대학원대 겸임교수 2006년 군산시장 출마(무소속) 2007~2009년 한국원자력통제기술원 통제정책부장 2009년 同통제정책부 책임연구원 2012년 同경영전략실장 겸 교육훈련실장 2014년 同교육훈련센터장 2015년 同원자력통제본부 안전조치실 책임연구원(현) [저]'유럽의 정치와 경제(共)'(2002) '유라시아 비전과 홀로서기'(2006) [종]기독교

최관병(崔官炳)

[생]1969 [출]제주 [주]경남 창원시 의창구 중앙대로249번길4 창원고용노동지청(055-239-6511) [학]1988년 제주 대기고졸 1993년 서울대 지리학과졸 2006년 미국 미시간주립대 대학원 노사인력학과졸 [경]1998년 행정고시 합격(41회) 1998~2007년 노동부 고용정책실 고용정책과·노사정책국 노사협력복지과·근로기준국 임금근로시간정책팀·근로기준국 비정규직대책팀 행정사무관 2007~2009년 同근로기준국 비정규직대책팀·근로기준과 정책서기관 2009~2011년 同노사정책실 안전보건지도과·산업안전과·안전보건정책과 정책서기관 2011년 중앙노동위원회 사무처 교섭대표결정과장 2012년 고용노동부 노동정책실 고용차별개선과장 2014년 同산재예방보상정책국 산재예방정책과장 2015년 부산지방고용노동청 창원고용노동지청장(현)

최관섭(崔寬燮)

[생]1967·10·13 [출]경북 [주]서울 종로구 사직로8길60 외교부 인사운영팀(02-2100-7143) [학]1985년 포항고졸 1992년 고려대 행정학과졸 1995년 서울대 대학원 행정학과 수료 1999년 미국 인디애나대 대학원 행정학과졸 [경]1991년 행정고시 합격(35회) 1993년 총무처 인사국 사무관 2000년 중앙인사위원회 기획총괄과 서기관 2002년 同인사정책과 서기관 2003년 同인사정책심의관실 성과관리과장 2005년 同성과후생국 직무역량과장 2006년 同성과후생국 직무분석과장 2008년 행정안전부 성과기획과장 2008년 同인사실 심사임용과장 2009년 同인사실 심사임용과장(부이사관) 2010년 경북도 보건복지여성국장 2011년 여성가족부 청소년정책관 2013년 개인정보보호위원회 사무국장 2014년 안전행정부 인사실 성과후생관 2014년 인사혁신처 성과복지국장 2015년 同인사관리국장 2016년 駐이탈리아 공사 겸 총영사(현) [상]근정포장(2008), 홍조근정훈장(2015) [저]'HR인사이트(共)'(2009)

최관수(崔寬洙) CHOI Kwan Soo

[생]1947·10·15 [출]충남 서산 [주]경기 양주시 청담로52 (주)디지아이 임원실(031-820-8900) [학]1990년 경희대 대학원 최고경영자과정 수료 [경]1985~1991년 일리산업사 창업대표 1991~2000년 (주)일리 대표이사 2000~2014년 (주)디지아이 대표이사 2005년 제2회 '중소기업인 명예의 전당' 헌정 2014년 (주)디지아이 회장(현) [상]대통령표창(1998), 장영실상(2001), 은탑산업훈장

최관용(崔寬鎔) CHOI Kwan Yong

[생]1952·12·23 [주]경북 포항시 남구 청암로77 포항공과대학교 생명과학과(054-279-2295) [학]1975년 서울대 화학과졸 1977년 한국과학기술원 화학과졸 1988년 이학박사(미국 Univ. of California at Davis) [경]1977~1982년 한국표준연구소 선임연구원 1978년 미국 국립표준연구소 방문연구원 1988~1989년 미국 Univ. of California at Davis 의과대학 Post-Doc. 1989~1990년 미국 국립보건원 NRC 연구원 1990년 포항공과대 생명과학과 교수(현) 2007~2011년 同기획처장

최관웅(崔寬雄) CHOI Kwan Woong

[생]1956·3·19 [주]대구 중구 동성로30 대구백화점(053-423-1234) [학]성동공고졸, 국민대 체육학과졸 [경]현대백화점 부산점 잡화가용팀장 2005년 同미아점장(이사대우) 2006년 同중동점장(이사대우) 2008년 同일산점프로젝트 상무乙 2009년 同킨텍스점 PM담당 상무甲 2011년 同킨텍스점장(전무) 2012년 同판교복합몰프로젝트팀장(전무) 2016년 대구백화점 사장(현) [종]기독교

최관호(崔寬鎬) CHOI KWAN HO

[생]1956·8·10 [주]서울 종로구 종로26 SK빌딩 SK루브리컨츠 임원실(02-2121-6114) [학]서울사대부고, 한양대 화학공학과졸 [경]SK(주) 석유운영본부장(상무), 同E&M전략본부장(상무) 2007년 SK인천정유 O&I부문장(전무) 2008년 SK에너지(주) 인천CLX부문장 2011년 SK루브리컨츠 대표이사 2012년 同여자핸드볼팀 구단주 2014~2015년 同상임고문 2015년 同비상근고문(현)

최관호(崔官鎬) CHOI Kwan Ho

[생]1971·10·9 [본]전주(全州) [출]전북 [주]경기 성남시 분당구 대왕판교로645번길14 XL게임즈 임원실(1566-0550) [학]1996년 서울대 경영학과졸 1999년 同대학원 경영학과졸 [경]제일기획 근무, 새롬기술 근무, (주)네오위즈 글로벌지원센터 본부장(이사), 同부사장 2007년 (주)네오위즈게임즈 대표이사, 同최고운영책임자(COO) 2009년 同일본자회사 게임온 대표, (주)네오위즈홀딩스 최고전략책임자(CSO) 2011~2013년 한국게임산업협회 회장, 게임문화재단 이사, (주)네오위즈아이엔에스 대표이사(CEO) 2013~2015년 (주)네오위즈인터넷 대표이사(CEO) 2013년 (주)네오위즈블레스스튜디오 대표이사(CEO) 2015년 네오위즈홀딩스 사내이사 2015년 XL게임즈 최고전략책임자(CSO)(현) [상]대한민국문화콘텐츠 해외진출유공자 국무총리표창(2008) [종]기독교

최 광(崔 洸) CHOI Kwang (學知)

[생]1947·9·1 [본]전주(全州) [출]경남 남해 [주]서울 종로구 성균관로25의2 성균관대학교 국정전문대학원(02-740-1820) [학]1966년 부산고졸 1970년 서울대 경영학과졸 1974년 미국 위스콘신대 대학원 공공정책학과졸 1979년 경제학박사(미국 메릴랜드대) [경]1969년 공인회계사 합격 1976년 미국 메릴랜드대 경제연구소 주임연구원 1978년 同경제학과 전임강사 1979~1981년 미국 와이오밍대 경제학과 조교수 1981~1985년 한국개발연구원(KDI) 연구위원 1982~1984년 한국과학기술원 교수 1983년 한국재정학회 이사 1984~1996년 한국조세학회 이사·감사·부회장·회장 1985~2012년 한국외국어대 경제학과 교수 1986~1997년 한국조세연구소 연구위원 1988~1993년 경제기획원 예산회계제도심의회 위원 1988년 국세청 세정민관협의회 위원 1988~1989년 영국 요크대 명예객원교수 1990~1993년 한국산업은행 사외이사 1991~1994년 대통령 사회간접자본투자기획단 자문위원 1995~1997년 한국조세연구원 원장 1997년 한국공공경제학회 회장 1997~1998년 보건복지부 장관 2000~2001년 일본 히토쯔바시대 초빙교수 2003~2004년 국회 예산정책처장 2004~2007·2011년 경암교육문화재단 이사(현) 2005년 자유지식인선언 공동대표 2005년 미래한국신문 편집위원 2006~2009년 자유기업원 이사 2006년 풍해문화재단 이사(현) 2012년 한국외국어대 경제학과 명예교수(현) 2013년 국회 공직자윤리위원회 위원장 2013~2015년 국민연금공단 이사장 2016년 성균관대 석좌교수(현) [상]석탑산업훈장(1986), 청조근정훈장(2003) [저]'한국의 지하경제에 관한 연구'(1987) '현대경제학의 이해'(1988) '한국재정40년사'(1990) '분배정의와 재정정책'(1992) '한국조세정책50년'(1997) '알기쉬운 경제원리와 올바른 경제정책'(1998) '공공부문 생산성' '일본의 경제정책과 재정정책'(2002) '경제 원리와 정책'(2003) 'Fiscal and Public Policy in Korea' 'Tax Policy and Tax Structure in Korea' 'Economic Development and Economic Policy in Korea'(2005) '국가정체성과 나라경제 바로보기'(2006) '큰시장 작은정부를 위한 재정정책의 과제'(2007) '세금경제학'(2007) '국가 번영을 위한 근본적 세제개혁 방안'(2008) '한국의 부가가치세 : 경험 및 시사점'(2008) '시장경제와 정부재정 : 헌법적 고찰'(2009) '자본주의 시장경제와 정부 : 근원적 고찰과 헌법적 실천'(2009) '복지정책에 대한 근원적 고찰'(2013) [역]'공공선택이론 및 재정이론' '국가의 흥망성쇠' '공공경제학' '권력과 경제번영' '집단행동의 논리' [종]기독교

최광교(崔光敎) CHOI Kwang Kyo (우영)

[생]1957·1·17 [본]경주(慶州) [출]경북 경산 [주]대구 중구 공평로88 대구광역시의회 의원회관 310호(053-803-5094) [학]대구 성광고졸, 경일대 경영학과졸 2009년 영진전문대학 디지털경영학과졸, 영남대 경영대학원 최고경영자과정 수료, 대경대 새시대지도자대학원 수료, 경북대 정책정보대학원졸 [경]인디일렉트로닉스 대표, 민주평통 대구北협의회 간사, (사)한국청년지도자연합회 대구시 북구지회장, 한나라당 대구시당 운영위원회 부위원장, 대구서라이온스클럽 회장, 대구시 중구재향군인회 이사, (사)행복한사회 대구시지부 부지부장, (사)남북나눔공동체 창립회원, 영남대 경영대학원 AMP총동창회 부회장(현) 2006·2010~2014년 대구시 북구의회 의원(한나라당·새누리당), 同행정자치위원회 위원, 同운영위원회 위원, 同예산결산특별위원회 위원장 2012년 同의장 2014년 대구시의회 의원(새누리당)(현) 2014년 同운영위원회 위원 2014년 同기획행정위원회 간사 2016년 同기획행정위원회 위원장(현) [상]내무부장관 공로상(1995), 한국맹인복지연합회 대구시지부 감사패(1995), 대구북부경찰서장 감사패(1997), 대구시 북구청장표창(1998), 한국기구유화시험연구원 우수제품생산표창, 국제라이온스 멘델존슨상, 한민족통일문예제전 대구시장표창, 대통령 감사장 [종]불교

최광무(崔光武) CHOE Kwang-Moo

[생]1954·6·7 [출]서울 [주]대전 유성구 대학로291 한국과학기술원 전산학과(042-350-3520) [학]1976년 서울대 전자공학과졸 1978년 한국과학기술원졸(석사) 1984년 공학박사(한국과학기술원) [경]1984년 한국과학기술원 전산학과 교수(현) 1985~1986년 미국 AT&T Bell Labs Research Division MTS 근무 1997~1999년 정보과학회 프로그래밍언어연구회 위원장 1997~2000년 한국과학기술원 전산학과장 2008년 同17대 교수협회장

최광빈(崔光彬) Choi Kwang Bin

[생]1958·6·17 [출]경기 [주]서울 중구 무교로21 더익스체인지서울빌딩9층 서울특별시청 푸른도시국(02-2133-2000) [학]수원고졸, 충북대 농과대학 산림자원학과졸, 서울대 대학원 산림경영학과졸 [경]1980년 기술고등고시 합격(16회) 2000~2002년 서울시 한강사업기획단 공원담당관(지방임업서기관) 2002~2004년 미국 워싱턴주 Parks & Recreation Commission 연수 2005년 서울시 공원과장 2007년 同조경과장 2008년 同공원조성과장 2010년 同푸른도시국장 2012년 同공원녹지국장 2012년 同푸른도시국장 2014년 서울시 노원구 부구청장(지방이사관) 2015년 서울시 푸른도시국장(현)

최광석(崔光石) CHOI Kwang Suk

[생]1941·3·27 [출]충북 청원 [주]충남 공주시 정안면 정안농공단지길32의116 우진페인트 대표이사실(031-986-7711) [학]1960년 청주공고졸 1966년 한양대 화학공학과졸 1980년 연세대 경영대학원 최고경영자과정 수료 [경]1962년 삼화페인트 입사·기술부 연구과장 1972년 모던도장기술센터 설립 1975년 우진화학공업사 설립 1983년 한국도로협동조합 이사 1985년 우진페인트 대표이사(현) 1998년 한국페인트잉크공업협동조합 이사장 [상]건설부장관표창

최광수(崔侊洙) CHOI Kwang Soo

[생]1935·2·24 [출]서울 [학]1953년 경기고졸 1957년 서울대 법대 행정학과졸 1959년 미국 조지타운대 외교학과 수료 [경]1956년 고시행정과 합격·외무부 입부 1958년 駐미국대사관 3등서기관 1962년 駐일본대표부 2등서기관 1965년 외무부 동북아주과장 1967년 駐미국 참사관 1970년 외교연구원 상임연구위원 1970년 외무부 통상진흥관 1971년 同아주국장 1972년 국방부 군수차관보 1973년 同차관 1974년 대통령 의전수석비서관 1979년 대통령 비서실장 1980년 국가보위비상대책위원회 위원 1980년 제1무임소장관 1981~1982년 체신부 장관 1983년 駐사우디아라비아 대사 1985년 駐유엔 대사 1986~1988년 외무부 장관 1989년 대전세계박람회조직위원회 고문 1991년 현대경제사회연구원 회장 1992~1993년 미국 하버드대 아시아문제연구소 초빙연구원 1997~1998년 통일고문 1998년 한·일포럼 회장 2012년 최규하대통령기념사업회 발기인대회 및 창립총회 초대회장 2013~2016년 同이사장 [상]수교훈장 광화장, 청조근정훈장, 파라과이 대십자훈장, 멕시코 수교훈장

최광수(崔廣洙) CHOE Kwang Su

[생]1958·1·22 [출]서울 [주]경기 화성시 봉담읍 와우안길17 수원대학교 공과대학 전자재료공학과(031-220-2175) [학]1980년 미국 윌리엄앤드메리대 물리학과졸 1982년 미국 컬럼비아대 대학원졸 1989년 공학박사(미국 컬럼비아대) 1991년 미국 뉴욕대 경영전문대학원졸(MBA) [경]1981~1982년 미국 Columbia Univ. Research Assistant 1982~1991년 미국 IBM Corp., East Fishkill Facility, Staff Engineer 1991~2004년 수원대 공과대학 전자재료공학과 조교수·부교수 2001~2003년 미국 IBM Corp., T.J. Watson Research Center, Visiting Scientist 2004년 수원대 공과대학 전자재료공학과 교수(현) 2006년 同국제협력처장 2008~2011년 同비서실장 2011년 同평가실장 2012년 同비서실장 2014년 同대외협력처장 2015년 同국제협력처장(현) [상]수원대 공로상(1996), 수원대 10년 근속상(2003), 스승의날 교육부장관표창(2009) [저]'기초전기전자공학실험(共)'(2009, 수원대 공학교육혁신센터)

최광수(崔晃銖) Choi, Gwang Su

ⓢ1962·2·24 ⓐ서울 서초구 헌릉로13 대한무역투자진흥공사 인재경영실(02-3460-7042) ⓗ1988년 영남대 심리학과졸 2002년 고려대 경영대학원졸 ⓔ1990년 대한무역투자진흥공사(KOTRA) 입사 1992년 同시장개척부 근무 1995년 同미국 달라스무역관 근무 1998년 同시장조사처 근무 1999년 同투자협력처 근무 1999년 同외국인투자옴부즈만사무소 근무 2002년 同캐나다 밴쿠버무역관 근무 2006년 同투자전략팀 부장 2007년 同투자전략팀 차장 2007년 한국국제전시장 파견 2009년 대한무역투자진흥공사(KOTRA) 뉴욕무역관 수출인큐베이터운영팀장 2012년 同중소기업협력팀장 2013년 同중소기업지원본부 수출지원실 수출첫걸음지원팀장 2015년 同청두무역관장(현)

최광식(崔光植) CHOE Kwang Shik

ⓢ1953·5·5 ⓑ경주(慶州) ⓐ서울 ⓐ서울 성북구 안암로145 고려대학교 한국사학과(02-3290-2037) ⓗ1971년 서울 중앙고졸 1976년 고려대 사학과졸 1981년 同대학원 사학과졸 1990년 문학박사(고려대) ⓔ1981~1982년 고려대·효성여대 강사 1982~1993년 효성여대 전임강사·조교수·부교수 1993~1995년 同교수 1995년 고려대 한국사학과 부교수 1998년 同총무처장 2000년 同박물관장 2000~2002년 한국역사민속학회 회장 2001~2008·2013년 고려대 한국사학과 교수(현) 2001~2002년 미국 UCLA 방문교수 2001~2003년 한국고대사학회 회장 2003년 중국의고려사왜곡대책위원회 위원장 2004년 고구려연구재단 이사 2007~2009년 문화재위원회 사적분과 위원 2008~2011년 국립중앙박물관장 2009~2011년 문화재위원회 세계유산분과 위원 2009~2012년 국사편찬위원회 위원 2010년 한국사연구회 회장 2011년 문화재청장 2011년 역사교육과정개발추진위원회 위원 2011~2013년 문화체육관광부 장관 2013년 同문화예술 명예교수(현) 2014~2015년 한류3.0위원회 초대 위원장 2014년 경주시 신라왕경복원추진위원회 위원장(현) ⓢ박물관인의 날 대통령표창(2007), 올해를 빛낸 중앙인상(2008), G20정상회의 대통령표창(2011), 밀레니엄 프라미스 감사패(2011), 고려대 문과대학교우회 자랑스러운 문과대학인(2013) ⓐ'고대한국의 국가와 제사'(1995) '몽골의 암각화'(1998) '한국 고대의 토착신앙과 불교'(2000) '남창 손진태의 삶과 학문'(2000) '용인의 마을의례'(2000) '해상왕 장보고'(2003) '중국의 고구려사 왜곡'(2004) '우리 고대사의 성문을 열다'(2004) '한국 고대의 토착신앙과 불교'(2007) '점교 삼국유사'(2009) '우리나라의 역사와 문화 : 손진태 유고집'(2013) '한류로드-전통과 현대의 창조적 융화'(2013) '실크로드와 한국문화'(2013) '삼국유사 역주본'(2014, 고려대 출판사) '읽기쉬운 삼국유사(2016, 고려대 출판문화원) ⓔ'단재 신채호의 천고'(2004) ⓩ불교

최광식(崔光植)

ⓢ1960·5·1 ⓐ경기 수원시 권선구 권중로46 경기도시공사 도시재생본부(031-220-3537) ⓗ1979년 유신고졸 1981년 오산공업전문대학 기계과졸 ⓔ1985~1993년 ㈜일진엔지니어링 공사부장 1993~1994년 ㈜태림PI-ONEER 공사부장 1994~1999년 화성기업㈜ 공사부 이사 2002~2005년 대일기업㈜ 공사부 이사 2005~2007년 화성이엔씨㈜ 사업부 상무 2007~2014년 대우조선해양건설㈜ 건축본부 이사 2015년 경기도시공사 도시재생본부장(현)

최광옥(崔光玉·女) CHOI Kwang Ohk

ⓢ1957·10·8 ⓐ충북 괴산 ⓐ충북 청주시 상당구 상당로82 충청북도의회(043-220-5117) ⓗ청주사범대 음악과졸 ⓔ바른정치구현 공동대표, 신세계음악학원·유치원 원장 1995·1998·2002년 충북 청주시의회 의원(한나라당), 同사회경제위원장 2006~2010년 충청북도의회 의원(비례대표, 한나라당), 同교육사회위원회 위원, 同운영위원회 부위원장 2010~2014년 충북 청주시의회 의원(한나라당·새누리당) 2012~2014년 同부의장 2012~2014년 충북시·군의회의장단협의회 간사 2014년 충청북도의회 의원(새누리당)(현) 2014년 同행정문화위원회 위원(현) 2015년 同윤리특별위원회 위원장 2016년 同교육위원회 위원(현)

최광웅(崔光雄) CHOI Kwang Woong (深川)

ⓢ1944·6·11 ⓑ전주(全州) ⓐ전북 김제 ⓐ경북 포항시 청암로77 포항공과대학교 박태준미래전략연구소 미래전략연구위원회(054-279-0054) ⓗ1964년 전주고졸 1971년 고려대 통계학과졸 ⓔ1971년 포항종합제철㈜ 입사 1986년 同경영조사부장 1989년 同경영정책부장 1992년 同이사 1994년 同상무이사 1998년 同투자사업합리화추진반장 1998년 同전무이사 2002년 ㈜포스코 전무이사 2003~2005년 同부사장 2005~2011년 포스코청암재단 상임부이사장 2013~2016년 포항공과대 박태준미래전략연구소장 2016년 同박태

준미래전략연구소 미래전략연구위원회 위원(현) ⓢ국무총리표창, 국민훈장 목련장 ⓐ'삶의 지평선을 바라보며'(2005) '열정의 테마'(2005) ⓩ천주교

최광일(崔光一) CHOI, KWANG-IL

ⓢ1959·7·8 ⓐ경기 평택시 포승읍 평택항만길73 경기평택항만공사(031-686-0601) ⓗ청구고졸, 영남대 영어영문학과졸, 고려대 경영전문대학원졸 2010년 서울대 세계경제최고전략과정 수료 2013년 법정관리인 회생전문가과정 수료, 서강대 경영전문대학원 박사과정 재학中 ⓔ1985년 삼성생명 해외투자사업본부 리스크관리팀 근무 1990~1994년 同경영지원본부 기획조사팀장 1994년 삼성그룹 비서실 기획·운영담당 근무 2002년 同비서실 기획·운영담당 상무 2008년 삼성생명보험 고객지원실 CS혁신팀장(상무) 2008년 同법인영업총괄사업부장(상무) 2010~2011년 同법인영업총괄사업부장(전무) 2011~2014년 삼성그룹(생명) 경영지원담당 전무 2015년 경기평택항만공사 사장(현)

최광주(崔光珠) CHOI Kwang Ju (光得)

ⓢ1954·7·18 ⓑ경주(慶州) ⓐ경남 밀양 ⓐ경남 창원시 의창구 창원대로397번길34 파티마빌딩8층 광득종합건설㈜ 비서실(055-273-7391) ⓗ경남대 전기공학과졸, 同대학원 전기공학석사, 공학박사(경남대), 경남대 경영대학원 경영학석사, 서울대 행정대학원 정책과정 수료, 同공대 건설산업전략과정 수료, 同환경대학원 도시환경과정 수료, 한국과학기술원 경영대학원 최고경영자과정 수료 ⓔ마산시 건축심의위원, 창신대학 건축과 겸임교수, 한국국제대 초빙교수, 2002아시안게임 자문위원, 바르게살기마산시협의회 부회장, 경남대동창회 부회장·감사, 민주평통 마산시지회장 겸 중앙상임위원, (사)21세기이순신연구회 회장, 한국전력기술인협회 회장, 경남도새마을회 회장, 경남지방경찰청 경찰발전위원장 2005년 광득종합건설㈜ 회장(현) 2005년 광득산업개발㈜ 회장(현) 2007년 경남도체육회 이사(현) 2008년 국립창원대 겸임교수 2010년 서울대총동창회 이사(현), 대한건설협회 중소위원회 부회장 2011년 경남대총동창회 회장(현) 2011년 (사)한국행복복지경남포럼 회장(현) 2013년 경남신문 사외이사(현) 2013년 부산고법 창원재판부 조정위원(현) 2014년 경남도 주민자치회 총회장(현) ⓢ경남도지사표창, 통상산업부장관표창, 동탑산업훈장(2011), 캄보디아국왕훈장(2013) ⓩ불교

최광주(崔光州) CHOI Kwang Joo

ⓢ1955·6·8 ⓐ인천 ⓐ서울 중구 장충단로275 두산타워빌딩 ㈜두산 임원실(02-3398-1179) ⓗ1973년 제물포고졸 1979년 연세대 경영학과졸 ⓔ1979년 동양맥주㈜ 입사 1990년 두산씨그램㈜ 경리부 차장 1994년 동양맥주 부장 1997년 同기획조정실 이사 1998년 ㈜두산 전략기획본부 구조조정팀 이사 2000년 同전략기획본부 구조조정팀 상무 2001년 네오플럭스㈜ 부사장 2008년 삼화왕관㈜ 대표이사 사장 2010년 ㈜두산 관리본부장(사장) 2015년 同관리본부장(부회장) 2016년 同고문(현) ⓩ천주교

최광철(崔光鐵) K.C.CHOI

ⓢ1955·6·24 ⓐ충북 제천 ⓐ서울 중구 을지로100 SK건설㈜ 비서실(02-3700-9361) ⓗ1973년 경복고졸 1977년 서울대 토목공학과졸 1981년 미국 U.C. Berkeley 대학원 토목공학과졸 1992년 토목공학박사(미국 U.C. Berkeley) ⓔ1978~1980년 미국 Dillingham Construction 현장기사 1981년 미국 Bechtel 입사, 同부회장 겸 최고정보관리책임자(CIO) 2007년 한국과학기술원(KAIST) Business Economics 전문교수, 평양과학기술대 개교준비위원 2008년 SK건설㈜ 기술부문장(부사장) 2008년 同플랜트담당 사장 2011년 同사장 2012년 同공동대표이사 사장(현) ⓩ기독교

최광춘(崔光椿) Choi Kwang-chun

ⓢ1957·12·26 ⓐ서울 ⓐ서울 성북구 화랑로13길60 동덕여자대학교 시각·실내디자인학과(02-940-4771) ⓗ1982년 중앙대 예술대학 공예학과졸 1999년 同예술대학원 시각디자인학과졸 ⓔLG애드 SPCR팀 부국장 1998~2007년 同국장 2007~2008년 ㈜이엠와이 부사장·디자인연구소장 2008~2013년 HS애드 NMC본부 국장 2013~2014년 SP디자인연구소 대표 2015년 동덕여대 디자인대학 시각·실내디자인학과 교수(현) ⓢ전국경제인연합회 회장표창(1983), 조선일보 광고대상 상공부장관표창, 일본 POPAI SHOW 금상(1998), 대한민국광고대상 SP부문 금상(1998), FIFA 한일월드컵 기장(2002), 한국광고대회 문화관광부장관표창(2005) ⓐ'세계박람회 기업관의 전략과 실제(共)'(2015) ⓩ기독교

ㅊ

최광학(崔光鶴) Choi Kwanghag

[생]1959·8·4 [본]경주(慶州) [출]서울 [주]인천 중구 서해대로365의1 인천지방해양수산청 항만개발과(032-880-6330) [학]1979년 인천기계공고졸 1986년 인하대 전기공학과졸 2008년 同대학원 교통물류학과졸 [경]1999~2006년 해양수산부 민자계획과 전기주사 2006~2009년 인천지방해양수산청 항만정비과 공업사무관 2009~2012년 국토해양부 철도기술안전과 공업사무관 2012년 同항만개발과 공업사무관 2013년 해양수산부 항만개발과 공업사무관 2015년 同항만국 항만개발과 기술서기관 2016년 同항만국 항만기술안전과 기술서기관 2016년 인천지방해양수산청 항만개발과장(현) [종]기독교

최광해(崔光海) CHOI Kwang Hae

[생]1961·7·21 [본]탐진(耽津) [출]전남 여수 [학]1979년 경동고졸 1983년 고려대 정치외교학과졸 1985년 서울대 행정대학원졸 1992년 영국 케임브리지대 대학원 경제학과졸 1993년 영국 런던대 대학원 개발경제학박사과정 수료 [경]1984년 행정고시 합격(28회) 1985년 총무처 수습행정사무관 1986년 경제기획원 경제기획국 사무관 1990년 공정거래위원회 근무 1991년 영국 연수 1993년 경제기획원 예산실 사무관 1996년 재정경제원 경제협력과 서기관 1998년 대통령비서실 정책기획수석실 행정관 1999~2002년 駐OECD대표부 1등서기관 2003년 대통령비서실 정책실 행정관 2003~2005년 재정경제부 국제금융국 금융협력과장·국제기구과장 2005년 同혁신인사기획관(부이사관) 2007~2010년 駐홍콩영사관 재경관 2011년 기획재정부 대외경제협력관(고위공무원) 2012년 同장기전략국장 2013~2015년 同공공정책국장 2015년 국제통화기금(IMF) 대리이사(현) 2016년 매일경제 '매경춘추' 필진 [저]'금융제국 홍콩'(2011, 21세기북스) '금융제국, 홍콩-쓰러지지 않는 홍콩의 금융강국 전략' [종]천주교

최광호(崔光浩) Kwang Ho Choi

[생]1956·9·25 [출]서울 [주]서울 영등포구 여의대로24 전경련회관16층 한화건설 대표이사실(02-2055-6000) [학]서울과학기술대 건축설계학과졸, 同대학원 행정학과졸 [경]1977년 한화건설 입사 2007년 同건축지원팀 상무 2011년 同건축사업본부장(전무) 2012년 同이라크 비스야마 신도시건설(BNCP)사업단장(전무) 2014년 同해외부문장(전무) 2014년 同해외부문장(부사장) 2015년 同대표이사(현) [상]건설의날 산업포장(2012)

최광호(崔光鎬)

[생]1961·1·25 [출]경북 상주 [주]경북 김천시 혁신8로77 한국도로공사 사업본부(054-811-2000) [학]1978년 상주고졸 1985년 계명대 경제학과졸 2005년 연세대 대학원 경제학과졸 [경]1987년 한국도로공사 입사 2000년 同복지후생부장 2004년 同충청지역본부 업무부장 2005년 同사업개발부장 2005년 同사업개발실 사업개발팀장 2006년 同상주지사장 2007년 KDI 교육파견 2008년 한국도로공사 제천지사장 2009년 同강원지역본부 관리처장 2010년 同기획처장·기획조정실장 2012년 同미래경영처장·미래전략처장 2014년 同수도권본부장 2015년 同사업본부장(현)

최교일(崔敎一) CHOI Gyo Il

[생]1962·2·28 [본]경주(慶州) [출]경북 영주 [주]서울 영등포구 의사당대로1 국회 의원회관934호(02-784-4195) [학]1980년 경북고졸 1984년 고려대 법대졸 1989년 同대학원 법학과졸 1994년 영국 런던대 킹스칼리지 연수 [경]1983년 사법시험 합격(25회) 1985년 사법연수원 수료(15기) 1986년 軍법무관 1989년 청주지검 검사 1991년 대구지검 의성지청 검사 1992년 제주지검 검사 1994년 서울지검 검사 1997년 대검찰청 검찰연구관 1999년 춘천지검 속초지청장 2000년 서울지검 부부장검사 2001년 법무부 법조인력정책과장 2003년 서울지검 형사7부장 2004년 부산지검 형사1부장 2005년 대검찰청 과학수사기획관 2006년 서울고검 검사 2007년 수원지검 1차장검사 2008년 서울중앙지검 제1차장검사 2009년 서울고검 차장검사 2009년 법무부 검찰국장 2011~2013년 서울중앙지검장 2013~2015년 변호사 개업 2014년 한국전력공사 사외이사 2015~2016년 법무법인(유) 해송 대표변호사 2016년 새누리당 경북영주시·문경시·예천군당원협의회 운영위원장(현) 2016년 제20대 국회의원(경북 영주시·문경시·예천군, 새누리당)(현) 2016년 새누리당 법률지원단장 2016년 국회 기획재정위원회 위원(현) 2016년 국회 가습기살균제사고진상규명과피해구제 및 재발방지대책마련을위한국정조사특별위원회 위원 2016년 국회 저출산·고령화대책특별위원회 위원(현) 2016년 국회 대법관(김재형)임명동의에관한인사청문특별위원회 위원 2016년 새누리당 법률자문위원장(현)

최교진(崔敎振) Choi Kyo Jin

[생]1953·11·24 [출]충남 보령 [주]세종특별자치시 한누리대로2154 세종특별자치시교육청 교육감실(044-320-1000) [학]1972년 경동고졸 1981년 공주대 사범대학 국어교육과졸 [경]1981년 대천여중 교사 1985년 충남민주운동청년연합 지도위원 1986년 同의장 1987년 민주헌법쟁취국민운동본부 교육위원장 1987년 충청민주교육실천협의회 의장 1990~1991·1994~1998년 同충남지부장 1992년 同수석부위원장 1999년 전국교직원노동조합 부위원장 2001~2003년 대전참여자치시민연대 공동의장·상임의장, 민족화해협력범국민협의회 집행위원장, 자주평화통일민족협의회 집행위원장, 21세기대안정책포럼 공동대표, 한국교육복지포럼 공동대표 2003년 열린우리당 대전시창당준비위원회 상임위원장 2005~2008년 한국토지공사 감사, 노무현재단 세종·대전·충남 공동대표 2012년 세종특별자치시 교육감선거 출마 2013년 세종교육희망포럼 대표 2014년 세종특별자치시 교육감(현) [저]'사랑이 뛰노는 학교를 꿈꾸다'(2013, 작은숲)

최구식(崔球植) CHOI Ku Sik

[생]1960·10·11 [본]화순(和順) [출]경남 산청 [주]부산 금정구 부산대학로63번길2 부산대학교 산학협력단(051-510-2742) [학]1978년 진주고졸 1985년 서울대 외교학과졸 1995년 영국 뉴캐슬대 대학원 정치학과 수료 2003년 경기대 정치전문대학원 외교안보과정 수료 [경]1985년 조선일보 사회부·문화부·정치부 기자 2000년 同사장실 차장대우 2000년 同정치부 차장대우 2002년 한나라당 대선후보경선 언론특보 2002~2003년 국회의장 공보수석비서관 2004년 YMCA Green Doctor's 경남지부 공동대표 2004년 한나라당 중앙위원 2004년 제17대 국회의원(진주甲, 한나라당·무소속) 2004~2005년 한나라당 원내부대표 2004·2010년 한국신문윤리위원회 위원 2006년 한나라당 여의도연구소 부소장 2008년 제18대 국회의원(진주甲, 무소속·한나라당·무소속) 2008~2009년 한나라당 대표 특보단장 2009년 同제6정책조정위원장 2009년 同진주甲당원협의회 운영위원장 2010년 同인재영입위원회 부위원장 2010년 국회 국토해양위원회 간사 2010년 한나라당 정책조정위원장 2011년 同홍보기획본부장 2012년 제19대 국회의원선거 출마(진주甲, 무소속) 2013년 '2013 산청세계전통의약엑스포' 조직위원회 집행위원장 2015년 경남도 정무부지사 2015년 同서부부지사 2016년 부산대 산학협력단 석좌교수(현) 2016년 한국선비문화원 원장(현) [상]국민훈장 모란장(2014) [저]'신식구식 행진곡'

최규남(崔圭楠)

[생]1964·4·13 [주]서울 강서구 하늘길210 국제화물청사366 제주항공 비서실(070-7420-1000) [학]서울대 자원공학과졸, 미국 스탠퍼드대 대학원 공업경영학과졸, 미국 뉴욕대 경영대학원(Stern Business School) 재무금융학과 수료 [경]이스트 게이트 캐피탈 매니지먼트(벤처투자회사) 한국법인 대표, 퍼시픽제미나이자산운용사 운영, 시트·킴자산운용사 애널리스트, 보광창업투자 고문 2007~2009년 한국게임산업진흥원 원장 2007년 한류정책자문위원회 위원, 동국대 문화콘텐츠연구원장 2012년 제주항공 대표이사 사장(현)

최규동(崔奎東) CHOI Kyu Dong

[생]1959·6·4 [출]서울 [주]서울 중구 청계천로86 한화케미칼(주)(02-729-2700) [학]중앙고졸, 고려대 화학과졸 [경]한화석유화학 기술기획팀장, 同신사업개발실장(상무보) 2008년 同신사업부문장(상무보) 2009년 同기획실장(상무) 2010년 한화케미칼(주) 기획실장(상무) 2014년 同경영전략본부장(전무) 2015년 同화성사업본부장(전무) 2016년 同YNCC 전무(현) [상]서울시장표창(1999), 대통령표창(2000) [종]가톨릭

최규병(崔珪昞) Choi Gyubyung

[생]1963·5·6 [출]전북 부안 [주]서울 성동구 마장로210 한국기원 홍보팀(02-3407-3870) [학]충암고졸, 중앙대 정치외교학과졸 [경]1975년 입단 1984년 2단 승단 1987년 3단 승단 1989년 4단 승단 1991년 5단 승단 1992년 6단 승단 1994년 7단 승단 1994년 박카스배 준우승 1996년 8단 승단 1999년 9단 승단(현) 1999년 입신연승최강전 우승 2000년 입신연승최강전 준우승 2007년 한국바둑리그 영남일보 감독 2009년 KB국민은행 한국바둑리그 영남일보 감독 2009년 한국기원 프로기사회장 2013년 제4기 대주배 시니어최강자전 준우승 2014년 시니어바둑클래식 시니어국수전 우승 2015년 시니어바둑클래식 시니어기성전 준우승

최규복(崔圭復) Choe, Kyoo Bok

[생]1956 · 11 · 21 [출]서울 [주]서울 강남구 테헤란로504 유한킴벌리(주) 사장실(02-528-1721) [학]한성고졸 1983년 숭실대 경영학과졸 2002년 연세대 경영대학원 마케팅 · 국제경영학과졸 [경]1983년 유한킴벌리(주) 마케팅부 입사 2000년 同유아용품사업개발담당 상무 2003년 同유아용품사업 · 신규사업 전무 2003년 Kimberly-Clark 북아시아 유아용품사업 본부장 겸임 2007년 유한킴벌리(주) 유아 · 아동용품사업 총괄부사장 2010년 同대표이사 사장(현) [상]한국경제신문 사회책임경영대상(2010), 중앙일보 이코노미스트 경제리더대상(2010), 국민훈장 동백장(2012), HDI인간경영대상 사회공헌부문(2015) [저]'마케터분투기'(2010)

최규성(崔圭成) CHOI Kyu Sung

[생]1950 · 2 · 4 [본]전주(全州) [출]전북 김제 [주]서울 영등포구 국회대로62길23(02-761-7188) [학]1968년 전주고졸 1972년 서울대 법과대학 법학과졸 [경]1978~2004년 (주)동주무역상사 대표이사 1985년 서울민통련 부의장 1989년 서울민족민주운동협의회 공동의장 1989년 전국민족민주운동연합 상임집행위원 1991년 민주주의민족통일전국연합 제도정치위원장 1992년 민주대개혁 민주정부수립을위한국민회의 부집행위원장 1993년 통일시대국민정치모임 사무처장 1995년 새정치국민회의 창당발기인 2000년 새천년민주당 창당발기인 2000년 同시민사회특위 부위원장 2002년 同대통령선거대책위원회 조직본부 부본부장 2002년 同노무현 대통령후보 김제지역선거대책위원장 2004년 국민정치연구회 부이사장 2004년 제17대 국회의원(전북 김제 · 완주, 열린우리당 · 대통합민주신당 · 통합민주당) 2004년 열린우리당 사무처장 2005년 同전북도당 위원장 2005년 민주평화국민연대 부이사장 2006년 열린우리당 의장 특보 2007년 대통합민주신당 대표 비서실장 2008년 제18대 국회의원(김제 · 완주, 통합민주당 · 민주당 · 민주통합당) 2008년 민주평화국민연대 공동대표(현) 2010년 국회 국토해양위원회 간사 2012~2016년 제19대 국회의원(김제 · 완주, 민주통합당 · 민주당 · 새정치민주연합 · 더불어민주당) 2012~2013년 국회 농림수산식품위원장 2012년 민주통합당 제18대 대통령중앙선거대책위원회 농수축산위원장 2013년 同전당대회 준비위원회 부위원장 2013~2014년 국회 농림축산식품해양수산위원회 위원장 2014년 국회 농림축산식품해양수산위원회 위원 2014년 새정치민주연합 전국대의원대회준비위원회 부위원장 2014년 同김제 · 완주지역위원회 위원장 2015년 同전북도당 위원장 직대 2015년 더불어민주당 김제 · 완주지역위원회 위원장

최규식(崔奎植) CHOE Kyu Sik

[생]1930 · 3 · 31 [출]황해 해주 [주]서울 종로구 삼일대로461 SK허브102동203호 해정의료재단 회장실(02-725-9792) [학]1946년 중앙중졸 1954년 연세대 의대졸 1967년 의학박사(연세대) 2000년 명예 법학박사(연세대) [경]1960년 예편(육군 대위) 1960~1963년 연세대 의대 내과 레지던트 수료 1963~1967년 同전임강사 · 조교수 1963년 내과전문의 자격취득 1967년 연세대 의대 외래임상교수 1967~1969년 신한병원 내과장 1970년 최규식내과의원 개업 · 원장 1977년 해정내과의원 개원 · 원장 1979년 대한내과학회 회장 1982년 해정병원 개원 · 원장 1988년 대한소화기병학회 회장 1990년 광혜장학회 이사장 2002~2013년 해정의료재단 이사장 2002~2003년 연세대재단 이사 2013년 해정의료재단 회장(현) [상]산업포장

최규식(崔奎植) CHOE Kyoo Sik

[생]1953 · 11 · 17 [본]전주(全州) [출]전북 전주 [학]1972년 전주고졸 1977년 서울대 철학과졸 1978년 同대학원 정치학과 수료 [경]1978년 한국일보 입사 1995년 同국제부장 1996년 同특별취재부장 1998년 同정치부장 2000년 同부국장 겸 통일문제연구소장 2001년 同기획조정실장 · 경영전략실장 2002년 同편집국장 2003~2004년 同논설위원 2004~2012년 한국에어로빅체조연맹 회장 2004년 제17대 국회의원(서울 강북乙, 열린우리당 · 대통합민주신당 · 통합민주당) 2005년 열린우리당 의장비서실장 2007년 대통합민주신당 제17대 대통령선거대책위원회 종합상황본부장 겸 서울시 선대위원장 2008년 제18대 국회의원(서울 강북乙, 통합민주당 · 민주당 · 민주통합당) 2008년 국회 행정안전위원회 위원 2008~2010년 민주당 서울시당 위원장 2008~2010년 同당무위원 2011년 同중앙위원회 부의장 2013~2015년 원광대 신문방송학과 초빙교수 [상]한국기자협회 한국기자상(1989) [저]'행복한 마이너리티'(2007) [종]기독교

최규연(崔圭淵) CHOI Kyu Youn

[생]1956 · 1 · 2 [출]강원 원주 [학]1972년 원주농고졸 1978년 한국방송통신대 행정학과졸 1981년 동국대 대학원 행정학과졸 1988년 영국 버밍햄대 대학원 경제학과졸 [경]행정고시 합격(24회), 재무부 이재국 근무, 同증권국 근무, 同경제협력국 사무관, 同금융실명제실시작업반 근무, 재정경제원 예산실 서기관, 대통령비서실 구조조정기획단 과장 2001년 재정경제부 보험제도과장 2002년 同국고과장(서기관) 2004년 同국고과장(부이사관) 2004년 국제부흥개발은행(IBRD) 파견 2007년 재정경제부 정책홍보관리실 홍보관리관 2008년 기획재정부 회계결산심의관 2009년 同국고국장 2009년 금융위원회 증권선물위원회 상임위원 2011~2012년 조달청장 2012~2015년 저축은행중앙회 회장 [상]근정포장

최규옥(崔圭鈺) CHOI Kyoo Ok

[생]1960 · 5 · 10 [본]전주(全州) [출]충남 천안 [주]서울 금천구 가산디지털2로123 월드메르디앙2차8층 오스템임플란트(주)(02-2125-3646) [학]천안고졸 1991년 서울대 치의학과졸 1996년 단국대 대학원 치의학과졸 2010년 의학박사(고려대) [경]1997년 오스템임플란트(주) 대표이사(현) 2001~2012년 앞선치과병원 병원장 2004~2008년 고려대 임플란트연구소 객원교수 2006~2012년 同임상치의학대학원 외래교수 2007~2013년 (사)벤처기업협회 부회장 2009~2013년 同바이오의료협의회장 2011년 (사)한국중견기업연합회 이사 [상]대한매일 대한민국경영인상(2003), 부산중소기업인대상 우수상(2004), 벤처기업대상 산업포장(2006), 과학기술부 및 과학문화재단 '닮고 싶고 되고 싶은 과학기술인 10인' 산업분야 선정(2007), 자랑스러운 충청인상(2008), 21세기대상 생산부문 대상(2010) [저]'치과의료보험 전산실무' [역]'치주기구 사용의 이론과 실습'

최규완(崔圭完) CHOI Kyoo Wan (高岩)

[생]1937 · 3 · 27 [본]월성(月城) [출]대구 [주]서울 종로구 대학로103 서울대학교 의과대학(02-740-8114) [학]1955년 경북고졸 1961년 서울대 의대졸 1967년 의학박사(서울대) 1970년 이학박사(미국 미시간대) [경]1967~1997년 서울대 의대 전임강사 · 조교수 · 부교수 · 교수 1969년 미국 미시간대 연구교수 1984년 서울올림픽조직위원회 의무위원 1988~1993년 대통령 주치의 1997~2002년 성균관대 의대 소화기내과 교수 1997년 삼성서울병원 소화기센터장 1998~2002년 삼성의료원 원장 2001년 대한내과학회 회장 2002년 삼성서울병원장 경영상담역 2003년 서울대 명예교수(현) 2003년 학교법인 건국대 상임이사 2005년 건국대 의료원장 2007년 성균관대 명예교수(현) [상]국민훈장 모란장(1992), 옥조근정훈장, 바둑문화대상(2006) [저]'임상의를 위한 소화기질환 증례집' '삶의 발자취' [종]기독교

최규완(崔圭完) CHOI Kyu Wan

[생]1954 · 3 · 20 [출]전북 전주 [주]서울 마포구 마포대로45 일진그룹 비서실(02-707-9011) [학]배명고졸 1982년 경희대 행정학과졸 1986년 서울대 행정대학원졸 [경]행정고시 합격(26회), 국가정보원 전북지부장 2009년 일진그룹 비서실장(사장)(현) 2015년 일진디앤코 대표(현)

최규운(崔奎雲) Choi Gyu Un

[생]1965 · 2 · 18 [주]전북 순창군 순창읍 장류로311 순창경찰서 서장실(063-650-8321) [학]1983년 전북 이리고졸 1988년 경찰대 법학과졸(4기) 2006년 원광대 행정대학원 경찰행정학과졸 [경]1999~2000년 전북지방경찰청 2308전경대장 2004~2005년 경남 통영경찰서 생활안전과장 2005~2007년 전북 군산경찰서 · 완산경찰서 생활안전과장 2007~2013년 전북지방경찰청 외사계장 · 경무계장 2013년 전북 덕진경찰서 경무과장 2014년 전북 완산경찰서 여성청소년과장 2015년 전북지방경찰청 여성청소년과장 2016년 전북 순창경찰서장(현) [상]대통령표창(2008), 행정자치부장관표창(2002 · 2005)

최규일(崔圭一) CHOI Kyu Il

[생]1965 · 6 · 24 [출]전북 부안 [주]경기 수원시 영통구 월드컵로120 수원지방법원(031-210-1114) [학]1984년 전주고졸 1991년 서울대 법대 공법학과졸 [경]1994년 사법시험 합격(36회) 1997년 사법연수원 수료(26기) 1997년 전주지법 판사 · 정읍지원 판사 2002년 同남원지원 판사 2003년 수원지법 판사 2006년 서울중앙지법 판사 2008년 서울고법 판사 2010년 수원지법 판사 2012년 전주지법 부장판사 2015년 수원지법 부장판사(현)

최규종(崔圭鍾) Kyuchong CHOI
[생]1968 · 12 · 8 [출]경남 하동 [주]서울 종로구 세종대로209 대통령직속 지역발전위원회 정책총괄국(02-2100-1130) [학]1991년 서울대 제어계측공학과졸 1994년 同대학원 제어계측공학과졸 2000년 한국방송통신대 법학과졸 2003년 미국 매사추세츠공과대 건축대학원 SPURS(Special Program for Urban and Regional Studies)과정 수료 2004년 미국 하버드대 케네디스쿨 행정학과졸 [경]1995년 통상산업부 미주통상담당관실 전기사무관 1999년 산업자원부 반도체전기과 전기사무관 2001년 同산업기술정책과 전기사무관 2002년 同디지털전자산업과 전기사무관 2005년 同대외협력과장 2006년 同에너지기술팀장 2008년 駐인도 상무참사관 2011년 지식경제부 전력진흥과장 2013년 산업통상자원부 조선해양플랜트과장 2015년 同소재부품정책과장 2016년 대통령직속 지역발전위원회 정책총괄국장(고위공무원)(현) [저]'현대 인도의 이해'(2011)

최규진(崔圭鎭) CHOI Kyu Jin

[생]1962·3·18 [출]경기 여주 [주]경기 수원시 장안구 장안로134 경기도체육회 사무처(031-250-0400) [학]1982년 수원농생명과학고졸 1986년 경희대 환경학과졸 [경]1989~1998년 남평우 국회의원 비서관 1999년 남경필 국회의원 보좌관 2000~2002년 경기문화재단 이사 2000·2002·2006~2008년 경기도의회 의원(한나라당) 2002~2004년 同문화여성공보위원장 2009년 민주평통 수원시협회장 2015년 경기도체육회 사무처장(현) [종]기독교

최규철(崔圭徹) CHOI Kyu Chul (沂巷)

[생]1944 · 1 · 1 [본]전주(全州) [출]경북 영주 [주]서울 중구 세종대로124 한국프레스센터1311호 한국신문방송편집인협회(02-732-1726) [학]1962년 경기고졸 1966년 서울대 행정학과졸 1970년 同행정대학원 수료 1980년 인도 뉴델리 Indian Institute of Mass Communication 수료 1990년 미국 하버드대 Nieman Fellow(언론인연수프로그램) 수료 [경]1970년 동아일보 입사 1984년 同정치부 차장대우 1985년 同정치부 차장 1989년 同외신부 차장 1991년 同사회부 부장대우 1991년 同국제부장 1994년 同정치부장 1996년 同편집국 부국장 1998년 同편집국 수석부국장 1999년 同심의실장 2000년 同심의연구실장 2000년 同편집국장 2001년 同논설위원실장 2001년 同논설주간 2003~2005년 同이사대우 논설주간 2003년 한국신문방송편집인협회 회장 2003년 한국신문윤리위원회 이사 2005년 한국신문방송편집인협회기금 이사 2005년 한국신문방송편집인협회 고문(현) 2007년 한나라당 이명박 대통령후보 언론위원장 2007~2008년 제17대 대통령직인수위원회 사회교육문화분과위원회 자문위원 2008~2011년 뉴스통신진흥회 이사장 2016년 경인미술관 '산 · 빛 · 바람전' 운영위원장 [종]기독교

최규해(崔圭奚) Choi Gyu Hae

[생]1959 · 7 · 21 [본]강릉(江陵) [출]경북 안동 [주]서울 중구 세종대로110 서울특별시청 한강사업본부(02-3780-0801) [학]1978년 안동고졸 1982년 영남대 지역사회개발학과졸 2010년 단국대 행정법무대학원 사회복지정책학과졸 [경]2004년 서울시 기획담당관실 광역행정팀장 2006년 중랑구 망우1동장 2008년 同면목본동장 2010년 同정책사업추진기획단장 2011년 同건설교통국장 2011년 同주민생활지원국장 2013년 서울시 민생사법경찰과장 2016년 同한강사업본부 운영부장(현) [상]서울시장표창(1998), 대통령표창(2003)

최규현(崔圭賢) CHOI Gyu Hyeon

[생]1969 · 3 · 23 [출]서울 [주]서울 양천구 신월로386 서울남부지방법원(02-2192-1114) [학]1987년 동국사대부고졸 1992년 서울대 공법학과졸 [경]1991년 사법시험 합격(33회) 1994년 사법연수원 수료(23기) 1994년 軍법무관 1997년 인천지법 판사 1999년 서울지법 판사 2001년 춘천지법 영월지원 판사 2004년 서울동부지법 판사 2006년 서울고법 판사 2007년 대법원 연구법관 2007년 同재판연구관 2009년 전주지법 부장판사 2010년 인천지법 부장판사 2013년 서울중앙지법 부장판사 2016년 서울남부지법 부장판사(현)

최규호(崔圭浩) CHOI kyuho

[생]1965 · 11 · 7 [주]경기 수원시 장안구 창룡대로223 경기남부지방경찰청 여성청소년과(031-888-3348) [학]1983년 광주고졸 1987년 경찰대 행정과졸(3기) 1995년 일본 동북대 대학원졸 [경]1987년 경위 임관 2004년 경기지방경찰청 1부 경무과 기획예산계장 2006년 同3부 정보과 정보4계장 2009년 同3부 정보과 정보2계장 2011년 울산지방경찰청 경비교통과장 2011년 충북지방경찰청 홍보담당관 2013년 경기 성남중원경찰서장 2014년 경기지방경찰청 3부 정보과장 2015년 경기 부천오정경찰서장 2016년 경기지방경찰청 여성청소년과장 2016년 경기남부지방경찰청 여성청소년과장(현)

최규홍(崔圭弘) Kyu-Hong Choi

[생]1944·10·18 [본]전주(全州) [출]서울 [주]서울 서대문구 연세로50 연세대학교 천문우주학과(02-2123-2686) [학]1963년 광주제일고졸 1972년 서울대 문리대 천문기상학과졸 1980년 이학박사(미국 펜실베이니아대) [경]1980년 미국 COMSAT 연구원 1981~1990년 연세대 이과대학 천문기상학과 조교수·부교수 1987년 同천문기상학과장 1990년 同천문우주학과 교수·명예교수(현) 1994년 한국천문학회 회장 1995~1997년 연세대 천문대학장 1996~1998년 한국우주과학회 회장 1999~2000년 과학기술부 우주센터추진위원회 위원 2000~2004년 국가과학기술위원회 우주개발전문위원회 위성체소위원회 위원 2002~2010년 연세대 청소년과학기술진흥단장 2003~2004년 국무총리실 기초기술연구회 기관평가단장 2006년 국가과학기술위원회 민간이사 2008~2011년 교육과학기술부 기초기술연구회 민간이사 2012년 청색기술연구회 회장(현) [상]국민포장 [저]'천체역학' '인공위성과 우주' [종]가톨릭

최규홍(崔圭弘) CHOI Kyu Hong

[생]1961 · 10 · 10 [출]부산 [주]서울 서초구 서초중앙로157 서울고등법원 부장판사실(02-530-1114) [학]1980년 부산고졸 1984년 서울대 법학과졸 [경]1984년 사법시험 합격(26회) 1987년 사법연수원 수료(16기) 1987년 軍법무관 1990년 수원지법 판사 1992년 서울민사지법 판사 1994년 춘천지법 판사 1997년 서울지법 판사 1999년 서울고법 판사 2000년 대법원 재판연구관 2001년 서울지법 판사 2002년 울산지법 부장판사 2004년 수원지법 부장판사 2006년 서울동부지법 형사11부 부장판사 2008년 서울중앙지법 부장판사 2010년 광주고법 부장판사 2011년 서울고법 부장판사(현)

최근덕(崔根德) CHOI Gun Duk (春崗)

[생]1933 · 6 · 29 [본]경주(慶州) [출]경남 합천 [주]서울 중구 퇴계로163 (사)유교학술원(02-763-0020) [학]1955년 진주농림고졸 1959년 성균관대 동양철학과졸 1961년 同대학원 국문학과졸 2004년 명예 철학박사(대구한의대) [경]1970년 동아일보 창간50주년기념 장편소설 공모 '식민지' 당선 1971년 문조사 대표 1978년 한국정신문화연구원 고전연구실장 1980년 同자료조사실장 1980년 同한국학대학원 교수 1983~2001년 성균관대 유학과 교수 1987년 同유학대학장 1988년 同유학대학원장 1989년 (사)사계신독재양선생기념사업회 이사장 1991년 동양예학회 창립 · 대표 1992~1999년 율곡학회 이사 · 회장 1992~1995년 유교학회 회장 1992~1999년 포은사상연구원 이사 · 원장 1994~1998 · 2003~2013년 성균관장 1994~1999년 국제유교연합회(ICA) 창립 · 이사장(본부 중국북경) 1995~1999년 유도회중앙회 회장 1999~2013년 한국종교지도자협의회 공동대표 2001~2013년 유교학회 이사장 2001년 (사)유교학술원 이사장(현) 2005년 (사)한국서원연합회 이사장 2007년 (사)석전보존회 이사장 2007~2011년 한국종교인평화회의 대표회장, (사)종교평화국제사업단(IPCR) 이사장 2009년 (사)고운국제교류사업회 이사장 2010~2013년 (재)성균관 이사장 2011~2013년 유교방송 대표이사 사장 [상]성곡학술상(1996) [저]'논어 인간학' '이야기 소학' '우리의 선비는 이렇게 살았다'(1991) 단편소설집 '하늘의 소리'(1975) 장편소설 '식민지'(1970) '화우도'(1978) '홍총각'(1978) '호객'(1984) '여로' '정한산하' '반역'(1993) '기(氣)'(2015) [역]'한글논어' '보람있는 삶을 위하여' [종]유교

최근민(崔根敏) CHOI GEUN MIN
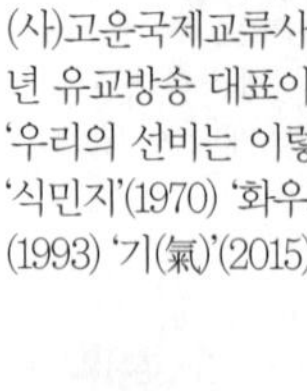
[생]1960 · 9 · 20 [주]경기 이천시 부발읍 경충대로2091 SK하이닉스 이천FAB센터(031-630-4114) [학]1984년 서울대 재료학과졸 2001년 전자학박사(일본 동북대) [경]1989년 하이닉스반도체 연구소 근무 2007년 同미국생산법인 근무 2013년 SK하이닉스 중국 우시FAB 제조기술그룹장(상무) 2013년 同이천FAB센터장 2016년 同이천FAB센터장(전무)(현)

최근열(崔根烈) Choi, Keun-youl

[생]1959 · 11 · 14 [출]경북 성주 [주]경북 경산시 하양읍 가마실길50 경일대학교 행정학과(053-600-5186) [학]1981년 영남대 행정학과졸 1983년 同대학원 행정학과졸 1992년 행정학박사(영남대) [경]1989년 경일대 행정학과 교수(현) 1993년 同행정학과장 1996년 대구 · 경북행정학회 총무이사, 한국지방재정학회 상임이사 · 감사 · 이사 1998년 한국행정학회 운영이사 · 총무이사 2000년

경일대 지방자치연구소장 2005년 대한지방자치학회 회장 2008년 (사)한국정부학회 회장 2011년 한국지방자치학회 회장 2012년 경일대 사회과학대학장 2012년 경북도 인사위원회 위원(현) 2013 · 2015년 대통령소속 지방자치발전위원회 위원(현) 2013년 전국시군자치구의회의장협의회 자문위원(현) 2014~2016년 한국정부학회 편집위원장 2014~2016년 대구시 중기지방재정계획위원회 위원장 2015년 경북도의회 미래창조연구회 정책연구위원(현) 2015년 전국시도의회의장협의회 정책자문위원(현) 2016년 행정자치부 지방재정위기관리위원회 위원(현) [상]녹조근정훈장(2013) [저]'지방재정론'(共) '새인사행정론'(共) '지방행정학'(共) '지방의회론'(共) '지방의회의 이해'(共) '지방자치의 이해'

최근희(崔瑾熙) Geun Hee Choi

[생]1956 · 7 · 2 [본]삭녕(朔寧) [출]경기 양평 [주]서울 동대문구 서울시립대로163 서울시립대학교 도시과학대학 도시행정학과(02-6490-2715) [학]1984년 서울시립대 도시행정학과졸 1987년 미국 루이지애나주립대 대학원 경제학과졸 1992년 도시 및 지역계획학박사(미국 서던캘리포니아대) [경]1991~1992년 미국 California주 PROP Inc.(Practical Research for Planning) 연구원 1992년 서울시립대 · 국민대 · 국립경찰대 · 한국외국어대 국제대학원 · 서울시공무원교육원 강사 1993~1994년 한국과학기술원(KAIST) 교통연구부 연구원 1994~1995년 서울학연구소 전문위원 · 기획학술부장 1995년 서울시립대 도시과학대학 도시행정학과 전임강사 · 조교수 · 부교수 · 교수(현) 1996년 대한국토도시계획학회 종신회원(현) 1998년 입법고시 · 행정고시 · 지방고시 출제 및 채점위원 1999년 미국 워싱턴소재 Apex재단 Advisor 객원연구원 2000~2002년 서울시립대 학생부처장 겸 학생생활연구소장 2002~2003년 미국 워싱턴대 교환교수 2005~2007년 서울시립대 학생처장 2012~2014년 한국도시행정학회 회장 2013~2015년 서울시립대 도시과학대학장 겸 도시과학대학원장 2015년 同도시행정학과장 [상]국토해양부장관표창(2009) [저]'의정의 이해'(1994) '도시 및 지역경제 개발정책'(1996) '서울의 공간구조 변화와 공공정책'(1996) '지방정부의 경영전략'(1999) '지역경제론'(1999) '지방정부의 경영전략'(1999) '서울20세기 : 생활, 문화변천사'(2001) '지역경제활성화방안'(2004) '강일2택지개발사업지구 업무시설 확충 및 활용방안'(2004) [종]기독교

최금락(崔今洛) CHOE Guem Nak

[생]1958 · 5 · 14 [출]경기 여주 [주]서울 중구 남대문로63 한진빌딩 법무법인 광장(02-772-4336) [학]1976년 경기고졸 1980년 서울대 무역학과졸 1985년 同대학원 무역학과 수료 [경]1984~1991년 MBC 편집부 · 경제부 기자 1991년 SBS 경제부 · 정치부 차장대우 1998년 同워싱턴특파원(차장) 2001년 同비서실장(부장급) 2003년 同보도본부 사회2CP 2003년 同뉴스콘텐츠개발팀장(부장급) 2004년 同국제부장 · 미래부장 2004년 同경제부장 겸임 2005년 同보도본부 정치부장 2007년 同보도본부 정치부장(부국장급) 2008년 同보도본부 보도국 부국장 2010년 同보도본부장(이사) 2011년 同방송지원본부장(이사) 2011년 대법원 양형위원회 위원 2011~2013년 대통령 홍보수석비서관 2014년 법무법인 광장 고문(현) 2014년 同공익활동위원회 위원장 겸임(현) [상]한국참언론인대상 방송경영부문(2010)

최금숙(崔錦淑 · 女) Choe Keum Sook

[생]1950 · 4 · 26 [출]서울 [주]서울 용산구 한강대로21길 25 한국여성단체협의회(02-794-4560) [학]1969년 경기여고졸 1973년 이화여대 법학과졸 1983년 同대학원 법학과졸(석사) 1987년 법학박사(이화여대) [경]1974년 이화여대 법정대 도서실 조교 1975~1976년 한국가정법률상담소 간사 1976~1977년 부산가정법률상담소 간사 1976~1978년 부산YWCA 강사 1983~1990년 이화여대 법학과 강사 1984~1987년 동덕여대 · 성신여대 · 인천대 강사 1990~2015년 이화여대 법과대학 조교수 · 부교수 · 교수 1998~2002년 법무부 남북특수법령위원회 위원 1999~2003년 국세청 국세심사위원 1999년 공정거래위원회 약관심사위원 1999년 대한가정법률복지상담원 이사(현) 2004~2007년 국가인권위원회 비상임위원 2006~2008년 이화여대 총무처장 2008~2010년 同대외협력처장 겸 감사실장 2009~2015년 同법학전문대학원 교수 2011~2014년 한국여성정책연구원 원장 2011년 (사)부산국제단편영화제조직위원회 이사(현) 2012년 국립여성사박물관 건립추진위원회 위원(현) 2012~2014년 법무부 법무자문위원장 2013년 저출산 · 고령사회위원회 민간위원 2013년 서울가정법원 50주년기념사업조직위원회 위원 2013년 (사)한국여성유권자연맹 중앙이사(현) 2013년 개성공업지구지원재단 자문위원회 위원(현) 2013~2014년 고용노동부 고용정책심의회 위원, (사)함께우리 · 다문화사회진흥원 감사, 한국그린캠퍼스추진위원회 이사(현), 환경생명포럼 이사(현), (재)디아지오코리아 마음과마음재단 이사(현), (사)역사 · 여성 · 미래 감사(현), 새삶 이사(현), (사)여성인권을지원하는사람들 이사(현), 남북여성합창단 '여울림' 단원(현), 여성통일연구회 부회장(현) 2015년 이화여대 법학과 명예교수(현) 2015년 한국여성단체협의회 회장(현) 2015년 민족화해협력범국민협의회 상임의장(현) 2016년 법무부 사면심사위원회 외부위원(현) [상]홍조근정훈장(2006 · 2007) [저]'여성과 법률'(2002, 박영사) '고령사회의 법적 과제'(2004, 한국법제연구원) '친족상속법강의'(2006, 제일법규) '상속법에서의 제문제'(2007, 세창출판사) '약관규제법'(2007, 세창출판사) '소비자권리와 현대법'(2007, 세창출판사) '친족법에서의 제문제'(2007, 세창출판사) '여성관련법률'(2007, 세창출판사)

최금식(崔金植) CHOI Keum Sik

[생]1953 · 7 · 16 [본]경주(慶州) [출]경북 경주 [주]경기 수원시 권선구 권중로46 경기도시공사 사장실(031-220-3010) [학]1973년 균명고졸 1981년 서울시립대 토목공학과졸 1996년 미국 Univ. of Southern California 대학원 지역 및 도시계획학과졸 2016년 도시공학박사(한양대) [경]1980년 LH공사(舊한국토지공사) 입사 1998년 同택지사업2처 개발부장 2004년 同신도시사업처장 2004년 同인사처장 2006년 同특별사업본부장 2007년 同경영지원이사 2008~2009년 同택지사업이사 2010~2014년 경동엔지니어링 대표이사 2011~2014년 경기도시공사 비상임이사(이사회 의장) 2014년 同사장(현) [상]건설교통부장관표창, 자랑스러운 서울시립대인상(2015)

최금암(崔金岩) CHOI Kum Am

[생]1960 · 6 · 5 [출]서울 [주]서울 중구 세종대로39 대한상공회의소빌딩8층 여천NCC 비서실(02-6050-2400) [학]1979년 관악고졸 1983년 고려대 통계학과졸 [경]1997년 한화케미칼 PVC영업부장 1997년 한화그룹 구조조정위원회 감사팀 부장 1998~2003년 同구조조정본부 지원팀 · 인사팀 상무보 2003~2005년 同구조조정본부 기획팀 상무 2005~2007년 한화석유화학 CA사업부장 · 기획실장 상무 2007~2009년 한화그룹 경영기획실 상무 2009~2011년 同경영기획실 기획담당 전무 2011~2014년 同경영기획실장 부사장 2013~2014년 비상경영위원회 실무총괄위원 2014년 여천NCC 대표이사 부사장 2015년 同대표이사 사장(현)

최금종(崔金鍾) CHOI Geum Jong

[생]1957 · 10 · 17 [본]전주(全州) [출]서울 [주]강원 춘천시 신북읍 신북로386의1 강원도보건환경연구원 원장실(033-248-6410) [학]유한공고졸, 서울보건대졸, 한국방송통신대졸, 건국대 산업대학원졸 [경]강원도 보건환경연구원 수질보전과장, 同대기보전과장, 同생활환경과장 2008년 同동부지원장 2010년 同수질환경과장 2013년 同환경연구부장 2016년 同보건환경연구원장(현) [저]'농촌간이급수시설의 수질특성에 관한 연구' [종]기독교

최기동(崔基棟) CHOI Ki Dong

[생]1962 · 8 · 1 [출]경기 남양주 [주]대구 수성구 동대구로 231 대구지방고용노동청 청장실(053-667-6300) [학]고려고졸, 성균관대 사회학과졸, 서울대 행정대학원 행정학과졸 [경]1988년 행정고시 합격(32회) 1997년 노동부 훈련정책과 서기관 2001년 同공보관실 서기관 2001년 同중앙노동위원회 사무국 조정과장, 同춘천사무소 관리과장 2002~2007년 同고용정책실 고용보험과장 2004년 국제노동기구(ILO) 파견 2007년 노동부 고용정책본부 고령자고용팀장 2008년 同고용정책실 여성고용과장 2008년 同고용정책실 여성고용과장(부이사관) 2009년 부산지방노동청 부산종합고용지원센터 소장 2010년 인천지방노동위원회 위원장 2012년 경제사회발전노사정위원회 운영국장(고위공무원) 2013년 고용노동부 기획조정실 국제협력관 2014년 중앙공무원교육원 교육파견(고위공무원) 2015년 대구지방고용노동청장(현)

최기두(崔基斗) CHOI Gi Du

[생]1960 · 8 · 23 [출]경남 사천 [주]경남 진주시 동진로 249 진주소방서 서장실(055-760-9212) [학]대구대 법학과졸, 경남대 행정대학원졸 [경]1990년 소방위 임용(소방간부 6기) 1995~1998년 내무부 소방국 예방과 · 소방과 소방경 1998년 통영소방서 소방과장(소방령) 1999~2002년 경남소방본부 방호담당 2002~2007년 창원소방서 소방행정과장 · 방호과장 2008년 김해소방서 소방행정과장 2008년 거창소방서장(소방정) 2009년 양산소방서장 2011년 고성소방서장 2013년 사천소방서장 2014년 경남도 소방본부 소방행정과장 2016년 경남 진주소방서장(현) [상]국무총리표창(2004), 근정포장(2014)

최기련(崔基鍊) CHOI Ki Ryun

[생]1947 · 6 · 19 [출]대구 [주]경기 수원시 영통구 월드컵로 206 아주대학교(031-219-2114) [학]1966년 경북사대부고졸 1973년 서울대 공대 자원공학과졸 1982년 에너지경제학박사(프랑스 Grenoble제1대) [경]1978~1986년 한국동력자원연구소 에너지정책연구부장 1986년 에너지경제연구원 에너지정책연구부장 · 연구위원 1987년 한국전력공사 사장정책담당 특별보좌역 1988~2012년 아주대 대학원 에너지시스템학부 교수 1989~1994년 에너지자원기술개발지원센터 소장 1995~1996년 과학기술정책관리연구소 소장 · 단장 2002~2004년 고등기술연구원 원장 2007~2012년 아주대 에너지기후변화연구소장 2012년 同명예교수(현) 2014년 한국전력공사 비상임이사(현) [상]대통령표창(1994), 과학기술훈장 웅비장(2004) [저]'에너지경제학개론'(1986) '자원경제학입문'(1989) '공학기술로 21세기 앞장서자'(2002) '지속가능한 미래를 여는 에너지와 환경'(2002) '에너지 경제학'(2004) '에너지산업의 미래'(2004) '에너지사전'(共) '한국의 에너지정책'(共) '한국의 에너지산업'(共) '21세기 동북아 에너지'(共) '에너지 경제학 증보판'(2007) '석유가스경제학'(2008) '원자력경제학'(2014)

최기봉(崔基鳳)

[생]1958 · 9 · 15 [출]서울 [주]경기 성남시 수정구 성남대로1342 가천대학교 건축공학과(031-750-5338) [학]한양대 건축공학과졸, 미국 Maryland대 대학원졸, 공학박사(미국 Maryland대) [경]경원대 건축공학과 교수 2009~2012년 同연구처장 2009~2010년 한국콘크리트학회 감사 2011~2012년 同부회장 2012년 가천대 글로벌캠퍼스 공과대학 건축공학과 교수(현) 2012년 同연구처장 2014년 同공과대학장 2014년 同산업 · 환경연구소장

최기상(崔基相) CHOI Ki Sang

[생]1969 · 10 · 7 [본]전주(全州) [출]전남 영암 [주]서울 서초구 서초중앙로157 서울중앙지방법원(02-530-1114) [학]1988년 광주 사레지오고졸 1994년 서울대 경영학과졸 2006년 독일 뮌헨대 연수 [경]1993년 사법시험 합격(35회) 1996년 사법연수원 수료(25기) 1999년 광주지법 판사 2001년 同목포지원 판사 2001년 영암군선거관리위원회 위원장 2003년 인천지법 판사 2004년 인천시 공직자윤리위원 2006년 서울서부지법 판사 2008년 서울고법 판사 2008년 헌법재판소 파견(헌법연구관) 2010년 서울행정법원 판사 2011년 전주지법 남원지원장 2011년 남원시선거관리위원회 위원장 2013년 수원지법 부장판사 2014~2015년 헌법재판소 파견 2015년 서울중앙지법 부장판사(현)

최기섭(崔己燮)

[생]1962·5·3 [출]경기 파주 [주]경기 수원시 장안구 경수대로1110의17 중부지방국세청 조사2국 조사1과(031-888-4572) [학]부평고졸, 세무대학졸(1기), 고려대 정책대학원졸 [경]공무원 임용(8급 특채) 2004년 중부지방국세청 북인천세무서 세원관리1과장 2006년 국세청 소득세과 근무 2006년 국무총리 민정비서관실 근무 2009년 중부지방국세청 감사관실·조사3국1과 근무 2011년 서인천세무서 운영지원과장 2012년 중부지방국세청 조사4국 1과·2과 근무 2015년 순천세무서 벌교지서장 2015년 홍천세무서장 2016년 중부지방국세청 조사2국 조사1과장(현)

최기수(崔起壽) CHOI Kee Soo

[생]1959 · 3 · 8 [주]경기 안양시 만안구 성결대학로53 성결대학교 신학부(031-467-8162) [학]성결대 신학과졸, 침례신학대 신학대학원졸, 신학박사(계명대) [경]1990~1998년 성결대 해외선교학과 전임강사 · 조교수 1993년 同해외선교학과장 1996년 同신학과장 1998년 同신학대학 신학부 부교수 · 교수(현) 2002년 同대학원 신학부장 2003~2004년 同교목실장 2004~2005년 同신학대학장 2006년 同신학전문대학원장 겸 성결신학대학원장 2007년 同사회봉사센터장 2009년 同성결신학연구소장 2012~2013년 同교목실장 2014년 同신학전문대학원장 겸 성결신학대학원장 2016년 同신학대학장(현)

최기수(崔基秀)

[생]1960·1·5 [주]부산 연제구 중앙대로1001 부산광역시청 문화관광국 문화예술과(051-888-5031) [학]1979년 동래고졸 2012년 부산대 대학원 행정학과졸 [경]1979년 지방행정서기보 임용 2007년 부산시의회 사무처 운영예결전문위원 2010년 부산시 경제산업본부 고용정책과 근무 2013년 同정책기획실 혁신도시개발단 근무 2015년 同대변인실 언론홍보담당관 2016년 同문화관광국 문화예술과장(현)

최기식(崔基植) CHOI KI SIK

[생]1969 · 4 · 4 [본]경주(慶州) [출]경남 밀양 [주]서울 서초구 반포대로158 서울중앙지방검찰청 형사5부(02-530-4154) [학]1988년 경남 밀양고졸 1992년 고려대 법대 법학과졸 [경]1995년 사법시험 합격(37회) 1996년 사법연수원 수료(27기) 1998년 軍법무관 2001년 서울지검 서부지청 검사 2003년 창원지검 통영지청 검사 2006년 서울중앙지검 검사 2009년 대검찰청 연구관 2011년 인천지검 부부장검사(駐독일 법무협력관 파견) 2013년 법무부 법무실 통일법무과장 2015년 서울중앙지검 총무부장 2016년 同형사5부장(현)

최기영(崔基映) Ki-Young Choi

[주]서울 종로구 종로1길50 더케이트윈타워 A동 한국마이크로소프트(02-531-4500) [학]1987년 한양대졸 2004년 미국 노스웨스턴대 켈로그경영대학원졸 2006년 핀란드 헬싱키경제대 경영대학원졸(MBA) [경]1991~1993년 한국HP 기술컨설턴트 1994~1999년 한국오라클 제품마케팅 매니저 겸 수석세일즈컨설턴트 1999년 한국마이크로소프트(한국MS) 비즈니스개발 및 솔루션세일즈 리드 2003년 同오피스 및 윈도우사업부 리드 · 디렉터 2005년 同비즈니스 및 마케팅사업본부장 2008년 同엔터프라이즈 및 파트너그룹 시니어디렉터 2011년 미국 마이크로소프트 본사 아시아태평양지역본부 엔터프라이즈사업담당 2014년 한국마이크로소프트(한국MS) 부사장 2015년 同최고운영책임자(부사장)(현) 2015~2016년 同대표이사 직대

최기용(崔基溶) CHOI Ki Yong

[생]1956·3·24 [주]서울 노원구 광운로20 광운대학교 인문사회과학대학 국어국문학과(02-940-5356) [학]1978년 서울대 언어학과졸 1984년 同대학원 언어학과졸 1987년 미국 서던캘리포니아대 대학원 언어학과졸 1991년 언어학박사(미국 워싱턴대) [경]1991년 미국 워싱턴대 강사 1992~2015년 광운대 인문대학 국어국문학과 조교수·부교수·교수 1993~1996년 서울대 강사 1999년 캐나다 Toronto대 방문교수 2005년 광운대 언어교육원장 2010년 미국 Univ. of Maryland College Park 방문연구원 2015년 광운대 인문대학장 2016년 同인문사회과학대학 국어국문학과 교수(현) 2016년 同인문사회과학대학장(현)

최기운(崔基雲) CHOI Ki Woon

[생]1959 · 11 · 7 [출]전남 [주]대전 유성구 대학로291 한국과학기술원 물리학과(042-350-2537) [학]1977년 인창고졸 1981년 서울대 물리학과졸 1983년 同대학원 물리학과졸 1986년 이학박사(서울대) [경]1986~1987년 미국 하버드대 물리학과 연구원 1987~1988년 미국 존스홉킨스대 물리학과 연구원 1988~1990년 미국 카네기멜론대 물리학과 연구원 1990~1992년 미국 캘리포니아주립대 물리학과 연구원 1992~1993년 전북대 초빙교수 1993년 한국과학기술원 물리학과 교수(현) 2007년 교육인적자원부 및 한국학술진흥재단 '국가석학(우수학자)' 선정 2014년 기초과학연구원(IBS) 순수물리이론연구단장(현) [상]한국과학재단 및 과학논문인용색인(SCI) 주관사 미국 톰슨사이언티픽 선정 '올해 세계 수준급 연구영역 개척자상'(2007), 교육인적자원부 · 한국학술진흥재단 선정 '2007년 우수학자'(2007), 한국과학상 물리분야(2011)

최기원(崔基園) Choi, Gi-Won

[생]1959·9·26 [본]철원(鐵原) [출]부산 [주]부산 연제구 중앙대로1001 부산광역시청 국제협력과(051-888-5080) [학]1978년 부산 대동고졸 1985년 동아대 금속공학과졸 1988년 경성대 대학원 환경공학과졸 [경]2004~2006년 2005부산APEC조직위원회 홍보팀장 2007년 부산시 체육진흥과 체육정책계장 2010년 同대변인실 보도지원계장 2011년 同라이온스부산세계대회 지원과장 2012년 同경제산업본부 산업입지과장 2014년 同안전행정국 국제협력과장 2014년 同문화관광국 국제협력과장(현) [상]부산APEC유공 대통령표창(2005) [종]기독교

최기의(崔棋義) CHOI Gi Eui

[생]1956·12·27 [본]삭녕(朔寧) [출]경남 진주 [주]부산 동구 중앙대로192 부산파이낸셜뉴스(051-465-7113) [학]1975년 부산남고졸 1983년 동아대 정치외교학과졸 1993년 창원대 대학원 경영학과졸 2003년 핀란드 헬싱키경제경영대학원 경영학과졸(MBA), 경영학박사(경희대) [경]2004년 국민은행 복권사업부장 2005년 同인사부장 2007년 同개인영업본부장 2008년 同여신그룹 부행장 2010년 同전략그룹 선임이사부행장 2010년 KB금융지주 이사 2010년 국민은행 은행장

직대 2010년 KB금융지주 카드사설립기획단장(부사장대우) 2011~2013년 KB국민카드 대표이사 사장 2014년 새만금개발청 자문위원 2014년 동아대 금융학과 부교수 2014~2015년 同산학협력단 부교수 2015년 부산파이낸셜뉴스 사장(현) [상]금융감독위원회 금융산업발전유공표창(2003), 헬싱키MBA 최우수논문상(2003), 재정경제부장관표창(2005), 한국100대 CEO(2012), 대한민국금융대상 여신금융대상(2012), 월간중앙 2013 대한민국 CEO리더십대상(2012), 포춘코리아 선정 '2013 한국 경제를 움직이는 인물'(2013)

최기정(崔基正) CHOI Gi Jeong

[생]1962·7·19 [출]충남 보령 [주]서울 종로구 북촌로112 감사원 행정·안전감사국(02-2011-2510) [학]1982년 영일고졸 1989년 중앙대 법학과졸 [경]1992년 사법시험 합격(34회) 1995년 사법연수원 수료(24기) 1995년 감사원 심사제2담당관실 감사관 2007년 同특별조사본부 감찰정보팀장 2007년 同심의실 법무지원담당관 2009년 同행정·안보감사국 제2과장 2010년 同부이사관(파견) 2011년 同재정·경제감사국 제2과장 2011년 同행정·안보감사국 제1과장 2011년 同행정문화감사국 제1과장 2012년 同고위감사공무원(파견) 2013년 同감사품질관리관 2013년 同심사관리관 2014년 同심의실장 2015년 同행정·안전감사국장(현)

최기혁(崔杞爀) Choi, Gi-Hyuk

[생]1960·4·6 [출]인천 [주]대전 유성구 과학로169의84 한국항공우주연구원 융합기술연구본부 달탐사연구단(042-860-2114) [학]1996년 고층대기학박사(영국 런던대) [경]1985~1989년 한국기계연구원 선임연구원 1989~1992년 한국항공우주연구원 선임연구원 1997년 同책임연구원(ISS팀장) 2006년 同우주인개발단장 2009년 同국제협력팀장 2011년 同미래기반연구실장 2012년 同미래융합연구실장 2015년 同융합기술연구본부 달탐사연구단장(현) [상]과학기술처장관표창(1989), 교육과학기술부장관표창(2009), 교육과학기술부 2008년 국가우수연구60선 선정 및 연구재단우수연구100선 선정(2009), 국토해양부장관표창(2010) [종]기독교

최기화(崔基華) CHOI Gi Hwa

[생]1962·4·20 [출]경남 산청 [주]서울 마포구 성암로267 문화방송 보도국(02-789-0011) [학]서울대 동양사학과졸 [경]2000년 MBC 보도국 라디오인터넷뉴스부 차장대우 2001년 同보도국 뉴스편집2부 차장대우 2002년 同보도국 국제부 차장대우 2003년 同기획국 정책기획팀 차장 2004년 同보도국 사회2부 차장 2006년 同보도전략팀 부장대우 2006년 同보도국 국회팀장(부장대우) 2007년 同보도국 사회정책팀장 2008년 同기획조정실 정책기획팀장 2009년 同기획조정실 정책기획부장 2010년 同홍보국장 2010년 同보도국 사회1부장 2011년 同보도본부 편집1부장 2012년 同보도본부 보도국 부국장 2013년 同보도국 취재센터장 2013년 同기획국장 2015년 同보도국장(현) [상]제11회 참언론인대상 사회부문상(2015)

최길선(崔吉善) Choi Kil Seon

[생]1946·2·25 [본]탐진(耽津) [출]전북 군산 [주]울산 동구 방어진순환도로100 현대중공업 비서실(052-202-2114) [학]1964년 군산고졸 1969년 서울대 조선공학과졸 2010년 명예 공학박사(군산대) [경]1969~1972년 전주제지(주) 근무 1972년 현대중공업(주) 입사·생산기획담당 이사·전무이사 1992년 한라중공업 조선사업본부장 부사장 1997~1999년 同조선담당 대표이사 사장·현대미포조선 고문 2001~2004년 현대중공업 대표이사 사장 2003~2005년 한국조선공업협회 회장 2004년 현대미포조선 대표이사 사장 2005~2009년 현대중공업(주) 대표이사 사장 2009~2015년 한국플랜트산업협회 회장 2009년 한국조선협회 회장 2009년 현대중공업(주) 상담역 2010년 한라건설(주) 사외이사 2010~2012년 서울대 초빙교수 2011~2014년 군산대 조선공학과 석좌교수 2011~2013년 아산나눔재단 이사 2013년 관동대 산학협력부총장 2014년 현대중공업(주) 조선·해양·플랜트부문 총괄 대표이사 회장 2014년 同회장(현) [상]석탑산업훈장(1977), 40억불 수출의 탑, 50억불 수출의 탑, 서울대·한국공학한림원 선정 '한국을 일으킨 엔지니어 60인'(2006), 인촌상 산업기술부문(2009)

최길성(崔吉成) Choi Kil Sung

[생]1963·4·10 [출]서울 [주]세종특별자치시 조치원읍 대첩로32 세종창조경제혁신센터(044-999-0003) [학]1982년 서울 용문고졸 1989년 서울대 경영학과졸 1995년 서강대 최고경영자과정 수료 2003년 한국과학기술원(KAIST) MBA [경]1989년 아시아나항공 경영전략실 입사 1996년 SK텔레콤 경영전략실 입사 2004년 WIBRO 사업권획득·6시그마/BMI 추진 2007년 SK컴즈 전략기획실장·인재개발원장 2011년 同New플랫폼사업본부장(싸이월드 C로그·LBS·스마트TV·PM·Life DB) 2012년 SK플래닛 글로벌커뮤니케이션TF장 겸 매드스마트 공동대표 2013~2014년 同Telco사업본부장 2015년 세종창조경제혁신센터장(현)

최길수(崔吉秀) CHOI Kil Su

[생]1966·10·7 [출]경기 파주 [주]서울 서초구 반포대로158 서울고등검찰청(02-530-3114) [학]1985년 명지고졸 1989년 서울대 공법학과졸 1992년 同대학원 법학과 수료 [경]1991년 사법시험 합격(33회) 1994년 사법연수원 수료(23기) 1994년 軍법무관 1997년 대구지검 검사 1999년 同경주지청 검사 2000년 서울지검 동부지청 검사 2004년 의정부지검 고양지청 검사 2006년 제주지검 부부장검사 2006년 대검찰청 검찰연구관 2007년 서울중앙지검 부부장검사 2008년 대전지검 서산지청 부장검사 2009년 광주지검 특별수사부장 2009년 인천지검 형사5부장 2010년 법무연수원 검사교수 2011년 수원지검 형사4부장 2012년 서울서부지검 형사3부장 2013년 의정부지검 형사2부장 2014년 서울고검 검사 2015년 대구지검 안동지청장 2016년 서울고검 검사(현)

최길영(崔吉永)

[생]1952·9·10 [출]대구 [주]대구 중구 공평로88 대구광역시의회(053-803-5010) [학]1971년 성광고졸 2005년 가야대 사회복지학과졸, 영남대 경영대학원졸 [경]대구시 수성구 생활체육협의회 회장, 법무부 범죄예방위원회 위원 2002년 (주)보우엔테크 대표이사 2005년 4·30재보궐 대구시의원선거 출마(무소속), 시민예술대학 학장 2012년 대구시의회 의원(보궐선거 당선, 새누리당) 2012년 同경제교통위원회 부위원장 2012년 同남부권신공항추진특별위원회 부위원장 2014년 대구시의회 의원(새누리당)(현) 2014년 同운영위원회 위원장 2014년 同경제교통위원회 위원 2014년 同경제환경위원회 위원 2015년 전국시·도의회운영위원장협의회 회장 2016년 대구시의회 제1부의장(현) 2016년 同교육위원회 위원(현) [상]국무총리표창, 행정자치부장관표창, 법무부장관표창, 국민생활체육중앙협의회장표창, 민족통일중앙협의회 의장표창, 대구시지체장애인협회장 감사패

최길학(崔吉學) CHOI Kil Hak

[생]1949·10·8 [출]충남 서산 [주]충남 서산시 읍내3로28 서림빌딩5층 서림종합건설(주)(041-667-1155) [학]1979년 한남대 경영대학원 수료 [경]1982년 서산청년회의소 회장 1999년 대전지법 서산지원 조정위원회장 2001년 서산발전협의회(서산시기관장) 위원 2001년 서산시지역경영협의회 위원 2001년 충남도노사정위원회 위원 2001년 충남발전연구원 이사 2001년 서림종합건설(주) 대표이사(현) 2001년 서산상공회의소 회장 2003년 서산시지역혁신분권협의회 공동대표 2006년 대한상공회의소 예산심의위원 2006년 同상임위원 2007~2015년 서산상공회의소 회장 2015년 충남지역인적자원개발위원회 위원 [상]민주자유당총재표창(1994), 대전지방국세청장표창(1998), 서산시장표창(1999), 산업포장(2013) [종]불교

최나연(崔羅蓮·女) CHOI Na Yeon

[생]1987·10·28 [출]경기 오산 [주]서울 중구 을지로65 SK텔레콤 스포츠마케팅팀(02-6100-7515) [학]대원외고졸 2013년 건국대 사범대학 체육교육과졸 [경]2003년 대한골프협회 국가대표 2003년 한국주니어선수권 2위 2004년 제주도지사배대회 여고부 우승 2004년 MBC & XCANVAS 여자오픈 5위 2004년 한국여자오픈 준우승 2004년 KLPGA투어 ADT캡스 인비테이셔널 우승 2004년 프로입문 2004년 한국여자프로골프협회 회원(현), SK텔레콤 소속(현) 2005년 레이크사이드 여자오픈 골프대회 우승 2005년 하이트컵 여자오픈 골프대회 준우승 2006년 KB국민은행 스타투어 1차·2차대회 준우승 2006년 同3차대회 우승 2006년 오리엔트차이나레이디스오픈 3위 2007년 신세계배 한국여자프로골프(KLPGA) 선수권대회 우승 2008년 2월 호주여자오픈 공동5위 2008년 LPGA투어 사이베이스클래식 공동2위 2008년 LPGA투어 에비앙 마스터스 공동2위 2009년 LPGA투어 SBS오픈 공동3위 2009년 LPGA투어 코로나챔피언십 3위 2009년 LPGA투어 삼성월드챔피언십 우승 2009년 LPGA투어 하나은행 코오롱챔피언십 우승 2009년 LPGA투어 LPGA 투어챔피언십 공동3위 2010년 LPGA투어 제이미 파 오웬스 코닝클래식 우승 2010년 LPGA투어 에비앙마스터스 공동2위 2010년 LPGA투어 세이프웨이클래식 공동2위 2010년 LPGA투어 나비스타클래식 공동3위 2010년 LPGA투어 하나은행챔피언십 우승 2010년 경기도 홍보대사 2010년 랜드로버 홍보대사 2011년 LPGA투어 사이베이스 매치플레이 챔피언십 3위 2011년 LPGA투어 세이프웨이 클래식 2위 2011년 한국여자프로골프(KLPGA)투어 골든 에이지컵 대우증권 클래식 2위 2011년 LPGA투어 하나은행 챔피언십 공동2위 2011년 LPGA투어 말레이

시아 사임다비대회 우승 2011년 LPGA투어 미즈노 클래식 3위 2012년 LPGA투어 HSBC 위민스 챔피언스 공동2위 2012년 해군 홍보대사 2012년 LPGA투어 US여자오픈 챔피언십 우승 2012년 LPGA투어 캐나다여자오픈 공동3위 2012년 KLPGA투어 KDB대우증권 클래식 3위 2012년 차움 홍보대사 2012년 LPGA투어 사임다비 말레이시아 2위 2012년 LPGA투어 CME그룹 타이틀홀더스 우승 2012년 한국여자프로골프(KLPGA) 2013시즌 개막전 스윙잉 스커츠 월드 레이디스 마스터스 우승 2013년 LPGA투어 HSBC 위민스 챔피언스 2위 2013년 LPGA투어 브리티시여자오픈 공동2위 2014년 LPGA투어 퓨어실크 바하마 클래식 공동 3위 2014년 LPGA투어 캐나다 퍼시픽 여자오픈 2위 2015년 LPGA투어 코츠 골프 챔피언십 우승 2015년 LPGA투어 월마트 NW 아칸소챔피언십 우승 2016년 LPGA투어 스윙잉 스커츠 클래식 공동 3위 [상]한국여자골프대상 인기상(2005), 경기도 스포츠스타상(2009·2010), 미국여자프로골프투어 상금왕·베어트로피(최저타상)(2010), 한국골프칼럼니스트대상 '올해를 빛낸 선수'(2010), 한국골프라이터스협회 올해의 선수상(2010), 대한골프협회 최우수 프로선수상(2011), 건국대 공로상(2013)

최낙영(崔洛英) CHOI Nak Young

[생]1956·4·13 [출]경남 진주 [주]경남 김해시 주촌면 골든루트로80의59 (재)김해의생명센터(055-329-8811) [학]1974년 경남 대아고졸 1980년 경상대 농화학과졸 [경]1982년 공무원 임용(7급 공채) 1982~1987년 총무처 보수과·인사과 행정주사보 1987~1996년 同인사과·비상계획관실 행정주사 1996~2003년 소청심사위원회 행정과·2002월드컵축구대회조직위원회·국무조정실 행정사무관 2003년 행정자치부 법무담당관실·국민경제자문회의 총무과 행정사무관 2003~2007년 국민경제자문회의 총무과장(서기관) 2007년 이북5도위원회 평북도 사무국장 2007년 행정자치부 교육운영팀장 2008년 행정안전부 정보문화과장 2008년 同정보자원정책과장 2009년 同채용관리과장 2011년 同채용관리과장(부이사관) 2011년 소방방재청 정보화담당관 2011년 同비서실장 2013년 경남도 문화관광체육국장 2014~2015년 김해시 부시장 2015년 (재)김해의생명센터 센터장(현) 2015년 김해중소기업비즈니스지원센터 센터장 겸임(현) 2016년 한국지역특화법인협의회 회장(현) [상]녹조근정훈장(2002), 대통령표창(2012)

최낙정(崔洛正) CHOI Lark Jung

[생]1953·7·10 [본]전주(全州) [출]경남 고성 [주]부산 연제구 거제천로9번길8 부산밥퍼나눔공동체(051-756-1365) [학]1972년 용산고졸 1976년 고려대 법학과졸 1985년 영국 웨일즈대 대학원졸 1999년 법학박사(한국해양대) [경]행정고시 합격(17회) 1975년 해운항만청 행정사무관 1987년 同기획관리실 전산담당관 1987년 부산지방해운항만청 항무과장 1988년 駐영국대사관 해무관 1992년 해운항만청 항만운영과장 1993년 同항무과장 1995년 同총무과장 1995년 마산지방해운항만청장 1996년 국방대학원 파견 1997년 해양수산부 수산물유통국장 1997년 同어촌개발국장 1998년 同항만정책국장 1999년 부산지방해양수산청장 2000년 해양수산부 중앙해양안전심판원장 2001년 同기획관리실장 2003년 同차관 2003년 同장관 2003년 고려대 정부학연구소 연구교수 2005년 한국해양대 해사수송·항해시스템공학부 초빙교수 2005년 한국해양대 총동창회 부회장 2005~2011년 해양문화재단 이사장 2010년 부산밥퍼나눔공동체 이사장(현) [상]녹조근정훈장(1994) [저]'공무원이 설쳐야 나라가 산다'(2002) '한일어업협정은 파기되어야 하나'(2002) '공무원은 좀 튀면 안되나요'(2002) '바다사랑 최낙정 다이어리-단디 하겠심니더'(2004) [종]기독교

최남섭(崔楠燮) Choi, Nam Sup

[생]1953·11·6 [출]서울 [주]서울 성동구 광나루로257 대한치과의사협회(02-2024-9100) [학]1972년 용산고졸 1979년 서울대 치의학과졸 1987년 同대학원 치의학과졸(치의학석사) 1989년 치의학박사(서울대) [경]1980년 서울대치과병원 치주과 전공의 1989년 同치주과 외래교수 1997년 서울치과의사신용협동조합 부이사장 2000년 서울국제치과기자재전시회(시덱스) 조직위원장 2008년 서울시치과의사회 회장 2011년 同명예회장 2011년 대한치과의사협회 수석부회장 2014년 同회장(현) 2014년 한국보건의료인국가시험원 비상임이사(현) 2016년 항생제바로쓰기운동본부 위원(현)

최남식(崔南植)

[생]1968·8·12 [본]전주(全州) [출]광주 [주]경기 평택시 평남로1036 수원지방법원 평택지원(031-650-3114) [학]1987년 광주 동신고졸 1994년 서울대 공법학과졸 [경]1995년 사법시험 합격(37회) 1998년 사법연수원 수료(27기) 1998년 서울지법 동부지원 판사 2000년 서울지법 판사 2002년 광주지법 순천지원 판사 2005년 수원지법 판사 2007년 서울중앙지법 판사 2010년 서울고법 판사 2011년 대법원 재판연구관 2013년 제주지법 부장판사 2013년 제주도선거관리위원회 제주도선거방송토론위원회 위원장 2014~2015년 제주지법 수석부장판사 2014~2015년 언론중재위원회 제주중재부 중재위원 2015년 수원지법 평택지원 부장판사(현)

최남호(崔南浩) CHOI Nam Ho

[생]1969·4·24 [출]서울 [주]충북 음성군 맹동면 이수로93 국가기술표준원 기술규제대응국(043-870-5309) [학]1988년 성동고졸 1994년 서울대 경제학과졸 [경]2005년 산업자원부 자본재산업총괄과 서기관 2005년 한국형헬기개발사업단 파견 2007년 산업자원부 산업구조팀장(서기관) 2008년 지식경제부 방사성폐기물과장 2009년 대통령실 파견(서기관) 2010년 미국 실리콘밸리 한국무역관 파견(서기관) 2012년 지식경제부 기계항공시스템과장 2013년 산업통상자원부 자동차항공과장 2013년 同기획조정실 기획재정담당관(서기관) 2015년 同기획조정실 기획재정담당관(부이사관) 2016년 同국가기술표준원 기술규제대응국장(고위공무원)(현)

최노석(崔魯錫) CHOI Noh Sok

[생]1948·2·16 [본]전주(全州) [출]경남 고성 [주]서울 종로구 인사동5길14 한국관광협회중앙회 3층(02-757-7485) [학]1966년 마산고졸 1975년 연세대 국어국문학과졸 1985년 미국 길퍼드대 정치학과 수료 2012년 경기대 관광전문대학원 관광학과졸 [경]1969년 전국국어운동학생회연합회장 1974년 경향신문 기자·정치부·사회부 차장 1987년 同파리특파원 1988년 프랑스 파리 한인중·고 설립·교장 1993년 경향신문 문화1부장 1995년 同논설위원(부국장대우) 1997년 민주당 언론특보·당무위원·홍보본부장 1997년 한나라당 조순 총재 특보·부대변인 2002~2004년 미래한국신문 이사 겸 편집국장 2004년 한국음식업중앙회 정책기획실장 2006년 낙동강정맥금강소나무복원 국민운동본부 공동대표 2010년 한국관광협회중앙회 상근부회장(현) [저]'미완의 혁명-동구 페레스트로이카의 현주소'(1990) '젓가락으로 들어올린 지구'(1994) '무궁화영토'(2006) '내안의 1%가 기적을 만든다'(2008) '인간화 시대'(2012, 21세기북스) [종]기독교

최대권(崔大權) CHOI Dai Kwon

[생]1937·7·10 [본]전주(全州) [출]강원 춘천 [주]서울 관악구 관악로1 서울대학교 법과대학(02-880-7534) [학]1956년 춘천고졸 1961년 서울대 법학과졸 1967년 미국 미시간대 법과대학원졸 1968년 미국 캘리포니아대 법과대학원졸 1976년 정치학박사(미국 캘리포니아대 버클리교) [경]1962년 고등고시 행정과1부 합격(14회) 1962~1964년 원호처 법무관실 사무관 1972~1986년 서울대 법과대학 공법학과 전임강사·조교수·부교수 1980년 同법학연구소 연구부장 1987~2002년 同법과대학 교수 1987년 한국사회이론학회 회장 1991년 국제인권법학회 부회장 1992년 서울대 공법학과장 1993년 한국공법학회 연구이사 1994년 서울대 미국학연구소장 1995년 한국민주시민교육협의회 공동대표 1998년 한국입법학회 회장 1998년 한국인문사회과학회 부회장 1999년 서울대 법학연구소장 1999년 대통령직속 사법개혁추진위원회 위원 2000년 한국인문사회과학회 회장 2002년 서울대 법과대학 명예교수(현) 2002~2013년 한동대 법학부 석좌교수 2008년 한국입법학회 명예회장(현) 2008년 국가정상화추진위원회 고문(현) 2008년 법제처 정부입법자문위원회 초대 위원장(현) 2015년 방송통신심의위원회 제20대국회의원선거방송심의위원회 위원장 [상]옥조근정훈장, 재경춘천고동창회 상록대상 학술부문(2005), 목촌법률상(2014) [저]'Traditional Korean Legal Attitudes'(共) '헌법'(共) '한국사회개발연구'(共) '법사회학' 'Constitution, Civil Right, and Judicial Process seen from A Thought on Conflict Harmony'(共) '법사회학의 이론과 방법'(共) '법과 사회' '사회변화와 윤리' '헌법학강의' '사례중심 헌법학' '법학교육-법학방법론 : Law School을 중심으로'(2003) 'Judicial System Transformation in the Globalizing World : Korea and Japan(共)'(2007) '사회변화와 입법(共)'(2008) '법치주의와 민주주의'(2012, 서울대 출판문화원) [역]'입헌적 국가이성' [종]기독교

최대석(崔大錫) CHOI Dae Seok

[생]1956·8·24 [본]전주(全州) [출]서울 [주]서울 서대문구 이화여대길52 이화여자대학교 이화·포스코관201호(02-3277-2629) [학]1975년 경복고졸 1982년 연세대 정치외교학과졸 1984년 미국 Syracuse대 국제관계학과졸 1993년 정치학박사(미국 Claremont대) [경]1993~1994년 경남대 극동문제연구소 객원연구원 1994~1996년 통일연구원 책임연구원 1994~1996년 민족통일연구원 책

임연구원 1996~2006년 동국대 사회과학대학 북한학과 부교수 1997년 북한연구학회 상임이사 1998~2002년 통일부 정책자문위원 1998년 세계지역연구협의회 국제이사 1999년 민족화해협의회 정책위원 2000년 한국정치학회 북한통일연구위원장 2001~2003년 민주평통 자문위원 2002년 경실련 통일협회 정책위원·이사 2002~2003년 미국 클레어먼트대 방문교수 2003년 통일부 정책평가위원 2003년 한국국제정치학회 이사 2003~2006년 우리민족서로돕기운동 평화나눔센터 소장 2004~2007년 한국 NGO학회 상임이사 2004~2006년 한국정치학회 연구이사·이사 2005년 동국대 행정대학원 및 사회과학대 통합행정지원실장 2006년 이화여대 일반대학원 북한학과 교수(현) 2006년 통일부 남북관계발전위원회 위원 2006년 우리민족서로돕기운동 공동대표 2007년 한국정치학회 부회장 2007~2014년 이화여대 통일학연구원장 2010년 국가미래연구원 외교안보분야 발기인 2011년 북한연구학회 회장 2013년 제18대 대통령직인수위원회 외교·국방·통일분과 인수위원 2014년 이화여대 정책과학대학원장 겸 정보과학대학원장(현) 2015년 (재)세종연구소 이사(현) [저]'외교정책의 이론과 이해'(1998, 오름) '미국외교정책-이론과 실제'(1998, 박영사) '현대북한체제론'(2000, 을유문화사) '남북화해와 민족통일'(2001, 을유문화사) '북한주민의 일상생활과 대중문화'(2003, 도서출판 오름) '동북아 NGO 연구총서'(2005, 통일연구원) '북한의 방송언론과 예술'(2006, 경인문화사) '미국외교정책-이론과 실체'(2009, 박영사) '남북관계사 : 갈등과 화해의 60년'(2009, 이화여대 출판부)

최대성(崔大成) CHOI Dae Sung

[생]1958·5·13 [출]인천 [주]서울 중구 후암로110 서울시티타워10층 (주)한국스마트카드 비서실(02-2288-6677) [학]1977년 제물포고졸 1981년 경희대 경제학과졸 [경]1981년 동방생명 입사 1983년 LG화학 정보시스템부 근무 1987년 LG CNS그룹 전배 1998년 同기술연구부문 기술전략팀장 2000년 同금융사업부 전략사업담당 2002년 LG CNS 금융사업1담당 2005년 同금융ITO사업본부 금융사업부장 2006년 同금융ITO사업본부 SFG프로젝트담당 상무 2006년 同신한금융그룹차세대프로젝트 PM(상무), 同공공·금융사업본부 금융전략사업부 상무 2012년 (주)한국스마트카드 대표이사 사장(현)

최대식(崔大植)

[생]1958·3·29 [주]전남 무안군 삼향읍 오룡길1 전라남도의회(061-286-8200) [학]1975년 여수고졸 2008년 순천청암대 문화관광과졸 [경]1986년 중소기업전남음식유통조합 이사 1992년 여수시축구연합회 이사 1994년 同전무이사 1996년 (유)보람유통 대표이사 1998년 여수시축구연합회 부회장 1999년 여수시생활체육협의회 이사 2001년 여수시축구연합회 회장 2003년 국제라이온스협회 자산클럽 회장 2003년 민주평통 자문위원 2005년 민주당 전남도당 체육진흥특별위원장 2005년 여수시생활체육협의회 회장 2005년 사회복지법인 금강원 이사 2005년 2012여수세계박람회 유치위원 2006·2010~2014년 전남 여수시의회 의원(민주당·민주통합당·민주당) 2008년 同운영위원장 2010년 同기획자치위원장 2012년 同부의장 2014년 전남도의회 의원(새정치민주연합·더불어민주당·국민의당)(현) 2014년 同기획사회위원회 위원 2014·2016년 同여수세계박람회장사후활용특별위원회 위원장(현) 2016년 同전라남도동부권산업단지안전·환경지원특별위원회 위원 2016년 同교육위원회 위원(현) 2016년 同예산결산특별위원회 위원(현) [상]전국지역신문협회 의정대상(2009) [종]기독교

최대열(崔大烈)

[생]1962·3·29 [출]전북 진안 [주]경남 거창군 거창읍 상동2길14 거창세무서(055-940-0200) [학]전북 원광고졸 1983년 세무대학졸(1기) [경]1983년 공무원 임용(8급 특채), 국세청 재산세과·전산실 근무, 중부지방국세청 조사4국 조사2과 근무 2014년 군산세무서장 2014년 국세청 고객만족센터장 2015년 신광주세무서장 2016년 거창세무서장(현)

최대우(崔大羽) CHOI Dae Woo (錦石)

[생]1940·5·22 [본]경주(慶州) [출]경남 합천 [주]서울 종로구 자하문로26 (사)제헌국회의원유족회 부회장실(02-738-2453) [학]1958년 진주고졸 1962년 동국대 정치외교학과졸 [경]1984~1989년 서울올림픽대회조직위원회 자료과장 1990년 총무처 상훈과장 1991년 同의정과장 1994~1995년 중앙공무원교육원 고위정책과정 수료 1995년 1997무주·전주동계유니버시아드대회조직위원회 지원본부장 1997년 총무처 국가상징 및 의전제도발전기획단장 1998년 대통령직인수위원회 행정부실장 1998년 행정자치부 정부수립50주년기념사업추진기획단 부단장 1999년 병무청 기획관리관 1999~2000년 부산지방병무청장 2000년 (사)제헌국회의원유족회 사무총장 2000~2006년 (사)대한민국수석인총연합회 회장 2006년 同명예회장 2008년 同상임고문(현) 2011년 (사)제헌국회의원유족회 부회장(현) [상]근정포장(1979), 체육훈장 백마장(1989), 체육훈장 거상장(1997), 홍조근정훈장(2000) [저]'壽石과 더불어 한평생'(共) '石談'(共) [종]기독교

최대진(崔大鎭) Choi Dae Jin

[생]1964·9·10 [출]경북 포항 [주]경북 안동시 풍천면 도청대로455 경상북도청 지역균형건설국(054-880-3900) [학]대륜고졸, 경북대 토목공학과졸, 同대학원졸(수자원학전공) [경]1996년 지방고시 합격(2회) 1997년 안동시 건설과 근무 2001년 경북도 지역개발과 건설기술팀장 2003년 同도시계획과 사무관 2004년 국가전문행정연수원 중견관리자과정 교육 2005년 경북도 민방위재난관리과 사무관 2007년 同기획조정본부 사무관 2010년 同낙동강사업팀장(서기관) 2011년 同도로철도과장 2013년 同치수방재과장 2014년 同도청이전추진본부장 2014년 同도청신도시본부장 2015년 同지역균형건설국장(부이사관)(현) [상]국무총리표창(2008), 근정포장(2012)

최대휴(崔大休) CHOI Dae Hew

[생]1954·11·27 [본]초계(草溪) [출]전남 고흥 [주]충남 천안시 서북구 성환읍 각금3길9 농업회사법인 (주)옥토앤자인(041-581-9985) [학]1984년 국제대 법학과졸 1990년 연세대 행정대학원졸 [경]1976년 전남도 공채 1979년 국립식물검역소 서무과 사무관 1986년 농림수산부 농업정책국 국제협력과 사무관 1996년 농림부 국제농업국 국제협력과 사무관 1999년 同농산물유통국 유통정책과 사무관 2000년 同총무과 서기관 2003년 농업연수부 학사과장 2004년 농림부 농산물유통국 식품산업과장 2006년 국립식물검역소 방제과장 2007년 농림부 농업정책국 정책조정과장 2008년 농림수산식품부 축산물위생팀장(서기관) 2009년 同식품산업정책실 안전위생과장 2009년 同식품산업정책실 안전위생과장(부이사관) 2010년 수산인력개발원장(고위공무원), 미래농수산실천포럼 사무총장 2011~2013년 농업기술실용화재단 총괄본부장, 농업회사법인 (주)옥토앤자인 대표(현)

최덕근(崔德根) CHOI Deok Keun

[생]1959·4·11 [주]충북 단양군 매포읍 매포길245 (주)한일시멘트 단양공장(043-420-5000) [학]광명고졸, 인하공업전문대졸, 인하대 기계공학과졸 [경](주)한일시멘트 기술지원담당 상무보 2010년 同기술지원담당 전무 2011년 同품질지원담당 겸임 2012년 同단양공장장(전무) 2016년 同단양공장장(부사장)(현)

최덕률(崔德律) Choi Duklyoul

[생]1958·10·7 [출]전남 해남 [주]대전 동구 중앙로240 한국철도공사 물류본부(042-615-4099) [학]1977년 광주 송원고졸 1985년 전남대 철학과졸 2003년 고려대 행정대학원 정책학과졸 2012년 서울대 경영대학원 공기업고급경영자과정 수료 [경]1985년 철도청 입사 1997년 순천지방철도청 홍국사역장 2000~2003년 철도청 기획본부 기획예산과 예산총괄팀장 2005년 코레일 기획조정본부 전략기획팀장 2006년 同강원지사 경영관리팀장 2007년 同인사노무실 인사기획팀장 2007년 同기획조정본부 전략기획팀장 2008년 同경영혁신실장 2009년 同기획조정실장 2010~2011년 同전북본부장 2012년 同부산경남본부장 2014년 同물류본부장 2016년 물류사업본부장(현) [상]국무총리표창(1993), 대통령표창(2002·2008)

최덕수(崔德洙) CHOI Duck Soo (怡泉)

[생]1942·10·20 [출]경북 예천 [주]대구 수성구 동대구로348의15 율촌빌딩1층 법무법인 세영(053-744-3900) [학]1961년 경북대사대부고졸 1965년 경북대 법정대졸 1969년 서울대 사법대학원졸 [경]1967년 사법시험 합격(8회) 1969년 軍법무관(육사) 1972년 전주지법 판사 1975년 대구지법 영덕지원장 1977년 대구지법 판사 1981년 대구고법 판사 1982년 대법원 재판연구관 1983년 대구지법 부장판사 1986년 同경주지원장 1988년 대구지법 부장판사 1991년 대구고법 부장판사 1992년 대구지법 수석부장판사 겸임 1994년 대구고법 수석부장판사 1999년 대구지법원장 2000~2003년 대구고법원장 2003년 법무법인 세영 대표변호사(현) 2009~2010년 사회복지공동모금회 경북지회장 2010~2014년 경북대총동창회 회장

ㅊ

최덕수(崔德壽) Choi, Deok-Soo

[생]1952·3·5 [출]부산 [주]서울 성북구 안암로145 고려대학교 한국사학과(02-3290-2036) [학]1971년 서울대사대부고졸 1976년 고려대 사학과졸 1978년 同대학원졸 1988년 문학박사(고려대) [경]1977~1982년 고려대 민족문화연구소 연구원 1982~1994년 공주대 사범대학 역사교육과 조교수·부교수 1989년 미국 하와이대 한국학센터 객원연구원 1994년 고려대 한국사학과 교수(현) 1999~2007년 同민족문화연구원 한국사연구소장 2000~2009년 同BK21 한국사학교육연구단 참여교수·단장 2006년 동북아역사논총 편집위원 2007년 고려사학회 편집위원 2013~2015년 고려대 문과대학장 [저]'한국사37-강화도 조약과 개항'(2000, 국사편찬위원회) '한국사37- 개항의 역사적 의의'(2000, 국사편찬위원회) '일본군 위안부 관련 기초문헌 자료집'(2002, 여성부) '한국사의 재조명'(2002, 고려대학교 출판부) '한국학정보처리를 위한 다국어시소러스 연구'(2004, 고려대 민족문화연구원) '개항과 朝日관계'(2004, 고려대 출판부) '대한제국과 국제환경'(2005, 선인) '이토 히로부미의 한국 병합 구상과 조선 사회'(2012, 열린책들) '근대 한국의 개혁구상과 유길준'(2015, 고려대학교 출판문화원) [역]'근대 조선과 일본'(2015, 열린책들)

최덕철(崔德喆) Choi, Deok-cheol

[생]1958·8·11 [출]서울 [학]1982년 단국대 행정학과졸 1994년 영국 워릭대 대학원 국제경제법학과졸 [경]2006년 특허청 상표디자인심사본부 상표디자인심사정책팀장 2007년 특허심판원 심판정책팀장 2009년 국제지식재산연수원 교육기획과장 2010~2013년 특허심판원 심판장 2013~2016년 한국지식재산연구원 원장

최도성(崔道成) CHOI Do Soung

[생]1952·10·18 [본]해주(海州) [출]부산 [주]경기 성남시 수정구 성남대로1342 가천대학교 경영대학(031-750-5530) [학]1970년 서울사대부고졸 1974년 서울대 상대 경영학과졸 1976년 同대학원졸 1980년 재무학박사(미국 펜실베이니아주립대) [경]1980년 미국 펜실베이니아주립대 조교수 1981~1986년 미국 테네시대 재무학과 조교수·부교수 1984~1985년 미국 시카고대 Visiting Scholar 1986년 미국 뉴욕주립대 부교수 1994~2008년 서울대 경영학과 교수 1997~1999년 同증권금융연구소장 2000년 한국증권학회 회장 2001년 서울대 경영도서관장 2001년 금융감독위원회 증권선물위원회 비상임위원 2002년 기업지배구조개선지원센터 연구위원장 2005년 한국증권선물거래소 사외이사 2005~2008년 한국증권연구원 원장 2006년 한국재무학회 회장 2007년 산은사랑나눔재단 비상임이사 2008~2012년 한국은행 금융통화위원회 위원, 한동대 국제개발협력대학원 교수 2011~2013년 KDB나눔재단 비상임이사 2012~2014년 한동대 국제화부총장 2013년 (주)삼천리 사외이사(현) 2015년 가천대 경영대학 글로벌경영학트랙 교수(현) 2015년 (주)대우인터내셔널 사외이사(현) 2016년 가천대 국제부총장(현) [상]정진기 언론문화상(1999), 한국재무학회 최우수논문상, 한국증권학회 최우수논문상 [저]'파생금융상품과 금융위험 관리'(1997) '회사정리제도'(1998) '글로벌시대의 M&A사례'(2004) '한국기업의 배당정책'(2006) 'Cross Boder M&A'(2008) 'Competiton among International Financial Centers in Asia-Pacific(編)'(2009) [종]기독교

최도영(崔道永) CHOI Do Young

[생]1955·6·2 [주]서울 동대문구 경희대로26 경희대학 한의과대학 침구과학교실(02-958-9205) [학]1980년 경희대 한의학과졸 1986년 同대학원졸 1992년 한의학박사(경희대) [경]경희대 한의과대학 침구과 교수(현) 2003년 경희의료원 한방병원 교육부장, 同한방병원 침구과 전문의(현) 2004~2006년 대한침구학회 회장 2010년 대한한방암학회 부회장 2012년 대한한의학회 부회장(현) 2013~2016년 경희대 한방병원장

최도일(崔度一) CHOI Do Il

[생]1965·12·10 [본]삭녕(朔寧) [출]경기 안성 [주]서울 관악구 관악로1 서울대학교 식물생산과학부(02-880-4572) [학]1986년 서울대 농생물학과졸 1988년 同대학원 식물병리학과졸 1993년 식물병리학박사(미국 캘리포니아대) [경]1988년 농촌진흥청 농업기술연구소 병리과 위촉연구원 1993년 미국 UC Bekeley Post-doc. 1996년 충남대 농생물학과 겸직조교수 2000년 한국생명공학연구원 식물유전체연구실 책임연구원 2000년 고려대 객원교수 2004년 과학기술연합대학원대 교수 2006년 한국생명공학연구원 유전체연구센터장 2006년 서울대 농업생명과학대학 식물생산과학부 부교수·교수(현) [상]서울대 학술연구상(2014)

최도자(崔道子·女) CHOI DOJA

[생]1955·3·4 [출]전남 여수 [주]서울 영등포구 의사당대로1 국회 의원회관523호(02-784-8640) [학]전남대 교육대학원 유아교육학과졸 [경]2012~2014년 전남어린이집연합회 회장, 한국어린이집총연합회 부회장, 전국국공립어린이집연합회 회장 2016년 제20대 국회의원(비례대표, 국민의당)(현) 2016년 국회 보건복지위원회 위원(현) [상]대통령표창(2009), 국민훈장 석류장(2014)

최돈설(崔燉卨) CHOI Don Seol

[생]1946·6·15 [본]강릉(江陵) [출]강원 강릉 [주]강원 강릉시 하슬라로96 강릉문화원(033-648-5248) [학]강릉농고졸, 관동대 행정학과졸, 중앙대 경영대학원 최고경영자과정 수료, 연세대 경제대학원 최고경제과정 수료 [경]1991년 강원 명주군 환경보호과장 1992년 同지역경제과장 1993년 강릉시 지역경제과장 1995년 同교통행정과장 1996년 同기획담당관 1998년 同사회경제국장 1998년 同농림수산환경국장 2000년 同문화관광복지국장 2004~2005년 同자치행정국장 2004년 강릉농고총동창회 부회장 2006년 강릉시테니스연합회 회장 2006년 영일세무법인 상임고문 2007~2012년 강릉시체육회 상임부회장 2010~2011년 강릉중앙고(舊강릉농고) 총동문회장 2015년 강릉문화원 원장(현) [상]내무부장관표창

최돈웅(崔燉雄) CHOI Don Woong (江村)

[생]1935·3·25 [본]강릉(江陵) [출]강원 강릉 [주]서울 영등포구 국회대로70길18 한양빌딩 새누리당(02-3786-3000) [학]1953년 경기고졸 1957년 서울대 공대 금속학과졸 [경]1967년 강릉상공회의소 회장 1967년 강릉청년회의소 회장 1970년 강릉합동주조회 회장 1970년 한국청년회의소 강원협의회장 1970년 대한상공회의소 상임의원 1971년 제8대 국회의원(강릉·명주, 민주공화당) 1971년 강원신진자동차 대표이사 1973~1993년 (주)경월 회장 1973년 강릉문화방송 회장 1973년 경월청주·경월청량음료 회장 1981년 강원도체육회 부회장 1983년 강원도축구협회 회장 1988년 민정당 강릉지구당 위원장 1992년 제14대 국회의원(강릉, 무소속·민자당·신한국당) 2000~2001년 제16대 국회의원(강릉, 한나라당) 2000~2001년 국회 재정경제위원장 2001~2004년 제16대 국회의원(강릉 보선, 한나라당) 2001~2003년 한나라당 재정위원장 2002년 同강원도지부 위원장 2002~2003년 국회 2010평창동계올림픽유치특별위원회 위원 2003년 한나라당 운영위원 2009년 同상임고문 2012년 새누리당 상임고문(현) [저]'여의도 가는 길, 강릉 가는 길'(1995) [종]불교

최동규(崔東奎) CHOI Dong Kyu

[생]1947·12·10 [본]전주(全州) [출]충북 청주 [주]서울 서초구 사평대로20길12의3 서인빌딩3층 (주)서인종합건축사사무소 대표이사실(02-532-1874) [학]1967년 경기고졸 1971년 한양대 공과대학 건축공학과졸 1989년 同산업대학원 건축과졸 [경]1971~1973년 진아건축연구소 근무 1973~1975년 공간연구소 근무 1978~2011년 한국건축기술연구소 근무 1978년 서인종합건축사사무소 대표이사(현) 2000~2003년 한국건축가협회 건축사지 편찬위원장 2004~2006년 同홍보위원회 위원장 2004~2007년 건국대 건축전문대학원 겸임교수 2006~2014년 서울대 건축학과 출강 2006~2015년 한국건축가협회 명예이사 2015년 同감사(현) [상]경기도건축문화상 대상(1998), 경기도건축문화상 은상(2001·2005), 한국건축문화대상 특선(2005), 서울시시민사랑건축상 장려상(2005), 한국목조건축대전 본상(2006), 대통령표창(2011) [저]'The Dispute'(1993) [종]개신교

최동규(崔東圭) Choi Donggyou

[생]1959·4·19 [본]경주(慶州) [출]대구 [주]대전 서구 청사로189 특허청 청장실(042-481-5001) [학]경기고졸 1983년 서울대 법학과졸 1990년 同행정대학원졸(행정학석사) 1994년 미국 마이애미대 대학원 법학과졸(LLM) [경]1985년 행정고시 합격(29회) 1987~1998년 특허청·상공부·통상산업부 근무 1998년 외교통상부 입부 2000년 駐시카고 영사 2003년 외교통상부 개발협력과장 2004년 駐애틀란타 영사 2007년 외교통상부 통상협력DB구축반장 겸 동아시아통상업무지원 담당 2008년 駐말레이시아 공사 2011년 외교통상부 지역통상국 심의관 2011년 同자유무역협정정책국장 2013년 산업통상자원부 자유무역협정정책국장 2013년 同통상교섭실 자유무역협정정책관 2014~2015년 駐케냐 대사 2015년 특허청장(현)

최동덕(崔東德) CHOI Dong Deok

[생]1958·12·24 [본]탐진(耽津) [출]강원 화천 [주]강원 춘천시 동산면 영서로461의22 동산중학교 교장실(033-261-2565) [학]춘천고졸, 강원대 수학교육과졸, 同교육대학원 교육학과졸 [경]북평여중·주천중·춘성고·사대부고·춘천고·사북고·춘천농공고 교사, 강원도교육청 교육과학연구원 연구사, 同교원인사과 중등인사 장학사, 강원사대부고 교감 2010~2012년 삼척 미로중 교장 2012~2014년 기린중·고 교장 2014년 춘천 동산중 교장(현) [상]강원대총장표창, 교육부총리표창

최동렬(崔東烈) CHOI DONG RYUL

[생]1963·1·2 [본]해주(海州) [출]부산 [주]서울 강남 테헤란로518 섬유센터12층 법무법인 율촌(02-528-5988) [학]1982년 부산 혜광고졸 1986년 서울대 법대 사법학과졸 1988년 同대학원 법학과졸 [경]1988년 사법시험 합격(30회) 1991년 사법연수원 수료(20기) 1991년 부산지법 판사 1994년 同울산지원 판사 1995년 인천지법 판사 1998~1999년 미국 조지워싱턴대 방문학자 2000~2002년 서울지법 남부지원 판사 2002~2004년 서울고법 판사 2004~2006년 대법원 재판연구관 2006~2008년 同공동조 부장재판연구관(상사총괄·형사총괄) 2088~2009년 대법원 부장재판연구관 2009~2010년 수원지법 부장판사 2010~2013년 서울중앙지법 부장판사 2011~2012년 대법원 양형위원회 수석전문위원 2013년 법무법인 율촌 변호사(현) [상]CorporateINTL WhiteCollarCrime분야 전문변호사, 리걸타임즈 2015올해의변호사(2016) [종]천주교

최동만(崔東萬) CHOI Dong Man

[생]1960·3·3 [출]경남 함안 [주]서울 강서구 화곡로68길82 강서IT밸리1306-3호 (주)지투인(02-6961-5493) [학]1979년 마산용마고졸 1986년 중앙대 경영학과졸 2009년 서울대 최고경영자과정 수료 [경]롯데그룹 기획조정실 근무, 한창그룹 구조조정실장, (주)한창제지 영업본부장(상무), 同관리본부장(상무) 2013년 페리칸앤플러스 대표이사 2015년 (주)지투인 대표이사(현)

최동석(崔東錫) CHOI Dong Seok

[생]1960·12·14 [출]전남 영암 [주]서울 서초구 헌릉로13 경제외교지원실(02-3460-7536) [학]1979년 전남고졸 1983년 전남대 경제학과졸 1987년 서울대 행정대학원 행정학과졸 2003년 한국개발연구원(KDI) 국제정책대학원 경영학과졸 [경]1987년 대한무역투자진흥공사(KOTRA) 입사 1987년 同해외조사부 근무 1989년 同미주부 근무 1991년 同뉴욕무역관 근무 1994년 同기획관리부 근무 1995년 同기획관리처 근무 1997년 同부카레스트무역관 근무 1998년 同부카레스트무역관장 2001년 同인사팀 근무 2002년 同통상전략팀 근무 2004년 同콜롬보무역관장 2007년 광양만권경제자유구역청 파견 2008년 대한무역투자진흥공사(KOTRA) 중아CIS팀장 2009년 同뭄바이무역관장 2012년 同글로벌정보본부 시장조사실장 2013~2016년 同뉴델리무역관장 2015~2016년 同서남아지역본부장 겸직 2016년 同경제외교지원실장(현)

최동용(崔東鏞) CHOI Dong Yong

[생]1950·9·2 [출]강원 [주]강원 춘천시 삭주로3 춘천시청 시장실(033-253-3700) [학]춘천고졸, 한국방송통신대 법학과 3년 중퇴, 강원대 경영행정대학원 수료 [경]1970년 공직 입문, 양구군 공보실장, 춘천군 도시과장, 同기획실장, 강원도 가정복지과 아동계장, 同보육지원계장, 同체육진흥계장, 同예산담당관실 산업건설계장, 同회계감사담당 2000년 同관광정보센터 소장 2002~2004년 同체육청소년과장·자치행정과장 2004년 同공보관 2005년 同감사관 2005년 춘천시 부시장 2006년 강원도 공보관 2007~2008년 同자치행정국장 2008~2009년 강원도체육회 사무처장 2010년 강원 춘천시장선거 출마(무소속) 2014년 강원 춘천시장(새누리당)(현) [상]내무부장관표창(1975), 대통령표창(2003)

최동우(崔東祐) CHOE Dong Woo

[생]1942·9·20 [본]경주(慶州) [출]부산 [학]1961년 부산고졸 1965년 서울대 문리대 정치학과졸 1967년 同경영대학원졸 1983년 미국 미주리대 신문대학원 연수 1987년 한국외국어대 무역대학원 경영정보학과졸 [경]1965~1980년 동양통신 기자 1981년 연합통신 체육부장 1983년 同과학부장 1986년 同편집위원 1987년 同홍콩특파원 1990년 同뉴미디어실 부실장 1991년 同뉴미디어실장 1994~1997년 同국제·업무담당 상무이사 2009년 국민대통합운동연합 공동대표

최동욱(崔東煜) Dong Wook Choi

[생]1955·7·9 [주]서울 강남구 일원로81 삼성서울병원 외과(1599-3114) [학]1980년 서울대 의대졸 1982년 同대학원졸 1990년 의학박사(서울대) 2004년 연세대 보건대학원 고위정책과정 수료 [경]1981~1985년 서울대병원 인턴·일반외과 레지던트 1985~1988년 유성선병원 외과과장 1988~1995년 원자력병원 외과5과장 1991~1992년 미국 피츠버그대 전임의 1995~2005년 원자력병원 외과4과장 1995년 일본 교토대 외과 연수 1999년 일본 국립암센터 연수 1999~2001·2004~2005년 원자력병원 진료부장 2005년 삼성서울병원 소화기외과 임상교수 2007년 同췌담도암팀장 2007년 한국간담췌외과학회 상임이사 및 학술위원장, 성균관대 의과대학 외과학교실 교수(현) 2009~2015년 삼성서울병원 삼성암센터 췌담도암센터장 2011~2013년 한국간담췌외과학회 회장 2013~2015년 삼성서울병원 소화기외과장 2015년 아시아태평양간췌담도학회 차기회장(현) 2015년 성균관대 의과대학 외과학교실 주임교수(현) 2015년 삼성서울병원 외과장(현)

최동익(崔東益) Dong Ic Choi

[생]1962·4·8 [학]1981년 서울맹학교졸 1985년 숭실대 사회사업학과졸 1988년 同대학원 사회사업학과졸 1989년 미국 미시간대 대학원 사회복지학과졸 [경]1998~2002년 사회복지법인 실로암시각장애인복지회 이사 및 사무총장 2003~2006년 한국시각장애인연합회 사무총장 2010년 同회장 2010~2012년 한국장애인고용공단 이사 2011년 국가인권위원회 정책자문위원 2011~2014년 한국장애인단체총연맹 공동대표 2012년 한국장애인복지관협회 회장 2012~2016년 제19대 국회의원(비례대표, 민주통합당·민주당·새정치민주연합·더불어민주당) 2012년 국회 장애인복지포럼 대표의원 2012·2014년 국회 보건복지위원회 위원 2012년 민주통합당 제18대 대통령중앙선거대책위원회 장애인위원회 공동위원장 2013년 민주당 전국장애인위원회 위원장 2013년 同정책위원회 부의장 2013년 同대외협력담당 원내부대표 2013년 국회 운영위원회 위원 2014년 국회 윤리특별위원회 야당간사 2014년 새정치민주연합 전국장애인위원회 위원장 2015년 국회 공적연금강화와노후빈곤해소를위한특별위원회 위원 2015년 국회 평창동계올림픽및국제경기대회지원특별위원회 위원 2015년 더불어민주당 전국장애인위원회 위원장 2016년 同더불어경제선거대책위원회 공동부위원장 [상]대통령표창(2005), 산업포장(2011)

최동주(崔東株) CHOI Dong Ju

[생]1965·5·19 [본]전주(全州) [출]서울 [주]서울 용산구 청파로47길100 숙명여자대학교 글로벌서비스학부(02-2077-7725) [학]1988년 중앙대 정경대학 정치외교학과졸 1992년 미국 아메리칸대 대학원 국제관계학과졸 1995년 정치경제학박사(영국 런던대) [경]1993~2010년 숙명여대 국제관계대학원 교수 1996~1998년 포스코경영연구소 연구위원 1997~1999년 서울대 국제대학원 초빙교수 2000년 한국아프리카학회 편집이사·부회장(현) 2001~2006년 전국경제인연합회 국제협력위원회 자문교수 2004~2006년 재외동포재단 자문위원 2005~2013년 숙명여대 글로벌인적자원개발센터장 2005년 대한체육회 국제위원 2006~2009년 한국국제정치학회 섭외이사·총무이사·연구이사 2006~2007년 영국 런던대 SOAS 방문학자 2008년 국제스포츠외교연구회 이사(현) 2008~2013년 (사)한국다문화학회 총무이사·특별위원장 2008년 영문저널 Asia Pacific Women's Information Network 편집인(현) 2008~2012년 숙명여대 아·태여성정보통신원장 2009년 同글로벌서비스학부 글로벌협력전공 교수(현), 同글로벌서비스학부장 2009~2010년 대외경제정책연구원 자문위원 2009~2012년 글로벌HRD포럼 자문위원 2009년 국회 입법조사처 조사분석지원위원(현) 2009~2012년 대통령직속 국가브랜드위원회 자문위원 2011~2012년 (사)사회적기업네트워크(SEN) 정책이사 2014~2015년 숙명여대 대외협력처장 2014년 한미교육위원단 이사(현) [상]포스코경영연구소 최우수연구원상(1998), 숙명여대 최우수교수상(2005) [저]'東南亞 華僑經濟圈의 大中華經濟圈 統合에 대한 展望'(1996) '스마트스틸 : 포스코의 經營革新(共)'(1996) '東北亞 국가의 에너지소비와 월경성 오염문제(共)'(1998) '오세아니아(共)'(1998) '知識經營(共)'(1998) '아시아-태평양 1998-1999(共)'(1999) '아시아-태평양 2000(共)'(2000) '베트남 파병이 한국경제의 성장과정에 미친 영향'(2001) '나일유역분쟁과 수단 내전 : 수자원 갈등을 중심으로'(2004) '아프리카의 세계화와 지역통합(共)'(2005) 'Socio-Economic Background of Civil Conflicts in LDCs : A Search for Alternative Analysis Model for Africa'(2005) 'Socio-Economic Approach for Softening Borders: Implication of Experiences in the Korean Peninsula'(2007, CRRID)

최동준(崔東俊)

생1955 · 8 · 22 주서울 서초구 남부순환로2558 외교센터6층 재외동포재단 기획이사실(02-3415-0100) 학1975년 경기고졸 1979년 서울대 농기계학과졸 경1983~2000년 삼성전자(주) 부장 2000년 어필텔레콤 마케팅본부장(전무) 2004년 SK텔레텍 해외마케팅본부장(상무) 2006년 인도 Reliance Communications 고문 2011~2015년 (주)심텍 마케팅센터장(전무이사) 2015년 재외동포재단 기획이사(현)

최동천(崔瞳天) Choi Dongchun

생1968 · 7 · 29 주서울 중구 세종대로136 파이낸스빌딩11층 마스타카드코리아(주) 사장실(02-398-2243) 학고려대 무역학과졸, 미국 노스웨스턴대 대학원 재정학과졸(MBA) 경맥킨지(McKinsey & Co.) 서울 및 뉴욕사무소 컨설턴트, 살로먼스미스바니(Salomon Smith Barney) 홍콩 및 싱가포르사무소 근무, 일신투자 근무 2003년 마스타카드인터내셔널코리아(주) 부대표 겸 영업총괄 상무 2008년 마스타카드코리아(주) 사장(현)

최동철(崔東哲) CHOI Dong Chull

생1958 · 5 · 22 주서울 강남구 일원로81 삼성서울병원 알레르기내과(02-3410-3422) 학1984년 서울대 의과대학졸 1992년 同대학원졸 1997년 의학박사(서울대) 경1984~1987년 충북지역보건소 보건지소장 1987~1991년 서울대병원 인턴 · 레지던트 1991~1992년 同알레르기내과 전임의 1992~1994년 미국 존스홉킨스대 의대 Asthma & Allergy Center Postdoctoral Research Fellow 1994년 삼성서울병원 알레르기내과 전문의(현) 1997~2001 성균관대 의과대학 내과학 조교수 1999~2001년 국군수도병원 국방부 의무자문관 2001년 성균관대 의과대학 내과학교실 부교수 · 교수(현) 2003~2013년 삼성서울병원 알레르기내과장 저'사천만의 알레르기'(1997, 도서출판 소화) '내과학'(1998, 도서출판 고려의학) '한국의 알레르기비염 진단과 치료 지침서'(1999) '임상 내과학'(2004)

최동철(崔東喆)

생1959 · 10 · 2 본전남 광양 주전남 여수시 망마로20 여수소방서 서장실(061-680-0703) 학여수고졸 경1983년 소방공무원 임용 1994년 전남 순천소방서 곡성파출소장 1998년 전남 광양소방서 광영파출소장 2000년 전남 목포소방서 예방담당 · 구조담당 2002년 전남 여수소방서 방호담당 · 산업안전담당 2005년 전남 광양소방서 소방담당 · 예방담당 2008년 전남 여수소방서 방호구조과장 2009년 전남 광양소방서 소방과장 2011년 전남도 소방본부 소방행정담당 2014년 同소방본부 119안전종합상황실장 2015년 전남 여수소방서장(현)

최동호(崔東鎬) CHOI Dong Ho (又靑)

생1948 · 8 · 26 본전주(全州) 출경기 수원 주서울 성북구 안암로145 고려대학교 국어국문학과(02-3290-1960) 학1966년 양정고졸 1970년 고려대 국어국문학과졸 1975년 同대학원 현대문학과졸 1981년 문학박사(고려대) 경1979~1981년 경남대 국어교육과 전임강사 · 조교수 1981~1988년 경희대 국어국문학과 조교수 · 부교수 1988~2013년 고려대 국어국문학과 조교수 · 부교수 · 교수 1990~2012년 계간 '서정시학' 주간 1993년 고려대 국어국문학과장 겸 대학원 주임교수 1993~1995년 '현대문학' 주간 1996년 고려대 출판부장 2000년 시사랑문화인협의회 회장(현) 2001~2003년 민족어문학회 회장 2004~2006년 한국시학회 회장 2006~2008년 고려대 대학원장 2006~2013년 同BK21 한국어문교육연구단장 2007~2009년 한국문학평론가협회 회장 2011~2013년 한국비평학회 회장 2012~2015년 한국문학번역원 이사 2012년 황순원학회 회장(현) 2012~2014년 한국문화예술위원회 위원 2013년 고려대 국어국문학과 명예교수(현) 2013년 경남대 석좌교수(현) 2013년 수원시 인문학자문위원회 위원장(현) 2014년 홍재당 이사장(현) 2015년 (사)한국지역인문자원연구소 이사장(현) 2016년 한국시인협회 회장(현) 상대한민국 문학상, 소천 비평문학상, 현대불교문학상, 편운 문학상, 고산문학상 시부문(2009), 박두진문학상(2009), 제11회 유심작품상 시부문(2013) 저'현대시의 전신사'(1985) '불확정시대의 문학'(1987) '삶의 깊이와 시적 상상'(1995) '소설어 사전'(1998) '디지털문화의 생태시학'(2000) '현대시의 감각'(2004) '진흙천국의 시적 주술'(2006) '얼음 얼굴'(2011) '디지털코드와 극서정시'(2012) '히말라야의 독수리들' '정지용 시와 비평의 고고학'(2013) '정지용 문학전집-전 2권, 개정판'(2015) 역'헤겔시학' '문심조룡' 시집 '황사바람'(1976) '아침책상'(1988) '딱따구리는 어디에 숨어 있는가'(1995) '공놀이하는 달마'(2002) '불꽃비단벌레'(2009) '얼음얼굴'(2011) '수원 남문 언덕'(2014) 종불교

최동호(崔東鎬) CHOI Dong Ho

생1962 · 6 · 28 주경기 부천시 오정구 오정로233 OBS경인TV 총괄본부(032-670-5000) 학1981년 숭실고졸 1989년 중앙대 연극영화과졸 1991년 일본 와세다대 대학원 연구과정(다큐멘터리연출) 수료 2010년 중앙대 예술대학원 공연영상 · 영화과졸 경1990년 영지도쯔 제작PD 1992년 한국전기통신공사 케이블TV시범사업단 편성기획PD 1994년 대우시네마네트워크 제작팀장 1997년 iTV 경인방송 편성팀장 2003년 同교양팀장 2004년 同리얼TV팀장 2007년 OBS 경인TV 편성팀장 2010년 同편성국장 2011년 同방송본부장 2012년 同총괄본부장 2016년 同총괄본부장(상무이사)(현)

최동호(崔同鎬) CHOI Dong Ho

생1965 · 10 · 28 출경남 마산 주경남 창원시 마산회원구 내서읍 광려천남로25 (주)MH에탄올 사장실(055-231-0705) 학1984년 경남상고졸 1989년 동의대 경제학과졸 경1993년 무학건설(주) 관리이사 1996년 同상무이사 1998년 (주)무학주정 상무이사, 同대표이사 2008년 (주)MH에탄올 대표이사 2015~2016년 同각자대표이사 2016년 同사장(현)

최동환(崔東煥) CHOI Donghwan

생1955 · 3 · 27 본전주(全州) 출충북 진천 주충북 충주시 남한강로26 세계무술연맹 사무국(043-850-6747) 학1977년 서울대 불문학과졸 1981년 프랑스 파리 국제행정대학원 수료 경1977년 외무고시 합격(11회) 1977년 외무부 입부 1982년 駐모리타니아 2등서기관 1988년 駐프랑스 1등서기관 1991년 경제협력개발기구(OECD) 파견 1992년 대전엑스포조직위원회 국제협력부장 1994년 외무부 아프리카과장 1995년 駐캐나다 참사관 1997년 駐파키스탄 공사참사관 2000년 駐몬트리올 부총영사 겸 국제민간항공기구 교체대표 2002년 국회의장 의전 · 국제비서관 2003년 駐프랑스 공사 겸 총영사 2006~2009년 駐세네갈 대사 2010년 충북도 국제관계자문대사 2012~2015년 駐몬트리올 총영사 겸 駐국제민간항공기구 대사 2015년 (사)세계무술연맹 사무총장(현) 상녹조근정훈장(1994), 세네갈 국가훈장 사자기사장(2009), 홍조근정훈장(2015) 종기독교

최동훈 CHOI Dong Hoon

생1963 · 6 · 23 주서울 서대문구 연세로50 연세의료원 심장혈관병원 826호(02-2228-8449) 학1988년 연세대 의대졸 1994년 同대학원졸, 의학박사(연세대) 경1988~1991년 군의관 1991~1992년 연세대 의대 세브란스병원 인턴 1992~1996년 同의대 세브란스병원 내과 레지던트 1996년 대한동맥경화학회 회원(현) 1996년 대한순환기학회 회원(현) 1996년 대한내과학회 회원(현) 1996~1999년 연세대 의대 세브란스병원 심장내과 연구원 1998년 대한의학협회 회원(현) 1999년 연세대 의대 심장내과학교실 교수(현) 2000~2003년 同의대 세브란스 임상연구심의위원회 위원 2012~2016년 同심장혈관병원 진료부장 2013년 同심장혈관병원 심장내과장 2016년 同심혈관연구소장(현) 2016년 연세대의료원 심혈관병원장(현)

최동희(崔東熙) CHOI Dong Hee

생1964 · 9 · 29 출충남 주서울 영등포구 여의대로66 KTB투자증권 IB본부(02-2184-2200) 학1987년 충남대 경영학과졸 경한누리투자증권(주) 인수공모팀장, 중앙종합금융(주) 기업금융팀장, 서울증권(주) 기업금융팀장, 同IB영업본부장(이사대우) 2006년 同상무보 2007년 同전무 2008년 유진투자증권 IB본부장(전무) 2010년 솔로몬투자증권 IB사업본부장(전무) 2012년 IM투자증권 IB사업본부장(전무) 2013년 KTB투자증권 IB본부장(부사장)(현)

최두선(崔斗善) CHOI Doo Sun

생1963 · 1 · 25 출대구 주대전 유성구 가정북로156 한국기계연구원 나노융합기계연구본부 나노공정연구실(042-868-7124) 학1985년 영남대 기계설계공학과졸 1989년 同대학원졸 2002년 연세대 대학원 기계공학과졸 경1989~1990년 LG이노텍(주) 연구원 1990년 한국기계연구원 지능형정밀기계연구본부 나노공정장비센터 연구원, 同나노융합기계연구본부 나노공정장비연구실 책임연구원 2011년 同나노융합기계연구본부 나노공정연구실장 2014년 同나노융합기계연구본부 나노공정연구실 책임연구원(현) 상이 달의 과학기술인상(2011), 한국기계연구원 최우수연구상 금상(2012), 대한민국기술대상 대통령표창(2014) 종기독교

최두영(崔斗營) Choi Du Young

[생]1963·8·7 [주]전북 익산시 무왕로895 원광대학교병원 원장실(063-859-2000) [학]1987년 원광대 의대졸 1994년 同대학원졸 1998년 의학박사(전북대) [경]원광대 의대 소아과학교실 전임강사·조교수·부교수·교수 1992~1994년 아산재단 보성병원 소아과장 2000~2002년 미국 남가주대 L.A 소아아동병원 연수 2004년 대한소아과학회 전문의시험 고시위원 2009년 대한소아혈액종양학회 세부전문의 고시위원 2009~2010년 원광대병원 적정의료관리실장 2011년 의사국가고시 문항개발위원, 대한소아과학회 홍보이사, 대한소아혈액종양학회 정보이사 2011~2013년 원광대병원 기획정보실장 2013년 同진료처장 2015년 同원장(현), 원광대 소아청소년과학교실 교수(현) [저]'혈액학'(2006, 대한혈액학회)

최두형(崔斗衡) CHOI Doo Hyeong (瑞岩)

[생]1932·2·28 [본]강릉(江陵) [출]강원 강릉 [주]서울 강남구 영동대로85길28 성원타워 (주)맥서브 회장실(02-2015-0834) [학]1951년 휘문고졸 1955년 서울대 법과대학졸 1983년 同행정·경영대학원 수료 [경]1957~1962년 심계원 근무 1962~1972년 국제관광공사 부실장, 대한여행사 총지배인, 同호텔학교장 1969년 문화재 편찬위원 1972년 동부고속 사장 1975년 동부관광개발 사장 1976~1980년 동부건설 사장 1976년 새강원장학회 이사 1978년 한국자유총연맹 강원도지부장 1980년 서울시씨름협회 회장 1981~2015년 성원개발(주) 대표이사 회장 1982년 한·일친선협회 서울시연합회 부회장 1983년 민주평통 상임위원, 同자문위원(현) 1988년 민족통일중앙협의회 이사(현) 1989년 (주)서암엔지니어링 회장(현) 1989년 한국건축물유지관리협회 회장 1994년 한국건축물관리총연합회 회장 1994년 (사)觀友會 회장 2002년 (재)서암복지장학재단 이사장(현) 2003년 중국 칭진중화문화학원 객좌교수(현) 2006년 서울대총동창회 부회장(현) 2015년 (주)맥서브 회장(현) [상]국민포장(1993), 국민훈장 석류장(2000) [저]'아름다운 原則'(2001) '삶으로부터 배우는 인간경영'(2008) '여행자가 주는 인생 레시피'(2013, 이미지북) [종]기독교

최두호(崔斗鎬) Doo Ho Choi

[생]1957·6·1 [출]경남 거제 [주]서울 강남구 일원로81 삼성서울병원 방사선종양학과(02-3410-2436) [학]1982년 서울대 의대졸 1988년 同대학원졸 1995년 의학박사(고려대) [경]중앙길병원 방사선종양학과장, 경희의료원 임상강사 1994~2003년 순천향대 의대 방사선종양학과 조교수·부교수, 同의대 부속병원 방사선종양학과 전문의 2007년 대한방사선종양학회지 편집위원장 2009년 성균관대 의과대학 방사선종양학과학교실 교수(현) 2009~2015년 삼성서울병원 방사선종양학과 진료과장 2013년 同암병원 양성자센터장(현) 2015년 대한방사선종양학회 회장(현)

최두환(崔斗煥) CHOI Doo Whan

[생]1954·1·10 [본]경주(慶州) [출]부산 [주]경북 포항시 남구 호동로68 (주)포스코ICT 임원실(054-280-1114) [학]1972년 부산고졸 1979년 서울대 전자공학과졸 1981년 同대학원 전자공학과졸 1984년 전자공학박사(미국 Univ. of Texas at Austin) 1996년 연세대 경제대학원 최고경제인과정 수료 [경]1978~1999년 ISSIS International Council Member 1979~1981년 한국전자통신연구소 전임연구원 1984~1991년 미국 AT&T Bell연구소 Distinguished Member 1991~1994년 한국통신 연구개발본부 광·무선 연구책임자 1994~1995년 대영전자(주) 연구소장(전무) 1995~1998년 한창그룹 정보통신총괄 부사장 1998~2006년 네오웨이브(주) 대표이사 2006~2008년 (주)KT 신사업부문장(부사장) 2007년 한국컨버전스산업협의회 회장 2008년 한국정보통신기술협회 의장 2009년 (주)KT SD부문장(부사장) 2009년 대한전자공학회 부회장 2009~2010년 한국통신학회 부회장 2009~2012년 한국클라우드서비스협회 회장 2009~2012년 (주)KT 종합기술원장(사장) 2010~2012년 방송통신위원회 기술자문위원 2011년 미국 텍사스대총동문회 회장 2011년 한국공학한림원 정회원(전기전자정보공학·현) 2012년 대한전자공학회 고문 2013년 서울대 전기정보공학부 초빙교수 2013~2014년 성장사다리펀드 운영자문위원장 2014년 (주)포스코ICT 대표이사 사장(현) 2015년 (주)포스코 비상경영쇄신위원회 위원 [상]벤처기업대상, 장영실상, 정보통신부 올해의 유망중소기업 최우수상(2000), 한국일보 Digital Innovation 대상(2001), 벤처기업협회 벤처기업협회장표창(2005), 여성가족부 가족친화경영 우수기업 대통령표창(2006), 서울대 공과대학 자랑스런 동문상(2007), 미국 텍사스대 자랑스런 동문상(2009), 한국통신학회 올해의 정보통신대상(2016) [저]'21세기 신기술 시나리오'(1993)

최두회(崔斗會) Choi Doo Hoi

[생]1963·1·15 [주]경기 성남시 분당구 분당로55 퍼스트타워12층 한솔EME(주) 임원실(031-778-5555) [학]충북대 건축공학과졸 2009년 고려대 경영대학원 경영학과졸 [경]1994년 한솔건설 입사 2004년 同팀장 2007년 同이사 2008년 同공사담당 상무, 同대표이사 사장, 한솔EME(주) 사업관리본부장, 同대표이사 부사장 2013년 同대표이사 사장(현) 2014년 한솔신텍(주) 대표이사 사장 겸임(현)

최득린(崔得麟) CHOI Deuk Lin

[생]1949·1·9 [본]해주(海州) [출]강원 [주]충남 천안시 동남구 순천향6길31 순천향대학교 의과대학(041-570-2401) [학]1967년 중앙고졸 1974년 고려대 의과대학졸 1981년 同대학원졸 1984년 의학박사(고려대) 530-1042 [경]1974~1975년 고려대부속 병원 인턴 1975~1978년 종합행정학교 의무대 의무실장(육군 대위 전역) 1978~1982년 순천향대병원 방사선과 전공의 수료 1982~1992년 순천향대 의대 방사선과학교실 전임강사·조교수·부교수 1986년 스웨덴 룬드대 Fellowship 1988년 미국 시카고 Michael Reese Medical Center 핵의학과 연수 1990~1996년 대한방사선의학회 의무·보험상임이사 1993~2014년 순천향대 의대 영상의학교실 교수 1993년 同의대 임상교학감 1994년 同의대 영상의학교실 주임교수 1994~1999년 의료보험연합회 진료비심사위원 1995년 국립과학수사연구소 자문위원 1997~1998년 순천향대 의대 교수협의회 회장 1997년 대한방사선의학회 의무상임이사 1998~2000년 대한자기공명의과학회 재무이사 2000년 순천향대 부천병원 건립기금조성위원회 부위원장 2000~2006년 대한자기공명의과학회 부회장 2000~2002년 서울기독의사회 부회장 2001~2003년 순천향대병원기독신우회 회장 2002~2005년 순천향대병원 홍보실장 2002~2003년 서울기독의사회 회장 2003~2005년 순천향대병원원우회 회장 2003년 순천향대병원 건강증진센터 소장 2006~2008년 대한자기공명의과학회 회장 2007~2008년 2008AOCR조직위원회 부위원장 2009~2011년 건강보험심사평가위원회 비상근심사위원 2012년 대한의료영상진단협회 회장 2014년 순천향대 명예교수(현) [상]내무부장관표창, 옥조근정훈장(2014) [저]'방사선과 진료표준집'(1999) '자기공명영상학'(2008) [역]'Textbook of Radiographic Positioning & Related Anatomy'(2009) [종]기독교

최락도(崔洛道) CHOI Rak Do (夏亭)

[생]1938·1·18 [본]전주(全州) [출]전북 김제 [주]서울 영등포구 의사당대로1 대한민국헌정회(02-757-6612) [학]1956년 김제고졸 1960년 중앙대 법학과졸 1971년 전북신학교 신학과졸 1985년 한국방송통신대 농학과졸 1990년 연세대 행정대학원졸 1998년 명지대 대학원졸 2001년 행정학박사(중앙대) [경]1970년 서해방송 편성부국장 1972년 同보도국장 1975년 同논평위원 1975년 전북JC회장 1977년 한국JC 연수원 교수 1985년 신한민주당(신민당) 청년국장 1985년 제12대 국회의원(김제, 신민당) 1985년 민주화추진협의회 상임운영위원 1988년 평화민주당(평민당) 정책위원회 부의장 1988년 제13대 국회의원(김제·부안, 평민당), 평민당 전북지부 위원장 1992년 제14대 국회의원(김제, 민주당·국민회의) 1992년 민주당 지자체특별위원장 1993년 同당기위원장 1994년 同사무총장 1995년 국회 통신과학기술위원장 2000년 우석대 객원교수 2002년 민주화추진협의회 지도위원 2008~2010년 (사)세계프로태권도협회 총재 2009~2010년 아시아일보 회장 2009년 한국신체장애인복지회 고문(현) 2011년 민주통합당 전북도당 상임고문 2013년 민주당 전북도당 상임고문 2013년 대한민국헌정회 전북지회장(현) 2014년 전북 김제시장선거 출마(무소속) [저]'우리 시대에 조광조가 있다면' '징치고 막이 오르면' [종]기독교

최막중(崔莫重) CHOI Mack Joong

[생]1960·9·30 [출]서울 [주]서울 관악구 관악로1 서울대학교 환경대학원 환경계획학과(02-880-1442) [학]1983년 서울대 건축공학과졸 1986년 미국 일리노이대 어배나 샘페인교 대학원 도시계획학석사 1993년 도시계획학박사(미국 하버드대) [경]1993~2003년 한양대 도시공학과 교수 1997~1998년 건설교통부 토지이용제도개선작업단 위원 1998~2004년 서울시 교통영향심의위원 1999~2001년 기획예산처 공공부동산활용도제고기획단 위원 2000~2002년 건설교통부 국토정비기획단 위원 2001~2002년 서울시 건축위원회 위원 2001~2003년 재정경제부 국유재산관리위원회 위원 2003년 서울대 환경대학원 환경계획학과 교수(현) 2004~2008년 서울시 도시계획위원 2008~2009년 서울대 환경대학원 부원장 2008~2010년 국무총리실

용산공원조성추진위원회 위원 2009년 국토해양부 중앙도시계획위원회 위원 2009~2011년 대통령직속 지역발전위원회 수도권광역경제권발전위원회 위원 2009년 국토해양부 공공토지비축심의위원회 위원 2010~2012년 국무총리실 동·서·남해안 및 내륙권발전위원회 위원 2011~2012년 대통령직속 국가건축정책위원회 민간위원 2012년 국무총리실 국토정책위원회 위원 2013년 서울대 환경대학원장(현) 2014~2016년 (사)대한국토·도시계획학회 회장 2015년 대전시 도시재생정책자문위원(현) [상]건설교통부장관표창(2005·2006), 대한국토도시계획학회 공로상(2006) [저]'토지이용계획론'(1996) '도시정책론'(2000) '주택·도시·공공성'(2000) '도시개발론'(2002) '한국경제 생존 프로젝트' '경제특구'(2003) '수도권과 비수도권의 상생을 위한 국토전략'(2005) '재건축규제의 허와 실'(2006) '수도권 경쟁력 강화전략'(2007, 경기개발연구원)

최만린(崔滿麟) CHOI Man Lin

[생]1935·10·3 [출]서울 [주]서울 관악구 관악로1 서울대학교 미술대학(02-880-5114) [학]1954년 경기고졸 1958년 서울대 미대 조소과졸 1963년 同대학원졸 [경]1958~1960년 KBS 아나운서 1961~1981년 국전 추천작가·초대작가·심사위원 1967~2001년 서울대 미술대 조소과 교수 1986년 同조형연구소장 1992년 同미술대학장 1997~1999년 국립현대미술관 관장 2001년 서울대 미술대학 명예교수(현) 2005~2009년 한국아나운서클럽 회장 2006년 예술마을 헤이리 이사장 [상]국전 특선 2회, 金世中조각상, 대한민국 환경문화상(1992), 대한민국예술원상 미술부문(2012), 은관문화훈장(2014)

최만수(崔萬秀) CHOI Man Soo

[생]1957·11·29 [출]서울 [주]서울 관악구 관악로1 서울대학교 기계항공공학부(02-880-7128) [학]1980년 서울대 기계공학과졸 1982년 同대학원졸 1987년 공학박사(미국 캘리포니아대 버클리교) [경]1987~1988년 미국 Univ. of California Berkeley Post-Doc. 1991년 서울대 공과대학 기계항공공학부 교수(현) 1997년 나노입자제어기술연구단 단장 2004년 Journal of Aerosol Science 편집장(현) 2008년 대한기계학회 열공학부문 부회장·회장 2009~2011년 서울대 공과대학 교무부학장 2011년 한국공학한림원 기계공학분과 정회원(현) 2012년 (재)멀티스케일에너지시스템연구단 단장(현) 2014년 국제에어로졸기구(IARA) 회장(현) 2014년 한국과학기술한림원 정회원(공학부·현) [상]한·스위스우수연구자상, 과학기술우수논문상(2000), 대한기계학회 학술상(2001), 서울대 SCI 논문우수교수(2003), 서울대 우수연구교수(2007), 대한기계학회 공로상(2010), 서울대 학술연구상(2012), 경암교육문화재단 경암학술상(2015)

최만식(崔萬植) CHOE Man Seek

[생]1948·12·13 [본]해주(海州) [출]부산 [학]1978년 한국외국어대 영어과졸 [경]1978~1981년 현대건설 해외업무부 근무 1981~1985년 (주)대우 건설부문 해외업무부 차장 1985~2013년 세계태권도연맹 총괄사무차장 2003년 대만 보인대(輔仁大) 초빙교수(현) 2005~2006년 WTF·ITF통합조정위원회 실무단장 2005년 대만국립사범대 초빙교수(현) 2010~2014년 세계태권도평화봉사재단 부총재 [상]대통령표창(1995), 미국 LA시장표창(2004), 미국 대통령 체육상(2008) [저]'The Book of Taekwondo'(2007) [종]기독교

최만용(崔萬龍) CHOI Man Yong

[생]1949·11·6 [출]경북 상주 [주]인천 남동구 정각로29 인천광역시의회(032-440-6375) [학]인하대 행정대학원 수료, 연세대 사회교육원 지역사회지도자과정 수료, 구미1대학 사회복지과졸 [경]제7대 새마을운동 부평구지회장, 제9대 한국자유총연맹 부평구지회장, 산곡중 레슬링 후원회장, 민주평통 자문위원(현), 산곡2동 복지협의체 위원(현), 산곡2동 방위협의회 위원(현), 다정 지역아동센터 운영위원(현), 한나라당 부평乙지구당 청천2동협의회장, 청천동새마을금고 이사장, 전국새마을금고중앙연합회 감사, 인천시 비영리법인 단체지원심의위원회 위원, 同교육지원심의위원회 위원 2002~2006년 인천시 부평구의회 의원 2002년 同행정자치위원장 2006년 인천시 부평구의원선거 출마 2007~2010년 인천시의회 의원(재·보궐선거 당선, 한나라당) 2009~2010년 同예산결산특별위원회 제2간사 2010년 인천시의원선거 출마(한나라당) 2013년 새누리당 인천시부평乙당원협의회 조직위원장 2014년 인천시의원선거 출마(새누리당) 2015년 인천시의회 의원(재선거 당선, 새누리당)(현) 2016년 同교육위원회 위원(현) 2016년 同예산결산특별위원회 위원(현) [종]기독교

최만우(崔萬雨) CHOI Man Woo

[생]1965·1·21 [출]경남 하동 [주]경남 김해시 김해대로 2507 김해동부소방서 서장실(055-320-9213) [학]울산대 화학공학과졸, 경북대 대학원졸 [경]경남도 소방과 소방공무원 임용, 거제소방서·통영소방서 행정·예산장비·방호담당, 경남도 소방행정과 감찰반 근무, 진주소방서 소방행정과장·방호구조과장, 행정자치부 소방국 정책기획단 근무, 한국국제대 소방방재학부 겸임교수 2007년 경남도 소방본부 방호구조과 예방담당 2007년 同소방행정과 기획감찰담당 2009년 경남 거창소방서장 2011년 경남 진주소방서장 2012년 경남 거제소방서장 2014년 경남 함안소방서장 2016년 경남 김해동부소방서장(현) [상]대통령표창(2004)

최만현(崔晩鉉)

[생]1959·5·17 [주]경기 과천시 교육원로98 한국화학융합시험연구원 부원장실(02-2164-0011) [학]1978년 진주고졸 1986년 경상대 경제학과졸 2002년 태국 아시아공과대 대학원 에너지경제·계획학과졸 [경]1991~2004년 교통부 도시교통정책과·상공부 총무과·산업자원부 가스기획과·산업환경과·전기위원회 총괄정책과 근무 2004년 산업자원부 섬유패션산업과 행정사무관 2006년 同산업기술개발과 행정사무관 2008년 지식경제부 가스산업과 행정사무관 2012년 同행정관리담당관실 2013년 산업통상자원부 행정관리담당관실 행정사무관 2013년 同창조행정담당관실 서기관 2015년 同감사담당관실 과장 2016년 한국화학융합시험연구원(KTR) 부원장(현)

최맹식(崔孟植) Choi, Maeng Sik

[생]1957·7·2 [출]전남 화순 [주]대전 유성구 문지로132 국립문화재연구소 소장실(042-860-9101) [학]1978년 단국대 사학과졸 1998년 同대학원졸 2003년 문학박사(단국대) [경]1982년 문화재관리국 문화재연구소 학예연구사 1988년 국립경주박물관 학예연구관 1993년 국립부여문화재연구소장 2001년 국립경주문화재연구소장 2003~2013년 문화재청 문화유산국 매장문화재과장·사적명승국 사적과장·국립문화재연구소 건축문화재연구실장·국립문화재연구소 고고연구실장 2013년 국립경주문화재연구소장 2015년 국립무형유산원 원장 2015년 국립문화재연구소장(현) [저]'백제 평기와 신연구'(1999, 학연문화사)

최맹호(崔孟浩) CHOI Meng Ho

[생]1948·11·21 [본]전주(全州) [출]경북 선산 [학]1976년 한국외국어대 러시아어과졸, 동국대 언론정보대학원졸, 서울대 행정대학원 국가정책과정 수료, 고려대 대학원 최고위언론과정 수료, 연세대 대학원 최고위언론과정 수료 [경]1976년 동아일보 사회부 기자 1980년 해직 1981년 삼성물산 홍보과장 1984년 동아일보 복직 1985년 同미주지사 파견 1986년 同정치부 기자 1989년 同빈특파원 1992년 同베를린특파원 1994년 同사회부 차장 1994년 同과학부장 1995년 同사회부장 1996년 同뉴스플러스부장 1997년 同국제부장, 관훈클럽 운영위원 1999년 同편집국 부국장 2000년 同경영지원국장 2001~2005년 同경영전략실장 2003년 한국신문협회 기조협의회 회장 2005년 동아일보 출판국장 2006년 同출판편집인 겸 출판국장(이사) 2006년 육군 정책자문위원(현) 2007년 동아일보 영업사업담당 이사 2008년 同영업사업담당 상무이사 겸 인쇄인 2010~2015년 同대표이사 부사장 2010년 고려중앙학원 이사 2013년 한국국방연구원 비상임이사(현) 2014년 동원육영회 이사(현) 2015~2016년 동아일보 고문 [상]동국대 언론정보대학원 동국언론인상(2009), 외대를 빛낸 동문상(2010), 자랑스러운 외대인상(2010)

최명규(崔明奎) CHOI Myung Gyu (玄菴)

[생]1958·8·5 [본]전주(全州) [출]전남 순천 [주]서울 서초구 반포대로222 가톨릭대학교 서울성모병원 소화기내과(02-2258-6017) [학]1982년 가톨릭대 의대졸 1986년 同대학원졸 1993년 의학박사(가톨릭대) [경]1989~1991년 가톨릭대 성모병원 소화기내과 임상강사 1991년 同의대 내과학교실 전임강사·조교수·부교수·교수(현), 同서울성모병원 소화기내과 전임의(현) 1997~2001년 대한소화관운동학회 학술위원장 1999~2001년 대한소화기학회 전산정보위원장 2001~2004년 한일소화기내시경심포지엄 사무총장 2003~2005년 KBS 의료자문 2004년 대한소화기내시경학회 소화관영상연구회장 2007~2009년 대한소화관운동학회 회장 2007년 아시안소화관운동학회창립총회조직위원회 위원장 2009년 가톨릭대 서울성모병원 소화기센터장(현) 2013~2015년 대한소화기내시경학회 이사장 2013년 가톨릭-하버드 웰만

광의학센터 센터장(현) 2014년 제13차 세계식도학회(13th Conference of OESO) 공동회장 2014~2015년 IDEN2015 회장·조직위원장 (상)아스트라제네카 의학상(2013) (전)'소화관운동 기능검사' 'Clinical Gastrointestinal Endoscopy'(2014) (역)'소장질환진료매뉴얼'(2013)

최명규(崔明圭) Myoung Gyu Choi

(생)1958·12·13 (본)전주(全州) (출)전남 함평 (주)경기 화성시 삼성1로1길14 바텍이우홀딩스 바텍문화원(031-679-2000) (학)1976년 광주제일고졸 1981년 고려대 법학과졸 (경)1982년 사법시험 합격(24회) 1984년 사법연수원 수료(14기) 1985년 변호사 개업 2007~2011년 바텍 감사실 부사장 2011~2014년 바텍S&C 대표이사 사장 2015년 바텍이우홀딩스 바텍문화원 원장(현) (저)'손해배상 실무총람 상·하'(1995, 법률서원)

최명기(崔明基) Choi, Myung Ki

(생)1966·2·6 (본)경주(慶州) (출)강원 춘천 (주)서울 종로구 율곡로2길25 연합뉴스 총무부(02-398-3250) (학)1983년 숭문고졸 1990년 한양대 신문방송학과졸 (경)1992~1994년 한국일보 광고국 근무 1994년 연합뉴스 입사 2012년 同총무부장(현)

최명길(崔明吉) CHOI Myung Gil

(생)1961·3·19 (출)대전 (주)서울 영등포구 의사당대로1 국회 의원회관836호(02-784-1307) (학)1978년 대전고졸 1983년 서울대 외교학과졸 1985년 同대학원 외교학과졸 1995년 미국 조지타운대 대학원졸 (경)1984년 한화증권 국제부 근무 1986년 MBC 기자 1987년 同스포츠취재부 기자 1988년 한국방송 최초 소련입국·취재특집 '르포모스크바' 제작 1989년 MBC 정치부·외교부·통일부 기자 1993~1999년 同정치부(국회·청와대) 기자 1999년 전국문화방송노동조합 사무처장 2000년 MBC 2580부 기자 2002년 同보도국 정치부 차장 2003년 同워싱턴특파원(차장) 2005년 同워싱턴특파원(부장대우) 2006년 同보도전략팀장 2006년 同보도국 행정·통일외교팀장 2006년 同보도국 정치1팀장 2007년 同보도국 선임기자 2008년 관훈클럽 편집위원 2008년 MBC 보도국 정치2팀 부장 2009년 同보도국 정치2부장 2009년 同보도국 부장급 2010년 同논설위원 2011년 관훈클럽 운영위원 2011년 MBC 보도제작국 부국장 2012년 同유럽지사장 2013년 同경인지사 인천총국 부국장 2014년 새정치민주연합 원내대표 공보특보 2014~2015년 同비상대책위원장 정무특보 2016년 더불어민주당 서울송파乙지역위원회 위원장(현) 2016년 제20대 국회의원(서울 송파구乙, 더불어민주당)(현) 2016년 더불어민주당 디지털소통본부장 2016년 同공정언론특별위원회 위원(현) 2016년 국회 미래창조과학방송통신위원회 위원(현) 2016년 국회 평창동계올림픽 및 국제경기대회지원특별위원회 위원(현) 2016년 국회 문화·관광산업연구포럼 공동대표의원(현) (저)'미운 정치 예쁜 정치'(2016, 메디치미디어)

최명룡(崔明龍) Choi Myung Ryong

(생)1952·6·11 (주)서울 송파구 올림픽로424 올림픽공원 올림픽테니스장2층 한국대학농구연맹(02-424-1941) (학)성동공고졸 1975년 한양대 체육학과졸 2000년 상지대 대학원 체육학과졸 (경)1975~1983년 한국산업은행 농구부 선수 1986~1993년 同농구부 코치 1993~1996년 同농구부 감독 1996~1999년 프로농구 원주나래 블루버드 감독 1999~2000년 KBS 농구해설위원 2000~2001년 프로농구 대구동양오리온스 감독 2004~2005년 대한농구협회 부회장 2005~2009년 프로농구연맹 기술위원장 2008~2009년 X-PORTS 농구해설위원 2010~2012년 한양대 농구부 감독 2013년 한국대학농구연맹 회장(현) (상)추계대학연맹전 최우수선수(1974)

최명서(崔明瑞) CHOI Myung Seo

(생)1956·8·27 (본)영월(寧越) (출)강원 영월 (주)강원 춘천시 중앙로1 강원도의회(033-256-8035) (학)마차고졸 1989년 한국방송통신대 행정학과졸 2003년 강원대 경영행정대학원 행정학과졸(석사) (경)강원도 공보기획담당, 同향토문화담당, 영월군 문화관광과장 2010년 강원도 동강관리사업소장 2011년 同환경관광문화국 문화예술과장 2012년 영월군 부군수(서기관) 2014년 강원도 보건복지여성국 여성청소년가족과장 2014년 강원도의회 의원(새누리당)(현) 2014년 同기획행정위원회 위원 2016년 同경제건설위원회 위원(현) (상)총무처장관표창(1994)

최명선(崔鳴善) Choi, Myung Sun

(생)1946·2·5 (본)전주(全州) (출)충남 장항 (주)대전 서구 둔산로133 둔산현대아이텔1713호 한국정보기술학회(042-488-2015) (학)1964년 국립체신고졸 1989년 한국방송통신대 전자계산학과졸 1992년 연세대 산업대학원 전자공학과졸 1995년 서울대 행정대학원 정보통신방송정책과정(AIC) 수료 2006년 공학박사(연세대) 2012년 한국방송통신대 영어영문학과졸 (경)1964년 모슬포우체국 근무 1965년 제주전신전화국 제2기술과 근무 1967년 서울국제전신전화국 부평송신소 근무 1967년 서울초단파전신전화건설국 근무 1976년 장거리무선전신전화건설국 근무 1977년 체신부 기술정책관실 근무 1979년 기술고시 통신기술직 합격(14회) 1979년 불광전화국 기계과장(통신기좌) 1980년 체신부 전송보전과 무선담당 1982년 同통신기술과 제1담당 1983년 同감사관실 제2담당 1988년 同통신업무과 업무4담당 1990년 전파연구소 검정과장(서기관) 1991년 한국전자통신연구소 파견 1993년 체신부 주파수과장 1994년 정보통신부 초고속망구축과장 1996년 同초고속망기획과장(부이사관) 1998년 전파연구소장 2000년 미국 캘리포니아대 샌디에이고교 UCSD CWC(무선통신센터) 방문교수 2001년 전북체신청장 2002년 충청체신청장(이사관) 2002년 한국정보통신산업협회 상근부회장 2002년 한국정보기술학회 수석부회장·고문(현) 2004~2007년 개인정보분쟁조정위원회 위원 2006년 한국정보통신대 상근이사 2007년 同멀티미디어연구소 연구부교수 2008~2013년 한국과학기술원 디지털미디어연구소 연구부교수 2012~2013년 베트남 정보통신부 기술자문관 2013~2015년 한국해킹보안협회 수석부회장 (상)정보통신부장관표창(1981·1985), 근정포장(1986), 홍조근정훈장(2003) (종)천주교

최명수(崔明壽) CHOI Myoung Soo

(생)1961·1·7 (본)해주(海州) (출)인천 (주)경기 용인시 기흥구 삼성로1 삼성전자(주)(031-209-7114) (학)동산고졸, 한양대 기계공학과졸 (경)삼성전기(주) 광디바이스연구그룹장, 同IT개발그룹장, 同LM사업팀 개발2그룹장(부장급) 2009년 同LM사업팀 개발2그룹장(상무) 2009년 삼성LED 개발팀 ITC개발3그룹 상무, 同IT&C개발팀 디스플레이개발그룹 상무 2012년 삼성전자(주) LED사업부 Package개발팀장(상무) 2012년 同DS부문 LED사업부 Package개발팀장(상무) 2015년 同DS부문 LED사업부 제조팀장(상무), 同자문(현) (상)IR52 장영실상(2000)

최명식(崔明植)

(생)1963·2·21 (출)경북 경주 (주)인천 남동구 인주대로585 중부지방국세청 조사4국 조사3과(032-430-0512) (학)서울 용문고졸 1983년 세무대학졸(1기), 경희대 대학원 경영학과졸 (경)1983년 공무원 임용(8급 공채) 1983년 마포세무서 법인세과 근무 1990년 서울지방국세청 조사국 제1조사관 1993년 재무부 세제실 조세정책과 근무 2007년 국세청 국세공무원교육원 교수(사무관) 2012년 同국세공무원교육원 교수(서기관) 2014년 부산지방국세청 감사관 2015년 서부산세무서장 2016년 중부지방국세청 조사4국 조사3과장(현)

최명옥(崔明玉) CHOI Myung Ok

(생)1944·10·1 (본)경주(慶州) (출)경남 사천 (주)서울 관악구 관악로1 서울대학교(02-880-5114) (학)1973년 서울대 국어국문학과졸 1975년 同대학원졸 1982년 문학박사(서울대) (경)1976~1986년 영남대 문리과대 전임강사·조교수·부교수 1983~1984년 영국 University of Edinburgh Department of Linguistics postdoctoral fellow 1986~1995년 서울대 인문대 조교수·부교수 1990~1991년 일본 텐리대 외국어학부 객원교수 1995~2010년 서울대 국어국문학과 교수 1996~1997년 일본 도쿄대 문학부 객원교수 2002~2003년 일본 텐리대 국제문화학부 객원교수 2003~2004년 서울대 인문대학 국어국문학과 학과장 2004년 국립국어연구원 주관 '남·북한 공동방언조사' 자문위원 2005~2006년 일본 도쿄대 문학부 대학원 객원교수 2005~2006년 한국방언학회 초대회장 2006년 同2대 회장 2010년 서울대 명예교수(현) 2011~2012년 중국 중앙민족대 객원교수 2015년 중국 남경대 객원교수 (상)일석국어학연구 장려상(1981), 녹조근정훈장(2010), 일석국어학상(2013) (저)'경북 동해안방언 연구'(1980) '월성지역어의 음운론'(1982) '국어음운론(共)'(1997) '국어음운론과 자료'(1998) '한국어 방언연구의 실제'(1998) '경주 속담·말 사전(共)'(2001) '함북 북부지역어 연구(共)'(2003) '국어음운론'(2004) '지역어 조사 질문지(共)'(2006) '경주지역어 텍스트-1(共)'(2007) '경기 화성 지역의 언어와 생활'(2007) '한국언어지도(共)'(2008) '현대한국어의 공시형태론'(2008) '경기 포천 지역의 언어화 생활'(2008) '경기 파주 지역의 언어화 생활'(2009) '한국어의 방언'(2015) (종)천주교

최명용(崔鳴鏞) CHOI Myeong Yong

[생]1958·7·27 [출]강원 춘천 [주]부산 동구 충장대로351 부산지방해양수산청 부산항건설사무소(051-609-0939) [학]1977년 춘천고졸 1983년 연세대 토목학과졸 1985년 同토목학과졸 1997년 영국 스완지부속대 수료 [경]1991년 동해지방해운항만청 조사시험과장 1993~1995년 해운항만청 개발국 기획과·건설과 근무 1995년 영국 Swansea대 파견 1997~1999년 해양수산부 항만건설국 항만기술과·항만정책과·민자개발과 근무 1999년 마산지방해양수산청 항만공사과장 2001~2002년 해양수산부 항만국 항만건설과·민자계획과·항만정책과 근무 2002년 부산항건설사무소 시설과장 2004년 해양수산부 항만국 항만건설과장 2005년 同항만국 민자계획과장 2009년 국토해양부 건설수자원정책실 하천운영과장 2010년 同물류항만실 항만재개발과장 2010년 同물류항만실 항만지역발전과장 2011년 同항만정책과장(부이사관) 2013년 해양수산부 항만국 항만정책과장 2013년 同여수지방해양항만청장 2014~2015년 同부산지방해양항만청 부산항건설사무소장(고위공무원) 2015년 同부산지방해양수산청 부산항건설사무소장(고위공무원)(현) [상]근정포장(2013)

최명재(崔明在) CHOI Myoung Jae

[생]1927·5·18 [본]전주(全州) [출]전북 김제 [주]강원 횡성군 안흥면 봉화로800 민족사관고등학교 이사장실(033-343-1115) [학]1945년 전주북중졸 1951년 서울대 상학과졸 [경]1951~1966년 상업은행 근무 1969~1977년 성진자동차공업 설립·대표이사 1973~1977년 성진협동(주) 설립·대표이사 1977년 성진낙농(주) 설립·대표이사 1987~2004년 파스퇴르유업(주) 설립·회장 1993년 민족사관고 설립 2002~2003년 同교장 2004년 同이사장(현) [저]자서전 '20년 후 너희들이 말하라'

최명철(崔明哲) CHOI Myeong Cheol

[생]1970·5·31 [출]경남 사천 [주]세종특별자치시 다솜2로94 농림축산식품부 축산정책과(044-201-1361) [학]진주 대아고졸, 서울대 농촌사회학과졸 [경]행정고시 합격(41회) 1998년 건설교통부 서울지방철도청 사무관 2001년 농림부 축산국 축산물유통과·식량정책국 식량정책과 사무관 2006년 同농산물유통식품산업국 유통정책과 서기관 2008년 국립농산물품질관리원 제주지원장 2009년 농림수산식품부 기획조정실 정보화담당관 2009년 同홍보담당관 2011년 同식품산업정책과장 2012년 同소비안전정책과장 2013년 同기획조정실 정책평가담당관 2013년 농림축산식품부 농촌정책국 정책평가담당관 2013~2015년 국외 파견(과장급) 2015년 농림축산식품부 규제개혁법무담당관 2016년 同축산정책과장(부이사관)(현)

최명해(崔明海) CHOI Myong Hae

[생]1948·11·12 [출]대구 [주]서울 종로구 사직로8길39 세양빌딩 김앤장법률사무소(02-3703-1547) [학]1967년 경북고졸 1972년 서울대 상학과졸 [경]1975년 행정고시 합격(17회) 1976~1999년 동대구세무서 조사과장·영주세무서장·강남세무서장·삼성세무서장·국세청 기획예산담당관·국세청 조사1과장 1999년 국세청 국제조세국장 1999년 서울지방국세청 재산세국장 1999년 同세원관리국장 2000년 국세청 기획관리관 2001년 대구지방국세청장 2002년 국세청 국제조세관리관 2003년 同조사국장 2004~2005년 재정경제부 국세심판원장 2005년 김앤장법률사무소 고문(현) 2008년 현대산업개발(주) 사외이사(현) 2009년 동아일보 감사 2009~2015년 SK이노베이션(주) 사외이사 겸 감사위원

최명헌(崔明憲) CHOI Myung Hun (松正)

[생]1929·6·16 [본]해주(海州) [출]평북 정주 [학]1949년 단국대 수료 1950년 육군사관학교졸 1953년 미국 포병학교 수료 [경]1952년 포병대장 1958년 육군본부 작전참모 1960년 군사령부 정보·작전참모 1961년 재건운동 충남지부장 1963년 예편(육군 대령) 1970년 인천수출산업공단 이사장 1971~1984년 한국수출산업공단 이사장 1981년 제11대 국회의원(서울 구로, 민정당) 1982년 한·일의원연맹 경제분과위원장 1983년 민주정의당(민정당) 중앙위원회 상공분과위원장 1985년 同무역발전위원회 부위원장 1985년 제12대 국회의원(전국구, 민정당) 1985년 국회의장 비서실장 1988년 노동부 장관 1989~1992년 대한무역진흥공사 이사장 1997~2000년 국민회의 부총재 1998년 同통일고문 1998~2001년 민주평통 상임위원 1999년 국민회의 이북7도위원장 1999년 새천년민주당 창당준비위원회 상임부위원장 2001~2004년 제16대 국회의원(전국구 승계, 새천년민주당) 2002년 새천년민주당 선거관리위원회 부위원장 2002년 同상임고문 2002년 同이북7도민위원장 2003년 同최고위원 2003년 同사무총장 2003년 同상임고문, 민주당 상임고문 [상]건국공로훈장, 충무무공훈장, 화랑무공훈장, 보국훈장 삼일장, 금탑산업훈장, 청조근정훈장, 동탑산업훈장 [종]기독교

최명훈(崔明勳) Choi Myunghun

[생]1975·5·12 [출]서울 [주]서울 성동구 마장로210 한국기원 홍보팀(02-3407-3850) [경]1991년 입단 1996년 5단 승단 1996년 테크론배 준우승 1997년 6단 승단 1998년 박카스배 준우승 1999년 7단 승단 2000년 LG배 우승 2001년 LG정유배 준우승 2001년 8단 승단 2002년 LG정유배 준우승 2004년 9단 승단(현) 2014년 국가대표 바둑팀 코치(현) [상]바둑문화상 감투상(1996)

최명희(崔明熙) CHOI Myeng Hee

[생]1955·4·8 [본]강릉(江陵) [출]강원 강릉 [주]강원 강릉시 강릉대로33 강릉시청 시장실(033-640-5001) [학]1973년 강릉고졸 1978년 고려대 법대 행정학과졸 1998년 한림대 대학원 경영학과졸 2002년 同경영대학원 경영학 박사과정 수료 [경]1977년 행정고시 합격(21회) 1992년 내무부 근무 1994년 강원도 기획담당관 1994년 양구군수 1995년 강원도 지역경제국장 1996년 同산업통상국장 1997년 同스포츠대회준비지원단장 1997년 내무부 민방위재난통제본부 소방과장 1998년 강원도 국제관광EXPO 사무처장 2001~2002년 강릉시 부시장 2002년 강원도 환동해출장소장 2002~2005년 同기획관리실장 2006·2010년 강원 강릉시장(한나라당·새누리당) 2010년 2013스페셜올림픽세계동계대회준비위원회 위원 2011년 월간 '한국수필' 신인상으로 수필가 등단 2014년 강원 강릉시장(새누리당)(현) 2015년 마을만들기지방정부협의회 공동회장(현) 2016년 전국시장·군수·구청장협의회 회장(현) [상]내무부장관표창, 홍조근정훈장(2000), 월간 한국수필 신인상(2011), 한국관광학회 관광진흥대상(2014), 대한민국 도시대상 대통령표창(2014), 농협중앙회 지역농업발전선도인상(2015), 관동문학인상(2015) [작]수필 '사임당과 오만원권 화폐' '힘찬 날갯짓의 강릉'(2011, 월간 한국수필 5월호) [종]천주교

최몽룡(崔夢龍) CHOI Mong Lyong (希正)

[생]1946·9·13 [본]경주(慶州) [출]서울 [주]서울 관악구 관악로1 서울대학교 고고미술사학과(02-880-5114) [학]1964년 중앙고졸 1968년 서울대 문리대학 고고인류학과졸 1971년 同대학원졸 1983년 철학박사(미국 하버드대) [경]1971~1981년 전남대 문리대학 사학과 전임강사·조교수 1977년 문화재 전문위원 1981~1988년 서울대 문리대학 조교수·부교수 1986년 同인문대학 부학장 1987년 한국상고사학회 회장 1988~2012년 서울대 고고미술사학과 교수 1995년 同박물관장 1999~2003년 문화재위원회 위원 2005년 학술진흥재단 심사평가위원 2012년 서울대 고고미술사학과 명예교수(현) [상]전남도 문화상(1976) [저]'A Study of the Yongsan River Villey Culture'(1983) '고등학교 국사 교과서'(1988~2011) '재미있는 고고학여행'(1991) '한국문화의 원류를 찾아서'(1993) '인류의 선사시대' '러시아의 고고학'(1994) '문명의 발생'(1994) '5000년전의 남자'(1995) '고고학과 자연과학'(1995) '도시·문명·국가'(1996) '인물로 본 고고학사'(1997) '한국고대국가 형성론'(1997) '고고학 연구방법론'(1998) '한국지석묘의 연구방법과 이론'(2000) '흙과인류'(2000) '시베리아의 선사고고학'(2002) '동북아시아 청동기시대 문화연구'(2002) '백제를 다시본다'(2004, 일어판) '한성시대 백제와 마한'(2004) '최근 고고학자료로 본 한국고고학·고대사의 신연구'(2006) '동북아 청동기시대 문화연구 II'(2006) '경기도의 고고학'(2006) '한국청동기철기시대와고대사회의복원'(2008) '21세기의 한국고고학 1-5'(2008~2011) '한국상고사 연구여적'(2008) '21세기의 한국고고학 V(최몽룡편저, 희정 최몽룡교수 정년퇴임 논총 마지막 책, 서울 : 주류성)(2012) 개성판 '인류문명발달사 : 고고학으로 본 세계문화사'(2013, 주류성) '인류문명발달사(개정5판)'(2013, 주류성) '한국고고학연구'(2014, 주류성) '고구려와 중원문화'(2014, 주류성) '인류문명발달사(교재용 개정6판)'(2015, 주류성) [역]'21세기의 한국고고학'(2012, 주류성) '인류문명발달사'(2015, 주류성) '중국 동북부에서 문명의 발생'(2015, 경희대) '선사문화와 국가의 형성-고고학으로 본 한국상고사'(2016, 주류성) '흔암리 주거지와 문화사적 맥락-공렬토기, 지석묘와 고조선'(2016, 고조선학보4) '세계사 속에서의 한국'(2016, 주류성)

최무열(崔武烈) Choi Moo-yeol

[생]1960·4·5 [본]경주(慶州) [출]경북 경산 [주]대구 달서구 학산로65 대구달서우체국(053-640-4500) [학]1979년 성광고졸 2007년 한국방송통신대 행정학과졸 2009년 인하대 물류전문대학원 물류경영학과졸 [경]1986~1990년 상주우체국·경산우체국 행정주사보 1990년 경북체신청 업무국 우무과 행정주사보 1995년 정보통신부 기획관리실 기획예산담당관실 행정주사

2003년 광화문우체국 우편물류과장(행정사무관) 2004년 정보통신부 우정사업본부 우편사업단 우편기획과 행정사무관 2005년 同우정사업본부 경영기획실 투자기획팀 행정사무관 2008년 지식경제부 우정사업본부 경영기획실 재정관리팀 행정사무관 2012년 同우정사업본부 보험사업단 보험기획과 서기관 2012년 구미우체국장 2013년 경북지방우정청 우정사업국장 2015년 대구달서우체국장(현)

최무진(崔珷塡) Choi, Moo-Jin

(생)1967·11·25 (출)전남 담양 (주)세종특별자치시 다솜3로95 공정거래위원회 기업거래정책국 기업거래정책과(044-200-4584) (학)1985년 광주 서석고졸 1990년 서울대 경영학과졸 (경)행정고시 합격(36회) 2002년 재정경제부 금융정책국 은행제도과 서기관 2005년 공정거래위원회 경쟁국 가맹사업거래과장 2005년 同시장감시본부 거래감시팀장 2007년 同소비자정보팀장 2007년 同소비자본부 정보교육안전팀장 2008년 同소비자안전과장 2009년 同서비스카르텔과장 2010년 세종연구소 파견 2011년 공정거래위원회 소비자정책과장 2014년 同소비자정책국 소비자정책과장(부이사관) 2014년 同시장감시국 시장감시총괄과장 2015년 同기업거래정책국 기업거래정책과장(현)

최문규(崔文奎) CHOI Moon Gyoo

(생)1958·6·20 (출)서울 (주)서울 서대문구 연세로50 연세대학교 독어독문학과(02-2123-2337) (학)1982년 연세대 독어독문학과졸 1988년 독일 Bielefeld대 대학원 독어독문학과졸 1992년 문학박사(독일 Bielefeld대) (경)1986~1991년 독일 프리드리히나우만재단 장학생 1991~1993년 연세대·홍익대·한양대·한신대 시간강사 1994년 연세대 독어독문학과 조교수·부교수·교수(현) 1995~2014년 한국뷔히너학회 총무이사·편집이사·편집상임이사·부회장·감사 1996~1997년 아시아독어독문학자대회준비위원회 사무총장 1996년 독일 학술교류처(DAAD) 연구방문교수 1999~2004년 독일어문학회 편집이사·편집위원 2000~2001년 한국번역학회 편집출판 2000~2001년 독일 훔볼트재단(AvH)지원 쾰른대 객원교수 2001~2004년 한국독어독문학교육학회 기획연구이사·국제상임이사 2002년 한국훔볼트클럽 총무이사 2002~2004년 연세대 비교문학협동과정 학장 2002~2003년 同외국어특기자 책임지도교수 2002~2003년 同독어독문학과장 2003년 한국독어독문학회 편집위원·편집출판상임이사 2003~2005년 연세대 문과대학 교학부장·부학장 2005~2006년 同독어독문학과장 2006~2008년 同언어연구교육원(한국어학당·외국어학당)장 2007~2008년 同LA분원장 겸임 2013~2016년 同문과대학장 2015년 한국뷔히너학회 편집위원(현) (연)연세대 우수연구교수상(2002) (전)'문학과 역사철학의 의미동일성과 의미차이성'(1991) '탈 현대성과 문학의 이해'(1996) '19세기 자연과학과 자연관(共)'(1997) '문학이론과 현실인식'(2000) '고등학교 독일어의 독해'(2002) '축제와 문화(共)'(2003) '문학, 그 사이의 존재(共)'(2003) '기억과 망각 : 문학과 문화학의 교차점(共)'(2003) '니체 : 바이로이트의 리하르트 바그너, 유고'(2005) '독일낭만주의'(2005) '자율적 문학의 단말마?'(2006) (역)'새로운 문학이론(共)'(1994) '소통행위이론(共)'(1995) '아방가르드와 현대성'(1995) '한줌의 도덕'(1995) '두 열림을 향하여'(1996) '절대적 현존'(1998) '그림자를 판 사나이'(2002)

최문근(崔文根) CHOI Moon Gun

(생)1956·1·25 (출)경기 (주)서울 서대문구 연세로50 연세대학교 과학관402호 화학과(02-2123-2645) (학)1979년 연세대 이과대학 화학과졸 1981년 同대학원 화학과졸 1990년 이학박사(미국 Iowa대) (경)1984~1985년 미국 Univ. of North Texas 연구원 1986~1990년 Ames Laboratory, U. S. D. O. E. 연구원 1993년 연세대 이과대학 화학과 조교수·부교수·교수(현) 1997년 대한화학회 선거관리위원회 조직간사 및 위원 1998년 同화학술어위원회 상임위원 1998년 특허청 특허심사자문위원 2002년 대한화학회 교육방송국 주간 2010~2014년 연세대 학술정보원장 2016년 同대학원장 겸 BK21플러스총괄사업본부장(현) (상)대한화학회 우수 포스터상(1995), 대한화학회 학술논문발표 하이라이트(1998) (전)'무기화학'(2000)

최문기(崔文基) CHOI Mun Kee

(생)1951·4·7 (본)경주(慶州) (출)경북 영덕 (주)대전 유성구 대학로291 한국과학기술원 인문사회융합과학대학 기술경영학과(042-350-6301) (학)1969년 경북고졸 1974년 서울대 공대 응용수학과졸 1978년 한국과학기술원(KAIST) 산업공학과졸(석사) 1989년 산업공학박사(미국 노스캐롤라이나주립대) (경)1978~1999년 한국전자통신연구원 책임연구원 1989년 同통신망구조·광대역통신방식연구실장 1989년 CCITT연구회 의장 1992년 한국전자통신연구원 광대역통신연구부장 1992~1996년 전북대 전자공학과 겸임교수 1994년 ATM KOREA INTEREST GROUP 의장 1995년 한국전자통신연구원 통신시스템

연구단장 1998년 同초고속정보통신연구부장 1999년 同인터넷기술연구부장 1999~2006년 한국정보통신대(ICU) 경영학부 교수 1999년 同연구기획처장 2001년 同총장 직대 2001년 同GRID미들웨어연구센터 소장 2003년 대한산업공학회 부회장 2004년 한국정보통신대 교학처장 2006~2009년 한국전자통신연구원(ETRI) 원장 2008~2009년 한국통신학회 부회장 2009~2013년 한국과학기술원(KAIST) 경영학과 교수 2010년 한국통신학회 감사 2010년 국가미래연구원 발기인 2013~2014년 미래창조과학부 장관 2014년 한국과학기술원(KAIST) 인문사회융합과학대학 기술경영학과 교수(현) (상)과학기술처장관표창, 한국일보 존경받는 대한민국CEO대상-정보통신서비스부문(2008), 과학기술훈장 혁신장(2009), KAIST총동문회 자랑스런 동문(2015) (전)'정보통신과 미래의 사회' '첨단과학기술총서005'

최문기(崔文基) CHOI Moon Ki

(생)1954·12·6 (출)서울 (주)강원 춘천시 삭주로77 한림대학교 춘천성심병원 내분비내과(033-240-5641) (학)1973년 경기고졸 1979년 서울대 의대졸 1986년 同대학원졸 1996년 의학박사(서울대) (경)1986년 한림대 의대 내과학교실 교수(현) 1990년 미국 국립보건원(NIH) 연구원 1993년 한림대 춘천성심병원 수련교육부장 1997년 同의대 임상교학부장 2001년 同춘천성심병원 진료부원장 2004년 同춘천성심병원장 2008~2012년 同의과대학장 2014년 대한당뇨병학회 회장 (상)당뇨병연구 학술상(2004) (전)'당뇨병 식사요법 지침서'(共) '임상내분비학'(共) '당뇨병학'(共) (종)천주교

최문석(崔文碩) CHOE Moon Seok

(생)1959·5·3 (본)경주(慶州) (출)부산 (주)서울 서초구 헌릉로13 대한무역투자진흥공사 인재경영실(02-3460-7038) (학)1978년 동래고졸 1985년 고려대 불어불문학과졸 (경)1987년 대한무역투자진흥공사 입사 2002년 同투자유치팀 근무 2002년 同호치민무역관 근무 2005년 同파리무역관 근무 2006년 同전시컨벤션팀 근무 2006년 同문화서비스산업팀장 2008년 同뉴델리무역관장 2008년 同뉴델리코리아비즈니스센터장 2011년 同서비스산업유치팀장 2012년 同투자총괄팀장 2013년 교육 파견 2014년 대한무역투자진흥공사 바르샤바무역관장 2015년 同파리무역관장(현)

최문성(崔文誠)

(생)1959·3·2 (출)경남 고성 (주)경남 진주시 진양호로369번길3 진주교육대학교 총장실(055-740-1100) (학)1977년 부산중앙고졸 1982년 서울대 정치학과졸 1984년 同대학원 정치학과졸 1991년 정치학박사(서울대) 2016년 명예박사(몽골국립교육대) (경)1993년 진주교육대 도덕교육과 교수(현) 2007년 同발전기획단장, 同다문화교육원장 2013년 同교수협의회장 2014년 한국다문화교육학회 부회장, 동북아역사재단 자문위원, 민주평통 자문위원 2016년 진주교육대 총장(현)

최문순(崔文洵) CHOI, Moon-soon

(생)1954·4·4 (본)강릉(江陵) (출)강원 화천 (주)강원 화천군 화천읍 화천새싹길45 화천군청(033-440-2202) (학)화천실업고졸 (경)1976년 화천군4H연합회 회장 2000년 지방행정사무관 승진 2000년 화천군 간동면장 2005년 同자치행정과장 2008년 同주민생활지원과장(지방서기관) 2008년 同주민생활지원실장 2011년 同기획감사실장 2011년 화천중·고 총동문회장 2012년 강원도 교육연구실장 2013년 강원 화천군 부군수 2014년 강원 화천군수(새누리당)(현) 2016년 세계겨울도시시장회의 아시아·오세아니아지역 부회장(현) (상)녹조근정훈장(2013) (종)기독교

최문순(崔文洵) CHOI Moon Soon

(생)1956·2·4 (본)강릉(江陵) (출)강원 춘천 (주)강원 춘천시 중앙로1 강원도청 도지사실(033-249-2001) (학)1974년 춘천고졸 1978년 강원대 영어교육과졸 1984년 서울대 대학원 영어영문학과졸 (경)1984~1996년 MBC 보도국 사회부·기동취재반 기자 1995년 同노조위원장 1996년 해직 1997년 MBC 보도국 기동취재부 복직 1998년 同보도국 기획취재부 차장대우 1998~2001년 전국언론노동조합연맹 위원장 2001년 MBC 보도제작국 차장 2001년 同R·인터넷뉴스부 부장대우 2003년 同인터넷뉴스센터 취재에디터(부장대우) 2003년 同보도제작국 2CP 2005~2008년 同대표이사 사장 2005년 한국방송협회 부회장 2006년 同회장 2007~2008년 同부회장 2008~2011년 제18대 국회의원(비례대표, 통합민주당·민주당) 2008년 민주당 언론장악저지대책위원

회 간사 2010년 同평창동계올림픽유치지원특별위원회 위원 2010년 同유비쿼터스위원장 2011년 강원도지사(재보선 당선, 민주당 · 민주통합당 · 민주당 · 새정치민주연합) 2014년 강원도지사(새정치민주연합 · 더불어민주당)(현) 2014~2016년 지역균형발전협의체 공동회장 2016년 전국시 · 도지사협의회 회장(현) ❸MBC창사 30주년 공로상(1991), 방송보도상(1992), 한국언론학회 언론상(1993), 방송문화진흥대상(1993), 한국방송대상 우수작품상(1993), 안종필 자유언론상(1996), 한국방송대상 보도기자상(1998), 송건호언론상(2009), '2009 민주당 파워블로그어워드' 파워블로그상(2010), 경제정의실천시민연합 선정 '국정감사 우수의원'(2010), 대한민국경제리더대상 가치경영부문대상(2015), 기후변화센터 그랜드리더스어워드 지자체부문상(2016) ❹'감자의 꿈'(2014, 고즈윈)

최문정(崔文禎 · 女) Moonjung Choi

❸1966 · 12 · 7 ❀서울 ④서울 서초구 마방로68 한국과학기술기획평가원 미래예측본부(02-589-2193) ❿1989년 연세대 식품공학과졸 1991년 同대학원졸 1996년 식품과학박사(미국 오하이오주립대) ❷1992년 한국식품개발연구원 연구원 1997년 미국 오하이오주립대 박사후연구원 1997~2002년 연세대 생물산업소재연구센터 연구원 1998년 同생물자원공학과 강사 1998년 서울산업대 식품공학과 강사 1999년 연세대 생명공학과 강사 2002년 한국과학기술기획평가원 선임연구위원(현) 2007년 同조정평가단 공공복지평가팀장 2008년 同연구제도실장 2010년 同정책기획본부 연구위원 2012년 同기술예측실장 2014년 同미래예측본부장(현)

최문환(崔文煥) Choi Moon Hwan (소율)

❸1960 · 12 · 8 ❀해주(海州) ❀경북 영덕 ④경기 수원시 팔달구 효원로1 경기도청 예산담당관실(031-8008-2832) ❿1980년 영해고졸 1989년 건국대 환경공학과졸 2001년 경기대 행정대학원 행정학과졸 ❷1994~2001년 경기도 총무과 · 지방과 · 감사실 근무(6급) 2001년 경기도립직업전문학교 IT과장(행정사무관) 2003년 의왕시 사회복지과장 2005년 경기도의회 의정홍보담당 2006년 경기도 공보관실 언론(신문)담당 2009년 同정책기획심의관실 의회협력팀장 2010년 同예산담당관실 건설농정팀장 2013년 同정책기획관실 조직팀장 2013년 同안전총괄담당관(서기관) 2014년 교육 파견 2015년 경기도 대외협력담당관 2016년 同예산담당관(현) ❸환경부장관표창(1993), 내무부장관표창(1996), 국무총리표창(2001 · 2007), 경기도지사표창(2012) ❸유교

최미선(女) CHOI Misun

❸1996 · 7 · 1 ④광주 광산구 여대길201 광주여자대학교 양궁부(062-956-2500) ❿2015년 전남체고졸 2016년 광주여대 초등교육과 재학 중(2년) ❷2013년 아시아양궁선수권대회 리커브 여자단체전 금메달 2015년 광주여대 양궁부 소속(현) 2015년 세계양궁연맹(WA) 월드컵1차대회 리커브 여자개인전 은메달 · 여자단체전 금메달 2015년 터키 안탈리아 세계양궁연맹(WA) 월드컵2차대회 리커브 여자개인전 금메달 · 여자단체전 은메달 2015년 광주 하계유니버시아드대회 리커브 여자개인전 은메달 · 리커브 여자단체전 은메달 2015년 세계양궁연맹(WA) 세계선수권대회 리커브 여자개인전 동메달 · 여자단체전 동메달 2015년 브라질 리우데자네이루올림픽 양궁테스트이벤트(프레올림픽) 리커브 여자 개인전 금메달 · 여자단체전 금메달 2016년 콜롬비아 메데인 세계양궁연맹(WA) 월드컵2차대회 리커브 여자단체전 · 혼성전 · 개인전 우승(3관왕) 2016년 현대 양궁월드컵 3차대회 리커브 여자개인전 예선 1위(세계타이기록 수립-720점 만점에 686점) 2016년 터키 안탈리아 현대 양궁월드컵 3차대회 리커브 여자개인전 · 여자단체전 · 혼성전 금메달(3관왕) 2016년 제31회 리우데자네이루올림픽 여자양궁 단체전 금메달 ❸제21회 코카콜라체육대상 우수선수상(2016), MBN 여성스포츠대상 MVP(2016), 자랑스러운 전남인상(2016)

최민구(崔敏九) CHOI Min Goo

❸1963 · 6 · 11 ❀경주(慶州) ❀서울 ④경기 안양시 동안구 LS로127 LS산전 임원실(1544-2080) ❿서울대 경제학과졸, 同행정대학원 정책학과졸, 미국 위싱턴주립대 대학원 경제학과졸 ❷1984년 행정고시 합격(28회) 1985년 상공부 중소기업진흥과 사무관 1988년 同산업정책과 사무관 1990년 駐대만대사관 상무관 1993년 상공자원부 미주통상과 사무관 1996년 통상산업부 지역협력과 서기관 1998년 산업자원부 무역정책과 서기관 2001년 同국제협력과장 2002년 同경쟁기획과장 2003년 同반도체전기과장 2005년 同전력산업과장 2006년 同자원개발총괄과장 2007년 同자원개발총괄팀장(부이사관) 2007년 하이닉스반도체 경영전략실장(전무) 2010년 同대외협력실장(전무) 2013년 LS산전 CSO부문장(전무)(현) ❸근정포장(1995)

최민규(崔玟圭) CHOI Min Kyu

❸1954 · 2 · 23 ❀광주 ④전북 익산시 익산대로460 원광대학교 의과대학 해부학교실(063-850-6761) ❿1981년 전남대 생물학과졸 1983년 同대학원졸 1987년 이학박사(전남대) ❷1989년 원광대 의과대학 해부학교실 전임강사 · 조교수 · 부교수 · 교수(현) 1998년 同의대 의예과장 2005년 대한해부학회 이사(현) 2006년 원광대 의과대학 의학과장(현) 2006~2010년 同환경과학연구소장 2007~2009년 대학환경안전협의회 부회장 2007년 익산마라톤클럽 회장 2010~2011년 대학환경안전협의회 감사 2011년 익산환경보전회 회장(현) 2013년 원광대 과학관장 2015년 대한해부학회 회장 2016년 同이사(현) ❸환경부장관표창(2009) ❹'인체발생학'(1996) '조직학실습길잡이'(1997) '조직학'(1997, 고문각) '인체해부학'(1999, 계축문화사) '의료윤리학'(2001) '국소해부학'(2002, 고려의학) '근골격계해부학실습서'(2003) '사람발생학'(2004, 정문각) '사람조직학'(2007, KMS) ❸원불교

최민기(崔民基) CHOI Min Gi

❸1965 · 5 · 10 ❀충남 천안 ④충남 천안시 동남구 문암로58 백석문화대학교 사회복지학부(041-550-0418) ❿1984년 천안경영정보고졸 1989년 호서대 행정학과졸 1992년 단국대 행정대학원졸 2003년 행정학박사(단국대) ❷혜전대학 · 백석대학 · 천안대 겸임교수, 제2 · 3대 천안시의회 의원 · 운영위원장 1996년 남서울대 보건행정학과 겸임교수 2001년 천안시학원연합회 회장 2002년 충남도의회 의원(한나라당) 2010~2014년 충남 천안시의회 의원(한나라당 · 새누리당) 2012~2014년 同의장 2012년 새누리당 제18대 대통령중앙선거대책위원회 천안시공동선거대책위원장, 단국대 행정복지대학 초빙교수, 백석문화대 사회복지학부 교수(현) 2014년 충남 천안시장선거 출마(새누리당) 2016년 새누리당 천안시乙당원협의회 운영위원장(현) 2016년 제20대 국회의원선거 출마(충남 천안시乙, 새누리당) ❸총무처장관표창, 대한민국의정대상 최고의장상(2013), 대한민국 창조문화예술대상(2013), 제8회 대한민국나눔대상(2013) ❸천주교

최민도(崔珉道) CHOI MIN DO

❸1964 · 6 · 12 ❀부산 ④서울 중구 소공로63 (주)신세계 임원실(02-727-1234) ❿1983년 달성고졸 1991년 성균관대 기계공학과졸 ❷1990년 삼성그룹입사 1993년 同기계소그룹 전략기획실 기획팀 대리 1996년 (주)신세계 백화점부문 기조실 기획팀 입사 · 과장 2004년 同백화점부문 미아점 영업2팀 잡화생활부장 2007년 同백화점 CRM팀장 2010년 同백화점부문 MD5담당 생활팀 수석 2011년 同백화점부문 마케팅담당 마케팅팀 수석 2011년 同백화점부문 영업전략담당 영업전략팀 수석 2012년 同패션연구소장(상무보) 2013년 同영업전략담당 상무보 2014년 同신규개발담당 상무(현)

최민선(崔民善) Choi Min Seon

❸1959 · 1 · 28 ❀경주(慶州) ❀전남 ④전남 목포시 해양대학로91 목포해양대학교 총장실(061-240-7114) ❿1982년 한국해양대 기관학과졸 1990년 同대학원졸 1995년 공학박사(한국해양대) ❷1982년 범양상선 근무 1991년 목포해양전문대학 전임강사 1993년 목포해양대 기관시스템공학부 교수(현) 2001년 同기획실장 2005년 同기관시스템공학부장 2006년 同산학협력처장 2007~2009년 同교무처장 2009년 同총장 직무대리 2009~2011년 목포시 시정평가위원회 위원장 2013년 (사)한국해양레저네트워크 이사장(현) 2013년 목포해양대 총장(현) 2014년 명량대첩기념사업회 이사(현) 2014년 목포문화방송 시청자위원회 위원장(현) 2015~2016년 광주 · 전남지역대학교총장협의회 회장 ❸교육과학기술부장관표창(2010)

최민성(崔民星) Minsung CHOI

❸1956 · 9 · 25 ❀서울 ④서울 강남구 선릉로108길31의1 Loft-D2층 (주)델코리얼티 사장실(02-508-8400) ❿1975년 보성고졸 1983년 건국대 경영학과졸 1995년 同경영대학원졸 2000년 경영학박사(건국대) ❷1982년 삼성그룹 입사 1982~1991년 신세계백화점 근무 1991~2000년 델코컨설팅그룹 대표이사 1995년 (주)델코디자인 설립 · 대표이사(현) 1998~2005년 한국부동산투자자문협회 이사 및 회원자격심사위원장 1998년 건국대 경영학과 강사 2000년 한국소매업협회 이사 2000년 한국유통학회 이사 2000~2004년 대한상공회의소 유통물류위원회 위원 2001년 (주)델코리얼티 설립 · 대표이사 사장(현) 2001년 건국대 대학원 부동산학과 강사 2004~2005년 서울시립대 대학원 시간강사 2006~2009년 (사)한국부동산투자자문협회 회장 2009년 한

국부동산산업학회 부회장(현) 2012년 (사)건설주택포럼 사무총장 2012년 건설경제신문 시론 칼럼리스트(현) 2013년 숭실사이버대 부동산학과 외래교수(현) 2013년 해외건설포럼 간사(현) 2013년 Chair of ULI(Urban Land Institute) KOREA 2014년 NCS(국가직무능력표준) 부동산분야 개발전문가 2014년 한양대 도시부동산대학원 겸임교수(현) 2014년 서울벤처대학원 외래교수(현) 2014년 해외건설정책지원센터 자문위원 2015~2016년 (사)건설주택포럼 회장 상부산시장표창(2011), 대한민국 강남미술대전 서양화 입선(2014) ㈜'유럽의 유통산업' '신유통업체의 경영전략' '글로벌 도시의 부동산 트랜드'(2011, 넷피플) '부동산개발실무 16강(共)'(2013, 넷피플) '부동산산업론(共)'(2014, 국토연구원) '2015유통산업백서(共)'(2015, 대한상공회의소) 종불교

최민수(崔敏壽) CHOI Min Soo

생1965·7·7 본충남 예산 주서울 강남구 언주로711 한국건설산업연구원 건설정책연구실(02-3441-0637) 학1989년 충남대 건축공학과졸 1992년 同대학원 건축공학과졸 1996년 공학박사(충남대) 경1995년 일본 국토교통성 건축연구소 위촉연구원 1995년 한국건설산업연구원 건설정책연구실 연구위원(현) 2000년 국토해양부 건설환경발전위원회 자문위원 2002년 대한상사중재원 중재인 2002년 국회 환경포럼 특별위원회 전문위원 2004년 호주 뉴사우스웨일즈대 Post-Doc. 2004년 한국건설교통기술평가원 신기술평가위원(현) 2004년 국토해양부 감사자문단 자문위원 2005년 同골재수급심의위원회 심의위원 2005년 同건설산업진흥기본계획·건설산업선진화기획단 실무위원 2006~2009년 충남대 건축공학과 겸임교수 2006년 건축시공기술사(현) 2007~2008년 중앙대 건설대학원 겸임교수 2007년 한국건설관리학회 논문상임심사위원(현) 2007년 International Journal of Project Management 논문심사위원(현) 2010~2012년 한국건설산업연구원 건설정책연구실장 2010~2012년 대한건설협회 중소건설업육성위원회 위원 2010년 기획재정부 계약제도개선심의위원회·분쟁조정위원회 심의위원(현) 2012년 대한건축학회 건축정책위원회 위원장(현) 2014년 국토교통부 하자분쟁심사위원회 전문위원(현) 2015년 한국건설산업연구원 건설정책연구실장(현) 상대한주택공사 우수석사논문공모 최우수상(1992), 삼성물산 건설부문 건설논문상 최우수상(1993), 동아건설산업(주) 창립50주년 건설논문상 1위(1995), 건설교통부장관표창(2002) ㈜'공공공사 하자보수책임제도의 개선방안'(2003) '차기 정부의 건설정책 과제'(2012) '턴키 심의 및 낙찰자 결정 방식의 개선방안'(2012) '종합평가방식의 최고가치낙찰제 도입 방안'(2013)

최민자(崔珉子·女) CHOI, Min-Za

생1955·3·30 본전주(全州) 주서울 성북구 보문로34다길2 성신여자대학교 정치외교학과(02-920-7131) 학1978년 부산대 정치학과졸 1981년 미국 애리조나주립대 대학원 정치학과졸 1983년 정치학박사(영국 켄트대) 경1984년 성신여대 정치외교학과 교수(현) 1991~1994년 장보고기념탑건립위원회 위원장 1991년 중국 황해경제권연구중심 상무이사·駐한국 대표 1992년 (사)우리연합 이사장(현) 1992~2000년 중국 심양세종조선어학교 명예교장 1993~1995년 중국 위해시 해외연의회 부회장 1993~1997·2001~2005년 민주평통 자문위원 1994·2004년 한국정치학회 감사 1994~1996년 성신여대 교육방송국장 1995년 UN세계평화센터건립위원회 위원장(현) 1995~1996년 중국 훈춘백산대학 명예이사장 1996~1997년 중국 북경대 객원교수 1998~2000년 성신여대 사회과학연구소장 2000~2005년 해양수산부 정책자문위원 2002년 국가안보장회의(NSC) 사무처 정책전문위원 2003~2004년 21세기정치학회 부회장 겸 서울지회장 2003~2005·2007년 한국정치학회 이사 2004년 한국학술진흥재단 2004학술연구심사평가위원회 사회과학분야 위원 2006년 중국 연변대 초빙교수(객좌교수) 2006년 동아시아국제정치학회 부회장 2006~2007년 국사찾기협의회 회장 2006~2007년 한국세계지역학회 이사 2008년 한국시민윤리학회 부회장 2008년 한국정치학회 부회장 2009~2010년 21세기정치학회 부회장 2009년 서울 강북구 제안심사위원회 위원(현) 2009년 동학학회 회장 겸 동학학보 편집위원장(현) 2010년 한국세계지역학회 부회장 2010~2011년 문화체육관광부 공직자종교차별자문위원회 자문위원 2010년 성신여대 대학입학전형 교수입학사정관 2012년 코리아정책연구원 자문위원(현) 2013년 민주평통 상임위원(현) 2013년 한국정치학회 부회장 2014년 성신여대 사회과학대학장(현) 상영국 ORS Award(1982), 대통령표창(1994), 2014세종도서 학술부문 선정(2014), 교육부장관표창(2015) ㈜'국가발전의 사회과학(共)'(1987) '길(道)을 찾아서'(1997, 까치) '21세기 정치와 여성(共)'(1998, 나남출판) '직접시대'(2001, 도서출판 범한) '새벽이 오는 소리'(2002, 창해) '세계인 장보고와 지구촌 경영'(2003, 도서출판 범한) '동학사상과 신문명'(2005, 도서출판 모시는사람들) '한국정치사상사(共)'(2005, 백산서당) '천부경, 삼일신고, 참전계경'(2006, 모시는사람들) '생태정치학 : 근대의 초극을 위한 생태정치학적 대응'(2007, 모시는사람들) '생명에 관한 81개조 테제 : 생명정치의 구현을 위한 眞知로의 접근'(2008, 모시는사람들) '삶의 지문'(2008, 모시는사람들) '현대정치사상과 한국적 수용(共)'(2009, 법문사) '통

섭의 기술'(2010, 모시는사람들) '동서양의 사상에 나타난 인식과 존재의 변증법'(2011, 모시는사람들) '새로운 문명은 어떻게 만들어지는가 : 한반도發 21세기 과학혁명과 존재혁명'(2013, 모시는사람들) '스피노자의 사상과 그 현대적 부활'(2015)

최민정(女)

생1998·9·9 학2016년 서현고 재학 중(3년) 경2014년 국제빙상연맹(ISU) 쇼트트랙 월드컵1차대회 1000m 1차레이스 은메달·3000m 계주 금메달 2014년 국제빙상연맹(ISU) 쇼트트랙 월드컵2차대회 1500m 금메달·1000m 은메달·3000m 계주 금메달 2014년 국제빙상연맹(ISU) 쇼트트랙 월드컵3차대회 1000m 금메달·3000m 계주 금메달 2014년 국제빙상연맹(ISU) 쇼트트랙 월드컵4차대회 여자 1500m 금메달·3000m 금메달·3000m 계주 은메달 2015년 국제빙상경기연맹(ISU) 쇼트트랙 월드컵5차대회 1500m 1차레이스 파이널A 금메달 2015년 국제빙상연맹(ISU) 쇼트트랙 월드컵6차대회 여자 1500m 종합 1위·여자 3000m 계주 은메달 2015년 국제빙상연맹(ISU) 쇼트트랙 세계선수권대회 여자 1000m 금메달·여자 3000m 파이널 금메달·여자 3000m 계주 금메달·여자 개인종합 1위 2015년 국제빙상경기연맹(ISU) 쇼트트랙 월드컵1차대회 여자 1000m 1차레이스 금메달·1000m 2차레이스 은메달·3000m 계주 금메달 2015년 국제빙상경기연맹(ISU) 쇼트트랙 월드컵2차대회 3관왕(여자 1500m·여자 500m·여자 3000m 계주 금메달) 2015년 국제빙상경기연맹(ISU) 쇼트트랙 월드컵3차대회 3관왕(여자 1000m·여자 1500m·여자 3000m 계주 금메달) 2015년 국제빙상경기연맹(ISU) 쇼트트랙 월드컵4차대회 여자 1500m 1차레이스 금메달·여자 3000m 계주 금메달 2016년 국제빙상경기연맹(ISU) 쇼트트랙 월드컵5차대회 여자 1500m 2차레이스 금메달 2016년 국제빙상경기연맹(ISU) 쇼트트랙 월드컵6차대회 여자 500m 은메달 2016년 국제빙상경기연맹(ISU) 쇼트트랙 월드컵1차대회 여자 1000m·여자 3000m 계주 금메달 상대한민국 여성체육대상 신인상(2015), 대한체육회 체육상 경기부문 최우수상(2016), 2016 MBN 여성스포츠대상 3월 MVP(2016)

최민지(女)

생1979·8·20 주세종특별자치시 도움6로11 환경부 기후대기정책관실 기후변화협력과(044-201-6880) 학이화여대 행정학과졸 경2005년 환경부 정보화담당관실 사무관 2006년 同환경정책실 환경보건정책과 사무관 2007년 국무조정실 기후변화대책기획단 파견(사무관) 2008년 국무총리 기후변화대책기획단 파견(사무관), 대통령직속 녹색성장위원회 기후변화대응팀 사무관, 환경부 자원순환국 자원재활용과 사무관 2012년 同국제협력관실 지구환경담당관실 서기관 2012년 同물환경정책국 서기관 2016년 同기후대기정책관실 기후변화협력과장(현)

최민호(崔旼鎬) CHOI Min Ho

생1956·10·24 출대전 주대전 서구 배재로155의40 배재대학교 행정대학원(042-520-5686) 학1973년 보성고졸 1980년 한국외국어대 법학과졸 1986년 연세대 행정대학원졸 1993년 일본 동경대 법학대학원졸 2004년 행정학박사(단국대) 경1981년 행정고시 합격(24회) 1988년 충남도 도시개발계장 1989년 경기도 지방공무원교육원 근무 1990년 내무부 지방자치제실시기획단 근무 1991년 일본 東京大 유학 1993년 내무부 제도연구담당 1995년 충남도 기획관 1995년 내무부 지방자치단제도담당관 1998년 행정자치부 복지과장 1998년 충남도 정책관리관 1998년 同정책국장·정책관리관 겸 2000안면도국제꽃박람회조직위원회 사무차장 2002년 同기획정보실장 2002년 同기획관리실장 2003년 제2의건국범국민추진위원회 운영국장 2003년 행정자치부 지방분권지원단장 2004년 同공보관 2006년 미국 조지타운대 객원연구원 2006년 충남도 행정부지사 2008년 행정안전부 인사실장 2009년 同소청심사위원장(차관급) 2011년 행정중심복합도시건설청 청장 2012~2015년 공주대 행정학과 객원교수 2012년 새누리당 제18대 대통령중앙선거대책위원회 세종시발전특별위원장 2015년 국무총리 비서실장(차관급) 2015년 배재대 행정대학원 석좌교수(현) 2015년 홍익대 초빙교수(현) 상감사원장표창, 대통령표창(1994), 녹조근정훈장(2002) ㈜'공무원, 우리는 아무말도 하지 않았다'(2000) '국제통상의 이해(共)'(2003) '풍요로운 삶, 품격있는 삶 세종'(2011) ㈜소설 '아웃터넷'(2009)

최민호(崔玟浩) CHOI MIN HO

생1957·10·18 본전주(全州) 출대구 주대구 중구 서성로81 대경TMS 비서실(053-253-2546) 학1976년 대구고졸 1985년 영남대 법학과졸 경1985년 대구은행 입행 2003년 同본점기업영업센터 기업지점장 2004년 同서울기업영업센터 기업지점장 2005년 同서울분실장 2008년 同비서실장 2009년 同서울영업부장 2011년 同서울본부장 2013년 同자금시장본부장 겸 서울열정본부장(부행장보) 2016년 대경TMS 대표이사(현) 종가톨릭

최민희(崔敏姬 · 女) CHOI Min Hee

[생]1960·12·3 [출]서울 [주]경기 수원시 장안구 정자로 146 더불어민주당 경기도당(031-244-6501) [학]1979년 혜화여고졸 1985년 이화여대 사학과졸 [경]1985년 월간 「말」 기자 1985년 민주언론운동협의회 간사 1988년'창작과 비평'에 '성난휠체어'로 문단 등단 1990년 민주언론운동협의회 중앙위원 1994년 同사무국장 1998년 (사)민주언론운동시민연합 교육홍보국장 1999년 同기획관리국장 2000년 同사무총장 2000~2015년 수수팥떡아이사랑모임 대표 2003년 (사)청암언론문화재단 이사(현) 2004년 언론개혁국민행동 공동집행위원장 2006년 (사)민주언론시민연합 상임대표 2006~2008년 방송위원회 부위원장 2009년 사람사는세상 노무현재단 상임운영위원(현) 2011년 민주당 최고위원 2012~2016년 제19대 국회의원(비례대표, 민주통합당·민주당·새정치민주연합·더불어민주당) 2012년 민주통합당 제18대 대통령중앙선거대책위원회 총무본부 부본부장 2012년 국회 문화체육관광방송통신위원회 위원 2013년 국회 미래창조과학방송통신위원회 위원 2014~2015년 국회 예산결산특별위원회 위원 2014년 국회 지속가능발전특별위원회 위원 2014~2015년 국회 정부및공공기관등의해외자원개발진상규명을위한국정조사특별위원회 위원 2014·2015년 국회 운영위원회 위원 2015년 새정치민주연합 여성담당 원내부대표 2015~2016년 더불어민주당 여성담당 원내부대표 2016년 同경기남양주시丙지역위원회 위원장(현) 2016년 제20대 국회의원선거 출마(경기 남양주시丙, 더불어민주당) [저]'황금빛 똥을 누는 아기'(2001) '해맑은 피부를 되찾은 아이'(2002) '노무현 상식 혹은 희망(共)'(2002) '우리는 부패의 사명을 안고 태어났다'(共) '왜 조선일보인가'(共) '엄마 몸이 주는 뽀얀사랑'(2004)

최백규(崔白圭)

[생]1964·1·26 [주]서울 관악구 보라매로3길23 소망화장품(주) 비서실(02-2166-7709) [학]1988년 한양대 경영학과졸 [경]1989년 (주)태평양 입사 2001년 同백화점영업1팀장, 同방판부문 CM팀장 2007년 (주)아모레퍼시픽 Pristage CM 상무 2008년 同백화점사업부 상무 2010년 (주)태평양제약 MB사업부문 상무, 코웨이 코스메틱 본부장 2014년 소망화장품(주) 대표이사 사장(현) 2016년 대한화장품협회 부회장(현)

최백희(崔百熙) CHOI Bak Hee (素村)

[생]1939·2·7 [본]경주(慶州) [출]서울 [주]서울 금천구 시흥대로244 희명병원 병원장실(02-804-0002) [학]1957년 성남고졸 1964년 고려대 의대졸 [경]1967~1970년 육군 군의관 1980~1982년 구로구의사회 초대회장 1981년 고려대 의대 외래교수 1982~1983년 국제라이온스클럽 316-D지구 부총재 1982~1985년 대한의학협회 의무이사·재무이사 1985년 희명병원 원장(현), 바르게살기운동협의회 자문위원(현) 1995년 연세대 의대 외래교수, 금천구공직자윤리위원회 위원 2000년 경찰발전행정위원회 위원장 2001년 중소병원협회 자문(현), 금천구 사회복지위원회 위원장(현), 금천구지역사회복지협의체 위원장(현), 남부경찰서 치안행정자문위원·위원장, 금천구의사회 고문(현), 한국의정회 부회장 [종]기독교

최범수(崔範樹) CHOI Buhmsoo (梅石)

[생]1956·8·8 [본]경주(慶州) [출]경남 하동 [주]서울 종로구 김상옥로29 서울보증보험빌딩11층 코리아크레딧뷰로(주) 비서실(02-708-6001) [학]1975년 경남고졸 1979년 서울대 경제학과졸 1981년 同대학원 경제학과졸 1989년 경제학박사(미국 예일대) 2003년 미국 하버드대 경영대학원 AMP 수료 [경]1983년 서울대 경제학과 강사 1989~2001년 한국개발연구원(KDI) 부연구위원·연구위원·선임연구위원 1997년 금융개혁위원회 전문위원 1998년 금융감독위원장 자문관 2001년 주택·국민은행합병추진위원회 간사위원 2001년 국민은행 경제경영연구원장 겸 자회사관리본부장(부행장) 2002년 同경영연구원장·연수원장·자회사관리본부장(부행장) 2003년 同전략기획본부장(부행장) 2004년 同개인신용정보회사(CB) 설립추진위원장 2005년 한국개인신용(주) 부사장 2007년 신한금융지주 전략담당 부사장 2013년 신한아이타스(주) 대표이사 사장 2014년 코리아크레딧뷰로(KCB)(주) 대표이사(현) [상]한국CFO대상 금융회사부문(2009)

최변각(崔辯覺) CHOI Byeon-Gak

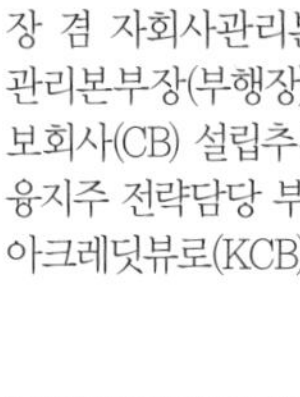

[생]1964·5·7 [본]전주(全州) [출]전북 익산 [주]서울 관악구 관악로1 서울대학교 사범대학 지구과학교육과(02-880-7778) [학]1983년 남강고졸 1987년 서울대 지구과학교육과졸 1989년 同대학원졸 1997년 이학박사(미국 UCLA) [경]1990~1991년 서울대 지구과학교육과 조교 1997년 미국 California Institute of Technology 박사후 연구원 1999년 서울대 사범대학 지구과학교육과 부교수·교수(현) [상]국제운석학회 신진과학자상(1999) [저]'하늘에서 떨어진 돌, 운석'(2008) [역]'지구탐험'(2001)

최병관(崔秉冠) Choi, Byung-Kwan

[생]1961·12·20 [본]경주(慶州) [주]충남 천안시 서북구 천안대로1223의24 공주대학교 건축학부(041-521-9342) [학]1985년 한양대 건축공학과졸 1990년 同대학원 공학과졸 1994년 공학박사(한양대) [경]1993~1996년 대한건축학회 정회원 1994~1998년 한국교육시설학회 정회원 1995~1998년 일본건축학회 정회원 2005년 공주대 공과대학 건축학부 교수(현) 2006~2007년 同대학혁신본부 특성화사업단장 2008년 同건축학부장 2015년 同공과대학장(현) [저]'배리어프리 디자인'(2008) [역]'학교건축의 변혁'(1995)

최병관(崔炳官) CHOI Byung Kwan

[생]1970·8·28 [주]전북 전주시 완산구 효자로225 전라북도청 기획관리실(063-280-2100) [학]1989년 이리고졸 1993년 연세대 행정학과졸 [경]1993년 행정고시 합격(37회) 2000년 행정자치부 행정정보화계획관실 정보화총괄담당관실 사무관 2003년 同행정정보화계획관실 정보화총괄담당관실 서기관 2004년 同행정개혁본부 전자정부국 전자정부정책과 서기관 2007년 同혁신평가팀장 2008년 대통령직속 국가경쟁력강화위원회 파견 2008년 대통령자문 국가균형발전위원회 파견(과장급) 2013년 안전행정부 교부세과장 2014년 전북도의회 사무처장(2급) 2015년 전북도 도민안전실장 2016년 同기획관리실장(현)

최병구(崔秉九) CHOI Byung Goo

[생]1964·7·2 [출]강원 강릉 [주]세종특별자치시 갈매로 388 문화체육관광부 문화콘텐츠산업실 콘텐츠정책관실(044-203-2404) [학]강릉고졸, 서울대 영어교육학과졸, 정책학박사(미국 시라큐스대) [경]1990년 공무원 임용 2001년 문화관광부 행정관리담당관실 서기관 2003년 同문화콘텐츠진흥과장 2004년 同기획조정팀장 2005년 同문화중심도시조성추진기획단 종합기획팀장 2007년 同문화산업본부 문화산업진흥단 영상산업팀장 2008년 同문화산업본부 문화산업진흥단 영상산업팀장(부이사관) 2008년 문화체육관광부 문화콘텐츠산업실 영상산업과장 2008년 同저작권산업과장 2009년 同문화정책국 국제문화협력과장 2009년 同문화콘텐츠산업실 문화산업정책과장(부이사관) 2009년 대통령 문화체육비서관실 선임행정관 2012년 문화체육관광부 국립중앙도서관 디지털자료운영부장(고위공무원) 2012년 駐미국 공사참사관 2015년 문화체육관광부 기획조정실 정책기획관 2016년 同대변인 2016년 同문화콘텐츠산업실 콘텐츠정책관(현)

최병국(崔炳國) CHOI Byung Gook (悟石)

[생]1942·1·27 [본]경주(慶州) [출]울산 [주]서울 종로구 새문안로5길13 6층 늘푸른한국당 창당준비위원회(02-739-5207) [학]1960년 부산고졸 1965년 서울대 법학과졸 1970년 同사법대학원 법학과졸 1979년 국방대학원 수료 [경]1968년 사법시험 합격(9회) 1970년 육군 법무관 1973~1983년 마산지검·부산지검·대구지검·서울지검 검사 1983년 춘천지검 속초지청장 1985년 국회 법제사법위원회 수석전문위원 1988년 서울지검 공안2부장 1991년 부산지검 울산지청장 1992년 대전지검 차장검사 1993년 서울지검 제1차장검사 1993년 대전고검 차장검사 1994년 법무부 기획관리실장 1995년 대검찰청 공안부장 1997년 민주이념연구소 소장 1997년 대검찰청 중앙수사부장 1997년 인천지검장 1998~1999년 전주지검장 1999년 변호사 개업(현) 1999년 한국노총 울산지역본부 고문 2000년 한나라당 울산南지구당 위원장 2000년 제16대 국회의원(울산南, 한나라당) 2003년 한나라당 울산시당 위원장 2004년 同자산신탁추진위원회 위원장 2004년 제17대 국회의원(울산南甲, 한나라당) 2004~2006년 한나라당 울산시당 위원장 2004년 同인권위원장 2005년 同통합과미래를위한특별위원회 위원장 2007~2008년 국회 법제사법위원장 2008년 제18대 국회의원(울산南甲, 한나라당·새누리당) 2008년 한나라당 윤리위원장 2008~2010년 국회 정보위원장 2010년 2011대장경천년세계문화축전 고문 2010년 국회 외교통상통일위원회 위원 2010년 국회 윤리위원회 위원 2010년 국회 정각회장 2010년 국회 기우회장 2010년 국회 한·나이지리아의원친선협회 회장 2010년 국회 한·몽골의원친선협회 부회장 2010년 국회 한일의원연맹 간사 2010~2011년 한나라당 중앙위원회 의장 2011년 同개헌특별위원장 2011년 同울산시당 위원장 2012년 분권형개헌추진국민연합 공동대표 2016년 늘푸른한국당 창당준비위원회 공동위원장(현) [상]법무부장관표창, 검찰총장표창, 홍조근정훈장(1989) [저]'남북한 통일정책의 비교연구'(1979) [종]불교

최병국(崔炳國)

[생]1960 · 10 · 24 [출]서울 [주]서울 종로구 율곡로2길25 연합뉴스 IT의료과학부(02-398-3114) [학]1984년 한양대 독어독문학과졸 2001년 독일 마르부르크필립스대 정치학부 수학 [경]1988~1999년 연합뉴스 월간부 · 사회부 · 과학부 · 경제3부 · 국제뉴스부 기자 1999년 同노조위원장 1999년 同국제뉴스2부 차장대우 2000년 同국제뉴스국장석 차장대우 2001년 同국제뉴스2부 차장 2002년 同베를린특파원 2005년 同국제경제부 부장대우 2006년 同국제뉴스2부장 2008년 同국제뉴스1부장 2009년 同유럽총국(벨기에 브뤼셀) 총괄데스크 2011년 同유럽총국(벨기에 브뤼셀) 총괄데스크(부국장대우) 2012년 同국제뉴스2부 기획위원 2013년 同콘텐츠평가실장 2013년 同고충처리인 겸임 2014년 同경기북부취재본부장(부국장급) 2015년 同국제뉴스부 선임기자(부국장급) 2016년 同IT의료과학부 선임기자(부국장급)(현)

최병국(崔秉國) CHOI Byung Kuk

[생]1962 · 10 · 10 [출]서울 [주]부산 중구 중앙대로30번길 8 농림축산검역본부 영남지역본부(051-600-5822) [학]1981년 서울 성동고졸 1989년 서울대 경제학과졸 2002년 미국 조지아주립대 대학원 경영학과졸 [경]1995년 행정고시 합격(38회) 1995~2005년 농림부 식량정책과 · 국제협력과 · 친환경농업정책과 행정사무관 2004년 同친환경농업정책과 서기관 2005년 同국제협력과 서기관 2005년 국무조정실 규제개혁기획단 파견 2006년 국립농산물품질관리원 혁신기획팀장(서기관) 2007년 농림부 국제농업국 통상협력과장 2008년 농림수산식품부 수산통상과장(서기관) 2009년 同국제협력국 다자협상협력과장 2011년 同농업정책국 농지과장 2013년 농림축산식품부 국제협력국 국제개발협력과장(부이사관) 2014년 同국제협력국 국제협력총괄과장 2016년 同농림축산검역본부 영남지역본부장(현)

최병권(崔炳權) Choi Byeong Gwon

[생]1950·8·11 [주]울산 중구 염포로55 울산시설공단 이사장실(052-290-7300) [학]2006년 영산대 법무대학원 행정학과졸(석사) [경]1996년 울산시 근로청소년관장 1998년 同기업지원과장 2000년 同예산담당관 2002년 同교통지도과장 2003년 同상수도사업본부 경영부장 2004년 同총무과장 2004년 同문화체육국장(부이사관) 2006년 同행정지원국장 2008~2009년 同경제통상실장(이사관) 2010년 울산시 울주군수선거 출마(무소속) 2014년 울산광역시시설관리공단 이사장 2015년 울산시설공단 이사장(현) [상]대통령표창(2001), 홍조근정훈장(2006)

최병권(崔炳權) CHOY Byung Gwun

[생]1957 · 8 · 8 [본]경주(慶州) [출]서울 [학]1985년 성균관대 경제학과졸 1987년 서울대 대학원 경제학과졸 1990년 同대학원 박사과정 수료 1991년 미국 Univ. of Wisconsin 경제학박사과정 수료 2004년 기술경제학박사(서울대) [경]1987~1988년 중앙일보 경제부 · 국제부 기자 1989~1991년 산업연구원 동향분석실 국제금융팀장 1992년 민주당 정책위원회 경제 · 재정전문위원 1992~1996년 국회 재무위원회 정책연구위원 1993년 민주당 정책위원회 부실장 1995년 同정책위원회 정책실장 1996년 同안양甲지구당 위원장 1997년 조순 서울시장 비서실장 1998년 인사이드유 이사 · 부사장 2000년 서울대 국제금융연구센터 사무국장 2001년 (주)세넥스테크놀로지 대표이사 2002년 한반도재단 운영이사 · 정책실장 2002년 새천년민주당 김근태의원 정책특보 2003년 열린우리당 정책위 부의장 2004년 한국중고유도연맹 부회장 2004년 한국이플라자 대표이사 2005년 대한올림픽위원회 스포츠마케팅위원회 부위원장 2005년 대한체육회 혁신위원회 위원 2006~2008년 한국과학기술원(KAIST) 대우교수 2006년 VCASH 사외이사 2007~2010년 철도공사 KIB보험중개 감사 2007~2009년 (주)카이메타 대표이사 2008~2010년 안양시도시경쟁력위원회 위원장 2009~2013년 대한유도협회 이사 2009년 서울대 공과대학 객원교수 2010~2013년 (주)아이오셀네트웍스 USA CEO, 오월공간 대표 [저]'현대경제학1 · 2'(법문사) '미시경제학 연습1 · 2'(유풍출판사) '거시경제학 연습1 · 2'(유풍출판사) [종]기독교

최병규(崔秉珪) CHOI Byeong Gyu

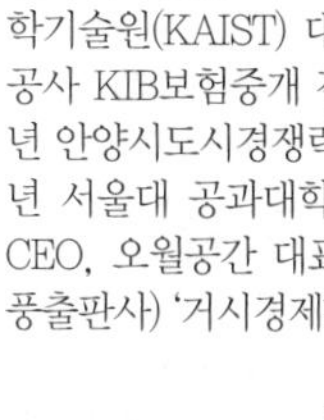

[생]1963 · 5 · 21 [본]경주(慶州) [출]충북 영동 [주]서울 광진구 능동로120 건국대학교 법학전문대학원(02-450-3908) [학]1981년 보문고졸 1985년 고려대 법학과졸 1987년 同대학원 법학과졸 1994년 법학박사(독일 프랑크푸르트대) [경]1995~1998년 고려대 법학연구소 전임연구원 1995~1998년 성균관대 · 서강대 · 서울시립대 · 단국대 · 한림대 강사 1998년 한경대 법학과 교수 2001년 금융감독원 금융분쟁조정전문위원, 사법시험 위원, 행정고등고시 시험위원, 공인회계사시험 위원, 변리사시험 위원 2007년 건국대 법학전문대학원 교수(현) 2015년 (사)한국보험법학회 부회장(현) 2015년 (사)한국경제법학회 부회장(현) 2016년 한국경영법률학회 회장(현) [저]'상법연습' '보험과 위험관리'(共) '상법(上)' '증권거래법'(共) '보험해상법(共)'(2008) '회사법(共)'(2009) '어음수표법(共)'(2009) '상법학개론(共)'(2010) '상법총칙상행위법(共)'(2010) [종]기독교

최병규(崔丙圭) Choi, Byung Kyu

[생]1963 · 8 · 26 [본]강릉(江陵) [출]서울 [주]서울 중구 서소문로88 중앙일보 인사팀(02-751-5651) [학]1982년 서울 한영고졸 1989년 한국외국어대 독어독문학과졸 [경]1988년 중앙일보 입사(26기) 1988~1995년 同출판국 출판업무부 근무 1995년 同관리팀 과장 1998년 同고객서비스본부 CS지원팀 차장 2001년 제이미디어마케팅 관리팀장 2003년 중앙일보 고객서비스본부 CS지원팀장(차장) 2004년 同마케팅본부 마케팅지원팀장(부장) 2004년 同마케팅본부 마케팅기획팀장 2005년 同마케팅본부 마케팅지원팀장 2005년 同CRM실 CRM팀장 2006년 同CRM기획팀장 2007년 同CRM본부 사업개발담당 2007년 강남중앙미디어 마케팅담당 2007년 중앙일보 전략사업팀장 2008년 同마케팅본부 사업개발실장 2009년 同마케팅본부 CRM실 제휴사업팀장(수석부장) 2012년 同미디어마케팅부 사업실 뉴비즈2팀장(수석부장) 2013년 同미주법인 CFO(현), 同경영지원실장(현) [상]중앙일보 공로상(1999)

최병길(崔秉吉) CHOI Byung Kil

[생]1953 · 1 · 6 [출]대구 [주]서울 종로구 종로1길42, 이마빌딩7층 동양시멘트(주) 사장실(02-6261-4399) [학]1972년 대구상고졸 1977년 연세대 행정학과졸 2003년 同경영대학원 최고경영자과정 수료 [경]1981년 한국상업은행 입행 1985년 同LA지점 과장 1988년 同은행발전위원회 조사역 1993년 同전략기획단 조사역 1995년 同뉴욕 후리싱지점 차장 1997년 同LA지점 차장 1998년 同합병추진위원회 경영전략팀장 1999년 한빛은행 경영혁신팀 차장 2000년 同답십리지점장 2001년 同포스코센터기업지점장 2001년 同경영혁신단장 2001년 同경영전략단장 2002년 同전략기획단장 2002년 同경영기획본부장(부행장) 2002년 우리은행 경영기획본부장(부행장) 2003~2004년 同중소기업고객본부장(부행장) 2004년 금호생명보험 경영기획 · 홍보 · 상품계리담당 상무 2004~2005년 정부혁신 · 지방분권위원회 혁신관리전문위원 2004년 행정자치부 정부혁신평가위원 2005년 기획예산처 혁신자문위원 2005년 행정자치부 혁신관리위원회 위원 2005년 금호생명보험 부사장 2006년 同대표이사 부사장 2006년 대통령자문 정책기획위원회 위원 2007년 금호생명보험 대표이사 사장 2009년 同자문역 2010년 (주)삼표 재무전략담당 사장 2011~2013년 同대표이사 사장 2013년 (주)삼표산업 대표이사 사장 2013년 한국산림토석협회 회장(현) 2015년 동양시멘트(주) 대표이사 사장(현) [상]대통령표창(2006), 대한민국글로벌경영인대상 생명보험부문(2008), 한국능률협회컨설팅(KMAC) 한국의경영대상 최고경영자상(2008)

최병길(崔秉吉) CHOI BYUNGGIL

[생]1965 · 4 · 3 [본]경주(慶州) [출]부산 [주]경남 창원시 의창구 중앙대로263 연합뉴스 경남취재본부(055-283-3303) [학]1984년 부산 가야고졸 1992년 경남대 신문방송학과졸 [경]1991~1993년 동남일보 기자 1993년 연합통신 창원지사 기자 1999년 同창원취재팀 기자 2000년 同경남취재팀 기자 2003년 연합뉴스 경남지사 기자 2004년 同경남지사 차장대우 2007년 同경남지사 차장 2011년 同경남취재본부 부장대우 2014년 同경남취재본부 부장급 2016년 同경남취재본부 취재부본부장 겸 취재국장(현) [상]경남울산기자협회 경남울산기자상(2006), 연합뉴스 특종상(2009), 제45회 한국보도사진전 우수상(2009), 제115회 이달의 보도사진상(2012) [종]천주교

최병남(崔秉男) Choe Byeong-nam

[생]1957 · 3 · 11 [출]경기 파주 [주]경기 수원시 영통구 월드컵로92 국토지리정보원 원장실(031-210-2600) [학]1981년 한성대 경영학과졸 1985년 고려대 대학원 전자정보처리학과졸 1992년 경영정보공학박사(한국과학기술원) [경]2005~2006년 국가지리정보체계(NGIS) 총괄조정분과위원 2005~2006년 국토연구원 지리정보시스템(GIS)연구센터장 2005~2006년 국무조정실 정보화평가위원회 위원 2006~2007년 기획예산처 정보화예산협의회 위원 2012~2013년 국토연구원 국토정보연구본부장 2013년 국토교통부 국가공간정보위원회 위원 2014년 국토지리정보원 원장(고위공무원)(현) [상]국무총리표창(2006), 철탑산업훈장(2012)

ㅊ

최병노(崔炳魯) CHOI Byeong Ro

[생]1964·12·20 [출]부산 [주]서울 강남구 논현로430 아세아타워15층 과학기술인공제회 자산운용본부 증권투자실(02-3469-7760) [학]1983년 성도고졸 1990년 서울대 경영학과졸 2002년 한국과학기술원(KAIST) 테크노경영대학원 금융공학과졸 [경]1990~2002년 한국투자신탁 금융경제연구소 근무 2003년 플러스자산운용 AI운용본부장 2005년 유리자산운용(주) AI운용본부장(상무), 同대안투자본부장 2010년 우리자산운용 글로벌운용본부장(상무보) 2014년 과학기술인공제회 자산운용본부 PM그룹장 2015년 同자산운용본부 증권투자실장(현)

최병대(崔炳大) Choi Byung-Dae

[생]1953·9·7 [출]경북 경산 [주]서울 성동구 왕십리로222 한양대학교 행정학과(02-2220-0831) [학]1977년 한양대 행정학과졸 1982년 서울대 대학원 도시계획학과졸 1987년 미국 아크론대 대학원 행정학과졸 1992년 행정학박사(미국 아크론대) [경]1982~1985년 서울시 공무원 1992년 서울시정개발연구원 도시경영부 책임연구원 1995년 同도시경영연구부장 1996년 同수석연구원·연구위원 1997년 同기획조정실장 1997년 서울시 정책기획관(부이사관) 1998년 서울시정개발연구원 기획조정실장 1998~2001년 同시정개혁연구지원단장·선임연구위원 2001년 한양대 정책과학대학 행정학과 교수(현) 2004~2006년 同지방자치대학원장 2004~2005년 건설교통부 신도시기획자문단 자문위원 2004~2005년 행정자치부 지방자치단체 합동평가위원 2005~2009년 반부패국민연대 이사 2005~2006년 행정자치부 정부혁신관리위원회 위원 2005~2008년 서울시 청렴계약옴부즈만 대표 2005~2007년 정보통신윤리위원회 위원 2006~2008년 농림부 농정혁신자문단 자문위원 2006~2008년 한양대 사회과학대학장 2006~2008년 감사원 자치행정감사본부 자문위원 2006~2013년 서울시 시민평가단장 2008~2013년 행정개혁시민연합 집행위원 2009~2010년 국가보훈처 자체평가·자문위원 2009~2010년 한국지방자치학회 회장 2011~2014년 서울시 용역심사위원회 위원장 2011~2013년 행정안전부 자문위원회 지방행정분과위원장 2012년 미국 세계인명사전 'Marquis Who's Who in the World 2013'에 등재 2013년 서울시 시정여론조사자문위원장(현) [상]서울시장표창(1993), 고주 노융희 한국지방자치학술상(2001), 서울정책인대상(2002), 대통령표창(2002), 한양대 최우수교수상(2005), 한양대 Best Teacher상(2007), 지방행정 및 국가발전기여 감사패(2009), 근정포장(2016) [저]'Urban Management in Seoul'(共) 'Building Good Governance'(共) '서울시정의 로컬거버넌스 도입방안'(共) '한국지방자치론'(共) '국토와 환경'(共) '정책과정에서의 위원회의 역할에 관한 실증분석'(2005, 서울도시연구) '지방의회 인턴십의 실태와 발전방안'(2006, 한국지방자치학회보) '자치행정의 이해'(2007, 대영문화사) '정부조직진단'(共) '자치행정의 이해'(2008) '한국지방자치의 이해'(2008) '거버넌스의 이해'(共) '시장군수학'(2009, 비앤엠북스) '한일 지방자치비교(共)'(2010) [역]'地方政治改革의 길'(1998) '미국 지방정부의 성과측정과 벤치마킹(共)'(1999) [종]가톨릭

최병덕(崔炳德) CHOI Byoung Deok

[생]1955·10·25 [본]월성(月城) [출]경북 경주 [주]서울 서초구 서초대로74길4 삼성생명 서초타워 법무법인 동인(02-2046-0691) [학]1972년 경북고졸 1976년 서울대 법학과졸 1989년 프랑스 국립사법관학교 연수 [경]1978년 사법시험 합격(20회) 1980년 사법연수원 수료(10기) 1980년 대구지법 판사 1982년 同경주지원 판사 1985년 대구지법 판사 1990년 대구고법 판사 1993년 대구지법 영덕지원장 1995년 춘천지법 부장판사 1997년 서울지법 의정부지원 부장판사 1998년 인천지법 부천지원 부장판사 1998년 서울지법 북부지원 부장판사 1999년 서울지법 부장판사 2002년 대구고법 부장판사 2004년 서울고법 부장판사 2009년 울산지법원장 2009년 울산시선거관리위원회 위원장 2010년 수원지방법원장 2012년 대전고등법원장 2012~2014년 사법연수원장 2012~2015년 중앙선거관리위원회 위원 2014년 법무법인(유) 동인 대표변호사, 同구성원변호사(현) 2014~2015년 경찰위원회 위원장 [상]울산지방법원장 감사패(2010) [종]불교

최병렬(崔秉烈) CHOE Byung Yul

[생]1938·9·16 [본]화순(和順) [출]경남 산청 [주]서울 영등포구 국회대로70길18 한양빌딩 새누리당(02-3786-3000) [학]1957년 부산고졸 1964년 서울대 법대 행정학과졸 1973년 미국 남가주대 신문대학원졸 [경]1959년 한국일보 입사 1961~1963년 육군 복무 1963년 조선일보 기자 1974~1980년 同정치부장·사회부장·편집국 부국장 1980~1985년 同편집국장 1983년 同이사 1985년 제12대 국회의원(전국구, 민주정의당) 1985년 민주정의당(민정당) 정세분석실장 1985년 同국책연구소 부소장 1988년 대통령 정무수석비서관 1988년 문공부 장관 1990년 공보처 장관 1990~1992년 노동부 장관 1992년 제14대 국회의원(전국구, 민자당) 1993년 민자당 당무위원 1994~1995년 서울특별시장 1996년 안전생활실천시민연합 공동대표(현) 1996~1998년 제15대 국회의원(서울 서초甲, 신한국당·한나라당) 1998~2002년 한나라당 부총재 2000~2004년 제16대 국회의원(서울 강남甲, 한나라당) 2002년 한나라당 대통령선거대책위원회 공동의장 2002년 同북한핵무기대책특위 위원장 2003~2004년 同대표최고위원 2004년 同상임고문 2010년 세계전통의약엑스포유치위원회 공동위원장 2012년 새누리당 상임고문(현) [상]청조근정훈장(1992), 국제라이온스협회 탁월한지도자상(1995) [저]'보수의 길 소신의 삶'(2011, 기파랑) [종]천주교

최병로

[주]서울 노원구 화랑로574 육군사관학교 교장실(02-2197-6030) [학]1982년 육군사관학교졸(38기) [경]1982년 육군 소위 2008년 육군 제1군사령부 준장, 육군 제3군사령부 작전처장 2011년 육군 제5사단장(소장) 2014년 수도군단장(중장) 2015년 육군사관학교 교장(중장)(현) [상]육군참모총장표창(2006)

최병록(崔秉祿) CHOI Byung Rok

[생]1961·6·25 [본]경주(慶州) [출]경북 예천 [주]충북 청주시 서원구 무심서로377의3 서원대학교 경찰행정학과(043-299-8605) [학]1980년 문경공고졸 1984년 경북대 법학과졸 1986년 同대학원 법학과졸 1994년 법학박사(경북대) [경]1987년 한국소비자보호원 정책연구실 법제연구팀장 1997~2015년 서원대 법·경찰학과 교수 1999년 한국소비생활연구원 이사(현) 1999년 한국PL법연구원 원장(현) 2002~2004년 한국소비자보호원 분쟁조정위원회 제조물책임(PL)전문위원 2002~2004년 전자제품PL상담센터 운영위원 2002년 공인중개사시험 출제위원 및 문제검토위원 2004년 사법시험(경제법) 문제은행 출제위원 2010년 서원대 입학취업처장, 한국전자정보통신산업진흥회 PL센터 운영위원장(현), 충북도 소청심사위원회 심사위원(현) 2013년 산업통상자원부 기술표준원 품질경쟁력우수기업 심사위원(현) 2014년 (사)한국소비자안전학회 회장(현) 2014년 서원대 교수회장(현) 2015년 同경찰행정학과 교수(현) [상]업무유공장 한국소비자보호원 표창(1997) [저]'PL따라잡기'(1997) 'PL법과 기업의 대응방안(共)'(1997) '제조물 책임법과 결함방지대책'(2000) '소비자법과 정책(共)'(2002) [역]'廣告와 法-契約과 不法行爲責任의 考察'(1993) 'PL법 입문(비지니스 만화 시리즈 10)'(1997) [종]기독교

최병률(崔柄律)

[생]1965·2·26 [출]서울 [주]경기 부천시 원미구 상일로129 인천지방법원 부천지원(032-320-1202) [학]1983년 동아고졸 1987년 서울대 공법학과졸 [경]1995년 사법시험 합격(37회) 1998년 사법연수원 수료(27기) 1998년 서울지법 판사 2000년 同남부지원 판사 2002년 청주지법 판사 2005년 인천지법 부천지원 판사 2007년 서울중앙지법 판사 2009년 서울남부지법 판사 2010년 서울고법 판사 2011년 대법원 재판연구관 2013년 서울남부지법 판사 2014년 부산지법 부장판사 2016년 인천지법 부천지원 부장판사(현)

최병모(崔炳模) CHOE Byoung Moh

[생]1949·5·22 [출]전남 강진 [주]서울 서초구 강남대로251 법무법인 양재(02-522-4264) [학]1967년 서울고졸 1971년 서울대 법학과졸 1997년 제주대 대학원 법학과 수료 [경]1974년 사법시험 합격(16기) 1976년 사법연수원 수료(6기) 1976년 육군 軍법무관 1979년 청주지법 판사 1983년 同제천지원장 1985년 인천지법 판사 1986년 변호사 개업 1991~1994년 천주교인권위원회 위원장 1997년 제주지방변호사회 감사 1997~2000년 제주환경운동연합 공동의장 1998~2000년 민주사회를위한변호사모임 부회장 1999~2000년 '前검찰총장부인 고급옷로비의혹사건' 수사담당 특별검사 2000~2003년 방송문화진흥회 이사 2001년 환경운동연합 공익법률센터 이사장 2002~2004년 민주사회를위한변호사모임 회장 2004년 동북아전략연구원 이사장 2005~2013년 우리겨레하나되기운동본부 이사장 겸 상임대표 2005년 법무부 정책위원회 위원장 2006년 대통령자문 통일고문회의 고문 2007년 (사)복지국가소사이어티 이사장, 同고문(현) 2008~2009년 법무법인 씨엘 대표변호사 2009~2014년 법무법인 양재 대표변호사 2010년 서울시교육청 법률고문 2011년 고양시 법률고문(현) 2012년 서울시 법률고문(현) 2014~2015년 법무법인 동서양재 대표변호사 2015년 더미래연구소 이사장(현) 2015년 법무법인 양재 대표변호사(현), 더미래연구소 이사장(현), 한국비정규노동센터 이사 겸 공동대표(현), 비례민주주의연대 공동대표(현), 우리겨레하나되기운동본부 이사(현) [저]'매향리 미군전용사격장 조사보고서'(1989·1990, 인권보고서) '언론의 자유'(1990·1991, 인권보고서)

최병민(崔炳敏) CHOI Byung Min

⊛1952·3·14 ⊛전주(全州) ⊛서울 ⊛서울 중구 삼일대로6길5 신조양빌딩 깨끗한나라(주)(02-2270-9204) ⊛1971년 경기고졸 1975년 서울대 외교학과졸 1978년 미국 남가주대 경영대학원졸 1999년 국제산업디자인대학원대 뉴밀레니엄디자인혁신과정 수료 ⊛1978년 (주)대한펄프 사장 비서실장 1980년 同전무이사 1983~2004년 同대표이사 사장 1994~2001년 한국능률협회 비상임이사 1997~2010년 (주)한국케이블TV 나라방송 대표이사 사장 2001년 한국제지공업연합회 부회장 2004년 (주)대한펄프 회장 2006~2009년 同대표이사 회장 2007년 한국제지공업연합회 회장 2011~2015년 깨끗한나라(주) 회장 2013~2016년 한국제지연합회 회장 2013년 (재)한국제지자원진흥원 이사장(현) 2015년 깨끗한나라(주) 대표이사 회장(현) 2015년 강원대 제지공학과 겸임교수 ⊛재무부장관표창, 철탑·은탑산업훈장 ⊛천주교

최병부(崔炳富)

⊛1966 ⊛경남 밀양 ⊛충북 충주시 수안보면 수회리로138 중앙경찰학교 교무과(043-870-2311) ⊛1985년 부산 대동고졸 1990년 경찰대 법학과졸(6기) 2010년 서울시립대 대학원 교통공학과졸 ⊛1990년 경위 임용 1997년 경감 승진 2004년 경정 승진 2012년 경기지방경찰청 정부과천청사경비대장 2013년 경남 진해경찰서장(총경) 2014년 경기지방경찰청 제1부 교통과장 2015년 경찰청 교통국 교통안전과장 2015년 경기 용인서부경찰서장 2016년 중앙경찰학교 교무과장(현) ⊛대통령표창(2006)

최병서(崔炳瑞) CHOE Byong Suh

⊛1952·11·3 ⊛경주(慶州) ⊛경기 수원 ⊛서울 성북구 화랑로13길60 동덕여자대학교 경제학과(02-940-4431) ⊛1971년 경기고졸 1975년 서울대 독어독문학과졸 1979년 연세대 대학원졸 1981년 미국 Univ. of Pennsylvania 대학원 경제학석사 1989년 경제학박사(미국 Columbia Univ.) ⊛1989년 한국투자경제연구소 연구위원 1989년 동덕여대 경제학과 교수(현) 1992년 同산업연구소장 2000~2003년 同사회과학대학장 2011~2012년 한국문화경제학회 회장 2016년 동덕여대 대학원장 겸 특수대학원장(현) 2016년 예술경영지원센터 비상임이사(현) ⊛한국문화경제학회 현우 곽수일문화경제학상(2014) ⊛'영화로 읽는 경제학'(2001) '최병서의 Cine Balade : 경제학자의 미시적 영화산책'(2004) '로빈슨 크루소 경제원리'(2006) '미술관에 간 경제학자'(2008) '파리 느리게걷기'(2011) '런던 느리게 걷기'(2011) '애컬로프가 들려주는 레몬시장 이야기'(2011, 자음과모음) '영화, 경제를 말하다'(2013, 형설라이프) '경제학자의 미술관(2014, 한빛출판) ⊛기독교

최병선(崔炳善) Choi, Byung-Sun

⊛1953·1·20 ⊛탐진(耽津) ⊛전북 옥구 ⊛서울 관악구 관악로1 서울대학교 행정대학원(02-880-5632) ⊛1970년 익산 남성고졸 1975년 서울대 경영학과졸 1979년 同행정대학원졸 1987년 정책학박사(미국 하버드대) ⊛1978년 전북도 사무관 1979년 상공부 사무관 1988년 서울대 행정대학원 교수(현) 1993년 행정쇄신실무위원회 위원 1997년 대통령 자문정책기획위원회 위원 1998~1999년 대통령직속 규제개혁위원회 위원 2001년 한국남부발전 비상임이사 2002년 한국규제학회 초대회장 2003년 한국정책학회 회장 2003년 중앙공무원교육원 겸임교수 2004년 교육인적자원부 대학설립심사위원회 위원 2004~2009년 안민정책포럼 이사 2004년 중앙공무원교육원 겸임교수 2005년 감사원 정책자문위원장 2006~2008년 서울대 행정대학원장 2008년 한국규제학회 명예회장(현) 2008~2010년 대통령직속 규제개혁위원회 위원장 ⊛한국행정학회 학술상, 국민훈장 목련장 ⊛'국가와 공공정책(共)'(1991) '정부규제론'(1992) '행정개혁의 신화와 논리(共)'(1993) '경제민주화의 정치경제(共)'(1995) '무역정치경제론'(1999) '시장경제와 규제개혁'(2003) '규제의 역설(共·編)'(2005) '국가운영시스템 : 과제와 전략(共)'(2008) ⊛기독교

최병선(崔柄潽) CHOI Byoung Sun

⊛1957 ⊛강원 춘천 ⊛서울 종로구 사직로161 경복궁관리소(02-3700-3900) ⊛1974년 강원고졸 1977년 동양미래대 건축과졸 2005년 한밭대 건축공학과졸 2008년 명지대 대학원 문화재학과졸 2014년 단국대 대학원 건축과 수료 ⊛1977년 8급 경채 1977~1980년 문화공보부 문화재관리국 문화재보수과 건축기원 1980~1983년 同문화재관리국 문화재보수과 건축기사보 1983~1993년 同문화재관리국 궁원관리과·문화재보수과 건축주사 1993~1994년 문화체육부 궁원관리과·문화재보수과 건축주사 1994~1997년 同한국예술종합학교·문화재보수과·문화정책국 도서관박물관과 건축주사 1997년 문화관광부 문화정책국 도서관박물관과 건축사무관 2000년 국립중앙박물관건립추진기획단 파견 2001년 문화재청 문화재기획국 문화재기술과 건축사무관 2003년 同건조물국 문화재정책과 건축사무관 2003년 同시설서기관건조물국 문화재정책과 시설서기관 2003년 국립중앙박물관건립추진기획단 파견 2005년 문화재청 문화재정책국 궁능활용과 시설서기관 2005년 同문화재정책국 궁능활용과 기술서기관 2005년 同문화재정책국 궁능관리과장 직대(기술서기관) 2005년 同문화재정책국 궁능관리과장 2006년 同사적명승국 고도보존과장 2007년 同경복궁관리소장 2008년 同궁능관리과장 2009년 同궁능문화재과장 2010년 同근대문화재과장 2011년 세종대왕유적관리소 소장 2013년 국립문화재연구소 건축문화재연구실장 2015년 국립중원문화재연구소 소장 2016년 문화재청 경복궁관리소장(현) ⊛국무총리표창(1991)

최병선(崔秉瑄) CHOI Byung Sun

⊛1959·1·2 ⊛인천 ⊛서울 중구 퇴계로100 스테이트타워남산8층 법무법인 세종(02-316-4298) ⊛1977년 서라벌고졸 1981년 서울대 사회과학대학 외교학과졸 1984년 同대학원 법학과졸 1988년 同대학원 법학 박사과정 수료 1992년 미국 Washington대 법과대학원 법학과졸(LL. M.) ⊛1984년 사법시험 합격(26회) 1987년 사법연수원 수료(16기) 1987년 법무법인 세종 변호사(현) 1992~1993년 영국 Field Fisher Waterhouse 근무 2003~2012년 은행연합회 은행신상품심의위원회 위원 2005~2008년 채권금융기관조정위원회의 위원 2006~2008년 이트레이드증권 사외이사 2006~2009년 한국증권선물거래소 분쟁조정심의위원회 위원 2006~2008년 한국공항공사 투자및자금업무심의위원회 위원 2009~2010년 한국거래소 분쟁조정심의위원 2010~2011년 법무법인 세종 상해대표처 수석대표변호사 2014년 세계한인법률가회(IAKL) 회장(현) ⊛'해외사채발행 실무해설'(2004)

최병수(崔炳秀) CHOI Byoung Soo

⊛1961·11·17 ⊛강원 춘천 ⊛강원 춘천시 중앙로23 강원일보 미디어총괄기획본부(033-258-1710) ⊛1984년 강원대 행정학과졸 1987년 同대학원졸 ⊛1988년 강원일보 기자 1990년 同사회부 기자 1995년 同정경부 기자 1996년 同정경부 차장대우 1996년 同사회부 차장 1999년 同사회부장 직대 2000년 同사회부장 2001년 同국제부장 2003년 同부국장대우 제2사회부장 2003년 同정치부장 2004년 同서울주재 취재팀장 2007년 同제1취재담당 부국장 2008년 한국신문윤리위원회 위원 2009년 강원일보 편집국장 2014년 同논설주간 겸 미디어총괄기획본부장(이사) 2015년 同미디어총괄기획본부장(상무이사)(현) ⊛한국기자상(2001), 한국신문상 대상(2001), 강원기자상 대상 ⊛'비공식집단에 관한 연구'

최병식(崔秉植) CHOI Byeong Sik

⊛1947·6·9 ⊛대구 ⊛경북 경산시 진량읍 공단6로77 SL(주) 비서실(053-856-8511) ⊛1967년 대구상고졸 1975년 영남대 상경대학 경제학과졸 ⊛1979년 삼립산업(주) 차장·부장 1983~1990년 同이사·상무이사·전무이사 1996년 同부사장 2003년 同사장 2004년 SL(주) 사장(현) ⊛영상아카데미 경영인상(2011) ⊛천주교

최병식(崔炳植) CHOI Byung Sik

⊛1954·8·18 ⊛경주(慶州) ⊛전북 고창 ⊛서울 동대문구 경희대로26의6 경희대학교 미술대학 미술학부(02-961-0643) ⊛1973년 서라벌고졸 1980년 경희대 사범대학 미술교육과졸 1983년 대만 중국문화대 예술대학원졸 1992년 철학박사(성균관대) ⊛서울대·홍익대 강사 1992년 대한민국현대서예대전 문인화부문 심사위원 1993년 문화체육부 젊은예술가상 미술부문 심사위원 1995~2003년 경희대 예술학부 조교수·부교수 1996년 한국화랑협회 감정운영위원 1998년 한국미술협회 부이사장 2000년 이중섭미술상 심사위원 2002년 한국화랑협회 자문위원 2002년 미술품감정위원회 운영위원(현) 2003년 경희대 미대 미술학부 교수(현) 2003년 한국문화예술진흥원 미술대전평가위원장 2003년 석주미술상 심사위원 2004년 한국문화관광연구원 '2004국제아트페어' 평가위원 2005년 시립박물관미술관 지원평가단장 2006~2007년 (사)한국박물관협회 자문위원장 2007~2008년 (사)한국사립박물관협회 자문위원 2008년 문화체육관광부 규제개혁위원회 위원 2009년 국립현대미술관 미술은행 운영위원 2009~2010년 대통령실 교육과학문화분야 정책자문위원 2010년 문화예술위원회 책임심의위원 2010년 예술의전당 미술자문위원 2010년 국립현대미술관 미술은행 운영위원 2010년 한국사립미술관협회 자문위원 2012년 국립현대미술관 운영자문위원 2013년 경기도 공사립박물관미술관 지원사업평가단장 ⊛'중국회화사론'(1983) '미술의 이해'(1989) '아시아미술의 재발견'(1991) '미술의 구조와 그 신비'(1992) '동

양미술사학'(1993) '동양회화미학'(1994) '운보 김기창 예술론 연구'(1999) '천연기념물이 된 바보'(1999) '미술 시장과 경영'(2001) '문화전략과 순수예술'(2008) '미술시장과 아트딜러'(2008) '미술시장 트렌드와 투자'(2008) '수묵의 사상과 역사'(2008) '뮤지엄을 만드는 사람들'(2010, 동문선) '뉴 뮤지엄의 탄생'(2010) '박물관 경영과 전략'(2010) '미술품감정학'(2014, 동문선)

최병오(崔炳五) CHOI Byoung Oh

[생]1953·11·18 [출]부산 [주]서울 강남구 논현로322 패션그룹형지(주) 회장실(02-3498-7205) [학]2003년 연세대 경제대학원 최고경제인과정 수료 2003년 서울대 대학원 패션산업최고경영자과정 수료 2006년 세계경영연구원 IGMP 수료 2007년 명예 경영학박사(순천향대) 2007년 서울대 경영대학 최고경영자과정 수료 2009년 명예 경영학박사(전주대) 2011년 명예 경영학박사(단국대) [경]1982년 크라운 대표 1994년 현지물산 설립 1997년 형지리테일 대표이사 1998~2009년 (주)형지어패럴 대표이사 회장 2004년 형지크로커다일 대표이사 2005년 샤트렌 대표이사(현) 2006년 전주대 문화관광대학 객원교수(현) 2006년 대한상공회의소 윤리경영위원(현) 2006년 한국국제기아대책기구 대외협력위원(현) 2007년 한국패션협회 부회장 2007년 서울대 패션산업최고경영자과정총교우회 회장 2008년 한국섬유산업연합회 부회장(현) 2008년 대한상공회의소 중견기업위원회 부위원장 2009년 패션그룹형지(주) 대표이사 회장(현) 2011년 한국의류산업협회 회장(현) 2012년 중앙대 경영경제대학 지식경영학부 특임교수(현) 2013년 대한상공회의소 중견기업위원장(현) 2013년 전국경제인연합회 창조경제특별위원회 운영위원(현) 2015년 소상공인연구원 초대 이사장(현) 2016년 우리다문화장학재단 이사(현) 2016년 부산대 경영대학원 AMP총동창회 회장(현) [상]철탑산업훈장(2004), 제10회 한국유통대상 장관표창(2005), 국제섬유신문 삼우당 섬유·패션대상(2006), 한국의CEO대상(2007), 대한민국 디자인대상(2008), 대한민국 브랜드마케팅부문 마케팅대상(2008), 고객만족경영대상 고객가치혁신부문 대상(2008), 한국유통대상 프랜차이즈·전문점부문 대상(2008), 한국경영사학회 CEO대상(2008), 제14회 한국유통대상 지식경제부장관표창(2009), 모범납세자표창(2009), 기업혁신대상(2009), 은탑산업훈장(2010), 한국의 경영대상(2011), 매경이코노미 한국의100대CEO(2012·2013·2014), 한국능률협회 한국의 경영자상(2012), 대통령표창(2013), 한국언론인연합회 자랑스러운 한국인 대상 경영혁신부문(2013), 2013 서울대 AMP 대상(2014), 단국대총동창회 '자랑스런 단국인상'(2014), 베트남정부 감사장(2015), 대한민국 중견기업 CEO대상(2015), 한국의 경영대상 최고경영자상(2015), 연세를 빛낸 기업경제인상(2015), 대한민국 퍼스트브랜드 대상 특별상(2016)

최병용(崔秉龍) CHOI Byung Lyong

[생]1960·9·29 [본]강화(江華) [출]경북 상주 [주]서울 서초구 신반포로194 서울고속버스터미널(주) 비서실(02-535-3131) [학]김천고졸, 중앙대 경제학과졸 [경](주)신세계 이마트부문 만촌점장, 同이마트부문 죽전점장 2006년 同이마트부문 판매4담당 상무보 2006년 同이마트부문 가전레포츠담당 상무보 2007년 同이마트부문 가전레포츠담당 상무 2008년 同이마트부문 마케팅담당 상무 2009년 同이마트부문 생활가전담당 상무 2010년 同기업윤리실천사무국장 2011~2013년 同경영전략실 부사장보 2014년 서울고속버스터미널(주) 대표이사 사장(현)

최병욱(崔炳旭) CHOI Byoung Wook

[생]1965·4·28 [본]해주(海州) [출]충남 공주 [주]서울 서대문구 연세로50의1 연세대학교 의과대학 영상의학과학교실(02-2228-2381) [학]1983년 공주사대부고졸 1989년 연세대 의대졸 1997년 同대학원졸 2002년 의학박사(연세대) [경]2006년 연세대 의과대학 영상의학과학교실 교수(현) 2009~2013년 대한영상의학회 정보이사 2011·2014년 연세대의료원 심장혈관병원 심장영상의학과장(현) 2011~2012년 대한심장혈관영상의학회 회장 2011년 아시안심장혈관영상의학회 사무총장 2012년 심장혈관영상CT학회(SCCT·Society of Cardiovascular Computed Tomography) 한국지회장(현) 2012년 대한심장혈관자기공명영상연구회 회장 2014년 연세대 의대 방사선의과학연구소장(현) [저]'심장-혈관 영상의학'(2008) [종]천주교

최병원(崔炳元) CHOI Byung Won

[생]1959·9·27 [본]양천(陽川) [출]경남 합천 [주]서울 강남구 테헤란로78길12 MSA빌딩11층 스틱인베스트먼트(주) 비서실(02-3404-7800) [학]1981년 서울대 바이오시스템소재학부졸 1985년 경북대 경영대학원졸 [경]1985~1989년 외환은행 부산지점·덕산동지점 근무 1996~1997년 신한금융그룹 회장실 신규사업기획·계열사경영평가담당 1997~1999년 신한증권(주) 과천지점장 1999~2001년 스틱인베스트먼트(주) 상무이사 2001~2005년 同부사장 2005~2014년 同대표이사 2008~2009년 서울대 기술지주회사 고문 2009년 전자신문 사외이사(현) 2010년 ETRI Holdings 사외이사(현) 2012년 보건복지부 제약산업육성 및 지원위원(현) 2014년 스틱인베스트먼트(주) 부회장(현) [상]산업포장(2007) [종]천주교

최병윤(崔秉倫) CHOI Byeong Yoon

[생]1961·3·15 [본]경주(慶州) [출]충북 음성 [주]충북 청주시 상당구 상당로82 충청북도의회(043-220-5162) [학]대성고졸 1984년 충북대 건축공학과졸 [경]1999년 (주)석진산업 대표이사(현), 음성군청년회의소 회장, 한국청년회의소 충북지구 회장, 청주지검 충주지청 범죄예방위원, 청주지법 충주지원 음성군법원 조정위원 2006년 충북아스콘공업협동조합 이사장(현), 음성문화원 원장, 제15기 민주평통 자문위원, 음성중 운영위원장 2010년 충북도의회 의원(민주당·민주통합당·민주당·새정치민주연합) 2010~2012년 同행정문화위원장 2012년 同정책복지위원회 위원 2012년 同예산결산특별위원회 위원 2012년 同지역균형발전특별위원회 위원 2014년 충북도의회 의원(새정치민주연합·더불어민주당)(현) 2014년 同정책복지위원회 위원 2014년 同운영위원회 위원 2014~2015년 同새정치민주연합 원내대표 2015년 중소기업중앙회 충북지역회장(현) 2016년 충북도의회 문장대온천개발저지특별위원회 위원(현) 2016년 同행정문화위원회 위원(현) 2016년 同예산결산특별위원회 위원(현) 2016년 더불어민주당 충북도당 대변인(현) [상]정무장관표창(1996), 청주지검장표창(1996), 충북도지사표창(1996·2001), 행정자치부장관표창(1999), 대통령 감사장(2001), 충북도교육감표창(2003·2006·2008), 충북지방경찰청장 감사장(2005) [종]불교

최병인(崔炳寅) CHOI Byung Ihn

[생]1950·1·2 [본]경주(慶州) [출]서울 [주]서울 동작구 흑석로102 중앙대학교병원 영상의학과(02-6299-3204) [학]1968년 경기고졸 1974년 서울대 의대졸 1977년 同대학원졸 1983년 의학박사(서울대) 1998년 한국과학기술원(KAIST) 경영대학원 최고지식경영자과정 수료 [경]1974~1979년 서울대병원 인턴·전공의 1979년 軍의관 1982년 예편(소령) 1982~1994년 서울대 의과대학 진단방사선과 전임강사·조교수·부교수 1982~1992년 대한초음파의학회 총무이사 1985년 미국 캘리포니아대 샌프란시스코의대 연구원 1988년 일본 東京大 의대 객원연구원 1990년 미국 하버드대부속 매사추세츠종합병원 객원교수 1991~1992년 대한소화기병학회 재무이사 1992~1995년 대한초음파의학회 국제협력이사 1994~2005년 대한위암학회 이사 1994년 미국 피츠버그의대·워싱턴의대 객원교수 1994년 서울대 의과대학 방사선과학교실 교수 1994~2015년 同의과대학 영상의학교실 교수 1995~1998년 대한초음파의학회 기획이사 1996년 대한자기공명의과학회 이사(현) 1998~2002년 서울대병원 교육연구부장 2001~2005년 대한초음파의학회 이사장 2003~2006년 세계초음파의학회 수석부회장 2004~2005년 대한초음파의학회 부회장 2004~2007년 아시아초음파의학회 회장 2004~2006년 서울대병원 진단방사선과장 2005~2008년 대한영상의학회 회장 2006년 세계초음파의학회 이사(현) 2006~2011년 同우수교육센터 관리위원장 2006~2008년 아시아·오세아니아방사선의학회 사무총장 2007년 미국 M.D. Anderson Cancer Center 방사선과 객원교수 2007년 건강보험심사평가원 중앙심사위원 2007년 북미영상의학회(RSNA) 명예회원(현) 2008~2011년 대한초음파의학재단 이사장 2010년 대한간학회 회장 2010~2012년 아시아·오세아니아영상의학회(AOCR) 회장 2010년 일본 방사선의학회 명예회원(현) 2010~2012년 국제방사선의학회 집행이사 2010년 독일 방사선의학회 명예회원(현) 2011년 미국 Memorial Sloan-Kettering Cancer Center 영상의학과 객원교수 2011년 유럽영상의학회 명예회원(현) 2011~2013년 아시아복부영상의학회 회장 2011년 미국 영상의학전문의학회(ACR) 명예펠로우(Honorary Fellow)(현) 2012~2015년 북미영상의학회(RSNA) 국제자문위원장 2012~2015년 대한영상의학회 상임이사 2012~2015년 한국방사선의학재단 이사장 2014년 프랑스 파리7대학 부속병원 Hopital Beaujon 객원교수 2015년 ACAR2017조직위원회 자문위원장(현) 2015년 중앙대병원 영상의학과 교수(현) 2016년 대한민국의학한림원 국제협력위원회 위원장(현) 2016년 일본초음파의학회 명예회원(현) 2016년 한국방사선의학재단 이사(현) 2016년 아시아·오세아니아영상의학회(AOCR) 조직위원회 부회장(현) 2016년 아시아 초음파의학회 2018조직위원회 자문위원장(현) 2016년 한국과학기술한림원 융합과학기술위원 겸 대외협력위원(현) [상]대한방사선의학회 학술상(1987), 대한방사선의학회 저술상(1989), 한국과학기술단체총연합회 우수논문상(1992), 대한초음파의학회 학술상(1994), 대한초음파의학회 저술상(1994), 분쉬의학상(2002), 미국 초음파의학회 명예학자(2003), 오세아니아 초음파의학회 명예회원, 베네수엘라초음파의학회 명예회원(2005), 이태리 볼로냐의학회 명예회원(2006), 유럽복부영상의학회 명예학자(2007), 아시아초음파의학회 공로회원상(2010), 서울대 학술연구상(2011), 보건복지

부장관표창(2013) 미국복부영상의학회 국제회원상(2015) 일본초음파의학회 명예회원상(2016), 아시아오세아니아영상의학회 금메달(2016) [저]'대장항문학(共)'(1991) '상복부 초음파 진단학'(1997) '진단방사선과학'(共) '복부방사선과학 증례집'(共) '담석증(共)'(1999) '위암'(共) '간경변증(共)'(2000) '간담췌외과학'(共) '소화기계질환'(共) '간암'(共) '복부초음파진단학(編)'(2006) '간담췌외과학(제2판)'(2006) 'Textbook of Gastrointestinal Radiology'(2007) '영어논문 작성과 발표요령'(2010) '영상의학(제3판)'(2010) '소화기계질환(제3판)'(2011) 'Textbook of Hilar Cholangiocarcinoma'(2013) 'Radiology Illustrated : Hepatobiliary and Pancreatic Radiology'(2014) 'Radiology Illustrated : Gastrointestinal Tract'(2015)

최병인(崔秉寅) CHOI Byung In

[생]1962·7·27 [출]전남 나주 [주]서울 금천구 가산디지털2로98 IT캐슬2동714호 이지스엔터프라이즈(주)(02-2082-7201) [학]1980년 우신고졸 1984년 서울대 항공우주공학과졸 1986년 한국과학기술원(KAIST) 석사 1992년 기계공학박사(미국 MIT) [경]1993년 미국 McKinsey & Co. Cleveland OH 근무 1994년 맥켄지코리아 근무 1998년 앤더슨컨설팅코리아 전략부문 이사 2000년 효성데이타시스템(주) 대표이사 2000~2010년 이지스효성 대표이사 2002년 노틸러스효성(주) 대표이사 2002년 (주)효성 정보통신PG장 2006년 同신규사업부문 사장 2010년 이지스엔터프라이즈(주) 대표이사(현) [종]천주교

최병일(崔炳鎰) CHOI Byung-il

[생]1958 [주]서울 서대문구 이화여대길52 국제대학원(02-3277-3656) [학]1982년 서울대 경제학과졸, 미국 예일대 대학원 경제학과졸 1989년 경제학박사(미국 예일대) [경]1989~1997년 통신개발연구원 연구위원·국제전략연구실장 1990~1993년 한미통신협상·우루과이라운드·한-EU협상 한국대표단 1990~1994년 체신부장관 자문관 1994~1997년 WTO 기본통신협상 한국수석대표 1997년 통상학회 이사 1997년 이화여대 국제대학원 교수(현) 2001년 한국국제경제학회 사무국장 2003년 한국경제학회 사무국장 2003~2004년 바른사회시민회의 사무총장 2004~2011년 同정책위원장 2005~2011년 이화여대 국제통상협력연구소장 2007~2011년 同국제대학원장 2007~2008년 한국협상학회 회장 2008년 유엔한국협회(UNA-Republic of Korea) 부회장(현) 2011~2014년 한국경제연구원 원장 2011~2013년 국민경제자문회의 자문위원 2011~2013년 FTA 국내대책위원회 민간위원 2015년 바른사회시민회의 공동대표(현) [상]체신부장관표창(1991), 정보통신부장관표창(1995), 한국유엔협회 공로패(2008) [저]'한국개혁의 정치경제학'(2000) '새로운 시장환경과 정보통신상의 국제경쟁력' '기업하기 좋은 나라'(2002) '한국의 통상협상 : 쌀에서 스크린쿼터까지(共)'(2004) '공정거래법 개정방향'(2005) '한미FTA 역전시나리오'(2006) '선진통상국가 실현을 위한 중장기 통상전략 연구 : 통상거버넌스'(2007) '기로에 선 한미FTA 해법'(2009)

최병조(崔秉祚) CHOI Byung Jo

[생]1953·2·23 [출]경기 [주]서울특별시 관악구 관악로1 서울대학교 법학과(02-880-7580) [학]1975년 서울대 법학과졸 1978년 同대학원 법학과졸 1985년 법학박사(독일 George August대) [경]1985~1996년 서울대 법학과 전임강사·조교수·부교수 1986년 한국서양고전학회 총무이사 1992년 독일 괴팅겐대 객원교수 1994년 서울대 법학연구소 간행부장 1995~1997·1997~1999년 同법학도서관장 1996년 同법학과 교수(현) 1996년 비교법실무연구회 운영위원 2003~2015년 서울대 법학연구소장 2005년 중국 화동정법대학 로마법및구주법연구센터 명예교수 2011년 독일 괴팅겐학술원 선정 인문부문 종신회원(현) [상]한국법학교수회 현암법학저작상(1998), 제11회 영산법률문화상(2015) [저]'민법주해'(共) '로마법연구'(1995, 서울대 출판부) '로마법강의'(1999, 박영사) '해외법률문헌 조사방법'(2000, 서울대 출판부) '법률가의 윤리와 책임'(2000, 박영사) '中德法律繼受與法典編纂'(2000) '민법주해 제17권(共)'(2005, 박영사) '법치주의의 기초 : 역사와 이념(共)'(2006, 서울대 출판부) [역]'헤겔의 법철학과 로마법'(1999) '로마법 민법논고'(1999, 박영사)

최병준(崔炳俊)

[생]1957·11·21 [주]경북 안동시 풍천면 도청대로455 경상북도의회(054-880-5457) [학]경주공고졸, 동국대 사회과학대학원 개발행정학과졸, 공학박사(경일대) [경]경주청년회의소 회장, 경북도태권도협회 상임부회장, 경주시학교운영위원협의회 회장 1998·2002·2006~2010년 경북 경주시의회 의원, 同산업건설위원장 2006~2008년 同기획행정위원장 2010년 同의장, 경동정보대 겸임교수 2010년 학교운영위원회경주지역협의회 회장 2011년 경북도태권도협회 회장 2012년 새누리당 제18대 대통령선거 직능총괄본부 스포츠문화경북대책위원장 2014년 경북도의회 의원(새누리당)(현) 2014·2016년 同교육위원회 위원(현) 2014·2016년 同원자력안전특별위원회 위원장(현) 2015·2016년 同예산결산특별위원회 부위원장(현) 2016년 同정책연구위원회 위원(현)

최병준(崔炳俊) CHOI BYUNG-JOON

[생]1964·5·20 [출]충남 서천 [주]대전 서구 둔산중로78번길45 대전지방법원(042-470-1114) [학]1982년 대전고졸 1986년 서울대 사회학과졸 1993년 충남대 대학원 법학과졸 [경]1986년 사법시험 합격(28회) 1989년 사법연수원 수료(18기) 1989년 軍법무관 1992년 창원지법 진주지원 판사 1995년 대전지법 판사 1997년 同천안지원 판사 1998년 프랑스 국립사법관학교 연수 1999년 대전고법 판사 2001년 변호사 개업 2004년 청주지법 판사 2006년 대전지법 부장판사 2008년 同홍성지원장 2010년 대전지법 부장판사 2011년 청주지법 수석부장판사 2011년 언론중재위원회 위원 겸임 2014년 대전지법·대전가정법원 천안지원장 2016년 대전지법 부장판사(현)

최병철(崔秉喆) CHOI Byung Chul

[생]1958·9·16 [주]서울 서초구 헌릉로12 현대자동차(주) 임원실(02-3464-1114) [학]대창고졸, 성균관대 경영학과졸 [경]1987년 현대정공 입사, 현대모비스(주) 재경실장(이사대우), 同이사 2008년 同재경사업부장(상무) 2009년 同재경사업부장(상무이사) 2010년 同재경사업부장(전무) 2012년 同재경사업본부장(부사장) 2016년 현대자동차(주) 재경본부장(CFO·부사장)(현)

최병철(崔秉哲) CHOI Byoung Cheol

[생]1959·10·2 [출]충남 [주]제주특별자치도 서귀포시 서호북로33 국립기상과학원 재해기상연구센터(070-7850-6631) [학]1978년 삽교고졸 1983년 연세대 천문기상학과졸 1985년 同대학원 기상학과졸 2002년 이학박사(영국 이스트앵글리아대) [경]1985년 기상청 기상연구소 기상연구사 1993년 同기상연구소 기상연구관 2003년 同기상연구소 지구대기감시관측소장 2006년 同기상연구소 원격탐사연구실장 2006년 同기상연구소 응용기상연구실장 2007년 同기상연구소 응용기상연구팀장 2008년 스위스 제네바 WMO 파견 2011년 국가기상위성센터 위성분석과장 2013년 통일교육원 교육파견(과장급) 2014년 국립기상연구소 응용기상연구과장 2015년 국립기상과학원 재해기상연구센터장(현) [상]과학기술부장관표창(2003) [역]'기후변화 2001'(2002) '위기의 지구 : 폭염'(2007) [종]기독교

최병철(崔炳哲) CHOI Byung Cheol

[생]1966·8·25 [출]경남 김해 [주]서울 서초구 서초중앙로157 서울중앙지방법원(02-530-1114) [학]1985년 김해고졸 1990년 서울대 공법학과졸 [경]1995년 사법시험 합격(36회) 1996년 사법연수원 수료(26기) 1997년 춘천지법 판사 2001년 수원지법 판사 2004년 서울중앙지법 판사 2006년 서울서부지법 판사 2008년 서울고법 판사 2010년 대법원 재판연구관 2012년 부산지법 부장판사 2013년 사법연수원 교수 2016년 서울중앙지법 부장판사(현)

최병현(崔秉鉉) CHOI Byung Hyun

[생]1948·7·14 [본]탐진(耽津) [출]전북 [주]서울 서초구 반포대로37길59 대한민국학술원(02-3400-5220) [학]1972년 숭실대 사학과졸 1981년 同대학원졸 1990년 문학박사(숭실대) [경]한국고전세계화연구소 소장(현) 1973년 문화재연구소 학예연구사 1983~1994년 한남대 역사교육학과 전임강사·조교수·부교수 1994~1996년 同역사교육학과 교수, 同박물관장 1996~2013년 숭실대 인문대학 사학과 교수 1996년 한국고고학회 운영위원 1997년 문화재관리국 문화재위원회 전문위원 1998년 한국고고학회 평의원 1998년 숭실대 한국기독교박물관장 2003년 문화재청 문화재위원 2006년 한국고고학회 회장 2007~2009년 문화재위원회 매장문화재분과 위원 2012년 대한민국학술원 회원(고고학·현) [상]녹조근정훈장(2013), 대한민국학술원상 인문학분야(2016) [저]'한국의 고고학(共)'(1989, 강담사) '신라고분연구'(1992, 일지사) '한국미술사의 현황(共)'(2000, 예경) '한국고고학강의(共)'(2010, 사회평론) '동아시아의 고분문화(共)'(2011, 서경문화사)

최병화(崔炳化) Choi Byeong Wha

⊕1962 · 1 · 9 ㈜서울 중구 세종대로9길20 신한은행 임원실(02-756-0506) ⓗ1981년 덕수상고졸 1989년 광운대 경영학과졸 ⓔ1989년 신한은행 입행 1998년 同영업부 대리 2001년 同여의도대기업금융지점 차장 겸 RM 2002년 同영업1부 차장 겸 RM 2004년 同종합금융영업부 SRM(부서장대우) 2006년 同종합금융영업부장 겸 ERM 2007년 同강남종합금융센터 지점장 겸 ERM 2009년 同강남대기업금융센터장 겸 PRM 2011년 同기업고객부장 2012년 同산업단지금융본부장 2013년 同부행장보 2015년 同기업그룹담당 부행장(현)

최병환(崔昞煥) CHOI Byung Hwan

⊕1963 · 11 · 15 ㈜부산 ㈜세종특별자치시 다솜로261 국무조정실 국정운영실(044-200-2040) ⓗ1982년 부산사대부고졸 1986년 서울대 법학과졸 2001년 미국 위스콘신대 법과대학원졸 ⓔ1989년 행정고시 합격(33회) 1991년 서울시 근무 1993년 정무장관실 정책담당관 1998년 국무조정실 국회담당관 · 정무담당관 2004년 미국 뉴욕주 변호사자격 취득 2005년 국무조정실 홍보기획팀장 2006년 국무총리 공보비서관(국장) 2007년 국무총리 민정2비서관 2008년 국무총리 공보비서관 2010년 국무총리실 문화노동정책관 2010년 同의전관 2012년 同규제총괄정책관 2013년 국무조정실 국정운영실 기획총괄정책관 2014년 同사회조정실장 2015년 대통령 정책조정수석비서관실 국정과제비서관 2016년 국무조정실 국정운영실장(현) ㊛홍조근정훈장(2012)

최병휘(崔秉輝) CHOI Byung Hwi

⊕1954 · 9 · 21 ㈜전북 ㈜서울 동작구 흑석로102 중앙대학교병원 호흡기알레르기내과(02-6299-1114) ⓗ1979년 서울대 의대졸 1982년 同대학원졸 1988년 의학박사(서울대) ⓔ1980~1983년 서울대병원 내과 전공의 1983~1986년 국군수도통합병원 군의관 1986~1987년 서울대병원 알레르기내과 전임의 1987~1989년 중앙대 용산병원 내과 임상강사 1989~1998년 同의대 내과학교실 조교수 · 부교수 1991~1992년 캐나다 McMaster Univ. 교환교수 1998년 중앙대 의과대학 내과학교실 교수(현) 2001~2003년 同용산병원 교육연구부장 2003~2005년 同용산병원 진료부장 2003~2005년 천식및알레르기예방운동본부 본부장 2005~2008년 중앙대 용산병원 호흡기알레르기내과장 2005년 대한천식알레르기학회 총무이사 2008~2010년 중앙대병원 호흡기알레르기내과장 2010~2014년 同내과 과장 2011~2013년 대한천식알레르기학회 이사장 ㊛제37회 유한결핵및호흡기학술상(2015)

최병희(崔炳熙) CHOE Byong Hee (松谷)

⊕1922 · 7 · 26 ⊖전주(全州) ㈜전북 익산 ㈜서울 서초구 반포대로37길59 대한민국학술원(02-3400-5220) ⓗ1940년 전주고졸 1942년 일본 우에다(上田)잠사전문학교 제사과졸 1960년 미국 매사추세츠로웰대 공과대학원 섬유과 수료 1963년 농학박사(서울대) ⓔ1944~1945년 일본 해군기술연구소 연구원 1945~1946년 수원농림전문학교 조교수 1946~1947년 美군정청 중앙관재처 기좌 1948~1952년 駐韓미국경제사절단 기술협의관 1953~1954년 국립생사검사소 기좌 1954~1956년 同검사과장 1957~1969년 서울대 농대 전임강사 · 조교수 · 부교수 1962~1974년 농촌진흥청 위원 1965~1971년 농수산부 잠사류가격위원회 심의위원 1968~1976년 제사기술연구회 회장 1969~1976년 국무총리 정책평가위원회 위원 1969~1987년 서울대 농대 잠사학과 교수 1971~1976년 잠사진흥위원회 심의위원 1974~1987년 한국잠사학회 회장 1974~1976년 농촌진흥청 연구관 1977~1980년 同전문위원 1977년 대한민국학술원 회원(견사공학 · 현) 1979~1982년 농업과학협회 부회장 1981~1984년 농수산부 정책위원회 자문위원 1987년 대한잠사회 고문 1988년 서울대 명예교수(현) ㊛한국과학기술상 본상, 국민훈장 모란장(1987) ㉑'제사학'(1965) '잠사화학'(1967) '견사공학'(1971) 'Sericultural Technology(英文)'(1978) '한국실크제조기술사'(1985) '한국잠업사'(1989)

최보경(崔寶慶 · 女) Bo-Kyung Choi

⊕1960 · 9 · 18 ㈜서울 ㈜충북 청주시 흥덕구 오송읍 오송생명2로187 식품의약품안전평가원 화장품심사과(043-719-3601) ⓗ1983년 숙명여대 약학대학 약학과졸 1985년 同대학원 약학과졸 2002년 약제학박사(숙명여대) ⓔ1984~1992년 국립보건원 약품부 약품규격과 보건연구사 1992~1993년 同약품부 요품과 보건연구사 · 생약부 생약분석과 보건연구관 2002년 식품의약품안전청 의약품평가부 항생물질과장 2004년 同의약품동등성과장 2005년 同의약품평가부 의약품규격팀장 2007년 同의약품본부 의약품평가부 항생항암의약품팀장 2008년 同의약품안전국 의약품평가부 항생항암의약품과장 2008년 同의약품평가부 의약품기준과장 2009년 식품의약품안전평가원 의료제품연구부 화장품연구팀장 2012년 同바이오생약심사부 화장품심사과장 2013년 同의약품심사부 의약품규격연구과장 2013년 서울지방식품의약품안전청 유해물질분석과장 2016년 식품의약품안전평가원 화장품심사과장(현) ㊛모범공무원표창(1994) ㊵기독교

최보영(崔晉永) CHOE Bo Young (雲巖)

⊕1959 · 1 · 29 ⊖강릉(江陵) ㈜서울 ㈜서울 서초구 반포대로222 가톨릭대학교 의과대학 의공학교실(02-2258-7233) ⓗ1978년 성동고졸 1982년 서울대 물리학과졸 1987년 미국 앨라배마대 대학원졸 1991년 이학박사(미국 앨라배마대) ⓔ1986~1991년 미국 앨라배마대 버밍햄교 물리학과 강의조교 겸 의과대학 NMR Core Facility 연구조교 1987년 미국 의학물리학회(AAPM) 정회원 1991년 세계자기공명학회(ISMRM) 정회원(현) 1991~1992년 미국 하버드대 의과대학 베스이스라엘병원(Beth Israel Hospital) 방사선의학과 박사 후 연구원 1992년 미국 펜실베이니아대병원 객원연구원 1992~1997년 가톨릭대 의과대학 방사선과학교실 조교수 1996년 同대학원 지도교수(현) 1996~2010년 同생체의공학연구소 MRI실장 1996년 同의과학연구원 생체의공학연구소 연구부장 1997~2005년 同자기공명영상연구실장 1997~2004년 同의과대학 의공학교실 조교수 · 부교수 1998~2008년 산업자원부 산업기반기술과제 평가위원 1999~2001년 대통령직속 중앙인사위원회 위원 2000년 보건복지부 보건의료기술연구과제 심사위원 2000~2002년 대한자기공명의과학회(KSMRM) 감사 2001~2006년 과학기술부 국가지정연구실(NRL) 참여교수 2002~2012년 한국과학기술원 대학원 강의교수 2003~2007년 한국의학물리학회(KAPM) 감사 2003년 원자력연구개발 중장기계획 평가전문위원 2004~2006년 2010세계자기공명의학회(ISMRM) 한국유치위원 2004~2006년 대한자기공명의과학회(KSMRM) 학술이사 2004년 (사)한국과학영재지원정보센터 이사(현) 2004년 가톨릭대 의과대학 의공학교실 교수(현) 2005~2010년 同의과대학 의공학교실 주임교수 2005~2012년 서강대 기계의공학과 겸임교수 2005년 포스텍-가톨릭대 의생명공학연구원 겸임교수(현) 2006~2012년 교육인적자원부 BK21(Brain Korea21) 2단계핵심과제 심사위원 겸 2단계대형과제 참여교수 2009~2015년 원자력기초공동연구소(베리연구소) 소장 2009년 지식경제부 의료기기산업기술커뮤니티 위원 2009년 가톨릭대 대학원 생명의과학과 의공학전공 책임교수(현) 2012~2013년 한국의학물리학회 부회장 2012~2014년 한국연구재단 기초연구본부 전문위원 2014년 한국의학물리학회 회장 2014년 보건복지부 신의료기술평가위원회 위원(현) 2015년 경희대 의학전문대학원 학생설계선택과정 실습지도교수(현) ㊛한국자기공명화학회 공로상(1996), 대한자기공명의과학회 공로상(1996 · 2012), 한국의학물리학회 공로상(2006), 부총리 겸 교육인적자원부장관표창(2007), 가톨릭대학원 학술상(2007), 한국의학물리학회 우수논문상(2007), 한국의학물리학회 우수논문상(2008), 대한의용생체공학회 공로상(2009 · 2012), 한국의학물리학회 우수포스터상(2012 · 2013), 한국연구재단 기초연구우수성과 50선 선정 및 수상(2013), 미래창조과학부장관표창(2013 · 2014), 한국의학물리학회 젊은과학자상(2013), 가톨릭대 가톨릭중앙의료원 20년장기근속표창(2013), 대한의용생체공학회 우수포스터상(2013), 한일의학물리학회 구연상(2014) ㉑'최신자기공명영상학(共)'(1998, 여문각) '2006국가지정연구실 연구성과집(共)'(2006, 한국과학재단) '2006국가지정연구실 연구성과발표집(共)'(2006, 한국과학재단) '스테드만 의학사전(共)'(2006, 군자출판사) '자기공명영상학(共)'(2008, 일조각) ㊵기독교

최보율(崔晉律) CHOI Bo Youl

⊕1957 · 11 · 8 ㈜서울 ㈜서울 성동구 왕십리로222의1 한양대병원 예방의학과(02-2220-0662) ⓗ1983년 한양대 의대졸 1987년 서울대 대학원졸 1990년 의학박사(한양대) ⓔ1990년 한양대 의대 예방의학교실 조교수 · 부교수 · 교수(현) 2001~2002년 국립보건원 중앙유전체사업단 운영위원 2001~2002년 同국가흥역퇴치5개년사업 자문위원 2015년 중동호흡기증후군(MERS · 메르스) 민관합동대책본부 역학조사위원장 ㊛근정포장(2001), 한국과학기술단체총연합회 우수논문상(2003), 양평군 감사패(2006) ㉑'예방접종 후 이상반응 역학조사 업무 편람'(2001) '심혈관질환의 예방과 관리'(2003) '예방의학(共)'(2004)

최복규(崔福奎) CHOI Bok Kyu (仁石)

⊕1946 · 4 · 22 ⊖강릉(江陵) ㈜서울 ㈜강원도 춘천시 강원대학길1 강원대학교 사학과(033-250-6114) ⓗ1964년 휘문고졸 1969년 연세대 사학과졸 1973년 同대학원졸 1984년 문학박사(연세대) ⓔ1965~1977년 연세대 박물관 연구원 1977~1981년 육군사관학교 사학과 전임강사 · 조교수 1981~1989년 강원대 인문대 조교수 · 부교수 1982년 문화공보부 문화재감정위원 1984년 연

세대 대학원 강사 1984~1988년 강원도 문화재전문위원 1984~1990년 강원대 박물관장 1988~1999년 강원도 문화재위원 1989~2011년 강원대 사학과 교수 1990년 강원도 문화재감정위원 1991년 강원대 인문과학연구소장 1995년 강원고고학연구소 소장(현) 1999년 강원고고학회 부회장 1999년 한국선사고고학회 부회장 2002~2004년 강원고고학회 회장 2003~2004년 한국구석기학회 회장 2005년 同고문, 同명예회원(현) 2005년 강원도 문화재위원(현) 2006년 석장리박물관 운영자문위원장(현) 2009~2011년 한국선사고고학회 회장 2010년 파른손보기기념사업회 회장(현) 2011년 강원대 사학과 명예교수(현) 2011~2013년 (재)국방문화재연구원 부원장 2012년 석장리구석기연구회 회장(현) (상)옥조근정훈장(2011) (제)홍천 하화계리 중석기시대 유적'(1981) '한국과 그 주변지역의 중석기문화'(1984) '上舞龍里'(1989) 'The Mesolithic Culture in Korea'(1992) '양구고인돌'(1992) '한국중석기시대의 자연환경' '북한강의 구·중석기시대 문화연구'(1994) '동해 발한동 구석기시대유적'(1996) '횡성부동리 구석기유적'(1998) '철원장흥리 구·중석기유적 연구' '노봉 구석기유적 연구' '한강유역의 구석기유적과 유물'(2001) '홍천하화계리 작은솔밭 구·중석기유적'(2004) 'A Study on the Hwadae-ri Shimteo Palaeolithic Site in Pocheon-city The Korean Peninsular'(2007) '한국의 역사와 문화'(2010) '강원 구석기 고고학의 어제와 오늘'(2011) (종)기독교

최복규(崔復奎) CHOI Bok Kyu

(생)1963·11·5 (출)인천 (주)경기 수원시 영통구 월드컵로120 수원지방법원(031-210-1114) (학)1982년 양정고졸 1986년 서울대 법대졸 (경)1986년 사법시험 합격(28회) 1989년 사법연수원 수료(18기) 1989년 전주지법 판사 1991년 同정주지원 판사 1993년 전주지법 판사 1994년 인천지법 판사 1997년 서울지법 판사 1999년 同동부지원 판사 2001년 서울고법 판사 2002년 대법원 재판연구관 2004년 전주지법 부장판사 2006년 사법연수원 교수(부장판사) 2008년 서울북부지법 부장판사 2009년 서울동부지법 부장판사 2010년 서울중앙지법 부장판사 2011년 언론중재위원회 위원 2013년 서울북부지법 부장판사 2014년 同수석부장판사 2016년 수원지법 부장판사(현)

최복수(崔福洙) CHOI Bok Soo

(생)1963·7·29 (출)강원 정선 (주)세종특별자치시 정부2청사로13 국민안전처 세종2청사 안전총괄기획관실(044-205-4100) (학)1990년 한양대 행정학과졸 2000년 충북대 행정대학원졸 2003년 한국개발연구원 국제정책대학원 공공정책학과졸 2004년 미국 미시간주립대 도시계획과정 수료 (경)행정고시 합격(35회) 2005년 충북도 기획관리실 기획관 2006년 소방방재청 정책개발분석팀장 2007년 同방재대책팀장 2008년 同방재관리국 방재대책과장, 대통령실 파견(부이사관) 2009년 행정안전부 재난안전실 재난안전정책과장 2012년 세종특별자치시 기획조정실장 2013~2014년 청주시 부시장 2014년 국민안전처 기획조정실 정책기획관(고위공무원) 2015년 同안전정책실 생활안전정책관 2016년 同안전정책실 안전총괄기획관(현) (상)대통령표창(2001)

최봉구(崔鳳九) CHOI Bong Goo

(생)1940·2·21 (본)경주(慶州) (출)경남 남해 (주)서울 영등포구 의사당대로1, 국회 내(02-757-6612) (학)1983년 중앙대 사회개발대학원 수료 1991년 미국 하버드대 행정대학원 수료 1991년 연세대 행정대학원 고위정책과정 수료 (경)1968년 법무부 검찰국 근무 1977~1980년 대검찰청 비서관 1981년 구룡수산 대표이사 1986년 서울오페라단 이사(현) 1988~1992년 제13대 국회의원(전국구, 평화민주당·신민당·민주당) 1989년 평민당 원내부총무 1991년 민주연합청년동지회중앙회 회장 1991년 신민당 원내부총무 1991년 민주당 원내부총무 1993년 (주)구룡상역 대표이사(현) 1994~1995년 대한민국헌정회 이사 1994년 남북신뢰회복추진협의회 회장(현) 1997~2008년 민주당 중앙위원 1998년 국가경영전략위원 1999년 21세기국정자문위원회 위원 2008년 통합민주당 중앙위원 2008년 민주당 중앙위원 2015년 대한민국헌정회 이사(현) (종)기독교

최봉수(崔奉洙) CHOI Bong Soo

(생)1961·9·3 (출)부산 (주)서울 마포구 상암산로34 디지털큐브빌딩15층 메가북스(주)(070-4365-7250) (학)서울대 국문학과졸, 동국대 대학원 언론정보학과졸 (경)김영사 편집장, 중앙M&B 전략기획실장, 랜덤하우스중앙 사업운영실장 2007년 웅진씽크빅(주) 단행본사업본부장(상무) 2008년 同단행본그룹 각자대표이사 전무 2008년 同총괄대표이사 전무 2010년 同대표이사 부사장, 同대표이사 2013년 메가북스(주) 대표이사(현)

최봉식(崔鳳植) Bong Sik Choi

(생)1954·3·2 (출)서울 (주)서울 종로구 율곡로194 현대투자네트워크 비서실(02-3706-5657) (학)1973년 경복고졸 1981년 한국외국어대 무역학과졸 1986년 벨기에 루뱅대 대학원졸(MBA) (경)1981년 한국산업은행 입행 1989년 同비서실 대리 1991년 同뉴욕사무소 대리 1994년 同국제기획부 차장 1997년 同싱가폴지점 차장 2001년 同국제업무부 외자조달팀장 2004년 同프랑크푸르트 사무소장 2007년 同발행시장실장 2008년 同종합기획부장 2009년 同국제금융실장 2009년 한국정책금융공사 본부장 2010년 同이사 2012년 同부사장 2013년 현대자산운용 부회장 2013년 현대투자네트워크 부회장(현)

최봉철(崔鳳哲) Bong-Chul Choi

(생)1958·8·25 (주)서울 종로구 성균관로25의2 성균관대학교 법학전문대학원(02-760-0378) (학)1981년 서울대 법학과졸 1984년 同대학원졸 1988년 미국 위스콘신대 대학원졸 1993년 법학박사(미국 위스콘신대) (경)1993~1998년 홍익대 법경대학 법학과 조교수 1998~2000년 성균관대 법과대학 법학과 조교수 2000~2006년 同법과대학 법학과 부교수 2006년 同법과대학 교수(현) 2006년 同법학전문대학원 교수(현) 2008~2009년 同법과대학장 2010~2012년 한국법철학회 회장 2015년 성균관대 법과대학장 겸 법학전문대학원장(현) 2015년 同양현관장 겸임(현)

최봉태(崔鳳泰) CHOI Bong Tai

(생)1962·7·16 (출)대구 (주)대구 수성구 동대구로355 범어빌딩4층 법무법인 삼일(053-743-0031) (학)1981년 대구고졸 1988년 서울대 법학과졸 1997년 일본 도쿄대 대학원졸 (경)1989년 사법시험 합격(31회) 1992년 사법연수원 수료(20기) 1992년 변호사 개업 1997년 '정신대할머니와 함께하는 시민모임' 창립 1997년 변리사 등록 1997년 영남대 겸임교수 1997~2004년 경북지방노동위원회 공익위원 1997~1998년 대한청과(주) 대표이사 직대 1998년 대구참여연대 초대 사무처장 1998년 성서공단 고문변호사 1998~2004년 (주)창신 파산관재인 1998~1999년 在韓동경대 법과대학 동창회 간사장 1999년 모하당연구회 회장 1999년 계명대 창업보육센터 고문변호사 1999~2004년 대구지검 범죄피해자구조심의회 심의위원 2001~2004년 (주)호익산업 파산관재인 2001~2004년 일제강점하강제동원피해진상규명 등에관한특별법제정추진위원회 공동집행위원장 2003~2004년 정신대할머니와함께하는시민모임 대표 2003년 대구지방변호사회 국제교류위원장 2004년 민주사회를위한변호사모임 대구지부 초대지부장 2005~2006년 국무총리산하 일제강점하강제동원피해진상규명위원회 사무국장(별정직 2급) 2006년 법무법인 삼일 변호사(현) 2007~2009년 건강보험관리공단 고문변호사 2008년 경북도 독도수호법률자문위원(현) 2009년 일제피해자공제조합 고문(현) 2010년 대한변호사협회 일제피해자인권특별위원회 위원장, 근로복지공단 채권추심전문변호사 (상)대한변호사협회 '변호사 공익대상'(2014), 제45회 한국법률문화상(2014) (제)'버려진 조선의 처녀들' '전후보상 속보'(2000)

최봉홍(崔奉弘) CHOI Bong Hong

(생)1942·11·28 (출)대구 (주)서울 영등포구 국회대로70길18 한양빌딩 새누리당(02-3786-3000) (학)1961년 대구사범학교졸 1968년 청구대 기계공학과졸 2004년 고려대 노동대학원 수료 (경)1986년 부산항운노동조합 부위원장 1995~2012년 전국항운노동조합연맹 사무처장·위원장 1999년 同부위원장 2001년 同위원장 2001~2012년 중앙노동위원회 근로자위원 2002년 한국노동조합총연맹 부위원장 2002년 산업안전보건정책심의위원회 위원 2003~2012년 ITF 공동실회회 위원 2003년 민주평통 자문위원 2005~2012년 한국항만연수원 이사장 2005~2012년 노사공동재취업센터 이사 2007년 한국교통운수노동조합총연합회 의장 2008~2012년 경제사회발전노사정위원회 상무위원 2011~2012년 운수물류노동조합총연합회 의장 2012~2016년 제19대 국회의원(비례대표, 새누리당) 2012~2015년 새누리당 노동위원장 2013년 국회 쌍용자동차여야협의체 위원 2014년 국회 환경노동위원회 위원 2015년 새누리당 노동시장선진화특별위원회 위원 2015년 국회 공적연금강화와노후빈곤해소를위한특별위원회 위원 2015년 새누리당 국가간호간병제도특별위원회 위원 2015년 국회 동북아역사왜곡대책특별위원회 위원 2016년 새누리당 실버세대위원회 위원장(현) (상)대통령표창(1985), 산업포장(1997), 은탑산업훈장(2003), 금탑산업훈장(2004), 법률소비자연맹 선정 국회 헌정대상(2013)

최불암(崔佛巖) CHOI Bool Am

[생]1940·6·15 [본]해주(海州) [출]인천 [주]경기 안성시 삼죽면 동아예대길47 동아방송예술대학교 방송연예학부(031-670-6750) [학]1958년 중앙고졸 1963년 한양대 연극영화과졸 2008년 명예 문학박사(호남대) [경]탤런트(현) 1965년 국립극단 단원 1967년 KBS 공채 탤런트(6기) 1982년 한국어린이재단 전국후원회장(현) 1986년 극단현대예술극장 대표 1990년 지역사회교육후원회 청소년담당 이사 1992~1996년 제14대 국회의원(전국구, 통일국민당·무소속·민자당·신한국당) 1994년 한국복지재단후원회 회장 1995년 (사)여의도예술문화 이사장 1996년 신한국당 서울영등포乙지구당 위원장 1997년 호서대 연극영화과 교수 1998~2008년 (사)웰컴투코리아시민협의회 회장 1999~2000년 서일대학 연극학과 겸임교수 2000년 Hi서울 시민대표 2003년 2003경주세계문화엑스포 명예홍보대사 2003년 IVI국제백신연구 홍보대사 2003년 육군 홍보대사 2004년 퍼그워시코리아그룹 친선대사 2007년 2012여수세계박람회 명예홍보대사 2007년 세명대 방송연예학과 초빙교수 2008년 다문화가족사랑걷기모금축제 대회장 2008·2014년 서울시 홍보대사(현) 2009년 2014 인천아시아경기대회 홍보대사 2009년 대한치주과학회 잇몸사랑 홍보대사 2009년 경기도 무한돌봄 홍보대사 2009년 불암산 명예산주(현) 2010년 한국주택금융공사 홍보대사 2010년 김수환추기경연구소 홍보대사 2010년 함께하는 법 행복한 문화시민캠페인 홍보대사 2010년 DMZ다큐멘터리영화제 조직위원 2011년 서울대병원 발전후원회 홍보대사 2011년 KBS 1TV '한국인의 밥상' 진행(현) 2012년 청소년 흡연·음주 예방 홍보대사, 어린이재단 초록우산 홍보대사 2012년 경기도 살리고 농정 홍보대사 2012년 食사랑農사랑 홍보대사 2012년 희망서울 홍보대사 2013년 국민공감 농정위원회 홍보자문위원 2013년 육군 지상군페스티벌 홍보대사(현) 2013년 경기도 슬로푸드국제대회 홍보대사 2014~2015년 MBN '최불암의 이야기 숲 어울림' 진행 2014년 동아방송예술대 엔터테인먼트학부 석좌교수, 同방송연예학부 석좌교수(현) [상]국민훈장 목련장, 백상연극영화 예술상, 백상예술대상 남자최우수연기상(1974·1978), 백상예술대상 인기상(1975), 대종상영화제 남우조연상(1978), 대종상영화제 남우주연상(1979), 자랑스런 한양인상(2004), 서울드라마페스티벌 명예의전당 올해의스타(2008), 연세대 언론홍보대학원 최고위과정 총동창회 '2010 동문을 빛낸 인물'(2010), 위암장지연상 방송부문(2011), 은관문화훈장(2014), 대한민국 국회대상 공로상(2016) [저]'그게 무엇이관데' '최불암의 청소년문화기행' '나의 인생 나의 사랑' '인생은 연극이고 인간은 배우라는 오래된 대사에 관하여'(2007) '견디지 않아도 괜찮아(共)'(2008) [작]TV드라마 'MBC 수사반장'(1971) 'MBC 전원일기'(1980) 'MBC 제1공화국'(1981) 'MBC 제2공화국'(1989) 'MBC 사랑해 당신을'(1990) 'MBC 여명의 눈동자'(1991) 'MBC 분노의 왕국'(1992) 'MBC 여'(1995) 'MBC 미망'(1996) 'MBC 그대 그리고 나'(1997) 'MBC 아름다운 서울'(1999) 'MBC 사랑은 아무나 하나'(2000) 'MBC 리멤버'(2002) 'MBC 영웅시대'(2004) 'MBC 진짜진짜좋아해'(2006) 'MBC 궁'(2006) 'MBC 달콤한 스파이'(2006) 'SBS 식객'(2008) 'SBS 그대, 웃어요'(2009) 'MBC 로드넘버원'(2010) 'SBS 당신의 천국'(2010) 'KBS 스카우트'(2011) 출연영화 '여마적'(1968) '사나이 멋진 이별'(1971) '청바지'(1974) '영자의 전성시대'(1975) '진짜진짜 좋아해'(1977) '바람불어 좋은날'(1980) '기쁜우리 젊은날'(1987) '까불지마'(2004) '잠복근무'(2005) '로드 넘버원'(2010) 나레이션 '붓다 : 시다르타 왕자의 모험'(2011) '천상의 화원 곰배령'(2011) '법정스님의 의자'(2011) 등

최삼규(崔三奎) CHOI Sam Kyu

[생]1939·10·4 [출]경기 화성 [주]서울 마포구 양화로104 이화공영(주) 비서실(02-336-0041) [학]1959년 용산고졸 1961년 중앙대 약학과 중퇴 [경]1961~1968년 협창토건(주) 상무이사 1968~1971년 대륭기업(주) 전무이사 1971년 이화공영(주) 대표이사(현) 1988~2011년 서울마포세무서 세정협의회장 1999년 대한건설협회 간사 겸 서울시회 대의원 2000년 법무부 범죄예방위원 서울서부지역협의회 회장 2005년 同범죄예방위원전국연합회 수석부회장, 同범죄예방위원전국연합회 회장 2005년 대한건설협회 윤리위원장 2009년 同서울시회장 2011년 同회장(현) 2011년 대한건설단체총연합회 회장(현) 2011년 한국건설산업연구원 이사장(현) 2011년 건설기술교육원 이사장(현) 2016년 법무부 범죄예방위원전국연합회 명예회장(현) [상]은탑산업훈장(2006), 자랑스런 한국인대상 건설발전부문(2012), 금탑산업훈장(2015)

최삼규(崔三圭) CHOI Sam Gyu

[생]1953·9·27 [본]강릉(江陵) [출]강원 고성 [주]서울 영등포구 여의공원로101 국민일보 임원실(02-781-9114) [학]1980년 강원대졸 [경]1979년 강원일보 사회부 기자 1988년 매일경제 신문편집부 기자 1996년 국민일보 경제부 차장 1997년 同북한부장 1999년 同전국부장 2001년 同사회부장 2002년 同총무국장 직대 2003년 同경영지원국장 2004년 한국신문협회 총무협의회 이사 2005년 국민일보 총무국장 2005년 同경영지원실장 2005~2006년 한국신문협회 총무협의회장 2005년 국민일보 경영전략실장 2007년 同판매국장 2009년 同경영전략실장 2010년 同판매국장 2011년 同판매국장(이사대우) 2011년 同경영전략실장(이사대우) 2012년 同경영전략실장(상무이사) 2013년 한국신문협회 경영지원협의회 회장 2014년 국민일보 발행인 겸 대표이사 사장(현) 2015년 한국신문협회 이사(현) 2016년 在京고성군민회 회장(현) [상]자랑스러운 강원대인상(2014)

최삼룡(崔三龍) CHOI Sam Ryong

[생]1963·10·27 [출]대구 [주]대구 중구 공평로88 대구광역시청 창조경제본부(053-803-2090) [학]1981년 영남고졸 1985년 서울대 정치학과졸 1987년 同행정대학원졸 1995년 미국 피츠버그대 대학원 도시계획과졸 [경]1987년 행정고시 합격(31회) 1988년 총무처 행정사무관 1989년 대구시 지방공무원교육원 교수 1992년 同기획담당관실 국제협력계장 1996년 同경제국 경제기획계장 1998년 同경제산업국 국제협력과장 2001년 同문화체육국 관광과장 2001년 同경제산업국 경제정책과장 2005년 同기획관리실 기획관(지방부이사관) 2007년 국외 훈련 2008년 2011대구세계육상선수권대회조직위원회 기획조정실장 2010년 대구시 문화체육관광국장 2012년 대구 달성군 부군수 2015년 대구시 시민행복교육국장 2016년 同창조경제본부장(현) [상]녹조근정훈장(2004)

최상규(崔相奎) CHOI Sang Gyu

[생]1956·9·1 [주]서울 영등포구 여의도대로128 트윈타워 LG전자(주) 한국영업본부(02-6456-4000) [학]경북대사대부고졸, 경북대 전자공학과졸 [경]1981년 금성사(現 LG전자) 입사 2002년 同유통팀장 2004년 同시스템팀장 2009년 하이비지니스로지스틱스 대표이사 2010년 LG전자(주) 한국마케팅본부장(상무) 2010년 同한국마케팅본부장(전무) 2011년 同한국영업본부장(부사장) 2015년 同한국영업본부장(사장)(현)

최상기(崔翔基) CHOI Sang Ki

[생]1954·9·2 [출]경남 양산 [주]경남 창원시 의창구 창원대로18번길46 (재)경남창조경제혁신센터(070-7726-4250) [학]부산고졸, 부산대 기계설계학과졸 [경]1978년 두산중공업(주) 입사 2006년 同발전BG 터빈·발전기설계담당 상무 2008년 同발전BG 터빈·발전기BU장(전무) 2011~2013년 同Power BG 터빈·발전기BU장(전무) 2014년 (재)경남창조경제혁신센터 센터장(현) [상]산업포장, 대통령표창(2010)

최상대(崔象大) CHOI, Sangdae

[생]1965·4·9 [출]서울 [주]세종특별자치시 갈매로477 기획재정부 비서실(044-215-2000) [학]1984년 서울고졸 1988년 연세대 경제학과졸 1991년 서울대 대학원 행정학과졸, 미국 메릴랜드대 대학원 정책학과졸 [경]행정고시 합격(34회) 2000년 기획예산처 재정기획국 사회재정과 서기관 2003년 同예산관리국 제도관리과 서기관 2003년 同예산관리국 관리총괄과 서기관 2004년 디지털예산회계시스템추진기획단 파견 2005년 국제부흥개발은행(IBRD) 파견 2007년 기획예산처 업무성과관리팀장 2008년 대통령 경제금융비서관실 행정관 2009년 기획재정부 예산실 과장 2010년 同예산실 복지예산과장 2011년 同예산총괄심의관실 예산정책과장 2012년 同예산총괄심의관실 예산총괄과장 2013~2015년 세계은행 파견 2015년 기획재정부 기획조정실 정책기획관 2016년 경제부총리 겸 기획재정부 장관비서관(일반직고위공무원)(현)

최상로(崔祥老) CHOI Sang Ro

[생]1962 [출]대전 [주]대전 대덕구 계족로677 대전지방국세청 조사1국(042-620-3412) [학]대전 대신고졸, 연세대 경영학과졸 [경]행정고시 합격(37회), 서청주세무서 총무과장, 同부가과장, 강동세무서 법인세과장, 중부지방국세청 조사3국 반장 2005년 소득파악인프라추진단 파견 2007년 국세청 소득세과 서기관 2008년 영덕세무서장 2009년 駐일본 주재관 2011년 국세청 소득지원과장 2012년 同납세자보호관실 심사1담당관 2013년 同조사1과장 2014년 同조사1과장(부이사관) 2014년 대전지방국세청 세원분석국장 2015년 同성실납세지원국장 2015년 同조사1국장(현)

최상목(崔相穆) CHOI Sang Mok

[생]1963·6·7 [출]서울 [주]세종특별자치시 갈매로477 기획재정부 제1차관실(044-215-2001) [학]1982년 서울 오산고졸 1986년 서울대 법학과졸, 同행정대학원 수료, 미국 코넬대 대학원졸, 경제학박사(미국 코넬대) [경]1985년 행정고시 합격(29회) 1986년 총무처 사무관시보 1987년 재무부 기획관리실 사무관 1989년 同국제금융국 외환정책과 사무관 1996년 재정경제원 경제정책국 산업경제과 사무관·서기관 1998년 재정경제부 경제정책국 종합정책과 서기관 2000년 대통령 정책기획수석실 서기관 2003년 재정경제부 장관실 비서관 2004년 同금융정책국 증권제도과장 2007년 同금융정책국 금융정책과장 2007년 同금융정책국 금융정책과장(부이사관) 2007년 제17대 대통령직인수위원회 경제1분과위원회 실무위원 2008년 기획재정부 장관정책보좌관 2009년 同경제정책국 미래전략정책관(고위공무원) 2010년 공적자금관리위원회 사무국장 2011년 기획재정부 정책조정국장 2011년 同경제정책국장 2013년 同부총리정책보좌관 2014년 대통령 경제수석비서관실 경제금융비서관 2016년 기획재정부 제1차관(현) [상]금융투자인상 특별상(2011), 홍조근정훈장(2013)

최상문(崔相文) CHOI Sang Moon

[생]1959·8·20 [본]해주(海州) [출]경북 의성 [주]대구 동구 동대구로441 영남일보 제작국(053-757-5340) [학]1976년 의성공고졸 1988년 경북산업대 전기과졸 1998년 계명대 산업대학원졸 [경]1977~1979년 삼원화학(주) 근무 1983~1988년 매일신문 근무 1988년 영남일보 입사 1998년 同공무국장 직대 2004년 同공무국장 2005년 同제작국장(현)

최상방(崔相昉) Sang Bang Choi

[생]1954·9·11 [본]강릉(江陵) [출]강원 강릉 [주]인천 남구 인하로100 인하대학교 IT공과대학 전자공학과(032-860-7417) [학]1974년 서울사대부고졸 1981년 한양대 전자공학과졸 1988년 미국 Univ. of Washington 대학원 전자공학과졸 1990년 공학박사(미국 Univ. of Washington) [경]1981~1986년 LG정보통신(주) 근무 1990년 미국 워싱턴대 박사후과정 연구원 1991년 인하대 전자공학과 교수(현) 1998~1999년 미국 Stanford Univ. 방문교수 2000~2002년 인하대 공과대학 제1부학장 [저]'Tolerant Parallel and Distributed Systems(共)'(1998) [역]'확률론(共)'(2004) '컴퓨터시스템 구조 및 설계(共)'(2005) 'VHDL을 이용한 디지털 시스템 설계'(2008) '확률 및 랜덤 프로세스'(2008)

최상석(崔相奭) CHOI Sang Seog

[생]1955·4·15 [본]강릉(江陵) [출]강원 삼척 [주]경기 과천시 별양상가3로5 유니온빌딩 (주)삼안 임원실(02-6488-8000) [학]성균관대 토목공학과졸, 한양대 행정대학원 토지·부동산행정학과졸, 중앙대 건설대학원 해외건설PM전문가과정 수료, 서울시립대 도시행정대학원 수료, 서울대 경영대학원 금호MBA과정 수료, 同환경대학원 수료, 매경-KAIST CKO과정 수료, 한양대 도시대학원 박사과정 수료, 서울산업대 대학원 최고위건축개발과정 수료 [경](주)금호엔지니어링 상무이사, 국민고충처리위원회 비상근전문위원, 시민문화발전모임 운영위원, 서울시 한옥위원회 위원, 공학인증원 평가위원, 소방방재청 사전재해영향성검토위원, 대한측량협회·대한국토도시계획학회·한국암반공학회·한국환경영향평가학회·한국프로젝트관리기술회·대한지하수환경학회·한국도시설계학회·한국도시계획기술사회·(사)부동산투자분석전문가협회·한국BCP협회·한국방재협회·한국문화재수리기술자협회 회원 2005년 (주)동호 건설기술연구소 전무이사 2007년 同건설기술연구소 부사장 2013~2014년 同도시계획부 부사장 2014년 (주)삼안 부사장(현) 2014년 (사)부동산투자분석전문가협회 회장 [상]문교부장관표창(1980), 건설교통부장관표창(2002), 과학기술부장관표창(2004), 제4회 기술사의날 기술대상(2005), 산업포장(2008), 신지식인 지정(2011) [역]'외국의 리써치코아'(1990) '하이테크 아메리카'(1990) '지하공간 이용기술에 관한 테크놀로지 아세스멘트'(1992) '영국의 사이언스 파크'(1996) [종]기독교

최상순(崔尚淳) CHOI Sang Soon

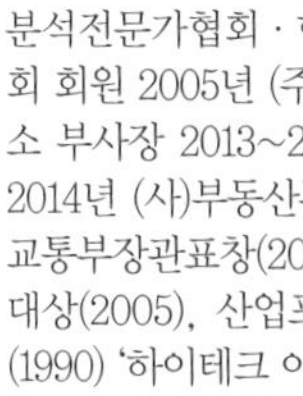

[생]1946·5·8 [본]경주(慶州) [출]서울 [주]서울 중구 청계천로86 한화빌딩24층 한화그룹 부회장실(02-316-7016) [학]1965년 경기고졸 1969년 서울대 경영학과졸 [경]1972년 한국은행 입행 1988년 한국화약그룹 경영기획실 상무이사 겸 경인에너지(주) 전무이사 1993년 (주)한화그룹 전무이사 1996~1999년 한화유통 사장 1997년 아시아소매업체연합회(ARAN) 회장 1999년 한화유통 슈퍼마켓담당 대표이사 1999년 한화 정보통신부문 대표이사 1999~2002년 한·이스라엘상공회의소 회장 2002년 한화그룹 구조조정본부장 2004년 (주)한화 상근고문 2005년 同사장 2007년 한화그룹 부회장(현) [종]천주교

최상열(崔相烈) SANG CHOI

[생]1961·7·25 [주]경남 사천시 사남면 공단1로78 한국항공우주산업(주) 완제기수출실(055-851-1000) [학]1980년 우신고졸 1984년 한국항공대 경영학과졸 [경]1996년 현대우주항공 경력입사 2005년 한국항공우주산업(주) 항공기수출1팀장 2008년 同수출기획담당 2009년 同수출사업담당 2010년 同중동담당 2011년 同마케팅2담당 상무 2015년 同완제기수출2실장(상무) 2016년 同완제기수출실장(상무)(현)

최상엽(崔相曄) CHOI Sang Yup

[생]1937·2·14 [본]경주(慶州) [출]경북 포항 [주]서울 서초구 서초중앙로69 르네상스빌딩606호 최상엽법률사무소(02-525-5511) [학]1955년 포항고졸 1961년 서울대 법대졸 [경]1963년 서울지검 검사 1974년 대검찰청 검찰연구관 1975년 법무부 검찰2과장 1976년 同검찰1과장 1979년 서울지검 총무부장 1980년 同특수2부장 1981년 사법연수원 부원장 1981년 대검찰청 형사2부장 1982년 同공안부장 1987년 同차장검사 1990년 법제처장 1992년 변호사 개업 1996년 한국법제연구원 이사장 1997년 법무부 장관 1997년 변호사 개업(현) [상]홍조근정훈장(1977), 황조근정훈장(1987), 체육훈장 맹호장(1989), 청조근정훈장(1992)

최상옥(崔相玉) CHOI Sang Ok (裕堂)

[생]1927·12·8 [본]전주(全州) [출]전남 화순 [주]광주 북구 금남로146 남화회관 남화토건(주) 회장실(062-527-8811) [학]1935년 한문學塾 수학 1941년 尋常소학교졸 1977년 전남대 경영대학원 수료 1994년 同경영대학원 최고경영자과정 수료 2002년 명예 경영학박사(전남대) [경]1946년 남화토건사 창업 1958년 남화토건(주) 대표이사 회장 1973년 학교법인 유당학원(광주 서석중·고) 설립·이사장(현) 1974~1996년 법무부 갱생보호위원 광주지역연합회장 1975~2010년 광주지검 소년선도자문위원 1978~1994년 광주상공회의소 부회장 1980~1993년 광주지법 가사·민사조정위원회 회장 1981~1983년 대한유도회 전남도 부회장 1983~1996년 대한검도회 회장 1985~1996년 국제검도연맹(IKF) 부회장 1985~2010년 평통 자문위원 1987~2010년 한국어항협회 고문 1988~2001년 전국문화원연합회 전남도지회장 1989~2009년 대한적십자사 광주·전남지사 상임위원 1990~1995년 바르게살기운동중앙회 부회장 겸 전남협의회장 1990~1996년 국제라이온스클럽 309C지구 회장·부총재 1990~2001년 금호종합금융(주) 감사 1991~1997년 한국유네스코 광주·전남협회장 1993~1996년 대한체육회 감사 1996~2001년 화순향교 典校 2002~2009년 대한적십자사 중앙위원, 남화토건(주) 회장(현) [상]석탑산업훈장(1984), 국민훈장 석류장(1984), 체육훈장 백마장(1989), 화관문화훈장(1996), 광주시 시민대상(2001), 용봉경영대상(2001), 법무부장관표창, 은탑산업훈장(2007) [저]'지성의 행로'(2000) [종]천주교

최상용(崔相龍) CHOI Sang Yong (東園)

[생]1942·3·28 [본]경주(慶州) [출]경북 경주 [주]서울 성북구 안암로145 고려대학교 정치외교학과(02-3290-1114) [학]1959년 경주고졸 1964년 서울대 문리대학 외교학과졸 1972년 법학박사(일본 東京大) 2002년 명예 인문학박사(일본 立教大) [경]1972년 고려대 아세아문제연구소 연구원 1976~1982년 중앙대 정경대학 교수 1977년 일본 東京大 초빙교수 1979년 미국 하버드대 옌칭연구소 객원교수 1980년 同일본연구소 연구원 1980년 미국 워싱턴대 연구원 1982~2000·2001~2007년 고려대 정경대학 정치외교학과 교수 1991년 同평화연구소장 1992년 한국의회발전연구회 이사 1993년 통일정책평가위원 1993년 한국평화연구원 원장 1994년 미국 Stanford대 Hoover Institution 연구원 1995~2000년 고려대 아세아문제연구소장 1997년 한국정치학회 회장 1998년 한국평화학회 회장 1998년 프랑스 고등사회연구원 초빙교수 1999년 한일문화교류위원회 부위원장 2000~2001년 駐일본 대사 2002년 일본 法政大 객원연구원 2003년 일본 東京大 법학대학원 운영자문위원 2004년 열린우리당 비례대표후보자 선정위원장 2004년 민주평통 상임위원 2005년 한·일우정의 해 자문위원장 2005년 통일부 통일정책평가위원장 2005년 세종재단 이사 2005년 광복60년기념사업추진위원회 평화분과 위원장 2005년 북관대첩비 반환추진위원 2005년 안중근의사기념관건립위원회 이사 2006년 경주고도(古都)보존회 고문, 통일부 통일고문, 희망제작소 상임고문 2007년 고려대 정치외교학과 명예교수(현) 2013년 안철수의원후원회 회장(현) [상]훈일등욱일대수장(2002), 황조근정훈장(2006) [저]'현대각

국정치론'(共) '美군정하 한국의 내셔날리즘(國文·日文)'(1972) '한국민족주의의 이념(共)'(1975) '현대일본의 해부'(共) '마르크스·레닌주의'(共) '현대한국정치와 국가'(共) '미군정과 한국민족주의'(1988) '탈냉전기 한일관계의 쟁점(共)'(1988) '평화의 정치사상'(1997) 'デモクラシーの未來'(共) 'Democracy in Korea(共)'(1997) 'A Political Philosophy of Peace' 'Korea under the American Military Government'(共) '21세기 평화학'(共) '인간과 정치사상'(共) '중용의 정치' '민족주의 평화중용'(共) '중용의 삶'(2016, 종문화사) '보편주의(共)'(2016, 책세상)

최상욱(崔相旭) Choi, Sang Ug

(생)1966·10·12 (주)강원 춘천시 강원대학길1 강원대학교 법학전문대학원(033-250-6516) (학)1987년 연세대 법학과졸 1989년 同대학원 형사법학과졸 1999년 형사법학박사(연세대) (경)1995~1999년 연세대 법학연구소 연구원 1999~2000년 同법학연구소 선임전문연구원 2001년 강원대 법대 교수 겸 법학전문대학원 교수(현) 2004~2006년 同법과대학 부학장 2005년 춘천범죄피해자지원센터 이사 2005년 강원지방경찰청 운전면허행정처분심의위원회 위원 2006년 한국교정학회 이사(현) 2006년 춘천성매매피해자상담소 이사 2007년 춘천범죄피해자지원센터 화해중재위원(현) 2008년 강원도교육소청심사위원회 위원(현) 2008년 한국형사정책학회 이사(현) 2008년 강원도교육청 교직복무심의위원회 위원(현) 2008년 연세법학회 이사(현) 2009~2010년 미국 캘리포니아대 방문교수 2009년 한국형사소송법학회 이사(현) 2010년 한국비교형사법학회 상임이사(현) 2010년 한국형사법학회 이사(현) 2010년 강원도 행정심판위원회 위원(현) 2011~2014년 강원대 법학전문대학원장 2015년 강원랜드 청렴시민감사관(현) 2015년 강원지방경찰청 수사2심사위원회 위원(현) (저)'남북한 법제비교'(2003) '생활법률'(2005) '형법총론'(2007) '형법각론1'(2007) '형법각론2'(2011)

최상윤(崔賞潤) CHOI Sang Yoon (遯石)

(생)1940·12·1 (본)수성(隋城) (출)부산 (주)부산 해운대구 APEC로17 센텀리더스마크2704호 예술도시부산포럼(051-745-8488) (학)1960년 동래고졸 1962년 부산교육대 휴학 1969년 동아대 국어국문학과졸 1971년 同대학원 국어국문학과졸 1989년 문학박사(세종대) (경)계간 '南部文學'에 소설 '부활' 로 등단 1979~2006년 동아대 국어국문학과 전임강사·조교수·부교수·교수 1980년 부산국어교육학회 회장 1990년 동남어문학회 회장 1992~1993년 부산시보·국제신문·충청일보 칼럼리스트 1995년 동아대 교수평의회 의장 1995년 부산·경남사립대교수협의회 회장 1998년 동아대 사회교육원장 1998년 부산시문인협회 회장 1998년 한국해양문학상 운영위원장 2000년 부산예총 회장 2000년 부산국제비엔날레조직위원회 부위원장 2000~2010년 부산문화관광축제조직위원회 집행위원장 2000년 예총 부산시연합회장 2000년 부산국제영화제조직위원회 이사 2000년 2002월드컵·아시안게임문화축전전문위원회 위원장 2001년 100만평시민문화공원조성추진위원회 공동의장 2002년 부산세계합창올림픽대회 수석부위원장 2002년 지방분권부산운동본부 공동대표 2003~2005년 조선통신사 문화사업추진위원회 부위원장 2003년 부산국제건축문화제조직위원회 자문위원 2003년 부산·북한교류지원범시민협의회 상임위원 2004년 2005APEC범시민지원협의회 상임이사 2004년 2005APEC정상회의 문화축전위원회 위원장 2004년 부산시 문화예술진흥위원 2005년 2005APEC정상회의 고위자문위원 2005년 부산MBC 시청자위원장 2006년 동아대 명예교수(현) 2007년 대한민국 '문화의 달' 추진위원장 2007년 부산국제무용제조직위원회 부조직위원장 2008~2010년 한국문화예술위원회 위원 2009년 한국합창조직위원회 공동대표 2010~2014년 한국예술문화비평가협회 회장 2014~2015년 부산문화재단 민간이사장 2015년 예술도시부산포럼 회장(현) (상)내무부장관표창, 한국비평문학상, 봉생문화상, 부산시 문화상(2005), 일맥문화대상(2005), 녹조근정훈장(2006) (저)'한국 자의식 소설연구' '한국현대소설연구' '현대문학의 이해' '한국현대작품론' 평론집 '한국현대소설의 비평적 조명' 수필집 '돈석의 허튼소리'

최상은(崔相殷) CHOI Sang Eun

(생)1956·5·28 (출)경북 (주)충남 천안시 동남구 상명대길31 상명대학교 한국어문학과(041-550-5117) (학)1980년 영남대 국어국문학과졸 1982년 한국정신문화연구원 한국학대학원졸 1992년 문학박사(성균관대) (경)1989~1999년 상명대 국어국문학과 시간강사·조교수·부교수 1999년 同천안캠퍼스 교무처장 2000년 同한국어문학과 교수(현) 2000년 同천안캠퍼스 학생복지처장 2006~2007년 同어문대학장 2011년 同천안캠퍼스 평생교육원장 2013~2014년 한민족어문학회 회장 2015년 同연구윤리위원회 위원장(현) (저)'조선 사대부가사의 미의식과 문학성'(2004) '실용 한자 한문(共)'(2005) '가사문학의 이념과 정서'(2006) (역)'天倪錄(共)'(1995)

최상인(崔相仁)

(생)1962·10·14 (본)경주(慶州) (출)대구 (주)서울 마포구 독막로324 동서식품(주) 홍보실(02-3271-0022) (학)경북대 식품공학과졸, 同대학원 식품공학과졸, 한양대 MBA졸 (경)1987년 동서식품(주) 입사, 同연구소 근무, 同마케팅팀장 2016년 同홍보실장(현)

최상일(崔相日) CHOI Sang Il

(생)1957·1·7 (출)서울 (주)서울 노원구 광운로20 광운대학교 환경공학과(02-940-5183) (학)1979년 서울대 공대 토목공학과졸 1983년 同대학원 토목공학과졸 1989년 토목공학박사(미국 콜로라도주립대) (경)1987~1988년 미국 콜로라도대 연구원 1990년 광운대 환경공학과 조교수·교수(현) 2003~2005년 同공과대학장 2006~2009년 한국광해관리공단 비상임이사 2009~2010년 한국지하수토양환경학회 회장 2010~2011년 광운대 환경대학원장 (저)'환경학개론(共)'(1996, 형설출판사) '최신 하수도 공학(共)'(1997, 동명사) '토양환경공학(共)'(2001, 향문사) '토양지하수환경(共)'(2006, 동화기술) '토양위해성평가(共)'(2008, 동화기술) '토양오염 관리 및 복원 개론(共)'(2009, 동화기술) (역)'수돗물의 미생물학' '정수시설의 최적유지관리'

최상주(崔相宙) Choi, sang joo

(생)1960·3·1 (본)전주(全州) (출)경북 (주)서울 중구 충무로29 아시아미디어타워11층 아시아경제신문 회장실(02-2200-2191) (학)고려대 경제학과졸, 同대학원 화폐금융학과졸 (경)1997년 제15대 대통령인수위원회 전문위원 1999년 (주)케이엠홀딩스 회장 2000년 (주)KMH 회장 겸 이사회 의장(현) 2001년 에듀박스 대표이사 회장 2002년 무한투자(주) 사장 2013년 아시아경제신문 공동대표이사·회장(현) 2013~2014년 (주)팍스넷 공동대표이사 회장

최상준(崔相俊) CHOI Sang Jun (석봉)

(생)1938·12·20 (출)전남 화순 (주)광주 북구 금남로146 남화토건(주) 임원실(062-527-8817) (학)광주기계공고졸, 전남대 건축공학과졸, 同대학원 최고경영자과정 수료 (경)남화토건(주) 상무이사, 同전무이사, 同부사장, 남화개발 대표이사, 남화토건(주) 대표이사 사장, 同대표이사 부회장(현) 1997~2009년 광주지방노동청 노동위원회 위원 2003~2012년 국민생활체육광주골프연합회 회장 2006년 전남대 경영대학 객원교수(현) 2007~2011년 광주시공직자윤리위원회 위원장 2009~2013년 전남대총동창회 회장 2009~2012년 대한건설협회 부회장 2009~2012년 同전남도회 회장 2012~2015년 광주상공회의소 부회장 2012년 대한적십자사 광주·전남지사 회장(현) 2013~2016년 (사)전남자원봉사센터 이사장 2013년 (사)한국산학협동연구원 이사장(현) 2014년 (사)광주경영자총협회 회장(현) 2015년 민주평통 부의장(현) (상)산업포장, 동탑산업훈장, 제15회 CFO 선정 및 수상, 금탑산업훈장(2013), 대한경영학회 대한경영자대상(2014), 한국언론인연합회 자랑스런한국인대상 건설발전부문(2015), 전남도지사 감사패(2016) (저)'남화가족이 잘 사는 길 3·4·5권'(2006) '남화가족이 생각하며 사는 길 7권'(2009) '남화가족이 더불어 사는 길 8권'(2013) '남화가 살아 가는길 1·2·3권'(2014) (종)천주교

최상준(崔相俊) CHOI Sang Joon

(생)1959·7·29 (출)광주 (주)광주 동구 필문대로365 조선대학교부속병원 의과대학 산부인과(062-220-3080) (학)1984년 조선대 의대졸 1995년 同대학원졸 1999년 의학박사(전남대) 2000년 미국 예일대 부속병원 산부인과 모체태아의학 박사후과정 수료 (경)1990년 순창보건의료원 산부인과장 1995년 조선대 의대 산부인과학교실 교수(현) 2004~2005년 同의과대학교수협의회 회장 2005~2007년 同부속병원 홍보실장 2005~2009년 同부속병원 산부인과장 2006~2009년 광주지방경찰청 원스톱센터 운영위원 2006~2010년 대한모체태아학회 상임이사 2008년 대한주산기학회 이사(현) 2008~2010년 조선대 의학연구소장 2009~2011년 同부속병원 진료부장 2009년 대한산부인과초음파학회 감사 2010~2011년 호남주산기학회 회장 2014년 대한산부인과초음파학회 호남지회장(현) 2014~2016년 조선대 의학전문대학원장 겸 의과대학장 2015~2016년 同보건대학원장 (상)경찰청장 감사장(2010) (저)'임신과 분만'(2003, 조선대학교출판부) '건강한 주부 행복한 가정'(2003, 조선대학교출판부) '부인과학 초음파(共)'(2007, 아카데미아) '산과학(共)'(2007, 대한산부인과학회) '태아기형초음파영상도해(共)'(2009, 대한산부인과초음파학회) (역)'응급의학(共)'(2001, 한우리)

최상진(崔尙鎭) CHOI Sang Jin

[생]1948·8·15 [출]경북 포항 [주]강원 춘천시 남면 소주고개로145의10 파가니카컨트리클럽 사장실(033-261-6556) [학]대구고졸, 영남대 경제학과졸, 고려대 국제대학원 러시아어학과 수료 [경]삼성그룹 연수원 교육담당과장, 삼성물산(주) 회계과장, 同프랑크푸르트지사 담당간부, 同소련팀장, 同인사관리실장(이사), 同상사부문 경영지원팀장(이사) 1997년 삼성에버랜드(주) 리조트사업부 영업담당 이사, 同상무이사, 同골프문화사업부장 겸 안양베네스트골프클럽 지배인(상무이사) 2000년 同골프문화사업부 자문 2004년 同골프문화사업부장(전무) 2008년 대한골프협회(KGA) 이사 2009년 삼성에버랜드(주) 자문역 2010~2012년 파인비치골프링크스 사장 2010~2012년 (주)보성레저산업 총괄사장 2013년 파가니카컨트리클럽 사장(현)

최상철(崔相哲) CHOE Sang Chuel (碧川)

[생]1940·9·26 [본]경주(慶州) [출]대구 달성 [주]서울 관악구 관악로1 서울대학교(02-880-8529) [학]1957년 경북사대부고졸 1961년 경북대 사범대학 사회과졸 1964년 서울대 행정대학원 행정학과졸 1970년 미국 피츠버그대 대학원 도시지역계획학과졸 1974년 도시계획학박사(미국 피츠버그대) [경]1971~1984년 서울대 전임강사·조교수·부교수 1980~1987년 중앙도시계획위원 1981년 영국 쉐필드대 초빙교수 1982년 내무부 지방행정연수원 지도교수 1984~2006년 서울대 환경계획학과 교수 1984~1986년 同환경대학원장 1985년 한국지역학회 회장 1987년 영국 쉐필드대 초빙교수 1992~1994년 서울시정개발연구원 원장 1996~1998년 경기21세기발전위원회 위원장 1998년 행정자치부 행정연수원 지도교수 1998~2002년 경기도 규제대책위원회 위원장 1999년 미국 워싱턴대 초빙교수 2000~2002년 한국지방자치학회 회장 2001년 대통령소속 지방이양위원회 위원 2004년 수도이전반대국민연합 공동대표 2006년 서울대 명예교수(현) 2008년 대통령직속 지역발전위원회 위원장 [상]국민훈장 동백장, 서울시문화상, 홍조근정훈장(2006) [저]'한국 도시개발론(共)'(1981) '도시행정학(共)'(1982) '지금 왜 수도 이전인가!'(2004) 정년퇴임기념논총 '성장관리의 이론과 실제'(2006) '노무현정부의 국토정책과 국가의 위기'(2007) [역]'제3세계의 지역개발'

최상철(崔相哲) CHOI Sang Cheol

[생]1964·3·29 [출]충북 진천 [주]서울 서초구 서초중앙로 178 서초한샘빌딩 정부법무공단(02-2182-0055) [학]1983년 청주 세광고졸 1987년 서울대 법대졸, 미국 펜실베이니아대 법과대학원 연수, 전국경제인연합회 글로벌최고경영자과정 수료(56기), 서울대 환경대학원 도시환경최고전문가과정 수료(8기), 同공과대학 최고산업전략과정 수료(44기), 숙명여대 법과대학 공정거래법연수과정 수료(3기), 서울지방변호사회 조세연수과정 수료(14기) [경]1987년 사법시험 합격(29회) 1990년 사법연수원 수료(19기) 1990년 육군 법무관 1993년 서울지검 의정부지청 검사 1995년 대전지검 강경지청 검사 1996년 서울지검 검사 1998년 청주지검 검사 2001년 대구지검 검사 2002년 同부부장검사 2003년 전주지검 군산지청 부장검사 2004년 법무연수원 기획부 교수 2006년 수원지검 형사4부장 2007년 서울중앙지검 부장검사 2008~2009년 서울남부지검 형사2부장 2009년 변호사 개업, 정부법무공단 변호사(현), 同기획홍보실장 겸 변호사7팀장(현) 2014년 국립중앙의료원 비상임감사, 인하대 법학전문대학원 초빙교수

최상현(崔祥鉉) Choi Sang Hyun

[생]1954·10·15 [본]경주(慶州) [출]경남 진주 [주]경남 창원시 마산회원구 봉암북7길11 창신중학교 교장실(055-296-0212) [학]1973년 진주고졸 1984년 경남대 행정학과졸 1991년 同대학원 일반행정학과졸 [경]2000~2006년 경남도교육위원회 의사국 근무 2007년 김해교육청 관리과장 2009~2010년 경남도학생교육원 운영지원부장 2011년 경남도교육청 관리국 교육재정과장 2012년 同관리국장 2013년 창원도서관장 2014년 밀양 세종중 교장 2014년 창원 창신중 교장(현) [상]국무총리표창(1998), 홍조근정훈장(2012) [종]기독교

최상현(崔相玄) CHOI Sang Hyun

[생]1958·2·28 [출]강원 강릉 [주]서울 종로구 효자로39 사행산업통합감독위원회(02-3704-0500) [학]강릉고졸, 관동대졸 [경]문화재청 문화재관리국 근무, 문화관광부 새천년준비위원회 위원, 同행정관리담당관실 사무관 2007년 同체육국 생활체육팀장 2008년 문화체육관광부 체육국 생활체육과장 2008년 同문화콘텐츠산업실 저작권보호팀장 2009년 국방대 교육파견(과장급) 2010년 문화체육관광부 국어민족문화과장 2012년 同재정담당관 2014년 同관광국 관광레저기획관실 관광개발기획과장 2014년 同관광체육레저정책실 관광정책과장(서기관) 2015년 同체육관광정책실 관광정책관실 관광정책과장(부이사관) 2015년 국무총리소속 사행산업통합감독위원회 파견(현)

최상호(崔相鎬) CHOI Shang Ho

[생]1954·3·4 [본]경주(慶州) [출]대구 [주]대구 달서구 달구벌대로1095 계명대학교 법경대학 경찰법학과(053-580-5455) [학]1973년 대구 경북고졸 1977년 고려대 법과대 법학과졸 1984년 同대학원 법학과졸 1992년 법학박사(고려대) [경]1986~1989년 대전대 전임강사·조교수 1989~1994년 경북대 법학과 조교수·부교수 1991~1992년 同사법학과장 1993년 同법학연구소 연구간행부장 1994년 계명대 법경대학 경찰법학과 교수 1994~1999년 경북지방경찰청 행정심판위원 1994년 외무고시 출제위원 1994년 대구시의회 인사위원 1995년 사법시험 출제위원 1996년 행정고시 출제위원 1998~2001년 계명대 법대학장 2003·2007년 사법시험 출제위원 2005년 성서경찰서 경찰발전위원회 위원(현) 2006년 대구시 계약심의위원회 위원 2007년 계명대 법경대학장 2007년 대구시 지식기반산업집적지구 조성을 위한 추진위원회 위원 2007년 대구시 서구 계약심의위원회 위원 2008~2012년 대구지검 서부지청 형사조정위원 2008년 대구시 남구 공직자윤리위원회 위원 2009~2012년 대구지법 서부지원 국선변호감독위원회 위원 2010~2012년 계명대 교학부총장 2011~2012년 대구고법 민사 겸 가사조정위원 2015년 대구지법 서부지원 검찰시민위원회 위원장(현) 2015년 계명대 사회과학대학 경찰법학과 교수(현) [상]대한적십자사 헌혈유공장(금장)(2010) [저]'객관식 민법총칙'(1995) '환경권'(1998, 형설출판사) '환경오염에 대한 민사책임'(1999) '인터넷법'(2005) '조망권'(2010) [종]기독교

최상호(崔上鎬) CHOI Sang Ho

[생]1955·1·4 [출]경기 [주]경기 성남시 분당구 운중로121 한국프로골프협회(02-414-8855) [경]남서울 C.C. 소속, 동아회원권 스폰서계약 1970년 프로골프 입문 1977년 한국프로골프협회 회원·소속(현) 1978년 여주오픈 우승 1980년 쾌남오픈 우승 1981년 한국프로골프협회장배·오란씨오픈·한국프로골프선수권 우승 1982년 오란씨오픈·KPGA선수권·수원오픈 우승 1983년 부산오픈·오란씨오픈·한국오픈 우승 1984년 챔피언시리즈·쾌남오픈 우승 1985년 쾌남오픈·동해오픈·KPGA선수권·일간스포츠오픈 우승 1986년 챔피언시리즈·쾌남오픈·KPGA선수권·팬텀부산오픈 우승 1987년 한국프로골프토너먼트·챔피언시리즈 우승 1989년 KPGA선수권 우승 1990년 포카리오픈·동아생명오픈·파맥스컵내외경제오픈 우승 1991년 캠브리지맴버스오픈·한국프로골프토너먼트·일간스포츠포카리오픈·매경닥스오픈 우승 1992년 캠브리지맴버스오픈·한국프로골프토너먼트·KPGA선수권·영남오픈 우승 1993년 신한동해오픈 우승 1994년 캠브리지맴버스오픈·팬텀오픈·KPGA선수권 우승 1995년 SBS프로골프최강전·신한동해오픈 우승 1996년 영남오픈 우승 1997년 슈페리어오픈 준우승 1997년 SK텔레콤클래식 준우승 1998년 코오롱배 한국오픈 준우승 2002년 익산오픈골프대회 준우승 2002년 KTRD오픈골프선수권대회 준우승 2002년 동양화재컵 SBS프로골프최강전 준우승 2005년 매경오픈 우승 2007년 한국시니어오픈·경일일보배아시아시니어오픈 우승 2008년 KPGA챔피언스투어1회대회·KPGA시니어선수권·KPGA챔피언스투어3회대회·한국시니어오픈 우승 2008~2011년 한국프로골프협회 수석부회장 2009년 KPGA챔피언스투어1회대회·세인트웨스트시니어오픈 우승 2010년 볼빅배KPGA 챔피언스투어3회대회·한국 시니어오픈·KPGA시니어선수권 우승, 한국카스코 소속 2012년 KPGA시니어선수권 우승 2013년 떼제베CC배 KPGA 시니어대회 우승 2015년 KPGA챔피언스투어1회대회·KPGA 시니어골프대회·루마썬팅배 그랜드시니어 선수권대회·KPGA 챔피언스투어2회대회·그랜드CC배 KPGA 시니어대회 우승 2016년 그랜드시니어선수권대회 우승 [상]KPGA 명출상(신인상)(1978), KPGA 상금왕(1978·1981·1983·1985·1986, ·1991·1992·1994·1995), KPGA 대상(1981·1983·1984·1985·1986·1991·1992·1994·1995), KPGA 덕춘상(최저평균타수상)(1981~1986·1989·1991·1994~1996), 한국프로골프 우수상(2009·2010)

최상호(崔象皓) CHOI Sang Ho

[생]1956·11·25 [출]경북 포항 [주]서울 서초구 사평대로84 이수건설(주) 공사본부(02-590-6750) [학]서울고졸, 서울대 건축학과졸 [경]동부건설 부장, 이수건설(주) 건축담당 상무, 同관리본부·주택영업본부 전무 2013년 同공사본부장(전무)(현)

최상호(崔相鎬) Sang Ho Choi

[생]1960·4·22 [본]전주(全州) [주]서울 관악구 관악로1 서울대학교 농업생명과학대학 식품·동물생명공학부(02-880-4857) [학]1982년 서울대 식품공학과졸 1985년 한국과학기술원(KAIST) 생물공학과졸(석사) 1992년 이학박사(미국 Univ. of Iowa) [경]1985~1988년 한국과학기술연구원(KIST)·생명공학연구소 연구원 1992년 미국 캘리포니아공대 박사 후 연구원 1993년 미국 예일대 박사 후 연구원 1993~2004년 전남대 식품공학과 전임강사·조교수·

ㅊ

부교수 1997년 미국 위스콘신대 방문교수 2004년 서울대 농업생명과학대학 식품·동물생명공학부 식품생명공학전공 부교수·교수(현) 2009~2013년 농촌진흥청 녹색성장기술위원회 자문위원 2010년 서울대 식품안전성및독성연구센터 소장(현) 2011~2015년 국무총리실 소속 식품안전정책위원회 전문위원 2014년 서울대 식중독균유전체연구사업단장(현) 2015년 (주)삼립식품 사외이사 겸 감사위원(현) 2016년 한국과학기술한림원 정회원(농수산학부·현) [상]Iowa government Bioctalysis and Bioprocessing fellowship(1991), 과학기술부 우수논문상(2004)

최상홍(崔相弘) CHOI Sang Hong

[생]1935·6·18 [본]전주(全州) [출]경북 구미 [주]서울 영등포구 양산로53 월드메르디앙비즈센터8층 한일MEC 비서실(02-793-7959) [학]1958년 서울대 기계공학과졸 [경]1963년 독일 슈트트가르트시 LTG 기사 1966년 한일MEC 대표이사 회장(현) 1967년 홍익대 대학원 건축설비 강사 1974년 한국엔지니어클럽 기계분과 회원 1983~1995년 건설교통부 중앙건설심의위원회 회원, 同건축위원회 회원, 同서울·대구·인천·광주지하철 건설자문위원 1986~1990년 (사)공기조화냉동공학회 회장 1987년 장한기술 회장 1998년 한국공학한림원 명예회원 2006년 서울대·한국공학한림원 선정 '한국을 일으킨 엔지니어 60인' [상]은탑산업훈장(1989), 서울대 발전공로상(2012) [저]'건축기계설비 설계' [종]기독교

최상화(崔相和) CHOI Sang Wha

[생]1957·8·12 [본]수성(隋城) [출]충남 아산 [주]경기 안성시 서동대로4726 중앙대학교 예술대학 전통예술학부(031-670-4738) [학]1979년 중앙대 예술대학 음악학과졸 1989년 한양대 대학원 국악과졸 2008년 문학박사(고려대) [경]1981~1990년 서울시립국악관현악단 근무 1990~2003년 전북대 한국음악과 조교수·부교수 1994년 전북도 문화재위원 1995년 전북도립국악원 상임지휘자 2001년 한국디지털국악연구회 회장(현) 2002년 중앙대 예술대학 전통예술학부 교수(현) 2004~2010년 同국악교육대학원 부원장 2004년 한국국악음향연구소 대표 2004~2006년 국립국악관현악단 예술감독 2008년 문화체육관광부 아시아전통오케스트라 예술감독(현) 2008~2011년 同아세아문화중심추진단 TF위원 2011~2013년 중앙대 국악교육대학원장 2012~2014년 한국문화예술위원회 위원 2013년 중앙대 예술대학장 2013년 同산학협력단 학교기업 '아리' 대표(현) 2014년 중앙음악치료학회 회장(현) 2015년 경기도립국악단 예술단장(현) [종]기독교

최상화(崔尙和) CHOI Sang Hwa

[생]1964·3·21 [본]경주(慶州) [출]경남 사천 [주]경남 진주시 사들로123번길32 한국남동발전 감사실(070-889-81021) [학]사천농고졸, 동국대 행정대학원 사회복지학과졸 [경]국회 입법정책연구회 상임이사, 국회 정책연구위원(2급), 한국인권사회복지학회 이사, 한나라당 사무총장 보좌역 2006년 同대변인 행정실장 2007년 同환경노동위원회 전문위원 2008년 同대표최고위원 보좌역 2009년 同법제사법위원회 수석전문위원 2010년 同직능국장 2012년 새누리당 직능국장 2013년 제18대 대통령취임준비위원회 실무추진단장 2013~2015년 대통령 홍보수석비서관실 춘추관장 2015년 한국자유총연맹 중앙이사 2016년 한국남동발전 상임감사위원(현) [상]근정포장(2014) [종]불교

최상환(崔相煥) Choi sang hwan

[생]1960·1·15 [출]경남 밀양 [주]경기 수원시 영통구 월드컵로120 수원지방검찰청 사무국(031-210-4321) [학]성균관대졸, 영국 리즈대 대학원졸 [경]1984년 검찰사무직 임용(9급) 2006년 서울중앙지검 검찰사무관 2007년 同검사 직무대리 2009년 대검찰청 감찰1과 검찰사무관 2011년 법무부 검찰과 검찰수사서기관 2014년 서울중앙지검 범죄정보과장 2015년 제주지검 사무국장(고위공무원) 2016년 수원지검 사무국장(현)

최상훈(崔尙燻) CHOI Sang Hun

[생]1964·4·26 [출]전남 진도 [주]서울 서초구 반포대로 158 서울고등검찰청(02-530-3242) [학]1983년 홍익사대부고졸 1987년 고려대 법학과졸 [경]1988년 사법시험 합격(30회) 1991년 사법연수원 수료(20기) 1991년 軍법무관 1994년 부산지검 검사 1996년 대구지검 김천지청 검사 1997년 인천지검 검사 1999년 서울지검 북부지청 검사 2001년 광주지검 검사 2003년 同부부장검사 2003년 서울지검 부부장검사 2004년 광주지검 목포지청 부장검사 2005년 전주지검 부장검사 2006년 수원지검 성남지청 부장검사 2007년 서울고검 검사 2008~2010년 부산고검 검사 2008~2009년 진실화해를위한과거사정리위원회 집단희생조사국장(파견) 2010년 광주지검 형사1부장 2013년 부산고검 부장검사 2015년 서울고검 검사(인천지검 중요경제범죄조사단 파견)(현)

최서영(崔瑞泳) CHOI Suh Young

[생]1933·10·29 [본]강릉(江陵) [출]강원 강릉 [학]1953년 강릉상고졸 1958년 서울대 정치학과졸 1970년 일본 도쿄대 대학원 수학 [경]1957~1963년 서울신문·경향신문·조선일보 기자 1963~1970년 경향신문 정치부 차장·부장·일본특파원 1970~1973년 同논설위원·편집부국장 1973년 한국방송공사(KBS) 보도국장 1976년 同이사(방송총국장) 1981년 코리아헤럴드 전무이사 1981년 서울언론재단 이사 1987년 방송위원회 위원 1989년 코리아헤럴드·내외경제신문 대표이사 부사장 1989~1992년 同사장 1990년 IPI 한국위원회 이사 1992년 방송위원회 감사 1992년 코리아헤럴드·내외경제신문 고문 1993년 방송위원회 부위원장 1994년 노원케이블TV 사장 1997년 同상임고문 1998년 종합유선방송위원회 제1심의위원장 1999~2000년 同정보·교양심의위원장 1999년 한남대 멀티미디어학부 초빙교수 2014~2015년 대한언론인회 자문위원회 의장 [상]새마을훈장 협동장, 東谷언론상 [저]'방송경영의 문제' '한국에 있어서의 신문의 탄생과 초기 개화운동' '한국의 언론인'

최석구(崔碩求) CHOI Seok Koo

[생]1952·3·30 [주]서울 중구 마른내로9 인제대학교 서울백병원 내과(02-2270-0010) [학]1977년 서울대 의과대학졸 1985년 同대학원졸 [경]1981년 인제대 서울백병원 내과 전공의(현) 1988~1989년 미국 펜실베이니아대 필라델피아심장연구소 방문교수 1994년 인제대 의과대학 내과학교실 부교수 2000년 同의과대학 내과학교실 교수(현) 2011~2016년 同서울백병원장 2014년 同서울백병원 건강증진센터 소장

최석두(崔錫斗) CHOI SEOK DU

[생]1958·5·12 [본]경주(慶州) [출]울산 [주]울산 남구 중앙로201 울산광역시청 복지여성국(052-229-3600) [학]1977년 울산고졸 1993년 한국방송통신대 행정학과졸 2002년 울산대 대학원 자치행정학과졸(석사) [경]2010~2011년 울산시 의회사무처 전문위원(서기관) 2012년 울산시 북구 복지경제국장 2014년 울산시 총무국장 2015년 同행정지원국 총무과장 2015년 同복지여성국장(부이사관)(현) [상]시·도지사표창(5회), 내무부장관표창(1994), 대통령표창(2008), 국무총리표창(2011) [종]불교

최석문(崔碩文) CHOI Seok Mun

[생]1966·4·23 [출]부산 [주]서울 서초구 서초중앙로157 서울중앙지방법원(02-530-1114) [학]1985년 동래고졸 1990년 서울대 법대 공법학과졸 [경]1993년 사법시험 합격(35회) 1996년 사법연수원 수료(25기) 1996년 서울지법 판사 1998년 同남부지원 판사 2000년 제주지법 판사 2004년 서울북부지법 판사 2006년 서울고법 판사 2007년 대법원 연구법관 2008년 헌법재판소 파견 2010년 서울동부지법 판사 2011년 부산지법 동부지원 부장판사 2013년 의정부지법 고양지원 부장판사 2014년 수원지법 평택지원 부장판사 2016년 서울중앙지법 부장판사(현)

최석순(崔碩洵) CHOI Suk Soon

[생]1964·7·15 [주]경기 과천시 코오롱로11 코오롱타워8층 코오롱글로텍 사장실(02-3677-5700) [학]춘천고졸, 서울대 지리학과졸 [경]코오롱웰케어(주) 영업·지원담당 상무보 2008년 코오롱글로텍 화이버사업본부장(상무보) 2009년 同화이버사업본부장(상무) 2011년 同AM사업본부장(전무) 2012년 同대표이사 부사장 2013년 同대표이사 사장(현)

최석식(崔石植) Seok Sik Choi

[생]1954·7·28 [본]해주(海州) [출]전북 부안 [주]강원 영월군 영월읍 하송로197 세경대학교 총장실(033-371-3003) [학]1973년 전주 해성고졸 1977년 전북대 법학과졸 1984년 서울대 행정대학원졸 1987년 영국 맨체스터대 대학원 과학기술정책과졸 2001년 행정학박사(성균관대) [경]1976년 행정고시 합격(19회) 1980년 과학기술처 행정사무관 1985년 同인력계획담당관 1987년 정책

연구평가센터 파견연구관 1989년 과학기술처 연구관리과장 1990년 同원자력정책과장 1990년 同기획총괄과장 1993년 同인력정책관 1995년 同공보관 1996년 同기술인력국장 1998년 국방대학원 입교 1999년 과학기술부 과학기술정책국장 1999년 同연구개발국장 2000년 대통령 과학기술비서관 2001년 과학기술부 과학기술정책실장 2003년 同기획관리실장 2004~2006년 同차관 2006년 건국대 대외협력부총장 2006년 e사이언스포럼 초대의장 2007~2008년 한국과학재단 이사장 2008년 연구관리혁신협의회 회장 2008~2011년 서울대 공과대학 재료공학부 객원교수 2008~2011년 전북대 석좌교수 2009~2011년 건국대 석좌교수 2011~2015년 상지영서대 총장 2011~2015년 학군제휴대학협의회 회장 2015년 세경대 총장(현) [상]고운문화상(1991), 근정포장(1992), 황조근정훈장(2003) [저]'우리의 과학기술 어떻게 높일 것인가' '산다는 것은 : 언론홍보현장 편' '서울에서 남극까지' '연구개발경영의 이론과 실제' '과학기술정책론' 'Analysis of the British Industrial Innovation Policy System Between 1960-1985' [종]가톨릭

최석영(崔晳泳) Seokyoung Choi

[생]1955 · 10 · 1 [본]강릉(江陵) [출]강원 강릉 [주]서울 중구 남대문로63 한진빌딩 법무법인 광장(02-6386-6620) [학]1974년 강릉고졸 1979년 서울대 독어독문학과졸 1985년 독일 하이델베르크대 정치학과 연수 2004년 한국개발연구원(KDI) 국제정책대학원 MBA [경]1979년 외무부 입부 1988년 駐케냐대사관 1등서기관 1991년 외무부 과학환경과 서기관 1994년 駐제네바대표부 참사관 1997년 외교통상부 환경과학과장 1999년 駐유엔대표부 참사관 2002년 외교통상부 APEC담당 심의관 2004년 아시아태평양경제협력체(APEC) 사무차장 2005년 同사무처장 2006~2009년 駐미국대사관 경제공사 2009년 외교통상부 DDA협상대사 2010~2012년 同통상교섭본부 자유무역협정교섭대표 2012~2015년 駐제네바 대사 2012년 우즈베키스탄 WTO 가입작업반 의장(현) 2012~2013년 유엔난민기구(UNHCR) 집행이사회 부의장 2013~2014년 同집행이사회 의장 2013년 유엔배상위원회 부의장 2014~2015년 세계무역기구(WTO) 서비스무역이사회(CTS) 의장 2015년 UN 중앙긴급대응기금(CERF) 자문위원(현) 2016년 아시아소사이어티 무역위원회 위원(현) 2016년 서울대 국제대학원 객원교수(현) 2016년 법무법인 광장 고문(현) [상]근정포장(2006), 황조근정훈장(2012) [저]'APEC의 개방적 지역주의'(2006) '최석영의 FTA협상노트'(2016, 박영사) [종]기독교

최석우(崔錫禹) CHOI Seog Ou

[생]1962 · 2 · 3 [본]경주(慶州) [출]서울 [주]충남 천안시 서북구 입장면 양대기로길89 한국생산기술연구원 성형기술그룹(032-850-0332) [학]1980년 동성고졸 1984년 아주대 기계공학과졸 1986년 한국과학기술원(KAIST) 대학원 생산공학과졸 1997년 공학박사(아주대) [경]1986년 한국과학기술연구원(KAIST) 연구원 1990년 한국생산기술연구원 수석연구원(현) 2003~2004년 한국소성가공학회 단조분과위원회 간사 2003년 한국생산기술연구원 디지털생산공정팀장 2005년 同디지털성형팀장 겸 지역혁신클러스터추진단장 2005년 일본 AIST 초빙연구원 2007년 한국생산기술연구원 생산공정기술본부장 2008년 同지식기반서비스본부장 2009년 同충청 · 강원권기술지원본부장 2010년 同경기기술실용화본부장 2011년 同엔지니어링기술지원센터 소장 2012~2013년 同미래전략본부장, 同성형기술연구실용화그룹 연구원 2015년 同성형기술그룹 연구원(현) [상]한국생산기술연구원장표창(1999), 산업자원부장관표창(2003), 국무총리표창(2010) [종]불교

최석원(崔錫源) CHOI Seok Won (牛耕)

[생]1949 · 8 · 17 [본]경주(慶州) [출]충남 공주 [주]충남 공주시 공주대학로56 공주대학교 자연과학대학 지질환경과학과(041-850-8510) [학]1968년 공주대사대부고졸 1972년 공주대 지구과학과졸 1974년 서울대 대학원 지구과학과졸 1986년 이학박사(서울대) [경]1974~1978년 용문고 교사 1980~2014년 공주대 자연과학대학 지질환경과학과 교수 1985~1986년 서울대 교류교수 1988년 한국지구과학회 충청지회장 1990~1991년 미국 오하이오주립대 교류교수 1992년 공주대 환경문제연구소장 1993~1995년 同자연과학대학장 1995년 러시아 Herzen State Pedagogical대 명예교수 1996년 백제장학회 이사 1998~2000년 공주대 정신과학연구소장 1999년 문화재위원회 전문위원 1999~2000년 문화재청 자체규제심사위원 1999년 충남도 정책자문교수 2001년 러시아지질학300주년기념국제학술회의 공동의장 2001년 중국과학원 지질 · 지구물리연구소 광산 · 자원탐사학과 객원교수 2001년 충남세계문화유산 추진위원회 위원장 2002~2006년 공주대 총장 2003년 문화재위원회 위원 2003년 대통령자문 국가균형발전위원회 자문위원 2004~2006년 충남지역혁신협의회 의장 2004년 명학장학회 이사장(현) 2006~2007년 대한지질학회 회장 2007년 'UN이 정한 지구의 해' 한국위원회 조직위원장 2007년 백제문화재추진위원회 추진위원장 2009~2011년 충남그린스타트네트워크 공동대표 2009~2011년 푸른충남21추진협의회 대표회장 2009년 대통령직속 지역발전위원회 자문위원 2009년 재외동포재단 자문위원 2009~2011년 산업기술연구회 자문위원 2010년 충남사회복지협의회 명예회장 2011~2012년 (주)서울상호저축은행 사외이사 2012년 문화의달행사추진위원장 2012~2015년 충남향토사연구연합회 회장 2013~2015년 대통령자문 지방자치발전위원회 민간위원 2014년 공주대 자연과학대학 지질환경과학과 명예교수(현) 2014년 국회 개혁자문위원회 위원장 2015년 충남사회복지협의회 회장 2015년 충남 · 세종향토사연구연합회 회장(현) [상]대한지질학회 학술상(2001), 과학기술훈장 웅비장(2005), 대한지질학회 공로상(2008), 자랑스런 충남인상(2008), 한빛대상 특별상(2010), 청조근정훈장(2014), 운암지질학상(2015) [저]'우리 고장 충남, 지질과 광물편'(1994) '광상지질학원론'(1995) '지구과학1 · 2'(1995) '의학환경 지구화학'(1996) '충남지역 석조문화재의 현황과 보존대책'(1999) '온양온천의 수질특성 및 의학적 효과 분석'(2001) '회암사지 선각왕사비 보존'(2001) '백제권의 석조문화재'(2004) 외 12권 [역]'의학환경지구과학' [종]천주교

최석원(崔碩元) CHOI Seok Won

[생]1951 [출]경남 마산 [주]서울 서초구 남부순환로2620 (주)파리크라상 사장실(02-2276-6001) [학]1969년 마산고졸 1977년 서울대 경영학과졸 [경]1976년 LG화학 입사 1995년 LG실트론 CFO(이사) 1996년 LG화학 생활건강부문 경영기획 전략담당(상무) 2000년 同의약품사업부장(전무) 2001년 LG생활건강 CFO(부사장) 2002년 同생활용품사업부장(부사장) 2003년 同대표이사 2005년 同중국파견 2006년 동국대 경영학과 교수 2007년 샤니 대표이사 2008년 파리크라상 대표이사 2013년 동부팜한농 대표이사 2015년 삼립식품 경영지원고문 2016년 同대표이사 2016년 (주)SPC삼립 대표이사 2016년 (주)파리크라상 대표이사 사장(현)

최석정(崔奭楨) Choi Seok-jeong

[생]1960 · 9 · 22 [주]인천 남동구 정각로29 인천광역시의회(032-440-6110) [학]세한대 아동보육상담학과 재학中 [경]공촌자율방범대 대장, (사)미래성폭력상담소 감사 2012년 새누리당 제18대 대통령중앙선거대책위원회 인천시선거대책위원회 위원, 同인천서구강화甲당원협의회 조직국장 2014년 인천시의회 의원(새누리당)(현) 2014년 同건설교통위원회 위원 2014~2015년 同예산결산특별위원회 부위원장 2016년 同건설교통위원회 위원장(현)

최석종(崔石鍾) CHOI Suk Jong

[생]1961 · 6 · 18 [본]해주(海州) [출]서울 [주]서울 영등포구 여의대로66 KTB빌딩 5층 KTB투자증권(주) 임원실(02-2184-2200) [학]서울 양정고졸, 고려대 정치외교학과졸, 연세대 경영대학원(MBA)졸 [경]1988년 LG투자증권(주)입사 2003년 同기업금융1팀장 2007년 우리투자증권(주) 개포지점장 2008년 NH투자증권(주) 기업금융본부장(상무) 2008~2012년 同IB1본부장(상무) 2012년 교보증권 구조화금융본부장 2015년 同IB금융본부장(전무) 2016년 KTB투자증권(주) 대표이사 사장(현) [상]재정경제부장관표창(2005), 기획재정부장관표창(2008)

최석진(崔錫珍) CHOI Suk Jin (文寬)

[생]1944 · 10 · 30 [본]강릉(江陵) [출]강원 강릉 [주]서울 서초구 남부순환로364길7의6 한빛빌딩지층 (사)한국환경교육협회(02-571-1195) [학]1963년 경동고졸 1967년 서울대 사범대학 사회교육과졸 1982년 고려대 교육대학원졸 1991년 미국 스탠퍼드대 Summer Institute 수료 1992년 문학박사(동국대) [경]1969~1983년 서울시내 공립 중 · 고 교사 · 주임교사 1983~1997년 한국교육개발원 사회과 교육연구부장 · 교육과정연구본부장 · 환경교육연구팀장 1985~2015년 교육부 교육과정 및 교과서 평가위원, 同심의위원장(현) 1989~2004년 한국환경교육학회 창설 · 회장 · 명예회장 · 고문 1996~2001년 유네스코 · 유엔환경계획(UNEP) 한국위원회 자문위원 겸 연구위원 1996~1998년 한국사진지리학회 회장 1998~2004년 한국교육과정평가원 기획조정실장 · 교육평가연구본부장(선임연구위원) 1998~2000년 환경부 환경교육전문가협의회 회장 2000~2004년 同한 · 중 · 일환경교육네트워크사업(TEEN) 한국측책임자 2002년 이화여대 특임교수 · 겸임교수(현) 2005년 환경부 중앙환경보전자문위원, 유네스코 ESD 한국측전문가그룹 2006~2011년 인하대 초빙교수, (사)한국환경교육협회 부회장 겸 부설 국제환경교육연구소장(현) 2009~2012년 (사)한국학교환경위생협회 이사장 2010년 국가 지속가능발전위원회 국제협력분과위원장 2010~2015년 환경

ㅊ

부 환경교육진흥위원 2010~2013년 同환경교육프로그램 심의위원 및 위원장 2012년 同환경교육발전위원회 위원 및 공동회장(현) 상문교부(교육과학기술부)장관표창 4회, 환경처장관표창, 대통령표창, 국민훈장 동백장, 한국환경교육학회 최우수논문상 등 전'한국사회과교육학개론' '한국의 환경교육' '환경교육' '늘 푸른 지구를 위하여' '환경과학' '한국의 환경 50년사' '환경과생활' '체험환경교육의 이론과 실제' '생태와 환경' '환경과 녹색성장' '21세기 한국의 환경교육' '환경교육학개론' '사회과교육학신론' '세계의 환경교육 동향' '환경교육론'(2014) 등 共著 다수 역'사회과 교수법' 등 共著 다수 종불교

최석철(崔錫喆)

생1963·1·28 출부산 주부산 해운대구 센텀서로30 iKNN 사장실(051-850-9910) 학1982년 김해고졸 1989년 부산대 정치외교학과졸 경1990년 CBS부산 보도국 기자 1995년 부산방송 입사 2001년 同경제부 차장대우 2002년 同보도국 정경사회팀 차장대우 2004년 同정경사회팀 차장 2007년 (주) KNN 보도국 사회데스크 2009년 同보도국 정경부장 2012년 同경남본부 보도국장 2014년 同보도국장 2015년 iKNN 사장(현)

최석호(崔石鎬) CHOI Suk Ho

생1958·5·8 출서울 주경기 용인시 기흥구 덕영대로1732 경희대학교 응용과학대학 응용물리학과(031-201-2418) 학1981년 서울대 물리학과졸 1984년 한국과학기술원 물리학과졸(석사) 1987년 이학박사(한국과학기술원) 경1987년~1991년 한국표준연구소 선임연구원 1989년 미국 표준기술연구소 객원연구원 1991년 경희대 응용과학대학 응용물리학과 조교수·부교수·교수(현) 1994년 한국과학기술원 대우교수 2001~2003년 경희대 자연과학종합연구원장 2013년 화학기상증착법(CVD)과 화학적 도핑법을 이용해 세계 최초로 '올(All) 그래핀 수직형 다이오드' 개발 2015년 사이언티픽 리포트(Scientific Reports) 편집위원(현) 상한국물리학회 학술상(2011)

최석환(崔石煥)

생1962·2·6 출경북 안동 주대구 북구 원대로100 북부경찰서 서장실(053-380-5101) 학1980년 안동고졸, 연세대 법학과졸 경1992년 경위 임용(경찰간부후보 40기) 2000년 대구 동부경찰서 수사과장 2008년 경찰청 경무기획국 인사과장 2009년 경북 청송경찰서장 2010년 정부중앙청사경비대장 2011년 경찰청 경무국 교육과장 2012년 서울 광진경찰서장 2013년 경찰청 교육정책담당관 2014년 대구 동부경찰서장 2015년 경북지방경찰청 경무과장 2016년 대구 북부경찰서장(현)

최 선(崔 先) CHOI Sun

생1959·9·12 출충남 서산시 대산읍 독곶2로103 한화토탈 임원실(041-660-6114) 학경주고졸, 서울대 화학공학과졸, 한국과학기술원 화학공학과졸(석사) 경2004년 SK이노베이션 기술원 촉매공정연구소장 2012~2013년 同비상근고문 2013~2015년 삼성토탈 에너지·화성연구담당 전무 2015년 한화토탈(주) 에너지·화성연구담당 전무(현)

최선근(崔善根) CHOI Sun Keun

생1921·2·21 본경주(慶州) 출함남 함주 주서울 성동구 왕십리로222 한양대학교(02-2220-0114) 학1935년 함흥농고졸 1944년 일본 겐스이전문학교 물리학과졸 1972년 이학박사(일본 도쿄대) 경1959~1963년 한양대 물리학과 조교수·부교수 1963~1986년 同물리학과 교수 1969년 일본 도쿄대 객원연구원 1975년 한양대 학생처장 1981~1986년 同교육대학원장 1986년 同명예교수(현) 2007~2011년 학교법인 한양학원(한양대) 이사장 상국민훈장 모란장, 국민훈장 동백장 전'물리학개론' '현대물리학' '요한복음서 강의' '요한복음주해' '로마서주해' '요한계시록주해' '마태복음주해' 역'College Physics' 종기독교

최선길(崔銑吉) CHOI Sun Kil

생1945·3·13 주강원 춘천시 한림대학길1 한림대학교 의과대학(033-248-1000) 학1970년 경북대 의대졸 1977년 중앙대 대학원 의학과졸 1984년 의학박사(고려대) 경1970~1973년 육군 군의관 1974~1979년 한림대 한강성심병원 인턴·전공의 1979~1984년 同한강성심병원 신경외과 부과장 1981~1982년 일본 사이타마의대병원 연구원 1983~2010년 한림대 의대 신경외과학교실 조교수·

부교수·교수 1984~2001년 同한강성심병원 신경외과장 1988~1995년 同한강성심병원 수련교육부장 1994~1997년 同의료원 수련교육부장 1995~1996년 同한강성심병원 진료부원장 1995~2008년 대한신경외과학회 이사 1995~1997년 대한척추신경외과학회 회장 2004~2013년 대한신경외과학연구재단 감사·이사 2006~2008년 대한신경통증학회 회장 2010~2013년 근로복지공단 창원산재병원장 2010년 한림대 의대 명예교수(현) 2013년 근로복지공단 서울업무상질병판정위원회 위원장(현) 상대통령표창(2010) 전'신경외과학(共)'(1989·1996·2001·2005) '척추학(共)'(2008) '의료감정학(共)'(2010) 'Surgical Atlas of Spine(共)'(2010) 종가톨릭

최선목(崔善穆) CHOI Sun Mok

생1957·11·26 본경주(慶州) 출충남 부여 주서울 중구 청계천로86 (주)한화 경영기획실 커뮤니케이션팀(02-729-5017) 학1976년 충남고졸 1984년 연세대 행정학과졸 경1984년 한양화학 영업부 입사 1990년 同기획실 근무 1997년 한화석유화학 감사팀장 2002년 한화그룹 구조조정본부 홍보팀 부장·상무보 2005년 同구조조정본부 홍보팀장(상무), 대덕테크노밸리 마케팅부 상무 2009년 同마케팅기획총괄 전무 2010년 (주)아산테크노밸리 사업본부장(전무) 2013년 (주)한화도시개발 경영지원실장 2014~2015년 同대표이사 2015년 (주)한화 경영기획실 커뮤니케이션팀장(부사장)(현) 2016년 한국광고주협회 광고위원장(현) 2016년 연합뉴스 수용자권익위원회 위원(현)

최선희(崔善姫·女) Choi Seon-hui

생1958·2·9 주대전 서구 둔산로100 대전광역시의회(042-270-5012) 학공주여고졸, 한국방송통신대 교육학과졸, 배재대 대학원졸, 문학박사(배재대) 경푸른에듀센터 원장(현), CBS 유지이사(현), 대전시 송촌지구대 생활안전협의회 부회장·이사(현), 배재학당 이사(현), 새누리당 대전시당 여성위원장, 배재대 유아교육과 동문회장 2014년 대전시의회 의원(비례대표, 새누리당)(현) 2014년 同행정자치위원회 위원 2016년 同운영위원회 부위원장(현) 2016년 同산업건설위원회 부위원장(현)

최 성(崔 星) CHOI Sung

생1951·5·9 본경주(慶州) 출경북 포항 주충남 천안시 서북구 성환읍 대학로91 남서울대학교 컴퓨터학과(041-580-2101) 학1969년 동국고졸 1976년 동국대 시스템공학과졸 1980년 고려대 정보처리학과졸 1983년 연세대 산업대학원 전자계산학과졸 1999년 이학박사(강원대) 경1976년 한국기업은행 전산개발과 근무 1980년 조선대 전자계산학과 전임강사 1981년 한국전자계산(주) Kcc Prime Se 과장 1983년 제주은행 전산실장 1986년 한국생산성본부 OA추진사무국장 1994년 남서울대 컴퓨터학과 교수(현) 1994년 同산업기술연구소장 1995년 한국IT전문가협회 이사(현) 1999년 도산아카데미 유비쿼터스포럼 부위원장 2000년 한민족IT평화봉사단 단장 2000년 한국디지털정책학회 수석부회장(현) 2001년 한국게임학회 수석부회장 2002년 한국정보상학회 부회장 2002년 헌정포럼 정책위원장 2004년 나눔문화시민연대 공동대표 2004년 통일IT포럼 교육위원장·자문위원, 한국정보처리학회 이사 2005년 한국정보통신기술사협회 이사(현) 2008년 북한과학도서100만권지원 및 자립학운동본부 본부장(현) 2009~2013년 IT영재연구소 소장 2010년 평양과학기술대 이러닝센터장(현) 2013년 동북아정보연구원 원장(현) 2014년 (사)한국어정보학회 회장(현) 2014년 통일IT포럼 학술위원장(현) 2014년 중국 연변과학기술대 겸임교수(현) 2016년 한국서울남부섬유협동조합 연구소장(현) 상한국정보처리학회 우수논문상, 서울시 봉사상(1984), 교육부장관표창(2002), 해외장애인봉사 정통부장관표창(2003), 대한민국소프트웨어발전공로 대통령표창(2004), 게임기술개발 공로상(2007), 근정포장(2011), 제5회 도전한국인상 IT봉사부문(2013), 방송통신위원회 위원장표창(2013) 전'21세기 기술경영' '경영정보길라잡이' '비지니스리엔지니어링' 'C언어' '소프트웨어 엔지니어링' 'COBOL언어' 'BASIC언어' '컴퓨터개론' '회계시스템CBT' '가상기술응용' '전통예절 원격교육시스템' 종천주교

최 성(崔 星) CHOI Sung

생1963·8·10 본탐진(耽津) 출광주 주경기 고양시 덕양구 고양시청로10 고양시청 시장실(031-8075-2001) 학1982년 광주 송원고졸 1986년 고려대 정치외교학과졸 1988년 同대학원졸 1994년 정치학박사(고려대) 경1989년 한국기독교사회문제연구원 상임연구원 1995년 (사)통일정보센터 소장 1996년 아·태평화재단 책임연구위원 1997년 김대중 대통령후보 보안보좌역 1998년 제15대 대통령직인수위원회 통일·외교·안보분과 전문위원 1998년 대

통령 외교안보수석비서관실 국장 2000년 남북정상회담 준비접촉대표단 2001~2002년 대통령 정무수석비서관실 국장 2001년 고려대 아세아문제연구소 연구교수 2002년 미국 존스홉킨스대 교환교수 2002년 새천년민주당 노무현 대통령후보 정책자문단 자문교수 2002년 (사)남북경제협력진흥원 수석자문위원 2002년 제16대 대통령직인수위원회 정무분과 자문위원 2003년 대통령자문 정책기획위원회 위원 2003년 고양생활경제연구소 소장 2004~2008년 제17대 국회의원(고양 덕양구乙, 열린우리당·대통합민주신당·통합민주당) 2004·2006~2007년 열린우리당 원내부대표 2004년 국회 예산결산특별위원회 위원 2004년 국회 개혁초선연대 대표간사 2004년 국회 남북교류협력의원모임 대표 2007년 대통합민주신당 제2정책조정위원장 2008년 민주당 정책위원회 부의장 2008년 同경기도당 지방자치위원장 2008년 노무현재단 자문위원 2008년 (사)한반도평화경제연구원 원장 2008년 (사)세계경제인네트워크 회장 2010년 경기 고양시장(민주당·민주통합당·민주당·새정치민주연합) 2014년 경기 고양시장(새정치민주연합·더불어민주당)(현) 2016년 전국대도시시장협의회 회장(현) 賞미국 인명센터(ABI) 국제평화상·올해의 업적상, 영국 케임브리지 국제인명센터(IBC) 올해의 국제전문가상, 시사저널 차세대정치리더십, 서울일보 2011대한민국바른지도자상 공직부문(2011), 한일문화교류센터 한일문화대상 우수지역교류부문(2011), 대한민국경제리더대상 공공글로벌경영부문(2011), 대한체조협회 특별상(2012), 한국기자협회 감사패(2013), 한국의 최고경영인상 창의혁신경영부문(2013), 제1회 경기도행정 및 의정대상 자치행정부문 대상(2013), 국제평화언론대상 창조행정부문 대상(2013), 복지TV 자랑스러운 대한민국 복지대상 배려부문(2015), 한국을 빛낸 자랑스런 한국인 대상 지방행정발전 공로부문(2015), 대한민국 세종대왕 나눔봉사 대상(2015), 지방자치행정대상(2016) 著'현대사회주의 비교연구'(1990) '소련공산당의 해체와 북한사회주의의 진로'(1991) '보리스 옐친 : 옐친과 러시아의 권력투쟁'(1993) '김대중의 3단계 통일방안'(1995) '북한정치사 : 김정일과 북한의 권력엘리트'(1997) '금강산에서 패션쇼를 하고 싶다'(1999) '황금알을 낳는 IT사업 10계명(共)'(2001) '김정일과 현대북한정치사'(2002) '김정일과 현대북한체제'(2002) '부자 엄마, 행복한 아빠 프로젝트'(2003) '아내만큼 경의선이 좋은 남자'(2008) '김대중 잠언론 : 배움'(2009) '큰 강과 바다는 물을 가리지 않는다'(2010, 다산초당) '울보시장 : 가슴으로 쓰는 시정일기'(2013, 다산북스) '작은 움직임이 고양을 바꿉니다'(2014, 스토리3.0) 宗기독교

최성광(崔成光)

生1959 ㊐세종특별자치시 절재로180 인사혁신처 취업심사과(044-201-8470) 學영남대 법학과졸, 경북대 대학원 형사법학과졸 經1985년 동양제철화학 입사, (주)OCI 인사관리팀장, 同GA/ER(총무·노사협력분야) 총괄임원(상무) 2015년 인사혁신처 취업심사과장(서기관)(현)

최성권

生1965·8·1 ㊐서울 영등포구 여의대로70 신한금융투자 고객자산운용본부(02-3772-1000) 學1986년 인하대 회계학과졸 經1982년 외환은행 입사 1992년 하나은행 입사 1999년 신한금융투자 입사 2003년 同논현지점장·리테일영업기획부장·인사부장 2009년 同IB기업금융부장·IB RM센터장 2012년 同IB기업금융본부장 2013년 同IB투자금융본부장 2015년 同IB기업금융본부장 2016년 同고객자산운용본부장(현)

최성규(崔聖奎) CHOI Sung Kyu (聖山)

生1941·7·25 出충남 연기 ㊐인천 남구 인하로458 인천순복음교회 담임목사실(032-421-2591) 學1961년 서울 용문고졸 1965년 명지대 경영관리학과졸 1978년 한세대 신학과졸 1991년 명예 신학박사(미국 베데스다대) 2005년 명예 문학박사(명지대) 經1981년 기독교 대한하나님의성회에서 목사 안수 1982년 여의도순복음교회 교무국장 1983년 인천순복음교회 당회장 목사(현) 1988년 인천성시화운동본부장 1990·1993·2000년 기독교 대한하나님의성회 총회장 1992년 순복음신학원 이사장 1993년 인천기독교연합회 총회장 1994년 성산청소년효재단 이사장(현) 1995년 성산청소년효행봉사단 이사장 1996년 한국기독교총연합회 공동회장 1996~2015년 성산효대학원대 설립자·총장 2000년 한국비디오성서통신대 학장 2001년 기독교총연합회 대표회장 2002년 한국오순절교회협의회 대표회장 2002~2008년 효실천운동협의회 상임회장 2002년 할렐루야축구단 공동대표 2002~2003년 한국기독교교회협의회(KNCC) 회장 2004~2005년 한국기독교총연합회(CCK) 대표회장 2005년 광복60년기념사업추진위원회 고문 2006년 대통령산하 저출산고령화대책위원회 종교인대표위원 2006~2014년 한국효운동단체총연합회 대표회장, 同명예회장(현) 2007~2015년 성산효대학원

대 총장 2009년 기독교 대한하나님의성회 국내총회장 2010년 同통합총회 총회장 2011~2014년 전국대학원대학교협의회 회장 2012년 한국복음주의 신학대학협의회 회장 2013년 인천시사회복지협의회 명예회장(현) 2014년 (사)한반도평화해협력포럼 이사장(현) 2014년 성산효나눔재단 이사장(현) 2015년 성산하모니복지재단 이사장(현) 2015년 (사)한국대학원대학교육협의회 이사장(현) 2016년 성산효대학원대 설립자 및 이사장(현) 賞대통령표창(1992·2011), 대한적십자사 총재 헌혈유공금장(1996), 문화관광부장관표창(1998), 국민포장(1999), 제12회 한국기독교선교대상 목회자부문 대상(2001), 제4회 한국교회 연합과 일치상(2009), 국무총리표창(2010), 국민훈장 석류장(2016) 著'행복한 우리가정'(1996) '효의 길, 사람의 길(共)'(1999) '효학개론'(2001) '하늘의 복, 땅의 복' '성령에 사로잡힌 사람' '효신학개' '효가 살아야' '최성규의 시편' '1일1장1독+1효 시리즈' '101일 성경통독 특별새벽기도회' '아들아(1,2,3권)' '성경적인 삶 시리즈' '교회복지목회론' '효 운동하는 목사 최성규의 고집' '효와 행복' 등

최성기(崔成起) CHOI Sung Kee

生1950·12·28 ㊐서울 서초구 헌릉로12 현대자동차(주)(02-3464-1114) 學고려대 경영학과졸 經1983년 현대자동차(주) 입사, 同베이징현대자동차 기획본부장(상무), 同중국 동평위에다기아 총경리(전무) 2008년 현대·기아자동차그룹 중국사업본부장(부사장) 2013년 북경현대기차유한공사 총경리(부사장) 2014~2015년 현대자동차그룹 중국사업총괄 사장 2015년 同고문(현)

최성기(崔成基) CHOI Sung Ki

生1958·12·10 出경북 안동 ㊐부산 남구 자성로152 한일오피스텔12층 (주)비락 부회장실(051-630-7201) 學안동고졸, 계명대 경영학과졸, 고려대 경영대학원졸 經1984년 (주)한국야쿠르트 입사, 同경영지원부문 이사 2007년 (주)비락 총괄부사장 2009년 同대표이사 사장 2014년 同부회장(현) 賞2014 한국낙농대상 유가공부문(2014)

최성길(崔成吉)

生1961·12·24 出경북 경주 ㊐경기 의정부시 녹양로34번길23 의정부지방법원(031-828-0114) 學1980년 우신고졸 1986년 서울대 사법학과졸 經1996년 사법시험 합격(38회) 1999년 사법연수원 수료(28기) 1999년 서울지법 동부지원 판사 2001년 同판사 2003년 창원지법 판사 2004년 창원지법 함안군·의령군 판사 2007년 인천지법 부천지원 판사 2011년 서울중앙지법 판사 2013년 서울동부지법 판사 2014년 춘천지법 부장판사 2016년 의정부지법 부장판사(현)

최성남(崔聖男) CHOI Seong Nam

生1965·12·20 出강원 춘천 ㊐울산 남구 법대로45 울산지방검찰청 차장검사실(052-228-4302) 學1983년 강원사대부고졸 1987년 서울대 법학과졸 經1992년 사법시험 합격(34회) 1995년 사법연수원 수료(24기) 1995년 부산지검 동부지청 검사 1997년 춘천지검 영월지청 검사 1998년 서울지검 검사 2000년 울산지검 검사 2002년 수원지검 안산지청 검사 2004년 창원지검 검사 2007년 同부부장검사 2007년 법무연수원 파견 2009년 수원지검 평택지청 부장검사 2009년 울산지검 공안부장 2010년 대검찰청 공안2과장 2011년 同공안1과장 2012년 서울고검 검사 2012년 서울중앙지검 공공형사수사부장 2013년 同공안1부장 2014년 울산지검 형사1부장 2014년 서울고검 검사 2015년 서울남부지검 형사1부장 2016년 울산지검 차장검사(현)

최성락(崔盛洛) Sungrak Choi

生1954·1·6 出경북 의성 ㊐전남 무안군 청계면 영산로1666 목포대학교 고고학과(061-450-2151) 學1972년 경남고졸 1979년 서울대 고고학과졸 1982년 同대학원 고고학과졸 1992년 문학박사(서울대) 經1982~1994년 목포대 고고학과 전임강사·조교수·부교수 1994년 同고고학과 교수(현) 1996~1999년 한국상고사학회 회장 1997~2003년 목포대 박물관장 1998~2003년 한국대학박물관협회 부회장 2003년 미국 오리건대 방문연구원 2007~2010년 목포대 박물관장 2012~2015년 국사편찬위원회 위원 2014~2015년 한국고고학회 회장 2015년 문화재위원회 사적분과 위원장(현) 著'한국 원삼국문화의 연구' '한국고고학의 방법과 이론' '영산강유역의 고대사회'(編) '고고학연구 방법론(編) '고고학 여정'(2001, 주류성) '한국 고고학의 새로운 방향'(2013, 주류성)

최성락(崔成洛) CHOI Sung Rak

[생]1964 · 8 · 10 [본]수성(隋城) [출]전남 무안 [주]세종특별자치시 도움4로13 보건복지부 복지행정지원관실(044-202-3110) [학]1983년 광주고졸 1988년 성균관대 경제학과졸 2002년 고려대 생명공학원 식품산업최고경영자과정 수료 2010년 이학박사(조선대) [경]1989년 행정고시 합격(33회) 1990년 보건사회부 행정사무관 1993년 同보험정책과 사무관 1995~1999년 보건복지부 장관실 · 식품정책과 · 보건산업정책과 사무관 2000년 同약무식품정책과 서기관 2001년 식품의약품안전청 행정법무담당관 2003년 보건복지부 기획관리실 정보화담당관 2004년 同보건정책국 식품정책과장 2005년 同건강정책국 건강정책과장 2006년 식품의약품안전청 식품본부 유해물질관리단장(부이사관) 2007년 同식품본부장 2007년 同유해물질관리단장 겸임 2008년 同식품안전국장 2011년 보건복지부 저출산고령사회정책실 보육정책관 2012년 同대변인 2014년 同보건의료정책실 보건의료정책관 2015년 同사회복지정책실 사회서비스정책관 2016년 同사회복지정책실 복지행정지원관(국장급)(현) [상]대통령표창(2001) [저]'식품위생법의 이해'(2002)

최성룡(崔成龍) CHOI Seong Ryong

[생]1950 · 5 · 4 [본]전주(全州) [출]전남 영암 [학]1969년 나주종합고졸 1990년 한국방송통신대 행정학과졸 1999년 전남대 행정대학원졸 2007년 행정학박사(호서대) [경]1977년 소방간부후보생 1기 임용(소방 경위) 1989년 전남도 민방위국 소방과장 1991년 목포소방서장 1992년 광주 동부소방서장 1995년 전남도 소방본부장 1999년 행정자치부 소방국 방호과장 2000년 중앙소방학교장(소방정감) 2002년 서울시 소방방재본부장 2004년 행정자치부 소방혁신기획단 파견 2005~2008 · 2010~2012년 대불대 소방행정학과 교수 2008~2009년 소방방재청장 2012년 세한대 소방행정학과 교수, 한국소방복지재단 이사장 [상]전남도지사표창, 내무부장관표창, 근정포장(1991), 뉴거버넌스 리더십메달(2008), 황조근정훈장(2012) [저]'최신소방법규해설집' '필승 소방법규문제집' '물질의 연소이론' '화재조사론' '소방학총론' '화재방호론'(정인사) '소방학영어강독'(중앙소방학교) '소방학개론'(119magazine · 교육문화사 · 퍼펙트) '핵심소방승진고시-시리즈'(와이즈위) '예방실무'(교육문화사) '구조구급실무'(교육문화사) '화재조사학'(교육문화사) [종]기독교

최성배(崔星培) CHOI Sung Bae (月松)

[생]1952·1·1 [본]경주(慶州) [출]전남 해남 [주]서울 양천구 목동서로225 대한민국예술인센터1017호 한국문인협회(02-744-8046) [학]1970년 목포공고졸 1986년 한국방송통신대 국문학과 수료 [경]1986년 '동촌문학'에 '도시의 불빛' 으로 소설가 등단 2000년 국제펜클럽 한국본부 회원(현) 2007년 계간 '한류문예' 주간 2009년 계간 '문학사계' 상임편집위원 2011년 국학자료원 운영위원장 2011년 (사)한국문인협회 이사(현) 2013년 계간문예 편집위원 2016년 (사)한국소설가협회 이사(현) 2016년 월간 한국소설 편집위원(현) [상]문학저널 창작문학상(2008), 한국문학 백년상(2010), 한국소설 문학상(2015) [저]시집 '내 마음의 거처'(1998) '파란 가을하늘 아래서는 그리움도 꿈이다'(2002) '뜨거운 바다'(2006) 소설집 '물살'(2000) '발기에 관한 마지막 질문'(2001) '무인시대에 생긴 일'(2003) '개밥'(2005) '은밀한 대화'(2007) '흔들리는 불빛들'(2011) '나비의 뼈'(2016) 장편소설 '침묵의 노래'(2004) '그 시간을 묻는 말'(2008) '바다건너서'(2010) '내가 너다'(2012) '별보다 무거운 바람'(2014) 산문집

최성배(崔誠倍) CHOI Sung Bae

[생]1969 · 10 · 31 [출]인천 [주]서울 서초구 서초중앙로157 서울중앙지방법원(02-530-1114) [학]1988년 장훈고졸 1992년 서울대 법대졸 2004년 미국 듀크대 Lawschool 졸(LL. M.) [경]1991년 사법시험 합격(33회) 1994년 사법연수원 수료(23기) 1994년 軍법무관 1997년 서울지법 판사 1999년 同남부지원 판사 2001년 춘천지법 판사 2002년 同화천군법원 판사 2005년 서울고법 판사 2007년 대법원 재판연구관 2009년 창원지법 부장판사 2010년 사법연수원 교수 2012년 의정부지법 고양지원 부장판사 2014년 서울중앙지법 부장판사(현)

최성범(崔性範) Choi, Sungbum

[생]1959 · 8 · 13 [본]삭녕(朔寧) [출]서울 [주]전북 완주군 삼례읍 삼례로443 우석대학교 신문방송학과(063-290-1358) [학]1977년 대광고졸 1982년 서울대 경영학과졸 1984년 同대학원 경영학과졸 2003년 경영학박사(국민대) [경]1986년 한국일보 사회부 기자 1988년 서울경제신문 정경부 기자 1994년 同국제부 기자 1998년 同정경부 금융팀장 1999년 同금융부장 2000년 同성장기업부장 2001년 同출판부장 2003년 뉴시스 경제부장 2004년 신한금융지주 홍보팀장, 同전략기획팀장 2006년 同전략기획팀 부장 2007년 토마토TV 보도본부장 2007년 국민대 경영대 겸임교수 2009년 법률TV 경영기획실장 2012년 우석대 신문방송학과 교수(현) [상]한국기자협회 이달의기자상(1998) [저]'한국경제를 읽는 77가지 테마'(1998) '미디어경영'(2013) [역]'찰리메릴과 주식투자의 대중화'(2008) '미디어전략경영론'(2013)

최성봉(崔聖奉) CHOI Sung Bong

[생]1958 · 10 · 7 [출]충북 청주 [주]대전 유성구 과학로169의84 한국항공우주연구원 위성연구본부(042-860-2114) [학]1981년 중앙대 기계공학과졸 1984년 同대학원 기계공학과졸 1991년 기계공학박사(미국 Louisiana Tech Univ.) [경]1984~1985년 AL-ZAMIL Refrigeration Co. 서울지사 근무 1985년 현대자동차(주) 연구원 1991년 현대중공업 중앙연구소 선임연구원 1992년 한국전자통신연구원 선임연구원 1995년 한국항공우주연구원 책임연구원, 同통신위성그룹장 2003년 同통신해양기상위성사업단장 2009년 同위성연구본부 통신해양기상위성사업단장 2011년 同정지궤도위성체계팀 책임연구원 2015년 同위성연구본부장(현)

최성식(崔成植) Choi Sung Sik

[생]1948 · 12 · 10 [주]울산 중구 종가로345 한국산업인력공단 감사실(052-714-8520) [학]1969년 남해고졸 1971년 진주교대 교육학과졸 1981년 대구대 지역사회개발학과졸 1989년 국민대 교육대학원 교육학 · 상담심리학석사 [경]1971~1972년 난령초 교사 1972~1973년 해양초 교사 1973~1975년 난령초 교사 1975~1977년 성안초 교사 1977~1981년 양사초 교사 1981~1983년 옥성초 교사 1983~1986년 염포초 교사 1986~1989년 신리초 교감 1989~1993년 서부초 교사 1993~1996년 양윤초 교사 1996~1998년 서부초 교감 1998년 울산시교육청 장학사 2000년 同장학관 2003년 영화초 교장 2004년 약수초 교장 2005년 울산시 강남교육청 초등교육과장 2008~2010년 同강남교육장 2010년 울산시 교육의원선거 출마 2012~2014년 한국폴리텍대학 울산캠퍼스 명예교수 2014년 한국산업인력공단 상임감사(현) 2014년 학교법인 한국기술교육대 비상임감사 겸 학교법인 한국폴리텍대학 비상임감사(현) [상]문교부장관표창(1984), 과학기술처장관표창(1985), 국무총리표창(1988)

최성식(崔盛植) Seong-Sik, CHOI

[생]1963 · 2 · 1 [출]서울 [주]경기 용인시 처인구 동부로61 용인송담대학교 총장실(031-330-9105) [학]1981년 대원고졸 1990년 미국 Towson State Univ. 수학과졸 1998년 성균관대 대학원 기계공학과졸 [경]1991~1993년 (주)효성 철강3부 근무 1995~2000년 용인송담대 기획관리실장 2000~2002년 학교법인 송담학원 사무국장 2002년 용인송담대 자동차기계과 교수, 同산학협력단장, 同국제교육원장, 同부총장 2009년 同총장(현)

최성안(崔成安) CHOI SUNG AN

[생]1960 · 11 · 2 [주]서울 강동구 상일로6길26 삼성엔지니어링(02-2053-3000) [학]마산고졸, 서울대 기계공학과졸 [경]1989년 삼성엔지니어링 입사 2005년 同화공사업팀 PM(부장) 2008년 同에너지사업팀 PD(상무이사) 2012년 同조달부문장(전무이사) 2014년 同화공사업본부장(부사장)(현)

최성열(崔成烈) Choi Seong Ryeol

[생]1951 · 6 · 1 [본]해주(海州) [출]충북 음성 [주]경기 성남시 분당구 황새울로360번길42 분당스퀘어16층 (주)다날쏘시오(031-780-9952) [학]1970년 안법고졸 2000년 한국방송통신대 행정학과졸 2003년 성균관대 경영대학원 마케팅학과졸(경영관리학석사) [경]1984년 체신부 공보관실 근무 1994년 정보통신부 공보관실 근무 2006년 同우정사업본부 경영기획실 홍보팀장 2008년 지식경제부 우정사업본부 경영기획실 홍보팀장 2009년 同우정사업본부 홍보팀장 2011년 同우정사업본부 홍보담당관 2011~2012년 한국우편사업진흥원 홍보자문위원 2013~2015년 한국산업기술시험원 홍보위원 2015년 (주)다날쏘시오 부사장(현) [상]모범공무원 국무총리표창(1985), 우수공무원 국무총리표창(2000), 녹조근정훈장(2011) [종]천주교

최성영(崔城永) Choi Sung-young

[생]1958·10·23 [주]서울 영등포구 은행로38 한국수출입은행 남북협력본부(02-3779-6013) [학]1977년 경북고졸 1985년 서강대 경영학과졸 1997년 미국 오레곤대 대학원 경영학과졸(MBA) [경]1985년 한국수출입은행 입행 2004년 同인사부 인사팀장 2007년 同선박금융부 팀장 2009년 同북경사무소장 2010년 同인사부장 2011년 수은아주금융유한공사 사장 2014년 한국수출입은행 해양금융종합센터이전추진단장 2014년 同해양금융종합센터장(부행장) 2015년 同해양금융본부장(부행장) 2016년 同남북협력본부장(부행장)(현) 2016년 남북교류협력지원협회 비상임감사(현)

최성영(崔成榮) choi seongyoung

[생]1971·9·24 [출]전북 장수 [주]전북 군산시 해망로583 군산세무서(063-470-3201) [학]1989년 서울 대원고졸 1994년 한양대 경제학과졸 [경]2005년 행정고시 합격(48회) 2006년 익산세무서 총무과장 2007년 국세청 납세지원국 납세홍보과 근무 2009년 남양주세무서 재산1과장 2010년 국세청 재산세국 종합부동산세과 사무관 2012년 서울지방국세청 국제거래조사국 국제조사관리과 사무관 2013년 국세청 징세법무국 법무관 법무1계장(사무관) 2014년 同징세법무국 법무과 법무1계장(서기관) 2015년 군산세무서장(현)

최성완(崔盛椀)

[생]1973·6·2 [출]서울 [주]경기 고양시 일산동구 호수로550 사법연수원(031-920-3164) [학]1992년 경기고졸 1997년 서울대 공법학과졸 [경]1997년 사법시험 합격(39회) 2000년 사법연수원 수료(29기) 2000년 공익법무관 2003년 부산지검 검사 2005년 의정부지검 고양지청 검사 2008년 서울북부지검 검사 2010~2012년 외교통상부 파견 2013년 서울북부지검 부부장검사 2013년 서울중앙지검 부부장검사 2014년 수원지검 성남지청 부부장검사 2015년 제주지검 부장검사 2016년 사법연수원 교수(현)

최성원(崔誠元) CHOI Sung Won

[생]1969·12·8 [본]경주(慶州) [출]서울 [주]서울 서초구 서초중앙로85 가산빌딩8층 광동제약(주) 비서실(02-6006-7777) [학]1988년 영동고졸 1992년 서울대 경영학과졸 1996년 일본 게이오대 경영대학원졸 [경]1992년 광동제약(주) 입사 2000년 同상무이사 2001년 同전무이사 2004년 同부사장 2005년 同사장 2013년 同대표이사 사장 2013년 한국표준협회 비상근부회장(현) 2015년 광동제약(주) 대표이사 부회장(현) 2015년 코리아e플랫폼(주) 대표이사 사장 2016년 同대표이사 부회장(현)

최성은(崔聖銀·女) CHOE Song Eun

[생]1956·1·7 [본]경주(慶州) [출]서울 [주]서울 도봉구 삼양로144길33 덕성여자대학교 미술사학과(02-901-8404) [학]1977년 이화여대 영문학과졸 1979년 홍익대 대학원 미술사학과졸 1991년 미술사학박사(미국 일리노이대) [경]1980~1985년 문교부 예술원 연구원 1985년 덕성여대 예술대 동양화과 강사 1986~1988년 미국 일리노이대 미술사학과 조교 1989~1991년 영남대·성신여대·이화여대·숙명여대 강사 1992~1996년 덕성여대 예술대 동양화과 조교수 1997~2003년 同인문학부 미술사전공 부교수 2002·2005~2009년 同박물관장 2003년 同미술사학과 교수(현) 2005년 강원도 문화재위원(현) 2007~2015년 문화재위원회 건축문화재분과 위원 2007년 한국미술사교육학회 회장 2007년 서울시 문화재위원(현) 2011~2015년 문화재위원회 동산문화재분과 위원 2015년 한국고대학회 회장(현) 2015년 덕성여대 박물관장(현) 2015년 동양미술사학회 회장(현) [저]'철불'(1995) '석불, 돌에 새긴 정토의 꿈'(2003) '석불·마애불'(2004) 외 다수 [역]'동양미술사(共)'(1993) '중국미술사(共)'(1999) '중국의 불교미술'(2001) [종]불교

최성일(崔誠日) Choi Seongil

[생]1963·2·23 [본]해주(海州) [출]전남 보성 [주]세종특별자치시 노을6로8의14 국세청 자산과세국 자본거래관리과(044-204-3471) [학]1982년 광주동신고졸 1984년 세무대학졸 1997년 한국방송통신대 경영학과졸 2000년 성균관대 경영대학원 경영학과졸 [경]1994~2005년 국세청 재산세과 근무 2005~2013년 국세공무원교육원 교수과 근무 2014년 여수세무서장 2015년 서울지방국세청 조사3국 조사1과장 2015년 국세청 자산과세국 자본거래관리과장(현) [상]근정포장(1997), 모범공무원 국무총리표창(2004), 우수공무원 대통령표창(2010) [저]'상속세와 증여세 실무'(2012, 삼일인포마인)

최성재(崔聖載) CHOI Sung Jae

[생]1946·9·13 [본]전주(全州) [출]서울 [주]경기 고양시 일산동구 하늘마을로106 한국노인인력개발원 원장실(031-8035-7500) [학]경북고졸 1970년 서울대 사회사업학과졸 1980년 미국 워싱턴대 대학원졸 1984년 사회복지학박사(미국 케이스웨스턴리저브대) [경]1984년 이화여대 사회사업학과 조교수 1986~1994년 서울대 사회복지학과 조교수·부교수 1992년 同사회복지연구소장 1993년 세계노년학회 아시아·오세아니아지역학회 사회조사·기획분과소위원회 공동위원장 1994~2012년 서울대 사회복지학과 교수 1994년 同사회복지학과장 1994년 한국노년학회 부회장 1994년 KSB 객원해설위원 1994년 보건복지부 사회복지심의위원 1994년 한국치매협회 부회장 1995년 경실련 사회복지정책분과 위원장 1995년 한국가족학회 부회장 1996년 미국 남가주대 교환교수 1997년 한국사회복지사협회 부회장 1999년 한국사회복지교육협의회 회장 1999년 세계노년학회 아시아·오세아니아지역대회 조직위원장 1999년 기독교윤리실천운동본부 사회복지위원장 2001년 한국노년학회 회장 2001년 세계노년학회 아시아·오세아니아지역 회장 2002년 한국사회복지학회장 2003년 한국노인의전화 회장 2004년 미국 UCLA 교환교수 2005년 대통령직속 저출산고령사회위원회 위원 2005~2013년 한국노인인력개발원 이사장 겸 선임이사 2005년 제20차 서울국제노년학·노인의학회 세계대회조직위원회 사무총장 2006~2010년 사회복지공동모금회 이사 2006년 서울시장정책자문단 복지분과위원장 2007~2009년 보건복지가족부 지역사회서비스혁신위원회 위원장 2007년 서울 마포구지역사회복지협의체 공동위원장 2008년 보건복지가족부 저출산고령사회위원회 위원 2011년 서울대 노화고령사회연구소장 2011년 보건복지부 장기요양위원회 위원 2012년 서울대 명예교수(현) 2012년 새누리당 국민행복추진위원회 편안한삶추진단장 2012년 한양대 공공정책대학원 석좌교수 2013년 제18대 대통령직인수위원회 고용복지분과 간사 2013년 대통령 고용복지수석비서관 2013년 국제노년학·노인의학회 사무총장(현) 2015년 한국노인인력개발원 원장(현) [상]국민포장(2000·2012), 서울시장표창(2007), 대통령표창(2008), 한국사회복지협의회 우봉봉사상(2011), 국제노년학노인의학회장상(2013) [저]'사회문제와 사회복지(共)'(2000) '사회복지조사방법론'(2005) '사회복지자료분석론'(2005) '한국의 사회보장(共)'(2005) '사회복지행정론(共)'(2006) '새로 시작하는 제3기인생'(2007, 서울대출판부) '사회복지개론(共)'(2007) '노인복지학(共)'(2007) '모든 세대가 함께하는 고령화사회(共)'(2012) 'Aging in Korea(共)'(2013) '사회복지실천의 고유성(共)'(2013) [역]'임상사회복지사정류체계(共)'(2000) [종]기독교

ㅊ

최성재(崔盛在) Choi Sung Jea

[생]1959·10·20 [출]부산 [주]서울 중구 남대문시장10길2 (주)신세계푸드 비서실(02-3397-6058) [학]1978년 부산해동고졸 1983년 중앙대 행정학과졸 [경](주)신세계 경영지원실 기획팀장 2006년 同이마트부문 생활용품담당 상무보 2007년 同이마트부문 생활용품담당 상무 2009년 同이마트부문 가공식품담당 상무 2011년 (주)이마트 가공식품담당 부사장보 2012년 同식품본부장(부사장보) 2015년 同식품본부장(부사장) 2015년 (주)신세계푸드 대표이사(현)

최성재(崔聖在) choi seong jae

[생]1966·11·2 [본]해주(海州) [출]충북 괴산 [주]강원 춘천시 중앙로1 강원도의회(033-256-8035) [학]인천 광성고졸, 한라대 신소재화학공학과졸 [경]서민희망연대 강원연대 부총재(현), 원주시풋살연합회 수석부회장(현), 새원주로타리클럽 회장, 원주시자율방범대 부연합대장, 원주시새마을회 이사(현), 원주시번영회 상임위원(현), 민주평통 원주시협의회 자문위원(현) 2014년 강원도의회 의원(새누리당)(현) 2014년 同운영위원회 부위원장 2014년 同경제건설위원회 위원 2016년 同새누리당 원내부대표(현) 2016년 同기획행정위원회 위원(현) [상]보병 제7사단장표창(1986), 원주시 모범시민상(2006), 원주경찰서장표창(2008), 원주시의회 의장표창(2012) [종]불교

최성주(崔盛周) Choi Sung-joo

[생]1958·3·8 [본]수성(隋城) [출]전남 장성 [주]서울 종로구 사직로8길60 외교부 인사운영팀(02-2100-7136) [학]1981년 서울대 불어불문학과졸 1987년 프랑스 파리제11대 대학원 국제법학과졸 [경]1980년 외무고시 합격(14회) 1980년 외무부 입부 1988년 駐유네스코 2등서기관 1990년 駐세네갈 1등서기관 1996년 駐오스트리아 참사관 1999년 외교통상부 군축원자력과장 2001년 駐미국 참사관 2004년 駐멕시코 공사참사관 2005년 외교통상부 국제기구협력관 2007년 駐브라질 공사 2007~2008년 유엔 미사일 정부전문가패널 2009년 駐알제리 대사 2012년 전남도 국제관계대사 2013~2015년 외교부 국제안보대사 겸 서울사이버스페이스총회 준비기획단장 2013년 유엔 사무총장 군축자문위원 2015년 외교부 평가담당대사 2016년 駐폴란드 대사(현) [종]불교

최성준(崔成俊) CHOI Sung Joon

[생]1957·7·12 [본]전주(全州) [출]서울 [주]경기 과천시 관문로47 방송통신위원회 위원장실(02-2110-1200) [학]1975년 경기고졸 1979년 서울대 법과대학 법학과졸 1981년 同대학원 법학과 수료 [경]1981년 사법시험 합격(23회) 1983년 사법연수원 수료(13기) 1984년 해군법무관 1986년 서울민사지법 판사 1989년 서울형사지법 판사 1990년 제주지법 판사 1992년 서울지법 북부지원 판사 1994년 법원행정처 송무국 송무심의관 겸임 1996년 서울고법 판사 1998년 특허법원 판사 2000년 수원지법 부장판사 2002년 서울지법 부장판사 2004년 서울중앙지법 부장판사 2004~2014년 인터넷주소분쟁조정위원회 위원 2005년 특허법원 부장판사 2006년 同수석부장판사 2006~2011년 한국정보법학회 회장 2007년 서울고법 부장판사 2009~2012년 지적재산권법연구회 회장 2010~2012년 서울중앙지법 민사수석부장판사 2012~2014년 춘천지법원장 겸 서울고법 부장판사 2012~2014년 강원도선거관리위원회 위원장 2014년 방송통신위원회 위원장(장관급)(현)

최성진(崔成鎭) Choi seungjin

[생]1955·9·21 [주]경기 가평군 가평읍 문화로131 가평군시설관리공단(031-8078-8031) [학]1973년 설악고졸 1975년 인천체육전문대학 경기과졸 [경]1993년 현대스포츠센터 대표 2000년 (주)대수연 대표이사, (주)오성스포츠 전무이사, 다이아몬드스포츠 대표, 코엑스스포츠 대표, 유성조경 대표, 설악중·고총동문회 회장, 대한수영연맹 이사, 서울시수영연맹 수석부회장, 가평군재향군인회 이사, 가평군학교폭력추방협의회 위원 2006~2010년 경기 가평군의회 의원 2006~2008년 同부의장 2010년 경기 가평군의원선거 출마(무소속) 2013년 가평군시설관리공단 이사장(현)

최성진(崔成眞) CHOI Seong Jin

[생]1966·3·4 [출]전남 구례 [주]서울 중구 퇴계로100 스테이트타워 남산 법무법인 세종(02-316-4405) [학]1984년 대성고졸 1990년 서울대 법과대학 법학과졸 1997년 同법과대학원 법학과졸 2003년 미국 산타클라라대 로스쿨 수료(LL. M.) 2011년 서울대 법학전문대학원 박사과정 수료 [경]1991년 사법시험 합격(33회) 1994년 사법연수원 수료(23기) 1994년 軍법무관 1997년 서울지검 검사 1999년 청주지검 제천지청 검사 2000년 서울지검 북부지청 검사 2004년 수원지검 검사 2004~2007년 법무부 형사사법통합정보체계추진단 파견 2006년 수원지검 부부장검사 2007년 同여주지청 부장검사 2008년 서울고검 검사 2008년 법무연수원 교수 2009년 대검찰청 디지털수사담당관 2010년 대구지검 부장검사 2010년 금융위원회 금융정보분석원 심사분석실장 2011년 부산지검 형사3부장 2012년 대전지검 홍성지청장 2013년 수원지검 성남지청 부장검사 2014년 대검찰청 과학수사기획관 2014년 법무법인 세종 변호사(현) 2015년 금융정보분석원 자금세탁방지 정책자문위원(현)

최성필(崔盛弼) CHOI Seong Pil

[생]1968·9·25 [출]전남 광양 [주]서울 도봉구 마들로747 서울북부지방검찰청 형사4부(02-3399-4307) [학]1986년 순천 매산고졸 1992년 성균관대 법학과졸 1994년 同대학원졸 [경]1996년 사법시험 합격(38회) 1999년 사법연수원 수료(28기) 1999년 서울지검 의정부지청 검사 2001년 전주지검 정읍지청 검사 2002년 광주지검 검사 2004년 同목포지청 검사 2005년 서울중앙지검 검사 2008년 수원지검 검사 2011년 同성남지청 부부장검사 2011년 법무연수원 교수 2013년 청주지검 부장검사 2014년 의정부지검 형사5부장 2015년 인천지검 공안부장 2016년 서울북부지검 형사4부장(현)

최성해(崔成海) CHOI Sung Hae

[생]1953·6·7 [출]경북 영주 [주]경북 영주시 풍기읍 동양대로145 동양대학교 총장실(054-630-1005) [학]1971년 대구고졸 1978년 단국대졸 1985년 미국 템플대 대학원 경영학과졸 1991년 교육학박사(미국 워싱턴대) [경]1986~1988년 미국 필라델피아경제인협회 사무총장 1990~1993년 Fort Dix Baptist 부목사 1994년 동양대 총장(현) 1996년 학교법인 현암학원 이사(현) 1998~2012년 산업제어기술원 이사장 2005년 (사)영주FM방송 이사장(현) 2010~2012년 한국대학교육협의회 이사 2010~2012년 대구·경북지역대학교육협의회 회장 2010년 한국교회언론회 이사장(현) 2011년 한국대학총장협회 이사(현) 2012년 한국대학법인협의회 이사(현) 2015~2016년 한국사립대학총장협의회 회장 2015~2016년 한국대학교육협의회 부회장 [저]'교육개혁 이대로는 안된다'(1998) '교수평가와 연봉제(共)'(2000) [종]기독교

최성현(崔成炫) CHOI Sung Hyun (철한)

[생]1965·3·23 [본]해주(海州) [출]강원 홍천 [주]강원 춘천시 중앙로1 강원도의회(033-256-8035) [학]강원고졸, 관동대 토목공학과졸, 강원대 일반대학원 관광경영학과졸 [경]대우자동차판매(주) 춘천광장 대표(현), 한나라당 강원도당 청년위원회 부위원장, 同강원도당 청년위원장, 춘천시배드민턴협회 부회장 2006년 춘천시의원선거 출마 2010년 춘천시의원선거 출마(한나라당), 제19대 김진태 국회의원후보 유세본부장 2013년 춘천중앙라이온스클럽 회장 2014년 강원도의회 의원(새누리당)(현) 2014·2016년 同운영위원회 위원(현) 2014년 同기획행정위원회 부위원장 2016년 同새누리당 정책위원(현) 2016년 同경제건설위원회 위원(현) [종]기독교

최성현(崔聖鉉) Sunghyun Choi

[생]1970·5·7 [주]서울 관악구 관악로1 서울대학교 공대 전기·정보공학부(02-880-8425) [학]1992년 한국과학기술원 전기전자과졸(학사) 1994년 同전기전자 석사 1999년 전기컴퓨터공학박사(미국 Univ. of Michigan) [경]1999~2002년 미국 Philips Research 연구원·팀장 2002~2006년 서울대 공대 전기공학부 조교수 2004~2010년 한국통신학회 기획위원회 위원 2006~2011년 서울대 전기공학부 부교수 2009~2010년 미국 스탠퍼드대 방문교수 2011~2015년 한국통신학회 국제저널위원회 집행이사 2011년 서울대 공대 전기공학부 교수 2012년 同공대 전기·정보공학부 교수(현) 2013년 국제전기전자공학회(IEEE) 석학회원(현) 2015년 한국통신학회 상임이사(현) [상]삼성전자 휴먼테크 논문상 동상(1997), ACM 공로상(2005·2007), IEEE Standards Association 표준공로상(2005), 제1회 RFID/USN 논문상(2005), 서울대 공대 우수강의상(2006), IEEK 및 IEEE Joint Award for Young IT Engineer of the Year(2007), 경찰청 감사장(2007), 서울대 공대 우수연구상(2008), 과학기술부 및 한국과학기술한림원 '제11회 젊은과학자상'(2008), 서울대 공과대학 신양공학학술상(2011), KICS Dr. Irwin Jacobs Award(2013), 2020년 한국을 이끌 100대 기술의 주역 선정(2013) [저]'Broadband Wireless Access & Local Networks : Mobile WiMAX and WiFi(共)'(2008) [종]기독교

최성호(崔聖浩) CHOI Sung Ho (義鏡)

[생]1937·8·29 [본]전주(全州) [출]충북 충주 [주]서울 강서구 강서로420 서울호서전문학교(02-3660-0281) [학]1956년 충주고졸 1983년 미국 연방수사국국립학교 범죄수사학과 수료 1991년 한국방송통신대 영어영문학과졸 2011년 同대학원 행정학과졸 [경]1988년 경찰청 국제형사담당 1990년 충북지방경찰청 수사과장 1991~1995년 駐시카고총영사관 치안영사 1995~1997년 서울 강서경찰서장 1998~2009년 중앙경찰학교 강사 1999년 제68차 인터폴서울총회 사무국부국장 2000~2005년 선인테크놀로지 수출입담당 부사장 2005~2009년 호원대 서울산학협력센터 법경찰학부 겸임교수 2007~2010년 한국예절대학원 부원장 2010년 호원대 강사 2010년 태권도9단최고고단자회 부회장, 同상임위원(현) 2011년 서울호서전문학교 외래교수(현), (사)한국주례전문인협회 이사, 同주례달인(현) 2011년 KBS 1라디오 '지금은 실버시대' 출연 2011~2012년 국기원 자문위원 2013년 경민대 국제교육원 강사(현) 2014년 주례스토리국·영문주례전문인(현) [상]녹조근정훈장, 국민훈장 동백장, 대통령표창(3회), 국무총리표창, 내무부장관표창, 미국 법집행기관장감사패(20회), 미국 시카고교민감사장(10회) [저]'가는 곳을 정하면 길이 있다'(1998)

최성호(崔成浩) CHOI, Sungho

[생]1959·3·7 [본]경주(慶州) [출]대구 [주]경기 성남시 수정구 대왕판교로825 한국국제협력단 임원실(031-740-0130) [학]1978년 서울고졸 1982년 한국외국어대 노어과졸 1989년 미국 아메리칸대 대학원 경제학과졸 2016년 한경대 대학원 생물기업정보학박사과정 수료 [경]1990~1991년 국제민간경제협의회(IPECK) 소련경제부 연구원 1991년 한국국제협력단(KOICA) CIS과장·예산과장·개발조사팀장·인사교육팀장·홍보실장 2004~2007년 同필리핀사무소장 2008년 同정책연구실장, 同경제개발부장 2009년 同기획경영부장 2009~2010년 경기도가족여성연구원 경기가족여성포럼 운영위원 2009~2010년 숙명여대 외부전문가 입학사정관 2010~2013년 한국국제협력단(KOICA) 인도네시아사무소장 2013~2015년 同월드프렌즈본부장 2013~2015년 여성가족부 정책자문위원회 위원 2013~2015년 문화체육관광부 세종학당정책협의회 위원 2015년 한국국제협력단(KOICA) 지역사업이사(현) 2015~2016년 조선일보 NCS직업기초능력평가시험 운영위원회 위원 [저]'지역연구 : 몽골-ODA를 중심으로'(1992, 한국국제협력단) '지역연구 : 방글라데시-ODA를 중심으로'(1993, 한국국제협력단) '참여적 개발 및

Good Goverance : 개념 및 정책방향'(1999, 한국국제협력단) '남남협력의 개황– TCDC를 중심으로'(2000, 한국국제협력단) '공적개발원조의 역사(編)'(2001, 한국국제협력단) 'OECD/DAC의 개발혁력 주요규범과 정책적 시사점 : 환경과 개발'(2009, KIEP) [종]기독교

최성호(崔星昊)

[생]1960·12·2 [출]인천 [주]경기 수원시 영통구 삼성로 129 삼성전자(주) 임원실(031-200-1114) [학]인천고졸, 성균관대 무역학과졸 [경]1982년 삼성전자(주) 입사, 同구주총괄 경영지원팀장(상무보) 2007년 同영상디스플레이지원팀장(상무) 2010년 同영상디스플레이지원팀장(전무) 2013년 삼성디스플레이(주) 부사장 2014년 삼성코닝어드밴스드글라스 이사 2016년 삼성전자(주) 경영지원실 지원팀장(부사장)(현)

최성호(崔聖浩) CHOI Seong Ho

[생]1965·4·10 [출]광주 [주]경기 과천시 관문로47 방송통신위원회 기획조정관실(02-2110-1320) [학]1984년 광주인성고졸 1988년 연세대 행정학과졸 1994년 同행정대학원 도시행정학과졸 [경]1993년 행정고시 합격(36회) 1996년 정보통신부 정보화기획실 정보화제도과 근무 1998년 同정보화기획실 기획총괄과 사무관 2000년 同차관 비서관 2003년 광주우편집중국 국장 2005년 정보통신부 정보통신정책국 지식정보산업팀장 2006년 대통령비서실 행정관 2007년 정보통신부 통신위원회 이용자보호팀장 2008년 방송통신위원회 통신이용자보호과장 2009년 同방송통신진흥정책과장 2010년 同통신이용제도과장 2012년 同네트워크정책국 네트워크기획과장 2013년 미래창조과학부 정보화전략국 정보화기획과장 2014년 同정보통신방송정책실 정책총괄과장 2015년 방송통신위원회 창조기획담당관(부이사관) 2016년 同기획조정관(현) [종]기독교

최성환(崔星煥) CHOI SUNG HWAN

[생]1956·10·15 [본]수성(隨城) [출]경기 화성 [주]경기 의왕시 원골로56 안양대리구청(031-458-4441) [학]가톨릭대 신학과졸 [경]1983년 사제서품 1983~1984년 북수동성당 보좌신부 1984~1985년 평택성당 보좌신부 1985~1987년 반월동성당 주임신부 1987~1991년 군종신부 1991~1997년 송서성당 주임신부 1997~2001년 호평성당 주임신부 1998~2001년 청소년복음화위원회 위원(안양1지구) 2001~2005년 수원교구 사제평의회 위원 2001~2005년 同관리국장 2001~2005년 同2010위원회 총무 2001~2005년 본당분할추진위원회 위원 2001~2005년 수원교구 재무평의회 위원 2002~2005년 同참사회 위원 2002~2005년 同성김대건신부현양위원회 위원 2002~2003년 同교구설정40주년기념준비위원회 위원·상임위원회 위원·사무국 위원·사업분과위원회 위원 2003~2005년 故김남수주교기념사업위원회 위원 2003~2005년 수원교구 재해대책위원회 위원 2004~2005년 同미리내성지보존대책위원회 위원 2005~2006년 안식년 2006~2011년 산본성당 주임신부 2006~2009년 안양대리구 사제평의회 위원(군포지구장) 2010~2013년 수원교구 교구설정50주년기념준비위원회 상임위원회 위원·기념사업분과 위원장 2011~2014년 동수원성당 주임신부 2014년 천주교 수원교구 안양대리구장(현) [종]가톨릭

최성환(崔聖煥) Sung Whan CHOI

[생]1956·12·1 [출]대구 [주]서울 영등포구 63로50 한화생명보험(주) 보험연구소(02-789-8884) [학]1976년 배재고졸 1980년 고려대 경제학과졸 1989년 미국 펜실베이니아대 대학원 경제학과졸 1991년 경제학박사(미국 펜실베이니아대) [경]1980~2000년 한국은행 조사부·국제부·워싱턴과 근무 2000~2006년 조선일보 경제신문기자 2004년 고려대 국제대학원·경영전문대학원 겸임교수(현) 2006년 SBS라디오 '정석문의 섹션라디오' 고정출현(현) 2006~2012년 대한생명보험 경제연구소 상무 2007년 조선일보 방일영문화재단 이사(현) 2008년 전국경제인연합회 한국경제위원회 위원(현) 2009년 한국국제금융학회 이사 2009년 한국연금학회 이사(현) 2012년 대한생명보험 은퇴연구소장 2012년 한화생명보험(주) 은퇴연구소장 2014년 同보험연구소장(현) [저]'얼굴 없는 대통령'(2003, 태학사) '직장인을 위한 생존경제학'(2006, 원앤원북스) '고전과 논술(共)'(2006, 조선일보) '고전과 논술 2008(共)'(2007, 조선일보) '생각이 부(富)를 결정한다(共)'(2008, 무한) '역사, 미래와 만나다(건국 60년 기념 강연집)(共)'(2009, 서강애드넷) '최성환의 지청구 경제학'(2010, W미디어) '비하인드 은퇴스토리(共)'(2013, W미디어) '영화 속 은퇴스토리'(2013, W미디어) '3만 달러 시대, 패러다임이 바뀐다'(2014, W미디어) '통계로 보는 은퇴스토리'(2014) [역]'기부2.0(共)'(2013, W미디어) '억만장자 아빠가 딸에게 보내는 편지(共)'(2013, 한경매거진)

최성환(崔成煥) Sung-Hwan Choi

[생]1957·10·15 [출]서울 [주]서울 영등포구 은행로38 한국수출입은행 임원실(02-3779-6010) [학]1976년 보성고졸 1982년 성균관대 통계학과졸 1997년 미국 일리노이대 대학원 경제학과졸 [경]1981년 한국수출입은행 입행 1994년 同해외투자정보센터 조사역 1995년 同홍보실 차장 겸 홍보역 1996년 同국제금융부 차장 겸 조사역 2000년 同워싱턴주재원 차장 2002년 同워싱턴주재원 부부장 겸 선임조사역 2003년 同선박금융실 금융3팀장 2004년 同선박금융부 선박금융2팀장 2004년 同선박금융부 선박금융1팀장 2005년 同비서실장 2006년 同워싱턴사무소장 2008년 同국제금융부장 2009년 국내 연수 2010년 한국수출입은행 기획부장 2011년 同국제금융부장 2012년 同재무관리본부장(부행장) 2015년 同건설플랜트금융본부 선임부행장(상임이사)(현)

최성환(崔星煥) CHOI SUNG HWAN

[생]1961·4·14 [출]충북 괴산 [주]충남 아산시 신창면 황산길100의50 경찰대학 운영지원과(041-968-2114) [학]1980년 충북고졸 1986년 충북대 법학과졸 2003년 서강대 경영대학원 MBA 수료 [경]1987년 청와대 101경비단 근무 1990년 치안본부 인사교육부 근무 2004년 제주도 해안경비단 902대대장 2005년 서울 마포경찰서 교육과장 2007년 서울 양천경찰서·마포경찰서·용산경찰서 경무과장 2011년 서울 마포경찰서·강남경찰서 생활안전과장 2014년 충남지방경찰청 치안지도관 2014년 충북지방경찰청 경비교통과장 2015년 대전중부경찰서장 2016년 경찰대학 운영지원과장(현) [상]국무총리표창(2000·2005)

최성환(崔誠桓) Choi Sung Hwan

[생]1968·8·18 [출]대전 [주]서울 서초구 반포대로158 서울중앙지방검찰청 특수3부(02-530-4600) [학]1987년 우신고졸 1991년 국민대 법학과졸 [경]1996년 사법시험 합격(38회) 1999년 사법연수원 수료(28기) 1999년 서울지검 북부지청 검사 2001년 광주지검 목포지청 검사 2003년 광주지검 검사 2005~2007년 대구지검 검사 2007년 서울중앙지검 검사 2011년 인천지검 검사 2011년 同부부장검사 2012년 서울중앙지검 부부장검사 2013년 부산지검 동부지청 형사3부장 2014년 전주지검 정읍지청장 2015년 서울남부지검 형사5부장 2016년 서울중앙지검 특수3부장(현) [종]불교

최성훈

[생]1973 [주]경기 수원시 장안구 경수대로1110의17 중부지방국세청 송무과(031-888-4013) [학]성보고졸, 서울대 사회학과졸, 同행정대학원 행정학과졸(석사), 同대학원 정책학 박사과정 수료 [경]2001년 사법시험 합격(43회) 2004년 사법연수원 수료(33기) 2004년 국회예산정책처 예산분석관 2005~2007년 감사원 심사2담당관실 부감사관·국가전략사업평가단 부감사관 2007년 법무법인 대아 변호사 2008년 변호사 개업 2015년 중부지방국세청 송무과장(현)

최세균(崔世均) CHOI Se-Gyun (그빛)

[생]1947·5·1 [본]전주(全州) [출]경기 안성 [주]서울 종로구 창신10길27 상록수문학교회(02-6204-8117) [학]서울신학대 신학과졸, 연세대 연합신학대학원졸, 명예 문학박사(미국 트리니티대), 서울예술대 최고위과정(문화예술사)졸 [경]1975~1980년 가나안농군학교 교무과장 1980~2010년 안산 그사랑교회 설립·담임목사 1993년 계간 상록수문학 창간 발행인 겸 주간(현) 2003~2005년 한국문인협회 안산지부장(시인) 2007~2010년 (주)코레스 비상근이사 2015년 상록수문예원 원장(현) 2015년 한국문인협회 서정문학연구위원장(현) 2015년 서울 상록수문학교회 담임목사(현) [상]제4회 순수문학상 본상(1996), 성호문학상(2000), 경기문학상(2002), 안산시장상(2005) [저]시집 '그 하늘'(1993) '사랑하게 하소서'(1993) '유서를 보여주시겠습니까'(1996) '울고 있는 그대에게'(1997) '그나라 가는 길에'(1999) '빛'(2007) 수필집 '그사랑 빛이 되어'(1998) '나는 가슴으로 운다'(1999) '들에 핀 꽃을 보라'(2005) [종]기독교

최세균(崔世均) CHOI Se Kyoon

[생]1956·1·11 [주]전남 나주시 빛가람로601 한국농촌경제연구원(061-820-2000) [학]서울 경신고졸, 동국대 농업경제학과졸, 同대학원졸, 농업경제학박사(미국 퍼듀대) [경]성균관대 강사, 미국 퍼듀대 연구조교, 한국농촌경제연구원 책임연구원·연구위원 2001년 同국제농업연구실장 2004년 同선임연구위원 2006~2008년 同국제농업연구센터장 2010년 同글로벌협력연구본부장

2012년 同부원장 2012~2013년 同FTA이행지원센터장 겸임 2013~2016년 同원장 2016년 同연구·경영자문위원(현) [저]'우루과이라운드(UR) 농산물협상백서(共)'(1994) '한국의 FTA전략(共)'(2003) '한-칠레 FTA협상백서(共)'(2004) '농업부문 FTA 추진전략 연구 및 D/B구축(共)'(2006) '동아시아 경제통합(共)'(2009)

최세훈(崔世勳) CHOI Se Hoon

[생]1963·12·28 [출]부산 [주]서울 서대문구 충정로60 KT&G 서대문타워10층 법무법인 지평(02-6200-1817) [학]1982년 부산남고졸 1986년 서울대 법학과졸, 미국 Stanford Law School Visiting Scholar [경]1990년 사법시험 합격(32회) 1993년 사법연수원 수료(22기) 1993년 부산지검 검사 1995년 대구지검 경주지청 검사 1997년 서울지검 의정부지청 검사 1999년 대구지검 검사 2001년 법무부 법무심의관실 검사 2003년 서울지검 검사 2004년 대검찰청 검찰연구관 2004년 서울중앙지검 검사 2005년 청주지검 부부장검사 2006년 대구지검 공판부장(해외연수) 2007년 서울동부지검 부부장검사(미국 파견) 2008년 부산지검 특수부장 2009년 법무부 법조인력정책과장 2010년 서울고검 검사 2011년 대전지검 홍성지청장 2012년 서울동부지검 형사1부장 2013년 의정부지검 고양지청 차장검사 2014년 대구지검 포항지청장 2015~2016년 서울고검 공판부장 2016년 법무법인 지평 변호사(현) [상]검찰총장표창(2000), 대통령표창(2004)

최세훈(崔世勳) CHOI Se Hun

[생]1967·11·14 [출]서울 [주]경기 성남시 분당구 판교역로235 H스퀘어 N동6층 (주)카카오(070-7492-1300) [학]1990년 연세대 경영학과졸 1994년 미국 펜실베이니아대 와튼스쿨 MBA [경]1994~2000년 ING Barings 미주본부·서울지점 근무 2000년 (주)라이코스코리아 경영지원본부장(CFO) 2002년 (주)다음커뮤니케이션 EC사업본부장 2002년 同경영지원부문장(기획재무본부·경영지원본부·신사업본부 총괄 CFO) 2004~2008년 다음다이렉트자동차보험(주) 대표이사 2008년 (주)다음커뮤니케이션 이사회 의장 2009~2014년 同대표이사 사장 2013~2015년 한국인터넷자율정책기구(KISO) 이사회 의장 2014~2015년 다음카카오 공동대표이사 2015년 (주)카카오 최고재무책임자(CFO)(현) [상]매경이코노미 선정 '올해의CEO상'(2012)

최송화(崔松和) CHOI Song Wha (晴潭)

[생]1941·6·27 [본]화순(和順) [출]경북 김천 [주]서울 관악구 관악로1 서울대학교 법과대학(02-880-7537) [학]1959년 경기고졸 1963년 서울대 법과대학 행정학과졸 1966년 同대학원 법학과졸 1998년 명예 법학박사(대구대) [경]1971~2006년 서울대 법과대학 전임강사·조교수·부교수·교수 1977~1978년 미국 하버드대 옌칭연구소·법과대학 객원교수 1982~2000년 사법시험·외무고시·행정고시·입법고시·군법무관시험·변리사시험·공인감정사시험 시험위원 1983~1984년 법무부 행정심판법·행정소송법개정안심의위원회 위원 1983~1988년 감사원·법무부·총무처 정책자문위원 1985~1996년 내무부·법무부·외무부·경찰청 행정심판위원 1987~1991년 중앙공무원교육원 겸임교수 1993년 국무총리 행정심판위원 1993~1997년 국토이용계획심의위원 1993~2002년 중앙토지수용위원 1993~1998년 대법원공직자윤리위원 1994~1996년 정보공개법안심의위원회 위원장 1995~1996년 행정절차법안 심의위원회 위원 1995~1999년 자연보호중앙협의회 이사 1996~1998년 대통령자문 교육개혁위원회 위원 겸 제4소위원회 위원장 1996~1998년 서울대 부총장·총장 직대 1996~2001년 지방자치제도발전위원회 위원 1996~1998년 서울시정개발연구원 이사 1998~2002년 감사원 행정심판위원 1998~2000년 새교육공동체위원회 대학위원회 위원장 1999~2000년 한국공법학회 회장, 同고문(현) 2000~2007년 한국하버드옌칭학회 회장 2000~2010년 한호연구소(KAREC) 공동자문위원장 2001~2002년 중국 연변대 객원교수 2001~2006년 헌법재판소 공직자윤리위원 2002~2003년 서울대평의회 의장 2002~2005년 민주화운동관련자명예회복및보상 심의위원 2002~2005년 법원행정처 행정소송법개정위원회 위원 2002~2006년 대한변호사협회 변호사징계위원 2002~2013년 동아시아행정법학회 이사 2002~2004·2010~2012년 同이사장 2003년 국무총리산하 인문사회연구회 이사장 2004년 동남아한국학회 자문위원회(KoSASA) 위원장(현) 2005~2011년 한국행정판례연구회 회장 2005~2006년 국무총리산하 경제·인문사회연구회 이사장 2005년 안중근의사기념관 건립위원회 이사 2006~2009년 3.1문화상 48·49·50·51회 심사위원 및 49·50·51회 심사위원장 2006~2008년 법제처 알기쉬운법령만들기위원회 위원장 2006~2010년 대법원 공직자윤리위원회 위원장 2006년 서울대 명예교수(현) 2006~2007년 교육인적자원부 연구윤리확립추진위원회 부위원장 2006~2010년 영남대 법학전문대학원 석좌교수 2008년 대법관제청자문위원회 위원장 2010년 법제처 알기쉬운법령만들기자문위원회 위원장 2010년 한국연구원(KRI)·호주 Univ. of New South Wales 공동자문위원장(현) 2010~2012년 한국행정법학회 회장, 同고문(현) 2010~2015년 (재)의사안중근장군장학회 이사장 2011~2014년 한국행정판례연구회 고문 2011~2014년 법무부 행정소송법개정위원회 위원장 2013년 법제처 행정소송법알기쉽게쓰기자문위원회 위원장(현) 2014~2016년 대법원산하 사법정책연구원 원장 [상]서울대 30년 근속표창(1997), 국민훈장 동백장(1998) [저]'행정법Ⅰ·Ⅱ(共)'(1973) '한국행정판례집 상·중·하(共·編)'(1976) '판례교재 행정법(共)'(1980) '법치행정과 공익'(2002) '공익론'(2002·2013) '21세기 동북아 문화공동체의 구상(共·編)'(2004) '행정판례평선(共)'(2011) [역]'독일경제행정법(共)'(1996) [종]천주교

최수규(崔壽圭) CHOI Su Gyu

[생]1959·11·9 [출]전북 전주 [주]대전 서구 청사로189 중소기업청 차장실(042-481-4310) [학]1978년 전주고졸 1983년 고려대 경영학과졸 [경]1997년 대전·충남지방중소기업청 지원협력과장 1998년 同조사관리과장 2000년 중소기업청 기획관리관실 행정법무담당관 2001년 同경영지원국 판로지원과장 2003년 同기획예산담당관 2004년 同기획관리관실 기획예산법무담당관(서기관) 2004년 同기획관리관실 기획예산법무담당관(부이사관) 2004년 同중소기업정책국 정책총괄과장 2006년 대통령직속 중소기업특별위원회 국장 2007년 국방대 파견 2007년 중소기업청 기술경영혁신본부장 2008년 同창업벤처국장 2010년 경기지방중소기업청장(일반직고위공무원) 2011년 중소기업청 중소기업정책국장 2013~2014년 대통령 경제수석비서관실 중소기업비서관 2014년 중소기업청 차장(현)

최수연(崔修演)

[생]1961·12·22 [주]전북 전주시 덕진구 아중로136 효진빌딩4층 전라북도관광협회(063-287-6292) [학]원광대 행정대학원 최고정책관리자과정 수료, 전북대 경영대학원 최고경영자과정 수료 [경](유)동양실업해외관광 대표이사(현), (유)동양실업 회장(현), (유)동양산업개발 회장(현), (주)루미덕트ENG 회장(현), 전북도체육회 이사, 전북도전세버스운송사업조합 부이사장, 전북전국여행관광버스사업협동조합 이사장(현), 익산경찰서 경찰발전위원회 위원장(현), 익산마한로타리 부회장(현) 2014년 전북도관광협회 회장(현)

최수영(崔水榮) CHOI Soo Young

[생]1953·10·20 [본]해주(海州) [출]서울 [주]강원 춘천시 한림대학길1 한림대학교 바이오메디컬학과(033-248-2112) [학]1980년 연세대 생화학과졸 1982년 同대학원 생화학과졸 1986년 이학박사(미국 Univ. of Tennessee, Knoxville) [경]1987~1988년 미국 Univ. of California, Berkeley, Post-Doc. 1988년 한림대 바이오메디컬학과 교수(현) 1994~1996년 同교무부처장 1998년 同기획처장 2001년 同산학협력단장 겸 특성화사업단장 2003년 한국생화학분자생물학회 간사장 2003~2006년 한림대 교무연구처장 2006~2010년 BMB Reports 편집위원장 2006년 한국과학기술한림원 정회원(현) 2007~2010년 한림대 부총장 2010년 한국뇌신경과학회 회장 2011~2012년 스크립스코리아항체연구원(SKAI) 연구본부장 2012년 생화학분자생물학회 부회장 2012~2014년 한림대 부총장 2013년 강원도컨벤션뷰로 이사장(현) 2014년 생화학분자생물학회 회장 2015년 한국연구재단 책임전문위원(CRB)(현) 2015년 국가생명공학종합정책심의회위원(현) [상]한국과학기술단체총연합회 우수논문상(1996·2004), 대통령표창(2001), 강원인대상(2005), 한국생화학분자생물학회 학술지 최다인용상(2008·2014), 강원도문화상 학술부문(2011), 동곡상 교육연구부문(2011), 강원도 10대 특허상(2013), 미래창조경영대상(2014), 무사강연학술상(2015), 한국생화학분자생물학회 국제학술대회 학술지상 최다인용상(2016)

최수일(崔樹一) CHOI Soo Il (해조)

[생]1952·4·1 [본]경주(慶州) [출]경북 울릉 [주]경북 울릉군 울릉읍 도동2길66 울릉군청 군수실(054-791-6001) [학]대구고부설방송통신고졸, 대구공업대 인테리어디자인학과졸 [경]1985년 (주)동해관광 전무 1989년 한국청소년회의소(JC) 울릉군지부 회장 1989년 울릉군심장병어린이돕기 후원회장(현) 1989년 울릉장학회 이사(현) 1991~2006년 울릉군의회 의원 1995~1998·2002년 同의장 1999년 同교육협의회장 2006년 경북 울릉군수선거 출마(한나라당) 2010년 경북 울릉군수선거 출마(무소속) 2011년 경북 울릉군수(재보선, 무소속·새누리당) 2014년 경북 울릉군수(새누리당)(현) [상]대통령표창(2001), 농협중앙회 지역농업발전선도인상(2016) [종]불교

최수태(崔秀泰) CHOI Su Tae (정운)

⑧1953·10·5 ⑧경남 진주 ㈜광주 남구 송암로73 송원대학교 총장실(062-360-5750) ⑩1972년 진주고졸 1975년 진주교육대졸 1987년 한국방송통신대 행정학과졸 1993년 고려대 교육대학원졸 1999년 철학박사(미국 아이오와대) ⑳1977~1981년 국민학교 교사 1979년 행정고시 합격(23회) 1982~1990년 경남도교육청 근무 1990~1994년 교육부 감사관실·기획관리실 사무관 1994년 순천대 교무과장 1998년 교육부 교육정책담당관 1999년 同대학사제도과장 2001년 교육인적자원부 감사담당관 2001년 경남도교육청 부교육감 2004년 대통령 교육문화비서관 2005~2007년 인천시교육청 부교육감 2008년 미국 연방과학재단 파견 2009년 교육과학기술부 인재정책기획관 2009년 同교육선진화정책관 2010년 同인재정책실장 2010~2011년 同교원소청심사위원장 2011년 송원대 총장(현) ⑥대통령표창, 교육부장관표창 ⑧천주교

최수현(崔守鉉) Choi Soo Hyun

⑧1955·8·15 ⑧충남 예산 ㈜서울 성북구 정릉로77 국민대학교 경영대학(02-910-4345) ⑩1975년 서울고졸 1981년 서울대 생물교육과졸 1983년 同행정대학원졸 2008년 중앙대 대학원 정책학 박사과정 수료 ⑳1982년 행정고시 합격(25회) 1983년 재무부 국고국·경제협력국·이재국·재무정책국·재정경제원 금융정책실 근무 1998년 World Bank Senior Officer 2003년 대통령 경제정책수석비서관실 행정관 2008년 금융위원회 기획조정관 2008년 한나라당 정책위원회 수석전문위원 2009년 금융위원회 금융정보분석원장 2011년 금융감독원 수석부원장 2013~2014년 同원장 2015년 국민대 경영대학 석좌교수(현)

최수환(崔秀桓) CHOI Soo Hwan (友村)

⑧1938·5·7 ⑧경주(慶州) ⑧경북 포항 ⑩1957년 계성고졸 1961년 성균관대 법정대 경제학과졸 1981년 서울대 경영대학원 수료 1983년 同행정대학원 수료 ⑳1962~1965년 해군 복무(중위 예편) 1975~2014년 우촌장학회 회장 1977년 삼협압접 사장 1978년 홍익재활의료원 재단이사장 1980년 수안상사·수안기계 사장 1981년 제11대 국회의원(전국구, 민주한국당) 1982년 민주한국당 정책심의회 건설분과위원장 1988년 통일민주당 포항지구당 위원장 1988년 同경북도당 부위원장 1990년 기봉산업 회장 1994년 아남그룹 상임고문·㈜세라믹코리아 회장·㈜대륭 회장 1996~1998년 경북매일신문 대표이사 회장 1999년 ㈜한통보안공사 대표이사 1999년 일요서울신문 부회장 2000~2012년 (사)국민화합운동본부 총재 2004년 한국기독당 상임대표 2005년 기독민주복지당 총재, 기독당 대표 ⑧기독교

최수환(崔秀煥) CHOI Soo Hwan

⑧1964·7·8 ⑧광주 ㈜광주 동구 준법로7의12 광주지방법원 수석부장판사실(062-239-1114) ⑩1982년 광주 석산고졸 1988년 서울대 사법학과졸 ⑳1988년 사법시험 합격(30회) 1991년 사법연수원 수료(20기) 1991년 광주지법 판사 1993년 同장흥지원 판사 1995년 광주지법 판사 1998년 同나주시법원 판사 1999년 광주지법 판사 2002년 광주고법 판사 2004년 대법원 재판연구관 2005년 광주지법 민사10부 판사 2006년 同부장판사 2007년 사법연수원 교수 2009년 광주지법 해남지원장 2011년 同순천지원장 2013년 광주지법 부장판사 2014년 광주고법 부장판사 2016년 광주지법 수석부장판사(현) 2016년 언론중재위원회 위원(현)

최숙아(女) Sook Ah Choi

⑧1968 ㈜서울 중구 칠패로37 HSBC빌딩16층 르노삼성자동차㈜ 재무본부(02-3707-5000) ⑩덕성여대 영어영문학과졸, 미국 보스턴대 대학원 경영학과졸 ⑳삼성증권 국제영업팀 애널리스트, 포스코 국제금융팀·IR팀 근무, 이베이코리아 재무본부 부장, 에어리퀴드코리아 상무(CFO), 同북미지역본부 전략기획실장, 에어리퀴드USA 부사장 2014년 르노삼성자동차㈜ 재무본부장(CFO)(현)

최숙자(女)

⑧1961·7·7 ㈜부산 부산진구 자유평화로11 부산지방식품의약품안전청 운영지원과(051-602-6110) ⑩한국방송통신대 행정학과졸 ⑳2000년 식품의약품안전청 식품관리과 행정주사 2004년 부산지방식품의약품안전청 행정사무관 2005년 同의약품팀장 2008년 同의약품과장 2008년 同규제개혁법무담당관 2011년 식품의약품안전청 규제개혁담당관(서기관) 2012년 부산지방식품의약품안전청 의료제품안전과장 2013년 同식품안전관리과장 2013년 同운영지원과장 2015년 식품의약품안전처 통합식품안전정보망구축추진단 통합식품정보정책팀장 2016년 부산지방식품의약품안전청 운영지원과장(현)

최순권(崔淳權) CHOI Soon Kwon

⑧1955·8·15 ⑧통천(通川) ⑧전남 해남 ㈜서울 영등포구 국제금융로2길24 SK증권빌딩11층 유진투자증권 임원실(070-4261-6713) ⑩1981년 전남대 경영학과졸 2010년 서울대 최고경영자과정 수료 ⑳2004년 금융감독원 증권감독국장 2009년 ㈜유진투자증권 감사위원(현), 수정자산운용㈜ 부회장 ⑥금융감독원장표창, 재무부장관표창 ⑧불교

최순자(崔順子·女) Soonja Choe (我進)

⑧1952·12·24 ⑧경주(慶州) ⑧인천 ㈜인천 남구 인하로100 인하대학교 총장실(032-860-7000) ⑩1971년 인천 인일여고졸 1975년 인하대 화학공학과졸 1982년 미국 남가주대 대학원 화학공학과졸 1985년 고분자물리화학박사(미국 남가주대) 2002년 인하대 경영대학원졸 ⑳1986년 미국 매사추세츠주립대 연구원 1987~2015년 인하대 공대 화학공학과 교수 1992년 프랑스 ESPCI 초청연구교수 1996~2006년 인천사랑여성모임 대표 2002년 과학기술부 원자력이용발전전문위원회 위원 2003~2008년 국가과학기술위원회 기획조정전문위원 2004~2008년 한국여성공학기술인협회 회장 2004년 산업자원부 산업기술재단 테크노포럼·여성인력포럼 위원장 2006년 한국공학한림원 정회원(현) 2007~2009년 원자력위원회 위원 2008년 한나라당 제18대 국회의원 후보(비례대표) 2009년 한국산업기술미디어문화재단 초대 이사장 2010년 국가과학기술위원회 민간위원 2011년 (사)한국여성과학기술단체총연합회 회장 2011년 기초기술연구회 이사 2015년 인하대 총장(현) 2016년 인천가치재창조범시민네트워크 공동대표(현) 2016년 인천시체육회 부회장(현) ⑥인천시 과학기술상(1999), 국무총리표창(2002), 올해의 여성과학기술자상(2002), 부총리 겸 교육인적자원부장관표창(2005), 과학기술훈장(2007), 아모레퍼시픽 여성과학자상 최고상 '과학대상'(2007) ⑳'세상을 바꾸는 여성엔지니어'(2003) '세상을 바꾸는 여성엔지니어2'(2006) '과학기술인! 우리의 자랑'(2006) '스무살이 되는 당신 여자에게'(2007) ㉤편집서 'Who's the next'(2011) ⑧천주교

최순철(崔珣哲) CHOI Soon Chul

⑧1955·2·22 ㈜서울 종로구 대학로101 서울대학교 치의학대학원 구강악안면방사선학교실(02-2072-2622) ⑩1979년 서울대 치의학과졸 1982년 同대학원졸 1988년 치의학박사(서울대) ⑳1979~1982년 서울대병원 인턴·레지던트과정 수료 1982~1985년 군의관 복무(육군대위 예편) 1985~1988년 경북대 치과대학 전임강사·조교수 1989년 서울대 치과대학 치의학과 전임강사·조교수·부교수·교수 1992~1993년 미국 노스캐롤라이나대 방문교수 1997년 미국 워싱턴대 방문교수 1998~2003년 서울대 치과병원 구강악안면방사선과장 2001~2003년 同치과대학 구강악안면방사선학교실 주임교수 2002년 미국 코네티컷대 방문교수 2003년 서울대 치과대학 학생담당 부학장 2005년 同치의학대학원 구강악안면방사선학교실 교수(현) 2010~2013년 한국보건의료인국가시험원 이사 2011~2012년 서울대 치의학대학원장

최순호(崔淳鎬) CHOI Soon Ho

⑧1962·1·10 ⑧충북 괴산 ㈜경북 포항시 북구 중흥로231 동양빌딩7층 포항 스틸러스(054-282-2002) ⑩청주상고졸, 광운대졸 ⑳1981년 청소년 국가대표 축구선수 1987년 포항아톰즈 소속 1990년 LG치타스 소속 1991년 국가대표 축구선수 1993년 포항아톰즈 코치 1993년 프랑스 2부리그 RODEZ FOOTBALL CLUB 선수 1994년 프랑스 축구유학 1996년 2002월드컵청주오송유치위원회 집행위원 겸 섭외분과위원장 1998년 대한축구협회 기술위원 2001~2004년 프로축구 포항스틸러스 감독 2006년 실업축구 현대미포조선 돌고래축구단 감독 2007·2008년 실업축구 내셔널리그 2연패 2008~2011년 강원FC 프로축구단 감독 2012년 FC서울 미래기획단장 2013~2016년 대한축구협회 유소년리그(유치부·초·중등)담당 부회장 2016년 포항 스틸러스 감독(현) ⑥최우수신인상, 체육훈장 백마장, 최우수선수상

최순홍

⑧1950 ⑧서울 ㈜경기 안양시 동안구 엘에스로127 LS산전㈜ 비서실(1544-2080) ⑩경기고졸, 서강대 공과대학졸, 미국 조지워싱턴대 대학원 컴퓨터공학과졸, 미국 펜실베이니아대 대학원 와튼스쿨 MBA, 공공정책학박사(미국 조지워싱턴대) ⑳1981년 국제통화기금(IMF) 근무 2004~2007년 同정보통신기술실장 2007년 UN 사무국 초대정보통신기술국장(Chief Information Technology Officer·사무차장보급) 2012년 새누리당 박근혜 대통령후보 과학기술특보 2013년 대통령 미래전략수석비서관 2014년 LS산전㈜ 상근고문(현)

최승남(崔承南) CHOI Seung Nam

[생]1956·9·6 [출]광주 [주]서울 중구 서소문로116 울트라건설 대표이사실(02-3707-7000) [학]1975년 광주고졸 1980년 고려대 경제학과졸 [경]1979년 상업은행 입행 2000년 우리아메리카은행 지점장 2004년 우리은행 서소문지점장 2007년 同영업부장 2008년 同글로벌사업단장 2009년 同자금시장본부장(집행부행장) 2013년 우리금융지주 경영기획본부 부사장 2015년 호반건설 부사장 2016년 울트라건설 대표이사(현) [상]금융감독원장표창(2002), 부총리 겸 재정경제부장관표창(2007) [종]천주교

최승대(崔勝大) Choi, Seung Dae

[생]1956·4·21 [출]경북 경산 [주]경기 수원시 영통구 매영로345번길111 경기방송(031-210-0999) [학]1975년 대구고졸 1980년 연세대 토목공학과졸 1987년 서울대 대학원 환경계획학과졸 [경]공직입문(기술고시) 1999~2004년 경기도 건설본부장·파주시 부시장·화성시 부시장 2006년 경기도 건설교통국장 2006~2008년 용인시 부시장 2008~2009년 중앙공무원교육원 교육파견 2010년 안산시 부시장 2011년 용인시 부시장 2012년 남양주시 부시장 2012~2013년 경기도 행정2부지사 2013~2014년 경기도시공사 사장 2016년 경기방송 사장(현) [상]녹조근정훈장(1996) [저]'삶터·일터·꿈터- 최승대의 살기 좋은 도시 만들기'(2014)

최승덕 CHOI Seung Duk

[생]1957·1·12 [주]경기 과천시 관문로47 경인지방식품의약품안전청 식품안전관리과(02-2110-8040) [학]1986년 숭실대 법학과졸 [경]1987년 보건복지부 기획관리실 근무 1997년 국립보건원 보건고시관 근무 2001년 식품의약품안전청 식품안전과 사무관 2003년 대구지방식품의약품안전청 행정사무관 2006년 서울지방식품의약품안전청 운영지원팀장 2008년 同운영지원과장 2008년 국립독성과학원 연구지원과장 2009년 부산지방식품의약품안전청 고객지원과장 2012년 식품의약품안전청 식품안전국 주류안전관리과장 2013년 식품의약품안전처 소비자위해예방국 검사제도과장 2014년 同소비자위해예방국 검사제도과장 2015년 경인지방식품의약품안전청 식품안전관리과장(현)

최승덕(崔承德) Choi Seung Dueg

[생]1961·10·21 [출]서울 [주]경북 포항 남구 청암로67 포항산업과학연구원 재료공정연구소(054-279-6055) [학]1980년 광성고졸 1984년 연세대 금속공학과졸 1986년 同대학원 금속공학과졸 2002년 신소재공학박사(포항공과대) [경]1988~2010년 포항산업과학연구원(RIST) 신사업R&D 수석 2011년 포스코 신성장기술전략실장 2014년 同신사업투자기술기획실장 2015년 同신사업기획실장(상무) 2016년 포항산업과학연구원 재료공정연구소장(전무)(현)

최승복(崔承福) CHOI Seung Bok

[생]1955·1·2 [본]해주(海州) [출]경기 화성 [주]인천 남구 인하로100 인하대학교 기계공학과(032-860-7319) [학]1979년 인하대 기계공학과졸 1986년 미국 미시간주립대 대학원졸 1990년 공학박사(미국 미시간주립대) [경]1979~1984년 대한항공 기술연구소 연구원 1987년 미국 LORD Co. 연구원 1990~1991년 한국기계연구원 선임연구원 1991년 인하대 기계공학과 조교수·부교수·교수(현) 1995~2008년 한국소음진동공학회 편집이사 1999년 인하대 공과대학 부학장 2000년 한국공학한림원 준회원 2003~2004년 미국 메릴랜드대 방문교수 2008년 한국과학기술한림원 정회원(현) 2009~2012년 한국소음진동공학회 부회장 2012년 한국공학한림원 정회원(현) 2015년 인하대 대학원장(현) [상]한국공학한림원 젊은 공학인상(2000), 한국공학기술상(2000), 과학기술우수논문상(2002), 영국기계학회 최우수논문상(2004), 한국소음진동공학회 국제학술상(2007), 미국기계학회 최우수연구자상(2015) [저]'Encyclodia of Smart Materials(共)'(2002, John Wiley and Sons) 'Smart Materials and Structures : New Research(共)'(2007, Nova Science Publishers) '계측공학 : 기계적 물리량 측정의 이론 및 응용(共)'(2007, 도서출판 YOUNG) 'Smart Materials(共)'(2008, CRC Press) [역]'공학기술복합시대, Chapter 6 스마트 재료시스템(共)'(2003, 생각의 나무)

최승부(崔勝夫) CHOI Seung Boo (榮埈)

[생]1940·8·21 [본]경주(慶州) [출]경북 영주 [주]서울 서초구 서초중앙로118 카이스시스템빌딩 9층 법무법인 신우(822-561-7470) [학]1960년 서울사대부고졸 1964년 서울대 문리대학 사회학과졸 1987년 同행정대학원 국가정책과정(ACAD) 수료 1993년 숭실대 노사관계대학원졸 2001년 同대학원 법학과박사과정 수료 [경]1968년 행정고시 합격(6회) 1976~1978년 노동청 실업대책과·노정과장 1978년 駐요르단대사관 노무관 1981~1985년 노동부 노동조합·임금복지과장 1985년 노동연수원장 1987년 노동부 노정국장 1988년 국립노동과학연구소장 1989년 대통령 경제비서관(이사관) 1992년 노동부 노사정책실장(관리관) 1993년 한국노동교육원 원장 1993년 한국산업안전공단 이사장 1994~1996년 노동부 차관 1997년 한국노동연구원 자문위원 1997~2007년 순천향대 초빙교수 1997~2001년 숭실대 노사관계대학원 겸임교수 1999~2004년 법무법인 정현 상임고문 2004년 법무법인 신우 상임고문(현) [상]근정포장(1976), 홍조근정훈장(1991), 황조근정훈장(1997) [종]기독교

최승순(崔勝淳) CHOI Seung Soon

[생]1960·6·27 [본]통천(通川) [출]서울 [주]서울 강남구 영동대로517 아셈타워23층 법무법인(유) 화우(02-6003-7506) [학]1979년 신일고졸 1983년 고려대 법학과졸 1992년 미국 Boston Univ. Law School 법학석사 1993년 미국 Univ. of Pennsylvania Law School 법학석사 [경]1984년 사법시험 합격(26회) 1987년 사법연수원 수료(16기) 1987년 육군 법무관 1993년 미국 뉴욕주변호사시험 합격 1993~1998년 법무법인 충정 변호사 1997~2001년 숙명여대 법학과 겸임교수 1998년 사법연수원 강사 1998~2003년 법무법인 우방 변호사 2001년 대한상사중재원 대외무역분쟁조정인(현) 2003~2014년 법무법인 화우 변호사 2004년 인천시 외국인투자유치협의회 위원(현) 2006~2011년 서울시 정책자문단 위원 2009~2014년 한국금융투자협회 분쟁조정위원회 위원 2011~2012년 금융발전심의회 위원 2014년 법무법인(유) 화우 대표변호사(현)

최승억(崔勝億) Eric CHOI

[생]1957·1·20 [출]서울 [주]서울 서초구 강남대로465 교보타워 한국어도비시스템즈(02-530-8000) [학]이대부고졸 1981년 중앙대 기계공학과졸 1985년 미국 페어레이디킨슨대 공대 기계공학과졸 2006년 명지대 대학원 산업공학과졸 [경]1984년 미국 K.K.L.P.C. 근무 1989~1992년 씨이아이비즈니스컨설팅(CEI Business Consulting) 사장 1992~1998년 미국 뉴욕 KPMG Consulting Senior Manager 1998~2000년 오라클코리아 컨설팅서비스담당 Senior Director 2000~2002년 에스에이피코리아(SAP Korea) 한국지사장 2003~2005년 웹메소드코리아(WebMethods Korea) 한국지사장 2005년 시벨시스템즈코리아(Siebel Systems Korea) 한국지사장 2006~2008년 하나로텔레콤(주) 유통본부장(부사장) 2009~2011년 데이타크래프트코리아 대표 2011~2014년 다이멘션데이타코리아 대표 2014년 한국어도비시스템즈 대표이사(현) [상]제1회 자랑스러운 이대부고 동문인상(2011)

최승우(崔勝友) CHOI Seung Woo

[생]1946·12·28 [출]서울 [주]서울 서초구 바우뫼로198 신우개발(주) 비서실(02-2137-3000) [학]서울사대부고졸 1970년 성균관대 경제학과졸 [경]1972년 제일제당 경리과 입사 1978년 중앙일보 경리부 차장 1979년 同자금부장 1986년 同관리국장 겸 신문제작실무위원회 위원 1990년 同이사대우 1992년 삼성중공업(주) 이사 1993년 삼성종합건설 이사 1993년 삼성건설(주) 이사 1996년 삼성물산(주) 건설부문 상무, 신우개발(주) 대표이사 사장 2012년 同대표이사 회장(현)

최승우 Seung-Woo Choi

[생]1962 [주]서울 광진구 동일로427 카페베네 비서실(02-3438-6842) [학]서울대 영어영문학과졸 [경]소니코리아 본부장, 한국보랄석고보드 부사장 2013년 한앤컴퍼니 전무 2013~2015년 웅진식품(주) 대표이사 2015년 카페베네 CEO(사장) 2016년 同대표이사 사장(CEO)(현)

최승욱(崔勝昱) CHOI Seung Wook

[생]1960·11·2 [본]경주(慶州) [출]광주 [주]서울 종로구 사직로8길39 김앤장법률사무소(02-3703-4704) [학]1978년 광주 대동고졸 1983년 서울대 법학과졸 1985년 同대학원 법학과졸 [경]1986년 사법시험 합격(28회) 1989년 사법연수원 수료(18기) 1989~1995년 법무법인 중앙 변호사 1995년 미국 캘리포니아대 버클리교 로스쿨 객원연구원 1996~1997년 리인터내셔널법률사무소 변호사 1998년 광주지법 판사 1999년 광주고법 판사 2002년 서울지법 남부지원 판사 2004년 대구지법 포항지원 부장판사 2006년 수원지법 부장판사 2008년 서울남부지법 부장판사 2010년 서울중앙지법 부장판사 2013~2014년 서울동부지법 부장판사 2014년 김앤장법률사무소 변호사(현)

최승원(崔勝元) CHOI Seung Won

생1957·5·23 본해주(海州) 출서울 주서울 성동구 왕십리로222 한양대학교 융합전자공학부(02-2220-0366) 학1980년 한양대 전자공학과졸 1982년 서울대 대학원졸 1985년 미국 시라큐스대 대학원졸 1988년 공학박사(미국 시라큐스대) 경1987년 미국 시라큐스대 전임강사·조교수 1989~1992년 한국전자통신연구소 선임연구원 1990년 일본 우정성통신종합연구소 초빙연구원 1992~2010년 한양대 전자통신컴퓨터공학부 조교수·부교수·교수 1995년 산업자원부 공기반기술기획평가단 심의위원(현) 1998년 정보통신부 주파수분과위원회 위원 2000년 (주)세스텍 대표이사 2002~2010년 한양대 HY-SDR연구센터장 2003년 정보통신부 표준화심의위원회 위원(현) 2003~2004년 ITU(만국통신연합) 제3지역(아시아태평양지역) 의장 2004년 정보통신부 주파수위원회 위원 2004년 세계SDR(Software Defined Radio)포럼 부회장 2005년 대한전자공학회 교육위원장 2010년 한양대 융합전자공학부 교수(현) 2010년 세계SDR 스마트안테나분과 위원장 2012년 한양대 HY-MC연구센터장(현) 2012년 통신위성우주산업연구회 부회장(현) 2014년 ETSI TC-RRS WG2 의장(현) 상산업자원부장관표창(1998), 대한전자공학회 공로상(2000), 한국통신학회 공로상(2000), SDR(Software Defined Radio)포럼 우수논문상(2006), 국가연구개발 우수성과패(교육과학기술부장관)(2009) 대통령표창(2016)

최승익(崔乘益) CHOI Seung Ik (東岩)

생1942·8·6 본강릉(江陵) 출강원 동해 주강원 춘천시 중앙로17 대한적십자사 강원도지사(033-255-9595) 학1960년 동성고졸 1965년 고려대 정치외교학과졸 2000년 강원대 대학원 무역학과졸 2001년 경희대 언론정보대학원졸 경1968~1975년 합동통신 정치부 기자 1975년 동부그룹 비서실장 1991년 강원일보 상임감사 1992년 同상무이사 1996년 同전무이사 1998~2007년 同대표이사 사장 2002년 아시아신문재단(PFA) 한국위원회 이사 2002년 국제언론인협회(IPI) 한국위원회 이사 2003년 한국신문윤리위원회 이사 2003~2007년 한국신문협회 부회장 2004년 同남북언론교류위원장 2006~2009년 한국지방신문협회장 2007~2010년 강원일보 회장 2008년 한국신문협회 이사 2010년 동곡사회복지재단 이사장 2011년 대한적십자사 강원도지사 회장(현) 저'국제통상의 법적협상에 관한 연구'

최승일(崔勝一) CHOI Sung Il

생1954·7·18 출강원 영월 주세종특별자치시 세종로2511 고려대학교 환경시스템공학과(044-860-1453) 학1976년 서울대 토목공학과졸 1983년 미국 콜로라도주립대 대학원졸 1987년 환경공학박사(미국 아이오와주립대) 경1987년 미국 아이오와주립대 토목공학과 수석연구원 1988년 한국건설기술연구원 기획조정실장, 미국 콜로라도주립대 연구조교, 대한환경공학회 이사, 한국수자원공사 설계자문위원, 환경부 상하수도자문위원 1992년 고려대 과학기술대학 환경시스템공학과 교수(현) 2008~2009년 대통령자문 국가지속가능발전위원회 위원 2011~2016년 환경부 지능형상수관망연구사업단장 2012년 국토해양부 중앙설계심의위원회 위원 2012~2015년 고려대 세종캠퍼스 부총장 2013~2014년 세종시 정책자문위원회 위원 2014년 오송첨단의료산업진흥재단 비상임이사(현) 2014~2016년 환경부 자체평가위원회 위원장 2014년 수돗물시민네트워크 공동대표(현) 2014~2016년 서울시 수돗물평가위원회 위원장 상대통령표창(2000), 대한상하수도학회 공로상(2001·2009), 환경부장관표창(2002), 근정포장(2006), 홍조근정훈장(2016)

최승종(崔昇鍾) CHOI Seung Jong

생1964·8·18 본경주(慶州) 출서울 주서울 서초구 양재대로11길19 LG전자(주) DTV SoC개발실(02-6912-6954) 학서라벌고졸, 서울대 전자공학과졸, 한국과학기술원(KAIST) 전자과졸, 공학박사(미국 뉴욕런셀러공과대) 경1989년 LG전자(주) 입사, 同DTV연구소 DVA팀 근무 2003년 同DTV연구소 SAT그룹 연구위원(상무), 同SIC연구소 DTV SoC개발실장(상무) 2012년 同DTV SoC개발실장(전무)(현) 상대한전자공학회 기술혁신상(2010) 종기독교

최승주(崔承柱) CHOI Sung Ju

생1941·12·11 본충주(忠州) 출충북 청원 주서울 마포구 와우산로121 삼진제약(주) 회장실(02-392-5313) 학1960년 청주고졸 1965년 충북대 약대졸 1985년 고려대 경영대학원 수료 1991년 서울대 경영대학원 최고경영자과정 수료 2003년 명예 약학박사(충북대) 경1970년 삼진상사 설립 1972~2001년 삼진제약 대표이사 사장 1991년 대한상공회의소 화학공업위원회 부위

원장 1997년 신촌로타리클럽 회장 2002년 삼진제약(주) 대표이사 회장(현) 상재무장관표창(1990), 철탑산업훈장(1996), 국세청장표창(2001), 서울시장표창

최승준(崔承俊) CHOI SEUNG JOON

생1946·4·10 본해주(海州) 출서울 주서울 용산구 효창원길52 숙명여자대학교 음악대학 작곡과(02-710-9554) 학1965년 서울고졸 1972년 서울대 음악대학 작곡과졸 1984년 미국 American Conservatory of Music대 대학원 작곡과졸 경1967~1970년 육군사관학교 군악대 복무 1972~1980년 중앙대사범대학부속여중 교사 1980~1982년 계원예고 음악과장 1985~1987년 한국교원대 음악교육과 전임강사 1987~2011년 숙명여대 음악대학 작곡과 전임강사·조교수·부교수·교수 1989~2009년 작곡동인 '소리목' 회장 1990·1991·1992년 대학입학학력고사 출제위원 1994~1999년 창악회 회장 1996년 한국음악협회 이사·회원(현) 2001년 창악회 명예회장(현) 2001~2005년 한국작곡가협회 이사장 2002~2004년 숙명여대 음악대학장 2006년 한국작곡가협회 명예이사장(현) 2008년 모던하모니카앙상블 대표(현) 2010년 작곡동인 '소리목' 고문(현) 2011년 숙명여대 음악대학 작곡과 명예교수(현) 상서울대 음대 제16회 전국학생음악경연대회 작곡부 1등(1964), (사)한국음악협회 한국음악상 작곡부문(1998), (사)한국음악협회 제18회 대한민국작곡상 독주곡부문(1999), 홍조근정훈장(2011) 저'조성음악의 이해를 위한 시창과 청음'(1987, 수문당) '예술가곡의 작곡지도'(1989, 아트소스) '음악분석을 위한 선곡집(編)'(2000, 파브르 애두터리알) '가야금합주곡 선곡집'(2008, 수문당) 종천주교

최승철(崔承哲)

생1976 주세종특별자치시 절재로180 인사혁신처 인재정보담당관실(044-201-8060) 학성균관대 정치외교학과졸, 同대학원 인사조직학 석사 수료 경2000~2006년 대우일렉트로닉스 입사·채용총괄과장 2006~2010년 (주)삼성엔지니어링 채용총괄과장 2010~2011년 산은금융지주 인사팀 차장 2011~2015년 (주)SK건설 인재확보팀장(부장급) 2015년 인사혁신처 인재정보담당관 (서기관)(현)

최승필(崔勝弼) CHOI Seung Pil

생1968·9·2 본전주(全州) 주서울 동대문구 이문로107 한국외국어대학교 법학전문대학원(02-2173-3260) 학2005년 독일 뷔르츠부르크대 경제학과 수학 2006년 법학박사(독일 뷔르츠부르크대) 경1994·1997~2003년 한국은행 근무 2006~2007년 同국제수지팀 과장, 한국공법학회 이사(현), 한국지방자치법학회 이사(현), 한국헌법학회 이사(현), 은행법학회 이사(현), 경제법학회 이사(현), 한국환경법학회 이사(현) 2011년 한국외국어대 법학전문대학원 교수(현) 2011~2012년 同홍보실장 2013년 同법과대학 부학장, 한국행정법학회 이사 2013년 중국 인민대 식품안전거버넌스센터 객원연구원(현) 2014~2015년 미국 UC Berkeley Law School 방문교수 2014년 국회 입법지원위원(현) 상한국은행총재표창(2005) 저'공적자금관리의 적정성 제고 연구(I)'(2009, 한국법제연구원) 'G-20 국가의 출구전략에 관한 법제연구-사우디아라비아'(2010, 한국법제연구원) 'Multilateralism and Regionalism in Global Economic Governance(共)'(2011, Routledge) '총량적 재정규율제도 도입에 관한 연구'(2012, 한국법제연구원) '거시건전성규제체제의 국제적 동향과 변화'(2013, 한국법제연구원) '탄소배출권의 할당과 분쟁해결에 관한 법적검토'(2013, 한국법제연구원) 종천주교

최승현(崔承現) Seung-hyun, Choi

생1968·6·22 본탐진(耽津) 출광주 주전남 여수시 대학로50 전남대학교 문화사회과학대학 국제학부(061-659-7582) 학1987년 광주 대동고졸 1993년 조선대 사학과졸 1996년 중국 베이징대 대학원 역사학과졸 2000년 역사학박사(중국 베이징대) 경2000년 중국 산동 曲阜사범대학(QuFu Normal Univ.) 역사학과 부교수 2002년 여수대 국제학부 전임강사 2004년 同국제학부 조교수 2008~2013년 전남대 국제학부 부교수 2009년 중국 인문학회 이사(현) 2011~2015년 전남영상위원회 이사 2012~2015년 재외한인학회 이사 2013~2014년 국제평화학회 이사 2013년 전남대 여수캠퍼스 평생교육원장 2013년 同문화사회과학대학 국제학부 교수(현) 2014~2015년 同학무본부장 저'한국화교사연구'(2002, 향항사회과학출판사) '화교의 역사, 생존의 역사'(2006, 화약고) '근현대 중국조선족 문헌집'(2012, 북코리아) 종불교

최승호(崔勝皓) CHOI Seung Ho

[생]1958·7·19 [출]전남 보성 [주]서울 강남구 언주로211 강남세브란스 암병원(02-2019-3374) [학]1976년 광주제일고졸 1982년 연세대 의대졸 1992년 同대학원졸 1997년 의학박사(고려대) [경]1990~2000년 연세대 의과대학 외과학교실 연구강사·전임강사·조교수 1996년 미국 Massachusetts General Hospital & Harvard Medical School Research Fellow 2000년 연세대 의과대학 외과학교실 부교수·교수(현) 2007~2015년 강남세브란스병원 외과 과장 2007~2009년 同기획관리실장 2010~2015년 同암병원 위·식도암클리닉팀장 2013~2015년 대한비만대사외과학회 회장 2015년 강남세브란스병원 암병원장(현) 2016년 同위장관외과 과장(현) 2016년 대한위암학회 회장(현) 2016년 연세대의료원 미디어홍보센터 부소장(현)

최승환(崔昇煥) CHOI Seung Hwan

[생]1956·2·17 [출]부산 [주]서울 동대문구 경희대로26 경희대학교 법과대학(02-961-0742) [학]1980년 서울대 인문대학 철학과졸 1982년 同대학원 국제법학과졸 1989년 미국 뉴욕대 대학원 국제법학과졸 1990년 同대학원 법학과졸 1991년 법학박사(서울대) [경]1990년 서울국제법연구원 책임연구원 1992년 수원대 법학과 전임강사 1995년 경희대 법과대학 조교수·부교수·교수(현) 1996년 대한국제법학회 이사 1999~2001년 경희대 국제법무대학원 교학부장 1999년 서울국제법연구원 이사 2001~2002년 미국 미시간대 Law School Research Scholar 2003~2006년 한국국제경제법학회 부회장 2007년 경희대 법학연구소장 2007~2008년 한국국제경제법학회 회장 2012~2015년 세계국제법협회(ILA) 한국지부 회장 2013년 대한국제법학회 회장 [상]현암학술상(2005) [저]'국제경제법' '한-미 주둔군지위 협정연구' '국제통상과 WTO법' '환경보호와 국제법질서' '수의분야 유전자변형생물체의 효율적인 관리방안'(2009, 한국수의과학검역원)

최승훈(崔承勳) CHOI Seung Hoon

[생]1955·3·2 [출]부산 [주]서울 강남구 언주로211 강남세브란스병원 소아외과(02-2019-3377) [학]1973년 성동고졸 1979년 연세대 의대졸 1983년 同대학원졸 1994년 의학박사(한양대) [경]1979~1984년 세브란스병원 외과 인턴·레지던트 1984년 연세대 의대 소아외과학교실 강사 1986년 일본 국립소아병원 외과 연구원 1986년 미국 필라델피아아동병원 외과 펠로우 1988~2002년 연세대 의과대학 외과학교실 전임강사·조교수·부교수 1995~1996년 일본 도쿄대 의학부 객원교수 2002년 연세대 의대 외과학교실 교수(현) 2014~2015년 대한소아외과학회 회장 2014년 아시아소아외과학회 회장 2015년 강남세브란스병원 소아외과장(현) [저]'소아외과학 임상' [종]기독교

최승훈(崔昇勳) CHOI Seung Hoon

[생]1957·10·3 [본]탐진(耽津) [출]서울 [주]경기 용인시 수지구 죽전로152 단국대학교 범정관509호(031-8005-2236) [학]1975년 경동고졸 1981년 경희대 한의학과졸 1983년 同대학원졸 1987년 한의학박사(경희대) 1989년 고려대 대학원 철학과 수료 [경]1982~1983년 동양한의원 원장 1984~1985년 원제한의원 원장 1984~1988년 대전대 한의학과 강사·전임강사·조교수 1987~1988년 同한방병원 예진실장 1988~1996년 경희대 한의대학 조교수·부교수 1989년 대만 중국의약학원 교환교수 1994년 중국 중의연구원 광안문의원 객좌연구원 1996년 대한동의병리학회 부회장 1996~1997년 대한한의사협회 부회장 1996~2011년 경희대 한의과대학 병리학교실 교수 1998~2001년 同한의학과장 1999년 한양대 의대 객원교수 2000년 아주대 의대 객원교수 2001~2002년 미국 스탠퍼드대 의대 방문교수 2002년 중앙대 의대 외래교수 2003~2008년 세계보건기구(WHO) 서태평양지역 전통의학자문관(고문) 2008~2011년 경희대 한의과대학장 2011~2014년 한국한의학연구원 원장 2014~2015년 단국대 특임부총장 2014년 同대학원 생명융합학과 교수(현) [상]근정포장(2014) [저]'東醫病理學(共)'(1991) '內經病理學'(1993·1995) '東醫腫瘍學'(1995) '東醫壽世保元 : Longevity & Life Preservation in Oriental Medicine(英文)'(1996) '韓方病理學'(1997) '한의학이야기'(1997) '難經入門'(1998) '韓醫學'(2016) [종]기독교

최시한(崔時漢) CHOE Si Han

[생]1953·2·28 [본]경주(慶州) [출]충남 [주]서울 용산구 청파로47길100 숙명여자대학교 문과대학 한국어문학부(02-710-9302) [학]1977년 서강대 국어국문학과졸 1981년 同대학원졸 1990년 문학박사(서강대) [경]1977~1980년 서울 영일고 교사 1982~1983년 서강대·강원대·덕성여대 강사 1983~1984년 서강대 임시전임강사 1984~1994년 경상대 국어교육과 전임강사·조교수·부교수·교수 1994년 숙명여대 문과대학 한국어문학부 부교수·교수(현) 2000년 同스토리텔링연계전공 주임교수(현) 2000~2002년 同출판국장 2004~2007년 同의사소통능력개발센터장 2005년 문화관광부 국어심의회 언어정책분과 위원 [저]'소설의 해석과 교육' '가정소설연구' '현대소설의 이야기학' '수필로 배우는 글읽기' '소설, 어떻게 읽을 것인가' '스토리텔링, 어떻게 할 것인가'(2015) '소설 분석방법'(2015) [작]소설집 '모두 아름다운 아이들' '낙타의 겨울' [종]가톨릭

최시환(崔時煥) CHOI Si Hwan

[생]1959·10·20 [주]대전 중구 문화로282 충남대학교병원 안과(042-280-7600) [학]1984년 충남대 의과대학 의학과졸 1987년 同대학원 안과졸 1992년 안과학박사(충남대) [경]1988~1991년 청주의료원 안과장 1991~2009년 충남대 의과대학 안과학교실 전임강사·조교수·부교수·교수 1996년 한국콘택트렌즈연구회 이사 1996년 한국외안부연구회 이사 1998년 한국백내장굴절수술학회 이사 1999년 충남대병원 안과장 2002년 미국 세계인명사전 'Marquis Who's Who'에 등재 2009년 충남대 의학전문대학원 안과학교실 교수(현) 2011~2012년 同의학전문대학원장 겸 보건대학원장 겸 의과대학장 [상]보건복지부장관표창(2016) [저]'안과학'(1999, 도서출판 한우리) '각막'(1999, 일조각) '굴절교정술'(2001, 한국백내장굴절수술학회) '백내장'(2002, 일조각) '외안부 임상증례'(2007, 한국외안부연구회) '최신진료지견'(2007, 도서출판 대영)

최신규(崔信奎) CHOI Shin Kyu

[생]1956·1·9 [출]서울 [주]서울시 마포구 마포대로4다길 18 강변한신코아빌딩 1306호(02-711-7740) [학]2004년 명예 경영학박사(한양대) [경]1974년 협성공업사 창업 1981년 서울공업사 대표 1987년 서울화학 창업 1997~2014년 (주)손오공 설립·대표이사 사장 1997년 (주)손오공 회장 1998년 서울국제애니메이션페스티벌조직위원회 부위원장 2002년 (주)SCM 설립·사장 2004년 한국벤처기업협회 부회장 2009년 한국만화영상진흥원 이사 2011년 (사)IEF조직위원회 이사장(현) [상]수출의 탑(1996), 재정경제부장관표창(1998), 자랑스런 서울시민상(1998), 대통령표창(2003), 중소기업청 선정 신지식인(2003), 대한민국 게임대상(2004), SICAF성공기여 표창(2004), 대한민국애니메이션 대상(2006), 한국만화가협회 감사패(2007), 경찰청장 감사장(2012)

최신묵(崔信默) CHOI, Sin Mook (友岩)

[생]1951·2·18 [본]경주(慶州) [출]대전 [주]대전 유성구 유성대로1596번길32의36 (주)가이아 회장실(042-478-9700) [학]대전고졸, 고려대 금속공학과졸 [경]1975~1992년 (주)대우 개발상품부 입사·이사 1982~1990년 同프랑크푸르트지사장·베를린지사장 1991~2002년 한신코퍼레이션 설립·대표 2002년 (주)이레코퍼레이션 설립·대표이사(현) 2002~2007년 (주)마이크로마케팅 설립·대표이사 2005년 (주)가이아 대표이사 사장 2007년 (주)이레MMC 대표이사(현) 2009년 (주)가이아 회장(현) [상]대한민국 영상만화대상 특별상(1995), 500만불 수출의 탑(1995), 2000만불 수출의 탑(2000), 국민포장(2006) [저]'장사를 잘 하려던 사람'(1992) [종]기독교

최신석(崔信錫) CHOI Shin Suk

[생]1940·12·23 [출]경남 고성 [주]서울 강남구 테헤란로401 남경센타7층 공증인가 서일합동법률사무소(02-3429-1020) [학]1959년 경기고졸 1963년 서울대 법학과졸 1966년 同사법대학원 수료 [경]1963년 사법시험 합격(2회) 1966년 부산지검 검사 1971년 서울지검 검사 1973년 대구지검 검사 1975년 서울지검 영등포지청 검사 1977년 대전지검 서산지청 검사 1978년 서울지검 검사 1980년 수원지검 검사 1981년 대구고검 검사 1982년 부산지검 부장검사 1983년 서울지검 남부지청 부장검사 1986년 청주지검 차장검사 1987년 대구지검 차장검사 1988년 서울지검 제2차장검사 1989년 대구고검 차장검사 1991년 사법연수원 부원장 1993년 대검 강력부장 1993~2001년 변호사 개업 1996년 국무총리 행정심판위원 2001~2004년 대한법률구조공단 이사장 2004년 법무법인 일원 변호사 2005년 공증인가 서일합동법률사무소 변호사(현) [상]홍조근정훈장(1986) [종]불교

최신원(崔信源) CHOI Sin Won

[생]1952·11·20 [본]수원(水原) [출]경기 수원 [주]서울 중구 을지로51 교원내외빌딩13층 SKC(주) 비서실(02-2129-1921) [학]1970년 배문고졸 1977년 경희대 경영학과졸 2012년 명예 경영학박사(건국대) 2014년 명예 철학박사(경희대) [경]1981년 (주)선경인더스트리 대리 1987년 同이사 1991년 同상무 1994년 同경영기획실 전무 1994년 (주)선경 사장보좌 겸 해외담당 전무이사 1996년 同부사장

1997~1999년 SK유통 부회장 2000~2015년 SKC(주) 대표이사 회장 2008년 아너소사이어티(사회복지공동모금회 고액기부자모임) 회원·총대표(현) 2009년 미국 포브스誌 아시아판(Forbes Asia) '기부영웅'에 선정 2011년 경기사회복지공동모금회 회장(현) 2011년 한국·브라질소사이어티(KOBRAS) 회장(현) 2012년 駐韓브라질 명예영사(현) 2012년 수원상공회의소 회장(현) 2012년 세계공동모금회(UWW : United Way Worldwide) 세계리더십위원회 위원(현) 2013년 (사)한국상표디자인협회 회장(현) 2013년 국제전략문제연구소(CSIS) 산하 태평양포럼 국제이사회 이사(현) 2014년 경희대 경희미래위원회 공동위원장(현) 2015년 SKC(주) 회장(현) 2015년 경기도상공회의소연합회 회장(현) 2015년 대한상공회의소 부회장(현) 2016년 SK네트웍스 대표이사 회장(현) 2016년 세계공동모금회 '번영의 소사이어티' 명예대사(현) 2016년 나눔교육포럼 초대 회장(현) [상]駐韓미군사령관 감사패, 대한민국녹색경영대상, 무역학자전국대회 무역인대상(2005), 금탑산업훈장(2008), 국방부장관 감사패(2015), 브라질 리오 브랑코 훈장(2015), 자랑스러운 경희인상(2016) [종]불교

최신융(崔信隆) Choe, Shin-Yung

[생]1954·10·29 [본]경주(慶州) [출]경북 포항 [주]서울 용산구 청파로47길100 숙명여자대학교 행정학과(02-710-9498) [학]1974년 중앙고졸 1978년 한국외국어대 영어과졸 1983년 서울대 행정대학원 행정학과졸 1991년 행정학박사(미국 뉴욕주립대) [경]1987~1991년 미국 뉴욕주립대 비교발전연구소 연구원 1991~2000년 숙명여대 행정학과 조교수·부교수 1998~1999년 미국 뉴욕주립대 교환교수 2000년 숙명여대 행정학과 교수(현) 2002년 한국행정학회 부회장 2005~2008년 '규제연구' 편집위원장 2008~2010년 한국규제학회 회장 2008~2010년 대통령직속 국가경쟁력강화위원회 위원 2008년 관세청 민관규제개혁공동위원장 2009~2012년 숙명여대 교수협의회 회장 2009~2013년 국방부 민관규제개혁공동위원장 2010년 한국국제협력단 청렴옴부즈만 2011~2012년 숙명여대 사회과학대학장 [저]'정보사회와 정치과정(共)'(1993, 비봉출판사) '행정기획론(共)'(2000, 박영사) '한국의 환경지속성(共)'(2004, 대영출판사) '부동산학개론(共)'(2008, 부연사) '주택정책론(共)'(2008, 부연사)

최신한(崔信瀚) CHOI Shin Hann

[생]1956·1·5 [출]대구 [주]대전 대덕구 한남로70 한남대학교 철학과(042-629-7384) [학]1978년 계명대 영어영문학과졸 1983년 연세대 대학원 철학과졸 1990년 철학박사(독일 튀빙겐대) [경]1991~1994년 연세대 시간강사 1994~2003년 한남대 조교수·부교수 2003년 同철학과 교수(현) 2006~2008년 한국해석학회 회장 2008년 대한철학회 부회장 2010년~2014년 한국헤겔학회 회장 2012~2014년 철학연구회 부회장 2014년 대한철학회 회장 2016년 철학연구회 회장(현) [상]한남대 교원업적우수표창(2002) [저]'매개적 자기의식과 직접적 자기의식' '헤겔철학과 종교적이념' '독백의 철학에서 대화의 철학으로' '슐라이어마허 : 감동과 대화의 사상가' '정신현상학 : 자기 내적 거리유지의 오디세이아'(2007) '지평확대의 철학, 슐라이어마허의 점진적 자기발견의 정신탐구'(2009) [역]'종교론' '종교철학' '인간적 자유의 본질' '해석학과 비평' '성탄축제' '현대의 조건' '해석학 비판'

최신형(崔信亨) CHOI SHIN HYUNG

[생]1960·11·15 [주]서울 서초구 서초대로74길11 삼성생명보험(주) CPC전략실(02-751-8000) [학]가야고졸, 부산대 경제학과졸 [경]삼성전자(주) 재무팀 상무보 2005년 同구조조정본부 상무, 同전략기획실 상무 2008년 同경영전략팀 전무 2010년 삼성에버랜드 감사 2011년 삼성물산 상사부문 부사장 2012~2015년 한국회계기준원 회계기준위원회 비상임위원 2014년 삼성생명보험(주) 경영지원실장(부사장) 2015년 同CPC전략실장(현)

최양규(崔梁圭) CHOI Yang Kyu

[생]1966·6·25 [본]전주(全州) [출]전남 목포 [주]대전 유성구 대학로291 한국과학기술원 전기및전자공학과(042-350-3477) [학]1989년 서울대 사범대학 물리교육학과졸 1991년 同자연대학원 물리학과졸 1999년 미국 캘리포니아대 버클리교 대학원 전기전자공학과졸 2001년 전기전자공학박사(미국 캘리포니아대 버클리교) [경]1991년 (주)하이닉스반도체 과장 2001~2002년 대만 TSMC 컨설턴트 2001~2003년 미국 캘리포니아대 버클리교 연구원 2004년 한국과학기술원(KAIST) 전자전산학과 조교수 2005년 同전자전산학부·전기및전자공학과 부교수 2006년 테라급 차세대 반도체소자에 적용이 가능한 새로운 구조의 3차원 3㎚(나노미터 : 10억분의 1m)급 '나노전자소자(FinFET)'를 공동 개발하는데 성공 2007년 세계최소 테라급 플래시메모리 개발 2011년 한국과학기술원(KAIST) 전기 및 전자공학부 교수(현) [상]이달의 과학기술상(2006)

최양도(崔良燾) CHOI Yang Do

[생]1953·3·15 [출]경북 [주]서울 관악구 관악로1 서울대학교 응용생물화학부 응용생명공학과(02-880-4649) [학]1976년 서울대 농화학과졸 1978년 한국과학기술원(KAIST) 생물공학과졸(석사) 1985년 생물학박사(미국 노스웨스턴대) [경]1978~1981년 한국과학기술연구소 응용생화학실 연구원 1986~1996년 서울대 농대 농화학과 조교수·부교수 1991년 농촌진흥청 농업기술연구소 농업연구관 1993년 同중앙농업산학협동심의회 전문위원 1994년 서울대 농업생명과학대학 농화학과장 1996년 同농생명공학부 교수, 同응용생물화학부 응용생명화학과 교수(현) 2001~2005년 특허청 심사자문위원 2001년 과학기술부 21세기프론티어연구개발사업 작물유전체기능연구사업단장 2003년 Brain-Pool 화공·생명분야 선정위원 2003년 식품의약품안전청 유전자재조합식품안전성평가자료심사위원 2005년 한국과학기술한림원 정회원(현) 2011년 한국분자세포생물학회 회장 2015년 대한민국학술원 회원(농생명공학·현) [상]상록농업생명과학연구대상(2002), 한국과학기술단체총연합회 과학기술우수논문상(2003), 화농연학재단 화농상(2004), 한국응용생명화학회 학술상(2006), 대한민국학술원상(2007), 교육과학기술부 및 한국과학기술단체총연합회 '대한민국최고과학기술인상'(2008) [작]'형질전환 신품종 벼 대량생산기술개발 착수-벨기에 Crop Design사와 국제공동연구개발 협약체결'(2004)

최양수(崔良洙) CHOI Yang Soo

[생]1955·7·1 [본]경주(慶州) [출]서울 [주]서울 서대문구 연세로50 연세대학교 언론홍보영상학부(02-2123-2977) [학]1974년 경동고졸 1978년 연세대 신문방송학과졸 1982년 미국 보울링그린주립대 대학원 방송영화학과졸 1986년 커뮤니케이션학박사(미국 아이오와대) [경]1986년 미국 위스콘신대 교수 1987~1991년 미국 캘리포니아주립대 방송영화학과 교수 1992~2006년 연세대 신문방송학과 교수 1993년 방송심의위원회 위원 2001년 연세대 영상제작센터 소장 2002~2004년 同사회과학연구소장 2004년 同영상대학원장 2006년 同언론홍보영상학부 교수(현) 2007년 同커뮤니케이션대학원장 2008~2009년 同정보대학원장 2008년 (사)여의도클럽 부회장 2008~2009년 한국방송학회 회장 2012~2015년 한국방송공사(KBS) 이사 [저]'21세기의 방송 : 정책편성·제작경영' '디지털 방송론(共)'(2002) '한국의 문화변동과 미디어(共)'(2004) '메가트랜드 코리아(共)'(2006) '디지털시대의 미디어 이용(共)'(2006) 'IT는 한국을 어떻게 변화시키는가(共)'(2006) [역]'텔레비전 경제학' '영상경제학'(2004)

최양수(崔良琇) CHOI Yang Soo

[생]1958·7·1 [본]경주(慶州) [출]충남 논산 [주]서울 중구 청계천로86 (주)한화 임원실(02-729-1506) [학]1977년 대전고졸 1984년 성균관대 경제학과졸 [경]1984년 한화그룹 입사 2002년 (주)한화 화약부문 경영기획실 상무보 2004년 同화약부문 구매팀 상무보 2006년 同인사구매담당 상무보 2008년 同화약부문 기획실장 겸 신규사업담당 상무 2012년 同화약사업본부장(전무) 2016년 同화약부문 대표이사 부사장(현)

최양식(崔良植) CHOI Yang Sik

[생]1952·4·7 [출]경북 경주 [주]경북 경주시 양정로260 경주시청(054-779-6000) [학]1971년 대구고졸 1979년 중앙대 행정학과졸 1990년 영국 리버풀대 대학원 행정학과졸 1991년 영국 엑스터대 대학원 행정학 박사과정 수료 2008년 명예 교육학박사(백석대) [경]1977년 행정고시 합격(20회) 1977~1986년 총무처 행정사무관 1986년 행정개혁위원회 과장 1990년 총무처 법무담당관 1992년 同국외훈련과장 1993년 대통령 민정비서관실 행정관 1995년 총무처 인사과장 1996년 駐영국대사관 참사관 1998년 한국국제협력단 국장 1998년 대통령자문 정책기획위원회 사무국장 2001년 행정자치부 의정관 2002년 同인사국장 2003년 同기획관리실장 2004년 同행정개혁본부장 2005년 同정부혁신본부장 2006~2008년 同제1차관 2008~2009년 경주대 총장 2009년 한양대 특임교수 2010~2014년 경북 경주시장(한나라당·새누리당) 2011년 경주세계문화엑스포조직위원회 부위원장 2014년 경북 경주시장(새누리당)(현) 2014년 원전소재지방자치단체행정협의회 회장(현) 2015년 고운(孤雲)최치원(崔致遠)인문관광도시연합협의회 회장(현) [상]총무처장관표창, 대통령표창(1983), 홍조근정훈장(2002), 황조근정훈장(2012), 도전한국인운동본부 제1회 자랑스러운 지방자치단체장 문화부문 대상(2013), 대한민국공공경영대상 창조경영부문 대상(2013), 대한민국CEO리더십대상 가치창조부문(2013), 공감경영 2015 대한민국 CEO대상(2015) 대한민국경제리더대상 글로벌경영부문대상(2015), 세계물위원회총재표창패(2016) [저]'영국을 바꾼 정부개혁'(1999) '세계의 새천년 비젼(共)'(2000) '서양 고지도를 통해 본 한국(共)'(2008) '최양식이 꿈꾸는 세상'(2010) [역]'한국의 들꽃과 전설'(2008) [종]기독교

최양식(崔良植)

[생]1960 [출]전북 김제 [주]대전 유성구 테크노2로214 관세평가분류원(042-714-7530) [학]전주 신흥고졸, 세무대졸, 한국방송통신대 법학과졸, 고려대 대학원 국제통상학과졸 [경]특별 채용 2005년 관세청 익산세관장(사무관) 2009년 同통관기획과 서기관 2011년 同법인심사과장 2013년 서울세관 심사국장 2014년 인천공항세관 휴대품통관국장 2015년 관세평가분류원 원장(서기관) 2016년 관세평가분류원 원장(부이사관)(현)

최양하(崔楊河) CHOI Yang Ha

[생]1949·10·7 [출]서울 [주]서울 서초구 방배로285 (주)한샘 비서실(02-590-3123) [학]1968년 보성고졸 1973년 서울대 금속공학과졸 [경]1976년 대우중공업 근무 1979년 (주)한샘 입사 1983년 同공장장 1989년 同상무 1994년 同대표이사 전무 1997년 同대표이사 사장 2004년 同대표이사 부회장 2009년 同대표이사 회장(현) [상]산업포장(1998), 다산경영상 전문경영인부문(2014), 은탑산업훈장(2015)

최양환(崔良桓)

[생]1950·2·25 [주]서울 중구 세종대로9길42 부영 대표이사실(02-3774-5500) [학]1990년 서울산업대 산업공학과졸 2002년 동국대 행정대학원 수료 [경]국방부 미군기지이전사업단 근무, 록인김해레스포타운 대표이사, 도심엔지리어링 부회장 2016년 부영주택 전무 2016년 同건설본부 총괄대표이사(현) 2016년 부영 공동대표이사 겸임(현)

최양희(崔陽熙) CHOI Yang Hee

[생]1955·7·27 [본]강릉(江陵) [출]강원 강릉 [주]경기 과천시 관문로47 미래창조과학부 장관실(02-2110-2000) [학]경기고졸 1975년 서울대 전자공학과졸 1977년 한국과학원 전기 및 전자공학과졸 1984년 전산학박사(프랑스 ENST대) [경]1977~1979년 한국통신기술연구소 전임연구원 1981~1984년 프랑스 CNET연구소 방문연구원 1984~1991년 한국전자통신연구소 책임연구원 1988년 미국 IBM 왓슨연구소 방문과학자 1991~2000년 서울대 공대 전기컴퓨터공학부 조교수·부교수 2000~2014년 同컴퓨터공학부 교수 2006~2010년 포스데이타 사외이사 2006년 한국공학한림원 정회원(현) 2006~2012년 미래인터넷포럼 의장 2007년 한국과학기술한림원 정회원(현) 2008년 한국정보과학회 회장 2009~2011년 서울대 융합과학기술대학원장 2009~2011년 同차세대융합기술연구원장 2010년 방송통신위원회 기술자문위원 겸 미래인터넷추진위원 2010~2012년 포스코ICT 사외이사 2010년 지식경제부 지식경제R&D전략기획단 비상근단원 2011년 대통령직속 국가정보화전략위원회 위원 2013~2014년 삼성미래기술육성재단 초대이사장 2014년 미래창조과학부 장관(현) [상]과학기술훈장 도약장(2009), 인터넷기술상(2009), 대한민국 인터넷대상 개인공로상(2009), 세계기업가정신네트워크 Startup Nations Award(2015), 올해의 자랑스러운 강원인(2015) [저]'통신프로토콜'

최연매(崔蓮梅·女) CHOI Yeon Mea

[생]1960·8·30 [출]충북 청주 [주]서울 서초구 사임당로15 (주)김정문알로에 임원실(02-405-6116) [학]1979년 청주여고졸 1983년 청주사범대 국어국문학과졸 2006년 서울대 최고경영자과정 수료 2007년 同BIO최고경영자과정 수료 [경]1985~1987년 청주중앙여중 국어교사 1991년 (주)김정문알로에 청주지사장 1996년 同이사 2003년 同부회장 2006년 同대표이사 회장(현)

최연성(崔然成) CHOI Yeon Sung

[생]1959·12·25 [본]전주(全州) [출]경남 진주 [주]전북 군산시 대학로558 군산대학교 정보통신공학과(063-469-4708) [학]1982년 중앙대 전자공학과졸 1984년 同대학원졸 1989년 전자공학박사(중앙대) [경]1988~1991년 제주대 부교수 1991~2001년 군산대 전자정보공학부 조교수·부교수 1995~1996년 同전자계산소장 2001~2009년 同전자정보공학부 교수 2008년 한국전자통신학회 이사(현) 2009년 군산대 정보통신공학과 교수(현) 2012년 한국정보전자통신기술학회 부회장(현) 2015년 한국지식재산교육연구학회 부회장(현) 2016년 (사)군산발전포럼 상임의장(현) 2016년 군산대 새만금ICT융합인재양성사업단장 겸 지식재산교육선도사업단장(현) [저]'생활과 컴퓨터' [종]기독교

최연수

[생]1959·2·10 [출]전남 강진 [주]전남 완도군 완도읍 해변공원로162 해양수산과학원(061-550-0601) [학]여수수산전문대 수산증식학과졸 [경]8급 공무원 특채 2004년 전남도 도서개발담당 2005년 장흥군 수산5급 2007년 전남도 해양바이오연구원 증식연구과장 2009년 同수산식품담당 2010년 同해양항만과(해양생물과)수산식품담당 2012년 同수산자원과 친환경수산담당 2012년 同해양수산과학원장 2014년 지방행정연수원(파견) 2015년 전남도 해양자원연구부장 2015년 同수산자원과장(서기관) 2016년 同해양수산과학원장 직무대리(현)

최연옥(崔蓮玉·女) Choi Yeon Ok

[생]1959·4·8 [본]삭녕(朔寧) [출]경남 사천 [주]부산 연제구 중앙대로1001 부산광역시청 건강증진과(051-888-3330) [학]1976년 삼천포여고졸 2000년 경상대 간호학과졸 2005년 부산대 행정대학원 사회복지행정학과졸 [경]1981~1983년 부산시립병원 근무 1983~1999년 부산시 동래구보건소·금정구보건소·동구보건소·수영구보건소 근무 1999~2006년 연제구보건소 보건행정과 가족보건계장 2006~2011년 부산시 보건위생과 감염병관리 주무관 2011년 연제구보건소 보건행정과장(사무관) 2013년 부산시 건강증진과 감염병팀장·건강관리팀장 2016년 同건강증진과장(서기관)(현) [상]부산시장표창(1988), 부산시 동구청장표창(1992), 보건복지부장관표창(1995·2004·2013), 대통령표창(2008), 행정자치부장관표창(2014) [종]불교

최연옥(崔然玉) CHOI Yeon Ok

[생]1969·4·19 [본]전주(全州) [출]경남 마산 [주]대전 서구 청사로189 통계청 사회통계국(042-481-2230) [학]1987년 마산 경상고졸 1993년 서울대 경제학과졸 2001년 미국 워싱턴대 시애틀교 경제대학원졸 [경]1993년 행정고시 합격(37회) 2001년 통계청 경제통계국 산업동향과 사무관 2002년 同서기관 2005년 同사회통계국 고용복지통계과장 2007년 駐호주통계청 근무 2009년 통계청 통계정책과장 2011년 同통계개발원장 2014년 同통계정보국장 2015년 同통계데이터허브국장 2015년 同사회통계국장(현) [상]홍조근정훈장(2015)

최연현(崔然炫) CHOE Yeon Hyeon

[생]1958·12·11 [출]전남 [주]서울 강남구 일원로81 삼성서울병원 영상의학과(02-3410-2509) [학]1976년 광주제일고졸 1983년 서울대 의학과졸 1986년 同대학원졸 1991년 의학박사(서울대) [경]1983~1984년 서울대병원 인턴 1984~1987년 同진단방사선과 레지던트 1987~1990년 육군 군의관 1990~1993년 부천세종병원 방사선과장 1992~1993년 서울대병원 외래강사 1993년 미국 다트머스대 다트머스-히치콕병원 연구의사 1994년 미국 하버드대 브리검앤위민즈병원 연구의사 1994년 미국 보스턴소아병원 방문의사 1994년 삼성서울병원 영상의학과 전문의(현) 1995~1996년 서울대병원 외래강사 1997년 성균관대 의과대학 영상의학교실 부교수·교수, 同진단방사선과학교실 교수(현) 2003년 CIMIT, Massachussetts General Hospital, Visiting Professor 2003년 미국 심장학회 좌장 2003년 영국 로열브롬튼병원 방문교수 2005년 유럽방사선의학회 좌장 2006년 아시아심장혈관영상의학회(ASCI) 총무 2007~2010년 대한심장혈관영상의학회 회장 2009년 삼성서울병원 심장혈관센터 이미징센터 부센터장 2011년 同심장혈관센터 이미징센터장 2011~2013년 아시아심장혈관영상의학회(ASCI) 부회장 2013년 학술지 'Korean Journal of Radiology' 편집장(현) 2015년 아시아심장혈관영상의학회(ASCI) 회장(현) [저]'Interventional Radiology'(1999) [종]기독교

최연혜(崔然惠·女) CHOI Yeon Hye

[생]1956·4·2 [출]대전 [주]서울 영등포구 의사당대로1 국회 의원회관829호(02-784-5087) [학]1974년 대전여고졸 1979년 서울대 독어독문학과졸 1982년 同인문대학원 독문학과졸 1989년 독일 만하임대 대학원 경영학과졸 1994년 경영학박사(독일 만하임대) [경]1994~1996년 경희대 경영대학원 시간강사 1995~1997년 산업연구원(KIET) 초청연구위원 1997~2004년 한국철도대학 운수경영학과 전임강사·조교수·부교수 1999년 철도청 업무평가위원장 2001년 건설교통부 철도산업구조개혁추진위원회 위원 2003년 대통령직인수위원회 경제2분과 자문위원 2003년 철도청 철도운임·요금정책심의위원장 2004년 과학기술부 국가과학기술위원 2004년 철도청 차장 2005년 한국철도공사 부사장 2006~2010년 한국철도학회 부회장 2007년 한독경상학회 부회장·이사(현) 2007~2009년 한국철도대학 학장 2009~2011

년 同총장 2009년 세계철도대학교협의회 회장 2010년 한국교통카드산업협회 회장(현) 2012년 새누리당 대전시서구乙당원협의회 위원장 2012년 제19대 국회의원선거 출마(대전시 서구乙, 새누리당) 2012~2013년 한국교통대 교통대학원 교통정책학과 교수 2013~2016년 한국철도공사(코레일) 사장 2014~2016년 한국철도협회 회장 2015년 몽골 국립교통대 명예교수(현) 2016년 한국교통대 교통대학원 교통정책학과 교수 2016년 제20대 국회의원(비례대표, 새누리당)(현) 2016년 새누리당 원내부대표 2016년 국회 산업통상자원위원회 위원(현) 2016년 국회 가습기살균제사고진상규명과피해구제 및 재발방지대책마련을위한국정조사특별위원회 위원(현) 2016년 국회 남북관계개선특별위원회 위원(현) 2016년 새누리당 최고위원(현) 2016년 同소상공인특별위원회 위원장(현) [상]최우수박사학위논문상, 은탑산업훈장(2015), 'Golden Chariot International Transport Award(황금마차상)' 올해 최고의 CEO상(2015) [저]'철도경영론'(2003) '철도영업개발'(2003) '시베리아횡단철도-잊혀진 대륙의 길을 찾아서'(2006) '시베리아 횡단철도'(2013, 나무와숲) '벤츠 베토벤 분데스리가'(2013, 유아이북스)

최연호(崔連鎬) CHOI Yeon Ho

[생]1957·8·19 [출]전북 김제 [주]서울 종로구 사직로8길 60 외교부 인사운영팀(02-2100-7141) [학]1983년 고려대 영문학과졸 [경]1983년 외무고시 합격(17회) 1983년 외무부 입부 1988년 駐샌프란시스코 영사 1995년 駐일본 1등서기관 1998년 駐인도 참사관 2000년 외교통상부 주한공관담당관 2001년 同의전2담당관 2002년 駐벨기에·구주연합 참사관 2005년 駐루마니아 공사참사관 겸 총영사 2007년 외교통상부 통상홍보기획관 2009년 同기획조정실 조정기획관 2010년 駐밴쿠버 총영사 2014년 외교부 아프리카미래전략센터 준비기획단장 2014년 駐남아프리카공화국 대사(현)

최연희(崔鉛熙) CHOI Yeon Hee

[생]1944·12·29 [본]강릉(江陵) [출]강원 동해 [주]서울 강남구 삼성로96길23 (주)동부 임원실(02-3484-1022) [학]1964년 서울고졸 1968년 서울대 법과대학 법학과졸 1982년 성균관대 대학원 형사법과졸 1994년 법학박사(성균관대) [경]1972년 사법시험 합격(14회) 1974년 사법연수원 수료(4기) 1975년 부산지법 판사 1976년 서울지검 북부지청 검사 1979년 법무부 법무실 조사과 검사 1981년 同보호국 보호과 검사 1982년 서울지검 검사 1986년 대검찰청 검찰연구관 1988년 대전지검 부장검사 1989년 대검찰청 공안2과장 1990년 서울고검 검사 1991년 대통령 사정비서관 1993년 대통령 법률비서관 1994년 서울지검 형사4부 부장검사 1994년 춘천지검 차장검사 1996년 제15대 국회의원(동해, 신한국당·한나라당) 1996년 신한국당 대표위원 특보 1996~2000년 同동해지구당 위원장 1996년 변호사 개업 1996년 신한국당 법률자문위원 1996년 同제1정책조정위원·기획조정위원 1997년 한나라당 대통령후보 법률담당 특별보좌역 1998년 同원내부총무 2000년 同강원도지부 위원장 2000년 제16대 국회의원(동해·삼척, 한나라당) 2001년 한나라당 제1정책조정위원장 2002~2003년 同제1사무부총장 2004년 제17대 국회의원(동해·삼척, 한나라당·무소속) 2004년 국회 법제사법위원장 2005~2006년 한나라당 사무총장 2008년 제18대 국회의원(동해·삼척, 무소속) 2012년 제19대 국회의원선거 출마(동해·삼척, 무소속) 2014년 동부그룹 건설·디벨로퍼·농업·바이오부문 회장 2015년 (주)동부 회장(현) [상]근정포장(1982), 홍조근정훈장(1992), 대한민국 헌정상(2011) [저]'주관식 민법문제집'(1976) '사회보호법 해설'(1981)

최 영(崔 英) CHOI Young

[생]1957·4·23 [주]서울 동작구 흑석로84 중앙대학교 기계공학부(02-820-5312) [학]서울대 기계설계학과졸, 한국과학기술원(KAIST) 석사, 기계공학박사(미국 카네기멜론대) [경]KIST 선임연구원, 중앙대 기계공학부 교수(현) 2005년 同공과대학 학장보 2016년 同공과대학장 겸 정보대학원장(현)

최 영(崔 瑩) CHOI Young

[생]1964·5·4 [출]경북 [주]서울 영등포구 은행로17 (주)나이스홀딩스 임원실(02-2122-4000) [학]1982년 경희고졸 1989년 성균관대 경상대학 경제학과졸 [경]1989~1998년 한화종합금융 근무 1998~2000년 한아름종합금융 근무 2001년 하나로종합금융 근무 2001년 우리금융지주 근무 2001~2002년 (주)캐피탈라인 근무 2003~2005년 동원창업투자금융(주) 상무 2005~2006년 (주)에스투비파트너스 대표이사 2006년 나이스홀딩스 부사장 2013년 同대표이사 부사장 2014년 同대표이사 사장(현)

최영광(崔永光) CHOI Young Kwang

[생]1940·11·3 [본]전주(全州) [출]서울 [주]서울 강남구 테헤란로401 공증인가 서일합동법률사무소(02-3429-1019) [학]1959년 경기고졸 1964년 同법대졸 1967년 서울대 사법대학원졸 [경]사법시험 합격(4회) 1967년 대구지검 검사 1969년 서울지검 검사 1974년 법무부 법무실 검사 1977년 서울지검 검사 1980년 대검찰청 검찰연구관 1981년 법무부 검찰3과장 1982년 同검찰1과장 1983년 서울고검 검사 1985년 서울지검 형사3부장 1985년 서울고검 검사 1986년 서울지검 형사4부장 1987년 同남부지청 차장검사 1988년 대구지검 차장검사 1989년 부산지검 제1차장검사 1990년 서울지검 제1차장검사 1991년 同남부지청장 1992년 법무연수원 기획부장 1993년 청주지검장 1993년 대검찰청 강력부장 1993년 법무부 검찰국장 1994년 서울지검장 1995~1997년 법무연수원 원장 1997년 한국형사정책연구원 원장 1998~2012년 법무법인 일원 변호사 1998년 동양종금 사외이사 2000~2002년 한솔제지 사외이사, 오리콤 사외이사 2001~2007년 삼아약품 사외이사 2007년 삼아제약 사외이사(현) 2012년 공증인가 서일합동법률사무소 변호사(현) [상]홍조근정훈장, 황조근정훈장, 보국훈장 천수장 [종]천주교

최영권(崔永權) CHOI Yeong Kweon

[생]1956·8·26 [본]전주(全州) [출]전북 진안 [주]서울 서초구 반포대로158 서울고등검찰청(02-530-3114) [학]1975년 전주고졸 1979년 서울대 법대졸 [경]1982년 사법시험 합격(24회) 1984년 사법연수원 수료(14기) 1985년 육군 법무관 1988년 대한법률구조공단 변호사 1992년 창원지검 검사 1994년 전주지검 정주지청 검사 1995년 서울지검 검사 1997년 대전고검 검사 1998년 광주지검 순천지청 부장검사 1999년 울산지검 부장검사 2000년 인천지검 공판송무부장 2001년 서울고검 검사 2002년 대전지검 형사1부장 2003년 부산고검 검사 2003년 국민고충처리위원회 파견 2005년 광주고검 검사 2006년 부산고검 검사 2008년 서울고검 검사 2010년 대구고검 검사 2012년 서울고검 검사 2014년 대전고검 검사 2016년 서울고검 검사(현) [종]기독교

최영권(崔永權) Choi Young Gwon

[생]1964·7·16 [본]전주(全州) [출]서울 [주]서울 강남구 언주로508 공무원연금공단 자금운용단(02-560-2014) [학]1983년 성동고졸 1987년 서강대 경제학과졸 2009년 同경영대학원 경영학과졸 2014년 경영학박사(숭실대) [경]1989년 한국투자신탁 입사 1995~1999년 同주식운용팀·고유운용팀 펀드매니저 1999~2000년 동양오리온투신증권 주식운용1팀장 2000년 동양투자신탁운용 주식운용1팀장 2003년 제일투자신탁운용 주식운용본부 부본부장 2003년 同포트폴리오팀장 겸임, 同주식운용본부장 2004년 국민은행 신탁자산운용팀장 2008년 同신탁부장 2009~2013년 플러스자산운용(주) 자산운용본부장(전무) 2014년 공무원연금공단 자금운용단장(CIO)(현) 2014~2016년 숭실대 겸임교수 2015년 과학기술인공제회 전문위원(현) 2015년 한국거래소 주가지수운영위원회 위원(현) 2015~2016년 경찰공제회 외부자문위원 [상]2015 올해의 CIO(chief investment officer of the year)(2015) [종]기독교

최영규(崔永珪) Choi Young Geu

[생]1946·10·9 [주]부산 연제구 중앙대로1001 부산광역시의회 의원회관 301호(051-888-8201) [학]경호고졸, 동아대 경영학과졸 [경]부산국제외국인학교 정책심의위원회 위원(현), 부산지방분권협의회 위원(현), (주)바지왕국 대표, 남정빌딩 대표, 국제로타리3660지구 남포로타리클럽 회장, 생활체육부산시축구연합회 자문위원, 사회복지문화원 이사, 민주평통 부산시 중구협의회장, 법무부 범죄예방위원 부산시 중구협의회장 1998·2002~2006년 부산시 중구의회 의원 1998년 同부의장 2002년 同의장, 부산시 지명위원회 위원(현) 2014년 부산시의회 의원(새누리당)(현) 2014년 同행정문화위원회 위원 2014·2016년 同윤리특별위원회 위원 2015·2016년 同경제문화위원회 위원(현) 2016년 同윤리특별위원회 위원장(현) 2016년 同원전특별위원회 위원장(현) 2016년 부산시립미술관 운영자문위원회 위원(현)

최영규(崔永奎)

[생]1972·6·10 [주]전북 전주시 완산구 효자로225 전라북도의회(063-280-3356) [학]전주대 사회과학대학 국제관계학과졸 [경]전북도민일보 기자, 더불어민주당 중앙당 부대변인(현) 2016년 전북도의회 의원(보궐선거 당선, 더불어민주당)(현) 2016년 同예산결산특별위원회 부위원장(현) 2016년 同더불어민주당 원내대변인(현) 2016년 同남북교류협력위원회 위원(현) 2016년 同교육위원회 위원(현) 2016년 同운영위원회 위원(현)

최영기(崔永基) CHOI Young Ki

생1949·9·18 출전북 고창 주광주 북구 제봉로322 삼산빌딩 전남매일(062-720-1000) 학1985년 전남대 경영대학원졸 2013년 필리핀 퍼시픽인터컨티넨탈대 사회복지학과졸 경1973년 전남일보 입사 1980년 광주일보 업무국 부장 1994년 同부국장 1996년 광남일보 판매국장 1999년 전남매일 상무 2005년 同전무이사 2007년 同사장 직대 2010년 同부사장 2013년 同대표이사 사장 겸 발행·편집인(현)

최영길(崔永吉) CHOI Youngkil

생1949·4·24 본탐진(耽津) 출전남 구례 주서울 용산구 우사단로10길39 (재)한국이슬람교(02-793-6908) 학1970년 순천고졸 1976년 한국외국어대 아랍어과졸 1979년 사우디아라비아 왕립이슬람대 수료 1981년 한국외국어대 대학원 아랍어과졸 1986년 이슬람학박사(수단 움도르만국립대) 경1977년 사우디아라비아 제다 이슬람문화원 전임강사 1981~1992년 명지대 아랍학과 전임강사·조교수·부교수 1983년 사우디아라비아 무함마드이븐사우디왕립대 객원교수 1992~2014년 명지대 아랍지역학과 교수 1993년 성천문화재단 동서인문古典강좌 교수 1996년 동남아시아·태평양지역이슬람회의기구 집행위원 1998년 全세계이슬람총연맹 최고회의 위원(현) 2001~2003년 명지대 인문대학장 2005~2012년 (사)그린레인저 이사장 2010년 국제자연환경교육재단 이사장·이사(현) 2012년 숲사랑소년단 이사장 2013년 同이사(현) 2015년 (재)한국이슬람교 할랄위원장(현) 2016년 同이사장(현) 2016년 명지대 아랍지역학과 명예교수(현) 상사우디아라비아압둘라국왕 국제번역상(2009), 대통령표창(2013), 녹조근정훈장(2014) 저'꾸란해설' '16억 아랍인들의 역사와 문화' '이슬람문화의 이해' '이슬람의 생활규범' '이슬람문화' '이슬람사상' '아랍어-한글사전' '한글-아랍어 사전' '나의 이슬람문화 체험기' '인생교과서 무함마드' 등 역'성 꾸란(의미의 한국어 번역)' '예언자 무함마드의 생애' '이슬람과 에티켓' 등 73편의 저서 및 역서

최영길(崔泳吉) Young Kil Choi

생1951·5·15 출부산 주부산 동래구 충렬대로348번길1 부산항운병원(051-580-2700) 학1975년 서울대 의대졸 1979년 同대학원 의학석사 1992년 의학박사(경상대) 경1975년 서울대병원 인턴 1976~1980년 국외과 전공의 1996~2016년 인제대 의대 외과학교실 임상강사·조교수·부교수·교수, 同부산백병원 일반외과 전문의 2016년 부산항운병원 원장(현)

최영남(崔英男) CHOI YOUNG NAM

생1961·9·5 출전남 목포 주서울 영등포구 국제금융로8길2 농협재단빌딩6층 NH투자증권 Operation본부(02-768-7000) 학1979년 고려대사대부고졸 1986년 연세대졸 1997년 미국 서던캘리포니아대(USC) 대학원졸(MBA) 경1987년 럭키증권(現 NH투자증권) 입사 2008년 우리투자증권 골드넛멤버스WMC 센터장 2009~2011년 同GS타워WMC 센터장 2012년 同고객자산운용본부장 2013년 同중부지역본부장 2014년 同강남지역본부장 2015년 NH투자증권 상품총괄 상무 2015년 同Operation본부장(상무)(현)

최영남(崔永男)

생1963·1·10 본경주(慶州) 출전남 구례 주광주 동구 준법로7의12 광주지방법원(062-239-1114) 학1982년 순천고졸 1987년 서울대 사법학과졸 경1993년 사법시험 합격(35회) 1996년 사법연수원 수료(25기) 1996년 대전지법 판사 1998년 同홍성지원 판사 1999년 광주지법 판사 2001년 同순천지원 판사 2003년 同광양시·구례군법원 판사 2004년 광주지법 판사 2005년 광주고법 판사 2008년 광주지법 판사 2011년 同순천지원 부장판사 2013년 광주지법 부장판사(현)

최영도(崔永道) CHOI Young Do (謙山)

생1938·12·17 본전주(全州) 출서울 주서울 서초구 서초중앙로146 경원빌딩202호 최영도법률사무소(02-3476-4343) 학1957년 보성고졸 1961년 서울대 법학과졸 1964년 同대학원 법학과 수료 경1961년 고등고시 사법과 합격 1962~1965년 육군 법무관 1965~1973년 천안·대전·수원·서울형사지방법원 판사 1973년 변호사 개업 1976년 한국외국어대 강사 1984~2004년 (사)한국고미술협회 법률고문 1988~1994년 언론중재위원 1991~2003년 (사)한국화랑협회 법률고문 1992~1995년 대한변호사협회 인권이사 겸 인권위원장

1993~1996년 KBS 이사 1995~2001년 헌법재판소 자문위원 1996~2000년 민주사회를위한변호사모임(민변) 회장 1996~2000년 한국인권단체협의회 회장 1996~1999년 KBS 교향악단 운영위원 1998~2000년 언론개혁시민연대 공동대표 1998년 민족화해협력국민협의회 감사 1998~2001년 '올바른 국가인권기구 실현을 위한 민간단체 공동대책위원회' 상임공동대표 1999년 한국제지 사외이사 1999~2003년 서울지방변호사회 시민인권상사업회 운영위원장 1999~2004년 (재)한국인권재단 이사 2000~2004년 대통령직속 의문사진상규명위원회 자문위원 2001~2004년 보성교우회 회장 2001~2004년 (사)시민방송 부이사장 2001~2004년 한국민주화운동기념사업회 부이사장 2002~2004년 참여연대 공동대표 2002~2004년 국민연금기금 운용위원 2002~2004년 부패방지위원회 정책자문단 위원 2002~2004년 천주교 인권위원회 고문 2002~2004년 (재)한국박물관회 이사 2004~2005년 국가인권위원회 위원장(장관급) 2004년 (주)한국미술품감정평가원 법률고문(현) 2005년 변호사 개업(현) 상국민훈장 모란장(2001), 봉래상(2003), 자랑스러운 보성인상(2008) 저'앙코르, 티베트, 돈황 : 세계문화유산기행'(2003, 창비) '토기사랑 한평생 : 즐거운 컬렉션 이야기'(2005, 학고재) '참 듣기좋은 소리 : 황홀한 클래식 편력기'(2007, 학고재) '아는 만큼 보이고 보는 만큼 느낀다 : 유럽미술관산책'(2011, 기파랑) 종천주교

최영득(崔永得) CHOI Young Deuk

생1961·5·12 본경주(慶州) 출서울 주서울 서대문구 연세로50의1 세브란스병원 비뇨기과(02-2228-2317) 학1978년 신일고졸 1986년 연세대 의대졸 1993년 同대학원졸 1998년 의학박사(연세대) 경1986~1991년 연세대의료원 인턴·레지던트 1994년 이화여대 목동병원 비뇨기과 전임의 1995년 연세대 의과대학 비뇨기과학교실 교수(현) 2008년 세브란스병원 의료기기임상시험센터장, 미국비뇨기과학회(AUA) 정회원(현) 2013년 세브란스병원 로봇내시경수술센터 소장 2014년 同비뇨기과장(현) 2015년 연세대의료원 연세암병원 비뇨기암센터장(현) 2015년 세브란스병원 임상시험센터 의료기기임상시험부장(현) 상인삼학회 학술상(1996), 대한남성과학회 Pharmacia & Upjohn Award(2000), 한국과학기술단체총연합회 제10회 과학기술우수논문상(2000), 대한비뇨기종양학회 우수연재상(2004) 저'조직공학에서의 유전자치료' 'Griffith's 5-minute CLINICAL CONSULT' '방광암진료지침' '고환암진료자분류 및 병리생태'(2010) 종기독교

최영래(崔榮來)

생1958·2·25 주대전 서구 청사로189 병무청 입영동원국(042-481-2728) 학목포고졸, 제주대졸 2004년 고려대 행정대학원 정책학과졸 경7급 공채 합격 2005년 병무청 감사담당관실 서기관 2006년 同소집과장(서기관) 2006년 同동원소집본부 공익관리팀장 2006년 同병역지원사회복무연구팀장 2007년 同사회복무정책본부 사회복무정책팀장 2008년 同사회복무동원국 사회복무정책과장 2008년 同대전충남지방병무청 징병관 2012년 同징병검사과장 2014년 同기획조정관실 기획재정담당관(부이사관) 2015년 대구·경북지방병무청장 2016년 병무청 입영동원국장(현)

최영록(崔永錄) CHOI Young Rok

생1965·2·14 출대구 주세종특별자치시 갈매로477 기획재정부 세제실(044-215-2006) 학영신고졸 1986년 고려대 행정학과졸 2003년 경제학박사(미국 미주리주립대) 경1986년 행정고시 합격(30회) 2004년 재정경제부 장관비서관 2005년 同세제실 법인세제과장 2006년 同세제실 조세정책국 소득세제과장 2007년 同세제실 재산소비세제국 재산세제과장 2008년 기획재정부 세제실 조세정책과장 2009년 同세제실 조세정책과장(부이사관) 2009년 OECD 대한민국정책센터 조세정책본부장(파견) 2010년 중앙공무원교육원 교육파견(일반직고위공무원) 2011년 국무총리소속 조세심판원 상임심판관 2011년 기획재정부 세제실 조세기획관 2012년 경제협력개발기구(OECD) 재정위원회(CFA) 사무국 이사 2013년 기획재정부 세제실 재산소비세정책관 2014~2015년 同세제실 조세정책관(국장급) 2015년 새누리당 기획재정위원회 수석전문위원 2016년 기획재정부 세제실장(현)

최영무(崔泳武) CHOI Young Moo

생1963·2·25 본경주(慶州) 출경기 주서울 중구 을지로29 삼성화재해상보험(주) 임원실(02-758-7300) 학1981년 서울 충암고졸 1985년 고려대 식물보호학과졸 2006년 同노동대학원 수료 2012년 서울대 경영대학원 AMP과정 수료 경삼성화재해상보험(주) 총무부장 2005년 同인사팀장(상무) 2010년 同인사팀장(전무) 2011년 同전략영업본부장(전무) 2013년 同자동차보험본부장(전무) 2014년 同자동차보험본부장(부사장)(현)

최영묵(崔榮默) CHIO Young Mook

[생]1963·1·20 [주]서울 구로구 연동로320 성공회대학교 신문방송학과(02-2610-4218) [학]1985년 한양대 신문학과 1988년 同대학원 신문방송학과졸 1996년 신문방송학박사(한양대) [경]1997년 한국방송진흥연구원 선임연구원 1999년 대통령직속 방송개혁위원회 전문위원 2001년 성공회대 신문방송학과 교수(현) 2006년 경인방송 사외이사 2009년 국회 문화체육관광방송통신위원회 산하 미디어발전국민위원회 위원 2012~2015년 한국방송공사(KBS) 이사 2012년 방송통신심의위원회 제18대 대통령선거방송심의위원회 심의위원 [상]한국언론학회 저술상(2011) [저]'방송공익성에 관한 연구'(1997, 커뮤니케이션북스) '국민참여 방송의 이론과 실천'(1999, 언론개혁시민연대) '뉴미디어와 시민사회'(2000, 언론개혁시민연대) '현대사회와 매스커뮤니케이션(제2개정판)'(2000, 한국언론정보학회) '세상에서 가장 쉬운 매스미디어 101문 101답'(2001, 커뮤니케이션북스) '텔레비전 화면깨기'(2003, 한울) '미디어비평과 한국TV저널리즘'(2003, 한울) 'PD가 말하는 PD'(2003, 부키) '시민미디어론'(2005, 아르케) '미디어콘텐츠와 저작권(編)'(2009, 논형) '대중문화의 이해(共)'(2010, 한국방송통신대 출판부) '한국방송정책론: 역사와전망'(2010, 논형) '공영방송의 이해(共)'(2012, 한울) '이토록 아찔한 경성(共)'(2012, 꿈결) [역]'언론과 민주주의'(1995, 나남)

최영민(崔榮敏) CHOI Young Min

[생]1955·1·11 [출]서울 [주]서울 종로구 대학로101 서울대학교병원 산부인과(02-2072-2385) [학]1973년 중앙고졸 1980년 서울대 의과대학졸 1983년 同대학원졸 1989년 의학박사(서울대) [경]1981~1984년 서울대병원 산부인과 전공의 1984~1987년 軍의관(공중보건의) 1987~1989년 서울대병원 산부인과 전임의 1989~2000년 서울대 의대 산부인과교실 전임강사·조교수·부교수 1993~1994년 미국 Brigham & Womens hospital, Harvard Medical School 연수 1994~1996년 대한산부인과학회 사무총장 1997년 미국 Yale대 연수 2000년 서울대 의과대학 산부인과학교실 교수(현) 2003~2005년 대한보조생식학회 총무이사 2003~2005년 대한심신산부인과학회 학술위원장 2003~2005년 대한의학유전학회 학술위원장 2004~2006년 대한불임학회 학술위원장 2004~2005년 미성년여성의학연구회 초대회장 2006~2013년 대한생식면역연구회 초대회장 2006년 보건복지부 난임부부지원사업 중앙심의위원(현) 2007~2011년 국가생명윤리위원회 인공수정전문위원회 위원 2007~2011년 대한산부인과학회 보조생식술위원장 2009~2013년 한국유전자검사평가원 이사 2010년 ASPIRE(Asia Pacific Initiative on Reproduction) Executive Board 2011년 대한보조생식학회 부회장 2011년 한국발생생물학회 회장 2012~2013년 대한의학유전학회 회장 2012~2014년 대한생식의학회 회장 2013~2015년 대한보조생식학회 회장 2013년 서울대 의대 인구의학연구소장(현) 2013년 'Fertility and Sterility' Editorial Board(현) 2013년 국가줄기세포은행 심의위원회 위원장(현) 2013~2015년 보건복지부 배아연구계획심의자문위원단 위원 2013년 대한산부인과학회 보조생식술위원장(현) 2014년 제3차 Asian Conference on Endometriosis 조직위원장 2014년 대한민국의학한림원 정회원(현) 2015년 대한자궁내막증연구회 부회장(현) [상]대한폐경학회 최우수논문상(1996), 서울대 의과대학 학술상(2009), 대한산부인과학회 최우수논문상(2010) [저]'가정의학'(1993) '폐경기 여성의 관리'(1994) '생식의학 및 가족계획'(1996) '부인과학'(1998) '산부인과학'(1999) '생식내분비학'(2002) '임상윤리학'(2005) '폐경기 건강(共)'(2006, 군자출판사) '부인과학'(2007) '폐경기 여성의 관리'(2007) '남성과학'(2010) '부인과 내시경학(共)'(2011, 군자출판사) '부인과 내분비학'(2012) '오래 살고 싶으신가요?'(2012, 연합뉴스) '만성골반통(共)'(2013, 군자출판사) '임상윤리학(共)'(2014) '부인과학(共)'(2015) [역]'Thompson & Thompson 의학유전학'(2002) [종]기독교

최영민(崔英敏) CHOI Young Min

[생]1957·8·10 [출]서울 [주]경기 안산시 단원구 해봉로330번길23 한신기계공업(주) 임원실(031-491-3911) [학]1976년 대광고졸 1980년 연세대 문과대학 사학과졸 1984년 미국 일리노이대 시카고대학원 수료 1986년 미국 플로리다주립대 대학원졸 [경]1986년 동국대 경영대학원 강사 1988년 세계선린회 이사 1993년 한신기계공업(주) 대표이사 사장(현) [종]기독교

최영범(崔英範) CHOI Young Bum

[생]1960·7·7 [출]서울 [주]서울 양천구 목동서로161 SBS 경영지원본부(02-2061-0006) [학]1979년 영동고졸 1986년 성균관대 법학과졸 1997년 미국 조지타운대 Fellow Foreign Service과정 수료 2007년 성균관대 언론대학원 고위정책과정 수료 [경]1985년 동아일보 입사, 同사회부 기자 1991년 SBS 입사 1999년 同보도본부 차장대우 2001년 同정치부 차장 2005년 同기획본부 정책팀장(부장급) 2007년 관훈클럽 운영위원(회계) 2008년 SBS 보도본부 정치부장 2010년 同보도본부 보도국장(부국장급) 2011년 同논설위원 2013~2015년 同보도본부장(이사대우) 2015년 한국신문방송편집인협회 부회장(현) 2015년 한국신문방송편집인협회기금 이사(현) 2015년 SBS 보도본부장(이사) 2016년 同경영지원본부장(이사)(현) [상]자랑스러운 성균언론인상 방송부문(2010), 지속가능발전기업협의회(KBCSD) 언론상 특별공로상(2015)

최영삼(崔榮三) CHOI YUNG SAM

[생]1954·5·2 [본]해주(海州) [출]경북 경산 [주]서울 서초구 고무래로6의6 송원빌딩1층 법무법인 에이스(02-3487-5000) [학]1977년 영남대 법정대학 행정학과졸 1979년 同대학원 행정학과졸(석사) [경]1981년 美8군 번역병(병장) 제대 1981년 팀스피리트 수석통제관 전속통역 1986년 사법시험 합격(28회) 1989년 사법연수원 수료(18기) 1989~2008년 국가정보원 법률연구관·법무과장·심리전단장·강원지부장·대구지부장(1급 관리관) 1991년 미국 FBI 제167기 정규과정 연수 2000년 중앙공무원교육원 제8기 고위정책과정 수료 2009년 법무법인 에이스 구성원변호사(현), 경기도 교육부 고문변호사(현), 국가과학기술연구회 고문(현), 한국가스안전공사 고문, 주택금융공사·신용보증기금·삼성화재 고문변호사(현), (주)현대그린푸드 사외이사 2011년 (주)연합뉴스TV 사외이사(현) 2014년 NH농협선물(주) 사외이사(현) 2016년 선린대 법률고문(현) [상]대구유니버시아드대회 유공포장(2003)

최영삼(崔泳杉) Choi Young-sam

[생]1966·7·11 [본]전주(全州) [출]전북 남원 [주]서울 종로구 사직로8길60 외교부 문화외교국(02-2100-7538) [학]1990년 서울대 중문학과졸 1998년 미국 미시간대 대학원 아시아지역학과졸 [경]1990년 외무고시 합격(24회) 2000년 駐중국 1등서기관 2003년 駐인도 1등서기관 2006년 駐태국 참사관 2007년 외교통상부 동북아시아지역협력과장 2009년 同동북아협력과장 2009년 同중국과장 2011년 同동북아2과장 2011년 駐중국 공사참사관 2015년 외교부 상황실장 2015년 同유네스코협력TF 업무지원 2016년 同문화외교국장(현) [종]기독교

최영상(崔榮相) CHOI Young Sang

[생]1959·7·17 [본]경주(慶州) [출]경남 마산 [주]서울 강남구 영동대로517 아셈타워40층 AT커니코리아(02-6001-8001) [학]1981년 연세대 경제학과졸 1998년 서울대 최고경영자과정 수료 2000년 미국 펜실베이니아대 와튼스쿨 글로벌매니지먼트과정 수료 [경]1988~1996년 컨설팅소프트웨어그룹 대표이사 사장 1996~2002년 프라이스워터하우스쿠퍼스컨설팅코리아 대표이사 사장 2000년 (주)메타넷 대표이사 회장(현), 연세대 경영정보대학원 겸임교수, 이화여대 경영대학원 MBA과정 겸임교수, 연세대 글로벌MBA과정 자문위원 2006년 AT커니코리아 대표이사 회장(현) 2014년 대우정보시스템 사내이사(현) [상]올해의 청년연세상경인상(2001) [종]천주교

최영선(崔永善) CHOI Young Sun (道剛堂)

[생]1958·9·28 [본]경주(慶州) [출]경남 합천 [주]서울 서초구 효령로72길60 한전아트센터 본관5층 한국에너지재단 지원본부(02-6913-2102) [학]1985년 서울대 사회학과졸 2003년 한양대 언론홍보대학원졸 [경]1986년 한국기독교사회문제연구원 연구간사 1988년 한겨레신문 기자 1997년 同민권사회1부 차장 1999년 同국제부 차장 1999~2003년 실업극복국민운동위원회 사무차장(겸직) 2001~2003년 한겨레신문사 교육사업단장 2004년 同경영기획실장 2005~2006년 同문화교육사업국장 2007년 한국에너지재단 지원본부장(현) [상]5·18민주유공자(2001), 민주화운동관련자(2011) [저]'자연사기행-한반도는 숨쉬고 있다'(1995)

최영수(崔英洙) David Choi

[생]1947·4·5 [본]강릉(江陵) [출]경북 고령 [주]대구 중구 달성로100 크레텍책임 회장실(053-250-0709) [학]1987년 대구대 사회개발학과 수료 1990년 경북대 경영대학 경영자과정 수료 1999년 서울대 경영대학 경영자과정 수료 2001년 연세대 유통과정 수료 2002년 同마케팅과정 수료 2003년 한국과학기술원(KAIST) 정보경영자과정 수료 2004년 서울대 행정대학원 국가정책과정 수료 [경]1971~2010년 책임테크툴 대표이사 1996년 '신용으로 성공한 중소기업인 40인' 선정 2000년 중소기업청 신지식인 선정 2003~2016년 대구상공회의소 상임의원 2007~2010년 (사)한국산업용재공구상협회 회장 2010년 크레

텍책임 대표이사 2012년 대구시새마을회 회장(현) 2012년 TBC문화재단 이사(현) 2015년 크레텍책임 대표이사 회장(현) 2016년 대구상공회의소 부회장(현) [상]국세청장표창(1989 · 2002), 법무부장관표창(1990 · 2004), 재무부장관표창(1993), 교육부장관표창(2000), 대구산업경영대상(2003), 글로벌비즈니스 경영대상(2005), 국무총리표창(2005), 한국유통대상 산업자원부장관표창(2006), 한국표준협회 품질경영상 최우수상(2006), 대통령표창(2008), 모범납세자표창(2009), 한국유통대상 지식경제부장관표창(2010), 산업포장(2011), 한국산업경영학회 경영자대상(2014), 서울대 AMP대상(2014) [종]기독교

최영수(崔英洙) CHOI Young Soo

[생]1955 · 4 · 11 [본]경주(慶州) [출]강원 속초 [주]서울 강남구 봉은사로418 조양빌딩7층 라미드그룹(02-2186-7860) [학]1973년 설악고졸 1993년 한국방송통신대 경영학과졸 1997년 경희대 경영대학원 관광경영학과졸 2006년 관광경영학박사(안양대) [경]서울라마다호텔 사장, 보나벤처타운 대표이사, 양평T.P.C.골프클럽 사장, 이천미란다호텔 사장, 빅토리아호텔 이사, 홍인관광호텔 대표이사, 송도비치호텔 대표이사, 한국자유총연맹 인천시지부 부회장, 설악고총동문회 회장, 라미드그룹 사장(현) 2004~2010년 호남대 호텔경영학과 겸임교수 2004~2010년 안양대 관광경영학과 외래교수, 강원대 경영관광학부 외래교수 2005년 라미드관광(주) · 남양주C.C 사장 2006년 영농조합법인 (주)천지인 대표이사 사장(현) 2010년 (주)한울 · 사천리조트 등기이사(현) 2011년 라미드호텔전문학교 학장 2011년 강원도민회 부회장(현) 2012년 (주)바이오컨트리클럽 대표이사 사장(현) 2013~2016년 한국관광호텔리조트전문경영인협회 회장, 在京속초시민회 회장, 인천송도비치호텔 대표이사(현) [저]'문화 관광자원론' [종]천주교

최영수(崔榮壽) CHOI Young Soo

[생]1957 · 8 · 16 [주]서울 중구 덕수궁길15 서울특별시의회(02-3783-1631) [학]연세대 행정학과졸 [경]서울시 동작구시설관리공단 이사장, 민주화추진협의회 조직국 차장, 평민당 섭외부장, 민주당 청년특별위원회 위원, 민주연합청년동지회 서울동작甲지구회장, 아 · 태평화재단 중앙위원, 서울 동작구의회 의원, 同총무재무위원회 위원장, 국민회의 서울동작甲지구당 부위원장 1998년 서울시의회 의원(국민회의 · 새천년민주당) 1998년 同건설위원회 간사 1999 · 2001년 同예산결산특별위원회 위원 1999 · 2001년 同여성특별위원회 위원 2000년 同재정경제위원회 위원 2000년 同21세기준비위원회 위원장, 동작지역발전포럼 회장, 새천년민주당 서울동작甲지구당 부위원장, 동작구볼링협회 회장 2001년 서울시의회 지방자치발전특별위원회 위원 2004년 제17대 국회의원선거 출마(서울 동작甲, 새천년민주당) 2005년 민주당 서울동작甲지역위원회 위원장 2011~2014년 동작구시설관리공단 이사장 2014년 서울시의회 의원(새정치민주연합 · 더불어민주당)(현) 2014 · 2016년 同환경수자원위원회 위원(현) 2014 · 2016년 同남북교류협력지원특별위원회 위원(현) 2014~2015년 同예산결산특별위원회 위원 2015년 同서소문밖역사유적지관광자원화사업지원특별위원회 위원(현) 2015년 同윤리특별위원회 위원(현) 2016년 同장기미집행도시공원특별위원회 위원장(현) [상]대한민국 위민의정대상 자치법규분야 우수상(2016)

최영수(崔泳洙) Choi, Young Su

[생]1960 · 5 · 27 [본]해주(海州) [출]광주 [주]세종특별자치시 다솜3로95 공정거래위원회 경쟁제한규제개혁작업단(044-200-4662) [학]1978년 대입 검정고시 합격 1995년 전남대 대학원 지역개발학과졸 2004년 同대학원 지역개발학 박사과정 수료 [경]2009년 공정거래위원회 시장감시국 서비스업감시과 근무 2009년 同대변인실 근무 2011년 同대구지방공정거래사무소장 2012년 세종연구소 파견(서기관) 2013년 공정거래위원회 대전지방공정거래사무소장 2013년 同경쟁제한규제개혁작업단 제1부단장 2014년 同부산지방공정거래사무소장 2015년 同서울지방공정거래사무소 제조하도급과장 2016년 同경쟁제한규제개혁작업단장(현) [종]기독교

최영수(崔永秀) CHOI Young Soo

[생]1962 · 8 · 26 [출]서울 [주]서울 중구 을지로76 유안타증권(주) 임원실(02-3770-5550) [학]배재고졸 1985년 연세대 경영학과졸 1997년 미국 스탠퍼드대 대학원 경영학과졸 [경]1986~2000년 동양오리온투자신탁 근무 2000~2004년 KTB네트워크(주) 근무 2004~2008년 同상무 2008년 KTB투자증권(주) IB&PE본부 전무 2009년 동양종합금융증권(주) Markets부문 상무 2011년 동양증권(주) Markets부문 상무 2012년 同IB총괄본부장(상무) 2012년 同IB총괄본부장(전무) 2013년 同IB총괄본부 고문 2014년 同IB총괄본부장 2014년 유안타증권(주) IB총괄본부장(전무)(현)

최영숙(崔英淑 · 女)

[생]1968 · 10 · 3 [출]경북 구미 [주]경북 안동시 풍천면 도청대로455 경북도청 농축산유통국 농업정책과(054-880-3310) [학]1990년 경북대 생물교육학과졸 1992년 同대학원졸 [경]1996년 지방고시 합격(2회) 2007년 경북 상주시 축산특작팀장 2008년 同화동면장 2009년 同농정과장 2009~2010년 경북도 식품유통과 · 낙동강사업지원팀 근무 2011년 同농수산국 쌀산업FTA대책과 FTA대책담당 2013년 同FTA농식품유통과장(지방기술서기관) 2015년 同농축산유통국 FTA농식품유통대책단장 2016년 同농축산유통국 농업정책과장(현) [상]농림부장관표창(2006), 국무총리표창(2011)

최영식(崔永植)

[생]1958 · 1 · 23 [주]강원 원주시 입춘로10 국립과학수사연구원(033-902-5000) [학]한양대 의대졸, 同대학원 의학석사, 의학박사(한양대) [경]2003~2005년 국립과학수사연구소 법의학부 법의학과장 2005~2010년 同동부 · 중부분소장 2006~2008년 법의감식연구회 회장 2012~2013년 국립과학수사연구원 법의학부장 2012년 경찰청 과학수사 자문위원(현) 2013년 한국경찰과학수사학회 부회장(현) 2013년 국립과학수사연구원 서울과학수사연구소장 2016년 대한법의학회 제13대 회장(현) 2016년 국립과학수사연구원 원장(현)

최영식(崔泳植) CHOI Young Sik

[생]1960 · 2 · 20 [출]전북 순창 [주]경기 안양시 동안구 관악대로335 세광빌딩4층 최영식법률사무소(031-449-6000) [학]1975년 전주고졸 1980년 단국대 법학과졸 1999년 同법무대학원졸 [경]1982년 사법시험 합격(24회) 1984년 사법연수원 수료(14기) 1985년 軍법무관 1988년 변호사 개업(현) 1995년 새정치국민회의 창당발기인 · 인권위원 1997년 새시대새정치연합청년중앙회 부회장 1999년 법률소비자연맹 집행위원장 1999년 한국검도협회 총재 2000년 새시대새정치연합청년회 수석부회장 2000년 신용보증기금 법률고문 2000년 국회 원내기획실장(1급 상당) 2001년 기술신용보증기금 · 한국토지신탁 · 현대해상화재보험(주) 법률고문 2002년 대한주택공사 · 신용보증기금 법률고문 2004년 평안종합법률사무소 개업 2006년 민주당 법률구조단장 2007년 법무법인 화평 구성원변호사 2007년 단국대 형사법 겸임교수 2008년 안양시호남향우회 회장 2009년 안양시향우연합회 회장 · 경기도호남향우연합회 상임수석부회장 2010년 전주고총동창회 부회장(현) 2010년 단국대총동창회 부회장(현) 2010년 법무법인 솔로몬 구성원변호사 2010년 안양시 고문변호사 2010년 안양시의회 고문변호사 2014년 경기도호남향우회총연합회 회장 2015년 안양시상공회의소 상담변호사(현) 2015년 새정치민주연합 대외협력위원회 수석부위원장 2015년 안양법인택시협의회 고문변호사(현) 2016년 국민의당 인권위원장(현) 2016년 同대외협력특별위원장(현) 2016년 국회 공직자윤리위원회 위원(현)

최영식(崔寧植) Young Sik Choi

[생]1964 · 7 · 3 [출]서울 [주]부산 강서구 녹산산업중로333 삼성전기(주) ACI사업부(051-970-8500) [학]배재고졸, 서울대 금속공학과졸, 同대학원 금속공학과졸, 금속공학박사(서울대) [경]삼성전기(주) 재료연구 선임연구원, 同PKG사업2팀 FCB개발그룹장(부장급) 2003년 同FCB개발3그룹장(부장) 2009년 同ACI사업부 ACI개발팀장(상무) 2015년 同ACI사업부 ACI개발팀장(전무) 2016년 同ACI사업부 ACI사업부장(전무)(현)

최영운(崔永云)

[생]1967 · 2 · 10 [출]경남 함안 [주]광주 동구 준법로7의12 광주고등검찰청(062-231-3114) [학]1985년 마산고졸 1993년 한양대 법학과졸 [경]1995년 사법시험 합격(37회) 1998년 사법연수원 수료(27기) 1998~2000년 변호사 개업 2000년 대구지검 검사 2002년 창원지검 거창지청 검사 2003년 수원지검 성남지청 검사 2005년 서울서부지검 검사 2008년 창원지검 검사 2010년 인천지검 검사 2010년 同부부장검사 2011년 서울중앙지검 부부장검사, 대구지검 김천지청 부장검사 2012년 수원지검 평택지청 부장검사 2013년 울산지검 형사3부장 2014년 서울남부지검 공판부장 2015년 인천지검 형사4부장 2016년 광주고검 검사(현)

최영익(崔榮益) CHOI Yeong Ik

[생]1961·1·5 [출]울산 [주]서울 종로구 세종대로178 (주)KT 광화문빌딩 West CR지원실(031-727-0114) [학]1986년 경북대 전자공학과졸 1999년 한국과학기술원 경영학과졸(석사) [경]1986년 한국통신 입사 1998년 KT 마케팅본부 CS추진실 CS기획부장 1999년 同마케팅본부 마케팅지원팀 광고부장 2002년 同인재개발원 교육팀장(상무대우) 2005년 한국디지털위성방송(주) 경영기획본부장 2005년 同경영기획본부장(이사) 2007년 同경영부문장(전무) 2008년 同사업총괄 전무 2008년 同정책협력실장 2011년 KT스카이라이프 사업총괄 전무 2012년 KT링커스(주) 사장 2014~2015년 KT텔레캅(주) 대표이사 사장 2014년 (주)KT CR지원실장(현) 2015년 한국IPTV방송협회(KIBA) 부회장 [상]체신부장관표창(1991)

최영익(崔榮益) CHOI Young Ik

[생]1963·6·4 [출]경북 경산 [주]서울 영등포구 의사당대로97 교보증권빌딩4층 법무법인 넥서스(02-6932-2200) [학]1982년 영훈고졸 1986년 서울대 법과대학 사법학과졸 1993년 한국무역연수원 국제무역연수과정 수료 1995년 미국 워싱턴대 대학원 법학과졸 2001년 세종대 경영대학원 e-Business과정 수료 2001년 미국 스탠퍼드대 Graduate School of Business Strategy and Entrepreneurship in the IT Industry프로그램 수료 2002년 전경련 부설 International Management Institute Global Business School, Executive Program 수료 2003년 중앙대 지역대학원 중국경제전문가과정 수료 2004년 미국 국무성-국가경영전략연구원 차세대정치지도자과정 수료 [경]1985년 사법시험 합격(27회) 1988년 사법연수원 수료(17기) 1988~1991년 육군 법무관 1991~1995년 김앤장법률사무소 변호사 1995~1996년 미국 Preston Gates & Ellis 법률회사 변호사 1996~2000년 김앤장법률사무소 파트너변호사 2000~2008년 법무법인 우일 창립파트너·대표변호사 2001~2009년 숙명여대 법학부 겸임교수 2001~2002년 서울변호사회 국제위원회 간사 2005~2009년 한국과학기술원(KAIST) 겸임교수 2005~2009년 이화여대 법과대학 겸임교수 2007~2009년 증권거래소 시장감시위원회 위원 2009~2010년 리인터내셔널법률사무소 대표변호사 2011년 법무법인 넥서스 창립파트너·대표변호사(현) 2011~2014년 대한변호사협회 사내변호사특별위원회 위원 2013~2014년 同국제이사 2013년 同국제교류특별위원회 위원(현) 2013~2014년 同국제위원장 2013~2014년 서울국제중재센터 이사 2015년 (주)쏠리드 사외이사 겸 감사위원(현) [저]'불쌍한 CEO들의 달걀 세우기'(2005)

최영일(崔永日) Choi Yeong-il

[생]1971·8·8 [주]전북 전주시 완산구 효자로225 전라북도의회(063-280-4524) [학]배영고졸, 전북과학대학 사회복지과졸 [경]순창경찰서 행정발전위원, 순정축산업협동조합 대의원·이사, 민주당 전북도당 청년위원장, 同전국청년위원회 운영위원, 민주평통 순창군협의회 자문위원(현) 2006·2010~2014년 전북 순창군의회 의원(무소속·민주통합당·민주당·새정치민주연합) 2012~2014년 同의장 2014년 전북도의회 의원(새정치민주연합·더불어민주당)(현) 2014~2015년 同문화관광건설위원회 위원 2014~2015년 同예산결산특별위원회 위원 2015년 同문화건설안전위원회 위원 2015년 새정치민주연합 전북도당 민원실장 2015년 더불어민주당 전북도당 민원실장(현) 2016년 전북도의회 행정자치위원회 부위원장(현) 2016년 同운영위원회 위원(현)

최영재(崔英宰) Young Jae, Choi

[생]1963·1·24 [본]삭녕(朔寧) [출]전북 장수 [주]강원 춘천시 한림대학길1 한림대학교 미디어커뮤니케이션학부(033-248-1921) [학]1988년 고려대 신문방송학과졸 1994년 同대학원졸 2004년 저널리즘박사(미국 텍사스대 오스틴교) [경]1989년 연합뉴스 기자 1995년 YTN 기자 2004년 한림대 언론정보학부 교수(현) 2005년 국정홍보처 자문위원 2006년 한국언론학회 기획이사 2007년 한국방송학회 연구이사 2008~2011년 뉴스통신진흥회 이사 2009년 전국지역언론학회 연합회장 2009~2011년 코레일 홍보자문위원장 2012년 연합뉴스TV 시청자평가위원(현) 2013~2014년 한림대 언론정보학부장 2015년 연합뉴스 수용자권익위원회 위원(현) 2015년 한림대 교무처장(현) [저]'현대방송의 이해'(共) '사라지는 신문독자'(2005) '변화하는 미디어의 사회적 책임 : 미디어 어카운터빌리티와 수용자 복지를 중심으로'(2005) '방송저널리즘과 공정성 위기'(2006) '방송뉴스'(2011) [종]가톨릭

최영조(崔永祚) CHOI Young Jo

[생]1955·3·15 [본]양천(陽川) [출]경북 경산 [주]경북 경산시 남매로159 경산시청 시장실(053-810-5005) [학]1973년 대구상고졸 1980년 영남대 행정학과졸 1985년 경북대 대학원 도시행정학과졸 2016년 명예 행정학박사(경일대) [경]행정고시 합격(23회) 1980년 경북도 내무국 서무과 근무, 同교육원 교무계장(행정사무관) 1984년 同문서계장, 同세무조사계장, 同평가계장, 同새마을계장, 同인사계장 1991년 同민원담당관 1992년 同의회 전문위원(서기관) 1994년 同총무과 서기관, 同의회 전문위원, 同가정복지청소년과장, 同사회진흥과장 1998년 봉화군 부군수 2000년 영주시 부시장 2000년 경북도 감사관 2002년 同보건환경산림국장(부이사관) 2002년 미국 아이오와대 파견 2004년 경북도 공무원교육원장 2005년 同경제통상실장 2006년 (재)문화엑스포 사무처장 2008년 구미시 부시장 2009년 지방행정연수원 교육파견 2010년 경북도 문화체육국장 2011년 경북도의회 사무처장 2012년 경북 경산시장(보궐선거 당선, 무소속·새누리당) 2014년 경북 경산시장(새누리당)(현) [상]국무총리표창(1983), 홍조근정훈장(2004), 대한민국재향군인회 공로휘장(2014) [종]천주교

최영주(崔映周·女) CHOIE Young Ju

[생]1959·7·20 [출]서울 [주]경북 포항시 남구 청암로77 포항공과대학교 수학과(054-279-2051) [학]1982년 이화여대 수학과졸 1986년 이학박사(미국 템플대) [경]1986년 미국 오하이오주립대 강사 1988년 미국 Univ. of Maryland Visiting Assistant Professor 1989년 미국 Univ. of Colorado Assistant Professor 1990년 포항공대 수학과 교수(현) 1996년 영국 Univ. of Cambridge Visiting Scholar 1998년 한국고등과학원 수학분과자문위원 2001년 경북도 과학기술자문위원 2004년 International Journal of Number Theory 편집위원(현) 2005·2011년 미국 스탠퍼드대 방문교수 2007~2009년 포항공대 수학과 주임교수 2009~2010년 대한수학회보 편집장 2009~2011년 포항수학연구소 소장 2009~2011년 세계수학자대회 유치위원 2009~2010·2012년 미국 수학회 초대Fellow(석학회원) 2011년 독일 막스프랑크연구소 방문교수 2011~2014년 대한수학회 이사 2012~2015년 세계수학자대회 조직위원 2013년 포항공대 교수평의회 의장 2013년 한국여성수리과학회 이사·부회장(현) 2014년 한국연구재단 자연과학분과 심사위원장(현) 2014년 미래창조과학부 연구개발사업 종합심사위원(현), 독일 막스프랑크연구소 방문교수 2015년 한국여성과학기술총연합회 이사(현) [상]대한수학회 논문상(2002), 올해의 여성과학기술자상(2005), 아모레퍼시픽 여성과학자상 '과학기술상'(2007), 교육과학기술부 및 한국과학창의재단 선정 '2008년 닮고싶고 되고싶은 과학기술인'(2008), 교육부장관표창(2015)

최영주(崔英珠·女) CHOI Youngju

[생]1967·7·24 [출]강원 춘천 [주]충북 청주시 흥덕구 오송읍 오송생명2로187 식품의약품안전평가원 의약품심사조정과(043-719-3501) [학]1990년 서울대 약학과졸 1992년 同대학원 약학과졸 2009년 약학박사(서울대) [경]1996년 식품의약품안전청 생물공학과 보건연구사 2003년 同생명공학지원과 보건연구관 2010년 同연구기획조정과장 2012년 同바이오생약국 유전자재조합의약품과장 2013년 식품의약품안전평가원 바이오생약심사부 유전자재조합의약품과장 2015년 同의약품심사조정과장(현)

최영준(崔榮俊) CHOI Young Jun (무애)

[생]1959·1·19 [본]초계(草溪) [출]전남 여수 [주]광주 남구 월산로116번길17 광주MBC 임원실(062-360-2111) [학]1977년 금호고졸 1985년 전남대 공업경영학과졸 2001년 광주대 언론대학원졸 [경]1984년 광주MBC 라디오 PD 1995년 同TV PD 1998년 同취재부 기자 2000년 同보도국 차장 2001년 同취재부 부장대우 2001년 同노조위원장 2003년 同보도국 보도제작부장 2005년 同취재부장 2008년 同사업국장, 2012여수엑스포지방유치위원회 정책위원, 광주전남혁신협의회 위원, 광주YMCA 이사(현), 정율성국제음악제 집행위원, 호남대 겸임교수, 광주시 특급호텔유치심의위원회 위원 2010년 광주MBC 보도제작국장 2011~2012년 同보도국장 2012년 同보도국 보도위원 2013년 同창사50주년기획단장 2013년 관현장학재단 이사장(현) 2014년 광주MBC 사장(현) 2014년 중국 후난대 객좌교수(현) [상]국무총리표창(1992), 한국프로듀서상 작품상(1993), 한국방송대상 작품상(1994), 한국방송클럽 BJ보도제작상(1999), 광주전남 올해의 기자상(1999), '자랑스러운 전남대인' 선정(2016)

최영준(崔榮俊)

[생]1962 · 2 · 11 [주]서울 서초구 서초대로74길11 삼성전자(주) 미래전략실 전략1팀(02-2255-0114) [학]부산중앙고졸, 부산대 경영학과졸 [경]삼성전자(주) 경리팀 근무 2004년 同재무팀 상무보 2006년 同전략지원팀 상무보 2007년 同전략지원팀 상무 2009년 同DS부문 지원팀 상무 2010년 同시스템LSI사업부 지원팀장(상무) 2010년 同시스템LSI사업부 지원팀장(전무) 2013년 同미래전략실 전략1팀 전무 2013년 同미래전략실 전략1팀 부사장(현)

최영준

[생]1965 · 8 · 16 [학]1984년 숭실고졸 1988년 연세대졸 [경]1988년 럭키 금성축구단 입단 1995년 울산 현대 호랑이 입단 2001년 부루나이 U-20 청소년대표팀 감독 2004년 프로축구 제주 유나이티드 코치 2009년 프로축구 대구 FC 코치 · 감독대행 2011년 프로축구 제주 유나이티드 코치, 프로축구 울산 현대 축구단 코치 2014년 대한축구협회(KFA) 전임지도자 2014년 同기술위원회 기술위원 2015~2016년 프로축구 부산 아이파크 감독

최영준(崔領埈) Choi, Young Jun

[생]1966·8·9 [주]서울 종로구 세종대로209 통일부 정책기획관실(02-2100-5615) [학]서울 영동고졸, 연세대 행정대학원 행정학과졸, 정책과학박사(미국 아이다호대) [경]통일부 평화통일대행진T/F팀장, 同홍보우수사례준비팀장, 同교육·학제통일기반조성 T/F 팀장, 同남북협력지구지원단 운영협력팀장, 同남북회담본부 회담1과장 2013년 同기획조정실 창조행정담당관(서기관) 2014년 同교류협력국 교류협력기획과장 2014년 대통령직속 통일준비위원회 파견 2015년 통일부 통일정책실 정책기획과장(부이사관) 2016년 同기획조정실 정책기획관(고위공무원)(현)

최영진(崔英鎭) CHOI Young Jin

[생]1948 · 3 · 29 [출]서울 [주]서울 서대문구 연세로50 연세대학교 국제학대학원(02-2123-3291) [학]1973년 연세대 정치외교학과졸 1976년 프랑스 파리제1대 국제행정학과졸 1979년 同대학원 국제정치학과졸 1984년 국제정치학박사(프랑스 파리제1대) [경]1972년 외무고시 합격(6회) 1972년 외무부 입부 1986년 외무부 국제기구과장 · 장관 보좌관 1987년 駐미국 참사관 1991년 외무부 제1정책심의관 1993~1996년 同국제경제국장 1996년 駐뉴욕 KEDO사무차장 1998년 ASEM준비기획단 회의준비본부장 1998년 UN본부 평화유지활동국(DPKO) 사무차장보 2000년 외교통상부 외교정책실장 2002년 駐오스트리아 대사 2003년 외교안보연구원 원장 2004년 외교통상부 차관 2005~2007년 駐UN대표부 대사 2005~2007년 유엔총회 제1위원회(군축 및 국제안보담당) 의장 2007~2012년 코트디부아르담당 UN 사무총장 특별대표(Special Representative of the Secretary General for Cote d'Ivoire) 겸 유엔평화유지군 대표 2012~2013년 駐미국 대사 2013년 연세대 국제학대학원 특임교수(현) [상]대통령표창(1988), 황조근정훈장(2000) [저]'서양정신의 위기' '동양과 서양' '냉전시대의 동아시아'

최영진(崔永振) Choi Young Jin

[생]1955 · 7 · 19 [본]경주(慶州) [출]경남 함양 [주]서울 동작구 여의대방로62길1 이투데이(02-799-2600) [학]1982년 서울시립대 건축공학과졸 1998년 동국대 대학원졸 2003년 공학박사(경원대) [경]1982년 건축환경연구소 기사 1988년 중앙일보 중앙경제 사회부 기자 1995년 同경제부 차장 1997년 同경제1부 차장 1998년 同산업팀 차장(전문기자) 2000년 同산업부 전문위원 2000년 同부동산전문위원 2000~2013년 同조인스랜드 대표이사 2013년 同조인스랜드 고문 2014년 同편집국 경제부문 전문기자 2016년 이투데이 편집국 대기자(현) [상]특종상 다수 [저]'성공적 자투리땅 투자법'(1995) '땅없는 사람을 위한 부동산 재테크'(1996) '부동산개발 이론과 실무(共)'(2004) '부동산 대해부(共)'(2006) [종]천주교

최영진(崔暎鎭) CHOI Young Jin

[생]1961 · 11 · 11 [본]양천(陽川) [출]경남 합천 [주]서울 종로구 북촌로112 감사원 지방행정감사1국(02-2011-2610) [학]1980년 대일고졸 1985년 서울대 국어국문학과졸 1996년 국방대 대학원 국방관리학과졸 [경]2004년 감사원 기획관리실 전산정보담당관, 대통령 민정비서관실 서기관 2008년 국무총리실 규제정책개혁관실 규제민원과장 2008년 同안전정책관실 자연재난지원과장 2008년 同사회통합정책실 환경정책과장 2009년 감사원 사회 · 문화감사국 제1과장 2010년 국무총리 정보관리비서관실 정보행정관 2010년 국무총리 민정민원비서관실 민정기획행정관(서기관) 2014년 국무총리 민정민원비서관실 민정기획행정관(부이사관) 2015년 감사원 지방행정감사국장(고위감사공무원) 2016년 同지방행정감사1국장(현)

최영진(崔永鎭) CHOI Young Jin

[생]1967 · 2 · 7 [출]경남 진주 [주]경기 과천시 관문로47 미래창조과학부 운영지원과(02-2110-2142) [학]1984년 부산진고졸 1991년 서울대 지리학과졸 [경]1992년 행정고시 합격(36회), 정보통신부 정보통신정책국 사무관 2001년 同정보통신정책국 정책총괄과 서기관 2003년 同정보통신공무원교육원 교학과장 2005년 同정부통합전산센터 기획전략팀장 2006년 同장관 비서관 2007년 同통신전파방송정책본부 통신자원정책팀장 2008년 방송통신위원회 시장조사과장 2009년 同통신경쟁정책과장 2011년 同조사기획총괄과장 2012년 同정책총괄과장(부이사관) 2013년 미래창조과학부 방송통신융합실 정책총괄과장 2013년 同정보통신방송정책실 정책총괄과장 2014년 同국립전파연구원장(이사관) 2016년 세계은행(World Bank) 파견(고위공무원)(현) [상]대통령표창(2001), 근정포장(2013)

최영진(崔榮珍) Choi, Yeong-jin

[생]1968·10·17 [주]부산 연제구 중앙대로1001 부산광역시의회(051-888-8195) [학]동아고졸, 동아대 산업공학과졸, 同경영대학원 경영학과졸 [경]부산공동어시장 '영진수산' 대표(현), 동아고총동창회 부회장, 한국청년회의소 부산지구 회장, 부산시 사하구배드민턴연합회 회장, 同사하구 한샘배드민턴클럽 회장, 同사하구생활체육회 부회장, 새누리당 부산시사하甲당원협의회 부위원장 2014년 부산시의회 의원(새누리당)(현) 2014년 同행정문화위원회 위원 2015년 同경제문화위원회 위원(현) 2016년 同운영위원회 위원(현) 2016년 同예산결산특별위원회 위원(현) 2016년 同지방분권특별위원회 위원(현)

최영찬(崔榮燦)

[생]1971 [출]경기 화성 [주]세종특별자치시 도움5로20 법제처 경제법제국(044-200-6638) [학]유신고졸, 연세대졸 [경]1993년 행정고시 합격(37회) 2002년 법제처 경제법제국 서기관 2004년 同법제조정실 혁신인사 서기관 2005년 同사회문화법제국 법제관(서기관) 2006년 국회 법제사법위원회 파견 2008년 법제처 사회문화법제국 법제관 2011년 同기획조정관실 법제총괄담당관 2011년 同행정법제국 법제관 2013년 同경제법제국 법제관 2014년 同기획조정관실 법제정책총괄담당관 2015년 同경제법제국 법제관 2015년 同경제법제국 법제관(부이사관)(현)

최영철(崔永喆) CHOI Young Choul (青湖)

[생]1935·12·19 [출]전남 목포 [주]서울 성북구 서경로124 서경대학교 총장실(02-940-7010) [학]1954년 목포고졸 1958년 서울대 문리과대학 정치학과졸 1969년 미국 컬럼비아대 신문대학원 수료 [경]1958~1962년 한국일보·민국일보 기자 1962~1971년 동아일보 기자·정치부장·외신부장 1971년 정무담당 무임소장관실 정무조정실장 1973년 제9대 국회의원(통일주체국민회의, 유신정우회) 1973년 유신정우회 정책위원 겸 상공위원장 1979년 제10대 국회의원(목포·무안·신안, 민주공화당) 1979년 민주공화당 원내부총무·대변인 1981년 제11대 국회의원(목포·무안·신안, 민주정의당) 1981~1983년 국회 보사위원장 1983년 민주정의당 정책위원회 부의장 1985년 同전당대회 부의장 1985년 제12대 국회의원(목포·무안·신안, 민주정의당) 1985년 국회 부의장 1986년 민주정의당 중앙집행위원 1987년 同전남지부장 1988년 同국책평가위원장 1988년 체신부 장관 1989년 노동부 장관 1990년 민자당 목포지구당 위원장 1990~1992년 대통령 정치담당특보 1991년 서화작가협회 회장 1992~1993년 부총리 겸 통일원 장관 1994년 통일번영연구원 회장(현) 1997~2003년 통일고문 1998~2000년 목포해양대 객원교수 2001년 서경대 석좌교수 2008년 同총장(현) [상]청조근정훈장, 벨기에 대십자훈장, 대한민국디자인대상 뷰티디자인교육대상(2010) [저]'산업평화' '7천만이 하나로' '통일로 막히면 돌아가자' '이등인생의 되바라진 소리'(춘·하·추)

최영철(崔泳喆) CHOI Young Chul

[생]1949 · 11 · 2 [본]경주(慶州) [출]전남 담양 [주]경기 안양시 동안구 부림로121 동아프라자 (주)이산 임원실(031-389-0166) [학]1968년 광주제일고졸 1972년 서울대 토목공학과졸 1983년 미국 스탠퍼드대 대학원 도시공학과졸 [경]기술고시 합격(12회) 1991~1996년 駐말레이시아대사관 건설관 1998년 건설교통부 주택도시국 도시계획과장 1999년 同고속철도건설기획단장 2000년

同수자원국장 2002년 서울지방국토관리청장 2003년 건설교통부 수자원국장 2004년 同기술안전국장 2004~2005년 同수송정책실장 2005~2008년 건설공제조합 이사장 2006년 대한건설단체총연합회 이사 2009~2011년 (주)휴다임 부회장 2011년 (주)이산 부회장 2012년 同도로국토철도부문 부회장(현) [상]건설부장관표창, 대통령표창, 외무부장관표창, 홍조근정훈장 [종]기독교

최영철(崔泳喆) CHOI Young Chul

[생]1958·1·26 [주]서울 강남구 영동대로517 아셈타워 14층 (주)E1 해외사업본부(02-3441-4114) [학]경주고졸, 경북대 불어불문학과졸 [경]1982년 LG칼텍스가스 입사, (주)E1 수급팀 부장 2008년 同수급본부장(이사) 2011년 同수급본부장(상무) 2013년 同수급본부장(전무) 2015년 同해외사업본부장(전무) 2016년 同해외사업본부장(부사장)(현)

최영철(崔榮哲) CHOI Young Cheol

[생]1960·8·18 [주]서울 강남구 언주로211 강남세브란스병원 신경과(02-2019-2370) [학]1985년 연세대 의대졸 1992년 同대학원졸 1997년 의학박사(가톨릭대) [경]1992~2000년 연세대 의과대학 신경과학교실 전임강사·조교수 1998~2000년 미국 국립보건원(NIH) 연수 2000~2002년 건양대 의과대학 신경과학교실 부교수 2002년 연세대 의과대학 신경과학교실 부교수 2005년 아시아·오세아니아근육병학회 Director(현) 2006년 연세대 의과대학 신경과학교실 교수(현) 2010·2012·2014~2016년 강남세브란스병원 신경과장 2011년 연세대 의과대학 신경과학교실 주임교수 2015~2016년 강남세브란스병원 임상시험센터 소장 [종]기독교

최영철(崔榮喆)

[생]1966·1·15 [출]경남 사천 [주]경남 사천시 남일로37 사천경찰서(055-850-7221) [학]1983년 진주 대아고졸 1987년 경찰대 행정과졸(3기) 2011년 동아대 법무대학원 경찰학과졸 [경]2007년 부산 북부경찰서 경비교통과장(경정) 2008년 부산 금정경찰서 경비교통과장 2009년 부산 중부경찰서 생활안전과장 2010년 부산 동래경찰서 생활안전과장 2011년 부산 해운대경찰서 생활안전과장 2012년 부산지방경찰청 제1기동대장 2014년 부산 남부경찰서 생활안전과장 2015년 경남지방경찰청 치안지도관(총경) 2016년 부산지방경찰청 생활안전과장 2016년 경남 사천경찰서장(현) [상]대통령표창(2011)

최영태(崔泳太) CHOI Young Tae

[생]1954·9·25 [본]화순(和順) [출]전남 [주]광주 북구 용봉로77 전남대학교 사학과(062-530-3250) [학]1977년 전남대 사학과졸 1984년 同대학원졸 1991년 문학박사(전남대) [경]1989~1990년 독일 보쿰대(Univ. of Bochum) 연구원 1991년 전남대 사학과 전임강사·조교수·부교수 2000~2001년 미국 아이오와대(Univ. of Iowa) 연구원 2002년 전남대 사학과 교수(현) 2002~2006년 광주흥사단 부회장 2004~2006년 전남대 5·18연구소장 2005년 한국독일사학회 회장 2007~2008년 전남대 인문대학장 2007~2010년 광주흥사단 상임대표, 同평의회 부의장 2009~2012·2014년 광주시민단체협의회 상임대표 2010~2012년 민주화를위한전국교수협의회 공동의장 2013~2015년 전남대 교무처장 2015년 광주흥사단 평의회 의장(현) [저]'서양의 지적운동Ⅱ'(1998) '베른슈타인의 민주적 사회주의론 : 수정주의 논쟁과 독일사회 민주당'(2007) '지역 교류문화로 본 역사'(2008) '5·18 그리고 역사 : 그들의 나라에서 우리 모두의 나라로'(2008) '지역과 교류 그리고 문화'(2009) '역사에서의 지역정체성과 문화'(2010) [역]'미국을 바꾼 4인의 혁신주의 대통령들(共)'(1999)

최영태(崔榮太) Choi, Youngtae

[생]1971·12·24 [본]강릉(江陵) [출]서울 [주]대전 서구 청사로189 산림청 국제협력담당관실(042-481-4176) [학]1990년 자양고졸 1995년 고려대 산림자원학과졸 2012년 미국 텍사스주립대 대학원 생태과학 및 관리과졸 [경]2002년 기술고시 합격(38회) 2004~2006년 산림청 산림휴양정책과 근무 2010년 同산림정책과 근무 2012년 同산림생태계복원팀장(기술서기관) 2013년 同국제협력담당관(현) [상]대통령표창(2012)

최영택(崔永澤) CHOI Young Taek (현암)

[생]1954·9·28 [본]경주(慶州) [출]경기 의정부 [주]서울 종로구 김상옥로24 세림빌딩9층 (주)온전한커뮤니케이션(070-7728-8559) [학]신일고졸, 연세대 신문방송학과졸, 同경영대학원졸, 언론정보학박사(인하대) [경]1989년 LG그룹 회장실 부장 1994년 LG애드 국장 1997년 LG산전(주) 홍보광고담당 상무보 2000년 同관리담당 상무 2001~2004년 LG카드(주) 홍보담당 상무 2004~2008년 코오롱그룹 경영기획실 홍보담당 상무 2009년 다트미디어 회장 2009년 홍익대 광고홍보학과 겸임교수 2009년 인하대 언론정보학과 강사 2010년 (주)온전한커뮤니케이션 대표이사 부회장(현), 'The PR' 발행인(현) 2015년 동국대 언론정보대학원 강사(현) 2015년 인하대 정책대학원 강사(현) [종]불교

최영해(崔永海) CHOI Young Hae

[생]1963·1·4 [출]경북 경주 [주]경기 과천시 관문로47 미래창조과학부 전파정책국(02-2110-1950) [학]1986년 서울대 영어영문학과졸 1989년 同행정대학원졸 2000년 미국 시라큐스대 대학원졸 [경]1992년 체신부 한·미UR협상담당 사무관 1994년 정보통신부 통신기획과 통신정책담당 사무관 1996년 同부가통신과 PCS담당 사무관 2000년 同기획총괄과 서기관 2001년 同감사팀장 2003년 同제주체신청장 2004년 同장관 비서관 2006년 同통신전파방송정책본부 통신자원정책팀장 2007년 同전파방송기획단 방송위성팀장 2008년 방송통신위원회 통신경쟁정책과장 2009년 同전파정책기획과장 2009년 대통령실 파견 2011년 방송통신위원회 운영지원과장 2012년 서울전파관리소장 2013~2014년 국방대 교육파견(국장급) 2014년 미래창조과학부 창조경제기획국 심의관 2015년 同기획조정실 국제협력관 2016년 同전파정책국장(현)

최영해(崔永海)

[생]1965·3·16 [본]경주(慶州) [출]경북 경주 [주]서울 종로구 청계천로1 동아일보 편집국 국제부(02-2020-0114) [학]1984년 울산 학성고졸 1989년 서울대 경영학과졸 1992년 同대학원 경영학과(국제경영학전공)졸 2007년 미국 노스캐롤라이나대(UNC-채플힐) 저널리즘스쿨 객원연구원 [경]1989년 LG증권 리서치센터 애널리스트 1994년 매일경제 편집국 증권부 기자 1999년 同경제부 기자 2000년 동아일보 편집국 금융부 경제부 기자 2002년 同정치부 기자 2006년 同경제부 기자(차장급) 2007년 同편집국 차장 2008년 同편집국 차장(미국연수) 2008년 同편집국 산업부 차장 겸 위크엔드팀장 2008년 同편집국 정치부 차장 겸 국회반장 2009년 同편집국 국제부 차장 2013년 同논설위원 2014년 同AD본부 부장급 2015년 관훈클럽 운영위원(기획) 2015년 동아일보 편집국 국제부장(현) 2016년 관훈클럽 운영위원(편집)(현)

최영현(崔永賢) CHOI Young Hyun

[생]1960·4·9 [출]제주 남제주 [주]세종특별자치시 도움4로13 보건복지부 기획조정실(044-202-2200) [학]1980년 제주제일고졸 1984년 성균관대 사회학과졸 1986년 서울대 행정대학원 행정학과졸, 성균관대 대학원 사회복지학 박사과정 수료 [경]1985년 행정고시 합격(29회) 1996년 보건복지부 사회복지정책실 노인복지과 서기관 1997년 스위스 제네바 세계보건기구 근무 2000년 국립의료원 장기이식관리센터 장기이식기획팀장 2000년 국가과학기술자문회의 파견 2001년 보건복지부 사회복지정책실 생활보호과장 2003년 민간근무휴직(삼성화재해상보험 부장) 2005년 보건복지부 사회복지정책실 노인복지정책과장(부이사관) 2005년 同저출산고령사회정책본부 노인정책과장 2005년 同저출산고령사회정책본부 노인정책팀장 2006년 同생명과학단지조성사업단장 2007년 同질병관리본부 국립인천공항검역소장 2008년 해외 파견 2009년 대통령 보건복지비서관실 선임행정관 2010년 보건복지가족부 보건의료정책실 건강보험정책관 2010년 건강보험정책심의위원회 위원 2010년 보건복지부 보건의료정책실 건강보험정책관 2010년 국민건강보험공단 재정운영위원회 공익대표 2010년 보건복지부 장애인정책국장 2011~2013년 대통령 보건복지비서관 2013년 보건복지부 보건의료정책실장 2014년 同기획조정실장(현) [상]홍조근정훈장(2014)

최영호(崔永鎬) CHOI Young Ho

[생]1955·5·9 [본]전주(全州) [출]서울 [주]부산 해운대구 반송순환로142 영산대학교 글로벌비즈니스대학 일본비즈니스학과(051-540-7171) [학]1976년 대신고졸 1984년 성균관대 정치외교학과졸 1988년 일본 東京大 대학원 국제관계학과졸 1994년 정치학박사(일본 東京大) [경]1993~1997년 성균관대 외래강사 1997~1998년 영산대 아시아지역통상학과 전임강사 1997~1998년 同출판부

ㅊ

장 1999~2002년 同국제학부 조교수 2001~2003년 同국제학부장 2002년 同국제학부 부교수, 同외국어대학 일어학과 교수, 同글로벌비즈니스대학 일본비즈니스학과 교수(현) 2003~2005년 同행정처장 2006년 일본 큐슈대 방문연구원 2006년 한일민족문제학회 회장 2008년 태평양전쟁전후국외강제동원희생자지원위원회 위원(현) 2008년 영산대 외국어대학장, 同글로벌비즈니스대학장(현) 2009년 국무총리소속 일제강점하강제동원피해진상규명위원회 위원, 영산대 국제학연구소장(현) 2016년 (사)재외한인학회 회장(현) (저)'재일한국인과 조국광복' '일본역사와 정치 그리고 문화' '세계지역의 이해' '현대한일관계사' '한일관계의 흐름 2010' 등 (역)'전향'(2005) (종)기독교

최영호(崔榮鎬) CHOI Young Ho

(생)1965 · 2 · 1 (출)전남 보성 (주)광주 남구 봉선로1 남구청 구청장실(062-651-9020) (학)1983년 사회복지대학원졸 (경)1986년 호남학생반독재민주화투쟁연합 의장 1987년 민주화운동으로 구속 · 수감 1991년 금호문화재단 기자, 광주시 남구의회 의원 2000년 同주거환경개선사업특별위원장 2002년 새천년민주당 광주南지구당 부위원장 2002~2006년 광주시의회 의원(새천년민주당 · 민주당) 2002년 同운영위원장 2004년 同행정자치위원장 2006년 광주시 남구청장선거 출마(무소속), 인비스 부사장 2008년 강운태 국회의원 보좌관 2010년 광주시 남구청장(민주당 · 민주통합당 · 민주당 · 새정치민주연합) 2014년 새정치민주연합 중앙위원 2014년 광주시 남구청장(새정치민주연합 · 더불어민주당)(현) 2015년 더불어민주당 중앙위원(현) (상)매니페스토 선거공약서분야 최우수상(2010), 매니페스토 경진대회 청렴분야 최우수상(2011), 매니페스토 경진대회 매니페스토 활동분야 최우수상(2012), 매니페스토 경진대회 공감행정분야 최우수상(2013), 자랑스런 광주대인상(2013), 한국지방자치경영대상 창의혁신부문(2013), 광주 · 전남 지방자치경영대상 종합대상(2013), 매니페스토 약속대상 최우수상(2014), 자랑스러운 전남대 경영대인상(2016) (종)천주교

최영홍(崔永洪) CHOI Young Hong

(생)1954 · 10 · 3 (본)경주(慶州) (출)전북 익산 (주)서울 성북구 안암로145 고려대학교 법학관 신관414호(02-3290-1904) (학)1972년 전주고졸 1976년 서울대 법학과졸 1986년 고려대 대학원졸 1991년 법학박사(고려대) (경)1978년 軍법무관 임용시험 합격 1992년 국방부 검찰부장 1992~2005년 변호사 개업(서울) 1999년 대한상사중재원 중재인(현) 2000~2002년 광운대 법학과 겸임교수 2002~2014년 공정거래위원회 가맹사업거래분쟁조정협의회 위원장 2006~2007년 서강대 법학과 교수 2006~2013년 게임물등급위원회 윤리위원회 위원 2007년 고려대 법학전문대학원 교수(현) 2010년 한국경영법률학회 회장 2013년 한국유통법학회 회장(현) 2014년 롯데하이마트 사외이사(현) (상)국방부장관표창(1989), 국무총리표창(2003), 홍조근정훈장(2010) (저)'가맹계약론'(2003) (역)'화이트칼라 범죄와 함정수사 기법'(1988) '군대를 위한 전쟁법'(1993) '국제 프랜차이즈 계약입문'(2010) (종)천주교

최영훈(崔英勳) CHOI Young Hun

(생)1959 · 1 · 20 (출)경남 진해 (주)서울 종로구 청계천로1 동아일보 논설위원실(02-2020-0159) (학)서울대 법학과졸 (경)1989년 동아일보 입사 1999년 同사회부 차장대우 2000년 同국제부 차장대우 2002년 同사회1부 차장대우 2003년 同사회1부 차장 2003년 同정치부 차장 2003년 한국기자협회 부회장 2005년 동아일보 국제부장 2007년 同사회부장 2008~2012년 同편집국 부국장, 대법원 국선변호위원 2009년 교육과학기술부 법학교육위원회 위원 2012~2013년 동아일보 편집국장 2013년 同논설위원(국장급) 2015년 국회 방송자문위원회(제5기) 자문위원(현) 2015년 서울중앙지법 시민사법위원회 위원 2015년 동아일보 수석논설위원(국장급)(현)

최영휘(崔永輝) CHOI Young Hwi

(생)1945 · 10 · 28 (본)경주(慶州) (출)충남 천안 (주)서울 영등포구 국제금융로8길26 KB금융지주 비서실(02-2073-7114) (학)1964년 경기고졸 1969년 성균관대 경제학과졸 (경)1969년 한국은행 입행 1974년 행정고시 합격 1975년 병무청 근무 1978년 재무부 사무관 1982년 신한은행 입행 1983년 同한남동지점장 1985년 同총무부장 1986년 同고객2부장 1988년 同국제부장 1991년 同뉴욕지점장 1994년 同이사대우 1995년 同종합기획부장 1995년 同이사 1997년 同상무이사 1999년 同부행장 2001년 신한금융지주회사 부사장 2003~2005년 同대표이사 사장 2005~2007년 同이사 2015년 KB금융지주 이사회 의장(현) (상)재정경제부장관표창(2001), 대통령표창(2004)

최영희(崔英姬 · 女) CHOI Young Hee

(생)1950 · 7 · 20 (출)전북 전주 (주)서울 서대문구 신촌로7길18 탁틴내일(02-338-7480) (학)1969년 이화여고졸 1973년 이화여대 사회학과졸 (경)1973~1980년 도시산업선교회 노동교육담당 1980~2005년 도서출판 석탑 대표 1985년 한국출판문화운동협의회 초대회장 1987년 한국여성민우회 부회장 1992~1994년 대한출판문화협회 이사 1993~2002년 내일신문 발행인 겸 대표이사 1995~2005년 (사)청소년을위한내일여성센터 회장 1997년 한국출판협동조합 이사 1998~2000년 청소년보호위원회 성문화대책위원장 1998년 경찰청 경찰개혁위원 2000~2005년 중앙노동위원회 공익위원 2000~2005년 (재)자녀안심하고학교보내기운동국민재단 이사 2001~2005년 국무총리실 청소년보호위원 2002~2005년 내일신문 부회장 2002~2005년 경찰위원회 위원 2002~2005년 학교폭력대책국민협의회 상임대표 2002~2005년 사회복지공동모금회 이사 겸 기획위원장 2003~2005년 정부혁신 및 지방분권위원회 위원 2004~2005년 한국장애인고용촉진공단 비상근이사 2004~2005년 중앙인사위원회 인사정책자문회의 위원 2004~2005년 학교법인 광운학원 이사 2005년 (사)청소년을위한내일여성센터 이사장 2005년 국가청소년위원회 위원장 2008년 제18대 국회의원(비례대표, 통합민주당 · 민주당 · 민주통합당) 2008년 민주당 제5정책조정위원장 2008년 국회 보건복지위원회 위원 2008년 국회 여성위원회 위원 2010년 국회 여성가족위원회 위원장 2010년 민주당 정책위원회 부의장 2012년 (사)탁틴내일 이사장(현) 2015~2016년 총신대 문제해결대책위원회 상임위원 (상)의정행정대상 국회의원부문(2010)

최영희(崔泳姬 · 女) CHOI Young Hee

(생)1955 · 4 · 28 (주)경기 화성시 봉담읍 와우안길17 수원대학교 생활과학대학 아동가족복지학과(031-220-2229) (학)1978년 서울대 가정관리학과졸 1981년 미국 드렉셀(Drexel)대 대학원졸 1991년 이학박사(숙명여대) (경)1991년 수원대 아동학과 조교수 1998년 同생활과학대학 아동가족복지학과 부교수 2005년 同생활과학대학 아동가족복지학과 교수(현) 2006~2011 · 2015년 同사회복지대학원장(현) 2007년 한국아동학회 부회장 2008~2009 · 2015년 수원대 여학생감(현) 2008~2009년 同생활과학대학 아동가족복지학과장 2008년 한국놀이치료학회 회장

최오길(崔五吉) CHOI Ohe Gil (仁山)

(생)1942 · 1 · 23 (출)강원 강릉 (주)서울 송파구 백제고분로450 인팩(주) 비서실(02-3432-3333) (학)1961년 강릉상고졸 1969년 고려대 경영학과졸 1972년 同경영대학원 경영학과졸 (경)1969~1972년 한국산업은행 근무 1975~1979년 대신증권(주) 상무이사 1980~1990년 동신제지공업(주) 대표이사 1991년 인팩(주) 대표이사 회장(현) (상)우수자동차부품기업(2003), 은탑산업훈장(2007), 노사문화우수기업(2009) (종)기독교

최옥선(崔玉仙 · 女) CHOI Ok Sun

(생)1962 · 8 · 9 (본)전주(全州) (출)전북 전주 (주)전북 전주시 덕진구 건지로20 전북대학교병원 감사실(063-250-1034) (학)호원대 경영학과졸 (경)성교육 강사, 전북여성정치발전센터 정책위원장 2006년 전북 전주시의원선거(비례대표) 출마, 미래전북연구소 사무국장, 전주여성의전화 상근활동가 2014년 전북대병원 상임감사(현) 2016년 (사)한국공공기관감사협회의 감사(현) (상)전주여성의전화 모범상(2005) (종)천주교

최옥술(崔玉述) CHOI Ok Sool

(생)1961 · 1 · 5 (본)경주(慶州) (출)전남 진도 (주)서울 양천구 목동동로233 방송회관 방송통신심의위원회 인터넷피해구제센터(02-3219-5114) (학)1989년 서울시립대 회계학과졸 (경)1996년 방송위원회 대전사무소장 1997년 同관리부장 2000년 同기획부장 2002년 同의사협력부장 2003년 同대전사무소장 2005년 교육 파견 2006년 방송위원회 기획관리실 혁신기획부장 겸 정보전산팀장 2007~2008년 同시청자지원실 전문위원 2008년 방송통신심의위원회 기획관리실 대외협력팀장 겸 홍보팀장 2009년 同통신심의실장 2010년 同감사실장 2011년 同대전사무소장 2012년 同방송심의국장 2013년 同기획조정실장 2015년 同권익보호국 전문위원 2015년 同인터넷피해구제센터장(현)

최완규(崔完圭) CHOI Wan Kyu

생1950·12·13 출충남 주경기 의정부시 호암로95 신한대학교 국제관1층 탈분단경계문화연구원(031-870-3850) 학1969년 광주고졸 1974년 경희대 정치외교학과졸 1977년 同대학원 정치학과졸 1987년 정치학박사(경희대) 경1983~1999년 경남대 정치외교학과 전임강사·조교수·부교수 1988년 同법정대학 학장보 1988년 미국 Berkeley대 연구교수 1990년 경남대 정치외교학과 학과장 겸 대학원 주임교수 1994년 同극동문제연구소 분소장 1999~2006년 同북한대학원 교수 2000년 同북한대학원 부원장 2001~2003년 경제정의실천시민연합 통일협회 정책위원장 2004~2005년 북한연구학회 회장 2004년 경제정의실천시민연합 통일협회 운영위원장 2005년 同이사 2005~2007년 경남대 북한대학원장 2006~2015년 북한대학원대 교수 2009~2012년 同부총장 2010년 우리민족서로돕기운동 상임공동대표(현) 2012~2015년 북한대학원대 총장 2015년 同명예교수(현) 2015년 신한대 탈분단경계문화연구원장(현) 저'북한사회의 구조와 변화' '민주시민론' '정치학개론' '한반도통일의 국제적 조건에 관한 연구' '북한체제수립과정에 관한 연구' '전환기의 북한의 사회주의' '북한사회주의 건설의 정치경제' '한국정치사회의 새흐름' 역'소유의 역사' '중국경제개혁의 정치적 논리' '저개발의 발전'

최완규(崔完圭) CHOI Wan Gyu

생1964·8·18 출경북 울진 주서울 마포구 월드컵북로361 한솔교육빌딩11층 에이스토리(02-2088-2585) 학인천대 영문학과 중퇴 경드라마작가(현) 1993년 MBC베스트극장 극본공모 '재미없는 사랑, 재미있는 영화' 당선·데뷔 2003년 제주국제자유도시 명예홍보대사 2005년 에이스토리 설립·대표작가(현) 상MBC방송대상 작가상(1994), 한국방송대상 작가상(2000), MBC연기대상 TV부문 공로상(2006), 한국방송프로듀서상 시상식 TV작가부문 제작부문상(2007), 백상예술대상 TV부문 극본상(2007), 서울문화예술대상 드라마작가대상(2010) 작방송극본 'MBC 허준'(1999) 'MBC 상도'(2001) 'SBS 올인'(2003) 'SBS 폭풍속으로'(2004) 'SBS 러브스토리 인 하버드'(2004) 'MBC 주몽'(2006) 'SBS 식객'(2008) 'KBS 바람의나라'(2008) 'MBC 종합병원2'(2008) 'SBS 태양을 삼켜라'(2009) 'SBS 마이더스'(2011) 'MBC 빛과 그림자'(2011) 'MBC 트라이앵글'(2014)

최완근(崔完根) CHOI Wan Keun

생1961·12·13 출경기 양주 주세종특별자치시 도움4로9 국가보훈처 차장실(044-202-5100) 학1980년 동인천고졸 1985년 서울대 사회복지학과졸 1990년 同행정대학원졸 1998년 미국 위스콘신주립대 대학원 행정학과졸 경1986년 행정고시 합격(29회) 1994년 국가보훈처 감사관실 서기관 1995년 同감사관실 감사담당관 1996년 同보훈관리국 교육지원과장 1998년 同제대군인정책담당관 2000년 同처장실 비서관 2001년 同복지사업국 복지기획과장(부이사관) 2003년 同기획관리실 기획예산담당관 2004년 同보훈선양국장 2006년 同보훈선양국장(이사관) 2007년 국방대 파견(이사관) 2008년 국가보훈처 기획조정관 2010년 서울지방보훈청장 2013년 국가보훈처 차장(현)

최완성(崔完成) CHOI Wan Wung

생1956·5·6 출충남 논산 주경남 진주시 진주대로816번길15 경상대학교 의학전문대학원 해부학교실(055-772-8030) 학1975년 대전고졸 1979년 서울대 동물학과졸 1985년 同대학원졸 1990년 이학박사(서울대) 경1985~1997년 경상대 의대 해부학교실 전임강사·조교수·부교수 1992~1994년 미국 Oregon Health Science Univ. 연구교수 1997년 경상대 의과대학 해부학교실 교수, 同의학전문대학원 해부학교실 교수(현) 2008~2009년 경남BT지원기관협의회 초대회장 2016년 경상대 대학원장(현) 상한국학술상 으뜸상(2015)

최완주(崔完柱) CHOE Wan Joo

생1958·1·13 출충남 예산 주서울 서초구 서초중앙로157 서울고등법원(02-530-1487) 학1976년 예산고졸 1981년 서울대 법과대학졸 경1981년 사법시험 합격(23회) 1983년 사법연수원 수료(13기) 1983년 해군 법무관 1986년 서울지법 동부지원 판사 1989년 서울민사지법 판사 1989년 부산동부지법 판사 1994년 부산고법 판사 1994년 법원행정처 사법정책연구심의관 1996년 서울고법 판사 1998년 춘천지법 부장판사 2000년 사법연수원 교수 2003년 서울지법 부장판사 2004년 서울중앙지법 부장판사 2006년 인천지법 수석부장판사 2006년 광주고법 수석부장판사 2007년 서울고법 부장판사 2009년 서울중앙지법 형사수석부장판사 2010년 서울고법 부장판사 2010년 헌법재판소 수석부장연구관 2011년 서울고법 부장판사 2012년 울산지법원장 2014~2015년 서울행정법원장 2015년 서울고법 부장판사(현) 저'형사소송법'(共)

최완진(崔完鎭) CHOI Wan Jin (心石)

생1952·9·17 출경주(慶州) 출대구 주서울 동대문구 이문로107 한국외국어대학교 법학전문대학원(02-2173-3082) 학1970년 중앙고졸 1975년 한국외국어대 법학과졸 1977년 고려대 대학원 법학과졸 1988년 법학박사(고려대) 경1980~1996년 강원대 법대 전임강사·조교수·부교수·교수 1983년 미국 피츠버그대 교환교수 1986~1993년 강원대 법대 법학과장·학생과장·교무과장 1993년 同비교법학연구소장 1993년 미국 워싱턴대 교환교수 1996년 대한상사중재원 중재인 1996년 한국외국어대 법학과 교수, 同법학전문대학원 교수(현) 1998년 同법학과장 겸 대학원 주임교수 1999년 同대학원 교학처장 2000년 同대외협력본부장 2000년 한국상사법학회 부회장 2002년 한국외국어대 법학연구소장 2004~2006년 同법과대학장 2004년 한국비교사법학회 부회장 2004~2010년 한국상사법학회 부회장 2004년 한국경영법률학회 부회장 2007년 한국외국어대 교수협의회 회장 2008년 한국경영법률학회 회장 2010~2011년 한국상사법학회 회장 2011~2012년 한국외국어대 가톨릭교수회 회장 2014년 한국외국어대재직동문교수회 회장(현) 상무애학술상(2016) 저'상법학강의' '상법판례강의' '상법사례연습' '상법사례연구' '법학통론' '기업지배구조법 강의' '신회사법요론' '신상법총론' 종천주교

최완현(崔完鉉) CHOI Wan Hyun

생1964·10·20 출서울 주세종특별자치시 다솜2로94 해양수산부 수산정책관실(044-200-5410) 학1981년 부산공고졸 1991년 부산수산대 수산경영학과졸 2002년 부경대 대학원졸 경1994년 기술고시 합격 1997년 해양수산부 국제협력관실 원양어업과 근무 1999년 同어업자원국 자원관리과 근무 2001년 同어업교섭지도과 근무 2002년 同수산정책국 수산정책과 서기관 2004년 同어촌어항과 서기관 2005년 同해양정책국 해양환경발전팀장 2005년 대통령 농어촌비서관실 행정관 2007년 해양수산부 어업자원국 양식개발과장 2008년 농림수산식품부 어업자원국 양식산업과장 2009년 同수산정책실 어선인력과장 2009년 同수산정책실 수산개발과장 2010년 同장관비서관 2010년 同농업정책국 경영조직과장 2011년 同농업정책국 경영인력과장 2011년 농수산식품연수원 운영지원과장 2012년 농림수산식품부 수산정책실 지도안전과장(부이사관) 2013년 해양수산부 수산정책실 수산정책과장 2014년 同해양정책실 국제원양정책관(고위공무원) 2015년 국방대 교육파견(고위공무원) 2016년 해양수산부 수산정책실 어업자원정책관 2016년 同수산정책실 수산정책관(현) 상장관표창(2002), 대통령 비서실장표창(2006), 대통령표창(2010)

최외근(崔外根) Choi Yeu-keun

생1953·2 출전남 나주시 문화로211 한전KPS(주) 사장실(061-345-2011) 학1973년 진주고졸 1981년 동국대 행정학과졸 2006년 고려대 노동대학원 최고위과정 수료 2009년 서울대 국제대학원 글로벌최고경영자과정(GLP) 수료 경1981년 한국전력공사 입사 2005년 同노무처 노사업무실장 2006년 同감사실 일상감사팀장 2007년 同경기사업본부 성남지점장 2009년 同노무처장 2009년 同서울강동지점 처장 2010년 한전KPS(주) 경영관리본부장 2013년 同사장(현) 2016년 빛가람혁신도시공공기관장협의회 공동회장(현) 상한국표준협회 한국서비스대상 유공자상 최고경영자상(2014), 한·중 품질심포지엄 아시아품질경영인대상(2015)

최외출(崔外出) CHOI Woe Chool

생1956·4·17 출경북 주경북 경산시 대학로280 영남대학교 법정관 새마을국제개발학과(053-810-2684) 학김천중앙고졸, 영남대 지역사회개발학과졸, 한남대 대학원졸, 행정학박사(대구대) 경영남대 정치행정대학 지역 및 복지행정학과 교수 2002~2004년 同행정대학원장 2009년 同대외협력본부장 2009~2010년 영남학원 기획조정실장 2010년 영남대 대외협력부총장 2010년 국가미래연구원 행정분야 발기인 2011~2012년 영남대 박정희정책새마을대학원장 2012년 새누리당 박근혜 대통령후보 기획조정특보 2013년 영남대 부총장 2014년 캄보디아 훈센 총리 새마을및농촌지역개발분야 고문(현) 2015년 한국국제협력단 지구촌새마을운동 자문위원(현) 2015년 영남대 새마을국제개발학과 교수(현)

최용경(崔龍卿) CHOE Yong Kyung

[생]1957·3·20 [주]대전 유성구 과학로125 한국생명공학연구원 의생명중개연구센터(042-860-4184) [학]서울대 사범대학 생물교육학과졸, 한국과학기술원(KAIST) 생물공학과졸(석사), 생물공학박사(한국과학기술원) [경]한국생명공학연구원 책임연구원, 同세포생물학연구실장 2003년 同연구정책부장 2003년 同단백질시스템연구센터장 2005년 同선임연구부장 2006년 同연구정책부장 2006년 한국과학재단 생명공학전문위원 2007년 同생명공학단장 2008년 한국생명공학연구원 선임연구본부장 2010~2013년 경제협력개발기구(OECD) 생명공학작업반(WPB) 부의장 2011년 同유전체의학연구센터 책임연구원 2011년 同바이오의약연구소장 2014년 한국생명공학연구원 의생명중개연구센터 책임연구원(현) 2015년 경제협력개발기구(OECD) 과학기술정책위원회(CSTP) 바이오나노융합기술작업반(BNCT) 부의장 [상]과학기술훈장 도약장(2012)

최용권(崔用權) CHOI Yong Kwon

[생]1950·8·5 [본]경주(慶州) [출]서울 [주]서울 종로구 율곡로82 삼환기업(주)(02-740-2315) [학]1969년 경기고졸 1975년 미국 보스턴대 경영학과졸 [경]1975년 삼환기업 기획조정실장 1976년 同기획담당 이사 1978년 同부사장 1979년 삼환종합기계 이사 1982~1992년 同사장 1988년 대한상공회의소 상임의원 1990년 삼환까뮤 대표이사 1990년 건설공제조합 운영위원 1992~1996년 삼환기업(주) 부회장 1994년 한·미경제협의회 부회장 1994년 한·미재계회의 위원(현) 1995년 한·일경제협회 부회장(현) 1996~2012년 삼환기업(주) 대표이사 회장 1996년 우성문화재단 이사장(현) 1998년 한국능률협회 부회장 2000년 대한상공회의소 남북경협위원회 부위원장 2001~2012년 전국경제인연합회 부회장 2003년 서울상공회의소 상임의원 2012년 삼환기업(주) 명예회장(현) [상]건설수출10억불탑(1982), 산업포장(1983), 동탑산업훈장(1984), 건설수출20억불탑(1984), 베네수엘라 공로훈장(1988·1989·1991), 금탑산업훈장(1995), 서울시시민상 어린이날특별표창(2009) [종]불교

최용규(崔龍圭) CHOI Yong Kyu

[생]1944·6·9 [본]강릉(江陵) [출]강원 [주]경기 안양시 동안구 시민대로171 금강벤처텔1108호 세계농정연구원(031-389-1445) [학]1963년 강릉상고졸 1967년 고려대 통계학과졸 1970년 미국 농무성대학원 수료 [경]1973년 농림수산부 행정사무관 1978년 同경제통계담당관 1980년 駐브라질 농무관 1981~1990년 駐일본 농무관·농림수산부 농산통계담당관·국제협력과장 1990년 농림수산부 국제협력담당관·통상협력1담당관 1991년 駐제네바대표부 파견 1995년 농림수산부 국제농업국장 1996년 농림부 국제농업국장 1997년 同원예특작국장 1998년 同국제농업국장 2001년 산림청 차장 2002년 세계농정연구원 원장 2004~2007년 제주대 생명공학부 교수 2007년 세계농정연구원 원장(현) 2013년 同이사장 겸임(현) [상]녹조근정훈장, 홍조근정훈장, 황조근정훈장

최용규(崔龍圭) CHOI Yong Gue

[생]1956·8·14 [본]해주(海州) [출]충남 서천 [주]인천 남구 소성로185번길21 최용규법률사무소(032-861-2345) [학]1975년 경기상고졸 1977년 국제대 경영학과 수료(2년) 1982년 고려대 법학과졸 2001년 한국방송통신대 중어중문학과 재학 중 [경]1975~1977년 한국은행 근무 1985년 사법시험 합격(27회) 1988년 변호사 개업(현) 1988년 인천지방변호사협회 인권위원·기획위원장, 환경운동연합 지도위원 1991년 인천시의회 의원 1995~1998년 인천 부평구청장(민주당·국민회의) 2000~2004년 제16대 국회의원(인천 부평乙, 새천년민주당·열린우리당) 2003년 새천년민주당 제3정책조정위원회 부위원장 2003년 열린우리당 제3정책조정위원장 2004~2008년 제17대 국회의원(인천 부평乙, 열린우리당·중도개혁통합신당·중도통합민주당·대통합민주신당·통합민주당) 2004년 열린우리당 제1정책조정위원장 2005년 한·우크라이나의원친선협회 회장 2006~2007년 열린우리당 원내수석부대표 2007년 중도개혁통합신당 원내대표 2007년 2014인천아시안게임조직위원회 부위원장 2007년 대통합민주신당 정동영 대통령후보 법무특보단장 [종]기독교

최용규(崔龍圭)

[생]1969·1·2 [출]경북 포항 [주]부산 해운대구 재반로112번길19 부산지방검찰청 동부지청 형사2부(051-780-4309) [학]1987년 대동고졸 1991년 서울대 공법학과졸 [경]1997년 사법시험 합격(39회) 2000년 사법연수원 수료(29기) 2000년 서울지검 검사 2002년 대구지검 안동지청 검사 2003년 부산지검 검사 2005년 대구지검 검사 2007년 서울동부지검 검사 2010년 울산지검 검사 2010년 국회 파견 2013년 울산지검 부부장검사 2013년 대검찰청 연구관 2014년 대구지검 경주지청 부장검사 2015년 광주지검 장흥지청장 2016년 부산지검 동부지청 형사2부장(현)

최용근(崔龍根) CHOI Yong Keun

[생]1954·4·17 [출]전남 구례 [주]서울 서초구 서초대로260 순영빌딩6층 법무법인 동서남북(02-2055-1212) [학]1970년 순천 매산고졸 1982년 성균관대 법학과졸 1985년 同대학원졸 2000년 서울대 법대 전문분야 법학연구과정 수료 [경]1988년 사법시험 합격(30회) 1991년 사법연수원 수료(20기) 1991~2005년 변호사 개업 1996년 대한변호사협회 교육위원 2001년 한국가스공사·솔로몬신용정보 법률고문 2002년 (사)흥사단 정책운영위원(현) 2002년 대한변호사협회 이사 2003~2014년 (주)솔로몬상호저축은행 법률고문 2003년 대전지법 파산관재인 2003년 대한상사중재원 중재위원 2004년 한국신용정보협회 고문 2005년 법무법인 동서남북 대표변호사(현) 2005년 투명사회협약협의회 위원 2005년 한센인 대한민국 변호단(현) 2005년 법무부 신분제도개선(호적법개정)위원회 위원 2007년 대한변호사협회 인권위원(현) 2007년 국가인권위원회 정책자문위원(현) 2007년 중앙선거관리위원회 정보공개심의위원 2007년 서울지방변호사회 이사 2008년 서울중앙지법 국선변호감독위원회 위원 2013년 대한변호사협회 사법소위원회 위원(현) 2015년 同신문 편집위원(현) [상]서울지방변호사회장표창(2008)

최용기(崔溶奇) CHOI, yong-gi

[생]1958·6·16 [본]전주(全州) [출]전북 부안 [주]서울 강서구 금낭화로154 국립국어원 학예연구관실(02-2669-9740) [학]1977년 부안고졸 1982년 전주대 국어교육과졸 1990년 건국대 대학원 국어국문학과졸 2002년 국어국문학박사(단국대) [경]1995년 국립국어연구원 학예연구관 2004년 국립국어원 학예연구관 2006년 同국어진흥팀장 2007년 同한국어진흥팀장 2007년 同국어진흥교육부장(고위공무원) 2009년 同교육진흥부장 2014년 同학예연구관(현) [상]국리총리표창(1994), 대통령표창(2007)

최용덕(崔龍德) CHOI Yong Deok

[생]1959·3·20 [주]인천 남동구 정각로29 인천광역시의회(032-440-6030) [학]검정고시 합격, 고구려대 다문화복지과졸 [경]독거노인밑반찬도우미 대표(현), 한나라당 인천시남구甲당원협의회 운영위원 2010년 인천시 남구의원선거 출마(한나라당) 2011년 인천시의회 의원(재보선 당선, 한나라당·새누리당), 同기획행정위원회 부위원장, 인천시 원도심활성화추진단 자문위원 2014년 인천시의회 의원(새누리당)(현) 2014년 同교육위원회 위원장 2016년 同건설교통위원회 위원장(현) [상]유권자시민행동 선정 '대한민국 유권자대상'(2016)

최용득(崔容得) CHOI Yong Deuk

[생]1947·4·20 [출]전북 장수 [주]전북 장수군 장수읍 호비로10 장수군청 군수실(063-351-2146) [학]전북대 행정대학원 수료 1994년 전주대 지역사회개발대학원 수료 [경]1978년 통일주체국민회의 대의원 1981년 민주평통 장수군협의회 간사 1981년 대통령 선거인단 1987년 천천면단위농협장 1991·1998~2002년 전북 장수군의회 의원 1991년 同의장 1996년 장수군 군정자문위원 1998년 한표농장 대표 1999년 장수사과영농조합 감사 2000~2002년 전북 장수군의회 의장 2002년 전북 장수군수(새천년민주당) 2006년 전북 장수군수선거 출마(열린우리당) 2014년 전북 장수군수(무소속·새정치민주연합·더불어민주당)(현) 2014년 (재)장수군애향교육진흥재단 이사장(현) [상]'지방자치 행정대상 안전행정부문 대상'(2015) [종]천주교

최용배(崔容培) CHOI Yong Bae

[생]1963·10·9 [출]서울 [주]서울 성북구 화랑로32길146의37 한국예술종합학교 영상원 영화과(02-746-9542) [학]1982년 신일고졸 1986년 서울대 서양사학과졸 1989년 서울예술대학 영화과졸 [경]1989~1994년 정지영·신승수감독 연출부 근무 1994~1997년 (주)대우 영화사업부 제작투자담당 1997~2001년 (주)시네마서비스 투자·배급담당 이사 2001~2013년 청어람(주) 설립·대표이사 2013년 同제작자 2013~2015년 한국영화제작가협회 부회장 2013년 한국예술종합학교 영상원 교수(현) 2016년 부천국제판타스틱영화제 집행위원장(현) [상]디렉터스컷 어워드 올해의 제작자상(2006), 서울예대 '올해를 빛낸 자랑스러운 동문상'(2006), 올해의 영화상 영화인상(2013) [저]제작 '효자동 이발사'(2004) '작업의 정석'(2005) '흡혈형사 나도열'(2006) '괴물'(2006)

최용범(崔容範) CHOI Yong Bum
[생]1963·12·28 [출]전북 [주]서울 종로구 세종대로209 행정자치부 인사기획관실(02-2100-3181) [학]1981년 전주고졸 1985년 전북대 정치외교학과졸 1987년 명지대 대학원 행정학과졸 [경]1991년 행정고시 합격(35회) 2001년 행정자치부 자치행정국 자치행정과 사무관 2002년 同자치행정국 자치행정과 서기관 2005년 정부혁신지방분권위원회 파견 2006년 행정자치부 단체교섭팀장 2007년 同지방인사여성제도팀장 2008년 행정안전부 지방공무원과장 2008년 同지방성과관리과장 2009년 同지식제도과장 2009년 대통령비서실 파견(서기관) 2013년 駐OECD대한민국대표부 파견(현)

최용석(崔用晳) CHOI Yong Suk (東濟)

[생]1959·8·27 [본]경주(慶州) [출]서울 [주]부산 동구 자성로141번길11 삼환오피스텔802호 지성산업(주) 회장실(051-634-4006) [학]1978년 명지고졸 1984년 미국 미네소타(Minnesota)대 경영학과졸 1989년 부산대 경영대학원졸 [경]1984년 우성식품(주) 입사 1984~1985년 미국 코카콜라 근무 1985년 우성식품(주) 과장 1986년 同기획조정실장 1987년 同이사 1988년 同상무이사 1991년 부산청년회의소 회장 1992~1996년 우성식품(주) 대표이사 부사장 1992년 (주)아시아·태평양컨설팅센터 이사 1993년 한국청년회의소 국제실장 1993년 한국해양소년단 부산연맹 부연맹장 1993~2000년 Heritage Murgerbon Corp. 사장 1993년 駐부산 호주영사관 명예부영사 1994~2000년 부융개발(주) 사장 1994년 국제청년회의소 부회장 1995년 同아태지역개발위원회 의장 1996년 同상임부회장 1996~2002년 우성식품(주) 대표이사 사장 1997년 학교법인 덕원학원 감사(현) 1999년 국제청년회의소 세계회장 2000년 同이사장 겸 세네타(SENATE) 의장 2000년 새천년민주당 총재 특보 2000년 同국제협력위원회 부위원장 2000년 駐부산 호주영사관 명예영사(현) 2002년 지성산업(주) 회장(현) 2003년 부산상공회의소 상임의원 2005년 대한유화공업(주) 감사, 대한유화(주) 감사(현) 2009년 골든블루(주) 부회장(현) [상]국민훈장 목련장(2000) [종]불교

최용석(崔容碩) CHOI Yong Seok

[생]1967·10·27 [출]서울 [주]서울 서초구 반포대로158 서울고등검찰청(02-530-3114) [학]1986년 동국사대부고졸 1990년 연세대 행정학과졸 1993년 同법과대학원졸 [경]1992년 사법시험 합격(34회) 1995년 사법연수원 수료(24기) 1998년 서울지검 공익법무관 1998년 변호사 개업 2000년 광주지검 검사 2002년 대전지검 홍성지청 검사 2003년 서울지검 북부지청 검사 2004년 서울북부지검 검사 2006년 의정부지검 검사 2007년 同부부장검사 2008년 광주지검 순천지청 부부장검사 2009년 전주지검 군산지청 부장검사 2009년 서울중앙지검 부부장검사 2010년 서울북부지검 공판부장 2011년 광주지검 형사3부장 2012년 서울중앙지검 부장검사 2013년 전주지검 정읍지청장 2014년 의정부지검 고양지청 부장검사 2015년 서울고검 검사(현)

최용석 Choi, Yong Seok

[생]1968·1·1 [주]서울 종로구 와룡공원길20 남북회담본부 회담2과(02-2076-1086) [학]부산진고졸, 서울대 서어서문학과졸, 미국 조지아대 대학원 행정학과졸, 정치학박사(미국 조지아대) [경]통일부 사회문화총괄팀 근무, 同인도협력기획과 근무, 同정책협력과 근무, 同정세분석총괄과 근무, 同남북회담본부 회담협력과장 2013년 同통일교육원 교육협력과장 2014년 同기획조정실 창조행정담당관 2015년 국방대 교육파견 2016년 통일부 남북회담본부 회담기획부 회담2과장(현)

최용수(崔容洙) CHOI Yong Soo

[생]1973·9·10 [출]부산 [학]부산 동래고졸 1994년 연세대졸 [경]1988년 KBS배 춘계고교대회 득점상 1992년 아시아청소년선수권(19세 이하) 국가대표 1993년 세계청소년선수권(20세 이하) 국가대표 1994년 K-리그 신인왕 1994~2000년 안양 LG치타스 프로축구단 소속 1996년 미국 애틀랜타올림픽 출전 1998년 프랑스월드컵 출전 1998년 방콕아시안게임 국가대표 2000년 K리그 최우수선수 2001~2005년 일본 J리그 제프유나이티드이치하라 및 J2리그 교토 퍼플상가 소속 2002년 한·일월드컵 출전 2005년 일본 J리그 주빌로 이와타 입단 2006년 프로축구 FC서울 플레잉코치 2006년 同코치 2011년 同수석코치·감독대행 2011~2016년 同감독 2012년 프로축구 K리그 우승 2013년 AFC 챔피언스리그 준우승 2013년 희망서울 홍보대사 2016년 중국 프로축구 장수 쑤닝 감독(현) [상]KBS배 춘계고교대회 득점왕(1988), 프로축구 신인상(1994), 월드컵 최종예선 득점 1위(7골)(1997), 시즌 세계선수 개인별 득점랭킹에서 공동7위(국제축구사 및 통계연맹)(1998), 키카특별상(1999), 체육훈장 맹호장(2002), K리그 대상 감독상(2012), AFC 올해의 감독상(2013) [종]기독교

최용순(崔龍淳) CHOI Yong Soon

[생]1955·3·13 [출]강원 [주]강원 춘천시 강원대학길1 강원대학교 의생명과학대학 의생명공학과(033-250-6482) [학]1979년 강원대 농화학과졸 1982년 同대학원 식품가공학과졸 1989년 식품공학박사(일본 규슈대) [경]1989~1990년 강원도 보건환경연구원 연구관 1990년 강원대 의생명과학대학 의생명공학과 교수(현) 1994~1995년 미국 오클라호마대 Post-Doc. 1999~2002년 강원대 평의원회 의원 2000~2003년 同학생생활원장 2006년 同한국영양과학연구소장 2007년 同누리사업단장 2015년 同의생명과학대학장(현) [상]한국영양식량학회 학술진보상(1992) [저]'콜레스테롤'(1990) 'Intracellular cholesterol trafficking'(1998)

최용식(崔龍式) CHOI Yong Sik

[생]1946·4·28 [출]서울 [주]서울 마포구 신수로46 한국공구공업협동조합(02-711-0989) [학]중앙대 사회개발대학원졸 [경]중소기업공제사업 기금운영위원, 한국공구공업협동조합 이사장(현), (주)원일특강 비상근이사(현) 2007년 중소기업중앙회 비상근부회장 2016년 同부회장(현) [상]중소기업협동조합대상 공공구매사업부문상(2009)

최용운(崔鎔雲) CHOI Yong Woon

[생]1957·2·18 [본]탐진(耽津) [출]전남 무안 [주]서울 성동구 천호대로346 서울시도시철도공사 운영본부(02-6311-2006) [학]1977년 서울 송곡고졸 1985년 서울과학기술대 기계공학과졸 1999년 同산업대학원 기계공학과졸 2009년 공학박사(서울과학기술대) [경]1980~1983년 육군 기술장교(중위) 1983~1994년 서울메트로 차량분야 근무 1988년 미국 뉴욕시립대 초청연구 1993년 일본 미쓰비시 전기기술 연수(4호선 기술이전) 1994~2008년 서울시도시철도공사 차량부장·모란차량소장·방화차량소장·경정비팀장·도봉차량소장 2005년 미국대중교통협회(APTA) 연수 2008년 서울시도시철도공사 차량계획팀장 2010년 同기지관리센터장·영업처장 2011년 同차량처장, 서울과학기술대 겸임교수(현), 한국국토교통과학기술진흥원 심의위원(현), 한국철도공사 심의위원(현), 한국철도시설공단 심의위원(현), 한국철도학회 이사, 서울메트로 기술안전자문위원(현) 2014년 국토교통부 도시철도차량분과 철도기술전문위원(현) 2014년 서울시도시철도공사 고덕차량사업소장 2015년 同운영본부장(상임이사)(현) [상]서울시장표창(1995·2009), 대통령표창(2012) [종]기독교

최용의(崔龍義) CHOI Yong Eui

[생]1960·6·20 [주]강원 춘천시 강원대학길1 강원대학교 산림과학부 산림자원학전공(033-250-8316) [학]1984년 전북대 생물학과졸 1986년 同대학원 생물학과졸 1994년 생물학박사(전북대) [경]1996~1998년 한국인삼연초연구원 Post-Doc. 1997년 공주대 Post-Doc. 1998년 (주)파낙시아 창립이사 1998~2000년 일본 나라선단과학기술대학원 Post-Doc. 2000~2004년 중앙대 인삼산업연구센터 연구교수 2003년 강원대 산림자원학부 교수 2004~2006년 Journal of Plant Biotechnology Executive Editor 2006~2010년 산삼학회지 편집위원장 2007~2013년 Plant Biotechnology Reports Managing Editor 2007~2013년 Journal of Forest Sciences Editor in Chief 2010년 강원대 산림자원학과 교수 2013년 강원농업마이스터대학 인삼전공 주임교수(현) 2013~2015년 국립원예특작과학원 인삼과 현장명예연구관 2014년 강원대 산림과학부 산림자원학전공 교수(현) 2015년 국립산림과학원 중점분야위원회 위원(현) 2015년 산림청 산림정책평가위원(현) 2016년 한국과학기술한림원 정회원(농수산학부·현) [상]한국식물생명공학회 우수논문상(2004), 한국과학기술단체총연합회 과학기술우수논문상(2007), 한국자원식물학회 우수논문상(2010)

최용진(崔龍鎭) Choe Yong-jin

[생]1957·6·16 [주]서울 종로구 사직로8길60 외교부 인사운영팀(02-2100-2114) [학]1980년 육군사관학교졸(36기) [경]1987~1998년 상공부·통상산업부 근무 1998년 외교통상부 입부 1999년 駐프랑크푸르트 영사 2002년 駐카타르 참사관 2005년 외교통상부 동남아통상과장 2006년 駐OECD대표부 참사관 2008년 駐카타르 공사참사관 2010년 駐로스앤젤레스 부총영사 2012년 駐타이베이 부대표 2014년 駐네팔 대사(현)

ㅊ

최용철(崔龍哲) CHOI Yong Chel

⊗1959·3·7 ⊕경주(慶州) ⊛경북 성주 ㈜대전 서구 청사로189 조달청 시설사업국(070-4056-7004) ⊛1978년 대구공고졸 1988년 영남대 토목학과졸 1999년 연세대 대학원 환경공학과졸 ⊗1996년 조달청 시설국 사무관 2004년 同시설국 토목과 서기관 2006년 同전자국 국유재산관리(T/F)팀장 2007년 同시설사업국 기술심사팀장 2010년 同시설사업국 토목환경과장 2012년 同시설사업국 시설기획과장(부이사관) 2014년 광주지방조달청장 2014년 조달청 시설사업국장(고위공무원)(현) ㈜재정경제부장관표창(2003), 대통령표창(2012) ㈜'정부공사 원가계산 및 물가변동조정 실무'(2003, 청구프린테크) ⊗불교

최용호(崔龍浩) CHOI Yong Ho

⊗1964·7·3 ⊛대구 ㈜경기 수원시 영통구 월드컵로120 수원지방법원(031-210-1114) ⊛1983년 진주 동명고졸 1991년 성균관대 법학과졸 ⊗1994년 사법시험 합격(36회) 1997년 사법연수원 수료(26기) 1997년 부산지법 울산지원 판사 1998년 울산지법 판사 2000년 수원지법 평택지원 판사 2002년 수원지법 판사 2004년 서울중앙지법 판사 2007년 서울동부지법 판사 2008년 서울고법 판사 2008~2010년 헌법재판소 헌법연구관(파견) 2011년 서울남부지법 판사 2012년 제주지법 부장판사 2013년 同수석부장판사 2014년 수원지법 부장판사(현)

최용훈(崔容熏) CHOI Yong Hoon

⊗1953·1·12 ⊛전남 화순 ㈜광주 북구 금남로146 한국케이블TV 광주방송(062-521-8230) ⊛1972년 광주고졸 1976년 고려대 농과대학 임학과졸 1978년 同교육대학원 교육행정학 석사과정 수료 1997년 광주대 언론대학원 언론홍보학과 이수 2003년 가천의과대 영상정보대학원 영상학 석사과정 수료 2005년 전남대 행정대학원 최고위정책과정 이수 ⊗1980~1981년 대응제약(주) 영업부 근무 1982~1984년 광주 인성고 근무 1984년 학교법인 유당학원(광주서석중·고) 상임이사 겸 법인기획실장(현) 1986~2000년 광주시검도회 부회장 1987~1988년 한국교원단체총연합회 대의원 1987~1990년 전남지방경찰청 위민봉사위원 1990년 인간성회복운동추진협의회 상임운영위원 겸 광주전남지부장 1995년 (주)한국케이블TV 광주방송 대표이사(현) 1996~2000년 동신대 신문방송학과 겸임교수 1996~2000년 전남지방경찰청 치안자문위원 1996~2004년 광주시선거관리위원회 위원 1997~1999년 민주평통 자문위원 1998~1999년 광주시 제2건국추진위원회 위원 1999년 광주교도소 교화위원 겸 자문위원(현) 2000년 고려대 교우회 부회장 겸 광주교우회장(현) 2001~2003년 광주시체육회 이사 2002년 광주시검도회 회장 2004년 광주전남언론학회 이사 2007~2009년 광주시체육회 감사 2007년 광주정보문화산업진흥원 이사 2008년 장애인먼저실천 광주운동본부 이사(현) 2009~2011년 한국케이블TV방송협회 이사 2009~2011년 민주평통 상임위원 2009~2012년 한국전파진흥원 광주시청자미디어센터 발전협의회 위원 2009년 고려대 발전위원회 위원(현) 2009년 광주지방경찰청 경찰발전위원회 위원(현) 2010년 영산강살리기시민자문단 자문위원 2010년 광주시체육회 부회장(현) 2011년 광주시 공직자윤리위원회 위원 2012년 한국전파진흥원 광주시청자미디어센터 발전협의회 위원장 2014년 한국스카우트 광주연맹 지방이사(현) 2016년 광주시검도회 회장(현) ㈜내무부장관 공로패(1994), 공보처장관표창(1995·1997), 한국보이스카우연맹총재 감사패(1997), 전남대총장 공로패(1998), 대한검도회장 공로패(1999), 경찰청장 감사패(2000), 중앙선거관리위원장표창(2000), 한국보이스카우연맹총재 공로패(2000), 법무부장관표창(2004), 행정자치부장관 감사패(2005), 한국방송학회장 감사패(2005), 재정경제부장관표창(2006), 누리문화재단 감사장(2006), 광주광역시장 감사패(2006), 국민생활체육 전국검도연합회장 감사패(2006), 광주시체육회장 공로패(2007), 광주광역시장표창(2007), 대한체육회장표창(2008), 광주고동창회 감사장(2008), YTN 감사패(2008), 중앙전파관리소 감사패(2009), 광주지방경찰청 감사장(2009), 기획재정부장관표창(2010), 한국케이블TV방송협회 방송대상 공로상(2010), 대한적십자사총재표창(2010), 광주광역시장 성취패(2010·2012), 대한체육회장표창(2011), 우리아이희망네트워크 감사패(2011), 민주평통 의장표창(2011), 한국케이블TV방송SO협의회 감사패(2012), 전국개별SO발전연합회 감사패(2012), 광주광역시민 대상(2012), 행정안전부장관 감사장(2012), 국민포장(2012), 방송통신위원장표창(2013), 한국스카우트연맹총재 봉사장(2014)

최용훈(崔容熏)

⊗1972·9·3 ⊛충북 영동 ㈜서울 도봉구 마들로747 서울북부지방검찰청 형사2부(02-3399-4305) ⊛1991년 서초고졸 1995년 서울대 사법학과졸 1996년 同대학원졸 ⊗1995년 사법시험 합격(37회) 1998년 사법연수원

수료(27기) 1998년 수원지검 검사 2000년 대전지검 천안지청 검사 2002년 부산지검 검사 2005년 법무부 국제법무과 검사 2008년 서울중앙지검 검사 2010년 수원지검 성남지청 부부장검사 2011년 대전지검 천안지청 부장검사 2012년 인천지검 부부장검사 2015년 同외사부장 2016년 서울북부지검 형사2부장(현)

최우수(崔又守) CHOI Woo Soo

⊗1957·9·14 ⊛경기 수원시 영통구 삼성로290 삼성전자서비스(주) 임원실(031-270-2004) ⊛통영고졸, 동국대 경제학과졸 ⊗1983년 삼성전자(주) 입사 2000년 同멕시코복합단지 경영지원팀장 2003년 同상무보 2004년 同인사지원그룹장 2006년 同인사팀담당 상무 2009년 同DS부문 인사팀장(상무) 2009년 삼성전자육상단 단장 겸임 2010년 삼성전자(주) DS사업총괄 인사팀장(전무) 2011년 同DS부문 경영지원실 인사팀장(부사장) 2014년 同부사장 2016년 삼성전자서비스(주) 대표이사(현)

최우식(崔羽植) CHOI Woo Sik

⊗1957·1·19 ⊕경주(慶州) ⊛경북 경주 ㈜대구 수성구 동대구로348의15 법무법인 세영(053-743-1414) ⊛1975년 경북고졸 1979년 서울대 법대졸 1981년 영남대 대학원 법학과 수료 ⊗1979년 사법시험 합격(21회) 1981년 사법연수원 수료(11기) 1981년 軍법무관 1984년 대구지법 판사 1987년 同경주지원 판사 1990년 대구지법 판사 1992년 대구고법 판사 1995년 대구지법 판사 1996년 창원지법 부장판사 1997년 대구지법 부장판사 2000년 同포항지원장 2002년 同부장판사 2003년 대구고법 부장판사 2005년 대구지법 수석부장판사 2006년 대구고법 부장판사 2008년 同수석부장판사 2010년 울산지법원장 2010년 울산시선거관리위원회 위원장 2011~2012년 대구지법원장 2011년 대구시선거관리위원회 위원장 2012년 대구고법 부장판사 2013~2015년 대구고법원장 2016년 법무법인 세영 고문변호사(현) ㈜황조근정훈장(2015)

최우식(崔祐植) Choi, woosik

⊗1959·2·27 ⊕전주(全州) ⊛전남 곡성 ㈜전남 무안군 삼향읍 오룡길1 전라남도청 법무통계담당관실(061-286-2610) ⊛1975년 순천고졸 1991년 한국방송통신대 법학과졸 ⊗2014~2015년 2015광주하계유니버시아드대회 조직위원회 수송부장 2015년 전남도 사회복지과장 2015년 同법무통계담당관(현) ⊗원불교

최우영(崔祐榮) CHOI Woo Young

⊗1959·4·1 ⊕경주(慶州) ⊛전북 남원 ㈜서울 마포구 마포대로45 일진그룹 경영기획실 법무팀(02-707-9114) ⊛1977년 전주고졸 1982년 연세대 정치외교학과졸 1984년 同대학원 정치학과졸 1987년 미국 델라웨어대 대학원 정치학과졸 1992년 법학박사(미국 조지타운대) ⊗1983~1985년 동서문제연구원 연구원 1993년 JW LEE & ASSOCIATES 변호사 1996년 (주)선경상사 변호사 1997년 일진그룹 경영기획실 법무부문장(상무) 2008~2009년 同법무실장 2010년 同비서실 법무담당 전무 2013년 同경영기획실 법무팀장(전무)(현)

최우영(崔宇永) CHOI Woo Young (동암)

⊗1959·9·24 ⊕강릉(江陵) ⊛서울 ㈜서울 강남구 영동대로85길28 성원타워9층 (주)맥서브 비서실(02-2015-0800) ⊛배재고졸, 서울대 토목학과졸, 미국 조지워싱턴대 대학원 경영학과졸 ⊗예편(육군 중위), SK 워커힐 면세팀장, SOAM 대표이사 사장, (주)서암엔지니어링 대표이사 사장 2000년 성원개발(주) 대표이사 사장, 중국 천진 정치협력상공회의 서울대표처 수석대표(현) 2015년 (주)맥서브 대표이사 사장(현) ⊗기독교

최우영(崔祐榮) Choi Woo-young

⊗1961·12·2 ⊛대구 ㈜서울 중구 세종대로9길20 대경빌딩10층 법무법인 충정(02-772-2704) ⊛1980년 대구 영남고졸 1984년 서울대 법대졸 1995년 미국 버지니아대 로스쿨졸(LL. M.) 2006년 고려대 노동대학원 최고위과정 수료 ⊗1982년 사법시험 합격(24회) 1986년 사법연수원 수료(15기) 1986~1989년 육군 법무관 1989년 변호사 개업(Kim&Hwang) 1993~2015년 법무법인 충정 설립·구성원변호사 1995년 미국 뉴욕주 변호사시험 합격 1999년 소

비자분쟁조정위원회 증권분야 전문위원 2000년 Cyber중앙(주) Joins Law Clinic 상담변호사 2000년 미국 뉴욕주 변호사자격 취득 2011년 대한상사중재원 중재인 2012년 한국채무자회생법학회 부회장 2014년 법무법인 충정 대표변호사(현)

최우정(崔宇正) Choi Woo-jung

[생]1966·9·20 [출]서울 [주]서울 중구 소공로63 (주)신세계 경영전략실(02-317-9500) [학]1989년 숭실대 수학과졸 [경]1999년 (주)오이뮤직 대표이사 2002년 (주)플럭서스 대표이사 2003년 (주)다음커뮤니케이션 디앤샵 본부장·(주)다음온켓 대표이사 2004~2006년 (주)다음커뮤니케이션 사내이사 2006년 同E커머스부문 대표 2006~2007년 (주)디앤샵 대표이사 2008년 同경영자문담당 이사 2009년 同대표이사 사장·(주)GS홈쇼핑 상무 2010년 이마트 온라인사업담당 상무 2012년 신세계 경영전략실 e커머스총괄 부사장(현) 2014년 중앙대 산업창업대학원 유통관리학과 겸임교수

최우진(崔佑鎭) CHOI Woo Zin

[생]1952·11·9 [본]경주(慶州) [출]서울 [주]경기 화성시 봉담읍 와우안길17 수원대학교 공과대학 환경에너지공학과(031-229-8126) [학]1971년 신일고졸 1976년 서울대 자원공학과졸 1982년 미국 버니지아주립대 대학원졸 1986년 공학박사(미국 버지니아주립대) [경]1976년 영풍광업(주) 근무 1976~1980년 한국자원개발연구소 연구원 1986~1987년 미국 버니지아주립대 박사후연구과정 1991~1995년 동력자원연구소·한국자원연구소 연구원 1992~1993년 배재대·한남대 강사 1995~2004년 수원대 환경공학과 조교수·부교수 2000년 同폐기물자원화기술연구소장(현) 2005년 同환경공학과 교수 2005~2012년 한국자원리싸이클링 부회장·회장 2005년 수원대 공과대 환경에너지공학과 교수(현) 2012년 한국전과정평가학회 부회장(현) 2012년 한국자원리싸이클링학회 고문(현) [상]과학기술 우수논문상(1994), 한국자원공학회 학술상(2000), 환경부장관표창(2004), 한국자원리싸이클링학회 학술상(2007), 수원대 연구업적상(2008) [저]'리싸이클링 백서'(2004, 문지사) [종]천주교

최욱락(崔旭洛) CHOI Uk Nak

[생]1944·7·29 [본]강화(江華) [출]경기 용인 [주]경기 부천시 오정구 삼작로79번길20 (주)제이슨앤컴퍼니 회장실(032-682-8888) [학]1963년 양정고졸 1970년 인하대 공대졸 1997년 연세대 경영대학원 최고경영자과정 수료 [경]1970년 한국화약 입사 1989년 골든벨상사 이사 1991~1996년 한화종합화학 태국(주) 대표이사 1992년 駐태국 한국투자기업협의회 회장 1993년 駐태국 한국교민회 부회장 1997년 (주)한화 무역부문장 1998년 同무역부문 대표이사 사장 1998년 한·그리스경제협력위원회 위원장 2001~2002년 (주)대덕테크노밸리 대표이사 사장 2003년 (주)제이슨앤컴퍼니 회장(현) [상]10억불수출탑, 은탑산업훈장(2008) [종]기독교

최욱진(崔旭鎭)

[생]1970·8·22 [출]경북 군위 [주]부산 연제구 법원로31 부산지방법원(051-590-1114) [학]1989년 영남고졸 1996년 고려대 법학과졸 [경]1998년 사법시험 합격(40회) 2001년 사법연수원 수료(30기) 2001년 변호사 개업 2006년 부산지법 판사 2010년 인천지법 판사 2013년 서울중앙지법 판사 2014년 서울고법 판사 2016년 부산지법 부장판사(현)

최운규(崔雲圭) CHOI Woon Gyu

[생]1959·3·20 [주]서울 마포구 마포대로144 태영빌딩 국립공원관리공단 임원실(02-3279-2718) [학]공주고졸, 단국대 토목공학과졸 [경]2004년 국립공원관리공단 변산반도사무소장 2005년 同속리산사무소장 2006년 同혁신인사팀장 2007년 同인력개발팀장 2008~2011년 同탐방지원처장 2015년 同경영기획이사(현)

최운성(崔雲聖)

[생]1968·2·1 [출]대구 [주]경남 밀양시 밀양대로1993의20 창원지방법원 밀양지원(055-350-2500) [학]1987년 대구고졸 1996년 고려대 법학과졸 [경]1998년 사법시험 합격(40회) 2001년 사법연수원 수료(30기) 2001년 대구지법 판사 2004년 同김천지원 판사 2007년 대구지법 판사 2010년 同서부지원 판사 2011년 대구고법 판사 2015년 대구지법·대구가정법원 경주지원 판사 2016년 창원지법 밀양지원장(현)

최운식(崔運植) CHOI Woon Sik

[생]1961·8·16 [출]충남 금산 [주]서울 강남구 테헤란로317 동훈타워 법무법인(유) 대륙아주(02-3016-5231) [학]1980년 대전고졸 1985년 한양대 법학과졸 [경]1990년 사법시험 합격(32회) 1993년 사법연수원 수료(22기) 1993년 서울지검 서부지청 검사 1995년 대전지검 홍성지청 검사 1997년 서울지검 검사 1999년 울산지검 검사 2001년 법무부 검찰국 검사 2003년 수원지검 검사 2005년 同부부장검사 2005년 제주지검 부부장검사 2006년 수원지검 평택지청 부장검사 2007년 同안산지청 부장검사 2008년 인천지검 마약·조직범죄수사부장 2009년 서울고검 검사(법무연수원 파견) 2010년 서울북부지검 형사3부장 2011년 청주지검 충주지청장 2012년 서울중앙지검 금융조세조사제1부장 2013년 춘천지검 차장검사 2014년 대구지검 김천지청장 2015년 법무연수원 연구위원 2015년 법무법인(유) 대륙아주 변호사(현)

최운실(崔云實·女) CHOI Un Shil

[생]1956·7·15 [본]경주(慶州) [출]경기 수원 [주]경기 수원시 영통구 월드컵로206 아주대학교 교육대학원(031-219-2667) [학]1975년 인천 인일여고졸 1978년 이화여대 사범대학 교육학과졸 1981년 同대학원 교육사회학과졸 1986년 평생교육학박사(이화여대) [경]1981~1997년 한국교육개발원 정책연구본부 연구위원·연구부장 1985년 미국 미주리주립대 성인고등교육학과 객원연구교수 1992년 한국청소년교육연구소 연구위원 1992~1998년 교육부 중앙교육심의회 평생교육분과 연구위원 1995~1997년 유네스코 APPEAL위원회 자문위원 1997년 동아시아사회교육포럼(EAFAE) 위원 1997년 아주대 교육대학원 교수(현) 2000년 한국평생교육학회 부회장 2000~2005년 국무총리실 정책평가위원 2002년 한국평생교육연합회 부회장 2002~2005년 대통령 농어업·농어촌특별대책위원회 위원 2002년 외교통상부 세계무역기구(WTO) DDA GATS 서비스협상민관합동포럼 위원장 2004~2007년 아주대 교육대학원장, 同평생교육원장, 同평생학습중심대학추진본부장 2004년 유네스코 세계文解교육상 심사위원 2005~2007년 교육과학기술부 평생교육정책자문단 2006~2007년 교육인적자원부 정책평가위원장 2006~2008년 대통령자문 교육혁신위원회 위원 2006~2008년 한국평생교육학회 회장 2008~2010년 (사)한국평생교육총연합회 회장 2008년 국가평생교육진흥위원회 위원 2010~2014년 국가평생교육진흥원 원장 2013년 한국산업인력공단 비상임이사, 국무총리실 세종특별시지원위원회 위원 2013~2014년 교육부 국가자격심의위원회 위원 2015년 평생학습타임즈 대표(현) 2015년 대한민국평생교육진흥재단 대표(현) [상]한국교육개발원 연구개발상(1987), 국민훈장 동백장(2005), 올해의 이화인상(2009), 세계평생학습(IACE) 명예의 전당(HOF) 헌정 및 메달(2010) [저]'한국의 평생교육'(1990) '청소년교육론'(1998) '평생교육 행정 및 정책'(2000) '평생교육 경영론'(2009) '평생교육 프로그램 개발'(2009) '청소년교육론' '한국의 문해교육' '성인교육 지도 전략' '명강사 명강의법' 등 100여편 [역]'성공적인 성인교육전략'(1998) '신교육사회학탐구'(1998)

최운열(崔運烈) CHOI Woon Youl

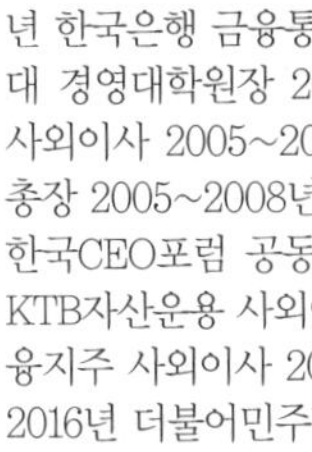

[생]1950·4·2 [본]전주(全州) [출]전남 영암 [주]서울 영등포구 의사당대로1 국회 의원회관445호(02-784-2350) [학]1969년 광주제일고졸 1974년 서울대 경영학과졸 1979년 미국 조지아대 대학원 경영학과졸 1982년 경영학박사(미국 조지아대) [경]1982~2015년 서강대 경영학과 교수 1987년 금융발전심의위원회 위원 1988~2002년 금융산업발전심의회 증권분과위원장 1994년 증권관리위원회 비상임위원 1995~2002년 한국증권연구원 원장 1997년 서강대 국제평생교육원장 1998년 同국제문화교육원장 1998~2000년 코스닥위원회 위원장 1999년 동원증권 사외이사 2001년 한국증권학회 회장 2002~2003년 한국은행 금융통화위원회 위원 2003년 한국금융학회 회장 2004년 서강대 경영대학원장 2004년 국민은행 사외이사 2004~2007년 현대미포조선 사외이사 2005~2008년 우리금융지주 사외이사 2005~2009년 서강대 부총장 2005~2008년 대통령자문 국민경제자문회의 자문위원 2007~2009년 한국CEO포럼 공동대표 2008~2014년 삼성카드 사외이사 2008~2014년 KTB자산운용 사외이사 2011년 서울아이비포럼 이사장 2015~2016년 KB금융지주 사외이사 2015년 서강대 경영학부 명예교수(현) 2015년 同석좌교수 2016년 더불어민주당 더불어경제선거대책위원회 국민경제상황실장 2016년 제20대 국회의원(비례대표, 더불어민주당)(현) 2016년 더불어민주당 정책위원회 부의장(현) 2016년 同청년일자리TF 위원(현) 2016년 국회 정무위원회 위원(현) 2016년 국회 미래일자리특별위원회 간사(현) [저]'성공적인 주식투자' '투자론' '선진증시 이래서 강하다' '서비스산업의 국제경쟁력'(共) '신경제와 증권시장의 진로'(共) [종]기독교

ㅊ

최운정(女) Chella Choi

[생]1990·8·25 [학]2008년 세화여고졸 2014년 고려대 체육교육과 입학 2016년 同체육교육과 3년 재학中 [경]2008년 브라이트 하우스 네트웍스오픈 2위 2009년 BR스포츠와 매니지먼트 계약 2009년 미국여자프로골프(LPGA) 입회 2010년 볼빅 골프단 소속(현) 2012년 HSBC LPGA 브라질컵 공동3위 2012년 LPGA투어 매뉴라이프 파이낸셜 클래식 공동2위 2012년 LPGA투어 제이미파 톨리도 클래식 공동3위 2013년 유럽여자프로골프투어(LET) 볼빅 RACV 호주여자마스터스 공동2위 2013년 LPGA투어 미즈노 클래식 2위 2014년 LPGA투어 포틀랜드 클래식 공동3위 2014년 LPGA투어 사임다비 LPGA 말레이시아 공동3위 2015년 LPGA투어 마라톤 클래식 우승 2015년 해양수산부 한국수산물 홍보대사 [상]LPGA 'William and Mousie Powell'(2014)

최운지(崔雲芝) CHOI Woon Ji (三靑)

[생]1927·9·15 [본]경주(慶州) [출]경북 고령 [학]1945년 경북고졸 1961년 미국 샌프란시스코대졸 1964년 서울대 행정대학원졸 1973년 정치학박사(건국대) [경]1959년 외자청 駐샌프란시스코 구매관 1961년 조달청 검사과장 1965년 재무부 회계제도·총무과장 1966~1970년 전매청 기획관리관·업무국장·관리국장 1970년 재무부 세관국장 1970~1974년 관세청 차장 1974년 건국대 교수 1975년 국제전선 사장 1975년 명지대 교수 1976년 한국·가봉합작통상 사장 1977년 미국 쌍용해운 사장 1978~1985년 국제전선 사장 1979년 대한펜싱협회 회장 1981년 민한당 정책심의위원장 1985년 제12대 국회의원(전국구, 민한당·신한민주당) 1985년 국제전선 고문 1985년 인간개발연구원 고문 1986년 민중민주당 부총재 1988년 제13대 국회의원(대구西乙, 민주정의당·민자당) 1988년 민주정의당(민정당) 세제개혁특별위원회 위원장 1989년 同정책위원회 부의장 1990~1992년 한국지도자육성장학재단 감사 1990년 한·일친선협회 부회장 1990년 미래경제연구원 이사장 1992~1995년 제14대 국회의원(전국구, 민자당) 1992년 한·이스라엘의원친선협회 회장 1993년 한·일의원연맹 부회장 1995년 자민련 대구西乙지구당 위원장 1998~1999년 대한지적공사 사장 1998년 대한민국헌정회 감사 2002년 국민통합21 상임고문 2002년 새천년민주당·국민통합21 중앙선대위 공동위원장 [상]대통령표창(1963), 황조근정훈장, 가봉공화국 수교훈장(1977) [저]'똑바로 보고' '전체주의와 민주주의' '독재정치론' '전환기의 목소리' [종]천주교

최 웅(崔 雄)

[생]1961·2·15 [출]경북 안동 [주]경북 안동시 퇴계로115 안동시청 부시장실(054-840-6006) [학]1980년 경북 경안고졸 1985년 건국대 축산학과졸 [경]1986년 기술고시 합격(21회) 1999년 경북도 농수산국 유통특작과장 2001년 지방행정연수원 고급간부과정 교육파견 2002년 경북도 세계농업한마당기획단장 2002년 同농수산국 농산과장 2004~2006년 미국 미주리대 파견 2006년 경북도 농수산국 농업정책과장 2009년 청송군 부군수 2011년 지방행정연수원 교육파견 2012년 경북도 미래전략기획단장 2012년 同농수산국장(지방부이사관) 2014년 同농축산유통국장 2016년 경북 안동시 부시장(현)

최웅기(崔雄基) CHOI Woong Ki

[생]1953·7·29 [본]경주(慶州) [출]경남 마산 [주]경남 창원시 의창구 우곡로217번길26 대한건설협회 경상남도회(055-288-7001) [학]경남 창신고졸 1981년 경남대 국어교육과졸, 同경영대학원졸(석사) [경]1981년 경남신문 입사 1981년 同교열부 근무 1984년 同사회부 기자 1987년 同사회부 차장 1994년 同사회부장 2001년 同경제부장 2001년 同정치부장 겸 논설위원 2002년 同정치부장 2004년 同사업국장 2005년 同광고국장 2006년 同상무이사 2009~2012년 同대표이사 사장 2014~2015년 시티세븐풀만앰배서더호텔 사장 2015년 대한건설협회 경남도회 사무처장 2016년 同경남도회 상근부회장(현)

최웅길(崔雄吉) Choi, ung-gil

[생]1954·1·2 [본]해주(海州) [출]충남 당진 [주]경기 용인시 기흥구 지삼로331 한국소방산업기술원(031-289-2704) [학]1973년 충남 예산고졸 2000년 한밭대 일본어과졸 2004년 충남대 대학원 행정학과졸 2008년 국방대 안보과정 수료 2013년 행정학박사(한성대) [경]1983년 소방공무원 임용(소방간부 후보 3기), 충남도 소방안전본부 구조구급과장, 同공주소방서장 2004년 행정자치부 소방국 예방과장 2004년 소방방재청 정보화기획관 2007년 부산시 소방본부장 2009년 경기도 소방재난본부장 2009~2012년 서울시 소방재난본부장 2012~2015년 소방산업공제조합 이사장 2016년 한국소방산업기술원 원장(현) [상]대통령표창(1983·2001), 국무총리표창(1988), 홍조근정훈장(2006), 황조근정훈장(2012) [종]천주교

최웅선(崔雄善) CHOI Woong Seon

[생]1972·2·11 [출]서울 [주]서울 송파구 백제고분로450 (주)인팩(02-6714-5513) [학]1991년 미국 Dunn스쿨졸 1995년 미국 뉴저지주립대 경제학과졸 2001년 同대학원졸(MBA) [경]성신테크(주) 감사, (주)인팩 관리본부 총괄담당 상무이사, 同관리본부장(부사장) 2009년 同대표이사 사장(현) 2008년 인팩케이블(주) 대표이사 겸임(현) [상]포춘코리아 선정 '2013 한국 경제를 움직이는 인물'(2013) [종]기독교

최웅식(崔雄植) CHOI Woong Sig

[생]1962·7·10 [본]해주(海州) [출]서울 [주]서울 중구 덕수궁길15 서울특별시의회(02-3705-1541) [학]한국방송통신대 행정학과 제적, 한국외국어대 정치행정언론대학원 공공정책학과 재학 중 [경]한반도전략연구소 국장, 민주당 서울시당 조직실장, 同서울시당 상무위원 2010년 서울시의회 의원(민주당·민주통합당·민주당·새정치민주연합) 2010~2012년 同교통위원회 위원장 2012년 同재정경제위원회 위원 2012년 同예산결산특별위원회 위원 2012년 同경전철민간투자사업조속추진지원을위한특별위원회 위원 2013년 同윤리특별위원회 위원 2014년 同동남권역집중개발특별위원회 위원 2014년 서울시의회 의원(새정치민주연합·더불어민주당)(현) 2014년 同운영위원회 위원장 2014년 同문화체육관광위원회 위원 2014년 同윤리특별위원회 위원 2016년 同환경수자원위원회 위원(현) [상]대한민국 바른지도자상 교통부분 의정대상(2010), 자랑스런 대한국민대상 지방자치의정대상(2014)

최 원(崔 元) CHOI Won

[생]1962·12·14 [주]인천 연수구 아카데미로119 인천대학교 자연과학대학 수학과(032-835-8215) [학]1985년 성균관대졸 1987년 同대학원졸 1991년 이학박사(성균관대) [경]1989~1990년 육군사관학교 수학과 전임강사 1991~1993년 성균관대 기초과학연구소 전임연구원 1993년 인천대 자연과학대학 수학과 조교수·부교수·교수(현) 1994년 러시아 Steklov Math Institute 방문연구원 1995년 국립교육평가원 수학특기자선발위원회 위원 1996~1997년 러시아 Steklov Math Institute 객원교수 2000년 국립영재학교 수학교육과정개발위원회 위원 2000년 독학사 학위출제위원회 위원 2001년 미국 미시간대 방문연구원 2002년 국립영재학교 창의적문제해결력검사출제위원회 위원 2002년 대한수학회 전국대학생수학경시대회출제위원회 위원 2003~2004년 미국 아이오와대 수학과 방문교수 2005~2009년 인천과학영재교육원 원장 2006~2008년 한국수학교육학회 영재교육위원회 위원 2008~2011년 인천시 어린이과학관 자문위원 2008~2010년 한국과학영재교육학회 부회장 2015년 인천대 기초교육원장 2016년 同자연과학대학장(현) [상]인천대 공로교수상(2008), 인천대 우수강의상(2010)

최원규(崔元奎) Choi, Won-gyu

[생]1959·8·24 [출]서울 [주]전북 전주시 덕진구 백제대로567 전북대학교 사회과학대학 사회복지학과(063-270-2964) [학]전주고졸 1982년 서울대 사회복지학과졸 1987년 同대학원 사회복지학과졸 1996년 사회복지학박사(서울대) [경]1991년 전북대 사회과학대학 사회복지학과 전임강사·조교수·부교수·교수(현), 同실직자사회복지지원센터 소장 1996~1997년 미국 루이지애나주립대 교환교수 2005년 전북사회복지사협의회 회장 2011~2013년 한국사회복지연구회 회장 2012년 전북대 사회복지학과장 2012~2014년 同학생처장 2014년 전북사회복지협의회 회장(현) 2016년 전북대 사회과학대학장(현)

최원기

[생]1965·3 [출]강원 평창 [주]서울 강남구 선릉로602 한국과학창의재단 경영기획단(02-559-3908) [학]동국대사대부고졸, 고려대 사회학과졸, 同대학원 사회학과졸, 사회학박사(프랑스 파리소르본느대) [경]여의도연구소 경제정책실장(선임연구위원) 2009년 (사)교육과나눔 이사(현) 2013년 대통령 교육문화수석비서관실 행정관 2015년 한국과학창의재단 종합원격교육연수원장 2016년 同경영기획단장(현)

최원목(崔元睦) CHOI Won Mok

[생]1960·7·10 [본]경주(慶州) [출]서울 [학]중앙대사대부고졸, 고려대 경영학과졸 1989년 서울대 행정대학원 행정학과졸 1999년 영국 버밍엄대 대학원 경제학과졸 [경]1983년 행정고시 합격(27회) 1985~2000년 재무부 기획관리실 이재국·재정경제원 예산실·재정경제부 국제금융국 근무 2000년 금융정보분석원(FIU) 구축추진기획단 총괄기획과장 2002~2004년 대통령비서실 금융담당행정관(부이사관) 2004~2005년 재정경제부 지역경제정책과장 2005~2006년 同정책조정국 정책조정총괄과장 2006년 국방대 파견(고위공무원) 2007년 駐영국 재경공사참사관 2009년 기획재정부 장관비서실장 겸 정책보좌관 2011년 同재정관리국장 2012~2013년 대통령 국정과제1비서관 2012~2013년 대통령 경제금융비서관 겸임 2013년 기획재정부 기획조정실장 2014년 아시아개발은행(ADB) 상임이사(현)

최원석(崔元碩) CHOI Won Suk

[생]1943·4·24 [본]경주(慶州) [출]대전 [주]경기 안성시 삼죽면 동아예대길47 학교법인 공산학원(031-670-6793) [학]1961년 이화여대부속고졸 1967년 한양대 경제학과졸 [경]1971년 대한통운(주) 사장 1972년 동아건설(주) 사장 1972년 대전문화방송(주) 사장 1972년 동아실업·대한용역 사장 1976년 코리아엔지니어링 사장 1976~1997년 駐韓요르단 명예총영사 1977~1998년 동아그룹 회장 1979~1995년 대한탁구협회 회장 1981년 평통 상임위원 1981년 SLOOC 위원 1981년 백제문화개발연구원 이사장 1981년 KOC 상임위원 1983~1998년 동아생명보험 회장 1985년 학교법인 공산학원 이사장(현) 1991년 전국경제인연합회 부회장 1994년 한국경영자총협회 부회장 1994년 한국기업메세나협의회 회장 1995년 2002월드컵축구대회 유치위원 1996년 대한건설협회 회장 1996년 한국건설단체연합회 회장 1998년 한국메세나협의회 기업회장·명예회장 2002년 동아건설 대표이사 회장 [상]동탑산업훈장(1973), 요르단독립훈장(1977), 금탑산업훈장(1981), 체육훈장 맹호장(1981), 서울시문화상(1981), 국민훈장 동백장(1984), 새마을훈장 협동장(1985), 체육훈장 청룡장(1986), 국민훈장 모란장(1988), 올림픽훈장(1989), 적십자회원 유공금장(1989), 무역인대상(1997), 토목대상(1998), 대통령표창 [종]기독교

최원석(崔元碩)

[생]1966·1·27 [출]경북 [주]서울 양천구 목동서로161 SBS 정치부(02-2061-0006) [학]1984년 오성고졸 1988년 서울대 법학과졸 [경]1992~2014년 SBS 입사·정치부 기자·북경지국 차장대우·편집2부장 2014년 同보도본부 정책사회부장 2016년 同정치부장(현)

최원섭(崔元燮) CHOI Won Sup (정도)

[생]1947·6·29 [본]경주(慶州) [출]경북 경주 [학]1963년 문화고졸, 한국방송통신대 법학과졸 1991년 동국대 사회과학대학원 2학기 수료 [경]1967~1968년 유일기업사 기술과 검사계 근무 1973년 화랑의집 관리사무소장 1979년 경주공고 서무과 근무 1990년 화랑교육원 서무과 근무 1995~2000년 보덕동 방범자문위원 1998년 경주시의회 의원선거 입후보 1998~2002년 경북 물천초총동창회 회장 1999~2004년 보덕동바르게살기위원회 위원 2000년 한나라당 입당 2002~2003년 同네티즌대표위원 2002년 同제16대 대통령선거 중앙선거대책위원회 위원 2005년 경주시 북군동 상가번영회장 2005년 한나라당 책임당원 2006~2013년 同중앙위원회 농축분과위원회 부위원장 2006년 同전당대회 대의원 2006년 同중앙위원회 경북연합회 경주시지부 부회장 2007년 배호를기념하는전국모임 이사 2007년 한나라당 제17대대통령경선 박근혜후보 직능특별보좌역 2007년 同경주시 특별보좌역 2007년 同제17대 대통령선거 중앙선거대책위원회 중앙위원회 농림축산분과 부위원장, 同직능정책본부 행정자치1위원회 실무부단장, 同직능정책본부 행정자치1위원회 경북지부장, 同중앙위원회 농림축산분과 농촌사랑봉사단 경북총괄단장 2008년 同나눔봉사위원회 상임위원 2008년 새희망국민연합 경북지부장 2008년 경주최씨 대종회 운영이사(현) 2008년 녹색회 경주시지회장, 보문가든한정식 사장 2013년 새누리당 중앙위원회 제1·2기 자문위원(현), 민주평통 자문위원(현), 성조산업 대표(현) [상]한나라당 공로패(2008)

최원식(崔元植) CHOI Won Shik (松紘)

[생]1949·9·19 [본]해주(海州) [출]인천 [주]서울 마포구 토정로304 용현빌딩304호 (사)한국작가회의(02-313-1486) [학]1968년 제물포고졸 1972년 서울대 문리과대학 국문학과졸 1975년 同대학원졸 1986년 문학박사(서울대) [경]1977년 계명대 국어국문학과 전임강사 1979년 영남대 국어국문학과 조교수 1983년 인하대 국어교육과 부교수 1988~2015년 同문과대학 한국어문학과 교수 1996~2005년 계간 '창작과 비평' 주간 2001~2008년 민족문학사연구소 공동대표 2003~2005년 인하대 문과대학장 2005~2007년 인천문화재단 대표이사 2005년 서남포럼 운영위원장 2006년 세교연구소 이사장 2010년 한국작가회의 부이사장 2015년 인하대 명예교수(현) 2016년 (사)한국작가회의 이사장(현) [상]동아일보 신춘문예 문학평론 입선(1972), 대산문학상 평론상(2001), 임화문학예술상(2010), 홍조근정훈장(2015) [저]'민족문학의 논리' '한국근대소설사론' '한국의 민족문학론' '생산적 대화를 위하여' '한국근대문학을 찾아서' '문학의 귀환' '한국계몽주의 문학사론' '동아시아의 오늘과 내일(共)'(2009, 논형) '제국 이후의 동아시아'(2009, 창비) '문학'(2012, 도서출판 소화) [역]'조선문학사'

최원식(崔元植) Won Sik Choy

[생]1954·1·14 [출]서울 [주]대전 서구 둔산서로95 을지대학교병원 정형외과(042-611-3279) [학]1972년 경기고졸 1978년 서울대 의과대학졸 1987년 의학박사(서울대) [경]1978~1983년 서울대 의과대학 인턴·정형외과 레지던트 1983년 서울을지병원 정형외과장 1985년 영국 London Hospital Medical College 및 London Clinic 인공관절대치술연구 Clinical Assistant·Research Fellow 1985년 영국 Oxford대 Nuffield Orthopaedic Centre International Fellow 1986~2007년 을지의과대 정형외과학교실 교수 2003~2007년 을지의과대병원 의무부총장 2007년 을지대 의과대학 정형외과학교실 교수(현) 2008년 同부총장 2008~2011년 同의무부총장

최원식(崔元植) CHOI Won Sick

[생]1963·3·8 [출]충남 보령 [주]인천 남구 소성로159 법무법인 로웰(032-213-7000) [학]1981년 인천 부평고졸 1985년 서울대 법대 공법학과졸 1987년 同대학원 사법학과 수료 [경]1986년 사법시험 합격(28회) 1989년 사법연수원 수료(18기) 2004년 인천시 법률고문 2004년 인천문화재단 이사 2005년 인천항만공사 항만위원 2006년 법무법인 로웰 변호사(현), 민주사회를위한변호사모임 회원(현) 2011년 민주통합당 인천계양구乙지역위원회 위원장 2012년 제19대 국회의원(인천 계양구乙, 민주통합당·민주당·새정치민주연합·더불어민주당·국민의당) 2012년 국회 태안유류피해대책특별위원회 위원 2013년 민주당 전략기획위원장 2013년 同당무위원 2014년 민주당·새정치연합 신당추진단 정무기획위원 2014년 새정치민주연합 전략기획위원회 공동위원장 2014년 同전당원투표 및 국민여론조사관리위원회 위원 2014년 국회 미래창조과학방송통신위원회 위원 2014·2015년 국회 예산결산특별위원회 위원 2014~2015년 새정치민주연합 인권위원장 2014년 同민주정책연구원 부원장 2015년 同원내부대표(기획담당) 2015년 국회 운영위원회 위원 2015년 더불어민주당 민주정책연구원 부원장 2015년 同기획담당 원내부대표 2016년 국민의당 수석대변인 2016년 제20대 국회의원선거 출마(인천 계양구乙, 국민의당) 2016년 국회 보건복지위원회 야당 간사 2016년 국민의당 국민소통본부장(현) 2016년 同인천시계양구乙지역위원회 위원장(현) [상]원자력안전과 미래 선정 '원자력 안전상'(2015) [종]천주교

최원영(崔元永) CHOI Won Young

[생]1958·1·28 [출]경남 창녕 [학]대구 대건고졸 1980년 경북대 행정학과졸 1983년 同대학원 행정학과졸 1998년 미국 사우스캐롤라이나대 대학원 사회복지학과졸 2006년 사회복지학박사(연세대) [경]1980년 행정고시 합격(24회) 1987년 보건사회부 의료보험국 보험관리과 근무, 同보험정책과 사무관 1998년 보건복지부 기획관리실 행정관리담당관 1999년 同장애인제도과장 2001년 同보건정책국 약무식품정책과장 2002년 同기획예산담당관 2002년 식품의약품안전청 식품안전국장 2003년 국립의료원 사무국장 2004~2006년 미국 켄터키대 사회복지대학원 Visiting Scholar(국외훈련) 2006년 보건복지부 보험연금정책본부 국민연금정책관 2007년 同보험연금정책본부장 2008년 보건복지가족부 보건의료정책실장 2008년 同사회보험징수통합추진단장 2008년 同기획조정실장(일반직고위공무원) 2010년 보건복지부 기획조정실장 2010~2011년 同차관, 첨단의료복합단지추진위원회 간사, 과학비즈니스벨트위원회 위원 2011~2013년 법무법인 태평양 고문 2012년 연세대 보건대학원 겸임교수 2012년 (재)통합의료진흥원 이사장 2012년 대구경북첨단산업진흥재단 이사 2013~2015년 대통령 고용복지수석비서관 2015년 청와대불자회 회장 [종]불교

최원용(崔元鎔) CHOI Won Yong

[생]1965·9·6 [본]수성(隋城) [출]경남 김해 [주]경북 포항시 남구 청암로77 포항공과대학교 화학공학과(054-279-2283) [학]1984년 서울 동북고졸 1988년 서울대 공업화학과졸 1990년 포항공대 대학원 화학과졸 1996년 이학박사(미국 California Institute of Technology) [경]1990~1991년 POSTECH 조교 1996년 미국 NASA Jet Propulsion Laboratory 연구원 1998년 포항공대 환경공

학부 조교수·부교수·교수(현) 2004년 미국 세계인명사전 'Marquis Who's Who in the World'에 등재 2008년 환경분야 국제적 권위학술지 'Journal of Hazardous Materials' 편집장(현) 2014년 한국과학기술한림원 정회원(공학부·현) [상]한국공업화학회 우수논문발표상(2001), 젊은과학자상(2006), 한국과학기술한림원학술상(2015)

최원욱(崔元旭) CHOI Won-Wook

[생]1961·11·25 [출]서울 [주]서울 서대문구 연세로50 연세대학교 경영대학(02-2123-5470) [학]1980년 우신고졸 1984년 연세대 경영학과졸 1987년 미국 미시간대 대학원 경영학과졸 1993년 회계학박사(미국 컬럼비아대) [경]1987~1988년 미국 뉴욕 Deloitte & Touche 회계법인 근무 1993~1994년 Hongkong Univ. of Science & Technology 조교수 1994년 미국 뉴저지주립대 조교수 1998년 한국회계학회 이사 1998년 동국대 회계학과 조교수 2004년 同부교수 2004~2008년 연세대 경영대학 부교수 2007년 同사회교육원 감사 2008년 同경영대학 교수(현) 2008년 同경영전문대학원 MBA운영교수 [저]'Financial Statement Analysis' '세법개론'

최원철(崔源喆) CHOI Won Cheol

[생]1952·11·8 [출]전북 익산 [주]전북 전주시 완산구 천잠로303 전주대학교 경영학부(063-220-2282) [학]1971년 전주고졸 1976년 고려대 경영학과졸 1981년 서울대 대학원 경영학과졸 1989년 경영학박사(전북대) [경]1979~1982년 대한석유공사 재정부 근무 1992년 전주대 경영대학 경영학부 전임강사·조교수·부교수·교수(현) 1994년 한국경영학회 이사 1997~1998년 전주대 기업경영대학원장 1998년 대한재무관리학회 이사 1998년 한국회계정보학회 이사 1998년 중소기업학회 이사 1998년 한국관광정보학회 논문심사위원 1999~2000년 전주대 교무처장 2001년 (재)자연환경연구소 소장 2007~2009년 전주대 특수대학원장 2008년 한국경영교육학회 부회장 2014년 전주대 부총장(현) [저]'회계원리' '재무관리연습'(2008, 형설출판사)

최원혁

[생]1960 [주]서울 영등포구 여의대로24 FKI빌딩41층 범한판토스 비서실(02-3771-2114) [학]한성고졸, 성균관대 응용통계학과졸 [경]1985년 3M코리아 근무 1998년 로레알코리아 본부장 2002년 로레알 아시아프로젝트 디렉터 2006년 CJ대한통운 본부장(상무) 2013년 同본부장(부사장) 2015년 범한판토스 COO(부사장) 2015년 同대표이사(현)

최원현(崔元賢) CHOI Won Hyun (夢孫)

[생]1955·3·18 [본]해주(海州) [출]서울 [주]서울 종로구 종로5길58 석탄회관빌딩10층 법무법인 케이씨엘(02-721-4211) [학]1974년 경기고졸 1978년 서울대 법학과졸 1980년 同대학원 법학과 수료 1986년 미국 뉴욕대 대학원 법학과졸(M.C.J.) 1988년 미국 컬럼비아대 대학원 법학과졸(J.D.) [경]1978년 사법시험 합격(20회) 1980년 사법연수원 수료(10기) 1980~1983년 軍법무관 1983년 수원지법 판사 1984년 변호사 개업 1986년 미국 뉴욕주변호사시험 합격 1988~1989년 미국 Baker&McKenzie 법률사무소 근무 1990~1992년 세방종합법률사무소 변호사 1992~2008년 법무법인 케이씨엘(KCL) 변호사 1993~1998년 한국석유공사 고문변호사 1999~2002년 한국신용정보(주) 자문위원 2002년 한국야구위원회 고문변호사(현) 2005년 대한상사중재원 중재인(현) 2005년 대한중재인협회 부회장(현) 2007년 한국야구위원회 프로야구반도핑위원회 위원(현) 2008~2010년 대한변호사협회 이사 2008년 법무법인 케이씨엘 대표변호사(현)

최원호(崔元湖) CHOI Won Ho

[생]1967·4·1 [본]해주(海州) [출]강원 홍천 [주]경기 과천시 관문로47 미래창조과학부 국제협력관실(02-2110-2173) [학]춘천고졸, 성균관대 공과대학 기계설계학과졸, 기계공학박사(영국 버밍엄대) [경]기술고시 합격(28회), 과학기술처 기술정책국 정책기획과 사무관, 同장관비서관, 과학기술부 기계전자기술과 서기관, 同영광원전주재관실 서기관, 同원자력협력과 서기관 2005년 국립과학관추진기획단 기획과장 2006년 駐러시아 주재관 2009년 교육과학기술부 미래원천기술과장 2010년 同거대과학정책과장 2010년 同정책조정지원과장 2011년 국가과학기술위원회 과학기술정책과장(부이사관) 2012년 교육과학기술부 연구조정총괄과장 2013년 미래창조과학부 연구조정총괄과장 2014년 중앙공무원교육원 파견(고위공무원) 2015년 미래창조과학부 성과평가국장 2015년 同연구개발정책실 연구성과혁신정책관 2015년 대통령 과학기술비서관실 선임행정관(국장급) 2016년 국가지식재산위원회 지식재산정책관 2016년 미래창조과학부 국제협력관(현) [종]기독교

최월영(崔月榮) CHOI Wol Yeong

[생]1964·10·12 [출]강원 평창 [주]대구 달서구 장산남로30 대구지방법원 서부지원(053-570-2114) [학]1983년 대구 성광고졸 1987년 서울대 사법학과졸 1990년 경북대 법학대학원졸 [경]1990년 사법시험 합격(32회) 1994년 사법연수원 수료(23기) 1994년 대구지법 판사 1997년 同김천지원 판사 1999년 대구지법 판사 2003년 同가정지원 판사 2005년 대구고법 판사 2007년 대구지법 판사 2008년 대법원 연구법관 2009년 대구지법 김천지원장 2011년 대구지법 부장판사 2015년 同서부지원 부장판사(현)

최위승(崔渭昇) CHOI Wee Sung

[생]1933·2·10 [본]전주(全州) [출]경남 고성 [주]경남 창원시 마산회원구 봉암공단2길6 (주)무학 임원실(055-295-3636) [학]마산상고졸 1965년 경남대 상학과졸 1974년 同경영대학원 수료 [경]1973~1982년 무학주조 회장 1978~1996년 무학주정 회장 1979~1988년 마산상공회의소 회장 1980년 경남체육회 부회장 1980~1988년 경남신문 이사회장 1984~1989년 경남축산업협동조합중앙회 회장 1985년 무학장학재단 이사장 1986~1996년 신명공업·은하산업·용원컨트리클럽 회장 1989~1993년 대한적십자사 경남지사장·경남지회장 1992~1996년 同정책자문회의 회장 1992~2001년 경남신문 대표이사 회장 1995~1998년 민주평통 경남지역 부의장 1996~2008년 (주)무학 회장 1999년 경남발전협의회 회장 2006년 경남지역발전협의회 이사장(현) 2008년 (주)무학 명예회장(현) [상]국무총리표창, 금탑산업훈장, 국민포장, 경남은행 공로패(2010), 고성군민상(2012)

최유경(崔裕景·女) Choi, You-gyeong

[생]1965·3·25 [주]울산 남구 중앙로201 울산광역시의회(052-229-5042) [학]계명대 영어영문학과 중퇴 [경]제일고학부모회 대표, 민주당 울산시당 여성위원장 2014년 울산시의회 의원(비례대표, 새정치민주연합·더불어민주당)(현) 2014년 同운영위원회 위원 2014년 同교육위원회 부위원장 2016년 同교육위원회 위원(현) 2016년 同예산결산특별위원회 위원(현)

최유식(崔有植) CHOI YOO SIK

[생]1965·11·13 [출]부산 [주]서울 중구 세종대로21길33 조선일보 국제부(02-724-5114) [학]1984년 부산 가야고졸 1991년 서울대 외교학과졸 [경]1991~1996년 경향신문 기자 1996년 디지털조선일보 기자 1997년 조선일보 입사 2003~2004년 중국 상하이교통대 연수 2009년 조선일보 북경특파원 2014년 同디지털뉴스부장 2015년 同디지털뉴스본부 취재팀장 2015년 同산업1부 기자(부장급), 同사회부 총괄데스크 2016년 同국제부장(현)

최유현(崔維玹·女) CHOI You Hyun

[생]1936·2·15 [본]탐진(耽津) [출]전남 목포 [주]부산 금정구 중앙대로1793번길50 금정빌딩1층 중수원(051-583-2370) [학]1956년 혜광고졸 2004년 한국인적자원부 전통예술 학사 [경]1959~1968년 부산 시내여중고 교사 1963년 관인 최유현수예학원 설립 1966~2003년 한국기능올림픽 자수부문 심사위원·심사장 1967~1987년 최유현자수학원 운영 1968~1990년 국내전시회 10회 1972년 동아미술전 초대작가 1979~1982년 미국 뉴욕·LA 특별전 1983년 한국자수문화협의회 이사 1983~1988년 일본 도쿄·오사카 특별전 1987년 자수문화연구소 중수원 운영(현) 1988년 부산시립박물관 관우회 부회장 1988년 부산시립박물관 초대작품전 1990년 부산문화예술 진흥위원 1996년 중요무형문화재 제80호 자수장 기능보유자 지정(현) 1996~2007년 대한민국전승공예대전 심사위원 1996년 기능보유자 작품전 출품 2008년 부산대 겸임교수 2014년 同석좌교수(현) [상]국전공예부분 입선(1962), 국전공예부분 특선(1963), 전승공예대전 문공부장관표창(1984), 전승공예대전 문화재위원장표창(1985), 한국불교 미술대전 동상(1986), 전승공예대전 국무총리표창(1987), 전승공예대전 대통령표창(1988), 교육문화대상 성지상(1988), 부산시 문화상(1990), 부산문화대상 전통문화부문(2011) [저]'자수장'(1999, 국립문화재연구소)

최 윤(崔 潤) Yoon Choi

[생]1963·9·6 [출]일본 나고야 [주]서울 중구 세종대로 39 대한상공회의소10층 아프로서비스그룹(02-3704-9710) [학]1987년 일본 나고야가쿠인대 경제학과졸 2007년 고려대 경영대학원 최고경영자과정 수료 2015년 명예박사(몽골국립대) [경]2004년 아프로서비스그룹 회장(현) 2008년 고려대 최고경영자과정총교우회 부회장(현) 2012년 在일본대한체육회 부회장(현) 2012년 대한하키협회 명예회장(현) 2013년 OK저축은행 러시앤캐시 배구단 구단주(현) 2014~2016년 OK저축은행 대표이사 2015년 在일본대한민국민단중앙본부 고문(현) 2015년 대한럭비협회 부회장(현) [상]대통령표창(2008)

최윤겸(崔允謙) CHOI Yoon Gyum

[생]1962·4·21 [주]강원 강릉시 남부로222 강원도민프로축구단(강원FC) 사무국(033-655-0500) [학]1982년 홍주고졸 1986년 인천대졸 1988년 同대학원졸 [경]1985년 국가대표 축구선수 1986~1992년 프로축구 부천 SK축구단 소속 1988년 88올림픽 축구국가대표 1993년 프로축구 부천 SK축구단 트레이너 1995년 同코치 1999년 同수석코치 2001년 同감독 2003~2007년 대전시티즌프로축구단 감독 2014년 프로축구 강원FC 감독(현)

최윤기(崔閏基) CHOI Youn Ki

[생]1961·1·3 [본]경주(慶州) [출]대구 [주]세종특별자치시 시청대로370 산업연구원 지역발전연구센터(044-287-3218) [학]1979년 대륜고졸 1985년 경북대 무역학과졸 1997년 미국 뉴욕주립대 버펄로교 대학원 경제학과졸(석사) 2000년 경제학박사(미국 뉴욕주립대 버펄로교) [경]1986~1998년 산업연구원 책임연구원 2000~2003년 한국건설산업연구원 부연구위원 2003~2012년 산업연구원 연구위원 2005~2008년 同국가균형발전연구센터 균형정책팀장 2009~2010년 지식경제부 장관경제자문관 2010년 산업연구원 지역정책팀장 2011년 同연구조정실장 2012년 同선임연구위원 2013년 同지역발전연구센터 소장 2014~2016년 同부원장 2016년 한국지역정책학회 회장(현) 2016년 산업연구원 지역발전연구센터 선임연구위원(현)

최윤석(崔允錫) Yoon Suk Choi

[생]1957·1·15 [주]서울 영등포구 은행로30 KDB캐피탈 임원실(02-6330-0114) [학]1975년 신일고졸 1982년 연세대 경영학과졸 1988년 同대학원 경영학과졸 [경]1982년 한국산업은행 입행 1994년 同싱가포르지점 근무 1999년 同투자금융실 차장 2002년 同자금부 팀장 2004년 同재무관리본부 팀장 2006년 同리스크관리본부 팀장 2007년 同인천지점장 2009년 同자금부장 2010년 同발행시장실장 2011년 同서울지역본부장 2012년 KDB금융지주 전무(CFO) 2012년 同부사장(CFO) 2015년 KDB캐피탈 부사장(현)

최윤선(崔允瑄·女) CHOI Youn Seon

[생]1964·9·1 [주]서울 구로구 구로동로148 고려대학교 구로병원 가정의학과(02-2626-1114) [학]1989년 고려대 의대졸 1994년 同의과대학원졸 1998년 의학박사(고려대) [경]1989~1992년 고려대 구로병원 가정의학과 레지던트 1992년 성가복지병원 내과 과장 1994년 고려대 안암병원 임상강사 1996년 미국 아이오주 Mercy Hospital 호스피스 연수 1996~1997년 미국 아이오와대 가정의학과 노인병학 Fellow 1997~2008년 고려대 의과대학 가정의학과 전임강사·조교수·부교수 2000~2015년 한국호스피스·완화의료학회 수련이사·간행이사·국제이사·감사·기획이사 2000~2001년 미국 하버드대 Massachusettes General Hospital, Palliative Care Service, Research Fellow 2001~2003년 대한가정의학회 간행이사 2002~2012년 고려대 구로병원 가정의학과장 2003~2004년 호스피스·완화의료사업지원평가단 호스피스시범사업 교육분과위원 2004~2005년 The 6th Asia Pacific Hospice Conference 기획위원장 2006~2008년 대한가정의학회 완화의학연구회장 2006~2012년 고려대 의과대학 가정의학교실 주임교수 2006~2010년 대한의료커뮤니케이션학회 이사 2007년 대한임상노인의학회 교육이사·재무이사·무임소이사·간행이사(현) 2008년 고려대 의과대학 가정의학과 교수(현) 2008년 同구로병원 완화의료센터장(현) 2008~2011년 The 8th·9th Asia Pacific Hospice Palliative Care Network, Council member 2009~2010년 한국완화의학연구회 회장 2014년 고려대 구로병원 호스피스회장(현) 2015년 대한가정의학회 감사(현) 2016년 한국호스피스·완화의료학회 이사장(현) [상]대한가정의학회 저술상(2004), 고려대 석탑강의상(2008·2009), 고려대 우수강의상(2010·2012), 보건복지부장관표창(2011), 한국호스피스·완화의료학회 최우수논문상(2015) [저]'개정 4판 가정의학' '건강검진' '증례로 배우는 완화의학' '암환자를 위한 완화의학-통증 및 증상조절' '호스피스완화의학'

최윤성(崔允誠) Yun Sung Choi

[생]1958·12·11 [출]부산 [주]경북 포항시 남구 청암로77 포항공과대학교 수학과(054-279-2047) [학]1981년 서울대 수학과졸 1984년 미국 Rochester대 대학원졸 1986년 이학박사(미국 Rochester대) [경]1988년 포항공과대 수학과 교수(현) 2007년 同수학연구소장(현) 2015년 同교무처장(현) 2015년 대한수학회지 편집이사(현) [상]대한수학회 학술상(2015)

최윤성(崔允誠) CHOI Yoon Seong

[생]1960·7·29 [출]부산 [주]울산 남구 법대로55 울산지방법원(052-216-8000) [학]1979년 부산사대부고졸 1983년 부산대 법학과졸 [경]1983년 사법시험 합격(25회) 1985년 사법연수원 수료(15기) 1986년 해군 법무관 1989년 부산지법 판사 1993년 同울산지원 판사 1995년 부산지법 동부지원 판사 1996년 창원지법 거창지원 판사 1997년 부산고법 판사 1997년 변호사 개업 1998년 울산지법 판사 1999년 부산고법 판사 2001년 창원지법 부장판사 2003년 부산지법 동부지원 부장판사 2005년 부산지법 부장판사 2008년 창원지법 부장판사 2009년 同진주지원장 2011년 부산지법 부장판사 2015년 울산지법 부장판사(현)

최윤수(崔允壽) CHOI Yun Su

[생]1967·3·4 [본]경주(慶州) [출]경북 김천 [학]1984년 부산 내성고졸 1989년 서울대 법학과졸 1992년 同대학원 법학과졸 1996년 同대학원 법학 박사과정 수료 [경]1989년 사법시험 합격(31회) 1993년 사법연수원 수료(22기) 1993년 우방법무법인 변호사 1994년 수원지검 검사 1996년 대구지검 김천지청 검사 1998년 서울지검 검사 2000년 부산지검 검사(외교통상부 파견) 2004년 미국 뉴욕형사법원 연수 2004년 서울남부지검 검사 2005년 법무부 감찰관실 검사 2007년 대전지검 논산지청장 2008년 대검찰청 마약과장 2009년 同조직범죄과장 2010년 서울중앙지검 특수2부장 2011년 부산고검 검사(법무연수원 파견) 2013년 전주지검 차장검사 2014년 대검찰청 검찰연구관 2015년 서울중앙지검 제3차장검사 2015~2016년 부산고검 차장검사(검사장급) 2016년 국가정보원 제2차장(현) [종]기독교

최윤식(崔允植) CHOI YUN SHIK (雲霄)

[생]1944·8·25 [본]전주(全州) [출]황해 평산 [주]서울 종로구 대학로103 서울대학교 의과대학(02-740-8114) [학]1963년 대전고졸 1969년 서울대 의대졸 1972년 同대학원졸 1978년 의학박사(서울대) [경]1969~1970년 서울대병원 인턴 1970~1974년 同내과 전공의 1974~1977년 육군 군의관 1977년 서울 을지병원 내과의사 1979~2009년 서울대 의대 내과 전임강사·조교수·부교수·교수 1987~1990년 대한순환기학회 총무이사 1996~2000년 서울대병원 순환기내과 분과장 2000~2002년 대한순환기학회 이사장 2007년 한국만성질환관리협회 회장 2008~2013년 대통령 주치의 2009년 서울대 의대 명예교수(현) [상]대한순환기학회 학술상(1992), 서울대학교 30년 근속공로 표창(2005) [저]'응급처치'(1987) '노인의학'(1997) '내과학'(1998) '내과 지침서'(1999) '부정맥매뉴얼'(2007) '순환기학 2판'(2009) '임상심전도학 5판'(2009) [종]기독교

최윤재(崔銃澍) CHOI Yun Jaie

[생]1954·12·5 [본]전주(全州) [출]전북 전주 [주]서울 관악구 관악로1 서울대학교 식품·동물생명공학부(02-880-4807) [학]1973년 성남고졸 1980년 서울대 축산학과졸 1983년 同대학원졸 1987년 축산학박사(미국 노스다코타주립대) [경]1987년 한국축산학회 상무이사 1987년 한국영양사료학회 상무이사 1988~1999년 서울대 동물생명공학과 전임강사·조교수·부교수 1993년 미국 코넬대 방문교수 1995년 농림부 농림기술관리센터 전문위원 1997년 농촌진흥청 겸임연구관 1997~2001년 서울대 동물자원과학과장 1998년 한국과학기술한림원 종신회원(현) 1999년 서울대 농생명공학부 동물생명공학과 교수, 同식품·동물생명공학부 동물소재공학전공 교수(현) 2000년 친환경안전사료연구회 회장 2001~2003년 농촌진흥청 축산기술연구소 심의위원 2002년 국가과학기술위원회 복지소위원장 2002년 농업협동조합중앙회 운영자문위원 2002~2004년 농촌진흥청 바이오그린21연구단장 2004~2006년 바이오산업기술위원회 위원 2005~2007년 농촌진흥청 바이오그린21 동물자원연구단장 2009~2012년 同녹색기술자문단 자문위원 2009~2011

년 서울대 평창그린바이오추진사업단 단장 2012년 한국동물자원과학회 회장 2012년 서울대 그린바이오첨단연구단지 그린바이오과학기술연구원 친환경축산연구소장(현) [상]한국과학기술단체총연합회 과학기술우수논문상(1996), 한국영양사료학회 학술상(1996), 한국영양사료학회 영양사료연구대상(1999), 애그리브랜드 퓨리나코리아문화재단 축산영양연구대상(1999), 한국동물자원과학회 애그리브랜드 퓨리나코리아 학술상(1999), 한국과학기술단체총연합회 과학기술우수논문상(2002), 농림부장관표창(2002), 서울대학교 농생대 우수학술상(2007 · 2011), 서울대학교 농생대 우수강의상(2008 · 2009), 서울대학교 상록연구대상(2014), 카길한림생명과학상(2016) [저]'특수동물 생산학' [종]기독교

최윤채(崔潤彩) CHOI Yoon Chai

[생]1959 · 8 · 8 [출]경북 영덕 [주]경북 포항시 북구 중앙로 289 경북매일신문 사장실(054-241-2244) [학]영덕고졸 1987년 영남대 지역사회개발학과졸 [경]1988년 매일신문 입사 1999년 同사회2부 기자 2000년 同동부지역본부 포항주재 차장대우 2002년 同동부지역본부 포항주재 차장 2003년 同동부지역본부 부장대우 2009년 경북매일신문 대표이사 부사장 2009년 同대표이사 사장(현)

최윤호(崔允豪) CHOI Yun Ho

[생]1955 · 5 · 20 [본]경주(慶州) [출]부산 [주]경기 수원시 영통구 월드컵로206 아주대학교 기계공학과(031-219-2346) [학]1978년 서울대 기계공학과졸 1984년 미국 펜실베이니아대 대학원졸 1988년 기계공학박사(미국 펜실베이니아대) [경]1978~1982년 현대엔지니어링(주) 근무 1988~1989년 미국 펜실베이니아대 Postdoctoral Fellow 1989~1992년 NASA Lewis Research Center Research Engineer 1992년 아주대 기계공학과 조교수 · 부교수 · 교수(현) 1993~1994년 미국 펜실베이니아대 방문교수 2000~2001년 United Technologies Research Center 방문교수 2005~2007년 아주대 공학교육혁신센터장 2011~2015년 同공과대학장 2013년 同공학교육혁신센터장

최윤호(崔輪鎬) CHOI Yoon Ho

[생]1963 · 1 · 11 [본]전주(全州) [주]경기 수원시 영통구 삼성로129 R5 삼성전자(주) 무선사업부 지원팀(031-301-2500) [학]덕수정보산업고졸 1988년 성균관대 경영학과졸 [경]2006년 삼성전자(주) 경영지원팀 상무보 2007년 同구주경영지원팀장(상무) 2010년 同사업지원팀 상무 2011년 同미래전략실 전략1팀 상무 2011년 同미래전략실 전략1팀 전무 2014년 同무선지원팀장(전무) 2014년 同무선사업부 지원팀장(부사장)(현) [종]불교

최윤환(崔允煥) CHOI Yoon Hwan

[생]1937 · 7 · 1 [출]서울 [주]서울 서초구 효령로231 진양제약(주) 회장실(02-3470-0332) [학]1956년 경기고졸 1960년 서울대 약학과졸 [경]1961~1964년 제5육군병원 약제과장 1966~1971년 성아제약(주) 전무 1971~1977년 진양약품공업사 설립 · 대표 1978년 진양제약(주) 대표이사 사장 2000년 同대표이사 회장 2007년 同회장(현) [상]서울대 약학대학 발전공로상(2015) [종]천주교

최윤희(崔允僖 · 女) CHOI Youn Hee

[생]1956 · 5 · 26 [본]경주(慶州) [출]대구 [주]대구 중구 동덕로130 경북대병원 상임감사실(053-200-5009) [학]1978년 미국 타우슨주립대 수학과졸 1999년 연세대 교육대학원 수료 [경]2000~2002년 구미여성단체협의회 회장 2002~2004년 한국여성경제인협회 대구 · 경북지회 이사 2004~2006년 한나라당 경북도당 대변인 2004~2015년 구미대 비즈니스영어과 교수 2006~2010년 구미불교대학총동창회 회장 2006~2010년 경북도의회 의원(비례대표, 한나라당) 2006~2010년 同운영위원회 위원 2006~2010년 同의정연구회 부회장 2006~2008년 同통상문화위원회 부위원장 2006~2008년 경북체육회 이사 2007~2009년 전문직여성클럽한국연맹 회장 2007~2010년 한국여성단체협의회 감사 2008~2010년 경북신용보증재단 이사, 경북댄스스포츠경기연맹 회장 2009~2011년 한국자유총연맹 중앙여성회장 2010년 경북도의원선거 출마(무소속) 2011년 경주세계문화엑스포 홍보대사 2011~2013년 경북도 투자유치자문관 2014년 새누리당 경북도당 6.4지방선거 공천관리위원 2014년 同경북도당 여성위원장(현) 2015년 경북대병원 상임감사(현) [종]불교

최윤희(崔允僖 · 女)

[생]1963 · 11 · 24 [주]세종특별자치시 시청대로370 산업연구원 신성장산업연구실 미래산업팀(044-287-3082) [학]1982년 서문여고졸 1986년 서울대 공과대학 공업화학과졸 1992년 同공과대학원 생물화학공학과졸 1997년 생물화학공학박사(서울대) [경]1986~1990년 롯데그룹 중앙연구소 생물공학실험실 연구원 1990~1991년 일본 오사카대 세포공학센터 연구원 1999~2000년 미국 스탠퍼드대 화학공학과 박사 후 연구원 2001~2005년 대외경제전문가풀(KOPIE) 과학기술분과위원 2001년 산업연구원 연구원 2002년 한국산업기술평가원(ITEP) 평가위원(현) 2002년 산업자원부 산업기술기반구축사업 생물산업분과기획위원 2002년 同중기거점기술개발사업 정밀화학분기획위원 2003년 同산업기술혁신5개년계획차세대성장동력 기술 기획위원 2004~2006년 한국국방연구원(KIDA) Fellow 2005~2008년 Korea바이오허브센터 바이오정책연구위원 2005~2006년 대통령소속 의료산업선진화위원회 전문위원 2005~2008년 차세대성장동력바이오신약장기사업단 자문위원 2005~2008년 산업자원부 국가표준심의회 실무위원 2007~2008년 생명공학연구협의회 운영위원 2007~2008년 과학기술부 OECD과학기술전문가협의회 위원 2007~2008년 同신약개발자문회의 자문위원 2007~2008년 산업자원부 전략기술개발사업바이오분야기술위원회 위원 2008년 일본 경제산업연구소(RIETI) 방문연구원 2010년 同자문위원(현) 2011년 국가과학기술위원회 New Innovation 2030 Forum 위원 2015년 산업연구원 신성장산업연구실 미래산업팀장(선임연구위원)(현)

최윤희(崔允姬 · 女) CHOI Yoon Hee (心馨)

[생]1964·4·29 [출]대구 [주]서울 광진구 능동로120 건국대학교 법학전문대학원(02-450-3425) [학]1982년 대구 경명여고졸 1986년 서울대 법학과졸 1988년 同대학원졸 1992년 미국 스탠포드대 연수 1995년 법학박사(서울대) [경]1988년 사법시험 합격(30회) 1991년 사법연수원 수료(20기) 1991년 서울지검 서부지청 검사 1993년 부산지검 검사 1995년 인천지검 부천지청 검사 1997년 법무부 국제법무심의관실 검사 1998년 변호사 개업 2004년 사법연수원 교수 2005년 건국대 법학과 교수(현) 2005년 한국씨티은행 사외이사 2008~2013년 건국대 법과대학장 2008년 同법학전문대학원 교수(현) 2009~2013년 同법학전문대학원장 2014년 중앙선거관리위원회 위원(현) [상]서울지검 서부지청 청소년선도협의회 감사패(1992) [저]'근로에 있어서 남녀평등' '국제법률용어사전'(編) '법무서비스 개방문제연구'(編)

최윤희(女)

[생]1968 · 7 [주]경기 수원시 영통구 삼성로129 삼성전자(주) 영상디스플레이사업부 개발실(031-200-1114) [학]1987년 대구 경명여고졸 1991년 포항공대 전자계산학과졸 1993년 同대학원 전자계산학과졸 [경]1993~1997년 삼성전자(주) 기술총괄 응용S/W연구팀 근무 1997~2004년 同중앙연구소 소프트웨어센터 책임연구원 2004~2005년 同기술총괄 Application Solution Lab 책임연구원 2005년 同시스템연구소 Home Platform Lab 책임연구원 2006년 同영상디스플레이사업부 S/W Platform그룹 수석 2014년 同영상디스플레이사업부 개발실 연구위원(상무)(현)

최은경(崔恩卿 · 女) CHOI Eun Kyung

[생]1958 · 11 · 15 [출]부산 [주]서울 송파구 올림픽로43길88 서울아산병원 방사선종양학과(02-3010-4427) [학]1977년 혜화여고졸 1983년 서울대 의대졸 1987년 同대학원졸 1992년 의학박사(서울대) [경]1987년 대전을지병원 치료방사선과장 1988년 울산대 의대 전임의 1990년 同의대 방사선종양학과 교수(현) 2008년 서울아산병원 연구부소장 2009년 同폐암센터 소장 2010~2013년 同연구기획관리실장 2010년 同항암선도기술지원센터장 2011년 대통령직속 원자력안전위원회 위원 2013년 국무총리직속 원자력안전위원회 위원 2013~2015년 대한방사선종양학회 회장 2015년 서울아산병원 항암T2B기반구축센터장(현) 2015년 同대외연구협력실장(현) 2015년 대한의학물리전문인자격인증위원회(KMPCB) 초대 회장(현) [상]동강학술상(1994), 포스터상(1997), 최우수논문상(2000), 아스트라제네카 학술상(2004), 의과학상(2005)

최은경(崔恩京 · 女) CHOE Eun Kyung

[생]1960·3·26 [본]경주(慶州) [출]서울 [주]경기 안산시 상록구 항가울로143 한국생산기술연구원 안산연구센터 국제환경규제대응기술지원센터(031-8040-6211) [학]1982년 서울대 사범대 화학교육과졸 1984년 同대학원 과학교육과졸 1987년 미국 코넬대 대학원 화학과졸 1991년 섬유화학박사(미국 코넬대) [경]1992~1994년 인하대·고려대·이화여대·한국교원대 시간강사 1994년 한국생산기술

연구원 염색가공연구팀 수석연구원 2000년 同화학분석공용랩·유해물질분석실 운영책임자(현) 2005년 同안산연구센터 국제환경규제대응기술지원단장 2005년 同천안연구센터 섬유소재본부장 2008년 同안산연구센터 융합섬유팀 수석연구원 2013년 同안산연구센터 국제환경규제대응기술지원센터장, 同 수석연구원(현) [상]과학의날 국무총리표창(2004) [종]천주교

최은배(崔恩培) CHOI Eun Bae

[생]1966·10·7 [본]경주(慶州) [출]경남 마산 [주]서울 서초구 법원로15 정곡빌딩 서관403호 엘케이비앤파트너스(02-596-7150) [학]1985년 마산고졸 1989년 서울대 법대 공법학과졸 [경]1990년 사법시험 합격(32회) 1993년 사법연수원 수료(22기) 1993년 軍법무관 1996년 서울지법 북부지원 판사 1998년 서울지법 판사 2000년 청주지법 충주지원 판사 2003년 서울행정법원 판사 2005년 서울고법 판사 2006년 대법원 재판연구관 2008년 부산지법 동부지원 부장판사 2009~2012년 인천지법 부장판사 2010~2011년 우리법연구회 회장 2012~2014년 서울동부지법 부장판사 2014년 법무법인 엘케이비앤파트너스 대표변호사(현) [종]기독교

최은봉(崔恩鳳·女) CHOI Eun Bong

[생]1958·12·30 [주]서울 서대문구 이화여대길52 이화여자대학교 정치외교학과(02-3277-3908) [학]1981년 이화여대 정치학과졸 1983년 同대학원졸 1988년 미국 오하이오주립대 대학원졸 1991년 정치학박사(미국 오하이오주립대) [경]1989~1991년 미국 애리조나대 동아시아연구센터 방문학자 1993년 한국국제정치학회 연구위원 겸 섭외위원 겸 이사 1993~1997년 강원대 정치외교학과 조교수 1997~2001년 同부교수 1998년 한국사회역사학회 이사 2000~20001년 일본 츠쿠바대 사회과학계 외국인 연구교수 2001~2002년 이화여대 정치외교학과 조교수 2001~2003년 同지역연구협동과정 전공주임교수 2002~2007년 同정치외교학과 부교수 2003~2004년 同정치외교학과장 2004~2006년 同입학처 부처장 2006년 同재무처장 2007년 同정치외교학과 교수(현), 한국정치학회 이사, 同부회장, 한국국제정치학회 이사, 현대일본학회 이사 2010년 同회장, 한국사회역사학회 회장(현) 2016년 이화여대 사회과학대학장(현) [저]'전후 일본에 있어서 헌법 논쟁의 정치적 함의'(1999) '변동기의 한일 정치의 변화(共)'(2003) '일본정치론(共)'(2007) '일본행정론(共)'(2009) [역]'포스트산업사회'(1994) '모든 정치는 당신이 사는 지역에서 시작된다'(1997) '일본특이론의 신화 깨기'(1997) '전후 일본의 정치행정구조'(2000) '일본의헌법'(2000) '현대 일본의 체제 이행'(2001) '아시아 국가와 시민사회'(2002) '근대 일본'(2004·2014) '시민의 정치학(토의 민주주의란 무엇인가)'(2013) '비정부기구 NGO의 이해'(2013)

최은수(崔恩洙) CHOI Eun Soo

[생]1954·7·21 [본]경주(慶州) [출]충남 논산 [주]서울 강남구 테헤란로317 동훈타워 법무법인 대륙아주(02-3016-5266) [학]1971년 서울고졸 1976년 서울대 법학과졸 [경]1977년 사법시험 합격(19회) 1979년 사법연수원 수료(9기) 1979년 해군 법무관 1982년 대전지법 판사 1985년 同홍성지원 판사 1987년 인천지법 판사 1989년 서울고법 판사 1991년 대법원 재판연구관 1992년 창원지법 부장판사 1996년 인천지법 부장판사 1998년 서울지법 동부지원 부장판사 1998년 서울지법 부장판사 2001년 대전고법 부장판사 2002~2006년 서울고법 부장판사 2002~2004년 수원지법 수석부장판사 직대 겸임 2006년 춘천지법원장 2008년 의정부지법원장 2009년 서울서부지법원장 2010년 대구고법원장 2011~2012년 특허법원장 2011~2012년 대전고법원장 2012년 법무법인 대륙아주 공동대표변호사, 同고문변호사(현) 2016년 중앙선거방송토론위원회 위원장(현)

최은수(崔恩洙) Eun-Soo Choi

[생]1955·1·28 [본]화순(和順) [출]전북 남원 [주]서울 동작구 상도로369 숭실대학교 평생교육학과(02-820-0316) [학]1973년 숭일고졸 1982년 숭실대 영어영문학과졸 1985년 미국 캘리포니아주립대 대학원 정치학과졸 1986년 미국 Indiana Univ. 대학원 Bloomington박사과정 수료 1990년 철학박사(미국 Univ. of Southern California) [경]1988년 미국 Univ. of Southern California 강의조교 1990~1991년 한남대·숭실대 강사 1991~2002년 숭실대 평생교육학과 조교수·부교수 1993~1998년 한세정책연구원 비상임연구원 겸 자문위원 1996~1998년 국가경쟁력연구원 초빙연구위원 겸 자문위원 1996년 한국교원교육학회 이사 1998년 한국성인교육학회 부회장 1999년 한국통일교육학회 감사 2000~2001년 미국 Oklahoma State Univ. 객원교수 2001~2003년 한국성인교육학회 회장 2002년 숭실대 평생교육학과 교수(현) 2003년 한국성인교육학회 공동대표(현) 2005년 숭실대 교육대학원장 2005~2009년 한국노동교육원 객원교수 2006~2015년 숭실대 한국평생교육HRD연구소장 2006~2007년 교육인적자원부 평생교육정책자문위원 2007~2009년 숭실대 교육대학원장 2011~2013년 同인문대학장 2015년 숭실대 CR글로벌리더십연구소장(현) [저]'한국교육행정의 현안문제' '한국성인인력 개조론'(共) '고학력 실업자 인력개발정책 : 한미비교분석' 'Education for all : the Year 2000 Assessment'(共) '북한의 이해'(共) [종]기독교

최은아(崔恩兒·女) CHOI, EUNA

[생]1962·2·1 [본]경주(慶州) [출]경북 경산 [주]경남 함양군 함양읍 고운로107의1 인산한의원(055-964-1191) [학]순천향의대 의예과 중퇴 1987년 덕성여대 독문학과졸, 대전대 대학원 한의학과 석박사과정졸(한의학박사) [경]1993년 인산출판사 대표 2002년 (사)인산학연구원 이사 2003년 인산죽염(주) 대표이사(현) 2004년 한국죽염공업협동조합 감사(현) 2004년 인산한의원 대표(현) 2006년 인산한방암센터(주) 대표이사 2006년 함양시 건설프로젝트 대표 2006년 경남벤처농업협회 이사 2006년 민주당 함양군수 후보, (사)한국여성발명협회 경남대표·부회장(현), (사)경남여성경영인협회 수석부회장 2013년 경남벤처농업인협회 부회장(현) 2014년 (사)경남여성경영인협회 회장·명예회장(현) [상]경남도지사표창, 경남지방중소기업청장상, 세계여성발명대회 은상, 특허청·한국여성발명협회 선정 '여성 발명기업인'(2013) [저]'인산암처방집'(編) '신의원초'(編) '의사여래'(編) '의약신성'(編) '활인구세'(編) '신약본초후편'(編) '신약본초3'(編) '유황오리와 다슬기' '인산의학식품건강법' '함양시건설프로젝트'

최은영(崔恩瑛·女) CHOI Eun-Young

[생]1962·5·3 [출]서울 [주]서울 영등포구 국제금융로2길25 (주)유수홀딩스(02-3770-6032) [학]일본 동경성심여대 영어영문학과졸 [경]2006년 양현재단 이사장(현) 2007년 (주)한진해운 부회장 2008년 同회장 2009~2014년 同각자대표이사 회장 2009~2014년 한진해운홀딩스 대표이사 회장 2014년 (주)유수홀딩스 대표이사 회장(현) [상]스페인 시민훈장(2011)

최은옥(崔銀玉·女) Eunok Choe

[생]1957·7·20 [주]인천 남구 인하로100 인하대 식품영양학과(032-860-8125) [학]1980년 서울대 식품영양학과졸 1982년 同대학원 식품영양학과졸 1987년 식품학박사(미국 오하이오주립대) [경]1982~1983년 서울대 전임조교 1987~1988년 인하대 시간강사 1987~1990년 숙명여대·인하대 시간강사 1990~1999년 인하대 조교수·부교수 1999년 同식품영양학과 교수(현) 2015년 同생활과학대학장(현)

최은정(崔恩禎·女)

[생]1972·10·19 [출]경북 포항 [주]대구 수성구 동대구로364 대구지방법원(053-757-6600) [학]1991년 대구 송현여고졸 1996년 한국외국어대 법학과졸 1998년 서울대 대학원 법학과 수료 [경]1998년 사법시험 합격(40회) 2001년 사법연수원 수료(30기) 2001년 수원지법 판사 2003년 서울지법 판사 2004년 서울중앙지법 판사 2005년 부산지법 판사 2009년 서울동부지법 판사 2012년 서울중앙지법 판사 2014년 서울서부지법 판사 2014~2016년 사법정책연구원 연구위원 겸임 2016년 대구지법 부장판사(현)

최은주(崔銀珠·女) CHOI Eun Ju

[생]1946·12·21 [본]경주(慶州) [출]서울 [주]경기 수원시 영통구 광교산로154-42 경기대학교 인문학부 문헌정보학과(031-249-9165) [학]1965년 정신여고졸 1969년 이화여대 영어영문학과졸 1971년 미국 드렉셀대 대학원 도서관학과졸 1991년 도서관학박사(연세대) [경]1981~1984년 덕성여대·서강대 강사 1984~2012년 경기대 인문학부 문헌정보학전공 교수 1987~1989년 미국 워싱턴대 문헌정보대학원 객원교수 1997년 한국도서관협회 국제협력위원장 1997년 미국 일리노이대 객원교수 2000~2002년 문화관광부 전국문화기반시설 공공도서관부문 평가위원 2001년 경기대 중앙도서관장 2001~2002년 한국도서관협회 국제협력위원회 위원장 2002~2005년 경기대 인문학부장 2002~2003년 한국사립대학교도서관협의회 회장 2002년 정보통신부 지식정보자원관리위원 2006·2007~2008년 한국문헌정보학교수협의회 회장 2009~2011년 대통령소속 도서관정보정책위원회 위원 2009~2011년 국회도서관발전자문위원회 위원장 2010~2012년 경기대 인문대학장 2012년 同명예교수(현) 2013~2015년 대통령소속 도서관정보정책위원회 위원장 [상]한국도서관연구상 [저]'한국참고정보자료해제'(1994) '도서관 정보관리편람'(1994) '사회과학정보론'(1995) '문헌정보학 용어사전'(1996) '디지털도서관과 사회과학정보원'(2000) '도서관과 학술정보활용'(2001) '대학생을 위한 정보활용(共)'(2005) [역]'정보기술과 도서관정보서비스'(1998) '디지털도서관과 사회과학정보원'(2000) '인문사회과학주제정보원'(2011) [종]기독교

ㅊ

최은주(崔銀珠 · 女) CHOI Eunju

[생]1963 · 10 · 26 [출]서울 [주]경기 안산시 단원구 동산로 268 경기도미술관(031-481-7000) [학]1982년 홍익대사대부속여고졸 1987년 서울대 미대 서양화과졸 1989년 同대학원 미술이론과졸(석사) 2008년 同대학원 미술교육박사과정 수료 [경]1989년 국립현대미술관 학예연구사 1999년 덕수궁미술관장 2005년 국립현대미술관 학예연구실장 2006년 同덕수궁미술관 분관장 2009년 同사업개발팀장 2012년 同학예연구1실장 2015년 (재)경기문화재단 경기도미술관 관장(현) [상]대통령표창(2012), 제2회 석남을 기리는 미술이론가상(2015)

최은주(崔恩姓 · 女)

[생]1965 · 1 · 25 [출]서울 [주]서울 서초구 강남대로193 서울가정법원(02-530-1114) [학]1983년 건국사대부고졸 1987년 서울대 불어불문학과졸 1993년 同대학원 법학과졸 [경]1997년 사법시험 합격(39회) 2000년 사법연수원 수료(29기) 2000년 수원지법 성남지원 판사 2002년 서울지법 판사 2004년 전주지법 판사 2007년 서울가정법원 판사 2009년 서울중앙지법 판사 2012년 서울가정법원 판사 2015년 同부장판사(현)

최은창(崔恩昌) CHOI Eun Chang

[생]1956 · 11 · 14 [주]서울 서대문구 연세로50의1 세브란스병원 안 · 이비인후과병원 이비인후과(02-2228-3608) [학]연세대 의대졸 1984년 同대학원졸 1990년 의학박사(연세대) [경]1981~1982년 세브란스병원 인턴 1982~1985년 同이비인후과 전공의 1985~1986년 보병 제51연대 의무중대장 1986~1988년 국군수도병원 군의관 1988~2004년 연세대 의과대학 이비인후과학교실 강사 · 조교수 · 부교수 1988년 일본 쿠마모토대 이비인후과 Visiting Fellow 1990~1991년 미국 MD앤더슨암센터 이비인후과 Visiting Fellow 1991~1992년 인천기독병원 이비인후과장 1993~1994년 대한기관식도과학회 총무 2001~2003년 대한이비인후과학회 총무이사 2002~2004년 대한두경부외과연구회 편집이사 2004년 연세대 의과대학 이비인후과학교실 교수(현) 2005~2008년 대한갑상선두경부외과학회 감사 2007~2013년 세브란스병원 두경부암전문클리닉팀장 2008~2016년 연세대의료원 안 · 이비인후과병원 이비인후과장 2009~2010년 대한갑상선두경부외과학회 상임위원 2010~2011년 대한이비인후과학회 이사장 2011년 대한갑상선두경부외과학회 고문위원(현) 2012~2016년 연세대 의과대학 이비인후과학교실 주임교수 2016년 연세대의료원 안 · 이비인후과병원장(현) [상]Best doctor in head and neck surgery(2001 · 2002, 동아일보)

최은하(崔銀河) CHOI Eun Ha (별밭)

[생]1938 · 2 · 22 [본]탐진(耽津) [출]전남 나주 [주]서울 양천구 목동서로225, 1017호 [학]1957년 한영고졸 1961년 경희대 국어국문학과졸 1975년 同대학원졸 [경]1959년 자유문학에 시 '꽃에게'로 추천완료 등단 1961년 한국문인협회 입회 1969년 국제펜클럽 한국본부 입회 1969년 同한국본부 이사 1982년 보리수시낭송모임 상임시인(현) 1984~2002년 경희문인회 부회장 1985~1990년 한국현대시인협회 이사 1990~1992년 한국기독교문인협회 회장 1990~1992년 자유시인협회 부회장 1993년 한국기독교문인협회 고문(현) 1994~1996년 한국현대시인협회 부회장 1996년 계간 '믿음의 문학' 발행인(현) 2001~2008년 동아일보 문화센터 현대시창작반 출강 2002~2004년 한국현대시인협회 회장 2002~2008년 성동문인협회 회장 2004~2007년 한국문인협회 이사 2005~2008년 국제펜클럽 한국본부 이사 2005년 한국현대시인협회 고문 겸 평의원(현) 2005년 경희문인회 고문(현) 2007년 한국문인협회 고문(현) 2008년 성동문인협회 명예회장 2009년 국제펜클럽 한국본부 자문위원(현) 2011년 성동문인협회 고문(현) [상]경희문학상(1984), 한국현대시인상(1987), 한국문학상(1991), 기독교문화대상(1997), 성동문학상(2011), 한림문학상(2012), 들소리문학상(2015) [저]시집 '너와의 최후를 위하여'(1970) '보안등'(1974) '태초의 바람(共)'(1975) '왕십리 안개'(1981) '한국동시동요 해설(編)'(1981) 수필집 '그래도 마저 못한 말 한 마디'(1981) '한국기독교신앙시선(編)'(1985) '바람은 울지 않는다'(1985) '세계명시선-사랑한다는 그 말 한마디(編)'(1986) '바람의 초상'(1987) '대학국어'(1988) '빛의 소리'(1988) '그리운 중심'(1988) '꽃과 사랑의 그림자'(1991) '그리움은 바람꽃으로 피어'(1992) '대학기본한자교본'(1993) '비추사이다 비추사이다'(1994) '안개 바람소리 꽃뱀 울음'(1995) '최은하 시전집'(1999) '오랜 기다림의 꽃'(2002) '천년의 바람'(2006) '마침내 아득하리라'(2008) '드디어 때가 이르니'(2009) '별과 꽃과 그리움(共)'(2012) '가을 햇살 한줌'(2012) '하루 해 저물녘에'(2014) '증보판 최은하 시전집'(2014) [종]기독교

최은하(崔銀河) CHOI Eun Ha

[생]1960 · 12 · 20 [본]경주(慶州) [출]서울 [주]서울 노원구 광운로6길53 광운대학교 자연과학대학 전자바이오물리학과(02-940-5236) [학]1982년 서울대 물리교육과졸 1984년 한국과학기술원(KAIST) 물리학과졸(석사) 1987년 물리학박사(한국과학기술원) [경]1986~1988년 서울대 물리교육과 강사 1987~1988년 한국과학기술원(KAIST) 물리학과 연수연구원 1987~1989년 미국 Naval Surface Warfare Center 연구원 1989~1990년 미국 Hampton대 조교수 1989~1990년 미국 NASA 위촉연구원 1990~1992년 한국표준과학연구원 선임연구원 1992년 광운대 자연과학대학 전자바이오물리학과 조교수 · 부교수 · 교수(현) 2001~2003년 미국 텍사스테크대 교수 2004~2009년 광운대 차세대PDP공동연구지원센터장 2010년 同플라즈마바이오과학연구센터(SRC : PBRC) 소장(현) [상]문교부장관표창(1971), 광운대 학술상(2006), 한국우수과학기술자상(2007), 플라즈마 학술상(2015), 국제플라즈마의과학회 ICPM Plasma Medicine Award(PMA)(2016) [저]'일반물리실험'(1995) '대학물리학 I · II'(1995)

최은희(崔銀喜 · 女) Choi Eun-hui

[생]1962 · 1 · 18 [주]전북 전주시 완산구 효자로225 전라북도의회(063-280-4528) [학]호원대 행정학과 재학中 [경]구례중앙신용협동조합 근무, (사)월간한울문학 호남지회장, 同전주지회장, 한일여성친선협회 전북지부 총괄부회장, (주)현대선진산업엔진 이사(현), 유네스코 전주음식창의도시시민네트워크 이사(현) 2014년 새정치민주연합 정책조정위원회 부위원장 2014년 (사)한일교류문화센터 이사(현) 2014년 전북도의회 의원(비례대표, 새정치민주연합 · 더불어민주당)(현) 2014~2015년 同문화관광건설위원회 위원 2014~2015년 同예산결산특별위원회 위원 2015년 同문화건설안전위원회 위원 2015년 새정치민주연합 전북도당 중소기업특별위원회 위원장 2015년 더불어민주당 전북도당 중소기업특별위원회 위원장(현) 2016년 전북도의회 문화건설안전위원회 부위원장(현) 2016년 同운영위원회 위원(현) 2016년 더불어민주당 전북도당 여성위원장(현) [상]대한민국 경로효친대상 사회봉사대상(2015)

최응렬(崔應烈) CHOI Eung Ryul

[생]1961 · 1 · 29 [본]경주(慶州) [출]충남 보령 [주]서울 중구 필동로1길30 동국대학교 사회과학대학 경찰행정학과(02-2260-8587) [학]1979년 서라벌고졸 1983년 동국대 경찰행정학과졸 1985년 同대학원졸 1995년 법학박사(동국대) [경]1988년 한국경호경비학회 부회장, 同이사(현) 1988~1996년 동국대 경찰행정학과 강사 1989~2010년 경찰교육원 외래교수 1992~2002년 중앙경찰학교 외래교수 1992~2009년 경찰수사연수원 외래교수 1995~2004년 경찰대학 치안정책연구소 비상임연구위원 1996~1997년 동국대 대학원 강사 1996~1997년 경기대 교정학과 · 인천대 행정학과 강사 1997~2005년 계명대 경찰학부 전임강사 · 조교수 · 부교수 · 경찰학부장 1998~2015년 한국경찰학회 이사 1998~2011년 한국경찰연구학회 회장, 同고문(현) 1998년 국가정보원 국제범죄정책위원회 자문위원(현) 2002~2003년 경북지방경찰청 지방경찰학교 외래교수 2002~2003년 대구지방경찰청 수사직무학교 외래교수 2005년 한국교정학회 이사 · 감사 · 부회장(현) 2005년 한국소년정책학회 이사 · 감사(현) 2005년 한국범죄심리학회 이사(현) 2005년 동국대 사회과학대학 경찰행정학과 부교수 · 교수(현) 2006~2011년 同사회과학대학 부학장 · 행정대학원 부원장 2006년 경찰청 성과평가위원회 위원 2007~2013년 동국대 행정(외무)고시반 지도교수 2007~2009년 경찰청 마약류유관기관협의회 위원 2007~2013년 동국대 사회과학연구원장 2008년 경찰청 국가대테러협상전문위원 2010년 국회 입법지원위원(현) 2010~2012년 한국공안행정학회 회장 2010년 국가인권위원회 자유권전문위원회 검 · 경수사분과 위원 2010~2013년 한국셉테드(CPTED)학회 이사 2011~2012년 한국형사정책연구원 형사정책연구자문위원 2012~2015년 동국대 대외협력본부장 2013년 한국공안행정학회 고문(현) 2015년 한국경찰학회 회장(현) 2015년 동국대 경찰 · 범죄연구소장(현) 2016년 경찰청 성과평가위원회 위원장(현) 2016년 경찰학교육협의회 초대회장(현) [상]경찰청장 감사장(1994 · 2003 · 2006 · 2009), 중앙경찰학교장 감사장(1995), 대구지방경찰청장 감사장(2001), 경북지방경찰청장 감사장(2002), 한국공안행정학회 학술장려상(2007), 동국학술대상 인문사회예체능부문(2009), 자랑스러운 동국불자상(2009), 동국우수교원상 교육부문 석박사양성(2014) [저]'형사정책(共)'(1997) '경찰학개론(共)'(2004) '경찰행정학(編)'(2006) '마약류 중독 수용자의 관리와 처우'(2006) '경찰개혁론(編)'(2006) '환경설계를 통한 범죄예방'(2006) '현대사회와 범죄(共)'(2007) '민간경비론'(2009) '경찰조직론'(2013) [역]'성숙한 사회의 범죄와 예방'(1996)

최응호(崔應鎬) CHOI Eung Ho

생1963·3·23 출전주(全州) 주서울 강원 원주시 일산로20 연세대학교 원주의과대학 피부과학교실(033-741-0623) 학1988년 연세대 원주의대 의학과졸 1991년 同대학원 의학과졸 1998년 의학박사(연세대) 경1989~1991년 원주세브란스기독병원 피부과 전공의 1991~1994년 육군 군의관 1994년 연세대 원주의대 피부과학교실 강사·전임강사·조교수·부교수·교수(현) 2003~2005년 미국 University of California San Francisco 피부과 연수 2006~2008년 한국피부장벽학회 이사장 2012년 同부회장(현) 2013~2015년 대한아토피피부염학회 학술이사 2013~2015년 연세대 원주의대 교학부학장 2015년 대한피부연구학회 총무이사(현) 2015년 대한아토피피부염학회 총무이사(현) 종천주교

최의주(崔毅柱) CHOI Eui Ju

생1957·11·2 본흥해(興海) 출서울 주서울 성북구 안암로145 고려대학교 생명과학부(02-3290-3446) 학1976년 경기고졸 1980년 서울대 제약학과졸 1982년 한국과학기술원 생물과학과졸 1990년 이학박사(미국 하버드대) 경1990~1993년 미국 워싱턴대 의대 Post-Doc. 1993~1997년 한국과학기술원 세포생물학연구실장 1997~2003년 고려대 생명과학부 조교수·부교수 1998~2009년 同세포사멸연구센터 소장 2003년 同생명과학부 교수(현) 2005~2009년 同현대·기아 생명과학 석좌교수 2006년 교육인적자원부 및 한국학술진흥재단 선정 '대한민국 국가석학(Star Faculty)' 2014년 고려대 벤트리 석좌교수(현) 상한국과학기술단체총연합회 우수논문상, 우수한국인 의과학자 20인에 선정(2002), 한국과학상(2002), 생명약학우수논문상(2003), 대한민국과학상(2004), 동헌생화학상(2010)

최의호(崔義鎬) Choi Ui Ho

생1965·1·10 출경북 청송 주서울 양천구 신월로386 서울남부지방법원(02-2192-1114) 학1983년 관악고졸 1990년 고려대 법학과졸 경1993년 사법시험 합격(35회) 1996년 사법연수원 수료(25기) 1996년 대구지법 판사 1999년 同김천지원 판사 2000년 인천지법 부천지원 판사 2003년 서울지법 남부지원 판사 2005년 일본 히토쓰바시대 파견 2006년 서울고법 판사 2008년 서울행정법원 판사 2010년 서울남부지법 판사 2011년 울산지법 부장판사 2012년 사법연수원 교수 2014년 인천지법 부장판사 2015년 서울남부지법 부장판사(현)

최익선(崔翼宣) CHOI Ik Sun

생1963·4·25 본경주(慶州) 출울산 울주 주울산 중구 서원3길65 울산문화방송 보도국(052-290-1201) 학1981년 부산 배정고졸 1988년 부산대 법학과졸 경1988년 울산MBC 보도국 입사 1996년 同취재부 근무 1998년 同취재팀 취재기자 1998년 同보도부 기자 2000년 同취재부 차장대우 2003년 同보도부 차장 2005년 同보도국 보도부장 2008년 同보도국 부장 2009년 同보도제작국 보도부 부장급 2010년 同보도부장 2012년 同부국장 2012년 同보도국장(현)

최익수(崔益壽)

생1959·12·5 출충남 홍성 주대전 동구 송촌남로11번길170 한국전력공사 대전충남지역본부(042-620-2356) 학신일고졸, 인하대 경제학과졸 경1987년 한국전력공사 입사 2005년 同충남지사 기획관리실장 2010년 同감사실 조사팀장 2012년 同대전충남지역본부 서대전지사장 2014년 同감사실장 2015년 同자산관리처장 2015년 同대전충남지역본부장(현)

최익종(崔益鍾) CHOI, IG JONG

생1955·11·5 본전주(全州) 출전북 정읍 주서울 강남구 테헤란로508 해성2빌딩10층 코리아신탁(주) 임원실(02-3430-2000) 학1973년 전북 영생고졸 1977년 전북대 경영학과졸 1992년 미국 워싱턴대 경영대학원졸(MBA) 경1977년 한국산업은행 입행 1997년 同영업추진부 차장 1999년 同기업금융1실 팀장 2000년 同대우계열전담 T/F팀장 2002년 同기업금융1실 팀장 2003년 同전주지점장 2004년 同싱가폴지점장 2007년 同기업구조조정실장 2008년 同공공투자본부장 2009년 同투자금융본부장(부행장), 同고문 2010년 금호생명보험 대표이사 사장 2010~2011년 KDB생명 대표이사 사장 2014년 코오롱글로벌(주) 사외이사 겸 감사위원(현) 2014년 코리아신탁(주) 대표이사 사장(현) 2016년 금융위원회 금융발전심의회 정책·글로벌금융분과 위원(현) 2016년 산업은행출자회사관리위원회 공동위원장(현)

최인규(崔仁奎)

생1959·6·22 출서울 송파구 한가람로65 잠실한강공원 內 잠실헬기장 (주)블루에어(1899-2679) 학경영학박사(호서대) 경(주)블루에어 대표이사(현), 단국대 대학원 국제통상학 외래강사(현), 수원지법 평택지원 조정위원 2016년 제20대 국회의원선거 출마(평택시甲, 국민의당) 2016년 국민의당 평택시甲지역위원회 위원장(현)

최인규(崔仁圭)

생1963·8·15 출충남 예산 주전남 무안군 삼향읍 후광대로359번길28 전남지방경찰청 생활안전과(061-289-2166) 학신일고졸 1986년 경찰대 행정학과졸(2기) 경1986년 경위 임용 2010년 총경 승진 2011년 충남 예산경찰서장 2011년 충남지방경찰청 경무과장 2013년 제주 동부경찰서장 2014년 제주지방경찰청 경무과장 2015년 전남 담양경찰서장 2016년 전남지방경찰청 수사1과장(현)

최인규(崔仁圭) CHOI In Kyu

생1964·12·26 출전남 해남 주대전 서구 둔산중로78번길45 대전고등법원(042-470-1114) 학1983년 조선대부고졸 1989년 서울대 법학과졸 경1991년 사법시험 합격(33회) 1994년 사법연수원 수료(23기) 1996년 서울지법 서부지원 판사 1996년 서울지법 판사 1998년 광주지법 순천지원 판사 1999년 同순천지원 보성·고흥군법원 판사 2000년 同순천지원 판사 2001년 광주지법 판사 2003년 광주고법 판사 2006년 광주지법 판사 2009년 同장흥지원장 2011년 광주지법 부장판사 2014년 전주지법 군산지원장 2016년 대전고법 부장판사(현)

최인근(崔仁根) CHOI Ihn-Geun

생1954·6·16 본전주(全州) 출경기 화성 주서울 영등포구 신길로1 강남성심병원 정신건강의학과(02-829-5187) 학1981년 서울대 의대졸 1985년 同대학원 의학석사 1992년 의학박사(서울대) 경1991년 한림대 의과대학 정신과학교실 조교수·부교수·교수, 同의과대학 정신건강의학교실 교수(현) 1995~1996년 미국 Vanderbilt대 의료원 전임의 2004~2006년 대한중독정신의학회 대외협력이사 2006~2008년 한국중독정신의학회 부이사장 2007~2013년 한림대 의과대학 정신과학교실 주임교수 2008~2010년 한국중독정신의학회 이사장 2010년 아시아태평양알코올및중독연구학회 회장(현) 2016년 한국정신분석학회 회장(현) 상ECNP Travel Award(2003), 대한신경정신의학회 환인정신의학 학술상(2005), 한국과학기술단체총연합회 과학기술우수논문상(2006), 최신해 학술상(2011) 전'신경정신의학(共)'(1998) '노인정신의학(共)'(2004)

최인기(崔仁基) CHOI In Kee

생1944·3·18 본경주(慶州) 출전남 나주 주서울 서초구 서초대로59 경은빌딩6층(02-535-1364) 학1962년 경기고졸 1966년 서울대 법대 행정학과졸 1976년 미국 존스홉킨스대 대학원 행정개혁단기과정 수료 1982년 국방대학원졸 1996년 명예 행정학박사(명지대) 경1966년 행정고시 수석합격(4회) 1967~1974년 내무부 행정사무관 1974~1980년 同법무담당관·새마을기획과장·지방기획과장·재정과장·행정과장 1980년 同자연보호담당관·새마을담당관 1981년 전북도 부지사 1982년 충남도 부지사 1983년 내무부 감사관 1984년 대통령 사정비서관 1986년 내무부 차관보 1988년 광주시장 1990년 전남도지사 1991~1993년 내무부 차관 1994년 전남대 초청교수 1994~1995년 농림수산부 장관 1996년 여수수산대 총장 1998~2000년 여수대 총장 1998년 경찰개혁위원회 위원장 1998년 제2의건국범국민추진위원회 상임이사 1999년 사법개혁위원 2000~2001년 행정자치부 장관 2001년 한국개발연구원 국제정책대학원 추대교수 2001~2002년 대불대 총장 2002년 법무법인 세종 고문 2002년 명지대 석좌교수 2003년 호남대 총장 2004년 제17대 국회의원(나주·화순, 무소속·민주당·통합민주당) 2005년 민주당 부대표 2005년 同나주·화순지역운영위원회 위원장 2005년 同전남도당 위원장 2006~2007년 同정책위 의장 2006년 서남해안발전을위한의원모임 공동대표 2007년 민주당 최고위원 2007년 同원내대표 2008년 통합민주당 최고위원 2008년 同정책위 의장 2008년 제18대 국회의원(나주·화순, 통합민주당·민주당·민주통합당·무소속) 2008년 민주당 예결위원장 2008년 同당무위원 2008년 혁신도시건설촉진국회의원모임 대표 2009년 국회 지방행정체제개편특별위원회 위원장 2010~2014년 국회 농림수산식품위원장 2011년 민주당 구제역·AI및축산업대책특별위원회 위원장 2012년 제19대 국회의원선거 출마(나주·화순, 무소속) 2012년 세한대 명예총장 겸 석좌교수(현) 상새마을훈장 노력장, 청조근정훈장, 황조근정훈장 전'지방자치과제와 방향' '지방의회론 이론과 실제' '일과 삶을 사랑한 작은거인'

최인석(崔仁石)

생1953 · 10 · 2 주서울 중구 동호로197 유유제약 비서실(02-2253-6600) 학1976년 한양대 교육학과졸 경1978년 (주)유한양행 판매촉진부 근무 1983년 (주)대웅제약 근무 1985년 (주)한국얀센 영업부장 1994년 同이사, 同전문의약품사업담당 상무, CJ제일제당 의약품사업부 영업 · 마케팅 총괄임원 2013년 유유제약 대표이사 사장 2014년 同마케팅 총괄사장 2014년 同대표이사(현)

최인석(崔寅奭) CHOE In Seok

생1957 · 2 · 13 본삭녕(朔寧) 출경남 사천 주부산 연제구 법원로31 부산고등법원(051-590-1114) 학1976년 대아고졸 1984년 부산대 법과대학졸 경1984년 사법시험 합격(26회) 1987년 사법연수원 수료(16기) 1987년 마산지법 판사 1990년 同충무지원 판사 1992년 창원지법 판사 1997년 부산고법 판사 1999년 창원지법 거창지원장 2002년 창원지법 부장판사 2005년 同통영지원장 2007년 창원지법 부장판사 2009년 同수석부장판사 2010년 부산고법 부장판사 2012년 同수석부장판사 2014년 부산가정법원장 2016년 부산고법 부장판사(현) 상자랑스러운 부산대인(2015)

최인석(崔仁錫) CHOI In Seok

생1958 · 7 · 25 출충남 논산 주대전 중구 동서대로1337 충청신문 편집국(042-533-7470) 학1988년 한남대 지역개발학과졸 경1990년 대전매일신문 편집부 기자 2001년 同편집부장 2003년 同문화레저부장 2004년 同지방부장 2005년 충청투데이 지방부장 2005년 同경제2부장 2006년 同경제부 기업담당 부장 2007년 同사회교육부장 2012년 同경제부장(부국장대우) 2016년 충청신문 편집국장(이사)(현)

최인용(崔仁龍) CHOI In Yong

생1955 · 11 · 29 출서울 주서울 금천구 가산디지털1로186 제이플라츠4층 (주)리코시스 회장실(02-6380-3155) 학호서대 벤처전문대학원 소프트웨어공학과졸(공학석사), 중앙대 국제경영대학원 일본지역최고경영자과정 수료, 성균관대 경영대학원 최고경영자과정 수료, 경희대 산업정보대학원 산업정책과정 수료, 공학박사(서울벤처정보대학원대) 경1974~1984년 대한조선공사(한진중공업) 전산실 1984~1999년 (주)기아정보시스템 SI사업부장 1999~2015년 (주)유니온커머스 및 유니온앤이씨 대표이사 2006~2012년 서울YMCA 청소년문학상 운영이사 2007~2009년 국제와이즈멘클럽 서울지구 총재 2008~2010년 (사)한국상용소프트웨어협회 회장 2008~2012년 경기상고 학교운영위원장 2013~2015년 일본 (주)NSD 한국담당 고문 2015년 (주)리코시스 및 리코넥스 회장(현) 2015년 (사)한국상용소프트웨어협회 명예회장(현), (주)사이먼세즈 대표이사(현), 임베디드SW.시스템산업협회 전문개발기업분과 위원장(현), 사회적협동조합 도서관학교 이사(현), (재)백악장학재단 이사(현), 재한몽골학교 이사(현) 상SW산업발전유공 대통령표창(2008), 지역사회발전 및 봉사활동공로 구로구청장표창(2013) 종기독교

최인욱(崔寅郁) CHOI In Wook

생1962 · 5 · 27 주경기 성남시 분당구 안양판교로1201번길62 한국식품연구원 기능성식품연구본부(031-780-9012) 학경북대 식품공학과졸, 同대학원졸, 이학박사(미국 캔자스주립대) 경경북대 식품공학과 조교, 미국 캔자스주립대 연구조교, 계명대 시간강사, 한국식품개발연구원 김치연구사업단 연구원 2002년 同식물자원연구팀장 2007년 한국식품연구원 식물자원연구팀 책임연구원 2008년 同산업원천기술연구본부 신소재연구단장(책임연구원) 2011년 同대외협력홍보실장, 同감사실장 2014년 同소재연구센터장 2015년 同기능성식품연구본부 대사질환연구단장 2016년 同기능성식품연구본부장(현)

최인정(崔仁政) Choi In-jeong

생1971 · 10 · 18 주전북 전주시 완산구 효자로225 전라북도의회(063-280-4501) 학군산제일고졸, 원광대 토목환경공학과졸, 同토목환경대학원졸 2006년 군산대 토목환경대학원 박사과정 수료 경명인안전진단 대표이사, 파인테크닉스 새만금지사장, 열린우리당 수송동지회장 2006년 전북 군산시의원선거 출마, 민주당 전북도당 부대변인 2010~2014년 전북 군산시의회 의원(민주당 · 민주통합당 · 민주당 · 새정치민주연합) 2012년 同경제건설위원회 위원 2014년 전북도의회 의원(새정치민주연합 · 더불어민주당 ·

국민의당)(현) 2014년 同운영위원회 위원 2014년 同교육위원회 부위원장 2014~2015 · 2016년 同예산결산특별위원회 위원(현) 2015년 새정치민주연합 전북도당 대변인 2015년 전북도의회 윤리특별위원회 위원 2015~2016년 더불어민주당 전북도당 대변인 2016년 전북도의회 윤리특별위원회 부위원장(현) 2016년 同교육위원회 위원(현) 상'2014 한국을 빛낸 사람들' 정치의회활동대상(2014), 한국환경정보연구센터 선정 '전국 지방의회 최우수 친환경 의원'(2015), 지방의원 매니페스토 약속대상(2015)

최인철(崔仁哲) Choi In Cheol

생1962 · 10 · 29 주대구 중구 공평로88 대구광역시의회(053-803-5075) 학대구고부설방송통신고졸 2010년 경운대 경영학과졸, 계명대 정책개발대학원 수료 2013년 경북대 정책정보대학원 정치학과졸 경관문동방위협의회 위원, 관문동바르게살기위원회 고문, 강북라이온스 회원(현), 칠곡청년봉사회 OB회원(현), 북구생활체육협의회 이사, 관문동주민자치위원회 고문, 지역자율방재단 고문(현), 민주평통 자문위원, 대구시 팔달새마을금고 대의원, 한나라당 대구시당 북구乙 운영위원 1998 · 2002 · 2006 · 2010년 대구시 북구의회 의원(친박연합 · 새누리당) 2002년 同사회도시위원장 2006~2008년 同의장 2014년 대구시의회 의원(새누리당)(현) 2014년 同운영위원회 위원 2014년 同경제교통위원회 간사 2014년 同경제환경위원회 간사 2016년 同경제환경위원회 위원(현) 2016년 同예산결산특별위원회 위원(현) 상행정자치부장관표창(2002), 대통령표창(2011), 대통령 공로장(2013), 대구광역시장 공로패(2013)

최인표(崔仁杓) CHOI In Pyo

생1956 · 1 · 8 출경기 부천 주대전 유성구 과학로125 한국생명공학연구원 면역치료융합연구단(042-860-4223) 학1979년 서울대 농생물학과졸 1981년 同대학원 농생물학과졸 1988년 생물학박사(미국 Alabama대) 경1988~1991년 미국 Virginia대 의대 Post-Doc. 1991년 생명공학연구소 책임연구원 2001년 한국생명공학연구원 책임연구원, 同면역학연구실장 2003년 同세포체연구단장 2005~2011년 同세포치료제연구센터장 2007년 同줄기세포연구단장 2011년 同면역치료제연구센터장 2015년 同면역치료융합연구단장(현) 상한국생명공학연구원 우수상(2005), 과학기술포장(2010)

최인호(崔仁虎) CHOI In Ho

생1952 · 3 · 20 본수원(水原) 출인천 주서울 종로구 대학로101 서울대학교 의과대학 정형외과학교실(02-2072-2114) 학1976년 서울대 의과대학졸 1979년 同대학원졸 1986년 의학박사(서울대) 경1976~1977년 서울대병원 인턴 1977~1981년 同정형외과 전공의 1984년 예편(육군 대위) 1984년 서울대병원 정형외과 전임의 1984~1997년 서울대 의과대학 정형외과학교실 전임강사 · 조교수 · 부교수 1987~1988년 미국 Alfred I. du Pont Institute & New Orleans 소아병원 객원교수 1992년 일본 오사카대 정형외과 객원교수 1997년 서울대 의과대학 정형외과학교실 교수(현) 1998~2000년 한국인체기초공학연구재단 이사장 2000~2004년 서울대병원 정형외과장 2001년 미국 Boston 소아병원 정형외과 객원교수 2003년 International Pediatric Orthopaedics Think Tank(세계소아정형외과학회 석학모임) 회원(현) 2004년 대한민국의학한림원 정회원(현) 2004년 대한소아정형외과학회 회장 2007~2010년 아세아태평양소아정형외과학회 회장 2009~2010년 대한정형외과학회 이사장 2010년 세계소아정형외과학회 학술위원장 상북미주소아정형외과학회 Sherman S. Coleman Award(1994), 대한정형외과학회 학술상 본상(1994 · 1997 · 1998), 미국척추측만증학회 Lussell S. Hibbs Award(1998), 과학기술우수논문상(1999 · 2002), 북미주소아정형외과학회 Anthony Herring Best Paper Award(2008) 저'골절학' '학생을 위한 정형외과학' '소아정형외과 요람' '필수정형외과학' '증례 중심의 골연장 및 변형 교정학'(2008) '소아정형외과학'(2009) 종가톨릭

최인호(崔仁浩) CHOI Inho

생1957 · 12 · 30 출대구 주강원 원주시 흥업면 연세대길1 연세대학교 과학기술대학 생명과학기술학부(033-760-2244) 학1981년 연세대 이과대 생화학과졸 1985년 미국 인디애나주립대 대학원 생명과학과졸(동물생리학전공) 1989년 생명과학박사(근육생화학전공)(미국 인디애나주립대) 경1989~1991년 미국 펜실베니아대 Dept. of Biology Post-doc. Fellow 1991년 연세대 문리대 생물학과 조교수 · 부교수 · 교수, 同생명과학과 교수 1997년 미국 Smithsonian Tropical Research Institute 객원연구원 2005년 일본우주생물과학회 편집위원(현) 2007~2010년 연세대 바이오신소재연구소장 2008

년 同과학기술대학 생명과학기술학부 교수(현) 2008~2013년 국가우주연구실 연구책임자 2011~2013년 연세우주생명과학연구단장 2011년 COSPAR 한국위원(생명과학)(현) 2012년 한국우주생명과학연구회 회장(현) 2014년 아시아마이크로중력심포지엄 의장(현) 2014년 한국마이크로중력학회 회장(현) [저]'인체생물학'(2007, 도서출판MIP) [역]'생존의 한계(共)'(2001, 한국동물학회) '세계동물백과'(2004, 한국동물학회)

최인호(崔仁昊) CHOI In Ho

[생]1966·10·15 [본]경주(慶州) [출]부산 [주]서울 영등포구 의사당대로1 국회 의원회관332호(02-784-2195) [학]1985년 부산 동인고졸 1993년 부산대 정치외교학과졸 2001년 同대학원 정치외교학과졸, 同대학원 정치외교학 박사과정 수료 [경]1989년 부산대 총학생회장 1993년 민주주의민족통일부산연합 조직국장 1996년 인터넷정보시스템 '위드넷' 사장 1998~2000년 노무현 국회의원 비서관 2000년 전대협동우회 부회장 2000년 새천년민주당 부산시해운대구·기장군甲지구당 위원장 2002년 同노무현 대통령후보 보좌역 2003년 부산정치개혁추진위원회 대변인 2003년 열린우리당 부산시지부 대변인 2003년 대통령자문 국가균형발전위원회 자문위원 2004년 열린우리당 APEC지원특별위원회 부위원장 2004년 同부산시당 정치개혁위원장 2005~2006년 대통령 부대변인 2006년 대통령 국내언론비서관 겸임 2010~2012년 민주당 부산시당 위원장 2012년 제19대 국회의원선거 출마(부산시 사하구甲, 민주통합당) 2012년 민주통합당 부산시선거대책위원회 위원장 2014~2015년 새정치민주연합 부산시사하구甲지역위원회 위원장 2015년 同혁신위원회 위원 2015년 더불어민주당 부산시사하구甲지역위원회 위원장(현) 2016년 제20대 국회의원(부산시 사하구甲, 더불어민주당)(현) 2016년 더불어민주당 원내부대표 2016년 국회 운영위원회 위원 2016년 국회 국토교통위원회 위원(현) 2016년 더불어민주당 부산시당 위원장(현) 2016년 同최고위원(현) [상]선행천사 세계나눔대상 지역발전 대상(2015)

최인홍(崔仁鴻·女) CHOI In Hong

[생]1956·1·30 [주]서울 서대문구 연세로50의1 연세대학교 의과대학 미생물학교실(02-2228-1821) [학]1980년 연세대 의대졸 1982년 同대학원졸 1986년 의학박사(연세대) [경]1988~2000년 연세대 의과대학 미생물학교실 전임강사·조교수·부교수 1991~1993년 미국 North Shore Univ. Hospital 방문연구원 2000년 호주 Walt and Elisa Hall Institute 방문연구원 2000년 연세대 의과대학 미생물학교실 교수(현) 2013~2014년 대한미생물학회 부회장 2014년 한국연구재단 학술지발전위원회 과학기술분과 위원장(현) 2015년 대한미생물학회 회장, 同이사(현)

최 일(崔 壹) CHOI Il

[생]1955·1·6 [출]광주 [주]전남 무안군 청계면 영산로 1666 목포대학교 총장실(061-450-2001) [학]1977년 서울대 건축공학과졸 1980년 同대학원졸 1989년 공학박사(서울대) [경]1981~1990년 울산대 공대 건축학과 전임강사·조교수·부교수 1985~1990년 경남도문화재위원회 전문위원 1990~2014년 목포대 공대 건축공학과 전임강사·조교수·부교수·교수 1993~1994년 同공대 교무과장 1994~1995년 일본 東京大 공학부 건축학과 객원연구원 1996~2001년 목포대 공대 건축공학과장 2007년 同산학협력단장 2010~2012년 同공과대학장 2014년 同총장(현) 2014년 대통령직속 통일준비위원회 통일교육자문단 자문위원(현)

최일남(崔一男) CHOI Il Nam

[생]1932·12·29 [출]전북 전주 [주]서울 서초구 반포대로 37길59 대한민국예술원(02-3479-7223) [학]1952년 전주사범학교졸 1957년 서울대 국어국문학과졸 1960년 고려대 대학원졸 [경]한국작가회의 고문(현) 박경리문학상위원회 위원(현) 1953년 '문예지'에 소설 '쑥 이야기' 추천으로 소설가 등단 1957년 '여원' 편집장 1959년 민국일보 기자·문화부장 1962년 경향신문 문화부장 1963년 동아일보 입사 1966년 同문화부장·신동아부장 1967년 同여성동아부장 1970년 同과학부장 1973년 同조사부장 1980년 同부국장대우 문화부장·해직 1984년 同복직·논설위원 1988~1991년 한겨레신문 논설고문 1996년 민족문학작가회의 고문 1998~2003년 방송문화진흥회 이사 1998년 토지문화재단 이사(현) 2002년 대한민국예술원 회원(소설·현) 2005~2007년 同문학분과회장 2008~2010년 (사)한국작가회의 이사장 [상]월탄문학상(1975), 한국소설문학상(1979), 한국일보문학상(1981), 이상문학상(1986), 인촌문학상(1994), 언론부분 위암 장지연상(1995), 은관문화훈장(2001), 한무숙문학상(2001), 김동리문학상(2008), 서울시문화상 문학분야(2012) [저]소설 '진달래' '서울 사람들'(1975) '생활속으로' '타령'(1977) '춘자의 사계'(1979) '너무 큰 나무'(1981) '거룩한 응달'(1982) '고향에 갔더란다'(1982) '흔들리는 성' '누님의 겨울'(1984) '0씨의 이야기' '시작은 아름답다' '그리고 흔들리는 배'(1984) '틈입자'(1987) '젖어드는 땅'(1988) '그때 말이 있었네'(1989) '타령'(1989) '숨통'(1989) '히틀러나 진달래'(1991) '하얀 손'(1994) '만년필과 파피루스'(1997) 수필 '홀로 생각하며 걸으며' '바람이여 풍경이여' 시사평론집 '왜소한 인간의 위대함, 위대한 인간의 왜소함' '아주 느린 시간'(2000) '석류'(2004) 산문집 '어느 날 문득 손을 바라본다'(2006) '풍경의 깊이 사람의 깊이'(2010)

최일성(崔一盛) CHOI Il-Sung

[생]1955·4·2 [출]경남 김해 [주]서울 강남구 테헤란로 422 KT에스테이트 비서실(02-2040-3002) [학]동아고졸, 동아대 건축공학과졸 [경]삼성물산(주) 건설부문 주택공사팀장, 同건설부문 기술본부 기술연구소장 겸 기술전략팀장(상무보) 2005년 同건설부문 기술본부 기술연구소장 겸 기술전략팀장(상무) 2006년 同건설부문 주택사업본부 PM(상무) 2007년 同건설부문 주택사업본부 주택ENG팀장(상무) 2009년 同주택사업본부 주택공사기술그룹장(상무) 2014년 (주)KT에스테이트 대표이사(전무급) 2015년 同대표이사 부사장(현) [상]대통령표창(2009)

최일송(崔一松) CHOI Ihl Song

[생]1952·4·25 [본]전주(全州) [출]전북 김제 [학]1978년 서울대 사회학과졸 [경]1979년 외무고시 합격(13회) 1979년 외무부 입부 1981년 駐캐나다 2등서기관 1990년 駐러시아 1등서기관 1995년 외무부 동구과장 1995년 駐핀란드 참사관 1998년 UN한국협회 사무국장 1999년 駐러시아 참사관 2003년 국방대 파견 2004년 외교안보연구원 안보통일연구부 연구관 2005년 외교통상부 구주국장 2006년 同독립국가연합(CIS)담당 대사 2006년 駐루마니아 대사 2009년 외교통상부 본부 근무 2010년 전북도 국제관계자문대사 2011~2014년 전국경제인연합회 국제담당 고문 2014년 한·중앙아시아협력사무국 준비위원회 위원장(현) [상]대통령표창(1992), 루마니아 대십자훈장(2009), 녹조근정훈장(2011) [종]천주교

최일숙(崔一淑·女) Choi, Il Sook

[생]1966·2·25 [본]해주(海州) [출]충남 보령 [주]서울 종로구 종로1 교보생명빌딩9층 법무법인(유) 한결(02-3487-3000) [학]1983년 충남여고졸 1987년 서울대 법학과졸 1990년 同대학원 법학과 수료 2002년 미국 미시간대 School of Law 수료 [경]1988년 사법시험 합격(30회) 1991년 사법연수원 수료(20기) 1991년 변호사 개업 1991년 민주사회를위한변호사모임 회원(현) 1992년 여성의전화 자문위원(현) 1994년 법무법인 동부 변호사 1995년 농수산물유통연구소 감사 2002~2011년 법무법인 한울 대표변호사 2003~2007년 여성인권위원회 성매매방지팀장 2003~2005년 국무총리산하 성매매방지기획단 위원 2003~2006년 서울지방노동위원회 공익위원 2004~2007년 국민고충처리위원회 위원 2004~2006년 법무부 정책위원회 위원 2005~2010년 국가인권위원회 조정위원 2005~2010년 진실화해를위한과거사정리위원회 위원·법제처 법령정비총괄분과위원회 위원·여성부 정책자문위원·국가인권위원회 조정위원·국무총리행정심판위원회 위원·공무원 노동관계조정위원회 위원 2008~2010년 민주사회를위한변호사모임 부회장 2011년 법무법인(유) 한결한울 변호사 2012년 법무법인(유) 한결 변호사(현) 2014년 4·16세월호참사특별조사위원회 비상임위원(현) [상]국민훈장 모란장(2007) [저]젠더법학회 창간호 '여성주의 법학의 이해'(2008)

최일신(崔一信) CHOE Il Shin

[생]1953·4·3 [본]전주(全州) [출]부산 [주]경기 안성시 중앙로327 한경대학교 동물생명자원환경과학부(031-670-5123) [학]1985년 일본 낙농학원대(酪農學園大) 낙농학과졸 1987년 일본 北海道大 대학원 농학연구과졸 1990년 농학박사(일본 北海道大) [경]1993년 한경대 동물생명자원환경과학부 교수(현) 1996년 同학생생활연구소장 및 연구지원실장 1999년 同낙농기술지원센터 소장 1999~2001년 同교무처장 2002년 친환경농축산물기술연구센터 소장 2003년 (주)한경햄 대표이사 2004년 러시아 자연과학아카데미(RANS) 정회원(현) 2005~2009년 한경대 총장 2010년 한국동물자원과학회 감사 2012년 (사)한국축산식품학회 부회장 2013년 同회장 2014년 (사)미래사회발전연구원 원장(현) 2015년 몽골국립생명과학대학 명예교수(현) [상]몽골국립생명과학대 골든게르게상(2015) [저]'식육가공학' [역]'고품질 우유생산' [종]기독교

최일용(崔壹鏞) CHOI Il Yong (春齊)

[생]1945·7·21 [출]광주 [주]서울 성동구 왕십리로222 한양대학교 의과대학 정형외과학교실(02-2290-8485) [학]1963년 중동고졸 1969년 연세대 의대 의학과졸 1972년 同대학원 의학과졸 1975년 의학박사(연세대) [경]1969~1994년 연세대 의대 인턴·정형외과 레지던트 1974년 전주예수병원 정형외과장 1976~2010년 한양대 의대 정형외과학교실 교수 1980년 미국 UCLA 방문교수 1987년 대한스포츠의학회 부회장 1994년 대한류마티스학회 감사 1998년 대한고관절학회 회장 1999~2000년 대한견주관절학회 회장 2000년 대한골절학회 회장 2000~2001년 대한정형외과학회 이사장 2001~2003년 한양대 서울병원장 2006~2010년 同의료원장 2006년 대한류마티스학회 회장 2008년 대한정형외과학회 회장 2009~2010년 한양대 의무부총장 2010년 同의대 정형외과학교실 명예교수(현) [상]대한스포츠의학회 학술상(1985), 대한정형외과학회 학술장려상(1985), 대한정형외과학회 학술장려상(1996)

최일학(崔日鶴) CHOI Il Hak

[생]1949·7·31 [출]울산 [주]울산 북구 효암로164 금강기계공업(주) 회장실(052-288-6005) [학]1975년 건국대 무역학과졸 [경]1980년 영남렌트카 울산지점장 1981~1983년 금강교통 대표이사 사장 1984년 금강렌트카(주) 대표이사 사장, 금강철강(주) 대표이사 사장, 금강기계공업(주) 대표이사 회장(현), 울산나눔회 초대회장, 울산상공회의소 상임의원 2004~2009년 同부회장 2004년 울산사회복지공동모금회 운영위원 2006년 同모금분과 실행위원장 2008~2010년 同회장 2009~2012년 울산상공회의소 회장

최일화(崔一和)

[생]1959·5·9 [출]전북 고창 [주]서울 종로구 낙산길15 (사)한국연극배우협회(02-764-5086) [학]인천 동산고졸(27회) [경]탤런트 겸 연극배우(현), (주)페이스엔터테인먼트 소속 1983년 연극배우 데뷔 2013년 한국연극협회 부이사장(현) 2014년 강화군 홍보대사 2015년 (사)한국연극배우협회 회장(현) 2015년 서울 동작경찰서 홍보대사 2016년 통일을 실천하는사람들 홍보대사(현) [상]배우협회 연기상(2003), 동아연극상 연기상(2003), 아름다운연극상 최고의 연극인상(2004) [작]TV드라마 'SBS 패션70s'(2005) 'KBS2 황금사과'(2006) 'SBS 연인'(2007) 'MBC 히트'(2007) 'MBC 커피프린스 1호점'(2007) 'KBS2 인순이는 예쁘다'(2007) 'SBS 시티홀'(2009) 'KBS1 명가'(2010) 'KBS2 신데렐라 언니'(2010) 'KBS2 제빵왕 김탁구'(2010) 'KBS2 드라마 스페셜-나는 나비'(2010) 'SBS 대물'(2010) 'KBS2 드림하이'(2011) 'SBS 시티헌터'(2011) 'tvN 버디버디'(2011) 'KBS1 산너머 남촌에는1'(2012) 'TV조선 고봉실 아줌마 구하기'(2012) 'SBS 부탁해요 캡틴'(2012) 'TV조선 한반도'(2012) 'MBC 천사의 선택'(2012) 'KBS1 대왕의 꿈'(2013) 'KBS1 힘내요, 미스터 김!'(2013) 'KBS2 드라마 스페셜 연작시리즈- 동화처럼'(2013) 'KBS2 천명 : 조선판 도망자 이야기'(2013) 'KBS2 감격시대 : 투신의 탄생'(2014) 'TV조선 백년의 신부'(2014) 'SBS 유혹'(2014) 'SBS 황홀한 이웃'(2015) 'KBS1 징비록'(2015) 'KBS1 가족을 지켜라'(2015) 영화 '케이티'(2002) '선택'(2003) '우리 순이는 어디로 갔을까?'(2003) '철의산'(2004) '한반도'(2006) '우아한 세계'(2007) '동갑내기 과외하기2'(2007) '마이 뉴 파트너'(2008) '애자'(2009) '이태원 살인사건'(2009) '요술'(2010) '단신'(2010) '혈투'(2011) '공모자들'(2012) '복숭아나무'(2012) '박수건달'(2013) '신세계'(2013) 연극 '삼류배우'(2004) '서안화차' '세상에서 가장 아름다운 이별'(2011) '추적' '좋은 녀석들' '환' '님의 침묵' '오이디푸스' '윤동주' '칼맨' '이구아나' '나는 누구냐' '미운남자'(2013)

최임광(崔林光) Imkwang Choi (曰海)

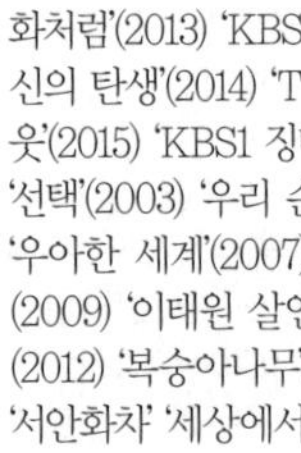

[생]1956·2·10 [본]경주(慶州) [출]경남 밀양 [주]서울 동대문구 서울시립대로163 서울시립대학교 21세기관308호 사회과학연구소(02-6490-5335) [학]1974년 밀양고졸 1980년 육군사관학교 중어중문과졸(36기) 1984년 동국대 행정대학원졸 2009년 미국 듀크대 공공정책학과졸 2015년 행정학박사(서울시립대) [경]1987년 공무원 임용(5급 특채) 1998년 서울시 민방위과장(서기관) 1998년 同의회 공보실장 2000년 同보도담당관 2003년 同언론담당관 2004년 同총무과장 2005년 同감사담당관 2006년 同감사담당관(부이사관) 2007년 미국 듀크대 연수 2009년 서울시 G20정상회의지원단장 2010년 서대문구 부구청장·구청장 권한대행 2010년 서울시 도시교통본부 교통운영관 2011년 同맑은환경본부 기후변화기획관 2012년 同한강사업본부장(고위공무원) 2013~2014년 서울의료원 행정부원장 겸 공공보건의료지원단장 2015년 서울시립대 사회과학연구소 연구위원·교수(현), 서경대 대학원 경영학과 강사(현), 한국정책개발학회 총무위원장, 한국반부패학회 특임위원, 한국행정학회 회원, 대한교통학회 회원 [상]근정포장, 녹조근정훈장, 홍조근정훈장 [저]'웰쑤가 궁합을 만나는 날'(2013, 햇빛출판사) [종]불교

최임락(崔林珞) Choi Imrak

[생]1965·10·18 [본]경주(慶州) [출]경북 경주 [주]세종특별자치시 도움6로11 국토교통부 국토정책과(044-201-3646) [학]1984년 경주고졸 1991년 연세대 경제학과졸 1998년 서울대 행정대학원 정책학과졸 2000년 미국 아이오와대 대학원 도시지역계획학과졸 [경]1994년 총무처 행정사무관 1995~2004년 건설교통부 수자원국·기획조정실·주택국 사무관 2006~2007년 법무법인 태평양 근무 2007~2008년 국가균형발전위원회 근무(과장급) 2008년 국토해양부 공공기관지방이전추진단 근무(과장) 2009년 청와대 비상경제상황실 파견 2010년 국토해양부 부동산평가과장 2012년 同도시정책과장 2013년 국토교통부 도시정책과장 2014년 同장관비서실장 2015년 同국토정책과장(부이사관)(현)

최장관(崔章官) Jang gwan Choi

[생]1972·11·11 [출]충남 보령 [주]세종특별자치시 한누리대로402 산업통상자원부 무역안보과(044-203-4050) [학]1993년 환일고졸 1998년 연세대 경제학과졸 [경]2002~2015년 공정거래위원회 시장감시국 서비스업경쟁과·감사담당관실·심판총괄담당관실·시장구조개선과·시장감시총괄과 근무 2016년 同시장감시국 제조업감시과장 2016년 산업통상자원부 무역투자실 무역안보과장(현) [종]천주교

최장림(崔長林) CHOI Jang Rim

[생]1958·9·16 [본]경주(慶州) [출]경남 창녕 [주]서울 마포구 월드컵북로396 누리꿈스퀘어 연구개발타워16층 (주)싸이버로지텍 비서실(02-6350-2202) [학]부산 배정고졸 1981년 한국해양대 항해학과졸 2000년 同대학원 물류시스템공학과졸 2006년 공학박사(한국해양대) [경]1981년 미국 LASCO Shipping Co. 일등항해사·신조감독 1988년 Total Soft Bank 설립 1998년 중점 국가연구과제 첨단항만장비제어·통합운영시스템개발 책임자 2001년 Total Soft Bank 대표이사 2001년 부산벤처리더스클럽 회장 2002년 부산중국경제협력위원회 위원 2003년 IT기업해외진출지원사업 자문위원 2004년 한국해양대 공대 물류시스템공학과 겸임교수 2005년 한국항해항만학회 부회장 2005년 포렐테크날러지 설립 2006년 부산과학문화 대사 2006년 (주)싸이버로지텍 대외사업부문 총괄담당 부사장 2007년 同대표이사(현) [상]대통령표창(2000), 하이테크어워드경영대상(2001), 장영실상(2002), 동탑산업훈장(2003) [종]기독교

최장집(崔章集) CHOI Jang Jip

[생]1943·5·24 [본]강릉(江陵) [출]강원 강릉 [주]서울 성북구 안암로145 고려대학교 정치외교학과(02-3290-1600) [학]1961년 경동고졸 1965년 고려대 정경대 정치외교학과졸 1969년 同대학원 정치외교학과졸 1977년 미국 시카고대 대학원 정치학과졸 1983년 정치학박사(미국 시카고대) [경]1983~1987년 고려대 정경대 정치외교학과 조교수·부교수 1986~1988년 한국산업사회연구회 회장 1987~2008년 고려대 정치외교학과 교수 1988~1991년 미국 사회과학협의회 한국분과 위원 1990년 미국 워싱턴주립대 초빙교수 1990~1991년 한국정치연구회 회장 1990~1996년 학술단체협의회 공동의장 1995년 미국 캘리포니아대 버클리교 교환교수 1996년 일본 동경 아시아경제연구소 연구원 1997~1999년 노동아카데미 회장 1998~1999년 대통령자문 정책기획위원회 위원장 1999년 사회정책포럼 회장 1999년 미국 코넬대 정치학과 초빙교수 2000년 고려대 아세아문제연구소장 2000년 국회 아시아태평양정책연구회 고문 2008년 고려대 명예교수(현) 2013년 정책네트워크 '내일' 이사장 [상]丹齊학술상(1990) [저]'한국노동운동과 국가' '한국현대정치의 구조와 변화' '한국민주주의의 이론' '한국민주주의의 조건과 전망' '위기의 노동(編)'(2005) '민주주의의 민주화'(2006) '어떤 민주주의인가?(共)'(2007) '민중에서 시민으로'(2009) '민주화 이후의 민주주의'(2010) '노동 없는 민주주의의 인간적 상처들'(2012) [종]불교

최장혁(崔壯赫) CHOI Jang Hyuk

[생]1963·8·25 [출]부산 [주]서울 종로구 세종대로209 행정자치부 인사기획관실(02-2100-3175) [학]경남고졸, 서울대 경영학과졸, 同환경대학원 수료 [경]1993년 행정고시 합격(36회) 1996~2001년 감사원 부감사관 2002년 중앙인사위원회 기획관리과 서기관 2002년 同정책지원과 서기관 2004년 同홍보협력담당관실 서기관 2008년 행정안전부 인사평가과장 2008년 同정보기반정책관실 정보화인력개발과장 2009년 同성과고객담당관 2009년 同정보화전략실 정보화기획관실 정보화총괄과장 2010년 同정보화전략실 정보화기획관실 정보화총괄과장(부이사관) 2010~2014년 2014인천아시아경기대회조직위원회 사업본부장 2015년 울산시 기획조정실장 2015년 행정자치부 대변인 2016년 駐미국대사관 공사참사관(현)

최장현(崔壯賢) CHOI Jang Hyun
[생]1956·1·3 [본]탐진(耽津) [출]광주 [주]서울 마포구 큰우물로75 성지빌딩10층 (주)위동항운 사장실(02-3271-6714) [학]1974년 광주제일고졸 1978년 고려대 경영학과졸 1991년 미국 워싱턴대 대학원 해사학과졸 [경]1977년 행정고시 합격(21회) 1978년 장성군 행정사무관 1982년 예편(해군 중위) 1982년 군산지방해운항만청 총무과장 1984~1989년 해운항만청 운영과·외항과·지도과·진흥과 근무 1992년 부산지방해운항만청 항무과장 1993년 해운항만청 항만유통과장 1994년 駐미국 해양수산관 1998년 해양수산부 국제기구담당관 1999년 同해양정책과장 1999년 同국제협력심의관 2000년 同공보관 2001년 중앙공무원교육원 파견 2002년 여수지방해양수산청장 2003년 해양수산부 해운물류국장 2004년 同어업자원국장 2004년 同차관보 2006년 同중앙해양안전심판원장 2007년 同해양정책국장 2007년 同해양정책본부장 2007년 同차관보 2008년 한국컨테이너부두공단 이사장 2009~2010년 국토해양부 제2차관 2011년 (주)위동항운 대표이사 사장(현) [상]홍조근정훈장(2003), 미국 워싱턴대 한국동문회 자랑스러운 동문상(2009), 황조근정훈장(2012), 2014 한국의 영향력 있는 CEO 혁신경영부문 대상(2014)

최재경(崔在卿) CHOI Jae Kyong
[생]1962·7·25 [본]화순(和順) [출]경남 산청 [주]서울 종로구 청와대로1 대통령 민정수석비서관실(02-770-0011) [학]1981년 대구고졸 1985년 서울대 법대졸 [경]1985년 사법시험 합격(27회) 1988년 사법연수원 수료(17기) 1988년 서울지검 검사 1990년 대구지검 김천지청 검사 1992년 법무부 검찰3과 검사 1994년 서울지검 검사 2000년 대구지검 부부장검사 2000년 광주지검 해남지청장 2001년 서울지검 부부장검사 2002년 법무부 검찰국 검사 2003년 同검찰2과장 2004년 수원지검 형사4부장 2005년 대검찰청 중수1과장 2007년 서울중앙지검 특수1부장 2008년 대검찰청 수사기획관 2009년 서울중앙지검 3차장검사 2009년 법무부 기획조정실장 2010년 사법연수원 부원장 2011년 대검찰청 중앙수사부장 2012년 전주지검장 2013년 대구지검장 2013~2014년 인천지검장 2015년 변호사 개업 2015년 KBS 자문변호사 2015~2016년 법무연수원 석좌교수 2016년 대통령 민정수석비서관(현) [상]법무부장관표창 [종]천주교

최재구(崔在玖) CHOI Jae Goo
[생]1959·5·15 [출]대구 [주]경기 수원시 영통구 삼성로 129 삼성전자(주) 임원실(031-209-7114) [학]경북대 전자공학과졸, 同경영대학원졸 [경]삼성전자(주) 무선개발팀 수석연구원 2002년 同무선개발팀 연구위원(상무보) 2005년 同텔레커뮤니케이션총괄 무선개발팀 하드웨어담당 연구위원(상무) 2007년 同정보통신총괄 무선개발실담당 연구위원(상무) 2009년 同무선사업부 무선개발팀장(전무) 2012년 同무선사업부 북미개발팀장 2012년 同IM부문 무선사업부 북미개발팀장(전무)(현) [종]천주교

최재규(崔在奎) CHOI Jae Gyu
[생]1956·8·31 [주]전북 익산시 익산대로460 원광대학교 사회과학대학 보건행정학과(063-850-6424) [학]1984년 원광대 행정학과졸 1986년 同대학원 일반행정학과졸 1995년 행정학박사(경희대) [경]1988년 원광대 행정학과 조교수, 同사회과학대학 보건행정학과 부교수·교수(현) 1996~1998년 同사회과학대학 보건행정학과장 1996~2008년 한국토지행정학회 연구이사 2003~2007년 한국인간관계학회 이사 2003~2005년 원광대 복지보건학부장 2005~2007년 한국보건사회학회 부회장 2015년 원광대 사회과학대학장 겸 행정대학원장(현) [저]'비역사회와 보건의료'(1997) '현대사회와 행정'(2000) '사회변화와 보건복지'(2000) '보건기획개론'(2007)

최재문(崔在汶) CHOI Jae Moon
[생]1961·2·28 [출]경북 경주 [주]서울 서초구 강남대로 577 (주)팔도 부회장실(02-3449-6392) [학]1979년 경주고졸 1986년 계명대 경영학과졸 1992년 경북대 대학원 경영학과졸 [경]2000~2004년 한국야쿠르트 기획팀장 2005년 同경영기획부문장 2006년 同R사업본부장(러시아사업본부장) 2009~2011년 同관리총괄본부 부사장 2012년 (주)팔도 대표이사 사장 2015년 同대표이사 부회장(현)

최재민(崔在珉)
[생]1970·10·12 [출]경북 경산 [주]경북 상주시 북천로17의9 대구지방검찰청 상주지청(054-530-4311) [학]1989년 경주 무학고졸 1993년 성균관대 법학과졸 [경]1998년 사법시험 합격(40회) 2001년 사법연수원 수료(30기) 2001년 부산지검 검사 2003년 대구지검 김천지청 검사 2005년 서울중앙지검 검사 2008년 대구지검 포항지청 검사 2010년 서울동부지검 검사 2014년 대검찰청 검찰연구관 2016년 대구지검 상주지청장(현)

최재백(崔在白) CHOI Jea Beak
[생]1949·2·17 [출]전북 정읍 [주]경기 수원시 팔달구 효원로1 경기도의회(031-8008-7000) [학]2006년 한국방송통신대 행정학과졸 [경]시흥시 총무국장, 同상하수도사업소장, 同총무과장, 同세무과장, 同자치행정과장, 同교통과장, 同문화체육과장, 同신현동장, 민주당 서울대국제대학원유치특별위원회 부위원장, 시흥시호남향우연합회 부회장, 정왕1동체육회 이사 2010년 경기도의회 의원(민주당·민주통합당·민주당·새정치민주연합) 2010~2012년 同윤리특별위원장 2012년 同건설교통위원회 위원 2014년 경기도의회 의원(새정치민주연합·더불어민주당)(현) 2014년 同건설교통위원회 위원 2015년 同수도권상생협력특별위원회 위원(현) 2016년 同교육위원회 위원장(현) 2016년 同노동자인권보호특별위원회 위원(현)

최재범(崔宰範) CHOI Jae Bum
[생]1953·1·12 [출]전북 정읍 [주]서울 영등포구 국회대로76길22 KOAMI빌딩 신관7층 (주)경동나비엔(02-3489-2200) [학]1977년 연세대 경영학과졸 [경]1979년 대우실업 입사 1983년 (주)대우·대우전자(주) 영업과장 1986년 (주)대우 캐나다현지법인 근무 1989년 대우전자(주) 해외영업팀장 1998년 同에어컨사업본부장 1999년 同TV사업본부장 2001년 同TV사업본부장(상무) 2002년 (주)대우일렉트로닉스 해외사업본부장(상무) 2003~2006년 대우전자(주) 대표이사 사장 2006~2007년 백색가전(주) 대표이사 사장 2007년 (주)메디슨 대표이사 사장 2009년 同고문 2009~2012년 경동네트웍 대표이사 2009년 (주)경동나비엔 경영기획실장 겸임 2010년 同대표이사 사장(현) 2012~2015년 경동원 대표이사 2013년 경동티에스 대표이사(현) [상]대통령표창(2015)

최재붕(崔在鵬) Choi Jae Boong
[생]1965 [주]경기 수원시 장안구 서부로2066 성균관대학교 공과대학 기계공학부(031-290-7458) [학]성균관대 기계공학부졸, 同대학원졸, 공학박사(캐나다 워털루대) [경]2002년 성균관대 공과대학 기계공학부 교수(현) 2011년 同스마트융합디자인연구소(SMARDI) 사업단장 2013~2016년 대통령직속 원자력안전위원회 비상임위원 2014년 미래창조과학부 착용형스마트기기추진단장(현) 2015년 (주)이마트 사외이사(현) [상]근정포장(2012) [저]'엔짱'(2009, subook)

최재성(崔宰誠) CHOI Jae Sung
[생]1965·9·9 [본]경주(慶州) [출]경기 가평 [학]1984년 서울고졸 1994년 동국대 불교학과졸 2002년 同행정대학원 공공정책학과 수료 [경]1988년 동국대 총학생회장 1999년 남양주시정기획단 상임부단장, 아젠다코리아 대표, 남양주정치개혁추진범시민위원회 상임대표 2002년 새천년민주당 노무현 대통령후보 선거대책위원회 경기동북부 공동대표 2003년 同노무현 대통령후보 선거대책위원회 청년특보단 상임부회장 2003년 경기북부비전21 공동대표 2004년 제17대 국회의원(남양주甲, 열린우리당·대통합민주신당·통합민주당) 2005년 남북경제문화협력재단 이사 2007년 열린우리당 원내부대표 2007년 同공동대변인 2007년 대통합민주신당 원내공보부대표 2008년 통합민주당 원내공보부대표 2008년 제18대 국회의원(남양주甲, 통합민주당·민주당·민주통합당) 2008년 민주당 대변인 2012~2016년 제19대 국회의원(남양주甲, 민주통합당·민주당·새정치민주연합·더불어민주당) 2012·2014년 국회 기획재정위원회 위원 2012년 국회 예산결산특별위원회 간사 2015년 새정치민주연합 네트워크정당추진단장 2015년 同사무총장 2015년 同총무본부장 2015년 同당무감사원 감사위원 2015년 더불어민주당 네트워크정당추진단장 2015~2016년 同총무본부장 2015년 同당무감사원 감사위원 2016년 同제20대 총선 선거대책위원회 위원 [저]'최재성 브리핑'(2010) '지금 만날까요'(2011, 나무와숲)

최재순(崔載舜) CHOI Jaesoon

[생]1971·4·15 [본]전주(全州) [출]부산 [주]서울 송파구 올림픽대로43길88 서울아산병원 의공학연구소(02-3010-2092) [학]1995년 서울대 제어계측공학과졸 1997년 同대학원졸 2003년 의공학박사(서울대) [경]1997년 일본 통상산업성기계기술연구소 방문연구원 1999~2000년 미국 클리브랜드클리닉러너연구소 객원연구원 2003년 (주)바이오매드랩부설연구소 선임연구원 2003년 고려대 한국인공장기센터 박사후 연구원 2003년 국립암센터 연구소 의공학연구과 박사후 연구원 2004년 同연구소 의공학연구과 주임연구원 2007년 고려대 의과대학 한국인공장기센터 연구교수, 同의과대학 의공학교실 연구교수 2012년 서울아산병원 아산생명과학연구원 연구부교수 2016년 울산대 의과대학 의공학교실 부교수(현), 서울아산병원 의공학과·의공학연구소 부교수(현) [종]개신교

최재승(崔在昇) CHOI Jae Seung (庶村)

[생]1946·2·4 [본]동주(東州) [출]전북 익산 [학]1964년 이리고졸 1969년 경희대 정경대학 정치외교학과졸 1994년 서울대 행정대학원 수료 1995년 고려대 언론대학원 수료 1999년 명예 정치학박사(우즈베키스탄 타슈켄트국립대) 2001년 명예 법학박사(일본 帝京대), 명예 철학박사(미국 United States Sports Academy) 2005년 한국예술종합학교 최고경영자문화·예술과정 수료 2006년 한국고미술협회 고미술품감정아카데미 수료 2007년 서울과학종합대학원 음식평론CEO과정 수료 [경]1973년 예편(공군 중위) 1980년 민주연합청년동지회 창립발기인 1987년 민주화추진협의회 김대중공동의장 비서 1987년 평민당 창당발기인 1988년 同총재 보좌관 1991년 신민당 창당발기인 1992년 제14대 국회의원(익산, 민주당·국민회의) 1993년 민주당 원내부총무 1995~1998년 한국연극배우협회 후원회회장 1996년 제15대 국회의원(익산甲, 국민회의·새천년민주당) 1998년 아·태평화재단 후원회장 1998~1999년 방송개혁위원회 간사위원 1998년 국민회의 전당대회 부의장 1999년 同조직위원장 1999~2000년 새천년민주당 창당준비위원회 기획단장·발기인 2000년 同제1사무부총장 2000년 同기획조정실장 2000~2002년 월드컵조직위원회 위원(국회대표) 2000~2004년 제16대 국회의원(전국구, 새천년민주당) 2000~2002년 국회 문화관광위원장 2001~2002년 월드컵성공기원해맞이결의대회 공동위원장 [저]'물밑의 하늘' '정권교체로 가는 길' '21세기를 향한 개혁과 창조' '문화를 읽는다 미래를 본다' [종]천주교

최재식(崔在植) Je sik Choi

[생]1957·2·12 [본]경주(慶州) [출]경북 경주 [주]제주특별자치도 서귀포시 서호중앙로63 공무원연금공단 이사장실(064-802-2000) [학]1987년 한국방송통신대 행정학과졸 2000년 성균관대 행정대학원 행정학과졸 2004년 행정학박사(성균관대) [경]2005년 공무원연금공단 공무원연금연구센터장 2008년 同연금관리실장 2010년 同전략기획실장 2010~2014년 同연금사업본부장 2014년 성균관대 국정관리대학원 겸임교수 2014년 공무원연금공단 이사장(현) [상]근정포장(2001), 국민훈장 동백장(2012), TV조선 '한국의 영향력 있는 CEO' 지속경영부문(2016) [저]'공무원연금제도 해설'(2016) '가난한 노년탈출 연금이 해답이다'(2012)

최재영(崔宰榮) CHOI Jae Young (海奉)

[생]1945·3·1 [본]경주(慶州) [출]경북 울진 [주]서울 영등포구 여의서로43 한서리버파크 월간 정경뉴스(02-782-2121) [학]1988년 중앙대 신문방송대학원 신문학과졸 1997년 국민대 정치대학원 수료 1998년 연세대 언론홍보대학원 최고위과정 수료 2003년 同경영대학원 최고경영자과정 수료 2005년 중국 칭화대 최고경영자과정 수료 2006년 고려대 경영대학원 최고경영자과정 수료 2009년 서울대 국제대학원 GLP 수료, 한국뉴욕주립대 스마트CEO과정 수료 [경]1980년 신아일보 편집국 기자 1982년 경향신문 편집국 기자 1997년 세계일보 편집국 부장 겸 편집위원 1999년 월간 정경뉴스 대표이사 사장 2000년 同발행인 겸 회장(현) 2001년 (사)한국언론인연합회 사무총장 2007년 데일리 정경뉴스 발행인 2010~2016년 (사)한국언론인연합회 부회장·수석부회장 2011년 정경미디어그룹 회장(현) 2016년 (사)한국언론인연합회 회장(현) [상]제17회 대한민국 사진대전 대상(1996), 황낙주 국회의장 공로상(1996), 사진영상의해유치공로 대통령표창(1999), 박관용 국회의장 공로상(2004), 문화관광부 우수잡지상(2006), 잡지발전기여 서울시장표창(2009), 문화체육관광부장관표창(2009), 한국언론인연합회 공로상(2010), 서울대국제대학원선정 우수경영인상(2011), 잡지언론창달기여 대통령표창(2014) [저]'미완의 혁명(共)'(1993) '14대 국회의정사'(1996) '펜끝으로 본 한국의 자화상'(2010) [종]천주교

최재영(崔在永) Choi jai young

[생]1954·3·14 [본]곡강(曲江) [출]대구 [주]서울 서초구 효령로304 국제전자센터10층 신원레저개발(주) 대표이사실(02-3465-3320) [학]1974년 서울경복고졸 1980년 서울시립대 건축공학과졸 [경]1991~2002년 (주)삼성물산 건설부문 근무 2002~2008년 신원종합개발(주) 이사, 同기술본부장(전무) 2009년 신원레저개발(주) 대표이사(현) [종]가톨릭

최재영(崔宰榮) CHOI Jae Young

[생]1965·5·15 [출]부산 [주]서울 종로구 청와대로1 대통령 기획비서관실(02-770-0011) [학]1983년 부산 브니엘고졸 1987년 서울대 경제학과졸 1989년 同행정대학원졸 1998년 경제학박사(미국 미주리주립대) [경]1988년 행정고시 합격(31회) 1989년 재무부 관세국·금융국 행정사무관 1994년 재정경제원 경제협력국 행정사무관 1999년 기획예산처 재정기획국 서기관 2002년 노사정위원회 운영과장 2005년 기획예산처 균형발전지원과장 2005년 同재정분석과장 2006년 同농림해양재정과장 2007년 同재정정책과장(부이사관) 2008년 대통령 기획조정비서관실 선임행정관 2008~2010년 대통령 기획관리비서관실 선임행정관 2014년 기획재정부 재정기획국장 2016년 대통령 정책조정수석비서관실 기획비서관(현) [종]기독교

최재영(崔宰榮) Choi, Jaeyoung

[생]1966·1·11 [본]수성(隋城) [출]강원 춘천 [주]서울 종로구 율곡로2길25 연합뉴스TV 뉴스총괄부(02-398-3114) [학]1984년 강원고졸 1988년 고려대 행정학과졸 [경]1991~2010년 경향신문 편집국 정치부·사회부 기자 2010년 OBS 보도국 취재2팀장(사회부장) 2011년 연합뉴스TV 보도국 부장대우 2011년 同보도국 사회팀장 2011년 同사회부장 2014년 同정치부장 2015년 연합뉴스 콘텐츠총괄본부 뉴스콘텐츠부장 2016년 同편집국 융합뉴스팀장 2016년 연합뉴스TV 뉴스총괄부장(현)

최재영

[생]1968 [출]대구 [주]세종특별자치시 갈매로477 기획재정부 국토교통예산과(044-215-7330) [학]경북고졸, 연세대 경영학과졸, 서울대 행정대학원졸, 미국 네바다주립대 대학원 MBA [경]1994년 행정고시 합격(38회) 2007년 재정경제부 재산소비세제국 소비세제과 서기관 2008년 同관세국 관세제도과 서기관 2009~2012년 駐벨기에 세계관세기구(WCO) 파견 2013~2015년 외교부 개발협력과장 2016년 기획재정부 예산실 법사예산과장 2016년 同예산실 국토교통예산과장(현)

최재용(崔宰墉) Choi Jae-Yong (仁山)

[생]1971·10·15 [본]전주(全州) [출]전북 김제 [주]전북 전주시 완산구 효자로225 전라북도청 새만금추진지원단(063-280-4100) [학]1990년 상산고졸 1994년 한양대 행정학과졸 2004년 한국개발연구원(KDI) 국제정책대학원졸 2005년 미국 럿거스대 대학원 도시계획학과졸 [경]2008~2011년 전북도 식품산업과장 2013~2014년 同친환경유통과장 2014~2015년 同기획관리실 성과관리과장 2016년 同새만금추진지원단장(현)

최재욱(崔在旭) CHOI Jae Wook (海江)

[생]1940·10·1 [본]경주(慶州) [출]경북 고령 [학]1959년 경북고졸 1963년 영남대 법학과졸 1986년 대구대 대학원졸 1993년 서울대 행정대학원 수료 1994년 고려대 언론대학원 수료 [경]1964년 동아일보 기자 1974년 한국기자협회 부회장 1978년 동아일보 정치부 차장 1980년 대통령 공보비서관 1986년 경향신문 사장 1986년 언론인금고 이사장 1987년 대통령 공보수석비서관 1988년 민주정의당(민정당) 대표위원 보좌역 1988년 제13대 국회의원(전국구, 민정당·민자당) 1990년 민자당 박태준최고위원 비서실장 1992년 제14대 국회의원(대구 달서乙, 민자당·자민련) 1993년 민자당 제1사무부총장 겸 정책위원회 부의장 1994년 同사무부총장 1995년 同기획조정위원장 1995년 同조직위원장 1996년 자민련 대구달서乙지구당 위원장 1997년 同총재 비서실장 1998년 同총재특보 1998~1999년 환경부 장관 2000년 국무총리 국무조정실장 2000년 경주최씨중앙종친회 회장 2002~2005년 대전대 정치외교학과 겸임교수 2003년 녹색실천연대 회장 2009년 한국지속경영평가원장 2009~2010년 대한민국헌정회 대변인 [상]한국신문상(1972), 세네갈정부 녹십자훈장(1982), 홍조근정훈장(1985), 국민훈장 모란장(1987) [저]'정치의 외야석에서'(1988) '국회의원선거법 개정의 맥점'(1993) '최재욱이 본 우리정치의 시계바늘'(1995) [역]'나라여! 내나라여!'(1990) '망국의 한'(1999)

최재욱(崔在旭) Jae-Wook Choi

[생]1962 · 12 · 1 [출]서울 [주]서울 성북구 안암로145 고려대학교 의과대학 예방의학교실(02-920-6407) [학]1988년 고려대 의과대학졸 1991년 서울대 대학원 보건정책학과졸 1996년 의학박사(고려대) [경]1988~1989년 고려대 구로병원 수련의 1989~1992년 同환경의학연구소 선임연구원 1992년 건국대 의과대학 예방의학교실 외래전임강사 1992~1993년 고려대 환경의학연구소 직업병진단과장 1993~1996년 한림대 의과대학 사회의학교실 전임강사 1993~1996년 한림대의료원 의과학센터 소장 1996년 고려대 의과대학 예방의학교실 조교수 · 부교수 · 교수(현) 1996년 同환경의학연구소 산업보건센터 소장 2003년 同환경의학연구소장(현) 2009년 同의무산학협력실장 2011~2013년 同보건대학원장 2014~2016년 고려대의료원 대외협력실장 2014년 대한의사협회 상근부회장 2015~2016년 同의료정책연구소장

최재운(崔在云) CHOI Jae Woon

[생]1958 · 3 · 11 [주]충북 청주시 서원구 충대로 1 충북대 의과대학 외과학교실(043-269-6358) [학]서울대 의대졸, 同대학원졸, 의학박사(서울대) [경]1991년 충북대 의과대학 외과학교실 조교수 · 부교수 · 교수(현) 1997~1998년 충북대병원 중앙진료부장 2001~2005년 同일반외과장 2003~2005년 충북대 의대 의학과장 2009~2011년 同의과대학장 겸 의학전문대학원장 2012~2015년 충북대병원 원장

최재원(崔宰元) CHOI Jae Won

[생]1945 · 6 · 26 [본]전주(全州) [출]서울 [주]서울 서초구 서초중앙로36 준영빌딩7층 (주)국영지앤엠 비서실(02-2015-0300) [학]1964년 보성고졸 1969년 서울대 정치학과졸 1974년 미국 Univ. of Washington 대학원졸 1980년 미국 워싱턴주립대 대학원 정치학 박사과정 수료 [경]1968~1969년 동아일보 수습기자 1969~1971년 육군사관학교 교수부 교관 1973년 동아일보 미국통신원 1986년 (주)국영지앤엠 전무이사 1989년 同대표이사 사장(현) 1992년 한국판유리조합 이사 1998년 대한전문건설협회 창호협의회장 1998년 대한민국ROTC중앙회 이사 1998~2003년 월간 '창호' 발행인 2003년 한국유리공업(주) 한글라스아카데미 학장(현) 2007년 한국판유리산업협회 초대회장 [종]천주교

최재원(崔宰源) CHOI Jae Won

[생]1962 · 1 · 2 [본]경주(慶州) [주]경기 안성시 대덕면 서동대로4726 중앙대학교 체육대학(031-670-4527) [학]1986년 중앙대 체육학과졸 1988년 同대학원졸 1993년 스포츠심리학박사(한양대) [경]1989~1991년 수원대 강사 1991~1993년 중앙대 강사 1993~1998년 수원대 전임강사 1998~2011년 중앙대 체육과학대학 교수, 同체육과학대학 사회체육학부장 2007~2009년 同체육과학대학장 2011년 同체육대학 교수(현) 2011년 同체육대학장 2013년 同안성캠퍼스 학생지원처장 2015년同안성캠퍼스 학생지원처장 겸 스포츠단장(현) [저]'유아 감성발달을 위한 움직임 교육의 실제' '골프의 길잡이'

최재원(崔再源) CHEY Jae Won

[생]1963 · 5 · 16 [본]수원(水原) [출]서울 [주]서울 종로구 종로26 SK(주)(02-2121-0114) [학]1982년 신일고졸 1986년 미국 브라운대 물리학과졸 1989년 미국 스탠퍼드대 대학원 재료공학과졸 1993년 미국 하버드대 대학원 MBA [경]1994년 SKC(주) 입사 1995년 同기획부장 1996년 同사업기획담당 겸 해외사업담당 상무보 1997년 同상무 1998년 同경영지원본부장 겸 사업기획실장(전무) 1999년 SK텔레콤(주) IMT2000사업추진위원회 전무 2000년 同부사장 2002년 同부사장 겸 Corporate Center장 2004년 SK엔론 부회장 2005~2012년 SK E&S 대표이사 부회장 2006~2011년 SK가스 대표이사 겸임 2008~2009년 SK그룹 글로벌위원회 위원장 2009년 SK(주) 공동대표이사 2009년 SK텔레콤(주) 이사 2009년 同이사회 의장 2010년 SK(주) 수석부회장(현)

최재유(崔在裕) Choi jaeyou

[생]1962 · 3 · 6 [본]경주(慶州) [출]충북 옥천 [주]경기 과천시 관문로47 미래창조과학부 제2차관실(02-2110-2200) [학]고려고졸 1984년 연세대 경영학과졸 2000년 미국 미시간주립대 대학원 정보통신미디어정책과졸 [경]1984년 행정고시 합격(27회) 1988년 체신부 우정국 국제우편과 사무관 1995년 정보통신부 정보통신지원국 통신기획과 사무관 2000년 同우정사업본부 경영기획실 경영관리과장 2001년 同정보통신정책국 지식정보산업과장 2004년 同전파방송정책국 전파방송총괄과장 2005년 同총무과장 2006년 충청체신청장 2007년 중앙공무원교육원 파견(부이사관) 2008년 방송통신위원회 국장(국정원 파견) 2009년 同기획조정실 국제협력관 2009년 同방송통신융합정책실 융합정책관 2010년 同이용자보호국장 2011년 同통신정책국장 2011년 同방송통신융합정책실장 2012년 同기획조정실장 2013년 미래창조과학부 방송통신융합실장 2013년 同정보통신방송정책실장 2014년 同기획조정실장 2015년 同제2차관(현)

최재정(崔載禎) CHOI Jae Jeong

[생]1963 · 12 · 1 [출]충남 홍성 [주]서울 서초구 서초중앙로178 서초한샘빌딩3층 정부법무공단 변호사12팀(02-2182-0018) [학]1981년 대전고졸 1985년 한양대 법학과졸, 同대학원 법학과졸, 법학박사(한양대), 프랑스 국립사법관학교(ENM) 방문학자과정 수료 [경]1984년 사법시험 합격(26회) 1987년 사법연수원 수료(16기) 1990년 대전지검 검사 1992년 춘천지검 영월지청 검사 1993년 서울지검 검사 1995년 프랑스 국립사법관학교 장기연수 1997년 제주지검 검사 1998년 대전지검 검사 1999년 同부부장검사 2000년 대구지검 김천지청 부장검사 2001년 전주지검 부장검사 2002년 수원지검 공판송무부장 2003년 사법연수원 교수 2005년 대구지검 안동지청장 2006~2007년 수원지검 형사1부장 2007년 변호사 개업 2008~2011년 법무법인 광교 대표변호사 2011년 정부법무공단 경영지원국장 2013년 同변호사12팀장(현) 2013~2015년 대학구조개혁위원회 위원 2016년 창성학원 임시이사(현)

최재준(崔載畯) CHOI Jae Joon

[생]1970 · 10 · 17 [출]서울 [주]서울 서초구 효령로231 진양제약(주) 사장실(02-3470-0400) [학]중동고졸, 고려대 정치경제학과졸 [경]대우증권(주) 근무 2004~2005년 진양제약(주) 기획실 이사 2006년 同총괄부사장 2007년 同대표이사 사장(현) 2011년 한국제약협동조합 이사(현) [종]천주교

최재천(崔在天) CHOE Jae Chun

[생]1954 · 1 · 6 [본]동주(東州) [출]강원 강릉 [주]충남 서천군 마서면 금강로1210 국립생태원 원장실(041-950-5300) [학]1972년 서울 경복고졸 1977년 서울대 동물학과졸 1982년 미국 펜실베이니아주립대 대학원 생태학과졸 1986년 미국 하버드대 대학원 생물학과졸 1990년 이학박사(미국 하버드대) [경]1980~1983년 미국 펜실베니아주립대 조교 1983~1990년 미국 하버드대 조교 1984년 駐美한국대사관 Korean Honor Scholarship 1984~1990년 미국 하버드대 엘리엇하우스 생물학담당 사감 1988~1989년 同여름학기 부학장 1990년 同전임강사 1992년 미국 터프스대 초빙조교수 1992~1994년 미국 미시간대 조교수 1994~2006년 서울대 생명과학부 생물학과 교수 1994년 'Journal of Insect Behavior' 편집위원(현) 1998년 문화관광부 국립자연사박물관건립 자문위원 1999년 'Journal of Ethology' 편집고문(현) 2001년 과학기술부 서울과학관건립 자문위원 2002~2003년 환경부 국립생물자원관 건립위원 2003년 대통령직인수위원회 경제2분과 자문위원 2003~2005년 유네스코 한국위원 2003년 우먼타임스 편집위원(현) 2004~2005년 한국간행물윤리위원회 서평위원 2004년 한국YMCA 여성특별위원(현) 2006년 이화여대 대학원 에코과학부 석좌교수(현) 2006~2012년 同자연사박물관장 겸 에코과학연구소장 2007~2009년 환경운동연합 공동대표 2007~2008년 한국생태학회 회장 2008년 기후변화센터 공동대표(현) 2008~2013년 이화여대 이화학술원 겸임석좌교수 2009 · 2011년 대통령직속 사회통합위원회 위원 2010년 조선일보 DMZ취재팀 환경 · 생태부문 자문위원(현) 2010년 이화여대 대학원 에코과학부장 2012년 아모레퍼시픽 비상임이사(현) 2012년 대산문화재단 비상임자문위원 2013년 대통령소속 국민대통합위원회 위원 2013년 국립생태원 초대원장(현) 2013년 생명다양성재단 이사(현) [상]미국곤충학회 젊은과학자상(1989), 대한민국과학문화상(2000), 한일국제환경상(2002), 과학기술훈장 도약장(2004), 과학기술부 선정 '닮고싶고 되고싶은 과학기술인'(2004), BPW Gold Award(2005), 한국백상출판문화상 [저]'The Evolution of Social Behavior in Insects and Arachnids'(1997) '개미제국의 발견'(1999) '보전생물학'(2000) '알이 닭을 낳는다'(2001) '생명이 있는 것은 다 아름답다'(2001) '살인의 진화심리학'(2003) '열대예찬'(2003) '여성시대에는 남자도 화장을 한다'(2003) '나의 생명이야기(共)'(2004) '당신의 인생을 이모작하라–생물학자가 진단하는 2020년 초고령 사회'(2005) '최재천의 인간과 동물' '과학자의 서재'(2011) '감히, 아름다움(共)'(2011, 이음) [역]'인간은 왜 병에 걸리는가'(1999) '인간의 그늘에서'(2001) '이것이 생물학이다'(2002) '음악은 왜 우리를 사로잡는가'(2002) '제인 구달의 생명사랑 십계명'(2003) '우리는 지금도 야생을 산다'(2005) '인간은 왜 늙는가'(2005) '통섭'(2005)

최재천(崔在天)

생1957 출경북 청송 주경기 김포시 태장로795번길65 김포경찰서(031-950-2321) 학1986년 국민대 행정학과 졸 1989년 성균관대 대학원 정책학과졸 경2011년 충남지방경찰청 경무과장 2011년 대구 달성경찰서장 2013년 대구지방경찰청 정보화장비담당관 2014년 중앙경찰학교 교무과장 2015년 서울 서대문경찰서장 2016년 경기북부지방경찰청 경무과장 2016년 경기 김포경찰서장(현)

최재천(崔載千) CHOI Jae Cheon

생1963·11·19 본경주(慶州) 출전남 해남 주서울 종로구 새문안로92 광화문오피시아1910호 법무법인 헤리티지(02-736-3008) 학1982년 광주제일고졸 1986년 전남대 법학과졸 1993년 同대학원 법학과졸 2000년 법학박사(전남대) 2003년 연세대 법무대학원 경영정책법무최고위과정 수료 경1987년 사법시험 합격(29회) 1990년 사법연수원 수료(19기) 1990~1993년 육군 법무관 1993년 변호사 개업 1993년 민주사회를위한변호사모임 회원(현) 1997~2001년 성동구 공직자윤리위원장 1997년 同법률고문 1999~2001년 대한변호사협회 법제위원 2000년 법률신문 고문변호사 2000년 법무법인 한강 설립·대표변호사 2001년 사법시험 및 군법무관임용시험 출제위원 2001년 서울외신기자클럽 고문변호사 2002년 변리사·세무사자격 취득 2002년 한국자산관리공사(KAMCO) 고문변호사 2003년 극단 '민예' 후원회장 2003년 법무법인 한강 성동분사무소 개소 2003년 열린우리당 중앙위원 2003~2011년 미즈메디병원 고문변호사 2004~2008년 제17대 국회의원(서울 성동구甲, 열린우리당·대통합민주신당·통합민주당) 2005년 김대중 전(前) 대통령 고문변호사 2006년 열린우리당 제1정책조정위원장 2007년 김대중평화센터 고문(현) 2007년 극단 '산울림' 후원회 총무 2007년 대통합민주신당 정동영 대통령후보 공동대변인 2008년 국가인권위원회 미래기획위원 2008년 민생성동포럼 대표(현) 2008년 이화여대·광운대·영남대 법학전문대학원 겸임교수, 전남대 겸임교수 2009년 사회복지법인 숭실공생복지재단 목포공생원 후원회장(현) 2010년 민주당 수권정당을위한당개혁특별위원회 실무지원단장, 극단 '산울림' 후원회 회장(현) 2012~2016년 제19대 국회의원(서울 성동구甲, 민주통합당·민주당·새정치민주연합·무소속) 2013년 민주통합당 정책위원회 수석부의장 2013년 국회 미래창조과학방송통신위원회 위원 2014년 민주당 전략홍보본부장 2014년 새정치민주연합 전략홍보본부장 2014~2016년 국회 외교통일위원회 위원 2015년 새정치민주연합 정책위원회 의장 2016년 법무법인 헤리티지 대표변호사(현) 저'형사정책'(1988) '객관식 형사정책'(1990) '알기쉬운 민법'(1994) '끝나지 않은 5.18'(1999) '의료과실과 의료소송'(2001) '담배와의 전쟁'(2001) '의료사고 해결법'(2002) '굿바이 Mr.솔로몬'(2003) '최재천의 법률산책'(2003) '의료형법'(2003) '흐르는 것이 어찌 강물뿐이랴'(2004) '우리 상식적으로 하자구요'(2004) '한국외교의 새로운 도전과 희망'(2006) '최재천의 여의도 일기'(2007) '최재천의 솥단지 정치'(2007) '최재천의 한미FTA 청문회'(2009) '최재천의 책갈피'(2011)

최재철(崔在哲) CHOI Jai Chul

생1958·11·11 출경북 의성 주서울 종로구 사직로8길60 외교부 인사운영팀(02-2100-7146) 학1976년 경북고졸 1981년 서울대 불어불문학과졸 1987년 스위스 제네바대 국제문제연구소졸 1988년 서울대 행정대학원 수료 경1981년 외무고시 합격(15회) 1988년 駐프랑스 2등서기관 1991년 駐케냐 1등서기관 1996년 駐필리핀 참사관 1999년 외교통상부 환경과학과장 1999년 통상교섭본부 환경협력과장 2000년 駐OECD대표부 참사관 2003년 외교통상부 과학환경담당 심의관 2004년 駐프랑스 공사참사관 2007년 외교통상부 국제경제국장 2009년 駐모로코 대사 2012년 駐OECD대표부 차석대사 2014·2015년 국제박람회기구(BIE) 집행위원장(현) 2014년 외교부 기후변화대사 2016년 駐덴마크 대사(현) 상모로코왕국 윗삼 알 알라위(2013), 홍조근정훈장(2016) 종기독교

최재필(崔載弼) CHOI Jaepil

생1957·5·3 출서울 주서울 관악구 관악로1 서울대학교 공과대학 건축학과(02-880-7490) 학1976년 서울고졸 1980년 서울대 건축학과졸 1983년 미국 Georgiatech대 대학원 건축학과졸 1988년 건축학박사(미국 Georgiatech대) 경1988년 미국 일리노이대 조교수 1990~1991년 대한주택공사 주택연구소 책임연구원 1991~1995년 명지대 건축학과 조교수 1995~1998년 同부교수 1997~1998년 미국 콜로라도대 방문교수 1998~2001년 서울대 건축학과 조교수 2001~2004년 同건축학과 부교수 2004년 同공과대학 건축학과 교수(현) 2005년 한국건축교육인증원 사무총장 2006년 한국주거학

회 부회장 2009~2010년 同회장 2009년 한국건축학교육인증원 인증위원장 2011~2013년 한국퍼실리티매니지먼트학회 회장 2012~2014년 대한건축학회 부회장 2013년 한국건축학교육인증원 이사(현) 저'20세기에는 이런 집에 살고 싶다!' '건축교육의 미래' 종기독교

최재해(崔載海) CHOI Jae Hae

생1960·10·7 출서울 주서울 종로구 가회로112 감사원 감사위원실(02-2011-2060) 학1979년 동국대사대부고졸 1984년 성균관대 행정학과졸 1986년 서울대 행정대학원 정책학과졸 2001년 미국 인디애나대 대학원 정책학과졸 경1984년 행정고시 합격(28회) 1985~1989년 총무처·서울특별시·내무부·인천광역시 행정사무관 1989~1996년 감사원 제3국 제3과·조정담당관실·제4국 제7과·제7국 제6과·기획담당관실 부감사관 1996~2002년 同제7국 제6과·제1국 제2과·파견(미국)·조정1심의관실·조정담당관실 감사관 2002년 同기획관리실 제도담당관 2003년 同특별조사국 제3과장 2004년 同재정금융감사국 제1과장 2006년 同기획홍보관리실 기획담당관(부이사관) 2008년 同기획홍보관리실 국회협력관(고위감사공무원) 2010년 同원장비서실장 2010년 同사회·문화감사국장 2011년 同기획관리실장 2011년 同제1사무차장 2014년 同감사위원(현) 상근정포장, 홍조근정훈장

최재헌(崔在憲) CHOI, Jae-Heon

생1963·2·1 주서울 광진구 능동로120 건국대학교 이과대학 지리학과(02-450-3381) 학1981년 서라벌고졸 1985년 서울대 지리교육과졸 1987년 同대학원 지리교육과졸 1993년 지리학박사(미국 미네소타대) 경1993~1994년 서울시정개발연구원 책임연구원 1994~1995년 미국 맥칼레스터대 조교수 1995~2005년 건국대 이과대학 지리학과 조교수·부교수 2005년 同이과대학 지리학과 교수(현) 2012~2013년 한국도시지리학회 회장 2014년 건국대 대학원 세계유산학과 주임교수 겸 국제개발협력원 세계유산연구소장(현) 2014년 문화재청 세계유산분과 문화재전문위원(현) 2014~2016년 경제인문사회연구회 기획평가위원 2015~2016년 대한지리학회 편집위원장 2015년 국제기념물유적협의회 한국위원회 사무총장(현) 2015~2016년 조계종 한국의전통산사 등재추진위원회 전문위원 2015~2016년 서울시 한양도성세계유산추진위원회 위원 겸 한성백제세계유산추진위원회 위원 2016년 건국대 입학처장(현) 상서울대 우등졸업상(1985), 경기도지사표창(2014) 저'지역분석의 기초'(2004, 두솔출판사) '세계화시대의 도시와 국토'(2016, 법문사) 역'세계의 도시'(2013, 푸른길) 종기독교

최재혁(崔在爀) CHOI Jae Hyuk

생1967·9·28 본경주(慶州) 출서울 주서울 종로구 사직로8길39 세양빌딩 김앤장법률사무소(02-3703-1967) 학1986년 신일고졸 1990년 서울대 사법학과졸 2000년 미국 펜실베이니아대 로스쿨졸(LL. M.) 경1989년 사법시험 합격(31회) 1992년 사법연수원 수료(21기) 1992년 軍법무관 1995년 서울지법 판사 1997년 同남부지원 판사 1999년 춘천지법 속초지원 고성군법원 판사·속초지원 판사 2003년 서울고법 판사 겸 법원행정처 정보화담당관 2005년 서울고법 판사 2007년 울산지법 부장판사 2008년 수원지법 부장판사 2011~2012년 서울가정법원 부장판사 2012년 김앤장법률사무소 변호사(현) 2014년 대한변호사협회 기획이사 2015년 同법제이사(현) 2015년 대법원 양형위원회 변호사위원(현)

최재혁(崔宰赫) CHOI, JAE-HYUK

생1975·2·4 본경주(慶州) 출경북 영주 주경북 영주시 대학로77 경북전문대학교 총장실(054-630-5114) 학1993년 중앙고졸 1997년 경북대 법학과졸 1999년 한양대 대학원 법학과졸 2002년 법학박사(한양대) 경2004년 경북전문대 경찰경호행정계열 교수, 同경찰행정과 교수(현) 2004~2007년 同기획조정실장 2009~2010년 同사무차장 2010년 同사무처장 2010년 同부총장 2010년 同총장 직대 2010년 同총장(현)

최재형(崔在亨) CHOE Jae Hyeong

생1956·9·2 본해주(海州) 출서울 주서울 서초구 서초중앙로157 서울고등법원(02-530-1247) 학1975년 경기고졸 1979년 서울대 법과대학졸 경1981년 사법시험 합격(23회) 1983년 사법연수원 수료(13기) 1984년 사단 검찰관 1985년 군사령부 법무사송과장 1986년 서울지법 동부지원 판사 1989년 서울민사지법 판사, 청주지법 충주지원 판사, 미국 예일대 연수 1993년 서울지법

서부지원 판사 1994년 서울고법 판사 1995년 헌법재판소 헌법연구관, 서울고법 판사 1998년 서울지법 판사 1999년 춘천지법 원주지원장 2000년 사법연수원 교수 2003년 서울지법 부장판사 2004년 서울중앙지법 부장판사 2006년 대구고법 부장판사 2006년 서울고법 부장판사 2011년 서울고법 성폭력전담재판부 재판장 겸 형사재판연구회 회장 2012년 대전지법원장 겸 대전가정법원장 2014년 서울가정법원장 2015년 서울고법 부장판사(현)

최재호(崔在鎬) CHOI Jae Ho (長河)

(생)1960·1·13 (본)전주(全州) (출)경남 마산 (주)경남 창원시 마산회원구 봉암공단2길6 무학그룹 회장실(070-7576-2000) (학)1978년 경상고졸 1982년 경남대 경영학과졸 1988년 일본 동해대 대학원 응용경제학과졸 2001년 경영학박사(창원대) (경)1984년 (주)대웅제약 근무 1988년 (주)무학 기획실장 1989년 (주)무학주류상사 대표이사 1994~2008년 (주)무학 대표이사 1994~1998년 창원대 경영학부 겸임교수 1998~2011년 마산상공회의소 부회장 2000~2013년 지리산산청샘물 대표 2002~2010년 마산시육상경기연맹 회장 2002~2010년 경남도사회복지협의회 회장 2007~2009년 경남자원봉사센터장 2008~2013년 (주)무학 대표이사 회장 2008년 무학그룹 회장(현) 2009~2011년 경남자원봉사센터 이사장 2011년 경남미래교육재단 이사(현) 2011~2014년 (재)좋은데이사회공헌재단 이사장 2013년 (주)무학위드 대표이사(현) 2014~2016년 경남메세나협의회 회장 2014년 (재)좋은데이나눔재단 이사장(현) (상)대한적십자사 은장, 노동부장관표창, 한국산업경제대상, 국무총리표창(2005), 부총리 겸 재정경제부장관표창, 대통령표창(2008), 해군참모총장 감사패(2013), 동아일보 한국의 최고경영인상 윤리경영부문(2015), 경남도지사표창(2016), 대한민국세종대왕나눔봉사대상(2016) (종)불교

최재호(崔載浩)

(생)1965·5·5 (출)충남 예산 (주)충남 보령시 옥마로56 보령세무서(041-930-9201) (학)1985년 세무대학졸 2013년 고려대 정책대학원졸 (경)1985년 국세공무원 임용(8급 특채) 1997년 국세청 법무심사국 심사과 근무 2000년 서울지방국세청 조사1국·3국 조사과 근무 2004년 국세청 개인납세국 부가세과 근무 2007년 同개인납세국 부가세과 사무관 2008년 도봉세무서 소득세과장 2009년 서울고법 파견 2010년 서울지방국세청 세원분석국 신고분석2과 계장 2011년 국세청 자산과세국 종합부동산세과 2계장 2013년 同자산과세국 부동산납세과 3계장(사무관) 2014년 同자산과세국 부동산납세과 3계장(서기관) 2015년 보령세무서장(현)

최재화(崔在和) CHOI Jae Hwa

(생)1952·8·19 (출)경기도 용인시 수지구 죽전로 152 단국대학교 경상대학 경영학부(031-8005-3409) (학)1971년 강릉고졸 1980년 연세대 경제학과졸 1984년 미국 드렉셀대 경영대학원졸 1991년 경영학박사(미국 메릴랜드대) (경)1979~1981년 서울투자금융 근무 1984년 미국 메릴랜드대 데이타베이스연구소 연구원 1988년 同강사 1991~1995년 미국 미시간대 경영대 조교수 1995년 단국대 경상대학 경영학부 교수(현) 1998년 同천안캠퍼스 정보통신처장 1999년 리젠트증권(주) 사외이사 2000년 한국경영정보학회 부회장 2000년 Dan Bio(주) 감사 2000년 Dalitech(주) 감사 2000~2004년 단국대 천안캠퍼스 교무연구처장·입학관리처장 2010년 同천안캠퍼스 경상대학장 겸 정책경영대학원장 (저)'데이타베이스시스템' '경영학의 이해' '컴퓨터활용' '지식경영' (역)'경영의 위대한 구루들' (종)천주교

최재훈(崔在薰) CHOI Jae Hoon

(생)1957·5·27 (출)서울 (주)서울 성동구 왕십리로222 한양대학교 융합전자공학부(02-2220-0376) (학)1980년 한양대 전자공학과졸 1986년 미국 오하이오주립대 대학원 공학과졸 1989년 공학박사(미국 오하이오주립대) (경)1989~1991년 미국 애리조나주립대 연구교수 1991~1995년 한국통신 위성사업본부 연구팀장 1995~2003년 한양대 전자전기공학부 부교수 1998~2000년 同정보통신원 교육지원실장 2001~2002년 同공대 교학부장 2002년 同입학처장 2004~2010년 同전자통신컴퓨터공학부 교수 2004년 (주)EMW 안테나 사외이사 2004년 (주)EMW 사외이사(현) 2006~2011년 한양대 BK21 수요지향적정보기술전문인력양성사업단장 2009년 한국공학한림원 일반회원(현) 2010년 한양대 융합전자공학부 교수(현) 2010년 同제2공과대학장 2011~2013년 同공학대학원장 겸 공과대학장 2013년 한국전자파학회 회장 2014년 同명예회장(현) (상)SDR(Software Defined Radio)포럼 우수논문상(2006), 한양대 최우수연구교수상(2011), 한국전자파학회 학술상(2011) (저)'마이크로파 공학(共)'(2006)

최재훈

(생)1964·2 (출)대구 (주)서울 강동구 상일로6길26 삼성엔지니어링 임원실(02-2053-3000) (학)한성고졸, 한양대 기계설계학과졸, 同대학원졸, 한국과학기술대 대학원졸 (경)1988년 삼성엔지니어링 입사 2009년 同상무 2010년 同중동1팀장 2013년 同중동·아프리카팀장, 同화공영업팀장, 同마케팅본부장 2015년 同전무(현)

최재훈(崔栽熏) Choi Jae Hoon

(생)1981·11·14 (출)대구 (주)대구 중구 공평로88 대구광역시의회(053-803-5036) (학)대건고졸, 서울대 사회복지학과졸, 영국 요크대 사회정책학과졸 (경)윤재옥 국회의원실 근무, 대아하이테크(주) 부사장, 대아산업사 부사장, (주)범안ECO 대표이사, 재훈장학회 이사, 달성연탄은행 운영위원 2014년 대구시의회 의원(새누리당)(현) 2014년 同운영위원회 위원 2014년 同건설교통위원회 간사 2016년 同교육위원회 위원(현)

최 정(崔 正) CHOI Joung

(생)1944·12·15 (본)전주(全州) (출)전남 영암 (주)서울 양정고졸 1971년 국민대 법학과졸 (경)1971년 동양통신 기자 1980년 同사회부 차장대우 1981년 연합통신 사회부 차장대우 1986년 同사회부 차장 1989년 同논설위원 1991년 同사회부장 1992년 同부국장대우 1993년 同논설위원 1994년 同북한취재본부 부국장 1995년 同편집국 부국장 1997년 同기사심의실장 1998년 同논설위원실장 1998년 同편집·제작담당 상무이사 1998~2000년 연합뉴스 편집·제작담당 상무이사 1999년 한·몽골교류협회 부회장 1999년 민주평통 자문위원 2000년 연합뉴스 사장 직무대행 2000년 세계태권도연맹(WTF) 자문위원 2000년 한국신문방송편집인협회 부회장 2000년 연합인포맥스 비상임이사 2001년 명지대 객원교수 2001년 환경운동연합 지도위원 2002~2005년 언론중재위원회 사무총장 2006년 에코저널 고문 2011년 시사뉴스투데이 명예회장 2012~2015년 안산도시공사 사장 (상)서울시장표창 효행자상(1996), 서울언론인클럽 언론인상 특별상(2000), 한·일문화교류센터 한·일 문화대상(2012) (저)'통일로 가는 길' (종)천주교

최 정(崔 廷) Choi Jeong

(생)1987·2·28 (출)경기 이천 (주)인천 남구 매소홀로618 문학경기장內 SK와이번스 프로야구단(032-455-2600) (학)2005년 유신고졸 (경)2005년 프로야구 SK 와이번스 입단(내야수)(현) 2008년 프로야구 올스타전 동군대표 2009년 제2회 월드베이스볼클래식 국가대표 2010년 광저우아시안게임 금메달 2013년 제3회 월드베이스볼클래식(WBC) 국가대표 2014년 프로야구 SK 와이번스와 FA 계약체결(4년간 86억원 : 계약금 42억원·연봉 44억원- FA 역대 최고 금액) 2016년 프로야구 정규시즌 홈런왕(40개) (상)이영민타격상(2004), 프로야구 한국시리즈 MVP(2008), 프로야구 골든글러브 3루수부문(2011·2012·2013), 프로야구 올스타전 타자스피드킹(2011), 제1회 카스포인트어워즈 타자부문(2011)

최정규(崔丁圭) CHOI Jung Gyu

(생)1960·4·22 (본)전주(全州) (출)충남 공주 (주)대전 중구 계룡로832 중도일보 임원실(042-220-1001) (학)1979년 공주사대부고졸 1983년 충남대 사회학과졸 (경)1988년 중도일보 입사·편집국 사회부 기자 1991년 同경제부 기자 1994년 同정치행정부 기자 1997년 同편집부 기자 1999년 同교열부 기자·사회부 차장대우 2001년 同사회부 차장 2002년 同사회부 부장대우 2004년 同부국장대우 문화·사회팀장 겸 사회·지방부장 2005년 同편집부 부국장 2006년 同기획홍보국장대우 2007년 同편집국장 2008년 同편집국장(이사) 2009년 同경영지원본부장 2013년 同경영지원본부장 겸 세종·충남본부장(상무이사) 2013년 同충남총괄본부장 겸 내포본부장 2014년 충남도개발공사 비상임이사(현) 2016년 중도일보 사장(현)

최정규(崔正圭) CHOI Jung Kyu

(생)1965·4·9 (출)충남 천안 (주)경기 과천시 관문로47 미래창조과학부 중앙전파관리소 전파관리과(02-2110-2630) (학)1991년 한양대 신문방송학과졸 1991년 방송위원회 근무 2004년 同심의2부장 2007년 同평가분석부장 2008년 방송통신위원회 방송통신융합정책실 방송통신진흥정책과장(서기관) 2009년 同방송정책국 방송채널정책과장 2009년 同편성평가정책과장 2010년 2014인천아시아경기대회조직위원회 미디어부장(파견) 2013년 미래창조과학부 방송통신융합실 방송산업정책과장 2013년 同연구개발조정국 거대공공조정과장 2014~2015년 국립외교원 교육파견 2015년 미래창조과학부 중앙전파관리소 전파관리과장(현)

최정균(崔楨均)

⬤1959·2·13 ⬤서울 성동구 천호대로346 서울시도시철도공사 기술본부(02-6311-2007) ⬤1977년 광주 동신고졸 1984년 전남대 재료공학과졸 ⬤1984~1994년 서울시 지하철공사 차량처 근무 1994년 서울시도시철도공사 차량처 과장, 同차량계획팀장 2005년 同도봉차량관리소장 2006년 同기술연구센터장 2009년 同연구개발본부장 2012년 同인재개발원 교수 2014년 同안전총괄실장 2015년 同기술본부장(상임이사) (현) 2016년 한국시스템엔지니어링협회 회장(현)

최정길(崔正吉) CHOI Jeong Kil

⬤1953·2·9 ⬤서울 ⬤대전 유성구 가정로217 과학기술연합대학원대학교(042-865-2323) ⬤1971년 휘문고졸 1976년 고려대 금속공학과졸 1979년 同대학원 금속공학과졸 1993년 금속공학박사(연세대) ⬤1978~1983년 한국과학기술연구원(KIST) 연구원 1983~1989년 한국기계연구원(KIMM) 선임연구원 1989년 한국생산기술연구원 수석연구원 1993년 同주조기술개발팀장 1998~2001년 同주조공정개발팀장 2001년 同신소재개발본부장 2005년 同디지털설계센터(COE)장 2007년 同선임연구본부장 2009년 同국가사이버제조설계허브추진단장, 영국 International J. of Cast Metal Research Editorial Member(현), 한국시뮬레이션학회 부회장, 同일반이사(현), 한국주조공학회 부회장 2010~2011년 독일 주물연구소(IFG) 초빙연구원 2011~2014년 한국생산기술연구원 인천지역본부 실용화기술부문 사이버설계연구실용화그룹 수석연구원 2014년 과학기술연합대학원대 고경력우수교수, 同전문교수(현) ⬤생산기술연구대상(1996), 산업기술대전 산업자원부장관표창(2002), 과학의 날 대통령표창(2004), 탑 브랜드 프로젝트 최우수상(2007) ⬤'미래 주조산업과 첨단 IT기술의 융합'(2012) '창조경제 구현을 위한 뿌리산업과 ICT융합'(2013) ⬤'철강 및 금속응고의 기초'(2013) ⬤기독교

최정석(崔珽晢) CHOI Jung Suk

⬤1963·11·13 ⬤경주(慶州) ⬤충북 진천 ⬤서울 서초구 헌릉로13 대한무역투자진흥공사 인재경영실(02-3460-7038) ⬤1982년 광성고졸 1989년 한국외국어대 서반아어과졸 ⬤1992년 대한무역투자진흥공사 입사 1999년 同시장조사처 근무 2000년 同북미팀 근무 2001년 同전시기획팀 근무 2001~2005년 同마드리드무역관 근무 2005년 同기획조정실 근무 2008년 同산토도밍고무역관장 2008년 同산토도밍고KBC센터장 2012년 同IT사업단 부장 2013년 同글로벌인재사업단 글로벌창업PM 2013년 同중소기업지원본부 글로벌일자리실 K-Move지원팀장 2014년 同리우데자이네루무역관장(현) ⬤천주교

최정수(崔正洙)

⬤1961 ⬤대구 달성 ⬤대구 달서구 화암로301 대구지방국세청 조사1국(053-661-7200) ⬤대륜고졸, 영남대 경영학과졸, 성균관대 경영대학원졸 ⬤1987년 공무원 임용(7급 공채) 1987년 안동세무서 직세과 근무 1991년 대구세무서 총무과·법인세과 근무 2002년 국세청 국제세원관리담당관실 근무 2007년 중부지방국세청 조사3국 조사2과 사무관 2007년 同조사국 조사3과 사무관 2009년 국세청 국제세원관리담당관실 사무관 2011년 서울지방국세청 국제거래조사국 국제조사관리과 사무관 2012년 대통령실 총무기획관실 서기관 2013년 서울지방국세청 감사관실 감사계장 2014년 대구지방국세청 징세법무국장 2015년 북대구세무서장 2016년 대구지방국세청 조사1국장(현) ⬤국무총리표창(2003)

최정숙(崔貞淑·女) Choi Jung Sook

⬤1959·9·26 ⬤광주 ⬤서울 강남구 테헤란로77길14 ES타워 포커스컴퍼니(02-556-6440) ⬤1978년 광주중앙여고졸 1982년 이화여대 문리대 사회학과졸 2000년 서강대 경영대학원 경영학과졸(MBA) 2001년 서울대 대학원 최고산업전략과정(AIP) 수료 2005년 同행정대학원 정보통신방송정책과정(AIC) 수료 2006년 홍익대 국제디자인대학원 뉴비전과정 수료 2006년 세계경영연구원 수료 2008년 서울대 경영대학원 최고경영자과정(AMP) 수료 2009년 아주대 최고위과정(U-SOC) 수료 2010년 중앙일보 최고경영자과정 수료 2010년 건국대 그린경영임원과정 수료 2011년 세계미래포럼 미래경영CEO 수료 2011년 중앙공무원교육원 민관합동 CEO정책포럼 수료 ⬤1983년 (주)오리콤 조사부 사원 1986~1989년 닐슨컴퍼니 소비자사회조사본부 차장 1991년 (주)누리기획 마케팅전략연구소 부장 1995~1996년 닐슨컴퍼니 소비자사회조사본부 부장 1996~2000년 (주)나라기획 마케팅local 부국장 2001~2011년 (주)포커스리서치 대표이사 2001년 (주)포커스컨설팅 대표이사(현) 2005~2011년 (사)한국여성벤처협회 부회장 2006년 (사)아태마케팅포럼 수석부회장(현) 2009~2013년 (재)여성기업종합지원센터 이사 2009~2013년 (사)한국엔지니어클럽 산하 비즈니스포럼 부회장 2011~2013년 (사)한국여성벤처협회 회장 2011~2013년 중소기업진흥공단 중소기업창업및진흥기금 운영위원 2011~2013년 전자부품연구원 이사 2011년 (사)한국엔지니어클럽 이사·부회장(현) 2011년 (주)포커스컴퍼니 대표이사(현) 2011년 지식경제부 산하 산업기술연구회 이사 2011~2013년 법제처 중소기업분야 국민법제관 운영위원 2011~2013년 중소기업청 금융지원위원회 위원 2011년 한국전기안전공사 전기안전정책자문위원(현) 2011년 중소기업청 옴부즈만실 지식산업분야 명예옴부즈만(현) 2012~2014년 同균형성장촉진위원회 위원 2012~2013년 대통령소속 사회통합위원회 위원 2012년 산업융합발전위원회 민간위원(현) 2012년 초록우산어린이재단 이사(현) 2012년 중소기업기술정보진흥원 비상임이사(현) 2013년 미래창조과학부 산하 산업기술연구회 이사(현) 2013년 한국공학한림원 산하 코리아리더스포럼 운영위원(현) 2013년 (사)한국조사협회 부회장 겸 대외협력위원장(현) 2013~2014년 (사)한국여성벤처협회 명예회장 2013년 바르게살기운동중앙협의회 부회장(현) 2013년 한국문화예술위원회 산하 예술나무포럼 위원(현) 2013년 정보통신기금운용심의회 위원(현) 2014년 (사)한국엔지니어클럽 산하 비즈니스포럼 회장(현) 2014년 (사)혁신창조경제포럼 부회장 겸 여성기업가분과위원장(현) ⬤정보통신부장관표창(2005), 자랑스런 서강MBA인상(2008), 우수여성벤처기업인상 지식경제부장관표창(2009), 우수여성벤처기업인상 여성가족부장관표창(2013)

최정식(崔程植) CHOI JUNG SIK

⬤1973·7·1 ⬤경주(慶州) ⬤서울 ⬤세종특별자치시 도움4로9 국가보훈처 대변인실 홍보기획팀(044-202-5011) ⬤1992년 신일고졸 2002년 동국대 신문방송학과졸 2003년 서강대 대학원 광고PR학과졸 ⬤2003~2005년 KorCom Poter Novelli 전략연구소 전략기획팀장 2005~2007년 기획예산처 홍보기획 사무관 2007~2008년 교육과학기술부 홍보기획팀장(서기관) 2008~2010년 서울시 뉴미디어홍보팀장 2008년 보건복지부 장기기증홍보 자문위원(현) 2010~2011년 국무총리실 홍보전문관 2011년 국가보훈처 대변인실 홍보기획팀장(서기관) (현) 2015년 숙명여대 홍보광고학과 강사(현) ⬤한국PR협회 PR연구부문 우수상(2004), 한국PR협회 정부PR부문 우수상(2005), 기획예산처장관표창(2006), Asia Pacific PR Awards 공공PR부문 그랑프리(2008), 한국PR협회 온라인PR부문 우수상(2009), 서울시장표창(2009), 보건복지부장관표창(2012)

최정암(崔正岩) CHOI JEONGAM

⬤1962·5·21 ⬤경남 사천 ⬤서울 중구 세종대로124 매일신문 서울지사(02-733-0755) ⬤마산 경상고졸 1987년 부산대 사회학과졸, 경북대 정책정보대학원졸 ⬤1990년 매일신문 입사 1999년 同특집기획부 기자 2000년 同경제부 기자 2002년 同사회1부 차장대우 2003년 同경제부 차장대우 2004년 同경제부 차장 2005년 同편집국 사건팀장 2008년 同편집국 경제부장, 同동부지역본부장 2011년 同편집부국장 2015년 同서울지사장(현) 2015년 연합뉴스 수용자권익위원회 위원(현) 2015년 한국신문협회 기조협의회 부회장(현) ⬤대구경북기자대상(2006), 한국기자상 지역취재보도부문상(2007)

최정열(崔正烈) CHOE Jeong Yeol (淸河)

⬤1964·6·20 ⬤경주(慶州) ⬤인천 ⬤서울 강남구 테헤란로518 섬유센터12층 법무법인 율촌(02-528-5200) ⬤1982년 인천 부평고졸 1986년 서울대 법대졸 1995년 미국 조지워싱턴대 연수 ⬤1985년 사법시험 합격(27회) 1988년 사법연수원 수료(17기) 1988년 인천지법 판사 1990년 서울민사지법 판사 1992년 전주지법 군산지원 판사 1995년 서울지법 서부지원 판사 1998년 서울지법 판사 1999년 사법연수원 교수 2001년 특허법원 판사 2004년 대전지법 부장판사 2005년 인천지법 부장판사 2007~2009년 서울중앙지법 부장판사 2009년 법무법인 율촌 변호사(현) 2009년 대한상사중재원 중재인(현) 2012~2015년 한국저작권위원회 위원 2015년 (재)세종문화회관 감사(현) 2016년 방송통신위원회 시청자권익보호위원회 위원(현)

최정우(崔正友) CHOI Jeong Woo

⬤1957·4·10 ⬤서울 강남구 테헤란로440 (주)포스코 가치경영센터(02-3457-0114) ⬤1976년 부산 동래고졸, 부산대 경제학과졸 ⬤1983년 (주)포스코 입사 2006~2008년 同재무실장 2008~2010년 (주)포스코건설 경영기획본부 경영전략실장(상무) 2010~2014년 (주)포스코 정도경영실장(전무) 2014년 (주)대우인터내셔널 기획재무본부장(CFO·부사장) 2015년 同대표이사 직대 2015년 (주)포스코 가치경영실장(부사장) 2015년 포스코인재창조원 기타비상무이사 2016년 (주)포스코 가치경영센터장(부사장) (현)

최정우(崔政宇) Jeong-Woo Choi

[생]1959 · 11 · 12 [본]강릉(江陵) [출]서울 [주]서울 마포구 백범로35 서강대학교 과학관507A호 화공생명공학과(02-705-8480) [학]1978년 중앙고졸 1982년 서강대 화학공학과졸 1984년 同대학원 화학공학과졸 1990년 생물화학공학박사(미국 Rutgers Univ.) 2003년 생물분자공학박사(일본 Tokyo Institute of Technology) 2007년 영국 Univ. of Durham 대학원졸(MBA) [경]1990년 서강대 화공생명공학과 교수(현) 1993~1994년 IBM Almaden Research Center 객원연구원 1995~1997년 서강대 화공생명공학과장 1996년 일본 미쓰비시전자 고등기술개발센터 객원연구원 1997년 중소기업청 기술평가위원 1997~1998년 한국종합기술금융(주) 기술평가전문위원 1997년 일본 Tokyo Institute of Technology 객원교수 1998년 산업자원부 공업기반기술개발사업 자문위원 1998년 일본 도쿄대 객원교수 1998~2008년 한국과학기술연구원(KIST) 객원연구원 1999년 한국화학공학회 'News & Information for Chemical Engineers' 편집위원 2001년 영국 Univ. of Durham 객원교수 2002~2005년 서강대 대학원장보 2002~2003년 한국나노바이오시스템연구조합 이사 2004년 한국환경기술진흥원 행정위원회 행정위원 2006년 서강대 바이오융합기술연구소장(현) 2007~2010년 同산업기술연구소장 2008년 한국생물공학회 총무이사 2008년 한국화학공학회 국제이사 2008~2011년 서강대 공학교육연구센터장 2009년 한국바이오칩학회 회장 2009년 NSB POSTECH Co. 감사(현) 2009~2011년 한국생물공학회 바이오센서및바이오칩분과위원회 위원장 2010년 同홍보소식위원회 위원장 2010~2012년 한국연구재단 생명공학단 전문위원 2010~2011년 서강대 기술경영전문대학원 학과장 2010년 同기술경영대학원 겸임교수(현) 2010년 서강대-(주)빙그레 식품첨단분석센터장 2011~2012년 서강대 학생문화처장 2012년 한국생물공학회 서울시지부장 2012년 (주)아이비티 대표이사(현) 2012년 한국화학공학회 생물화공부문위원회 위원장 2013년 서강대 기술경영연구소장 2013년 한국생물공학회 교육정보위원회 위원장 2014년 서강대-하버드대 질병바이오물리연구센터장(현) 2014년 한국생물공학회 부회장 2015년 서강대-(주)빙그레 식품첨단분석연구소장(현) 2016년 기술경영경제학회 감사(현) 2016년 한국생물공학회 수석부회장(현) [상]한국생물공학회 신인학술상(1998), 한국화학공학회 범석논문상(1998), YABEC Best Poster Presentation Award(2000), 대통령표창(2002), 한국과학기술단체총연합회 우수논문상(2004), 한국바이오칩학회 Biochip Journal 학술상(2009), 한국생물공학회 Biotechnology and Bioprocess Engineering(BBE) 공로상(2010), 교육과학기술부 국가연구개발 우수성과 100선(2010 · 2011), Sensordevices 2011 Best Paper Award(2011), 한국바이오칩학회 학술대상(2011), 환경기술개발사업 우수성과 50선(2012), Sensordevices 2012 Best Paper Award(2012), NANOKOREA2012 공로상(2012), 한국생물공학회 우수기술연구상(2012), 보건복지부장관표창(2013), 한국생물공학회 생물공학연구자상(2014), IAAM-Medal(2015), 한국과학창의재단 이사장상(2015), 국가연구개발 우수성과 100선(2015), 한국바이오칩학회 10주년기념 공로상, 국무총리표창(2016) [저]'생물공학이야기' '미래를 들려주는 생물공학 이야기'(2006) 'Biomedical Materials and Diagnostic Device : Chapter7. Utility and potential applications of nanomaterials in medicine'(2012, WILEY-SCRIVENER) 'Intelligent Nanomaterials : Chapter20. Biomimetic Materials Toward Application of Nanodevice'(2012, WILEY-SCRIVENER) 'Biosensors Nanotechnology : Chapter 6. Functional Nanomaterials for Multifarious Nanomedicine'(2014, One Central Press) 'Graphene Optoelectronics : Chapter 10. Chemical and Biosensors Based on Graphene Materials'(2014, Wiley-VCH) 'Biosensors Nanotechnology : Chapter 6. Functional Nanomaterials for Multifarious Nanomedicine'(2014, Wiley-Scrivener) 'Stem-Cell Nanoengineering : Chapter 7. Nanopatterned Surfaces for Stem-Cell Engineering'(2015, Wiley-Blackwell) 'Advanced Theranostic Materials'(2015, Wiley-Blackwell) 'Nanofabrication using Nanomaterials : Chapter 2. Electrochemical nanobiomemory devices: Recent developments and future challenges'(2016, One Central Press 'Molecular Nanostructure and Nanotechnology : Chapter 8. Conceptual, Potential and Advancements in Computer Design and in vivo Computation Applying RNA Nanotechnology'(2016, World Scientific) [역]'환경공학개론'(1999) '환경공학개론 제3판'(2009) [작]'Bioelectronic Device' [종]천주교

최정욱(崔廷旭) CHOI, JUNG UK

[생]1956 · 10 · 9 [본]경주(慶州) [출]경남 밀양 [주]대전 유성구 문지로188 (주)LG화학 기술연구원 기초소재연구소(042-866-2651) [학]연세대 화학공학과졸, 서울대 대학원 화학공학과졸, 화학공학박사(독일 슈투트가르트대) [경](주)LG화학 기술연구원 CRD연구소 연구위원(상무), 同기술연구원 CRD연구소장(상무) 2012년 同기술연구원 석유화학연구소장(전무) 2015년 同기술연구원 기초소재연구소장(전무)(현)

최정욱(崔程旭)

[생]1965 [출]전북 남원 [주]세종특별자치시 노을6로8의14 국세청 전산정보관리관실(044-204-2400) [학]영동고졸, 서울대 경영학과졸 [경]1992년 행정고시 합격(36회) 1995년 통영세무서 간세과장 1999년 국세청 국제업무과 근무 2000년 同기획예산담당관실 근무 2001년 서울지방국세청 조사1국 조사1과 근무 2005년 국세청 납세자보호과 서기관 2009년 경기 파주세무서장 2009년 대통령비서실 파견 2012년 국세청 부동산거래관리과장(부이사관) 2013년 광주지방국세청 조사2국장 2014년 중앙공무원교육원 파견(고위공무원) 2015년 중부지방국세청 조사3국장 2015년 국세청 전산정보관리관(현)

최정인(崔禎仁 · 女)

[생]1972 · 10 · 31 [출]경북 경주 [주]대구 수성구 동대구로364 대구지방법원(053-757-6600) [학]1991년 정신여고졸 1996년 고려대 법학과졸 1999년 同대학원 법학과 수료 [경]1998년 사법시험 합격(40회) 2001년 사법연수원 수료(30기) 2001년 서울지법 의정부지원 판사 2003년 서울지법 판사 2004년 서울중앙지법 판사 2005년 대구지법 김천지원 판사 2007년 서울가정법원 판사 2012년 同판사(사법연구) 2014년 서울중앙지법 판사 2016년 대구지법 부장판사(현)

최정진(崔柾辰) CHOI Jeong Jin

[생]1963 · 3 · 5 [출]전남 나주 [주]서울 강남구 테헤란로 317 동훈타워13층 법무법인(유) 대륙아주(02-563-2900) [학]1982년 성남고졸 1986년 서울대 법과대학졸 1988년 미국 스탠퍼드대 법과대학원 수료 [경]1987년 사법시험 합격(29회) 1990년 사법연수원 수료(19기) 1990년 軍법무관 1993년 인천지검 검사 1995년 대구지검 상주지청 검사 1996년 서울지검 검사 1999년 수원지검 검사 1999년 '옷로비 사건' 특별검사팀 파견 2000년 재정경제부 금융정보분석원 파견 2002년 청주지검 영동지청장 2004년 서울중앙지검 부부장검사 2005년 법무부 법무심의관실 파견 2006년 서울중앙지검 부부장검사 2006~2009년 법무법인 대륙 파트너변호사 2008~2010년 대통령직속 규제개혁위원회 민간위원 2009년 법무법인(유) 대륙아주 파트너변호사(현)

최정철(崔晸喆) Jeungcheol, Choi

[생]1959 · 3 · 23 [주]서울 종로구 율곡로53 해영회관5층 (재)한국공예디자인문화진흥원 원장실(02-398-7910) [학]1978년 대구 대건고졸 1987년 일본 도쿄디자인전문학교졸 [경]1987~1991년 일본 (주)무라야마 문화시설디자이너 1991~2007년 LG애드 입사 · 공간디자인총괄 국장 2006~2007년 영화인협회 충무로영화테마파크 디자인자문위원 2007~2013년 스페이스뷰 대표 2013년 (재)한국공예디자인문화진흥원 원장(현) 2014년 同한복진흥센터장(현) 2015년 세계디자인총회 공동위원장(현) 2015년 2018평창동계올림픽조직위원회 브랜드 전문위원(현) 2015년 同평창공공디자인 전문위원(현) 2015년 문화체육관광부 국가상징체계개발 전문위원(현) [상]대전EXPO 상공부장관표창(1993), 2002월드컵표창(2002)

최정표(崔廷杓) Jeongpyo Choi

[생]1953 · 8 · 14 [본]경주(慶州) [주]서울 광진구 능동로120 건국대학교 경제학과(02-450-3624) [학]1978년 성균관대 경제학과졸 1980년 미국 State Univ. of New York at Binghamton 대학원 경제학과졸 1983년 경제학박사(미국 State Univ. of New York at Binghamton) [경]1982년 미국 워싱턴 제퍼슨대 조교수 1983년 세종대 조교수 1984년 同국제경제연구소장 1986년 대만 중앙연구원 경제연구소 객원연구원 1988~1994년 건국대 경상학부 경제학과 조교수 · 부교수 1994년 同교수(현) 1994년 미국 State Univ. of New York at Binghamton 객원교수 1998년 공정거래법개정 민관합동위원 1998년 독일 Hohenheim Univ. 객원교수 2000년 경제정의실천시민연합 정책협의회 의장 2000년 삼성생명보험(주) 자문위원 2001년 일본 도쿄대 경제학부 객원교수 2003년 대통령직인수위원회 경제1분과 자문위원 2003년 한국전력공사 거래소비용평가위원장 2003년 경제정의실천시민연합 바른기업운동본부장 2003년 건국대 상허기념도서관장 2003~2009년 공정거래위원회 비상임위원 2004~2006년 건국대 상경대학장 2006~2007년 경제정의실천시민연합 상임집행위원장 2012~2016년 同공동대표 2015년 대검찰청 검찰미래발전위원회 위원(현) [저]'가격규제의 문제점과 과제'(1987) '산업조직 경제학'(1990) '자본주의와 자유'(1990) '재벌'(1991) '미시경제학'(1992) '재벌해체'(1993) '경제학원론'(1993) '선진화를 위한 재벌의 선택-소유 · 경영 분리'(1996) '재벌시대의 종언'(1999) '미시경제학'(2000) '한국의 그림가격지수'(2009, 해남) '공정거래정책 허와실'(2011, 해남) '생활 경제학'(2011, 해남) '미시경제론'(2012, 청람) '산업조직경제학'(2013, 형설출판사) '재벌들의 특별한 외도'(2014, 해남)

최정필(崔楨苾) CHOE Chong Pil

(생)1945·5·12 (본)경주(慶州) (출)경북 경주 (주)서울 광진구 능동로209 세종대학교 인문과학대학 역사학과(02-3408-3546) (학)1973년 고려대 사학과졸 1981년 미국 피츠버그대 대학원졸 1986년 인류학박사(미국 피츠버그대) (경)1979~1980년 미국 피츠버그대 조교 1981~1982년 미국 펜실베이니아 고고지질연구소 연구원 1982~1987년 미국 피츠버그대 인류학과 시간강사·연구교수 1987~2011년 세종대 인문과학대학 역사학과 교수 1989년 한국선사고고학회 부회장 1995년 세종대 인문대학장 1998~2005년 同박물관장 2000년 유럽·아시아박물관협회 이사 2000년 한국대학박물관협회 부회장 2002~2014년 국제기념물사적위원회(ICOMOS) 한국집행위원 2002~2006년 한국박물관학회 회장 2002~2004년 문화관광부 정책평가위원장 2004년 국제박물관협의회 한국위원회 위원장·명예위원장(현) 2005년 문화관광부 규제개혁심의위원 2005년 국립중앙박물관 학예사 운영위원장(현) 2006년 한국·스웨덴협회 회장 2006~2007년 문화재청 문화유산국민신탁 설립위원 2006~2008년 세종대 대학원장 2007~2014년 특수법인 문화유산국민신탁 이사 2008년 서울시 책임운영기관평가위원 2008년 (재)경주세계문화엑스포 자문위원 2009~2012년 세종대 박물관장, 경주역사문화도시추진위원회 위원장 2009~2014년 아차산고구려역사공원추진위원회 공동대표 2009~2014년 유네스코 한국위원회 문화분과위원 2009~2014년 국립중앙박물관 운영자문위원 2011~2013년 문화재위원회 위원 2011년 세종대 인문과학대학 역사학과 명예교수(현) 2013년 문화재청 미래를위한한국가유산자문위원회 위원(현) 2014년 同신라왕경핵심유적복원·정비추진위원회 부위원장(현) (상)문화관광부장관표창(2004), 국무총리표창(2006), 스웨덴 왕실 북극성1등훈장(2010) (저)'Origins Reconsidered/Richard Leakey'(1995) '속 오리진'(1995) '河南市 校山洞 一帶 文化遺蹟'(1996) '고고학과 한국상고사의 제문제'(2010) (종)천도교

최정혁

(생)1962·3·8 (주)경기 수원시 영통구 삼성로129 삼성전자(주) 메모리사업부 품질보증실(031-200-1114) (학)인하대졸 (경)삼성전자(주) 차세대연구팀 연구위원 2004년 同메모리사업부 SRAM·Flash PA팀 연구위원 2005년 同메모리사업부 차세대연구2팀 연구위원 2006년 同메모리사업부 Flash개발실 연구위원 2007년 同메모리사업부 Flash PA팀장(연구위원) 2008년 同메모리사업부 Nand PA팀장(연구위원) 2011년 同반도체연구소 TD팀장(연구위원) 2012년 同반도체연구소 연구위원(전무) 2013년 同메모리사업부 Flash개발실장(전무) 2013년 同메모리사업부 Flash개발실장(부사장) 2016년 同메모리사업부 품질보증실장(부사장)(현)

최정현(崔定鉉) CHOI Jeong Hyun

(생)1955·7·23 (본)해주(海州) (출)강원 홍천 (주)경기 여주시 세종로50 여주경찰서(031-887-0359) (학)강원 북평고졸, 경찰대 행정학과졸 (경)1986년 경위 임용, 강원지방경찰청 방범과 외근주임, 춘천경찰서 보안파출소장, 同서부파출소장, 同교통지도계장, 同남춘천파출소장, 同석사동파출소장, 同효자동파출소장, 同중부지구대3사무소장, 同교통사고 조사계장, 同서면파출소장 2011년 경기 안양만안경찰서장 2013년 경기지방경찰청 제1부 교통과장 2014년 경기 남양주경찰서장 2015년 경기지방경찰청 홍보담당관 2016년 경기남부지방경찰청 홍보담당관 2016년 경기 여주경찰서장(현) (상)경찰청장표창

최정현(崔正鉉) CHOI Cheong Hyeon

(생)1958·4·27 (본)해주(海州) (출)인천 (주)서울 노원구 광운로20 광운대학교 경영대학 경영학부(02-940-5434) (학)1977년 중앙사대부고졸 1984년 서울대 컴퓨터공학과졸 1988년 미국 조지아대 대학원 컴퓨터과학과졸 1992년 컴퓨터공학박사(미국 어번대) (경)1984년 (주)유공 전산부 시스템프로그래머 1992년 한국통신 소프트웨어연구소 연구원 1994년 광운대 경영대학 경영학부 조교수·부교수·교수(현) 2006~2009년 同경영대학원 교학부장 (역)'음성과 데이터 인터넷워킹(共)'(2002, 사이텍미디어) (종)기독교

최정호(崔禎鎬) CHOE Chung Ho (諸大路·老松亭)

(생)1933·9·21 (본)전주(全州) (출)전북 전주 (학)1957년 서울대 문리대학 철학과졸 1962년 독일 하이델베르크대졸 1968년 철학박사(독일 베를린자유대) (경)1955~1972년 한국일보 기자·논설위원 1968~1976년 성균관대 교수 1972~1975년 중앙일보 논설위원 1976~1981년 연세대 정경대학 교수 1977~1979년 한국신문학회 회장 1981~1999년 연세대 사회과학대학 신문방송학과 교수 1982~1985년 국사편찬위원회 위원 1982~1987년 서울언론재단 이사 1991~1999년 한국미래학회 회장 1993~1995년 한국방송공사 이사 1994~1996년 연세대 언론홍보대학원장 1994~2000년 한독협회 부회장 1995~2002년 월드컵유치위원회 집행위원 1997~2001년 문화관광부 문화비전2000추진위원회 위원장 1999~2016년 울산대 철학과 석좌교수 2004~2009년 동아일보 객원대기자 2004~2011년 한독포럼 한국측 의장 2008~2010년 한중문화예술포럼 한국측 단장 (상)국민훈장 모란장, 체육훈장 맹호장, 이미륵상, 독일정부 십자공로훈장(2006) (저)'藝: non plus ultra'(1974) '世界의 舞臺: theatrum mundi'(1976) '政治와 言語'(1977) '울음의 문화: 울음의 정치'(1977) '藝術과 政治'(1977) '사랑한다는 것−소인 없는 편지'(1980) '言論文化와 大衆文化'(1982) '아버지 독재자'(1984) '없는 것을 찾는 젊은이들'(1987) '아름다운 것은 아름답다'(1987) '우리가 살아온 20세기'(1999) '한국의 문화유산'(2004) '세계의 공연예술기행(전 3권)'(2005) '난타의 문화 난타의 정치: 진보와 보수를 넘어서'(2008) '사람을 그리다: 동시대인의 초상과 담론'(2009) '복에 관한 담론: 기복사상과 한국의 기층문화'(2010) 등 다수 (역)'소련의 정보기관과 정보정책(Paul Roth: Nachrichtenwesen und Informationspolitik der Sowjetunion)'(1984) '인민은 우리다: 1989년 동유럽의 민주화혁명(Timothy Garton Ash: We The People, The Revolution of '89)'(1994)

최정호(崔政浩) CHOI Jeong Ho

(생)1958·10·10 (출)전북 익산 (주)세종특별자치시 도움6로11 국토교통부 제2차관실(044-201-3033) (학)1976년 금오공고졸 1985년 성균관대 행정학과졸 1991년 영국 리즈대 대학원 교통계획과졸, 부동산학박사(광운대) (경)1985년 행정고시 합격(28회) 1995년 건설교통부 수송정책실 조정1과 근무 1998년 同육상교통기획과 서기관 1999년 同낙동강홍수통제소장 1999년 同수자원국 경인운하과장 1999년 同토지관리과장 2001년 국가전문행정연수원 건설교통연수부 근무(과장급) 2003년 駐미국대사관 건설교통관 2006년 건설교통부 주거복지본부 토지정책팀장(부이사관) 2008년 국토해양부 건설산업과정 2009년 외교안보연구원 글로벌리더십과정 교육파견(고위공무원) 2010년 서울지방항공청장 2011년 국토해양부 철도정책관 2012년 同대변인 2013년 국토교통부 대변인 2013년 同항공정책실장 2014년 同기획조정실장 2015년 同제2차관(현) (상)홍조근정훈장(2013)

최정호(崔庭豪)

(생)1966·2·16 (주)서울 영등포구 여의나루로61 하이투자증권 법인영업본부(02-2112-9042) (학)대성고졸, 연세대 경제학과졸 (경)에이비엔암로아시아증권 서울지점 영업부장 2007년 CJ투자증권(주) 증권법인사업담당 이사대우 2008년 同증권법인사업담당 상무보 2008년 하이투자증권 증권법인사업본부장 2011년 同증권법인본부장(상무) 2015년 同법인영업본부장(전무)(현)

최정화(崔禎禾·女) CHOI Jung Wha

(생)1955·10·16 (출)서울 (주)서울 동대문구 이문로107 한국외국어대학교 통역번역대학원(02-2173-3109) (학)1974년 경기여고졸 1978년 한국외국어대 불어학과졸 1981년 프랑스 파리제3대 통역대학원졸 1986년 통역번역학박사(프랑스 파리제3대) (경)1981년 한국 최초 국제통역사 자격 취득 1981~1987년 프랑스 외무성 한국어통역관 1982년 프랑스 파리제3대 통역대학원 전임강사 1986~1995년 韓·佛정상회담 통역 1988년 한국외국어대 통역번역대학원 교수(현) 1988~2006년 국제회의통역사협회 한국대표 1993년 프랑스 파리제3대학 통역대학원 국제통역사시험 심사위원 1998~2004년 한국국제회의통역학회 회장 2003년 국제저널 '포럼' 창간·공동발행인(현) 2003년 한국이미지커뮤니케이션연구원 이사장(현) 2004년 한국국제교류재단 발행 'Koreana'지 불문판 편집장(현) 2005~2006년 프랑스정부 파리올림픽유치홍보대사 2005~2007년 국가이미지개발위원회 위원 2006~2009년 한국올림픽위원회 국제특별위원회 위원 2009~2011년 대통령직속 국가브랜드위원회 위원 2011~2013년 민주평통 자문위원 2011~2014년 태권도진흥재단 이사 2012년 외교통상부 의전자문위원회 민간위원 2015년 2018평창동계올림픽조직위원회 자문위원(현) (상)프랑스정부 교육공로훈장(1992), 통역계학술업적공로상 '다니카 셀레스코비치상' 아시아 최초 수상(2000), 프랑스정부 최고훈장 레지옹 도뇌르(2003) (저)'통역입문' '사전식 불어회화' '통역의 실제' '우물안 개구리의 처음 한동안' '통역리서치' '통역과 번역을 제대로 하려면' '외국어를 알면 세계가 좁다' '남을 알면 세계가 내편이다' '실수로 배우는 영어' '통역번역 입문' '국제회의 통역사 되는 길' '외국어, 나도 잘 할 수 있다' '매너, 나의 경쟁력이다' '최정화 교수의 통역번역 노하우' '노트 테이킹' '한국인이 가장 오해하기 쉬운 현지 영어 표현' '21세기 통역번역사에 도전하라' '뭐라할까?' '봉쥬르 프랑쎄' 'This is Korea' '엔젤 아우라' '이말듣소' '14살 그때 꿈이 나를 움직였다' 에세이 '내 삶을 디자인하는 습관 10C'(2015) (종)기독교

최정환(崔正換) CHOI Jung Hwan

(생)1942·9·24 (출)강원 원주 (주)강원 원주시 호저로47 (사)강원도사회적경제지원센터(033-749-3905) (학)대성고졸, 원주대졸 (경)원주밝음신협 이사장, 신협강원지역협의회 회장, 원주협동사회경제네트워크 이사장 2007년 학교법인 상지학원(상지대) 임시이사 2016년 (사)강원도사회적경제지원센터 이사장(현)

최정환

(생)1963·12·25 (출)경북 포항 (주)경북 포항시 북구 소티재로151번길21 포항해양경비안전서(054-750-2000) (학)부경대졸, 인하대 대학원졸 (경)1991년 경위 임용(경찰간부 후보 39기) 2006년 해양경찰청 홍보2팀장(경감) 2007년 해양수산부 장관비서실 파견 2008년 해양경찰청 정보통신기획계장 2011년 同정비계장 2012년 同장비기술국 장비계장(총경) 2012년 同해양경찰교육원 총무과장 2014년 同해양경찰교육원 건설추진단장 2014년 국민안전처 해양경비안전본부 상황센터장 2016년 포항해양경비안전서장(현)

최정훈(崔正勳) CHOI JUNG HOON

(생)1958·10·7 (출)서울 (주)서울 중구 소공로51 우리은행 리스크관리본부(02-2002-3000) (학)1977년 여의도고졸 1983년 중앙대 행정학과졸 1999년 일본 고베대 대학원졸(MBA) (경)1984년 한일은행 입행 2004년 우리은행 뉴욕지점 수석부지점장 2004년 同진주아파트지점장 2006년 同수송동지점장 2007년 同HR운용팀 조사역(부장대우/지주사 파견) 2008년 홍콩우리투자은행 조사역 2011년 우리은행 역삼역지점장 2012년 同외환서비스센터 영업본부장대우 2013년 同송파영업본부장 2014년 同외환사업단 상무 2015년 同리스크관리본부장(집행부행장)(현) (상)재정경제부장관표창(2007)

최조웅(崔朝雄) CHOI Jo Woong

(생)1963·4·20 (본)탐진(耽津) (출)전북 남원 (주)서울 중구 덕수궁길15 서울특별시의회(02-3783-1661) (학)남원 성원고졸, 우석대졸, 연세대 행정대학원 지방자치 및 도시행정학과졸 (경)김성순 국회의원 특보, 민주당 서울송파丙지역위원회 운영위원 2006~2010년 서울 송파구의회 의원 2006~2010년 同재정건설위원회 위원 2006년 同운영위원회 위원 2010년 서울시의회 의원(민주당·민주통합당·민주당·새정치민주연합) 2010~2012년 同도시관리위원회 위원 2010~2011·2013년 同예산결산특별위원회 위원 2010년 同도시관리위원회 위원 2011~2012년 同장애인특별위원회 위원 2012년 同도시계획관리위원회 위원 2012년 同윤리특별위원회 부위원장 2013년 同민간단체지원사업점검특별위원회 위원 2013년 同남북교류협력지원특별위원회 부위원장 2013년 同여성특별위원회 위원 2014년 同동남권역집중개발특별위원회 위원 2014년 서울시의회 의원(새정치민주연합·더불어민주당)(현) 2014년 同행정자치위원회 위원장 2015년 同항공기소음특별위원회 위원(현) 2016년 同환경수자원위원회 위원(현) (상)대한민국 위민의정대상 우수상(2016) (종)기독교

최종갑(崔鍾甲) CHOI Jong Gab

(생)1957·11·12 (출)서울 (주)경기 수원시 영통구 중부대로345번길20 대산프라자2층 법무법인 오늘(031-211-2700) (학)1976년 서울고졸 1984년 서울대 법대졸 (경)1985년 사법시험 합격(27회) 1988년 사법연수원 수료(17기) 1988년 서울지법 남부지원 판사 1990년 서울민사지법 판사 1992년 청주지법 제천지원 판사 1995년 서울지법 서부지원 판사 1997년 서울지법 판사 1999년 同동부지원 판사 2000년 서울고법 판사 2002년 서울지법 판사 2003년 대전지법 부장판사 2005년 수원지법 부장판사 2006년 변호사 개업 2008년 법무법인 오늘 대표변호사(현) 2013년 법조공익단체 나우 이사, 시회원(현)

최종고(崔鍾庫) CHOI Chong Ko (靑里)

(생)1947·12·25 (본)경주(慶州) (출)경북 상주 (주)서울 관악구 관악로1 서울대학교 법과대학(02-880-7534) (학)경북고졸 1970년 서울대 법학과졸 1972년 同대학원 법학과졸 1979년 법학박사(독일 프라이부르크 알베르트루트비히대) (경)1981~1992년 서울대 법학과 전임강사·조교수·부교수 1984년 同법과대학 학생담당 부학장 1987년 미국 버클리대·하버드대 객원교수 1992~2013년 서울대 법과대학 법사상사전공 교수 1992년 同교무담당 부학장 1992년 통일원 자문위원 1994년 법무부 자문위원 1997년 미국 하와이대 교환교수 1998년 감사원 부정방지대책위원 2000년 한국인물전기학회 회장 2001년 한국법사학회 회장 2001년 중국 남경대 명예교수 2001년 세계법철학및사회철학회(IVR) 집행위원(세계이사) 겸 한국학회 회장 2002년 미국 산타클라라대 석좌교수 2003년 중국 산동대 명예교수 2009년 수석문화재단 이사(현) 2011년 서울대학원동창회 회장 2013년 서울대 법과대학 명예교수(현) (상)한국백상출판문화상 저작상(1980), 3·1문화상 인문·사회과학부문 학술상(2012), 근정포장(2013) (저)'한국의 서양법 수용사' '法史와 법사상' '법사상사' '위대한 법사상가들' '서양법제사' '법학통론' '법학인명사전' '한국법사상사' '한국의 법학자' '법과 생활' '법과 미술' 'Law and Justice in Korea : South and North' '자유와 정의의 지성 유기천' '괴테와 다산, 통하다' 'East Asian Jurisprudence' '이승만과 메논, 그리고 모윤숙'(2012) '나의 일생'(2014, 푸른사상) (역)'법철학' (종)기독교

최종구(崔鍾球) CHOI Jong Ku

(생)1957·9·20 (본)강릉(江陵) (출)강원 강릉 (주)서울 종로구 김상옥로29 SGI서울보증(주) 사장실(02-3671-7001) (학)1974년 강릉고졸 1980년 고려대 무역학과졸 1992년 미국 위스콘신대 대학원 공공정책학과졸 (경)1981년 행정고시 합격(25회) 1982년 재무부 국제금융국·이재국 근무, 재정경제원 재정정책국·금융정책실 근무 1996년 대외경제정책연구원 파견 1997년 미국 국제금융공사(IFC) 파견 1999년 재정경제부 경제정책국 산업경제과장 2001년 同국제금융국 외환자금과장 2002년 同국제금융국 국제금융과장(부이사관) 2004년 국제금융개발은행(IBRD) 파견 2006년 재정경제부 국고국 재정정책심의관(고위공무원) 2007년 同경제자유구역기획단 지원국장 2007년 同국제금융국 국제금융심의관 2008년 기획재정부 국제금융국장 2009년 대통령직속 국가경쟁력강화위원회 실무추진단장 파견 2010년 금융위원회 상임위원 2011년 기획재정부 국제업무관리관 2012년 同국제경제관리관(차관보) 2013~2014년 금융감독원 총괄·보험담당 수석부원장 2015년 SGI서울보증(주) 대표이사 사장(현) (상)근정포장(2003), 이데일리 대한민국금융산업대상 특별상(2016) (종)불교

최종균(崔鐘昀) CHOI Jong Kyun

(생)1970·10·31 (본)강릉(江陵) (출)강원 강릉 (주)서울 종로구 사직로8길60 외교부 인사운영팀(02-2100-7863) (학)강릉고졸, 서울대 인류학과졸 (경)1993년 행정고시 합격(37회), 보건복지부 식품유통과 근무, 同장애인복지과 근무, 同식품정책과 근무, 同행정관리담당관실 근무 2004년 同공공보건정책과 서기관 2005년 同한방산업단지조성팀 서기관 2005년 경제협력개발기구(OECD) 사무국 파견(주재관) 2008년 보건복지가족부 국제협력담당관 2009년 同장애인정책국 장애인정책과장 2010년 보건복지부 장애인정책국 장애인정책과장 2010~2012년 同기획조정실 기획조정담당관(부이사관) 2011년 OECD 고용노동사회위원회 사회정책작업반(Working Party on Soical Policy) 부의장 2012년 보건복지부 사회복지정책실 복지정책과장 2013년 同인사과장 2014년 同건강보험정책국 보험정책과장 2014년 同장애인정책국장 2015년 駐제네바 대표부 공사참사관(현)

최종덕(崔鍾悳) CHOI Jong Deok

(생)1959 (본)경주(慶州) (출)대구 (주)대전 서구 청사로189 문화재청 문화재정책국(042-481-4900) (학)한양대 건축공학과졸, 미국 오리건대 대학원 역사보존학 석사, 건축학박사(서울대) (경)1990~1996년 건설교통부 근무 2003년 문화재청 문화재기획국 근대문화재과장 2004년 同문화재정책국 문화재교류과장 2005년 同창덕궁관리소장 2006년 同문화재정책국 문화재교류과장(부이사관) 2007년 문화재위원회 건축분야 전문위원 2008년 문화재청 국제교류과장 2008년 同건축문화재과장 2009년 同수리기술과장 2011년 세종연구소 교육파견(부이사관) 2011년 문화재청 문화재보존국장(고위공무원) 2011~2013년 同숭례문복구단장 겸임 2013~2014년 同문화재정책국장 2015년 국립고궁박물관장 2016년 문화재청 문화재정책국장(현) (저)'창덕궁 육백년 1405-2005'(2005, 문화재청) '조선의 참 궁궐 창덕궁'(2006, 눌와) '숭례문 세우기'(2014, 돌베개)

최종두(崔鍾斗) CHOI Jong Du

(생)1964·2·6 (출)경기 안성 (주)서울 광진구 아차산로404 서울동부지방법원(02-2204-2114) (학)1982년 유신고졸 1986년 서울대 법학과졸 1988년 同대학원 법학과졸 (경)1988년 사법시험 합격(30회) 1991년 사법연수원 수료(20기) 1991년 춘천지법 강릉지원 판사 1994년 춘천지법 판사 1995년 인천지법 부천지원 판사 1999년 수원지법 판사 2001년 서울가정법원 판사 2002년 서울고법 판사 2004년 서울중앙지법 판사 2006년 청주지법 부장판사 2008년 수원지법 부장판사 2010년 서울북부지법 부장판사 2012년 서울중앙지법 부장판사 2015년 서울동부지법 부장판사(현)

최종률(崔鍾律) CHOI Jong Yul

[생]1937·12·28 [본]탐진(耽津) [출]황해 해주 [주]서울 송파구 올림픽로35길137 광고문화회관9층 한국ABC협회 임원실(02-783-4983) [학]1957년 동성고졸 1961년 연세대 상경대학 상학과졸, 서강대 언론대학원 최고위과정 수료 [경]1961년 경향신문 기자 1965년 중앙일보 기자 1969~1977년 同문화부장·월간중앙 주간 1977년 同편집부국장·출판국장 1978년 同이사대우 출판국장 1979년 同이사대우 논설위원 1980년 同논설주간 겸 이사 1984년 同상무이사(논설주간) 1984년 同주필(상무이사) 1986년 同전무이사 겸 주필 1988년 同전무이사 겸 논설고문 1988년 로마교황청 문화위원 1991년 경향신문 부사장 겸 주필 1992~1995년 同사장 1992년 한국신문협회 부회장 1992년 IPI 한국위원회 이사 1993년 한국언론연구원 이사장 1994~1996년 한국신문협회 회장 1995~1996년 경향신문 부회장 1996년 전국재해대책협의회 회장 1997년 한국신문협회 공정경쟁심의위원장 1997년 서강대 신문방송학과 대우교수 1997년 언론중재위원회 위원 1998~2001년 예술의전당 사장 2000년 장면박사기념사업회 이사 2001~2006년 한국ABC협회 회장 2004~2007년 예술의전당 이사 2007년 한국ABC협회 고문(현) 2011년 바보의나눔재단(김수환추기경 추모재단) 이사(현) [상]황해도 문화상, 아시아언론재단 高在旭언론상, 연세언론인상, 한국음악협회 한국음악상특별상, 자랑스러운 동성인상(2005) [저]시사평론집 '분수대(5권)' '땅의 소리 하늘의 소리' [역]'B. 프랭클린 자서전' [종]천주교

최종만(崔鐘萬) CHOI Jong Man

[생]1947·4·15 [본]수성(隋城) [출]충남 당진 [주]서울 영등포구 당산로45길19 (주)고암(02-2068-8174) [학]고려대 법학과졸, 同정책과학대학원 수료, 미국 조지워싱턴대 대학원 최고경영자과정 수료, 경기대 정치대학원 수료 [경]1979년 (주)고암 회장(현) 1990~2008년 세계빌딩관리연맹 이사 겸 한국수석대표 1990년 (사)한국건물위생관리협회 회장 1994년 (주)고암개발 대표이사(현) 1994년 在京서산향우회 부회장 1995년 (사)한국건축물관리연합회 회장 1998년 (사)한국방역협회 고문 2000년 (사)한국웅변인협회 부총재(현) 2004년 충청향우회중앙회 부총재(현) 2008~2010년 在京서산시향우회 회장 [상]대통령표창(1994·2000) [저]'한국의 정당정치와 민주주의' [종]기독교

최종만(崔鍾晩) CHOI Jong Man

[생]1956·7·21 [본]전주(全州) [출]전남 순천 [학]1974년 순천고졸 1978년 서울대 조선공학과졸 1985년 同대학원 행정학과졸 1998년 법학박사(일본 센슈대) [경]1979년 행정고시 합격(22회) 1991~1999년 광주시 지역경제국장·동구청장·도시계획국장·비엔날레 사무처장·문화관광국장 1999년 행정자치부 재난관리과장 1999년 同민방위운영과장 1999년 同윤리담당관 2000년 同장관비서관 2000년 대통령 공직기강비서관실 행정관 2001년 국무총리국무조정실 안전관리개선기획단 부단장 2002년 同외교안보심의관(이사관) 2003년 국방대 파견 2004년 중앙공무원교육원 교수부장 2004년 행정자치부 안전정책관 2005년 영국 내각사무처 국가행정학과 파견 2007년 행정자치부 자치경찰제실무추진단장 2008~2010년 광주시 행정부시장 2010~2012년 광양만권경제자유구역청장 2012년 광주상공회의소 상근부회장 2014~2015년 아시아문화개발원 원장 [상]감사원장표창(1982), 재무부장관표창(1989), 홍조근정훈장(1996) [저]'일본의 자치체 개혁'(1998) '영국의 정부시스템 개혁'(2007) '동박꽃'(2011) [종]기독교

최종만(崔鍾晩) CHOI Jong Man

[생]1957·7·10 [본]강릉(江陵) [출]강원 강릉 [주]서울 중구 퇴계로213 일흥빌딩8층 신한회계법인 대표이사실(02-2279-0611) [학]연세대 경영학과졸, 同대학원 경영학과졸, 회계학박사(동국대) [경]신한회계법인 국제사업본부장 2005년 同대표이사(현), 한국공인회계사회 연구이사, 同감사 2008년 연세대 경영대학 겸임교수(현) [상]금융감독원장표창, 기획재정부장관표창 [저]'한국의 30대 재벌 재무분석' '재무분석과 사업성 검토'(2002) '외부감사의 효율성 제고를 위한 내부감사의 신뢰성평가' [종]기독교

최종만(崔鍾萬) CHOI Jong Man

[생]1964·10·23 [출]광주 [주]서울 서초구 반포대로111 보광빌딩4층 (주)강강술래(02-3392-5425) [학]1990년 고려대 경영학과졸 2001년 미국 선더버드대 국제경영대학원졸(MBA) 2002년 미국 Univ. of Florida 대학원 부동산개발 및 금융학과졸 2008년 서울대 건설경영최고위과정(ACPMP) 수료 2015년 同식품·외식최고경영자과정(AMPFRI) 수료 [경]1992~1994년 한국국제협력단 해외봉사단(Chiangmai Teachers' College) Field Coordinator 1995~1999년 동아건설(주) 기획조정실·구조조정팀·경영관리팀·재무팀 근무 2002~2003년 국제연합개발계획(UNDP) Senior Programme Manager 2006년 (주)호반건설 기획실장 2008년 同개발사업담당 부사장 2009~2013년 同대표이사 사장 2014년 (주)강강술래 대표이사 부회장(현) [종]천주교

최종문(崔鍾文) Jong Moon CHOI

[생]1959·4·23 [본]강릉(江陵) [출]서울 [주]서울 종로구 사직로8길60 외교부 다자외교조정관실(02-2100-7214) [학]1978년 휘문고졸 1982년 연세대 정치외교학과졸 1987년 미국 서던캘리포니아대(USC) 대학원졸 [경]1983년 외무고시 합격(17회) 1983년 외무부 입부 1989~1992년 駐유엔대표부 2등서기관 1996년 駐태국 1등서기관 1999년 대통령 외교안보비서관실 행정관 2000년 외교통상부 서남아대양주과장 2001년 同장관 비서관 2002년 駐미국 참사관 2005년 駐미얀마 공사참사관 2007년 대통령 의전비서관실 외교팀장 2008년 외교통상부 조정기획관(고위외무공무원) 2009년 同남아시아태평양국장 2011년 駐스리랑카 대사 2014년 외교부 본부 근무(고위공무원) 2015년 同특별보좌관 2016년 同다자외교조정관(현) [상]녹조근정훈장(1996) [종]기독교

최종배(崔鍾培) Choi, Jong Bae

[생]1960·12·19 [출]경북 포항 [주]서울 종로구 세종대로178 KT빌딩13층 원자력안전위원회 사무처(02-397-7220) [학]영등포고졸 1983년 광운대 전자공학과졸 1985년 한국과학기술원(KAIST) 핵공학석사 1999년 전기공학박사(미국 아이오와주립대) [경]1985~1987년 과학기술처 고리주재관 1987~1991년 同원자로과 근무 2003~2005년 과학기술부 원자력협력과장 2006~2009년 IAEA(국제원자력기구) 파견 2009~2011년 교육과학기술부 원자력정책과장 2012~2013년 대통령 과학기술비서관 2013~2014년 국립중앙과학관장 2014년 미래창조과학부 창조경제조정관 2015년 同과학기술전략본부장 2016년 국무총리직속 원자력안전위원회 상임위원 겸 사무처장(현)

최종범(崔鍾範) CHOI Jong Bum

[생]1951·10·17 [본]해주(海州) [출]전북 부안 [주]전북 전주시 덕진구 건지로20 전북대학교 의학전문대학원 흉부외과교실(063-250-1486) [학]1971년 광주제일고졸 1977년 전남대 의과대학 의학과졸 1980년 同대학원 의학과졸 1983년 의학박사(전남대) [경]1983~1986년 군의관 1986~1995년 원광대 의과대학 흉부외과학교실 전임강사·조교수·부교수 1996년 同교수 1998년 同흉부외과장 2000~2002년 同교육부장 2005년 同순환기센터장 2006~2009년 대한흉부외과학회 상임이사 겸 학술위원장 2009년 전북대 의학전문대학원 흉부외과교실 교수(현) 2013년 전북대병원 흉부외과장(현) [상]대한흉부외과학회 St. Jude Medical Awards(1996), 한국사회인검도 노장부 우승(2001) [종]천주교

최종삼(崔鍾三) CHOI Jong Sam

[생]1948·2·17 [본]강화(江華) [출]전남 장성 [주]서울 노원구 화랑로727 대한체육회 태릉선수촌(02-970-0011) [학]1969년 조선대부고졸 1974년 용인대 체육대학졸 1980년 단국대 대학원 체육학과졸 1997년 이학박사(명지대) [경]1971년 세계유도선수권대회 3위 1976년 광주 송원고 교사 1986년 국가대표 여자유도선수 감독 1986년 유도국제심판자격 획득 1989~2013년 용인대 유도학과 교수 1991년 국가대표 유도선수 총감독 1993년 대한유도회 이사 1993년 용인대 학생처장 겸 방송국장 1997년 대한유도회 전무이사 1997년 용인대 비서실장 2000~2006년 同기획처장 2000~2002년 동아시아유도연맹 심판위원장 2000년 대한올림픽위원회(KOC) 위원 2005년 대한유도회 부회장 2005년 한국체육학회 부회장 2011~2015년 동아시아유도연맹 회장 2013년 대한체육회 태릉선수촌장(현) 2016년 同경기력향상위원회 위원장(현) 2016년 同리우올림픽대회 대한민국선수단 총감독(현) [상]국무총리표창, 체육부장관표창, 체육훈장 백마장, 체육훈장 맹호장, 홍조근정훈장(2013) [저]'유도경기훈련지도서'(共) '유도지도법'(共) '체육사' '유도본1'(共) '그림으로 배우는 유도지도법'(共)

최종삼(崔鐘三) CHOI Jong Sam

[생]1956·3·7 [출]대구 [주]서울 서대문구 서소문로21 충정타워5층 한국케이블TV방송협회(02-735-6511) [학]1974년 대구 계성고졸 1979년 영남대 경영학과졸 2014년 중앙대 신문방송대학원졸 [경]1998년 (주)LG홈쇼핑 재무담당 이사 1998년 同재무담당 상무 2005년 (주)GS홈쇼핑 물류부문 상무 2006~2008년 (주)GS울산방송 대표이사 2007~2009년 한국케이블TV방송협

회 이사 2009년 엘르TV코리아 대표이사 2011~2013년 한국케이블TV방송협회 사무총장 2013년 남북방송통신교류추진위원회 위원 2013년 한국케이블TV방송협회 SO협의회장(현) 2013년 한국디지털케이블연구원 이사장 [종]천주교

최종선(崔鍾先)

[생]1965·10·9 [출]전남 함평 [주]전남 여수시 시청로1 여수시청 부시장실(061-659-3010) [학]전남 문태고졸, 경희대 행정학과졸 [경]1992년 행정고등고시 합격(36회) 1996년 전남도 기획관리실 법제계장 1999년 同경제통상국 산업자원과 산업정책담당 2001년 同자치행정국 총무과 인사담당 2004년 同지방공무원교육원 교수요원(지방서기관) 2005년 同기업도시기획단 기획총괄팀장(기업도시과장) 2007년 전남 무안군 부군수 2012년 전남도 F1대회지원담당관 2013년 同F1조직위원회 본부장(지방부이사관) 2014년 同해양수산국장 2015년 同경제과학국장 2016년 전남 여수시 부시장(현)

최종설(崔鍾卨) CHOI Jong Sul

[생]1938·11·21 [출]강원 강릉 [주]강원 강릉시 구정면 금평로117 강릉학산오독떼기보존회(033-647-0079) [학]강릉농업고졸 1993년 관동대 경영행정대학원 최고관리자과정 수료 [경]1983~1990년 명주군농촌지도자연합회 회장 1983~2002년 민주평통 자문위원 1991~1994년 강원 명주군의회 의원 1991~1994년 농촌지도자중앙회 이사 1991~1994년 강원도농촌지도자연합회 회장 1991~1994년 강원도 농어촌발전심의위원 1993년 강릉학산오독떼기보존회 회장(현) 1995·1998~2002년 강원 강릉시의회 의원 1995~1998년 同부의장 1998~2002년 同의장 1999년 강릉문화원 이사(현) 2006~2014년 (사)강릉단오제위원회 위원장 2015년 강원도무형문화재연합회 초대 회장(현) [상]국무총리표창(1984), 강원도지사 강원농민대상(1990), 대통령표창(1995) [종]불교

최종수(崔宗洙) CHOI Jong Soo

[생]1956·1·8 [출]경북 영일 [주]경기 성남시 분당구 판교로335 차바이오컴플렉스 (주)차바이오텍(031-881-7400) [학]경북고졸, 영남대 경영학과졸 [경]제일모직 감사팀장, 삼성캐피탈(주) 기획재무실장 2004년 삼성카드(주) 재무혁신담당 상무보 2006년 同영남영업사업부장(상무) 2007년 同인사지원실장(상무) 2009~2011년 同경영지원실장(전무) 2011~2014년 同상근고문 2014년 (주)차바이오텍 대표이사 사장(현) [종]기독교

최종수(崔鍾水) Jongsoo Choi

[생]1966·9·16 [본]강릉(江陵) [출]강원 홍천 [주]서울 중구 필동로1길30 동국대학교 공과대학 건축공학부(02-2260-3357) [학]1985년 홍천고졸 1992년 한양대 건축학과졸 1995년 同대학원 건축공학과졸 2003년 공학박사(미국 위스콘신주립대) [경]2003년 동국대 공대 건축공학부 교수(현) [종]불교

최종순(崔鐘淳) CHOI Jong Soon

[생]1963·5·18 [본]경주(慶州) [출]서울 [주]대전 유성구 과학로169의148 한국기초과학연구원(042-865-3500) [학]1986년 연세대 생물학과졸 1990년 同대학원 생물학과졸 1999년 생물학박사(한국과학기술원) [경]2005년 한국기초과학지원연구원 생명과학연구부 프로테오연구팀장 2009년 同생명과학연구부장 2011~2013년 同정책연구부장 2013년 同생명과학연구부 책임연구원 2015년 同바이오융합분석본부 생물재난연구팀장 2016년 同부원장(현)

최종식(崔鍾植) CHOI Jong Sik

[생]1950·11·19 [출]전북 [주]서울 강남구 테헤란로124 풍림빌딩12층 쌍용자동차(주)(02-3469-2147) [학]1968년 전주고졸 1973년 서울대 경영학과졸 [경]1977년 현대자동차(주) 입사 1994년 同이사대우 1996년 同이사 1998년 기아자동차(주) 이사 1998년 기아자동차판매(주) 이사 1999년 기아자동차 상무이사 2001년 同기획실장(전무) 2002년 현대자동차(주) 상용판매사업부장(전무) 2004년 同HMA법인장(부사장) 2011년 쌍용자동차(주) 영업부문장(부사장) 2015년 同대표이사 사장(현)

최종식(崔鐘植) CHOI Jong Sik

[생]1964·10·1 [출]서울 [주]경기 수원시 장안구 경수대로 973번길6 경기일보 미디어전략실(031-250-3333) [학]1983년 안동 경일고졸 1990년 경기대 국어국문학과졸 [경]1998년 경기일보 제2사회부 광주주재 기자 1999년 同정치부 기자 2000년 同사회부 기자 2002~2008년 同사회부 차장 2004년 한국기자협회 기자협회보 편집위원 겸 인천·경기협회 회장 2006년 한국신문윤리위원회 이사(현) 2008년 경기일보 편집국 사회부장, 同편집국 정치부장 2011년 同편집국장 2016년 同미디어전략실 이사대우(현)

최종양(崔鍾良) CHOI Jong Yang

[생]1962·2·2 [출]서울 [주]서울 마포구 서강로77 (주)이랜드월드 임원실(02-2012-5107) [학]1986년 성균관대 화학공학과졸 [경]1986년 (주)이랜드 입사 1999년 同상무 2001년 同중국법인 대표이사 2006~2008년 이천일아울렛 최고운영책임자 2006~2008년 이랜드그룹 아울렛BG 사장 2006~2008년 (주)뉴코아 대표이사 사장 2008년 同중국패션법인 책임자(부사장), (주)이랜드리테일 대표이사, (주)이랜드위시디자인 이사, (주)이랜드중국패션디자인 이사(현), 이랜드그룹 중국BG장(현) 2013년 (주)이랜드월드 공동대표이사 사장(현)

최종영(崔鍾泳) CHOI Jong Young

[생]1939·2·20 [본]강릉(江陵) [출]강원 강릉 [학]1957년 강릉상고졸 1962년 서울대 법대졸 [경]1961년 고등고시 사법과 합격(13회) 1962~1965년 軍법무관 1965년 부산지법 판사 1968년 서울지법 인천지원 판사 1969년 서울민사지법 판사 1973년 서울형사지법 판사 1974년 서울고법 판사 1977년 대구고법 판사 1978년 대법원 재판연구관 1979년 대전지법 홍성지원장 1980년 서울민사지법 부장판사 1981년 서울고법 부장판사 1986년 서울지법 북부지원장 1988년 서울고법 수석부장판사 1991년 서울민사지법원장 1992~1998년 대법관 1993~1997년 법원행정처장 1997~1998년 중앙선거관리위원회 위원장 1998년 변호사 개업 1999~2005년 대법원장 2006~2016년 법무법인 바른 고문변호사

최종영(崔鍾榮) CHOI Jong Young

[생]1960·3·12 [주]서울 서초구 반포대로222 가톨릭대학교 서울성모병원 소화기내과(02-590-1420) [학]1987년 가톨릭대 의대졸 1994년 同대학원졸 1998년 의학박사(가톨릭대) [경]1997년 가톨릭대 의대 내과학교실 교수(현) 1997년 일본 KURUME대 간암알코올치료 연수 1999~2000년 미국 국립보건원 해외연수(B형간염 연구) 2001년 독일 Rostok대 인공간치료 연수 2002~2004년 대한소화기학회 학술위원 2004~2006년 대한간학회 간행위원장 2007년 아시아태평양간학회 조직위원장(현) 2013년 가톨릭대 가톨릭중앙의료원 기획조정실장(현)

최종옥(崔鍾玉) CHOI Jong Ok (心山)

[생]1952·5·7 [본]강화(江華) [출]전남 함평 [주]서울 동작구 서달로12가길19 (주)나눔뉴스 임원실(02-713-3535) [학]함평농고졸, 한국방송통신대 행정학과졸, 중앙대 사회개발대학원 의회최고지도자과정 수료, 고려대 의과대학원 여행의학고위과정 수료 [경]나눔뉴스 서경일보 상임대표(현), 대한민국나눔클럽 상임대표(현), (사)한국언론사협회 이사장 겸 상임회장, 명예회장, 同공동회장(현), KPANEWS한국언론사협회 발행·편집인(현), 디에스미디어그룹(스타저널·기업경제신문·동작투데이) 회장(현), 대한민국나눔대상 시상대회장(현), NANUMNEWS KOREA회장, 국회등록법인 한반도평화통일시민단체협의회 공동대표(현), 아름다운학교운동본부 상임대표, 同공동대표(현), (사)한국교육연구소 이사(현), 한국나눔운동연합회 상임회장(현) 2006년 5.31서울시장선거 인권특별위원회 위원장 2007년 대통합민주신당 제17대 대선 대통령후보 공보특보 2007년 同제17대 대선 나눔운동특별위원장 2007년 同중앙선대위 조직부위원장 2008년 2008함평세계나비·곤충엑스포 홍보대사, 한겨레-참여연대 100인 유권자위원, 중앙대대학원총동창회 상임이사, 열린우리당 동작구나눔운동 본부장, 좋은헌법만들기국민운동 공동대표, 사색의향기문화원 자문위원, 서울시장 선거대책위원회 행복나눔본부 부단장, 하늘땅문화예술단 상임대표(현), 대한민국차(茶)세계화조직위원회 추진위원장, 전남대평생교육원총원우회 고문, 민족통일국민운동본부 공동대표(현), 민주주의전당건립범국민추진위원회 위원, 2012년 (주)나눔뉴스 회장(현) 2012년 민주통합당 제18대 대통령선거 국민특보, 대한민국유권자연대 공동대표(현), 국제평화언론대상 시상대회장, 대한민국우수국회의

원대상 조직위원장 · 대회장, 동작구의회 의정비심의위원회 부위원장, 올레 TV 채널789(내고향tv) 서울방송 회장 2014년 2015미시즈 퍼스트 뷰티월드 중국 본선대회 심사위원 2015년 2015미스인터콘티넨탈 서울대회 조직위원장 겸 심사위원 2016미시즈퍼스트뷰티월드 예심대회 심사위원장, 세계평화언론대상 대회장, 대한민국모범국회의원대상 대회장, 한국언론기자협회 중앙회장, 국민안전관리협회 중앙상임위원장 [상]전남도지사표창(1981), 산림청장표창(1988 · 1992), 대한민국다문화예술대상 보도대상(2012), 제8회 대한민국사회공헌대상 문화나눔대상(2013), 다문화인이 뽑은 올해의 인물대상(2014), 세계나눔대상(2014), 대한민국을 빛낸 위대한 인물대상(2015), 다문화예술대상 인물상(국회외교통일위원장상)(2015), 선행천사세계나눔대상(국회보건복지위원장상)(2015) [종]천주교

최종욱(崔鍾旭)

[생]1959 · 12 · 11 [출]경북 영주 [주]대구 동구 국채보상로895 동대구세무서(053-749-0201) [학]영광고졸 [경]1978~1981년 영주세무서 근무 2006년 대구지방국세청 총무과 인사계장 2008년 구미세무서 부가가치세과장(행정사무관) 2010년 同재산법인세과장 2011년 대구지방국세청 송무과장 2013년 同운영지원과장(서기관) 2014년 포항세무서장 2015년 동대구세무서장(현) [상]모범공무원표창(2007), 대통령표창(2012)

최종웅(崔鍾雄) CHOE Jong Woong

[생]1957 · 4 · 15 [본]강릉(江陵) [출]강원 강릉 [주]서울 강남구 봉은사로215 KTS빌딩8층 (주)인코어드테크놀로지스(02-3443-5800) [학]1975년 강릉고졸 1981년 부산대 기계공학과졸 1995년 충남대 대학원 컴퓨터공학과졸 1999년 컴퓨터공학박사(충남대) [경]1982~1988년 금성계전 근무 1989년 LG산전(주) 전력연구소 근무 1991년 同전력연구소 책임연구원 1992년 同부장 1998년 同전력연구소장 2000년 同상무보 2001년 同상무 2005~2007년 LS산전(주) 전력연구소 전무(CTO) 2008년 同연구개발본부 부사장(CTO) 2010년 同전력솔루션본부장(부사장) 2011~2013년 同사장(CTO) 2013년 (주)인코어드테크놀로지스 대표이사(현) [상]통상산업부장관표창, 자랑스러운 부산대인(2012) [저]'전하중첩법에 의한 가상전하 배치방법' '전자장 해석을 통한 보호계전기용 CT설계' 'A Study for Electric Breaking Mechanism Using a Frequency-Domain Motion Estimation' [종]기독교

최종원(崔鍾元) CHOI Jong Won

[생]1958 · 10 · 28 [본]강릉(江陵) [출]강원 강릉 [주]서울 관악구 관악로1 서울대학교 행정대학원(02-880-5624) [학]1982년 서울대 경제학과졸 1984년 同행정대학원졸 1989년 정책학박사(미국 미시간대) [경]1982년 행정고등고시 합격(제26회) 1983~1989년 경제기획원 행정사무관 1989~1991년 정보통신정책연구원(KISDI) 책임연구원 1991~1994년 한국개발연구원(KDI) 연구위원 1994년 서울대 행정대학원 전임강사 · 조교수 · 부교수 · 교수(현) 1996년 정부투자기관경영평가단 위원 1998~2000년 공정거래위원회 정책평가위원 2000~2001년 미국 Stanford Univ. Hoover Institution 객원교수 2002년 대통령직속 규제개혁위원회 간사위원 2004년 대통령직속 지방이양추진위원회 위원 2004년 감사원 정책자문위원 2005년 정부산하기관경영평가단 위원 2008~2010년 서울대 행정대학원장 2009~2012년 공정거래위원회 비상임위원 2012~2014년 기획재정부 공공기관경영평가단장 2012~2015년 서울대병원 비상임이사 2013년 국세청 국세행정개혁위원회 위원(현) 2014년 SK하이닉스 사외이사(현) 2015년 두산건설(주) 사외이사(현) [저]'미일구조조정협의의 전개와 경쟁정책'(1994) '정보정책론(共)'(1997) '정책과정의 실증적 연구'(2002) '공공부문 의사결정과정의 실증연구'(2002) '정책학원론(共)'(2003) '정책 · 행정서비스의 업그레이드(共)'(2005) '행정의 시차적 접근(共)'(2005)

최종원(崔鍾元) CHOI Jong Won

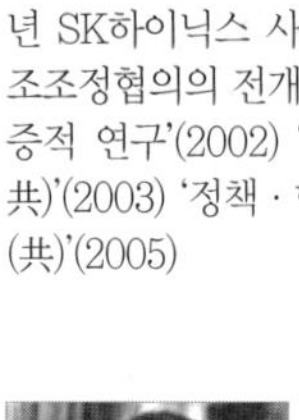

[생]1960 · 11 · 27 [주]서울 용산구 청파로47길100 숙명여자대학교 이과대학 컴퓨터과학부(02-710-9445) [학]1984년 서울대 컴퓨터공학과졸 1986년 同대학원졸 1992년 공학박사(미국 노스웨스턴대) [경]1993년 숙명여대 이과대학 컴퓨터과학부 조교수 · 부교수 · 교수(현) 1996~1999년 인터넷-KIG라우팅WG 의장 1997~1999년 한국정보과학회 논문편집위원 겸 운영위원 2002년 숙명여대 정보통신처장 2003~2006년 대학정보화협의회 부회장 2011~2012년 한국인터넷윤리학회 초대회장 2015년 한국인터넷진흥원 비상임이사(현) 2016년 숙명여대 교무처장(현)

최종원(崔鍾元) CHOI Jong Won

[생]1966 · 6 · 2 [본]경주(慶州) [출]강원 강릉 [주]세종특별자치시 도움6로11 환경부 자연보전국 자연정책과(044-201-7220) [학]1993년 서울시립대 환경공학과졸 2007년 미국 델라웨어대 대학원 에너지환경정책학과졸 [경]1992년 기술고시 합격(28회) 1994년 서울시 상수도사업본부 근무 1996년 환경부 산업폐수과 · 지구환경과 · 대기정책과 근무 2003년 同환경경제과 근무 2004년 同공보관실 근무 2005년 同홍보관리관실 정책홍보담당관 2005년 해외 파견 2007년 환경부 국립생물자원관 운영관리과장 2007년 同자원순환국 산업폐기물과장 2009년 同자원순환국 폐자원관리과장 2009년 同자연보전국 자연자원과장 2011년 同상하수도정책관실 수도정책과장 2013년 同자연보전국 자연정책과장(현) [상]국무총리표창(2002) [종]기독교

최종원(崔鍾元) CHOI Jong Won

[생]1966 · 10 · 10 [출]경북 상주 [주]강원 춘천시 공지로288 춘천지방검찰청 검사장실(033-240-4301) [학]1984년 경북고졸 1988년 연세대 법학과졸 [경]1989년 사법시험 합격(31회) 1992년 사법연수원 수료(21기) 1992년 軍법무관 1995년 서울지검 남부지청 검사 1997년 부산지검 울산지청 검사 1999년 부산지검 검사 2001년 법무부 검찰국 검사 2001년 同검찰2과 검사 2003년 서울지검 검사 2004년 제주지검 부부장검사 2005년 대구고검 검사 2006년 대구지검 마약 · 조직범죄수사부장 2007년 同특수부장 2008년 인천지검 특수부장 2009년 서울중앙지검 조사부장 2009년 법무연수원 교수 2010년 춘천지검 원주지청장 2011년 부산지검 동부지청 차장검사 2012년 의정부지검 고양지청 차장검사 2013년 서울북부지검 차장검사 2014년 대구지검 제1차장검사 2015년 의정부지검 고양지청장 2015년 춘천지검장(현)

최종일(崔鍾一) Choi jong il

[생]1954 · 8 · 10 [출]강원 강릉 [학]동두천고졸 1978년 육군사관학교졸(34기) 1988년 미국 지휘참모대졸 1989년 미국 트로이주립대 대학원 교육학과졸 1999년 미국 육군대 대학원졸 2000년 서울대 행정대학원졸 2004년 국제관계학박사(미국 조지워싱턴대) [경]2004년 국방부 이라크평화재건사단 부사단장 2005년 同국방정책실 국제정책차장 2007년 제7사단장 2009년 한미연합사령부 작전참모부 차장 2010년 제1군단장(중장) 2012년 국방부 국방정보본부장 2013년 駐레바논 대사 2016년 국가정보원 제3차장(현)

최종찬(崔鍾璨) CHOI Jong Chan

[생]1950 · 3 · 15 [본]해주(海州) [출]강원 강릉 [주]서울 영등포구 여의나루로53의1 대오빌딩3층 국가경영전략연구원(02-786-7799) [학]1968년 경복고졸 1972년 서울대 상과대학 무역학과졸 1983년 미국 펜실베이니아대 Wharton School 경영대학원졸(MBA) [경]예편(육군 중위) 1971년 행정고시 합격(10회) 1987년 경제기획원 농림수산담당관 1988년 同공정거래총괄과장 1990년 同종합기획과장 1991년 국무총리행정조정실 정책평가심의관 1992년 경제기획원 감사관 1992년 同예산심의관 1993년 同공보관 1994년 同경제기획국장 1994년 재정경제원 경제정책국장 1996년 아시아유럽정상회의 준비기획단(ASEM) 사업추진본부장 1997년 조달청 차장 1998년 대통령 기획조정비서관 1998년 건설교통부 차관 1999~2000년 기획예산처 차관 2000년 한국개발연구원 초빙연구원 2001년 강릉대 초빙교수 2002~2003년 대통령 정책기획수석비서관 2003년 건설교통부 장관 2004~2010년 KTB네트워크 사외이사 2004~2010년 동부화재해상보험(주) 사외이사 2006년 서울대 행정대학원 초빙교수 2007년 롯데 상임고문 2008~2013년 강원도민회중앙회 회장 2008~2010년 국민경제자문회의 자문위원 2009년 2010춘천월드레저총회 및 경기대회 고문 2010년 (사)선진사회만들기연대 공동대표(현) 2012년 건전재정포럼 공동대표(현) 2013년 전국시도민향우연합회 공동총재 2014년 국가경영전략연구원(NSI) 원장(현) [상]근정포장, 황조근정훈장(2003) [저]'최종찬의 신국가개조론'(2008) [종]기독교

최종찬(崔鍾贊) CHOI Jong Chan

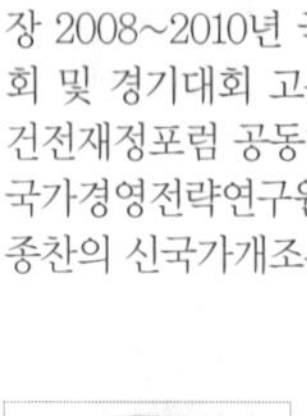

[생]1968 · 7 · 14 [본]전주(全州) [출]경기 화성 [주]서울 마포구 양화로104 이화공영(주)(02-336-0041) [학]1987년 경성고졸 1994년 고려대졸 1997년 미국 뉴욕주립대 경영대학원졸(MBA) 2004년 경원대부설 산학연CEO과정 수료 2011년 서울대 공과대학 ACPMP 수료 [경]1997~2001년 아더앤더슨코리아 Manager, 이화공영(주) 이사, 同전무 2012년 同대표이사 부사장 2013년 동국대 공과대학 산업기술연구원 겸임교수(현) 2014년 이화공영(주) 대표이사

사장(현) 2015년 민주평통 자문위원(현) [상]서울마포경찰서장 감사장(2006), 서울지방경찰청장 감사장(2007), 서울서부지방검찰청장표창(2012), 검찰총장표창(2013), 경찰청장 감사장(2014) [종]기독교

최종천(崔鍾千) CHOI Jong Chon

[생]1952 · 10 · 27 [본]경주(慶州) [출]경북 경주 [주]서울 종로구 새문안로5길13 변호사회관9층 브릿지경제신문(02-2070-0200) [학]1972년 경주고졸 1979년 고려대 신문방송학과졸 [경]1978년 내외경제신문 정경부 기자 1980~1985년 한국경제신문 산업부 기자 1991년 同사회부 차장대우 1993년 同사회부 차장 · 사회부장 직대 1995년 同사회부장 1996년 同사회1부장 1996년 同산업2부장 1998년 同편집국 부국장대우 1999~2000년 同관리국장 2000년 同독자서비스국장 2001년 同독자서비스국장(이사대우) 2002년 同 사업국장 겸임 2004년 同광고국장(이사) 2004년 한국신문협회 광고협의회 이사 2004년 한국ABC협회 이사 2007년 한국경제신문 경영본부장 겸 광고국장(상무이사) 2008~2011년 同경영본부장(전무이사) 2008년 한국신문협회 광고협의회 부회장 2011~2013년 한국경제TV 대표이사 사장 2013~2014년 한국케이블TV방송협회 방송채널사용사업자(PP)협의회장 2013년 한국경제TV 상임고문 2015년 브릿지경제신문 대표이사 사장 겸 발행인(현)

최종태(崔鍾泰) CHOI Jong Tae

[생]1932·12·7 [본]강화(江華) [출]대전 대덕 [주]서울 서초구 반포대로37길59 대한민국예술원(02-3479-7223) [학]1958년 서울대 미술대학 조소과졸 [경]1966년 공주교대 교수 1967년 이화여대 미술대학 교수 1968년 현대공간회 창립 1970~1998년 서울대 미술대학 교수 1975년 조각 개인전(미국문화원) 1976년 파스텔화소묘조각목판릴 리프 전시회(문헌화랑) 1977년 조각과 목판화전(신세계화랑) 1981년 조각 개인전(신세계 미술관) 1985년 조각 개인전(가나화랑) 1985·1986·1991년 FIAC참가 1990년 조각파스텔화 개인전(가나화랑) 1992년 파스텔화테라코조각연필화먹그림 개인전(가나화랑)·개인전(스웨덴웨터링갤러리) 1993년 개인전(스위스아테네미술관)·개인전(대전문화원화랑)·개인전(천안아라리오미술관) 1994년 개인전(뉴욕엘리코나바라화랑)·빛의 예술-유지화 특별전(가나화랑)·서울가톨릭미술가회 명예회장 1997년 바젤아트페어 출품 1998년 서울대 명예교수(현) 1998년 개인전(가나아트센터·파리 가나보부르) 2002~2016년 김종영미술관 관장 2002년 대한민국예술원 회원(미술·현) 2005년 대전시립미술관 초대기획전 2007년 개인전(갤러리 선) 2011년 구원의 모상(가나아트센터) [상]국전 입선(1959), 국전 문교부장관표창(1960), 충남도 문화상(1964), 국전 추천작가상(1970), 서울시 문화상(1980·1989), 국민훈장 동백장(1998), 대한민국 예술원상 미술부문(2006), 은관문화훈장(2008), 가톨릭미술상 특별상(2008, 한국천주교주교회의 문화위원회), 대한민국미술인상 대상(2011) [저]'예술가와 역사의식'(1986, 지식산업사) '나는 세상에서 가장 아름다운 것을 만들고 싶다'(1992, 민음사) '십자가의 길'(1994, 분도출판사) '최종태 교회조각'(1998, 열화당) '나의 미술 아름다움을 향한 사색'(1998, 열화당) '회상, 나의 스승 김종영'(1999, 가나아트) '고향 가는 길'(2001, 햇빛출판사) '최종태 소묘 1970년대'(2005, 열화당) '최종태 파스텔 화집'(2006, 열화당) '최종태-구도의 길에 세운 선의 모뉴망, 조각 1991-2007'(2007, 열화당) '형태를 찾아서'(2007, 열화당) '먹빛의 자코메티'(2007, 열화당) '최종태 화집'(2008, 미술사랑) '한 예술가의 회상'(2009, 열화당) '최종태-무심의 세계에서 자유를 얻다, 얼굴그림 2009-2010'(2010, 열화당) '산다는 것 그린다는 것'(2011, 바오로딸) [종]가톨릭

최종태(崔鍾泰) CHOI Jong Tae

[생]1939·11·25 [본]경주(慶州) [출]대구 [주]서울 관악구 관악로1 서울대학교 경영대학(02-880-6903) [학]1957년 대구농림고졸 1961년 영남대 상학과졸 1965년 同대학원 경영학과졸 1971년 경영학박사(오스트리아 린츠대) [경]1967~1976년 영남대 상경대학 전임강사·조교수 1976~1985년 서울대 경영대학 조교수·부교수 1985~2005년 同교수 1987년 同경영연구소 부소장 1989년 同노사관계연구소장 1990년 한국생산성학회 회장 1992년 한국인사관리학회 회장 1992년 한국노사관계학회 회장 1995~1997년 서울대 경영대학장 1998년 한국경영학회 회장 1999~2010년 중앙노동위원회 공익위원 2000년 서울대 교수협의회장 2002~2010년 서울시노사정모델협의회 위원장 2003년 서울대 노사관계연구소장 2003~2009년 노동부 최저임금위원회 위원장 2005년 서울대 명예교수(현) 2005~2008년 영남대 경영학부 석좌교수 2006~2008년 단국대 경영대학원 초빙교수 2006~2008년 同경영대학원장 2007년 (재)함께일하는재단 이사(현) 2008~2010년 노사정위원회 공익위원 2008년 同노사관계선진화위원회 위원장 2010~2013년 경제사회발전노사정위원회 위원장(장관급) 2014년 제7회 사회적기업세계포럼(SEWF) 조직위원장 2015년 同운영위원(현) 2016년 대통령소속 국민대통합위원회 위원(현) [상]한국생산성학회 학술상, 한독경상학회 BMW 학술상, 옥조근정훈장, 황조근정훈장, 노사화합공로상, 상남경영학자상(2013) [저]'현대인사관리론' '현대노사관계론' '현대조직론' '현대임금관리론' '전략적 노사관계론' [종]천주교

최종태

[생]1963 · 1 · 13 [출]강원 정선 [주]전북 전주시 완산구 농생명로300 농촌진흥청 대변인실(063-238-0120) [학]1997년 건국대졸 2010년 수의학박사(충남대) [경]인천 옹진군농업기술센터 근무 2002~2005년 농촌진흥청 대변인실 근무 2006~2014년 同농촌지원국 근무 2014~2015년 충북 제천시농업기술센터소장 2016년 농촌진흥청 대변인(현)

최종학(崔鍾學) CHOI Jong Hark

[생]1956 · 11 · 11 [본]강릉(江陵) [출]강원 횡성 [주]강원 원주시 세계로10 한국관광공사 경영혁신본부(033-738-3000) [학]1975년 원주고졸 1982년 강원대 법학과졸 [경]1988년 법제처 법제기획관실 행정사무관 1991년 문화부 종무1과 · 체육시설과 행정사무관 1997년 문화체육부 체육시설과 · 관광시설과 · 관광개발과 · 문화정책과 서기관 2001년 문화관광부 기획관리실 법무담당관 직대 2001년 同기획관리실 법무담당관 2003년 同문화산업국 방송광고과장 2004년 同기획관리실 예산담당관 2005년 同재정기획관(부이사관) 2006년 교육 파견 2006년 문화관광부 생활체육팀장 2007년 同체육국 체육정책팀장 2008년 문화체육관광부 체육국장 2009년 同감사관 2011~2014년 국립중앙도서관 기획연수부장(고위공무원) 2014년 한국관광공사 경쟁력본부장(상임이사) 2014년 同국민관광본부장(상임이사) 2016년 同경영혁신본부장(상임이사)(현) [상]법제처장표창(1984), 대통령표창(1996), 근정포장(2004), 홍조근정훈장(2014) [종]기독교

최종한(崔鍾漢) CHOI Jong Han

[생]1958·11·30 [출]경북 군위 [주]경기 의정부시 녹양로34번길23 의정부지방법원(031-828-0114) [학]1977년 경북고졸 1981년 영남대 법학과졸 1985년 경북대 대학원 법학과졸 [경]1982년 軍법무관시험 합격(5회) 1984년 사법시험 합격(26회) 1984년 공군비행단 검찰관 1986년 同법무관실장 1990년 사법연수원 수료(19기) 1990년 대구지법 판사 1994년 同김천지원 판사 1996년 대구지법 판사 1998년 同영천시법원 판사 2000년 수원지법 성남지원 판사 2002년 서울고법 판사 2004년 서울가정법원 판사 2005년 전주지법 남원지원장 2007년 사법연수원 교수 2009년 서울중앙지법 부장판사 2012년 서울남부지법 부장판사 2014년 서울동부지법 부장판사 2016년 의정부지법 부장판사(현) [종]기독교

최종헌(崔鍾憲) CHOI JONG HEON (篙天)

[생]1959 · 2 · 15 [출]강원 강릉 [주]서울 서대문구 통일로97 경찰청 경무인사기획관실(02-3150-2131) [학]1977년 인창고졸 1983년 고려대 사회학과졸 1992년 同대학원 사회학과졸 [경]1994년 경정 특채 1994년 경찰청 정보2계장 1998년 서울 송파경찰서 정보과장 2000년 경찰청 기획예산계장 2003년 서울지방경찰청 방범지도관 2003년 충북지방경찰청 방범과장(총경) 2004년 충북 진천경찰서장 2005년 서울지방경찰청 교통관리과장 2005년 同경무과장 2006년 인천 강화경찰서장 2007년 경찰청 정보국 총경 2008년 서울 방배경찰서장 2009년 서울지방경찰청 경무과장 2010년 외교안보연구원 교육파견(경무관) 2011년 경북지방경찰청 차장 2012년 경기지방경찰청 제3부장 2012년 서울지방경찰청 경무부장 2013년 경기지방경찰청 제1차장 2013년 중앙경찰학교장(치안감) 2014년 광주지방경찰청장(치안감) 2015년 경찰청 경무인사기획관(치안감)(현) [상]대통령표창(2006), 홍조근정훈장(2014)

최종현(崔鍾賢) Choe Jong-hyun

[생]1956 · 9 · 21 [본]강릉(江陵) [출]서울 [주]서울 종로구 사직로8길60 외교부 인사운영팀(02-2100-2114) [학]1975년 중앙고졸 1980년 한국외국어대 정치외교학과졸 1989년 미국 터프츠대 플래쳐스쿨졸(정치학석사) [경]1985년 외무고시 합격(19회) 1985년 외무부 입부 1991년 駐캐나다 2등서기관 1993년 駐엘살바도르 1등서기관 1996년 대통령비서실 파견 2000년 駐유엔 1등서기관 2002년 외교통상부 차관보좌관 2003년 同외교정책실 국제연합과장 2004년 대통령비서실 외교보좌관실 파견 2006년 외교통상부 정보상황실장 2007년 同정책기획국 심의관 2008년 외교안보연구원 글로벌리더십과정 교육파견 2009년 외교통상부 부대변인 2010년 駐오만 대사 2013년 외교부 의전장 2014년 駐네덜란드 대사(현) [상]홍조근정훈장(2011)

ㅊ

최종현(崔鍾現) Choi Jong-hyun

[생]1958·10·24 [본]강릉(江陵) [출]서울 [주]서울 종로구 사직로8길60 외교부 의전장실(02-2100-7305) [학]1977년 서울 용문고졸 1981년 연세대 정치외교학과졸 1988년 영국 케임브리지대 대학원 국제관계학과졸 [경]1981년 외무고시 합격(15회) 1981년 외교부 입부 1990~1993년 駐시드니총영사관 영사 1993~1995년 駐브루나이 1등서기관 1998~2001년 駐미국 1등서기관 2001~2004년 외교통상부 통상정보팀장·통상정책기획과장·북미통상과장 2004~2006년 駐유럽연합대표부 참사관 2007~2008년 외교통상부 지역통상국장 2009~2011년 駐미국 경제공사 2011년 駐나이지리아 대사 2014년 외교부 본부대사 2015~2016년 경기도 국제관계대사 2016년 외교부 의전장(현) [종]천주교

최종호(崔種浩) Jong Ho Choi

[생]1960·1·25 [본]전주(全州) [출]전북 장수 [주]경남 사천시 사남면 공단1로78 한국항공우주산업(주) 회전익C.E실(055-851-2782) [학]1978년 전주 신흥고졸 1982년 서울대 항공공학과졸 1989년 미국 조지아공과대 대학원 항공우주공학과졸 [경]1982년 대한항공 항공우주사업본부 품질관리부 입사 1986~1987년 同사업관리실 근무 1990~1994년 HW Structures 선임연구원 1994년 삼성항공 항공우주연구원 입사 2000년 한국항공우주산업(주) T-50구조해석팀장 2006년 同KHP기체담당 2008년 同KHP기체담당 임원 2009년 同구조설계담당 2010년 同KHP Chief Engineer 2012년 同회전익C.E(연구위원 겸 상무)(현) [상]국방부장관표창(2002), 산업기술진흥유공 산업포장(2013) [종]기독교

최종환(崔鍾桓) CHOI Jong-Whan

[생]1965·7·27 [본]경주(慶州) [출]경남 함양 [주]경기 수원시 팔달구 효원로1 경기도의회(031-8008-7000) [학]1984년 거창고졸 1991년 경희대 정경대학 경제학과졸 [경]2003년 대통령비서실 행정관(4급) 2006~2007년 대통령비서실 행정관(3급), 민주당 파주甲지역위원회 부위원장 2011~2014년 서울시 성북구 감사담당관, 파주 한빛초 아버지회 회원, 파주 한빛중 아버지회 회원 2014년 새정치민주연합 중앙당 정책조정위원회 부위원장 2014년 경기도의회 의원(새정치민주연합·더불어민주당)(현) 2014년 同교육위원회 위원 2014년 同친환경농축산물유통체제 및 혁신학교개선추진특별위원회 간사 2016년 同건설교통위원회 간사(현) [상]대통령비서실장표창(2005) [종]기독교

최종후(崔鍾厚) Jong Hoo Choi (少陵)

[생]1955·12·26 [본]강릉(江陵) [출]강원 강릉 [주]세종특별자치시 세종로2511 고려대학교 세종캠퍼스 응용통계학과(044-860-1556) [학]1974년 경성고졸 1981년 고려대 정경대 통계학과졸 1990년 이학박사(고려대) [경]1985~1997년 목원대 부교수 1997년 고려대 응용통계학과 교수(현) 1999~2013년 국가통계위원회 분과위원 1999~2010년 통계청 자체심사평가위원회 위원 2003년 미국 럿거스대 방문교수 2004~2005년 고려대 정보통계학과 학과장 2006~2007년 한국자료분석학회 회장 2007~2008년 서울시 시정여론조사방법 자문위원 2007년 국가참조표준센터 기술평가위원 2007~2008년 고려대 세종캠퍼스 입학홍보처장 2008~2009·2013~2014년 한국통계학회 국가통계연구회 회장 2010~2011년 同회장 2011년 同이사 2011년 한국과학기술단체총연합회 이사(현) [저]'통계과학의 이해'(2004) '설문조사 처음에서 끝까지(共)'(2005) '사례로 배우는 데이터마이닝(共)'(2005) 'SAS를 이용한 데이터베이스의 이용(共)'(2005) 'JMP를 이용한 실험자료분석(共)'(2005) '데이터마이닝 방법론(共)'(2006) 'JMP를 이용한 주성분분석/인자분석(共)'(2007) 'SAS DATA STEP(共)'(2008) '보험자료를 이용한 일반화 선형모형(共)'(2009) [종]기독교

최주식(崔周植) CHOI Joo Sik

[생]1959·10·16 [본]경주(慶州) [출]부산 [주]서울 용산구 한강대로32 (주)LG유플러스 F&C본부(070-4080-0028) [학]동성고졸, 부산대 전기공학과졸, 일본 와세다대 대학원 경영학과 수료, 서강대 경영대학원졸 [경]1984년 금성 생산기술연구소 입사, LG그룹 회장실 근무, LG전선(주) 부장 2002년 (주)LG텔레콤 단말사업부 상무, 同전략개발실장(상무) 2009년 同전략개발실장(전무) 2009년 同단말데이터실장 2010년 (주)LG유플러스 단말데이터개발실장 2011년 同4G사업추진단 전무 2012년 同SC본부장(부사장) 2013년 同MS본부장(부사장) 2014년 同SC본부장(부사장) 2015년 同F&C(Future and Converged)본부장(부사장)(현) [종]불교

최주영(崔周永) CHOI Joo Young

[생]1967·10·5 [본]수원(水原) [출]서울 [주]서울 강남구 테헤란로92길7 법무법인 바른(02-3479-5766) [학]1986년 경기고졸 1991년 서울대 법대졸 [경]1990년 사법시험 합격(32회) 1993년 사법연수원 수료(22기) 1993년 軍법무관 1996년 서울지법 동부지원 판사 1998년 서울지법 판사 2000년 청주지법 충주지원 판사 2002년 同충주지원 음성군법원 판사 2003년 서울행정법원 판사 2005년 헌법재판소 파견 2007년 서울고법 판사 2008년 울산지법 부장판사 2010년 인천지법 부장판사 2010~2013년 헌법재판소 부장연구관 2013~2015년 서울행정법원 부장판사 2015년 법무법인 바른 변호사(현)

최주원(崔柱元)

[생]1967 [출]경북 문경 [주]서울 강남구 개포로617 수서경찰서(02-2155-9003) [학]대구 영신고졸 1990년 경찰대 행정학과졸(6기), 연세대 언론홍보대학원졸 [경]2003년 대구 수성경찰서 수사과장(경정) 2005년 재정경제부 금융정보분석원 근무 2007년 경찰청 인권보호센터 피해자대책계장 2008년 서울지방경찰청 광역수사대 마약수사계장 2009년 국무총리실 파견 2010년 행정안전부 치안정책비서관실 근무 2011년 경북지방경찰청 생활안전과장(총경) 2013년 경북 문경경찰서장 2014년 경찰청 범죄정보과장 2015년 同수사기획과장 2016년 서울 수서경찰서장(현)

최주형(崔湊炯) CHOI Joo Hyung

[생]1938·8·11 [출]경북 포항 [주]경기 안양시 동안구 흥안대로415 두산벤처다임8층 극동엔지니어링 비서실(031-478-5800) [학]1957년 포항고졸 1963년 부산대 토목과졸 1974년 미국 오하이오주립대 공대 수학 1992년 국방대학원졸 [경]1965년 건설부 입부 1979년 駐리비아 건설관 1981년 대구국도유지건설사무소 소장 1981년 건설부 부산청 시험실장 1985년 同해외2과장 1988년 同서울청 국도과장 1989년 同도시개발과장 1990년 同도로정책과장 1990년 同기술관리관 1991년 同도로국장 1993년 서울지방국토관리청장 1994년 건설부 건설기술국장 1995년 건설교통부 도로심의관 1997년 부산지방국토관리청장 1999년 극동엔지니어링 사장 1999년 同회장(현) [상]건설부장관표창, 홍조근정훈장, 부산시장표창 [종]불교

최준균(崔埈均) CHOE Joon Kyun

[생]1959·10·22 [본]강릉(江陵) [출]강원 동해 [주]대전 유성구 대학로291 한국과학기술원 전기 및 전자공학부(042-350-7142) [학]1982년 서울대 공대 전자공학과졸 1985년 한국과학기술원(KAIST) 전기 및 전자공학과졸(석사) 1988년 공학박사(한국과학기술원) [경]IEEE 회원, IEEE Daejeon Section 임원 1986년 한국전자통신연구소 책임연구원 1990년 캐나다 토론토대 교환연구원 1994년 충남대 강사, 한국전자통신연구원 통신망구조연구실장 1998년 한국정보통신대 공학부 교수 2006년 同기획처장 2006년 IP-TV프로젝트그룹(PG) 초대의장, 한국과학기술원(KAIST) 전기 및 전자공학과 교수, 同전기 및 전자공학부 교수(현) 2014년 국제전기통신연합(ITU) 전권회의(Plenipotentiary Conference) 기술·인프라분야 총괄자문위원 2014년 국무총리소속 정보통신전략위원회 민간위원 [상]한국전자통신연구소 우수직원상(1992), 경향신문 선정 2000년대를 이끌어갈 과학기술인 100인(1993)

최준명(崔俊明) CHOI Jun Myung

[생]1927·6·22 [출]전남 영광 [주]서울 강남구 도산대로168 요진건설산업(주) 회장실(02-3438-9310) [학]1960년 한양대 공대 건축공학과졸 1992년 서울대 경영대학 최고경영자과정 수료 1995년 경영학박사(원광대) 2015년 명예 공학박사(명지대) [경]1957~1971년 동성상공(주) 근무 1976년 요진산업(주) 대표이사 사장 1994년 在京전남향우회 부회장 1994년 在京영광향우회 회장 1998~2007년 요진산업(주) 대표이사 회장 2003년 원불교 서울교구교의회 의장 2004년 사회복지법인 한국보육원 이사장(현) 2005년 학교법인 휘경학원 이사장(현) 2008년 요진건설산업(주) 회장(현) [상]건설부장관표창(1992), 서울시장표창, 재정경제부장관표창(1998)

최준석(崔俊錫) CHOI Jun Seok

[생]1962·10·3 [출]강원 강릉 [주]서울 영등포구 국회대로62길9 아시아산림협력기구(AFoCO)(02-785-8961) [학]강릉고졸, 서울대 임학과졸, 同대학원 임학과졸, 同대학원 박사과정 수료 [경]기술고시 합격(21회), 강원도 농정산림국 산지이용과 산지개발계장, 산림청 산림경영국 산지계획과 근무, 同국유림관리국 국유림경영과 근무, 同산림보호과장, 캐나다 온타리오주정부 파견, 산

림청 청장비서관, 동부지방산림관리청장, 유한킴벌리 대외협력본부장(파견) 2008년 산림청 산림보호국 치산복원과장, 한·몽그린벨트사업단장(몽골 파견) 2012년 산림청 해외자원협력관(고위공무원) 2013년 북부지방산림청장 2015년 아시아산림협력기구(AFoCO) 사무차장(현) [상]강원도지사표창(1993), 근정포장(2009)

최준선(崔埈璿) Junesun Choi

[생]1951·9·11 [본]경주(慶州) [주]서울 종로구 성균관로25의2 성균관대학교 법학전문대학원(02-760-0357) [학]1977년 성균관대 법학과졸 1982년 同대학원졸 1986년 법학박사(성균관대) 1992년 법학박사(독일 마르부르크필립대) [경]1984~1995년 전북대 법학과 전임강사·조교수·부교수 1995년 성균관대 법학과 교수, 同법학전문대학원 교수(현) 2003~2004년 한국비교사법학회 부회장 2005년 한국기업법학회 회장 2005년 국제거래법학회 부회장 2005년 한국상사법학회 부회장 2009~2010년 국제거래법학회 회장 2009년 성균관대 법학대학원 학생부원장 2010년 한국해법학회 회장 2011년 법무부 상법특별위원회 운송편소위원장 2012~2013년 한국상사법학회 회장 2012년 법무부 상법특별위원회 회사편위원장 2014년 한국항공우주·정책법학회 회장(현) [상]제13회 공정거래의날유공 대통령표창(2014) [저]'상법총칙·상행위법'(2011) '어음수표법'(2011) '회사법'(2012) '보험법·해상법·항공운송법'(2012)

최준식(崔埈植) CHOI JUN SIK

[생]1958·11·16 [주]부산 연제구 중앙대로1001 부산광역시의회(051-888-8173) [학]부산정보고졸, 영산대 경영학과졸 2010년 同경영대학원 경영학과졸 [경](주)율산종합건설 대표이사, 국제라이온스협회 355-A부산지구 지역부총재, 대한민국재향군인회 해운대구 회장, 민주평통 자문위원(현), 부산시 해운대청년연합회 자문위원장, 同해운대구 좌3동청년회 명예회장(현) 2010~2014년 부산시 해운대구의회 의원(한나라당·새누리당) 2010~2012년 同주민도시보건위원장 2012년 同기획관광행정위원장 2014년 부산시의회 의원(새누리당)(현) 2014년 同운영위원회 위원 2014년 同보사환경위원회 위원 2015년 同복지환경위원회 위원 2016년 同경제문화위원회 위원(현) 2016년 同예산결산특별위원회 위원(현)

최준우(崔埈宇)

[생]1968·7·7 [주]서울 종로구 세종대로209 금융위원회 중소서민금융정책관실(02-2100-2980) [학]경기고졸, 서울대 국제경제학과졸, 미국 조지타운대 대학원졸 [경]1991년 행정고시 합격(35회) 2009년 금융위원회 금융구조개선과장 2010년 同공정시장과장 2011년 同기획재정담당관 2012년 同행정인사과장 2013년 同자본시장국 자본시장과장(서기관) 2014년 同자본시장국 자본시장과장(부이사관) 2014년 교육 파견(부이사관) 2015년 국무조정실 정부합동부패척결추진단 경제·민생팀장(고위공무원) 2016년 금융위원회 중소서민금융정책관(현)

최준욱(崔埈彧) CHOI Joon Wook

[생]1967·7·15 [본]경주(慶州) [출]경북 성주 [주]세종특별자치시 다솜2로94 해양수산부 해양산업정책관실(044-200-5210) [학]1983년 심인고졸 1988년 경북대졸 1992년 同행정대학원졸 [경]1992~1996년 부산지방해양수산청 선원과·항무과 행정사무관 1996~2002년 해양수산부 항만정책과·항만운영개선과·해양정책과·연안계획과 근무 2002년 부산지방해양수산청 해양환경과장·선원해사과장 2004년 해양수산부 동북아물류중심기획단 기획팀장 2005년 同혁신기획팀장 2006년 同장관비서관 2006년 駐중국대사관 해양관 2010년 국토해양부 해양환경정책과장 2011년 同물류항만실 해운정책과장(부이사관) 2013년 해양수산부 마산지방해양항만청장(고위공무원) 2015년 국립외교원 교육파견(고위공무원) 2016년 해양수산부 해양정책실 해양산업정책관(현)

최준원(崔埈源) CHOI Joon Weon

[생]1964·8·20 [출]경북 [주]서울 강남구 테헤란로317,15층 법무법인(유) 대륙아주(02-3016-5325) [학]1982년 대구 경북고졸 1986년 서울대 법대졸 [경]1986년 사법시험 합격(28회) 1989년 사법연수원 수료(18기) 1989년 대구지검 검사 1991년 전주지검 남원지청 검사 1992년 서울지검 동부지청 검사 1995년 청주지검 검사 1997년 서울지검 검사 1999년 인천지검 부천지청 검사 2001년 부산지검 부부장검사 2002년 법무연수원 법연기획부 교수 2003년 부산지검 총무부장 2004년 창원지검 형사1부장 2005년 인천지검 형사4부장 2006년 서울서부지검 형사2부장 2007년 의정부지검 고양지청 부장검사 2008년 인천지검 형사1부장 2009년 서울고검 검사 2009년 대구지검 서부지청 차장검사 2009년 의정부지검 차장검사 2010년 서울고검 검사 2011년 법무연수원 연구위원 2012년 대구고검 검사 2012년 변호사 개업 2014년 한국방송광고진흥공사(KOBACO) 청렴옴부즈만(현) 2014년 법무법인(유) 대륙아주 변호사(현)

최준하(崔準夏) CHOI, JUN HA

[생]1967·2·11 [본]낭주(朗州) [출]전남 영암 [주]세종특별자치시 한누리대로422 고용노동부 기획조정실(044-202-7157) [학]1985년 광주 광덕고졸 1990년 서울대 경제학과졸 1994년 同대학원 행정학과졸 2005년 미국 미시간주립대 대학원 노사관계학과졸 [경]1998~2000년 노동부 실업대책추진단 사무관 2007~2009년 同노사관계법제과 서기관 2010년 고용노동부 정보화기획팀장 2012년 同공공기관노사관계과장 2013년 同근로복지과장 2014년 서울지방노동위원회 사무국장 2015년 고용노동부 기획조정실 외국인력담당관(현)

최준호(崔俊豪) CHOE Joon Ho

[생]1953·7·14 [본]밀양(密陽) [출]서울 [주]대전 유성구 대학로291 한국과학기술원 생명과학과(042-350-2630) [학]1973년 서울고졸 1977년 서울대 동물학과졸 1979년 同대학원 동물학과졸 1985년 이학박사(미국 UCLA) [경]1985년 미국 UCLA 분자생물학과 연구원 1988~1996년 한국과학기술원(KAIST) 생물과학과 조교수·부교수 1993~1994년 미국 카이론사 방문교수 1996년 한국과학기술원(KAIST) 자연과학대학 생명과학과 교수, 同생명과학과 석좌교수, 同생명과학과 교수(현) 1999년 '자궁경부암 유발 바이러스 HPV의 증식 단백질' 발견 2006년 한국과학기술한림원 정회원(현) 2006~2013년 한국과학기술원(KAIST) BK21 생물사업단장 2011년 새로운 생체리듬유전자 'twenty-four' 발견 2016년 한국분자·세포생물학회 회장(현) [상]한국과학기술단체총연합회 우수논문상, 목암생명과학상, 교육과학기술부 및 한국연구재단 선정 '이달의 과학기술자상'(2011), 대한민국학술원상(2012) [저]'분자세포생물학'(共) [역]'분자생물학'(共) '필수세포생물학'(共) '바이러스학'(共)

최준호(催畯皓) CHOE Jun ho

[생]1959·4·10 [출]서울 [주]서울 성북구 화랑로32길 146의37 한국예술종합학교 연극원 연극학과(02-746-9000) [학]1982년 성균관대 불어불문학과졸 1984년 同대학원 불문학과졸 1993년 연극학박사(프랑스 파리제3대) [경]1994년 한국예술종합학교 연극원 연극학과 교수(현) 1997년 세계연극제 예술부감독 1998년 이강백연극제(예술의전당 주관) 운영위원 1998년 서울국제연극제 집행위원 1999년 한국연극평론가협회 사무국장, 문예진흥원 기금 및 공연예술창작활성화 심의위원, 한국뮤지컬대상·김상열연극상 심사위원, 월간 '객석' 편집자문위원, 국립극장 운영자문위원, 경기도 및 경기문화재단 지원심의위원 2004~2007년 예술의전당 공연예술감독 2012~2015년 세종학당재단 비상임이사 2012~2015년 (재)예술경영지원센터 비상임이사 2013년 한국예술종합학교 기획처장(현) 2014년 '2015~2016 한·불상호교류의해 행사' 예술감독(현) 2016년 한국예술종합학교 연극원장(현) [상]문화체육부장관표창(1998), 한국연극협회 번역상(2000), 프랑스대사관 교육공로훈장(2005) [저]'오태석의 연극세계(共)'(1995, 현대미학사) '연극공연의 기호읽기' '어렸을 땐 착했는데' '우리시대의 프랑스 연극(共)'(2001, 연극과 인간) [역]창극 '춘향가' '수궁가' [작]'앙드로마크'(1993) '브리타니쿠스' 협력연출(2000) '언챙이곡마단'(2001) 오페라 '김구' 연출(2002)

최준호

[생]1967·12·4 [주]경기 과천시 관문로47 미래창조과학부 인터넷융합정책관실 정보화기획과(02-2110-2850) [학]1986년 제물포고졸 1991년 연세대 전자공학과졸, 미국 캘리포니아대 데이비스교 대학원 컴퓨터공학과졸 2009년 컴퓨터공학박사(미국 캘리포니아대 데이비스교) [경]1996년 기술고시 합격(31회) 2009년 방송통신위원회 국제협력관실 해외진출추진팀장 2012년 同전파기획관실 주파수정책과장 2015년 미래창조과학부 방송진흥정책국 디지털방송정책과장 2016년 同인터넷융합정책관실 정보화기획과장(현)

최중경(崔重卿) Choi Joong-Kyung

[생]1956·9·30 [출]경기 화성 [주]서울 서대문구 충정로7길12 한국공인회계사회(02-3149-0100) [학]1975년 경기고졸 1979년 서울대 경영학과졸 1986년 同대학원 경영학과졸 2003년 경제학박사(미국 하와이대) [경]1978년 행정고시 합격(22회) 1979년 총무처 수습행정관 1980~1992년 재무부 관세국·증권보험국·이재국 사무관 1992년 국무총리 행정조정실 파견 1995년 한국금

융연구원 파견 1996년 재정경제부 장관비서관 1997년 同금융협력과장 1999년 同외화자금과장 1999년 同증권제도과장 1999년 同금융정책과장 2001년 同장관비서실장 2003년 同국제금융국장 2004년 연합인포맥스 자문위원 2005~2008년 세계은행 상임이사 2007년 제17대 대통령직인수위원회 경제1분과위원회 전문위원 2008년 기획재정부 제1차관 2008~2010년 駐필리핀 대사 2010년 대통령 경제수석비서관 2011년 지식경제부 장관 2012년 동국대 석좌교수(현) 2014년 (주)효성 사외이사(현), 동국대 사회과학대학 동국정경연구소장(현) 2015년 KT캐피탈·애큐온캐피탈 사외이사(현) 2016년 한국공인회계사회 회장(현) [저]'청개구리 성공신화–대한민국 전쟁 폐허에서 산업강국으로'(2012) [종]천주교

최중길(崔重吉) CHOI Joong Gill (晋巖)

[생]1953·11·16 [본]강릉(江陵) [출]서울 [주]서울 서대문구 연세로50 연세대학교 화학과(02-2123-2642) [학]1972년 경기고졸 1978년 연세대 화학과졸 1982년 미국 브라운대 대학원 화학과졸 1984년 화학박사(미국 브라운대) [경]1984~1987년 미국 코넬대 박사 후 연구원 1987~1989년 한국화학연구소 선임연구원 1989년 연세대 화학과 교수(현) 1995~1996년 미국 스탠퍼드대 교환교수 1998~2001년 연세대 이과대학 부학장 2001~2002년 同의예과장 2002~2004년 同화학과 학과장 2002년 대한화학회 부회장·이사 2007~2009년 연세대 교수평의회 의장 2010~2012년 同이과대학장 2013년 대한화학회 이사 2014년 同회장 2016년 연세대 윤리경영담당관(현)

최중성(崔重星) CHOI Jung Sung

[생]1963·1·12 [출]경기 수원 [주]경기 수원시 팔달구 효원로1 경기도의회(031-8008-7000) [학]1981년 수원 유신고졸 1985년 아주대 환경공학과졸, 경기대 행정대학원 행정학과졸 [경]남경필 국회의원 청년정책담당 특별보좌관, 한나라당 경기도당 청년위원회 부위원장, 수원유신고동문회 부회장(현) 2004·2006·2010~2014년 경기 수원시의회 의원(한나라당·새누리당) 2009~2010년 同문화복지위원장 2016년 경기도의회 의원(보궐선거 당선, 새누리당)(현) 2016년 同보건복지위원회 위원(현) 2016년 同청년일자리창출특별위원회 위원(현)

최중언(崔重彦) CHOI Joong Uhn (又元)

[생]1943·5·17 [본]수성(隋城) [출]강원 홍천 [주]경기 포천시 해룡로120 차의과학대학교 통합의학대학원(031-881-7024) [학]춘천고졸 1969년 연세대 의대졸 1974년 同대학원 의학과졸(석사) 1977년 의학박사(연세대) 1999년 연세대 보건대학원 고위정책과정 수료 2001년 同경영대학원 최고경영자과정 수료 [경]1974~1977년 수도통합병원 신경외과 과장 1977~2008년 연세대 의대 신경외과학교실 전임강사·조교수·부교수·교수 1979~1980년 영국 런던대 신경학연구소 연구교수 1984~1985년 캐나다 토론토대 소아병원 신경외과 임상교수 1991~1993년 대한소아신경외과학회 회장 1994~1999년 세브란스병원 신경외과 과장 1994~1996년 연세대 의대 학생과장 1999년 세브란스병원 부원장 2001~2003년 연세대 의대 신경외과학교실 주임교수 2002~2003년 同의대 뇌연구소장 2003~2006년 同의료원 사무처장·대외의료협력사업본부장 2004~2005년 대한신경외과학회 회장 2004~2006년 대한소아뇌종양학회 회장 2005~2008년 세브란스병원 뇌신경센터 초대소장 2008~2010년 대한신경외과학연구재단 이사장 2008~2012년 차의과학대 대학원 신경외과학교실 교수 겸 분당차병원 원장 2011~2012년 同의무부총장 2012~2015년 차움(Chaum)병원 원장 2015년 차의과학대 통합의학대학원장(현) [상]대한신경외과학회 최우수학술상(1999·2004), 한국과학기술단체총연합회 과학기술우수논문상(2000), 옥조근정훈장(2008), 세계소아신경외과학회 최우수포스터상(2008) [저]'신경외과학 종합평가'(2003) '신경외과학'(2005) '재활의학'(2007) '척추학'(2008) '임상간질학'(2009) 'Moyamoya Disease Update'(2009) '소아신경외과학'(2011) 'Pediatic Epilepsy'(2012) [종]기독교

최중현(崔重現) CHOI Jung Hyun

[생]1958·10·19 [출]서울 [주]서울 강남구 테헤란로87길 36 도심공항타워14층 법무법인(유) 로고스(02-2188-1046) [학]1977년 중동고졸 1981년 고려대 법학과졸 1990년 同대학원 법학과졸 1996년 미국 Santa Clara대 연수(V.S.과정) [경]1981년 사법시험 합격(23회) 1983년 사법연수원 수료(13기) 1983년 사단 보통군법회의 검찰관 1985년 군단 보통군법회의 검찰관 1986년 부산지법 판사 1992년 수원지법 판사 1993년 同성남지원 판사 1994년 서울민사지법 판사 1995년 서울고법 판사 1997년 서울지법 판사 1999년 전주지법 군산지원 부장판사 2000년 사법연수원 교수 2004년 서울중앙지법 부장판사 2006·2013년 법무법인(유) 로고스 변호사(현) 2008년 고려대 법대 겸임교수 [종]기독교

최중훈(崔重勳) CHOI Joong Hoon

[생]1957·12·13 [출]강원 춘천 [주]강원 춘천시 퇴계로 118 미래타워501호 강원도체육회 사무처(033-816-7700) [학]영등포고졸, 한국방송통신대 행정학과졸 [경]양구군 생산진흥과장, 同산업경제과장, 강원도 보육아동담당, 同공보지원담당, 同수자원정책담당 2008년 同산업경제국 기업지원과장 직대 2008년 同투자유치사업본부 외자유치과장 2008년 同보건복지여성국 사회복지과장 2009년 同자치행정국 총무과장 2010년 同국제협력실장 2010년 同공보관 2012년 교육 입교(서기관) 2013년 강원도 기획조정실 기획관 2013년 同경제자유구역청 행정개발국장(부이사관) 2014년 同경제진흥국장 2014년 同안전자치행정국장 2015년 同경제진흥국장 2015년 강원도체육회 사무처장(현) 2016년 강원FC 대표이사 [상]홍조근정훈장(2013)

최지성(崔志成) CHOI Gee Sung

[생]1951·2·2 [본]강릉(江陵) [출]강원 삼척 [주]서울 서초구 서초대로74길11 삼성그룹 미래전략실(1588-3366) [학]1970년 서울고졸 1977년 서울대 무역학과졸 [경]1977년 삼성물산 입사 1981년 삼성그룹 회장비서실 기획팀 근무 1985년 삼성반도체 독일사무소장 1992년 삼성전자(주) 반도체판매사업본부 메모리수출담당 1993년 삼성그룹 회장비서실 전략1팀장 1994년 삼성전자 반도체판매본부 메모리영업담당 이사 1996년 同반도체판매사업부장(상무) 1998년 同정보가전총괄 Display 사업부장(전무) 2000년 同디스플레이사업부장(부사장) 2001년 同영상디스플레이사업부장(부사장) 2003년 同디지털미디어총괄 부사장 2004~2007년 同디자인센터장 겸 디지털미디어총괄 사장 2005~2007년 同영상디스플레이사업부장 겸임 2007년 同정보통신총괄 사장 2009년 同디지털미디어 & 커뮤니케이션부문장(사장) 2010년 同대표이사 사장(CEO) 2010~2012년 同대표이사 부회장 2010~2012년 한국전파진흥협회 회장 2012년 삼성그룹 미래전략실장(부회장)(현) [상]대통령표창(1987), 금탑산업훈장(2006), 한국통신학회 정보통신대상(2009), 서울대 상과대학 빛내자 상(2013)

최지영(崔志榮) Jiyoung Chou

[생]1970·3·30 [본]해주(海州) [출]전남 강진 [주]세종특별자치시 갈매로477 기획재정부 국제금융정책국 국제금융과(044-215-4750) [학]1988년 광주 진흥고졸 1993년 고려대 경영학과졸 2005년 미국 미주리주립대 대학원 경제학과졸 [경]1993년 총무처 수습사무관 1994~1996년 軍복무 1996년 재정경제원 국고국 재정융자과·국고과 사무관 1998년 同국제금융국 국제금융과·금융협력과 사무관 2005년 同정책조정국 부동산정책팀장 2008년 세계은행 파견(Senior Economist) 2010년 대통령실 파견(행정관) 2011년 기획재정부 G20기획단 과장 2012년 同지역금융과장 2014년 同국제금융정책국 외환제도과장 2016년 同국제금융정책국 국제금융과장(부이사관)(현)

최지영(崔志映·女) CHOI Jiyoung

[생]1973·5·13 [주]세종특별자치시 갈매로477 기획재정부 대외경제국 통상조정과(044-215-7650) [학]1992년 대원외고졸 1998년 서울대 사회학과졸 2000년 同행정대학원 행정학과졸 2009년 미국 하버드대 공공정책대학원(Kennedy School of Government)졸(MC/MPA) [경]행정고시 합격(42회), 재정경제부 근무 2007년 미국 보스턴 연방준비은행(Federal Reserve Bank of Boston) 객원연구원 2010년 기획재정부 재정정책국 성과관리과 서기관 2010년 아프리카개발은행(African Development Bank) 선임연구이코노미스트 2013년 기획재정부 국제금융협력국 G20지원1팀장 2014년 대외경제정책연구원 G20연구지원단장 2015년 기획재정부 국제금융정책국 IMF팀장 2016년 同대외경제국 통상조정과장(현)

최지용(崔智龍) Jiyong CHOI

[생]1953·1·20 [본]경주(慶州) [출]경남 [주]서울 관악구 관악로1 서울대학교 75의1동205호(02-877-0379) [학]1973년 중동고졸 1979년 서울시립대 토목공학과졸 1981년 서울대 대학원 환경공학과졸 1994년 환경공학박사(한국과학기술원) [경]1993년 한국물환경학회 부회장·고문(현) 1994~1995년 국토연구원 환경자원연구실 책임연구원 1995~2013년 한국환경정책평가연구원 환경관리연구팀장·정책연구부장·기획조정실장·연구본부장·선임연구위원 1998~2001년 환경부 중앙환경보건자문위원회 수질분과위원 1999~2000년 국무총리소속 물관리정책민간위원회 위원 2001~2003년 국무총리국무조정실 정책평가위원회 전문위원 2002년 국립환경연구원 수질분과위원회 자문위원(현) 2002년 환경부 수질기준개선연구회 위원(현) 2002년 한강유역관리청 수질분과위원 2002년 환경관리공단 신기술평가위원회 위원 2005

년 한국환경정책평가연구원 환경관리연구실 연구위원 2005~2011년 대한환경공학회 수질관리전문위원장 2007년 한국환경정책평가연구원 환경관리연구실 선임연구위원 2007년 同환경관리연구실장 2007년 同정책연구본부장 2009~2011년 同물순환연구실 선임연구위원 2011년 同정책연구본부장 2012년 대한환경공학회 이사 2013년 서울대 그린바이오과학기술원 교수(현) [상]환경부장관표창, 대통령표창, 석탑산업훈장 [저]'우리나라 물관리 정책개선방안' '비점오염원 관리방안' '수질관리, 유역관리, 물관리정책방안 연구보고서'

최지용(崔智鎔) Choi Jiyoung

[생]1955 · 1 · 23 [주]경기 수원시 팔달구 효원로1 경기도의회(031-8008-7000) [학]계명고졸, 수원과학대학 비서행정학과졸 [경]1995 · 1998~2001년 경기 화성군의회 의원 1998~2000년 同산업위원장, 삼괴도서관건립추진위원회 위원장, 민주평통 자문위원 2001 · 2002년 경기 화성시의회 의원 2002년 同부의장 2004년 同의장 2006~2010년 경기도의회 의원(한나라당), 한나라당 경기도당 농림수산위원장 2008~2010년 경기도의회 농림수산위원장 2014년 경기도의회 의원(새누리당)(현) 2014년 同기획재정위원회 간사 2014년 同윤리특별위원회 위원장 2015년 同윤리특별위원회 위원 2016년 同여성가족평생교육위원장(현) [상]전국시 · 도의회의장협의회 우수의정 대상(2016)

최지현(崔志弦) Choi, Ji-Hyeon

[생]1957 · 6 · 16 [출]강원 춘천 [주]전남 나주시 빛가람로 601 한국농촌경제연구원 식품유통연구부(061-820-2316) [학]1980년 서울대 농업경제학과졸 1983년 同대학원 농업경제학과졸 1989년 식품경제학박사(미국 워싱턴주립대) [경]1981년 한국농촌경제연구원 농산업경제연구센터 연구원 1987년 同책임연구원 1993~2010년 한국농업정책학회 편집위원회 위원 · 위원장 1994년 한국농촌경제연구원 부연구위원 2000~2006년 同연구위원 2004년 농림부 자유무역협정이행지원실무위원 2004년 同OECD농업자문단 자문위원 2006년 한국농촌경제연구원 농산업경제연구센터장 2006년 同선임연구위원 2007~2008년 同기획조정실장 2009년 同농식품정책연구본부 식품 · 유통팀장 2010년 同농식품정책연구본부장 2013년 同부원장 2015년 同농업관측센터장 2015년 한국농업경제학회 부회장 2016년 同회장(현) 2016년 한국농촌경제연구원 식품유통연구부 선임연구위원(현)

최지호(崔智皓) CHOI Jee Ho

[생]1955 · 11 · 3 [본]해주(海州) [출]서울 [주]서울 송파구 올림픽로43길88 서울아산병원 피부과(02-3010-3463) [학]1974년 경기고졸 1981년 서울대 의대졸 1984년 同대학원졸 1986년 의학박사(서울대) [경]1985년 을지병원 피부과장 1986년 지방공사 강남병원 피부과장 1987년 공군 군의관(대위) 1990~2001년 울산대 의대 피부과학교실 전임강사 · 조교수 · 부교수 1994년 미국 미시간대 의과대학 피부과 연구전임의 2001년 울산대 의대 피부과학교실 교수(현) 2004년 同의대 피부과학교실 주임교수 2004~2010년 서울아산병원 피부과장 2009년 同피부암센터 소장 2016년 대한피부과학회(현) [상]대한피부연구학회 제8회 우암학술상(2006) [저]'피부면역학(共)' '인턴 진료지침서(共)' '피부과학교과서(共)' '아토피피부염의 모든 것(共)' [종]기독교

최 진(崔 進) CHOI Jin

[생]1960 · 2 · 8 [본]탐진(耽津) [출]광주 [주]전남 영암군 삼호읍 녹색로1113 세한대학교 대외부총장실(041-359-6053) [학]1979년 광주 서석고졸 1989년 고려대 법학과졸 1995년 同대학원 정치학과졸 2000년 서울대 행정대학원 국가정책과정 수료 2002년 연세대 언론홍보대학원 최고위과정 수료 2005년 행정학박사(고려대) [경]1994년 시사저널 정치팀장 1998년 대통령 국정홍보비서실 · 정책비서실 국장 1999년 21세기전문가포럼 대표 2002~2012년 대통령리더십연구소 소장 2002~2010년 경희대 행정대학원 겸임교수 2003년 미국 남가주대(USC) 교환교수 2005년 대통령직속 정부혁신지방분권위원회 정책홍보실장 2006~2007년 고려대 정부학연구소 연구교수 2007년 (사)한국리더십개발원 원장(현) 2008~2010년 경희대 리더십최고위과정 주임교수 2010년 한국행정학회 상임이사 2010년 (사)한국리더십개발원 한국리더십최고위과정 주임교수(현) 2012년 경기대 정치전문대학원 교수 2012년 한국대통령리더십학회 회장(현) 2013년 대통령리더십연구원 원장(현) 2015년 세한대 대외부총장(현) [저]'대통령리더십'(2003) '국정리더십' '대통령 리더십총론'(2007, 대한민국학술원 우수학술도서) 'MB리더십의 성공조건'(2008) '참모론'(2009, 문화관광부 우수학술도서) '대통령의 독서법'(2010) '대통령의 공부법'(2011) '레임덕 현상의 이론과 실제'(2012, 법문사) '하나님이 원하는 지도자'(2013) [종]기독교

최 진(崔 珍 · 女) CHOI JIN

[생]1967 · 1 · 26 [본]탐진(耽津) [출]전남 장흥 [주]세종특별자치시 갈매로388 문화체육관광부 체육진흥과(044-203-3131) [학]1989년 서울여대 도서관학과졸 2009년 중국 사회과학원 대학원 정치학과졸 [경]1991년 문화부 입부(7급 공채) 1991~1995년 同출판진흥과 · 국립중앙박물관 근무 1996~2003년 문화체육부 예술진흥과 · 영상진흥과 등 근무 2003~2005년 문화관광부 문화행정혁신위원회 근무 2005~2007년 同관광국 관광자원과 · 관광정책과 행정사무관 2007~2009년 국외훈련(중국) 2009~2013년 문화체육관광부 문화콘텐츠산업실 게임콘텐츠산업과 · 대중문화산업팀 등 근무 2013년 同관광국 국제관광과 서기관 2014년 2015밀라노엑스포추진단 팀장 2015년 대통령직속 청년위원회 인재양성부 과장 2016년 문화체육관광부 체육정책관실 체육진흥과장(현) [상]국무총리표창(1999), 대통령표창(2013) [종]가톨릭

최진갑(崔震甲) CHOI Jin Kap

[생]1954 · 4 · 15 [출]경남 사천 [주]부산 연제구 법원로28 부산법조타운빌딩 법무법인 국제(051-463-7755) [학]1972년 경기고졸 1976년 서울대 법학과졸 [경]1976년 사법시험 합격(18회) 1978년 사법연수원 수료(8기) 1978년 해군 법무관 1981년 대구지법 판사 1982년 부산지법 판사 1983년 마산지법 진주지원 판사 1985년 부산지법 판사 1987년 대구고법 판사 1989년 부산고법 판사 1990년 미국 듀크대 법대 객원연구원 1991년 대법원 재판연구관 1993년 부산지법 동부지원 부장판사 1995년 부산지법 부장판사 2000년 부산고법 부장판사 2004년 부산지법 수석부장판사 2005년 同동부지원장 2006년 창원지법원장 2009년 부산지법원장 2009년 부산시선거관리위원회 위원장 2010~2013년 부산고법원장 2013년 법무법인 국제 대표변호사(현) 2015년 신성델타테크(주) 사외이사(현)

최진구(崔震久)

[생]1959 [출]경남 사천 [주]대전 대덕구 계족로677 대전지방국세청(042-620-3202) [학]마산고졸, 고려대 경제학과졸 [경]행정고시 합격(32회) 2000년 중부지방국세청 조사1국 조사1과 서기관 2004년 파주세무서장 2005년 서울지방국세청 조사4국 2과장 2006년 국세청 국제세원정보TF팀장 2006년 同전산정보관리관실 정보개발2담당관 2008년 서초세무서장 2009년 국세청 법인납세국 원천세과장 2009년 부산지방국세청 세원관리국장 2010년 국세청 납세자보호담당관 2011년 서울지방국세청 납세자보호담당관(부이사관) 2012년 부산지방국세청 징세법무국장(고위공무원) 2013년 교육파견(고위공무원) 2014년 국세청 소득지원국장 2014년 同개인납세국장 2015년 대전지방국세청장(현)

최진구

[생]1966 [본]화순(和順) [출]경북 김천 [주]경북 영주시 중앙로15 영주세무서(054-639-5201) [학]김천고졸 1986년 세무대학졸(4기), 연세대 경영대학원졸 [경]1986년 국세공무원 임용, 영등포세무서 법인세과 근무, 서울지방국세청 조사1국 근무, 국세청 법규과 근무, 성남세무서 부가가치세과장, 국세청 조사2과 근무, 同첨단탈세방지센터 TF 4팀장, 同운영지원과 인사2계장 · 복지운영계장, 서울지방국세청 조사3국 1과 3팀장 2015년 영주세무서장(현)

최진균(崔晋均) Jin Kyun CHOI

[생]1949 · 3 · 28 [출]경남 [주]서울시 강남구 테헤란로432 (주)동부대우전자 비서실(02-360-7114) [학]1968년 진주고졸 1976년 중앙대 화학공학과졸 [경]1983년 삼성전자(주) 입사 · 스토리지제조팀장 2002년 同전무이사 2004년 同스토리지사업부장(부사장) 2006년 同시스템가전사업부장(부사장) 2008~2009년 同생활가전사업부장(부사장) 2009년 同자문역 2014년 (주)동부대우전자 대표이사 부회장(현) [상]은탑산업훈장(2008)

최진덕(崔震德) CHOI Jin Deog

[생]1957 · 1 · 29 [출]경남 진주 [주]경남 창원시 의창구 상남로290 경상남도의회(055-211-7344) [학]진주기계공고졸, 진주산업대 식품가공학과졸, 경상대 행정대학원졸 [경]하순봉 국회의원 보좌관, 진주시축구협회 이사, 진주시테니스협회 회장 2002 · 2006년 경남도의회 의원(한나라당) 2004년 한나라당 교육사회위원장, 진주모범운전자회 고문(현), 한국장애인고용촉진공단 경남도 고용대책위원, 진주산업대 기성회장, 진주교육대 기성회 감사 2007년 한나라

당 제17대 대통령선거 이명박 예비후보 경남도 조직부본부장 2007년 同제17대 대통령중앙선거대책위원회 특별직능위원회 총괄본부장 2008년 제18대 국회의원선거 출마(경남 진주甲, 한나라당) 2014년 경남도의회 의원(새누리당)(현) 2014년 同교육위원회 위원 2016년 同남부내륙철도조기건설을위한특별위원회 위원 2016년 同제1부의장(현) 2016년 同문화복지위원회 위원(현) [상]대통령표창

최진민(崔鎭玫) CHOI Jin Min

[생]1941·10·25 [출]경북 청도 [주]대구 수성구 동대구로 23 대구방송 임원실(053-760-1900) [경]1962년 신생보일러공업 대표이사 사장 1971년 고려강철(주) 대표이사 사장 1987년 로켓트보일러공업(주) 대표이사 사장 1989~2004년 귀뚜라미보일러(주) 대표이사 회장 1992년 SBS 비상근이사 1992년 귀뚜라미문화재단 이사장 1996년 한국공학한림원 명예회원 겸 이사(현) 2000년 귀뚜라미랜드(주) 대표이사 2004년 귀뚜라미보일러(주) 명예회장(현) 2004년 대구방송(TBC) 대표이사 회장(현), SBS인터내셔날 회장 2014~2016년 국민생활체육회 부회장(비상임이사) [상]서울대·한국공학한림원 '한국을 일으킨 엔지니어 60인' 선정(2006), 자랑스런 한국인대상(2007), 대한민국기술대상 금탑산업훈장(2009), 대한민국 '100대 기술과 주역'으로 선정(2010)

최진섭(崔震燮) CHOI Jin Seop

[생]1960·12·5 [주]서울 서대문구 연세로50의1 세브란스병원 간담췌외과(02-2228-2122) [학]1985년 연세대 의대졸 1998년 同대학원 의학석사 2009년 의학박사(고려대) [경]1994~1997년 연세대 의과대학 외과학교실 연구강사·전임강사·조교수 1997년 일본 교토대 생체부분간이식 단기연수 1997년 연세대 의과대학 외과학교실 부교수·교수(현) 2000~2002년 캐나다 토론토대 Fellow of Multi-organ Transplantation 2008~2011년 세브란스병원 응급진료센터 소장 2011~2014년 同교육수련부장 2014년 同간담췌외과장(현) 2014년 同사무처장 2015년 연세대의료원 연세암병원 간암센터장(현) 2016년 同사무처장(현)

최진성(崔溱成) CHOI Jin Sung

[생]1964·10·23 [출]서울 [주]경기 성남시 분당구 황새울로 258의6 SK텔레콤(주) 종합기술원(031-710-5100) [학]서울 배문고졸 1987년 서울대 제어계측공학과졸 1994년 미국 서던캘리포니아대 대학원 전기공학과졸 1998년 공학박사(미국 서던캘리포니아대) [경]LG정보통신 근무, 삼보컴퓨터 근무, LG전자(주) 시스템실장(연구위원) 2003년 同이동통신기술연구소장(상무) 2009년 同MC사업본부 MC글로벌상품기획팀장(상무) 2010년 同MC사업본부 글로벌상품기획팀장(전무) 2010~2011년 同MC연구소개발실장 2012년 SK텔레콤(주) 기술전략실장 2013~2014년 同ICT기술원장 2013년 퀀텀정보통신연구조합 초대이사장(현) 2015년 SK텔레콤(주) 종합기술원장(현) 2015년 국가과학기술자문회의 자문위원(현) 2016년 텔코인프라프로젝트(TIP:Telco Infra Project) 초대 의장(현)

최진수(崔珍洙) CHOI Jin Soo

[생]1961·7·8 [출]경남 밀양 [주]서울 종로구 종로5길86 서울지방국세청 송무국(02-2014-0120) [학]1979년 부산 브니엘고졸 1984년 서울대 법대졸 1984년 同대학원 법학과 수료 [경]1984년 사법시험 합격(26회) 1987년 사법연수원 수료(16기) 1989년 軍법무관 1990년 인천지법 판사 1992년 서울지법 동부지원 판사 1994년 광주지법 목포지원 판사 1996년 광주고법 판사 1997년 서울지법 판사 1999년 서울고법 판사 2001년 서울지법 판사 2002년 창원지법 부장판사 2004년 사법연수원 민사교수실 교수 2007~2010년 서울중앙지법 부장판사 2010~2012년 법무법인 원 변호사 2012~2015년 법무법인 가교 변호사 2015년 서울지방국세청 송무국장(현)

최진순(崔鎭順) CHOI Jin Soon

[생]1941·1·25 [출]인천 강화 [주]인천 강화군 선원면 강화동로990 (주)찬우물(032-934-1454) [학]1959년 인천 송도고졸 1965년 한양대 섬유공학과졸 1994년 연세대 특허법무대학원 법무고위자과정 수료 [경]1968년 임성직물 대표 1979년 삼우전자 설립·대표 1994~2006년 (주)청풍 회장·명예회장 2001년 同부설연구소장 겸임 2002년 (주)청풍에너지워터 설립·대표이사 2006년 (주)찬우물 회장(현) [상]국제발명품대회 금상(8회), 특허청장표창, 국무총리표창, 20세기를 빛낸 발명인 대상, 장영실과학문화상 금상, 산업자원부장관표창, 중국 국제발명품전 특별상, '신지식인' 선정, 동탑산업훈장, 대한민국 특허기술대전 은상, 환경로얄브랜드대상, 100대 우수특허제품대상 최우수상

최진식(崔鎭植) CHOI Jin Shik

[생]1958 [출]경기 고양 [주]서울 영등포구 국제금융로52 (주)심팩 비서실(02-3780-4900) [학]1977년 한영고졸 1982년 동국대 무역학과졸 1991년 연세대 경영대학원졸 [경]1982~1986년 현대건설 근무 1986~1999년 동양증권(주) 이사 1999~2001년 한누리투자증권(주) 상무이사·전무이사 2001년 우리에셋투자(주) 사장 2001~2011년 (주)심팩ANC 대표이사 회장 2007년 국제망간협회(International Manganese Institute) 마케팅커뮤니케이션위원회 위원 2008~2011년 同이사 2011년 同부회장(현) 2011년 (주)SIMPAC 대표이사 회장(현) 2014년 대한조정협회 회장(현) 2014년 한국중견기업연합회 M&A·글로벌위원회 위원장(현) [상]자랑스러운 동국인 대상(2015)

최진영(崔晋榮)

[생]1958·12·8 [주]서울 성북구 보문로130 (사)보험연수원 원장실(02-920-0800) [학]1976년 부산상고졸 1980년 경희대 경영학과졸 2000년 同대학원 경영학과졸 2012년 경영학박사(경희대) [경]1986년 증권감독원 입사 1999년 금융감독원 회계감독국 과장 2000년 同회계제도실 팀장 2003년 同회계감독1국 부국장 2007년 同회계제도실장 2008년 同회계서비스1국장 2011년 同회계감독1국장 2012년 同대구지원장 2013~2015년 同회계담당 전문심의위원 2015년 (사)보험연수원 원장(현)

최진용(崔振用) CHOI Jin Yong

[생]1947·3·3 [본]해주(海州) [출]인천 [주]인천 중구 신포로15번길64 인천문화재단(032-455-7109) [학]1966년 동산고졸 1976년 건국대 법경대학 행정학과졸 1984년 연세대 행정대학원 언론홍보학과졸 [경]1972년 문화재관리국 문화재연구소 근무 1975년 문화공보부 문예진흥관실 행정사무관 1984년 국립현대미술관 서무과장 1985년 문화공보부 문화올림픽추진반·문화예술국 예술1과·출판과 근무 1990년 대한민국예술원 진흥과장 1991년 문화부 어문출판국 어문과장 1993년 문화체육부 영화진흥과장 1994년 同전통예술과장 1996년 국립현대미술관 전시과장 1997년 문화체육부 감사담당관 1998년 문화관광부 감사담당관 1998년 同출판진흥과장 1999년 국립중앙극장 극장장 2000년 중앙공무원교육원 파견 2001년 월드컵축구대회조직위원회 기획조정국장 2001~2002년 서울시녹색환경위원회 위원 2002~2004년 국민대 정치대학원 강사 2002년 국립현대미술관 사무국장 2002~2003년 대한민국예술원 사무국장 2003~2006년 한국간행물윤리위원회 사무처장 2003년 중앙대 예술대학원 강사 2004~2006년 이화여대 조형예술대학원 강사 2006~2010년 노원문화예술회관 관장 2007~2010년 서울문화예술회관연합회 회장 2010~2013년 의정부예술의전당 사장 2012년 한국문화예술회관연합회 문화예술회관소위원회 위원장 2016년 인천문화재단 대표이사(현) [상]문화공보부장관표창(1976·1978), 대한민국정부표창(1978), 모범장서가상(1982), 국무총리표창(1989), 홍조근정훈장 [저]'민족문화론-국가발전과 민족문화' '한국영화정책의 흐름과 전망(共)'(1994) [종]천주교

최진용(崔眞榕) CHOI Jin Yong

[생]1950·9·3 [출]경남 진주 [주]경기 안양시 동안구 시민대로180 G.SQUARE빌딩 대한전선(주) 비서실(02-316-9104) [학]1970년 진주고졸 1977년 인하대 전기공학과졸 2003년 서울대 AIP(최고산업전략과정) 수료 2007년 연세대 AMP(최고경영자과정) 수료 [경]1976년 대한전선(주) 입사 1989년 한일전선 근무 1993년 일진전기(주) 전선사업본부 생산기술담당 이사 2001년 同전선사업본부장(상무) 2003년 同부사장 2004년 일진중공업(주) 대표이사 2005년 일진전기(주) 대표이사 겸 일진중공업(주) 대표이사 2006년 일진전기(주) 대표이사 사장 2010~2012년 同대표이사 부회장 2013~2015년 파워맥스(주) 대표이사 부회장 2015년 대한전선(주) 대표이사 사장 2015년 同대표집행임원(현) 2015~2016년 (주)티이씨앤코 대표집행임원 [상]산업포장(2005)

최진욱(崔鎭旭) CHOI Jin Wook

[생]1959·9·11 [출]서울 [주]서울 서초구 반포대로217 통일연구원 원장실(02-2023-8001) [학]1985년 한국외국어대 정치외교학과졸 1987년 미국 신시내티대 대학원 정치학과졸(석사) 1992년 정치학박사(미국 신시내티대) [경]1993~2014년 통일연구원 선임연구위원·남북협력실장·북한연구실장 2006년 일본 리츠메이칸대 국제관계학부 객원교수 2007년 북한대학원대 겸임교수 2011년 한반도포럼 위원 2011년 민주평통 상임위원(현) 2012년 한국정치학회 부회장·등기이사 2012~2013년 통일연구원 기획조정실장 2012년 同원장 직대 2013~2015

년 방송통신위원회 남북방송통신교류추진위원회 위원 2013년 통일부 정책자문위원(현) 2013년 통일연구원 북한연구센터 선임연구위원 2013년 북한연구학회 회장 2013년 외교부 정책자문위원(현) 2014년 통일연구원 원장(현) 2014년 통일정책연구협의회 운영의장(현) 2014년 대통령직속 통일준비위원회 위원(현) 2015년 기획재정부 재정정책자문회의 민간위원(현) 2015년 유네스코 한국위원회 위원(제30대)(현) [저]'김정일 정권과 한반도 장래'(2005, 한국외국어대 출판부) '통일노력 60년(編)'(2005, 다해미디어) '남북한 재외동포정책과 통일과정에서 재외동포의 역할'(2007, 통일연구원) '현대북한행정론'(2008, 명인문화사) '한반도 통일과 주변 4국'(2010, 명인문화사) 'US-China Relations and Korean Unification(編)'(2011, 통일연구원) '통일외교 과제와 전략(編)'(2011, 통일연구원) '통일재건과정에서의 북한 재건 방향'(2011, 통일연구원) '김정은 정권의 정책 전망'(2012, 통일연구원) '박근혜정부의 대북정책 추진 방향(編)'(2013, 통일연구원) '한반도 신뢰프로세스 업그레이드를 위한 2014년 대북정책 추진전략'(2013, 통일연구원) 'Security Dimension of China's Relations with the Korean Peninsula," Lowell Dittmer and Maochun Yu, eds., Routledge Handbook of Chinese Security'(2015, London: Routledge)

최진원(崔晋源) Jin Won CHOI

[생]1968·8·23 [본]해주(海州) [출]서울 [주]서울 종로구 사직로8길60 외교부 인사운영팀(02-2100-7143) [학]1987년 경동고졸 1994년 서울대 경제학과졸 2003년 미국 버지니아대 대학원 경제학과졸 [경]1994년 행정고시 합격(38회) 1995~1998년 재정경제원 법무담당관실·국제경제과 사무관 1998~2007년 외교통상부 아태통상과·세계무역기구과 등 사무관 2007~2009년 駐제네바대표부 1등서기관 2009~2011년 駐몽골대사관 참사관 2011~2013년 외교통상부 FTA무역규범과장·FTA정책기획과장 2013~2015년 산업통상자원부 FTA정책기획과장·FTA서비스투자과장(파견) 2015년 외교부 기획조정실 기획재정담당관 2016년 駐미국대사관 참사관(현) [종]불교

최진태(崔震泰) Choi Jin Tae

[생]1956·9·21 [출]경북 영양 [주]서울 중구 마른내로138 한국프라스틱공업협동조합연합회(02-2280-8203) [학]1973년 경안고졸 1978년 대구대 경제학과졸 [경]1985년 중소기업협동조합중앙회 입회 1993년 同감사실 감사역 1994년 同총무과장 1997년 同총무부 인사과장 1998년 同총무처장 1999년 同중소기업개발원장 겸임 2000년 同선거관리위원회 간사 2002년 同감사실장 2002년 同사업담당 상무이사 2003년 同관리상무이사 2003년 同사업본부장 2004~2006년 同기획관리본부장 2006년 중소기업중앙회 기획관리본부장 2007년 同조합지원본부장 2008년 同회원지원본부장 2008년 중소기업연구원 전문위원 2010년 한국프라스틱공업협동조합연합회 전무이사(현) [상]상공부장관표창(1990), 국무총리표창(1992)

최진호(崔珍鎬) Jin-Ho Choy

[생]1948·9·1 [본]직산(稷山) [출]서울 [주]서울 서대문구 이화여대길52 이화여자대학교 자연과학대학(02-3277-4135) [학]1970년 연세대 화학공학과졸 1972년 同대학원졸 1979년 이학박사(독일 뮌헨대) 1993년 공학박사(일본 도쿄공업대) [경]1974년 일본 도쿄공업대 연구원 1979년 독일 뮌헨대 화학과 연구원 1981~1993년 서울대 화학과 조교수·부교수 1985~1986년 프랑스 보르도제1대 객원교수 1993~2004년 서울대 자연과학대학 화학부 교수 1994년 대한화학회 고체화학분과장 1997~2002년 한국과학기술한림원 정회원 1997년 서울대 분자과학연구소장 1998년 한국과학재단 한불협력위원장 1999~2000년 대한화학회 부회장 겸 학술위원회 부위원장 2004년 이화여대 화학나노과학부 석학교수 2007년 同이화학술원 겸임석좌교수, 同자연과학대학 분자생명과학부 화학·나노과학전공 및 바이오융합과학과 석좌교수(현) 2012~2014년 同대외부총장 2015~2016년 현대아이비티(주) 사외이사 2015년 이화여대 지능형나노바이오소재연구센터 소장(현) [상]대한민국과학상, 프랑스 아카데미기사장(공로훈장), 대한화학회 학술상, 대한민국 최고과학기술인상(2007), 과학기술부 선정 '닮고싶고 되고싶은 과학기술인'(2007), 제59회 서울시문화상 자연과학분야(2010) [저]'Bio-Inorganic Conjugates for Drug and Gene Delivery(共)'(2008) [종]기독교

최진호(崔振鎬) CHOI Jinho

[생]1950·1·19 [본]전주(全州) [출]전북 전주 [주]전북 전주시 완산구 효자로225 전북도의회(063-280-4529) [학]전주남중졸 1968년 전주공고졸 2000년 전주대 국제관계학과졸 2002년 同국제경영대학원 정치학과졸 [경]1991~2002년 전주시의회 의원(4·5·6대) 1993~1998년 同4·5대 의장 1993~1998년 전북시·군의회의장단협의회 회장 1993년 전국시·군·구의회의장단협의회 수석부회장 1994년 전북도체육회 부회장·경기력향상위원장·운영위원장·전북도생활체육위원장 1995~2001년 전주시생활축구협회 회장 1995~2002·2009~2010년 민주평통 제7·8·9·10·11·14기 전주시협의회장 1996~2001년 전주시축구협회 통합회장 2000~2006년 전주상공회의소 제17·18대 상공의원 2001~2003년 전북도씨름협회 회장 2001년 대한올림픽위원회(KOC) 위원 2001~2004년 전북대기성회 회장 2002·2010년 전북도의회 의원(새천년민주당·열린우리당·민주당·민주통합당·민주당·새정치민주연합) 2002~2003년 국제라이온스협회 355-E(전북)지구 제25대 총재 2004~2009년 전국루지·봅슬레이·스칼렛트연맹 회장 2004~2005년 전북도풋살협회 회장 2004~2006년 (사)전북교통질서실천운동본부 총재 2005년 전주발전정책연구원 이사장(현) 2006~2008년 전주시생활체육협의회 보디빌딩연합회장 2006년 전북도의회 운영위원장 2006년 나눔과기쁨전북협의회 상임대표 2008~2011년 민주당 전북도당 부위원장 2010~2011년 同전북도당 상무위원 2012~2013년 한국스카우트 전북연맹장 2012~2013년 민주통합당 전북도당 선거관리위원장 2012~2014년 전북도의회 의장 2012년 전국시·도의회의장협의회 부회장 2012년 전북도 2014한국잼버리·2023세계잼버리유치위원장 2012년 전국균형발전지방의회협의회 부회장 2013년 민주당 전북도당 상무위원 2013년 同전북도당 선거관리위원회 위원장 2013년 同전북도당 당원자격심사위원 2013년 전국시·도의회의장협의회 회장 2014년 전북도의회 의원(새정치민주연합·더불어민주당·국민의당)(현) 2014년 同산업경제위원회 위원 2016년 同문화건설안전위원회 위원(현) [상]대통령표창(1995), 국민훈장 목련장(1998), 동력자원부장관표창(1998), 전북도체육상(2003), 문화관광부장관표창(2004), 건설교통부장관표창(2005), 2012 한국을 빛낸 사람들 지방자치의회발전부문 우수의회활동공로대상(2012) [종]기독교

최진호(崔鎭鎬) Choi, Jin-Ho

[생]1957·11·11 [출]충북 보은 [주]서울 영등포구 의사당대로1 국회사무처 여성가족위원회(02-788-2995) [학]성균관대 행정학과졸, 미국 워싱턴주립대 대학원졸 [경]국회사무처 정무위원회 입법조사관 2003년 同국제국 국제협력과장 2006년 국방대 파견 2007년 국회사무처 국제국 의전과장(부이사관) 2008년 同국제국 의원외교정책심의관 2009년 외교안보연구원 파견(부이사관) 2010년 국회사무처 농림수산식품위원회 입법심의관 2011년 同관리국장(이사관) 2013년 同농림수산식품위원회 전문위원 2015년 同여성가족위원회 수석전문위원(차관보급)(현)

최진호(崔振豪) CHOI, JINHO

[생]1962·6·2 [주]서울 강남구 테헤란로432길11 동부그룹 홍보실(02-3484-2747) [학]1981년 상문고졸 1989년 서울대 동양사학과졸 [경]1990년 동부제철 근무 1995년 동부그룹 홍보실 근무 2010년 同홍보실 상무(현)

최진화(崔鎭化) Choi Jin Wha

[생]1953·8·25 [본]경주(慶州) [출]서울 [주]부산 해운대구 수영강변대로120 (재)영화의전당(051-780-6001) [학]휘문고졸, 서울대 중어중문학과졸 [경]1981~1999년 삼성물산(주) 뉴욕지점 차장·영상사업단 부장 2001~2004년 강제규필름 대표이사 2004~2007년 MK픽처스 사장 2007~2013년 필름쿡플러스 대표이사 2014~2015년 한국영화방송제작협동조합 이사장 2015년 (재)영화의전당 대표이사(현) [상]영화부문작품상(2004, 제40회백상예술대상), 한국영화최고흥행상(2004, 제25회청룡영화상), 아름다운영화상(2004, 영상물등급위원회), 영화부문대상(2004, 국회미디어위원회), 최우수작품상(2005, 제50회아시아태평양영화제) [종]기독교

최진환(崔珍煥)

[생]1965·3·19 [출]전북 진안 [주]서울 중구 세종대로17 와이즈빌딩 한국일보 미래전략실 미디어전략단(02-724-2114) [학]서울대 신문학과졸, 同대학원졸 [경]1995년 한국일보 문화부 기자 2001년 同국제부 기자 2002년 同경영전략실 차장대우 2003년 同문화부 차장대우 2004년 同사회부 차장대우 2007년 同사회부 전국팀 차장 2009년 同미디어전략실장 2009년 同정책사회부장 직대 2010년 同전략기획부장 2012년 同전략기획실장 2012년 同편집국 문화부장(부국장대우) 2013년 同편집국 부국장 겸 문화부장 2013년 同편집국 부국장 겸 전략기획실 제2실장 2013년 同미디어전략국장 2015년 同미래전략실 미디어사업팀장 2016년 同미래전략실 미디어전략단장(현)

최진환(崔晋煥) CHOI Jin Whan

[생]1968·3·4 [주]서울 강남구 봉은사로613 ADT캡스 임원실(1588-6400) [학]경주고졸, 서울대 경제학과졸 [경]1995년 한국장기신용은행 근무, Bain & Company 컨설턴트 팀장, A.T.Kearney 컨설턴트 2002년 현대캐피탈 입사, 同기업전략부문 이사, 同전략기획본부 상무 2009년 同전략기획본부장(전무) 2012~2014년 현대라이프생명보험 대표이사 2014년 ADT캡스 대표이사(현)

최차규(崔且圭)

[생]1956·6·9 [출]경남 마산 [학]1975년 마산고졸 1980년 공군사관학교졸(28기) 1998년 동국대 대학원 안보행정학과졸 2010년 서울대 대학원 국가정책과정 수료 2012년 광운대 대학원 방위사업학박사과정 수료 [경]공군 29전대 191전투비행대대장, 대통령 국방비서관실 국방담당관 2006년 공군본부 전력기획참모부 전력기획처장 2006년 합동참모본부 비서실장 2008년 공군 제10전투비행단장 2009년 방위사업청 항공기사업부장·유도무기사업부장 2011년 합동참모본부 작전본부 교리연습훈련부장(소장) 2012년 공군 참모차장(중장) 2013년 공군 작전사령관(중장) 2014~2015년 제34대 공군 참모총장(대장) [상]국무총리표창(2001), 대통령표창(2004), 보국훈장 천수장(2007)

최찬묵(崔燦默) CHOI Chan Mook

[생]1961·3·14 [출]충남 부여 [주]서울 종로구 사직로8길39 세양빌딩 김앤장법률사무소(02-3703-1484) [학]1979년 서울 경성고졸 1984년 고려대 법과대학졸 [경]1983년 사법시험 합격(25회) 1985년 사법연수원 수료(15기) 1987년 수원지검 검사 1990년 마산지검 충무지청 검사 1991년 서울지검 검사 1994년 부산지검 검사 1996년 법무부 특수법령과 검사 1998년 대통령 법무비서관실 파견 1999년 청주지검 충주지청장 2000년 서울지검 부부장검사 2001년 부산지검 공안부장 2002년 법무부 검찰3과장 2002년 同검찰2과장 2003년 서울지검 총무부장 2004년 서울중앙지검 총무부장 2004년 김앤장법률사무소 변호사(현) 2011~2014년 방송통신심의위원회 위원 2011년 대한통운(주) 사외이사 겸 감사위원 2011년 CJ대한통운(주) 사외이사 겸 감사위원(현)

최창곤(崔昌坤) CHOI Chang Gon

[생]1955·11·10 [본]영천(永川) [출]경북 김천 [주]경남 진주시 동진로420 국방기술품질원 정책자문위원실(055-751-5000) [학]1977년 서울대 기계공학과졸 1981년 성균관대 경영행정대학원 기업경영전공졸(경영학석사) 1987년 한국과학기술원 대학원 기계공학과졸(공학석사) 1993년 공학박사(한국과학기술원) 1997년 영국 크랜필드대 Royal Military College of Science졸(석사) 2007년 고려대 행정대학원 최고관리자과정 수료 2012년 서울대 경영대학 최고경영자과정 수료(73기) [경]1977년 삼성중공업 근무 1978년 한국기계금속시험연구소 근무 1979~2008년 국방과학연구소 책임연구원·기계화화력체계부장·제1체계개발본부장 1993년 전북대 정밀기계공학과 외래강사 2003~2005년 민주평통 자문위원 2004년 충남대 공과대학 기계설계학과 겸임교수 2008~2011년 방위사업청 방산진흥국장(고위공무원) 2011~2014년 국방기술품질원 원장 2011~2014년 국방부 방위사업추진위원회 위원 2014년 한국공학한림원 회원(현) 2014년 국방기술품질원 정책자문위원(현) 2015년 금오공대 기계시스템공학과 초빙교수(현) [상]보국포장(2003), 보국훈장 천수장(2008) [종]기독교

최창근(崔昌根) CHOI Chang Keun

[생]1947·12·14 [출]황해 봉산 [주]서울 강남구 강남대로542 영풍빌딩 고려아연(주) 임원실(02-519-3403) [학]1966년 경복고졸 1974년 서울대 공대 자원공학과졸 1979년 미국 컬럼비아대 경영대학원졸(MBA) [경]1980~1984년 한국동력자원연구소 자원경제연구실장 1984~1996년 서린상사(주) 대표이사 사장 1994~1996년 고려아연(주) 대표이사 부사장 1996~2003년 同대표이사 사장 1999~2001년 한국비철금속협회 회장 2003년 고려아연(주) 부회장 2009년 同대표이사 회장(현) [상]금탑산업훈장(2009), 서울대 '자랑스러운 공대 동문상'(2009), 올해의 CEO대상 리더십경영부문 대상(2011)

최창무(崔昌武) CHOI Chang Mou

[생]1936·9·15 [출]경기 파주 [주]광주 서구 상무대로980 천주교 광주대교구청(062-380-2811) [학]1955년 성신고졸 1960년 가톨릭대졸 1962년 독일 프라이부르크대졸 1969년 신학박사(독일 프라이부르크대) [경]1963년 사제 서품 1970년 가톨릭대 교수 1972년 同대학원 교학감 1973년 同신학부장·교무처장 1977년 천주교 서울대교구 관구신학원장 1979~1980년 가톨릭대 학장 1989~1991년 同부설사목연구소 소장 1991~1992년 同제16대 학장 1992~1995년 同총장 1994년 주교 서품 1994~1999년 천주교 서울대교구 보좌주교 1997·2003년 대통령 통일고문 1999년 천주교 광주대교구 부교구장 1999년 同대주교(현) 2000~2010년 同광주대교구장 2002~2005년 한국천주교주교회의 의장 2004년 로마교황청 인류복음화성 위원 [저]'현대인과 신앙' '빛을 찾아서' [역]'신·구약 성서입문' [종]천주교

최창삼(崔創森) Choi Chang Sam

[생]1958·7·16 [본]전주(全州) [출]전남 무안 [주]전남 여수시 해양경찰로122 해양경비안전교육원 교육지원과(061-806-2316) [학]1976년 목포 덕인고졸 1999년 광주대 행정학과졸 [경]1983년 해양경찰청 순경 임용 2008년 서해지방해양경찰청 정보수사과장 2009년 同경비구난과장 2009년 속초해양경찰서장 2010년 서해지방해양경찰청 경비구난과장 2011년 同경무기획과장 2011년 군산해양경찰서장 2012년 제주지방해양경찰청 경비안전과장 2013년 남해지방해양경찰청 경비안전과장 2014년 서해지방해양경찰청 경무기획과장 2014년 목포해양경찰서장 2014년 국민안전처 목포해양경비안전서장 2015년 同제주해양경비안전본부 기획운영과장 2016년 同해양경비안전교육원 교육지원과장(현) [상]옥조근정훈장(2001) [종]기독교

최창석(崔彰錫)

[생]1968·7·30 [출]전남 나주 [주]광주 동구 준법로7의12 광주지방법원(062-239-1114) [학]1987년 영산포상고졸 1997년 서울대 종교학과졸 [경]1996년 사법시험 합격(38회) 1999년 사법연수원 수료(28기) 1999년 인천지검 검사 2001년 광주지검 장흥지청 검사 2002년 수원지검 검사 2004년 서울중앙지검 검사 2008년 대전지검 검사 2010년 대구지법 판사 2014년 수원지법 판사 2015년 광주지법 부장판사(현)

최창섭(崔昌燮) CHOI Chang Sup (昇雲)

[생]1942·3·13 [본]해주(海州) [출]경기 송탄 [주]서울 마포구 백범로35 서강대학교(02-705-8114) [학]1960년 서울 동성고졸 1964년 서강대 영어영문학과졸 1971년 미국 시라큐스대 대학원졸 1974년 언론학교육박사(미국 오클라호마주립대) 1998년 언론학박사(호주 라트로브대) [경]1973~1984년 서강대 조교수·부교수 1973~1982년 同시청각실장 1981년 국제가톨릭영화인협회(OCIC) 국제이사 겸 아시아지역 회장 1985년 미국 마켓대 객원교수 1985~2007년 서강대 신문방송학과 교수 1988년 방송심의위원 1989년 서강대 기획실장 1988~1990년 한국방송비평회 회장 1991년 서강대 대외협력실장 1992년 한국언론학회 회장 1992~1999년 서강대 언론대학원장 1993년 언론중재위원 1994년 그린스카우트 부총재 1995년 월간 '그린스카우트' 발행인 1995년 사랑의소리방송 운영위원장 1995년 유니세프 한국위원회 이사 1996~2005년 한국방송비평회 회장 1997년 맑은물되찾기운동연합회 총재 1997년 서강대 사회과학대학장 1997년 한국정보통신이용자총협회 회장 1997~2007년 한국미디어교육학회 회장 1999년 한국PR협회 회장 2000년 한국문화콘텐츠학회 회장, 서강대 대학원장 2003~2006년 방송문화진흥회 이사 2005년 서강대 교학부총장 겸 총장대행 2007년 同명예교수(현) 2008~2009년 한양사이버대 석좌교수 2008년 한국방송통신학회 상임고문 2009년 한국미디어·콘텐츠학회연합 공동의장(현) 2009년 민주평통 자문위원 2010~2013년 지역신문발전위원회 위원장, 국회품앗이포럼 공동대표(현) 2014년 상생과통일 공동대표(현) [상]가톨릭언론대상(1990), 자랑스런 서강인상(1992), 한국PR상(1995), 커뮤니케이션 연구상(1999), 방송학술상(2003), 교육부문 환경대상(2006), 녹조근정훈장(2007) [저]'언론통제이론' '방송비평론'(1985) '방송총론'(1991) '방송철학'(1992) '교회커뮤니케이션'(1993) '自我커뮤니케이션'(1994) '교양언론학(編)' '방송비평의 이해' '지식을 넘어 지혜를 향해'(2007) '어처구니가 없네'(2007) '미디어핵우산을 다시 생각해본다'(2007) '새로운 세상을 위한 디지털 패러다임(編)'(2007) '통신방송융합시대의 다플랫폼간 공정경쟁(編)'(2007) '미디어산책'(2011) '西井에서 西江으로'(2011) '품앗이의 길'(2014) [역]'TV를 꺼라' [종]천주교

최창식(崔昌植) CHOI Chang Sik

[생]1952·5·23 [본]해주(海州) [출]충북 영동 [주]서울 중구 창경궁로17 중구청 구청장실(02-3396-8010) [학]1972년 경기공업고등전문학교졸 1974년 성균관대 토목공학과졸 1984년 서울대 환경대학원 도시계획학과졸 2004년 도시공학박사(한양대) 2009년 명예 경영학박사(서울산업대) [경]1977년 기술고시 합격(13회) 1978년 서울시 도시계획국 구획정리계장 1985년 同도로국 도로계획계장 1988년 영등포구청 건설국장 1989년 서울시 지하철건설본부 부장 1996년 同도로국 도로계획과장 1997년 同지하철건설본부 차장 1999년 同지하철건설본부장 2003년 同건설안전본부장 2004년 同도시관리정책보좌관 2004년 同뉴타운사업본부장 겸임 2006~2008년 同행정2부시장 2008~2011년 성균관대 석좌교수 2011년 서울시 중구청장(재보선 당선, 한나라당·새누리당) 2014년 서울시 중구청장(새누리당)(현) [상]근정포장(1985), 녹조근정훈장(1993), 황조근정훈장(2009), 제1회 2014 자랑스러운 서울과학기술대인(2014), 대한민국 세종대왕 나눔봉사대상(2015), 국민안전처장관표창(2015) [저]'나를 꿈꾸게 만드는 서울 그리고 중구'(2013)

최창식(崔昌植) CHOI Chang Sik

[생]1954·1·6 [주]경기 부천시 원미구 수도로90 (주)동부하이텍 사장실(032-680-4786) [학]1972년 경기고졸 1977년 서울대 재료공학과졸 1991년 공학박사(미국 노스캐롤라이나대) [경]삼성전자(주) PAI실 TDI수석연구원, 同ASIC사업부 LSI TD팀장(이사), 同반도체총괄 시스템LSI사업부 ASIC제품기술팀장(이사) 2004년 同시스템LSI사업부 ASIC제품기술팀장(전무), 同SYS.LSI사업부 제조센터장(전무) 2007년 同SYS.LSI사업부 제조센터장(부사장) 2008년 同SYS.LSI사업부 Foundry센터장(부사장) 2010년 同LCD사업부 부사장 2011년 삼성SDI 광에너지사업부장(부사장) 2012년 (주)동부하이텍 대표이사 사장(현) [종]천주교

최창식(崔昌植)

[생]1960·3·3 [출]서울 [주]서울 중구 서소문로89의31 하나생명보험(주) 임원실(02-3709-7304) [학]1979년 경기고졸 1983년 고려대 영어영문학과졸 [경]1994년 하나은행 입사 1996년 同영등포지점 가계금융실장 1999년 同보라매지점장 2000년 同국제금융본부 조사역(인도네시아 파견) 2001년 同개포동지점장 2002년 同임원부속실장 2004년 同인력지원부장 2006년 하나금융지주 업무지원팀장 2008년 하나은행 강남지역본부장 2009년 同인도네시아현지법인 부행장·은행장 2014년 하나생명보험(주) 부사장 겸 최고영업책임자(CMO) 2015년 同자문위원(현)

최창영(崔昌瑛) CHOI Chang Young

[생]1944·7·7 [출]황해 봉산 [주]서울 강남구 강남대로542 영풍빌딩 고려아연(주) 비서실(02-519-3415) [학]1963년 경기고졸 1969년 서울대 금속공학과졸 1973년 미국 컬럼비아대 공과대학원졸 1976년 공학박사(미국 컬럼비아대) [경]1976년 고려아연(주) 이사 1980년 同부사장 1982년 대한금속학회 평의원 1987~1997년 코리아니켈(주) 대표이사 사장 1988년 고려아연(주) 대표이사 사장 1992년 同대표이사 부회장 1997년 코리아니켈(주) 대표이사 회장(현) 1997년 SUNMETALS코퍼레이션 회장 1998년 대한금속학회 비철금속분과위원회장 2002~2009년 고려아연(주) 대표이사 회장 2004년 케이지엔지니어링(주) 대표이사 회장 2004년 (주)클린코리아 회장 2005~2006년 대한금속학회 부회장 2009년 고려아연(주) 명예회장(현) [상]산업포장, 금탑산업훈장(2005), 서울대·한국공학한림원 '한국을 일으킨 엔지니어 60인' 선정(2006), 서울대 공대 발전공로상(2011) [종]기독교

최창영(崔昌永) Choi Chang Young

[생]1969·8·26 [출]경남 창녕 [주]서울 서초구 서초중앙로157 서울중앙지방법원(02-530-1114) [학]1987년 능인고졸 1991년 고려대 법대졸 [경]1992년 사법고시 합격(34회) 1995년 사법연수원 수료(24기) 1998년 서울지법 서부지원 판사 2000년 서울지법 판사 2002년 대구지법 포항지원 판사 2005년 미국 듀크대 로스쿨 연수 2006~2010년 서울고법 판사 2006~2008년 법원행정처 사법정책실 형사정책심의관 2008년 국회 법제사법위원회 파견 2010년 울산지법 부장판사 2011년 수원지법 안양지원 부장판사 2012년 법원행정처 전산정보관리국장 2015년 서울중앙지법 부장판사(현) 2015년 대법원 국선변호정책심의위원회 법관위원(현)

최창옥(崔昌鈺) CHOI Chang Ock (綠一)

[생]1940·1·8 [본]경주(慶州) [출]경북 고령 [주]부산 사하구 낙동대로 550번길37 동아대학교(051-200-7000) [학]1965년 인하대 금속공학과졸 1977년 고려대 대학원 금속공학과졸 1986년 공학박사(한양대) [경]1965년 대한조선공사 기사 1968~1977년 한국과학기술연구소 선임연구원 1970~1971년 일본 AOTS 주조기술 연수 1975~1976년 독일 DSE 주조기술 연수 1977~1979년 화천금속(주) 이사·공장장 1979년 대한금속공업(주) 상무이사 1980~2005년 동아대 신소재공학과 교수 1993~1994년 한국주조공학회 회장 1995~1995년 동아대 교무처장 1995~1997년 同산학협력연구센터소장 2000~2007년 부산시기능경기위원회 기술위원장 2001~2003년 동아대 공과대학장 2001~2003년 同산업대학원장 겸 정보통신대학원장 2003년 미국 위스콘신대학 방문교수 2005~2008년 동아대 명예교수 2005년 한국과학기술정보연구원 전문연구위원(현) 2005년 mctc korea 대표(현) 2008년 학교법인 동아학숙 이사(현) [상]국무총리표창(2005) [저]'주물기술' '주물용어사전' '현장핸드북 주물기술' [종]기독교

최창운(崔昌運) CHOI Chang Woon

[생]1960·3·2 [출]서울 [주]서울 노원구 노원길75 한국원자력의학원 원장실(02-970-2088) [학]서울대 의대졸, 同대학원 의학석사, 의학박사(서울대) [경]1988년 국군서울지구병원 과장 1991년 서울대병원 전임의 1993년 서울대부설 국민체력연구소 연구원 1993년 미국 국립보건원(NIH) 연구원 1995년 원자력병원 핵의학과장(현) 2007년 원자력의학원 국가방사선비상진료센터장(단장급) 2008~2010년 원자력병원 원장 2010년 한국원자력의학원 방사선의학연구소장 2015년 同원장(현) [상]과학기술부장관표창(2006)

최창원(崔昌元) CHOI Chang Won

[생]1957·1·5 [출]경북 포항 [주]서울 중구 남대문10길 9 경기빌딩 휴먼파워(주)(02-2038-2720) [학]경북고졸, 서울대 역사학과졸 [경]한양화학 근무, 한화S&C(주) 근무, 한화증권(주) 인사·총무·홍보담당 상무보 2007~2011년 한화S&C(주) 금융사업본부장(상무) 2008년 한화아이티씨(주) 대표이사 2011~2015년 한화S&C(주) 금융사업본부장(전무) 2015년 휴먼파워(주) 대표이사(현) [종]천주교

최창원(崔暢元) CHOI Chang Won

[생]1959·1·27 [주]대전 서구 배재로155의40 배재대학교 생물의약학과(042-520-5617) [학]1982년 고려대 농학과졸 1986년 미국 사우스다코다대 대학원 식물병리학과졸 1991년 식물병리학박사(미국 버지니아폴리테크닉주립대) [경]1987~1991년 미국 버지니아폴리테크닉주립대 교환교수 1992~1993년 상명여대 산업대 환경녹지과 강사 1992~1993년 고려대 자연과학대 자연자원연구소 전임연구원 1993년 배재대 생물학과·생물의약학과 조교수·부교수·교수(현) 1994년 충남대 생화학과 강사 1994~1995년 과천시의회 과천발전특위 환경자문위원 1997~1998년 배재대 생물학과장 1999~2002년 同생명과학부장 겸 바이오의약연구센터 총괄기획부장 2005년 同생물의약학과장 2005~2010년 同자연과학대학 교학부장 2005~2010년 충남농업기술원 겸임연구관 2012~2013·2015년 배재대 중소기업산학협력센터장 2015년 同산학협력단장(현) [저]'문제로 배우는 생물학'(1999) '한국식물병원체'(2001) '식물바이러스 실험서'(2001)

ㅊ

최창원(崔彰沅) CHOI, CHANG WON

[생]1962·4·17 [본]경주(慶州) [출]서울 [주]세종특별자치시 다솜로261 국무조정실 사회복지정책관실(044-200-2286) [학]1981년 관악고졸 1990년 고려대 경영학과졸 1999년 일본 정책연구대학원대(GRIPS) 정책학석사 [경]1993년 행정고시 합격(36회) 2009년 국무총리실 인사과장 2010년 녹색성장기획단 기획국장 2011년 국무조정실 평가관리관 2013년 同성과관리정책관 2014년 미국 Johns Hopkins Univ. SAIS 연수 2015년 국무조정실 농림국토해양정책관 2015년 同사회조정실 사회복지정책관(현)

최창원(崔祖源) CHOI Chang Won

[생]1964·7·15 [본]해주(海州) [출]대구 [주]경기 성남시 분당구 분당내곡로151 삼도타워8층 (주)이롬 임원실(031-701-3377) [학]1995년 연세대 산업대학원 식품생물공학과졸 [경]1989~1998년 (주)풀무원 기술연구소 책임연구원·마케팅 팀장 1999년 (주)이롬라이프 기획실장·연구개발본부장·영업본부장 2001년 同부사장 2004년 (주)이롬내추럴 대표이사 사장 2004년 (주)이롬라이프 대표이사 사장 2005년 (주)이롬 대표이사 사장(현) [종]기독교

최창원(崔昌源) CHOI Chang Won

[생]1964·8·27 [본]수원(水原) [출]경기 수원 [주]경기 성남시 분당구 판교로310 SK케미칼(주) 임원실(02-2008-2002) [학]1983년 여의도고졸 1989년 서울대 심리학과졸 1993년 미국 미시간대 경영대학원졸 [경]1995년 (주)선경인더스트리 재무팀장·기획팀장(이사대우) 1997년 同이사 1997년 SK케미칼(주) 경영지원본부장(이사) 1998년 SK상사(주) 사장실 상무 1998년 SK케미칼(주) 경영지원본부장(상무) 1998년 同전무 2000년 SK글로벌 상사부문 기획조정실장(부사장) 2002~2003년 同상사부문 사장실장(부사장) 2003년 SK케미칼(주) 경영지원부문 부사장 2004년 SK(주) 투자회사관리실 부사장 2007~2013년 SK건설 대표이사 부회장 2007~2015년 SK케미칼(주) 대표이사 부회장 2011년 SK가스 대표이사 부회장(현) 2014년 SK와이번스 구단

주(현) 2015년 SK케미칼(주) 공동대표이사 부회장(현) 2015년 경기도문화의전당 이사장(현) [상]세계경제포럼(WEF) '아시아의 미래를 짊어질 차세대 한국인 리더' 선정(2002) [종]불교

최창은(崔昌殷) CHOI CHANGEUN

[생]1961·11·22 [주]경기 과천시 코오롱로11 코오롱베니트 ITB 1본부(02-2120-7194) [학]1980년 경성고졸 1988년 한국외국어대 독일어과졸 2004년 서강대 대학원 무역학과졸 [경]2007~2015년 한국IBM 상무 2016년 코오롱베니트 ITB 1본부장(전무)(현)

최창학(崔昌學) chang-hak choi

[생]1959·12·20 [출]대구 [주]대구 남구 명덕로104 대구디지털산업진흥원(053-655-5601) [학]1977년 대구청구고졸 1982년 대구대 법정대학 행정학과졸 1984년 同대학원 행정학과졸 1993년 행정학박사(대구대) [경]1994~1999년 대구시 시정연구단 전임연구원 1999~2003년 同정보화담당관 2002~2003년 대구IT포럼 회장 2003~2007년 대통령자문 정부혁신지방분권위원회 전자정부국장 2003~2009년 대구사이버대 겸임교수 2007년 베트남 정통신부 전자정부자문관(KADO) 2008~2013년 (주)이거브컨설팅 대표이사 2009~2010년 파라과이 대통령실 전자정부자문관(KOICA) 2010~2012년 (재)한국문화정보센터 소장 2013~2015년 대한지적공사 공간정보연구원장 2015~2016년 한국국토정보공사 공간정보연구원장, 국민대 비즈니스IT전문대학원 겸임교수 2016년 대구디지털산업진흥원(DIP) 원장 내정(현) [상]행정자치부장관표창(1999), 동아일보 및 한국전산원 선정 정보화평가전국최우수CIO(1999), 영남일보 선정 '대구경북 뉴밀레니엄 리더'(2000), 대통령표창(2003), 국민포장(2007), 자랑스런 대구대인상(2013)

최창행(崔昌行)

[생]1962·1·16 [본]삭녕(朔寧) [출]경기 김포 [주]서울 종로구 세종대로209 여성가족부 권익정책과(02-2100-6381) [학]1980년 충암고졸 1985년 고려대 사회학과졸 1987년 서울대 행정대학원 행정학과졸 1997년 행정학박사(단국대) [경]1992년 통일국민당 정책위원회 노동전문위원 1992~1995년 국회사무처 근무(별정직) 1995년 국민고충처리위원회 전문위원(도시분야) 1996년 한국방송통신대·단국대 강사 2003년 여성부 차별개선국 차별개선기획담당관 2005년 여성가족부 권익증진국 양성평등과장 2006년 同여성정책본부 양성평등문화팀장 2007년 同여성정책본부 협력지원팀장 2008년 여성부 여성정책국 인력개발지원과장 2009년 同여성경제위기대책추진단 총괄팀장 2010년 여성가족부 여성경제위기대책추진단 총괄팀장 2011년 同법무감사정보화담당관 2013년 同권익정책과장 2016년 同권익정책과장(부이사관)(현)

최창현(崔昶鉉) CHOI Chang Hyun

[생]1955·5·14 [출]대구 [주]충남 서산시 대산읍 독곶2로103 한화토탈 연구소(041-660-6114) [학]1978년 고려대 재료공학과졸 1982년 同대학원졸 1989년 고분자학박사(프랑스 리옹제1대) [경]1993년 삼성종합화학 입사 1996년 삼성토탈(주) 연구소 이사 1998년 同공장수지생산사업부 상무 2005년 同PP증설프로젝트 상무 2006년 同프로젝트 전무 2008년 同연구소장(전무이사) 2011~2015년 同연구소장(부사장) 2015년 한화토탈(주) 연구소장(부사장)(현) [상]고분자학회 기술상(1998) [종]기독교

최창호(崔昌浩) CHOI Chang Ho

[생]1950·12·26 [본]경주(慶州) [출]경남 마산 [주]충남 아산시 음봉면 연암율금로77 (주)하나마이크론 비서실(041-539-1004) [학]1974년 영남대 경제학과졸, 서울대 대학원 최고전략산업과정 수료 2006년 한국산업기술대 대학원졸 2010년 박사(한국산업기술대) [경]1973년 제일모직 근무, 삼성반도체통신 근무 1988년 삼성전자(주) 반도체부문 관리본부 관리담당 이사·메모리사업부 경영지원실 근무 1993~1995년 同경영지원실장(상무이사)·반도체지원실장(상무이사) 1996년 同반도체지원실장(전무이사) 1999년 同Mexico복합단지장(전무이사) 2001년 (주)하나마이크론 대표이사 2003년 (주)에스에프에이 사외이사 2011~2015년 한국기술교육대 비상임이사 2013년 (주)하나마이크론 대표이사 사장 2014년 同대표이사 회장(현) [상]산업포장, 은탑산업훈장(2004), 국무총리표창(2013) [종]기독교

최창호(崔昌鎬) CHOI Chang Ho

[생]1964·11·10 [출]서울 [주]서울 서초구 반포대로158 서울고등검찰청(02-530-3114) [학]1983년 오산고졸 1988년 서울대 사법학과졸 1990년 同대학원졸 [경]1989년 사법시험 합격(31회) 1992년 사법연수원 수료(21기) 1992년 軍법무관 1995년 청주지검 검사 1997년 수원지검 여주지청 검사 1998년 수원지검 검사 2000년 법무부 송무과 검사 2002년 서울지검 검사 2004년 대구지검 부부장검사 2005년 서울북부지검 부부장검사 2005년 헌법재판소 헌법연구관 2008년 법무부 국가송무과장 2009년 서울남부지검 형사3부장 2010년 청주지검 충주지청장 2011년 대구지검 서부지청 차장검사 2012년 서울고검 검사 2012~2013년 법무연수원 연구위원(파견) 2015년 대전고검 검사 2016년 서울고검 검사(현) 2016년 서울중앙지검 중요경제범죄조사단 파견(현) [저]'알기 쉬운 법률상식'

최창호(崔昌鎬) CHOI CHANG HO

[생]1973·1·13 [출]경남 마산 [주]인천 남구 소성로163번길49 인천지방검찰청 형사3부(032-860-4312) [학]1992년 동래고졸 1997년 한양대 법학과졸 [경]1996년 사법시험 합격(38회) 1999년 사법연수원 수료(28기) 1999년 부산지검 동부지청 법무관 2002년 창원지검 검사 2004년 同거창지청 검사 2005년 인천지검 검사 2007년 서울중앙지검 검사 2011년 대전지검 검사 2011년 同부부장검사 2012년 서울중앙지검 부부장검사 2013년 울산지검 특별수사부장 2014년 서울동부지검 형사6부장 2015년 의정부지검 형사4부장 2016년 인천지검 형사3부장(현)

최창화(崔昌和) CHOI Chang Hwa

[생]1956·10·28 [출]경남 김해 [주]부산 연제구 월드컵대로359 부산시의료원(051-507-3000) [학]1980년 부산대 의대졸, 同대학원졸, 의학박사(부산대) [경]1998년 부산대 의대 신경외과학교실 교수, 부산대병원 신경외과 전문의, 同진료처장, 대한신경외과학회 상임이사 2011년 법원행정처 법원전문심리위원 2011~2013년 양산부산대병원 원장, 노인신경외과 학술이사, 부산대병원 심뇌혈관센터 소장, 한국배상의학회 상임이사, 대한감마나이프방사선수술학회 회장 2015~2016년 대한신경외과학회 회장 2016년 부산시의료원 원장(현) [저]'신경외과학(共)'(2001, 중앙문화사) '뇌혈관외과학(共)'(2010, 고려의학) '정위기능신경외과학(共)'(2010, 도서출판 아이비)

최창환(崔昌煥) CHOI Chang Hwan

[생]1953·3·27 [본]해주(海州) [출]충북 괴산 [주]서울 강남구 영동대로511 무역센터4005호 (주)장수산업(1599-9988) [학]1999년 연세대 법무대학원 수료 2006년 서강대 영상미디어학 수료 2007년 미국 스탠퍼드대 디자인최고경영자과정(KIDP) 수료 2008년 동국대 행정대학원 DEVELOPER과정 수료 2008년 미국 Univ. of Hawaii FIMA과정 수료 2011년 한국최고경영자회의 CIMA CEO과정(9기) 수료 [경]1992년 (주)장수산업 창업·회장(현) 1994~1996년 전국중기경영인연합회중앙회 회장 2000년 Changshoubed-(Jiaxing) Limited(China) 창업·회장(현) 2004~2011년 대한가구산업협동조합연합회 회장 2004~2006년 대통령직속 중소기업특별위원회 시장지원분과 위원 2006~2008년 아시아태평양가구협회(CAPFA) 회장 2007~2011년 중소기업중앙회 부회장 2008~2011년 국제중소기업협의회 한국위원회(ICSB, KOREA) 감사 2009~2011년 세계가구연합회(World Furniture Confederation) 부회장 2009~2010년 국제라이온스협회 354-D지구 북한봉사위원장 2009년 한국제품안전협회 이사(현) 2010년 중소기업중앙회 해외민간대사(현) 2010년 Jangsoo Deco-material(Dalian) Limitid(China) 회장(현) 2011년 고려대 유비쿼터스연구소 초빙강사 2014년 한국명품창출CEO포럼 회장(현) 2014년 국제라이온스협회 354-H지구 총재 2015년 同354복합지구총재협의회 의장(현) [상]독일 신기술발명전 의료기기부문 금메달(1997), 중소기업중앙회장표창(1997), 일본 오사카가구협동조합 공로표창(1998), 미국 신기술발명상(1998), 장영실 과학문화상 기술공로부문(1999), 신지식인 특허인상(2001), 장영실과학문화상 특허부문(2002), 발명의날 국무총리표창(2002), 한국능률협회 인증원 고객만족경영최우수상(2002), 삼성세무서 성실납세자상(2003), 국세청장 성실납세자상(2004), 한국을 빛낸 기업인대상(2005), 대한민국 혁신경영인대상(2006), 장한 한국인상(2007), 어버이날 서울시장표창(2010), 포춘코리아 선정 '2011 한국경제를 빛낼 인물'(2011), 대한민국 글로벌CEO 글로벌고객만족부문(2012), 21세기여성발전위원회 국민모범인상(2013), 가구산업발전공로 산업자원부장관표창(2014) [종]기독교

최창훈(崔彰勳)

ⓢ1969 · 4 · 15 ⓞ전남 해남 ⓙ전남 해남군 해남읍 중앙1로330 광주지방법원 해남지원(061-534-9151) ⓗ1987년 광주 인성고졸 1996년 연세대 경영학과졸 ⓖ1997년 사법시험 합격(39회) 2000년 사법연수원 수료(29기) 2000년 광주지법 판사 2003년 同장흥지원 판사 2005년 同가정지원 판사 2009년 광주고법 판사 2012년 광주지법 순천지원 판사, 광주가정법원 판사 2013년 대법원 재판연구관 2015년 광주지법 · 광주가정법원 해남지원장(현)

최 철

ⓢ1962 · 5 · 22 ⓙ경기 수원시 영통구 삼성로129 삼성전자(주) 임원실(031-200-1114) ⓗ1988년 서강대 경영학과졸 2003년 중국 청화대(淸華大) 대학원 석사(MBA) ⓖ삼성전자(주) SET담당 부장 2009년 同SEHK 상무 2010년 同SSS 상무 2011년 同DS부문 중국총괄 상무 2012년 同DS부문 중국총괄 전무 2014년 同DS부문 중국총괄장(전무) 2015년 同부사장(현)

최철규(崔哲圭) Choe Cheolkyu

ⓢ1958 · 4 · 6 ⓗ1981년 한국외국어대 불어과졸 1993년 프랑스 국제행정대학원 경제학과졸 1994년 프랑스 파리 제5대 대학원 통상법학과졸(DESS) ⓖ1982~1998년 상공부 · 통상산업부 근무 1998년 외교통상부 입부 1999년 駐OECD대표부 1등서기관 2002년 駐파키스탄 참사관 2004년 외교통상부 개발협력과장 2007년 駐프랑스 공사참사관 2009년 외교통상부 통상기획홍보과장 2011년 同지역경제외교국 심의관 2013~2016년 駐가봉 대사 ⓢ근정포장(1998)

최철규(崔徹圭)

ⓢ1965 · 5 · 8 ⓞ강원 정선 ⓙ서울 종로구 세종대로209 여성가족부 장관정책보좌관실(02-2100-6008) ⓗ1983년 경동고졸 1988년 고려대 신문방송학과졸 1999년 同언론대학원 신문방송학과졸 ⓖ1994년 내무부장관 비서관 1997년 신한국당 정치발전협의회 기획위원 2005년 나눔의집후원회 사무국장 2009년 희망국민연대 운영위원 2010년 바다와경제국회포럼 전문위원 2010년 강원미래발전포럼 대표 2011년 대통령소속 사회통합위원회 대외협력팀장, 국민대통합위원회 국민소통국 소통공감부장 2016년 여성가족부 장관정책보좌관(별정직 고위공무원)(현)

최철규(崔哲圭) Choi Chul Kyu

ⓢ1973 · 8 · 16 ⓗ영천(永川) ⓞ대구 ⓙ서울 중구 동호로15길27 종하빌딩3층 휴먼솔루션그룹 비서실(02-730-3500) ⓗ1999년 연세대 정치외교학과졸 2007년 영국 런던정경대 대학원 경영학과졸 ⓖ한국경제신문 경제부 · 금융부 기자 2009~2012년 조선일보 최철규의소통리더십고정 칼럼니스트, IGM 세계경영연구원 부원장, 同협상스쿨원장 겸 교수, 중국 난카이대 E-MBA 겸임교수 2012년 휴먼솔루션그룹 대표(현) 2012년 1심재판개선위원회 위원(현) ⓢ한국언론협회 이달의기자상 ⓩ'협상의 10계명'(2009) '위기관리 10계명'(2011) 협상은 감정이다(2013) '협상의 신'(2015) ⓔ'성공하려면 협상가가 되라'(2005)

최철성(崔喆星) Chul-Sung Choi

ⓢ1960 · 11 · 16 ⓗ탐진(耽津) ⓞ충북 진천 ⓙ대전 유성구 대덕대로776 한국천문연구원 우주과학본부(042-865-3216) ⓗ1986년 연세대 천문기상학과졸 1988년 同대학원 천문기상학과졸 1994년 천문학박사(일본 도쿄대) 2015년 국가과학기술인력개발원(KIRD) 국가과학기술최고경영자과정 수료 ⓖ1988~1989년 천문우주과학연구소 전일제 위촉연구원 1989년 한국천문연구원 책임연구원(현) 1994~1996년 한국천문학회 재무간사 2002~2009년 同편집위원 2004~2005년 同이사 2006년 국제천문연맹(IAU) 정회원(현) 2006~2008년 한국천문연구원 부장 2009~2011년 同본부장 2010~2013년 한국천문학회 편집위원장 2012~2015년 한국연구재단 전문위원 2013년 교육부 이공분야연구개발사업 종합심의위원회 위원(현) 2014~2016년 한국천문연구원 우주과학본부장 2014~2015년 한국천문학회 부회장 2014~2015년 제31차 국제천문연맹총회(IAUGA 2021) 유치위원회 위원 2015년 미래창조과학부 우주개발진흥실무위원회 위원(현) 2016년 한국천문연구원 우주과학본부 책임연구원(현) 2016년 미래창조과학부 달탐사사업추진위원회 위원(현) ⓢ과학기술처장관표창(1990), 한국천문연구원 논문우수상(1994), 한국천문학회 공로상(2005), 교육과학기술부장관표창(2011)

최철안(崔哲安) CHOI Cheol Ahn

ⓢ1960 · 10 · 6 ⓞ부산 ⓙ대전 서구 청사로189 중소기업청 생산기술국(042-481-4439) ⓗ1980년 경남공고졸 1992년 부산대 기계설계학과졸 ⓖ1991년 기술고시 합격(27회) 2003년 중소기업청 벤처기업국 벤처정책과 서기관 2004년 同창업벤처국 창업벤처정책과 서기관 2004년 부산울산지방중소기업청 지원총괄과장 2006년 중소기업청 구조개선과장 2007년 同창업벤처본부 구조전환팀장 2007년 同창업벤처본부 사업전환팀장 2008년 同고객정보화담당관 2009년 경남지방중소기업청장(부이사관) 2010년 미국 파견(부이사관) 2012년 중소기업청 창업벤처국 지식서비스창업과장 2012년 부산울산지방중소기업청장(일반직고위공무원) 2014년 중소기업청 생산기술국장(현) 2014~2016년 한국산업기술평가관리원 비상임이사

최철영(崔哲榮) Cheol-Young Choi

ⓢ1963 · 6 · 19 ⓗ영천(永川) ⓞ충남 당진 ⓙ경북 경산시 진량읍 대구대로201 대구대학교 법과대학(053-850-6112) ⓗ1986년 성균관대 법학과졸 1988년 同대학원졸 1994년 법학박사(성균관대) 2009년 미국 캘리포니아대 데이비스캠퍼스 School of Law졸(LL. M.) ⓖ성균관대 · 인천대 강사, 미국 조지타운대 객원연구원, 미국 헌법학회 연구원, 한국법제연구원 법제조사연구4팀 수석연구원 2001년 대구대 법과대학 공법학전공 교수(현) 2005년 同홍보비서실장 2006~2007년 대통령자문 정책기획위원회 위원 2006~2008년 국무총리산하 경제 · 인문사회연구회 기획평가위원 2006~2008년 민주평통 경북회의 연구위원장 2009년 대구대 기획처장 2010년 同다문화사회정책연구소장 2011~2013년 KBS 대구방송총국 시사토론프로그램 '화요진단' 진행자 2011~2013년 대구대 법과대학장 ⓩ'남극조약체제의 국내입법방향연구' '유럽연합의 대외통상정책' '현대한국의 안전보장과 치안법제'(2006, 일본 법률문화사) '인권, 생각의 차이 또는 사람의 차이(共)'(2010, 열린길)

최철원(崔喆源) Chulwon Choi

ⓢ1963 ⓙ대전 유성구 가정로201 한국연구재단 경영관리본부(042-869-6070) ⓗ2007년 구조공학박사(충남대) ⓖ한국과학재단 국책연구본부 에너지환경팀장 2008년 同기초연구본부 우수센터단장 겸 융합과학 책임전문위원 2009년 한국연구재단 경영정보화단장 2012년 同재정기금실장 2015년 同국책연구본부 원천연구사업실장 2016년 同홍보실장 2016년 同경영관리본부장(현) ⓢ국무총리표창(2010)

최철원(崔哲源) CHEY Chul Won

ⓢ1969 · 5 · 5 ⓞ서울 ⓙ인천 중구 축항대로147 MIGHT & MAIN(주) 사장실(032-880-9000) ⓗ대일외고졸, 고려대 경영학과졸, 한양대 대학원 산업공학과 수료 ⓖ1988년 한성자동차 영업사원 1991년 롯데호텔 인턴사원 1996년 선경그룹 경영기획실 입사 1998년 SK유통 대리 1999년 SK글로벌 과장 2000년 쉐라톤워커힐호텔 과장 2001년 SK글로벌 IT신규사업개발팀 부장 2002년 同IIT사업총괄 신규사업개발TF팀장(상무) 2002년 M&M(주) 대표이사 2009~2010년 同사장 2010년 MIGHT & MAIN(주) 사장(현)

최철준(崔哲俊)

ⓢ1957 · 12 · 24 ⓙ대구 동구 동내로63 대구 · 경북지방병무청(053-607-6201) ⓗ2007년 충남대 대학원졸(행정학석사) ⓖ2009년 병무청 사회복무국 서기관 2012년 同현역입영과장 2013년 同사회복무정책과장 2014년 同감사담당관 2015년 同사회복무국장 2016년 대구 · 경북지방병무청장(현) ⓢ근정포장(2007)

최철한(崔哲瀚) Choi Chulhan

ⓢ1985 · 3 · 12 ⓞ서울 ⓙ서울 성동구 마장로210 한국기원 홍보팀(02-3407-3850) ⓗ한국외국어대졸 ⓖ권갑용 7단 문하 1997년 입단(12세 입단으로 역대 4위 기록) 1998년 2단 승단 1999년 3단 승단 2001년 4단 승단 2002년 KT배마스터스 준우승 2002년 5단 승단 2003 · 2004년 천원전 우승 2003년 6단 승단 2004 · 2005년 국수전 우승 2004년 7단 승단 2004년 천원전 · 기성전 우승 2004년 8단 승단 2004년 9단 승단(현) 2005년 전자랜드배 왕중왕전 · 응씨배 · 기성전 · 후지쓰배 세계바둑선수권대회 준우승 2005년 중환배 세계바둑선수권대회 · GS칼텍스배 우승 2006년 국수전 · 맥심커피배

입신최강전·KBS 바둑왕전·GS칼텍스 준우승 2007년 기성전 준우승 2007년 한국바둑리그 주장 2008년 제1회 세계마인드스포츠게임 남자단체전 금메달 2009년 응씨배·응씨배 우승 2009년 2009강릉세계청소년바둑축제 홍보대사 2009년 월드바투리그 준우승 2010년 광저우아시안게임 혼성페어 동메달·단체전 금메달 2011년 농심배 세계바둑최강전·박카스배 천원전·제54기 국수전·제16기 천원전 우승 2011년 제55기 국수전 준우승 2012년 원익배 십단전 우승 2012년 맥심커피배·olleh배·국수전 준우승 2012년 제14회 농심배 세계바둑최강전 우승 2013년 제17기 천원전 준우승 2013년 제41기 하이원리조트배 명인전 우승 2013년 제1회 주강배 세계바둑단체전 우승 2014년 제18기 천원전 준우승 2014년 경덕진배 우승 2014년 제19기 GS칼텍스배 준우승 2014년 제4회 초상부동산배(한·중 최정상권 7인 단체전) 우승 2015년 제20기 GS칼텍스배 준우승 2015년 제16기 맥심커피배 우승 2015년 7월17일 1000승 달성(국내 7번째) [상]KB국민은행 2006한국바둑리그 MVP(2007), 바둑대상 승률상(2008), 2009 바둑 상금왕(2010), KB국민은행 2011한국바둑리그 인기상(2011), 2015 KB바둑리그 다승상(2015)

최철환(崔哲煥) CHOI Cheol Hwan

[생]1963·8·28 [출]경북 영덕 [주]서울 종로구 청와대로1 대통령 법무비서관실(02-770-0011) [학]1981년 대구 능인고졸 1985년 경희대 법학과졸 1991년 同대학원졸 [경]1991년 사법시험 합격(33회) 1994년 사법연수원 수료(23기) 1994년 서울형사지법 판사 1996년 서울지법 판사 1997년 同북부지원 판사·청주지법 충주지원 판사 2003년 서울지법 동부지원 판사 2006년 대법원 재판연구관 2008년 서울중앙지법 판사 2009년 부산지법 부장판사 2010~2011년 수원지법 부장판사 2011~2016년 김앤장법률사무소 변호사 2016년 대통령 민정수석비서관실 법무비서관(현)

최청자(崔淸子·女) CHOI Chung Ja (佳雲)

[생]1945·4·5 [본]탐진(耽津) [출]전남 목포 [주]서울 광진구 능동로209 세종대학교 무용학과(02-3408-3546) [학]1964년 목포여고졸 1968년 수도여자사범대학 무용학과졸 1977년 同대학원졸 1981년 영국 라반무용센터 CERTIFIED THE POSTGRADUATE(수료) 1998년 이학박사(단국대) [경]1978~2010년 세종대 무용학과 교수1981년 툇마루무용단 총예술감독(현) 1988~1991년 한국현대무용협회 회장 1991년 세종대 무용학과장 1991년 同대학원 주임교수 1996년 同공연예술대학원장 1998년 세계현대무용사전(INTERNATIONAL DICTIONARY OF MODERN DANCE) 인물에 수록(ST. JAMES PRESS) 2001~2006년 세종대 공연예술대학원장·공연예술대학장 2001~2005년 한국무용학회 회장 2006년 同명예회장 2006년 (사)무용문화포럼 회장 2012년 同운영위원장(현) 2012년 세종대 무용과 석좌교수(현) 2012년 대한민국예술원 회원(무용·현) 2013년 한국무용학회 운영위원장(현) [상]국제안무대회 창작무용특별상(1984), 송옥문화대상(1989), 제11회 대한민국무용제 대상(1989), 한국뮤지컬대상 안무상(1999), 독일 하노바 세계밀레니엄안무 공로상(2000), 한국현대무용뮤지엄조직위원회 이사도라상(2002), 문화관광부 예술가의 장한 어머니상(2002), 한·일 월드컵 개막안무 문화관광부장관표창(2002), 한국무용학회대상(2007), 세종대 연구우수교수상(2007), 목포를 빛낸 예술인 공로상(2008), 한국현대무용협회 무용예술상(2008), 서울시문화상 무용분야(2008), 한국현대무용협회 Dance Sprit 賞(2009), 옥조근정훈장(2010), 세종을 빛낸 인물상(2015) [저]'무용의 이론과 춤추기'(1985) '안무와 움직임'(1988) '무용교육과 안무의 이해'(1993) '무용학(共)'(1994) '프로는 말이 없다'(1996) 'AUTUMN-Labanotation Score'(2010) '나의 삶, 나의 춤'(2010) [작]키엘시 ICHPER 회의 참가 및 공연(1979, 독일), 최청자 무용공연 '무언가 잃어버린 것' 외 안무·출연(1980, 영국), 남북이산가족 교환방문 평양공연 '겨레의 갈망' 안무(1985), '88서울올림픽 개막 안무'(1988), 대한민국 무용제 대상 수상 '불림소리' 안무(1989), 불가리아·헝가리·영국 순회초청공연 '살어리랏다' 외 안무·출연(1990), 올림픽경축 스페인 초청공연 '북의소리' 안무·출연(1992), 미국 카네기홀 외 미국 및 유럽 순회초청공연 '장희빈' 외 안무·출연(2000), 대한민국 무용제 수상작 '불림소리' 외 지방 및 아시아 순회초청공연·안무(2001), 2002 FIFA 한·일 월드컵 축구대회 개막식 공연 '어울림 마당' 안무(2002), 오페라 '투란도트' 외 안무(2005), 댄스뮤지컬 '겨울이야기' 총괄안무(2002~2009), '북의 소리' '해변의 남자' '봄 여름 가을 겨울' '겨울이야기' 외 100여편 안무 및 출연 [종]기독교

최춘근(崔春根) CHOI Choon Keun

[생]1950·1·22 [본]해주(海州) [출]서울 [주]서울 서초구 서초중앙로29길10 백산빌딩4층 법무법인 나라(02-599-7797) [학]경기고졸 1976년 서울대 법대졸 [경]1976년 사법시험 합격(18회) 1979년 사법연수원 수료(9기) 1979년 대구지법 판사 1981년 서울민사지법 판사 직대 1984년 미국 산타클라라대 연수 1985년 서울지법 의정부지원 판사 1986년 서울민사지법 판사 1988년 서울가정법원 판사 1989년 서울고법 판사 1990년 서울형사지법 판사 직대 1993년 창원지법 충무지원장 1995년 수원지법 부장판사 1997년 서울지법 서부지원 부장판사 1998~2000년 서울지법 부장판사 2000년 변호사 개업 2002년 법무법인 나라 공동대표변호사(현) 2003년 LG화재해상보험 사외이사 2006~2012년 LIG손해보험 사외이사

최춘석(崔春錫) CHOI Choon Seok

[생]1960·3·30 [주]서울 성동구 고산자로6길40 롯데쇼핑(주) 슈퍼사업본부(02-2290-5100) [학]동국대사대부고졸, 광운대 경영학과졸 [경]1995년 롯데쇼핑(주) 매입팀 근무 2004년 同롯데마트 상품2부문장 2005년 同롯데마트 상품1부문장, 同농산팀장 2008년 同롯데마트 판매본부장 겸 혁신부문장(이사) 2009년 同롯데마트 판매본부장 2013년 同롯데마트 상품본부장(전무) 2014년 同슈퍼사업본부 대표이사 전무(현) [종]기독교

최춘식(崔春植) Choi Chunsik

[생]1956·3·14 [주]경기 수원시 팔달구 효원로1 경기도의회(031-8008-7000) [학]대진대 디지털경제학과졸 [경]대한통운 포천출장소 대표(현), 경기 포천시주민자치위원연합회 회장, 포천의제21 자문위원(현), 새누리당 경기도 중소기업위원회 포천시지회장, 포천송림산악회 회장(현), 포천시재향군인회 이사(현), 경기 포천군의회 내무위원장 2014년 경기도의회 의원(새누리당)(현) 2014년 同예산결산특별위원회 위원 2014년 同안전행정위원회 위원 2015년 同수도권상생협력특별위원회 위원(현) 2016년 同운영위원회 위원(현) 2016년 同기획재정위원회 위원(현)

최충경(崔忠坰) CHOI Choung Kyung

[생]1946·12·13 [본]경주(慶州) [출]대구 [주]경남 창원시 의창구 중앙대로166 창원상공회의소(055-210-3000) [학]1969년 영남대 행정학과졸 1990년 경남대 교육대학원 교육학과졸 2001년 경영학박사(창원대) 2002년 창원대 노동대학원 경영학과졸 2010년 명예 철학박사(창원대) [경]1981년 삼성전자(주) 영업부장 1982~1990년 삼현철강(주) 부사장 1991년 경남스틸(주) 대표이사 사장(현) 1997년 창원대 강사 1998년 경남장애인재활협회 회장 2006~2011년 창원상공회의소 부회장·회장, 우수기계공업(주) 비상근이사 2007년 AMS(주) 비상근이사 2009~2010년 창원대 발전후원회장 2010~2013년 KBS 창원방송총국 시청자위원장 2012년 창원상공회의소 회장(현) 2012년 경남상공회의소협의회 회장(현), 대한상공회의소 부회장(현) 2015년 민주평통 경남지역회의 부의장(현) 2015년 창원지법 명예법관 [상]한국마케팅과학회 제1회 마케팅프론티어상(2000), 한국산업경제학회 산업경제대상(2002), 제33회 상공의 날 국무총리표창(2006), 사회복지공헌 대통령표창(2009), 상공의날 동탑산업훈장(2012) [종]기독교

최충옥(崔忠玉) CHOI Chung Ok

[생]1950·7·17 [본]전주(全州) [출]경남 고성 [주]경기 수원시 영통구 광교산로154의42 경기대학교 인문대학 교직학과(031-249-9187) [학]1975년 서울대 사회교육학과졸 1980년 同대학원 사회교육학과졸 1988년 철학박사(미국 피츠버그대) [경]1979년 한국정신문화연구원 연구원 1981~2015년 경기대 교양교직학부 교직전공 교수·인문대학 교직학과 교수 1990년 전국사립대교수협의회연합회 부회장 1990년 교육부 사회문화교과서심의위원 1992~1998년 청소년유해환경고발센터 소장 1994년 대통령직속 교육개혁위원회 상임전문위원 1997~1999년 한국공연예술진흥협의회 심의위원 1998~2001년 한국청소년학회 회장 1998~2001년 한국청소년개발원 원장 1998년 한국간행물윤리위원회 심의위원 1998~2001년 통일문제연구협의회 공동의장 1998년 제2의건국범국민추진위원회 기획연구위원 1999년 유네스코 한국위원 1999년 민주평통 자문위원 1999년 정보통신윤리위원회 위원 2000년 한국간행물윤리위원회 심의위원 2000~2003년 대통령자문 교육인적자원정책위원 2001~2002년 KBS 객원해설위원 2001년 (사)볼룬티어21 이사 2001년 성숙사회시민운동본부 운영위원 2002~2004년 한국교육정책학회 회장 2002년 서울신문 자문위원 2003년 아름다운학교운동본부 공동대표·고문(현) 2004년 경기대 교수협의회장 2004년 同교양교직학부장 2005~2011년 同총무처장 2005년 사립대학교수협의회연합회 감사 2006년 경기대 교육대학원장 겸 중등교원연수원장 2007~2015년 경기도 다문화교육센터장 2010~2015년 한국다문화교육연구학회 회장 2013년 경기대 교육대학원장 2013년 경기도교육청 다문화교육정책위원장 2015년 경기대 교육대학원장 겸 교육연수원장 2015년 同인문대학 교직학과 명예교수(현) 2015년 경기도다문화교육센터 상임운영위원장(현) 2015년 경기도교육청 인사TF위원장 2015년 同보조금심의위원회 위원장(현) [상]국민포장(1996) [저]'청소년문제론'

'사회교육의 본질' '교육사회학의 이해'(1995) '청소년 교육론' '청소년학 총론'(1999) '다문화교육입문(共)'(2008) '다문화교육의 이론과 실제(共)'(2009, 양서원) '개정판 다문화교육의 이론과 실제(共)'(2009, 양서원) [종]기독교

최치규(崔致圭) CHOI Chi Kyu

[생]1947·5·11 [본]홍해(興海) [출]대구 [주]제주특별자치도 제주시 제주대학로102 제주대학교 물리학과(064-754-3512) [학]1966년 대구공고졸 1972년 영남대 물리학과졸 1976년 同대학원졸 1991년 물리학박사(경상대) [경]1982~2012년 제주대 자연과학대학 물리학과 교수 1990년 한국전자통신연구소 초빙연구원 1993년 일본 오사카대 초빙교수 1995년 제주대 기초과학연구소장 1999~2001년 同자연과학대학장 2001년 한국물리학회 이사 2001년 한국진공학회 이사·부회장 2007년 同회장 2007~2010년 제주대 교무처장 2009년 同총장 직대 2009년 한국진공학회 명예회장(현) 2012년 제주대 물리학과 명예교수(현) 2012년 (사)제주지역한국엔지니어클럽 회장(현) 2013~2016년 국가핵융합연구소 플라즈마기술연구센터 자문위원(현) [상]제주도문화상 학술부문(2011), 황조근정훈장(2012) [역]'일반물리학' '물리학'(1999) [종]불교

최치림(崔致林) Choi, Chyrim

[생]1944·10·10 [출]경남 진주 [주]서울 종로구 이화장길86의8 중앙대학교 공연영상예술원(02-765-0717) [학]1963년 서울 양정고졸 1970년 중앙대 연극학과졸 1984년 미국 뉴욕대 공연예술대학원 공연학과졸 1987년 同공연예술대학원 공연학과 박사과정 수료 [경]1969~1978년 극단 '자유극장' 상임연출 1978~1980년 극단 '민중극장' 상임연출 1988~2010년 중앙대 미디어공연영상대학 연극학과 교수 2000년 서울공연예술제 운영위원장 2000~2002년 한국연극학회 회장 2001~2002년 수원화성국제연극제 조직위원장 2003년 중앙대 예술대학원장 2004~2006년 한국연극학과교수협의회 회장 2005~2007년 서울변방연극제 예술감독 2005년 중앙대 사회교육본부장 2005년 아시아연극교육센터 고문(현) 2005년 전국예술대학교수연합 상임대표(현) 2005년 동아연극상 운영위원장 겸 심사위원(현) 2007~2010년 중앙대 문화예술인연합회 회장 2009~2010년 국립극단 예술감독 2009년 세계연극올림픽 국제위원(현) 2009년 同한국위원회 회장(현) 2010~2013년 한국공연예술센터 초대 상임이사장 2010년 중앙대 미디어공연영상대학 연극학과 명예교수(현) 2011년 국제극예술협회(ITI) 한국본부 회장(현) 2013년 극단 자유 대표(현) 2014년 무의자문화재단 이사(현) [상]한국일보 연극영화상 연극부문 신인연출상(1972), 동아연극상 대상(1973), 한국문화예술진흥원 해외연수대상자 선발(뉴욕 연극계 시찰)(1980), 중앙대 발전공로상(2001), 중앙대 공로상(2009), Dancers' Heart Award(2013) [저]'일상속의 공연과 공연예술(共)'(2005) '연출(Directing)'(2006, 중앙대 출판부) '공연제작실습(共)'(2006, 중앙대 출판부) [작]연출작품 '세빌리아의 이발사' '여인과 수인' '둥둥 낙랑둥' '동승' '겨울 이야기' '꽃, 물, 그리고 바람의 노래' '우리집 식구는 아무도 못말려' 등 60여 편

최치훈(崔治勳) CHOI Chi Hun

[생]1957·9·19 [출]서울 [주]경기 성남시 분당구 판교역로145 타워2동 삼성물산(주) 임원실(02-2145-5114) [학]1975년 미국 Georgetown Preparatory School졸 1979년 미국 Tufts Univ. 경제학과졸 1981년 미국 George Washington Univ. 경영대학원졸(MBA) [경]1985년 삼성전자(주) 입사 1986년 Deloitte Touche Consulting 근무 1988년 GE Aircraft Engines 담당(한국) 1993년 同Aircraft Engines North Asia Director(미국) 1995년 同Aircraft Engines Asia President(홍콩) 1998년 同Power Systems Asia President(홍콩) 2003년 同Corporate Officer·Energy Global Sales President(미국) 2006년 同Energy Aisa Pacific President(일본) 2008년 삼성전자(주) 프린팅사업부장(사장) 2010년 삼성SDI 대표이사 사장 2011년 삼성카드 대표이사 사장 2014년 삼성물산(주) 각자대표이사 사장(건설부문장)(현) 2015년 同이사회 의장 겸임(현)

최태경(崔泰卿) CHOI Tae Kyung

[생]1946·3·6 [본]삭녕(朔寧) [출]경남 사천 [주]경기 파주시 회동길173, 2층 낙산재(031-955-0044) [학]1964년 보성고졸 1968년 연세대 경제학과졸 1972년 미국 뉴욕대 경영대학원 마케팅학과졸 2001년 서울대 세계경제최고전략과정 수료 2006년 한국예술종합학교 최고경영자 문화예술과정 수료 [경]1969년 두산상사(주) 입사 1975년 선경(주) 부장 1981년 두산상사(주) 컴퓨터부장 1982년 同뉴욕지사장 1986년 두산컴퓨터 이사 1988년 Digital Equipment Korea 컨설턴트 겸 마케팅담당 이사 1989년 오비씨그램(주) 이사 1991년 同상무이사 1994년 同전무이사 1996년 두산제관(주) 전무 1997년 두산정보통신(주) 대표이사 사장 1998년 (주)두산동아 대표이사 부사장 1998~2008년 (사)학습자료협회 이사 1999~2007년 (주)두산동아 대표이사 사장 1999년 (사)대한출판문화협회 이사 1999~2008년 (사)한국검정교과서협회 이사 2000년 (사)한국전자책컨소시엄(EBK) 이사 2001년 (사)한국지식정보콘텐츠산업협회(KEBIA) 회장 2002~2005년 (사)대한출판문화협회 부회장 2002년 국무조정실산하 디지털콘텐츠산업발전법 심의위원 2003년 (사)출판유통진흥원 원장 2003~2008년 (사)한국검정교과서협회 총무분과위원장 2003~2005년 '2005프랑크푸르트 국제도서전' 주빈국 도서전 운영본부장 2004~2007년 서울시지역혁신협의회 위원 2006~2012년 한국전자출판협회 회장 2006~2009년 한국간행물윤리위원회 위원 2006년 2008국제출판협회(IPA) 서울총회 조직위원장 2007~2008년 (사)대한출판문화협회 부회장 2007~2008년 (주)두산동아 부회장 2009~2010년 대한출판문화협회 이사 2009년 낙산재 사장(현) [상]교육인적자원부장관표창(2001), 국무총리표창(2001), 제1회 한국교육산업대상(2003), 대통령표창(2005·2008), 여성신문 제1회 바른교육인상(2007)

최태림(崔泰林)

[생]1956·8·16 [주]경북 안동시 풍천면 도청대로455 경상북도의회(054-880-5405) [학]경산1대 사회복지과 재학 중 [경]금오리 이장, 춘산면 금오리 새마을지도자, (사)한국농업경영인의성군연합회 회장, (사)한국농업경영인중앙연합회 수석부회장, 좋은이야기 대표(현), 세계농업포럼 감사, 경북도 농정심사위원회 위원, 낙동강살리기운동 본부장, 민주평통 자문위원 2012년 새누리당 경북도당 제18대 대통령선거대책위원회 공동위원장 2014년 경북도의회 의원(새누리당)(현) 2014·2016년 同예산결산특별위원회 부위원장(현) 2014년 同행정보건복지위원회 위원 2015년 同조례정비특별위원회 위원 2016년 同농수산위원회 위원(현) 2016년 同윤리특별위원회 위원(현)

최태부(崔泰富) CHOE Tae Boo

[생]1954·2·6 [본]경주(慶州) [출]대구 [주]서울 광진구 능동로120 건국대학교 공과대학 생물공학과(02-450-3523) [학]1977년 서울대 화학공학과졸 1979년 한국과학기술원(KAIST) 생물공학과졸(석사) 1984년 생물화학공학박사(프랑스 똘루즈공과대) [경]1985년 한국과학원 부설 유전공학연구소 선임연구원 1988년 건국대 공과대학 생물공학과 조교수·부교수·교수(현) 1997년 미국 캘리포니아대 방문교수 2008~2010·2012~2014·2016년 건국대 산업대학원장(현)

ㅊ

최태석(崔泰錫)

[생]1967·1·2 [출]광주 [주]경기 성남시 분당구 판교역로192번길14 리치투게더센터 에셋플러스자산운용 비즈모델리서치센터(02-501-7707) [학]1984년 사레지오고졸 1993년 한국외국어대 경영정보학과졸 [경]2006년 에셋플러스투자자문 근무 2006년 상해에셋플러스 근무 2010년 에셋플러스자산운용 해외운용팀 근무 2014년 同비즈모델리서치센터장(현) 2016년 同운용총괄본부장(전무이사) 겸임(현)

최태순(崔兌洵) CHOI Tae Soon (又修)

[생]1929·11·20 [본]강릉(江陵) [출]강원 동해 [학]1948년 서울사대부고졸 1954년 미국 조지아대 수학 1961년 성균관대 불어불문학과졸 [경]1962년 대한공론사 광고부장 1963년 공보부 장관비서관 1966년 동화통신 월남특파원 1969년 同편집국 부국장 겸 일본특파원 1972년 駐싱가포르 공보관 1974년 문화공보부 외보담당관 1976년 駐스웨덴 공보관 1980년 駐일본 공보관장 겸 한국문화원장 1983년 문화공보부 해외공보관장 1985~1988년 연합통신 상무이사 1986년 평통 자문위원 1988년 서울올림픽 보도자문위원 1997년 리스본EXPO98 자문위원 [상]대통령표창 [저]'일본의 해외홍보현황과 전략'(編) [역]'휴전선이 열리는 날' '한국전쟁'

최태영(崔泰營) Tae-Yeong Choi

[생]1959·12·18 [주]부산 남구 용소로45 부경대학교 경영대학 경영학과(051-629-5715) [학]부산대 무역학과졸, 同대학원 무역학과졸, 경영학박사(미국 앨라배마대) [경]1991년 부경대 경영학과 교수, 同경영대학 경영학부 회계·재무학전공 교수(현) 2006~2007년 미국 앨라배마대 교환교수, 한국보험학회 부산지부장 2016년 부경대 경영대학장 겸 경영대학원장(현) [저]'무역학개론(共)'(2001, 효성출판사) 'e-보험학(共)'(2002, 아진출판사) '비즈니스 커뮤니케이션(共)'(2005, 삼영사) '이슬람금융의 이해'(2009, 효민디앤피)

최태욱(崔兌旭) Taewook Choi

[생]1961·10·2 [본]해주(海州) [출]서울 [주]서울 강남구 역삼로405 한림국제대학원대학교 정치외교학과(02-557-7692) [학]1980년 대성고졸 1984년 고려대 법학과졸 1989년 미국 캘리포니아대 데이비스교 대학원 정치학과졸 1997년 정치학박사(미국 캘리포니아대 로스앤젤레스교) [경]1995년 일본 도쿄대 사회과학연구소 외국인연구원 1997~2005년 한동대 국제어문학부 전임강사·조교수·부교수 2001~2005년 미래전략연구원 세계화위원회 연구위원 2001~2002년 한동대 국제어문학부장 2003년 대통령직인수위원회 외교통일안보분과 자문위원 2004~2005년 대통령직속 동북아시대위원회 수석전문위원 2004~2005년 외교통상부 한·중·일 경제통합 및 통상교섭분과 자문위원 2005년 한림국제대학원대 국제학과 교수, 同정치외교학과 교수(현) 2006~2007년 대통령직속 동북아시대위원회 자문위원 2006~2007년 한림국제대학원대 발전전략실장 2006~2007년 대통령 안보실 자문위원 2007년 '창작과 비평' 편집위원 2007년 한림국제대학원대 국제학과장(현) 2008년 '창비주간논평' 기획위원장 2008~2009년 참여연대 운영위원 2010년 同상임집행위원 2013년 한림국제대학원대 정치경영연구소장 2014년 새정치민주연합 새정치비전위원회 간사 2014년 비례대표제포럼 운영위원장(현) 2015년 국회의장 직속 선거제도개혁자문위원회 위원 2015년 새정치민주연합 혁신위원회 위원 2016년 한국국제정치학회 부회장(현) [저]'글로벌 스탠더드의 한국적 수용(共)'(2002) '새 정부의 개혁과제(共)'(2002) '정부개혁의 5가지 방향(共)'(2003) '세계화와 한국의 개혁과제(共)'(2003) '세계화시대의 국내정치와 국제정치경제 : 일본, 동아시아 지역주의, 그리고 한국'(2003) '한·중·일 FTA의 추진당위성과 선행과제(共)'(2003) '세계화의 현상과 대응(共)'(2004) '1990년대 구조불황과 일본 정치경제시스템의 변화(共)'(2005) '일본정치경제의 효율성과 경쟁력 제고(共)'(2006) '한국형 개방전략(編)'(2007) '일본형 복지사회 개혁(共)'(2007) '글쓰기의 최소원칙(共)'(2008) '신자유주의 대안론(編)'(2009) 'A4 두장으로 세상 읽기(編)'(2009) '동아시아 공동체의 설립과 평화 구축(共)'(2010) '동아시아 통합전략 : 성장-안정-연대의 공동체 구축(共)'(2010) '세계의 정치와 경제(共)'(2011) '노무현 정부의 실험 : 미완의 개혁(共)'(2011) '글로벌 금융위기와 동아시아(共)'(2011) '자유주의는 진보적일 수 있는가(編)'(2011) '갈등과 제도 : 한국형 민주·복지·자본주의 체제를 생각한다(編)'(2012) '복지한국 만들기 : 어떤 복지국가를 누가 어떻게 만들 것인가(編)'(2013) '제도가 미래다'(2014) '한국형 합의제 민주주의를 말하다'(2014) [종]기독교

최태웅(崔泰雄) CHOI TAE WOONG

[생]1976·4·9 [출]인천 [주]충남 천안시 서북구 번영로 208 백석종합운동장 유관순체육관 천안 현대캐피탈 스카이워커스(041-529-5000) [학]인하사대부고졸, 한양대졸 [경]1999~2010년 대전 삼성화재 블루팡스 소속(세터) 1999~2004년 한국남자배구 국가대표 2002년 부산아시안게임 출전(금메달 획득) 2003년 제12회 아시아남자배구선수권대회 국가대표 2003년 아시아챌린지컵대회 국가대표 2003년 월드컵남자배구대회 국가대표 2005·2008~2010년 프로배구 V리그 4회 우승 2010~2015년 천안 현대캐피탈 스카이워커스 소속(세터) 2010년 AVC컵 남자배구대회 국가대표 2015년 천안 현대캐피탈 스카이워커스 감독(현) [상]슈퍼리그 베스트식스(2001), V코리아 세미프로리그 세터상(2001), 슈퍼리그 세터상(2002), 프로배구 V투어 세터상(2003), V리그 남자세터상(2006·2007·2008·2009), 힐스테이트 V리그 페어플레이상(2007), NH농협 V리그 남자부챔피언결정 MVP(2009), NH농협 V리그 특별수훈상(2012), NH농협 V리그 세트 10,000개 기준 기록상(2013)

최태원(崔泰源) Tae-won Chey

[생]1960·12·3 [본]수원(水原) [출]경기 수원 [주]서울 종로구 종로26 SK(주) 회장실(02-2121-0114) [학]1979년 신일고졸 1983년 고려대 물리학과졸 1987년 미국 시카고대 경제학과졸 1989년 同대학원 경제학 석·박사통합과정 수료 [경]1991년 (주)선경 경영기획실 부장 1993년 선경아메리카 이사대우 1994년 (주)선경 사장실 이사 1996년 同상무이사 1996년 (주)유공 사업개발팀장 상무이사 1997년 SK(주) 대표이사 부사장 1998~2014년 同대표이사 회장 1998~2014년 한국고등교육재단 이사장 2002년 세계경제포럼(WEF) 동아시아지역경제지도자회의 공동의장 2002년 서울대 기술정책대학원 겸임교수 2005년 전국경제인연합회 부회장(현) 2007년 SK에너지 대표이사 회장 2008년 UN 글로벌콤팩트(Global Compact) 이사 2008년 대한핸드볼협회 회장 2010년 G20비즈니스서밋 의장 2011~2014년 SK이노베이션 대표이사 회장 2012~2014년 SK하이닉스 대표이사 회장 2014년 SK(주) 회장 2016년 대한핸드볼협회 회장(현) 2016년 SK(주) 대표이사 회장 겸 이사회 의장(현) [상]매경이코노미 선정 '올해의 CEO'(2006·2008), 서울대 발전공로상 단체부문(2009) [저]'새로운 모색, 사회적 기업'(2014, 이야기가있는집)

최태원(崔兌源) CHOI Tae Won

[생]1970·11·11 [출]서울 [주]경기 과천시 관문로47 법무부 북한인권기록보존소(02-2110-3000) [학]1989년 대일고졸 1995년 서울대 공법학과졸 [경]1993년 사법시험 합격(35회) 1996년 사법연수원 수료(25기), 軍법무관 1999년 서울지검 남부지청 검사 2001년 대전지검 논산지청 검사 2002년 창원지검 검사 2004년 인천지검 검사 2007년 제주지검 검사 2009년 대검찰청 연구관 2010년 대전지검 공안부장 2011년 부산지검 공안부장 2012년 법무부 법무실 통일법무과장 2013년 수원지검 공안부장 2015년 대전지검 형사1부장 2016년 수원지검 여주지청장 2016년 법무부 북한인권기록보존소 초대 소장(현)

최태윤(崔泰閏) Tae-Youn Choi

[생]1960·9·15 [주]서울 용산구 대사관로59 순천향대학교 서울병원 임상병리과(02-709-9114) [학]1984년 순천향대 의대졸 1988년 同대학원졸 1999년 의학박사(순천향대) [경]1994~2005년 순천향대 의대 임상병리학교실 전임강사·조교수·부교수 2005년 同교수(현), 同서울병원 진단검사의학과 전문의(현) 2010~2011년 同서울병원 임상의학부장 2010년 同임상병리학교실 주임교수(현) 2012년 同의과대학 부학장 2016년 同의과대학장 겸 순천향의학연구소장(현) [상]보건복지부장관표창(2002), 대한진단검사의학회 SD학술상(2005) [저]'항균제 감수성검사 지침서'(2002) '최신진료지견'(2007, 대영)

최태지(崔泰枝·女) CHOI Tae Ji

[생]1959·9·23 [출]일본 교토 [주]서울 서초구 남부순환로2406 예술의전당 서예관4층 국립발레단(02-587-6182) [학]1975년 일본 동무고졸 1981년 일본 분카전문대 불어불문학과졸 1982년 프랑스 프랑게티 발레아카데미 수료 1987년 미국 조프리발레학교 수학 2006년 서울디지털대 일본학부 일본어과졸 2008년 단국대 대중문화예술대학원졸 [경]1968년 일본 가이타니발레단무용연구소 입문 및 무용수 1987~1992년 국립발레단 프리마발레리나 1993~1995년 同지도위원 1993~1995년 同부설 문화학교 주임 지도강사 1996~2001년 同단장 겸 예술감독 2000~2001년 同부설 발레아카데미 교장 2001~2008년 성균관대 무용학과 겸임교수 2004~2007년 정동극장장 2004~2006년 (재)중구문화재단 이사 2005~2006년 정부혁신지방분권위원회 위원 2005~2007년 민주평통 자문위원 2006년 서울시 노들섬예술센터건립기금운용심의회 위원 2007년 한국문화예술위원회 산하 기초예술의가치확산위원회 위원 2007년 한국문화예술위원회 무용위원회 위원 2008년 국립발레단 부설 발레아카데미 교장 2008~2013년 국립발레단 단장 겸 예술감독 2014년 同명예 예술감독(현) 2015년 아시아문화원 비상임이사(현) 2015년 同임시대표이사 2015년 (재)세종문화회관 이사(현) [상]한국발레협회 프리마발레리나상(1996), 한국발레협회 공로상(2002), 서울시 중구청 문화예술체육상(2005), 파라다이스상(2008), 단국대 문화예술최고경영자과정 공로상(2009), 예총 예술문화상 무용부문대상(2009), 러시아 페름 아라베스크 콩쿠르 최고지도자상(2010), 한·러수교문화교류 감사장(2010), 옥관문화훈장(2011), 2013 한국발레협회상 대상(2013) [저]'즐거워라 발레'(2005, 범조사) [작]'왕자 호동'(1988) '돈키호테'(1991) '세헤라자데'(1991) '백조의 호수'(1993) '파드 카트르 코리아발레스타페스티벌 공연작'(1999)

최태현(崔泰鉉) CHOI Tae Hyun

[생]1964·4·11 [본]화순(和順) [출]충북 [주]서울 종로구 청와대로1 대통령 민원비서관실(02-770-0011) [학]1983년 청주 신흥고졸 1987년 서울대 영어교육과졸 1989년 同행정대학원 정책학과졸 1996년 영국 런던대 대학원 지적재산권과졸 [경]1987년 행정고시 합격(31회) 1999년 산업자원부 산업기술정책과 서기관 2004년 同중국협력기획단장 2005년 同산업혁신과장 2006년 同디지털전자산업과장 2006년 同디지털융합산업팀장 2007년 同원자력산업팀장 2008년 지식경제부 석유산업과장 2008년 同에너지자원정책과장(서기관) 2008년 同에너지자원정책과장(부이사관) 2009년 대한무역투자진흥공사(KOTRA) 외국인투자지원센터 종합행정지원실장(파견) 2010년 국무총리실 산업정책관(고위공무원) 2011년 지식경제부 원전산업정책관 2013~2015년 산업통상자원부 산업정책실 소재부품산업정책관 2015년 대통령 민정수석비서관실 민원비서관(현)

최태호(崔泰鎬) Choi Tae Ho

[생]1961·5·13 [본]전주(全州) [출]전북 김제 [주]세종특별자치시 다솜로261 국무총리 정무운영비서관실(044-200-2673) [학]1980년 서울고졸 1988년 서울대 농생물학과졸 [경]1988년 (주)동방아그로 입사 1993년 경제기획원 대외경제조정실 행정주사보 1996년 재정경제원 금융정책실 행정주사 2004년 재

정경제부 경제정책국 행정사무관, 경기도 파견 2008년 국무총리실 조세심판원 근무 2010년 국무총리실 규제개혁실 근무 2012년 同재정금융정책관실 서기관 2013년 대통령소속 지방자치발전위원회 파견 2015년 국무총리 정무운영비서관실 행정관(현) ㉡국무총리표창 ㉢기독교

최태호(崔泰浩) Choi Tae-ho

㉮1969·6·27 ㉰서울 종로구 사직로8길60 외교부 인사운영팀(02-2100-7136) ㉯서울대 외교학과졸 ㉱1997년 외무부 입부, 외교통상부 특수정책과·인사제도계·구주1과·구주2과 사무관, 駐루마니아 2등서기관, 駐러시아 1등서기관, 외교통상부 의전외빈담당관실·의전총괄담당관실·인사운영팀 서기관, 駐LA총영사관 영사, 국무총리비서실 외교의전과장 2015년 외교부 대북정책협력과장 2016년 駐오스트리아 참사관(현)

최태홍(崔泰洪) CHOI Tae Hong

㉮1957·4·13 ㉦경남 마산 ㉰서울 종로구 창경궁로136 보령제약(주) 사장실(02-708-8445) ㉯1975년 경복고졸 1980년 서울대 약학과졸 1982년 同대학원 약학과졸 1986년 미국 마이애미대 대학원 약학과졸 1992년 서강대 대학원 MBA과정 수료 ㉱1987년 한국얀센 입사 1994년 同마케팅담당 이사 1996년 존슨&존슨 아·태지역 제약부문 마케팅담당 이사 1999년 한국얀센 마케팅담당 상무 2000년 필리핀얀센 사장 2005~2010년 한국얀센 마케팅·영업담당 부사장 2007년 同대표이사 사장 2008~2010년 홍콩얀센 총괄사장 겸임 2009년 한국보건산업진흥원 비상임이사 2010~2012년 얀센 북아시아지역 총괄사장 2013년 보령제약(주) 대표이사 사장(현)

최태희(崔泰喜) CHOI Tae Hee

㉮1948·1·6 ㉦경기 용인 ㉰서울 서초구 강남대로16길22의6 제일엔지니어링 임원실(02-3498-2604) ㉯1970년 중앙대 토목공학과졸 2003년 서울대 경영대학원 최고경영자과정 수료 2007년 공학박사(중앙대) ㉱1972년 예편(육군 중위) 1973년 한국도로공사 입사 1993년 同대관령지부장 1995년 同대전건설사업소장 1998년 同충청지역본부장 1999년 同기술본부장 2001~2004년 同부사장 2009년 제일엔지니어링 토목사업본부 사장 2012년 同대표이사(현) ㉢건설부장관표창, 환경부장관표창, 석탑산업훈장 ㉢기독교

최택진(崔宅鎭)

㉮1965·9 ㉰서울 용산구 한강대로32 (주)LG유플러스 서비스사업부(1544-0010) ㉯연세대 경제학과졸, 한국과학기술원(KAIST) 산업경영학과졸(석사), 산업경영학박사(한국과학기술원) ㉱LG텔레콤 기술연구소장(상무), LG유플러스 NW기술부문장(상무), 同SD기술전략부문장(상무) 2013년 同SD본부 SD기술전략부문장(전무) 2014년 同서비스사업부장(전무)(현)

최판술(崔判述) CHOI Pan Sul

㉮1959·3·25 ㉧경주(慶州) ㉦전남 영광 ㉰서울 중구 덕수궁길15 서울특별시의회(02-3705-1059) ㉯호원대 전기공학부 재학 중 ㉱민주당 서울중구지역위원회 사무국장 2014년 새정치민주연합 서울시당 국립중앙의료원이전반대특별위원회 위원장 2014년 서울시의회 의원(새정치민주연합·더불어민주당·국민의당)(현) 2014·2016년 同교통위원회 위원(현) 2014년 서울시 학술용역심의회 위원(현) 2015년 서울역 7017시민위원회 위원(현) 2015년 서울시 지하철노사정협의회 위원(현) 2015년 더불어민주당 서울시당 국립중앙의료원이전반대특별위원회 위원장 2015년 서울시의회 서소문밖역사유적지관광자원화사업지원특별위원회 위원(현) 2015년 同지역균형발전지원특별위원회 위원(현) 2015년 同예산결산특별위원회 위원(현) 2016년 同서울메트로사장후보자인사청문특별위원회 위원 2016년 同운영위원회 위원(현) ㉢기독교

최평규(崔平奎) CHOI Pyung Kyu

㉮1952·9·5 ㉦경남 김해 ㉰서울 금천구 가산디지털1로134 S&T그룹 비서실(02-3279-5010) ㉯1975년 경희대 기계공학과졸 2003년 명예 공학박사(세종대) ㉱1974년 경원기계공업(주) 근무 1976년 일본 (주)히타치제작소 연수 1977년 태평화공기계(주) 기술부장 1979~2001년 삼영열기공업(주) 설립·삼영열기(주) 대표이사 2001년 삼영열기(주) 회장 2002~2005년 (주)삼영 회장 2002년 경우상호저축은행 인수 2003년 통일중공업 회장

2004년 효성기계공업 대주주 2005~2010년 (주)S&TC 회장 2005년 S&T중공업 회장 2006년 S&T그룹 회장(현) 2008~2013년 S&T홀딩스(주) 대표이사 회장 2010년 (주)S&TC 대표이사 회장 ㉢노동부장관표창, 대통령표창(1987·1997), 금탑산업훈장(2002), 자랑스런 경희인상(2003), 자랑스런 한국인대상(2003), 다산경영상(2008), 한국품질경영학회 글로벌품질경영인 대상(2012), 언스트앤영 최우수 기업가상(Ernst & Young Entrepreneur Of The Year) 산업재부문(2012) ㉣'뜨거운 노래는 땅에 묻는다'(2012, 웅진리더스북)

최평규(崔平圭) CHOI Pyoung Kyu

㉮1959·3·15 ㉦전남 순천 ㉰강원 속초시 도리원길75 (주)대명 임원실(033-632-8899) ㉯순천농림고졸, 중앙대 건설대학원 수료 ㉱1986년 대명종합건설 대표이사 1991년 속초시수영연맹 회장 1992년 춘천지검 속초지청 선도위원 1995년 대한주택건설협회 이사 1995년 同강원지회장 1996년 대명레저개발 대표이사 1996년 강원도민일보 비상임이사 2001년 (주)대명 대표이사(현) 2006~2011년 속초상공회의소 회장 2012년 同명예회장(현) ㉢주택건설의날 동탑산업훈장(2009) ㉢기독교

최평호(崔平浩)

㉮1948·12·3 ㉦경남 고성군 고성읍 성내로130 고성군청 군수실(055-670-2002) ㉯창원전문대 행정학과졸 ㉱경남 창녕군 부군수, 경남 고성군 부군수, 경남도 공보관 2002·2006년 경남 고성군수선거 출마(무소속), (주)정림종합건설 대표, (주)정림월드 대표이사 2015년 경남 고성군수(재선거 당선, 새누리당)(현) ㉢경남·울산지구청년회의소 청년대상(2016)

최필규(崔弼圭) CHOI Phil Kyu

㉮1958·3·19 ㉦서울 ㉰서울 중구 퇴계로173 남산스퀘어빌딩19층 태광실업그룹 대외협력본부(02-2262-0614) ㉯1981년 숭실대 무역학과졸 1983년 同대학원졸 1988~1989년 미국 스프링힐대 연수 1991년 일본 외무성 초청연수 1997년 독일정부 초청연수 2002년 미국 국무성 초청연수 ㉱1983년 한국경제신문 국제부 기자 1992년 同홍콩특파원 1993년 同베이징특파원 1996년 同산업부 차장 1997년 同국제부장 1998년 同산업부장 2000년 同정보과학부장 2000~2001년 연세대 국제대학원 겸임교수 2001년 한국경제신문 국제부장 2002~2003년 同독자서비스센터장(부국장) 2002~2003년 同편집국 부국장, 同중소기업전략본부장 2003년 전국경제인연합회 차이나포럼 창립회원 2005년 버슨마스텔레코리아 부사장 2008년 파주시 정책홍보관 2009년 현대그룹 홍보실장(상무보) 2010년 同홍보실장(상무) 2015년 태광실업그룹 대외협력본부장(부사장)(현) ㉢섬유의날 특별공로상(1998) ㉣'대만이 뛰고 있다'(共) '중국을 넘어야 한국이 산다' '한국경제입문'(共) '한반도위기' '파워프로' '21세기 21가지 대예측' '30센티 마음여행'(2014) ㉢기독교

최하경(崔河京) CHOI Ha Kyung

㉮1957·10·12 ㉦서울 ㉰인천 연수구 함박뫼로220 대한적십자사 혈액관리본부 인천혈액원(032-815-0631) ㉯1976년 용산고졸 1981년 동국대 문리대학 화학과졸 ㉱1984년 대한적십자사 총무과 근무 1988년 同혈액사업부 근무 1988년 同섭외부 근무 1992년 同혈액사업부 근무 1992년 同홍보실 근무 1993년 同총무부 근무 1999년 同교육원 총무과장·연수과장 2002년 同서울지사 회원홍보과장 2005년 同경북지사 사무국장 2007년 同교육원 교수 2008년 同기획조정실 병원정책과 근무 2010년 同경기도지사 중앙봉사관장 2013년 同경남지사 사무처장 2015년 同혈액관리본부 인천혈액원장(현) ㉢기독교

최학균(崔學均) CHOI Hak Kyun

㉮1958·1·27 ㉦전남 장성 ㉰세종특별자치시 도움5로20 국민권익위원회 상임위원실(044-200-7026) ㉯1977년 전남고졸 1981년 육군사관학교졸 ㉱1988년 총무처 행정사무관(특채) 2003년 국민고충처리위원회 조사2국 심사관 2003년 同조사1국 조사3과장 2005년 同조사1국 조사2과장 2005년 同농림해양국방팀장 2006년 同혁신인사기획팀장 2008년 同행정문화팀장 2008년 국민권익위원회 창의혁신담당관 2009년 同통합민원관리단장 2009년 同기획조정실 통합민원분석관(국장급) 2010년 同민원분석심의관 2011년 중앙공무원교육원 파견(국장급) 2011년 국민권익위원회 대변인 2013년 同권익개선정책국장 2014년 同상임위원(현) 2015년 경찰청 새경찰추진자문위원회 위원(현) ㉢홍조근정훈장(2013)

최학근(崔學根) CHOI Hak Keun

[생]1957·3·8 [주]충남 천안시 동남구 단대로119 단국대학교 제3학관 514호(041-550-3547) [학]1979년 고려대졸 1981년 同대학원졸 1988년 공학박사(고려대) [경]1981년 동서울대학 전자통신과 부교수 1989년 (주)하이게인안테나 기술고문 1991년 단국대 공학대학 전자공학과 교수 1991년 同마이크로파및안테나연구실 지도교수 1994년 산업기술평가원 심의및평가위원 2000년 과학기술평가원 심의 및 평가위원 2002년 한국전자파학회 이사 2003년 (주)극동통신 기술고문(현) 2003~2004년 미국 UCLA 방문교수 2006~2012년 단국대 공학교육혁신센터장 2010~2012년 同천안캠퍼스 공학대학장 2012~2015년 同천안캠퍼스 부총장 2013년 同전기전자공학부 교수(현) 2015년 한국전자파학회 평의원(현) [상]한국전자파학회 학술상(1999) [저]'전자기학'(1988) [역]'MSX BASIC'(1984)

최학래(崔鶴來) CHOE Hak Rae

[생]1943·1·6 [출]경기 이천 [주]서울 마포구 신수로 52 전국재해구호협회 회장실(02-3272-0123) [학]보성고졸 1965년 고려대 법학과졸 2003년 명예 경영학박사(한국산업기술대) [경]1967~1975년 동아일보 기자 1976~1984년 (주)진로 이사 1980~1984년 대한육상경기연맹 전무 1985~1989년 (주)서광 상무 1989~1993년 한겨레신문 경제부장·정치부장·부국장·논설위원·전무이사 1993~1995년 同이사 겸 편집국장 1993~1997년 관훈클럽 감사 1995년 한겨레신문 부사장 1997~1999년 同논설위원 겸 한겨레통일문화재단 사무총장 1999년 삼성언론재단 이사(현) 1999~2003년 한겨레신문 대표이사 사장 1999~2005년 한국인권재단 이사 2000~2003년 한국신문협회 회장 2000~2003년 연합뉴스 비상임이사 2000~2002년 민주화운동관련자명예회복및보상심의위원회 위원 2000년 전국재해구호협회 회장(현) 2000~2004년 국제언론인협회(IPI) 한국위원회 이사 2002~2003년 신문발행인포럼 주간 2003년 한겨레신문 고문(현) 2003~2005년 경남대 북한대학원 석좌교수 2003~2008년 통일고문회의 고문 2007~2010년 고려대언론인교우회 회장 2007~2010년 아시아기자협회(AJA) 이사장 2007~2009년 헌법재판소 고문 2008년 환경재단 이사(현) [상]국민훈장 무궁화장(2003) [종]기독교

최학배(崔學培) Hak Bae Choi

[생]1957·11·12 [본]경주(慶州) [출]서울 [주]서울 서초구 사임당로18 한국콜마 임원실(02-3485-0440) [학]1976년 서울고졸 1980년 서울대 약학과졸 [경]1981년 중외제약 입사 1990년 同개발부 과장 1993년 同공장기획부 차장 1994년 同생산관리실장 1995년 同개발부장 1999년 同수액사업본부장(이사) 2002년 同개발본부장(상무) 2004년 同개발본부장(수석상무) 2006년 同개발본부장(전무) 2008년 同마케팅총괄본부장(전무) 2009년 대한약학회 이사(현) 2010년 국제여성가족교류재단 이사(현) 2010년 중외제약 개발 및 글로벌사업담당 전무 2011년 JW중외제약 개발부문 및 메디컬부문 제제연구소 관장(전무) 2011년 同C&C연구소 대표이사 전무 2012년 同개발관장(전무) 2013년 C&C신약연구소 대표이사 부사장 2016년 한국콜마 제약사업부문 사장(현) [상]제약협회장표창(1999), 보건복지부장관표창(2006) [종]기독교

최학범(崔學範) CHOI Hak Beom

[생]1966·12·9 [출]경남 김해 [주]경남 창원시 의창구 상남로290 경상남도의회(055-211-7330) [학]김해고졸, 인제대 경영통상학과졸 2012년 同경영대학원 행정학과졸 [경]한나라당 김해시乙당원협의회 사무국장, 민주평통 김해시 간사 2010년 경남도의원선거 출마(한나라당) 2012년 경남도의회 의원(재보선 당선, 새누리당) 2012년 同교육위원회 위원 2012년 同예산결산특별위원회 위원 2014년 경남도의회 의원(새누리당)(현) 2014~2016년 同교육위원회 위원장 2016년 同건설소방위원회 위원(현) 2016년 새누리당 경남도당 교육위원장(현)

최한돈(崔瀚敦) Choi, Han Don

[생]1965·7·1 [출]경북 경주 [주]인천 남구 소성로163번길17 인천지방법원(032-860-1113) [학]1984년 제천고졸 1989년 서울대 사법학과졸 [경]1996년 사법시험 합격(38회) 1999년 사법연수원 수료(28기) 1999년 울산지법 판사 2004년 수원지법 여주지원 판사 2006년 서울북부지법 판사 2008년 서울중앙지법 판사 2010년 서울고법 판사 2012년 사법연수원 교수 2014년 춘천지법 부장판사 2016년 인천지법 부장판사(현)

최한명(崔漢明) CHOI Han Myung

[생]1951·6·21 [주]서울 서대문구 충정로23 (주)풍산홀딩스 임원실(02-3406-5059) [학]경북고졸, 서울대 금속공학과졸 [경](주)풍산 기획관리실장(이사), 同온산공장 기획담당 이사, 同온산공장장(상무) 2001년 同온산공장장(전무) 2004년 同부사장 2006년 同민수사업부 부사장 2008년 풍산마이크로텍 대표이사 사장 2011년 (주)풍산 대표이사 사장(현) 2012년 풍산홀딩스 사장 2013년 同대표이사 사장 겸임(현) 2014년 한국표준협회 비상임이사(현) [상]울산상공대상 기술대상

최한수(崔漢秀) CHOI Han Soo (海井)

[생]1947·6·25 [본]해주(海州) [출]충남 예산 [주]서울 광진구 능동로120 건국대학교(02-450-3114) [학]1967년 홍성고졸 1973년 건국대 법학과졸 1976년 서울대 대학원 신문학과졸 1984년 정치학박사(건국대) 1988년 미국 코네티컷대 대학원 정치학과 수학 2006년 총신대 대학원 목회자과정 중퇴 [경]1973~1981년 CBS 기자 1981~1983년 KBS 기자 1983~1995년 건국대 정치외교학과 전임강사·조교수·부교수 1983년 同홍보실장 1988년 미국 코네티컷대 객원교수 1991년 CBS 객원해설위원 1994년 건국대 학생처장 1995~2012년 同정치대학 정치외교학과 교수 1995년 민주평통 상임위원 1996년 신한국당 송파丙지구당 위원장 1997년 한국여성정치문화연구소 이사 1997년 한나라당 이회창 대통령후보 정무특보 1998년 건국대 정치대학장 1999년 同국제대학원장 겸 정치대학장 2000년 한나라당 서울송파乙지구당 위원장 2001~2002년 건국대 언론홍보대학원장 2004년 미국 일리노이대 초빙교수 2007년 한나라당 이명박 대통령경선후보 정책특보 2007년 무소속 이회창 대통령후보 정무특보 2008년 자유선진당 창당 발기인 겸 창당준비위원 2008년 同전략기획위원장 2009~2010년 민주화운동관련자명예회복 및 보상심의위원회 위원 2011년 조계종 포교사 2012년 건국대 명예교수(현) 2015년 사천시 정책자문단장(현) [상]제1회 평등부부상(1994), 근정포장(2012) [저]'현대정당론'(1993, 을유문화사) '정치학 연구방법론'(1993, 대왕사) '민주주의와 민주정치'(1994, 대왕사) '현실정치 교과서정치'(1994, 대정진) '한국의 정치' '한국정치의 새도전'(1995, 대정진) '한국선거정치론'(1996, 대왕사) '어느 정치학교수의 山과 삶의 언어들'(1996, 신유) '한국정당정치변동론' '대통령 수상 준대통령'(2007, 인간사랑) '한국민주주의 대전환'(2011, 명인문화사) '종교의 정치학'(2012, 명인문화사) '인간 석가모니와 신의 불교'(2013, 씨아이알) [역]'미국 정당정치론' '현대비교정치 이데올로기' '사춘기 자녀에 대한 헛사랑과 참사랑' [종]불교

최한순(崔漢洵)

[생]1969·11·4 [출]강원 정선 [주]서울 서초구 서초중앙로157 서울고등법원(02-530-1114) [학]1988년 면목고졸 1992년 한양대 법학과졸 [경]1995년 사법시험 합격(37회) 1998년 사법연수원 수료(27기) 1998년 軍법무관 2001년 서울지법 동부지원 판사 2003년 서울지법 판사 2004년 서울중앙지법 판사 2005년 대구지법 판사 2007년 유학 2008년 의정부지법 판사 2009년 사법연수원 교수 2011년 서울고법 판사 2013년 대구지법 부장판사 2014년 서울고법 판사(현)

최한영(崔漢榮) CHOI Han Young

[생]1953·2·25 [출]서울 [주]경기 성남시 수정구 산성대로 553 을지대학교 보건산업대학 보건환경안전학과(031-740-7143) [학]1983년 인하대 생명과학과졸 1985년 연세대 대학원 환경공학과졸 2000년 이학박사(연세대) [경]1977~1987년 서울시 보건환경연구원 선임연구사, 同수질화학팀장, 同환경조사팀장 1987~1998년 서울보건전문대학 환경보건과 전임강사·조교수 1999~2006년 서울보건대학 환경보건과 부교수 2003년 대한환경위생공학회 회장 2003년 식품의약품안전청 명예위생감시원 2007년 을지대 보건산업대학 보건환경안전학과 교수(현) 2011~2016년 同동문지원센터장 [상]서울시장표창(1984), 환경부장관표창(2003), 한국과학기술단체총연합회장표창(2004) [저]'작업환경측정'(1994) '산업위생관리서론'(1994) '환경위생실험'(1995)

최한용(崔漢龍) Han Yong Choi

[생]1952·8·21 [본]전주(全州) [출]서울 [주]서울 강남구 일원로81 삼성서울병원 비뇨기과(02-3410-3551) [학]1977년 서울대 의대졸 1980년 同대학원졸 1991년 의학박사(서울대) [경]1977~1982년 서울대병원 인턴·레지던트 1982~1985년 육군병원 Clinical Staff 1985~1992년 마산고려병원 비뇨기과장 1987~1992년 경상대 병원 Attending Prof. 1992~1994년 미국 듀크의대 비뇨기과 전임의 1994년 삼성서울병원 비뇨기과 전문의(현) 1995년 서울대병원 Attending Prof. 1997년 성균관대 의대 비뇨기과학교실 교수(현) 1997~2000년 同의대

학생부학장 1999~2003년 삼성서울병원 비뇨기과장 2000~2003년 同QA관리실장 2001~2004년 성균관대 의대 비뇨기과학교실 주임교수 2003~2004년 삼성서울병원 기획실장 2004~2008년 同진료부원장 2004~2006년 대한비뇨기과학회 학술이사 2006~2008년 대한비뇨기종양학회 회장 2008~2012년 삼성서울병원장 2012~2016년 성균관대 의무부총장 [종]불교

최한우(崔漢宇) CHOI Han Woo

[생]1955 · 11 · 14 [출]전남 구례 [주]서울 용산구 임정로17 한반도국제대학원대학교 총장실(02-2077-8811) [학]한국외국어대졸, 터키 Hacettepe Univ. 사회과학대학원졸(MA), 철학박사(터키 Hacettepe Univ.) [경]터키 앙카라국립대 교수, 서울대 · 고려대 · 아시아연합신학교 강사, 호서대 교수, 한동대 교수, 同기획처장, 한국NGO학회 국제담당이사, 아시아협력기구 사무총장, 국제중앙아시아학회(IACAS) 회장, 국제알타이학회(PIAC) 정회원, 한국투르크학회 회장, 국제얼타이민족학회 회장, 한반도국제대학원대학교 교수 2016년 同총장(현) [상]터키 앙카라국립대 공로상, 호서대 최우수교수상, 이스라엘정부 공로장(평화대사) [저]'중앙아시아연구(상)' '중앙아시아연구(하)' '중앙아시아' '이슬람의 실체' '시대의 표적' [역]'민족과 민족주의' [종]개신교

최한원(崔瀚元) Choi Hanwon

[생]1957 · 9 · 5 [본]영천(永川) [출]경남 밀양 [주]부산 강서구 낙동북로477 강서구청 부구청장실(051-970-4100) [학]1976년 밀성고졸 1998년 한국방송통신대 행정학과졸 2011년 부경대 경영대학원 경영학과졸 [경]2001년 부산시의회 기록계장 2002년 미국 마이애미 부산무역소장 2006년 부산시 통상진흥계장 2007년 同기업유치계장 2009년 同환경정책계장 2010년 同인재개발원 교육운영과장 2011년 부산시의회 기획재경수석전문위원 2013년 부산시 경제사업본부 투자유치과장 2014년 同경제사업본부 좋은기업유치단장 2015년 부산 강서구 부구청장(현) [상]대통령표창(2008) [종]불교

최한일(崔韓一) Hanil Choi

[생]1959 · 5 [주]경남 통영시 광도면 공단로940 성동조선해양(주) 조선소(055-647-8143) [경]1984~1990년 삼성중공업 생산공정과 근무 1994년 同생산운영과장 2000년 同생산지원담당 차장 2002년 同생산운영담당 부장 2007년 同영성법인 생산운영팀장(부장급) 2009년 同영성법인 생산팀장(상무) 2014~2015년 同영성법인장(상무) 2016년 성동조선해양(주) 조선소장(부사장)(현) [상]제9회 매일경제 · 부즈앨런 지식경영대상 기업부문우수상(2008)

최항순(崔恒洵) Hang S. Choi (雪庭)

[생]1947 · 5 · 22 [출]서울 [주]서울 관악구 관악로1 서울대학교(02-880-5114) [학]1965년 서울고졸 1970년 서울대 조선공학과졸 1972년 同대학원졸 1974년 독일 함부르크대 대학원졸 1979년 공학박사(독일 뮌헨공과대) [경]1975년 독일 함부르크대 연구원 1976년 독일 뮌헨공대 연구원 1980~1984년 서울대 공대 조선해양공학과 조교수 · 부교수 1985년 미국 MIT 교환교수 1990~2012년 서울대 공대 조선해양공학과 교수 1995~1999년 同공대 연구지원소장 1995년 한국과학기술한림원 정회원(현) 1996~2003년 대한조선학회 부회장 · 감사 1999~2012년 한국공학한림원 정회원 2000~2002년 한국해양문화재단 기획위원장 2004~2005년 대한조선학회 회장 2004~2005년 한국해양과학기술협의회 회장 2005~2014년 삼성중공업(주) 사외이사 2005~2011년 한국해양수산기술진흥원 이사장 2012년 서울대 조선해양공학과 명예교수(현) 2013~2016년 한국과학기술한림원 정책담당 부원장 2013년 한국공학한림원 명예회원(현) 2013년 대한민국학술원 회원(조선해양공학 · 현) [상]대한조선학회 학술상(1984), 대한조선학회 논문상(1995), 서울대 공과대학 훌륭한 교수상(2005), 서울고총동창회 자랑스러운 서울인상(2013), 한국공학한림원 일진상 공학한림원발전부문(2014) [저]'해양공학개론'(共) '글로벌 정보사회의 전개와 대응' '20세기를 지배하는 10대 공학기술'(共)(2002) '세계를 놀랜 20가지 발명품'(共)(2004) '다시 기술이 미래다'(共)(2005) '문화유산에 숨겨진 과학의 비밀'(共)(2007) [역]'해양환경하중' [종]천주교

최해범(崔海範) CHOI Hae Bum

[생]1957 · 11 · 29 [주]경남 창원시 소나무5길65 창원대학교 총장실(055-213-2021) [학]1979년 부산대 경제학과졸 1982년 同대학원 경제학과졸 1986년 경제학박사(부산대) [경]1979년 행정고시 합격(23회) 1980~1987년 총무처 · 관세청 근무 1987~1996년 창원대 무역학과 조교수 · 부교수 1989년 경남도 종합개발계획연구위원 1992년 경남개발연구원 설립위원회 위원 1993년 경남발전연구원 비상임연구위원 1993년 경남도 재정투 · 융자사업 심사위원 1995년 경남신문 논설위원 1995년 월간 '경남시론' 집필위원 1996~2013 · 2014년 창원대 경영대학 국제무역학과 교수(현) 1996년 경남도21세기위원회 위원 1997~1998년 창원대 산업경제연구소장 1999년 경남도 도정홍보위원 1999년 경남도의회 의정자문위원 1999년 경남포럼 경제분과 부위원장 2000년 한국산업경제학회 상임이사 2000~2001년 창원대 경상대학장 겸 경상대학원장 2005년 同교무처장 2013~2014년 경남도립거창대학 총장 2015년 창원대 총장(현) 2015~2016년 경남대학 · 교육청교육발전협의회 회장

최해영(崔海永)

[생]1961 · 4 · 27 [출]충북 괴산 [주]충남 예산군 삽교읍 청사로201 충남지방경찰청 제2부장실(041-336-2414) [학]1979년 청주고졸 1983년 동국대 경찰행정학과졸 2003년 고려대 법무대학원졸(법학석사) [경]1987년 경위 임용(경찰간부 후보 35기) 2007년 충북 옥천경찰서장 2009년 경기 연천경찰서장 2010년 서울지방경찰청 인사교육과장 2011년 서울 서초경찰서장 2013년 경찰청 인사담당관 2014년 서울지방경찰청 인사교육과장 2014년 충남지방경찰청 제1부장(경무관) 2015년 同제2부장(경무관)(현)

최해진(崔海震) CHOI Hae Jin

[생]1959 · 4 · 30 [본]경주(慶州) [출]울산 [주]대전 유성구 과학로169의84 한국항공우주연구원 국가위성정보활용지원센터(042-860-2397) [학]1981년 부산대 기계과졸 1983년 서울대 대학원 기계과졸 1989년 공학박사(미국 UCLA) [경]1984년 한국과학기술연구원(KIST) 연구원 1989년 미국 UCLA Post-Doc. 1990년 한국항공우주연구원 선임연구원 · 책임연구원(현) 2000년 同지상수신관제그룹장 2005년 同아리랑위성5호사업단장 2006년 同다목적실용위성3호사업단장 2009~2013년 同위성연구본부 다목적실용위성3호사업단장 2014년 同위성정보연구소장 2015년 同국가위성정보활용지원센터장(현) [상]국민포장(2000), 과학기술훈장 혁신장(2013) [종]기독교

최헌만(崔憲滿) Choi Hun Man

[생]1967 · 11 · 8 [출]충남 천안 [주]경기 성남시 수정구 산성대로451 수원지방검찰청 성남지청(031-739-4200) [학]1985년 청주 운호고졸 1990년 서울대 법과대학졸 [경]1996년 사법시험 합격(38회) 1999년 사법연수원 수료(28기) 1999년 청주지검 검사 2001년 대전지검 홍성지청 검사 2003년 수원지검 안산지청 검사 2005년 대구지검 검사 2007년 서울남부지검 검사 2010년 인천지검 검사 2011년 同부부장검사 2012년 청주지검 충주지청 부장검사 2014년 전주지검 부장검사 2015년 서울북부지검 공판부장 2016년 수원지검 성남지청 부장검사(현)

최헌호(崔憲鎬) CHOI, Heon Ho (韓松)

[생]1967 · 5 · 29 [본]강릉(江陵) [출]서울 [주]서울 중구 을지로14길16의3 을지재단빌딩 본관508호 을지재단 운영본부장실(02-2275-3101) [학]1986년 충암고졸 1990년 강원대 정치외교학과졸 [경]문화체육부 장관비서관, 타이거풀스텔레서비스(주) 대표이사 사장, 대통령비서실 행정관, 학교법인 을지학원 이사, 박진 국회의원 보좌관, 의료법인 을지병원 이사, 을지대 신캠퍼스추진단장, 제주국제자유도시개발센터 품질감사자문위원, 을지재단 운영본부장 겸 감사실장(현), 연합뉴스TV 사외이사(현), 토탈메디칼(주) 비상임감사(현) [상]강원대 총장표창(1990), 대통령비서실장표창(1994), 보국훈장 삼일장(2012), 교육부총리표창(2015)

최 혁(崔 爀) Choe Hyuk

[생]1955 · 9 · 2 [본]수성(隋城) [출]경기 화성 [주]서울 관악구 관악로1 서울대학교 경영학과(02-880-8257) [학]1974년 경기고졸 1979년 서울대 경영학과졸 1981년 同대학원 회계학과졸 1984년 미국 Univ. of Chicago 대학원졸(MBA) 1990년 경영학박사(미국 Univ. of Chicago) [경]1989~1996년 미국 Pennsylvania State Univ. 재무학과 교수 1996년 서울대 경영학과 교수(현) 1997~1999년 同경영사례센터장 1999~2000년 한국선물거래소 시장위원회 위원 2000~2001년 코스닥지수위원회 위원장 2001~2003년 미국 Pennsylvania State Univ. 재무학과 방문교수 2004~2005년 서울대 경영도서관장 2006년 한국증권학회 회장 2006년 한국증권선물거래소 상장추진위원회 위원장 2006~2008년 재정경제부 금융발전심의회 증권분과위원장 2007~2010년 증권선물위원회 비상임위원 2007~2009년 서울대 경영연구소장 2008년 조

달청 조달행정자문위원회 위원 2008~2012년 한국상장회사협의회 금융재무자문위원회 위원 2010년 한국재무학회 회장 2010년 SK에너지(주) 사외이사 2010~2012년 우리은행 사외이사 2010~2016년 SK이노베이션 사외이사 2013~2016년 SK이노베이션 감사위원장 2013~2016년 GS건설(주) 사외이사 [상]매경 이코노미스트상(2006), 증권업협회 증권인상 자본시장발전 공로상(2006) [저]'전자증권거래'(1999) '2008 글로벌 금융위기 : 현대인을 위한 금융특강'(2009)

최혁재(崔赫在) CHOI Hyuk Jae

[생]1961·12·24 [주]대전 유성구 엑스포로161 대전문화방송 보도국(042-330-3114) [학]1980년 보문고졸 1987년 부산대 영어영문학과졸 [경]1987년 대전MBC 취재부 기자 2001년 同취재부 차장대우 2003년 同취재부 차장 2008년 同취재부장 2009년 同뉴스센터부장 2010년 同보도국 편집제작부장 2010년 同보도국 취재부장 2012년 同보도국 취재부 부장급 2014년 同보도국장(현)

최현규(崔鉉奎) CHOI Hyun Kyu

[생]1960·2·2 [출]서울 [주]서울 서초구 사임당로18 지엔빌딩 한국콜마(주) 대표이사실(02-3485-0495) [학]상문고졸 1986년 명지대 공업경영학과졸, 고려대 경영대학원 AMP과정 수료 [경]대웅제약(주) 지점장, 한국콜마(주) 영업담당 상무이사 2008년 同화장품영업본부 전무이사 2010년 同화장품부문 마케팅본부 부사장 2012년 同화장품사업부문 대표이사(현) [상]한국경영인협회 제11회 대한민국 가장 존경받는 기업인·가장 신뢰받는 기업(2013)

최현기(崔鉉奇) CHOI Hyun Ki

[생]1967·2·9 [출]서울 [주]서울 서초구 반포대로158 서울고등검찰청(02-530-3261) [학]1985년 서라벌고졸 1990년 고려대 법학과졸 [경]1991년 사법고시 합격(33회) 1994년 사법연수원 수료(23기) 1997~2000년 변호사 개업 2000년 인천지검 검사 2002년 대구지검 검사 2004년 의정부지검 검사 2006년 서울북부지검 부부장검사 2007년 서울중앙지검 부부장검사 2008년 춘천지검 원주지청 부장검사 2009년 대구고검 검사 2010년 대구지검 부장검사 2011년 광주고검 검사 2013년 서울고검 검사 2015년 부산고검 검사 2016년 서울고검 검사(현)

최현돌(崔鉉乭) CHOI Hyun Dol

[생]1949·7·31 [출]부산 [주]부산 서구 꽃마을로156번길 12 씨름체육관內 부산시씨름협회(051-244-1620) [학]1965년 장안중졸 1992년 동국대 환경대학원 수료 1993년 부산대 환경대학원 수료 2001년 방송통신고졸, 부경대 행정대학원 재학 중 [경]1987년 일광면청년연합회 회장 1987년 풍성수산 대표 1989년 전국어민후계자협의회 수석부회장 1989년 미역가공협회 부산·경남지부장 1991년 (사)전국어민후계자협의회 수석부회장 1993년 기장군JC특우회 초대회장 1994년 기장군로타리클럽 총무 1995년 기장군체육회 감사 1995년 민자당 중앙상무위원 1995년 부산시의회 의원 1996년 기장군체육회 회장 1997년 한나라당 중앙상무위원 1998·2002·2006~2010년 부산시 기장군수(한나라당) 2009~2011년 부산시체육회 가맹단체장연합회 회장 2009년 부산시씨름협회 회장(제14·15·16대)(현) 2009~2016년 부경대 겸임교수 2012년 제19대 국회의원선거 출마(부산 해운대구·기장군乙, 무소속) 2015~2016년 (사)국제로타리 3661지구 부산기장로타리클럽 회장 [상]농림수산부장관표창 [저]'징검다리가 되고 싶었네'(2012)

최현만(崔鉉萬) Hyun Man Choi

[생]1961·12·17 [출]전남 강진 [주]서울 중구 을지로5길 26 미래에셋증권(주) 임원실(02-3774-1700) [학]1980년 광주고졸 1990년 전남대 정치외교학과졸 2002년 서강대 경영대학원 최고경영자과정 수료 [경]1989년 동원증권 입사 1996년 同서초지점장 1997년 미래에셋자산운용(주) 대표이사 1999년 미래에셋벤처캐피탈(주) 대표이사 1999~2007년 미래에셋증권 대표이사 사장 2006년 이화여대 경영대학 경영학과 겸임교수(현) 2007~2011년 미래에셋증권 대표이사 부회장 2008~2010년 금융위원회 금융발전심의회 위원 2009~2011년 금융투자협회 이사 2011년 同자율규제위원회 위원(현) 2012~2016년 미래에셋그룹 수석부회장 겸 미래에셋생명보험 대표이사 수석부회장 2016년 미래에셋증권(주) 수석부회장(현) [상]한국산업경제학회 전문경영인대상(2007), 강진군 군민의상 지역사회봉사부문(2012), 2013 대한민국금융대상 생명보험대상(2013) [종]천주교

최현묵(崔鉉默)

[생]1957·7·8 [출]서울 [주]대구 달서구 공원순환로201 대구광역시문화예술회관 관장실(053-606-6100) [학]1976년 금오공고졸 1984년 영남대 영어영문학과졸, 성균관대 대학원 공연예술학과졸, 공연예술학박사(성균관대) [경]남원춘향제 평가책임 2002년 월드컵 대구문화행사 연출감독 2003년 대구하계유니버시아드대회 개폐회식제작단 연출, 경북도민체전 개막식 총감독, 울산 처용문화제 처용퍼레이드 축제감독 2010·2011년 한국문화예술위원회 연극분야 책임심의위원 2011년 대구세계육상선수권대회 기획 및 연출 2011~2013년 수성아트피아 관장, 대구가톨릭대 음악대학 겸임교수 2015년 대구문화예술회관 관장(현) [상]대통령 포장(2회), 전국연극제 20주년 '전국연극제를 빛낸 20인' 선정, 대구음악상 공로상(2013), 대구예술상 연극분야(2014) [저]공연예술탐색(2011), 문화예술교육과 지역문화정책(2011), 대구연극사(2015) [작]희곡 '저승 훨훨 건너 가소'(1983) '터울(1985) '메야 마이다' '끽다거'(1995) 오페라 '집시남작'(2011) '천년의 사랑'(2012) '윈저의 명랑한 아낙네들'(2014) '청라언덕'(2014) '마술피리'(2014) 국악칸타타 '서동요'(2011) 등 총 200여편의 연극·무용·오페라 대본 및 연출

최현민(崔鉉敏) CHOI Hyon Min

[생]1958·10·13 [출]경북 경주 [주]부산 연제구 연제로12 부산지방국세청(051-750-7200) [학]경북고졸, 서울대 경영학과졸, 同대학원졸 [경]1990년 행정고시 합격(33회) 1993년 부산진세무서 법인세과장 1995년 동부산세무서 법인세과장 2000년 서울지방국세청 법인납세과 서기관 2002년 국세청 부가가치세과 서기관 2003년 영덕세무서장 직대 2005년 서울지방국세청 개인납세2과장 2006년 국세청 원천세과장 2006년 同법무심사국 법무과장 2008년 서울 강동세무서장 2009년 국세청 근로소득지원국 소득지원과장 2010년 同재산세국 종합부동산세과장(부이사관) 2010년 대구지방국세청 조사2국장 2012년 국방대 교육파견(고위공무원) 2012년 서울지방국세청 조사3국장 2014년 국세청 자산과세국장 2014년 同법인납세국장 2015년 부산지방국세청장(현) [상]홍조근정훈장(2014)

최현석(崔鉉碩) CHOI Hyun Syuk

[생]1961·12·28 [출]서울 [주]서울 종로구 인사동5길41 (주)하나투어 부회장실(02-1577-1233) [학]1985년 경희대 영문학과졸 2006년 서강대 경영대학원 경영학과졸 [경]1986~1989년 (주)고려여행사 근무 1989~1993년 (주)국일여행사 근무, 국진여행사 차장, (주)하나투어 영업본부총괄 상무, 同영업총괄본부 전무 2009년 同글로벌영업총괄본부 이사 겸 부사장 2012년 同대표이사 사장 2016년 同부회장(현)

최현석(崔玹碩)

[생]1970·3·15 [주]경북 경산시 원효로68 경산경찰서(053-770-0210) [학]경북고졸, 고려대 법학과졸 [경]2002년 사법고시 합격(44회) 2005년 변호사 2007년 경정 특별채용 2007년 경기 수원서부경찰서 경비교통과장 2008년 경기 부천중부경찰서 수사과장 2009년 경기 광명경찰서 경비교통과장 2010년 서울 동작경찰서 정보보안과장 2010년 서울지방경찰청 기동본부 1기동단 16기동대장 2011년 대통령 공직기강비서관실 파견 2013년 대통령 민정수석비서관실 파견 2014년 대전지방경찰청 여성청소년과장(총경) 2015년 同제2부 형사과장 2015년 경북 경산경찰서장(현)

최현섭(崔鉉燮) CHOI Hyun Sub (曉井)

[생]1947·1·17 [본]해주(海州) [출]전북 익산 [주]강원 춘천시 강원대학길1 강원대학교(033-250-6114) [학]1966년 이리고졸 1974년 서울대 사범대학 사회교육학과졸 1977년 同대학원졸 1985년 교육학박사(서울대) [경]1974년 서울 성동중 교사 1976년 서울대 조교 1981년 문교부 중앙교육연수원 전임강사 1983~2009년 강원대 사범대학 일반사회교육학과 전임강사·조교수·부교수·교수 1992년 대학수학능력시험 연구위원·자문위원·출제부위원장 1994~2011년 정의교육시민연합 대표 1994~1996년 강원대 교수협의회 부회장·회장 1996~1998년 同사범대학장·교육대학원장 1996년 한국사회과교육학회 회장 1997~1998년 국립사범대학장·교육대학원장협의회 회장 1998~2001년 교육개혁시민운동연대 운영위원장 겸 공동대표 2001~2003년 아름다운학교운동본부 대표 2001년 대학설립심사위원회 위원장 2001~2003년 교육인적자원부 학교정책협의회 연구분과 위원장 2001년 대통령자문 교육인적자원정책위원회 위원 2001~2009년 이슈투데이 편집위원 2001~2005년 유

네스코 한국위원회 위원 2003~2005년 서울신문 명예논설위원 2003년 교육인적자원부 교육과정심의위원 2003~2009년 (사)목재문화포럼 공동대표 2004~2008년 강원대 총장 2004~2006년 학교법인 한국기능대학 이사 2004~2005년 교육발전협의회 학생부평가위원회 위원장 2004~2008년 (재)강원테크노파크 이사 2004~2007년 강원지역4년제대학교총장협의회 회장 2006~2008년 (재)UNEP Eco-Peace리더십센터 이사장, 同이사(현) 2007~2008년 KBS 춘천방송총국 시청자위원장 2007~2008년 전국 국·공립대학교총장협의회 회장 2009년 강원대 명예교수(현) 2009년 아름다운배움 이사장(현) 2010~2011년 서울대 사범대학 사회교육과동문회 회장 2010~2012년 국제자연환경교육재단 회장 2010년 (사)새길기독사회문화원 이사장(현) 2011년 동북아삼림포럼 이사장(현) 2013~2016년 산림청 정책자문위원회 위원장 2014년 (재)녹색미래 이사장(현) [상]청조근정훈장(2010), 한일국제환경상(2013) [저]'사회교육연구' '현대민주시민교육론' '미래학입문' '한국사회와 교육' '교육문제론' '강원교육과 인재양성' '인간행동과 사회환경' [종]기독교

최현순(崔鉉淳)

[생]1961·2·20 [출]충북 괴산 [주]강원 춘천시 동내면 세실로49 강원지방경찰청 청문감사담당관실(033-256-1118) [학]성수고, 강원대 행정학과졸, 경희대 대학원 행정학석사 중퇴 [경]1987년 경사 임용(특채) 1992년 경위 승진 1998년 경감 승진 2005년 포항남부경찰서 생활안전과장(경정) 2005년 경북 의성경찰서 생활안전과장 2006년 서울지방경찰청 기동단 2기동대 부대장 2007년 경찰청 경비대테러센터 치안상황실담당 2009년 同경비위기관리센터 작전담당 2014년 교육 파견 2014년 충남지방경찰청 112종합상황실장 2015년 충남 예산경찰서장 2016년 강원지방경찰청 청문감사담당관(현)

최현식(崔賢植) CHOI Hyun Sik

[생]1941·6·29 [본]경주(慶州) [출]서울 [주]서울 강남구 테헤란로218 나래빌딩 하나제약(주) 비서실(02-577-7667) [학]1960년 경복고졸 1964년 서울대 약학과졸 1968년 고려대 경영대학원 수료 1995년 서울대 최고경영자과정 수료 [경]1966년 대한중외제약(주) 입사(공채 1기) 1978년 同영업부장 1980년 同이사 1984년 (주)중외제약 상무이사 1989년 同전무이사 1992년 同영업부사장 1998~2000년 同대표이사 사장 1998~2004년 한국제약협회 부이사장 1998~2008년 한국보건산업진흥원 이사 1999년 중외메디칼 사장 겸임 2000~2004년 중외제약 총괄부회장 2001~2004년 중외메디칼 대표이사 부회장 2001~2004년 (주)대유신약 대표이사 부회장 2001~2004년 (주)중외정보기술 대표이사 부회장 2004~2011년 한국글락소스미스클라인 상임고문 2011~2014년 한국희귀의약품센터 비상임이사 2016년 하나제약(주) 부회장(현) [상]전문경영인학회 전문경영인대상(1999), 산업자원부 신지식경영인(1999), 국민훈장 모란장(2002), 동암약의상(2002), The Cambridge Blue Book 2005올해의인물(2005), IBC(International Biographical Centre) 21세기 우수지식인(2005), ABI(American Biographical Institute) 2006 올해의 인물(2006), IBC(International Biographical Centre) 100대 경영인(2006) [종]불교

최현실(崔賢實·女) CHOI HYOUN SIL

[생]1961·1·16 [본]해주(海州) [출]서울 [주]서울 중구 세종대로110 서울특별시청 푸른도시국 공원조성과(02-2133-2050) [학]진명여고졸 1983년 서울시립대 조경학과졸 2003년 同대학원 조경학과졸 [경]2010년 서울시 중부공원녹지사업소장 2012년 同한강사업본부 공원부장 2013년 同푸른도시국 공원조성과장 2014년 同푸른도시국 공원녹지정책과장 2014년 同푸른도시국 자연생태과장 2016년 同푸른도시국 공원조성과장(현)

최현종(崔賢鍾)

[생]1972·7·19 [출]전남 여수 [주]서울 서초구 서초중앙로157 서울고등법원(02-530-1114) [학]1991년 순천고졸 1996년 서울대 사법학과졸 [경]1996년 사법시험 합격(38회) 1999년 사법연수원 수료(28기) 1999년 육군 법무관 2002년 서울지법 남부지원 판사 2004년 서울중앙지법 판사 2006년 대전지법 판사 2008년 同서산지원 판사 2010년 수원지법 안양지원 판사 2011년 서울고법 판사 2012년 대법원 재판연구관 2014년 광주지법 부장판사 2015년 서울고법 판사(현)

최현철(崔賢哲) CHOI Hyun Chul

[생]1955·7·1 [출]서울 [주]서울 성북구 안암로145 고려대학교 미디어학부(02-3290-2258) [학]1980년 고려대 신문방송학과졸 1983년 미국 Univ. of Iowa 대학원 신문방송학과졸 1987년 신문방송학박사(미국 Univ. of Iowa) [경]1987~1994년 계명대 신문방송학과 조교수·부교수 1992~2002년 한국언론학회 편집위원 1994~1999년 고려대 신문방송학과 부교수 1994년 한국언론학회 연구이사 1995~1996년 同총무이사 1999년 고려대 미디어학부 교수(현) 2001~2002년 한국언론학회 편집이사 2002~2006년 고려대 언론연구소장 2003년 同교육매체실장 2003년 제17대 국회의원선거 선거기사심의위원 2004년 미국 아이오와대 초빙교수 2006~2010년 고려대 언론학부장 겸 언론대학원장 2009~2010년 한국언론학회 회장 2014~2015년 연합뉴스 TV 시청자위원회 위원 [저]'한국사회와 언론' '광고와 대중소비문화' '뉴미디어 산업과 문화' '미디어연구방법' [역]'광고와 대중소비문화'

최현택(崔玄澤) CHOI Hyun Taek

[생]1961·5·12 [출]전남 [주]서울 금천구 가산디지털2로 115 대륭테크노타운3차2층 대신정보통신(주) 부사장실(02-2107-5006) [학]조선대 회계학과졸, 홍익대 대학원 경영학과졸 [경]1988~1995년 대신증권 근무, 대신정보통신(주) 이사, 同상무이사 2009년 同전무이사 2012년 同부사장(현) [종]기독교

최현호(崔炫浩) CHOI Hyun Ho

[생]1958·2·16 [본]경주(慶州) [출]충북 보은 [주]충북 청주시 흥덕구 공단로97 새누리당 충북도당(043-235-0001) [학]1978년 청주고졸 1986년 충북대 법학과졸 2003년 법학박사(충북대) [경]1989년 충북대 법학연구소 연구원 1990~2015년 충청대학 겸임교수 1995~2014년 흥덕연구소 소장 1996년 제15대 국회의원선거 출마(청주 흥덕, 무소속) 2000년 제16대 국회의원선거 출마(청주 흥덕, 무소속) 2000~2013년 통일부 통일교육위원 2001년 충북도럭비협회 감사(현) 2003년 민주평통 자문위원 2004년 제17대 국회의원선거 출마(청주 흥덕甲, 자민련) 2004년 자민련 충북도당 위원장, 새청주로타리클럽 회장 2008년 자유선진당 총재특보(대외협력) 2008년 同청주흥덕甲당원협의회 위원장 2008년 제18대 국회의원선거 출마(청주 흥덕甲) 2008년 충북대기성회 회장, 충북대 재정위원장(현) 2009년 同법학전문대학원 초빙교수(현) 2011년 경주최씨 충북도종친회 회장(현) 2011년 충북도 해병대전우회 회장(현) 2012년 제19대 국회의원선거 출마(충북 청주 흥덕甲, 자유선진당) 2012년 선진통일당 정책연구원장 2013~2016년 새누리당 청주흥덕甲당원협의회 운영위원장, 충북대 초빙교수(현) 2016년 새누리당 청주시서원구당원협의회 운영위원장(현) 2016년 제20대 국회의원선거 출마(청주시 서원구, 새누리당) [상]교육부장관표창(1994) [저]'인간과 노동' '현대 한국정치의 이해' '법학개론'

최 협(崔 協) CHOI Hyup

[생]1947·1·2 [본]탐진(耽津) [출]광주 [주]광주 동구 금남로 1가19 광주YMCA(062-232-6131) [학]1964년 광주제일고졸 1969년 서울대 고고인류학과졸 1973년 미국 신시내티대 대학원졸 1979년 인류학박사(미국 켄터키대) [경]1980~1988년 전남대 사회학과 조교수·부교수 1987년 미국 하버드대 옌칭연구소 객원교수 1988년 전남대 교무부처장 1989~1992년 同사회학과 교수 1989~2003년 同박물관장 1990~1992년 한국문화인류학회 부회장 1992~2012년 전남대 인류학과 교수 1994~1996년 同사회과학연구소장 1995~1996년 한국학술진흥재단 학술연구운영위원회 분과위원 1995~1997년 교육부 해외지역연구심사평가위원회 위원 1995~1997년 교육부장관자문 학술진흥위원회 위원 1997~2000년 교육부 학술연구심사평가위원회 위원 1998~2000년 교수신문사 논설위원 1999~2000년 전남대 사회과학대학장 1999~2002년 광주YMCA 부이사장·이사장 2001~2004년 대통령자문 정책기획위원 2002~2004년 한국문화인류학회 회장 2002~2004년 KBS 광주방송총국 시청자위원장 2003년 (사)광주·전남비전21 이사장 2005~2006년 한국학술진흥재단 인문사회지원단장 2006년 대통령소속 아시아문화중심도시조성위원회 부위원장 2008~2012년 同위원장(총리급) 2012년 전남대 명예교수(현) 2015년 광주YMCA재단 이사장(현) [저]'자생적 지방발전(共)'(1985) '2000년에 열리는 통일시대(共)'(1993) '21세기의 한국과 한국인(共)'(1994) '부시맨과 레비스트로스'(1996) '호남사회의 이해(編)'(1996) '세계의 한민족(共)'(1996) '인류학과 지역연구(編)'(1997) '다민족국가의 민족문제와 한인사회(共)'(1998) '문화와 환경' '공동체의 현실과 전망'(2001) '공동체의 전개와 지향(共)'(2001) '한국의 소수자: 실태와 전망(編)'(2004) '다민족사회, 소수민족, 코리언아메리칸'(2011) '판자촌일기'(2012) [역]'문화이론'(1994) '서태평양의 항해자들'(2013) [종]기독교

ㅊ

최형근(崔衡根) Choi Hyung Gun

[생]1959·4·17 [본]홍해(興海) [출]경기 이천 [주]경기 수원시 권선구 호매실로46의16 경기농림진흥재단(031-250-2700) [학]1976년 이천제일고졸 1981년 서울대 농업교육학과졸 1998년 일본 도쿄대 대학원 자원경제학과졸 [경]행정고시 합격(29회) 2003년 경기도 농정국 농업정책과장 2005년 가평군 부군수 2006년 세종연구소 교육파견 2006년 경기도 농정국장 2008년 화성시 부시장 2011년 국방대 교육파견 2012년 경기도 북부청사 기획행정실장 2012년 남양주시 부시장 2014년 경기도 기획조정실장(고위공무원) 2014년 경기 화성시장선거 출마(새누리당) 2014년 경기농림진흥재단 대표이사(현) [상]국무총리표창(1993), 근정포장(1999), 중부일보 율곡대상 공공기관 경영부문(2016)

최형림(崔亨林) CHOI Hyung Rim

[생]1956·4·22 [출]경남 진주 [주]부산 서구 구덕로225 동아대학교 경영정보학과(051-200-7477) [학]1975년 경남고졸 1979년 서울대 경영학과졸 1986년 한국과학기술원 대학원 경영과학과졸 1993년 경영과학박사(한국과학기술원) [경]1979~1987년 한국과학기술연구원 경제분석실 연구원 1987년 동아대 경영대학 경영정보학과 전임강사·조교수·부교수·교수(현) 1995년 한국컨테이너부두공단 전산자문위원 1996~1998년 동아대 경영정보연구소장 1998~2007년 同지능형통합항만관리연구센터 교육훈련부장 1999~2001년 미국 텍사스주립대 전자상거래연구센터 객원교수 2001년 부산테크노파크 정보관리위원회 위원장 2001~2003년 동아대 인터넷창업보육센터소장 2001~2003년 同전자상거래지원센터 소장 2001년 同정보기술연구소장 2001~2003년 산학협력연구센터 운영위원 2002년 국무총리실 산하 산업기술연구회 소관연구기관 평가위원 2003~2005년 산학협력연구센터기술정보부 부장 2003년 해양수산부 부산항만공사추진기획단 자문위원 2003~2004년 부산·울산 지방중소기업청 중소기업정보화지원단 위원 2003~2004년 동아대 경영대학 경영정보학과장 2003~2005년 同일반대학원·산업대학원 항만·물류시스템학과장 2003년 국무총리실 산하 산업기술연구회 소관연구기관 평가위원 2003~2004년 한국학술진흥재단 학술연구심사평가위원회 사회과학분야 위원 2003~2005년 (재)부산테크노파크 항업B2B사업단 본부장 2004~2005년 영남지역 공공기술이전 건소시엄 기술평가위원 2005~2007년 동아대 경영대학원장 2005~2006년 한국지능정보시스템학회장 2005~2007년 부산항만공사 부산항개발 자문위원 2005년 한국컨테이너부두공단 정보화전략계획(ISP)수립프로젝트 자문위원 2005년 (주)케이티 SI사업단 '부산광역시 정보화기본계획 수립' 자문위원 2005년 대한상사중재원 중재인(현) 2005~2006년 한국학술진흥재단 학술연구심사 평가위원 2005~2007년 해양수산부 정보화평가위원 2005년 부산시 항만농수산정책자문단 위원 2005년 同부산발전2020비전과전략 자문위원 2005년 부산 항만농수산 정책자문단(현) 2006년 울산·포항항 감시종합정보시스템구축사업 기술평가위원 2006년 부산조선기자재공업사업 협동조합 공동물류센터장비도입 심의위원(현) 2006년 부산상공회의소 경제정책 자문위원 2006~2012년 同경제정책자문위원회 자문위원 2007년 (사)부산유비쿼터스 도시협회U-port분과위원회 위원장 2007년 컨테이너화물안전수송 기술개발클러스터사업단장 2007~2008년 지능형통합항만관리연구센터 소장 2007~2013년 (사)부산 U-IoT협회 U-Port분과 위원회 위원장 2007~2008년 동아대 대학원 항만물류시스템학과장 2007년 同발전기획위원회 위원(현) 2007년 同경영진단정책자문위원회 위원(현) 2007~2008년 同경영문제연구소 소장 2008~2010년 同기획처장 2008~2012년 부산시 북항재개발사업 설계자문위원 2008~2009년 한국정보화진흥원 Green IT 정책전문위원회 위원 2009년 한국정보사회진흥원 Green IT 정책전문위원회 위원 2009년 중소기업신흥공단 부산지역본부 중소기업경영선진화자문위원회 자문위원 2009년 한국연구재단 인문사회연구본부 법정상경단 전문위원 2013년 (사)부산유비쿼터스도시협회 부회장(현) 2013년 부산 시정연구위원회 유시티분과 위원장(현) 2014년 부산산업클러스터 산학관협의회 지식인프라서비스산업분과 위원(현) 2014년 대한민국 기술사업화자문단 정책보좌(현) 2014년 부산항만공사 비상임이사(현) 2014년 부산시 정보화위원회 위원(현) 2014년 부산항만공사 정보화위원회 위원장(현) 2014년 동아대 지능형컨테이너연구센터 소장(현) 2015년 IoT연구센터 소장(현) 2016년 부산항만공사 부산항경쟁력강화협의회 위원(현) 2016년 부산본부세관 관세평가협의회 위원(현) 2016년 동아대 경영대학장(현) [상]Innovative Applications of Artificial Intelligence Award(1995), 동아학술상(1999), 한국지능정보시스템학회 춘계학술대회 우수논문상(2002), 한국해양정보통신학회분과 학술대회 우수논문상(2005), IEA/AIE 국제학술대회 Best Paper Award(2007), IT 서비스 우수연구자상(2008), 국토해양부장관표창(2008), Entrue Journal Best Paper Award(2009) [저]'전문가시스템(共)'(1996) '정보처리교육 시리즈 1~3(共)'(1996) '강의를 위한 정보처리 MS Windows95, MS Word7.0, Internet(共)'(1997) '정보처리교육시리즈 1~6(共)'(1997) '인터넷 활용(共)'(1998) '액세스97(共)'(1998) '정보네트워크의 이론과 활용(共)'(1998) 'Cyber Edu System V2.0 : 통합가상교육시스템(共)'(1999) '전자상거래원론(編)'(1999) '전자상거래와 컴퓨터시스템(共)'(2000) '정보처리개론(共)'(2000) '전자상거래원론(編)'(2002) '시뮬레이션을 이용한 항만물류시스템'(2006) '인터넷환경의 지식시스템'(2006) '엑셀과 파워포인트 중심의 정보처리개론'(2007) '부산경제백서'(2007) '비즈니스 정보시스템'(2008) '물류기술과보안의이해'(2008) '시스템 분석 및 설계'(2009) [역]'정보시대의 컴퓨터 과학(共)'(1995)

최형식(崔亨植) CHOE Hyeong Sik

[생]1955·11·29 [출]전남 담양 [주]전남 담양군 담양읍 추성로1371 담양군청 군수실(061-380-3001) [학]1976년 광주 송원고졸 1997년 광주대 사회대학졸 1999년 전남대 행정대학원 행정학과졸 1999년 조선대 대학원 정치학과졸 2008년 전남대 대학원 정치학 박사과정 수료 [경]1980년 광주민중항쟁관련 전국지명수배 1985년 민주화추진협의회 노동국 제1부 차장 1985년 신민당 정책연구실 조사부 차장 1986년 민주대학 지방자치연구위원장 1986년 국회의원 보좌관 1987년 민주연합청년동지회 기획국장 1987년 평민당 창당발기인 1990년 同전남도지부 부대변인 1991·1995·1998~2002년 전남도의회 의원(국민회의·새천년민주당) 1997년 同자치법규정비특별위원장 1998년 同운영위원장 1998년 조선대 객원연구원 1998년 국민회의 담양·장성지구당 위원장 1999년 광주·전남행정학회 감사 1999~2002년 담양군재향군인회 회장 2000년 담양대 객원교수 2002~2006년 전남 담양군수(무소속·열린우리당) 2006년 전남 담양군수선거 출마(열린우리당) 2007년 대통합민주신당 제17대 대통령중앙선거대책위원회 전남도선거대책위원회 상임부위원장, 민주당 전남도당 상임부위원장 2010년 전남 담양군수(민주당·민주통합당·민주당·새정치민주연합), 전국농어촌지역군수협의회 회장 2014년 전남 담양군수(새정치민주연합·더불어민주당)(현) [상]대한민국을 빛낸 21세기 한국인상 지방자치부문(2013), 대한민국경제리더대상 지속가능경영부문 대상(2015), 전국시장·군수·구청장전국총회 지방자치특별상(2015), kbc광주방송 목민자치대상 기초자치단체장상(2015) [저]'누구에게나 희망은 있다'(2002) '우리에게 희망은 있다'(2010) [종]천주교

최형우(崔炯佑) CHOI Hyung Woo (溫山)

[생]1935·10·15 [본]경주(慶州) [출]울산 [학]부산공고졸 1963년 동국대 법정대학 정치외교학과졸 1987년 고려대 경영대학원졸 1995년 명예 정치학박사(동국대) [경]1960년 4·19혁명 동국대 학생대표 1968년 4·19, 6·3범청년회 사무총장 1971년 제8대 국회의원(울산·울주, 신민당) 1973년 제9대 국회의원(울산·울주, 신민당) 1974년 신민당 사무차장 1979년 제10대 국회의원(울산·울주, 신민당) 1979년 신민당 당기위원장·정무위원 1984년 민주화추진협의회 간사장 1985년 신민당 부총재 1987년 민주당 수석부총재 1988년 제13대 국회의원(부산 동래乙, 민주당·민자당) 1988년 민주당 원내총무 1988년 국회 동력자원위원회 위원장 1990년 민자당 당무위원 1991년 정무제1장관 1992년 제14대 국회의원(부산 동래乙, 민자당·신한국당) 1993년 민자당 당무위원 1993년 同사무총장 1993~1994년 내무부 장관 1995년 민자당 당무위원 1996년 정보엑스포 96추진위원장 1996년 제15대 국회의원(부산 연제, 신한국당·한나라당) 1996년 신한국당 상임고문 1996년 중국 북경대 명예교수 1997년 한나라당 상임고문 [상]청조근정훈장 [저]'일어서라 부르는 소리있어' '더넓은 가슴으로 내일을' '정보화세계의 영웅들' [종]천주교

최형우

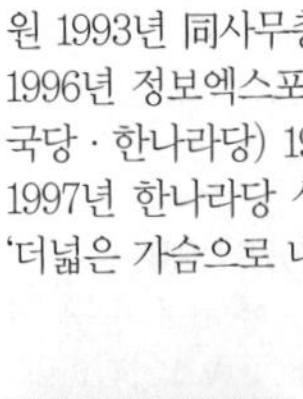

[생]1967 [주]서울 종로구 청와대로1 대통령 뉴미디어정책비서관실(02-770-0011) [학]1993년 서울대 국어교육과졸 2011년 서강대 언론대학원졸 [경]다음커뮤니케이션 이마케팅사업본부장, 판도라TV 대표이사, 경기콘텐츠진흥원 이사 2009~2011년 한국인터넷마케팅협회 회장 2014~2016년 서강대 커뮤니케이션학부 교수 2016년 대통령 홍보수석비서관실 뉴미디어정책비서관(현)

최형인(崔炯仁) CHOI, Hyeong In

[생]1953·1·25 [출]대구 [주]서울 관악구 관악로1 서울대학교 수리과학부(02-888-5686) [학]1975년 서울대 전자공학과졸 1979년 미국 캘리포니아대 버클리교 대학원졸 1982년 이학박사(미국 캘리포니아대 버클리교) [경]1982~1984년 미국 Chicago Dickson대 강사 1984~1988년 미국 버클리대 Mathematical Sciences Research 연구원, 미국 Illinois대 조교수, 미국 오클라호마주립대 방문교수, 미국 스탠퍼드대·미국 UC 샌디에고·독일 Bonn대·미국 유타대 방문연구원 1988~1991년 미국 아이오와대 부교수 1991년 서울대 수리과학부 교수(현) 2000년 同수학연구소장 2005년 同수리과학부장 [상]대한민국학술원상 자연과학부문(2003), 대한수학회 학술상(2014) [종]천주교

최형준(崔亨準)

(생)1964·1·19 (주)서울 서대문구 연세로50의1 연세대학교 치과대학병원 소아치과(02-2228-3175) (학)1988년 연세대 치의학과졸 1991년 同대학원 치의학과졸 1999년 치의학박사(조선대) (경)1994년 연세대 치과대학병원 소아치과 연구강사 1995~1997년 同치과대학 소아치과학교실 전임강사·조교수·부교수 2000년 미국 캘리포니아대 로스앤젤레스캠퍼스 치과대학 소아치과학교실 방문교수 2005년 연세대 치과대학 소아치과학교실 교수(현) 2010~2012년 同치과대학병원 교육연구부장 2012~2014년 同치과대학병원 진료부장 2014·2016년 同치과대학 소아치과학교실 주임교수(현) 2014·2016년 연세대의료원 치과대학병원 소아치과장(현)

최형천(崔炯天) CHOI Hyeong Chon

(생)1954·2·22 (출)광주 (주)전남 순천시 해룡면 향매로109 전남신용보증재단(061-729-0600) (학)전남대 정치외교학과졸, 성균관대 경영대학원 보험학과졸, 경영학박사(전남대) (경)제일화재해상보험(주) 중부본부장, 同영업기획부장, 同점포영업부문장(상무이사), 전주대 겸임교수, 한국인사관리학회 상임이사 2006년 제일화재해상보험(주) 개인영업총괄 전무 2016년 전남신용보증재단 이사장(현)

최형희(崔亨熙)

(생)1961·11·14 (주)서울 중구 장충단로275 두산인프라코어(주) 임원실(02-3398-8338) (학)강릉제일고졸, 강원대 회계학과졸 (경)2005년 두산중공업(주) 재무관리부문 경영관리팀장 2006년 同담수BG 담수기획담당 상무 2008년 同재무BG 발전Controller(상무) 2009년 同담수BG 담수기획담당 상무 2010 同원자력기획 임원 2011년 同재무관리부문장(CFO·전무) 2011~2015년 (주)두산 지주부문CFO(부사장) 2015년 두산인프라코어(주) 재무관리부문장(CFO)(현) 2015년 同각자대표이사 부사장(현)

최혜리(崔惠梨·女) CHOI Hye Ri

(생)1965·4·16 (출)서울 (주)서울 서초구 서초중앙로157 서울법원조정센터(02-530-1955) (학)1983년 풍문여고졸 1987년 서울대 법학과졸 1990년 同대학원 수료 (경)1991년 사법시험 합격(33회) 1994년 사법연수원 수료(23기) 1994년 서울지법 판사 1996~1998년 서울가정법원 판사 1998~2008년 법무법인 바른 변호사 2003년 소비자분쟁조정위원회 위원 2005년 보안관찰위원회 위원 2005년 국무총리실 행정심판위원회 위원 2008~2009년 정부법무공단 헌법행정팀 변호사 2009년 법무법인 바른 구성원변호사 2013~2014년 검찰개혁심의위원회 위원 2014년 개인정보보호위원회 위원 2015년 서울중앙지법조정센터 상임조정위원(현)

최혜영(崔惠永·女)

(생)1954·1·22 (주)인천 남동구 남동대로774번길21 가천대학교 길병원 영상의학과(1577-2299) (학)1978년 이화여대 의대졸 1982년 同대학원 의학석사, 미생물학박사(고려대) (경)1989년 서울중앙병원 진단방사선과 전임의 1992년 同임상전임강사, 이화여대 의대 의학과 영상의학교실 조교수·부교수·교수 2002년 同진단방사선과학교실 주임교수, 이대목동병원 영상의학과장, 대한유방영상의학회 회장, 가천대 의대 영상의학과학교실 교수(현) 2009년 대한유방검진의학회 회장 2012년 가천대 길병원 영상의학과장 2013년 同길병원 진료지원부장 2014년 同길병원 제1진료부원장 2016년 同길병원 진료1부원장(현)

최 호(崔 虎) CHOI Ho

(생)1961·7·28 (본)전주(全州) (주)경기 수원시 팔달구 효원로1 경기도의회(031-8008-7000) (학)한남대 경상대학 경제학과 중퇴, 한경대 경영학과 재학 중 (경)2004년 우남석재 대표(현) 2011년 한국스카웃트 평택지역협의회 회장(현), 평택시족구연합회 부회장, 평택시북부축구연합회 자문위원, 민주평통 평택시협의회 자문위원, 바르게살기운동 평택시협의회 명예회장·고문(현) 2012년 경기도의회 의원(보궐선거 당선, 새누리당) 2012년 同행정자치위원회 위원 2012년 同예산결산특별위원회 위원 2014년 경기도의회 의원(새누리당) 2014~2016년 同간행물편찬위원회 부위원장 2014·2016년 同운영위원회 위원(현) 2014년 同안전행정위원회 간사 2014년 同예산결산특별위원회 간

사 2015년 同평택항발전추진특별위원회 위원(현) 2015년 同안전사회건설특별위원회 위원(현) 2015년 同장기미집행도시공원특별위원회 위원(현) 2016년 同새누리당 대표의원(현) 2016년 同안전행정위원회 위원(현)

최호상(崔鎬相)

(생)1957·7·24 (출)충남 논산 (주)대전 대덕구 신탄진로200 한국수자원공사 감사실(042-629-2201) (학)논산농공고졸, 한국방송통신대 농학과졸, 한밭대 대학원 창업경영학과졸 (경)(주)상승글로벌 대표이사 2012년 새누리당 충남도당 대통령선거 공동선거대책위원장 2012~2014년 충남기업인연합회 회장 2012~2014년 충남경제진흥원 이사 2012~2014년 충남신용보증재단 이사 2013~2014년 충남도 인적자원개발위원회 위원장 2014년 同안전문화위원회 위원장 2014년 한국수자원공사 상임감사(현)

최호순(崔豪洵)

(생)1958·1·13 (주)서울 성동구 행당동17 한양대학교 의과대학 내과학교실(02-2290-8379) (학)1984년 한양대 의대졸 1988년 同대학원 의학석사 1996년 의학박사(한양대) (경)1984~1988년 한양대 부속병원 인턴·레지던트 1991~1994년 대전을지병원 과장 1994~1995년 울산대 의대 전임강사 1995년 한양대 의대 내과학교실 조교수·부교수·교수(현) 2009·2011년 한양대의료원 기획실장 2011년 同기획관리실장 2016년 한양대 의과대학장·의학전문대학원장·의생명공학전문대학원장·보건대학원장 겸임(현)

최호열(崔乎烈)

(생)1966·4·4 (출)경북 포항 (주)서울 서대문구 통일로87 경찰청 외사국 외사수사과(02-3150-2378) (학)1982년 서울 대신고졸 1985년 중앙대 법학과졸 (경)1993년 경찰간부 후보(41기) 2007년 서울 종암경찰서 정보보안과장 2008년 서울 동대문경찰서 정보보안과장 2009년 서울지방경찰청 보안부 외사과 외사2계장 2011년 울산지방경찰청 홍보담당관(총경) 2011년 대전지방경찰청 홍보담당관 2013년 경북 포항북부경찰서장 2014년 경찰청 인사기획관실 복지정책담당관 2014년 서울 강서경찰서장 2016년 경찰청 외사국 외사수사과장(현)

최호영(崔浩永) CHOI Ho Young

(생)1970·3·31 (출)인천 (주)경남 밀양시 밀양대로1993의20 창원지방검찰청 밀양지청(055-350-4311) (학)1988년 부천고졸 1992년 고려대 법학과졸 (경)1997년 사법시험 합격(39회) 2000년 사법연수원 수료(29기) 2000년 서울지검 검사 2002년 대전지검 천안지청 검사 2004년 춘천지검 검사 2007년 서울서부지검 검사 2010년 인천지검 검사 2013년 同부부장검사 2013년 서울중앙지검 부부장검사 2014년 부산지검 동부지청 형사3부장 2015년 울산지검 특수부장 2016년 창원지검 밀양지청장(현)

최호정(崔好廷·女) Choi Ho Jung

(생)1967·10·3 (출)서울 (주)서울 중구 덕수궁길15 서울특별시의회(02-3783-1816) (학)1993년 이화여대 대학원 식품영양학과졸 (경)한나라당 서울서초乙당원협의회 차세대여성지회장, 서울교대부설초등학교 녹색어머니회장 2010년 서울시의회 의원(한나라당·새누리당) 2010~2012년 同행정자치위원회 부위원장 2012년 同문화체육관광위원회 부위원장 2012년 同윤리특별위원회 위원 2012년 同예산결산특별위원회 위원 2013년 同최고고도지구합리적개선특별위원회 위원 2013년 同서소문밖역사기념및보전사업추진특별위원회 위원 2013년 同민간단체지원사업점검특별위원회 부위원장 2013년 同강남·북교육격차해소특별위원회 위원 2014년 同문화체육관광위원회 위원장 2014년 서울시의회 의원(새누리당)(현) 2014·2016년 同기획경제위원회 위원(현) 2014년 同예산결산특별위원회 위원 2015년 同서소문밖역사유적지관광자원화사업지원특별위원회 위원(현)

최호진(崔浩眞) CHOI HOJIN

(생)1966·3·11 (본)전주(全州) (출)서울 (주)서울 동대문구 천호대로64 동아제약 비서실(02-920-8010) (학)1984년 서울 성남고졸 1988년 서강대 경영학과졸 (경)1990~1992년 한국투자신탁 근무 1992~1999년 코래드 근무 1999~2010년 제일기획 근무 2010년 동아제약 근무 2014년 同커뮤니케이션실장(상무) 2015년 同마케팅실장(상무) 2016년 同대표이사 사장(현)

최호천(崔浩天) Chey Ho-Chyun

[생]1953·7·13 [출]강원 삼척 [주]경기 용인시 기흥구 강남로 40 강남대학교 복지융합대학 복지융합인재학부 유니버설비주얼디자인전공(031-280-3784) [학]한성고졸, 홍익대 미술학과졸, 同대학원 시각디자인학과졸(석사), 미술학박사(디자인·공예학)(홍익대) [경]강남대 예체능대학 회화디자인학부 산업디자인공학 교수, 同복지융합대학 복지융합인재학부 유니버설비주얼디자인진공 교수(현), 대한민국산업디자인전람회 초대디자이너, 한국기초조형학회 자문위원, 한국미술협회 자문위원, 대한산업미술가협회 이사장 2015년 강남대 공과대학장 겸 예체능대학장(현) [상]대한민국산업디자인전람회 한국디자인포장센터 이사장표창, 국무총리표창, 제12회 한일디자인공예교류전 일본국사가시장 국제교류특별상 [저]'비주얼커뮤니케이션디자인'(1999) '입체+공간+커뮤니케이션'(2006) [종]기독교

최호천(崔鎬天) CHOI Ho Cheon

[생]1965·2·24 [주]세종특별자치시 다솜로261 국무조정실 영유아교육보육통합추진단(044-200-2551) [학]1984년 정읍고졸 1991년 전북대 정치외교학과졸 1996년 서울대 대학원 행정학과졸 [경]1993년 행정고시 합격(37회) 2002년 기획예산처 재정기획국 기획총괄과 서기관 2003년 同예산실 국방예산과 서기관 2005년 대통령자문 사람입국·일자리위원회 파견(과장급) 2007년 기획예산처 법령분석과장 2008년 기획재정부 예산실 예산협력과장 2009년 同홍보담당관 2009년 同재정정책국 재정기획과장 2013년 산업통상자원부 무역투자실 국내대책과장 2014년 기획재정부 국고국 국유재산정책과장 2016년 同국유재산정책과장(부이사관) 2016년 국무조정실 영유아교육보육통합추진단 과장(파견)(현)

최홍건(崔弘健) CHOE Hong Geon (華峰)

[생]1943·8·28 [본]경주(慶州) [출]서울 [주]서울 성동구 왕십리로222 한양대학교 경제금융학과(02-2220-1012) [학]1961년 서울 경복고졸 1966년 서울대 법학과졸 1983년 미국 하버드대 케네디스쿨 행정대학원졸 1983년 국방대학원졸 1993년 경제학박사(한양대) [경]1977년 상공부 방위산업과장 1979년 同수출1과장 1983년 同수송기계과장 1985년 同장관비서관 1987년 특허청 기획관리관 1987~1988년 상공부 공보관 1990년 특허청 관리국장 1991년 상공부 통상협력관 1991년 同무역위원회 산업조사관 1992년 상공자원부 상역국장 1994년 同산업정책국장 1994년 공업진흥청 차장 1995년 서울대총동문회 이사(현) 1996년 중소기업청 차장 1997년 통상산업부 기획관리실장 1997년 특허청장 1998~2010년 경복고총동문회 부회장 1998~1999년 산업자원부 차관 1999~2007년 한국산업기술대 총장 2000년 새천년민주당 정책위 부의장 2002년 同노무현대통령후보 산업특보 2003년 대통령자문 정책기획위원 2003년 한국산업기술시험원 운영위원장 2003년 열린우리당 중소기업특별위원장 2004년 同이천·여주지구당 위원장 2004년 미국 하버드대 케네디스쿨 한국총동문회장 2004~2006년 대통령직속 중소기업특별위원회 위원장 2006~2010년 한국산악회 회장 2006~2007년 전국산업대학교총장협의회 회장 2007년 반월·시화혁신포럼 공동의장 2007~2010년 산업표준심의회 위원장 2007~2009년 중소기업중앙회 정책자문특별위원장 2007년 중소기업연구원 원장 2008~2011년 (재)한국등산지원센터 이사장 2008년 서울대법대총동문회 이사·운영위원(현) 2008년 한국산업기술대 명예교수(현) 2009년 대창공업(주) 회장 2010년 경기 시흥시장선거 출마(한나라당) 2011년 동부그룹 상임고문 2011~2012년 同제조·서비스분야 회장 겸 동부발전 대표이사 회장 2011년 방위사업청 방위산업정책자문위원회 위원장(현) 2013년 한양대 경제금융대학 석좌교수(현) [상]녹조근정훈장(1976), 전기문화대상(2001), 황조근정훈장(2003) [저]'2만불 시대의 기술혁신전략'(2003) [종]불교

최홍규(崔鴻圭) Hongkyu A. CHOE (松里)

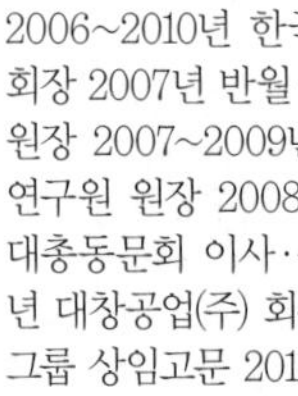

[생]1940·12·11 [본]강릉(江陵) [출]강원 정선 [주]서울 동작구 흑석로84 중앙대학교(02-820-5114) [학]1959년 강릉제일고졸 1965년 중앙대 문과대 영어영문학과졸 1967년 서울대 대학원 영어교육학과졸 1976년 뉴질랜드 빅토리아대 TESL Diploma 1980년 미국 캔자스대 대학원 영문학과 수료 1985년 문학박사(동국대) 1997년 서울대 환경대학원 도시·환경고위정책과정 수료 2005년 연세대 언어교육연구원 한국어교사연수과정 수료 [경]1966~1976년 혜화여고·수도여고 교사 1976~1980년 한국외국어대·숭실대 강사 1980~1991년 중앙대 문과대 영어영문학과 조교수·부교수 1991~2006년 同교수 1991년 사회단체NGO 사랑의녹색운동본부 회장·명예회장(현) 1991년 환경부 중앙홍보위원 1991년 법무부 서울보호관찰소 특별범죄예방위원(현) 1992년 교육부 교육과정심의위원 1992년 월간 '문학공간'으로 등단 1994년 월간 '문예사조'에 문학평론 등단 1994년 미국 예일대 풀브라이트 교환교수 1995년 미국 하버드대 객원교수 1996년 한국문학과종교학회 회장 1996년 한국영어교육연구학회 회장 1996년 국제환경정책연구원(IIEP) 원장 1998년 월간 '한맥문학'에 수필가 등단 1999년 한국환경문학인협회 회장 1999년 녹색신문 논설위원(현) 2000년 한국헤밍웨이학회 회장 2000~2006년 대한영어영문학회 부회장 2001년 서울대총동창회 상임이사(현) 2002년 국제펜재단 한국문우회 회장 2002~2003년 영국 케임브리지대·런던대(UCL, SOAS)·프랑스 소르본대(Paris Ⅳ) 초청연구교수 2003년 한국미국문학회 회장 2003년 이화여대 외래교수 2005년 한국번역문학회 회장 2006년 중앙대 명예교수(현) 2006년 한국농민문학회 회장 2007년 민주평통 자문위원(현) 2012년 서울대교육대학원동창회 회장(현) 2013년 한국독도역사문화아카데미 총재(현) 2014년 독도시사신문 논설위원(현) 2014년 세계숲보전협회 회장(현) 2015년 (사)한국시인연대 회장(현) [상]교육부장관표창, 국무총리표창, 대통령표창(1998), 서울시 자랑스러운 시민상, 한국생활문화회 대상, 근정포장(2005), 황조근정훈장(2006), 헤밍웨이문학상(2006), 법무부장관표창(2006), 환경부장관표창 [저]'윌리엄 워즈워스의 시' '고급영어' '월트휘트먼의 인간관' '내 영혼의 하얀미소'(英文) '영미문학의 탐구' 'A Cultural History of Modern Korea'(英文) 'Education in KOREA'(英文) 시 '그리운 어머니' '최홍규씨 당신은 시인입니까?'(2009, 중앙대 출판부) 수필 '머나먼 알라바마' 문학평론 '에밀리 디킨슨 시의 주제' [역]'미덕의 책' '내게 사랑 하나 있네' [종]천주교

최홍기(崔烘基) CHOI Hong Ghi

[생]1960·9·1 [본]강릉(江陵) [출]강원 강릉 [주]서울 종로구 사직로8길60 외교부 운영지원과(02-2100-7138) [학]1979년 강릉고졸 1984년 서울대 외교학과졸 1990년 미국 데이비슨대 정치학과 수학 2012년 서울대 안보최고경영자과정 수료 [경]1983년 외무고시 합격(17회) 1984년 외무부 입부 1991년 駐유엔대표부 2등서기관 1994년 駐에티오피아 1등서기관 1996~1999년 외교통상부 군축원자력·유엔과 근무 1999년 駐오스트리아대사관 겸 비엔나대표부 1등서기관 2002년 외교통상부 기획예산담당관 2003년 同외교정책실 군축원자력과장 2005년 駐유엔대표부 참사관 2007년 국무총리실 국정운영실 외교심의관(고위공무원) 2008년 국회의장 국제비서관 2011년 국방부 국제정책관 2013년 駐요르단 대사 2016년 외교부 아프가니스탄·파키스탄특별대표(현) [상]요르단 독립훈장 1등급(2016)

최홍묵(崔鴻默) CHOI Hong Mook

[생]1949·3·13 [출]충남 [주]충남 계룡시 장안로46 계룡시청 시장실(042-840-2000) [학]대전상고 2년 중퇴 2004년 명예 정치학박사(중부대) 2005년 우송고 명예졸업(前대전상고) [경]계룡산업 대표 1997년 대한민국재향군인회 두마면 회장 1998년 계룡시 의용소방대장 1998~2003년 충남 논산시의회 의원 2000~2002년 同운영위원장 2002~2003년 同의장 2003년 충남 계룡시의회 의원 2003년 충남 계룡시장(자민련·국민중심당) 2006~2010년 충남 계룡시장(국민중심당·자유선진당·무소속) 2010년 충남 계룡시장선거 출마(국민중심연합) 2014년 충남 계룡시장(새정치민주연합·더불어민주당)(현) [상]풀뿌리자치언론대상 일반행정부문 대상(2015), 올해의 공감경영대상(2016)

최홍석(崔洪碩) CHOI HONGSEOK

[생]1973·5·15 [본]해주(海州) [출]광주 [주]서울 종로구 청와대로1 대통령비서실(02-770-0011) [학]1992년 송원고졸 1998년 고려대 사회학과졸 [경]1998년 보건복지부 보건의료과학단지담당관실 사무관 2001년 同여성보건복지과 사무관 2002년 同보건의료정책과 사무관 2003년 국무조정실 파견 2004년 보건복지부 연금재정과 사무관 2007년 同보건정책팀 서기관·건강투자기획팀장·건강생활팀장 2008년 보건복지가족부 기초노령연금과장 2009년 同장애인소득보장과장·장애인연금TF팀장 2010년 보건복지부 장애인연금TF팀장 2011년 同사회서비스자원과장·보육사업기획과장 2012년 네덜란드 연수 2014년 보건복지부 기초연금과장·기초연금사업지원단장 2015년 同국민연금재정과장 2016년 청와대 대통령비서실 행정관(현) [상]부총리 겸 재정경제부장관표창(2005), 대통령표창(2009) [종]기독교

최홍성(崔弘成) CHOI Hong Sung

[생]1949·2·25 [출]서울 [주]서울 강남구 도산대로449 (주)신세계인터내셔날(02-3440-1001) [학]1967년 서울 대광고졸 1971년 서강대 경영학과졸 [경]1974년 (주)삼성물산 입사 1981~1985년 同이라크주재 근무 1987~1992년 同미국주재 근무 1993년 同홍보실 근무 1993년 同CATV사업부장 1994년 同영상사업단 이사 1999년 (주)에스원 강북본부장 2001년 同법인영업본부장 2002년 同서부본부장 2004년 同강남본부장(상무) 2005~2007년 同강남본부장(전무) 2007년 조선호텔 대표이사 2011~2012년 신세계건설 공동대표이사 2013년 (주)신세계인터내셔날 대표이사(현) 2013년 (주)비디비치코스메틱 대표이사 겸임(현) [종]기독교

최홍식(崔洪植) CHOI Hong Shik

[생]1953 · 10 · 28 [출]서울 [주]서울 강남구 언주로612 강남세브란스병원 이비인후과(02-2019-3461) [학]1978년 연세대 의대졸 1982년 同대학원졸 1986년 의학박사(연세대) [경]1988~1999년 연세대 의대 이비인후과학교실 전임강사 · 조교수 · 부교수 1991년 미국 UCLA 후두생리연구소 교환교수 1993년 (재)외솔회 이사 · 이사장 1999년 연세대 의대 이비인후과학교실 교수(현) 2000년 同음성언어의학연구소장(현) 2003~2009년 강남세브란스병원 이비인후과장 2004년 대한음성언어의학회 회장 2005~2006년 연세대 의과대학 강남부학장 2008~2015년 (재)외솔회 이사장 2015년 세종대왕기념사업회 회장(현) [상]한국음성과학회 최우수논문상(2006), 대한음성언어의학회 우수 회외논문상(2010), 대한이비인후과학회 공로상(2011) [저]'후두'(2000) '호흡과 발성'(2007) [종]기독교

최홍재(崔洪載) CHOI Hong Jae

[생]1942 · 3 · 15 [본]경주(慶州) [출]경남 밀양 [주]서울 금천구 벚꽃로234 에이스하이엔트타워6차2002호 만화신문(080-387-8000) [학]고려대 상과졸, 일본 동경디자인아카데미 일러스트과 수료 [경]한국생산성본부 시청각교육과장, 경북매일신문 · 경기도민일보 논설위원, 소년한국일보 '코돌이박사' 연재, 고려대 사회교육원 창작만화전문가과정 창설(만화산업교수), 한국과학영재콘텐츠협회 이사, 건강식품신문 발행인, 한국일보 디지털특파원, 만화가(현), 한국지방자치발전연구원 지방자치신문 편집인(현), 한국원로만화가협회 감사(현) 2011년 만화신문 발행인 겸 편집인(현) [저]'코돌이박사' '과학상식만화(上, 下)'(글수레) '저작권박사 김삿갓' '외국손님맞이 고객만족스킬교육' [작]'KTV 지역경제활성화 문화클러스트(단독대담)' [종]기독교

최홍재(崔弘在) CHOI Hong Jae

[생]1968 · 11 · 7 [본]강화(江華) [출]전남 나주 [주]서울 영등포구 국회대로74길12 남중빌딩3층 새누리당 서울시당(02-704-2100) [학]군산중앙고졸, 고려대 정경대학 신문방송학과졸 [경]1991년 고려대 총학생회장 1993년 한국대학총학생회연합 조국통일위원회 정책실장, 전국연합자주통일위원회 부장, '시대정신' 편집위원, 자유주의연대 조직위원회 조직국장 · 조직위원장, 뉴라이트 은평연대 대표, 데일리NK 논설위원, 자유교육연합 운영위원장 2008~2012년 (사)시대정신 이사, 공정언론시민연대 사무처장 2009년 미디어발전국민위원회 위원 2009년 방송문화진흥회 이사 2011~2013년 남북청년행동 공동대표 2012~2013년 통영의딸송환대책위원회 공동대표 2012~2013년 새누리당 서울은평甲당원협의회 운영위원장 2012년 同제18대 대통령중앙선거대책위원회 100% 대한민국대통합위원회 북한인권 · NGO본부장 2013년 대통령정무수석비서관실 선임행정관 2014~2015년 대통령소속 국민대통합위원회 기획단장 2016년 새누리당 서울은평甲당원협의회 운영위원장(현) 2016년 제20대 국회의원선거 출마(서울 은평구甲, 새누리당) [저]'386의 꿈, 그 성찰의 이유'(2005) '쓸모있는 바보들의 거짓말(共)'(2006) '내 마음의 정한수'(2007) '권력저널리즘의 꽃, 편파방송, 괴물포털(共)'(2007) '거짓과 광기의 100일'(2009) '대한민국을 부탁해(共)'(2011, 나남) '파란만장 코리아 오매불망 대한민국(共)'(2011)

최홍준

[생]1964 · 2 · 20 [출]서울 [주]강원 원주시 원일로37 KBS 원주방송국(033-760-7202) [학]연세대 행정학과졸, 同대학원 행정학과졸 [경]1994년 한국방송공사(KBS) 입사(공채 20기) 1994년 同사회교육방송국 근무 2012년 同라디오편성부장, 同라디오1국 한민족방송 근무 2015년 同원주방송국장(현)

최 환(崔 桓) CHOI Hwan (晩齋)

[생]1943 · 4 · 20 [본]전주(全州) [출]경북 구미 [주]서울 서초구 신반포로3길8 반포프라자607호 최환법률사무소(02-3482-1338) [학]1961년 전주고졸 1965년 서울대 문리대학 정치학과졸 1968년 同사법대학원 수료 [경]1966년 사법시험 합격(6회) 1968년 육군 법무관 1971~1980년 부산지검 · 인천지청 · 서울지검 · 대전지검 검사 1980년 입법회의 내무위원회 전문위원 1981~1983년 대검찰청 형사2과장 · 형사1과장 1983년 同공안1과장 1985년 서울지검 공안부장 1986년 同공안2부장 1987년 同공안1부장 1988년 同남부지청 차장검사 1990년 대구지검 차장검사 1991년 서울지검 제1차장검사 1992년 同남부지청장 1993년 대검찰청 공안부장 1994년 법무부 검찰국장 1995년 서울지검장 1997년 대검찰청 총무부장 1997년 대전고검장 1998~1999년 부산고검장 1999년 변호사 개업(현) 1999~2002년 노근리사건정부조사단 자문위원 [상]보국훈장 천수장, 황조근정훈장, 율곡인권상(2007), 국제평화언론대상 대민봉사부문 대상(2013) [종]불교

최 환(崔 桓) CHOI Hwan

[생]1952 · 10 · 30 [본]경주(慶州) [출]경북 구미 [주]경북 구미시 대학로61 금오공과대학교 기계설계공학과(054-478-7372) [학]1972년 경북고졸 1976년 서울대 공대 공업교육학과졸 1978년 同대학원 공업교육학과졸 1992년 공학박사(일본 大阪부립대) [경]1978~1981년 해군사관학교 기계공학과 교관 1981~2011년 금오공과대 기계공학부 전임강사 · 조교수 · 부교수 · 교수 1983년 同기계공학과장 1984년 同부속공장장 1988년 同생산기술연구소장 1993년 同교무처장 1994년 同대학원장 1996~1998년 중부지역공단 생기연조합 자문위원장 1996년 중소기업청 기술지도위원 1997년 금오공과대 기계설계공학과장 1999년 同기숙사 사감장 2002~2004년 同도서관장 2002~2003년 대한기계학회 경북지부장 2003~2009년 민주평통 자문위원 2005년 금오공과대 평생교육원장 2005~2009년 同총장 2011년 同기계설계공학과 교수(현) [상]교육부장관표창(1996), 국무총리표창(2004), 구미시민상(2004)

최 환(崔 煥)

[생]1970 · 8 · 1 [출]울산 [주]서울 서초구 서초대로219 대법원 재판연구관실(02-3480-1100) [학]1989년 울산고졸 1994년 서울대 공대졸 [경]1995년 사법시험 합격(37회) 1998년 사법연수원 수료(27기) 1998년 軍법무관 2001년 부산지법 판사 2004년 同동부지원 판사 2007년 부산고법 판사 2009년 법원행정처 정책연구심의관 2010년 同정책심의관 2011년 부산지법 판사 2013년 울산지법 부장판사 2014년 대법원 재판연구관(현)

최환언(崔煥堰)

[생]1954 · 5 · 16 [주]부산 해운대구 운봉길60 동부산대학교 부속실(051-540-3701) [학]1974년 동아고졸 1992년 전자공학박사(동아대) [경]삼성SDI 종합연구소 연구원, 프랑스과학원 소피아안티폴리스 연구교수 1986~2015년 동부산대 게임컨설팅과 교수 2000년 미국 Auburn Univ. 교환교수, 동부산대 교무처장, 同산학협력처장, 同산학협력단장, 同전산정보원장, IEEE(세계전기전자학회) Member(현), 한국통신학회 전문대학논문편집위원, 한국정보과학회 운영위원, 한국게임학회 부산 · 경남지부장, SK텔레콤 장애청소년IT챌린지대회 운영위원, 부산지방경찰청 누리캅스 위원 2015년 동부산대 총장(현) [상]정보통신부 최우수연구개발상, 부산광역시 장애인재활협회장표창, 한국생산성본부표창 [저]'게임운영개론'(2008, 궁) 외 4권

최황규(崔晃奎) CHOI Hwang Kyoo

[생]1962 · 3 · 10 [주]강원 춘천시 강원대학길1 강원대학교 IT대학 컴퓨터정보통신공학과(033-250-6382) [학]경북대 전자공학과졸, 한국과학기술원졸, 전자공학박사(한국과학기술원) [경]강원대 전기 · 전자 · 정보통신공학부 컴퓨터공학전공 교수, 同IT대학 컴퓨터정보통신공학과 교수(현) 2009년 미국 세계인명사전 마르퀴스 후즈후(Marquis Who's Who) 2010년판에 등재 2010년 강원대 서울본부장 2012~2014년 同IT대학장 2016년 同교육연구부총장(현) 2016년 同대학원장 겸임(현)

최회균(崔會均) CHOI Hoi Kyun

[생]1958 · 10 · 7 [본]경주(慶州) [출]서울 [주]경기 화성시 봉담읍 최루백로72 협성대학교 이공대학 도시공학과(031-299-0929) [학]1986년 서울산업대 토목공학과졸 1989년 연세대 대학원 도시계획학과졸 1996년 교통학박사(미국 Southern California대) [경]1996년 연세대 · 강남대 · 경주대 도시공학과 강사 1996년 연세대 도시교통과학연구소 전문연구원 1997년 협성대 이공대학 도시공학과 조교수 · 부교수 · 교수(현) 1999년 자치경영연구원 도시환경연구센터 연구위원 1999년 ITS Korea 연구기술위원 2001 · 2005년 협성대 이공대학장 2001년 同도시환경계획연구소장 2001년 환경정의시민연대 정책위원 2002년 협성대 이공대학장 서리 2006년 同교무처장 2011~2013년 同이공대학장 2011~2013년 同대학평의원회 의장 2012년 우리동네햇빛발전협동조합 이사장(현) [저]'교통계획의 이해' '도시계획요론' [역]'도로교통공학'

최회봉(崔會鳳) CHOI Hoi Bong

㊙1955·12·21 ㊺전주(全州) ㊱전북 남원 ㊍서울 중구 퇴계로31길27 프라임빌딩8층 아시아타임즈 사장실(02-801-1800) ㊲1981년 서강대 생명공학과졸 1989년 同경영대학원졸 ㊳1985년 한국신용평가 근무 1988년 국민일보 경제부 기자 1999년 同경제부 차장 2000년 同경제부장 2002년 同문화사업국장 2003년 同광고사업국장 2003년 同광고마케팅국장 2005년 同논설위원 2007년 일일경제 편집국장(이사) 2007년 아시아투데이 편집국장(이사대우) 2009년 同논설위원실장 2009년 同상무 2010년 同총괄전무이사 2013~2014년 同전무이사 겸 편집국장 2014~2015년 브릿지경제신문 사장 겸 편집인 2015년 아시아타임즈 사장 겸 편집국장 2015년 同대표이사 사장(현)

최회원(崔會元) CHOE He Won

㊙1949·12·25 ㊱전북 남원 ㊊경기 성남시 분당구 분당로368 한국지역난방공사 감사실(031-780-4072) ㊲1968년 전주고졸 1976년 서울대 법학과졸 ㊳1971년 서울대 총학생회장 1971년 학원민주화운동에 대한 위수령 발동으로 제적·강제 입영 1976~1991년 한국은행 근무 1991년 민주당 서울성동甲지구당 위원장 1991년 同최고위원비서실 차장 1991년 민주개혁정치모임 이사 1992년 민주당 정책연구실장·국회 정책연구위원 1992년 민주당 총재 경제담당 특별보좌역 1992년 정치개혁시민연합 결성 1995년 국회부의장 비서실장 1996년 민주당 남원지구당 위원장 2002년 국민통합21 남원·순창지구당 위원장 2012년 새누리당 제18대 대통령중앙선거대책위원회 100% 대한민국대통합위원회 위원 2013~2014년 대통령소속 국민대통합위원회 위원 2014년 한국지역난방공사 상임감사(현) ㊴한국감사협회 내부감사 혁신상(2015) ㊻천주교

최효석(崔涍錫)

㊙1948·4·3 ㊊경남 창원시 의창구 중앙대로215 (주)정우개발(055-262-8516) ㊲1966년 진주농림고졸 1993년 경남대 경영대학원 수료 1998년 경희대 행정대학원 수료 2003년 진주산업대 토목공학과졸, 창원대 경영대학원 무역학과졸 2004년 경남대 북한대학원 수료 ㊳1992년 창원지검 범죄예방위원회 자문위원, 법무보호복지공단 경남지부장 1997년 바르게살기운동 경남도협의회 회장 1999년 민주평통 창원시협의회 회장 2000년 경남지방경찰청 시민단체·경찰협력위원회 위원 2001년 한국갱생보호공단 창원지부장, 창원지법 보호관찰협의회 위원 2003년 민주평통 경남지역회의 부의장, (주)정우개발 대표이사(현) 2012~2014년 바르게살기운동중앙협의회 회장 2015년 在外합천향우연합회 회장(현) ㊴법무부장관표창(1996), 경남지방경찰청장표창(1999), 국민훈장 동백장, 경남도지사표창(2001), 대통령표창

최 훈(崔 燻) CHOI Hoon

㊙1936·9·20 ㊺전주(全州) ㊱대구 ㊍서울 종로구 자하문로280 한국금박빌딩503호 자원평가연구원(02-396-0585) ㊲1955년 대구상고졸 1961년 경북대 사범대 역사학과졸 1967년 연세대 경영대학원졸 1993년 경기대 경영대학원졸 ㊳1961년 교통부 항공과 근무 1976년 해운항만청 경협담당관 1977년 同해운국 진흥과장 1980년 울산지방해운항만청장 1982년 해운항만청 해운국장 1985년 교통부 관광국장 1989년 육운국장 1990년 同수송정책국장 1991년 同중앙해난심판원장 1991년 同수송정책실장 1993년 同기획관리실장 1993~1994년 철도청장 1994년 명지대 교통대학원 객원교수 1994~2003년 인하대 물류통상대학원 겸임교수 1995~1998년 한진교통물류연구원 원장 1999~2001년 동아대·철도대 초빙교수 2000년 자원평가연구원 대표이사(현) 2000년 보르도와인아카데미 원장(현) 2000년 월간 '와인리뷰' 발행인(현) 2008~2009년 한국일반여행업협회(KATA) 고문 2009년 월간 '와인앤시티' 발행인 ㊴홍조근정훈장(1985), 황조근정훈장(1995) ㊺'호텔경영학'(1971) '공로교통개설'(1995) '포도주 그 모든것'(1997) '철도산업의 혁명'(1999)

최 훈(崔 勳) CHOI Hoon

㊙1954·3·30 ㊺전주(全州) ㊱부산 ㊍서울 노원구 동일로1342 상계백병원 산부인과(02-950-1058) ㊲1978년 서울대 의대졸 1988년 인제대 대학원졸 1991년 의학박사(인제대) ㊳1978~1981년 공군 군의관 1985~1999년 인제대 의대 산부인과학교실 전임강사·조교수·부교수 1993년 미국 존스홉킨스대병원 방문교수 1994년 미국 유전학회 정회원 1998년 서울지검 북부지청 의료자문위원 1999년 인제대 의대 산부인과학교실 교수(현) 2001년 세계폐경학회 정회원(현) 2001년 제1차 아시아태평양폐경연합회 학술대회 사무부총장 2002·2004·2006·2008년 인제대 상계백병원 교수평의원

회 회장 2002~2008년 대한폐경학회 상임이사 2003~2005년 전국의대교수협의회 감사 2004~2008년 대한골다공증학회 부회장 2005~2009년 대한피임보건생식학회 부회장 2005~2009년 대한심신산부인과학회 학술위원장 2007년 대한노화방지학회 상임이사 2007년 인제대 평의원회 부의장 2007~2009년 전국의대교수협의회 부회장 2008~2011년 대한골다공증학회 회장 2008년 (재)한국여성건강및골다공증재단 이사(현) 2010년 인제대 의대 산부인과교실 주임교수 겸 상계백병원 산부인과 책임교수 2011년 대한골다공증학회 명예회장(현) 2011년 대한산부인과학회 중·장년여성건강위원회 위원장 2012년 대한폐경학회 회장·명예회장(현) 2013년 대한노화방지학회 부회장(현) 2014년 심신산부인과학회장(현) 2014년 대한산부인과내분비학회 회장(현)

최 훈(崔 薰) CHOI Hoon

㊙1960·5·19 ㊺해주(海州) ㊱서울 ㊍대전 유성구 대학로99 충남대학교 공과대학 컴퓨터공학과(042-821-6652) ㊲1983년 서울대 컴퓨터공학과졸 1990년 미국 듀크대 대학원 전산학과졸 1993년 전산학박사(미국 듀크대) ㊳1983~1996년 한국전자통신연구원 근무 1996년 충남대 공과대학 컴퓨터공학과 교수(현) 2000년 미국 표준기술연구소(NIST) 방문연구원 2012~2014년 충남대 정보통신원장 ㊴학생논문경진대회 1등상(1983), 우수연구원상(1984), IBM Graduate Fellowship Award(1991), 최우수강의상(2004), 충남대 공로상(2015) ㊺'코아 지니'(2002) ㊻가톨릭

최 훈(崔 勳) CHOI Hoon

㊙1962·2·15 ㊺전주(全州) ㊱경북 포항 ㊍서울 중구 서소문로88 중앙일보 편집국(02-751-9516) ㊲서울대 정치외교학과졸, 同대학원 정치외교학과졸 ㊳1988년 중앙일보 입사 1992년 同정치부 기자 2000년 同정치부 통일외교팀 기자 2002년 同정치부 차장 2006년 同정치부 부장대우 2007년 同중앙SUNDAY본부 정치에디터 2008년 同편집국 정치데스크(정치부장) 2010년 同논설위원 겸 정치선임기자 2010년 同토요섹션 에디터 2011년 同전략기획실 기획조정담당(부국장대우) 2011년 同편집국 부국장 겸 정치국제에디터 2013년 同편집·뉴미디어국장 2014년 同편집·디지털국장 2014년 同편집국장(뉴스룸·디지털·중앙일보·중앙선데이·시사매거진 제작총괄)(현) 2015년 한국신문방송편집인협회 부회장(현) 2015년 사법연수원 운영위원회 위원(현)

최 훈(崔 薰) CHOI Hoon

㊙1964·10·15 ㊺전북 전주 ㊍서울 종로구 세종대로209 행정자치부 지방세제정책관실(02-2100-3590) ㊲전주고졸 1986년 고려대 법학과졸 1990년 同대학원 행정학과졸 ㊳1992년 행정고시 합격(36회), 내무부 기획예산담당관실 사무관, 행정자치부 자치행정과 사무관, 대통령직인수위원회 파견 2001년 행정자치부 감사관실 조사2담당 2002년 同감사관실 조사1담당 2002년 캐나다 브리티시컬럼비아대 아시아연구소 파견 2004년 국무총리실 정책상황실 정책3과장 2005년 同기획관리조정관실 근무 2006년 전북도 기획혁신전략본부 기획관 2006년 同기획관리실 정책기획관(서기관) 2008년 남원시 부시장, 행정안전부 지역발전국 자전거정책과장 2010년 同재난안전실 재난안전정책과장 2011년 同재난안전실 재난안전정책과장(부이사관) 2012년 국립방재연구원 연구기획과장 2012년 미국 스노퀼미시 파견(부이사관) 2014년 안전행정부 장관비서실장 2014~2016년 전북도 기획관리실장(고위공무원) 2016년 행정자치부 지방재정세제실 지방세제정책관(현)

최 훈(崔 勳) CHOI Hoon

㊙1968·12·4 ㊺강릉(江陵) ㊱강원 강릉 ㊍서울 종로구 세종대로209 금융위원회 금융서비스국(02-2100-2940) ㊲강릉 명륜고 1991년 성균관대 행정학과졸 2004년 영국 버밍엄대 경영전문대학원 국제금융학과졸(MBA) ㊳1991년 행정고시 합격(35회) 2001년 재정경제부 경제정책국 정책조정과 서기관 2002년 대통령비서실 경제특보실·정책수석실 행정관 2005년 재정경제부 금융허브협력과장 2006년 同부총리 겸 장관 비서관 2007년 同금융정책국 증권제도과장 2008년 금융위원회 금융정책국 금융시장분석과장 2009년 同금융서비스국 은행과장 2010년 기획재정부 경제정책국 자금시장과장(서기관) 2011년 同경제정책국 자금시장과장(부이사관) 2011년 광역두만개발계획(GTI) 사무국장(베이징 소재) 2014년 금융위원회 근무(부이사관) 2015년 대통령 경제금융비서관실 행정관 2016년 금융위원회 금융서비스국장(현) ㊴재정경제부장관표창(1998·1999), 대통령표창(2000) ㊺'미국 통상정책의 정치경제학'(1999)

최훈열(崔勳烈) CHOI Hoon Yeol

[생]1961·12·20 [본]초계(草溪) [출]전북 부안 [주]전북 전주시 완산구 효자로225 전라북도의회(063-280-4506) [학]1980년 배재고졸 1987년 성균관대 사회학과졸 [경](주)새만금산업 상무이사, 부안청년회의소(JC) 회장, 대한민국재향군인회 동진면지회장 2002~2006년 전북 부안군의회 의원 2006년 전북도의원선거 출마(무소속) 2014년 전북도의회 의원(새정치민주연합·더불어민주당)(현) 2014년 同환경복지위원회 위원 2014~2015년 同예산결산특별위원회 부위원장 2015년 同운영위원회 위원 2016년 同환경복지위원회 위원장(현) [상]대통령표창(2015), 전국시·도의회의장협의회 우수의정 대상(2016) [종]기독교

최휘영(崔輝永) CHOI Hwi Young

[생]1964·4·29 [출]서울 [학]1983년 경성고졸 1990년 서강대 영어영문학과졸 [경]1991년 (주)연합뉴스 기자 1995년 (주)YTN 기자 2000년 야후코리아 근무 2002년 NHN(주) 네이버본부 기획실장 2004년 同네이버부문장 2004년 同국내담당 공동대표이사·각자대표이사 사장 2007~2009년 同대표이사 사장 2008년 전국재해구호협회 이사 2009년 NHN비즈니스플랫폼(주) 대표이사 사장 2014년 네이버(주) 경영고문 2015~2016년 (주)하나투어 사외이사 겸 감사위원 [상]동탑산업훈장(2009)

최흥묵(崔興默) CHOI Heung Mook

[생]1960·6·16 [본]경주(慶州) [출]인천 [주]서울 용산구 한강대로71길4 (주)한진중공업 건축사업본부(02-450-8081) [학]인천고졸, 인하대 건축공학과졸, 고려대 공학대학원졸(석사) [경](주)한진중공업 건설부문 인천공항탑승동현장소장, 同통영한진로즈힐현장소장, 同예산팀장(상무), 同자재담당 상무 2012년 同북항배후부지개발담당 상무 2014년 同건축사업본부장(상무)(현) [상]환경부장관표창(2003), 대통령표창(2008)

최흥석(崔興錫) CHOI, Heung-Suk

[생]1947·10·4 [본]경주(慶州) [출]경남 진해 [학]1966년 경남 마산상고졸 1971년 동아대 법학과졸 1994년 미국 서던캘리포니아대 행정대학원졸 2007년 경영학박사(한남대) [경]1990년 관세청 전산담당관 1992년 同양산세관장 1994년 同성남세관장 1995년 同청장 비서관 1996년 同교역협력과장 1998년 同서울세관 감시국장 1998년 同항만감시과장 2000년 同심사정책과장 2001년 미국 World Trade Center 파견 2002년 국세공무원교육원 교수부장 2002년 관세청 통관지원국장 2003년 同인천·경기지역본부세관장 2004~2007년 同대구·경북지역본부세관장 2007년 관세청 근무 2008년 한얼연구회 회장 2010년 관세법인 우신 회장 2014년 토탈컨설팅그룹 대표컨설턴트(현) [상]홍조근정훈장, 근정포장, 재무부장관표창 [저]'EDI방식에 의한 관세행정 전산시스템 구축'(1991) '원산지 이론과 실무'(1998·2004) '관세.무역.외환거래 세관심사 조사실무'(2007) '개항의 파도와 조선의 침몰'(2010) 'FTA시대 원산지 이론과 실무'(2011) [역]'독일의 관세제도'(1980)

최흥식(崔興植) CHOI Heung Sik

[생]1947·8·3 [본]수원(水原) [출]서울 [주]서울 서초구 바우뫼로37길454층 (사)동북아공동체연구재단(02-3461-4242) [학]1968년 한국외국어대 정치외교학과졸 1974년 프랑스 국제행정대학원(IIAP) 외교학과졸 1974년 법학박사(프랑스 파리제2대) 1985년 프랑스 국립행정대학원(ENA)졸 [경]1972년 외무부 입부 1974년 駐프랑스 3등서기관 1977년 駐스웨덴 3등서기관 1979년 駐어퍼볼타 2등서기관 1985년 駐프랑스 2등서기관 1989년 대전박람회조직위원회 국제부장 1989~1992년 국제박람회기구(BIE) 한국대표 1992년 외무부 문화협력1과장 1993년 국무총리 의전비서관 1995년 駐보스톤 영사 1997년 외무부 문화홍보심의관 1998년 외교안보연구원 구주아프리카연구관 1998년 駐프랑스 공사참사관 1999년 駐프랑스 공사 겸 駐유네스코 공사 2000년 駐알제리 대사 2002년 외교통상부 여수세계박람회유치 종합상황실장 2002년 국제박람회기구(BIE) 한국수석대표 2003년 駐호놀룰루 총영사 2005년 외교통상부 본부대사 2006~2007년 대전시 국제관계자문대사 2007년 배재대 겸임교수 2007~2008년 숭실대 국제통상대학원 겸임교수 2008년 2009 대전국제우주대회조직위원회(IAC) 사무총장 2009~2011년 대전컨벤션뷰로 대표이사 2010~2013년 국제우주연맹(IAF) 아시아·태평양지역그룹 의장 2010~2013년 한국항공우주연구원 자문위원 2010~2014년 한국과학우주청소년단 국제이사 2011~2013년 한국MICE협회 국제협력위원장 2011년 (주)한국컨벤션디자인연구원 원장 2012~2013년 국제디자인교류재단(IPD) 개발원장 2012년 경희대 관광대학원 겸임교수 2014년 동북아공동체연구재단 정책자문위원(현) 2016년 국제디자인교류재단 이사장(현) [상]외교통상부장관표창(1981·1988), 녹조근정훈장(1991), 국제우주대회유치 대전시장 공로패(2006), 홍조근정훈장(2007), 대한민국 MICE대상 문화관광부장관표창(2010), 국제우주연맹(IAF) 특별공로상(2015) [저]'글로벌시대의 국제협상가'(2013) [종]기독교

최흥식(崔興植) CHOE Heungsik

[생]1952·9·6 [출]서울 [주]서울 종로구 세종대로175 (재)서울시립교향악단 비서실(02-3700-6344) [학]1971년 경기고졸 1976년 연세대 경영학과졸 1978년 同대학원 경영학과졸 1982년 경영학박사(프랑스 릴르제1대) 1986년 경영학 국가박사(프랑스 파리도핀대) [경]1987~1992년 현대경제사회연구원 연구위원·이사 1992~1999년 한국조세연구원 연구위원·연구조정부장·선임연구위원 1999~2007년 한국금융연구원 부원장·원장 2003년 한국파생상품학회 상임고문(현) 2007년 연세대 경영대 교수 2007~2009년 예금보험공사 비상임이사 2008년 상장회사협의회 금융재무자문위원회 위원 2009년 (사)한국금융연구센터 이사장 2010년 하나금융경영연구소 대표이사 소장 2011~2012년 (주)효성 사외이사 2012~2014년 (주)하나금융지주 사장 2014년 同고문 2015년 (재)서울시립교향악단 대표이사(현) [상]부총리 겸 재정경제원장관표창(1995), 자랑스런연세상 경인상(2005) [저]'자본시장의 투기적 환상' '주가변동과 이례현상'

최흥진(崔興辰) CHOI Heung Jin

[생]1960·4·2 [주]광주 남구 제중로77 호남신학대학교 총장실(062-650-1552) [학]1983년 전남대 사회학과졸 1986년 장로회신학대 대학원졸 1990년 신학박사(계명대) [경]1993년 호남신학대 신학과 교수(현) 2001~2002년 同신학대학원장 2002~2004년 同교무처장 2016년 同총장(현)

최흥집(崔興集) CHOI Hung Jib

[생]1951·8·20 [본]강릉(江陵) [출]강원 강릉 [주]강원 강릉시 범일로579번길24 청송관2층211호 가톨릭관동대학교 경영학과(033-649-7361) [학]1970년 강릉고졸 1974년 관동대 경영학과졸 1993년 강원대 경영행정대학원 행정학과졸 [경]2001년 강원도 기획관 2003년 同환경관광문화국장·산업경제국장 2003년 강릉시 부시장 2005년 강원도 기획관리실장 2008년 同정무부지사(제9대) 2010년 강릉고총동창회 회장 2011~2014년 강원랜드 대표이사 사장 2012~2014년 강원랜드복지재단 이사장 2014년 강원도지사선거 출마(새누리당) 2015년 가톨릭관동대 경영학과 겸임교수(현) [상]녹조근정훈장(2000), 매일경제 선정 서비스분야 고객만족부문 '대한민국 글로벌 리더'(2013), 한국문학예술상 특별상(2013), 2013 한국을 빛낸 창조경영대상(2013) [저]'고향 그리고 강원도 세상이야기' [종]불교

최희남(崔熙男) CHOI Hee Nam

[생]1960·11·15 [본]수원(水原) [출]서울 [학]1979년 서울 배문고졸 1984년 한양대 경제학과졸 1986년 同경영대학원 경영학과졸 1997년 경제학박사(미국 피츠버그대) [경]1985년 행정고시 합격(29회) 1988년 재무부 국제관세과 사무관 1990~1993년 同국제금융과 사무관 1997년 재정경제원 실명제실시단 사무관 1997년 同IMF대책반 사무관 1998년 대통령 재정경제비서관실 행정관 1999년 세계은행 이사실 Advisor 2003년 재정경제부 산업경제과장 2004년 同정책기획과장 2005년 同외화자금과장 2007년 同국제금융과장 2009년 기획재정부 G20기획단장 2010년 대통령직속 G20정상회의준비위원회 의제총괄국장 2011년 국제통화기금(IMF) 대리이사(파견) 2012년 기획재정부 국제금융협력국장 2013년 同국제금융정책국장 2014~2016년 同국제경제관리관 2016년 세계은행(WB) 상임이사 2016년 국제통화기금(IMF) 이사(현) [상]조세의 날 재무부장관표창(1990), 부총리 겸 재정경제부장관표창, G20관련 대통령표창

최희동(崔熙桐) CHOI Hee Dong (方圓)

[생]1955·4·4 [본]탐진(耽津) [출]광주 [주]광주 북구 서암대로275 전남대학교총동창회(062-528-9946) [학]1978년 전남대 농과대학 원예학과졸 1980년 동국대 행정대학원 조직관리학과졸 2005년 전남대 행정대학원 최고위과정 수료 [경]1981~1985년 박윤종 국회의원 비서실장보좌관 1985~1992년 가든백화점 기획실장 1992~1998년 송원백화점 상무이사 1995~1996년 광주여전 외래교수

2001년 대한적십자사 광주·전남지사 청소년적십자위원(현) 2001~2007년 광주시체육회 감사 2003년 전남대총동창회 사무총장 2007년 광주학교운영위원장협의회 공동대표, 광주·전남JRC/RCY동문회 회장, 同전국협의회 감사, 광주환경운동연합 지도위원, 광주학생운동기념사업회 이사, 국가경제연구원 연구위원 2010~2012년 민주평통 광주시북구협의회 감사 2013년 한국청소년적십자총동문회 감사(현) 2013년 전남대총동창회 상임부회장(현) [상]전남대총장표창(1978), 대한적십자사총재표창(1978·2007), 대한육상경기연맹회장표창(1994), (사)한국지체장애인협회 중앙회장표창(1996), 광주체육회장표창(2004), 광주서부교육장표창(2005·2005), 자랑스러운 전남대인상(2007) [저]'유통기업의 구조변화와 경영전략(共)'(1997) '우리가 다녀온 100산(共)'(2004) '흐르는 물은 다투지 않는다'(2006) '철따라 찾는 우리 명산'(2006) '흐르는 물은 다투지 않는다2'(2009) '세상에서 가장 아름다운 길을 걷다'(2016, 뉴질랜드 밀포드&루트번 트레킹) [종]천주교

최희문(崔熙文) CHOI Hi Moon

[생]1964·10·28 [주]서울 영등포구 국제금융로6길 15 메리츠종합금융증권(주) 비서실(02-785-6611) [학]미국 파운턴밸리고졸 1987년 미국 엠허스트대 경제학과졸 1993년 미국 스탠퍼드대 대학원졸(MBA) [경]1987~2002년 Bankers Trust Korea·Credit suisse Firest Boston·Goldman Sachs 근무 2002년 삼성증권(주) Capital Markets사업본부장(상무) 2007년 同Capital Markets사업본부장(전무) 2009년 同CM사업본부장 2009년 同고문 2009년 메리츠증권(주) 홀세일총괄 부사장 2010년 同대표이사 사장 2010년 메리츠종합금융증권(주) 대표이사 사장(현) [상]대통령표창(2009), 국무총리표창(2009)

최희문(崔熙文) CHOI Hi Mun

[생]1965·10·14 [출]경북 경산 [주]서울 마포구 마포대로 34 도원빌딩10층 (사)한국중견기업연합회(02-3275-2985) [학]대구상고졸, 영남대 경영학과졸 [경]해태제과 기획팀장 2008년 위너스터디 상임감사 2008년 (주)맥스무비 전무 2011년 同대표이사 2013년 티켓링크 대표이사 2014년 엔에이치엔티켓링크(주) 대표이사 2014~2015년 同고문 2016년 (사)한국중견기업연합회 사업본부장(상무이사)(현)

최희선(崔熙善) CHOI Hee Seun

[생]1940·11·10 [본]전주(全州) [출]경기 고양 [주]인천 남구 인하로100 정석인하학원 사무실(032-867-6242) [학]1961년 경복고졸 1965년 서울대 사범대 교육행정학과졸 1971년 同대학원 교육학과졸 1984년 교육학박사(서울대) [경]1971년 중앙교육연구소 연구원 1972~1973년 이화여대 강사 1973~1997년 인천교육대 전임강사·조교수·부교수·교수 1979~1983년 문교부 장관 자문교수 1983~1984년 同교육정책실 조정관 1984~1985년 미국 뉴욕주립대 객원교수 1987년 교육개혁심의위원회 전문위원 1989년 대통령 교육정책자문회의 전문위원 1994년 교육부 중앙교육심의회 위원 1995년 한국교육행정학회 부회장 1996년 同회장 1996년 교육부 교직분과위원장 1997~2001년 인천교육대 총장 1998년 전국교대총장협의회 회장 1998년 교육부 교육정책심의회 부위원장 2001~2002년 교육인적자원부 차관 2002~2007년 경인교육대 교육학과 교수 2002년 同경기캠퍼스 기획단장 2007~2011년 중부대 총장 2012년 학교법인 정석인하학원 상임이사(현) [상]국민훈장 목련장(1985), 대통령표창(1988) [저]'학교·학급경영' '교육제도발전론'(共) [역]'교육의 사회적 구조와 이데올로기' [종]기독교

최희섭(崔熙燮) Hie Sup Choi (青岩)

[생]1955·2·10 [본]청송(青松) [출]충남 예산 [주]전북 전주시 완산구 천잠로303 전주대학교 인문대학 영미언어문화학과(063-220-2513) [학]1973년 예산고졸 1980년 공주사범대 영어교육학과졸 1984년 고려대 대학원 영어영문학과졸(석사) 1991년 영어영문학박사(고려대) [경]1980~1987년 평택기계공고·이천농고·수원여고 교사 1988~1991년 수원대 영어영문학과 강사 1988~1993년 고려대 영어영문학과 강사 1988년 한국현대영미시학회 회원(현) 1990년 공주사범대 영어교육과 강사 1991~1992년 공주대 영어교육과 강사 1992~1993년 건국대 영어영문학과 강사 1993년 전주대 인문대학 언어문화학부 영미언어문화전공 전임강사·조교수·부교수·교수, 同인문대학 영미언어문화학과 교수(현) 1993년 한국영어영문학회 회원(현) 1993년 한국예이츠학회 회원(현) 1995~1996년 한국현대영미시학회 연구이사 1997~1999년 한국예이츠학회 이사 1998~1999년 미국 웨인스버그대 교환교수 2000~2001년 한국예이츠학회 총무이사 2003~2004년 한국현대영미시학회 편집위원장 2003~2005년 한국번역학회 편집위원장 2003~2005년 한국호손학회 감사 2005~2006년 한국동서비교문학학회 회장 2005~2006년 한국예이츠학회 부회장 2007~2009년 한국번역학회 총무이사 2007년 한국동서비교문학학회 고문(현) 2008~2009년 대한영어영문학회 편집위원장 2009~2011년 한국번역학회 수석부회장 2011~2014년 同회장 2014년 同고문(현) 2015년 전주대 인문과학종합연구소장(현) [상]경기도교육감표창(1986) [저]'대학 영어'(1993, (주)Y.J물산) '현대영미시'(1993, (주)Y.J물산) '영국현대시의 이해'(1995, 동인) '미국 현대시의 이해'(1995, 동인) '영미시개론'(1996, 동인) '쉬운 영시개론'(2002, 전주대 출판부) '영미문화의 이해'(2003, BrainHouse) '영작문 기초부터 다지기'(2005, 동인) '미국문화 바로알기'(2007, 동인) '번역 첫걸음 내딛기'(2007, 동인) '각주가 상세한 영시개론'(2007, 동인) '영국문화 바로알기(共)'(2007, 동인) [역]'영시감상의 첫걸음'(1997, 동인) '동물농장'(2008, 웅진문학에디션뿔) '라우트지리 번역학 백과사전'(2009) '채털리 부인의 연인'(2009, 웅진문학에디션뿔) '아들과 연인'(2010, 열린책들) [종]불교

최희승(崔熙承) CHOI Hee Sung

[생]1941·11·21 [본]충주(忠州) [출]서울 [주]서울 마포구 상암산로76 YTN뉴스퀘어10F 웨더뉴스 연구소(02-3455-0500) [학]1960년 동성고졸 1966년 서울대 천문기상학과졸 1979년 미국 콜로라도주립대 대학원 기상학과정 수료 1984년 연세대 대학원졸 [경]1970년 세계기상기구 기술전문위원 1978년 기상연구소 근무 1984년 중앙기상대 예보분석관실 근무 1985년 同관측과장 1986년 이화여대 사범대 강사 1988년 기상연구소 위성기상부장 1992~1994년 기상청 관측관·기상개발관 1994년 同예보국 관측관 1995년 국제측지학 및 지구물리학연합(IUGG) 한국위원회 부회장 1996년 기상청 응용기상국장 1997년 부산기상청장 1998~1999년 기상청 응용기상국장 2000년 웨더뉴스 연구소장(현) [상]홍조근정훈장(1993) [저]'기상과 생활'(1988) '미기상학(共)'(1997) [종]천주교

최희우(崔熙宇) CHOE Huiu

[생]1954·9·28 [출]전남 곡성 [주]전북 김제시 부량면 벽골제로421 국립김제청소년농업생명체험센터(063-540-5601) [학]1973년 곡성실업고졸 1976년 목포교육대학 교육학과 수료 1988년 한국방송통신대 행정학과졸 1993년 전남대 행정대학원 정책학과졸(석사) [경]1976~1979년 곡성군 겸면·새마을과 근무(행정 9급) 1979~1981년 同새마을과·재무과 근무(행정 8급) 1981~1984년 광주시 월산1동·보건위생과·시정과 근무 1984년 전남도 포충사관리사무소 근무 1985~1991년 同내수면개발시험장·관광과·지방과·총무과 근무(행정 7급) 1991~1997년 同총무과·기획관리실·총무과 근무(행정 6급) 1997~2001년 곡성군 부읍장·문화공보실장·의회 전문위원·지역개발과장(행정 5급) 2001년 2010세계박람회유치지원단 기획담당 2002년 전남도 문화예술과 예술담당·문화담당 2004년 同감사관실 조사담당 2005년 同총무과 총무담당 2006년 同관광문화국 전국체전준비단TF팀장 직대 2007년 同관광문화국 전국체전기획단장(지방서기관) 2009년 同행정지원국 행정과장 2010년 전남 담양군 부군수 2013년 전남도 농업박람회지원단장 2014년 同종합민원실장 2015년 국립김제청소년농업생명체험센터 원장(현)

최희조(崔熙助) CHOI Hee Joe

[생]1943·7·30 [본]전주(全州) [출]서울 [학]1963년 서울고졸 1971년 서울대 정치학과졸 1983년 미국 미주리대 신문대학원 연수 2003년 고려대 언론대학원 최고위과정 수료 [경]1970년 동아일보 기자 1985년 同경제부 차장 1991년 同경제부장 1994년 同편집위원 1997년 문화일보 편집국 부국장 겸 경제부장 1999년 同논설위원(국장대우) 2000년 同편집국장 2001년 同편집국장(이사) 2002~2003년 同편집담당 상무이사 2004~2005년 同사외이사 2005~2011년 중부대 신문방송학과 초빙교수 2008~2014년 대한언론인회 편집위원 2009~2012년 헤럴드경제 객원논설위원 2011~2014년 세종대 석좌교수 [저]'新경제용어'(2001) [종]가톨릭

최희준(崔喜畯) CHOE, Hee Joon

[생]1966·9·11 [본]화순(和順) [출]서울 [주]서울 중구 세종대로21길30 TV조선 보도본부(1661-0190) [학]경기고졸, 한국외국어대 법학과졸, 미국 컬럼비아대 저널리즘대학원졸 [경]1992년 SBS 입사(공채 2기), 同CNBC 보도본부장 2011년 TV조선 보도본부 취재에디터 2012년 同 '뉴스쇼 판' 앵커(현) 2012년 同보도본부 취재에디터(부국장대우) 2013년 同보도본부 취재에디터(부국

장) 2015년 同보도본부 수석에디터 2015년 同보도본부장 2016년 同보도주간(현) [상]제10회 한국참언론인대상 앵커부문(2014), 제48회 사랑의 금십자상(2016) [저]'미국 방송기자는 학벌이 나쁘다?'(2006, 에세이출판사) [종]천주교

최희준(崔喜竣) CHOI Hee Jun
[생]1972 · 8 · 14 [본]삭녕(朔寧) [출]경남 통영 [주]경기 수원시 영통구 월드컵로 120 수원지방법원(031-210-1114) [학]1991년 마산고졸 1996년 서울대 사법학과졸 [경]1996년 사법시험 합격(38회) 1999년 사법연수원 수료(28기) 1999년 육군법무관 2002년 청주지법 판사 2005년 수원지법 판사 2009년 서울중앙지법 판사 2010년 서울고법 판사 2012년 대법원 재판연구관 2014년 대구지법 부장판사 2015년 헌법재판소 파견(현) 2016년 수원지법 부장판사(현) [종]천주교

최희철(崔喜喆) CHOI Hee Chul

[생]1961 · 10 · 15 [주]광주 북구 첨단과기로123 광주과학기술원 환경공학부(062-751-2441) [학]1984년 부경대 환경공학과졸 1988년 아시아과학기술원 대학원 토목환경공학과졸 1995년 토목환경공학박사(미국 텍사스A&M대) [경]1989~1998년 한국건설기술연구원 선임연구원 1998년 광주과학기술원 환경공학부 조교수 · 부교수 · 종신교수(현) 1998년 한국건설기술연구원 영산강환경관리청 연구자문위원 2000년 한국토양지하수환경학회 이사 · 편집위원 2003년 대한상하수도학회 편집위원 2003년 국제물환경학회 위원 2004~2006년 광주과학기술원 '물' 재이용기술센터 소장 2004~2006년 대한환경공학회 영문학회지 부편집위원장 · 총무이사 2005~2006년 창업기술지원센터 센터장 2007년 환경부 환경분쟁조정위원회 위원 2007년 광주시 환경보전위원 2008~2009년 광주과학기술원 국제화센터장 2009년 同대외협력실장 2012년 (사)대한환경공학회 부회장(현) 2012년 한국과학기술한림원 공학부 정회원(현) 2014년 광주과학기술원 국제환경연구소장 2015년 영국 왕립화학회 융합공학분야국제학술지(RSC Advances) 부편집장(Associate Editor)(현) [상]한국건설기술원장표창(1996), 교육과학기술부장관표창(2008), 대통령표창(2015) [저]'환경방재학'(2010, 소방방재청 국립방재교육원)

추경균(秋炅均) CHOO Kyung Kyun

[생]1956 · 2 · 28 [출]전남 강진 [주]서울 중구 청계천로14 한국정보화진흥원3층 공공데이터제공분쟁조정위원회(02-6191-2071) [학]숭실대 전자계산과졸 1988년 同대학원 전자계산과졸 2004년 컴퓨터학박사(숭실대) [경]1999년 행정자치부 행정정보화담당관실 서기관 2004년 同정보화지원과장 2005년 同서비스정보화팀장 2006년 同전자정부보안팀장 2007년 한국정보사회진흥원 파견(부이사관) 2007년 행정자치부 전자정부기술정책관 2008년 행정안전부 행정정보공유추진단 부단장 2010년 세종연구소 파견 2011년 국가기록원 기록정보서비스부장(고위공무원) 2014년 한국지역정보개발원 기획조정실장 2016년 행정자치부 소속 공공데이터제공분쟁조정위원회 상임위원(현) [상]총무처 민관사무혁신사례발표대회 최우수상(1995), 대통령표창(1996), 근정포장(2003), 홍조근정훈장(2016) [종]기독교

추경호(秋慶鎬) Choo Kyungho

[생]1960 · 7 · 29 [출]대구 [주]서울 영등포구 의사당대로 1 국회 의원회관328호(02-784-8946) [학]1979년 대구계성고졸 1983년 고려대 경영학과졸 1993년 미국 오리건대 대학원 경제학과졸 [경]1981년 행정고시 합격(25회) 1983~1987년 총무처 · 환경청 사무관 1987~1991년 경제기획원 물가정책국 · 대외경제조정실 사무관 1991년 국외훈련(미국 오리건대) 1993~1996년 경제기획원 경제기획국 사회개발계획과 · 경제홍보과 · 지역과 근무 1996~1998년 재정경제원 경제정책국 종합정책과 서기관 1998년 대통령직인수위원회 정책분과 파견 1998~1999년 대통령비서실 경제수석비서관실 · 정책기획수석비서관실 행정관 1999~2002년 세계은행(IBRD) 시니어 이코노미스트 2002년 재정경제부 기획관리실 행정법무담당관 2003년 同금융정책국 은행제도과장 2005년 同금융정책국 금융정책과장(부이사관) 2006~2009년 駐OECD대표부 공사참사관 2009년 금융위원회 금융정책국장(고위공무원) 2010년 대통령실 경제금융비서관 2011년 금융위원회 부위원장 2013년 기획재정부 제1차관 2014~2016년 국무조정실장(장관급) 2016년 새누리당 대구시달성군당원협의회 운영위원장(현) 2016년 제20대 국회의원(대구시 달성군, 새누리당)(현) 2016년 국회 기획재정위원회 위원(현) 2016년 새누리당 일자리특별위원회 부위원장(현) 2016년 국회 예산결산특별위원회 위원(현) 2016년 한국아동인구환경의원연맹(CPE) 회원(현) [상]우수공무원 근정포장(1996), 홍조근정훈장(2005), 고려대 경영대 교우회 '올해의 교우상' 공직부문(2014)

추광영(秋光永) CHOO Kwang Yung (一河)

[생]1940 · 6 · 2 [본]서산(瑞山) [출]부산 [주]서울 관악구 관악로1 서울대학교 언론정보학과(02-880-6467) [학]1958년 부산고졸 1963년 서울대 사학과졸 1973년 미국 Univ. of North Texas 대학원졸 1976년 신문학박사(미국 Univ. of Texas-Austin) [경]1969~1971년 한국과학기술연구소 근무 1973~1976년 미국 텍사스대 강사 1976~1978년 미국 Abek Crop 연구담당 상무 1978~1980년 한국통신기술연구소 책임연구원 1980~2005년 서울대 사회과학대학 언론정보학과 교수 1980년 同신문학과장 1993~1996 · 2006년 KBS 이사 1995년 LG상남언론재단 이사 1997년 서울대 언론정보연구소장 1999년 한국방송학회 회장 2003년 한국스피치커뮤니케이션학회 회장 2005년 서울대 언론정보학과 명예교수(현) [상]대통령표창(2005) [저]'정보화사회의 도전과 대응'(編) '컴퓨터 활용보도론' '외신보도의 현황과 전망' '디지털시대의 글로벌커뮤니케이션' [역]'디지털 자본주의'(2001, 나무와 숲)

추교인(秋敎仁) CHOO Kyo In

[생]1957 · 8 · 18 [출]대구 [주]서울 중구 세종대로39 대한상공회의소빌딩 대림코퍼레이션 임원실(02-3708-3000) [학]서울고졸 1982년 한국외국어대 스페인어과졸 [경]1982년 삼성물산 입사, 삼성물산(주) 파나마지점 · 인사팀 · 뉴욕지사 영업담당 부장 2002년 同뉴욕지사 상무보 2002년 同인사팀 상무보 2006년 同인사팀장(상무) 2009년 同미주총괄 전무 2011년 同상사부문 그린에너지본부장(부사장) 2013~2014년 同자문역 2014년 건설화학공업(주) 대표이사 사장 2015년 同각자대표이사 사장 2016년 대림코퍼레이션 대표이사 사장(현) [종]가톨릭

추규호(秋圭昊) Choo Kyu-ho

[생]1952 · 8 · 21 [출]전남 목포 [주]서울 종로구 성균관로 25의2 성균관대학교 국가전략대학원(02-760-0904) [학]1975년 성균관대 법률학과졸 1987년 일본 게이오대 연수 1998년 미국 존스홉킨스대 대학원 국제공공정책학과졸 [경]1975년 외무고시 합격(9회) 1975년 외무부 입부 1981년 駐베네수엘라 2등서기관 1987년 駐일본 1등서기관 1990년 외무부 정보2과장 1991년 同특수정책과장 1992년 同동북아1과장 1993년 외교안보연구원 연구관 1994년 駐이탈리아 공사참사관 1998년 駐일본 공사참사관 2000년 외교통상부 아시아 · 태평양국장 2001년 同일본역사왜곡교과서정부대책반 대변인 2002년 駐시카고 총영사 2004년 駐일본 공사 2006년 외교통상부 대변인 2006년 同동아시아협력대사 2007년 법무부 출입국 · 외국인정책본부장 2009년 외교안보연구원 경력교수 2010~2012년 駐영국 대사 2013년 성균관대 국가전략대학원 초빙교수(현) 2014년 (사)한국외교협회 부회장(현) 2015년 (사)한일미래포럼 이사장(현) 2016년 서초구 국제자문대사(현) [상]황조근정훈장(2013) [종]천주교

추무진(秋武辰) CHOO, MOO-JIN

[생]1960 · 10 · 17 [주]서울 용산구 이촌로46길33 대한의사협회(02-794-2474) [학]서울대 의대졸, 同대학원졸, 의학박사(서울대) [경]충북대 의대 이비인후과학교실 전임강사 · 조교수, 미국 캘리포니아대 데이비스교 의대 이후두학 연수, 경기도의사회 보험이사, 메디서울이비인후과의원 원장 2012~2014년 용인시의사회 회장 2013년 대한의사협회 정책이사 2014년 同회장(38 · 39대)(현) 2014년 한국보건의료인국가시험원 비상임이사(현), 한국의사100년기념재단 이사장(현)

추문갑(秋文甲) Choo, Moon Gab

[생]1970 · 1 · 8 [출]경남 통영 [주]서울 영등포구 은행로30 중소기업중앙회 홍보실(02-2124-3060) [학]1989년 충무고졸 1995년 경상대 경영학과졸 2006년 한국지도자아카데미 리더십과정 수료(10기) 2015년 연세대 경제대학원졸(경제학석사) [경]1995년 중소기업중앙회 입사 1999년 同경영지원팀 과장 2000년 同기획조정실 과장 2004년 同비서실 과장 2006년 同부장(회장 수행비서) 2006년 한국지도자아카데미총동문회 감사 2007년 중소기업중앙회 전략경영팀 부장 2008년 同업무지원팀장 2009년 同인천지역본부 인력지원팀장 2010년 同전략경영실 기획예산부장 2011년 同홍보실장(현) [상]중소기업청장표창(1997), 중소기업중앙회장표창(2002), 산업자원부장관표창(2003), 기획재정부장관표창(2010) [저]'중소벤처기업지원제도 총람(共)'(2000)

추문석(秋文錫) CHOO Moon Suk

[생]1954·3·21 [출]부산 [주]서울 마포구 큰우물로76 (주)삼호 비서실(02-2170-5030) [학]1973년 경기고졸 1981년 서울대 건축공학과졸 [경]1980년 대림산업(주) 입사 2002년 同건축사업본부 상무보 2006년 同건축사업본부 상무 2009년 同건축사업본부 전무 2013년 (주)삼호 대표이사(현) [종]천주교

추미애(秋美愛·女) CHOO Mi Ae

[생]1958·10·23 [본]추계(秋溪) [출]대구 [주]서울 영등포구 의사당대로1 국회 의원회관501호(02-784-1270) [학]1977년 경북여고졸 1981년 한양대 법과대학졸 1983년 同대학원 수료, 세종대 경영대학원 최고경영자과정 수료, 고려대 정책대학원 최고위정책과정 수료 2004년 연세대 경제대학원 경제학과졸 [경]1982년 사법시험 합격(24회) 1985년 사법연수원 수료(14기) 1985년 춘천지법 판사 1989년 인천지법 판사 1993년 전주지법 판사 1993년 김제시 선거관리위원장 겸임 1995년 광주고법 판사 1995년 변호사 개업 1995년 국민회의 부대변인 1996년 제15대 국회의원(서울 광진구乙, 국민회의·새천년민주당) 1996년 국민회의 인권특별위원회 부위원장 1997·1999년 同총재 특보 1997년 제15대 대통령직인수위원회 정무분과 위원 2000년 새천년민주당 당무위원 2000년 同총재 특보 2000~2004년 제16대 국회의원(서울 광진구乙, 새천년민주당) 2000년 새천년민주당 총재비서실장 2000년 同지방자치위원장 2001년 한국아동·인구·환경의원연맹 부회장 2002년 새천년민주당 최고위원 2002년 同국민참여운동본부 공동본부장 2003년 同상임고문 2003년 同상임중앙위원 2004년 同선거대책위원장 2004년 미국 컬럼비아대 로스쿨 객원연구원 2006~2012년 한양대 국제학대학원 특임교수 2006년 법무법인 아주 대표변호사 2007년 대통합민주신당 제17대 대통령중앙선거대책위원회 위원장 2008년 제18대 국회의원(서울 광진구乙, 통합민주당·민주당·민주통합당) 2008년 민주당 당무위원 2008~2010년 국회 환경노동위원장 2012년 제19대 국회의원(서울 광진구乙, 민주통합당·민주당·새정치민주연합·더불어민주당) 2012년 민주통합당 최고위원 2012년 同대선후보경선준비기획단장 2012년 同제18대 대통령중앙선거대책위원회 국민통합위원장 2014년 새정치민주연합 6·4지방선거 공직선거후보자추천재심위원회 위원장 2015년 同최고위원 2015년 同국민통합특별위원회 위원장 2015년 同경제정의·노동민주화특별위원회 위원장 2015~2016년 더불어민주당 최고위원 2015년 同국민통합특별위원회 위원장 2015년 同경제정의·노동민주화특별위원회 위원장 2016년 제20대 국회의원(서울 광진구乙, 더불어민주당)(현) 2016년 국회 법제사법위원회 위원 2016년 더불어민주당 서울광진구乙지역위원회 위원장(현) 2016년 同대표최고위원(현) 2016년 국회 외교통일위원회 위원(현) 2016년 더불어민주당 소녀상의눈물운동본부 위원장(현) 2016년 同경제정의·노동민주화특별위원회 위원장(현) [상]백봉신사상 올해의 신사의원 베스트10(2009), 자랑스러운 한양법대인상(2010) [저]'프로는 말이 없다 다만 일로써 승부할 뿐이다'(共) '한국의 내일을 말하다'(2008) '중산층 빅뱅'(2011, 플래닛) '물러서지 않는 진심'(2013) [종]불교

추병직(秋秉直) CHOO Byung Jik

[생]1949·2·27 [본]추계(秋溪) [출]경북 구미 [주]경남 김해시 진영읍 봉하로111번길16 노무현재단(055-344-1004) [학]1966년 오상고졸 1971년 경북대 사회교육과졸 1992년 영국 버밍햄대 대학원 주택정책과졸 2006년 명예 공학박사(경북대) [경]1973년 행정고시 합격(14회) 1980~1983년 駐사우디아라비아 건설관 1989년 건설부 신도시건설기획단 기획과장 1992년 同주택정책과장 1993년 同총무과장 1995년 건설교통부 공보관 1996년 同건설경제심의관 1998년 同수송심의관 1998년 同주택도시국장 1999년 同기획관리실장 2001년 同차관보 2002~2003년 同차관 2003년 열린우리당 경북도지부 창당준비위원장 2004년 제17대 국회의원선거 출마(구미乙, 열린우리당) 2004년 열린우리당 중앙위원 2005~2006년 건설교통부 장관 2007년 대한건설단체총연합회 비상임고문 2009년 사람사는세상 노무현재단 자문위원(현), 대한통운 사외이사 2010~2012년 (주)비앤비 회장 2012~2016년 대한건설진흥회 회장 2015년 새정치민주연합 국정자문회의 자문위원 [상]대통령표창, 황조근정훈장, 청조근정훈장 [종]불교

추성엽(秋成燁) CHOO Sung Yub

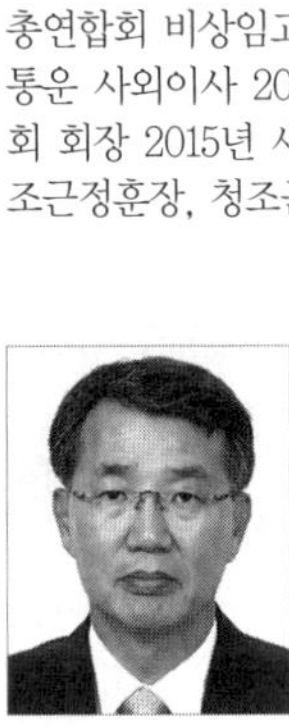

[생]1955·1·6 [출]대구 [주]서울 중구 후암로98 STX남산타워 팬오션(02-316-5170) [학]1974년 경북고졸 1979년 서울대 해양학과졸 2008년 同대학원 최고경영자과정(AMP) 수료 [경]1982년 범양전용선(주) 총무부 입사 1990년 범양상선(주) 경리부 회계과장 1995년 同총무부 인사팀 차장 1997년 同뉴욕지점 차장 1999년 同뉴욕지점 부장 2001년 同재정부장(이사대우) 2003년 同부정기선영업1부장(이사대우) 2004년 同제2영업본부장(상무) 2004년 STX팬오션(주) 영업1총괄 전무 2007년 同벌크영업담당 전무 2008년 同벌크영업담당 부사장 2010년 同경영관리총괄 대표이사 부사장 2010년 (주)STX 지주부문 사장 2011년 同지주부문 대표이사 사장 2013~2014년 대한조정협회 회장 2013년 (주)STX 사업부문 대표이사 사장 2013년 同대표이사 사장 2015년 하림그룹 팬오션 인수기획단장 2015년 팬오션 각자대표이사 사장(현) [상]대통령표창(2008)

추승균(秋昇勻) Choo Seung Gyun

[생]1974·12·6 [주]서울 서초구 사평대로344 전주 KCC 이지스 프로농구단(02-3480-5550) [학]부산 중앙고졸 1997년 한양대졸 [경]1997년 프로농구 현대걸리버스 입단 2001~2012년 전주 KCC 이지스 소속(포워드) 2006년 제14회 부산아시안게임 국가대표 2009년 동아시아남자농구선수권대회 국가대표 2012~2015년 전주 KCC 이지스 코치 2015년 同감독(현) 2016년 '배려, 클린스포츠 및 법질서 실천운동' 홍보대사(현) [상]프로농구 정규리그 최우수 수비선수상·수비5걸(1999), 프로농구 정규리그 수비5걸·자유투상(2000), 프로농구 정규리그 수비 5걸·자유투상(2002), 프로농구 정규리그 수비 5걸(2003), 부산아시안게임 금메달(2006), 인천광역시컵 한중프로농구 올스타(2007), 남자프로농구 올스타 선정(2007), 프로농구 정규리그 챔피언전·플레이오프 최우수선수(MVP)(2009), 프로농구 시즌베스트5(2009), 스포츠토토 한국농구대상 MVP(2009), 2011~2012 KB국민카드 프로농구 특별상(2012), 2015~2016 KCC 프로농구 정규리그 감독상(2016) [종]불교

추승호(秋承鎬) Seungho Cho

[생]1967·11·22 [본]추계(秋溪) [출]서울 [주]서울 종로구 율곡로2길25 연합뉴스 소비자경제부(02-398-3114) [학]1986년 상문고졸 1992년 고려대 신문방송학과졸 2007년 건국대 언론대학원 수료 [경]1992~1995년 연합뉴스 사회부·경제부 기자 1995~1998년 YTN 경제부·기획제작총괄부 파견 1998~2000년 서울신문 정치부·경제부 기자 2000~2004년 연합뉴스 경제부·정치부 기자 2004년 同경제부 차장대우 2005년 同금융부 차장대우 2006년 同정치부 차장 2009년 同정치부 부장대우 2011년 연합뉴스TV 워싱턴특파원(부장대우) 2012년 同워싱턴특파원(부장급) 2014년 연합뉴스 증권부 기자(부장급) 2015년 同편집국 소비자경제부장 2016년 同편집국 소비자경제부장(부국장대우)(현)

추신수(秋信守) Shin-Soo Choo

[생]1982·7·13 [출]부산 [학]2001년 부산고졸 [경]2000년 미국 메이저리그(MLB) 시애틀 매리너스 입단(계약금 137만달러) 2006~2012년 미국 메이저리그(MLB) 클리블랜드 인디언스(외야수) 소속 2008년 시즌 MLB 성적(94경기 출전·타율 0.309·홈런 14개·타점 66개) 2009년 제2회 월드베이스볼클래식(WBC) 국가대표 2009년 시즌 MLB 성적(156경기 출전·타율 0.300·홈런 20개·타점 86개·도루 21개) 2010년 시즌 MLB 성적(144경기 출전·타율 0.300·홈런 20개·타점 90개·도루 22개) 2010년 광저우아시안게임 국가대표(금메달) 2012~2013년 미국 메이저리그(MLB) 신시내티 레즈 소속 2013년 시즌 시즌 MLB 성적(타율 0.285·홈런 21개·타점 54개·안타 162개·OPS 0.885) 2013년 미국 메이저리그(MLB) 텍사스 레인저스 입단(7년간 총액 1억3천만달러)(현) 2014년 2018평창동계올림픽 및 장애인올림픽 홍보대사 2014년 인천아시아경기대회 홍보대사 2015년 7월22일 한국인 최초 '사이클링히트' 달성 2015년 미국 메이저리그(MLB) 아메리칸리그 서부지구 우승 2015년 시즌 MLB 성적(타율 0.276·홈런 22개·타점 82개·안타 153개·출루율 0.375·장타율 0.463·득점 94개·OPS 0.838) 2016년 시즌 MLB 성적(48경기 출전·타율 0.242·홈런 7개·타점 17개- 4차례 부상자 명단에 등재) [상]아메리칸리그 이달(9월)의 선수(2008·2015), 미국야구기자협회(BBWAA) 올해의 인디언스선수(2009·2010), 일구회 마구마구일구상 특별상(2009), 아메리칸리그 주간MVP(2010), Heart and Hustle Award(2010·2013), 한국야구위원회 특별상(2010), 조아제약 프로야구대상 특별상(2010) [저]'오늘은 즐기고 내일을 꿈꾸다'(2011)

추연성(秋淵盛) CHOO Youn Sung

[생]1956·3·13 [본]추계(秋溪) [출]부산 [주]서울 종로구 새문안로58 (주)LG생명과학 임원실(02-6924-3100) [학]경남고졸, 서울대 약대 제약학과졸, 同대학원 약학과졸, 약학박사(미국 일리노이대) [경]미국 Marion Merrell Dow Associate Scientist, 미국 Hoechst Marion Roussel Senior Associate Scientist, (주)LG CI 의약품사업부 제품개발담당 상무, (주)LG생명과학 의약품사업부문 해외사업담당 상무, 同의약품사업부문 임상개발담당 상무, 同연구개발본부장(상무) 2004년 한국제약협회 연구개발위원회 간사 겸 국제·외자

기업위원 2008년 (주)LG생명과학 개발전략담당 상무 2010년 同개발본부장(전무) 2010~2012년 보건의료기술정책심의위원회 위원 2011년 (주)LG생명과학 연구개발부문장(전무) 2011~2012년 국가과학기술위원회 생명복지전문위원회 위원 2011~2012년 한국보건의료연구원 비상임이사 2011년 국가임상시험사업단평가위원회 위원 2011년 한국약료경영학회 부회장 2012년 (주)LG생명과학 국내사업부문장(전무) 2014년 오송첨단의료산업진흥재단 비상임이사(현) 2015년 (주)LG생명과학 국내사업부문장(부사장) 2016년 同고문(현) [상]보건복지부장관표창, 장영실상, Graduate Research Award American Association of Pharmaceutical Scientists

추연우(秋淵祐)

[생]1958·9·8 [출]경남 통영 [주]부산 중구 충장대로9번길46 부산항만공사 임원실(051-999-3103) [학]통영 동원고졸, 동명정보대 유통경영학과졸, 동아대 대학원 항만물류시스템학과졸 [경]1990~1994년 한국컨테이너부두공단 비서실 근무 1994~2001년 同총무팀 근무 2001~2005년 同경영혁신팀 근무 2006~2010년 부산항만공사 감천사업소장 2010~2012년 同신항사업소장 2015년 同감사팀장 2015년 同국제물류사업단장 2016년 同경영부사장(현)

추연우(秋淵雨) CHOO Yun Woo

[생]1959·1·28 [출]대구 [주]서울 금천구 디지털로9길99 (주)팜스웰바이오 비서실(070-4607-3769) [학]휘문고졸 1981년 서울대 경영학과졸 1985년 미국 미시간주립대 대학원 경영학과졸 [경]동양증권(주) 국제영업부장, 동양시멘트(주) 자금부 차장 1997년 同필리핀현지법인 CFO 1999~2000년 同재무자금담당 상무보 2000년 동양메이저(주) 재무자금담당 상무보 2001년 同투자사업본부장(상무) 2001~2005년 同투자사업본부장(전무) 2002년 타이젬 대표이사 2003~2005년 동양시멘트(주) 재무본부장(전무) 2005년 동양메이저(주) 투자사업본부장 겸 부사장 2007~2009년 同건설사업부문 대표이사 부사장 2009년 동양종합금융증권 고문 2015년 (주)팜스웰바이오 공동대표이사(현)

추영국(秋榮國) CHOO Young Kug (추계)

[생]1963·9·6 [출]울산 [주]전북 익산시 익산대로460 원광대학교 자연과학대학 생명과학부(063-850-6087) [학]1982년 울산고졸 1989년 대구대 생물학과졸 1992년 同대학원졸 1995년 이학박사(일본 동경공업대학) [경]1995~1996년 일본 RIKEN(이화학연구소) 정식연구원 1996년 원광대 자연과학기술학부 생명과학과 교수, 同자연과학대학 생명과학부 교수(현) 1997년 한국동물학회 뉴스레터운영위원·이사 1998년 국제냉동기구 의약응용분과 총무위원 2001~2002년 내일신문 객원논설위원 2002년 원광대 자연대 생명과학부장 2003년 同생명공학연구소장 2012년 미국 세계인명사전 'Marquis Who's Who in the World'에 등재 2013년 원광대 부설 당과학연구소장(현) 2014~2016년 원광대 자연과학대학장 2015년 한국연구재단 전문위원(현) [상]한국분자세포생물학회 우수논문상, 학술공로상, 전북도지사표창(2006), 한국당과학회 최우수논문상(2010) [저]'성의 과학' '발생생물학' '인체생물학' '한방전임상실험'

추왕훈(秋旺勳) Choo Wang Hoon

[생]1963·12·31 [주]서울 종로구 율곡로2길25 연합뉴스 논설위원실(02-398-3114) [학]1982년 금성고졸 1986년 중앙대 행정학과졸 2005년 한국개발연구원(KDI) 국제정책대학원졸 [경]1989년 연합통신 입사(8기) 1994년 同경제2부 기자 1998년 同산업부 기자 1998년 연합뉴스 산업부 기자 1998년 同국제경제부 기자 2000년 同국제경제부 차장대우 2002년 同뉴욕특파원(차장급) 2005년 同특신부 차장 2005년 同산업부 차장 2006년 同산업부 부장대우 2008년 同뉴미디어국 콘텐츠총괄센터 부장 2009년 同전략사업본부 마케팅부장 2010년 同편집국 산업부장 2011년 同국제국 국제뉴스1부장 2012년 同국제국 국제뉴스1부장(부국장대우) 2012년 同기사심의실 기사심의위원(부국장대우) 2013년 同콘텐츠평가실 콘텐츠평가위원(부국장대우) 2014년 同경기취재본부장 2015년 同논설위원(현) 2016년 同뉴미디어전략위원회 실무총괄팀장

추원교(秋園教) CHOO Won Gyo (韓松)

[생]1950·8·27 [출]전남 해남 [주]경기 안산시 상록구 한양대학로55 한양대학교 디자인대학(031-400-5692) [학]1968년 목포고졸 1973년 한양대 응용미술학과졸 1976년 同대학원 응용미술학과졸 1990년 이학박사(한양대) [경]1978~1996년 한양여전 응용미술과 조교수·부교수·교수 1989~2001년 전국장애자기능경기대회 귀금속공예심사장 1990년 대한민국산업디자인전 초대작가(현) 1994년 한국칠보작가협회 회장 1997년 한양대 디자인대학 금속디자인전공 교수 1997년 문화체육관광부 동상영정규정위원회 위원(현) 1998~2003년 한국공예학회 부회장·회장 1999년 문화재 전문위원 2000년 한양대 디자인대학장 2000~2003년 한국장신구디자인협회 회장 2003년 문화재위원회 무형문화재분과 위원 2003~2004년 한국공예학회 회장 2007~2009년 문화재위원회 무형문화재공예분과 위원 2007~2010년 한국공예가협회 이사장 2011년 한국금속공예디자인학회 회장(현) 2011년 한국칠보공예디자인협회 고문(현) 2013~2015년 한양대 디자인대학 테크노프로덕트디자인전공 교수 2015년 同디자인대학 테크노프로덕트디자인전공 명예교수(현) [상]석탑산업훈장, 대한민국산업디자인전 특선(5회), 대통령표창 [저]'우리의 공예 문화'(2003) [역]'위대한 황금예술'(2004) [작]개인전 7회, 단체초대전 250여 회 [종]천주교

추은호(秋恩鎬)

[생]1963·2·19 [본]추계(秋溪) [출]부산 [주]서울 마포구 상암산로76 YTN 해설위원실(02-398-8000) [학]1987년 서울대 서양사학과졸 [경]1987년 KBS 기자 1994년 YTN 정보과학부 차장대우 2001년 同기획팀장(차장) 2002년 同보도국 뉴스편집부 차장 2003년 同보도국 편집1팀장 2004년 同보도국 편집3팀장 2004년 同정치부장 2005년 同국제부장 2006년 同사회2부장 2008년 YTN라디오 뉴스4팀장 2009년 YTN(주) 보도국 선거방송기획단 부단장 2010년 同채널사업TFT팀장 2011년 同웨더본부장 2013년 同웨더본부장(국장대우) 2014년 同타워사업국장 2015년 同해설위원실장 겸 시청자센터장(현)

추일승 CHOO IL SEUNG

[생]1963·1·31 [주]경기 고양시 일산서구 중앙로1601 고양 오리온스(031-913-0898) [학]홍익대사대부고졸, 홍익대졸, 同대학원졸(석사), 한국체육대 사회체육대학원졸(석사), 동신대 대학원졸(박사) [경]1985~1997년 기아자동차 농구단 소속 1987~1989년 상무 농구단 소속 1997년 同코치 1999년 同감독 2001년 존스컵국제농구대회 대표팀 감독 2003년 여수코리아텐더 감독 2004~2009년 부산 KTF 매직윙스 감독 2006~2007년 프로농구 챔피언결정전 준우승 2008~2011년 MBC ESPN 해설위원 2011년 대구오리온스 농구단 감독 2011년 고양오리온스 농구단 감독(현) 2015년 KCC프로아마 최강전 우승 2016년 KCC 프로농구 챔피언결정전 우승 [상]세계군인농구대회 동메달(1999), 국방부장관 표창(2000), 농구대잔치 지도자상(2002) [저]'맨투맨 디펜스'(2009) '심장을 뛰게 하라'(2016, 콘텐츠케이브)

추종연(秋宗淵) Choo Jong Youn

[생]1959·10·9 [본]추계(秋溪) [출]강원 철원 [주]서울 종로구 사직로8길60 외교부 인사운영팀(02-2100-7138) [학]1978년 강원 춘천고졸 1983년 서울대 외교학과졸 1989년 스페인 마드리드 왕립외교관학교졸 [경]외무고시 합격(16기) 1983년 외무부 입부 1984~1986년 육군 군복무 1990년 駐멕시코 2등서기관 1993년 駐스웨덴 1등서기관 1995년 외무부 특수정책과 차석·외교정책실장 보좌관 1998년 駐구주연합대표부 1등서기관 2000년 외교통상부 중미과장 2002년 駐국제연합대표부 참사관 2005년 駐아르헨티나 공사참사관 2006년 외교통상부 남미자원협력센터 소장 2008년 국회사무처 외교통상통일위원회 파견(고위외무공무원) 2010년 외교통상부 중남미국장 2011년 駐콜롬비아 대사 2014년 駐아르헨티나 대사(현) [상]멕시코 아길라 아즈테카훈장(2001), 국민포장(2001), 콜롬비아 산카를로스 대십자훈장(2014) [저]'남미10개국 자원현황(共)'(2006) '아르헨티나 23개주 자원현황(共)'(2006) '아르헨티나 바이오에너지 정책과 개발 및 생산 현황(共)'(2007) '외국기업의 대 아르헨티나 투자 사례집(共)'(2008) '콜롬비아 석탄개발 및 운송인프라 현황(共)'(2011) '콜롬비아 석유산업 및 투자개발제도 현황(共)'(2012) '콜롬비아 생물다양성 및 생명공학 현황(共)'(2013)

추진호(秋振鎬) Choo Jin-Ho

[생]1956·7·25 [출]경북 [주]서울 강남구 테헤란로126 하나캐피탈(주) 임원실(02-2037-1111) [학]1975년 경북사대부고졸 1982년 영남대 경영학과졸 [경]1992년 하나은행 잠실지점 대리 1993년 同임원부속실 조사역 1993년 同광화문지점 차장 1994년 同인사부 과장 1996년 同고객지원실장 1996년 同잠실역지점장 1998년 同대구지점장 1999년 同대구중앙지점장 2001년 同검사부장 2003년 同대기업금융2본부장 2006년 同종합금융본부장(부행장보) 2007년 同대기업금융본부 부행장보 2008년 同기업금융그룹담당 부행장 2009년 同기업영업그룹총괄 부행장 2009년 同기업금융부문장 겸임 2009년 하나금융지주 경영지원실 부사장 2013년 한국외환은행 대기업사업그룹 집행부행장 2014년 同마케팅전략그룹 겸 채널지원본부 부행장 2015년 하나캐피탈(주) 대표이사(현)

추태귀(秋泰貴·女) CHOO Tae Gue

(생)1956·11·4 (본)추계(秋溪) (출)대구 달성 (주)경북 상주시 경상대로2559 경북대학교 섬유패션디자인학부(054-530-5311) (학)1979년 경북대 가정교육학과졸 1982년 同대학원졸 1995년 가정학박사(경북대) (경)1984~1988년 상주농업전문대 농업가정과 전임강사 1988~1991년 同조교수 1991~1995년 상주산업대 의상디자인학과 조교수 1995~2000년 상주대 의상디자인학과 부교수 1999~2000년 복식문화학회 이사 2000~2008년 상주대 의상디자인학과 교수 2001~2003년 한국의류산업학회 총무이사 2002~2003년 한국소비문화학회 부회장 2003년 한국의류산업학회 편집이사 2003년 同편집위원장 2003~2004년 상주대 교수협의회 회장 2007~2008년 同총장 2008년 경북대 섬유패션디자인학부 패션디자인전공 교수(현) 2008~2010년 同상주캠퍼스 부총장 2010년 한국의류산업학회 학술부문 부회장

추하식

(생)1966 (주)경기 성남시 분당구 성남대로343번길9 SK주식회사 C&C 임원실(02-6400-0114) (학)고려대 산업공학과졸, 미국 뉴욕주립대 대학원 Tech. Mgmt. 석사 (경)1989년 SK에너지 근무 1999년 SK E&S 근무 2000년 SK C&C 에너지사업팀 근무 2008년 同OS계약운영팀장 2012년 同시스템사업지원팀장 2013년 同IT서비스사업지원팀장 2015년 同Industry사업2본부장(상무) 2015년 SK주식회사 C&C Industry사업2본부장(상무) 2016년 同통합서비스사업본부장(상무)(현)

추한석(秋漢碩) Choo Han Suk

(생)1966·1·27 (출)인천 (주)인천 남동구 정각로29 인천광역시청 정보통신보안담당관실(032-440-3011) (학)1983년 광성고졸 1991년 연세대 경제학과졸 2003년 미국 아이오와대 대학원 경영학과졸 (경)2013년 인천경제자유구역청 U-City과장 2015년 인천시 투자유치담당관 2015년 인천발전연구원 시정연구협력센터 시정연구관 2016년 인천시 기획실 정보통신보안담당관(현)

추혜선(秋惠仙·女) CHU HYESEON

(생)1971·1·15 (출)전남 완도 (주)서울 영등포구 의사당대로1 국회 의원회관513호(02-784-9740) (학)호남 삼육고졸 (경)KBS 광주방송총국 노조 간사, SBS 노조 간사, 정수장학회 공동대책위원회 사무총장, 방송위원회 광고방송심의위원 2012년 언론개혁시민연대 사무총장 2013년 방송통신정책위원회 자문위원회 위원 2015년 정의당 예비내각 언론개혁부 장관 2015년 同언론개혁기획단장 2016년 同제20대 총선 선거대책위원회 대변인 2016년 제20대 국회의원(비례대표, 정의당)(현) 2016년 정의당 대변인(현) 2016년 국회 외교통일위원회 위원 2016년 국회 예산결산특별위원회 위원(현) 2016년 국회 지방재정·분권특별위원회 위원(현) 2016년 국회 미래창조과학방송통신위원회 위원(현)

추호경(秋昊卿) CHOO Ho Gyoung (曉山)

(생)1947·2·3 (본)추계(秋溪) (출)충북 청주 (주)서울 강남구 테헤란로317 동훈타워 법무법인(유) 대륙아주(02-3016-5242) (학)1965년 서울고졸 1969년 서울대 문리과대학 철학과졸 1983년 同보건대학원졸 1992년 보건학박사(서울대) (경)1978년 사법시험 합격(20회) 1980년 사법연수원 수료(10기) 1980년 서울지검 남부지청 검사 1983년 청주지검 제천지청 검사 1985년 부산지검 검사 1987년 서울지검 검사 1987년 국회 법제사법위원회 입법심의관 1990년 서울지검 검사 1991년 同고등검찰관 1992년 청주지검 충주지청장 1993년 광주지검 강력부장 1993년 인천지검 강력부장 1995년 부산지검 형사4부장 1996년 사법연수원 교수 1998년 법무부 법무심의관 1999년 서울지검 형사1부장 2000년 제주지검 차장검사 2000년 전주지검 군산지청장 2001년 부산고검 검사 2002년 서울고검 검사 2003~2004년 대전지검 천안지청장 2004~2006년 변호사 개업 2006~2012년 법무법인 바로 대표변호사 2008년 인천항만공사 법률고문 2010년 대한상사중재원 중재인 2012~2015년 한국의료분쟁조정중재원 초대원장 2015년 법무법인(유) 대륙아주 고문변호사(현) (상)검찰총장표창(1986), 대통령표창(1992), 홍조근정훈장(2003), 서울대 보건대학원 자랑스러운 동문상(2012) (저)'의료판례 해설'(1987) '의료과오론'(1992) '의료과오손해배상'(1998) '명심보감 다시읽기'(2016) (종)천주교

추호석(秋浩錫) CHOO Ho Suk

(생)1950·12·27 (본)추계(秋溪) (출)부산 (주)경기 수원시 영통구 아주로26의7 학교법인 대우학원 이사장실(031-219-2901) (학)1969년 부산고졸 1973년 서울대 경영학과졸 2000년 한국과학기술원(KAIST) 테크노경영대학원 최고정보경영자과정 수료 (경)1992년 (주)대우 이사 1993년 同상무이사 1995년 同전무이사 1995~2000년 대우중공업(주) 대표이사 사장 1997~2000년 한국항공우주산업진흥협회 회장 2000년 대우중공업 고문 2001~2004년 코리아와이즈넛 대표이사 2004년 (주)파라다이스 공동사장 2006~2008년 同대표이사 사장 2006년 同워커힐지점 대표이사 겸임 2007년 (주)파라다이스인천 카지노부문 사장 겸임 2008년 파라다이스그룹 카지노사업부문 총괄사장 2010년 (주)파라다이스 워커힐카지노 부회장 2012~2013년 同고문 2013년 학교법인 대우학원(아주대) 이사장(현) (상)석탄산업훈장(1987), 벨기에 공로훈장(1996), 제31회 조세의 날 은탑산업훈장(1997), 관광의 날 2억불달성 관광진흥탑(2010) (종)불교

추흥식(秋興植)

(생)1958·2·20 (학)1981년 연세대 경제학과졸 1994년 미국 미시간주립대 대학원 경제학과졸 (경)1982년 한국은행 공채 합격 1982년 同국제금융부 행원 1989~1992년 同외화자금실 선임조사역 1999~2000년 국제금융센터(KCIF) 모니터링팀장 2000년 한국은행 외화자금국 운용1팀·운용3팀장 2001년 同NY사무소 운용데스크팀장 2004~2008년 同외화자금국 운용기획팀장 2008~2010년 국제부흥개발은행(IBRD) 수석컨설턴트 2010년 한국은행 외자운용원 투자운용실장(CIO) 2011년 同외자운용원 외자기획부장(CRO) 2011~2014년 同외자운용원장(부총재보) 2014~2016년 한국투자공사(KIC) 투자운용본부장(CIO·부사장) 2016년 세계은행(WB) 투자운용국장(CIO)(현)

춘 광(春 光)

(생)1955·5·22 (본)원주(原州) (출)강원 춘천 (주)충북 단양군 영춘면 구인사길73 구인사(043-423-7100) (학)1985년 금강불교대졸 1989년 동국대 교육대학원 철학과 수료 (경)1971년 구인사에서 출가 1971~2003년 구인사 총본산 65회 안거 1973년 구인사에서 득도 1981년 대구 대성사 주지 1982년 서울 성룡사 주지 1983년 서울 삼룡사 주지 1985년 대한불교천태종 제8대 종의회 의원 1985~1988년 강릉 삼개사·서울 성룡사 주지 1988년 경승단 서울부단장·부산 삼광사 주지 1989년 부산시 시정자문위원·삼광사 주지·삼광한글학술상 운영위원 1991년 대한불교천태종 총무원 규정부장·부산불교연합회 수석부회장 1992년 삼광한글학교 교장 1992년 부산지방경찰청 경승 1993년 대한불교천태종 제10대 종의회 의원 1997년 同총무원 교무부장 1997년 同제11대 종의회 의원 1997년 천태종문화연구회 연구위원 1997년 학교법인 금강학원 이사 1999년 대한불교천태종 사회복지재단 이사 1999년 한·일불교교류협의회 상임이사 1999년 관문사 부주지 2000년 同성보관장 2001년 同주지 2001년 서초구사암연합회 회장 2002년 캐나다 토론토 포교당 주지 2002년 서울지방경찰청 경승 2003년 민주평통 자문위원 2005년 몽골 만복사 주지 2005년 대한불교천태종 총무원 부원장 2006년 同감사원장 2006년 관문사 성보박물관 관장, 구인사 감사원장 2007년 민주평통 상임위원(현) 2014년 대한불교천태종 총무원장(현) (상)국민훈장 목련장, 내무부장관표창, 부산시장표창, 보건복지부장관표창 (저)'불교의 첫걸음' '불교 의식집' '행복 그리고 성불' '둥둥둥 생활'

한국인물사전

2017

YONHAPNEWS

트·프

[수록 순서] 가나다 · 생년월일순

[약 호] [생] 생년월일 [본] 본관 [출] 출생지
[주] 주소(연락처) [학] 학력 [경] 경력 (현) 현직
[상] 상훈 [저] 저서 [역] 역서
[작] 작품 [종] 종교

탁성숙(卓星叔 · 女) TAK Sung Sook
[생]1955 · 6 · 8 [출]서울 [주]경기 성남시 수정구 성남대로 1342 가천대학교 인문대학 동양어문학과(일본어)(031-750-5118) [학]1978년 한국외국어대 일어과졸 1981년 同대학원졸 1987년 일본 오차노미즈여대 대학원졸 2001년 어학박사(단국대) [경]1996년 경원대 인문대학 교양학부 전임강사 · 조교수 2002~2012년 同인문대학 일어일문학과 부교수 · 교수 2012~2014년 가천대 인문대학 일어일문학과 교수 2012년 同인문대학장(현) 2014년 同동양어문학과(일본어) 교수(현) 2014년 同인문과학연구소장(현)

탁승제(卓承濟) TAHK Seung Jea
[생]1956 · 5 · 25 [출]서울 [주]경기 수원시 영통구 월드컵로164 아주대학교병원 원장실(031-219-5451) [학]1981년 연세대 의대졸 1990년 同대학원졸 1998년 의학박사(연세대) [경]1981~1985년 연세대의료원 인턴 · 내과 레지던트 수료 1988년 연세대 의과대학 내과학교실 전임강사 · 조교수, 프랑스 Univ. Paris XII Hospital Henri Mondor 연수 1991년 아주대 의과대학 순환기내과학교실 교수(현) 2005년 아주대의료원 순환기내과장 2007~2012년 同내과부장 2011~2012년 同순환기내과 임상과장 2011~2012년 대한심장학회 총무이사 2012~2014년 아주대의료원 기획조정실장 2014년 아주대병원 원장(현) 2015년 경기도 메르스대응민관합동의료위원회 위원

탁윤성(卓倫成) TARK Yunsung
[생]1969 · 9 · 15 [주]서울 종로구 세종대로209 금융위원회 금융정책국 글로벌금융과(02-2100-2885) [학]1988년 광주 인성고졸 1996년 서울대 경제학과졸 2004년 미국 캘리포니아대 로스앤젤레스교 Anderson School졸(MBA) [경]1995년 행정고시 합격(39회) 1997~1999년 관세청 사무관 1999년 재정경제부 세제실 사무관 2004년 同보험제도과 사무관 2005~2006년 同은행제도과 사무관 2006~2007년 대통령비서실 행정관 2010~2012년 국가경쟁력강화위원회 금융제도과장 2012~2013년 금융위원회 기획조정관실 규제법무담당관실 의사운영정보팀장 2013~2014년 금융정보분석원 기획행정실 기획행정팀장 2014년 금융위원회 금융정책국 글로벌금융과장(현) [저]'재정학'(1997, 연암사) '그리스 경제위기의 원인 및 시사점(共)'(2012, 국가경쟁력강화위원회)

탁지원(卓志元) TARK Ji Won
[생]1968 · 7 · 20 [본]광산(光山) [출]서울 [주]서울 중랑구 용마산로122길12 현대종교 비서실(02-439-4391) [학]1987년 재현고졸 1994년 성결대졸 2003년 숭실대 대학원졸 [경]1994년 월간 '현대종교' 발행인 겸 사장(현) 1999년 서울신학대 강사(현) 2000~2010년 한국기독교총연합회 이단사이비대책위원회 전문위원 2005년 코스타 강사(현) 2016년 한국기독교잡지협회 회장(현) [상]문화관광부장관표창(2004) [저]'종말을 기다리는 사람들'(1999) '한국의 종교단체 실태조사연구'(2000) '한국의 신흥종교 : 자칭 한국의 재림주들'(2002) 등 다수 [종]기독교

탁진국(卓鎭國) TAK Jin Kook
[생]1959 · 2 · 15 [출]서울 [주]서울 노원구 광운로20 광운대학교 산업심리학과(02-940-5424) [학]1981년 성균관대 산업심리학과졸 1987년 미국 Kansas주립대 대학원 심리학과졸 1991년 심리학박사(미국 Kansas주립대) [경]1987~1991년 미국 캔사스주립대 연구조교 1992~1994년 성균관대 학생생활연구소상임연구원 1994년 광운대 산업심리학과 전임강사 · 조교수 · 교수(현) 1997~1999년 同산업심리학과장 1997~2001년 同학생생활연구소장 2003~2005년 한국산업및조직심리학회 회장 2009~2010년 광운대 교양학부장 2015~2016년 (사)한국심리학회 회장 2016년 광운대 교육대학원장(현) [저]'누구나 한번쯤 생각한 일에 대한 고민-워커코드'(2013)

태 경(太 敬) TEA Kyuong
[생]1960 · 8 · 9 [출]서울 [주]서울 성동구 왕십리로222 한양대학교병원 이비인후과(02-2290-8585) [학]이화여대사대부고졸 1985년 한양대 의과대학졸 1989년 同대학원졸 1995년 의학박사(한양대) [경]1995년 한양대 의과대학 이비인후과학교실 조교수 · 부교수 · 교수(현), 同구리병원 이비인후과 전문의, 同구리병원 이비인후과장, 同서울병원 이비인후과 전문의(현) 2012년 대한두경부종양학회 무임소이사 · 국제협력이사(현) 2013년 한양대병원 암센터 소장(현) 2014년 대한이비인후과학회 이사장 [상]제1회 자랑스러운 이대부고 동문인상(2011), 대한두경부외과학회 우수논문상(2012), 대한이비인후과학회 학술상(2013)

태기전(太基田) TAE Ki Chon
[생]1948 · 12 · 6 [출]전북 임실 [주]서울 서초구 잠원로94 한신공영(주) 임원실(02-3393-3113) [학]1966년 오수상고졸 1968년 전주대졸 [경]1986~2002년 협승토건(주) 부사장 2001~2002년 코암시앤시개발(주) 부사장 2002년 한신공영(주) 기획조정실장(전무) 2004년 同대표이사 전무 2006년 同대표이사 부사장 2011년 同대표이사 사장(현) [상]동탑산업훈장(2005)

태기표(太基杓) TAI Ki Pyo (平里)
[생]1948 · 9 · 17 [본]협계(俠溪) [출]전북 임실 [주]서울 종로구 세종대로209 정부서울청사8층 대통령소속 지방자치발전위원회(02-2100-2214) [학]1967년 경기고졸 1971년 서울대 문리대학 정치학과졸 1976년 同대학원졸 [경]1976~1980년 전주대 전임강사 · 조교수 1980년 同교수협의회장 1981~1987년 우성물산 부사장 1988~1990년 민정당 전주완산지구당 위원장 1992년 국정교과서(주) 이사장 1996년 전북도 정무부지사 1998~2000년 국민의료보험관리공단 상무이사 2004~2005년 바울석유 부회장 2004~2005년 한국석유수출입협회 회장 2004년 무한에너지(주) 대표이사, 한신공영(주) 고문 2009년 한나라당 전주완산甲지구당 위원장 2009년 4.29재보선 국회의원선거 출마(전주 완산구甲, 한나라당) 2011년 한나라당 지역발전특별위원회 전북지역위원장 2011년 同전북도당 위원장 2012년 새누리당 전북도당 위원장 2013 · 2015년 대통령소속 지방자치발전위원회 위원(현) 2014년 새누리당 전북도당 지방자치특별위원장 [종]기독교

태범석(太範錫) Tae, Beomseok
[생]1957 · 11 · 26 [본]영순(永順) [출]서울 [주]경기 안성시 중앙로327 한경대학교 총장실(031-670-5005) [학]1983년 고려대 화학공학과졸 1985년 同대학원 화학공학과졸 1994년 공학박사(고려대) [경]1985~1995년 한국과학기술연구원 화학공학부 연구원 1995~1998년 인성파우더테크(주) 연구개발부장 1998~2013년 한경대 화학공학과 교수 2000~2005년 同중소기업센터소장 · 산학실습처장 · 교무처장 2010~2012년 同교수협의회장 2010~2012년 경기도고등교육발전협의회 대표 2010~2012년 경기도거점국립종합대학교추진단 부단장 2012~2013년 경기과학기술진흥원 분과위원장 2012년 범시민사회단체연합 공동대표 겸 상임대표(현) 2013년 한경대 총장(현) 2013년 지방과학기술진흥협의회 위원 2014년 (사)생명문화 공동대표(현) 2014~2015년 경기도그린캠퍼스협의회 부회장 2014년 경기도인성교육범국민실천연합 상임대표(현) 2014년 경인지역총장협의회 부회장(현) 2014~2016년 한국대학교육협의회 부회장 2014년 전국국 · 공립대학교총장협의회 기성회회계제도개선TF팀장 2016년 同회장(현) 2016년 한국대학교육협의회 이사(현) 2016년 경기도그린캠퍼스협의회 회장(현) [상]경기도 과학기술진흥유공표창(2012), 범시민사회단체연합 공로상(2014), 월드코리안 대상 특별상(2016)

태석기(太錫基) Suk-Kee Tae
[생]1953 · 8 · 6 [본]영순(永順) [출]서울 [주]경기 고양시 일산동구 동국로27 동국대의료원 의료원장실(031-961-7004) [학]1972년 경기고졸 1978년 서울대 의대졸 1985년 同대학원 의학석사 1991년 의학박사(서울대) [경]1978~1981년 육군 복무(군의관) 1981~1982년 서울대병원 수련의 1982~1986년 同정형외과 전공의 1986~1991년 서울시지방공사 강남병원 정형외과 전문의 · 정형외과장 1991~2005년 중앙대 의대 정형외과학교실 조교수 · 부교수 · 교수 1996~1997년 미국 펜실베이니아대 부속병원 견관절 임상펠로우 2002~2005년 중앙대병원 정형외과장 2004~2005년 대한견주관절학회 회장 2005년 동국대 의대 정형외과학교실 교수(현) 2005년 同일산병원 정형외과장 2011~2012년 同일산불교병원장 2011~2013년 同제14대 의무부총장

ㅌㅍ

겸 의료원장 2012~2013년 대한병원협회 감사 2015년 동국대 제16대 의무부총장 겸 의료원장(현) 2015년 同DM통계연구소장(현) 2016년 대한병원협회 법제위원장(현) ❸보건복지부장관표창(2015)

태승진(太勝進)

❸1966·2·1 ❹경북 경주 ❺서울 서초구 남부순환로2406 예술의전당 경영전략본부(02-580-1188) ❻1989년 서강대 수학과졸 ❼1989년 예술의전당 기획부 입사 1993년 同사업국 사업부 근무 1993년 同전관개관행사추진본부 파견 1993년 同사업부 근무 1995년 同공연2부 근무 1996년 同공연2부 근무(4급 승진) 1997년 同기획부 근무 1998년 同경영지원팀 근무 2000년 同전시사업팀 근무 2001년 同공연기획팀 근무 2003년 同총무팀 근무 2004년 同혁신추진단원 2006년 同총무팀 근무(3급) 2006년 同공연기획팀 근무 2006년 同총무팀장 2009년 同경영기획부장 2010년 同음악사업부장 2012년 同음악사업부장(2급 승진) 2012년 同고객서비스사업단장 2013년 국방대 안보과정 교육 파견 2013년 예술의전당 예술사업본부장 2014년 同예술본부장 2016년 同경영전략본부장(현) ❸문화관광부장관표창(2004) ❾기독교

태 원(太 元) Tae Won

❸1947·11·29 ❹전남 담양 ❺서울 종로구 우정국로55 한국불교역사문화기념관(02-2011-1700) ❻1971년 해인사 강원 대교과졸 1976년 동국대 불교대졸 1988년 일본 교토불교대 대학원졸 1991년 同대학원 박사과정 수료 1997년 문학박사(일본 교토불교대) ❼1966년 해인사에서 득도 1978년 보국사 주지(현) 1982년 대한불교조계종 총무원 교무국장 1989~1996년 월곡동공부방 관장 1990년 중앙승가대 불교학과 교수 1992년 국일법장 가산불교문화원 감사 1995년 중앙승가대 총무처장 1996년 同교학처장 2000년 同도서관장 2003년 (재)대한불교조계종 대각회 이사(현) 2009~2012년 중앙승가대 총장 2009~2013년 사회복지법인 승가원 이사장 ❽'염불의 원류와 전개사' '초기불교 교단생활' '염불의 세계' '왕생론주 강설' '정토의 본질과 교학발전' '염불수행법' ❿'정토삼부경개설' '중국정토교리사' ❾불교

태원유(太源有) TAE Won You

❸1964·10·15 ❹영순(永順) ❺서울 서초구 서초대로74길4 삼성경제연구소 인사조직실(02-3780-8030) ❻경북고졸 1989년 고려대 사학과졸 1993년 미국 호놀룰루채미네이드대 대학원 경영학과(MSJBS)졸 1998년 경제박사(일본 교토대) ❼1994~1999년 삼성생명 인사팀 인력개발과장 1999년 삼성경제연구소 인사조직실 수석연구원(현) 2008년 미국 University of Illinois at Urbana-Chamapaign Visiting Scholar 2010~2011년 노사정위원회 베이비붐세대 고용대책위원회 공익위원 ❽'일본기업의 副의 연구'(共) '직급파괴 현황과 개선방안' '한국의 기업경영 20년'(共) 'SERI 전망 2012'(2011, 삼성경제연구소) 등 ❿'중국대전, 일본기업을 통해 배우는 대중국 진출전략'

태지영(太智英·女) Ji Young TAE

❸1969·5·19 ❹대구 ❺서울 중구 남대문로63 한진빌딩 법무법인 광장(02-6386-6234) ❻1988년 대구 신명여고졸 1992년 이화여대 법학과졸 2013년 同대학원 법학과졸 ❼1996년 사법시험 합격(38회) 1999년 사법연수원 수료(28기) 1999년 인천지검 부천지청 검사 2001년 서울지검 의정부지청 검사 2003년 대전지검 서산지청 검사 2004~2009년 법무법인 충정 변호사 2007~2015년 서울지방노동위원회 심판담당공익위원 2008년 중국 북경어언문대 연수 2009~2010년 법무법인 민(民) 변호사 2011~2012년 법무법인 동인 변호사 2012~2013년 법무법인 민(民) 변호사 2013~2015년 법무법인 서울 변호사 2013년 인사혁신처 소청심사위원회 비상임위원(현) 2014년 공정거래위원회 민간심사자문위원(현) 2014년 서울시 소청심사위원회 위원(현) 2015년 근로복지공단 산재심사위원회 위원(현) 2015년 한국장애인고용공단 비상임이사(현) 2015년 법무법인 광장 변호사(현)

태진아(太珍兒) TAE Jin Ah

❸1952·1·3 ❹충북 보은 ❺서울 용산구 녹사평대로26길36 고려빌딩 진아엔터테인먼트(02-797-4603) ❼1973년 '추억의 푸른언덕'으로 가수 데뷔 1995년 SBS라디오 '태진아·송선경의 가요리서치' DJ 1996년 同라디오 '태진아의 트롯 하이웨이' DJ 2003년 KBS라디오 '태진아트로트쇼' DJ, 진아기획 대표 2006년 관세청 홍보대사 2007년 법무부 교정홍보대사 2010년 충청방문의해 홍보대사, (사)대한가수협회 수석부회장 2010~2015년 同회장 2011년

서울시 '그물망 지속가능복지' 홍보대사 2013년 진아엔터테인먼트 대표(현) 2015년 한국세무사회 홍보대사 2016년 해운대비치골프앤리조트 홍보대사(현) ❸MBC 10대가수가요제 남자신인상(1974), 일간스포츠 골든디스크상(1989), 대한민국영상음반대상 본상(1995), 문화체육부장관표창(1995), 대한민국연예예술상 가요상(1996), KBS 가요대상 10대가수상(1997), 대통령표창 대한민국저축상(1997), 예술실연자대상(1998), 국무총리표창(1998), 영상음반대상 골든디스크상(1998), 영상음반대상 특별상(1999), 서울가요대상 전통가요발전상(1999), KBS 올해의가수상(1999), 대한민국영상음반대상 올해의 트로트상(1999), KBS 가요대상 최우수상(2000), 골든디스크상 트로트상(2001·2004), MBC 10대가수가요제 최고인기가수상(2001), 대한민국영상음반대상 특별상(2002), SBS가요대전 트로트부문상(2002·2006), KBS 가요대상 최고가수상(2002), MBC 10대가수가요제 10대가수상(2002), KBS 가요대상 PD가 뽑은 인기가수상(2003), MBC 10대가수가요제 최고인기상(2003), 골든디스크상 하우젠트로트상(2003), KBS 연예대상 최우수상(2003), KBS 가요대상 올해의 가수상(2005), 서울가요대상 성인가요부문 본상(2006), 제41회 납세자의날 국세청장표창(2007), 제42회 납세자의날 기획재정부장관표창(2008), SBS 가요대전 트로트부문상(2008), 충청인상 문화예술인부문(2010), MAMA 성인음악상(2010), KBS 연예대상 라디오부문DJ상(2011), 한국전통가요대상 남자7대가수상(2013), 한국전통가요대상 특별공로상(2013), 대통령표창(2013), KBS라디오 골든보이스(2013), 駐韓인도네시아대사관 감사패(2015), 대중문화예술상 은관문화훈장(2016) ❿대표곡 '추억의 푸른언덕'(1974) '경아의 사랑'(1984) '이제는 떠날 시간'(1989) '옥경이'(1989) '거울도 안보는 여자'(1990) '미안미안해'(1991) '선희의 가방'(1991) '사모곡'(1994) '보내는 마음' '다시 한번 울었네' '그때곁에' '내 아들아' '가버린 사랑' '사랑은 토요일 밤에' '노란 손수건' '당신은 몰라' '후회' '정' '인연' '마지막 찻잔' '사랑은 아무나 하나' '사랑은 장난이 아니야' '그저 그렇게' CF출연 '이가탄'(2005) '참이슬fresh'(2007)

태혜숙(太惠淑·女) TAE Heasook

❸1957·5·7 ❹경북 경산시 하양읍 하양로13의13 대구가톨릭대학교 영어영문학과(053-850-3122) ❻1979년 이화여대 영어영문학과졸 1982년 서울대 대학원졸 1984년 미국 Northern Illinois Univ. 대학원 영문학과졸 1992년 문학박사(서울대) ❼1993년 효성여대 전임강사 1995년 대구효성가톨릭대 영어영문학과 조교수 1999년 同부교수 1999~2015년 대구가톨릭대 영어영문학과 교수 2003~2007년 한국여성학회 편집위원 2003~2006년 영미문학페미니즘학회 편집이사 2004~2007년 영어영문학회 편집위원 2011~2015년 미국 세계인명사전 'Marquis Who's Who in the World'에 5년 연속 등재 2016년 대구가톨릭대 영어학과 교수(현) ❽'연애소설 어떻게 읽을 것인가' '미국문화의 이해' '탈식민주의 페미니즘'(2001) '한국의 탈식민 페미니즘과 지식생산'(2004) '대항지구화와 아시아 여성주의'(2008) '다인종·다문화시대의 미국문화 읽기'(2009) ❿'대지의 딸' '3기니' '다른 세상에서' '교육기계 안의 바깥에서' '다른 여러 아시아'(2011) '서발턴은 말할 수 있는가?'(2013) '새로운 아시아 도시'(2014)

팽우선(彭佑善)

❸1958·11·16 ❹서울 ❺경북 김천시 혁신8로77 한국도로공사 부사장실(054-811-1500) ❻1977년 관악고졸 1984년 한양대 토목공학과졸 1987년 同대학원 토목공학과졸 2003년 토목공학박사(한양대) ❼1983년 한국도로공사 입사 1999년 同중부건설사업소 품질관리부장 2004년 同구조물점검부장 2005년 同구조물계획부장 2006년 同강릉지사장 2008년 同강원지역본부 기술처장 2010년 同도로교통연구원장 2011년 同도로처장 2012년 同녹색환경처장 2014년 同교통본부장 2014년 同사업본부장 2015년 同부사장(현) 2015년 同기획본부장 겸임(현) ❸대통령표창(2001), 국민훈장 목련장(2012)

편명범(片明範) PYUN MYUNG BEOM

❸1960·6·19 ❹절강(浙江) ❺대전 ❺부산 동구 범일로102번길16의3 KT범일타워 (주)KT 부산고객본부(051-639-7830) ❻대전고졸, 서울대 독어교육학과졸 ❼(주)포항제철 근무, (주)SK텔레콤 근무, 한국통신엠닷컴(주) 중부영업팀 근무, 同영업지원팀 근무, 同강남영업팀 근무, (주)KTF 대전사업본부 고객지원팀장, 同영업기획팀장, 同마케팅지원팀장, 同대전마케팅본부 마케팅기획팀장, 同수도권마케팅본부 강북마케팅단장 2007년 同고객서비스부문 부산마케팅본부장(상무) 2009년 (주)KT 수도권무선마케팅단장(상무보) 2010년 同수도권무선마케팅단장(상무) 2011년 同개인세일즈CS본부 수도권강북무선마케팅단장(상무) 2012년 同커스터머부문 수도권강북고객본부장(상무) 2015년 同부산고객본부장(전무)(현)

편복양(片復陽 · 女) PYUN Bok Yang

[생]1952 · 12 · 1 [주]서울 용산구 대사관길22 순천향대병원 소아청소년과(02-709-9344) [학]1978년 이화여대 의대졸 1983년 한양대 대학원 의학석사 1987년 의학박사(한양대) [경]1978~1983년 순천향대병원 인턴 · 레지던트 1983~1984년 서울시립영등포병원 소아과장 1984~1997년 순천향대 의대 소아과학교실 전임강사 · 조교수 · 부교수 1997년 同교수 · 소아청소년과학교실 교수(현) 2002년 일본 소화대 의대 소아알레르기과 연구원 2002년 순천향대병원 소아과장 2005~2007년 대한소아알레르기호흡기학회 고시이사 2005년 천식및알레르기예방본부 사무총장 2006년 대한소아과학회 총무이사 2006년 순천향대병원 소아알레르기호흡기센터 소장 2010~2014년 순천향대 의대 소아과학교실 주임교수 2011~2013년 대한소아알레르기호흡기학회 이사장 2015년 同회장(현) [상]대한소아알레르기 · 호흡기학회 우수논문상

편호범(片浩範) PYUN Ho Bum

[생]1952 · 1 · 15 [본]절강(浙江) [출]충남 홍성 [주]경기 화성시 봉담읍 와우안길17 수원대학교 회계학과(031-220-2513) [학]1970년 덕수상고졸 1975년 성균관대 경영학과졸 1981년 서울대 행정대학원 수료 1987년 미국 조지아주립대 경영대학원졸 2004년 경영학박사(성균관대) [경]1975년 행정고시 합격(18회) 1976년 내무부 입부 1980년 건설부 행정사무관 1982년 감사원 부감사관 1985년 同감사관 1992~1996년 同자료담당관 · 교무담당관 · 제4국 3과장 · 제3국 3과장 1997년 同제4국 제1심의관 1998년 同국책사업감사단장 1998년 同비서실장 1999년 同제2국장 2000년 미국 뉴욕주립대 객원연구원 2001년 감사원 기획관리실장 2003~2007년 同감사위원 2004~2011년 국제공공부문회계기준위원회 자문위원 2008~2015년 딜로이트안진회계법인 부회장 2009년 기획재정부 국가회계제도심의위원회 위원(현) 2010~2013년 국가회계기준센터 소장 2011~2014년 현대중공업 사외이사 겸 감사위원 2011년 교육과학기술부 대학구조개혁위원회 위원 2014년 동북아역사재단 비상임감사(현) 2015년 (사)한국원가공학회 회장(현) 2015년 수원대 회계학과 석좌교수(현) [상]황조근정훈장 [저]'정부회계론'(1992, 법경사) '정부 및 비영리 회계'(2010, 법문사) [종]기독교

표갑두(表甲斗)

[생]1958 · 1 · 29 [주]경북 안동시 육사로203 안동시시설관리공단 이사장실(054-850-4500) [학]1977년 대구공업고졸 1979년 영남이공대졸 1991년 경일대졸 1993년 영남대 환경보건대학원 환경공학과졸(석사) [경]1982~2000년 대구시 근무(지방화공기원 · 지방화공주사) 2000~2012년 대구시환경시설공단 팀장 · 안심관리소장 · 사업지원부 팀장 · 달서천사업소장 · 운영지원부장, 브니엘네이처 영남본부 전무, 청우ENG 전무 2016년 안동시시설관리공단 이사장(현)

표명렬(表明列) PYO Myung Ryul

[생]1938 · 5 · 25 [본]신창(新昌) [출]전남 완도 [주]서울 동대문구 한빛로21 신설빌딩307호 평화재향(재례)군인회(02-749-3536) [학]1958년 광주고졸 1962년 육군사관학교졸(18기) 1971년 고려대 정치외교학과졸 1973년 대만정치심리전학교 수료 1989년 한양대 행정대학원졸 [경]1962년 육군 임관 1965년 맹호부대 소총중대 소대장(중위) 1965년 월남전 출전 1985~1987년 육군본부 정훈감 1987년 예편(육군 준장) 1994년 한국정신교육연구원 원장 1997년 군사평론가 2002년 민족문제연구소 지도위원 2003년 천주교인권위원회 위원 2005년 평화재향군인회 상임대표 2013년 同명예상임대표(현) [저]'현대중국의 정치사상가'(1995) '개혁이 혁명보다 어렵다'(2003) [종]천주교

표삼수(表三洙) PYO Sam Soo (裏正)

[생]1953 · 12 · 12 [본]신창(新昌) [출]경남 함양 [주]서울 종로구 사직로8길39 김앤장법률사무소(02-3703-4632) [학]1970년 부산고졸 1974년 서울대 전자공학과졸 1976년 한국과학기술원(KAIST) 전기전자공학과졸 1985년 컴퓨터공학박사(미국 카네기멜론대) [경]1974~1980년 한국원자력연구소 연구원 1980년 인하대 대우전임교수 1980년 미국 카네기멜론대 연구조교 1984년 미국 시라큐스대 조교수 1986년 미국 켄터키주립대 조교수 1990년 삼성종합기술원 연구위원(이사) 1993년 삼성전자(주) 시스템사업본부 이사 1995년 현대전자산업(주) 정보시스템사업본부장(상무) 1997년 同정보시스템사업본부장(전무) 1998년 현대정보기술(주) 정보서비스센터장(전무) 1999년 同대표이사 부사장 2000년 同대표이사 사장 2000년 同상담역 2001~2005년 우리금융지주(주) 정보기술담당책임자 2001년 우리금융정보시스템 대표이사 사장 2005년 명지대 교수 2005년 하나은행 자문위원 2005~2008년 한국오라클(주) 사장 2006년 한국과학기술원(KAIST) 이사(현) 2009년 명지대 컴퓨터소프트웨어학과 교수 2009년 (주)KT IT기획실장(CIO · 사장) 2009~2011년 同상담역(사장) 2013년 김앤장법률사무소 고문(현) [상]뉴미디어대상(1997), 대통령표창(1999), 올해의 CIO 대상(2004) [종]기독교

표성수(表晟洙) PYO SUNG SOO

[생]1955 · 10 · 15 [출]부산 [주]서울 성북구 정릉로77 국민대학교 법학부(02-910-4502) [학]1974년 부산고졸 1978년 서울대 법과대학졸 1980년 同대학원 법학과졸 [경]1978년 사법시험 합격(20회) 1980년 사법연수원 수료(10기) 1980년 수원지검 인천지청 검사 1983년 대구지검 경주지청 검사 1985년 마산지검 진주지청 검사 1986년 서울지검 검사 1988년 청주지검 검사 1989년 청주보호관찰소장 1990년 춘천지검 원주지청장 1993년 법무연수원 교관 1993년 부산지검 동부지청 형사2부장 1994년 부산고검 검사 1995년 사법연수원 교수 1997년 서울지검 서부지청 형사3부장 1997년 同서부지청 형사2부장 1998년 同남부지청 형사3부장 1998년 同남부지청 형사1부장 1999년 서울지검 형사2부장 2000년 同형사1부장 2000년 제주지검 차장검사 2000년 변호사 개업 2004~2005년 가톨릭대 법경학부 부교수 2005~2008년 금융감독위원회 비상임위원 2005년 국민대 법학부 교수(현) 2005년 법무법인 상운 대표변호사 2006년 법률사무소 청지 고문변호사 2012~2016년 국민대 법과대학장 2013~2016년 同법무대학원장 [저]'언론과 명예훼손'(1997) '미국의 검찰과 한국의 검찰'(2000) '영미 형사사법의 구조'(2004) [종]기독교

표완수(表完洙) PYO Wan Soo

[생]1947 · 8 · 21 [본]신창(新昌) [출]충북 청주 [주]서울 중구 중림로27 가톨릭출판사빌딩 신관3층 시사IN(02-3700-3200) [학]1966년 청주고졸 1975년 서울대 영어영문학과졸 [경]1974년 경향신문 외신부 기자 1989년 시사저널 국제부장 1993년 경향신문 국제부장 1994년 同논설위원 1998년 인천방송 이사 보도국장 2000년 同사장 2000년 경인방송 사장 2000~2001년 동양화학 고문 2001년 디지털위성방송재단법인 시민방송 상임이사 2003년 청주대 광고홍보학과 초빙교수 2003~2008년 YTN 대표이사 사장 2007년 국가이미지개발위원회 위원 2008년~2009년 (주)오마이뉴스 회장 2009년 시사IN 대표(현)

표재순(表在淳) PYO Jae Soon

[생]1937 · 12 · 30 [본]신창(新昌) [출]서울 [주]서울 마포구 백범로192 에쓰오일빌딩3층 JS씨어터(02-540-2310) [학]1956년 배재고졸 1960년 연세대 문과대학 사학과졸 1993년 同대학원 언론홍보학과졸 [경]1967~1969년 TBC TV 프로듀서 1969~1974년 MBC TV 프로듀서 1974~1983년 同제작위원 · 부국장 1983~1986년 同제작국장 1986~1989년 同제작이사 · 사업이사 1988년 제24회 서울올림픽대회 · 서울장애자올림픽대회 개 · 폐회식 제작단장 1989년 한국방송개발원 이사 1990년 (주)서울텔레콤 대표이사 1990~1994년 SBS프로덕션 대표이사 1998~1999년 서울예술대학 교수 1999~2002년 세종문화회관 초대이사장 1999~2000년 연세대 신문방송학과 교수 2000년 同영상대학원 특임교수 2006년 경기도문화의전당 사장 2008년 JS씨어터 대표이사(현) 2009~2012년 예술경영지원센터 비상임이사장 2009년 한국방송영상산업진흥원 '방송인 명예의 전당' 헌정 2009~2010년 배재대 공연영상학부 초빙교수 2010년 2015광주하계U대회 문화행사자문위원장 2011년 문화나눔네트워크 시루 대표(현) 2012년 배재대 한류문화산업대학원 석좌교수 2012년 2018평창동계올림픽 문화행사전문위원 겸 개 · 폐막식 연출위원(현) 2013년 무역센터 MICE클러스터 자문위원(현) 2013~2016년 경주세계문화엑스포 예술총감독 2015년 대통령소속 문화융성위원회 위원장(현) [상]한국연극영화예술상 연출상 · 대상, 문화예술상, 체육훈장 맹호장, 대통령표창, 연세대 문과대학총동창회 연문인상(2009), 은관문화훈장(2014) [종]기독교

표주영

[생]1961 [주]서울 마포구 토정로31길81 (주)카버코리아(080-332-0855) [학]1983년 서울대 법과대학 법학과졸 [경]삼성물산 용제모노머팀장, 同경영지원팀 RM파트장, 同모스크바지점장 2008년 同생활산업사업부장(상무) 2011년 同기획실 상무, 호텔신라 사업기획본부장(상무) 2014년 교촌F&B 그룹경영지원본부장(사장), 同총괄사장 2016년 (주)카버코리아 대표이사(현)

표창원(表蒼園) PYO Chang Won

[생]1966 · 5 · 3 [본]신창(新昌) [출]경북 포항 [주]서울 영등포구 의사당대로1 국회 의원회관722호(02-784-9030) [학]1985년 서울 고려고졸 1989년 경찰대졸(5기) 1995년 영국 엑스터대 대학원졸 1998년 경찰학박사(영국 엑스터대) [경]1990년 경기 화성경찰서 경위 1991년 부천경찰서 형사계장 1992년 경기지방경찰청 외사반장 1998년 경찰청 제도개선기획단 연구관 1998년 국내 경찰학박사 제1호 1998년 경찰대 경찰학과 교관 1998~2001년 광운대 · 한국외국어대 · 연세대 · 아주대 · 경기대 강사 1999~2001년 경찰대 행정학과 전임강사 2000년 아시아경찰학회 회장 2000년 한국부패학회 연구이사 2000년 한국경찰학회 이사 2000년 아시아경찰학회 이사 · 고문(현) 2001~2012년 경찰대 행정학과 조교수 · 부교수 · 교수 2001~2004년 同행정학과장 2001년 경찰청 여성정책자문위원 2002년 한국경찰발전연구회 회장 2002~2009년 경찰청 마약수사자문위원 2002~2004년 부패방지위원회 정책자문위원 2004년 법무부 여성범죄자문위원 2005~2006년 미국 샘휴스턴주립대 형사사법대학 초빙교수 2005~2010년 대통령소속 지방자치경찰특별위원회 위원 2006년 경찰청 대테러전문위원 2008년 국회예산정책처 국가주요사업평가 자문위원 2008년 대한주택공사 주거안전자문위원장 2012년 서울시 범죄예방디자인위원회 위원장 2013년 JTBC '표창원의 시사 돌직구' 진행 2013년 한겨레신문 하니tv '시사게이트' 진행 2013년 同칼럼 '죄와 벌' 연재 2014년 표창원범죄과학연구소 소장(현) 2015년 4 · 16세월호참사특별조사위원회 자문위원 2015년 同진상규명소위원회 자문위원 2016년 더불어민주당 제20대 총선 선거대책위원회 위원 2016년 同비상대책위원회 위원 2016년 同경기용인시丁지역위원회 위원장(현) 2016년 제20대 국회의원(경기 용인시丁, 더불어민주당)(현) 2016년 더불어민주당 정책위원회 부의장 2016년 同오직민생특별위원회 사교육대책TF 위원 2016년 同민주주의회복TF 위원 2016년 국회 안전행정위원회 위원(현) 2016년 국회 윤리특별위원회 위원(현) [상]경찰청장표창, 한국기독교교회협의회 인권상(2013), 대한민국의정대상(2016) [저]'Police and Crime Watch UK'(1998) '피해자학'(2001) '경찰홍보론'(2001) '경찰학개론'(2004) '비교수사제도론'(2005) '한국의 연쇄살인'(2005) '숨겨진 심리학'(2011, 토네이도) '정의의 적들'(2014, 한겨레출판사)

표철수(表哲洙) PYO Chul Soo

[생]1950 · 2 · 13 [출]부산 [주]서울 마포구 마포대로38 일신빌딩16층 국민의당(02-715-2000) [학]1968년 부산고졸 1975년 서울대 문리과대학 지리학과졸 [경]1975년 KBS 보도국 입사 1982년 同TV편집부 차장 1986년 同정치부 차장 1994년 YTN 뉴스총괄부장 1994년 同부국장대우 정치부장 1995년 민주평통 자문위원 1997년 YTN 보도국 부국장 1999년 한국도로공사 사외이사 1999년 YTN 사업국장 2000년 同이사대우 미디어국장 2000년 경인방송 보도담당 상무이사 2001~2003년 同전무이사 2003~2006년 방송위원회 사무총장 2005년 한국언론재단 비상임이사 2007~2009년 경기도 정무부지사 2010년 (주)온미디어 사외이사 겸 감사위원 2013년 국민과함께하는새정치추진위원회 공보단장 2014년 민주당 · 새정치연합 신당추진단 총무조직분과 공동위원장 2014년 새정치민주연합 최고위원 2016년 제20대 국회의원선거 출마(경기 남양주시乙, 국민의당) 2016년 국민의당 경기남양주시乙지역위원회 위원장(현) [종]불교

표현명(表鉉明) PYO Hyun Myung

[생]1958 · 10 · 21 [본]신창(新昌) [출]서울 [주]서울 강남구 테헤란로422 롯데렌탈 임원실(02-3404-9722) [학]1977년 경복고졸 1981년 고려대 전자공학과졸 1983년 同대학원 전자공학과졸 1998년 공학박사(고려대) 2000년 서울대 행정대학원 정보통신방송정책과정 수료 2005년 同최고경영자과정 수료 [경]1983년 한국전자통신연구원(ETRI) 근무 1984년 한국통신 연구개발본부 근무 1989년 同사장비서실 선임연구원 1991년 同사업개발단 지능망개발부장 1995년 同무선사업추진단 전략계획부장 1995년 同무선통신연구소 연구기획실장 · 차세대무선연구팀장 1999년 한국통신프리텔(주) IMT-2000사업담당 상무보 2000년 (주)KTF 전략기획총괄(상무보) 2001년 同경영기획담당 상무보 2002년 同기획조정실장(상무) 2003년 同마케팅부문장(전무) 2004년 同마케팅부문장(부사장) 2005년 한국문화산업포럼 이사 2006년 (주)KT 휴대인터넷사업본부장(전문임원) 2008~2012년 한국마케팅클럽(KMC) 부회장 2009년 (주)KT Corporate Center장(부사장) 2010~2012년 同개인고객부문장(사장) 2010~2012년 WAC 전임이사, 한국통신학회 부회장 2012~2013년 고려대 정보통신대학 자문위원 2012~2014년 (주)KT 텔레콤&컨버전스(T&C)부문장(사장) 2013년 同대표이사 회장 직대 2013~2014년 한국스마트홈산업협회 회장 2014~2015년 KT렌탈 대표이사 사장 2015년 롯데렌탈 대표이사 사장(현) [상]정보통신부장관표창(1997), 대통령표창(2003), 산업포장(2008) [저]'서비스디자인'(2008)

표호길(表好吉) PYO Ho Gil (海山)

[생]1945 · 11 · 16 [본]신창(新昌) [출]경남 의령 [주]서울 서초구 반포대로14길71 LG서초에클라트1721호 빌더스플래닝(02-517-8100) [학]동아대 상학과졸 [경]민주평통 자문위원, (주)빌더스플래닝 회장, 선진국민연대 중앙위원회 정치개혁위원장 2008년 제17대 대통령취임준비위원회 자문위원 2008~2010년 한국전기안전공사 감사 2010~2013년 케이비유니온 자산부문 사장 2013년 빌더스플래닝 회장(현)

피승환(皮昇桓) PI Seung Hwan

[생]1956 · 1 · 23 [출]충북 충주 [주]서울 성동구 성수일로77 서울숲IT밸리18층 한국방사선진흥협회(02-3490-7114) [학]1976년 충주공업전문학교졸 [경]1991~2001년 과학기술부 정보산업기술과 · 원자력발전소 영광주재관실 · 방사성폐기물관리사업기획단 파견 · 원자력통제과 · 기술진흥과 · 과학기술문화과 · 기초과학정책과 기계사무관 2001년 同원자력발전소 고리주재관실 서기관 2004년 同기술개발지원과 서기관 2005년 同국립중앙과학관 과학교육팀장 2007년 同국립과학관추진기획단 건설과장 2008년 교육과학기술부 국립과학관추진기획단 건설과장 2009년 국립과천과학관 과학문화진흥과장 2011년 同시설관리과장 2011년 同전시운영과장 2013년 同사이버과학관과장 2013년 한국동위원소협회 상근부회장 2014년 한국방사선진흥협회 상근부회장(현) [상]과학기술부장관표창(1986), 홍조근정훈장(2013)

피재호(皮在虎) PYEE Jae Ho (草匡)

[생]1960 · 2 · 29 [본]괴산(槐山) [출]경북 안동 [주]경기 용인시 수지구 죽전로152 단국대학교 자연과학대학 분자생물학과(031-8005-3197) [학]1983년 서울대 미생물학과졸 1985년 同대학원 미생물학과졸 1994년 이학박사(미국 Ohio주립대) [경]1988~1994년 미국 Ohio State Biotechnology Center 연구원 1992년 국제식물분자생물학회 정회원(현) 1994~1995년 서울대 유전공학연구소 연구원 1995년 단국대 자연과학대학 분자생물학과 전임강사 · 조교수 · 부교수 · 교수(현) 1999년 한국식물학회 이사(현) 2000~2006년 (주)휴시스 부설연구소장 2004년 한국약용작물학회 상임이사 · 이사(현) 2005~2007년 한국식물학회 상임이사 2009년 경기지역과학기술정보협의회 자문교수 겸 위원(현) 2010년 (주)향토유전자원연구소 대표(현) 2015년 단국대 생명과학기술연구원장(현) [상]경기지방중소기업청장표창(2009) [저]'최신생물공학(식물편II)'(1996) '생명과학'(2001) '강화약쑥'(2007) '건강기능식품'(2008) [종]기독교

피종호(皮宗昊) PIH Jong-Ho

[생]1953 · 8 · 21 [출]부산 [주]서울 성동구 왕십리로222 한양대학교 독어독문학과(02-2220-0765) [학]1977년 서울대 독문학과졸 1991년 독문학박사(독일 쾰른대) [경]1995년 한양대 독어독문학과 교수(현) 2000~2002년 同인문학부장 2001~2003년 同인문과학연구소장 2003년 한국카프카학회 부회장 2003~2004년 미국 위스콘신대 메디슨교 객원교수 2007~2010년 한국미디어문화학회 회장 2007~2008년 한국카프카학회 회장 2007년 한양대 출판부장 2008년 同미디어문화연구소장 2008년 同대학원 대중문화시나리오학과 교수(현) 2012 · 2014년 독일 바이로이트대 DAAD 초청교수 2014년 한양대 현대영화연구소장(현) 2014년 同출판부장(현) 2014~2016년 同학술정보관장(도서관장) 2015년 한국독일어문학회 회장(현) 2016년 한국사립대학교도서관협의회 회장(현) [저]'영상문화시대에 따른 인문학적 대응전략으로서의 이미지연구'(2002) '유럽영화예술'(2003) '몸의 위기'(2004) '해체미학'(2005) '디지털미디어와 예술의 확장'(2006) '모더니즘의 영화미학'(2006) '문학의 탈경계와 상호 예술성(共)'(2009, 아카넷) '영화와 탈신화(共)'(2009) '포스트모더니즘 영화미학'(2013) '동독영화'(2016) [역]산문집 '릴케'(2000) '시온 마샤르의 환상'(2000) '헤세의 이야기꾼'(2002) '헤세의 환상'(2003) [종]기독교

한국인물사전

2017

YONHAPNEWS

ㅎ

수록 순서 가나다 · 생년월일순

약 호 [생] 생년월일 [본] 본관 [출] 출생지
[주] 주소(연락처) [학] 학력 [경] 경력 (현) 현직
[상] 상훈 [저] 저서 [역] 역서
[작] 작품 [종] 종교

하갑래(河甲來) HA Gap Rae

[생]1955 · 1 · 23 [본]진주(晉州) [출]전남 화순 [주]경기 용인시 수지구 죽전로152 단국대학교 법과대학(031-8005-3288) [학]1974년 양정고졸 1979년 성균관대 경제학과졸 2000년 서울대 행정대학원졸 2003년 법학박사(동국대) [경]1979년 행정고시 합격(23회) 1980~1987년 국방부 재정국 · 예산편성관실 사무관 1987~1992년 노동부 부녀소년과 · 임금복지과 · 근로기준과 사무관 1992년 同부녀소년과장 1994년 노동연수원 교수부장 1994년 駐이란 노무관 1997년 駐중국 노무관 1998년 노동부 고용정책과장 1999년 同정보화담당관 1999년 同노동경제담당관 2000년 경기지방노동위원회 상임위원 2001년 노사정위원회 사무국장 · 운영국장 2002년 노동부 국제협력관 2002년 중앙대 겸임교수 2003년 노동부 고용정책심의관 2004년 중앙공무원교육원 파견 2005년 교육인적자원부 인적자원개발국장 2005년 同평생학습국장 2006~2007년 노동부 근로기준국장 2007년 단국대 법과대학 부교수 · 교수(현) 2010년 同죽전캠퍼스 법과대학장 2014년 산업재해보상보험재심사위원회 위원 2015년 한국장애인고용공단 자문 2015년 국민권익위원회 위원 2015년 국가인권위원회 위원 2016년 경제사회발전노사정위원회 고용차별개선연구회 위원장(현), 고용노동부 규제개혁위원회 위원(현), 중앙노동위원회 심판담당 공익위원(현) [상]대통령표창 [저]'근로기준법' '노동법'(共) '외국인 고용과 근로관계'(2005, 중앙경제) '노동기본권과 노사관계법'(2007, 단국대 출판부) '집단적 노동관계법'(2010, 중앙경제) '노동법총서'(2016, 중앙경제)

하경자(河京子 · 女) HA Kyung Ja

[생]1961 · 6 · 7 [출]경남 고성 [주]부산 금정구 부산대학로63번길2 부산대학교 자연과학대학 대기환경과학과(051-510-2177) [학]1982년 부산대 과학교육학과졸 1984년 서울대 대학원 기상학과졸 1992년 대기과학박사(연세대) [경]1986년 연세대 지구환경연구소 상임연구원 1992년 同자연과학연구소 연구원 1993년 일본 기상연구소 연구원 1996년 부산대 대기과학과 조교수 · 부교수 1999년 미국 오레곤주립대 객원연구원 2002~2004년 부산대 여성연구소장 2004~2005년 한국기상학회 교육이사 및 교육위원장 2004년 과학기술부장관 예산정책자문위원 2005년 교육부 중앙영재교육진흥위원 2005년 APEC기후센터 감사 2005년 부산시 비전2020 과학자문위원 2006년 부산대 자연과학대학 대기환경과학과 교수(현) 2007년 중국 Atmos.&Oceanic Sci Letter 저널 편집위원(현) 2010~2011년 (사)대한여성과학기술인회 부회장 2010~2015년 한국연구재단 한중기초과학교류위원회 위원 2011~2014년 APEC기후센터 이사 2011년 한국연구재단 GRL(Global Research Laboratory) 글로벌몬순기후연구책임자(현) 2012~2013 · 2016년 (사)한국기상학회 부회장(현) 2014년 부산대 기후과학연구소장(현) 2016년 한국과학기술한림원 정회원(이학부 · 현) [상]한국기상학회 송천학술상(2001), 과학기술부장관표창(2003 · 2009), 과학기술훈장 진보장(2012), 부산시 부산과학기술상(2012) [저]'대기환경의 이해' '대기환경의 탐색' '대기관측 · 분석 · 실험' '대기열역학'(2002) [역]'대기역학 에센스' '생활환경과 기상(共)'(2005)

하경효(河京孝) HA Kyung Hyo

[생]1952 · 8 · 7 [출]경남 진주 [주]서울 성북구 안암로145 고려대학교 법학관 신관528호(02-3290-1884) [학]1971년 진주고졸 1975년 고려대 법과대학 행정학과졸 1983년 同대학원 법학과졸 1989년 법학박사(독일 마인츠대) [경]1976년 고려대 노동문제연구소 연구원 1981년 同법학연구소 연구원 1982년 서강대 강사 1990년 고려대 법학과 조교수 · 부교수 · 교수(현) 1995년 同법학과 학과장 1996년 同노동문제연구소장 · 법과대학 교학부장 1999년 중앙노동위원회 심판담당 공익위원(현) 1999년 한국노동법학회 부회장 2001년 법무부 민법개정특별위원회 위원 2001년 고려대 노동문제연구소장 2002~2003년 同법학연구원장 2003~2005년 同노동문제연구소장 2003~2005년 同노동대학원장 2003~2010년 대검찰청 공안자문위원회 위원 2004년 한국유럽법학회 회장 2006~2007년 한국노동법학회 회장 2006~2009년 고려대 법무대학원장 겸 법과대학장 2007~2009년 학교법인 대양학원(세종대) 임시이사 2008~2012년 노동법이론실무학회 회장 2008~2009년 고려대 법과대학장 겸 법무대학원장 2008~2012년 법무부 법무자문위원 2010년 한국민사법학회 회장 2010~2011년 고려대 법과대학장 겸 법학전문대학원장 2010~2013년 대법원 법관징계위원회 위원 [상]홍조근정훈장(2013) [저]'기업의 구조조정과 노동법적 과제'(共) '집단적 노사자치에 관한 법률'(共) '독일채권법현대화'(共) '세계화의 흐름에 대한 노동법적 대응(共)'(1998) '영업양도와 근로관계의 승계(共)'(1999) '노동법사례연습'(2002) '사내하도급과 노동법(共)'(2007) '임금법제론'(2013)

하계열(河桂烈) HA Kye Yeol (素軒)

[생]1945 · 11 · 2 [본]진양(晋陽) [출]경남 거제 [주]부산 부산진구 시민공원로30 부산진구청 구청장실(051-605-4004) [학]1964년 부산고졸 1974년 동아대 법학과졸 2001년 同정책과학대학원 수료 [경]1985~1990년 대통령비서실 근무 1990년 합천군수 1991년 김해군수 1993년 대통령비서실 근무 1994년 부산시 감사실장 1994년 同부산진구청장 1995~1998년 부산시 부산진구청장(민자당 · 신한국당 · 한나라당) 2002년 부산시 부산진구청장선거 출마(무소속) 2003~2006년 GK해상도로(주) 대표이사 2003년 한나라당 부산시당 부위원장, 同중앙상임위원 2006 · 2010~2014년 부산시 부산진구청장(한나라당 · 새누리당) 2009~2010년 전국시장 · 군수 · 구청장협의회 대표회장 2012년 새누리당 부산시당 부위원장 2014년 부산시 부산진구청장(새누리당)(현) [상]새마을포장, 대통령표창(3회), 녹조근정훈장, 남촌문학상 시부문(2010) [저]수상록 '바다를 두려워하라'(2008) 시집 '탱고를 추세요'(2009, 계간문예) '아버지의 웃음'(2013) [종]천주교

하광용(河洸龍) Ha Kwang Yong

[생]1957 · 8 · 10 [본]진주(晉州) [출]경북 상주 [주]경기 평택시 동삭로455의12 쌍용자동차(주) 임원실(031-610-1000) [학]김천고졸, 아주대 기계공학과졸 [경]쌍용자동차(주) 프레스치공구팀 부장, 同생기기획팀담당 상무보, 同생산기술담당 상무보 2008년 同생산기술담당 상무, 同생산기술연구소장 2010년 同생산본부장 2011년 同생산본부장(전무) 2015년 同생산 · 품질총괄본부장(전무)(현) [상]산업자원부장관표창(2006) [종]기독교

하광학(河廣鶴)

[생]1959 · 3 · 31 [출]충남 금산 [주]충남 홍성군 홍성읍 아문길27 홍성군청 부군수실(041-630-1204) [학]1977년 금산고졸 1994년 한국방송통신대 행정학과졸 [경]1977년 충남 금산군 남이면 지방행정서기보 1986~1996년 충남도 내무국 총무과 · 지방공무원교육원 등 근무 1996~1998년 충남도의회 사무처 · 충남도 개발정책심의관실 · 감사관실 근무 1998~2006년 충남 금산군 남이면장 · 금산군 지역경제과장 · 금산군 복지여성과장 2006년 행정자치부 파견, 충남도 혁신정책기획관실 근무 2009년 同기획관리실 균형발전담당관실 지방행정사무관 2009년 同경제정책과 지방행정사무관 2011년 (재)금산세계인삼엑스포조직위원회 파견(지방서기관) 2011년 충남도의회 사무처 전문위원 2012년 세종연구소 교육파견(지방서기관) 2013년 충남도 백제문화단지관리사업소장 2014년 同복지보건국 사회복지과장 2015년 同복지보건국 저출산고령화정책과장 2016년 충남 홍성군 부군수(지방서기관)(현) [상]근정포장(2012)

하귀남(河貴男) HA Gui Nam

[생]1972 · 6 · 8 [본]진양(晋陽) [출]경남 마산 [주]경남 창원시 마산합포구 완월동7길37 2층 법무법인 마산(055-293-9775) [학]1991년 마산 창신고졸 2001년 고려대 무역학과 수료 2003년 同법학과졸 2003년 창원대 노동대학원 제적 [경]2000년 사법시험 합격(42회) 2003년 사법연수원 수료(32기) 2003년 변호사 개업 2003년 민주사회를위한변호사모임 노동위원회 위원(현) 2003년 창신대 경찰행정학과 강사 2003년 민주평통 자문위원 2003년 개혁국민정당 경남위원회 집행위원 2003년 열린우리당 김두관 경남도지부장 법률특보 2004년 제17대 국회의원선거 출마(열린우리당) 2004년 열린우리당 경남도위원회 인권특별위원장 2006년 同마산乙지구당 운영위원장, 대통령 법무비서관실 행정관(3급) 2008년 제18대 국회의원선거 출마(마산乙, 통합민주당) 2008년 민주당 마산乙지역위원회 위원장 2008년 同경남도당 대변인 겸 민우법률위원회 위원장, 민주통합당 경남도당 수석부위원장 2010~2012년 경남도 고문변호사 2012년 제19대 국회의원선거 출마(창원 마산회원구, 민주통합당) 2012년 민주통합당 중앙당 부대변인 2013년 법무법인 마산 대표변호사(현) 2013년 새정치민주연합 창원시마산회원구지역위원회 위원장 2013

년 同당무위원 2015년 同경남도당 총선기획단장 2015년 더불어민주당 경남도당 총선기획단장 2016년 同창원시마산회원구지역위원회 위원장(현) 2016년 제20대 국회의원선거 출마(창원시 마산회원구, 더불어민주당) [저]'나는 마산변호사다'(2012) [종]기독교

하규섭(河圭燮) KYOO SEOB HA

[생]1961·1·17 [출]경남 함양 [주]서울 광진구 용마산로 127 중앙정신보건사업지원단(02-747-3070) [학]1979년 용문고졸 1986년 서울대 의과대학졸 1991년 同대학원 의학석사 1995년 의학박사(서울대) [경]1990~1991년 서울대병원 신경정신과 전임의 1991년 용인정신병원 정신과 과장 1994년 서울대 의과대학 정신과학교실 전임강사 1994년 용인정신병원 용인정신의학연구소 연구원 1995년 서울대 의과대학 정신과학교실 조교수·부교수·교수(현) 1995~2002년 서울대병원 신경정신과 전산화인지지능검사실 담당교수 1998~2003년 同신경정신과 우울증클리닉·조울증클리닉 담당교수 1999~2001년 미국 캘리포니아대 샌프란시스코교 정신과 객원교수 2001~2007년 대한우울조울병학회 홍보이사·간행이사·기획이사 2002~2004년 분당서울대병원 전자의무기록개발팀장 2002~2008년 대한정신약물학회 이사 2003~2005년 분당서울대병원 신경정신과 과장 2003~2013년 同정신건강의학과 우울증클리닉·조울증클리닉 담당교수 2004~2008년 同기획조정실장 2008~2012년 동아시아조울병포럼 창립회장 2010년 아시아조울병네트워크 회장 2010년 분당서울대병원 양극성장애중개연구센터장 2010년 국제조울병학회 부회장 2010년 한국자살예방협회 회장 2013~2016년 국립서울병원 원장 2016년 국립정신건강센터 센터장 2016년 보건복지부 중앙정신보건사업지원단장(현) [상]녹조근정훈장(2016)

하금열(河今烈) HA Kum Loul

[생]1949·12·16 [본]진양(晋陽) [출]경남 거제 [주]서울 종로구 종로26 SK(주) 이사회(02-2121-0114) [학]1968년 동래고졸 1976년 고려대 독어독문학과졸 [경]1976년 동아방송 기자 1980년 KBS 기자 1981년 MBC 기자 1991년 SBS 정치부 부장대우 1992년 同제2사회부장 직대 1993년 同정치부장 1995년 同보도국 취재담당 부국장 1996년 同워싱턴지국장 1997년 同보도국장 직대 1998년 同회장특별보좌역 겸 대기자 1999년 同관리담당 부본부장 겸 인사1팀장 2000년 同미디어정책실장 2001년 同LA지사장 2003년 同보도본부장(이사) 2004년 同보도본부장(상무) 2005년 同상무(상임상담역) 2005년 한국신문방송편집인협회 부회장 2005년 同이사 2007~2009년 SBS 대표이사 사장 2007년 한국방송협회 부회장 2008년 한국디지털미디어산업협회 부회장 2010년 SBS미디어홀딩스 대표이사 사장 2010년 고려대언론인교우회 회장 2011년 SBS 이사회 의장 2011년 同상임고문 2011~2013년 대통령실장 2015년 SK C&C(주) 사외이사 2015년 SK(주) 이사회 이사(현) [상]고려대 언론인상(2004), 중앙언론문화상 방송·영상부문(2009), 한국토목문화대상 언론부문(2010) [저]시집 '강이 끝나는 산 너머로'(2012, 문예촌)

하기주(河基柱) Ha, Gee-Joo

[생]1959·7·10 [주]경북 경산시 하양읍 가마실길50 경일대학교 공과대학 건축공학과(053-600-5449) [학]1982년 한양대 건축공학과졸 1984년 연세대 대학원졸 1993년 공학박사(한국과학기술원) [경]1984년 연세대 산업기술연구소 연구원 1985년 한국건설기술연구원 연구원 1991년 경북산업대 건축공학과 조교수·부교수 1997년 경일대 공대 건축공학과 부교수·교수(현) 2013~2014년 한국구조물진단유지관리공학회 회장 2013~2016년 대통령직속 국가건축정책위원회 위원 2016년 대한건축학회 회장(현) 2016년 경일대 첨단ICT융합생애주기시설물성능개선인력양성사업단장(현)

하남신(河南臣) HA Nam Shin

[생]1956·6·20 [출]광주 [주]서울 양천구 목동동로233 방송회관 방송통신심의위원회(02-3219-5114) [학]1975년 중앙고졸 1982년 고려대 신문방송학과졸 [경]1981~1990년 문화방송 정치부·보도제작부 기자 1991년 SBS 정치부 기자 1995년 同워싱턴특파원 1998년 同국제부장 1999년 同전국부장 2000년 同정치CP·정치CP(부장급) 2001년 同사회1CP 2003년 同정치CP 2004년 同논설위원 2005년 同남북교류협력단장 겸 논설위원(부국장급) 2006년 同보도본부 논설위원 2007년 同보도본부 선거방송기획팀장 2008년 同보도본부 논설위원 2012년 同보도본부 논설위원실장(국장급) 2013~2014년 同보도본부 논설위원 2014년 방송통신심의위원회 위원(현) [상]국민훈장 석류장, 고대언론인교우회 '장한 고려대언론인상'(2013)

하대성(河大成) HA Dae Sung

[생]1966·10·28 [본]진양(晋陽) [출]경북 김천 [주]전북 익산시 익산대로52길27 익산지방국토관리청(063-850-9100) [학]1984년 부산 동성고졸 1991년 연세대 행정학과졸 2001년 일본 사이타마대 대학원 공공정책학과졸 [경]1993년 행정고시 합격(36회) 2002년 건설교통부 국토정책국 지역정책과 사무관 2003년 同국토정책국 국토정책과 사무관 2003년 同국토정책국 국토정책과 서기관 2005년 국가균형발전위원회 파견 2006년 건설교통부 산업입지팀장 2006년 同공공기관지방이전추진단 혁신도시팀장 2007년 同공공기관지방이전추진단 혁신도시1팀장 2008년 국토해양부 공공기관지방이전추진단 혁신도시1팀장 2008년 駐이란 주재관 2011년 대통령실 파견 2012년 국토해양부 택지개발과장 2013년 국토교통부 신도시택지개발과장 2013년 同공공주택건설추진단 공공주택총괄과장 2014년 경기도 도시주택실장 2015년 국토교통부 공공주택업무 총괄(부이사관) 2015년 익산지방국토관리청장(고위공무원)(현)

하대현(河大賢) HA Dae Hyun

[생]1954·8·4 [출]서울 [주]서울 용산구 효창원길52 숙명여자대학교 교육학부 교육심리학과(02-710-9350) [학]1981년 고려대 교육학과졸 1983년 同대학원 교육심리학과졸 1988년 철학박사(미국 Iowa대) [경]1989년 인제대 전임강사 1995년 숙명여대 교육학부 교육심리학과 조교수·부교수·교수(현) 1997~1998년 한국교육심리학회 운영위원 1997년 한국교육과정평가원 시험출제위원 1998년 숙명여대 학생생활상담소 운영위원 2001년 한국멘사 국가고문심리학자(현) 2003년 행정자치부 국가고시위원 2003년 한국교육과정평가원 평가위원 2005~2009년 한국교육심리학회 회장 2016년 숙명여대 교육대학원장(현) [저]'교육측정평가의 새지평'(1998) '교육심리학 용어사전'(2000) '현대교육심리학의 쟁점과 전망'(2000) [역]'신 지능이론'(1991) '지능이란 무엇인가?'(1998)

하동근(河東瑾) HA Dong Keun

[생]1955·4·12 [출]경남 산청 [주]서울 서대문구 서소문로21 충정타워5층 한국케이블TV방송협회(02-398-5315) [학]1973년 부산고졸 1981년 한국외국어대 영어과졸 1988년 일본 와세다대 대학원 연수 2003년 동국대 언론정보대학원 신문방송학과졸 2015년 同대학원 신문방송학 박사과정 재학 중 [경]1981년 MBC 보도국 사회부 기자 1990년 同동경특파원 1993년 同북한부 기자 1994년 同정치2부 기자 1994년 同사회부 기자 1995년 同뉴스와이드제작실 제작3CP 1995년 同정책기획실 편성정책팀 차장 1996년 同보도국 뉴스데스크제작실 제작1CP 1996년 同보도국 보도기획팀장 1999년 同보도국 라디오인터넷뉴스부장 2000년 同국제부장 2001년 同보도제작부장 2001년 同시사제작국 시사제작1CP 2002년 同정책기획실 정책특보 2003~2009년 (주)iMBC 대표이사 사장 2005년 동국대 언론정보대학원 신문방송학과 겸임교수(현) 2009년 영상물등급위원회 심의위원 2010~2011년 同비디오물등급분류위원 2011~2014년 JEI재능방송 사장 2011년 남산미디어포럼 초대회장(현) 2011~2013년 (주)JEI재능그룹 최고전략책임자(CSO) 2011~2014년 재능e아카데미 대표이사 사장 2012~2014년 JEI재능교육 신규사업부문 총괄 대표이사 2014년 JEI재능방송 고문(현) 2014년 한국케이블TV방송협회 부회장(현) 2014년 同방송채널사용사업자(PP)협의회 회장 겸임(현) 2014년 대한불교조계종 불교언론문화상 심사위원 [상]제2회 문화콘텐츠 글로벌리더상(2009) [저]'일본 방송연구'(共) '디지털방송론'(編) '디지캐스팅 2.0'

하동명(河東明) Ha, Dong-Myeong

[생]1958·10·3 [본]진주(晋州) [출]강원 강릉 [주]충북 제천시 세명로65 세명대학교 보건안전공학과(043-649-1321) [학]1977년 강릉고졸 1981년 경희대 공대 화학공학과졸 1984년 同대학원 화학공학과졸 1989년 화학공학박사(경희대) [경]1994년 세명대 보건안전공학과 교수(현) 1996~2002년 同보건안전공학과장 1999년 한국산업인력관리공단 기사·기술사·지도사출제 및 검토위원(현) 2001~2005년 세명대 환경안전시스템공학부장 2001~2006년 同대학원 환경안전시스템공학과 주임교수 2001년 고용노동부 심의위원 2001~2002년 한국소방안전협회 소방의용상 중앙심사위원 2002~2014년 한국화학공학회 화학공정안전부분위원회 부위원장 2002년 한국과학기술기획평가원 평가위원(현) 2002년 한국산업안전공단 산업안전보건연구원 전문위원(현) 2002년 한국산업기술평가원 평가위원 2002~2004년 6th AOSFST(Asia-Oceania Symposium Fire Science & Technology) Organizing Committee Member 2003년 노동부·매일경제신문 주관 안

전경영대상 심사위원 2004년 한국소방산업기술원 소방검정기술심의회 위원(현) 2004~2008년 세명대 보건안전공학과장 2004년 한국과학기술단체총연합회 과학기술용어대사전 편집위원 2005년 한국소방안전협회 교재편찬 심의위원(현) 2005년 한국산업안전공단 공정안전보고서 심사위원(현) 2005년 소방방재청 국가R&D 심의위원 2005년 고용노동부 산업안전보건정책전문위원회 위원 2006~2010년 한국산업안전공단 KOSHA Code 기술기준제정위원회 위원 2006년 중앙소방학교 주관 소방시설관리사 출제위원 2006~2007년 APSS(Asia Pacific Symposium on Safety) 2007 Organizing Committee Member 2008년 Who's Who in Science and Engineering 2008 · 2009에 등재 2009~2015년 미국 세계인명사전 Marquis Who's Who in the World에 등재 2009~2010년 충북도 학생처장협의회장 2009~2015년 한국가스학회 부회장 2009년 한국화재감식학회 부회장(현) 2009~2010년 세명대 학생처장 겸 생활관장 2009년 한국화재소방학회 부회장 겸 편집위원장(현) 2009년 대한전기협회 KEPIC 화재전문위원장(현) 2009년 행정안전부 기술고시 출제위원 2010년 한국안전학회 학술부회장 겸 편집위원장 2010년 한국산업안전보건공단 KOSHA GUIDE 제정위원회 위원(현) 2011년 소방방재청 화재특별조사팀 전문위원 2011년 한국소방산업기술원 위험물시설안전성 평가위원(현) 2011년 同공간안전인증 평가위원(현) 2011~2012년 한국산업인력공단 대한민국 명장 선정 자문위원 2011년 지식경제부 가스기술기준위원회 위원 겸 고압가스 판매 · 저장 · 사용분과위원장 2011년 APSS(Asia Pacific Symposium on Safety) 2011 Program Committee Member 2012년 서울대 화학공정신기술연구소 객원연구원 2014년 산업통상자원부 가스기술기준위원회 위원장(현) 2014년 한국화학공학회 화학공정안전부분위원회 전문위원(현) 2016년 한국안전학회 회장(현) [상]한국과학기술단체총연합회 제12회 과학기술우수논문상(2002), 한국화재소방학회 최우수논문상(2003), 한국안전학회 학술상(2003), 행정자치부장관표창(2003 · 2006), 한국화재소방학회 공로상(2004), 한국화재소방학회 우수논문상(2005), 한국소방안전협회 2006소방학술심포지움 최우수논문상(2006), 한국가스학회 공로상(2006), 한국가스학회 논문상(2007), 한국가스학회 우수논문상(2008), 제7회 대한민국안전대상 안전문화공로상(2008), 한국안전학회 학술상(2009), 한국안전학회 공로상(2009), 한국과학기술단체총연합회 제19회 과학기술우수논문상(2009), 한국화재소방학회 학술상(2009), 대통령표창(2010), 한국과학기술단체총연합회 제20회 과학기술우수논문상(2010), 한국안전학회 학술상(2011), 행정안전부장관표창(2011), 한국화재소방학회 학술상(2013), 한국화재감식학회 학술상(2015), 제14회 대한민국안전대상 대통령표창(2015) [저]'방재소방기술총람(上 · 下)' '최신화공안전공학' '최신일반화학과 유기물질론' '대학일반화학' '화공안전공학' [역]'연소공학' [종]불교

하동수(河東秀) HA, DONG SOO

[생]1968 · 3 · 25 [출]경남 남해 [주]세종특별자치시 도움6로11 국토교통부 공공주택건설본부 공공주택건설추진단(044-201-4502) [학]1986년 부산대사대부고졸 1990년 서울대 서어서문학과졸 1994년 同대학원 경영학과졸 2002년 경제학박사(미국 미주리대) [경]2006년 국민경제자문회의 사무처 조사관 2006년 건설교통부 국토정보기획팀장 2007년 同홍보지원팀장 2009년 국토해양부 도로운영과장 2010년 同운영지원과장 2011년 同지역정책과장 2012년 同기획담당관(부이사관) 2013년 국토교통부 국제협력정보화기획단장 2014~2015년 대통령 경제수석비서관실 국토교통비서관실 교통총괄행정관 2015년 국토교통부 공공주택건설본부 공공주택건설추진단장(고위공무원)(현)

하두봉(河斗鳳) HA Doo Bong (竹玄)

[생]1931 · 8 · 14 [본]진주(晉州) [출]경남 진양 [주]서울 서초구 반포대로37길59 대한민국학술원(02-3400-5220) [학]1952년 진주농고졸 1956년 서울대 문리과대학 생물학과졸 1958년 同대학원졸 1972년 이학박사(일본 도호쿠대) [경]1959~1978년 서울대 문리과대학 전임강사 · 조교수 · 부교수 1978~1996년 同자연과학대학 분자생물학과 교수 1985~1987년 同자연과학대학장 1987년 同부총장 1989~1992년 문교부 학술진흥위원회 위원장 1990년 同중앙교육심의회 부위원장 1991년 同대학교육심의회 부위원장 1991년 생물교육학회 회장 1993~1997년 광주과학기술원 원장 1993년 한국과학기술단체총연합회 이사 1994년 한국과학기술한림원 정회원, 同원로회원(현) 1996년 서울대 명예교수(현) 1998년 대한민국학술원 회원(동물생리학 · 현) 1999~2005년 광주과학기술원 생명과학과 석좌교수 2002~2005년 同부이사장 [상]국민훈장 목련장(1996), 과학기술훈장 창조장(2004), 서울대 총동창회 공로패(2011) [저]'자연과학개론'(1972 · 1980 · 1986) '일반동물학'(1974) '동물생리학'(1974) '생리학실험'(1984) '현대과학과 윤리'(1988) '인간이란 무엇인가'(1991) '일반생물학'(1997) [역]'二重螺旋'(1973) '세포생물학'(1975) '神에의 도전'(1976) '창조의 제8일'(1984) '분자생물학要說'(1989) '생명과학철학'(1994)

하만덕(河萬德) HA Man Deog

[생]1960 · 5 · 26 [출]경남 산청 [주]서울 강남구 테헤란로 507 미래에셋생명보험(주) 임원실(02-3271-4114) [학]진주 대아고졸, 부산대 불어불문학과졸 [경]1992년 SK생명보험 입사 1999년 同부평지점장 2003년 同계약심사팀장 2003년 同영업지원팀장 2004년 同영남지역본부장 2005년 同부산사업부장 2005년 同개인영업본부장(이사) 2005년 미래에셋생명보험(주) 개인영업본부장(이사) 2005년 同FC영업본부장 겸 강동지역본부장(이사) 2006년 同FC영업1부문 상무 2008년 同FC1영업 대표 2011년 同공동대표이사 사장 2016년 同대표이사 사장 2016년 同대표이사 부회장(현)

하명호(河明鎬) HA Myeong Ho

[생]1958 · 9 · 2 [출]서울 [주]서울 종로구 율곡로2길25 현대종합상사(주) 임원실(02-390-1114) [학]보성고졸 1982년 성균관대 경제학과졸 1989년 미국 페어리디킨슨대 대학원졸(MBA) [경]1989~2004년 현대석유화학 근무 2005년 현대그룹 기획총괄본부 경영전략팀 상무 2007~2008년 현대택배 전략기획실 상무 2010년 현대종합상사(주) 전무 2013년 同부사장(현)

하문근(河文根) Mun-Keun Ha

[생]1959 · 11 · 21 [본]진양(晋陽) [출]경남 진주 [주]경남 거제시 장평3로80 삼성중공업(주) 임원실(055-630-4742) [학]진주고졸, 부산대 조선공학과졸, 공학박사(일본 히로시마대) [경]삼성중공업(주) 제품연구파트장, 同유체연구파트장 2005년 同조선플랜트연구소 제품기술연구센터장(상무보), 同조선플랜트연구소 제품기술연구센터장(상무) 2010년 삼성 펠로우(현) 2011년 삼성중공업(주) 조선플랜트연구소 제품기술연구센터장(전무) 2011년 同기본설계1팀장(전무), 同설계2담당 전무 2014년 同조선시추사업부 전무 2015년 同조선시추사업부 부사장(현)

하미승(河美勝) Mee Sung Ha (현곡)

[생]1955 · 7 · 29 [본]진양(晋陽) [출]경남 진주 [주]서울 광진구 능동로120 건국대학교 정치대학 행정학과(02-450-3573) [학]1977년 건국대 법학과졸 1981년 서울대 행정대학원 행정학과졸 1985년 미국 오하이오주립대 대학원 행정학과졸 1989년 행정학박사(미국 조지아대) [경]1976년 행정고등고시 합격(19회) 1977년 내무부 행정사무관 1978~1990년 총무처 인사국 · 후생국 · 행정조사실 행정사무관 1990~1994년 同조직국 조사과장 · 제도1과장 1995년 同인사국 급여과장 1996년 同기획관리실 기획예산과장 1998~2001년 행정자치부 이사관 2001년 건국대 행정학과 교수(현) 2002년 국민고충처리위원회 정책평가위원 2002년 중앙인사위원회 정책평가위원 2003년 정부혁신위원회 전문위원 2005년 중앙인사위원회 자문위원 2006년 한국인사행정학회 부회장 2006년 한국행정학회 상임이사 2006년 감사원 행정심판위원 2006년 건국대 행정문제연구소장 2006년 국민권익위원회 정책평가위원 2008~2010년 건국대 서울캠퍼스 행정대학원장 2009년 한국인사행정학회 회장 2009년 감사원 행정심판위원 2009~2010년 서울 광진구 인사위원 2010~2012년 건국대 부총장 2011년 행정안전부 인사정책자문위원회 총괄위원장 · 위원 2013년 안전행정부 인사정책자문위원 2013년 국민권익위원회 정책평가위원장(현) 2014년 인사혁신처 인사정책자문위원(현) 2015년 법제처 정책평가위원(현) 2016년 인사혁신처 정책평가위원(현) 2016년 행정자치부 정부정책연구용역(전체 행정부처) 평가위원(현) 2016년 건국대 상허기념도서관장(현) [상]행정자치부장관표창(1998 · 2001) [저]'행정정보체계론'(1996) '행정학의 주요이론'(2005) '새 행정학'(2012) '조직학 : 철학과 새 이론 탐색'(2015)

하미용(河美容 · 女) HA, Mi-Yong

[생]1963 · 12 · 23 [주]경기 수원시 장안구 서부로2139 경기지방노동위원회 위원장실(031-259-5050) [학]1982년 대구 원화여고졸 1986년 이화여대졸, 한국개발연구원 국제정책대학원졸 [경]1989년 행정고시 합격(32회) 1990~1996년 노동부 임금복지과 · 보험관리과 · 보험징수과 · 산재보상과 행정사무관 1996년 同고용정책실 훈련지도과 행정서기관 1997년 同산업보건과 행정서기관 1998년 同고용보험기획과 행정서기관 1999년 경기지방노동위원회 사무국장 2000년 경인지방노동청 관리과장 2004년 인천북부지방노동사무소장 2005년 노동부 총무과장 2006년 同근로기준국 근로기준팀장 2007년 同노사정책국 노사정책팀장 2007년 경인종합고용지원센터 소장 2009년 노동부 고용정책실 고용보험정책과장 2010년 고용노동부 고용정책실 고용보험정책과장 2011년 同고용정책실 직업능력정책관(고위공무원) 2012년 국방대 교육훈련(고위공무원) 2013년 중부지방고용노동청장 2016년 경기지방노동위원회 위원장(현)

하민중(河旻中) HA Min-Jung

④1944·1·12 ⓑ진주(晉州) ⓒ경남 함양 ㈜서울 중구 을지로12길5 동화빌딩407호 (주)뉴멜로(02-778-9011) ⓗ1963년 배명고졸 1970년 명지대 경상대 경영학과졸 2002년 일본 호세이대학 법률학과 3년 수료 ⓖ1973년 한국웅사단 부단장 1976년 (주)협진 전무 1980년 한국학생운동인동우회선전위원장 1980년 두성물산(주) 대표이사 1984년 민주화추진협의회 운영위원 1988년 한국민주발전연구소 소장 1990년 (사)한중우호협회 상무이사 겸 초대 사무총장 1990년 同이사 1993년 홍산물산(주) 대표이사 회장 1994년 한·우즈베크친선협회 상임부회장(현) 2002년 (사)음악사랑본부 부총재(현) 2011년 (주)뉴멜로 대표이사(현)

하민철(河敏哲) HA Min Chel

④1955·5·1 ⓑ진주(晉州) ㈜제주특별자치도 제주시 문연로13 제주특별자치도의회(064-741-1850) ⓗ제주제일고졸, 제주대 해양과학대학 어로학과졸 ⓖ신제주초등학교 운영위원장, 남녕고 법인이사, 제주JC(청년회의소) 연수원장, 제민일보 자문위원, 한라일보 독자위원, 오일장신문(주) 대표이사, 제주북초등학교 총동창회 회장(현), 제주대 총동창회 부회장(현), 제주시 해병전우회 회장, 제주도 배드민턴협회 부회장, 제주특별자치도 재향군인회 이사(현), 제주특별자치도 사회복지공동모금회 홍보위원, 제주특별자치도 장애인댄스스포츠연맹 회장, 한라소년합창단 운영부위원장, 제주대 총동창회 장학회 이사, 한나라당 전국상임위원, 신공항건설특별위원회 위원장 2006·2010년 제주특별자치도의회 의원(한나라당·새누리당) 2010~2011년 제주미래전략산업연구회 간사 2010년 제주도테니스연합회 회장 2011·2016년 제주특별자치도의회 제주미래전략산업연구회 대표·간사·대표의원(현) 2012년 同환경도시위원회 위원장, 제주특별자치도 사회복지공동모금회 운영위원, 제주특별자치도 생활체육협의회 자문위원 2013·2016년 민주평통 자문위원·지역간사(현) 2014년 제주특별자치도의회 의원(새누리당)(현) 2014년 同농수축지식산업위원회 위원 2014년 同농수축경제위원회 위원 2016년 同의회운영위원회 위원(현) 2016년 同환경도시위원회 위원장(현) 2016년 同윤리특별위원회 위원(현)

하변길(河便吉)

④1964·9·13 ⓒ부산 ㈜대전 서구 청사로189 관세청 대변인실(042-481-7615) ⓗ부산 동아고졸, 경희대 신문방송학과졸 ⓖ1990년 한겨레신문 기자 2000년 同뉴스부 속보팀장 2001년 同컨텐츠팀장 2002년 同인터넷한겨레 전략기획팀장 2002년 한국온라인신문협회 사무국장 2003년 한겨레신문 컨텐츠사업부장 2004년 한겨레플러스 뉴스부장 2009년 한겨레신문 디지털미디어사업본부 전략기획센터장 2012년 한국수력원자력 홍보실 팀장 2015년 同홍보실 언론홍보2팀장 2016년 관세청 대변인(현)

하병준(河丙埈) Ha Byung-Jun

④1958 ⓒ서울 ㈜경남 김해시 전하로176번길83 김해우체국(055-320-9000) ⓗ성동고졸, 서울시립대 경영대학원졸 ⓖ정보통신부 지식정보산업과 사무관 2005년 同기획관리실 예산담당관실 서기관 2005년 同정책홍보관리실 서기관 2007년 충청체신청 우정사업국장 2010년 천안우체국장 2011년 청주우체국장 2013년 원주우편집중국장 2014년 춘천우체국장 2015년 김해우체국장(현) ⓢ대통령표창(2005)

하복동(河福東) HA Bok Dong

④1956·10·19 ⓑ진주(晉州) ⓒ충북 영동 ㈜서울 중구 필동로1길30 동국대학교 사회과학대학 사회과학연구원(02-2112-0230) ⓗ1979년 충남대 법학과졸 1985년 서울대 행정대학원졸 2002년 미국 캘리포니아주립대(UCSD) 국제관계과정 수료 2006년 행정학박사(고려대) ⓖ1979년 행정고시 합격(23회) 1980년 총무처 행정사무관 1983년 감사원 근무, 同심사2담당관 1996년 同제3국 1과장 1998년 同제1국 1과장 1999년 同총무과장 2001년 同원장 비서실장 2001년 해외 파견(훈련) 2002년 감사원 원장비서실장 2003년 同재정·금융감사국장 2004년 同기획관리실장 2006년 同기획홍보관리실장 2006년 同제1사무차장 2007~2011년 同감사위원 2010~2011년 감사원장 직대 2012년 동국대 행정학과 교수 2013년 同사회과학대학 사회과학연구원 석좌교수(현) 2014년 현대로템 사외이사(현) 2015년 한국에너지공단 감사운영위원(현) 2016년 동국대 공공기관경영평가연구원장(현) ⓢ체육부장관표창(1986), 감사원장표창(1988), 근정포장(1989), 황조근정훈장(2006) ⓩ불교

하봉수(河奉秀)

④1959·6·2 ㈜전남 나주시 전력로55 한국전력공사 해외사업본부(061-345-3114) ⓗ1978년 광주 석산고졸 1982년 전남대 정치외교학과졸 ⓖ2010년 한국전력공사 경기본부 여주지점장 2011년 同해외자원개발처 자원전략팀장 2012년 同전북지역본부 군산지사장 2012년 同AESIEAP 파견 2014년 同해외원전금융처장 2015년 同해외사업본부부장(현)

하상구(河相久) HA Sang Koo

④1964·11·1 ⓑ진양(晉陽) ⓒ경북 경주 ㈜충남 아산시 신창면 황산길100의50 경찰대학 학생지도부(031-620-2112) ⓗ경주고졸, 경찰대졸(2기), 성균관대 대학원졸 ⓖ2000년 서울지방경찰청 방범지도계장 2003년 同생활안전계장 2006년 경북지방경찰청 생활안전과장(총경) 2007년 경북 경주경찰서장 2008~2009년 대통령 민정수석비서관실 행정관 2009년 교육파견 2013년 경찰청 수사기획과장 2014년 同수사기획과장(경무관) 2014년 경북지방경찰청 제2부장(경무관) 2015년 경찰대 학생지도부장(경무관)(현)

하상용(河相龍) Ha Sang-yong

④1952·3·4 ㈜서울 강남구 도곡로205 원경빌딩 삼아알미늄(주) 사장실(02-3458-0503) ⓗ1971년 성남고졸 1979년 인하대 금속학과졸 ⓖ1979년 삼아알미늄(주) 입사 1997년 同압연생산부장 2007년 同압연공장장(이사) 2011년 同생산총괄 상무이사 2015년 同각자대표이사 사장(현)

하상혁(河相赫) Ha Sanghyuk

④1972·1·22 ⓑ진주(晉州) ⓒ서울 ㈜서울 서초구 서초중앙로157 서울고등법원 판사실(02-530-1114) ⓗ1990년 서초고졸 1994년 서울대 법학과졸 ⓖ1994년 사법시험 합격(36회) 1997년 사법연수원 수료(26기) 1997년 軍법무관 2000~2002년 서울중앙지법 판사 2002~2004년 서울서부지법 판사 2004~2008년 대전지법 천안지원 판사 2008년 인천지법 판사 2009년 서울고법 판사 2010년 대법원 재판연구관 2012년 부산지법 부장판사 2013년 서울고법 판사(현)

하상효(河相孝)

④1962·2·5 ㈜경북 포항시 남구 철강로173 포스코강판(주) 임원실(054-280-6114) ⓗ1980년 대구고졸 1985년 고려대 통계학과졸 ⓖ1985년 포스코 입사 1992년 同재무실·경리실 계장 1996년 同도교지점 과장 2006년 同기획조정실·출자관리실 과장 2007년 同광석구매실 팀리더 2011년 POSCO-Canada 파견(이사) 2011년 포스코 철강산업2실 팀리더급 2011년 포스화인 상무이사 2014년 同대표이사 2015년 포스코강판(주) 기획재무실장(상무)(현)

하석주(河錫柱)

④1958·5·2 ㈜서울 서초구 잠원로14길29 롯데건설(주) 임원실(02-3480-9114) ⓗ용문고졸, 단국대졸, 고려대 대학원 회계학과졸 ⓖ2003년 롯데건설(주) 이사대우 2006년 同이사 2008년 同인사팀장 겸 재경팀장(상무), 同경영지원실장 직대(상무이사), 同주택사업본부장 겸 경영지원본부장(전무이사) 2014년 同주택사업본부장 겸 경영지원본부장(부사장)(현) ⓢ은탑산업훈장(2015)

하선영(河先泳·女) HA Sun Young

④1964·10·30 ㈜경남 창원시 의창구 상남로290 경상남도의회(055-211-7426) ⓗ진주 삼현여고졸, 경상대 불어불문학과졸 2010년 인제대 사회복지대학원 사회복지학과졸, 同대학원 사회복지학 박사과정 재학 중 ⓖ경남도여성회 이사, 경남도민일보 객원기자, 시인(현), 여성문화동인 '살류쥬' 홍보위원장, 김해여성복지회관 이사, 오마이뉴스 시민기자, 허황옥실버문화축제 홍보위원장, 이주여성문화학교 교장, 한나라당 김해甲당원협의회 디지털위원장 2006~2010년 경남 김해시의회 의원(비례대표) 2010~2014년 경남 김해시의회 의원(한나라당·새누리당), 새누리당 전국여성의원공천특별위원회 위원장 2014년 경남도의회 의원(새누리당)(현) 2014~2016년 同문화복지위원회 위원 2014년 경남도교육청 예산결산특별위원회 부위원장 2015년 경남도의회 예산결산특별위원회 부위원장 2016년 새누리당 전국여

성의원협의회 공동대표(현) 2016년 경남도의회 교육위원회 위원(현) [상]경남장애인인권포럼 선정 우수의원(2015), 창원경제정의실천시민연합 의정상(2016), 전국시·도의회의장협의회 우수의정 대상(2016) [저]'사랑의 슬픈 기쁨'(2005)

하 성(河 成)

[생]1959·9·12 [주]서울 중구 남대문로39 한국은행 감사실(02-759-4005) [학]1978년 홍익대사대부고졸 1983년 고려대 경제학과졸 1985년 同대학원 경제학과졸 1996년 경제학박사(미국 조지워싱턴대) [경]1984년 행정고시 합격(27회) 1984년 총무처 행정사무관 1987년 경제기획원 대외경제조정실 행정사무관 1997년 재정경제원 예산실 서기관 2001년 기획예산처 정부개혁실 행정3팀장 2002년 국제부흥개발은행(IBRD) 파견 2005년 기획예산처 사회재정기획단 복지재정과장(부이사관) 2007년 보건복지부 정책홍보관리실 재정기획관(고위공무원) 2010년 기획재정부 경제정책국 미래전략정책관 2011년 기획재정부 세제실 관세정책관 2013년 지역발전위원회 지역발전기획단장 2015년 한국은행 감사(현)

하성규(河晟奎) HA Seong Kyu

[생]1947·9·7 [본]진주(晉州) [출]경남 창녕 [주]서울 종로구 새문안로3길12 한국도시연구소(02-738-4292) [학]동아고졸 1973년 계명대 영어영문학과졸 1979년 서울대 환경대학원 도시계획학과졸 1981년 영국 런던대 대학원 도시·지역계획학과졸 1984년 도시·지역계획학박사(영국 런던대) [경]1980년 목원대 행정학과 전임강사 1985~2011년 중앙대 산업과학대학 도시및지역계획학과 교수 1985년 서울대 환경대학원 강사 1989년 건설부 정책자문위원 1995~2001년 한국도시연구소 소장 1996년 중앙대 산업경영연구소장 1997~1999년 한국주택학회 회장 1997~2002년 서울시 도시계획위원회 위원 1999~2000년 경제정의실천시민연합 상임집행위원장 1999~2001년 중앙대 산학협동처장 1999~2003년 대한주택공사 사외이사 2000~2003년 서울시 도시계획위원 2001~2003년 국무조정실 정책평가위원 2001~2004년 중앙대 사회개발대학원장 겸 대외협력본부장 2002~2004년 한국지역개발학회 회장 2002~2006년 서울시 업무평가위원회 위원 2003~2005년 행정자치부 소도읍육성정책심의회 위원장 2004년 감사원 자문위원 2004년 (사)한국도시연구소 이사장(현) 2005~2006년 대통령자문 국민경제자문회의 자문위원 2007년 농림부 삶의질향상평가위원회 평가단장 2007년 행정자치부 지역균형발전분과위원회 위원장 2008~2009년 한국사회정책학회 회장 2008~2014년 서울시 주거환경개선정책자문위원장 2008~2010년 (사)주거복지연대 이사장 2009~2010년 중앙대 제2캠퍼스 부총장 2010~2011년 서울시 공동주택재건축정책자문위원장 2011년 중앙대 사회과학대학 도시계획·부동산학과 교수 2013년 同명예교수(현) 2013년 한국주택관리연구원 원장(현) 2014~2016년 한국철도공사(코레일) 비상임이사 [상]대한국토도시계획학회 학술상(1994), 옥조근정훈장(2013) [저]'주택정책론'(1987) 'HOUSING POLICY AND PRACTICE, IN ASIA LONDON, CROOM HELM'(1987) '지역계획론(共)'(1991) '도시관리론(共)'(1995) '불량주택 재개발론(共)'(1998) '주택보장과 주택정책(共)'(1998) '지속가능한 도시개발론'(1998) '현대도시와 사회'(2000) [역]'도시개발의 성찰' [종]기독교

하성규(河聖奎) HA Sung Kyu

[생]1951·3·1 [출]서울 [주]서울 서대문구 연세로50 연세대학교 의과대학(1599-1885) [학]1977년 연세대 의대졸 1983년 同대학원졸 1990년 의학박사(연세대) [경]1984~2016년 연세대 의과대학 내과학교실 신장내과 교수 1988~1989년 미국 하버드대 의대 부속 Brigham and Women's Hospital 신장내과 연구원 2001년 영동세브란스병원 중앙연구실장 2003년 同적정진료관리실장 2004년 대한신장학회 대외협력이사 2008~2012년 강남세브란스병원 내과부장 2009~2011년 同부원장 2016년 연세대 의과대학 명예교수(현) [종]기독교

하성근(河成根) HA Seung Keun

[생]1955·10·11 [본]진양(晋陽) [주]서울 강남구 테헤란로432 동부금융센터33층 (주)동부 임원실(02-3484-1055) [학]경북고졸, 한국외국어대 법학과졸 [경]삼성항공 사업기획팀장, 同경영지원팀장 2003년 동부CNI 경영지원실장(상무) 2008년 同IT부문 경영지원실장(부사장) 2009년 同인사팀 제도파트장 2014년 同IT부문 부사장 2015년 (주)동부 IT부문 부사장(현)

하성기(河成基) HA Sung Ki

[생]1951·6·1 [출]경남 [주]울산 남구 북부순환도로17 경상일보 사장실(052-220-0600) [학]경기고졸, 서울대 화학공학과졸 [경]1977년 쌍용정유(주) 입사 1991년 同부장 1997년 同이사대우 1998년 同분해공정담당 대외이사 2001년 S-Oil(주) 울산제2공장장(상무) 2002년 同울산제1공장장(상무) 2003년 同울산공장장(총괄상무) 2004년 同울산공장장(총괄부사장) 2005년 울산상공회의소 상임의원 2007~2012년 S-Oil(주) 울산공장장(생산담당 수석부사장) 2009~2012년 울산상공회의소 부회장 2010~2013년 울산항만공사 항만위원장 2012~2013년 S-Oil(주) 전략·마스터플랜 의장(수석부사장) 2013년 同고문 2016년 경상일보 대표이사 사장(현) [상]철탑산업훈장(2006)

하성도(河聖道) Sungdo HA

[생]1961·3·9 [본]진양(晋陽) [출]서울 [주]서울 성북구 화랑로14길5 한국과학기술연구원 연구기획조정본부(02-958-5647) [학]1979년 경동고졸 1983년 서울대 기계공학과졸 1985년 한국과학기술원(KAIST) 기계공학과졸(석사) 1993년 공학박사(미국 매사추세츠공과대) [경]1985~1988년 한국과학기술연구원(KIST) CADCAM연구센터 연구원 1993년 同책임연구원(현) 2004~2006년 同CADCAM연구센터장 2007~2009년 同지능시스템연구본부장 2011~2012년 同기술사업본부장 2012년 同기술정책연구소장 2014년 同연구기획조정본부장 겸 융합연구정책센터장(현)

하성민(河成旼) HA Sung Min

[생]1957·3·24 [출]부산 [주]서울 종로구 종로26 SK(주) 임원실(02-2121-1608) [학]1976년 동래고졸 1981년 성균관대 경영학과졸 [경]1982년 (주)선경 입사, SK텔링크 이사, SK텔레텍 감사 2000년 신세기통신 재무관리실장 2002년 SK텔레콤(주) 경영기획실장(상무) 2004년 同전략기획부문장(상무) 2005년 同전략기획부문장(전무) 2005년 同경영지원부문장(전무) 2007년 同Corporate Center장(CFO·전무) 2008년 同MNO Biz. Company(이동전화사업부) 총괄사장 2008·2013~2014년 세계이동통신사업자협회(GSMA) 이사회 멤버 2010년 SK텔레콤(주) 총괄사장 2011~2014년 同각자대표이사 사장 2011~2015년 한국정보통신진흥협회(KAIT) 회장 2011~2014년 서울 SK나이츠 구단주 2012~2014년 SK하이닉스(주) 사내이사 겸 이사회 의장 2013~2014년 SK그룹 SUPEX(Super Excellent)추구협의회 전략위원장 겸임 2013~2014년 서울상공회의소 비상근부회장 2014년 한국빅데이터연합회 초대의장 2015년 SK그룹 SUPEX(Super Excellent)추구협의회 윤리경영위원회 위원장(현) [상]세계이동통신사업자협회(GSMA) 최고 의장상(2013) [종]불교

하성수(河星守) HA Sung Soo

[생]1966·10·29 [출]서울 [주]서울 서초구 남부순환로2423 한원그룹 회장실(02-521-5932) [학]1985년 미국 Oxford Academy졸 1989년 미국 Parson's School of Design 산업디자인학과졸 [경]1996년 (주)남일 이사 1999년 (주)한원컨트리클럽 부사장·사장 1999~2000년 (주)동아정기 상무이사·부사장 2000년 한원그룹 회장(현) [종]불교

하성용(河成龍)

[생]1951·10·14 [출]경북 영천 [주]경남 사천시 사남면 공단1로78 한국항공우주산업(주) 사장실(055-851-0903) [학]1970년 경북고졸 1974년 고려대 법학과 학사 1977년 同대학원 법학석사 2015년 명예 경영학박사(경상대) [경]1978년 대우그룹 공채 입사 1997년 대우중공업(주) 재무담당 이사부장 1998년 同인사·노사·총무담당 인사부장 1999년 한국항공우주산업(주) 재무실장(이사) 2005년 同경영지원본부장(전무) 2010년 同부사장 2011년 同고문 2011~2013년 성동조선해양(주) 대표이사 사장 2013년 한국항공우주산업(KAI) 대표이사 사장(현) 2013년 한국항공우주산업진흥협회 회장(현) [상]제25회 다산경영상 전문경영인부문(2016)

하성용(河成容)

[생]1959·10·28 [출]전북 정읍 [주]전북 무주군 무주읍 주계로97 무주군청 부군수실(063-320-2204) [학]1978년 익산 남성고졸 1990년 한국방송통신대 중국학과졸 2011년 전북대 대학원 지방자치학과졸 [경]2005년 전북도 기획관리실 혁신기획담당 사무관 2007년 同기획관리실 교육지원담당 사무관 2009년 同의회사무처 총무담당관(서기관) 2012년 전북도 문화체육관광국 관광산업과장 2013년 同의회사무처 산업경제전문위원 2016년 전북 무주군 부군수(현)

하성원(河盛元)

[생]1973·12·17 [출]대구 [주]경남 창원시 성산구 창이대로 681 창원지방법원(055-266-2200) [학]1992년 대구 덕원고졸 1997년 서울대 사법학과졸 [경]1997년 사법시험 합격(39회) 2000년 사법연수원 수료(29기) 2000년 육군 법무관 2003년 대구지법 판사 2006년 同김천지원 판사 2007년 의정부지법 판사 2011년 서울중앙지법 판사 2013년 서울남부지법 판사 2015년 창원지법 부장판사(현)

하성찬(河聖讚)

[생]1960·6·20 [출]경북 포항 [주]경북 울릉군 울릉읍 도동2길66 울릉군청 부군수실(054-791-6005) [학]포항고졸, 영남대 대학원 해양자원학과졸 [경]1979년 경북도 수산진흥과 근무 1984년 同기획담당관실 근무 1998년 同민물고기연구센터 소장(사무관) 2002년 同수산진흥과 수산행정담당 2011년 同어업기술센터 소장(서기관) 2012년 同수산자원개발연구소장 2015년 同동해안발전본부 수산진흥과장 2016년 경북 울릉군 부군수(현)

하성호(河成灝) HA Seong Ho

[생]1952·8·26 [본]진양(晋陽) [출]경남 진주 [주]서울 광진구 능동로216 서울팝스오케스트라(02-593-8760) [학]1977년 중앙대 음악대학졸 1981년 미국 버클리음대 대학원졸 1982년 미국 템플대 대학원 수료 1985년 음악학박사(미국 필라델피아콤즈음대) [경]1982년 필라델피아 시티팝스 오케스트라 지휘자 1988년 서울팝스오케스트라 창단·단장·상임지휘자(현) 1990~1992년 경원대 음악대학 교수 2000·2001년 브래들하이츠 심포니오케스트라 객원지휘 2000년 '2000밀레니엄 기네스북'에 오케스트라 최다 연주 지휘자로 선정 2001년 서울공연예술전문학교 학장 [상]Richard Levy작곡상, 미국 캘리포니아주지사표창, 미국 로스엔젤레스시장표창, 문화부장관표창 [저]'실용재즈화성학' [역]'예술은 논리가 아니고 느낌이다' '화성학개론' [작]'가마못' '지리산서곡' '축전서곡' [종]기독교

하성환(河性煥) Ha Seong Hwan

[생]1958·11·22 [본]진주(晋州) [출]경남 진주 [주]경남 창원시 성산구 공단로474번길36 STX엔진(주) 생산본부(055-280-0013) [학]진해고졸, 한국해양대졸 [경]STX엔파코 기술연구소장 2006년 同사업관리본부장(상무) 2008년 STX엔진(주) 상무, 同고속전자통신사업본부장(상무) 2010년 同고속전자통신사업본부장(전무) 2012년 同4ST사업본부장(전무) 2013년 同특수사업본부장(전무) 2016년 同생산본부장(전무)(현) [상]산업자원부장관표창(2006)

하수호(河秀鎬) Ha Su-Ho

[생]1977·2·21 [본]진주(晋州) [출]부산 [주]대전 유성구 문지로193 KAIST 문지캠퍼스F동733호(042-350-2114) [학]1995년 부산예술고 음악과졸 1999년 한국예술종합학교 음악원 관현악과졸 2004년 스위스 취리히국립음대(Zuerich Musikhochschule) 대학원졸(Konzertdiplom) [경]2007~2011년 MSONIC 음악감독 2012년 IASA(International Association of Sound and Audiovisual Archives) 정회원(현) 2013년 KINT(KAIST-BI) 대표이사(현) 2014년 NATIONALUX.CO 대표(현), 同국제연구소 원장(현), IASA 정회원(현) [상]부산음악교육협회 콩쿨1등(1992), 부산음악협회 콩쿨 관악부문 대상(1994), European Competition(Italy) 1위(2004), International young Artist Competition(Luxembourg) 1위(2004), 2013 서울국제발명전시대회 준대상, 제2회 대한민국기록문화대상 창조융합대상, 제42회 제네바 국제발명전시회 수상, 피츠버그 국제발명전시대회 장려금상(2014), 제3회 세계발명가대상, 특허청장표창(2014), 대만국제발명가상 발명분야대상(2014), 인도네시아 창의공학대전 최고대상(2015), 폴란드 바르샤바국제발명대회 최우수금상(2015), 몰도바 국제발명대전 금메달·특별상(2015), 태국 국가발명의날 국제발명대회 금상·특별상(2016) 외 다수 [작]'A.Pasculli Concerto 전곡'(2009, SonyMusic) 'G Silvestrini Etudes'(2009, SonyMusic) 'Vivaldi 사계 전곡'(2010, Warnermusic) [종]기독교

하숙정(河淑貞·女) HA Sook Jung

[생]1925·1·9 [출]충남 청양 [주]서울 종로구 대학로8 수도빌딩 GFAC수도직업전문학교(02-449-8797) [학]1942년 조치원여고졸 1944년 일본 분카(文化)전문대졸 1972년 강상요리학원 수료 1972년 어채요리학원 수료 1975년 일본 핫도리영양조리전문대졸 1975년 일본 서동경조리사전문학교졸 1981년 미국 하와이대 경영대 수료 [경]1946년 조치원여고 교사 1965년 수도요리학원 설립·원장 1975년 서울시 시민대학 강사 1979년 한국여성경제인회 부회장·고문 1979년 전국요리학원연합회 회장 1980년 수도출판문화사 회장 1980년 평통 자문위원 1981년 고려대 강사 1986년 국가기술자격심의위원회 위원장 1987년 서울올림픽대회 범민족추진위원 1991년 경희대 호텔경영전문대 교수 1992년 전국요리학원총연합회 회장 1997년 한국학원연합회 자문위원회 고문 1998년 종로구공영회 회장 1998년 제2의건국범국민추진위원회 고문 2003~2013년 수도조리제과직업전문학교 설립·교장 2012년 同이사장 2013년 同명예이사장 2014년 GFAC수도직업전문학교 명예이사장(현) [상]농림수산부장관표창, 국무총리표창(1981), 문교부장관표창(1986), 국민훈장 목련장(1987), 한국여성경제인회 감사장(1989), 한국관광공사사장표창(1994), 서울시 교육상(1998), 석탑산업훈장(2012) [저]'영양많은 혼분식 요리'(1970) '보리혼식과 건강'(1971) '하숙정 요리전집'(1974) '치즈요리, 건포도요리, 그릴러요리'(1980) '하숙정 요리백과 전집'(1983) 'Korean Cooking'(1985) 'Culinary Heritage of Korea'(1987) '한국전통요리'(1988) 'FM요리'(1990) '조리기능사 실기출제문제집'(1990) 등

하순봉(河舜鳳) HA Soon Bong (牧林)

[생]1941·10·8 [본]진양(晋陽) [출]경남 진주 [주]경남 진주시 남강로1065 경남일보 회장실(055-751-1003) [학]1959년 진주고졸 1964년 서울대 사범대학 독어교육과졸 1987년 정치학박사(건국대) 1989년 미국 채프먼대 수료 [경]1964~1966년 육군 소위 임관(ROTC2기) 1966~1967년 진주고 교사 1967~1981년 MBC 기자·정치부장 겸 해설위원·뉴스앵커·경향신문 기자 1981년 제11대 국회의원(전국구, 민정당) 1983년 민정당 직능국장·원내부총무 겸 의원실장 1984년 국무총리 비서실장 1986년 한국방송광고공사(KOBACO) 사장 1987~1989년 (사)진주천년기념사업회 이사장 1992년 제14대 국회의원(진주, 무소속·민자당·신한국당) 1993년 민자당 대변인 1995년 同국제협력위원장 1996년 신한국당 정책조정위원장 1996년 제15대 국회의원(진주乙, 신한국당·한나라당) 1996년 신한국당 원내수석 부총무·대표비서실장 1998년 한나라당 원내총무 1998년 국회 운영위원장 1998년 한나라당 총재비서실장 1999년 同사무총장 2000~2004년 제16대 국회의원(진주, 한나라당) 2000~2002년 한나라당 부총재 2003년 同최고위원 2004년 同경남도 선거대책위원장·상임고문 2006년 경남대 석좌교수 2007년 일자리방송(JBS) 회장 2010년 경남일보 회장(현) 2012년 새누리당 상임고문(현) [상]황조근정훈장(1986) [저]'에니이야기' '한국귀신 나와라' '명심보감이 다시 필요한 세상' '그래도 희망은 있다' 회고록 '나는 지금 동트는 새벽에 서 있다'(2010) '나의 작은 대한민국'(2010) [역]'테러·테러리즘·테러리스트'

하승무(河承武) HA Seung Moo (蘭史)

[생]1964·2·5 [본]진양(晋陽) [출]경남 사천 [주]서울 강남구 영동대로513 COEX본관1층 사서함3호(02-6083-9100) [학]1983년 부산 동원공업고 기계과졸 1991년 광주대 신문방송학과졸 1995년 부산외국어대 일본어과졸 1998년 同교육대학원졸 2003년 대한예수교장로회 고려개혁신학연구원졸 2003년 고신대 신학대학원 S.T.M 수학 2014년 同선교목회대학원 신학과졸(Th.M) [경]1992~1997년 부산외국어대 기획실 근무 1994년 한겨레문학 시부문 당선(박재삼 시인 외 2명 추천)·시인(현) 1994~1997년 부산외국어대 계간「부산국제포럼」편집인·편집주간 1995~1997년 부산크리스천문인협회 사무국장·편집위원 1996년 '96문학의해기념 크리스천문학축제 사무국장 1996년 (사)한국작가회의 회원(현) 1996년 부산작가회의 창립발기인 1997년 부산시인협회 회원(현) 1997년 한국대학홍보협의회 초대부회장 1997년 부산·경남·제주지역대학홍보협의회 회장 1997년 부산외국어대 교육대학원 원우회장 1998년 Korea Community Magazine Pty.Ltd in Aus. 편집장 2000년 호주동아일보 신년문예 시부문 심사위원 2002~2007년 세계한민족작가연합 이사 2003년 전국포럼연합 부대표(현) 2003년 同홍보위원장 2003~2007년 민주평통 자문위원 2003~2004년 한국IT문화콘텐츠연구소 대표 2004년 호주한인문학 편집위원·편집주간·편집위원 2004~2005년 통일부 전문위원(통일교육) 2004~2006년 현대PR리서치센터 원장 2006년 인천작가회의 회원(현) 2006년 한국개혁신학연구원 조교수·교무부처장 2006~2007년 영남장로회신학교 초빙교수 2007년 국민연대 정책자문교수 2007~2013년 광주대총동창회 상임부회장 2008년 세계한민족작가연합 한국본부 재창립발기인 2008년 대한예수교장로회 대전서노회 목사안수 2008년 세계한인작가연합 연구위원(현) 2012년 한국장로회신학교(Korea Presbyterian Theological Seminary) 역사신학 교수(현) 2012~2015년 同학교장 2014년 한국정통장로교회총회 기관목사(종교단체대표자)(현) 2014년 도서출판 크리스천북스 대표(현) 2015년 부천개혁교회 협동목사(현) [상]한겨레문학 신인상(詩부문)(1994), 부산외국어대 교육대학원 공로패(1997) [저]시집 '그리움엔 길이 없다(共)'(1996, 빛남) 'The Southern Poetry(共)'(1999, 부산시인협회) '꽃이핀다 푸른 줄기에(共)'(2006, 작가들) '세이한 고비(共)'(2008, 작가들) '소사나무 숲(共)'(2011, 작가들) '내가 뽑은 나의 시(共)'(2012, 책만드는집) '빨강의 정점(共)'(2012, 작

가들), '내가 뽑은 나의 시(共)'(2014, 책만드는집) [작]'그리움'(1994, 부산외국어대 신문) '흔들리는 행성'(1996, 국제신문) '바람'(1996, 부산매일신문) '이 도시의 슬픔과 어둠'(1999, 부산시인) '이 도시가 슬프다'(1999, 관점21 게릴라) '여름소낙비'(2007, 월간 신동아) 외 다수 [종]장로교

하승민(河承旼) HA Seung Min

[생]1963·5·6 [본]진주(晋州) [출]서울 [주]경북 구미시 3공단2로108 (주)효성 구미1공장(054-470-9100) [학]서울고졸 1985년 고려대 화학공학과졸 [경]1985년 (주)효성 중앙연구소 입사 1996년 同대전공장장 2001년 同필름PU 영업부장 2004년 同상무보 2004년 同중국가흥필름법인 총경리 2007년 同중국가흥필름법인 총경리(상무) 2011년 同필름PU 영업담당 상무 2016년 同필름PU 구미공장장(현) [상]올해의 효성인상(2001)

하승창(河勝彰)

[생]1961·6·5 [주]서울 중구 세종대로110 서울특별시청 정무부시장실(02-2133-6148) [학]1987년 연세대 사회학과졸 2005년 同대학원 사회학과졸 [경]시민운동가 1992~1999년 경제정의실천시민연합 간사·조직국장·정책실장 1999~2006년 함께하는시민행동 사무처장 2002~2003년 CBS라디오 시사자키 '오늘과 내일' 진행자 2008~2010년 시민사회단체연대회의 운영위원장 2010~2012년 희망과대안 공동운영위원장 2011년 박원순 서울시장 후보자(보궐선거) '새로운 서울을 위한 희망캠프' 기획단장 2012년 씽크카페 대표 2012년 무소속 안철수 대통령후보 진심캠프 대외협력실장 2015년 함께서울 정책박람회 총감독 2015년 아이쿱협동조합지원센터 사외이사 2016년 서울시 정무부시장(현) [저]'하승창의 NGO 이야기'(2001, 역사넷) '스타벅스보다 아름다운 북카페'(2008, 아르케) '시민은 현명하다 (지승호가 묻고 하승창 송호창이 답하다)(共)'(2012, 글로세움) '나의 시민운동 이야기'(2015, 휴머니스트) '원순씨, 배낭 메고 어디가세요?(共)'(2015, 휴머니스트)

하승철(河勝喆)

[생]1964·10·25 [출]경남 하동 [주]경남 창원시 의창구 상남로290 경상남도의회 사무처(055-211-7020) [학]1983년 진주 동명고졸 1991년 부산대 행정학과졸, 인제대 대학원 행정학과졸 [경]1997년 지방행정고시 합격(2회) 1997년 진주시 총무국 지방행정사무관 2000~2007년 경남도 기획관리실 정보화담당관·미래산업과 팀장·기획관 2007년 同남해안시대추진본부 남해안기획팀장 2008년 同감사관 2009년 同공보관 2009년 경남 하동군 부군수 2012년 경남도 인재개발원장 2013년 同도시교통국장 2013년 同경제통상본부장 2014년 진주시 부시장(지방부이사관) 2015년 경남도의회 사무처장(현)

하영구(河永求) HA Yung Ku

[생]1953·11·26 [본]진주(晋州) [출]전남 광양 [주]서울 중구 명동11길19 전국은행연합회 회장실(02-3705-5201) [학]1972년 경기고졸 1976년 서울대 무역학과졸 1981년 미국 노스웨스턴대 경영대학원졸(MBA) [경]1981년 씨티은행 입행 1981년 同기획부 심사역 1983년 同자금부 수석딜러 1986년 同한국자금담당 총괄이사 1987년 同한국투자금융그룹 대표 1995년 同한국기업금융그룹 부대표 1997년 同아시아·라틴아메리카지역본부 임원 1998년 同한국소비자금융그룹 대표 1998~2000년 금융발전심의회 은행분과위원 2001년 한미은행장 2004·2007·2010·2013~2014년 한국씨티은행장 2010~2014년 한국씨티금융지주 초대회장 2014년 전국은행연합회 회장(현) 2016년 송원산업 사외이사(현) 2016년 서민금융진흥원 휴면예금관리위원회 위원(현) [상]증권거래소 지배구조우수상, 조선일보광고대상 최우수마케팅상(2010), 산업포장(2010), 매경이코노미 선정 올해의 CEO(2012), 서울대 상과대학 총동창회 '빛내자상'(2016) [종]불교

하영봉(河英鳳) HA Young Bong

[생]1952·3·5 [출]부산 [주]서울 강남구 논현로508 GS에너지 임원실(02-2005-0800) [학]1970년 경남고졸 1977년 연세대 철학과졸 [경]1987년 (주)LG그룹 입사 1992년 (주)LG상사 인도네시아지사장 1996년 同홍콩지사장(이사) 2000년 同일본법인장(상무) 2002년 同일본법인장(부사장) 2003년 同패션부문장(부사장) 2004년 同자원·원자재부문장(부사장) 2009년 同COO(사장) 2010년 同COO(대표이사 사장) 2010년 同CEO(대표이사 사장) 2014년 (주)GS E&R 대표이사 사장 2015년 GS에너지 대표이사 사장(현) 2016년 同이사회 의장(현)

하영석(河榮晳) HA Young Suck

[생]1941·4·19 [출]경남 산청 [주]서울 서초구 효령로77길28 동호빌딩 (주)경농 임원실(02-3472-8304) [학]1959년 경남고졸 1964년 연세대 정치외교학과졸 [경]1970년 범한화재해상보험 근무 1971년 경북농약 상무 1977년 同부사장 1978년 同사장 1982년 (주)경농 사장 1985~1990년 농약공업협회 회장 1992년 (주)경농 부회장, (주)조비 감사(현) 2013년 (주)경농 고문(현) [상]철탑산업훈장, 동탑산업훈장

하영선(河英善) HA Young Sun

[생]1947·6·20 [본]진양(晋陽) [출]서울 [주]서울 중구 을지로158 909호 동아시아연구원(02-2277-1683) [학]1966년 경기고졸 1971년 서울대 외교학과졸 1975년 同대학원졸 1979년 국제정치학박사(미국 워싱턴대) [경]1978~1979년 미국 프린스턴대 국제문제연구소 초청연구원 1980~2012년 서울대 정치외교학부 교수 1985~1993년 同외교학과장 1986년 스웨덴 스톡홀름 국제평화연구소 초청연구원 1992~1994년 조선일보 객원논설위원 1993~1996년 서울대 국제문제연구소장 1994~1995년 일본 東京大 동양문화연구소 초청연구원 1996~1999년 서울대 미국학연구소장 2000~2003년 한국평화학회 회장 2004~2013년 동아시아연구원 지구넷21 위원장 2012년 동아시아연구원 이사장(현) 2012년 서울대 정치외교학부 명예교수(현) 2013년 국가안보자문단 외교분야 자문위원(현) 2014년 대통령직속 통일준비위원회 외교안보분과위원회 민간위원(현) [상]옥조근정훈장(2012) [저]'Nuclear Proliferation, World Order and Korea' '한반도의 전쟁과 평화'(1989) '한반도의 핵무기와 세계질서'(1991) '현대국제정치론'(1992·1994) '아시아태평양1996 한반도' '군비경쟁의 재인식' '21세기 신문명과 민족통일의 과제' '21세기 서유견문' '탈근대지구정치학(共)'(1993) '한국외교사연구(共)'(1996) '한국과 일본(共)'(1996) '사이버공간의 세계정치'(2001) '변화하는 세계 바로 보기'(2004) '한반도 백년대계'(2004) '한국외교사와 국제정치학'(2005) '네트워크 지식국가'(2006) '북핵위기와 한반도 평화'(2006) '한미동맹의 비전과 과제'(2006) '21세기 한국외교대전략 : 그물망국가 건설'(2006) '변환의 세계정치'(2007) '동아시아공동체 : 신화와 현실'(2008) '근대한국 사회과학개념 형성사'(2009) '네트워크 세계정치 : 은유에서 분석으로'(2010) '북한2032 : 북한선진화로 가는 공진전략'(2010) '21세기 신동맹 : 냉전에서 복합으로'(2010) '역사 속의 젊은 그들'(2011)

하영원(河英源) HA Young Won (青岩)

[생]1954·11·2 [본]진양(晋陽) [출]서울 [주]서울 마포구 백범로35 서강대학교 경영대학 경영학부(02-705-8543) [학]1973년 경기고졸 1979년 서울대 법학과졸 1984년 미국 시카고대 경영대학원 경영학과졸(MBA) 1987년 경영학(마케팅전공)박사(미국 시카고대) [경]1986년 미국 럿거스대 조교수 1989~1997년 서강대 경영학과 조교수·부교수 1998년 同경영대학 경영학부 마케팅전공 교수(현) 2002~2004년 한국소비자학회 회장 2005~2007년 서강대 경영전문대학원장 2005년 한국마케팅학회 부회장 2007~2008년 同회장 2009~2015년 효성 사외이사 2011년 삼성카드(주) 사외이사(현) [상]한국경영학회 최우수논문상(1994), 한국마케팅학회 최우수논문상(1995·2002), 한국소비자학회 최우수논문상(2003·2011), 한경마케팅대상 공로상(2004), 한국경영학회 SERI 중견경영학자상(2013), 정진기언론문화상 경제·경영도서부문 우수상(2014), 동아일보·한국소비자학회 대한민국경영대상 학술공헌상 (2014), 동아일보 한국의 최고경영인상 한국의 최고경영학자상(2014), 한국연구재단 선정 인문사회과학분야 우수학자 (2014) [저]'마케팅원론' '신제품마케팅' '소비자행동' '마케팅전략' '의사결정의 심리학: 합리적인 인간의 비합리적인 선택심리'(2012) [종]기독교

하영탁(河榮卓) HA Young Tak

[생]1944·1·25 [출]경남 산청 [주]경기 화성시 봉담읍 덕우공단1길65의50 (주)AIRPLUS(031-298-6345) [학]1962년 서울고졸 1968년 한양대 공과대학 기계공학과졸 1970년 미국 산타클라라대 공과대학원 기계공학과졸 [경]1970년 FAIRCHILD SEMICONDUCTOR CORP. 선임기사 1976년 (주)한국마벨 기술개발부장 1977년 대우중공업(주) 기술협력부장·해외영업부장 1983년 금성전선(주) 영업본부장 1990년 同중공업중기사업부 이사 1993년 同상무 1995년 LG전선 상무이사 1999년 LG기계 이사 1999년 LG코프레셔(주) 대표이사 1999년 (주)AIRPLUS 대표이사(현)

하영태(夏榮兌) HA Young Tae (늡岩)

생1937·3·2 본달성(達城) 출경북 주대구 달성군 논공읍 논공로407 (주)유신섬유(053-615-8999) 학1954년 경북고졸 1958년 동국대 법학과졸 1983년 서울대 경영대학원 수료 경1967년 (주)유신섬유 회장 (현) 1989~2006년 달성상공회의소 회장 1993년 대구교도소 교정연합회장 1993년 대구지방교정청 교화연합회장 1993년 무역상사협의회 대구·경북지회장 1995~2002년 대구·경북견직물조합 이사장 2002년 법무부중앙회교정연합회 회장 2006~2012년 달성산업단지관리공단 이사장 상상공부장관표창(1979·1980), 대통령표창(1981·1982·1987·1991), 국무총리표창(1981), 재무부장관표창(1982), 국민훈장 목련장(1986), 법무부장관표창(1991), 문화부장관표창(1992), 화관문화훈장(1994), 국민훈장 동백장(2003)

하용득(河龍得) HA Yong Deug

생1958·10·17 출경남 진주 주서울 종로구 종로33 GS건설(주) 경영지원본부 법무홍보실(02-2154-1500) 학1976년 진주고졸 1980년 고려대 법학과졸 1983년 강원대 대학원 행정학과졸 경1981년 행정고시 합격(25회) 1983년 법제처 행정사무관 1986년 사법시험 합격(28회) 1989년 사법연수원 수료(18기) 1990년 법제처 행정심판관리관실 서기관 1993년 대통령민정비서실 행정관 1995년 수원지검 검사 1997년 대전지검 서산지청 검사 1998년 법무부 법무심의관실 검사 2000년 서울지검 검사 2001년 창원지검 부부장검사 2002년 同진주지청 부장검사 2003년 부산지검 공판부장 2003년 同형사4부장 2004년 인천지검 부천지청 부장검사 2005~2006년 창원지검 형사2부장 2006년 GS건설(주) 법제총괄 전무 2006년 同법제총괄 부사장 2008년 同경영지원본부 법무홍보실장(부사장)(현) 제'저작권법'

하용부(河龍富) HA Yong Bu

생1955·12·19 본진주(晉州) 출경남 밀양 주경남 밀양시 산내면 산내야촌길41의1 밀양전통예술촌 학1980년 하보경 선생께 양반·범부춤·북춤 사사 경1980년부터 국내외에서 500여회 밀양백중놀이 공연 참가 1982년 중요무형문화재 제68호 밀양백중놀이 입문 1984년 밀양백중놀이보존회 총무 1986년 전국대학생 백중놀이 전수교육담당 1991년 사할린 통일민속예술제 공연 1992년 중요무형문화재 제68호 밀양백중놀이 전수조교 선정 1998년 유네스코 세계무용제 명무전 참가 1999년 밀양전통예술촌장(현) 1999년 밀양연극촌장(현) 2002년 중요무형문화재 제68호 밀양백중놀이(양반·범부춤) 예능보유자 지정(현) 2008년 한국조형예술원 평생교육원 부원장(현) 2014년 한국예술종합학교 무용원 강사(현) 2016년 밀양아리랑보존회 회장(현) 상백상예술대상 인기상

하용이(河龍二) Ha Yong E

생1952·12·27 본진양(晉陽) 출부산 학1971년 경기고졸 1977년 서울대 경영학과졸 1980년 同경영대학원졸 경1977년 한국은행 입행 1984년 同파리사무소 조사역 1987년 同제주지점장 대리 1988년 同제주지점 기획조사과 조사역 1992년 同인사부 급여과장 1995년 同공개시장실 과장 1995년 同금융시장실 동향분석담당 과장 1996년 同자금국장 1998년 同금융기획과장 1999년 同광주지점 부지점장 2001년 同대외협력팀장 2003년 同정책기획국 부국장 2003년 미국 뉴욕 연방준비은행(FRB) 파견 2005년 한국은행 연수원장 2006년 同홍콩사무소장, 同경제교육교수반장 2008년 홍콩한국국제학교 총교장(Supervisor) 2009년 홍콩중문대 전업진수학원 한국어문화센터 명예고문(현) 2009년 홍콩투자청 한국사무소 고문 2011년 한국외환은행 사외이사 2013~2015년 포항공대 대외협력처장 2014~2016년 하나카드 사외이사, 同감사위원장 겸 리스크관리위원회 위원 상한국은행총재표창(1982·1995·2007), 재정경제원장관표창(1996) 제'홍콩금융시장과 투자은행(共)'(2008, 한국은행 홍콩사무소)

하용철(河容喆)

생1958·5·20 출충남 주인천 강화군 강화읍 동문안길17 인천강화경찰서(032-930-0210) 학호서고졸 경1980년 순경 임용 1995년 경감 승진 2001년 경정 승진 2002~2010년 인천 동부경찰서·연수경찰서·계양경찰서·중부경찰서 보안과장 2010년 인천지방경찰청 경비교통과장(총경) 2011년 인천 계양경찰서장 2013년 인천지방경찰청 청문감사담당관 2014년 인천 서부경찰서장 2015년 인천지방경찰청 외사과장 2016년 인천 강화경찰서장(현)

하우봉(河宇鳳) HA Woo Bong (雲湖)

생1953·1·28 본진주(晉州) 출경남 밀양 주전북 전주시 덕진구 백제대로567 전북대학교 인문대학 사학과(063-270-3233) 학1971년 부산고졸 1975년 서울대 국사학과졸 1977년 동아대 대학원 한국사학과졸 1989년 문학박사(서강대) 경1977년 육군사관학교 교수부 사학과 교관 1981~1993년 전북대 사학과 전임강사·조교수·부교수·교수(현) 1992년 한일관계사학회 회장 1993년 일본 도쿄대 객원연구원 1998년 영국 옥스퍼드대 방문연구원 2001년 캐나다 UBC 방문연구원 2002~2006년 전북대 박물관장 2002~2004년 전북사학회 회장 2003~2005년 한국일본사상사학회 회장 2007~2010년 전북대 인문대학장·국사편찬위원회 위원·동북아역사재단 자문위원 2009~2011년 전북사학회 회장 2011년 한국실학학회 부회장(현) 2011년 전북대 이재연구소장(현) 2013~2015년 국사편찬위원회 고등학교한국사교과서검정심의회 심의위원장 상대한민국학술원 우수도서상(2000), 한일관계사학회 학술상(2015) 제조선후기 실학자의 일본관 연구' '한국과 일본' '조선시대 한국인의 일본인식' '강좌 한일관계사' '독도와 대마도' '조선과 유구' '한국과 일본—상호인식의 역사와 미래' '해양사관으로 본 한국사의 재조명' '조선시대 해양국가와의 교류사' '조선시대 바다를 통한 교류' 역'한국실학과 일본' '국역 증정교린지' '재일한국·조선인' '선비의 나라 한국유학 2천년' '국역 변례집요' 종기독교

하우송(河友松) HA Woo Song (重峰)

생1952·9·21 본진양(晉陽) 출경남 진주 주경남 진주시 진주대로816번길15 경상대학교 의학전문대학원 외과학교실(055-750-8096) 학1971년 동성고졸 1977년 서울대 의대졸 1981년 同대학원 의학석사 1989년 의학박사(중앙대) 2010년 명예 문학박사(대만 불광대학) 경1977~1982년 서울대병원 인턴·외과 레지던트 1982~1985년 軍의관 1985~1996년 경상대 의과대학 외과학교실 전임강사·조교수·부교수 1987~1989년 경상대병원 응급실장 1987년 同일반외과장 1989~1990년 경상대 의과대학 교무과장 1990년 스웨덴 Karolinska Institute in Stockholm 객원교수 1992~1994년 경상대 암연구소장 1993년 일본 東京이과대 생명과학연구소 객원교수 1993~1995년 경상대병원 진료부장 1994년 일본 큐슈대 의학부 객원연구원 1995년 일본 東京국립암센터 객원연구원 1996년 경상대 의과대학 외과학교실 교수, 同의학전문대학원 외과학교실 교수(현) 1997~1998년 同의대 평의원회 회장 1998년 보건복지부 중앙약사심의위원 1999~2002년 경상대병원장 2003~2005년 외국인을위한사랑의진료소장 2005~2007년 경남지역암센터 소장 2007~2011년 경상대 총장 2009~2010년 거점국립대학교총장협의회 회장 2010년 한국대학교육협의회 부회장 2013~2015년 중앙보훈병원장 상대통령경호실장표창(1985), 일본외과학회상, 대한외과학회 학술상(1998), 옥조근정훈장(2010) 제'최신외과학' (共) '외과 용어집'(1997) 종유교

하운식(河雲植) Woon Sik HA

생1959·8·5 본진주(晉州) 출경남 진주 주경기 성남시 분당구 대왕판교로712번길22 글로벌R&D센터 GE Power Korea(031-620-6129) 학서울산업대 전기공학과졸, 한양대 경영대학원졸 경1978년 한국전력공사 울산화력발전소 근무 1983년 同삼천포화력발전소 근무 1990~1991년 미국 GE사 해외훈련 1991년 한국전력공사 서인천복합화력건설사무소 근무 1992년 同제1건설처 근무 1994~1995년 GE에너지 미국 GE훈련센터 차장 1995~1996년 GE에너지코리아 Warranty담당 차장 1996~1999년 同Service담당 부장(한국지사) 2000년 GE에너지 아시아발전소건설 기술지원총괄 이사(홍콩지사) 2002년 同식스시그마마스터블랙벨트 이사(미국본사) 2005년 同아시아에너지비스 Commercial Director(상무)(홍콩지사) 2007년 同북아시아 에너지서비스 After Market 영업총괄 전무(한국지사) 2008년 同사장 2010년 GE Power & Water 아시아태평양지역 입찰·계약총괄 General Manager(싱가폴지사) 2012년 同아시아태평양지역 입찰·계약총괄 General Manager(중국지사) 2013~2015년 GE Power & Water Korea 사장 2015년 GE Power Korea 사장(현) 2015년 同Regional Strategic Account Leader North Asia 겸임(현) 상산업자원부장관표창(1993) 종기독교

하유상(河有祥) HA Yoo Sang (브山)

생1928·3·25 본진주(晉州) 출충남 논산 학1945년 대전공업고졸, 대전공업대 토목과졸 1955년 서라벌예대 연극영화과졸 경1947년 충북 부창초 교사, 극작가 겸 소설가(현) 1954~1956년 중앙일보 기자 1958~1961년 '시나리오문예' 발행인·주간 1958~1990년 시나리오작가협회 간사·총무·운영위원 1961~1969년 한국문인협회 이사 1964~1967년 극단 '산하' 운영위원장 1970~1976년 극단 '희극' 대표 1970~1975년 한국문인협회 희곡분과 회장 1972년 「현

대연극」 주간 1974~1977년 국제펜클럽 한국본부 이사 1974년 현대극작가협회 회장(현) 1974~1984년 국제예술사 주간 1975년 국립극장출신작가회 회장(현) 1979~1985년 국제펜클럽 한국본부 이사 및 감사 1982~1992년 신문예협회 심의장 1983년 '에세이풍토'·'넌픽션작가회' 대표 1985년 '소설 미래'·'에세이 미래' 대표 1986~1992년 무크誌 '문학' 주간 1988~1995년 불교문인협회 부회장 1992년 중국고전문학동호문인회 회장 1994년 탐미문학회 회장(현) 1995~2010년 문학운동誌 '탐미문학' 발행인 겸 주간 1997년 한국역사문학회 회장 2003년 문학그룹 소설21세기 대표, 한국문인협회 고문, 한국소설가협회 최고위원(현) 2011년 서사시21세기 대표(현) 2011년 수필소설21세기 대표(현) 2014년 '서사시문예' 발행인 겸 편집인 겸 주간(현) [상]문교부 문예상, 백상예술대상, 신문예대상, 통일문학대상, 추리문학공로상, 불교문학대상, 한국문학상, 한글문학본상, 영화인공로상, 꽁트문학상, 황희문화대상 [저]'시나리오론과 작법'(1971) 'TV드라마 창작법'(2000) '연기교실' '연기와 연출' '학교극·청소년극' '예수와 붓다(전3권)' '수상집 '미주알 고주알' '시나리오의 이론과 실제'(2004) 희곡집 '미풍' '하유상 단막극선' '하유상 장막극선'(1977) '聖劇모음' '한국불교희곡선' '꽃을 이니셜로 한 희곡모음'(1998) '윤회'(2000) 소설집 '꽃그네'(1978) 서사시집 '젊은 고기잡이의 노래'(1947) '居士와 아씨'(1993)' '핏빛 하늘에 까마귀떼'(2006) '늙은 고기잡이의 노래'(2013) '처녀공출(광복70주년기념)(2015) '서사시문예제2집'(2015, 광복70주년기념호) [역]'사가와君의 편지' '아쿠타가와상 수상집' '얼어붙는 입' '끌' [종]불교

하유성(河有成) HA Yoo Sung

[생]1961·1·15 [출]경남 사천 [주]세종특별자치시 도움4로 9 국가보훈처 복지증진국 복지정책과(044-202-5610) [학]1979년 관악고졸 1982년 경희대 행정학과 수료 1991년 중앙대 대학원 철학과졸 2002년 미국 워싱턴대 대학원 사회복지학과졸 [경]2005년 국가보훈처 기획관리실 기획예산담당관실 서기관 2006~2007년 同보훈선양국 현충시설과장 2008년 同정책홍보관리실 재정기획담당관 2008년 同기획재정담당관 2009년 同제대군인국 제대군인정책과장 2011년 미국 파견(서기관) 2013년 국가보훈처 제대군인국 제대군인지원과장 2013년 同창조행정담당관 2015년 同복지증진국 복지정책과장(현)

하윤수(河潤秀) HA, Yun Su

[생]1962·2·15 [출]경남 남해 [주]부산 연제구 교대로24 부산교육대학교 총장실(051-500-7100) [학]1981년 남해제일고졸 1986년 경성대 법학과졸 1988년 동아대 대학원 법학과졸 1994년 법학박사(동아대) [경]부산교육대 사회교육과 교수 2004~2007년 한국교원단체총연합회 부회장 2007~2008년 국공립대학교교수연합회 공동대표 2007~2010년 부산지검 범죄예방봉사위원 2008년 제17대 대통령직인수위원회 교육분과 자문위원 2009~2010년 부산교육대 기획처장 겸 산학협력단장 2010년 통일부 통일교육위원(현) 2011~2015년 교육부 규제완화위원회 위원 2013년 부산교육대 총장(현) 2013년 한국사학진흥재단 비상임이사(현) 2013년 부산과학기술협의회 이사(현) 2013년 대한적십자사 부산지사 상임위원(현) 2015년 한국대학교육협의회 대학윤리위원회 위원(현) 2016년 同부회장(현) 2016년 한국교원단체총연합회 회장(현) 2016년 민족화해협력범국민협의회 상임의장(현) 2016년 교육부 초등교원양성대학교발전위원회 위원장(현) [상]자랑스러운 동아인상(2016)

하윤호(河潤鎬) Ha Yoonho

[생]1960·7·12 [본]진주(晋州) [출]전북 임실 [주]서울 종로구 사직로8길60 외교부 인사운영팀(02-2100-7138) [학]1977년 전주공업고졸 1988년 한국방송통신대 행정학과졸 2002년 성균관대 국제통상대학원 경제학과졸 2010년 페루 헤렌스대 대학원 경제학과 수료 [경]1991~2002년 상공부·상공자원부·통상산업부·산업자원부 주무관 2002~2012년 산업자원부·지식경제부 사무관 2012~2013년 지식경제부·산업통상자원부 미주협력과 서기관 2013~2014년 울산시 기획관리실 정보화담당관 2014년 駐멕시코대사관 1등서기관(현)

하은수(河銀秀) HA Eun Su

[생]1963·1·7 [출]경북 영천 [주]경북 포항시 북구 신덕로 277 법무법인 혜성(054-242-2977) [학]1982년 대입검정고시 합격 1987년 고려대 법대졸 [경]1989년 사법시험 합격(31회) 1992년 사법연수원 수료(21기) 1992년 軍법무관 1995년 전주지검 검사 1997년 대전지검 공주지청 검사 1998년 서울지검 검사 2000년 대구지검 검사 2002년 부산지검 검사 2004년 同부부장검사 2005년 창원지검 부부장검사 2006년 대구지검 포항지청 부장검사 2007년 부산지검 마약·조직범죄수사부장 2008년 대구고검 검사 2009년 대구지검 형사3부장 2009~2010년 부산고검 검사 2010년 변호사 개업 2014년 법무법인 혜성 대표변호사(현)

하인국(河仁國) HA In Kook

[생]1953·1·19 [본]진주(晋州) [출]경북 포항 [주]서울 용산구 청파로378 케이종합서비스 회장실(02-793-4871) [학]1972년 포항동지상고졸 1975년 포항대학졸 1993년 고려대 대학원 경영학과졸 [경]1995년 사조상호신용금고 이사 1997년 푸른상호신용금고 부사장 1999년 同대표이사 사장 2002~2004년 (주)푸른상호저축은행 대표이사 사장 2005년 푸른2저축은행 부회장 2007년 사조리조트 대표이사 부회장 2010~2012년 하나로저축은행장 2012년 케이종합서비스 회장(현) [상]내무부장관표창(2008), 대통령감사표창(2008), 로타리클럽회장 공로상(2010), 로타리 봉사상(2011)

하인봉(河仁鳳) HA In Bong

[생]1950·1·30 [출]대구 [주]대구 동구 신암로125 한국장학재단 감사실(053-238-2714) [학]1969년 경북사대부고졸 1976년 경북대 지질학과졸 1979년 同대학원 경제학과졸 1987년 경제학박사(미국 미네소타대) [경]1979년 상지전문대학 전임강사 1987~2015년 경북대 경제통상학부 교수 1992·2002년 미국 미네소타대 교환교수 1993년 한국계량경제학회 논문심사위원 1996년 경북대 경상대학 부학장 1998~1999년 同경제학과장 1999~2000년 한국금융학회 이사 1999년 경북대 경제통상학부장 2000년 同경제경영연구소장 2001~2004년 한국경영경제학회 회장 2002년 호주 New South Wales Univ. 교수 2003년 경북대 LG기금 및 POSCO기금 위원장 2004년 신행정수도건설추진위원회 추진위원 겸 입지선정소위원장 2005~2007년 경북대 경상대학장 겸 경영대학원장 2009~2010년 새마을금고연합회 경영자문위원 2011년 한·중경제경영학회 명예회장(현) 2013~2014년 경북대 도서관장 2015년 同명예교수(현) 2016년 한국장학재단 상임감사(현) [상]경북대 15년근속상(2007), 한·중경제경영학회 공로상(2011) [저]'환율의 예측성' '가족경제학의 발달과 여성노동공급이론'(1988) '환율·임금·물가가 국제경쟁력 및 수출입 산업에 미치는 영향분석'(2006)

하일수(河一洙) HA Il Soo (仁山)

[생]1955·12·19 [본]진주(晋州) [출]경남 진주 [주]서울 종로구 대학로101 서울대어린이병원 소아청소년과 신장분과(02-2072-2858) [학]1974년 경북고졸 1980년 서울대 의대졸 1986년 同대학원졸 1990년 의학박사(서울대) [경]1984~1987년 서울대병원 소아과 전공의·전임의 1988~1990년 충북대 의과대학 전임강사·조교수 1991~1999년 서울대 의과대학 소아과학교실 전임강사·조교수 1996~1997년 미국 유타주립대 의과대학 객원교수 1999년 서울대 의과대학 소아과학교실 부교수·교수(현) 2006~2008년 서울대병원 소아진료지원실장 2012~2013년 대한신장학회 부회장 2012~2014년 대한소아신장학회 회장 2013년 Asian Pediatric Nephrology Association(AsPNA) Treasurer(현) 2014·2016년 서울대병원 소아청소년과 과장(현) 2016년 서울대 의과대학 소아과학교실 주임교수(현)

하재주(河在宙) JaeJoo Ha

[생]1956·4·18 [출]경남 진주 [주]대전 유성구 대덕대로989번길111 한국원자력연구원(042-868-2958) [학]1982년 서울대 원자핵공학과졸, 미국 오하이오주립대 대학원 원자력공학과졸 1992년 원자력공학박사(미국 오하이오주립대) [경]1982~1985년 한국중공업 신규원전 수주준비팀 근무 1992~2010년 한국원자력연구원 종합안전평가부장·원자력안전연구본부장·원자력기초과학연구본부장·연구로이용개발본부장 1992년 Korea-Japan PSA Workeshop 한국측 주관 2008~2014년 한국과학기술원(KAIST) 원자력 및 양자공학과 겸임교수 2010~2013년 한국원자력연구원 신형원자로개발연구소장, 同종합안전평가부 책임연구원(현), 한국원자력학회 사업이사, 同원자력안전·열수력전문부회 회장, 한국위험통제학회 부회장(현), 원자력안전전문위원회 계통분과위원, 대전시원자력시민안전협의회 위원, 요르단 연구용원자로(JRTR)사업 KAERL-대우 컨소시움 대표(현), 네덜란드 연구용원자로(PALLAS)·남아프리카공화국 동위원소생산원자로(DIPR) 입찰 한국컨소시움 대표, 원자력연구개발 중장기사업·원자력기초공동연구소(BAERI) 등 정부R&D사업 평가기획 및 선정위원, ICAPP2013 기술위원회 위원장, OECD NEA(원자력기구) GIF Risk and Safety Working Group 한국측 대표, 同원자력안전위원회(CSNI) 및 WGRISK 한국 대표, 同지진 PSA(확률론적안전성평가) WS 개최 주관, PSAM(Probalistic Safety Assessment and Management) Conference Coordinator 2013년 한·러 원자력공동협의회 한국측 대표 2015년 경제협력개발기구(OECD) 원자력기구(NEA) 원자력개발국장(현) [상]대통령표창(2003), 국무총리표창(2008), KAERI대상(2010), 대통령표창(2010), 과학기술훈장 웅비장(2011) [저]'확률론적안전성평가(共)'(2003, Brain Korea)

하재철(河在哲)

[생]1967·11·20 [출]경남 하동 [주]경남 창원시 진해구 진해대로815 진해경찰서(055-549-8332) [학]대아고졸, 경찰대졸(6기), 경남대 행정대학원 행정학과졸 [경]1999년 경감 승진 2000년 경남지방경찰청 외사계장 2003년 경남 하동경찰서 정보보안과장 2004년 경남 양산경찰서 청문감사관 2005년 경남 진주경찰서 생활안전과장(경정) 2006년 同정보보안과장 2007년 창원중부경찰서 정보과장 2008년 마산동부경찰서 정보보안과장 2009년 경남지방경찰청 정보4계장 2011년 同정보3계장 2015년 同제2부 여성청소년과장(총경) 2016년 경남 진해경찰서장(현)

하재호(河在浩) HA Jae Ho

[생]1957·1·27 [주]경기 성남시 분당구 안양판교로1201번길 62 한국식품연구원 전략산업연구본부 식품분석센터(031-780-9127) [학]1982년 부경대 식품공학과졸 1984년 同대학원졸 1992년 식품공학박사(고려대) [경]1984~1988년 농수산물유통공사 종합식품연구원 연구원 1988~2002년 한국식품개발연구원 식품분석평가실 선임연구원 2002년 同분석평가팀장 2004년 한국식품연구원 식품산업지원연구본부장 2006년 同식품분석연구팀장 2007년 同식품표준화연구팀장 2008년 同산업지원본부 식품분석센터 책임연구원 2013년 同산업지원연구본부 식품분석센터장 2013년 同선임본부장 2013~2015년 同산업지원연구본부 식품분석센터 책임연구원 2014~2015년 (사)한국분석과학회 회장 2015년 한국식품연구원 전략산업연구본부 식품분석센터장(현) [상]산업포장(2011)

하정열(河正烈) Ha Jeongyeol

[생]1951·10·20 [출]전북 정읍 [주]전북 전주시 완산구 홍산로 269 더불어민주당 전북도당(063-236-2161) [학]1974년 독일 육군사관학교졸 1979년 서강대 독어독문학과졸 2002년 고려대 정책대학원 최고위정책과정 수료 2003년 동국대 행정대학원 행정학과졸 2006년 서울대 법과대학 최고지도자과정 수료 2008년 연세대 대학원 언론홍보최고위과정 수료 2009년 국방대 최고경영자과정 수료 2010년 북한학박사(북한대학원대) 2011년 북한대학원대 민족공동체지도자과정 수료 2015년 홍익대 미술대학원 현대미술최고위과정 수료 [경]1992~1995년 스위스 국방정보본부 국방무관 1995~1996년 육군 제26사단 73기계화보병여단장 1996~1998년 독일 교환교관단장 1998~1999년 육군본부 기관부 관리처 정책기획과장 1999~2000년 육군 5군단 참모장 2000~2003년 대통령 국방비서관 2003년 육군본부 기획관리참모부 정책처장 2003년 육군 제27사단장 2005년 국방부 군사보좌관 2006년 합동참모본부 전력발전부장 2007~2009년 국가과학기술위원회 국방연구개발 전문위원 2007년 국제경영원 글로벌최고경영자과정 수료 2008년 육군 3군사령부 부사령관(소장) 2009~2012년 한국전략문제연구소 안보전략소장 2009~2014년 충남대 평화안보대학원 연구교수 2011~2013년 법제처 국민법제관 2012년 북한대학원대 초빙교수(현) 2013~2014년 국회입법조사처 조사분석위원 2013년 한국안보통일연구원 원장(현) 2014~2015년 한국방송공사(KBS) 객원해설위원 2014년 성균관대 국가전략대학원 강사(현) 2014~2015년 합동참모본부 자문위원, 정읍 미래전략자문단 중앙자문위원(현) 2016년 더불어민주당 한반도경제통일특별위원회 위원 2016년 同전북정읍·고창지역위원회 위원장(현) 2016년 제20대 국회의원선거 출마(전북 정읍시·고창군, 더불어민주당) 2016년 더불어민주당 국방안보센터 총괄본부장(현) [상]대통령표창(1996), 보국훈장 천수장(2006), 독일 명예금성십자훈장(2007), 문화체육관광부장관표창(2013), 고령박씨 대종회 황금마패상(2014), 일본국제문화추진협의회 국제예술공로대상(2014), 신원진 국제미술특별대상(2014) [저]'한반도 통일후 군사 통합방안'(1996, 팔복원) '일본의 전통과 군사사상'(1999, 팔복원) '통일이 오는 길목에 서서'(2000, 모아드림) '한반도의 평화통일 전략'(2004, 박영사) '삶의 한 모퉁이 돌아'(2007, 모아드림) '국가전략론'(2009, 박영사) '삶의 흔적 돌'(2010, 황금알) '한반도 희망 이야기'(2011, 오래)

하정웅(河正雄) Ha Jung-Woong (東江)

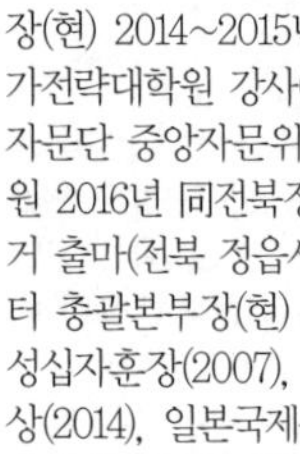

[생]1939·11·3 [출]일본 [주]서울 동대문구 홍릉로118 수림문화재단(02-962-7911) [학]2003년 명예 미술학박사(조선대) [경]1995년 제1회 광주비엔날레조직위원회 명예위원 1996년 在日한국인문화예술협회 회장 1996년 제2회 광주비엔날레조직위원회 해외명예위원 2000년 광주비엔날레 명예홍보대사 겸 기획전시위원 2001년 광주시립미술관 명예관장(현) 2007년 영암군 홍보대사 2012년 수림문화재단 이사장(현) 2014년 (사)문화재찾기한민족네트워크 이사장(현) [상]제9회 한국장애자의 날 국무총리표창(1989), 제11회 한국맹인복지의 날 맹인복지공로상(1990), 국민훈장 동백장(1994), 월간미술대상 장려상(1997), 광주광역시 공로상(1999), 광주시민의 상(2000), 제2회 원진미육대상(2005), 전북도지사 감사패(2008), 제33회 영암군민의 날 '군민의 상'(2008), 보관문화훈장(2012) [저]'날마다 한 걸음'(2014, 메디치미디어)

하정조(河政助) HA Jung Jo

[생]1941·5·15 [본]진양(晋陽) [출]경남 남해 [학]1960년 성동공고졸 1968년 서울대 사범대학 체육학과졸 1975년 同신문대학원졸 1985년 미국 미주리대 신문대학원 연수 [경]1968~1980년 동양통신 기자 1981년 연합통신 체육부 차장 1986년 同편집위원 1987년 同체육부장 1991년 同방콕특파원 1994년 同방송뉴스 부국장대우 1995년 同기사심의실장 1997년 同출판국장 1998년 同동북아정보문화센터 상임이사 1998년 연합뉴스 동북아정보문화센터 상임이사 2001년 (주)웹스포츠코리아 대표이사 2002년 대한올림픽위원회(KOC) 위원 2005년 한국체육언론인회 부회장 2005년 2014평창동계올림픽유치위원회 위원 2009년 한국체육언론인회 특별고문 2009~2012년 대한올림픽위원회 및 대한체육회 홍보위원회 부위원장 2012~2014년 연합뉴스사우회 회장 2012년 국민체육진흥공단 서울올림픽기념관 자문위원 [상]국민훈장 동백장(1987), 대통령표창(1987) [저]'아덴바덴의 기적, 남기고싶은 이야기'(2011, 봄날의기록) [종]기독교

하정효(河政孝) HA Jeong Hyo (總領本尊)

[생]1940·2·25 [본]진양(晋陽) [출]경남 진주 [주]서울 종로구 자하문로57의10 (재)세계총령무술진흥회(02-735-2815) [학]1958년 진주농림고졸 1962년 조선대 법정대학 수학 1997년 고려대 정책대학원·영국 옥스퍼드대 정책대학원 수료 1998년 미국 하와이대 상경대학원·태국 디타브하완국립대 수료 1999년 철학박사(러시아 모스크바사범대) 2005년 고려대 언론대학원 최고위과정 수료 2006년 전경련 IMI국제경영원·LBL과정 수료 2006년 고려대 노동대학원 최고지도자과정 수료 2006년 한양대 The EEP 최고엔터테인먼트 지도자과정 수료 2006년 중국 북경대 아세아평화문화과정 수료 2007년 중국 상해 후단대 국제평화과정 수료 2007년 캐나다 UBC(United British Colombia)대 지도자과정 수료 2007년 미국 조지워싱턴대 정치경제외교과정 수료 2007년 대만 담강대 국제교류과정 지도자과정 수료 2008년 연세대 언론홍보대학원 최고지도자과정 수료 2008년 중국 청화대 교육학원 농업산업화교육중심과정 수료 2013년 명예 문학박사(영국 케임브리지대) [경]1957년 세계정무 '뫄한뭐루' 무예 8천192동작 창시·總領(현) 1957년 세계정교 창시·7대본산 설립 1967년 세계정학 창시·28대 수학단지 설립 1968년 (사)충무문화원 원장 1973년 한국민족정신중흥운동 제창 1991년 세계정사대제기구 창설위원장(현) 1991년 세계평화협의회 의장 1991년 한국민속악진흥회 설립·회장 1992년 망경궁요(망겸소리) 기능보유자(현) 1992년 한민족정통국민회의 창설 1992년 세계체텨수땜운동 창시·총령(현) 1992년 세계무술총연맹 총령(현) 1994년 인류종족 및 세계다민족연합 의장(현) 1995년 한국민족문화대백과사전 등재 1996년 국방무술총연합회 총재(현) 1996년 대한민국국민종교회의 의장 1999년 러시아 모스크바사범대 명예교수(현) 1999년 세계무술총연합회 총재(현) 1999년 세계뫄한뭐루총연합회 총재(현) 1999년 세계종족연합총회 총재(현) 2000년 세계종교인평화협의회 총재(현) 2002년 지구인의 한글경전 겜촐빛궶 배포(유엔가입국 및 영유지 포함 210개국 2100개처) 2002년 손베추춤베이징무용단 창설·회장(현) 2003년 겜촐빛궶 한글땅모들세계기구 대표(현) 2004년 (재)세계총령무술진흥회 이사장(현) 2005년 국가무형동력기구 이사장(현) 2005년 국악신문 고문(현) 2006년 대한민국公人사회적責任운동본부 상임공동대표(현) 2006년 대한민국황실회복운동본부 자문위원(현) 2007년 대한민국무술원 창설·원장(현) 2007년 고려대노동대학원총교우회 부회장 2007년 대한민국국력원 창설·원장(현) 2007년 (사)죽향대금산조원형보존회 명예회장(현) 2007년 (사)한국전통민요협회 고문(현) 2008년 코리아국악예술단 많솛산 창단·이사장(현) 2008년 미국 국제문화협의회(UCC) 사무총장(현) 2008년 영국 국제인명센터(IBC) 명예회장(현) 2009년 전국경제인연합회 국제경영원 자문위원·감사 2009년 고려대정책대학원최고위정책과정총교우회 총회장 2010년 同법인 창설 2010년 (재)세계正教유지재단 설립·이사장(현) 2010년 국회포럼 국가기본운동 제창 및 제1회 국가기본확립촉진대회 개최 2011년 국회포럼 한국인생활선포(인류이상 한나라사람살이 세계구현대회장) 2011년 세계 몬얼뫼네발길대회 창설(매년 네발달리기 대회 개최) 2011년 지구인의 한중경전 '겜촐빛궶(준짱광찡)' 교정분 출간 2012년 전국경제인연합회 국제경영원 글로벌최고경영자과정 총동문회장 2012년 (사)황실문화재단 고문 2013년 대한민국무궁화회 총재(현) 2013년 (재)세스팔다스계옴마루세계정교 총본산 창설 2013년 영국 IBC 케임브리지 예술및인문학 명예교수 2014년 지구촌회의 창설 총재 및 코리아광주포럼 개최 2014년 세계평화공원건설 대한민국통일회복촉진 평창대회 개최 2015년 대한민국통일대회 개최 2016년 국제연합의 세계연합승격 촉구 및 국제연합본부의 삼팔선이전촉구 대회 개최 2016년 현대결혼 한매줌 대례 창시 및 발표 2016년 지구촌 서울운동 제창(서로는 울타리!·서로서로 울타리가 되어주는 서울!서울!) [상]영국 IBC 21세기 2000지식인·500지도자·최고의 교육자100 선정(2000~2006), 미국 ABI 21세기 500인 지도자 선정·명예훈장·세계적인 공로훈장(2000~2005), 미국 국제문화회의(UCC) 국제평화상(2006), 캄보디아 국가보국훈장(2006), 미국 ABI 문화공로훈장(2008), 장한한국인상대상(2008), 전국경제인연합회 국제경영원 공로상(2009), 영국 IBC 'Legion of Honour'(2009), 스포츠서울 '사회공헌상'(2009), 스포츠조선 '2011

대한민국 자랑스러운 혁신 한국인상'(2011), 미국 ABI '인류 100대 지성' 선정(2011), 스포츠동아 '신지식인 & Top Brand 대상', 일간스포츠 '2011 대한민국 글로벌 스탠다드 경영우수기업', 한국일보대상 'The Best Korea Awards' 대한민국 미래를 여는 혁신기업 & 인물(2012), 파워코리아 대한민국 희망인물 & 기업(2012), 헤럴드경제 문화경영대상(2012), 제20회 대한민국문화연예대상 문화대상(2012), 영국 IBC 지구촌업적상(2015) [저]'한글진리'('겜괎' '누리' 외 181권 中 14권 발간) '현철학강법'(단편집 191권) '친필천서'(600편) '무궁신서' '겜촐빛괎' '무학개론' '한글마당'(햇별돌굼, 아주돌굼, 미주돌굼) '손베추춤' '수건무도(手巾舞蹈)' '계옴검(劍)' '만생인도경' '마루바침' '망겜소리' '무학통론-날' '준짱광찡(존강광경, 尊降光境)' '채드림' [역]'겜촐빛길'(2008) [종]세계정교

하종선(河鍾瑄) Jong Sun Ha

[생]1955 · 1 · 14 [출]경북 의성 [주]서울 강남구 테헤란로92길7 바른빌딩 법무법인 바른(02-3479-2360) [학]1973년 경기고졸 1977년 서울대 법학과졸 1979년 同대학원졸 1982년 미국 UCLA 법과대학원졸 [경]1979년 사법시험 합격(21회) 1981년 사법연수원 수료(11기) 1984년 미국 캘리포니아주 변호사시험 합격 1984년 미국 LA 변호사 개업 1986~1995년 (주)현대자동차 상임법률고문 1996~2001년 회명합동법률사무소 변호사 2000~2004년 현대해상화재보험(주) 사외이사 2002년 법무법인 두우 고문변호사 2004~2007년 현대해상화재보험(주) 대표이사 사장 2008~2011년 현대그룹 전략기획본부 사장 2012년 법무법인 바른 파트너변호사(현) [저]'PL법과 기업의 대응방안'

하종식(河鐘植) HA Jong Sik

[생]1955 · 10 · 24 [출]경남 마산 [주]경남 함안군 법수면 윤외공단길83의1 한국정밀기계(주) 비서실(055-582-7871) [학]마산고졸 1979년 연세대 행정학과졸, 경남대 행정대학원 중퇴(2년) [경]1982년 한국금속공업사 개발실장 1995년 한국금속공업(주) 전무이사 1995년 한국제강(주) 전무이사 1998년 한국정밀기계(주) 이사 2007년 同대표이사 사장(현) [상]한국일보 한국을빛낸기업인대상(2006), 은탑산업훈장(2007)

하종철(河宗鐵) HA Jong Chul

[생]1961 · 1 · 28 [출]경남 산청 [주]서울 서초구 반포대로158 서울고등검찰청(02-530-3114) [학]1978년 진주고졸 1984년 성균관대졸 [경]1983년 사법시험 합격(25회) 1985년 사법연수원 수료(15기) 1986년 춘천지검 검사 1988년 同영월지청 검사 1989년 서울지검 서부지청 검사 1992년 부산지검 검사 1994년 서울지검 검사 1996년 수원지검 검사 1997년 同부부장검사 1998년 대구고검 검사 1999년 창원지검 통영지청 부장검사 2000년 부산지검 총무부장 2001년 同형사3부장 2002년 수원지검 성남지청 부장검사 2003년 서울지검 의정부지청 형사2부장 2004년 서울북부지검 전문부장 2006년 대전지검 전문부장 2008년 서울동부지검 전문부장 2009년 부산고검 검사 2011년 서울고검 검사 2013년 대전고검 검사 2015년 서울고검 검사(현) [종]불교

하종화(河鍾華) HA Jong Hwa

[생]1955·10·17 [본]진양(晋陽) [출]경북 청도 [주]서울 강남구 강남대로390 미진프라자 세무법인 두리(1688-2135) [학]대구상고, 한국방송통신대졸, 건국대 행정대학원졸 [경]9급 공무원시험 합격, 남산·성북·을지로세무서 법인세과 등 근무, 재무부 세제실 조세정책과·재산세제과 근무, 부천·안양세무서 법인세과 근무, 재무부 세제실 소득세제과·세제조사과 근무, 성남세무서 법인과장, 안양세무서 법인과장, 국세청 소득세과 계장 2002년 국세공무원교육원 국세교육2과 국세교수 2005년 안동세무서장 2006년 국무총리 조사심의관실 3과장 2007년 서울지방국세청 조사4국 2과장 2007년 同조사4국 1과장 2008년 대통령 법무비서관실 행정관 2009년 중부지방국세청 조사2국장 2009년 同조사1국장(고위공무원) 2010년 국세청 개인납세국장 2011년 서울지방국세청 조사4국장 2011~2012년 대구지방국세청장 2013년 세우회 회장 2014년 세무법인 두리 회장(현) 2015년 DGB금융지주 사외이사(현) [상]홍조근정훈장(2013)

하주용(河周容) HA Ju Yong

[생]1967 · 1 · 3 [본]진주(晋州) [출]서울 [주]인천 남구 인하로100 인하대학교 사회과학대학 언론정보학과(032-860-8796) [학]1985년 우신고졸 1991년 고려대 신문방송학과졸 1994년 同대학원 신문방송학과졸 1998년 미국 인디애나주립대 대학원 신문방송학과졸 2004년 신문방송학박사(미국 서던일리노이대) [경]1994~1996년 한국방송통신대 원격교육연구소 조교, 미국 언론교육학회 회원, 국제언론학회 회원, 한국언론학회 회원 2003~2005년 한림대 언론정보학부 교수 2005년 인하대 사회과학대학 언론정보학과 교수(현) 2007~2008년 한국방송학회 총무이사 2009~2010년 방송통신위원회 방송평가위원 2010~2011년 한국방송학회 총무이사 [저]'문화경영의 33가지 핵심코드(共)'(2006, 한국문화사) '디지털영상제작의 이해(共)'(2009, 일빛)

하주호(夏周鎬) HA Joo Ho

[생]1964·11·23 [출]대구 [주]서울 중구 동호로249 (주)호텔신라 커뮤니케이션팀(02-2233-3131) [학]1983년 오성고졸 1987년 서울대 신문학과졸 [경]1989년 삼성생명보험 홍보팀 입사 1995년 미국 지역전문가 연수 1996년 삼성생명보험 재무심사팀 근무 1999년 삼성 구조조정본부 기획홍보팀 근무 2010년 삼성전자(주) 홍보팀 국내홍보그룹장(상무) 2011년 삼성에버랜드 커뮤니케이션팀장(상무) 2013년 (주)호텔신라 커뮤니케이션팀장(상무) 2015년 同커뮤니케이션팀장(전무)(현)

하지원(河智媛 · 女) HA Ji Won

[생]1969·1·28 [주]서울 서초구 바우뫼로130 에코맘코리아(02-556-3012) [학]1987년 숭의여고졸 1991년 이화여대 체육학과졸 1993년 同대학원 체육학과졸 1998년 이학박사(이화여대) 2012년 지구환경학박사(세종대) [경]1989~1991년 (사)한국환경문제연구소 자원활동가 1992~2001년 同객원연구원 2003년 ISO인증 국제심사위원(현) 2006~2010년 서울시의회 의원(비례대표, 한나라당) 2006~2014년 서울시녹색서울시민위원회 기획조정위원 겸 서울기후행동위원장 2007·2009·2010·2011년 UN 기후변화당사국총회의 서울녹색위원회 단장 2007년 서울지역환경기술개발센터 연구협의회 위원(현) 2008~2009년 C40기후리더십그룹 제3차정상회의 기획위원 2008년 (재)서울그린트러스트 이사(현) 2008년 (사)국회기후변화포럼 이사(현) 2009년 (사)한국기후변화학회 이사(현) 2009년 (사)에코맘코리아 창립·대표(현) 2009년 세종대 연구교수(현) 2009년 同기후변화센터 운영위원장(현) 2009년 同환경·에너지연구소 부소장(현) 2010~2013년 대통령직속 녹색성장위원회 위원 2010년 서울시수돗물 '아리수' 명예홍보대사 2010년 지식경제부 에너지위원회 에너지절약전문위원 2010년 환경부 환경교육진흥위원회 위원(현) 2011년 同중앙환경정책위원회 기후대기·국제분과 위원(현) 2012년 전국그린스타트네트워크 대표위원(현) 2012~2014년 국무총리실 정부업무평가전문위원 2012~2013년 EBS 시청자위원 2013~2014년 서울시 교육청 홍보물·영상물및간행물심의위원회 심의위원 2013~2014년 국무조정실 국정과제평가 전문위원 2013년 제18대 대통령직인수위원회 청년특별위원회 위원 2014년 국립생태원 자문위원(현) 2014년 한국환경관리공단 비상임이사(현) 2014년 환경부 자체평가위원(현) 2014년 한·EU FTA 자문위원(현) 2014년 아시아엔 매거진N 편집위원(현) 2014년 UN청소년환경총회 조직위원 2014년 한·EU FTA 무역과지속가능발전위원회 자문위원(현) 2014년 경찰청 시민감찰위원(현) 2014년 교육부 학부교육선도대학육성사업사업관리위원회 위원(현) 2015년 조선일보 '하지원의 환경톡톡' 환경칼럼리스트(현) 2015년 지속가능발전위원회 위원(현) [상]전국지방의회 친환경최우수의원(2009), 매니페스토약속대상 광역의원부문 대상(2009), 대통령표창(2009), 국가환경경영대상 지구환경보전상(2009), 행정안전부장관표창(2010), 국민포장(2011)

하지윤(河智潤) Ha Ji Yoon

[생]1963·2·26 [출]서울 [주]서울 마포구 성암로330 DMC첨단산업센터B동616호 에이치&어소시에이츠(02-2269-4101) [학]1987년 서울대 대학원졸 [경]중앙일보 기획취재팀 기자 1999년 同국제부 기자 2000년 同기획홍보팀 차장대우 2001년 同산업부 차장 2004년 同편집국 수도권부 차장 2004년 한국과학기자협회 부회장 2006~2010년 조인스닷컴(주) 대표이사 2006년 한국온라인신문협회 부회장 2006년 엠엔비닷컴 대표이사 겸임 2008~2009년 한국온라인신문협회 회장 2010년 중앙일보 편집국 정보과학선임기자 2012년 에이치&어소시에이츠 대표(현) 2013~2015년 코레일공항철도 공항철도자문위원

하창식(河彰植) HA Chang Sik

[생]1950 · 2 · 3 [출]경남 하동 [주]서울 강남구 도곡로117 옥신타워8층 (주)도시와사람(02-6281-1100) [학]1973년 한양대 건축학과졸, 미국 펜실베이니아대 와튼스쿨 최고경영자과정 수료, 서울대 최고경영자과정 수료 [경]구성건축설계사무소 근무, 서울탑종합건설 설립 · 대표이사, 건설탑스 대표이사, 종합건축사사무소 A-Group 설립, (주)The D&S 대표이사, (주)건설알포메 대표이사, 마이다스밸리골프클럽 대표이사 1999년 (주)도시와사람 설립 · 대표이사 회장(현) 1999년 한국건축가협회 명예이사(현) 1999년 한국부동산개발협회 감사 · 고문(현) 2001~2011년 한양대 시스템건축공학과 겸임교수 [상]보건사회부장관표창, 서울시장표창, 서울사랑시민상 건축부문

하창식(河昌植) HA Chang-Sik

[생]1956·1·30 [본]진양(晋陽) [출]부산 [주]부산 금정구 부산대학로63번길2 부산대학교 고분자공학과(051-510-2407) [학]1974년 부산고졸 1978년 부산대 화학공학과졸 1980년 한국과학기술원 화학공학과졸(석사) 1987년 공학박사(한국과학기술원) [경]1982~1994년 부산대 고분자공학과 전임강사·조교수·부교수 1988~1989년 미국 신시내티대 재료공학과 방문교수 1992년 부산대 고분자공학과 학과장 1994년 同고분자공학과 교수(현) 1997년 미국 스탠퍼드대 화학공학과 방문교수 1999년 영국 세계전기센터 아시아지역담당 부이사(현) 1999년 스위스 TransTech출판사 Material Sci. Foundation 편집자문위원(현) 1999년 부산대 신발신소재 및 신공정개발연구소장 2000년 同기획연구부실장 2002년 한국접착및계면학회 부회장 2003년 한국공학한림원 정회원(현) 2003년 한국과학기술한림원 정회원(현) 2003년 한일광·전자용유기재료국제심포지움(KJF2003) 조직위원장 2004년 미국 뉴욕주립대 버팔로교 방문교수 2005년 부산대 고분자공학과 학과장 2005년 한·일폴리이미드국제학술회의 조직위원장 2006년 제3회 아시아·태평양지역 첨단재료국제학술회의 조직위원장 2007년 아시아·오세아니아 사이클로텍스트린리그(AOCL) 부회장(현) 2008~2011년 Macromolecular Research 편집위원장 2009~2011년 한국접착및계면학회 수석부회장 2010~2016년 한국연구재단 나노그리드소재융합연구단장 2010~2011년 미국 UCLA 화학과 방문교수 2012~2013년 부산대 부총장 2012~2016년 천주교 부산교구 평신도사도직협의회 회장 2012~2014년 한국접착및계면학회 회장·고문(현) 2013~2015년 호주 퀸즈랜드대 명예교수 2013년 국제순수및응용화학연맹(IUPAC) 상업용고분자의구조와물성분과 동아시아소위원회 위원장 2015~2016년 한국연구재단 공학단 전문위원 2015년 제5회 아시아첨단재료국제학술회의(ASAM-5) 의장 2015~2016년 부산가톨릭문인협회 회장 2016년 부산대 석학교수(현) [상]한국고무학회상(1994), 효원논문상(1997), 부산대 공과대학 학술상(2003), 삼성고분자학술상(2011), 미래창조과학부장관표창(2014), 제26회 수필문학상(2016) [저]'고분자화학' '고분자의 구조와 물성' '가슴따뜻한 세상을 꿈꾸며' '황금들녘을 바라보며' '자서전 217쪽' [종]가톨릭

하창용(河昌勇) Ha Chang Yong

[생]1975·8·2 [본]진주(晋州) [출]경북 김천 [주]광주 북구 첨단과기로208번길43 광주지방고용노동청 광주고용센터(062-609-8880) [학]1994년 김천고졸 2002년 한양대 행정학과졸 2014년 캐나다 윈저대 대학원 경제학과졸 [경]2010~2012년 고용노동부 노동시장정책과 사무관 2012~2014년 유학캐나다 윈저대 유학 2014년 고용노동부 인력수급정책과 서기관 2015년 同고용정책실 고용정책총괄과 서기관 2016년 광주지방고용노동청 광주고용센터 소장(과장급)(현)

하창우(河昌佑) HA Chang Woo

[생]1954·2·13 [출]경남 남해 [주]서울 서초구 서초대로51길30 하창우법률사무소(02-594-6300) [학]1973년 경남고졸 1978년 서울대 법학과졸 [경]1983년 사법시험 합격(25회) 1985년 사법연수원 수료(15기) 1986년 변호사 개업(현) 1991~2005년 서울남부경찰서 자문변호사 1999~2001년 서울지방변호사회 총무이사 1999~2015년 KBS 자문변호사 2001~2003년 대한변호사협회 공보이사 2002~2003년 방송위원회 심의위원 2002~2007년 서울중앙지법 민사조정위원 2003년 법관임용심사위원회 위원 2003~2005년 대검찰청 검찰개혁위원회 자문위원 2004~2016년 서울고검 항고심사위원 2005~2013년 KBS 객원해설위원 2005년 대한변호사협회 공보이사 2006년 사법시험 3차위원 2007~2009년 서울지방변호사회 회장 2007~2013년 법무부 검사징계위원회 위원 2015년 대한변호사협회 회장(현) [상]법조언론인클럽 감사패(2016) [저]'하창우 변호사의 변호사 길라잡이'(2012)

하창화(河昌和) HA Chang Hwa

[생]1940·10·6 [출]강원 원주 [주]서울 종로구 삼일대로428 낙원빌딩310호 한국백신(주)(02-743-7151) [학]1958년 경복고졸 1962년 연세대 경영학과졸 [경]1985~1996년 대아양행 대표이사 회장 1996년 한국백신(주) 대표이사 회장(현) 2000년 한국의료용구공업협동조합 이사장, 강원도민회 부회장 [상]식품의약품안전청장표창(2009)

하창환(河敞喚) HA Chang Hwan

[생]1949·9·15 [본]진양(晋陽) [출]경남 합천 [주]경남 합천군 합천읍 동서로119 합천군청(055-933-2181) [학]1968년 합천고졸 [경]1989년 합천군 문화공보실장 1991년 同새마을과장 1994년 同기획실장 1998년 同대양면장·합천읍장 2002~2007년 同기획감사실장 2003~2008년 전국합천군재외향우연합회 사무국장 2008~2010년 합천고 운영위원장 2009~2010년 합천군체육회·합천군생활체육회 부회장 2010년 경남 합천군수(무소속·새누리당) 2014년 경남 합천군수(새누리당)(현) [상]경남도지사표창(1985), 내무부장관표창(1987), 행정자치부장관표창(2004), 홍조근정훈장(2009), 전국기초지방자치단체장 매니페스토 우수사례경진대회 청렴부문 우수상(2016)

하철경(河喆鏡) HA Chul Kyung (林農)

[생]1953·3·10 [본]진주(晋州) [주]광주 광산구 어등대로417 호남대학교 예술대학 미술학과(062-940-3856) [학]1986년 목포대 미술대학졸 1988년 세종대 대학원졸 [경]1984년 남농미술관 이사 1989년 전남대·동국대·목포대·부산대 강사 1991년 호남대 미술학과 교수(현) 1991년 전남도미술대전 심사위원 1993년 광주시미술대전 심사위원 1994년 목포미술협회 한국화분과 위원장 1995년 전국무등미술대전 심사위원, 한국미술협회 부이사장 2004~2007년 同이사장 2012년 (사)한국예술문화단체총연합회 회장(현) [상]대한민국미술대전 연4회 특선 및 연6회 입선, 전국무등미술대전 대상, 전남미술대전 종합대상, 남농예술문화상(1995), 한국예술문화단체총연합회 예술문화상(1999), 일본청추회전 특별상(2001), 전남문화상(2001), 대한민국 나눔대상 특별대상(2011), 한국예술평론가협의회 제33회 올해의 최우수예술가상 미술부문(2013)

하철승(河徹昇)

[생]1962·7·17 [주]서울 강북구 도봉로89길13 강북구청 부구청장실(02-901-6404) [경]1993년 행정고등고시 합격(36회) 1993~2000년 종로구 환경과장·지역교통과장·사회진흥과장·감사담당관 2000~2002년 同도시관리국장(지방서기관)·생활복지국장 2002~2011년 강북구 재무국장·건설교통국장·행정관리국장·의회 사무국장 2011년 同부구청장(지방행정부이사관)(현)

하철용(河哲容) HA Chul Yong

[생]1949·11·2 [출]서울 [주]서울 서초구 서초중앙로157 서울중앙지방법원조정센터(02-530-2568) [학]1968년 제물포고졸 1972년 서울대 법학과졸 [경]1972년 사법시험 합격(14회) 1974년 사법연수원 수료(4기) 1975년 육군 법무관 1977년 서울민사지법 판사 1980년 서울형사지법 판사 1981년 청주지법 충주지원 판사 1983년 서울지법 판사 1985년 서울고법 판사 1986년 법원행정처 기획조정실 기획담당관 겸임 1990년 대전지법 천안지원장 1992년 사법연수원 교수 1993년 서울민사지법 부장판사 1996년 서울지법 부장판사 1996년 변호사 개업 2001~2007년 법무법인 세종 변호사 2002년 국무총리 행정심판위원회 위원 2007~2012년 헌법재판소 사무처장 2012~2013년 한국의료분쟁조정중재원 상임조정위원 2013년 서울중앙지법조정센터 상임조정위원(현)

하충식(河忠植) Ha Choong Sik (국로)

[생]1960·12·5 [본]진양(晋陽) [출]경남 함양 [주]경남 창원시 성산구 원이대로682번길21 한마음창원병원(055-267-2000) [학]진주고졸, 조선대 의대졸, 부산대 대학원졸, 의학박사(부산대) 2015년 명예 경제학박사(조선대) [경]1988~1993년 부산침례병원 근무 1994년 부산대동병원 산부인과장 1994년 창원고려병원 산부인과장 1995~2013년 창원한마음병원 원장, 녹색교통회 공동대표, 한국사회복지재단 경남지부 부회장, 부부의날위원회 공동대표 2013년 한마음창원병원 이사장(현) 2013년 부산고법 창원재판부 조정위원(현) 2015년 한양대 나눔교수(현) 2015년 창원시 의료관광자문위원회 위원(현) [상]국무총리표창(2002), 한국복지재단 '55주년 한국복지재단을 빛낸 55인'에 선정(2003), 환경부장관표창(2004), 창원시문화상 지역발전부문(2004), 국민포장(2011), 장윤석 기금상(2011), 함양군민상(2013), 자랑스러운 조대인상(2015)

하충헌(河忠憲) HA Chung Heon

[생]1963·4·4 [출]경남 창녕 [주]서울 서초구 반포대로158 서울고등검찰청(02-530-3114) [학]1982년 배명고졸 1986년 한양대 법학과졸 1989년 同대학원 법학과졸 [경]1991년 사법시험 합격(33회) 1994년 사법연수원 수료(23기) 1994년 부산지검 검사 1996년 창원지검 진주지청 검사 1997년 서울지검 남부지청 검사 2000년 수원지검 성남지청 검사 2002년 창원지검 검사 2004년 의정부지검 검사 2006년 同부부장검사 2007년 서울중앙지검 부부장검사 2008년 광주고검 전주지부 검사 2009년 전주지검 제1부장검사 2010년 광주지검 순천지청 부장검사 2011년 수원지검 안산지청 부장검사 2012년 서울고검 검사 2014년 대구고검 검사 2015년 광주지검 부장검사(광주시 법률자문검사 파견) 2016년 서울고검 검사(현)

하태경(河泰慶) Tae Keung Ha

생1968·6·19 출부산 주서울 영등포구 의사당대로1 국회 의원회관939호(02-784-2491) 학1986년 부산 브니엘고졸 1991년 서울대 물리학과졸 1996년 부산대 대학원 통번역전문과정 수료 1999년 고려대 국제대학원졸 2004년 경제학박사(중국 길림대) 경1993~1994년 (사)통일맞이 연구원 1996~1997년 부산통역번역협회 회장 1998년 미국 미시간주립대 객원연구원 2001~2005년 SK텔레콤 경영경제연구소 수석연구원 2005~2012년 (사)열린북한 대표 2009~2012년 민주평통 자문위원 2012년 제19대 국회의원(부산시 해운대구·기장乙, 새누리당) 2012~2014년 새누리당 북한인권 및 탈북자·납북자위원장 2013년 제18대 대통령직인수위원회 산하 '국민대통합위원회' 간사 2013년 국회 농림축산식품해양수산위원회 위원 2014년 국회 국토교통위원회 위원 2014~2015년 새누리당 보수혁신특별위원회 위원 2014년 同부산시당 대변인 2015년 국회 서민주거복지특별위원회 위원 2015년 새누리당 정책위원회 정보정책조정위원회 부위원장(현) 2015년 국회 동북아역사왜곡대책특별위원회 위원 2016년 새누리당 부산시해운대구甲당원협의회 운영위원장(현) 2016년 제20대 국회의원(부산시 해운대구甲, 새누리당)(현) 2016년 새누리당 부산시당 혁신위원장(현) 2016년 국회 예산결산특별위원회 위원(현) 2016년 국회 환경노동위원회 간사(현) 2016년 국회 가습기살균제사고진상규명과피해구제 및 재발방지대책마련을위한국정조사특별위원회 위원(현) 상국가인권위원회 대한민국 인권상(2011) 전'민주주의는 국경이 없다'(2011, 글통) '만화 김정은'(2011, 시대정신) '삐라에서 디도스까지'(2013, 글통)

하태윤(河泰允) HA Tae-yun

생1958·2·1 출전남 화순 주서울 종로구 사직로8길60 외교부 인사운영팀(02-2100-7136) 학광주제일고졸 1980년 성균관대 행정학과졸 1986년 일본 게이오대(慶應大) 대학원 수료 경1979년 외무고시 합격(13회) 1979년 외무부 입부 1987년 駐일본 1등서기관 1993년 駐남아프리카공화국 참사관 1996년 외무부 서남아대양주과장 1998년 대통령비서실 파견 1999년 駐영국 참사관 2001년 외교통상부 외무인사기획담당관 2003년 駐토론토 총영사 2005년 한국국제협력단 재난복구지원본부장 2007년 김대중 전(前) 대통령 비서관 2009년 駐이라크 대사 2010년 인천시 국제관계대사 2011년 국립국제교육원 원장 2013년 국립외교원 경력교수 2015년 駐오사카 총영사(현)

하태형(河泰亨) HA TAE HYUNG

생1958·12·12 주경기 화성시 봉담읍 와우안길17 수원대학교 금융공학대학원(031-220-2299) 학1982년 서울대 경영대학졸 1984년 한국과학기술원(KAIST) 경영학과졸(석사) 1992년 경제학박사(미국 뉴욕주립대) 경1992~1998년 동양증권 파생상품팀장 2000~2010년 보아스투자자문 대표이사, 재정경제부 산하 주가지수선물거래대책반 민관합동위원, 증권업협회 상품개발팀 전문자문위원, 제1종투자상담사자격시험 출제위원, 투자신탁협회 운용전문인력자격시험 운영위원, 한국증권선물거래소 상품개발위원, 수원대 금융공학대학원 교수(현) 2014년 同금융공학대학원장 2014~2015년 현대경제연구원 대표이사 원장 2015년 (사)한국전략경영학회 부회장 2015년 법무법인 율촌 고문(현)

하태호(河台鎬) HA Tae Ho

생1963·6·7 출경기 화성 주경기 수원시 장안구 송원로55 경기신문 편집국(031-268-8114) 학유신고졸 1988년 단국대 불어불문학과졸 경1999년 중부일보 정치부 차장 2002년 同제2사회부장 2003년 同정치부장 2009년 경기신문 부국장 겸 정치부장, 同정치부 부국장 2014년 同편집국장(현)

하태훈(河泰勳) HA Tae Hoon

생1958·2·17 본진양(晋陽) 출충남 서천 주서울 성북구 안암로145 고려대학교 법학전문대학원(02-3290-1897) 학1976년 대전고졸 1981년 고려대 법학과졸 1985년 同대학원졸 1990년 법학박사(독일 쾰른대) 경1990년 고려대 강사 1991~1999년 홍익대 법학과 조교수·부교수 1992~1997년 한국형사법학회 간사·편집위원 1996·1998년 경찰청 치안연구소 연구위원 1998년 대검찰청 검찰제도개혁위원회 위원 1999년 사법개혁추진위원회 전문위원 1999년 고려대 법학전문대학원 교수(현) 2001년 법무부 형사법개정특별심의위원회 위원 2001년 대법원 양형제도연구위원회 위원 2003년 경찰청 경찰혁신위원회 위원 2004년 사법제도개혁추진위원회 기획연구팀장 2007~2013년 대법원 양형위원회 위원 2009~2013년 참여연대 사법감시센터 소장 2012~2013년 한국비교형사

법학회 회장 2013년 한국형사법학회 부회장 2013~2014년 검찰개혁심의위원회 위원 2014년 한국형사법학회 회장 2016년 참여연대 공동대표(현) 2016년 대법원 형사사법발전위원회 외부위원(현) 전'刑法講義 總論'(1998) '사례중심 형법총론'(2002) '판례중심 형법 총·각론'(2006) '형법사례연습'(2009)

하태흥(河泰興)

생1973·1·28 출대전 주경기 수원시 영통구 월드컵로120 수원지방법원(031-210-1114) 학1991년 대전 한밭고졸 1995년 서울대 사법학과졸 경1995년 사법시험 합격(37회) 1998년 사법연수원 수료(27기) 1998년 해군법무관 2001년 서울지법 판사 2003년 同서부지원 판사 2005년 대전지법 공주지원 판사 2009년 수원지법 판사 2010년 서울고법 판사 2011년 대법원 재판연구관 2016년 수원지법 부장판사(현)

하행봉(河幸鳳) HA Haeng Bong

생1961·8·17 본진주(晉州) 출경남 진주 주서울 송파구 올림픽로35길137 한국광고문화회관9층 (사)한국광고산업협회(02-733-3500) 학1987년 경상대 영어영문학과졸 2001년 한양대 대학원 광고홍보학과졸 경광고산업발전위원회 실무위원, 방송광고선진화추진위원회 위원 1998년 한국경제신문 교육원 강사 2002년 한국사보기자협회 감사(현) 2006~2012년 (사)한국광고업협회 상무 2007년 한국광고자율심의기구 광고심의기준위원회 위원 2007~2009년 한국간행물윤리위원회 제3심의위원 2009년 한국광고학회 이사(현), 국민권익위원회 홍보자문위원 2011년 인터넷광고분쟁조정위원회 위원(현) 2012년 (사)한국광고산업협회 상무 2013년 同전무(현)

하헌주(河憲珠·女) HA Hun Joo

생1958·2·7 출서울 주서울 서대문구 서대문구 이화여대길52 이화여자대학교 약학대학 약학과(02-3277-2114) 학1981년 이화여대 제약학과졸 1987년 약리학박사(미국 미네소타대) 경1981년 미국 미네소타대 약리학과 연구조교 1988년 인하대 의약물독성연구소 연구전임조교수 1990~2000년 연세대 의과대학 약리학교실 전임강사·조교수·부교수 1990~1991년 일본 동경대 의과대학 약리학교실 객원연구원 1994~1995년 미국 캘리포니아대 Irvine의과대학 신장내과 방문연구원 2000~2001년 식품의약품안전청 내분비계장애물질평가사업 자문위원 2000~2003년 순천향대 현암신장연구소 부교수 2003년 이화여대 약학대학 약학과 부교수·교수(현) 2014·2016년 同대학원 약학과장(현) 2014~2016년 同이화펠로우 2014년 BK21플러스 '이화미래핵심약과학사업단' 단장(현) 2015년 한국과학기술한림원 정회원(의약학부·현) 상대한약리학회 중외학술상(1995), 유럽신장학회 40 Best Abstracts(1995), 대한신장학회 최우수초록상(1996), 한국과학기술단체총연합회 우수논문상(2002), 보건복지부장관표창(2013)

하현국(河賢國) HA Hyeon Kook

생1964·6·2 출경남 사천 주경기 안양시 동안구 관평로212번길70 수원지방법원 안양지원(031-8086-1114) 학1980년 대아고졸 1987년 서울대 사법학과졸 경1988년 사법시험 합격(30회) 1991년 사법연수원 수료(20기) 1994년 창원지법 판사 1996년 同진주지원 판사·수원지법 평택지원 판사 2002년 서울지법 판사 2003년 서울고법 판사 2004년 서울중앙지법 판사 2006년 울산지법 부장판사 2008년 사법연수원 교수(부장판사) 2011년 서울중앙지법 부장판사 2014년 서울동부지법 부장판사 2016년 수원지법 안양지원장(현)

하현권(河賢權) Hyun Kwon Ha

생1952 주강원 강릉시 사천면 방동길38 강릉아산병원 원장실(033-610-3313) 학1978년 가톨릭대 의대졸 1982년 同대학원 의학석사 1995년 의학박사(가톨릭대) 경1983년 가톨릭대 서울성모병원 전공의 1994년 同성바오로병원 과장, 울산대 의과대학 영상의학교실 교수(현) 2009~2012년 서울아산병원 영상의학과장 2016년 강릉아산병원 원장(현)

하현준(河炫俊) Hyun-Joon Ha

생1959·11·18 출경남 진주 주경기 용인시 처인구 모현면 외대로81 한국외국어대학교 자연과학대학 화학과(031-330-4369) 학1978년 마산고졸 1982년 서울대 화학과졸 1987년 이학박사(미국 브라운대) 경1987~1988년 미국 스탠퍼드대 Post-Doc. 1988년 한국과학기술연구원 유기화학연구실 선임연구원 1991년 한국외국어대 자연과학대학 화학과 조교수·부교수·교수(현) 1992~1993·2002~2004년 同화학과장 1993년 영국 케임브리지대 방문교수 1999년 대한화학회 이사·출판위원 2000년 (주)컴바이오넥스 설립 2003

년 (주)이매진 이사(현) 2004~2006년 한국외국어대 용인캠퍼스 총무처장 2013~2015년 同자연과학대학장 2016년 대한화학회 차기(2018년) 회장(현) [저]'유기화학' '일반화학'(1994)

하현회(河炫會) HH(Hyun Hwoi) Ha

[생]1956·12·18 [본]진주(晉州) [주]서울 영등포구 여의대로128 LG트윈타워 (주)LG(02-3773-2401) [학]부산 금정고졸, 부산대 사학과졸, 일본 와세다대 대학원 경영학과졸 [경]1985년 LG그룹 입사 1996년 同회장실 부장 2003년 LG디스플레이 전략기획담당 상무, (주)LG 어플리케이션사업부장(상무) 2007년 同중소형사업부장(부사장) 2008년 LG디스플레이(주) 중소형사업부장(부사장) 2008년 同Mobile사업부장(부사장) 2009년 同IT사업부장(부사장) 2012년 同TV사업본부장(부사장) 2012년 (주)LG 시너지팀장(부사장) 2013~2014년 LG전자 HE사업본부장(사장) 2014년 한국디스플레이산업협회 부회장 2015년 (주)LG 대표이사 사장(현) 2015년 LG하우시스 비상무이사(현) [저]'세계화 시대 초우량기업 만들기'(1995)

하형주(河亨柱) HA HYOUNG JOO (戊庚)

[생]1962·6·3 [본]진양(晋陽) [출]경남 진주 [주]부산 사하구 낙동대로550번길37 동아대학교 예술체육대학 체육학과(051-200-7812) [학]1980년 부산체육고졸 1984년 동아대 체육대학 체육학과졸 1986년 同대학원졸 1995년 캐나다 Univ. of British Columbia 수학 1996년 이학박사(성균관대) [경]1981년 인도네시아 아시아유도선수권대회 무제한급 금메달·95kg급 은메달 1981년 네덜란드 세계유도선수권대회 95kg급 동메달 1982년 핀란드 세계대학유도선수권대회 95kg급 동메달 1982년 미국 전미오픈국제유도대회 95kg급 동메달 1983년 일본국제대학유도대회 무제한급 은메달·95kg급 동메달 1983년 홍콩 범태평양유도선수권대회 95kg급 금메달 1984년 프랑스Open국제유도선수권대회 금메달 1984년 미국 LA올림픽대회 95kg급 금메달 1985년 일본 고베 세계유니버시아드대회 95kg급 금메달 1985년 한국 세계유도선수권대회 95kg급 은메달 1986년 서울아시안게임 95kg급 금메달 1987년 독일 세계유도선수권대회 95kg급 동메달 1988년 제24회 서울올림픽대회 출전 1987~2000년 동아대 체육대학 전임강사·조교수·부교수 1989년 일본 중경대 교환교수 1991년 국제무도학회 이사 1992년 한국올림픽아카데미 이사 1992년 한국대학유도연맹 이사 1993년 부산시 체육지도자협의회 운영위원 1995년 캐나다 Univ. of British Columbia 수학 1995년 제14회 아시아경기대회 부산유치추진위원회 기획위원 1995년 한국스포츠심리학회 상임이사 1995년 부산구치소 교화위원 1995년 부산아시안게임경기대회 조직위원회 집행위원 1996년 부산시의회 의원 1996년 제15대 국회의원선거 부산시지부 선거대책위원회 위원 1996년 제26회 미국 애틀란타올림픽 성화 봉송주자 1997년 부산시체육회 경기력향상위원회 위원 1997년 사랑의장기운동본부(골수은행) 이사 1997년 2008부산올림픽유치위원회 발기인 겸 운영위원 1997년 제2회 동아시아경기대회 학술대회조직위원회 집행위원 1997년 부산트라이애슬론경기연맹 부회장 1998년 부산아시아경기대회 마스코트애칭 심사위원 1999년 부산시유도회 재무이사 1999년 부산시체육회 이사 겸 운영위원 1999·2013년 한국스포츠심리학회 이사(현) 1999년 (사)대한유도회 이사 1999년 (사)한국청소년스포츠문화원 이사장 2000~2015년 동아대 스포츠과학대학 경찰무도학과 교수 2000년 대한올림픽위원회(KOC) 위원 2001년 민족평화축전 조직위원회 추진위원 2001년 2002부산아시아드지원협의회 이사 2001년 한국체육학회보 편집위원 2002년 부산아시아경기대회 스포츠과학학술대회 조직위원회 업무추진위원 2002년 제14회 부산아시아경기대회 최종성화봉송 점화주자 2002년 同유도경기 국제심판 2002년 평창동계올림픽유치위원회 위원 2002년 유고슬라비아 세계대학생유도선수권대회 국제심판·임원 2003년 백범사상연구소 이사(현) 2003년 동아대 스포츠과학연구소 연구위원(현) 2003년 부산시문화상 심사위원 2003년 문화관광부 대한민국체육상 심사위원 2004년 미국 캘리포니아주 샌프란시스코주립대 교환교수 2005년 한국스포츠학회 부회장 2007년 한국통일전략학회 이사(현) 2007년 2020부산올림픽유치범시민지원협의회 부회장 2007년 한국스포츠심리학회 지도자교육위원장 2007년 사하희망포럼 상임공동대표 2007년 (사)부산한일교류센터 이사(현) 2007년 한국올림픽금메달리스트회 회장(현) 2007년 제2회 한일학생쓰시마회의 한국대학생인솔단장 2007년 노블레스인코리아 인물등재 2007년 부산상공회의소 '부산사랑 우수인재상' 심사위원 2007년 한나라당 제17대 대통령선거 중앙선거대책위원회 대통령후보 상임특별보좌 2007년 同사회체육특별위원회 본부장 2009년 부산스포츠발전위원회 위원(현) 2009년 (사)해외한민족교육진흥회 이사 2009~2010년 제38·39회 전국소년체육대회 유도심판 2009·2013년 (사)대한무도학회 이사(현) 2009·2012년 KRA 코리아월드컵국제유도대회 심판임원 2010년 (사)한국백혈병소아암협회 부산지부 홍보이사 2010년 2010직지컵 국제청소년유도대회 심판임원 2010년 제91회 전국체육대회 최종성화봉송주자 및 홍보대사 2011년 한·일문화교류센터 이사(현) 2011년 대한민국스포츠국가대표선수회 부회장(현) 2012년 2012 KRA 코리아월드컵 국제유도대회 국제심판 2013년 대한무도학회 이사(현) 2013년 한국스포츠심리학회 이사(현) 2014년 부산지법 조정위원회 위원(현) 2015년 동아대 개교70주년준비위원회 홍보위원장 2015년 부산지검 동부지청 검찰시민위원 2015년 동아대 스포츠과학대학장 2016년 同예술체육대학장(현) 2016년 부산일보 독자위원회 위원(현) 2016년 꿈메달 스포츠봉사단 부산지부장(현) 2016년 동아대 예술체육대학 체육학과 교수(현) 2016년 부산시체육회 운영위원 [상]동아대총장표창(1981·1984·1986), 체육훈장 포장(1981), 대통령표창(1982·1986·1987), 체육훈장 백마장(1983), 체육최고훈장 청룡장(1984), 아시아기자연맹 최우수선수상(1984), 대한민국 올해의 인물상(1984), 대한민국 체육상(1985), 대한유도회 표창(1985), 눌원문화상(1985), 제2회 동아시아경기대회 공로상(1997), 제14회 부산아시아경기대회 공로패(2003), 대한유도회 공로패(2007), 미국 유도연맹 감사패(2011), 미국 대통령상 체육문화부문 금상(2013), 한국을빛낸사람들 국외선양부문 대상(2014), 자랑스런 대한민국 시민대상(2014), 미국 로스엔젤레스 한국축제협회 감사장(2014), 부산시장 공로상(2014), 부산시청소년단체협의회 공로상(2014), 동아대총동창회 공로상(2014), 미국 로스엔젤레스시장 감사장(2014), 전국경제인연합회 감사장(2014) [저]'발육발달학(編)'(1992, 동문출판사) '중등교사 체육연수교재'(2001, 동아대교육대학원부설 중등교원연수원) '스포츠 한의학 입문'(2001, 스포츠한의학회) '비만관리의 이론과 실제'(2001, 동아대 사회교육원) '경호학총론'(2002, 느낌이 있는 나무) '경기체력트레이닝론II-종목별 트레이닝'(2007, 보경문화사) '운동발달심리학'(2008, 동아대 출판사) '코칭론'(2009, 동문출판기획) '동아 체육의 위상, 세계 속에 떨치다'(2009, 총동문회60주년기념문집) '유도와 호신술-이론과 기술'(2012, 동문출판기획) '무도론'(2013, 동아대 출판부) [종]천주교

하혜수(河慧洙) HA Hyue Su (青川)

[생]1961·4·5 [본]진주(晉州) [출]경남 합천 [주]서울 서초구 반포대로30길12의6 한국지방행정연구원(02-3488-7369) [학]1981년 합천고졸 1985년 경상대 행정학과졸 1991년 서울대 행정대학원 행정학과졸 1996년 행정학박사(서울대) [경]1996~1999년 서울대 행정대학원 강사 1996~2001년 경기개발연구원 연구위원·도시경영연구부장 2001~2008년 상주대 부교수 2005~2006년 영국 Birmingham Univ. 연구교수 2007년 한국행정학회 교육취업위원장 2008년 경북대 행정학부 부교수·교수(현) 2009~2013년 공기업·공공기관 경영평가위원 2008~2009년 대통령자문 국가균형발전위원회 전문위원 2008~2009년 대통령소속 지방분권촉진위원회 실무위원 2009~2011년 상주시 인사위원회 위원 2009년 서울행정학회 부회장 2009년 국무총리산하 행정정보공유추진위원회 위원 2010년 국가미래연구원 행정분야 발기인 2012년 새누리당 국민행복추진위원회 정부개혁추진단 위원 2013년 제29회 입법고시(2차) 출제위원 2013년 대통령소속 지방자치발전위원회 자문위원(현) 2014년 민선6기 대구시장직취임준비위원회 시정혁신분과 간사위원 2015년 한국지방행정연구원 원장(현) 2016년 한국지방자치학회 회장(현) [상]서울대 행정대학원 우수상(1996), 행정자치부장관표창(2000), 한국지방정부학회 학술상(2003), 대통령표창(2013) [저]'지방정부의 개혁'(2000) 'e-행정학'(2001) '새 행정학'(2006) '정부인사혁신론'(2007) '테마 행정사례 연구'(2008) '지방자치론'(2012) [역]'중앙-지방간 권력관계'(2001) [종]가톨릭

하호균(河虎均) HA Ho Gyun

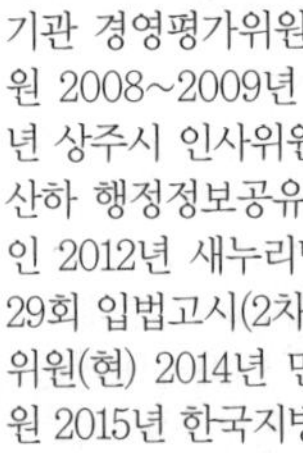

[생]1957·11·27 [주]대전 서구 계백로1322 대청병원(042-1899-6075) [학]1981년 한양대 의대졸 1984년 同대학원졸 1990년 의학박사(한양대) [경]1981~1986년 한양대병원 인턴·신경외과 레지던트 1986년 강진의료원 신경외과장 1989년 건국대 의대 교수, 을지의과대학 신경외과 교수 2003년 을지대병원 의무부원장 2007~2008년 을지대 을지대학병원 신경외과 교수, 同응급실 소장 2008~2013년 건양대병원 신경외과 교수 2013년 대전튼튼병원 명예병원장 2015년 대청병원 의무원장(현)

한갑수(韓甲洙) HAN Kap Soo (雪松)

[생]1934·6·27 [본]청주(淸州) [출]전남 나주 [주]서울 강남구 선릉로669 상경빌딩13층 한국산업경제연구원(02-546-3981) [학]1952년 광주고졸 1956년 서울대 정치학과졸 1977년 미국 하버드대 중동경제과정 수료 2000년 명예 경영학박사(명지대) [경]1958년 고시행정과 합격 1969년 수산청 어정국장 1973년 농수산부 유통경제국장 1977년 국제경제연구원 부원장 1978년 제10대 국회의원(나주·광산, 무소속·민주공화당) 1978년 국회 민정회 대변인 1979~1991년 한국산업경제연구원 원장 1985년 금융발전심의위원 1988년 민정당 동작甲지구당 위원장 1989년 同정책위원회 부의장 1990년 민자당 정책위원회 부의장 1991년 환경처 차관 1992~1993년 경제기획원 차관 1992년 남북

고위급회담 대표 1992년 남북경제공동위원회 남측위원장 1993년 한국산업경제연구원 회장(현) 1994년 동신대 객원교수 1995년 한국가스공사 사장 2000~2001년 농림부 장관 2001년 자민련 상임고문 2001~2004년 서울대 기술정책대학원 초빙교수 2002~2003년 대통령직속 농어업·농어촌특별대책위원회 위원장 2005~2007년 (재)광주비엔날레 이사장 2014~2016년 (사)대한민국을 생각하는 호남미래포럼 이사장 [상]홍조근정훈장, 황조근정훈장, 한국능률협회 공기업부문 최고경영자상 [저]'중동경제의 현황과 전망' [종]기독교

한갑수

[생]1958·3·31 [주]충남 아산시 탕정면 삼성로181 삼성디스플레이(주) LCD사업부(041-535-1114) [학]공학박사(미국 플로리다공과대) [경]삼성전자(주) System LSI ASIC설계팀장, 同System LSI ASIC팀장(전문위원), 同DS부문 S.LSI사업부 LSI개발실장 2013년 同DS부문 S.LSI사업부 LSI개발실장(부사장) 2014년 同시스템LSI 전략마케팅팀장(부사장) 2015년 삼성디스플레이(주) LCD사업부장(부사장)(현)

한 강(韓 江·女)

[생]1970·11·27 [출]광주 [주]경기 안산시 단원구 예술대학로171 서울예술대학교 문예학부(031-412-7100) [학]1988년 풍문여고졸 1993년 연세대 국어국문학과졸 [경]소설가(현) 1993년 계간「문학과 사회」에 '얼음꽃'외 4편의 시로 등단 1994년 서울신문 신춘문예에 소설 '붉은 닻' 당선, 월간지「샘터」편집부 근무 1998년 미국 아이오와대 주최 국제창작프로그램(IWP)에 참가 2005년 EBS 오디오북 라디오 문학관 방송 2006년 MBC 연중기획 '여성의 힘 희망한국' 진행 2007년 서울예대 문예창작과 교수, 同미디어창작학과 교수, 同문예학부 교수(현) 2016년 同문예학부장(현) [상]한국소설가협회 한국소설문학상(1999), 한국일보 우수소설가(1995), 문화관광부 오늘의 젊은 예술가상(2000), 제29회 이상문학상 대상(2005), 동리·목월 문학상(2010), 황순원문학상(2015), 맨부커상 인터내셔널(Man Booker International Prize) 부문(2016), 제16회 연문인상 문화예술부문(2016) [저]시 '얼음꽃'(1993) 소설 '야간열차'(1994) '질주'(1994) '진달래 능선'(1994) '붉은 닻'(1994) '저녁빛'(1995) '여수의 사랑'(1995, 문학과 지성사) '어둠의 사육제'(1996) '뱃노래'(1998) '검은 사슴'(1998) '어느날 그는'(1998) '천국의계단'(1999) '아기부처'(1999) '해질녘에 개들은 어떤 기분일까'(1999) '아기부처'(1999, 개미) '내 여자의 열매'(2000, 창비) '붉은 꽃 속에서'(2000) '침묵'(2000) '아홉개의 이야기'(2001) '내 이름은 태양꽃'(2002, 문학동네) '그대의 차가운 손'(2002, 문학과 지성사) '사랑과, 사랑을 둘러싼 것들'(2003) '붉은 꽃 이야기'(2003, 열림원) '노랑무늬영원'(2003) '몽고반점'(2005, 문학사상사) '전기수 이야기'(2006, 현대문학) '가만가만 부르는 노래'(2007, 비채) '천둥 꼬마 선녀 번개 꼬마 선녀'(2007, 문학동네어린이) '채식주의자'(2007, 창비) '눈물상자'(2008, 문학동네) '사랑과 사랑을 둘러 싼 것들'(2009, 열림원) '자전 소설 3'(2010, 강) '칼'(2010, 문예중앙) '바람이 분다, 가라'(2010, 문학과지성사) '내 인생의 영화'(2011, 씨네21) '희랍어 시간'(2011, 문학동네) '여수의 사랑-개정판'(2012, 문학과 지성사) '노랑무늬 영원'(2012, 문학과 지성사) '회복하는 인간'(2013, 아시아) '검은 사슴'(2013, 문학동네) '서랍에 저녁을 넣어 두었다'(2013, 문학과 지성사) '소년이 온다'(2014, 창비) '사랑과 연애 세트'(2015, 아시아) '눈한송이가 녹는 동안'(2015, 문예중앙) '흰'(2016, 난다)

한거희(韓巨熙) HAN Geo Hee

[생]1960·9·1 [본]청주(淸州) [출]전북 순창 [주]서울 영등포구 영등포로254 우성타워13층 (주)뉴보텍(02-475-8811) [학]1977년 순창고졸 1982년 건국대 공업경영학과졸 2007년 정치법학박사(경기대 정치전문대학원) [경]1988~2000년 국회의원 비서관(13·14·15대) 1999년 ISO14000 국제환경심사원 1999년 (사)그린램프환경교육연합 운영이사 1999년 파랑새봉사단 회장 1999~2001년 대통령 비서실장실 국장 2000년 청년개혁연대 운영위원 2000년 국민정치연구회 이사 2001~2002년 새천년민주당 대표최고위원비서실 차장 2002~2007년 (사)통일미래연구원 정책기획위원장 2003년 관악정보문화센터 이사장 2003~2005년 민주평통 자문위원 2003년 한국정치법학연구소 운영위원 2003년 한·베트남친선문화교류협의회 부총재 2003년 (사)자녀보호운동본부 이사 2004년 민주당 선거대책위원회 청년위원장 2004년 제17대 국회의원선거 출마(서울 관악구甲, 민주당) 2004~2008년 동서남북포럼 정책위원장 2005~2012년 한국자연공원협회 이사 2009~2010년 한국PVC하수관사업협동조합 이사장 2009년 중소기업규제영향평가 자문위원 2011년 한국상하수도협회 감사(현) 2012년 (주)뉴보텍 대표이사 회장(현) 2012년 강원기술개발우수제품협회 회장(현) 2012년 (사)빗물학회 부회장(현) 2013년 (사)정부조달우수제품협회 이사 겸 강원지회 회장(현) 2013년 원주시체육회 이사(현) 2013년 IBK기업은행 홍보대사 2013년 한국신지식인협회 이사(현) 2014년 대한상하수도학회 이사(현) 2014년 한국신지식인협회 심사위원(현) 2014년 중국 료성대 겸임교수(현) 2015년 강원도 행복한강원도위원회 지역경제분과 위원(현) 2015년 同투자유치자문관(현) 2015년 서울미디어그룹 논설위원(현) 2016년 한국PVC관공업협동조합 이사장(현) [상]대한민국 친환경대상 환경부장관표창(2010), 시사투데이 대한민국 사회공헌대상(2011), 중소기업기술혁신협회 이노비즈협회장표창(2011), 한국신지식인협회 신지식인대상(2012), 서울특별시장표창(2014), 대통령표창(2015) [종]천주교

한견표(韓堅杓) Han Kyeon Pyo

[생]1956·11·16 [출]충남 서산 [주]충북 음성군 맹동면 용두로54 한국소비자원(043-880-5500) [학]1975년 대전고졸 1980년 서울대 정치학과졸 [경]1986년 사법시험 합격(28회) 1989년 사법연수원 수료(18기) 1989년 서울지검 검사 1991년 마산지검 충무지청 검사 1993년 대전지검 검사 1995년 법무부 법무과 검사 1997년 서울지검 검사 2000년 同의정부지청 검사 2001년 同의정부지청 부부장검사 2001년 춘천지검 속초지청장 2002년 서울지검 동부지청 부부장검사 2003년 공정거래위원회 파견 2003년 광주고검 검사 2004년 인천지검 부부장검사 2005년 법무부 법무과장 2006년 서울중앙지검 공판2부장 2007년 同금융조세조사2부장 2008년 변호사 개업 2009~2015년 법무법인 여명 대표변호사 2010~2012년 EBS 이사 2014~2015년 한국외환은행 사외이사 2015년 KEB하나은행 사외이사 2015년 한국소비자원 원장(현)

한경구(韓敬九) HAN Kyung Koo

[생]1956·3·25 [본]청주(淸州) [출]서울 [주]서울 관악구 관악로1 서울대학교 자유전공학부(02-880-9531) [학]1978년 서울대 인류학과졸 1983년 同대학원 인류학과졸 1991년 인류학박사(미국 하버드대) [경]1980년 외무고시 수석합격(14회) 1980~1981년 외무부 북미담당관실 근무 1984년 예편(해군 중위) 1990~2000년 강원대 인류학과 전임강사·조교수·부교수 2000년 국민대 사회과학대 국제학부 부교수·교수 2000년 한국환경사회학회 부회장 2000~2007년 한국국제이해교육학회 부회장 2003년 재외한인학회 회장 2003~2005년 유네스코 한국위원회 사회과학분과 위원 2004~2006년 한국문화인류학회 편집위원장 2005~2006년 환경운동연합 정책위원장 2006년 과거사정리위원회 자문위원 2006년 대통령자문 지속가능발전위원회 위원 2007년 환경운동연합 인사위원장 2008~2011년 한국국제이해교육학회 회장 2009년 서울대 자유전공학부 교수(현) 2010~2012년 한국이민학회 회장 2012년 유네스코 한국위원회 문화분과 위원(현) 2013년 서울대 자유전공학부장(현) 2016년 교육부 정책자문위원회 국제협력분과 위원장(현) [저]'공동체로서의 회사 : 일본기업의 인류학적 연구' '세계의 한민족 : 아시아태평양편'(編) '시화호사람들은 어떻게 되었을까'(共) '낯선 곳에서 나를 만나다'(共) '처음 만나는 문화인류학'(共) '세계화와 일본의 구조전환'(共) '함께 사는 세상 만들기'(共) '우리는 지구촌 시민'(共) '맛있는 국제이해교육'(共) '인류학 민족지연구 어떻게 할 것인가'(共) [역]'문화인류학의 역사'(共) '정치인류학' '문화인류학 현지조사방법' '일본, 허울뿐인 풍요'(共) '현대육군의 개혁'(共) '왜 일본은 몰락하는가'(共) '국경을 넘는 방법 : 문화·문명·국민국가'(共)

한경근(韓景根)

[생]1970·11·21 [출]대구 [주]울산 남구 법대로14번길37 울산지방법원(052-228-8000) [학]1989년 대구 협성고졸 1993년 고려대 법학과졸 [경]1998년 사법시험 합격(40회) 2001년 사법연수원 수료(30기) 2001년 부산지법 판사 2002년 부산고법 판사 2003년 부산지법 판사 2005년 同동부지원 판사 2007년 부산지법 판사 2011년 부산고법 판사(창원지법 파견) 2014년 부산지법 판사 2014~2016년 법원도서관 조사심의관 겸임 2016년 울산지법 부장판사(현)

한경노(韓敬老) HAN Kyung Nor

[생]1960·8·17 [출]전북 고창 [주]광주 북구 무등로272 새누리당 광주시당(062-682-7855) [학]전남공고졸, 광주대 무역학과졸, 한양대 대학원 무역경영학과졸 [경]한아름체인 대표, 광주·전남도체인협회 부회장, (사)한국청년회의소 재정실장, 통일부 통일교육위원, 선진국민전남연대 대표 2008년 제17대 대통령취임준비위원회 자문위원 2009~2011년 한국가스안전공사 상임감사 2012~2014년 한국가스공사 비상임이사 2014~2016년 새누리당 광주남구당원협의회 운영위원장 2016년 同광주동구·남구甲당원협의회 운영위원장(현) 2016년 제20대 국회의원선거 출마(광주 동구·남구甲, 새누리당) 2016년 새누리당 광주시당 위원장 직대(현)

ㅎ

한경선(韓京善)

생1967 · 8 · 15 충남 보령 주충남 서산시 덕지천로 145의6 서산세무서(041-660-9201) 학성보고졸, 세무대학원(6기), 경희대 대학원졸 경2008년 안양세무서 납세자보호담당관 2008년 사무관 승진 2009년 국세청 소득세과 사무관 2010년 동안양세무서 재산세과장 2011년 국세청 납세자보호담당관실 사무관 2014년 同납세자보호담당관실 서기관 2015년 서산세무서장(현)

한경섭(韓京燮) HAN Kyung Seop

생1952 · 9 · 1 청주(淸州) 서울 주경북 포항시 남구 청암로77 포항공과대학교 기계공학과(054-279-2163) 학1970년 경기고졸 1974년 서울대 금속공학과졸 1977년 同대학원졸 1980년 공학박사(미국 케이스웨스턴리저브대) 경1979년 미국 위스콘신대 Applied Superconductivity센터 연구원 1982년 미국 뉴욕주립대 기계항공공학과 조교수 1987년 포항공대 기계공학과 부교수 1990년 同가속기연구소 기술지원단장 1994년 同기계공학과 교수(현) 2003~2007년 同기획처장 2004년 同포항풍력에너지연구소장 2007~2009년 同풍력특성화대학원사업단장 2009년 지식경제부 R&D 풍력분야 PD(파견) 2015년 한국공학한림원 정회원(기계공학 · 현) 2015년 유니슨(주) 사외이사(현) 상국민훈장 석류장, 과학기술훈장 도약장(2015)

한경필(韓京泌) HAN Kyung Pil

생1965 · 6 · 3 청주(淸州) 주세종특별자치시 다솜로261 국무조정실 새만금사업추진지원단(044-200-1900) 학1984년 제주제일고졸 1988년 연세대 행정학과졸, 同행정대학원 도시행정학과졸 경2004~2006년 제주도 정책기획관실 서기관 2006년 국무조정실 제주도특별자치도지원위원회 사무처 기획총괄팀장 2008년 국무총리소속 제주특별자치도지원위원회 사무처 영어교육팀장(서기관) 2009년 국무총리 국정운영실 법무행정과장 2010년 국무총리 국정운영1실 통일안보정책과장 2011년 국무총리실 정책관리과장 2013년 국무조정실 일반행정정책관실 의정과장 2014년 同일반행정정책관실 의정과장(부이사관) 2015년 同공직복무관리관실 기획총괄과장 2016년 同새만금사업추진지원단 부단장(고위공무원)(현)

한경혜(韓慶惠 · 女) HAN Gyoung Hae

생1955 · 10 · 25 대전 주서울 관악구 관악로1 서울대학교 생활과학대학 소비자아동학부(02-880-8748) 학1978년 서울대 농가정학과졸 1980년 同대학원졸 1981년 덴마크 코펜하겐대 대학원 사회학과졸 1990년 가족학박사(미국 펜실베이니아주립대) 경1978년 한국농촌경제연구원 위촉연구원 1990년 서울대 농가정학과 조교수 1994년 同농가정학과 부교수 1997~2000년 同아동가족학과 부교수 2000년 同생활과학대학 소비자아동학부 부교수 · 교수(현) 2003년 한국가정법률상담소 자문위원 2005~2007년 한국가족관계학회 회장 2005년 서울대 가족아동학과장 겸 소비자아동학부장 2006~2008년 同생활과학대학장 2007~2008년 대통령자문 정책기획위원회 위원 2010년 서울대 노년은퇴설계지원센터장(현) 2011년 同평의원회 부의장 2011년 한국노년학회 회장 2011년 서울대 제3기인생대학(Univ. of Third Age) 주임교수(현) 2013년 同웰에이징 · 시니어산업최고위과정 주임교수(현) 상농수산부장관표창, 국제노년학회 Junior Scholar(1985), 미국 Social Science Research Council 우수논문상(1988) 제'중년남성의 역할 중요도와 일/가족 갈등' '이혼과 가족문제' '신노년층문화와 성공적 노회' '한국장수인의 개체적 특성과 사회환경적 요인'(2005, 서울대 출판부) '가족발달'(2005, 한국방송통신대 출판부) '노인문화의 현황과 정책적 함의 성공적 노화 담론에 대한 비판적 검토를 중심으로'(2007, 한국보건사회연구원) '한국의 장수인과 장수지역'(2008, 서울대 출판부)

한경호(韓敬浩) Kyongho Han

생1959 · 6 · 25 서울 주경기 용인시 수지구 죽전로152 단국대학교 공과대학 전자전기공학부(031-8005-3608) 학1982년 서울대졸 1984년 同대학원졸 1992년 공학박사(미국 Texas A&M대) 경1985~1987년 한국통신 선임연구원 1992년 한국전자통신연구원 이동통신연구단 선임연구원 1993~2005년 단국대 공대 전자전기공학과 전임강사 · 조교수 · 부교수 2005년 同공대 전자전기공학과 교수 2008년 同공대 전자전기공학부 교수(현) 2008년 同정보통신원장 2013~2014년 同공학교육혁신센터장 2014년 同정보미디어대학원장 2015년 同정보 · 지식재산대학원장(현)

한경호(韓倞浩) HAN Gyeong Ho

생1963 · 1 · 12 청주(淸州) 경남 진주 주세종특별자치시 한누리대로2130 세종특별자치시청 행정부시장실(044-300-2010) 학1981년 진주고졸 1985년 경상대 농학과졸 1992년 同대학원 농학과졸 경기술고시 합격(20회) 1991년 경남도 유통지도계장 1992년 同농어촌개발과 농정기획계장 1994년 同UR대책담당 1996년 同인력육성계장 1996년 同농정기획계장 1997년 同농업정책과장 1998년 同기획관리실 기획관(서기관) 2002년 경남 사천시 부시장 2003년 행정자치부 행정관리담당관 2004년 同혁신담당관 2004년 국무조정실 일반행정심의관실 서기관 2006년 同일반행정심의관실 행정자치팀장(부이사관) 2007년 행정자치부 재정기획관 2008년 행정안전부 장관비서실장 2008년 同과천청사관리소장(고위공무원) 2009~2010년 소방방재청 기획조정관 2010년 서울신문 독자권익위원회 위원 2010년 행정안전부 기업협력지원관 2011년 同윤리복무관 2012년 교육 파견 2013년 안전행정부 지방분권지원단장 2013년 대통령소속 지방자치발전위원회 지방분권국장 2015년 행정자치부 정부청사관리소장 2015년 세종특별자치시 행정부시장(고위공무원)(현) 상녹조근정훈장(2005)

한경호(韓敬鎬)

생1963 · 9 · 19 경북 경주 주충남 논산시 논산대로241번길6 논산세무서(041-730-8201) 학세무대학졸(1기), 경희대 대학원졸 경2004년 중부지방국세청 조사2국 근무 2007년 부천세무서 소득세과장 2008년 同소득세과장(사무관) 2009년 국세공무원교육원 교수 2011년 同운영과 계장 2014년 同운영과 계장(서기관) 2015년 중부지방국세청 조사3국 조사관리4팀장 2015년 논산세무서장(현)

한경환(韓京煥)

생1972 · 9 · 23 전북 정읍 주충남 서산시 공림4로24 대전지방법원 서산지원(041-660-0600) 학1990년 전북사대부고졸 1994년 서울대 법대 사법학과졸 경1995년 사법시험 합격(37회) 1998년 사법연수원 수료(27기) 1998년 軍법무관 2001년 수원지법 판사 2003년 서울지법 판사 2004년 서울중앙지법 판사 2005년 광주지법 판사 2008년 서울남부지법 판사 2010년 서울고법 판사 2011년 대법원 재판연구관 2016년 대전지법 · 대전가정법원 서산지원장(현)

한경희(韓京姬 · 女) Romi HAAN

생1964 서울 주서울 금천구 가산디지털2로11 (주)한경희리빙(1577-3555) 학1987년 이화여대 불어불문학과졸 1991년 미국 캘리포니아주립대 대학원졸(MBA) 경1986~1988년 국제올림픽위원회(IOC) 근무 1996년 5급 공무원 합격 1997년 교육부 사무관 1999년 한영전기 설립 2001년 국내 최초 스팀청소기부문 발명특허 2002년 (주)한영베스트 설립 · 대표이사 2005년 (주)한경희생활과학 대표이사(현) 2008~2014년 (주)한경희뷰티 대표이사 2010년 고용노동부 청년고용홍보대사 2013~2014년 국가과학기술자문회의 자문위원 2014년 재외동포재단 자문위원(현) 2014년 대통령직속 규제개혁위원회 위원(현) 2014년 대통령소속 국가지식재산위원회 전문위원 2014년 기획재정부 정책성과평가위원회 평가위원 2014년 同재정정책자문위원회 자문위원 2014년 서울시장학재단 이사(현) 2014년 (주)한경희생활건강 대표이사 2015년 (주)한경희리빙 대표이사(현) 2016년 세계여성이사협회 한국지부 초대공동대표(현) 상벤처대상 중소기업표창(2004), 벤처대상 신지식인 선정(2004), 제40회 발명의 날 대통령표창(2005), 한국표준협회 신기술으뜸상 특별상(2005 · 2008), 중소기업혁신대전 수상(2006), 월스트리트저널 선정 '주목해야하는 여성 기업인 50인'(2008), 제12회 대한민국 브랜드대상 우수상(2010), 포브스아시아 선정 '아시아 파워 여성기업인 50명'(2012) 제'청소 안하는 여자'(2005) '너무 늦은 시작이란 없다'(2011, 동아일보)

한공식(韓功植) Han, Kong-Sik

생1961 · 7 · 6 경북 경주 주서울 영등포구 의사당대로1 국회사무처 운영위원회(02-788-2813) 학영남대 행정학과졸, 서울대 행정대학원 석사과정 수료, 성균관대 국정관리대학원 정책학 박사과정 수료 경1990년 입법고시 합격(10회) 2000년 국회사무처 연수국 교무과장 2004년 同예산결산특별위원회 입법조사관(부이사관) 2007년 同예산결산특별위원회 입법심의관 2008년 감사원 파견 2009년 국회사무처 관리국장(이사관) 2011년 同의사국장 2013년 同환경노동위원회 수석전문위원(차관보급) 2015년 同운영위원회 수석전문위원(차관보급)(현)

한관희(韓官熙) HAN Kwan Heui (청암)

[생]1968·6·10 [본]청주(淸州) [출]충남 예산 [주]서울 성동구 왕십리로115 재향군인회4층 (사)대한민국예비역부사관총연합회(02-928-1223) [학]1987년 예산고졸 1996년 동우전문대학 행정과졸 2011년 벽성대학 건축과졸 [경]특수임무유공자회 지회장, 통일부 통일교육위원, (사)대한민국예비역부사관총연합회 충남지부장 2013년 同회장(현) [종]기독교

한광섭(韓光燮) Han Gwang-sup

[생]1959·1·25 [주]서울 종로구 사직로8길60 외교부 인사운영팀(02-2100-7136) [학]1981년 연세대 영문학과졸 [경]1986년 외무고시 합격(20회) 1986년 외무부 입부 1991년 駐일본 2등서기관 1995년 駐휘지 1등서기관 2000년 駐밴쿠버 영사 2002년 외교통상부 주한공관담당관 2003년 同동남아과장 2005년 駐중국 참사관 2007년 駐인도 공사 2010년 외교통상부 동북아시아국 심의관 2012년 駐우한 총영사 2015년 駐스웨덴 공사(현)

한광수(韓光洙) HAN Kwang Soo

[생]1945·2·12 [본]청주(淸州) [출]함남 원산 [주]경기 양평군 양평읍 충신로294번길31 한광수법률사무소(031-3477-1177) [학]1964년 경남고졸 1969년 서울대 법학과졸 1970년 同사법대학원 수료 [경]1969년 사법시험 합격(10회) 1974년 전주지검 검사 1979년 광주지검 검사 1981년 대전지검 서산지청장 1982년 서울지검 검사 1985년 대구지검 영덕지청장 1986년 마산지검 부장검사 1987년 대구지검 형사2부장 1988년 수원지검 형사2부장 1989년 同형사1부장 1990년 서울지검 북부지청 형사1부장 1991년 同남부지청 형사1부장 1992년 제주지검 차장검사 1993년 부산지검 동부지청 차장검사 1993년 同동부지청장 1994년 대전고검 차장검사 1995년 법무연수원 기획부장 1997년 서울고검 차장검사 1997년 제주지검장 1999년 대검찰청 형사부장 2000~2004년 감사원 감사위원 2004년 변호사 개업(현)

한광수(韓光洙) HAN Kwang Soo

[생]1946·10·1 [출]전북 [주]충남 논산시 상월면 상월로 522 금강대학교 총장실(041-731-3002) [학]1965년 전주고졸 1978년 서울대 동양사학과졸 1980년 同사회과학대학원 경제학과졸 1990년 미국 Vanderbilt Univ. 대학원 경제학 박사과정 수료 1996년 경제학박사(중국 베이징대) [경]1979년 국제경제연구원 중국경제담당 1980년 한국산업연구원 중국경제팀 연구원 1984년 외무부 아주국 파견 1988년 한림대 중국경제론 강사 1991년 중국 사회과학원 경제연구소 초청연구원 1996년 중국 북경시장경제연구소 고급연구원 1998년 인천대 동북아국제통상대 동북아지역학부 교수 2002년 전경련 중국위원회 자문위원 2003년 KIEP 중국전문가포럼 위원 2004~2012년 인천대 동북아통상대학장 2014년 (사)미래동아시아연구소 이사장(현) 2015년 금강대 총장(현)

한광옥(韓光玉) HAN Kwang Ok (愚山)

[생]1942·1·29 [본]청주(淸州) [출]전북 전주 [주]서울 종로구 청와대로1 대통령비서실(02-770-0011) [학]1960년 중동고졸 1963년 서울대 문리과대학 영어영문학과 수료 [경]1962년 학생정치외교협회 회장, 전국민권수호학생총연맹 준비위원장 1971년 국회의원 비서관 1980년 신민당 최고위원 보좌역 1981년 제11대 국회의원(서울 관악구, 민주한국당) 1981년 민주한국당(민한당) 조직국장 1983년 同통일문제특별위원장 1985년 민주화추진협의회 대변인 1987년 평화민주당(평민당) 대통령선거대책본부 상황실장 1988년 同대외협력위원회 부위원장 1988년 同총재비서실장 1988년 제13대 국회의원(서울 관악구甲, 평민당·신민당·민주당) 1990년 국회 노동위원장 1992년 제14대 국회의원(서울 관악구甲, 민주당·국민회의) 1992년 민주당 사무총장 1993년 새정치문화연구소 대표 1993년 민주당 최고위원 1995년 同부총재 1995년 새정치국민회의(국민회의) 지도위원회 부의장 1996년 同범야권대통령후보단일화협상추진위원회 위원장 1996~1999년 同서울관악甲지구당 위원장 1996년 同사무총장 1997~1999년 同부총재 1998년 노사정위원회 위원장 1998년 민족화해협력범국민협의회 상임의장 1999~2000년 제15대 국회의원(서울 구로구乙 보궐선거 당선, 국민회의·무소속) 1999년 국민회의 노동특별위원장 1999년 대통령 비서실장 2001년 새천년민주당 대표최고위원 2002년 同상임고문 2002년 同최고위원 2002년 통일미래연구원 이사장(현) 2009년 민주당 상임고문 2012년 정통민주당 대표 2012년 제19대 국회의원선거 출마(서울 관악구甲, 정통민주당) 2012년 새누리당 제18대 대통령중앙선거대책위원회 100%대한민국대통합위원회 수석부위원장 2012~2013년 제18대 대통령직인수위원회 국민대통합위원장 2013~2016년 대통령소속 국민대통합위원회 초대 위원장 2016년 대통령 비서실장(현) [상]프랑스 레지옹도뇌르훈장 [저]'새벽'(1990) '재미있는 소학'(1996) '가슴이 넓은 사람이야기'(1998) 자서전에세이 '곧은 길에 미래가 있다'(2002) '선택 포용과 결단의 리더십'(2010) [종]기독교

한광협(韓光協) HAN Kwang Hyub

[생]1954·11·23 [본]청주(淸州) [출]경남 마산 [주]서울 서대문구 연세로50의1 세브란스병원 소화기내과(02-2228-1949) [학]1979년 연세대 의대졸 1986년 한양대 대학원 의학석사 [경]1986년 연세대 의과대학 내과학교실 전임강사·조교수·부교수 1990~1992년 미국 베일러대 의과대학 분자바이러스학 교환교수 2000년 연세대 의과대학 내과학교실 교수(현) 2011년 세브란스병원 소화기내과장 겸 간암전문클리닉팀장 2011년 한국과학기술한림원 정회원(현) 2013년 세브란스병원 내과부장(현) 2013년 연세대 의과대학 내과학교실 주임교수(현) 2014년 대한간학회 이사장 2016년 세브란스병원 간센터 소장(현) [저]'B형, C형 간염 술잔 돌려도 되나'

한국선(韓國先) HAN Kook Sun

[생]1955·1·20 [본]청주(淸州) [출]경북 영천 [주]경북 포항시 남구 중흥로93 경북일보 임원실(054-289-2201) [학]2006년 문학박사(대구대) [경]1977년 산업경제신문 기자 1978년 배영고 교사 1992년 경북일보 정치부장 1998년 同대구본부장 2000년 同편집부국장 대우 2001년 同대구본부장 2003년 同대구본사 편집국 국장대우 2005년 대구일보 편집국장 2006년 同편집국장(이사) 2007~2012년 同대표이사 사장·부회장 2008년 대구시태권도협회 회장(현), 대한태권도협회 이사(현), 대구시체육회 부회장(현) 2010년 문화체육관광부 국기원특수법인설립준비위원회 위원 2010년 국기원 이사(현) 2013년 한국마이스진흥재단 이사장(현) 2013~2016년 국민생활체육회 이사 2014년 경북일보 대표이사 사장(현) [상]국무총리표창, 문화장(1988), 대통령표창(2004) [저]'태권도철학이해'(2006) '같잖은 소리(상·하)'(2007) [종]불교

한국영(韓國暎) HAN Kook-young

[생]1958·2·5 [출]강원 속초 [주]서울 서대문구 서소문로51 서울특별시청 상수도사업본부(02-3146-1111) [학]1976년 속초고졸 1980년 해군사관학교졸(34기) [경]1980년 해군본부 근무, 서울올림픽대회조직위원회 근무, 서울시 영등포구 새마을과장, 同한강공원관리사업소 청소계장, 同시장실 근무, 同조사담당관실 조사2계장, 同조사1계장 1998~2000년 同회계과·사회복지과·노숙자대책반 근무 2000년 서울산업진흥재단 파견 2002년 서울시 보건복지국 보건위생과장 2002년 同조사담당관 2004년 同문화국 문화재과장(서기관) 2005년 同재무국 계약심사과장 2006년 同행정국 인사과장 2008년 국방대 파견(지방부이사관) 2009년 서울시 시장비서실장 2011년 同인재개발원장 2012년 同경제진흥실 산업경제정책관(지방이사관) 2013년 同한강사업본부장 2014년 同평생교육정책관 2015년 同상수도사업본부장(현) [종]기독교

한권일(韓權一)

[생]1966·5 [출]전남 [주]서울 영등포구 여의나루로61 하이투자증권 채권2본부(02-2122-9078) [학]순천고졸, 고려대 경영학과졸 [경]HMC투자증권 채권금융팀 이사대우, KB투자증권 Trading본부 상무 2013년 하이투자증권 채권2본부장(상무)(현)

한권태(韓權泰) HAN KWON TAE

[생]1955·3 [출]충북 [주]서울 중구 한강대로405 한화역사 임원실(02-390-4004) [학]1974년 청주고졸 1981년 서강대 경영학과졸 [경]1981년 한양화학(現한화케미칼) 입사 1999년 한화유통 경리팀장·기획관리실장 2006년 (주)한화 재무실장 2013년 同기획재경본부장 2014년 同재경본부장(전무) 2014년 한화역사 대표이사 전무(현)

한규동(韓奎東) HAN Kyu Dong

[생]1947·10·2 [본]청주(淸州) [출]강원 원주 [주]서울 금천구 벚꽃로10길55 남문침례교회(02-804-5537) [학]침례신학대졸, 同목회대학원졸, 연세대 신학대학원졸 [경]1977년 서울 남문침례교회 개척·담임목사(현), 한국기독교부흥협의회 서기 2004년 기독교한국침례회총회 부흥사회장, 同서울지방회장, 同전도부장, 同제1부총회장, 同제2부총회장 2008~2009년 同총회장 [종]기독교

ㅎ

한규현(韓奎現) HAN Kyu Hyun

[생]1964·9·5 [출]경북 울진 [주]서울 서초구 서초중앙로157 서울고등법원(02-530-1114) [학]1983년 대구 영남고졸 1987년 고려대 법학과졸 [경]1988년 사법시험 합격(30회) 1991년 사법연수원 수료(20기) 1994년 전주지법 판사 1998년 수원지법 여주지원 판사 1999년 同양평군·이천시법원 판사 2001년 서울지법 남부지원 판사 2003년 서울고법 판사 2004년 대법원 재판연구관 2008년 수원지법 부장판사 2010년 서울중앙지법 부장판사 2013년 특허법원 부장판사 2015년 同수석부장판사 2016년 서울고법 부장판사(현)

한규호(韓奎鎬) HAN Kyu Ho

[생]1951·2·4 [본]청주(淸州) [출]강원 횡성 [주]강원 횡성군 횡성읍 태기로15 횡성군청 군수실(033-340-2101) [학]1969년 원주고졸 1996년 한림대 대학원 경영관리자과정 수료 1998년 한림정보산업대학 지방행정학과졸, 연세대 정경대학원 행정학과졸 2009년 행정학박사(강원대) [경]1970~1976년 강원도 안흥면·횡성읍 근무 1988~1989년 同평창군 사회과장·기획실장 1991년 同공영개발사업단 관리과장 1991년 同예산담당관실 공기업계장 1992년 同예산2계장 1993년 同예산1계장 1996년 同예산기획계장 1999년 同관광개발과장 2000년 횡성군 부군수 2002년 강원도 공보관 2003~2005년 同비서실장 2005년 한나라당 강원도당 정책자문위원 2006~2010년 강원 횡성군수(한나라당) 2010년 강원 횡성군수선거 출마(한나라당) 2012년 새누리당 지방자치안전위원회 부위원장 2014년 강원 횡성군수(새누리당)(현) [상]대통령표창, 내무부장관표창 [종]기독교

한규흥(韓圭興) HAN Kew Heung (中興)

[생]1946·6·20 [본]청주(淸州) [출]경기 김포 [주]서울 서초구 강남대로365 대우도씨에빛1차1401호 파마벨컨설팅·파마벨산업 회장실(02-3473-2555) [학]1968년 서울대 약학대학졸 1997년 고려대 국제대학원 최고경영자과정 수료 [경]1970년 동아제약(주) 입사 1976년 同개발부 조사과장 1979년 同기획조정실 비서과장 1981년 同종합조정실 비서팀장 1986년 同종합조정실 비서팀장 겸 관계회사팀장 1990년 同회장비서실 차장 1993년 同회장 비서실장 1994년 同개발담당 상무이사 1998년 同개발본부장(전무이사·부사장) 2003~2004년 同영업본부장(부사장) 2005년 수석무역 부회장 2006년 파마벨컨설팅·파마벨산업 회장(현) [상]경기도지사표창(1960·1963)

한균태(韓均泰) Hahn, Kyuntae

[생]1955·4·9 [본]청주(淸州) [출]서울 [주]서울 동대문구 경희대로26 경희대학교 언론정보학과(02-961-0008) [학]1974년 중앙고졸 1979년 경희대 신문방송학과졸 1983년 미국 유타주립대 대학원졸 1987년 언론학박사(미국 텍사스주립대) [경]1978~1980년 한국경제신문 기자 1988~2009년 경희대 언론정보학부 조교수·부교수·교수 1994년 한국방송학회 총무이사 1995년 한국언론학회 총무이사 2000~2002년 경희대 신문방송국장 2000년 방송위원회 편집위원 2000~2005년 경희대 언론정보학부장 2003~2005년 同언론정보대학원장 2003~2004년 한국방송학회 편집위원 2004~2005년 SBS 시청자위원 2004~2006년 KOBACO 미디어포럼 방송분과 위원장 2005~2007년 SBS프로덕션 사외이사 2006~2007년 한국언론학회 회장 2007~2008년 유네스코 한국위원회 정보커뮤니케이션분과 위원 2008~2014년 언론중재위원회 서울제5중재부 위원 2008~2014년 한국언론학회 언론학보 편집위원장 2008~2009년 신문발전위원회 부위원장 2009년 경희대 언론정보학과 교수(현) 2009~2014년 同정경대학장 2009년 언론중재위원회 시정권고위원회 위원 2009~2010년 YTN DMB 사외이사 2013~2015년 한국언론진흥재단 언론진흥기금관리위원회 위원 2014년 경희대 서울캠퍼스 부총장(현) 2015년 同후마니타스칼리지대학장 직대 겸임(현) 2015년 방송문화진흥회 감사(현) 2015~2016년 경희대 Space21건설사업단장 [역]'TV수용자론'(1994) '매체경영론'(1994) '현대사회와 여론'(1995) '미디어경영'(1995) '현대사회와 미디어'(2006·2011·2014) '현대사회와 언론'(2006)

한금석(韓金錫) HAN Keum Seok

[생]1957·5·18 [본]청주(淸州) [출]강원 철원 [주]강원 춘천시 중앙로1 강원도의회(033-256-8035) [학]1970년 근남초교졸 [경]1978~1981년 철원군4-H연합회 회장 1980~1981년 철원군 군정자문위원, 故이용삼 국회의원 정무특보 1981~1983년 철원군농업경영인회 회장 1983년 근남면새마을협의회 회장 1995~1997년 강원도 도정상담위원 1995~1998년 바르게살기운동 철원군협의회 이사 1998년 민주평통 자문위원 1998·2002~2006년 강원 철원군의회 의원 2000~2002년 同부의장 2004~2006년 同의장 2004~2006년 강원도시군의장협의회 감사 2004년 경원선복원범국민추진위원회 고문(현) 2006년 강원도의원선거 출마(열린우리당) 2010년 강원도의회 의원(민주당·민주통합당·민주당·새정치민주연합) 2010년 同농림수산위원회 위원, 同접경지역대책특별위원회 위원 2014년 강원도의회 의원(새정치민주연합·더불어민주당)(현) 2014년 同운영위원회 위원 2014·2016년 同농림수산위원회 위원(현) 2016년 더불어민주당 강원도당 동계올림픽지원특별위원장(현)

한기범(韓基範) Han Ki Bum

[생]1964·6·7 [본]청주(淸州) [출]충남 천안 [주]서울 중구 장충단로8길14 탑빌딩204호 (사)한기범희망나눔(02-3391-7091) [학]1982년 명지고졸 1986년 중앙대졸 [경]1985~1996년 기아자동차농구단 선수 1997~1998년 구로고 농구팀 코치 1999~2001년 중앙대 농구팀 코치 2005~2006년 국민생활체육협의회 농구홍보대사 2007년 한기범농구교실 단장(현) 2008~2009년 경기도청소년문화협회 홍보대사 2008~2009년 어린이재단 개그프렌즈 홍보대사 2010년 경기 의정부시 홍보대사(현) 2012~2013년 서울 동작구 홍보대사 2012~2013년 서울시교육청 학교폭력근절 및 학생흡연예방 홍보대사 2012~2013년 구세군 친선대사 2012년 (사)한기범희망나눔 대표(현) 2012년 국민생활체육회 생활체육 홍보대사(현) 2015년 한국선천성심장병환우회 홍보대사(현) [상]체육훈장 기린장(1987), 농구대잔치 MVP(1989), 강원도교육감 감사패(2012), 제1회 보건복지부 행복나눔인상 노블레스 오블리주부문(2012), 대한민국 나눔국민대상 보건복지부장관표창(2013), 대한민국 창조경영대상 문화체육공로부문(2014), 코리아파워리더연말대상 사회공헌 체육인부문(2015), 대한민국 최고인물대상 사회공헌부문(2016) [저]'키다리 아저씨 한기범의 희망 콘서트'(2013) [종]기독교

한기붕(韓基鵬) HAN Ki Boong

[생]1958·4·25 [출]충남 천안 [주]서울 영등포구 영중로61 극동방송 임원실(02-320-0114) [학]1977년 천안고졸 1984년 건국대 정치외교학과졸 1993년 연세대 언론대학원졸 [경]1987~1997년 극동방송 보도부 기자·보도부 차장 1999년 同방송부장 1999년 同홍보국장 2003년 同편성국장 2004년 同창원지사장 2008년 同부산지사장 2009년 同총무국장 2010년 同사무국장 2011년 同재단사무국장 2012년 同울산지사장 2013년 同재단 사무국장 2014년 同편성국장 2015년 同사장(현) [상]한국방송대상 작품상 [종]기독교

한기수(韓奇洙) Han, Kee-Soo

[생]1953·9·30 [본]청주(淸州) [출]강원 평창 [주]강원 원주시 연세대길1 연세대학교(033-760-2303) [학]1972년 춘천고졸 1979년 연세대 상경대학 경영학과졸 1981년 同대학원 경영학과졸 1987년 경영학박사(연세대) [경]1977~1982년 책임공인회계사(산경회계법인) 1979년 공인회계사(등록번호 제1473호)자격 취득 1982~2015년 연세대 정경대학 경영학부 교수 1988~1990년 同생활관장 1990~1991년 미국 Univ. of California(Berkeley) Visiting Scholar 1991~2011년 한국기독학생회(IVF) 실행이사 1991~1995년 연세대 정경대학 경영학과장 1994~1995년 기독경영연구회 회장 1995~1997년 연세대 원주기획처장 1997~1998년 영국 Univ. of Essex Visiting Scholar 1997~1998년 중국 연변과학기술대 초빙교수 1998~2000년 기독경영연구원 실행이사 1998~2003년 한국인터서브선교회 이사장 2000~2004년 연세대 원주기획처장 2003년 세무사(등록번호 제18331호)자격 취득 2003~2004년 한국기업윤리학회 상임이사 2005년 한국기업경영학회 부회장 2005~2007년 원주의료기기경영지원미니클러스터 운영위원장 2008년 연세대 정경대학장 2008년 同정경대학원장 2008~2012년 同13·14대 원주캠퍼스 부총장 2010년 중국 연변과학기술대학 명예교수(현) 2011~2014년 한국기독학생회(IVF) 이사장 2011년 육군 제1야전군사령부 자문위원 2015년 연세대 명예교수(현) 2015년 Reach Out International 이사장(현) [저]'원가회계Ⅰ·Ⅱ'

한기수(韓基洙) HAN Ki Soo

[생]1962·11·13 [본]청주(淸州) [출]강원 동해 [주]서울 종로구 세종대로209 통일부 남북회담본부(02-2076-1086) [학]금오공업고졸, 한양대 정치외교학과졸, 미국 듀크대 대학원졸 [경]1990년 행정고시 합격(34회) 2001년 통일부 인도지원국 이산가족1과 서기관 2003년 同통일교육원 개발지원부 교육지원과장 2005~2006년 同남북협력기금팀 과장 2007년 대통령 안보정책비서관실 국장 2008년 통일부 남북회담본부 회담1과장 2009년 同남북회담본부 회담운영부장(고위공무원) 2010년 외교안보연구원 글로벌리더십과정 교육파견(고

위공무원) 2011년 통일부 남북출입사무소장 2011~2013년 同남북회담본부 회담기획부장 2013년 대통령 외교안보수석비서관실 국장 2014년 통일부 남북교류협력협의사무소장 2014년 同개성공단남북공동위원회 사무처장 2015년 同북한이탈주민정착지원사무소장(고위공무원 가급) 2016년 同남북회담본부장(현) [종]불교

한기온(韓基溫) HAN Ki On

[생]1957·5·2 [본]청주(淸州) [출]충남 당진 [주]대전 서구 둔산서로31 제일고시학원 이사장실(042-476-6000) [학]1975년 리라공고졸 1985년 충남대 계산통계학과졸 1989년 한남대 정치외교학과졸 1991년 충남대 대학원 정치외교학과졸 1995년 대전대 행정대학원졸 2000년 한남대 행정정책대학원졸 2002년 同지역개발대학원 생활체육과졸 2002년 행정학박사(대전대) 2004년 한국방송통신대 교육학과졸 [경]1986~2003년 제일학원·제일고시학원 원장 1996~2003년 대전환경운동연합 집행위원 1997~2005년 대전시학원연합회 회장 1998~2002년 대전시의회 의원(자민련) 1999~2012년 대전시서구생활체육회 회장 2000년 우송공업대 사회복지학과 겸임교수 2001~2009년 대전시서구사회복지협의회 회장 2003년 대전직능단체총연합회 회장 2004년 17대 총선출마(대전 서구甲, 자민련) 2004년 제일학원·제일고시학원·재수전문제일학원 이사장(현) 2004년 대전시 한국청소년운동연합 회장 2005년 대전시자원봉사관리사협회 회장(현), 대전시학원총연합회 회장, 전국학원총연합회 부회장 2007~2008년 국제라이온스협회 355-B(대전·충남지구) 총재 2008년 제18대 국회의원선거 출마(대전 서구甲, 한나라당) 2009~2010년 대전시새마을회 회장 [종]천주교

한기윤(韓基允) HAN Ki Youn

[생]1945·9·1 [출]경기 양평 [주]서울 영등포구 문래로98 한영빌딩405호 한국합성수지가공기계공업협동조합(02-2677-5080) [학]1964년 성동고졸 1966년 경기대 경영학과 수료(3년) 2004년 숭실대 중소기업대학원 AMP 수료 2004년 경원대 중소기업CEO정보화전략과정 수료 [경]1971년 새교육신문 편집부장 1978년 시청각교육신문 편집부장 1979년 중소기업협동조합중앙회 입사 1991년 同정책연구실 수석연구원 1995년 同홍보실장 1995년 同조사1부장 1996년 同대체산업융자금지원 심의위원 1998년 同조사처·공제사업처장 2000년 同편집국장 2001년 同관리상무이사 2001년 국민건강보험공단 이사 2001년 同재정운영위원 2001년 민족화해협력범국민협의회 대의원 2001년 중소기업정보화경영원 이사 2002년 건강보험정책심의위원회 위원 2002년 중소기업진흥재단 이사 2003년 중소기업협동조합중앙회 조사상무이사 2004년 同정책조사본부장 2004년 중소기업연구원 전문위원 2005년 서울중앙지법 조정위원 2007년 전경련 중소기업경영자문단 경영자문위원 2007년 ㈜한영넉스 상임고문 2008년 한국합성수지가공기계공업협동조합 전무이사(현) [상]상공부장관표창(1992), 국무총리표창(1999), 철탑산업훈장(2004)

한기정(韓基貞) HAN Ki Jeong

[생]1964·2·10 [주]서울 영등포구 국제금융로6길38 보험연구원 원장실(02-3775-9000) [학]1982년 양정고졸 1986년 서울대 공법학과졸 1990년 同대학원 행정학과졸 1996년 법학박사(영국 케임브리지대) [경]1997~1999년 한림대 법학과 전임강사 1999~2000년 한림대 법학과 조교수 1999~2000년 체신보험운영위원회 운영위원 1999~2007년 정보통신부 통신위원회 전문위원 1999~2006년 우체국보험분쟁조정위원회 위원 2000~2000년 한림대 법학연구소장 2000~2004년 이화여대 법과대학 조교수 2003~2004년 보험개발원 객원연구위원 2004~2006년 이화여대 재무처 부처장 2004~2007년 同법과대학 부교수 2005~2006년 재정경제부 보험업법개정TF 위원 2005~2006년 한국비교사법학회 국제협력이사 2005년 보험금융연구(보험연구원) 편집위원 2005년 한국보험학회 이사(현) 2005년 국회 금융서비스선진화네트워크 위원 2006년 재정경제부 유사보험통합 및 보험사기방지TF 팀장 2006~2007년 증권선물거래소 생보사상장자문위원회 위원 2006~2007년 재정경제부 금융발전심의회 보험분과 위원 2007~2008년 한국상사법학회 편집이사 2007~2009년 서울대 법학연구소 간행부장 2007~2010년 서울대 법과대학 (기금)부교수 2007년 법무부 선진법제포럼 회원 2008~2009년 서울대 법과대학 금융법무과정·금융법정책과정 주임교수 2008~2010년 同최고지도자과정 주임교수 2008~2010년 同출판문화원 출판위원 2008년 한국상사법학회 이사 2008년 보험연구원 연구자문위원회 위원 2008년 방송통신위원회 이용자네트워크국 법률자문위원 2008~2010년 금융위원회 금융발전심의회 보험분과 위원 2009년 금융감독원 금융분쟁조정 전문위원 2009년 한국보험법학회 연구이사·부회장 2010~2016년 서울대 법과대학 교수 2010~2016년 同법과대학 교무부학장 겸 법학전문대학원 교무부원장 2012~2015년 한국외환은행 사외이사 2015년 하나은행 사외이사 겸 감사위원 2015년 KEB하나은행 사외이사 2016년 금융위원회 금융발전심의회 금융소비자·서민금융분과 위원(현) 2016년 同행정지도심의위원회 위원(현) 2016년 보험연구원 원장(현) [상]서울대 행정대학원장표창(1990), 영국 외무성 장학금(1995), 영국 케임브리지대 최우수논문상(1997), 부총리 겸 재정경제부장관표창(2006) [저]'상법사례연습'(1998, 법문사) '영국법'(2002, 사법연수원) '영국 통합금융업법상 보험업의 일반성과 특수성'(2005, 보험개발원) '21세기 회사법 개정의 논리'(2007, 소화) '상사판례연구VII(여송최기원교수고희기념)'(2007, 박영사)

한기준(韓基俊)

[생]1963·10·23 [출]서울 [주]세종특별자치시 다솜2로94 해양수산부 감사관실(044-200-5030) [학]장훈고졸, 경희대 법과대학졸, 미국 델라웨어대 대학원 해양정책학과졸 [경]1993년 행정고시 합격(37회) 2000년 대통령 민정수석비서관실 행정관 2006년 해양수산부 해양환경과장 2011년 국토해양부 해양생태과장·연안계획과장 2013년 해양수산부 감사담당관 2014년 국립해양조사원 원장 2015년 해양수산부 감사관(현)

한기천(韓基天)

[생]1962·9·15 [출]충북 제천 [주]서울 종로구 율곡로2길25 연합뉴스 동북아센터(02-398-3760) [학]1981년 청주고졸 1987년 서강대 영어영문학과졸 [경]2000년 연합뉴스 지방부 기자 2001년 同생활경제부 차장대우 2002년 同생활경제부 차장 2004년 同산업부 차장 2005년 同지방자치부 차장 2006년 同지방자치부 부장대우 2006년 同전국부장 2009년 同북한부장 2011년 同논설위원 2011년 同충북취재본부장 2012년 同편집국 사회에디터(부국장대우) 2013년 同편집국 사회담당 부국장 2014년 同콘텐츠평가실 콘텐츠평가위원(부국장대우) 2014년 同기획조정실 저작권팀장(부국장대우) 2015년 同콘텐츠평가실 콘텐츠평가위원(부국장대우) 2015년 연합뉴스 동북아센터 사무국장 겸 월간 '마이더스' 편집인(현)

한기호(韓起鎬) HAN Ki Ho

[생]1952·8·13 [출]강원 철원 [주]서울 동작구 여의대방로20길33 한국청소년연맹(02-2181-7455) [학]1971년 한양공고졸 1975년 육군사관학교졸(31기) 1993년 동국대 행정대학원 석사과정 수료 2010년 명예 행정학박사(건양대) [경]2002년 육군 제1군사령부 작전처장 2003년 육군 제2보병사단장 2005년 육군본부 정보작전참모부장 2006년 육군 제5군단장 2008~2010년 육군 교육사령관(중장) 2010년 한나라당 북한천안함공격대책특별위원회 자문위원 2010년 제18대 국회의원(재보선 당선, 철원·화천·양구·인제, 한나라당·새누리당) 2010년 국회 국방위원회 위원 2010~2012년 한나라당 대표특보 2011년 (사)한국군사학회 이사장(현) 2011년 한나라당 원내부대표 2011년 同정책위 부의장(외교·통상·국방분야) 2011년 국회 정무위원회 위원 2011~2012년 한나라당 농어촌대책특별위원회 위원 2012~2016년 제19대 국회의원(철원·화천·양구·인제, 새누리당) 2012~2013년 새누리당 강원도당 위원장 2012년 국회 남북관계발전특별위원회 새누리당 간사 2012~2014년 국회 국방위원회 간사 2012~2013년 강원도국회의원협의회 회장 2013년 새누리당 북핵안보전략특별위원회 위원 2013~2014년 同최고위원 2014년 同지역발전위원회 위원장 2014년 국회 국방위원회 위원 2014년 새누리당 북한인권 및 탈북자·납북자위원회 고문 2015년 한국청소년연맹 총재(현) 2015년 국회 예산결산특별위원회 위원 [상]대통령표창(1992), 보국훈장 삼일장(1999), 보국훈장 천수장(2005), 대한민국 헌정상(2011), 친환경국정감사 우수의원상(2012), NGO모니터단 국정감사 우수국회의원상(2012), 문화예술유권자연맹 국정감사 우수국회의원상(2012), 대한민국 국회의원 의정대상(2013), 대한민국 최우수 법률상(2016) [저]자서전 '오성산 군인'(2010) '여의도 졸병된 장군'(2011) [종]천주교

한기환(韓祺煥) Han, Kihwan

[생]1954·4·7 [본]청주(淸州) [출]충남 예산 [주]대구 중구 달성로56 계명대학교 동산병원 성형외과 구순열·얼굴성형센터(053-250-7633) [학]1972년 대구 계성고졸 1978년 경북대 의과대학졸 1982년 同대학원 의학과졸(의학석사) 1989년 의학박사(경북대) [경]1979~1983년 계명대 동산의료원 성형외과 전공의 1986~1997년 同의과대학 성형외과학교실 전임강사·조교수·부교수 1990~1991년 미국 하버드대 의대 소아병원 객원교수 1994~2004년 계명대 의과대학 성형외과 과장·주임교수 1997년 同의과대학 성형외과학교실 교수(현) 2004~2006년 대한성형외과학회 코성형연구회 회장 2006~2009년 同영호남지역학회 이사장·회장 2006~2007년 대만 장궁기념병원 두개안면중심 객원교수 2008~2010년 대한미용성형외과학회 이사장 2009년 계

ㅎ

명대 의학도서관장 2009~2011년 대구YMCA 이사 2009~2011년 계명대 경주동산병원장 2009~2010년 대한두개안면성형외과학회 회장 2011~2013년 계명대 동산병원장 2012년 대한병원협회 이사 2013년 계명대 동산병원 구순열·얼굴성형센터장(현) [상]대한성형외과학회 학술상(1994·1996·2001·2004·2005·2007·2009) [저]'성형외과학(共)'(1994, 여문각) '미용성형외과학(共)'(1998, 군자출판사) '표준성형외과학'(1999, 군자출판사) '구순구개열(共)'(2005, 군자출판사) '임상사진술의 모든 것(共)'(2008, 군자출판사) '안성형외과학'(2009) '아시아인 코성형술의 최신지견(共)'(2011, 군자출판사) [역]'SABISTON 외과학' 'DANIEL비성형술' [종]기독교

한길룡(韓吉龍) Han Killyong (涌泉)

[생]1961·8·2 [출]경기 파주 [주]경기 수원시 팔달구 효원로1 경기도의회(031-8008-7000) [학]동서울대 전자공학과졸 2015년 서강대 평생교육원 심리경영학과 재학중 [경]동문기획인쇄 대표(현), 의정부지검 고양지청 범죄예방운영위원, 파주예총후원회 회장, 헤이리예술마을 기획재정이사, 파주경찰서 집회시위자문위원장, 민주평통 파주시협의회 부회장, 파주시행복장학회 상임이사, 국제로타리3690지구 총재지역 대표 2014년 경기도의회 의원(새누리당)(현) 2014·2016년 同건설교통위원회 위원(현) 2015년 수도권교통본부 부의장(현) 2015년 경기도의회 안전사회건설특별위원회 위원(현) 2016년 同예산결산특별위원회 위원(현) 2016년 경기도 제2연정위원장(현) [상]한국메니페스토운동본부 약속대상 최우수상(2014), 경기도의회 건설교통상임위원회 최우수의원상(2014·2015), 한국메니페스토운동본부 약속대상 우수상(2015), 경인 인물대상(2015)

한남희(韓楠熙) HAHN NAM HEE

[생]1956·12·17 [출]서울 [주]서울 강남구 도곡로205 원경빌딩 삼아알미늄(주) 임원실(02-3458-0600) [학]1975년 경기고졸 1979년 서울대 항공공학과졸 1981년 同대학원 항공공학과졸 1986년 미국 스탠퍼드대 대학원 항공우주공학과졸 1989년 공학박사(미국 캘리포니아대 데이비스교) [경]대우자동차(주) 기술연구소 책임연구원 1991년 삼아알미늄(주) 입사, 同기술본부장·이사·전무이사 1999년 同부사장 2001년 同대표이사 사장 2015년 同이사회 의장 겸 각자대표이사 회장(현) [종]불교

한달삼(韓達三) HAN Dal Sam

[생]1944·8·8 [본]청주(淸州) [출]서울 [주]경기 김포시 월곶면 김포대로2801번길219 김포SEASIDE컨트리클럽 회장실(031-987-9992) [학]1963년 서울 동성고졸 1967년 한양대 경제학과졸 1971년 미국 우드버리대 대학원 수료 1997년 연세대 행정대학원 고위정책과정 수료 [경]1971년 태양금속공업(주) 기획실 부실장 1988년 同부사장 1989년 해강개발(주) 김포SEASIDE컨트리클럽 회장(현) 1989년 한국사회체육사이클중앙연합회 부회장 1997년 대한골프협회 주니어분과위원장 1998년 한국골프장사업협회 회장 1999년 한국골프관련단체협의회 회장 1999년 김포시체육회 부회장 2000년 대한골프협회 고문(현) 2001~2007년 한국골프장경영협회 회장 2004년 SBS골프채널 자문위원장 [상]산업포장 [종]천주교

한덕수(韓悳洙) HAN Duck Soo (正山)

[생]1949·6·18 [본]청주(淸州) [출]전북 전주 [주]서울 종로구 율곡로190 (재)기후변화센터(02-766-4351) [학]1967년 경기고졸 1971년 서울대 상과대학 경제학과 수석졸업 1979년 미국 하버드대 대학원 경제학과졸 1984년 경제학박사(미국 하버드대) [경]1970년 행정고시 합격(8회) 1974년 경제기획원 예산국 행정사무관 1980~1982년 同정책조정국 조정3과장·2과장 1982년 상공부 미주통상과장 1984년 同아주통상과장 1984년 同산업정책과장 1987년 同수송기계과장 1989년 同중소기업국장 1990년 同산업정책국장 1993년 同전자정보공업국장 1993년 대통령 통상산업비서관 1994년 상공자원부 기획관리실장 1994년 통상산업부 통상무역실장 1996년 특허청장 1997년 통상산업부 차관 1998년 외교통상부 통상교섭본부장 2000년 駐OECD대표부 대사 2001년 대통령 정책기획수석비서관 2002년 대통령 경제수석비서관 2002년 김앤장법률사무소 고문 2003년 대통령자문 정책기획위원 2003년 산업연구원 원장 2004년 국무총리 국무조정실장 2005~2006년 부총리 겸 재정경제부 장관 2005년 연합인포맥스 자문위원 2006년 국무총리 직무대행 2006년 대통령직속 한·미FTA체결지원위원회 위원장 겸 대통령 한·미FTA특보 2007~2008년 국무총리 2008~2010년 국민경제자문회의 자문위원 2008년 2012여수세계박람회 조직위원회 고문 2009~2012년 駐미국 대사 2012~2015년 한국무역협회 회장 2012년 녹색기후기금(GCF) 민간유치위원회 위원장 2015년 대한적십자사 청소년적십자(RCY) 사업후원회 고문(현) 2015년 (재)기후변화센터 이사장(현) 2016년 청주세계무예마스터십 공동조직위원장(현) 2016년 지속가능전력정책연합 초대 의장(현) [상]서울대 상대 수석졸업 대법원장표창(1971), 홍조근정훈장(1992), 황조근정훈장(2003), 암참 어워드(2003), 칠레 최고훈장 대십자훈장(2007), 밴플리트상(2012), 청조근정훈장(2012), 자랑스런 경기인상(2013), 국민훈장 무궁화장(2013) [종]기독교

한덕종(韓德鍾) HAN Duck Jong

[생]1949·11·11 [출]서울 [주]서울 송파구 올림픽로43길 88 서울아산병원 외과(02-3010-3051) [학]1968년 경기고졸 1975년 서울대 의대졸 1979년 同대학원 의학석사 1985년 의학박사(서울대) [경]1975~1980년 서울대병원 인턴·일반외과 레지던트 1980~1983년 육군 59후송병원·병무청 軍의관 1983~1990년 한림대 의과대학 일반외과학교실 전임강사·조교수·부교수 1986~1987년 미국 미네소타대 일반외과 연수 1990년 울산대 의과대학 일반외과학교실 부교수 1995~2015년 同교수 1998년 서울아산병원 장기이식센터 소장 2002~2008년 同외과 과장 2007~2009년 대한이식학회 이사장 2009~2012년 (사)생명잇기 이사 2013년 同고문 2013~2015년 서울아산병원 외과 과장 2013~2014년 대한이식학회 회장 2015년 서울아산병원 외과 촉탁임상교수(현) [상]정무제2장관표창, 보건복지부장관표창 [저]'췌장이식'(共) '자가이식'(共) '췌장이식환자의 관리'(共) '췌장이식' '간담췌 외과학' '당뇨병학' [종]기독교

한덕진(韓德鎭) HAN Duk Jin

[생]1962·5·10 [본]청주(淸州) [출]서울 [주]서울 강남구 강남대로298 푸르덴셜생명보험(주) 준법감시팀(02-2144-2485) [학]천안중앙고졸 1988년 성균관대 영어영문학과졸 [경]1988년 동아생명(주) 근무 1989~1991년 세방여행(주) 근무 1991년 푸르덴셜생명보험(주) 입사 1995년 同계약관리부 과장 1997년 同계리계약심사부 과장 1998년 同계약심사부 과장 1999년 同계약심사부 차장 2000년 同계약심사팀장 2003년 同신계약·보험금팀장 2005년 同준법감시팀 상무이사(현)

한도현(韓道鉉) Han Do-Hyun

[생]1962·1·20 [본]청주(淸州) [출]경북 고령 [주]경기 성남시 분당구 하오개로323 한국학중앙연구원 한국학대학원 사회과학부(031-709-6675) [학]1983년 서울대 사회학과졸 1985년 同대학원 사회학과졸 1992년 사회학박사(서울대) [경]1992~1994년 서강대 시간강사 1993~1997년 서울대 지역종합연구소 특별연구원 1994~1995년 미국 아이오와대 아태연구소 객원연구원 1995~1996년 미국 하버드대 베어뱅크 동아연구소 객원연구원 1996~1998년 국민대 시간강사 1997~1998년 서울대 시간강사 1997년 한국학중앙연구원 한국학대학원 사회과학부 교수(현) 2000~2001년 중국 화동사범대 교환교수 2001~2002년 미국 하버드대 옌칭연구소 교환교수 2003년 국제비교한국학회 운영위원 2004년 한국옌칭학회 회원 2005년 한국학중앙연구원 한국문화교류센터 소장 2007~2010년 同한국학기획사업단장 2011년 同현대한국연구소장 2013년 同연구처장 2013년 同기획처장 2015년 同장서각 관장 2016년 同연구처장(현) [저]'전환기 한국의 사회문제(共)'(1996, 민음사) '종족마을의 전통과 변화(共)'(1998, 백산서당) '한국현대사의 재인식 제4권(共)'(1998, 오름) '현지화 경영과 노사문제 : 베트남 내 한국계 기업(共)'(1999, 생각의 나무) '1960년대 사회변화 연구 : 1963-1970(共)'(1999, 백산서당) '동아시아 문화전통과 한국사회(共)'(2001, 백산서당) '전통예교와 시민윤리(共)'(2002, 청계) '유교의 예와 현대적 해석(共)'(2004, 청계) '한국경제의 선진화와 법치(共)'(2004, 백산서당) '선진경제진입과 법치원리 확립 : 이상과 현실(共)'(2005, 백산서당) '정보사회윤리학(編)'(2005, 이한출판사) '기업시민과 시민공동체(共)'(2005, 백산서당) '종교와 시민공동체(共)'(2006, 백산서당) '지역결사체와 시민공동체(共)'(2007, 백산서당) '시민들의 사회참여와 시민공동체(共)'(2007, 백산서당) '유교의 예치이념과 조선(共)'(2007, 청계서당)

한도희(韓道熙) HAHN Dohee

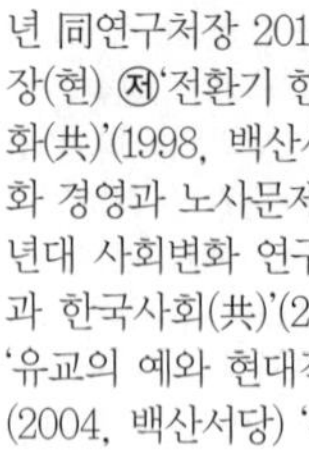

[생]1956·9·17 [본]청주(淸州) [출]서울 [주]대전 유성구 대덕대로989번길111 한국원자력연구원(042-868-4937) [학]1979년 서울대 공과대학 원자핵공학과졸 1981년 同대학원 원자핵공학과졸 1989년 원자핵공학박사(미국 노스캐롤라이나주립대) [경]1981~1983년 한국원자력연구소 연구원 1983~1989년 미국 노스캐롤라이나주립대 Research Assistant 1989~1990년 Center for Applied Plasma Physics Research Associate 1990~2015년 한국원자력연구원 책임연구원 1993~1995년 미국 General Electric Co. Visiting Engineer 2007년

한국원자력연구원 환경친화성원자로개발단장 2009~2011년 同원자로시스템기술개발본부장 2010~2012년 원자력시스템국제포럼(GIF) 소듐냉각고속로(SFR)시스템운영위원회 의장 2010~2011년 한국원자력학회 부회장 2011년 한국원자력연구원 순환형원자력시스템연구소장 2013~2015년 제4세대원자력시스템국제포럼(GIF) 기술국장(Technical Director) 2014~2015년 한국원자력연구원 미래원자로개발본부장 2015년 국제원자력기구(IAEA) 원자력발전국장(현) [상]미국기계공학회(ASME) 최우수논문상(2000), 한국원자력학회 학술상(2003), 대통령표창(2006)

한동만(韓東萬) Han Dong-man

[생]1961·3·30 [주]서울 종로구 사직로8길60 외교부 재외동포영사대사실(02-2100-8053) [학]1982년 연세대 신문방송학과졸 1989년 프랑스 판테옹 소르본느대 대학원졸(국제기구법 석사) [경]1985년 외무고시 합격(19회) 1985년 외무부 입부 1990년 駐알제리 2등서기관 1992년 駐영국 2등서기관 1998년 駐호주 1등서기관 2000년 대통령비서실 파견 2002년 외교통상부 안보정책과장 2003년 駐뉴욕 영사 2006년 외교통상부 통상홍보기획관실 통상전문관 2006년 同통상홍보기획관 2007년 駐미국 공사참사관 2010년 외교통상부 국제경제국 심의관 2011년 同국제경제국장 2013년 외교부 국제경제국장 2013년 駐샌프란시스코 총영사 2016년 외교부 재외동포영사대사(현) [상]홍조근정훈장(2012) [저]'한국의 10년 후를 말한다'(2011, 한스미디어)

한동수(韓東洙) HAN Dong Soo

[생]1949·1·1 [본]청주(淸州) [출]경북 청송 [주]경북 청송군 청송읍 군청로51 청송군청 군수실(054-870-6002) [학]1967년 대구공고졸 1981년 영남이공대학 건축과졸 1987년 경북대 토목공학과졸 1989년 영남대 환경대학원 환경공학과졸 2001년 同대학원 교통공학과졸 2001년 同대학원 도시공학 박사과정 수료 [경]1988년 대구시 수도국 급수과 계장 1990년 同지하철건설본부 공사과장 1995년 同교통국 도로과 계장 1997년 同교통국 도로과장 2000년 同지하철건설본부 건설1부장 2004년 同지하철건설본부장 직대 2005~2006년 同지하철건설본부장, 경일대 겸임교수 2007년 경북 청송군수(재·보선 당선, 한나라당) 2010년 경북 청송군수(한나라당·새누리당·무소속) 2010년 세계유교문화축전 공동조직위원장(현) 2014년 경북 청송군수(무소속)(현) 2014~2016년 세계유교문화재단 이사장 2014~2016년 한국슬로시티시장·군수협의회 회장 2014년 초록우산어린이재단 키다리아저씨(현) [상]국무총리표창(1991), 대통령표창(1999), 홍조근정훈장(2005), 한국창조경영브랜드대상 지방자치단체부문(2013), 포브스코리아 대한민국 경제를 빛낸 포브스 최고경영자 창조혁신부문대상(2015), 범시민사회단체연합 선정 '좋은 자치단체장'(2015), TV조선 '한국의 영향력 있는 CEO' 창조경영부문(2016)

한동수(韓東洙) HAN Dong Soo

[생]1962·2·23 [출]서울 [주]경기 구리시 경춘로153 한양대학교 구리병원 내과(031-560-2226) [학]1986년 한양대 의대졸 1989년 同대학원 의학석사 1995년 의학박사(한양대) [경]1993~1994년 울산대 서울중앙병원 내과 전임의 1994~2002년 한양대 의대 내과학교실 강사·조교수·부교수 1997~1999년 미국 North Carolina대 방문교수 1999년 미국소화기학회 정회원 2002년 한양대 의대 내과학교실 교수(현) 2008~2012년 同구리병원 내과 과장 겸 혈액종양내과장, 同구리병원 교육연구부장 2015년 대한장연구학회 회장(현) 2015년 한양대 구리병원 기획관리실장(현) [저]'알기쉬운 위장학'(2001) '소화기관용약제권장지침 마련을 위한 공청회'(2002) '소화성 궤양'(2002) '컵스카우트'(2003) '생활속의 의학'(2003) '진단소화기내시경 길잡이'(2003) '일차진료의를 위한 약처방가이드'(2005) '크론병'(2008) [역]'염증성 장질환'(2002)

한동수(韓東洙) HAN Dong Soo

[생]1966·8·24 [본]청주(淸州) [출]충남 서산 [주]서울 강남구 테헤란로518 섬유센터12층 법무법인(유) 율촌(02-528-5057) [학]1984년 대전 대신고졸 1989년 서울대 법과대학 공법학과졸 1995년 同대학원 법학과졸 2012년 미국 콜럼비아대 사법연구(부정경쟁 및 상표법) 2013년 서울대 법과대학 최고지식재산경영자(CIPO)과정 수료 [경]1992년 사법시험 합격(34회) 1995년 사법연수원 수료(24기) 1998년 전주지법 판사 2000년 대전지법 서산지원 판사 2002년 대전지법 판사 2005년 특허법원 판사 2006~2011년 충남지방노동위원회 공익위원 2008년 대법원 재판연구관 2010년 대전지법 홍성지원장 2010년 한국과학기술원(KAIST) 지식재산대학원 겸직교수 2010~2012년 홍성군선거관리위원회 위원장 2012~2014년 수원지법 부장판사 2014년 대한상사중재원 중재인(현) 2014년 법무법인(유) 율촌 변호사(현)

한동숭(韓東崇) HAN Dong Soong

[생]1961·8·1 [주]전북 전주시 완산구 천잠로303 전주대학교 문화산업예술체육대학 게임콘텐츠학과(063-220-2358) [학]1984년 서울대 수학과졸 1986년 同대학원졸 1990년 이학박사(서울대) [경]1993년 전주대 수학과 전임강사·조교수·부교수·교수, 同문화산업예술체육대학 게임콘텐츠학과 교수(현) 2015년 同스마트공간문화기술공동연구센터장 겸 X-edu영상미디어센터장(현) 2015년 同문화산업연구소장 겸임(현) 2016년 한국문화콘텐츠기술학회 회장(현)

한동안(韓東安) HAN Dong An

[생]1960·8·18 [출]경북 김천 [주]경기 고양시 일산동구 중앙로1165 신용보증기금 고양지점(031-909-6100) [학]1978년 김천고졸 1982년 영남대 법학과졸, 서울사이버대 가족상담학과졸 [경]1987년 신용보증기금 입사 1992년 同종합기획부·인사부 과장 1994년 신용분석사 취득 1998년 신용보증기금 신용보증부·관리부·감사실 부부장 2004년 同홍보실장, 同연수원 부장, 同CS경영실장 2009년 同제주지점장 2012년 同대구경북영업본부장 2013년 同특화사업영업본부장 2014년 同IT전략부 본부장 2015년 同인천영업본부장 2015년 同서울동부영업본부장 2016년 同고양지점 본부장(현) [종]천주교

한동연(韓東淵) HAN, DONG-YEON

[생]1959 [본]청주(淸州) [출]전북 남원 [주]광주 북구 첨단과기로208번길43 광주지방국세청(062-236-7202) [학]광주 살레시오고졸, 원광대 경제학과졸, 헝가리 부다페스트대 대학원 국제경제학과졸 [경]공무원 임용(7급 공채), 이리세무서 근무 1997년 사무관 승진, 재정경제부 금융정책국 사무관, 여수세무서 세원관리과장, 중부지방국세청 조사2국 2과 5계장, 국세종합상담센터 전화상담1팀장, 同운영지원팀장 2007년 국세공무원교육원 지원과 서기관 2009년 남원세무서장 2010년 정부법무공단 파견 2011년 안양세무서장 2012년 중부지방국세청 신고분석2과장(법인세과장) 2013년 국세청 소득지원과장 2014년 同심사1담당관(부이사관) 2015년 광주지방국세청 조사1국장 2015년 중부지방국세청 성실납세지원국장(고위공무원) 2015년 광주지방국세청장(현) [종]기독교

한동영(韓東榮) HAN Dong Young

[생]1955·9·2 [주]서울 송파구 송파대로558 월드타워8층 (주)한양 비서실(02-721-8114) [학]1973년 배재고졸 1980년 연세대 건축공학과졸 [경]1979년 대림산업(주) 입사 2002년 同건축영업본부 상무보 2005년 同건축사업본부 상무 2008년 同건축사업본부 전무 2011년 (주)한양 건축·주택사업본부장(부사장) 2015년 同대표이사 사장(현) 2016년 대통령직속 국가건축정책위원회 위원(현)

한동영(韓東榮) HAN Dong Young

[생]1961·4·29 [출]전북 순창 [주]서울 서초구 반포대로158 서울고등검찰청(02-530-3114) [학]1979년 전주고졸 1984년 성균관대 법과대학졸 1986년 同대학원 법학과졸 [경]1991년 사법시험 합격(33회) 1994년 사법연수원 수료(23기) 1994년 서울지검 동부지청 검사 1996년 대전지검 강경지청 검사 1997년 전주지검 검사 1999년 서울지검 검사 2002년 인천지검 검사 2004년 의정부지검 검사 2004년 부실채무기업특별조사단 파견 2006년 창원지검 부부장검사 2007년 광주지검 목포지청 부장검사 2008년 청주지검 부장검사 2009년 창원지검 특수부장 2009년 의정부지검 형사5부장 2010년 수원지검 특수부장 2011년 서울중앙지검 특수2부장 2012년 대전지검 형사1부장 2013년 서울서부지검 형사1부장 2014년 서울고검 검사(금융위원회 조사기획관 파견) 2015년 울산지검 차장검사 2016년 서울고검 검사(현) 2016년 법무연수원 연구위원 겸임(현)

한동영(韓同英) HAN Dong Young

[생]1968·6·24 [본]청주(淸州) [출]울산 [주]울산 남구 중앙로201 울산광역시의회(052-229-5083) [학]1991년 울산과학대 토목과졸, 영산대 행정학과졸, 울산대 행정대학원 행정학과졸 [경]온양IC주유소 대표, 한나라당 울주군 청년위원장, 민주평통 중앙상임위원, 한나라당 울산시당 청년위원장, 울산시의회 원전특별위원회 위원, 바르게살기 울주군협의회 회원(현), 울산남부로타리클럽 회원(현) 2009년 울주문화원 회원(현) 2010년 울산시의회 의원(한나라당·새누리당) 2010년 남창중총동창회 자문위원(현) 2010년 남창고 운영위원 2011년 온양읍 주민자치위원회 자문위원(현) 2014년 울산시의회 의원(새누리당)(현) 2014년 同환경복지위원회 위원장 2016년 同환경복지위원회 위원(현) 2016년 同예산결산특별위원회 위원(현) [상]우수의정대상(2014)

ㅎ

한동우(韓東禹) HAN Dong Woo

[생]1948·11·10 [출]부산 [주]서울 중구 세종대로9길20 신한은행16층 신한금융지주 회장실(02-757-2767) [학]1966년 부산고졸 1970년 서울대 법학과졸 [경]1971년 한국신탁은행 입행 1977년 신용보증기금 입사 1982년 신한은행 입행 1982년 同융자부 심사역 1983년 同기획조사부장 1986년 同종로지점장 1987년 同인사부장 1990년 同종합기획부장 1993년 同인사부장 1993년 同이사 1995년 同상무이사 1999~2002년 同개인고객본부·신용관리담당 부행장 2002~2007년 신한생명보험 대표이사 사장 2007~2009년 同부회장 2011년 신한금융지주 대표이사 회장(현) 2015년 同사회책임경영위원회 위원(현) [상]디지털경영대상(2005), 매경이코노미 선정 '올해의 CEO'(2012), 대한민국금융대상 올해의 금융인상(2013), 아시안뱅커 2014 리더십대상 아시아태평양지역최고금융CEO(2014), 한국능률협회 한국의 경영자상(2016), 금탑산업훈장(2016)

한동주(韓東柱) Han Dong Joo

[생]1960·8·19 [출]강원 강릉 [주]서울 영등포구 국제금융로8길2 NH-CA자산운용(02-368-3600) [학]1984년 성균관대 경제학과졸 1986년 同대학원 경제학과졸 [경]1987년 대우증권 입사 1993년 대우경제연구소 증권조사실 연구위원 1997년 대우증권 리서치센터 투자전략팀 연구위원 1999년 다임인베스트먼트 주식운용팀장 2000년 동부투자신탁운용 운용본부장 2005년 국민연금관리공단 기금운용본부 운용리서치팀장 2007년 국민연금공단 기금운용본부 운용전략실장 2012년 흥국투자신탁운용 대표이사 2015년 NH-CA자산운용 대표이사(현)

한동철(韓東哲) HAN Dong Cheol

[생]1956·12·6 [출]부산 [주]서울 용산구 대사관로59 순천향대병원 신장내과(02-709-9171) [학]1975년 신일고졸 1982년 고려대 의과대학졸 1992년 순천향대 대학원졸 1996년 의학박사(한양대) [경]1989년 순천향대 부속병원 내과 전임의 1990~1997년 同내과 전임강사·조교수 1996년 미국 펜실베이니아대 박사후연구원 1997~2004년 순천향대 의과대학 내과학교실 부교수 2004년 同의과대학 내과학교실 교수(현) 2009~2012년 同의과대학 부학장 [상]대한신장학회 최고초록상

한동화(韓東和) HAN Dong Hwa

[생]1957·5·7 [출]전남 여수 [주]서울 중구 청계천로100 시그니쳐타워 금호석유화학(주) 기술기획본부(02-6961-1050) [학]순천고졸, 전남대 화학공학과졸 [경]금호석유화학(주) 여수환경기술팀장, 同기술관리팀장 2006년 同기술관리팀담당 이사 2007~2009년 同기술관리담당 상무 2009년 同기획본부장(상무) 2010년 금호항만운영 총괄임원 2010년 금호석유화학(주) 기술기획본부장(전무)(현) [상]은탑산업훈장(2014) [종]기독교

한동후(韓東厚) Han Dong Hoo

[생]1953·12·20 [출]서울 [주]서울 서대문구 연세로50의1 연세대학교 치과대학병원 치과보철과(02-2228-8720) [학]1978년 연세대 치의학과졸 1981년 同대학원 치의학과졸(치의학석사) 1987년 치의학박사(연세대) [경]1981년 연세대 치과병원 보철과 전공의 1984년 同치과대학 보철과학교실 교수(현) 1989~1990년 미국 Lowa대 치과대학 방문교수 1996년 미국 Loma Linda대 치과대학 임플란트센터 및 보철과학교실 방문교수 1997~1999년 대한치과보철학회 학술이사 2002~2004년 대한치과턱관절기능교합학회 부회장 2002~2006년 연세임플란트연구회 회장 2002~2006년 대한치과구강악안면임플란트학회 부회장 2002~2004년 연세대 치과대학 보철과학교실 주임교수 겸 임상과장 2003~2005년 대한치과보철학회 총무이사 2004년 중국 길림대 구강의학원 명예교수(현) 2006~2010년 ITI Section Korea 회장 2007~2009년 대한치과보철학회 부회장 2013~2015년 同회장 [상]대통령표창(2003)

한동훈(韓東勳)

[생]1969·11·28 [주]경기 수원시 팔달구 권선로733 중부일보 편집국(031-230-2114) [학]서산고졸, 목원대졸 [경]중부일보 정치부 차장, 同사회부 차장, 경향신문 전국부 기자, 중부일보 문화부장, 同제2사회부장, 同정치부장 2016년 同편집국장(현) [상]'이 달의 기자상' 지역취재보도부문상(2000)

한동훈(韓東勳) Han Dong Hoon

[생]1973·4·9 [본]청주(淸州) [출]서울 [주]서울 서초구 반포대로158 서울중앙지검 3층 부패범죄특별수사단(02-530-3114) [학]1992년 서울 현대고졸 1996년 서울대 법대 공법학과졸 2004년 미국 컬럼비아대 법학전문대학원졸(LL.M) [경]1995년 사법고시 합격(37회) 1998년 사법연수원 수료(27기) 1998~2001년 공군 법무관 2001년 서울지검 검사 2003년 대전지검 천안지청 검사 2003~2004년 대검찰청 중앙수사부 검찰연구관 2005년 미국 교육연수(컬럼비아 로스쿨 LLM) 2006년 대검찰청 중앙수사부 검찰연구관 2007년 부산지검 검사 2009년 법무부 상사법무과 검사 2009년 대통령 민정수석비서관실 민정2비서관실 행정관 2011년 대통령 민정수석비서관실 민정1비서관실 선임행정관 2011년 법무부 검찰과 검사 2013년 대검찰청 기획조정부 정책기획과장 2015년 서울중앙지검 공정거래조세조사부장 2016년 검찰총장직속 부패범죄특별수사단 제2팀장(부장검사)(현)

한두희(韓斗熙) HAHN Doo Hee

[생]1965·11·18 [주]서울 영등포구 여의대로56 한화투자증권 상품전략실(02-3772-7000) [학]1987년 고려대 경영학과졸 1989년 한국과학기술원 경영대학원 경영과학과졸 [경]1989년 삼성생명보험 근무 1998년 삼성그룹 재무팀 근무 2003년 외환코메르쯔투자신탁운용(주) 전략운용본부장 2005년 조흥투자신탁운용 대안투자운용본부장 2006년 SH자산운용 대안투자운용본부장, 신한BNP파리바자산운용 파생대안운용본부장 2015년 한화투자증권 상품전략실장(상무)(현)

한만성(韓萬聖)

[생]1963·9·25 [주]세종특별자치시 아름서길27 선박안전기술공단 경영본부(044-330-2203) [학]진주고졸, 고려대 행정학과졸, 한국학중앙연구원 대학원 정치학과졸, 국제정치학박사(중국 푸단대) [경]국회의원 보좌관, 국회의장 비서관 2014년 한국정보인증(주) 사업본부장(전무이사) 2015년 선박안전기술공단 경영본부장(현)

한만우(韓万愚) HAN Man Woo (芳村)

[생]1936·3·15 [본]청주(淸州) [출]충남 논산 [주]충남 논산시 양촌면 중산길39의83 (주)한국신약 비서실(041-740-8900) [학]1955년 대전고졸 1959년 중앙대 약학대학졸 1988년 명예 약학박사(충남대) [경]1961년 (주)한국신약 회장(현) 1965~1967년 대전시약사회 회장 1971~1979년 충남약사회 회장 1981년 한국반공연맹 대전대덕지부 부장 1982년 범민족올림픽추진대전시협의회 회장 1986년 대전·충남경영자협회 회장 1988년 88서울올림픽 대전선수촌장 1989년 대전로타리클럽 회장 1991년 대전·충남재향군인회 회장 1991년 대전상공회의소 부회장 1994~2000년 同회장 1995년 충남발전연구원 이사 1996~2003년 대전고법 조정위원장 1997~2000년 대전인력은행장 1997~2003년 KBS 시청자위원장 1998~2004년 대한적십자사 대전·충남지사 회장 1998~2004년 충남대병원 이사 1999년 충남도 제2의건국범국민추진위원장 1999년 한남대 객원교수 1999년 대전과학고 소야장학재단 이사 1999~2003년 대전대 이사 2000년 국제로타리클럽 3680지구 총재 2002년 (재)의암장학회 이사 2004년 (재)지산장학회 이사장 2005~2007년 충남발전협의회 회장 2005년 대한적십자사 중앙위원 2009년 지역발전위원회 자문위원 [상]체육부장관표창(1986), 대통령표창(1989·2001), 내무부장관표창(1991), 대한적십자사 광무장 금장포장(2004) [저]'본초학'(1998) '나는 어리석게 살았다'(2005) [종]불교

한만주(韓萬珠) HAN Man Joo

[생]1954·8·2 [출]충북 청주 [주]강원 춘천시 강원대학길1 강원대학교 법과대학 법학과(033-250-6503) [학]1973년 청주고졸 1977년 강원대 법학과졸 1986년 同대학원졸 1989년 법학박사(강원대) [경]1990년 강원대 법과대학 법학과 교수(현) 1990년 독일 프랑크푸르트대 국제경제법연구소 객원연구원 1994년 강원대 법과대학 사법학과장 1997년 독일 본대 노동법 및 사회보장법연구소 객원교수 1998년 일본 九州大 객원교수 1999년 강원지방노동위원회 공익위원(현) 2000년 강원대 법과대학장 2002~2004년 同법학전문대학원장 2009년 同비교법학연구소장 2011년 미국 세계인명사전 마르퀴즈 후즈후 인더월드·영국 케임브리지 국제인명센터(IBC) 인명사전·미국 인명연구소(ABI)에 등재 2011년 영국 케임브리지 국제인명센터(IBC) '2011년 100인의 교육자'에 선정 2014년 공정거래위원회 민간심사자문위원회 위원(현) [상]근정포장(2014) [저]'노인인력 활용정책과 프로그램' '법학개론' [종]기독교

한만청(韓萬靑) HAN Man Chung

[생]1934·10·29 [본]신평(新平) [출]서울 [주]서울 종로구 대학로103 서울대학교 의과대학(02-740-8114) [학]1953년 경기고졸 1959년 서울대 의과대학졸 1961년 同대학원졸 1966년 의학박사(서울대) [경]1967~1981년 서울대 의과대학 전임강사·조교수·부교수 1968~1971년 미국 하버드대 연수 1981~1982년 방사선의학회 회장 1981~2000년 서울대 의과대학 교수 1989년 방사선방어학회 회장 1989년 의용생체공학회 회장 1991년 일본방사선학회 명예회원(현) 1993년 아·태심혈관 및 중재적방사선학회(APCCVIR) 회장 1993년 서울대병원 원장 1994년 産學研협동연구소 이사장 1994~1998년 한국의료QA학회 회장 1994~2000년 대한PACS학회 회장 1994년 세계방사선의학회 종신명예회원(현) 1995년 북미방사선의학회 명예회원(현) 1995년 한국과학기술한림원 원로회원(현) 1998~2000년 의료기기기술연구소연구조합 이사장 2000년 서울대 의과대학 명예교수(현) 2001년 산학연 CEO과정 명예원장(현) 2003년 산학연장학재단 이사장(현) 2003년 중화민국방사선학회 명예회원(현) 2003년 (사)국민경제과학만화운동본부 이사장(현) 2005년 유럽방사선학회 명예회원(현) 2006년 미국 방사선전문의학회 명예회원(현) 2007년 일본 중재적방사선학회 명예회원(현) [상]보건사회부장관표창(1978), 대한방사선의학회 학술상(1980), 대한이용생태공학회 공학상(1998), 분쉬의학상(1998), 자랑스런서울의대인상(1999), 녹조근정훈장(2000), 함춘의학대상(2001), 아세아대양주방사선의학회 골드메달(2001), 자랑스런 경기인상(2002) [저]'Interventional Radiology'(共·編) 'HAN/KIM Sectional Human Anatomy' '진단방사선과학' '암과 싸우지말고 친구가 돼라'

한만희(韓晩喜) HAN Man Hee

[생]1956·9·2 [본]청주(淸州) [출]충남 청양 [주]서울 동대문구 서울시립대로163 서울시립대학교 국제도시과학대학원(02-6490-5136) [학]대전고졸 1978년 연세대 경영학과졸 1980년 同행정대학원 행정학과졸 1992년 도시 및 지역계획학박사(영국 버밍햄대) [경]1979년 행정고시 합격(23회) 1999년 駐미국 1등서기관 1999년 건설교통부 장관 비서관 2000년 同토지정책과장 2001년 同주택정책과장 2002년 한국주택저당채권유동화(주) 사외이사 2002년 건설교통부 건설경제국 건설경제과장 2003년 同건설경제심의관실 건설경제담당관 2004년 同건설경제심의관 2005~2007년 미국 주택도시부 파견(부이사관) 2007년 건설교통부 혁신정책조정관 2008년 국토해양부 국토정책국장 2009~2010년 同주택토지실장 2010년 행정중심복합도시건설청장 2011~2013년 국토해양부 제1차관 2013년 연세대 특임교수 2013년 서울시립대 국제도시과학대학원 교수(현) 2013년 同국제도시과학대학원장(현) 2014~2016년 한국감정원 비상임이사 2014년 한국교통문화포럼 회장(현) [상]건설부장관표창(1989·1994), 대통령표창(1990), 홍조근정훈장(2009) [저]'토지공개념법해설(共)'(1990, 조세통람사) 'Japanese Multinationals in the Changing Context of Regional Policy'(1994) '한국의 건설산업, 그 미래를 건설하자(共)'(삼성경제미래연구소) '부동산투자금융론(共)'(보성각)

한말숙(韓末淑·女) HAN malsook

[생]1931·12·27 [본]청주(淸州) [출]서울 [주]서울 서초구 반포대로37길59 대한민국예술원(02-3479-7223) [학]1950년 숙명여고졸 1955년 서울대 문리과대학 언어학과졸 [경]소설가(현) 1956년 現代文學誌에 단편 '별빛 속의 계절' 발표(김동리 추천) 1957년 現代文學誌에 단편 '신화의 단애'로 등단 1959~1974년 서울대 음악대학 강사 1964~1969년 문화공보부 영화자문위원 1980~1982년 同신문윤리위원 1982~1984년 同방송자문위원 1984~1986년 UNESCO 한국본부 위원 1993~1996년 국제여학사협회 한국본부 회장 1998~2000년 국제펜클럽 한국본부 부회장 2002~2004년 한국여성문학인회 회장 2009년 대한민국예술원 회원(소설·현) [상]제9회 현대문학 신인상(1964), 제1회 한국일보 문학상(1968), 보관문화훈장(1999) [저]장편소설 '하얀 도정'(1964) '아름다운 영가'(1981) '모색시대'(1986) 중·단편집 '신화의 단애'(1960) '이 하늘 밑'(1964) '신과의 약속'(1968) '잃어버린 머플러'(1974) '여수'(1978) '상처'(1990) '한말숙 제 1단편선집 〈행복〉'(1999) 소설집 '덜레스 공항을 떠나며'(2008) 단편소설 '친구의 목걸이'(2012, 문학사상) 수필집 '삶의 진실을 찾아서'(1988) '사랑할 때와 헤어질 때'(2008) 수필 '세계명작에서 신천지를 보다'(2008, 21세기문학) '젊은이여, 답답할 때는 하늘을 보라'(2010, 아산의 향기) '예감'(2010, 예술원 회보) '야채 아저씨'(2011, 예술원 회보) '페인트칠 노인의 유작'(2012, 예술원 회보) '사자의 편지'(2012, 21세기문학) '박완서와 나의 60년의 우정'(2012, 문학사상) '잊을 수 없는 최일병'(2013, 예술원 회보) '참, 좋겠네'(2014, 문학사상) '그리운 천경자 선생님'(2015, 문학사상) 기타 '빛속의 계절'(1956) '어떤 죽음'(1957) '노파와 고양이'(1958) '장마'(1958) '세탁소와 여주인'(1958) '낙루부근'(1958) '귀뚜라미 우는 무렵'(1958) '검은 장미'(1959) '방관자'(1959) '사시도'(1959) 'Q호텔'(1959) '맞선 보는 날'(1959) '초설'(1962) '행복'(1963) '출발의 주변'(1963) '광대김선생'(1963) '결혼 전야'(1964) '이 하늘 밑'(1964) '상처'(1964) '피선자'(1965) '한잔의 커피'(1965) '우울한 청춘'(1965) '어느 여인의 하루'(1966) '아기 오던 날'(1967) '사랑에 지친 때'(1970) '무너진 성벽'(1977) '선의 향방'(1978) '아들의 졸업식'(1979) '안개'(1980) '세계의 사람'(1981) '어느 소설가의 이야기'(1982) '말없는 남자'(1983) '초콜릿 친구'(1983) '수술대 위에서'(1985) '스포츠 관전기'(1986) '이준씨의 경우'(2005) 소설집 '별빛속의 계절'(2016) 등 다수 [역]일본어 '낙엽의 소리'(1997) '인간의 운명-아버지와 아들'(2005) '인간의 운명-우정'(2006) 브라질어 '여우와 포도'(1978) [작]번역된 주요 작품 '장마'(1959) '거문고'(1967) '한잔의 커피'(1968) '한말숙단편집Ⅰ' '한말숙단편집Ⅱ' '아름다운 영가'(1981/9개국어로 번역, 불어역 1995년 UNESCO대표선집에 수록됨) 불어역 단편집 '상처'(1997) '친구의 목걸이'(2012) 등 다수 [종]가톨릭

한명관(韓明官) HAN Myong Kwan

[생]1959·4·7 [출]서울 [주]서울 강남구 테헤란로92길7 바른빌딩14층 법무법인(유한) 바른(02-3479-2460) [학]1977년 서울 성동고졸 1982년 서울대 법학과졸 1984년 同대학원 법학과졸 1995년 프랑스 국립사법관학교 국제학부 수료 [경]1983년 사법시험 합격(25회) 1985년 사법연수원 수료(15기) 1986년 육군 법무관 1989년 서울지검 검사 1991년 대전지검 천안지청 검사 1993년 부산지검 동부지청 검사 1995년 법무부 법무심의관실 검사 1997년 同검찰국 검사 1998년 대전지검 서산지청장 1999년 대검찰청 연구관 2001년 同공안3과장 2002년 同기획과장 2003년 서울지검 동부지청 형사2부장 2004년 서울중앙지검 형사7부장 2005년 법무부 홍보관리관 2006년 수원지검 2차장검사 2007년 서울동부지검 차장검사 2008년 광주지검 차장검사 2009년 대검찰청 기획조정부장 2009년 대전지검장 2010년 법무부 법무실장 2011년 수원지검장 2012년 대검찰청 형사부장 2012년 서울동부지검장 2013~2014년 프랑스 법무성 부패방지국 초청 특별연수(1년) 2014년 법무법인(유한) 바른 변호사(현) 2015년 한국형사소송법학회 회장(현)

한명섭(韓明燮)

[생]1958·2·25 [주]경기 수원시 영통구 삼성로129 삼성전자(주) 임원실(031-200-1114) [학]1976년 성남고졸 1981년 아주대 전자공학과졸 2004년 同대학원 경영학과졸 [경]삼성전자(주) 영상디스플레이 Global CS팀장(상무보) 2007년 同멕시코 SAMEX법인장(상무) 2010년 同멕시코생산법인장(전무) 2011년 同디지털이미징사업부장(전무) 2012년 同디지털이미징사업부장(전무) 2013년 同이미징사업팀장(부사장) 2014년 同베트남복합단지장(부사장)(현) [상]자랑스런 삼성인상 공적상(2009), 미국 포토이미징제조공급사협회(PMDA) 선정 '올해의 인물'(2014)

한명수(韓明秀) HAN Myong Soo

[생]1958·2·24 [출]서울 [주]서울 서초구 서초대로250 스타갤러리브릿지11층 법무법인 여울(02-582-8907) [학]1976년 경기고졸 1981년 서울대 법학과졸 1983년 同대학원 법학과졸 [경]1981년 행정고시 합격(25회) 1982년 사법시험 합격(24회) 1984년 사법연수원 수료(14기) 1985년 대전지법 판사 1987년 同강경지원 판사 1990년 수원지법 판사 1994년 서울민사지법 판사 1995년 서울지법 판사 1996년 同동부지원 판사 1997년 서울고법 판사 1998년 대법원 재판연구관 2000년 청주지법 부장판사 2002년 서울지법 동부지원 부장판사 2004년 서울동부지법 부장판사 2005~2008년 서울중앙지법 부장판사 2008~2013년 법무법인 바른 변호사 2010년 중앙행정심판위원회 비상임위원 2012년 행정안전부 소청심사위원회 비상임위원 2013~2014년 안전행정부 소청심사위원회 비상임위원 2013년 법무법인 여울 대표변호사(현)

한명숙(韓明淑·女) HAN Myeong Sook

[생]1944·3·24 [본]청주(淸州) [출]평남 평양 [학]1963년 정신여고졸 1967년 이화여대 불어불문학과졸 1977년 한신대 선교신학대학원졸 1985년 이화여대 대학원 여성학과졸 [경]1974년 한국크리스찬아카데미 강사 1977년 한국신학대 강사 1979~1981년 크리스찬아카데미사건으로 구속 수감 1986년 이화여대 여성학과 강사 1988년 성심여대 여성학과 강사 1990~1994년 한국여성민우회 회장 1990년 한국여성단체연합 부회장 1993~1995년 환경운동연합 지도위원 1993년 한국여성단체연합 공동대표 1996년 同10주년기념사업위원장 1996년 同지도위원 1999년 참여연대 공동대표 1999년 미국 뉴욕 유니온신학대 객원연구원 2000년 새천년민주당 제16대 총선 선거대책위원회 부본부장 2000~2001년 제16대 국회의원(전국구, 새천년민주당) 2000년 새천년민주당 여성위원장 2001~2003년 여성부 장관 2003~2004년 환경부 장관 2004년 가정법원 가사소년제도개혁위원회 위원장 2004~2005년 열린우리당 상임중앙위원 2004~2008년 제17대 국회의원(고양 일산구甲, 열린우리당·대통합민주신당·통합민주당) 2004

년 열린우리당 선거대책위원회 공동위원장 2004년 同국정과제추진특별위원장 2004년 한국아동·인구·환경의원연맹(CPE) 회장 2004년 한·싱가폴의원친선외교협회 회장 2005년 열린우리당 당혁신위원장 2006~2007년 제37대 국무총리 2007년 전쟁과여성인권박물관 건립위원 2007년 민주화운동공제회 설립 발기인 2007년 (사)유엔인권정책센터 이사 2007년 대통합민주신당 정동영 대통령후보 중앙선거대책위원회 최고고문 겸 가족행복위원회 공동위원장 2008년 민주당 상임고문 2009~2010년 사람사는세상 노무현재단 초대이사장 2010~2015년 同이사 2010년 서울시장선거 출마(민주당) 2012년 민주통합당 대표최고위원 2012~2015년 제19대 국회의원(비례대표, 민주통합당·민주당·새정치민주연합) 2012~2015년 한·일의원연맹 고문 2013년 민주당 상임고문 2014~2015년 새정치민주연합 상임고문 2014~2015년 국회 정무위원회 위원 2014년 국회 지속가능발전특별위원회 위원장 [상]국민포장(1998), 청조근정훈장(2005) [저]서간집 '사랑은 두려워하지 않습니다' 자서전 '한명숙 : 부드러운 열정, 세상을 품다'(2010, 행복한책읽기) [종]기독교

한명재(韓明宰) Hahn Myung-jae

[생]1956·8·16 [학]1980년 연세대 법학과졸 1982년 同신문방송대학원 행정학과졸 [경]1982년 외무고시 합격(16회) 1982년 외무부 입부 1987년 駐벨기에 2등서기관 1991년 駐브루나이 1등서기관 1996년 駐캐나다 1등서기관 1999년 외교통상부 영사과장 2002년 駐국제연합 참사관 2004년 駐몽골 공사참사관 2007년 駐뉴욕 부총영사 2010년 2018평창동계올림픽유치위원회 국제협력관 2012년 2018평창동계올림픽조직위원회 국제국장 2013~2016년 駐파라과이 대사

한명진(韓銘辰) HAN, MYUNG JIN

[생]1964·7·5 [본]청주(淸州) [출]전남 보성 [주]서울 영등포구 국회대로70길18 한양빌딩 새누리당(02-3786-3000) [학]1983년 광주제일고졸 1987년 서울대 경영학과졸 1994년 同행정대학원졸 2003년 경제학박사(미국 미주리주립대) [경]1987년 행정고시 합격(31회) 1988년 서울올림픽조직위원회 파견 1989년 국세청 부산진세무서 총무과장 1992년 同남대구세무서 부가가치세과장 1993~1998년 재정경제원 조세정책과·법인세제과 근무 1998년 기획예산위원회 재정정책과 서기관 1999년 기획예산처 예산제도과 서기관 2000년 同농림해양예산과 서기관 2004년 同과학환경예산과장 2005년 과학기술부 연구개발예산담당관 2006년 대통령 기획조정비서관실 행정관 2006년 대통령 정무기획비서관실 행정관 2006년 대통령 정책조정비서관실 행정관 2007년 기획예산처 복지재정과장 2008년 기획재정부 세제실 부가가치세제과장 2009년 同세제실 재산세제과장 2010년 OECD 대한민국정책센터 파견 2011년 국가경쟁력강화위원회 기획총괄국장(고위공무원) 2011년 국무총리소속 조세심판원 상임심판관 2013년 국무조정실 조세심판원 상임심판관 2013년 기획재정부 세제실 조세기획관 2014년 同세제실 재산소비세정책관 2015년 同세제실 조세총괄정책관 2016년 새누리당 기획재정위원회 수석전문위원(현) [상]부총리표창(1995)

한명호(韓明鎬) HAN Myeung Ho

[생]1959·7·7 [출]서울 [주]서울 중구 청계천로86 한화L&C 비서실(080-729-8272) [학]1978년 서울사대부고졸 1983년 한양대 화학공학과졸 1998년 미국 워싱턴대 대학원 경영학과졸 [경]1983년 LG화학 입사 2001년 同혁신지원담당 상무 2002년 同상해법인장 2004년 (주)LG 경영관리팀 및 화학팀 상무 2007년 同경영관리팀 부사장 2007~2009년 LG화학 산업재사업본부장(부사장) 2009~2012년 LG하우시스 대표이사 2013~2014년 同고문 2014년 한화L&C 대표이사(현)

한명희(韓明熙) HAHN Myung Hee (禮峰·月隱·沙盧)

[생]1939·3·1 [본]청주(淸州) [출]충북 충주 [주]서울 서초구 반포대로37길59 대한민국예술원(02-3479-7223) [학]1958년 충주고졸 1964년 서울대 음대 국악과졸 1968년 同대학원 국악과졸 1988년 성균관대 대학원 동양철학과졸 1994년 철학박사(성균관대) 1995년 명예박사(카자흐스탄 알마티음악원) 1996년 명예박사(우즈베키스탄 타슈켄트음악원) [경]1966~1975년 TBC 프로듀서 1970~1985년 중앙대·한국외국어대·고려대·숙명여대·한양대·건국대·서울대 강사 1981~1984년 강릉대 전임강사·조교수 1985년 서울시립대 음악과 부교수 1990년 한국국악학회 부회장 1990년 한국소리얼연구회 회장 1991년 한국중앙아시아문화예술교류회 회장(현) 1993~2004년 서울시립대 음악과 교수 1995년 비목마을사람들 공동대표·국립극장·세종문화회관·서울예술단 운영위원·외교부 공연예술국제교류 자문위원장·국제교류재단 Koreana 편집위원 1997년 한국민족음악가연합 이사장(현) 1997~1999년 국립국악원 원장 2005~2008년 한국문화예술위원회 1기위원 2006년 대한민국예술원 회원(음악·현) 2013~2015년 同부회장 [상]서울신문 예술평론상(1989), KBS 국악대상(1994), 서울사랑시민상(2003), 은관문화훈장(2006) [저]'하늘의 소리 민중의 소리'(1981) '우리가락 우리문화'(1994) '사허여적'(2004) 시화집 '풍류산방 편지' [역]'음악사조사' [작]가곡 '비목' 공연기획 '우리 가곡의 밤'(1969) '실크로드 음악회'(1991) '비목문화제'(1996)

한명희(韓明姬·女) HAN Myoung Hee

[생]1952·4·19 [본]청주(淸州) [출]부산 [주]서울 중구 덕수궁길15 서울특별시의회(02-3783-1546) [학]2008년 한일장신대 사회복지학과졸, 성공회대 NGO대학원 실천여성학과졸 [경]한국여성단체연합 공동대표, 한국여성노동자회 회장 2007년 대통합민주신당 미래여성리더십센터 소장 2008년 제18대 국회의원선거 출마(비례대표, 대통합민주신당) 2010~2014년 서울시의회 의원(비례대표, 민주당·민주통합당·민주당·새정치민주연합) 2010년 同여성특별위원장 2010년 同환경수자원위원회 위원 2012년 同정책연구위원회 위원 2012년 同보건복지위원회 위원 2012년 同독도영토주권수호및일제식민지피해자지원특별위원회 위원 2012년 同인권도시창조를위한서울특별시의회인권특별위원회 위원 2013년 同골목상권및전통시장보호를위한특별위원회 위원 2013년 同예산결산특별위원회 위원 2014년 同민간단체지원사업점검특별위원회 위원 2014년 서울시의회 의원(새정치민주연합·더불어민주당)(현) 2014·2016년 同환경수자원위원회 위원(현) 2014년 同예산결산특별위원회 위원 2015년 同대변인(현) 2015년 더불어민주당 윤리심판원 위원(현) 2016년 서울시의회 서부지역광역철도건설특별위원회 위원(현) 2016년 同운영위원회 위원(현) [상]국민훈장 목련장(2002) [저]'바람찬 날 우리들의 사랑은(共)'(1992, 참세상 글모음) [종]기독교

한명희(韓明熙) Han Myeong Hee

[생]1955·3·15 [주]경북 포항시 북구 죽파로26 (주)성광 대표이사실(054-274-8460) [학]포항동지상고졸, 용인대 무도학과졸, 건국대 교육대학원 체육교육학과졸 [경]1979~1990년 영등포여상 체육교사 1994년 포항향토청년회 회장, 포항환경운동연합 지도위원, 포항시지역발전협의회 이사 1998·2002·2006~2010년 경북 포항시의회 의원(3선) 2002~2010년 포항스틸러스 단장 2004·2006·2010년 포항시유도협회 회장 2010년 포항시체육회 부회장(현) 2010년 (주)성광 부사장 2011년 포항동지중·고총동문회 회장 2012년 (주)성광 대표이사(현) 2012년 포항지역발전협의회 분과위원장(현) 2016년 경북도민일보(주) 대표이사 사장

한명희(韓命熙) HAN, MYOUNGHEE

[생]1973·1·7 [본]청주(淸州) [출]경북 경주 [주]세종특별자치시 도움6로11 국토교통부 공공기관지방이전추진단 혁신도시재정과(044-201-4469) [학]1991년 경주고졸 1998년 성균관대 토목공학과졸 [경]2010년 부산지방국토관리청 기술서기관 2013년 국토교통부 국토도시실 지역정책과 기술서기관 2013년 同주택토지실 신도시택지개발과 기술서기관 2015년 同공공기관지방이전추진단 건축재정과장 2016년 同공공기관지방이전추진단 혁신도시재정과장(현)

한무경(韓茂景·女)

[생]1958·5·20 [출]대구 [주]경북 경산시 남산면 전지공단길22의9 효림그룹(053-851-8600) [학]1977년 경북여고졸 1981년 효성여대 도서관학과졸 1983년 이화여대 대학원 도서관학과졸 1998년 문헌정보학박사(이화여대) [경]1983~2003년 효성여대外 문헌정보학과 강사 1998년 효림그룹 회장(효림산업(주)·효림정공(주)·(주)효림에이치에프·(주)디젠·(주)효림에코플라즈마)(현) 2004년 경산경찰서 행정발전위원회 위원 2004년 (재)경북도여성정책개발원 자문위원 2005년 경산세무서 세정혁신자문위원 2006년 경산상공회의소 부회장 겸 상임의원(현) 2007년 경산시 통합방위협의회 위원 2007년 대구지방국세청 세정자문위원 2009년 대구상공회의소 상임의원 2010~2012년 (사)한국여성경제인협회 이사 겸 대구경북지회 부회장 2011년 대한적십자사 자문위원(현) 2011~2014년 (사)경북도여성기업인협의회 회장 2012년 대구경북경제자유구역청 조합회의 조합위원(현) 2014년 대구MBC 시청자자문위원회 부위원장(현) 2014년 중소기업진흥공단 비상임이사(현) 2016년 한국여성경제인협회 회장(현) 2016년 새누리당 제20대 총선 공직자후보추천관리위원회 위원 2016년 한국무역협회 비상근부회장(현) [상]중소기업청장표창(2002), 경북도 중소기업 종합대상(2004), 재정경제부장관표창(2004), 경북도 이달의 우수기업상(2004), 국세청장표창(2005), 제10회 산업기술혁신대상 우볼금상(2006), 제6회 경북과학기술대상 기술상(2006), 제9회 경북도 산업평화대상 은상(2006), 지식경제부장관표창(2008), 국무총리표창(2010), 무역의 날 1천만불 수출의 탑(2010), 관세청장표창(2011), 무역의 날 2천만불 수출의 탑(2012·2014), 산업통상자원부장관표창(2013), 산업포장(2013), 보건복지부장관표창(2014), 대한민국 창조경제CEO대상 혁신경영대상(2014), 무역의 날 3천만불 수출의 탑(2015)

한무근(韓武根) HAN Moo Kun

ⓟ생1963·4·11 ⓞ출경북 경산 ⓢ주서울 서초구 서초대로 301 동익성봉빌딩9층 법무법인(유) 해송(02-3489-7119) ⓗ학1982년 경북고졸 1986년 서울대졸 ⓖ경1985년 사법시험 합격(27회) 1988년 사법연수원 수료(17기) 1988년 육군 법무관 1991년 서울지검 검사 1993년 대구지검 경주지청 검사 1995년 수원지검 성남지청 검사 1996년 법무부 검찰2과 검사 1998년 서울지검 검사 2000년 대구지검 부부장검사 2000년 청주지검 영동지청장 2001년 서울지검 부부장검사 2002년 대구지검 공판부장 2003년 同형사4부장 2003년 사법연수원 검찰교수실 교수 2006년 서울중앙지검 형사5부장 2007년 수원지검 여주지청장 2008년 부산지검 제2차장검사 2009년 서울남부지검 차장검사 2009년 수원지검 성남지청장 2010년 대전지검 차장검사 2011년 대구고검 차장검사 2012년 춘천지검장 2013년 창원지검장 2013~2015년 법무부 출입국·외국인정책본부장 2015년 법무법인(유) 해송 대표변호사(현)

한무희(韓武熙) HAN Moo Hee (石人)

ⓟ생1937·9·13 ⓑ본청주(淸州) ⓞ출서울 ⓢ주서울 동대문구 회기로56 청량리동 세종대왕기념사업회(02-969-8851) ⓗ학1957년 서울사대부고졸 1961년 성균관대 중어중문학과졸 1965년 同대학원졸 1995년 문학박사(성신여대) ⓖ경1964~1977년 성균관대·이화여대·고려대·연세대·숙명여대 강사 1977~1988년 단국대 중어중문학과 전임강사·조교수·부교수 1980~1982년 우리문학연구회 회장 1985~2001년 중국현대문학연구회 회장 1988~2002년 단국대 중어중문학과 교수 1992~1994년 同중어중문학과장 1994~1996년 한국중어중문학회 수석부회장 1994~1998년 단국대 퇴계기념중앙도서관장 1996~1998년 한국중어중문학회 회장 2000년 세종대왕기념사업회 상무이사·부회장(현) 2000년 同부설 한국학연구원장 겸임(현) 2001년 한국겨레문화연구원 이사 겸 사무총장(현) 2002년 단국대 명예교수(현) 2008~2015년 세종대왕기념관 관장 ⓢ상근정포장 ⓩ저'신편대학한문'(1979) '당송팔대가문선'(1981) '선진제자문선'(1985) '현대사상가선집'(1985) '기초중국어교본' '초급중국어'(1990) '중급중국어'(1990) '고급중국어'(1990) '중국문학사'(1992) '신편기초중국어'(1997) '중국어연습' '고등학교 중국어'(2002) '한국사자성어대사전'(2011) ⓨ역'고문진보'(1979) '중국역대산문선'(1982) '노신평전'(1982) '중국사상의 근원'(1984) '손자병법'(1985) '노신문집'(1986) '중국예술정신'(1990)

한문기(韓文鎭) HAN Moon Ki

ⓟ생1960·2·8 ⓢ주경기 성남시 분당구 안양판교로828번길201 대한송유관공사 비서실(031-779-9007) ⓗ학중앙대 사대부고졸, 서울대 경영학과졸, 영국 Surrey대 대학원 경영학과졸 ⓖ경(주)유공 입사, SK(주) R&I전략팀장(상무), 同특수Polymer사업부장(상무), 同수펙스추구협의회 글로벌성장지원팀 전무 2015년 대한송유관공사 대표이사 사장(현)

한문덕(韓文德) Han, Mun Deok

ⓟ생1953·2·3 ⓑ본청주(淸州) ⓞ출서울 ⓢ주인천 연수구 송도미래로9 BRC(주) 임원실(032-821-1864) ⓗ학1971년 대광고졸 1988년 한국방송통신대 법학과졸 1993년 서울대 보건대학원 보건학과졸 2009년 보건학박사(가천의과대) ⓖ경1979~1988년 농수산부 통계사무소 근무 1988~2002년 보건사회부 근무 2002년 보건복지부 기획관리실 기획예산담당관(서기관) 2004년 同참여복지홍보사업단장 2005년 同건강증진국 질병정책과장 2006년 同보건의료정책본부 질병관리팀장 2007년 同생명과학단지조성사업단 생명과학단지팀장 2008년 보건복지가족부 노인정책과장 2009년 同국립중앙의료원추진단장 2010년 국립중앙의료원 진료지원부장 2010년 국민건강보험공단 기획상임이사 2012~2014년 同급여상임이사 2014~2016년 가천대 길병원 행정원장 2016년 BRC(주) 대표이사(현) ⓢ상대통령표창(1999), 근정포장(2010) ⓩ종기독교

한문선(韓文善) HAN Moon Sun

ⓟ생1945·4·12 ⓑ본청주(淸州) ⓞ출서울 ⓢ주서울 서초구 방배중앙로207의10 아크로리버오피스텔104호410호 HR인프라 대표이사실(02-588-8850) ⓗ학1964년 서울 용산고졸 1971년 연세대 경영학과졸 2001년 숙명여대 국제관계대학원졸 2006년 중국 심천대 대학원졸 ⓖ경1985년 현대해상화재보험 이사 1990년 한국생명보험(주) 상무이사 1993년 同전무이사 1999~2000년 同상임감사 2001년 HR인프라 대표이사(현), 향영 대표이사 2006년 중국 산동 외사번역대학 교수 2006년 중국 심천대유학생교우회 부회장(현) 2009년 중국 산동외사번역대 교수(현)

한문섭(韓文燮) Moonsup Han

ⓟ생1961·8·17 ⓢ주서울 동대문구 서울시립대로163 서울시립대학교 자연과학대학 물리학과(02-6490-2647) ⓗ학서울대졸, 同대학원졸, 이학박사(서울대) ⓖ경서울시립대 자연과학대학 물리학과 교수(현) 2004년 同교양교직부장 2005년 同전산정보원장 2009년 同학생처장 2015년 同교무처장(현) 2015년 同출판부장 겸임(현)

한문식(韓文植) Moon Sik, Han

ⓟ생1955·1·15 ⓞ출대구 동구 첨단로39 한국산업단지공단 부이사장실(070-8895-7000) ⓗ학1979년 인하대 기계공학과졸 1981년 同대학원졸 1986년 공학박사(인하대) ⓖ경1981~1995년 한국기계연구원 구조시스템연구부 선임연구원 1984년 미국 Southwest Research Institute 방문교수 1989~1990년 영국 Univ. of Sheffield 기계공학과 Post-Doc. 1995년 동양대 학생처장 1997~2016년 계명대 기계·자동차공학과 교수 2000년 한국자동차회 이사·대구경북지부장 2001년 대구테크노파크 기획실장 2001~2003년 대구시 시정연구위원 2003~2005년 계명대 BK21 기계·자동차사업단장 2006~2010년 同산학연구처장 2007~2010년 산업기술연구회 기획평가전문위원 2008년 한국자동차공학회 부회장 2012~2014년 대구시 컨벤션대사 2015년 한국자동차공학회 회장 2016년 한국산업단지공단 부이사장(현) ⓩ저'기초 기계요소설계'(2002) '한국학술연구의 동향과 전망'(2003) '재료역학'(2006)

한문철(韓文哲) HAN Moon Chul

ⓟ생1961·9·6 ⓑ본청주(淸州) ⓞ출경기 고양 ⓢ주서울 서초구 서초대로48길33 허브원빌딩501호 법률사무소 스스로닷컴(02-525-5588) ⓗ학1980년 마산고졸 1985년 서울대 법학과졸 1987년 同대학원 법학과 수료 1988년 同법학연구소 보험법과정 수료, 연세대 언론홍보대학원 최고위과정 수료, 전국경제인연합회 국제경영원 GAMP(글로벌최고경영자과정) 수료, 성균관대 최고경영자과정(IW-AMP) 수료, 전국경제인연합회 국제경영원 LBL(Leader's Best Life) 수료, 동국대 최고위치안정책과정 수료, 서울대병원 의료경영고위과정(AHP) 수료 ⓖ경1985년 사법시험 합격(27회) 1988년 사법연수원 수료(17기) 1988년 軍법무관 1991년 서울지검 검사 1993년 변호사 개업 2000년 법률사무소 스스로닷컴 대표변호사(현) 2006년 도로교통공단 정보공개심의회 위원(현) 2007~2009년 TBS '한문철의 교통시대' 진행 2007~2014년 TBN '한문철의 교통법률' 진행 2010~2011년 MBN '한문철의 앗車' 진행 2011~2013년 서울지방변호사회 공익소송특별위원회 위원 2012년 법제처 국민법제관(교통분야)(현) 2012~2014년 한국교통문화포럼 감사 2012년 MBN 뉴스투데이 '한문철의 블랙박스' 진행 2012~2013년 TV조선 뉴스와이드 활 '한문철의 블랙박스' 진행 2013~2015년 서울지방경찰청 운전면허행정처분이의심의위원 2013년 서울중앙지법 조정위원(현) 2013년 SBS 모닝와이드 '블랙박스로 본 세상-한문철변호사의 몇대몇' 진행(현) 2015년 대한변호사협회 전문분야등록 심사위원(현) ⓢ상전경련국제경영원(IMI) 공로상(2016) ⓩ저'교통사고의 법률지식'(1989) '교통사고의 형사·민사판례'(1990) '고소장·내용증명의 법률지식'(1990) '교통사고 현장대처부터 소송절차 마무리까지'(2001) '핵심정리 민법시리즈' '한문철변호사의 교통사고 클리닉'(2005) '자동차, 알고 타십니까?'(2006) '한문철 변호사의 알쏭달쏭? 교통사고 퀴즈백과'(2008) '한문철 변호사의 교통사고 100% 보상받기'(2011, 허브미디어) '만화로 엮은 한문철 변호사의 교통사고 앗! 차차'(2012, 허브미디어) '굿바이 음주운전'(2013, 허브미디어)

한문희(韓文熙) HAN Moon Hee

ⓟ생1953·8·22 ⓞ출서울 ⓢ주서울 종로구 대학로101 서울대병원 영상의학과(02-2072-2584) ⓗ학1972년 서울고졸 1978년 서울대 의과대학졸 1981년 同대학원 의학석사 1989년 의학박사(서울대) ⓖ경1978년 서울대병원 인턴 1979년 同진단방사선과 전공의 1983~1986년 해군 軍의관 1986년 원자력병원 진단방사선과 전문의 1987년 서울 을지병원 방사선과 전문의 1987~1999년 서울대 의과대학 영상의학교실 강사·조교수·부교수 1999년 同교수(현) 2004년 중재적신경방사선의학회 회장 2010~2014년 서울대병원 영상의학과 진료과장 겸 영상의학교실 주임교수 2013년 한국의료영상품질관리원 이사장(현)

한문희(韓文熙) HAN Moon Hee

[생]1954 · 11 · 26 [본]청주(淸州) [출]광주 [주]대전 유성구 대학로99 충남대학교 에너지과학기술대학원(042-821-8601) [학]1977년 한양대 요업공학과졸 1979년 同대학원 무기재료공학과졸 1991년 무기재료공학박사(한양대) [경]1982~2007년 한국에너지기술연구원 연구원 · 선임연구원 · 책임연구원 · 에너지효율연구부장 · 연구기획부장 · 에너지신소재연구부장 · 선임연구부장 1992~1993년 미국 아이오와주립대 방문과학자 2004~2006년 과학기술부 과학기술혁신본부 에너지환경심의관 2007~2010년 한국에너지기술연구원 원장 2010년 (사)한국에너지공학회 회장 · 고문(현) 2010년 충남대 에너지과학기술대학원 교수(현) 2010~2014년 同에너지과학기술대학원장 2011~2013년 교육과학기술부 글로벌프론티어추진위원회 위원 2016년 충남대 에너지과학기술대학원장(현) [상]과학기술처장관표창(1988), 국민포장, 과학기술훈장 혁신장(2012)

한문희(韓文熙) HAN Mun Hui

[생]1963 · 11 · 26 [출]경기 여주 [주]대전 동구 중앙로240 한국철도공사 경영지원본부(042-615-4037) [학]1984년 철도고졸 1995년 건국대 정치외교학과졸 [경]1994년 총무처 행정사무관 1995년 공보처 행정사무관 1997년 철도청 운수국 여객과 행정사무관 1997년 同영업국 여객과 운영팀장 1999년 同영주지방철도청 증산역장 2001년 同제천지역관리역 관리과장 2002년 同철도산업구조개혁추진단 기획총괄과 기획팀장(파견) 2002년 서기관 승진 2003년 철도청 철도산업구조개혁추진단 기획총괄과장 2004년 同부산지역본부 부산열차승무사무소장 2004년 同전략기획실 정책개발과장 2005년 한국철도공사 비전경영실장(사무1급) 2005년 同비서실장 2005년 同경영혁신실장 2006년 同인사노무실장 2007년 同경영혁신실장 2008년 同경남지사장 직대 2008년 同인사노무실장 2009년 同전북본부장 2010년 同기획조정실장 2012년 同대전 · 충남본부장 2012년 同기획조정실장 2013년 同경영정책실장 2014년 同경영지원본부장(현) [상]교통부장관표창(1984), 국무총리표창(2000)

한미숙(韓美淑 · 女) HAN Mi Sook

[생]1963 · 10 · 18 [출]충북 [주]서울 서초구 명달로28 한국정책재단(02-6385-7006) [학]1986년 한밭대 전자계산학과졸 2002년 충남대 대학원 컴퓨터과학과 수료 [경]1986년 한국전자통신연구원 근무 2000년 (주)베리텍 창업 2001년 한국여성벤처협회 이사 · 부회장 2003년 (주)헤리트 대표이사 사장, 한국통신학회 정보통신위원, 중국 옌지시고신기술개발구 자문위원 2005년 중소기업기술혁신(이노비즈)협회 수석부회장 2007~2009년 同회장 2009~2010년 대통령직속 녹색성장위원회 위원 2010~2012년 대통령 중소기업비서관 2012~2015년 IBK기업은행 사외이사 2013~2015년 한양대 ERICA LINC사업단 학연산클러스터팀 특임교수 2014년 한국정책재단 이사(현) 2014년 (재)이명박대통령기념재단 이사(현) 2015~2016년 (주)LG유플러스 사외이사 [상]기술혁신대상, 산업협력대상, 우수기업인상 [종]천주교

한미영(韓美榮 · 女) HAN Mi Young

[생]1953 · 12 · 2 [본]청주(淸州) [출]서울 [주]경기 안산시 단원구 해봉로212 태양금속공업(주) 비서실(031-490-5500) [학]1972년 이화여고졸 1976년 이화여대 동양화과졸 2003년 연세대 법무대학원 수료 2005년 서울대 공과대학 최고산업과정 수료 2007년 서울과학종합대학원 최고경영자과정 수료 [경]2001년 태양금속공업(주) 부사장(현) 2003년 (사)한국여성발명협회 회장 2003년 한국발명진흥회 이사 2004년 국가과학기술자문회의 자문위원 2005년 정부혁신관리위원회 위원 2006년 한국여성경제단체연합 수석대표(현) 2007년 산업자원부 산업기술발전위원회 위원 2007년 서울시 여성위원회 위원 2008년 한국과학기술기획평가원 자문위원 2008년 (재)세계여성발명기업인협회 회장(현) 2008년 한국산업보안연구학회 부회장 2009년 농림수산식품부 여성농어업인육성정책 자문위원 2009~2010년 同과학기술위원회 위원 2009년 지식경제부 연구개발특구위원회 민간위원 2009년 연세대 신소재공학과 겸임교수 2010~2013년 중앙공무원교육원 교육정책자문위원 2010~2013년 농업기술실용화재단 자문위원 2011~2013년 국가지식재산위원회 민간위원 2014년 국방부 정책자문위원(현) 2014년 여성가족부 정책자문위원(현) 2015년 한국청소년발명영재단 총재(현) [상]서울사랑시민상 본상(2005), 대통령표창(2005 · 2011), 국민훈장 목련장(2007), 동탑산업훈장(2013) [저]'환희 I'(2007) '환희 II'(2009) [종]불교

한 민(韓 敏) HAN Min

[생]1958·12·15 [출]강원 강릉 [주]서울 서대문구 이화여대길52 이화여자대학교 법학전문대학원(02-3277-3553) [학]1977년 춘천고졸 1981년 서울대 법대졸 1992년 미국 Cornell Law School(LL.M) 법학과졸 [경]1981년 사법시험 합격 1983년 사법연수원 수료(13기) 1988년 변호사 개업 1992~1993년 뉴욕 Cleary Gottlieb Steen & Hanilton 법률사무소 근무 1997~2001년 법무법인 律村 변호사 1998년 한국수출보험공사 법률고문 2001년 김앤장법률사무소 변호사 2004년 금융감독위원회 자산유동화(ABS) 제도개선 Task Force 2008년 법무부 동산및채권담보특별법 제정위원회 위원 2009년 同채무자회생및파산에관한법률개정특별위원회 위원, 이화여대 법학전문대학원 교수(현) 2013~2015년 同법학전문대학원 교무부원장 2014년 (주)LG상사 사외이사 겸 감사위원(현) 2015~2016년 이화여대 공공리더십과정의연계전공 주임교수

한민구(韓民九) HAN Min Koo

[생]1948·7·21 [출]서울 [주]경기 수원시 영통구 매영로150 삼성전기(주)(031-210-5114) [학]경기고졸 1971년 서울대 전기공학과졸 1975년 미국 Michigan대 대학원 전기공학과졸 1979년 공학박사(미국 Johns Hopkins대) [경]1979~1984년 미국 뉴욕주립대 버펄로교 조교수 1984~2013년 서울대 공과대학 전기컴퓨터공학부 교수 1996~1999년 同기초전력공학공동연구소장 1999~2001년 한국학술진흥재단 사무총장 2001년 대한전기학회 부회장 2002~2005년 서울대 공과대학장 2003년 대통령직속 동북아경제중심추진위원회 국가혁신체제분과 위원장 2006~2008년 나노기술연구협의회 회장 2006~2009년 한국학술진흥재단 BK21사업단 위원장 2007년 대한전기학회 회장 2007~2009년 한국학술단체총연합회 회장 2007~2013년 한국산업기술보호협회 회장 2008~2010년 한국특허정보원 이사장 2008년 지식경제부 신성장동력기획단 신산업분과 위원장 2008~2009년 한국학술진흥재단 BK21사업단 위원장 2008년 삼성전기(주) 사외이사(현) 2009년 한국광기술원 이사장(현) 2010~2011년 지식경제부 녹색인증심의위원회 위원장 2010년 기술표준원 산업표준심의회 위원장(현) 2011~2014년 한국연구재단 비상임이사 2013년 경희대 정보디스플레이학과 석좌교수(현) 2013년 서울대 명예교수(현) 2014년 (주)효성 사외이사 겸 감사위원(현) 2016년 삼성전기(주) 이사회 의장(현) [상]대한민국학술원상(2003), 과학기술부 한국공학상(2007), 과학기술훈장 창조장(2007), 최고과학기술인상(2010)

한민구(韓民求) Han Min Koo

[생]1951·8·30 [출]충북 청원 [주]서울 용산구 이태원로22 국방부 장관실(02-748-6004) [학]1970년 청주고졸 1975년 육군사관학교졸(31기) 1979년 서울대 서양사학과졸 1992년 연세대 행정대학원 외교안보학과졸 2011년 명예 정치학박사(청주대) [경]1975년 육군 소위 임관 1982~1984년 육군사관학교 교수부 전사학과 교수 1985~1988년 제27사단 작전과장·대대장 1994~1996년 제50보병사단 123연대장 1996년 국방부 정책기획국 정책조정과장 2000년 육군 참모총장 비서실장 2002년 육군본부 전략기획처장 2003년 제53보병사단장(소장) 2004년 국방부 국제협력관 2005년 同정책기획관 2006년 수도방위사령관(중장) 2008년 육군 참모차장(중장) 2009년 육군 참모총장(대장) 2010~2011년 합참의장 겸 통합방위본부장(대장) 2012~2014년 미래국방포럼 초대의장 2012~2014년 육군사관학교 석좌교수 2013년 육군본부 정책발전자문관 2014년 국방부 장관(현) [상]보국훈장 삼일장(1999), 보국훈장 천수장(2004), 미국 공로훈장 Legion of Merit(2011), 제11회 연세를 빛낸 행정인상(2014)

한민현(韓民炫) Min H. HAN

[생]1956 · 3 · 13 [본]청주(淸州) [출]광주 [주]경남 양산시 충렬로355 넥센타이어(주) 부사장실(055-370-5114) [학]1975년 광주제일고졸, 전남대 화학공학과졸, 미국 아크론대 대학원 고분자공학과졸, 공학박사(한국과학기술원) [경]1979년 금호그룹 입사, 금호타이어(주) 공정연구팀 · 컴파운드개발팀 근무 2004년 同연구본부장(상무) 2008~2009년 同전무 2009년 (주)에이스산업 사장 2010년 넥센타이어(주) 부사장(현) [상]동탑산업훈장(2005) [종]가톨릭

한민호(韓敏鎬)

[생]1960·2·26 [주]서울 서초구 서초대로74길4 삼성중공업(주) 임원실(02-3458-7000) [학]배재고졸, 중앙대 경제학과졸, 연세대 대학원 경제학과졸, 고려대 노동대학원 최고지도자과정 수료 [경]삼성전자(주) 수원지원 인사팀장(상무보) 2007년 同수원지원 인사팀장(상무) 2010년 同수원지원 인사팀장(전무) 2013~2014년 삼성엔지니어링(주) 인사지원실장(전무) 2015년 삼성중공업(주) 부사장(현)

한민호(韓民鎬) HAN Min Ho

[생]1962·1·21 [본]청주(淸州) [출]충북 청원 [주]세종특별자치시 갈매로388 문화체육관광부 미디어정책관실(044-203-3201) [학]1979년 평택고졸 1986년 서울대 역사교육과졸 1994년 한국교원대 대학원 역사교육과졸 2003년 미국 카네기멜론대 대학원 예술경영학과졸 [경]1986~1994년 중등교 교사 1993년 행정고시 합격(37회) 1994~1995년 총무처 수습사무관 1995~2001년 문화관광부 국립중앙극장·예술국·공보관실 사무관 2003년 同청소년국 사무관·서기관 2005년 同성과전략팀장 2006년 국립민속박물관 섭외교육과장 2007년 문화관광부 문화정책국 공간문화팀장 2008년 문화체육관광부 공간문화과장 2008년 同디자인공간문화과장 2009년 同디자인공간문화과장 2011년 同해외문화홍보원 문화교류과장 2012년 同문화예술국 국제문화과장(서기관) 2012년 同문화예술국 지역민족문화과장(부이사관) 2013년 同문화정책국 지역민족문화과장(부이사관) 2014년 同장관 정책보좌관 2014년 同체육국 국제체육과장 2015~2016년 同문화예술정책실 문화여가정책과장 2016년 同문화예술정책실 문화정책관실 국가브랜드개발지원반장 겸임 2016년 同문화콘텐츠산업실 미디어정책관(고위공무원)(현) [역]'You Are the Message'(2004)

한민희(韓民熙) HAN Min Hee

[생]1952·9·20 [주]서울 동대문구 회기로85 한국과학기술원 테크노경영대학원(02-958-3635) [학]1975년 서울대 경영학과졸 1977년 한국과학기술원(KAIST) 경영대학원졸(석사) 1985년 경영학박사(미국 노스웨스턴대) [경]1976~1980년 동양정밀(주) 기획조정실 과장 1984·1997년 미국 Northwestern대 Kellogg경영대학원 Visiting Professor 1985년 한국과학기술원(KAIST) 테크노경영대학원 조교수·부교수·교수(현) 1992년 미국 노스웨스턴대 객원교수 1995~1997년 한국소비자학회 회장 2000~2003년 한국과학기술원(KAIST) 테크노경영대학원 부대학원장 2002년 한국마케팅학회 회장 2004년 미국 Univ. of Southern California Visiting Scholar 2013~2015년 한국과학기술원 경영대학장 2015년 SK이노베이션(주) 사외이사 [상]매경 경영학자대상(2000), 한경 마케팅공로상(2002)

한방교(韓方敎) HAN Bang Kyo

[생]1929 · 10 · 22 [본]청주(淸州) [출]경기 포천 [주]경기 부천시 원미구 신흥로56번길25 학교법인 부천대학교(032-610-0114) [학]1949년 양정중졸 1955년 서울대 공대졸 1974년 연세대 교육대학원졸 1985년 교육학박사(한양대) [경]1955년 인천전기화학연구소 소장 1959~1979년 소사공업기술 · 소사공고기술학교 교장 1967년 경기도기술교육연합회 회장 1970년 대한기술교육연합회 회장 1979~1998년 부천전문대 학장 1989년 한국전문대학교육협의회 부회장 1994~1998년 同회장 1998~2005년 부천대 학장 2009~2016년 同총장 2014년 학교법인 부천대 이사(현) [상]국민훈장 동백장 [저]'한국교육의 사조' '교육학개론' '교육방법론' '인간과 교육의 이해' [종]천주교

한백용(韓百龍) Han Baek Yong

[생]1954 [출]부산 [주]부산 연제구 고분로170 부산경상대학교 총장실(051-850-1010) [학]동래고졸, 인하대 전자공학과졸 1983년 경희대 대학원 전자공학과졸 1991년 전자공학박사(경희대) [경]부산경상대 전자계산과 교수, 재단법인 일민장학회 이사, 학교법인 화신학원 이사장 2016년 부산경상대 제12대 총장(현)

한범덕(韓凡悳) HAN Beum Deuk

[생]1952·7·26 [본]청주(淸州) [출]충북 청원 [주]충북 청주시 청원구 율봉로141 더불어민주당 충북도당(043-211-7777) [학]1971년 청주고졸 1976년 서울대 동양사학과졸 1989년 청주대 행정대학원 행정학과졸 2009년 행정학박사(충북대) [경]1979년 행정고시 합격(22회) 1994년 대전시 대덕구청장 1997년 내무부 감사담당관 1999년 대통령비서실 행정관 1999년 제2의건국범국민추진위원회 사무국장 2000년 국방대학원 파견 2001년 충북도 보건산업박람회조직위원회 사무국장 2001년 오송국제바이오엑스포조직위원회 사무총장 2003년 충북도 바이오산업추진단장 2003년 同기획관리실장 2003~2006년 同정무부지사 2006년 충북도지사선거 출마(열린우리당) 2007~2008년 행정자치부 제2차관 2010~2014년 충북 청주시장(민주당·민주통합당·민주당·새정치민주연합) 2010년 충북시장군수협의회 회장 2011~2012년 청주시문화산업진흥재단 이사장 2012년 전국시장·군수·구청장협의회 시장대표 2014년 충북 청주시장선거 출마(새정치민주연합) 2016년 더불어민주당 청주시상당구지역위원회 위원장(현) 2016년 제20대 국회의원선거 출마(청주시 상당구, 더불어민주당) [상]문화공보부장관표창(1982), 국무총리표창(1991), 홍조근정훈장(2003) [저]산문집 '오늘도 최고의 날이 되십시오'(2014)

한범수(韓凡洙) HAN Bum Soo

[생]1961 · 5 · 10 [본]청주(淸州) [출]서울 [주]서울 종로구 창덕궁1길13 원서빌딩 법무법인 양헌(02-397-9863) [학]1980년 서라벌고졸 1984년 서울대 법과대학졸 [경]1983년 사법시험 합격(25회) 1985년 사법연수원 수료(15기) 1989년 서울형사지법 판사 1991년 서울민사지법 판사 1993년 청주지법 판사 1995년 광주고법 제주부 판사 겸임 1996년 서울지법 북부지원 판사 1997년 서울고법 판사 2000년 대구지법 부장판사 2002년 대법원 재판연구관 2004년 서울서부지법 부장판사 2006~2008년 서울중앙지법 부장판사 2006년 언론중재위원회 중재위원 2008년 부산고법 부장판사 2010~2011년 서울고법 부장판사 2011년 법무법인 양헌 변호사(현) 2014년 사학분쟁조정위원회 위원

한범식(韓範湜) HAN Bumsik

[생]1960 · 1 · 3 [출]서울 [주]경기 성남시 분당구 판교로255번길46 4층 SK인포섹(주) 사장실(02-6361-9114) [학]1982년 서울대 전기공학부졸 1986년 미국 조지워싱턴대 대학원 경영학과졸 [경]1982년 (주)한양 근무 1986년 (주)선경 입사 · 시스템사업팀 근무 1994년 (주)대한텔레콤 네트워크 · 시스템팀장 1999~2005년 SK C&C(주) 전략사업본부장(상무) 2005~2009년 SK텔레콤(주) CS본부장 · Vietnam법인 대표 · 기업사업단장(전무) 2010년 SK C&C(주) G&G(Growth & Globalization)부문장(전무) 2011년 同신성장사업부문장(전무) 2013~2015년 同ICT사업부문 부사장 2014년 인포섹(주) 대표이사 사장 2015년 SK인포섹(주) 대표이사 사장(현)

한병기(韓丙起) HAN Byung Ki (東曉)

[생]1931 · 6 · 8 [본]청주(淸州) [출]평남 안주 [주]서울 서초구 서초대로78길44 나산스위트401호 설악케이블카(주)(02-585-9977) [학]1950년 평양 숭호고졸 1964년 홍익대졸 1966년 미국 페어레이디킨슨대(Fairleigh Dickinson Univ.) 대학원졸 [경]1961년 외무부 장관비서관 1962년 駐뉴욕 영사 1966년 외교연구원 상임연구원 1967년 건설공제조합 이사장 1968년 삼양항해 사장 1969년 駐韓코트디부아르 명예총영사 1970년 대한선주협회 회장 1971년 제8대 국회의원(속초 · 고성 · 양양, 민주공화당) 1973년 삼양항해 회장 1974년 駐칠레 대사 겸 에콰도르 대사 1975년 駐유엔대표부 대사 1977년 駐캐나다 대사 1979년 민주공화당 총재보좌역 1980~2005년 설악관광 회장 1987년 민주공화당 총재부속실장 1988년 同서울서초乙지구당 위원장 1988년 同총재특보 1989년 정경문화아카데미 이사장 1990년 민자당 국책자문위원 1995년 자민련 속초 · 고성 · 양양 · 인제지구당 위원장 1995년 同당무위원 1999년 국무총리 정책자문위원장 2001년 자민련 상임고문 2005년 설악케이블카(주) 회장 · 명예회장(현) [상]코트디부아르 국민훈장, 수교훈장 흥인장, 칠레 십자대훈장, 대통령표창 [저]'한국독립과 국제권력정치' [종]기독교

한병길(韓秉吉) HAN Byung Kil

[생]1954·2·8 [본]청주(淸州) [출]전북 남원 [주]서울 서초구 남부순환로2294길33 한국외교협회3층 국제교류증진협회(02-762-3513) [학]1972년 전주고졸 1976년 서울대 문리대 영어영문학과졸 1989년 스페인 왕립외교관학교 국제정치학과졸 1997년 국방대학원 국제정치학과졸 [경]1980년 한국일보 수습기자 1980년 외무고시 합격(14회) 1980년 외무부 입부 1983~1986년 駐도미니카 2등서기관 1990년 駐칠레 1등서기관 1992~1995년 駐네덜란드 1등서기관 1998년 외교통상부 남미과장 2000년 同기획예산과장 2001년 駐미국 참사관 2003년 駐워싱턴 총영사 2004년 국회의장 의전·국제비서관 2006~2008년 외교통상부 중남미국장 2008년 駐페루 대사 2011년 국립외교원 추진기획단 대외협력대사 2012~2014년 駐아르헨티나 대사 2015년 국제교류증진협회 회장(현) [상]페루 공군 공로훈장(2010), 페루 정부 철십자대훈장(2011) [종]천주교

한병도(韓秉道) HAN Byung Do

[생]1967·12·7 [출]전북 익산 [주]서울 영등포구 여의동로213 금호리첸시아B동220호 한국이라크우호재단(02-3482-7850) [학]1985년 원광고졸 1990년 원광대 신문방송학과졸 [경]1988년 8.15남북학생회담 홍보국장 1989년 원광대 총학생회장 1989년 전북지역학생대표자협의회 조국통일위원장 1989년 민주화운동주도혐의로 투옥 2003년 열린포럼희망21 대표 2003년 대통령직속 국가균형발전위원회 자문위원 2003년 국가균형발전을위한중앙부처익산유치추진단 공동

ㅎ

단장 2004년 열린우리당 전북도지부 정책위원 2004~2008년 제17대 국회의원(익산甲, 열린우리당·대통합민주신당·통합민주당) 2007년 열린우리당 원내부대표 2008~2009년 민주당 민주정책연구원 이사 2009년 노무현재단 자문위원(현) 2011년 한·이라크우호재단 이사장(현) 2012년 민주통합당 당무위원 2012년 同한명숙대표 정무특보 2012년 同제18대 대통령중앙선거대책위원회 '시민캠프' 국민명령정책참여본부장 2015년 새정치민주연합 전북도당 상임고문 2015년 더불어민주당 전북도당 상임고문(현) 2016년 同익산시乙지역위원회 위원장(현) 2016년 제20대 국회의원선거 출마(전북 익산시乙, 더불어민주당)

한병로(韓秉魯) HAN Byung Ro

[생]1959·10·5 [출]전북 전주 [주]경기 성남시 분당구 판교로310 SK케미칼(주) 임원실(02-2008-2008) [학]1978년 신흥고졸 1986년 고려대 경영학과졸 [경]SK케미칼(주) 경리부 회계과 입사, 同Life Science Biz 경영지원실장, 同Life Science Biz LS경영지원실장(상무), 同Life Science Biz 재무지원실장 겸 LS경영지원실장, 同Life Science Biz LS경영지원부문장(전무) 2015년 同Life Science Biz COO(부사장) 겸 LS 경영지원부문장 2015년 SK케미칼(주) Life Science Biz 공동대표이사(COO·부사장)(현) [종]천주교

한병일(韓秉一) Han Byung Ill

[생]1959·12·7 [출]전북 [주]대전 서구 문정로48길30 KT탄방타워13층 대전인권사무소(042-472-9043) [학]1986년 전북대 독어독문학과졸 [경]2002~2007년 총무처·법제처 근무 2007년 국가인권위원회 법무감사담당관 2009년 同위원장 비서실장 2012~2016년 同조사총괄과장·침해조사과장 2016년 同대전인권사무소장(서기관)(현) [상]대통령표창(2006)

한병채(韓柄寀) HAN Byung Chae (卿村)

[생]1933·7·3 [본]청주(淸州) [출]대구 [주]서울 중구 을지로80의1, 보승빌딩 한병채법률사무소(02-776-7717) [학]경북고졸 1957년 고려대 정법대학 정치학과졸 [경]1958년 고등고시 사법과 합격(10회) 1960~1969년 춘천·서울·대전·대구지법 판사 1969년 대구지법 의성지원장 1969년 변호사 개업(현) 1971년 제8대 국회의원(대구 중구, 신민당) 1973년 제9대 국회의원(대구 중구·서구·북구, 무소속) 1975년 신민당 대변인 1978년 롤러스케이팅연맹 회장 1979년 제10대 국회의원(대구 中·西·北, 무소속 당선·신민당 입당) 1980년 국회 헌법개정특별위원회 위원 1981년 제11대 국회의원(대구 중구·서구, 민정당) 1981년 국회 문화공보위원장 1983년 국회 법제사법위원장 1988년 헌법재판소 상임재판관 1994년 변호사 개업 1996년 무당파국민연합 대표위원 1999~2013년 공증인가 평화합동법률사무소 변호사 [상]상이보국포장(1951), 청조근정훈장(1996) [저]'헌법재판의 근원과 이론' '헌법 재판론' [작]수필집 '민심은 천심' [종]불교

한병훈(韓秉勳) HAN Byung Hoon (牛步)

[생]1933·12·29 [본]청주(淸州) [출]전북 장수 [주]충남 천안시 동남구 병천면 송정리2길13 (주)이에스바이오텍 생명과학연구소(041-556-9166) [학]1952년 전주고졸 1956년 서울대 약대졸 1960년 同대학원졸 1968년 약학박사(서울대) [경]1959~1969년 경희대 약대 조교수 1968년 일본 大阪大 연구원 1969~1999년 서울대 천연물과학연구소 조교수·부교수·교수 1978년 일본 도쿄대 약학부 방문교수 1980~1984년 서울대 생약연구소장 1985~1999년 유네스코 동남아천연물화학네트워크 사무총장·한국대표 1988~1996년 세계보건기구지정 전통약물협력연구센터 원장 1989~1999년 유네스코 한국위원회 자연과학분과위원장 1990년 한국생화학회 회장 1991년 고려인삼학회 회장 1995년 한국과학기술한림원 종신회원(현) 1997년 한국응용약물학회 회장 1999년 서울대 약학대학 명예교수(현) 2001년 (주)이에스바이오텍 생명과학연구소장(현) [상]동아자연과학상, 약학회·생약학회 학술상, 약학회 학술본상, 고려인삼학회학술본상, 약의상, 춘강상, 국민훈장 모란장, 한국과학기술한림원상 [저]'생물화학'(共) '천연물화학'(共) [역]'스팩트럼으로 보는 초전도 FT-NMR' [종]불교

한복기(韓福基·女) Han, Bok-Ghee

[생]1958·3·10 [출]부산 [주]충북 청주시 흥덕구 오송읍 오송생명2로187 질병관리본부 국립보건연구원 유전체센터(043-719-8801) [학]1993년 이학박사(독일 Bonn대) [경]2009년 질병관리본부 국립보건연구원 유전체센터장(현) 2009년 고려대 의과대학 외래교수(현) 2010~2014년 한국유전체학회 부회장 2011~2012년 국제후성유전체컨소시움(IHEC) 공동위원장 2011~2015년 카타르 Biobank 국제자문위원

한복려(韓福麗·女) HAN Bok Ryo

[생]1947·5·13 [출]서울 [주]서울 종로구 창덕궁5길16 궁중음식연구원(02-3673-1122) [학]서울시립대 원예과졸, 고려대 대학원 식품공학과졸, 일본 서도쿄조리사전문학교졸, 식품영양학박사(명지대), 일본 Tsuji Cooking Academy 수료, 미국 C.I.A 요리학교 CE과정 수료, 중국 후페에메이 요리학원 연수, 중국 상해요리복무학교 연수, 연세대 외식경영자과정 수료 [경]1990~2007년 중요무형문화재 제38호 궁중음식기능보유자 후보 2003년 문화재청 궁중의례재현위원회 전문위원 2003년 MBC특별기획 '대장금' 궁중음식 자문 2005년 경기도관광공사 홍보대사 2005년 아시아나항공 기내식메뉴개발 자문위원(현) 2006년 한국관광명예홍보대사 2007년 (사)궁중음식연구원 이사장(현) 2007년 중요무형문화재 제38호 '조선왕조궁중음식' 기능보유자(현) 2008년 한국문화재보호재단 비상임이사 2008년 '한국의 집' 전통음식점 음식자문(현) 2009년 한식재단 자문위원(현) 2009~2011년 한식세계화 추진위원 2010년 남양주시 한식·전통음식개발분야 정책자문관(현) 2012년 2012여수세계박람회 식음료분야 한식자문 2013~2015년 대통령소속 문화융성위원회 위원 2014년 국립무형유산원 무형유산창조협력위원회 위원(현) 2015년 서울시 김장문화제추진 자문위원(현) [상]문화관광부장관 전통음식보급 공로상, 경기도지사표창, 통일부장관표창(2000), MBC특별기획드라마 '대장금' 감사패(2004), 국무총리표창(2006), 금산세계인삼엑스포 인삼음식관 성공 감사장(2006), 2007외식경영대상(2007), G20정상회담 식음료자문 감사장, 올해의 여성문화인상(2015) [저]'떡과 과자'(1989, 대원사) '한복려의 밥'(1991, 뿌리깊은나무) '서울음식과 궁중음식'(1995, 대원사) '종가집 시어머니 장 담그는 법'(1995, 둥지) '궁중의 식생활-한국음식대관 제6권'(1997, 한국문화재보호재단) '한복려를 따라하면 요리가 즐겁다'(1998, 중앙M&B) '우리가 정말 알아야 할 우리 음식 김치 백가지'(1999, 현암사) '쉽게 맛있게 아름답게 만드는 떡'(1999, 궁중음식연구원) '다시 보고 배우는 음식디미방'(1999, 궁중음식연구원) '한복려의 밑반찬 이야기'(1999, 중앙M&B) '쉽게 맛있게 아름답게 만드는 한과'(2000, 궁중음식연구원) '한복려의 국·찌개·전골'(2000, 중앙 M&B) '한식코스요리'(2000, 중앙M&B) '한복려의 우리음식 287가지'(2001, 중앙M&B) '다시 보고 배우는 조선무쌍신식요리제법'(2001, 궁중음식연구원) '황혜성, 한복려, 정길자의 대를 이은 조선왕조 궁중음식'(2003, 궁중음식연구원) '집에서 만드는 궁중음식'(2004, 청림출판) '다시 보고 배우는 산가요록'(2007, 궁중음식연구원) '혼례'(2009, 나녹) '3대가 쓴 한국의 전통음식'(2010, 교문사) '한식코스상차림'(2010, 랜덤하우스코리아) '한국인의 장'(2013, 교문사) '대장금의 궁중 상차림(국문/영문)'(2015, 한식재단)

한복환(韓福煥) Han, Bok-Hwan

[생]1954·6·10 [본]청주(淸州) [출]충북 청원 [주]광주 동구 제봉로225 16층 광주은행 임원실(062-239-7713) [학]1973년 청주 대성고졸 1978년 청주대 경영학과졸 2007년 성균관대 경영대학원 경영학과졸 2010년 경영학박사(조선대) [경]1973년 한국은행 입행 1995년 同사상분실장 1997년 同임원실 과장 1998년 은행감독원 총무국 비서과장 1999년 금융감독원 검사4국 선임검사역(2급) 1999년 同신용감독국 신용관리팀장 2002년 신용회복지원위원회 사무국장 2003년 신용회복위원회 사무국장 2005~2006년 국회 입법지원위원 2006년 금융감독원 총무국 실장(한국은행 파견) 2007~2008년 광주은행 상근감사위원 2009~2010년 조선대 경상대학 외래교수 2010년 신용정보협회 자율규제심의위원 2010~2012년 신용협동조합중앙회 신용·공제사업 대표이사 2011년 금융위원회 금융발전심의회 위원 2014년 광주은행 상임감사위원(현) [상]한국은행총재표창(1984), 은행감독원장표창(1992), 금융감독위원장표창(2001), 국민훈장(2005)

한봉규(韓鳳奎)

[생]1959·1·19 [출]서울 [주]충북 청주시 상당구 명암로143 국립청주박물관(043-229-6302) [학]1982년 동국대 사학과졸 1992년 성균관대 대학원 고고학과졸 2002년 同대학원 고고학 박사과정 수료 [경]1992~2002년 국립중앙박물관 고고부 학예연구사 2002~2006년 국립춘천박물관 학예연구실장 2006~2007년 국립중앙박물관 학예연구실 유물관리부 근무 2007~2011년 국립청주박물관 학예연구실장 2011~2016년 국립부여박물관 학예연구실장 2016년 국립청주박물관장(현)

한부환(韓富煥) HAN Boo Whan

[생]1948·9·20 [본]청주(淸州) [출]서울 [주]서울 서초구 서초중앙로29길10 백산빌딩 법무법인 나라(02-3482-9700) [학]1966년 경기고졸 1970년 서울대 법과대학졸 1981년 미국 하버드대 법과대학원졸 [경]1970년 사법시험 합격(12회) 1972년 사법연수원 수료(2기) 1972년 해군 법무관 1975~1979년 부산지검·수원지검 검사 1979년 법무부 검사 1983년 대검찰청 검찰연구관 1985년 대

전지검 서산지청장 1986년 대검찰청 기획과장 1988년 부산지검 형사3부장 1989년 대검찰청 중앙수사부 3과장 1990년 同중앙수사부 2과장 1991년 서울지검 형사6부장 1992년 同형사3부장 1993년 춘천지검 차장검사 1993년 부산지검 제2차장검사 1994년 서울고검 검사 1995년 서울지검 제1차장검사 1996년 同제3차장검사 1997년 서울고검 차장검사 1999년 대검찰청 총무부장 1999년 법무부 검찰국장 2000년 대전고검장 2002년 법무부 차관 2002년 반부패국제회의조직위원회 공동위원장 2002년 법무연수원장 2003년 변호사 개업 2005~2007년 대우증권 사외이사 2005~2011년 언론중재위원회 위원 2006~2012년 Venice위원회 대리위원 2007년 교육인적자원부 법학교육위원회 위원 2008~2009년 교육과학기술부 법학교육위원회 위원장 2009~2012년 하이닉스반도체 사외이사 2010~2013년 대한변호사협회 법학전문대학원평가위원회 위원장 2013년 법무법인 나라 변호사(현) 2013년 (주)예스코 사외이사 겸 감사위원(현) 2015년 연합뉴스 수용자권익위원회 위원장(현) 2015년 학교법인 영광학원(대구대) 이사장 [상]황조근정훈장(1990), 2012 올해의 법조인상(2013) [종]불교

한분순(韓粉順·女) HAN, Boon Soon (蘭士·蘭史)

[생]1943·12·15 [본]청주(淸州) [출]충북 음성 [주]서울 양천구 목동서로225 대한민국예술인센터1017호 (사)한국문인협회(02-744-8046) [학]1966년 중앙대(舊서라벌예술대학) 문예창작학과졸 [경]1966~1976년 재건국민운동중앙회 발행 국민신문 기자 1970년 「서울신문」 신춘문예 詩 '옥적'으로 당선 1976년 한국문학 편집부장 1980~2012년 한국여성문학인회 이사 1984년 소설문학 편집주간 겸 출판국 주간 1987년 여원 편집국 월간 여성지 「뷰티라이프」 편집주간 1990년 서울신문 「퀸」 편집부장 1994년 同출판편집국 부국장 1997년 세계일보 편집국 부국장 1998년 同편집국 부국장 겸 문화부장 1999~2001년 스포츠투데이신문 편집국 문화부장(국장대우) 1999~2012년 국제펜클럽 한국본부 이사 2002년 한국시조시인협회 수석부회장 2004~2007년 한국신문윤리위원회 윤리위원 2004~2011년 한국문인협회 시조분과회 회장, 가람시조문학상 심사위원장, 이호우·이영도 시조문학상 심사위원장, 조선일보·서울신문·동아일보·경상일보·농민신문 신춘문예 심사위원 2009~2012년 한국소설가협회 이사 2009~2012년 (사)한국시조시인협회 이사장 2010년 한국시인협회 이사 2011·2016년 (사)한국문인협회 부이사장(현) 2012~2014년 한국시조시인협회 명예이사장 2012~2014년 (사)한국여성문학인회 이사장 2014년 (사)구상선생기념사업회 부이사장(현) 2014년 국제펜클럽 한국본부 자문위원(현) 2016년 한국시인협회 이사 겸 심의위원(현) 2016년 한국예술단체총연합회 이사(현) [상]제1회 리승만대통령 전국백일장 대통령표창(1959), 한국시조문학상(1985), 정운시조문학상(1990), 한국시조시인협회 문학상(1993), 서울신문사 공로상(1994), 자랑스런 보성인상 예술부문(1999), 한국문학상(2001), 가람시조문학상(2004), 한국예술문화단체총연합회 문학부문 예술문화상(2006), 제14회 현대불교문학상(2009), 국제펜클럽 한국본부 제1회 송운시조문학상(2012), 대한민국문화예술상 문학부문 대통령표창(2014), 중앙대 문학상(2015), 최충천년시조문학상(2015) [저]시집 '실내악을 위한 주제'(1979) '서울 한낮'(1987) '우리시대현대시조100' '소녀'(2001) '손톱에 달이 뜬다'(2012) '언젠가의 연애편지'(2012) '서정의 취사'(2013) '저물 듯 오시는 이'(2014) 에세이집 '한줄기 사랑으로 네 가슴에'(1986) '어느날 문득 사랑앞에서'(1987) '소박한 날의 청춘'(1990) 단편집 '직각으로의 연인'(1970) '실내악을 위한 주제'(1990) '밤바다 환상곡'(1993) '세 여자의 몽환'(1994) '룸펜의 아내'(1995) '두 모델 이야기'(1995) '라이벌'(1996) '화가와 러브호텔'(2000) 장편소설 '흑장미'(1994) 등 [종]가톨릭

한비야(韓飛野·女) HAN Biya

[생]1958·6·26 [본]청주(淸州) [출]서울 [주]서울 영등포구 여의나루로77의1 월드비전(02-2078-7072) [학]숭의여고졸, 홍익대 영어영문학과졸 1990년 미국 유타대 언론대학원졸 2008년 미국 포드햄대 IDHA과정 수료 2010년 미국 터프츠대 플레쳐스쿨 인도적지원학 석사 2015년 이화여대 대학원 인도적지원학 박사과정 재학 중 [경]1990~1992년 국제홍보회사 버슨-만스텔라 한국지사 근무 1993~1999년 세계 오지여행, 국제난민운동가 2001년 월드비전 긴급구호팀장 2006~2012년 국가개발협력위원회 민간위원 2008~2009년 同국제구호팀장 2011~2014년 UN 중앙긴급대응기금(CERF) 자문위원 2011~2015년 한국국제협력단(KOICA) 자문위원 2011년 월드비전 세계시민학교장(현) 2012~2014년 이화여대 국제대학원 초빙교수 2013~2015년 법무부 정책위원회 위원 [상]제2회 한국여성지도자상 '젊은지도자상'(2004), 세상을 밝게 만든 100인(2005), 세계시민의식고취상(2008) [저]'바람의 딸, 걸어서 지구 세 바퀴 반'(전4권) '바람의 딸, 우리 땅에 서다'(1999) '한비야의 중국견문록'(2001) '지도 밖으로 행군하라'(2005) '바람의 딸 이제 빛의 딸이 되고 싶다'(2009) '그건, 사랑이었네'(2009) '1그램의 용기'(2015, 푸른숲) [종]가톨릭

한삼석(韓三錫) HAN, SAM-SUK

[생]1969·12·22 [본]청주(淸州) [출]경기 동두천 [주]세종특별자치시 도움5로20 국민권익위원회 운영지원과(044-200-7178) [학]1988년 의정부고졸 1995년 고려대 불어불문학과졸 [경]1997~2002년 환경부 행정사무관 2002년 부패방지위원회 정책기획실 행정사무관 2004년 同정책기획실 서기관 2007년 국가청렴위원회 심사관·정책총괄팀장 2008년 국민권익위원회 부패방지부 청렴조사평가과장 2009년 同부패방지국 청렴조사평가과장 2011년 同기획조정실 국제교류담당관 2011년 同청렴총괄과장 2012년 同청렴총괄과장(부이사관) 2013년 同운영지원과장 2016년 국무조정실 파견(고위공무원)(현)

한삼화(韓三和) HAN Sam Hwa (土然)

[생]1945·1·9 [출]경북 고령 [주]대구 동구 동부로99 (주)삼한C1 부속실(053-755-0629) [학]경북대 경영대학원졸 2011년 명예 경영학박사(경북대) [경]1978년 (주)삼한상사 대표이사 1986년 (주)한옥 대표이사 1990년 (주)삼한 대표이사 2000년 경북도골프협회 회장 2001년 (주)삼한C1 대표이사(현), 자랑스러운중소기업인협의회 부회장(현) 2005년 민주평통 경북 부의장 2010년 한국·오스트리아협회 초대회장(현) 2015년 민주평통 경북지역회의 부의장(현) [상]국세청장표창(1994), 이달의 자랑스러운 중소기업인상(1997), 중소기업청 선정 신지식인(2000), 산업포장(2004), 조달청장표창(2006·2008·2010), 중소기업중앙회 선정 중소기업을 빛낸 얼굴들 41인(2007), 폴란드 문화공로훈장(2008), 대통령 공로장(2009), 국민훈장 동백장(2009), 기획재정부장관표창(2011)

한상국(韓相國) HAN Sang Kook

[생]1963·9·3 [출]서울 [주]서울 서대문구 연세로50 연세대학교 전기전자공학과(02-2123-4016) [학]1982년 대성고졸 1986년 연세대 전자공학과졸 1988년 미국 플로리다대 대학원 전자공학과졸 1994년 공학박사(미국 플로리다대) [경]1994~1996년 현대전자산업(주) 시스템IC연구소 선임연구원 1996년 연세대 전기공학과 교수 1999년 同전기전자공학과 교수(현) 2005~2007년 同공과대학 기획부학장 2007~2009년 同창업센터장 2011년 同미래융합기술연구소 부소장, 同대학원 기술정책협동과정 주임교수(현) 2012~2016년 同항공전략연구원 사무국장 2014년 同정보통신기술연구원장 2016년 同항공전략연구원 부원장(현)

한상균(韓相均)

[생]1958·5·3 [출]서울 [주]강원 춘천시 춘천로61 춘천경찰서(033-254-5120) [학]서울 한영고졸, 한양대 중문학과졸 [경]1988년 경위 임용(외사 특채) 1997년 경감 승진 2005년 경정 승진 2009년 경기 용인경찰서 수사과장 2011년 경기 수원남부경찰서 형사과장 2012년 경기 수원중부경찰서 형사과장 2014년 경기 포천경찰서장(총경) 2014년 경북 울릉경찰서장 2015년 강원지방경찰청 수사1과장 2016년 강원 춘천경찰서장(현)

한상균

[생]1962·10 [주]서울 중구 정동길3 경향신문건물14층 전국민주노동조합총연맹(02-2670-9100) [경]쌍용자동차 노동조합 설립추진위원장 2009년 쌍용자동차 정리해고 반대로 옥쇄 파업(77일) 2012년 국정조사실시·해고자 복직·비정규직정규직화요구 등 송전탑 고공농성(171일) 2014년 전국민주노동조합총연맹 쌍용자동차지부 지도위원 2014년 전국민주노동조합총연맹 위원장(현) [상]UNI(Union network International) 공포로부터의 자유상(2016)

한상근(韓尙根) HAN Sang Geun

[생]1963·10·4 [본]청주(淸州) [출]충북 영동 [주]세종특별자치시 시청대로370 한국직업능력개발원 평생직업·진로교육연구본부 진로교육센터(044-415-5320) [학]고려대 영어영문학과졸, 同대학원 노동사회학과졸, 문학박사(고려대) [경]1994~1999년 아세아문제연구소 선임연구원 1999~2000년 노동부 중앙고용정보관리소 책임연구원 2005년 한국직업능력개발원 연구위원 2007년 同직업진로정보센터 소장 2008년 同진로정보센터 소장 2009년 同직업진로자격연구실 선임연구위원 2012년 同진로직업정보센터 선임연구위원 2014년 同평생직업·진로교육연구본부 진로교육센터 선임연구위원(현) [저]'미래의 직업세계 직업편(共)'(2006) '10살에 떠나는 미래 직업 대탐험'(2007) '10살에 떠나는 미래 세계 직업 대탐험'(2010) '한국의 복지정치(共)'(2012) [역]'일본사회 어디로 가는가(共)'(1996) '일본의 세계화 구상(共)'(1997) '현대 사회학 이론(共)'(2001)

ㅎ

한상기(韓相麒) HAN Sang Ki

[생]1946·7·8 [출]충남 태안 [주]충남 태안군 태안읍 군청로 1 태안군청 군수실(041-670-2202) [학]명지대 행정학과졸 [경]1971년 9급 공무원시험 합격 1971~1976년 인천시청 근무 1977~1979년 경기도청 근무 1980~1990년 안전행정부 근무 1991~1992년 충남도청 근무(사무관) 1993~1994년 국무총리실 근무 1995~1999년 안전행정부 근무(서기관) 2000년 충남도 감사관 2001년 연기군 부군수 2002년 충남도 정책관리관(부이사관) 2003년 서산시 부시장 2005년 충남도 자치행정국장 2007년 한나라당 제17대 대통령선거 태안군본부장 2009년 同중앙위원회 행정자치위원회 상임위원 2009년 同충남도당 부위원장 2009년 민주평통 태안군협의회장 2011년 해저유물연구소건립추진위원회 부위원장 2012년 태안경찰서유치추진위원회 공동위원장 2012년 새누리당 제18대 대통령선거 서산·태안선거대책본부장 2013년 同충남도당 부위원장 2014년 충남 태안군수(새누리당)(현) 2015년 전국농어촌지역군수협의회 회장(현) [상]녹조근정훈장(1989), 홍조근정훈장(2006), '한국을 빛낸 창조경영인대상' 혁신경영부문(2016)

한상길(韓相吉) HAN Sang Kil

[생]1959·7·5 [본]청주(淸州) [출]경기 평택 [주]경기 용인시 수지구 죽전로152 단국대학교 사범대학 교직교육과(031-8005-3815) [학]1976년 평택 한광고졸 1980년 단국대 음악교육학과졸 1984년 미국 피츠버그대 대학원졸 1990년 교육학박사(세종대) [경]1984~1988년 단국대 기획실 근무 1987년 경기대 강사 1988~1997년 우석대 교육학과 부교수 1990년 同학생생활연구소장 1995년 同학생처장 1997~2000년 단국대 어문학부 부교수 1999년 한국성인교육학회장 2000년 단국대 사범대학 교직교육과 교수(현) 2001~2003년 同학생생활상담연구소장 2002~2005년 同서울캠퍼스 대외협력실장 2007~2008년 교육인적자원부 교육정책자문위원 2007년 러시아 국립사회과학학술원 회원(현) 2007~2008년 호주 매쿼리대 연구교수 [저]'현대의 사회교육'(1986) '사회교육학'(1995) '사회교육학'(1995) '스승의 길'(1999) '성인평생교육'(2001) '원격교육론'(2004) '여성교육론'(2007) '교육학개론'(2007) '평생교육론(Lifelong Education)'(2009) '교직실무(Teaching Practice)'(2011)

한상길(韓相吉) HAN SANGGIL

[생]1957·9·10 [본]청주(淸州) [출]경북 청송 [주]강원 원주시 신림면 물안길62 치악산명주사(033-761-7885) [학]1976년 서울대사대부고졸 1982년 동국대 불교미술학과졸 1988년 대구대 사회개발대학원 사회복지학과졸 2010년 박물관교육학박사(한양대) [경]1982년 한국불교태고종 승려(현) 1983~1988년 육군 군종장교 1988년 치악산명주사 창건·주지(현) 2003년 고판화박물관 설립·관장(현) 2011년 한국고판화학회 설립·회장(현) 2012년 동아시아고판화연구회 설립·한국회장(현) 2014년 박물관교육학회 부회장(현) 2016년 세계고판화연구보존협의회 초대회장(현) [상]육군참모총장표창(1993), 합참의장표창(1994), 국방부장관표창(1995) [저]'행복의 길'(1995, 국방부 호국원광사) [작]20여차례 고판화관련 전시기획발표 2016년 국립민속박물관 '인쇄문화의 꽃, 고판화' 공동기획발표 2016년 일본 동경국립국문학자료연구관 특별전 '한국고판화박물관명품전' 기획 [종]불교

한상대(韓相大) HAN Sang Dae

[생]1959·1·28 [본]청주(淸州) [출]서울 [주]서울 강남구 테헤란로423 현대타워6층601호 한상대법률사무소(02-3453-8051) [학]1978년 보성고졸 1981년 고려대 법학과졸 1985년 同대학원졸 1988년 미국 서던감리교대 법학대학원졸 [경]1981년 사법시험 합격(23회) 1983년 사법연수원 수료(13기) 1983년 서울지검 남부지청 검사 1986년 대전지검 천안지청 검사 1987년 서울지검 검사 1989년 법무부 국제법무심의관실 검사 1992년 서울지검 북부지청 검사 1994년 대검찰청 검찰연구관 1995년 서울지검 서부지청 검사 1996년 청주지검 충주지청장 1997년 법무부 검찰국 검사 1997년 법무연수원 기획과장 1998년 수원지검 형사4부장 1999년 법무부 인권과장 2000년 同국제법무과장 2000년 同법무심의관 2001년 서울지검 형사8부장 2002년 同형사3부장 2002년 同형사1부장 2003년 대전고검 검사 2004년 부산지검 1차장검사 2005년 同2차장검사 2005년 인천지검 1차장검사 2006년 광주고검 차장검사 2007년 법무부 법무실장 2007년 교육인적자원부 법학교육위원 2009년 법무부 검찰국장 2009년 서울고검장 2011년 서울중앙지검장 2011~2012년 검찰총장 2013년 고려대 법학전문대학원 초빙교수(현) 2014년 뉴데일리 고문(현) 2015년 한국형사법연구소 개설(현) 2015년 변호사 개업(현) 2015년 (사)6.25공원국민운동본부 이사장(현) [상]대검찰청 최우수 특별수사상(2005), 황조근정훈장(2009), 자랑스러운 보성인상(2011), 청조근정훈장(2013) [종]천주교

한상덕(韓相德) HAN Sang Duk (鶴山)

[생]1949·5·10 [출]경북 [주]대전 유성구 테크노2로223 (주)KAT 대표이사실(042-933-7760) [학]연세대 상경대학 경영학과졸 [경]고려제강(주) Amsterdam지사장·Malaysia현지법인장·중국 현지본부장 2008년 同전략기획실 부사장, (주)KAT 대표이사(현) [상]대학미전 서예부문 금상

한상록(韓尙錄) Han Sang-Rok

[생]1965·4·5 [주]서울 영등포구 여의공원로101 한국능률협회컨설팅 진단평가본부(02-3786-0114) [학]건국대 경영학과졸, 同대학원 경영학과졸 [경]제이디파워 코리아팀장, 한국능률협회컨설팅 CS경영본부 팀장, 同경영전략본부장 2006년 기획예산처 공공기관혁신지원팀장 2007년 同혁신관리팀장 2009년 한국능률협회컨설팅 경영전략본부장 2010년 同CS경영본부장 2013년 同인사조직본부장(상무) 2014년 同진단평가본부장(상무)(현)

한상린(韓相璘) HAN Sang-Lin

[생]1960·4·24 [본]청주(淸州) [출]대전 [주]서울 성동구 왕십리로222 한양대학교 경영학부(02-2220-1071) [학]1978년 대전고졸 1983년 고려대 경영학과졸 1987년 미국 뉴욕주립대 대학원 경영학과졸 1991년 경영학박사(미국 펜실베이니아주립대) [경]1991~1993년 미국 미시간대(Dearborn) 경영학과 조교수 2001년 한양대 경영학부 교수(현) 2011~2012년 한국유통학회 회장 2013~2014년 한양대 경영대학장 겸 경영전문대학원장 2014년 미국 학술지 Journal of Business to Business Marketing(JBBM) 아시아지역 편집위원장(현) [상]한국상품학회 우수논문상(1998), 한양대 Best Teacher Award(2004), 한국소비문화학회 최우수논문상(2008), 한국유통학회 우수논문상(2008) [저]'웹마케팅혁명'(2010, 원앤원북스) 'B2B마케팅'(2011, 이십일세기북스) '유통원론(共)'(2014, 학현사) [역]'환경마케팅 : 전략과 실천방향(共)'(1998) '페르소나 마케팅(共)'(2004)

한상만(韓相晩) HAN Sang Man

[생]1961·5·30 [출]경북 영천 [주]서울 종로구 성균관로25의2 성균관대학교 경영학부(02-760-0456) [학]1984년 서울대 경제학과졸 1987년 미국 스탠퍼드대 경영대학원졸 1993년 경영학박사(미국 컬럼비아대) [경]1993~1995년 홍콩 과학기술대 조교수 1994년 미국 시라큐스대 객원조교수 1995년 성균관대 경영학부 교수(현) 2000~2010년 한국광고학회 이사 2001년 마케팅연구저널 편집위원 2007·2009~2011년 성균관대 출판부장 2013~2014년 한국소비자학회 공동회장 2013년 한국씨티은행 사외이사(현) 2014~2015년 한국복잡계학회 회장 2015~2016년 성균관대 경영전문대학원장 2015년 同경영대학장·경영전문대학원장·경영대학원(IMBA)장 겸임(현) [저]'현대마케팅론' '전략적 브랜드관리' '고전에서 배우는 경영인사이트40'(2011, 원앤원북스) [역]'미학적 마케팅' [종]기독교

한상목(韓尙穆) Sangmok HAN

[생]1986·3·16 [출]제주 [주]제주특별자치도 제주시 번영로167 (주)마이스터 대표이사실(1800-7767) [학]2011년 성균관대 대학원 디자인학과졸 2014년 同대학원 박사과정 재학中 [경]2014년 제주특별자치도 새도정준비위원회 도민위원(37대) 2014년 새누리당 제주도당 미래세대위원장 2014년 픽토(주) 대표이사 2015년 (주)마이스터 대표이사(현) [상]국민건강보험공단 노인장기요양보험제도 홍보공모전 장려상(2007), 농림부 농업농촌컨텐츠공모전 최우수상(2007), 대한산업미술가협회 제43회 전국공모전 입선(2007), 제주하이테크산업진흥원 제이어스티셔츠디자인공모전 장려상(2009)

한상배(韓相培) HAN Sang Bae

[생]1952·8·30 [출]경남 [주]경기 하남시 검단산로239 (주)그린기술산업 비서실(031-795-5588) [학]1971년 진주고졸 1976년 서울대 해양학과졸 1985년 연세대 경영대학원졸 1991년 서울대 환경대학원졸 [경]1982~1989년 한진건설(주) 근무 1989~1992년 동명기술공단 근무 1992년 (주)그린기술산업 대표이사 사장(현) [상]서울대학교 우수논문상(1991), 전국경제인연합회 발명진흥대회수상(1997), 한국발명진흥회 발명진흥대회수상(1999), 동탑산업훈장(2000), 금탑산업훈장(2005)

한상범(韓相範) HAN Sang Bum

생1936·9·26 본청주(淸州) 출경기 개성 주서울 중구 필동로1길30 동국대학교 법학과(02-2260-3114) 학1953년 송도고졸 1958년 동국대 법학과졸 1960년 同대학원졸 1975년 법학박사(동국대) 경1960년 조선대 전임강사 1961~1973년 동국대 조교수·부교수 1972년 同학생회장 1973~2002년 同법학과 교수 1978년 同법정대학장 1988년 同법대학장 1989년 한국비교법학회 회장 1990~1996년 한국교수불자연합회 회장, 同명예회장 1990~1997년 불교인권위원회 공동대표 1990년 헌법재판소 자문위원 1991~1994년 아·태공법학회 회장 1991~1999년 한국법학교수회 부회장, 同회장, 同명예회장(현) 1993~1995년 교육바로세우기운동 공동대표 의장 1993년 정의로운사회를위한시민운동협의회 공동대표 1995~2002년 참여연대 고문 1996년 한국기독교인권센터 불교계대표 실행이사 1999년 인권정보센터 회장 2001~2003년 민족문제연구소 소장 2001년 통일시대민족문화재단준비위원회 위원장 2002년 동국대 법학과 명예교수(현) 2002~2004년 대통령직속 의문사진상규명위원회 위원장, 불교인권위원회 공동대표 상한글학회 한글운동공로표창(1994), 외솔상-실천부문(2000), 제16회 4월 혁명상(2005) 쩌'법사상사개설' '법률입문' '사회과학개론' '금서를 통해 본 근대사상사' '인권과 권력' '시민사상과 민중의 복권' '기본적 인권' '현대인권론' '한국의 법문화와 일본 제국주의의 잔재' '현대인권론' '관료주의와 기본적 인권' '한국법의 현재' '헌법이야기' '12·12, 5·18재판과 저항권' '한자숭배 나라 망친다' '인권수첩'(共) '현대법의 역사와 사상' '박정희 역사법정에 세우다' 등 쩌에세이집 '종이로 만든 마을' 종불교

한상범(韓相範) Han Sang Beom

생1955·6·18 주서울 영등포구 여의대로128 LG디스플레이(주) 임원실(02-3777-1600) 학1975년 용산고졸 1982년 연세대 요업공학과졸 1985년 미국 스티븐스대 대학원 금속공학과졸 1991년 재료공학박사(미국 스티븐스대) 경1982~1993년 LG반도체 근무 2001년 LG필립스LCD 생산기술센터장 2004년 同Panel4 공장장 2006년 同Panel Center장(부사장) 2008년 LG디스플레이(주) Panel Center장(부사장) 2008년 同IT사업부장(부사장) 2010년 同TV사업부장(부사장) 2011년 同TV사업본부장(부사장) 2011년 同대표이사 부사장(CEO) 2012~2015년 同대표이사 사장(CEO) 2014년 한국공학한림원 정회원(현) 2015년 同부회장(현) 2015년 한국디스플레이산업협회 회장(현) 2015년 독일 베를린 국제가전전시회(IFA) 개막 기조연설자 선정 2015년 LG디스플레이(주) 대표이사 부회장(CEO)(현) 상미국 스티븐스공대 국제성과부문 자랑스러운 동문인상(2014), 금탑산업훈장(2014), 서울대 AMP대상(2014), 미국 스티븐스공대 자랑스러운 동문인상(2016)

한상범(韓相範) HAN Sang Beom

생1967·8·20 본청주(淸州) 출부산 주서울 동작구 흑석로84 중앙대학교 약학대학(02-820-5596) 학1990년 서울대 제약학과졸 1994년 同대학원 약학과졸 1998년 약학박사(서울대) 경1995년 고려대 보건대학 시간강사 1996년 서울대 조교 1998년 同박사 후 연구원 1998년 식품의약품안전청 박사 후 연구원 1998~2000년 강원대 시간강사 1998~2003년 서울의과학연구소 책임연구원 2000년 한국산업안전공단 분석정도관리위원 2001~2003년 바이오코아(주) 식약개발사업부 수석연구원 2002년 덕성여대 시간강사 2003년 중앙대 약학대학 조교수·부교수·교수(현) 2014년 同약학대학장(현) 2016년 同의약식품대학원장 겸임(현) 쩌'약품분석의 진보1'(1998, 한림원) '약품분석의 진보2'(2000, 한림원) '약품기기분석'(2007, 신일북스) '대한약전해설서'(2008, 신일북스) '약전연습'(2008, 신일북스)

한상복(韓相福) HAN Sang-Bok

생1935·8·26 본청주(淸州) 출경기 주서울 서초구 반포대로37길59 대한민국학술원(02-3400-5220) 학1956년 경기고졸 1961년 서울대 사회학과졸 1964년 同대학원 사회학과졸 1972년 인류학박사(미국 Michigan 주립대) 경1964~1975년 서울대 고고인류학과 강사·전임강사·조교수 1967년 우리문화연구회 회장 1969~1972년 미국 하버드대 Havard-Yenching Institute Fellow 1969~1999년 문화체육부 문화재전문위원 1975~2000년 서울대 인류학과 부교수·교수 1978년 한국문화인류학회 회장 1980년 제1차 아시아인류학자대회 의장 1982년 제주도연구회 회장 1982년 서울대 인구및발전문제연구소장 1983년 언론중재위원회 위원 1990년 한국사회과학연구협의회 회장, 서울대 비교문화연구소장 1993년 미국 스탠퍼드대 객원교수 1996년 사회과학정보화교육연구재단 이사장 1996년 서울대 사회과학대학장 1997년 한국농촌사회학회 회장 1997~2000년 학교법인 광운학원 이사·이사장 직대 2000년 서울대 명예교수(현) 2002~2003년 서울디지털대 석좌교수 2005~2008년 동산문화재진흥원 원장 2006~2011년 일본 사가대학(佐賀大學) 외부평가위원 2012년 대한민국학술원 회원(문화인류학·현) 상한국문화인류학회 한국문화인류학공로상(1998), 옥조근정훈장(2000), 인촌기념회 인촌상 인문사회문학부문(2013) 쩌'한국의 어촌과 어업에 관한 인류학적 연구'(1969) 'Life in Urban Korea'(1971) '인류와 문화'(1976) 'Korean Fishermen'(1977) '한국인과 한국문화'(1982) '문화인류학'(1982) 'Asian Peoples and Their Cultures'(1986) 'Water Supply and Sanitation in Korean Communities'(1988) 'Traditional Cultures of the Pacific Societies'(1990) '한국농촌의 사회문화적 변화에 관한 연구'(1990) '한국의 낙도민속지'(1992) '중국 연변의 조선족'(1993) '제주 농어촌의 지역개발'(1999) '평창 두메산골 50년'(2011) 쩌'인류의 기원-1977년 루이스 리키 저'(1979)

한상숙(女)

생1966·7 주경기 수원시 영통구 삼성로129 삼성전자(주) 영상디스플레이사업부 Service Business팀(031-200-1114) 학연세대 사회학과졸, 미국 노스웨스턴대 대학원 광고마케팅과졸 경2009년 삼성전자(주) 영상디스플레이사업부 Market Intelligence파트장 2012년 同영상디스플레이사업부 Service Business팀 부장 2015년 同영상디스플레이사업부 Service Business팀 상무(현)

한상순(韓相淳) Han sang soon (盤石)

생1939·7·5 본청주(淸州) 출황해 벽성 주서울 종로구 비봉길64 이북5도위원회(02-2287-2600) 학1965년 숭실대 경제학과졸 1981년 연세대 경영대학원 AMP과정 수료 1989년 미국 조지워싱턴대 행정대학원 AMP 수료 2007년 명예 경제학박사(숭실대) 2011년 한국과학기술원(KAIST) S+컨버전스 AMP과정 수료(1기) 2015년 통일부 통일정책최고위과정 수료(5기) 경1976년 기독교대한감리회 중부연회 화도감리교회 장로파송, 同장로(현) 1980~2014년 (주)세림화이버 대표이사 회장 1988~1989년 국제라이온스협회 309인천지구 총재 1992~1996년 이북5도위원회 황해도 중앙도민회 부회장·자문위원 1992~1994년 기독교대한감리회 유지재단본부 평신도대표·재단이사 2004~2008년 새누리당 중앙위원회 기독교분과 위원장 2006~2008년 인천시 2014인천아시안게임유치위원회 위원 2006~2014년 (사)안중근의사숭모회 상임이사 2014년 이북5도위원회 황해도지사(현) 2015년 (사)건국대통령이승만박사기념사업회 고문(현) 상법무부장관표창(1985), 산업자원부장관표창(2006), 국무총리표창(2014)

한상식(韓相軾) HAN Samuel Sang Shik

생1955·9·17 본청주(淸州) 출전남 고흥 주서울 영등포구 가마산로359 베뢰아국제대학원대학교(02-831-2272) 학1975년 경기고졸 1979년 서울대 경제학과졸 1986년 침례신학대 신학대학원 신학과졸 1988년 同대학원 신학과졸 1993년 신학박사(캐나다 크리스찬신학대) 2001년 연세대 연합신학대학원 신학과졸 경1998~2004년 베뢰아국제대학원대 구약학 부교수 1998~2002년 同평생교육원장 1998~2004년 同교무처장 2004년 同구약학 교수(현) 2007~2011년 同총장 쩌'베뢰아학논저해(1965~2006)'(2006, 베뢰아국제대학원대 출판부) 역'삶의 문제에 대한 기독교적 답변'(2001, 나침반) 종기독교

한상연(韓相璉) HAN Sang Yun

생1958·4·6 본청주(淸州) 출서울 주서울 동대문구 경희대로26 경희대학교 정경대학 행정학과(02-961-9220) 학1985년 미국 아이오와대(Univ. of Iowa) 정치학과졸 1987년 미국 일리노이대(Uinv. of Illinois) 대학원 도시계획과졸 1990년 도시및지역계획학박사(미국 일리노이대) 경1991년 경희대 행정학과 교수(현) 1995~1997년 同국제교류처장 2005~2009년 同국제지역연구원장 2009~2013년 국토해양부 중앙도시계획위원 2011~2013년 대통령소속 지방행정체제개편추진위원회 위원 상홍조근정훈장(2013) 쩌'정보정책론'(共)'(1997, 나남출판사) '지식기반산업의 발전전략'(共)(1999, 산업연구원 출판국) '행정과 시민참여'(共)(2004, 경희대 출판국) '지역복지 네트워크'(共)(2005, 경희대 출판국) 역'규제개혁과 행정간소화'(2008, OECD서울센터)

ㅎ

한상옥(韓相玉) HAN Sang Ok

[생]1946·5·12 [출]대전 [주]전북 완주군 이서면 오공로12 한국전기안전공사 상임감사실(063-716-2020) [학]대전공고졸, 충남대 공업교육학과졸, 단국대 대학원졸, 공학박사(인하대) [경]1978년 충남대 전기공학과 교수, 同전기공학과 명예교수(현) 1988~1989년 同공과대학 학생과장 1992년 同산업대학원 교학과장 1993~1997년 同일반대학원 교학부장 1998년 아시아지역연구소 소장 1998년 대한전기학회 편집이사 1999년 한국조명·전기설비학회 충청지부장 1999~2001년 충남지방건설기술심의위원회 위원 2000년 한국전기전자재료학회 부회장 2002년 한국조명·전기설비학회 부회장 2014년 한국전기안전공사 상임감사(현)

한상완(韓相完) HAN Sang Wan (友江)

[생]1941·12·3 [본]청주(淸州) [출]충남 당진 [주]강원 원주시 흥업면 매지회촌길79 토지문화관(033-766-5544) [학]1966년 연세대 문헌정보학과졸 1969년 同대학원 기록교교육학과졸 1976년 同대학원 문헌정보학과졸 1986년 문학박사(연세대) 1986년 영국 셰필드대 대학원 정보공학과 수료 [경]1971년 홍익대 중앙도서관 사서과장 1977년 국제경제연구원 수석연구원·정보실장 1981~1991년 전남대 문헌정보학과 부교수·교수 1989년 同사회과학연구소장 1991~2007년 연세대 문헌정보학과 교수 1994~1996년 한국문헌정보학회 회장 1994~1996년 디지털도서관국제학술회의 조직위원장 1996년 연세대 학생복지처장 1997~2000년 同연구처장 1998년 전국대학연구처장협의회 회장 1999년 한국기록관리협회 회장 2000년 한국기록관리학회 초대회장 2000년 학교도서관살리기국민연대 상임대표 2001~2011년 책읽는사회만들기국민운동 공동대표 2002년 연세대 교육대학원장 2003년 한국도서관협회 부회장 2004~2007년 연세대 원주캠퍼스 부총장 2004년 同평생교육원장 2004~2007년 용재 백락준박사기념사업회 운영위원 2005~2007년 한국도서관협회 회장 2005년 국제도서관협회(IFLA) 이사 2005~2006년 2006 서울세계도서관정보대회조직위원회 집행위원장 2005~2011년 한국지역사회교육협의회 부회장 2006년 미국 빌&멜린다게이츠재단 '2006 Access to Learning Award' 선정 자문위원 2007~2009년 대통령소속 도서관정보정책위원회 초대위원장, 토지문화재단 이사 겸 운영위원장(현) 2009년 시 전문지 '심상'에 신인상 수상으로 시인 등단 2009년 시인(현) 2010년 심상문학회 회원 2010년 2016국제기록관리협의회(ICA) 총회 서울유치위원회 위원장 2011년 (재)한국지역사회교육연구원 이사 2011~2014년 한국기록협회 회장 2012년 2016국제기록관리협의회(ICA)총회 개최준비자문위원회 위원장 2012년 서울시립청소년문화교류센터 기획위원장 2014년 (재)한국지역사회교육연구원 이사장 2014년 한국기록협회 명예회장(현) 2014년 연세대 개방이사 겸 감사추천위원장 2014년 한국기독시인협회 회원(현) 2014년 한국시인협회 회원(현), (재)한국지역사회교육연구원 명예이사장(현) [상]한국도서관 연구상(1987), 은관문화훈장(2007), 연세대 연문인상(2011) [저]'대학도서관 정보서비스론' '정보조사제공론' '정보사회의 전개와 정보이용' '디지털시대의 정보조사제공학' '지식정보사회와 지식정보의 활용' '인문과학과 예술의 핵심지식정보원' '지식정보사회에서의 정보활용' '경제학의 핵심지식정보원' '정보조사제공학' '105가지의 향기로운 이야기 : 友江 한상완의 삶과 학문과 꿈' 시화집 '편지'(2010) '그대는 나의 별'(2012) '불꽃'(2016, 마로니에북스) [종]기독교

한상완(韓相完) Sangwan, Han

[생]1961·6·30 [본]청주(淸州) [출]충남 태안 [주]서울 종로구 율곡로194 현대그룹빌딩 서관3층 현대경제연구원(02-2072-6230) [학]1979년 경복고졸 1983년 연세대 행정학과졸 1991년 경제학박사(미국 뉴욕시립대) [경]2002년 현대경제연구원 경영연구본부장 2005년 同컨설팅본부장 2007년 同경제연구본부장 2008년 同산업전략본부장 2011년 연합뉴스TV 자문위원 2012년 외교통상부 자문위원 2013년 외교부 자문위원 2013년 현대경제연구원 총괄연구본부장(전무)(현) 2014년 연합인포맥스 자문위원(현) 2015년 현대경제연구원 대표이사 원장 직대 [저]'경제를 보는 두개의 눈'(2010, 현대경제연구원북스) 외 다수 [종]불교

한상욱(韓相旭) HAN Sang Wook (浪石)

[생]1939·11·26 [본]청주(淸州) [출]경기 시흥 [주]경기 용인시 기흥구 흥덕중앙로120 U-타워909호 아·태환경경영연구원 이사장실(031-424-0798) [학]1958년 제물포고졸 1963년 성균관대 약학대학졸 1966년 서울대 보건대학원졸 1985년 약학박사(성균관대) [경]1965~1971년 국립보건원·보건사회부 근무 1973년 국립마산병원 약국장 1973~1978년 국립보건원 위생공학·공해연구담당관 1978년 보건사회부 수질보전담당 보좌관 1980년 환경청 수질제도과장 1984년 同수질보전국장 1986년 부산환경지청장 1987년 국립환경연구원 환경보건연구부장 겸 연구조정위원장 1990년 환경처 조정평가실장 1992년 아·태환경경영연구원 원장 1992년 미국 미시간주립대 객좌교수 1992년 United Earth 한국수석협력책임자 1996년 강원대 초빙교수 1996년 환경동우회 이사장 1997년 한국환경정책학회 회장 1997~2002년 한국환경영향평가학회 회장·명예회장 1999년 대진대 공과대학 겸임교수 2000년 한국과학기술연구원(KIST) 정책자문위원 2001년 한양대 겸임교수 2002년 한국EHS학회 회장 2003년 광운대 보건대학원 초빙교수 2003~2008년 同환경대학원장 2003~2009년 同전략환경평가연구소장 2005년 전략환경평가포럼 공동의장(현) 2006년 아·태환경경영연구원 이사장(현) [상]안보유공표창(1975), 녹조근정훈장(1983), 과학기술상(1989) [저]'기초환경화학(共)'(1985) '쓰레기재활용(共)'(1992) '수질관리(共)'(1995) '미국의 환경영향평가(共)'(1995) '최신환경과학(共)'(1997) '환경영향평가(共)'(1997) '사회약학'(共) '환경행정론'(共) '환경영향평가제도'(共) '환경영향평가론'

한상원(韓相源) HAN Sang Won

[생]1954·1·18 [출]전남 해남 [주]전남 화순군 동면 동농공길26의2 동아에스텍(주) 비서실(061-370-2114) [학]1972년 광주상고졸 1995년 전남대 경영대학원 수료 1996년 同행정대학원 수료 [경]1983년 동아산업 창업·대표 1989년 동아산업(주) 대표이사 1991년 광주상고총동창회 회장 1996년 동아기공(주) 대표이사 1998년 진성라이온스클럽 회장 2001년 동아에스텍(주) 대표이사(현) 2003~2009년 대한전문건설협회 전남도회장 2004~2012년 전문건설공제조합 운영위원회 위원 2013년 동아세라믹 대표이사(현) [상]중소기업대상, 재정경제부장관표창, 철탑산업훈장, 부산시장표창, 은탑산업훈장(2010)

한상원(韓相源) HAHN Sang Won

[생]1957·10·9 [본]청주(淸州) [출]서울 [주]세종특별자치시 다솜로261 국무총리 민정민원비서관실(044-200-2810) [학]1976년 서울 숭문고졸 1985년 건국대 정치외교학과졸 1992년 고려대 정책대학원 정치학과졸 2010년 경희대 대학원 정치학 박사과정 수료 [경]1995년 독일 본(Bonn)대 수학, 정무장관(제1)실 정당담당관, 同장관비서관, 국무총리 총무비서관실 행정관 2000년 독일 베를린사회과학원(WZB) 직무파견 2002년 국무총리비서실 행정관(부이사관) 2005년 국무조정실 심사평가조정관실 평가제도과장 2008년 국무총리실 공보실 연설행정관 2010년 同정무기획총괄행정관 2010년 同정책분석평가실 평가관리관(고위공무원) 2011년 국방대 안보과정교육 파견 2012년 국무총리실 사회통합정책실 안전환경정책관 2013년 국무조정실 사회조정실 안전환경정책관 2014년 국무총리소속 민관합동규제개선추진단 부단장 2016년 국무총리 민정민원비서관(현) [상]정부업무평가유공 근정포장(2007), 제1회 위해위험물안전포럼 대상(2013), 홍조근정훈장(2016)

한상원(韓相遠) HAN, Sang Won

[생]1958·1·23 [출]서울 [주]서울 서대문구 연세로50의1 세브란스어린이병원(02-2228-5910) [학]1982년 연세대 의대졸 1985년 同대학원졸 1991년 의학박사(연세대) [경]1987~1998년 미국 노스웨스턴대 The Children's Memorial Hospital 연수 1989~2004년 연세대 의과대학 비뇨기과학교실 강사·조교수·부교수 2002~2010년 Secretary of the Korea-Japanese Society Pediatric Urology 2002~2006년 대한비뇨기과학회 편집위원장 2003~2004년 대한이분척추학회 회장 2003~2009년 Treasurer of Asia-Pacific Association of Pediatric Urologists 2004~2007년 비뇨기과학4판 편집위원장 2004년 연세대 의과대학 비뇨기과학교실 교수(현) 2006~2011년 The Journal of Korean Medical Association Editor 2006·2014년 연세대의료원 어린이병원 소아비뇨기과장(현) 2007~2008년 대한야뇨증학회 회장 2009년 대한소아배뇨장애야뇨증학회 회장·고문이사(현) 2009~2011년 대한소아비뇨기과학회 부회장 2011~2012년 세브란스병원 적정진료관리(QI)실장 2012~2014년 연세대의료원 비뇨의과학연구소장 2012~2014년 아·태소아비뇨기과학회 회장 2012년 The Asia-Pacific Association of Pediatric Urologists Chair of Organizing Committee 2012년 Translational Andrology and Urology Editor 2012~2014년 대한비뇨기과학회 회장 2012~2014년 세브란스병원 비뇨기과장 2012~2014년 연세대 의과대학 비뇨기과학교실 주임교수 2013~2014년 대한비뇨기과학재단 이사장 2014~2016년 연세대의료원 어린이병원장 2016년 同기획조정실장(현) [상]대한비뇨기과학회 학술상(7회), 대한신장학회 최우수초록상, 한국과학기술단체총연합회 우수논문상, 대한소아비뇨기과학회 학술상(6회), 아시아태평양소아비뇨기과학회 학술상 [저]'신장학'(共) '비뇨기과학제3판'(共) 'Pearl of Wisdom in Urology' '임상 신장학'(共) '비뇨기과학 제4판'(共) [역]'Crash Course Urology' [종]기독교

한상을(韓相乙) HAN Sang Eul

ⓢ1955·11·15 ㈜인천 남구 인하로100 인하대학교 공과대학 건축공학과(032-860-7592) ⓗ1981년 성균관대 건축공학과졸 1984년 同대학원졸 1994년 공학박사(일본 京都大) ⓔ1985년 성균관대·강원대·고려대 강사 1990~1994년 일본 京都大 방재연구소 연구원 1994년 명진기술연구소 소장 1995년 총무처 기술고시출제위원 1995~2004년 인하대 공과대학 건축학부 조교수·부교수 1996년 한국전산구조공학회 논문편집위원회 부위원장·대의원 1996년 복합화건축연구회 이사 1996년 인천시 건설본부 청소년회관설계자문위원장 1998년 한국전산구조공학회 이사 1998년 한국강구조학회 학술분과위원장 2000년 SK건설 자문위원 2003년 한국쉘공간구조학회 부회장 2004년 인하대 공과대학 건축공학과 교수(현) 2004~2006년 한국전산구조공학회 부회장 2005~2007년 인하대 공학대학원 부원장 2005~2007년 건설교통부 중앙건축위원회 위원 2009~2011년 국방부 특별건설기술심의위원회 위원 2010~2012년 지식경제부 설계심의위원회 위원 2011~2013년 인천시 경제자유구역청건축위원회 위원 2011~2015년 해양수산부 신항만건설심의위원회 위원 2014년 대한건축학회 건축정책위원회 위원장 2015년 인하대 스마트캠퍼스추진단장(현) 2015년 同공과대학장(현) ⓩ'SPACE FRAME의 구조' '설계및 시공' '건축구조용어사전'(2008, 기문당) '건축강구조-표준접합상세지침'(2009, 구미서관)

한상익(韓相益) han sang ig

ⓢ1965·11·17 ⓑ청주(淸州) ⓞ충북 제천 ㈜서울 종로구 율곡로2길25 연합뉴스 미디어기술국 운영개발부(02-398-3520) ⓗ충북 제천고졸, 숭실대 전자계산학과졸 ⓔ1990년 연합통신 전산부 입사 2004년 연합뉴스 전산부 차장 2007년 同전산부 부장대우 2010년 同고객지원팀장 2011년 同제작개발팀장 2012년 同정보통신국 개발부장 2013년 同미디어기술국 뉴미디어개발부장 2013년 同미디어기술국 ICT기획부장 2014년 同미디어기술국 ICT기획부장(부국장대우) 2015년 同미디어기술국 미디어기술부장 2016년 同미디어기술국 운영개발부장(현) ⓨ기독교

한상준(韓相俊) HAN Sang Joon

ⓢ1946·10·11 ⓞ서울 ㈜경기 안산시 상록구 해안로787 한국해양과학기술원(031-400-6023) ⓗ1965년 용산고졸 1973년 서울대 지질학과졸 1978년 同대학원 해양지질학과졸 1979년 프랑스 파리제11대 D.E.A. 1982년 해양지질학박사(프랑스 파리제11대) ⓔ1973년 충암고 교사 1974년 한국해양연구소 해양지질연구실 연구원·선임연구원·책임연구원 1983년 한국과학기술연구원 해양연구소 해양지질연구실장 1989년 同해양연구소 기술지원부장 1989년 대통령자문 21세기위원회 과학기술분과위원 1989년 인하대 강사 1989년 유엔교육과학문화기구(UNESCO) 정부간해양과학연구회 한국대표 1996년 한국해양연구소 해양지질연구부장 1997년 同선임연구부장 1998년 同해양환경·기후연구본부장 겸임 1999년 한국남극과학위원회 위원장 1999년 한국해양연구소 소장 2000년 해양수산부 정책자문위원 2001년 한국해양연구원 원장 2002년 同해양환경연구본부 해양환경특성연구사업단 책임연구원 2008년 同전문연구위원 2012년 한국해양과학기술원 해양방위센터 전문연구위원(현) ⓑ대통령표창(1984·1989), 과학기술처장관표창(1990), 산업포장(1997), 과학기술훈장 도약장 ⓩ'해양광물자원'(1988) '21세기를 향한 한국의 과제'(1991) '2020년의 한국과 세계(共)'(1992) '2000년에 열리는 통일시대'(1993) '해양학 용어집'(1993) '21세기의 한국, 2020년을 바라본 장기정책과 전략'(1994) '한국의 자연과 인간'(1997)

한상진(韓相震) HAN Sang Jin

ⓢ1945·2·15 ⓞ전북 임실 ㈜서울 관악구 관악로1 서울대학교 사회학과(02-880-6401) ⓗ1963년 전주고졸 1970년 서울대 사회학과졸 1972년 同대학원 사회학과졸 1979년 사회학박사(미국 서던일리노이대) ⓔ1972년 서울대 문리대학 조교 1976년 미국 서던일리노이대 방문교수 1979~1981년 독일 빌레펠트대 사회학과부 연구교수 1981~2010년 서울대 사회학과 조교수·부교수·교수 1991년 미국 컬럼비아대 교환교수 1992년 독일 베를린과학원 초빙교수 1995년 프랑스 파리고등사회과학원 초빙교수 1998년 아·태평화재단 감사 1998년 대통령자문 정책기획위원 1998년 제2의건국범국민추진위원회 상임위원 1998년 노사정위원회 위원 1998년 통일부 통일정책평가회의 위원 1998~2000년 한국방송공사 이사 1999~2000년 한국정신문화연구원 원장 1999년 외규장각도서문제 협상대표 2001~2003년 대통령자문 정책기획위원회 위원장 2004년 열린우리당 열린우리정책연구원 이사 2010년 서울대 사회학과 명예교수(현) 2010년 중국 칭화대 특별초빙교수(현) 2011년 중민사회이론연구재단 이사장(현) 2013년 민주통합당 비상대책위원회 대선평가특별위원장 2016년 국민의당 창당준비위원회 공동위원장 ⓩ'한국사회와 관료적 권위주의' '중민이론의 탐색' '현대성의 새로운 지평' '현대사회와 인권' '제3세계 정치체계와 관료제 권위주의' '동양의 눈으로 세계를 향하여' '눈카마스, 이제는 그만' '한국 : 제3의 길을 찾아서' 등

한상진(韓相鎭) HAN Sang-Jin

ⓢ1965·2·25 ⓞ충남 부여 ㈜충북 청주시 서원구 산남로70번길34 미소시티빌딩 한상진법률사무소(043-292-3003) ⓗ1983년 공주대사대부고졸 1987년 한양대 법학과졸 ⓔ1992년 사법시험 합격(34회) 1995년 사법연수원 수료(24기) 1995년 수원지검 검사 1997년 청주지검 충주지청 검사 1998년 서울지검 동부지청 검사 2000년 대전지검 검사 2002년 전주지검 검사 2004년 서울서부지검 검사 2007년 청주지검 부부장검사 2008년 정부법무공단 파견 2009년 청주지검 2부장검사 2009년 창원지검 특수부장 2010년 의정부지검 형사5부장 2011년 법무부 국가송무과장 2012년 서울북부지검 형사5부장 2013년 청주지검 부장검사 2014년 수원지검 형사1부장 2015년 법무연수원 교수 2015년 변호사 개업(현)

한상필(韓相弼) HAN Sangpil

ⓢ1960·12·15 ⓑ청주(淸州) ⓞ충남 서산 ㈜경기 안산시 상록구 한양대학로55 한양대학교 언론정보대학(031-400-5422) ⓗ1978년 경기고졸 1985년 한양대 신문방송학과졸 1987년 미국 일리노이대 대학원 광고홍보학과졸 1990년 광고홍보박사(미국 일리노이대) ⓔ1991년 한양대 언론정보대학 광고홍보학부 교수(현) 1997~1999년 미국 일리노이대 광고학과 교환교수 2001~2009년 한국광고학회 총무이사·편집위원·부회장 2002년 한국언론학회 이사, 同광고분과 회장, 同간행물윤리위원회 광고분과 심의위원 2004년 한양대 방송국 주간 2005년 同인터넷한양 주간 2005년 세계광고대회 한국측 연사 2005년 건강기능식품 광고심의위원 2006년 아시아광고대회 집행위원 2006년 세계일보 광고대상 심사위원 2007년 의료기기광고 심의위원 2007년 한국광고자율심의기구 제2광고심의위원회 위원 2008년 한국광고대회 집행위원장 2008년 대한민국광고대상 심사위원 2008년 매일경제 광고대상 심사위원 2009년 한국케이블TV방송협회 방송광고심의위원장 2009년 식품의약품안전청 어린이기호식품광고자문단 2009년 TBS 시청자위원 2009년 경제인문사회연구회 기획평가위원 2009년 광고거래표준화위원회 위원장 2009년 경기도 홍보자문위원 2010년 방송광고정책포럼 좌장 2010~2014년 한국연구재단 Review Board 2010년 농림수산식품부 홍보자문단 2010년 국토해양부 홍보자문위원 2010~2012년 보건복지부 건강기능식품 심의위원 2010년 한국교육개발원 학점은행제 평가위원 2010년 한국능률협회 소비자만족대상 심사위원 2010~2011년 한국광고학회 회장 2010~2012년 경제인문사회연구회 기획평가위원 2010년 광고산업발전위원회 위원장 2012~2014년 한양대 ERICA캠퍼스 기획홍보처장 2012년 한국언론학회 부회장 2012년 한국마케팅학회 이사 2012년 서비스마케팅학회 상임이사(현) 2013년 한국고객만족경영학회 이사(현) 2014~2016년 공정거래위원회 표시·광고자문위원회 위원장 2015년 MBC꿈나무축구재단 이사(현) 2015년 한양대 ERICA캠퍼스 언론정보대학장(현) ⓑ국제광고협회 감사장, 한국방송공사 우수저술상, 한국광고학회 최우수논문지도상, 한국광고홍보학회 최우수논문상, 한양대 최우수연구상, 한양대 우수교육상, 보건복지부장관표창, 문화체육관광부 우수저술상, 한국갤럽 학술논문 최우수상(2011) ⓩ'현대사회와 광고' '광고와 문화' '광고는 과연 물건을 팔아주는가?' '광고와 경제' '현대광고의 전략' '미국광고법의 이해' '광고매체 워크북' '광고캠페인전략' 'FTA시대의 한국광고' '글로벌 마케팅 커뮤니케이션' ⓨ천주교

한상훈(韓相勳)

ⓢ1965·11·9 ㈜서울 중구 청계천로100 시그니쳐타워 서관 (주)아모레퍼시픽 임원실(02-709-5114) ⓗ서울대 공업화학과졸, 아주대 대학원 공업화학과졸, 고분자공학박사(성균관대) ⓔ(주)아모레퍼시픽 스킨케어연구2팀장, 同고객기술팀장, 同화장품연구소장, 同화장품 연구실 상무 2014년 同연구경영 Division장(전무) 2014년 同R&D부문장(전무)(현)

한상흠(韓相欽) HAN Sang Heum

ⓢ1959·4·6 ㈜서울 중구 청계천로86 한화케미칼(주) PO사업본부(02-729-2791) ⓗ대경상고졸, 연세대 경영학과졸 ⓔ2004년 한화석유화학(주) PVC MU영업1팀장(상무보) 2008년 同PVC MU영업1팀장(상무) 2009년 同PVC 사업부장(상무) 2009~2010년 한국바일환경협의회 회장 2010년 한화케미칼(주) PVC사업부장(상무)·PO사업본부장(상무) 2015년 同PO사업본부장(전무)(현)

ㅎ

한상흥(韓相興) HAN Sang Heung

Ⓢ1956·6·13 Ⓞ강원 춘천 Ⓙ서울 금천구 벚꽃로278 (주)녹십자셀 대표이사실(02-2101-0600) Ⓗ1975년 춘천고졸 1984년 강원대 경영학과졸 Ⓒ(주)녹십자 상무 2006년 同전무 2006년 녹십자홀딩스 전무 2009년 同부사장 2010~2012년 녹십자생명보험(주) 대표이사 사장 2012년 이노셀 대표이사 2012~2013년 녹십자홀딩스 대표이사 2013년 (주)녹십자셀 대표이사(현) Ⓡ기독교

한상희(韓尙熙) HAN Sang Hie

Ⓢ1959·3·1 Ⓑ청주(淸州) Ⓞ부산 Ⓙ서울 광진구 능동로120 건국대학교 법학전문대학원(02-450-3601) Ⓗ1981년 서울대 법학과졸 1983년 同대학원 법학과졸 1993년 법학박사(서울대) Ⓒ1984년 법무부 법무자문위원회 연구위원 1985~1997년 경성대 법정대학 교수 1997년 참여연대 사법감시센터 실행위원 1997년 건국대 법과대학 교수(현), 同법학전문대학원 교수(현) 1999년 대통령직속 사법개혁추진위원회 전문위원 2000년 YMCA 시민중계실 위원 2001년 청소년보호위원회 미디어분과 위원 2001년 민주화보상위원회 관련자분과 위원 2002년 부산항만노동연구소 연구위원장 2002~2004년 건국대 법과대학장 2002~2004년 同일우헌 관장 2010~2012년 한국입법학회 회장, 同고문(현) 2010년 서울시교육청 학생인권·생활지도혁신자문단장 2010~2012년 법과사회이론학회 회장, 同고문(현) 2011~2015년 참여연대 운영위원장 2012년 서울시교육청 학생인권위원회 위원장 2014~2015년 경찰인권위원회 위원 Ⓟ'비교정부론'(1985) '정보사회에 대비한 일반법연구'(2002) '법의 이해'(2004) '정보사회윤리학'(2005) '경찰개혁론'(2006) '인권법'(2006) '헌법다시보기'(2006) '떼법은 없다 (벼랑 끝에 몰린 법치와 인권 구하기)'(共)'(2009) '법조윤리 법령집(共)'(2011) '탈냉전과 한국의 민주주의(共)'(2011) '감시사회 (벌거벗고 대한민국에서 살아가기)(共)'(2012) '통합진보당 해산결정, 무엇이 문제인가(共)'(2015)

한 석(韓 錫) HAN Seok

Ⓢ1960·10·18 Ⓙ서울 영등포구 국제금융로2길32 HMC투자증권 WM사업본부(02-3787-2114) Ⓗ1979년 서울 우신고졸 1983년 홍익대 무역학과졸, 연세대 법무대학원 경영정책법무과정 수료 Ⓒ고려증권 근무 2004~2006년 현대증권 서초·압구정지점장 2007년 同금융상품법인부장 2008년 同강동지역본부장(상무보대우) 2010년 同IB영업담당 상무보 2011년 同헤지펀드운용업추진담당 상무보 2012년 同PBS담당 본부장 2013년 同PBS본부장 2014~2015년 펀드온라인코리아(주) 영업본부장(상무이사) 2015년 HMC투자증권 WM사업본부장(상무) 2016년 同WM사업본부장(전무)(현) Ⓡ기독교

한석동(韓錫東) HAN, SUK-DONG

Ⓢ1952·5·19 Ⓑ청주(淸州) Ⓞ경남 창원 Ⓙ서울 중구 세종대로124 프레스센터빌딩15층 언론중재위원회(02-397-3114) Ⓗ1971년 부산고졸 1979년 서강대 영어영문학과졸 Ⓒ1978~1980년 동양통신 외신부·사회부 기자 1981~1988년 연합통신 외신부·사회부 기자 1988~1996년 국민일보 사회부 기자·사회부장·정치부장·국제부장 1991년 한국기자협회 부회장 1996년 공보처 종합홍보실 제3기획관 1998년 국무총리 공보실 공보지원단장 1999년 민주평통 자문위원 2000년 국민일보 편집국장 2001년 同논설위원 2004년 同수석논설위원 2005년 同논설위원실장 2008년 同편집인 겸임 2009~2011년 한국신문편집인협회 이사 2010~2011년 투데이코리아 발행인 2011~2014년 동의대 신문방송학과 초빙교수 2014년 언론중재위원회 서울제3중재부 중재위원(현) 2015~2016년 同시정권고위원 Ⓢ서울언론인클럽 언론상(1996) Ⓟ'한석동의 신소리-거꾸로 달려간 세상'(2010) Ⓡ기독교

한석리(韓奭履) HAN Seok Ri

Ⓢ1969·1·25 Ⓞ강원 영월 Ⓙ서울 서초구 반포대로157 대검찰청 형사부 형사과(02-3480-2262) Ⓗ1987년 제천고졸 1995년 한양대 법학과졸 Ⓒ1996년 사법시험 합격(38회) 1999년 사법연수원 수료(28기) 1999년 부산지검 검사 2001년 춘천지검 영월지청 검사 2002년 인천지검 검사 2004년 서울북부지검 검사 2007년 법무부 법무심의관실 검사 2009년 청주지검 검사 2011년 서울중앙지검 부부장검사 2012년 춘천지검 원주지청 부장검사 2014년 대구지검 안동지청장 2015년 대검찰청 공판송무과장 2016년 同형사1과장(현)

한석수(韓晳洙) HAN Seok Soo

Ⓢ1959·5·19 Ⓞ충남 공주 Ⓙ대구 동구 동내로64 한국교육학술정보원 원장실(053-714-0212) Ⓗ공주사대부고졸, 한양대졸, 同행정대학원졸, 교육학박사(미국 아이오와대) Ⓒ1985년 행정고시 합격(29회) 1996년 교육부 고등교육실 대학학무과 서기관 1998년 同감사관실 서기관 2003년 교육인적자원부 대학지원국 학술학사지원과장 2003년 同대학지원국 대학학사지원과장 2004년 同학사지원과장 2005년 同기획법무담당관 2005년 공주대 초빙교수 2006년 교육인적자원부 전문대학정책과장 2006년 同혁신인사기획관(서기관) 2007년 同혁신인사기획관(부이사관) 2007년 충청남도 사무국장(고위공무원) 2008년 충청남도교육청 부교육감 2008~2009년 同교육감 직대 2009년 교육과학기술부 교육과학기술연수원장 2010년 同정책조정기획관 2010년 同대학지원관 2011년 同교육정보통계국장 2011~2012년 전북대 사무국장 2012년 해외파견(고위공무원) 2013년 교육부 대학지원관 2014년 同대학지원실장 2015년 同대학정책실장 2016년 한국교육학술정보원(KERIS) 원장(현) Ⓢ근정포장, 공무원문예대전 시부문 우수상 Ⓟ'교육정책의 나비효과를 꿈꾸며'(2005) 시집 '커피는 알라딘 램프다'(2012, 지혜) '교육 단상'(2014) Ⓥ'미국대학 입학사정관들의 고민'(2007)

한석영(韓晳榮) HAN Seog Young

Ⓢ1959·9·17 Ⓑ청주(淸州) Ⓞ서울 Ⓙ서울 성동구 왕십리로222 한양대학교 공과대학 기계공학부(02-2220-0456) Ⓗ1978년 휘문고졸 1982년 한양대 기계공학과졸 1984년 미국 오리건주립대 대학원 기계공학과졸 1989년 공학박사(미국 오리건주립대) Ⓒ1989~1993년 산업과학기술연구소 연구원 1993년 인덕전문대학 기계과 전임강사 1995년 한양대 공과대학 기계공학부 조교수·부교수·교수(현) 2013년 同공과대학 4학장(현) Ⓢ논문우수발표상(2008·2009·2010), 담우학술상(2010) Ⓟ'재료역학'(2003, 보문당) Ⓥ'고체역학' '재료역학' '대학 재료역학(共)'(2008) Ⓡ기독교

한석정(韓錫政) Suk-Jung Han

Ⓢ1953·2·16 Ⓞ경남 마산 Ⓙ부산 사하구 낙동대로550번길37 동아대학교 총장실(051-200-6006) Ⓗ경남고졸 1978년 서울대 국어국문학과졸 1982년 미국 볼스테이트대 대학원 사회학과졸 1995년 사회학박사(미국 시카고대) Ⓒ1978~1979년 울산실업·제세산업·대봉산업 근무 1980년 한국일보 사회부 기자 1983년 동아대 사회과학대학 사회학과 전임강사·조교수·부교수·교수(현) 1999~2000년 미국 캘리포니아대 교환교수 2001~2005·2009~2011년 만주학회 회장 2005년 일본 국제일본문화연구센터 외국인연구원 2007년 동아대 사회과학대학장 2010년 同교무·연구처장 2011~2014년 同부총장 2016년 同총장(현) Ⓢ가담학술상(1999) Ⓟ'경계를 넘는 역사 : 제국 시대의 만주'(2005) '만주 : 그 땅 사람 그리고 역사'(2005) '만주국 건국의 재해석 : 괴뢰국의 국가효과 1932~1936'(2007) '한일 역사인식 논쟁의 메타히스토리(共)'(2008) '滿州 : 交錯する歷史(共)'(2008) '만주, 동아시아 융합의 공간'(2008) Ⓥ'화려한 군주'(2003, 이산) '주권과 순수성 : 만주국과 동아시아적 근대'(2008, 나남)

한석주(韓碩柱) Seok Joo Han (海岩·眞人思)

Ⓢ1960·3·22 Ⓑ청주(淸州) Ⓞ서울 Ⓙ서울 서대문구 연세로50의1 세브란스어린이병원 소아외과(02-2228-2130) Ⓗ1985년 연세대 의학과졸 2001년 고려대 대학원 의학과졸 2005년 의학박사(고려대) Ⓒ1996~2011년 연세대 의과대학 외과학교실 전임강사·조교수·부교수 1997년 ISO/TC 170 의료기 부회 전문위원(현) 1998년 아시아소아외과학회 평생회원(현) 1999~2000년 미국 캘리포니아대 Fellow 2006~2010년 세브란스어린이병원 진료부장 2006~2014년 同소아외과장 2007년 대한소아외과학회 보험이사 2011~2013년 同총무이사 2011년 연세대 의과대학 외과학교실 교수(현) 2012년 대한소아외과학회 감사(현) 2012년 대한의사협회 정책자문단 위원(현) 2013년 보건복지부 신의료기술평가위원회 분야별전문평가위원회 위원 2014년 식품의약품안전처 중앙약사심의위원회 전문가 2014년 Asian Journal of Surgery 심사위원(현) 2014년 대한외과학회 교과서편찬위원(2차 개정판)(현)

한석태(韓錫太) Seog-Tae Han

Ⓢ1957·6·18 Ⓑ청주(淸州) Ⓞ전남 목포 Ⓙ대전 유성구 대덕대로776 한국천문연구원 전파기술개발그룹(042-865-3283) Ⓗ1979년 한양대 공과대학졸 1986년 광운대 대학원 전자통신공학과졸 1996년 전자공학박사(충남대) Ⓒ1986~2003년 천문우주과학연구소 대덕전파천문대 책임연구원 1987~1989년 미국 Univ. of Massachusetts 천문학과 객원연구원 2000~2004년 한

국전자파학회 학술이사 2009년 한국천문연구원 기술개발본부장 2011년 同선임본부장 2011년 한국전자파학회 협동부회장 2014년 한국천문연구원 핵심기술개발본부 책임연구원 2014년 同전파기술개발그룹 책임연구원(현) [상]과학기술포장(2014) [저]'전자파응용공학'(2008) [역]'밀리미터파 공학'(1998)

한석희(韓碩熙) Han Sukhee

[생]1965·3·18 [주]서울 종로구 사직로8길60 외교부 인사운영팀(02-2100-7146) [학]1988년 연세대 정치외교학과졸 1990년 同대학원 정치학과졸 1994년 미국 Tufts Univ. 플레쳐 외교·국제법대학원 외교학과졸 1998년 외교학박사(미국 Tufts Univ.) [경]1988년 연세대 동서문제연구원 연구원 1992~1998년 Fletcher North Pacific Program 연구위원 1998년 중국 북경대 아시아·아프리카연구소 강의교수 1998년 同국제관계학원 방문학자 1998년 同정치·행정학과 강의교수 1999년 중국사회과학원 아·태연구소 특임연구원 2001년 연세대 사회과학대학 사회과학연구소 전문연구원 2002년 同통일연구원 연구교수 2004년 同동서문제연구원 중국연구부장 2010년 국가미래연구원 외교안보분야 발기인 2011년 연세대 국제학대학원 부교수 2011년 同국제학대학원 중국학연계전공 책임교수 2012~2015년 同국제학대학원 국제협력전공주임교수 2013년 박근혜 대통령당선인 중국특사단원 2014년 대통령직속 통일준비위원회 외교안보분과위원회 전문위원 2015년 駐상하이 총영사(현)

한선교(韓善敎) HAN Sun Kyo

[생]1959·6·23 [출]서울 [주]서울 영등포구 의사당대로1 국회 의원회관913호(02-784-2066) [학]1977년 대일고졸 1985년 성균관대 물리학과졸 2007년 同국가전략대학원 정치학과졸 2012년 同유학대학원 문학과졸 [경]1984~1995년 문화방송(MBC) 아나운서 1995년 프리랜서 아나운서 1997년 아나운서협의회 사무국장 2004년 한나라당 공동대변인 2004년 제17대 국회의원(용인시 乙, 한나라당·무소속) 2008년 제18대 국회의원(용인시 수지구, 무소속·한나라당·새누리당) 2008~2009년 한나라당 홍보기획본부장 2010~2011년 국회 문화체육관광방송통신위원회 간사 2010~2012년 한나라당 문화예술체육특별위원회 부위원장 2011~2014년 한국농구연맹(KBL) 총재 2012년 제19대 국회의원(용인시丙, 새누리당) 2012~2013년 국회 문화체육관광방송통신위원장 2013~2014년 국회 미래창조과학방송통신위원장 2014년 국회 교육문화체육관광위원회 위원 2016년 제20대 국회의원(용인시丙, 새누리당)(현) 2016년 국회 교육문화체육관광위원회 위원(현) 2016년 국회 정치발전특별위원회 위원(현) [상]보건복지부장관표창(1997), NGO모니터 선정 우수국감의원(2004), 중부일보 선정 '율곡대상 국가정치부문'(2005), 제1회 매니페스토 약속대상 우수상(2009), 대한민국 헌정상 우수상(2011) [작]진행 'MBC 아침만들기' 'MBC 선택 토요일이 좋다' 'MBC 주부가요열창' 'SBS 한선교의 좋은 아침'(1996) 'SBS 한선교·정은아의 좋은 아침'(1999~2004) CF출연 '커피 리치아로마'(1996) [종]천주교

한선숙(韓善淑·女) Hahn Sun Suk

[생]1953·2·28 [주]서울 종로구 홍지문2길20 상명대학교 문화예술대학 무용예술학과(02-2287-5352) [학]1975년 상명대 체육학과졸 1983년 同대학원 체육학과졸 2004년 무용학박사(동덕여대) [경]1982~1998년 상명대·서울예술전문대학·호서대·숙명여대·상명대 강사 2000년 상명대 체육학부 무용과 교수, 同문화예술대학 무용예술학과 교수(현) 2007년 (사)한국현대무용협회 회장 2010~2014년 국립현대무용단 이사 2012년 국제현대무용제 모다페2012 조직위원장 2014년 2014인천아시안게임 개·폐회식 안무부문 연출 2015년 2015파다프 조직위원장 2015년 상명대 상명아트센터장(현) [상]한국무용협회 코파나스상(2002), 상명대 교양교육상(2003), 한국예총 의왕지부 우수지도자상(2004), 한국무용학회 공연예술대상(2015) [저]'아름다운 바디 웜업'(2005) [역]'빅터 실베스터의 댄스스포츠'(2001)

한선화(韓善和·女) Sun-Hwa Hahn

[생]1959·12·13 [주]대전 유성구 대학로245 한국과학기술정보연구원 원장실(042-869-1006) [학]1982년 한양대 공대 화학공학과졸 1987년 성균관대 공대 전자 및 정보공학과졸 1989년 한국과학기술원(KAIST) 전산학과졸(석사) 1997년 전산학박사(한국과학기술원) [경]1997년 한국과학기술정보연구원(KISTI) 입사 2001~2003년 同해외정보실장 2003년 한국콘텐츠학회 논문지 편집위원·사업이사 2004~2005년 한국과학기술정보연구원(KISTI) 동향정보분석실장 2006년 同지식정보센터장 2007년 同정보기술개발단장 2008년 대한여성과학기술인회 부회장 2009~2011년 한국과학기술정보연구원(KISTI) 정책연구실장 2011년 同선임연구부장 2013년 同첨단정보연구소장 2013~2014년 국가과학기술자문회의 자문위원 2014~2015년 바른과학기술사회실현을위한국민연합 공동대표 2014년 한국과학기술정보연구원(KISTI) 원장(현) 2014~2015년 국가과학기술심의회 첨단융합전문위원회 전문위원 [상]과학기술부장관표창(2007), 과학기술훈장 진보장(2011), 한국여성공학기술인협회 여성공학인대상 연구부문 산업통상자원부장관표창(2013)

한선희(韓宣熙) HAN Sun Hee

[생]1958·10·18 [출]서울 [주]서울 서초구 헌릉로13 대한무역투자진흥공사 통상지원실(02-3460-7503) [학]1977년 서울 성남고졸 1984년 한양대 경제학과졸 [경]1988년 대한무역투자진흥공사(KOTRA) 미국 마이애미무역관 근무 1991년 同비서실 근무 1994년 同영국 런던무역관 근무 1997년 외교통상부 파견 1998년 대한무역투자진흥공사(KOTRA) 미주부장 1999년 同파나마무역관장 2003년 중소기업특별위원회 파견 2004년 대한무역투자진흥공사(KOTRA) 감사역 2006년 同칠레 산티아고무역관장 2008년 同산티아고코리아비즈니스센터장 2010년 同통상조사팀장 2011년 同통상조사처장 겸 조사총괄팀장 2012년 同중동지역본부장 겸 두바이무역관장 2015년 同충청권KOTRA지원단장 2016년 同대전충청KOTRA지원단장 2016년 同KOTRA아카데미 연구위원 2016년 同통상지원실장(현)

한설희(韓薛熙) HAN Seol Heui

[생]1954·5·7 [출]충북 청원 [주]서울 광진구 능동로120 건국대학교 의과대학 신경과학교실(02-2030-7746) [학]1981년 서울대 의대졸 1988년 同대학원졸 1991년 의학박사(서울대) [경]1984~1989년 서울대병원 인턴·신경과 레지던트·신경과 전임의 1991~2000년 충북대 의과대학 신경과학교실 조교수·부교수 1996~2002년 대한치매연구회 회장 1998년 충북대병원 교육연구실장 1999년 同진료처장·병원장 직무대행 2000~2005년 충북대 의과대학 신경과학교실 교수 2002년 대한신경과학회 회장 2002~2006년 대한치매학회 회장 2005년 건국대 의과대학 신경과학교실 교수(현) 2006~2007년 대한신경과학회 정보이사 2008~2009년 同국제이사 2008년 대한치매학회 초대이사장 2009~2011년 건국대 의학전문대학원장 2011년 건국대병원 임상의학연구소장 겸 신경과장 2011년 대한신경과학회 고시이사(현) 2012년 건국대병원 연구부원장 2012년 同의생명과학연구원장(현) 2012~2016년 同병원장 2013~2016년 한국건강증진병원네트워크 회장 2016년 대한민국의학한림원 정회원(현) 2016년 건국대 의무부총장(현) [상]보건복지부장관표창(2002), 대통령표창(2009) [저]'나 치매 아냐?'(2013) '치매, 음식이 답이다(共)'(2014, 싸이프레스)

한성구(韓城求) Sunggoo Han

[생]1965·9·25 [주]서울 서초구 마방로68 동원산업빌딩 한국과학기술기획평가원 미래전략실(02-589-2291) [학]1988년 경북대졸 1992년 同대학원졸 2004년 기술정책학박사(서울대) [경]2003년 경북대 산업대학원 강사, 한국과학기술기획평가원 선임연구원, 同혁신기획실장 2008년 同기술예측센터장 2010년 同기술예측센터 연구위원 2014년 同정책기획본부 정책기획실장 2015년 同정책기획본부 창조경제혁신센터장 2015년 同경영지원단장 2016년 同미래전략실 연구위원(현)

한성국(韓成國) Sung Kook Han

[생]1952·11·5 [본]청주(淸州) [출]인천 [주]전북 익산시 익산대로460 원광대학교 컴퓨터공학과(063-850-6749) [학]1971년 동인천고졸 1979년 인하대 전자공학과졸 1981년 同대학원 전자공학과졸 1988년 정보공학박사(인하대) [경]1979~1982년 대성전자통신(주) 중앙연구소 연구관 1984~2001년 원광대 공과대학 전기전자 및 정보공학부 조교수·부교수 1989년 (주)비트컴퓨터 기술고문 1990~1992년 미국 펜실베이니아대 방문교수 1995~1999년 원광대 정보전산원장 1997~2001년 同정보과학대학원장 1998~1999년 정보통신부 창업지원센터 소장 2000년 (주)이프로메디 대표이사 2002년 원광대 컴퓨터공학부 교수, 同컴퓨터공학과 교수(현) 2003년 오스트리아 인스부룩대 파견 2007~2009년 원광대 인력개발처장 2009년 오스트리아 국제의미기술연구소 파견 2010년 (사)한국의미기술협의회 회장(현) 2011~2012년 원광대 정보전산원장 2013~2015년 同중앙도서관장 [상]인하비룡대상 교육부문(2014) [저]'마이크로컴퓨터-이해와 응용설계'(1983) 'Apple DOS 분석'(1983) '종합컴퓨터학습'(1984) 'Z-80 어셈블리 프로그램'(1985) 'MS-DOS 정석'(1986) 'CD/M 분석'(1986) '전산학개론'(1986) 'IBM-PC 기술사전'(1989) '대학전산수학'(1997) '컴퓨터개론'(1997) '영어의 원리'(2000) '컴퓨터 정보통신 개요'(2001) 'Handbook of Semantic Technologies'(2011) '미래사회와 정보기술'(2014) '인터넷 윤리'(2015) '스마트 러닝 포스'(2015)

ㅎ

한성권(韓成權) Steeve Han

[생]1961·1·2 [출]서울 [주]서울 서초구 헌릉로12 현대자동차(주) 임원실(02-3464-1114) [학]영등포고졸, 동국대 경영학과졸, 미국 조지워싱턴대 대학원 경영학과졸 [경]기아자동차(주) 인사팀장 2005년 同인사실장(이사대우) 2007년 同인사실장(이사) 2008년 同인사기획팀장(상무) 2009년 현대자동차(주) 인사지원담당 상무 2010년 同인사지원담당 전무 2012~2015년 同인사실장(부사장) 2014~2015년 同인재개발원장 겸임 2016년 同상용사업담당 사장(현)

한성수(韓成洙) HAN Seong Soo

[생]1949·7·25 [본]청주(淸州) [출]전북 임실 [주]전북 익산시 익산대로460 원광대학교 생명자원과학대학 식품·환경학부(063-850-6678) [학]1969년 전주고졸 1973년 전북대 농화학과졸 1975년 同대학원 농화학과졸 1984년 농학박사(전북대) [경]1979년 예편(중위) 1980년 전북대 농과대학 조교 1985~1994년 원광대 조교수·부교수 1989~1990년 미국 버지니아주립대 교환교수 1994~2014년 원광대 생명자원과학대학 생물환경화학과 교수 1994~1998년 농촌진흥청 호남작물시험장 농업연구관 2001~2003년 원광대 생명자원과학대학장 겸 자원식물장 2002~2003년 전북농업기술원 농업연구관 2003~2004년 대통령자문 국가균형발전위원회 자문위원 2003~2006년 농촌진흥청 농약안전성심의위원회 위원 2004년 한국작물보호협회 시험설계심의위원 2005~2007년 (사)한국환경농학회 부회장 겸 학술위원장 2005~2011년 한국농약과학회 부회장 2005~2006년 한국잡초학회 감사 2005~2006년 (사)한국응용생명화학회 호남제주지역 회장 2005~2007년 원광대 교수협의회 회장 2006~2010년 한국잡초학회 부회장 겸 편집위원장 2006~2007·2008년 (사)한국응용생명화학회 평의원 겸 이사·同부회장 2007년 원광대 대학평의원회 의장 2007년 同개방이사 겸 감사 추천협의회장 2007년 전북도 발전협의회 미래전략산업분과위원 2007~2009년 전북농업기술원 겸임연구관 2008년 한국환경농학회 회장 2009~2011년 원광대 대학원장 2010년 한국잡초학회 회장 2012년 한국농약과학회 회장 2014년 원광대 식품·환경학부 명예교수(현) [상]한국농약과학회 연구상(1999), 한국잡초학회 우수논문상(2005), 홍조근정훈장(2014) [저]'농약학'(1990) '천연물화학'(2001) '화학의 기본개념'(2002) [역]'일반화학' [종]원불교

한성수(韓誠洙)

[생]1968·12·10 [출]서울 [주]경북 포항시 북구 법원로181 대구지방법원 포항지원(054-250-3050) [학]1987년 우신고졸 1991년 서울대 경제학과졸 1995년 同대학원 경제학과 수료 [경]1997년 사법시험 합격(39회) 2000년 사법연수원 수료(29기) 2000년 서울지법 판사 2002년 同북부지원 판사 2004년 청주지법 충주지원 판사 2007년 수원지법 판사 2009년 서울동부지법 판사 2010년 서울남부지법 판사 2012년 서울고법 판사 2014년 서울중앙지법 판사 2015년 대구지법·대구가정법원 포항지원 부장판사(현)

한성수(韓誠洙) Han, Sungsoo

[생]1975·5·31 [본]청주(淸州) [출]서울 [주]세종특별자치시 도움6로11 국토교통부 복합도시정책과(044-201-3684) [학]서울 고려고졸, 서울대 언론정보학과졸 2014년 미국 럿거스대 대학원 행정학과졸 [경]2003년 행정고시 합격(46회) 2004년 건설교통부 물류산업과 사무관 2006년 同주택정책과 사무관 2007년 同주택건설기획과 사무관 2008년 국토해양부 주택건설기획과 사무관 2009년 同토지정책과 사무관 2009년 同건설경제과 사무관·서기관 2012~2014년 국외훈련 2014년 국토교통부 대변인실 홍보기획팀장 2015년 同홍보담당관 2016년 同국토도시실 복합도시정책과장(현)

한성숙(韓聖淑·女) HAN Seong Sook

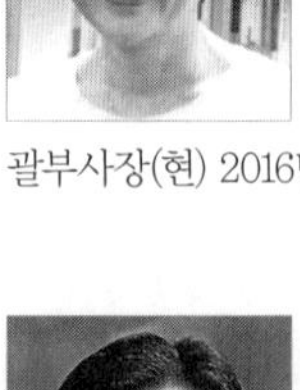

[생]1967·6·20 [출]경기 [주]경기 성남시 분당구 불정로6 네이버(주) 임원실(1588-3830) [학]1989년 숙명여대 영어영문학과졸 [경]1989~1993년 민컴 기자 1994년 나눔기술 홍보팀장 1996~1997년 PC라인 기자 1997~2007년 엠파스 검색사업본부장 2007~2012년 NHN 검색품질센터 이사 2012~2013년 同네이버서비스1본부장 2013~2015년 네이버(주) 네이버서비스1본부장 2015년 同서비스 총괄부사장(현) 2016년 同대표이사(2017년3월 취임 예정) 내정(현)

한성일(韓成一) HAN SUNG ILL (雲陽)

[생]1957·8·31 [출]경기 수원 [주]서울 광진구 능동로120 건국대학교 동물생명과학대학 동물자원과학과(02-450-3707) [학]1982년 건국대 축산경영학과졸 1986년 일본 오비히로축산대 대학원 축산경영학과졸 1990년 농학박사(일본 교토대) [경]1990~1999년 건국대 동물생명과학부 축산경영·유통경제학과 조교수·부교수 1991~2003년 同축산경영·유통경제학과장·주임교수 1999~2012년 同교수 1999~2003년 농림부 농림업무심사평가위원 1999년 同농업관측협의회 위원장 2000년 한국농업경제학회 이사·편집위원 2002년 농협중앙회 축산컨설팅 전문위원 2002년 행정자치부 기술고시 선정위원 2003~2009년 한국축산경영학회 상임이사 2003년 농촌진흥청 연구관 2005~2006년 건국대 입학처장 2010년 同동물생명과학대학장 2012년 同서울캠퍼스 부총장 2012년 同동물생명과학부 동물생산·환경학과 교수 2013년 同동물생명과학대학 동물자원과학과 교수(현) [저]'농업회계(共)'(1998) '축산용어사전(共)'(1998) '농업경제학(共)'(1999) '한우-성공적인 경영기법(共)'(1999) [역]'농업의 새물결(共)'(1991) [종]불교

한성진(韓聖振)

[생]1971·9·17 [출]서울 [주]부산 연제구 법원로31 부산지방법원(051-590-1114) [학]1990년 명신고졸 1995년 서울대 공법학과졸 [경]1998년 사법시험 합격(40회) 2001년 사법연수원 수료(30기) 2001년 軍법무관 2004년 창원지법 판사 2007년 인천지법 부천지원 판사 2010년 서울남부지법 판사 2012년 서울중앙지법 판사 2014년 서울고법 판사 2016년 부산지법 부장판사(현)

한성철(韓聖哲) HAN Sung Chul

[생]1956·9·13 [출]충북 청주 [주]서울 동대문구 이문로107 한국외국어대학교 이탈리아어과(02-2173-2385) [학]1975년 제주제일고졸 1983년 한국외국어대 이탈리아어과졸 1985년 同대학원 이탈리아어과졸 1996년 문학박사(단국대) 2001년 문학박사(이탈리아 토리노대) [경]1985~1996년 한국외국어대 이탈리아어과 전임강사·조교수·부교수 1996년 同이탈리아어과 교수(현) 1997~1999년 이탈리아 베네치아대 초빙교수 2001년 한국외국어대 EU연구소장 2002~2004년 同대학원 교학처장 2004~2005년 캐나다 브리티시컬럼비아대 교환교수 2011~2013년 한국외국어대 도서관장 2013~2015년 同이탈리아어과 학과장 2016년 同대학원장(현) [저]'단테의 시학과 사상' '이탈리아 문법'

한성현(韓聖鉉·女) HAN Seung Hyun

[생]1942·7·3 [본]청주(淸州) [출]서울 [주]충남 아산시 순천향로22 순천향대학교(041-530-1114) [학]1964년 연세대 보건학과졸 1986년 同대학원 보건학과졸 1990년 보건학박사(연세대) [경]1966~1971년 연세대 의과대 예방의학교실 조교 1971~1979년 보건사회개발연구원 주임연구원 1980~1989년 순천향대 조교수·부교수 1990~2007년 同자연과학대 환경보건학과 교수 2004년 同중앙도서관장 2008년 同명예교수(현) [상]교육인적자원부표창장(2006), 근정포장(2007) [저]'보건과학연구방법론'(1996) '보건통계의 이론과 실제'(2004) [종]천주교

한성현(韓聖鉉) HAN Sung Hyun

[생]1958·3·12 [출]경남 함안 [주]경남 창원시 마산합포구 경남대학로7 경남대학교 기계공학과(055-249-2624) [학]1977년 마산고졸 1983년 부산대 기계설계학과졸 1986년 同대학원졸 1990년 공학박사(부산대) [경]1983년 삼성중공업 연구원 1985년 럭키금성 반도체연구소 연구원 1990년 부산대 기계기술연구소 전임연구원 1992~2012년 경남대 기계자동화공학부 교수 1994년 산업자원부 기술기획평가위원 1996년 통상산업부 기술기획평가위원 1998년 일본 東京大 객원교수 1999년 경남도 건설기술심의위원 1999년 한국공작기계기술학회 이사 2008~2010년 경남대 공과대학장 겸 공학기술연구원장 2012년 同기계공학과 교수(현) 2013~2015년 同산업대학원장 2014년 (사)제어로봇시스템학회 부회장(현) 2014년 한국산업응용학회 회장(현) [상]한마장학재단 학술연구상(1998) [저]'현대자동 제어시스템 공학'(1997, 대신기술) '산업용 자동제어'(1998, 경남대 출판부) '메카트로닉스 이론과 실습'

한성호(韓聖虎) Han, Seong Ho

[생]1953·3·23 [본]청주(淸州) [출]대구 [주]충남 천안시 서북구 직산읍 직산로136 충남테크노파크 임원실(041-589-0600) [학]1972년 경북대사대부고졸 1976년 울산대 금속공학과졸 1978년 한국과학원 대학원 재료공학과졸 1986년 공학박사(영국 맨체스터공과대) [경]1978~1982년 한국기계연구원 표면처리실 연구원 1986년 영국 맨체스터공과대 연구원 1986년 한국기계연구원 선임연구원 1988년 同표면공학연구실장 1990년 同책임연구원 1992년 한국생산기술연구원 수석연구원 1995년 同생산기반기술그룹장 1997년 同청정공정연구팀장 2001년 同생산기반기술본부장 2005년 同미국기술협력센터 소장 2008년 同인천시자동차부품클러스터사업단장 2009~2014년 同인천뿌리기술실용화부문 열·표면기술지원센터 수석연구원 2014년 충남테크노파크 전문위원(현) [상]과학기술유공자 대통령표창(1998), 한국표면공학회 학술상(2001) [종]기독교

한성호(韓成鎬) HAN Seong Ho

생1962·1·3 ㈜경북 포항시 남구 청암로77 포항공과대학교 산업경영공학과(054-279-2203) 학1983년 서울대 산업공학과졸 1985년 同대학원 산업공학과졸 1991년 공학박사(미국 Virginia Polytechnic Institute & State Univ.) 경1991년 미국 IBM Research Scientist 1992년 포항공과대 산업경영공학과 교수(현) 2007~2009년 同학술정보처장 2011~2013년 同입학처장 겸 학생처장 2013~2015년 同기획처장 2015년 대한인간공학회 회장(현)

한성희(韓成熙) Han Sung-Hee

생1961·2·4 본청주(淸州) 출대구 ㈜서울 강남구 테헤란로440 ㈜포스코 인사팀(02-3457-0114) 학심인고졸, 연세대 경제학과졸, 캐나다 맥길대 경영대학원졸 경1993년 ㈜포스코 입사 2008년 同호치민법인(POSVINA)장 2011년 同경영전략2실 시너지기획그룹리더 2012년 ㈜포스코건설 경영전략실장(상무) 2015년 ㈜포스코 경영인프라본부 PR실장(상무) 2015년 포스코차이나 부총경리(상무) 2016년 同총경리(전무)(현)

한세현(韓世鉉) Han Sehyeon

생1956 출전남 화순 ㈜서울 서초구 남부순환로2364 국립국악원 민속악단(02-580-3300) 학1978년 국립전통예술고졸, 추계예술대졸 경1982~2016년 국립국악원 민속악단 단원 2000년 한국예술종합학교 강사(현) 2016년 국립국악원 민속악단 예술감독(현) 상경주신라문화재 전국기악경연대회 대통령표창(1997) 환음반 '서용석제 한세현류 피리산조 1집·2집·3집'

한소엽(韓素葉·女) HAN So Yeop

생1957·12·28 출서울 ㈜서울 서대문구 이화여대길52 이화여자대학교 자연과학대 분자생명과학부(02-3277-2377) 학1980년 이화여대 화학과졸 1985년 미국 펜실베이니아대 대학원 화학과졸 1992년 이학박사(미국 펜실베이니아대) 경1992~2008년 이화여대 화학과 조교수·부교수·교수 1996~2000년 同기초과학연구소 공동기기실장 2000년 한국펩타이드학회 운영위원 2001년 대한화학회 실무이사 및 '화학세계' 편집부위원장 2002년 미국 Univ. of Arizona 화학과 방문교수 2002~2003년 미국 California Institute of Technology 화학 및 화공학부 방문교수 2003~2006년 공공기술연구회 선임직이사 2004~2005년 대한화학회 화학올림피아드위원회 교육위원 2005~2007년 한국마사회 경주마약물검사 심의위원 2005년 해양수산부 마린바이오21사업 해양생명공학심의위원 2006~2007년 IUPAC(국제순수 및 응용화학연합) 화학 및 보건분과 국가대표, 이화학원 사무국장, 이화여대 자연과학대학 분자생명과학부 선임학부장 2008~2010년 同재무처장 2008년 同자연과학대학 분자생명과학부 화학나노과학전공 교수(현) 상Tetrahedron Most Cited Paper 2003-2006 Award(2006)

한송엽(韓松曄) HAHN Song Yop

생1939·3·14 본청주(淸州) 출함남 북청 ㈜서울 관악구 관악로1 서울대학교 공과대학 전기정보공학부(02-880-7241) 학1957년 용산고졸 1963년 서울대 전기공학과졸 1967년 同대학원 전기공학과졸 1979년 전기공학박사(프랑스 국립로렌과학원) 경1968~1985년 서울대 공과대학 전기공학과 전임강사·조교수·부교수 1985~2004년 同공과대학 전기공학과 교수 1993년 한국전기학회 부회장 1993년 서울대 공과대학장 1995년 한국전기학회 회장 1998~2002년 서울대 공학교육연구센터장 1998~2001년 한국초전도·저온공학회 회장 1999~2000년 한국공학기술학회 회장 2001년 한국공학교육인증원 부원장 2003년 同한국공학교육연구센터장 겸임 2004년 서울대 명예교수(현) 2010년 대한민국학술원 회원(전기공학·현) 상국민훈장 동백장(1996), 한국공학상(1999), 황조근정훈장, 한국공학한림원 해동상(2005), 수당상(2008) 종기독교

한수동(韓秀東) Han Soo Dong

생1958·4·28 ㈜서울 구로구 가마산로245 구로구청 부구청장실(02-860-3329) 학1985년 한국외국어대 정치외교학·일본어과졸 2009년 서울대 행정대학원 행정학과졸 경1989년 행정고시 합격(32회) 2002년 국무조정실 근무 2005년 서울시 한강시민공원사업소 운영부장 2006년 同경영기획실 심사평가담당관 2007년 同의회사무처 의정담당관 2012년 서울의료원 행정부원장 2013년 서울 구로구 부구청장(현)

한수혁(韓洙赫) HAN Soo Hyok

생1962·7·12 본청주(淸州) 출서울 ㈜서울 영등포구 여의나루로81 파이낸셜뉴스 전략사업본부(02-2003-7002) 학1981년 부산중앙고졸 1987년 연세대 정치외교학과졸 1999~2000년 미국 조지타운대 자본시장연구소 연수 2010년 KDI 국제정책대학원 자산운용학(MAM) 석사 경1987년 연합뉴스 입사·모니터부·정보사업부·금융정보부 기자 1998년 연합뉴스 금융정보부 차장대우 2000년 연합인포맥스 전략기획팀장 2001년 同마케팅1팀장 2002년 同전문위원 2004년 同금융공학연구소장 2006년 同마케팅본부 이사대우 2009년 同이사 2012~2015년 同상무이사 2015년 同비상근고문 2016년 파이낸셜뉴스 전략사업본부장(이사)(현) 종기독교

한수홍(韓秀泓) HAN Soo Hong

생1964·9·12 본청주(淸州) ㈜경기 성남시 분당구 야탑로59 분당차병원 정형외과(031-780-5289) 학1989년 경희대 의대졸 1997년 同대학원졸 2004년 의학박사(경희대) 경1992년 경희대 의과대학 인턴 1993~1997년 同정형외과 전공의 1997년 포천중문의대 정형외과 전임강사·조교수·부교수 2002년 미국 하버드대 의과대학 수부클리닉(MGH hand clinic) 연수 2004년 미국 Kleinert and Kutz 수부미세수술전문병원 Research Fellowship 2004년 대한미세수술학회 이사(현) 2005~2006년 同수부미세수술전문병원 Institutional Medical Clinical Fellowship, 차의과학대 분당차병원 정형외과 진료의(현), 대한수부외과학회 총무, 同심의이사(현), 대한정형외과학회 학술위원, 대한수부외과학회 세부전문의 2009년 차의과학대 의학전문대학원 정형외과학교실 부교수 2013년 同의학전문대학원 정형외과학교실 교수(현) 2014년 同분당차병원 정형외과장 2016년 대한골절학회 감사(현) 전'임상미세수술학(共)'(2003, 최신의학사) '하지재건과 수부종양학(共)'(2003, 최신의학사) '수부 건 및 조갑(共)'(2007, 최신의학사) '주관절 질환과 미세수술의 최신지견(共)'(2008, 우리의학사) '주상골 골절과 미세재건술 비법(共)'(2010, 우리의학사)

한수환(韓洙桓) HAN Soo Whan

생1964·5·30 ㈜부산 부산진구 엄광로176 동의대학교 ICT공과대학 컴퓨터응용공학부(051-890-1690) 학1982년 가야고졸 1986년 연세대 전자공학과졸 1990년 미국 Florida공대 대학원 공학과졸 1993년 공학박사(미국 Florida공대) 경관동대 전자공학과 교수 1997~2014년 동의대 ICT공과대학 멀티미디어공학과 조교수·부교수·교수 2000년 한국멀티미디어학회 종신회원(현) 2004년 동의대 영상정보대학원장 겸 방송아카데미소장 2007~2009년 同영상정보대학장 2014년 同ICT공과대학 컴퓨터응용공학부 교수(현) 2014년 同교무처장(현) 2014년 同학생서비스센터 소장(현) 2015년 同학부교육혁신본부장(현)

한수희(韓秀熙)

생1961 ㈜서울 서초구 서초대로74길14 삼성물산㈜ 비서실(02-2145-2114) 학동국사대부고졸, 중앙대 경제학과졸 경1987년 삼성물산㈜ 입사, 同상사부문 철강팀 근무, 同뉴델리사무소 근무 2014년 同상사부문 철강사업부장(전무) 2014년 同미주총괄 부사장(현)

한수희(韓秀熙) HAN, Soo Hee

생1963·1·16 본청주(淸州) 출경기 평택 ㈜서울 영등포구 여의공원로101 CCMM8층 한국능률협회컨설팅 비서실(02-3786-0560) 학1981년 숭문고졸 1988년 한양대 산업공학과졸 1995년 同대학원 산업공학과졸 경1987~1997년 삼화전자 근무·실장 1995~1999년 수원과학대학 겸임교수 1997년 한국능률협회컨설팅 부사장(현) 1998년 철도청 서비스헌장 심의위원 1999년 치안연구소 위촉연구원 2003~2005년 산업자원부 품질경쟁력분과 위원 2004년 정보통신부 업무혁신 자문위원 2004년 한국품질경영학회 이사 2004년 ㈜코트랜스 사외이사 2005년 기획예산처 공공기관 혁신자문위원 2006~2014년 한국소비자원 정책자문위원 2007년 행정자치부 정부혁신컨설팅단 위원 2007년 기획예산처 공공기관혁신평가위원 2007년 제주국제자유도시개발센터 경영자문위원 2008년 국민건강보험공단 혁신자문위원 2008년 국민연금관리공단 혁신자문위원 2008년 신용보증기금 고객감동자문위원 2008년 한양대 공대 산업공학과 겸임교수 2010년 同일반대학원 경영컨설팅학과 겸임교수(현) 2010~2012년 한국철도공사 발전자문위원 2010~2013년 국민권익위원회 정책자문위원 2011년 한국경영커뮤니케이션학회 부회장 2013년 한국능률협회컨설팅 최고고객책임자(CCO)(현)

ㅎ

한숙렬

생1961·8·16 주대구 동구 이노밸리로291 한국감정원 경영지원실(053-663-8300) 학창원대 회계학과졸 경2011년 한국감정원 울산지사장 2013년 同미래정보전략실장 2014년 同타당성심사처장 2015년 同부산동부지사장 2016년 同홍보실장 2016년 同경영지원실장(현)

한숙향(韓淑香·女) Han Sukhyang

생1958 본충북 제천 주서울 영등포구 선유로243 강서세무서 서장실(02-2630-4200) 학제천여고졸, 한국방송통신대 영어영문학과졸, 중앙대 국제경영대학원졸 경2000년 서울지방국세청 조사3국 조사1과 근무 2003년 국세청 국제조사과 근무 2006년 중부지방국세청 북인천세무서 납세자보호담당관 2007년 서울지방국세청 조사2국 2과 5계장 2009년 국세청 법규과 근무 2010년 서울지방국세청 도봉세무서 재산법인세과장 2011년 同숨긴재산추적과 근무 2014년 충북 영동세무서장 2015년 서울 강서세무서장(현)

한숙희(韓淑熙·女) HAN SOOK HEE

생1961·5·15 본전북 전주 주서울 광진구 아차산로404 서울동부지방법원(02-2204-2114) 학1980년 계성여고졸 1984년 중앙대 경제학과졸 1989년 同법학과졸 1992년 同대학원 법학과졸 경1989년 사법시험 합격(31회) 1992년 사법연수원 수료(21기) 1992년 대전지법 판사 1994년 同천안지원 판사 1996년 인천지법 판사 2000년 서울지법 판사 2002년 서울가정법원 판사 2003년 서울고법 판사 2005년 서울가정법원 판사 2007년 同부장판사 2013년 서울중앙지법 부장판사 2016년 서울동부지법 부장판사(현)

한순기(韓順基) Han Soon-ki

생1970·11·1 본청주(淸州) 주서울 종로구 세종대로209 행정자치부 자치제도과(02-2100-3810) 학1989년 대구 성광고졸 1993년 경북대 행정학과졸 1996년 서울대 행정대학원 행정학과졸 2004년 미국 미시간주립대 경영대학원 경영학과졸 경1996년 행정고시 합격(40회) 1998~2007년 정보통신부 기획총괄과·통신이용제도과 근무·국무조정실 파견 2007년 정보통신부 자원통합팀장(서기관) 2008~2010년 행정안전부 정보보호정책과·재정정책과 서기관 2010년 同특수기록관리과장 2012년 안전행정부 개인정보보호과장 2014년 행정자치부 경제조직과장 2015년 同지방인사제도과장 2015년 同자치제도과장(서기관) 2016년 同자치제도과장(부이사관)(현) 상대통령표창(2006), 근정포장(2013)

한순동(韓淳東) Han Sun Dong

생1962·12·5 본충북 진천군 덕산면 교학로30 국가공무원인재개발원 기획부(043-931-6010) 학서강대 물리학과졸, 同대학원 경영학과졸, 국제경영학박사(경희대) 경삼성전자(주) 인력개발원 담당부장 2007년 同첨단기술연수소장(상무보) 2009년 同첨단기술연수소장(상무) 2012년 同무선 Global운영실 구매담당 상무 2013년 同인재개발센터 전문위원 2014년 同상생협력아카데미 전문위원, 서울대 공학전문대학원설립추진단 부단장 2015년 중앙공무원교육원 기획부장 2016년 국가공무원인재개발원 기획부장(현)

한순영(韓順英·女) HAN Soon Young

생1960·9·18 본서울 주충북 청주시 흥덕구 오송읍 오송생명2로187 식품의약품안전처 의료기기기준·심사체계개편추진단(043-719-5651) 학1979년 서울사대부고졸 1983년 숙명여대 약학과졸 1985년 同대학원 약학과졸 1994년 약학박사(숙명여대) 경1983년 국립보건원 안전성연구부 안전성평가과 보건연구사, 국립보건안전연구원 연구사 1988년 국립보건원 독성부 유전독성과 근무 1990년 同약품부 마약시험과 연구관 1992년 식품의약품안전청 국립독성연구소 독성부 연구관 1994년 숙명여대 겸임교수 1995년 영국 런던대 성바돌로메의대 객원연구사 1997년 보건복지부 중앙약사심의위원 2000년 국립독성연구소 특수독성부 내분비독성과장 2007년 국립독성연구원 위해평가연구부 내분비장애평가팀장 2008년 국립독성과학원 위해평가연구부 내분비장애평가과장 2008년 同독성연구부 일반독성과장 2009년 식품의약품안전평가원 독성평가연구부장(고위공무원) 2013년 국립보건연구원 감염병센터장 2014년 식품의약품안전처 식품의약품안전평가원 의료제품연구부장 2015년 중앙공무원교육원 교육 파견 2015년 식품의약품안전처 의료기기기준·심사체계개편추진단 단장(현) 상보건복지부장관표창 종기독교

한순흥(韓淳興) HAN Soonhung

생1954·10·11 본청주(淸州) 출서울 주대전 유성구 대학로291 한국과학기술원 기계항공공학부 기계공학과(042-350-3040) 학1977년 서울대 선박공학과졸 1979년 同대학원 선박공학과졸 1985년 영국 뉴캐슬어펀타인대 조선및해양공학과졸 1990년 공학박사(미국 미시간대) 경1979~1993년 한국해사기술연구소 CSDP사업단 선임연구원 1990년 미국 미시간대 연구원 1993~2003년 한국과학기술원 기계공학과 조교수·부교수 1996년 기술표준원 제품모델표준화전문위원회 위원장 1999년 CAD·CAM학회 부회장 2000년 전자거래학회 부회장 2002년 제품모델기술위원회 의장 2003년 CAD·CAM학회 감사 2003년 전자거래학회 회장 2004~2015년 한국과학기술원 공과대학 기계항공시스템학부 해양시스템공학과 교수 2005~2007년 同산학협력단장 2008년 同해양시스템공학과 학과장 2011~2012년 한국스텝센터(KSTEP) 회장 2015년 한국과학기술원 기계항공공학부 기계공학과 교수(현) 상산업포장(2003), 한국과학기술단체총연합회 과학기술우수논문상 전'제품모델 정보교환을 위한 국제표준-STEP'(1996) '디지털 제조를 위한 STEP'(2000) 역'CAD·CAD-Theory and Practice'(1995) '일본 제조업에서 전자거래의 실현'(2000) 종불교

한 승(韓 勝) HAN Seung

생1963·12·7 본전북 전주 주서울 서초구 서초중앙로157 서울고등법원(02-530-1068) 학1982년 전주 신흥고졸 1985년 서울대 법학과졸 경1985년 사법시험 합격(27회) 1988년 사법연수원 수료(17기) 1988년 공군 법무관 1991년 서울민사지법 판사 1993년 서울형사지법 판사 1995년 전주지법 판사 1997년 광주고법 판사 1998년 수원지법 성남지원 판사 1999년 법원행정처 사법정책담당관 2001년 서울고법 판사 2003년 대전지법 서산지원장 2004년 대법원 재판연구관 2005년 법원행정처 기획조정심의관 2006년 同인사관리심의관 2008년 서울행정법원 부장판사 2010년 부산고법 부장판사 2011년 대법원 선임재판연구관 2013년 同수석재판연구관 2014년 서울고법 부장판사(현) 2014~2016년 법원행정처 사법정책실장 2014년 사법정책연구원 운영위원회 위원

한승규(韓承奎) HAN Seung Kyu

생1962·9·2 본청주(淸州) 출서울 주서울 구로구 구로동로148 고려대학교 구로병원 성형외과(02-2626-3333) 학1981년 신일고졸 1987년 고려대 의과대학졸 1990년 同대학원 의학석사 1994년 의학박사(고려대) 경1988~1992년 고려대의료원 성형외과 전공의 1992~2007년 고려대 의대 성형외과학교실 강사·조교수·부교수 1997~1999년 미국 Stanford대 성형외과 연구원 1999년 미국 Plastic Surgery Center of Pacific 연구원 2000년 미국 성형외과학회 회원(현) 2002년 대한창상학회 학술위원장·부회장(현) 2003년 유럽 미용성형외과 학술원 정회원(현) 2006년 미국 창상학회 정회원(현) 2006년 영국 옥스퍼드대 성형외과 객원교수 2006년 덴마크 Univ. of Southern Denmark 창상센터 객원교수 2006년 국제성형외과학회지 논문심사위원(현) 2007년 고려대 의과대학 성형외과학교실 교수(현) 2007년 同구로병원 성형외과장 2007년 同구로병원 세포치료실장 2008년 同구로병원 당뇨성창상센터 소장(현) 2011년 미국성형외과학회지 논문심사위원(현) 2011년 대한성형외과학회 보험이사 2014~2016년 고려대 구로병원 진료부원장 2016년 대한미용성용외과학회 이사장(현) 전'새로운 창상치료'(2003) 'Asian Rhinoplasty(동양인의 코성형술)'(2006) '당뇨성 창상의 이해와 치료'(2008) 'Encyclopedia of Flaps'(2008)

한승범(韓承机) HAN Seung Bum

생1967·2·15 본청주(淸州) 출충남 당진 주서울 강남구 논현로401 청송빌딩403호 한류연구소(02-575-2377) 학1986년 서라벌고졸 1991년 국민대 경제학과 중퇴 1997년 러시아 모스크바국립국제관계대 대학원 국제관계학과졸 2001년 국제관계학박사(모스크바국립국제관계대) 경1994년 김영삼대통령 방러준비위원 1995년 러시아 모스크바 한국학생총연합회 초대회장 1998~2000년 한국방송공사 러시아지부 프리랜서 1999년 김대중대통령 방러 근접경호통역 2002~2003년 한국외국어대 러시아지역연구사업단 선임연구원 2006년 민선4기 경기도지사직(김문수)인수위원회 위원 2008년 한양대 아태지역연구센터 연구조교수 2008~2015년 (주)유송 대표 2010년 한류연구소 소장(현) 2010년 맥신코리아 대표(현) 상중소기업청장표창(2009), 보건복지부장관표창(2010) 전'유라시아의 지역주의적 재편성(共)'(2009, 경문사) '범흑해지역의 정체성과 지역주의(共)'(2010, 경문사) 작KBS 일요스페셜 '긴급진단 러시아는 어디로 가는가'(1998), 'KBS 세계는 지금-모스크

바의 골치거리 개인차고'(1998) '모라토리엄 그 후 추락하는 러시아 경제'(1998) '빅토르 최 사망10주기 신화는 끝나지 않았다'(2000) '러시아 어머니들의 전쟁 병사들의 어머니 위원회'(2000) [종]기독교

한승섭(韓承燮) HAN seung seob

[생]1959 · 1 · 1 [본]청주(淸州) [출]제주 제주시 [주]세종특별자치시 다솜2로94 행정자치부 정부청사관리소 관리총괄과(044-200-1110) [학]제주제일고졸, 제주대 행정학과졸 [경]지방행정연수원 기획과 근무, 내무부 교부세과 근무, 행정자치부 민방위기획과 근무 2005년 同교부세팀 서기관 2006년 제주도 지역협력관 2007년 지역특화발전특구기획단 파견 2009년 국가기록원 기록정보서비스부 기록편찬문화과장 2010년 이북5도위원회 함경남도 사무국장 2011년 행정안전부 노사협력담당관 2012년 同민간협력과장 2013년 안전행정부 민간협력과장 2014년 同감사관실 감사담당관 2014년 2015세계군인체육대회조직위원회 운영본부장(부이사관) 2016년 행정자치부 정부청사관리소 관리총괄과장(현)

한승수(韓昇洙) HAN Seung Soo (春崗)

[생]1936 · 12 · 28 [본]청주(淸州) [출]강원 춘천 [주]서울 동작구 노량진로74 유한양행빌딩4층 유한재단(02-828-0105) [학]1955년 춘천고졸 1960년 연세대 정치외교학과졸 1963년 서울대 행정대학원졸 1968년 경제학박사(영국 요크대) 1997년 명예 대학박사(영국 요크대) 1998년 명예 법학박사(강원대) 2002년 명예 정치학박사(연세대) 2013년 명예 과학기술학박사(한국과학기술원) 2014년 명예 경영학박사(말레이시아 쿠알라룸푸르대) [경]1965~1968년 영국 요크대 전임강사 · 조교수 1968년 영국 케임브리지대 연구교수 1970년 베네수엘라정부 초청 재정자문관 1970년 서울대 행정대학원 교수 1971년 세계은행 재정자문관 1974년 요르단정부 재정고문관 1975~1988년 서울대 사회과학대 경제학과 교수 1983년 국제경제학회 회장 1985~1987년 미국 하버드대 · 일본 도쿄대 객원교수 1987년 상공부 무역위원장 1988년 제13대 국회의원(춘천, 민주정의당 · 민주자유당) 1988~1990년 상공부 장관 1990년 동북아연구회 회장 1990년 우루과이라운드특별위원회 위원장 1993~1994년 駐미국 대사 1994~1995년 대통령 비서실장 1996년 신한국당 춘천甲지구당 위원장 1996년 同국책자문위원장 1996년 제15대 국회의원(춘천甲, 신한국당 · 한나라당 · 민주국민당) 1996~1997년 부총리 겸 재정경제원 장관 1997년 연세대 국제학대학원 특임교수 1997년 영국 요크대 명예교수 1998~2004년 한 · 영협회 회장 2000년 민주국민당 사무총장 2000~2004년 제16대 국회의원(춘천, 민주국민당 · 무소속 · 한나라당) 2000년 민주국민당 최고위원 2000~2004년 IPU 한국이사회 의장 2001~2002년 외교통상부 장관 2001~2002년 유엔총회 의장 2004년 춘천문화진흥재단 이사장 2004년 옹기장학회 자문위원회 위원장(현) 2004 · 2009년 김앤장법률사무소 고문(현) 2004년 한 · 영미래포럼 회장 2004~2006년 일본정책연구대학원대학(GRIPS) 특임교수 2004년 영국 명예기사(Knight of the British Empire) 2005년 한국신용정보 사외이사 2005~2007년 2014평창동계올림픽유치위원회 위원장 2006~2008년 한국물포럼 총재 2007~2008년 UN 기후변화 특사 2008~2009년 국무총리 2009년 대통령자문 국민원로회의 공동의장 2009년 경제협력개발기구(OECD) 각료이사회 의장 2009년 싱가폴 테마섹 국제자문위원(현) 2010년 스탠다드차타드그룹(SC그룹) 독립비상근이사(현) 2010년 미국 맨스필드재단 국제자문위원(현) 2010~2012년 글로벌녹색성장연구소(GGGI) 이사회 초대의장 2010년 UN 사무총장 세계지속성고위급자문회의 위원 2010년 UN 사무총장 산하 '물과위생자문위원회(UNSGAB)' 위원 2010년 물과재해고위급전문가회의 의장(현) 2010년 마드리드클럽 회원(현) 2010년 미국 모린 · 마이크맨스필드재단 이사 2011년 서울반도체(주) 사외이사(현) 2012년 중국 국제금융포럼(IFF) 연합주석(현) 2013년 UN '물과 재해 위험 감소 사무총장 특사(Special Envoy for Disaster Risk Reduction and Water)'(현) 2014년 아시아개발은행 고위급물자문회의 의장(Chair, High Level Water Advisory Group of the Asia Development Bank)(현) 2015년 두산인프라코어(주) 사외이사(현) 2016년 유한재단 이사장(현) 2016년 유엔 · 세계은행 물고위패널(High Level Panel on Water) 특별고문(현) [상]유럽공동체 학술상 경제학부문(1971), 동탑산업훈장(1988), 대만 대수경성훈장(1989), 벨기에 대십자왕관훈장(1989), 청조근정훈장(1990), 콜롬비아법대 파커스쿨 국제관계공로상(1997), 멕시코 아길라 아스떼카훈장(2001), 엘살바도르 Jose Matias Delgado 대십자은관훈장(2001), 자랑스런 강원인상(2001), 자랑스런 연세인상(2002), 수교훈장 광화장(2004), 대영제국 명예기사작위(KBE)(2004), 자랑스런 한국인 대상(2007) [저]'유럽예산의 생성과 기능'(英文) '영국과 구주공동체'(英文) '구주 및 영국에 있어서의 조세문제'(英文) '국가의 건강'(英文) '중동경제' '영국의 사회복지' '수출선도형경제' '태평양시대와 한국' '경제정책론' '신경제정책론' '9 · 11의 어둠을 넘어서' 등 [종]천주교

한승웅(韓承雄) HAN Seung Woong (한철선)

[생]1957 · 8 · 27 [본]청주(淸州) [출]경기 수원 [주]경기 화성시 동탄면 동탄기흥로64의3 (주)이랜텍 임원실(070-7098-8314) [학]1976년 동남보건전문대학졸 2007년 한국방송통신대 경영학과졸, 아주대 경영대학원 중퇴 [경]1983년 대희전자공업 입사 1998년 同이사 2000년 (주)이랜텍 이사 2004년 同무선총괄 상무 2005년 同무선총괄 전무 2008년 同제조총괄 전무 2012년 同영업총괄 부사장(현)

한승일(韓承日) HAN SEUNG IL

[생]1946 · 12 · 28 [본]청주(淸州) [출]강원 춘천 [주]경기 고양시 일산동구 일산로228 강서빌딩204호 (주)에이알(031-906-0561) [학]강원 춘천고졸, 강원대 임학과졸, 고려대 최고경영자과정 수료, 연세대 최고경영자과정 수료, 서울대 최고경영자과정 수료 [경]ROTC 소위 임관, (주)천양사 설계실장, (주)신성엔지니어링 기술이사, (주)한일플랜트엔지니어링 대표이사 1981년 (주)에이알 대표이사 회장(현) 1982년 삼성그룹 연수원 공조설비설계 강의 1982년 한국가스안전공사 공조설비설계 강의 1990년 同가스안전기술 심의위원, 한국냉동공조기술학원 강사, (재)한국냉동직업훈련소 소장 1995년 ROTC중앙회 부회장 1998년 한국기계공업협동조합연합회 공조기기분과위원장 1999년 중소기업협동조합중앙회 소기업특별위원 2001년 한국기계공업협동조합연합회 이사 2002년 한국냉동공조공업협회 감사 2002년 충주대 열공학과 산학협력위원장 2004년 인천경기기계공업협동조합 이사장 2007~2011년 한국기계공업협동조합연합회 회장 2012년 在京춘천고동창회 회장 [상]중소기업청 및 중소기업중앙회 선정 '4월의 자랑스러운 중소기업인'(2007) [저]'냉동기술' '공조설비 설계'

한승일(韓勝一)

[생]1969 [주]충남 아산시 탕정면 만전당길30 코닝정밀소재(주) 임원실(041-520-1114) [학]1993년 서울대 기계설계학과졸 1997년 同대학원 기계설계학과졸 2000년 기계공학박사(미국 메릴랜드대) [경]2006년 삼성코닝정밀유리(주) 입사 2011년 삼성코닝정밀소재(주) 용해기술Lab장 2013년 코닝정밀소재(주) 성형기술팀장 2014년 同기술개발팀장 2015년 同상무(현)

한승주(韓昇洲) HAN Sung Joo

[생]1940 · 9 · 13 [출]서울 [주]서울 용산구 한남대로36길 6 한남오피스텔503호 (재)국제정책연구원(02-589-0085) [학]1958년 경기고졸 1962년 서울대 문리과대학 외교학과졸 1970년 정치학박사(미국 캘리포니아주립대) 1995년 명예 철학박사(러시아 국립과학아카데미 극동문제연구소) [경]1969년 미국 캘리포니아주립대 전임강사 1970~1978년 미국 뉴욕시립대 부교수 1978~2006년 고려대 정치외교학과 교수 1982~1986년 同아세아문제연구소장 1986년 미국 컬럼비아대 초빙교수 1988년 세계정치학회(IPSA) 집행위원 1988~1991년 서울국제포럼 회장 1991년 세계정치학회 부회장 1991년 한국동남아학회 회장 1993~1994년 외무부 장관 1995년 고려대 一民국제관계연구원장 1995~1996년 同정책과학대학원장 1996년 캐나다 아 · 태재단 이사 1996년 국제연합(UN) 사이프러스담당 특별대표 1997년 UN 직원대학자문이사회 위원 1998년 아 · 태안보협력이사회(CSCAP) 공동의장 1999년 아시아태평양민주지도자회의(FDL-AP) 이사장 1999~2001년 동아시아비전그룹(EAVG) 공동의장 1999년 UN 르완다인종학살특별조사위원 2000년 아산사회복지사업재단 이사(현) 2002~2003년 고려대 총장 서리 2003~2005년 駐미국 대사 2005년 (재)국제정책연구원 이사장(현) 2006년 고려대 명예교수(현) 2007~2008년 同총장 서리 2007년 중국 길림대 명예교수(현) 2008~2011년 (재)아산정책연구원 이사장 2008년 (사)한국유엔체제학회(KACUNS) 이사장(현) 2008년 한미협회 회장(현) 2009~2012년 대통령자문 통일고문회의 고문 2009~2011년 2022월드컵축구유치위원회 위원장 2010~2012년 육군사관학교 자문위원 2011년 코리아글로벌포럼 의장 2013년 국립외교원 석좌교수(현) 2014년 대통령직속 통일준비위원회 외교안보분과위원회 민간위원(현) [상]수교훈장 창의장, 청조근정훈장(1999), 부총리 겸 교육인적자원부장관표창(2006), 일본정부 욱일대수장(2016) [저]'제2공화국과 한국의 민주주의' 'East Asia and the Major Powers'(共) '세계화시대의 한국' 'The Failure of Democracy in South Korea'(1974) '전환기의 한미관계'(1988) '전환기 한국의 선택'(1992) '세계화 시대의 한국외교'(1995) 'Korea in a Changing World'(1995) 'The United Nations: The Next Fifty Years(共)'(1996) 'The New International System(共)'(1996) 'Changing Values In Asia(編)'(1999) '남과북 그리고 세계'(2000) [종]불교

한승한(韓昇翰) Han Seng Han

Ⓢ1960·3·20 Ⓡ서울 강남구 언주로211 강남세브란스병원 안과(02-2019-3442) ⓗ1985년 연세대 의대졸 1989년 同대학원 의학석사 1997년 의학박사(연세대) ⓔ1992년 연세대 의과대학 안과학교실 강사·전임강사·조교수·부교수·교수(현) 2007~2009년 강남세브란스병원 기획관리실 부실장 2008~2010년 同건강증진센터 소장 2011년 同안과 과장 2011~2014년 同홍보실장 2012~2014년 연세대의료원 발전기금사무국 강남부국장 2016년 연세대 의과대학 안과학교실 주임교수(현) 2016년 同의과대학 시기능개발연구소장(현) 2016년 연세대의료원 안·이비인후과병원 진료부장(현) 2016년 同안·이비인후과병원 안과 과장(현)

한승헌(韓勝憲) HAHN Seung Hun (山民)

Ⓢ1934·9·29 Ⓑ청주(淸州) Ⓐ전북 진안 Ⓡ전북 전주시 덕진구 백제대로567 전북대학교 법학전문대학원(063-270-2114) ⓗ1953년 전주고졸 1957년 전북대 법정대학 정치학과졸 1995년 명예 법학박사(전북대) ⓔ1957년 고등고시 사법과 합격(8회) 1957년 軍법무관 1960~1965년 법무부·서울지검 검사 1965~1998년 변호사 개업 1967~1998년 한국기자협회 법률고문 1973년 자유실천문인협의회 이사 1974~1998년 한국기독교교회협의회(KNCC) 인권위원 1976~1998년 한국저작권연구소장 1977년 월간 '사법행정' 주간 1978년 도서출판 '삼민사' 주간 1979년 국제앰네스티한국위원회 전무이사 1988년 방송위원회 위원 1988년 한겨레신문 창간위원장 1990년 저작권심의조정위원회 위원 1993년 사법제도발전위원회 위원 1994년 언론중재위원 1994~2003년 동학농민혁명기념사업회 이사장 1995년 연세대 법무대학원 초빙교수 1998~1999년 감사원장 1999~2012년 법무법인 광장 고문변호사 2001년 국민은행 사외이사 2001년 LG칼텍스 사외이사 2001·2004년 (주)E1 사외이사 2002년 청암언론문화재단 이사 2002~2004년 사회복지공동모금회 회장 2004년 SBS 시청자위원회 위원장 2004년 한국외국어대 이사장 2005년 사법제도개혁추진위원회 위원장 2006년 대통령자문 통일고문회의 고문 2007~2012년 경원대 법학과 석좌교수 2007년 전북대 법학전문대학원 석좌교수(현) 2007~2009년 헌법재판소 자문위원 2012년 가천대 법과대학 석좌교수 2012년 서울시 시정고문단 대표(현) Ⓢ중앙언론문화상(1994), 청조근정훈장(1999), 인제인성대상(1999), 임창순 학술상(2007), 단재상(2007) Ⓩ'저작권의 법제의 실무'(1988) '정보화시대의 저작권'(1992, 나남신서) '정치재판의 현장'(1997) '역사의 길목에서'(2003, 나남출판) '한승헌 변호사 변론 사건실록1~7'(2006) '분단시대의 법정'(2006, 범우사) 수상평론집 '법과 인간의 항변'(1972) '위장시대의 증언'(1974) '내릴 수 없는 깃발을 위하여'(1983) '허상과 진실'(1985, 삼민신서) '법창에 부는 바람'(1986, 삼민사) '그날을 기다리는 마음'(1991) 시집 '인간귀향'(1961) '노숙'(1967) 수필 '법이 있는 풍경'(2000, 일요신문사) 자서전 '한 변호사의 고백과 증언'(2009) '스피치의 현장'(2010, 매일경제신문) '피고인이 된 변호사'(2013, 범우) '권력과 필화'(2013, 문학동네) '한국의 법치주의를 검증한다'(2014, 범우사) '재판으로 본 한국현대사'(2016, 창비) 유머 '산민객담, 한승헌 변호사의 유머산책'(2004) '산민객담 유머기행'(2007, 범우사) '산민객담 유머수첩'(2012) Ⓔ일문 '한국의 정치재판'(1997) '한 변호사의 유머'(2005) '분단시대의 법정'(2008) '한일현대사-평화와 민주주의를 생각한다.'(2013) Ⓩ기독교

한승호(韓承昊) HAN, SEUNG-HO

ⓈⒶ1954·11·24 Ⓑ청주(淸州) Ⓐ대구 Ⓡ대전 유성구 대학로99 충남대학교 환경공학과(042-821-7758) ⓗ1977년 서울대 자연과학대학 미생물학과졸, 충남대 대학원 미생물학과졸, 同경영대학원졸 ⓔ2000~2005년 대통령자문 지속가능발전위원회 산업에너지분과·자연생태분과·수자원분과 전문위원, 대한상공회의소 환경안전위원회 위원·지속가능경영 이사·환경재단 환경경영연구소 운영위원 2000~2005년 한화그룹 환경연구소장(상무) 2006~2008년 대구테크노파크 신기술사업단 바이오산업지원센터장 2009년 한국환경산업기술원 환경산업이사 2010년 한국산업생태학회 감사(현) 2011~2012년 한국환경산업기술원 환경기술이사 2011~2014년 환경부 지속가능발전위원회 위원·산업에너지분과위원장 2011~2014년 FITI시험연구원 비상임이사 2012~2016년 충남대 환경공학과 초빙교수 2012년 한국환경한림원 정회원(현) 2014년 녹색소비자연대 이사(현) 2016년 同공동대표(현) 2016년 녹색기술센터 자문위원 2016년 충남대 환경공학과 겸임교수(현) 2016년 (주)수파드엘릭사 부사장(현) Ⓢ전국체전 양궁고교단체전 금메달(1972), 친환경상품구매촉진대회 환경부장관표창(2000), 환경타임즈 주관 한국의 환경인상, 청정생산우수분임조대회 대한상의회장공로패, 환경의날 대통령표창(2012) Ⓩ기독교

한승호(韓承鎬) HAN Seung Ho

ⓈⒶ1957·11·15 Ⓑ청주(淸州) Ⓐ강원 삼척 Ⓡ강원 삼척시 중앙로296 삼척시청 부시장실(033-570-3206) ⓗ삼척고졸, 삼척대졸 ⓔ삼척시 인사담당, 同기획담당, 同의회 전문위원, 同성내동장, 同문화공보실장, 同미로면장, 同의회 사무과장, 同자치행정국장 2015년 강원도 환동해본부 해운항만과장 2016년 삼척시 부시장(현) 2016년 강원랜드 비상임이사(현) Ⓢ국무총리표창, 농수산부장관표창, 강원도지사표창

한승환(韓承煥) Han Seung Hwan

ⓈⒶ1964·7·9 Ⓡ경기 용인시 처인구 포곡읍 에버랜드로562번길10의39 삼성인력개발원 임원실(031-320-1713) ⓗ인창고졸, 서울대 정치학과졸 ⓔ삼성전자(주) 구조조정본부 인력팀 부장 2005년 同구조조정본부 인력팀 상무보 2006년 삼성 전략기획실 인사지원팀 상무보, 同경영전략팀 상무 2010년 삼성SDS(주) 전무 2011년 同인사팀장(전무), 同ST사업부장(전무) 2015년 삼성인력개발원 부사장(현)

한승희(韓昇熙) HAN Seung Hee

ⓈⒶ1961·3·17 Ⓐ경기 화성 Ⓡ세종특별자치시 노을6로8의14 국세청 조사국(044-204-3503) ⓗ고려고졸, 서울대 경제학과졸, 미국 미시간대 경영대학원졸 ⓔ1989년 행정고시 합격(33회) 2000년 서울지방국세청 조사국 조사1과 서기관 2000년 국세청 조사국 조사1과 서기관 2003년 예산세무서장, 駐OECD 주재관 2007년 국세청 국제조사과장 2008년 同조사기획과장 2010년 대구지방국세청 조사1국장(부이사관) 2011년 중부지방국세청 납세지원국장(고위공무원) 2011년 同징세법무국장 2012년 국세청 국제조세관리관 2013년 서울지방국세청 조사4국장 2014년 국세청 조사국장(현) Ⓢ홍조근정훈장(2014)

한 신(韓 信) HAN, SHIN

ⓈⒶ1963·2 Ⓑ청주(淸州) Ⓐ강원 강릉 Ⓡ서울 중구 남대문로90 SK네트웍스(주) HR실(070-7800-2114) ⓗ1982년 강릉고졸 1989년 서울대 국제경제학과졸 ⓔ1989~1991년 (주)유공 인사부 근무 1992~1995년 SK그룹 경영기획실 인력팀 근무 1996~2000년 SKC(주) 인력관리팀 근무 2001~2004년 同관리지원부장 2005~2012년 SK네트웍스(주) SKMS팀 부장 2013년 同기업문화실장(상무) 2016년 同HR실장(상무)(현)

한양석(韓陽錫) HAN Yang Seok

ⓈⒶ1962·1·3 Ⓐ광주 Ⓡ서울 중구 남대문로63 한진빌딩 본관18층 법무법인 광장(02-772-5950) ⓗ1980년 광주고졸 1984년 서울대 법대졸 1998년 미국 펜실베이니아대 법대 연수 ⓔ1985년 사법시험 합격(27회) 1988년 사법연수원 수료(17기) 1988년 광주지법 판사 1990년 同순천지원 판사 1993년 수원지법 성남지원 판사 1996년 서울지법 동부지원 판사 1998년 서울지법 판사 2000년 서울고법 판사 2001년 대법원 재판연구관 2003년 청주지법 부장판사 2004년 사법연수원 기획총괄교수 2007년 서울중앙지법 부장판사 2010년 부산고법 부장판사 2012~2013년 서울고법 부장판사 2013년 법무법인 광장 변호사(현)

한양현(韓良鉉) Han Yang Hyun

ⓈⒶ1961·12·8 Ⓐ울산 북구 산업로915 울산경제진흥원3층 울산신용보증재단(052-289-2300) ⓗ울산공고졸, 울산대 경영학과졸 ⓔ대신증권(주) 동래지점장, 同울산남지점장, 同동부지역본부장(상무) 2011~2013년 同동부지역본부장(전무) 2015년 울산신용보증재단 이사장(현)

한양희(韓亮熙) HAN Yang Hee

ⓈⒶ1959·3·21 Ⓐ서울 Ⓡ서울 금천구 가산디지털2로184 (주)위드유 대표이사실(02-2113-9406) ⓗ1977년 서울대사대부고졸 1983년 고려대 경제학과졸 ⓔLG 구조조정본부 부장, (주)LG텔레콤 해외사업담당 상무 2002년 同대외협력담당 상무 2003년 同정책협력실장(상무) 2010년 통합LG텔레콤 PM사업본부 영업2부문장(전무) 2010년 (주)LG유플러스 PM사업본부 영업2부문장(전무) 2011년 同MS본부 영업2부문장(전무) 2012년 同고객서비스실장(전무) 2013년 (주)위드유 대표이사(현) Ⓩ기독교

한연희(韓蓮熙)

생1959·6·20 종경기 평택시 경기대로245 평택시청 부시장실(031-8024-2100) 학경기대 행정대학원졸 경1983년 강화군 근무 1989년 경기도 전입 2001년 同경제농정국 경제총괄과 실업대책팀장(사무관) 2001년 同자치행정국 자치행정과 민간협력담당 2002년 同기획관리실 정책기획관 2003년 경기 안산시 기업지원센터소장 2004년 同안산동장 2005년 경기도 문화관광국 관광과 한류우드팀장 2005년 同문화관광국 문화정책과 예술진흥담당(사무관) 2007년 同기획관리실 정책기획심의관실 규제개선담당 2008년 同기획관리실 경쟁력강화담당관 2010년 同비전기획관실 규제정책담당 2011년 통일부 파견(서기관) 2012년 경기도 경제기획관실 경기일자리센터장 2013년 同일자리정책관실 일자리정책과장 2015년 경기 가평군 부군수 2016년 경기 평택시 부시장(현) 상대통령표창(2009)

한 영(韓 映·女) HAN Young (幽蘭)

생1941·2·27 종청주(淸州) 출전북 임실 주광주 북구 서림로98의97 (재)광주어머니장학재단(062-528-8212) 학1959년 전주여고졸 1965년 전남대 정치학과졸 1995년 同행정대학원 행정학과졸(석사) 2002년 명예 정치학박사(전남대) 경1973~1976년 전남도 부녀아동과장 1977~1986년 한국여학사협회 광주지부 회장 1992~2015년 민주평통 상임위원 1993~1995년 광주시여성단체협의회 회장 1993~2009년 대한어머니회 광주연합회장 1999~2006년 우리민족서로돕기 광주전남 상임대표 2002년 광주방송문화재단 이사(현) 2005년 동아시아여성평화포럼 공동대표 2006~2008년 한나라당(현 새누리당) 최고위원 2006년 민선4기 광주광역시장 출마(새누리당) 2010년 (재)광주어머니장학재단 이사장(현) 상법무부장관표창(1995), 국민훈장 동백장(1996), 전남대 용봉인 영예대상(2011), 한국여성단체협의회 용신봉사상(2015) 종가톨릭

한영규(韓永圭) HAN Yung Kyoo

생1963·2·24 본곡산(谷山) 출경북 주서울 마포구 상암산로76 YTN 보도국(02-398-8000) 학1988년 서울대 사회복지학과졸 경1987년 KBS 기자 1994년 YTN 경제부 차장대우 2001년 同경제1부 차장대우 2002년 同국제부 차장 2003년 同사회2부장 직대 2004년 同편성심의실 편성운영부장 직대 2005년 同기획조정실 기획팀장 2007년 同보도국 문화과학부장 2008년 同보도국 경제부장 2008년 同보도국 뉴스5팀장 2009년 同보도국 뉴스3팀장 2009년 同보도국 보도제작부장 2010년 同보도국 편집부국장 2010년 同미디어전략실장 2013년 同보도국 기획이슈에디터(국장대우) 2014년 同편성제작국장 2016년 同보도국 보도제작부국장(현) 상특종상

한영남(韓永男) Youngnam Han

생1955·2·27 종청주(淸州) 출전남 목포 주대전 유성구 대학로291 한국과학기술원 공과대학 전기및전자공학부(042-350-3472) 학1974년 서울고졸 1978년 서울대 공과대학 전기공학과졸 1980년 同대학원 전기공학과졸 1992년 공학박사(미국 매사추세츠대) 경1980~1983년 해군사관학교 교관 1981년 국방과학연구원 진해기계창 위촉연구원 1983~1985년 금오공과대 교수 1992~1997년 한국전자통신연구원 실장 1998~2009년 한국정보통신대 공학부 교수 2001~2002년 미국 퀄컴 수석연구원 2003~2005년 IEEE VTS Seoul Chapter 위원장 2004~2005년 한국정보통신대 공학부장 2005년 삼성-ICU 공동연구센터장 2008~2009년 한국정보통신대 교학처장 2008년 영국 IBC 'Top100 Engineers and Scientists'에 등재 2009년 한국과학기술원 정보과학기술대학 전기및전자공학과 교수, 同공과대학 전기및전자공학부(현) 2013년 5G포럼 운영위원장(현) 2015년 한국과학기술원(KAIST)·중국 중경이공대 교육협력센터 책임교수(현), 2015년 KAIST·중국 중경이공대 CLKIP Dean(현) 상전자공학회 공로상, 정보통신부장관표창(1997), SKTR 올해의 논문상(1998), Best Paper Award, IEEE VTS 2000 Tokyo Chapter(2000), 미래창조과학부장관표창(2013) 저'CDMA 통신(共)'(1998, 청문각)

한영대(韓泳大) HAN Young Dae

생1923·4·1 종청주(淸州) 출전북 전주 학1969년 연세대 경영대학원 수료 경1954년 대한메리야스공업협회 감사 1955년 한흥물산(주) 사장 1958년 전북메리야스공업협회 이사장 1959년 대한메리야스공업협회 이사 1975년 (주)백양 창업·회장 1996년 (주)BYC 회장 상동탑산업훈장, 은탑산업훈장, 상공부장관표창, 대통령표창(2000) 종기독교

한영로(韓永路) Han, Youngro

생1956·1·15 본곡산(谷山) 출경북 경주 주경기 용인시 수지구 포은대로388 한국에너지공단 임원실(031-260-4010) 학1975년 경주공고졸 1999년 서울시립대 국제관계학과졸 2001년 한양대 행정대학원 행정학과졸 2013년 에너지경제연구원 에너지고위경영자과정 수료 경1991~2004년 국가직 7급 공채임용·산업자원부 전력국·무역실·무역위원회 주무관 2004~2013년 산업자원부 무역투자실·성장동력실·산업자원협력실 사무관 2013~2014년 산업통상자원부 통상협력국 서기관 2014년 에너지관리공단 사업진흥이사 2015년 한국에너지공단 사업진흥이사(현) 상통상산업부장관표창(1994), 국무총리표창(2014)

한영석(韓永錫) HAN Young Suk

생1938·8·24 본곡산(谷山) 출경북 경주 주서울 중구 퇴계로18 대우재단빌딩1103호 법무법인 우일(02-6366-0700) 학1957년 대구 계성고졸 1961년 서울대 법대졸 1971년 미국 UC Berkeley 법대 수료(1년) 1994년 법학박사(계명대) 경1961년 사법시험 합격(13회) 1962년 육군 법무관 1966년 광주지검 검사 1967년 대구지검 김천지청 검사 1968년 부산지검 검사 1972년 서울지검 수원지청 검사 1972년 법무부 법무과 검사 1977년 서울지검 검사 1978년 법무부 법무과장 1979년 서울지검 영등포지청 부장검사 1980년 대검찰청 특수2과장검사 1981년 서울지검 제2차장검사 1982년 법무부 법무실장 1985년 대검찰청 중앙수사부장 1987~1988년 법무부 차관 1988년 대통령 민정수석비서관 1989년 서울고검장 1991년 한국형사정책연구원 원장 1992년 법제처장 1993~2004년 우일합동법률사무소 변호사 1998년 (주)흥창 사외이사, SK(주) 사외이사 2004년 법무법인 우일아이비씨 변호사 2007~2009년 SK에너지(주) 사외이사 2008년 법무법인 우일 변호사·대표변호사·고문변호사(현) 2015년 SK C&C 사외이사(현) 상홍조근정훈장, 황조근정훈장, 청조근정훈장 종천주교

한영석(韓永錫) Han Young Seuk

생1957·12·21 출울산 동구 방어진순환도로100 현대미포조선 사장실(052-250-3114) 학예산고졸, 충남대 기계과졸 경현대중공업 상무보, 同조선사업부 상무, 同조선사업본부 상무 2012년 同조선사업본부 전무 2015~2016년 同조선사업본부 부사장 2016년 현대미포조선 대표이사 사장(현)

한영섭(韓榮燮) HAN Young Seop

생1948·5·5 종청주(淸州) 출제주 제주시 주서울 종로구 종로1길36 대림빌딩 대림산업(02-2011-7114) 학1967년 제주제일고졸 1979년 경기대 행정학과졸 1982년 연세대 경영대학원 경제학과졸 1997년 미국 U.C. Berkeley 경영학전문과정(CBA) 수료 2000년 서울대 법대 경제법전문과정 수료 2010년 법학박사(중앙대) 경1982~1994년 경제기획원 공정거래실·경제기획국·예산실 근무(사무관·서기관) 1994년 재정경제원 인사담당 서기관 1995~1997년 同본부과장(미국 스탠퍼드대 후버연구소 객원연구원) 1997년 공정거래위원회 위원장 비서실장 1998년 同총무과장(부이사관) 2000년 同경쟁촉진과장 2002년 同국장급 해외연수(미국 워싱턴주정부) 2003년 同업무혁신작업단장 2004년 OECD 아시아지역경쟁센터 소장(파견) 2005년 공정거래위원회 제도개선기획단장 2006년 同공정거래제도발전센터 소장(고위공무원) 2007~2010년 한국공정경쟁연합회 회장 2007~2010년 同하도급분쟁조정협의회 위원장 2010년 同고문 2010~2013년 제주테크노파크 초대원장 2014~2016년 제주대 산학협력교수 2014년 대림산업 비상임고문(현) 상경제기획원장관표창(1979·1983), 대통령표창(1992·2003), 홍조근정훈장(2007) 저'개발연대의 경제정책(共)'(1982) '공정거래백서-새로운 경제질서를 향하여(共)'(1983) 종천주교

한영수(韓榮洙) HAN Young Soo

생1947·9·28 출서울 주인천 남구 길파로71번길28 (주)한영전자(032-867-0941) 학서울산업대 전자공학과졸, 동국대 경영대학원 무역학과졸, 경영학박사(동국대) 경1989년 (주)한영전자 대표이사(현) 1994년 (주)한영자동제어 대표이사(현), 한국생산관리학회 회장, 동국대 경영전문대학원 경영학과 겸임교수, 한국표준협회 이사, 한국품질재단 이사(현), 한국측정기기교정협회 이사(현), 한국기기유화시험연구원 이사(현), 대한상사중재원 중재인 1998년 한국합성수지가공계공업협동조합 이사장(현), 한국무역협회 감사(현) 2002년 (주)한영넥스 대표이사(현) 2008년 중소기업중앙회 부회장 2012년 한국표준협회 비상근감사 2012~2015년 중소기업사랑나눔재단 이사 상연세대 경영대학원 연

세경영자상, 계량측정기개발부문 금상, 자랑스러운 중소기업인상, 신지식인 선정, 신한국인 선정, 국가품질경영상, 산업표준화상, 기술혁신 금상, 은탑산업훈장, 금탑산업훈장 [역]'사장이 변해야 회사가 변한다'

한영수(韓永壽) HAN Young Soo

[생]1949·9·15 [본]청주(淸州) [출]서울 [주]전북 전주시 완산구 천잠로235 전주비전대학교 총장실(063-220-3701) [학]1967년 경기상고졸 1972년 연세대 행정학과졸, 프랑스 국제행정대학원졸 1985년 경제학박사(프랑스 파리제13대) [경]1971년 행정고시 합격(10회) 1971~1980년 총무처·상공부 사무관 1980~1991년 상공부 아주통상과장·수입과장·중소기업정책과장 1991년 특허청 국제특허연수원 교수부장 1992년 미국 코넬대 연수 1993년 상공자원부 통상협력국장 1994년 同통상협력관 1994년 통상산업부 통상협력심의관 1997년 同생활공업국장 1998년 산업자원부 생활산업국장 1998년 산업연구원 파견 1998~1999년 산업자원부 자원정책심의관·관리관 1999년 한국기계공업진흥회 상근부회장 2000~2006년 한국무역협회 전무이사 2005~2009년 신세계 사외이사 2006~2007년 한국전자거래진흥원 원장 2008~2009년 고려대 국제대학원 전임교수 2009~2011년 경기공업대학 총장 2011~2014년 경기과학기술대 총장 2015년 전주비전대 총장(현) 2015년 한국개발연구원 비상임감사(현) [상]녹조근정훈장(1979) [종]천주교

한영수(韓英洙) HAN YEONG SOO

[생]1967·1·23 [본]청주(淸州) [출]경북 포항 [주]세종특별자치시 도움5로20 법제처 법제정책국(044-200-6558) [학]1985년 포항고졸 1990년 서울대 법학과졸 [경]1990년 행정고시 합격(34회) 1991년 법제처 행정사무관 1998년 同서기관 1999년 同법제관 2002년 同법령홍보담당관 2003년 해외훈련 2005년 법제처 재정기획관(부이사관) 2007년 同행정법제국 법제관 2008년 대통령 법무비서관실 행정관(파견) 2010년 법제처 행정법제국 법제관 2011년 同행정법제국 법제심의관(고위공무원) 2012년 同행정법제국장 2013년 헌법재판소 파견 2014년 법제처 법령해석정보국장 2015년 同법제지원단장 2016년 同법제정책국장(현) [상]대통령표창(2006), 대통령실장표창(2009), 홍조근정훈장(2015)

한영실(韓榮實·女) HAN Young Sil

[생]1957·11·14 [출]인천 [주]서울 용산구 청파로47길100 숙명여자대학교 식품영양학과(02-710-9764) [학]1976년 인일여고졸 1980년 숙명여대 식품영양학과졸 1984년 同대학원 식품영양학과졸 1990년 이학박사(숙명여대) [경]1984년 숙명여대 강사 1985~1997년 부경대(舊 부산수산대) 식품생명과학과 교수 1991~1992년 독일 본대 식품공학연구소 객원연구원 1994~1995·1997년 同객원교수 1997년 숙명여대 식품영양학과 교수(현) 2000~2008년 同한국음식연구원장 2002~2006년 同사무처장 2004~2007년 KBS TV '비타민-위대한밥상' 출연 2006~2008년 숙명여대 교무처장 겸 산학협력단장 2008~2012년 同총장 2008년 글로벌인재포럼 자문위원 2008년 농림수산식품부 주최 'KOREA FOOD EXPO(KFE)2008' 추진위원회 위원장 2011년 녹색생활실천어머니연합 상임의장 2011~2013년 재단법인 한국방문의해위원회 위원 2011년 한국대학교육협의회 대학윤리위원회 부위원장 2011년 한국사립대학총장협의회 부회장 2011년 KB금융공익재단 이사(현) 2011년 대한민국ROTC중앙회 명예회원(현) 2012년 새누리당 공직후보자추천심사위원회 위원 2014년 同6·4지방선거대책위원회 공동위원장 2014년 同인재영입위원(현) 2014년 同윤리위원(현) 2015년 한국식품조리과학회 회장 [상]한국조리과학회 학술상(2001), 식품의약품안전청 특별공로상(2009), 대한민국경영혁신대상 혁신리더부문(2009), The Company of Korea 경영혁신대상(2009), 조선일보광고대상 출판·학습지·대학부문 최우수상(2010), 한국을 빛낸 창조경영인상 인재경영부문(2011) [저]'음식이 보약이다'(1998) '우리가 정말 알아야 할 음식상식 백가지'(1999) '한국 음식대관(共)'(1999) '칼로리 건강법'(2000) '한국음식대관' '한국전통음식'(2000) '쉽게 찾는 칼로리북'(2001) '당뇨병 칼로리북'(2004) '아름다운 우리 음식'(2005) '칼로리를 알면 다이어트가 즐겁다' '위대한 밥상'(2005)

한영애(韓英愛·女) HAN Young Ae

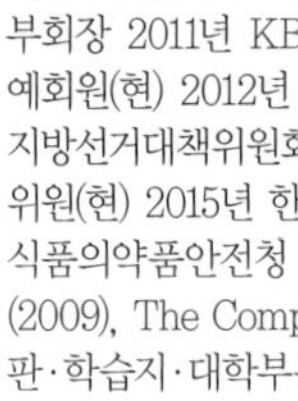

[생]1960·10·12 [주]경남 창원시 의창구 상남로290 경상남도의회(055-211-7332) [학]진주 삼현여고졸, 창원대 아동가족학과졸, 同교육대학원 유아교육학과졸 [경]프리빌어린이집 원장 2012년 새누리당 창원성산구당원협의회 부위원장 2012년 경남도의회 의원(보궐선거, 새누리당) 2012~2014년 同기획행정위원회 위원, 同예산결산특별위원회 위원 2014년 경남도의회 의원(새누리당)(현) 2014년 同운영위원회 위원 2014년 同교육위원회 부위원장 2016년 同예산결산특별위원회 위원 2016년 同교육위원회 위원장(현)

한영우(韓永愚) HAN Young Woo (湖山)

[생]1938·7·12 [본]청주(淸州) [출]충남 서산 [주]서울 관악구 관악로1 서울대학교 국사학과(02-880-5114) [학]1957년 온양고졸 1962년 서울대 사학과졸 1967년 同대학원졸 1981년 문학박사(서울대) [경]1967~1975년 서울대 문리대학 조교·전임강사·조교수 1975~1985년 同인문대학 조교수·부교수 1980년 同인문대학장보 1983년 미국 하버드대 객원교수 1985~2003년 서울대 국사학과 교수 1987~1991년 同한국문화연구소장 1989~1996년 교육부 학술진흥위원 1990년 한국사연구회 회장 1990년 서울시사 편찬위원 1991~2003년 국사편찬위원회 위원 1992~1996년 서울대 규장각관장 1993년 문화재청 문화재위원 1996년 간행물윤리위원회 위원 1997~2003년 경기문화재단 이사 1998~2000년 서울대 인문대학장 2002년 한국간행물윤리위원회 서평분과 위원장 2003~2005년 문화재위원회 부위원장 2003~2009년 同사적분과 위원 2003~2008년 한림대 한림과학원 특임교수 2003년 서울대 인문대학 명예교수(현) 2007~2009년 문화재위원회 사적분과 위원장 2008~2013년 이화여대 이화학술원 석좌교수 2012~2013년 同이화학술원장 [상]한국출판문화상 저술상(1984), 치암학술상(1986), 세종문화상 학술상(1994), 옥조근정훈장, 간행물윤리상 저작상(2005), 대한민국문화유산상 대통령표창(2005), 제46회 한국출판문화상 저술상(2006), 수당상 인문과학부문(2007), 경암학술상 인문사회분야(2007), 민세안재홍 학술상(2012) [저]'정도전사상의 연구' '조선전기 사학사 연구' '조선전기 사회경제연구' '조선전기 사회사상 연구' '조선후기 사학사 연구' '한국의 문화전통' '우리역사와의 대화' '한국민족주의 역사학' '한국의 역사가와 역사학' '다시 찾는 우리역사' '미래를 위한 역사의식' '시민을 위한 한국사' '조선시대 신분사 연구' '정조의 화성행차 그 8일' '왕조의 설계자 정도전' '우리 옛지도와 그 아름다움' '명성황후와 대한제국' '역사학의 역사' '조선왕조 의궤' '역사를 아는 힘'(2005) '21세기 한국학 어떻게 할 것인가(共)'(2005) '대한제국은 근대국가인가(共)'(2006) '조선의 집 동궐에 들다'(2006) '실학의 선구자 이수광'(2007) '다시, 실학이란 무엇인가(共)'(2007) '꿈과 반역의 실학자 유수원'(2007) '조선 수성기 제갈량 양성지'(2008) '문화정치의 산실 규장각'(2008) '한국선비지성사'(2010, 지식산업사) 영문판 'A Review of Korean History'(2010, 경세원) '중국어판 조선왕조 의궤'(2012, 중국 절강대학) '과거 : 출세의 사다리'(2013, 지식산업사) '율곡 이이평전'(2013, 민음사) '과거, 출세의 사다리'(2014, 지식산업사·전 4권) '미래와 만나는 한국의 선비문화'(2014, 세창출판사)

한영재(韓榮宰) HAN, YOUNG-JAE

[생]1955·2·4 [본]청주(淸州) [출]서울 [주]서울 강남구 테헤란로142 캐피탈타워A동10층 (주)노루홀딩스 회장실(02-2191-7706) [학]1973년 경기고졸 1977년 연세대 경영학과졸 1979년 미국 보스턴대 대학원 경영학과졸(MBA) [경]1985년 대한페인트·잉크(주) 상무이사 1986년 同부사장 1988년 同대표이사 사장 2000년 同대표이사 회장 2000년 (주)디피아이 대표이사 회장 2006년 (주)노루홀딩스 각자대표이사 회장(현) 2012~2015년 (재)명동정동극장 비상임이사 2016년 (주)노루페인트 각자대표이사 회장 겸임(현) [상]대통령표창, 한국종합생산성대상, 은탑산업훈장(2005), 미국 보스턴대 자랑스런 동문상(2009), 자랑스런 연세상경인상 산업·경영부문(2013)

한영주(韓泳奏) HAHN Yeong Joo

[생]1950·1·13 [본]청주(淸州) [출]전북 진안 [주]서울 강남구 테헤란로7길22 과학기술회관본관303호 도시·지역계획연구원(02-538-3692) [학]1972년 서울대 지리학과졸 1977년 同환경대학원 환경계획학과졸 1984년 미국 시라큐스대 맥스웰행정대학원 지역계획학과졸 1989년 사회과학박사(미국 시라큐스대 맥스웰행정대학원) [경]1977년 고려대 아시아문제연구소 연구조수 1977~1978년 건설부 국토계획조사연구단 연구원 1978~1986년 국토개발연구원 책임연구원 1989~1993년 同수석연구원 1993~1996년 서울시정개발연구원 서울21세기연구센터 실장 1995~1997년 同기획조정실장 1997~1998년 同도시경영연구부장 1999~2003년 국토연구원 새서울밀레니엄팀장·월드컵지원연구단장·서울마케팅연구단장 2003~2006년 전북발전연구원 원장 2007~2010년 서울시정개발연구원 동북아도시센터장 겸 선임연구위원 2010년 도시·지역계획연구원 원장(현) 2010년 대통령직속 지역발전위원회 계간지 '지역과 발전' 편집인(현) 2013~2015년 대통령소속 지방자치발전위원회 자문위원 [상]OECD 아시아·태평양 무역·서비스도시비교전 수상(1994), 서울시장 감사패(2000), 서울시장표창(2002), 대통령표창(2002), 한국조경학회장표창(2002), 전주시지역혁신협의회 의장 감사패(2005), 전북도지사 감사패(2006), 전주상공회의소 회장 공로패(2006) [저]'우리나라 산업입지정책의 평가'(1989) '가난한 부자 이야기'(2006) '사람은 꿈꾸고 도시는 진화한다'(2010) [작]'서울시 갈등사례 실태 분석과 갈등 관리 방안' 등 연구보고서 58편

한영표(韓瑛杓) HAN Young Pyo

[생]1966 · 5 · 10 [출]경남 남해 [주]부산 연제구 법원로31 부산지방법원(051-590-1114) [학]1985년 동아고졸 1990년 서울대 사법학과졸 [경]1990년 사법시험 합격(32회) 1993년 사법연수원 수료(22기) 1993년 軍법무관 1996년 부산지법 판사 1999년 同동부지원 판사 2001년 부산지법 판사 2003년 부산고법 판사 2006년 부산지법 판사 2008년 울산지법 부장판사 2010년 부산지법 부장판사 2014년 창원지법 밀양지원장 2016년 부산지법 부장판사(현)

한영환(韓榮煥) HAN Young Hwan

[생]1964 · 2 · 1 [출]경남 창녕 [주]서울 서초구 서초대로 254 오퓨런스빌딩710호 한영환법률사무소(02-587-0081) [학]1982년 대구 능인고졸 1987년 서울대 법학과졸 [경]1988년 사법시험 합격(30회) 1991년 사법연수원 수료(20기) 1992년 변호사 개업 2001년 울산지법 판사 2003년 부산고법 판사 2004년 수원지법 평택지원 판사 2005년 서울고법 판사 2007년 대구지법 부장판사 2008년 인천지법 부장판사 2011년 서울중앙지법 부장판사 2014~2016년 서울서부지법 부장판사 2016년 변호사 개업(현)

한옥민(韓玉敏) HAN Ok Min

[생]1959 · 8 · 15 [본]청주(淸州) [출]서울 [주]서울 중구 을지로16 백남빌딩5층 (주)모두투어네트워크(02-728-8585) [학]장안대학 관광경영학과졸 2013년 경기대 관광전문대학원 관광사업경영과 재학 중 [경]1988년 세유여행사 입사 1989년 국일여행사 입사 2006년 KATA OUTBOUND위원회 기획여행소위원장 2007년 同여행정보센터 자문위원, (주)모두투어네트워크 상품기획·영업본부총괄 전무이사 2009년 同전략기획본부장 2009~2013년 同부사장(CCO) 2010년 한국관광협회중앙회 BSP특별위원회 산하 기획여행분과위원장 2013년 (주)모두투어네트워크 사장(현) [상]태국정부관광청 우정상(2010), 국무총리표창(2013) [종]기독교

한옥수(韓鈺洙 · 女) Han, Oksoo (가원)

[출]서울 [주]서울 종로구 평창12길8의21 (사)가원국제음악문화회(02-379-5698) [학]1956년 숙명여고졸 1960년 이화여대 음악과졸 1962년 미국 Cincinnati대학원 피아노과졸 1983년 명예 음악학박사(미국 William Penn대) [경]1956~1960년 KBS 교향악단과 협연(3회) 1960년 조선일보주최 신인음악회 피아노연주 1962~1972년 미국 줄리어드음대 Edward Steuermann · Sasha Goronitzki · Ilona Kabos교수에게 마스터클래스 수료 및 사사 1964년 한국인 최초 미국 카네기홀 공연 1965~1972년 뉴욕 Eric Semon Management Artist 1965년 유럽연주회(암스테르담 · 덴하그 · 베를린 · 런던 · 비엔나 등) 1965~1969년 미국 Community Concert Series에서 연주 1966~1972년 미국 Long Island대 교수 1967년 동아일보주최 고국방문 협연 및 독주회 1967년 캐나다 연주(12회) 1968년 Rachmaninoff Hall에서 '라흐마니노프를 위한 20주년 기념음악회' 연주 1973년 한국일보주최 귀국연주회 1975년 한국 최초 줄리어드음대 교수 초청 · 마스터클래스 및 뮤직페스티벌 개최 1976~1978년 경희대 부교수 1977년 뉴욕피아노교수협회 초청 Cami Hall에서 연주 1983~2003년 단국대 기악과 교수 1987년 사비에르 몬살바헤 국제피아노경연대회 심사위원 1987년 미국 The World Piano Competition 음악자문위원 겸 이사 1990년 한국인 최초 차이코프스키국제콩쿨 심사위원 1990년 일본 동경 Suntory Hall 독주회 1993년 KBS '일요객석' 출연 · 연주회 및 아리랑TV 출연 1993년 (사)가원국제음악문화회 이사장(현) · Gawon International Award 제정 1995년 제1회 Han Romanson 국제피아노콩쿨 조직위원장 1995년 제2회 러시아 Prokofieff 국제콩쿨 심사위원 1995년 모스크바 필하모닉오케스트라와 '베토벤 피아노 협주곡 제5번' 협연, 멕시코 Parnassos International Competiton 심사위원 2001년 제12차 국제대기환경보전단체연합회(IUAPPA) 서울대회기념 환경음악회 연주 2003년 단국대 기악과 명예교수(현) [상]이화여대 음대 콩쿨입상(1955), 미국 오하이오 Three Fine Arts 콩쿨 특상(1961), 외무부장관표창(1967), 월간음악상(1982), 자랑스러운 숙명인상(1996), 자랑스러운 이화인상, 3.1절 90주년 기념 장한 무궁화인상(2009), 미국 World Lifetime Achivement Award(평생공로상) 음악부문(2009) [저]'Chopin Etudes'(1983, 현대악보출판사) 'Beethoven Sonata 전곡주해'(1983) 'Chopin Preludes'(1984, 현대악보출판사) 'Rachmaninoff Etudes-Tableau'(2000) '건반 위에 핀 호야꽃'(2016) [작]음반 'Bel Air Music BAM2032' 'A Dance to the Music of time' 모스크바 필하모닉 오케스트라 협연 'Beethoven Piano Concerto No.5'(2003) [종]기독교

한옥자(韓玉子 · 女)

[생]1956·8·17 [주]경기 수원시 장안구 경수대로1150 (재)경기도가족여성연구원(031-220-3906) [학]1986년 한국방송통신대 가정학과졸 1988년 연세대 교육대학원 교육학과졸 2006년 사회복지학박사(경기대) [경]1979~1985년 서울대병원 간호사 1985~2015년 경기대 보건진료소 근무·운영팀장 1994~2002년 수원여성회 대표 1998~2001년 경기여성단체연합 공동대표 1998~2003년 경기좋은학교도서관만들기협의회 회장 2002년 (사)장아람 이사(현) 2006~2007년 경희대 행정대학원 객원교수 2006~2010년 수원시건강가정지원센터장 2008년 경기시민사회포럼 공동대표(현), 경기도 여성발전위원회 위원, 수원시 정책위원회 위원 2012년 한국사티어변형체계치료학회 이사(현), (재)수원시정연구원 이사(현) 2015년 (재)경기도가족여성연구원 원장(현) [상]수원시 여성상(2009), 수원시 가족상(2009), 교육과학기술부장관표창(2010) [저]'가족의 빅뱅'(共) '정책의 성별영향분석을 위한 기반구축 연구'(共)

한완상(韓完相) HAN Wan Sang (한민)

[생]1936·3·5 [본]청주(淸州) [출]충남 당진 [학]1955년 경북고졸 1960년 서울대 사회학과졸 1962년 同대학원 수료 1964년 미국 에모리대 대학원 정치사회학과졸 1967년 정치사회학박사(미국 에모리대) [경]1966년 미국 조지아주립대 강사 1967년 미국 테네시주립공과대 조교수 1969년 미국 이스트캐롤라이나대 조교수 1970~1976년 서울대 사회학과 부교수 1972년 문교부 재외국민교육정책심의위원회 부위원장 1976년 서울대 부교수 해직 1976~1980년 세계교회협의회 개발위원회 커미셔너 1979년 미국 뉴욕주립대 초빙교수 1979년 기독학생총연맹 이사장 1979년 Human Rights Internet 이사 1980년 서울대 부교수 복직 1980년 同부교수 해직 1982년 미국 에모리대 초빙교수 1982년 미국 연합장로교총회본부 자문위원 1984년 서울대 교수 복직 1984~1993년 同사회학과 교수 1987년 새길교회 창립 1988년 방송위원회 상임위원 1988년 한국기독자교수협의회 회장 1991년 한국사회학회 회장 1993년 부총리 겸 통일원 장관 1993년 한국사회문화연구원 회장 1994년 종합유선방송위원회 위원장 1994년 통일고문 1994~1998년 한국방송통신대 총장 1995~1997년 부정부패추방시민연합 공동대표 1999~2001년 상지대 총장 2000년 경제정의실천시민연합 통일협회 이사장 2001~2002년 부총리 겸 교육인적자원부 장관 2002~2004년 한성대 총장 2002년 새천년민주당 노무현 대통령후보 사회담당 고문 2003년 KBS 강태원복지재단 이사장 2004년 남북경제문화협력재단 이사장 2004~2007년 대한적십자사 총재 2012년 담쟁이포럼 대표 2013~2014년 경기도교육연구원 초대이사장 2016년 '정책공간 국민성장' 상임고문(현) [상]청조근정훈장(1994), 민족화해상(2006), 적십자대상 태극장(2008), 미국 에모리대 명예로운 해외동창상(2009) [저]'현대사회와 청년문화'(1973) '저 낮은 곳을 향하여'(1978) '민중과 지식인'(1978) '민중사회학'(1984) '인간과 사회구조'(1986) '청산이냐 답습이냐'(1988) '한국현실과 한국사회학'(1992) '다시 한국 지식인에게'(2000) '예수없는 예수교회'(2008) '한국 교회여, 낮은 곳에 서라(저 낮은 곳을 향하여 개정판)'(2009) '우아한 패배'(2009) 등 다수 [역]'소유냐 존재냐'(共) '독재의 극복과 민주화' [종]기독교

한완수(韓完洙) Han Wan-soo

[생]1949·9·27 [주]전북 전주시 완산구 효자로225 전라북도의회(063-280-4523) [학]전주상고졸 [경]초등학교 교사, 임실읍체육회 회장, 임실청년회의소(JC) 회장, 한국청년회의소(JC) 훈련원장, 임실읍지역발전협의회 회장, 임실군애향운동본부 사무국장, 임실군애향장학회 후원회장, 민주평통 자문위원 1995·1998·2002~2006년 전북 임실군의회 의원 2002년 同의장 2006년 전북도의원선거 출마(무소속) 2014년 전북도의회 의원(무소속·더불어민주당)(현) 2014년 同문화건설안전위원회 위원 2014년 同윤리특별위원회 위원 2015년 同예산결산특별위원회 위원 2015~2016년 同윤리특별위원회 위원장 2016년 同문화건설안전위원회 위원장(현) [종]천주교

한용걸(韓容杰) HAN Yong Kirl

[생]1964 · 7 · 3 [출]경북 경주 [주]서울 종로구 경희궁길26 세계일보 논설위원실(02-2000-1669) [학]1990년 한양대 영어영문학과졸 2001년 同행정대학원 언론홍보학과졸 [경]1990년 세계일보 입사 1994년 미국 The Washington Times 연수 1995년 세계일보 사회부 기자 1999년 同정치부 기자 2001년 同정치부 차장대우 2002년 미국 캘리포니아주립대 연수 2004년 同기획팀장 2005년 同워싱턴특파원 2010년 同편집국 국제부 부장대우 2010년 同편집국 국제부장 2012년 同논설위원 2013년 同대외협력단장 겸 편집국 기획위원 2014년 同편집국 사회부장(부국장급) 2015년 同편집국장 2015년 同논설위원(현) [상]한국기자협회 이달의 기자상(1996 · 2012), 한양언론인회 '한양언론인상'(2015) [저]'K스트리트'(2011) '오보(共)'(2003, 한국언론재단) [종]천주교

ㅎ

한용길(韓龍吉) HAN Yong Gil

[생]1963 · 2 · 28 [본]청주(淸州) [출]서울 [주]서울 양천구 목동서로159의1 CBS 사장실(02-2650-7001) [학]1981년 한성고졸 1988년 경희대 영어영문학과졸 [경]1988년 CBS 편성제작국 PD 1996년 同편성제작국 차장 2000년 同편성제작국 FM부장 2003년 同방송위원 2004년 同창사50주년기념사업단장 겸 공연기획팀장 2005년 同마케팅본부 공연기획단장(부국장) 2006년 同편성국장 2008년 同특임본부장 2009년 同문화사업본부장 2009~2015년 (주)JOY커뮤니케이션 대표이사 2015년 CBS 대표이사 사장(현) [상]한국프로듀서상 작품상(1995 · 1997), 한국방송프로듀서상 라디오대상(1997) [종]기독교

한용만(韓龍萬) Yong-Mahn Han

[생]1957·11·2 [출]경기 화성 [주]대전 유성구 대학로291 한국과학기술원 생명과학기술대학 생명과학과(042-350-2640) [학]1984년 건국대 축산학과졸 1986년 同대학원 축산학과졸 1993년 이학박사(한국과학기술원) [경]1986~1992년 한국과학기술원(KAIST) 유전공학연구소 연구원 1988~1990년 고려대 의대 외래강사 1992~1997년 생명공학연구소 선임연구원 1992~1997년 한국과학기술원(KAIST) 생명공학연구소 선임연구원 1993년 일본 오비히로축산대 교환연구원 1995년 일본 축산시험장 교환연구원 1996~1997년 충남대 축산학과 겸임조교수 1997~2006년 한국생명공학연구원 책임연구원 1999~2003년 충남대 동물자원학부 겸임교수 2002~2006년 한국생명공학연구원 발생분화연구실장 2006년 同전략연구본부장 2006년 한국과학기술원(KAIST) 생명과학기술대학 생명과학과 교수(현), 同생명과학기술대학 생명과학과 소장 2015년 한국줄기세포학회 회장(현) [상]로얀국제학술상 최우수상(2003)

한용섭(韓庸燮) HAN Yong Sup

[생]1955·8·7 [본]청주(淸州) [출]경남 진주 [주]경기 고양시 덕양구 제2자유로33 국방대학교 안전보장대학원 군사전략학과(02-300-2010) [학]부산고졸 1978년 서울대 정치학과졸 1980년 同대학원 정치학과졸 1987년 미국 Harvard Univ. 대학원 정책학과졸 1991년 안보정책학박사(미국 Rand Graduate School) [경]1977년 행정고시 합격(21회) 1979년 창녕군 부군수 1982~1985년 국방부 정책기획관실 SCM담당 1991~1993년 同군비통제관실 핵정책담당관 1993년 同장관 정무비서관 1994년 국방대 안전보장대학원 군사전략학과 교수(현) 1998~2000년 미국 RAND연구소 연구위원 1999년 미국 몬테레이 비확산연구소 초빙연구원 2001~2003년 안보문제연구소 국제문제연구실장 2002~2003년 同군사문제연구실장 2004년 한국국제정치학회 부회장 2005~2008년 국방대 국가안전보장문제연구소장 2005년 대통령자문 국방발전자문위원 2005년 한중싱크넷 부회장(현) 2007~2009년 한국평화학회 회장 2009년 중국외교학원 교환교수 2011~2012년 국방대 부총장 2011년 외교통상부 핵안보정상회의 자문위원 2011년 한반도포럼 회원(현) 2011년 통일부 정책자문위원(현) 2011~2012년 同한·중전문가공동연구위원회 위원 2012~2015년 한국핵정책학회 회장 2015년 중국 푸단대(復旦大) 교환교수 2016년 미국 포틀랜드주립대 교환교수 [상]국방부장관표창(1983), 국무총리표창(1992), 국방대총장표창(1995·2001), 한국국제정치학회 저술상(2004), 세종문화상 통일외교부문(2008), 홍조근정훈장(2012) [저]'한미관계의 평가와 전망'(2001) 'Sunshine in Korea(共)'(2002) '자주냐 동맹이냐'(2004) '한반도 평화와 군비통제'(2004) '동아시아 안보공동체'(2005) 'Peace and Arms Control on the Korean Peninsula'(2005) '북한 군사문제의 재조명(共)'(2006) '미일중러의 군사전략(共)'(2008) '미중 경쟁시대의 동북아 평화론:쟁점, 과제, 구축전략'(2010, 아연출판부) '국방정책론'(2012) [역]'레이건의 소련붕괴전략'(2006, 오름시스템) [종]기독교

한용외(韓龍外) HAN Yong Oe

[생]1947·7·7 [본]청주(淸州) [출]대구 [주]서울 송파구 올림픽로35가길10 더샵스타파크A동507호 인클로버재단(02-508-1922) [학]1967년 대구고졸 1974년 영남대 경영학과졸, 숭실대 사회복지대학원 사회복지정책과졸 1995년 서울대 최고경영자과정 수료 2000년 국제산업디자인대학원대 뉴밀레니엄과정 수료 2009년 숭실대 대학원 사회복지행정학 박사과정 수료 2011년 사회복지학박사(숭실대) [경]1974년 제일합섬(주) 입사 1978년 同과장 1980년 삼성그룹 비서실 감사팀 과장 1984년 同재무팀 부장 1985년 同운영3팀장 1987년 삼성전자(주) 관리팀 부장 1988년 同관리담당 이사 1991년 삼성그룹 비서실 재무팀 이사 1992년 同비서실 경영지도팀장(상무이사) 1993년 삼성데이타시스템 경영지원본부 총괄(상무이사) 1995년 삼성문화재단 총괄(전무이사) 1997~1999년 同대표이사 부사장 1997~2000년 한국사회복지협의회 부회장 2000년 삼성전자(주) 대표이사 부사장 2000년 경기도육상연맹 회장 2000년 한국전자산업환경협회 회장 2001년 삼성전자(주) 디지털어플라이언스네트워크총괄 사장 2004년 삼성재단(삼성문화재단·호암재단·삼성복지재단·삼성이건희장학재단) 총괄사장 2007~2009년 삼성사회봉사단 단장(사장) 2007년 예술의전당 이사 2008년 한국사회복지협의회 부회장 2008~2010년 사회복지공동모금회 이사 2009~2012년 서울장학재단 이사 2009~2013년 대한장애인체육회 부회장 2009년 삼성생명보험(주) 상담역 2009년 사회복지법인 인클로버재단(다문화가정청소년복지재단) 이사장(현) 2010~2016년 국립중앙박물관문화재단 이사장 2012~2014년 삼성생명보험(주) 고문 2014년 한국사회복지협의회 비상임이사(현) [상]대통령표창(2000), 국민포장(2007) [종]불교

한용진(韓龍震) HAHN Youn Jin

[생]1959·3·27 [출]서울 [주]서울 성북구 안암로145 고려대학교 사범대학 교육학과(02-3290-2301) [학]1986년 고려대 사범대학 교육학과졸 1989년 同대학원 교육학과졸 1993년 일본 나고야대 비교국제교육과정 수료, 민족문화추진회 부설 국역연수원졸(3년), 교육학박사(고려대) [경]1996~2004년 고려대 사범대학 교육학과 조교수·부교수 1996~2000년 同사회교육원 사회교육실장 2000~2001년 일본 나고야대 교육학연구과 객원교수 2002년 한국비교교육학회 이사 2003~2004년 한국교육사학회 편집위원장 2004년 고려대 사범대학 교육학과 교수(현) 2005년 영국 케임브리지대 방문학자 2006~2008년 안암교육학회 '한국교육학연구' 편집위원장 2006~2007년 고려대 교육문제연구소장 2008~2009년 同평생교육원장 2009~2010년 한국교육사학회 회장 2009~2010년 고려대 교육사철학연구회 회장 2010~2013년 同'교육문제연구' 편집위원장 2012년 일본 도호쿠대 방문교수 2013~2015년 고려대 사범대학장 겸 교육대학원장 [저]'서양근세 교육사상가론(共)'(1989) '민족교육의 사상사적 조망(共)'(1994) '교육의 세기와 기초주의'(1997) '새로운 교육의 탐색'(1997) '남북통일 이후 사회통합을 위한 교육의 역할(共)'(1998) '교육사상의 탐구(編)'(1999) '정보화사회를 위한 컴퓨터와 교육(共)'(1999) '정보화 시대의 컴퓨터 교육(共)'(2001) '최신 교육실습론-이론과 실제(共)'(2003) '동아시아 근대교육사상가론(共)'(2004) '개화기 대외 민간 문화교류의 의미와 영향(共)'(2005) '교육학개론(共)'(2006) '대학교육 개혁의 철학과 각국의 동향(共)'(2006) '교육사상의 역사(共)'(2009) '주요선진국의 대학 발전 동향(共)'(2009) '저팬리뷰2010(共)'(2010) '일본문화사전(共)'(2010) '근대 이후 일본의 교육'(2010) '저팬리뷰2011(共)'(2011) '저팬리뷰2012 : 3.11동일본 대지진과 일본(共)'(2012) '비교교육학 이론과 실제(共)'(2012) '比較教育學事典(共)'(2012, 東信堂) 등 [역]'루돌프 슈타이너의 교육론'(1997, 내일을여는책) '한국근대대학의 성립과 전개'(2001, 교육과학사) '아희원람(共)'(2008, 한국학술정보)

한용태(韓用泰) HAN Yong Tai

[생]1954·1·3 [출]대전 [주]충남 홍성군 홍북면 상하천로58 충청남도개발공사(041-630-7804) [학]숭실대 영어영문학과졸 [경]2000년 한국토지공사 고객지원처 고객기획부장 2003년 同자금관리부장 2003년 同고객지원처장 2005년 同강원지역본부장 2007년 서울대 교육파견 2008년 한국토지공사 인사처장 2009년 한국토지주택공사 사대강사업지원단장 2014년 충남도개발공사 관리이사(현)

한우삼(韓祐三) HAN Woo Sam

[생]1944 · 8 · 8 [본]청주(淸州) [출]서울 [주]경기 안산시 단원구 해봉로212 태양금속공업(주) 비서실(031-490-5767) [학]1963년 동성고졸 1968년 동국대 경영학과졸 1993년 서울대 경영대학원 최고경영자과정 수료 1995년 고려대 언론대학원 수료 [경]1967년 내외무역진흥(주) 근무 1971년 태양금속공업(주) 입사 1991~1999년 同대표이사 사장 2001년 동국대총동창회 부회장 2002년 한국중견기업연합회 부회장 2003년 태양금속공업(주) 대표이사 회장(현) 2007년 한국파스너공업협동조합 초대이사장 2008~2015년 안산상공회의소 회장 2015년 同명예회장(현) [상]국무총리표창(1978), 동탑산업훈장(1994), 은탑산업훈장(2004), 금탑산업훈장(2013) [종]기독교

한우성(韓愚成) HAN Woo Sung

[생]1936·10·15 [본]청주(淸州) [출]경남 사천 [주]경남 사천시 축동면 용수길179의14 무형문화재 가산오광대 전수회관(055-854-6669) [학]1948년 구호초등학교졸 [경]1985년 사천시 무형문화재전수교육관 명예관리인(현) 1986년 경상대사대부속중·고 교사연수생·무용반 위촉강사 1988년 중요무형문화재 제73호 가산오광대 이수 1990년 중요무형문화재 제73호 가산오광대 조교 1995년 중요무형문화재 제73호 가산오광대보존회 회장(현) 1996년 진주탈춤 한마당 자문위원 1996년 진주 창작탈만들기대회 심사위원 1997년 경북 안동국제탈춤페스티벌 추진자문위원 2000년 중요무형문화재 제73호 가산오광대(영노·큰양반) 예능보유자 지정(현) [상]전국청소년탈춤경연대회 동상 [종]불교

한우성(韓宇聲) Han U Seong

[생]1958·6·2 [출]강원 동해 [주]경기 수원시 영통구 삼성로129 삼성전자(주) LED사업팀(02-2255-0114) [학]묵호종합고졸, 영남대 전자공학과졸, 경희대 대학원 전자공학과졸, 전기및전자공학박사(스위스 취리히연방공과대) [경]삼성전자(주) 메모리공정개발팀 담당임원, 同메모리기술팀장(상무) 2010년 同SAS법인장(상무) 2010년 同SAS법인장(전무) 2013년 삼성전기(주) ACI사업부장(부사장) 2016년 삼성전자(주) LED사업팀장(부사장)(현)

한운기(韓運起) Han, Woon-Kee

[생]1960·2·6 [본]청주(淸州) [출]서울 [주]서울 중구 퇴계로36길10 한국의집(02-2270-1100) [학]명지대 경영학과졸, 서강대 경영대학원졸(MBA) [경]1996년 한국문화재보호재단 기획과장 1998년 同한국의집 관장 2000년 同총무과장 2001년 同한옥마을팀장 2002년 同경영기획단장 2004년 同기획조정실장 2007년 同남산골한옥마을소장 2010년 同감사실장 2010년 同마케팅실장 2012년 同경영지원실장 2014년 한국문화재재단 창조사업기획단장 2014년 同무형문화유산사업단장 2016년 同한국의집 관장(현) [종]불교

한운섭(韓雲燮) Han un sub

[생]1970·11·14 [본]청주(淸州) [출]전남 순천 [주]경기 과천시 관문로47 경인지방식품의약품안전청 운영지원과(02-2110-8006) [학]1988년 순천 효천고졸 2008년 한국방송통신대 일본어학과졸 2011년 중앙대 의약식품대학원졸(석사) [경]2000~2001년 광주지방식품의약품안전청 근무 2004~2012년 식품의약품안전청 기획관리실·건강기능식품과·감사담당관실 근무 2013~2014년 식품의약품안전처 비서실 근무 2015년 同대변인실 서기관 2016년 경인지방식품의약품안전청 운영지원과장(현)

한웅걸(韓雄杰) HAN Ung Kol

[생]1953·5·1 [본]청주(淸州) [출]서울 [주]서울 강남구 테헤란로401 동양파일(주)(02-3770-1805) [학]청운고졸, 한양대 토목공학과졸 2004년 同대학원 토질 및 기초공학과졸 [경]고려개발(주) 토목사업본부 턴키팀담당 이사, 同상무보, 호원대 토목학부 겸임교수 2007년 고려개발(주) 수주영업담당 상무 2008~2009년 同기획개발팀 상무 2015년 동양파일(주) 대표이사(현) 2015년 (사)한국건설품질기술사회 회장(현) [종]기독교

한웅재(韓雄在)

[생]1970·10·19 [출]충남 연기 [주]서울 서초구 반포대로158 서울중앙지방검찰청 형사8부(02-530-4314) [학]1989년 단국사대부고졸 1994년 서울대 법학과졸 1995년 同대학원 법학과 수료 [경]1996년 사법시험 합격(38회) 1999년 사법연수원 수료(28기) 1999년 軍법무관 2002년 서울지검 검사 2004년 인천지검 검사 2008년 부산지검 검사 2011년 대검찰청 연구관 2012년 서울중앙지검 부부장검사 2013년 대전지검 천안지청 부장검사 2014년 대검찰청 공판송무과장 2015년 同형사1과장 2016년 서울중앙지검 형사8부장(현)

한웅현(韓雄鉉)

[생]1964·7·4 [주]서울 영등포구 여의대로128 LG트윈타워 LG전자(주) 임원실(02-3777-1114) [학]1983년 동인천고졸 1988년 서울대 동양사학과졸 [경]1988년 LG애드 근무 1994년 인터막스애드컴 근무 1999년 휘닉스커뮤니케이션즈 기획5본부장 2007년 덴츠이노벡 영업총괄 상무 2008년 휘닉스커뮤니케이션즈 상무보 2010년 同영업총괄 상무 2011년 LG전자(주) 한국마케팅본부 브랜드커뮤니케이션담당 상무 2013년 同한국브랜드커뮤니케이션담당 상무(현)

한원곤(韓元坤) HAN Won Kon

[생]1952·1·20 [출]서울 [주]서울 종로구 새문안로29 강북삼성병원 외과(02-2001-8330) [학]1976년 연세대 의과대학졸 1983년 同대학원졸 1992년 의학박사(고려대) [경]성균관대 부속 강북삼성병원 전문의, 미국 New York대 의과대학 및 M.D Anderson 암센터 연수, 미국 Memorial Sloan-Kettering 암센터 Fellow 1997년 성균관대 의과대학 외과학교실 교수(현), 同강북삼성병원 진료부원장 2003년 대한대장항문학회 학술위원장 2004년 同이사장 2004년 대한병원협회 기획이사 2004~2012년 성균관대부속 강북삼성병원장 2005~2010년 대한임상종양학회 정책위원장 2005년 대한외과학회 보험위원장 2006년 대한대장항문학회 부회장 2009년 서울시병원회 부회장 2009~2010년 대한대장항문학회 회장 2010·2016년 대한병원협회 기획위원장(현) 2012년 성균관대부속 강북삼성병원 자문원장(현) 2013~2014년 대한외과학회 회장 [상]한독학술경영대상(2009)

한원동(韓元東) Han Won Dong

[생]1965·7·25 [주]서울 영등포구 국제금융로56 미래에셋대우 투자심사본부(02-768-3355) [학]환일고졸, 연세대 정치외교학과졸 [경]LG CNS 근무, 제일은행 근무, 미래에셋증권(주) 프로젝트금융1본부 PF1팀장(이사) 2010년 同프로젝트금융1본부 PF1팀장(상무보) 2011년 同프로젝트금융1본부장(상무보) 2015년 同프로젝트금융1본부장(상무) 2016년 미래에셋대우 투자심사본부장(현)

한원식(韓元湜) HAN Wonshik

[생]1970·1·15 [본]청주(淸州) [출]서울 [주]서울 종로구 대학로101 서울대학교병원 외과(02-2072-1958) [학]1990년 서울대 자연과학대학 의예과졸 1994년 同의대 의학과졸 2003년 同대학원 외과학과졸 2005년 의학박사(서울대) [경]1994년 서울대병원 인턴 1995년 同외과 레지던트 1999년 육군 軍의관 1999년 대한외과학회 섭외홍보위원회 간사 2002~2013년 한국유방암학회 국제위원회 간사 2002~2004년 서울대병원 외과 전임의 2003년 한국유방건강재단 자문의 2004~2006년 서울대병원 외과 임상교수 2006년 서울대 의과대학 외과학교실 기금조교수 2008년 同암연구소 참여교수(현) 2009년 同BK21 의생명과학연구사업단 참여교수 2010년 同의과대학 외과학교실 부교수 2011년 서울대병원 유방센터장 2011년 대한암협회 이사(현) 2012년 대한암학회 이사(현) 2015년 서울대 의과대학 외과학교실 교수(현) 2015년 한국유방암학회 학술이사(현) [상]GSK ERI Research Grant Award(2010), 연강학술상(2011) [저]'유방암(共)'(2005, 아카데미아) '유방학(共)'(2005, 일조각) '이젠 두렵지 않다! 유방암(共)'(2009, 이젠미디어)

한원용(韓源用) HAN, Wonyong

[생]1956·8·27 [본]청주(淸州) [출]서울 [주]대전 유성구 대덕대로776 한국천문연구원 부원장실(042-865-3219) [학]1975년 배재고졸 1980년 연세대 천문기상학과졸 1984년 同대학원 천문기상학과졸 1993년 이학박사(영국 런던대 UCL) [경]1980~1986년 국립천문대 연구사 1986~1988년 천문우주과학연구소 선임연구원 1993~1999년 한국표준연구원 부설 천문대 선임연구원·책임연구원 1994~2001년 충북대 천문우주학과 겸임교수 1996년 한국우주과학회 이사 1999년 한국천문연구원 우주천문연구부장 1999~2001년 한국천문학회 총무이사 2002~2004년 영국 런던대 UCL 방문연구원 2002~2010년 한국천문연구원 우주과학연구부장 2005~2009년 한국천문학회 이사 2005~2014년 과학기술연합대학원대(UST) 겸임교수 2010년 한국천문연구원 우주천문연구개발 책임연구원 2011년 同천문우주기술개발센터 책임연구원 2012~2013년 영국 런던대 UCL 초빙연구원 2012년 한국천문연구원 핵심기술개발본부 책임연구원 2014년 同우주과학본부 우주천문그룹 책임연구원 2016년 同부원장(현) 2016년 한국우주과학회 회장(현) [상]국무총리표창(2005), 과학기술포장(2014)

한위수(韓渭洙) HAN Wee-Soo

[생]1957·7·2 [본]청주(淸州) [출]대구 [주]서울 강남구 테헤란로133 한국타이어빌딩 법무법인 태평양(02-3404-0541) [학]1980년 서울대 법학과졸 1983년 同대학원졸 1990년 미국 펜실베이니아대 대학원졸 [경]1979년 사법시험 합격(21회) 1982년 사법연수원 수료(12기) 1982년 軍법무관 1985년 서울형사지법 판사 1987년 서울민사지법 판사 1990년 마산지법 판사 1992년 부산고법 판사 1993년 서울고법 판사 1994년 법원행정처 송무심의관 1996년 서울고법 판사 1997년 대구지법 부장판사 1999년 사법연수원 교수 2001년 서울행정법원 부장판사 2002년 헌법재판소 연구부장 2004년 대구고법 부장판사 2005~2008년 서울고법 부장판사 2008년 법무법인 태평양 변호사·대표변호사(현) 2009년 (사)한국언론법학회 회장 2010년 조선일보 비상임이사 2011년 법제처 국민법제관(현) 2011년 관세청 고문변호사(현) 2012년 국가인권위원회 비상임위원(현) 2015년 언론중재위원회 상반기 재·보궐선거 선거기사심의위원회 위원장 2015년 同제20대 국회의원 선거 선거기사심의위원회 위원장 [상]철우언론법상 논문부문(2007) [저]'세계언론판례총람(共·編)'(1998) '주석민법(共)'(2000) '언론관계소송(共)'(2007) [종]가톨릭

ㅎ

한윤경(韓允卿·女)
[생]1972·8·16 [출]서울 [주]제주특별자치도 제주시 남광북5길 3 제주지방검찰청 형사2부(064-729-4123) [학]1991년 창문여고졸 1995년 연세대 법학과졸 [경]1998년 사법시험 합격(40회) 2001년 사법연수원 수료(30기) 2001년 대구지검 검사 2003년 대전지검 논산지청 검사 2004년 수원지검 성남지청 검사 2006년 서울북부지검 검사 2009년 부산지검 검사 2015년 서울남부지검 부부장검사 2016년 제주지검 부장검사(현)

한윤덕(韓尹悳) Han youn deok
[생]1962·10·10 [본]청주(淸州) [출]강원 삼척 [주]인천 중구 공항로272 항공기상청 관측예보과(032-740-2820) [학]1981년 삼척고졸 1987년 삼척공업전문대학 기계과졸 2009년 기상대학 대기과학과졸 [경]2005년 기상청 기후국 관측담당관실 기상사무관 2006년 강원지방기상청 울릉도기상대장 2007년 同예보과 예보관 2010년 기상청 예보국 총괄예보관실 예보관 2011년 부산지방기상청 대구기상대 방재예보관 2014년 강원지방기상청 예보과 방재예보관 2015년 항공기상청 관측예보과장(기술서기관)(현) [상]국무총리표창(1999·2009) [종]불교

한윤상(韓允湘) HAN Yoon Sang (외등)
[생]1939·1·22 [본]청주(淸州) [출]충북 음성 [주]서울 서초구 마방로10길15 트윈타워오피스텔B동1814호 한국발전연구원(02-563-6960) [학]1958년 서울 한영고졸 1976년 육군대학졸 1978년 국방대학원졸 [경]1961년 육군소위 임관(보병학교 간부후보생 제155기) 1962~1965년 육군 소대장·중대장·연대 작전보좌관(중위·대위) 1969~1971년 월남전 참전(駐越한국군사령부 소령) 1972년 육군 수도기계화보병사단 정훈참모 1974년 육군본부 보도실 공보장교(중령) 1978년 육군 제6군단 정훈참모 1980년 육군본부 정훈감실 기획과장(대령) 1984년 육군대학 지휘학처장 1986년 육군본부 정훈감실 차감 1988년 예편(육군 대령) 1989년 안성산업(주) 부사장 1990~2004년 한국발전연구원 기획실장·부원장 2005년 同원장(현) [상]인헌무공훈장(1970), 보국훈장 삼일장(1983), 국가유공자, 참전유공자 [저]자전집 '작은 성취 큰 보람'(2008, 도서출판 푸른길) [종]기독교

한윤자(韓倫子·女)
[생]1959·3·27 [주]서울 서초구 반포대로217 서울지방조달청 경영관리과(070-4056-8719) [학]한국방송통신대 불어불문학과졸, 아주대 공공정책대학원 행정학과졸 [경]1978년 강원지방조달청 입청 1993~2003년 조달청 내자국·기획관리관실·서울지방조달청 행정주사 2003~2009년 광주지방조달청 관리과장·조달청 중앙보급창 행정사무관·서울지방조달청 경영관리과 행정사무관 2009~2011년 서울지방조달청 경영관리과 서기관·품질관리단 품질총괄과 서기관·조달청 구매사업국 서기관 2011년 인천지방조달청 자재구매과장 2013년 서울지방조달청 정보기술용역과장 2015년 강원지방조달청장 2016년 조달청 전자조달국 물품관리과장 2016년 서울지방조달청 경영관리과장(현)

한윤희(韓允熙) HAN Yoon Hee
[생]1957·8·9 [출]인천 [주]경기 고양시 일산동구 호수로596 MBC플러스미디어 임원실(031-995-0011) [학]1976년 여의도고졸 1982년 서울시립대 조경학과졸 1987년 서울대 환경대학원 도시계획학과 수료 1995년 서강대 경영대학원졸 [경]1981년 한국토지공사 연구소 근무 1988년 MBC 건설기획실 근무 1989년 同시설국 근무 1991년 同기획실 근무 1993년 同기획조정실 근무 1994년 同방송정책팀 근무 1998년 同기획국 근무 1998년 同TV편성국 편성기획부 차장 2000년 同시사교양국 시사교양운용부장 2001년 同시사제작국 시사제작운영팀장 2003년 同기획국 기획예산팀장 2004년 同기획국 정책기획팀장 2005년 同보도운영팀장 2006년 同재무운영국 부국장 2007년 同건설기획단장 2008년 同신사옥기획단장 2009년 同감사 2010년 同신사옥추진센터장 2010년 同신사옥건설국장 2011년 同특보 2012년 MBC플러스미디어 경영이사 2013년 同부사장 2014년 同대표이사 사장(현) 2015년 국제복싱연맹(IBF) 아시아지부 부회장(현)

한은석(韓銀錫) HAN Eun Suk
[생]1954·10·12 [출]경기 평택 [주]서울 강남구 봉은사로104길10 서울종합예술실용학교(02-3430-1370) [학]서울고졸, 서울대 사회교육과졸, 미국 매사추세츠대 대학원 교육학과졸, 교육학박사(미국 매사추세츠대) [경]1981년 행정고등고시 합격(25회) 2002년 교육인적자원부 국제교육진흥원 기획관리부장 2005년 강릉대 사무국장(부이사관) 2006년 중앙공무원교육원 파견 2007년 서울시교육청 교육지원국장 2008년 중앙공무원교육원 교육파견 2008년 강원대 사무국장 2010년 제주특별자치도교육청 부교육감 2012년 안동대 사무국장 2012~2013년 목포대 사무국장 2014년 서울종합예술실용학교 학장 2016년 同명예학장(현)

한은숙(韓恩淑·女)
[생]1955·1·15 [출]충남 금산 [주]전북 익산시 익산대로 501 원불교중앙총부 교정원(063-850-3190) [학]1979년 원광대 원불교학과졸 [경]1973년 출가(出家) 1979년 원불교 동래교당 부교무 1981년 同중앙청년회 주사 1982년 同중앙총부 감찰원사무처 주사 1985년 同중앙총부 감찰원사무처 주임 1988년 同뉴욕교당 교무 1992~2002년 同모스크바교당 교무 2003년 同화정교당 주임교무 2006년 同중앙총부 감찰원 부원장 겸 사무처장 2010년 同이리교당 주임교무 2012년 同중앙총부 수위단원(현) 2012년 同중앙총부 감찰원장 2015년 同중앙총부 교정원장(현)

한이석(韓利錫) HAN I Seok
[생]1969·3·17 [본]청주(淸州) [출]경기 안성 [주]경기 수원시 팔달구 효원로1 경기도의회(031-8008-7000) [학]한경대 식물자원과학과졸, 단국대 정책경영대학원 행정학과 수료 [경]1993·1997년 한경대 제9대·13대 총학생회장, 한나라당 안성시당원협의회 사무국장 2000~2004년 한국농업경영인안성시연합회 사무국장, 의정회(안성시 해병전우회) 회장, 한국청년지도자연합회 회원, 마천초총동문회 이사(현), 한경대총동문회 홍보이사(현) 2010년 경기도의회 의원(한나라당·새누리당) 2010년 同예산결산특별위원회 위원, 同보건복지공보위원회 위원, 同농림수산위원회 간사 2014년 경기도의회 의원(새누리당)(현) 2014년 同농정해양위원회 간사 2015년 同평택항발전추진특별위원회 위원(현) 2016년 同농정해양수산위원회 위원장(현)

한인구(韓仁九) HAN In Koo
[생]1956·10·15 [본]청주(淸州) [출]서울 [주]서울 동대문구 회기로85 한국과학기술원 경영대학 경영공학부(02-958-3613) [학]1975년 경기고졸 1979년 서울대 국제경제학과졸 1981년 한국과학기술원(KAIST) 경영과학과졸(석사) 1990년 경영학박사(미국 일리노이대 어배나샘페인교) [경]1980~1982년 신신회계법인 회계사시보 1982~1983년 안권회계법인 스텝회계사 1985~1990년 미국 일리노이대 강사 및 연구조교 1990~1992년 국민대 회계학과 조교수 1993~2001년 한국과학기술원(KAIST) 경영대학 경영정보학과 조교수·부교수 1994~1998년 삼성생명보험 자문교수 1995년 장은신용카드 자문교수 1998년 SK텔레콤 자문교수 2001년 한국과학기술원(KAIST) 경영대학 경영공학과 교수, 同경영대학 경영공학부 교수(현) 2003년 한국지능정보시스템학회 회장 2003~2005년 LG투자증권 사외이사 2004년 LG필립스LCD 사외이사 2006~2009년 한국디지털위성방송 사외이사 2006년 (주)쏠리테크 비상근감사 2006년 크레디트사이언스 대표 2007년 SK에너지(주) 사외이사 2007~2008년 한국과학기술원(KAIST) 테크노경영대학원장 2008~2010년 LG디스플레이(주) 사외이사 2009~2011년 한국과학기술원(KAIST) 금융전문대학원장 2011년 매일유업(주) 사외이사 겸 감사위원(현) 2012~2013년 한국경영정보학회 회장

한인규(韓仁奎) HAN In Gyu
[생]1960·1·2 [출]서울 [주]서울 중구 동호로249 호텔신라 비서실(02-2230-3010) [학]1978년 경신고졸 1983년 서울대 경영학과졸 1985년 미국 텍사스주립대 대학원 경영학과졸 [경]1986~1992년 삼성물산(주) 입사·섬유원가관리과 근무 2001년 同경영진단팀 근무 2002년 호텔신라 기획담당 상무보 2005년 同기획담당 상무 2008년 同호텔레저사업기획담당 이사 2009년 同호텔레저사업기획담당 전무 2009년 同경영지원담당 전무 2010~2013년 同호텔사업부장 2011~2015년 同총괄부사장 2015년 HDC신라면세점(주) 공동대표이사 2015년 호텔신라 면세유통사업부문 사장(현) [종]천주교

한인수(韓仁洙) HAN In Soo
[생]1946·6·1 [본]청주(淸州) [출]서울 [주]서울 영등포구 국회대로70길18 한양빌딩 새누리당(02-3786-3000) [학]2008년 연세대 경제대학원 기업경제학과졸 [경]베트남참전 국가유공자 1981년 국회의원 보좌관 1985년 민한당 총무국장 1987년 신민당 조직국장 1991년 구로지역발전연구소 위원장 1991년 서울시의회 의원 1992년 월요신문 부사장 1995년 서울시민상·공

무원상 공적심사위원 1995년 서울시 금천구청장선거 출마(무소속) 1996년 신한국당 국책자문위원 1998년 서울시 금천구청장선거 출마(한나라당) 2002~2010년 서울시 금천구청장 2008년 월간문예 '모던포엠'에 시부문 신인상 수상으로 문단 데뷔 2010년 서울시 금천구청장선거 출마(무소속), 그리스도대 경영학부 겸임교수, (주)액트솔루션 고문(현) 2014년 서울시 금천구청장선거 출마(새누리당) 2016년 새누리당 서울금천구당원협의회 운영위원장(현) 2016년 제20대 국회의원선거 출마(서울 금천구, 새누리당) [저]자전에세이집 '도전과 비상'(2009) [작]시 '금천구청사에서' '동백꽃' '축원' [종]천주교

한인영(韓仁永·女) HAN In Young

[생]1950·2·19 [출]서울 [주]서울 종로구 송월길52 서울시복지재단(02-2011-0412) [학]1972년 이화여대졸 1979년 同대학원졸 1988년 사회사업학박사(미국 Case Western Reserve Univ.) [경]1980~1982년 美8군 121종합병원 임상사회복지사 1982년 국제교환사회사업가 한국대표 1984년 Metro General Hospital 사회복지사 1988년 Mental Health Clinic 정신분석치료자 1990년 서울대 강사 1992년 이화여대 사회과학부 강사·조교수 1995년 同사회과학대학 사회복지학과 교수 2000~2002년 同사회복지대학원장·사회복지관장 2008년 同사회복지연구소장 2008~2009년 한국사회복지학회 회장 2013~2015년 이화여대 사회과학대학 사회과학부 교수 2015년 同명예교수(현), 2016세계사회복지대회(Joint World Conference) IPC(International Program Committee) 의장(현), 국제사회복지연구소 소장(현) 2015년 서울시복지재단 이사장(현) [역]'갈등해결의 기법' '의료사회복지실천론' '여성심리치료' '사회복지실천론:일반주의관점' '위기개입워크북' '세계화와 사회복지실천' '위기개입' '사회복지기록'

한인우(韓麟愚) Han In Woo

[생]1957·4·19 [주]대전 유성구 대덕대로776 한국천문연구원 원장실(042-865-3206) [학]1975년 경복고졸 1984년 서울대 물리학과졸 1989년 천문학박사(미국 피츠버그대) [경]1990년 한국천문연구원 입원 1991년 同보현산천문대건설팀장 1992년 同위치천문연구실장 1994년 同응용천문연구부장 1995년 同보현산천문대장 2002년 同광학천문연구부장 2005년 과학기술연합대학원대이학분야 천문우주과학전공 교수(현) 2007년 천문연구원연구발전협의회 부회장 2009~2010년 同회장 2014년 한국천문연구원 원장(현) [상]과학기술부장관표창(2007)

한인철(韓寅喆) Han In Chul

[생]1962·3·13 [본]청주(淸州) [출]부산 [주]서울 송파구 올림픽로35길125 삼성SDS 동관 15층(02-6155-3114) [학]영훈고졸, 고려대 건축공학과졸, 핀란드 헬싱키경제대 대학원졸(MBA) [경]삼성SDS(주) 기술혁신단장(상무), 한국SW아키텍트연합회 공동회장, 삼성SDS(주) ICT인프라센터장(전무) 2014년 同ICT인프라센터장(전무)(현)

한인희(韓仁熙) Han In Hee

[생]1955·8·12 [주]서울 광진구 능동로120 건국대학교 글로벌비즈니스학부(02-450-0497) [학]건국대졸, 同대학원졸, 정치학박사(대만 中國文化大) [경]대진대 중어중문학과 교수, 同대외협력실장, 건국대 글로벌비즈니스학부 교수(현), 同KU중국연구원장, 同대만교육센터 집행장, 중국 하얼빈사범대 객좌교수, 대만 중국문화대학 在韓총동창회 회장 2016년 건국대 글로벌융합대학장(현) 2016년 同글로벌비즈니스학부장(현) [저]'중국을 움직인 30권의 책'(1993, 지영사) '한손에 잡히는 중국(共)'(2006, 지영사) [역]'수뇌론'(1990, 희성출판사) '대만현대정치사'(1992, 지영사) '중국외교사'(2000, 지영사) '관료의 나라 중국'(2002, 지영사) '대만과 전통문화(共)'(2015, HUINE)

한장선(韓章善)

[생]1960·11·8 [주]대전 유성구 문지로188 LG화학 기술연구원 기초소재연구소(042-866-2031) [학]중앙고졸, 서울대 화학공학과졸, 한국과학기술원(KAIST) 화학공학과졸(석사), 화학공학박사(한국과학기술원) [경]LG화학 SR연구소 부장, 同기능수지연구소 부장 2006년 同기능수지연구소 연구위원(상무), 同기술연구원 석유화학연구소 연구위원(상무) 2013년 同기술연구원 석유화학연구소 수석연구위원(전무) 2015년 同기술연구원 기초소재연구소 수석연구위원(전무)(현) [상]동탑산업훈장(2014)

한재봉(韓栽棒) HAN Jae Bong

[생]1968·12·24 [출]경북 경주 [주]대구 수성구 동대구로364 대구지방법원(053-757-6600) [학]1987년 대구 영신고졸 1992년 경북대 법대졸 1994년 同대학원 법학과졸 [경]1993년 사법시험 합격(35회) 1996년 사법연수원 수료(25기) 1996년 공익 법무관 1999년 부산지법 판사 2002년 대구지법 판사 2005년 同안동지원 판사 2007년 대구지법 판사 2008년 대구고법 판사 2010년 대구지법 판사 2011년 부산지법 부장판사 2013~2015년 대구지법 의성지원장 2013~2015년 대구가정법원 의성지원장 겸임 2015년 대구지법 부장판사(현)

한재선

[생]1961·8·27 [주]서울 서대문구 충정로60 NH농협생명(주) 경영지원본부(02-2080-5114) [학]1980년 경북 죽변종고졸 2007년 한국방송통신대 컴퓨터과학과졸 [경]1987년 농업협동조합중앙회 입회 2004년 同조합경영진단국 팀장 2007년 同공제전산팀장 2008년 NH농협손해보험 지원팀장 2011년 同경주시지부 금융지점장 2012년 NH농협은행 감사부 영업감사3국장 2012년 NH농협생명(주) IT추진단장 2013년 同IT전략본부장 2014년 同영업1본부장 2016년 同경영지원본부장(현)

한재연(韓載連)

[생]1966 [출]충북 충주 [주]부산 연제구 연제로12 부산지방국세청 징세송무국(051-750-7500) [학]충주고졸, 서울대 사회복지학과졸 [경]1994년 행정고시 합격(34회), 동대전세무서 총무과장, 제천세무서 직세과장, 이천세무서 총무과장, 국세청 납세지도과 사무관, 同소득5계장, 同전산조사2계장, 同조사3과 2계장 2006년 同조사2과 서기관 2007년 청주세무서장 2008년 駐중국 주재관 2011년 서울지방국세청 조사1국 조사2과장 2011년 국세청 차세대국세행정시스템추진단 총괄과장 2012년 同부가가치세과장 2014년 同부가가치세과장(부이사관) 2014년 대전지방국세청 조사1국장 2014년 서울지방국세청 징세과장 2016년 同납세자보호담당관 2016년 부산지방국세청 징세송무국장(고위공무원)(현)

한재열(韓在烈) HAN Jae Yeol (石峰)

[생]1930·5·27 [본]청주(淸州) [출]충남 당진 [주]경기 고양시 일산동구 일산로142 유니테크빌1022호 (주)한영시스템(031-901-8890) [학]1948년 수원고졸 1952년 홍익대 법학과졸 1958년 미국 조지워싱턴대 대학원졸 1976년 국방대학원졸 1986년 서울대 경영대학원 최고관리과정 수료 [경]1964년 상공부 물자과장·연료과장 1968년 경제기획원 외자관리과장·총무과장 1971~1973년 同경제조정관·산업진흥관 1973년 상공부 중공업국장 1974년 同특허국 제1심사부장 1976년 공업진흥청 표준국장 1977~1978년 상공부 유통수입국장·중소기업국장·방위산업국장 1978년 공업진흥청 차장 1980년 중소기업협동조합중앙회 상근부회장 1981년 평통 상임위원 1981년 중앙노동위원회 위원 1983년 중소기업은행 이사 1983년 외자도입 심의위원 1985년 지방자치제실시 연구위원 1987년 노동연구원 이사 1987년 경제기획원 약관심의위원 1988년 중소기협중앙회 상근자문위원 1989년 (주)한영시스템 대표이사 회장(현) 2002~2005년 고양시기업인협의회 회장 [상]청조소성훈장, 녹조소성훈장(1962), 홍조근정훈장(1973), 국민훈장 동백장(1983), 은탑산업훈장(1996) [저]'중소기업의 재인식' [종]천주교

한재영(韓在永) HAN Jae Young (華山)

[생]1930·2·15 [본]청주(淸州) [출]경북 청도 [주]대구 수성구 동대구로379 태윤빌딩 법무법인 대경종합법률사무소(053-741-3005) [학]1947년 대구사범학교졸 [경]1947년 청도초교 교사 1955년 청도중 교사 1956년 사법고시 합격 1957년 해군 법무관 1960~1968년 대전지법 홍성지원·대구지법 판사 1968년 대구고법 판사 1971년 대구지법 부장판사 1974년 同안동지원장 1976년 대구지법 수석부장판사 1979년 대구고법 부장판사 1981년 춘천지법원장 1982년 대구지법원장 1984년 부산지법원장 1986년 대구고법원장 1987년 광주고법원장 1988~1991년 부산고법원장 1991년 변호사 개업 1997년 법무법인 대경종합법률사무소 공동대표변호사 2015년 同구성원변호사(현) [저]'포괄근저당에 관한 연구'

한재용(韓在容) HAN Jae Yong

[생]1961·4·9 [출]충남 [주]서울 관악구 관악로1 서울대학교 식품·동물생명공학부(02-880-4810) [학]1984년 서울대 동물자원과학과졸 1986년 同대학원졸 1991년 동물분자유전박사(미국 미네소타주립대) [경]1991~2000년 서울대 식품·동물생명공학부 조교수·부교수 1993~1997년 농업진흥청 축산기술연구소 겸임연구관 2000년 서울대 식품·동물생명공학부 교수(현)

2001~2003년 同부속실험목장 목장장 2001~2003년 同동물자원과학과장 2002년 농촌진흥청 바이오그린21사업가금연구단 단장 2008년 미국 Texas A&M대 겸임교수(현) 2008~2014년 서울대 WCU 바이오모듈레이션사업단장 2011~2013년 한국가금학회 회장 2011년 한국과학기술한림원 정회원(현) 2011~2014년 제10차 아시아태평양가금학회 조직위원장 2012년 미국 미시간대 겸임교수(현) 2015년 일본 신슈대 석좌교수(현) [상]과학기술우수논문상(1998), 대한민국농업과학기술상 국무총리표창(2003), 세계가금학회 학술상(2012), 서울대 농업생명과학대학 학술상(2012), 대한민국학술원상 자연과학기초부문(2013) [저]'축산학개론(共)'(1994) '축산(共)'(1996) '동물유전공학(共)'(1996) '번식학사전(共)'(1996) '가축의 품종(共)'(1996) '가금생산학(共)'(1997) '축산학의 최근 연구 동향(共)'(1997) '현대가금학(共)'(1998) '축산용어사전(共)'(1998) '가축육종학(共)'(1999) '서기 2030년대의 우리나라 농수산 과학의 전망과 그 실현을 위한 연구 방안-축산(共)'(1999) '새로운 생명자원 이야기(共)'(2000) '가축사양학 I (共)'(2002) [역]'생명공학으로의 초대(共)'(2006) [종]천주교

한재훈(韓在勳) HAN Jai Hoon

[생]1957·9·17 [출]전북 김제 [주]경기 과천시 별양상가1로25 렉스타운7층708호 LS산전(주)(02-503-7778) [학]1975년 전주 신흥고졸 1983년 고려대 통계학과졸 1996년 미국 듀크대 AMP 수료 2003년 고려대 대학원 기업지배구조최고과정 수료 2007년 서울대 대학원 CFO전략과정 수료 [경]1983년 LG산전(주) 입사 1992년 同재경담당 부장 2000년 同재경담당 상무 2005년 LS산전(주) 전무(CFO) 2008년 同지원본부 부사장(CFO) 2010년 LS메탈(주) 대표이사 2012~2014년 同대표이사 사장(CEO) 2015~2016년 LS산전(주) 대표이사 사장(COO) 2016년 同고문(현), 고려대 기술경영전문대학원 겸임교수(현) [종]기독교

한정규(韓廷奎) Han Jeong Gyu

[생]1954·11·21 [주]서울 중구 을지로65 SK텔레콤(주) 임원실(02-6100-2114) [학]육군사관학교졸, 연세대 대학원 정치학과졸, 정치학박사(연세대) [경]SK(주) 투자관리실 CR지원팀장(상무) 2008년 同CR담당 상무 2009년 同CR실장 2009년 SK미소금융재단 설립·이사장 2010년 SK텔레콤(주) GMS CIC사장 보좌임원(전무) 2010년 대한핸드볼협회 부회장(현), SK텔레콤(주) 부사장(현) 2014~2016년 대한핸드볼협회 회장 직대

한정규(韓晶奎) HAN Jeong Kyoo

[생]1963·10·14 [본]청주(淸州) [출]서울 [주]서울 중구 남대문로63 한진빌딩본관18층 법무법인 광장(02-772-4941) [학]1982년 상문고졸 1986년 서울대 법학과졸 [경]1985년 사법시험 합격(27회) 1988년 사법연수원 수료(17기) 1988년 軍법무관 1991년 서울민사지법 판사 1993년 서울지법 서부지원 판사 1995년 대구지법 판사 1998년 수원지법 판사 1999년 서울고법 판사 2000년 헌법재판소 파견 2003년 수원지법 평택지원장 2006년 서울동부지법 부장판사 2008년 서울중앙지법 부장판사 2011년 법무법인 광장 변호사(현)

한정애(韓貞愛·女) HAN, JEOUNG AE

[생]1965·1·8 [본]청주(淸州) [출]충북 단양 [주]서울 영등포구 의사당대로1 국회 의원회관639호(02-784-3051) [학]1985년 해운대여고졸 1989년 부산대 환경공학과졸 1992년 同환경대학원 환경공학 석사과정 수료 2003년 산업공학박사(영국 노팅햄대) [경]1989년 한국산업안전보건공단 입사(공채 2기) 2005~2006년 同노조위원장 2006~2010년 한국노동조합총연맹 공공연맹 수석부위원장 2006년 노사정위원회 산업재해보상보험발전위원회 위원 2008년 전태일노동자상선정위원회 위원 2008~2010년 국제공공노련(PSI) 동아시아소지역회의 의장·아시아태평양지역 집행위원·세계여성위원회 동아시아지역 대표위원 2008년 노사정위원회 일·가정양립 및 여성고용촉진위원회 위원 2010년 국토해양부 혁신도시위원회 위원 2010년 건강보험공단 재정운영위원회 위원 2010년 국민연금기금운영위원회 위원 2011년 민주당·시민통합당·한국노총통합수임기구 수임위원 2011년 한국노동조합총연맹 대외협력본부장 2012년 제19대 국회의원(비례대표, 민주통합당·민주당·새정치민주연합·더불어민주당) 2012~2013년 국회 운영위원회 위원 2012년 민주통합당 비상대책위원회 최고위원 2012년 同제1기 원내부대표 2012~2013년 제127·128·129차 국제의회연맹(IPU) 한국대표 2012년 국회 환경노동위원회 위원 2013년 민주통합당 정기전당대회준비위원회 위원 및 선거관리위원 2013년 민주당 제2기 원내대표선거관리위원 2013년 국회 공공의료정상화를위한국정조사특별위원회 위원 2013년 새정치민주연합 전국여성위원회 운영위원 2013년 국회 예산결산특별위원회 위원 2013년 새정치민주연합 공공부문민영화저지특별위원회 위원 2013년 국회 정치개혁특별위원회 위원 2013~2014년 새정치민주연합 '을지로(乙을지키고경제민주화를위해노력하는)위원회' 총무분과장 2013~2014년 同정책위원회 부의장 2013~2014년 同서울시당 교육연수위원장 2014년 제20차 유엔기후변화협약당사국총회(COP20) 한국대표 2014~2015년 새정치민주연합 대변인 2015년 국회 공적연금강화와노후빈곤해소를위한특별위원회 위원 2015년 새정치민주연합 서울시당 여성위원장 2015년 同언론홍보대책특별위원회 위원 2015년 同원내부대표 2015년 同유능한경제정당위원회 위원 2015년 同한반도평화안보특별위원회 위원 2015~2016년 더불어민주당 서울시당 여성위원장 2015~2016년 同원내부대표 2015년 同한반도평화안보특별위원회 위원 2016년 同총선정책공약단 불평등해소본부 공동본부장 2016년 同서울강서구丙지역위원회 위원장(현) 2016년 제20대 국회의원(서울 강서구丙, 더불어민주당)(현) 2016년 더불어민주당 정책위원회 수석부의장 2016년 국회 환경노동위원회 간사(현) 2016년 더불어민주당 제4정책조정위원회 위원장(현) [상]정당추천우수국회의원(2012), 민주통합당 국정감사우수의원(2012), 에코미래센터 2012 친환경국정감사우수의원(2012), 한국기자협회 대한민국대표의정대상(2013·2014), 국정감사NGO모니터단 국정감사우수의원(2013·2014), 제4회 국회를빛낸바른언어상(2014), 머니투데이 제1회 대한민국최우수법률상(2015), 한국기술사회 한국을빛낸자랑스런기술사(2015), 창조경영대상선정위원회 대한민국의정대상 & 대한민국창조경영대상(2015), 법률소비자연맹 제19대 국회 제3차년도 국회의원헌정대상(2015), 국제언론인클럽 글로벌 자랑스런 한국인대상 의정발전공헌부문(2015) [저]'하얀 봉투 : 국회의원 한정애가 살아온 이야기 살아갈 이야기'(2013, 도서출판 디코드) '乙을위한행진곡(共)'(2013, 도서출판 비타베아타) [종]천주교

한정일(韓貞一) HAN Jong Il (然谷)

[생]1939·10·30 [본]청주(淸州) [출]광주 [주]서울 광진구 능동로120 건국대학교 정치행정학부(02-450-3567) [학]1957년 광주제일고졸 1965년 건국대 정치외교학과졸 1972년 정치학박사(건국대) [경]1969~1982년 건국대 정법대학 강사·조교수·부교수 1978~1985년 서울YMCA 시민논단위원장 1978~1984년 미국 미주리대 객원교수, 미국 스탠퍼드대 후버연구소 연구교수, 미국 시라큐스대 맥스웰스쿨 객원교수 1982~2005년 건국대 행정학과 교수 1985~1987년 同사회과학대학장 1988~1994년 방송문화진흥회 이사 1990년 미국 캘리포니아대(프레르노) 교환교수 1993년 건국대 정치대학장 1994년 아·태평화재단 감사 1995년 미국 세계인명사전 'Marquis Who's Who in the World' 및 ABI(American Biographical Institute) '세계 저명인사 5천인'으로 선정·영국 IBC 평생회원 1997년 아·태평화재단 이사 1999년 종합유선방송위원회 위원장 2002~2004년 건국대 대학원장 2004년 영국 케임브리지 국제인명센터(IBC) '2005 세계의 과학자 100인' 및 '세계 100인교육자'에 선정 2005년 건국대 명예교수(현) 2006·2007년 영국IBC '세계선도적 과학자' 및 '세계선도적 교육자'에 선정 2008년 영국 IBC '세계100인교육자'에 선정 [상]근정포장(2005) [저]'한국정치행정론'(1969) '한국정책결정론'(1972) '한국 의정사에 나타난 민권에 관한 연구'(1974) '남·북한 통합의 정치문화적 접근모형'(1976) '발전론적 리더십에 관한 고찰'(1976) '발전과시·공간론'(1977) '4차원의 정체발전론'(1977) '정치발전의 가속화요인'(1979) '한국민족주의에 관한 연구'(1981) '일제하 광주학생민족운동사'(1981) '한국정치발전론'(1982) '한국정치의 이념과 실제'(1990) '한국정치사회변동론'(2002) '증보개정판 한국정치사회변동론'(2008) [종]기독교

한정진(韓正珍) HAN JUNG-JIN (美讚)

[생]1969·1·28 [출]부산 [주]경기 과천시 관문로47 법무부 대변인실(02-2110-3038) [학]1987년 낙동고졸 1992년 서울대 사회학과졸 1994년 同대학원 사회학과 수료 2014년 경희대 대학원 전략커뮤니케이션학과 수료 [경]1994~1997년 동아일보 편집국 기자 1999~2000년 LA 동아일보 편집국 기자 2000~2002년 (주)한경닷컴 뉴스팀 과장 2003~2004년 야후코리아 뉴스팀 과장 2013년 법무부 대변인실 홍보담당관(현) [저]'광고를 이기는 콘텐츠의 비밀'(2013, 이지스퍼블리싱) [종]불교

한정탁(韓廷卓) Han Jeong Tak

[생]1958·12·24 [출]서울 [주]경기 화성시 향남읍 발안공단로3길77 경기그린에너지(주) 임원실(031-8059-8262) [학]경복고졸, 광운대 전자통신공학과졸 [경]1981년 대림산업(주) 입사, 同건축사업본부 상무 2010년 우리관리(주) 사장 2013년 한국수력원자력(주) 한울원자력본부장 2014~2015년 同관리본부장(전무) 2015년 경기그린에너지(주) 대표이사 사장(현)

한정화(韓正和) HAN Jung Wha

[생]1954·7·30 [출]광주 [주]서울 성동구 왕십리로232 한양대학교 경영학과(02-2220-1055) [학]서울 중앙고졸 1977년 서울대 경영학과졸 1983년 미국 조지아대 대학원졸(MBA) 1988년 경영학박사(미국 조지아대) [경]1977년 현대중공업 기획관리실 근무 1978~1981년 한국과학기술원(KAIST) 경제분석실 연구원 1988~1989년 同과학기술정책연구평가센터 선임연구원 1989~1999년 한양대 경영학과 조교수·부교수 1991년 정부투자기관 경영평가위원 1996년 대한상공회의소 기업혁신대상 심사위원 1997년 미국 Univ. of Washington 교환교수 1998~2000·2004~2009년 기독경영연구원 원장 1999~2013·2016년 한양대 경영학과 교수(현) 1999년 한국벤처연구소 소장 2000년 한국전략경영학회 회장 2002년 한양대 창업보육센터 소장 2002~2004년 同기술이전센터 소장 2005~2006년 한국중소기업학회 회장 2006~2010년 코스닥상장심사위원회 위원 2007~2009년 한국벤처산업연구원 원장 2008~2012년 한양대 기획처장 2009~2010년 코스닥상장심사위원회 위원장 2009~2012년 두산중공업 사외이사 2010년 한양대 혁신관리본부장 2010년 한국인사조직학회 회장 2011~2013년 한국청년기업가정신재단 이사 2011년 아산나눔재단 이사 2011~2013년 에쓰앤씨엔진그룹(舊 중국엔진집단) 사외이사 2012~2013년 한양대 경영전문대학원장 겸 경영대학장 2013~2016년 중소기업청장(차관급) [상]대통령표창(2000), 산업포장(2009), 벤처기업협회 감사패(2016) [저]'초일류기업으로 가는 길'(1994) '벤처창업과 경영전략'(2003) '불황을 뚫는 7가지 생존 전략'(2005) '회사의 미래를 결정짓는 기업가 정신의 힘'(2011, 21세기북스) [역]'신앙의 눈으로 본 경영'(1996) [종]기독교

한정화(韓廷和) Han Jung Hwa

[생]1970·9·28 [출]경북 의성 [주]서울 서초구 반포대로157 대검찰청 범죄정보2담당관실(02-3480-2492) [학]1989년 오성고졸 1994년 서울대 공법학과졸 [경]1997년 사법시험 합격(39회) 2000년 사법연수원 수료(29기) 2000년 공익법무관 2003년 대구지검 검사 2005년 수원지검 검사 2008년 同안산지청 검사 2010년 대검찰청 연구관 2012년 서울중앙지검 검사 2013년 同부부장검사 2014년 법무부 감찰담당관실 검사 2015년 창원지검 밀양지청장 2016년 대검찰청 범죄정보2담당관(현)

한정훈(韓政勳) HAN Jeong Hun

[생]1970·10·19 [출]대구 [주]서울 양천구 신월로386 서울남부지방법원(02-2192-1114) [학]1989년 대구 능인고졸 1993년 서울대 사법학과졸 [경]1993년 사법시험 합격(35회) 1996년 사법연수원 수료(25기), 수원지법 판사 2003년 부산지법 판사 2006년 서울행정법원 판사 2008년 서울고법 판사 2010년 서울남부지법 판사 2011년 울산지법 부장판사(사법연구) 2011년 부산지법 민사항소2부 부장판사 2013년 의정부지법 부장판사 2016년 서울남부지법 부장판사(현)

한제욱(韓堤旭) HAN Je Uk

[생]1957·4·28 [본]청주(清州) [출]전북 임실 [주]전북 전주시 덕진구 기린대로418 전북일보 3층 이사실(063-250-5620) [학]1976년 전주 신흥고졸 1983년 전북대 사학과졸 2006년 교육인적자원부 학점은행제 사회복지학 문학사 취득 [경]1983년 전북일보 입사 1988년 同총무차장 1997년 同총무부장 2000~2012년 同총무국장 2007년 전북노인보호전문기관자문위원회 위원·운영위원(현), 전북출산·양육후원협의회 실무위원·대표위원(현) 2009년 전북대총동창회 부회장(현) 2010년 전주YMCA 이사·회보 편집위원장(현) 2011년 전북사회복지공동모금회 시민감시위원회 위원·부위원장·위원장 2011년 사회복지법인 전북도사회복지협의회 이사(현) 2012년 전북일보 경영기획국장 2012년 학교법인 호원학원 이사(현) 2012년 인구보건복지협회 전북지부 감사(현) 2013~2016년 전북일보 경영기획국장(이사) 2014~2016년 한국신문협회 판매협의회 부회장 2015년 한국ABC협회 이사(현) 2015년 전주신흥학교총동창회 수석부회장(현) 2015년 순창군청소년수련관 운영위원장(현) 2015년 한국건강관리협회 전북지부 운영위원(현) 2016년 전북일보 이사(현) [상]보건복지부장관표창(2004), 전북도지사표창(2006·2014) [종]기독교

한제희(韓濟熙)

[생]1970·2·10 [출]서울 [주]경기 과천시 관문로47 법무부 인권국 인권조사과(02-2110-3261) [학]1988년 양정고졸 1995년 서울대졸 [경]1998년 사법시험 합격(40회) 2001년 사법연수원 수료(30기) 2001년 서울지검 의정부지청 검사 2003년 전주지검 남원지청 검사 2004년 울산지검 검사 2006년 인천지검 검사 2009년 서울남부지검 검사 2012년 춘천지검 검사 2014년 대검찰청 검찰연구관 2016년 법무부 인권조사과장(현)

한종만(韓鍾萬) HAN Jong Man

[생]1954·1·1 [출]서울 [주]대전 서구 연자1길14 배재대학교 러시아학과(042-520-5364) [학]1972년 경성고졸 1976년 경희대 지리학과졸 1978년 연세대 행정대학원졸 1985년 同대학원 경제학과졸 1990년 경제학박사(독일 뮌헨대) [경]1986년 독일 뮌헨대 동유럽연구소 연구원 1990~1998년 한국외대 대학원 동구지역학과 및 국제관계연구학과 강사 1991~2001년 배재대 러시아어과 조교수·부교수 1996년 同사회과학연구소장 1997년 대외경제정책연구원 러시아 전문가·연구위원(현) 1997~1998년 충남대 행정대학원 강사 2000~2004년 배재대 한국·시베리아센터 소장 2001년 同러시아학과 교수(현) 2004년 한국시베리아학회 회장(현) 2006년 배재대 러시아학과장 2008년 同출판부장 2008~2012년 국가정보원 국제범죄센터 민간자문단 자문위원 2009~2014년 배재대 한국·시베리아센터장 2010년 대외경제정책연구원 세계지역연구분야 비상근연구자문위원(현) 2014년 북극연구단 단장(현) [저]'21세기 유라시아 도전과 국제관계'(2006, 한울) '러시아 극동-동시베리아 지역연구 : 지역주의와 지역통합'(2007, 도서출판 학예사) '러시아 시베리아 노보시비르스크 지역의 이해'(2007, 도서출판 학예사) '한국의 주요국별-지역별 중장기 통상전략 : 러시아'(2007, 대외경제정책연구원) '주요국의 대러시아 통상전략 및 시사점'(2007, 대외경제정책연구원) '한러공생국가론, 시베리아개발은 한민족의 손으로'(2009, 국학자료원) '러시아경제의 이해 : 체제전환과 경제개혁'(2009, 대운인쇄) '러시아마피아현상의 이해'(2010, 명지출판사) '남 북 러 협력사업의 시발점 가스관 프로젝트(共)'(2012, 푸른길)

한종문(韓鍾文) Jong Moon Han

[생]1959 [주]서울 중구 동호로15길27 종하빌딩A동5층 MFG코리아(02-2286-8849) [학]1986년 한양대 건축공학과졸 1990년 미국 미네소타주립대 건축대학원졸 [경]1989~1995년 미국 버거킹(BURGER KING Corporation) 본사 근무 1995~2002년 미국 오봉팽(Au Bon Pain Corporation(Au Bon Pain Corporation) 본사 근무 2002~2006년 제너럴밀스코리아 근무 2006~2008년 한국이콜랩(ECOLAB Korea) 근무 2008~2011년 한성자동차 최고운영책임자(COO) 2011~2014년 아웃백스테이크하우스 사장 2015년 MFG코리아 대표이사(CEO)(현)

한종백(韓悰伯) HAN Jong Baik

[생]1955·7·27 [본]청주(清州) [출]부산 [주]대전 서구 배재로155의40 배재대학교 산학협력단(042-520-5080) [학]1974년 대광고졸 1981년 고려대 독어독문학과졸 1993년 同경영대학원 경영학과졸 [경]1982년 대한무역투자진흥공사(KOTRA) 입사 1998~2001년 同함부르크무역관장 2001년 同감사실 검사역 2002년 同홍보팀장 2003~2005년 同베를린무역관장 2005~2007년 同암스테르담무역관장 2007년 同인사팀장 2008년 同디트로이트무역관장 2008~2011년 同디트로이트코리아비즈니스센터장 2011년 同주력사업처장 겸 부품소재산업팀장 2012년 경기도 경제투자실 투자자문관 2014년 배재대 산학협력단 교수(현) [상]무역의날 수출유공 국무총리표창(2006) [종]가톨릭

한종수(韓宗秀) Han, Jongsoo

[생]1960·10·16 [본]청주(清州) [출]서울 [주]서울 서대문구 이화여대길52 이화여자대학교 경영대학 신세계관403호(02-3277-2779) [학]1979년 환일고졸 1984년 연세대 경영학과졸 1986년 同대학원 회계학과졸 2001년 회계학박사(미국 피츠버그대) [경]2000~2007년 미국 럿거스대 회계학전공 조교수 2006년 이화여대 경영대학 교수(현) 2007~2009년 금융감독원 회계자문교수 2009년 한국공인회계사협회 회계연구위원장(현) 2011~2013년 금융위원회 회계제도심의위원회 위원 2012년 아시아교육봉사회 감사(현) 2013년 International Association for Accounting Education and Research(IAAER) Council Member(현) 2013년 한국회계학회 부회장(현) 2013~2016년 한국회계기준원 기준위원 2014년 한국CFO협회(Chief Financial Officer:기획 및 재무담당 부사장) 이사(현) 2015년 국제회계기준해석위원회(IFRIC) 위원(현) 2015년 (주)KB금융지주 사외이사(현) 2016년 한국회계기준원 고문(현) [상]금융위원장표창(2013) [저]'회계를 알면 성공이 보인다, 중급회계 下(共)'(2013, 리스크컨설팅코리아) '회계를 알면 성공이 보인다, 중급회계 上(編)'(2013, 리스크컨설팅코리아) '회계를 알면 성공이 보인다, 회계원리(共)'(2013, 리스크컨설팅) 'K-IFRS 고급회계(共)'(2014, 원 출판사)

ㅎ

한종엽(韓宗燁) HAN Jong Yup (必煥)
(생)1961·10·30 (본)청주(淸州) (출)충북 보은 (주)경기 안산시 상록구 해안로787 한국해양과학기술원 해양과학도서관(031-400-6465) (학)청주고졸, 중앙대 문헌정보학과졸, 同대학원졸, 문헌정보학박사(중앙대) (경)1988~2012년 한국해양연구원 책임연구원, 同문헌정보실장, 同해양자료정보실 학술정보팀장 1995~1997년 대림대 겸임교수 2002년 국제식량농업기구(FAO) 해양수산정보협력계획 한국정보센터장(현) 2002년 FAO/ASFA Advisory Board Member(현) 2004~2010년 중앙대 초빙교수 2004년 국제도서관협회연맹(IFLA) 상임위원(현) 2010년 경기도도서관협의체 전문도서관협의회장(현) 2011년 한국해양연구원 해양과학도서관장 2012년 한국해양과학기술원 해양과학도서관장(현) 2014년 한국정보관리학회 부회장 2014~2015년 미국 남가주대(Univ. Southern California) 교환교수 (상)대한지질학회 공로상(2006), 한국해양학회 공로상(2007), 한국해양연구원장표창(2008), 한국도서관상(2009), 문화체육관광부장관표창(2010), 교육과학기술부장관표창(2010), 한국해양과학기술원 '올해의 KIOST인' 대상(2011), 아시아 전문도서관 국제컨퍼런스(ICoASL) 최우수논문상(2013), Asia-Pacific Stevie Awards Professional Executive of Year 외 2개 부문(2014), 한국학술정보협의회 국회의장 공로상(2014) (저)'연속간행물기사에 대한 서지데이터요소의 표준화에 관한 연구'(2005, 한국학술정보) '학술정보자원의 서지적 참조에 관한 국제표준'(2006, 한국학술정보) '해양과학기술 전문정보시스템의 이해'(2006, 한국학술정보) '세계를 움직인 해전의 역사'(2008, 지성사) 'South Korea : Archives and Libraries'(2010, Taylor & Francis) '바다를 향한 40년, 이 한 장의 사진'(2013, 한국해양과학기술원) (종)불교

한종우(韓鍾愚) HAN Jong Woo
(생)1932·8·15 (본)청주(淸州) (출)대구 (주)서울 종로구 새문안로92 광화문오피시아빌딩1119호 성곡언론문화재단(02-734-0342) (학)1951년 계성고졸 1955년 고려대 영어영문학과졸 1959년 미국 캔자스대 대학원졸 (경)1960년 동양통신 駐일본특파원 1976년 同상무이사 1976년 성곡언론문화재단 이사·운영위원장 1976년 국민학원 이사 1979년 동양통신 전무이사 1981~1989년 코리아헤럴드 사장 1982년 IPI 한국위원회 이사 1983년 PFA 한국위원회 이사 1984년 한국신문협회 감사 1985년 미국 미주리대 신문학과 대우교수 1989년 코리아헤럴드·내외경제신문 사장 1990년 성곡언론문화재단 이사장(현) 1990~1997년 쌍용제지 고문 1990년 한·일협력위원회 상임위원 2007~2013년 학교법인 국민학원 이사장 (상)미국 미주리대 언론공로상(1994) (저)'언론국제화의 마피아들(編)'(1995)

한종윤(韓鍾潤) HAN Jong Yun
(생)1958·8·28 (출)경기 (주)서울 마포구 마포대로144 A&D신용정보(02-3705-7777) (학)보성고졸, 고려대 통계학과졸 (경)1981년 삼성그룹 입사, 삼성생명보험(주) 경리팀장, 同경영관리팀장 2003년 同상무이사 2006년 同경영관리팀장(전무이사) 2006년 同경리팀장(전무) 2007년 同경영관리담당 전무 2009년 同상품고객실장(전무) 2010년 同상품고객실장(부사장) 2010년 同경영지원실장(부사장) 2010년 同법인영업본부장(부사장) 2012~2014년 同법인영업본부 고문(부사장) 2014년 A&D신용정보 대표이사(현)

한종진(韓鐘振) Han Jongjin
(생)1979·6·2 (주)서울 성동구 마장로210 한국기원 홍보팀(02-3407-3870) (경)1996년 입단 1997년 2단 승단 1998년 3단 승단 1999년 신인왕전 준우승 2001년 4단 승단 2003년 5단 승단 2004년 농심신라면배 한국대표 2005년 6단 승단 2007년 7단 승단 2010년 8단 승단, CJ E&M 감독 2014년 한종진 바둑도장 개설(현) 2014년 9단 승단(현) 2015년 KB리그 한국물가정보 감독(현)

한종호(韓宗鎬)
(생)1962·11·26 (출)전남 순천 (주)서울 강남구 테헤란로142 네이버 파트너센터(1544-2937) (학)1981년 순천고졸 1989년 서울대 공법학과졸 1993년 중앙대 신문방송대학원 신문방송학과졸 (경)1990~1994년 시사저널 기자 1994~2006년 문화일보 정치부·사회부 차장 2006년 한국기자협회 수석부회장 2006~2013년 NHN 정책담당 이사 2013년 네이버 정책담당 이사 2014년 同파트너센터장(이사)(현) 2015년 강원창조경제혁신센터 센터장(현) (상)철탑산업훈장(2016), 국무총리표창(2016)

한종훈(韓宗勳) HAN Jong Hoon
(생)1961·9·1 (주)서울 관악구 관악로1 서울대학교 공과대학 화학생물공학부(02-880-1887) (학)1984년 서울대 화학공학과졸 1986년 同대학원졸 1994년 공학박사(미국 매사추세츠공과대학) (경)1987~1988년 한국과학기술연구원 연구원 1988~1995년 미국 매사추세츠공과대학 화학공학과 연구원·박사 후 연구원 1993년 미국 Molten Metal Technology 선임연구원 1995~2004년 포항공과대 화학공학과 조교수·부교수 2004년 서울대 공과대학 화학생물공학부 부교수·교수(현) 2014년 同엔지니어링개발연구센터 소장(현) (상)생태상단지 녹색기술유공 지식경제부장관표창(2009), 한국공학한림원 젊은공학인상(2011), 한국가스안전대상 산업포장(2015), 한국화학공학회 학술상(2016)

한종희(韓宗熙) Han Jong Hui
(생)1962·3·15 (주)경기 수원시 영통구 삼성로129 삼성전자(주) 임원실(031-200-1114) (학)1981년 천안고졸 1988년 인하대 전자공학과졸 (경)삼성전자(주) 영상디스플레이개발팀 수석, 同영상디스플레이개발실담당 임원(연구위원) 2013년 同영상디스플레이사업부 개발실장(부사장)(현) (상)과학기술포장(2010)

한주우(韓周愚) HAN Ju U
(생)1958·1·11 (본)청주(淸州) (출)경남 진주 (주)서울 영등포구 여의대로128 트윈타워 LG전자(주) 구매센터(02-3777-4620) (학)부산기계공고졸, 동아대 대학원 금속공학과졸, 同대학원 금속공학과졸, 서울대 최고경영자과정(AMP) 수료 (경)1978년 LG전자(주) 입사 2000년 同DA경영지원팀장(상무) 2004년 同중국 남경세탁기법인장(상무), 同생활가전본부 구매팀장(상무) 2009년 同세탁기사업부 생산팀장(상무) 2010년 同품질담당 상무 2010년 同경영혁신부문 품질담당 전무 2012년 同품질센터장(전무) 2013년 同창원생산그룹장(전무) 2013년 同창원생산그룹장(부사장) 2015년 同구매센터장(부사장)(현) (상)동탑산업훈장(2014)

한주희(韓柱熙) Joo-Hee HAN
(생)1962·8·26 (본)청주(淸州) (출)대전 (주)대전 유성구 가정로76 한화케미칼(주) 중앙연구소 소재연구센터(042-865-6725) (학)양정고졸 1985년 연세대 화학공학과졸 1987년 한국과학기술원 대학원 화학공학과졸 1990년 화학공학박사(한국과학기술원) (경)1990~2008년 한화석유화학(주) 중앙연구소 수석연구원 2006년 한국초임계유체학회 산학이사 2008년 한화케미칼 중앙연구소 상무보 2008년 한화나노텍(주) 이사 2010~2013년 한화케미칼(주) 중앙연구소 나노연구센터장(상무보) 2011년 同중앙연구소 폴리실리콘연구센터장(상무보) 2016년 소재연구센터장(상무보)(현) (종)불교

한준구(韓準九) HAN Joon Koo
(생)1958·1·29 (본)청주(淸州) (출)서울 (주)서울 종로구 대학로101 서울대병원 영상의학과(02-2072-2514) (학)1982년 서울대 의대졸 1985년 同대학원졸 1990년 의학박사(서울대) (경)1986~1987년 국군현리병원 방사선과장 1987~1989년 국군서울지구병원 방사선과장 1999~2004년 서울대 의과대학 방사선과학교실 부교수 2002~2004년 복부방사선연구회 재무이사 2004년 서울대 의과대학 영상의학교실 교수(현) 2005~2007년 대한초음파의학회 총무이사 2005~2007년 서울대 의과대학 기획실장 2006~2008년 同의과대학 교무부학장 2008~2012년 대한영상의학회 총무이사 2010년 대한민국의학한림원 정회원(현) 2010년 서울대병원 의료정보센터장 2010~2012년 서울대 정보화본부장 2010~2012년 同중앙전산원장 2013~2016년 대한초음파의학회 이사장 2014년 서울대 의과대학 영상의학교실 주임교수(현) 2014년 서울대병원 영상의학과 과장(현) 2014~2016년 同정보화실장 2014~2015년 대한복부영상의학회 회장 2015년 대한영상의학회 상임이사(현) (상)북미방사선의학회 최우수전시상(1998) (저)'복부방사선과학'(2005) '복부초음파진단학'(2006)

한준성(韓準成) Han, Jun Sung
(생)1966·12·23 (주)서울 중구 을지로66 KEB하나은행 미래금융그룹(02-2002-1110) (학)1985년 선린인터넷고졸 (경)1985년 국민은행 마포지점 입행 1988년 同전산부 근무 1992년 하나은행 전산부 근무 1996년 同전산정보부 대리 2002년 同e-business팀 과장 2002년 同EC사업팀 과장 2004년 同전략기획부 과장 2006년 하나금융지주 시너지통합팀 차장 2006년 同시너지통

합팀 부팀장 2006년 하나은행 신사업기획부장 2009년 同신사업본부장 대행(겸직) 2012년 同신사업추진본부장 2013년 하나금융지주 미래금융지원팀 상무 2015년 同CIO(전무) 2015년 KEB하나은행 미래금융그룹장(전무)(현)

한준수(韓埈秀) HAN Jun Su

생1950 · 10 · 31 출경북 구미 주서울 강남구 영동대로421 (주)삼탄 비서실(02-527-6110) 학1969년 서울고졸 1974년 한양대 화학공학과졸 경1976년 (주)코오롱 입사, 同회장비서실 근무 · 同도교사무소장 1996년 同이사 1998년 코오롱유화(주) 전무이사 2003년 同부사장 2006년 同사장 2007~2011년 (주)코오롱 기능소재부문 대표이사 사장 2011년 신고려관광(주) 대표이사 2016년 (주)삼탄 대표이사 사장(현) 종불교

한준우(韓埈宇) HAN Joon Woo

생1953 · 5 · 22 본청주(淸州) 출경북 구미 주경기 안양시 만안구 양화로37번길34 연성대학교 관광학부 호텔관광과(031-441-1091) 학1978년 고려대 통계학과졸 1984년 미국 마이애미대 대학원 경제학과졸 2002년 경제학박사(건국대) 경1977년 대한무역투자진흥공사(KOTRA) 입사 1994년 同미국 마이애미무역관장 1997년 同인사실장 1998년 同홍보실장 2004년 同기획조정실장 2005년 同정보조사본부장 2005년 아시아태평양경제협력체(APEC) 무역진흥실무회의장 2006년 대한무역투자진흥공사(KOTRA) 부사장 2008~2011년 킨텍스(KINTEX) 대표이사 사장 2012년 연성대 관광학부 호텔관광과 교수(현) 2014년 흥국화재해상보험(주) 사외이사 2015년 同감사위원장(현) 2015년 수산중공업 사외이사 겸 감사위원장(현) 상석탑산업훈장(2007) 전'중소기업의 인터넷을 활용한 수출 증대 방안'(1999, 세종연구소) '서남아시아 시장진출전략'(2002, 집문당)

한준호(韓埈皓) HAN Joon Ho

생1945 · 7 · 4 본청주(淸州) 출경북 구미 주서울 영등포구 국제금융로6길42 (주)삼천리 회장실(02-368-3258) 학1964년 경북고졸 1972년 서울대 법대졸 1975년 同행정대학원졸 2000년 행정학박사(경희대) 경1971년 행정고시 합격(10회) 1971년 교통부 행정사무관 1973년 상공부 행정사무관 1978년 동력자원부 감사담당관 1981년 同광업정책과장 1986년 同석유정책과장 1987년 同총무과장 1988년 同자원개발국장 1989년 同공보관 1992년 同석유가스국장 1993년 상공자원부 석유가스국장 1994년 통상산업부 에너지정책국장 1994년 同자원정책국장 1995년 중앙공무원교육원 파견 1995년 통상산업부 자원정책1심의관 1996년 同자원정책실장 1998년 산업자원부 정책실장 1998년 同무역위원회 상임위원 1998년 同기획관리실장 1999~2001년 중소기업청장 2001년 한국생산성본부 회장 2002년 대통령직속 중소기업특별위원회 위원장 2004~2007년 한국전력공사 사장 2004~2007년 대한전기협회 회장 2004~2007년 한국원자력산업회의 회장 2005년 대한배구협회 회장 2007년 (주)삼천리 대표이사 부회장 2009~2014년 (주)포스코 사외이사 2009년 한국무역협회 비상근부회장(현), (주)LG 사외이사 2010년 (주)삼천리 대표이사 회장(현) 2012~2013년 (주)포스코 이사회 의장 2015년 대림산업(주) 사외이사(현) 상홍조근정훈장(1991), 황조근정훈장(2003), 한국자원경제학회 에너지산업대상(2004), 미국 에디슨전기협회(EEI) 에디슨대상 국제부문(2006), 필리핀 대통령 공로패(2006), 한국경영인협회 주최 가장존경받는 기업인상(2012) 종불교

한중석(韓重錫) HAN Chung Suk

생1944 · 5 · 1 출부산 주서울 마포구 마포대로38 일신빌딩5층 (주)모닝글로리(02-719-0400) 학부산대 국어국문학과졸, 서울대 경영대학원 최고경영자과정 수료 경(주)신한무역 대표이사, (주)모닝글로리 대표이사 사장, 同회장(현) 종기독교

한중수(韓仲洙) HAN Joong Soo

생1958 · 9 · 8 본청주(淸州) 출경남 진해 주서울 성동구 왕십리로222 한양대학교 의과대학 생화학분자생물학교실(02-2220-0623) 학1983년 한양대 의과대학졸 1985년 同대학원 의학과졸 1988년 의학박사(한양대) 경1986년 한양대 의과대학 생화학분자생물학교실 조교수 · 부교수 · 교수(현) 1996년 미국 생화학분자생물학회 회원(현) 1999년 대한생화학분자생물학회 대의원 2000

년 한국신경과학회 회원(현) 2001년 KSMBMB신호전달분과학회 회장 2003~2004년 대한생화학분자생물학회 운영위원장 2003~2006년 한국기초과학지원연구원 지정 SELDI-TOF 센터장 2007년 대한생화학분자생물학회 학술위원장 2009년 同포상위원장 2010년 생화학분자생물학회 대의원 2012년 同부회장 2013년 보건산업진흥원 NET의과학분과위원장(현) 2016년 생화학분자생물학회 기금위원장 상국제학술지논문상(1999 · 2001), 우수교수상(1999) 전'생화학 요점정리 및 문제집'(2004, 신흥메드싸이언스) 역'세포학'(2000, 한우리) 종천주교

한지수(韓智洙) HAN, JI SOO

생1963 · 3 · 9 출경남 합천 주대구 동구 첨단로39 한국산업단지공단 구조고도화사업본부(070-8895-7042) 학1984년 마산 경상고졸 1990년 창원대 행정학과졸 2007년 연세대 행정대학원 행정학과졸 경1990년 창원기계공업공단 입사 1994년 동남지역산업단지관리공단 기획과장 2003년 한국산업단지공단 서남본부 기획평가팀장 2005년 산업입지연구센터 산업조사팀장 2007년 한국산업단지공단 국제협력팀장 2008년 同기획조정실 기획예산팀장 2011년 同울산지사장 2012년 同기획조정실장 2014년 同충청지역본부장 2014년 同충북산학융합본부 이사 2014년 同충남당진산학융합본부 이사 2015년 同구조고도화사업본부장(상무이사)(현) 상통상산업부장관표창(1996), 산단공人 大賞(2010)

한지연(韓知延 · 女) HAN Ji Youn

생1964 · 5 · 13 주경기 고양시 일산동구 일산로323 국립암센터 부속병원 폐암센터(031-920-1210) 학1989년 가톨릭대 의대졸 1995년 同대학원 의학석사 1998년 의학박사(가톨릭대) 경1989~1994년 가톨릭대 성모병원 인턴 · 레지던트 1994~1996년 同강남성모병원 혈액종양내과 전임의 1996~2001년 同의대 내과학교실 전임강사 · 조교수 2001년 국립암센터 부속병원 폐암센터 전문의(현) 2001년 同연구소 폐암연구과 선임연구원 · 책임연구원 · 폐암연구과장(현) 2003~2004년 미국 MD Anderson Cancer Center Visiting Professor 2004~2009년 국립암센터 부속병원 진료지원센터 응급실장 2009~2010년 항암제개발B&D사업추진기획단 단원 2010년 국립암센터 폐암센터장(현) 2012~2014년 同이행성임상제1연구부장(책임연구원) 2014~2016년 同융합기술연구부장 2015~2016년 同융합기술연구부 암유전체연구과장 상한국과학기술단체총연합회 우수논문상(2006), 국립암센터 우수 SCI IF상 · 최우수 SCI저작상(2008) 전'Lung Cancer, Third Edition'(2008)

한지학(韓智學) Chee Hark Harn

생1956 · 3 · 26 본청주(淸州) 출경남 진주 주경기 여주군 가남읍 양화로113의141 (주)농우바이오 R&D본부(031-887-6540) 학1979년 중앙대 생물학과졸 1985년 미국 오리건주립대 대학원 유전학과졸 1992년 식물분자생물학박사(미국 럿거스대) 경1986~1987년 오리건주립대 연구원 1993~1996년 미국 럿거스대 식품생명연구소 박사 후 연구원 1996~1999년 한국생명공학연구원 객원선임연구원 1999~2005년 (주)농우바이오 생명공학연구소 수석연구원 2001년 한국식물생명공학회 상임이사 · 편집위원 2001~2003년 농림부 농업과학기술정책심의회 심의위원 2002~2004년 과학기술부 조분평 평가위원 2002~2005년 농촌진흥청 바이오그린21 운영위원 2002~2006년 작물과학원 전문위원 2004년 한국생명공학연구원(KRIBB) 바이오안전성정보센터 운영위원(현) 2005년 (주)농우바이오 생명공학연구소장 2006년 과학기술부 생명공학육성총괄위원회 농축식품위원 2006년 한국식물분자표지연구회 부회장(현) 2006~2010년 식물형질전환연구회 회장 2006~2008년 농업진흥청 국가연구개발사업 자체평가위원 2006~2008년 농업생명공학연구원 전문위원 2007년 Plant Biotechnology Reports(Springer) Editor(현) 2007~2009년 고려대 생명과학과 겸임교수 2007~2009년 경상대 BK21 NCRC 겸임교수 2007~2008년 교육과학기술부 유전자변형 전문가심사위원 2008~2012년 서울대 식물유전체육종연구소 객원연구원 2008~2009년 한국육종학회 부회장 2009년 농촌진흥청 전문위원(현) 2009~2010년 농림수산식품부 과학기술위원회 분과위원 2009~2010년 한국과학기술평가원 생명농수산자문위원 2010년 경상대 산학협력교수 2010~2011년 서울여대 겸임교수 2011~2014년 전남대 겸임교수 2011~2012년 한국식물생명공학회 회장 2011년 농촌진흥청 차세대바이오그린사업 관리위원(현) 2013년 한국육종학회 부회장(현) 2013년 (주)농우바이오 R&D본부장(현) 2015년 (사)한국원예학회 부회장(현) 상과학기술우수논문상(2003) 전'주요 질병의 치료와 예방을 위한 식품과 영양소'(2006) '식물형질전환'(2006)

ㅎ

한진규(韓鎭圭) HAN Jin Kyu

[생]1969 · 11 · 11 [본]청주(淸州) [출]서울 [주]서울 영등포구 국제금융로6길17 부국증권빌딩9층 유리자산운용(주) 퀀트운용본부(02-2168-7937) [학]1993년 한국과학기술원(KAIST) 경영학과졸 1995년 同경영공학과졸(석사) 2011년 경영공학박사(한국과학기술원) [경]1995년 한국투자신탁 투자공학팀 근무 2003년 유리자산운용(주) 인덱스운용본부장(이사), 同퀀트운용본부장 2012년 同퀀트운용본부장(전무이사 · CIO)(현)

한진만(韓鎭萬) HAN Jin Mann

[생]1954 · 9 · 6 [본]청주(淸州) [출]서울 [주]강원 춘천시 강원대학길1 강원대학교 신문방송학과(033-250-6884) [학]1973년 성남고졸 1980년 고려대 신문방송학과졸 1982년 同대학원 방송학과졸 1989년 문학박사(고려대) [경]1984~1992년 건국대 신문방송학과 전임강사 · 조교수 · 부교수 1984~1995년 고려대 강사 1990년 미국 Indiana대 객원연구원 1992년 강원대 신문방송학과 부교수 · 교수(현) 1993~1996년 방송위원회 편성정책연구위원회 연구위원 · 지역방송발전연구위원회 연구위원 · 라디오방송발전위원회 연구위원 1994년 한국방송학회 총무이사 2000년 방송위원회 방송편성정책연구위원장 2005~2007년 강원대 사회과학연구소장 2006~2010년 同디지털미디어센터장 2007~2008년 한국방송학회 회장 2007~2012년 언론중재위원회 위원 2008~2011년 방송통신위원회 지역방송발전위원회 위원 2011년 육군 제1야전군사령부 자문위원(현) 2012~2015년 한국방송공사(KBS) 이사 2013~2015년 강원대 사회과학대학장 2013~2015년 同정보과학행정대학원장 [상]우수수업상(2008 · 2010), 방송통신위원장표창(2009) [저]'한국텔레비전방송연구'(1995) '방송제작기술'(1998) '방송편성론'(2000) '방송론'(2000) '디지털시대의 방송편성론'(2006) '방송학개론'(2008) '한국방송 80년, 그 역사적 조명'(2008) '지역미디어(共)'(2010) '한국방송의 이해'(2011) '방송사건'(2013) '지역방송정책론'(2013) [종]가톨릭

한진석(韓鎭錫) HAN Jin Suk (愚靜)

[생]1953 · 8 · 11 [본]청주(淸州) [주]서울 종로구 대학로101 서울대학교병원 내과(02-760-2392) [학]1972년 경기고졸 1978년 서울대 의대졸 1981년 同대학원졸 1988년 의학박사(서울대) [경]1983~1986년 마산의료원 내과 과장 · 진료부장 1986~1999년 서울대 의과대학 내과학교실 강사 · 조교수 · 부교수 1990~1992년 미국 국립보건연구소(NIH) 연구원 1999년 서울대 의과대학 내과학교실 교수(현) 2001~2004년 서울대병원 신장내과 분과장 2012~2014년 대한신장학회 이사장

한진수(韓振洙) HAN Jin Soo

[생]1953·7·25 [출]경기 용인 [주]서울 중구 필동로1길30 동국대학교 경영대학(02-2260-3294) [학]1971년 경기고졸 1975년 서울대 동양사학과졸 1980년 同경영대학원졸 1983년 미국 인디애나대 경영전문대학원 회계학과졸(MBA) 1986년 경영학박사(미국 인디애나대) [경]1980~1981년 국방과학연구소 연구원 1982~1986년 미국 인디애나대 강사·시간강사 1986년 동국대 경영대학 회계학과 조교수·부교수·교수, 同경영대학 회계학전공 교수(현) 1990년 한국공인회계사시험 출제위원 1991년 동국대 경영대학원 교학부장 1994년 미국 콜로라도대 객원교수 1995년 동국대 학술부장 1997~1999년 동국로얄대(동국대 LA분교) 부총장 1998~1999년 同총장 2001년 동국대 회계학과장 2001~2005년 재정경제부 정부투자기관 경영평가위원 2002~2004년 기획예산처 정부투자기관 경영평가위원 2002~2003년 한국회계학회 부회장 2003년 행정자치부 정부회계기준심의위원 2003년 재정경제부 공인회계사 자격제도 심의위원 2004~2007년 행정자치부 정부혁신관리 평가위원 2005년 안보경영연구원 감사 2005년 한국정부회계학회 회장 2005~2007년 동국대 경영대학원장 겸 경영대학장 2005년 산업자원부 정부산하기관 경영평가위원 2007~2011년 동국대 경영부총장 [상]홍조근정훈장(2007) [저]'회계학원론'(1997) '재무회계'(2003) '회계원리'(2003) '회계원리 완전정복'(2004) '신회계원리'(2006)

한진현(韓珍鉉) HAN Jin Hyun

[생]1959 · 9 · 27 [출]전남 보성 [주]경기 성남시 분당구 판교로338 한국무역정보통신(02-6000-2001) [학]1976년 전남고졸 1981년 전남대 경제학과졸 1984년 고려대 대학원 경제학과졸 1993년 미국 캔자스대 대학원 경제학과졸 2011년 경제학박사(서울과학기술대) [경]1981년 행정고시 합격(25회) 1984년 동력자원부 · 통상산업부 사무관 1997년 경수로사업기획단 건설기술부 과장 1999년 駐뉴욕 상무관 2002년 산업자원부 투자진흥과장 2003년 同가스산업과장 2004년 同자원정책실 석유산업과장 2006년 서울산업대 초빙교수 2007년 국무조정실 기후변화대책기획단 사업부장 2008년 국무총리실 기후변화대책기획단 사업부장 2008년 同기후변화대책기획단 저탄소사회정책관 2009년 지식경제부 에너지산업정책관 2010년 同무역정책관 2011년 同무역투자실장 2013~2014년 산업통상자원부 제2차관 2014년 서울과학기술대 에너지환경대학원 에너지정책학과 석좌교수 2014년 도시가스사회공헌기금 기금운영위원회 위원장 2015년 경제자유구역위원회 부위원장 2016년 한국무역정보통신(KTNET) 대표이사 사장(현)

한진호(韓進澔)

[생]1949·7·14 [출]인천 [주]인천 서구 거월로61 수도권매립지관리공사 감사실(032-560-9335) [학]제물포고졸, 고려대 원예학과졸 [경]경찰간부후보 24기 1993년 서울 종로경찰서 경비과장 1993년 서울지방경찰청 교통지도부 강남면허시험장장 1993년 강원 양구경찰서장 1994년 강원 태백경찰서장·서울 101경비단 부단장 1998년 서울 서대문경찰서장 1999년 서울지방경찰청 교통안전과장 2000년 同교통안전과장(경무관) 2001년 同교통지도부장 2003년 경찰청 교통관리관 2004년 인천지방경찰청장(치안감) 2005년 경찰청 정보국장 2006년 서울지방경찰청장(치안정감) 2006~2008년 국가정보원 제2차장, 한중대 석좌교수 2016년 수도권매립지관리공사 상임감사(현) [상]근정포장(2002)

한찬건(韓贊建) HAN Chan Kun

[생]1957·2·14 [주]인천 연수구 인천타워대로241 포스코건설(주) 비서실(032-748-2114) [학]1974년 보성고졸 1978년 중앙대 기계공학과졸 [경]1978년 대우그룹 입사 1989년 同나이지리아 라고스 주재원 1996년 同방글라데시 다카지사장(부장) 2001년 대우인터내셔널 기계팀장(이사) 2004년 同테헤란지사장(상무) 2008년 同전자산업본부장(상무) 2011년 同전력인프라본부장(전무) 2014년 同미얀마총괄 겸 미얀마무역법인 대표(전무) 2015년 同기계인프라본부장(부사장) 2016년 포스코건설(주) 대표이사 사장(현) 2016년 대한체조협회 회장(현)

한찬수(韓讚洙) Chansoo Han

[생]1964 · 12 · 9 [본]청주(淸州) [출]서울 [주]서울 양천구 목동서로201 KT정보전산센터7층 (주)케이엠에이치(02-2647-1255) [학]1983년 대광고졸 1988년 고려대 정치외교학과졸 1993년 同대학원 정치외교학과졸 [경]1993~1994년 한국교육방송공사(EBS) 교양제작국 제작PD 1994~1995년 (주)서울컴 제작팀장(PD) 1995~2001년 (주)기독교TV(CTS) 제작팀장(PD) 2003~2004년 (주)미디어앤커뮤니케이션네트워크 대표이사 2004~2009년 (주)케이엠홀딩스 부사장 2010년 (주)케이엠에이치 대표이사(현)

한찬식(韓瓚湜) HAN Chan Sik

[생]1968·7·15 [본]청주(淸州) [출]서울 [주]울산 남구 법대로45 울산지방검찰청 검사장실(052-228-4301) [학]1986년 성남고졸 1990년 서울대 법과대학졸 1998년 미국 펜실베이니아대 로스쿨 수료(LL.M.) [경]1989년 사법시험 합격(31회) 1992년 사법연수원 수료(21기) 1992년 서울지검 검사 1994년 대구지검 경주지청 검사 1995년 수원지검 검사 1997년 대구지검 검사 2000년 법무부 국제법무과 검사 2003년 서울지검 동부지청 검사 2004년 서울동부지검 부부장검사 2005년 울산지검 특수부장 2006년 춘천지검 영월지청장 2007년 법무부 법조인력정책과장 2009년 서울중앙지검 총무부장 2009년 同첨단범죄수사제1부장 2010년 대검찰청 대변인 2011년 서울고검 검사 2011년 국가정보원 파견 2013년 수원지검 안양지청장 2014년 법무부 인권국장 2015년 서울고검 차장검사(검사장급) 2015년 울산지검장(현) [저]'한일투자협정해설(共)'(2003) [종]천주교

한찬훈(韓贊勳) HAN Chan Hoon

[생]1961 · 3 · 2 [출]충북 청주 [주]충북 청주시 서원구 충대로1 충북대학교 공과대학 건축공학과(043-261-2438) [학]1983년 홍익대 건축학과졸 1985년 연세대 대학원 건축공학과졸 1993년 공학박사(호주 시드니대) [경]1985~1986년 연세대 산업기술연구소 연구원 1986~1988년 (주)아키반종합건축사사무소 음향설계 디자이너 1988~1989년 LG산전(주) 기술팀장 1991~1992년 호주 시드니대 건축과학과 튜터 1994~1995년 연세대 · 경희대 대학원 강사 1994년 충북대 공과대학 건축공학과 전임강사 · 조교수 · 부교수 · 교수(현) 1994년 연세대 건축과학기술연구소 객원연구원 1997년 한국음향학회 학술이사 겸 편집위원 2000~2001년 영국 샐퍼드대 방문교수 2011~2014년

충북대 평생교육원장 2014년 한국음향학회 회장 2015년 同고문(현) 2016년 아시아·태평양지역 국제음향학회(WESPAC) 회장(현) 2016년 충북대 도서관장(현) [상]한국예총 우수예술인상 건축부문, 한국음향학회 공로상(2015)

한찬희(韓贊熙) HAN Chan Hee

[생]1955·1·21 [출]충남 청양 [주]서울 영등포구 국제금융로10 서울국제금융센터 원아이에프씨빌딩9층 딜로이트안진회계법인(02-6676-2203) [학]1974년 경성고졸 1978년 연세대 경제학과졸 1990년 同경영대학원졸, 서울대 경영대학원 최고경영자과정 수료 [경]1981~1991년 세화회계법인 이사 1991~1993년 미국 PWC New York Office 근무 1993~1999년 세동회계법인 전무이사 1999~2003년 Arthru Anderson GCF 대표이사 2003~2009년 딜로이트안진회계법인 부대표, 同기업위험관리서비스본부장 2009~2011년 딜로이트컨설팅 대표이사 2009년 딜로이트안진회계법인 Advisory 총괄본부장 겸임 2011~2015년 同대표 2014년 한국학중앙연구원 비상임감사(현) 2015년 딜로이트안진회계법인 부회장(현) [종]기독교

한창건(韓昌乾) HAN Chang Gun

[생]1958·8·19 [본]청주(淸州) [출]서울 [주]서울 영등포구 은행로3 익스콘벤처타워708호 한국신문방송인클럽(02-3775-0017) [학]1986년 건국대 행정대학원 수료 1998년 연세대 언론홍보대학원 최고위과정 수료 2000년 명예 경영학박사(시에라리온 국립시에라리온대) [경]1984년 저널리스트클럽 편집이사 1990년 국민경제신문 발행인 1993년 한국방송인클럽 기획실장 1999년 한국신문방송인클럽 사무국장 1999년 헤드라인뉴스 발행인 겸 편집인 2003년 99포럼 운영위원장 2005년 한국신문방송인클럽 사무총장 2013년 한국SNS뉴스통신사 회장(현) 2013년 한국SNS기자연합회 상임고문(현), (사)아시아경영전략연구원 사무총장(현), 뉴스전문포탈사이트 상임고문(현), 인터넷통신사 국민의소리 상임고문 2015년 한국신문방송인클럽 회장(현) [저]'지방자치시대'(1999) '통일전망대' '기자의증언' 외 다수 [종]기독교

한창규(韓昌奎) HAN Chang Kyu

[생]1935·3·18 [본]청주(淸州) [출]경남 산청 [주]서울 서초구 주흥11길23의9 한국마약범죄학회 [학]1965년 부산대 대학원 법학과졸 1999년 경기대 통일안보대학원 최고관리자과정 수료 2000년 서울대 농업생명과학대학 환경지도자과정 수료 2007년 연세대 법무대학원 경영정책법무최고위과정 수료 [경]1969~1979년 부산·대구·서울지검 과장 1977년 대한법률구조협회 서울지부 사무국장, 민주평통 상임위원 1994년 참여연대 운영·재정위원 2000년 법무부 범죄예방위원(현) 2000년 同광진지구협의회장, 서울환경지도자협회 회장 2001년 한국마약범죄학회 이사장(현) 2002년 대검찰청 조직범죄대책위원 2003년 대한법무사협회 수석부협회장 2005년 대검찰청 조직범죄대책위원 2005년 서울동부지법 국선변호감독위원 겸 민사조정위원(현) 2006~2008년 한국갱생보호공단 이사장 2007년 법무부 법교육정책위원(현) 2008년 청담미래포럼 대표(현) 2009년 한국사법교육원 교수(현) [상]신지식인 선정(1999), 자랑스러운 서울시민상(1999), 법조봉사대상(2002), 국민훈장 석류장(2003), 대통령표창(2004), 대한적십자사 박애상(2013), 자랑스러운 한국인 대상(2013), 대한민국을 이끄는 혁신리더(2014) [저]'벌칙중심의 관세법'(1970) [종]기독교

한창목(韓昌坶) HAN, Chang Mok

[생]1973·10·3 [본]청주(淸州) [출]경북 청도 [주]세종특별자치시 노을6로8의14 국세청 조사분석과(044-204-3751) [학]1992년 부산진고졸 1999년 고려대 법학과졸 2006년 미국 오리건대 대학원 경영학과졸(MBA) [경]2000년 천안세무서 납세지원과장 2000년 평택세무서 세원관리1과장 2002년 국세청 법무과 근무 2003년 同국제협력담당관실 근무 2004년 미국 오리건대 국외훈련 2006년 국세청 국제세원관리담당관실 근무 2011년 국제탈세정보교환센터 근무(해외파견) 2013년 수영세무서장 2014년 서울지방국세청 조사4국 조사3과장 2016년 국세청 지하경제양성화팀장 2016년 同조사분석과장(현)

한창민(韓昌旼)

[생]1973·7·22 [주]서울 영등포구 국회대로70길7 정의당(02-2038-0103) [학]공주대 교육대학원 교육학과졸 [경]노무현재단 봉하사업본부 운영팀장, 정의당 대전시당 창당준비위원회 위원장 2014년 대전광역시장선거 출마(정의당) 2015년 정의당 대변인(현)

한창섭(韓昌燮) HAN Chang Sup

[생]1960·5·5 [본]청주(淸州) [출]강원 춘천 [주]세종특별자치시 도움6로11 행정중심복합도시건설청 공공건축추진단(044-200-3300) [학]1978년 춘천고졸 1984년 연세대 건축과졸 2003년 同대학원 건축공학과졸, 도시 및 지역계획학박사(연세대) [경]유원건설 근무, 기술고시 합격(24회), 건설교통부 도시국 건축과 근무 2002년 원주지방국토관리청 건설관리실장 2003년 건설교통부 주택국 주거환경과장 2005년 同건축기획팀장 2005~2007년 미국 연방지리정보위원회 파견 2007년 건설교통부 주거복지본부 국토정보기획팀장 2008년 국토해양부 국토정보기획과장 2009년 同주택토지실 국토정보정책과장 2009년 同주택토지실 국토정보정책과장(부이사관) 2009년 공공주택건설추진본부 파견(부이사관) 2010년 국토해양부 신도시개발과장 2011년 국가건축정책기획단 부단장(고위공무원) 2012년 국토해양부 공공주택건설추진단장 2013년 국토교통부 공공주택건설추진단장 2013년 同용산공원조성추진기획단장 2014년 국외 훈련 2015년 행정중심복합도시건설청 공공건축추진단장(현) [상]우수공무원표창(1998) [종]기독교

한창섭(韓唱燮) HAN Chang Seob

[생]1967·11·13 [출]경북 상주 [주]서울 종로구 세종대로209 행정자치부 의정관실(02-2100-3070) [학]1985년 상주고졸 1990년 연세대 행정학과졸 1993년 서울대 대학원 행정학과졸 2006년 행정학박사(영국 버밍엄대) [경]1990년 행정고시 합격(34회) 1999년 행정자치부 행정관리국 조직정책과 사무관 2000년 同행정관리국 조직정책과 서기관 2005년 고위공무원단 제도실무추진단 파견 2005년 행정자치부 과제관리팀장 2006년 同기능분석팀장 2007년 同성과조직팀장 2008년 UN거버넌스센터 파견(부이사관) 2009년 국방대 안보과정 파견 2010년 행정안전부 인사실 윤리과장 2010년 국가기록원 기록정책부장(고위공무원) 2011년 대통령실 파견(고위공무원), 駐캐나다 공사참사관 2016년 행정자치부 의정관(현)

한창수(韓昌洙)

[생]1959 [주]서울 영등포구 의사당대로143 한국금융투자협회(02-2030-9010) [학]대구 성광고졸, 서울대 경영학과졸, 한국과학기술원(KAIST) 경영학과졸(석사) [경]대우경제연구소 연구위원, (주)고합 전략경영본부장, 국회의원 보좌관 2009년 지식경제부 장관정책보좌관 2011년 한국화학융합시험연구원 대외협력실장 2013~2014년 대통령비서실 선임행정관 2015년 한국금융투자협회 대외서비스부문 전무(현)

한창수(韓昌洙) HAN Chang Soo

[생]1959·2·2 [본]청주(淸州) [출]서울 [주]서울 종로구 새문안로76 아시아나IDT(주) 임원실(02-2127-8354) [학]보인고졸, 성균관대 회계학과졸, 미국 시라큐스대(Syracuse Univ.) 대학원졸(MBA) [경]아시아나항공(주) 자금팀장 2005년 同재무부문 이사 2006년 同재무부문 상무 2010년 同전략기획본부장(전무) 2014년 同부사장 2015년 아시아나IDT(주) 대표이사(현)

한창완(韓昌完) HAN Chang Wan

[생]1967·10·21 [출]전남 목포 [주]서울 광진구 능동로209 세종대학교 만화애니메이션학과(02-3408-3248) [학]1986년 목포고졸 1990년 서강대 신문방송학과졸 1994년 同대학원 신문방송학과졸 2006년 신문방송학박사(서강대) [경]1996~2000년 서강대 언론문화연구소 연구원 2000~2002년 (사)부천국제대학애니메이션페스티벌 조직위원회 사무국장 2000년 세종대 만화애니메이션학과 교수(현) 2000년 同만화애니메이션산업연구소장 2000년 (주)세종에듀테인먼트 대표이사 2001년 세종대 영상대학원 교학부장 2005~2008년 同만화애니메이션학과장 2007년 전남도 문화산업정책특별보좌관 2007년 (사)한국애니메이션학회 학술지 '애니메이션 연구' 편집위원장 2008년 (주)대원미디어 사외이사 2008년 방송통신위원회 제5기 방송발전기금관리위원회 위원 2008년 (재)전남문화산업진흥원 이사(현) 2009년 (사)한국문화콘텐츠기술학회 부회장 2009년 세종대 신문방송국 주간교수(현) 2009년 同문화예술콘텐츠대학원 교학주임교수 2010년 한국정보화진흥원 홍보정책전문가위원회 위원 2013년 세종대 융합콘텐츠산업연구소장(현) 2014년 同홍보실장 2015년 (사)한국애니메이션학회 회장(현) 2015년 한국영상자료원 비상임이사(현) [상]한국만화애니메이션학회 학술상(1998), 세종대 우수연구상(2001·2001), 한국만화가협회 공로상(2001), 세종대 대형프로젝트과제 수주상(2003), 한국학술진흥원 기초학문분야 우수학술도서 선정(2003), 한국교육방송공사 TV프

로그램 진행자상(2004), 세종대 우수연구교수상(2004), 정보통신부 디지털콘텐츠대상(2005), 정보통신부 디지털콘텐츠대상 동상(2006), 한국애니메이션학회 학술상(2008) [저]'한국만화산업연구'(1995, 글논그림밭) '한국만화산업연구-수정증보판'(1996, 글논그림밭) '애니메이션 경제학'(1998, 커뮤니케이션북스) '한창완교수의 애니메이션강의 : 저패니메이션과 디즈니메이션의 영상전략'(2001, 도서출판 한울) '애니메이션 용어사전(共)'(2002, 도서출판 한울) '애니메이션 경제학2004'(2004, 커뮤니케이션북스) '만화에 빠진 아이, 만화로 가르쳐라'(2008, 웅진 리빙하우스) [역]'존할라스의 유럽애니메이션 이야기 : Contemporary Animator'(1999, 도서출판 한울) '애니메이션 제작기법의 모든 것 : Encyclopedia of Animation Techniques'(1999, 도서출판 한울) '애니마톨로지@애니메이션 이론의 이해와 적용 : Understanding Animation(共)'(2001, 도서출판 한울) '움직임의 미학 : 애니메이션 역사와 미학연구 : Art in Motion(共)'(2001, 도서출판 한울) '21세기 애니메이션의 혁명가들 : 2D & Beyond(共)'(2003, 도서출판 한울) '애니메이터 서바이벌 키트 : Animator's Survival Kit'(2004, 도서출판 한울) '저패니메이션 하드코어 : Erotic Anime(共)'(2004, 현실문화연구) '애니메이션 시나리오 : 기획에서 프리젠테이션까지 : Animation Writing & Development(共)'(2009, 커뮤니케이션북스)

한창원(韓昌願) HAN Chang Won

[생]1960·2·15 [본]청주(淸州) [출]대구 달성 [주]인천 남구 인중로5 정산빌딩9층 기호일보 사장실(032-761-0001) [학]1988년 인천대 경영학과졸 [경]1991년 기호일보 입사·편집부국장 1999년 향진원(아동복지시설)후원회 회장(현) 2000년 기호일보 총무국 부국장 2002년 同총무국장 2003년 同상무이사 2008년 同대표이사 사장(현) 2008년 인천대경영학과총동문회 회장 2009년 인천시탁구협회 회장(현), 인천문인협회 이사(현), 인천시사회복지협의회 부회장·회장(현), 대한가정법률복지상담원 인천지부 부이사장·이사장 2011년 전국지방신문협의회 부회장(현) 2012년 대한적십자사 인천지사 부회장(현), 장애인고용대책위원회 위원장(현), 공군 정책발전자문위원(현), 인천시체육회 상임이사, 예림원(정신지체장애인시설) 운영위원(현), 사랑의장기기증운동 경인지역본부 이사(현), 재능대 대학평의원회 의원, 인천시 중구문화원 이사(현), 2014인천아시아게임성화봉송위원장, 인천대 발전기금이사회 이사 [상]보건복지부장관표창(2000), 대통령표창(2010), 대한적십자사 적십자유공장 명예장(2015), 세계민주자유연맹 자유장(2015) [저]시집 '강'(1989) '내 안에 있는 또 다른 나에게'(1993) '홀로 사는 이 세상에'(1996) '협궤열차가 지고 간 하루'(2013) [종]가톨릭

한창화(韓昌和) HAN Chang Hwa

[생]1953·2·26 [본]청주(淸州) [출]서울 [주]경북 안동시 풍천면 도청대로455 경상북도의회(054-880-5409) [학]영원공고졸, 한동대 경영학과졸 2009년 동국대 사회과학대학원 행정학과졸 [경]국제로타리3630지구 2지역 대표, 포항시재향군인회 회장, 한나라당 경북도당 홍보위원장, 同전국위원, 민주평통 포항시협의회 문화예술분과 위원장, 한나라당 포항북구당원협의회 부위원장, 同중앙당 홍보위원, 同제17대 대통령중앙선거대책위원회 경북도당 봉사단체본부장·중앙유세단 경북단장·중앙특보위원, 同이명박 대통령후보 대외협력특보, 경북도 농어업FTA대책특별위원회 위원 2010년 경북도의회 의원(한나라당·새누리당) 2010년 同독도수호특별위원회 위원 2010년 同예산결산특별위원회 위원 2010년 同농수산위원회 위원 2010년 同서민경제특별위원회 위원 2014년 경북도의회 의원(새누리당)(현) 2014년 同예산결산특별위원회 위원장 2014·2016년 同농수산위원회 위원(현) 2014~2016년 새누리당 경북도의회 원내대표단 수석부대표 2016년 경북도의회 운영위원회 위원(현) [종]기독교

한창환(韓昌煥) Han Chang Hwan

[생]1960·11·4 [출]충북 청주 [주]서울 서초구 헌릉로12 현대자동차(주) 홍보팀(02-3464-2112) [학]서강대 영어영문학과졸 [경]1985년 기아자동차(주) 폴란드판매법인 근무 2003년 현대자동차(주) 인도생산법인 근무 2004년 同아태팀 부장 2005년 同아시아지역본부장(부장) 2005년 同중남미지역본부장(이사대우) 2008~2009년 同중남미지역본부장(이사) 2009년 同미주사업부 상무, 同인도법인 상무 2013년 同인도법인 전무 2014년 同미주법인장(전무)(현)

한창훈(韓昌勳) HAN Chang Hun

[생]1962·7·2 [출]충남 논산 [주]세종특별자치시 한누리대로422 중앙노동위원회 상임위원실(044-202-8206) [학]1981년 대전고졸 1985년 경희대 경제학과졸 1987년 서울대 대학원 행정학과졸 1994년 미국 미시간주립대 대학원 노사관계학과졸 [경]1996년 대통령비서실 노동행정관 1998년 국제노동기구(ILO)파견 2001년 노동부 국제협력관실 국제협력담당관 2001년 同장관 비서관 2002년 同안전정책과장 2003년 同고용정책실 고용정책과장 2004년 同기획관리실 기획예산담당관(부이사관) 2005년 同기획관리실 법무담당관 2006년 경제협력개발기구(OECD)파견 2009년 노동부 정보화담당관 2009년 同기획조정실 국제협력관(고위공무원) 2010년 고용노동부 기획조정실 국제협력관 2011년 同고용정책실 인력수급정책관 2012년 중앙노동위원회 상임위원 겸 사무처장 2012년 고용노동부 고용정책실장 2013~2015년 대통령 고용복지수석비서관실 고용노동비서관 2015년 고용노동부 기획조정실장 2016년 중앙노동위원회 상임위원(현) [저]'무역과 노동기준'(2000)

한창훈(韓昌勳) HAN Chang Hun

[생]1964·6·16 [본]청주(淸州) [출]서울 [주]서울 서초구 서초중앙로157 서울고등법원 부장판사실(02-530-1114) [학]1983년 배재고졸 1987년 서울대 사법학과졸 [경]1986년 사법시험 합격(28회) 1989년 사법연수원 수료(19기) 1989년 軍법무관 1992년 서울지법 동부지원 판사 1994년 서울민사지법 판사 1995년 서울지법 판사 1996년 제주지법 판사 1997년 광주고법 제주부 판사 겸임 1999년 서울지법 동부지원 판사 2002년 대법원 재판연구관 2004년 인천지법 부장판사 2006년 사법연수원 교수 2008년 서울남부지법 부장판사 2010년 서울중앙지법 형사11부·형사합의25부 부장판사 2012년 서울남부지법 수석부장판사 2013년 부산고법 창원재판부 부장판사 2014년 서울고법 부장판사(현)

한창희(韓昌熙) HAN Chang Hi

[생]1955·7·10 [본]청주(淸州) [출]전북 완주 [주]서울 성북구 정릉로77 국민대학교 법과대학(02-910-4503) [학]1974년 전주고졸 1979년 서울대 법학과졸 1985년 同대학원졸 1993년 법학박사(서울대) [경]1988년 법무부 법무자문위원회 연구위원 1988~2007년 서경대 법학과 조교수·부교수·교수 1994년 보험법연구회 간사 1995년 한국상사법학회 이사(현) 2000년 한국대학교육협의회 법학과 평가위원·사법시험위원·행정고시위원·공인회계사시험위원 2000년 한국보험학회 편집위원 2003년 미국 텍사스대 방문교수 2007년 국민대 법과대학 교수(현) 2011~2013년 사법연수원 강사 2012년 한국손해사정학회 회장 2013~2014년 한국금융소비자학회 회장 2013년 학교안전공제중앙회 이사장(현) 2014년 한국금융소비자학회 명예회장(현) [상]한국보험학회 우수논문상(2007), 보건복지부장관표창(2013), 한국보험학회 50주년기념 우수논문상(2014) [저]'해상보험법(共)'(2007) '보험법개정의 관점(共)'(2009) '현대보험법의 동향'(2009) '보험법판례연구집'(2011) '보험법'(2011) '각국의 보험소비자보호법제(共)'(2011) '회사법'(2012) '상법총론'(2013) [역]'생존능력을 배양하는 학교안전교육'(2014)

한창희(韓昌熙) HAN Chang Hee

[생]1959·7·21 [출]충남 청양 [주]서울 성동구 성수이로26길28 (주)에스바이오메딕스 사장실(02-2205-0023) [학]1977년 선린상고졸 1991년 전주대 경영학과졸 1996년 서강대 경영대학원졸(MBA) [경]한미약품(주) 총괄상무이사 2007년 同전무 2010~2014년 同경영지원본부 부사장 2015년 (주)에스바이오메딕스 사장(현)

한천수(韓天洙) Han Chun Soo

[생]1959·8·8 [주]서울 서초구 헌릉로12 기아자동차(주) 재경본부(02-3464-1114) [학]영남고졸, 성균관대 경제학과졸 [경]현대제철(주) 재무관리실장(상무) 2012년 同재무관리실장(전무), 기아자동차(주) 재경사업부장(전무) 2015년 同재경본부장(부사장)(현) 2015년 현대카드 기타비상무이사(현)

한철기(韓哲基) Han Chul Ki (덕산)

[생]1958·2·16 [본]청주(淸州) [출]전남 나주 [주]서울 중구 세종대로67 삼성카드(02-2172-7655) [학]1977년 금호고졸 1985년 조선대 전기공학과졸 2005년 연세대 대학원 공정거래법학과졸 [경]공정거래위원회 기업결합과·카르텔조사국·서비스카르텔과 근무 2009년 同기획재정담당관실 근무 2011년 同대구사무소장·부산사무소장 2012년 同행정관리담당관 2013년 同경쟁제한규제개혁작업단 부단장 2013~2015년 同서울지방공정거래사무소 제조하도급과장 2015년 삼성카드 기획조사담당 고문(현) [상]공정거래위원회 선정 '올해의 공정인'(2008), 대통령표창(2009)

한철수(韓哲洙) HAN Chul Soo

[생]1935 · 9 · 7 [본]청주(淸州) [출]충북 충주 [주]서울 종로구 사직로96 파크뷰408호 한미우호협회(02-730-3595) [학]1954년 용산고졸 1956년 육군사관학교졸 1966년 서울대 상과대학 경영학과졸 1968년 同행정대학원졸 1996년 명예 법학박사(중국 문화대) [경]1976년 대통령 국방담당 비서관 1979년 군사령부 작전처장 1980년 보병 제6사단장 1982년 육군본부 관리참모부장 1983년 육군 제3군단장 1985년 육군 합참본부장 1985년 한미연합사령부 부사령관 1987년 예편(육군 대장) 1988년 駐대만 대사 1991~1993년 駐브라질 대사 1993~1996년 駐대만대표부 대표 1997년 서경대 교양학부 교수 · 명예교수 2004~2008년 同총장 2005년 성우회 회장 직대 2008년 서경대 명예총장(현) 2009년 한미우호협회 회장(현) [상]인헌무공훈장(1968), 보국훈장 국선장(1983), 보국훈장 통일장(1985) [종]천주교

한철희(韓喆熙) HAN Chul Hee

[생]1957 · 2 · 7 [출]전북 임실 [주]경기 파주시 회동길77의20 돌베개출판사(031-955-5020) [학]1975년 전라고졸 1983년 서울대 인문대학 국어국문학과졸 [경]1993년 돌베개출판사 대표(현) 1994~1996년 책을만드는사람들 대표 1995~2009년 파주출판문화정보산업단지사업협동조합 실행이사 1995~2011년 대한출판문화협회 이사, 同부회장, 한국출판협동조합 이사, 한국출판인회의 실행이사, 同정책기획위원장, 同감사 1998년 同이사(현) 2009~2011년 同회장 2009년 출판도시문화재단 이사 [상]한국출판인회의 올해의 출판인상(2003), 국무총리표창(2008) [역]'예술이란 무엇인가'(1984)

한춘득(韓春得) Han Chun Deuk

[생]1952·2·3 [본]청주(淸州) [출]서울 [주]서울 금천구 가산디지털1로196 에이스테크노타워10차1104호 (주)한국해양과학기술(02-6670-4203) [학]1970년 안동생명과학고졸 2002년 서울산업대 토목공학과졸 2004년 연세대 공학대학원 환경공학과졸 2009년 토목공학박사(관동대) [경]1970년 국토건설기술요원양성소 근무 1971년 (주)대지종합기술공사 측량과 근무 1977~1991년 아세아항업(주) 입사·측량과장 1978~1979년 同사우디아라비아 리야드지사 지형도제작 1991년 (주)한국해양과학기술 측지부 전무이사(현) 2001년 한국철도시설공단 측량분야 설계자문위원(현) 2003년 부산지방항공청 공역관제분야 설계자문위원 2004년 서울산업대 토목공학과 겸임교수 2008년 대한측량협회 기술위원(현) [상]건설교통부장관표창(1997·2003), 국무총리표창(2006), 대통령표창(2009)

한충섭(韓忠燮) Han, Choong Sub

[생]1962·12·15 [주]서울 중구 삼일대로358 신한생명보험(주) 임원실(02-3455-4026) [학]1981년 성동고졸 1990년 연세대 경영학과졸 [경]1990년 신한생명보험(주) 입사 1996년 同창덕직단영업소장 1998년 同경영지원부 과장 2002년 同전략기획팀장 2005년 同마케팅지원부장 2008년 同경영기획부장 2010년 同전략지원부장 2011년 同변화추진부장 2011년 同CS추진본부장 2013년 同부사장보 2014년 同부사장(현) [상]한국표준협회 한국서비스대상 서비스리더상(2014)

한충식(韓忠湜)

[생]1961·5·25 [주]서울 송파구 양재대로1239 한국체육대학교 체육학과(02-410-6873) [학]1980년 부산동고졸 1984년 한국체육대 체육학과졸 1987년 同대학원 체육학과졸 [경]1979~1987년 체조 국가대표 1981·1983·1985년 하계U대회 국가대표 1983·1985년 세계선수권대회 국가대표 1984년 LA올림픽 국가대표 1989~2004년 국제 심판 1992~2003년 대한체조협회 기술위원 1992년 한국체육대 체육학과 교수(현) 2000~2002년 同체육학과장 2003~2007년 同생활관장 2005년 대한체조협회 이사 2015년 한국체육대 스포츠과학대학장 겸 훈련처장(현) [상]체육포장(1986), 체육훈장 기린장(1986), 대통령표창(1993), 체육훈장 거상장(1999), 체육훈장 맹호장(2005), 한국재능나눔대상(2014)

한충희(韓忠熙) Hahn Choong-hee

[생]1960 · 7 · 22 [출]경북 경주 [주]서울 종로구 사직로8길60 외교부 인사운영팀(02-2100-7136) [학]1983년 서울대 불어교육과졸 1985년 미국 펜실베이니아대 국제관계학 석사 1988년 프랑스 파리 1대학 국제정치학 석사 [경]1985년 외무고시 합격(16회) 1985년 외무부 입부 1991년 駐미국 2등서기관 1993년 駐나이지리아 1등서기관 1998년 駐오스트리아 1등서기관 2002년 한반도에너지개발기구(KEDO) 파견 2005년 외교통상부 북미2과장 2005년 同북미1과장 2007년 북핵외교기획단 부단장 2007년 駐프랑스 공사참사관 2009년 외교통상부 인사기획관 2010년 외교안보연구원 근무 2011년 서울핵안보정상회의 부교섭대표 · 대변인 겸임 2012년 외교통상부 문화외교국장 2014년 駐유엔대표부 차석대사(현) 2014년 유엔국제상거래법위원회(UNCITRAL : United Nations Commission on International Trade Law) 의장 [상]영산재단 2013 올해의 외교인상(2014) [역]'나를 살리는 화살기도'(2007) '크리스천에게 고난이 닥치는 21가지 이유'(2010) [종]기독교

한치우(韓致遇) HAN Chi Woo

[생]1959 · 11 · 16 [출]대전 [주]부산 수영구 황령대로513 부산도시가스 비서실(051-607-1234) [학]대전고졸, 고려대 경제학과졸 [경]1983년 SK텔레콤(주) 입사, 同회계팀장, 同재무관리실장, 同구매관리실장(상무) 2005년 SK(주) 자금담당 상무 2007년 SK에너지(주) 경영지원부문장 2010~2014년 SK E&S 경영지원부문장 2014년 부산도시가스 대표이사(현)

한태근(韓泰根) HAN Tae Keun

[생]1957 · 11 · 26 [본]청주(淸州) [출]강원 원주 [주]부산 부산진구 황령대로24 부산상공회의소6층 에어부산(주) 임원실(051-410-0800) [학]진광고졸, 국민대 국제경영학과졸 [경]1992년 아시아나항공(주) 입사, 同샌프란시스코공항서비스지점장, 同LA공항서비스지점장 2006년 同캐빈서비스부문 이사 2007년 同상무 2007~2008년 同서비스본부장 직대(상무) 2010년 同서비스본부장 겸 캐빈서비스부문 상무 2011~2013년 同서비스본부장 겸 캐빈서비스부문 전무 2014년 에어부산(주) 대표이사 부사장 2015년 同대표이사 사장(현) [상]대한민국사회공헌대상 국회부의장표창(2015)

한택근(韓澤根) HAN Taek Keun

[생]1961 · 10 · 7 [본]청주(淸州) [출]서울 [주]서울 서초구 강남대로251 해동빌딩6층 법무법인 양재(02-522-4264) [학]1980년 경신고졸 1985년 서울대 법학과졸 1987년 건국대 대학원 법학과졸 2000년 영국 옥스퍼드대 방문자과정 이수 2008년 서울시립대 세무대학원 박사과정 수료 [경]1990년 사법시험 합격(32회) 1993년 사법연수원 수료(22기) 1993년 변호사 개업 1993년 법무법인 시민 변호사 2005년 법무법인 에이스 변호사 2005년 서울지방국세청 고충처리위원회 위원 2006~2010년 민주사회를위한변호사모임 사무총장 2006~2007년 동서법률사무소 변호사 2006~2012년 법무법인 동서파트너스 변호사 2012~2014년 법무법인 동서양재 변호사 2014년 민주사회를위한변호사모임 회장 2015년 법무법인 양재 구성원변호사(현)

한택희(韓宅熙) HAN Taek Hee (淸泉)

[생]1955 · 9 · 26 [본]청주(淸州) [출]전남 순천 [주]전남 무안군 삼향읍 오룡길1 전라남도의회(061-286-8228) [학]1974년 전남 순천고졸 1990년 한국방송통신대 행정학과졸 2003년 전남대 행정대학원 행정학과졸 2012년 명예박사(미얀마 국립ITBM대) [경]1997~2003년 전남도교육청 의회 · 총무 · 사학지원담당(지방교육행정사무관) 2003년 同무안교육지원청 관리과장 2005년 同순천교육지원청 관리과장 2006년 同감사1담당 2009년 교육 파견(지방서기관) 2010년 전남도의회 교육위원회 의사과장 2010년 同사무처 수석전문위원 2011년 전남도교육청 총무과장 2011년 同행정국장 2012년 同행정국장(지방부이사관) 2013년 同나주공공도서관장 2013년 (사)포스코교육재단 이사, 민족문제연구소 회원(현), YMCA 평생회원(현), 전남도주민자치회 정책자문위원(현), 해룡초 38회 동창회장, 왕운중 운영위원(현), 전남대총동창회 부회장 2014년 전남도의회 의원(새정치민주연합 · 더불어민주당 · 무소속)(현) 2014년 同교육위원회 부위원장 2014년 同운영위원회 위원 2015 · 2016년 同예산결산특별위원회 위원(현) 2016년 同기획행정위원회 위원(현) [상]대통령표창(2004), 전국시 · 도의회의장협의회 우수의정 대상(2016)

한표환(韓豹桓) HAN Pyo Hwan

[생]1955 · 12 · 3 [본]청주(淸州) [출]경남 진주 [주]충북 괴산군 괴산읍 문무로85 중원대학교 부총장실(043-830-8023) [학]1978년 서울대 지질학과졸 1980년 同환경대학원 도시 및 지역계획학과졸 1989년 도시 및 지역정책학박사(미국 캘리포니아대 어바인교) [경]1980~1982년 육군 제3사관학교 전임강사 1988~1989년 미국 캘리포니아주 어바인시 도시계획가, 건설교통부 민자유치평가단 실무위원, 중앙대 · 건국대 · 한남대 강사 1995년 한국지방행정연구원 지

역개발실장 1998년 同지역정책실장 2002년 同연구실장 2003년 국가균형발전위원회 전문위원 겸 평가위원장 2003년 교육인적자원부 정책자문위원 2003년 산업자원부 산업발전심의위원 2006년 국가기록위원회 위원 2006년 중앙대 겸임교수 2006년 한국지방행정연구원 혁신기획실장 2008년 同기획관리실장 2008~2009년 同지역균형개발지원센터 선임연구위원 2008년 대통령직인수위원회 상근자문위원 2008년 교육과학기술부 규제완화위원회 위원 2009년 행정안전부 지방자치단체합동평가단장 2009년 대통령실 정책자문위원 2010~2013년 한국지방행정연구원 원장 2011년 지방행정체제개편추진위원회 민간위원 2011년 대통령직속 지역발전위원회 민간위원, 국무총리소속 세종특별자치시지원위원회 위원, 국무총리소속 접경지역정책심의위원회 위원 2013~2016년 충남대 산학협력단 중점교수 2015년 중앙선거관리위원회 소속 국회의원선거구획정위원회 위원 2016년 중원대 부총장(현) [상]내무부장관표창(1993), 행정자치부장관표창(2000), 국민포장(2002) [저]'한국의 지방자치와 지역개발'(1993) '기업가형 지방경영'(1994)

한풍우(韓豊愚) Han, Poong Woo

[생]1960 · 7 · 25 [본]청주(淸州) [출]충남 당진 [주]대전 유성구 대덕대로481 국립중앙과학관 전시연구단(042-601-7900) [학]1978년 보성고졸 1982 고려대 화학공학과졸 1986년 한국과학기술원(KAIST) 화학공학 석사 1994년 미국 코넬대 대학원 환경기술정책과 수료 [경]1984년 기술고시 합격(20회) 1986년 총무처 사무관(국방부 시보) 1987~1995년 환경부 사무관 1995~2001년 과학기술부 사무관 · 서기관 2002년 同행정법무담당관 2003년 駐러시아대사관 과학관 1등서기관 2006년 과학기술부 감사담당관 2006년 同연구실안전과장 2007년 同원자력안전과장(부이사관) 2007~2009년 한국원자력안전기술원 정책위원(고용휴직) 2009년 교육과학기술부 원자력협력과장 2010년 국립과천과학관 전시연구단장(고위공무원) 2010년 한국표준과학연구원 객원연구원(고용휴직) 2010~2013년 駐인도대사관 공사참사관 겸 총영사(고위외무공무원) 2013년 국립중앙과학관 전시연구단장(고위공무원)(현) [상]중앙일보 중앙논문대상(1991) [저]'미국환경보호처와 환경정책동향'(1994, 환경부)

한필수(韓必洙) HAHN, Pil Soo

[생]1953 · 6 · 10 [출]서울 [주]대전 유성구 대덕대로989번길 111 한국원자력연구원(042-868-2000) [학]1978년 연세대 화학공학과졸 1981년 미국 노스웨스턴대 대학원 화학공학과졸 1984년 화학공학박사(미국 노스웨스턴대) [경]1977~1979년 (주)대우엔지니어링 근무 1984~1985년 미국 노스웨스턴대 화학공학과 계약교수 1985년 한국원자력연구소 선임연구원 1990~2001년 한국원자력학회 편집위원 2002~2006년 한국원자력연구소 방사성폐기물처분연구부장 2006년 同정읍분소 방사선연구원장 2007년 한국원자력연구원 원자력기반·응용연구본부장, OECD 산하 원자력기구(NEA) 방사성폐기물관리위원회 위원 2008~2010년 핵공급그룹(NSG) 안전동위원소분리(SIS)그룹 의장 2009년 한국원자력연구원 원자력산업기술개발본부장 2011~2016년 국제원자력기구(IAEA) 방사선수송폐기물안전국장 2016년 한국원자력연구원 연구원(현)

한헌수(韓獻洙) Hahn, Hern-Soo

[생]1959 · 1 · 1 [본]청주(淸州) [출]전북 익산 [주]서울 동작구 상도로369 숭실대학교 총장실(02-820-0111) [학]1981년 숭실대 전자공학과졸 1983년 연세대 대학원졸 1991년 공학박사(미국 Univ. of Southern California) [경]1992년 숭실대 정보통신전자공학부 교수 1994년 일본 기계기술연구소 객원연구원 2012~2013년 숭실대 IT대학장 2013년 同총장(현) 2013년 (재)안익태기념재단 이사장(현) 2013년 숭실공생복지재단 이사(현), (사)나봄문화 이사(현), 한국원격대학협의회 이사(현), 글로벌디아코니아센터 이사(현) 2014년 대통령직속 통일준비위원회 통일교육자문단 자문위원(현) 2015년 한국대학사회봉사협의회 회장(현) [상]TV조선 '한국의 영향력 있는 CEO' 인재경영부문(2016)

한현택(韓賢澤) HAN Hyoun Tak

[생]1955 · 12 · 15 [본]청주(淸州) [출]충남 금산 [주]대전 동구 동구청로147 동구청 구청장실(042-251-4001) [학]충남고졸, 한남대졸 2010년 대전대 경영행정 · 사회복지대학원 사회복지학과졸, 同대학원 행정학 박사과정 재학중 [경]대전시 공보관, 同동구 주민자치과장, 자유선진당 전략기획위원회 부위원장, 同대전시동구당원협의회 부위원장 2010년 대전시 동구청장(자유선진당 · 선진통일당 · 새누리당 · 새정치민주연합) 2010년 대전 동구차세대인재육성장학재단 이사장 2014년 대전시 동구청장(새정치민주연합 · 더불어민주당 · 국민의당)(현) 2016년 국민의당 최고위원 2016년 同비상대책위원회 위원(현) [상]대통령표창, 대일비호대상(2008), 홍조근정훈장(2010), 자랑스러운지방자치단체장 교육부문 대상(2013)

한형기(韓衡璣)

[생]1953 · 1 · 11 [주]충남 아산시 인주면 인주산단로123의81 (주)에스에이씨(041-582-6301) [학]1976년 인하대 금속공학과졸 1991년 同대학원 금속공학과졸 1997년 금속공학박사(인하대) [경]1976년 (주)현대양행 일반기계부 근무 1980년 (주)한일로 공업 일반기계부 근무 1993년 (주)삼천리기계 기술영업부 근무 1998년 (주)삼천리 M&C기계사업부 상무이사 1998년 (주)에스에이씨 설립·대표이사(현), 대전지법 천안지원 조정위원회장, 충남북부상공회의소 대의원, 천안세무서 세정협회장, 천안시기업인연합회 수석부회장(현), 한국연소학회 이사(현), 대전지법 천안지원 조정위원회 고문(현), 아산시기업인연합회 부회장(현) 2015년 충남북부상공회의소 회장(현) [상]국무총리표창(2011), 대전MBC 한빛대상 지역경제발전부문(2011), 중소기업중앙회 선정 '중소기업을 빛낸 얼굴들'(2012), 충남도 기업인대상(2012), 산업포장(2013), 3천만달러 수출의 탑(2013)

한혜련(韓惠蓮 · 女) HAN Hea Ryun

[생]1951 · 12 · 20 [출]경북 영천 [주]경북 안동시 풍천면 도청대로455 경상북도의회(054-880-5425) [학]영남대병설여자초급대졸, 경북대 경영대학원 경영자과정 수료 2006년 경일대 도시지적공학과졸 2008년 영남대 행정대학원 자치행정학과졸 [경]1973년 영천 성남중 교사 1994년 영천시새마을부녀회 회장 1994년 영천시새마을합창단 단장 1994년 국제탁구심판 1994~2007년 경북도탁구협회 부회장 1996년 KBS 지역통신원 1997년 영천시여성단체협의회 회장 2002·2006·2010년 경북도의회 의원(한나라당·새누리당) 2003~2008년 경북도새마을부녀회 회장 2003~2007년 경북도여성단체협의회 부회장 2003~2008년 전국새마을중앙회 이사 2004년 대한지방자치학회 이사(현) 2005~2008년 경북도신용보증재단 이사 2005년 문예사조 '생명의 찬미' 외 2편으로 시인 등단 2006~2008년 한나라당 경북도당 여성위원장 2007~2013년 경북도탁구협회 회장 2008~2010년 경북도의회 통상문화위원장 2008년 경북도문화재연구원 이사 2008년 국학진흥원 이사, 대구·경북2011세계육상문화시민운동협의회 이사 2010년 경북도의회 행정보건복지위원회 위원 2012년 同부의장 2014년 경북도의회 의원(새누리당)(현) 2014년 同문화환경위원회 위원 2014년 同독도수호특별위원회 위원 2016년 同예산결산특별위원회 위원 2016년 同건설소방위원회 위원(현) [상]새마을대상(1995), 대한체육회장 공로상(1995), 자랑스런 경북도민상(1996), 보건복지부장관표창(1996), 국무총리표창(1998), 대통령표창(1999), 자랑스런 영천시민상(2001), 전국지역신문협회 광역의원부문 의정대상(2011), 선덕여왕대상(2015) [종]불교

한혜진(韓惠進 · 女) HAN Hye-jin

[생]1962 · 6 · 10 [출]서울 [주]서울 종로구 사직로8길60 외교부 인사운영팀(02-2100-7136) [학]1981년 덕성여고졸 1985년 서울대 가정관리학과졸 2001년 미국 보스톤대 대학원 언론학과졸 [경]1984~1998년 경향신문 기자 2001~2003년 버슨마스텔러(Burson Marsteller)코리아 이사 2003~2004년 연세대 정보대학원·숙명여대 국제관계대학원 강사 2003년 국정홍보처 해외홍보원 자문위원 2004년 한국여성개발원 자문위원 2005년 해양경찰청 정책홍보담당관 2006년 외교통상부 통상홍보팀장 2007년 同정책홍보담당관 2008년 대통령직속 미래기획위원회 커뮤니케이션팀장 2009년 대통령 미래비전비서관실·녹색성장환경비서관실 행정관 2011년 외교통상부 부대변인 2013년 외교부 부대변인 2015년 駐삿포로 총영사(현) [저]'Public Debate Private Decisions(共)'(1994) '국제행사유치와 홍보전략'(2000) 'CEO를 벤치마킹하라'(2004)

한호섭(韓鎬燮) HAN Ho Sub

[생]1962 · 7 · 28 [본]청주(淸州) [출]경남 진주 [주]경남 창원시 성산구 정동로162번길81 창원일보 회장실(055-212-0001) [학]부산대 대학원졸(경영학석사) [경]창원대 경영대학원 벤처과정총동문회장, 가야중 운영위원장, 대일카네기과정 33기 회장, 가야장학회 초대회장, 한국청년지도자연합회 김해시지회 초대회장·2대 회장, 경남매일신문 전무이사, 同대표이사 사장, 가야라이온스 이사, 하나코리아 대표(현), 녹색도시개발연구소 대표(현), 창원일보(주) 대표이사 사장, 同회장(현) [종]불교

한호성(韓虎聲) Ho-Seong Han

[생]1960 · 1 · 28 [본]청주(淸州) [출]서울 [주]경기 성남시 분당구 구미로173번길82 분당서울대병원 외과(031-787-7091) [학]1978년 경복고졸 1984년 서울대 의대졸 1988년 同대학원졸 1993년 의학박사(서울대) [경]1989~1993년 경상대 의과대학 전임강사·조교수 1993~2003년 이화여대 의과대학 외과학교실 조교수·부교수 1998년 미국 UCLA 연수 2003년 서울대 의과대학 외과학교실 교수(현)

2005~2009년 분당서울대병원 중환자진료부장 2009~2011년 同특수검사부장 2011~2016년 同암센터장 2012년 대한민국의학한림원 정회원(현) 2013~2016년 분당서울대병원 암·뇌신경진료부원장 2014~2016년 대한종양외과학회 이사장 2014~2016년 대한외과대사영양학회 회장 2015년 대한외상학회 회장(현) 2016년 대한내시경복강경외과학회 이사장(현) [저]'복강경간절제 Atlas'(2014)

한호형(韓鎬亨) HAN Ho Hyung

[생]1957·2·3 [출]충북 증원 [주]서울 서초구 법원로4길 13 춘광빌딩2층 법무법인 우송(02-592-6600) [학]1974년 유한공고졸 1978년 건국대 법학과졸 1995년 同대학원 법학과졸 [경]1978년 사법시험 합격(20회) 1980년 사법연수원 수료(10기) 1980년 육군 법무관 1983년 대구지법 판사 1986년 同김천지원 판사 1989년 수원지법 판사 1990년 서울고법 판사 1991년 서울민사지법 판사 직대 1992~2001년 변호사 개업 2001년 사법연수원 교수 2004년 의정부지법 수석부장판사 2006~2009년 서울중앙지법 부장판사 2009년 변호사 개업 · 한호형법률사무소 변호사 2009년 학교법인 건국대 재단이사(현) 2009년 서초구 고문변호사(현) 2011년 법무법인 우송 대표변호사(현)

한홍교(韓洪敎) HAN Hong Kyo

[생]1955·7·16 [출]경남 합천 [주]서울 강서구 공항대로 379 한국해운조합 경영본부(02-6096-2010) [학]거창대성고졸 [경]1979~2004년 해양수산부 기획예산과 · 항만정책과 · 항만물류과 · 항만운영과 · 수산정책과 근무 2004년 同총무과 인사계장 2005년 同해운물류국 선원노정과장 2007년 同수산정책국 유통정책과장 2008년 국토해양부 연안계획과장 2010년 울산지방해양항만청장 2010년 울산항만공사 항만위원회 위원 2012년 허베이스피리트 피해지원단 파견(부이사관) 2013년 한국해운조합 경영본부장(현) [상]교통부장관표창(1986), 국가안전기획부장표창(1989), 국무총리표창(1993), 근정포장(2008)

한홍율(韓弘栗) HAN Hong Ryul (東谷)

[생]1940·3·20 [본]청주(淸州) [출]전남 진도 [주]경기 수원시 권선구 서호로89 서울대학교 농생명과학창업지원센터內 수의과대학부속 동물병원115호(031-296-6288) [학]전남진도농고졸, 서울대 수의학과졸, 同대학원졸, 수의학박사(일본 아자부수의과대) [경]1972~2005년 서울대 수의학과 전임강사·조교수·부교수·교수 1974~1975년 미국 조지아대 수의과대학·홀로룰루병원 수련의 1982~1983년 덴마크 왕립수의농과대학 교환교수 1983년 미국 NMC 정회원 1983~1985년 서울대부속 동물병원장 1984~1986년 한국임상수의학회 초대학술위원장 1984~2011년 미국동물병원협회(AAHA) 정회원 1984년 미국 우병학회(AABP) 정회원·명예회원(현) 1984~2011년 미국 AABA 정회원 1985~2005년 한일산업(주) 대관령목장 기술고문 1992~1993년 미국 코넬대 객원교수 1993~1997년 대한수의사회 제18대 학술홍보위원장 1996~2008년 세계우병학회(WAB) 초대 한국지회장 1997~2000년 대한수의학회 제20대 회장·초대 이사장 1999년 한국과학기술한림원 정회원·종신회원(현) 1999년 미국낙농학협회(ADSA) 정회원 2000년 국립수의과학검역원 자문위원 2000~2003년 한국마사회 비상임이사 2003년 농림부 가축방역협의회 위원 2003년 한국수의임상교육협의회 초대회장 2004년 국방부 의무자문관 2004년 세계우병학회(WAB) 집행위원·명예회원(현) 2005년 한국우병학회 회장·명예회장(현) 2005년 서울대 명예교수(현) 2009년 한국과학기술한림원 이사 [상]국무총리상(2004), 서울대 수의대 백린교육대상(2004), 황조근정훈장(2005) [저]'수의임상병리학' '수의내과학Ⅰ·Ⅱ·Ⅲ' [역]'유방염 반격'(1993) '소 동물 내과학'(2004) [종]가톨릭

한홍전(韓洪傳) Han, Hong Jeon

[생]1952·12·15 [주]서울 동대문구 회기로37 한국국방연구원(02-961-1601) [학]1976년 육군사관학교졸(32기) 1981년 서울대 법학과졸 2002년 KIDA 군고급간부 연수 2013년 국방대 최고정책과정 수료 [경]수도기계화사단 대대장, 7사단 연대장 2005년 보병 제7사단장(소장) 2007년 육군본부 인사참모부장 2008년 同인사사령관(중장) 2009~2010년 육군 1군사령부 부사령관 2014년 한국국방연구원 원장(현)

한화갑(韓和甲) HAHN Hwa Gahp (厚載·牛村)

[생]1939·2·1 [본]청주(淸州) [출]전남 신안 [주]서울 마포구 토정로126 리버하임501호 한반도평화재단(02-706-2386) [학]1959년 목포고졸 1963년 서울대 외교학과졸 1994년 연세대 행정대학원 고위정책과정 수료 1997년 한국항공대 항공산업대학원 항공교통학과졸 1999년 명예정치학박사(한남대) 2000년 명예 경제학박사(중국 遼寧大) 2001년 명예 이학박사(한국항공대) [경]1972년 내외문제연구회 전문위원 1985년 민주화추진협의회 운영위원 1987년 평민당 창당발기인 1987년 同대통령후보 선거대책본부 상담실장 1988년 同신안지구당 위원장 1988년 同정책연구실장 1988년 同국제위원회 부위원장 1991년 신민당 국제위원회 부위원장 1992년 제14대 국회의원(신안, 민주당·국민회의) 1996년 제15대 국회의원(목포·신안, 국민회의·새천년민주당) 1996년 국민회의 농어촌대책위원장 1996년 同전남도지부장 1998~1999년 同원내총무 1998년 국회 운영위원장 1998년 한양대 겸임교수 1999년 국민회의 총재특보단장 1999년 同사무총장 1999년 중국 北京사회과학원 명예교수 1999년 중국 遼寧大 명예교수 2000년 새천년민주당 지도위원 2000년 제16대 국회의원(무안·신안, 새천년민주당) 2000년 새천년민주당 최고위원 2001~2007년 한국기원 총재 2001년 아·미정책포럼 아시아측 상임공동의장 2001년 새천년민주당 상임고문 2002년 同대표최고위원 2003년 同상임고문 2003~2013년 (재)동서협력재단 이사장 2004~2006년 제17대 국회의원(무안·신안, 새천년민주당·민주당) 2004년 새천년민주당 비상대책위원장 2004·2005년 同대표최고위원 2005~2006년 민주당 대표최고위원 2005~2006년 同무안·신안지역운영위원회 위원장 2008년 현대문예 등단 2010년 평화민주당 대표 2013년 (재)한반도평화재단 이사장(현) 2016년 통일천사 상임고문(현) [상]백봉신사상(2003), 민주화운동 관련자 인정(2004), 독일 일등십자공로훈장(2006), 현대문예 신인문학상(2008) [저]'KIM DAE JUNG CONSCIENCE IN ACTION'(英文)(1988) '양심을 걸고 운명을 걸고'(1990) '시간이 바꿀 수 없는 것'(2002) '화합으로 으뜸이 된 남자'(2002) [종]천주교

한화진(韓和眞·女) HAN Wha Jin

[생]1959·12·23 [출]대전 [주]세종특별자치시 시청대로 370 한국환경정책평가연구원 미래환경연구본부 기후융합연구실(044-415-7610) [학]1981년 고려대 화학과졸 1983년 同대학원 물리화학과졸 1988년 대기화학박사(미국 UCLA) [경]1999년 국회 환경포럼 정책자문위원 1999~2001년 환경부 중앙환경보전자문위원회 지구환경분과위원 1999년 교육과학기술부 21세기프론티어연구개발사업추진위원회 위원 2000~2009년 한국대기환경학회 학술위원회 위원·기획이사 2000~2002년 국가지속가능발전위원회 국제·지역협력분과위원 2001년 국가과학기술자문회 전문위원 2002~2009년 한국환경기술진흥원 행정위원회 위원 2003년 미국 국무부 국제교환방문연구원 2003~2004년 미국 UCLA 화학공학과 Visiting Scholar 2004~2007년 외교통상부 환경부문 통상교섭민간자문그룹 전문위원 2004~2006년 산업자원부 국가에너지자문회의 위원 2005~2008년 교육과학기술부 자체평가위원회 위원 2005~2007년 한국환경정책·평가연구원 정책연구본부장(부원장) 2006~2008년 대통령자문 국가지속가능발전위원회 기후변화전문위원회 위원 2006~2009년 환경부 자체평가위원회 위원 2006~2008년 기획재정부 재정정책위원회 위원 2007~2009년 서강대 공공정책대학원 환경정책학과 겸임교수 2008년 제17대 대통령직인수위원회 기후변화에너지대책T/F 자문위원 2008~2009년 서울시 C40기후리더십그룹 제3차정상회의 기획위원회 위원 2008~2009년 국회 기후변화·에너지대책연구회 자문위원 2008~2009년 대통령자문 국가지속가능발전위원회 기후변화전문위원회 위원 2009~2010년 대통령 사회정책수석비서관실 환경비서관 2010~2014년 한국환경정책평가연구원 부원장 2011년 대통령직속 원자력안전위원회 위원 2011년 국회 기후변화포럼 이사 2012~2014년 지속가능발전위원회 국제협력분과 위원장 2012년 한국여성과학기술단체총연합회 부회장 2013년 국무총리직속 원자력안전위원회 위원 2014년 한국환경정책평가연구원 국가기후변화적응센터 기후적응정책실 선임연구위원 2015년 同미래환경연구본부 기후융합연구실 선임연구위원(현) 2016년 한국여성과학기술인지원센터(WISET) 소장(현) [상]조선일보 환경대상(1998), 환경부장관표창(2001), 국민포장(2009) [저]'Urban Air Pollution in Asian Cities : Status, Challenges and Management'(2006) '뜨거운 커피 뜨거운 대기'(2013) [역]'환경화학'(1994) '대기환경론'(2005)

한화택(韓華鐸) HAN Hwataik

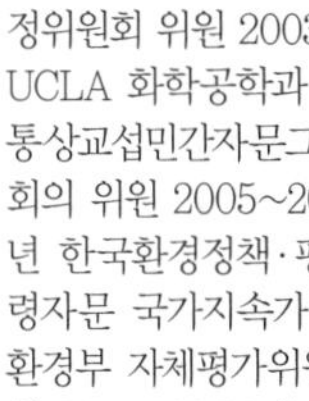

[생]1957·9·19 [본]청주(淸州) [출]서울 [주]서울 성북구 정릉로 77 국민대학교 기계시스템공학부(02-910-4687) [학]1980년 서울대 기계공학과졸 1982년 同대학원졸 1988년 기계공학박사(미국 미네소타대) [경]1982년 대우중공업 기술연구소 연구원 1991년 국민대 기계자동차공학부 조교수·부교수·교수 1997년 미국 미네소타대 교환교수 1998년 대한상사중재원 중재인(현) 1998년 국제냉동협의회(IIR) 한국위원회 교수 2000~2002년 국방부 특별건설기술심의위원 2002~2006년 대한주택공사 심의위원 2004~2006년 국민대 총무지원처장 2005년 한국공기청정협회 편집위원장(현) 2007~2014년 대한설비공학회 편집장·부회장·편집장·회장 2008~2010년 국방부 주한미군기지이전사업단 자문위원 2008~2011년 실내환경학회 부회장 2008~2011년 서울시 설계심의위원 2010년 국민대 기계시스템공학부 교수(현) 2010~2013년 한국도로공사 설계심의위원 2011~2013년 국민대 공과대학장 겸 공학대학원장 [상]우수기계설비인 포상(2007), AAA(Asian Academic Award) 학술상(2009), 환경부장관표창(2009), 국토

해양부장관 우수논문상(2009) 國'기계계측'(2002) '공학으로 세상을 말한다'(2007) 'Fluid Dynamics'(2011) '창의융합 공학콘서트'(2012) '공기청정 편람'(2016) 圖'열전달'(2002) '공기조화 및 냉동'(2002) '유체역학'(2015) 종천주교

한효섭(韓斅燮) HAN Hyo Seob (한얼)

생1946·3·10 본청주(淸州) 출부산 종부산 연제구 중앙대로1066번길8 한글음파이름학회(051-853-8801) 國1965년 부산 동성고졸 1970년 고려대 경제학과졸 1972년 부산대 경영대학원졸(경영학석사) 1981년 고려대 교육대학원졸(교육학석사) 1984년 정치학박사(미국 컬럼비아퍼시픽대) 2000년 경성대 대학원 경제학 박사과정 수료 經1965년 한얼민족연구회 회장 1970년 학교법인 한얼교육재단 설립 1970년 학교법인 한얼고 이사장(현) 1970년 부산시내 무료노인대학(6개) 설립자 겸 학장 1970년 한얼노인대학 설립자 겸 이사장(현) 1970년 한얼장학회 회장(현) 1971년 현대웅변방송연수학원 설립자 겸 원장 1974년 부산세화여자실업학교 교장 1977년 부산시태권도협회 회장 1977년 부산시내 무료골목유치원(13개) 설립자 겸 원장 1978년 통일주체국민회의 대의원 1979년 학교법인 세화학원 설립자 겸 이사장 1981년 제11대 국회의원선거 출마 1981년 춘해간호전문대학 조교수 1983년 부산동북JC 회장 1984년 신한민주당(신민당) 창당발기인 1985년 제12대 국회의원(전국구, 신민당) 1987년 신민당 원내수석부총무 1988년 통일민주당 노무현 국회의원후보 선거대책위원장 1988년 同부산 동구지구당 위원장 1990년 경북매일신문 편집국장·주필·사장 1990년 부산문현여상 교장 1990년 한국노인교육연구소 소장·이사장 1990년 한얼봉사회 총재(현) 1991년 한국평생교육총연합회 회장·총재(현) 1997년 한글음파이름학회 회장·총재(현) 2000년 한국노년유권자연맹 사무총장 겸 부총재 2001년 부산노인교육연구소 회장·총재(현) 2002년 동의대 겸임교수 2002년 국민통합시민연대 상임대표 2003년 교육개혁시민연대 상임대표(현) 2004년 한글음파이름학회 총재(현) 2004년 한국노인교육연구소 평생교육원장·회장 2005년 노인교육운동연합 상임대표 2006년 NSCI 신리상담연구소 이사장(현) 2009년 경성대 대학원 교육학과 박사과정 외래교수 2010년 부산 부성고 교장 2010년 경기대 정치전문대학원 주임교수 2012년 한얼평생교육원 이사장(현) 2013년 한얼꿈출판사 회장(현) 2014년 한얼공동체 총재(현) 賞국민훈장 동백장(1977), 부총리 겸 교육인적자원부장관표창(2006), 국회부의장표창(2010) 國'참소리 참음변'(1965) '인간과 웅변'(1965) '연설학'(1970) '웅변학 개론'(1970) '선거전략총론'(1981) '노인교육학 개론'(1981) '노인교육학'(1981) '노인교육학이해'(1981) '운명은 없다'(1995) '한글음파이름학'(1997) '좋은소리 좋은이름의 신비'(1997) '음파이름속에 숨겨진 운명'(1997) '한글음파이름학의 이론과 실제'(2002) '평생교육개론'(2002) '맞춤인생'(2006) '당신도 대통령이 될수있다'(2008) 등 30권, 시집 '벽' '더 사랑하리' '예정된 이별' 등 13권, 수필집 '짖지않는 개 울지않는 닭' '꽃을 가꾸는 마음' 등 11권 圖'정상의 남편은 아내가 만든다'(1986, 내외신서) '자유란 무엇인가?'(1986, 내외신서)

한 훈(韓 焄) HAN, HOON

생1968·11·10 본청주(淸州) 출전북 정읍 종세종특별자치시 갈매로408 교육부 정책기획관실(044-203-6636) 國1987년 호남고졸 1991년 서울대 경영학과졸 1999년 同행정대학원 행정학과졸 2003년 경제학박사(미국 워싱턴대) 經1992~1994년 경제기획원 경제기획국 근무 1994~1997년 군복무(공군 장교) 1997~1998년 재정경제원 국고국 근무1998~1999년 기획예산위원회 재정기획국 근무 1999년 기획예산처 재정기획국 근무 2003~2004년 同예산실 농림해양예산과·예산총괄과 근무 2005년 대통령직속 정부혁신지방분권위원회 위원 2005년 기획예산처 디지털예산회계기획단 기획총괄팀장 2007년 同재정전략실 복지전략팀장 2007~2010년 World Bank 공공분야전문가 2010년 기획재정부 예산실 민간투자정책과장 2011년 同예산실 지식경제예산과장 2012년 同장기전략국 전략기획과장(부이사관) 2013년 해외파견(부이사관) 2016년 교육부 정책기획관(고위공무원)(현)

한희원(韓禧源) HAN Hee Won

생1959·5·15 본청주(淸州) 출강원 속초 종서울 중구 필동로1길30 동국대학교 법학대학 법학과(02-2260-8932) 國춘성고졸 1983년 고려대졸 1990년 한양대 경영대학원 최고경영자과정 수료 2007년 미국 인디애나대 법학대학원졸 經1982년 사법시험 합격(24회) 1984년 사법연수원 수료(14기) 1985년 보통군법회의 검찰관 1986년 국방부 조달본부 법무관 1988년 변호사 개업 1989~1994년 대한법률구조공단 상임위원, 대구지검 경주지청 검사 1994년 서울지검 검사 1997년 광주고검 검사, 제주지검 검사 1998년 춘천지검 속초지청장 1999년 대검찰청 검찰연구관 1999년 광주고검 검사 2000년 변호사 개업 2003년 국가인권위원회 인권침해조사국장 2006년 해외유학 2007년 동국대 법과대학 법학과 교수(현) 2015년 대통령직속 개인정보보호위원회 위원(현) 2015년 한국국가정보학회 회장(현) 2016년 동국대 법무대학원장 겸 법과대학장(현)

한희철(韓熙哲) HAN Hee Cheol

생1958·9·13 종서울 성북구 인촌로73 고려대학교 의과대학 생리학교실(02-920-6189) 國1983년 고려대 의대졸 1985년 同대학원졸 1988년 의학박사(고려대) 經1983~1987년 고려대 의대 생리학교실 조교 1987~2001년 同전임강사·조교수·부교수 1988~1991년 공군 항공의학적성훈련원 교육과 강사 1991~1992년 고려대 법의학연구소 선임연구원 2001년 同의대 생리학교실 교수(현) 2002~2003년 미국 Univ. of California at San Francisco 교환교수 2003년 미국 Stanford Univ. 교환교수 2003~2005년 대한생리학회 총무이사 2007~2008년 고려대병원 의무교학처장 2011~2013년 고려대 의학전문대학원장 2014년 同신경과학연구소장(현) 2016년 한국의과대학·의학전문대학원협회(KAMC) 이사장(현) 國'생리학실습'(2000)

함광남(咸光男) HAHM Kwang Nam

생1941·4·1 본강릉(江陵) 종서울 강남구 압구정로34길36 현대빌딩3층 CNA엑스퍼트 회장실(02-515-4223) 國연세대 경영학과졸, 성균관대 경영학과졸, 서울대 경영학과졸, 경영학박사(일본 국제대) 經1978년 한국경영진단연구원(수석전문위원) 1980년 (주)익산 회장 1981년 일본경영진단협회·일본능률협회 특별회원, 한국광고학회·한국중소기업학회 평생회원 1991년 한국제일경영연구원 설립, 비즈니스클리닉센터 설립·회장 1992년 일본 동경커뮤니케이션아트 객원교수 1996년 국제로타리클럽 3650지구 서울청신로타리클럽 회장(폴해리스헬로우쉽 취득) 1998년 韓·日마케팅포럼 창설·준비위원 겸 이사, 同고문(현) 1999년 CNA엑스퍼트(舊 노바션코리아 - 韓·日·佛 합작 마케팅컨설팅사) 회장(현) 2002년 '에세이문학' 추천 완료, 문단 등단(수필가) 2002년 대한매일신보 자문위원·명예논설위원 國'경영진단의 이론과 실제(共)'(1981) '부활의 경영'(1993) 'Power Up을 위한 영업실무'(1993) '제3경영의 눈'(2001)

함귀용(咸貴用) HAM Kwi Yong

생1956·3·25 출대구 종서울 강남구 양재천로163 (주)바디프랜드(02-3448-8980) 國1976년 경기고졸 1980년 서울대 법학과졸 經1981년 사법시험 합격(23회) 1983년 사법연수원 수료(13기) 1983년 서울지검 검사 1986년 대전지검 천안지청 검사 1987년 서울지검 북부지청 검사 1990년 법무부 법무과 검사 1992년 서울지검 검사 1994년 대검찰청 검찰연구관 1995년 부산지검 울산지청 부장검사 1996년 창원지검 밀양지청장 1997년 서울지검 부부장검사 1998년 대전고검 검사 1999년 인천지검 형사2부장검사 2000년 서울고검 검사 2002년 대구고검 검사 2003년 서울고검 검사 2004년 서울지검 동부지청 부장검사 2005~2014년 법무법인 케이씨엘 변호사 2008년 자유민주연구학회 부회장 2010년 同회장 2014년 방송통신심의위원회 비상임위원(현) 2014년 同명예훼손분쟁조정부장(현) 2014년 (주)바디프랜드 부회장, 同회장(현) 國'금융상품의 법률관계'(2003)

함기백(咸基白) HAHM Ki-Baik (松醫)

생1959·3·3 출대구 종경기 성남시 분당구 야탑로59 차의과학대학교 의학전문대학원 소화기내과(031-780-5306) 國1977년 동북고졸 1983년 연세대 의과대학졸 1986년 同대학원졸 1991년 의학박사(연세대) 經1990년 연세대 의과대학 강사 1992년 同전임강사 1994년 아주대 의과대학 소화기내과 조교수 1999~2006년 同부교수 2004~2006년 기간 및 소화기질환유전체연구센터장 2009~2012년 가천의대 소화기내과 교수 2010년 대한암예방학회 회장 2012년 가천대 의학전문대학원 임상의학부문 소화기내과학과 교수 2012년 미국실험생물학회연합회(FASEB) 및 국제약리학연합(IUPHAR) 국제위원(현) 2012년 차의과학대 의학전문대학원 소화기내과 교수(현) 2012년 同분당차병원 제2연구부원장 2014년 同분당차병원 연구부원장(현) 2015년 위장관궤양연구국제학회(ICUR) 차기(2018년) 총괄 대회장(현)

함기선(咸基善) HAM Kee Sun

생1941·4·2 본강릉(江陵) 출충남 예산 종충남 서산시 해미면 한서1로46 한서대학교 총장실(041-660-1102) 國1959년 예산고졸 1965년 고려대 의대졸 1967년 서울대 보건대학원졸 1971년 의학박사(서울대) 1977년 미국 에모리대 대학원졸 1999년 명예 인문학박사(미국 브리지포트대) 經1974~1983년 가톨릭대 의대 교수·성형외과 주임교수 1979~1982년 국제음악치료학회 사무총장 1980~1996년 대한적십자사 상임위원 1989~1993년 남북적십자회담 자문위원 1989~2000년 한서대 설립·이사장 1998~2001년 대한적십자사 서울지사 부회장 1999년 한서대 의료원장 1999~2004년 한국항공소년단연맹 총재 2000년 한서대 총장(현) 2001년 중국 안휘의학원 석좌교수(현)

2001~2006년 대한적십자사 중앙위원 2002년 同청소년적십자전문위원장 2003~2005년 충남도총·학장협의회 회장 2006~2009년 대한적십자사 부총재 [상]의학저작상(1975), 적십자박애장(1981), 국민포장(1983), 동아의료문화상(1983), 몽골 친선훈장(2003), 국민훈장 석류장(2005), 국제적십자사연맹 헨리데이비슨상(2011), 한국항공우주정책·법학회 항공우주문화상 대상(2014) [저]'인체신경해부학' '인체해부학' '두개안면골의 미용성형교정술' '함기선박사의 성형수술' '코 미용성형수술' '유방 미용성형수술' '안면 미용성형수술' '구개열환자를 위한 언어병리학' '언청이' '구개열환자 음성평가' 시집 '봄·여름·가을·겨울의 그림자' '서리먹고 다시 핀 꽃' '화살박힌 청둥오리' '두 사람의 행복한 빈 손' [종]불교

함기호(咸基浩) HAM, KEE HO

[생]1961·12·23 [출]서울 [주]서울 영등포구 의사당대로 83 한국휴렛팩커드 임원실(02-2199-0114) [학]서울대 기계설계학과졸, 미국 서던캘리포니아대졸, 미국 카네기멜론대 대학원졸 [경]1999년 한국휴렛팩커드 TCBU 매니저 2001~2002년 同마케팅총괄 매니저, 同삼성영업담당 이사 2004년 同엔터프라이즈시스템그룹(ESG) 상무 2006년 同테크놀로지솔루션그룹(TSG) 영업총괄 전무 2007년 同테크놀로지솔루션그룹(TSG) 부사장 2009년 同엔터프라이즈비즈니스(EB) 부사장 2011년 同엔터프라이즈비즈니스부문장 겸 대표이사 사장 2012년 同대표 겸 EG총괄(현)

함병현(咸炳賢) HAM Byung Hyun

[생]1959·6·18 [본]강릉(江陵) [출]서울 [주]경기 부천시 원미구 지봉로43 가톨릭대학교 법정경학부(02-2164-6569) [학]1977년 경희고졸 1984년 인하대졸 2003년 핀란드 헬싱키대 경영대학원졸(MBA) 2013년 IT정책경영학박사(숭실대) [경]1984년 금성사(주) 입사 2003년 LG엔시스(주) 솔루션사업실장 2005년 同시스템&솔루션영업부문장 2007년 同공공제조영업부문 상무 2012년 한국IT정책경영학회 이사(현) 2013년 가톨릭대 법정경학부 경제학전공 교수(현) 2013년 한국BCP협회 재난안전제품인증위원회 위원(현) 2015년 한국사물인터넷학회 이사(현) [상]소방방재청장표창(2005)

함상규(咸尙奎) HARM Sang Gyoo

[생]1958·10·20 [본]강릉(江陵) [출]경기 시흥 [주]서울 양천구 목동동로233 방송회관 방송통신심의위원회 감사실(02-3219-5042) [학]1984년 서강대 신문방송학과졸 2004년 서울대 행정대학원 방송통신정책과정 수료 2007년 서울산업대 IT정책전문대학원 수료 [경]1991년 방송위원회 조사부 차장 1991년 同정책부 차장·연구조정부 차장·홍보부장 1999년 同시청자홍보부장 2001년 同심의평가실 심의1부장 2002년 同정책국 방송산업부장 2003년 同감사실장 직대 2005년 교육 파견 2006년 방송위원회 연구센터 연구위원 2007~2008년 同강원사무소장 2008년 방송통신심의위원회 심의1국장 2010년 同정보이용건전화추진단장 2011년 同부산사무소장 2011년 同광주사무소장 2012년 同조사연구실 전문위원 2015년 同감사실장(1급)(현)

함상욱(咸相旭) HAM, SANG WOOK

[생]1968·2·19 [본]강릉(江陵) [출]경기 여주 [주]서울 종로구 사직로8길60 외교부 원자력·비확산외교기획관실(02-2100-8501) [학]1986년 대신고졸 1991년 서울대 정치학과졸 1999년 미국 컬럼비아대 대학원 국제관계학과졸 [경]1991년 외무고시 합격(25회) 1991년 외교부 입부 2002년 駐유엔 1등서기관 2005년 駐이라크 참사관 2007년 외교통상부 북핵정책과장 2009년 同한반도평화교섭본부 북핵정책과장 2009년 駐미국 참사관 2012년 駐아프가니스탄 공사참사관(한국지방재건팀(PRT) 사무소장) 2013년 외교부 한미원자력협정 TF 실장 2015년 同국제기구국 협력관 2015년 同원자력·비확산외교기획관(현) [상]홍조근정훈장(2015)

함상훈(咸尙勳) HAM Sang Hun

[생]1967·6·22 [출]서울 [주]광주 동구 준법로7의12 광주고등법원(062-239-1114) [학]1985년 동국대부고졸 1990년 서울대 법학과졸 [경]1989년 사법시험 합격(31회) 1992년 사법연수원 수료(21기) 1992년 해군 법무관 1995년 청주지법 판사 1998년 同보은·괴산·진천군법원 판사 1999년 수원지법 판사 2003년 서울고법 판사 2004년 헌법재판소 파견 2007년 전주지법 부장판사 2008년 인천지법 부장판사 2010년 서울남부지법 부장판사 2012년 서울행정법원 부장판사 2014년 同수석부장판사 2015년 광주고법 부장판사(현)

함석재(咸錫宰) HAM Suk Jae

[생]1938·11·28 [본]강릉(江陵) [출]충남 천안 [주]서울 영등포구 의사당대로1 대한민국헌정회(02-757-6612) [학]1957년 서울고졸 1963년 서울대 법대졸 1964년 同사법대학원 수료 [경]1962년 사법시험 합격(4회) 1964~1975년 서울지검·광주지검 순천지청·서울지검 수원지청 검사 1975년 청주지검 제천지청장 1978년 서울지검 영등포지청 검사 1979년 청주지검 부장검사 1980~1982년 부산지검 공판부장·형사4부장 1982년 서울지검 남부지청 부장검사 1983년 同북부지청 차장검사 1986년 서울고검 검사 1987년 마산지검 진주지청장 1989년 서울지검 의정부지청장 1990년 대전지검 천안지청장 1991년 변호사 개업 1992년 제14대 국회의원(천안, 민자당·자민련) 1992년 민자당 원내부총무 1996년 제15대 국회의원(천안乙, 자민련) 1996년 자민련 법제사법위원장 겸 당기위원장 1998년 同제1정책조정위원장 1998년 민화협 공동의장 2000년 제16대 국회의원(천안乙, 자민련·한나라당) 2000년 자민련 정책위원회 의장 2000년 同사무총장 2000~2002년 국회 농림해양수산위원장 2002~2003년 국회 법제사법위원장 2004년 한나라당 재정위원장 2015년 대한민국헌정회 법률고문(현) [상]근무공로훈장(1962), 홍조근정훈장(1988) [종]기독교

함석천(咸錫泉) HAM Seok Cheon

[생]1969·4·3 [출]서울 [주]서울 도봉구 마들로749 서울북부지방법원(02-910-3114) [학]1988년 선정고졸 1992년 서울대 법대졸 [경]1993년 사법시험 합격(35회) 1996년 사법연수원 수료(25기) 1996년 軍법무관 1999년 서울지법 판사 2003년 울산지법 판사, 춘천지법 원주지원 판사 2007년 법원행정처 윤리감사제1담당관, 서울고등법원 판사 2010~2012년 방송통신위원회 미디어다양성위원회 위원 2011년 창원지법 진주지원 부장판사 2012년 수원지법 성남지원 부장판사 2015년 서울북부지법 부장판사(현) [상]철우언론법상 우수저서 선정(2006) [저]'언론분쟁과 법(共)'(2005)

함세웅(咸世雄) HAM Sei Ung

[생]1942·6·28 [본]양근(楊根) [출]서울 [주]서울 종로구 대학로12길53 기쁨과희망사목연구원(02-3672-0253) [학]1965년 가톨릭대졸 1968년 이탈리아 울바노대 대학원졸 1973년 신학박사(이탈리아 그레고리안대) [경]1968년 사제 서품 1973년 연희동본당 신부 1973년 응암동본당 신부 1975년 민주회복국민회의 대변인 1976년 한국정의평화위원회 인권위원장 1976년 명동3.1사건으로 구속 1978년 한강성당 주임신부 1979년 형집행정지 취소로 재구속 1980년 5.17 계엄확대로 계엄사 합동수사본부에 2개월 구금 1984년 구의동본당 주임신부 1985년 천주교 서울대교구 홍보국장 1985년 정의평화위원회 중앙위원 1986년 同매스컴위원회 회장 1988년 평화신문·평화방송 설립추진위원회 부위원장 1989년 가톨릭대 교수 1992년 장위동성당 주임신부 1993년 민족화해와통일을위한종교인협의회 공동대표 1995년 기쁨과희망사목연구원 원장(현) 1997~2002년 상도동성당 주임신부 2000년 안중근의사기념사업회 부이사장·이사장(현) 2003~2008년 제기동성당 주임신부 2004년 천주교정의구현전국사제단 고문(현) 2004~2010년 민주화운동기념사업회 이사장 2005~2007년 세종대 이사 2006년 '평화적 집회·시위문화 정착을 위한 민관 공동위원회' 공동위원장 2008~2012년 청구성당 주임신부 2013년 민족문제연구소 이사장(현) [저]'고난의 땅 거룩한 땅'(1984) '삶'(1985) '약자의 벗 약자의 하느님'(1988) '말씀이 몽치가 되어'(1989) '불을 지르러 오신 예수'(1990) '칼을 주러 오신 예수'(1993) '멍에와 십자가, 왜 사제인가?' [역]'하느님의 백한번 째 이름' '영종도 사람들'(2004) [종]천주교

함승덕(咸承德) Hahm Seung-Duck

[생]1956·7·2 [출]충북 옥천 [주]충북 옥천군 옥천읍 대학길15 충북도립대학 총장실(043-220-5303) [학]1976년 충남고졸 1980년 충남대 정밀기계공학과졸 1982년 경희대 대학원 재료공학과졸 1994년 공학박사(충남대) [경]1983~1989년 (주)대양특수제강 책임연구원 1996~1997년 同기술이사 1998~2000년 충북도립대학 기계과 전임강사 1998~2000년 同교학과장 2000~2004년 同컴퓨터응용기계과 조교수 2001년 전문대학교교육협의회 전문대학학과 평가위원 2002~2004년 충북도립대학 산업과학기술연구소장 2002~2004년 同도서관장 2002~2004년 한국기계기술학회 편집이사 2004~2013년 충북도립대학 기계자동차과 부교수 2013년 同총장(현) [저]'Ultraprecision Turning of Aluminum Alloy'(1999, SME) '수치제어공작기계'(1999, 대광서림) '생산자동화'(2000, 대광서림) '기계제도'(2000, 동명사) '기계공작법'(2001, 기능대학 사업부) 'SolidWorks 입문'(2003, 시그마프레스) '재료역학'(2007, 선학출판사)

ㅎ

함승희(咸承熙) HAHM Seung Heui

[생]1951·2·10 [본]강릉(江陵) [출]강원 양양 [주]강원 정선군 사북읍 하이원길265 강원랜드 비서실(033-590-3034) [학]1969년 양정고졸 1974년 서울대 법대졸 1977년 同대학원 공정거래법 수료 [경]1980년 사법시험 합격(22회) 1982년 사법연수원 수료(12기) 1982년 서울지검 특수부 검사 1982년 대전지검 서산지청장 1984년 제주지검 검사 1985년 서울지검 특수부·공안부 검사 1989~1990년 미국 연방검찰청·FBI 연수 1990년 수원지검 특수부 검사 1992년 대검찰청 검찰연구관 1993~1994년 대전지검 서산지청장 1994년 변호사 개업 1995~2009년 법무법인 대륙 변호사 1999년 조폐공사 파업유도사건담당 특별수사관 2000~2004년 제16대 국회의원(서울 노원甲, 새천년민주당) 2001년 새천년민주당 제1정책조정위원장 2001년 同원내부총무 2002년 同공명선거대책위원장 2003년 同대표비서실장 2005년 민주당 대표비서실장 2008년 친박연대 공천심사위원장 2008년 제18대 국회의원선거 출마(서울 노원甲, 친박연대) 2008년 친박연대 최고위원 2008~2014년 민간국가정책연구단체 (사)포럼오래 회장 2009~2014년 법무법인 대륙아주 고문변호사 2014년 강원랜드 대표이사 사장(현) [저]'부패범죄수사론' '미국에 있어서 돈세탁의 실태와 규제'(1993) '한국 조직범죄와 마약류 거래실태와 전망'(英文)(1993) '성역은 없다'(1995) [역]'특검, 넘지 못할 벽은 없다'(1999) '국가정보기관 무엇이 문제인가'(2011) [종]불교

함연진(咸連珍) Yeon-Jin Hahm

[생]1960·4·1 [주]충남 천안시 동남구 호서대길12 호서대학교 영어영문학과(041-560-8174) [학]1982년 서울대 영어영문학과졸 1984년 同대학원 영어교육과졸, 문학박사(고려대) [경]1986년 고려대 강사 1987~1997년 호서대 영어영문학과 전임강사·조교수·부교수 1997년 同영어영문학과 교수(현) 1998년 한국헨리제임스학회 부회장 2001년 미국 예일대 초빙교수 2007~2010년 호서대 중앙도서관장 2015년 同인문대학장 2016년 同인문융합대학장(현) [상]호서대 우수연구자상(1996), 호서대 최우수연구자상(1997) [저]'영미모더니즘 문학의 전개'(2000) '미국소설사'(2001, 신아사) 'TOEIC STRATEGY'(2002, 도서출판 동인) 'William Shakespeare'(2005, 도서출판 동인) 'A Reader's Guide to William Shakespear'(2006, 도서출판 동인) 'Progress in New TOEIC'(2007, Brain House) [역]'헨리제임스 단편집'(1995) '한의 얼을 찾아서'(1996) '미국소설사'(2001)

함영주(咸泳周) HAM Young Joo

[생]1956·11·10 [출]충남 부여 [주]서울 중구 을지로35 KEB하나은행 은행장실(02-2002-2027) [학]1975년 강경상고졸 1985년 단국대 회계학과졸 [경]1980년 서울은행 입행 1990년 同기업분석부 조사역 2001년 同영업부 차장 2002년 同수지지점장 2004년 하나은행 분당중앙지점장 2005년 同가계영업추진부장 2006년 同남부지역본부장 2008년 同충남북지역본부장(부행장보) 2009년 同대전지역본부장(부행장보) 2013~2015년 同충청사업본부 총괄 부행장 2015년 同충청영업그룹장(부행장) 2015년 KEB하나은행 은행장(현) 2016년 하나금융지주 사내이사(현) 2016년 KEB하나은행 여자농구단 구단주(현) [상]법무부 감사패(2015) [종]천주교

함영준(咸泳俊) HAM Young Joon

[생]1959·3·2 [출]서울 [주]서울 강남구 영동대로308 오뚜기센터8층 (주)오뚜기 회장실(02-2010-0810) [학]1978년 오산고졸 1982년 한양대 경영학과졸, 미국 서던캘리포니아대 경영대학원졸 [경](주)오뚜기 전무이사 1997년 同부사장 2000년 同대표이사 사장 2010년 同대표이사 회장(현) [상]석탑산업훈장(2006), 한양경영대상(2009), 매일경제 선정 '대한민국 글로벌 리더'(2014)

함영태(咸永泰) HAHM Young Tae

[생]1955·5·29 [출]경남 진해 [주]경기 안성시 대덕면 서동대로4726 중앙대학교 시스템생명공학과(031-670-3064) [학]1974년 경기고졸 1978년 서울대 농생물학과졸 1984년 미국 코넬대 대학원졸 1989년 생명공학박사(미국 코넬대) [경]1989년 미국 코넬대 연구원 1990년 미국 하버드대 연구원 1991년 중앙대 생명공학과 조교수·부교수·교수 1993~1995년 同생명공학과학부장·대학원 생명공학과정 2000~2005년 同창업보육센터소장 2001~2003년 同산학협동처장 2003~2005년 同연구산학협력처장 2008~2015년 同인삼산양삼연구센터 소장 2008년 한국양조과학회 정보이사 2009~2014년 경기인삼특화작목산학연협력단 단장 2012년 한국양조과학회 부회장(현) 2013년 중앙대 시스템생명공학과 교수(현) 2015년 同생명환경연구원장(현) [저]'식물영양실험서(분자생물학 part)' 'The hospitality manager's guide to wines, beers, and spirits(共)'(2009) [역]'환경과학-지구보존' [종]불교

함영훈(咸泳焄) HAM YOUNG HUN

[생]1965·9·21 [본]강릉(江陵) [출]강원 동해 [주]서울 용산구 후암로4길10 헤럴드경제(02-727-0114) [학]1983년 북평고졸 1990년 성균관대 신문방송학과졸 1992년 同대학원 신문방송학과졸 2004년 한국개발연구원(KDI) 국제정책대학원 경제정책과정 수료 [경]1991년 여성신문 기자 1991~1998년 세계일보 사회부 기자 1998~2000년 국민일보 사회부 기자 2000년 국회사무처 기자 2000년 디지털타임스 컴퓨팅부 총괄팀장 2002년 同경제부 정경팀장 2003년 헤럴드경제 정경부 법조팀장 2004년 同정치사회부 사회팀장 2005년 同산업1부 기업문화팀장(차장대우) 2007년 同정치부 정치팀장(차장) 2008년 同정치부장 직대 2009년 同편집국 사회부장 2011년 同편집국 사회부 선임기자 2011~2013년 사회복지공동모금회 시민감시위원회 위원 2012년 (주)헤럴드 미래사업본부장 2014년 헤럴드경제 라이프스타일부장 2014년 同선임기자(현) 2015년 중원문화발전위원회 자문위원(현) 2015년 한국광고주협회 자문위원(현) [상]세계일보 특종상 장려상(1992), 세계일보 특종상 금상(1995), 한국기자협회 이달의 기자상(1997·1998), 국민일보 1급 특종상(1998), 국민일보 연말대상(1998), 국민일보 '돋보입니다' 기획상(1999), 헤럴드경제 올해의 우수기자상(2005), 헤럴드경제 공로상(2007) [저]'이런 나라 물려줘서 정말 미안해'(2012, 미래의창) [역]'대한민국 40대 리포트'(2013, 미래의창) [종]천주교

함완식(咸完植) HAN Wan Shik

[생]1956·3·3 [본]강릉(江陵) [출]서울 [학]가톨릭대 의대 보건학과졸 1984년 서울대 보건대학원졸 1989년 일본 오사카 안전위생교육센터 국소배기자체검사 강사과정(局所排氣裝置 定期 自主檢査 Instructor) 수료 1999년 보건학박사(가톨릭대) 2000년 미국 산업안정보건청(OSHA) 밀폐공간(산소결핍)출입전문과정(Permit-Required Confined Space Entry) 수료 2001년 미국 캘리포니아주 버클리대 COEH Education Center 응용산업환기(국소배기와 실내공기 질관리, Applied Industrial Ventilation : Local Exhaust & Indoor Air Quality)과정 수료 [경]1976년 중요무형문화재 제49호 송파산대놀이 장학전수자 지정 1981년 同이수자 지정 1988년 한국산업안전보건공단 산업안전보건교육원 교수 1989년 중요무형문화재 제49호 송파산대놀이 전수교육조교 선정 2006년 중요무형문화재 제49호 송파산대놀이 보유자 지정(현) [상]국무총리표창(2001)

함용헌(咸鏞軒) HAHM Yong Heon

[생]1939·8·19 [본]양근(楊根) [출]함북 나진 [주]서울 용산구 청파로295의1 약업신문(02-3270-0114) [학]1960년 용산고졸 1966년 중앙대 국어국문학과졸 [경]1967년 약업신문 입사 1980년 同부사장 1992~2000년 同사장 1992년 주간 화장품신문 발행인(현) 1992년 보건복지부 중앙약사심의위원 1998~2004년 (사)한국마약퇴치운동본부 이사 1999년 (사)한국민족통일협의회 이사 2000년 약업신문 부사장 2002년 同회장(현) 2003~2006년 한국간행물윤리위원회 위원 2003년 보건장학회 이사(현) 2004~2006년 한국전문신문협회 회장 2006년 同고문(현) 2009년 노인전문요양원 사랑나루 운영위원(현) [상]대통령표창(1996), 보관문화훈장(2006)

함우석(咸宇錫) HARM Woo Seok

[생]1960·1·17 [본]양근(楊根) [출]충북 청주 [주]충북 청주시 흥덕구 무심서로715 충북일보(043-277-0900) [학]1987년 충북대 불어불문학과졸 1990년 同대학원 불어불문학과졸 [경]1991년 동양일보 편집국 취재1부 사회담당 기자 1996년 同차장대우 1997년 同음성지역담당 차장대우 1998년 同지역부 차장 2000년 同지역부장 2002년 同취재부장 2003년 同편집국 부국장 2004년 한빛일보 편집국 취재부장 2005~2007년 同편집국 사회부장 2007년 충북일보 논설위원 2008년 同편집국장 2012년 同주필(현)

함윤근(咸允根) HAM Yun Keun

[생]1966·9·13 [본]양근(楊根) [출]서울 [주]서울 강남구 테헤란로8길8 동주빌딩11층 법무법인 인(仁)(02-532-9300) [학]1985년 영동고졸 1990년 고려대 법학과졸 [경]1989년 사법시험 합격(31회) 1992년 사법연수원 수료(21기) 1992년 軍법무관 1995년 서울지검 북부지청 검사 1997년 춘천지검 속초지청 검사 1999년 광주지검 검사 2001년 대검찰청 검찰연구관 2003년 서울지검 검사 2004년 수원지검 부부장검사 2005년 제주지검 부장검사 2006년 부산지검 형사5부장 2007년 대검찰청 공판송무과장 2008년 서울동부지검 형사5부장 2009년 서울남부지검 형사4부장 2009~2010년 서울중앙지검 외사부장 2010년 변호사 개업 2012년 법무법인 인(仁) 대표변호사(현) [종]가톨릭

함윤성(咸胤成) Ham Stefan Yoon Song

[생]1961·2·5 [주]서울 종로구 인사동5길29 태화빌딩10층 SK D&D(주) 임원실(02-398-4701) [학]미국 워싱턴주립대 전기공학과졸, 미국 시카고대 대학원 경영학과졸 [경]Hughes Aircraft Co. 근무, A.T. Kearney 근무, SK글로벌 근무, Clyman Strategics 근무, SK건설(주) 신규사업개발실 상무, 同개발사업부문장(전무) 2013년 SK D&D 대표이사 사장(현)

함윤식(咸允植)

[생]1970·8·24 [출]서울 [주]서울 종로구 사직로8길39 세양빌딩 김앤장법률사무소(02-3703-4830) [학]1989년 경기고졸 1994년 서울대 공법학과졸 [경]1995년 사법시험 합격(37회) 1998년 사법연수원 수료(27기) 1998년 軍법무관 2001년 서울지법 판사 2003년 同동부지원 판사 2005년 대전지법 서산지원 판사 2009년 수원지법 판사 2009년 법원행정처 민사심의관 2011년 사법연수원 교수 2013년 울산지법 부장판사 2014~2016년 서울고법 판사 2016년 김앤장법률사무소 변호사(현)

함인석(咸印碩) HAMM In Suk

[생]1951·2·28 [본]강릉(江陵) [출]경북 영양 [주]대구 중구 국채보상로680 경북대학교 의학전문대학원(053-420-4910) [학]1976년 경북대 의대졸 1982년 同대학원졸 1989년 의학박사(부산대) 2010년 명예 경영학박사(용인대) [경]1984~2010년 경북대 의대 신경외과학교실 교수 1987~1988년 일본 도쿄대 의학부 객원교수 1991~1992·1997년 미국 피츠버그(Pittsburgh)대 객원교수 1994년 미국신경외과 정회원(현) 1995~1996년 경북대병원 진료처장 1997년 미국 피츠버그(Pittsburgh)대 객원교수 1998~2000년 경북대병원 기록실장 1999~2004년 同신경외과장 2000~2004년 同홍보실장 2000~2001년 대구경북신경외과학회 회장 2001~2004년 대한뇌혈관학회 감사 2002~2008년 대한신경외과학회 상임이사 2003~2004년 대구시의사회 부회장 2004년 세계신경외과학회 유치단 재정위원장 2004년 경북대 의과대학장 2009~2012년 한국연구재단 이사 2010~2014년 경북대 총장 2011~2013년 대학구조개혁위원회 위원 2012~2013년 한국대학교육협의회 회장 2013년 대한체육회 학교체육위원장 2013년 서울대병원 비상임이사 2014~2016년 경북대 의학전문대학원 교수 2014년 제2회 중국 난징하계유스올림픽대회 한국선수단장 2014년 대통령직속 통일준비위원회 통일교육자문단 자문위원 2015년 대구사회복지공동모금회 제11대 회장(현) 2016년 경북대 의학전문대학원 명예교수(현) 2016년 경일대 석좌교수(현) [종]기독교

함재봉(咸在鳳) HAHM Chaibong

[생]1958·9·5 [출]미국 보스턴 [주]서울 종로구 경희궁1가길11 아산정책연구원(02-730-5872) [학]1980년 캐나다 카를턴(Carleton)대 경제학과졸, 미국 존스홉킨스(Johns Hopkins)대 대학원졸 1992년 정치학박사(미국 존스홉킨스대) [경]1992~2005년 연세대 정치외교학과 조교수·부교수·교수 1992~1998년 同동서문제연구원 중국연구부장 1994~1998년 대통령자문 정책기획위원 1995~1996년 연세대 영자신문 주간 1996년 同연세춘추 주간 1997년 계간 '전통과 현대' 편집주간 1998년 연세대 동서문제연구원 비교문화연구센터 소장 2001년 연세리더십센터 부소장 2003~2005년 유네스코본부 사회과학국장 2005~2007년 미국 남가주대(Univ. of Southern California) 한국학연구소장, 미국 랜드연구소 한국정책연구소 석좌연구원 2010년 아산정책연구원 이사장 겸 원장(현) 2010~2011년 대통령직속 미래기획위원회 위원 2011~2012년 외교통상부 핵안보정상회의 자문위원 2014년 (주)LG생활건강 사외이사(현) [저]'국가, 시민사회, 정치민주화(共)'(1995, 한울아카데미) '탈근대와 유교'(1998, 나남) '21세기 한국정치(共)'(1998, 삶과꿈) '유교민주주의, 왜 & 어떻게' '아시아적 가치'(1999, 도서출판 전통과현대) '한국의 보수주의(共)'(1999, 인간사랑) '유교, 자본주의, 민주주의'(2000, 도서출판 전통과현대)

함정민(咸廷旼·女)

[생]1968·6·4 [출]서울 [주]서울 서초구 서초중앙로125 법무법인 서울(02-3487-3178) [학]1987년 이화여고졸 1991년 이화여대 법학과졸 2002년 미국 조지타운대 대학원 법학과졸 [경]1992년 사법시험 합격(34회) 1995년 사법연수원 수료(24기) 1995년 세창합동법률사무소 변호사 1996~2003년 법무법인 우방 변호사 2003년 법무법인 화우 변호사 2003~2006년 평화여성합동법률사무소 변호사 2003년 한국가정법률상담소 상담위원 2003년 여성의전화 상담위원 2003년 서울지방노동위원회 공익위원(현) 2003년 서울지방변호사회 중소기업고문변호사단 상담위원 2003년 (새)대화문화아카데미 감사 2005년 정보통신부 우정사업운영위원회 운영위원 2005년 한국간행물윤리위원회 전문심의위원 2006년 건설교통부 중앙건축분쟁조정위원 2006년 (사)대한간호협회 윤리심의위원 2007년 법무법인 서울 변호사(현) 2007~2009년 에너지관리공단 비상임이사 2009~2015년 법제처 법령해석심의위원회 위원 2011년 행정안전부 소청심사위원회 비상임위원 2013~2014년 안전행정부 소청심사위원회 비상임위원 2014~2016년 국무총리소속 부마민주항쟁진상규명 및 관련자명예회복심의위원회 위원

함정오(咸正午) Jeong-Oh Ham

[생]1959·10·20 [본]강릉(江陵) [출]경기 남양주 [주]부산 해운대구 APEC로55 벡스코(BEXCO) 사장실(051-740-7305) [학]1978년 동화고졸 1985년 성균관대 정치외교학과졸 1995년 고려대 경영대학원 경영학과졸 2012년 경영학박사(숭실대) [경]1985년 대한무역투자진흥공사(KOTRA) 입사·시장개척부 근무 1989~1993년 同밴쿠버무역관 근무 1996년 同로스엔젤레스무역관 근무 1998년 同블라디보스톡무역관장 2000년 KINTEX 전시장건립단 기획부장 2001년 대한무역투자진흥공사(KOTRA) 기획조정실 예산부장 2002년 同광저우무역관장 2006년 同IT전자사업팀장 2008년 同성장산업처장 겸 IT융합산업팀장 2009년 同베이징무역관장 2011년 同기획조정실장 2013년 同중국지역본부장(상임이사) 2013~2016년 同경영지원본부장 겸 부사장(상임이사) 2016년 벡스코(BEXCO) 대표이사 사장(현) 2016년 부산관광컨벤션포럼 이사장(현) 2016년 한국방문위원회 위원(현) 2016년 한국해양레저네트워크 이사(현) 2016년 한국MICE협회 이사(현) [상]통상산업부장관표창(1997), 국무총리표창(2008), 석탑산업훈장(2014) [종]기독교

함종국(咸鍾國) HAM Jong Kook

[생]1958·8·10 [본]강릉(江陵) [출]강원 횡성 [주]강원 춘천시 중앙로1 강원도의회(033-256-8035) [학]1979년 춘천농고졸 1986년 상지대 축산학과졸 [경]상지대총학생회 회장, 강원도5개대학역대총학생회장단협의회 운영위원장, 횡성군 안흥면체육회 회장, 한국청소년교육연구소 기획실장 1995·1998·2002년 강원 횡성군의회 의원 2000~2002년 同의장 2010년 횡성소방서 명예서장 2010년 강원도의회 의원(한나라당·새누리당) 2010년 同기획행정위원회 위원 2010~2011년 同예산결산특별위원장 2010년 同송전탑피해대책특별위원회 위원장 2010년 同한중교류협회 부회장 2014년 강원도의회 의원(새누리당)(현) 2014년 同기획행정위원회 위원장 2016년 同새누리당 원내대표(현) 2016년 同경제건설위원회 위원(현) [상]전국시·도의회의장협의회 우수의정 대상(2016) [종]기독교

함종식(咸鍾植) HAM Jong Sik

[생]1963·9·4 [출]강원 강릉 [주]서울 서초구 서초중앙로157 서울중앙지방법원(02-530-1114) [학]1982년 강릉상고졸 1993년 중앙대 법학과졸 [경]1992년 사법시험 합격(34회) 1995년 사법연수원 수료(24기) 1995년 부산지법 울산지원 판사 1997년 부산지법 판사 1999년 인천지법 판사 2003년 서울지법 판사 2004년 서울중앙지법 판사 2005년 서울동부지법 판사 2006년 서울고법 판사 2008년 서울행정법원 판사 2010년 춘천지법 부장판사 2011~2012년 同수석부장판사 2011~2012년 언론중재위원회 위원 2012년 수원지법 부장판사 2015년 서울중앙지법 부장판사(현)

함종욱(咸鍾旭) HAM Jong Wook

[생]1962·4·9 [출]강원 [주]서울 영등포구 여의대로60 NH투자증권 EquitySales사업부(02-768-7000) [학]춘천고졸, 연세대 경영학과졸 [경]2006년 우리투자증권(주) 인사총무담당 상무보 2008년 同영업전략담당 상무보 2009년 同WMA전략담당 상무 2010년 同강남지역본부장(상무) 2011년 同마케팅전략본부장(상무) 2013년 同WM사업부 대표(전무) 2015년 NH투자증권 WM사업부 대표(전무) 2015년 同EquitySales사업부 대표(전무)(현)

함종한(咸鍾漢) HAM Jong Han (용석)

[생]1944·1·8 [본]강릉(江陵) [출]강원 원주 [주]서울 영등포구 국회대로62길14 한국스카우트연맹(02-6335-2001) [학]1962년 원주고졸 1970년 서울대 농업교육학과졸 1972년 同교육대학원 교육학과졸 1998년 명예 교육학박사(강원대) [경]1976~1985년 상지대 조교수·부교수 1984년 한국국민당(국민당) 강원제2지구당 위원장 1985년 同전당대회 부의장·정책연구실장 1985년 제12대 국회의원(원주·홍천·횡성·원성, 국민당) 1987년 국민당 강원도당 위원장 1988년 민주

ㅎ

정의당(민정당) 국책평가위원 1988년 제13대 국회의원(원주, 민정당·민자당) 1988년 민정당 원내부총무 1990년 민자당 민원실장 1992년 同정책위원회 부의장 1992년 한국청소년교육연구소 이사장(현) 1993년 강원도지사 1996년 제15대 국회의원(원주甲, 신한국당·한나라당) 1996년 이웃간편지쓰기운동 이사장 1997년 신한국당 제3정책조정위원장 1998년 국회 교육위원장 2000~2012년 한국보이스카우트 강원연맹장 2000년 한나라당 원주지구당 위원장 2000년 同총재 특보단장 2000년 同교육특별위원장 2001년 同국가혁신위원회 교육발전분과 위원장 2002년 同이회창 대통령후보 교육담당 특별자문역 2004년 제17대 국회의원선거 출마(원주, 무소속) 2007년 무소속 이회창 대통령후보 직능팀장 2008년 자유선진당 중앙위원회 의장 2010년 7.28재보선 국회의원선거 출마(강원 원주, 무소속) 2011~2013년 대한걷기연맹 회장 2012년 한국스카우트연맹 총재(현) 2013년 한국청소년단체협의회 회장(현) 2013년 한국청소년활동진흥원 비상임이사(현) 2013년 언어문화개선범국민연합 공동대표(현) 2016년 세계태권도선수권대회 조직위원회 고문(현) 2016년 서울국제청소년영화제 조직위원장(현) 2016년 (재)최규하대통령기념사업회 이사장(현) [상]통일원장관표창(1974), 황조근정훈장(1993) [저]'청소년학 원론' '교육심리학' '결과보다 소중한 과정' '농어촌백서' '길은 어디에나 있다' '우리아이 큰사람 만들기' '함종한의 세상읽기' [종]불교

함종호(咸鍾浩) Ham, Jong Ho

[생]1960·1·23 [본]강릉(江陵) [출]서울 [주]서울 영등포구 국제금융로10 서울국제금융센터oneIFC빌딩9층 딜로이트안진회계법인 임원실(02-6676-1505) [학]1978년 보성고졸 1982년 고려대 경영학과졸 [경]1982~1986년 동우회계법인 근무 1986년 딜로이트안진회계법인 입사 1986~1987년 미국 Arthur Andersen & Co. St. Louis Office 파견 2004년 하나안진회계법인 월드와이드파트너 부대표, 딜로이트안진회계법인 월드와이드파트너 부대표 2009년 同감사총괄본부장, 同감사본부장 겸 최고운영책임자(COO) 2014년 同대표이사(현)

함준호(咸駿浩) HAHM JOON HO

[생]1964·2·11 [주]서울 중구 남대문로39 한국은행 금융통화위원회(02-759-4114) [학]1982년 서울 상문고졸 1986년 서울대 영어영문학과졸 1988년 미국 컬럼비아대 경영대학원 경영학과졸 1993년 경영학 박사(미국 컬럼비아대) [경]1993~1994년 미국 컬럼비아대 경영대학원 객원조교수 1994~1996년 미국 캘리포니아대 산타바바라캠퍼스 경제학과 조교수 1996~2000년 한국개발연구원 금융팀 연구위원 1997년 금융개혁위원회 전문위원 2000~2009년 연세대 국제학대학원 조교수·부교수 2007~2009년 同국제학대학원 부원장 2008~2013년 금융위원회 금융발전심의위원회 위원 2008~2010년 예금보험공사 비상임이사 2009~2014년 연세대 국제학대학원 교수 2009~2013년 同국제학연구소장 2012~2013년 한국금융정보학회 부회장 2012년 한국금융소비자학회 부회장 2014년 인터파크 감사위원 2014년 한국은행 금융통화위원회 위원(현)

함진규(咸珍圭) HAM Jin Gyu

[생]1959·8·13 [본]강릉(江陵) [출]경기 시흥 [주]서울 영등포구 의사당대로1 국회 의원회관547호(02-784-4277) [학]1978년 인하사대부고졸 1989년 고려대 법학과졸, 同대학원 국제관계학과졸, 同법무대학원 법학과졸, 同대학원 정치외교학 박사과정 수료, 同법무대학원 법학 박사과정 수료 [경]2000년 21세기고양발전연구소 소장 2000~2011년 인스컴 대표 2000년 한나라당 국제통일분과 부위원장 2002년 同고양시덕양구甲지구당 부위원장 2002·2006~2008년 경기도의회 의원(한나라당) 2006~2008년 同운영위원장 2008년 제18대 국회의원선거 출마(시흥시甲, 한나라당) 2008년 한나라당 시흥시甲당원협의회 운영위원장 2008~2009년 同부대변인 2010~2012년 한국무역보험공사 등기이사 2012년 제19대 국회의원(시흥시甲, 새누리당) 2012년 국회 국토해양위원회 위원 2012년 국회 정치쇄신특별위원회 위원 2012년 국회 예산결산특별위원회 위원 2013·2014년 국회 국토교통위원회 위원 2013년 국회 방송공정성특별위원회 위원 2013년 새누리당 당헌당규개정특별위원회 위원 2013년 국회 국가정보원개혁특별위원회 위원 2014년 새누리당 대변인 2014~2015년 同경기도당 위원장 2014~2015년 국회 예산결산특별위원회 위원 2014~2015년 국회 남북관계 및 교류협력발전특별위원회 위원 2014~2015년 새누리당 조직강화특별위원회 위원 2014년 국회 국민안전혁신특별위원회 위원 2015년 국회 여성가족위원회 위원 2015~2016년 새누리당 원내부대표 2015년 국회 운영위원회 위원 2015년 국회 공적연금강화와노후빈곤해소를위한특별위원회 위원 2016년 제20대 국회의원(시흥시甲, 새누리당)(현) 2016년 국회 국토교통위원회 위원(현) [상]법률소비자연맹 선정 국회 헌정대상(2013), 한국언론사협회 국제평화언론대상 의정부문 금상(2013), 시민일보 의정·행정대상(2015), 글로벌기부문화공헌대상 정당인 봉사부문(2015), 한국언론사협회 국제평화언론대상 의정발전공헌부문 특별대상(2015), 대한민국의정대상(2016)

함철원(咸喆元) Ham Cheol Won

[생]1958·6·8 [본]강릉(江陵) [출]광주 [주]경기 성남시 야탑로 205번길8 성남세관(031-697-2570) [학]1977년 광주 제일고졸 1989년 한국방송통신대졸 1994년 성균관대 대학원 행정학과졸 [경]인천공항세관 조사관 2009년 인천본부세관 수입2과장 2011년 관세청 관세국경감시과 사무관 2015년 同관세국경감시과 서기관 2015년 인천공항세관 화물정보분석과장 2016년 성남세관장(현) [상]대통령표창(2012) [종]천주교

함태용(咸泰埇) HAHM Tae Yong (斗軒)

[생]1933·7·16 [본]양근(楊根) [출]대구 [주]서울 마포구 마포대로53 마포트라팰리스B동309호 장은공익재단 이사장실(02-717-9651) [학]1952년 경북고졸 1956년 서울대 공대졸 [경]1956~1968년 한국산업은행 근무 1968~1974년 한국개발금융 부장 1974년 同부사장 1978년 同수석부사장 1980년 장기신용은행 전무이사 1982~1989년 同은행장 1989~1994년 同회장 1989년 국제금융공사(IFC) 경영자문위원 1989~1992년 하나은행 회장 1994~1998년 장기신용은행 고문·명예회장 1998년 장은공익재단 이사장(현) 2005~2009년 한국전화번호부(주) 비상임이사 2006년 애경유화 사외이사(현) [상]부품소재기술상 금탑산업훈장(2009) [종]기독교

함형준(咸炯晙) Han Hyung Jun

[생]1962·1·2 [주]서울 강남구 압구정로408 제일패션리테일(070-7130-7739) [학]1987년 동국대 경제학과졸 2002년 고려대 대학원 경영학과졸 [경]1987년 제일모직 입사 2003년 同G/X갤럭시 브랜드매니저 2007년 同인사지원담당 상무(현) 2013년 제일모직(주) 패션부문 남성복사업부장(상무) 2013년 삼성에버랜드 패션부문 남성복사업부장(전무) 2014년 제일모직(주) 패션부문 남성복사업부장(전무) 2015년 삼성물산(주) 패션부문 전무 2016년 제일패션리테일 대표(현)

해 곡(海 谷) (海月)

[생]1940·7·7 [출]함북 나진 [주]경기 용인시 처인구 해실로89의1 연화산 와우정사 대한불교열반종(031-339-0101) [학]중앙대 연극영화과졸, 미국 워싱턴 선종불교대학원졸 1991년 명예 불교학박사(스리랑카 국립불교대) 1993년 국립스리랑카 스리나버스아라 피리바나불교대학원 삼장법사 1995년 명예 불교철학박사(미얀마 국립불교대) [경]1960년 한국방송공사 입사 1968년 同방송제작위원 퇴직, 위봉사에서 득도(은사 鞠聲대종사), 위봉사에서 沙彌戒 鞠聲祐 律師에게 수지, 관음사에서 比丘戒 鞠聲祐 律師에게 수지, 직지사에서 菩薩戒 尹古岩律師에게 수지, 관음사 壹 夏安居 成滿, 와우정사 四 夏安居 成滿, 대한불교조계종 기획위원·중앙포교원 포교사, 조계사 담당법사, 열반종중앙위원회 위원장, (재)한국불교臥牛精舍 설립·이사장, 세계불교연합본부 홍보국장, 제17차 세계불교대회준비위원회 준비위원, 세계불교도우의회(WFB) 한국지부 이사장, 대한불교열반종 총무원장 1991년 세계불교문화교류협회 이사장(현) 1994년 세계불교도총연맹 이사장(현) 1996~2006년 한국불교종단협의회 언론위원회 위원장, 한·인도불교문화교류협회 이사장, 한·미얀마불교문화교류협회 이사장, 한·태국불교문화교류협회 이사장 2001년 대한불교열반종 종정(현) 2003년 와우정사 조실(현) 2003~2012년 한국불교종단협의회 언론인협회 이사장 2008년 세계불교도우의회(WFB) 한국지부 이사장(현) [상]대한불교조계종 종정표창, 태고종 종정상, 불교방송 이사장표창 [저]'관세음보살' '佛敎讀誦經集' '열반종사'(전북대) '한국의 벗'(동아일보) '경복사와 보덕스님'(전북대) [종]불교

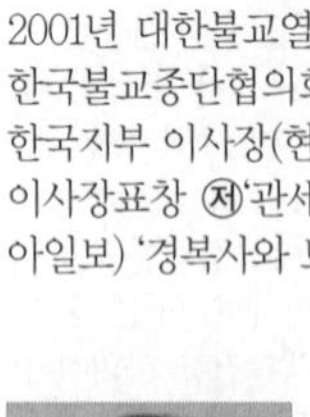

허갑범(許甲範) HUH Kap Bum (松園)

[생]1937·3·20 [본]양천(陽川) [출]경기 안성 [주]서울 마포구 신촌로120 송원빌딩 허내과의원(02-718-1827) [학]1957년 경복고졸 1964년 연세대 의대졸 1968년 同대학원졸 1974년 의학박사(연세대) [경]1964~1969년 연세대 의대 세브란스병원 인턴·레지던트 1969년 육군 군의관 1972~1984년 연세대 의대 전임강사·조교수·부교수 1975년 프랑스 몽뻬리에 당뇨병센터 연수 1984~2002년 연세대 의대 교수 1984년 同세브란스병원 내분비내과장 1991년 대한당뇨병학회 회장 1994~1996년 연세대 의대학장 1994년 한국지질학회 회장 1994년 한국과학기술한림원 정회원 1995년 同종신회원(현) 1997~1998년 한국내분비학회 회장 1997년 연세대 의대 세브란스병원 당뇨병센터소장 1998~2002년 김대중대통령 주치의 1999년 대한영양의학회 회장 1999년 임상약리학회 회장·고문 2000년 대한동맥경화학회 회장 2001년 교육인적자원부 의학전문대학원추진위원회 위원장 2001~2004년 한국성인병예방협회 회장 2002년 허내과 개원·원장(현) 2003년 연세대 명

예교수(현) 2009~2013년 한국의약사평론가회 회장 2010년 한국대사증후군포럼 회장(현) [상]松村池錫永상(1964), 올해의 교수상(1982), 분쉬의학상(1997), 옥조근정훈장, 국민훈장 모란장(2003), 경복동문대상(2011) [저]'당뇨병 정복할 수 있다'(1994) '뇌하수체선종'(1994) '영양의학' '한국형 당뇨병 맞춤치료' '대사증후군'(共) [종]기독교

허 강(許 橿) HUH Kang

[생]1953 · 2 · 21 [본]김해(金海) [출]경기 파주 [주]서울 서초구 효령로155 삼일제약(주) 임원실(02-520-0304) [학]1971년 보성고졸 1978년 고려대 생물학과졸 1985년 미국 캘리포니아대 로스앤젤레스교 대학원 국제경영학과졸 [경]1977~1981년 한국베링거인겔하임 · 유한양행 · 삼일제약(주) 근무 1981~1985년 미국 UCLA · USL 연수 1985년 삼일제약(주) 영업관리부장 1988년 同이사 1990년 同상무이사 1993년 同전무이사 1996년 (재)서송재단 이사장(현) 1997년 삼일제약(주) 대표이사 사장 2002년 同대표이사 부회장 2004~2013년 同대표이사 회장 2009년 삼일엘러간유한회사 대표이사 2013년 삼일제약(주) 각자대표이사 회장(현) [종]기독교

허강숙(許江淑 · 女) HEO Kang Sook

[생]1962·8·25 [본]김해(金海) [출]전남 순천 [주]전남 무안군 삼향읍 오룡길1 전라남도청 여성가족정책관실(061-286-5910) [학]한국방송통신대졸 2009년 순천대 경영행정대학원 행정학과졸 [경]전남 여천군 공무원, 민주평통 자문위원 2005~2011년 새마을운동중앙회 순천시지회 이사 2006~2010년 전남 순천시의회 의원(비례대표) 2006~2010년 민주당 순천지구당 여성위원장 2007년 순천시사회인야구연합회 회장 2007년 한국여성정치연맹 순천지회장 2008년 순천시장애인복지단 운영위원 2008~2010년 한국연예예술인협회 순천지회 자문위원 2009~2010년 국제로타리 순천나누리클럽 회장 2009년 순천시여성발전특별위원회 위원장 2010~2014년 전남도의회 의원(민주당·민주통합당·민주당·새정치민주연합) 2010년 同운영위원회 부위원장 2010년 同농수산위원회 위원 2010년 同여성정책특별위원회 위원 2010년 同FTA대책특별위원회 위원 2011년 새마을운동중앙회 이사 2012년 민주통합당 전국여성위원회 부위원장 2012년 同전남도당 원내대변인 2012년 광양만권경제자유구역청 조합위원 2014년 전남도 여성가족정책관(현) [상]보건복지부장관표창(2009)

허강일(許康日) Hu Kang-il

[생]1960 · 2 · 9 [주]서울 종로구 사직로8길60 외교부 인사운영팀(02-2100-7146) [학]1983년 한국외국어대 영어과졸 1986년 서울대 행정대학원 행정학과졸 [경]1985년 외무고시 합격(19회) 1985년 외무부 입부 1991년 駐샌프란시스코 영사 1993년 駐말레이시아 1등서기관 1999년 駐제네바 1등서기관 2002년 외교통상부 외국어교육과장 2003년 同인권사회과장 2005년 駐이탈리아 참사관 2008년 駐블라디보스톡 부총영사 2010년 중앙공무원교육원 파견 2011년 駐프랑스 공사 겸 총영사 2014년 국립외교원 교수부장 2015년 駐아일랜드 대사(현)

허강헌(許康憲) HUR Kang Heon

[생]1963 · 3 · 17 [출]충남 연기 [주]경기 수원시 영통구 매영로150 삼성전기(주) 중앙연구소(031-210-5114) [학]서울 용문고졸 1985년 서울대 금속공학과졸 1987년 同대학원졸 1990년 공학박사(서울대) [경]MLCC 기술개발 분야의 세계 최고 전문가 2004년 삼성전기(주) 칩부품팀 상무보(연구위원) 2007년 同LCR사업부 개발팀장(연구위원 · 상무) 2008년 삼성 펠로우(Fellow)(현) 2010년 삼성전기(주) LCR사업부 개발팀장(연구위원 · 전무) 2011년 同중앙연구소장(전무) 2015년 同중앙연구소장(부사장)(현)

허건량(許建亮) Kunyang Huh

[생]1959·8·10 [출]강원 [주]전북 완주군 이서면 농생명로100 국립원예특작과학원 원장실(063-238-6010) [학]춘천고졸, 서울대 원예학과졸 1985년 同대학원 원예학과졸 1994년 원예학박사(서울대) [경]1989년 원예시험장 농업연구사 2003년 농촌진흥청 수출전담연구팀장, 同원예연구소 화훼과 농업연구관 2006년 同연구개발국 연구정책과장 2008년 同원예연구소 화훼과 농업연구관 2008년 同원예연구소 원예생명공학과장 2008년 同연구정책국 첨단농업과장 2009년 同감사담당관 2009년 국립원예특작과학원 원예작물부 화훼과장 2012년 농촌진흥청 연구정책국장(고위공무원) 2014년 중앙공무원교육원 교육파견 2015년 국립농업과학원 농업공학부장 2016년 국립원예특작과학원 원장(현)

허 경(許 瓊) HUH Kyung

[생]1957 · 8 · 21 [출]부산 [주]서울 서초구 효령로11 엔지니어링공제조합(02-3488-7815) [학]1979년 부산대 기계설계학과졸 1981년 한국과학원 항공공학과졸 1999년 미국 위스콘신대 대학원졸 [경]1978년 기술고시 합격(14회) 2003년 산업자원부 산업입지환경과장 2004년 同자원기술과장 2005년 同에너지관리과장(부이사관) 2005년 同자원정책과장 2006년 同기술표준원 신산업기술표준부장 2007년 SK경영경제연구소 전문위원 2008년 지식경제부 기술표준원 기술표준정책국장 2009년 同신산업정책관 2010년 同기술표준원장 2012~2015년 자동차부품연구원 원장 2013~2016년 국제표준화기구(ISO) 이사 2015년 엔지니어링공제조합 부이사장(현)

허 경(許 炅) HEO Kyoung

[생]1959 · 12 · 16 [본]양천(陽川) [출]서울 [주]서울 서대문구 연세로50의1 세브란스병원 신경과(02-2228-1607) [학]1985년 연세대 의대졸 1990년 同대학원 의학석사 1999년 의학박사(경희대) [경]1991년 인제대 부산백병원 임상강사 1992년 同부산백병원 전임강사 1993~1994년 미국 예일대병원 간질학과 방문교수 1995~1998년 인제대 의대 조교수 1998~2000년 포천중문의과대 조교수 1999~2003년 대한간질학회 총무간사 2000년 연세대 의과대학 신경과학교실 부교수 · 교수(현) 2003~2005년 대한간질학회 학술간사 2007년 同약물위원장 2011년 세브란스병원 신경과장(현) 2015년 연세대 의과대학 신경과학교실 주임교수(현) 2016년 세브란스병원 수면건강센터 소장(현) [저]'임상간질학'(2009)

허경만(許京萬) HUH Kyung Man

[생]1938 · 3 · 4 [본]양천(陽川) [출]전남 순천 [학]1956년 순천고졸 1961년 성균관대 법정대학졸 1965년 서울대 사법대학원 수료 [경]1963년 고시사법과 합격 1966년 육군본부 · 국방부 검찰관 · 법무사 1967~1975년 광주지검 · 목포지청 · 순천지청 · 인천지검 · 홍성지청 검사 1975년 변호사 개업 1979년 제10대 국회의원(순천 · 구례 · 승주, 신민당) 1981년 민주한국당(민한당) 전남지부 위원장 1981년 제11대 국회의원(순천 · 구례 · 승주, 민한당) 1984년 민한당 중소기업대책특위원회 위원장 1984년 한 · 포르투갈의원친선협회 회장 1985년 신한민주당(신민당) 인권옹호위원회 위원장 · 정무위원 1985년 제12대 국회의원(순천 · 구례 · 승주, 신민당) 1986년 한 · 코트디부아르의원친선협회 회장 1987년 평화민주당(평민당) 원내총무 1988년 同당무위원 1988년 제13대 국회의원(순천, 평민당 · 신민당 · 민주당) 1988년 국회 상공위원회 위원장 1988년 평민당 세제개편특별위원회 위원장 1990년 同부총재 1991년 신민당 원내총무 1991년 민주당 최고위원 1992~1995년 제14대 국회의원(순천, 민주당) 1992~1994년 국회 부의장 1993년 한국내외문제연구회 이사장 1995년 민주당 상임고문 1995 · 1998~2002년 전남도지사(국민회의 · 새천년민주당) 2002년 순천대 법학과 석좌교수 2002~2004년 변호사 개업 2008년 在京광주 · 전남향우회 회장 [저]'한알의 밀알이 되고자' '밝은 내일' '민의가 존중받는 사회를 위하여' [종]불교

허경욱(許京旭) HUR Kyung Wook

[생]1955 · 8 · 14 [출]서울 [주]서울 강남구 테헤란로137 현대해상빌딩11층 법무법인 태평양(02-3404-7504) [학]1974년 경기고졸 1978년 서울대 경영학과졸 1988년 미국 스탠퍼드대 대학원졸(MBA) [경]1978년 행정고시 합격(22회) 1979년 경제기획원 국제금융국 · 국고국 · 관세국 근무 1988년 세계은행(IBRD) Young Professional 1994년 同중국금융전문가(재무부 서기관) 1997년 재정경제원 특별보좌관실 근무 1998년 재정경제부 국제기구과장 1999년 同금융협력과장 1999년 同국제금융과장 2001년 同국제금융과장(부이사관) 2001년 국제통화기금(IMF) Senior Economist 2004년 기획예산처 산업재정심의관(이사관) 2005년 부총리 겸 재정경제부 장관 비서실장 2006년 재정경제부 국제금융국장 2007년 同국제업무정책관 2008년 대통령 국정기획수석비서관실 국책과제1비서관 2008년 대통령 국정기획수석비서관실 국책과제비서관 2009년 기획재정부 제1차관 2010~2013년 駐OECD대표부 대사 2011년 OECD 연금기금관리위원회 의장 2011년 同중국연구그룹 의장 2013~2016년 한국개발연구원(KDI) 국제정책대학원 초빙교수 2013년 서울대 국제대학원 초빙교수(현) 2014년 AMRO 자문위원회 자문위원(현) 2015년 법무법인(유) 태평양 고문(현) 2016년 삼성생명보험(주) 사외이사(현) [종]기독교

허경태(許京泰) HUR Gyong Tae

[생]1958·9·20 [본]김해(金海) [출]서울 [주]대전 서구 둔산북로121 아너스빌2층 녹색사업단(042-603-7306) [학]1977년 충암고졸 1981년 서울대 임산가공학과졸 1991년 同행정대학원졸 2006년 농학박사(충남대) [경]1985~1989년 산림청·임업연수원 근무 1989년 산림청 이용과 임업사무관 1993년 강릉영림서 삼척관리소장 1995년 산림청 이용과장 1995년 同임산물유통과장 1997년 세종연구소 파견 1998년 산림청 산림토목과장 1999년 同산지관리과장 2001년 중앙공무원교육원 파견 2002년 산림청 사유림지원국장 2003년 同북부지방산림관리청장 2006년 同산림보호국장 2006년 同산림보호본부장 2008년 同산림보호국장 2009년 同산림이용국장 2012~2013년 동부지방산림청장 2013년 산림청산하 녹색사업단 이사장 겸 단장(현) [상]농림수산부장관표창(1987), 국무총리표창(1991), 홍조근정훈장(2000) [저]'산림복지'(2012, 도서출판 수민) '산지관리법 해설'(2012, 법문사)

허경호(許景皓) HEO Gyeong Ho

[생]1974·12·12 [출]서울 [주]경기 의정부시 녹양로34번길23 의정부지방법원(031-828-0407) [학]1993년 서울 상문고졸, 서울대 국제경제학과졸 [경]1994년 사법시험 합격(36회) 1998년 사법연수원 수료(27기) 1998년 軍법무관 2001년 서울지법 북부지원 판사 2003년 서울지법 판사 2004년 서울중앙지법 판사 2005년 춘천지법 속초지원 판사 2008년 의정부지법 판사 2011년 서울고법 판사 2012년 서울동부지법 판사 2013년 제주지법 부장판사 2015년 의정부지법 부장판사(현)

허과현(許科炫) Hur Kwha Hyun

[생]1949·1·4 [출]서울 [주]서울 중구 다동길46 607호 한국금융신문(02-773-6300) [학]1968년 경기상고졸 1973년 명지대 행정학과졸 1979년 연세대 경영대학원졸 [경]한국투자신탁 주식운용부장, 同해외투자부장, 同법인영업이사, 同상무이사, (주)IMG홀딩컴 사장 2000년 한국경제TV 앵커 2001~2007년 한국증권분석사회 부회장 2002~2007년 호서대 게임공학과 조교수 2003~2015년 한국금융신문 편집국장 2007년 한국증권분석사회 고문(현) 2007~2014년 호서대 게임공학과 초빙교수 2012~2014년 NH농협금융지주 사외이사 2014년 우리투자증권 사외이사 겸 이사회 의장 2014년 서강대 게임교육원 초빙교수(현) 2015~2016년 NH투자증권 사외이사 겸 이사회 의장 2015년 한국증권분석사회 회장(현) 2015년 한국금융신문 발행인 겸 편집인(현) [상]재정경제원장관표창(1995), 문화관광부장관표창(2005)

허광수(許光秀) HUR Kwang Soo

[생]1946·8·10 [본]김해(金海) [출]경남 진양 [주]서울 종로구 계동길31 (주)삼양인터내셔날그룹 회장실(02-765-2071) [학]1964년 경기고졸 1969년 고려대 상학과졸 1972년 미국 스탠퍼드대 경영대학원졸 [경]1972년 삼양통상(주) LA지사장 1972~1974년 KID Corporation 부사장 1987년 한국나이키 대표이사 사장 1990~1996년 삼양통상(주) 대표이사 사장 1997년 (주)삼양인터내셔날그룹(삼양인터내셔날·옥산유통·GSITM·남서울CC) 회장(현) 2003년 아·태골프협회 부회장 2003년 영국 로얄앤드에인션트골프클럽(Royal and Ancient Golf Club) 정회원(현) 2004~2012년 대한골프협회 부회장 2005~2011년 고려대 高友체육회장 2007년 대한올림픽위원회 위원 2007~2013년 아·태골프협회 회장 2008~2011년 경기고총동창회 회장 2012·2016년 대한골프협회 회장(현) [상]재무부장관표창(1992), 대통령표창(1995), 자랑스러운 고대체육인상(2012)

허구연(許龜淵) HEO Koo Youn

[생]1951·2·25 [출]경남 진주 [주]서울 용산구 새창로105 준빌딩3층 KSN(주)(02-3272-0046) [학]1970년 경남고졸 1975년 고려대 법학과졸 1980년 同대학원 법학과졸 2013년 명예 언론학박사(순천향대) [경]1981년 경기대 강사 1982~1985년 MBC 야구해설위원·국내 최초 해설자 연봉계약(연봉 1,400만원) 1985년 청보핀토스 감독(최연소 감독·34세) 1987년 롯데자이언츠 수석코치 1990년 미국 토론토블루제이스 코치 1991년 MBC 야구해설위원(현) 1991년 KSN(주) 대표이사(현) 2001년 프로야구선수협회 자문위원 2007년 한국야구위원회(KBO) 기술위원 2009년 한국야구위원회(KBO) 야구발전실행위원회 초대 위원장(현) 2010년 (사)일구회 부회장 2012년 포항시 홍보대사 2014년 롯데리아 유소년야구교실 총감독(현) 2015년 창원시 새야구장건립 자문대사(현) [상]대학야구연맹전 홈런왕(1971), 대학야구 최우수선수상(1974), MBC 선정 스포츠 10걸상(1974), 실업야구올스타 개인상(1975·1976), 자랑스러운 고대체육인상 공로부문(2007), MBC 특별공로상(2008), MBC 연기대상 공로상(2009), 제39회 한국방송대상 특별상(2012), 조아제약 프로야구대상 공로상(2013), 카스포인트어워즈 레전드상(2013), 한국프로야구 은퇴선수의 날 공로상(2014) [저]'허구연의 프로야구 가이드북' '허구연의 재미있는 야구교실' '허구연의 프로야구' '프로야구 핸드북' '홈런과 삼진사이' '프로야구 10배로 즐기기' '여성을 위한 친절한 야구교과서'(2012, 북오션) '허구연의 여성을 위한 야구 설명서'(2015, 북오션)

허기도(許起道) HER Ki Do

[생]1953·7·22 [본]김해(金海) [출]경남 산청 [주]경남 산청군 산청읍 산엔청로1 산청군청 군수실(055-970-6002) [학]진주고졸, 경상대 교육학과졸 1987년 同교육대학원 교육학과졸 [경]산청여중·고 교사, 진주 명신여고 교사, 경남지구JC 홍보이사, 대양실업 대표, 진주고·진주여고 운영위원회 위원장, 일신환경(주) 대표, 두류라이온스클럽 회장, 경남도교육청 지역교육청 평가위원, 산청군체육회 이사 1998·2006·2010~2014년 경남도의회 의원(한나라당·새누리당) 2000년 同건설소방위원장, 同환경정책연구회 정책실장, 경남도학교운영위원장연합회 부회장 2008~2010년 경남도의회 부의장 2010~2012년 同의장 2010년 전국시·도의회의장협의회 사무총장 2012~2014년 경남도의회 농수산위원회 위원, 초록우산어린이재단 서부경남후원회 고문 2014년 경남 산청군수(새누리당)(현) [저]'케이블카 타고 천왕봉으로'(2014, 학진출판사)

허기열(許璂烈) HEO Ki Yul

[생]1952·12·6 [출]경북 [주]서울 강남구 테헤란로432 동부금융센터24층 (주)동부 임원실(02-3484-1561) [학]1972년 서울사대부고졸 1978년 연세대 전자공학과졸 2005년 성균관대 경영대학원졸 [경]1977년 삼성전자(주) 근무 1986년 삼성그룹 비서실 근무 1988년 삼성전자(주) 부장 1993년 同영업기획 고객만족지원팀장 1995년 同국내판매사업부 마케팅팀장(상무) 2002년 同경영혁신팀장(전무이사) 2004~2007년 同중국법인총괄 겸 마케팅팀장(부사장) 2007년 한국타이어 한국·중국지역본부장(사장) 2008년 同중국지역본부장(사장) 2012년 예스24(주) 사외이사(현) 2013년 (주)동부 대표이사 사장 2015년 예스24(주) 감사위원 겸임(현) 2015년 (주)동부 IT부문 최고경영자(CEO)(현)

허기호(許棋皓) HUH Gi Ho

[생]1966·11·15 [본]하양(河陽) [출]서울 [주]서울 강남구 강남대로330 우덕빌딩 한일시멘트(주) 비서실(02-531-7000) [학]1985년 성남고졸 1989년 성균관대 경제학과졸 1996년 미국 선더버드국제경영대학원졸(MBA) [경]1990~1993년 (주)한세인터내쇼날 과장 1997~1998년 한일시멘트(주) 이사 1999~2000년 同상무이사 2001~2002년 同전무이사 2003~2004년 同부사장 2005~2011년 同대표이사 사장 2008~2015년 SK케미칼(주) 사외이사 2012년 한일시멘트(주) 대표이사 부회장 2016년 同대표이사 회장(현) [상]대통령표창(2005), 경제5단체 투명경영대상 모범상(2005), 신산업경영원 윤리경영대상(2005), 노동부 선정 노사문화우수기업(2005), 한국표준협회 KS제품 품질우수성지수 1위(2006), 경제정의기업상(5회), 한국능률협회 선정 '한국에서 가장 존경받는 기업'(5년연속 1위, 2008), 한국경영인협회 대한민국 최고기업대상(4년연속 1위, 2008)

허기회(許基會)

[생]1965·9·3 [출]전북 정읍 [주]서울 중구 덕수궁길15 서울특별시의회(02-3783-1561) [학]칠보종합고졸, 한국외국어대 컴퓨터공학과졸 [경]KMC 한국지사 근무, 녹색의 전화 상담회장, (사)한국환경·사회연구소 회원, 국민회의 서울관악구지구당 청년부장, 서울시 관악구 건축위원회 위원, (주)삼인데이타시스템 부사장 2006~2010년 서울시 관악구의회 의원 2008~2010년 同부의장, 사람사는세상 노무현재단 기획위원, (주)씨엠디코리아 부사장, 더불어민주당 부대변인(현) 2016년 서울시의회 의원(보궐선거 당선, 더불어민주당)(현) 2016년 同교육위원회 위원(현) [상]친환경 우수의원상(2016)

허남각(許南珏) HUR Nam Kack

[생]1938·5·28 [출]경남 진양 [주]서울 강남구 테헤란로301 삼정개발빌딩6층 삼양통상(주) 회장실(02-3453-3963) [학]1956년 보성고졸 1960년 서울대 상대졸 1962년 미국 시카고대 대학원졸 [경]1973~1980년 삼화피혁공업 대표이사 1976~1990년 삼양통상 대표이사 1986년 한국나이키 회장 1988년 아시아태권도연맹 회장 1990년 삼양통상(주) 대표이사 회장(현) 2007년 (주)삼양인터내셔날 이사(현) 2007년 경원건설(주) 감사(현) 2008년 (주)보헌개발 이사(현) [상]철탑산업훈장

허남권(許南權) HUH Nam Kwon

[생]1963·5·29 [본]김해(金海) [출]강원 홍천 [주]서울 영등포구 국제금융로8길6 신영자산운용(주) 임원실(02-2004-9500) [학]1982년 강원고졸 1989년 고려대 행정학과졸 [경]1989~1996년 신영증권 근무 1996년 신영투자신탁운용(주) 근무, 同주식운용팀장 2001년 同주식운용팀 부장, 同이사 2007년 同주식운용본부장(상무이사) 2009년 同자산운용본부 상무 2009년 신영자산운용(주) 자산운용본부장(상무) 2010년 同자산운용본부장(전무) 2014년 同자산운용본부장(부사장), 同최고투자책임자(CIO·부사장)(현)

허남덕(許南德) HEO Nam-duk

[생]1968·11·20 [본]김해(金海) [출]서울 [주]서울 종로구 사직로8길60 외교부 인사운영팀(02-2100-7140) [학]1987년 경기고졸 1991년 서울대 국제경제학과졸 1996년 同행정대학원졸 1999년 독일 슈파이어대 대학원 행정학과졸 [경]1991년 행정고시 합격(35회) 1992~2001년 총무처·재정경제부 정책조정국·국고국·금융정책실 사무관 2001~2006년 재정경제부 국제금융국·경제협력국 서기관, 유럽부흥개발은행(EBRD) 이사보좌관 2006년 법무부 장관정책보좌관 2007년 재정경제부 자유무역협정 국내대책본부 기획총괄팀장 2008년 기획재정부 대외경제국 통상정책과장 2009년 同예산실 법사예산과장 2010년 同예산실 문화예산과장 2011년 同사회예산심의관실 노동환경예산과장 2011년 대통령실 선임행정관(고위공무원) 2013년 기획재정부 본부 근무 2014년 통계청 기획조정관 2015년 駐두바이 총영사(현) [상]국무총리표창(2001)

허남식(許南植) Hur Nam Sik

[생]1949·3·14 [본]김해(金海) [출]경남 의령 [주]서울 종로구 세종대로209 정부서울청사4층 대통령직속 지역발전위원회(02-2100-1124) [학]1968년 마산고졸 1972년 고려대 심리학과졸 1977년 서울대 행정대학원졸 2000년 행정학박사(경성대) 2005년 명예 경영학박사(부경대) 2007년 명예 정치학박사(동아대) 2009년 명예 경영학박사(부산대) [경]1977년 행정고시 합격(19회) 1994년 부산시 기획담당관 1994년 同영도구청장 1996년 同지역경제국장 1997년 同내무국장 1999년 同상수도사업본부장 2000년 同의회 사무처장 2000년 同기획관리실장 2003~2004년 同정무부시장 2004·2006·2010~2014년 부산광역시장(한나라당·새누리당) 2008~2011년 전국시도지사협의회 회장 2014~2016년 동아대 국제전문대학원 국제중재학과 석좌교수 2014년 새누리당 국책자문위원 2016년 대통령직속 지역발전위원회 위원장(장관급)(현) [상]홍조근정훈장(1997), 러시아 민족 올림푸스최고상(2007), 러시아 명예와 용기훈장(2007), 대한민국무궁화대상 행정부문(2009), 부산노인대학협의회 경로대상(2009), 한국여성단체협의회 우수지방자치단체장상(2010), 중국 인민우의공헌상(2011), 한국여성유권자연맹 매니페스토 실천우수상(2011), 캄보디아 국가재건 공로훈장(2011), 자랑스런 한국인대상 행정혁신부문상(2012), 고려대 문과대학교우회 자랑스러운 문과대학인(2013), 베트남 우호훈장(2014) [종]천주교

허남용(許南龍) Nam Yong Her

[생]1964·4·20 [출]경남 거제 [주]대전 서구 청사로189 중소기업청 기획조정관실(042-481-4301) [학]1982년 거제 해성고졸 1990년 부산대 조선학과졸 1998년 영국 리즈대 대학원 국제경제학과졸 [경]1989년 기술고시 합격(25회) 1991년 부산지방철도청 부산기계사무소장 1992년 상공부 마산수출자유지역관리소 운영과장 1993년 상공자원부 항공방위산업과 사무관 1995년 통상산업부 산업정책국 산업환경과 사무관 1996년 영국 유학 1998년 산업자원부 수송기계산업과 사무관 2000년 同석유산업과 서기관 2001년 同공보관실 서기관 2003년 캐나다 경제연구소 파견 2005년 산업자원부 자유무역협정(FTA)산업통상팀장 2006년 同디자인브랜드과장 2006년 同디자인브랜드팀장 2007년 同표준품질팀장 2008년 同기계항공팀장 2008년 지식경제부 기계항공시스템과장 2009년 同산업융합정책과장(부이사관) 2009년 同방산물자교역지원센터장 2010년 同기술표준원 표준기술기반국장 2013년 산업통상자원부 산업정책실 시스템산업정책관 2014년 중앙공무원교육원 교육파견(국장급) 2015년 중소기업청 기획조정관(현)

허남일(許南一) HUH Nam Il

[생]1956·3·23 [본]김해(金海) [출]경북 구미 [주]경기 용인시 기흥구 강남로40 강남대학교 경영학부(031-280-3740) [학]1975년 경북고졸 1979년 성균관대 경영학과졸 1981년 同대학원 경영학과졸 1990년 경영학박사(성균관대) [경]1983~1995년 강남대 전임강사·조교수·부교수 1991년 한국마케팅학회 이사 1995년 강남대 경영학부 교수(현) 1995~1997년 한국소비문화학회 총무이사 2001~2003년 강남대 사회과학연구소장 2003년 미국 Univ. of NC at Greensboro 객원교수 2005년 한국상업교육학회 부회장 2005년 한국상품학회 감사 2006년 한국기업경영학회 학술위원장·부회장 2006년 강남대 경영학부장 2010년 同경영대학장 2015~2016년 한국전문경영인학회 회장 2016년 도산아카데미 원장(현) [저]'소비자행동론' '경영학의 이해' '마케팅'

허남주(許南柱·女) HUH Nam Joo

[생]1962·12·30 [출]전북 부안 [주]전북 전주시 완산구 효자로225 전라북도의회(063-280-4515) [학]1981년 근영여고졸 1985년 우석대 화학과졸 [경]1996년 신한국당 전북도지부 여성정책실장 겸 부대변인 1997년 한나라당 전북도지부 여성정책실장 겸 부대변인 2000년 同전주덕진지구당 위원장, 同전북도당 자문위원, 호원대 교양학부 겸임교수 2007년 (사)한자녀더갖기운동연합 전북본부 본부장 2008년 제18대 국회의원선거 출마(비례대표, 한나라당) 2009년 한나라당 서민행복추진본부 전북본부장 2014년 전북도의회 의원(비례대표, 새누리당)(현) 2014·2016년 同행정자치위원회 위원(현) 2014~2015년 同예산결산특별위원회 위원 2014~2015·2016년 同윤리특별위원회 위원(현) 2016년 同운영위원회 위원(현) 2016년 새누리당 전북도당 수석대변인(현)

허남진(許南振) HEO Nam Chin

[생]1952·1·28 [본]김해(金海) [출]강원 횡성 [주]강원 원주시 한라대길28 한라대학교 미디어콘텐츠학과(033-760-1318) [학]1970년 덕수상고졸 1978년 고려대 국어국문학과졸 1990~1991년 미국 미주리대 연수 1997~1998년 미국 하버드대 니만펠로십 수료 2000년 한양대 언론대학원졸 [경]1977년 중앙일보 편집부·정치부 기자 1993년 同정치부 차장대우 1994년 同정치2부 차장 1995년 同사회부장 1998년 同국제부장 1999년 同국제담당 부국장직대 1999년 同사회담당 부국장 2000년 同논설위원 2001년 同정치·국제담당 부국장 2002년 同편집국장 대리 겸 정치·국제담당 부국장 2003년 同논설위원실장 2006년 同통일문화연구소장 2006년 중앙엔터테인먼트&스포츠(주) 총괄 대표이사 2006년 일간스포츠 제작담당 부사장 2008년 (주)아이에스플러스코프(前일간스포츠) 대표이사 부사장 2008년 중앙일보 논설주간(이사), 한국기자협회 부회장, 관훈클럽 운영위원, 한국신문윤리위원회 위원 2010년 중앙일보 제작총괄 겸 논설주간(상무) 2010~2011년 한국방송광고공사 청렴옴부즈맨(시민감사관) 2010~2012년 중앙일보 정치분야 대기자 2012년 JTBC 대기자 겸임 2012~2014년 제주국제자유도시개발센터(JDC) 비상임이사 2013년 한라대 미디어컨텐츠학과 초빙교수(현) 2014년 한스타미디어 회장(현) 2015년 포털뉴스제휴평가위원회 위원장(현) [상]특종상(1979·1982), 노력상(1980·1981), 중앙인상(2003), 자랑스런 고대언론인상(2007), 장한 덕수인상(2008), 중앙대 중앙언론인상(2010)

허대만(許大萬) Heo Dai Man

[생]1969·4·20 [출]경북 포항 [주]대구 북구 대학로5 보홍빌딩2층 더불어민주당 경북도당(053-955-6633) [학]1987년 경북 대동고졸 1993년 서울대 정치학과졸 2002년 경북대 대학원 행정학과졸 [경]1995년 민주평통 자문위원 1996년 경북 포항시의회 의원 1996년 (사)포항지방의정연구소 이사 겸 기획실장 2001년 지음기획·지음컴퓨터 대표 2002년 노무현 대통령후보 경북도선거대책본부 정책기획실장 2003년 대통령직인수위원회 자문위원 2003년 열린우리당 포항南·울릉군지구당 운영위원장 2004년 同경북도당 공보실장 겸 정책실장, 행정자치부 장관 정책특보, 대통합민주신당 포항南·울릉군지역위원회 위원장, 지음리서치 대표 2008년 제18대 국회의원선거 출마(포항 南·울릉, 통합민주당) 2008년 민주당 포항南·울릉군지역위원회 위원장, 서경산업 상무 2009년 포스칼슘 상무이사 2010년 경북 포항시장선거 출마(민주당) 2011년 민주통합당 포항南·울릉군지역위원회 위원장 2012년 제19대 국회의원선거 출마(포항 南·울릉군, 민주통합당) 2012년 (주)SG 대표이사(현) 2013년 민주당 포항南·울릉군지역위원회 위원장 2013년 제19대 국회의원 재선거 출마(포항 南·울릉군, 민주당) 2013년 민주당 정책위원회 부의장 2014~2015년 새정치민주연합 포항南·울릉군지역위원회 위원장 2015년 同경북도당 예산결산위원회 위원장 2015년 더불어민주당 포항시남구·울릉군지역위원회 위원장(현)

ㅎ

허대석(許大錫) HEO Dae Seog

생1955·10·14 출부산 주서울 종로구 대학로101 서울대 암병원 종양내과센터(02-2072-2114) 학1980년 서울대 의대졸 1983년 同대학원졸 1986년 의학박사(서울대) 경 1980~1984년 서울대병원 수련의·내과 전공의 1986~1989년 미국 Pittsburgh대 Cancer Institute 특별연구원 1989년 서울대병원 내과 진료의사 1989년 同암연구소 특별연구원 1990년 서울대 의대 내과학교실 임상교수 1993년 미국 Univ. of Michigan Medical Center 교환교수 1994~2003년 서울대 의대 내과학교실 조교수·부교수 1996년 서울대병원 임상의학연구소 연구실험부장 1998~2010년 同호스피스실장 2003년 서울대 의대 내과학교실 교수(현) 2004~2008년 서울대병원 암센터 소장 2004~2006년 同의료정책연구실장 2006~2008년 同첨단세포유전자치료센터장 2008~2010년 同혈액종양분과장 2009~2012년 한국보건의료연구원 초대원장 2012~2013년 한국임상암학회 회장 2013년 한국호스피스완화의료학회 회장 상한국BRM학회 학술상(1995), 함춘내과봉사상(2001), 보령암학술상(2007) 저'임종을 맞이하는 마지막 일주일'

허대영(許大寧) HER Dai Young (佳泉)

생1949·7·18 본김해(金海) 출강원 홍천 주강원 춘천시 동면 춘천로527의40 춘천YMCA(033-255-1001) 학1968년 서울 선린상고졸 1970년 춘천교대졸 1975년 원주대 경영학과졸 1982년 고려대 대학원 교육학과졸 2005년 교육학박사(강원대) 경통일부 통일교육위원강원도협의회 회장 2000년 21세기교육문화포럼 운영위원(현) 2002년 통일부 통일교육위원(현), 강원도 통일교육연구회 회장, 강원일반사회교육연구회 회장 2006년 춘천국제연극제 운영위원(현) 2006년 강원아동문학회 수석부회장·지도위원, 강원문학교육연구회 회장, 양구종합고·춘성여고·홍천여고·동화중·춘천중 교사, 강원도교육연구원 교육연구사, 강원도교육청 중등교육과 장학사, 남춘천여중 교감, 홍천 두촌중 교장, 홍천교육청 교육과장, 강원도교육과학연구원 교육과정부장, 강원도교육청 중등교육과장, 영월교육청 교육장 2009년 춘천교육청 교육장 2010~2011년 홍천농고 교장 2011~2014년 한국문인협회 강원도지회장 2011년 춘천YMCA 이사, 춘천지법 조정위원, 강원대총동창회 부회장, 춘천교육대총동창회 수석부회장 2013년 춘천MBC 시청자위원장 2014년 강원도문화예술단체총연합회 회장 2014년 강원국제미술전람회 민속예술축전조직위원회 이사장 2014년 한서남궁억연구회 회장 2015년 춘천YMCA 부이사장(현) 2016년 강원교육발전연구회 회장(현) 상교육부장관표창(1972·1994·1997), 국무총리표창(2007), 강원도 문화상(2009), 강원아동문학상(2010), 황조근정훈장(2011), 한국사도대상(2011), 강원펜문학상(2012), 동곡상 교육연구부문(2015) 저'노래하는 새들'(1978, 아동문예사) '연구학교 운영의 실제'(1994) '현장교육연구, 어떻게 계획하고 보고할 것인가'(1995) '창의성교육, 선생님께 달렸습니다'(共)(1995) '중학교 영어와 수학 수준별 이동수업 운영방안'(共)(1996) '하나되는 통일교육'(共)(2004) '오천석과 미군정기 교육정책'(2009) 시조집 '영월찬가'(2009) 시집 '다시 불어오는 바람'(2011) 동시집 '봄이면 매봉채는 진달래 바다'(2011) 성지순례기 '나를 사랑하시는 그분을 찾아서'(2016, 예맥) '바울의 발자취를 따라 가는 길'(2016, 예맥) 종기독교

허도성(許道成) HUH Do Sung

생1961·10·25 주경남 김해시 인제로197 인제대학교 문리과대학 의생명화학과(055-320-3225) 학1980년 마산고졸 1984년 서울대 화학교육과졸 1986년 한국과학기술원(KAIST) 석사 1989년 이학박사(한국과학기술원) 경1989년 인제대 시간강사 1990년 同화학과 전임강사·조교수·부교수 1996~1997년 미국 웨스트버지니아대 Post-Doc. 1996년 同연구원 2000년 미국 서던미시시피대 Visiting Researcher 2000년 미국 웨스트버지니아대 Visiting Researcher 2003년 대한화학회 경남지부 간사장 2003년 일본 도쿄대 Researching Professor 2005년 인제대 의생명화학과 교수(현) 2007년 대한화학회 간사장 2007년 인제대 자연과학대학 부학장, 同화학과 학과장 2011·2013년 同자연과학대학장 2014년 同교무처장 2015년 同교수학습개발원장(현) 2016년 同학부교육혁신처장(현) 상교육부장관표창(2005) 종기독교

허동섭(許東燮) HUH Dong Sup

생1948·2·19 본하양(河陽) 출경기 개성 주서울 강남구 강남대로330 우덕빌딩 한일시멘트(주) 임원실(02-531-7000) 학1967년 경복고졸 1974년 경희대 경영학과졸 경1981~1982년 P.T 한일자야 Metal Works(인도네시아현지법인) 전무이사 1982~1988년 한일건설(주) 대표이사 부사장 1988~1992년 同대표이사 사장 1988~1992년 한덕개발(주) 서울랜드 대표이사 사장 겸임 1992~2003년 한일건설(주) 대표이사 회장 1992~1995년 한덕개발(주) 서울랜드 대표이사 회장 1995~1998년 한일시멘트(주) 대표이사 사장 1995년 전국경제인연합회

이사·명예회장 1999년 한일시멘트(주) 대표이사 부회장 2003년 同대표이사 회장, 同명예회장(현) 2011~2013년 한일건설(주) 대표이사 회장 2014년 한진그룹 사외이사(현) 상산업포장(1996), 경실련 경제정의기업상(1997), 재정경제부장관표창(1998·2004), 대통령표창(1999·2005), 노동부장관표창(2001), 한국회계학회 투명회계대상(2002), 금탑산업훈장(2003), 한국에서 가장 존경받는 기업상 시멘트산업부문(2004~2010년 7년 연속)

허동수(許東秀) HUR Dong Soo

생1943·7·13 본김해(金海) 출경남 진주 주서울 강남구 논현로508 GS타워34층 (주)GS칼텍스 회장실(02-2005-6000) 학1960년 보성고졸 1966년 연세대 화학공학과졸 1968년 미국 위스콘신대 대학원졸(화학공학석사) 1971년 화학공학박사(미국 위스콘신대) 경1971년 미국 쉐브론연구소 연구원 1973년 GS칼텍스(주) 사장보좌역 1978년 同부공장장(상무) 1981년 同기획·기술·건설담당 상무 1984년 同종합기획·원유·수급담당 부사장 1987년 同기획·생산담당 부사장 1991년 同수석부사장(사장대우) 1994년 同대표이사 사장 1994~1995년 대한석유협회 회장 1998년 GS칼텍스(주) 대표이사 부회장 2001~2013년 한국기원 이사장 2002~2016년 지속가능발전기업협의회(KBCSD) 회장 2003~2012년 GS칼텍스(주) 대표이사 회장 2005년 소비자피해자율관리위원회 위원장 2005년 한·중·일비즈니스포럼 한국위원장(현) 2006년 (재)GS칼텍스재단 이사장(현) 2009~2012년 녹색성장산업협의체 대표 2010~2013년 글로벌녹색성장연구소(GGGI) 감사 2010년 중국 산동성정부 경제자문고문(현) 2011~2014년 한국과학기술원(KAIST) 이사 2012년 한·UAE 경협위원장(현) 2012년 (주)GS칼텍스 회장(현) 2013~2016년 同이사회 의장 2013~2016년 (주)GS에너지 이사회 의장 2013~2015년 미국 위스콘신대 재단 이사 2013년 연세대재단 이사(현) 2013~2014년 대한바둑협회 회장 2013년 한국전쟁기념재단 정전60주년기념사업추진위원회 위원(현) 2014~2015년 사우디 킹압둘아지즈대 국제자문위원회 위원 2014·2017년 사회복지공동모금회 사랑의열매 회장(제8·9대)(현) 2014년 한국기원 명예총재(현) 상산업포장(1985), 동탑산업훈장(1995), 금탑산업훈장(2000), 에너지산업대상(2003), 국민훈장 무궁화장(2005), 인촌상(2007), 금관문화훈장(2012), 무역의날 250억불 수출탑(2012), 자랑스런 위스콘신 동문상(2013)

허동준(許同準) HEO Dong-Jun

생1968·9·16 본양천(陽川) 출전남 신안 주서울 동작구 사당로229 더불어민주당 서울동작구乙지역위원회(02-3471-9128) 학1987년 목포 문태고졸 1993년 중앙대 법학과졸 2002년 同대학원 행정학 박사과정 수료 경1987~1989년 중앙대 중대신문 기자·취재부장 1990년 同법대 학생회장·1차 구속 1990~1991년 同총학생회장·전국대학생대표자협의회 대변인·2차 구속 1994년 통일시대민주주의국민회의 부대변인 1997년 수평적정권교체를위한청년모임 대표 1998년 사면·복권 2001~2002년 김근태 대통령후보 경선대책위원회 수행팀장 2002~2003년 개혁국민정당 신당추진위원회 대변인 2005~2007년 열린우리당 부대변인 2005~2006년 同청년위원회 수석부위원장(중앙위원) 2007년 대통합민주신당 이해찬 대통령경선후보 부대변인 2007년 同유시민 대통령경선후보 정무특보 2007년 同제17대 대통령중앙선거대책위원회 공보특보(BBK대책위원회 언론대책T/F) 2007~2011년 민주당 부대변인 2009~2011년 同서울동작구乙지역위원회 위원장 2010년 문충실 동작구청장직인수위원회 위원장 2010~2011년 민주당 정책위원회 부의장 2011년 박원순 서울시장 후보 동작구공동선대위원장 2011년 민주통합당 서울동작구乙지역위원회 위원장 2012년 同상근부대변인 2014~2015년 새정치민주연합 서울동작구乙지역위원회 위원장 2015년 노무현재단 기획위원(현) 2015년 더불어민주당 서울동작구乙지역위원회 위원장(현) 2016년 제20대 국회의원선거 출마(서울 동작구乙, 더불어민주당) 상자랑스런 대한민국 시민대상(2014)

허동현(許東賢) HUH Dong Hyun

생1960·1·31 본하양(河陽) 출서울 주경기 용인시 기흥구 덕영대로1732 경희대학교 후마니타스칼리지(031-201-2359) 학1983년 고려대 사학과졸 1986년 同대학원 사학과졸 1994년 사학박사(고려대) 경1989년 고려대·건양대 전임강사 1995년 경희대 연구조교수 1996~1997년 일본 와세다대 방문교수 1998~2002년 경희대 객원교수·조교수 2001·2002~2003년 행정자치부 국가고시위원 2002~2004년 교육인적자원부 검정위원 2002년 경희대 교양학부 부교수 2004년 국사편찬위원회 편집위원 2004년 중앙인사위원회 국가고시시험위원 2005~2010년 경기도강제동원피해진상규명위원회 위원 2005년 경기도지방공무원 임용시험위원 2007~2011년 경희대 교양학부 교수 2007~2008년 同교양학부장 2008~2010년 同학부대학장 2010년 진실화해를위한과거사정리위원회 비상임위원 2011년 경희대 후마니타스칼리지 교수(현) 2012~2015년 국사편찬위원회 위원 2013년 한국연구재단 인문학대중화운영위원회 위원

[저]'일본이 진실로 강하더냐'(1999) '장면 : 건국, 외교, 민주의 선구자'(1999) '근대한일관계사 연구'(2000) '우리역사최전선(共)'(2003) '나를 깨워라 : 한국사의 경계에 선 사람들(共)'(2004) '열린 생각 열린 책읽기(共)'(2004) '열강의 소용돌이에서 살아남기(共)'(2005) [역]'유길준 논소선'(1987) [종]가톨릭

허동훈(許東勳) Hur Dong Hoon

[생]1963 [출]전남 광양 [주]서울 영등포구 국회대로76가길 14 한국지방세연구원(02-2071-2760) [학]1987년 서울대 경제학과졸, 미국 오클라호마주립대(Oklahoma State. U) 대학원 지역경제학과졸 1999년 지역경제학박사(미국 오클라호마주립대) [경]2004년 인천발전연구원 연구기획실장 2006년 同인천지역혁신협의회 사무국장, 同지역경제연구실장 2009년 同경제자유구역지원팀장 2010년 同산업경제연구실 연구위원 2011년 同경책연구실장 2012년 同경제자유구역센터장, 同선임연구위원, 에콰도르 Yachay 지식기반도시개발컨설팅전문가 자문단 위원, 인천시 민간투자심의위원회 위원, 한국지역경제학회 이사(현) 2013~2014년 대통령직속 지역발전위원회 인천지역 대표위원 2014년 한국지방세연구원 원장(현) [저]'인천국제공항고속도로 운영체계 개선방안 : 지역간 통행기능 도입을 중심으로'(2001, 인천발전연구원) '문학산터널의 효율적 운영관리방안(共)'(2005, 인천발전연구원) '국토균형발전과 수도권 정책 개선방안'(2006, 인천발전연구원) '인천도시재생사업 추진 여건에 관한 연구'(2008, 인천발전연구원) '송도 혁신클러스터 투자유치 정책 개선방안'(2009, 인천발전연구원) '경제자유구역 국내기업 역차별 문제 개선방안'(2010, 인천발전연구원)

허 령(許 鈴) Heo, Ryung

[생]1948 · 3 · 10 [주]울산 남구 중앙로182 울산광역시의회(052-229-5028) [학]1968년 언양농고졸, 신라대 대학원 석사과정 재학 중 [경]울산시 삼남면사무소 근무, 국민건강보험공단 부산지역본부장, 同광주지역본부장 2008~2010년 울산시의회 의원(재보궐선거 당선, 한나라당), 민주평통 자문위원(현), 울산시의회 운영위원회 부위원장, 울산대곡박물관 운영위원회 위원(현), 울산시 규제개혁위원장(현) 2010년 울산시의회 의원(한나라당 · 새누리당) 2010~2012년 同행정자치위원장 2012년 새누리당 지방자치안전위원회 부위원장 2014년 울산시의회 의원(새누리당)(현) 2014~2016년 同제1부의장 2014년 同교육위원회 위원 2016년 同행정자치위원회 위원(현) 2016년 同예산결산특별위원회 위원(현)

허 만(許 檣) HOU Man

[생]1958 · 1 · 2 [본]양천(陽川) [출]서울 [주]서울 중구 소공로94 OCI(주) 임원실(02-727-9500) [학]1976년 서울고졸 1980년 서울대 법학과졸 1982년 同법과대학원졸 1990년 미국 하버드 법과대학원졸 [경]1980년 사법시험 합격(22회) 1982년 사법연수원 수료(12기) 1982년 육군 법무관 1985년 서울지법 동부지원 판사 1987년 서울민사지법 판사 1990년 마산지법 판사 1992년 헌법재판소 연구관 1993년 서울고법 판사 1994년 법원행정처 공보관 1997년 청주지법 충주지원장 1999년 사법연수원 교수 2001년 서울지법 부장판사 2002년 수원지법 안산지원장 2004년 부산고법 부장판사 2005년 서울고법 부장판사 2008년 서울중앙지법 형사수석부장판사 2009~2010년 서울고법 부장판사 2010년 법무법인 세종 변호사 2013년 OCI(주) 경영지원 사장(현) [종]기독교

허만영(許萬英) HUR Man Yeong

[생]1960 · 2 · 22 [출]경남 진주 [주]대전 서구 청사로189 정부대전청사관리소 소장실(042-481-6100) [학]경북대졸, 부산대 행정대학원졸 [경]울산시 기업지원과장 2003년 同환경정책과장 2004년 同경제정책과장 2006년 同총무과장 2008년 同환경국장 2009년 同중구 부구청장 2010년 同의회 사무처장 2011년 울주군 부군수 2012년 울산시 행정지원국장 2013년 同안전행정국장 2014~2015년 同경제통상실장(이사관) 2015년 행정자치부 주민생활환경과장 2016년 同정부대전청사관리소장(고위공무원)(현)

허만형(許萬亨) HUR Mann Hyung

[생]1957 · 11 · 14 [주]서울 동작구 흑석로84 중앙대학교 공공인재학부(02-820-5878) [학]1980년 건국대 정법대학 행정학과졸 1985년 미국 Univ. of Colorado Denver 대학원 행정학과졸 1990년 행정학박사(미국 Univ. of Colorado Denver) [경]1983~1986년 한국일보 Colorado Denver지사 근무 1986년 미국 Colorado Aurora시 Cultural Services Coordinator 1988년 미국 MS&B 경영자문회사 Research Analyst 1988~1990년 미국 TLSI경영자문회사 Director 1992~2005년 건국대 사회복지학과 교수 1998년 서울시 시정개혁위원회 실무위원 1999년 경찰청 치안연구소 연구위원 2000년 조달청 비축발전자문위원 2001~2005년 경찰청 자체규제심사위원 2001~2004년 행정자치부 지방자치정보화추진분과 위원 2002~2004년 한국지역정보화학회 회장 2003~2004년 국가보훈처 보상체계개편자문위원 2004년 한국행정학회 정책연구회장 2005년 同총무위원장 2005년 국무조정실 심사평가2심의관 2006년 同특정평가심의관 2007년 건국대 사회복지학과 교수, 중앙대 정경대학 행정학과 교수 2010년 同공공인재학부 교수(현) 2012~2014년 한국철도시설공단 비상임이사 2013년 중앙대 국가정책연구소장 2015~2016년 同행정대학원장 2015년 한국직업능력개발원 비상임감사(현) 2016년 한국정책학회 회장(현) [저]'SPSS 프로그램' '백치천재 컴퓨터' '정책학' 'SPSS와 통계분석' '21세기세계화경영' '한국의 정치학 : 현황과 전망'(共) '복지가 경제를 살린다' '통계분석론' '정부조직진단'(共) '새천년 사회과학의 신패러다임'(共) '싱크탱크와 국가경쟁력'(共) '계량분석론'(共) '사회복지행정론' 창작소설 '사이버 베아트리체'(1999) '기호의 비밀'(2000) 'T벨리이야기' '유니파이'(2004)

허 명(許 銘) HUR Myong (柏野)

[생]1949 · 10 · 19 [본]양천(陽川) [출]대구 [주]대구 수성구 동대구로355 범어빌딩5층 명우합동법률사무소(053-752-6633) [학]1968년 서울고졸 1972년 서울대 법대졸 [경]1980년 사법시험 합격(22회) 1982년 사법연수원 수료(12기) 1982년 대구지법 판사 1985년 同경주지원 판사 1989년 대구지법 판사 1993년 대구고법 판사 1996년 대구지법 판사 1998년 同부장판사 2002년 同포항지원장 2004년 대구지법 부장판사 2005년 명우합동법률사무소 대표변호사(현) [종]기독교

허명구(許明九) Heo Myeong Koo

[생]1961 [주]경기 파주시 문산읍 휴암로570 LG이노텍 LED사업부(031-937-0114) [학]영남고졸, 영남대 기계공학과졸, 핀란드 헬싱키대 대학원 MBA [경]1984년 LG상사 입사 2004년 LG전자 DRM신사업추진실장 2005년 同RMC사업부장 2006년 同RMC사업부장(상무), 同MC사업본부 단말생산팀장(상무) 2013년 LG이노텍 LED사업부장(상무) 2015년 同LED사업부장(전무)(현)

허명산(許明山)

[생]1968 · 11 · 18 [출]전북 완주 [주]전북 전주시 덕진구 사평로25 전주지방법원(063-259-5400) [학]1987년 전주 해성고졸 1995년 고려대 법학과졸 [경]1998년 사법시험 합격(40회) 2001년 사법연수원 수료(30기) 2001년 창원지법 예비판사 2003년 同판사 2005년 수원지법 평택지원 판사 2008년 서울서부지법 판사 2012년 서울중앙지법 판사 2014년 서울북부지법 판사 2016년 전주지법 부장판사(현)

허명수(許明秀) Huh Myung Soo

[생]1955 · 10 · 1 [출]부산 [주]서울시 종로구 종로 33 GS건설 부회장실(02-2154-1112) [학]1974년 경복고졸 1981년 고려대 전기공학과졸 [경]1981년 LG전자 입사 1998년 同영국 뉴캐슬법인장 1999년 同상무이사 2000년 同이탈리아 밀라노법인장 2002년 LG건설 재경본부장(부사장) 2005년 GS건설(주) 재경본부장(부사장) 2007년 同대표이사 사장(사업지원총괄본부장 겸 CFO) 2008년 同대표이사 사장(사업총괄) 2009~2013년 同대표이사 CEO 사장 2012년 국민생활체육회 부회장 2013년 한국건설경영협회 회장(현) 2014년 GS건설(주) 부회장(현) 2014년 한-이집트경제협력 위원장(현) 2015년 지속가능발전기업협의회 부회장(현) 2016년 한국공학한림원 정회원(건설환경공학분과 · 현) [상]금탑산업훈장(2007), 글로벌 고객만족경영부문 대상(2009), 대한민국 가장신뢰받는기업(2009), 포브스 사회공헌및복지부문 대상(2010), 포춘코리아2011 한국경제를움직이는인물(2010), 포브스 상생경영부문 최고경영자 대상(2011), 대한민국 건설업 윤리경영대상(2011), GlobalStandard 녹색경영대상(2011), 대한민국 CEO그랑프리 건설산업부문(2011), 선설부문 World Class Brand 수상(2012), 대한민국 상생기업대상 수상(2012), 동반성장을위한 사회적책임기업 WinCSR수상(2013)

허명욱(許明旭)

[생]1962 · 2 · 20 [출]서울 [주]경기 고양시 일산동구 장백로 209 의정부지방법원 고양지원(031-920-6114) [학]1980년 용산고졸 1994년 연세대 행정학과졸 [경]1996년 사법시험 합격(38회) 1999년 사법연수원 수료(28기) 1999년 대구지법 예비판사 2001년 同판사 2002년 同안동지원 판사 2003년 의정부지법 고양지원 판사 2007년 서울서부지법 판사 2010년 서울중앙지법 판사 2011년 서울고법 판사 2013년 서울서부지법 판사 2014년 제주지법 부장판사 2014년 제주도선거방송토론위원회 위원장 2016년 의정부지법 고양지원 부장판사(현)

ㅎ

허명환(許明煥) HUH Myung Hwan

[생]1960 · 8 · 15 [본]김해(金海) [출]경북 포항 [주]경기 수원시 장안구 정조로944 새누리당 경기도당(031-248-1011) [학]1977년 경북고졸 1982년 성균관대 행정학과졸, 서울대 행정대학원졸, 미국 시라큐스대 맥스웰대학원 행정학과졸 1999년 정책학박사(미국 시라큐스대) [경]1983년 행정고시 합격(26회), 경북도 사무관, 행정자치부 교부세과 서기관 2000년 의문사진상규명위원회 행정지원단 서기관 2002년 행정자치부 자치정보담당관 2003년 대통령 사회정책비서관실 근무 2005년 국무총리실 제주특별자치도추진기획단 자치분권국장 2006년 뉴라이트전국연합 포항연합 대표 2007년 한나라당 중앙당 제1정책조정위원회 부위원장 2008년 제18대 국회의원선거 출마(경북 포항北, 무소속) 2013년 한국지방세연구원 객원연구위원 2015년 새누리당 여의도연구원 지방자치정책자문위원 2016년 同경기용인시乙당원협의회 운영위원장(현) 2016년 제20대 국회의원선거 출마(경기 용인시乙, 새누리당) [상]녹조근정훈장(2001) [저]'관료가 바뀌어야 나라가 바로선다'(1999)

허명회(許明會) Hur Myeong Hoi (淸潭)

[생]1931·8·5 [본]양천(陽川) [출]경기 광주 [주]서울 광진구 자양로131 K&S빌딩11층 KD운송그룹 회장실(02-455-2115) [학]1961년 경희대 중퇴 1986년 同경영대학원 수료 1986년 고려대 경영대학원 최고경영자과정 수료·同국제대학원 고위과정 수료·同언론대학원 최고위언론과정 수료 2007년 명예 경영학박사(세명대) 2010년 경희대 정경대학 정치외교학과 명예졸업 [경]1961~1971년 경기여객운수(주) 근무 1971년 대원여객(주) 창립 1978년 (주)경기고속 대표이사 사장(현) 1979년 (주)대원관광 대표이사 사장 1979~2008년 대원여객(주) 대표이사 사장 1984년 (주)대원고속 대표이사 사장(현) 1985~1993년 서울시립대 총동창회 부회장 1986년 在京광주군민회 회장 1989년 서울시버스운송사업조합 자문위원 1992년 고려대 경제인회 부회장 1992년 同국제대학원 총교우회장 1996년 同노동대학원 총교우회 고문 1996년 (주)대원교통 대표이사 사장(현) 1999년 (주)대원운수 대표이사 회장, KD운송그룹 회장(현) 2003년 (주)대원버스 대표이사 회장(현) 2006년 (주)평안운수 회장(현) 2007년 (주)경기여객 회장(현) 2008년 대원여객(주) 회장(현) 2008년 (주)명진여객 회장(현) 2008년 (주)진명여객 회장(현) 2009년 민주평통 용인시협회 자문위원 2010년 경기버스 회장(현) 2010년 경기운수 회장(현) 2010년 경기상운 회장(현) 2015년 화성여객 회장(현) [상]국민포장(1981), 대통령표창(1982), 교통부장관표창(1983·1985), 노동부장관표창(1984), 동력자원부장관표창(1985), 새마을훈장 근면장(1986), 국세청장표창(2001·2005), 철탑산업훈장(2001), 건설교통부장관표창(2001), 환경부장관표창(2002), 기업경영대상(2005), 노사문화우수기업 선정(2005), 금탑산업훈장(2005), 노사문화대상 대통령상(2006), 대통령표창(2009), 노동부 노사한누리상(2010), 국무총리표창(2011), 인간존중 생산성우수기업 선정(2011), 2011환경정보공개 우수기업(2013)

허묘연(女) Huh Myoyeon

[생]1966·10·23 [주]서울 강북구 솔매로49길60 서울사이버대학교(02-944-5022) [학]1985년 진선여고졸 1989년 이화여대 교육심리학과졸 1991년 同대학원 교육심리학과졸 2000년 문학박사(이화여대) [경]1990~1991년 서울대병원 소아정신과 임상심리 인턴 1991~1992년 이화여대부설 아동발달장애센터 전임연구원 1995~2000년 강북삼성병원 정신과 임상심리전문가 및 수련감독자 2001~2002년 미국 Emory Univ. 심리학과 객원연구원 2002~2004년 메종프로그레스 발달상담심리센터 수석연구원 2003~2004년 성균관대 BK21아동교육연구단 박사 후 연구원 2005년 서울사이버대 상담심리학과 전임강사·조교수·부교수·교수(현) 2005년 同상담심리학과장 2006년 同학생지원처 부처장 2006~2012년 同학생처장 2010~2012년 同심리상담센터장 2010~2012년 同대학원장 2012~2015년 同부총장 2015년 同총장(현) [상]올해의 여성대상(2016), 스티비어워즈 비영리기구 혁신경영상 은상(2016) [저]'발달장애심리학(編)'(2003, 학사지) '청소년이해론(編)'(2007, 서울사이버대 출판부)

허문영(許文寧) HUH, Moon-Young

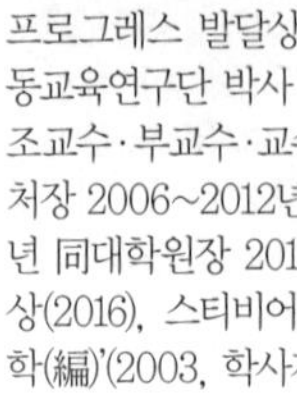

[생]1956·5·1 [본]김해(金海) [출]강원 춘천 [주]서울 서초구 반포대로217 통일연구원(02-2023-8000) [학]1979년 성균관대 정치외교학과졸 1981년 同대학원 정치외교학과졸 1991년 정치외교학박사(성균관대) [경]1991~1996년 민족통일연구원 책임연구원 1993년 남북나눔운동 연구위원 1994년 민족통일에스라운동협의회 이사 1996년 대전대 정치외교학과 겸임교수 1997년 통일연구원 연구위원·선임연구위원 1998년 한민족복지재단 정책이사 1998~2000년 통일연구원 통일정책연구실장 1999~2005년 민주평통 정책개발위원 1999년 KBS 객원해설위원 1999년 민주평통 자문위원 2000~2001년 통일연구원 기획조정실장 2000년 同원장 직대 2002년 한국기독교총연합회 통일선교대학장 2003년 통일부 통일교육심의위원 2003~2004년 국가안전보장회의 자문위원 2005년 통일연구원 북한연구실장 2007년 同평화기획연구실장 2010년 同기획조정실장 2012년 同북한연구센터 소장 2013년 同북한연구센터 선임연구위원 2014년 同평가관리위원회 위원장 2014년 同통일정책연구센터 선임연구위원 2015년 同통일정책연구실 선임연구위원 2015년 경찰청 새경찰추진자문위원회 미래분과위원장 2016년 통일연구원 석좌연구위원(현) [저]'북한체제의 실상과 변화전망(共)'(1991) '남북한 국력추세 비교연구(共)'(1992) '남북한 정치의 구조와 전망(共)'(1993) '탈냉전기 북한의 대중·러관계'(1993) '북한지도부의 정세인식 변화와 정책전망'(1994) '한국외교사II(共)'(1994) '민족통일과 한국기독교(共)'(1994) '민족통일을 준비하는 그리스도인(共)'(1994) 'Prospects for Change in North Korea(共)'(1994, Berkeley IEAS) '북한외교정책(共)'(1995) '북한의 대미국정책 변화 연구'(1995) '21세기 기독인의 사명과 비전(共)'(1995) '북한의 대외정책 변화와 남북경협 활성화방안'(1996) '김정일 시대의 북한(共)'(1997) '평화통일과 북한복음화(共)'(1997) '북한외교정책 결정구조와 과정 : 김일성시대와 김정일시대의 비교'(1998) '국가경쟁력 제고를 위한 국정개혁 방향(共)'(1998) '북한이해의 길잡이(共)'(1999) '21세기 민족 화해와 번영의 길(共)'(2000) '통일과 그리스도인들의 과제(共)'(2000) '한반도 평화전략(共)'(2001) '북한외교의 특징과 변화 가능성'(2001) '북한의 핵개발계획인정과 우리의 정책방향'(2002) '정상회담이후 남북한 평화공존의 제도화 추진방안(共)'(2002) '남북한 실질적 통합과정에서 주한미군의 위상과 역할 연구(共)'(2002) '북핵문제의 해법과 전망(共)'(2003) '통합적인 통일과 그리스도인들의 과제(Ⅱ)(共)'(2003)

허문욱(許文旭) heu moon wook

[생]1968·12·26 [본]양천(陽川) [출]서울 [주]서울 영등포구 국제금융로2길28 KB금융타워6층 KB투자증권 리서치센터(02-3777-8096) [학]1987년 대원고졸 1991년 연세대 국어국문학과졸 [경]1993~2000년 교보증권 리서치센터 근무·대리 2000~2003년 현대증권 리서치센터 차장 2003~2009년 삼성증권 리서치센터 부장 2009~2013년 KB투자증권 리서치센터 이사 2013년 同리서치센터장(상무)(현) [상]매일경제·조선일보 선정 '베스트 애널리스트' 1위(2006), 매일경제·한국경제·조선일보 선정 '베스트 애널리스트' 1위(2007)

허 민(許 珉) HEO Min

[생]1957 · 8 · 10 [주]서울 노원구 광운로20 광운대학교 자연과학대학 수학과(02-940-5226) [학]1980년 서울대 수학교육학과졸 1985년 同대학원졸 1991년 이학박사(미국 코네티컷대) [경]1980~1984년 서울 영남중 교사 1984~1986년 서울대 사범대학 수학교육과 조교 1986~1991년 미국 코네티컷대 수학과 강의조교 1991~2000년 광운대 이과대학 수학과 조교수 · 부교수 2000~2011년 同이과대학 수학과 교수 2011년 同자연과학대학 수학과 교수(현) 2011~2012년 同입학처장 2015년 同자연과학대학장(현)

허 민(許 民) HUH Min

[생]1961 · 1 · 25 [본]양천(陽川) [출]전남 순천 [주]광주 북구 용봉로77 전남대학교 지구환경과학부(062-530-0577) [학]1983년 전남대 지질학과졸 1986년 서울대 대학원 지질학과졸 1991년 지질학박사(고려대) [경]1992년 중국지질과학연구소 방문교수 1993~1999년 전남대 조교수 · 부교수 1993~1999년 미국 고생물학회 정회원 1993년 일본 시즈오카대 방문교수 1994년 한국고생물학회 평의원 1994년 미국 Wales대 객원교수 1997년 전남대 지구환경과학부장 1998년 캐나다 티렐고생물박물관 연구교수 1998~1999년 전남도 문화재전문위원 1999년 진남대 지구환경과학부 교수(현) 1999년 同한국공룡연구센터 소장(현) 2000년 공룡박물관건립을위한국제심포지움조직위원회 위원장 2001년 문화재위원회 감정위원 2002년 자연사박물관연구협회 상임위원 2002년 국제박물관협의회(ICOM) 한국위원회 위원(현) 2002년 세계자연유산보존협회(IUCN) 한국위원회 위원(현) 2002~2003년 전남대 문화예술특성화사업단 대외협력부장 2003년 영국 케임브리지국제전기(傳記)센터 '21세기 위대한 과학자 2000인'에 선정 2004~2009년 문화재청 문화재전문위원 2004년 同전문위원(현) 2004년 영국 국제인명센터(IBC) '2005년 100대 과학자'에 선정 2007년 남해안공룡화석지 유네스코세계유산등재추진단 부위원장 겸 추진단장(현) 2007년 EBS 한반도공룡 총괄자문 2010~2012년 전남대 자연과학대학장 2010년 전국자연과학대학장협의회 부회장 2012년 한국고생물학회 회장(현) 2012년 영화 '점박이 한반도의 공룡3D' 총괄자문 2014년 대한지질학회 부회장 2014년 환경부 국가지질공원 전문위원(현) 2014년 제주도 유네스코등록유산관리위원회 부위원장 겸 지질공원분과위원장(현) 2016년 대한지질학회 회장(현) [저]'잃어버린 30억년을 찾아서(共)'(2003) [역]'어린이를 위한 공룡대탐험'(2002) '공룡백과사전'(2003)

허민호 Heo, Min Ho

[생]1964 · 5 · 26 [주]서울 중구 소월로2길12 CJ올리브영 임원실(02-726-8880) [학]충암고졸, 서울대 농업공학과졸 [경]1989년 신세계백화점 영업담당 1993년 신세계인터내셔널 마케팅담당 2001년 동화면세점 영업구매담당 2008년 CJ올리브네트웍스 올리브영부문 대표이사 상무 2013년 同올리브영부문 대표이사 부사장대우 2016년 同올리브영부문 대표이사 부사장(현)

허민회(許敏會) HEO Min Heoi (재훈)

[생]1962 · 3 · 15 [본]양천(陽川) [출]부산 [주]서울 서초구 과천대로870의13 CJ오쇼핑(02-2107-0114) [학]마산고졸, 부산대 회계학과졸 2009년 연세대 경영대학원졸(MBA) [경]1986년 삼성그룹 입사, 제일제당 과장, CJ투자증권 자금팀장 1997년 同경영 · 리스크관리팀장, 同경영지원본부 이사 2002~2008년 同경영지원본부장(상무) 2008년 CJ헬로비전 경영지원실장(상무) 2010년 同경영지원실장(부사장대우) 2010년 CJ(주) 사업총괄 부사장 2011년 CJ푸드빌 대표이사 2013년 CJ그룹 경영총괄 부사장 2014~2015년 CJ올리브네트웍스 총괄대표 겸 미래경영연구원장 2015년 CJ(주) 창조경제추진단장 2016년 CJ제일제당(주) 경영지원 총괄부사장 2016년 CJ오쇼핑 대표이사(현) [종]불교

허범도(許範道) HEO Beom Do (書偕)

[생]1950 · 2 · 18 [본]김해(金海) [출]경남 고성 [주]서울 서초구 남부순환로319길13 한국산업개발연구원(02-2023-9778) [학]1968년 경남고졸 1973년 부산대 경영학과졸 1976년 서울대 행정대학원졸 2004년 경영학박사(숭실대) [경]1975년 행정고시 합격(17회) 1976년 해운항만청 사무관 1979년 상공부 사무관 1985년 국무총리 제1행정조정실 국무회의담당관 1987년 상공부 미주통상과장 1988년 유엔무역개발회의(UNCTAD) 아주담당관 1991년 대통령경제비서실 SOC기획단 과장 1992~1994년 상공자원부 화학제품과장 · 정보진흥과장 1994~1996년 통상산업부 가스관리과장 · 총무과장 · 섬유소재과장 1996년 부산지방중소기업청장 1997년 중소기업청 기획관리관 1997년 同산업2국장 1998년 同중소기업정책국장 1999년 同경영지원국장 2000년 국방대학원 입교 2001년 경기지방중소기업청장 2003년 중소기업청 차장 2004년 산업자원부 무역위원회 상임위원 2005~2006년 同차관보 2006~2008년 중소기업진흥공단 이사장 2008~2009년 제18대 국회의원(경남 양산, 한나라당) 2009년 미국 조지아공과대 Research Scholar 2010~2012년 부산시 정무특보, 부산대 산학협력단 석좌교수(현) 2015년 (주)코아스 상근감사(현) 2015년 한국산업개발연구원 상임고문(현) 2015년 중소기업창조경제국민포럼 대표(현) [상]황조근정훈장 [저]'중소기업 발전론' '경영지침서 TPM 법칙'(2007) 한시집 '자연을 느끼며 삶을 생각하며' '눈이 녹고 바람이 몸을 풀면 봄이 날아오더라'(2011, 비디컴) [종]기독교

허복행(許福行) HEO Bok-Haeng

[생]1966 · 2 · 15 [본]양천(陽川) [출]전북 남원 [주]충북 청주시 흥덕구 공단로76 청주기상지청 관측예보과(070-7850-4360) [학]1984년 마산고졸 1988년 경북대 지학교육과졸 1993년 同대학원 천문기상학과졸 2001년 이학박사(경북대) [경]1988년 공군 제73기상전대 기상예보장교 1993~2001년 항공기상청 예보관 2005~2008년 지구관측시스템(GEO) 역량배양위원회 위원 2006년 세계기상기구(WMO) 기상관측법 및 측기위원회 전문위원 2007~2008년 부산지방기상청 통영기상대장 2009년 경북대 천문대기과학과 겸임교수(현) 2010년 한국기상학회 대기과학용어심의위원회 간사(현) 2010년 기상청 기상레이더센터 레이더분석팀장 2011년 同관측기반국 관측정책과장 2013년 同기후변화감시센터장 2015년 同기후변화감시과장 2015년 대전지방기상청 청주기상지청 관측예보과장(현) [상]과학기술부장관표창(2004), 기상청장표창(2006) [저]'쉬워지는 과학, IDL 프로그래밍'(2010, 홍릉과학출판사) '실용기상기후학(共)'(2012) '대기과학용어집(共)'(2013)

허봉렬(許鳳烈) Hur Bong Yul

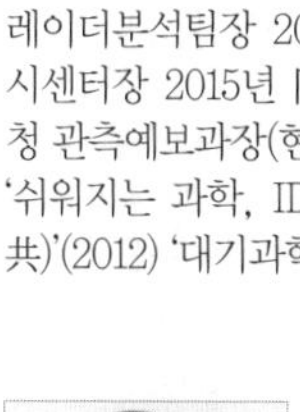

[생]1942 · 3 · 2 [출]경북 [주]서울 노원구 동일로1419 GS중권빌딩 선의세종노인전문병원(02-3391-3992) [학]1967년 서울대 의대졸 1977년 同대학원 의학석사 1980년 의학박사(서울대) [경]1973~1976년 서울대병원 내과 전공의 1976~1980년 한양대 의대 전임강사 · 조교수 1980~1990년 서울대 의대 내과학교실 조교수 · 부교수 1990년 同교수 1991~1994년 대한가정의학회 이사장 1995년 한국건강가족실천국민운동본부 사무총장 1996~1999년 대한고혈압학회 이사 1997년 서울세계가정의학회 아태학회 조직위원장 1997~2007년 서울대 의대 가정의학교실 교수 1997~1999년 대한가정의학회 이사장 1999년 대한고혈압학회 부회장, 대한임상건강증진학회 회장, 대한가정의학회 명예이사장(현) 2001년 세계가정의학회 아태지역 부회장, 대한임상건강증진학회 명예회장(현) 2004년 건강가정시민연대 공동대표 2007년 대한민국의학한림원 정회원(현) 2007년 서울대 명예교수(현) 2007년 국립암센터 자문교수(현) 2015년 선의세종노인전문병원 원장(현) [상]육군 참모총장표창(1969), 대한가정의학회 학술상(1999), 대통령표창(1999), 옥조근정훈장(2007) [저]'금연백서(흡연과 건강)'(2000) '가정의학'(2005) '생활주기영양학'(2007) [역]'포켓속의 종합병원'(1995)

허부열(許富烈) Hur Boo Yeul

[생]1962 · 7 · 19 [본]하양(河陽) [출]경북 경산 [주]서울 서초구 강남대로193 서울가정법원 수석부장판사실(02-2055-7114) [학]1981년 대구고졸 1985년 서울대 법대 공법학과졸 [경]1986년 사법시험 합격(28회) 1989년 사법연수원 수료(18기) 1989년 육군 법무관 1989년 제3군단 검찰관 1991년 수도방위사령부 군판사 1992년 대구지법 판사 1993년 대구시 남구 공직자윤리위원회 위원장 1995년 同경주지원 판사 1997년 대구지법 판사 1997년 청고군 선거관리위원회 위원장 1998년 대구고법 판사 2001년 대구지법 판사 2001년 경산시 공직자윤리위원회 위원장 2002년 대법원 재판연구관 2004년 대구지법 경주지원장 2004년 경주시 선거관리위원회 위원장 2006년 사법연수원 교수 2009년 대구지법 부장판사 2009년 대구시 중구선거관리위원회 위원장 2011년 부산고법 창원재판부 부장판사 2013년 서울고법 부장판사 2016년 서울가정법원 수석부장판사 직대(현)

허상구(許相九) HEO Sang Koo

[생]1960 · 2 · 15 [본]김해(金海) [출]부산 [주]경기 수원시 영통구 월드컵로120 수원지방검찰청(031-210-4200) [학]1980년 부산동고졸 1984년 부산대 법학과졸 [경]1989년 사법시험 합격(31회) 1992년 사법연수원 수료(21기) 1992년 인천지검 검사 1994년 창원지검 진주지청 검사 1996년 부산지검 검사 1998년 서울지검 남부지청 검사 2000년 제주지검 검사 2002년 서울지검 검사 2004년 서울고검 검사 2006년 청주지검 영동지청장 2007년 법무부 범죄예방정책과장 2008년 同범죄예방기획과장 2009년 서울중앙지검 형사3부장 2010년 대전지검 형사2부장 2011년 창원지검 통영지청장 2012년 서울고검 검사 2012~2013년 한국형사정책연구원 파견 2014년 대전지검 홍성지청장 2015년 청주지검 차장검사 2016년 수원지검 부장검사(경기도청 파견)(현)

허상만(許祥萬) HUH Sang Man (禮山)

[생]1943 · 10 · 12 [본]양천(陽川) [출]전남 순천 [주]전남 순천시 중앙로255 순천대학교(061-750-3210) [학]1961년 순천고졸 1967년 전남대 농학과졸 1979년 건국대 대학원 작물학전공 석사 1986년 농학박사(전남대) 2001년 명예박사(일본 미야자키대) 2006년 명예박사(몽골과학원) [경]1972~1982년 순천농업전문대학 교수 1982~2003년 순천대 농과대학 교수 1983년 일본 九州大 초청교수 1986년 순천대 학생생활연구소장 1988년 同농업과학연구소장 1989년 同교무처장 1992년 同지역개발연구소장 1994~2003년 순천경제정의실천시민연합 공동대표 1996년 섬진강권물연구소 설립준비위원장 1996~1997년 순천대 교수협의회 의장 1997년 미국 미주리대 초청교수 1998~2002년 순천대 총장 2000년 몽골 몽골국립농업대 명예교수(현) 2003년 순천대 농업생명과학대학 식물생산과학부 교수 2003~2005년 농림부 장관 2003년 (사)나무를심는사람들 대표 2005~2008년 (사)통일농수산사업단 상임대표 2005~2008년 한국학술진흥재단 이사장 2006~2008년 대통령자문 정책기획위원회 위원 2006~2008년 연구지원기관장 혁신포럼 의장 2006년 순천대 석좌교수(현) 2008년 기후변화센터 이사 2008년 (사)통일농수산사업단 상임고문 2008년 고려대 민족문화연구원 연구교수(현) 2013년 (재)우양장형태장학회 이사장(현) 2014년 민선 제6대 전남도지사직인수위원회 위원장 2014년 (재)순천양천장학회 이사장(현) [상]교육공로표창(1987), 국민교육유공표창(1994), 근정포장(2001), 청조근정훈장(2005), 전남대 용봉인 영예대상(2006), 한국잡초학회 공로상(2006), 자랑스런 농대인상(2009), 한국작물학회 공로상(2011) [저]'新稿수도작(共)'(1986) '新稿田作(共)'(1986) '한중일 식물보호명칭사전'(1995) '세계 농촌현장을 가다(共)'(1995) '쌀의 품질과 맛(共)'(1998) 문집 '예산 허상만 총장 재임4년(共)'(2002) '시대를 여는 새로운 농정'(2005, 농림부) '허상만과 함께하는 즐거운 동행(共)'(2007) '용연에 담은 뜻(共)'(2008) [종]불교

허상준(許相峻) Hur Sang-jun

[생]1963·6·5 [본]양천(陽川) [출]경기 광주 [주]서울 광진구 자양로131 K&S빌딩10층 KD운송그룹 사장실(02-434-7672) [학]1982년 경성고졸 1990년 경희대 법과대학졸 1999년 고려대 노동대학원 수료 [경]1993년 (주)대원관광 입사·대표이사(현) 1994년 (주)경기고속 입사·영업 및 관리총괄(현) 1996년 (주)대원운수 입사·대표이사(현) 1996년 (주)대원고속 입사·영업 및 관리총괄(현) 1999년 (주)대원교통 입사·대표이사(현) 2004년 (주)대원버스 입사·대표이사(현) 2006년 (주)평안운수 대표이사(현) 2007년 (주)경기여객 대표이사(현) 2008년 (주)대원여객 대표이사(현)·(주)진명여객 대표이사(현)·(합)명진여객 대표사원(현) 2008년 한국중고등학교골프연맹 회장(현)·대한골프협회 이사(현) 2009년 (주)경기버스 대표이사(현)·(주)경기운수 대표이사(현)·(주)경기상운 대표이사(현) 2015년 (주)화성여객 대표이사(현)

허서홍(許瑞烘) HUR suh hong

[생]1977·6·3 [출]서울 [주]서울 강남구 논현로508 GS에너지 임원실(02-2005-0955) [학]1996년 대일외고졸 2002년 서울대 서양사학과졸 2009년 미국 스탠퍼드대 대학원 MBA [경]2003년 삼정KPMG 기업금융부 애널리스트 2006년 GS홈쇼핑 신사업팀 대리 2009년 셰브론 비즈니스 애널리스트 2015년 GS에너지 가스프로젝트추진TF부문장(부장) 2015년 同전력·집단에너지사업부문장(상무)(현)

허 선(許 宣) Joseph Seon HUR (知山·珍菴)

[생]1952·4·19 [본]양천(陽川) [출]전남 순천 [주]서울 강남구 테헤란로317 동훈타워 법무법인 대륙아주(02-3016-5305) [학]1971년 순천농림고등전문졸 1975년 서울시립대 농업경영학과졸 1979년 서울대 행정대학원 행정학과 휴학 1981년 미국 뉴욕대(NYU) 대학원 행정학과졸 1981년 同대학원 도시경제학박사과정 수료 2006년 법학박사(서울시립대) [경]1975년 행정고시 합격(17회) 1975년 서울시 산업국·재무국 사무관 1982년 경제기획원 사무관 1989년 同경제교육홍보과장 1990년 독일 경제연구소 초청연구원 1993년 공정거래위원회 제도개선과장·약관심사과장 1994년 同공보관 1995년 同광고경품과장 1996년 同소비자보호국 기획과장 1997년 同기획예산담당관 1998년 대통령직인수위원회 전문위원 1999년 세종연구소 파견 1999년 공정거래위원회 정책개발기획단장 2000년 同정책국장 2001~2002년 세계공정거래위원장회의(ICN) 조직위원장 2001~2002년 경제협력개발기구(OECD) 경쟁법·정책위원회 부의장 2003년 중앙공무원교육원 파견 2004년 공정거래위원회 경쟁국장 2005~2006년 同사무처장(1급) 2006년 경제협력개발기구(OECD) 경쟁위원회 부의장 2006~2013년 법무법인 화우 선임컨설턴트 2008년 연세대 법무대학원 겸임교수 2009년 서울시립대 경영학부 동창회장 2009년 (사)한국판소리보존회 감사 2013년 법무법인 대륙아주 선임컨설턴트 겸 고문(현) 2013년 현대상선(주) 사외이사(현) 2013년 순천대 총동창회장 [상]대통령표창(1986), 자유경제출판문화상(1993), 황조근정훈장(2005) [저]'한국지방재정 연구'(1984) '지방금융활성화방안 연구'(1988) '동구권의 변화와 사회주의 경제의 시장경제화과정 연구'(1991) '참된 길을 찾아서'(1995) '통일의 뒷마당'(1995) '공정거래법과 한국의 경제발전'(2003) 'Competition Law/Policy and Korean Economic Development'(2006) [역]'통일 그리고 경제의 모험'(1993) '이웃에서 동반자로'(1994)

허선아(許瑄娥·女)

[생]1972·12·20 [출]대전 [주]부산 연제구 법원로31 부산지방법원(051-590-1114) [학]1991년 대전여고졸 1995년 연세대 법학과졸 1999년 同대학원 법학과 수료 [경]1998년 사법시험 합격(40회) 2001년 사법연수원 수료(30기) 2001년 부산지법 판사 2004년 대전지법 판사 2007년 同가정지원 판사 2012년 청주지법 판사 2013년 대전고법 판사 2015년 대전지법 판사 2016년 부산지법 부장판사(현)

허선행(許善行) HUR Sun Hang

[생]1956·8·20 [출]경남 진주 [주]서울 종로구 종로33 GS건설(주) 플랜트사업부문(02-2154-1114) [학]1976년 경남고졸 1980년 성균관대 기계공학과졸 [경]1988년 LG건설(주) 입사, 同엔지니어링부문 해외영업3담당 상무보, 同플랜트사업본부 SP9-10프로젝트담당 상무 2005년 GS건설(주) 해외플랜트영업부문장(중동주재담당 상무) 2007년 同해외플랜트영업부문장(전무) 2011년 同해외영업본부장(부사장) 2013년 同플랜트사업부문장(부사장)(현)

허 성(許 盛) HUH Sung

[생]1959·9·26 [출]대전 [주]서울 종로구 새문안로58 LG생활건강 임원실(02-3773-1114) [학]대전고졸, 고려대 경영학과졸 [경]1983년 (주)럭키금성 기획조정실 입사 1987년 LG전자(주) 국제금융팀 과장 2001년 同금융팀 상무 2002년 同경영관리팀장(상무) 2006년 同DA경영기획팀 상무 2008년 (주)LG생명과학 상무(CFO) 2009년 (주)LG상사 전무(CFO) 2012년 同부사장(CFO) 2015년 LG생활건강 부사장(CFO)(현) [종]천주교

허성곤(許成坤) HEO Seong Gon

[생]1955·7·9 [출]경남 김해 [주]경남 김해시 김해대로2401 김해시청 시장실(055-330-3003) [학]1990년 부경대 토목공학과졸 1992년 동아대 대학원 도시공학과졸 2005년 도시공학박사(동아대) [경]1975년 김해시 근무 1996년 同도시과장 2003년 同건설교통국장 2004년 同종합민원국장 2005년 同도시관리국장 2006년 경남도 공공기관이전추진단장 2008년 同주택과장 2008년 同항만물류과장 2009년 경남 창녕군 부군수 2010년 경남도 농수산국장(부이사관) 2010년 同도시건설방재국장 2012년 同건설사업본부장 2013~2014년 同기획조정실장(이사관) 2015년 부산진해경제자유구역청장 2016년 경남 김해시장(재선거 당선, 더불어민주당)(현) [상]홍조근정훈장(2014), 제14회 자랑스러운 부경인상(2015) [저]'휴먼시티 김해를 꿈꾸다'(2013)

허성관(許成寬) HUH Sung Kwan

[생]1947·11·12 [본]김해(金海) [출]경남 마산 [학]1966년 광주제일고졸 1970년 동아대 상학과졸 1982년 미국 뉴욕주립대 버펄로교 대학원졸(MBA) 1986년 경영학박사(미국 뉴욕주립대 버펄로교) [경]1970년 한국은행 근무 1978년 산업연구원 책임연구원 1980년 미국 뉴욕주립대 경영대학원 조교·강사 1985~1988년 同경영대학 조교수 1988~2003·2005~2006년 동아대 경영학부 교수 1996년 同경영문제연구소장 1998년 同도서관장 1999년 미국 뉴욕주립대 버펄로교 방문교수 2002년 제16대 대통령직인수위원회 경제1분과(재정·금융) 위원 2003년 해양수산부 장관 2003~2005년 행정자치부 장관 2005년 국무총리 정책평가위원회 위원장 2006~2007년 광주과학기술원 원장 2006~2008년 (주)포스코 사외이사 2008~2012년 (재)광장 이사 2012년 한가람역사문화연구소 연구위원 2015년 (재)광주전남연구원 초대원장 [저]'시민주체의 부산만들기' '전략원가관리' '경영과 현실' '회계 원리' '빛나는 롱런'(2008)

허성룡(許成龍) HUH SUNG YOUNG

[생]1959·4·2 [출]경남 김해 [주]경남 양산시 유산공단2길11 (주)화승소재 임원실(055-383-9201) [학]부산전자공고졸 1979년 경남정보대학 화학공학과졸 [경]1985년 (주)화승화학(現 화승R&A) 입사 2006년 同호스생산·연구담당 이사 2010년 同FL사업담당 상무이사 2011~2013년 同FL사업본부장(상무이사) 2013년 (주)화승소재 소재사업본부장(상무이사) 2014년 同소재사업본부장(전무이사) 2014년 同대표이사 전무(현)

허성무(許成茂) Huh Sung Moo

[생]1966·12·30 [주]서울 영등포구 국제금융로56 KDB자산운용 전략운용본부(02-3774-8000) [학]경복고졸 1989년 고려대 경영학과졸 1991년 한국과학기술원 경영과학과졸(석사) 1998년 同경영공학 박사과정 수료 [경]1990~1988년 동양선물·동양증권·동양투자신탁 근무 1999~2000년 유리자산운용 수석운용역 2001~2004년 한누리투자증권 기업금융팀 부장 2004~2006년 산은자산운용(KDB자산운용) AI팀장 2006~2010년 메리츠종합금융증권 상품본부장(상무) 2011년 KDB자산운용 전략운용본부장 2015년 同전략운용본부장(상무)(현)

허성욱(許成旭) HUR Sung Wook

[생]1970·1·25 [출]경남 마산 [주]경기 과천시 관문로47 미래창조과학부 정보보호기획과(02-2100-2910) [학]1988년 창원고졸 1993년 한양대 전자통신공학과졸 2007년 영국 요크대 경영학과졸 [경]1992년 기술고시 합격(28회) 1993년 체신부 사무관 1995년 정보통신부 이동전화·위성기술·디지털TV·행정정보화담당 사무관 2002년 同서기관 2003년 LG전자 디지털

TV · 휴대폰 수출업무(파견) 2005년 정보통신부 우정사업본부 천안우체국장 2006년 방송통신위원회 서기관(해외 연수) 2009년 同이용자네트워크국 인터넷정책과장 2010년 同네트워크정책국 네트워크기획보호과장 2011년 同네트워크정책국 네트워크기획과장 2012년 同중앙전파관리소 전파보호과장 2012년 OECD 파견(과장급) 2016년 미래창조과학부 정보보호기획과장(현) [종]불교

허성주(許成柱) HEO Seong Joo

[생]1958 · 5 · 4 [주]서울 종로구 대학로101 서울대치과병원 원장실 [학]1983년 서울대 치과대학 치의학과졸 1989년 미국 뉴욕주립대 대학원 치과보철학과졸 1994년 치과보철학박사(서울대) [경]1994~2004년 서울대 치과대학 조교수 · 부교수 1996~1997년 스웨덴 요테보리대 객원교수 1998~2001년 서울대병원 치과진료부 중앙기공실장 2000년 식품의약품안전청 중앙약사심의위원회 소분과위원 2001년 미국 UCLA 치과대학 보철과 객원교수 2001~2002년 국제치과연구학회 한국지부 학술이사 2002년 국제보철학회지(International Journal of Prosthodontics) 편집위원(Editorial reviewer)(현) 2004년 서울대 치의학대학원 치의학과 치과보철학교실 교수(현) 2006년 미국 NYU 치과대학 임플란트과 객원교수 2006~2010년 대한구강악안면임프란트학회(KAOMI) 부회장 2007~2010년 서울대치과병원 기획조정실장 2008년 한국생체재료학회 부회장 2009년 식품의약품안전청 의료기기위원회 위원 2010~2013년 서울대치과병원 진료처장 2010년 대한구강악안면임프란트학회(KAOMI) 부회장 2011~2014년 대한공직치과의사회 회장 2013년 식품의약품안전처 의료기기위원회 위원 2014년 대한구강악안면임프란트학회(KAOMI) 회장 2014년 대한치의학회 부회장(현) 2014년 국제치과보철학회 세계학술대회 공동학술위원장 2015년 대한치과보철학회 회장(현) 2016년 서울대치과병원 원장(현)

허성태(許聖泰) Heo Seong-tae (多月先生)

[생]1951 · 8 · 20 [본]김해(金海) [출]경남 김해 [주]부산 동구 중앙대로303 부산교원단체총연합회관304호 (사)부산교육삼락회(051-464-8556) [학]1969년 부산남고졸 1975년 동아대 법학과졸 1983년 同대학원 법학과졸 [경]1975~1978년 신등중고 · 통영동중 · 수영중 교사 1978~2001년 내성중 · 부산중앙여중 · 감천여중 · 동삼여중 · 학장여중 · 부산대신중 교사 2001~2002년 학장여중 교감 2002~2004년 부산서부교육지원청 장학사 2004~2007년 부산남부교육지원청 중등교육과장(장학관) 2007~2009년 부산대신중 교장 2008년 부산시교육청 교원능력평가관리위원회 위원장 2009년 인제대 해운대백병원 IRB심사위원(현) 2009~2010 · 2012~2013년 다대고 교장 2010~2012년 부산북부교육지원청 교육장 2010~2012년 부산북구청년연합회 명예고문 2012년 부산 서구청 인사자문위원(현) 2013년 국제청소년연합(IYF) 부산 · 경남자문위원(현) 2013년 (사)교육선진화재단 대표 · 이사(현) 2014년 굿네이버스 부산교육전문위원회 위원장 2014년 부산 서구청 규제개혁위원회 위원(현) 2014년 (사)부산교육삼락회 상근부회장(현) 2014년 부산시교육청 주민참여예산위원회 위원(현) 2014년 同시민교육협의회 위원(현) 2016년 (사)엄마학교 이사장(현) 2016년 (사)부산교육삼락회 차기회장(2017년 1월)(현) [상]문교부장관표창(1990), 한국보이스카우트연맹총재표창(1998), 국가보훈처장표창(2004), 부산시교육청 다채널평가 최우수교장상(2009), 홍조근정훈장(2013) [저]'중학교 사회과 교사용 지도서' '중학교 사회과 지역화 교수, 학습지도 자료' [종]불교

허세원(許世元)

[생]1954 [주]서울 강남구 테헤란로418 다봉타워2층 신한저축은행 상근감사위원실(1644-7777) [학]양정고졸, 성균관대 경영학과졸 [경]1997년 한국은행 뉴욕사무소 근무 1999년 금융감독원 은행검사3국 근무 2000년 同기획조정국 수석전문역(부국장급) 2001년 同대전지원 시니어팀장 2002년 同은행검사2국 실장 2003년 同검사총괄국 심의제재실장 2004년 同총무국장 2005년 同은행검사2국장 2008~2011년 KB투자증권 감사 2011년 신한저축은행 상근감사위원(현)

허세홍(許世烘) Sae Hong, HUR

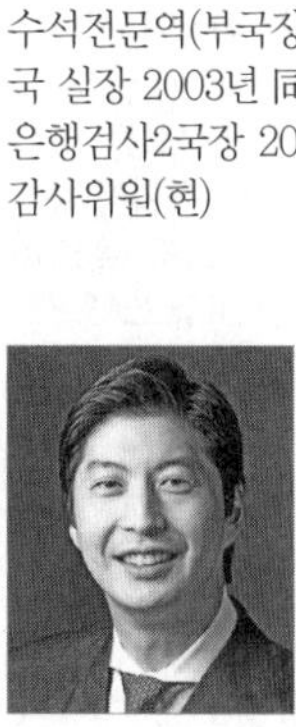

[생]1969 · 11 · 21 [출]서울 [주]서울 강남구 논현로508 GS타워32층 GS칼텍스 석유화학 · 윤활유사업본부(02-2005-1114) [학]1988년 휘문고졸 1992년 연세대 경영학과졸 1998년 미국 스탠퍼드대 대학원 경영학과졸 2008년 미국 Harvard-Tsinghua-CEIBS 고위경영자과정 수료 [경]1992~1994년 Osaki Electric Company 일본본사 해외영업부서 근무 1994~1996년 Bankers Trust International PLC 한국지사 파생상품부 상품개발 및 판매 근무 1998~2002년 IBM Corporation 미국본사 글로벌서비스부문 전략기획 및 비즈니스 컨설팅 근무 2003~2006년 Chevron Corporation Global Supply & Trading 싱가포르 General Manager 및 미국 Richmond 정유공장 원유수급 담당 2007년 GS칼텍스 싱가포르현지법인 부법인장 2008년 同싱가포르현지법인 법인장 2011년 同여수공장 생산기획 공장장 2013년 同석유화학사업본부장(부사장) 2014년 同석유화학 · 윤활유사업본부장(부사장)(현) [상]세계경제포럼 젊은 글로벌리더(Young Global Leader)(2008), 산업포장(2010)

허수영(許壽永) HUH Soo Young

[생]1951 · 6 · 7 [본]김해(金海) [출]대구 [주]서울 동작구 보라매로5길51 롯데케미칼 임원실(02-829-4001) [학]1970년 경북고졸 1974년 서울대 공대 화학공학과졸 [경]1974년 여수석유화학(주) 근무 1976년 호남석유화학(주) 입사 1982년 同과장 1988년 同차장 1992년 同부장 1996년 同기획실장 겸 연구소장(이사대우) 1999년 同기획 · 신규사업담당 이사 2002년 同기획 · 신규사업담당 상무 2005년 同본사업무총괄 전무이사 2007년 롯데대산유화(주) 대표이사 2008년 (주)케이피케미칼 대표이사 부사장 2011년 同대표이사 사장 2012년 호남석유화학 대표이사 사장 2012년 롯데케미칼 대표이사 사장(현) 2013년 한국석유화학협회 부회장 2014년 한국고분자학회 회장 2015년 아시아석유화학회의(APIC) 의장(현) 2015년 한국석유화학협회 회장(현) [상]에너지절약부문 대통령표창(1982), 은탑산업훈장(2011), 한국능률협회 한국의 경영자상(2016) [종]원불교

허승도(許承道)

[생]1963 · 11 · 19 [본]김해(金海) [출]경남 고성 [주]경남 창원시 의창구 중앙대로210번길3 경남신문 미디어본부(055-283-2211) [학]1980년 동명고졸 1984년 경상대 농기계공학과졸 1986년 同대학원졸 [경]1988년 경남신문 기자 1999년 同편집국 문화부 기자 2000년 同사회부 차장대우 2003년 同편집부 차장대우 2003년 同정치부 차장 2006년 同사회부 기자 2007년 同사회부장 2008년 同정치부장, 同편집국 경제부장(부국장대우) 2012년 同편집국장 2013년 同독자서비스국장 2014년 同전략기획실장 2015년 同광고국장 2016년 同미디어본부장(자회사 대표)(현) [상]경남기자대상 취재보도분야(1993)

허승범(許丞範)

[생]1981 · 6 · 25 [본]김해(金海) [출]미국 캘리포니아 [주]서울 서초구 효령로155 삼일제약(주) 비서실(02-520-0304) [학]미국 트리니티대학졸 [경]2005년 삼일제약(주) 마케팅부 입사, 同기획조정실장, 同경영지원본부장, 同Growth Business본부장, 同상무 2013년 同각자대표이사 부사장 2014년 同각자대표이사 사장(현)

허승욱(許承旭) HEO Seung Woog

[생]1966 · 9 · 1 [출]광주 [주]충남 홍성군 홍북면 충남대로21 충남도청 정무부지사실(041-635-2020) [학]1990년 단국대 농업경제학과졸 1995년 同대학원 농업경제학과졸 1998년 환경경제학박사(단국대) [경]1998년 중국 연변대 동북아경제연구소 및 미국 Univ. of Missouri-Columbia 객원연구원 1999~2000년 미국 Southern Oregon Univ. 객원연구원 2000~2014년 단국대 환경자원경제학과 교수 2005년 대통령자문 농어업특별위원회 위원 2005~2007년 충남도 농업기술원 겸임연구관 2007~2008년 영국 Univ. of Newcastle-upon Tyne 객원연구원 2009년 충남도 농업산 · 학협동심의회 전문위원 2010년 同정책자문위원회 위원 2011년 同FTA대응농림수산전문위원회 위원 2011년 同3농혁신위원회 위원장 2012년 同도민참여예산위원회 위원 2012~2014년 농림축산식품부 광역친환경농업단지중앙지원단 위원 2014년 충남도 정무부지사(현) 2014년 충남사회적경제활성화네트워크 공동대표(현)

허승진(許昇鎭) HEO Seung Jin

[생]1956 · 7 · 5 [출]충남 공주 [주]서울 성북구 정릉로77 국민대학교 자동차융합대학 자동차공학과(02-910-4713) [학]1979년 서울대 기계설계학과졸 1981년 同대학원 기계설계학과졸 1987년 자동차공학박사(독일 아헨대) [경]1987년 한국과학기술원(KAIST) 선임연구원 1989~1993년 생산기술연구원 책임연구원 1993년 국민대 자동차공학과 교수(현) 2009~2011 · 2014년 同자동차공학전문대학원장(현) 2014~2016년 同자동차융합대학장 2015년 同자동차산업대학원장(현) 2015년 同교무위원(현)

허승호(許承虎) HUR Seung Ho

(생)1961·10·22 (주)서울 중구 세종대로124 한국프레스센터13층 한국신문협회(02-733-2251) (학)1983년 서울대 경영학과졸, 한양대 언론정보대학원졸 (경)1986년 동아일보 입사 1999년 同국제부 기자 2001년 同금융부 차장대우 2001년 同경제부 차장대우 2002년 同경제부 차장 2004년 同사회1부 차장 2005년 同기획특집부장 2006년 同논설위원(부장급) 2008년 同편집국 경제부장 2008년 同편집국 부국장 2010년 관훈클럽 운영위원(편집) 2012~2015년 한국해양과학기술원 이사 2013~2014년 동아일보 논설위원 2014년 관훈클럽 신영연구기금 감사 2014년 한국신문협회 사무총장(현) 2014년 뉴스통신진흥회 이사(현)

허승호(許丞鎬) HUR Seung Ho

(생)1962·10·17 (본)하양(河陽) (출)서울 (주)충남 천안시 서북구 성거읍 오송1길114의41 대원강업(주) 비서실(041-520-7510) (학)1981년 숭실고졸 1986년 서울대 경영학과졸 1988년 미국 조지워싱턴대 경영대학원졸 (경)1990년 대원강업(주) 입사 1992년 同이사 1993년 同상무 1994년 同전무 1995년 同감사 1996년 同부사장 1999년 同대표이사 사장 2006년 同대표이사 부회장(현) (상)국무총리표창, 철탑산업훈장(2009)

허 식(許 湜)

(생)1957·12·12 (출)경남 고성 (주)서울 중구 새문안로16 농업협동조합중앙회 임원실(02-2080-5114) (학)고성농고졸, 경남대 산업공학과졸 (경)농업협동조합중앙회 창원시지부 과장, 同지도검사부 검사역, 同신용사업부 과장대리, 同창원중앙지점 차장 1999년 同여신추진팀장 2001년 同총무팀장 2003년 同진해지점장 2005년 同창원시지부장 2013년 同전략기획부장 2014년 NH농협금융지주 상무 2015년 NH농협은행 수석부행장 2015~2016년 농협중앙회 상호금융 대표이사 2016년 同부회장(현)

허신구(許愼九) Huh Shin Koo (靜山)

(생)1929·11·4 (본)김해(金海) (출)경남 진양 (주)서울 강남구 논현로508 GS타워 (주)GS리테일 임원실(02-2006-2107) (학)1954년 부산대 상학과졸 1977년 서울대 경영대학원 수료 1985년 명예 법학박사(미국 앨라배마대) (경)1953년 낙희화학 입사 1970년 금성전선 사장 1971년 럭키 사장 1971년 합성수지수출조합 이사장 1978년 석유화학공업협회 부회장 1979~1986년 금성사 사장 1979년 금성정밀 사장 1979년 민간기술연구협의회 회장 1982~1988년 한국산업기술진흥협회 회장 1983년 한국과학기술원 부이사장 1983~1986년 한국마이크로닉스 사장 1984~1988년 럭키금성그룹 부회장 1985년 전자공업진흥회 회장 1985년 컴퓨터연구조합 이사장 1986년 (주)럭키 사장 1986년 한국종합기술금융(주) 이사회장 1986년 정밀화학공업진흥회 회장 1986년 생활용품수출조합 이사장 1986~1989년 대한조정협회 회장 1987~1990년 아시아조정연맹 회장 1987년 한국기술개발 이사회장 1988년 한국산업기술진흥협회 명예회장 1989~1995년 럭키석유화학 회장 1989년 한·일경제협회 부회장 1995년 LG그룹 창업고문 2002~2005년 (주)LG유통 명예회장 2005년 (주)GS리테일 명예회장(현) (상)금탑·은탑·동탑산업훈장, 우수발명금상, 한국의 경영자상(1983), 마로니에 문화공로상 (저)'지적소유권 보호제도 연구'

허신행(許信行) HUH Shin Haeng

(생)1942·9·13 (본)김해(金海) (출)전남 순천 (학)1962년 순천농고졸 1966년 서울대 농대졸 1974년 미국 웨스턴일리노이대졸 1978년 응용경제학박사(미국 미네소타주립대) (경)1968~1972년 국립농업경제연구소 연구원 1978~1984년 한국농촌경제연구원 연구위원 1982~1993년 농협중앙회 자문위원 1984~1989년 한국농촌경제연구원 수석연구위원 1984~1993년 감사원 정책자문위원 1988~1989년 재무부 농축수산업분과위원회 위원장 1988~1990년 농림수산부 양곡유통위원회 위원 1988~1991년 국민생활법령정비위원회 위원 1988~1992년 농림수산부 정책자문위원 1989~1991년 건설부 서해안개발협의회 위원 1990~1992년 식품개발연구원 이사 1990~1992년 농정심의위원 1990~1993년 한국농촌경제연구원장 1990~1993년 상공부 무역위원회 위원 1990~1993년 농어촌진흥공사 이사 1993년 농림수산부 장관 1994~1995년 강원대 초빙교수 1994년 ROTC예비역중앙회 부회장 1995~1998년 한국소비자보호원 원장 1998~2003년 서울시농수산물공사 사장 2000년 (사)한국고객만족경영학회 고문 2004년 건국대 초빙교수 2005년 한국유비쿼터스농촌포럼(KUVF, Korea Ubiquitous Village Forum) 공동대표 2005~2015년 태림포장공업 고문 2008~2014년 한몸사회포럼 대표 2011년 4·27재보선 국회의원선거 출마(전남 순천, 무소속) 2014년 국민희망연대 대표(현) (상)청조근정훈장(1994) (저)'농산물가격정책'(1982) '무역정책과 농업발전'(1983) '한국농업의 성장과 발전방향'(1986) '한국농업의 21세기전략'(1994) '우루과이라운드와 한국의 미래'(1994) '부활농업과 돌아오는 농촌'(1997) '식물을 보고 세상을 읽는다'(1999) '지식사회는 가고 정각사회가 온다' '상생의 사이버-정각사회' '상생상멸' '한몸사회 : 대한민국은 세계 중심국이 될 수 있다'(2008) '세계 중심국으로 가는 길'(2012, 범우사) 등

허 억(許 檍) HEO Eok

(생)1936·6·13 (본)양천(陽川) (출)경기 (주)서울 강남구 압구정로440 삼아제약(주) 임원실(02-2056-7200) (학)경기고졸 1959년 한국외국어대 영어영문학과졸 (경)1961~1973년 삼아약품공업사 대표 1973년 同대표이사 1983년 대한약품공업협회 홍보위원장 1987년 同부회장 1987년 한국제약협회 부회장 1987년 보건사회부 중앙약사심의위원, 한국외국어대총동문회 자문위원(현) 1992년 삼아약품(주) 대표이사 회장 2006년 同명예회장 2007년 삼아제약(주) 명예회장(현) (상)국무총리표창(1992), 국민훈장 모란장(1999)

허언욱(許彦旭)

(생)1964·3·12 (출)경북 경주 (주)울산 남구 중앙로201 울산광역시청 행정부시장실(052-229-2010) (학)한양대 행정학과졸 (경)1986년 행정고시 합격(30회) 1988년 내무부 기획관리실 등 사무관 1997년 울산시 승격준비단 담당관, 同기획관리실 기획관, 同문화체육국장 2002년 同경제통상국장 2003년 국방대 교육훈련 파견 2004년 한국지방자치단체국제화재단 파견(미국) 2007년 행정자치부 부내혁신팀장 2008년 행정안전부 인사정책과장·지방세정책과장 2009년 국무총리실 분권재정관 2009년 同제주특별자치도정책관 2011년 駐독일대사관 공사·총영사 2014년 행정자치부 지역발전정책관 2016년 울산시 행정부시장(현)

허연수(許季秀) HUH, Yeon-Soo

(생)1961·7·26 (주)서울 강남구 논현로508 GS리테일(02-2006-2666) (학)보성고졸, 고려대 전기공학과졸, 미국 시라큐스대 대학원 전자계산학과졸 (경)1987년 럭키금성상사 입사 2001년 LG상사 싱가폴지사장(상무) 2003년 LG유통 마트부문 송파점장(상무) 2003년 GS리테일 CVS MD부문장(상무) 2007년 同CVS MD부문장(전무) 2009~2015년 GS넷비전 대표이사 2010년 GS리테일 CVS MD부문장(부사장) 2011년 同MD본부장 2011~2015년 (주)후레쉬서브 대표이사 2012년 GS리테일 정보서비스부문장 2013년 同MD본부장(사장) 2015년 同CVS사업부 대표(사장) 2015년 同대표이사 사장(현)

허연회(許連會)

(생)1957·9·6 (주)서울 마포구 성암로255 iMBC 사장실(02-2105-1101) (학)건국대 공업경영학과졸, 同언론홍보대학원 방송통신융합 석사 (경)1984년 MBC 입사 2002년 同스포츠국 스포츠제작부 차장 2003년 同스포츠제작부 부장대우 2004년 同스포츠제작부장 2006년 同스포츠제작단 스포츠기획팀장 2009년 同편성제작국 부국장 2010년 同스포츠제작국장 2011년 태권도진흥재단 비상임이사 2013년 (주)iMBC 대표이사 사장(현) (상)자랑스러운 건국언론인상(2011)

허 염(許 炎) HUH YOUM

(생)1952·3·25 (본)김해(金海) (출)대구 (주)경기 성남시 분당구 대왕판교로660 유스페이스1 A동8층 (주)실리콘마이터스(070-7882-9200) (학)1970년 계성고졸 1974년 서울대 전자공학과졸 1976년 한국과학기술원 전자전기공학과졸 1985년 공학박사(미국 스탠퍼드대) (경)1976년 삼성전자(주) 컴퓨터개발실장 1989년 미국 스탠퍼드대 컴퓨터연구소 연구원 1995년 현대전자산업 미국법인 최고기술책임자(CTO, Chief Technology Officer) 1997년 同멀티미디어본부장 1998년 同시스템IC본부장 2001년 하이닉스반도체 비메모리사업총괄 2004년 매그나칩반도체 대표이사 2007년 (주)실리콘마이터스 대표이사 사장(현) 2008년 한국반도체산업협회 부회장(현) 2009년 세계반도체연합(GSA) 아시아태평양지도위원회 위원 2010년 시스템반도체포럼 회장(현) 2011년 한국공학한림원 정회원(현) (상)은탑산업훈장(2005), 대한민국 100대 기술주역 비메모리분야 선정(2010, 공학한림원·지식경제부·매일경제신문 공동주관) (저)'Hardware Design in VAL'(1990)

허 엽(許 燁) HEO Yup
[생]1962·2·28 [출]대구 [주]서울 종로구 청계천로1 동아일보 AD본부(02-2020-0114) [학]1980년 대구 능인고졸 1988년 서울대 지리학과졸 1999년 중앙대 신문방송대학원 수료 2006년 핀란드 헬싱키경제대학원(HSE) E-MBA 수료 [경]1988년 중앙일보 DB국 기자 1990~1994년 同출판국 기자 1994년 문화일보 문화부 기자 1995~2001년 동아일보 문화부 기자 2001년 同문화부 차장대우 2003년 同문화부 차장 2005년 同위크엔드팀장 2008년 同문화부장 2011년 同편집국 부국장 2011년 한국신문윤리위원회 윤리위원 2011년 채널A 보도본부 크로스미디어팀장(부국장급) 2012년 同글로벌사업센터장(부국장급) 2012년 同AD본부장(부국장급) 2013년 동아일보 AD본부장(부국장급) 2013~2016년 한국신문협회 광고협의회 부회장 2015년 동아일보 AD본부장(국장급)(현)

허 영(許 營) HUH Young (정천)
[생]1936·8·11 [본]양천(陽川) [출]충남 부여 [주]서울 동대문구 경희대로26 경희대학교 법학전문대학원(02-961-9218) [학]1959년 경희대 법학과졸 1968년 독일 뮌헨대 대학원졸 1971년 법학박사(독일 뮌헨대) 2007년 명예 법학박사(독일 본대) [경]1971년 독일 자르브뤼켄대 조교수 1972년 경희대 부교수 1972~1982년 독일 본대·바이로이트대 법학과 교수 1982~2001년 연세대 법학과 교수 1988년 독일법연구회 회장 1989년 국방부 자문위원 1989년 고황법학교수회 회장 1995년 헌법재판소 자문위원 1996년 한국공법학회 회장 1997년 한국헌법판례연구회 회장 1997년 사법시험 출제위원 2001년 고황법학회 회장 2001년 독일 뮌헨대 초빙교수 2002년 명지대 법대 초빙교수 2007년 허영헌법재판연구소 이사장(현) 2007년 대검찰청 정책자문위원장 2009~2012년 법무부 정책위원장 2011~2013년 헌법재판연구원 초대 원장 2013년 경희대 법학전문대학원 석좌교수(현) 2015년 대검찰청 검찰미래발전위원회 위원장 [상]독일 훔볼트학술상(1997), 목촌법률상(2011) [저]'헌법이론과 헌법 上·中·下' '헌법학' '사례 헌법학' '판례헌법(共)' '독일통일의 법적 조명' '법치국가의 기초이론' '한국헌법론 전정7판'(2011) '헌법소송법론 제6판'(2011) '헌법이론과 헌법 제5판'(2011) '헌법이론과 헌법 신6판'(2013, 박영사) '한국헌법론'(2013, 박영사) '헌법소송법론 제8판'(2013, 박영사) '사례헌법학 전정신판'(2013, 신조사) '한국헌법론 전정 11판'(2015) '헌법소송법론 제10판'(2015) '헌법이론과 헌법 신7판'(2015) [종]천주교

허 영(許 榮) HUH YOUNG
[생]1970·3·29 [본]양천(陽川) [출]강원 양구 [주]서울 중구 세종대로110 서울특별시청 비서실(02-2133-6060) [학]1989년 강원고졸 1994년 고려대 사회학과졸 2007년 同정책대학원 국제관계학 석사과정 수료 [경]1994년 국회의원 신계륜 입법보좌역 2002~2003년 재외동포재단 정보화본부장 직대 2003~2007년 국회의원 김근태 비서관 2007~2008년 국회의원 이기우 보좌관 2008~2011년 일촌공동체 강원본부 대표 2008년 복지국가소사이어티 정책위원 2008~2011년 따뜻한한반도사랑의연탄나눔운동 춘천지부장 2009년 아름다운가게 춘천점 운영위원 2009~2011년 춘천시립도서관 운영위원 2010~2011년 메타컨텐츠 대표이사 2011~2012년 강원도지사 비서실장 2015년 우석대 겸임교수 2015년 더불어민주당 강원도당 전략기획위원장 2015년 同부대변인 2016년 同춘천시지역위원회 위원장 2016년 제20대 국회의원선거 출마(강원 춘천시, 더불어민주당) 2016년 서울특별시장 비서실장(현)

허영록(許永祿) HOH Young Rok
[생]1955·5·10 [본]양천(陽川) [출]서울 [주]경기 용인시 기흥구 강남로40 강남대학교 도시공학과(031-280-3764) [학]1976년 독일 발도르프학교졸 1983년 독일 카셀대(Univ. of Kassel) 도시계획학과졸 1986년 同대학원 도시설계학과졸 1989년 도시계획학박사(독일 카셀대) [경]1983~1984년 독일 카셀시 도시계획국 근무 1986~1987년 同헤쎌주 고등국토계획국 근무 1993년 강남대 도시건축공학부 교수, 同도시공학과 교수(현) 1996~1998년 용인시·오산시 도시계획위원 1996~2000년 수원시 건축위원 1997년 (사)한국발도르프교육협회 이사장(현) 1998~2000년 서울시 상세계획위원 1999~2006년 (사)녹색환경연구소 소장 2000년 한국도시설계학회 이사(현) 2002~2006년 인천시 교통영향평가심의위원 2002~2007년 화성시·부천시 도시계획위원 2002년 서울시 생태도시포럼 운영위원장(현) 2003~2006년 용인시·오산시 도시계획위원 2003~2009년 도시경영정보연구소 소장 2003년 (재)한국발도르프장학재단 공동이사장(현) 2004년 서울시 도시공원위원회 심의위원 2005년 성남시 설계자문위원(현) 2006년 용인지방공사설계 자문위원(현) 2006~2008년 강남대 도시건축공학부장 2007~2009년 시흥시 도시계획심의위원 2008년 도시공간연구소 소장(현) 2009년 수원시 도시계획심의위원(현) 2010년 경기 광주시 도시계획심의위원(현) 2011년 서울시 도시생태현황도 자문위원(현) 2011년 경기도시공사 판교테크노밸리 자문위원(현) 2013년 한국산업단지관리공단 자문위원(현) 2013년 하남시 도시계획위원회 위원(현) 2015년 수원시 도시계획심의위원(현) 2016년 서울시 광진구도시계획심의위원(현) 2016년 용인시 도시디자인심의위원(현) [상]부총리 겸 교육부장관 교육공로표창(2002) [저]'개발과 유산의 보존'(共) '우리 수원 이렇게 바꾸자'(共) '독일의 도시계획 제도와 보상관련 제도' '생태도시의 이해'(共) '녹색도시를 선도하는 기술전략(共)'(KICT브랜드총서)

허영만(許英萬) HUR Young Man
[생]1949·2·15 [본]양천(陽川) [출]전남 여수 [주]서울 강남구 밤고개로12길30(02-459-3700) [학]1966년 여수고졸 2010년 명예 문학박사(목포대) [경]1966년 박문윤선생 문하로 만화계 입문 1974년 한국일보에 '집을 찾아서'로 신인만화공모전 당선으로 데뷔, 만화가(현) 2002년 동아일보에 장편만화 '食客' 연재 2004년 '2003년 하반기 오늘의 우리만화'에 '食客' 선정 2007년 2012여수세계박람회 명예 홍보대사 2007년 KTX 홍보대사 2009년 한식세계화추진단 위원 2010년 스포츠조선·다음 '말에서 내리지 않는 무사' 연재 2012년 국토해양부 극지홍보대사 2014년 제1회 서울김장문화제 홍보대사 2016년 충북 음성군 홍보대사(현) [상]비코프 만화상 대상(2004), 대한민국 만화·애니메이션대상 만화대상(食客)(2004), 오늘의 우리만화상(2004), 부천국제만화대상(2004), 고바우 만화상(2007), 2009시카프(SICAF)어워드 만화부문(2009), 자랑스런 전남인상(2009), 자랑스런 여수인상(2009) [저]'식객 팔도를 간다-경기편'(2010) '식객 팔도를 간다-서울편'(2011) '허영만 허허 동의보감'(2013, 시루) '식객Ⅱ'(2014) '허영만의 커피 한잔 할까요?(共)'(2015·2016, 예담) '우리 가족 식객 요리(共)'(2015, 김영사) [작]'집을 찾아서' '각시탈' '태양을 향해 달려라' '변칙복서' '태풍 스트라이크' '무당거미' '퇴역전선' '사마귀' '고독한 기타맨' '오! 한강' '망치' '벽' '날아라 슈퍼보드' '아스팔트 사나이' '48+1' '비트' '세일즈맨' '미스터Q' '오늘은 마요일' '안개꽃 카페' '짜장면' '사랑해' '타짜' '食客' '허영만 꼴1'(2008) '말에서 내리지 않는 무사'(2011) '미스터 고'(2013) '타짜-신의 손'(2014)

허영범(許英範) HUH Young Bum
[생]1958·8·28 [출]경기 파주 [주]부산 연제구 중앙대로 999 부산지방경찰청(051-899-2114) [학]여의도고졸, 동국대 경찰행정학과졸 [경]경찰 간부후보(33기) 1992년 강원 인제경찰서 경비과장 직대 1993년 강원 고성경찰서 경비과장 1996년 부산 강서경찰서 보안과장 직대 1997년 同수사과장 1999년 경찰청 형사과 근무(경정) 2003년 서울지방경찰청 경비1과 경비지도관 2004년 강원지방경찰청 경비교통과장(총경) 2004년 同수사과장 2004년 강원 인제경찰서장 2005년 경찰청 지능범죄수사과장 2006년 同특수수사과장 2008년 서울 혜화경찰서장 2009년 경찰청 형사과장 2010년 同경무과장 2010년 대구지방경찰청 차장(경무관) 2011년 경찰수사연수원장 2011년 충남지방경찰청 차장 2012년 서울지방경찰청 보안부장 2013년 경찰청 수사기획관 2014년 서울지방경찰청 수사부장 2014년 경찰청 보안국장(치안감) 2015년 대구지방경찰청장(치안감) 2016년 부산지방경찰청장(치안정감)(현) [상]홍조근정훈장(2013)

허영인(許英寅) Hur Young In
[생]1949·5·17 [출]황해 [주]서울 서초구 남부순환로2620 강남피타워 SPC그룹 회장실(02-2071-9000) [학]1972년 경희대 경제학과졸 [경]1981년 (주)삼립식품 대표이사 1983년 (주)샤니 대표이사 1985년 비알코리아(주) 대표이사 1986년 (주)파리크라상 대표이사 1994년 태인샤니그룹 회장 2004년 SPC그룹 회장(현) [상]상공부장관표창(1986), 재무부장관표창(1992), 국민훈장 석류장(2000), 한국경영사학회 창업대상(2005), 던킨브랜즈 제1회 국제경영대상(2005), 서울대발전공로상(2008), 프랑스 공로훈장 오피시에(2010), 한국경제신문 다산경영상(2011), 한국언론인연합회 자랑스런 한국인대상 글로벌경영부문(2011), 프랑스 농업공로훈장 슈발리에(2012), 한국경영학회 경영자대상(2013)

허영일(許榮一·女) HUR Young Il (弦潭)
[생]1949·9·2 [본]양천(陽川) [출]광주 [주]서울 서초구 남부순환로2374 한국예술종합학교 무용원 부설 세계민족무용연구소(02-746-9347) [학]1972년 이화여대 체육대학 무용학과졸 1985년 미국 Hawaii대 대학원 수학 1988년 이화여대 대학원 무용학과졸 1993년 일본 오차노미즈여대 인문과학박사과정 수학 2010년 박사(일본 동아(東亞)대) [경]1972~1973년 서울 중암중 교사 1974~1977년 광주 중앙여고 교사 1989~1996년 서원대·중

ㅎ

앙대 · 서울예전 · 명지대 · 한양대 시간강사, 창무첨터(한자리 무용단) '올' 연출 1996~2015년 한국예술종합학교 무용원 이론과 교수, 同문화 · 예술과정 주임교수, 同명예교수(현) 1997년 문예진흥원 창작지원심의위원 1997~1999년 국립무용단 자문위원 1997년 필리핀 AILM(Asia Institute for Liturgy & Music) 초빙교수 1999~2004년 SIDance 서울세계무용축제 조직위원장 1999~2002년 문화재관리국 무형문화재 문화재위원 1999~2003년 한 · 일문화교류 정책자문위원 1999~2004년 SIDance 서울세계무용축제 조직위원장 1999년 세계민족무용연구소 소장(현) 2000~2004년 유네스코(UNESCO) 국제무용협회 한국본부 공동회장 2001년 국제기독교대 아세아문화연구소 연구원 2002년 일본국제교류기금 와세다대 초빙교수 2002~2006년 국립국악원 자문위원 2003년 일본 국제기독교대 초빙교수 2003~2006년 미국 UCLA 한국학연구소 풀브라이트장학금 초빙교수 2003년 일본비교무용학회 이사, 同평의원(현) 2003~2007년 한국예술종합학교 최고경영자문화예술과정(CAP) 주임교수 2004년 강릉국제관광민속제 공연분야 자문위원 2004년 국립국악원 강릉국제관광민속제 공연분야 자문위원 2004년 서울국제무용콩쿠르 집행위원장(현) 2008~2010년 대한무용학회 이사 2011년 한국예술종합학교 무용원 이론과장 2012~2015년 同무용원장 2013년 호남미래포럼 이사 및 여성정책위원장(현) 2014년 중국 상해복단대 한국연구소 객좌연구원(현) 2015년 문화재청 무형문화재분과위원회 문화재위원(현) ❸제3회 객석예술평론가상 가작(1987), 제4회 객석예술평론가상 대상(1988), 일본 동경예산 25개년기념 작문 일선(1991), 문화체육관광부장관표창(2009), 대한민국예술상 대통령상(2012), 대한무용학회예술상 우수예술인상(2014) ❹포스트 모던 댄스의 미학'(1989) '포스트 모더니즘과 예술'(1991) '민족무용학'(1999) '아시아 무용 · 음악 자료-해제집'(2001) '완역집성 정재무도홀기'(2005, 보고사) '한국전통무용의 변천과 전승'(2005, 보고사) '전통무용의 변모와 현대적 계승'(2008, 민속원) '순조조 연경당 진작례'(2009, 민속원) '민족무용'(2011) '춤과 문화(共)'(2011) '춘앵전'(2011) '처용무'(2011, 민속원) '일본 예악무의 융합적 연구(共)'(2014, 민속원) '동아시아 민족무용담론'(2015) ❺발레, 현대무용'(1986) '무용연구법'(2001) '그림으로 보는 일본아악입문사전'(2014) '그림으로 보는 가가쿠 입문사전'(2016) '중국무용 변천사'(2016) ❻가톨릭

허영택(許榮澤)

❶1961 · 8 · 13 ㉮서울 중구 세종대로9길20 신한은행 임원실(02-756-0506) ㉯1980년 광주 대동고졸 1987년 고려대 경영학과졸 ㉰1987년 신한은행 입행 1992년 同천호동지점 대리 1997년 同기업고객부 대리 1997년 同중소기업지원부 심사역 1998년 同여신심사부 심사역 1998년 同뉴욕지점 차장 2002년 同여신심사부 부부장 겸 심사역 2003년 同기업고객지원부 부부장 2004년 同기업고객지원부 팀장(부서장대우) 2006년 同뉴델리지점장 2010년 同기업금융개선지원본부 선임심사역(부서장대우) 2011년 同글로벌전략부장 2013년 同베트남법인장 2015년 同글로벌사업그룹 부행장보(현)

허영호(許永鎬) Hur Young Ho (松巖)

❶1952·1·1 ㉢양천(陽川) ㉤제주 ㉮제주특별자치도 제주시 중앙로217 제주벤처마루9층 제주테크노파크(064-720-2302) ㉯1971년 제주 오현고졸 1975년 서울대 전자공학과졸 1997년 경북대 경영대학원졸 2007년 명예 경영학박사(전남대) ㉰1977년 LG전자 TV 생산기술과 입사 1994년 同이사 1996년 同 DVD사업담당 상무이사 1999년 同TV OBU장 전무이사 2000년 LG마이크론 대표이사 사장 2001년 LG이노텍(주) 부품사업본부장(부사장) 2002~2011년 同대표이사 사장 2008~2009년 LG마이크론 대표이사 2009~2012년 한국광산업진흥회 회장 2012~2014년 LG이노텍(주) 고문 2014~2016년 (주)창성 대표이사 사장 2016년 제주테크노파크 원장(현) ❸상공부장관표창(1980), 국무총리표창(1980), 은탑산업훈장(1999), 글로벌CEO 퍼포먼스상(2003), 금탑산업훈장(2007) ❹'청정문'(2014, 올림) ❻불교

허영호(許永浩) HEO Young Ho (현등)

❶1954 · 4 · 16 ㉤충북 제천 ㉮서울 중랑구 망우동314 드림앤어드밴처(02-3436-3211) ㉯1973년 제천고졸 1989년 청주대 체육학과졸 1994년 고려대 자연자원대학원 수료 ㉰1982년 히말라야 마카루(8,481m) 등정 1983년 히말라야 마나슬루(8,156m) 무산소 단독등정 1987년 히말라야 에베레스트(8,848m, 세계 최고봉) 동계등정 1989년 히말라야 로체(8,516m) 단독등정 1991년 북극점(90°N) 원정 1992년 남미 안데스 아콩카구아(6,959m, 남미 최고봉) 등정 1992년 북미 맥킨리(6,194m, 북미 최고봉) 단독등정 1992년 아프리카 킬리만자로(5,895m, 아프리카 최고봉) 등정 1993년 중국 초모랑마(8,848m) 등정 · 네팔 횡단(세계최초 횡단기록) 1994 · 1997년 남극점(90°S) 원정 1994년 뉴기니아 탐험 · 칼스텐즈(4,884m, 오세아니아 최고봉) 등정 1995년 북

극점 경유 · 북극해 횡단 1995년 러시아 코카서스 엘브르즈(5,642m, 유럽 최고봉) 등정 1995년 남극 빈슨 매시프(5,140m, 남극 최고봉) 등정, 한국산악회 이사 1995년 Dream & Adventure 대표(현) 1996년 북미 맥킨리(6,194m) 등정 1997년 티베트 초오유(8,201m) 무산소 등정 1998년 아프리카 킬리만자로(5,895m) · 케냐산(5,199m) 등정 1998년 러시아 코카서스 엘브르즈(5,642m) 가족등반 등정 1999년 에콰도르 침보라조(6,310m, 지구핵 중심 최고봉) 등정 1999년 세계최고봉 활화산 코토팍시(5,897m) 등정 2000년 호주 코지우스코(2,228m, 호주대륙 최고봉) 등정 2001년 러시아 캄차카반도 클류체프스카야(4,750m, 동북아 최고봉) 등반 2002년 히말라야 에베레스트 View Point 트레킹 2003년 프랑스 몽블랑(4,807m) 등정 2005년 아프리카 킬리만자로(5,895m)등정 2007년 히말라야 에베레스트(8,848m) 동계20주년기념 등정(3번째 성공) 2008년 한국최초 초경량비행기 서울-제주 1,000km 비행 성공 2009년 경기관광공사 국제레저항공전 홍보대사 2009년 한국최초 서울-독도 비행성공 2010년 히말라야 에베레스트 세계 최초 부자(父子) 동시 등정 2011년 충북지방경찰청 홍보대사 2016년 히말라야 에베레스트정상 등정 ❸체육훈장 기린장(1982), 체육훈장 거상장(1988), 체육훈장 맹호장(1991), 체육훈장 청룡장(1996) ❹'걸어서 땅끝까지'(1993, 도서출판 청산)

허영호(許映皓) Heo Youngho

❶1986 · 7 · 2 ㉮서울 성동구 마장로210 한국기원 홍보팀(02-3407-3870) ㉰경기대 중문학과졸 ㉰2001년 입단 2003년 오스람코리아배 신예연승최강전 우승 2003년 농심신라면배 한국대표 2003년 3단 승단 2006년 5단 승단 2006년 비씨카드배 신인왕전 우승 2007년 6단 승단 2007년 SK가스배 준우승 2007년 마스터스 토너먼트 우승 2008년 제10회 농심신라면배 한국대표 2009년 7단 승단 2009년 바투 인비테이셔널 우승 2010년 삼성화재배 준우승 2011년 9단 승단(현) 2011년 KB국민은행 한국바둑리그 준우승 ❸바둑대상 감투상(2010), KB국민은행 바둑리그 5월 MVP(2015)

허완구(許完九) Wan Koo HUH

❶1936 · 5 · 20 ㉢김해(金海) ㉤경남 진양 ㉮서울 중구 서소문로106 동화빌딩6층 (주)승산 회장실(02-3473-6566) ㉯1955년 경남고졸 1961년 미국 노스캐롤라이나 윈게이트대(Wingate Univ.) 경영학과졸 ㉰1970년 대왕유운 사장 1982년 대한올림픽위원회(KOC) 위원 1983년 민속씨름협회 회장 1983년 씨름협회 회장 1985년 대한올림픽위원회(KOC) 상임위원 1985년 同부위원장 1985년 (주)승산 사장 1995년 同회장 2007년 同대표이사 회장(현) ❸국민훈장 동백장, 경남교육상(2009)

허완수(許完洙) HUH Wan Soo

❶1957 · 2 · 3 ㉮서울 동작구 상도로369 숭실대학교 화학공학과(02-820-0629) ㉯1980년 서울대 공업화학과졸 1983년 미국 코네티컷대(Univ. of Connecticut) 대학원 화학공학과졸 1986년 화학공학박사(미국 코네티컷대) ㉰1986~1991년 미국 매사추세스대 Post-Doc. 1988~1991년 미국 공군재료연구소 수석연구원 1991~1996년 한국생산기술연구원 화학공정연구팀장(수석연구원) 1996년 숭실대 화학공학과 조교수 · 부교수 · 교수(현) 2000년 한국고분자학회 조직이사 · 평이사(현) 2000~2001년 Dr. M. El-Halwagi Lab 교환교수 2001~2003년 숭실대 환경화학공학과 학과장 2002~2003년 미국 National Research Couucil Senior Fellow 2004년 한국화학공학회 평의원(현) 2004~2006년 숭실대 공과대학 부학장 2005년 한국환경자원공사 감량평가심의위원 2005년 기술사필기시험 출제위원 2006 · 2007년 ABEEK 프로그램 평가위원 2006~2007년 숭실대 연구산학협력처장 겸 기술이전센터장, 同산학협력단장, 同벤처중소기업센터장, 同기술이전센터장 2008~2009년 同미래기술연구소장 2014년 同공과대학장(현)

허 용(許 龍) Heo, Yong

❶1955 · 9 · 26 ㉢양천(陽川) ㉤강원 고성 ㉮서울 동대문구 이문로107 한국외국어대학교 사범대학 한국어교육과(02-2173-3574) ㉯1982년 한국외국어대 한국어교육과졸 1987년 영국 런던대 대학원졸 1995년 언어학박사(영국 런던대) ㉰1995년 영국 런던대 객원연구원 1996~2001년 한국방송통신대 방송통신교육연구소 책임연구원 2001년 한국외국어대 사범대학 한국어교육과 교수(현) 2007년 국제한국어교육학회 회장 2008~2009년 한국외국어대 입학처장 2009년 同다문화연구센터장 2011년 문화체육관광부 국어심의회 언어정책분과위원회 위원 2011~2012년 한국언어문화교육학회 회장 2012년 한국외국어대 한국학센터장 2013년 同한국어문화교육원장(현) ❹'외국인을

위한 한국어문법 Ⅰ · Ⅱ'(2004) '외국어로서의 한국어 교육학 개론(2005) '외국어로서의 한국어 발음 교육론'(2006) [역]'음운론 이해'(2005)

허용구(許容九)

[생]1970 · 11 · 27 [출]경북 칠곡 [주]대구 수성구 동대구로 364 대구지방법원(053-757-6600) [학]1988년 대구 달성고졸 1992년 고려대 법학과졸 [경]1995년 사법시험 합격(37회) 1998년 사법연수원 수료(27기) 1998년 대구고검 검사 2001년 대구지검 법무관 2003년 同안동지청 검사 2004년 인천지검 검사 2006~2007년 서울남부지검 검사 2007년 대구지법 판사 2009년 대구고법 판사 2011년 대구지법 서부지원 판사 2014년 부산지법 동부지원 부장판사 2016년 대구지법 부장판사(현)

허용범(許容範) Heo Yongbom

[생]1964 · 10 · 10 [본]양천(陽川) [출]경북 안동 [주]서울 동대문구 왕산로225 미주상가A동508호(02-961-3215) [학]1983년 경북 경일고졸 1987년 서울대 법대졸 2001년 미국 하버드대 정치행정대학원 정치행정학과졸 [경]1989년 조선일보 입사 · 사회부 기자 1992년 同정치부 및 정치담당 기자(차장대우) 2004년 同논설위원 2004~2007년 同워싱턴특파원(워싱턴지국장) 2007년 한나라당 박근혜 대선예비후보 공보특보 2007년 同제18대 대통령선거대책위원회 비서실 메시지부단장 2007년 제17대 대통령직인수위원회 당선인비서실 정무기획1팀 정무기획비서 2008년 제18대 국회의원선거 출마(안동, 한나라당) 2009~2010년 국회 초대 대변인 2011년 한나라당 대표최고위원 공보특보 겸 비서실 정무부실장 2012년 새누리당 서울동대문구甲당원협의회 운영위원장(현) 2012년 제19대 국회의원선거 출마(서울 동대문구甲, 새누리당) 2013~2015년 (재)방송콘텐츠진흥재단 이사장 2016년 제20대 국회의원선거 출마(서울 동대문구甲, 새누리당) [저]'지방경영시대(共)'(1995) '한국언론 100대특종'(1999) '하버드 백수'(2012, 리즈앤북) '동대문 청년의 길'(2015, 리즈앤북) [역]'대통령과 권력'(2001)

허용삼(許容三) HUH Young Sam

[생]1944 · 8 · 18 [본]양천(陽川) [출]서울 [주]서울 서초구 서초중앙로63 리더스빌딩4층 한국수출포장공업(주)(02-525-2981) [학]1963년 중앙고졸 1984년 고려대 최고경영자과정 수료 [경]1968년 한국수출포장공업(주) 입사 1970~1972년 同감사 1976~1980년 동서포장 상무이사 1980년 한국수출포장공업(주) 부사장 1982년 同대표이사(현) 2008~2010년 함경남도 행정자문위원회 위원 2010~2014년 同중앙도민회 고문 [상]재무부장관표창(1986), 보건복지부장관표창, 재정경제원장관표창, 금탑산업훈장(1996) [종]기독교

허용석(許容碩) HEO Yong Seok

[생]1965 · 1 · 20 [본]양천(陽川) [출]충남 천안 [주]대전 서구 둔산중로78번길45 대전고등법원 수석부장판사실(042-470-1114) [학]1983년 천안북일고졸 1987년 서울대 사법학과졸 [경]1986년 사법시험 합격(28회) 1989년 사법연수원 수료(18기) 1989년 軍법무관 1992년 서울민사지법 판사 1994년 서울지법 남부지원 판사 1996년 대전지법 판사 1997년 대전고법 판사 1998년 대전지법 판사 1998년 일본 히토츠바시대 연수 1999년 대전고법 판사 2000년 대전지법 판사 2004년 同천안지원 부장판사 2006년 대전지법 민사4부 부장판사 2007년 同가정지원장 2009년 同부장판사 2010년 同천안지원장 2012년 대전고법 부장판사 2014년 대전지법 수석부장판사 2014년 세종특별자치시선거관리위원회 위원장 2016년 대전고법 수석부장판사(현) 2016년 충남도선거관리위원회 위원장(현)

허용수(許榕秀) HUH Yong Soo

[생]1968 · 10 · 16 [주]서울 강남구 논현로508 GS에너지 에너지자원사업본부(02-2005-0800) [학]1986년 보성고졸 1994년 미국 조지타운대졸 2002년 미국 스탠퍼드대 벤처비즈니스과정 연수 2006년 한국과학기술원(KAIST) EMBA 석사 [경]1993년 미국 Farwest Steel 이사(현) 1994년 (주)Realmedia Korea · (주)드림스포츠 비상임이사(현) 1997~1999년 국민은행 사외이사 1997년 (주)승산 상무 2000~2006년 同대표이사 사장 2001~2006년 (주)SLS 대표이사 2003~2006년 (주)승산레저 대표이사 사장 2007년 GS홀딩스 사업지원담당 상무 2009년 同사업지원팀장(상무) 2009년 (주)GS 사업지원팀장(상무) 2009년 同사업지원팀장(전무) 2012년 GS에너지 종합기획실장(부사장) 2016년 同에너지자원사업본부장(부사장)(현)

허용준(許溶埈) Huh, Yong-Jun

[생]1974 · 6 · 14 [출]서울 [주]경기 용인시 기흥구 이현로30번길107 (주)녹십자홀딩스 비서실(031-260-9220) [학]1993년 경기고졸 2001년 연세대 지질학과졸 2003년 미국 위스콘신대 대학원졸(MBA) [경](주)녹십자 이사 2009년 (주)녹십자홀딩스 부사장(현)

허용철(許龍喆) HUR Yong Chul

[생]1952 · 6 · 5 [본]양천(陽川) [출]서울 [주]세종특별자치시 전의면 덕고개길12의11 한국콜마 임원실(044-862-8490) [학]동양공고졸, 중앙대 화학과졸 [경](주)태평양 수원공장 근무, 同생산지원팀 부장, 同대전공장 공장장, 同이사대우, 아모레퍼시픽 수원공장장(상무) 2006~2014년 코스비전 대표이사 2015년 한국콜마 화장품부문 생산본부 부사장(현) [종]기독교

허 운(虛 韻)

[생]1959 · 1 · 6 [출]경기 안양 [주]대구 동구 파계로741 파계사(053-984-4550) [학]1977년 범어사 승가대학졸, 화엄학림 수료 [경]1972년 파계사 일우스님을 계사로 사미계 수지 1978년 쌍계사 고산스님을 계사로 비구계 수지, 범어사 승가대학 강사, 통도사 승가대학 강사 1988~1993년 대한불교조계종 원효암 주지서리, 同동화사 교무국장 1998~2002년 同보림사 주지 2002~2005년 同은적사 주지 2005년 同총무원 재무부장 2006년 同동화사 주지 2006년 대구불교방송 운영이사 2008~2010년 同사장 2010~2012년 옥포 용연사 주지 2012년 파계사 주지(현) [종]불교

허운나(許雲那 · 女) HUH Unna

[생]1949 · 1 · 30 [본]김해(金海) [출]서울 [주]인천 연수구 아트센터대로97번길45 체드윅 인터내셔널(032-250-5043) [학]1967년 경기여고졸 1971년 서울대 영어영문학과졸 1973년 미국 플로리다주립대 대학원 문헌정보학과졸 1976년 교육공학박사(미국 플로리다주립대) [경]1976년 미국 플로리다주립대 연구교수 1979년 미국 산업교육 고문교수 겸 ATHENA 수석연구원 1981년 한국교육개발원 국제비교연구실장 1983~2000년 한양대 교육공학과 교수 1987년 영국 케임브리지대 객원교수 1988~2000년 한양대 교육공학연구소장 1995년 한국교육공학회 회장 1996년 대통령자문 교육개혁위원회 위원 1998년 한국산업교육학회 회장 1998년 교육정보화추진위원회 부위원장 1998년 한국정보화교육연합회 부회장 1998년 여성정보문화21 회장 1999년 미국 모토로라대 자문교수 1999년 대통령자문 국가과학기술자문위원회 위원 2000년 세계예능인교류협회 부총재 2000~2003년 제16대 국회의원(전국구, 새천년민주당) 2000년 새천년민주당 중앙위원회 부의장 2000년 국회 사이버정보문화연구회장 2000년 새천년민주당 사이버홍보지원단장 2002년 同사이버지원단장 2002년 국제IT의원연맹(IPAIT) 회장 2002년 새천년민주당 인터넷선거특별본부장 2003년 열린우리당 전자정당위원장 2004~2007년 한국정보통신대 총장 2005년 열린우리당 고문 2005년 한국유비쿼터스농촌포럼(KUVF, Korea Ubiquitous Village Forum) 공동대표 2006년 방송통신융합추진위원회 민간위원 2006년 제2회 세계대학총장포럼(IFUP-ICT) 의장 2008~2010년 (사)국가보훈문화예술협회 회장 2010년 Chadwick International 고문 겸 대외총괄교장(현) [상]미국 플로리다주립대 '최고의 동창상'(1986), 한국능률협회 인재개발대상 특별공로상(1998), 인도 '제22회 프리야다쉬니(PRIYADARSHNI) 글로벌 어워드 교육부문'(2006) [저]'교육방법과 교육공학'(1986) '산업교육 요구분석'(1993) '정보공학과 교육'(1993) '교육공학개론'(1998) '정보시대와 미국의 교육혁명'(1998) 'N세대의 무서운 아이들'(1999) '내 품에 안긴 세계'(2000) 자서전 '8막23장'(2014, 나남출판사) [종]기독교

허원기(許元基) HUH Won Ki (竹田)

[생]1942 · 5 · 15 [본]양천(陽川) [출]충남 당진 [주]서울 성동구 왕십리로222 한양대학교 교육대학원(02-2220-0114) [학]1960년 인천사범학교졸 1971년 서울교대 부설 교원교육원 수료 1974년 서울교육대졸 1978년 명지대 국어국문학과졸 1980년 인하대 교육대학원 교육학과졸 2007년 교육학박사(인하대) [경]인천교대 강사, 교육과정 심의위원(3 · 4 · 5 · 6 · 7차), 인천시교원단체총연합회 회장, 한국교육행정연수회 인천지부장, 민주평통 자문위원 1961~1981년 초등학교 교사 1984년 인천 학익초 교감 1986년 인천교대부속초 교감 1990년 인천시교육과학연구원 교육연구관(연수부장 · 연구지도

ㅎ

부장) 1992년 인천 중앙초 교장 1996년 인천 송도초 교장 2000년 인천교대 부설초 교장 2002년 인천 신선초 교장 2002~2006년 인천시 교육위원, 인하대 교육대학원 초빙교수, 한양대 교육대학원 강사(현) ②문교부장관표창(1973·1986), 한국교육자대상(1987), 대통령표창, 황조근정훈장(2003) ②'현장교육연구의 방법'(1992·2000) '하고싶은 일보다 해야 할 일을 먼저(上·下)'(2002) '地方敎育自治論'(2008) '교육의 힘을 키우는 정치'(2012) ③기독교

허원웅(許元雄) HEO Won Ung

④1960·3·28 ②양천(陽川) ③강원 태백 ④서울 중구 새문안로16 NH농협금융지주 임원실(02-2080-5114) ③1978년 강릉고졸 1986년 성균관대 농업경제학과졸 2001년 강원대 대학원 경영학과졸 ②1986년 농협중앙회 입사, 同태백시지부·인력개발부 근무 1990년 同강원도지회 과장대리, 同강원지역본부 지도과 대리·총무과장, 同강원도청출장소장, 同강원지역본부 농업금융팀장·검사역·저축금융팀장 2004년 同강원지역본부 총무팀장 2007년 同태백시지부장 2008년 同신탁부 퇴직연금단장 2009년 同기업고객부 부부장 2010년 同기업고객부 금융단장 2011년 同서울농협지역본부 지도경제부본부장 2012년 同이사회 사무국장 2013년 NH농협금융지주 경영지원부장 2014년 同PMI추진단장 2014년 同통합추진단장 2015년 同기획조정부장 2016년 同재무관리본부장(상무)(현) ③불교

허원제(許元齊) HUR won je

④1951·9·27 ②김해(金海) ③부산 ④서울 종로구 청와대로1 대통령 정무수석비서관실(02-770-0011) ③1970년 부산고졸 1974년 서울대 물리학과졸 1978년 同정치학과졸 2009년 연세대 언론홍보대학원졸 ②1978년 국제신문 기자 1980년 부산일보 기자 1981년 경향신문 기자 1981~1990년 KBS 기자 1991년 SBS 정치부 차장 1994년 同독일특파원 1997년 同선거방송기획단장 1997년 同전국부장 1998년 同기획취재CP 2000년 同사회1CP 2001년 同국제CP 2001년 同정치CP 2003년 同부국장급 특임CP 2004년 同비서실장(국장급) 2005년 同비서실장(이사) 2006년 同이사회 사무국장(이사) 2007년 한나라당 박근혜 대선 예비후보 특보 겸 방송단장 2007년 同이명박 대통령후보 방송특보 2008년 제17대 대통령직인수위원회 자문위원 2008년 제18대 국회의원(부산진甲, 한나라당·새누리당), 한나라당 부산시당 수석부위원장, 同부산시당 서민행복추진본부장, 세계문화컨텐츠포럼 상임공동대표 2010년 국회 세계박람회지원특별위원회 위원 2010~2012년 (사)부산콘텐츠마켓조직위원회 공동위원장 2011년 국회 문화체육관광방송통신위원회 법안심사소위원장 2011년 한나라당 홍보기획부본부장 2014~2015년 방송통신위원회 상임위원(차관급) 2014~2015년 同부위원장 2016년 대통령 정무수석비서관(현) ③불교

허 윤(許 允)

④1963·2 ④서울 마포구 백범로35 서강대학교 국제대학원(02-705-8948) ③서울대 경제학과졸, 경제학박사(미국 조지워싱턴대) ②서강대 국제대학원 교수(현), 세계은행 경제자문, 미국 조지타운대 플브라이트교 방문학자 2014년 서강대 국제대학원장(현), 외환은행 사외이사 2015년 KEB하나은행 사외이사(현)

허 윤(許 鈗)

④1975·7·19 ③전북 임실 ④전북 군산시 법원로68 전주지방법원 군산지원(063-450-5000) ③1993년 광주 진흥고졸 1999년 서울대 사법학과졸 ②1998년 사법시험 합격(40회) 2001년 사법연수원 수료(30기) 2001년 軍법무관 2004년 광주지법 판사 2006년 同목포지원 판사 2007년 수원지법 판사 2010년 서울중앙지법 판사 2012년 서울가정법원 판사 2014년 서울중앙지법 판사 2016년 전주지법 군산지원 부장판사(현)

허윤홍(許允烘) Huh Yoon Hong

④1979·1·24 ④서울 종로구 종로33 그랑서울 (주)GS건설 임원실(02-2154-5000) ③한영외국어고졸, 미국 세인트루이스대 국제경영학과졸, 미국 워싱턴대 대학원 경영학과졸 ②2002~2005년 LG칼텍스정유(現 GS칼텍스) 영업전략팀·강남지사·경영분석팀 근무 2005년 (주)GS건설 입사 2007년 同과장 2009년 同차장 2010년 同경영관리팀·플랜트기획팀·외주기획팀 부장 2011년 同재무팀장(부장) 2012년 同경영혁신·IR담당 상무보 2013년 同플랜트공사지원담당 상무 2014년 同플랜트부문 공사담당 상무 2015년 同사업지원실장(전무)(현)

허은영(許銀煐·女) Huh, Eun-young

④1963·5·11 ③충남 ④부산 남구 문현금융로40 부산국제금융센터(BIFC) 한국자산관리공사 공공사업본부(051-794-2111) ③1985년 연세대 가정대학 식생활학과졸 2006년 한국과학기술원(KAIST) 경영대학원 MBA ②1985년 중소기업은행 입행 2008년 同제일기획지점장 2009년 同도곡팰리스지점장 2011년 同PB고객부장 2014년 同카드마케팅부장 2014년 한국자산관리공사 공공사업본부장(상임이사)(현)

허은철(許銀哲) Eun Chul Huh

④1972·2·23 ④서울 ④경기 용인시 기흥구 이현로30번길107 (주)녹십자 비서실(031-260-9730) ③1990년 영동고졸 1994년 서울대 식품공학과졸 1998년 同생물화학공학대학원졸 2004년 식품공학박사(미국 코넬대) ②1998~1999년 (주)녹십자 경영기획실 근무 2004~2006년 (재)목암생명공학연구소 기획관리실장 2006~2007년 (주)녹십자 R&D기획실 상무이사 2008년 同R&D기획실 전무이사 2009년 同부사장(CTO) 2013년 同기획조정실장(부사장) 2015년 同대표이사 사장(현)

허의도(許義道) Huh Eui Do

④1957·2·25 ②김해(金海) ③경남 고성 ④서울 양천구 목동동로233 방송통신심의위원회 사무총장실(02-3219-5114) ③부산고졸 1983년 부산대 경제학과졸 2010년 건국대 언론홍보대학원졸 ②1983~1988년 한국산업은행 근무 1988년 중앙경제 산업부·편집부·월간중앙 기자, '세계의문학'에 '가족'으로 등단, 시인(현) 1995년 중앙일보 월간WIN 차장 1996년 同경제2부 정보과학팀 차장 1997년 同문화섹션팀장 1998년 同문화부 차장, 신문윤리위원회 위원 1999년 중앙일보 경제부 차장 2001년 同증권팀 차장 2002년 同대중문화팀장(차장) 2002년 同문화부장(부장대우) 2004년 同사사편찬실 부장대우 2004~2011년 앰네스티언론인위원회 위원장 2007년 중앙일보시사미디어 월간중앙 편집장 2008년 同월간중앙·이코노미스트부문 편집인(부국장) 2009~2012년 同이코노미스트 대표이사 2012년 포스코경영연구소 경영자문위원(전무) 2014년 방송통신심의위원회 사무총장(현) ③중앙일보 공로상(1996·2006), 중앙일보 특종상(2001), 대한민국경제리더 대상(2010) ②'낭만아파트'(2008) '미디어혁신에 관한 모든 시선 M-everything'(2011) '따뜻한 자본주의'(2012) ②시 '가족' 외 3편으로 세계의 문학 1988년 등단

허 인(許 鈏) Hur Yin

④1961·12·19 ④서울 영등포구 국제금융로8길26 KB국민은행 9층 영업그룹(02-2073-5000) ③대구고졸, 서울대 법학과졸, 同대학원 법학과졸 ②2004년 KB국민은행 대기업부장 2005년 同동부기업금융지점장 2008년 同신림남부지점장 2012년 同삼성타운기업금융지점장 2013년 同여신심사본부 상무 2014년 同경영기획그룹 전무 2015년 同영업그룹 부행장(현)

허인구(許仁九) HUR In Ku

④1959·8·28 ②김해(金海) ③강원 춘천 ④서울 종로구 종로1 SBS미디어크리에이트(02-6262-2800) ③1978년 춘천고졸 1985년 서울대 경제학과졸 ②1986~1991년 MBC 사회부 기자 1991년 SBS 사회문화부·정치부 차장대우 2000년 同인사2팀장(부장급) 2002년 同워싱턴지국장 2005년 同보도본부 국제부장 2007년 同보도본부 문화과학부장 2008년 同보도본부 경제부장(부국장급) 2008~2009년 同스포츠국장 2009~2010년 SBS스포츠채널 대표이사 2009년 SBS골프채널 대표이사 2010년 SBS 스포츠기획단장(부국장급) 2012년 SBS미디어크리에이트 영업담당 전무 2013년 강원학사숙우회 회장(현) 2014년 SBS미디어크리에이트 영업총괄 전무 2015년 同대표이사 사장(현) ③천주교

허인철(許仁哲) HUR Inn Chul

④1960·3·26 ②김해(金海) ③경남 마산 ④서울 용산구 백범로90다길13 오리온그룹(02-710-6000) ③마산고졸, 연세대 경영학과졸 ②1986년 삼성(주) 입사, 삼성물산 경리과장 2004년 (주)신세계 경영지원실 재경담당 상무 2005년 同경영지원실 관리담당 상무 2005년 (주)스타벅스코리아 이사(현) 2006년 (주)신세계 경영지원실장(부사장) 2011년 신세계그룹 경영전략실장(부사장) 2011년 同경영전략실장(사장) 2012년 (주)이마트 대표이사 사장 2013~2014년 同영업총괄부문 대표이사 사장 2014년 오리온그룹 부회장(현)

허일섭(許日燮) HUH Il Sup

[생]1954·5·28 [출]서울 [주]경기 용인시 기흥구 이현로30번길107 (주)녹십자홀딩스(031-260-9386) [학]1973년 경기고졸 1977년 서울대 경영학과졸 1982년 미국 인디애나대 대학원 경영학과졸 1988년 경영학박사(미국 휴스턴대) [경]1979년 (주)녹십자 입사 1988년 한일시멘트공업(주) 이사 1990년 同상무이사 1991년 (주)녹십자 전무이사 1992~1996년 (주)녹십자베링거하임 사장 1992년 (주)녹십자 부사장 1997~2002년 同대표이사 사장 2002년 同대표이사 부회장 2002년 (주)녹십자PD 대표이사 부회장 2002년 (주)녹십자BT 대표이사 부회장 2003년 녹십자R&D 대표이사 부회장 2004~2009년 (주)녹십자홀딩스 대표이사 부회장 2005~2007년 한국제약협회 이사장, (주)바이로메드 비상근이사, 보건산업최고경영자회의 공동회장(현) 2009~2013년 한국바이오협회 부회장 2009년 (주)녹십자홀딩스 대표이사 회장(현) 2009년 한국제약협회 자문위원(현) 2010년 목암생명공학연구소 이사장(현) [상]한국언론인연합회 자랑스러운 한국인 대상 보건산업부문(2013)

허일승(許壹勝)

[생]1970·2·1 [출]경남 진주 [주]제주특별자치도 제주시 남광북5길3 제주지방법원(064-729-2000) [학]1988년 부산대사대부고졸 1993년 서울대 물리학과졸 [경]1997년 사법시험 합격(39회) 2000년 사법연수원 수료(29기) 2000년 수원지법 판사 2002년 서울지법 판사 2004년 울산지법 판사 2006년 광주지법 목포지원 판사 2008년 서울북부지법 판사 2010년 서울중앙지법 판사 2013년 서울고법 판사 2015년 제주지법 부장판사(현)

허일태(許一泰) Hoh Il Tae (海田)

[생]1951·3·10 [본]김해(金海) [출]전남 고흥 [주]부산 서구 구덕로225 동아대학교 법학전문대학원(051-200-8516) [학]1974년 국민대 법학과졸 1978년 부산대 대학원 법학과졸 1984년 법학박사(독일 뷔르츠부르크대) [경]1984~2008년 동아대 법대 조교수·부교수·교수 1996~1998년 동아법학연구소 소장 1998년 한국비교형사법학회 창립준비위원장 1999~2004년 영남형사판례연구회 초대회장 2002~2003년 한국형사정책학회 회장 2003~2004년 한국형사법학회 회장 2004년 부산고검 항고심사위원(현) 2004~2008년 중국 인민대 법학부 객좌교수 2004년 중국 서북정법대 객좌교수(현) 2004~2005년 법무부 정책자문위원 2004~2007년 同형사법개정특별분과 자문위원 2004~2006년 한국법철학회 부회장 2005년 동아대 경찰법무대학원장 겸 법과대학장 2005~2006년 한국비교형사법학회 회장 2005~2007년 대검찰청 정책자문위원 2005~2009년 부산시 소청심사위원 2006~2009년 중국 무한대학 객좌교수 2006~2011년 중국 북경사범대 형사법률학과 객좌교수 2007년 법무부 형사법개정특별분과위원(현) 2008~2016년 동아대 법학전문대학원 교수 2008년 대법원 형사실무연구회 부회장(현) 2008년 한중형사법연구회 회장(현) 2008~2010년 학교법인 석파학원 이사 2008~2010년 동아법학연구소 소장 2009~2016년 동아법학회 회장 2009~2016년 한국사형폐지운동협의회 의장 2010년 법무부 법정형정비소위원회 위원장(현) 2010년 일본 규슈대 객원교수 2011년 한국엠네스티 법률가위원회 위원장(현) 2011년 중국 북경사범대 형사법률학과 객좌교수(현) 2016년 동아대 법학전문대학원 명예교수(현) [상]동아학술상(2000), 법무부장관 감사패(2005), 한국범죄방지재단 학술상(2010), 검찰총장 감사패(2012), 제3회 유기천법률문화상(2016) [저]'법학입문' '인간적인 법을 찾아서' '형법연구Ⅰ·Ⅱ·Ⅲ·Ⅳ·Ⅴ·Ⅵ·Ⅶ' '형벌과 인간의 존엄' '권력과 자유'(共·編) '효당 엄상섭의 형법논집'(共·編) '인간의 존엄과 권력' [역]'독일형법총론' '법철학입문' '형사정책'(共) '법철학의 기본문제' '법학방법론 입문' '법학방법론' '일본형법이론사의 종합적 연구' [종]가톨릭

허 장(許 璋) HEO Jang

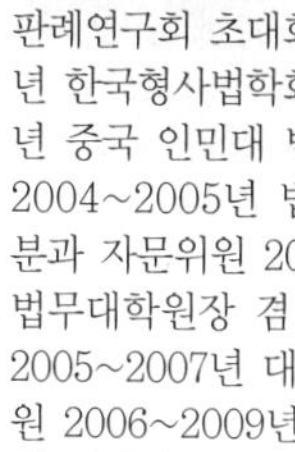

[생]1961·1·23 [주]전남 나주시 빛가람로601 한국농촌경제연구원 국제농업개발협력센터(061-820-2357) [학]1983년 서울대 사회학과졸 1985년 同대학원 사회학과졸 1997년 사회학박사(미국 위스콘신대 메디슨교) [경]1987년 한국농촌경제연구원 연구원 1991년 同책임연구원 1999년 성균관대 강사 2000년 환경사회학회 연구운영위원 2000년 한국농촌경제연구원 부연구위원 2001년 유기농업학회 이사 2004년 한국농촌경제연구원 연구위원 2009년 同글로벌협력연구본부 아시아농업연구센터장 2010년 同국제농업개발협력센터장 2010~2013년 세계농업식량안보프로그램(GAFSP) 자문위원 2014년 한국농촌경제연구원 국제농업개발협력센터장(선임연구위원)(현)

허 장(許 璋) HUH Jang

[생]1963·7·13 [본]양천(陽川) [출]서울 [주]서울 영등포구 여의대로24 전경련회관42층 동부화재해상보험 자산운용부문 투자사업본부(02-331-5420) [학]1982년 숭실고졸 1987년 서울대 경영학과졸 1989년 同대학원 경영학과졸 [경]1989~1994년 동양투자자문 조사역 및 주식운용역 1995~1996년 동양증권 홍콩현지법인 근무 1996~2004년 삼성생명 증권사업부 주식운용역·특별계정사업부 운용파트장 2004~2006년 삼성투신운용 LT사업본부 SA운용팀장 2006~2010년 푸르덴셜자산운용(주) 주식운용본부장(상무) 2011~2013년 템피스투자자문(주) 공동대표이사 2013년 동부화재해상보험(주) 자산운용부문 투자사업본부장(상무)(현) [종]천주교

허장현(許長鉉) HEO Jang Hyun

[생]1958·4·1 [주]강원 춘천시 강원대학길1 강원대학교 농업생명과학대학 바이오자원환경학과(033-250-6445) [학]1982년 강원대 농화학과졸 1984년 서울대 대학원 농화학과졸 1989년 농약독성학박사(미국 캘리포니아주립대) [경]1990~1992년 미국 캘리포니아주립대 연구원 1992년 강원대 농업생명과학대학 바이오자원환경학과 조교수·부교수·교수(현) 1994~1997년 同자원생물환경학부 학과장 겸 주임교수 1996~1998년 同공동실험실장 1998~1999년 일본 농림수산성 농업환경기술연구소 초빙연구원 1999년 국립농산물품질관리원 자문관(현) 1999년 (주)경농 중앙연구소 자문위원 2000년 농촌진흥청 농약안전성소위원회 위원(현) 2003년 강원도 지방공무원임용시험 출제위원 2004년 농촌진흥청 친환경자재심의위원장(현) 2004년 국립농산물품질관리원 정보공개심의위원(현) 2005년 한·일 FTA 부품소재 로드맵 전문위원 2005년 식품의약품안전청 연구사업선정평가위원 2005년 농업협동조합중앙회 안전농산물순회교육반 전문강사 2005~2006년 대통령자문 국가균형발전위원회 자문위원 2006년 (주)인섹트바이오텍 자문위원(현) 2006년 문화재수리기술자격시험 문제출제위원 2006년 강원대 친환경농산물안전성센터장(현) 2007년 잔류농약전문위원회 위원(현) 2012~2014년 강원대 농업생명과학대학 부속 농업생명과학연구원장 2012~2014년 同기후변화과학원장 2014~2016년 同농업생명과학대학장 [저]'잡초방제학 실험'(1997) '고랭지 감자 경작지의 잡초방제법'(1997) '잡초방제의 이론과 실제'(1999) '최신 농약학'(2001) '생물제어학'(2006)

허장회(許壯會) HEO Jang Hoi

[생]1954·6·15 [본]양천(陽川) [출]강원 원주 [주]서울 서대문구 명지대길103 충암스포츠문화센터6층 충암바둑도장(02-555-7507) [학]1973년 충암고졸 [경]1977년 입단 1983년 왕위전 준우승 1991~2010년 허장회어린이바둑교실 개업 1996년 8단 승단 2003년 9단 승단(현) 2011년 충암바둑도장 원장(현) [상]기도문화상 신예기사상(1983) [저]'어린이바둑수련장 입문-초급·중급편'

허 재(許 載) HUH JAE

[생]1965·9·28 [본]양천(陽川) [출]강원 홍천 [주]서울 송파구 올림픽로424 올림픽공원 올림픽테니스경기장내 대한농구협회(02-420-4221) [학]1984년 용산고졸 1988년 중앙대 체육교육학과졸 [경]1984~1999년 국가대표 농구선수 1988년 실업농구 기아자동차 입단 1997년 프로농구 기아엔터프라이즈 입단 1998~2004년 프로농구 원주TG 삼보 소속 1998~1999년 시즌 트리플더블 2회 2004년 미국 페퍼다인대 농구 객원코치 2005~2015년 전주 KCC 이지스 감독 2009·2011·2016년 남자농구 국가대표팀 감독(현) [상]농구대잔치 신인상(1984), 농구대잔치 베스트5(1989·1990·1993·1994·1995·1996), 농구대잔치 최우수선수(1991·1992·1995), ABC아시아남자농구선수권대회 MVP(1995), 프로농구 스몰포워드상(1997), 프로농구 플레이오프 MVP(1998), 프로농구 모범선수상(2003), 스포츠토토 한국농구대상 감독상(2009·2011) [종]기독교

허재건(許在健) HUR Jae Keon

[생]1950·5·1 [출]서울 [주]경기 안산시 단원구 원시로179 대원산업(주) 회장실(031-495-2301) [학]1969년 서울고졸 1973년 한양대 금속공학과졸 1994년 연세대 경영대학원졸 [경]1978~1986년 미국 Swieco Corp. 근무 1994년 대원산업(주) 부사장 1997년 同대표이사 사장 2001년 同회장(현) [상]철탑산업훈장(2002), 산업자원부장관표창(2005)

허재두(許才斗) HUH Jae Doo

[생]1943·11·18 [본]하양(河陽) [출]경북 상주 [주]경기 안양시 만안구 시민대로35 크라운제약(주) 임원실(031-443-3922) [학]1961년 상주농잠고졸 1965년 충북대 약대 약학과졸 1976년 경희대 약학대학원 약학과졸 1987년 약학박사(경희대) [경]1965~1969년 국립보건원 약품부 연구원 1970~1986년 Bayer Vetchem 공장장 1986~1991년 광동제약(주) 중앙연구소장 1987년 한국의약품수출입협회 한약재감별위원(현) 1988~2013년 식품의약품안전청 중앙약사심의위원 1991~1994년 수도약품공업(주) 전무이사 1991~1995년 충북대 대학원 겸임교수 1994~1998년 (주)일화 중앙연구소장 1996~2001년 경희대 대학원 겸임교수 1999~2000년 한국생약학회 부회장 1999년 크라운제약(주) 전무이사(현) 2013년 식품의약품안전처 중앙약사심의위원 2014년 同중앙약사심의위원회 전문가(현) [상]한국수출입협회장표창(1992) [저]'신비의 칼슘건강법'(2006, 약업신문사) [역]'웰빙 인삼요법'(2009, 약업신문사) [종]불교

허재명(許宰銘) HUH Jae Myoung

[생]1959·11·23 [출]경북 상주 [주]부산 사하구 하신번영로99 (주)아즈텍WB 비서실(051-202-3101) [학]1982년 동아대 경영학과졸 1986년 미국 Pepperdine대 대학원 경영학과졸 [경]1986년 (주)대왕산업 대표이사 1994~2007년 (주)세왕 대표이사 1997년 (주)아즈텍WB 부사장 겸 연구소장, 부산섬유패션산업연합회 부회장 2006년 (주)아즈텍WB 대표이사(현) [상]부산중소기업인 대상(2011) [종]불교

허재명(許栽銘) HEO Jae Myeong

[생]1972·5·9 [출]서울 [주]서울 마포구 마포대로45 일진머티리얼즈(주) 사장실(02-707-9060) [학]미국 보스턴대 대학원 경영학과졸 [경]2004년 일진경금속(주) 상무 2006년 일진소재산업(주) 대표이사 전무 2007~2009년 同대표이사 부사장 2010년 同공동대표이사 사장 2011년 일진머티리얼즈(주) 대표이사 사장(현)

허재완(許在完) Hur, Jae-Wan

[생]1953·10·21 [출]경북 경산 [주]경기 안성시 대덕면 서동대로4726 중앙대학교 사회과학대학 도시계획·부동산학과(031-670-3052) [학]1972년 대륜고졸 1979년 연세대 상경대학 경제학과졸 1982년 同대학원 경제학과졸 1986년 경제학박사(연세대) [경]1987년 중앙대 사회과학대학 도시계획·부동산학과 조교수·부교수·교수(현) 2002~2004년 同산업경영대학원장 2004~2006년 同산업과학대학장 2009~2010년 광역경제권선도사업단 단장 2009~2012년 대통령직속 지역발전위원회 위원 2009~2011년 지식경제부 지역특화발전지구위원회 위원 2009~2010년 국토해양부 자문위원회 위원 2009년 국가균형발전사업추진실적평가위원회 위원장 2009~2011년 경기도 도시계획위원회 위원 2009~2010년 同도시재정비위원회 위원 2009년 고양시 도시공사설립심의위원회 위원 2009~2010년 국가교통수요검증위원회 위원 2010~2012년 대한국토도시계획학회 회장 2010~2011년 국가경쟁력강화위원회 위원 2010~2011년 경기도 친환경도시자문단 위원 2010~2012년 한국지역경제학회 이사 2010~2012년 서울시 정보화전략위원회 위원 2010~2012년 同도시계획위원회 위원 2011~2012년 한국도시행정학회 이사 2011~2012년 한국지역학회 이사 2011~2013년 국무총리산하 세종시지원위원회 위원 2011~2013년 수도권정비위원회 위원 2011~2012년 국토해양부 자체평가위원회 위원 2012년 同갈등관리심의위원회 위원 2012년 서울시 열린광장운영시민위원회 위원 2012~2014년 국회입법조사처 자문위원회 위원 2013년 국토교통부 정책자문위원장 2013년 同자체평가위원장(현) 2013년 수원시정연구원 이사(현) 2013~2014년 중앙대 도시부동산연구소장 2014년 행정중심복합도시건설추진위원회 민간위원장(장관급)(현)

허재우(許在宇)

[생]1969·9·27 [주]세종특별자치시 도움5로20 국민권익위원회 청렴총괄과(044-200-7611) [학]1988년 전북사대부고졸 1993년 고려대 영어교육과졸 2009년 영국 버밍엄대 대학원 사회정책학과졸 [경]1998~2002년 보건복지부 한의약담당관실 장애인제도과 근무 2002~2006년 부패방지위원회 청렴총괄과·심사기획과 근무 2006~2007년 국가청렴위원회 법령분석관리팀장 2007~2009년 국비 장기유학(영국 버밍엄대) 2010년 국민권익위원회 사회제도개선담당관 2011년 同행정관리담당관 2011년 同심사기획과장 2012년 同운영지원과장 2013년 同청렴조사평가과장 2014년 同청렴총괄과장(현)

허재철(許在哲) HUR Jae Chul

[생]1947·6·19 [출]서울 [주]서울 중구 세종대로5길35 대원강업(주) 비서실(02-3455-7331) [학]1965년 배재고졸 1973년 중앙대 통계학과졸 1982년 고려대 경영대학원 수료 [경]1972년 대원강업(주) 입사 1985년 同이사 1988년 同상무이사 1991년 同전무이사 1994년 同부사장 1997~1998년 同사장 1999년 同부회장 2006년 同대표이사 회장(현) 2012년 삼원강재 대표이사(현) [상]동탑산업훈장(2004), 금탑산업훈장(2010)

허재택(許在澤) Huh Jae Taek

[생]1954·7·11 [주]부산 서구 대신공원로26 동아대의료원(051-240-2001) [학]1979년 부산대 의대졸 1982년 同대학원졸 1988년 의학박사(부산대) [경]1987~1988년 부산대 의대 전임강사 1990~1999년 동아대 의대 신경외과학교실 조교수·부교수 1991~1992년 미국 콜롬비아대·뉴욕대 교환교수 1995~1998년 동아대병원 응급의학과장·응급의료센터소장 1995~1997년 부산지검 의료자문위원 1996~2000년 의료보험연합회 진료비심사위원 1997년 미국 베일러의대 단기연수 1999년 동아대 의대 신경외과학교실 교수(현) 1999~2000년 同의대 교학과장 2012년 同의학전문대학원장 겸 의과대학장 2016년 同의료원장 겸 병원장(현) [상]보건복지부장관표창(2012)

허재형(許在衡) HEO Jae Hyung

[생]1959·6·6 [본]양천(陽川) [출]전남 [주]서울 강남구 논현로30길32 세솔반도체(주) 비서실(02-573-3131) [학]1980년 용산고졸 1988년 성균관대 전자공학과졸 [경]1988년 삼성반도체통신(주) 반도체부분 입사 1988~1991년 同반도체부분 ASIC사업부 근무 1992~1999년 삼성전자(주) 반도체부분 ASIC 영업&마케팅 대리·과장 2000~2002년 同반도체부분 SYSTEM LSI 마케팅1팀 부장 2004~2011년 (주)다원텍 부사장 2012년 세솔반도체(주) 대표이사(현) [종]불교

허 정(許 汀) HUR JUNG

[생]1951·2·2 [본]양천(陽川) [출]광주 [주]광주 북구 면앙로170번길10 에덴병원(062-260-3100) [학]1970년 광주제일고졸 1976년 전남대 의대졸 1979년 同대학원졸 1981년 同의과대학원 산부인과전문의과정 수료 1982년 국군통합병원 외래과정 수료 1988년 의학박사(전북대) 1995년 전남대 행정대학원 최고정책과정 수료 2003년 同경영대학원 최고관리자과정 수료 [경]1993년 광주 에덴병원 대표원장(현) 1997년 전남대 의대 외래교수(현) 1997년 조선대 의대 외래교수 1998년 광주학생독립운동기념사업회 이사(현) 2001~2009년 전남도선거관리위원회 위원 2003년 광주전남안전생활실천시민연합 공동대표(현) 2006~2009년 광주시의사회 회장 2006년 1등광주건설범시민추진위원회 위원 2006년 광주지법 민사조정위원회 회장 2007년 대한의사협회 부회장 2012년 광주지검 범죄피해자지원센터 이사장(현) 2012년 대한적십자사 광주전남지사 상임부회장(현) 2013~2015년 전남대총동창회 회장 2014년 전남대병원 이사(현) 2014년 전남사회복지공동모금회 회장(현) [상]국무총리표창(1998), 광주지방국세청장표창(2005), 재정경제부장관표창(2006), 에덴병원 대통령단체표창(2006), 보건복지부장관표창(2007·2012), 무등의림대상(2011), 적십자회원 유공장 금장(2013)

허정무(許丁茂) HUH Jung Moo

[생]1955·1·13 [본]양천(陽川) [출]전남 진도 [주]서울 종로구 경희궁길46 축구회관5층 한국프로축구연맹(02-2002-0663) [학]1974년 영등포공고졸 1978년 연세대졸, 수원대 교육대학원 체육교육과졸 [경]1973~1974년 청소년 국가대표 축구선수 1974~1986년 축구 국가대표(87경기 30골) 1978년 한국전력축구단 입단 1978년 제9회 방콕아시아경기대회 금메달 획득 1980~1983년 네덜란드 아인트호벤 프로축구단 소속 1984~1986년 현대 프로축구단 소속 1986년 제10회 서울아시아경기대회 금메달 1986년 멕시코월드컵 국가대표 1990년 이탈리아월드컵 국가대표축구팀 트레이너 1991년 포항 프로축구단 코치 1993~1994년 미국월드컵 국가대표축구팀 코치 1993년 포항 프로축구단 감독 1996~1998년 전남 드래곤즈 감독 1997·2006·2007년 축구협회(FA)컵 3회 우승 1998~2000년 국가대표축구팀 감독 2001년 KBS 축구해설위원 2001~2007년 용인축구센터 총감독 2004년 대한축구협회 기술위원 2004년 국가대표팀 수석코치 2004~2007년 전남 드래곤즈 감독 2007~2010년 국가대표축구팀 감독 2010년 남아공월드컵 감독(16강 진출) 2010~2012년 인천 유나이티드 FC 감독 2011년 목포국제축구센터 고문(현) 2012~2015년

허정무·거스히딩크축구재단 이사장 2013~2014년 대한축구협회 성인리그(고교·대학·실업·프로·국가대표)담당 부회장 2014년 브라질월드컵 국가대표축구팀 단장 2015년 한국프로축구연맹 부총재 겸 경기위원장(현) [상]체육훈장 백마장(1979), 체육훈장 거상장(1986), 아시아축구연맹(AFC) 올해의 감독상(2009), 자랑스러운 전남인상(2010), 아시아축구연맹(AFC) 공로상(2010), A-Awards 리더십부문(2010), 환경재단 세상을 밝게 만든 사람들(2010), 대한축구협회 특별공헌상(2010) [저]'도전하는 이는 두려워하지 않는다'(2014, 베스트일레븐)

허정석(許政錫) Heo Jeongseok

[생]1955·4·8 [본]김해(金海) [주]울산 동구 봉수로101 울산과학대학교 비서실(052-230-0503) [학]1976년 서울대 공대졸 1986년 同대학원졸 1995년 공학박사(부산대) [경]1979~1980년 금성계전(주) 근무 1980~1984년 한국전자통신연구소 연구원 1984~1986년 한국통신공사 연구개발단 선임연구원 1986~2013년 울산대 공대 컴퓨터정보통신공학부 교수 2005년 同디지털제조정보기술연구센터장 2007~2011년 同산학협력단장, 울산녹색환경지원센터 행정협의회 위원 2011~2013년 울산대 산학협력부총장 2013년 울산과학대 총장(현) [상]기술이전사업화경진대회 우수상(2010) [역]'CCITT 데이터통신망 인터페이스'(1986)

허정석(許正錫) HUH Jung Suk

[생]1969·10·18 [출]전북 부안 [주]서울 마포구 마포대로45 일진전기 비서실(02-707-9644) [학]경성고졸 1993년 연세대 경영학과졸, 미국 미시간대 대학원 경영학과졸 [경]일진다이아몬드(주) 이사, 일진그룹 경영기획실 상무 2004년 일진전기공업 전선사업본부장 겸 영업담당 전무 2006년 일진중공업(주) 대표이사 부사장 2007년 同대표이사 사장 2007년 일진전기 공동대표이사 2008년 (주)일진홀딩스 대표이사 사장(현) 2011년 일진전기 대표이사 2012년 기초전력연구원 비상임이사(현) 2013년 일진전기 각자대표이사(현) [상]산업포장(2007)

허정섭(許正燮) HUH Jung Sup

[생]1939·6·13 [본]하양(河陽) [출]경기 개성 [주]서울 강남구 강남대로330 우덕빌딩16층 한일시멘트(주) 임원실(02-531-7163) [학]1958년 서울고졸 1964년 한국외국어대 영어학과졸 1984년 서울대 경영대학원 최고경영자과정 수료 1984년 전국경제인연합회 국제경영원 최고경영자과정 수료(2기) [경]1970~1972년 (주)녹십자 상무이사 1973~1974년 녹십자수의약품(주) 대표이사 1974~1979년 한일산업(주) 전무이사 1979~1980년 한일시멘트(주) 전무이사 1980~1983년 同부사장 1983~1991년 同대표이사 사장 1983~1991년 전국경제인연합회 이사 1990~1992년 한국양회공업협회 회장 1992~1998년 한일시멘트(주) 대표이사 회장 1999~2003년 同회장 2003년 同명예회장(현) [상]동탑산업훈장(1986)

허정수(許政秀)

[생]1960·8 [주]서울 영등포구 국제금융로8길26 KB금융지주 임원실(02-2073-7114) [학]광주제일고졸, 동국대졸, 핀란드 헬싱키경제경영대학원 경영학과졸 [경]1990년 KB국민은행 입행 2006년 同ALM부장 2008년 同재무관리부장 2013년 同호남남지역본부장 2013~2015년 同재무본부장(상무) 2015~2016년 KB손해보험 최고재무책임자(CFO·상임이사) 2015~2016년 KB손해보험 스타즈 배구단 단장 2016년 KB금융지주 재무담당 부사장(현)

허정수(許丁穗)

[생]1966·11·16 [주]충남 천안시 동남구 신부7길17 대전지방검찰청 천안지청(041-620-4500) [학]1985년 오현고졸 1992년 고려대 국어국문학과졸 [경]1998년 사법시험 합격(40회) 2001년 사법연수원 수료(30기) 2001년 서울지검 검사 2003년 광주지검 순천지청 검사 2005년 대구지검 검사 2007년 부산지검 검사 2009년 서울남부지검 검사 2013년 수원지검 검사 2015년 대전지검 부부장검사 2016년 同천안지청 부장검사(현)

허 종(許 鐘) HUH Jong (曉山)

[생]1945·2·20 [본]양천(陽川) [출]경기 용인 [주]경기 용인시 기흥구 덕영대로1732 경희대학교 외국어대학(031-201-2204) [학]1963년 서울고졸 1968년 경희대 영문학과졸 1970년 同대학원졸 1972년 미국 하와이대 수료 1972년 미국 이스트웨스트대 수료 1976년 미국 위스콘신대 대학원졸 1992년 문학박사(충남대) [경]1971년 미국 Eastwest Center 연구원 1977년 미국 New York Korea News 편집자·문예비평가 1981~2010년 경희대 영문학과 교수 1986년 영국 케임브리지대 연구교수 1989년 경희대 교수협의회 부회장 1993~1998년 同국제캠퍼스 중앙도서관장 1998년 고전·르네상스드라마한국학회 회장 1998~2000년 경희대 외국어대학장 겸 외국어학부장 1999년 현대영·미드라마학회 감사 2001~2003년 한국번역가협회 부회장 2002년 미국 하버드대 객원교수 2003년 현대영·미드라마학회 연구이사·감사 2005년 국제지역학회 부회장 2005년 한국언어문화교육학회 국제이사 2010년 경희대 명예교수 2013년 에티오피아한국학회 회장 2014년 (사)밝은사회국제클럽 한국본부 서울클럽 회장 2015년 (재)밝은사회클럽(GCS) 국제본부 수석 부총재(현) [상]근정훈장(2010) [저]'그리스·로마극의 세계'(2000) '아서밀러의 사회극' 'Selected English & American Short Stories' [역]'Cultural Treasures of Korea'(1990) '성채'(1991) '수퍼러닝'(1992) '문학비평에서의 실험'(2002) '인간과 초인'(2003) '형제들'(2004) '영문학으로 문화 읽기'(2005) 외 다수 [종]기독교

허종구(許鐘九) Huh, Jong Koo

[생]1951·7·25 [본]양천(陽川) [출]강원 강릉 [주]서울 강남구 봉은사로59길26 (주)융도엔지니어링(02-2203-5691) [학]1969년 강릉고졸 1973년 고려대 이공대학 기계공학과졸 1995년 同정책대학원 최고경영자과정 수료 [경]1978~1986년 (주)현대건설 설계과장 1988년 (주)쌍용건설 설계차장 1988년 (주)융도엔지니어링 대표이사(현) 2000~2002년 서울시 건설기술심의위원회 위원 2000~2003년 가천대 공대 건축설비학과 초빙교수 2001~2003년 서울시도시개발공사 설계자문위원 2002~2004년 철도청 설계자문위원 2003~2005년 서울 송파구청 재건축안전진단평가단 위원 2003~2005년 건설교통부 공공철도건설심의위원회 위원(소방분야) 2004~2006년 대한설비공학회 재무이사 2004~2006년 한국철도시설공단 제1기 설계자문위원 2006~2008년 同건설기술심의위원 2008~2010년 건설감리협회 설비협의회 부회장 2010~2012년 한국설비기술협회 기술전문위원 2013~2015년 同포상위원회 위원 2013년 국토교통부 중앙설계기술심의위원(현) [상]대한설비공학회 스파이렉스상(2003), 한국화재소방학회 남헌상(2008), SH공사표창(2011), 한국설비기술협회 공로상(2014) [종]천주교

허종덕(許宗悳) Hur, Johng Duk

[생]1943·1·25 [주]경남 진주시 충의로19 한국토지주택공사(LH) 임원실(055-922-5114) [학]1961년 경남고졸 1970년 서울대 중어중문학과졸 1988년 중국 마카오대 대학원 중국문학과졸 [경]1971~1998년 포스코 입사·상무이사 1998~2005년 중국 강철공무집단그룹 한국고문 2006~2008년 중국 덕용강철그룹 한국총경리 2006~2008년 전남무안기업도시건설추진단 자문위원 2008~2015년 중국 비즈니스컨설팅 수행 2016년 한국토지주택공사(LH) 상임감사위원(현)

허종렬(許宗烈) Hur Jong Ryul

[생]1957·1·10 [출]경남 거창 [주]서울 서초구 서초중앙로96 서울교육대학교 사회교육과(02-3475-2431) [학]1977년 인창고졸 1979년 서울교육대졸 1983년 성균관대 법학과졸 1987년 서울대 대학원 법학과졸 1994년 법학박사(성균관대) [경]1979~1990년 초교 교사 1990~1991년 미국헌법연구소 수석연구원 1991~1995년 한국교원단체총연합회 교육정책연구소 선임연구원 1995~1997년 서울교육대·이화여대·성균관대 강사 1997년 대통령자문 교육개혁위원회 연구위원 1997년 서울교육대 사회교육과 조교수·부교수·교수(현) 2003~2005년 전국교육대학교교수협의회연합회 회장 2004~2005년 전국국공립대학교교수협의회연합회 회장 2004~2005년 교육인적자원부 E-러닝정책포럼 위원 2005~2006년 대한교육법학회 회장 2006년 법무부 법교육추진위원회 자문위원 2007년 同법교육위원회 위원 2007년 좋은교육바른정책포럼 운영위원장 2007~2008년 한국헌법학회 부회장 2008~2012년 법과인권교육학회 창립 및 초대·2대 회장 2008년 서울교육대 법과인권교육연구소장(현) 2008~2010년 한국대학교육협의회 대학자율화추진위원회 자문교수 2009~2012년 同정책자문위원회 위원 2009년 서울시교육청 서울교육발전협의회 위원장 2009년 한국교육융복합학회 편집위원장·부회장(현) 2010년 서울시교육청 학생징계조정위원 2010~2011년 한국공법학회 부회장 2010~2012년 국회 의원윤리심사자문위원회 위원 2011·2013년 교육과학기술부 국립대학통폐합심사위원회 위원 2011~2012년 한국대학교육협의회 부설 대학평가원 대학기관평가인증 평가위원 2014년 한국사립중고등학교법인협의회 사학법대책분과위원회 위원 2014년 서울시교육청 학교급식지원협의회 위원 2014~2016년 학교법인 영훈학원 이사장 2015년 법무부 법교육위원회 부위원장(현) [상]한국공법학회 학술장려상(2002), 한국헌법학회 공로상(2008) [저]'교육법제 정비방안 연구' '교육법상 규제요소 분석연구' [역]'교육의 자유와 대학의 자치(共)'(1986) '교육법학 연구 동향(共)'(2006) '청

소년육성제도론(共)'(2006) '사회변화와 입법(共)'(2008) '국민과 함께 하는 개헌이야기(共)'(2010) 등 60여편 [종]기독교

허좌영(許佐永) HUR Jwa Young

[생]1953·9·25 [본]김해(金海) [출]경남 김해 [주]경남 창원시 의창구 상남로290 경상남도의회(055-211-7230) [학]경남공고졸 2010년 가야대 사회복지학과졸 [경]1995년 허좌영법무사무소 대표(현), 한나라당 김해甲당원협의회 중앙위원장 2006·2010년 경남도의회 의원(한나라당·새누리당) 2006년 同건설소방위원회 부위원장 2008~2010년 同건설소방위원장 2010년 同문화복지위원회 위원 2010년 同운영위원회 위원 2012년 同경제환경위원회 위원 2014년 경남도의회 의원(새누리당)(현) 2014년 同운영위원회 위원 2014년 同문화복지위원회 위원 2014년 同새누리당 원내대표 2015년 同경제환경위원회 위원 2016년 同농해양수산위원회 위원(현) [종]불교

허 준(許 俊) HURH Joon

[생]1960·1·30 [출]서울 [주]서울 강남구 영동대로424 사조빌딩5층 메드트로닉코리아(주) 비서실(02-3404-3600) [학]1978년 영동고졸 1985년 한양대 신문방송학과졸 1987년 미국 UCLA 대학원졸(MBA) [경]1984년 두산상사 기획부·기획조정실 근무 1987년 American Cyanamid 한국법인 마케팅부장·미국본사 마케팅본부 과장 1990년 Becton Dickinson Korea 대표이사 1995년 同미국본사 이사 1997년 同Asia Pacific Singapore 이사 1999~2004년 존슨앤존슨메디칼 Asia Pacific 전무이사 2004년 메드트로닉코리아(주) 대표이사 2008년 메드트로닉(주) 아시아총괄 대표이사 2011년 同아시아태평양지역총괄 대표이사(현)

허 준(許 俊)

[생]1965·1·9 [주]인천 남동구 정각로29 인천광역시의회(032-440-6036) [학]인천 인제고졸 [경]새누리당 인천시당 홍보위원회 위원장(현), 바다와강살리기운동본부 인천본부 회장(현), (사)한겨레중변문화교류협회 인천분부 회장(현), (사)한국변론학술연구회 사무총장 2014년 인천시의회 의원(비례대표, 새누리당)(현) 2014·2016년 同운영위원회 위원(현) 2014년 同기획행정위원회 부위원장 2014년 同예산결산특별위원회 위원 2015년 同윤리특별위원회 위원 2016년 同윤리특별위원회 부위원장(현) 2016년 同기획행정위원회 위원(현)

허준서(許峻瑞)

[생]1974·8·8 [출]부산 [주]부산 연제구 법원로31 부산지방법원(051-590-1451) [학]1993년 부산 배정고졸 1998년 고려대 법학과졸 [경]1997년 사법시험 합격(39회) 2000년 사법연수원 수료(29기) 2000년 공익법무관 2003년 창원지법 판사 2006년 부산지법 판사 2008년 인천지법 판사 2012년 서울남부지법 판사, 서울고법 판사 2015년 부산지법 부장판사(현)

허준영(許峻英) HUH Joon Youing

[생]1951·5·15 [출]대구 [주]대구 달서구 학산로121 허병원·허한방병원(053-527-0300) [학]1973년 영남대 약과대졸 1978년 경희대 의과대졸 1992년 영남대 의과대학원 수료 1994년 同대학원 의학박사과정 수료 2005년 대구한의대 한의학과졸 2009년 경운대 의료경영학과 중퇴 [경]1981~1985년 계명대 동산의료원 전문의 수료 1985~1986년 안동 성소병원 내과 전문의 1987~1990년 허준영내과 원장 1993년 열경의료재단 이사장(현) 1994년 허병원·허한방병원 이사장(현) 2003년 동부허병원 이사장(현)

허준행(許晙行) HEO Jun Haeng

[생]1958·8·3 [본]김해(金海) [출]서울 [주]서울 서대문구 연세로50 연세대학교 공과대학 사회환경시스템공학부(02-2123-2805) [학]1981년 연세대 수공학과졸 1983년 同대학원졸 1990년 토목공학박사(미국 콜로라도주립대) [경]1981~1986년 연세대 산업기술연구소 연구보조원·연구원 1990~1994년 미국 콜로라도주립대 연구원 1994~2002년 연세대 토목공학과 조교수·부교수 1999~2002년 同공대 사회환경건축공학부 교수 2002년 同공대 사회환경시스템공학부 토목공학과 교수(현) 2003~2005년 同공과대학 부학장 2006년 同토목공학전공 주임교수(현) 2008년 同학술정보관건설추진단 부본부장 2009년 同공학교육혁신센터 소장 2012~2014년 同공과대학 스마트공간연구원장 2013~2014년 한국수자원학회 부회장 2013~2015년 제7차 세계물포럼 국제운영위원회 위원 2014년 대통령직속 통일준비위원회 경제분과위원회 전문위원(현) 2015년 한국공학한림원 정회원(건설환경공학·현) 2015년 연세대 방재안전연구원 부원장(현) 2016년 同공학대학원장(현) [상]대한토목학회 논문상(1996), 한국수자원학회 공로표창(1997), 한국수자원학회 논문상(2000), 한국수자원학회 학술상(2005), 대한토목학회장표창(2005), 대통령표창(2007), 제17회 과학기술우수논문상(2007), 대한토목학회 학술상(2008), 한국수력원자력 사장감사패(2009), 물학술단체연합회 학술상(2010), 교육과학기술부장관표창(2010) [저]'소하천시설기준'(1999) [종]기독교

허준홍(許準烘) HUR JOON HONG

[생]1975 [주]서울 강남구 논현로508 GS칼텍스 임원실(02-2005-6008) [학]1994년 보성고졸 1999년 고려대 경영학과졸 2004년 미국 콜로라도대 대학원 경제학과졸 [경]2005년 GS칼텍스 생산기획실 입사 2008년 同시장분석팀 차장 2010년 同윤활유해외영업팀장(부장) 2012년 同싱가폴법인 원유·제품Trading부문장 2013년 同싱가폴법인 원유·제품Trading부문장(상무) 2015년 同LPG사업부문장(상무) 2016년 同법인사업부문장(전무)(현)

허중구(許重九) HEO Joong Koo

[생]1957·3·15 [주]서울 동대문구 난계로234 용마로지스 사장실(02-3290-6400) [학]1982년 중앙대 정경대 응용통계학과졸 [경]동아제약(주) 대구지점장(이사) 2006년 同종합병원사업부장(상무) 2007년 同영업1본부장(상무) 2008년 同영업1본부장(전무) 2011년 同영업총괄·종합병원사업부장 겸임 2013년 용마로지스 대표이사 사장(현) [상]한국의약품도매협회 자랑스런 제약인상(2011), 동아일보 한국의 최고경영인상 고객만족경영부문(2015) [종]천주교

허증수(許增秀) HUH Jeung Soo

[생]1960·6·10 [출]대구 [주]대구 북구 대학로80 경북대학교 신소재공학부(053-950-5562) [학]1983년 서울대 금속공학과졸 1985년 同대학원 금속공학과졸 1994년 공학박사(미국 MIT) [경]1994~1995년 인천대 재료공학과 전임강사 1994~1995년 한국과학기술연구원(KIST) 정보전자부 위촉연구원 1995년 경북대 신소재공학부 조교수·부교수·교수(현) 1999년 일본 큐슈대 교환교수 1999~2000년 영국 맨체스터공과대 방문교수 2000년 NRL(국가지정연구실) 연구실장 2004년 경북대 공대 금속공학과장 2005년 同국제교류센터장 2005년 미국 Wake Forest Univ. 방문교수 2007년 한나라당 일류국가비전위원회 지역분과 총괄단장 2007년 제17대 대통령직인수위원회 국가경쟁력강화특별위원회 기후변화에너지대책TF팀장, 국회 기후변화·에너지대책포럼 공동대표 2009년 대통령직속 녹색성장위원회 위원 2009~2011년 KT 사외이사 2009년 세계원자력정상회의 조직위원장 2011~2013년 에너지관리공단 이사장

허지회(許智會) Ji Hoe Heo

[생]1959·10·16 [주]서울 서대문구 연세로50의1 세브란스병원 신경과(02-2228-1605) [학]1984년 연세대 의대졸 1987년 同대학원졸 1994년 의학박사(연세대) [경]1984~1985년 세브란스병원 인턴 1985~1988년 同신경과 전공의 1992년 일본 가고시마대 제3내과 초청강사 1993~1995년 연세대 의대 신경과학교실 연구강사·전임강사 1997~1999년 미국 The Scripps Research Institute Research Associate 2000년 연세대 의과대학 신경과학교실 조교수·부교수·교수(현) 2004~2009년 同나노메디칼 국가핵심연구센터 연구원 2012~2014년 同의과대학 교육부학장 2014~2016년 대한뇌졸중학회 부이사장 2014년 세브란스병원 뇌졸중센터소장(현) 2015년 同뇌심혈관질환융합연구사업단장(현) 2016년 대한뇌졸중학회 이사장(현) [상]우수연구자상(2004), 최우수임상교수상(2004) [저]'재활의학'(2007)

허 진(許 塡) Hur Jin

[생]1962·4·5 [주]서울 종로구 사직로8길60 외교부 인사운영팀(02-2100-7136) [학]1985년 서울대 신문학과졸 1987년 同행정대학원 정책학과졸 [경]1985년 외무고시 합격(19회) 1987년 외무부 입부 1992년 駐시애틀 영사 1995년 駐예멘 1등서기관 1998년 駐네덜란드 1등서기관 2001년 월드컵축구대회조직위원회 파견 2003년 국립외교원 교학과장 2004년 외교통상부 재외국민이주과장 2005년 駐독일 참사관 2008년 駐헝가리 공사참사관 2011년 부산세계개발원조총회준비기획단 부단장 2012년 국회사무처 파견 2013년 외교부 조정기획관 2015년 駐몬트리올 총영사 겸 駐국제민간항공기구 대사(현) [상]체육훈장 백마장(2002)

허진규(許鎭奎) HUH Chin Kyu (德明)

[생]1940·12·1 [본]태인(泰仁) [출]전북 부안 [주]서울 마포구 마포대로45 일진그룹 회장실(02-707-9001) [학]1963년 서울대 공과대학 금속공학과졸 2000년 명예 경영학박사(전북대) 2015년 명예 공학박사(광주과학기술원) [경]1963~1965년 육군본부 병기감실 근무(ROTC 1기) 1968년 일진금속공업(주) 설립 1982년 일진경금속(주) 설립 1984년 일진그룹 회장(현) 1987년 일진소재산업(주) 설립 1988년 일진다이아몬드(주) 설립 1988년 일진유니스코(주) 설립 1990년 서울대 신소재공동연구소 준공 및 기증 1994~1996년 ROTC중앙회 회장(4·5대) 1997~2001년 (재)ROTC장학재단 이사장 2003년 JTV 전주방송 회장 2004년 일진디스플레이(주) 설립 2005~2015년 한국공학한림원 이사장 2005년 한·코스타리카친선협회 회장(현) 2006~2012년 서울대공과대학총동창회 회장 2008~2011년 한국발명진흥회 회장 2008년 서울대 기술지주주식회사 사내이사(현) 2010년 세계서예전주비엔날레 조직위원장(현) 2011~2014년 광주과학기술원(GIST) 이사장 2015년 서울대 공과대학 교육연구재단 이사(현) [상]제10회 인촌상(1996), IR-52 장영실상(1998), 서울대·한국공학한림원·매일경제 주관 '한국을 일으킨 엔지니어 60인' 선정(2006), 금탑산업훈장(2008), 제7회 Ernst & Young 최우수 기업가(Master)상 최고영예 마스터상(2013) [종]불교

허진수(許進秀) HUH Jin Soo

[생]1953·9·12 [출]부산 [주]서울 강남구 논현로508 GS타워 32층 GS칼텍스(주)(02-2005-6001) [학]1972년 중앙고졸 1979년 고려대 경영학과졸 1983년 미국 조지워싱턴대 대학원 국제경영학과졸 [경]1986년 GS칼텍스(주) 입사 1988년 同국제금융부장 1993년 同소매담당 이사 1995년 同소매기획부문장(상무) 1997년 同방향족영업부문 상무 1998년 LG전자 중국지역본부 전무 2000년 同중국지주회사 부사장 2001년 GS칼텍스(주) 경영전략본부장(부사장) 2004년 GS EPS(주) 대표이사 사장 2005년 GS칼텍스(주) 생산본부장(부사장) 2006년 同생산본부장(사장) 2009년 同석유화학본부장 겸 경영지원본부장(사장) 2012년 同정유영업본부장 겸 경영지원본부장(부회장) 2013년 同대표이사 부회장(CEO)(현) 2016년 同이사회 의장(현) [상]은탑산업훈장(2008), 금탑산업훈장(2014) [종]불교

허진호(許眞浩) HUR Jin Ho

[생]1961·12·6 [출]대구 [학]1979년 대륜고졸 1983년 서울대 계산통계학과졸 1985년 한국과학기술원(KAIST) 전산학과졸(석사) 1990년 전산학박사(한국과학기술원) [경]1990~1992년 (주)휴먼컴퓨터 개발담당 이사 1992~1994년 (주)삼보컴퓨터 마케팅부 근무 1994~1999년 (주)아이네트 대표이사 1995년 (주)아이소프트 대표이사 1995년 (주)에이아이에치코리아(AIH Korea) 대표이사 1997년 한국인터넷협회 부회장 1997년 아·태인터넷협회 회장 1997년 정보통신의미래를생각하는모임 회장 1997~1999년 Asia Pacific Internet Association(APIA) Chairman 2000~2004년 (주)아이월드네트워킹 대표이사 2003~2011년 한국인터넷기업협회 회장 2005~2008년 (주)블루마인미디어 대표이사 2006~2008년 NHN 비상근감사 2008~2010년 네오위즈인터넷 각자대표이사 2009년 팝펀딩 대표이사 2010년 크레이지피쉬 설립·대표이사 2012~2014년 케이티하이텔 사외이사 2015년 세마트랜스링크인베스트먼트 대표(현) [저]'세상은 꿈꾸는 자의 것이다'(共)

허진호(許進鎬)

[생]1962·1·21 [주]서울 중구 남대문로39 한국은행 부총재보실(02-759-4015) [학]1980년 서울 보성고졸 1984년 서울대 경제학과졸 1995년 미국 워싱턴대 대학원 경제학과졸 [경]1984년 한국은행 입행 1989년 同문서부 비서실 행원 1991년 同조사제1부 통화금융과 행원 1995년 同국제협력실 국제기구팀 조사역 1997년 同조사제1부 통화금융과 조사역 2000년 同금융통화위원회실 의원보좌팀 보좌역 2005년 同정책기획국 정책분석팀장 2006년 同광주·전남본부 경제조사팀장 2008년 同정책기획국 금융기획팀장 2010년 同정책기획국 정책총괄팀장 2011년 同조사국 국제경제실장 2012년 同대구·경북본부장 2014년 同통화정책국 금융시장부장 2015년 同금융시장국장 2015년 同통화정책국장 2016년 同부총재보(현)

허창복(許昌福) HUR Chang Bok

[생]1955·4·9 [출]서울 [주]서울 중구 퇴계로100 스테이트타워남산8층 법무법인 세종(02-316-4114) [학]1974년 서울고졸 1978년 서울대 사회과학대 무역학과졸 1980년 同대학원 법학과 수료 1989년 미국 펜실베이니아대 법과대학원 법학과졸 [경]1979년 사법시험 합격(21회) 1981년 사법연수원 수료(11기) 1982년 육군 제50사단 검찰관 1983년 특전사령부 감찰관 1984~2010년 법무법인 세종 변호사 1989년 미국 New York시 Skadden·Arps·Slate·Meagher & Flom 미국변호사 업무수습 1994년 증권거래소 규율위원회 위원 1995년 대한상사중재원 중재인(현) 1996년 주가지수선물시장실무협의회 위원 1997년 인천시 고문변호사 1998~2001년 새한종합금융 파산관재인 2008년 한국거래소 유가증권시장상장위원회 위원 2009년 금융감독원 분쟁조정위원회 위원 2010년 법무법인 세종 대표변호사(현)

허창성(許昌成) HUH Chang Sung (松岩)

[생]1936·12·10 [본]하양(河陽) [출]경기 개성 [주]서울 종로구 삼청로59 진선출판사 비서실(02-734-3341) [학]1956년 덕수상고졸 1986년 숭실대 중소기업대학원 최고경영자과정 수료 2008년 동양대 문화재보존학과졸 2010년 국민대 대학원 사회학과 수료 [경]1963년 평화출판 사장 1970~1993년 출판문화협회 이사 1971~1980년 독서신문 감사·이사 1981~1988년 출판협동조합 이사장 1988년 출판문화협회 부회장 1989년 한국전자출판연구회 회장 1992~1995년 한국전자출판협회 회장 1993년 중앙대 신문방송대학원 강사 1997~1999년 한국출판유통(주) 대표이사 사장 1997년 한국간행물윤리위원회 위원 1999년 동국대 정보산업대학원 강사 2000년 평화출판사 회장(현) 2000년 진선출판사 회장(현) 2000년 한국전자출판협회 명예회장, 同고문 2003~2006년 한국간행물윤리위원회 위원 [상]대통령표창, 서울시 문화상, 문공부장관표창, 한국출판문화상, 대한민국산악문화상 [저]'돌아오지 않는 봄'(編) '등산수첩'(編) 'Outdoor Books 01/등산수첩'(2007)

허창수(許昌秀) HUH Chang Soo

[생]1948·10·16 [본]김해(金海) [출]경남 진양 [주]서울 강남구 논현로508 (주)GS 회장실(02-2005-8000) [학]1967년 경남고졸 1972년 고려대 경영학과졸 1977년 미국 세인트루이스대 경영대학원졸 2007년 명예 경영학박사(미국 세인트루이스대) [경]1977년 럭키금성그룹 입사 1978년 럭키금성상사 부장 1981년 금성반도체 부장 1982년 럭키금성상사 본부장 1984년 同이사 1986년 同상무 1988년 同전무 1989년 (주)럭키 부사장 1992년 금성산전 부사장 1995~2002년 LG전선 회장 1998년 프로축구 FC서울 구단주(현) 2002~2005년 LG건설(주) 대표이사 회장 2004~2009년 (주)GS홀딩스 대표이사 회장 2005년 GS건설(주) 대표이사 회장(현) 2009~2011년 전국경제인연합회 부회장 2009년 (주)GS 대표이사 회장(현) 2011년 전국경제인연합회 회장(현) 2013년 同산하 창조경제특별위원회 위원장(현) [상]금탑산업훈장(2001), 체육훈장 맹호장(2012), 국민훈장 무궁화장(2013) [종]불교

허창수(許昌秀) HUR Chang Soo

[생]1955·5·26 [본]양천(陽川) [출]강원 양양 [주]서울 동대문구 서울시립대로163 서울시립대학교 경영학부(02-6490-2222) [학]1976년 경기고졸 1980년 서울대 경영학과졸 1982년 미국 오하이오주립대 경영대학원 경영학석사 1985년 경영학박사(미국 오하이오주립대) [경]1979~1980년 미국 걸프오일(주) Exchange Staff 1980~1981년 한국은행 근무 1985년 서울시립대 경영학부 교수(현) 1985년 증권감독원 자문위원 1986~1989년 미국 아시아재단 중소기업자문프로그램 Director 1987~1988년 (사)선물거래협의회 제도개선전문위원 1990년 한국통신개발연구원 초빙연구위원 1991년 한국증권감독원 공인회계사시험 출제위원 1991~1992년 한국경영학회 이사·한국재무학회 이사·일본 우정경제연구소 초빙연구위원 1991~1993년 한국증권학회 증권학회지 편집위원 1994년 총무처 행정고시 출제위원 1994~1996년 한국증권거래소 증시공시제도 자문위원·한국재무학회 재무연구 편집위원 1995~1997년 서울시투자기관경영평가단 단장·한국증권감독원 자기자본규제 자문위원 1996~1997년 한국재무관리학회 상임이사 1997~1998년 서울시립대 기획처장 1998~1999년 한국경영학회 상임이사 1999~2000년 미국 Univ. of Rochester 교수 2002~2004년 同증권학회지 편집위원장·상임이사 2003년 국제공인증권분석사회(ACIIA) 관리위원 2003년 재정경제부 금융발전위원회 위원 2005~2006년 한국증권학회 회장 2005~2007년 재정경제부 시장효율화위원회 위원장 2006년 한국금융학회 부회장 2006년 예금보험공사 자문교수 2007년 공적자금관리위원회 민간위원 2007~2009년 한국증권업협회 공익감사 2009~2010년 서울시립대 경상대학장 겸 경영대학원장 겸 산업경영연구소장 2009~2010년 한국금융투자협회 집합투자위원회 위원 2009~2010년 한국정책금융공사 운영위원회 위원 2010~2013년 증권선물위원회 비상임위원 2013~2015년 한국거래소 비상임이사 [상]한국증권업협회 공로상(2005) [저]'공개시장조작의 현황과 과제'(1988) '모험자본의 운용현황과 과제'(1989) '예탁유가증권의 담보제도 발전방안(共)'(2002) '단기기업금융시장 활성화를 위한 연구(共)'(2005) '증권업계의 대외경쟁력 제고를 위한 CMA활성화 방안(共)'(2006) '신산업분류체계 현황조사 및 국내도입 타당성 연구(共)'(2006) '코스닥시장의 국민경제기여도에 대한 실증적 분석 및 기능강화 방안(共)'(2006)

허창언(許昌彦) Hur, Chang Un

생1959 · 8 · 25 ㈜서울 영등포구 의사당대로143 금융보안원 원장실(02-6919-9100) 학1978년 제주제일고졸 1983년 서울대 법학과졸 1995년 고려대 대학원 법학과졸 경1987년 한국은행 입행 1999년 금융감독원 감독4국 팀장 2000년 同보험감독국 팀장 2003년 同보험검사국 팀장 2007년 同감사실 팀장 2008년 同법무실장 2009년 同공보실 국장 2010년 同뉴욕사무소장 2011년 同보험감독국장 2013~2015년 同보험담당 부원장보 2015년 금융보안원 원장(현) 2016년 금융보안포럼 회장(현)

허창옥(許昶玉) hur chang ok

생1963 · 2 · 20 출제주 남제주 ㈜제주특별자치도 제주시 문연로13 제주특별자치도의회(064-741-1952) 학대정고졸 경전국농민회총연맹 제주도연맹 사무처장, 대정농업협동조합 감사, 대정읍마늘대책위원회 집행위원장, 대정읍친환경연구회 물류팀장, 남제주군 농어촌발전심의위원회 위원, 남제주군 무상의료운동본부장, 민주노동당 남제주군지역위원회 위원장 2006년 同서귀포시지역위원회 위원장, 전국농민회총연맹 남제주군농민회 회장, 2006년 제주도의원선거 출마(민주노동당) 2006년 서귀포시 무상의료운동본부 본부장 2008~2010년 제주농민회 의장 2010년 제주청정영농조합 대표이사 2011년 전국농민회총연맹 부의장 2012년 제주특별자치도의회 의원(보궐선거 당선, 통합진보당 · 무소속) 2012년 同제주문화관광포럼 의원 2013년 同FTA대응특별위원회 위원장 2014년 제주특별자치도의회 의원(무소속)(현) 2014년 同농수축지식산업위원회 부위원장 2014 · 2016년 同FTA대응특별위원회 위원장(현) 2014년 同농수축경제위원회 부위원장 2016년 同농수축경제위원회 위원(현) 상제주도농업인대상 친환경부문(2006) 종천주교

허천구(許天九) HUR Chun Koo

생1939 · 5 · 27 본김해(金海) 출강원 횡성 ㈜서울 서초구 서초대로74길23 서초타운 트라팰리스905호 ㈜코사 회장실(02-522-0111) 학춘천고졸, 고려대 상과대학 경영학과졸, 연세대 경영대학원 경영학과졸 경1965~1967년 ㈜금성사 근무 1967~1974년 공인회계사 개업 1975년 ㈜삼미그룹 기획조정실장 · 기획실장(사장급) 1982년 삼미종합특수강㈜ 전무이사 · 기획조정실장 · 부사장 1983년 ㈜삼미해운 대표이사 사장 1985년 ㈜삼미슈퍼스타즈 대표이사 사장 1987~1990년 홍제실업㈜ 대표이사 사장, 고려물류㈜ 대표이사 사장, 고려대교우회 감사, 아시아냉장 대표이사 사장 2005년 뉴월드냉장㈜ 대표이사, 춘고삼일장학회 이사장(현), ㈜코사 회장(현) 2015년 아너소사이어티(Honor Society) 회원(현)

허철성(許喆成) HUH Chul Sung

생1959 · 1 · 15 본양천(陽川) 출충북 충주 ㈜강원 평창군 대화면 평창대로1447 서울대학교 평창캠퍼스 국제농업기술대학원(033-339-5723) 학서울대 축산학과졸 1981년 同대학원 유가공학과졸, 낙농미생물학박사(서울대) 경캐나다 궬프대 수의대 방문연구원 1984년 ㈜한국야쿠르트 입사, 同중앙연구소 생명공학실장, 同중앙연구소장 2006년 同중앙연구소장(이사) 2008년 同중앙연구소장(상무) 2009년 한국미생물생명공학회 부회장 2010년 (사)한국식품영양과학회 부회장 2011~2013년 ㈜한국야쿠르트 중앙연구소장(전무) 2012년 한국식품과학회 부회장 2014년 서울대 국제농업기술대학원 부교수(현) 2014년 同그린바이오과학기술연구원 부원장 2015년 롯데제과㈜ 사외이사 겸 감사위원(현) 2016년 서울대 그린바이오과학기술연구원장(현) 종불교

허철호(許哲豪) HUR Chul Ho

생1967 · 6 · 30 출경남 진주 ㈜경남 창원시 마산합포구 중앙동로21 창원지방검찰청 마산지청(055-259-4200) 학1985년 진주고졸 1990년 서울대 공법학과졸 경1991년 사법시험 합격(33회) 1994년 사법연수원 수료(23기) 1994년 軍법무관 1997년 광주지검 검사 1999년 청주지검 충주지청 검사 2000년 인천지검 검사 2002년 법무부 법무심의실 검사 2004년 서울중앙지검 검사 2006년 울산지검 부부장검사 2007년 서울남부지검 부부장검사 2008년 창원지검 통영지청 부장검사 2009년 수원지검 마약 · 조직범죄수사부장 2009년 대검찰청 마약과장 2010년 서울북부지검 형사5부장 2011년 서울중앙지검 형사4부장 2012년 창원지검 형사1부장 2013년 서울동부지검 형사2부장 2014년 대검찰청 검찰연구관(국제협력단장) 2015년 창원지검 차장검사 2016년 同마산지청장(현)

허 춘(許 椿) Hur Choon

생1959 · 12 · 5 본양천(陽川) 출충남 부여 ㈜대전 서구 둔산로100 대전광역시청 비서실(042-270-2004) 학1978년 논산고졸 1983년 한국방송통신대 행정학과졸 1999년 한밭대 대학원 도시공학과 수료 경1978년 공무원 임용 1978~1982년 논산시청 근무 2007년 대전시 경제과학국 IAC추진기획단 근무 2008년 同혁신경영담당관실 근무 2008년 同기획관리실 예산담당관실 근무 2014년 同기획관리실 창조행정추진단장 2015년 同평가관리담당관 2015년 同비서실장(현) 상국무총리표창(2007), 대통령표창(2014) 종기독교

허춘웅(許春雄) HUH Choon Woong

생1942 · 6 · 16 출부산 ㈜서울 영등포구 도림로156 명지성모병원(02-829-7777) 학1969년 가톨릭대 의대졸 1979년 同대학원졸 1984년 의학박사(가톨릭대) 경1976~1978년 가톨릭대 의대 신경외과학교실 전임강사 1978~1979년 일본 大阪大 교환교수 1980~1984년 가톨릭대 조교수 1985년 명지성모병원 원장(현) 1998년 가톨릭대 외래교수 1998년 대한노인신경과학회 부회장 2004~2008년 서울시병원협회 회장 2006~2007년 대한병원협회 부회장 상재정경제부장관표창, 중외박애상(2005), 국세청장표창(2014) 종기독교

허태수(許兌秀) HUH Tae Soo

생1957 · 11 · 8 출부산 ㈜서울 영등포구 선유로75 ㈜GS홈쇼핑 부회장실(02-2007-4545) 학1976년 중앙고졸 1982년 고려대 법학과졸, 미국 조지워싱턴대 대학원졸(MBA) 경어빙은행 과장, LG증권㈜ 부장, 同런던현지법인장 1997년 LG투자증권㈜ 상무보 2002년 ㈜LG홈쇼핑 전략기획부문 상무 2003년 同부사장 2005년 ㈜GS홈쇼핑 경영지원본부 부사장 2007년 同대표이사 사장 2015년 同대표이사 부회장(현) 상무역의 날 수출탑(2013)

허태열(許泰烈) HUH Tae Yeol

생1945 · 7 · 25 본김해(金海) 출경남 고성 학1964년 부산고졸 1971년 성균관대 법학과졸 1980년 미국 위스콘신대 대학원졸 1988년 국방대학원졸 1999년 행정학박사(건국대) 경1970년 행정고시 합격(8회) 1971~1974년 서울시 사무관 1974~1985년 대통령비서실 과장 1985년 의정부시장 1987년 경기도 기획관리실장 1989년 부천시장 1991년 내무부 지방자치기획단장 1992년 同지방기획국장 1993년 同지방행정국장 1994년 同민방위본부장 1994~1995년 충북도지사 1996 · 1997년 신한국당 · 한나라당 부천원미甲지구당 위원장 1997년 한국산업단지공단 이사장 1998년 한나라당 부산北 · 강서乙지구당 위원장 2000년 제16대 국회의원(부산北 · 강서乙, 한나라당) 2000년 한나라당 지방자치위원장 2002년 同기획위원장 2003년 同대표특보 2004년 제17대 국회의원(부산北 · 강서乙, 한나라당) 2004년 한나라당 전당대회선관위 부위원장 2006년 한나라당 사무총장 2008년 제18대 국회의원(부산北 · 강서乙, 한나라당 · 새누리당) 2008~2010년 한나라당 최고위원 2009년 국회 지방행정체제개편특위 위원장 2010년 국회 정무위원장 2013년 대통령 비서실장(장관급) 상녹조근정훈장(1976), 청조근정훈장(1995) 종기독교

허태열(許泰烈) HUH TAI YOULL

생1961 · 7 · 1 ㈜서울 종로구 종로33 그랑서울 GS건설㈜ 임원실(02-2154-1495) 학1980년 서울 대성고졸 1985년 서울시립대 도시행정학과졸 1987년 同대학원 도시행정학과졸 경1989년 럭키개발 입사 1990년~1995년 同인사팀 대리 1995년 LG건설㈜ 홍보팀 과장 · 팀장 2005년 GS건설㈜ 주택사업본부 충청영업팀 부장 2008년 同홍보팀 부장 2009년 同홍보담당 상무보 2014년 同홍보담당 상무(현)

허태웅(許泰雄) HUR TAEWOONG

생1965 · 11 · 15 본김해(金海) 출경남 합천 ㈜서울 종로구 청와대로1 대통령 농축산식품비서관실(02-770-0011) 학1984년 서라벌고졸 1988년 서울대 농학과졸 1994년 同대학원 환경보건학과졸 경기술고시 최연소 합격(23회) 1989~2005년 농림수산부 유통정책과 · 과수화훼과 · 농촌인력과 근무 2005~2011년 농림부 경영인력과장 · 협동조합과장 · 축산경영과장 · 과학기술정책과장 2011년 농림축산검역본부 식물검역부장 2013년 농림축산식품부 정책기획관 2015년 同대변인 2015년 同식품산업정책실 유통소비정책관 2016년 대통령 농축산식품비서관(현) 상대통령표창(2002) 종불교

허태정(許泰鋌) HEO Tae Jeong

[생]1965·8·17 [본]양천(陽川) [출]충남 예산 [주]대전 유성구 대학로211 유성구청 구청장실(042-611-2001) [학]1983년 대전 대성고졸 1989년 충남대 철학과졸 2013년 고려대 정책대학원 아태지역연구학과졸 [경]1990~1992년 충남민주운동청년연합 간사 1999~2003년 금강산업(주) 대표이사 2003~2005년 대통령 정무수석비서관실·인사수석비서관실 행정관 2005~2006년 부총리 겸 과학기술부 장관 정책보좌관, 대전참여연대 사회문제연구소 이사 2006년 대덕연구개발특구지원본부 복지센터소장, 더좋은민주주의연구소 이사 2009년 (사)대전시민사회연구소 이사 2010년 대전시 유성구청장(민주당·민주통합당·민주당·새정치민주연합) 2010년 국제청소년포상제 명예포상담당관 2012년 대전 유성구생활체육회 회장(현) 2014년 대전시 유성구청장(새정치민주연합·더불어민주당)(현) [상]금강유역환경청 금강환경대상(2013) [저]'행복유성 디자인 : 허태정의 희망나눔 이야기'(2013) [종]기독교

허필석(許弼晳) HEO Pil Seok

[생]1967·2·26 [본]김해(金海) [출]부산 [주]서울 영등포구 여의대로66 KTB빌딩8층 마이다스에셋자산운용 비서실(02-3787-3541) [학]1985년 부산 해운대고졸 1989년 서울대 경제학과졸 1992년 同대학원 경영학과졸 1998년 한국과학기술원(KAIST) 테크노경영대학원 금융공학과졸(MBA) [경]1992~1998년 장기신용은행 자금증권부 근무 1999년 삼성증권 자금부 근무 1999년 마이다스에셋자산운용 입사 2004년 同주식운용본부장(이사) 2008년 同주식운용본부장(상무) 2009년 同대표이사 2012~2013년 기획재정부 기금운용평가단 평가위원 2015년 마이다스에셋자산운용 총괄대표이사(현)

허향진(許香珍) HUH Hyang Jin

[생]1955·1·24 [본]양천(陽川) [출]제주 [주]제주특별자치도 제주시 제주대학로102 제주대학교 총장실(064-754-2002) [학]1973년 제주제일고졸 1977년 제주대 관광경영학과졸 1981년 경희대 경영대학원 관광경영학과졸 1993년 경영학박사(세종대) [경]1981년 제주전문대 강사 1982~1996년 제주대 관광경영학과 전임강사·조교수·부교수 1990년 同관광경영학과장 1994년 미국 Univ. of Hawaii 객원교수 1996년 제주대 관광경영학과 교수 1999년 미국 Pennsylvania State Univ. 객원교수 2001년 제주대 대학평의회 의장 2002년 한국관광학회 부회장 2002년 제주관광학회 회장 2002~2009년 제주도관광진흥협의회 부위원장 2003~2009년 제주은행 사외이사 2004년 제주대 경상대학장 겸 경영대학원장 2004년 대통령자문 동북아시대위원회 제주특위 위원 2007~2009년 제주발전연구원 원장 2010년 제주대 총장(현) 2010~2012년 제주특별자치도지원위원회 위원 2011~2013년 대통령직속 지역발전위원회 민간위원 2011년 대통령직속 사회통합위원회 제주기업협의회 위원 2011~2013년 한국대학교육협의회 대학평가인증위원회 위원장 2012년 거점국립대학교총장협의회 회장 2012·2014~2016년 한국대학교육협의회 이사 2012년 同대학입학전형위원회 위원 2013~2014년 해양수산부 해양안전실천본부 운영위원 2013~2015년 한국대학교육협의회 대학평가인증위원회 부위원장 2014년 대통령직속 통일준비위원회 통일교육자문단 자문위원(현) 2015년 열린대학교육협의회(OCU 컨소시엄) 회장(현) 2015년 한국대학교육협의회 대학평가인증위원회 위원장 2016년 한국대학교육협의회 회장(현) 2016년 교육부 정책자문위원회 대학교육개혁분과 위원(현) [저]'한국의 국제경쟁력과 10대 도시의 지역경쟁력 연구총서-제주지역 산업경쟁력(共)'(1999) '호텔경영론(共)'(2004)

허형만(許炯萬) HEO Hyung Man (智松)

[생]1945·10·26 [본]양천(陽川) [출]전남 순천 [주]전남 무안군 청계면 영산로1666 목포대학교 국어국문학과(061-450-2116) [학]1965년 순천고졸 1974년 중앙대 국어국문학과졸 1983년 숭전대 대학원 국문학과졸(문학석사) 1993년 문학박사(성신여대) [경]1971년 전남산경신문 편집부장 1973~1981년 고교 교사 1984~2012년 목포대 인문대학 국어국문학과 전임강사·조교수·부교수·교수 1984년 同신문사 주간 1996년 同인문대학장 1996년 同교육대학원장 1997년 원탁시회 대표 1998년 한국문학회 부회장 1999년 중앙어문학회 회장 2000~2002년 목포대 중등교원연수원장 2001~2002년 영국 IBC 인명사전 등재 2002년 중국 산동성 옌타이대 교환교수·명예교수 2004년 목포현대시연구소 설립 2005년 목포대 인문과학연구원장 2005년 현대문학이론학회 회장 2007년 광주시 문화예술진흥위원 2008년 한국시인협회 심의위원장 2009년 목포문화방송 시청자위원 2009년 국제PEN클럽 한국본부 이사 2009년 한국마사회 기부금심의위원 2009년 통일부 통일교육위원 2009년 무등일보 편집자문위원장 2009년 계간 '시안' 편집자문위원 2010년 전남도 행정용어순화자문위원장 2010년 무등포럼 대표 2010년 (사)아고라문화예술원 이사장 2010년 통일부 통일교육위원 2010년 계간 '시안' 편집자문위원 2010년 목포문학상 운영위원장 2010년 한국시인협회 이사(현) 2011~2013년 한국문인협회 이사 2012년 제78차 국제PEN경주대회 총괄위원회 위원 2012년 목포대 국어국문학과 명예교수(현), 국제PEN클럽 한국본부 심의위원장(현), 계간 '문학에스프리' 편집고문(현), 계간 '인간과문학' 편집자문위원 [상]소파문학상(1979), 전남도 문화상(1984), 목포와이즈멘 예술문화상(1984), 전남문화상(1990), 평화문학상(1990), 한국크리스찬문협상(1991), 우리문학작품상(1992), 片雲문학상(1994), 한국기독교문학상, 한성기 문학상(2000), 월간문학 동리상(2003), 교육인적자원부장관표창(2004), 순천문학상(2005), 광주예술문화대상(2005), 제7회 영랑시문학상 본상(2009), 제4회 심연수문학상(2010), 한국시인협회상(2011), 한남문인상 대상(2011), 녹조근정훈장(2012), 한국예술상(2014) [저]시집 '淸明'(1978, 평민사) '풀잎이 하나님에게'(1984, 영언문화사) '모기장을 걷는다'(1985, 오상) '입맞추기'(1987, 전예원) '이 어둠속에 쭈그려 앉아'(1988, 종로서적) '供草'(1989, 문학세계사) '진달래산천'(1991, 황로) '풀무치는 무기가 없다'(1995, 책만드는집) '그늘이라는 말'(2010, 시안) '불타는 얼음'(2013) 수필집 '오매, 달이 뜨는구나'(1987, 오상) 평론집 '시와 역사인식'(1988, 열음사) '우리시와 종교사상(共)'(1990, 김향문화재단) 시선집 '새벽'(1993, 대경진) '따뜻한 그리움'(2008, 시와사람사) '내 몸이 화살'(2014, 인간과문학) 활판시선집 '그늘'(2012, 활판공방 十月) 중국어시집 '許炯万詩賞析(정봉희 역)'(2003, 시와사람사) 일본어시집 '耳を葬る'(2013) [종]천주교

허홍만(許洪萬) HEO Hong Man

[생]1964·1·22 [출]경남 하동 [주]경남 창원시 성산구 창이대로689번길4의16 법조빌딩 법무법인 동남(055-264-6657) [학]1981년 진주고졸 1985년 한양대 법학과졸 1987년 同행정대학원졸 [경]1987년 사법시험 합격(29회) 1990년 사법연수원 수료(19기) 1990년 軍법무관 1993년 창원지법 진주지원 판사 1995년 창원지법 판사 1997년 同함안·의령군법원 판사 1999년 부산고법 판사 2002년 창원지법 판사 2005년 同거창지원장 2007~2011년 창원지법 부장판사 2011~2014년 동남종합법률사무소 변호사 2011년 경남미래교육재단 감사 2014년 법무법인 동남 변호사, 同대표변호사(현)

허훈종(許勳宗) HUH Whoon Jong

[생]1955·2·20 [출]경북 경산 [주]서울 강남구 봉은사로 327 궁도빌딩10층 (주)DID(02-2141-3554) [학]1974년 대구상고졸 [경]1995년 대원화성(주) 이사 1997~1999년 同상무이사 2000년 同전무이사 2003년 (주)DID 대표이사(현) [종]불교

허흥범(許興範) HEO Heung Bum

[생]1964·3·24 [출]인천 [주]경기 부천시 원미구 부천로 157 키움저축은행(1670-0077) [학]1983년 광신상고졸 1991년 중앙대 회계학과졸 [경]2003년 (주)다우기술 경영지원실장(이사) 2007년 同상무 2011~2015년 同경영지원담당 전무 2015년 키움저축은행 대표이사 부사장(현)

현경대(玄敬大) HYUN Kyung Dae

[생]1939·2·21 [본]연주(延州) [출]제주 [주]서울 서초구 서초중앙로26길10 법무법인 우리(02-592-5869) [학]1960년 제주 오현고졸 1964년 서울대 법대졸 1967년 同사법대학원 법학과졸 [경]1965년 사법시험 합격(4회) 1967년 육군 법무관 1971~1981년 인천지청·대전지검·서울지검·법무부 법무실·서울지검 특수부 검사 1981년 변호사 개업·상임고문 1981년 제11대 국회의원(제주·북제주·남제주, 무소속·민주정의당) 1983년 민주정의당(민정당) 중앙위원회 인권옹호분과위원장 1984년 同원내부총무 1985년 제12대 국회의원(제주·서귀포·北제주·南제주, 민정당) 1985년 민정당 원내부총무 1987년 同원내수석부총무 1987년 국회 개헌안기초소위 위원장 1988년 민정당 정책위원회 부의장 1990년 민주평통 사무총장 1992년 제14대 국회의원(제주, 무소속·민자당·신한국당) 1992년 국회 법제사법위원장 1994년 한·터키의원친선협회 회장 1995년 민자당 원내총무 1995~2013년 평화문제연구소 이사장 1995년 국회 운영위원장 1996년 제15대 국회의원(제주, 신한국당·한나라당) 1996년 한·헝가리의원친선협회 회장 1997년 국회 한보국정조사특별위원장 1997년 한나라당 제주도지부 위원장 2000~2004년 제16대 국회의원(제주, 한나라당) 2000년 한나라당 전당대회 의장 2000년 同제주도지부 위원장 2000~2004년 한·그리스의원친선협회 회장 2001년 한나라당 국

ㅎ

가혁신위원회 통일외교분과위원장 2003년 同정치발전특별위원회 위원장 2003년 同상임운영위원 2004년 同제주도당 위원장, 同상임고문 2008년 제18대 국회의원선거 출마(제주甲, 무소속) 2009년 법무법인 우리 대표변호사(현) 2011년 대한법률구조공단 비상임이사 2012~2013년 새누리당 제주甲당원협의회 운영위원장 2012년 제19대 국회의원선거 출마(제주甲, 새누리당) 2012~2013년 새누리당 제주도당 위원장 2013~2015년 민주평통 수석부의장 [상]홍조근정훈장, 청조근정훈장, 국무총리표창 [저]'노동법'(共) '민법총칙' '근로기준법' '新헌법' [종]기독교

현경병(玄鏡柄) HYUN KYOUNG BYOUNG

[생]1962 · 11 · 5 [본]연주(延州) [출]경북 영천 [주]서울 종로구 성균관로25의2 성균관대학교 행정학과(02-760-0361) [학]1981년 대구 계성고졸 1985년 성균관대 행정학과졸 1987년 서울대 행정대학원 행정학과졸 1998년 프랑스 파리정치대학원 고위정치전문학위 취득 2008년 서강대 최고의회지도자과정(TCSP) 수료 [경]1985년 행정고시 합격(29회) 1986년 서울아시안게임조직위원회(SAGOC) 총무 1987년 유엔 UNCTAD 인스트럭터(교관) 1987년 국제항만해운협회(IAPH)총회 총무담당 1993~2009년 (주)소사 대표이사 1995~2002년 시민단체 아우라지 회장 및 전국네트워크 결성 1995~2014년 코리아파워(koreapower.net) 대표 1995~1996년 경북대 어학당 설립 · 대표, 소사정책개발연구원 원장, (주)도움과나눔 초대CEO 1999년 도움넷(doumnet.net) 대표, 환경일보 · 월간 환경 · 환경방송 전문위원, 북한민주화국제본부 사무총장, 미래노사발전연대 고문, 이어도포럼 공동대표, 한 · 이스라엘친선협회 부회장, 한 · 프랑스친선협회 이사, 한 · 몽골문화교류진흥원 이사, 한 · 유럽지식인포럼 이사, 한나라당 정치발전위원회 총간사 겸 부위원장, 한국화교경제인연합회 자문위원, 한국출판정보센터 기획위원, 평창2010 실행위원장, 유니세프 · 음성꽃동네 · 청소년폭력예방재단 · 푸른독도가꾸기모임 · 월드비전 회원, 한나라당 서울노원甲당원협의회 위원장, 同서울시당 상근부위원장 겸 사이버위원회 위원장 2004년 同제1정책조정위원회 부위원장(법사 · 행자 · 정보 · 운영), 서울시 수도발전대책위원회 위원 겸 감사, 국가발전전략연구회 전략기획위원 2007년 한나라당 제17대 대통령중앙선거대책위원회 서울시전략기획본부장 2008~2011년 제18대 국회의원(서울 노원구甲, 한나라당) 2008~2009년 한나라당 정보위원장 2008년 국회 정무위원회 · 독도영토수호특별위원회 위원 2009년 국회 빈곤없는나라만드는특별위원회 마이크로크레딧팀 다솜팀장 2009년 한나라당 미래위기대응특별위원회 부위원장 겸 운영위원 2014년 성균관대 행정학과 초빙교수(현) [상]한국인터넷정보센터 인터넷코리아상(2000), 자유경제입법상(2010) [저]'한국인은 위대한 한국을 원한다'(1992) '현경병의 전략칼럼(Ⅰ)-국면돌파'(1997) '현경병의 비전21(Ⅱ)-신부국강병'(1998) '현경병의 비전21(Ⅲ)- 밀레니엄 한국경영전략'(1999) '브랜드 코리아.com'(2003) '대한민국 최남단'(2010) [작]칼럼 '자동차산업을 통해 본 한미경제관계와 한국의 대응' '푸른독도' '관료제' 등 300편 이상

현경숙(玄敬淑 · 女) Gyung-Suk Hyun

[생]1964 · 8 · 15 [주]서울 종로구 율곡로2길25 연합뉴스 논설위원실(02-398-3114) [경]연합뉴스 국제뉴스국 기자 2000년 同브뤼셀특파원 2001년 同브뤼셀특파원(차장대우) 2002년 同파리특파원 2005년 同편집국 산업부 차장 2006~2009년 同편집국 산업부 부장대우 2008년 관훈클럽 편집위원 2009년 연합뉴스 문화부장 2010년 同국제뉴스3부장 2011년 同국제뉴스3부 기획위원(부장급) 2012년 同국제뉴스3부 기획위원(부국장대우) 2013년 同방콕특파원(부국장대우) 2016년 同논설위원(부국장대우)(현)

현계흥(玄桂興) Hyun Kye Heung

[생]1960 · 11 · 9 [주]인천 서구 봉수대로196 (주)영창뮤직 비서실(032-570-1000) [학]제주 오현고졸, 제주대 경영학과졸 [경]현대자동차 근무, 현대산업개발(주) 공사관리 · 자재담당 상무 2010년 아이서비스(주) 대표이사 부사장 2014년 (주)영창뮤직 대표이사 사장(현)

현공호

[생]1958 [주]제주특별자치도 제주시 문연로6 제주도청 감사위원회 사무국(064-710-6100) [학]서귀포고졸, 한국방송통신대졸 [경]1977년 공무원 임용 2014년 제주도 세계환경수도추진본부 환경수도정책관(지방서기관) 2014년 同전국체전기획단장 직대 2015년 同전국체전기획단장(지방부이사관) 2015년 同해양수산국장 2016년 同감사위원회 사무국장(현)

현근협

[생]1960 [주]제주특별자치도 제주시 문연로6 제주특별자치도청 문화관광스포츠국 관광정책과(064-710-3310) [학]제주 오현고졸, 제주대졸 [경]1979년 공무원 임용 2014년 제주특별자치도 국제자유도시건설교통국 교통정책과장(지방서기관) 2015년 지방행정연수원 파견 2016년 제주특별자치도청 환경보전국 환경자산보전과장 2016년 同문화관광스포츠국 관광정책과장(현)

현기춘(玄基春) HYUN Ki Choon

[생]1954 · 2 · 4 [출]강원 양구 [주]서울 강남구 광평로 280 로즈데일빌딩6층 대보그룹 기획조정실(02-3016-9000) [학]1972년 춘천고졸 1980년 고려대 경영학과졸 [경]1991년 현대건설 테헤란지사장 1996년 현대그룹 종합기획실 부장 1999년 同경영전략팀 이사 2001년 同경영전략팀 상무 2004년 同경영전략팀 전무 2005년 현대엘리베이터(주) 고객지원담당 전무 2006년 반도건설 부사장 2007~2009년 영조주택 총괄사장 2010년 대보그룹 기획조정실장 2015년 同기획조정실 총괄사장(현)

현기환(玄伎煥) HYUN Ki Hwan

[생]1959 · 7 · 24 [출]부산 [학]1978년 대동고졸 1985년 연세대 행정학과졸 1987년 同행정대학원졸 [경]1997년 한국노총 대외협력본부장 2004년 부산시장 정책특보 2006년 한나라당 부대변인 2007년 同노동위원회 부위원장 2007년 同박근혜 前대표 대외협력단 부단장 2007년 同이명박 대통령후보 정책특보 2007년 同제17대 대통령중앙선거대책위원회 부산시당 홍보지원단장 2008년 제18대 국회의원(부산 사하구甲, 한나라당 · 새누리당) 2012년 새누리당 여의도연구소 제2부소장 2015~2016년 대통령 정무수석비서관

현대원(玄大原) HYUN Daiwon

[생]1964·8·11 [출]제주 제주시 [주]서울 종로구 청와대로1 대통령비서실 미래전략수석비서관실(02-770-0011) [학]1987년 서강대 신문방송학과졸 1989년 同대학원 신문방송학과졸 1998년 언론학박사(미국 Temple Univ.) [경]1986년 86서울아시안게임 방송요원·MBC 근무 1989~1991년 (주)동해기획 AE 1992~1993년 미국 필라델피아 코리아저널 기자 1998년 미국 Oregon State Univ. Assistant Professor 2000~2016년 서강대 신문방송학과 교수 2000년 同언론대학원 디지털미디어학과장 2002~2004년 同언론사 주간 겸 언론위원장 2002~2005년 Asian Cinema Studies Society 한국대표 2002~2006년 한국영상자료원 이사 2003~2006년 온라인디지털콘텐츠산업발전실무위원회 위원 2003~2005년 한국디지털컨텐츠전문가협회 회장 2003년 정보통신윤리위원회 전문위원 2003년 정보통신부 신성장동력디지털컨텐츠부분장 2010~2012년 서강대 신문방송학과장 겸 언론대학원 부원장 2012~2014년 한국방송광고진흥공사 비상임이사 2013년 대통령자문 국민경제자문회의 창조경제분과 자문위원 2013~2015년 미래창조과학부 규제심사위원장 2013~2016년 서강대 커뮤니케이션센터 소장 2014~2016년 미래창조과학부 디지털콘텐츠산업포럼 의장 2014~2016년 서강대 신문방송학과장 2014~2016년 정보통신산업진흥원 비상임이사 2015~2016년 한국VR산업협회 회장 2015~2016년 KT 사외이사 2016년 대통령 미래전략수석비서관(현) [상]정보통신부장관표창(2002), 국무총리표창(2004), 대통령표창(2012)

현동석(玄東石) HYUN Dong Seok

[생]1950 · 4 · 8 [본]연주(延州) [출]충남 [주]서울 성동구 왕십리로222 한양대학교(02-2290-0379) [학]1973년 한양대 전기공학과졸 1978년 同대학원졸 1986년 공학박사(서울대) 2003년 명예 경영학박사(러시아 국립경영대) [경]1976~1979년 국방과학연구소 연구원 1979~2009년 한양대 전자전기컴퓨터공학부 전임강사 · 조교수 · 부교수 · 교수 1984~1986년 미국 토레도대 객원교수 1988년 독일 뮌헨공대 객원교수 1993년 독일 베를린공대 객원교수 1993년 한국자동차부품연구원 심의위원 및 운영위원 1993년 한국주택공사 기술심의위원 1993~1996년 기초전력공학연구소 운영실장 1994년 러시아 Khabarovsk대 객원교수 1994~1997년 산업전자전력응용연구소 소장 1997년 기초전력공학연구소 운영위원 1997~2001년 전력전자학회 산학협동이사 · 재무이사 · 부회장 · 회장 1997~2004년 한양종합기술연구원 기획본부장 · 부원장 2001~2004년 동서발전(주) 사외이사 2002년 한양대 공학대학원 운영위원 2003년 미국 전기전자학회(IEEE) 석학회원 2004~2006년 한양대 산업과학연구소장 2006년 국제인명센터(IBC) 명예총재(현) 2006년 미국인명연구소(ABI) 부총재(현) 2008년 미래그린 IT포럼 이사장 · 고문(현) 2009~2015

년 한양대 전기생체공학부 전기공학전공 교수 2010~2012년 同학술정보관장 2015년 同명예교수(현) [상]대한전기학회 학술상(1986), 백남학술상(1993), IEEE Meritorious Paper Award(1997), 한양학원 최우수교수상(1999), 전력전자학회 공로상(2001), 한국과학기술처 한국공학상(2004), 전력전자학회 학술상(2006·2012), 과학기술훈장 도약장(2008)

현동식(玄東植) Hyun, Dong Shik

[생]1959·12·7 [주]제주특별자치도 제주시 만덕로6길 32 제주지방기상청 예보과(064-727-0367) [학]1978년 제주제일고졸 1984년 중앙대 건축공학과졸 [경]2006~2007년 부산지방기상청 면봉산기상레이더관측소장 2008년 제주지방기상청 동네예보팀장 2010년 同기후팀장 2010년 항공기상청 제주공항기상대장 2015년 제주지방기상청 관측예보과장 2015년 同예보과장(현)

현명관(玄明官) HYUN Myung Kwan

[생]1941·9·2 [본]연주(延州) [출]제주 남제주 [주]경기 과천시 경마공원대로107 한국마사회 비서실(02-509-1001) [학]1959년 서울고졸 1963년 서울대 법학과졸 1975년 일본 게이오대(慶應大) 대학원 경제학과졸 2002년 명예 경영학박사(제주대) [경]1964년 광주제일고 교사 1965년 행정고시 합격(4회) 1968년 감사원 부감사관 1978년 전주제지(주) 총무부장 1980년 同관리부장 1981년 (주)호텔신라 이사 1984년 同상무 1986년 同전무 1989년 同대표이사 부사장 1991년 삼성시계(주) 대표이사 사장 1993년 삼성종합건설(주) 대표이사 사장 1993년 삼성그룹 비서실장 1996~2001년 삼성물산(주) 총괄대표이사 부회장 1999년 한일경제협회 부회장 2000년 삼성의료재단 이사장 2000년 대한상공회의소 부회장 2001년 한국무역협회 부회장 2001~2006년 삼성물산(주) 대표이사 회장 2002~2003년 삼성그룹 일본담당 회장 겸 삼성라이온즈 구단주 2002년 제주국제자유도시포럼 공동의장 2003년 駐韓크로아티아 명예영사 2003~2005년 전국경제인연합회 국제경영원장 겸 부회장 2003년 국제산업협력재단 이사장 2004년 열린우리당 비례대표 선정위원 2004~2007년 예술의전당 이사 2004년 대통령자문 동북아경제중심추진위원회 위원 2004년 민족화해범국민협의회 상임의장 2006년 제주도지사선거 출마(한나라당) 2007년 한나라당 제주도당 위원장 2008~2010년 삼성물산(주) 상임고문 2010년 제주특별자치도지사선거 출마(무소속) 2013년 (사)창조와혁신 상임대표 2013년 한국마사회 회장(현) [상]동탑산업훈장(1991), 체육훈장 백마장(1997), 무역의날 수출의 탑(1998), 한국전자상거래대상 우수상(1999), 제주상공대상 특별상(2002)

현명호(玄明浩) HYUN Myoung Ho

[생]1960·5·28 [본]연주(延州) [출]서울 [주]서울 동작구 흑석로84 중앙대학교 심리학과(02-820-5125) [학]1984년 중앙대 심리학과졸 1986년 同대학원 임상심리학과졸 1997년 임상심리학박사(중앙대) [경]1989~1997년 중앙대 강사 1991~1993년 서울중앙병원 정신과 임상기초과정 1995~1998년 연세대 광주세브란스정신병원 연구강사 1998~2001년 우석대 심리학과 조교수 2001년 중앙대 심리학과 조교수·부교수·교수(현) 2002~2003년 한국심리학회지 임상 편집위원장 2005~2007년 중앙대 문과대학 학장보 2005~2007년 한국심리학회지 건강 편집위원장 2006~2007년 경찰청 과거사진상규명위원회 위원 2007년 폴란드 Warsaw Univ. 객원교수 2008~2010년 군의문사진상규명위원회 심리부검소위원회 위원장 2010년 한국임상심리학회 회장 2011~2013년 중앙대 학생생활상담소장 2013~2015년 한국건강심리학회 회장 2016년 중앙대 사회교육처장(현) [저]'통합심리치료를 위한 정신분열병 환자의 종합평가도구 지침서'(1996) '정신분열병의 통합심리치료 실행지침서'(1996) '정신생리학'(1997) '심리학입문'(1998) '인간행동과 심리학'(1999) [역]'상담 및 심리치료의 통합적 접근'(2001) '건강심리학'(2002) '상담 및 심리치료의 통합적 접근 워크북'(2002) '건강상담'(2005)

현병구(玄炳九) HYUN Byung Koo

[생]1930·2·11 [본]연주(延州) [출]서울 [주]서울 서초구 반포대로37길59 대한민국학술원(02-3400-5212) [학]1949년 경기고졸 1954년 서울대 공대 채광학과졸 1958년 미국 콜로라도광업학교 대학원 지구물리학과졸 1961년 공학박사(미국 콜로라도광업학교) [경]1961년 미국 Texas Instruments, Inc.연구원 1963~1973년 서울대 공대 강사·조교수·부교수 1973~1995년 同공대 교수 1976년 자원개발연구소 소장 1981~1983년 한국동력자원연구소 소장 1983~1985년 광산학회 회장 1995년 서울대 명예교수(현) 1998~1999년 지구물리탐사학회 회장 2007년 대한민국학술원 회원(자원공학·현) [상]보국훈장 삼일장(1975), 국민훈장 모란장(1992), 5·16 민족상(2001) [저]'지구과학개론'(1970) '물리탐사의 기본원리'(1988) '자원공학개론'(1990) '현대산업사회와 에너지'(1992) '에너지와 그 자원'(1995) '물리탐사용어사전'(1995) '신물리탐사의 기본원리'(1997) [종]기독교

현병철(玄炳哲) HYUN Byung Chul

[생]1944·3·19 [본]연주(延州) [출]전남 영암 [주]서울 성동구 왕십리로222 한양대학교 법과대학 법학과(02-2220-0972) [학]1964년 중앙고졸 1970년 원광대 법학과졸 1973년 성균관대 대학원 법학과졸 1991년 법학박사(성균관대) [경]1976~1994년 한양대 법대 법학과 전임강사·조교수·부교수 1991년 독일 Max Plank Institute 공동연구원 1993년 한양대 법대학장 1995년 同법대 법학과 교수·명예교수(현) 1995년 한국법학교수회 사무총장 1995~2002년 한국법학원 연구이사 1997~1999년 한양대 안산캠퍼스 학생처장 1997년 사법시험 출제위원 1998년 정부수립50주년기념 한국법학자대회 집행위원장 1999~2000년 한양대 안산캠퍼스 사무처장 1999년 대한상사중재원 중재위원 2002~2004년 한국비교사법학회 회장 2002년 한양대 총무처장 2003년 한국법학교수회 부회장 2004년 한양대 행정대학원장 2006~2009년 한양사이버대 학장 2009~2015년 국가인권위원회 위원장(장관급) [상]황조근정훈장(2003) [저]'민사판례해설'(共) '생활법률'(共) [종]기독교

현상권(玄相權)

[생]1958·2·4 [주]전남 나주시 전력로55 한국전력공사 기획본부(061-345-3114) [학]1975년 서울 대신고졸 1980년 건국대 법학과졸 1982년 연세대 행정대학원 행정학과졸 [경]2006년 한국전력공사 기획처 예산총괄팀장 2009년 同기획처 예산팀장 2009년 同인사처 조직개발팀장 2012년 同예산처장 2012년 同경기북부지역본부장 2014년 同기획처장 2015년 同기획본부장(상임이사)(현) 2015년 한전KPS(주) 비상임이사 겸임(현)

현 석(玄 錫) Hyun, Seok

[생]1964·10·2 [출]대구 달성 [주]서울 종로구 종로5길86 서울지방국세청 법인납세과(02-2114-2901) [학]대구 능인고졸, 세무대학졸(3기), 한국방송통신대 법학과졸 [경]서울 관악세무서 부과세과 근무, 서울 삼성세무서 법인세과 근무, 국세청 조사기획과 근무, 서울 시흥세무서 운영지원과장, 서울지방국세청 조사4국 1과 근무, 국세청 감사1·3·4계장 2012년 서울지방국세청 조사1국 1과 서기관 2014~2015년 울산세무서장 2015년 공주세무서장 2016년 서울지방국세청 법인납세과장(현)

현석호(玄晳皓) HYUN Suk Ho

[생]1973·10·22 [주]서울 서초구 서초대로396 강남빌딩5층 화승그룹(02-3471-3410) [학]미국 Cushing Academy졸 1996년 미국 보스턴대 경영학과졸 [경]1997~1999년 (주)화승홍콩유한공사 이사 2000년 화승인더스트리 무역담당 이사 2002년 同영업담당 총괄상무이사 2005년 同전무이사 2008~2010년 同부사장, 화승그룹 신발부문 부회장 2011년 同부회장(현) 2014년 화승인더스트리 대표이사 겸임(현) [종]불교

현 성(玄 惺) (頴霞)

[생]1938·8·25 [본]죽산(竹山) [출]경남 고성 [주]서울 금천구 금하로29길36 혜명양로원(02-802-6765) [학]1958년 경남 삼천포고졸 1973년 국민대졸 1975년 동국대 행정대학원졸 1985년 명예 철학박사(스리랑카 프리베나대) 1995년 동국대 불교대학원 사회복지학졸 2004년 명예 철학박사(동국대) [경]1964년 서울 선학원에서 청담스님을 은사로 득도 1965년 범어사에서 동산스님을 계사로 보살계·비구계 수지 1973년 대한불교조계종 감찰원 감찰국장 1974년 同총무원 교육국장 1974년 불교신문 편집국장 1975~1984년 대한불교조계종 제4·5·6·8대 중앙종회 의원 1978년 同총무원 사회부장 1980~1992년 도선사 주지 1980년 주간 도선법보·월간 여성불교 발행인 겸 편집인 1981년 법무부 안양교도소 불교종교위원회 회장(현) 1981년 제3차 세계승가대회(대만) 한국대표 1981~1992년 학교법인 청담학원(청담중·고) 이사장 1981~1992년 혜명복지원(양로원·보육원) 이사장 1982~1992년 전국불교청직자정화추진협의회 회장 1982년 대한불교조계종 포교원 포교사 자격취득 1982년 同총무원 총무부장 1985년 대한불교청소년교화연합회 이사장 1985~1994년 국무총리실 청소년육성위원 1987년 대한불교조계종 중앙종회 부의장 1987~2007년 학교법인 동국대 이사 1989년 同이사장 직대 1989년 대한불교청소년교화연합회 회장 1990년 전국교정교화불교연합회 회장 1996년 도선사 선원장 겸 호국참회원장 1998~2011년 고성 옥천사 회주 1999년 불교방송(BBS) 중앙이사 1999년 학

ㅎ

교법인 승가학원 중앙승가대 총장 1999년 사회복지법인 승가원 이사장 2000년 혜명복지원 상임이사 겸 혜명양로원 원장(현) 2001년 국무총리 청소년보호위원 2002~2012년 대한불교조계종 도선사 부조실 2002~2011년 불교정보화협의회 회장 2003년 한국청소년단체협의회 회장 2003년 학교사랑실천연대 공동대표 2003년 학교폭력대책국민협의회 고문 2003년 민주평통 상임위원 2003년 법무부 서울교정청교정연합회 회장 2003~2011년 동국대 행정대학원 총동문회장 2005년 (사)한국청소년학회 이사장(현) 2005년 법무부 중앙교정연합회 고문(현) 2005년 법무부 서울교정청교정연합회 명예회장 2005년 동국대총동문회 지도위원(현) 2005년 한국청소년단체원로회 의장(현) 2006년 청소년교화연합회 총재(현) 2007년 법무부 서울교정청 교정연합회 고문(현) 2008년 세계불교도정상회의 한국대표(일본 京都) 2008년 국방부 5군단사령부 호국금강사운영위원회 위원장(현) 2009~2015년 민주평통 서대문구협의회 제14기·15기·16기 회장 2011년 동국대 행정대학원 상임고문(현) 2012년 대한불교조계종 도선사 조실(현) 2015년 민주평통 서대문구협의회 상임고문(현) [상]대한불교조계종정표창(4회), 법무부 교정대상 자비상, 국민훈장 목련장·동백장·모란장, 대통령표창, 법무부장관표창, 국방부장관표창, 내무부장관표창, 문화체육부장관표창, 행정자치부장관표창, 서울시장표창, 대한민국청소년보호대상, 대통령 공로상 [역]'불자지송경'(1985) '베풀어줄 줄 아는 아름다운 마음'(1987) '현대불교의 향방'(1999) '동안거'(2006) [종]불교

현소환(玄昭煥) HYON So Whan

[생]1937·8·1 [본]연주(延州) [출]대구 달성 [학]1957년 경북고졸 1961년 서울대 문리대 정치학과졸 2010년 명예언론학박사(계명대) [경]1961~1965년 해병대 복무(대위 예편) 1965~1980년 동양통신 외신부·정치부 기자·駐유엔 특파원·駐미국 특파원·정치부장 1981~1982년 연합통신 정치부장·편집부국장 1982년 同국제국 부국장 겸 국제부장 1982~1991년 국제언론인협회(IPI) 한국위원회 사무국장 1985년 연합통신 국제국장 1987~1991년 신문편집인협회 국제위원장 1988년 연합통신 국제국장(이사대우) 1988~1991년 同상무이사 1990년 한국데이타통신 이사 1990~2000년 해병전우회중앙회 부총재 1990~2001년 해병청룡회 회장 1991년 신문편집인협회 부회장 1991~1997년 연합통신 사장 1991년 IPI 한국위원회 이사 1992~1997년 동북아정보문화센터 이사장 1993~1996년 YTN(연합텔레비전뉴스) 사장 1993년 한국종합유선방송협회 회장 1993~1998년 IPI 한국위원회 부위원장 1995년 제44차 IPI총회(서울) 조직위원장 1995년 IPI 통신사전문가위원회 부위원장 1995년 서울대총동창회 부회장 1996년 IPI 종신회원(현) 1998~2001년 한국전기초자 사외이사 1998~2000년 대우증권 사외이사 2000년 동국대 언론정보대학원 객원교수 2001년 해병대청룡회 명예회장(현) 2003년 인터넷신문 '뉴스앤뉴스' 편집위원 2004년 同대표 2005년 IPI본부 이사 2005년 同정책위원 2009~2013년 방송콘텐츠진흥재단 이사장 [종]기독교

현수송

[생]1959 [주]제주특별자치도 제주시 문연로6 제주도청 협치정책기획관실(064-710-2230) [학]제주제일고졸, 제주대졸 [경]1986년 공무원 임용 2013년 제주의료원 파견(지방행정사무관) 2013년 제주도 세계환경수도추진본부 환경관리과장 직대 2014년 同세계환경수도추진본부 환경관리과장(지방서기관) 2014년 同환경보전국 환경정책과장 2016년 同특별자치행정국 자치행정과장 2016년 同기획조정실 협치정책기획관(현)

현수환(玄壽煥) HYUN Soo Hwan

[생]1944·12·18 [주]대구 북구 검단공단로33 (주)동원약품 비서실(053-381-5555) [학]1976년 영남대 경영대학원 수료 1992년 경북대 경영대학원 수료 [경]1986년 (주)동원약품 대표이사 회장(현), 한국자유총연맹 대구시지회 동구지부 자문위원, 대구시 동구새마을협의회 운영위원, 대구동부경찰서 자문위원 1995년 대한의약품도매협회 대구·경북지부장 2015년 한국의약품유통협회 상임자문위원(현) [상]국민훈장 석류장(2002), 산업포장(2015)

현승윤(玄昇潤)

[생]1965·7·5 [출]제주 [주]서울 중구 청파로463 한국경제신문 편집국(02-360-4081) [학]1984년 제주 오현고졸 1987년 서울대 경제학과졸 2001년 미국 하버드대 케네디스쿨 행정학과졸 [경]2001년 한국경제신문 편집국 경제부 정책팀 기자 2006년 同편집국 경제부 정책팀 차장 2010년 同편집국 경제부장 2012년 同편집국 IT모바일부장 2013년 同편집국 중기과학부장 2013년 同편집국 중소기업부장 2014년 同글로벌포럼 사무국장 2015년 同편집국 부국장 겸 글로벌포럼사무국장(현)

현승일(玄勝一) HYUN Syng Il

[생]1942·2·5 [본]연주(延州) [출]경북 칠곡 [주]서울 성북구 보국문로30길15 통섭정경연구원(02-3217-0790) [학]1960년 경북고졸 1966년 서울대 문리대학 정치학과졸 1976년 미국 유타주립대 대학원 사회학과졸 1981년 사회학박사(미국 유타주립대) 2011년 명예 박사(미국 유타주립대) [경]1964년 한일굴욕회담 반대투쟁·투옥 1966년 동양통신 입사 1979년 미국 하와이주립대 동서문화센터 선임연구원 1983~2000년 국민대 사회학과 교수 1984년 코리아헤럴드 객원논설위원 1985년 6·3동지회 회장 1988년 미국 텍사스오스틴대 객원교수 1991년 국민대 사회과학연구소장 1992~2000년 同총장 1992년 민주평통 서울지역 부의장 1995년 전국사립대학총장협의회 부회장 1997년 同회장 1998~2000년 한국대학교육협의회 회장 2000~2004년 제16대 국회의원(대구南, 한나라당) 2001년 한나라당 총재특보 2007년 (사)통섭정경연구원 회장(현) 2008~2012년 한국학중앙연구원 이사 2013~2014년 한국금융투자협회 공익이사 [상]청조근정훈장(2007) [저]'한국학생운동의 이념과 대학생 가치관의 변화' '사회학' '한국사회에 대한 진단과 처방' '일반체계이론' [역]'정치가의 조건' [종]기독교

현승종(玄勝鍾) HYUN Soong Jong (春齋)

[생]1919·1·26 [본]연주(延州) [출]평남 개천 [주]서울 종로구 종로69 서울YMCA회관418호 월남이상재선생기념사업회(02-725-5656) [학]1938년 평양고등보통학교졸 1943년 경성대 법학과졸 1973년 명예 법학박사(고려대) 1976년 명예 법학박사(대만 국립정치대학) [경]1946~1957년 고려대 법과대학 전임강사·조교수·부교수 1957~1974년 同법과대학 교수 1960년 同학생처장 1965년 同교양학부장 1970년 同법률행정연구소장 1971년 同도서관장 1973년 同독일문화연구소장 1973년 유네스코한국위원회 부위원장 1974~1980년 성균관대 총장 1981~1984년 고려대 객원교수 1984년 한림대 교수 1985년 민족통일중앙협의회 의장 1986년 한림대 학장 1989~1992년 同총장 1990년 서울평화상위원회 위원 1991년 한국교원단체총연합회 회장 1992~1993년 국무총리 1993~2000년 한림과학원 원장 1993~1999년 건국대 이사장 1993~2012년 유니세프 한국위원회 초대회장 1993년 대법원 사법제도발전위원장 1996년 대통령자문 노사관계개혁위원회 위원장 1999년 인촌상운영위원회 위원장 1999년 인재인성대상 운영위원장 2001~2014년 (재)인촌기념회 이사장 2005~2009년 학교법인 고려중앙학원 이사장 2008년 대한민국건국60년기념사업추진위원회 공동위원장 2008년 한국학중앙연구원 이사 2009~2013년 대통령자문 국민원로회의 공동의장 2010년 월남이상재선생기념사업회 공동대표(현) [상]충무무공훈장(1953), 국민훈장 동백장(1970), 省谷학술문화상(1990), 청조근정훈장(1993), 인촌상(1997), 국민훈장 무궁화장(1998) [저]'법사상사' '민법(총칙·물권)' '비교법입문' '채권총론' '로마법' '게르만법' '로마법개론'(1950) '로마법원론'(1954)

현승탁(玄丞倬) HYUN Seung Tak

[생]1946·6·7 [주]제주특별자치도 제주시 한림읍 한림로 555 (주)한라산(064-729-1950) [학]1964년 제주제일고졸, 경희대 경영학과졸 1968년 同경영대학원졸, 명예 경영학박사(제주대) [경](주)한라산 대표이사, 제주상공회의소 상임의원, 제주도궁도협회 회장, 민주평통 자문위원, 제주도청년회의소 회장, 한국청년회의소 수석감사, 뉴-제주라이온스클럽 초대회장, 제주도수출협의회 초대회장, 직장새마을운동 제주도협의회장, 대한주류공업협회 부회장, 한국자유총연맹 제주도지회장 2002~2006년 제주도의회 의원(한나라당) 2004년 同의장 2009~2015년 제주상공회의소 회장 2009년 대한상공회의소 부회장 2011~2013년 대통령직속 사회통합위원회 제주지역협의회 간사위원, 환경보전협회 제주지역협회 회장 2013년 (주)한라산 회장(현) 2015년 제주상공회의소 명예회장(현) 2016년 제주특별자치도체육회 상임부회장(현) [상]산업포장, 대통령표창, 제주도문화상, 명문장수기업인상(2009), 동탑산업훈장(2011), 제주특별자치도지사 감사패(2015)

현승훈(玄承勳) HYUN Seung Hoon

[생]1942·3·11 [본]연주(延州) [출]충북 괴산 [주]부산 연제구 중앙대로1079 화승그룹 회장실(051-850-7000) [학]1961년 경기고졸 1966년 부산대 상대졸 2007년 경영학명예박사(부경대) [경]1970년 (주)화승산업 입사 1975년 (주)화승실업 대표이사 1977년 (주)화승산업 대표이사 1978년 (주)화승화학 대표이사 1980년 (주)화승 대표이사 1981년 화승그룹 회장(현) 1981년 부산시체조협회 회장 1981년 한국신발수출조합 이사장 1981·1982년 부산상공회의소 부회장 1984년 한국능률협회 이사 1987년 부산시체육회 부회장 1987년 전국경제인연합회 이사 1989년 駐韓태국 명예총영사 [상]동탑산업훈장(1978), 금탑산업훈장(1980·1990), 수출 1억불탑(1981), 수출 5억불탑(1990), 제1회 동명대상 산업부문 대상(2009) [종]불교

현승희(玄丞禧) HYUN Seung Hee

(생)1960·10·15 (출)제주 제주시 (주)서울 강남구 강남대로358 KTB투자증권 리테일본부(02-2184-2000) (학)1979년 제주제일고졸 1986년 중앙대 경영학과졸 (경)1986년 쌍용투자증권 입사 1992년 同서교동지점 대리 1994년 同서교동지점 과장 1997년 同서교동지점 차장 1997년 同연희동지점장 1999년 同서교동지점장 2003년 굿모닝신한증권 압구정중앙지점장 2004년 同마포지점장 2004년 同남부·경남영업본부장 2006년 同강북영업본부장 2006년 同기획재무담당 및 전략추진실장 2007년 同지원총괄 부사장 2009년 同홀세일총괄 부사장 2010년 KTB투자증권 지점영업본부장(부사장) 2011년 同리테일본부장(부사장)(현)

현애숙(玄愛淑·女)

(생)1969·8·6 (출)울산 중구 종가로340 근로복지공단 감사실(052-704-7934) (학)1988년 속초여고졸 2006년 한양사이버대 교육공학과졸 (경)1997년 근로복지공단 성남지사 보상부 차장 2002년 同총무국 인사팀·인사교육팀 차장 2007년 同부산지역본부 복지부장 2012년 同보험재정국 보험적용부장 2015년 同청주지사장 2016년 同감사실장(현)

현영진(玄榮珍) HYUN Young Jin

(생)1953·8·13 (본)연주(延州) (출)제주 제주시 (주)제주특별자치도 제주시 제주대학로102 제주대학교 생명화학공학과(064-754-3681) (학)1978년 연세대 화학과졸 1980년 同대학원 화학공학과졸 1991년 공학박사(연세대) (경)1984~1987년 한국산업인력공단 선임연구원 1987~1999년 同기술사·기사출제위원 1987~1999년 제주대 공대 생명화학공학과 전임강사·조교수·부교수·교수(현) 1990~2001년 제주일보 논설위원 1991년 제주도 환경자문위원 1998년 제주상공회의소 경제센터연구소 부위원장 1998~2001년 제주대 환경연구소장 1999년 행정안전부 기술고시위원 1999년 제주도국제자유도시 실무추진위원 겸 실행위원 2003~2004년 미국 UC Davis·캐나다 UBC 방문교수 2008~2012년 제주도 환경영향평가심의위원회 위원장 2009~2013년 제주도교육청 환경보건위원회 부위원장 2010년 제주대 최우수강의교수 선정 2010~2011년 세계3대인명사전 등재 및 세계 100대 공학자 선정, 제주대 공대 생명화학공학과장 2011~2012년 영산강유역환경청 환경성검토위원 2011~2012년 한국환경정책평가연구원 자문위원 2013년 한국공업화학회 제주지부 초대지부장(현) 2015년 제주도 환경영양평가심의위원회 위원(현) (저)'가스안전공학'(1986) '연소 및 소각공정'(1988) '물의 이해'(2013) (종)불교

현오석(玄旿錫) HYUN Oh Seok

(생)1950·5·5 (본)성주(星州) (출)충북 청주 (학)1969년 경기고졸 1974년 서울대 상대 경영학과졸 1976년 同행정대학원졸 1984년 경제학박사(미국 펜실베이니아대) (경)1973년 행정고시 합격(14회) 1974년 한국은행 조사1부 근무 1974년 同총무처 근무 1976~1985년 경제기획원 경제기획국 근무 1982년 미국 펜실베이니아대 연구원 1984~1986년 이화여대 강사 1985년 부총리 비서관 1986년 경제기획원 인력개발계획과장 1987년 同대외조정실 조정4담당관 1989년 세계은행(IBRD) Economist 1991년 경제기획원 동향분석과장 1993년 대통령 경제비서관 1996년 재정경제원 예산실 예산심의관 1997년 중앙공무원교육원 파견 1998년 재정경제부 경제정책국장 1999년 同국고국장 1999년 국민경제자문회의사무처 기획조정실장 2000년 세무대학 학장 2000년 아시아·유럽정상회의(ASEM)사업추진본부 본부장 2001년 부총리 겸 재정경제부장관 특별보좌관 2001년 연세대·성균관대 강사 2002~2007년 한국무역협회 무역연구소장 2002년 국제신문 경제칼럼니스트 2003년 제16대 대통령직인수위원회 자문위원 2003년 고려대·연세대 국제대학원 객원교수 2003~2006년 대통령자문 정책기획위원 겸 노사관계발전추진위원 2003~2006년 우리금융지주 사외이사 2004년 서울신문 경제칼럼니스트 2004년 제주국제자유도시추진위원회 위원 2004년 자유무역협정(FTA)민간자문회의 위원 2005~2006년 국무총리실 정책평가위원 2005년 국제개발협력위원회 위원 2005년 경제자유구역위원회 위원 2006년 증권예탁결제원 사외이사 2007~2008년 한국무역협회 국제무역연구원장 2007년 관세청 자유무역협정(FTA)추진위원회 위원장 2007년 서울시 자유무역협정(FTA)추진위원회 위원 2007년 KBS 객원해설위원 2007년 제17대 대통령직인수위원회 자문위원 2008~2009년 공공기관경영평가단 단장 2008년 세계일보 경제칼럼니스트 2008~2009년 한국과학기술원(KAIST) 테크노경영대학원 교수 2009~2013년 한국개발연구원(KDI) 원장 2010년 G20정상회의준비위원회 민간위원 2012년 세계은행 지식자문위원회(KAC) 초대자문위원 2013~2014년 경제부총리 겸 기획재정부 장관 2014년 국립외교원 석좌

교수 2016년 아시아인프라투자은행(AIIB) 국제자문단(현) (상)녹조근정훈장(1993), 부총리표창(1997), 산업포장(2010), 도미니카공화국 감사훈장(2011) (저)'경제학'(1974) '국민소득 2만달러시대(共)'(2003) '대외경제정책방향 및 FTA추진전략(共)'(2003) '새로운 성장동력과 균형발전(共)' 칼럼집 '경제는 균형과 혁신이다'(2015, 한국경제신문) (역)'경제정책결정론'(2000) (종)천주교

현완교(玄完教)

(생)1967 (출)충남 대전 (주)세종특별자치시 갈매로388 문화체육관광부 감사관실(044-203-2060) (학)대천고졸, 연세대졸 (경)1994년 행정고시 합격(38회) 1995년 감사원 사무처 근무 2004년 同재정·금융감사국 제1과 감사관(4급) 2009년 同재정·경제감사국 제1과 감사관(4급) 2010년 同감찰정보과 제1과장 2011년 同특별조사국 총괄과장 2012년 同특별조사국 총괄과장(3급) 2013년 同산업·금융감사국 제1과장 2015년 同감찰담당관 2016년 문화체육관광부 감사관(고위공무원)(현)

현용선(玄容先) Hyun Yong Sun

(생)1968·12·24 (출)제주 (주)서울 서초구 서초중앙로157 서울중앙지방법원(02-530-1114) (학)1987년 제주사대부고졸 1991년 성균관대 법대졸 (경)1992년 사법시험 합격(34회) 1995년 사법연수원 수료(24기) 1995년 軍법무관 1998년 서울지법 의정부지원 판사 2000년 서울지법 판사 2002년 부산지법 판사 2005년 서울중앙지법 판사 2006년 서울고법 판사 2008년 대법원 재판연구관 2010년 제주지법 부장판사 2011년 인천지법 부장판사 2014년 서울중앙지법 부장판사(현)

현우범(玄又範) HYUN Woo Byum

(생)1950·9·2 (본)연주(延州) (출)제주 (주)제주특별자치도 제주시 문연로13 제주특별자치도의회(064-741-1870) (학)제주농고졸, 한국방송통신대 행정학과졸 (경)남원중 총동창회 회장, 4·3평화재단 이사, 제주고 총동문회 고문(현), 제주축산업협동조합 운영평가자문위원(현) 1969년 제주시 근무, 제주도 농수축산국 축정과장 2006·2010년 제주특별자치도의회 의원(무소속·민주당·민주통합당·민주당·새정치민주연합), 同예산결산특별위원회 위원장, 同농·수축지식산업위원회 위원 2008년 同행정자치위원회 위원 2010~2012년 同부의장 2010~2011년 同해군기지건설갈등해소특별위원회 위원장 2012년 同농·수축지식산업위원회 위원 2012년 同제주문화관광포럼 의원 2014년 제주특별자치도의회 의원(새정치민주연합·더불어민주당)(현) 2014년 同환경도시위원회 위원 2014·2016년 同FTA대응특별위원회 위원(현) 2015년 同새정치민주연합 원내대표 2015년 同더불어민주당 원내대표 2016년 同운영위원회 위원(현) 2016년 同농수축경제위원회 위원장(현) 2016년 同윤리특별위원회 위원(현) (상)근정포장(2003), 홍조근정훈장(2003) (종)불교

현인택(玄仁澤) HYUN In Taek

(생)1954·9·27 (출)제주 (주)서울 성북구 안암로145 고려대학교 정치외교학과(02-3290-2190) (학)제주제일고졸 1978년 고려대 정치외교학과졸 1982년 同대학원 정치외교학과졸 1990년 정치학박사(미국 Univ. of California Los Angeles) (경)1990~1992년 사회과학원 연구위원 1992~1995년 세종연구소 연구위원 1995~2009·2011년 고려대 정치외교학과 조교수·부교수·교수(현) 2001년 미국 평화연구소(USIP) 초빙교수 2002~2003년 고려대 기획실장 2002년 국회 공직자윤리위원 2003년 고려대 일민국제관계연구원장 2005년 同기획예산처장 2005년 한국정치학회 부회장 2007년 제17대 대통령직인수위원회 외교통일안보분과위원회 위원 2008~2009년 통일부 정책자문위원 2008~2009년 대통령직속 미래기획위원회 위원 2009~2011년 통일부 장관 2011~2013년 대통령 통일정책특보 (상)자랑스런 일고인상(2009) (저)'동북아 전력구조와 한국의 우주항공력(共)' '한국의 방위비'(1991) '신국가안보전략의 모색(共)'(1993) '유럽통합과 신유럽 안보질서'(1998) '21세기 평화학(共)'(2002) '정치적 현실주의의 역사와 이론(共)'(2003) '동아시아 환경안보(共)'(2005)

현인환(玄仁煥) HYUN In Hwan

(생)1951·9·12 (출)제주 (주)경기 용인시 수지구 죽전로152 단국대학교 공과대학 토목환경공학과(031-8005-3478) (학)1974년 서울대 토목공학과졸 1980년 同대학원 토목공학과졸 1987년 토목공학박사(서울대) (경)1980~1993년 단국대 전임강사·조교수·부교수 1987년 대한상하수도학회 이사 1990~1991년 미국 Univ. of Wisconsin Madison 객원교수 1993년 단국대 공과대학 토목환경공학과 교수(현) 1994~1996년 대한토목학회 출판위원회 위원·간사 1994~1996

년 同논문집 편집위원 1996~1998년 조달청 기술고문 1998년 한국물학술단체연합회 이사 1998년 환경관리공단 환경기술평가심의회 심의위원 1999년 한국수자원학회 이사 1999년 한국수도협회 이사 1999년 건설교통부 중앙하천관리위원 2000년 同중앙건설기술심의위원 2000~2002년 서울시 건설기술심의위원 2000년 건설기술연구원 건설신기술심사위원 2001년 대한상하수도학회 학회지편집위원장 2001년 同부회장 2001년 한국상하수도협회 이사 2003~2005년 대한상하수도학회 회장 2005~2008년 단국대 공과대학장 2008년 대통령자문 국가지속가능발전위원회 위원 2012~2014년 한국물학술단체연합회 회장 [상]서울시장표창(2001), 대한상하수도학회 공로상(2001), 환경부장관표창(2001), 대통령표창(2002), 한국수자원학회 학술상(2002) [저]'최신상수도공학'(1987) '중수도 시설기준 및 유지관리지침'(1994) '수돗물의 미생물학'(1994) '상수도정수처리 및 운영에 관한 최근기술동향'(1994) '상수도정수처리 및 운영관리에 관한 최근기술동향 제3권'(1995) '마을하수도 시설기준'(1996) '정수시설의 최적설계 및 유지관리'(1997) '최신 하수도 공학'(1997) '토목용어사전'(1998) '대체하수도시스템매뉴얼'(2005)

현재빈(玄宰彬) HYUN Jae Bin

[생]1961 [출]부산 [주]제주특별자치도 서귀포시 서호북로 36 국세청 국세상담센터(064-780-6000) [학]부산진고졸, 서울대졸 [경]행정고시 합격(35회) 2006년 서울지방국세청 국제조사2과 서기관 2007년 헌법재판소 조세조사관 2009년 거창세무서장 2009년 서울지방국세청 국제조사3과장 2010년 同국제조사2과장 2010년 同국제조사관리과장 2010년 국세청 소득지원국 자영소득관리과장 2012년 국세청 재산세국 종합부동산세과장 2014년 서울 역삼세무서장 2014년 서울지방국세청 조사2국 조사1과장 2015년 국세청 고객만족센터장 2016년 同국세상담센터장(현)

현재섭(玄載涉) HYUN Jae Sub

[생]1963 · 1 · 23 [본]연주(延州) [출]경북 경산 [주]부산 연제구 중앙대로999 부산지방경찰청 제3부(051-899-2114) [학]1985년 경찰대학졸(1기) 1998년 일본 사이타마대졸 [경]1985년 경찰 임용 1996년 대구 달서경찰서 방범과장 1999년 서울 수서경찰서 수사과장 2000년 서울지방경찰청 외사관리기획계장 2005년 同생활안전과 지도관 2005년 부산지방경찰청 정보통신담당관 2006년 울진경찰서장 2007년 경산경찰서장 2008년 교육 파견(총경) 2008년 서울지방경찰청 국회경비대장 2009년 서울 남대문경찰서장 2010년 경찰청 사이버테러대응센터장 2011년 同수사과장 2013년 경기 남양주경찰서장 2014년 경기지방경찰청 외사과장 2014년 경북지방경찰청 제1부장(경무관) 2015년 부산지방경찰청 제3부장(현)

현정은(玄貞恩 · 女) HYUN Jeong Eun

[생]1955 · 1 · 26 [본]연주(延州) [출]서울 [주]서울 종로구 율곡로194 현대그룹 회장실(02-3706-5005) [학]1972년 경기여고졸 1976년 이화여대 사회학과졸 1979년 同대학원 사회학과졸 1983년 미국 페어리디킨슨대 대학원 인성개발학과졸 [경]1983~1998년 한국걸스카우트연맹 국제분과위원 · 중앙육성위원 1988~1991년 대한여학사협회 재정분과위원 1998~2007년 한국걸스카우트연맹 중앙본부 이사 1999년 대한적십자사 여성봉사특별자문위원(현) 2003년 현대그룹 회장(현) 2005년 대통령자문 정부혁신지방분권위원회 위원 2006년 중앙인사위원회 인사정책자문회의 위원 2008~2016년 현대증권 이사 겸 이사회 의장 2008 · 2009년 미국 포브스紙 '세계에서 가장 영향력있는 여성 100인'에 선정 2010~2011년 현대엘리베이터(주) 각자대표이사 2011년 駐韓브라질 명예영사(현) 2011년 영국 파이낸셜타임스紙 '세계 50대 여성 기업인' 선정 2013년 서울상공회의소 비상근부회장(현) 2014 · 2015년 미국 포춘紙 '가장 영향력 있는 아시아 · 태평양 지역 여성 기업인(The Most Powerful Women of Asia-Pacific) 25인'에 선정 [상]이화여대 21세기 여성CEO상(2006), 미국 페어리디킨슨대 영광스러운 동문상(2006), 자랑스러운 경기인상(2009), 여성신문 올해의 인물상(2010), 김활란 여성지도자상(2010), 자랑스러운 이화인상(2013), 브라질 Rio Branco훈장(2013), 포브스 아시아판 선정 '아시아 파워 여성 기업인 50인'(2015), 금탑산업훈장(2015) [저]

현정택(玄定澤) HYUN Jung Taik

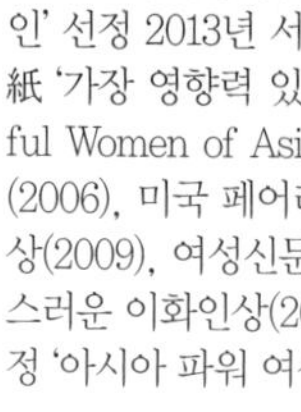

[생]1949 · 5 · 5 [본]성주(星州) [출]경북 예천 [주]세종특별자치시 시청대로370 대외경제정책연구원 원장실(044-414-1100) [학]1967년 경복고졸 1971년 서울대 경제학과졸 1982년 미국 매사추세츠대 대학원 경영학과졸 1993년 경제학박사(미국 조지워싱턴대) [경]1971년 행정고시 합격(10회) 1975년 국가안전보장회의 사무국 사무관 1977년 경제기획원 사무관 1983년 同과장 1991년 駐중국 참사관 1995년 재정경제원 국제협력관 1996년 同장관비서실장 1996년 同대외경제국장 1997년 駐OECD대표부 경제공사 1998년 대통령 기획조정비서관 1999년 대통령 정책1비서관 2000년 대통령 정책비서관 2001~2002년 여성부 차관 2002~2003년 대통령 경제수석비서관 2003~2005년 대외경제정책연구원 자문위원 2003~2014년 인하대 국제통상학부 교수 2003년 외교통상부 경제통상대사(통상교역담당) 2003~2005년 중소기업은행 사외이사 2005~2009년 한국개발연구원(KDI) 원장 2009~2013년 하나대투증권 사외이사 2010~2013년 지식경제부 무역위원회 위원장 2011년 하나대투증권 이사회 의장 2013~2015년 NH농협금융지주(주) 사외이사 겸 이사회 의장 2013~2015년 대통령자문 국민경제자문회의 부의장 2014~2015년 인하대 국제통상학부 초빙교수 2015~2016년 대통령 정책조정수석비서관 2016년 대외경제정책연구원 원장(현) [상]근정포장(1987), 황조근정훈장(1999) [저]'외국인 투자의 생산성 효과분석'(1993) [종]기독교

현정화(玄正和 · 女) HYUN Jeong Hwa

[생]1961 · 9 · 23 [출]전북 남원 [주]제주특별자치도 제주시 문연로13 제주특별자치도의회(064-741-1964) [학]제주 삼성여고졸, 제주대 원예학과졸, 同행정대학원 행정학과졸 [경]위미초등학교 총동문회 부회장, 삼성여고 총동문회 회장, 서귀포고 운영위원장, 서귀포시 칠십리로타리클럽 회장, 전국지방의회 여성위원회 제주지역 대표, 민주평통 서귀포시협의회 간사, 국제로타리3660지구 제5총재지역 대표, 제민일보 자문위원, 제주일보 독자위원(현), (사)한국웅변인협회 제주도본부 이사장(현), 새누리당 제주도당 윤리위원장 2010년 제주특별자치도의회 의원(비례대표, 한나라당 · 새누리당) 2010~2012년 同행정자치위원회 간사 2012년 同아동 · 청소년이안전한사회만들기특별위원회 위원 2012년 同복지안전위원회 위원 2014년 제주특별자치도의회 의원(새누리당)(현) 2014년 同보건복지안전위원회 위원장 2014년 同윤리특별위원회 위원 2014년 제주여성정치포럼 대표(현) 2014~2015년 제주특별자치도의회 새정치민주연합 부대표 2015년 국립제주검역소 명예검역관(현) 2016년 제주특별자치도의회 농수축경제위원회 위원(현) 2016년 同FTA대응특별위원회 위원(현) 2016년 同제주특별법제도개선및토지정책특별위원회 위원(현) 2016년 同예산결산특별위원회 위원(현)

현정화(玄靜和 · 女) HYUN Jung Hwa

[생]1969 · 10 · 6 [출]부산 [주]경기 과천시 경마공원대로 107 한국마사회(02-738-5177) [학]1988년 부산 계성여상졸 1992년 경성대 유아교육과졸 1996년 고려대 교육대학원졸 [경]1979년 탁구 입문 1985년 국가대표 탁구선수 1986년 아시아경기대회 단체전 우승 1987년 세계탁구선수권대회 개인복식 우승 1988년 서울올림픽 여자복식 우승 1989년 세계탁구선수권대회 혼합복식 우승 1990년 북경아시아경기대회 여자복식 우승 1991년 세계탁구선수권대회 단체전 우승(남 · 북 단일팀) 1993년 세계탁구선수권대회 단식 우승 1993년 한국화장품 체육부 과장 1996~2007년 한국마사회(KRA) 탁구단 코치 1997년 청소년대표팀 코치 2002년 부산아시안게임 여자대표팀 코치 · 탁구복식 1위 2004년 아테네올림픽 여자대표팀 코치 2005~2007년 국가대표여자탁구팀 감독 2006년 도하아시안게임 여자대표팀 감독 2007년 한국마사회(KRA) 탁구단 감독, 同총감독(현) 2008년 베이징올림픽 국가대표팀 코치 2008년 대한탁구협회 홍보이사 2009~2012년 국가대표여자탁구팀 감독 2010~2012년 국민체육진흥공단 이사 2010년 문화체육인 환경지킴이단 2011 · 2013년 대한탁구협회 전무이사 2011~2013년 국제탁구연맹(ITTF) 미디어위원회 위원 2011~2013년 (재)국제스포츠협력센터 이사 2011년 서울시 정신건강지킴이 2012년 스포츠안전재단 홍보대사 2012년 대한탁구협회 선수위원회 위원장 2014년 2014인천장애인아시안게임 선수촌장 [상]체육훈장 백마장, 체육훈장 기린장, 체육훈장 청룡장(1988) [저]'여왕이기 보다는 여자이고 싶다'(1993) '현정화의 퍼펙트 탁구교본'(2012, 삼호미디어) [종]기독교

현정훈(玄政勳) Hyun Jeong Hoon

[생]1958 · 1 · 5 [본]연주(延州) [출]서울 [주]경기 화성시 삼성1로1길14 (주)레이언스 사장실(031-8015-6400) [학]1975년 대전고졸 1980년 서울대 기계설계학과졸 2008년 부산대 경영대학원졸 [경]1984~2008년 삼성SDI VFD사업팀 사업총괄 상무 2008~2009년 삼성모바일디스플레이 신규사업팀 사업총괄 상무 2010년 (주)바텍 DR사업본부총괄 사장 2011년 (주)레이언스 대표이사 사장(현) [상]무역의 날 2천만불 수출탑(2013), 무역의 날 3천만불 수출탑(2014), 세계일류상품 선정(2013 · 2014), 대한민국 기술대상 은상(2014), 대한민국 10대신기술 선정(2014)

현 종(賢 宗)

[생]1959·3·1 [출]경남 합천 [주]강원 강릉시 연곡면 싸리골길170 현덕사(033-661-5878) [학]1992년 해인사 승가대졸 2000년 중앙승가대졸, 동국대 대학원 불교학과 수료 [경]1987년 월정사에서 사미계 수지(계사 녹원스님) 1990년 범어사에서 구족계 수지(계사 자운스님) 2002년 현덕사 주지 2005~2006년 대한불교조계종 총무원 호법부 상임감찰, 강릉불교문화원 원장 2008년 강릉불교환경연대 초대회장·지회장(현), 불교신문 논설위원 2016년 현덕사 회주(현) [종]불교

현종익(玄宗益) Hyun Jong Ik

[생]1953·11·15 [본]연주(延州) [출]제주 [주]제주특별자치도 제주시 일주동로61 제주대학교 교육대학 초등교육과(064-754-4832) [학]1971년 제주제일고졸 1975년 부산대 사범대학 수학교육과졸 1977년 同교육대학원졸 1989년 이학박사(계명대) [경]1979~1982년 제주대·제주교대 강사 1981~1995년 제주교대 수학교육과 전임강사·조교수·부교수 1988년 同전자계산소장 1990년 同학생처장 1991·1998년 대한수학교육학회 이사 1992년 제주교대 교무처장 1992년 同과학교육연구소장 1994년 일본 千葉大 객원연구원 1995~2008년 제주교대 수학교육과 교수 1995년 한국초등수학교육학회 운영이사·제주지회장(현) 1996년 한국수학교육학회 부회장 겸 제주지부장(현) 1996년 제주교대 교무처장 1998년 同초등교원연수원장 1998년 제주성안교회 장로(현) 1998년 제주기독신문 이사 2000~2004년 제주교대 총장 2000년 중국 연변과학기술대 명예교수(현) 2000년 (주)호산나넷 명예이사 2001~2005년 민주평통 자문위원 2001년 한국홀리클럽연합회 부회장 겸 제주홀리클럽 회장·명예회장(현) 2003년 제주극동방송 시청자위원장(현) 2004년 (사)성안장학회 이사장 2005~2012년 (재)성지문화재단 이사 2005~2014년 한국국제기드온협회 서제주캠프 회장 2005~2013년 제주홀리스카우트육성단체 대표 2006년 제주장로합창단 부단장(현) 2006년 제주기독교교회협의회 장로부회장·감사(현) 2007년 중국 운남재경대학 명예교수(현) 2008년 제주대 교육대학 초등교육과 수학교육전공 교수(현) 2008~2011년 한국국제기드온협회 서울지역연합회 제4지구 이사 2011년 제주도 성시화운동본부 대표본부장(현) 2012년 미래목계포럼 정책자문위원 [상]대통령표창 [저]'초등수학교육개설(共)'(1984) '교양수학(共)'(1984) '수학사개설(共)'(1984) '초등수학의 이론과 실제'(1985) '대학수학(共)'(1987) '초등컴퓨터교육(共)'(1987) '산수과교수법 및 교재연구'(1990) '컴퓨터교육의 이론과 실습문제'(1991) '대학수학입문(共)'(1991) '수학과 학습지도 연구'(1993) '수학과 교육'(1994) '수학과 교수학습방법 탐구'(1996) '현대수학 기초론'(1997) '초등수학교육론'(1999) '초등수학교육기초론'(2001) '교육학용어사전(共)'(2002) '교사를 위한 수학사'(2005) '교사를 위한 초등수학교육론'(2006) '초등학교 교사를 위한 수학기초론(共)'(2008) '7차 교육개정에 따른 초등수학교육론'(2011) '세계수학사'(2011) '7차 개정교육과정에 따른 초등수학교육론'(2013, 교우사) [종]기독교

현 준(玄 駿) Hyun Joon

[생]1968·1·20 [본]연주(延州) [출]전북 김제 [주]전북 전주시 덕진구 팔과정로164 중소기업중앙회 전북지역본부(063-214-6610) [학]1987년 김제북고졸 1994년 서울시립대 무역학과졸 2010년 숭실대 중소기업대학원 중소기업경영학과졸 [경]1994~2012년 중소기업중앙회 총무회계팀·감사실·전북지역본부·건설관리팀·회관관리팀·건설기술팀 근무 2012년 同공제사업본부 노란우산공제사업팀장 2013년 同노란우산공제사업부장 2013년 同창조경제부장(3급) 2014년 同창조경제부장(2급) 2015년 同전북지역본부장(현) [종]기독교

현준용(玄焌容) HYUN Jun Yong

[생]1967·6·5 [주]서울 용산구 한강대로32 (주)LG유플러스 임원실(1544-0010) [학]대일고졸, 서울대 노문학과졸, 미국 컬럼비아대 경영대학원졸 [경]LG 회장실 근무, LG전자 근무, (주)LG텔레콤 뱅크온사업부장 2006년 同제휴사업담당 상무 2008년 同비즈니스개발부문 컨텐츠담당 상무 2009년 同전략기획실장(상무) 2011년 (주)LG유플러스 사업개발실장(상무) 2012년 同BS본부 기반통신사업담당 상무 2016년 同FC본부 융합서비스부문장(전무)(현)

현준원(玄峻源) HYUN June Won

[생]1960·6·6 [본]성주(星州) [출]서울 [주]경기 용인시 수지구 죽전로152 단국대학교 응용물리학과(031-8005-3215) [학]1988년 단국대 물리학과졸 1992년 헝가리 부다페스트대 공과대학원 물리학과졸 1994년 물리학박사(헝가리 부다페스트공대) [경]1992~1994년 헝가리 부다페스트공대 신소재연구소 연구원 1994년 단국대 자연과학대학 응용물리학과 조교수·부교수·교수(현), 同응용물리학과장 2008~2011년 同대외협력실장 2008년 同국제교류처장 2011년 同죽전캠퍼스 대학원 교학처장 2015년 同죽전캠퍼스 자연과학대학장 겸 공동기기센터장(현) [상]최우수 논문상 [저]'동구의 과학기술 정책 및 기술현황' [역]'대학 물리학' [종]기독교

현지호(玄智皓) HYUN JI HO

[생]1971·10·26 [본]연주(延州) [출]부산 [주]서울 서초구 서초대로396 화승그룹 임원실(02-3471-3410) [학]1996년 미국 베이츠대 경제학과졸 [경]2000년 (주)화승 상무이사 2001년 同전무이사, (주)화승R&A 전무이사 2002년 HS VINA 부회장 2005년 (주)화승 부사장 2008년 화승그룹 부회장 2011년 同총괄부회장(현) 2014년 화승알앤에이 대표이사 겸임(현) 2014년 한국백혈병소아암협회 부산지회 후원회장(현) 2015년 MBC 시청자위원회 위원(현) 2015년 부산경영자총협회 부회장(현) 2015년 부산상공회의소 상임위원(현) [종]불교

현진권(玄鎭權) Hyun, Jin Kwon

[생]1959·4·22 [출]부산 [주]서울 영등포구 여의대방로69길23 KB저축은행빌딩7층 (재)자유경제원(02-3774-5000) [학]1977년 부산고졸 1981년 연세대 공대 건축공학과졸 1985년 미국 노스캐롤라이나대 대학원 지역계획학과졸 1989년 정책분석학박사(미국 카네기멜론대) [경]1990~1992년 교통개발연구원 연구원·연구위원 1992~2004년 한국조세연구원 연구위원 1998년 同운영부장 2001~2002년 성균관대 경영대학원 겸임교수 2004~2009년 아주대 사회과학부 경제학전공 교수 2005년 일본 재무성 Visiting Scholar 2006년 바른사회시민회의 사무총장 2009년 대통령 정무수석비서관실 시민사회비서관 2010~2012년 아주대 사회과학부 경제학전공 교수 2012~2014년 한국자산관리공사 비상임이사 2012년 한국재정법학회 부회장 2012년 (사)한국재정학회 부회장 2012~2014년 한국경제연구원 사회통합센터 소장 2013~2014년 한국재정학회 회장 2014년 (재)자유경제원 원장(현) 2015년 KB자산운용 사외이사(현) [상]한국재정학회 한국재정공공경제학상(2003) [저]'조세정책과 소득재분배'(1996) '인적자원의 확충과 보호'(2005) '법인세제의 변화와 기업투자'(2005) '조세론'(2007) '세금경제학'(2007)

현창부(玄暢富) HYUN Chang Bu

[생]1958·11·19 [출]제주 [주]부산 남구 문현금융로40 부산국제금융센터(BIFC) 한국자산관리공사 감사실(1588-3570) [학]1977년 오현고졸 1981년 육군사관학교 토목공학과졸 1996년 성균관대 대학원 행정학과졸 2014년 회계세무학박사(가천대) [경]2004년 감사원 감찰관실 감찰담당관 2005년 同특별조사본부 감찰정보팀장 2006년 同재정금융감사국 제4과장 2007년 同재정금융감사국 제4과장(부이사관) 2009년 同자치·행정감사국 제6과장 2010년 同특별조사국 총괄과장 2010년 同감찰정보단장 직대 2011년 同공공감사운영단장 2012년 同지방행정감사국장 2014년 同재정경제감사국장 2015년 同제2사무차장 2015년 同방산비리특별감사단장 겸임 2016년 한국자산관리공사 상임감사(현)

현창택(玄昌澤) HYUN Chang Taek

[생]1957·10·2 [본]연주(延州) [출]제주 제주시 [주]서울 동대문구 서울시립대로163 서울시립대학교 도시과학대학 건축학부(02-6490-2755) [학]1980년 서울대 공과대학 건축학과졸 1986년 同대학원 건축학과졸 1990년 건축학박사(서울대) [경]1982~1987년 삼성종합건설(주) 대리 1987~1988년 서울대 공과대학 건축학과 조교 1988~1996년 경성대 공과대학 건축공학과 교수 1994~1995년 미국 일리노이대 건축학과 박사 후 연구원 1996년 서울시립대 도시과학대학 건축학부 건축공학전공 교수(현) 1997~2002년 대한상사중재원 중재인 1998년 서울시 건설기술심의위원 1998~2007년 국방부 특별건설기술심의위원 1999년 SH공사 설계자문위원 2000~2005년 건설교통부 중앙건설기술심의위원 2000~2001·2006~2007년 한국건설관리학회 이사 2000~2006년 건설VE연구회 회장 2001년 한국도로공사 설계자문위원 2002년 대한건축학회 계약관리분과위원장 2002~2003년 한국건설관리학회 감사 2002년 중국 연변과학기술대학 겸임교수(현) 2003년 우리정책협력연구원 이사장 2004~2005년 미국 콜로라도대 연구교수 2005년 정보통신부 조달사무소 설계자문위원 2006~2011년 (사)한국건설VE연구원 원장 2006~2008년 서울시립대 중앙도서관장 2007~2008년 감사원 건설·물류감사 자문위원 2007년 SH공사 사외이사추천위원 2007~2009년 제주국제자유도시개발센터 설계자문위원 2007년 건설교통부 건설기술진흥기본계획추진단 위원 2007~2009년 수도권교통본부 설계자문위원 2008~2012년 대한건축학회 이사 2008년 대한주택공사 분양가 심사위원 2008~2009년 서울시 건설기술심의위원(사업관리분야) 2009~2014년 미국세계인명사전

ㅎ

'Marquis Who's Who in the World'에 등재 2009~2014년 영국 IBC '2000 Outstanding Intellectuals of the 21st Century'에 등재 2010~2011년 미국인명연구소(ABI) 'Great Minds of the 21st Century'에 등재 2010~2012년 한국건설관리학회 부회장 2010년 국토해양부 중앙건설기술심의위원 2010~2013년 국토교통부 중앙건설기술심의위원 2011년 (사)한국건설VE연구원 이사장(현) 2012년 행정중심복합도시건설청 기술자문위원(현) 2013년 제주국제자유도시개발센터 정책자문위원(현) 상한국능률협회 가치(VE)대상(1987), 서울시립대 우수교수상(2001·2002·2003·2006·2007·2009·2011·2012·2014), 건설교통부장관표창(2001·2007), 서울시장표창(2007), 대한건축학회 학술상(2010), 대한건축학회 논문상(2011), 국토연구원 우수논문상(2012) 전'건축공사 표준시방서'(1994) '건설관리 및 경영'(1997) '건축시공'(1997) '건설기술백서'(1999) '건설경영공학'(1999) '건설텍스트북'(2000) '건설관리의 개념과 실제'(2000) '건축공정관리학'(2002) '가치공학'(2003) '사업발주방식'(2003) '건축시공학'(2006) 등 총 20여권 영'건설프로그램관리'(2011)

현천욱(玄天旭) HYUN Cheon Ook

생1953 · 7 · 5 출제주 주서울 종로구 사직로8길39 세양빌딩 김앤장법률사무소(02-3703-1130) 학1972년 서울고졸 1976년 서울대 법학과졸 1987년 미국 하버드대 대학원졸(LL.M.) 경1976년 사법시험 합격(18회) 1978년 사법연수원 수료(8기) 1981년 김앤장법률사무소 변호사(현) 1987년 미국 하버드대 연수 1987년 미국 뉴욕주 변호사시험 합격 1991년 한국노동연구원 부설 노사관계고위지도자과정 강사 1995년 민주평통 자문위원 1996년 조선일보 법률자문위원 1997년 노동부 법률자문위원 1998년 駐韓미국상공회의소 노동분과위원회 공동위원장 2000년 서울시노사정협의회 공익위원 2007년 포스코 HRForum 회원(현)2009~2012년 고려대학교 법학전문대학원 겸임교수 2011년 대한산업안전협회 비상근이사 2013년 국제로터리 3640지구 총재 상대통령표창 전'M&A와 노동문제' '노동법 쟁점 해설'(共) 'Guidebook/Labor & Employment Laws of Korea'(共)'(2008)

현택환(玄澤煥) HYEON Taeg Hwan

생1964 · 12 · 9 본연주(延州) 출대구 달성 주서울 관악구 관악로1 서울대학교 화학생물공학부(02-880-7150) 학1987년 서울대 화학과졸 1989년 同대학원 무기화학과졸 1996년 무기화학박사(미국 Univ. of Illinois at Urbana-Champaign) 경1996~1997년 미국 Northwestern Univ. Post-Doc. 1997~2002년 서울대 공과대학 화학생물공학부 조교수 1997년 한국화학회 종신회원(현) 1997년 대한화학회 종신회원(현) 1997년 한국공업화학회 종신회원(현) 2002~2010년 서울대 공과대학 화학생물공학부 부교수 · 교수 2002년 과학기술부 창의적연구진흥사업산화물나노결정연구단장 2003~2008년 한국과학기술한림원 준회원 2004년 '하드디스크 드라이브나 MRI 조영제의 구성성분인 나노(10억분의1m) 입자를 기존보다 1000배 싼 비용으로 1000배 많은 양을 생산할 수 있는 획기적인 기술을 최초로 개발 2006년 미국 톰슨사 '뉴핫페이퍼(New Hot Paper-최근 2년간 발행된 논문 중에서 각 분야에서 인용횟수가 상위 0.1%에 드는 논문)' 선정 2008년 '질병의 진단 · 치료를 동시에 실행할 수 있는 속이 빈 나노캡슐을 제조하는데 성공' 2010년 서울대 화학생물공학부 중견석좌교수(현) 2010년 미국 화학회지 부편집장(현) 2011년 유네스코 · 국제순수응용화학연합(IUPAC) '세계화학자 100인' 선정 2012년 기초과학연구원(IBS) 나노입자연구단장(현) 2013년 미국재료학회 석학회원(Fellow)(현) 2014~2015년 국가과학기술자문회의 자문위원 상미국 일리노이대 최우수졸업논문상, 대한화학회 젊은화학자상(2001), 젊은과학자상(2002), 이달의 과학자상(2002), 듀폰과학기술상(2005), 대한화학회 무기분야 우수연구자상(2005), 신양문화재단 신양학술상(2007), 포스코청암상(2008), 한국과학기술정보연구원 지식창조대상 재료과학분야(2009), 호암상 공학상(2012), 서울대총동창회 관악대상 영광부문(2014), 국제진공과학기술연맹(IUVSTA) 기술상(2016), 미래창조과학부 및 한국과학기술단체총연합회 선정 대한민국 최고과학기술인상(2016) 종기독교

현해성(玄海成) HYUN Hae Sung

생1962·1·20 본연주(延州) 출전남 화순 주광주 북구 첨단과기로208번길50, 208호 (주)오케이바이오(062-974-3535) 학1980년 광주공고졸 1989년 전남대 수의학과졸 1991년 同대학원 수의학과졸 1996년 수의학박사(일본 낙농학원대) 경1996년 일본학술진흥회 외국인특별연구원 1997년 한국과학재단 연구원 1998~2008년 (주)이코바이오 연구소장 1998년 온누리동물병원 원장 2002년 노사모(노무현을사랑하는사람들의모임) 전남대표 · 중앙상임위원 2002년 새천년민주당 대통령선거국민참여운동본부 광주 · 전남 공동본부장, 同100만서포터즈 전남사업단장 2003년 개혁국민정당 조직위원회 부위원장 2003년 신당연대 광주 · 전남 공동대표 2003년 국민통합개혁신당 광주 · 전남 창당추진위원회 공

동대표 2003년 민주평통 상임위원 2003년 인터넷신문 우리힘닷컴 칼럼리스트 2004년 17대총선 후보경선 출마 2004년 대한민국캐릭터공모전 심사위원 2006년 첨단골열린음악회 운영위원장 2006년 아름다운가게 광주첨단점 운영위원장, 광주 광산구장애인협회 후원회장(현) 2007년 광주시민사회단체총연합회 공동대표 2015년 (주)오케이바이오 대표(현) 전자전적 에세이집 '만남'

현홍주(玄鴻柱) HYUN Hong Choo

생1940 · 8 · 19 본연주(延州) 출서울 주서울 종로구 사직로8길39 세양빌딩 김앤장법률사무소(02-3703-1131) 학1959년 경기고졸 1963년 서울대 법과대학 법학과졸 1964년 同사법대학원 법학과졸 1969년 미국 컬럼비아대 법대 법학과졸(석사) 경1963년 고등고시 사법과 합격(16회) 1964년 육군 법무관 1968년 서울지검 검사 1978년 서울고검 검사 겸 법무부 검사 1980년 국가안전기획부 제1차장 1985년 민정당 정책조정실장 1985년 제12대 국회의원(전국구, 민정당) 1987년 민정당 사무차장 1988년 법제처장 1990년 駐유엔대표부 대사 1991~1993년 駐미국 대사 1993년 변호사 개업 1993년 한미21세기위회 위원 1993년 김앤장법률사무소 변호사(현) 1994년 Pacific Forum CSIS 이사(현) 1994년 한미재계회의 위원 1996~2006년 헌법재판소 자문위원 1997년 미국 Brookings연구소 아시아센터 자문위원(현) 2001년 Trilateral Commission 위원(현) 2009~2013년 대통령자문 통일고문회의 고문 2010년 대통령직속 국가안보총괄점검회의 위원(현) 2013년 국립외교원 석좌교수(현) 상흥조근정훈장(1973), 보국훈장 천수장(1975), 보국훈장 국선장(1981), 황조근정훈장(1984), 청조근정훈장(1992), 미국 컬럼비아대법과대학동창회 영예동문상(Medal for Excellence)(1993), 한국 컬럼비아대동창회 '올해의 자랑스러운 컬럼비아인 상'(2010), 한미협회 한 · 미 우호상(2012) 전'Transition in Korea'(1987) 'Ambassadors'Memoir'(2010)

형남두(邢南枓) Hyung Nam Doo

생1960 · 12 · 16 출전북 남원 주서울 종로구 종로14 한국무역보험공사 중소중견기업남부지역본부(02-399-6800) 학1979년 전주고졸 1985년 전북대 경영학과졸 경1987년 한국수출입은행 입행 1992년 한국무역보험공사 업무부 심사역 1994년 同기획과 근무 1995년 同보상부 심사역 1997년 同영업기획부 팀장 1999년 同단기영업5팀장 2001년 同광주지사 차장 2002년 同고객관리팀장 2003년 同신뢰성보험팀장 2003년 同영업기획팀장 2004년 同전북지사장 2007년 同조사부장 2007년 同투자개발사업부장 2009년 同선박사업부장 2011년 同북경지사장 2014년 同기업개선실장 2014년 同영업총괄부장 2015년 同중소중견기업남부지역본부장(현)

형우진(邢宇鎭) HYUNG Woo Jin

생1967 · 2 · 4 주서울 서대문구 연세로50의1 세브란스병원 위장관외과(02-2228-2129) 학1993년 연세대 의대졸 2003년 同대학원졸 2006년 의학박사(고려대) 경2001~2004년 연세대 의과대학 외과학교실 연구강사 · 전임강사 2002년 일본 Fujita대 복강경위암수술 단기연수 2004년 연세대 의과대학 외과학교실 조교수 · 부교수 · 교수(현), 세브란스병원 외과 전문의(현), 대한위암학회 정회원(현), 대한암학회 정회원(현), 대한외과학회 정회원(현) 2011~2015년 세브란스병원 로봇내시경수술센터 소장 2014년 同위장관외과장(현) 2015년 연세대의료원 연세암병원 위암센터장(현) 상대한암학회 GSK종양학술상(2002), 세도최학술상(2003 · 2006)

형원준(邢原準) HYOUNG Won Joon

생1963 · 6 · 21 출서울 주서울 강남구 남부순환로2806 군인공제회관 SAP Korea(02-2194-2401) 학1984년 배문고졸 1988년 고려대 산업공학과졸 1997년 미국 카네기멜론대 대학원졸(MBA) 경1988~1998년 삼성전자(주) Senior Manager · Internal Consultant 1996년 Mckinsey&Company Chicago IL Management Strategy Consultant 1998~2000년 삼성벤처투자(주) Fund Manager 2000~2003년 아이투테크놀로지코리아 부사장 2003~2007년 同사장 2006년 i2 Technologies North East Asia 사장 2007~2008년 同아시아 · 태평양(Greater Asia-Pacific)지역총괄 사장 2008년 SAP Korea 사장(현) 전'탱고경영'(2012, 한빛비즈)

형진휘(邢振輝) HYEONG Jin Hui

생1972 · 6 · 22 출전북 전주 주서울 서초구 반포대로157 대검찰청 과학수사부 과학수사2과(02-3480-2410) 학1990년 상산고졸 1996년 서울대 경영학과졸 경1997년 사법시험 합격(39회) 2000년 사법연수원 수료(29기) 2000년 서울지검 남부지청 검사 2002년 창원지검 진주지청 검사 2004년

창원지검 검사 2006년 인천지검 검사 2008년 서울서부지검 검사 2012년 대전지검 검사 2013년 同부부장검사 2014년 대검찰청 검찰연구관 2015년 대구지검 특수부장 2016년 대검찰청 과학수사2과장(현)

형태근(邢泰根) HYUNG Tae Gun

⑳1957 · 3 · 10 ⑳경남 거창 ㈜서울 강남구 테헤란로 518 섬유센터12층 법무법인(유) 율촌(02-528-5785) ⑲1975년 대구고졸 1979년 성균관대 경제학과졸 1990년 미국 뉴욕주립대 대학원 경영학과졸 2011년 명예 경영학박사(동양대) ⑳1978년 행정고시 합격(22회) 1980년 체신부 기획관리실 사무관 1991년 경주우체국장 1992년 대전EXPO조직위원회 위원장 비서실장 1994년 국제위성기구(INTELSAT, 미국) 파견 1996년 정보통신부 정보통신정책과장 1998년 同초고속망기획과장 1998년 同기획총괄과장 2000년 정보통신연구진흥원 수석연구위원 2000년 경북체신청장 2002년 정보통신정책연구원 파견 2003년 정보통신부 감사관 2004년 同국제협력관 2004년 同정보통신협력국장 2005~2006년 同정보통신정책국장 2005년 저작권심의조정위원회 위원 2006년 정보통신부 통신위원회 상임위원 2007년 제17대 대통령직인수위원회 제2분과위원회 전문위원 2008~2011년 방송통신위원회 상임위원 2008년 시청자불만처리위원회 위원장, 방송통신위원회 규제개혁 및 법제선진화특별위원회 위원장 2011~2014년 부산시 정보통신정책고문 2011년 동양대 석좌교수(현) 2011년 법무법인(유) 율촌 고문(현) ⑳대통령표창(1990), 홍조근정훈장(2006), 황조근정훈장(2012) ㉑'Beyond the Internet of Things(共)'(2009) ⑳천주교

혜 관(慧 觀) Hie Gohn (雪村)

⑳1957 · 8 · 10 ⑳전남 함평 ㈜서울 서대문구 가좌로2길50 불교문학포교원(02-308-9520) ⑳중앙승가대졸 ⑳1976년 대흥사에서 득도 · 수계 1987년 '시조문학'으로 시인 등단 1990년 불교문학포교원 원장(현) 1993년 현대불교문인협회 회원(현) 1993년 국제펜클럽 회원(현) 1993년 불교문예 발행인(현) 1994~1998년 대한불교조계종 제11대 중앙종회 의원 1999년 한국문인협회 회원(현) 2005년 한국시인협회 회원(현) 2005년 현대불교문학상 운영위원(현) ㉑시집 '한듬' '동인시집' '돌의 탄생' '번뇌 그리고 꽃' ⑳불교

혜 용(惠 勇)

⑳1969 ⑳전남 무안 ㈜서울 종로구 우정국로55 한국불교역사문화기념관(02-2011-1700) ⑲1996년 중앙승가대졸 2000년 동국대 대학원 수료 ⑳1991년 화엄사에서 사미계 수지(계사 종원스님) 1994년 범어사에서 구족계 수지(계사 일타스님) 2000~2010년 용천사 주지 2001년 대한불교조계종 총무원 호법부 상임감찰 2005년 同총무원 사회국장 2010~2014년 광륜사 주지 2011년 대한불교조계종 종교평화위원회 위원장 2014~2015년 운흥사 주지 2014년 대한불교조계종 노동위원회 위원장 2016년 同사회노동위원회 위원장(현)

혜 자(慧 慈) (禪默)

⑳1952 · 1 · 5 ⑭순흥(順興) ⑳충북 충주 ㈜서울 노원구 덕릉로145길99 도안사(02-936-5936) ⑲1975년 통도사 대교과 수료, 동국대 대학원 수료 ⑳1967년 도선사에서 청담스님을 계사로 사미계 수지 1976년 법주사에서 석암스님을 계사로 비구계 수지 1977년 도안사 주지 1998년 도선사 부주지 · 주지 1999년 대한불교조계종 소청심사위원 · 위원장, 同총무원 문화부장 2006년 불교계 새로운 신행문화의 패러다임인 '108산사순례기도회' 회주(현) 2007년 불교신문 사장, 학교법인 청담학원 이사장, 사회복지법인 혜명복지원 이사장, 同이사(현), 인드라망생명공동체 공동대표(현), 경제정의실천불교시민연합 공동대표(현) 2010~2014년 대한불교조계종 호계원 초심호계위원 2013년 도안사 주지(현) 2014년 대한불교조계종 호계원 중앙종회 의원(현) ⑳네팔정부 평화훈장(2008), 만해대상(2008), 국민포장 ㉑'절에서 배우는 불교'(1998) '캄보디아' '산중명상집' '마음으로 찾아가는 108산사'(2007) ⑳불교

혜 초(慧 草)

⑳1932 · 8 · 8 ⑳경남 ㈜서울 종로구 율곡로1길31 한국불교태고종 총무원(02-739-3450) ⑲1946년 해인사 강원에서 사교과 수료 1956년 해인대(現경남대) 종교학과졸 1960년 일본 임제대(現화원대학) 선학과졸 ⑳1945년 진주 靑谷寺에서 靑峰화상을 은사로 득도 1945년 청곡사에서 양택스님을 계사로 사미계 수지 1953년 해인사에서 인곡스님을 계사로 비구계 수지 1956년 해인사 강원 수선안거 이래 5하안거 성만 1961년 법륜사에서 덕암스님을 계사로 보

살계 수지 1966년 서울 약사암 주지 1970년 한국불교태고종 중앙종회 의원 1970년 同총무원 사회부장 1971년 同중앙포교사 1976년 同일본 오사카별원장 1977년 서울 영평사 주지 1979년 한국불교태고종 종무위원 1981년 한 · 일불교문화교류협회 이사 1988년 전한국불교포교사협회 회장 1996년 한국불교태고종 총무원장(17대) 1997년 대륜불교문화연구원 원장 2001년 한국불교태고종 총무원장(21대) 2004년 同제17세 종정 2009년 同제18세 종정 2014년 同제19세 종정(현) ㉑'불교의 이해' '미타경강화 일용집' '한국선풍과 일본임제선과의 비교 연구에 대하여'

호문익(胡文翊) HO Moon Ik

⑳1941 · 9 · 6 ⑳서울 ㈜부산 강서구 과학산단1로8 (주)한일정공(051-330-0700) ⑲1960년 서울사대부고졸 1965년 서울대 문리과대학 화학과졸 ⑳1965~1972년 흥일통신공업사 공장장 1972년 훼어챠일드(주) 과장 1978년 한일정기공업사 설립 · 대표 1996년 (주)한일정공 대표이사(현) 2002년 부산 · 경남자동차테크노센터 이사 2003년 부산자동차부품공업협동조합 이사 ⑳대통령표창, 산업포장

호문혁(胡文赫) Ho Moon-hyuck (景山)

⑳1948 · 7 · 17 ⑭파릉(巴陵) ⑳서울 ㈜경기 고양시 일산동구 호수로550 사법정책연구원(031-920-3500) ⑲1967년 경기고졸 1972년 서울대 법과대학 법학과졸 1976년 同대학원 법학과졸 1985년 법학박사(독일 프라이부르크대) ⑳1978~1986년 영남대 법정대학 법학과 전임강사 · 조교수 1986~1997년 서울대 법과대학 사법학과 전임강사 · 조교수 · 부교수 1994년 독일 Frankfurt대 파견교수 1997~2009년 서울대 법과대학 법학부 교수 1999~2001년 同대학신문사 주간 2001년 미국 하버드대 로스쿨 파견교수 2005년 서울대 평의원회 부의장 2006~2008년 同법과대학장 2006년 同총장후보선정위원회 위원장 2006~2008년 한국민사소송법학회 회장 2007년 International Association of Procedural Law(IAPL) Council Member(현) 2008년 법학전문대학원협의회 초대이사장 2009년 제주대 법학전문대학원 교환교수 2009~2013년 서울대 법학전문대학원 교수 2009~2013년 同교수협의회 회장 2013년 同명예교수(현) 2013~2014년 이화여대 법학전문대학원 초빙교수 2013~2014년 2014International Association of Procedural Law(IAPL) Seoul Conference 조직위원장 2014~2015년 한국훔볼트회 회장 2016년 대법원산하 사법정책연구원 원장(현) ⑳녹조근정훈장(2013) ㉑'민사소송법연구(I)'(1998) '민사소송법(초판~13판)'(2000~2016) '민법주해(共)' '법률부조에 관한 연구(共)'(2004) '사법제도 개선방향'(共) '민사소송법 원론'(2012, 법문사) ⑳불교

호제훈(扈帝薰) Ho Je Hun

⑳1969 · 11 · 3 ⑳충남 논산 ㈜서울 서초구 강남대로193 서울행정법원(02-2055-8114) ⑲1988년 충남고졸 1993년 서울대 법과대학졸 2004년 미국 조지타운대 Law School졸 ⑳1992년 사법시험 합격(34회) 1995년 사법연수원 수료(24기) 1995년 육군 법무관 1998년 서울지법 판사 2001년 同동부지원 판사 2002년 대전지법 천안지원 판사 2006년 서울고법 판사 2008년 대법원 재판연구관 2010년 전주지법 군산지원 부장판사 2011년 대법원 재판연구관 2015년 서울행정법원 행정11부 부장판사(현)

홍강의(洪剛義) Kang-E Michael HONG (少泉)

⑳1941 · 1 · 15 ⑭남양(南陽) ⑳충북 청주 ㈜서울 종로구 대학로103 서울대학교 의과대학(02-740-8114) ⑲1965년 서울대 의과대학졸 1981년 의학박사(일본 토호대) ⑳1965~1968년 공군 軍의관(중위 예편) 1969~1972년 미국 워싱턴대 신경정신과 전공의 1971~1973년 同소아정신과 전임의 1973~1979년 미국 미네소타대 의대 소아정신과 조교수 1979~2006년 서울대 의과대학 소아정신과학교실 조교수 · 부교수 · 교수 1985~1988년 대한소아 · 청소년정신의학회 회장 1989년 한국아동학대예방협회 회장 1993년 한국자폐학회 회장 1997년 대한수면 · 정신생리학회 회장 1997년 대한신경정신의학회 회장 1999~2003년 아시아소아 · 청소년정신의학회 회장 1998년 청소년보호위원회 건강약물분과위원장 1998년 국무총리 청소년보호위원회 위원 2001~2003년 대한청소년정신의학회 회장 2001~2004년 제주대 의과대학장 2001~2004년 同병원 초대원장 2004년 국제소아 · 청소년정신의학회 부회장 2004년 한국의학한림원 정회원(현) 2006년 서울대 명예교수(현) 2006~2009년 한국청소년상담원 이사장 2007~2010년 한국자살예방협회 회장 2008~2011년 클리닉비 원장 2010~2013년 한국자살예방협회 이사장 2015년 서울시정신보건사업지원단 단장(현) ⑳벽봉학술상(1997), 5.5문화상, 노동두 기념 공로상, 국제소아 · 청소년정신의학회 국제공로상, 대통령표창(2006), 국민훈장 동백장(2011) ㉑'아동 정신건강지도'(1984) '소아정신

의학'(2005, 중앙문화사) '소아정신의학'(2014, 학지사) 역'인간발달의 통합적 이해'(1992) '함께 배우는 성' 종천주교

홍경식(洪景植) HONG Kyung Shik

생1951·4·16 본남양(南陽) 출경남 마산 주서울 중구 남대문로63 한진빌딩 본관18층 법무법인 광장(02-2191-3009) 학1969년 경복고졸 1974년 서울대 법학과졸 1976년 同대학원 법학과졸 경1976년 사법시험 합격(18회) 1978년 사법연수원 수료(8기) 1981~1988년 서울지검 동부지청·대구지검 안동지청·서울지검 검사 1988년 법무부 검찰국 검사 1989년 서울지검 검사 1991년 수원지검 여주지청장 1992년 부산지검 동부지청 특수부장 1993년 대검찰청 공보관 1995년 부산지검 형사4부장 1995년 법무부 법무과장 1996년 同법무심의관 1997년 서울지검 형사5부장 1998년 同공안1부장 1999년 수원지검 2차장검사 2000년 同성남지청장 2001년 서울지검 북부지청장 2002년 대전고검 차장검사 2003년 법무부 법무실장 2003년 대검찰청 공안부장 2004년 의정부지검장 2005년 대전고검장 2006년 법무연수원장 2007년 서울고검장 2008~2013·2015년 법무법인 광장 대표변호사(현) 2008~2013년 법무부 검사적격심사위원회 위원장 2008년 국가경쟁력강화위원회 법제도선진화실무추진단 자문위원 2008~2010년 정부공직자윤리위원회 위원 2010~2012년 한국정보화진흥원 감사 2013~2014년 대통령 민정수석비서관 상황조근정훈장(2007)

홍경태(洪景兌) Hong, Kyung-Tae

생1957·8·21 본남양(南陽) 출대구 주서울 성북구 화랑로14길5 한국과학기술연구원 미래융합기술연구본부 물질구조제어연구센터(02-958-5392) 학1980년 서울대 금속공학과졸 1982년 한국과학기술원(KAIST) 재료공학과졸(석사) 1986년 공학박사(한국과학기술원) 경1987~1996년 한국과학기술연구원(KIST) 선임연구원 1996년 同책임연구원 1998~2004년 한양대 신소재공학원 겸임교수 2003~2004년 과학기술부 차세대성장동력신소재분과 위원장 2003년 산업자원부 부품소재분야발전기계분과 위원장 2006년 한국과학기술연구원(KIST) 재료연구부장 2007년 同재료기술연구본부장 2009~2010년 同재료·소자본부장 2011년 한국공학한림원 재료자원공학분과 정회원(현) 2011년 한국과학기술연구원(KIST) 전북분원장 2011년 제5대 국새 제작단장 2011년 대한금속재료학회 부회장 2014년 한국과학기술연구원 계면제어연구센터 책임연구원 2014년 정부 미래성장동력추진단 첨단미래소재분야 단장(현) 2015년 한국과학기술연구원 미래융합기술연구본부 물질구조제어연구센터 책임연구원(현)

홍경희(洪京姬·女) HONG Kyung Hee

생1954·11·18 본남양(南陽) 출서울 주서울 마포구 와우산로94 홍익대학교 미술대학 금속조형디자인학과(02-320-1217) 학1977년 홍익대 미대 공예과졸 1979년 同대학원 금속공예과졸 경개인전 8회 1979~1983년 서일전문대·홍익대 강사 1984~1986년 홍익대 미술대학 상임연구원 1986~1995년 同미술대학 전임강사·조교수 1987~1992년 87한국현대장신구전 심사위원 1991년 다이아몬드투데이 공모전 심사위원 1995년 대한민국공예대전 심사위원 1995년 홍익대 미술대학 금속조형디자인학과 부교수·교수(현) 2004년 同대학원 금속조형디자인과 박사과정 주임교수 2004년 同대학원 금속조형디자인학과장 2004년 同미술대학 금속조형디자인학과장 (주)국보디자인 사외이사 2009년 서울시 건축자문위원 2010~2012년 홍익대 산업미술대학원장 2014~2016년 同미술대학장 상대한민국산업디자인전 상공부장관표창, 대한민국미술대전 대상, 대한민국산업디자인전 한국무역협회장표창

홍경희(洪京希·女)

생1957·11·4 주제주특별자치도 제주시 문연로13 제주특별자치도의회(064-741-1943) 학제주여고졸, 경희대 의과대학 간호학과졸, 제주대 행정대학원 정치외교학과졸 경경희대병원 정형외과 전문간호사, 서울해성여중 보건교사, 제주과학고 운영위원장, 한나라당 제주시지구당 여성부장, 새누리당 제주도당 여성위원장, 同제주도당 부위원장(현), JDC 비상임이사, 국제와이즈멘 제주부지구 여성국장, 민주평통 중앙상임위원(현), 제주평화포럼 연구위원(현), 제주통일미래연구원 이사(현), 제주여성정치포럼 부대표(현), 제주교육발전연구회 부대표(현), 한산부종휴선생기념사업회 이사(현), 제주미래전략산업연구회 회원(현) 2014년 제주특별자치도의회 의원(비례대표, 새누리당)(현) 2014년 同교육위원회 위원 2016년 同행정자치위원회 위원(현) 상대한민국소비자대상 소비자의회정책부문(2016), 대한민국 위민의정대상 우수상(2016)

홍관희(洪官憙) HONG Kwan Hee

생1953·1·26 본풍산(豊山) 출충북 주세종특별자치시 세종로2511 고려대학교 북한학과(044-860-1274) 학1979년 서울대 사범대학졸 1987년 미국 일리노이주립대 대학원 정치학과졸 1990년 정치학박사(미국 조지아대) 경1990~1995년 서울대·국민대·성균관대 강사 1995~2005년 통일연구원 선임연구위원·기획조정실장 2004~2005년 同평화안보연구실장 2005년 안보전략연구소 소장(현), 고려대 북한학과 교수(현), 한국국방연구원 초빙연구위원 2010년 자유연합(자유민주주의시민연합) 공동대표(현) 2013~2015년 대한민국재향군인회 안보문제연구소장 저'통일문제 여론조사(共)' '전환기의 대북정책' '남북관계의 확대와 한국의 국가안보' '주한미군 감축 및 재배치와 한국의 국가안보' '한반도 대격동'(2011) 종기독교

홍광식(洪光植) HONG Kwang Sik

생1949·2·3 출경남 마산 주부산 연제구 법원로28 부산법조타운빌딩 법무법인 국제(051-506-1761) 학1967년 마산고졸 1971년 서울대 법학과졸 1976년 同대학원 법학과졸 경1979년 사법시험 합격(21회) 1981년 사법연수원 수료(11기) 1981년 부산지법 판사 1984년 마산지법 판사 1986년 부산지법 판사 1991년 부산고법 판사 1994년 부산지법 판사 1997년 창원지법 부장판사 1998년 부산지법 부장판사 1999~2001년 법무법인 국제 변호사 2000년 영산대 법무대학원 겸임교수 2001년 창원지법 부장판사 2003년 부산지법 가정지원장 2005년 同부장판사 2006년 언론중재위원회 중재위원 2007년 창원지법 통영지원장 2009년 부산지법 부장판사 2009년 통영시 명예시민(현) 2011년 법무법인 국제 대표변호사 2013년 同구성원변호사(현) 종불교

홍광표(洪光杓) HONG Kwang Pyo

생1956·3·9 출부산 주경북 경주시 동대로123 동국대학교 조경학과(054-770-2231) 학1976년 성동고졸 1980년 동국대 조경학과졸 1982년 서울대 환경대학원졸 1992년 농학박사(성균관대) 경1982~1984년 서울대 환경계획연구소 연구원 1984년 동국대 조경학과 전임강사·조교수·부교수·교수(현) 1991~1993·1995년 同사찰조경연구소장 1997년 同개교100주년사업본부 경주본부장 2000년 同학생처장 2000년 한국정원학회 부회장 2001년 한국조경학회 상임이사 2004년 한국전통조경학회 상임이사·부회장·수석부회장 2005년 한국조경학회 상임이사·편집위원장 2005~2006년 동국대 기획처장 2011~2013년 한국전통조경학회 회장 2014년 한국정원디자인학회 초대 회장(현) 상'올해의 조경인' 선정 학술분야(2014) 저'한국의 전통조경(共)'(2001) '동양조경사' 종불교

홍권표(洪權杓) HONG Kwon Pyo

생1956·11·9 주서울 강남구 남부순환로2645 5층 한국신재생에너지협회(02-529-4051) 학1976년 여수공고졸 1989년 한국방송통신대 행정학과졸 2006년 서강대 경영대학원 국제경영학과졸 경1982년 상공부 기획관리실 행정관리담당관실 5급 공채 합격 1984년 同상역국 수출진흥과 사무관 1988년 同감사관실 사무관 1991년 同전자정보공업국 전자정책과 사무관 1994년 상공자원부 무역국 수출과 사무관 1998년 산업자원부 자원정책실 석유수급과 사무관 2000년 同감사관실 사무관 2002년 同총무과 사무관 2002년 同총무과 서기관 2004년 통일부 개성공단사업지원단 파견 2006~2008년 同개성공단사업지원단 투자지원팀장 2008년 지식경제부 연구개발특구기획단 사업지원팀장(서기관) 2010년 同남북경협팀장 2011년 同감사담당관 2012년 同감사담당관(부이사관) 2012~2015년 한국지역난방기술 대표이사 사장 2015년 (사)한국신재생에너지협회 상근부회장(현) 상국무총리표창(1992), 근정포장(2007)

홍권희(洪權憙) HONG Kwon Heui

생1959·3·20 출충북 청주 주세종특별자치시 다솜로261 국무총리 공보실(044-200-2690) 학1982년 서울대 경제학과졸 2008년 연세대 언론홍보대학원졸(석사) 2014년 정치외교학박사(경남대) 경1983년 동아일보 입사(사회부·경제부·국제부 기자) 1999년 同경제부 차장 2000년 同경영전략실 경영총괄팀장(부장서리) 2001년 同국제부 부장서리 2002년 同뉴욕특파원(부장급) 2005년 同논설위원(부장급) 2006~2011년 同논설위원(부국장급) 2008년 세제발전심의위원회 위원 2008년 금융발전심의회원회 위원 2011년 동아일보 논설위원(국장급) 2011년 복권위원회 위원 2012~2016년 동아일보 미디어연구소 국장 2016년 국무총리 공보실장(현) 경기자협회 이달의기자상(1998·2001·2004), 삼성언론상(1999) 저'글로벌 스탠더드시대(共)'(1998) 역'평양의 영어선생님'(2015)

홍귀선(洪貴善)

생1960·9·4 출경기 화성 주경기 의정부시 시민로1 의정부시청 부시장실(031-828-2011) 학한국방송통신대 법학과졸, 성균관대 대학원 유교경전학과졸 경1980년 공직 입문(경기 화성군 매송면 시보 근무) 1987년 경기도 농림국 농어촌개발과 근무 2000년 양주군 문화관광사업소장(지방행정사무관) 2001년 경기도 문화정책과 문화행정담당 사무관 2002년 同체육진흥과 체육행정담당 사무관 2005년 同문화정책과 문화시설담당 사무관 2006년 同지역정책과 지역계획담당 사무관 2007년 同대중교통과 버스정책담당 사무관 2011년 同교통정책과 교통정책담당 사무관 2011년 행정안전부 교류파견(지방행정서기관) 2012년 경기도인재개발원 역량개발지원과장 2013년 경기일자리센터장 2014년 경기도 대중교통과장 2014년 同버스정책과장 2016년 경기 의정부시 부시장(현)

홍규덕(洪圭德) HONG Kyu Dok

생1957·8·2 출서울 주서울 용산구 청파로47길100 숙명여자대학교 정치외교학과(02-710-9482) 학고려대 정치외교학과졸 1986년 미국 사우스캐롤라이나대 대학원 정치학과졸 1990년 정치학박사(미국 사우스캐롤라이나대) 경1991년 고려대 평화연구소 연구실장 1991~1993년 민족통일연구원 연구조정실 및 국제연구실 책임연구원 1993년 숙명여대 정치외교학과 교수(현) 1996년 同연구교류실장 1998년 同대외협력실장 2001년 同정치행정학부장 2002년 미국 American Univ. 초빙교수 2007~2009년 숙명여대 사회과학대학장 2007년 제17대 대통령직인수위원회 외교통일안보분과위원회 자문위원 2010~2012년 국방부 국방개혁실장 2012~2013년 同군구조·국방운영개혁추진실장 2013~2015년 숙명여대 교무처장 2015~2016년 한국유엔체제학회 회장 2015년 민주평통 외교안보분과위원회 위원장(현)

홍기두(洪起斗) HONG Kee Doo

생1954·8·14 본풍산(豊山) 출서울 주서울 강남구 테헤란로152 스타타워10층 삼정KPMG그룹(02-2112-0180) 학1973년 경기고졸 1978년 서울대 정치학과졸 1986년 미국 조지워싱턴대 대학원졸 2003년 경영학박사(아주대) 경1979년 행정고시 합격(21회) 1991년 동력자원부 행정관리담당관 1992년 OECD/IEA 파견관 1994년 통상산업부 공보담당관 1996년 同원자력발전과장 1997년 同중소기업정책 총괄과장 1998년 산업자원부 에너지정책과장 1999년 同산업기계과장 2000년 同자본재산업총괄과장 2001년 同외국인투자지원실장 2002~2003년 同자본재산업국장 2005년 삼정KPMG그룹 부회장(현) 상근정포장, 홍조근정훈장 저'공기업 민영화와 경영효율성' 종천주교

홍기섭(洪起燮) HONG Gi Seob

생1960·6·10 출광주 주서울 영등포구 여의공원로13 한국방송공사 미래사업본부(02-781-1000) 학1979년 조선대부속고졸 1984년 한양대 경제학과졸, 同언론정보대학원 방송전공 경1987년 한국방송공사(KBS) 입사, 同보도국 TV편집부·편집부·정치부·경제부 기자, 同보도본부 1TV뉴스제작팀 차장 1999년 同'뉴스광장' 앵커 2002~2008년 同1TV '뉴스 9' 앵커 2010년 同보도본부 워싱턴지국장 2014년 同보도본부 보도국 취재주간 2014년 同광주방송총국장 2015년 同글로벌센터장 2016년 同미래사업본부장(현) 상대통령표창(1998·1999), KBS 앵커상(1999), 자랑스런 한양언론인상(2003), 한국방송대상 앵커상(2005)

홍기숙(洪起淑·女) HONG Ki Sook

생1952·3·28 본풍산(豊山) 출충북 진천 주서울 양천구 안양천로1071 이대목동병원 진단검사의학과(02-2650-2822) 학1974년 이화여대졸 1976년 同대학원 생화학과졸 1980년 同의학과졸 1986년 병리학박사(이화여대) 경1980~1984년 이화여대 부속병원 인턴·임상병리과 전임의 1986~1987년 同외래강사 1986년 서울대부속병원 임상병리과 전임의 1987년 이화여대 의대 진단검사의학교실 교수(현) 1990년 미국 Univ. of Minnesota 교환교수 1993~2008년 이화여대 동대문병원 진단검사의학과장 1999년 同의대 임상교학부장 2003년 同동대문병원 교육연구부장 2003년 同목동병원 교육연구부장 2009~2010년 대한임상화학회 회장 2011~2012년 서울시 서남병원 부원장 겸 진단검사의학과장 2013년 이화여대 대학건강센터소장 상대한진단검사의학회 애보트학술상(1987), SIMENS 학술상(2007) 종기독교

홍기영(洪基泳) HONG Ki Young

생1962·1·24 주서울 중구 퇴계로190 매일경제신문 주간국(02-2000-2510) 학서울대 국제경제학과졸, 同대학원 경영학과졸 2002년 경제학박사(미국 미주리대) 경1989년 매일경제신문 편집국 기자 2002년 同산업부 차장 2006년 同국제부장 직대 겸 영어뉴스담당 차장 2008년 同과학기술부장 직대 2009~2010년 교육과학기술부 기초기술연구회 기획평가위원 2010~2013년 금융감독원 금융교육자문위원 2010년 매일경제신문 편집국 중소기업부장 2011~2013년 금융위원회 금융발전심의회 국제금융분과위원 2011~2012년 중소기업중앙회 동반성장위원회 위원 2012년 경희대 정경대학 경제학과 겸임교수 2012년 매일경제신문 증권2부장 겸 경제경영연구소장 2013년 同프리미엄뉴스부장 2013년 同편집국 경제부장(부국장대우) 2014년 同주간국장 직대 2014년 금융교육학회 감사(현) 상한국신문협회 한국신문상(2003) 저'신한국 경제보고서'(2004) '돈버는주식투자'(2005) '매경테스트 핵심예제'(2010) '매경테스트 기출문제 & 해설'(2011) '비즈&노믹스: 홍기영 매경이코노미 칼럼집'(2016)

홍기용(洪起用) HONG Ki Yong

생1960·5·17 출충북 충주 주인천 연수구 아카데미로119 인천대학교 경영학부(032-835-8518) 학1984년 중앙대 경영학과졸 1986년 아주대 대학원 경영학과졸 1993년 경영학박사(아주대) 경1978~1981년 한국은행 은행감독원 행원 1990~1995년 거제대 세무회계과 전임강사·조교수 1995년 인천대 경영학부 전임강사·조교수·부교수·교수(현) 1998년 중국 연변대 겸직교수 1999년 인천납세자연합회 대표 2003년 (사)조세정의를위한한국납세자연합회 정책연구위원장 2003년 국세청 모범성실납세자심사위원회 위원 2004~2006년 인천대 경영혁신원장 2004년 해양경찰청 정비창운영심의회 위원 2005~2006년 한국세무학회 세무학연구편집위원장 2006·2007년 同부회장 2006~2007년 同회계저널 편집위원장 2007년 국회 입법고시 출제위원 2007~2009년 同입법지원위원 2007년 인천대 경영혁신원장 2007년 한국세무사회 한국조세연구소 연구위원 2007년 인천지방노동위원회 공익위원(현) 2009년 인천납세자연합회 상임공동대표 2010~2014년 한국납세자연합회 회장 2011년 한국복지경영학회 명예회장(초대회장 역임)(현) 2013~2014년 국세청 국세행정개혁위원회 위원 2014년 한국납세자연합회 명예회장(현) 2014~2016년 한국감사인포럼 상임공동대표 2015년 한국세무학회 회장 2016년 한국감사인연합회 회장 2016년 인천대 경영대학장 겸 경영대학원장(현) 상교육부장관표창 저'지방세법'(1995) 'EXCEL을 이용한 경영자료처리'(1996) '회계원리'(1998)

홍기융(洪起隆) HONG Ki Yoong

생1963·1·21 출광주 주서울 구로구 디지털로26길111 JnK디지털타워801호 (주)시큐브(02-6261-9300) 경1985~1995년 한국전자통신연구원(ETRI) 선임연구원 1992년 이탈리아 Alenia Spazio社 선임연구원 1995년 한국전산원(NCA) 선임연구원 1996~2000년 한국정보보호진흥원(KISA) 인증관리팀장 1996년 한국정보시스템감사통제협회(ISACA) 총무이사 1997년 한국정보통신기술사협회 이사 1997~2002년 한국정보통신기술협회(TTA) 정보보호기술위원회 시스템보안연구반 의장 1997~1998년 ISO/IEC JTC1/SC27(SC27 Korea) Working Group 3 의장(WG3 : Security Evaluation 표준화 분야) 1997년 산업자원부·국립기술품질원 보안기술분야 신기술평가위원 1998년 한국통신정보보호학회 이사 1998~2013년 동국대 국제정보대학원 정보보호학과 겸임교수 2000~2004년 인터넷보안기술포럼 PKI분과위원장 2000년 (주)시큐브 대표이사(현) 2001년 IT국제표준화전문인100人 선정 2001년 아시아PKI포럼 워킹그룹 Co-Chair 2001년 한국PKI포럼 기술분과위원장 2015년 한국정보보호산업협회(KISIA) 수석부회장 2016년 同회장(현) 2016년 금융보안포럼 부회장(현) 상국가안전기획부장표창(1996), 대통령표창(2006), (ISC)2 Senior IT Professional 수상(2008) 종기독교

홍기정(洪起政) HONG Ki Chung

생1953·6·16 본풍산(豊山) 출전남 광산 주서울 중구 을지로16 (주)모두투어네트워크 비서실(02-728-8002) 학1977년 건국대 문리과대학 영어영문학과졸 경1977년 현대외국어학원 대표강사 1982년 고려여행사 입사 1989년 (주)국일여행사 입사, 同영업본부장, 同관리본부장 2001년 (주)모두투어네트워크 부사장 2003년 프랑스 관광청 자문위원 2009~2013년 (주)모두투어네트워크 대표이사 사장(CEO) 2010년 한국관광협회중앙회 BSP여행사특별위원회 부위원장 2010년 한국중견기업연합회 중견기업 CEO 초빙교수 2010년 대통령 관광정책자문위원 2012년 서울호서전문학교 명예교수(현) 2013년 (주)모두투어네트워크 부회장(현) 상관광안내원경진대회 금상(1983), 한국IR대상 베스트IRO상(2010), 프랑스 관광훈장 금훈장(2012), 석탑산업훈장(2015) 종불교

홍기채(洪起采) HONG Gi Chae

[생]1969·6·14 [출]전남 나주 [주]서울 서초구 서초대로 250 스타갤러리브릿지1102호 법률사무소 담박(淡泊)(02-548-4301) [학]1987년 광주 금호고졸 1992년 한양대 법학과졸 [경]1996년 사법시험 합격(38회) 1999년 사법연수원 수료(28기) 1999년 광주지검 검사 2001년 전주지검 군산지청 검사 2003년 서울지검 동부지청 검사 2004년 서울동부지검 검사 2005년 대전지검 천안지청 검사 2007년 대전지검 검사 2009년 서울중앙지검 검사 2011년 전주지검 부부장검사 2012년 서울중앙지검 부부장검사 2013년 창원지검 특별수사부장 2014년 대전지검 특수부장 2015년 수원지검 안산지청 부장검사 2016년 의정부지검 형사3부장 2016년 법률사무소 담박(淡泊) 변호사(현)

홍기철(洪基哲) Hong Ki-chul

[생]1956·10·26 [주]제주특별자치도 제주시 문연로13 제주특별자치도의회(064-741-1962) [학]제주대 사회과학대학 행정학과졸 [경]제주교도소 교정위원(현), 화북동 해병전우회 이사(현), 해병전우회 제주특별자치도연합회 부회장, 화북초등학교 총동창회 총무부회장, 신제주로타리클럽 회장, 화북동청소년지도협의회 자문위원(현), 제주특별자치도 다문화가족정책위원회 위원(현) 2014년 제주특별자치도의회 의원(새정치민주연합·더불어민주당)(현) 2014년 同보건복지안전위원회 부위원장 2014년 同인사청문특별위원회 위원 2016년 同환경도시위원회 부위원장(현)

홍기태(洪起泰) HONG Ki Tae

[생]1957·8·31 [출]대구 [주]서울 서초구 반포대로24길21 (주)솔본 회장실(02-580-2800) [학]1976년 대구 계성고졸 1981년 계명대 회계학과졸 [경]공군 경리장교 1985~1987년 삼성전기(주) 자금부 국제금융담당 1987~1989년 Westpac은행 서울지점 외환딜러 1989~1998년 독일 Deutche Bank 서울지점 삼성그룹담당 심사역 1995년 同자금부장 1999~2000년 목원에이엠(주) 대표이사 2000년 브이넷벤처투자(주) 대표이사 사장 2000년 솔본벤처투자(주) 대표이사 2002년 새롬벤처투자(주) 대표이사 사장 2002~2003년 (주)새롬기술 대표이사 사장 2003~2004년 (주)프리챌 대표이사 사장 2003년 (주)솔본 대표이사 회장(현), (주)프리챌 비상근이사, (주)새롬리더스 이사, (주)포커스신문 이사 2010년 솔본인베스트먼트 대표이사(현)

홍기태(洪起台) HONG Ki Tae

[생]1962·2·21 [출]대구 [주]서울 강남구 테헤란로133 법무법인(유) 태평양(02-3404-0544) [학]1980년 능인고졸 1984년 서울대 법대졸 1986년 同대학원 법학과 수료 [경]1983년 사법시험 합격(25회) 1988년 사법연수원 수료(17기) 1988년 공군 법무관 1991년 서울지법 동부지원 판사 1993년 서울형사지법 판사 1994년 독일법관 연수 1995년 서울지법 의정부지원 판사 1996년 대구지법 판사 1997년 대구고법 판사 1998년 인천지법 부천지원 판사 1999년 서울지법 동부지원 판사 2000년 서울고법 판사 2003년 대구지법 부장판사 겸 법원행정처 사법정책연구심의관 2006년 수원지법 부장판사(사법제도개혁추진위원회 파견) 2007년 전주지법 군산지원장 2008년 서울중앙지법 부장판사 2010년 부산고법 부장판사 2011~2013년 서울고법 부장판사 2013년 법무법인(유) 태평양 변호사(현) 2013년 법조공익단체 나우 이사(현) 2014년 국회의장직속 헌법개정자문위원회 위원

홍기표(洪箕杓) HONG Ki Pyo

[생]1957·8·28 [주]서울 종로구 새문안로75 (주)대우건설 임원실(02-2288-3114) [학]중앙고졸, 한국외국어대 아랍어과졸 [경]1983년 (주)대우건설 입사 2000년 同동경지사장 2004년 同문화홍보팀장 2006년 同전략기획담당 2007년 同경영지원담당 2008년 同나이지리아 포타코트지사 상무 2011년 同해외영업담당 상무 2012년 同해외영업담당 전무 2013년 同해외영업본부장(전무), 同해외영업실장(전무) 2015년 同플랜트발전부문장(부사장)(현)

홍기헌(洪基憲) HONG Kyi Hyun

[생]1939·1·10 [본]남양(南陽) [출]경기 용인 [주]경기 수원시 팔달구 인계로178 경기문화재단(031-231-7200) [학]1958년 수원고졸 1963년 경희대 법률과졸 [경]1968~1980년 문화방송 기자 1976년 경기도청년지도자연합회 회장, 한국기자협회 경기도지부 부지부장, 경기도생활체육협의회 부회장, 경기일보 대표이사, 수원청년회의소(JC) 회장, 유네스코 경기도협회 이사 1991~2002년 환경보건문제연구소 감사 1998년 (주)한국케이블TV 수원방송 회장 1999년 2002월드컵축구대회 수원유치범도민추진위원장 2000~2002년 경기문화재단 사무총장 2002년 (사)경기언론인클럽 이사장, 밝은사회수원클럽 회장 2003년 한국들꽃문화원 이사장 2003년 (사)광교산 이사장 2004년 수원시역사박물관건립추진위원회 위원장 2006~2010년 경기 수원시의회 의원(비례대표, 한나라당) 2006·2008~2010년 同의장 2010년 경기다문화사랑연합 이사장(현) 2014년 경기문화재단 이사장(현) [상]내무부장관표창, 경기도 문화상 [저]'나에게 나를 묻다'(2009) '愚問賢答'(우문현답)'(2010, 우일) [종]천주교

홍기현(洪起玄) HONG Kee Hyun

[생]1958·1·29 [주]서울 관악구 관악로1 서울대학교 사회과학대학 경제학부(02-880-6379) [학]1980년 서울대 경제학과졸 1983년 同대학원 경제학과졸 1987년 경제학박사(미국 하버드대) [경]1985~1989년 미국 하버드대 조교 1989년 한국경제학사학회 간사 1989~1999년 서울대 사회과학대학 경제학부 조교수·부교수 1996년 한국국제경제학회 사무국장 1999년 서울대 사회과학대학 경제학부 교수(현) 2012~2014년 同교무처장 2016년 同사회과학대학장(현) 2016년 현대중공업 감사위원(사외이사)(현) [상]서울대총장표창(1980) [저]'한국경제학회 약사'(共) '경제학산책'(1992)

홍기현(洪起鉉)

[생]1967·1 [주]서울 구로구 가마산로235 구로경찰서(02-840-8321) [학]1990년 경찰대 법학과졸(6기), 고려대 노동대학원 행정학과졸 [경]2010년 서울 영등포경찰서 정보과장 2011년 대전지방경찰청 정보과장(총경) 2012년 同치안지도관 2013년 울산지방경찰청 홍보담당관 2013년 충북 음성경찰서장 2015년 경찰대 이전건설단장 2016년 서울 구로경찰서장(현)

홍기훈(洪基勳) Gi-Hoon Hong

[생]1954·8·17 [출]경북 안동 [주]경기 안산시 상록구 해안로787 한국해양과학기술원(KIOST)(031-400-6091) [학]1973년 경북고졸 1977년 서울대 해양학과졸 1981년 同대학원 해양학과졸 1994년 해양과학박사(미국 알래스카주립대) [경]1979~1981년 한국과학기술원 해양연구소 화학연구실 위촉연구원 1986년 한국해양과학기술원(KIOST) 선임연구원·책임연구원(현) 1990~1993년 한국해양연구소 생지화학연구실장 1996~1997년 同정책개발담당부장 2001~2002년 (주)바이오마린텍 대표이사 2003~2011년 런던협약과학그룹회의 부의장 2011년 런던협약·의정서합동과학그룹회의 의장 2011~2015년 (사)한국환경준설학회 회장 2012년 런던협약·의정서합동당사국총회 부의장 2014년 한국해양과학기술원(KIOST) 원장(현) 2014·2015년 런던협약·의정서합동당사국총회 수석부의장 2016년 同의장(현) [저]'해양환경영향평가개론(共)'(2000, 시그마프레스) '런던 협약의 이해 : 국가 폐기물 및 기타 물질의 최종 처분 관리 정책 자료집(共)'(2003, 범신사) '런던 협약의 이해(共)'(2003, 범신사)'(런던의 정서 준수를 위한)국제 동향 분석'(2009, 한국해양연구원) '기후지구공학적 사업의 관리 규범 제정에 관한 국제 동향 : 런던의정서를 중심으로(共)'(2011, 오름)

홍남기(洪楠基) HONG Nam Ki

[생]1960·7·29 [출]강원 춘천 [주]경기 과천시 관문로47 미래창조과학부 제1차관실(02-2110-2100) [학]1979년 춘천고졸 1984년 한양대 경제학과졸 1986년 同경영대학원 금융증권전공졸(석사) 1992년 영국 맨체스터 Salford대 대학원 개발경제학과졸(석사) [경]1986년 행정고시 합격(29회) 1984~1991년 경제기획원 대외경제조정실 행정사무관 1991년 영국 맨체스터 샐퍼드대 유학 1993~1994년 경제기획원 심사평가국 행정사무관 1995년 재정경제원 예산실 행정사무관 1998~1999년 예산청·기획예산처 예산실 예산총괄과 서기관 1999년 미국 워싱턴주정부 예산성(OFM) 파견근무 2001년 기획예산처 성과주의예산팀장 2002년 同예산실 예산기준과장 2003년 同장관비서관 2004년 대통령비서실 경제수석실 행정관(부이사관) 2006년 同정책실 정책보좌관(고위공무원) 2007~2010년 駐미국 공사참사관(기획예산관·재경관) 2010년 기획재정부 복권위원회 사무처장 2011년 同대변인 2012~2013년 同정책조정국장 2013년 제18대 대통령직인수위원회 경제1분과 전문위원 2013년 대통령 국정기획수석비서관실 기획비서관 2015년 대통령 정책조정수석비서관실 기획비서관 2016년 미래창조과학부 제1차관(현) [상]녹조근정훈장(2003)

홍남표(洪南杓) HONG Nam Pyo

[생]1960·7·10 [출]경남 함안 [주]경기 과천시 관문로47 미래창조과학부 과학기술전략본부(02-2110-2500) [학]1979년 마산고졸 1984년 서울대 공대졸 1986년 同대학원졸(공학석사) 1997년 공학박사(서울대) [경]1982년 기술고시 합격(18회) 2000년 과학기술부 장관비서관 2003년 同기획예산담당관(부이사관) 2004년 대통령 정보과학보좌관실 행정관 2005년 과학기술부 홍보관리관(고위공무원) 2006년 同재정기획관 2007년 국방대 안보과정 파견 2008년 교육과학기술부 인재정책분석관 2009년 同대변인 2010년 同원자력국장·원자력안전국장 2011년 부산대 사무국장 2013년 미래창조과학부 감사관 2015년 대통령소속 국가지식재산위원회 지식재산전략기획단장 2016년 미래창조과학부 과학기술전략본부장(현) [상]과학기술처장관표창(1986), 근정포장(1996), 홍조근정훈장(2014) [종]불교

홍대식(洪大植) Dae-sik Hong

[생]1954·5·1 [출]서울 [주]경기 부천시 원미구 조마루로 170 순천향대학교 부천병원 종양혈액내과(032-621-5104) [학]1980년 가톨릭대 의대졸 1988년 同대학원 의학석사 1991년 의학박사(가톨릭대) [경]1980~1981년 가톨릭의대부속 성모병원 인턴 1981~1984년 군의관 1984~1987년 가톨릭의대부속 성모병원 내과 레지던트 1987년 순천향대 의과대학 내과학교실 종양혈액내과 전임강사·조교수·부교수·교수(현) 1992~1994년 미국 Fred Hutchinson 암연구센터 연수 2001년 순천향대 부천병원 내과 전문의(현) 2003~2006년 同부천병원 내과 과장 2005년 同부천병원 진료부장 2005~2007년 同부천병원 부원장 2009년 미국 세계인명사전 마르퀴즈 후즈후(Marquis Who's Who) 2010년판에 등재 2009년 영국 IBC(International Biographical Center) 2010년판에 등재 2010~2011년 순천향대 부천병원장 2014~2015년 대한조혈모세포이식학회 회장 [상]한국BRM학회 학술상(1995), 낙천의학상(1995), 한국BRM학회 우수논문상(1997·1998), 한국BRM학회 최우수논문상(1999), 대한조혈모세포이식학회 학술상(2006), 로슈학술상(2012)

홍대식(洪大植) HONG Dae Sik

[생]1961·1·4 [본]남양(南陽) [출]대구 [주]서울 서대문구 연세로50 연세대학교 공과대학 전기전자공학부(02-2123-2871) [학]1983년 연세대 전자공학과졸 1985년 同대학원 전자공학과졸 1990년 공학박사(미국 퍼듀대) [경]1985~1986년 연세대 산업기술연구소 연구원 1987~1990년 미국 퍼듀대 Research Assistant 1990~1991년 同Research Associate 1991~2002년 연세대 공과대학 전자공학과 조교수·부교수 2002년 同전기전자공학부 교수(현) 2002~2012년 同전자정보통신연구소장 2002~2012년 同산학협력단장 2002~2012년 연세기술지주회사 대표이사 2006~2012년 JCN Division Editor 2006~2011년 국제전기전자기술자협회(IEEE) TWC Editor 2009년 연세대 특훈교수(현) 2010~2012년 同연구처장 2011년 국제전기전자기술자협회(IEEE) WCL Editor(현) 2012년 대한전자공학회 부회장 2016년 同수석부회장(현) 2016년 연세대 공과대학장(현) [상]대한전자공학회 공로상(1992), 휴먼테크논문대상 동상(2000), 한국통신학회 해동정보통신학술상(2005), 연세대 최우수강의상(2007·2009·2012), 대한전자공학회 해동학술상(2009) [역]'통신시스템공학'(2000)

홍대원(洪大元) HONG Dae Won

[생]1968·10·7 [본]남양(南陽) [출]서울 [주]서울 종로구 율곡로33 경제협력개발기구(OECD) 대한민국정책센터 경쟁정책본부(02-3702-7121) [학]1987년 공항고졸 1994년 연세대 사회학과졸 1998년 서울대 행정대학원 수료 2000년 일본 사이타마대 국립정책과학대학원졸 [경]1993년 행정고시 합격(37회) 1995년 국가보훈처 행정관리담당관실 사무관 1996년 무주·전주동계유니버시아드대회 조직위원회 국제과장 2001년 공정거래위원회 정책국 국제업무1과 사무관 2001년 同정책국 국제협력과 사무관 2002년 同제도개선과 사무관 2002년 同소비자보호국 특수거래보호과 사무관 2003년 同소비자보호국 특수거래보호과 서기관 2005년 同소비자본부 소비자정책기획팀 서기관 2006년 同소비자본부 약관제도팀장 2007년 국외 파견(미국 조지워싱턴대 객원연구원) 2008년 베트남 경쟁관리청 정책자문관 2009년 공정거래위원회 소비자안전과장 2009년 同특수거래과장 2010년 同경쟁제한규제개혁작업단 2부단장 2011년 同심판관리관실 소비자거래심판담당관 2012년 同기획조정관실 행정관리담당관 2012년 同기획조정관실 규제개혁법무담당관 2013년 同창조행정법무담당관 2014년 同소비자정책국 소비자정책과장 2016년 경제협력개발기구(OECD) 대한민국정책센터 경쟁정책본부장(현) [상]국무총리표창(1997), 공정거래위원회 선정 '8월의 공정인'(2006)

홍대형(洪大亨) HONG Dae Hyung

[생]1955·3·21 [주]서울 마포구 백범로35 서강대학교 전자공학과(02-705-8470) [학]1977년 서울대 전자공학과졸 1982년 미국 뉴욕주립대 대학원 전자공학과졸 1986년 공학박사(미국 뉴욕주립대) [경]1986~1992년 미국 모토로라연구소 연구원, 공군사관학교 교수부 연구원 1992년 서강대 전자공학과 교수(현) 1998년 미국 UC San Diego 교환교수 2001년 초고속無線랜포럼 운영위원장 2008년 한국통신학회 부회장 2008년 하나로텔레콤 감사위원 2010년 한국통신학회 수석부회장, 방송통신위원회 규제개혁 및 법제선진화특별위원회 위원 2010~2011년 한국통신학회 회장 2014년 한국공학한림원 정회원(현)

홍덕기(洪德基)

[생]1957·3·9 [출]대전 [주]서울 성북구 보문로170 서울성북경찰서(02-920-1324) [학]보문고졸, 충남대 법학과졸, 同대학원졸 [경]1986년 경위 임관(경찰간부후보 34기), 서울 청량리경찰서 경춘파출소장, 부산 강서경찰서 경비과장, 충남지방경찰청 경무계장·교육계장·감찰계장 2006년 충남지방경찰청 생활안전과장(총경) 2007년 충남 홍성경찰서장 2009년 충남 예산경찰서장 2011년 충남 서천경찰서장 2013년 대전지방경찰청 정부대전청사경비대장 2014년 충남 천안동남경찰서장 2015년 대전지방경찰청 경무과장 2016년 충남 청양경찰서장 2016년 서울성북경찰서 서장(현)

홍덕률(洪德律) HONG Deok Ryul

[생]1957·12·24 [출]인천 [주]경북 경산시 진량읍 대구대로201 대구대학교 총장실(053-850-5006) [학]1980년 서울대 사회학과졸 1985년 同대학원졸 1993년 사회학박사(서울대) [경]한양대·충남대·인하대·서강대·성심여대 강사, 미국 캘리포니아주립대 교환교수 1985년 한국사회과학연구소 연구위원 1988~2014년 대구대 사회학과 교수 1997년 (사)참여사회연구소 연구위원 1998년 한국정당정치연구소 연구위원 1999년 대구대 교수협의회 부의장, 同홍보비서실장 2003년 대통령자문 정책기획위원회 위원 2006년 대통령직속 지방이양추진위원회 위원 2009~2013·2014년 대구대 총장(현) 2011~2015년 (재)경북행복재단 이사장 2011~2015년 녹색경북21추진협의회 회장 2012~2014년 한국장애인고용공단 대구경북장애인고용대책위원회 위원장 2013~2015년 경북평생교육진흥원 원장 2014년 대구사이버대 총장(현) 2015년 경북도교육청 교육발전협의회 위원장 2015년 몽골국립공무원연수원(NAOG) 명예대사(현) [상]몽골 징기스칸 명예의전당상(2015) [저]'참여민주주의와 한국 사회(共)'(1997) '한국사회의 구조론적 이해(共)'(1999) '국가와 기업의 민주적 발전(共)'(2001)

홍덕화(洪德和) Hong, Duck-hwa

[생]1960·8·15 [본]남양(南陽) [출]대전 [주]서울 종로구 율곡로2길25 연합뉴스 콘텐츠평가실(02-398-3114) [학]1980년 대전고졸 1987년 충남대 불어불문학과졸 1990년 경희대 평화복지대학원 동북아시아학과졸 [경]1987년 대전외국인학교(KCA/現 TCIS) 불어교사 1989~1994년 조선일보 기자 1994년 연합뉴스 국제경제부 기자 1996~1999년 同체육부·특신부 기자 1999~2002년 同홍콩특파원(차장대우) 2002~2007년 同국제경제부 차장대우·통일외교부·정치부 통일외교팀·국제뉴스3부·국제뉴스2부 차장 2007년 同한민족뉴스팀·재외동포부 부장대우 2011년 同북한부·재외동포부 부장급 2013년 同홍보기획부장 2014년 同홍보기획부장(부국장대우) 2015년 同편집국 국제기획뉴스부 선임기자 2015년 同편집국 국제경제부 선임기자 2016년 同콘텐츠평가실 콘텐츠평가위원(부국장대우)(현) 2016년 同저작권팀 상근(현) [상]육군 1570부대장표창(하사관학교 우등졸업, 1983), 한국외국어대총장표창-전국대학생 불어학력경시대회 장려상(1985), 한국무역협회장상-서울경제신문·상공부·한국무역협회 공동주최 '전국 대학생 남북경협촉진방안' 논문 공모 우수상(1989), 경희대총장표창-전국대학생 영어수필 공모 최우수상(1989), 한국기자협회장상(2012) [저]'두 개의 중국과 실리외교'(1998, 자작아카데미) [역]'눈 파헤쳐 죽순 따고 얼음 깨 잉어 낚아- 우경 홍승하 효행 찬양시집(共)'(원일정보사) [종]기독교

홍동기(洪東基) Hong Dong Gi

[생]1968·3·22 [출]서울 [주]광주 동구 준법로7의12 광주고등법원(062-239-1114) [학]1986년 서울 세종고졸 1990년 서울대 사법학과졸 1990년 同대학원 법학과졸 [경]1990년 사법시험 합격(32회) 1993년 사법연수원 수료(22기) 1996년 서울지법 판사 1998년 同의정부지원 판사 2000년 춘천지법 강릉지원 판사 2001년 同동해시법원 판사 2003년 서울지법 판사 2004년 서울중앙지법

ㅎ

판사 2005년 법원도서관 조사심의관 2006년 법원행정처 윤리감사심의관 2007년 서울고법 판사 2008년 제주지법 부장판사 2009~2012년 의정부지법 부장판사 2010년 법원행정처 양형위원회 운영지원단장 2011년 同공보관 2012년 서울동부지법 부장판사 2014년 서울중앙지법 부장판사 2015년 광주고법 부장판사(현)

홍동호(洪東昊) HONG Dong Ho

[생]1960·9·29 [출]강원 동해 [주]세종특별자치시 갈매로 477 기획재정부 인사과(044-215-2258) [학]1979년 경기고졸 1983년 서울대 경제학과졸 [경]1983년 행정고시 합격(27회) 1985년 경제기획원 심사분석총괄과·기업2과·지역투자계획과·자금계획과·종합기획담당관실 사무관, 재정경제원 통상과학예산담당관실 서기관, 국무총리비서실 서기관 2002년 기획예산처 산업재정과장 2002년 同재정정책과장 2003년 同중기재정과장 2004년 同관리총괄과장 2005년 同성과관리제도팀장(부이사관) 2006년 의료산업발전기획단 부단장 파견(국장급) 2008년 국방대 파견 2009년 기획재정부 성과관리심의관 2010년 同재정정책국장 2012~2013년 同정책조정관리관 2013년 駐일본 경제공사(현)

홍두선(洪斗善)

[생]1970·1·9 [주]서울 종로구 세종대로178 대통령직속 청년위원회 실무추진단(02-397-5001) [학]1989년 수원 동원고졸 1993년 고려대 경제학과졸 [경]행정고시 합격(36회) 2001년 재정경제부 기획관리실 행정법무담당관실 사무관 2002년 同행정법무담당관실 서기관 2002년 同금융정책국 금융정책과 서기관 2007년 금융정보분석원 기획협력팀장 2007년 금융감독위원회 비은행감독과장 2008~2009년 대통령실 행정관 2009년 기획재정부 평가분석과장 2010년 同정책조정국 신성장정책과장 2012년 대통령 경제수석비서관실 경제금융비서관실 근무(부이사관) 2015년 대통령직속 청년위원회 실무추진단장(현)

홍두승(洪斗承) HONG, Doo-Seung

[생]1950·1·4 [본]남양(南陽) [출]대구 [주]경기 파주시 광탄면 혜음로765 (사)군인자녀교육진흥원(031-937-6501) [학]1968년 경기고졸 1972년 서울대 사회학과졸 1977년 미국 시카고대 대학원 사회학석사 1980년 사회학박사(미국 시카고대) [경]1980~1991년 서울대 사회학과 조교수·부교수 1982년 미국 아이오와대 객원조교수 1983년 국가대테러협상 전문위원 1985년 미국 하와이 동서문화연구소 객원연구원 1987년 미국 하버드옌칭연구소 객원연구원 1989년 서울대 인구및발전문제연구소장 1991~2015년 同사회학과 교수 1993년 언론중재위원회 위원 1995년 서울대 교무부처장 1995년 한국국방정책학회 회장 1997년 스페인 마드리드 콤플루텐스대 객원교수 1998년 한국가족학회 부회장 1999년 중앙공무원교육원 겸임교수 1999년 국방부 정책자문위원 1999년 한국조사연구학회 초대회장 2000년 세계사회학회(ISA) 군대및분쟁해소분과학회 집행위원·부회장(현) 2002년 육군본부 정책홍보자문위원장 2003년 행정자치부 자치인력개발원 지도교수 2004년 감사원 행정·안보감사자문위원 2005년 중저준위방사성폐기물처분시설 부지선정위원 겸 여론조사소위원장 2007년 한국사회학회 회장 2007년 제17대 대통령직인수위원회 외교통일안보분과 인수위원 2007년 칠레 칠레대 초빙교수 2008년 유네스코 한국위원회 위원 2008년 (사)육군협회 부회장(현) 2008년 국방과학연구소(ADD) 이사 2008년 해군 정책자문위원(현) 2008년 통일연구원 고문 2009년 통일부 정책자문위원 겸 교류협력분과위원장 2009년 국방부 국방개혁위원 겸 정책자문위원 2009년 공군 정책자문위원 2009년 국방기술품질원 정책자문위원 2009년 국방부 책임운영기관운영심의회 위원장(현) 2009년 6.25전쟁60주년기념사업회 위원 2010년 대통령직속 국가안보총괄점검회의 위원 2010년 대통령직속 국방선진화추진위원회 위원 2010년 한국국방정책학회 회장(현) 2011년 국방대 자문위원(현) 2011년 학교법인 한민학원 이사(현) 2011년 한독통일자문위원회 위원 2011년 해병대 정책자문위원(현) 2011년 정부공직자윤리위원회 위원 2012년 매일경제 객원논설위원 2012년 한국하버드옌칭학회 회장(현) 2013년 국가통계위원회 민간위원(현) 2013년 사용후핵연료공론화위원회 위원장(현) 2014년 (사)군인자녀교육진흥원 이사장 2015년 서울대 명예교수(현) 2016년 (사)군인자녀교육진흥원 이사(현) 2016년 대한민국군가합창단 단장(현) 2016년 한국주니어사관연맹(JROTC) 초대 이사장(현) [상]근정포장(2006), 녹조근정훈장(2015) [저]'사회조사분석(共)'(1987·1992·2001·2012) '원자력과 지역이해 : 사회과학적 접근(共·編)'(1992) '사회계층·사회계급론(共)'(1993·2001) '한국군대의 사회학'(1993·1996) '집합주거와 사회환경 : 소형아파트단지 과밀의 사회적 함의(共·編)'(1993) '사회학개론(共)'(1996) '한국사회 50년 : 사회변동과 재구조화(編)'(1998) '한국의 직업구조(共)'(1999) '사회조사분석의 실제(共)'(2001) 'STATISTICA를 이용한 사회과학자료분석(共·編)'(2003) '한국의 중산층'(2005) '사회학의 이해(共)'(2006·2009) '북한의 사회경제적 변화(共)'(2007) '높은 사람 낮은 사람'(2010) '한국의 군과 시민사회'(2015) [종]원불교

홍두표(洪斗杓) HONG Too Pyo

[생]1935·12·25 [본]남양(南陽) [출]인천 [학]1954년 인천고졸 1960년 서울대 문리과대학 사회학과졸 1966년 경희대 대학원졸 1996년 명예 정치학박사(연세대) [경]1961년 문화공보부 방송요원 및 KBS-TV개국 준비요원 1964년 동양TV 창설위원 1965~1972년 同제작1과장·편성부장·편성부국장 1972년 同동경특파원 1974년 同편성국장 1975년 중앙일보·동양방송 이사 1978년 중앙일보 상무이사 1980년 同전무이사·방송담당 사장 1981년 한국방송광고공사 사장 1986년 전매청장 1987년 한국전매공사 초대사장 1989년 담배인삼공사(KT&G) 초대사장 1992년 중앙일보 사장 1993년 국제언론인협회(IPI) 한국위원회 상임위원장 1993~1998년 한국방송공사 사장 1993년 한국방송협회 회장 1994년 이웃돕기운동추진협의회 회장 1994년 그린스카우트 총재 1995~1998년 국제방송통신기구(IIC) 이사 1996~1998년 미국 방송박물관 국제이사 1998~1999년 한국관광공사 사장 2000년 중앙일보 고문 2002년 제주국제자유도시방송(JIBS) 창설·회장 2003년 로또공익재단 이사장 2011~2013년 JTBC 방송담당 회장 2013~2015년 同상임고문 [상]방송문화상, 국민훈장 동백장, 금관문화훈장, 한국방송대상 공로상(2010) [종]기독교

홍두표(洪斗杓) HONG Doo Pyo (정수)

[생]1947·2·9 [본]남양(南陽) [출]경북 군위 [주]충북 청주시 흥덕구 사운로190 주성빌딩3층 (주)청우종합건축사사무소 부사장실(043-276-7215) [학]1965년 대구 능인고졸 1969년 영남대 토목공학과졸 [경]1970년 충북도 옥천토목관구사무소 지방토목기원보 1970~1977년 同건설국 도로과 지방토목기원보·지방토목기원 1977년 同건설사업소 지방토목기사보 1982년 同도로관리사업소 보수과 지방토목기사보 1985년 同건설국 도로과 지방토목기사보 1989년 同건설도시국 도로과 지방토목기사 1992년 同건설도시국 치수과 지방토목주사 1994년 제천시 상수도사업소장(지방토목사무관) 1995년 충북도지방공무원교육원 교관 1998년 충북도 건설교통국 지역개발과 도시계획담당 1999년 同도로관리사업소 충주지소장 2001년 同건설교통국 안전관리과 재해방재담당 2003년 同건설교통국 도로과 도로계획담당 2005년 同건설교통국 재난관리과장(지방시설서기관) 2006년 (주)청우종합건축사사무소 부사장(현) 2007~2012년 한국건설기술인협회 대의원 2008~2012년 충북도 지방건설기술심의위원회 위원 2008~2012년 충북개발공사 설계자문위원회 위원 2008~2012년 한국건설감리협회 교육위원회 위원 [상]충북도지사표창(1973·1981·1985·1995·1998), 내무부 치안국장표창(1974), 문교부장관표창(1979), 내무부장관표창(1990), 근정포장(1993), 녹조근정훈장(2002) [저]'도로공사 실무자 교육교재'(1990) [종]불교

홍라영(洪羅玲·女) Ra Young HONG

[생]1960·1·10 [주]서울 용산구 이태원로55길60의16 삼성미술관 리움(02-2014-6900) [학]이화여대 불어불문학과졸, 미국 뉴욕대 대학원 예술경영학과졸 [경]미국 뉴욕 현대미술관·구겐하임미술관 근무 1999년 삼성미술관 리움 부장·부관장·수석부관장 2003년 삼성문화재단(리움·로댕갤러리·호암미술관·삼성어린이박물관) 상무 2006년 삼성미술관 '리움' 총괄부관장(현) [상]대통령표창(2005)

홍라희(洪羅喜·女) Ra Hee Hong Lee

[생]1945·7·15 [본]남양(南陽) [출]경남 의령 [주]서울 용산구 이태원로55길60의16 삼성미술관 리움(02-2014-6620) [학]1963년 경기여고졸 1967년 서울대 응용미술학 학사 1999년 국제디자인대학원대학교 뉴밀레니엄디자인혁신정책과정 수료 [경]1975~1980년 중앙일보 출판문화부장 1984년 同이사 1985~1998년 同상무이사 1993~2008년 삼성문화재단 이사 1994년 뉴욕근대미술관(MOMA) 이사회 회원(현) 1995~2004년 호암미술관 관장 1996년 영국 Tate Gallery 국제이사회 회원(현) 1998년 (사)남북어린이어깨동무 이사(현) 2004~2008·2011년 삼성미술관 리움 관장(현) 2005년 (재)아름지기 이사 2006년 한국메세나협의회 부회장(현) 2009년 (사)현대미술관회 명예회장(현) 2013년 예술의전당 비상임이사(현) [상]프랑스 예술문학훈장 1등급 코망되르(한불문화교류공헌)(1996), 국제산업디자인대학원대학교 최우수상 IDAS총장상(1999), 자랑스러운 서울대인상(2003), 자랑스러운 경기인(2010) [저]'세계의 미술관을 찾아서(共)'(1998) [종]원불교

홍만표(洪萬杓)

(생)1964·8·25 (출)경북 봉화 (주)경기 수원시 권선구 호매실로22의55 경인지방우정청(031-8014-3000) (학)1986년 경북대 경제학과졸 2000년 同행정대학원졸 (경)1987년 행정고시 합격(30회) 1987년 총무처 수습사무관 1991년 법제처 근무 1994년 체신부 통신정책실 통신기획과 근무 1996년 정보통신부 기획관리실 기획예산담당관실 근무 2000년 대구달서우체국장 2002년 대구우편집중국장 2003년 정보통신부 우정사업본부 경영기획실 경영지원과장 2004년 同우정사업본부 금융사업단 보험과장·금융총괄과장 2009년 同우정사업본부 소포사업팀장 2010년 특허청 국제지식재산연수원장(고위공무원) 2011년 지식경제부 우정사업본부 우편사업단장 2013년 경북지방우정청장 2015년 중앙공무원교육원 파견(고위공무원) 2016년 미래창조과학부 우정사업본부 경인지방우정청장(현) (상)근정포장(2007)

홍명보(洪明補) HONG Myong Bo

(생)1969·2·12 (출)서울 (학)1987년 동북고졸 1991년 고려대 사범대 체육교육과졸 2004년 同대학원 체육교육학과졸 2016년 체육교육학박사(고려대) (경)1984년 청소년국가대표 축구선수 1990년 이탈리아월드컵 국가대표 1990년 북경아시안게임 국가대표 1990년 남북통일축구대회 출전 1992년 포항종합제철 프로축구선수 1992년 코리안리그 MVP 1992년 축구기자단 선정 '올해의 선수' 1994년 미국월드컵 국가대표 1994년 일본 히로시마아시안게임 국가대표 1994년 AFC선정 '아시아 MVP' 1994~1999년 세계올스타전 출전 1995년 한국축구협회 공인 최장거리골기록(42m) 1995년 코리아컵국제축구대회 국가대표 1995년 프로축구 최고수비상 1996년 제11회 아시안컵 예선전 국가대표 1997년 일본J리그 벨마레 히라쓰카 소속 1998년 프랑스월드컵 국가대표 1998년 일본J리그 가시와 레이솔 입단 2000년 국제축구연맹 SOS마을 홍보대사 2002년 미국 이민 100주년기념 LA관광청 홍보대사 2002년 포항스틸러스 축구단 입단 2002년 한·일월드컵 국가대표·아디다스 브론즈볼 수상(3위) 2002년 미국 로스앤젤레스시 명예홍보대사 2002년 FIFA 선수분과위원회 위원(현) 2002년 환경운동연합 홍보대사 2002년 유엔아동기금 홍보대사 2002년 대한축구협회 이사(현) 2003~2004년 미국 LA 갤럭시 프로축구단 소속 2003년 미국프로축구 올스타 선정 2004년 FIFA 선정 '살아있는 100대 축구선수' 2004년 在美한인 자원봉사자회 홍보대사 2004년 (재)홍명보장학재단 이사장(현) 2005년 대한축구협회 집행부이사 2005년 同기술위원 2005년 FIFA 反인종차별대사 2005년 중앙선거관리위원회 공명선거 홍보대사 2005~2008년 국가대표축구팀 코치, (주)엠비스포츠 대표이사(현), 홍명보 어린이축구교실 총감독(현), 대한올림픽위원회 상임위원 2009년 U-20월드컵 축구대표팀(20세이하 축구대표팀) 감독 2009~2012년 런던올림픽 축구대표팀 감독 2009년 제44회 잡지의날 '잡지인이 선정한 올해의 인물에 선정 2009년 구세군자선냄비 홍보대사 2009년 2010광저우아시안게임 축구대표팀 감독 2012년 제30회 런던올림픽 국가대표감독(동메달 획득) 2013년 2013평창동계스페셜올림픽 홍보대사 2013~2014년 국가대표 축구팀 감독 2014년 AFC 선정 '아시아를 빛낸 10명의 선수' 2016년 중국 항저우 그린타운 FC 감독(현) (상)한국프로축구대회 MVP, 프로축구 골든볼, 백상체육대상, 체육훈장 맹호장(2002), 아시아태평양 아메리칸 헤리티지상, 국무총리표창(2006), 올해의 굿뉴스메이커상(2009), 축구협회 대상(2009), 환경재단 선정 '세상을 밝게만든 사람들'(2012), 자랑스러운 고대체육인상(2012), 대한축구협회 특별공헌상(2012), 자랑스런 한국인대상 스포츠발전부문상(2012), 마크 오브 리스펙트상(2012) (저)자서전 '홍명보 영원한 리베로'

홍명표(洪明杓) HONG Myung Pyo

(생)1940·6·13 (출)제주 (주)제주특별자치도 제주시 애월읍 평화로2700 제민일보(064-741-3111) (학)1959년 제주 오현고졸 1962년 성균관대 경제학과졸 1977년 동국대 행정대학원졸 (경)1967~1981년 제주신문 입사·편집부 부국장 1981년 서귀포시 선거관리위원 1983년 한국자유총연맹 서귀포시지부장 1989년 한라종합건설(주) 사장 1992년 제주도관광협회 부회장 1994~2003년 제민일보 사장·同부회장·同이사·상임고문(현) 1998년 서귀포시관광협의회 회장 2000년 2002월드컵기독시민운동협의회 이사 2006~2010년 제주도관광협회 회장, 한국관광협회중앙회 부회장 2009~2011년 전국시도관광협회협의회 회장 2011년 한국관광협회중앙회 상임고문(현) 2014년 제주언론인클럽 회장(현) (상)산업포장(2010) (종)기독교

홍무기(洪茂基) HONG, Mooki

(생)1953·7·23 (본)남양(南陽) (출)경북 고령 (주)서울 금천구 가산디지털1로205의28 포마텍빌딩A동404호 한국식품위생검사기관협회(02-523-2017) (학)1972년 고령농고졸 1977년 경북대 농화학과졸 1982년 同대학원 농화학과졸 1987년 농화학박사(경북대) (경)1989~1990년 미국 펜실베니아주립대 농약연구센터 Post-Doc. 1990~1997년 국립보건원 위생부 식품화학과 보건연구

관 1992~1993년 미국 조지아대 농업식품연구센터 교환연구원 1997~2000년 식품의약품안전청 잔류농약과장 2000~2002년 부산지방식품의약품안전청 시험분석실장 2002~2008년 식품의약품안전청 잔류화학물질과장·유해중금속과장·식품오염물질과장·식품잔류약품과장 2003~2007년 상명대 자연과학대학 겸임교수 2008~2012년 농촌진흥청 국립농업과학원 농산물안전성부장 2009~2016년 (사)한국환경농학회 부회장 2009~2010년 한국농약과학회 수석부회장 2009~2011년 국무총리실 식품안전정책위원회 전문위원 2010~2016년 (사)한국분석과학회 부회장 2010년 미국 세계인명사전 'Marquis Who's Who 세계과학자'에 등재 2010년 영국국제인명센터(IBC) '세계 TOP100 Scientists'에 등재 2011년 미국 인명정보기관(ABI) '국제과학자'에 등재 2011년 (사)한국농약과학회 회장 2012~2013년 서울지방식품의약품안전청 유해물질분석과 연구관 2014년 한국식품위생검사기관협회 사무총장(현) (상)국무총리표창(2001), 한국식품과학회 식품기술상(2007), 농촌진흥청 최고연구기관상(2010) (저)'식품중 발기부전치료제 및 유사물질'(2004, 식품의약품안전청) 'KFDA Library of IR, MS & NMR Spectra'(2005, 식품의약품안전청) '식품중 부정유해물질 분석 매뉴얼'(2005, 식품의약품안전청) (역)'한국과 일본의 식품기구 및 용기·포장의 기준·규격과 해설'(2001, 선경출판사)

홍문근(洪文根) HONG, Moongeun

(생)1971·10·12 (본)남양(南陽) (출)인천 (주)대전 유성구 과학로169의84 한국항공우주연구원 발사체추진제어팀(042-860-2585) (학)1990년 인하사대부고졸 1997년 한국과학기술원(KAIST) 항공우주공학과졸 1999년 포항공대 대학원 기계공학과졸 2003년 유체공학박사(프랑스 그르노블국립공대) (경)1999~2002년 프랑스 정부 장학생(Eiffel Scholarship) 2000~2002년 프랑스 'Atomisation et melange' 연구 참여 2003년 한국항공우주연구원 추진제어그룹 선임연구원 2005·2006년 미국 세계인명사전 '마르퀴즈 후즈후'(Marquis Who's Who)에 등재 2007년 한국항공우주연구원 발사체미래기술연구팀 선임연구원 2008~2015년 과학기술연합대학원대 발사체시스템공학 교수 2011년 한국항공우주연구원 미래로켓추진팀 선임연구원 2012년 同미래로켓연구팀 선임연구원 2013~2015년 同발사체엔진팀 선임연구원 2015년 同발사체추진제어팀 선임연구원(현) 2015년 과학기술연합대학원대 항공우주시스템공학 교수(현)

홍문종(洪文鐘) HONG Moon Jong (昇太)

(생)1955·4·5 (본)남양(南陽) (출)경기 양주 (주)서울 영등포구 의사당대로1 국회 의원회관848호(02-784-4777) (학)대광고졸, 고려대 사범대학 교육학과졸, 同교육대학원졸(교육학석사) 1988년 미국 스탠퍼드대 일반대학원졸(문학석사) 1992년 교육학박사(미국 하버드대) (경)1996년 제15대 국회의원(의정부시, 신한국당·한나라당·무소속) 2003~2004년 제16대 국회의원(의정부시 보궐선거, 한나라당), 한나라당 경기도당 위원장, 미국 하버드대 행정대학원동창회 회장(현), 한국청소년경기북부연맹 총재, 한국BBS중앙연맹 총재, 아프리카예술박물관 이사장, 경민대 총장, 同이사장 2012년 제19대 국회의원(의정부시乙, 새누리당) 2012년 새누리당 재외국민협력위원장 2012년 同상임전국위원(현) 2012년 同제18대 대통령중앙선거대책위원회 조직본부장 2012년 국회 국토해양위원회 위원 2013년 대한태권도협회 이사 2013~2015년 아시아문화교육진흥원 초대이사장 2013년 국회 국토교통위원회 위원 2013~2014년 새누리당 사무총장 2013~2016년 국기원 이사장 2013년 국회 미래창조과학방송통신위원회 위원 2013~2014년 국회 정치개혁특별위원회 위원 2014년 새누리당 지방선거기획위원장 2014년 同비상대책위원회 위원 2014년 국회 미래창조과학방송통신위원회 위원장 2014년 국회 조찬기도회 회장 2016년 제20대 국회의원(의정부시乙, 새누리당)(현) 2016년 국회 외교통일위원회 위원(현) (저)'하버드로 간 악동' 논문집 '조선에서의 일본식민지교육정책' '새종으로 무지개쏘기'(共) 에세이집 '투명거울'(2012) (역)'하나님의 불꽃' (종)기독교

홍문택(洪文澤) HONG Mun Taek

(생)1954·2·6 (출)서울 (주)경기 연천군 전곡읍 양원로268번길106의125 화요일아침예술학교(070-8891-3830) (학)1982년 가톨릭대 신학부졸 1997년 고려대 언론대학원졸 (경)1982년 사제 서품 1982년 길음동천주교회 보좌신부 1983년 명동대성당 보좌신부 1985년 미아3동천주교회 보좌신부 1986년 고덕동천주교회 주임신부 겸 평화신문·라디오 제작위원 1988년 제44차 세계성체대회 전례위원(미사해설) 1992년 평화방송 TV·신문 주간 1994~1997년 同상무이사 1995~1997년 (주)평화방송사업단 대표 1997~2001년 가톨릭출판사 사장 겸 월간 '소년' 사장 2002~2005년 목동성당 주임신부 2005년 천주교 14지구장 겸 대방동성당 주임신부 2007년 한국오라토리오 싱어즈 단장 2009년 가

톨릭청소년법인 '화요일아침예술학교' 교장(현) [저]칼럼집 '빠짐없이 남김없이' '앞면 뒷면' '마음이 약하신 하나님' 기도책 '성체 조배 31일' '어린이의 기도' 묵상집 '오늘은 잔칫날이었습니다' '당신 생각에 가슴 메어집니다' '그토록 사랑하시는 줄 몰랐습니다' '사랑의 옹달샘' '생명의 옹달샘' '희망의 옹달샘' '예쁜 꽃이 피었습니다' '님의 마음도 늘 그렇겠지요' 동화집 '성은 진, 이름은 달래래요'(1988) '장대비 아저씨, 사랑해요'(1988) '굴굴아, 굴굴아, 왜 그리 눈이 커졌니?'(1998) 교리책 '신부님은 왜 큰 성체를 드시나요?'(1998) '신부님 전화로 고해성사 보면 안 되나요?'(1998) '고해 성사 길잡이-어떤 죄를 고해해야 하는가'(2000) '어린이 고해성사 길잡이'(2000) '축하해요, 첫영성체- 어린이 가톨릭 교리서'(2000) 문집 '봉구야, 누가 묻거든 아빠 취직했다고 말하렴!' 훈화집 '주님따라 살아가기'(2007) '주님처럼 닮아가기'(2007) 등 [종]천주교

홍문표(洪文杓) HONG Moon Pyo (東川)

[생]1939·2·27 [본]남양(南陽) [출]충남 부여 [주]서울 서대문구 거북골로34 명지대학교 인문캠퍼스본관1803호 한국현대문예비평학회(02-374-9011) [학]1961년 서울문리사범대학 국어과졸 1963년 성균관대 국어국문학과졸 1968년 고려대 대학원 문학과졸 1970년 서울대 교육대학원 교육학과졸 1979년 문학박사(고려대) 2005년 신학박사(서울기독대) [경]1969~1971년 고려대 강사 1971~1980년 관동대 조교수·부교수 1980년 미국 하버드대 객원교수 1981~2003년 명지대 국어국문학과 교수·교무처장 1984년 同도서관장 1985년 同학생처장 1988년 同인문대학장 1989년 同교무처장 1990년 同예체능대학장 1990년 계간 창조문학 대표 1990년 한국창조문학가협회 회장(현) 1994~1998년 명지대 사회교육원장 1997년 한국현대문예비평학회 회장·명예회장(현) 1999~2002년 한국시문학회 회장 2000~2001년 한국크리스천문학가협회 회장 2001~2003년 한국문인협회 부이사장 2002년 말씀과문학 대표 2003년 명지대 명예교수(현) 2004년 학교법인 민송학원(대원과학대학) 이사 2006년 서울기독대 대학원 석좌교수 2007~2011년 오산대학 총장 2011년 한국기독교문학선교협회 회장(현) 2012년 한국문인교회 담임목사(현) [상]현대문학사 조연현 문학상(1990), 교육부장관표창(1995), 교육연공상(1995), 한국비평가협회 한국비평문학가상(1999), 한국크리스천문학가협회 한국크리스천문학가상(2000), 한국문학회 동포문학상(2002), 황조근정훈장(2004) [저]'현대문장론'(1971) '현대문학개론'(1977) '한국문학논쟁의 비평사적연구'(1978) '현대시학이론'(1980) '현대시학'(1987) '시창작 강의'(1991) '문학의 이해와 감상' '한국문학과 이데올로기'(1995) '에덴의 시학'(1999) '문학개론' '문학비평론' '기독교문학의 이론'(2005) '신학적 구원과 시적 구원'(2005) [종]기독교

홍문표(洪文杓) HONG Moon Pyo

[생]1947·10·5 [출]충남 홍성 [주]서울 영등포구 의사당대로1 국회 의원회관336호(02-784-9587) [학]1967년 한영고졸 1972년 건국대 농화학과졸 1984년 한양대 행정대학원 사회사업정책학과졸 [경]1968년 신민당 청년국장·조직국장 1985~1987년 국회의장 정무수석비서관 1988년 88서울올림픽 홍보전문위원 1990년 민주당 충남청양군·홍성군지구당 위원장 1996년 同조직담당 사무부총장 1997년 민주동우회 간사장 1997년 한나라당 사무부총장 1998년 同충남청양군·홍성군지구당 위원장 2000년 同제2사무부총장 2002년 同대통령선거대책위원회 직능본부장 2004~2008년 제17대 국회의원(충남 홍성군·예산군, 한나라당) 2004~2007년 한나라당 충남도당 위원장 2007년 제17대 대통령직인수위원회 경제2분과 위원 2008년 한국농촌공사 사장 2009~2011년 한국농어촌공사 사장 2009년 대한하키협회 회장(현) 2009년 한국농업경영인중앙연합회 명예회원(현) 2011년 아시아하키연맹 부회장 겸 재정위원장(현) 2011년 한나라당 최고위원 2012년 새누리당 농어촌대책특별위원회 위원장 2012년 제19대 국회의원(충남 홍성군·예산군, 새누리당) 2012~2013년 새누리당 충남도당 위원장 2012년 국회 예산결산특별위원회 위원 2013년 국회 농림축산식품해양수산위원회 위원 2013년 국회 태안유류피해대책특별위원회 위원장 2013년 귀농귀촌진흥회 회장(현) 2014~2015년 국회 예산결산특별위원회 위원장 2014년 국회 예산결산특별위원회 예산안조정소위원회 위원 2015년 새누리당 제1사무부총장 2015년 同조직강화특별위원회 위원(현) 2016년 同총선기획단 위원 2016년 同제20대 총선 공직자후보추천관리위원회 위원 2016년 同제20대 총선 중앙선거대책위원회 조직본부장(유세지원) 2016년 제20대 국회의원(충남 홍성군·예산군, 새누리당)(현) 2016년 새누리당 사무총장 권한대행 2016년 국회 농림축산식품해양수산위원회 위원(현) 2016년 건우회 회장(현) [상]포브스코리아 경영품질대상 공공혁신부문(2009), 자랑스런 건국인상(2009), 21세기 최고의 한국인상 공공부문(2009), 근정포장(2010), 희망사랑나눔재단 선정 모범국회의원(2013), 법률소비자연맹 선정 국회 헌정대상(2013), 국제평화언론대상 의정부문대상(2013), 대한민국 참봉사대상 지역발전공로대상(2015), 대한민국의정대상(2015), 내부장애인협회 감사패(2015), 위대한 한국인대상(2015), 대한민국을 빛낸 한국인물대상 정치부문 대상(2016), 자랑스런대한민국시민대상 국회의정부문 공로대상(2016) [종]불교

홍미영(洪美英·女) HONG Mi Young

[생]1955·9·10 [출]서울 [주]인천 부평구 부평대로168 부평구청 구청장실(032-509-6114) [학]1974년 경기여고졸 1978년 이화여대 사회학과졸, 서강대 공공정책대학원 사회복지학과졸 [경]1983년 한국여성유권자연맹 간사 1986~1995년 한국여성민우회 인천사업센터장·인천지역주민회 회장 1991년 부평구의회 의원 1994년 인천여성의전화 이사·성폭력상담소장 1995~2003년 지역사회정의실천모임 회장 1995·1998년 인천시의회 의원(국민회의·새천년민주당) 1996년 국민회의 부평甲지구당 수석부위원장 1997년 同인천시지부 대변인 1998년 한국환경사회정책연구소 감사(현) 1998년 인천시의회 예결위원장 2001년 同여성특별위원장 2002년 새천년민주당 노무현대통령후보 비서실 정무2팀장 2003년 열린우리당 보육특별위원장 2004년 同중앙위원 2004~2008년 제17대 국회의원(비례대표, 열린우리당·대통합민주신당·통합민주당) 2004년 열린우리당 원내부대표 2006년 同여성리더십센터 소장 2007년 同정책위 부의장 2007년 대통합민주신당 원내부대표 2008년 민주당 여성리더십센터 소장, 사람사는세상노무현재단 자문위원 2010년 인천시 부평구청장(민주당·민주통합당·민주당·새정치민주연합) 2012년 인천지역군수·구청장협의회 회장 2014년 인천시 부평구청장(새정치민주연합·더불어민주당)(현) 2016년 서부수도권행정협의회 회장(현) [상]올해의 여성운동상(1994), 경기여고개교기념 사회봉사상, 올해의 이화인상, 한국여성유권자연맹 여성정치발전인상(2010), 지방자치행정대상(2016) [저]'아름다운 도전 세상을 바꾸는 정치'(2006, 예솜출판) '여성에게 다시 정치를 묻다(共)'(2010, 김영사) '동네 살림에서 미래를 보다'(2013)

홍민석(洪珉奭) Hong, Minseok

[생]1972·12·17 [본]남양(南陽) [출]대전 [주]세종특별자치시 갈매로477 기획재정부 경제정책국 거시경제전략과(044-215-2830) [학]1991년 영동고졸 1997년 건국대 경제학과졸 2011년 호주국립대 대학원 공공정책학과 수료 2014년 한국개발연구원(KDI) 대학원 공공정책학과졸 [경]2003~2008년 재정경제부·기획재정부 종합정책과 사무관 2011~2013년 기획재정부 장관실 비서관 2013~2016년 미주개발은행(IDB) 선임자금운용사 2016년 기획재정부 경제정책국 거시경제전략과장(현)

홍민식(洪玟植) HONG Min Sik

[생]1967·12·13 [출]강원 동해 [주]세종특별자치시 갈매로408 교육부 평생직업교육국(044-203-6360) [학]강릉고졸, 서울대 국민윤리교육과졸, 교육행정학박사(미국 아이오와대) [경]1990년 행정고시 합격(34회) 2002년 교육인적자원부 지방교육기획과 서기관 2004년 同교육복지정책과·정책총괄과 서기관 2005년 외교통상부 OECD대표부 교육관 2010년 교육과학기술부 인재정책실 과학인재육성과장 2011년 同대학지원실 대학지원과장 2013년 교육부 대학지원실 대학재정지원과장(부이사관) 2013년 강릉원주대 사무국장(고위공무원) 2014년 제주특별자치도교육청 부교육감 2015년 교육부 대학정책실 대학지원관 2016년 同평생직업교육국장(현) [상]홍조근정훈장(2012)

홍민표(洪旻杓)

[생]1961·4·15 [주]전북 완주군 이서면 반교로150 지방행정연수원(063-907-5100) [학]서대전고졸, 충남대 계산통계학과졸, 同경영대학원졸, 순천향대 대학원 전산학박사과정 수료 [경]1983년 7급 특채 2008년 충남도 기획관리실 정보화담당관(서기관) 2009년 충남도의회 사무처 법제자료담당관, 同입법정책담당관 2011년 충남도 경제통상실 전략산업과장 2012년 세종시 기획조정실 세정담당관 2014년 同감사관 2015년 同안전행정복지국장(부이사관) 2015년 同아동복지심의위원 2016년 행정자치부 지방행정연수원 파견(현)

홍범식(洪範植) HONG Beom Sik

[생]1964·10·19 [출]서울 [주]서울 영등포구 국회대로74길 12 새누리당 서울시당(02-939-7188) [학]서울 경희고졸, 서울대 인문대학 불어불문학과졸, 고려대 법대졸, 서울대 대학원 법학과졸, 건국대 부동산대학원 재학 중 [경]사법시험 합격(45회), 사법연수원 수료(35기), 법무법인 성원 대표변호사(현), 강북희망포럼 대표, 강북구청 고문변호사, 한국가족보호협회 상임고문, 한국음식업중앙회 강북구지회 법률고문, 정보통신부 우정국 PALCO 자문위원 2011년 성신여고 학교폭력대책자치위원회 위원 2012년 새누리당 제18대 대통령중앙선거대책위원회 조직본부 법률지원단장 2014년 同서울노원구乙당원협의회 운영위원장(현) 2014년 同수석부대변인 2016년 제20대 국회의원선거 출마(서울 노원구乙, 새누리당) 2016년 새누리당 대표최고위원 비서실 부실장(현)

홍병천(洪炳天) HONG Byeong Cheon

[생]1958·9·2 [본]남양(南陽) [출]강원 춘천 [주]서울 중구 새문안로16 농업협동조합중앙회 감사위원장실(02-2080-5019) [학]홍천고졸, 한경대 동물생명과학과 재학중(4년) [경]1997년 홍천축협 조합장(3선) 2004~2007년 농업협동조합중앙회 이사 2010년 강원 홍천군수선거 출마(한나라당) 2016년 농업협동조합중앙회 감사위원장(현) [상]농림수산부장관표창

홍병희(洪秉熙) Hong, Byung Hee

[생]1971 [주]서울 관악구 관악로1 서울대학교 자연과학대학 화학부(02-882-6569) [학]1998년 포항공과대 화학과졸 2000년 同대학원 화학과졸 2002년 화학박사(포항공과대) [경]2002~2004년 포항공과대 화학과 박사 후 연구원 2004~2007년 미국 컬럼비아대 물리학과 박사 후 연구원 2007~2011년 성균관대 화학과 조교수 2011년 서울대 자연과학대학 화학부 조교수·부교수(현) [상]포스코청암재단 청암과학펠로우(2009), 성균관대 젊은연구인상(2010), 홍진기창조인상 과학상(2010), 제7회 경암학술상 자연과학부문(2011)

홍복기(洪復基) HONG Bok Ki

[생]1952·12·29 [본]남양(南陽) [출]서울 [주]서울 서대문구 연세로50 연세대학교 법학전문대학원(02-2123-3010) [학]1975년 연세대 법학과졸 1981년 同대학원 법학과졸 1988년 법학박사(연세대) [경]1983년 동아대 법대 부교수 1989년 독일 함부르크 막스프랑크 국제비교사법연구소 초빙교수 1993년 연세대 법학과 교수, 同법학전문대학원 교수(현) 1997년 통상산업부·법무부 상법개정연구위원 2000년 미국 스탠퍼드대 초빙교수, 사법시험 출제위원 2003~2008년 금융감독원 금융분쟁조정위원회 위원 2004~2006년 연세대 학생복지처장 2006년 同법무대학원장 2006~2009년 同법과대학장 2008~2012년 대법원 법관인사위원회 위원 2009년 연세대 법학전문대학원장 2009년 한국경제법학회 회장 2009~2012년 법제처 법령해석심의위원회 심사위원 2009~2010년 대법원 사법정책자문위원 2009년 법무부 법무자문위원(현) 2010~2012년 한국상사법학회 수석부회장·회장 2010~2012년 법무부 회사법개정위원회 위원장 2011~2012년 한국상사법학회 회장 2011~2013년 대통령직속 사회통합위원회 위원 2011년 연세대대학원총동문회 회장(현) 2012~2014년 연세대 행정·대외부총장 2014년 금융부실책임심의위원회 위원장(현) 2015년 한국법학교수회 회장(현) 2015년 대법관후보추천위원회 위원 2016년 연세대 법인본부장(현) [상]황조근정훈장(2016) [저]'EU 회사법' '상법개설' '법학개론'(共) '지주회사제도' '이사와 이사회제도' '사외이사제도' '주석상법(共)'(2014) '어음수표법'(2015) '회사법강의'(2015) [역]'서독의 부정경쟁방지법'(1987)

홍봉기

[생]1958 [주]제주특별자치도 제주시 문연로6 제주문화예술재단 사무처(064-800-9101) [학]제주 오현고졸, 제주대 행정학과졸 [경]1977년 공무원 임용 2012년 세종연구소 파견(지방서기관) 2013년 제주도 지식경제국 기업지원과장 2013년 제주관광공사 파견 2014년 제주도 민군복합형관광미항추진단장 2014년 同민군복합형관광미항갈등해소지원단장 2016년 제주문화예술재단 사무처장(현)

홍봉철(洪鳳哲) HONG Bong Chul

[생]1955·9·22 [출]서울 [주]서울 용산구 청파로74 전자랜드 회장실(02-707-4691) [학]보성고졸, 한양대 금속공학과졸 [경]전자랜드 대표이사 사장, 웹브레인 대표이사 사장 2006년 전자랜드 회장(현)

홍사관(洪思貫) HONG Sa Goan

[생]1959·8·26 [출]충북 충주 [주]경기 수원시 영통구 매영로150 삼성전기(주) HDD모터사업팀(031-210-5114) [학]1977년 경기고졸 1981년 고려대 전자공학과졸 1997년 한국과학기술원(KAIST) 경영학 석사 [경]1981년 삼성그룹 입사, 삼성전기(주) 영상해외영업1팀장·유럽판매법인 부장·유럽판매법인장 2003년 同상무보 2004년 同MOS사업팀장(상무보) 2005년 同광사업부 ISM팀장(상무) 2006년 同영업팀장(상무) 2007년 同WS사업팀 업무총괄 상무 2010년 同WS사업팀장(전무) 2010년 同OMS사업부장(전무) 2012년 同OMS사업부장(부사장) 2015년 同HDD모터사업팀장(부사장)(현)

홍사덕(洪思德) HONG Sa Duk

[생]1943·3·5 [본]남양(南陽) [출]경북 영주 [주]서울 종로구 새문안로69 구세군회관3층 민족화해협력범국민협의회(02-761-1213) [학]1961년 서울대사대부고졸 1968년 서울대 문리대 외교학과졸 [경]1968~1975년 중앙일보 기자 1974년 한국기자협회 부회장 1976년 삼양관광 전무이사 1977년 롯데평화건설 기획실장 1981년 제11대 국회의원(영주·영양·영풍·봉화, 민주한국당) 1981년 민주한국당(민한당) 선전국장 1982년 同정책심의과학기술분과 위원장 1982~1985년 국제의원연맹 대표 1983년 민한당 정책연구실장 1985~1987년 신한민주당(신민당) 대변인 1985년 제12대 국회의원(영주·영양·영풍·봉화, 신민당) 1987년 통일민주당 중앙청년위원장 1990년 同부총재 1990년 同정무위원 1992년 제14대 국회의원(서울 강남乙, 민주당·무소속) 1992년 민주당 대변인 1994년 국회 노동환경위원장 1995년 同환경노동위원장 1996년 제15대 국회의원(서울 강남乙, 무소속 당선·한나라당 입당) 1997~1998년 정무제1장관 2000년 한나라당 선거대책위원장 2000~2004년 제16대 국회의원(전국구, 한나라당) 2000~2001년 국회 부의장 2001년 한나라당 국가혁신위원회 국가비전분과 위원장 2001년 同지도위원 2002년 同당과정치개혁을위한특별위원회 공동위원장 2003~2004년 同원내총무 2007년 同박근혜대선예비후보 공동선거대책위원장 2008년 제18대 국회의원(대구西, 친박연대·한나라당·새누리당) 2008년 한·일의원연맹 고문 2010년 한나라당 비상대책위원회 위원 2012년 제19대 국회의원선거 출마(서울 종로, 새누리당) 2013년 KT 고문 2013년 민족화해협력범국민협의회 대표상임의장(현) [상]서울대 정치외교학과 총동창회 공로상(2010) [저]'중공 어제·오늘·내일' '나의 꿈 나의 도전' '홍사덕 칼럼'(1~5권) '그러나 앞날은 밝다' '젊은이들에게 꼭하고 싶은말' '지금! 잠이 옵니까' [종]천주교

홍사승(洪思昇) HONG Sa Seung

[생]1948·4·25 [출]경기 화성 [주]전남 광양시 백운1로74 대한시멘트(주) 비서실(061-792-6221) [학]1967년 경기상고졸 1971년 국민대 상학과졸 1973년 고려대 경영대학원 수료 1991년 한양대 산업대학원 수료 1997년 홍익대 경영대학원 수료 [경]1967년 쌍용양회공업(주) 입사 1977년 同회계과장 1981년 同회계과 차장 1985년 同경리부장 1987년 同경리부장 겸 자금부장 1990년 同이사대우 1991년 同이사 1994년 同경리·자금·관재담당 상무이사 1995년 同관리본부장(전무이사) 1998년 同부사장 2004년 同총괄부사장 2005년 同대표이사 부사장 2006년 同대표이사 사장 2009~2011년 同대표이사 회장 2011~2012년 同고문 2012년 대한시멘트(주) 회장(현) [종]불교

홍상수(洪尙秀) Hong Sang Soo

[생]1960 [주]서울 광진구 능동로120 건국대학교 예술디자인대학 영화학과(02-450-3824) [학]1985년 미국 캘리포니아예술대졸 1989년 미국 시카고예술학교 예술학석사, 미국 캘리포니아대 샌타바버라교 대학원 미술학과졸 [경]1996년 영화 '돼지가 우물에 빠진 날' 연출로 데뷔·영화감독(현) 1997~2002년 한국예술종합학교 영상원 영화과 교수 1998년 제14회 샌타바버라영화제 심사위원장 2008년 건국대 예술디자인대학 영화학과 교수(현) 2009년 제62회 로카르노국제영화제 심사위원 [상]밴쿠버국제영화제 용호상(1996), 영평상 신인감독상(1996), 청룡영화제 신인감독상(1996), 황금촬영상 신인감독상(1996), 로테르담영화제 경쟁부문 최우수작품상(1996), 아시아태평양영화제 신인감독상(1997), 청룡영화제 각본상·감독상(1998), 깐느영화제 공식부문(1998), 도쿄국제영화제 심사위원특별상·심사위원특별언급상(2000), 부산평론가협회 최우수작품상(2000), 아시아태평양영화제 각본상(2000), 아시아태평양영화제 감독상(2002), 디렉터스컷시상식 올해의감독상(2006), 마르델플라타영화제 감독상(2007), 부일영화상 최우수작품상(2008), 한국영화평론가협회상 각본상·최우수작품상(2008), 부산영화평론가협회상 최우수작품상(2008), 부일영화상 최우수감독상(2010), 칸영화제 주목할만한시선상(2010), 대통령표창(2011), 로테르담국제영화제 리턴오브트아이거상(2011), 부일영화상 유현목영화예술상(2012), 부산영화평론가협회상 심사위원특별상(2013), 로카르노국제영화제 최우수감독상(2013), 한국영화평론가협회상 최우수작품상(2014), 낭뜨3대륙영화제 몽골피에르상(2014), 들꽃영화상 극영화감독상(2015), 로카르노국제영화제 국제경쟁부문 황금표범상(2015), 프랑스 문화예술공로훈장(2015), 부산영화평론가협회상 대상(2015), 스페인 산세바스티안국제영화제 최우수감독상(2016) [작]영화 '돼지가 우물에 빠진 날'(1996) '강원도의 힘'(1998) '오! 수정'(2000) '생활의 발견'(2002) '여자는 남자의 미래다'(2004) '극장전'(2005) '해변의 여인'(2006) '밤과 낮'(2007) '잘 알지도 못하면서'(2008) '어떤방문 : 디지털삼인삼색'(2009) '하하하'(2009) '첩첩산중'(2009) '옥희의 영화'(2010) '북촌방향'(2011) '다른나라에서'(2011) '리스트'(2011) '누구의 딸도 아닌 해원'(2012) '우리 선희'(2013) '자유의 언덕'(2014) '지금은 맞고 그때는 틀리다'(2015) '당신 자신과 당신의 것'(2016)

홍상표(洪相杓) HONG Sang Pyo

[생]1957·11·8 [본]남양(南陽) [출]충북 보은 [주]서울 성북구 정릉로77 국민대학교 사회과학대학 언론정보학부(02-910-4260) [학]1976년 휘문고졸 1983년 한국외국어대 정치외교학과졸 2013년 연세대 언론홍보대학원 최고위과정 수료 [경]1982년 연합통신 입사 1986년 同정치부 기자 1994~1998년 YTN 기자·정치부 차장 1998년 同뉴스총괄부 차장·프라임뉴스 앵커 2000년 同편성운영부장·사회1부장 2001년 同정치부장 2001년 숙명여대 언론정보학부 강사 2003년 YTN 국제부장 2004년 同보도국 부국장 2005년 同보도국장 2005년 충청포럼 운영위원(현) 2006년 YTN 보도국 해설위원 2007년 同보도국장 2008년 同마케팅국장 2009년 同경영기획실장 2009년 한국외국어대 특임교수 2010년 YTN 경영담당 상무이사 2010~2011년 대통령 홍보수석비서관 2010~2011년 청와대불자회 회장 2012~2014년 한국콘텐츠진흥원 원장 2012년 한국데이터베이스진흥원 이사 2012년 서울국제뮤직페어 공동조직위원장 2012~2014년 한국문화산업교류재단 이사 2013년 전국경제인연합회 창조경제특별위원회 위원 2013년 부산콘텐츠마켓(BCM)조직위원회 위원 2013년 산업통상부 통상산업포럼 위원 2014년 무형유산원 무형유산창조협력위원회 위원(현) 2014년 한류3.0민관합동지원위원회 위원 2014년 대한불교조계종 불교포럼 공동대표(현) 2015년 국민대 사회과학대학 언론정보학부 초빙교수(현) 2016년 (주)롯데알미늄 사외이사(현) [상]서울언론인클럽 올해의 언론인상(1992), 외대 언론인상(2007), 자랑스러운 외대인상(2011), 황조근정훈장(2012) [저]'다시 일어선 일본, 그 힘은 어디에(共)'(1992, 연합통신) [종]불교

홍석규(洪錫珪) HONG Seok Kyu

[생]1956·1·15 [본]남양(南陽) [출]서울 [주]서울 강남구 테헤란로534 글라스타워30층 (주)보광 임원실(02-527-9423) [학]1974년 경기고졸 1979년 서울대 외교학과졸 1987년 미국 존스홉킨스대 국제관계대학원졸 [경]1979년 외무고시 합격(13회) 1990년 대통령비서실 근무 1992년 미국 스탠퍼드대 국제관계연구소 객원연구원 1994년 외무부 기획조사과장 1995년 (주)보광 총괄전무 1996~2004년 (주)휘닉스커뮤니케이션즈 대표이사 사장 1998~2004년 (주)보광 대표이사 사장 2000년 한국광고업협회 부회장 2004~2009년 한국여자프로골프협회(KLPGA) 회장 2004년 (주)휘닉스커뮤니케이션즈 대표이사 회장(현) 2004년 (주)보광 대표이사 회장(현) 2006년 (주)휘닉스커뮤니케이션즈 이사회 의장 2007년 STS반도체통신(주) 비상근이사 2013~2015년 同중장기전략총괄 대표이사 2015년 (주)휘닉스소재 대표이사(현) [상]동탑산업훈장(2009) [종]원불교

홍석기(洪石基)

[생]1969 [출]충북 제천 [주]충북 충주시 예성로218 충주경찰서(043-880-6231) [학]1992년 경찰대 법학과졸(8기) 2012년 연세대 대학원 행정학과졸 [경]1992년 경위 임관 1999년 경감 승진 2006년 경정 승진 2015년 충북지방경찰청 경비교통과장(총경) 2016년 충북 충주경찰서장(현) [상]근정포장(2002), 육군참모총장표창(2006), 행정자치부장관표창(2007)

홍석우(洪錫禹) Sukwoo HONG

[생]1953·6·17 [본]남양(南陽) [주]서울 종로구 사직로8길39 세양빌딩 김앤장법률사무소(02-3703-1516) [학]1971년 경기고졸 1980년 서울대 무역학과졸 1985년 미국 하버드대 케네디스쿨 정책학과졸 2004년 행정학박사(성균관대) [경]1979년 행정고시 합격(23회) 1981년 상공부 수입국 사무관 1982년 同전자부품과 사무관 1987년 同수출1과 사무관 1990년 同무역정책과 사무관 1992년 UNCTAD 파견(서기관) 1995년 통상산업부 행정관리담당관 1996년 同장관비서관 1997년 同전자부품과장 1998년 駐미국 상무관 2000년 산업자원부 무역정책과장 2002년 부산·울산지방중소기업청장 2003년 국방대학원 파견 2003년 대구·경북지방중소기업청장 2004년 동북아시대위원회 외자유치경제협력팀장 2005년 산업자원부 홍보관리관 2006년 同생활산업국장 2006년 同미래생활산업본부장 2006년 同무역위원회 상임위원 2007년 同무역투자정책본부장 2008~2010년 중소기업청장 2010~2011년 A.T. Kearney Korea 부회장 2010~2011년 성균관대 산학협력단 교수 2011년 대한무역투자진흥공사(KOTRA) 사장 2011년 국가경쟁력강화위원회 위원 2011~2013년 지식경제부 장관 2013~2015년 A.T. Kearney Korea 고문·상임고문 2013~2015년 성균관대 공과대학 석좌교수 2015년 에쓰오일(주) 사외이사(현) 2015년 김앤장법률사무소 상임고문(현) 2016년 국회 신·재생에너지포럼 고문(현) [상]대통령표창(1989), 미국 메릴랜드 주지사 Governor's Award for Civil Service(2000), 삼우당 섬유패션대상 특별공로상(2013), 청조근정훈장(2013) [역]'최상의 팀 만들기' '지성과 감성의 협상기술'

홍석우(洪碩佑) HONG SUKWOO (염부)

[생]1958·10·14 [본]남양(南陽) [출]경남 김해 [주]경기 수원시 팔달구 효원로1 경기도의회(031-8008-7000) [학]의정부고졸, 신구대 축산학과졸, 한국방송통신대 법학과졸, 한양대 공공정책대학원 지방자치학과졸 [경]영남철강 대표(현), 사회복지법인 성경원 이사(현), 생연2동체육회 회장, 생연2동재향군인회 이사, 생연2동방위협의회 위원, 생연파출소 방범자문위원, 동두천시미군현안대책위원회 사무국장, 동두천시 교육환경개선특별위원회 위원, 동두천시 미군현안대책위원회 사무국장, 정신보건시설 동두천요양원 운영위원장 2002·2006·2010~2014년 경기 동두천시의회 의원(무소속·새누리당), 동두천외고 운영위원장(현), 한국자유총연맹 동두천지부 자문위원(현) 2012~2014년 경기 동두천시의회 부의장 2014년 경기도의회 의원(새누리당)(현) 2014년 同예산결산특별위원회 위원 2014년 同경제과학기술위원회 위원 2015년 同청년일자리창출특별위원회 위원(현) 2016년 同노동자인권보호특별위원회 위원(현) [상]지방의정봉사대상(2011), 대한민국 유권자대상(2015·2016) [종]기독교

홍석인(洪碩寅) HONG Seok In

[생]1967·8·12 [본]남양(南陽) [출]서울 [주]경기 성남시 분당구 안양판교로1201번길62 한국식품연구원 전략산업연구본부(031-780-9013) [학]연세대 대학원졸, 식품공학박사(연세대) [경]한국식품과학회지 편집자·편집간사·사업간사·재무간사(현), 농림수산식품과학기술위원회 기획조정전문위원, 한국식품연구원 유통연구단 선임연구원 2007년 同유통연구단 책임연구원 2008년 同정책개발실장(책임연구원) 2008년 同전략기획본부 R&D전략실장(책임연구원) 2011년 同연구정책실장(책임연구원) 2012년 同기획부 연구전략실장(책임연구원) 2015년 同전략기획본부장(책임연구원) 2016년 同안전유통연구본부 저장유통연구단 책임연구원 2016년 同전략산업연구본부 본부장(현) [종]천주교

홍석조(洪錫肇) HONG Seok Joh (耘正)

[생]1953·1·8 [본]남양(南陽) [출]서울 [주]서울 강남구 테헤란로405 BGF빌딩 BGF리테일(02-528-6871) [학]1971년 경기고졸 1975년 서울대 법대졸 1986년 미국 하버드대 Law School졸 [경]1976년 사법시험 합격(18회) 1978년 사법연수원 수료(8기) 1981년 서울지검 검사 1983년 대전지검 천안지청 검사 1985년 서울지검 동부지청 검사 1987년 법무부 섭외법무심의관실 검사 1989년 서울지검 검사 1991년 부산지검 울산지청 부장검사 1992년 대검 검찰연구관 1993년 同감찰2과장 1993년 同기획과장 1995년 법무부 검찰2과장 1996년 同검찰1과장 1997년 서울지검 형사6부장 1998년 同형사4부장 1998년 전주지검 군산지청장 1999년 부산지검 제2차장검사 2000년 서울지검 제2차장검사 2001년 同남부지청장 2002년 사법연수원 부원장 2003년 법무부 검찰국장 2004년 인천지검장 2005년 광주고검장 2007~2012년 (주)보광훼미리마트 대표이사 회장 2007~2014년 BGF리테일 대표이사 회장 2011년 국립중앙박물관회 부회장(현) 2012년 유니세프 한국위원회 부회장(현) 2012년 駐韓모나코 명예영사(현) 2014년 BGF리테일 회장(현) 2016년 (재)한국기원 이사(현) 2016년 (재)홍진기법률연구재단 이사장(현) [상]홍조근정훈장(2000) [종]불교

홍석주(洪錫柱) HONG Serck Joo

[생]1953·9·4 [본]풍산(豊山) [출]서울 [주]서울 서초구 서초대로49길12 한승아스트라Ⅱ3층 로커스캐피탈파트너스(02-3478-9802) [학]1971년 경복고졸 1976년 서울대 경영학과졸 1985년 미국 펜실베이니아대 와튼스쿨(Univ. of Pennsylvania Wharton School) 대학원졸(MBA) 1999년 한국과학기술원 최고정보경영자과정 수료 [경]1976년 조흥은행 입행 1985년 同국제부 대리 1986년 同런던지점 대리 1991년 同종합기획부 과장·부부장 1998년 同리스크관리실장 2000년 同기획부장 2001년 同기획·재무본부장(상무) 2002~2003년 同은행장 2004년 한국증권금융 사장 2006~2008년 한국투자공사(KIC) 사장 2008년 AT커니코리아 고문 2010년 Rainbow Business Networks Group 회장 2010년 대한상사중재원 중재인 2010~2015년 제일모직(주) 사외이사 2011년 로커스캐피탈파트너스(Locus Capital Partners) 대표(현) 2014년 삼성SDI 사외이사(현)

홍석준(洪錫埈) HONG Suk Joon

[생]1954·9·17 [본]남양(南陽) [출]서울 [주]서울 강남구 테헤란로534 글라스타워10층 보광창업투자 회장실(02-558-9764) [학]1978년 서울대 사회학과졸 1986년 미국 노스웨스턴대 대학원 경영학과졸 [경]1986년 삼성코닝(주) 입사·이사 1995년 삼성전관(주) 상무이사 1999년 同기획홍보팀장(전무) 2000년 삼성SDI(주) 경영기획팀장(전무) 2002~2007년 同부사장 2007년 보광창업투자 회장(현) [종]원불교

홍석준(洪碩晙)

[생]1966·5·17 [주]대구 중구 동덕로194 대구광역시청 미래산업추진본부(053-803-6400) [학]1985년 달성고졸 1992년 계명대 경영학과졸 1996년 서울대 행정대학원 행정학과졸 [경]1996년 지방고시 합격(1회) 2000년 대구시 문화체육국 월드컵지원반 총괄기획담당 2002년 同경제산업국 국제협력과 국제교류담당 2005년 同기획관리실 기획관실 기획담당 2006년 同경제산업국 산업지원기계금속과장 2007년 同신기술산업본부 메카트로닉스팀장 2008년 同경제자유구역추진기획단 개발계획팀장 2009년 국외훈련 파견(미국 미주리대) 2011년 대구시 의료산업과장 2013년 同창조경제산업국장 2014년 同첨단산업의료국장 2016년 同미래산업추진본부장(현) [상]대통령표창(2002), 녹조근정훈장(2015)

홍석철(洪錫哲) Eugene HONG

[생]1958·5·29 [출]서울 [주]서울 서초구 서초대로74길 11 삼성전자빌딩29층 삼성벤처투자 SET투자본부(02-2255-0220) [학]고려대 산업공학과졸, 미국 텍사스대 대학원 산업공학과졸, 공학박사(미국 애리조나대) [경]1992년 삼성항공 생산계획팀장, 同사업관리팀장, 同CIM팀장 1996년 삼성자동차 생산관리부장, 삼성벤처투자 솔루션&컨텐츠팀장(상무보) 2005년 同투자2팀장(상무) 2009년 同전자투자본부장(전무) 2015년 同SET투자본부장(부사장)(현)

홍석현(洪錫炫) Hong Seok-Hyun (圓山·和同·耘暢)

[생]1949·10·20 [본]남양(南陽) [출]서울 [주]서울 중구 서소문로88 중앙일보·JTBC 회장실(02-751-5100) [학]1968년 경기고졸 1972년 서울대 전자공학과졸 1978년 미국 스탠퍼드대 대학원졸(산업공학석사) 1980년 경제학박사(미국 스탠퍼드대) 2012년 명예 국제관계학박사(카자흐스탄 키메프대) 2014년 명예 공공정책학박사(세종대) 2016년 명예 전자전기공학박사(포항공과대) [경]1977~1983년 세계은행(IBRD) 경제개발연구소 경제조사역 1983년 재무부 장관비서관 1983년 대통령비서실 보좌관 1985년 한국개발연구원(KDI) 연구위원 1986~1994년 삼성코닝 상무·전무·부사장 1994~1999년 중앙일보 사장·발행인 1996~2004년 한국전자거래협회(現한국IT비즈니스진흥협회) 회장 1996~2005년 IPI 한국위원회 부위원장 1999~2005년 중앙일보 회장·발행인·인쇄인 2000년 건국대통령이승만박사기념사업회 회장 2000년 e-비지니스기업인연합회 회장 2002년 아시아신문재단(PFA) 한국위원회 이사 2002~2005년 세계신문협회(WAN) 회장 2002~2005년 한국신문협회 부회장·회장 2005년 駐미국 대사 2006년 중앙일보 회장(현) 2011년 JTBC 회장(현) 2012년 삼극위원회(Trilateral Commission) 아시아태평양위원회 부회장(현) 2013년 아시아재단(Asia Foundation) 이사(현) 2013년 전략국제문제연구소(Center for Strategic and International Studies) 이사(현) 2014년 한국기원 총재(현) 2014년 베르그루엔 거버넌스연구소 21세기위원회 멤버(현) 2014~2016년 국제바둑연맹(IGF) 회장 2014년 채텀하우스 자문위원(Chatham House, Panel of Senior Advisers)(현) 2015년 경주시 명예시민(현) 2016년 경기고 동창회장(현) [상]대통령표창(1984), 연세대 남녀공학50주년기념 특별공로상(여성인재 양성 공로)(1996), 태평양세기연구소(PCI) 'PCI 빌딩 브릿지스 어워드'(2016) [종]원불교

홍석화(洪錫華) Hong Seok-hwa

[생]1962·1·19 [주]서울 종로구 사직로8길60 외교부 인사운영팀(02-2100-7136) [학]1986년 충북대 영어교육학과졸 1992년 스페인 왕립외교관학교 대학원 국제학과졸 1994년 스페인 마드리드대 현대라틴아메리카연구과정 박사과정 수료 [경]1986년 외무부 입부 1992년 駐아르헨티나 3등서기관 1999년 駐시애틀 영사 2002년 駐베네수엘라 2등서기관 2007년 외교통상부 운영지원과장 2008년 駐유엔대표부 참사관 2010년 駐멕시코 공사참사관 2012년 駐칠레 공사참사관 2015년 駐니카라과 대사(현) [상]근정포장(2008)

홍선표(洪善杓) HONG Sun Pyo

[생]1949·11·12 [본]남양(南陽) [출]서울 [주]서울 서대문구 이화여대길52 이화여자대학교 대학원 미술사학과(02-3277-2108) [학]1977년 영남대 회화과졸 1979년 홍익대 대학원 미술사학과졸 1999년 미술사학박사(일본 규슈대) [경]1980~1994년 홍익대 박물관 학예연구원 1980~2006년 홍익대·연세대 국제대학원·고려대 대학원·서울대 대학원·홍익대 대학원 강사 1987~1993년 미술사연구회 회장 1991~1994년 한국미술사학회 이사 1993년 성강문화재단 이사·한국미술연구소장 1999년 문화재청 문화재전문위원 1999년 同동산문화재 감정위원 1999~2015년 이화여대 대학원 미술사학과 조교수·부교수·교수 1999~2003년 한국근대미술사학회 회장 2000년 서울역사박물관 유물구입심의위원 2000년 문화관광부 학예사 운영위원 2001~2003년 한국미술사교육연구회 회장 2001년 이화여대 박물관 유물심의위원 2002년 한국미술사학회 감사 2002년 이화여대 한국문화연구원 연구위원·편집위원 2002년 경찰청 문화재 자문위원 2002년 소치연구회장 2003~2004년 문화재청 문화재위원 2003년 서울시 문화재위원 2003~2005년 한국미술사교육학회 감사 2003~2006년 이화여대 한국학특성화사업단 운영위원 2004~2005년 한국미술사학회 회장 2006년 인천시립박물관 운영위원, 한국미술사교육학회 회장 2010년 (사)한국미술연구소 이사장(현), '미술사논단' 발행인 겸 편집인(현) 2015년 이화여대 대학원 미술사학과 명예교수(현) [상]월간미술 학술대상 수상(1999), 한국미술저작상(2010), 우현학술상(2015) [저]'조선시대 회화사론'(1999) '고대 동아시아의 말그림'(2001) '근대의 첫 경험-개화기 일상문화를 중심으로(共)'(2006) '17·18세기 조선의 독서문화와 문화변동(共)'(2007) '전통문화연구 50년'(2007) '조선후반기 미술의 대외교섭'(2007) '한국근대미술사'(2009) '한국의 전통회화'(2009) '조선 회화'(2014)

홍성각(洪性珏) HONG Sung Gak

[생]1939·5·17 [출]서울 [주]서울 서초구 반포대로37길59 대한민국학술원 자연제5분과(02-3400-5220) [학]1964년 서울대 임학과졸 1966년 同대학원졸 1974년 농학박사(미국 미네소타대) [경]1964~1967년 서울대 농대 연구조교 1968~1974년 미국 미네소타대 임학대학 연구조교 1975~1985년 건국대 농대 임학과 조교수·부교수 1978년 미국 미네소타대 객원교수 1981~1988년 산림청 정책자문위원회 위원 1983~1987년 同임업시험장 임업연구관 1985~2004년 건국대 산림자원학과 교수 1990년 한국임산에너지학회 부회장 1993~1996년 산림청 임업연구원 연구관 1993~1994년 아프리카 수단 카툼대 임학대학 교환교수 1995년 대한민국학술원 회원(수목생리학·현) 1996~1998년 문화재위원회 위원 [상]건국대 학술연구상(1995), 근정포장(2004) [저]'임업 및 임학사전'(2002) [역]'林木육종학'(1979) '造林學원론'(1987)

홍성각(洪性珏)

[생]1959·10·19 [출]서울 [주]인천 중구 공항로424번길47 인천국제공항공사 부사장실(032-741-5144) [학]수원대 전자계산학과졸, 한국항공대 대학원 항공경영학과졸 [경]2004년 인천국제공항공사 통신운영팀장 2006년 同통신시설팀장 2010년 同항행처장 2012년 同정보통신처장 2012년 同운항본부장 2013년 同운영본부장(상임이사) 2015년 同경영본부장(상임이사) 2016년 同부사장(현)

홍성걸(洪性傑) HONG Sung Gul

[생]1960·12·29 [본]남양(南陽) [출]서울 [주]서울 성북구 정릉로77 국민대학교 사회과학대학 행정정책학부(02-910-4439) [학]1979년 배명고졸 1983년 고려대 행정학과졸 1985년 同대학원 행정학과졸 1988년 미국 아이오와주립대 대학원졸 1992년 정치학박사(미국 노스웨스턴대) [경]1993~1994년 고려대 시간강사 1995년 통신개발연구원 책임연구원 1996년 국민대 사회과학대학 행정정책학부 정책학전공 전임강사·조교수·부교수·교수(현) 2000~2001년 미국 Univ. of North Carolina 객원교수 2002년 사이버커뮤니케이션학회 편집위원 2003년 (사)한국인문사회연구원 이사 2004~2006년 한나라당 여의도연구소 이사 2004년 뉴라이트싱크넷 상임집행위원 2005년 한국국제정치학회 이사 2006년 한국정책학회 총무이사 2006년 국민대 국정관리전략연구소장 2008~2010년 同행정대학원장 2009년 사이버커뮤니케이션학회 회장 2011~2015년 한국지역난방공사 비상임이사 2014년 국제전기통신연합(ITU) 전권회의(Plenipotentiary Conference) 의제분야 총괄자문위원 2014년 국회 윤리심사자문위원회 위원(현) 2016년 대통령직속 규제개혁위원회 행정사회분과 민간위원(현) [상]국무총리표창(2003) [저]'정보정책론(共)'(1997) '과학기술의 정치경제학(共)'(1998) '정보사회와 정보화정책(共)'(1998) '정보화시대의 신성장국가론'(2006) 'ODA 리포트 : 함께하는 아름다운 세상 만들기'(2011) '효율적 국정관리를 위한 정부조직(共)'(2012)

홍성규(洪性奎) HONG Sung Kyu

[생]1948·4·21 [본]남양(南陽) [출]경남 거창 [주]서울 용산구 청파로47길100 숙명여자대학교 새힘관201호 미디어학부(02-710-9293) [학]1966년 김천고졸 1975년 한국외국어대 정치외교학과졸 1995년 영국 카디프대 신문방송대학원 수료 1998년 중앙대 신문방송대학원 방송학과졸 2004년 경남대 북한대학원 박사과정 수료 [경]1974년 한국방송공사(KBS) 정치부·사회

ㅎ

부 · 경제부 · 특집부 기자 · 정치부 차장 1992년 同정치부장 1993년 同문화부장 1994년 同보도본부 파리총국 런던지국장 1996년 同보도국 사회2부장(주간) 1998년 同대전방송총국장 1999년 同정책기획국장 1999년 同보도국장 2000년 同시청자센터장 2001년 同정책기획센터장 겸 남북교류협력기획단장 2001~2008년 방송위원회 남북방송교류추진위원회 위원 2002년 한국방송공사(KBS) 특임본부장 2003년 정보통신부 방송정책자문관 2004년 TU미디어 부사장 2005~2008년 경찰위원회 경찰위원 2007~2010년 중앙대 신문방송학과 석좌교수 2008~2010년 방송통신위원회 정책평가위원장 2010년 중앙대 신문방송대학원 객원교수 2011년 방송통신위원회 부위원장 2012~2014년 同상임위원(차관급) 2013년 남북방송통신교류추진위원회 위원장 2013년 '런던클럽'(런던특파원출신 언론인모임) 초대회장(현) 2014년 숙명여대 미디어학부 석좌교수(현) 2015년 경찰병원발전위원회 언론분야 위원(현) [상]한국방송대상 다큐멘터리부문(1981), 중앙언론문화상 방송부문(2002), 한국방송대상 공로상(2003) [종]천주교

홍성대(洪性大) HONG Sung Dae

[생]1937 · 7 · 25 [출]전북 정읍 [주]서울 서초구 강남대로202 모산빌딩8층 성지출판(주)(02-574-6600) [학]1956년 남성고졸 1963년 서울대 수학과졸 2001년 명예 이학박사(전북대) [경]1964년 종로학원 강사 1966년 '수학의 정석'등 고교학습참고서 저술 1972~1997년 도서출판 '성지사' 창립 · 대표 1976~1997년 월간 '수학세계' 창립 · 대표 1979년 재단법인 명봉재단(명봉도서관) 설립 · 이사(현) 1980년 학교법인 상산학원(상산고) 설립 · 이사장(현) 1990년 중앙교육심의위원회 위원 1992년 한국사립중고등학교법인협의회 회장 1998년 서울대총동창회 부회장(현) 1999년 한국사립중고등학교법인협의회 명예회장(현) 1999년 국제수학올림피아드후원회 회장 2000~2002년 전북대 초빙교수 2000년 성지출판(주) 회장(현) [상]애향대상, 대한수학회 공로상, 관악대상, 서울대 자연과학대학 공로상, 서울대 발전공로상(2009), 서울대 자랑스러운 자연대인상, 제30회 인촌상 교육부문(2016) [저]'수학의 정석'

홍성덕(洪性德 · 女) HONG, SUNG DUK

[생]1945 · 4 · 20 [본]남양(南陽) [출]전북 전주 [주]서울 종로구 삼일대로32가길12의1 (사)한국국악협회(02-2655-3051) [경]1987년 서라벌국악예술단 단장 1999년 (사)국제문화예술협회 회장 2000년 (재)유니버설발레단 자문위원 2001년 전주도립국악원 창극단장 2001년 (사)전주대사습놀이보존회 부이사장 2003년 민주평통 정책자문위원 2003년 (재)세종문화회관 정책자문위원 2005~2011년 (사)통일문화예술인협회 회장 2005년 광주시립국극단 단장 2006년 성인제약 이사 2006년 대한민국여성전통음악콩쿨 집행위원장 2007 · 2009~2011년 (사)전주대사습놀이보존회 이사장 2007년 (사)한국여성국극예술협회 이사장 2010~2011년 민주평통 종로구 문화예술위원장 2011년 민족화해범국민협의회 여성위원장 2012년 (사)한국국악협회 이사장(현) 2012년 (사)전주대사습놀이보존회 상임고문 2013년 한국협동조합연대 대표발기인 2015년 민주평통 직능상임위원(현) [상]대통령표창(1981 · 1996 · 2001), 중화민국 문화천사휘장기(1994), 한국방송공사 국악대상(1995), 화관문화훈장(2005), 서울시 문화상 국악부문(2015) [저]'내 뜻은 청산이요'(1996)

홍성배(洪誠培)

[생]1965 · 11 · 28 [주]제주특별자치도 제주시 서사로25 수정빌딩 제주일보 편집국(064-757-3114) [학]중앙대 사학과졸 [경]1992년 제주일보 기자 1999년 同제2사회부 조천 · 구좌주재 기자 2001년 同정치경제부 기자 2002년 同정치부 차장대우 2004년 同편집사회팀 차장대우 2006년 同편집팀 차장 2008년 同편집부장대우 2010년 同체육부장 2010년 한국기자협회 제주도협회장 2013년 제주일보 편집국 부국장대우 2016년 同편집국장(현)

홍성범(洪性範)

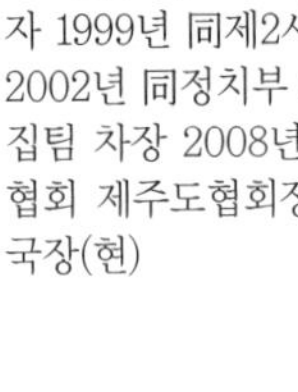

[생]1958 · 1 · 21 [출]충남 서산 [주]전남 나주시 그린로 20 한국농어촌공사 기반조성본부(061-338-5041) [학]1975년 대천고졸 1977년 대전공업전문대학 토목학과졸 1979년 홍익대 토목학과졸 1984년 청주대 대학원 산업공학과졸 [경]2010년 한국농어촌공사 기술본부 설계진단실장 2011년 同4대강사업단장 2013년 同충남지역본부 당진지사장 2014년 同충남지역본부장 2015년 同기반조성본부장(상임이사)(현) [상]농림부장관표창(1986 · 1997), 국가산업발전유공 훈장(2011)

홍성삼(洪性三) HONG Seong Sam

[생]1963 · 8 · 30 [본]남양(南陽) [출]충남 공주 [주]세종특별자치시 도움5로20 소청심사위원회 상임위원실(044-201-8611) [학]공주사대부고졸 1987년 경찰대졸(3기) 1989년 서울대 대학원 행정학과졸 1998년 행정학박사(서울대) [경]1987년 경위 임용 2002년 전북지방경찰청 경비교통과장(총경) 2003년 충남 공주경찰서장 2005년 경찰청 교육과장 2007년 서울 마포경찰서장 2008년 서울지방경찰청 교통관리과장 2009년 同생활안전과장 2010년 대전지방경찰청 차장(경무관) 2011년 서울지방경찰청 생활안전부장 2011년 경찰대학 교수부장 2012년 중앙경찰학교장(치안감) 2013년 충북지방경찰청장 2013년 경찰청 외사국장 2014~2015년 전북지방경찰청장 2015년 인사혁신처 소청심사위원회 상임위원(현) [상]홍조근정훈장(2014)

홍성소(洪性昭) HONG Sung So

[생]1938 · 2 · 17 [출]서울 [주]서울 동대문구 사가정로 272 신일제약(주) 비서실(02-2211-6700) [학]1964년 성균관대 법학과졸 [경]1964~1971년 부광약품 근무 1971~2005년 신일제약(주) 대표이사 사장 2005년 同회장(현)

홍성수(洪性秀) HONG Seongsoo

[생]1963 · 10 · 11 [본]남양(南陽) [출]서울 [주]서울 관악구 관악로1 서울대학교 공과대학 전기 · 정보공학부(02-880-8357) [학]1982년 장충고졸 1986년 서울대 컴퓨터공학과졸 1988년 同대학원 컴퓨터공학과졸 1994년 공학박사(미국 메릴랜드주립대) [경]1988~1989년 한국전자통신연구원 연구원 1989~1995년 미국 메릴랜드주립대 조교 · 연구조교 · 연구조교수 1995년 미국 실리콘그래픽스 연구원 1995~2011년 서울대 공대 전기공학부 교수 2004~2006년 同내장형시스템연구센터장 2004~2008년 삼성종합기술원 자문위원(자문교수) 2006~2009년 서울대 차세대융합기술연구원 정보기술연구소장 2007~2008년 현대오토넷 자문위원(자문교수) 2008년 가헌신도리코재단 석좌교수(현) 2009년 서울대 차세대융합기술연구원 스마트시스템연구소장(현) 2009~2012년 同융합기술과학대학원 지능형융합시스템학과장 2010~2011년 (사)한국자동차공학회 사업이사 2010~2011년 同전기전자시스템 · ITS부문위원회 학술위원장 2010년 국가정보화추진위원회 전문위원 2011~2012년 삼성전자 자문교수 2011~2012년 케피코 자문교수 2012년 서울대 공과대학 전기 · 정보공학부 교수(현) 2012년 (사)한국자동차공학회 전기전자ITS부문위원회 부회장(현) 2012~2014년 서울대 융합과학기술대학원 부원장 2012~2014년 同융합기술과학대학원 융합과학부 학부장 2013~2016년 IEEE RTCSA Steering Committee 위원장 2015년 삼성전자 DMC연구소 자문교수(현) 2016년 서울대 자동차시스템공동연구소장(현) 2016년 同미래융합기술과정 부주임(현) [상]Outstanding Paper Award at the IEEE International Conference on Engineering of Complex Computer Systems(1996), Recognition of Service Award in Appreciation for Contributions to ACM Program Chair LCTES'01(2001), Certificate of Appreciation for his Important Contributions to the ISORC2002(2002), 한국정보과학회 춘계학술발표회 우수발표논문상(2002 · 2004), 한국정보과학회 추계학술발표회 우수발표논문상(2003), SoC Design Conference 삼성논문상 장려상(2003), 정보통신부장관표창(2004), 한국정보과학회 추계학술발표회 우수논문상(2011), 무인자율주행자동차경진대회 장려상(2013), '2020년 대한민국 산업을 이끌 미래 100대 기술과 주역' 선정(2013) [저]'Compiler Support for Real-Time Programs'(1995) 'End-to-End Design of Real-Time Systems'(1996) 'CORBA-based Middleware for the CAN'(2003) '하드웨어 엔지니어 관점에 본 임베디드 소프트웨어에 대한 편견과 핵심 이슈들'(2004) [종]천주교

홍성심(洪誠心 · 女) HONG Sung Shim

[생]1957 · 2 · 7 [본]남양(南陽) [출]부산 [주]대전 유성구 대학로99 충남대학교 영어영문학과(042-821-6519) [학]1979년 충남대 영어영문학과졸 1983년 미국 Univ. of Connecticut 대학원 언어학과졸 1985년 언어학박사(미국 Univ. of Connecticut) [경]1979~1980년 한국교육개발원 연구원보 1986년 충남대 영어영문학과 전임강사 · 조교수 · 부교수 · 교수(현) 1999 · 2009~2010년 한국현대언어학회 부회장 2000년 한국영어학회 이사 2001년 현대문법학회 편집위원 2001년 한국영문법학회 연구이사 2011년 충남대 입학관리본부장 2011~2012년 전국거점국립대 초대입학(관리)본부장협의회 회장 2011~2013년 한국현대언어학회 회장 2012년 충남대 학생처장 겸 인재개발

원장 2012년 同장애학생지원센터장 2014~2015년 同학부교육선도대학육성사업단장 2016년 同인문대학장(현) ⓐ두현학술상(2003), 문화관광체육부우수학술도서 선정, 제5회 대한민국 스승상 '근정포장'(2016) ㉖'대학영어회화'(1994) '자연과학도를 위한 영작문'(1995) '구조기반 영어회화'(1996) '영어학강의'(2001) '현대통사론강독'(2001) '새로운 영어학 강의'(2004) '언어설계와 국문'(2006) '촘스키의 언어과학'(2006) '최소주의 통사론 이해'(2007) '통사구조의 습득'(2008), 'Chomsky 언어학이론의 기초 : 인간정신과 언어'(2011) '현대영어통사론'(2012) ㉕'변형생성통사론 : 원리 · 매개변항이론'(1999) '영어전문가를 위한 문법'(2000)

홍성안(洪性安) HONG Seong Ahn

ⓢ1950 · 11 · 11 ⓑ남양(南陽) ⓞ전남 목포 ⓟ광주 북구 첨단과기로123 광주과학기술원 융합기술원 융합기술학제학부(062-715-5321) ⓗ1969년 목포고졸 1973년 서울대 화학공학과졸 1975년 한국과학기술원(KAIST) 화학공학과졸 1982년 공학박사(미국 펜실베이니아주립대) ⓖ1975년 한국과학기술연구원(KIST) 연구원 1978~1981년 미국 펜실베이니아주립대 연구조교 1981~1985년 미국 Gulf R&D Co. 선임연구원 1985~1987년 미국 Chevron R&D Co. 선임연구원 1987년 한국과학기술연구원(KIST) 책임연구원 1987년 同에너지공정연구실장 1997년 同전지 · 연료전지연구센터장 2001~2002년 同환경 · 공정연구부장 2004년 同수소 · 연료전지사업단장 2009~2010년 녹색성장위원회 위원 2011년 한국과학기술연구원(KIST) 석좌연구원 2012~2015년 同초빙연구위원 2013~2015년 고려대 신소재화학과 초빙교수 2016년 광주과학기술원(GIST) 융합기술원 융합기술학제학부 에너지융합학제전공 석좌교수(현) ⓢ국민훈장 석류장, 과학기술부 에너지분야 지식창조대상, 이달의 KIST대상, 과학기술처장관표창, 미래연구정보포럼 지식창조대상(2010)

홍성안(洪性安) HONG Sung Ahn

ⓢ1961 · 7 · 26 ⓑ남양(南陽) ⓞ대구 ⓟ경기 과천시 코오롱로11 코오롱인더스트리(주) 사업3본부(02-3677-3360) ⓗ경북고졸, 연세대 법학과졸, 同대학원 경영학과졸 2013년 서울대 경영대학원 최고경영자과정 수료(75기) ⓖ(주)코오롱 도쿄사무소장(상무보) 2008년 同구매SC장(상무보) 2009년 同구매SC장(상무) 2011~2014년 중소기업중앙회 제조하도급분쟁조정협의회 위원 2011~2014년 (주)카프로 비상무이사 2012년 코오롱인더스트리(주) 경영지원본부장(전무) 2012년 한국화학물질관리협회 부회장 2015년 코오롱인더스트리(주) 사업3본부장(전무)(현)

홍성열(洪性烈) HONG Sung Yul

ⓢ1954 · 3 · 15 ⓞ충남 당진 ⓟ서울 금천구 디지털로9길23 (주)마리오 회장실(02-2109-7100) ⓗ1989년 전국경제인연합회 국제경영원 최고경영자과정 수료 1995년 연세대 산업대학원 산업고위자과정 수료 1998년 서강대 경영대학원 최고경영자과정 수료 2001년 서울대 경영대학원 최고경영자과정 수료 2004년 서강대 경제대학원 오피니언리더스프로그램 수료 2004년 연세대 언론홍보대학원 최고위과정 수료 2015년 명예 경제학박사(서강대) ⓖ1980년 마리오상사 설립 · 대표이사 1985년 까르트니트 출시 1987년 (주)마리오 대표이사 사장 2001년 마리오아울렛 오픈 2003년 아시아패션연합회 한국위원회 부회장(현) 2003년 한국패션협회 부회장(현) 2005년 대한사이클연맹 부회장 2005년 서울이업종교류연합회 회장(현), (사)오피니언리더스클럽(OLC) 회장(현) 2010년 구로경제인연합회 회장 2011~2013년 금천구상공회의소 회장 2013년 서강대 경영전문대학원 최고경영자과정 총동우회 회장(현) ⓢ서울시장표창(1989 · 2002 · 2003 · 2004), 상공자원부장관표창(1994), 서울지방국세청장표창(1997), 국무총리표창(1999), 국세청장표창(2000), 대통령표창(2002), 한국능률협회 한국경영대상(2003), 서울상공회의소회장표창(2005), 한국의CEO대상(2006), 서강대 OLC대상(2010), 행정안전부장관표창(2010 · 2012), 중앙이코노미스트 선정 대한민국경제리더(2011), 금천기업인상(2012), 지식경제부장관표창(2012), 한국패션협회 제6회 코리아패션대상 국무총리표창(2013), 서울대 AMP(최고경영자과정) 대상(2016)

홍성열(洪性烈) HONG Seong Yeol

ⓢ1954 · 7 · 26 ⓑ남양(南陽) ⓞ충북 괴산 ⓟ충북 증평군 증평읍 광장로88 증평군청 군수실(043-835-3003) ⓗ증평공고졸, 대전산업대 공학과졸 2006년 청주대 사회복지행정대학원 사회복지학과졸 ⓖ한국청소년운동연합 증평지회장 2003 · 2006년 충북 증평군의회 의원 2006~2008년 同의장 2008년 同예산결산특별위원회 위원장, 청주지검 범죄예방위원, 충북도평화포럼 위원,

증평군배구협회 회장, 증평제일노인대학 학장 2010년 충북 증평군수(민주당 · 민주통합당 · 민주당 · 새정치민주연합) 2014년 충북 증평군수(새정치민주연합 · 더불어민주당)(현) ⓢ충북도지사표창, 내무부장관표창(1989), 국무총리표창(1994), 자랑스러운 자치단체장 청렴부문 대상(2013), 한국지방자치경영대상 개인부문 최고경영자상(2016) ⓣ기독교

홍성완(洪性完) HONG Seong Wan

ⓢ1953 · 2 · 5 ⓞ서울 ⓟ서울 마포구 상암산로48의6 DMCC빌딩17층 JTBC플러스 임원실(080-025-2525) ⓗ1971년 대신고졸 1980년 한양대 연극영화과졸 1995년 고려대 언론대학원 수료 2002년 한양대 언론정보대학원졸 ⓖ1980년 문화공보부 국립영화제작소 감독 1982년 MBC 교양제작국 PD 1991년 SBS 생활정보부 차장 1992년 同기획편집부 차장 1994년 同TV제작국 차장 1994년 (주)한맥유니온 대표이사 사장 1998년 (주)I.F 대표이사 1999년 SBS프러덕션 사업본부장 1999년 한국TV프로그램제작자협회 감사 2000년 SBS프러덕션 총괄사업본부장 2004년 대한골프협회 홍보이사 2008년 (사)여의도클럽 부회장 2009년 SBS플러스 대표이사 2009년 SBS스포츠채널 · SBS골프채널 대표이사 2010년 SBS미디어넷 대표이사 사장 2013~2015년 同상임고문(사장) 2015년 JTBC 고문 2015년 JTBC플러스 총괄사장(현) 2016년 同JTBC3 & 골프부문 · 뉴스부문 대표이사 겸임(현) ⓢ청소년영화제 우수상 · 특별상, 문화방송 연출상, 서울방송 연출상 · 유공상, 공보처장관표창, 자랑스러운 한양언론인상(2008), 자랑스러운 한양인상(2014) ⓣ천주교

홍성완(洪性完) HONG Sung Wan

ⓢ1953 · 9 · 16 ⓑ남양(南陽) ⓞ강원 강릉 ⓗ1971년 춘천고졸 1977년 서강대 영어영문학과졸 ⓖ1978년 합동통신 입사 1981년 연합통신 기자 · 중동바레인특파원 · 뉴욕특파원 1998년 연합뉴스 과학정보부장 1999~2001년 한국과학기자클럽 회장 2000년 연합뉴스 경제국 부국장대우 기획위원 2002년 同정보사업국장 직대 2003년 同정보사업국장 2004년 同인터넷본부장 겸임 2005년 同논설위원 2006년 同경기지사장 2007년 同경기취재본부장 2008년 同편집위원실장 2009~2011년 同한민족센터 본부장(이사대우), 서강언론동문회 회장 2010년 서강대 개교50주년발전위원회 공동위원장 2011년 연합뉴스 한민족센터 고문(이사대우) 2012~2014년 同국제뉴스2부 기자 ⓢOK Media상(2010)

홍성용(洪性庸) HONG Sung Yong

ⓢ1959 · 4 · 21 ⓟ서울 구로구 공원로7 (주)애경화학 비서실(02-860-7500) ⓗ1977년 홍익고졸 1984년 중앙대 경제학과졸 ⓖ1984년 (주)애경유화 입사 1995년 同업무부 차장 1996년 同업무부 · 수출부 차장 1999년 同업무부 · 수출부장 2002년 同구매 · 영업본부장 2004년 同국내영업부문 이사 2005년 同구매 · 국내영업부문 이사 2006년 同제2사업본부 상무 2009년 同제2사업부문 전무이사 2010년 同부사장 2012년 (주)애경화학 대표이사 사장(현) ⓢ무역의날 산업포장(2013)

홍성우(洪性宇) HONG Sung Woo (惠巖)

ⓢ1941 · 1 · 25 ⓑ남양(南陽) ⓞ경기 안성 ⓗ1960년 안성농고 임과졸 1960년 경희대 화학과 중퇴 ⓖ1959년 안성농고 학생위원장(직선) 1959년 전국중 · 고교 학도대장(직선) 1960년 전국화도연맹 위원장(직선) 1962년 TV탤런트 · 연극배우 1978년 제10대 국회의원(서울 도봉, 무소속 당선 · 민주공화당) 1979년 정풍운동 주도 1981년 제11대 국회의원(서울 도봉, 민주정의당) 1985~1988년 제12대 국회의원(서울 도봉, 민정당) 1988년 정계은퇴 1992년 MBC 라디오 시사칼럼 홈런출발 방송 ㉖'담판'

홍성욱(洪性郁) HONG Sung Wook

ⓢ1959 · 1 · 22 ⓑ남양(南陽) ⓞ강원 태백 ⓟ강원 춘천시 중앙로1 강원도의회(033-581-4744) ⓗ춘천제일고졸, 강원대 경영학과졸 ⓖ(주)성도레미콘 영업과장, (주)태백레미콘 공장장, 태백산흑염소영농조합 대표이사, 태백시영농조합법인연합회 간사, 민주평통 자문위원, 국민안전체험테마파크건립추진위원회 고문 1998~2002년 강원 태백시의회 의원 2006 · 2010년 강원도의원선거 출마(무소속), 장애인문화협회 태백시지회장 2010년 同강원도협회장(현) 2014년 강원도의회 의원(새누리당)(현) 2014 · 2016년 同경제건설위원회 위원(현) ⓣ천주교

홍성욱(洪性旭) HONG Seong Wook

[생]1959·5·1 [본]남양(南陽) [출]서울 [주]서울 강서구 양천로442 SBS문화재단(02-2113-5353) [학]1977년 장훈고졸 1984년 성균관대 신문방송학과졸 1998년 미국 캘리포니아대 로스앤젤레스교(UCLA) Extension방송저널리즘 연수 2006년 성균관대 언론정보대학원졸 2008년 同언론정보대학원 고위과정 수료 2011년 同대학원 박사과정 수료 [경]1984~1991년 MBC 기자 1991년 SBS 기자·사회부·편집부 차장대우 1994년 同편집부 차장대우 1995년 同사회부 차장대우 1998년 同편집부 차장 2000년 同부장급 사회2CP 2002년 同보도본부 부장급 특임CP 2002·2004년 한국방송기자클럽 운영위원 2003년 SBS 문화과학CP 2004년 同특임부장 2005년 (주)SBS아트텍 감사 2006년 서울여대 논술특강 출강(현) 2007년 고양 아람누리 자문위원 2008년 여주엑스포조직위원회 홍보자문위원 2009~2012년 서울역사박물관 자문위원, SBS방송아카데미 원장 2010년 SBS문화재단 사무처장(현) 2011년 방송작가마스터클래스 운영위원(현) 2014년 프런티어저널리즘스쿨 WRITING COACH(현) [상]대통령표창(2001), 성균관대총장표창(2006)

홍성유(洪聖惟) Song-You Hong

[생]1962 [주]서울 동작구 보라매로5길35 한국컴퓨터빌딩4층 (재)한국형수치예보모델개발사업단(02-6959-1600) [학]1985년 서울대 지구과학교육학과졸 1987년 同대학원 대기과학과졸 1992년 대기과학박사(서울대) [경]1993~2000년 미국 기상청 수치예보과 연구원 2000년 연세대 이과대학 대기과학과 부교수·교수(현) 2007~2012년 미국 샌디에이고대 스크립스해양연구소 방문연구원 2011~2015년 미국 해양대기청(NOAA) 차세대전지구모델개발팀 자문역 2013년 미국 대기과학연구소(NCAR) 제휴연구원(현) 2013년 중국 기상청 전지구모델개발팀 자문위원(현) 2014년 (재)한국형수치예보모델개발사업단 단장(현) 2014년 한국과학기술한림원 정회원(이학부·현) [상]기상청장표창(2003), 기상청 '올해의 기상인상'(2004), 과학기술부장관표창(2004), 연세대 우수연구실적상(2009·2010), 기상학회 송전학술상(2011), 한국연구재단 대표적 우수성과 50선(2011), 연세대 우수업적교수상(2011), 한국과학기술한림원 학술상(2013)

홍성일(洪性一) HONG Sung Il

[생]1949·8·14 [출]서울 [주]서울 서초구 서운로7, 503호 GK파트너스(유) 임원실(02-785-1077) [학]1967년 양정고졸 1974년 한양대 정밀기계공학과졸, 연세대 경영대학원 무역학과졸 [경]1974년 제일합섬 입사 1978~1991년 삼성그룹 회장비서실 감사팀장·이사 1991년 삼성중공업 경영기획실장(이사) 1992년 삼성증권 경영지원실장(상무이사) 1996년 同경영지원실장(전무이사) 1999년 同리테일영업 총괄 부사장 2000년 신공항고속도로(주) 사장 2000~2003년 한국투자신탁 대표이사 사장 2003년 이화여대 겸임교수(현) 2003~2007년 한국투자증권(주) 대표이사 사장 2009~2010년 IBK증권 사외이사 2010~2012년 대우증권 사외이사 2012년 GK파트너스(유) 비상근부회장(현) 2014년 미래에셋증권(주) 사외이사 겸 감사위원(현) 2015년 (주)한라 사외이사 겸 감사위원(현) [상]다산금융인상

홍성일(洪性一)

[생]1958·4·7 [출]전남 진도 [주]전남 담양군 담양읍 추성로1371 담양군청 부군수실(061-380-3014) [학]1978년 전남 진도고졸 2009년 전남도립남도대 관광레저학과졸 [경]1978년 공직 입문(지방행정서기보) 2004년 전남도 기획관리실 혁신분권담당관(지방행정사무관) 2005년 同행정혁신국 혁신분권과 지방행정사무관 2006년 同건설재난관리국 재난민방위과 지방행정사무관 2008년 同건설방재국 도로교통과 지방행정사무관 2010년 同건설방재국 도로교통과장 직대 2011년 同토지관리과장 직대 2012년 同토지관리과장(지방서기관) 2012년 목포시의회 사무국장 2013년 전남도의회 사무처 경제관광문화전문위원 2014년 전남도 안전행정국 안전총괄과장 2015년 同도민안전실 안전정책과장 2015년 전남 담양군 부군수(현) [상]전남도지사표창(1987·2005), 체육청소년부장관표창(1992), 국무총리표창(2008), 대통령표창(2015)

홍성일(洪性一) HONG Seong Il

[생]1962·3·15 [출]충북 보은 [주]서울 강남구 광평로280 (주)풀무원홀딩스 홍보실(02-2040-4872) [학]청주고졸, 고려대졸 [경]1987~1990년 중앙일보 기획관리부 근무 1999년 문화일보 편집국 경제산업과학부 기자 2001년 同사회2부 기자 2002년 同편집국 기자 2004년 同산업부 차장 2004년 세계일보 사회부 차장 2004년 同특별기획취재팀장 2005년 同편집국 경제부 차장 2007년 同편집국 사회팀장 2008년 同편집국 사회부장 2008년 同편집국 산업부장 2010년 (주)풀무원홀딩스 홍보실장(상무)(현) [상]한국기자협회 이달의 기자상(2004), 시장경제대상 신문기획보도부문 우수상(2006)

홍성주(洪性柱) Hong, Sungjoo

[생]1962·11·6 [본]남양(南陽) [출]서울 [주]경기 이천시 부발읍 경충대로2091 SK하이닉스 미래기술연구원(031-630-5511) [학]물리학박사(한국과학기술원) [경](주)하이닉스반도체 상무보 2007년 同소자담당 상무 2010년 同연구소장(상무) 2011년 同연구소장(전무) 2012년 SK하이닉스 연구소장(전무) 2013년 同DRAM개발본부장(전무) 2015년 同미래기술연구원장(부사장)(현) [상]과학기술훈장 혁신장(2015)

홍성준(洪性俊) HONG Sung Joon

[생]1955·1·26 [본]남양(南陽) [출]서울 [주]서울 서대문구 연세로50의1 세브란스병원 비뇨기과(02-2228-2315) [학]1980년 연세대 의대졸 1986년 同대학원졸 1993년 의학박사(연세대) [경]1980~1983년 육군 군의관(대위) 1983~1984년 연세의료원 인턴 1984~1987년 연세대 의대 비뇨기과학교실 전공의 1987~1988년 同연구강사 1988~1989년 미국 Texas MD Anderson Cancer Center Postdoc. Fellow 1989~2002년 연세대 의대 비뇨기과학교실 전임강사·조교수·부교수 2002년 同의대 비뇨기과학교실 교수(현) 2008~2012년 同의대 비뇨기과학교실 주임교수 2008~2012년 同의대 비뇨의과학연구소장 2008~2012년 세브란스병원 비뇨기과장 2008~2012년 비뇨기과종양학회 부회장·회장 2011~2014년 세브란스병원 비뇨기암전문클리닉 팀장 [상]대한비뇨기학회 학술상, 비뇨기종양학회 학술상 [저]'전립선 비대증' [종]기독교

홍성지(洪性志) Hong Sungji

[생]1987·8·7 [출]전북 전주 [주]서울 성동구 마장로210 한국기원 홍보팀(02-3407-3870) [학]아주대 심리학과졸 [경]김원 6단 문하생 2001년 입단 2002년 2단 승단 2004년 전자랜드배 왕중왕전 준결승 2005년 4단 승단 2006년 전자랜드배 왕중왕전 청룡부 우승 2006년 5단 승단 2007년 마스터스 토너먼트 준우승 2008년 6단 승단 2008년 한국물가정보배 우승 2008년 7단 승단 2008년 제1회 세계마인드스포츠게임 한국대표 2010년 8단 승단 2013년 9단 승단(현) 2015년 제16기 맥심커피배 준우승

홍성직(洪聖職) HONG Sung-Jik

[생]1957·1·1 [본]남양(南陽) [출]경남 거창 [주]제주특별자치도 제주시 서광로219 홍성직외과의원(064-753-7550) [학]1975년 배재고졸 1982년 중앙대 의대졸 [경]1982~1983년 전주예수병원 인턴 1983~1987년 同외과 레지던트 수료 1989년 광주통합병원 외과 과장 1991년 제주 한국병원 외과 과장 1993년 제주 홍성직외과 원장, 제주환경운동연합 공동대표, 제주의소리신문 공동대표·이사(현), 제주CBS 시청자위원장, 제주범죄피해자지원센터 의료분과위원장 2006~2009년 제주의료원장 2007년 (재)제주생명농업 이사장(현), 제주외국인평화공동체 공동대표(현) 2009년 홍성직외과의원 원장(현), 아리랑라디오 청취자자문위원회 위원장(현), 초록생명마을 대표(현), 평화의마을 이사(현), 뉴마트리오 단장

홍성진(洪性鎭) Hong, Sung Jin

[생]1959·2·28 [본]남양(南陽) [출]경기 [주]충북 청주시 흥덕구 오송읍 오송생명2로187 질병관리본부 검역지원과(043-719-7140) [학]1976년 경기 안중고졸 1978년 동남보건대 임상병리과졸 1988년 광주대 경영학과졸 1992년 인제대 보건대학원 보건관리학과졸 2013년 자연치유학박사(동방대학원대) [경]1978~1993년 국립부산검역소 검역과 근무 1995~1998년 동남보건대 외래교수 1997년 보건복지부 기획예산과 근무 1999~2001년 同보험정책과 근무 2000~2001년 WHO/WPRO 교육파견 2002년 보건복지부 보건의료정책과 근무 2006년 국무조정실 조사심의관실 파견 2008년 보건복지부 암정책과 근무 2010~2012년 同감사관실 근무 2013년 통일부 통일교육원 통일미래지도자과정 교육파견 2014년 보건복지부 질병관리본부 국립목포검역소장 2014년 삼육대 보건대학원 겸임교수 2015년 보건복지부 질병관리본부 국립제주검역소장 2015년 同질병관리본부 검역지원과장(현) [상]경기도교육감표창(1978), 보건복지부장관표창(1994), 국무총리표창(1996), 대통령표창(2012) [종]불교

홍성천(洪性天) HONG Sung Chun

[생]1960·2·21 [출]강원 삼척 [주]충남 아산시 음봉면 연암산로 169 (주)파인디앤씨 대표이사실(041-538-9000) [학]삼척고졸 1984년 성균관대 기계공학과졸 2004년 연세대 경영대학원졸(MBA) [경]1984~1988년 LG전자(주) 연구소 근무 1989~1992년 아사히코퍼레이션 서울지사 연구원 1992~1999년 화인테크 설립·대표이사 1999년 (주)화인기연 대표이사 2000년 (주)파인디앤씨 대표이사(현) 2000년 (사)강원벤처포럼 부회장 2010년 코스닥협회 이사 2013년 同부회장(현) [상]벤처기업대상 최우수상(2001)

홍성철

[생]1976·5·1 [주]세종특별자치시 정부2청사로13 국민안전처 세종2청사 안전정책실 안전사업조정과(044-205-4160) [학]2003년 연세대 경영학과졸 [경]2002년 행정고시 합격(46회) 2008년 행정안전부 지방재정세제국 행정사무관 2011년 同재정정책과 서기관, 안전행정부 기획재정담당관실 서기관, 同안전정책과 서기관 2016년 국민안전처 안전정책실 안전사업조정과장(현)

홍성추(洪性秋) HONG Sung Choo

[생]1956·8·10 [본]남양(南陽) [출]제주 제주시 [주]서울 구로구 디지털로272 한신IT타워1208호 에너지경제신문(02-850-0114) [학]1998년 성균관대 대학원 문학과졸 [경]1984년 서울신문 편집국 기자 1998년 대한매일 출판편집국 뉴스피플팀장 1999년 同행정뉴스팀 차장 2002년 同기획취재팀장 2002년 同광고마케팅국장 2004년 서울신문 광고마케팅국장 2004년 同산업부장(부국장급) 2005~2008년 同광고마케팅국장 2008년 한국신문협회 광고협의회 부회장 2008년 서울신문 광고마케팅국장(이사대우) 2009년 同전략사업본부장 2009년 同기획사업국장 2009~2012년 서울신문 STV 공동대표이사 2013년 한국도시정책학회 이사장(현), 한라언론인클럽 회장 2015년 한국재벌정책연구원 초대 원장(현) 2015년 에너지경제신문 대표이사 사장(현) [상]대통령표창, 한라언론인클럽 감사패(2015) [저]'재벌가맥(財閥家脈)'(2005) '재벌 3세'(2016, 황금부엉이) [종]불교

홍성칠(洪性七) HONG Sung Chil

[생]1958·1·6 [출]경북 예천 [주]서울 서초구 서초대로 270 법무법인 서일(02-521-6600) [학]1976년 대구고졸 1982년 성균관대 법대졸 1984년 同대학원 법학과졸 [경]법무법인 서일 변호사(현) 1988년 사법시험 합격(30회) 1991년 사법연수원 수료(20기) 1991년 인천지법 판사 1994년 서울민사지법 판사 1995년 대구지법 안동지원 판사 1996년 同영주시·봉화군 판사 1998년 서울지법 남부지원 판사 1999년 서울지법 판사 2002년 同동부지원 판사 2002년 독일 프랑크푸르트대 법관해외장기 연수 2004년 서울고법 판사 2006~2008년 대구지법 상주지원장 2008년 법무법인 로직 대표변호사 2012~2015년 국민권익위원회 행정심판담당 부위원장(차관급) 2012~2015년 중앙행정심판위원회 위원장 겸임, 법무법인 서일 대표변호사(현)

홍성태(洪性台) HONG Sung Tae

[생]1954·11·10 [출]경기 용인 [주]서울 종로구 대학로103 서울대학교 의과대학 기생충학교실(02-740-8343) [학]1973년 서울사대부고졸 1979년 서울대 의대졸 1981년 同대학원졸 1983년 의학박사(서울대) [경]1979~1983년 서울대 의과대학 기생충학교실 조교 1983~1986년 국군중앙의무시험소 기생충학과장 1986~1998년 서울대 의과대학 기생충학교실 전임강사·조교수·부교수 1997~1999년 同기획실 부실장 1998년 同의과대학 기생충학교실 교수(현) 1999년 대한기생충학회 편집위원장 2002~2004년 서울대 의과대학 연구부학장 2004년 同의과대학 교무부학장 2006년 대한기생충학회 회장 2009년 대한의학회 간행이사(현) 2009년 Journal of Korean Medical Science Editor-in-Chief(현) 2011년 대한의학학술지편집인협의회 회장(현) [상]대한기생충학회 학술상(1993), 과총 우수논문상(2008), 신풍호월학술상 국제협력부문(2016) [저]'임상기생충학 개요' '의학논문 매력있게 쓰자' '의학논문 작성10계'

홍성태(洪成泰) HONG Seong Tae

[생]1962·9·5 [출]서울 [주]서울 종로구 홍지문2길20 상명대학교 국제통상학과(02-2287-5347) [학]1985년 서울대 경영학과졸 1987년 同대학원 경영학과졸 1997년 경영학박사(서울대) [경]1989년 한국은행 근무 1989~1998년 한국통신 전임연구원 1995~1996년 미국 카네기멜론대 Visiting Researcher 1997년 한국상품학회 감사 1998·2004~2006년 한국생산성학회 이사 1998년 상명대 국제통상학과 교수(현) 2000년 (주)마이다스에셋 감독이사 2004~2005년 한국마케팅학회 이사 2004~2006년 한국인터넷비지니스학회 이사 2004~2006년 한국항공경영학회 편집위원 2005년 (주)한국통신데이타 사외이사 2005~2008년 상명대 산학협력단장 겸 연구처장 2006년 한국국제경영관리학회 이사(현) 2006년 한국생산성학회 부회장, 同감사 2011년 상명대 기획처장 2013년 同경영대학장 2013~2014년 同사무처장 2015년 同부총장(현) [저]'텔레마케팅'(1991) '신경제시대의 Kotler 마케팅(共)'(2004)

홍성택

[생]1958 [주]제주특별자치도 제주시 문연로6 제주도 안전관리실(064-710-3800) [학]제주 오현고졸, 제주전문대졸, 경남대졸 [경]1984년 공무원 임용 2013년 지방행정연수원 파견(지방기술서기관) 2014년 제주도 공항인프라확충추진단장(지방부이사관) 2014년 同제주테크노파크 협력관 2014년 제주에너지공사 본부장 2015년 제주도 수자원본부장 2016년 同안전관리실장(현)

홍성표(洪成杓) HONG Sung Pyo

[생]1953·3·29 [본]남양(南陽) [출]서울 [학]1979년 연세대 정치외교학과졸 [경]1979년 동양통신 기자 1981년 연합통신 편집국 기자 1990~1998년 同베를린특파원·외신1부 차장대우·특신부 차장·경제1부 차장 1998년 同경제부 부장대우 1998년 연합뉴스 경제부 부장대우 2000년 同생활경제부장 2002년 同부국장대우 생활경제부장 2003년 同경제국 부국장 직대 2003년 同경제국 부국장 2004년 同증권부장 겸임 2005년 同정보사업국장 2006~2009년 同국제·업무담당 상무이사 2006~2009년 (주)연합인포맥스 감사 2011~2013년 건국대 초빙교수 [저]'독일통일의 명암'(1993) [역]'대통령의 사람들'(1977) '장군'(1981) '어린왕자'(1984)

홍성한(洪性漢) HONG Sung Han

[생]1957·10·26 [본]남양(南陽) [출]강원 태백 [주]서울 강남구 개포로22길78 비씨월드제약 대표이사실(02-2182-0400) [학]1975년 강원사대부고졸 1980년 서울대 약학과졸 1993년 서강대 경영대학원졸 [경]1982년 동화약품(주) 개발부장 1989년 (주)대상제약 사업부장 1991년 백산메디텍 대표 2000~2004년 아주약품(주) 고문 2004년 同부사장 2006년 극동제약 대표이사 2007년 비씨월드제약 대표이사(현) 2011년 한국보건산업진흥원 비상임이사(현) [상]5월의 자랑스러운 중소기업인(2014) [종]기독교

홍성현(洪性鉉) HONG Sung Hyun

[생]1959·9·24 [출]충남 천안 [주]충남 예산군 삽교읍 도청대로600 충청남도의회(041-635-5314) [학]1978년 천안상고졸 1984년 경북전문대학 세무회계과졸 [경]2000~2011년 (사)한국학원총연합회 충남도지회장 2006~2010년 충남도의회 의원, 同교육사회위원회 부위원장 2009~2010년 천안상고총동창회 회장 2009년 청당초 운영위원장 2010년 충남도학원안전공제회 이사장(현) 2012년 대한적십자사 대전·충남지사 대의원(현) 2012년 충남장애인심부름센터 운영위원(현) 2012년 충남도 점자도서관 운영위원(현) 2012년 同시각장애인복지관 운영위원(현) 2013년 한국어린이재단 천안지부 이사(현) 2014년 충남도의회 의원(새누리당)(현) 2014년 同교육위원회 위원장 2014~2015년 同예산결산특별위원회 위원 2016년 同안전건설해양소방위원회 위원(현) [상]교육부장관표창(1992), 충남도교육감표창(1994), 충남도지사표창(2000), 보건복지부장관표창(2003), 교육인적자원부장관 감사패(2003) [종]기독교

홍성호(洪聖好) Hong Seong ho

[생]1963·6·13 [본]남양(南陽) [출]제주 [주]충남 천안시 동남구 태조산길269 국가민방위재난안전교육원 민방위비상대비교육과(041-560-0071) [학]1982년 한림공고졸 1989년 제주대 통신공학과졸 2011년 연세대 행정대학원 일반행정학과졸 2014년 조계사 불교대학 수료 2016년 중앙대 평생교육원 상담심리학과졸 2016년 광운대 대학원 재난안전공학 박사과정 재학 중 [경]1989~2000년 제주도 주무관 2000~2004년 행정자치부 주무관 2004~2014년 소방방재청 사무관 2014년 국민안전처 운영지원과 서기관 2016년 同국가민방위재난안전교육원 민방위비상대비교육과장(현) [상]제주도지사표창(1996), 행정자치부장관표창(1999), 대통령표창(2008) [저]'방재학(共)'(2012, 한국방재학회) [종]불교

홍성화(洪性禾) HONG Seong Hoa

생1957 · 8 · 14 ㈜부산 연제구 중앙대로1001 부산광역시청 국제관계대사실(051-888-1060) 학1980년 한국외국어대 서반어과졸 1984년 칠레 외교관학교 연수 2006년 서울대 행정대학원 국가정책과정 수료 경1979년 외무고시 합격(13회) 1979년 외무부 입부 1985년 駐우루과이 3등서기관 1991년 駐주공동체 1등서기관 1997년 駐싱가포르 참사관 2001년 駐칠레 공사참사관 2003년 미주기구(OAS) 파견 2006년 산업자원부 통상협력기획관 2007년 외교통상부 도하개발아젠다(DDA) 협상담당대사 2008년 駐콜롬비아 대사 2011년 제4차 원조효과고위급포럼 준비기획단장 2012년 駐멕시코 대사 2016년 부산시 국제관계대사(현) 상국무총리표창(1987)

홍성화(洪聖和) Hong, Sung Hwa

생1958 · 5 · 16 출부산 ㈜경남 창원시 마산회원구 팔용로158 삼성창원병원 원장실(055-233-8000) 학1984년 서울대 의대졸 1991년 同대학원 의학석사 1996년 의학박사(서울대) 경1991년 서울대병원 이비인후과 전공의 수료 1991~1993년 충북대 의과대학 이비인후과학교실 전임강사 · 조교수 1993~1994년 네덜란드 위트레흐트대 이비인후과 연수 1996~1998년 미국 아이오와대 이비인후과 · 신경생물학과 연수 1997년 성균관대 의과대학 이비인후과학교실 조교수 · 부교수 · 교수(현) 2009~2011년 삼성서울병원 이비인후과장 2011~2015년 同연구부원장 겸 미래의학연구원장 2015년 한국보건산업진흥원 비상임이사(현) 2016년 삼성창원병원 원장(현) 상대통령표창(2014)

홍성화(洪性和) HONG Sung Hwa

생1960 · 10 · 12 ㈜충북 청주시 흥덕구 오송읍 오송생명2로187 식품의약품안전평가원 의료제품연구부(043-719-4601) 학1979년 천안북일고졸 1983년 충북대 약학과졸 1986년 同대학원 약학과졸 1992년 약학박사(일본 도쿄대) 경1993년 국립보건원 생물공학과 보건연구관 1998~1999년 식품의약품안전청 생물공학과 보건연구관 1999~2000년 同생물학평가부 세균제제과 · 혈액제제과장 2003년 同생물의약품평가부 혈액제제과장 2004년 同생물의약품평가과장 2005년 同생물의약품본부 혈액제제팀장 2008년 同생물의약품 혈액제제과장 2008년 同생물의약품국 재조합의약품과장 2009년 식품의약품안전평가원 의료제품연구부 첨단바이오제품과장 2009년 同국가검정센터장 2013년 同생물제제과장 2016년 同의료제품연구부장(현) 상녹조근정훈장(2016)

홍성희(洪性熹) Sung Hee HONG

생1955 · 1 · 2 출서울 ㈜서울 영등포구 의사당대로97 교보증권빌딩10층 시카고상업거래소(02-6336-6721) 학1974년 경기고졸 1978년 서울대 공대 자원공학과졸 1981년 同대학원 산업공학과졸 1995년 재무학박사(미국 휴스턴대) 경1981년 국토개발연구원 연구원 1995년 한국증권거래소 증권연구실 · 옵션시장부 수석연구원 2001년 同옵션시장부장 2005년 한국증권선물거래소 선물시장본부 선물제도총괄팀장 2008년 同해외사업추진단장(전문위원) 2009~2010년 한국거래소 해외사업추진단장(전문위원) 2010년 시카고상업거래소 한국고문 2011년 同한국대표(현) 상한국증권선물거래소이사장표창(2002), 부총리 겸 재정경제부장관표창(2003)

홍성희(洪誠希 · 女) Hong, Sung-Hee

생1964 · 9 · 23 ㈜대전 중구 계룡로771번길77 을지학원 법인사무처(042-259-1545) 학1990년 연세대 의대졸 1994년 한양대 대학원졸 1997년 의학박사(한양대) 경1990~1991년 신촌세브란스병원 수련의 1992~1996년 을지병원 성형외과 전공의 1996년 同성형외과 과장 1996년 노원을지병원 성형외과 과장 1997년 을지의과대 성형외과 교수 2006~2012년 을지대 의학과 성형외과학교실 교수 2008~2012년 을지병원 원장 2010~2013년 을지학원 이사장 2012~2014년 대한병원협회 총무이사 2013년 을지학원 상임이사(현)

홍세화(洪世和) HONG Se Hwa

생1947 · 12 · 10 출서울 ㈜서울 마포구 성지길36 3층 학습공동체 가장자리(02-3144-3973) 학경기고졸 1977년 서울대 외교학과졸 경1972년 민주수호선언문 사건으로 제적 1977년 남조선민족해방전선 인민위원회 조직에 참여 1979년 대봉산업 해외지사 근무로 유럽행, 남민전 사건으로 귀국하지 못하고 파리에 정착, 택시운전 · 관광안내 등을 하며 망명생활 2002년 한겨레신문 편집국 기획위원(부국장) 2005년 同편집국 기획위원(국장대우) 2005년 同

독자배가추진단장 2006년 同시민편집인 2007~2011년 同편집인석 기획위원 2009~2011년 르몽드 디플로마티크 한국판 편집인 2011~2012년 진보신당 대표 2013년 학습공동체 가장자리 이사장(현) 2013~2015년 同'말과 활' 발행인 2015년 同'말과 활' 편집인(현) 상민주시민 언론상 저'나는 빠리의 택시운전사'(1995) '쎄느강은 좌우를 나누고 한강은 남북을 가른다'(1999) '아웃사이더를 위하여(共)'(2000) '아웃사이더' 'セ-ヌは左右を分かち 漢江は南北を隔てる(共)'(2002) '악역을 맡은 자의 슬픔(共)'(2002) '불가사리'(2003) '빨간 신호등'(2003) '진보가 보수에게(共)'(2004) '7인7색 21세기를 바꾸는 교양(共)'(2004) '당신에게 좋은 일이 나에게도 좋은 일입니다(共)'(2004) '젊은 날의 깨달음(共)'(2005) '6인6색 21세기를 바꾸는 상상력(共)'(2005) '생각의 좌표'(2009, 한겨레출판) '열려라 아가리(共)'(2013) 역'진보는 죽은 사상인가'(1997) '왜 똘레랑스인가'(2000) '보거를 찾아 떠난 7일간의 특별한 여행'(2001) '세계화는 상품이 아니다'(2002) '인종차별, 야만의 색깔들'(2004)

홍순갑(洪淳甲) HONG Soon Gap

생1947 · 3 · 24 본남양(南陽) 출서울 ㈜경기 안양시 만안구 만안로49 호정타워922호 파워텍 임원실(031-443-1631) 학1966년 삼선고졸 1972년 한양대 법학과졸 경1972년 일진전기공업(주) 입사 1988년 同공장장(이사) 1992년 同상무이사 1998년 일진전선(주) 대표이사 1999년 일진경금속(주) 대표이사 2001년 일진전기(주) 대표이사 부사장 2003년 同대표이사 사장 2005~2007년 同부회장 2007년 파워텍 부회장(현) 2010~2013년 일진홀딩스(주) 상근감사 상철탑산업훈장(2005)

홍순겸(洪淳謙) HONG Soon Gyum

생1936 · 1 · 13 출경기 연천 ㈜경기 안산시 단원구 해봉로255번길16 (주)동양피스톤 회장실(031-489-9000) 학1954년 배문고졸 1986년 연세대 경영대학원 수료 1987년 숭실대 중소기업대학원 수료 경1955~1965년 서울기계공업(주) 근무 1967년 동양정공사 대표이사 1977년 (주)동양피스톤 대표이사 2001년 同대표이사 회장(현) 상상공부장관표창(1983), 철탑산업훈장(1983), 대통령표창(1985), 장영실상(1993), 대통령표창(1995 · 1998 · 2000), 제6회 이달의 산업기술상 사업화기술부문 최우수상(2014), IBK기업은행 제12회 기업인 명예의 전당 헌정(2015), 동탑산업훈장(2015)

홍순국(洪淳國) HONG Soon Kook

생1960 · 4 · 28 ㈜경기 평택시 진위면 엘지로222 LG전자(주) 소재 · 생산기술원 원장실(031-600-7400) 학대륜고졸, 전북대 금속공학과졸, 同대학원 재료금속공학과졸, 금속공학박사(부산대) 경LG전자(주) LG생산기술원 정밀가공기술그룹장(연구위원 · 상무), 同생산성연구원 공정기술연구소장(상무) 2009년 同생산성연구원 생산기반기술연구실장(상무) 2010년 同생산성연구원장(상무) 2011년 同생산기술원장(전무) 2012년 同생산기술원 제품혁신그룹장(전무) 2012년 同생산기술원 장비그룹장(전무) 2013년 同장비영업담당 전무 겸임 2014년 同생산기술원장(전무) 2015년 同소재 · 생산기술원장(사장)(현)

홍순기(洪淳基) HONG Soon Ki

생1952 · 5 · 12 출충북 괴산 ㈜서울 서초구 반포대로30길81 웅진타워15층 법무법인 한중(02-584-1717) 학1970년 용산고졸 1985년 국민대 법학과졸 1987년 同대학원 법학과졸 2014년 법학박사(국민대) 경1984년 軍법무관 임용시험 합격(6회) 1986년 사법연수원 수료 1987년 육군 5군단 검찰관 1990년 육군 37사단 법무참모 1992년 국방부 군사법원 판사 1993년 同검찰부장 1995년 변호사 개업 1998년 법무법인 한중 대표변호사(현) 상자랑스러운 국민인상(2011), 매경미디어그룹 대한민국 창조경제리더 고객부문(2013), 2014 한국의 영향력 있는 CEO 고객만족경영부문대상(2014)

홍순기(洪淳基) HONG Soon Ky

생1959 · 3 · 1 출부산 ㈜서울 강남구 논현로508 (주)GS 재무팀(02-2005-8010) 학대아고졸 1986년 부산대 경제학과졸 2000년 연세대 대학원 경제학과졸 경1996년 호남정유 입사 1998년 LG 구조조정본부 차장 2003년 LG정유 부장 2004년 GS홀딩스 부장 2006년 GS EPS 관리부문 상무 2007~2008년 GS홀딩스 업무지원팀장(상무) 2009년 同재무팀장(상무 · CFO) 2009년 (주)GS 재무팀장(상무 · CFO) 2009년 同재무팀장(전무 · CFO) 2013년 同재무팀장(부사장 · CFO)(현)

홍순만(洪淳晩) HONG Soon Man

[생]1956·11·26 [본]남양(南陽) [출]서울 [주]대전 동구 중앙로 240 한국철도공사(042-615-3104) [학]1975년 서울 양정고졸 1979년 연세대 국어국문학과졸 1980년 同대학원 경영학과 중퇴 1989년 미국 워싱턴대 대학원 토목공학과졸 1992년 공학박사(미국 워싱턴대) [경]1979년 행정고시 합격(23회) 1983~1987년 교통부 행정사무관 1992~1994년 同도시교통운영과·도시교통정책과 행정사무관 1994년 同유통정책·유통시설과장 1994년 건설교통부 조정2과장·교통투자개발과장 1996년 同도시교통과장 1997년 同종합계획과장 1998년 同기획예산담당관 1999년 同항공정책과장 2001년 同육상교통기획과장 2003년 同물류개선기획단장 2004년 국가전문행정연수원 건설교통연수부장 2005년 건설교통부 건설교통인재개발원장·철도국장 2005년 同철도기획관 2006년 同항공기획관 2007년 同생활교통본부장 2008년 국토해양부 항공안전본부장 2009~2010년 同교통정책실장 2011~2014년 한국철도기술연구원 원장 2014~2015년 한국과학기술원 조천식녹색교통대학원 초빙교수 2015년 국토교통과학기술진흥원 비상임이사(현) 2015~2016년 인천시 경제부시장 2016년 한국철도공사(코레일) 사장(현) [상]대통령표창(1992), 홍조근정훈장(2009) [저]'HUB 거리의 종말'(2015, 문이당)

홍순만(洪淳晩) HONG Soon Man

[생]1959·1·11 [본]남양(南陽) [출]강원 강릉 [주]서울 서초구 마방로10길5 태석빌딩11층 (주)사이람(02-886-6077) [학]1981년 서울대 항공공학과졸 2001년 핀란드 헬싱키경제대 경영대학원졸(MBA) [경]1984~1994년 한국아이비엠(주) 근무 1995~1998년 한국컴팩컴퓨터(주) 제품마케팅부 이사 1998~2001년 컴팩코리아 엔터프라이즈 컴퓨팅그룹 상무이사 2002년 한국HP ESG솔루션마케팅 & 커머셜 세일즈 상무이사 2003~2005년 한국사이베이스(주) 대표이사 2006년 하나로텔레콤(주) 마케팅본부장(전무) 2006년 同컨버전스본부장(부사장) 2007년 同기업신사업추진TFT 부사장 2011년 (주)사이람 공동대표이사(현) [저]'옆으로 본 우리 고대사 이야기'(2011, 파워북) '소셜네트워크의 세계와 빅데이터 활용'(2013, 파워북)

홍순목(洪淳睦) HONG Soon Mok

[생]1962·7·4 [출]경기 수원 [주]충북 청주시 서원구 사운로59의1 청주방송 CJB엔터컴(043-267-9311) [학]1988년 인하대 영어영문학과졸 [경]1987~1997년 원주MBC 취재기자 1998년 청주방송(CJB) 취재부 차장 2001년 同취재팀장 2003년 同편성제작부장 2007년 同취재팀장 2008년 同취재팀장(국장 직대) 2009년 同보도국장 2011년 同충주본부장 2013년 同경영기획국장 2014년 同미디어콘텐츠사업본부장(이사) 2014년 同충주본부장 2016년 CJB엔터컴 대표이사(현)

홍순성(洪淳成) Hong Soon Sung

[생]1959·4·20 [주]서울 중구 세종대로110 서울특별시청 시민건강국 동물보호과(02-2133-7645) [학]충남대 물리학과졸 [경]서울시 총무과·홍보담당관실 근무 2014년 同소상공인지원과 근무(서기관) 2014년 同일자리노동국 창업지원과장 직대 2015년 同창업지원과장 2016년 同시민건강국 동물보호과장(현)

홍순욱(洪淳郁) HONG Soon Wook

[생]1971·7·1 [출]서울 [주]경기 성남시 수정구 산성대로 451 수원지방법원 성남지원(031-737-1410) [학]1990년 장충고졸 1994년 고려대 법학과졸 1997년 同대학원 법학과졸 [경]1996년 사법시험 합격(38회) 1999년 사법연수원 수료(28기) 1999년 軍법무관 2002년 춘천지법 판사 2005년 수원지법 판사 2007년 同여주지원 판사 2008년 서울남부지법 판사 2010년 서울중앙지법 판사 2011년 서울고법 판사 2013년 서울중앙지법 판사 2014년 울산지법 부장판사 2016년 수원지법 성남지원 부장판사(현)

홍순직(洪淳稷) HONG Soon Jick

[생]1943·7·8 [출]서울 [주]서울 종로구 평창문화로6의3 2층 (주)오리엔트AV 비서실(02-396-0880) [학]1962년 보인상고졸 1966년 동아대 토목학과졸 1991년 숭실대 중소기업대학원졸 [경]1970년 석진상사 대표 1983~2008년 (주)오리엔트AV 대표이사 사장 1984~2004년 한국과학기기공업협동조합 이사장 2008년 (주)오리엔트AV 회장(현) [상]대통령표창(1992), 금탑산업훈장(2001)

홍순직(洪淳直) HONG Soon Jik

[생]1946·10·10 [출]경북 김천 [주]서울 종로구 새문안로5가길32 한국생산성본부(02-724-1114) [학]1966년 서울상고졸 1971년 동국대 경영학과졸 1985년 同대학원 경영학과졸 1994년 경영학박사(인천대) [경]1975년 상공부 행정사무관 1985년 산업자원부 서기관 1985~1988년 서울올림픽조직위원회 파견 1992년 산업자원부 부이사관 1995년 삼성경제연구소 연구위원(전무) 1996년 삼성자동차(주) 전무 1998년 삼성전관 사장보좌역(전무) 1999년 삼성SDI(주) 사장보좌역(전무) 2001~2003년 同경영홍보팀장(부사장) 2002년 삼성사회협력위원회 파견(부사장) 2003년 삼성SDI(주) 부사장 겸 삼성미래전략위원회 부사장 2004년 同부사장 겸 삼성사회협력위원회 부사장 2006~2009년 한국학중앙연구원 감사 2007~2010년 삼성SDI(주) 고문 2007~2010년 한국공인회계사회 회계신인도개선위원 2007~2008년 정부산하기관 공동경영평가단 위원 2008년 한국산업기술대학재단 이사 2009년 농림수산식품과학기술위원회 위원 2009~2012년 전주대 회계학과 교수 2010~2015년 전주비전대 총장 2013년 제18대 대통령직인수위원회 경제2분과 전문위원 2013~2016년 산업통상자원부 무역위원회 위원장 2013~2015년 한국거래소 사외이사 2013~2015년 한국전문대학교육협의회 전문대학윤리위원회 위원 2014년 한국생산성본부 회장(현) [상]상공부장관표창(1972), 대통령표창(1974), 근정포장(1979), 녹조근정훈장(1989) [저]'논점회계연습'(1985, 박문각) '객관식 논점회계학'(1990, 박문각) '원가회계'(1990, 박문각) '논점회계학'(1994, 박문각)

홍순파(洪淳波) HONG, SOONPA

[생]1970·1·28 [출]서울 [주]세종특별자치시 다솜3로95 공정거래위원회 경제분석과(044-200-4372) [학]1988년 서울 영일고졸 1993년 서울대 자원공학과졸 2014년 영국 워릭대 경영대학원졸(MBA) 2015년 한국과학기술원(KAIST) 기술경영전문대학원 박사과정 재학 중 [경]1999년 행정고시 합격 2003년 산업자원부 전기위원회 사무국 총괄정책과 행정사무관 2003년 同자원정책실 자원개발과 행정사무관 2003년 同무역위원회 무역조사실 산업피해조사과 행정사무관 2007년 同균형발전정책팀 행정사무관 2007년 대통령자문 국가균형발전위원회 파견(서기관) 2010년 지식경제부 수송기계산업과·자원개발과·무역위원회 산업피해조사과·균형발전정책팀·신재생에너지과 서기관 2013년 산업통상자원부 뿌리산업팀장 2015년 同자유무역협정상품과 서기관 2016년 공정거래위원회 경제분석과장(현) [저]'신·재생에너지 법과 정책'(2012, 법문사)

홍순표(洪淳杓) HONG Soon Pyo

[생]1949·5·29 [출]전남 영광 [주]광주 동구 필문대로 365 조선대학교 의대 내과학교실(062-220-3025) [학]1977년 조선대 의대졸 1981년 同대학원 의학석사 1993년 의학박사(원광대) [경]1982~2014년 조선대 의대 내과학교실 교수 1989~1996년 同부속병원 내과 과장 1990~1993년 同부속병원 교육부장 1993~1994년 同부속병원 진료부장 1995~2001년 同의학연구소장 1997~1999년 同의과대학장 2001년 대한고혈압학회 이사, 대한심초음파학회 부회장 2003~2007년 조선대병원 원장 2005년 아·태평양고혈압학회조직위원회 사무총장 2006년 대한고혈압학회 이사장 2014년 조선대 의대 내과학교실 명예교수(현) 2014~2015년 대한고혈압학회 회장 2016년 세계고혈압학회 조직위원회 명예위원장(현) 2016년 한국고혈압관리협회 회장(현) [상]옥조근정훈장(2014)

홍순형(洪淳亨) HONG Soon Hyung

[생]1953·10·8 [본]남양(南陽) [출]서울 [주]대전 유성구 대학로291 한국과학기술원 신소재공학과(042-350-3327) [학]1972년 경기고졸 1976년 서울대 금속공학과졸 1978년 한국과학기술원(KAIST) 재료공학과졸(석사) 1984년 재료공학박사(미국 노스웨스턴대) [경]1978~1981년 국방과학연구소 연구원 1984년 미국 Stanford Univ. 연구원 1986년 한국과학기술원(KAIST) 신소재공학과 교수(현) 1989년 독일 Max-Planck-Institut 초빙교수 1992년 미국 Inco Alloys International, Inc. 초빙연구원 1994년 일본 Tohoku Univ. 초빙교수 1997년 미국 Stanford Univ. 초빙교수 2001년 산업기술연구회 기획평가위원 2002년 (사)대덕클럽 이사(현) 2002~2005년 공공기술연구회 이사 2003년 대한금속·재료학회 이사 2004~2006년 한국과학기술원(KAIST) 신소재공학과장 2007~2010년 同나노융합연구소장 2008년 한국분말야금학회 회장 2008년 나노기술연구협의회 이사 2010~2013년 지식경제부 R&D전략기획단 부품소재산업MD 2010~2013년 나노기술연구협의회 부회장 2011년 한국복합재료학회 회장 2014~2016년 한국연구

재단 기초연구본부장 2016년 첨단소재기술협회(SAMPE Korea) 회장(현) [상]국제저온재료학회 최우수논문상(1995), 한국과학기술단체총연합회 우수논문상(2000·2004), 송곡과학기술상(2005), 한국과학재단 우수연구성과상(2006), 대한민국학술원상 자연과학응용부문(2010) [저]'97한국전자연감'(1997) '전자용금속재료개론I·II'(1999) '분말재료공학(共)'(2004) [종]기독교

홍순호(洪淳皓) HONG Soon Ho

[생]1963·10·17 [출]서울 [주]서울 서대문구 통일로81 임광빌딩15층 홍원제지(주) 사장실(02-360-6392) [학]경신고졸 1986년 연세대 경영학과졸 [경]1986년 홍원제지(주) 입사 1989년 同기획실장 1993년 同이사 1993년 同상무이사 1994년 同전무이사 2002년 同대표이사 사장(현)

홍순훈(洪淳薰) HONG Soon Hoon

[생]1954·5·5 [본]남양(南陽) [출]경북 안동 [주]서울 서대문구 연세로50 연세대학교 총장실 행정발전연구위원회(02-2123-2165) [학]1973년 안동고졸 1982년 연세대 교육학과졸 1985년 同행정대학원 도시행정학과졸 [경]1982년 연세대 공대·기획실·총무처·국제처·생활협동조합·입학처·관재처·생활관·총장실 근무 1998년 同학생과장 2002~2004년 전국대학교학생과장협의회 회장 2004년 연세대 학생부장 2004년 同생활협동조합 상임이사 2006~2008년 同총무처장 2008년 同입학처 입학부처장 2009년 同관재처장 2012년 同생활관장 2014년 同총장실 행정발전연구위원회 위원장(현) [상]육군5군단장표창(1978), 교육부장관표창(2000) [종]가톨릭

홍승구(洪勝九)

[생]1970·8·25 [출]전남 장흥 [주]서울 서초구 서초중앙로157 서울고등법원(02-530-1114) [학]1988년 장흥고졸 1994년 서울대 법학과졸 1998년 同대학원 법학과졸 [경]1996년 사법시험 합격(38회) 1999년 사법연수원 수료(28기) 1999년 육군 법무관 2002년 서울지법 서부지원 판사 2004년 서울중앙지법 판사 2006년 전주지법 군산지원 판사 2009년 수원지법 안산지원 판사 2010년 서울고법 판사 2012년 대법원 재판연구관 2014년 전주지법 부장판사 2015년 서울고법 판사(현)

홍승기(洪升基) Hong Seung Gee (학수)

[생]1954·3·19 [본]남양(南陽) [출]서울 [주]서울 중구 필동로1길30 동국대학교 국제통상학부(02-2260-3279) [학]1973년 대광고졸 1979년 고려대 경제학과졸 1984년 미국 덴버대 대학원 경제학과졸 1988년 국제경제학박사(미국 덴버대 국제학대학원) [경]1979~1981년 한국은행 조사1부 근무 1988년 동국대 국제통상학부 국제통상학전공 교수(현) 1990~1993년 同국제부장 1994~1999년 同경영대학원 교학부장 1997~1999년 여성신문 고정칼럼니스트 1998년 행정자치부 지방자치제외자운용자문단 자문위원 1998~1999년 불교방송 '안녕하십니까 홍승기입니다' 진행 1998~2003년 KTV 'IMF 1203'·'IMF와 우리경제'·'e-Korea 3부' 진행 2003~2004년 행정고시·외무고시 경제학 출제위원 2003~2005년 미래경제포럼 공동대표 2003~2004년 중앙일보 '이코노미스트' 고정칼럼니스트 2004~2005년 EBS '일과 사람들' 진행 2004~2012년 한국청년정책연구원 이사 2004~2005년 국회방송 '집중조명 위원회 현장' '예산과 경제' 진행 2005년 동국대교수회 부회장 2006~2007년 불교방송 사장 2013~2016년 동국대 국제통상학부장 2013~2016년 同대학원 책임교수 2014년 학교법인 금강대 이사(현) 2015년 (사)한국교수불사연합회 부회장(현) [저]'현대경제학연습'(2001) '경제학원리 200'(2002) '홍박사의 경제학연습'(2005) '와이드경제학'(2014) [종]불교

홍승기(洪承祺) Hong, Sungkee

[생]1959·2·17 [본]남양(南陽) [출]서울 [주]인천 남구 인하로100 인하대학교 법학전문대학원(032-860-9187) [학]1978년 경동고졸 1983년 고려대 법학과졸 1988년 同대학원졸 1998년 미국 펜실베이니아대 로스쿨졸(LL.M.), 고려대 대학원 국제지적재산권법전공 박사과정 수료 [경]1988년 사법시험 합격(30회) 1991년 사법연수원 수료(20기) 1991년 변호사 개업 1999년 미국 뉴욕주 변호사시험 합격 2000년 숙명여대 법학과 겸임교수 2002년 '시민과 변호사' 편집주간 2007년 한국광고자율심의기구 지상파광고심의위원회 위원장 2008년 법무법인 신우 변호사 2008~2012년 고려대 로스쿨 겸임교수 2008·2015년 한국저작권위원회 위원(현) 2009년 한국엔터테인먼트법학회 회장 2009년 대한변호사협회 공보이사 2009년 KBS 시청자위원회 위원 2009년 언론진흥재단 감사 2011년 영화진흥위원회 위원 2011~2012년 한국광고자율심의기구 광고분쟁조정위원회 위원 2012년 TV조선 시청자위원 2012~2014년 한국출판문화산업진흥원 비상임이사 2012년 인하대 법학전문대학원 교수(현) 2013~2014년 영화진흥위원회 부위원장 2014년 한국영상자료원 감사(현) 2016년 예술경영지원센터 비상임이사(현) [저]'시네마법정'(2003, 생각의 나무) '방송과 저작권'(2011, 문화체육관광부) [역]'치열한 법정'(2009, 청림출판) [작]영화 '아주 특별한 변신' '축제' '섹스 볼란티어' '늑대소년' 연극 '아트' 출연 [종]천주교

홍승면(洪承勉) HONG Seung Myeon

[생]1964·5·20 [출]경기 안성 [주]서울 서초구 서초대로219 법원행정처 사법지원실(02-3480-1800) [학]1983년 고려고졸 1987년 서울대 법학과졸 [경]1986년 사법시험 합격(28회) 1989년 사법연수원 수료(18기) 1989년 공군 법무관 1992년 서울민사지법 판사 1994년 서울형사지법 판사 1996년 제주지법 판사 1997년 춘천지법 강릉지원 판사 1999년 수원지법 판사 겸 법원행정처 인사3담당관 2000년 서울고법 판사 겸 법원행정처 인사1담당관 2003년 법원행정처 인사제도연구담당 판사 2004년 同인사제도연구담당 부장판사 2005년 대법원 재판연구관 2007년 수원지법 부장판사 2008년 서울중앙지법 부장판사 2011년 대구고법 부장판사 2013년 대법원 선임재판연구관 2014년 同수석재판연구관 2016년 서울고법 부장판사(현) 2016년 법원행정처 사법지원실장 겸임(현) 2016년 대법원 국선변호정책심의위원회 법관위원(현) 2016년 同형사사법발전위원회 내부위원(현)

홍승모(洪昇摸) HONG Seung Mo

[생]1962·7·22 [출]서울 [주]서울 영등포구 버드나무로12가길51 전자신문 광고마케팅국(02-2168-9387) [학]1981년 한성고졸 1987년 성균관대 토목과졸 2006년 동국대 언론정보대학원 신문방송학과 수료 [경]1994년 전자신문 편집부 기자 2001년 同편집부 수석기자 2002년 同편집부 차장대우 2004년 同편집1팀장 2006년 同IT지식센터 글로벌팀장(차장대우) 2006년 한국기자협회 전자신문지회장 2007년 전자신문 편집국 글로벌팀장 2008년 同경제과학부장 2008년 한국기자협회 지회장 2009~2011년 전자신문 편집국 생활산업부장 2009년 同편집국 전자담당 부장 2011년 同편집국 정보통신담당 부국장 2011년 同전자산업부 부국장 2011년 同정보사업국장 2014년 同광고마케팅국장 2015년 同광고마케팅국장 겸 마케팅총괄(현)

홍승봉(洪承奉) HONG Seung Bong

[생]1959·10·24 [본]남양(南陽) [출]서울 [주]서울 강남구 일원로81 삼성서울병원 신경과(02-3410-3592) [학]1983년 서울대 의과대학졸 1987년 同대학원 의학과졸 1992년 의학박사(서울대) [경]1987~1990년 국군수도병원 신경과장(대위) 1990~1992년 서울대병원 신경과 전임의 1992~1993년 미국 Johns Hopkins대병원 신경과 전임의(Fellow) 1993~1994년 미국 Cleveland Clinic Foundation 신경과 전임의(Fellow) 1994년 삼성의료원 신경과 간질·수면장애Program 소장(현) 1995년 서울대 의과대학 외래교수 1997~2002년 성균관대 의과대학 신경과학교실 부교수 2001~2003년 대한수면의학회 부회장 2002년 성균관대 의과대학 신경과학교실 교수(현) 2004년 대한간질학회 정도위원장 2008~2012년 대한수면연구학회 회장 2009년 삼성서울병원 통합수면센터장 2009년 세계수면의학회 공식학술지 'Sleep Medicine' 편집위원(현) 2010~2011년 대한수면학회 회장 2012~2015년 同학술대회조직위원장 2015년 대한뇌전증학회 회장(현) [상]함춘의학상(1999), 삼성의료원논문상(2000), 대한간질학회 학술상(2002), 범석학술논문상(2004) [저]'약처방 가이드'(2000)

홍승수(洪承樹) HONG Seung Soo

[생]1944·4·15 [본]남양(南陽) [출]서울 [주]서울 관악구 관악로1 서울대학교 물리천문학부(02-880-6626) [학]1962년 경복고졸 1967년 서울대 천문기상학과졸 1972년 同대학원 천문기상학과졸 1975년 천문학박사(미국 뉴욕주립대) [경]1967~1969년 육군 통신장교 국토방위 1969~1972년 서울대 문리과대 천문기상학과 조교 1971년 한영고 교사 1975~1978년 네덜란드 라이덴대 연구원 1978~1988년 서울대 물리천문학부 천문학과 강사·조교수·부교수 1982~1984년 미국 플로리다대 연구원 1988~2009년 서울대 물리천문학부 천문학과 교수 1992~1994년 한국천문학회 회장 2000~2002년 한국천문올림피아드 위원장 2003~2004년 일본 ISAS/JAXA 초빙교수 2009년 서울대 물리천문학부 명예교수(현) 2010~2014년 국립고흥청소년우주체험센터(NYSC) 원장 2011~2014년 순천대 석좌교수 [상]과학기술처장관표창(1990), 서울대 교육상 대상(2006), 소암학술상(2007), 근정포장(2009)

홍승엽(洪承燁) HONG SEUNG YUP

[생]1962·6·12 [출]대구 [주]대구 달서구 공원순환로201 대구시문화예술회관 대구시립무용단(053-606-6346) [학]1986년 경희대 섬유공학과졸 1988년 同대학원 무용학과졸 [경]1989~1992년 경희대 무용학과 강사 1993~2010년 '댄스씨어터 온 무용단' 예술감독·대표 1996년 용인대 무용학과·전북대 무용학과·한국예술종합학교 무용원·선화예술고·숙명여대 강사 2000년 한국종합예술학교 무용원 강사 2001~2010년 선화예술고 현대무용강사 2002년 프랑스 리옹 컨설바토리 안무지도 2010~2013년 (재)국립현대무용단 초대 예술감독 2014년 대구시립무용단 예술감독 겸 상임안무자(현) [상]제14회 동아무용콩쿠르 대상(1984), 제8회 대한민국무용제 연기상(1986), 가장 문학적인 현대무용가상(1996), 제18회 서울국제무용제 안무상(1996), 올해의 안무가상(1996·2001), 제10회 사이타마 국제콩쿠르 특별상(1999), 제21회 서울무용제 안무상(1999), 제2회 한불문화상(2001) [작]댄스씨어터 온 주요 안무작품 '말하지 않는 말의 세 번째 질문'(1994) '김 노인의 꿈'(1994) '멀리 있는 무덤'(1994) '13아해의 질주'(1995) '파우누스의 추'(1995) '파란 옷을 입은 원숭이'(1996) '뒤로 가는 산'(1996) '그가 또 수를 세고있다'(1997) '백설공주'(1997) '다섯번째 배역'(1998) '말들의 눈에는 피가...'(1999) '달보는 개'(1999) '데자뷔'(2000) '빨간 부처'(2001) '두 개보다 많은 그림자'(2003) '새도우카페'(2003) '모자이크'(2004) '싸이프리카'(2004) '아큐'(2006) '뿔'(2008) '아큐1.5'(2009) '벽오금학'(2010) 대구시립무용단 주요 안무작품 '코끼리를 보았다'(2015, 대구문화예술회관 팔공홀) 해외 안무작품 'Was sie bewegt'(2013, 독일 올덴부르그 주립극장) 국립현대무용단 주요 안무작품 '수상한 파라다이스'(2011, 예술의전당 토월극장) '블랙박스'(2011, 예술의전당 토월극장) '라쇼몽– 어쩔 수 없다면'(2012, LG아트센터) '냅다 호랑이 콧등을 걷어찼다.'(2012, LG아트센터) '개와 그림자'(2013, 예술의전당 CJ토월극장)

홍승용(洪承湧) HONG Seoung Yong

[생]1949·1·26 [본]남양(南陽) [출]경기 화성 [주]충남 금산군 추부면 대학로201 중부대학교 총장실(041-750-6515) [학]1967년 경복고졸 1972년 고려대 경영학과졸 1983년 서울대 대학원 경영학과졸 1988년 경영학박사(경희대) 1990년 미국 매사추세츠공과대 해양연구소 박사과정 수료 2004년 명예 경제학박사(프랑스 르아브르대) 2005년 명예 법학박사(미국 로드아일랜드대) [경]1973년 공군본부 기획관리장교 1977년 예편(공군 중위) 1978년 한국과학기술연구원(KIST) 해양개발연구소 기획예산과장 1981년 미국 하와이East West Center 자원시스템연구소 연구원 1982년 한국과학기술원(KAIST) 해양연구소 연구기획실장 1983~1989년 同해양정책연구실장 1989년 미국 MIT Woods Hole 해양연구소 연구위원 1990년 한국해양연구소 해양산업연구부장 1993년 同해양정책연구부장 1993년 세계해양법연구소 집행이사 1995년 미국 워싱턴대 객원교수 1996년 해양수산부 장관자문관 1997년 한국해양수산개발원 부원장 1997~1999년 同원장 1998년 한·태평양경제협력위원회 이사 1999년 해양수산부 정책자문위원회 부위원장 1999~2002년 同차관 2002~2008년 인하대 총장 2004년 대통령자문 동북아시대위원회 자문위원 2004~2006년 대통령자문 정책기획위원회 자문위원 2005~2007년 대통령자문 국민경제자문회의 자문위원 2007년 한국연안협회 초대회장 2007~2008년 한국사립대총장협의회 부회장 2009~2011년 녹색성장해양포럼 초대회장 2009~2011년 고려대 기술지주회사 대표이사 2010년 한국해양대 국제무역경제학부 명예석좌교수 2011년 영산대 명예총장 2011~2012년 교육과학기술부 대학구조개혁위원회 위원장 2011~2013년 세계해양포럼 공동의장 2012~2013년 국가교육과학기술자문회의 부의장 2013~2014년 덕성여대 총장 2015년 동원시스템즈(주) 사외이사(현) 2015년 중부대 총장(현) [상]출연연구기관 우수연구원(1984), 해양연구소장표창(1987), 국민훈장 목련장(1988), 미국 해양대기청 공로상(2001), 서울대 공로상(2001), 한국해양학회 공로상(2001), 황조근정훈장(2003), 대한민국 글로벌경영인 대상(2006), 자랑스러운 인하공대인상(2007) [저]'심해저자원개발론(共)'(1993, 서울프레스) '신해양시대, 신국부론(共)'(2008, 나남) '바다와 대학'(2009, 블루와노트) 'Maritime Boundary Disputes, Settlement Processes, and the Law of the Sea(共)'(2009, IslandBooks) [역]'대학경영리더십(共)'(2004, 인하대출판부) [종]기독교

홍승욱(洪承郁) HONG Seung Wook

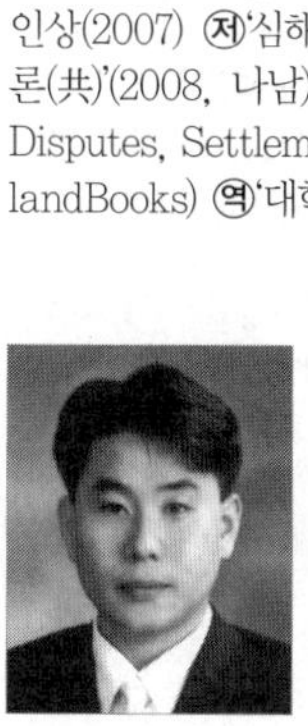

[생]1973·2·5 [본]남양(南陽) [출]강원 동해 [주]경기 과천시 관문로47 법무부 법무심의관실(02-2110-3165) [학]1991년 오금고졸 1995년 연세대 법학과졸 [경]1996년 사법시험 합격(38회) 1999년 사법연수원 수료(28기) 1999년 軍법무관 2002년 서울지검 북부지청 검사 2004년 대전지검 천안지청 검사 2006년 부산지검 검사 2008년 법무부 법무과 검사 2010년 서울중앙지검 검사 2011년 대구지검 부부장검사 2012년 수원지검 여주지청 부장검사 2014년 대구지검 상주지청장 2015년 법무부 법무실 상사법무과장 2016년 同법무심의관(현)

홍승원(洪承元) HONG Seung Woon

[생]1947·8·16 [본]남양(南陽) [출]충남 천안 [주]대전 동구 계족로189 대전기독요양병원 원장실(042-670-1210) [학]1966년 대전고졸 1976년 충남대 의대졸 1983년 同대학원졸 1988년 의학박사(충남대) [경]1980년 예편(육군 대위) 1985~1996년 대동외과의원 원장 1992~1996년 충남대의과대학동창회 회장 1992~2002년 대전지검 의료자문위원 1994~1996년 충남대 의과대학 의행장학재단 이사장 1994~1996년 대전시동구의사회 회장 1996~2006년 대전기독병원 원장 1997~2000년 대한의사협회 개원협의회 부회장 1997~2003년 대전시의사회 회장 1999~2004년 대전경제정의실천시민연합 공동대표 2000~2002년 대한의사협회 부회장 2001~2003년 한국의정회 부회장 2004년 을지대 의과대학 외래교수 2004~2013년 충남대 의과대학 외래교수 2005년 가톨릭대 의과대학 외래교수 2006년 대전기독요양병원 원장(현) 2006년 대전시의사회 회장 2006년 대한의사협회 부회장 2009년 同대의원회 의장 2011~2015년 (사)대전·세종·충남병원회 회장 2012년 대한병원협회 대외협력위원장 2013년 유성컨트리클럽 운영위원장(현) 2016년 대한병원협회 상임고문(현) [상]제8회 한미중소병원상 봉사상(2014) [종]기독교

홍승인(洪承仁) HONG Seung In

[생]1952·5·6 [주]서울 서대문구 경기대로9길24 경기대학교 법학과(02-390-5300) [학]1979년 한국외국어대 법학과졸 1982년 同대학원 법학과졸 1991년 법학박사(한국외국어대) [경]1982~1983년 한국외국어대 법학과 강사 1982년 경기대 법학과 시간강사·전임강사·조교수·부교수·교수(현) 1991년 보험연수원 강사 1993년 법무연수원 강사 2001년 한국상사법학회 상임연구이사 2002년 同국제담당 상임이사 2002년 사법시험위원회 심사위원 2005년 경기대 사회교육원장 2006년 同법과대학장 2006~2008년 同행정대학원장 2007년 同법과대학장 2015년 同행정사회복지대학원장·사회복지대학원장·행정대학원장 겸임(현) [저]'법의 이해'(1998)

홍승인(洪承仁) HONG Seung-in

[생]1971·4·11 [본]남양(南陽) [출]경기 안양 [주]서울 종로구 사직로8길60 외교부 인사운영팀(02-2100-7138) [학]1990년 안양 신성고졸 1994년 서울대 국제경제학과졸 2005년 법학박사(미국 뉴욕주립대) [경]1994년 행정고시(재경직) 합격(38회) 1997~2006년 통상산업부·산업자원부 행정사무관 2006~2007년 외교통상부 FTA상품교섭과 행정사무관·서기관 2007년 同FTA정책국 FTA협상총괄과 1등서기관 2009년 同FTA교섭국 FTA상품과장 2010년 同FTA교섭국 FTA무역규범과장 2011년 駐제네바대표부 참사관 2014년 駐페루대사관 공사참사관 겸 공관차석(현) [상]외교통상부장관표창(2007), 대통령표창(2008)

홍승일(洪承一) HONG, SEUNG-IL

[생]1961·11·4 [출]서울 [주]서울 중구 서소문로100 중앙미디어네트워크 기획조정국(02-751-9203) [학]용산고졸, 서울대 경제학과졸, 아주대 경영대학원 경영학과졸(석사) [경]중앙일보 사회부 기자, 同국제부 기자, 同경제부 기자 1999년 同산업부 기자 2002년 同경제부 차장 2004년 同영어신문본부 뉴스룸 차장 2006년 同경제부 차장 2007년 同경제부 부장대우 2008년 同편집국 경제부문 부에디터 2009년 同IT·미디어데스크 2010년 同편집국 정보과학데스크 2011년 同편집국 산업선임기자 2011년 코리아중앙데일리 편집부국장 겸 경제산업부장 2011년 중앙일보 중앙선데이 경제에디터(부장급) 2013년 同중앙선데이 편집제작부문 경제에디터(부국장대우급) 2013년 중앙일보시사미디어 이코노미스트 대표이사 2013년 同포브스 대표이사 겸임 2014년 중앙미디어네트워크 기획조정담당 2014년 同기획조정국장(현) 2015년 한국신문협회 기조협의회 부회장(현) [상]한국신문상, 벤처기업협회 특별공로상(2009) [저]'한국을 먹여 살리는 10대 산업' [역]'객가의 철칙' '글로벌 경영의 비밀'

홍승제(洪承濟)

[생]1959·9·2 [주]서울 중구 퇴계로100 스테이트타워 한국투자공사 리스크관리본부(02-2179-1000) [학]1983년 고려대 경제학과졸 1996년 미국 캘리포니아주립대(UCSB) 대학원 경제학과졸 [경]1983년 한국은행 입행 1997년 동남아중앙은행기구(SEACEN) 경제자문관 1998년 한국은행 조사국 금융제도·통화연구팀 근무 2004~2006년 동북아시대위원회·국민경제자문회의 파견 2006년 한국은행 경제연구원 국제금융연구실장 2011년 한국은행 국제협력실장 2015년 同외자운용원 외화자산리스크위원회 위원 2015~2016년 한국은행 국제국장 2016년 한국투자공사(KIC) 리스크관리본부장(CRO)(현)

홍승창(洪承昶)

[생]1958·9·11 [출]서울 [주]경기 성남시 분당구 대왕판교로644번길49 한컴타워9층 (주)한컴시큐어 부사장실(031-622-6300) [학]1981년 연세대 전기공학과졸 [경]1982~1994년 한국IBM 소프트웨어 엔지니어·PM·컨설턴트 1995~2002년 데이타게이트인터내셔널 보안사업 총괄·보안기술연구소장(CTO) 2003년 안철수연구소 연구소장(상무) 2013년 소프트포럼(주) 전무(CTO) 2014~2015년 同부사장 2015년 (주)한컴시큐어 부사장(현)

홍승철(洪承哲) HONG Seung Chyul

[생]1957·5·22 [본]남양(南陽) [출]충남 아산 [주]서울 강남구 일원로81 삼성서울병원 신경외과(02-3410-3493) [학]1976년 경기고졸 1982년 서울대 의과대학졸 1986년 同대학원 의학과졸 1991년 의학박사(서울대) [경]1982~1983년 서울대병원 인턴 1983~1987년 同신경외과 레지던트 1987~1990년 해병제1사단 및 국군수도통합병원 해군軍의관 1990~1991년 서울 한국병원 신경외과 과장 1991~1992년 서울대병원 신경외과 전임의 1992~1994년 미국 버지니아대 연구원 1994년 미국 클리블랜드 클리닉 연구원 1994년 삼성서울병원 신경외과 전문의(현) 1996년 서울대 의과대학 외래교수 1997년 성균관대 의과대학 신경외과학교실 부교수 2002년 同의과대학 신경외과학교실 교수(현) 2003년 대한정위기능신경외과학회 상임이사 겸 재무위원장 2007~2011년 대한간질학회 수술위원장·부회장 2009~2010년 대한뇌혈관외과학회 부회장·회장 2011~2013년 대한뇌전증학회 상임이사 2013년 同감사 2014년 삼성서울병원 뇌졸중센터장 2014년 同뇌신경센터 뇌전증 수술클리닉 2015년 성균관대 의대 신경외과 주임교수(현) 2015년 삼성서울병원 신경외과 과장(현) [상]삼성서울병원 QA활동과제 최우수상(2000), 대한신경외과학회 학술상(2001), 삼성서울병원 구연개선활동부문 장려상(2006), 삼성서울병원 포스터·지표부문 장려상(2007)

홍승철(洪承徹) HONG Seung Cheol

[생]1960·9·27 [출]서울 [주]경기 수원시 영통구 월드컵로120 수원지방법원(031-210-1114) [학]1979년 배재고졸 1983년 연세대 법학과졸 [경]1986년 사법시험 합격(28회) 1989년 사법연수원 수료(18기) 1989년 서울지법 동부지원 판사 1991년 서울지법 판사 1993년 춘천지법 강릉지원 판사 1996년 서울지법 동부지원 판사 1998년 서울지법 판사 2000년 서울고법 판사 2002년 서울지법 동부지원 판사 2004년 춘천지법 부장판사 2005년 同수석부장판사 2006년 수원지법 부장판사 2008년 서울중앙지법 부장판사 2011년 서울동부지법 부장판사 2012년 同수석부장판사 2014년 서울북부지법 부장판사 2016년 수원지법 부장판사(현)

홍승표(洪承杓) HONG Seung Pyo

[생]1956·3·4 [출]경기 광주 [주]경기 수원시 장안구 경수대로1150 경기관광공사(031-259-4700) [학]경기 광주상고졸 2004년 오산대학 산업행정과졸 2006년 국제사이버대 법률행정학과졸 2008년 경기대 대학원 행정학과졸 [경]2000년 경기도 서울사무소장 2001년 同도지사 비서관 2002년 同가정복지과장 2004년 同관광과장 2005년 同총무과장 2006년 同자치행정과장 2007년 과천시 부시장 2008년 지방혁신인력개발원 파견 2009년 경기도 팔당수질개선본부장 2009년 파주시 부시장 2011년 경기도 자치행정국장 2012년 경기도의회 사무처장 2012년 경기 용인시 부시장 2014년 경기도지사 비서실장 2015년 경기관광공사 사장(현) [상]모범공무원(1986), 경인일보 신춘문예 당선(1988), 국무총리표창(2003), 근정포장(2006), 다산대상 청렴봉사부문(2010), 홍조근정훈장(2014) [저]시집 '먼 길'(2004) 수필집 '공부못하는 게 효도야'(2009) '높이면 낮아지고 낮추면 높아진다'(2011) '꽃길에 서다'(2014) [종]불교

홍승활(洪承活) HONG Seung Hwal

[생]1955·3·1 [출]경북 예천 [주]대구 달서구 월배로250 대구도시철도공사(053-640-2004) [학]1973년 대창고졸 1985년 영남대 영어영문학과졸 1997년 경북대 행정대학원졸(행정학석사) 2014년 행정학박사(계명대) [경]1975년 지방공무원 임용 1975년 경북 예천군 내무과 근무 1988년 대구시 내무국 총무과 근무 1991년 同공무원교육원 교학과 근무 1998년 달서구 총무국 비서실장(지방행정사무관) 2000년 同사회산업국 경제진흥과장 2003년 同도원동장 2003년 대구시 행정관리국 총무과 근무 2004년 同문화체육국 문화예술과 근무 2005년 대구세계육상선수권대회유치단 유치지원부장 직대 2006년 同유치지원부장(지방서기관) 2007년 대구세계육상선수권대회지원단 지원팀장 2007년 2011대구세계육상선수권대회조직위원회 파견 2009년 대구시 공보관 2010~2011년 2011대구세계육상선수권대회조직위원회 기획조정실장 2012년 대구시 자치행정국장 2013~2014년 同안전행정국장 2014년 대구도시철도공사 사장(현) [상]녹조근정훈장(2009), 홍조근정훈장(2012)

홍양호(洪良浩) HONG Yang Ho

[생]1955·5·25 [출]대구 [주]서울 강서구 공항대로58가길 8 한국전기공사협회(02-3219-0453) [학]1973년 경북고졸 1977년 경북대 경제학과졸 1979년 同교육대학원 일반사회학과 수료 1986년 미국 조지아대 대학원 정치학과졸 1998년 정치학박사(단국대) [경]1978년 해운항만청 근무 1983년 통일부 입부 1997년 同교류협력국 심의관 1997년 同경수로사업지원기획단 정책조정부장 1999년 同인도지원국장 2001년 同경수로사업지원기획단 정책조정부장 2003년 同남북회담사무국 상근회담대표 2003년 북한경제전문가100인포럼 회원 2005년 통일부 기획관리실장 2005년 同정책홍보관리실장 2005년 同혁신재정기획실장 2006년 同남북회담본부 상근회담대표 2008~2010년 同차관 2011~2014년 개성공업지구관리위원회 위원장 겸 개성공업지구지원재단 이사장 2014년 (사)남북사회통합연구원 이사 2015년 한국전기공사협회 전기분야통일위원회 공동위원장(현) [상]홍조근정훈장

홍영기(洪永基) HONG Young Ki

[생]1948·12·21 [본]남양(南陽) [출]경기 개성 [주]대전 대덕구 대전로1331번길17 (주)남선기공(042-625-5561) [학]대전고졸, 서울대 응용화학과졸 [경]동양맥주(주) 부장·서울공장장·이사, OB맥주(주) 이사 1997년 同상무이사 1998년 (주)두산 상무 2000~2003년 한국특수메탈공업(주) 부회장 2004~2005년 (주)모나리자 관리인 2005년 (주)남선기공 대표이사 부사장 2008년 (주)만중 대표이사 2016년 (주)남선기공 고문(현)

홍영만(洪永萬) HONG Yung Man

[생]1958·4·17 [출]서울 [주]부산 남구 문현금융로40 부산국제금융센터(BIFC) 한국자산관리공사 비서실(1588-3570) [학]1976년 서울 양정고졸 1982년 연세대 정치외교학과졸 1987년 서울대 행정대학원졸 1995년 경제학박사(미국 워싱턴주립대) [경]1981년 행정고시 합격(25회) 1982년 재무부 수습사무관 1983년 올림픽조직위원회 파견 1984~1989년 재무부 증권보험국·세제국 근무 1989년 국가안전기획부 파견 1990년 미국 워싱턴주립대 교육훈련 1995년 재정경제원 경제협력국 근무 1997년 영국 EBRD 파견 1999년 경수로사업지원기획단 파견 2001년 재정경제부 해외홍보과장 2002년 同공적자금관리위원회 회수관리과장 2003년 同금융협력과장 2003년 대통령비서실 파견 2005년 금융감독위원회 혁신행정과장 2005년 同증권감독과장 2007년 同홍보관리관 2008년 금융위원회 자본시장정책관 2008년 同자본시장국장 2009년 同금융서비스국장 2010년 국가경쟁력강화위원회 추진단장 2011년 증권선물위원회 상임위원 2012년 금융위원회 상임위원 2013년 한국자산관리공사 사장(현) 2013년 국민행복기금 이사(현) [상]국무총리표창(1982) [저]'자본시장법 유권해석'(2009)

홍영명(洪英明)

[생]1959·1·21 [주]경남 김해시 호계로440 김해세무서(055-320-6201) [학]부산상고졸, 한국방송통신대 경영학과졸 [경]1977년 국세공무원 임용(9급) 2008년 제주세무서 소득지원과장 2008년 창원세무서 재산법인세과 행정사무관 2014년 부산지방국세청 징세법무국 송무과장(서기관) 2015년 통영세무서 거제지서장 2015년 김해세무서장(현)

홍영민(洪永珉) Hong Young Min

[생]1960·12·26 [출]전남 나주 [주]전남 함평군 함평읍 중앙길200 함평군청 부군수실(061-320-3205) [학]광주진흥고졸, 한국방송통신대졸 [경]1979년 9급 공무원 임용 2004~2010년 전남도 민박인터넷담당·통상교류담당·친환경정책담당 등 2010년 전남도의회 운영위원회 수석전문위원 2013년 국회사무처 파견 2014년 전남도 자치행정과장 2015년 전남 함평군 부군수(현) [상]행정안전부장관표창, 전남도지사표창

홍영선(洪瑩善) HONG Young Seon

(생)1955·4·1 (출)서울 (주)서울 서초구 반포대로222 가톨릭대학교 성의교정(02-2258-7114) (학)1979년 가톨릭대 의대졸 1986년 同대학원 의학석사 1989년 의학박사(가톨릭대) (경)1989~2016년 가톨릭대 의과 대학 내과학교실 교수 1990~1992년 미국 앰디앤더슨 암센터 연수 2002년 가톨릭대 성모병원 종양내과 과 장 2003년 한국유방암학회 기획이사 2004년 한국호 스피스완화의료학회 이사장 2007년 同재무이사 2007년 가톨릭대 가톨 릭중앙의료원 대변인 2009~2011년 서울성모병원 원장 2011년 가톨릭대 성의교정 의료경영대학원장 2011~2012년 한국호스피스완화의료학회 회 장 2015년 대통령소속 국가생명윤리심의위원회 생명존중헌장제정을위 한특별위원회 위원(현) 2016년 同생명윤리·안전정책전문위원회 위원장 (현) 2016년 가톨릭대 의과대학 명예교수(현) (상)로슈학술상(2012) (저) '완화의학'(1999) '내가 암이라구요?'(2000) '암환자, 이렇게 먹어라(共)' (2011, 북하우스) (종)가톨릭

홍영섭(洪榮燮) Hong Yeong Seop

(생)1948·11·15 (주)세종특별자치시 한누리대로2130 세 종특별자치시청 정무부시장실(044-300-2020) (학)대 전농고졸 1969년 우송공업대학 농과졸 (경)1968년 충남 도 연기군 근무, 同연기군의회 사무과장, 同연기군 지역 경제과장, 同연기군 문화공보실장, 同연기군 기획감사 실장(서기관) 2010년 충남 연기군수선거 출마(민주당) 2014년 세종특별자치시 정무부시장(현)

홍영욱(洪永昱) HONG Young Wook

(생)1959·8·7 (본)부림(缶林) (주)서울 송파구 성내천로 23가길15 1층 퀸벨애드(02-448-2838) (학)인하대 국어 국문학과졸 2006년 한양대 언론정보대학원 광고학과졸 (경)1987~2003년 (주)제일기획 근무·삼성그룹 광고담 당 1995~1997년 삼성언론재단 파견, (주)제일기획 광고 1팀 국장, 同수석국장 2003~2007년 (주)장리기획 영업 본부 이사 2003~2009년 BCM 대표 2008년 멘토르커 뮤니케이션즈 CEO 2009년 퀸벨애드 대표(현) 2009년 대한민국ROTC20기 총동창회 회장 2012년 아토아트 대표(현) (상)제일기획 최우수사원상(1992), 중앙·경향·세계·문화광고 대상, 매일경제 마케팅부문, 클리오 파이널리 스트(하이트맥주 TV CM) (종)불교

홍영종(洪永鍾) Hong Young-jong

(생)1957·11·1 (주)서울 종로구 사직로8길60 외교부 인 사운영팀(02-2100-7136) (학)1981년 서울시립대 경영학 과졸 (경)1978년 외무부 입부 1987년 駐프랑크푸르트 부 영사 1992년 駐나미비아 2등서기관 1994년 駐영국 2등 서기관 2000년 駐나고야 영사 2002년 駐스위스 참사관 2003년 외교통상부 총무담당관 2006년 駐미국 공사참 사관 2009년 외교통상부 여권관리관 2010년 駐두바이 총영사 2013년 駐상파울루 총영사(현)

홍영철(洪永哲) HONG Young Chul

(생)1948·5·29 (본)남양(南陽) (출)경남 창원 (주)서울 중 구 삼일대로363 장교빌딩20층 고려제강 비서실(02-316-6113) (학)1967년 경복고졸 1971년 연세대 경영 학과졸 1973년 미국 유타대 경영대학원 수료 (경)1971 년 고려제강 입사 1978년 同이사 1980년 同상무이사 1982년 同전무이사 1987년 同부사장 1988년 同사장 1991년 駐韓룩셈부르크 명예영사(현) 1998년 대한항공 사외이사 2001년 고려제강 회장(현) 2005~2007년 금호타이어(주) 비상 근이사 (상)은탑산업훈장(1989), 금탑산업훈장(1995), 경실련 경제정의상 (1998)

홍영표(洪榮杓) Hong Young-pyo

(생)1956·5 (주)서울 영등포구 은행로38 한국수출입은행 전무이사실(02-3779-6002) (학)연세대 경영학과졸, 서 울대 경영대학원 석사과정 수료 (경)1982년 한국수출입 은행 입행 1997년 同국제금융부 차장 1998년 同경영지 원실 팀장 2002년 同인사부 팀장 2004년 同홍보실장 2005년 同국제협력실장 2006년 수은베트남리스금융회 사 사장 2010년 한국수출입은행 여신총괄부장 2011년 同총괄사업부장 2012년 同무역투자금융본부장(부행장) 2013년 同수출금융 본부장(부행장) 2014년 同기업금융본부장(부행장) 2015년 同전무이사(수석 부행장)(현) (상)기획재정부장관표창(2004)

홍영표(洪永杓) HONG Young Pyo

(생)1957·4·30 (본)출전북 고창 (주)서울 영등포구 의사당대 로1 국회 의원회관1004호(02-784-3143) (학)1975년 전 북 이리고졸 1997년 동국대 철학과졸, 同대학원 행정학 박사과정 수료 (경)1982년 대우자동차 생산직 입사 1985 년 파업투쟁관련 구속·집시법 위반으로 구속 1990년 대 우그룹 노동조합협의회 사무처장 1991년 대기업노동조 합연대회의 사무처장 1991년 노동조합법 제3자개입조 항 위배로 구속 1993년 한국노동운동연구소 소장 1993년 대우자동차 노동 쟁의관련 제3자개입건으로 구속 1994년 통일시대민주주의국민회의 노동위 원장 1995~2001년 대우자동차 영국판매법인 근무 2001년 참여연대 정책위 원 2002년 개혁과통합을위한노동연대 집행위원장 2002년 개혁국민정당 전 국실행위원회 실행위원(노동부문) 2002년 同조직위원장 2002년 同인천시부 평구甲지구당 위원장 2003년 대통령직인수위원회 사회·문화·여성분과 자 문위원 2003년 인천정치개혁포럼 공동대표 2003년 책임는교육사회실천회 의 인천지부장 2003년 신당연대 공동대표 2003년 생활체육인천인라인스케 이팅연합회 회장 2003년 열린우리당 인천창당추진위원장 2003년 同중앙위 원 2004년 국무총리 시민사회비서관 2006년 FTA 체결지원위원회 지원단장 2007~2008년 재정경제부 자유무역협정국내대책본부장 2008년 제18대 국 회의원선거 출마(인천시 부평구乙, 통합민주당) 2009년 제18대 국회의원(인천 시 부평구乙 재보선, 민주당·민주통합당) 2009년 민주당 노동특별위원회 위 원장 2010년 국회 환경노동위원회 간사 2010년 국회 운영위원회 위원 2010년 민주당 비상대책위원회 위원 2010년 同전국노동위원장 2011년 同원내대변인 2012년 민주통합당 대표 비서실장 2012년 제19대 국회의원(인천시 부평구乙 , 민주통합당·민주당·새정치민주연합·더불어민주당) 2012년 민주통합당 정 책위원회 수석부의장 2012년 국회 남북관계특별위원회 위원 2012~2014년 국회 환경노동위원회 야당 간사 2014년 국회 산업통상자원위원회 야당 간사 2014~2015년 국회 남북관계및교류협력발전특별위원회 위원 2015년 국회 '정 부 및 공공기관 등의 해외자원개발 진상규명을 위한 국정조사특별위원회' 야 당 간사 2015년 새정치민주연합 인천시당 위원장 2015년 국회 산업통상자원 위원회 위원장 직대 2015~2016년 더불어민주당 인천시당 위원장 2016년 제 20대 국회의원(인천시 부평구乙, 더불어민주당)(현) 2016년 더불어민주당 청 년일자리TF 위원(현) 2016년 국회 환경노동위원회 위원장(현) 2016년 더불어 민주당 인천시부평구乙지역위원회 위원장(현) (상)의정행정대상 국회의원부문 (2010), 법률소비자연맹 선정 국회 헌정대상(2013), 전국청소년선플SNS기자 단 선정 '국회의원 아름다운 말 선플상'(2015) (종)기독교

홍완석(洪完錫) Wan Suk Hong

(생)1960·4·20 (출)광주 (주)경기 용인시 처인구 모현면 외 대로81 한국외국어대학교 국제지역대학 러시아학과(031-330-4208) (학)1984년 한국외국어대 노어과졸 1986년 同 대학원 동구지역연구학과졸 1998년 정치학박사(러시아 모스크바국립국제관계대) (경)1997~1998년 러시아 모스 크바국립국제관계대 초빙강사 2000~2002년 조선대 겸 임교수 2001년 중국 푸단대 초빙교수 2003년 한국국제 지역학회 재정이사 2003년 한국외국어대 동유럽대학 노어과 조교수·부교 수·교수, 同국제지역대학 러시아학과 교수(현) 2004~2005년 한국슬라브학 회 연구이사 2005년 한국외국어대 국제지역대학원 러시아·CIS학과 교수(현) 2008~2009년 한국정치학회 이사 2009~2014년 한국외국어대 러시아연구소 장 2014년 同국제지역대학장(현) 2016년 한국슬라브·유라시아학회 회장(현)

홍완훈(洪完勳) HONG WAN HOON

(생)1959·11·14 (출)서울 (주)경기 수원시 영통구 매영로150 삼성전기(주) 전략마케팅실(031-210-5114) (학)1978년 휘 문고졸 1983년 인하대 전자공학과졸 (경)1984년 삼성전자 (주) 제조기술부 입사 1992~1998년 同SSEG(독일반도체) 법인 근무 1998년 同AMLCD 마케팅·영업그룹장 2002 년 同영업1팀장(상무보) 2003년 同중국전자총괄 SET법 인장(상무보) 2005년 同중국전자총괄 SET법인장(상무) 2007~2009년 同반도체총괄 메모리사업부 마케팅팀장(상무) 2009~2010년 同SSI법인장(전무) 2011년 同반도체사업부 메모리담당 전략마케팅팀장(부사 장) 2012년 同글로벌마케팅실 부사장 2014년 同글로벌B2B센터 모바일비즈니 스팀장(부사장) 2015년 삼성전기(주) 전략마케팅실장(부사장)(현)

홍용건(洪龍健) HONG Yong Geon

(생)1964·7·4 (출)서울 (주)서울 서초구 서초중앙로24길27 법무법인 평정(02-535-9961) (학)1983년 경신고졸 1992 년 고려대 법학과졸 2012년 서울시립대 세무대학원졸(석 사) (경)1992년 사법시험 합격(34회) 1995년 사법연수원 수 료(24기) 1995년 창원지법 판사 1997년 同진주지원 판사 1998년 同남해군·산청군법원 판사 2000년 서울지법 의 정부지원 판사 2002년 同북부지원 판사 2004년 서울북

부지법 판사 2005년 서울행정법원 판사 2007년 서울고법 판사 2008년 대법원 재판연구관 2010년 대전지법 논산지원장 2012~2013년 수원지법 안산지원 부장판사 2013년 변호사 개업 2016년 법무법인 평정 대표변호사(현) [종]천주교

홍용기

[생]1958 [주]강원 태백시 태붐로21 태백시청 부시장실(033-550-2004) [학]삼척고졸, 삼척대졸 [경]1976년 지방행정서기보 신규임용 1991~2000년 강원 삼척군 신기면 재무계장(지방행정주사)·총무계장, 강원 삼척시 사회과 청소계장 2000~2011년 강원 삼척시 교동장(지방행정사무관)·사회복지과장·원덕읍장·회계과장·총무과장 2011년 同총무사회국장(지방서기관) 2014년 강원도 환동해본부 기획총괄과장 2015년 同동해안권경제자유구역청 민원지원부장 2015년 강원 태백시 부시장(현)

홍용웅(洪龍雄) HONG Yong Woong

[생]1957·9·28 [출]전북 옥구 [주]전북 전주시 덕진구 팔과정로164 전라북도경제통상진흥원(063-711-2067) [학]1976년 전주고졸 1980년 연세대 경제학과졸 1987년 프랑스 파리제9대학 행정학과 수료(DEA) 1988년 프랑스 국립행정대학원 수료(ENA) 2013년 중국 지린(吉林)대학 경제학원졸(경제학박사) [경]1979년 행정고시 합격(23회) 1981~1994년 과학기술처·총무처 사무관 1994년 총무처 복무담당관실 서기관 1997년 중소기업청 기획예산담당관 1999년 중소기업특별위원회 파견 2002년 세종연구소 파견 2003년 중소기업청 경영지원국 정보화지원과장 2003년 同기술지원국 기술정책과장(부이사관) 2005년 중국 산둥성 중소기업협력관(파견) 2008년 중앙공무원교육원 교육파견(고위공무원) 2009~2012년 소상공인진흥원 원장 2013년 숭실대 교수 2014년 전북도경제통상진흥원 원장(현) [상]대통령표창(1985)

홍용표(洪鎔杓) Hong Yong-Pyo

[생]1958·3·9 [본]남양(南陽) [출]서울 [주]경기 수원시 권선구 온정로39 국립산림과학원 산림유전자원과(031-290-1151) [학]1977년 서울 경신고졸 1982년 고려대 임학과졸 1984년 同대학원 임학과졸 1991년 임학박사(미국 오리건주립대) [경]1994년 연세대 의학과 전임강사 1995~1997년 同의학과 조교수 1997~1999년 국립산림과학원 임업연구사 1999년 同임업연구관 1999~2010년 同산림유전자원과 연구실장 2011년 同산림유전자원과장(현)

홍용표(洪容杓) HONG YONG PYO

[생]1964 [출]서울 [주]서울 종로구 세종대로209 통일부 장관실(02-2100-5600) [학]경희고졸 1987년 연세대 정치외교학과졸 1989년 同국제학대학원 정치학과졸 1996년 국제관계학박사(영국 옥스퍼드대) [경]1996~2001년 통일연구원 연구위원 2001~2013년 한양대 정치외교학과 교수 2003~2005·2009~2013년 민주평통 상임위원 2006년 한국정치학회 연구위원회 이사 2006~2007년 (사)경실련통일협회 운영위원장 2010·2013년 한국국제정치학회 연구이사 2012~2013년 한양대 서울사회봉사단 부단장 2013년 제18대 대통령직인수위원회 외교·국방·통일분과 실무위원 2013~2015년 대통령실 외교안보수석비서관실 통일비서관 2015년 제38대 통일부 장관(현) [저]'김정일 정권의 안보딜레마와 대미 대남 정책'(1997, 민족통일연구원) '북한의 미사일 개발전략'(1999, 통일연구원) '북한 이해의 길잡이(共)'(1999, 박영사) 'State Security and Regime Security'(2000, Macmillan) '한반도의 평화와 통일(共)'(2005, 백산서당) 'Regional Cooperation and Its Enemies in Northeast Asia : The Impact of Domestic Forces(共)'(2006, Routledge) '한국 현대사의 재조명(共)'(2007, 명인문화사) '한국 외교정책 : 역사와 쟁점(共)'(2010, 사회평론)

홍우선(洪禹善) HONG Woo Sun

[생]1961·8·25 [본]남양(南陽) [출]충북 충주 [주]서울 마포구 마포대로217 크레디트센터5층 나이스정보통신(주) 임원실(02-2187-2700) [학]1980년 용문고졸 1984년 서울대 경영학과졸 1985년 同대학원 경영학과졸 2007년 경영학박사(명지대) 2008년 서울대 최고경영자과정 수료 [경]1987~2000년 한국신용평가 평가1실장·평가기획팀장 1995년 신용관리기금 신용금고평가 모형개발자문위원 2000년 재정경제부 채권시장선진화추진위원회 실무위원 2000~2011년 KIS채권평가 대표이사 사장 2008년 금융위원회 자체규제심사위원회 민간위원 2010년 同금융발전심의회 위원 2011년 한국채권연구원 연구위원 2012년 NICE채권평가 대표이사 2013~2014년 NICE피앤아이 대표이사 2015년 (주)나이스디앤비 대표이사 2016년 나이스정보통신(주) 대표이사(현)

홍우식(洪宇植) HONG Woo Shik

[생]1953·6·1 [본]남양(南陽) [출]서울 [주]서울 종로구 창경궁로136 서울광고기획(02-3668-8000) [학]1971년 서울고졸 1976년 연세대 신문방송학과졸 1983년 미국 산타클라라대 대학원 경영학과졸 2000년 고려대 언론대학원 최고위언론과정 수료 [경]1979년 IBM 근무 1980년 남양유업 이사 1985년 서울광고기획 상무이사 1987년 同전무이사 1990년 同부사장 1993년 同대표이사 1996년 한국광고업협회 부회장 1999년 한국광고단체연합회 감사 2000년 한국광고자율심의기구 부회장 2000~2003년 (주)서울다씨 대표이사 2001년 국제광고협회(IAA) 한국지부 회장 2003년 서울광고기획 대표이사(현) 2008년 한국광고업협회 감사·이사 [상]동탑산업훈장(2008), 한국광고협회 공로패(2013) [종]불교

홍욱헌(洪旭憲) HONG Uk Heon

[생]1953·2·22 [주]경북 경주시 강동면 동해대로261 위덕대학교 총장실(054-760-1009) [학]대구 계성고졸 1975년 서울대 정치학과졸 1980년 同대학원 정치학과졸 1991년 정치학박사(미국 코네티컷대) [경]1977년 삼성중공업(주) 근무 1977년 국제경제연구원 연구원 1981년 성심여대 강사 1991년 포항산업과학기술연구원(RIST) 경영경제연구소 책임연구원 1994년 포스코경영연구소 연구위원 1996년 위덕대 국제관계학과 부교수 1998년 同비서실장 겸 아시아·태평양연구소장 2004~2014년 同공공행정학부 교수 2012년 同대학원장 2014년 同총장(현) [상]TV조선 '한국의 영향력 있는 CEO' 인재경영부문(2016)

홍원구(洪元九) Hong Won Gu

[생]1966·2·1 [출]충남 연기 [주]세종특별자치시 다솜로261 국무총리 시민사회비서관실(044-200-2832) [학]배문고졸, 연세대 대학원 행정학과졸 [경]행정고시 합격(34회) 2000년 국가보훈처 행정법무담당관실 서기관 2000년 국무총리국무조정실 서기관(수질개선기획단 파견) 2005년 同일반행정심의관실 서기관 2006년 同국정과제실시간관리추진단 기획총괄팀장, 同기획관리조정관실 총괄심의관 2008년 국무총리실 사회갈등정책관실 사회복지갈등정책과장(서기관) 2008년 同사회통합정책실 보건복지정책과장 2009년 同사회문화정책관실 사회정책총괄과장(부이사관) 2010년 同총무비서관실 총무과장 2010년 同사회통합정책실 문화노동정책관 직대 2011년 同교육문화여성정책관 2012년 중앙공무원교육원 파견(고위공무원) 2012년 국무총리실 국가지식재산위원회 지식재산정책관 2013년 국무조정실 규제조정실 사회규제관리관 2014년 대통령 미래전략수석비서관실 파견(고위공무원) 2016년 국무총리 시민사회비서관(현)

홍원식(洪沅植) Hong Won Sik

[생]1964·5·22 [출]서울 [주]서울 영등포구 여의대로14 이베스트투자증권(주) 사장실(02-3779-0010) [학]1986년 고려대 법학과졸 1993년 미국 카네기멜론대 대학원 경영학과졸 [경]1988~1991년 증권감독원 국제업무국 근무 1993~2000년 LG투자증권 국제금융팀 근무 2000년 보스턴은행 서울지점장 2000~2008년 글로벌앤어소시에이츠 이사 2008년 이트레이드증권(주) 전략경영실장(전무) 2011년 同경영인프라총괄 2013년 同대표이사 사장 2015년 코스닥협회 감사(현) 2015년 이베스트투자증권(주) 대표이사 사장(현)

홍원일(洪元一) HONG Weon Il

[생]1960·1·27 [본]남양(南陽) [출]강원 강릉 [주]부산 영도구 태종로727 한국해양대학교 사무국(051-410-4006) [학]강릉고졸, 서울교육대졸, 미국 오하이오주립대 대학원 교육행정학과졸 [경]강원도교육위원회 의사계장, 교육부 교원정책과 교원양성연수과 근무, 同교육정보화담당관실 근무, 교육인적자원부 국제교육협력담당관실 서기관 2006년 同교육인적자원연수원 서기관 2009년 동북아역사재단 파견(서기관) 2010년 외교통상부 파견(서기관) 2013년 국립국제교육원 기획관리부 홍보·해외인권팀장(서기관) 2014년 교육부 교육정보통계국 교육정보화과 정보보호팀장 2015년 同학부모지원팀장(서기관) 2016년 한국해양대 사무국장(부이사관)(현)

홍원표(洪元杓) HONG Won Pyo

[생]1960·2·8 [출]경기 화성 [주]서울 송파구 올림픽로35길125 삼성SDS(주) 임원실(02-6155-2200) [학]광주고졸 1983년 서울대 전자공학과졸 1987년 전기공학박사(미국 미시간대) 2002년 서울대 대학원 최고경영자과정 수료 2004년 미국 매사추세츠공과대 대학원 고급경영자과정 수료 2006년 연세대 대학원 언론홍보최고위과정 수료 [경]1988~1994년 미국 벨통신연구소(Bellcore) 프로그램매니저 1994~1996년 KT 연구개발본부 PCS개발 총괄 1997~2002년 KTF 마케팅부문장·기획조정실장(전무) 2003~2006년 KT 휴대인터넷사업본부장(전무)

2007년 삼성전자(주) 무선사업부 상품전략팀장(부사장) 2012~2014년 同IM부문 미디어솔루션센터(MSC)장(사장) 2012~2014년 同에코시스템통합팀(Ecosystem Intergration)장 겸임 2014~2016년 한국스마트홈산업협회(KASHI) 회장 2014년 삼성전자(주) 글로벌마케팅실장(사장) 2015년 삼성SDS(주) 솔루션사업부문 사장(현) ❷일본 통산성 국제연구협력상(1992), 한국능률협회 최고지식경영자상(1999), 한국정보통신기자협회 올해의 기술인상(2005) ❸기독교

홍원화(洪元和) Hong, Won-hwa

❶1963 ❸대구 북구 대학로80 경북대학교 공과대학 건축토목공학부(053-950-5597) ❹1982년 대구 경원고졸 1986년 경북대 공과대학 건축공학과졸 1992년 일본 와세다대 대학원 건축학과졸 1994년 건축학박사(일본 와세다대) ❸1990~1993년 일본 동경대 先端과학기술원 연구센터 파견연구원 1994~1997년 일본 와세다대 理工學종합연구센터 연구원·전임강사·책임연구원 1996~1997년 同건축학과 강사 1997~1998년 한국과학재단 박사 후 연구원 1997~2010년 경북대 공과대학 건축공학과 강사·교수 1998~1999년 단국대 기술대학원 강사 2009년 경북대 공과대학 부학장·산업대학원 부원장 2010년 同공과대학 건축토목공학부 교수(현) 2010~2011년 한국연구재단 기초연구본부 공학기반단장 2013~2014년 경북대 대외협력처장 2015년 同산학연구처장 겸 산학협력단장(현) 2016년 대통령직속 국가건축정책위원회 위원(현) 2016년 국민안전처 재난안전기술개발사업단장(현) ❷경북대 교육우수교수상(2005), 제4회 대한민국안전대상 경향신문사장표창(2005), 경북대 강의우수교수상(2008) ❹'2.18 대구지하철 화재 연구 조사 보고서'(2004, 문호당) '대구 지하철화재 참사 기록과 교훈'(2005, 119매거진) '희망의 도시 일류대구로 가는 u-City구현 전략'(2006, 대구전략산업기획단) '낙동 그린에너지산업벨트 구상'(2008, 대구광역시)

홍원희(洪原憙) HONG Won Hi

❶1947·8·4 ❸충남 천안 ❸대전 유성구 대학로291 한국과학기술원 공과대학 생명화학공학과(042-350-3919) ❹1973년 서울대 천문기상학과졸 1979년 독일 베를린공대 대학원 화학공학과졸 1983년 공학박사(독일 베를린공대) ❸1980년 독일 베를린공대 화공연구소 연구원 1984~1987년 한국과학기술연구원 촉매분리공정연구실 선임연구원 1987~2012년 한국과학기술원 생명화학공학과 조교수·부교수·교수 1989년 同기획실장 1989~1990년 同연구협력실장 1991~1992년 同생명화학공학과장 1998년 한국화학공학회 분리기술부문위원장 2000년 한국청정기술학회 부회장 2002년 同회장 2005~2006년 한국화학공학회 충남지부장 2006년 同부회장 2008년 한국청정기술학회 고문(현) 2012년 한국과학기술원 명예교수(현) ❹'분리공정원리' ❸천주교

홍유석(洪裕錫) Hong Yu Seok

❶1964·7·3 ❸서울 용산구 한강대로92 LS용산타워9층 한국글락소스미스클라인(02-709-4114) ❹한국외국어대졸, 미국 펜실베이니아대 와튼스쿨대(MBA) ❸1988~1990년 동서증권 근무 1992~1994년 일라이릴리(미국본사) Financial Analyst 1994년 同뉴욕 제약영업담당 1995년 한국릴리 비즈니스개발과장 1997년 同CNS사업부 총괄 1998년 同신제품마케팅팀장 2000년 同마케팅담당 이사 2001년 同영업마케팅총괄 상무 2003년 일라이릴리 미국 로드아일랜드 CNS영업소장 2005년 同골다공증치료제 마케팅총괄 책임자 2007년 한국릴리 대표이사 사장 2008년 일라이릴리(미국본사) 전략 및 마케팅디렉터 2013~2014년 한독테바 사장 2014년 한국글락소스미스클라인 사장(현)

홍윤식(洪允植) HONG Yun Sik

❶1956·12·4 ❸남양(南陽) ❸강원 강릉 ❸서울 종로구 세종대로209 행정자치부 장관실(02-2100-3000) ❹1974년 용산고졸 1979년 서울대 법학과졸 1981년 同대학원 법학과 수료 1994년 미국 미시간대 정책대학원졸 2007년 연세대 대학원 행정학박사과정 수료 2016년 명예 행정학박사(우즈베키스탄 국립행정아카데미) ❸1985년 행정고시 합격(28회) 1985년 강원도 행정사무관 2001년 국무조정실 일반행정심의관실 과장 2003년 同외교안보심의관실 과장 2004년 同기획수석조정관실 총괄심의관실 과장 2004년 同2005광복60년추진기획단 기획국장 2006년 同방송통신융합추진지원단 기획총괄팀장 2007년 同외교안보심의관 2008년 국무총리 국정운영실 외교안보정책관 2008년 국무총리실 정책분석평가실 평가정책관 2009년 同국정운영실 총괄정책관 2010년 同국정운영1실장 2013~2015년 국무조정실 국무2차장(차관급) 2013~2015년 국무총리산하 경제·인문사회연구회 비상임이사 2014~2015년 국무총리소속 부패척결추진단장 겸임 2015년 가톨릭관동대 경찰법정대학 행정학과 초빙교수 2016년 행정자치부 장관(현) ❸대통령표창(1992), 홍조근정훈장(2006)

홍윤오(洪潤五) Hong, Yoonoh

❶1963·4·28 ❸남양(南陽) ❸경북 성주 ❸서울 영등포구 의사당대로1 국회사무처 홍보기획관실(02-788-3271) ❹1982년 대구 경신고졸 1988년 서울대 신문학과졸 1989~2002년 한국일보 입사·사회부·정치부·국제부 기자·차장대우 2000년 미국 조지타운대 객원연구원 2002년 미국 URI Financial Inc. 이사 2002년 국민통합21 정몽준 대통령후보 공보특보·대변인 2003년 재외동포재단 전문위원 2003~2005년 SLS중공업(주) 경영기획실장(이사) 2005년 (주)위즈피아애드 대표 2006년 종합편성PP추진전문가모임 상임위원 2007~2008년 성국산업개발(주) 사장 2007~2008년 (주)씨하우스 사장 겸임 2011~2014년 한국콘텐츠진흥원 비상임감사 2015년 국회사무처 홍보기획관(현) ❹'아프간 블루스'(2011, 큰곰) '50년 여행 50일 인생'(2015, 나눔사)

홍은택(洪銀澤) HONG EUN TAEK

❶1963 ❸경기 성남시 분당구 판교역로235 H스퀘어 N동6층 (주)카카오(02-6718-0890) ❹1982년 중경고졸 1986년 서울대 동양사학과졸 2005년 미국 미주리대 대학원졸 ❸1989~2003년 동아일보 사회부 기자·정치부 기자·워싱턴특파원 2003~2005년 미국 글로벌저널리스트 라디오프로그램 프로듀서 2005~2006년 오마이뉴스 인터내셔널 편집국장 2006~2012년 NHN 서비스운영총괄이사(NAO)·네이버 뉴스캐스트 및 에코시스템 테스크포스팀담당 부사장 2012년 카카오 콘텐츠사업 총괄 부사장(COO) 2014~2015년 (주)다음카카오 최고업무책임자(COO·수석부사장) 2015년 (주)카카오 최고업무책임자(COO·수석부사장)(현) 2016년 카카오메이커스(2017년초 설립예정) 대표 내정(현)

홍은희(洪垠姬·女) HONG Eun Hee

❶1955·7·5 ❸전남 목포 ❸서울 서대문구 거북골로34 명지대학교 사회과학대학 디지털미디어학과(02-300-0714) ❹1974년 경기여고졸 1978년 연세대 신문방송학과졸 1985년 同대학원졸 2002년 언론학박사(연세대) ❸1977년 중앙일보 계간미술부 기자 1978년 同월간부 기자 1980년 同문화부 기자 1989년 同생활과학부 기자 1993년 同문화부 차장대우 1995년 同생활부장 1998년 同생활과학팀장 1999년 同생활부장 1999년 同문화부장 2000년 한국여기자클럽 부회장 2000년 중앙일보 편집위원 2001년 同논설위원 2001~2005년 경원대 겸임교수 2002~2005년 중앙일보 부국장대우 논설위원 2003년 연세여성언론인회 회장 2004~2005년 한국여기자협회 회장 2004~2006년 SBS 시청자위원회 위원 2004년 대한결핵협회 비상임이사 2005~2009년 명지대 디지털미디어학과 부교수 2005년 정동극장 비상임이사 2006년 방송통신융합추진위원회 민간위원 2007년 대통령소속 도서관정보정책위원회 위원 2008·2010년 대통령소속 규제개혁위원회 민간위원 2009년 명지대 사회과학대학 디지털미디어학과 교수(현) 2009년 세종시 민관합동위원회 민간위원 2010~2013년 지역신문발전위원회 위원 2014~2015년 언론중재위원회 부위원장 2015년 대검찰청 검찰미래발전위원회 위원(현) 2015~2016년 언론중재위원회 시정권고위원(현) ❸국민훈장 동백장(2005), 연세대 자랑스러운 여동문상(2007) ❹'너무나 잘 아는, 그래서 더 모르는 가족이야기' '훌륭한 어머니들'(2006)

홍의락(洪宜洛) HONG Eui Rak

❶1955·3·11 ❸남양(南陽) ❸경북 봉화 ❸서울 영등포구 의사당대로1 국회 의원회관617호(02-784-6277) ❹1973년 계성고졸 1981년 고려대 농업경제학과졸 2002년 경남대 북한대학원 수료 ❸1992년 크로네스코리아 대표, 전국시사만화작가회의 후원회장 2002년 국민통합개혁신당 경북창당추진위원회 공동대표, 한국농업경영인봉화군연합회 후원회장, 영주시민신문 이사 2003년 (주)뉴스툰 상임고문 2005~2006년 열린우리당 중앙위원 2005년 열린정책연구원 이사 2008년 민주당 경북도당 위원장 2008년 同당무위원 2010년 경북도지사선거 출마(민주당) 2011년 민주통합당 당무위원 2012~2016년 제19대 국회의원(비례대표, 민주통합당·민주당·새정치민주연합·더불어민주당) 2013년 국회 산업통상자원위원회 위원 2013년 민주당 대구시당 위원장 2013년 同대구시북구乙지역위원회 위원장 2013년 同정책위원회 부의장 2014~2015년 새정치민주연합 대구시당 공동위원장 2014~2015년 同원내부대표 2014년 국회 운영위원회 위원 2014~2016년 국회 미래창조과학방송통신위원회 위원 2014~2015년 국회 창조경제활성화특별위원회 위원 2014·2015·2016년 국회 예산결산특별위원회 위원 2016년 제20대 국회의원(대구시 북구乙, 무소속)(현) 2016년 국회 운영위원회 위원(현) 2016년 국회 산업통상자원위원회 위원(현) 2016년 국회 저출산·고령화대책특별위원회 위원(현) ❷선플운동본부 '국회의원 아름다운 말 선플상'(2014) ❹'홍의원 니 와 그라노'(2013) ❸기독교

홍이표(洪利杓) HONG Yi Pyo

[생]1967·3·5 [출]충남 홍성 [주]경기 의정부시 녹양로34번길23 의정부지방법원(031-828-0114) [학]1985년 홍성고졸 1989년 건국대 법학과졸 [경]1989년 사법시험 합격(31회) 1992년 사법연수원 수료(21기) 1992년 軍법무관 1995년 부산지법 판사 1997년 同울산지원 판사 1998년 수원지법 판사 2002년 서울가정법원 판사 2003년 서울고법 판사 2005년 서울중앙지법 판사 2007년 대구지법 부장판사 2008년 해외 연수 2009년 의정부지법 부장판사 2011년 서울동부지법 부장판사 2013년 서울중앙지법 부장판사 2014년 언론중재위원회 위원 2016년 의정부지법 수석부장판사(현)

홍익태(洪益泰) HONG Ik Tae

[생]1960·2·3 [출]전북 부안 [주]세종특별자치시 정부2청사로13 국민안전처 세종2청사 해양경비안전본부(044-205-2010) [학]중앙대사대부고, 동국대졸, 同행정대학원 공안행정학과졸 [경]1984년 경찰간부후보 임용(32기) 2001년 경찰대학 학생과장(총경) 2002~2005년 駐태국대사관 영사(경찰주재관) 2005년 교육 파견 2005년 서울 노원경찰서장 2007년 서울지방경찰청 외사과장 2008년 同경무과장 2009년 인천지방경찰청 차장(경무관) 2010년 외교안보연구원 교육파견(경무관) 2010년 경찰청 교통관리관 2011년 同생활안전국장(치안감) 2012년 전북지방경찰청장 2013년 경찰청 경무인사기획관 2014년 同차장(치안정감) 2014년 국민안전처 해양경비안전본부장(치안총감)(현)

홍익표(洪翼杓) HONG Ihk Pyo

[생]1967·11·20 [주]서울 영등포구 의사당대로1 국회 의원회관839호(02-784-6887) [학]관악고졸 1989년 한양대 정치외교학과졸 1991년 同대학원 정치외교학과졸 2005년 정치학박사(한양대) [경]한양대 중소연구소 연구원, 일본 ERINA 객원연구원, 대외경제정책연구원 동북아경제협력센터 전문연구원 2007~2008년 통일부 장관 정책보좌관 2008년 대외경제정책연구원 동북아경제협력센터 전문연구원 2008년 同국제개발협력센터 전문연구원, 북한대학원대 겸임교수 2012년 제19대 국회의원(서울 성동구乙, 민주통합당·민주당·새정치민주연합·더불어민주당) 2012년 국회 외교통상통일위원회 위원 2012년 민주통합당 제18대 대통령중앙선거대책위원회 '미래캠프' 산하 남북경제연합위원회 위원 2013년 同비상대책위원회 대선공약실천위원회 전략기획위원장 2013년 국회 외교통일위원회 위원 2013년 국회 운영위원회 위원 2013년 민주당 원내대변인 2014년 민주당·새정치연합 신당추진단 정강정책위원 2014년 국회 산업통상자원위원회 위원 2014년 국회 여성가족위원회 위원 2015년 국회 예산결산특별위원회 위원 2015년 새정치민주연합 한반도평화안전보장특별위원회 간사 2015년 同비례대표선출시행세칙제정TF팀장 2015년 더불어민주당 한반도평화안전보장특별위원회 간사(현) 2015년 同비례대표선출시행세칙제정TF팀장 2016년 제20대 국회의원(서울 중구·성동구甲, 더불어민주당)(현) 2016년 국회 산업통상자원위원회 간사(현) 2016년 국회 가습기살균제사고진상규명과피해구제 및 재발방지대책마련을위한 국정조사특별위원회 더불어민주당 간사(현) 2016년 더불어민주당 서울중구·성동구甲지역위원회 위원장(현) 2016년 同정책위원회 수석부의장(현) [상]선플운동본부 '국회의원 아름다운 말 선플상'(2014) [저]'북한의 외국인 투자유치정책과 투자환경(共)'(1998) '중국·베트남의 초기 개혁·개방정책과 북한의 개혁방향(共)'(2000) '북한의 관광특구 확대 가능성 및 발전방안(共)'(2001) '북한의 대외경제정책 10년 : 평가와 과제(共)'(2001) '북한의 경제특구 확대 가능성 및 발전방향'(2001) '2002년 북한경제 백서'(2003) '7.1 경제관리개선조치 현황평가와 과제(共)'(2003) 'North Korea Development Report 2002/03(共)'(2003) '북한경제 개혁의 추진현황과 남북한 및 국제사회의 역할(共)'(2003) '2003/4년 북한경제 백서'(2004) '남북경제통합에 대비한 북한 주요 도시의 산업발전 방향과 남북협력 방향(共)'(2004) '최근 북한의 가격·유통체제 변화 및 향후 개혁과제(共)'(2004) 'North Korea Development Report 2003/04(共)'(2004) '북핵문제 해결시 국제사회의 대북경제지원 활성화 방안(共)'(2005) '현대북한경제론(共)'(2005)

홍인표(洪仁杓) Hong Inpyo

[생]1955·12·3 [본]남양(南陽) [출]경남 마산 [주]대전 서구 둔산서로95 을지대학병원 성형외과(042-611-3031) [학]1975년 천안고졸 1982년 충남대 의대졸 1985년 同대학원졸 1990년 의학박사(충남대) 2004년 연세대 보건대학원 최고위과정 제14기(의료와 법) 수료 2004년 국립암센터 보건복지정책고위과정 제3기 수료 2007년 연세대 정보대학원 정보화혁신고위과정 제2기 수료 2010년 국립중앙의료원 공공보건의료최고위정책과정 제1기 수료 2011년 서울대 의대·서울대병원 공공의료정책개론강좌 제1기 수료 [경]1982~1985년 부여군 석성면 보건지소장 1985~1990년 국립의료원 인턴·레지던트 1988~1989년 국립의료원 인턴·레지던트회 회장 1988~1989년 전국국공립병원전공의협의회 회장 1990~2001년 국립의료원 성형외과 전문의 1999~2001년 국립의료원평스텝친목회 회장 2001~2010년 국립의료원 성형외과장 2001년 국립중앙의료원총동문회 상임이사·부회장(현) 2003~2007년 순천향대 의대 성형외과학교실 외래교수 2003년 소비자분쟁조정위원회 의료전문위원회 전문위원(현) 2004~2008년 대한성형외과학회 상대가치기획평가단장 2004년 중국 심양시 구강병원 명예교수 2005년 자동차보험진료수가분쟁심의회 전문위원(현) 2005~2006년 국립의료원임상과장모임 회장 2006~2009년 대한의학회 장애평가기준개발연구위원 2006년 同신의료기술평가위원회 전문평가위원 2006년 근로복지공단 성형외과 자문의사(현) 2007~2010년 식품의약품안전청 약사심의위원회 세포치료제 전문가 2007~2015년 건강보험심사평가원 진료심사평가위원회 비상근중앙심사위원 2007~2011년 대한공공의학회 부회장 2007~2011년 同서울시지부 회장 2009~2011년 국민연금공단 장애심사규정개정추진단 의학자문단 위원 2009~2010년 제10차 한·일성형외과학회 준비위원회 EXECUTIVE SECRETARY CHAIRMAN 2010~2014년 한국다문화연대 의료봉사단장 2010~2015년 국립중앙의료원 성형외과 전문의 2010~2011년 국립중앙의료원전문의협의회 초대회장 2010~2014년 국민연금공단 국민연금심사위원회 의학자문단 위원 2010~2012년 국립중앙의료원 성형외과장 2010~2012년 同다문화가정진료센터장 2010~2012년 同공공의료센터장 2010~2012년 同사회사업실장 2011~2013년 한국국제협력단(KOICA) 지구촌체험관 전문위원 2011~2013년 대한공공의학회 제7대 이사장 2012~2015년 서울시의사회 특별분회 이사 2012~2013년 국립중앙의료원 진료부원장 2012~2013년 同공공의료사업단장 2013년 보건복지부 건강보험전문평가위원회 위원(현) 2014년 한국다문화연대 이사장(현) 2014년 한국국제협력단 홍보전문위원(현) 2014~2015년 대한공공의학회 제8대 이사장 2015년 을지대학병원 성형외과 교수(현) 2015년 보건복지부 건강보험분쟁조정위원회 위원(현) 2016년 을지대병원 성형외과장(현) [상]충남도지사표창(1984), 보건사회부장관표창(1990), 대한성형외과학회장표창(1997), 가톨릭대 의과대학장표창(2003), 대한미용성형과학회장표창(2004), 중국 심양시 구강병원장표창(2004·2005), 중국 심양시 인민정부표창(2004), 연세대 보건대학원장표창(2004), 영국 케임브리지 국제인명센터 올해의 의학상(2006), 미국 인명정보기관 21세기 위대한 지성 수상(2006), 성형봉사 베스트병원 기념상(2007), 국립재활원 감사패(2009), 대한성형외과학회 공로패(2010), 심재철 국회의원 행복한사과나무표창(2010), 칭찬합시다운동중앙회표창(2011), 대한의사협회 공직의사 봉사상(2012), 제12회 한미참의료인상(2013), 국립중앙의료원 공로패(2013), 몽골 아르항가이보건청 감사패(2013), 사회복지법인 엔젤스헤이븐 감사장(2013), 신망애복지재단 감사장(2013), 대한공공의학회 감사패(2013), 라오스 빈민구호재단 감사패(2014), 국립중앙의료원 공로증(2015), 대한공공의학회 감사패(2015) [역]'구순구개열'(2005) '미용성형외과학'(2007)

홍일승(洪一勝)

[생]1959·5·8 [출]충북 청주 [주]서울 용산구 두텁바위로54의99 방위사업청 기획조정관실(02-2079-6700) [학]고졸검정고시 합격 1987년 한국방송통신대졸 1990년 충북대 대학원졸 2002년 합동참모대학졸 [경]7급 공채 합격, 국방부 주사보 2006년 방위사업청 방산정책과 근무 2007년 同기획홍보팀장 2007년 同정보전자계약팀장(서기관) 2010년 同조달기획관리팀장 2011년 同국제장비계약팀장 2011년 同운영지원과장(부이사관) 2013년 同재정정보화기획관(고위공무원) 2016년 同기획조정관(고위공무원)(현)

홍일표(洪日杓) HONG Ihl Pyo (心耘)

[생]1944·11·29 [본]남양(南陽) [출]서울 [주]서울 종로구 창덕궁1길13 원서빌딩5층 법무법인 양헌(02-397-9801) [학]1963년 서울고졸 1967년 서울대 법과대학졸 1970년 同사법대학원 수료 1980년 미국 하버드대 로스쿨졸(LL.M.) [경]1969년 사법시험 합격(10회) 1971년 공군 법무관 1974~1980년 서울형사지법 판사·서울지법 동부지원 판사 1980년 청주지법 영동지원장 1981년 서울고법 판사 1982년 법원행정처 조사심의관 1984년 대법원 재판연구관 1985년 부산지법 부장판사 1987년 사법연수원 교수 1987년 미국 예일대 법대 객원연구원 1989년 서울형사지법 부장판사 겸 법원행정처 조사국장 1991년 서울민사지법 부장판사 1992년 부산고법 부장판사 1993년 사법연수원 수석교수 1994년 서울고법 부장판사 2000년 청주지법원장 2001년 서울행정법원장 2002년 특허법원장 2003~2004년 사법연수원장 2003년 중앙선거관리위원회 위원 2004년 김·장·리법률사무소 변호사 2005~2010년 건국대 법과대학 전임교수 2005년 법무법인 바른 변호사 2007년 건국대 법학연구소장 2007~2010년 리걸타임즈 발행인 2008년 법무법인 양헌 변호사(현) 2013년 상명대 법학과 석좌교수(현) 2013년 대한변호사협회 다문화가정법률지원위원회 위원장(현) [상]법무부장관표창(1970), 황조근정훈장 [저]'주해 민법 Vol.1(共)'(1992, 박영사) [종]불교

홍일표(洪日杓) HONG Il Pyo

생1956·2·11 출충남 홍성 주서울 영등포구 의사당대로1 국회 의원회관623호(02-784-6346) 학1974년 홍성고졸 1980년 건국대 법학과졸 1985년 同대학원 법학과졸(석사) 1996년 영국 런던대 수료 경1981년 사법고시 합격(23회) 1985년 사법연수원 수료(14기) 1985년 대구지법 판사 1988년 대전지법 홍성지원 판사 1990년 인천지법 판사 1993년 서울지법 남부지원 판사 1995년 영국 런던대 객원연구원 1996년 서울고법 판사 1997년 대법원 재판연구관 1998년 인천지법 판사 1999~2006년 변호사 개업·법무법인 서해 대표변호사, 한나라당 인천시남구甲당원협의회 운영위원장, 同인천시당 홍보위원장, 同지방자치교육원장, 在仁川충남도민회 부회장, 인천시소프트볼협회 회장 2006~2007년 인천시 정무부시장 2008년 제18대 국회의원(인천시 남구甲, 한나라당·새누리당) 2009년 제8회 한국강의날대회 조직위원장 2010년 국회 지식경제위원회 위원 2010년 국회 사법제도개혁특별위원회 위원 2010년 한나라당 대표특보 2011~2012년 同직능특별위원회 지역특별위원장(인천) 2011년 국회 국토해양위원회 위원 2011년 국회 저출산고령화특별위원회 위원 2012년 제19대 국회의원(인천시 남구甲, 새누리당) 2012년 새누리당 원내대변인 2012년 同원내부대표 2012년 同윤리특별위원회 기능강화팀장 2012년 同공동대변인 2012년 국회 국회쇄신특별위원회 위원 2012년 국회 예산결산특별위원회 위원 2013년 국회 산업통상자원위원회 위원 2014년 새누리당 사회적경제특별위원회 위원 2014년 국회 지속가능발전특별위원회 위원 2014~2015년 새누리당 인천시당 위원장 2014~2015년 同정책위원회 부의장 2014~2015년 인천재능대 객원교수 2014~2015년 국회 법제사법위원회 여당 간사 2015년 새누리당 정책위원회 법제사법정책조정위원장 2015년 국회 법제사법위원회 위원 2015년 국회 윤리특별위원회 여당 간사 2016년 제20대 국회의원(인천시 남구甲, 새누리당) (현) 2016년 국회 정무위원회 위원(현) 상한국의 미래개혁 정치발전대상(2010), 대한민국 국회 과학기술 우수의정상(2013), 법률소비자연맹 선정 국회 헌정대상(2013), 유권자시민행동 2013 국정감사 최우수상(2013), 건국대총동문회 '자랑스런 건국인'(2014), 대한민국소비자대상 소비자입법부문(2016) 전칼럼집 '여의도 프리즘'(2011) '국회 속의 인문학'(2014)

홍일표(洪壹杓)

생1958·6·19 본남양(南陽) 출충남 천안 주서울 종로구 삼일대로30길21 종로오피스텔807호 월간현대시학(02-701-2341) 경1992년 경향신문 신춘문예로 등단, 문화저널21 편집위원, 시전문지 '시로여는세상' 주간, 월간 현대시학 주간(현) 상심상신인상(1988), 제8회 지리산문학상(2013), 제6회 시인광장작품상(2016) 전시집 '살바도르 달리풍의 낮달' '매혹의 지도' '밀서' 평설집 '홀림의 풍경들' 산문집 '조선시대 인물기행' 전'즐거운 오독' '수국에 이르다' '매혹의 지도' '밀서' '북극 거미' '뱀의 전설' 등

홍일화(洪一和) HONG Il Hwa (碧空)

생1947·2·24 출경북 예천 주경기 안산시 단원구 광덕4로260 Win-Win프라자406호 우먼앤피플(031-410-0066) 학1966년 덕수상고졸 1970년 국민대 경제학과졸 1990년 미국 조지워싱턴대 AMP과정 수료 1993년 국민대 대학원 행정학과졸 경1970년 쌍용양회공업(주) 기획부 근무 1971~1972년 국회의원 비서관 1973년 대한미과협의회 감사 1973년 (사)한국청년회의소 제1부회장 겸 한국JC신문 편집인 1980~1983년 (주)한국코벨 상무이사 1983~1994년 (주)한국데칼 대표이사 1984년 (사)한국청년회의소 제1부회장 1985~1987년 민정당 총간사 1986~1992년 한국스크린인쇄공업협동조합 이사장 1986년 국제스크린인쇄협회(SPAI) 국제이사 1986년 국민대총동문회 부회장 1987~1989년 민정당 중앙위원회 청년1분과위원장 1989년 중소기업협동조합중앙회 이사 겸 정책위원 1990년 민자당·신한국당 중앙상무위원회 청년분과위원장 1991~1997·2007년 민주평통 자문위원 1991년 한민족청년동지회중앙회 회장 1991년 한·루마니아친선교류협회 회장 1995~1999년 (주)고려데칼 고문 1995~1999년 신한국당·한나라당 중앙상무위원회 부의장 1998~2001년 민주평통 안산시협의회장·상임위원·고문 1999~2002년 (주)한국데칼 회장 1999~2004년 한나라당 부대변인 2002~2005년 (사)21세기통일봉사단 단장 2002년 북방권교류협의회 부총재 2004년 피닉스리더쉽총동문회 회장 2005년 21세기통일봉사단 상임고문 2006년 한나라당 중앙위원회 상임고문 2007년 同제17대 대통령중앙선거대책위원회 부위원장 2007년 同기능정책본부 부본부장 2008년 제17대 대통령취임준비위원회 자문위원 2008년 우먼앤피플 상임고문(현) 2014년 산은금융지주 사외이사 2015년 우리은행 사외이사(현) 상중소기업인의날 정부포장(1991), 500만불 수출탑(1992), 안산상공회의소 경영대상(1993), 대통령표창(1998), 국민훈장 석류장(2001) 전'한국청년회의소 30년사' '한국스크린인쇄공업협동조합 5년사' 종기독교

홍장표(洪章杓) HONG Jang Pyo

생1959·8·19 본남양(南陽) 출경기 안산 주경기 수원시 장안구 정조로944 새누리당 경기도당(031-248-1011) 학1978년 안양공고졸 1987년 인하대 조선공학과졸 2001년 한양대 지방자치대학원졸 2010년 도시공학박사(한양대) 경대붕건설(주) 사장 1991~2002년 안산시의회 의원·예산결산특별위원회 위원장·도시건설위원장 1991년 민자당 안산지구당 부위원장 1991년 민주평통 자문위원 1992년 안산시 도시계획위원 1998년 안산시문화상 심의위원 1999~2008년 국민생활체육 안산시축구협회장 2000년 한나라당 안산甲지구당 부위원장 2002~2004년 경기도의회 의원(한나라당) 2006년 한나라당 부대변인 2006년 同안산상록乙당원협의회 운영위원장, 同경기도당 뉴타운특별위원회 위원장 2006년 안산시장애인체육회 이사 2007년 신안산전철유치위원회 위원장 2008~2009년 제18대 국회의원(안산상록乙, 친박연대·한나라당) 2009년 한나라당 안산상록乙당원협의회 운영위원장 2015년 새누리당 경기안산시상록구乙당원협의회 운영위원장(현) 2016년 제20대 국회의원선거 출마(안산시 상록구乙, 새누리당) 상안산시문화상(2003), 경기도의회 최우수 의원상(2004) 전'지방도시 주택공급정책과 주택가격에 관한 연구'(2002) '지방의회 의원의 역할과 전문성 제고방안에 관한 연구'(2003) '살맛나는 안산 땀으로 가꾼 13년'(2004) 종기독교

홍재문(洪在文) HONG Jae Moon

생1960·12·20 본남양(南陽) 출경북 고령 주서울 중구 명동11길19 전국은행연합회(02-3705-5000) 학1979년 대구 능인고졸 1983년 서울대 경제학과졸 1988년 同행정대학원 행정학과졸 2004년 미국 Vanderbilt대 대학원 경제학과졸 경1991년 재무부 공보관실 사무관 2000년 재정경제부 국고국 재정자금과 서기관 2004년 기획예산처 재정기획실 재정정책과장 2005년 同재정제도혁신과장 2005년 재정경제부 DDA대책반장 2006년 同금융허브협력과장 2006년 同금융허브기획과장 2008년 금융위원회 기획재정담당관 2009년 同기획재정담당관(부이사관) 2009년 同행정인사과장 2010년 駐OECD대표부 참사관 2013년 기획재정부 본부 근무(국장급) 2016년 한국자금중개(주) 부사장 2016년 전국은행연합회 전무이사(현) 종기독교

홍재성(洪在星) Hong Chai-song

생1946·5·2 출경기 개성 주서울 관악구 관악로1 서울대학교 불어불문학과(02-880-6114) 학1964년 경기고졸 1968년 서울대 불어불문학과졸 1970년 同대학원 불어학과졸 1982년 언어학박사(프랑스 파리제7대) 경1974~1975년 아주대 공과대학 전임강사 1975~1986년 연세대 전임강사·조교수·부교수 1986~1988년 同교수 1988~1992년 서울대 불어불문학과 부교수 1992~2011년 同불어불문학과 교수 1997~1998년 한국불어불문학회 부회장 2004~2006년 한국사전학회 회장 2006~2008년 한국언어학회 회장 2007년 대한민국학술원 회원(불어학·현) 2009년 한국사전학회 고문(현) 2011년 서울대 불어불문학과 명예교수(현) 상프랑스 학술공로훈장 기사장(1995), 제22회 외솔상 문화부문(2000) 전'불어학개론'(1974) 'Syntaxe des verbes de mouvement en coreen contemporain'(1985) 'Initiation a la langue coreenne'(1985) '현대 한국어 동사구문의 연구'(1987) '불어기본구문의 이해'(1989) '현대 한국어 동사 구문 사전'(1997) '동아 프라임 불한사전'(1998) '프랑스어 문장연습'(2003) '프랑스어학의 이해'(2006)

홍재표(洪再杓) Hong Jaepyo

생1964·9·27 출충남 예산군 삽교읍 도청대로600 충청남도의회(041-635-5318) 학신성대 토목정보과졸 경새시대새정치연합청년회 충남지부 부회장, 태안군학교운영위원장협의회 회장, 민주평통 자문위원, 웅비건설산업(주) 이사, 민주당 충남도당 지방자치위원장 2006년 충남도의원선거 출마(열린우리당) 2014년 충남도의회 의원(비례대표, 새정치민주연합·더불어민주당)(현) 2014·2016년 同농업경제환경위원회 위원(현) 2014년 同예산결산특별위원회 위원

홍재형(洪在馨) HONG Jae Hyong

생1938·3·27 본남양(南陽) 출충북 청주 주서울 영등포구 국회대로68길14 신동해빌딩11층 더불어민주당(02-788-2278) 학1956년 청주고졸 1960년 서울대 상대졸 1964년 同행정대학원졸 1998년 명예 경제학박사(충북대) 경1963년 예편(해군 중위) 1963~1969년 재무부 외환국 사무관 1969년 세계개발은행(IBRD) 이사 보좌관 1971년 駐영국대사관 근무 1973년 재무부 국제금융과장 1976년 駐영국대사관 재무관 1979년 관세청 관세감독관 겸 관세조사국장

장 1979년 同관세조사국장 1981년 재무부 관세국장 1983년 대통령 경제비서관 1985년 해외협력위원회 기획단 부단장 1986년 경제기획원 대외경제조정실장 1987년 재무부 기획관리실장 1988년 同제1차관보 1988년 관세청장 1990년 한국수출입은행장 1991년 한국외환은행장 1993년 아시아개발은행총회 의장 1993년 재무부 장관 1994년 부총리 겸 경제기획원 장관 1994~1995년 부총리 겸 재정경제원 장관 1995년 세계화추진위원회 부위원장 1996년 신한국당 청주상당지구당 위원장 1996~1998년 한국야구위원회 총재 1997년 국민신당 최고위원 1997~1998년 同청주상당지구당 위원장 1998~2000년 충북대 초빙교수 2000~2004년 제16대 국회의원(청주 상당구, 새천년민주당·열린우리당) 2001년 새천년민주당 충북도지부장 2002년 국회 예산결산특별위원회 위원장 2004년 열린우리당 충북도지부장 2004년 제17대 국회의원(청주 상당구, 열린우리당·대통합민주신당·통합민주당) 2004년 열린우리당 정책위 의장 2005~2006년 同충북도당 위원장 2005년 행정중심복합도시건설추진위원회 공동위원장 2006년 국회 한미FTA특별위원회 위원장 2007년 열린우리당 최고위원 2008년 대통합민주신당 최고위원 2008년 통합민주당 최고위원 2008년 제18대 국회의원(청주 상당구, 통합민주당·민주당·민주통합당) 2008~2011년 민주당 당무위원 2008년 同전국대의원대회 부의장 2008~2009년 국회 국가균형발전 및 행정중심복합도시대책특별위원회 위원장 2010년 국회 부의장 2011년 민주통합당 당무위원 2012년 제19대 국회의원선거 출마(청주 상당구, 민주통합당) 2012~2013년 민주통합당 충북도당 위원장 2012년 同제18대 대통령중앙선거대책위원회 충북도당 상임선거대책위원장 2015년 새정치민주연합 고문 2015년 더불어민주당 고문(현) [상]홍조근정훈장, 황조근정훈장, 청조근정훈장 [저]수상집 '어차피 삶은 실명일 수밖에 없다' '자유시장, 작은 정부 토대를 다지며' [종]기독교

홍정국(洪正國) Hong Jung Kuk

[생]1982 [주]서울 강남구 테헤란로405 (주)BGF리테일 임원실(1577-3663) [학]미국 스탠퍼드대 경제학과졸, 同대학원 산업공학과졸 2013년 미국 펜실베이니아대 와튼스쿨 대학원 MBA [경]2010년 보스턴컨설팅그룹코리아 근무 2013년 (주)BGF리테일 경영혁신실 입사 2015년 同전략기획본부장(상무이사) 2015년 同전략혁신부문장(전무)(현)

홍정기(洪丁基) HONG Jung Ki

[생]1952·1·10 [본]남양(南陽) [출]경남 함안 [주]서울 중구 새문안로22 문화일보 논설위원실(02-3701-5027) [학]1971년 부산고졸 1975년 서울대 법학과졸 1990년 서강대 공공정책대학원 국제관계학과졸 [경]1977~1986년 현대건설 근무 1988~1991년 전국경제인연합회 근무 1991년 문화일보 국제부 차장 1993년 同기업문화부장 직대 1995년 同국제부장 직대·논설위원 1998년 同국제부장 1999년 同논설위원 2000년 同논설위원(부국장대우) 2004년 同논설위원실장 2007~2008년 한국신문방송편집인협회 이사 2009년 문화일보 논설주간 2010년 同논설위원(현)

홍정기(洪禎基) HONG Jeong Kee

[생]1966·9·17 [본]남양(南陽) [출]인천 [주]경기 하남시 미사강변한강로229 한강유역환경청(031-790-2403) [학]1985년 운호고졸 1992년 연세대 행정학과졸 2004년 미국 델라웨어대 대학원졸 2011년 공학박사(서울대) [경]1992년 행정고시 합격(35회) 1995년 환경부 기획관리관실 법무담당관실 근무 2001년 同기획관리실 기획예산담당관실 서기관 2004년 同혁신인사담당관 2005년 한강유역환경청 환경관리국장 2005년 환경부 자연보전국 자연자원과장 2006년 同대기보전국 대기총량제도과장 2008년 同기획조정실 창의혁신담당관 2009년 同환경정책실 녹색환경정책관실 정책총괄과장(부이사관) 2010년 同기획재정담당관 2011년 2012세계자연보전총회조직위원회 사무처장 2012년 환경부 수도권대기환경청장 2013년 同대변인 2014년 同자원순환국장 2015년 한강유역환경청장(현) [상]대통령표창(1998) [종]기독교

홍정길(洪正吉) HONG Jung Gil

[생]1942·2·3 [출]전남 함평 [주]서울 강남구 광평로20길17 남서울은혜교회(02-3412-0035) [학]1963년 숭실대 철학과졸 1969년 총회신학교 신학과졸 2006년 명예 철학박사(숭실대) 2010년 명예박사(합동신학대학교) [경]1970~1972년 한국대학생선교회(CCC) 한국총무, 건국대 교목 1975~1996년 남서울교회 개척·담임목사 1986~2010년 유학생수련회(KOSTA) 국제이사회 이사장 1991~2001년 학원복음화협의회 전국연합 공동대표·대표 1993년 (사)남북나눔 사무총장·이사장(현) 1996~2012년 남서울은혜교회 개척·담임목사, (사)한국해외선교회(GMF) 이사, 同번역선교부(GBT) 이사장, 同전문인협력기구 이사장, 희년선교회 이사장, 밀알선교단 이사장, 同이사 1999년 밀알미술관 설립·대표, (재)한세 이사, 기독교윤리실천운동 이사·공동대표, 기아대책기구 이사, 중국 연변기술대 재단이사, BTC 이사, 이슬람연구소 이사, 도서출판 두란노 이사, 대북협력민간단체협의회 회장, 한국기독교북한동포후원연합회 식량은행 사무총장, 同회장, 한국기독교역사연구소 이사 2004년 同이사장 2008년 공의정치실천연대 공동대표 2012년 남서울은혜교회 원로목사(현), 한국굿윌 이사, 한국해외선교회(GMF) 이사(현), 밀알선교단 이사(현), 학교법인 밀알학원 이사장(현), 밀알복지재단 이사장(현), 희년선교회 이사장(현), 학원복음화협의회 고문(현), 한국기독교역사연구소 이사장(현), 평화통일을위한남북나눔운동 회장(현), 국제복음주의 학생연합회(KOSTA) 설립, 일가재단 부이사장(현), 학교법인 신동아학원 이사장(현), 기독교윤리실천본부 이사장(현) [상]국민훈장 동백장(2008), 민족화해상(2009) [저]'십계명 강해' '아브라함의 하나님' '주기도문 강해' '씨뿌리는 비유' '야고보서 강해' '우리가 소망하는 교회' '기질대로 쓰시는 하나님' '사명으로 움직이는 삶' '한국교회는 이민족을 책임질수 있는가' '믿음의 사람들' '빌립보서 강해' '중년의 위기' '다윗의 노래' '뜻을 정한 인생' '하나님의 은혜, 나의 사명' '상황을 뛰어넘는 기쁨' '자유를 위하여 부르심을 입었나니' [종]기독교

홍정도(洪正道) Jeongdo Hong

[생]1977·11·11 [출]서울 [주]서울 마포구 상암산로48의6 JTBC 임원실(02-751-6305) [학]1996년 구정고졸 1997~1998년 연세대 사학전공 수료(2년) 2003년 미국 코네티컷 웨슬리안대 경제학·역사학 전공(학사) 2008년 미국 스탠퍼드대 경영대학원졸(MBA) [경]2003년 Accenture 비즈니스 컨설턴트 2005년 중앙일보 전략기획실 근무 2006년 同전략기획실 차장 2008년 同전략기획실 전략팀장(부장) 2009년 同전략기획담당 이사 겸 JMnet 방송본부 기획조정담당 2010년 同전략기획실장(상무) 겸 JMnet 방송본부 기획조정담당 2011년 同지원총괄 전무 겸 JMnet COO 2012년 JTBC 기획·지원총괄 전무 2013년 同부사장 2014년 同대표이사 부사장 겸 JMnet 부사장 2014년 JMnet 대표이사 부사장·중앙일보 대표이사 부사장·JTBC 대표이사 부사장 2015년 JMnet 대표이사 사장·중앙일보 대표이사 사장·JTBC 대표이사 사장 겸임(현) [상]세계경제포럼(WEF) 선정 2010 차세대 리더(Young Global Leader)(2010) [종]원불교

홍정란(女)

[생]1966 [주]서울 강남구 압구정로201 현대백화점 상품본부 식품사업부(02-547-2233) [학]서울대 식품영양학과졸 [경]1988년 현대백화점 입사, 同신촌점 식품팀장(부장) 2012년 同킨텍스점장(상무보) 2015년 同킨텍스점장(상무乙) 2016년 同상품본부 식품사업부장(상무乙)(현)

홍정선(洪井善) HONG Jeong Sun (逈石)

[생]1951·1·19 [출]경북 청도 [주]서울 서대문구 연세로50 연세대학교 법학전문대학원(02-2123-5986) [학]1969년 경북고졸 1973년 서울대 법학과졸 1976년 同대학원 법학과졸 1985년 법학박사(서울대) [경]1982~2001년 이화여대 법과대학 교수 1996~1998년 同교무처장 1998~1990년 독일 Tubingen대 초빙교수 1999~2000년 독일 Wuppertal대 초빙교수 2001~2016년 연세대 법과대학 교수·법학전문대학원 교수 2001~2005년 한국지방자치법학회 회장 2001~2006년 서울 강남구 특별법률자문교수 2003~2005년 전국시장·군수·구청장협의회 자문교수 2003~2007년 국무총리행정심판위원회 심판위원 2004~2006년 민주화운동관련자명예회복및보상심의위원회 위원 2005~2007년 헌법재판소 공직자윤리위원회 위원 2005년 한국지방자치법학회 명예회장(현) 2005~2006년 한국공법학회 회장 2006년 同고문(현) 2006~2008년 방송위원회 행정심판위원회 위원 2007년 미국 Berkley대 법과대학 초빙교수 2008~2010년 대통령소속 지방분권촉진위원회 위원 2010년 서울시 민간위탁운영평가위원회 위원장(현) 2010~2013년 행정안전부 지방자치단체중앙분쟁조정위원회 위원 2012년 독일 자유베를린대 연구교수 2012년 행정안전부 주식백지신탁심사위원회 위원장 2013~2014년 안전행정부 주식백지신탁심사위원회 위원장 2013년 同지방자치단체중앙분쟁조정위원회 위원장 2016년 법제처 연구윤리위원회 위원장(현) 2016년 연세대 명예교수(현) [상]한국공법학회 학술장려상(1994), 제1회 연세대 사회과학부문 Best Teacher Award(2005), 홍조근정훈장(2011) [저]'헌법과 정치'(1986, 법문사) '행정법원리-독일의 이론과 실제'(1990, 박영사) '행정법원론(상)'(1992~2013, 박영사), '행정법원론(하)'(1992~2013, 박영사) '사례행정법'(1996, 신조사) '행정법연습'(1999~2007, 신조사) '행정법특강'(2002~2013, 박영사) '경찰행정법'(2007·2013, 박영사) '신행정법입문'(2008~2013, 박영사) '신행정법연습'(2009·2011, 신조사) '신지방자치법'(2009, 박영사) '최신행정법판례특강'

(2011·2012, 박영사) 'CASE 행정법특강(共)'(2011·2013) '공인노무사 행정쟁송특강(共)'(2011·2013, 박영사) '로스쿨 객관식 행정법특강(共)'(박영사, 2012) '기본행정법'(2013, 박영사) '기본경찰법'(2013, 박영사)

홍정순(洪正純·女) Hong Jung Soon

[생]1960·12·7 [주]서울 영등포구 의사당대로1 국회도서관 법률정보실(02-788-4887) [학]이화여대졸, 同대학원졸 [경]국회도서관 의회법령자료과 사서(서기관), 同전자정보제작과장 2002년 同열람봉사과장 2003년 同수서과장 2005년 同정리과장 2005년 영국 런던대 파견 2007년 국회도서관 정보관리국 전자정보개발과장 2008년 同기획협력국 홍보협력과장 2009년 同정보봉사국 열람봉사과장 2010년 同의회정보실 의회정보심의관 2010년 중앙대 인문과학연구소 파견(부이사관) 2011년 국회도서관 정보봉사국장 2012년 同기획관리관 2015년 국회사무처 파견(이사관) 2016년 국회도서관 법률정보실장(현) [상]대통령표창 [저]'우리나라 법률도서관의 이용과 봉사현황에 관한 연구'(1989) '도서관 자료의 보존과 관리 : 대영도서관(British Library)을 중심으로'(2006, 국회도서관)

홍정용(洪正龍)

[생]1951·3·8 [출]광주 [주]서울 중랑구 망우로511 의료법인 풍산의료재단(02-437-5011) [학]1975년 서울대 의대졸 1978년 同대학원 의학석사 1998년 의학박사(동국대) [경]1975~1980년 서울대병원 정형외과 전공의 예편(육군 소령) 1983년 동부제일병원 설립 1993년 의료법인 동부제일병원 개설 1993년 의료법인 풍산의료재단 설립·이사장(현) 1997~1999년 대한병원협회 이사 1997년 의료법인 창동제일의원 개원 1999~2008년 대한병원협회 보험상임이사 2001~2003년 서울시병원회 총무이사 2001~2005년 대한중소병원협회 총무이사 2003~2012년 서울시병원회 부회장 2005~2008년 대한중소병원협회 부회장 2008~2010년 대한병원협회 사업위원장 2010~2012년 同총무위원장 2010년 경기도립노인전문시흥병원 대표(현) 2014~2016년 대한병원협회 부회장 2014년 서울시병원회 고문 2014~2016년 대한중소병원협회 회장 2015년 서울대의과대학총동창회 회장(현) 2016년 대한병원협회 회장(현) 2016년 항생제바로쓰기운동본부 위원(현) [상]서울특별시장표창(1985), 재무부장관표창(1988), 경기도지사 감사장(1988), 건설교통부장관표창(1999), 행정자치부장관 감사장(2001), 보건복지부장관표창(2004), 한·독학술경영대상(2005), 대한병원협회장표창(2007), 국민포장(2007)

홍정욱(洪政旭) HONG Jung Wook

[생]1970·3·14 [본]남양(南陽) [출]서울 [주]서울 용산구 후암로4길10 헤럴드(02-727-0001) [학]1989년 미국 초우트로즈매리홀고졸 1991~1992년 서울대 정치학과 수학 1993년 미국 하버드대 동아시아학과졸 1995년 중국 베이징대 국제정치학대학원 수학 1998년 미국 스탠퍼드대 로스쿨졸 2005년 명예 정치학박사(용인대) [경]1998년 미국 리먼브라더스 인수합병·금융전문가 2000~2001년 미국 스트럭시콘 CFO 2002~2007년 (주)헤럴드미디어 대표이사 사장 2002~2008년 코리아헤럴드·헤럴드경제·주니어헤럴드·캠퍼스헤럴드 발행인 2002~2008년 한국신문협회 이사 2002~2008년 국제언론인협회 한국위원회 이사 2003~2008년 한국신문윤리위원회 감사 2006년 한·미협회 이사(현) 2007년 아시아소사이어티 정책자문위원(현) 2007년 국립중앙박물관 운영자문위원 2007년 서울대 미술관 운영위원 2007년 동아TV 회장 2007~2008년 (주)헤럴드미디어 대표이사 회장 2008년 국립중앙박물관회 이사(현) 2008~2012년 제18대 국회의원(서울 노원丙, 한나라당·새누리당) 2009년 한국국제협력단(KOICA) 대외무상원조 명예홍보대사 2009~2010년 한나라당 국제위원장 2010년 同지방선거기획위원 2010년 同전당대회준비위원회 위원 2010년 同2030본부장 2011년 (사)올재 이사장(현) 2012년 헤럴드 회장(현) 2012년 (사)대한스키협회 이사 [상]세계경제포럼(다보스포럼) '영글로벌리더' 선정(2005), 아시아소사이어티 'Asia 21 Fellow' 선정(2006), BMW 헤르베르트 콴트재단 '영 유럽-아시아 리더' 선정(2008), NGO선정 국정감사 우수의원(2008·2009·2010) [저]'7막7장'(1993) '7막7장 그리고 그 후'(2003) [종]기독교

홍정표(洪正杓) HONG Jung Pyo

[생]1963·9·10 [본]남양(南陽) [출]경기 광주 [주]경기 용인시 처인구 명지로15의5 경인일보 남부취재본부(031-333-6666) [학]1982년 송도고졸 1988년 성균관대 신문방송학과졸 [경]2000년 경인일보 정치부 차장 2001년 한국기자협회 부회장 2003년 경인일보 서울지사 취재부 차장 2003년 同편집국 사회부장 2008년 同편집국 지역사회부 용인지역주재부장 2009년 同편집국 정치부장 2010~2012년 同편집국장 2012년 同남부취재본부장(현)

홍정화(洪廷和·女)

[생]1988·7·11 [주]인천 남동구 정각로29 인천광역시의회(032-440-6375) [학]2007년 서운고졸 2011년 이화여대 법학과졸 2015년 전남대 법학전문대학원졸 [경]2015년 변호사시험 합격(4회) 2015년 법무법인 율정 변호사(현) 2015년 더불어민주당 인천시계양구甲지역위원회 청년위원장(현) 2016년 인천시의회 의원(보궐선거 당선, 더불어민주당)(현) 2016년 同운영위원회 위원(현) 2016년 同건설교통위원회 위원(현) 2016년 同윤리특별위원회 위원(현)

홍종경(洪鍾慶) Hong Jong Kyung

[생]1956·7·3 [주]경북 안동시 풍천면 도청대로455 경상북도청 국제관계대사실(054-880-2031) [학]경북고졸 1980년 서울대 불문학과졸 1982년 중앙대 대학원 국제경제학과졸(석사) [경]외무고시 합격(17회) 1985년 외무부 입부 1990년 駐벨기에 2등서기관 1993년 駐호치민 영사 1998년 駐프랑스 1등서기관 2002년 외교통상부 의전1담당관 2003년 駐뉴욕 영사 2007년 ACD외교장관회의준비 및 의전업무지원 2007년 대통령직인수위원회 파견(대통령 당선인비서실 의전팀 근무) 2009년 대통령 의전비서관실 파견(고위외무공무원) 2009~2012년 駐이스탄불 총영사 2012년 경북도 국제관계대사(현)

홍종욱(洪鍾旭) HONG Jong Uk

[생]1966·11·12 [본]남양(南陽) [출]충남 연기 [주]경남 창원시 마산합포구 제2부두로10 마산지방해양수산청(055-981-5000) [학]1985년 이화여대부속고졸 1989년 서울대 정치학과졸 2005년 스웨덴 세계해사대 대학원졸 [경]1993년 행정고시 합격(37회) 1996년 해양수산부 기획예산담당관실 근무 1997년 同해운정책과 근무 1999년 국무조정실 심사평가조정관실 근무 2000년 해양수산부 항만정책과 근무 2002년 同수산정책과 근무 2005년 同해양보전과 근무 2006년 同성과관리팀장 2007년 同장관비서관 2007년 同해운물류본부 물류협력팀장 2008년 2012여수세계박람회조직위원회 기획총괄팀장 2009년 국토해양부 국제해사팀장 2009년 駐프랑스대사관 파견 2012년 국토해양부 항공정책실 공항정책과장(서기관) 2013년 해양수산부 해양정책실 해양정책과장 2014년 同기획조정실 기획재정담당관(부이사관) 2015년 마산지방해양수산청장(현)

홍종태(洪鍾泰)

[생]1957·4·1 [출]경북 의성 [주]경북 의성군 봉양면 경북대로4741 의성소방서(054-834-4119) [학]의성종합고졸, 한국방송통신대졸 [경]문경소방서 소방행정과장, 소방본부 119종합상황실 근무, 경산소방서 소방행정과장, 소방본부 119종합상황실장 2016년 의성소방서장(현) [상]내무부장관표창(1987), 경북도지사표창(1991·1999), 경북도의회 의장표창 (2009), 대통령표창(2015)

홍종해(洪鍾海) Hong, Jong Hae

[생]1958·6·2 [주]인천 중구 자유공원 서로57 인천지방해양안전심판원(032-777-0957) [학]1998년 해사수송과학박사(한국해양대) [경]1987~1996년 해운항만청 근무 1996~2001년 해양수산부 안전관리실 근무 2001~2002년 스웨덴 세계해사대학 파견 2002년 해양수산부 안전관리실 해사기술담당관실 근무 2007년 同해양정책본부 안전관리과 근무 2008년 국토해양부 해사안전정책관실 근무 2009년 해적퇴치협정정보공유센터 근무 2011년 부산지방해양안전심판원 수석조사관 2013년 목포지방해양안전심판원 수석조사관 2015년 해양수산부 해양정책본부 안전관리과 근무 2016년 인천지방해양안전심판원장(현)

홍종호(洪鍾豪) Hong Jong Ho

[생]1963·9·7 [주]서울 관악구 관악로1 서울대학교 환경대학원 환경계획학과(02-880-9518) [학]상문고졸 1986년 서울대 경제학과졸 1988년 미국 미시간주립대 대학원 경제학과졸 1994년 경제학박사(미국 코넬대) [경]1985~1986년 삼성물산 섬유사업부 근무 1994년 미국 코넬대 Post-Doc. 1994~1996년 한국개발연구원(KDI) 전문연구원 1996~2002년 한양대 상경대학 경제학부 전임강사·조교수 1997~1999년 경제정의실천시민연합 정책위원 1997년 한국환경경제학회 편집위원(현) 1998년 Journal of Economic Research 편집위원(현) 1999~2004년 산업자원부 장기전력수급위원회 위원 1999년 일본 교토대 경제연구소 초빙교수 2001~2003년 외무고시·입법고시·세무사 출제위원 2001~2003년 한국환경경제학회 총무이사 2001~2003년 환경부 환경서비스협상대책반 참여위원 2002~2005년 The World Bank(세계은

행) 컨설턴트 2002~2009년 한양대 경제금융대학 경제금융학부 부교수·교수 2002~2004년 同경제금융대학 경제금융학부장 2003년 한국환경경제학회 이사(현) 2003년 환경정의 집행위원(현) 2003~2004년 KBS 객원해설위원 2004년 미국 Univ. of California at Davis 방문교수 2004~2005년 국무총리실산하 경제사회이사회 연구위원·평가위원 2005~2007년 기금평가단 평가위원 2005년 한국재정학회 연구이사(현) 2006~2009년 환경정의초록사회본부 공동본부장 2006~2008년 전국경제인연합회 환경위원회 자문위원 2006년 한강수계관리기금성과평가위원회 평가위원(현) 2006~2008년 대통령자문 지속가능발전위원회 사회·건강전문위원회 위원 2007년 한국재정학회 편집위원(현) 2007년 한중일황사공동연구단 자문위원(현) 2007년 한국환경정책평가연구원 연구자문위원(현) 2007년 환경부 수생태복원포럼 위원(현) 2008년 한국경제연구학회 이사 겸 연구위원장(현) 2008년 한국환경경제학회 감사 2008년 한국경제학회 청람상 심사위원(현) 2008년 기업지속가능성지표개발 GRI Working Group 위원(현) 2009년 서울대 환경대학원 환경계획학과 부교수 2012년 同환경대학원 환경계획학과 교수(현) 2015~2016년 한국환경경제학회 회장

홍종희(洪終姬·女)

[생]1967·10·26 [출]광주 [주]충남 공주시 한적2길34의13 대전지방검찰청 공주지청(041-855-4811) [학]1986년 전남여고졸 1990년 서울대 사법학과졸 [경]1997년 사법시험 합격(39회) 2000년 사법연수원 수료(29기) 2000년 수원지검 검사 2002년 청주지검 검사 2004년 대전지검 검사 2006년 서울남부지검 검사 2009년 수원지검 안산지청 검사 2009년 여성부 여성폭력방지중앙점검단장 2010년 여성가족부 여성·청소년보호중앙점검단장(파견) 2013년 수원지검 안산지청 부부장검사 2013년 법무부 인권정책과 검사 2013년 同여성아동인권과장 2016년 대전지검 공주지청장(현)

홍준석(洪晙碩) HONG Joon Seok

[생]1959·3·4 [출]서울 [주]서울 서초구 효령로17 청진빌딩 대한LPG협회(02-3474-6551) [학]배문고졸, 연세대 경제학과졸, 미국 앨라배마대 대학원 경제학과졸 [경]1980년 행정고시 합격(24회) 1998년 환경부 장관비서관 1999년 同환경평가과장 1999년 同폐기물정책과장 2000년 同기획예산담당관 2001년 지속가능발전위원회 파견 2002년 대구지방환경청장 2004년 국외 훈련(부이사관) 2005년 낙동강유역환경청장 2006년 환경부 수질보전국장 2007년 제17대 대통령직인수위원회 사회교육문화분과위원회 전문위원 2008년 환경부 물환경정책국장 2008년 同환경전략실장(고위공무원) 2009년 同환경정책실장 2010~2011년 同기획조정실장 2011년 연세대 토목환경공학과 겸임강사 2012년 대한LPG협회 회장(현)

홍준표(洪準杓) HONG Joon Pyo

[생]1954·12·5 [본]남양(南陽) [출]경남 창녕 [주]경남 창원시 의창구 중앙대로300 경상남도청 도지사실(055-211-2001) [학]1972년 대구 영남고졸 1977년 고려대 법대 행정학과졸 1996년 同언론대학원 수료 2009년 명예 법학박사(신라대) 2009년 명예 부동산학박사(영산대) [경]1982년 사법고시 합격(24회) 1984년 사법연수원 수료(14기) 1985년 청주지검 검사 1987년 부산지검 울산지청 검사 1988년 서울지검 남부지청 검사 1991년 광주지검 검사 1992년 서울지검 검사 1994년 국가안전기획부 정책연구관 1995년 법무부 특수법령과 검사 1995~1999년 우신합동법률사무소 대표변호사 1996~1999년 제15대 국회의원(서울 송파구甲, 신한국당·한나라당) 1998년 한나라당 원내부총무 1998년 同총재 법률특보 1999년 미국 워싱턴 국제전략문제연구소 객원연구원 2001년 한나라당 서울동대문乙지구당 위원장 2001년 제16대 국회의원(서울 동대문구乙 보선, 한나라당) 2002년 한나라당 제1정책조정위원장 2003년 同비상대책위원회 전략기획위원장 2004~2008년 제17대 국회의원(서울 동대문구乙, 한나라당) 2004년 한·말레이시아의원친선협회 회장 2005년 한나라당 혁신위원장 2006~2008년 국회 환경노동위원장 2007년 한나라당 제17대 대통령선거 중앙선거대책위원회 클린정치위원장 2008년 제18대 국회의원(서울 동대문구乙, 한나라당·새누리당) 2008~2009년 한나라당 원내대표 2008~2013년 대한태권도협회 회장 2008~2009년 국회 운영위원장 2009년 한·호주의원친선협회 회장 2010~2011년 한나라당 최고위원 2010~2012년 同서민정책특별위원장 2011년 同대표최고위원 2012년 제19대 국회의원선거 출마(서울 동대문구乙, 새누리당) 2012년 경남도지사(보궐선거 당선, 새누리당) 2014년 경남도지사(새누리당)(현) 2014년 새누리당 보수혁신특별위원회 자문위원(현) [상]백봉신사상(2008), 전국보육인대회 감사패(2015) [저]'홍검사, 당신 지금 실수하는거요'(1996) '이 시대는 그렇게 흘러가는가'(2000) 자전적 에세이 '나 돌아가고 싶다'(2005) '변방'(2009, 형설라이프) [종]기독교

홍준학

[생]1965 [주]대구 수성구 야구전설로1 삼성라이온즈(053-780-3300) [학]1984년 대구 영신고졸 1991년 영남대 경제학과졸 [경]1990년 삼성라이온즈 선수지원 2006년 同홍보팀장·마케팅팀장 2011년 同기획담당·신축구장T/F 2015년 同마케팅팀장 2016년 同구장지원팀장 2016년 同단장(현)

홍준형(洪準亨) Hong, Joon Hyung

[생]1956 [주]서울 관악구 관악로1 서울대학교 행정대학원(02-880-5621) [학]서울대 법과대학졸, 同대학원 법학 석사과정 수료, 同대학원 법학 박사과정 수료, 법학박사(독일 괴팅겐대) [경]1985~1995년 아주대 법학과 전임강사·조교수 1994~2003년 환경부 법령심사위원회 위원 1995년 서울대 행정대학원 전임강사·조교수·부교수·교수(현) 1995~1997년 경제정의실천시민연합 상임집행위원 1995년 (재)한국의회발전연구회 연구위원(현) 1995년 '의정연구' 편집위원(현) 1998~2001년 서울대 정보통신행정연구소장 1998~2001년 한국도메인분쟁협의회 의장 1999년 기획예산처 중앙행정기관경영진단 법제팀장 1999년 국무총리 행정심판위원회 위원(현) 1999~2002년 한국인터넷정보센터 이사 2000~2002년 서울대 행정대학원 정책학과정 주임교수 2001~2003년 독일 베를린자유대 초빙교수 2003년 서울대 행정대학원 정보통신방송정책과정 주임교수(현) 2011~2012년 한국공법학회 회장 2014년 한국학술단체총연합회 회장 2015년 한국인터넷진흥원 비상임이사 2016년 미래창조과학부 정보보호산업분쟁조정위원회 위원장(현) [상]한국공법학회 학술장려상(1996), 한국환경법학회 학술상(1997)

홍준호(洪準浩) HONG Jun Ho

[생]1957·1·20 [본]남양(南陽) [출]서울 [주]서울 중구 세종대로21길30 조선일보 비서실(02-724-5114) [학]1975년 덕수상고졸 1983년 서울대 동양사학과졸 [경]1983년 조선일보 입사 1999년 同정치부 차장 1999년 同편집부 부장대우 2000년 同정치부 부장대우 2002년 同정치부장 2004년 同논설위원 2005년 同편집국 부국장대우 2005년 관훈클럽 서기 2006년 조선일보 편집국 정치부 선임기자(부국장대우) 2006년 同편집국 부국장 2008년 同논설위원 2008년 同워싱턴지국장 2008년 同편집국 부국장 2009년 同편집국장 2011년 同논설위원 2013년 同경영기획실장 2013년 한국신문협회 기조협의회 부회장 2014년 조선일보 경영기획실장(이사) 2015년 同발행인 직무대리 겸 인쇄인(이사) 2015년 同대표이사 발행인(현) 2015년 한국신문협회 이사 2016년 同부회장(현) [상]장한 덕수인상(2010)

홍지만(洪志巒) Jiman Hong

[생]1967 [주]서울 동작구 상도로369 숭실대학교 IT대학 컴퓨터학부 정보과학관225호(02-828-7168) [학]고려대 컴퓨터공학과졸, 서울대 대학원 컴퓨터공학과졸, 컴퓨터공학박사(서울대) [경](주)지맨텍 기술연구소장, 광운대 컴퓨터공학과 조교수, 과학기술부 과학기술혁신본부 R&D예산조정 전문위원, 숭실대 IT대학 컴퓨터학부 교수(현) 2003년 미국 컴퓨터학회(ACM) 종신회원(현) 2015년 同융합·응용컴퓨팅(SigAPP)분과 회장(현)

홍지만(洪志晩) HONG Ji Man

[생]1968·2·1 [본]남양(南陽) [출]경북 성주 [학]1986년 대구 덕원고졸 1992년 연세대 철학과졸 1995년 同국제대학원 정치학과졸 2006년 서강대 경영대학원 오피니언리더스프로그램(OLP) 수료 [경]1993년 SBS 사회부·기동취재부·국제부·경제부·전국부 기자 1996년 동해안 무장공비 침투사건 현장취재 1997년 대한항공 괌 추락사고 현지취재 2000년 남태평양 피지 밀레니엄 현지특파원 2001년 9·11테러 현지특파원, 아프가니스탄전쟁 종군기자 2002년 SBS 주말8시뉴스 앵커, 同보도국 경제부 기자 2004년 제17대 총선 방송진행, SBS 모닝와이드 아침뉴스 앵커 2008년 제18대 국회의원선거 출마(대구 달서구甲, 한나라당), 성균관대 교육대학원 초빙교수 2010년 한나라당 부대변인 2012~2016년 제19대 국회의원(대구 달서구甲, 새누리당) 2012년 새누리당 원내부대표 2012년 同박근혜 대통령후보 공보단 위원 2012년 국회 운영위원회 위원 2012년 국회 예산결산특별위원회 위원 2013~2015년 음주운전예방재단 이사장 2013~2016년 국회 산업통상자원위원회 위원 2013년 국회 방송공정성특별위원회 위원 2013년 새누리당 원내대변인 2015년 同아동학대근절특별위원회 위원 [상]대한민국 최우수법률상(2016)

홍지욱(洪志郁) HONG Jee Wook

[생]1962·1·7 [출]서울 [주]서울 강남구 테헤란로92길 7 법무법인 바른(02-3479-2464) [학]1980년 양정고졸 1984년 서울대 법학과졸 2008년 연세대 대학원 법학과졸 [경]1983년 사법시험 합격(25회) 1987년 사법연수원 수료(16기) 1988년 수원지법 판사 1990년 서울민사지법 판사 1992년 제주지법 판사 1996년 서울지법 남부지원 판사 1998년 법무법인 바른 변호사 2005년 이화여대 법대 겸임교수 2008년 자유선진당 공천심사위원 2010~2012년 대검찰청 감찰본부장(검사장급) 2012년 법무법인 바른 구성원변호사(현)

홍지인(洪志仁) Hong Ji-in

[생]1956·7·24 [본]남양(南陽) [출]강원 동해 [학]강릉고졸 1981년 고려대 정치외교학과졸 1985년 미국 컬럼비아대 대학원 국제관계학과졸 [경]1981년 외무고시 합격(15회) 1981년 외무부 입부 1995년 駐미국 1등서기관 1998년 외교통상부 기획조사과장 1999년 同지역협력과장 2000년 駐인도 참사관 2002년 駐네덜란드 참사관 2005년 외교통상부 지역통상국 심의관 2007년 산업자원부 통상협력기획관 2008년 지식경제부 통상협력정책관 2008년 駐토론토 총영사 2011년 외교안보연구원 교수부장 2012~2013년 국립외교원 외교안보연구소장 2014~2016년 駐폴란드 대사 [상]외무부장관표창 [종]가톨릭

홍지일(洪志一) HONG Ji Il

[생]1950·8·18 [출]경남 창원 [주]서울 중구 세종대로124 한국방송광고진흥공사 경영전략본부(02-731-7114) [학]1969년 부산고졸 1977년 서울대 불어불문학과졸 1985년 필리핀 아시아경영대학원(Asian Institute of Management) AMP과정 수료 1992년 미국 미주리대 언론대학원 수료 [경]1976~1981년 중앙일보 출판국 기자·TBC PD 1981~1985년 한국방송광고공사 공익광고캠페인 매니저·조사부 차장 1986년 同88서울예술단사무국 공연기획부장 1987년 同기획부장 1992년 同공익광고부장 1993년 同업무국장 1994년 KAF(Korea Ad Forum) 부회장 1995년 한국방송광고공사 광고2국장 1997년 同광고연구소장 1997년 同뉴욕사무소장 1998년 同KOBACO21 경영전략단장 1999년 한·우크라이나 친선교류협회 부회장 2000년 한국방송광고공사 영업1국장 2001년 同기획조정실장 2004년 同마케팅이사 2006~2007년 同마케팅경영본부장 2007~2010년 (주)강원민방 GTB문화재단 상임이사 2014년 한국방송광고진흥공사 경영전략본부장(전무이사)(현) [상]문화공보부장관표창, 문화체육부장관표창

홍지준(洪智俊) HONG Ji Jun

[생]1956·2·27 [본]남양(南陽) [출]인천 [주]경기 시흥시 공단1대로195번길35 (주)코캄 비서실(031-362-0100) [학]1974년 인천 제물포고졸 1978년 서울대 사범대학 화학교육과졸 [경]1979~1983년 동양나일론 Pet Polymer 신규사업담당 1983~1987년 현대전자 반도체메모리개발담당 1987~1989년 리커만 이사 1989년 (주)코캄엔지니어링 대표이사 2004년 과학기술부·한국과학문화재단 '2004 닮고싶고 되고싶은 과학기술인 10명'에 선정 2004년 (주)코캄·(주)루트제이드·(주)엘콤·(주)열린기술·(주)명신엔지니어링·(주)엔텍·(주)루트제이제이·(주)프로텍·제이제이 루시타노 팜 회장(현) [상]산업훈장, 제8회 청관대상(2016) [저]'미루나무와 아이들'(1975) '혀와 이빨'(2000)

홍지호(洪志昊) HONG Ji Ho

[생]1950·7·1 [출]강원 삼척 [주]경기 수원시 장안구 수성로311 수원상공회의소(031-244-3451) [학]1969년 성동고졸 1975년 연세대 화학공학과졸 [경]1975년 SK케미칼 입사 1989년 同경영개선1담당 부장 1989년 同수원공장 폴리에스텔원사생산1부장 1991년 同유화기술부장 1998년 同울산공장장 1998년 同상무이사 1998년 同연구소장 2000년 同대표이사 전무 2002년 同대표이사 부사장 2003년 同대표이사 사장 2005년 同부회장 2006년 同상근고문 2007년 同비상근고문 2012년 수원상공회의소 상근부회장(현) 2012~2015년 경기도환경보전협회 회장 [상]철탑산업훈장

홍진규(洪晋圭) HONG Jin Gyu

[생]1960·5·8 [본]부림(缶林) [출]경북 군위 [주]경북 안동시 풍천면 도청대로455 경상북도의회(054-880-5437) [학]2003년 영남대 대학원 축산학과졸 [경]팔공산국립공원추진위원회 자문위원, 남부권신공항추진단 정책자문위원, 한국자유총연맹 군위군지부장, 군위라이온스클럽 회장 2010년 경북도의회 의원(한나라당·새누리당), 同건설소방위원회 부위원장, 同운영위원회 위원, 同경북·대구상생발전특별위원회 부위원장 2014년 경북도의회 의원(새누리당)(현) 2014년 同운영위원회 위원장 2014년 同행정보건복지위원회 위원 2014·2016년 同건설소방위원회 위원(현) 2014년 전국시·도의회운영위원장협의회 사무총장 2016년 경북도 남북교류협력위원회 위원(현) [상]전국시·도의장협의회 우수의정대상(2014), 전국지역신문협회 의정대상(2015), 한국지역신문협회 지구촌희망펜상 희정대상(2016)

홍진동(洪鎭東) HONG Jin Dong

[생]1969·4·4 [출]경북 봉화 [주]세종특별자치시 한누리대로402 산업통상자원부 경제자유구역기획단 개발지원1팀(044-203-4640) [학]1988년 환일고졸 1992년 연세대 행정학과졸 [경]1991년 행정고시 합격(35회) 2001년 중소기업청 기획예산담당관실 서기관 2005년 중소기업특별위원회 정책2팀장 2005년 同정책2과장 2006년 중소기업청 해외시장과장 2008년 同인력지원과장 2009년 同기술정책과장 2010년 同기획조정관실 기획재정담당관(부이사관) 2010년 경남지방중소기업청장 2012년 중소기업청 소상공인정책국 소상공인지원과장 2014년 산업통상자원부 경제자유구역기획단 개발지원1팀장(현)

홍진석(洪眞錫) Hong jinseok (隱川)

[생]1955·5·23 [본]남양(南陽) [출]전북 군산 [주]전북 익산시 금마면 용순신기길48의69 전북과학고등학교(063-836-7771) [학]군산고졸, 전북대 국어교육과졸, 고려대 대학원 국어교육과졸, 문학박사(우석대) [경]1979~2003년 전북사대부고·정우중·전북과학고 교사 2003년 전북도교육청 중등교육과 장학사 2006년 同중등교육과 장학담당 장학관 2008년 전주솔내고 교장 2010~2014년 전북도교육청 교육국장 2014년 전북과학고 교장(현) [상]교육부장관표창(1997·2005), 근정포장(2011) [저]'최인훈 희곡연구'(1996, 태학사) [종]기독교

홍진일(洪鎭一) HONG Chin Il

[생]1941·5·10 [본]부림(缶林) [출]충북 충주 [주]서울 영등포구 영중로58 영성빌딩4층 와이즈기술금융(주)(02-6673-1000) [학]1959년 충주고졸 1963년 연세대 행정학과졸 [경]1966년 조흥은행 입행 1976~1984년 유화증권(주) 영동지점장·명동지점장 1984년 同이사 1987년 同상무이사 1989년 同전무이사 1991년 同대표이사 부사장 1994~2000년 同대표이사 사장 1999~2000년 증권업협회 부회장 2000년 와이즈기술금융(주) 대표이사 사장(현) [종]기독교

홍진표(洪鎭杓) Hong, Jin Pyo

[생]1963 [주]서울 강남구 일원로81 삼성서울병원 정신건강의학과(1599-3114) [학]1988년 서울대 의과대학졸 1992년 同대학원 의학석사 2000년 의학박사(서울대) [경]1988~1989년 서울대병원 인턴 1989~1992년 同정신과 전공의 1992~1995년 연천의료원 정신과 과장 1995~1997년 서울아산병원 전임의 1997~1998년 울산대병원 정신과장 1998~2014년 울산대 의과대학 정신과학교실 교수 2001~2002년 미국 존스홉킨스대병원 정신과 연구원 2014년 대한사회정신의학회 부회장(현) 2015년 대한불안의학회 부이사장 2015년 성균관대 의과대학 정신건강의학교실 교수(현) 2015년 삼성서울병원 사회공헌실장(현) 2016년 삼성사회정신건강연구소 소장(현)

홍진표(洪鎭杓) HONG Jin Pyo

[생]1968·5·24 [출]서울 [주]경기 고양시 일산동구 호수로550 사법정책연구원(031-920-3550) [학]1987년 용문고졸 1992년 고려대 법학과졸 [경]1997년 사법시험 합격(39회) 2000년 사법연수원 수료(29기) 2000년 춘천지법 판사 2006년 서울중앙지법 판사 2008년 서울북부지법 판사 2011년 서울중앙지법 판사 2013년 서울가정법원 판사 2015년 광주지법 부장판사(현) 2016년 사법정책연구원 선임연구위원 겸임(현)

홍진호(洪震昊) HONG Jin Ho

[생]1971·1·8 [출]제주 북제주 [주]서울 서초구 강남대로193 서울행정법원(02-2055-8114) [학]1989년 제주 남영고졸 1993년 연세대 법학과졸 [경]1994년 사법시험 합격(36회) 1997년 사법연수원 수료(26기) 1997년 軍법무관 2000년 서울지법 북부지원 판사 2002년 서울지법 판사 2004년 제주지법 판사 2008년 법원도서관 조사심의관 2009년 서울고법 법원도서관 조사심의관 2010년 사법연수원 교수 2012년 광주지법 부장판사 2014년 의정부지법 고양지원 부장판사 2016년 서울행정법원 부장판사(현)

홍진환(洪辰煥) HONG Jin Hwan

(생)1964·6·6 (본)남양(南陽) (출)경북 경주 (주)충북 청주시 흥덕구 오송읍 오송생명2로 187 식품의약품안전처 식품의약품안전평가원 식품위해평가부(043-719-4501) (학)1982년 대구 영남고졸 1988년 경북대 농화학과졸 1991년 同대학원 식량자원학과졸 1996년 농학박사(일본 교토대) (경)1996년 경인지방식품의약품안전청 시험분석실 보건연구관 1998년 식품의약품안전청 식품규격과 보건연구관 2004년 同식품규격과장 2006년 同식품첨가물과장 2008년 同영양기능식품기준과장 2009년 同식품안전국 식생활안전과장 2010년 同신소재식품과장 2012년 식품의약품안전평가원 화학물질과장 2013년 同식품위해평가과장 2014년 농촌진흥청 국립농업과학원 농산물안전성부장 2016년 식품의약품안전처 식품의약품안전평가원 식품위해평가부장(현) (종)불교

홍찬식(洪贊植) HONG Chan Sik

(생)1955·7·10 (본)남양(南陽) (출)서울 (주)서울 종로구 청계천로1 동아일보 논설위원실(02-2020-0159) (학)1973년 휘문고졸 1978년 고려대 농화학과졸 2005년 서강대 언론대학원 신문학과졸 (경)1978년 동아일보 입사 1992년 同수도권부 차장대우 1993년 同사회2부 차장대우 1994년 同문화부 차장 1997~2000년 同논설위원 2000년 同문화부장 2002년 同논설위원 2004~2009년 同논설위원(부국장급) 2006~2007년 한국신문방송편집인협회 보도자유위원회 위원장 2009년 동아일보 수석논설위원(국장급)(현) 2009~2010년 국가교육과학기술자문회의 자문위원 2010~2012년 한국문화예술위원회 위원 2011년 한국신문방송편집인협회 부회장 2013~2014년 문화재청 미래를위한국가유산자문위원회 위원 2013~2015년 대통령소속 도서관정보정책위원회 위원 2015년 아시아문화원 비상임이사(현) (상)한국기자상(1986), 한국참언론인대상 문화부문(2010), 고운문화상 언론부문(2012) (저)'한국인 진단'(共)

홍찬의(洪燦義) HONG Chan Eui

(생)1953·11·18 (출)서울 (주)경기 용인시 수지구 죽전로152 단국대학교 죽전치과병원(031-8005-2937) (학)1971년 대전고졸 1979년 서울대 치의학과졸 1982년 同대학원 치의학과졸 1987년 치의학박사(서울대) (경)1985~1996년 단국대 치의학과 조교수·부교수 1985~1992년 同보존과장 1991년 국방부 군의무자문관 1996년 단국대 치의학과 교수(현) 1997년 同치의학과장 1998년 同대학원 치의학과 주임교수 2003~2005년 同치과대학부속 치과병원 원장 2005년 대한치과보존학회 회장 2009년 同감사 2010년 대한치과근관치료학회 감사 2013년 단국대 죽전치과병원장(현)

홍창권(洪昶權) HONG Chang Kwun

(생)1953·5·11 (본)남양(南陽) (출)전북 군산 (주)서울 동작구 흑석로102 중앙대학교병원 피부과(02-6299-1539) (학)1971년 대광고졸 1977년 중앙대 의대졸 1980년 同대학원졸 1987년 의학박사(중앙대) (경)1977년 중앙대 부속병원 전공의 1982~1988년 국군논산병원 피부과장·외래과장 1985년 중앙대 부속병원 임상강사 1987~1996년 同의대 피부과학교실 조교수·부교수 1991~1992년 미국 UCLA 피부과 교환교수 1996년 중앙대 의대 피부과학교실 교수(현) 1996~2012년 同피부과 주임교수 1997년 同부속병원 교육연구부장, 대한병원협회 기획이사·정책이사·총무위원장 1999~2005년 중앙대 의료원장 1999~2003년 同부속 용산병원장 2003~2004년 대한피부과학회 감사 2003~2004년 대한미용피부외과학회 이사장 2006~2007년 대한피부알레르기학회 회장 2006~2011년 대한피부과학회 이사 2006~2008년 대한미용피부외과학회 회장 2007~2011년 대한피부과학회 고시위원장 2011년 대한피부암학회 회장 2011년 대한피부과학회 부회장 2013~2016년 중앙대 의과대학장 겸 의학전문대학원장 2016년 대한민국의학한림원 정회원(현) (상)국민훈장 모란장(2005) (저)'미용피부외과학'(2007) '피부과학'(2008) (종)천주교

홍창선(洪昌善) HONG Chang Sun

(생)1944·3·1 (본)남양(南陽) (출)서울 (주)대전 유성구 대학로291 한국과학기술원 기계항공시스템공학부(042-350-3702) (학)수원고졸 1963년 연세대 기계공학과졸 1969년 同대학원 기계공학과졸 1972년 응용역학박사(미국 펜실베이니아주립대) (경)1967~1969년 육군 복무(중위) 1977년 미국 우주항공국(NASA) Langley연구센터 연구원 1979년 한국기술과학원 항공학과 조교수 1981년 同기계공학과 부교수 겸 주임교수 1985년 미국 위싱턴대 연구교수 1986~2004·2008~2009년 한국과학기술원(KAIST) 기계항공시스템공학부 항공우주전공 교수 1988~1998년 한국복합재료학회 부회장·회장 1992년 한국항공학회 부회장 1994년 한국과학기술원(KAIST) 교무처장 1995년 한국항공학회 회장 1996년 한국항공우주연구소 이사 1997년 항공우주산업정책심의위원 1997년 한국과학기술원(KAIST) 공학부장 1997~1999년 同기계기술연구소장 1999년 한국복합재료학회 회장 2001~2003년 한국과학기술원(KAIST) 원장 2002년 정부출연기관장협의회 회장 2002년 삼성이건희장학재단 이사장 2003년 민주평통 자문위원 2003년 국제복합재료연합회(ICCM) 부회장 2003년 국가과학기술위원회 위원 2003년 한국과학기술원(KAIST) 총장 2003년 대통령자문 국가균형발전위원회 자문위원 2004~2008년 제17대 국회의원(비례대표, 열린우리당·대통합민주신당·통합민주당) 2004년 국회 싸이앤텍포럼 대표 2004년 국회 과학기술정보통신위원회 법안 및 청원등심사소위원장 2004년 국회 미래전략특별위원회 과학기술소위원장 2005년 열린우리당 과학기술특별위원장 2005년 디지털최고경영자회의 공동의장 2005년 한·스웨덴의원친선협회 부회장 2007년 국회 방송통신융합특별위원회 간사 2009년 한국과학기술원(KAIST) 입학사정관 2009년 同명예교수(현) 2016년 더불어민주당 공직선거후보자추천관리위원회 위원장 2016년 同비례대표후보자추천관리위원회 위원장 겸임 (상)대한기계학회 학술상, 한국항공우주학회 학술상, 청조근정훈장(2009) (저)'공학기술로 나라 살리자' (종)기독교

홍창식(洪昌植) HONG Chang Shik

(생)1959·10·10 (출)서울 (주)경기 안양시 만안구 안양로464 미원상사 임원실(031-472-9231) (학)서울대 화학공학과졸 1983년 同대학원 화학공학과졸 1988년 화학공학박사(서울대) (경)동양그룹 기술관리부장, (주)에이에이터랩 대표이사, 미원상사(주) 생산기술담당 이사, 同전자재료사업부 상무이사, 同전무이사 2011년 同공동대표이사(현)

홍창식(洪昌植) Hong Changshik (小石)

(생)1968·2·29 (본)남양(南陽) (출)경북 봉화 (주)서울 강서구 강서로420 서울호서전문학교 호텔관광조리학부(02-3660-0193) (학)1987년 소천고졸 1991년 성심외국어전문대학 관광통역과졸 1994년 광주대 문과대학 관광통역학과졸 1996년 경기대 대학원 관광경영학과졸 1998년 호텔신라교육원 서비스리더십과정이수 2001년 관광경영학박사(경기대) 2006년 호주 William Angliss TAFE International Hospitality Program certification 2015년 한국기술교육대 국가직무능력표준(NCS)기반 훈련과정편성교육 이수 (경)1991~1992년 세한고속관광여행사 수학여행부 근무 1995~1997년 (사)한국관광진흥연구원 상임연구원 1995년 한국관광정책학회 평생회원 겸 이사 겸 논문심사위원(현) 1996년 영진대·성심외국어대·경기대 시간강사 1997~2005년 대한관광개발(주) 서울로얄호텔 총무인사팀 주임 1998~2005년 숭의여자대학 관광과 산학협동위원회 산학위원 2001년 한국관광학회 정회원(현) 2002년 한국문화관광학회 정회원(현) 2002년 대한지리학회 정회원(현) 2003~2005년 한국관광컨벤션연구원 책임교수 2003~2009년 경기 안산시 21세기발전위원회 자문위원 2004~2009년 한반도평화상위원회 사무국장 2005~2011년 서울호서전문학교 호텔학부 호텔외식경영과 교수 2005년 한국호텔경영학회 정회원 겸 이사 겸 논문심사위원(현) 2005년 한국관광연구학회 정회원 겸 총무이사 겸 논문심사위원(현) 2006년 한국관광호텔학회 평생회원 겸 총무이사(현) 2006년 한국호텔리조트카지노학회 정회원 겸 이사 겸 논문심사위원(현) 2006년 한국외식산업학회 정회원 겸 이사 겸 논문심사위원(현) 2007년 한국콘텐츠학회 정회원·논문심사위원(현) 2007년 한국외식산업경영학회 이사(현) 2008~2011년 한국산업인력공단 훈련기준검토위원(전문위원) 2009년 한국커피교육협의회 정회원(현) 2011년 경기대 대학원 박사학위논문심사위원회 위원(현) 2011~2014년 서울호서전문학교 학사관리부장 2012년 (사)한국관광개발원 관광아카데미 특임교수(현) 2012년 새누리당 중앙선거대책위원회 인재영입위원회 관광본부 특보 2012년 同중앙선거대책위원회 조직총괄본부 정책기획위원회 위원 2012~2014년 관광경영학회 정회원 겸 이사 겸 심포지엄 부위원장 2013년 한국항공경영학회 정회원(현) 2013년 서울 강서구 허준축제위원회 자문위원(현) 2015년 (사)한국능력평가협회 자문위원(현) 2015년 서울호서전문학교 호텔관광조리학부장(현) (상)광주대 최우수졸업상(1994), 경기대 대학원 석사학위 최우수논문상(1996), 경기대 대학원 박사학위 최우수논문상(2001), 경기대 최우수강사표창(2003), 중국 산동성사회과학계연합회 및 대한민국 세계음식문화연구원 감사장(2014), 서울강서경찰서장 감사장(2015) (저)'현대리조트개발론'(2007, 현학사) '호텔경영의 이해'(2007, 대왕사) '관광학의 이해'(2008, 대왕사) '관광법규해설'(2009, 새로미) '관광지리자원론'(2010, 현학사) '광고입문'(2011, 서울시교육청) '의료관광전략'(2011, 현학사) '호텔객실실무론'(2011, 현학사) '관광지리자원론'(2014, 현학사) '리더십과 서비스'(2014, 현학사) (학)'봉원사 불교테마파크 건립 타당성 연구'(1999, 대한불교조계종 봉원사) '남양주 관

광문화사업의 차별화 · 특성화 전략'(1999, 경기 남양주시 시정기획단) '노인의 사회복지관광 정책과제와 방안'(2004, 아산복지재단) '횡성한우축제-지역경제활성화 파급효과 분석연구'(2005, 횡성한우축제추진위원회) '횡성인재육성학교 교육결과만족도 분석'(2007, 송호대산학협력위원회) '김포시 대명항축제 평가보고서'(2009, 대명항축제위원회) '지역축제를 활용한 도시브랜드 창출방안'(2009, 지역문화전략연구원) '산천어축제 10주년 기념 백서'(2013, 강원발전연구원)

홍창우(洪昌優) HONG Chang Woo

[생]1961 · 6 · 13 [출]서울 [주]경기 성남시 분당구 판교로255 판교이노밸리E동202호 중소기업기술혁신협회(031-628-9601) [학]1983년 한양대 전자공학과졸 [경]2001~2003년 삼성전자 기술기획팀장 2003년 텔슨전자 임원 2004~2007년 (주)한텔 전략기획실장 2008년 중소기업기술혁신협회(INNOBIZ) 전무이사(현) [상]과학기술부장관표창(2002) [종]천주교

홍창우(洪昌佑)

[생]1968 · 3 · 25 [출]부산 [주]경남 창원시 성산구 창이대로681 창원지방법원(055-266-2200) [학]1987년 경남고졸 1991년 서울대 공법학과졸 [경]1995년 사법시험 합격(37회) 1998년 사법연수원 수료(27기) 1998년 부산지법 판사 2002년 서울지법 의정부지원 판사 2004년 의정부지법 판사 2005년 서울가정법원 판사, 통일부 파견 2010년 서울가정법원 판사 2012년 서울고법 판사 2013년 창원지법 부장판사(현)

홍창표(洪昌杓) HONG Chang Pyo

[생]1955·10·5 [출]서울 [주]서울 강남구 도곡로439 신화빌딩4층 신화플래닛(주) 비서실(02-554-8862) [학]광운고졸, 광운대 전자공학과졸, 서울대 행정대학원 정보통신방송정책과정 수료 [경]고미반도체(주) 근무, 신화정보시스템(주) 대표이사, 텔레드림 대표이사, IT기업연합회 부회장 2006년 신화플래닛(주) 대표이사(현) 2006년 로보링크 대표이사(현) [상]산업자원부장관표창(2002) [종]천주교

홍 철(洪 哲) Chul Hong

[생]1945 · 7 · 17 [본]남양(南陽) [출]경북 포항 [주]경북 경산 하양읍 하양로13의13 대구가톨릭대학교 총장실(053-850-3001) [학]1964년 서울고졸 1969년 서울대 상대 경제학과졸 1972년 同행정대학원 행정학과졸 1979년 경제학박사(미국 펜실베이니아대) [경]1981~1984년 국토개발연구원 수석연구원 1984~1991년 대통령 경제비서관 1991년 중앙토지수용위원회 상임위원 1992년 건설부 기획관리실장 1993~1994년 同차관보 1994년 건설교통부 차관보 1997년 교통안전공단 이사장 1997~1999년 국토연구원 원장 2000년 인천발전연구원 원장 2000~2004년 인천대 총장 2004~2011년 대구경북연구원 원장 2011~2013년 대통령직속 지역발전위원회 위원장 2013년 대구가톨릭대 총장(현) 2014년 한국주거복지포럼 이사장(현) 2014~2016년 대구 · 경북지역대학교육협의회 회장 [상]홍조근정훈장, 대한적십자사 표창(2014) [저]'홍철의 국토개조론'(1997) '삶과 꿈'(1997) '21세기 한반도 경영전략 : 지경학적 접근'(1998) '21세기 허브공항 전략 및 사례'(2005) '리더십과 도시혁신'(2006) '지방보통시민이 행복한 나라'(2011) [종]천주교

홍철근(洪哲根) Hong Cheol Keun

[생]1953 · 4 · 24 [출]경북 군위 [주]서울 영등포구 여의대로24 전경련회관34, 36층 도레이케미칼(주) 감사실(02-3279-7250) [학]1970년 대구 계성고졸 1974년 서울대 사범대학 일반사회학과졸 1976년 同행정대학원 행정학과졸 1986년 미국 인디애나주립대 대학원 행정학과졸 [경]1978년 행정고시 합격(19회) 1979년 대구세무서 조사과장 1980년 서대구세무서 부가가치세과장 1982년 대구지방국세청 징세과장 1983년 국세청 직세국 외국인세과 사무관 1984년 해외연수(미국 인디애나주립대) 1986년 국세청 국제조세국 조세1과 사무관 1993년 밀양세무서장 1994년 울산세무서장 1994년 중부산세무서장 1996년 서울지방국세청 직세국 조세1과장 1997년 국세청 국제조세국 국제조세2과장 1999년 同법인납세국 국제업무과장 2001년 同국제조세관리관실 국제협력담당관 2002년 중부지방국세청 세원관리국장 2003년 미국 국세청(IRS) 파견 및 조지타운대 연수 2004년 서울지방국세청 국제거래관리국장 2005년 국세청 국제조세관리관 2006년 대구지방국세청장 2006년 국세청 국제조세관리관, 김앤장법률사무소 고문 2014년 도레이케미칼(주) 상근감사(현) [상]녹조근정훈장(1997)

홍철호(洪哲鎬) HONG Chul Ho

[생]1958 · 8 · 13 [출]경기 김포 [주]서울 영등포구 의사당대로1 국회 의원회관821호(02-784-5961) [학]1977년 부평고졸 1979년 예산농업전문학교 축산과졸 [경](주)플러스푸드 대표이사, (주)플러스원 대표이사, 김포시민장학회 이사, 김포경찰발전위원회 부위원장, 금상회 회장, 김포시민축구단 단장, 김포상공회의소 부회장, 김포시체육회 상임부회장, 새누리당 김포시당원협의회 운영위원장 2013~2014년 (주)크레치코 회장 2014년 제19대 국회의원(김포시 보궐선거, 새누리당) 2014년 국회 국방위원회 위원 2014~2015년 국회 군인권개선및병영문화혁신특별위원회 위원 2015~2016년 새누리당 원내부대표 2015년 국회 운영위원회 위원 2015~2016년 새누리당 디지털정당위원장 2016년 同김포시乙당원협의회 운영위원장(현) 2016년 제20대 국회의원(김포시乙, 새누리당)(현) 2016년 국회 안전행정위원회 위원(현) 2016년 국회 지방재정 · 분권특별위원회 간사(현) 2016년 한국아동인구환경의원연맹(CPE) 회원(현) 2016년 새누리당 경기도당 위원장(현) [상]국세청장표창(2014)

홍철호(洪哲鎬) Hong chul ho

[생]1960 · 1 · 5 [본]남양(南陽) [출]서울 [주]세종특별자치시 도움5로20 국민권익위원회 도시수자원민원과(044-200-7481) [학]1979년 서울 대신고졸 1984년 인하대 토목공학과졸 1987년 건국대 대학원 토목공학과졸 2002년 가톨릭대 대학원 사회복지학과졸 [경]1982~2002년 조달청 기술심사과 · 토목과 · 감리1과 등 토목주사 2002~2005년 부패방지위원회 시설사무관 2005~2008년 국가청렴위원회 시설사무관 2008년 국민권익위원회 시설사무관 2009년 同도시수자원민원과 · 부패영향분석과 기술서기관 2013년 同110콜센터 T/F장 2014년 同부패영향분석과장 2016년 同도시수자원민원과장(현) [상]국무총리표창(1994), 올해의 권익인상(2009), 대통령표창(2013) [저]'WTO시장개방에 대한 건설산업 방향'(1995, 조달청) '손쉽게 볼 수 있는 감리제도'(2002, 조달청) '하천분야 보상민원 사례집'(2009, 국민권익위원회) '현행법령 부패영향평가집(2012 · 2013 · 2014 · 2015, 국민권익위원회) [종]기독교

홍춘표(洪春杓) HONG Choon Pyo

[생]1953 · 7 · 19 [주]충남 공주시 신관동 공주대학로56 공주대 사범대학 화학교육과(041-850-8282) [학]공주대 화학과졸, 한남대 대학원졸, 물리화학박사(한남대) [경]공주대 사범대학 화학교육과 교수(현) 2007년 同보건환경복지연구원장 2008~2010년 同교무처장 2008년 同공학교육센터장 2009년 同공주국민체육센터장 2016년 同대학원장(현)

홍충만(洪忠晩) Hong, Choong Man

[생]1965 · 9 · 21 [본]남양(南陽) [출]충남 천안 [주]충북 청주시 흥덕구 오송읍 오송생명2로187 식품의약품안전평가원 의료기기심사부 정형재활기기과(043-230-0551) [학]1982년 천안북일고졸 1987년 서울대 수의학과졸 1989년 同대학원 수의학과졸 1996년 수의학박사(서울대) [경]1991~2005년 식품의약품안전청 생물의약품국 혈액제제과 연구관 2005~2007년 미국 식품의약국(DVP · C-BER) · 미국 국립보건원(NCI) 연구의 2007~2009년 식품의약품안전청 생물의약품국 세포조직공학제제과 연구관 2011~2012년 同의료기기안전국 체외진단의료기기 TF 팀장 2012년 同의료기기안전국 구강소화기기과장(연구관) 2012년 대구지방식품의약품안전청 유해물질분석과장 2012년 식품의약품안전평가원 융합기기팀장 2013년 서울지방식품의약품안전청 의료기기안전관리과장 2015년 식품의약품안전평가원 의료기기심사부 정형재활기기과장(현) [저]'유전자 치료'(2010, 서울대 출판문화원) [역]'독성학요론'(2006, 도서출판 MIT) [종]가톨릭

홍충선(洪忠善) Choong Seon Hong

[생]1960 [주]경기 용인시 기흥구 덕영대로1732 경희대학교 전자정보대학 컴퓨터공학과(031-201-2532) [학]1983년 경희대 전자공학과졸 1985년 同대학원 전자공학과졸 1997년 정보컴퓨터공학박사(일본 게이오기주쿠대) [경]1999년 경희대 전자정보대학 컴퓨터공학과 조교수 · 부교수 · 교수(현) 2004~2006년 서울시 정보화추진위원회 위원 2008년 한국정보과학회 부회장 2008~2012년 개방형컴퓨터통신연구회 부회장 2009~2011년 한국정보처리학회 부회장 2012년 경희대 정보지원처장 2013년 개방형컴퓨터통신연구회 회장 2014~2016년 경희대 인포21사업단장 2015~2016년 (사)한국대학정보화협의회 회장 2016년 한국정보과학회 회장(현)

홍충수(洪忠秀) HONG Choong Soo

[생]1950·4·3 [본]남양(南陽) [출]경기 화성 [주]서울 강남구 테헤란로327 빅토리아빌딩1410호 CHC파트너스(02-6203-3770) [학]1969년 경기고졸 1974년 서울대 경제학과졸 [경]1980~1982년 미국 씨티은행 서울지점 차장(외환·자금·수출입 및 심사) 1982~1990년 캐나다 로얄은행 서울지점 부지점장(주요기업 및 금융기관담당 영업총괄·자금 및 외환·수출입부문 총괄) 1990~1993년 동원증권 국제영업부장·국제금융부장 1994~1996년 동원투자자문 국제담당 부장·동원그룹 회장실 부장 1996년 동원증권 국제담당 이사 1997년 삼성증권 국제담당 이사 1999년 同리테일본부 지역본부장(이사) 2000~2003년 연합인포맥스 사장 2004~2006년 중소기업협동조합중앙회 중소기업공제사업단장 2006~2007년 중소기업중앙회 공제사업단장 2007년 액츠투자자문(주) 대표이사 사장 2009년 대성투자자문(주) 대표이사 사장 2011년 대성그룹 자금운용 사장 2013~2015년 첼시매니지먼트아시아 상임고문 2015년 CHC파트너스 회장(현) [종]기독교

홍태용(洪泰龍) Hong Tae Yong

[생]1965·3·23 [출]경남 김해 [주]대구 수성구 동대구로382 4층 새누리당 경북도당(053-756-1001) [학]경남 김해고졸 2006년 인제대 대학원 의학(신경과학전공) 박사과정 수료 [경]김해한솔재활요양병원 원장 2009년 김해생활포럼 공동대표(현) 2010년 경남도의원선거 출마(한나라당) 2010년 열린의사회 부산경남지부 회장 2010년 세계경찰무도연맹 경남도협회장(현) 2012년 김해문화원 풍물단 단장 2013년 김해고총동창회 수석부회장 2013년 同운영위원장 2013년 새누리당 김해시甲당원협의회 운영위원장 2015~2016년 김해고총동창회(7회) 회장 2016년 새누리당 김해시甲당원협의회 운영위원장(현) 2016년 제20대 국회의원선거 출마(경북 김해시甲, 새누리당) 2016년 새누리당 경남도당 대변인(현)

홍헌일(洪憲一) HONG HEON IL (西空)

[생]1941·7·11 [본]남양(南陽) [출]일본 와카야마 [주]서울 서대문구 연희로241 두리빌딩 서서울향토문화연구원(02-332-4005) [학]1968년 건국대 문리과대학 국문학과졸 [경]1983년 서울시공무원 퇴직(별정직사무관) 1987년 (사)서서울향토문화연구원 원장(현) 1988년 서대문감옥원형복원연구회 회장(현) 1993년 서울애오개본산대놀이보존회 회장(현) 1994년 서울정도600년시민600인위원회 위원(현) 1996년 서울시 시민소양교육강사(정신문화) 1996년 연세대 사회교육원 국토기행강사 1996년 건국대 박물관 문화강좌강사 1998년 NGO열린문화운동신민연합 중앙상임위원장 1999년 한국땅이름학회 지명연구 홍보이사 1999년 민주평통 사회문화 직능위원 2001년 (사)한국향토사전국협의회 운영이사 2002~2013년 행정자치부 안보·정신문화 중앙강사 2003년 서울지방경찰청 서대문행정발전위원 2004년 서울시 서대문구 지명위원(현) 2004년 서울서부지검 모니터위원 2005년 제46회 전국민속예술축제 서울대표단장 2007년 국민행동본부 자문위원(현) 2007~2009년 서대문감옥성역화사업 광복회 공동추진대표 2008년 (사)서울문화사학회 상임고문 2008년 광화문광장동상재배치포럼 준비위원 2010~2014년 은평구 민방위교육안보강사 2011~2013년 (사)여천홍범도장군기념사업회 운영이사 2012년 (사)한국문화유산국민신탁 위원 2012년 동작구 및 은평구 향토문화해설 전문교육강사(현) 2013년 (사)여천홍범도장군기념사업회 감사(현) 2014~2015년 (사)서울문화사학회 감사 2015년 은평문화원 자문위원(현) 2016년 (사)서울문화사학회 상임고문(현) [상]서울특별시 서울정도600년 600인위원비(1994), 서울민방위교육소양강사 서울시장표창(2000), 서대문경찰서 행정발전분과위원장 감사장(2004), 대통령표창(2005), 문화관광부 제46회 한국민속예술제경연입상(2005), 대한변호사협회 제1기 브런치시민법률학교 감사장(2008), 제56보병사단장 통합방위태세안보교육감사장(2009) [작]'한국의 향토문화자원CD(서대문구)'(2000) [종]가톨릭

홍현국(洪顯國) HONG Hyun Kook

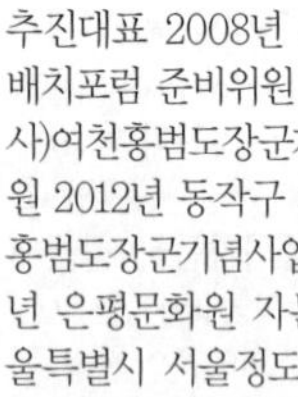

[생]1948·3·20 [본]남양(南陽) [출]경북 영주 [주]서울 강남구 테헤란로7길12 허바허바빌딩2층 세무법인 가덕(02-2189-5045) [학]영주 영광고졸, 건국대졸, 同대학원졸, 국방대학원졸, 서울대 경영대학원 최고감사인과정(AAP) 수료 [경]행정고시 합격(16회) 1975년 서부세무서 총무과장 1976년 동대구세무서 총무과장 1986년 서울지방국세청 소득세과장 1989년 경주세무서장 1992년 남대구세무서장 1994년 북인천세무서장 1995년 도봉세무서장 1996년 강남세무서장 1997년 역삼세무서장 1997년 국세청 조사2과장 1998년 同심사1과장 1999년 중부지방국세청 세원관리국장 2001년 同조사2국장 2002년 서울지방국세청 조사2국장 2003년 대구지방국세청장 2004~2005년 국세청 감사관 2006년 동부건설 고문 2006년 제주도혁신도시 입지선정위원 2007년 국세공무원교육원 명예교수 2007년 세무법인 가덕 부회장 2008년 기아자동차 사외이사(현) 2015년 세무법인 가덕 회장(현) [상]황조근정훈장

홍현민(洪鉉敏) HONG Hyun Min

[생]1956·11·21 [출]충북 [주]서울 중구 동호로310 태광산업(주) 임원실(02-3406-0300) [학]청주고졸 1979년 서울대 공업화학과졸 [경]1981년 삼성석유화학 입사 2001년 삼성정밀화학(주) 상무보 2005년 同전략기획담당 상무 2008년 同전략기획담당 전무 2016년 태광산업(주) 대표이사(현)

홍형옥(洪亨沃·女) HONG Hyung Ock

[생]1951·12·15 [본]남양(南陽) [주]서울 동대문구 경희대로26 경희대학교 생활과학대학 주거환경학과(02-961-0259) [학]1973년 서울대 가정관리학과졸 1976년 同대학원 가정관리학과졸 1987년 이학박사(고려대) [경]1976~1978년 제주대 전임강사 1979~1981년 서울대 가정대학 강사 1981~1987년 경희대 문리과대학 전임강사·조교수 1983년 미국 Univ. of Wisconsin at Madison Honorary Fellow 1987~1992년 경희대 가정대학 부교수 1992~1999년 同교수 1997년 한국가정생활개선진흥회 상임이사(현) 1998~2000년 대한가정학회 부회장 1999년 경희대 생활과학대학 주거환경학과 교수(현) 2000~2001년 영국 Center for Housing Development and Management Cardiff Univ. 방문교수 2001~2003년 한국가정관리학회 회장 2003년 同감사·고문(현) 2005~2006년 대한가정학회 회장 2006년 同고문 2007~2008년 한국주거학회 부회장 2007~2010년 경희대 생활과학대학장 [상]가정관리학회 주거학분야 최우수논문상(2006), 한국주거학회 학술상(2008) [저]'한국주거사' '대우 학술총서66' [역]'Hanoak'(共)

홍형주(洪亨周) Harry H. J. Hong

[생]1974·8·24 [주]세종특별자치시 다솜3로95 공정거래위원회 소비자거래심판담당관실(044-200-4147) [학]1999년 서울대 경제학과졸 2011년 경제학박사(미국 캘리포니아대 어바인교) [경]2000년 행정고시 합격(43회) 2011년 공정거래위원회 기업집단과 서기관 2013년 同시장감시총괄과 서기관 2013년 同경쟁정책과 서기관 2015년 同소비자안전정보과장 2015년 고용노동부 중앙노동위원회 심판2과장 2016년 공정거래위원회 심판관리관실 소비자거래심판담당관(현)

홍혜경(洪慧卿·女) HONG Hae Kyung

[생]1959 [출]서울 [주]서울 서대문구 연세로50 연세대학교 음악대학 성악과(02-2123-3040) [학]1973년 예원학교(중학교) 재학 중 渡美 후 줄리어드예비학교 및 학부졸 1981년 미국 줄리어드음대 대학원졸 [경]소프라노(현), 아메리칸오페라센터 단원 1981년 링컨센터무대로 데뷔 1982년 한국인 최초로 메트로폴리탄오페라단 오디션 통과 1984년 '라클라멘자디티토'의 세르빌리아역으로 메트로폴리탄 데뷔 1986년 '라보엠'에서 미미역 공연, 뉴욕 메트로폴리탄오페라극장 프리마돈나(현) 1988년 '리골레토'에서 질다역으로 루치아노 파바로티와 협연 1991년 모차르트 서거200주년기념 메트로폴리탄오페라페스티벌서 '마술피리' '피가로의 결혼' 공연 1995년 광복50돌 세계를 빛낸 한국음악인대향연 공연 1999년 워싱턴오페라단 '줄리오 세자르' 클레오파트라역 배정 2004년 워싱턴오페라 '라 트라비아타' 주역 비올레타 공연 2006년 베르디 오페라 '라 트라비아타' 주역 비올레타역 공연 2007년 '피가로의 결혼' 공연 2010년 모차르트 오페라 '피가로의 결혼' 공연(무악 오페라단 예술의전당) 2014년 연세대 음악대학 성악과 석좌교수(현) [상]메트로폴리탄 콩쿠르 우승(1982), 미국을 대표하는 4인의 젊은 성악가(1983), 워싱턴오페라가이드 선정 올해의 예술가상(1986), 노만빈센트필어워드(2007), 제4회 대한민국오페라대상 이인선상(2011), 제24회 호암상 예술상(2014) [작]음반 '아리아' 'Korean Songs' [종]기독교

홍혜경(洪惠卿·女) Hong Hea Kyung

[생]1961·5·2 [출]대구 [주]제주특별자치도 제주시 복지로1길8 KBS 제주방송총국(064-740-7100) [학]1980년 대구 신명여고졸 1984년 서울대 영어영문학과졸, 서강대 언론대학원 방송학과졸 [경]1988년 KBS TV본부(6.25 40주년 특별제작반) 근무 1991년 同TV편성국·기획제작국 근무 1998년 同TV국 차장 2000년 同편성국 차장 2001년 同TV제작본부 시사정보팀 프로듀서 2004년 同TV제작본부 교육문화팀장 2007년 同편성본부 프로그램개발팀장 2009년 同편성본부 편성국 2TV편성팀장 2010년 同편성센터 편성국 2TV편성부장 2011년 同편성센터 편성국장 2013년 同편성본부 편성국장 2014년 同글로벌한류센터 KBS월드사업부 근무(국장급) 2015년 同편성본부 콘텐츠창의센터장 2016년 同제주방송총국장(현) [상]한국방송대상(1990), KBS 우수프

로그램 평가상(1994 · 1998), 대통령직속 여성특별위원회 남녀평등방송상 우수상(1999), 방송위원회 선정 이달의 좋은 프로그램상(2004), 산업포장(2013)

홍효식(洪孝植) HONG Hyo Sik (海庵)

[생]1958 · 12 · 9 [출]서울 [주]서울 서초구 반포대로158 서울고등검찰청(02-530-3114) [학]1977년 성동고졸 1981년 고려대 법학과졸 [경]1987년 사법시험 합격(29회) 1990년 사법연수원 수료(19기) 1990년 부산지검 검사 1992년 전주지검 남원지청 검사 1993년 서울지검 검사 1996년 법무부 송무과 검사 1998년 서울지검 동부지청 검사 2001년 울산지검 검사 2001~2003년 국민고충처리위원회 파견(법률보좌관) 2002년 울산지검 부부장검사 2004년 서울서부지검 부부장검사 2004~2005년 프랑스 단기연수 2005년 광주지검 해남지청장 2006년 춘천지검 부장검사 2007년 서울북부지검 형사2부장 2008년 서울서부지검 형사1부장 2009년 창원지검 통영지청장 2009년 수원지검 안양지청 차장검사 2010년 춘천지검 차장검사 2011년 서울고검 검사 2013년 광주고검 검사 2014년 서울고검 검사(현) [상]검찰총장표창(1996), 국민포장(2003) [종]가톨릭

홍효정(洪孝貞 · 女) HONG Hyo Jeong

[생]1956 · 6 · 12 [본]풍산(豊山) [출]전남 [주]강원 춘천시 강원대학길1 강원대학교 의생명과학대학 시스템면역학과(033-250-8381) [학]1975년 경기여고졸 1980년 서울대 미생물학과졸 1982년 同대학원 미생물학과졸 1988년 생물공학박사(한국과학기술원) [경]1989~1990년 미국 위스콘신대 임상암센터 Research Associate 1990년 생명공학연구소 단백질공학실 선임연구원 1996년 同항체공학 R.U. Unit장 · 책임연구원 1999년 同항체공학실험실장 1999~2003년 한양대 의대 미생물학교실 겸임부교수 2000~2003년 (주)에이프로젠 대표이사 2000년 한국바이오벤처협회 이사 2001년 한국생명공학연구원 항체공학연구실 책임연구원 2003~2006년 (주)에이프로젠 이사 2004년 보건복지부지정 항체치료제기술개발센터장 2006년 한국생명공학연구원 단백질의약연구센터장 2007년 同항체치료연구단장 2008~2010년 同항체치료제연구센터장 2010년 강원대 의생명과학대학 시스템면역학과 교수(현) 2010 · 2012~2014년 同항체연구소장 2015년 同의생명과학연구소장(현) [상]보건복지부장관표창(2011)

홍 훈(洪 薰) HONG Hoon

[생]1955 · 1 · 6 [출]서울 [주]서울 서대문구 연세로50 연세대학교 상경대학 경제학과(02-2123-2485) [학]1977년 연세대 경제학과졸 1981년 同대학원 경제학과졸 1988년 경제학박사(미국 뉴스쿨대) [경]1989~1998년 연세대 경제학과 조교수 · 부교수 1995 · 1997~1998년 한국경제학회 사무차장 1998년 연세대 상경대학 경제학과 교수(현), 同경제학과장 2000년 한국사회경제학회 편집위원장, 응용경제학회 이사, 한국수출보험학회 산학협동부장, 한국경제학회 사무국장 2016년 연세대 상경대학장 겸 경제대학원장(현) [저]'맑스 경제사상의 구조와 한계'(1994, 한울) '가치이론 논쟁'(1995, 한국사회경제학회) '경제속의 기업, 기업속의 경제'(1998, 삼성경제연구소) '위기 그리고 대전환'(1998, 당대) '한국자본주의의 실체'(1999, 대한상공회의소) '마르크스와 오스트리아학파의 경제사상'(2000, 대우학술총서) '케인즈의 경제학'(2002, 다산출판사) '세계화와 남북한 사회경제 구조변화'(2004, 연세대 통일연구원) '한국의 학술연구: 경제학'(2005, 경제학 대한민국학술원) '사회경제통합의 이론과 실제'(2006, 한국학술정보) '경제교과서 살리기'(2006, 필맥) '경제학의 역사'(2007, 박영사) '인간을 위한 경제학'(2008, 도서출판 길) '빅셀이후의 거시경제논쟁'(2008, 연세대출판부) '경제학과 자유주의'(2009, 연세대출판부) '경제의 교양을 읽는다: 고전편'(2009, 더난출판사) '시장을 버리고 학교를 떠나라'(2010, 메이데이) [역]'자본주의의 해부'(1990, 학민사)

홍희경(洪喜敬 · 女) Hong Hee Kyung

[생]1955 · 6 · 2 [주]인천 부평구 길주로539 인천여성가족재단(032-517-1928) [학]인천대 대학원 사회복지학과졸 [경]1977년 공무원 임용 2000년 인천시 체육청소년과 사무관 2001년 同여성복지과 사무관 2003년 同자치행정국 총무과 사무관 2006년 同경제통상국 과학기술과장 직대 2007년 同경제통상국 과학기술과장(서기관) 2009년 同가정복지국 여성정책과장 2010년 同미추홀도서관장 2013년 同교육기획관 2013~2014년 同중구 부구청장 2015년 인천여성가족재단 대표이사(현)

황각규(黃珏圭) HWANG Kag Gyu

[생]1954 · 8 · 18 [본]창원(昌原) [출]경남 [주]서울 중구 남대문로81 롯데쇼핑 운영실(02-750-7084) [학]1973년 마산고졸 1977년 서울대 화학공학과졸 [경]1979년 호남석유화학 입사, 同국제사업부장 1995년 롯데그룹 기획조정실 국제부장 2000년 롯데닷컴 감사 2003년 롯데쇼핑(주) 국제팀장(상무) 2006년 롯데그룹 정책본부 국제실장(전무) 2008년 同정책본부 국제실장(부사장) 2011년 롯데쇼핑 국제실장(사장) 2014년 同정책본부 운영실장(사장)(현) 2015년 롯데그룹 제2롯데월드안전관리위원회 간사(현) [종]불교

황건일(黃建日)

[생]1961 · 2 · 19 [주]세종특별자치시 갈매로477 기획재정부 국제금융정책국(044-215-4700) [학]1986년 연세대 경제학과졸 1989년 서울대 행정대학원 행정학과졸 [경]행정고시 합격(31회) 2000년 재정경제부 기획관리실 기획예산담당관실 서기관 2001년 해외 파견 2005년 재정경제부 국제금융국 외환제도혁신팀장 2007년 同경제협력국 경협총괄과장, 駐미국대사관 공사참사관 2013년 기획재정부 정책기획관 2014년 同부총리 겸 장관 비서실장 2016년 同국제금융정책국장(현)

황건호(黃健豪) HWANG Kun Ho

[생]1951 · 1 · 23 [본]제안(濟安) [출]강원 평창 [주]서울 마포구 백범로35 서강대학교 경영학부(02-705-8080) [학]1969년 용산고졸 1974년 서울대 경영학과졸 1989년 미국 뉴저지(Rutgers)주립대 대학원 경제학과졸 1997년 연세대 최고경영자과정 수료 2001년 한국과학기술원(KAIST) 최고정보경영자과정 수료 [경]1976~1983년 대우증권 인수공모부 과장 · 국제부 차장 1984년 同뉴욕사무소장 겸 코리아펀드 부사장 1989년 同국제금융부장 겸 기획실장 1990년 同기획실장(이사대우) 1996년 同상무이사 1997년 금융개혁위원회 위원 1998년 대우증권 전무이사 1998년 금융발전심의위원회 증권분과위원 1999년 대우증권 영업총괄 부사장 1999년 한진투자증권 대표이사 사장 1999~2006년 증권거래소 시장운영위원 2000~2003년 메리츠증권(주) 대표이사 사장 2001년 금융발전심의회 국제금융분과위원 2003년 이화여대 경영대학 외부겸임교수 2004~2008년 한국증권업협회 회장 2004~2013년 한국증권분석사회 회장 2004년 증권산업발전협의회 회장 2005년 전국투자자교육협의회 의장 2007년 국제증권업협회(ICSA) 회장 2009~2012년 한국금융투자협회(KOFIA) 초대회장 2010년 아시아투자자교육연맹 회장 2010년 국제투자자교육연맹(IFIE) 회장 2011년 한 · 호금융투자포럼 공동위원장 2011~2012년 국제증권업협회협의회(ICSA) 회장 2012~2015년 (주)KB금융지주 사외이사 2012~2014년 서울대 경영학과 초빙교수 2012년 한국금융투자협회 고문 2015~2016년 미래에셋증권 사외이사 2015년 서강대 경영학부 초빙교수(현) 2016년 미래에셋대우 사외이사(현) 2016년 금융감독원 금융투자담당 옴부즈만(현) [상]다산금융인상 대상(1992), 국무총리표창(2001), 월간조선 대한민국경제리더대상(2007), 중앙일보 2010년한국을 빛낸 창조경영대상(2010), 자랑스러운 용산인(2010) [저]'유가증권 가격결정 모델연구' '국내기업의 해외자금 조달' [종]기독교

황경식(黃璟植) Hwang,-Kyung-Sig

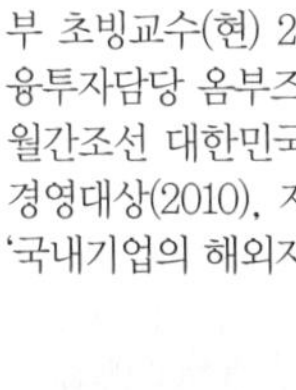

[생]1947 · 6 · 4 [출]대구 달성 [주]서울 서초구 서초중앙로116 롯데캐슬메디치빌딩4층 명경의료재단(02-3475-7003) [학]1970년 서울대 철학과졸 1972년 同대학원 철학과졸 1982년 철학박사(서울대) [경]1973년 육군사관학교 철학과 강사 1975년 同철학과 조교수 1980년 미국 하버드대 철학과 연구원 1981년 동국대 철학과 조교수 1985~2012년 서울대 철학과 교수 1991~2000년 한국사회윤리학회 회장 1995년 명경의료재단 이사장(현) 1997~1999년 철학교육연구회 회장 2000~2002년 철학연구회 부회장 2003~2005년 한국정보통신윤리학회 회장 2004~2006년 철학연구회 회장 2007년 교육인적자원부 및 한국학술진흥재단 '국가석학(우수학자)' 선정 2009~2010년 한국철학회 회장 2013년 서울대 인문대학 철학과 명예교수(현) [상]열암기념 학술상, 교육인적자원부 · 한국학술진흥재단 선정 '2007년 우수학자'(2007), 녹조근정훈장(2012) [저]'正義의 哲學'(1977) '現代의 社會思想家'(1979) '現代社會와 哲學'(1981) '죤듀이와 프라그마티즘'(1982) '사회정의의 철학적 기초'(1985) '고교철학'(1985) '국민윤리'(1986) '논리+논술이야기'(1993) '개방사회의 사회윤리'(1995) '시민 공동체를 향하여-근대성, 그 한국사회적 함축'(1997) '이론과 실천-도덕철학적 탐구'(1998) '생명의료윤리'(1999) '가슴이 따뜻한 아이로 키워라'(2001) '철학, 구름에서 내려와서'(2001) '자유주의란 무엇인가'(2001) '고도 과학기술 사회의 철학적 전망'(2004) '자유주의는 진화하는가'(2006, 철학과현실사) '철학과 현실의 접점'(2008, 철학과현실사) '덕윤리의 현대적 의의'(2012, 아카넷) '사회정

ㅎ

의의 철학적 기초'(2013, 철학과현실사) [역]'사회 정의론'(1979) '사회윤리의 제문제'(1983) '비트겐슈타인의 철학'(1983) '윤리학'(1984) '윤리학의 이론과 역사'(1986) '진리와 이데올로기'(1986) '세상철학 여든까지'(1986) '왜 언어가 철학에서 중요한가'(1987) '생의 윤리학이란'(1988) '비트겐슈타인의 철학이란 무엇인가'(1989) '응용윤리학'(1990) '홉스와 로크의 사회철학 : 소유적 개인주의의 정치이론'(1990) '공정으로서의 정의'(1991) '마르크스주의와 도덕'(1995) '환경윤리와 환경정책'(1995) '해리의 발견'(1996) '기업윤리'(1997) '공직의 윤리'(1999) '정보기술의 윤리'(2001) '사랑이 없는 성-철학적탐구'(2003) '응용윤리학'(2005) [종]천주교

황경태(黃景泰) HWANG Kyung Tae

[생]1959 · 9 · 23 [출]대구 [주]서울 중구 필동로1길30 동국대학교 경영대학 경영정보학부(02-2260-3708) [학]1978년 대구 심인고졸 1983년 연세대 응용통계학과졸 1986년 미국 조지워싱턴대 대학원 경영학과졸 1991년 경영학박사(미국 뉴욕주립대) [경]1987~1991년 미국 State Univ. of New York at Buffalo 강사 1993~1994년 삼성데이터시스템 SI컨설팅팀장 1994년 삼성그룹 회장비서실 IT전략파트장 1994년 동국대 정보관리학과 교수 2002년 同경영대학 경영정보학부 교수(현) 2002~2006년 한국데이터베이스학회 저널편집위원장 2003년 국무조정실 정보화평가위원 2003~2006년 한국정보시스템감사통제협회 부회장 2004 · 2011년 한국IT서비스관리포럼 회장 2009년 한국정보시스템감사통제협회 회장 2009년 한국IT서비스관리포럼 국제대표 2013~2015년 동국대 국제처장 2014~2015년 同국제어학원장 겸 행정지원실장 2016년 同경영전문대학원장 겸 경영대학장(현) [저]'성과기반의 전자정부구축'(2002) '정보시스템 통제감사'(2005) 'IT 서비스관리 포켓가이드'(2005) [역]'COBIT 관리지침서' 'OECD 정보기술 전망'(2002) 'OECD 정보통신 전망'(2003)

황경호(黃京虎) HWANG Kyung Ho (眞山)

[생]1954 · 9 · 21 [본]평해(平海) [출]경남 밀양 [주]서울 용산구 대사관길22 순천향대 중앙의료원(02-709-9591) [학]1973년 마산고졸 1979년 부산대 의과대학졸 1989년 순천향대 대학원졸 1992년 의학박사(순천향대) [경]1980~1983년 순천향대병원 마취과 전공의 · 전문의 1983년 군의관 1986~1998년 순천향대 의과대학 마취과학교실 전임강사 · 조교수 · 부교수 1996년 同임상부교학감 1998년 同의과대학 마취통증의학교실 교수(현) 1999년 의료보험연합회 진료비심사위원 2004년 순천향대 부천병원 부원장 2005~2007년 同구미병원장 2007~2009 · 2011~2012년 同부천병원장 2008~2009년 대한병원협회 평가 · 수련이사 2016년 同의무부총장 겸 중앙의료원장(현) 2016년 대한병원협회 경영위원장(현) [상]대통령표창(2013) [저]'통증의학 제2판(編)'(2000, 군자출판사) '마취과학 제2판(編)'(2000, 법문사) [종]불교

황교안(黃敎安) HWANG Kyo Ahn

[생]1957 · 4 · 15 [본]창원(昌原) [출]서울 [주]세종특별자치시 다솜로261 국무총리실(044-200-2696) [학]1976년 경기고졸 1981년 성균관대 법학과졸 2006년 同대학원 법학과졸(석사) [경]1981년 사법시험 합격(23회) 1983년 사법연수원 수료(13기) 1983년 청주지검 검사 1986년 대전지검 홍성지청 검사 1987년 서울지검 검사 1990년 대검찰청 검찰연구관 1992년 서울지검 검사 1994년 법무연수원 교관 1995년 창원지검 통영지청장 1997년 사법연수원 교수 1999년 서울지검 북부지청 형사5부장 2000년 대검찰청 공안3과장 2000년 同공안1과장 2001년 서울지검 컴퓨터수사부장 2002년 同공안2부장 2003년 부산지검 동부지청 차장검사 2004년 서울고검 검사 2005년 서울중앙지검 2차장검사 2006년 수원지검 성남지청장 2007년 서울고검 검사 2007년 법무부 정책기획단장(파견) 2008년 법무연수원 기획부장 2009년 창원지검장 2009년 대구고검장 2011년 부산고검장 2011~2013년 법무법인(유) 태평양 변호사 2013~2015년 법무부 장관 2015년 제44대 국무총리(현) [상]홍조근정훈장(2007) [저]'법률학사전' '검사님 이럴땐 어떻게 해야 되나요?'(1994) '국가보안법 해설'(1998) '집회 시위법 해설 : 집회 및 시위에 관한 법률'(2009) '교회가 알아야 할 법 이야기'(2012) [역]'사법시험 최단합격법' [종]기독교

황구연(黃龜淵) Hwang Goo Yeon

[생]1953 · 6 · 12 [출]서울 [주]충남 천안시 성거읍 성거길160 동일알루미늄(주) 비서실(041-559-2220) [학]1972년 경기고졸 1979년 고려대 경영학과졸 [경]1978년 동일방직(주) 입사 1991년 동일알루미늄(주) 입사 1997년 同이사 2007년 同대표이사 사장(현) [상]철탑산업훈장(2007), 산업통상자원부장관표창(2014), 대통령표창(2016)

황규연(黃奎淵) HWANG Kyu Yeon

[생]1960 · 5 · 9 [주]대구 동구 첨단로39 한국산업단지공단 비서실(070-8895-7013) [학]1979년 배명고졸 1984년 한양대 행정학과졸 1986년 同대학원 행정학과졸 1997년 미국 카네기멜론대 대학원 정책학과졸 [경]1987년 행정고시 합격(30회) 1988년 상공부 무역조사관실 행정사무관 1998년 산업자원부 유통산업과 서기관 2000년 駐사우디아라비아 주재관 2003년 경제자유구역기획단 파견 2004년 산업자원부 법무담당관 2005년 同지역투자입지담당관 2006년 同섬유생활팀장 2007년 同통상협력정책팀장(서기관) 2008년 同통상협력정책팀장(부이사관) 2008년 지식경제부 기획재정담당관 2009년 2012여수세계박람회조직위원회 파견(고위공무원) 2010년 외교안보연구원 교육훈련(고위공무원) 2011년 지식경제부 정책기획관 2012년 同주력시장협력관 2013년 산업통상자원부 통상정책국장 2014년 同산업기반실장 2015~2016년 同무역위원회 상임위원 2016년 한국산업단지공단 제10대 이사장(현)

황규찬(黃圭瓚) HWANG Kyu Chan

[생]1948 · 4 · 14 [본]장수(長水) [출]경북 문경 [주]서울 강남구 광평로295 사이룩스서관206호 (주)알켐(02-445-0513) [학]1967년 청구고졸 1971년 건국대 공업경영학과졸 [경]1974년 코오롱건설(주) 입사 1983년 同종합전기과장 1995년 同이사보 1996년 同토목사업본부 수주업무담당 이사 1998년 同상무 2002년 코오롱환경서비스(주) 대표이사 2008~2014년 세원건설(주) 부회장 2015년 (주)알켐 고문(현) [종]불교

황규철(黃圭哲) Hwang Gyu Chul

[생]1959 · 4 · 5 [출]전북 고창 [주]전북 전주시 완산구 효자로225 전라북도청 사회재난과(063-280-2390) [학]1977년 호남고졸 2014년 한국방송통신대 재학 중 [경]1981년 전북도 정읍군청 근무(9급) 2004년 행정자치부 감사관실·교부세과 사무관 2012년 同감사관실 서기관 2013년 전북도 행정지원관실 서기관 2014년 전북도인재육성재단 파견(서기관) 2014년 전북도 문화유산과장 2014년 전북 장수군 부군수 2016년 한국탄소융합기술원 파견(서기관) 2016년 전북도 사회재난과장(현) [상]내무부장관표창(1993), 국무총리표창(1997), 감사원장표창(2002)

황규철(黃奎喆) HWANG Kyu Chul

[생]1966 · 8 · 28 [출]충북 옥천 [주]충북 청주시 상당구 상당로82 충청북도의회(043-220-5091) [학]남대전고졸 2004년 대전대 행정학과졸 [경]옥천군태권도협회 회장, 옥천군생활체육회 회장, 뉴라이온스클럽 이사 2006년 충북도의원선거 출마(무소속) 2010년 충북도의회 의원(민주당 · 민주통합당 · 민주당 · 새정치민주연합), 同산업경제위원회 위원, 同운영위원회 위원, 同산업경제위원회 부위원장, 同예산결산특별위원회 위원, 同지역균형발전특별위원회 위원 2014년 충북도의회 의원(새정치민주연합 · 더불어민주당)(현) 2014년 同산업경제위원회 위원 2014년 同예산결산특별위원회 위원 2016년 同산업경제위원회 위원장(현) 2016년 더불어민주당 충북도당 농어민위원장(현) [상]한국여성유권자충북연맹 '베스트 의정상'(2015) [종]기독교

황규필(黃奎弼) Hwang Kyu Pil

[생]1967·7·15 [본]창원(昌原) [출]부산 [주]서울 영등포구 국회대로70길18 새누리당 원내행정국(02-3786-3000) [학]1986년 부산동고졸 1993년 고려대 정치외교학과졸 2007년 同정책대학원 국제관계학과졸 2008년 同언론대학원 최고위과정 수료 [경]2001~2002년 국회 부의장실 비서관(4급) 2004~2005년 국회 정책연구위원(4급) 2005~2009년 민주평통 자문위원 2006~2007년 국회 정책연구위원(2급) 2007~2009년 한나라당 재정팀장 2009~2010년 지식경제부 장관 정책보좌관, 한나라당 서울시당 사무처장 2012년 새누리당 총무국장 2014년 同중앙연수원 교수 겸 정책위원회 수석전문위원 2015년 同조직국장 2016년 同원내행정국장(현)

황규호(黃奎昊) WHANG Kyuho

[생]1955 · 2 · 18 [출]부산 [주]서울 중구 세종대로136 서울파이낸스센터3층 SK경영경제연구소(02-6323-2500) [학]경기고졸, 서울대 경제학과졸, 한국과학기술원(KAIST) 산업공학과졸, 미국 미시간대 대학원졸, 경제학 및 경영학박사(미국 미시간대) [경]산업연구원 근무 1995년 SK해운 영업본부장(상무), SK(주) 경영경제연구소 상무 2004년 同CR전략실장(전무) 겸 이사회 사무국장 2006년 同CCO(Chief Communication Officer)(전무) 2006년 SK그룹 비서실장(전무) 2008년 同비서실장(부사장) 2009~2013년 (주)SK해운 대표이사 사장 2009~2013년 한국해양소년단연맹 총재 2013년 SK경영경제연구소 소장(현)

황규호(黃圭浩) HWANG Gyu Ho

생1958 · 11 · 15 ㈜서울 서대문구 이화여대길52 이화여자대학교 사범대학 교육학과(02-3277-2661) 학1981년 서울대 교육학과졸 1986년 同대학원 교육학과졸 1992년 교육학박사(영국 킹스칼리지런던대) 경1993~1995년 한국교육개발원 연구원 1995년 이화여대 사범대학 교육학과 조교수 · 부교수 · 교수(현), 同교학부장, 同입학처부처장 2006~2008년 同입학처장 2008~2010년 同교무처장 2016년 同교육대학원장(현) 전'동서양 주요국가들의 교육(共)'(1997) '세계의 교육과 중등사학(共)'(1998)

황근주(黃根周) HWANG Keun Joo

생1963 · 7 · 28 본장수(長水) 출서울 ㈜서울 중구 을지로65 SK텔레콤(주) 임원실(02-6100-2114) 학경동고졸, 서울대 경제학과졸, 同대학원 경제학과졸 경SK텔레콤(주) 전략컨텐츠TF장 2006년 (주)서울음반 비상근이사, SK텔레콤(주) 인터넷사업부문 영상사업부장 2008년 同MNO전략팀장 2010년 同MNO CIC MNO전략실 전략그룹장, 同현장경영실장(상무), SK그룹 창조경제혁신센터(CEI) 센터장 2015년 SK텔레콤(주) 전략기획부문장(전무)(현) 상정보통신부장관표창(1997)

황금찬(黃錦燦) HWANG Kum Chan (后白)

생1918 · 8 · 10 출강원 속초 학1943년 일본 大東學院 철학과 중퇴 경시인(현) 1946년 강릉농고 교사 1948년 '새사람' 誌 발표 1952년 '문예' 誌 박목월 추천 1954년 강릉사범학교 교사 1954~1978년 동성고 교사 1956년 '현대문학' 박두진 추천 1965년 처녀시집 '현장' 1971~1980년 중앙신학교 기독교문학과 교수 1976년 크리스챤문학가협회 회장 1981년 숭의여자전문대 강사 1981년 추계예술학교 강사 1993년 시마을출판 대표 상월탄문학상, 한국기독교문학상, 대한민국문학상, 서울시 문화상, 대한민국문화예술상, 보관문화훈장, 시와시학상 특별상(2008), 제60회 대한민국예술원상 문학부문(2015) 전시집 '현장' '오월의 나무' '산새' '보릿고개' '나비제' '마음에 불을 밝혀' '산다는 것은' '사랑교실' '호수와 시인' '사랑3' 詩 · 八十八 壽 '조가비 속에서 자라는 나무들'(2004) '음악이 열리는 나무'(2006) '고향의 소나무'(2008) '느티나무와 추억'(2011) 수필집 '들국화' '사랑과 죽음을 바라보며' '이름모를 들꽃의 향기로' '그 밤엔 바람이 불고 있다' 평론집 '정신으로 승리한 문학' 등

황금택(黃金澤) Keum Taek Hwang

생1958 ㈜서울 관악구 관악로1 서울대학교 생활과학대학 식품영양학과(02-880-2531) 학1979년 서울대 농과대학 식품공학과졸 1988년 미국 코넬대 대학원 식품과학과졸 1991년 식품과학박사(미국 코넬대) 경1979~1981년 육군 소대장(ROTC) 1981~1984년 백화양조 연구개발기사 1986~1990년 미국 Cornell Univ. Institute of Food Science New York Sea Grant Scholar 1990~1990년 同Department of Poultry and Avian Sciences Graduate Research Assistant 1990~1993년 미국 농무부 해외농업국 Eastern Regional Research Center Research Chemist 1993~1996년 목포대 식품공학과 전임강사 · 조교수 1996~2007년 전북대 식품영양학과 조교수 · 부교수 · 교수 2000~2002년 미국 Univ. of Nebraska-Lincoln Department of Biological Systems Engineering 방문교수 2005~2007년 전북대 생활과학대학장 2007년 서울대 생활과학대학 식품영양학과 부교수 · 교수(현) 2009~2013년 同식품영양산업CEO과정 주임교수 2011~2013년 同식품영양학과장 2013년 한국식품협회 주최 FIKorea컨퍼런스위원장 2014~2015년 서울대 생활과학연구소장 2015년 同생활과학대학장(현) 전'치즈 종합백과사전'(2007, 임실군) '식품화학'(2008, 신광출판사) '식품가공저장학'(2009, 수학사) 역'세계의 식용식물(Food Plants in the World. Ben-Erik van Wyk. Briza Publications)'(2010, 신일북스)

황기선(黃琪善)

생1968 · 7 · 21 출서울 ㈜서울 서초구 서초중앙로157 서울중앙지방법원(02-530-1114) 학1987년 중동고졸 1991년 연세대 법학과졸 1994년 同대학원졸 1993년 사법시험 합격(35회) 1996년 사법연수원 수료(25기) 1999년 광주지법 판사 2001년 同해남지원 판사 겸 장흥지원 판사 2002년 수원지법 평택지원 판사 2005년 수원지법 판사 2006년 서울동부지법 판사 2008년 서울고법 판사 2010년 서울중앙지법 판사 2011년 창원지법 부장판사 2013년 인천지법 부장판사 2016년 서울중앙지법 부장판사(현)

황기연(黃祺淵) Hwang, Kee Yeon

생1958 · 3 · 31 본장수(長水) 출대구 ㈜서울 마포구 와우산로94 홍익대학교 공과대학 도시공학과(02-320-3070) 학연세대 행정학과졸, 미국 오리건주립대 대학원 도시 및 지역계획학과졸, 도시 및 지역계획학박사(미국 남가주대) 경1992~2005년 서울시정개발연구원 도시교통연구부장 · 월드컵교통지원팀장 · 청계천복원지원연구단장, 대통령비서실 국가경쟁력강화기획단 파견 2005년 홍익대 도시공학과 부교수 · 교수(현) 2008~2011년 한국교통연구원 원장 2013~2015년 홍익대 공과대학장 2013년 (사)카셰어링포럼 공동대표(현) 2014~2016년 행정중심복합도시건설추진위원회 위원 2015년 지속가능발전위원회 민간위원(현) 2015년 교통정책위원회 민간위원(현) 2016년 홍익대 관리담당 부총장 겸 서울캠퍼스 산학협력단장(현) 상서울시 교통문화상(2000), 서울사랑시민상(2003), 국민훈장 석류장(2005) 전'교통수요관리론 : 정책 및 분석실무(共)'(2001) 'Urban Management Policy in Seoul(共)'(2002) '프로젝트 청계천 : 갈등관리 전략(共)'(2005) '초고층 건축물 디자인과 설계기술' '초고층 건축물의 교통관리 전략(共)' '한반도 대운하는 부강한 나라를 만드는 물길이다(共)'(2007) 종기독교

황기연(黃基淵) HWANG Ki Yeon

생1969 · 3 · 2 출전남 장성 ㈜서울 종로구 세종대로209 행정자치부 지방행정실 지역공동체과(02-2100-4340) 학서울시립대 대학원 행정학과 수료, 미국 피츠버그대 대학원 공공정책학과졸 경1998년 행정고시 합격(42회) 1999~2005년 중앙인사위원회 인사정책과 · 위원장실 · 급여정책과 · 인재조사과 사무관 2006년 同정책총괄과 제도지원담당 서기관 2006년 국외훈련(미국 피츠버그대) 2009년 전남도 경제과학국 과학기술과장 2011년 同경제산업국 일자리창출과장 2011년 同경제산업국 경제통상과장 2012년 장흥군 부군수 2013년 전남도 인력관리과 근무(서기관) 2013년 지방자치발전위원회 기획단 분권제도과장 2014년 안전행정부 지방재정세제실 주소정책과장 2014년 행정자치부 지방재정세제실 주소정책과장 2015년 同의정관실 상훈담당관 2016년 同지방행정실 지역공동체과장(현)

황기현(黃起鉉)

생1959 · 8 · 17 ㈜서울 관악구 남부순환로1722 한국공인중개사협회(02-879-1100) 학1985년 인천전문대학 기계과졸 1999년 건국대 부동산상담실무 전문과정 수료 2005년 대구한의대 풍수지리학과졸 2013년 동국대 대학원 자산경영최고위과정 수료 2015년 同법무대학원 자산금융법무과 석사과정 재학 중 경1984~1999년 기아자동차(주) 근무 1999년 공인중개사 자격증 취득(10회) 2000년 부동산중개사무소 개소 2000~2004년 파주 운정신도시 운정택지개발사업보상협의회 위원 2001~2004년 대한공인중개사협회 파주시지회장 2004년 파주와동초등학교 운영위원회 지역위원 2004년 파주시 파람이서포터즈 위원 2004~2007년 대한공인중개사협회 대의원 2007~2013년 한국공인중개사협회 대의원(제8대 · 9대) 2011년 파주시 도시계획위원회 위원 2012년 파주시 상지석 · 야당동(48만 5천평)도시계획추진위원회 위원장 2013~2015년 한국공인중개사협회 경기북부지부장 2014년 국가혁신포럼 자문위원 2016년 한국공인중개사협회 회장(현)

황낙연(黃洛淵) HWANG Nak Yeon

생1954 · 10 · 2 본장수(長水) 출충남 보령 ㈜서울 송파구 송이로30길7 (주)동일기술공사(02-3400-5608) 학1977년 한양대 토목공학과졸 2007년 공학박사(충북대) 경1979년 (주)대우건설 입사 1984년 同나이지리아현장 근무 1993년 同국내토목사업현장소장 1998년 同토목사업본부 상무이사 2009년 울트라건설 부사장 2010~2011년 (주)한화건설 국내영업본부장 겸 토목환경사업본부장(전무) 2011년 대한중재인협회 부회장, 同회원(현) 2012년 한국토목시공기술사협회 감사(현) 2014년 (주)동일기술공사 부회장(현) 상철탑산업훈장, 대통령표창, 장관표창 外 다수 종천주교

황대선(黃大善) Hwang Dae Sun

생1954 · 2 · 25 ㈜부산 연제구 중앙대로1001 부산광역시의회(051-888-8207) 학금성고졸 경대선조선 노동조합 위원장, 한국노총 금속노동조합연맹 부산지역본부의장(현), 부산지방노동위원회 근로자위원(현), 전국금속노동조합연맹 부위원장(현), 한국노총 부산지역본부부위원장(현) 2014년 부산시의회 의원(비례대표, 새누리당)(현) 2014년 同기획재경위원회 위원 2015년 同기획행정위원회 위원(현)

황대열(黃大烈) Hwang Dae Yeol

[생]1949·6·18 [출]경남 고성 [주]경남 창원시 의창구 상남로290 경상남도의회(055-211-7408) [학]1962년 동광초교졸 [경]1979~1996년 법원 공무원 1996~2001년 고성·거제·남해등기소 소장, 황대열법무사무소 대표(현), 창원지검 통영지청 범죄피해자지원센터 법률전문위원, 새고성라이온스클럽 부회장 2006·2010~2014년 경남 고성군의회 의원(한나라당·새누리당) 2010년 同부의장 2012년 同의장 2014년 경남도의회 의원(새누리당)(현) 2014·2016년 同건설소방위원회 위원(현) 2014년 同예산결산특별위원회 위원 2016년 同남부내륙철도조기건설을위한특별위원회 위원 2016년 同운영위원회 위원(현)

황대영(黃大榮) HWANG Dae Young

[생]1953·8·23 [본]창원(昌原) [출]대전 [주]서울 서초구 강남대로 25길65 셀라빌딩2층 (사)한국수중환경협회(02-485-4804) [학]한국방송통신대 행정학과졸, 한양대 사진전문과정 수료, 중앙대 재난안전과정 수료 [경]월간 '장애인뉴스' 편집국장 1988년 한국해양탐험대 대장(현) 1991년 (사)맑은물되찾기운동연합회 창립 1996년 국회스킨스쿠버동호회 창립, 한국특수구조봉사단 단장(현) 2003~2005년 수중환경신문 '바다뉴스' 발행인·편집인 2003년 독도사랑국민연합 공동대표(현) 2013년 한국자원봉사협의회 공동대표, '바다뉴스인터넷신문' 발행인, 글로벌스쿠버교육중앙원 원장 2015년 (사)한국수중환경안전협회 회장(현) [상]국무총리표창(1990), 청룡봉사상 의상(1991), 해병을빛낸사람(1991), 대통령표창(2002), 행정자치부장관표창(2005), 국민훈장 석류장(2011) [저]'스쿠버다이빙입문' '황대영다이빙에세이'

황대용(黃大容) Hwang Dae Yong

[생]1960·1·18 [본]창원(昌原) [출]서울 [주]서울 광진구 능동로120의1 건국대학교병원 원장실(02-2030-7014) [학]1984년 서울대 의과대학졸, 同대학원졸 1996년 의학박사(서울대) [경]서울대병원 전공의, 서울아산병원 임상강사, 미국 Cleveland Clinic Foundation in Ohio 장기연수, 미국 Lahey Clinic in MA 연수, 건강보험심사평가원 암질환심의위원회 위원, 과학기술연합대학원대 부교수, 대한대장항문학회 상임이사, 同편집위원장(현), 대한외과학회 상임이사, 同편집위원장(현), 대한임상종양학회 이사, 미국대장외과학회(ASCRS) 정회원(현), 미국임상암학회(ASCO) 정회원(현), 한국원자력의학원 진료부장, 同기획실장, 同홍보실장 2008년 同진료지원부장 2008~2011년 건국대 의과대학 외과학교실 교수 2009~2011년 건국대병원 홍보실장 2009년 同대장암센터 소장 2011년 同외과 과장 2011년 건국대 의학전문대학원 외과학교실 교수(현) 2012년 건국대병원 암센터장 2013년 同대장항문외과 분과장 2016년 同병원장(현) [상]원자력연구소장표창(2002), 과학기술부장관표창(2003), 대한대장항문학회 사노피-신데라보 젊은 의학자상(2003), 건국대병원 진료업적상(2010), 대한외과학회 우수포스터상(2010) [저]'대장항문학(共)'(2000·2005·2012) '1.5미터의 비밀'(2003) '대장암의 항암요법(共)'(2004) '대장암의 항암요법(共)'(2010) '임상종양학(共)'(2011) [역]'대장암'(2007) '대장암 표적치료'(2007) '대장항문수술1-대장'(2012) '대장항문수술2-항문'(2012) [종]기독교

황대일(黃大一) Hwang Daeil

[생]1965·7·29 [본]평해(平海) [출]경북 안동 [주]서울 종로구 율곡로2길25 연합뉴스 편집국(02-398-3008) [학]1983년 경북고졸 1989년 고려대 행정학과졸 [경]1999년 연합뉴스 자카르타특파원 2003년 同사회부 차장대우 2004년 同통일외교부 차장 2005년 同사회부 차장 2007년 同증권부 차장 2007년 同증권부 부장대우 2009년 同사회부 부장대우 2011년 同증권부장 2011년 同경제부장 2013년 同마케팅국 마케팅부장 2014년 同마케팅국 마케팅부장(부국장대우) 2015년 同편집국 전국·사회에디터(현) [상]기자협회 '이달의 기자상'(2003) [저]'특파원의 눈에 비친 인도네시아 만년설'

황도곤(黃道坤)

[생]1961·3·17 [출]경북 울진 [주]경북 포항시 북구 중앙로346 포항세무서(054-245-2244) [학]평해실고졸, 세무대졸(3기), 고려대 정책대학원 세정학과졸 [경]1986년 동대문세무서 근무(초임) 2002년 서울지방국세청 조사2국 근무 2004년 同국제거래조사국 국제조사3과 근무 2007년 同국제거래조사국 국제조사2과 근무 2010년 同조사4국 2과 근무 2013년 국세청 조사국 세원정보과 근무 2015년 경북 포항세무서장(현) [상]국무총리표창(2008)

황도순(黃度淳) HWANG Do Soon

[생]1962·7·15 [출]부산 [주]서울 마포구 월드컵북로21 풍성빌딩 (주)능률교육(02-2014-7200) [학]1982년 동래고졸 1987년 고려대 법학과졸 2003년 연세대 정보대학원 최고정보고위과정 수료 [경]1987~1996년 (주)SK케미컬 수출부 근무 1997년 (주)능률영어사 입사, 同경영기획실장 2006년 (주)능률교육 전무, 同중고등사업본부장, 同COO(이사), 同사업총괄장, 同중고등사업본부장 2013년 同대표이사(현)

황도순(黃度淳) HWANG Do-Soon (澹沙)

[생]1962·8·16 [본]창원(昌原) [출]경기 여주 [주]대전 유성구 과학로169의84 한국항공우주연구원 위성연구본부 위성기술연구단(042-860-2114) [학]1984년 인하대 공대졸 1986년 同대학원졸 2003년 공학박사(충남대) [경]1986~1991년 삼성항공산업(주) 대리 1991년 한국항공우주연구소 책임연구원(현) 2006년 한국항공우주연구원 위성총괄사업단 종합관리그룹장 2006년 同위성기술실 위성구조팀장 2015년 同위성연구본부 위성기술연구단장(현) [상]국무총리표창(2000) [종]천주교

황동규(黃東奎) HWANG Tong Gyu

[생]1938·4·9 [본]제안(濟安) [출]평남 숙천 [주]서울 관악구 관악로1 서울대학교 영어영문학과(02-880-6078) [학]1957년 서울고졸 1961년 서울대 영어영문학과졸 1966년 同대학원졸 1967년 영국 에든버러대 대학원 수학 [경]1958년「현대문학」에 '시월' '즐거운 편지'로 시인 등단 1968년 서울대 교양과정부 전임강사 1971년 미국 아이오와대 연구원 1975~2003년 서울대 영어영문학과 교수 1987년 미국 뉴욕대 객원교수 1990년 서울대 영연방연구소장 1991년 同대학신문 주간 1997년 미국 버클리대 객원교수 2001년 황순원선생 그리는 추모시 2편「현대문학」1월호에 발표 2003년 서울대 영어영문학과 명예교수(현) 2004년 한국시인협회 고문 2006년 대한민국예술원 회원(문학·현) 2006년 한국간행물윤리위원회 위원 2006~2009년 同부위원장 [상]현대문학상(1968), 한국문학상(1980), 연암문학상(1988), 김종삼문학상(1991), 이산문학상(1991), 대산문학상(1995), 미당문학상(2003), 홍조근정훈장(2003), 제10회 만해대상 문학부문(2006), 김진달문학상 시부문(2009), 은관문화훈장(2010), 구상문학상(2011), 제26회 호암상 예술상(2016), 서울대 자랑스러운 서울대인(2016) [저]시집 '어떤 개인 날'(1961) '悲歌'(1965) '三南에 내리는 눈'(1975) '사랑의 뿌리'(1975) '나는 바퀴를 보면 굴리고 싶어진다'(1978) '악어를 조심하라고?'(1986) '몰운대행'(1991) '미시령 큰 바람'(1993) '풍장'(1995) '비가'(1996) '외계인'(1997) '황동규 시전집 1·2'(1998) '버클리풍의 사랑노래'(2000) '탁족'(2002) '우연에 기댈 때도 있었다'(2003) '꽃의 고요'(2006) '겨울밤 0시 5분'(2009) '사는 기쁨'(2013) 산문집 '젖은 손으로 돌아보라'(2001) '삶의 향기 몇점'(2008) 자서전 '시가태어나는 자리'(2001) [작]평론집 '사랑의 뿌리' '김수영의 문학'(編)

황동준(黃棟俊) Hwang, Dong Joon (海庭·海石)

[생]1961·12·19 [본]창원(昌原) [출]강원 속초 [주]서울 종로구 효자로11 금융감독원연수원3층 정부합동부패척결추진단 점검과(02-3703-2036) [학]1981년 속초고졸 2001년 한국방송통신대 법학과졸 2013년 연세대 행정대학원 지방자치 및 도시행정학과졸 [경]1982년 속초시청 근무 1986년 강원도청 근무 1996년 내무부 근무 1999년 국립과학수사연구소 근무 2000년 행정자치부 근무 2015년 同의정담당관실 서기관 2016년 국무조정실 부패척결추진단 점검과장(현) [상]한국서예가협회 대한민국서예대전 입선(1989·1993), 대통령표창(2001·2007), 근정포장(2013) [저]'돌과 빛이 있는 나라'(2003, 아진) [종]기독교

황동진(黃東鎭) HWANG Dong Jin

[생]1952·10·5 [출]부산 [주]경남 양산시 충렬로355 넥센타이어(주) 임원실(055-370-5114) [학]숭실고졸, 숭실대 법학과졸, 연세대 경영대학원 수료 [경]1978년 금호실업(주) 법무심사·해운업무 담당 1989년 금호타이어(주) 미국법인 영업·재무담당 1995년 同영국법인장 2001년 금호렌터카(주) 영업·기획총괄 2008년 아시아나항공 관리본부장 2009년 금호타이어(주) 영업총괄·한국지역본부장 2011년 QTS Inc. 근무 2015년 넥센타이어(주) 해외영업총괄 본부장(현) [상]산업포장(2004) [종]천주교

황동진(黃東鎭) HWANG Dong Jin

생1962·5·7 출서울 주경기 성남시 분당구 대왕판교로644번길21 메디포스트(02-3465-6677) 학1984년 서울대 경제학과졸 경1988~1999년 한국장기신용은행 근무 1999년 금융감독원 근무 2000년 (주)마크로젠 재무이사 2003년 同전무이사 2005년 同공동대표이사 사장 2006년 메디포스트 경영총괄담당 이사 2006년 同공동대표이사 2010년 同사장(현) 종천주교

황동철(黃桐喆) HWANG Dong Cheol

생1957·2·27 출대구 주서울 중구 수표로34 씨티센터타워 쌍용양회공업(주) 사장실(02-2270-5000) 학경북고졸, 서울대 경영학과졸 경1978년 쌍용양회공업(주) 입사, 同부장이사 2006년 同기획·SIS·홍보실장(상무보) 2008년 同기획·SIS·홍보실장(상무) 2009년 同기획본부장 2013년 쌍용머티리얼(주) 대표이사 사장 2013년 쌍용레미콘 대표이사 사장 2016년 쌍용양회공업(주) 공동대표이사 사장(현)

황두연(黃斗然) WHANG Doo Yeon

생1962·6·4 본평해(平海) 출서울 주서울 강남구 영동대로517 아셈타워2층 (주)ISMG Korea 비서실(02-6001-7250) 학1981년 경성고졸 1989년 연세대 경영학과졸 1991년 同대학원 경영학과졸 1998년 미국 위스콘신대 메디슨교 대학원 경영학과졸 경1989~2003년 (주)태영·(주)태영인더스트리 UTT사업본부장·상무이사 2003년 (주)EPG 최고마케팅경영자(Chief Marketing Officer) 2005년 (주)ISMG Korea 대표이사 사장(현)

황득규(黃得圭) HWANG Deuk Kyu

생1959·6·6 주경기 용인시 기흥구 삼성로1 삼성전자(주) DS부문 기획팀(031-209-7114) 학순천 매산고졸, 연세대 사학과졸, 미국 보스턴대 대학원 경영학과졸 경삼성전자(주) 반도체구매팀 상무보 2004년 同반도체구매팀장(상무) 2010년 同반도체구매팀장(전무) 2011년 同DS부문 감사팀장(전무) 2012년 同DS부문 기획팀장(전무) 2014년 同DS부문 기획팀장(부사장)(현)

황 록(黃 淥) HWANG Rok

생1956·3·15 출경북 상주 주대구 동구 첨단로7 신용보증기금 이사장실(1588-6565) 학1975년 경북고졸 1979년 고려대 경영학과졸 2004년 미국 펜실베이니아 와튼스쿨 최고경영자과정 수료 경1978년 한국상업은행 세운지점 입행 1999년 한빛은행 삼풍아파트지점장 2001년 同우리아메리카은행 이사 2005년 우리은행 마포지점장 2005년 同국제팀장 2007년 同글로벌사업단 수석부장 2007년 同글로벌사업단장 2008년 同IB본부장(부행장) 2008년 同HR본부장(집행부행장), 同한새농구단 단장 2010년 同경영기획본부장(집행부행장) 2011~2012년 우리금융그룹 미래전략본부 부사장 2013년 우리금융지주 우리금융경영연구소 대표이사 2013~2014년 우리파이낸셜 대표이사 사장 2014~2016년 가톨릭대 비즈니스리더융복합전공 부교수 2016년 신용보증기금 이사장(현) 상대외경제협력발전유공 재정경제부장관표창(2002), 국민훈장(2010)

황명석(黃明錫) HWANG Myoung Suk

생1968·5·23 출경북 경주 주서울 종로구 세종대로209 행정자치부 창조정부기획과(02-2100-3420) 학영남대 공법학과졸 경1997년 지방고등고시(2회) 신임관리자과정 합격 1998년 포항시 남구청 환경위생과장 1999년 同포항테크노파크 추진반장 2000년 (재)포항테크노파크 기획팀장(포항시 파견) 2003년 (재)경북테크노파크 행정지원실장(파견) 2004년 공정거래위원회 소비자기획과 사무관 2006년 同특수거래보호과 사무관 2007년 同심결지원1팀 서기관 2007년 同심판행정팀 서기관 2007년 同특수거래팀장 2008년 제17대 대통령직인수위원회 경제1분과위원회 실무위원 2008년 대통령 경제수석비서관실 금융비서관실 행정관 2008년 대통령 정무수석비서관실 시민사회비서관실 행정관 2009년 행정안전부 윤리과 심사총괄팀장 2011년 대통령직속 녹색성장위원회 녹색교육과장(파견) 2012년 同지방녹색과장 2013년 국민대통합위원회 준비단 과장 2013년 대통령소속 국민대통합위원회 기획부장 2015년 행정자치부 기획조정실 창조행정담당관 2016년 同창조정부조직실 창조정부기획과장(현) 상근정포장(2013) 종천주교

황명선(黃明善) Hwang Myung Sun

생1957·4·10 본창원(昌原) 출충남 주세종특별자치시 갈매로388 문화체육관광부 관광정책실(044-203-2803) 학1977년 대전고졸 1983년 동국대 정치외교학과졸 2010년 인하대 국제통상물류대학원졸(경영학석사) 2015년 한국항공대 대학원졸(경영학박사) 경2000년 (주)대한항공 일본지역본부 마케팅부장 2005년 同부산여객지점장(상무보) 2006년 同여객노선영업부 일본노선팀장(상무보) 2007년 同서울여객지점장(상무B) 2008년 同한국지역본부장(상무B) 2009년 同여객사업본부 부본부장(상무B) 2010년 同한국지역본부장(상무A) 2012년 롯데관광개발 총괄사장 2013~2015년 同각자대표이사 2016년 문화체육관광부 관광정책실장(현)

황명선(黃明善) HWANG Myeong Seon

생1966·9·9 출충남 논산 주충남 논산시 시민로210번길9 논산시청 시장실(041-746-5000) 학1984년 논산 대건고졸 1994년 국민대 토목환경공학과졸 1996년 同대학원 행정학과졸 2002년 행정학박사(국민대) 경한국유권자운동연합 초대실행위원, 새천년민주당 서울시지부 사무처장, 한국청년전문가연합회 회장, (주)가람엔터프라이즈 대표이사 2002~2006년 서울시의회 의원(새천년민주당·민주당) 2004~2006년 同건설위원회 부위원장 2004년 한국외국어대 정책과학대학원 겸임교수 2005~2006년 서울시의회 남북교류협력지원특별위원회 부위원장 2005년 건양대 사회복지학과 겸임교수 2005년 한국정책과학학회 부회장 2006년 충남 논산시장선거 출마(열린우리당) 2007년 국민대 행정대학원 초빙교수 2008년 (사)공공경영연구원 원장 2010년 충남 논산시장(민주당·민주통합당·민주당·새정치민주연합) 2014년 한국지방자치학회 부회장 2014년 충남 논산시장(새정치민주연합·더불어민주당)(현) 상국무총리표창(2013), 국민대통합문화 '자랑스런 국민인의 상'(2014) 전'나는 오늘도 가슴이 뛴다'(2013) 종천주교

황명자(黃明子·女) HWANG Myung Ja

생1961·11·7 본장수(長水) 주강원 춘천시 공지로126 춘천교육대학교 체육교육과(033-260-6504) 학숙명여대 체육교육과졸, 同대학원 체육교육과졸, 무용교육박사(성균관대) 경1990~2005년 숙명여대 체육교육과 시간강사 1998~2001년 (주)스포비젼 아동능력개발연구소 연구원 2001~2005년 강릉대 체육학과 겸임교수 2002년 한국유아체육학회 이사 2002~2006년 성균관대 체력과학연구소 선임연구원 2004~2005년 한국가정생활개선진흥회 외래강사 겸 전문위원 2005년 춘천교대 체육교육과 교수(현) 2006년 대한댄스스포츠교육학회 이사 2006년 강원도여성정책개발센터 외래강사 2006년 교육인적자원부 교육과정심의위원 2011년 춘천교대 교육연수원장 2011년 同평생교육원장 2015년 同학생처장 겸 생활관장(현) 전'한국무용과 무용심리'(2003) '스포츠심리학의 이해 신체발육과 운동발달'(2003) '아동무용교육'(2004) '멋진노후 당당한 내인생(共)'(2005) '2006년 노인자원봉사학교 교육교재 6(共)'(2006)

황문연(黃文淵) Hwang, Moon Yearn

생1959·11·15 출인천 강화 주서울 강남구 테헤란로202 금융결제원 감사실(02-531-1023) 학1983년 고려대 경제학과졸 1988년 서울대 대학원 행정학과졸 1992년 미국 위스콘신대 대학원 경영학과졸 경1983년 행정고시 합격(27회) 1984년 경제기획원·재정경제원·재정경제부 사무관·서기관 2000~2001년 미국 회계법인 Ernst & Young 파견 2002~2003년 대통령자문 정책기획위원회 과장·재정경제부 해외홍보과장 2004~2006년 재정경제부 경제협력국 국제경제과장 2006년 同경제협력국 경협총괄과장(서기관) 2007년 同경제협력국 경협총괄과장(부이사관) 2007년 同ASEM재무장관회의준비기획단장 2008년 기획재정부 ASEM기획단장 2009년 중앙공무원교육원 교육파견 2010년 기획재정부 FTA국내대책본부 전략기획단장, 同무역협정국내본부 무역협정지원단장 2012~2013년 대통령직속 미래기획위원회 단장 2015년 금융결제원 감사(현) 상대통령표창(1996), 근정포장(2014)

황미옥(黃美玉·女) HWANG Mi Ok

생1955·7·20 주인천 연수구 아카데미로119 인천대학교 인문대학 일어일문학과(032-835-8154) 학1977년 한국외국어대 일어일문학과졸 1981년 同대학원졸 1985년 일본 東京都立大 대학원졸 1996년 문학박사(한국외국어대) 경1985년 한국외국어대 강사 1987년 인천전문대 전임강사 1988년 인천대 일어일문학과 전임강사·조교수·부교수·교수(현) 1994·1998년 일본 간다외국어대 객원교수 2006년 필리핀 아테네오대학 일본연구소 객원교수 2009년 일본 쓰쿠바대 객원교수 2016년 인천대 인문대학장 겸 문화대학원장(현)

ㅎ

황민영(黃敏英) HWANG Min-Young

[생]1943·9·11 [출]전북 군산 [주]서울 서초구 강남대로 27 AT센터1206호 식생활교육국민네트워크(02-6300-8133) [학]1962년 중앙고졸 1967년 고려대 농업경제학과졸 1980년 독일 뮌스터대 경제학부 수료 [경]1961~1963년 한국농촌진흥회 회장 1965~1966년 전국대학4-H연구회연합회 부회장·회장 1969년 한국농업근대화연구회 이사 1970년 월간 '농민문화' 편집장 1974~1976년 푸른들신용협동조합 부이사장 1981~1984년 한국농축산유통연구원 유통정보실장 1986~1990년 주간 '농축산수산유통정보' 편집국장 1987년 한국농축수산유통연구원 상무이사 1990~1994년 한국농어촌사회연구소 이사장 1990년 한국농어민신문 전무이사 겸 주필 1994~1999년 한국협동조합연구소 이사장 겸 격월간 '협동조합운동' 발행인 1994년 한국농어민신문 대표이사 사장 겸 계간 '농정과자치' 발행인 1996년 전국귀농운동본부 공동대표 1997년 한국4-H연맹 수석부총재 1999년 한국식품유통학회 이사 1999년 한국마사회 고문 1999년 한국농축수산유통연구원 이사장 2001년 한국협동조합연구소 이사장 2005~2008년 대통령직속 농어업·농어촌특별대책위원회 위원장 2008~2011년 국민농업포럼 상임대표 2010년 식생활교육국민네트워크 상임대표(현) 2013년 한국협동조합연대 대표발기인 2015년 2015남양주슬로라이프국제대회 공동조직위원장

황백현(黃白炫) HWANG Baek Hyun

[생]1947·1·5 [본]창원(昌原) [출]경남 사천 [주]부산 부산진구 서면문화로27 유원골든타워501호 극일운동시민연합(051-253-5887) [학]1966년 진주농림고졸 1981년 동아대 영어영문학과졸 1985년 영남대 교육대학원 영어교육학과졸 2010년 일어일문학박사(동의대) [경]1981년 거제 해성고 교사 1982~1990년 부산 가야고 교사 1985년 부산경실련 상임집행위원 1987년 극일운동시민연합 의장(현) 1988~1991년 경남정보대 강사 1991년 민주당 부산진乙지구당 위원장 1993년 일제만행희생자위령비건립추진위원회 위원장 1995년 일제잔재국민학교명칭개정전국연합회 공동의장 1995년 부산시장 예비후보 1996년 민주당 부산시지부장 직대 1996~1999년 수원대·서울시립대·부산대·부산교대·신라대 강사 1997년 독도유인도화 국민운동본부 의장(현) 1999년 독도·대마도연구소 소장 2000~2002년 새천년민주당 부산진乙지구당 위원장 2004년 제17대 국회의원선거 출마(부산진구乙, 무소속), 동의대 강사, (주)발해투어 대표(현) 2006년 시인 등단(현) 2008년 제18대 국회의원선거 출마(부산진구乙, 자유선진당) 2012년 독도·대마도·이어도연구원 이사장 [저]'대마도 역사문화관광' '대마도 통치사'(2012·2016) '독도 유인도화 정책에 관한 연구' '대마도에 남아있는 한국문화재'(2014, 도서출판 발해투어) 등 70여권 [종]천주교

황병국(黃炳國) HWANG Byung Kook

[생]1947·3·3 [출]전북 전주 [주]서울 성북구 안암로145 고려대학교 생명공학부(02-3290-1114) [학]1970년 서울대 농생물학과졸 1975년 同대학원졸 1981년 식물병리학박사(독일 괴팅겐 게오르크-아우구스트대) [경]1975년 농촌진흥청 농업기술연구소 병리과 연구원 1981~2012년 고려대 생명과학대학 생명공학부 교수 1993년 同자연자원연구소 연구관리실장 1994년 농업과학기술원 병리과 겸임연구관 1999년 한국과학기술한림원 정회원 2000년 고려대 생명자원연구소장 2000년 농촌진흥청 농업과학기술원 겸임연구관 2001년 Journal of Phytopathology Editor(현) 2003~2005년 한국식물병리학회 부회장·회장 2003년 미국 식물병리학회(The American Phytopathological Society) Fellow(현) 2003년 한국과학기술한림원 종신회원(현) 2005년 대한민국학술원 회원(농생명공학·현) 2008년 플랜타(PLANTA) 편집위원(현), PeerJ 편집위원(현) 2012년 고려대 명예교수(현) [상]한국과학기술단체총연합회 우수논문상(1996), 고려대 학술상(1997), 화농연학재단 화농상(1997), 한국식물병리학회 학술상(2002), 미국식물병리학회 Fellow상(2003), 근정포장(2012) [저]'식물의학'(1985·2000) '세균성 점무늬병과 역병에 대한 고추 저항성의 생리, 분자유전, 한국 고추의 분자유전과 육종(共)'(2004)

황병기(黃秉冀) HWANG Byung Ki

[생]1936·5·31 [본]우주(紆州) [출]서울 [주]서울 서초구 반포대로37길59 대한민국예술원 사무국(02-3479-7223) [학]1951년 국립국악원에서 국악연구 1955년 경기고졸 1959년 서울대 법과대학졸 2000년 명예 음악박사(단국대) [경]1959년 서울대 강사 1965년 미국 워싱턴주립대 강사 1968년 이화여대 강사 1973년 문화재 전문위원 1974년 이화여대 음악대학 부교수 1978년 한국작곡가협회 부회장 1980~2001년 이화여대 한국음악과 교수 1985년 미국 하버드대 객원교수 1990년 범민족통일음악회(평양) 남측대표 1990년 송년통일음악회(서울) 집행위원장 1994년 국악의해 조직위원장 1995년 문화재위원회 위원 1999년 유니세프 문화예술인클럽 회장 2000년 대한민국예술원 회원(국악·현) 2001년 이화여대 명예교수(현) 2001년 한국예술종합학교 전통문화원 겸임교수 2002년 연세대 특별초빙교수 2004년 국악축전조직위원회 위원장 2005년 문화관광부 광복60주년기념문화사업추진위원회 위원장 2006~2011년 국립국악관현악단 예술감독 2009~2011년 대한민국예술원 부회장 [상]KBS 국악콩쿨 최우수상, 문화공보부 국악상, 한국영화음악상, 중앙문화대상, 에밀레대상, 은관문화훈장, 방일영 국악상, 호암상(2004), 茶山학술상(2005), 대한민국예술원상 음악부문(2006), 타워상(2006), 한국음악상 특별상(2007), 일맥문화대상(2008), 일본 후쿠오카아시아문화상 대상(2010), ISPA 서울총회 예술가상(2012), 제19회 만해대상 만해문예대상(2015) [저]수필집 '깊은 밤, 그 가야금 소리' '황병기와의 대화' '가야금 선율에 흐르는 자유와 창조'(2009) '오동천년, 탄금60년'(2009) [작]발매음반 가야금 작품집 제1집 '침향무' 제2집 '비단길' 제3집 '미궁' 제4집 '춘설' 제5집 '달하 노피곰' 발매악보 '정남희제 황병기류 가야금 산조'

황병돈(黃丙敦) HWANG Byung Don

[생]1961·11·10 [출]경기 김포 [주]서울 마포구 와우산로 94 홍익대학교 법과대학(02-320-1830) [학]1980년 하성종합고졸 1984년 한양대 법학과졸 2002년 同행정대학원졸, 同대학원 법학 박사과정 수료 [경]1984년 사법시험 합격(26회) 1987년 사법연수원 수료(16기) 1990년 서울지검 서부지청 검사 1992년 청주지검 영동지청 검사 1993년 수원지검 검사 1995년 대구지검 검사 1997년 서울지검 남부지청 검사 1999년 인천지검 부천지청 부부장검사 2000년 대검찰청 검찰연구관 2001년 법무연수원 기획과장 2002년 대검찰청 환경보건과장 2003년 대구지검 형사3부장 2003년 변호사 개업 2004~2007년 법무부 혁신서포터즈 2005년 '러시아유전개발 의혹사건' 특별검사보 2006년 법무법인 우리법률 서울분사무소 변호사 2006년 홍익대 법과대학 교수(현) 2008년 법무부 정보공개청구심의회 기록물심사위원회 심의위원(현) 2008년 同인권자문단 자문위원(현) 2009년 同인권강사(현) 2011년 국회 입법심의위원(현) 2016년 홍익대 기획처장(현)

황병무(黃炳茂) HWANG Byong Moo (南庭)

[생]1939·6·25 [출]전북 고창 [주]경기 고양시 덕양구 제2자유로33 국방대학교(02-300-2114) [학]1958년 전주고졸 1964년 서울대 외교학과졸 1966년 同대학원졸 1978년 정치학박사(미국 캘리포니아대) [경]1971년 국방대학원 전략학처 조교수 1981~1999년 同부교수·교수 1987년 한국정치학회 이사 1988년 미국 랜드연구소 자문교수 1992년 국방부·외교통상부 정책자문위원 1995년 민주평통 자문위원 1995년 한국국제정치학회 회장 1997~2001년 국방대학원 안보문제연구소장 1998년 한중미래포럼 위원 1999년 통일부 정책평가위원 1999년 국가안보회의 정책자문위원 2000~2004년 국방대 안전보장대학원 교수 2004년 외교통상부 정책자문위원 2004년 국방대 명예교수(현) 2005년 대통령자문 국방발전자문위원회 위원장 2006~2008년 통일고문회의 고문 2013년 국가안보자문단 위원(현) [상]세종문화상(대통령상), 교육부장관표창, 보국훈장 천수장 [저]'China Under Threat'(共) '국가안전보장서론'(共) '신중국군사론' '국제기구와 한국외교'(共) '중국안보론'(共) '전쟁과 평화의 이해' '국방정책의 이론과 실제' [역]'게릴라'

황병소(黃炳紹) Hwang Byeong So

[생]1969·12·17 [주]세종특별자치시 한누리대로402 산업통상자원부 가스산업과(044-203-5231) [학]1988년 대원외국어고졸 1994년 서울대 농업경제학과졸 [경]1996년 행정고시 합격 1997년 총무처 행정사무관, 산업자원부 차관비서관 2007년 同자원개발총괄팀 서기관 2007년 국무조정실 기후변화대응기획단 파견 2008년 국무총리실 기후변화대책기획단 파견 2009년 지식경제부 지방기업종합지원팀장 2010년 同방사성폐기물팀장 2011년 同연구개발특구기획팀장 2012년 同무역진흥과장 2013년 산업통상자원부 무역투자실 무역진흥과장 2014년 해외 파견 2016년 산업통상자원부 가스산업과장(현)

황병수(黃昞秀) HWANG BYUNG SOO (詳竣)

[생]1958·2·7 [본]평해(平海) [출]강원 원주 [주]강원 원주시 흥업면 남원로150 강릉원주대학교 보건복지대학 다문화학과(033-760-8603) [학]1976년 원주고졸 1981년 한국외국어대 영어과졸 1983년 同대학원 영어과졸 1992년 문학박사(경희대) 2015년 국가평생교육진흥원 행정학사(사회복지학 전공) 2016년 연세대 정경대학원 국제복지전공석사 [경]1984~2001년 한국외국어대·강릉대·상지대·경희대 강사 1990~2006년 원주대학 교수 1995~1999년 同교무처장, 교육공무원인사위원회 위원장, 교수정년보장심사위원회 위원장 1995~1996년 교육개혁추진 홍보위원 2000~2002년 한국대학영어교육학

회 논문집 편집위원 2001~2003년 한국중앙영어영문학회 이사 2003년 새강원포럼 회원(현) 2003~2007년 원주대학 총장 2004년 제17대 국회의원선거 원주지역구 국회의원후보자토론회 진행자 2004년 원주시선거관리위원회 위원(현) 2004~2007년 원주대학 산학협력단장 2006년 제4회 전국동시지방선거 원주시장후보자토론회 · 평창군수후보자토론회 진행자 2007년 강릉원주대 문화대학 여성인력개발학과 교수, 同보건복지대학 다문화학과 교수(현) 2007~2009년 同문화산업대학장 2007~2011년 KBS 원주방송국 시청자위원회 위원 2008~2012년 한국중앙영어영문학회 부회장 2008~2010년 원주고 장소길장학회 회장 2012~2013년 한국교원단체총연합회 교육정책추진위원회 위원 2012~2014년 국세청 바른세금지킴이(제1기) 서포터즈 2012~2014년 공군 정책발전자문위원회 위원 2014년 제6회 전국동시지방선거 영월군수후보자토론회 진행자 2014년 국세청 바른세금지킴이(제2기) 서포터즈(현) 2014년 한국교원단체총연합회 교원복지향상위원회 위원(현) [상]선거관리유공표창(2010), 대학통합유공표창(2011) [저]'Collage English'(1999) 'Everyday English'(1999) [종]천주교

황병우(黃昞禹) HWANG Byung Woo (綠水)

[생]1931 · 10 · 16 [본]평해(平海) [출]경북 청송 [학]1951년 대구농림학교졸 1956년 영남대 영어영문학과졸 1986년 同경영대학원졸 [경]1952년 유엔軍 연락장교 1970년 신민당 중앙상무위원 · 총재 특별보좌역 1978년 同경북9지구당 위원장 1979년 제10대 국회의원(영덕 · 청송 · 울진, 신민당) 1985년 제12대 국회의원(청송 · 영덕 · 울진, 신민당) 1985년 국회 예산결산특별위원회 간사 1985년 한 · 일의원연맹 부간사장 1987년 신민당 원내수석부총무 1988년 제13대 국회의원(청송 · 영덕, 민정당) 1990~1992년 민자당 경북도지부 위원장 [상]참전국가유공자표창 [저]'진산계' 수필 '하얀 달이 울고있었다' [종]불교

황병주(黃秉柱)

[생]1974 · 3 · 6 [출]전북 익산 [주]경기 과천시 관문로47 법무부 범죄예방기획과(02-2110-3311) [학]1992년 익산 남성고졸 1997년 서울대 법학과졸 [경]1997년 사법시험 합격(39회) 2000년 사법연수원 수료(29기) 2000년 공익법무관 2003년 인천지검 검사 2005년 청주지검 충주지청 검사 2008년 법무부 국제법무과 검사 2011년 서울중앙지검 검사 2013년 수원지검 부부장검사 2014년 대검찰청 검찰연구관 2015년 춘천지검 속초지청장 2016년 법무부 범죄예방기획과장(현)

황병직(黃炳稙)

[생]1964 · 1 · 5 [주]경북 안동시 풍천면 도청대로455 경상북도의회(054-638-3662) [학]영주중앙고졸, 경북전문대학 경영과졸 2009년 동양대 경영학과졸 [경]리치호텔 대표, 국민생활체육영주시육상연합회 회장, 영주중앙고 총동창회장, 동양대총동창회 부회장, 국민건강보험공단 영주지사 자문위원, 세계유교문화재단 집행위원, 영주도시 · 건축공동위원회 위원, 팔만대장경 동판간행 범국민추진위원회 자문위원, 안중근의사기념관 건립위원회 위원 2006 · 2010~2014년 경북 영주시의회 의원(무소속) 2010~2012년 同총무위원장 2012년 同산업경제위원회 위원 2014년 경북도의회 의원(무소속)(현) 2014년 同운영위원회 위원 2014년 同행정보건복지위원회 위원 2014 · 2016년 同지방분권추진특별위원회 위원(현) 2016년 同문화환경위원회 위원(현) 2016년 同운영위원회 부위원장(현) 2016년 同정책연구위원회 위원(현) [상]전국시 · 도의회의장협의회 우수의정 대상(2016)

황병태(黃秉泰) HWANG Byung Tai

[생]1935 · 2 · 20 [본]평해(平海) [출]경북 예천 [학]1954년 영남고졸 1958년 서울대 상과대학 경제학과졸 1976년 미국 하버드대 대학원 행정학과졸 1979년 정치학박사(미국 캘리포니아대 버클리교) [경]1956년 고등고시 외교과 합격(7회) 1957년 외무부 근무 1958~1961년 상공부 근무 1962~1967년 경제기획원 근무 1967년 同경제협력국장 1969년 同조사통계국장 1970~1974년 同운영차관보 1979년 한국개발연구원 초청연구위원 1982~1988년 한국외국어대 정치외교학과 교수 1984~1988년 同총장 1988년 통일민주당(민주당) 부총재 1988년 제13대 국회의원(서울 강남구甲, 민주당 · 민자당) 1988년 민주당 정책위원회 의장 1989년 同총재특보 1990년 민주자유당 서울강남甲지구당 위원장 1990년 同당무위원 1993~1995년 駐중국 대사 1996년 제15대 국회의원(문경 · 예천, 신한국당 · 한나라당) 1996년 신한국당 평화통일위원장 1996~1997년 국회 재정경제위원장 2001년 (사)박열의사기념사업회 회장 2002년 경산대 총장 2002~2007년 (재)영남장학회 이사장 2003~2006년 대구한의대 총장 2006년 同명예총장 [상]홍조근정훈장, 황조근정훈장 [저]'자본주의와 민주정치' '민중과 경제'(共) '유학과 현대화' '경제주의의 종언' '박정희 패러다임'(2011) [종]천주교

황병하(黃炳河) HWANG Byung Ha

[생]1956 · 2 · 4 [출]전북 전주 [주]광주 동구 필문대로309 조선대학교 외국어대학 아랍어과(062-230-6930) [학]1980년 한국외국어대 아랍어과졸 1982년 同대학원 아랍어과졸 1994년 아랍문학박사(한국외국어대) [경]1985~1988년 조선대 전임강사 1988~1989년 사우디아라비아 킹 사우드대(리야드) 연구교수 1988~1997년 조선대 아랍어과 조교수 · 부교수 1995~1997년 한국외국어학회 연구이사 1995~1997년 한국중동학회 지역이사 1996~1997년 한국이슬람학회 연구이사 1997년 한국아랍어문학회 지역이사 1997~1998년 이집트 카이로 아메리칸대 연구교수 1997년 조선대 외국어대학 아랍어과 교수(현) 1998년 한국중동학회 이사 1998년 한국외국어학회 편집이사 1998년 한국이슬람학회 편집이사 1998년 조선대 어학교육원 부원장 1999년 同교무부처장 2001~2003년 同학생부처장 2002년 한국중동학회 편집위원 2003~2005년 한국이슬람학회 편집위원 2004~2005년 뉴질랜드 웰링턴 빅토리아대 연구교수 2005년 조선대 문화산업연구원장 2005년 한국종교문화학회 이사 2006~2009년 광주전남지역혁신협의회 위원장 2006~2008년 한국이슬람학회 회장 2008년 조선대 국제문화연구원장 2009~2012년 同대외협력처장 2009년 한국이슬람학회 편집위원장 2013년 한국중동학회 회장 [상]문화관광부 월드컵기장증(2002) [저]'아랍이슬람문화'(1999) '현대중동정치와 이슬람'(1999) '이슬람사상의 이해'(1999) '20세기 중동을 움직인 50인'(2000) '이슬람-이슬람문명 올바로 이해하기'(2001) '사진과 그림으로 보는 케임브리지 이슬람사'(2002) '고등학교 아랍문화'(2003) '아랍과 이슬람'(2004)

황병하(黃炳夏) HWANG Byong Ha

[생]1962 · 2 · 19 [본]장수(長水) [출]서울 [주]대구 수성구 동대구로364 대구지방법원(053-757-6472) [학]1980년 우신고졸 1984년 서울대 법대졸 1994년 영국 런던대 법과대학원졸 [경]1983년 사법시험 합격(25회) 1985년 사법연수원 수료(15기) 1986년 軍법무관 1989년 서울지법 남부지원 판사 1991년 서울민사지법 판사 1992년 춘천지법 영월지원 판사 1994년 대구지법 상주지원 판사 1996년 인천지법 판사 1997년 서울고법 판사 1999년 대법원 재판연구관 2001년 대전지법 서산지원장 2002년 대법원 재판연구관 2004년 서울북부지법 부장판사 2006년 서울중앙지법 부장판사 2008년 광주고법 전주재판부 부장판사 2010년 서울고법 부장판사 2016년 대구지법원장(현)

황병헌(黃秉憲) HWANG Byeong Heon

[생]1970 · 11 · 2 [출]서울 [주]서울 마포구 마포대로74 서울서부지방법원(02-3271-1114) [학]1989년 경희고졸 1994년 서울대 법대 사법학과졸 [경]1993년 사법시험 합격(35회) 1996년 사법연수원 수료(25기) 1999년 서울지법 판사 2003년 제주지법 판사 2006년 수원지법 판사 2008년 서울고법 판사 2010년 서울중앙지법 판사 2011년 광주지법 부장판사 2012년 사법연수원 교수 2014년 수원지법 안양지원 부장판사 2015년 서울서부지법 부장판사(현)

황병홍(黃秉弘) Byung-Hong Hwang

[생]1959 [출]경북 영주 [주]대구 동구 첨단로7 신용보증기금 임원실(053-430-4014) [학]1976년 강릉제일고졸 1983년 한국외국어대 경영학과졸 [경]1986년 신용보증기금 입사 2009년 同종합금융부장 2009년 同보증심사부장 2010년 同인사부장 2011년 同부산경남영업본부장 2012년 同서울서부영업본부장 2013년 同경영지원부문 상임이사 2015년 同전무이사(현) [상]대통령표창(2011)

황보국(黃甫局) Hwang, Bo Kook

[생]1964 · 6 · 22 [출]서울 [주]세종특별자치시 한누리대로422 고용노동부 공공노사정책관실(044-202-7303) [학]1983년 용산고졸 1990년 고려대 사회학과졸 [경]1992년 행정고시 합격(36회) 2004년 대구지방노동청 관리과장 2005년 국무총리국무조정실 조사심의관실 파견(서기관) 2007년 노동부 장관비서관 2008년 同노사협력정책국 공공노사관계과장 2009년 同근로기준국 근로기준과장 2010년 고용노동부 노사정책실 근로기준과장 2011년 同노사정책실 근로기준과장(부이사관) 2011년 同고용정책실 사회적기업과장 2012년 同감사관(고위공무원) 2013년 同고용정책실 고용서비스정책관 2014년 대구지방고용노동청장 2015년 고용노동부 노동정책실 공공노사정책관(현)

황보승희(皇甫承希·女) Hwang Bo, Seung Hee

[생]1976·8·5 [본]영천(永川) [출]부산 [주]부산 연제구 중앙대로1001 부산광역시의회(051-888-8050) [학]영도여고졸, 이화여대 영어영문학과졸 2008년 신라대 대학원 교육학과졸 [경]부산ESS주니어외국어학원 강사, General Electric(GE)社 비서, 김형오 국회의원 정책보좌관, 한나라당 부산영도지구당 2030위원장, 同부산시당 신세대특별위원회 부위원장 2002·2006·2010년 부산시 영도구의회 의원(한나라당), 同예산결산특별위원장, 同기획자치위원장, 동삼동매립지해양레저타운진상조사특별위원회 간사 2009년 한나라당 부산시당 부대변인 2009~2010년 부산시 영도구의회 민원조정위원장, 새누리당 전국여성지방의원협의회 부산대표(현), 同부산시당 부대변인 2012년 부산시의회 의원(보궐선거 당선, 새누리당) 2012년 同행정문화위원회 위원 2012년 同운영위원회 위원 2012년 同예산결산특별위원회 위원 2014년 부산시의회 의원(새누리당)(현) 2014년 同행정문화위원회 위원 2014년 同윤리특별위원회 위원장 2015년 同경제문화위원회 위원 2016년 同경제문화위원회 위원장(현)

황보은(皇甫銀)

[생]1962·11·6 [주]인천 중구 인중로226 인천일보 사장실(032-452-0100) [학]1981년 인천고졸 [경]1987년 통일민주당 제13대 대통령선거 옹진군선거대책위원장 1990년 同중앙청년위원회 인천지부장 1991~1995년 (주)삼경 건설토건산업 총괄부사장 2001~2015년 (주)황보마을 회장 2007년 인천일보 전무이사 2008년 同대표이사 권한대행 2009·2015년 同대표이사 사장(현)

황보중(皇甫仲) HWANGBO Jung

[생]1955·3·2 [출]경북 영천 [주]서울 서초구 반포대로158 서울고등검찰청(02-530-3114) [학]1973년 경북고졸 1978년 서울대 법학과졸 [경]1984년 사법시험 합격(26회) 1987년 사법연수원 수료(16기) 1987년 부산지검 검사 1989년 대구지검 경주지청 검사 1991년 서울지검 북부지청 검사 1994년 대구지검 검사 1996년 서울지검 검사 1998년 인천지검 검사 1999년 同부부장검사 1999년 법무연수원 교수 2000년 서울고검 검사 2001년 대전고검 검사 2001년 헌법재판소 파견 2002년 대구지검 부부장검사 2003년 수원지검 조사부장 2003년 同형사4부장 2004년 대구지검 의성지청장 2005년 창원지검 형사1부장 2006년 대구지검 형사1부장 2007년 同경주지청장 2008년 서울고검 검사 2010년 대구고검 검사 2013년 창원지검 진주지청장 2014년 서울고검 검사(서울중앙지검 중요경제범죄조사팀장 파견) 2015년 서울고검 검사(현) 2015년 서울중앙지검 중요경제범죄조사단 제2단장 파견 2016년 同중요경제범죄조사단 제1단장 파견(현) [상]홍조근정훈장(2014)

황보택근(皇甫宅根) WHANGBO Taeg Keun

[생]1960·8·8 [출]충북 충주 [주]경기 성남시 수정구 성남대로1342 가천대학교 IT대학 컴퓨터공학과(031-750-5417) [학]1979년 영동고졸 1983년 고려대 금속공학과졸 1988년 미국 뉴욕시립대 대학원 컴퓨터공학과졸 1995년 공학박사(미국 Stevens Inst. of Tech.) [경]1988~1993년 Q-Systems Technical Manager 1995년 삼성종합기술원 선임연구원 1997년 경원대 전자계산학과 교수, 同인터렉티브미디어학과 교수 2010년 문화체육관광부 문화기술PD 2012년 가천대 글로벌캠퍼스 IT대학 컴퓨터공학과 교수(현) 2012~2013년 (사)경기도산학협력단협의회 회장 2014년 가천대 IT대학장(현) 2014년 同IT연구소장(현) 2016년 同게임대학원장(현)

황보현(黃普鉉) HWANG Bo Hyun

[생]1962·9·28 [출]서울 [주]서울 마포구 마포대로155 LG마포빌딩 (주)HS애드(02-705-2696) [학]경북대사대부고졸, 연세대 신문방송학과졸 [경](주)HS애드 CR센터 책임CD(상무), 同최고창의력책임자(CCO)(상무)(현) 2009년 이화여대 대학원 겸임교수(현) 2012년 칸 광고제 사이버부문 심사위원 2013년 아시아태평양광고페스티벌 판촉·이벤트·프로모션부문 심사위원 2015년 미국 뉴욕페스티벌 본심 심사위원

황부군(黃富君) WHANG Boo Goon

[생]1957·9·6 [출]경남 통영 [주]서울 서초구 강남대로51길1 케이블TV VOD 비서실(02-566-0056) [학]1976년 휘문고졸 1983년 한양대 신문방송학과졸 2001년 同행정대학원 언론홍보학과졸, 공학박사(서울산업대) [경]1989년 방송위원회 영화부 차장 1990~1993년 同심의기획부 차장·심의기획부장 직대 1993년 同라디오부장 서리 1994년 同기획부장 서리 1996년 同광고부장 1997년 同대구사무소장 1998년 同조사연구부장 2000년 同감사팀장 2000년 同정책국장 2002년 同행정국장 2003년 성균관대 고위관리자과정 파견 2004년 방송위원회 시청자지원실장 2006년 同방송진흥국장 2006~2007년 한국광고자율심의기구 제2광고심의위원회 위원 2007년 방송위원회 대전사무소장 2008~2009년 방송통신위원회 방송정책국장 2009~2013년 한국교육방송공사(EBS) 감사 2014년 서울과학기술대 IT정책전문대학원 방송통신정책전공 초빙교수(현) 2016년 케이블TV VOD 대표이사(현) [저]'VOD'(2009) [종]불교

황부기(黃富起) HWANG Boo Gi

[생]1959·12·6 [출]경북 안동 [학]1978년 경북 경안고졸 1987년 성균관대 행정학과졸 [경]1987년 행정고시 합격(31회) 1989년 통일부 입부 2002년 同장관 비서관 2003년 同정책기획과장 2004년 同기획관리실 혁신인사담당관 2005년 同남북경제협력협의사무소 초대소장 2008년 同남북회담본부 회담연락지원부장 2008년 同남북교류협력국장(고위공무원) 2009년 同통일교육원 교수부장 2011년 중앙공무원교육원 교육파견(고위공무원) 2011년 통일부 교류협력국장 2013년 同기획조정실장 2014~2016년 同차관 [상]홍조근정훈장(2013)

황삼진(黃三鎭) HWANG Sam Jin

[생]1954·2·21 [출]경남 진주 [주]부산 연제구 중앙대로1001 부산국제금융도시추진센터(051-888-6902) [학]1981년 연세대 경제학과졸 2001년 미국 일리노이대 대학원 경제학과졸 [경]1981년 한국은행 마산지점 업무과 근무 1982년 同자금부 통화관리과 근무 1985년 同조사제1부 해외조사과·금융재정과 근무 1987년 同조사제1부 통화금융1과 조사역 1990년 同뉴욕사무소 조사역 1993년 同조사제1부 해외조사실 조사역 1994년 同홍보부 공보실 조사역 1997년 同국제부 외환업무과장·외환분석실 과장 2001년 同국제국 외채분석팀장·외환분석팀장 2005년 同금융시장국 시장운영팀장 2006년 同금융시장국 부국장 2007년 同제주본부 기획조사실장 2008년 同국제국 부국장 2009~2010년 同제주본부장 2010~2013년 제주은행 상임감사위원 2013년 부산국제금융도시추진센터장(현) [종]가톨릭

황상규(黃相圭) HWANG Sang Kwu

[생]1968·9·15 [주]서울 종로구 세종대로209 행정자치부 홍보담당관실(02-2100-3043) [학]1986년 철성고졸 1991년 부산대 행정학과졸 [경]지방고시 합격(2회) 1997~2009년 경남도 경제통상국 통상협력과 국제협력팀장·경제통상국 통상협력과 산업이벤트팀장·기획관리실 남해안시대추진기획단 총괄기획담당·남해안경제실 투자유치과 투자기획담당 2009~2012년 국무총리실 인사청문회준비팀·지방행정국 지방경쟁력지원과·세종특별자치시출범준비단 근무 2012년 국립과학수사연구원 연구기획과장 2015년 행정자치부 주민과장 2015년 새마을금고지원단 단장 2016년 행정자치부 홍보담당관(현) [상]도지사표창(2000), 장관급표창(2001), 근정포장(2007)

황상모(黃相模) HWANG Sang Mo

[생]1959·4·10 [본]창원(昌原) [출]부산 [주]경기 용인시 수지구 죽전로152 단국대학교 교양학부(031-8005-2045) [학]1986년 동아대 경영대학졸 1995년 고려대 정책대학원졸 2008년 서울대 행정대학원 국가정책과정 수료 2012년 경영학박사(단국대) [경]1985년 동아대총학생회 회장 직대 1993년 고려대정책대학원총학생회 회장 1997년 한국청년회의소 지방JC회장, 同특우회 임원(현) 1999년 한나라당 재정경제위원회 부위원장 2002년 (주)지엘화장품 대표이사 2002년 러시아 국립이르크츠크경제대 객원교수 2007~2012년 한국실업체조연맹 부회장 2007~2009년 코레일유통 관리상무 2007~2009년 일양식품(주) 사장 2008~2012년 경북전문대학 철도경영과 겸임교수 2011년 단국대 교양학부 겸임교수 2016년 同공학교육혁신센터 산학협력교원(현) 2016년 제20대 국회의원선거 출마(서울 노원구乙, 국민의당) 2016년 국민의당 서울노원구乙지역위원회 위원장(현) [저]'꿈이 있는 사람은 두려워하지 않는다'(2008, 우리들) '성공학개론'(2013, 도서출판 향지)

황상연(黃相淵) HWANG Sean

[생]1970·7·25 [주]서울 영등포구 의사당대로147 알리안츠글로벌인베스터자산운용(02-2071-9900) [학]1989년 서라벌고졸 1993년 서울대 화학과졸 1995년 同대학원 화학과졸 [경]1995~2000년 LG화학 기술연구원 2000년 한림창업투자 책임심사역 2000~2005년 신영증권 리서치센터 기업분석팀장, 미래에셋증권(주) 리서치센터 연구위원 2008년 同코리아리서치센터장(이사대우)

2010년 同코리아리서치센터장(상무보) 2012년 同법인영업본부장(상무보) 2013년 同코리아리서치센터장(상무보) 2014년 알리안츠글로벌인베스터자산운용 주식운용총괄본부장(상무)(현)

황상재(黃相宰) Sang-Chai Hwang

[생]1958 · 2 · 4 [주]서울 성동구 왕십리로222 한양대학교 사회과학대학 미디어커뮤니케이션학과(02-2220-0857) [학]1984년 연세대 사학과졸 1986년 同대학원졸 1992년 방송학박사(미국 텍사스대) [경]1995년 한국언론학회 연구이사, 통신개발원 선임연구원, 방송개발원 뉴미디어연구팀장 1995년 한양대 사회과학대학 미디어커뮤니케이션학과 교수(현) 1998년 同신문방송학과장 1999년 同사회과학부장 2003년 同인터넷한양 주간 2006~2009년 한국미디어경영학회 회장 2007년 한양대 방송국 주간 2007~2008년 사이버커뮤니케이션학회 회장 2010~2012년 한국언론진흥재단 기금관리위원, 게임문화재단 이사 2016년 한양대 사회과학대학장 겸 언론정보대학원장(현) [저]'정보사회와 국제커뮤니케이션'

황상진(黃相軫) HWANG Sang Jin

[생]1964 · 4 · 20 [출]서울 [주]서울 중구 세종대로17 와이즈빌딩 한국일보 편집국(02-724-2114) [학]1982년 화곡고졸 1989년 연세대 신문방송학과졸 1999년 일본 게이오대 매스커뮤니케이션연구소 수료 [경]1989년 한국일보 입사 1998년 일본 게이오대 매스커뮤니케이션연구소 방문연구원 1999년 한국일보 사회부 기자 2001년 同경제부 기자 2002년 同경제부 차장대우 2003년 同사회1부 차장대우 2004년 同산업부 차장대우 2005년 同산업부 차장 2006년 同문화스포츠부장 직대 2006년 同문화부장 직대 2007년 同경제부장 직대 2007년 同사회부장 2008년 同논설위원 2009년 관훈클럽 편집위원 2011년 한국일보 편집국 디지털뉴스부장(부국장대우) 2011년 同편집국 부국장 겸 디지털뉴스부장 2013년 同논설위원 2013년 同편집국 부국장 2014년 관훈클럽 회계담당 운영위원 2014년 한국일보 디지털전략본부장 겸 경영전략실장 2015년 同미래전략실장 2015년 同논설위원 2016년 同편집국장(현) [상]한국언론인연합회 사회부문 한국참언론인대상(2016)

황상철(黃相哲) Hwang Sang Cheol

[생]1960 · 10 · 15 [출]충남 예산 [주]세종특별자치시 도움5로20 법제처 차장실(044-200-6506) [학]1979년 경신고졸 1983년 성균관대 행정학과졸 2002년 일본 히토쓰바시대 대학원 법학과졸(석사) 2007년 법학박사(성균관대) [경]1983년 행정고시 합격(26회) 2002년 법제처 경제법제국 법제관(서기관) 2002년 同경제법제국 법제관(부이사관) 2004년 同법제기획관실 혁신인사담당관 2005년 同경제법제국 법제심의관 2007년 同수요자중심법령정보추진단장 2008년 同법령정보정책관 2010년 同경제법제국장 2011년 해외파견(고위공무원) 2012년 법제처 경제법제국장 2012년 同기획조정관 2013년 同차장(현) [상]대통령표창(1992), 홍조근정훈장(2012)

황상현(黃相顯) HWANG Sang Hyun

[생]1944 · 4 · 10 [출]경기 연천 [주]서울 중구 퇴계로100 스테이트타워남산 법무법인 세종(02-316-4043) [학]1962년 서울고졸 1966년 서울대 법학과졸 1969년 同사법대학원졸 [경]1967년 사법시험 합격(8회) 1969년 軍법무관 1972년 서울민사지법 · 서울지법 영등포지원 판사 1975년 서울형사지법 판사 1977년 대전지법 홍성지원 판사 1978년 서울민사지법 판사 1981년 서울고법 판사 1982년 법원행정처 기획담당관 1983년 청주지법 부장판사 1985년 대통령 법무비서관 1986년 서울민사지법 부장판사 1989년 서울형사지법 부장판사 1990년 법원행정처 수석사법정책연구심의관 1991년 서울고법 부장판사 겸 대법원장 비서실장 1993년 서울고법 부장판사 1996~2000년 열린합동법률사무소 변호사 2001~2010년 법무법인 세종 대표변호사 2007~2008년 SBS 사외이사 2011년 법무법인 세종 고문변호사(현) [종]기독교

황서종(黃曙鍾) Hwang, Seo Jong

[생]1961 · 1 · 21 [출]전남 강진 [주]세종특별자치시 도움5로20 소청심사위원회 상임위원실(044-201-8617) [학]광주 동신고졸, 서울대 외교학과졸 [경]1987년 행정고시 합격(31회) 1997년 총무처 능률국 국외훈련과 서기관 2003년 중앙인사위원회 기획공보과장 2004년 同인력개발국 능력발전과장(서기관) 2006년 同인력개발국 능력발전과장(부이사관) 2006년 同정책총괄과장 2007년 중앙공무원교육원 양성기획부장(고위공무원) 2008년 同인재양성부장, 駐태국공사참사관 2010년 행정안전부 공무원노사협력관 2011년 同정보화전략실 정보기반정책관 2012년 同정보화전략실 정보화기획관 2013년 안전행정부 전자정부국장 2013~2014년 同인사실 인사정책관 2014년 인사혁신처 인사혁신국장 2015년 同차장 2016년 同소청심사위원회 상임위원(현)

황석보(黃碩甫) WHANG Suk Bo

[생]1961 · 4 · 9 [출]부산 [주]경남 창원시 창이대로689번길 8 법무법인 다율(055-266-7077) [학]마산상고졸 1989년 부산대 법대졸 1999년 同대학원졸 [경]1993년 사법시험 합격(35회) 1996년 사법연수원 수료(25기), 법무법인 다율 창원분사무소 변호사(현) 1996년 경남은행 고문변호사 1999년 거제신협 파산관재인 2013년 경남지방변호사회 부회장 2015년 同회장(현) [종]불교

황석영(黃晳暎) HWANG Sok Yong (楡下 · 然山)

[생]1943 · 12 · 14 [본]창원(昌原) [출]중국 만주 [주]서울 마포구 토정로304 한국작가회의(02-313-1486) [학]경복고졸 1971년 동국대 철학과 중퇴 2001년 同명예졸업 [경]소설가(현) 1962년 사상계 신인문학상 '입석부근' 당선 1967년 월남 파병 1970년 조선일보 신춘문예 단편소설 '탑' 당선 1974년 자유실천문인협회 상임간사 1979년 광주민중문화연구소 대표실행위원 1985년 자유실천문인협회 대표실행위원 1985년 민중문화운동연합 공동대표 1988년 민족문학작가회의 민족문화연구소장 1989년 한국민족예술인총연합 대변인 1989년 방북 · 독일 · 미국 체류 1993년 귀국 및 국가보안법위반으로 구속수감 1998년 특별사면으로 가석방 2000 · 2004~2006년 한국민족예술인총연합 부회장 · 회장 · 고문 2000년 민족문학작가회의 자문위원 2004년 영국 런던대 소아즈 객원연구원 2006년 프랑스 파리제7대학 객원연구원 2007년 한국작가회의 고문(현) 2008년 인제대 석좌교수 2009~2011년 대통령직속 사회통합위원회 위원 [상]사상계 신인문학상(1962), 만해문학상(1989), 이산문학상(2000), 단재상(2000), 대산문학상(2001), 만해대상(2004), 마크 오브 리스펙트상(2007) [저]단편소설 '입석부근'(1962) '탑'(1970) 희곡집 '장산곶매'(1970) '가화'(1971) '줄자'(1971) '아우를 위하여'(1972) '한씨연대기'(1972) '적수'(1972) '기념사진'(1972) '이웃사람'(1972) '노을의 빛'(1973) '삼포가는 길'(1973) '야근'(1973) '섬섬옥수'(1973) 소설집 '객지'(1974) '산국'(1975) '영등포타령'(1975) '수추의 혀'(1975) '몰개월의 새'(1976) '돼지꿈'(1976) '어둠의 자식들'(1980) 장편소설 '張吉山'(1984) 광주항쟁르포집 '죽음을 넘어, 시대의 어둠을 넘어'(1985) '무기의 그늘'(1985) '열애'(1988) 북한방문기 '사람이 살고 있었네'(1989) '오래된 정원'(2000) '중단편전집 전4권'(2000) '손님'(2001) 동화 '모랫말 아이들'(2001) '황석영의 삼국지'(2002) '심청'(2003) '바리데기'(2007) '개밥바라기별'(2008) '강남몽'(2010) '낯익은 세상'(2011) '삼포 가는 길'(2012) '여울물 소리'(2012) 한국단편문학선집 '황석영의 한국 명단편 101 전10권'(2015) 장편소설 '해질 무렵'(2015)

황석주(黃錫柱) Hwang Seok-joo

[생]1959·12·16 [본]창원(昌原) [출]대구 [주]서울 종로구 율곡로2길25 연합뉴스 편집국 영문뉴스부(02-398-3114) [학]1978년 인하사대부고졸 1987년 한성대 영어영문학과졸 [경]1987~1991년 시사영어사 입사·편집국 과장 1991~1992년 연합통신 국제부 기자 1993년 同연합CATV추진본부 겸무 1994년 同해외부 기자 1998년 연합뉴스 해외부 기자 2000년 同영문뉴스부 차장대우 2002년 同영문경제뉴스부 차장 2004년 同영문뉴스부장 2006년 同외국어뉴스1부장 2006년 同외국어뉴스1부 부장대우 2009년 同영문경제뉴스부장 2009년 同해외국 부장급 2011년 同국제국 부장급 2011년 同국제국 기획위원 2012년 同국제국 기획위원(부국장대우) 2014~2015년 同영문북한팀장 2015년 同편집국 다국어뉴스부장 2016년 同편집국 영문뉴스부 기자(현)

황석태(黃晳泰) HWANG Seok Tae

[생]1965 · 10 · 14 [출]강원 철원 [주]세종특별자치시 도움6로11 환경부 국제협력관실(044-201-6550) [학]1984년 대광고졸 1990년 연세대 사학과졸 1992년 同행정학과졸 1998년 서울대 대학원 행정학과졸 2008년 환경정책학박사(미국 인디애나대) [경]행정고시 합격(35회) 2001년 환경부 상하수도국 수도정책과 사무관 2001년 同상하수도국 수도정책과 서기관, 同국제협력관실 해외협력담당관실 서기관 2007년 同람사르협약당사국총회 준비기획단장, 同물환경정책국 산업수질관리과장 2009년 同물환경정책국 유역총량과장 2010년 同기후대기정책관실 기후변화협력과장 2011년 同환경정책실 기후대기정책과장(서기관) 2012년 同환경정책실 기후대기정책과장(부이사관) 2013년 同물환경정책국 수도정책과장 2016년 同환경정책관실 정책총괄과장 2016년 同국제협력관(국장급)(현)

ㅎ

황석희(黃錫熙) HWANG Suk Hee

[생]1945·2·13 [본]평해(平海) [출]강원 춘천 [주]서울 서대문구 연희로82 브라운스톤 A동 305호 국제키비탄 한국본부(02-364-7804) [학]1963년 춘천고졸 1970년 고려대 경영학과졸 2009년 명예박사(러시아 외교아카데미) [경]1970년 한국개발금융(주) 입사 1987년 한국장기신용은행 홍콩사무소장 1989년 同홍콩현지법인 사장 1993년 同영업추진본부장 1994년 同이사 1995년 同상무이사 1999년 국민은행 상무이사 2000년 국은투자신탁운용 사장 2001년 평화은행장 2002~2003년 우리신용카드(주) 대표이사 사장 2005~2008년 한국전력공사 비상근감사 2007~2009년 在京춘천고동창회 회장 2008~2009년 인천국제공항공사 이사회 의장 2008~2009년 고려라이온스클럽 회장 2014년 (주)키스톤글로벌 사외이사(현) 2016년 국제키비탄 한국본부 총재(현) [종]기독교

황선봉(黃善奉) Hwang Seon Bong

[생]1950·4·2 [출]충남 예산 [주]충남 예산군 예산읍 사직로33 예산군청 군수실(041-339-7001) [학]1969년 예산농고졸 [경]1996년 예산군 재무과장 2002년 同민원종합실장 2006년 同기획감사실장 2008년 同주민생활지원실장, 예산군사회복지협의회 이사, 금오라이온스클럽 제1부회장, 예산발전연구소 소장 2010년 충남 예산군수선거 출마(무소속), 새누리당 충남도당 전국위원, 同예산·홍성군당원협의회 수석부위원장 2014년 충남 예산군수(새누리당)(현) [상]녹조근정훈장, 대통령표창, 국무총리표창 등 58회 수상, 올해의 지방자치 CEO 군수부문(2015), TV조선 '한국의 영향력 있는 CEO'(2016), 도전한국인 대상(2016)

황선웅(黃善雄) Sun-Wung Hwang

[생]1951·12·13 [본]창원(昌原) [출]충북 영동 [주]서울 동작구 흑석로84 중앙대학교 경영학부(02-820-5141) [학]1970년 경기고졸 1976년 서울대 외교학과졸 1982년 미국 인디애나대 캘리경영대학원졸(MBA) 1988년 재무학박사(미국 뉴욕대) [경]동아일보 기자, 미국 보스턴대 재무학과 조교수, 중앙대 경영학부 교수(현), 한국증권학회 편집위원장·부회장 2000년 기술표준원 증권전문위원장 2001~2003년 중앙대 사회과학대학장 2002년 한국증권학회 회장 2002~2006년 재정경제부 금융발전심의회 증권분과위원장 2003년 한국금융학회 부회장 2004년 산업자원부 기술표준원 e-비지니스위원장 2005·2008년 증권예탁결제원 사외이사 2006년 금융허브추진위원회 선도금융부문 혁신분과위원장, 중앙대 교수협의회 회장 2009년 기술표준원 증권전문위원장 2009년 국제표준기구 은행전문위원장(현) 2009~2013년 지식경제부 산업표준심의회 위원 2009년 同기술표준원 e-비지니스 위원장 2010~2013년 한국예탁결제원 청렴옴부즈맨 2013년 산업통상자원부 산업표준심의회 위원(현) [저]'현대기업경영원론'(共) '금융기관론'(共) '증권투자론' '재무관리' '21세기 경영관리총서'(共) '경영학의 이해'(共) [역]'기업이 실패하는 5가지 이유'

황선조(黃善祚) WHANG Sun Jo

[생]1955·1·10 [출]전남 여수 [주]충남 아산시 탕정면 선문로221번길70 선문대학교 총장실(041-530-2111) [학]1986년 한국신학대 신학과졸 1988년 同대학원 신학과 수료 1996년 미국 Unification Theological Seminary졸 2002년 교육학박사(홍익대) [경]1996~2008년 세계평화통일가정연합 한국회장 1999~2000년 남북통일운동국민연합 중앙의장 1999~2004년 통일그룹 회장 1999~2000년 세계일보 부회장 2002년 (학)선문학원 이사(현) 2003~2009년 (주)일상해양산업 회장 2008~2012년 평화대사협의회 공동회장 2008~2012년 천주평화연합 한국회장 2009~2012년 평화행동 대표 2009~2013년 (사)자원봉사 애원 공동대표 2010~2013년 생활정치아카데미 이사장 2010년 WANGO(세계NGO연합) 세계회장(현) 2011년 제48회 대종상영화제 명예조직위원장 2012년 선문대 총장(현) 2012년 대전·충남지역총장협의회 회장 2012~2014년 한국사립대학총장협의회 중부·강원지역협의회장 2012년 同부회장(현), 同대전·세종·충남지역분회 회장(현) [상]자랑스런 여수인(2012) [저]'희망은 황금보다 빛난다'(2010) '알기 쉬운 생활정치'(2010) [종]세계평화통일가정연합

황선철(黃善哲) HWANG SUN CHUL

[생]1961·10·9 [출]전북 전주 [주]전북 전주시 덕진구 사평로13 향림빌딩1층 황선철법률사무소(063-278-4433) [학]전주고졸, 경희대 법과대학졸 [경]1997년 사법고시 합격(39회) 2000년 사법연수원 수료(29기), 변호사 개업(현) 2006년 전북도 고문변호사 2009~2011·2015년 전북지방변호사회 부회장·회장(현) 2012~2014년 전북도교육청 시민감사관 2014년 전북도민일보 독자위원회 부위원장 2016년 더불어민주당 전북도당 법률고문(현) 2016년 同전북도당 윤리심판위원회 위원(현)

황선태(黃善泰) HWANG Sun Tae

[생]1948·10·11 [본]창원(昌原) [출]경남 고성 [주]서울 강남구 테헤란로87길36 법무법인 로고스(02-2188-2819) [학]1966년 부산고졸 1970년 서울대 법과대학졸 1973년 同대학원 수료 [경]1973년 사법시험 합격(15회) 1975년 사법연수원 수료(5기) 1975년 육군 법무관 1978년 서울지검 인천지청 검사 1980년 부산지검 검사 1983년 서울지검 남부지청 검사 1988년 대구지검 경주지청 부장검사 1989년 법무부 관찰과장 1991년 수원지검 공안부장 1993년 서울지검 서부지청 특수부장 1993년 대검찰청 공안기획담당관 1994~1995년 서울지검 조사부장·특수2부장 1995년 부산지검 울산지청 차장검사 1996년 청주지검 차장검사 1997년 창원지검 차장검사 1998년 서울지검 제2차장검사 1999년 사법연수원 부원장 2000년 청주지검장 2001년 대검찰청 감찰부장 2002년 대전지검장 2003년 광주지검장 2004~2005년 서울동부지검장 2005~2011년 법무법인 로고스 대표변호사·고문변호사 2011~2014년 대한법률구조공단 이사장 2014년 법무법인 로고스 상임고문변호사(현) 2015년 신한은행 사외이사(현) [상]홍조근정훈장(1997), 황조근정훈장(2004), 2014 한국의 영향력 있는 CEO 고객만족경영부문대상(2014) [저]'동남아 각국의 사법제도 및 공안정세'(共) [종]기독교

황선혜(黃善蕙·女) Hwang, Sunhye

[생]1954·7·26 [주]서울 용산구 청파로47길100 숙명여자대학교 영어영문학과(02-710-9317) [학]1976년 숙명여대 영어영문학과졸 1983년 미국 쉽펜스버그(Shippensburg)대 대학원졸 1989년 교육언어학박사(미국 Univ. of Pennsylvania) [경]1983년 미국 펜실베이니아대 교육언어학과 연구조교 1985년 同동양학과 전임강사 1990년 외무부 외교안보연구원 영어강사 1990년 숙명여대 영어영문학과 교수(현) 1991~2006년 同TESOL대학원 주임교수 1997년 同어학실습실장 2002~2006년 同학생처장 2003~2004년 한국사회언어학회 회장 2007~2008년 한국응용언어학회 회장 2008~2010년 숙명여대 교육대학원장 2010~2011년 同문과대학장 2012~2016년 同총장 2013년 헌법재판소 자문위원(현) 2014년 교육부 국가교육과정정책자문위원회 위원 2014년 (재)국립발레단 이사장(현) 2014년 국가과학기술자문회의 자문위원(현) 2014~2016년 한국대학교육협의회 이사 2014~2016년 한국사립대학총장협의회 부회장 [저]'초등영어' 'English Readings' [역]'사회언어학'(共) '언어학 이론' [종]기독교

황선홍(黃善洪) HWANG Sun Hong

[생]1968·7·14 [출]충남 예산 [주]서울 마포구 월드컵로240 월드컵경기장內 FC서울 프로축구단(02-306-5050) [학]용문고졸 1991년 건국대 경제학과졸, 同대학원 체육학과졸 [경]1988년 아시안컵 국가대표 1990·1994·1998·2002년 월드컵 4회연속 출전(2골) 1991~1992년 독일 부퍼탈팀 소속 1993년 포항스틸러스 프로축구단 입단 1994년 아시안게임 득점왕(11골) 1994년 일본 히로시마 아시아경기대회 국가대표 1995년 국내프로축구 골든볼 수상 1996년 애틀란타올림픽 국가대표 1998년 일본J리그 세레소 오사카팀 소속 1999년 일본J리그 득점왕(25경기 24골 8도움) 2000년 수원삼성블루윙즈 축구단 소속 2000년 연봉 2억5천만원 2000~2002년 일본J리그 가시와레이솔 소속 2001년 컨페더레이션스컵 브론즈슈(2골) 2002년 전남드래곤즈 프로축구단 소속 2003~2006년 同수석코치 2006년 SBS 독일월드컵방송 해설자 2006년 영국 연수 2008~2010년 부산아이파크 프로축구단 감독 2009년 리그컵 준우승 2009년 대한축구협회 이사 2010년 사회적기업 홍보대사 2010년 축구협회(FA)컵 준우승 2011~2015년 포항 스틸러스 감독 2012·2013년 축구협회(FA)컵 우승(연속 2회) 2013년 K리그 우승 2014년 새누리당 재능나눔위원회 위원 2015년 포항남부경찰서 홍보대사 2016년 프로축구 FC서울 감독(현) 2016년 프로축구 현대오일뱅크K리그클래식 우승 [상]아시안게임 득점왕(5경기 11득점)(1994), AFC올해의 공격상, 체육훈장 맹호장(2002), 자황컵 체육대상 남자 최우수상(2002), 자랑스런 충남인상, FA컵 최우수코치상(2006), K리그 대상 감독상(2013), 한국프로축구연맹 선정 K리그 이달의 감독(2014), 현대오일뱅크 K리그클래식 감독상(2016) [저]'황선홍, 그러나 다시'(2002)

황 설(黃 楔) HWANG Sul

[생]1939·4·5 [본]창원(昌原) [출]경북 영풍 [주]서울 강남구 테헤란로13길11 신원주택(02-539-0090) [학]1959년 경복고졸 1963년 영남대 건축학과졸 1965년 同대학원 수료 [경]1968~1990년 신원산업 사장 1975년 신원트레이딩 사장 1978년 통일주체국민회의 대의원 1981년 민주정의당(민정당) 창당발기인 1981년 제11대 국회의원(전국구, 민정당) 1983년 민정당 중앙위원회 교통체신분과위원장 1990~2000년 신원산업 회장 1991년 민자당 정책평가위원 1997년 한나라당 정책평가위원 2000년 신원주택 회장(현) [저]'전 국토의 효율적인 이용방안' '한계자원이용의 극대화 방안' [종]가톨릭

황성규(黃聖奎) HWANG Seong Gyu

[생]1957 · 7 · 6 [출]전북 부안 [주]경기 성남시 분당구 야탑로59 분당차병원 소화기내과(031-780-5000) [학]1975년 전주고졸 1982년 연세대 의대졸 1986년 同대학원 의학과졸 1993년 의학박사(연세대) [경]1982~1983년 순천향대병원 인턴과정 수료 1983~1986년 同레지던트과정 수료 1986년 군의관 1989년 순천향대 의대 내과학교실 전임강사 1992년 同조교수 1993년 미국 알버트아인슈타인의대 간연구소 연구원 1997년 순천향대 의대 내과학교실 부교수 1998년 포천중문의과대 내과학교실 부교수 2002년 同교수 2008년 차의과학대 임상연구소장 2009년 同내과학교실 교수(현) 2009~2010년 분당차병원 소화기내과 과장 2012~2013년 同연구부원장 겸 임상시험센터장 2014년 同대외의료협력실장 [종]기독교

황성기(黃性基) HWANG Sung Gi

[생]1970·1·3 [주]서울 성동구 왕십리로222 한양대학교 법학전문대학원(02-2220-2571) [학]1992년 서울대 법학과졸 1994년 同대학원졸(법학석사) 1999년 법학박사(서울대) [경]1998~1999년 서울대 법대 법학부 조교 2000~2001년 헌법재판소 헌법연구원 2000~2006년 국민대·경희대·강원대·서울대·홍익대·연세대 강사 2001~2006년 한림대 법학부 조교수·부교수 2005~2007년 강원도 지방토지수용위원회 위원 2005년 청소년위원회 평가위원 2005~2006년 同정책자문위원 2005~2007년 춘천지검 행정정보공개심의회 위원 2005~2006년 문화관광부 '2010 게임산업 전략위원회' 법제도분과위원 2006~2007년 동국대 법대 법학과 부교수 2007년 한양대 법대 법학과 부교수 2009년 同법학전문대학원 교수(현) 2014년 방송통신심의위원회 통신특별위원회 위원(현) [상]국무총리표창(2004), 한국언론법학회 제13회 철우언론법상(2014) [저]'인터넷한국의 10가지 쟁점(共)'(2002) '인터넷은 자유공간인가?-사이버공간의 규제와 표현의 자유(共)'(2003) '생명과학기술사회에서의 인권패러다임의 변화와 생명인권보호를 위한 법정책(共)'(2004) '인터넷 자율규제(共)'(2004) '한국 인터넷 표현 자유의 현주소: 판례 10선'(2015)

황성돈(黃聖敦) HWANG Sungdon (均齋)

[생]1957 · 2 · 27 [본]장수(長水) [출]서울 [주]서울 동대문구 이문로107 한국외국어대학교 행정학과(02-2173-3155) [학]1975년 신일고졸 1979년 한국외국어대 행정학과졸 1981년 서울대 행정대학원 행정학과졸 1989년 미국 Univ. of Minnesota 험프리행정대학원 정책분석학과졸 1991년 정치학박사(미국 Univ. of Minnesota) [경]1991~1995년 한국행정연구원 수석연구원 1994년 감사원 성과감사자문위원 1995년 대통령 정책기획비서관 1996년 대통령 사회정책비서관 1997년 행정개혁시민연합 상임집행위원 1997~1999년 한국행정학회 전자정부연구회장 1997~2001년 한국외국어대 국제지역대학원 교수 1997년 행정쇄신위원회 실무위원 1998 · 2001 · 2005년 한국행정학회 이사 1999~2005년 영국 Routledge출판 국제학술지 「Information, Commuication and Society」 편집위원 2000년 행정개혁시민연합 사무총장 2000년 한국부패학회 이사 2000~2001년 한국전자정부입법포럼 대표 2001년 한국정책학회 연구이사 2001년 한국전자정부연구원 원장(현) 2001년 한국외국어대 행정학과 교수(현) 2001~2002년 대통령자문 전자정부특별위원회 위원 2002년 한국인사행정학회 이사 2002~2003년 대통령자문 정책기획위원 2002 · 2006년 국무조정실장 위촉 정보화평가위원회 위원 2003~2004년 미국 버지니아공과대 정치학과 방문교수 2004~2005년 정부혁신지방분권위원회 전자정부전문위원회 위원 2005년 한국지방정부학회 연구부회장 2005~2006년 행정개혁시민연합 정부개혁연구소장 2005~2007년 한국외국어대 사회과학연구소장 2005~2007년 同행정학과장 2006년 한국전자정부포럼 상임운영위원장(현) 2007~2010년 경찰수사연수원 발전자문위원장 2007~2008년 국가기록원 정책자문위원회 위원 2007~2009년 전자정부서비스보안위원회 위원 2007~2009년 평택시 정보화정책자문위원 2008년 대통령직인수위원회 자문위원 2008~2009년 한국외국어대 정치행정언론대학원장 2008~2010년 행정안전부 정책자문위원회 총괄위원회 위원 겸 조직분과위원장 2009년 한국행정학회 연구부회장 2010~2011년 미국 클레어몬트대학원(Claremont Graduate Univ.) 정치경제대학원 방문교수 2010년 식품의약품안전청 자체평가위원회 공동위원장 2010~2013년 한국국제의료재단 이사 2011~2015년 한국개발연구원(KDI) 감사 2013년 식품의약품안전처 자체평가위원회 공동위원장 2013~2014년 한반도선진화재단 정책위원장 2014년 한국정보화진흥원 이사(현) 2014년 전자정부민관협력포럼 운영위원장(현) 2015년 세계실크로드대학연맹 사무총장(현) [상]홍조근정훈장(2002) [저]'Confucian Thought and Bureaucracy in East Asia(共 · 編)'(1997) '21세기한국의 선택(共)'(1998) 'Bureaucracy vs. Democracy'(1999) '공무원을 위한 반부패 길라잡이'(2001) '전자정부의 이해'(2002) '국가경쟁력과 정부혁신'(2003) [역]'공무원을 위한 변론'(2006) [종]기독교

황성수(黃成洙) HWANG Sung Soo

[생]1957 · 2 · 5 [출]대구 [주]인천 남구 매소홀로251 TBN 인천교통방송(032-453-1114) [학]1982년 경북대 경제학과졸 [경]1981년 KBS 기자 1994년 YTN 기자 1998년 同뉴스총괄부 차장 1999년 同정보과학부 차장 2000년 同경제2부장 2002년 同사회2부장 2003년 同보도국 부국장 2005년 同보도국 제작담당 부국장 2006년 同지상파 DMB사업추진단장 2007년 同과학TV추진단장(부국장) 2007년 同사이언스TV본부장(부국장) 2009~2011년 同사이언스TV본부장(국장) 2014년 한국교통방송(TBN) 인천교통방송 본부장(현)

황성수(黃晟洙) HWANG Sung-Soo

[생]1962 · 2 · 25 [출]경기 [주]경기 수원시 영통구 삼성로129 삼성전자(주) 대외협력스포츠기획팀(031-200-1114) [학]1981년 경동고졸 1986년 미국 뉴욕주립대 경영학과졸 1988년 同대학원졸 [경]1988년 삼성전자(주) 입사, 同홍보팀 부장 2005년 同경영지원총괄 홍보팀 상무보 2006년 同해외PR 및 스포츠마케팅담당 상무보 2006년 同SENA법인장(상무보), 同SENA법인장(상무), 同전략운영팀장(상무) 2013년 同전략운영팀장(전무) 2013년 同의료기기 전략마케팅팀장(전무) 2014년 삼성엔지니어링 전무 2015년 삼성전자(주) 대외협력스포츠기획팀장(전무)(현) 2015년 대한승마협회 부회장(현) 2015년 아시아승마협회 사무총장(현)

황성식(黃聖植) HWANG Sung Sik

[생]1956·7·24 [출]서울 [주]경기 오산시 독산성로313 (주)삼천리 기술연구소(031-223-3002) [학]1974년 경기고졸 1978년 서울대 경영학과졸 1984년 同대학원 경영학과졸 2004년 경영학박사(한국과학기술원) [경]1981~1983년 미국 Cooper & Lybrand San Francisco Office 근무·서울시 투자기관 평가위원·한국공인회계사회 국제연구위원회 위원 1986~1990년 서울대 경영대학원 강사 1993년 삼희재단 감사 1993년 한국개발연구원(KDI) 국제대학원 강사 1993~1998년 증권감독원 회계개념기초소위원회 위원·관리회계학회 부회장·한국IR협회 자문위원·CFO협회 이사 및 운영위원·삼일회계법인 부대표 2004~2007년 교보생명보험(주) CFO 겸 부사장 2004년 법무부 정책위원 2008년 (주)삼천리 경영전략총괄 부사장 2009년 同전략기획실장(부사장) 2010년 同전략기획본부장(부사장) 2011년 同전략기획본부장(사장) 2012년 同경영전략본부장(사장) 2013년 同기술연구소장(사장)(현) 2015년 LG디스플레이(주) 사외이사(현)

황성연(黃聖淵) HWANG Sung Youn

[생]1963 · 4 · 10 [출]전남 강진 [주]세종특별자치시 도움6로11 국토교통부 항공안전정책관실(044-201-4242) [학]1981년 용산공고졸 1988년 서울시립대 행정학과졸 1996년 캐나다 콩코르디아대 대학원 항공경영학과졸 [경]1997년 건설교통부 수송정책실 고속철도과 서기관 1999년 同육상교통국 자동차관리과 서기관 2000년 同육상교통국 운수정책과 서기관 2002년 同항공안전본부 운항기술국 자격관리과장 2005년 同물류혁신본부 철도운영팀장 2007년 同정책홍보관리실 기획총괄팀장 2008년 국토해양부 항공철도국 항공정책과장 2009년 同항공정책실 항공정책과장(부이사관) 2010년 同물류항만실 물류정책과장 2011년 駐국제민간항공기구(ICAO)대표부 파견(부이사관) 2014년 서울지방항공청장 2015년 국토교통부 항공안전정책관(현)

황성엽(黃成燁) WHANG Song Youp

[생]1963 · 7 · 20 [본]제안(濟安) [출]서울 [주]서울 영등포구 국제금융로8길16 신영증권(주) 임원실(02-2004-9000) [학]1982년 휘문고졸 1986년 서울대 경영학과졸 2005년 미국 일리노이대 대학원졸 [경]신영증권(주) 경영기획팀 · 인사팀 · 재무관리팀 · 총무팀 · 결제업무팀 · 리스크관리팀담당 이사 2008년 同자산운용본부장(상무) 2010년 同자산운용본부장(전무) 2012년 同법인사업본부장 2014년 同IB사업본부장 2015년 同IB부문장(부사장)(현) [종]기독교

황성오(黃成悟) Hwang Sung Oh

[생]1959·7·25 [본]장수(長水) [출]충북 제천 [주]강원 원주시 일산로20 원주세브란스기독병원 응급의학과(033-741-1611) [학]1978년 제천고졸 1985년 연세대 의과대학졸 1992년 同대학원졸 1995년 생리학박사(고려대) [경]1984년 연세의료원 내과 수련의 1988년 同내과 전공의 1991년 연세대 원주의과대학 응급의학교실 교수(현), 同원주의과대학 응급실장 1999년 대한응급의학회

기획이사 2001년 同수련이사 2003년 대한심폐소생협회 기획이사 2003년 대한응급의학회 간행이사 2005~2007년 Asian Conference on Emergency Medicine 조직위원장 2007년 연세대 원주의과대학 기획관리실장 2007년 대한응급의학회 이사장 2008년 (사)대한심폐소생협회 사무총장(현) 2009년 아시아응급의학회 조직위원장 2009년 同부회장 2009년 同회장 2009~2011년 Asian Society for Emergency Medicine President 2011~2013년 연세대 원주의료원 기획조정실장 2014년 Korean Cardiac Arrest Research Consortium 의장(현) 2015년 보건복지부 구조 및 응급처치전문위원회 부위원장(현) [상]대한응급의학회 우수논문상(1994), 행정자치부장관표창(2001), 한국과학재단 30대 과제상(2001), 대한민국 의과학상(2004), 한국의과학 신기술 및 발명품상(2005), American Heart Association Young Investigator Award(2006), 보건복지부장관표창(2006·2009), 한국의료기기산업협회 의료기기산업대상(2016) [저]'전문외상처치술'(1995) '심폐소생술과 전문심장구조술'(1997) '응급의학'(1997) '일차진료의를 위한 약처방가이드(응급처치부문)'(2000) '심장학(심폐소생술부문)'(2004) '외상학(응급심초음파부문)'(2005) '심폐소생술과 전문심장소생술'(2006) '대량환자의 구조와 응급처치'(2006) '재난의학'(2009) [종]기독교

황성주(黃聖周) HWANG Sung Joo

[생]1957·1·24 [출]광주 [주]경기 성남시 분당구 분당내곡로151 삼도타워8층 (주)이롬(031-789-6852) [학]1983년 서울대 의과대학졸 1985년 同대학원졸 1988년 의학박사(서울대) [경]1983~1987년 서울대병원 전공의 1987년 한림대 의과대학 교수 1990년 서울지구병원(대통령 전용병원) 예방의학과장 1992년 의료봉사단NGO '국제사랑의 봉사단' 국제대표(현) 1994년 암치료 전문병원 '사랑의 클리닉' 설립·병원장(현) 1997년 서산소재 대안학교 '꿈의 학교' 설립·이사장(현) 1999년 (주)이롬 설립·회장(현) [저]'황성주 박사의 생식과 건강' '면역칵테일 암 치료법' '암의 재발을 막으려면' '황성주 박사의 재미있는 건강이야기' '스트레스는 인생의 양념' '사랑의 치유일지' '성서건강학' '내 아들아 사랑으로 세계를 품어라' '암 재발은 없다'(2010) '절대감사'(2016, 규장) [종]기독교

황성철(黃聖鐵) HWANG Seong Cheol

[생]1961·8·14 [주]광주 남구 월산로116번길17 광주문화방송 보도국(062-360-2000) [학]전남대 신문방송학과졸 [경]1999년 광주MBC 보도국 취재1부 기자 2002~2009년 同보도국 취재부 차장대우 2009년 同경영기술국 경영기획심의부 부장대우, MBC 노동조합 제8대 수석부위원장 2014년 광주MBC 사업국장 겸 문화사업부장 2015년 同보도국장(현)

황성태(黃星泰) Hwang Seong Tae

[생]1962·1·15 [출]경남 창녕 [주]경기 화성시 남양읍 시청로159 화성시청 부시장실(031-369-2010) [학]1980년 남지고졸 1986년 경상대 행정학과졸 1998년 미국 피츠버그대 대학원 공공정책학과졸 [경]1989년 행정고시 합격(33회) 2004년 양주시 부시장 2008년 경기도 문화관광국장 2011년 한국지역정보개발원 기획조정실장 2012년 행정안전부 과거사관련업무지원단장 2013년 경기도 경제투자실장 2014년 경기 용인시 부시장 2014년 경기도 기획조정실장 2016년 경기 화성시 부시장(현) [상]홍조근정훈장(2006) [종]천주교

황성택(黃聖澤) HWANG Sung Taek

[생]1966·7·23 [출]전북 군산 [주]서울 영등포구 여의대로66 트러스톤자산운용(주) 비서실(02-6308-0600) [학]1985년 남성고졸 1992년 서울대 경영학과졸 [경]1994~1998년 현대종합금융 선임운용역 1998~2000년 IMM투자자문(現 트러스톤자산운용) 주식운용이사 2000~2001년 맥쿼리IMM자산운용(現 골드만삭스자산운용) 주식운용이사 2001년 트러스톤자산운용(주) 대표이사 사장(현) 2008년 기획재정부 국제금융국 자문위원 2008년 서울대 글로벌리더십센터 자문위원 2013년 금융위원회 금융발전심의회 자본시장분과 위원 2015년 同금융개혁회의 위원 [상]금융위원장표창(2009) [종]천주교

황성현(黃盛鉉) Sunghyun Hwang

[생]1968·6·30 [출]서울 [주]경기 성남시 분당구 판교역로235 에이치스퀘어 N동 (주)카카오(070-7492-1300) [학]1993년 서강대 경영학과졸 2016년 미국 케이스웨스턴리저브대 대학원 조직개발학(Positive Organization Development) 석사 [경]1993~1997년 SK네트웍스 HR스페셜리스트 1997~1999년 어플라이드머티어리얼즈코리아 보상&인사정보시스템 매니저(Compensation & HR Automation Manager) 1999~2002년 야후코리아 인사부문장 2002~2005년 타워스페린(Towers Perrin) 시니어컨설턴트(Senior Consultant) 2005~2007년 링키지코리아 공동창업자·시니어컨설턴트(Senior Consultant) 2007~2010년 구글코리아 시니어HR비즈니스파트너(Senior HR Business Partner) 2010~2014년 구글(Google Inc.) 미국본사 시니어HR비즈니스파트너 2014~2016년 샵킥 인사총괄부사장 2016년 (주)카카오 인사총괄 부사장(현)

황성호(黃聖浩) HWANG Sung Ho

[생]1955·3·17 [본]평해(平海) [출]서울 [주]서울 서초구 남부순환로2374 한국예술종합학교 음악원 작곡과(02-746-9208) [학]서울대 작곡과졸, 벨기에 브뤼셀왕립음악원졸 [경]1989~1994년 추계예술대 조교수 1993~1997·1999~2000·2001~2002년 한국전자음악협회 회장 1994~1998년 서울대 조교수 1998년 일본 고베국제컴퓨터음악제 초청작곡가 1998년 한국예술종합학교 음악원 작곡과 교수(현) 2002~2004년 同음악원 부원장 2004년 同산학협력단장 2007~2009년 同교학처장 2009년 同음악극창작과장 2009년 同협동과정 주임교수 2011년 同협동과정 음악극창작과장 2013~2016년 同음악원장 [상]세계컴퓨터음악제(ICMC) 입상(1996·1999), 최우수예술인 음악부문 수상(2001), 대한민국 작곡상(2006), 올해의 예술상(2006) [저]'전자음악의 이해'(1993) '악보 : 노리2, Chronograph, 단순노리, 파랑도, 유니버시아드, 사두봉 신화' 등 [역]'전자음악 신디사이저 입문'(1981) [작]관현악곡 '파랑도' 'VIDEO Cantata' 'Universiade' 실내악곡 'Triskelion' 'Bach Nori' 'Simple Nori' 전자음악 'TV Scherzo' 'Silhouette' 'Contrast' '국태민안' 합창곡 '사두봉 신화' 독창곡 '한송이 수련으로' '그리움' '백두산 환상곡'

황수성(黃修盛) HWANG Soo Seong

[생]1968·1·17 [주]세종특별자치시 한누리대로402 산업통상자원부 산업정책과(044-203-4210) [학]1986년 충북고졸 1994년 서울대 농경제학과졸 1996년 同행정대학원 수료 [경]1996년 산업자원부 산업표준과 사무관 1999년 同무역정책실 무역정책과 사무관 2000년 同전자상거래과 사무관 2001년 同생물화학산업과 사무관 2002년 同산업기술정책과 사무관 2003년 同산업기술정책과 서기관(미국 파견) 2004년 同인사계장 2007년 산업자원부 디지털혁신팀장 2008년 지식경제부 정보통신활용과장 2008년 同유전개발과장 2009년 同신재생에너지과장 2011년 同우정사업본부 보험사업단 보험위험관리팀장 2012년 同중견기업정책과장 2013년 중소기업청 중견기업정책과장 2014년 同소상공인정책과장 2015년 산업통상자원부 산업기반실 창의산업정책과장 2016년 同산업정책실 산업정책과장(현)

황수영(黃洙榮) Hwang Suyeong

[생]1958·10·6 [주]서울 종로구 창경궁로117 더케이손해보험 사장실(02-6670-8100) [학]1977년 대아고졸 1984년 경상대 농업경제학과졸 [경]1990년 한국교직원공제회 근무 2005년 同총무과 총무팀장 2010년 同개발사업부 개발2팀장 2012년 同대체투자부 부동산투자팀장 2012~2014년 同보험사업부장 2014년 더케이손해보험 대표이사 사장(현) [상]교육부장관표창(2000), 대통령표창(2005)

황수원(黃守援) HWANG Su Won (一土·愚民)

[생]1956·3·20 [본]회산(檜山) [출]경남 거제 [주]경남 거제시 거제대로3791 거제박물관(055-687-6790) [학]1980년 성균관대 법학과졸 [경]1977년 국무총리 평가교수단 조교 1986년 양담배불매운동거제인연합 공동의장 1989년 거제사회연구소 소장 1990년 (재)거제문화재단 상임이사 1990년 부산매일신문 칼럼니스트 1990년 거제박물관 관장 겸 연구소장(현) 1991년 한국청년회의소 국제실 21세기위원회 전문위원 1992년 거제공정선거시민협의회 상임공동대표 1992년 한국가정법률상담소 거제지부 부소장 1993년 지심도대책협의회 상임공동대표 1994년 경제정의실천시민연합 중앙위원 및 거제경실련 사회개발위원장 1995년 거제시민신문 칼럼니스트 1995년 거제환경운동연합 지도위원 1995년 거제시장선거 출마(무소속) 1996년 거제대학 외래교수 1997년 거제청소년합창단 단장 1998년 국사편찬위원회 사료조사위원 2006년 경남도의원선거 출마(한나라당) 2006년 (사)한국박물관협회 이사 2007년 (재)거제문화재단 이사장(현) 2008년 (사)경남박물관협의회 수석부회장 2010~2011년 同회장 2010년 경남신문 칼럼니스트, 포럼경남비전투게더 공동대표 2011년 제주세계7대자연경관선정 홍보대사 2011년 365여행사 대표(현) 2012년 옥동힐링가든 대표(현) 2015년 한국사립박물관협회 정책위원장(현) 2016년 경남도 문화진흥위원(현) [상]장승포JC 거제개발대상(1995), 문화관광부장관표창, 문예와비평 신인문학상(2003), 자랑스런 박물관인상(2005) [저]'情든 거제, 情들인 사람' [역]'미나토미라이21 항구미래21 : 일본 요코하마 개발계획'(2002) [종]천주교

황숙주(黃淑周) HWANG Sook Joo

[생]1947·9·20 [출]전북 순창 [주]전북 순창군 순창읍 경천로33 순창군청 군수실(063-650-1215) [학]1966년 전주고졸 1973년 전북대 경영학과졸 1986년 연세대 행정대학원 행정학과졸 1999년 한국개발연구원(KDI) 국제경제정책대학원 정책과정 수료 [경]1983~1998년 감사원 부감사관 1998년 同제2국 4과장 2000년 同제1국 1과장 2001년 同민원심의관 2002년 同감찰관 2004년 同특별조사국장 2004년 同행정·안보감사국장 2004년 감사교육원 연구위원 2006~2008년 한국과학기술연구원(KIST) 감사 2011년 전북 순창군수(재보선 당선, 민주당·민주통합당·민주당·새정치민주연합) 2014년 전북 순창군수(새정치민주연합·더불어민주당)(현) 2016년 전북시장군수협의회 회장(현) [상]감사원장표창(2회), 홍조근정훈장(1999), 자랑스런대한민국시민대상 행정공직부문 관광레저산업발전공로대상(2014), 매니페스토 기초자치단체 선거공보분야 최우수상(2014), 대한민국경제리더대상 미래경영부문대상(2015), 지역농업발전 선도인상(2015)

황순관(黃淳官) HWANG Soon Kwan

[생]1972 · 11 · 9 [본]창원(昌原) [출]강원 원주 [주]세종특별자치시 갈매로477 기획재정부 교육예산과(044-215-7250) [학]원주고졸, 고려대 행정학과졸 [경]1996년 지방고시 합격(1회), 원주시 자치행정과 근무, 同공보담당관, 원주농산물도매시장관리사무소 소장, 강원도 창업지원담당관, 同투자심사담당관, 기획예산처 일반행정재정과 서기관 2008년 기획재정부 농민수산예산과 서기관 2010년 연수(서기관) 2013년 기획재정부 공공정책국 경영혁신과장 2014년 同예산실 고용환경예산과장 2015년 同예산실 연구개발예산과장 2016년 同예산실 교육예산과장(현)

황순교(黃淳敎)

[생]1971 · 2 · 15 [출]경북 영주 [주]경기 의정부시 녹양로34번길23 의정부지방법원(031-828-0114) [학]1989년 영주 중앙고졸 1993년 연세대 법학과졸 [경]1995년 사법시험 합격(37회) 1998년 사법연수원 수료(27기) 1998년 공익 법무관 2001년 대구지법 판사 2004년 同김천지원 판사 2005년 의정부지법 고양지원 판사 2007년 서울서부지법 판사 2014년 대전지법 부장판사 2016년 의정부지법 부장판사(현)

황순철(黃淳哲) HWANG Soon Chol

[생]1966·1·4 [본]창원(昌原) [출]대구 달성 [주]서울 서초구 서초중앙로178 서초한샘빌딩4층 정부법무공단 변호사2팀(02-2182-0233) [학]1984년 대구 성광고졸 1991년 경북대 법학과졸 [경]1993년 사법시험 합격(35회) 1996년 사법연수원 수료(25기) 1996년 대구지검 검사 1998년 同의성지청 검사 1999년 울산지검 검사 2001년 대구지검 검사 2002~2003년 미국 아이오와대 장기연수 2004년 수원지검 평택지청 검사 2005년 법무부 인권과 검사 2006년 창원지검 검사 2008년 수원지검 성남지청 검사 2009년 서울남부지검 부부장검사 2009년 창원지검 공판송무부장 2010년 춘천지검 부장검사 2011년 전주지검 부장검사 2012년 수원지검 안산지청 부장검사 2013년 법무법인 대륙아주 변호사 2013년 중앙선거관리위원회 자금조사정책자문위원 2013년 同선거자문위원 2013년 한국교육학술정보원 정보공개심의위원 2015년 정부법무공단 변호사2팀장(현) [상]검찰총장표창(2000), 법무부장관표창(2013) [종]기독교

황순택(黃淳澤) Hwang Soon-taik

[생]1958 · 1 · 3 [주]서울 종로구 사직로8길60 외교부 인사운영팀(02-2100-7146) [학]1980년 연세대 경제학과졸 [경]1980년 외무고시 합격(14회) 1980년 외무부 입부 1985년 駐오스트리아 2등서기관 1992년 駐일본 1등서기관 1997년 외무부 과학자원과장 1998년 외교통상부 경제협력과장 1998년 駐중국 참사관 2002년 駐인도 참사관 2003년 외교통상부 아태통상업무지원 담당 2004년 駐캐나다 공사 2008년 駐일본 공사 2011년 외교안보연구원 아시아 · 태평양연구부장 2012년 국립외교원 아시아 · 태평양연구부장 2012년 駐르완다 대사 2015년 駐광저우 총영사(현)

황순하(黃淳夏) Hwang Sun Ha (순수)

[생]1955 · 9 · 16 [본]창원(昌原) [출]충남 조치원 [주]인천 부평구 충선로234번길70 진산중학교 교장실(032-511-1798) [학]1979년 충남대 문리대 수학교육학과졸 [경]1982~2006년 강화여고 외 7개교 교사 2007년 부평동중 교감 2010년 부광중 교감 2011년 구월여중 교장 2015년 인천 진산중 교장(현) [상]부총리 겸 교육인적자원부장관표창(2001) [종]기독교

황순하(黃舜夏) HWANG Sun Ha

[생]1960 · 9 · 6 [출]서울 [주]서울 강남구 테헤란로152 강남파이낸스센터33층 UL코리아 사장실(02-2009-9000) [학]1979년 대신고졸 1984년 서울대 경제학과졸 1986년 미국 미시간대 대학원 경영학과졸 [경]1986년 기아자동차 입사 1999년 아더앤더슨 자동차산업담당 파트너, 대우자동차판매(주) 기획실장(상무) 2006년 제너럴일렉트릭(GE)코리아 기획조정실 전무 2009년 세라젬 기획총괄 부사장 2011년 UL코리아 사장(현) [저]'자동차 문화에 시동 걸기'(2005)

황순현(黃順鉉 · 女)

[생]1969 · 2 · 24 [출]광주 [주]대구 수성구 동대구로364 대구지방법원(053-757-6600) [학]1988년 천안 복자여고졸 1994년 한양대 법학과졸 [경]1998년 사법시험 합격(40회) 2001년 사법연수원 수료(30기) 2001년 서울지법남부지원 판사 2002년 서울고법 판사 2003년 서울지법 판사 2005년 청주지법 판사 2008년 수원지법 판사 2010년 수원지법 안양지원 판사 2013년 서울남부지법 판사 2014년 대법원 재판연구관 2016년 대구지법 부장판사(현)

황승순(黃升淳)

[생]1958 · 6 · 1 [주]대전 동구 중앙로240 한국철도공사 여객본부(042-615-3004) [학]1976년 국립철도고졸 1995년 한국방송통신대졸 1998년 동국대 행정대학원 행정학과졸 [경]1976년 서울지방철도청 근무 2001년 철도청 영업본부 영업개발과 계획팀장 2003년 同기획본부 기획예산과 운영투자팀장 2005년 한국철도공사(코레일) 인사노무실 인사운영팀장 2009년 同물류사업본부 물류계획팀장 2010년 同수도권서부본부 경영전략처장 2011년 同물류본부 물류수송차량처장 2012년 同비서실장 2012년 同서울본부장 2012년 同물류본부장 2014년 同안전본부장(상임이사) 2015년 同여객본부장(상임이사)(현) [상]국무총리표창(1995), 대통령표창(2005), 건설교통부장관표창(2007)

황승진(黃勝震) Hwang Seung Jin

[생]1961 · 2 · 2 [본]장수(長水) [출]서울 [주]세종특별자치시 다솜2로94 행정자치부 정부청사관리소 청사수급기획과(044-200-1020) [학]서울산업대 건축공학과졸, 연세대 대학원 건축과졸 [경]2011년 행정중심복합도시건설청 공공청사기획과장 2012년 행정안전부 대전청사관리소 시설과장 2013년 안전행정부 대전청사관리소 시설과장 2014년 행정자치부 대전청사관리소 시설과장 2015년 同정부청사관리소 기획과장 2015년 同정부청사관리소 청사수급기획과장(현)

황승태(黃勝泰) HWANG Seung Tae

[생]1972 · 9 · 25 [출]강원 철원 [주]울산 남구 법대로14번길37 울산지방법원(052-228-8000) [학]1991년 춘천 봉의고졸 1999년 서울대 경제학과졸 [경]1998년 사법시험 합격(40회) 2001년 사법연수원 수료(30기) 2001년 서울지법 판사 2003년 서울가정법원 판사 2005년 춘천지법 원주지원 판사 2008년 인천지법 판사 2010년 서울남부지법 판사 2013년 서울중앙지법 판사 2014~2016년 사법정책연구원 연구위원 겸임 2016년 울산지법 부장판사(현)

황승현(黃勝炫) HWANG Seung Hyun

[생]1960 · 2 · 14 [주]서울시 서초구 남부순환로2572 국립외교원(02-3497-7799) [학]1982년 서울대 법학과졸 1985년 同법과대학원 수료 1987년 영국 옥스퍼드대 연수 [경]1983년 외무고시 합격(17회) 1983년 외무부 입부 1988년 駐호주 2등서기관 1994년 駐아랍에미리트 1등서기관 1998년 駐일본 1등서기관 2001년 駐필리핀 참사관 2003년 외교통상부 조약국 국제법규과장 2004년 駐대만대표부 부대표 2007년 외교통상부 북미국 한미안보협력관 2007년 同혁신인사기획관 2008년 同조약국장 직대 2009년 同조약국장 2009년 駐캐나다 공사 2012년 駐칭다오 총영사 2015년 국립외교원 교수(현)

황승현(黃承玹) Hwang Seung Hyeon

[생]1970 · 3 · 9 [본]창원(昌原) [출]전남 순천 [주]세종특별자치시 도움4로13 보건복지부 사회복지정책실 복지정책과(044-202-3008) [학]1988년 화곡고졸 1996년 서울대 사회복지학과졸 2009년 일본 니혼사회사업대 대학원 사회복지학과졸 2013년 인제대 대학원 보건행정학박사과정 수료 [경]1996~2005년 보건복지부 식품진흥과 · 보험관리과 · 장애인제도과 · 장관실 · 한의약담

당관실 · 생활보장과 · 건강정책과 사무관 2005년 同보건정책팀 서기관 2009년 보건복지가족부 행정관리담당관 2010년 보건복지부 노인정책과장 2012년 同기획조정담당관 2014년 同보건산업정책국 보건산업정책과장 2016년 한국보건복지인력개발원 보건복지교육본부장 2016년 보건복지부 사회복지정책실 복지정책과장(현) [종]천주교

황승호(黃承浩) HWANG SEUNG HO

[생]1956·7·6 [출]서울 [주]서울 서초구 헌릉로12 현대자동차 차량지능화사업부(02-3464-0195) [학]전자공학박사(미국 캘리포니아대 버클리교) [경]2008~2010년 삼성전자(주) 시스템LSI사업부 기반설계센터장(전무) 2010~2012년 同DS부문 시스템LSI사업부 SOC개발실장(부사장) 2013년 同DS부문 시스템LSI사업부 M&C사업팀장(부사장) 2014년 현대자동차(주) 차량IT서비스사업부장(부사장) 2015년 同차량지능화사업부장 겸 차량IT개발센터장(부사장)(현)

황시영(黃時永) HWANG SEE YOUNG

[생]1953 · 9 · 27 [출]경남 마산 [주]울산 북구 산업로915 울산발전연구원 기획경영실(052-283-7703) [학]부산고졸 1976년 서울대 계산통계학과졸 1978년 한국과학기술원졸(석사) 1986년 전산학박사(한국과학기술원) [경]1978년 삼성그룹 입사 1978~1986년 삼성전자(주) 개발부 연구원 1986~1987년 同5연구실 선임연구원 1987년 삼성종합기술원 연구위원(컴퓨터구조연구실장) 1993년 同연구위원(이사급) 1994년 삼성데이터시스템 SI전략실 위원 1995년 현대전자산업 정보시스템사업부 개발 · 생산 · 마케팅담당 이사 1998년 同정보시스템사업본부 상무이사 1998년 현대정보기술 기술지원본부장(상무이사) 1999년 同기술본부장(상무이사) 2000~2004년 라이거시스템즈 대표이사 사장 2004~2005년 同고문 2005~2009년 현대중공업(주) 전산부문총괄 전무(CIO) 2009년 同경영지원본부 부사장 2011년 同통합전산실장 겸 그룹CIO(부사장) 2012년 同중앙기술원장 · 기술경영실장 2014년 울산과학기술대 석좌교수 2014년 울산발전연구원 원장(현) [상]대한민국 IT이노베이션 대상(2011), 철탑산업훈장(2011), 올해의 CIO상 특별공로상(2012)

황연대(黃年代 · 女) HWANG Youn Dai (三愛)

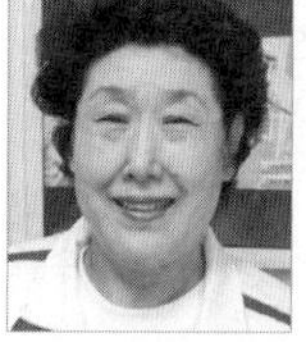

[생]1938·12·12 [본]평해(平海) [출]서울 [학]1957년 진명여고졸 1963년 이화여대 의대졸 [경]1963~1964년 이화여대부속병원 인턴 1965~1966년 세브란스병원 소아재활과 의사 1966~1975년 사회복지법인 한국소아마비협회 설립·상임이사 1974년 미국 뉴욕대 재활의학 연수 1975~1993년 정립회관 관장 1985~1988년 서울장애자올림픽대회 조직위원회 이사 1987~1990년 한국여자의사회 홍보부장 1988~1989년 대통령직속 장애인복지대책위원회 위원 1988년 황연대성취상 제정 1991~1995년 한국장애인고용촉진공단 이사장 1991년 한국중앙장애인복지위원회 위원 1991~1998년 (재)한국장애인복지체육회 이사 1991년 민주평통 자문위원 1998년 (재)한국장애인복지진흥회 상근부회장 2000~2002년 부산아태장애인경기대회조직위원회 부위원장 2002년 2010평창동계올림픽유치위원회 집행위원, 대한장애인체육회 상임고문 2010년 복지TV 상임고문 2013년 2014인천장애인아시안게임조직위원회 고문 2014년 2014인천장애인아시안게임 선수촌장 [상]장한 어머니상(1972), 인권옹호 대통령표창(1979), 제1회 서울교육상(1979), 국민훈장 석류장(1980), 국민훈장 동백장(1981), 제14회 새서울로타리상(1983), 5.16 민족상(1985), 이화여자대 창립100주년 '아펜젤러'상(1986), 오늘의 여성상(1988), 제4회 서울시민상(1992), IPC(국제장애인올림픽위원회) 유공훈장(2005), 제7회 YWCA 한국여성지도자상 대상(2009)

황 엽(黃 燁) Hwang Yeob

[생]1964 · 12 · 13 [출]서울 [주]서울 서초구 사평대로84 이수건설(주) 임원실(02-590-6500) [학]1983년 대원고졸 1988년 서울대 경영학과졸 1990년 同경영대학원 경영학과졸 [경]2002~2004년 이수창업투자 투자팀 부장 2004~2012년 이수시스템 대표이사 2013년 (주)이수 HR담당 임원 2013년 同대표이사 2016년 이수건설(주) 대표이사(현)

황영금(黃英金 · 女) HWANG Young Kum (叔然)

[생]1931 · 5 · 28 [본]창원(昌原) [출]함북 무산 [주]서울 서초구 반포대로37길59 대한민국예술원(02-3479-7223) [학]1951년 서울대 음악대학 성악과 2년 중퇴 1956년 일본 도쿄예술(東京藝術)대 성악과졸 1958년 일본 도쿄 二期會 오페라연구소 수료 1973년 독일 베를린음대 수학 [경]1959~1973년 연세대 음악대학 성악과 강사 · 조교수 · 부교수 1959 · 1975 · 1992년 독창회 개최 1960년 이후 초청연주 200여회 1962년 이후 오페라주연 35회 1962년 국립오페라단 단원 · 종신단원(현) 1973~1996년 연세대 음악대학 성악과 교수 1996년 同성악과 명예교수(현) 2003년 대한민국예술원 회원(성악 · 현) [상]서울시 문화상, 문교부장관표창, 국민훈장 목련장, 대한민국 예술원상, 자랑스런 창덕인상 [저]'벨칸토 창법 연구'(1965) [작]1962년 이후 오페라 '왕자호동' '아이다' '춘향전' '라보엠' '토스카' '투란토트' '가면무도회' '마적' '휘가로의 결혼' 등에 주연 30여회 [종]기독교

황영기(黃榮基) HWANG Young Gi

[생]1951 · 11 · 23 [본]창원(昌原) [출]경남 진주 [주]경남 창원시 마산합포구 경남대학로7 경남대학교 공과대학 전기공학과(055-249-2661) [학]1970년 진주고졸 1974년 부산대 화학공학과졸 1979년 고려대 대학원 화학공학과졸 1986년 공학박사(고려대) [경]1980~1992년 경남대 화학공학과 전임강사 · 조교수 · 부교수 1988년 영국 Univ. of Exeter Post-Doc. 1990년 경남대 교무부처장 1992~2006년 同공과대학 화학공학과 교수 1995년 기술고시시험 출제위원 1996년 미국 Univ. of Washington 화학공학과 객원교수 1999년 경남대 정밀화학공학부장 1999~2002년 교육인적자원부 교과용도서 심의위원 1999~2004년 행정자치부 행정고시 검정위원 1999~2005년 일본 화학공학회지 국제모니터링위원 1999~2007년 경남도 건설기술심의위원 1999~2002년 한국전기화학회 부산 · 울산 · 경남지부장 2000년 한국공업화학회 평의원(현) 2000~2003년 정산장학재단 이사 2000~2003년 백열장학재단 이사 2000~2003년 경남대 학생생활상담센터 소장 2000~2003년 同교학지원처장 2001~2003년 同성피해상담소장 2002~2005년 한국공업화학회 전기화학분과 회장 2003~2006년 마산시 · 진해시 · 양산시 설계자문위원 2004~2009년 한국산업기술평가관리원 산업기술평가위원 2004년 한국환경관리공단 설계자문위원 2006년 경남대 공과대학 전기공학과 교수(현) 2006~2009년 同기획처장 겸 경남지역교육공동체사업추진단장 2006~2009년 同대학특성화사업추진단장 2008년 수도권주조개혁선도대학지원사업 평가위원 2008년 전국대학교기획실 · 처장협의회 회장 2009~2011년 경남대 교학부총장 2011년 同총장직속 비전2030추진위원회 위원장 2012~2013년 한국공업화학회 부회장 [상]우수기술개발상(1999), 연구비수혜우수공로상(2000), 연구업적우수공로상(2000), 한국공업화학회 학술공로상(2006), 한국공업화학회 우수논문상(2011), 한국공업화학회 학술공로상(2014) [역]'화공양론'(2000) [종]불교

황영기(黃永基) HWANG Young Key

[생]1952 · 10 · 29 [본]평해(平海) [출]경북 영덕 [주]서울 영등포구 의사당대로143 한국금융투자협회(02-2003-9001) [학]1971년 서울고졸 1975년 서울대 상과대학 무역학과졸 1981년 영국 런던정경대 경영학과졸 [경]1975~1980년 삼성물산 국제금융 근무 1981~1982년 파리바은행 차장 1982~1986년 미국 BTC은행 부장 1986~1989년 BT증권 도쿄지점 지배인 1989년 삼성그룹 회장비서실 국제금융팀 담당부장 1990년 同회장비서실 국제금융팀장 1991년 同회장비서실 재무팀 국제금융담당 이사대우 1993년 同회장비서실 인사팀장(이사) 1994년 삼성전자 자금팀장(이사) 1994년 同경영지원실 자금팀장(상무이사) 1997년 삼성생명보험 전략기획실장 (전무이사) 1997~2003년 한미은행 비상임이사 1998~2000년 금융발전심의회 국제금융분과 위원 1999년 삼성투자신탁운용 대표이사 부사장 2000~2004년 재정경제부 장관자문기구 금융발전심의회 증권분과위원회 위원 2000년 전경련 통상위원회 위원 2001년 삼성투자신탁운용 사장 2001년 한국최고경영자(CEO)포럼 회원 2001~2004년 삼성증권(주) 대표이사 사장 2002~2004년 한국증권금융 사외이사 2003년 전경련 한미재계회의 위원 2003~2004년 삼성 구조조정위원회 위원 2004~2007년 우리은행장 2004~2007년 우리금융지주회사 회장 2005~2007년 건설교통부 기업도시위원회 민간위원 2006~2010년 한국종합예술학교 발전기금 이사 2007~2008년 법무법인 세종 고문 2007~2008년 서울대 경영대 초빙교수 2008~2009년 KB금융지주 회장 2008~2009년 한국경제교육협회 회장 2008~2012년 (재)서울장학재단 이사장 2009년 한국CEO포럼 회장 2010~2012년 (주)차바이오앤디오스텍 대표이사 회장 2010~2012년 차병원그룹 총괄부회장 겸임 2010년 대종상영화제 조직위원 2011~2012년 (주)대교홀딩스 사외이사 2011년 한국경제신문 객원논설위원 2012~2015년 (주)대교 사외이사 2012~2015년 법무법인 세종 고문 2013년 한국금융투자협회 공익이사 2013년 在韓영국런던정경대(LSE)총동문회 회장 2013년 한국장학재단 비상임이사 2015년 한국금융투자협회 회장(현) [상]은탑산업훈장(2005) [역]'성공하는 투자전략 인덱스펀드'(2003) '승자의게임'(2010)

황영목(黃永穆) HWANG Young Mok (炫山)

생1951·4·17 본평해(平海) 출경북 경주 주대구 수성구 동대구로348의17 우정법원빌딩403호 황영목법률사무소(053-742-3100) 학1969년 경북사대부고졸 1974년 서울대 법대졸 경1976년 사법시험 합격(18회) 1978년 사법연수원 수료(8기) 1978년 부산지법 판사 1981년 同마산지원 판사 1983년 대구지법 판사 1987년 同의성지원장 1989년 대구고법 판사 1991년 대법원 재판연구관 1992년 대구지법 부장판사 1996년 同경주지원장 1998년 대구지법 부장판사 2000년 대구고법 부장판사 2003년 대구지법 수석부장판사 직대 2005년 대구고법 수석부장판사 2005년 대구지법원장 2009~2010년 대구고법원장 2010년 변호사 개업(현) 상황조근정훈장 종가톨릭

황영미(黃榮美·女) HWANG Young Mee

생1957·7·20 본창원(昌原) 출부산 주서울 용산구 청파로47길100 숙명여자대학교 리더십교양교육원 순헌관113호(02-710-9825) 학1976년 숙명여고졸 1980년 숙명여대 국어국문학과졸 1995년 同대학원졸 1999년 문학박사(숙명여대) 경1992년 「문학사상」에 단편소설 '모래바람'으로 등단, 소설가(현), 영화평론가(현) 2002년 숙명여대 교양교육원 의사소통센터 교수, 同리더십교양학부 교수(현) 2013~2016년 국제영화비평가연맹 한국본부 사무총장 2016년 한국사고와표현학회 회장(현) 2016년 국제영화비평가연맹 한국본부(FIPRESCI KOREA) 회장(현) 상문학사상 소설부문 신인상(1992) 전'죽음, 아주 낮은 환상(編)'(1996) '작가의 이상과 현실(共)'(1999) '한국문학에 나타난 죽음(共)'(2002) '다원화 시대의 영화 읽기'(2004) '영화와 글쓰기'(2009) 전단편소설 '모래바람'(1992) '전람회의 그림'(1993) '바다로 가는 막차'(1993) '강이 없는 들녘'(1996) '암해'(2000) 종기독교

황영석(黃永錫) Hwang Yeong Seok

생1961·2·14 주서울 중구 을지로79 IBK기업은행 임원실(02-729-6114) 학1979년 마산고졸 1987년 경남대 경영학과졸 2006년 핀란드 헬싱키경제대 대학원 MBA졸 경1987년 IBK기업은행 입행 2007년 同동탄南지점장 2009년 同카드마케팅부장 2010년 同카드사업부장 2011년 同마케팅전략부장 2013년 同반월지점장 2014년 同여신심사부장(지역본부장급) 2015년 同소비자보호그룹장(부행장) 2016년 同카드사업그룹장 겸 신탁연금그룹장(부행장)(현)

황영수(黃泳樹) HWANG Young Soo

생1965·1·13 본평해(平海) 출경북 청송 주경북 포항시 북구 법원로181 대구지방법원 포항지원(054-250-3050) 학1983년 포항고졸 1987년 한양대 법학과졸 경1991년 사법시험 합격(33회) 1994년 사법연수원 수료(23기) 1994년 軍법무관 1997년 대구지법 판사 2000년 同포항지원 판사 2002년 대구지법 판사 2005년 대구고법 판사 2007년 대구지법 판사 2009년 同의성지원장 2011년 대구지법 부장판사 2015년 대구지법·대구가정법원 포항지원장(현)

황영식(黃永植) HWANG Young Sik

생1958·4·6 본장수(長水) 출경북 문경 주서울 중구 세종대로17 와이즈빌딩 한국일보(02-724-2114) 학1977년 관악고졸 1984년 서울대 정치학과졸 2011년 세종대 경영전문대학원 세종시라큐스 MBA 2013년 한양대 국제학대학원 박사과정(일본경제) 재학中 경1985년 한국일보 입사 1999년 同도쿄특파원 2002년 同정치부 차장 2003년 同문화부장 2004년 同논설위원 2013년 同논설위원실장 2016년 同주필(현) 전'다치바나 다카시의 탐사저널리즘'(2000) '맨눈으로 보는 일본'(2002) 역'10년 불황 그래도 HIT는 있다'(2004, 용오름) '진화의 원동력 짝짓기'(2006, 디오네) 등

황영원(黃永元) HWANG YUNG WON

생1964·4·28 출인천 주서울 영등포구 여의나루로67 신송빌딩2층 에이스투자금융(주) 임원실(02-6911-1000) 학서강대 경제학과졸, 同대학원 경영학과졸, 同대학원 최고경영자과정 수료, 캐나다 사이몬프레이저대 경영대학원 CMA과정 수료 경한외종합금융(주) 운용팀장, 마이애셋자산운용(주) 금융공학본부장, 캐나다 로얄뱅크 Investment Advisor, 캐나다 공인회계사, 다솔투자자문 이사 2009년 에이스투자자문(주) 대표이사 2014년 에이스투자금융(주) 대표이사 사장(현)

황영재(黃英宰) HWANG Young Jae

생1945·1·22 출경남 마산 주서울 종로구 우정국로69 티씨이(주) 비서실(02-3702-0100) 학1963년 동래고졸 1972년 홍익대 경영학과졸 1973년 연세대 경영대학원 수료 경1988년 태창기업(주) 상무이사 1993년 同전무이사 1996년 同대표이사 사장 2006년 양산상공회의소 회장 2007년 티씨이(주) 대표이사 회장(현) 종불교

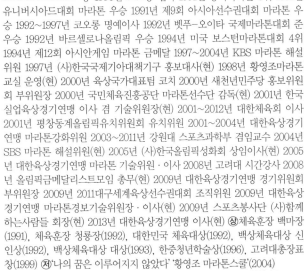

황영조(黃永祚) HWANG Young Cho

생1970·3·22 출강원 삼척 주서울 송파구 올림픽로424 국민체육진흥공단 마라톤팀(02-410-1114) 학1990년 명륜고졸 1996년 고려대 체육학과졸 1999년 同교육대학원졸 2003년 한국체대 최고경영자과정 수료 2004년 경희대 스포츠산업최고경영자과정 수료 2009년 이학박사(고려대) 경1989년 전국체전 10㎞단축마라톤 우승 1990년 코오롱 입사 1991년 동아마라톤 3위 1991년 유니버시아드대회 마라톤 우승 1991년 제9회 아시아선수권대회 마라톤 우승 1992~1997년 코오롱 명예이사 1992년 벳푸-오이타 국제마라톤대회 준우승 1992년 바르셀로나올림픽 우승 1994년 미국 보스턴마라톤대회 4위 1994년 제12회 아시아게임 마라톤 금메달 1997~2004년 KBS 마라톤 해설위원 1997년 (사)한국국제기아대책기구 홍보대사(현) 1998년 황영조마라톤교실 운영(현) 2000년 육상국가대표팀 코치 2000년 새천년민주당 홍보위원회 부위원장 2000년 국민체육진흥공단 마라톤선수단 감독(현) 2001년 한국실업육상경기연맹 이사 겸 기술위원장(현) 2001~2012년 대한체육회 이사 2001년 평창동계올림픽유치위원회 유치위원 2001~2004년 대한육상경기연맹 마라톤강화위원 2003~2011년 강원대 스포츠과학부 겸임교수 2004년 SBS 마라톤 해설위원(현) 2005년 (사)한국올림픽성화회 상임이사(현) 2005년 대한육상경기연맹 마라톤 기술위원·이사 2008년 고려대 시간강사 2008년 올림픽금메달리스트모임 총무(현) 2009년 대한육상경기연맹 경기위원회 부위원장 2009년 2011대구세계육상선수권대회 조직위원 2009년 대한육상경기연맹 마라톤경보기술위원장·이사(현) 2009년 스포츠봉사단 (사)함께하는사람들 회장(현) 2013년 대한육상경기연맹 이사(현) 상체육훈장 백마장(1991), 체육훈장 청룡장(1992), 대한민국 체육대상(1992), 백상체육대상 신인상(1992), 백상체육대상 대상(1993), 한중청년학술상(1996), 고려대총장표창(1999) 전'나의 꿈은 이루어지지 않았다' '황영조 마라톤스쿨'(2004)

황영철(黃永哲) HWANG Young Cheul

생1965·7·13 출강원 홍천 주서울 영등포구 의사당대로1 국회 의원회관618호(02-784-5705) 학1984년 강원 홍천고졸 1991년 서울대 정치학과졸 경1991년 초대 홍천군의회 의원(최연소 25세 당선) 1995·1998~2000년 강원도의회 의원(한나라당, 최연소 무투표 당선)·내무위원장, 강원개발연구원 이사 2000년 한나라당 홍천·횡성지구당 위원장 2000년 同지방자치위원회 부위원장 2000년 同미래연대 운영위원 2003년 同미래연대 공동대표 2003년 同공천심사위원 2003년 同강원도당 정책위원장·사이버대변인 2004년 제17대 국회의원선거 출마(홍천·횡성, 한나라당), (주)아이잡강원 회장 2006~2007년 강원도지사 정무특별보좌관 2006년 한나라당 홍천·횡성당원협의회 위원장 2008년 제18대 국회의원(홍천·횡성, 한나라당·새누리당) 2008년 한나라당 공보담당 원내부대표 2008년 同원내대표단 부대변인 2008~2010년 同강원도당 윤리위원장 2009년 同원내부대표 2009~2011년 同대표 특보 2010~2011년 同강원도당 위원장 2011년 同비상대책위원회 위원 2011년 同대표최고위원 권한대행 비서실장 2011년 同강원지역발전특별위원장 2011~2012년 同원내부대표 2011년 同원내대변인 2011~2012년 同대변인 2012년 새누리당 대표 비서실장 2012년 제19대 국회의원(홍천·횡성, 새누리당) 2012년 국회 농식품위원회 위원 2013~2015년 민족화해협력범국민협의회 공동상임의장 2013~2014년 국회 안전행정위원회 여당 간사 2014~2015년 국회 지방자치발전특별위원회 여당 간사 2014년 국회 국토교통위원회 위원 2014년 새누리당 '새누리당을 바꾸는 혁신위원회' 위원 2014~2015년 同보수혁신특별위원회 위원 2014~2015년 국회 군인권개선 및 병영문화혁신특별위원회 여당 간사 2015년 새누리당 정책위원회 부의장 2015년 국회 평창동계올림픽및국제경기대회지원특별위원회 위원 2016년 새누리당 강원홍천군·철원군·화천군·양구군·인제군당원협의회 운영위원장(현) 2016년 제20대 국회의원(강원 홍천군·철원군·화천군·양구군·인제군, 새누리당)(현) 2016년 강원국회의원협의회 회장(현) 2016년 국회 안전행정위원회 위원(현) 2016년 국회 예산결산특별위원회 위원(현) 2016년 한국아동인구환경의원연맹(CPE) 회원(현) 2016년 국회 평창동계올림픽 및 국제경기대회지원특별위원회 위원장(현) 2016년 지역균형발전협의체 제4대 공동회장(현) 상NGO모니터단 선정 국정감사 우수의원(2008), 한국농업경영인중앙연합회 선정 국정감사 우수의원(2008), 대한민국 헌정상(2011), 법률소비자연맹 선정 국회헌정대상(2014) 전'막걸리 이야기'(2010) 종기독교

황영택(黃榮澤)

[생]1952·11·26 [출]전북 익산 [주]서울 중구 마른내로138 인천경기프라스틱공업협동조합(02-782-3922) [학]1971년 전북 이리고졸 1973년 전주교육대졸 [경]2000년 조달청 행정사무관, 同기획관리관실 행정관리담당관, 同기획관리관실 공보담당관, 同구매국 구매제도과 근무, 同자재구매과 근무, 同원자재비축관리담당관실 근무, 同구매사업본부 자재구매팀 근무 2007년 부산지방조달청 장비구매팀장 2008년 대전지방조달청장 2009~2010년 조달청 국제물자국 원자재비축과장 2011년 인천경기프라스틱공업협동조합 전무(현)

황 용(黃 龍) HWANG Yong

[생]1961·8·8 [출]서울 [주]서울 중구 세종대로7길37 ING생명보험(주) 임원실(1588-5005) [학]1980년 서울 인창고졸 1988년 광운대 행정학과졸 [경]1988~2002년 한화생명 신채널전략팀장 2003~2004년 AIA생명 한국지점 방카슈랑스부장 2004~2008년 (주)알리안츠생명보험 방카슈랑스부장 2008~2013년 同신채널실장(상무) 2013~2014년 에이스생명보험(주) 방카슈랑스본부장(전무) 2014~2015년 ING생명보험(주) 방카슈랑스부문장(전무) 2015년 同신채널본부장(부사장)(현)

황용구(黃容九) HWANG Yong Ku

[생]1958·3·19 [출]충북 괴산 [주]경남 창원시 마산회원구 양덕서9길11의11 MBC경남(055-250-5000) [학]1976년 청주고졸 1982년 경북대 행정학과졸 [경]1982년 MBC 보도국 스포츠제작부 근무 1990년 同제2사회부 근무 1991년 同문화과학부 근무 1994년 同사회2부 근무 1995년 同정치부 근무 1997년 同뉴스편집1부 근무 1998년 同전국부 차장 2000년 同사회부 차장 2001년 同보도제작국 100분토론팀장 2002년 同보도국 보도기획부장 2003년 同사회1부장 2003년 同뉴스편집2부장 2004년 同사회1부장 2006년 同경제매거진팀장 2011년 同통일방송연구소장 2012년 同논설위원실장 2012년 同보도국장 2013년 MBC경남 대표이사 사장(현) 2013년 한국방송협회 감사 2014년 MBC NET 이사(현) [상]관훈언론상, 자랑스러운 경북대 언론인상(2012)

황용기(黃龍起) HWANG Yong Kee

[생]1958·1·8 [출]부산 [주]서울 영등포구 여의대로128 LG트윈타워 LG디스플레이 TV사업부(02-3777-1631) [학]부산고졸, 부산대 기계설계공학과졸 [경]1984년 LG 입사, LG전자 개발그룹 근무, LG디스플레이 기구설계팀장, LG필립스LCD Mobile개발담당 부장 2005년 同Notebook개발담당 상무 2008~2009년 LG디스플레이(주) TV개발담당 상무 2008년 同R&D연구센터장(상무) 2010년 同연구센터장(전무) 2011~2012년 同CTO(전무) 2012년 同TV사업부장(전무) 2013년 同TV사업부장(부사장)(현)

황용득(黃容得) HWANG Yong Deug

[생]1954·9·9 [출]서울 [주]서울 중구 세종대로92 (주)한화갤러리아 임원실(02-410-7492) [학]1974년 중앙고졸 1979년 고려대 산업공학과졸 [경]1978년 한화기계(주) 입사 1980년 한화그룹 종합기획실·비서실 근무 1987년 同동경지사 해외사업담당 1997년 한화국토개발(주) 이사 1997년 한화개발(주)(서울프라자호텔) 영업담당 이사 1999년 同총지배인(상무)·호텔BU장 2002~2005년 同총지배인·대표이사 2007년 대한생명보험(주) 인재개발원장(전무) 2009~2014년 한화역사 대표이사 2014년 (주)한화갤러리아 대표이사(현) 2015년 (주)한화갤러리아타임월드 대표이사 겸임(현) 2015년 대한사격연맹 회장(현) [상]산업포장(1999)

황용석(黃勇碩) Hwang, Yongsuk

[생]1968·4·24 [출]부산 [주]서울 광진구 능동로120 건국대학교 문과대학 미디어커뮤니케이션학과(02-450-4088) [학]1993년 동아대 언론학과졸 1995년 성균관대 대학원 정치학과졸 1999년 신문방송학박사(성균관대) [경]1993년 한국방송개발원 방송소재개발요원 1996~1999년 성균관대 언론정보연구소 연구원 1996~2002년 同신문방송학과 강사 1999년 동국대 신문방송학과 강사 1999~2003년 한국언론재단 연구위원 2000~2001년 한빛네트 온라인교육 강사 2001년 한국언론학회 커리큘럼 특별위원 2003년 한국언론재단 자문위원 2003년 건국대 신문방송학과 교수 2004년 충주MBC 시청자위원 2004년 한국언론학회 연구이사 2005년 'Ifra Moblog Staff' 편집자 2010년 건국대 언론홍보대학원 방송통신융합학과 교수 2012년 同문과대학 미디어커뮤니케이션학과 교수(현) 2012~2016년 同KU미디어센터장 2012년 방송통신위원회 미디어다양성위원회 위원 2012~2014년 건국대 언론홍보대학원장 2016년 방송통신위원회 방송시장경쟁상황평가위원회 위원(현) [저]'디지털 수용자'(2003) '뉴스룸의 다매체전략과 통합뉴스룸'(2003) '매스커뮤니케이션의 이론과 실제'(2004) '인터넷언론과 법'(2004) 등 21권

황용주(黃龍周) HWANG Yong Ju (韶菴)

[생]1937·12·3 [본]장수(長水) [출]충남 공주 [주]서울 강남구 봉은사로406 한국중요무형문화재기능보존협회(02-501-6277) [학]1960년 영명고졸 1997년 광운대 경영대학원 수료 [경]1960년 故 李昌培선생에게 사사 1968년 대한민속예술학원 설립 1972~1977년 선소리산타령 전수 1976년 한국국악협회 민요분과 위원장 1977년 한국학원총연합회 예능교육회장 1983년 선소리산타령 전수소 개설(현) 1991~1996년 안양영화예술고 국악강사 1992년 중요무형문화재 제19호 선소리산타령(산타령) 예능보유자 지정(현) 1993~2012년 한국국악협회 부이사장 1994년 한국음악저작권협회 이사 1996~2012년 한국예술문화단체총연합회 이사 1999년 문화재연합회 부이사장 2004~2008년 장수황씨대종회 부회장 2008년 同종무위원 겸 이사(현) 2011년 중앙대 겸임교수(현) [상]한국국악협회 공로상(1992), 한국예술문화단체총연합회 공로상(1996), 전국민속경연대회 우수상(1997·1998), 서울시장표창(1998·1999), 대통령훈장(2001) [저]'한국고전음악선집'(編) '한국京·西道창악대계'(編) '한국고전음악 선소리산타령'(編) [작]음반 '뿌리깊은 나무 팔도소리' '선소리산타령' '취모리잡가' '黃龍周국악전집' [종]유교

황용현(黃龍鉉)

[생]1956·7·21 [주]전북 완주군 이서면 오공로12 한국전기안전공사 안전이사실(063-716-2073) [학]1975년 서울 성남고졸 1985년 한양대 교육학과졸 [경]1985년 한국전기안전공사 입사 1991년 同기획실 제도개선과장 2004년 同대전충남지역본부 사업지원팀장 2009년 同기획조정처 기획부 팀장 2012년 同인천지역본부장 2013년 同감사실장 2015년 同안전이사(상임이사)(현)

황용환(黃龍煥) Hwang Yong Hwan

[생]1956·5·1 [본]창원(昌原) [출]부산 [주]서울 서초구 법원로3길6의9 법조빌딩 황용환법률사무소(02-3472-2600) [학]1975년 경기고졸 1980년 성균관대 법학과졸 1988년 同대학원 법학과졸 [경]1994년 사법시험 합격(36회) 1997년 사법연수원 수료(26기) 1997년 변호사 개업(현) 1998년 청소년보호위원회 고문변호사·신상공개 심의위원·규제개혁위원, 대한변호사협회 공보위원 2003년 한국특수공제조합 강사 2004~2005년 세신(주) 사외이사 2005년 서울지방변호사회 법제이사, 중앙선거관리위원회 인터넷보도심의위원 2007년 서울지방변호사회 사무총장 겸 총무이사 2008년 보건복지부 청소년보호위원회 위원, 서울구치소 교정행정위원회 위원장 2012년 국민권익위원회 국무총리행정심판위원회 비상임위원(현) 2012~2014년 한국청소년활동진흥원 비상임감사 2015년 대한변호사협회 사무총장(현) 2015년 同법제연구원 부원장(현) [상]모범납세자 국세청장표창(2015) [종]기독교

황우섭(黃禹燮) HWANG Woo Seop

[생]1958·5·7 [출]경북 예천 [주]서울 영등포구 여의공원로13 KBS 인재개발원(02-781-1000) [학]1977년 대창고졸 1981년 경북대 영어영문학과졸 1996년 서강대 공공정책대학원 언론공보학과졸 2010년 언론학박사(성균관대) [경]1881년 KBS 교양국 PD 1994년 同대구방송총국 제작부장 1995~1996년 同TV1국 차장 1998년 同편성실 차장 1999년 同TV제작센터 차장 2003년 同위성방송국 전문PD(부장)·TV제작본부 PD(부장) 2005년 同심의팀 심의위원 2010년 同이사회사무국 전문위원 2011년 同공영노동조합 위원장·방송문화연구소 연구위원 2012년 同심의실장 2014년 同정책기획본부 방송문화연구소 공영성연구부 국장급 2015년 同인재개발원장(현) [작]연출 'KBS 문화가산책' 'KBS 11시에 만납시다' 'KBS TV독서, 책과의 만남' 'KBS 문화뉴스' 'KBS 문화지대' 등 [종]천주교

황우성(黃寓性) HWANG Woo Sung

[생]1967·2·20 [본]창원(昌原) [출]서울 [주]서울 서초구 반포대로21 (주)서울제약 회장실(02-3470-2300) [학]1985년 여의도고졸 1989년 연세대 경영학과졸 1996년 미국 미시간대 대학원 경영학과졸 [경]1989~1994년 (주)대우 국제금융부 근무 1996년 (주)서울제약 입사·총무부장 1999년 同기획이사 2000~2013년 同대표이사 사장 2013년 同대표이사 회장(현) [상]모범납세자 국세청장표창(2011), 콜롬버스프로젝트참여기업 선정 보건복지부장관표창(2011)

황우여(黃祐呂) HWANG Woo Yea (檜泉)

ⓢ1947·8·3 ⓞ인천 ⓟ인천 남구 컨벤시아대로69 법무법인 다솜(032-831-7808) ⓗ1965년 제물포고졸 1969년 서울대 법과대학졸 1970년 同사법대학원졸 1979년 독일 마르부르그대 수학 1982년 법학박사(서울대) 1986년 미국 하버드대 수학 1995년 서울대 행정대학원 국가정책과정 수료 1995년 同대학원 최고정책과정 수료 1998년 경희대 국제법무대학원 최고정책과정 수료 1998년 연세대 보건대학원 최고정책과정 수료 ⓒ1969년 사법시험 합격(10회) 1970~1973년 해군 법무관 1974~1981년 서울형사지법·서울민사지법·서울지법 남부지원 판사 1981년 청주지법 제천지원장 1982년 서울민사지법·서울고법 판사 1985년 대법원 재판연구관 1986년 춘천지법 수석부장판사 1987년 제주지법 수석부장판사 1989년 인천지법 부장판사 1989년 헌법재판소 헌법연구부장 1990년 서울지법 남부지원 부장판사 1991년 서울가정법원 부장판사 1992년 서울민사지법 부장판사 1993년 감사원 감사위원 1996년 제15대 국회의원(전국구, 신한국당·한나라당) 1998년 한나라당 인천연수지구당 위원장 1998년 同원내부총무 2000년 제16대 국회의원(인천 연수구, 한나라당) 2000년 국회인권포럼 대표 2000년 기독교정치연구소 이사장(현) 2002년 한나라당 정책위원회 부의장 2003년 북한자유이주민인권을위한국제의원연맹 상임대표 2004년 제17대 국회의원(인천 연수구, 한나라당) 2004년 한나라당 인사위원장 2004~2006년 국회 교육위원장 2006년 한나라당 인천시당 위원장 2006~2007년 同사무총장 2008년 제18대 국회의원(인천 연수구, 한나라당·새누리당) 2008~2014년 한국청소년연맹 총재 2008~2012년 한국아동인구환경의원연맹(KCPE) 회장 2009년 한나라당 당권당규개정특별위원장 2009~2011년 아시아·태평양환경개발의원회의(APPCED) 회장 2010~2014년 국회조찬기도회 회장 2010년 국회 국제경기대회개최 및 유치지원특별위원회 위원장 2010년 한나라당 인천시당 위원장 2011~2012년 同원내대표 2011년 同대표 권한대행 2011년 국회 운영위원장 2012~2014년 새누리당 대표최고위원 2012~2016년 제19대 국회의원(인천 연수구, 새누리당) 2012년 새누리당 제18대 대통령중앙선거대책위원회 공동위원장 2012~2013년 한·일의원연맹 회장 2013년 국회 교육문화체육관광위원회 위원 2013년 흥사단 명예단우(현) 2013~2014년 새누리당 여의도연구원 이사장 2014년 국회 국방위원회 위원 2014~2016년 사회부총리 겸 교육부 장관 2015년 국회 산업통상자원위원회 위원 2016년 새누리당 인천서구乙당원협의회 운영위원장 2016년 제20대 국회의원선거 출마(인천 서구乙, 새누리당) 2016년 새누리당 제20대 총선 인천권선거대책위원장 2016년 법무법인 다솜 변호사(현) 2016년 용인대 석좌교수(현) 2016년 한국장학재단 경영고문(현) ⓢ황조근정훈장(1996), 한국교회연합과일치상(2008), 존경받는 한국인대상(2010), 백봉신사상 올해의 신사의원 베스트11(2013), 대한민국 법률대상 입법부문(2013), 한국언론인연합회 자랑스러운 한국인대상 종합대상 정치발전부문(2013), 제14회 세계복음화협의회 국민대상 자랑스러운 정치인상(2013), 전국청소년선플SNS기자단 선정 '국회의원 아름다운 말 선플상'(2015) ⓩ'국가와 교회' '지혜의 일곱기둥'(2005) '아픔의 정치 기쁨의 정치'(2012) ⓨ'법에 있어서의 인간' '기독교 민주주의'(2005) ⓩ기독교

황우택(黃宇澤) HWANG Woo Taek

ⓢ1957·8·16 ⓑ우주(紆州) ⓞ부산 ⓟ서울 강남구 언주로30길13 대림아크로텔C동7층 특허법인 C&S(02-2182-7857) ⓗ명지고졸, 울산대졸, 한국과학기술원(KAIST) 재료공학과졸, 서울대 자연과학대학 과학기술혁신최고전략과정 수료, 미국 Univ. of Washington Law School Visiting Scholar ⓒ1983년 특허청 심사관 1986년 상공부 공업기좌, 同서기관 1997년 특허청 금속심사과장 2001년 특허법원 기술심리관 2003년 특허심판원 심판관 2004년 특허청 심사평가담당관(서기관) 2005년 同심사평가담당관(부이사관) 2006년 특허심판원 제10부 심판장 2007년 同제4부 심판장 2008년 특허청 기계금속건설심사국장 2009년 국외훈련 파견(고위공무원) 2010년 특허심판원 수석심판장 2011~2012년 同원장 2012년 R&D특허센터 고문 2013년 특허법인 C&S 파트너변리사(현) ⓢ대통령표창(1991) ⓩ'특허법주해1(共)'(2010) '특허법주해2(共)'(2010) ⓩ기독교

황운하(黃雲夏)

ⓢ1962·9·10 ⓑ창원(昌原) ⓞ대전 ⓟ충남 아산시 신창면 황산길100의50 경찰대학 교수부(041-968-2111) ⓗ1985년 경찰대졸(1기), 고려대 대학원 행정학과졸 2012년 법학박사(성균관대) ⓒ1999년 서울 성동경찰서 형사과장, 서울 용산경찰서 형사과장 2003년 서울 강남경찰서 형사과장 2005년 경찰청 수사국 수사권조정팀장 2006년 대전 서부경찰서장 2006년 경찰종합학교 총무과장 2008년 대전 중부경찰서장 2009년 대전지방경찰청 생활안전과장 2010년 서울지방경찰청 형사과장 2011년 서울 송파경찰서장 2011년 경찰청 수사기획관(경무관) 2012년 경찰수사연수원 원장 2014년 대전지방경찰청 제2부장 2014년 서울지방경찰청 생활안전부장 2015년 경찰대 교수부장(현) ⓩ기독교

황 원(黃 源) HWANG Won

ⓢ1943·5·5 ⓞ경북 영덕 ⓟ부산 영도구 상리로69 삼영이엔씨(주) 비서실(051-601-6634) ⓗ1961년 국립체신고졸 ⓒ1964~1970년 체신부 공무원 1971~1976년 (주)남양사 근무 1978~1994년 삼영전자공업사 사장 1995~2000년 삼영전자공업(주) 대표이사 사장 2001년 삼영이엔씨(주) 대표이사 사장, 同대표이사 회장(현) ⓢ정보통신부장관 우수기술기업표창(1996), 국제통상학회 통상대상(1999), 부산중소기업인대상 우수상(2001), 부산시 벤처기업인상(2004), 석탑산업훈장(2005), 1000만불 수출탑(2005), 납세자의날 국무총리표창(2011) ⓩ불교

황원섭(黃元燮) HWANG Won Sup

ⓢ1958·12·2 ⓞ인천 ⓟ인천 남구 인하로100 인하대학교 공과대학 사회인프라공학과(032-860-7570) ⓗ1984년 인하대 토목공학과졸 1986년 同대학원졸 1993년 토목공학박사(일본 大阪大) ⓒ1993~1995년 일본건설기술연구소 大阪지사 주임연구원 1995년 인하대 공과대학 사회인프라공학과 조교수·부교수·교수(현) 1997~1999년 한국강구조학회 편집위원 1998~1999년 한국지진공학회·한국전산구조공학회 편집위원 2000~2002년 한국지진공학회 논문심사위원 2000~2002년 행정자치부 재해위인분석조사단원 2001~2002년 대한토목학회 평의원 2015년 인하대 공과대학원장(현) ⓢ건설교통부장관표창 ⓩ특허 '바닥판 일체형 프리스트레스트 거더 및 이를 이용하여 상부구조물을 시공방법'(2008)

황원준(黃元俊) Whang Won Jun

ⓢ1952·5·22 ⓞ대전 ⓟ서울 성동구 마장로210 한국기원 홍보팀(02-3407-3870) ⓒ1976년 프로바둑 입단 1979년 2단 승단 1981년 3단 승단 1983년 4단 승단 1985년 5단 승단 1988년 6단 승단 1991년 7단 승단 1995년 8단 승단 2003년 9단 승단(현) ⓢ기도문화상 감투상(1979)

황원채(黃元采) HWANG Won Chae

ⓢ1968·8·21 ⓞ서울 ⓟ세종특별자치시 도움4로9 국가보훈처 보훈심사위원회(044-202-5810) ⓗ1987년 남강고졸 1991년 서울대 사회복지학과졸 ⓒ1999년 국가보훈처 보훈선양국 자료관리과 사무관 2001년 同보훈선양국 공훈심사과 서기관 2004년 同보훈선양국 공훈심사과장 2006년 同제대군인국 제대군인취업과장 2008년 同제대군인국 제대군인정책과장 2008년 同제대군인국 정책총괄과장(부이사관) 2009년 6.25전쟁60주년기념사업추진기획단 파견(부이사관) 2009년 국외훈련(부이사관) 2011년 국가보훈처 보훈선양국 나라사랑정책과장 2012년 同규제개혁법무담당관 2012년 충북지방병무청장 2014년 국립대전현충원장 2015년 중앙공무원교육원 교육파견 2016년 국가보훈처 보훈심사위원회 상임위원(현)

황유노(黃有老) HWANG Yoo No

ⓢ1958·3·27 ⓞ서울 ⓟ서울 영등포구 의사당대로3 현대캐피탈 경영지원본부(02-2167-7733) ⓗ1976년 홍익사대부고졸 1984년 홍익대 경영학과졸 ⓒ1983~1995년 현대정공 경리부 근무 1995~2000년 同미국현지법인 CFO 2001년 현대자동차(주) 재정팀장 2005년 同재무실장(이사) 2006년 同재무사업부장(상무) 2007~2008년 현대모비스 경영혁신실·경영지원실 상무이사 2008~2011년 현대카드 경영지원본부장(전무이사) 2008년 현대캐피탈 경영지원본부장(전무이사) 2011년 同경영지원본부장(부사장)(현) 2011년 현대카드 경영지원본부장(부사장) ⓢ산업포장(2015)

황윤구(黃允九) HWANG Yoon Koo

ⓢ1961·7·3 ⓑ평해(平海) ⓞ강원 속초 ⓟ서울 서초구 서초대로74길4 삼성생명서초타워 법무법인(유) 동인(02-2046-0695) ⓗ1980년 속초고졸 1985년 고려대 법학과졸 ⓒ1986년 사법시험 합격(28회) 1990년 사법연수원 수료(19기) 1990~2000년 변호사 개업 2000년 대구지법 판사 2001년 대구고법 판사 2003년 대구지법 판사 2004년 수원지법 여주지원 판사 2005년 춘천지법 부장판사 2006년 同수석부장판사 2007년 수원지법 부장판사 2009년 서울중앙지법 부장판사 2012년 서울동부지법 부장판사 2014~2015년 서울서부지법 수석부장판사 2015년 법무법인(유) 동인 구성원변호사(현)

ㅎ

황윤성(黃允成) HWANG Yun Sung (啓倫)

생1959·1·15 본전북 전주 주서울 서초구 서초중앙로 215 법무법인 두우(02-595-1255) 학1977년 전주고졸 1983년 서울대 법과대학졸 경1984년 사법시험 합격(26 회) 1987년 사법연수원 수료(16기) 1987년 육군 법무관 1990년 서울지검 북부지청 검사 1992년 전주지검 군산지 청 검사 1993년 영국 옥스퍼드대 Visiting Scholar 1994 년 대구지검 검사 1994년 법무부 국제법무심의관실 검 사 1997년 서울지검 검사 1997년 駐제네바대표부 법무협력관 1999년 서울지 검 북부지청 부부장검사 2000년 서울고검 검사 2000년 대검찰청 검찰연구 관 2002년 수원지검 강력부장 2003년 법무부 국제법무과장 2004년 서울중 앙지검 조사부장 2005년 대구지검 형사2부장 2006년 수원지검 여주지청장 2007년 제주지검 차장검사 2008년 서울서부지검 차장검사 2009년 대구지검 서부지청장 2009년 대구고검 차장검사 2010년 대전고검 차장검사 2011년 춘 천지검장 2012년 법무부 법무실장 2013년 서울동부지검장 2014년 법률사무 소 윤진 대표변호사 2016년 법무법인 두우 변호사(현) 상황조근정훈장(2013) 저'국제환경법과 무역(共) '미국통상법(共) '

황윤언(黃允彦) WHANG Yun Eon

생1960·3·3 주서울 마포구 마포대로119 (주)효성 인 사과(02-707-7000) 학마산고졸 1983년 서울대 공업 화학과졸, 일본 도쿄농공대 대학원 재료공학과졸, 재료 공학박사(일본 도쿄농공대) 경(주)효성 중국 스판덱스 총괄 및 가흥스판덱스법인 총경리(상무) 2008년 同중국 스판덱스 총괄 겸 광동·주하이법인 총경리 겸 광동법 인공장장(전무) 2015년 同중국 스판덱스 총괄부사장(현)

황윤원(黃潤元) HWANG Yun Won (孤桐)

생1954·7·17 본경북 울진 주서울 동작구 흑석로84 중앙대학교 공공인재학부(02-820-5900) 학1980년 중 앙대 행정학과졸 1983년 미국 플로리다주립대 대학원졸 1987년 행정학박사(미국 피츠버그대) 경1986~2011년 중앙대 행정학과 조교수·부교수·교수 1995년 미국 루 지애나주립대 초빙교수 1997년 대통령 사회정책비서관 1998년 중앙대 행정대학원장 1999년 同국가정책연구소 장 2000년 경제정의실천시민연합 예산감시위원장 2000~2003년 한국행정 연구원 원장 2001년 대통령자문 정책기획위원 2002년 KBS 객원해설위원(현) 2002년 유네스코 한국위원회 위원 2003년 문화재위원회 위원 2004년 한국행정학회 회장 2005~2007년 중앙대 대외협력본부장 겸 산학협력단장 2007~2009년 同제2캠퍼스 부총장 2011년 同사회과학대학 공공인재학부 교수(현) 2014년 한국사회공헌연구원 이사장(현) 2016년 중앙대 행정대학 원장(현) 상보건복지부장관표창(1998), 황조근정훈장(2004) 저'지방재정학 (共)'(1997) '지방재정론(共) '공공정책의 결정요인 분석(共) '정보사회와 정 치과정(共) '정부조직론(2002) '행정학원론(2002) '싱크탱크와 국가경쟁력 (2003) '재무행정론(2005) 시집 '삐에로(2013, 도서출판 진실한사람들) '큐 브행정학(2014) 역'관민협력사업(2010, OECD 대한민국정책센터)

황윤정(黃允靜·女) HWANG Yoon Jeong

생1968 주서울 종로구 세종대로209 여성가족부 대변인실(02-2100-6020) 학서울대 불어불문학과졸 경1997년 행정고시 합격(40회) 2004년 여성부 서 기관 2005년 여성가족부 장관비서관 2008년 여성부 기획조정실 규제개혁담 당관 2008년 중앙공무원교육원 교육파견 2008년 국외훈련(서기관) 2010년 여성가족부 기획재정담당관 2012년 同기획조정실 기획재정담당관(부이사관) 2013년 휴직 2014년 여성가족부 장관비서관 2016년 同대변인(현)

황윤철(黃潤喆) Hwang, Youn-Cheol

생1962·2·14 출경남 창녕 주경남 창원시 마산회원 구 3.15대로642 경남은행 마케팅본부(055-290-8000) 학1980년 마산 용마고졸 1987년 경남대졸 경1980년 경 남은행 입행 2006년 同양덕동지점장 2007년 同마산시 청지점장 2010년 同진영지점장 2011년 同창원시청지점 장 2014년 同지역발전본부장 2015년 同마케팅본부장 2016년 同마케팅본부장(부행장보)(현)

황은미(黃恩美·女) HWANG Eun Mee

생1954·11·14 출서울 주서울 서초구 효령로29길 19 다복솜202호 EM컨설팅(02-3672-7700) 학1973 년 이화여고졸 1977년 이화여대 비서학과졸 2005년 연세대 경영대학원 매니지먼트과졸 경1977~1995 년 Bank of America 서울지점 근무 1995년 EM컨 설팅 대표(현) 2001~2008년 (주)InfoArtKorea 이사 2006~2008년 중앙인사위원회 자체평가위원회 위원

2006~2010년 노동부 자체평가위원회 위원 2007년 YoungBPW세계대 회조직위원회 위원장 2007년 한국녹색문화재단 이사 2007~2011년 (주) 더컬럼스갤러리 이사 2008년 전문직여성세계연맹(BPW Internation- al) 상임위원회(Business, Trade and Technology Committee) 위원장 2009~2011년 (사)전문직여성한국연맹(BPW Korea) 회장 2009년 (사)커 리어컨설턴트협회 회장(현) 2011~2012년 국가브랜드위원회 국제자문포 럼 위원 2012년 청년고용촉진특별위원회 위원(현) 2013년 한국산림복지 문화재단 이사 상이화여대 올해의 이화인 선정(2007), 지식경제부 지속 경영인상(2010) 종기독교

황은성(黃銀性) HWANG Eun Sung

생1962·2·26 출경기 안성 주경기 안성시 시청길 25 안성시청 시장실(031-678-2114) 학1981년 안법 고졸 1985년 건국대 법학과졸 1990년 同행정대학원 노사행정학과졸, 한경대 생물환경정보통신전문대학원 박사과정 수료 경1999년 안성시생활체육협의회 회장 2001년 안성사회복지협의회 회장 2001년 안성시체육 회 고문 2001년 한나라당 안성지구당 부위원장 2002 년 안법고총동문회 부회장 2002·2006~2008년 경기도의회 의원(한나 라당) 2006~2008년 同농림수산위원회 간사 2007년 한나라당 이명박 대 통령예비후보경선 선대위원장 2007년 同제17대 대통령중앙선거대책위 원회 정책위원, 안성상공회의소 상공의원, 한국보이스카우트 경기남부연 맹 안성시회장 2009년 한나라당 경기도당 선임부위원장 2010년 경기 안 성시장(한나라당·새누리당) 2014년 경기 안성시장(새누리당)(현) 상올해 의 CEO대상 리더십경영(공공)부문 대상(2011), 지식경영인 대상(2012), 한국매니페스토실천본부 공약이행부문 최우수상(2012·2013), 제1회 경 기도행정 및 의정대상 문화부문대상(2013), 대한민국 경영대상 미래경영 부문 대상(2014)

황은연(黃殷淵) HWANG, EUN-YEON

생1958·7·30 본장수(長水) 출충남 연기 주서울 강남구 테헤란로440 (주)포스코 경영지원본부(02- 3457-0114) 학1977년 공주고졸 1987년 성균관대 법 학과졸 2010년 서울대 법학전문대학원 최고지도자과 정(ALP) 수료(12기) 2013년 가톨릭대 윤리상생건강최 고위과정 수료(1기) 경1987년 (주)포항종합제철 입사 1998년 同판매총괄팀장 2004년 포스코China 영업본 부장 2008년 (주)포스코 마케팅전략담당 상무 2010~2011년 한국철강협 회 강구조센터 회장 2011년 (주)포스코 마케팅본부장(전무) 2011~2013년 법제처 국민법제관 2013년 (주)포스코 CR본부장(부사장) 2013년 연합뉴 스 제4기 수용자권익위원회 위원 2014~2015년 (주)포스코에너지 대표이 사 사장 2014~2015년 (사)한국신·재생에너지협회 회장 2014~2015년 (주)포스파워 대표이사 2015년 (주)포스코 비상경영쇄신위원회 위원(현) 2015년 同경영인프라본부장(부사장) 2015년 포스코인재창조원 기타비상 무이사(현) 2016년 (주)포스코 경영지원본부장(사장)(현) 상은탑산업훈장 (2016) 종천주교

황은영(黃銀永·女) Hwang Eun Young

생1966·8·25 출경북 구미 주경기 의정부시 녹양 로34번길23 의정부지검 형사2부(031-820-4524) 학 1985년 대구여고졸 1991년 서울대 공법학과졸 경1994 년 사법시험 합격(36회) 1997년 사법연수원 수료(26기) 1997년 인천지검 부천지청 검사 1999년 제주지검 검사 2000년 서울지검 검사 2001년 서울지검 동부지청 검사 2003~2005년 여성가족부 파견 2003년 수원지검 안산 지청 검사 2007년 춘천지검 검사 2009년 서울중앙지검 검사 2009년 수원 지검 성남지청 부부장검사 2010년 법무부 인권정책과 검사 2011년 인천지 검 공판송무부장 2012년 서울동부지검 공판부장 2013년 수원지검 안산지청 부장검사 2014년 서울중앙지검 여성아동범죄조사부장 2015년 대전지검 논 산지청장 2016년 의정부지검 형사2부장(현)

황은주(黃銀周) Hwang eun ju

생1957·11·16 본장수(長水) 출충북 청주 주충북 청 주시 청원구 내수읍 구성새동네길39 충청북도축산위생 연구소(043-220-6300) 학1976년 청주 대성고졸 1985 년 건국대 축산학과졸 1990년 중앙대 대학원 지역사 회개발학과졸 2010년 도시지역계획학박사(중앙대) 경 1981~1982년 청주시 지방행정서기보 1986~1989년 한 국CDF 지역조정관 1990~1997·1999~2009년 충북도 보건환경연구원 연구사 1997~1998년 중국 흑룡강성 파견 2009년 충북도축 산위생연구소 제천지소장 2012년 충북도 종축시험장장 2014년 충북도축산 위생연구소 방역과장 2016년 同소장(현)

황을문(黃乙文) HWANG Eul Moon

생1952·7·5 출전남 보성 주경기 성남시 분당구 대왕판 교로700 Korea Bio Park A동4층 (주)서린바이오사이언스(031-628-3005) 학단국대 행정학과졸 1995년 고려대 경영대학원 수료 2008년 서울과학종합대학원대 지속경영을위한4T-CEO과정 수료 2012년 서울대 과학기술혁신최고전략과정(SPARC) 수료 경1984~2010년 (주)서린바이오사이언스 설립·대표이사 사장 2009년 한국바이오협회 부회장(현) 2010~2016년 코스닥협회 부회장 2010년 자랑스러운중소기업인협의회 회장 2010년 코스닥발전협의회 위원 2010년 한국인재멘토링네트워크 멘토(현) 2010년 (주)서린바이오사이언스 대표이사 회장(현) 2010년 (재)고려대생명공학원지원재단 이사(현) 2011년 (사)한국산업융합협회 이사 2011~2013년 법제처 국민법제관 2011년 중소기업중앙회 벤처기업위원회 부위원장 2012년 중소기업위원회 중견기업특별위원회 위원 2012년 동반성장위원회 위원 2013년 (사)글로벌최고경영자클럽 부회장 2013년 코스닥시장위원회 외부위원 2014년 중소기업사랑나눔재단 이사(현) 2015년 중소기업창조경제확산위원회 위원(현) 상서울벤처대상(2000), 벤처기업대상(2000), 중소기업중앙회 선정 자랑스러운 중소기업인(2001), 디지털이노베이션대상(2002), 은탑산업훈장(2002), 중소기업중앙회 선정 중소기업을 빛낸 51인(2007), 서울시장표창(2008), 지식경제부 모범납세자유공자표창(2009), 피터드러커소사이어티 우수혁신상(2009), IMI(전경련 국제경영) 경영대상 지식경영부문 대상(2010), 기획재정부장관표창(2015) 종기독교

황의균(黃義均) EUI KYUN HWANG

생1959·5 주서울 종로구 인사동7길32 SK건설(주) Industry Service부문(02-3700-9300) 학1986년 서울대 무역학과졸 경1986년 (주)유공(現 SK) 입사 2008년 同R&C전략담당 상무 2010년 同R&M Global사업개발실장(상무) 2010년 SK(주) 기획실장 겸 Globalization추진실장(상무) 2011년 同경영기획담당 상무 2013년 SK그룹SUPEX추구협의회 전략지원팀장(전무) 2014년 SK건설(주) 경영기획부문장(전무) 2014년 同국내플랜트Operation부문장 겸 국내발전Operation본부장(전무) 2015년 同Industry Service부문장(부사장)(현)

황의덕(黃義德) Hwang, Eu-Dug

생1953·12·10 본장수(長水) 출서울 주서울 종로구 자하문로4길21의5 한국광업협회(02-736-2501) 학1972년 양정고졸 1981년 인하대 자원공학과졸 1984년 同대학원 자원공학과졸 1998년 자원공학박사(인하대) 2003년 핀란드 헬싱키경제경영대학원 국제경영학과졸(MBA) 경1984~1991년 동력자원부 중부광산보안사무소·해외자원과·해저자원과 채광기사보 1991~2000년 일본 지질조사소·미국 지질조사소·통상산업부 석탄자원과·자원개발과·제도정비팀·아주협력과 자원주사 2000~2008년 산업자원부 광물자원팀·알제리-아제르바이잔팀·駐아제르바이잔대사관·무역정책과 공업사무관 2008~2009년 지식경제부 무역정책과·광물자원팀 기술서기관 2009년 同중부광산보안사무소장 2010년 同광물자원팀장 2011~2013년 한국전력거래소 기획본부장(상임이사) 2013년 한국광업협회 상근부회장(현)

황의동

생1959 출경기 이천 주강원 원주시 혁신로60 건강보험심사평가원 임원실(033-739-2405) 학성균관대 법학과졸 경1986년 의료보험조합연합회 입사 2008년 건강보험심사평가원 혁신기획실장 2009년 同기획조정실장 2010년 同정보통신실장 2011년 同대구지원장 2014년 同자동차보험심사센터장 2014년 同진료정보분석실장 2016년 同개발상임이사(현) 상의료보험연합회장표창, 보건복지부장관표창

황의만(黃義萬) Hwang euy man

생1945·12·20 본장수(長水) 출경기 파주 주서울 강남구 개포로31길9의8 만성빌딩 만성국제특허법률사무소(02-571-6211) 학1974년 서울대 법과대학 법학과졸 경1978년 변리사시험 합격(15회), 한나라당 경기도당 부위원장, 만성국제특허법률사무소 대표변리사(현), 민족통일 파주시협의회 회장 2003~2006년 (사)국제변리사연맹 한국협회 회장 2005년 서울대 법과대학 장학재단 이사(현) 2010년 경기 파주시장선거 출마(무소속) 2012~2014년 (사)매헌윤봉길의사기념사업회 회장 2012년 서울대 법과대학 동창회 부회장(현) 상산업자원부장관표창(2006), 통일부장관표창(2011) 저'인간관계 손자병법'(2001) '사람의 마음을 움직이는 기술 유머코칭이 답이다'(2006) 역'개발도상국을 위한 라이센싱(WIPO간) 가이드'(1984)

황의수(黃義守) WHANG Eui Soo

생1962·6·29 출경북 의성 주인천 남구 소성로163번길49 인천지방검찰청 제2차장검사실(032-860-4303) 학1981년 달성고졸 1985년 고려대 법학과졸 경1993년 사법시험 합격(35회) 1996년 사법연수원 수료(25기) 1996년 광주지검 검사 1998년 전주지검 군산지청 검사 2000년 서울지검 의정부지청 검사 2002년 서울지검 검사 2004년 수원지검 여주지청 검사 2006년 서울동부지검 검사 2009년 서울중앙지검 부부장검사 2009년 수원지검 여주지청 부장검사 2010년 광주지검 장흥지청장 2011년 부산지검 특수부장 2012년 인천지검 특수부장 2013년 서울중앙지검 금융조세조사3부장 2014년 수원지검 성남지청 부장검사 2015년 창원지검 형사1부장 2016년 인천지검 제2차장검사(현)

황의인(黃義仁) HWANG Eui In

생1954·12·22 출전북 남원 주서울 강남구 테헤란로133 한국타이어빌딩 법무법인 태평양(02-3404-0123) 학1973년 전북 전주고졸 1978년 서울대 법학과졸 1981년 同대학원졸 경1982년 사법시험 합격(24회) 1985년 사법연수원 수료(15기) 1986~2009년 법무법인 태평양 변호사 1992년 미국 버클리대 연수 1993년 일본 게이오대 법학부 객원연구원 1997년 대법원 민사사법공조추진위원 1999~2014년 대한상사중재원 중재위원 2001~2005년 대한변호사협회 특허소송연구위원회 위원 2002년 同공익활동심사위원회 위원 2002년 한국기술거래소 기술거래사 등록 2002년 새사회네트워크 대표 2003~2009년 한국증권업협회 코스닥위원회 위원 2003~2011년 KBS 방송자문변호사 2004년 아침편지문화재단 이사 2004년 KLPGA(한국여자프로골프협회) 자문위원 2005년 한국청소년개발원 자문위원 2005년 클럽폴라리스(주) 사외이사 2005~2008년 경제인문사회연구회 과학기술정책연구원 비상임감사 2006~2009년 한국교육방송공사(EBS) 비상임이사 2009년 법무법인 태평양 대표변호사(현) 2011년 JTBC 사외이사 2011~2013년 국가지식재산위원회 민간위원

황이주(黃利珠) HWANG Ih Joo

생1967·12·23 출경북 울진 주경북 안동시 풍천면 도청대로455 경상북도의회(054-880-5330) 학2007년 동국대 사회과학대학원 행정학과졸 경매일신문 사회부 기자(부장), 경북전문대 겸임교수, (재)동영장학재단 이사장(현) 2010년 경북도의회 의원(한나라당·새누리당) 2011년 경북도민체전 준비위원회 위원, 울진원전민간환경감시기구 위원, 울진군재향군인회 이사, 평해중·고총동문회 부회장, 울진군축구연합회 감사, 경북도의회 예산결산특별위원회 위원, 同새마을경제특별위원회 위원장 2012년 同행정보건복지위원회 위원 2012년 새누리당 박근혜 대통령후보 특보 2014년 경북도의회 의원(새누리당)(현) 2014년 同행정보건복지위원회 위원장 2014·2016년 同원자력안전특별위원회 위원(현) 2016년 同농수산위원회 위원(현) 상전국시·도의회의장협의회 우수의정 대상(2016)

황 익(黃 翼) HWANG Ik

생1946·7·24 출경남 하동 주부산 연제구 법원로28 법조타운빌딩1208호 법무법인 정인(051-911-6161) 학1966년 부산고졸 1971년 성균관대 법정대학 법학과졸 2000년 연세대 보건대학원 의료와법과정 수료 2000년 서울대 법대 금융거래법연구과정 수료 경1974년 사법시험 합격(16회) 1976년 사법연수원 수료(6기) 1977~1979년 육군 법무관 1979년 제주지법 판사 1981년 서울가정법원 판사 1982년 부산지법 판사 1985년 마산지법 거창지원장 1987년 대구고법 판사 1988년 부산고법 판사 1990년 대법원 재판연구관 1990년 부산지법 부장판사 1997년 변호사 개업 2004년 법무법인 정인(正人) 대표변호사, 同변호사(현) 2005~2007년 부산지방변호사회 회장 2005~2007년 대한변호사협회 부회장 2016년 부산시골프협회 회장(현)

황인경(黃仁景·女) Hwang, In Gyung

생1964·12·12 본창원(昌原) 출경남 진주 주대전 유성구 대덕대로989번길111 한국원자력연구원 감사실(042-868-2122) 학1982년 진주여고졸 1986년 이화여대 과학교육학과졸 1988년 연세대 교육대학원 물리교육학과졸 2013년 단국대 행정법무대학원 행정법무과 재학中 경2005~2008년 한민족어린이돕기네트워크 운영이사 2006~2007년 한민족복지재단 대외협력처장 2007~2009년 대한적십자사 프로그램위원회 위원 2007년 KOICA 해외봉사단 면접심사위원 2010~2012년 서울YWCA 이사 2010~2012년 한국여성유권자서울연맹 회장 2013년 민주평통 직능상임위원(현) 2014년 부마민주항쟁진상규명위원회 실무위원(현) 2014년 한국원자력연구원 상임감사(현)

황인규(黃仁奎) HWANG In Gyu

(생)1956·10·24 (출)경남 마산 (주)서울 관악구 관악로 1 서울대학교 농업생명과학대학 응용생물화학부(02-880-4676) (학)1975년 마산고졸 1980년 서울대 농생물학과졸 1984년 同대학원 식물병리학과졸 1991년 농학박사(미국 일리노이대) (경)1997년 생명공학연구소 책임연구원 1999~2002년 한국식물병리학회 총무간사 1999년 서울대 농업생명과학대학 응용생물화학부 조교수·부교수·교수(현) 2000~2002년 한국산업미생물학회 편집위원 2016년 서울대 기획부총장(현) (전)'식물의학'(2000, 탐구당)

황인규(黃仁奎) Hwang, In Gyu

(생)1961·1·13 (본)제안(濟安) (출)서울 (주)대전 중구 유등천동로762 (주)충남도시가스 비서실(042-336-5200) (학)1979년 대성고졸 1983년 서울대 법과대학 법학과졸 1986년 同행정대학원 정책학과 수료 1997년 미국 스탠퍼드대 Law School 연수 (경)1988년 사법시험 합격(30회) 1991년 사법연수원 수료(20기) 1991년 서울지검 검사 1993년 부산지검 울산지청 검사 1995년 수원지검 성남지청 검사 1997년 부산지검 검사 1999년 법무부 국제법무과 검사 2002년 서울지검 동부지청 검사 2003년 同동부지청 부부장검사 2004년 서울동부지검 부부장검사 2004년 대구지검 부부장검사(외교통상부 장관법률자문관 파견) 2006년 청주지검 부장검사 2007년 인천지검 형사4부장 2008년 서울동부지검 형사2부장 2009년 서울중앙지검 외사부장 2009년 대전지검 서산지청장 2010년 대검찰청 연구관 겸 미래기획단장 2011년 제주지검 차장검사 2012년 의정부지검 차장검사 2013~2014년 인천지검 부천지청장 2014년 (주)충남도시가스 대표이사(현) (상)한국경영교육학회 창의경영대상(2015)

황인균(黃仁均) Hwang In Gyun

(생)1963·10·14 (본)장수(長水) (출)서울 (주)울산 남구 문수로157 울산광역시보건환경연구원(052-229-5200) (학)1982년 광성고졸 1986년 고려대 농화학과졸 1990년 同대학원 생화학 및 발효화학과졸 1995년 농학박사(고려대) (경)1986~1988년 (주)한정화학 근무 1995~1996년 고려대 자연자원연구소 근무 1996~1998년 식품의약품안전청 보건연구사 1998~2007 同보건연구관 2007~2012년 同화학물질과장 2007~2010년 국제식품규격위원회 식품위생분과 정부대표 2010년 한국식품과학회 간사 2011년 한국식품위생안전성학회 간사 2012년 식품의약품안전청 식품안전국 식품기준과장 2013년 식품의약품안전처 식품기준기획관실 식품기준과장 2014~2016년 식품의약품안전평가원 식품위해평가과장 2016년 경찰청 교육파견 2016년 울산광역시보건환경연구원 원장(현)

황인무(黃仁武) Hwang In Moo

(생)1956·1·22 (출)충북 옥천 (주)서울 용산구 이태원로22 국방부 차관실(02-748-6100) (학)대전고졸 1975년 육군사관학교졸(35기) 1987년 육군대학 정규과정 수료 1990년 경남대 경영대학원졸 2015년 한남대 대학원 행정학 박사과정 수료 (경)2003년 대통령 국방담당관, 육군 참모총장 비서실장 2007~2009년 제32보병사단장 2010~2011년 육군대학 총장 2011년 육군 교육사령관 2012~2014년 육군 참모차장(중장) 2012~2014년 전쟁기념사업회 부회장 2014년 대통령직속 통일준비위원회 외교안보분과위원회 전문위원, 국방과학연구소 전문위원 2014년 건양대 석좌교수 2015년 국방부 차관(현)

황인산(黃仁山) Hwang, In San

(생)1960·3·17 (출)충남 서천 (주)서울 강남구 테헤란로103길9 제일빌딩 (주)딜라이브 상임감사실(02-550-4500) (학)1978년 서울고졸 1983년 고려대 경영학과졸 1987년 同대학원 경영학과졸 (경)1988년 한국투자금융 영업부 입사 1991년 하나은행 업무부 근무 1998년 同거여동지점장 2000년 同중앙기업금융본부 기업금융전담역 2001년 同대기업금융1본부 기업금융전담역 2004년 同무역센터지점장 2005년 同인력개발실장 2006년 同인력지원부장 2008년 同서초지역본부 영업본부장 2009년 同충남북영업본부 영업본부장 2011년 同서부영업본부 영업본부장 2013년 同리테일영업추진1본부 전무 2013년 하나금융지주 경영지원실 전무 2014년 외환은행 PB본부·영업기획부 전무 2014년 同PB영업본부·영업추진본부 전무 2015년 同영업기획부문 전무 2015년 KEB하나은행 경기영업그룹장(전무) 2016년 同경영지원그룹장(부행장) 2016년 同리테일고객지원그룹장(부행장) 2016년 (주)딜라이브 사내이사 겸 상임감사(현)

황인석(黃仁晳) HWANG In Suk

(생)1962·7·7 (출)대전 유성구 가정로175 (주)LG화학 중앙연구소(042-860-8502) (학)1985년 서울대 화학공학과졸 1987년 同대학원 화학공학과졸 1995년 고분자유변학박사(서울대) (경)1989~1991년 한국과학기술연구원(KIST) 연구원 1995년 (주)LG화학 기술연구원 책임연구원 2006년 同기술연구원 상무 2007년 同기술연구원 정보전자소재연구소 연구위원(상무) 2013년 同CRD연구소장(상무) 2015년 同중앙연구소장 겸 기반기술연구센터장(전무)(현) (상)LG화학 연구개발상, LG 연구개발상, 과학기술부 IR52 장영실상, 산업자원부 산업기술혁신대상, LG연구개발상 시너지상, 과학기술부 이달(4월)의 엔지니어상(2004)

황인섭(黃仁燮) HWANG IN SEOB

(생)1960·8·3 (본)장수(長水) (출)전남 순천 (주)전남 무안군 삼향읍 오룡길1 전라남도청 일자리정책지원관실(061-286-2910) (학)1979년 순천고졸 1996년 한국방송통신대 행정학과졸 (경)1979년 공무원 임용(9급) 1979년 순천시 근무 1989년 전남도 근무 1991년 同도시과·국민운동지원과 근무(7급) 1995~2004년 同지방공무원교육원·경제정책과 근무(6급) 2005~2013년 재정경제부 파견·전남도 관광과·창조산업과 근무(5급) 2014년 전남생물산업진흥원 파견·지방행정연수원 교육(지방서기관) 2016년 전남도 일자리정책실 일자리정책지원관(현) (상)대통령표창(2001) (종)불교

황인성(黃仁成) HWANG In Sung

(생)1954·6·12 (출)인천 (주)인천 남동구 정각로29 인천광역시의회(032-440-6244) (학)1972년 제물포고졸 1981년 가톨릭대 의과대학졸 1992년 同산업보건대학원졸 1998년 의학박사(가톨릭대) 1999년 중앙대 사회개발대학원 지도자과정 수료 1999년 연세대 행정대학원 사회복지전공 수료 1999년 서울대 환경대학원 도시환경고위정책과정 수료 2001년 同행정대학원 국가정책과정 수료 2005년 홍익대 건축대학원 도시설계학과졸 (경)1981년 의사면허고시 합격, 황인의원 원장(현) 1997년 흥사단 민족통일본부 중앙위원 1998년 인천시 동구생활체육협의회 회장 2000년 (사)황인복지문화센터 설립·이사장 2002년 인천시의회 의원(한나라당), 同경제자유도시특별위원회 위원장 2004년 동북아경제중심도시를위한범시민협의체 집행위원장 2004년 한나라당 인천시당 수석부위원장·상임부위원장 2006~2008년 인천시생활체육회 요가협회장 2010년 한나라당 인천시당 수석부위원장 2014년 인천시의회 의원(현)(새누리당) 2014년 同건설교통위원회 위원 2014~2015년 同예산결산특별위원회 위원장 2015년 同재산매각상황화특수목적법인조사특별위원회 위원장 2016년 同제1부의장(현) 2016년 同기획행정위원회 위원(현)

황인수(黃寅秀) HWANG In Soo (有泉)

(생)1939·9·11 (출)경기 시흥 (주)서울 강남구 남부순환로378길10 성일건설(주) 회장실(02-578-3131) (학)1958년 서울사대부고졸 1962년 한양대 건축공학과졸, 서울대 경영대학원 수료 (경)1971년 성일건설(주) 대표이사 회장(현) 1976년 서울청년회의소 회장 1980년 학교법인 수산학원 이사장 1985년 건설공제조합 감사 1989년 성일개발(주) 대표이사 회장 1993~2009년 대한건설협회 서울시회장 1993년 同부회장 1995~1997년 민주평통 자문위원 1995년 한국건설산업연구원 운영위원회 위원(현) 2002년 한국JC특우회 장학문화재단 이사장 2012년 대한건설협회 서울시회 명예회장(현) (상)재무부장관표창(1972), 국무총리표창(1981·1990), 석탑산업훈장(1984), 동탑산업훈장(1994), 대한건축학회 기술상(1995), 금탑산업훈장(2007), 한양경영대상(2009) (종)불교

황인용(黃仁龍) Hwang, In-Yong

(생)1958·10·4 (출)인천 (주)서울 송파구 올림픽로289 시그마타워 (주)한라홀딩스 비서실(02-3434-5114) (학)1977년 제물포고졸 1981년 한양대 기계공학과졸 2006년 자동차공학박사(한양대) (경)1982년 (주)만도 입사 2003년 同중앙연구소장 2010년 同제동사업본부장 2011년 同글로벌구매본부장 2012~2015년 (주)만도헬라일렉트로닉스 대표이사 사장 2015년 한라마이스터 대표이사 사장 2016년 (주)한라홀딩스 대표이사 사장(현) (상)한국공학한림원 선정 '한국의 100대 기술과 주역'(2010), 무역의 날 2천만달러 수출의 탑(2013)

황인자(黃仁子 · 女) HWANG In Ja

[생]1955 · 10 · 16 [본]장수(長水) [출]부산 [학]1974년 서울 정신여고졸 1978년 한국외국어대 영어과졸 1982년 서울대 대학원 정치학과졸 2008년 성균관대 국정관리대학원 박사과정 수료 [경]1983~1988년 체신부 입부 · 근무 1988년 정무제2장관실 근무 1989년 同비서관 1990년 同담당관 1996년 同제3조정관 1997년 同제4조정관 1997년 同제1조정관 1998년 행정자치부 기획관리실 여성정책담당관 2001년 여성부 권익증진국장 2002년 同차별개선국장 2003년 서울시 복지여성정책보좌관 겸 여성가족정책관 2006년 서울시정개발연구원 초빙선임연구위원 2008년 자유선진당 여성위원장, 서울여성가족재단 이사, 상명대 겸임교수, 同대학원 행정학과 강사 2008년 제18대 국회의원선거 출마(비례대표, 자유선진당) 2009년 영산대 겸임교수 2010년 자유선진당 최고위원 2013~2016년 제19대 국회의원(비례대표 승계, 새누리당) 2014년 국회 안전행정위원회 위원 2014년 국회 여성가족위원회 위원 2014년 국회 윤리특별위원회 위원 2014~2015년 국회 국민안전혁신특별위원회 위원 [상]체신부장관표창(1984), 대통령표창(1993), 자랑스런 정신인상(1996), 홍조근정훈장(2000), 자랑스런 외대인상(2004), 국정감사 우수위원상(2014), 유권자시민행동 대한민국유권자대상(2014 · 2015), 대한민국 공정사회발전대상(2015) [저]'왜 여성인가'(2009) '여성정치 지금은 오후 2시(共)'(2009) '여성정책 에피소드 55'(2011) '황인자의 남다른 정치'(2014) '통일의 길, 한국여성 독립운동에서 찾다(共)'(2015) [역]'여성정책 전담부서의 역할'(共)

황인정(黃仁政) HWANG In Jeong

[생]1961 · 2 · 2 [출]광주 [주]서울 서초구 법원로16 정곡빌딩동관306호 법률사무소 대윤(02-588-5326) [학]1978년 조선대부고졸 1984년 서울대 법학과졸 2003년 경기대 대학원 서비스경영학과졸 2007년 범죄심리학박사(경기대) 2009년 동국대 최고위치안정책과정 2기 수료 [경]1983년 사법시험 합격(25회) 1985년 사법연수원 수료(15기) 1986년 軍법무관 1989년 전주지검 검사 1991년 춘천지검 속초지청 검사 1992년 서울지검 검사 1995년 대구지검 검사 1997년 서울지검 서부지청 부부장검사 1998년 서울지검 부부장검사 1999년 서울고검 검사 2000년 법무연수원 기획과장 2001년 법무부 관찰과장 2002년 同보호과장 2003년 서울지검 소년부장 2004년 춘천지검 속초지청장 2005년 서울남부지검 형사1부장 2006년 제주지검 차장검사 2007~2009년 서울고검 검사 2009년 법무법인 대윤 대표변호사 2011년 법률사무소 대윤 대표변호사(현) [종]불교

황인준(黃仁埈) WHANG In June

[생]1965 · 6 · 16 [출]서울 [주]경기 성남시 분당구 불정로 6 라인(주) 비서실(031-784-2403) [학]1989년 서울대 경제학과졸 1992년 미국 뉴욕대 경영전문대학원졸(MBA) [경]1992~1998년 삼성전자 근무 1998~2000년 Donaldson Lufkin & Jenrette 근무 2000~2003년 Credit Suisse First Boston 근무 2000년 (주)엔에스에프 사외이사 2003~2004년 삼성증권 근무 2004~2007년 우리금융지주 근무 2007~2008년 우리투자증권 IB사업부 Coverage그룹담당 상무 2008년 NHN(주) 최고재무책임자(CFO) 2010년 NHN인베스트먼트 대표이사 2013~2016년 네이버(주) 최고재무책임자(CFO) 2015년 라인(주) 최고재무책임자(CFO)(현) [상]한국CFO대상 상장기업부문(2009)

황인찬(黃仁贊) HWANG In Chan (世明)

[생]1952 · 5 · 25 [출]경북 포항 [주]경북 포항시 북구 해안로44 (주)대아고속해운(054-273-5500) [학]경북 동지상고졸, 단국대 화학공학과졸 [경]대아상호신용금고 대표이사, 포항버스 · 삼아여객 대표이사 1987년 한국보이스카우트 경북연맹장, 대아고속훼리 대표이사, (주)대아고속해운 부회장 2005년 同회장(현), 보문개발 부회장, 同회장 2005년 대아그룹 회장(현), 경북일보 회장(현) [상]산업포장, 동력자원부장관표창, 동탑산업훈장 [종]불교

황인천(黃仁天) HWANG In Cheon

[생]1954 · 10 · 23 [주]서울 서초구 방배로226 (주)넥센 임원실(02-595-9811) [학]국제대 영어영문학과졸 [경]2003년 (주)넥센 이사 2005년 同해외영업본부장(상무) 2008년 同영업1본부장(전무) 2013년 同영업총괄 부사장(현) [상]무역의 날 동탑산업훈장(2013)

황인태(黃仁泰) HWANG In Tae

[생]1957 · 8 · 11 [본]창원(昌原) [출]서울 [주]서울 동작구 흑석로84 중앙대학교 경영학부(02-820-5071) [학]1976년 중앙고졸 1981년 서울대 경영학과졸 1984년 同경영대학원졸 1994년 경영학박사(미국 뉴욕주립대) [경]1980~1985년 삼일회계법인 · 산동회계법인 회계사 1985~1995년 광운대 경영학과 교수 1995년 중앙대 경영학부 교수(현) 1999~2000년 한국회계학회 재무회계분과위원장 1999~2001년 중앙대 경영대학 학장보 2001~2005년 금융감독원 전문심의위원 2005~2008년 우리CS자산운용(주) 사외이사 겸 감사위원장 2005~2006년 한국회계학회 회계감사분과위원장 2006~2012년 STX엔진(주) 사외이사 2007~2008년 한국회계학회 회계학연구편집위원장 2008년 대신증권(주) 사외이사 2009~2010년 중앙대 국제대학원장 2009~2010년 同경영전문대학원장 2009년 同경영대학장 2010~2012년 코스닥시장상장위원회 위원장 2010년 (재)실감교류인체감응솔루션연구단 이사(현) 2010년 글로벌금융학회 부회장 2011~2013년 중앙대 기획관리본부장 2013~2014년 한국공인회계사회 위탁감리위원회 위원 2014년 코스닥시장공시위원회 위원장(현) 2014년 사학기관회계감리위원회 위원장(현) 2014년 동부증권(주) 사외이사(현) 2014년 동원육영재단 이사(현) 2015년 중앙대 교학부총장 2015~2016년 한국회계학회 회장 2015년 서연(주) 사외이사(현) [상]서울대총장표창 [종]기독교

황인택(黃仁宅) HWANG In Taek

[생]1958 · 3 · 22 [본]장수(長水) [출]대전 [주]대전 서구 둔산서로95 을지대병원 원장실(042-259-1212) [학]1983년 충남대 의대졸 1989년 同대학원졸 1997년 의학박사(충남대) 2000년 서울대 보건대학원 보건의료정책최고관리자과정 수료 [경]1984년 영남대 부속병원 인턴, 을지대 의과대학 산부인과학교실 교수(현) 1992년 일본 가와사키시립병원 연수 1997년 일본 교린대병원 연구원 2004년 을지대학병원 부원장 2005년 同제1진료부원장 2008년 同진료제1부원장 2010년 同원장(현) 2012년 대한병원협회 평가수련이사 · 감사(현) 2012년 대전미래경제연구포럼 이사장(현), 대전충남병원협회 부회장 · 회장(현), 대한여성암학회 자문교수(현), 대한중부여성의학회 부회장 2014~2016년 同회장, 대한비뇨부인과학회 이사(현), 부인종양 · 콜피스코피학회 기획위원(현), 대전미래경제연구포럼 이사장(현) 2015년 (사)대전 · 세종 · 충남병원회 회장(현) [상]대한의사협회 공로상(2004), 보건복지부장관표창(2014)

황인호(黃仁滈) HWANG IN HO

[생]1958 · 8 · 25 [본]장수(長水) [출]대전 [주]대전 서구 둔산로100 대전광역시의회(042-270-5048) [학]1977년 대전 보문고졸 1981년 충남대 사회학과졸 1987년 연세대 대학원 사회학과졸 1992년 한국정신문화연구원 한국학대학원 사회학 박사과정 수료 [경]1984년 연세대 인문과학연구소 연구조교 1987년 한국교육개발원 국제비교연구실 연구원 1991~1999년 충남대 · 한남대 · 대전대 · 산업대 · 건양대 강사 1992년 사회복지정책개발연구소 연구위원 1997년 보사환경신문 논설위원 1998 · 2002 · 2006 · 2010~2014년 대전시 동구의회 의원(자유선진당 · 선진통일당 · 새누리당 · 새정치민주연합) 1998년 민주평통 자문위원 1999~2003년 건양대 경영정보학부 겸임교수 2001년 대전시 기존도심활성화협의회 자문위원 2004년 대전시 동구청장 재보궐선거 출마 2010~2012년 대전시 동구의회 의장, 민주평통 자문위원(현) 2014년 대전시의회 의원(새정치민주연합 · 더불어민주당)(현) 2014~2016년 同부의장 2014년 同교육위원회 위원 2015년 새정치민주연합 대전시당 을지로위원회 고충처리센터장 2015년 더불어민주당 대전시당 을지로위원회 고충처리센터장(현) 2016년 대전시의회 예산결산특별위원회 부위원장(현) 2016년 同산업건설위원회 위원(현) 2016년 同대전의료원설립추진특별위원회 위원(현) 2016년 同국립철도박물관유치특별위원회 위원장(현) 2016년 同대전예지중 · 고등학교정상화추진특별위원회 위원장(현) [상]장애인인권포럼 우수의원상(2010 · 2011), 한국지방자치학회 우수조례 개인부문 우수상(2011), 매니페스토 약속대상(2012), 올해의 존경받는 인물대상(2012), 대한민국 위민의정대상 우수상(2016) [저]'일본의 교과서에 나온 한국사의 왜곡내용분석' '기로에 선 마르크스 · 레닌의 후예들' 'IMF도 안 타는 똥장사'(2004) '엘리트 지방의원 되는 길'(2012)

황인환(黃仁煥)

[생]1958 · 6 · 10 [주]서울 관악구 관악로97 관악소방서(02-872-3119) [학]전남대 경영대학졸, 한양대 행정대학원졸 [경]1990년 소방위 임용(소방간부후보생 6기) 2014년 서울 도봉소방서장(지방소방정) 2015년 서울소방학교 교육지원과장 2015년 서울 관악소방서장(현)

황인환(黃仁煥) HWANG In Hwan

[생]1959·9·14 [주]경북 포항시 남구 청암로77 포항공과대학교 생명과학과(054-279-2128) [학]1981년 서울대 화학과졸 1983년 同대학원 생화학과졸 1988년 이학박사(미국 Univ. of North Carolina-Chapel Hill) [경]1988~1993년 미국 Harvard Medical School Post-Doc. 1993~1999년 경상대 식물분자생물학 및 유전자조작연구소 조교수·부교수 1998~2007년 식물단백질이동연구단 단장 1999~2005년 포항공과대 생명과학과 부교수 2005년 同생명과학과 교수(현) 2008년 포항공과대 융합생명공학부 교수 겸임(현) 2011년 同포스텍 펠로우(Postech Fellow)(현) 2012년 한국과학기술한림원 정회원(현) 2012년 포항공과대 기능유전체연구소장(현) 2015년 미국 Plant Cell 편집위원(현) 2015~2016년 ICAR Korea 조직위원장 [상]한국생화학분야 최고논문상(1998), 식물생명과학분야 우수논문상(2004), 일맥문화대상 과학기술상(2005), 인촌상 자연과학부문(2009), 포항공대 개교24주년기념 공로포상(2010) [저]'식물세포 단백질 분배 시스템의 기작 규명과 응용'(2005)

황일순(黃一淳) HWANG Il Soon

[생]1953·5·21 [주]서울 관악구 관악로1 서울대학교 원자핵공학과(02-880-7215) [학]1975년 서울대 원자력공학과졸 1977년 한국과학기술원(KAIST) 기계공학과졸(석사) 1987년 공학박사(미국 MIT) [경]1975~1980년 한국원자력연구소 노심계통연구실 연구원 1982~1983년 미국 Atmosphere and Environmental Research Inc. 연구원 1987~1993년 미국 MIT 재료공학과 연구과학자 1993~2002년 서울대 원자핵공학과 조교수·부교수 2002년 同원자핵공학과 교수(현), 국무총리직속 원자력안전위원회 전문위원

황일인(黃一仁) HWANG Il In

[생]1941·11·7 [본]창원(昌原) [출]경남 창원 [주]서울 서초구 동광로30길5 (주)일건종합건축사사무소(02-596-4677) [학]1959년 경기고졸 1963년 서울대 건축공학과졸 [경]1963년 공군 시설장교 1967~1970년 무애건축연구소 책임디자이너 1970~1985년 이화여대 강사 1974~1995년 건원사 대표 1978~2002년 한국건축가협회 이사 1982년 대한민국건축대전 초대작가 1990~1994년 한국현대건축총람 편찬위원장 1992~1994년 대한민국건축대전 심사위원 1994년 대우문화재단 이사 1994~1998년 서울대 공과대학 건축학과 강사 1995년 (주)일건종합건축사사무소 회장(현) 1998~2000년 서울시 건축위원회 위원 1999년 문화관광부 99건축문화의해 집행위원회 부위원장 1999~2004년 세계자연보전연맹 한국위원회 이사 2000~2002년 한국예술문화단체총연합회 부회장 2000~2002년 한국건축가협회 회장 2000·2004년 베니스비엔날레 운영위원 2001~2002년 서울시문화상 심사위원 2002년 한국건축가협회 명예회장(현) 2003년 부산국제건축문화제 국제공모전 심사위원 2003년 미국건축가협회 명예원로회원(HFAIA)(현) 2004~2013년 부산국제건축문화제 조직위원회 고문 [상]서울시장표창(1997), 대통령표창(1999), 문화관광부장관표창(2001), 옥관문화훈장(2002), 경기도 건축문화상, 대한건축학회상, 대한건축사협회상, 서울시 건축상, 엄덕문건축상, 김수근문화상, 예총 예술문화대상, 한국건축가협회 건축상 [작]'홀리데이인 서울호텔' '서울올림픽 선수기자촌' '울산대 교사 및 대학회관' '경상대 교사 및 학생회관' '성균관대 본관' '서울대 예술관연구동' '서울대 법학대학원 도서관' '창덕여고' '영은미술관' '부산시 구포도서관' '일진빌딩' '한국도심공항터미널' '광주무역회관' '부산정보통신센터' '천마산 스키유원지' '제주 월드컵경기장' '고척동 스카이 돔 야구경기장' '사랑의교회' '능인서원'

황재관(黃在寬) HWANG Jae Gwan

[생]1946·6·19 [출]부산 [주]부산 북구 낙동대로1570번길33 북구청 구청장실(051-304-1978) [학]1965년 덕원고졸 1968년 진주교대졸 1991년 한국방송통신대 초등교육과졸 [경]1968~1999년 덕성초·구남초 외 8개교 교사 1999~2003년 구포초·덕상초 교감 2003~2008년 모라초·포천초 교장 2010년 부산시 북구청장(한나라당·새누리당), 새누리당 부산강서甲당원협의회 고문 2014년 부산시 북구청장(새누리당)(현)

황재선(黃在先) HWANG Jae Sun

[생]1942·3·15 [본]평해(平海) [출]경북 의성 [주]서울 종로구 새문안로5가길28 광화문플래티넘빌딩1106호 (주)현마(02-755-2904) [학]안계농업고졸, 부산대 공대 섬유공학과졸 [경]1969년 예편(공군 중위) 1969년 선경직물(주) 상품개발부 입사 1972년 同영업생산부 생산관리과장 1976년 同일본 OSAKA지사장 겸 법인대표 1980년 同직물판매본부 직물관리부장 겸 수출제1부장 1982년 同직물판매본부 부본부장(수출담당) 1984년 同수원직물공장 공장장(이사) 1985년 선경합섬(주) 이사(직물수출담당) 1987년同상품개발실장(상무이사) 1989년 (주)선경인더스트리 섬유연구소장(상무이사) 1990년 同고문 1990년 니나섬유(주) 대표이사 사장 1991년 (주)현마 대표이사 사장(현), 공군학사장교회 이사(현) 2013년 부산대총동문회 선임부회장(현) [종]천주교

황재섭(黃在燮) Hwang Jai Sub

[본]장수(長水) [출]서울 [주]대전 서구 청사로136 대전무역회관9층 한국지엠 서부총괄본부(042-388-3718) [학]1985년 배재고졸 1990년 한양대 독어독문학과졸 2010년 연세대 경영전문대학원졸(MBA) [경]1993~1994년 대우자동차판매 상용판매부 근무 1995~2001년 (주)대우자동차 서유럽수출팀 근무 2001~2004년 대우 스페인 판매·마케팅담당 임원 2004~2006년 GM 쉐보레 유럽 Distribution Manager 2006~2011년 한국지엠 해외영업본부 수출업무혁신팀장 2011년 상하이지엠 수출 Process Innovation 컨설팅담당 2011년 한국지엠 해외영업본부 중국수출총괄 2016년 同서부총괄본부장(상무)(현)

황재영(黃在泳) Hwang Jae-young (이수)

[생]1958·1·30 [본]상주(尙州) [출]경북 영천 [주]울산 남구 중앙로201 울산광역시청 환경녹지국(055-229-3200) [학]1976년 울산고졸 2007년 울산대 행정학과졸 2011년 영산대 법무대학원 행정학과졸 2012년 국방대 안정보장대학원 수료 [경]2010~2011년 영산대 행정학과 겸임교수 2010년 울산시 하수관리과장(지방서기관) 2011년 同환경자원과장 2012년 同복지정책과장 2014년 同안전정책과장 2015년 同시민안전실장(부이사관) 2015년 同환경녹지국장(현) [종]불교

황재옥(黃在玉) HWANG Jae Ok

[생]1959·11·2 [본]창원(昌原) [출]경남 마산 [주]서울 서초구 헌릉로12 현대제철(주) 구매본부(02-3464-6037) [학]진해고졸, 영남대 경제학과졸 [경]현대제철(주) STS 해외영업팀 근무, 同STS 수출팀장 2004년 同싱가포르지점장 2006년 同해외영업담당 이사 2009년 同봉형강해외영업실장(상무) 2012년 同봉형강해외영업실장(전무) 2013년 同열연사업부장(전무) 2015년 同철강소재사업부장(전무) 2016년 同구매본부장(전무)(현) [상]대통령표창(2009) [종]불교

황재철(黃載鐵) Hwang Jae Chul

[생]1972·8·4 [주]경북 안동시 풍천면 도청대로455 경상북도의회(054-880-5411) [학]영해고졸, 고려대 정치외교학과졸, 경북대 대학원 행정학 석사과정 수료, 연세대 대학원 행정학 석·박사과정 휴학 [경]고려입시학원 원장, 영덕교육·경제연구소 소장, 영덕텃밭포럼 영덕군평화대사협의회 사무국장 2006년 경북 영덕군의원선거 출마 2007년 한나라당 제17대 대통령중앙선거대책위원회 직능단체분과 연설위원 2010년 경북도의원선거 출마(무소속) 2012년 새누리당 제18대 대통령중앙선거대책위원회 강석호 국회의원 정책자문위원 2014년 경북도의회 의원(새누리당)(현) 2014·2016년 同예산결산특별위원회 위원(현) 2014년 同기획경제위원회 위원 2014·2016년 同지방분권추진특별위원회 부위원장(현) 2014·2016년 同정책연구위원회 위원(현) 2014년 민주평통 영덕군 위원(현) 2016년 경북도의회 농수산위원회 위원(현)

황재혁(黃在赫) HWANG Jai Hyuk

[생]1958·4·17 [주]경기 고양시 덕양구 항공대학로76 한국항공대학교 항공우주·기계공학부(02-300-0109) [학]1980년 한국항공대 항공기계공학과졸 1982년 한국과학기술원(KAIST) 기계공학과졸(석사) 1990년 공학박사(미국 버클리대) [경]1987~1990년 미국 버클리대 기계공학과 연구조교 1990~1991년 同연구원 1991년 한국항공대 항공기계공학과 교수, 同항공우주·기계공학부 교수(현) 2014년 同연구협력처장 겸 산학협력단장(현) [저]'공학실험'(2004) '공학실험II'(2005) '공학실험I'(2005) '창의공학실험'(2005) [역]'기계진동학'(1995) '기구학'(1996) '정역학'(1998) '동역학'(1998) '최신기계진동학'(2002) '기구학'(2003)

황재활(黃在活) HWANG Jae Hwal

[생]1960·4·18 [주]서울 중구 청파로463 (주)한경닷컴(02-3277-9801) [학]경북 영주고졸, 경남대 독어독문학과졸 [경]한국경제신문 편집부장, (주)한경닷컴 온라인뉴스국 뉴스팀장(이사대우) 2011년 同대표이사(현) 2011~2013년 인터넷신문심의위원회 심의위원

황재훈(黃在壎) WHANG Jaehoon

[생]1961·12·27 [출]서울 [주]강원 원주시 흥업면 연세대길1 연세대학교 정경대학 경영학부(033-760-2188) [학]1985년 연세대 경영학과졸 1988년 미국 네브라스카대 대학원 경영학과졸 1992년 경영정보학박사(미국 네브라스카대) [경]1993년 현대경제사회연구원 초빙연구원 1993년 한국경영연구원 연구위원 1993년 (주)삼성SDS 책임연구원 1997년 연세대 원주캠퍼스 정경대학 경영학부 교수(현) 1999년 한국데이터베이스학회 이사 2002년 同감사 2003년 한국경영정보학회 이사 2008년 대한경영학회 이사 2008~2009년 연세대 원주캠퍼스 정경대학 부학장 2009년 同원주캠퍼스 국제교육원장 2010년 한국데이터베이스학회 부회장 2010년 한국경영정보학회 이사 2011년 연세대 원주캠퍼스 대외정책부처장 2014년 同원주캠퍼스 기획처장(현) 2014년 한국데이터베이스학회 회장(현) [저]'비즈니스 시나리오를 통한 SAP R/3 이해'(1999, 어람출판사) 'e-비즈니스 : B2B?!'(2003, 어람출판사) '경영정보시스템원론'(2005, 법영사) [종]기독교

황적준(黃迪駿) HWANG Jeok Joon

[생]1947·9·21 [본]제안(濟安) [출]서울 [주]서울 성북구 안암로145 고려대학교 의과대학 법의학교실(02-920-6158) [학]1972년 고려대 의과대학졸 1978년 同대학원졸 1982년 의학박사(고려대) [경]1984년 고신대 의과대학 조교수 1984~1988년 국립과학수사연구소 법의학1과장 1989년 서울임상병리과의원 부원장 1989~2013년 고려대의과대학 법의학교실 부교수·교수 1991~2001년 서울지검 검찰의료자문위원회 1999년 국무총리 행정심판위원 1999년 대한의료법학회 부회장 2000년 대통령소속 의문사진상규명위원회 자문위원 2001년 고려대 의학도서관장 2002~2013년 同법의학연구소장 2002~2004년 同의과대학장 2004년 대한법의학회 회장 2013년 고려대 의과대학 법의학교실 명예교수(현) [상]대통령표창(2007), 옥조근정훈장(2013)

황적화(黃迪和) HWANG Jeok Hwa

[생]1956·9·29 [출]부산 [주]서울 강남구 영동대로517 아셈타워22층 법무법인 화우(02-6182-8511) [학]1975년 덕수상고졸 1985년 성균관대 법학과졸 [경]1975년 한국은행 근무 1985년 사법시험 합격(27회) 1988년 사법연수원 수료(17기) 1988년 수원지법 판사 1990년 서울지법 동부지원 판사 1992년 춘천지법 영월지원 판사 1995년 서울지법 동부지원 판사 1997년 서울지법 판사 1999년 同서부지원 판사 2001년 대법원 재판연구관 2003년 전주지법 부장판사 2004년 同군산지원장 2005년 사법연수원 교수 2008년 서울중앙지법 부장판사 2011년 부산고법 부장판사 2012~2013년 서울고법 부장판사 2013년 법무법인 화우 변호사(현)

황전원(黃全苑) HWANG JEON WON

[생]1963·4·8 [본]평해(平海) [출]경남 김해 [주]서울 중구 삼일대로340 4·16세월호참사특별조사위원회(02-6020-3804) [학]1982년 대아고졸 1986년 부산대 심리학과졸 1999년 홍익대 대학원 교육학과졸 2003년 교육학박사(홍익대) [경]1986년 한국교원단체총연합회 입회 1986~2004년 同조직과장·교원정책과장·정책교섭부장·교권국장 2001~2003년 同대변인 2006~2008년 한나라당 부대변인 2006~2008년 同중앙위원회 총간사 2007년 한나라당 박근혜 경선후보 공보지원총괄 부단장 2009~2014년 한국폴리텍7대학 동부산캠퍼스 학장 2010~2012년 행정안전부 공익사업선정위원회 위원 2011년 포럼동서남북 경남지부장 2012년 새누리당 창조경제일자리창출특별위원회 경남지역위원장 2014년 부산 기장군 노사민정협의회 위원장 2014년 4·16세월호참사특별조사위원회 비상임위원 2016년 同상임위원(현) [종]천주교

황정근(黃貞根) HWANG Jeong Geun (심관)

[생]1961·3·15 [본]창원(昌原) [출]경북 예천 [주]서울 종로구 새문안로5가길28 광화문플래티넘413호 법무법인 소망광화문사무소(02-739-7838) [학]1979년 대성고졸 1984년 서울대 법대졸 [경]1983년 사법시험 합격(25회) 1985년 사법연수원 수료(15기) 1986년 해군 법무관 1989년 서울민사지법 판사 1991년 서울지법 남부지원 판사 1993년 대전지법 서산지원 판사 1996년 서울지법 서부지원 판사 1996년 법원행정처 송무심의관 1998년 서울고법 판사 2000년 창원지법 진주지원 부장판사 2002년 대법원 재판연구관 2004~2015년 김앤장법률사무소 변호사 2015년 법무법인 소망 광화문사무소 변호사(현) 2015년 바른선거문화연구소 개설(현) 2016년 정심회 사무총장(현) [저]'인신구속과 인권'(1999) '선거부정방지법'(2001) '정의의 수레바퀴는 잠들지 않는다'(2013) '새·달·밝·깨'(2015)

황정모(黃正模) Hwang Jungmo

[생]1957·11·15 [본]평해(平海) [출]경북 [주]울산 남구 납도로30 (주)효성 울산공장 임원실(052-278-7000) [학]1976년 경남공고졸 1982년 경북대 공업화학과졸 [경](주)효성 입사 1995~1999년 同울산공장 인력운영팀장 2000년 同나이론원사PU 울산공장장 2005년 同가흥화섬법인 총경리(상무), 同베트남법인 타이어보강재담당 상무 2011년 同산업자재PG 타이어보강재PU 공장장 겸 TCTO(전무) 2016년 同산업자재PG 타이어보강재PU 울산공장장(부사장)(현) [종]천주교

황정수(黃正秀) HWANG Jeong Su

[생]1954·10·9 [출]전북 무주 [주]전북 무주군 무주읍 주계로97 무주군청(063-322-0322) [학]중부대 중국통상학과졸 [경]한국농촌지도자중앙연합회 무주군연합회 사무국장, 同전북연합회장, 同부회장, 무주군장학재단 사무국장, 무주문화원 감사 2006~2010년 전북도의회 의원(무소속) 2010년 전북 무주군수선거 출마(무소속) 2014년 전북 무주군수(새정치민주연합·더불어민주당)(현) 2015년 마을만들기지방정부협의회 부회장(현) 2016년 무주군체육회 초대 회장(현) 2016년 전국농어촌지역군수협의회 부회장(현) [상]대통령표창(2004), 석탑산업훈장(2007), 한국을 빛낸 자랑스런 한국인대상 청정생태관광개발공로상(2014), 소충·사선문화상 농업부문(2015), 농촌진흥청 감사패(2015)

황정수(黃正洙)

[생]1966·9·20 [출]전남 구례 [주]경기 부천시 원미구 상일로129 인천지방법원 부천지원(032-320-1202) [학]1985년 전남 순천고졸 1989년 서울대 공법학과졸 1992년 한양대 대학원 법학과졸 [경]1996년 사법시험 합격(38회) 1999년 사법연수원 수료(28기) 1999년 수원지법 판사 2001년 서울지법 판사 2003년 전주지법 판사 2006년 서울동부지법 판사 2008년 서울중앙지법 판사 2011년 서울고법 판사 2011~2013년 헌법재판소 파견 2014년 광주지법 부장판사 2016년 인천지법 부천지원 부장판사(현)

황정주(黃貞珠·女) HWANG Jung Joo

[생]1965·6·19 [출]서울 [주]서울 종로구 와룡공원길20 남북회담본부 회담기획부 회담1과(02-2076-1086) [학]덕원여고졸 1988년 서강대 정치외교학과졸 [경]1988년 통일부 사무관 1999년 同남북회담사무국 회담2과 사무관 2001년 同남북회담사무국 회담3과 사무관 2004년 同남북회담사무국 회담기획과 서기관 2006년 同이산가족팀장 2009년 同통일교육원 지원관리과장 2011년 세종연구소 파견(서기관) 2012년 통일부 규제개혁법무담당관 2013년 同이산가족과장 2014년 同남북회담본부 회담기획부 회담2과장 2016년 同남북회담본부 회담기획부 회담1과장(부이사관)(현) [저]'남북한 통일노력 전개과정'

황정호(黃正皓) HWANG Jung Ho

[생]1961·2·3 [출]서울 [주]서울 서대문구 연세로50 연세대학교 기계공학과(02-2123-2821) [학]1983년 서울대 기계공학과졸 1985년 同대학원졸 1991년 공학박사(미국 캘리포니아 버클리대) [경]1991~1992년 미국 콜로라도대 연소공학센터 Research Associate 1993년 연세대 공대 기계공학부 조교수·부교수·교수(현) 1999~2011년 한국가스안전공사 가스안전기술심의위원회 위원 2008~2011년 지식경제부 가스기술기준위원회 위원 2008년 한국입자에어로졸학회 편집장·부회장 2011년 한국공기청정협회 단체품질인증 심의위원(현) 2011년 Aerosol and Air Quality Research Editor(현) 2013년 J. Mechanical Sci. and Tech. Editor(현) 2014~2015년 한국실내환경학회 학술부회장 2016년 J. Aerosol Sci. Editorial Board Member(현) 2016년 한국과학기술한림원 정회원(공학부·현)

황종근(黃鍾根) Hwang Jong Geun

[생]1967·12·21 [출]경북 칠곡 [주]서울 서초구 반포대로158 서울중앙지방검찰청 공판3부(02-530-4022) [학]1986년 대구 대건고졸 1995년 경북대 행정학과졸 [경]1996년 사법시험 합격(38회) 1999년 사법연수원 수료(28기) 1999년 창원지검 검사 2001년 대구지검 의성지청 검사 2002년 인천지검 검사 2004년 서울동부지검 검사 2007년 청주지검 충주지청 검사 2010년 서울북부지검 검사 2011년 同부부장검사 2012년 대구지검 김천지청 부장검사 2014년 부산지검 동부지청 형사2부장 2015년 대구지검 형사4부장 2016년 서울중앙지검 공판3부장(현)

ㅎ

황종명(黃宗明) Hwang Jongmyeong

[생]1956 · 12 · 26 [주]경남 창원시 의창구 상남로290 경상남도의회(055-211-7388) [학]거제제일고졸, 부산수산대(부경대) 기관학과졸 [경](주)광성공업 회장(현), 거제초총동문회 외무부회장, 거제제일고총동문회 회장, 신한국당 거제지구당 청년연합회장 2002 · 2010~2014년 경남 거제시의회 의원(한나라당 · 새누리당) 2006년 경남 거제시의원선거 출마 2010년 경남 거제시의회 의장 2012년 전국시 · 군의회의장협의회 동부지역 부회장 2014년 경남도의회 의원(새누리당)(현) 2014년 同경제환경위원회 위원 2016년 同남부내륙철도조기건설을위한특별위원회 위원 2016년 同농해양수산위원회 위원(현)

황종섭(黃鍾燮) Hwang, Jong Seop

[생]1958 · 8 · 5 [본]평해(平海) [주]서울 종로구 종로293 하나저축은행(02-2230-2568) [학]1976년 대구고졸 1980년 영남대 정치외교학과졸 [경]1979년 기업은행 입행 1991년 한양투자금융 은행설립국 대리 1991년 보람은행 자금부 대리 1995년 同역삼동지점 과장 1996년 同대기업RM 1998년 同중기업RM 1998년 하나은행 강남역기금본부 지점장 2001년 同중기업금융2본부 RM 2001년 同창원지점장 2001년 同영업추진1본부장(부행장보) 2003년 同구로디지털지점장 2006년 同준법감시인 2010년 同용산영업본부장 2012년 同리테일영업추진1본부장(부행장보) 2013년 同영남사업본부장(부행장보) 2014~2015년 同영남영업그룹장(부행장) 2015년 KEB하나은행 영남영업그룹장(부행장) 2016년 하나저축은행 대표이사 사장(현)

황종철(黃鍾喆) Hwang, Jong-Chul

[생]1971 · 6 · 29 [본]창원(昌原) [출]서울 [주]세종특별자치시 한누리대로422 고용노동부 산재예방보상정책국 산업안전과(044-202-7722) [학]1990년 경동고졸 1995년 고려대 토목환경공학과졸 2003년 태국 아시아과학기술원 경영대학원졸 [경]2005년 노동부 산업안전보건국 산업안전팀 서기관 2007~2008년 충남지방노동위원회 사무국장 2009년 노동부 고객상담센터 소장 2010년 국제노동기구(ILO) 파견 2013년 고용노동부 개발협력지원팀장 2015년 同산재예방보상정책국 산업안전과장(현)

황종택(黃宗澤) HWANG Jong Taik

[생]1957 · 10 · 15 [출]전북 정읍 [주]전북 남원시 교룡로185 남원경찰서(063-630-0321) [학]1977년 전주상고졸 1983년 인하대 경영학과졸 2002년 전북대 행정대학원 행정학과졸 [경]1988년 경위 임관(경찰간부후보 36기) 2008년 전북 진안경찰서장 2010년 전북지방경찰청 청문감사담당관 2011년 전주 완산경찰서장 2011년 경찰청 외사국 외사기획과장, 駐남아프리카공화국 1등서기관 2014년 전북지방경찰청 경무과 치안지도관 2015년 전북 정읍경찰서장 2016년 전북지방경찰청 보안과장 2016년 전북 남원경찰서장(현)

황주명(黃周明) HWANG Ju Myung

[생]1939 · 4 · 15 [출]서울 [주]서울 중구 세종대로9길20 법무법인 충정(02-772-2701) [학]1958년 경기고졸 1962년 서울대 법과대학졸, 미국 조지워싱턴대 대학원 법학과졸 [경]1961년 고등고시 사법과 합격(13회) 1962년 공군 법무관 1965년 부산지법 판사 1969년 서울민사지법 판사 1973년 서울형사지법 판사 1974년 미국 조지워싱턴대 연수 1975년 서울고법 판사 1975년 대법원 재판연구관 1977년 대한석유공사 상임법률고문 1978년 대우실업(주) 상무이사 겸 대우그룹 법제실장 1980년 변호사 개업(Kim&Hwang) 1980년 International Chamber of Commerce(ICC) 중재위원 1990년 LEX MUNDI(국제변호사단체) 한국대표회원 1993년 법무법인 충정 공동 대표변호사 1994년 대한상사중재원 중재인 2000년 서울지법 조정위원회 부위원장 2002~2003년 KT 이사회 의장 2008년 학교법인 한국정보통신학원(한국정보통신대) 이사장 2009~2015년 한국과학기술원(KAIST) 이사 2009년 법무법인 충정 회장(현)

황주현(黃柱鉉) HWANG Joo Hyun

[생]1953 · 11 · 10 [본]창원(昌原) [출]부산 [주]서울 종로구 종로1 교보생명보험(주) IT지원실(1588-1001) [학]1972년 경기고졸 1977년 서울대 전자공학과졸 2004년 同최고경영자과정 수료 [경]1978년 대우 기획조정실 · 전산실 · 시스템사업부 근무 1983년 조선일보 기술개발부 근무 1985년 同전산기획부 기획과장 1988년 同전산기획부 차장대우 1991년 同시스템기획부장 직대 1992년 同시스템부장 1997년 교보생명보험 보험시스템부장 1999년 同정보통신운영관리팀 · 신보험시스템개발팀 · 재무인력시스템관리팀 담당이사대우 2000년 同정보시스템실장(이사) 2000~2002년 교보정보통신 비상임감사 2003년 교보생명보험(주) 정보시스템실장(상무) 2003년 同정보시스템실장(전무 · CIO) 2004년 同정보시스템최고책임자(전무 · CITO) 2005~2009년 (사)한국쉐어가이드 회장 2006~2008년 IT거버넌스협의회 부회장 2007년 교보생명보험 인력지원실장 겸임 2007~2010년 교보리얼코 비상근감사 2008년 교보생명보험(주) 업무지원담당 부사장, 同상임고문 2010~2014년 교보정보통신(주) 대표이사 사장 2014년 同상담역 2015년 한국CIO포럼 회장(현) 2015년 교보생명보험(주) IT지원실장(부사장)(현) [상]한국신문협회상(1995), 한국정보산업연합회 올해의 CIO상(2002), 한국CIO포럼 제6회 올해의 CIO상 대상(2005)

황주호(黃柱鎬) HWANG Joo Ho

[생]1956 · 3 · 22 [본]창원(昌原) [출]부산 [주]경기 용인시 기흥구 덕영대로1732 경희대학교 원자력공학과(031-201-2573) [학]1975년 경기고졸 1982년 서울대 핵공학과졸 1984년 미국 Georgia Institute of Technology 대학원 Health Physics석사 1986년 공학박사(미국 Georgia Institute of Technology) [경]한국원자력연구소 선임연구원, 국제원자력기구(IAEA) 방사성폐기물위원회 위원, 국가과학기술위원회 국가주도기술위원장 1991~2001년 한국과학기술기획평가원 원자력전문위원 1991~2010 · 2013년 경희대 원자력공학과 교수(현) 2006~2008년 국가에너지위원회 위원 2009~2010년 경희대 연구처장겸 산학협력단장 2010~2013년 한국에너지기술연구원 원장 2011~2013년 국가과학기술위원회 비상임위원 2013년 한국에너지공학회 회장 2013년 원자력진흥위원회 위원(현) 2014년 한국과학기술단체총연합회 학술진흥위원회 위원 및 종합분야전문위원회 위원장(현) 2014년 국가과학기술연구회 비상임이사(현) 2014년 국민대통합위원회 국민대토론회 운영위원장 2014~2015년 (사)한국원자력학회 부회장 2015~2016년 경희대 공과대학장 2015~2016년 (사)한국원자력학회 수석부회장 2016년 한국공학한림원 정회원(재료자원공학분과 · 현) 2016년 경희대 국제캠퍼스 부총장 겸 혜정박물관장 직대(현) 2016년 한국원자력학회 회장(현) [상]방사성폐기물처분장 부지확보공로 대통령표창(2005), UAE 원전수출공로 철탑산업훈장(2010)

황주홍(黃柱洪) HWANG Ju Hong

[생]1952 · 2 · 27 [출]전남 강진 [주]서울 영등포구 의사당대로1 국회 의원회관919호(02-784-8834) [학]1970년 광주제일고졸 1979년 연세대 정치외교학과졸 1982년 同대학원 정치학과졸 1985년 미국 Univ. of Missouri 대학원 정치학과졸 1989년 정치학박사(미국 Univ. of Missouri) [경]1988년 미국 미주리대 Instructor 1989~1993년 연세대 · 건국대 · 이화여대 강사 1990년 연세대 사회과학연구소 객원연구위원 1991년 중앙일보 제작위원 1993~1995년 아 · 태평화재단 기획조정실장 1995~1998년 국회 정책연구위원실장 1998년 숭실대 통일정책대학원 겸임교수 1998~2000년 아 · 태평화재단 사무부총장 2001~2004년 건국대 정치행정학부 정치외교학전공 교수 2003년 새천년민주당 제4정책조정위원장 2003년 同전남강진군 · 완도군지구당 위원장 2004년 제17대 국회의원선거 출마(전남 강진군 · 완도군, 새천년민주당) 2004~2006년 전남 강진군수(새천년민주당 · 민주당) 2005년 민주당 제4정책조정위원장 2006 · 2010~2011년 전남 강진군수(민주당 · 무소속) 2012년 민주통합당 정책위 부의장 2012년 제19대 국회의원(전남 장흥군 · 강진군 · 영암군, 민주통합당 · 민주당 · 새정치민주연합 · 국민의당) 2013년 민주당 정책위원회 부의장 2013년 同부자감세철회및중산층서민증세저지특별위원회 위원 2013년 대한민국전통주서포터즈 고문(현) 2013년 임을위한행진곡5.18공식기념곡지정추진대책위원회 공동위원장(현) 2013년 국회 정치개혁특별위원회 위원 2013년 민주당 당무위원 2014~2015년 국회 예산결산특별위원회 위원 2014~2015년 국회 예산결산특별위원회 예산안조정소위원회 위원 2015년 새정치민주연합 전남도당 위원장 2016년 국민의당 정강정책기초위원회 위원장 2016년 同전남도당 위원장(현) 2016년 同전국위원회 농어민위원장(현) 2016년 제20회 국회의원(전남 고흥군 · 보성군 · 장흥군 · 강진군, 국민의당)(현) 2016년 국민의당 전남고흥군 · 보성군 · 장흥군 · 강진군지역위원회 위원장(현) 2016년 국회 농림축산식품해양수산위원회 간사 겸 제2소위원회 위원장(현) 2016년 국회 정치발전특별위원회 간사(현) 2016년 국민의당 당헌당규제 · 개정위원회 부위원장 겸 제1소위원회 위원장(현) [상]조선일보 제정 2008 원저 어워즈 한국축구대상 축구인프라상(2008), (사)바른사회밝은정치시민연합 초선 최우수의원상(2014), 선플운동본부 '국회의원 아름다운 말 선플상'(2014), 대한민국 의정혁신대상(2015), 시민일보 의정 · 행정대상(2015), 대한민국소비자대상 소비자입법부문(2016) [저]'한국정치와 국제관계'(1989) '자유주의와 민주주의'(1991) '현대정치와 국가'(1992) '미래학 입문'(1993) '서양정치사상'(1993) '현대정치학'(1994) '새로운 공동체를 찾아서'(1997) '토니블레어 : 영국 개혁 이렇게 한다'(1998) '패자부활전이 있는 나라'(2000) '지도자론 : 한국의 리더와 리더십'(2002) '황주홍교수의 미래학 산책'(2002) '강진군에서도 대한민국을 바꿀수 있다'(2010) '군수가 벼슬이랑가?'(2011) '한국의 문제는 경제가 아니라 정치다'(2016)

황준국(黃浚局) Hwang Joon-kook

Ⓢ 1960 · 12 · 19 Ⓩ서울 ⓙ서울 종로구 사직로8길60 외교부 인사운영팀(02-2100-7138) ⓗ1982년 서울대 경제학과졸 1986년 미국 프린스턴대 대학원 정책학과졸 ⓟ1982년 외무고시 합격(16회) 1982년 외무부 입부 1987년 駐영국 2등서기관 1993년 대통령비서실 파견 1995년 駐유엔대표부 1등서기관 1997년 駐사우디아라비아 참사관 2000년 외교통상부 의전1담당관 2001년 同국제연합과장 2002년 駐유엔대표부 참사관 2006년 동북아시대위원회 파견 2007년 외교통상부 국제기구협력관 2008년 同북핵외교기획단장 직대 겸 북핵담당대사 2009년 同북핵외교기획단장 2009년 駐미국 공사 2013년 외교부 장관특별보좌관 2013년 同한미방위비분담 협상전담대사 2014년 同한반도평화교섭본부장(차관급) 2014년 6자회담 한국 수석대표 겸임 2016년 駐영국 대사(현)

황준기(黃俊基) HWANG Joon Kee

Ⓢ 1955 · 9 · 29 ⓑ평해(平海) Ⓩ서울 ⓙ인천 연수구 갯벌로12 인천관광공사(032-899-7300) ⓗ1974년 경기고졸 1979년 서울대 국사학과졸 ⓟ1979년 행정고시 합격(23회) 1994년 연천군수 1994년 내무부 기획과장 1995년 경기도 산업경제국장 1998년 同자치행정국장 1999년 同공무원교육원장 2000년 파주시 부시장 2001년 경기도 경제투자관리실장 2004년 同기획관리실장 2006년 행정자치부 주민서비스혁신추진단 부단장 2007년 同지방재정세제본부장 2007년 제17대 대통령직인수위원회 법무행정분과위원회 전문위원 2008년 대통령 행정자치비서관 2009~2010년 여성부 차관 2010년 경기 성남시장선거 출마(한나라당) 2011년 명지대 대학원 초빙교수 2011~2014년 경기관광공사 사장 2011년 DMZ국제다큐멘터리영화제 조직위원 2013~2015년 대통령소속 지방자치발전위원회 위원 2014년 국무총리소속 지방재정부담심의위원회 위원 2015년 인천관광공사 사장(현) Ⓢ녹조근정훈장 ⓖ기독교

황준묵(黃準默) Jun Muk HWANG

Ⓢ 1963 · 10 · 27 ⓑ우주(紆州) ⓙ서울 동대문구 회기로85 고등과학원 수학부(02-958-3716) ⓗ1986년 서울대 물리학과졸 1993년 이학박사(미국 하버드대) ⓟ1993~1996년 미국 Notre Dame Univ. Assistant Professor 1996~1999년 서울대 조교수 1999년 고등과학원 수학부 교수(현) 1999년 기하학계의 난제로 꼽혀온 '라자스펠트 예상'을 세계 최초로 증명 2006년 교육인적자원부 및 한국학술진흥재단 선정 '대한민국 국가석학(Star Faculty)' 2010년 교육과학기술부 및 한국연구재단 선정 '국가과학자' 2011년 '클레렐스 저널' 편집인 2012년 미국 수학회 초대펠로우(석학회원) 2014년 국가과학기술자문회의 자문위원(현) Ⓢ대한수학회 논문상(1999), 한국과학기술단체총연합회 우수논문상(2000), 한국과학상 대통령표창(2002), 대한민국 최고과학기술인상(역대 최연소 수상자, 2006), 호암상 과학상(2009), 과학기술훈장 혁신장(2014)

황준석(黃焌晳) Hwang, Joon Suk

Ⓢ 1966 · 10 · 12 Ⓩ서울 ⓙ강원 평창군 대관령면 올림픽로108의27 2018평창동계올림픽조직위원회 문화행사국(033-350-2018) ⓗ1985년 장충고졸 1989년 연세대 행정학과졸 1997년 서울대 행정대학원 행정학과 수료 2005년 미국 콜로라도대 대학원 행정학과졸 ⓟ행정고시 합격(33회) 1990년 총무처 행정사무관 시보 1991년 문화부 영상음반과 행정사무관 1995년 문화체육부 문화산업국 · 기획관리실 · 문화정책국 행정사무관 2001년 同기획예산담당관실 서기관 2005년 과학기술부 과학기술문화과장 2005년 문화관광부 문화기술인력팀장 2007년 同정책홍보관리실 정책총괄팀장 2008년 문화체육관광부 창의혁신담당관 2008년 同국어민족문화과장 2009년 국가브랜드위원회 사업지원단 문화시민국장(부이사관) 2010년 연세대 국내훈련 파견(부이사관) 2012년 문화체육관광부 콘텐츠정책관실 문화산업정책과장 2013년 국립국어원 교육진흥부장(고위공무원) 2014년 同기획연수부장 2014년 2018평창동계올림픽대회조직위원회 문화행사국장(현) Ⓢ국무총리표창(1999), 대통령표창(2002)

황준식(黃俊植) HWANG Jun-shik

Ⓢ 1974 · 8 · 10 Ⓩ서울 종로구 사직로8길 외교부 국제법률국 국제법규과(02-2100-7530) ⓗ1998년 서울대 법과대학졸 2005년 미국 컬럼비아대 로스쿨 법학과졸(LL.M.) 2006년 미국 뉴욕대 로스쿨 법학과졸(LL.M.) ⓟ1997년 외무고시 합격(31회) 1998년 외교통상부 재외국민이주과 · 차관실 사무관, 同국제법규과 2등서기관 2007년 同평화체제과 1등서기관, 駐미국대사관 1등서기관, 駐예멘대사관 참사관, 외교부 한미원자력협정TF 1등서기관 2015년 同국제법률국 국제법규과장(현)

황준연(黃俊淵) HWANG Jun Yon

Ⓢ 1949 · 8 · 1 Ⓩ서울 종로구 세종대로175 서울시국악관현악단(02-399-1114) ⓗ1972년 서울대 국악학과졸 1977년 同대학원 음악학과졸 1991년 문학박사(한국학중앙연구원) ⓟ1975~1977년 서울대 음악대학 국악과 조교 1977~1978년 同동양음악연구소 보조연구원 1978~1981년 경희대 음악대학 강사 1978~1979년 한국민속촌 민예관 1979~1981 성음레코드(주) 고저음악 과장 1981~1982년 이화여대 강사 1983~1985년 서울대 · 한양대 강사 1983~1996년 부산대 예술대학 전임강사 · 조교수 · 부교수 1992년 International Council for Traditional Music 종신회원(현) 1992년 Society for Ethnomusicology 종신회원(현) 1992~2000년 서울대 음악대학 조교수 · 부교수 1996년 일본 동양음악학회 회원 2001~2014년 서울대 음악대학 국악과 교수 2002~2004년 同학생처장 2005~2009년 한국국악학회 이사장 2009년 문화재위원회 무형문화재분과 위원(현) 2013년 세종문화회관 국악사업 총괄예술감독(현) 2013년 서울시국악관현악단 단장(현) 2014년 서울대 음악대학 국악과 명예교수(현) Ⓢ제1회 관재국악상(2001), 제9회 난계악학대상(2005), 옥조근정훈장(2014) Ⓙ'북한의 전통음악'(2002)

황준현(黃竣顯)

Ⓢ 1963 · 3 · 1 Ⓩ전남 화순 ⓙ세종특별자치시 정부2청사로13 국민안전처 세종2청사 해양경비안전본부 해상수사정보과(044-205-2054) ⓗ광주 석산고졸, 조선대 토목공학과졸 ⓟ1986년 해양경찰청 입청 2005년 여수해양경찰서 수사과장 2007년 동해지방해양경찰청 정보수사과장 2008년 해양경찰청 정보수사국 광역수사2계장 2009년 同정보수사국 형사마약계장 2011년 同정보수사국 외사과장 2012년 경찰대 치안정책과정 교육(총경) 2012년 해양경찰청 정보수사국 외사과장 2013~2014년 태안해양경찰서장 2014년 국민안전처 중부지방해양경비안전본부 태안해양경비안전서장 2015년 同해양경비안전본부 해양경비안전국 해상수사정보과장(현)

황준환(黃俊煥) Hwang Joon Huan

Ⓢ 1957 · 4 · 20 ⓑ창원(昌原) ⓙ서울 중구 덕수궁길15 서울특별시의회 의원연구실 807호(02-3783-1791) ⓗ선린상고졸, 아주대 경영대학원 경영학과졸 ⓟ해태제과(주) 대리, 해태전자(주) 관리과장, 해태델리 사업부장, 삼천컨설팅 대표, 민주평통 자문위원 2002 · 2003년 강서구축구연합회 부회장 2002 · 2006 · 2010~2014년 서울시 강서구의회 의원(한나라당 · 새누리당) 2004~2006년 同행정재무위원장 2006~2008년 同운영위원장 2012년 同부의장 2012~2014년 새누리당 서울시당 부위원장 2014년 서울시의회 의원(새누리당)(현) 2014~2016년 同교육위원회 부위원장 2014~2015년 同예산결산특별위원회 위원 2015년 同항공기소음특별위원회 부위원장(현) 2015년 同지역균형발전지원특별위원회 부위원장(현) 2015~2016년 同인권특별위원회 위원 2015년 서울시교육청 서울형혁신학교운영위원회 위원(현) 2016년 서울시의회 서부지역 광역철도건설특별위원회 부위원장(현) 2016년 同교통위원회 위원(현) 2016년 同새누리당 부대표(현) Ⓢ대통령표창(2013), 유권자시민행동 대한민국유권자대상(2015), 자랑스런 대한국민대상(2015), TV서울 의정대상(2015), 장애인당사대회 공로패(2015), 기아대책강서구리더스헤리티지노블리스오블리제 공로패(2015), 대한민국 의정대상 코리아파워리더대상(2016) Ⓙ'단숨에 배우는 아파트경리실무'(2002)

황중연(黃仲淵) HWANG Joong Yeon

Ⓢ 1954 · 5 · 2 Ⓩ경남 마산 ⓙ서울 마포구 월드컵북로396 한국정보방송통신대연합(02-2132-2101) ⓗ1972년 마산고졸 1977년 영남대 법학과졸 1992년 영국 시티대 대학원 통신정책학 수료 1996년 미국 콜로라도대 대학원 통신정책학 수료 ⓟ1977년 행정고시 합격(20회) 1977년 체신부 입부 1983년 同행정관리담당관실 · 기획예산담당관실 근무 1984년 스웨덴 통신청 훈련소 파견 1985년 체신부 차관비서관 1988년 부산 동래우체국장 1988년 통신개발연구원 파견 1993년 체신부 장관비서관 1994년 同전파기획과장 1994년 정보통신부 전파기획과장 1996년 同우정사업경영개선기획단 부단장 1997년 同기술심의관 1998년 同공보관 1998년 同국제협력관 1999년 同우정국장 2000년 同전파방송관리국장 2001년 부산체신청장 2003년 서울체신청장 2005~2007년 정보통신부 우정사업본부장 2007년 한국정보보호진흥원 원장 2009~2012년 한국정보통신산업협회 상근부회장 2012~2013년 개인정보보호협회 부회장 2013년 한국정보방송통신대연합(ICT대연합) 부회장(현) Ⓢ근정포장(1986), 홍조근정훈장(2000), 대한민국마케팅대상 브랜드명품부문 명품상(2005), 한국능률협회 최고경영자상(2006), 한국능률협회 대한민국6시그마경영대상(2006), 한국능률협회 고객만족도1위(2006)

ㅎ

황중하(黃重河) Joong-Ha Hwang

[생]1959 · 12 · 25 [출]경북 경산 [주]부산 해운대구 APEC로55 대한무역투자진흥공사 부산경남KOTRA지원단(051-740-4150) [학]1984년 영남대 무역학과졸 2003년 영국 런던대 대학원 경영학과졸 [경]1983~1984년 대한무역투자진흥공사(KOTRA) 전시부 · 84서울박람회(SITRA) 담당 1984년 同해외조사부 일본조사담당 1988년 同도쿄무역관 조사담당 1991년 同일본실 마케팅담당 1994년 同도쿄무역관 마케팅담당 1997년 同대전충남무역관 부관장 겸 관장직대 1999년 同런던무역관 부관장 2003년 同IK 투자유치팀장 · 주력산업유치팀장 2005년 同베를린관장 · 뮌헨관장 2008년 同IK 투자유치처장 겸 주력산업유치팀장 2009년 同중소기업지원처장 겸 고객지원팀장 2010년 同고객센터장 2011년 同시드니코리아비즈니스센터장 2013년 同KOTRA글로벌연수원 대외협력사업담당 연구위원 2015년 同동남권KOTRA지원단장 2016년 同부산경남KOTRA지원단장(현)

황진구(黃津根) HWANG Jin Koo

[생]1966 · 7 · 1 [출]서울 [주]서울 종로구 세종대로209 여성가족부 청소년정책관실(02-2100-6230) [학]1990년 중앙대 정치학과졸 1994년 同대학원 정치학과졸 1998년 정치학박사(중앙대) [경]1989~1990년 중앙대 중앙문화연구원 연구조교 1992~1993년 한국청소년기본계획원년시책추진위원단 위원 1999~2000년 정보불평등연구협의회 회원 2000년 호서대 · 천안대 강사 2001년 한국청소년개발원 육성정책실 부연구위원, 同정책연구위원회 매체 · 환경정책연구팀 선임연구위원, 한국청소년정책연구원 정책연구본부 복지환경연구실 선임연구위원 2009년 同수석연구위원 2010년 同아동정책연구실장 2013년 同통계 · 기초연구실 선임연구위원 2015년 同기획조정본부장 2016년 여성가족부 청소년가족정책실 청소년정책관(현) [저]'청소년 정보격차실태' '청소년 인터넷이용실태' 등

황진구(黃進九) HWANG Jin Koo

[생]1970 · 11 · 11 [출]충북 청주 [주]서울 서초구 서초중앙로157 서울중앙지방법원(02-530-1114) [학]1988년 충북고졸 1993년 서울대 법대 사법학과졸 [경]1992년 사법시험 합격(34회) 1995년 사법연수원 수료(24기) 1998년 서울지법 서부지원 판사 2000년 서울지법 판사 2002년 대전지법 서산지원 판사 2005년 대전고법 판사 2006년 법원행정처 사법정책실 판사 2010년 창원지법 부장판사 2011년 대법원 재판연구관 2015년 서울중앙지법 부장판사(현)

황진영(黃鎭永) HWANG Chin Young

[생]1961 · 2 · 17 [본]평해(平海) [출]강원 영월 [주]대전 유성구 과학로169의84 한국항공우주연구원 미래전략본부(042-860-2141) [학]1979년 춘천고졸 1984년 한국항공대 항공기계공학과졸 1987년 同대학원 항공공학과졸 2001년 과학기술정책학박사(영국 서섹스대) 2011년 국방대 안전보장대학원 안보과정 수료 [경]1987~1990년 산업연구원 중공업실 연구원 1991~2000년 한국항공우주연구원 정책연구실 선임연구원 2000~2005년 同정책연구실장 2003년 한국항공우주법학회 이사(현) 2004년 한국항공경영학회 이사 2006~2009년 한국항공우주연구원 정책협력부장 2009~2011년 교육과학부 우주개발진흥실무위원회 실무위원 2009년 국회입법조사처 조사분석지원위원 2009~2010년 한국항공우주연구원 정책기획부장 2013년 한국기술혁신학회 부회장(현) 2013~2014년 한국항공우주연구원 정책협력센터장 2014년 항공우주시스템공학회 부회장(현) 2015년 한국항공우주연구원 미래전략본부장(현) 2015~2016년 국가과학기술자문회의 미래전략분과 전문위원 2015년 국가과학기술심의회 다부처공동기술협력특별위원회 위원(현) [상]과학기술부장관표창(2004), 공공기술연구회 이사장표창(2007), 국무총리표창(2010) [종]천주교

황진우(黃鎭宇) HWANG Jin Woo

[생]1960 · 2 · 22 [출]서울 [주]서울 영등포구 63로50 한화생명보험(주) 경제분석실(1588-6363) [학]승문고졸, 서울대 경제학과졸, 미국 예일대 대학원 경제학과졸, 경제학박사(미국 예일대) [경]한화경제연구원 연구위원, 한화증권 리서치본부 연구위원, 대한생명보험(주) 경제연구원 연구조정실장(상무보) 2006~2012년 同경제연구원 연구조정실장(상무) 2012년 한화생명보험(주) 경제연구원 연구조정실 상무 2014년 同보험연구소 상무 2016년 同경제분석실장(전무)(현)

황진택(黃鎭澤) Jin Taek Whang

[생]1956 · 8 · 14 [주]서울 강남구 테헤란로114길14 한국에너지기술평가원(02-3469-8400) [학]1975년 서울고졸 1980년 서울대 경제학과졸 1989년 미국 아이오와대 대학원 경제학과졸 1993년 경제학박사(미국 뉴욕대) [경]1993~1994년 한국에너지경제연구원 연구위원 1994~2010년 삼성지구환경연구소 상무 2011~2014년 지속가능발전기업협의회 사무총장 2011~2015년 고려대 그린스쿨대학원 교수 2014~2015년 산업통상자원부 장관자문관 2015년 한국에너지기술평가원 원장(현)

황진하(黃震夏) HWANG Jin Ha

[생]1946 · 8 · 25 [출]경기 파주 [학]1965년 문산고졸 1969년 육군사관학교졸(25기) 1982년 미국 육군지휘참모대학졸 1982년 미국 센트럴미시간대 대학원졸 1996년 서울대 행정대학원 국가정책과정 수료 1997년 경희대 행정대학원 최고정책과정 수료 1999년 경남대 대학원 박사과정 수료 [경]1982년 육군 1사단 포병대대장 1984년 한미연합사령부 작전참모부 지상작전 장교 1987년 육군 수도방위사령부 정보처장 1988년 육군 20기계화사단 포병연대장 1988년 합동참모본부 군사협력과장 1991년 국방부 정책기획차장 1992년 미국 랜드연구소 객원연구원 1994년 육군 5군단 포병여단장 1995년 합동참모본부 씨포아이(C4I)부장 1998년 駐미국대사관 국방무관 2002년 유엔 다국적평화유지군(PKF) 키프로스주둔 사령관 2004년 예편(육군 중장) 2004년 제17대 국회의원(비례대표, 한나라당) 2004~2006년 한나라당 제2정책조정위원장 2006~2007년 同국제위원장 2008년 제18대 국회의원(파주시, 한나라당 · 새누리당) 2008년 국회 외교통상통일위원회 위원 2008년 국회 동북아평화안보포럼 대표의원 2008년 아시아정당국제회의(ICAPP) 의원연맹 회장 2008~2011년 한나라당 제2정책조정위원회 부의장 2010년 同정책위원회 정치외교안보분야 부의장 2010~2011년 통일정책태스크포스(TF) 위원장 2010년 국회 정보위원회 한나라당 간사 2010년 한국 · 슬로바키아의원친선협회 회장 2012~2016년 제19대 국회의원(파주시乙, 새누리당) 2012년 새누리당 상임전국위원 2012년 국회 통일외교안보포럼 공동대표 2012년 접경지역사랑국회의원협의회 회장 2013년 새누리당 북핵안보전략특별위원회 부위원장 2013년 국회 외교통일위원회 위원 2013년 새누리당 국제위원회 위원장 2014~2015년 국회 국방위원회 위원장 2015년 국회 국방위원회 위원 2015~2016년 새누리당 사무총장 2015년 同조직강화특별위원회 위원장 2015년 同공천제도특별위원회 위원장 2016년 同총선기획단 위원장 2016년 同제20대 총선 공직자후보추천관리위원회 부위원장 겸 간사 2016년 제20대 국회의원선거 출마(경기 파주시乙, 새누리당) 2016년 새누리당 제20대 총선 중앙선거대책위원회 공동총괄본부장 [상]보국훈장 국선장 · 천수장, 미국 Legion of Merit, 유엔 근무공로훈장, GTX추진연대 감사패(2010), 서울대 국가정책인대상(2010), 선플운동본부 '국회의원 아름다운 말 선플상'(2014) [역]'미국의 힘 NEOCON' [종]천주교

황진효(黃秦孝) HWANG Jin Hyo

[생]1963 · 2 · 3 [출]경남 양산 [주]부산 연제구 법원로28 부산법조타운빌딩8층808호 법무법인 국제(051-463-7755) [학]1982년 부산 가야고졸 1986년 서울대 사법학과졸 [경]1986년 사법시험 합격(28회) 1989년 사법연수원 수료(18기) 1992년 창원지법 판사 1995년 부산지법 판사 1998년 부산고법 판사 2001년 부산지법 판사 2004년 울산지법 부장판사 2006~2009년 부산지법 부장판사 2007년 대법원 연구법관 2009년 법무법인 국제 변호사 2013년 同대표변호사(현)

황찬현(黃贊鉉) Hwang, Chan-hyun

[생]1953 · 7 · 2 [출]경남 마산 [주]서울 종로구 북촌로112 감사원 원장실(02-2011-2000) [학]1971년 마산고졸 1976년 서울대 법학과졸 1978년 同대학원 법학과졸 [경]1980년 사법시험 합격(22회) 1982년 사법연수원 수료(12기) 1982년 수원지법 인천지원 판사 1985년 서울지법 동부지원 판사 1986년 마산지법 진주지원 판사 1988년 서울형사지법 판사 1990년 서울민사지법 판사 1993년 서울고법 판사 1995년 법원행정처 파견 1997년 서울지법 판사 1998년 대전지법 부장판사 겸 법원행정처 법정심의관 1999년 수원지법 부장판사 2000년 서울지법 북부지원 부장판사 2003년 서울중앙지법 부장판사 2005년 부산고법 부장판사 2006년 서울고법 부장판사 2006~2008년 통신위원회 위원 2011년 서울고법 수석부장판사 2011년 대전지법원장 2012년 서울가정법원장 2013년 서울중앙지법원장 2013년 감사원장(현)

황창규(黃昌圭) HWANG Chang Gyu

생1953 · 1 · 23 본창원(昌原) 출부산 주서울 종로구 종로3길33 (주)KT 광화문빌딩 East 비서실(02-3495-3000) 학1972년 부산고졸 1976년 서울대 전기공학과졸 1978년 同대학원 전기공학과졸 1985년 전자공학박사(미국 매사추세츠주립대) 2000년 서울대 최고경영자과정 수료 경1981년 예편(대위) 1985년 미국 스탠퍼드대 책임연구원 1987년 미국 인텔사 자문 1989년 삼성반도체 DVC담당 1991년 同이사 1992년 국제전기전자기술자협회(IEEE) Senior Member 1994년 IEDM학회 심사위원 1994~1996년 IEDM Memory분야 Chairman 1994년 삼성반도체 상무이사 1998년 同연구소장 1999년 同부사장 2000년 삼성전자(주) 메모리사업부 대표이사 부사장 2001~2004년 同메모리사업부 사장 2002년 국제전기전자기술자협회(IEEE) 최고회원(현) 2003년 비즈니스위크가 뽑은 '아시아의 스타 25인'에 선정 2004~2008년 삼성전자(주) 반도체총괄 사장 2004~2007년 同메모리사업부장(사장) 2004 · 2007~2008년 한국반도체산업협회 회장 2005년 성균관대 초빙교수 2006년 홍콩 금융전문지 아시아머니 '2005년 아시아 최고 경영자'로 선정 2006년 서울대 · 한국공학한림원 선정 '한국을 일으킨 엔지니어 60인' 2008~2009년 삼성전자(주) 기술총괄 사장 2008~2009년 삼성종합기술원장 겸임 2009~2011년 서울대 물리천문학부 초빙교수 2009년 삼성전자(주) 상담역 2010~2013년 지식경제부 지식경제R&D전략기획단장 2010~2013년 국가과학기술위원회 위원 2011년 同비상임위원 2011년 헌법재판소 자문위원 2011년 UN 인권정책센터 이사 2013년 산업통상자원부 지식경제R&D전략기획단장 2013년 성균관대 석좌교수 2014년 (주)KT 대표이사 회장(현) 2014년 ITU-UNESCO 브로드밴드위원회 위원(현) 2015년 세계이동통신사업자협회(GSMA) 이사회 멤버(현) 상포브스코리아 선정 올해의 CEO(2004 · 2015), 금탑산업훈장, 미국 전자산업협회(EIA) 기술혁신 리더상(2005), 한국공학한림원 일진상(2005), 대한민국 최고과학기술인상(2006), 국제전기전자기술자협회(IEEE) 앤디 그로브상(2006), 서울대 공대 발전공로상(2009) 적해외특허 출원 '메모리 장치의 고집적 Memory Cell 구조 · 반도체 장치의 소자분리 형성방법'

황창순(黃昌淳) Hwang, Chang-Soon

생1959 · 12 · 10 주충남 아산시 순천향로22 순천향대학교 사회복지학과(041-530-1213) 학1981년 연세대 교육학과졸 1985년 同대학원 사회학과졸 1992년 사회학박사(미국 조지아대) 경1995년 한국청소년개발원 선임연구원 1995년 순천향대 사회복지학과 교수(현) 2000~2002년 한국학교사회복지학회 학술위원장 2000~2010년 아시아비영리학회 프로그램위원 및 논문심사위원 2009~2011년 순천향대 교양교육원장 2009~2011년 同행정대학원장 2010~2014년 한국비영리학회 회장 2014~2015년 순천향대 향설나눔대학장

황창주(黃昌柱) HWANG Chang Joo

생1955 · 7 · 3 출강원 정선 주경기 성남시 분당구 판교로255번길9의22 우림W-city (주)태영(031-628-7755) 학1993년 동국대 정보산업대학원 수료 2001년 고려대 정책대학원 수료 경농수산물유통공사 이사 1997년 한국농업경영인중앙연합회 회장(제7 · 8대) 1997년 농어민신문 대표이사 회장 1998년 제2의건국범국민추진위원회 중앙상임위원 1999년 새천년민주당 창당발기인 · 창당준비위원회 홍보위원장 2000년 同농업대책위원장 2002년 새천년민주당 노무현 대통령후보 농업정책특보 2003년 국민체육진흥공단 경정운영본부 사장 2003~2004년 제16대 국회의원(전국구 승계, 새천년민주당) 2003년 새천년민주당 농어민특위 위원장 2003년 同중앙위원 2003~2004년 국민생활체육 전국스키연합회 회장, 정선영농조합법인 대표이사, 새천년민주당 태백 · 영월 · 평창 · 정선지역위원회 위원장, 전국채소생산자협회 회장, 고려대총교우회 상임이사 2011년 (주)태영 대표(현) 상세계식량기구(FAO) 아태지역 채소경작왕(1989), 석탑산업훈장(1992), 한국청소년지도대상

황창화(黃昶樺) HWANG Chang Hwa

생1959 · 2 · 12 출경북 예천 주서울 영등포구 영신로166 더불어민주당 서울시당(02-3667-3700) 학1977년 서울 동성고졸 1983년 연세대 토목공학과졸 경1984~1987년 (주)샤니케익 노동조합 간부 1987년 성남노동교육연구회 회장 1988~1994년 성남노동조합총연합 정책실장 1998~2004년 국회의원 보좌관 2002년 새천년민주당 서울시장선거대책본부 기획단장 2002년 同제16대 대통령선거대책본부 정책본부 수석전문위원 2002년 제16대 대통령직인수위원회 전문위원 2004년 국무총리 정무2비서관 2006~2007년 국무총리 정무수석비서관 2008~2010년 대구대 사범대학 사회교육학부 객원교수 2012~2014

년 국회 도서관장(차관급) 2016년 더불어민주당 서울노원구丙지역위원회 위원장(현) 2016년 제20대 국회의원선거 출마(서울 노원구丙, 더불어민주당) 적'피고인 한명숙과 대한민국 검찰'(2011, 위즈덤하우스) 종기독교

황천성(黃天性)

생1959 · 8 · 10 출충북 영동군 영동읍 영산로32 영동경찰서 서장실(043-740-5321) 학황간고졸, 한국방송통신대 법학과졸 경1984년 순경 임용(공채), 서울지방경찰청 제101경비단 근무, 同경찰특공대 제3제대장, 경기 남양주경찰서 방범계장, 서울지방경찰청 202경비대 603중대장, 충북 청주흥덕경찰서 생활안전과장, 서울 영등포경찰서 생활안전과장, 서울 관악경찰서 청문감사관, 서울지방경찰청 기동본부 장비과장, 서울 중랑경찰서 정보보안과장 2010년 서울지방경찰청 경찰특공대장 2015년 충북지방경찰청 112종합상황실장(총경) 2016년 충북 영동경찰서장(현)

황철규(黃喆奎) HWANG Cheol-Kyu

생1964 · 10 · 27 출서울 주부산 연제구 법원로15 부산지방검찰청 검사장실(051-606-4301) 학1983년 명지고졸 1987년 서울대 법학과졸 1998년 미국 조지워싱턴대 대학원졸(석사) 2009년 법학박사(한양대 법학대학원) 경1987년 사법시험 합격(29회) 1990년 사법연수원 수료(19기) 1990년 軍법무관 1993년 인천지검 검사 1995년 부산지검 울산지청 검사 1997년 서울지검 의정부지청 검사 2000년 대검찰청 검찰연구관 2001~2003년 駐유엔대표부 법무협력관 2001년 대전지검 검사 2002년 同부부장검사 2003년 사법연수원 검찰교수실 교수 2005년 사법시험 출제위원(국제법) 2005년 미국 뉴욕주 변호사시험 합격 2006년 법무부 국제형사과장 2008년 서울중앙지검 형사6부장 2009년 대검찰청 미래기획단장 2010년 同국제협력단장 겸 세계검찰총장회의준비기획단장 2011년 국제검사협회 집행위원 2011년 서울동부지검 차장검사 2012년 수원지검 안산지청장 2013년 대전고검 차장검사 2013년 법무부 범죄예방정책국장 2014년 국제검사협회(IAP) 아시아 · 태평양지역담당 부회장(현) 2015년 서울서부지검장 2015년 부산지검장(현) 상한-EU협력상 최고책임감상(2006), 미국 국토안보부 탁월한 팀웍상(2011), 황조근정훈장(2016) 적'정치개혁 이렇게 한다(共)'(2000) '형사사법 분야 국제협력에관한 새로운 방향 모색(共)'(英文, 2012)

황철수(黃哲洙) Chul-Soo Hwang

생1953 · 4 · 15 출경남 밀양 주부산 수영구 수영로427번길39 천주교 부산교구청(051-629-8710) 학1972년 대구 대건고졸 1979년 대건신학대 대학원 재학 중 독일 유학(독일 아이히슈테트 잉골슈타트) 1982년 독일 Eichstatt-Ingolstadt가톨릭대 대학원 신학과졸 경1983년 사제수품 1983년 망미본당 보좌신부 1984년 同주임신부 1987년 주례본당 주임신부 1991년 부산가톨릭대 교수 1994년 전하본당 주임신부 1996년 메리놀병원 관리부장 1997년 토현본당 주임신부 2000년 천주교 부산교구 선교사목국장 2002년 同부산교구 사무처장 2004년 안식년 2005년 성가정 본당 주임신부 2006년 주교서품 2006년 천주교 부산교구 보좌주교 2007년 同부산교구장 직대 2007~2015년 同주교회의 가정사목위원회 위원장 2007년 同부산교구장(현) 2015년 同교회법위원회 위원장(현) 종천주교

황철주(黃喆周) HWANG Chul Joo

생1959 · 12 · 2 본창원(昌原) 출경북 고령 주경기 광주시 오포읍 오포로240 주성엔지니어링(주)(031-760-7109) 학1977년 동양공고졸 1985년 인하대 전자공학과졸 2004년 명예 공학박사(인하대) 경1986~1993년 한국ASM 근무 1995년 주성엔지니어링(주) 창립 · 대표이사 사장(현), 일운과학기술재단 이사장 1998년 과학기술부 기술개발기획평가단 위촉위원 2003년 한국디스플레이산업협회 부회장 2003~2007년 한국디스플레이장비재료산업협회 부회장 2005년 과학기술부 · 과학문화재단 '닮고 싶고 되고 싶은 과학기술인 10인'에 선정 2005년 벤처기업협회 부회장 2010년 글로벌중견벤처포럼 초대의장 2010~2012년 벤처기업협회 회장 2011~2015년 한국청년기업가정신재단 이사장 2011년 국가지식재산위원회 민간위원 2013년 벤처기업협회 명예회장(현) 2013년 한국특허정보원 비상임이사(현) 2014년 한국과학기술기획평가원 비상임이사(현) 2014년 대구경북과학기술원 비상임이사(현) 2015년 한국무역협회 비상근부회장(현) 2015~2016년 청년희망재단 초대 이사장 상벤처기업대상, 철탑산업훈장, 과학기술부장관표창, 5백만불 수출의 탑, 산업자원부장관표창, 벤처기업대상 은탑산업훈장(2005), 반도체기술대상 으뜸기술상 대통령표창, 금탑산업훈장(2011)

ㅎ

황철주(黃喆柱) HWANG Chul Joo

생1961 · 9 · 24 출경남 주경기 수원시 팔달구 권광로197 서울신용평가정보 수원지점(031-238-5000) 학1980년 영산고졸 1985년 동아대 경영학과졸 경1987~1998년 (주)수산중공업 경리 · 종합상황실 근무 1998년 (주)대호 기획1팀장 · 부장 2003년 (주)디씨씨 비상임감사 2005~2009년 서울신용평가정보(주) 정보사업본부장(이사) 2009~2011년 同감사 2013년 현대스위스3저축은행 감사본부장 2013년 SBI3저축은행 감사본부장 2014~2015년 同콜렉션사업부장 2016년 서울신용평가정보(주) 감사(현)

황철환(黃鐵煥)

생1966 · 4 · 3 주경남 산청군 산청읍 중앙로1 산청경찰서(055-970-3321) 학부산 가야고졸 1988년 경찰대졸(4기), 경남대 사회복지학과졸 경1988년 경위 임용 1998년 경감 승진 2000년 경남 산청경찰서 방범수사과장 2003년 경남 창원중부경찰서 청문감사관 2005년 경정 승진 2006년 경남 김해경찰서 형사과장 2007년 경남 창원중부경찰서 수사과장 2009년 경남지방경찰청 수사1계장 2011년 同강력계장 2015년 同112종합상황실장(총경) 2016년 경남 산청경찰서장(현)

황춘자(黃椿子 · 女)

생1953 · 6 · 12 출전북 고창 주서울 영등포구 국회대로74길12 새누리당 서울시당(02-704-2100) 학연세대 행정대학원졸, 행정학박사(경희대) 경2004~2008년 서울메트로 경영혁신본부장(상임이사), 전국여성관리자협회 대표, 한국정책학회 이사 2013년 대통령소속 국민대통합위원회 갈등관리위원 2014년 서울시 용산구청장선거 출마(새누리당), 도시컨텐츠연구소 대표(현) 2016년 새누리당 서울용산구당원협의회 운영위원장(현) 2016년 제20대 국회의원선거 출마(서울 용산구, 새누리당)

황충조(黃忠祚) HWANG CHUNG JO

생1957 · 10 · 23 주경남 창원시 성산구 창원대로790 창원세관(055-210-7600) 학1977년 경주고졸 1985년 동아대 법학과졸 경2001년 관세청 감사담당관실 사무관 2003년 인천공항세관 감사담당관 2005년 同세관운영과장 2007년 서울본부세관 체납관리과장 2008년 관세청장 비서관 2010년 천안세관장 2011~2015년 駐상하이 총영사관 영사 2015년 창원세관장(현) 상국무총리표장(1994), 대통령표창(2005), 근정포장(2014)

황치영(黃致映)

생1961 주서울 중구 창경궁로17 중구청 부구청장실(02-3396-8200) 학홍익대 무역학과졸, 미국 캘리포니아대 도시행정학과 수료, 서울대 대학원 행정학과졸, 행정학박사(서울대) 경1989년 행정고시 합격(33회) 2010년 서울시 복지건강본부 복지기획관 2011년 同복지건강본부 보건기획관 겸임 2012년 同기후환경본부 기후변화정책관 2013년 同문화관광디자인본부 문화정책관 2014년 서울시립대 행정처장 2015년 서울시 중구청 부구청장(현)

황태현(黃泰顯) Tae-Hyun Hwang

생1948 · 11 · 25 주서울 강남구 테헤란로440 (주)포스코 임원실(02-3457-0069) 학1967년 경복고졸 1971년 서울대 상학과졸 경1993년 (주)포스코 입사 1998~2003년 同재무실 자금관리담당 상무이사 2003년 同재무실 자금관리담당 전무 2004년 (주)포스코건설 경영기획담당 부사장 2006년 同해외영업담당 부사장 2010~2013년 (주)포스코플랜텍 사외이사 2014~2016년 (주)포스코건설 대표이사 사장 2015~2016년 대한체조협회 회장 2015년 (주)포스코 비상경영쇄신위원회 위원 2016년 (주)포스코 회장보좌역(현)

황평연(黃評淵) Hwang Pyoung-Youn

생1958 · 2 · 5 본장수(長水) 출충북 보은 주서울 영등포구 여의대방로43길13 서울지방병무청(02-820-4201) 학1977년 청주고졸 1983년 청주대 경영학과졸 1993년 성균관대 대학원 감사행정학과 수료 2005년 미국 Univ. of New Haven 대학원 공공정책학전공졸(MPA) 경1987년 총무처 임용(7급 공채) · 국방부 근무 1998년 국방부 기획예산관실 사무관 1999년 병무청 사무관 2003년 同동원소집국 소집과 서기관 2006년 同선병자원본부 선병자원팀장 2007년 同선병자원본부 병역자원과장 2008년 同선병자원본부 징병검사과장 2010년 同사회복무국 사회교육복무과장 2012년 同기획재정담당관 2013년 同기획재정담당관(부이사관) 2013년 대구 · 경북지방병무청장(고위공무원) 2014년 중앙공무원교육원 교육파견(고위공무원) 2015년 병무청 기획조정관 2016년 서울지방병무청장(현) 상대통령표창(1995), 근정포장(2011) 종불교

황하준(黃夏俊) HWANG Ha Jun

생1959 · 3 · 6 주경기 수원시 팔달구 효원로1 경기도청 건축본부 건축시설과(031-8008-5890) 학성결신학대졸, 중앙대 대학원 행정학과졸 경1979년 공무원 임용 1985~1992년 안양시 주택계장 · 건축계장 1992~1993년 김포군 주택과장 1993년 수원시 팔달구 건축과장 1994년 同도시개발지원사업소 사업과장 1995년 同주택과장 1997년 同건축과장 2000년 同환경사업소장(지방기술서기관) 2004년 同상하수도사업소장 2006년 同산업지원사업소장 2010~2011년 同환경교통국장 2010년 안산시 상록구청장(지방기술서기관) 2012년 同단원구청장 2013년 황해경제자유구역청 행정개발본부 개발1과장 2015년 경기도 건설본부 건축시설과장(현) 상시장표창, 도지사표창, 장관표창

황학수(黃鶴洙) HWANG Hak Soo

생1948 · 2 · 4 본평해(平海) 출강원 강릉 주서울 서대문구 세무서1길28 대한민국약속재단(02-730-0004) 학1971년 강릉 명륜고졸 1985년 한국방송통신대 행정학과졸 1990년 건국대 행정대학원졸 1993년 강릉대 경영정책과학대학원 최고경영자과정 수료 경1978~1980년 한국산악회 강원지부 이사 1986~1995년 강릉명륜학원재단 이사 1990~1996년 명륜가족장학회 설립이사장 1992~1996년 한국해양소년단 강원연맹장 1992~1995년 한맥사회문화정책연구소 소장 1992~1995년 민족통일국민운동본부 공동대표 1995~1996년 강원도지사 비서실장 1996년 제15대 국회의원(강릉甲, 자민련 · 신한국당 · 한나라당 · 국민회의 · 새천년민주당 · 무소속) 1997년 한나라당 강릉甲지구당 위원장 1997년 한국해양소년단 부총장 1997년 대한태권도협회 부회장 1998년 국민회의 당무위원 2000년 새천년민주당 총재특보 2000~2007년 CBS 영동방송본부 이사장 2004~2010년 (사)장애인먼저실천운동본부 본부장 2008년 (재)대한민국약속재단 부총재(현) 2011년 4 · 27재보선 강원도지사선거 출마(무소속) 종기독교

황한석(黃漢錫) WHANG Han Seok

생1955 · 3 · 23 본창원(昌原) 출서울 주서울 서초구 서초대로74길14 삼성물산(주) 시빌사업부(02-2145-5114) 학1974년 경기고졸 1978년 서울대 토목공학과졸 경대림산업 통합견적실 견적담당, 삼성물산(주) 건설부문 토목사업본부 싱가폴토목T/F팀장(상무보) 2006년 同건설부문 토목사업본부 해외토목부장(상무) 2009년 同건설부문 토목사업본부 해외토목사업부장(전무) 2013년 同건설부문 도로철도수자원본부장(전무) 2014년 同토목영업본부장(전무) 2015년 同시빌사업부장(전무)(현) 종가톨릭

황한수(黃漢洙) (愚菴)

생1926 · 10 · 19 본창원(昌原) 출경북 경주 주서울 영등포구 의사당대로1 대한민국헌정회(02-757-6612) 학1947년 육군사관학교졸 1957년 고려대 경영대학원 수료 경1957년 예편(육군 중령), 한국관광공사 경주지사장 1958년 민주당 월성乙지구당 위원장 1960년 제5대 민의원(월성乙, 민주당) 1983년 삼우광업 대표이사 1987년 삼진산업 대표이사, 노태우 대통령후보 선거대책위원회 고문, 민주당 경주 · 월성지구당 위원장, 새천년민주당 정책자문위원, 민주당 경주지구당 위원장 2015년 대한민국헌정회 운영위원회 의장(현) 상충무무공훈장 종기독교

황한식(黃漢植) HWANG Han Sik

생1948 · 1 · 15 출경남 함안 주부산 금정구 부산대학로63번길2 부산대학교 경제학부(051-557-23432) 학1966년 진주고졸 1971년 서울대 상과대학졸 1977년 同대학원 경제학과졸 1991년 경제학박사(서울대) 경1973년 삼성그룹 비서실 근무 1975년 크리스챤아카데미 간사 1981~2013년 부산대 경제학부 교수 1985년 독일 브레멘대 객원교수 1992년 한국지역사회연구회 회장 1993년 부산대 지역경제개발연구소장 1996년 同경영경제연구소장 1997년 (사)부산지역중소기업지원봉사단 이사장 1999년 부산대 교수회장 1999년

전국국공립대교수협의회 회장 2000년 총선시민연대 정책자문교수단 공동단장 2001~2003년 전국대학교수회 상임회장 2001년 부산지방노동위원회 심판담당 공익위원(현) 2001년 한국지역사회학회 회장·고문(현) 2002년 지방분권부산운동본부 의장 2003년 부산지방분권협의회 공동대표 2003년 부산대 대학원 NGO학협동과정 주임교수 2003년 대통령직속 노사정위원회 공익위원 2004년 부산대 동북아지역혁신연구원 지역혁신아카데미 주임교수 2004~2008년 부산시 지역혁신협의회 위원 2005년 同중구지역발전협의회 의장 2005~2007년 노사정위원회 지역노사정자문위원회 위원장 2006~2007년 同제조업발전특별위원회 위원장 2006년 한국대학혁신포럼 대표 2006년 대통령직속 지방이양추진위원회 위원 2006년 전국주민자치박람회 심사위원장(현), 지방분권운동 상임의장 2007년 부산분권혁신운동본부 상임대표(현) 2007~2008년 부산시 여성정책위원회 위원 2009년 고용노동부 노동정책자문위원 2009년 同지역노사민정협의회 자문위원회 의장 2009년 부산시노사민정협의회 공익위원 2011~2014년 부산시교육청 교육균형발전위원회 위원 2012년 부산대 대학원장 2012년 부산지법 시민사법위원회 위원장(현) 2013년 부산대 명예교수(현) ❸부산시 평등부부상, 행정자치부장관표창(2007), 국무총리표창(2008), 옥조근정훈장(2013) ❹'부산지역노동시장의 구조'(1982) '한국 농업문제의 새로운 인식'(1984) '한국 자본주의와 노동문제'(1985) '지방화시대 대도시경제의 내발적 발전과 지자체의 재정개혁 전략'(1998) '대학운영시스템의 혁신 : 그 방향과 과제'(2001) '부산지역노사관계의 발전전략'(2005) '분권사회 지역경제학 연구'(2008, 부산대 출판부)

황한식(黃漢式) HWANG Han Sik

❸1958·12·27 ❹경북 영천 ❺서울 서초구 서초중앙로157 서울고등법원 부장판사실(02-530-1114) ❻대구 경북고졸 1981년 한양대 법정대학졸 1992년 미국 조지타운대 대학원 법학과졸 ❼1981년 사법시험 합격(23회) 1983년 사법연수원 수료(13기) 1983년 육군 법무관 1986년 수원지법 판사 1988년 서울지법 남부지원 판사 1990년 춘천지법 원주지원 판사 1994년 서울민사지법 판사 1995년 서울고법 판사 1996년 법원도서관 조사심의관 1999년 제주지법 부장판사 2000년 인천지법 부장판사 2002년 서울지법 부장판사 2004년 서울중앙지법 부장판사 2005년 서울북부지법 부장판사 2006년 특허법원 부장판사 2007년 대구고법 부장판사 2009년 서울고법 부장판사 2012년 同수석부장판사 2013년 광주지법원장 2013년 광주시선거관리위원회 위원장 2014년 서울동부지법원장 2015년 서울고법 부장판사(현)

황해봉(黃海逢) HWANG Hae Bong

❸1952·10·12 ❹서울 ❻1970년 홍익공업전문대학 공예과졸 ❼1968년 화혜장 기능 입문 1977년 제2회 인간문화재 공예작품전시회 입선 1979~1998년 전승공예대전 장려상·입선 1986년 중요무형문화재 제37호(화장 기능) 이수 1998년 문화관광부 한복의날기념 초청 시연회 1999년 송파구 문화재위원 2004년 중요무형문화재 제116호 화혜장(靴鞋匠) 기능보유자 지정(현) ❸인간문화재 공예작품 전시회 입선·장려상(1977·1979), 휴스턴 국제영화제 한국전통문화부문(꽃신) 은상(1979), 서울올림픽 전통공예품 경진대회 입상(1983), 서울시장표창(1994), 제24회 전승공예대전 대통령표창(1999)

황해연(黃海淵) HWANG Hae Yeon

❸1960·2·24 ❹장수(長水) ❺부산 ❺경기 성남시 분당구 판교역로146의20 현대백화점 판교점 임원실(031-5170-3000) ❻휘문고졸, 한국항공대 항공운항학과, 충남대 대학원 마케팅학과졸 ❼(주)현대백화점 울산점 잡화가용팀장(부장대우), 同본점 잡화가용팀장(부장), 同광주점장(상무보) 2010년 同미아점장(상무乙) 2012년 同본점장(상무甲) 2013년 同판교복합몰 프로젝트매니저(상무甲) 2015년 同판교복합몰 프로젝트매니저(전무)(현) ❸천주교

황 헌(黃 憲) Hwang Hun

❸1959·8·5 ❹창원(昌原) ❺경북 영주 ❺서울 마포구 성암로267 문화방송 논설위원실(02-780-0011) ❻1978년 인창고졸 1985년 동국대 영어영문학과졸, 영국 카디프대 대학원 저널리즘학과졸 ❼1984년 MBC 입사 1987년 同문화과학부 기자 1989년 同외신부 기자 1991년 同정치부 기자 1994년 同보도제작2부 기자 1996년 同NT편집팀 기자 1997년 同선거개표방송기획단 기자 2003년 同파리특파원 2008년 同문화스포츠에디터 2008년 同특보 2009년 同보도국 부국장 2010~2012년 同논설위원실장(국장) 2011년 同'100분토론' 진행 2012년 同보도국장 2012년 同선거개표방송기획단장 2013년 同논설위원(국장급)(현) ❸한국참언론인대상 앵커부문(2010), 자랑스러운 인창인상(2011)

황 현(黃 賢) WHANG Hyeon

❸1960·6·19 ❹전북 옥구 ❺전북 전주시 완산구 효자로225 전라북도의회(063-280-3081) ❻1979년 원광고졸 1987년 원광대 무역학과졸 ❼1987년 평화민주당 입당 1988년 이협 국회의원 비서관, 새천년민주당 익산지구당 사무국장, 익산시체육회 부회장 2002·2006~2008년 전북도의회 의원(새천년민주당·민주당·중도통합민주당·대통합민주신당·통합민주당) 2005년 익산乙지역운영위원회 위원장 2006년 전북도생활체육탁구연합회 회장 2007년 한국한센인복지협회 전북지부장 2007년 민주당 전북지부 사무처장 2007년 同전북도의회 원내대표 2007년 同중앙위원 2008년 전북민주시민연합 공동대표 2008년 제18대 국회의원선거 출마(익산乙, 무소속) 2014년 전북도의회 의원(새정치민주연합·더불어민주당)(현) 2014~2016년 同제1부의장 2014년 同교육위원회 위원 2015년 새정치민주연합 전북도당 새터민특별위원회 위원장 2015년 더불어민주당 전북도당 새터민특별위원회 위원장(현) 2016년 전북도의회 의장(현) 2016년 전국시·도의회의장협의회 부회장(현) 2016년 더불어민주당 전북도당 윤리심판위원회 위원(현) ❸기독교

황현국(黃炫國) HWANG, Hyun-Guk

❸1955·5·16 ❺경기 용인시 수지구 죽전로152 단국대학교 중국어과(031-8005-3045) ❻1979년 단국대 중어중문학과졸 1986년 대만 국립정치대 대학원 중국문학과졸 1993년 중국문학박사(대만 국립정치대) ❼1993~2013년 단국대 문과대학 중어중문학과 교수 1994년 한국중국희곡연구회 회원 1996년 중국현대문학연구회 운영위원 1998년 한국중국학회 운영위원 1998~2000년 한국중어중문학회 감사 2002~2004년 한국중국학회 운영위원 2003~2005년 한국중문학회 운영위원 2005년 단국대 학생지원처장, 同사회봉사단장 2007년 同집현재관장 2007~2009년 한국중문학회 부회장 2008~2009년 한국중어중문학회 부회장 2008~2010년 중국어문논역학회 부회장 2013~2016년 단국대 문과대학장 2013년 同중국어과 교수(현) 2015~2016년 同일반대학원장 ❹'모범 중국어독본'(2000) '세상에서 가장 아름다운 아버지의 회초리'(2001) '동아시아문화의 이해'(2004) '실용중어문법작문'(2004)

황현덕(黃鉉德) HWANG Hyeondeok

❸1967·1·31 ❹평해(平海) ❺경북 의성 ❺경기 고양시 일산동구 호수로550 사법연수원 검찰교수실(031-920-3102) ❻1985년 경북사대부고졸 1989년 고려대 법학과졸 2011년 미국 캘리포니아대 버클리교 연수(방문연구) ❼1995년 사법시험 합격(37회) 1998년 사법연수원 수료(27기) 1998년 울산지검 검사 2000년 대전지검 논산지청 검사 2001년 서울지검 의정부지청 검사 2003년 대구지검 검사 2005년 춘천지검 강릉지청 검사 2007년 서울중앙지검 검사 2010년 수원지검 검사 2010년 同부부장검사 2010년 스폰서검사특검 파견검사 2012년 창원지검 마산지청 부장검사 2012년 창원지검 공안부장 2013년 서울남부지검 형사6부장 2014년 인천지검 형사5부장 2015년 사법연수원 검찰교수실 교수(현) ❸모범검사(2002), 검찰총장표창(2004)

황현순(黃鉉淳) Hwang, hyunsoon

❸1967·8·17 ❺서울 영등포구 여의나루로4길18 다우키움그룹 전략경영실(070-8707-1005) ❻1990년 서울대 경영학과졸 1992년 同대학원 재무관리학과졸 ❼1995년 한국장기신용은행 자금증권부 근무 1997년 IBM consulting group 근무 2000~2003년 키움닷컴증권(주) 기업금융팀 근무 2005년 키움인베스트먼트 투자담당 상무 2008년 키움증권(주) IB사업본부 상무, 同PI본부 상무 2012년 同투자운용본부장(전무) 2013~2015년 同전략기획본부장 겸 리테일총괄본부장(전무) 2015년 다우키움그룹 전략경영실장(부사장)(현)

황현식(黃鉉植) HWANG Hyeon Sik

❸1962·8·1 ❺인천 ❺서울 용산구 한강대로32 (주)LG유플러스 PS본부(1544-0010) ❻부평고졸, 한양대 산업공학과졸, 한국과학기술원 산업공학과졸(석사) ❼1991년 (주)LG 회장실 입사 1997년 PW&C 이사 1999년 (주)LG텔레콤 사업개발팀 부장 2001년 同경북사업부장 2002년 同상무 2004년 同영업지원담당 상무 2006년 同영업전략담당 상무 2008년 同영업전략실장(상무) 2010년 (주)LG 경영관리팀장(전무) 2010년 LG스포츠 이사 2014년 LG유플러스 MS본부장(전무) 2015년 同PS본부장(전무)(현)

황현주(黃玄周) WHANG Hyun Zoo

[생]1957·12·5 [출]충남 보령 [주]서울 강남구 영동대로517 아셈타워22층 법무법인 화우(02-6003-7140) [학]1976년 경희고졸 1981년 성균관대 법대졸 1983년 同대학원 법학과 수료 [경]1982년 사법시험 합격(24회) 1984년 사법연수원 수료(14기) 1985년 사단 보통군법회의 검찰관 1988년 대전지법 판사 1990년 同공주지원 판사 1992년 수원지법 여주지원 판사 1995년 서울지법 북부지원 판사 1997년 서울고법 판사 1999년 서울지법 판사 2000년 대전지법 부장판사 2002년 서울지법 남부지원 부장판사 2004년 서울남부지법 부장판사 2005~2008년 서울중앙지법 부장판사 2008년 법무법인 화우 변호사(현) 2008년 국민권익위원회 비상임위원 2008~2010년 하남시 고문변호사 2009~2013년 서울지방변호사회 전공별커뮤니티 방송통신분과위원장 2010~2013년 서울지방국세청 조세법률고문 2010~2011년 법무부 민법개정위원회 위원 2010년 지식경제부 법률고문변호사 2011년 한국청소년상담원 비상임이사 2012~2014년 한국청소년상담복지개발원 비상임이사 [상]국민훈장 동백장(2015)

황현찬(黃鉉贊) HWANG Hyun Chan

[생]1970·12·20 [출]경북 의성 [주]서울 서초구 서초중앙로157 서울중앙지방법원(02-530-1114) [학]1987년 영진고졸 1993년 연세대 법과대학졸 2002년 미국 뉴욕대 Law School졸 [경]1990년 사법시험 합격(32회) 1993년 사법연수원 수료(22기) 1993년 軍법무관 1996년 서울지법 서부지원 판사 1998년 서울지법 판사 2000년 청주지법 판사 2004년 서울고법 판사 2006년 대법원 재판연구관 2008년 전주지법 부장판사 2009년 同수석부장판사 2010년 수원지법 성남지원 부장판사 2012년 서울북부지법 부장판사 2014년 서울중앙지법 부장판사(현)

황형주(黃炯周) HWANG Hyung Ju

[생]1963·1·11 [출]전남 보성 [주]강원 춘천시 중앙로23 강원일보 편집국(033-258-1300) [학]1980년 광주 금호고졸 1988년 조선대 회계학과졸 [경]1989년 전남매일 편집부 기자 1992년 강원일보 편집부 기자 1995년 同체육부 기자 1998년 同제2사회부 차장 2000년 同정치·경제부 차장 2001년 同체육부 부장대우 2002년 同체육부장 2003년 同경제부장 2008년 同부국장 직대 겸 기획취재부장 2009년 同교육·체육·어린이강원일보부장 2014년 同동계올림픽취재단장 겸임 2015년 同편집국장(현)

황혜성(黃惠聖·女) HWANG Hae Sung

[생]1955·1·17 [주]서울 성북구 삼선교로16길116 한성대학교 인문대학 역사문화학부(02-760-4033) [학]1973년 이화여고졸 1978년 서강대 인문대학 사학과졸 1981년 미국 하와이대 대학원 사학과졸 1988년 사학박사(미국 하와이대) [경]1993~1994년 이화여대 대학원 강사 1994~2004년 한성대 인문대학 역사문화학부 조교수·부교수 2002~2006년 同국제대학원장 2002년 同대학원 국제지역 주임교수 2002년 한국서양사학회 총무이사 2004년 한성대 인문대학 역사문화학부 교수(현) 2006~2008년 한국미국사학회 회장 2009년 이민인종연구회 회장 2011~2012년 한성대 역사문화학부장 2012~2013년 同대학원장 2014~2016년 한국서양사학회 회장 2016년 한성대 인문대학장(현) [저]'일차대전과 새로운 흑인' '미국의 자유주의 전통에 관한 소고'

황호건(黃昊建)

[생]1961·3·12 [주]서울 영등포구 여의대로128 LG전자 임원실(02-3777-1114) [학]심인고졸, 경북대 사회학과졸 [경]LG전자 LGEAK법인장 2005년 同디스플레이구매팀장(상무) 2009년 同HE사업본부 구매팀장 2010년 同CPO 전자통합구매담당(전무) 2011년 同경영혁신부문 구매팀장(전무) 2011년 同CHO(전무) 2012년 同HR부문장(전무) 2015년 同CHO(부사장)(현) [종]불교

황호진(黃鎬津) HWANG Ho Jin

[생]1961·9·16 [본]우주(紆州) [출]전북 완주 [주]전남 무안군 청계면 영산로1666 목포대학교 사무국(061-450-2009) [학]1979년 전주고졸 1984년 한양대 행정학과졸 1986년 同대학원 교육학과졸 2007년 고려대 대학원 교육행정학 박사과정 수료 [경]1982년 행정고시 합격(26회) 1985~1990년 서울시교육청 사무관 1990~1993년 한밭대 근무 1993~1996년 교육부 과학기술과·전문대학학무과 사무관 1996년 同산업교육총괄과 서기관 1997년 駐OECD대표부 교육관 2001년 대통령자문 교육인적자원정책위원회 정책2과장 2002년 교육인적자원부 정책분석과장 2003년 同교원정책과장(부이사관) 2006~2008년 대한민국학술원 사무국장(고위공무원) 2009~2011년 전북대 사무국장 2012~2016년 전북도교육청 부교육감 2014~2016년 학교법인 서남학원 이사 2016년 목포대 사무국장(현) [저]'OECD 교육인적 자원정책자료집'(2001)

황호택(黃鎬澤) HWANG Ho Taeck

[생]1955·10·9 [본]우주(紆州) [출]전북 익산 [주]서울 종로구 청계천로1 동아일보(02-2020-0114) [학]1975년 전주고졸 1982년 고려대 영어영문학과졸 1996년 미국 버클리대 동아시아연구소 수료 2002년 연세대 언론홍보대학원졸 [경]1981년 동아일보 입사·사회부·경제부 기자 1997년 同논설위원 1998년 同경제부 차장 1999년 同기획팀장 2000년 同논설위원 2007년 한국원자력문화재단 선임이사 2007년 동아일보 수석논설위원 2009년 同논설위원실장 2011년 국가경쟁력강화위원회 위원 2013~2015년 동아일보 논설주간 2013~2015년 채널A '논설주간의 세상보기' 진행 2015년 한국신문방송편집인협회 회장(현) 2015년 한국신문윤리위원회 이사(현) 2015년 동아일보 논설주간(상무) 2015년 한국언론진흥재단 비상임이사(현) 2016년 동아일보 논설주간(전무)(현) [상]한국기자상(1984·1987·1988), 동아대상(1988), 한국참언론인대상 칼럼부문(2008), 장한 고대언론인상(2011), 위암장지연상 언론부문(2011) [저]'법에 사는 사람들'(1984) '북조선 인민들 이렇게 살디요'(1992) '황호택기자가 만난 사람 Ⅰ·Ⅱ'(2003) '생각의 리더 10인'(2004) '생명의 강 생명의 불꽃'(2005) '그들에게 길을 물으니'(2006) '이 시대의 말과 생각'(2006) '광화문의 국격'(2010)

황홍규(黃洪奎) HWANG Hong Gyu

[생]1962·12·22 [본]우주(紆州) [출]전북 김제 [주]광주 서구 화운로93 광주광역시교육청 부교육감실(062-380-4204) [학]1981년 광주고졸 1985년 한양대 행정학과졸 1987년 同대학원 교육학과졸 2001년 한국방송통신대 법학과졸 2010년 법학박사(한양대) [경]1983년 행정고시 합격(27회) 1987년 광주시교육위원회 초등교육과 초등교직계장 1988~1991년 입대 휴직(공군 학사장교 84기) 1991년 광주중앙도서관 서무과장 1991년 광주시교육청 행정관리담당 1992년 목포대 도서관 수서과장 1992년 서울시교육청 대영고 서무과장 1994년 同행정관리담당관실 법무계장 1995년 교육부 법무담당관실·산업교육총괄과 사무관 1997년 同산업교육총괄과 서기관 1998년 교원징계심사위원회 심사2과장·심사과장 1999년 홍익대 교육경영관리대학원 초빙교수 2001년 교육인적자원부 조정1과장 2003년 同사학정책과장 2003년 同총무과장 2005년 대통령 교육문화비서관실 행정관 2005년 교육인적자원부 기획홍보관리관 2006년 미국 조지워싱턴대 파견 2007년 국가균형발전위원회 파견 2008년 교육과학기술부 대학연구기관지원정책관 2009년 한양대 정책과학대학 대우교수 2012년 전북대 사무국장 2013년 교육부 학생복지안전관 2014년 대한민국학술원 사무국장 2015년 광주시교육청 부교육감(현) [종]기독교

황화성(黃和成) HWANG HWA SUNG

[생]1957·3·10 [출]충남 당진 [주]서울 영등포구 의사당대로22 한국장애인개발원(02-3433-0603) [학]1986년 인천 혜광고졸(前 인천혜광맹학교 고등부) 2003년 나사렛대 사회복지학과졸 2013년 단국대 대학원 행정학과졸 [경]1996년 대한안마사협회 충남지부장, 한나라당 제16대 대통령선거대책위원회 장애인선거대책위원회 부위원장, 한나라당 충남도당 부위원장, 충남도장애인체육회 이사, (사)충남도시각장애인연합회 회장, (사)충남자원봉사시민네트워크 발기인 및 이사, (사)천사운동본부 이사, 충남장애인복지위원회 부위원장, 충남사회복지위원회 위원, 민주평통 자문위원 2006년 충남장애인단체총연합회 상임대표 2006~2010년 충남도의회 의원(비례대표, 한나라당) 2010년 (사)충남도시각장애인연합회 회장 2015년 한국장애인개발원 원장(현) [상]국민훈장 석류장(2006), 한국장애인인권포럼 광역의회 장애인정책 우수의원(2008), 한국매니페스토실천운동본부 매니페스토약속대상 우수상(2009), 우수의정활동사례공모 자치법규분야 우수의원선정(2010), 전국시도의회의장협의회 지방의회의원우수의정사례 모범상(2010), 장애인체육발전유공 충남도지사표창, 장애인고용촉진유공 고용노동부장관표창

황 휘(黃 輝) HWANG Hwi

[생]1955·10·27 [출]서울 [주]서울 강남구 테헤란로621 강남벤처랜드6층 에이치케이티(주) 임원실(02-554-3501) [학]경희대 무역학과졸 [경](주)효광무역 대표이사 2001년 (주)건강위성방송 대표이사, 에이치케이티(주) 대표이사(현) 2015년 (사)한국의료기기산업협회 회장(현)

황흥구(黃興九) HWANG Heung Goo

⊛1952·6·25 ⊜인천 ㈜인천 남동구 정각로29 인천광역시의회(032-440-6045) ⊕인하대 행정대학원졸 ⊚인천시 중소기업진흥계장 1998년 同종합문화예술회관장 2001년 同문화예술과장 2005년 同중구청 부구청장 2006년 同자치행정국 총무와 서기관 2007년 同동구청 부구청장 2008년 同자치행정국 총무과 부이사관 2009년 인천대 사무처장 2010년 인천 남동구 부구청장 2010년 인천시 인재개발원장 2010~2011년 인천발전연구원 파견(부이사관) 2014년 인천시의회 의원(새누리당)(현) 2014년 同문화복지위원회 위원 2014~2015년 同윤리특별위원회 위원장 2015년 同예산결산특별위원회 위원 2016년 同문화복지위원회 위원장(현) ⊛청백봉사상, 내무부장관표창, 인천문화예술대상 ⊗수필집 '그 여자네 집'(2010)

황 희(黃 熙) HWANG HEE

⊛1967·7·28 ⊜전남 목포 ㈜서울 영등포구 의사당대로1 국회 의원회관838호(02-784-8551) ⊕1986년 강서고졸, 숭실대 경제학과졸 2016년 연세대 대학원 도시공학석·박사통합과정 수료 ⊚새정치국민회의 김대중 총재실 비서, 同조세형 총재권한대행 비서, 새천년민주당 당발전과쇄신을위한특별대책위원회 부장, 제16대 대통령직인수위원회 기획조정분과 행정관, 대통령 정무수석비서관실·참여수석비서관실·홍보수석비서관실 행정관, 대통합민주신당 대통합위원회 위원, 시민사회위원회 안산시위원장, 同경기도당 부대변인 2010년 민주당 중앙당 상근부대변인, 사람사는세상 노무현재단 기획위원(현), 청정회(노무현 대통령비서실 출신 정치인 모임) 대변인 겸 간사, 안산시장애인태권도협회 회장, 박원순 서울시장후보 선거대책위원회 정책특보 2015년 더불어민주당 정책위원회 부의장(현) 2016년 同뉴파티위원회 위원 2016년 同서울양천구甲지역위원회 위원장(현) 2016년 제20대 국회의원(서울 양천구甲, 더불어민주당)(현) 2016년 더불어민주당 청년일자리TF 위원(현) 2016년 국회 국토교통위원회 위원(현) ㈇님은 갔지만 보내지 아니하였습니다(共)'(2010) '담쟁이의 서곡'(2012)

황희연(黃熙淵) HWANG Hee Yun (恩山)

⊛1951·9·22 ⊜장수(長水) ⊜전남 장흥 ㈜충북 청주시 서원구 충대로1 충북대학교 도시공학과(043-261-2494) ⊕1979년 서울대 건축공학과졸 1981년 同대학원 건축공학과졸 1987년 공학박사(서울대) 1995년 미국 미시간주립대 국제대학 국제전문가과정 수료 ⊚1979년 한국과학기술원(KAIST) 환경공학부 연구원 1979~1980년 국토연구원 지역개발부 연구원 1982년 충북대 공과대학 도시공학과 교수(현) 1983~1984년 미국 프린스턴대 건축대학 객원교수 1988년 미국 일리노이대 도시및지역계획학과 객원교수 1989~1990년 미국 미네소타대 공공정책대학원 Post-Doc. 1996~1999년 충북대 건설기술연구소장 1999~2001년 환경부 법령협의회 위원 2002~2004년 지속가능한도시대상평가단 총괄팀장 2002~2008년 국토해양부 중앙도시계획위원회 위원 겸 분과위원장 2003~2004년 대통령자문 국가균형발전위원회 전문위원 2003~2008년 국무총리실 신발전지역위원회 위원 2004~2005년 충북대 기획협력처장 2004~2006년 경제정의실천연합 도시개혁센터 대표 2004~2009년 대통령직속 행정중심복합도시건설추진위원회 위원 2004~2012년 국토해양부 신도시자문위원회 위원 2004년 (사)주민참여도시만들기연구원 원장(현) 2005~2013년 문화재청 고도보존심의위원회 위원 2006~2008년 경제정의실천연합 중앙위원회 부위원장 2006~2008년 대통령자문 지속가능발전위원회 위원 2006~2010년 대한국토·도시계획학회 부회장·회장 2007~2008년 대통령자문 건설기술·건축문화선진화위원회 위원 2008~2013년 국토해양부 장관자문위원 2008~2013년 대통령직속 지역발전위원회 공공기관이전특별위원회 위원 2010년 국무총리 신발전지역위원회 민간위원 2011~2012년 경제정의실천연합 도시개혁센터 이사장 2012~2014년 국무총리실 국토정책위원회 위원 2013년 국무총리 도시재생특별위원회 민간위원(현) 2014~2016년 세종특별자치시 정책자문위원회 위원장 2014년 同지역 총괄계획가(현) ⊛대한국토·도시계획학회 학술상(1994), 환경부장관표창(1999), 건설교통부장관표창(2001), 충북건설인상 학술부문상(2002), 청주시장상 금상, 충북환경대상 학술부문상(2005), 대통령표창(2008), 충북대 우수학술상(2012) ㈇'한국의 도시연구(共)'(1990) '도시계획사개론(共)'(1992) '토지이용계획론(共)'(1996) '시민의 도시(共)'(1997) '도시계획론(共)'(1998) '도시의 이해(共)'(1998) '한국의 도시(共)'(1999) '충북의 건축문화(共)'(1999) '도시계획론 개정판(共)'(2000) '봉명·송정동지(共)'(2000) '문화+시민, 청주(2000) '한국사회의 비전21(共)'(2001) '도시생태학과 도시공간구조(共)'(2002) 'Diversity of Urban Development and Urban Life(共)'(2002) 'Global City Region(共)'(2003) '한국지리지-충북편(2003) '토지이용계획론 개정증보(共)'(2004) '서양도시계획사(共)'(2004) '충북도시론(共)'(2004) '현대공간이론의 사상가들(共)'(2005) '알기 쉬운 도시이야기(共)'(2006) '지속가능한 사회이야기(共)'(2008) '대한국토·도시계획학회 50년사

(共)'(2009) '도시, 인간과 공간의 커뮤니케이션(共)'(2009) '도시재생 현재와 미래(共)'(2010) '우리, 마을만들기'(2012) '지역정책론'(2013) ⊛천주교

황희종(黃熙鍾) Hwang, Hee Jong

⊛1959·6·16 ㈜서울 용산구 이태원로22 국방부 기획조정실(02-748-6120) ⊕1977년 마산고졸 1995년 독학사 행정학과졸 1997년 미국 웨스턴일리노이주립대 대학원졸 ⊚1978년 7급 공채 합격 2007년 국방부 보건복지관 2009년 同계획예산관 2010년 방위사업청 획득기획국장 2011년 同재정정보화기획관 직대 2012~2013년 국방대 안보문제연구소 파견 2013년 국방부 군사시설기획관 2014년 同기획조정실장(일반직고위공무원)(현)

황희철(黃希哲) HWANG Hee Chul

⊛1957·6·2 ⊜광주 ㈜서울 종로구 사직로8길39 세양빌딩 김앤장법률사무소(02-3703-1107) ⊕1976년 경동고졸 1980년 서울대 법학과졸 1991년 미국 미시간대 법학과 수료 1992년 서울대 법과대학 사법발전연구과정 수료 1994년 미국 하버드대 협상프로그램과정 수료 2000년 한국과학기술원 최고정보경영자과정 수료 ⊚1981년 사법시험 합격(23회) 1983년 사법연수원 수료(13기) 1983년 軍법무관 1986년 광주지검 검사 1988년 마산지검 진주지청 검사 1989년 서울지검 검사 1992년 법무부 국제법무심의관실 검사 1994년 서울고검 검사 1995년 사법연수원 교수 1995년 세계무역기구(WTO) 분쟁조정위원 1997년 대검찰청 정보화담당관 1998년 부산지검 특수부장 1999년 대검찰청 범죄정보2담당관 2000년 同범죄정보1담당관 2001년 법무부 검찰1과장 2002년 수원지검 평택지청장 2003년 울산지검 차장검사 2004년 부산고검 검사 2005년 서울중앙지검 1차장검사 2006년 법무부 정책홍보관리실장 2006년 대구고검 차장검사 2007년 同검사장 직대 2007년 대검찰청 공판송무부장 2008년 광주지검장 2009년 서울남부지검장 2009~2011년 법무부 차관 2011년 김앤장법률사무소 변호사(현) ⊛국무총리표창(1991), 홍조근정훈장(2012) ㈇'UR협정의 법적 고찰(上·下)(共)'(1994) '국제지적재산권법(共)'(1995)

회 정(悔 淨) KIM SANG KYUN

⊛1951·12·16 ⊜경북 포항 ㈜서울 성북구 화랑로13길17 대한불교진각종(02-913-0751) ⊕1991년 진각대졸 1997년 동국대 불교대학원 사회복지학과 수료 1985년 진각종 전문과정 교학과 수료 ⊚1980년 대한불교진각종 향가심인당 교화 1981년 同정제심인당 교화 1985년 同황경심인당 주교 1987·1990년 同전국청년회 경주지부 지도스승 1990년 同지륜심인당 주교 1991년 同전국청년회 부산지부 지도스승 1992년 同제8대 종의회 의원 1992년 同통리원 총무국장 1993년 同실상심인당 주교 1994년 同통리원 문화사회국장 1995년 同제9대 종의회 의원 1997년 同통리원 총무부장 1997년 同밀각심인당 주교 1997년 同청정국토가꾸기운동본부장 1997년 同대정사 품수 1997년 사회복지법인 진각복지재단 상임이사 1998년 민족화합불교추진위원회 공동집행위원장 1998·1999년 학교법인 회당학원 이사 1998년 대한불교진각종 국제불교연구소장 1998년 同교육원 종학연구실 상임연구원 1999년 진선여자중·고 전담임원 2000년 진각성존 회당대종사 탄생100주년기념사업회 봉행위원장 2000년 진선여자중·고 정교실장 2002년 대한불교진각종 제11대 종의회 의원 2004년 同종헌종법개정 연구위원 2005년 同제27대 통리원장 2005·2013년 (재)대한불교진각종유지재단 대표이사 2005·2013년 밀교신문 발행인 2005년 진각복지재단 대표이사 2005·2013년 회당장학회 이사장 2005년 도서출판 진각종해인행 대표 2005·2013년 불교방송 이사 2005·2013년 한국불교종단협의회 부회장 2006년 세계불교도우의회 한국본부 회장 2011년 대한불교진각종 명륜심인당 주교 2012년 同종사행계 승진 2013년 同제29대 통리원장 2013년 불교텔레비전 이사 2013년 대한불교진각종 탑주심인당 주교 2016년 한일불교문화교류협의회 이사장 2016년 제28차 세계불교도우의회 서울총회 대회장 2016년 同종교특별고문(현) 2016년 대한불교진각종 총인(현) ⊛총금강회 감사패(2016)

효 강(曉 岡)

⊛1927·1·30 ⊜경남 밀양 ㈜서울 강남구 도곡로25길35 불교총지종(02-552-1080) ⊕1945년 서울 중앙고졸 1951년 동아대 정치경제학과졸 ⊚1952년 밀교 입문 1985년 총지사 주교 1985년 불교총지종 종정자문위원 1986년 同원의원·종의회 의원·중앙교육원장 1986년 同통리원장 1991년 일상사 주교 1991년 불교총지종 종령 권한직무대행 1996년 同통리원장 1996년 불교방송 이사 1996년 불교총지종 법장원장 겸 중앙교육원장 1997년 불교TV 대표이사 1998년 불교총지종 사회복지재단 이사장 2001년 同기로스승 2004년 同종령(현) ⊛불교

ㅎ

한국인물사전

2017

초판1쇄 2016년 11월 30일 발행

발 행 인 박노황

편 집 인 심수화

발 행 처 주식회사 연합뉴스
　　　　서울 종로구 율곡로2길 25
　　　　www.yonhapnews.co.kr

발 행 일 2016년 11월 30일

인　　쇄 삼화인쇄(주)

편　　집 (주)나눔커뮤니케이션

정　　가 180,000원

구입문의 (02)398-3591 · 3593, (02)734~0801~3

광고문의 (02)398-3333